Le oche

FÉLIX GAFFIOT

Ancien professeur à la Sorbonne
Doyen de la Faculté des Lettres de Besançon

Dictionnaire
LATIN-FRANÇAIS

Nouvelle édition revue et augmentée
sous la direction de

PIERRE FLOBERT

Professeur émérite à l'Université de Paris-Sorbonne
Directeur d'études à l'École Pratique des Hautes Études

Le Gaffiot de poche Dictionnaire Latin-Français
est édité sous la responsabilité de Ghislaine Stora

Chef de projet (édition et informatique éditoriale) :
Sébastien Pettoello

Équipe de rédaction du Grand Gaffiot :
Direction : Pierre Flobert
Frédérique Biville, Frédéric Chapot,
François-Régis Chaumartin, Philippe Fleury,
Christine-Dorothée Georgelin, Michel Humbert,
Sylvie Labarre, Pierre Monat, Claire Lefeuvre,
Annette Flobert

Sélection du corpus de textes et rédaction des articles importants :
Marc Baratin (Professeur à l'université Lille III)

Relecture typographique et critique :
Manuel Tricoteaux

SGML, composition et mise en page :
Compos Juliot GT, Paris
Direction technique : Jean-Joseph Thibault
Informatique éditoriale : Carole Devillard
Composition : Éric Gentner

Conception graphique de la couverture :
Zaaping
Philippe Latombe

Cartographie :
Hachette Éducation
Pascal Thomas

Quadrature

Fabrication :
Karine Mangili

ISBN 2011679400

Photo de couverture : La Bocca della Verità © G. DAGLI ORTI

Cartographie Hachette

Présentation

Le Gaffiot est depuis longtemps l'instrument de travail de base des latinistes. Aujourd'hui plus que jamais : complètement révisé par Pierre Flobert, le Grand Gaffiot couvre mille ans de latin et recense aussi bien la langue littéraire que les langues techniques, et les très nombreuses corrections effectuées ont permis de le mettre à jour, avec des traductions actuelles. Pour un tel outil, il fallait une adaptation immédiatement accessible et maniable : c'est l'objet de ce Gaffiot de poche.

Pour garder la substance du Grand Gaffiot dans ce format pratique, une double réduction a été nécessaire et a pu être conduite grâce aux apports de l'informatique. Le corpus des textes a été ramené aux ouvrages latins habituellement étudiés, qui sont accessibles en librairie ou bibliothèque, et du fait de cette première réduction, les termes étudiés sont en nombre plus limité. Ont donc été écartés de ce dictionnaire les textes ou les termes trop particuliers, qui ne concernent que des spécialistes, ou les acceptions trop rares, qui nécessitent en tout état de cause de travailler avec le Grand Gaffiot.

Par ailleurs, pour les différentes acceptions comme pour les traductions, on n'a pas repris les références bibliographiques dans leur intégralité (par exemple, Cic. *de Or. 2, 72*) : on trouvera seulement l'information principale, c'est-à-dire le temps de la latinité concerné (préclassique, classique, postclassique, tardif, préroman) et le type de discours (prose, poésie, théâtre).

On a présenté de façon synthétique le contexte des mots, c'est-à-dire le type de compléments qui peuvent les accompagner, pour distinguer ainsi clairement et brièvement les différentes nuances de sens. On n'a pas oublié les expressions idiomatiques.

Bien sûr, le Gaffiot de poche donne les quantités des voyelles pour chaque entrée.

Les articles les plus longs posaient un problème particulier. Souvent intimidants en raison de leur longueur, et donnant parfois une impression de complexité en raison de la subtilité des distinctions sémantiques, ces articles ont été complètement refondus, et réorganisés dans une visée pédagogique et synthétique. Qu'on n'aille pas y chercher l'histoire des mots, et les développements complexes et si riches de la sémantique latine : il s'agit seulement de présenter de façon claire et rapide les sens principaux dont le latiniste a besoin pour comprendre aisément le texte auquel il est confronté.

Cet objectif est celui de l'ensemble de ce dictionnaire, qui n'a d'autre ambition que de rendre service en présentant sous la forme la plus pratique l'essentiel du matériel incomparable contenu dans le Grand Gaffiot.

L'éditeur

AUTEURS ET OUVRAGES

Correspondants aux marques présentes dans le dictionnaire

[-C] = période préclassique :

L. ACCIUS, poète tragique, env. 170-86 av. J.-C. [Warmington, *ROL* 2; J. Dangel, CUF 1995]
Frg. [Funaioli] = Poés.
Poet. [Morel] = Poés.
Tr. [Ribbeck^2, 1] = Théât.

L. AFRANIUS, poète comique, fin du 2e s. av. J.-C. [Daviault, CUF 1981]
Com. [Ribbeck^2, 2] = Théât.

LIVIUS ANDRONICUS, poète du 3e s. av. J.-C. [Warmington, ROL 2]
Com. [Ribbeck^2, 2] = Théât.
Poet. [Morel] = Poés.
Tr. [Ribbeck^2, 1] = Théât.

M. PORCIUS CATO (Caton l'Ancien; C. le Censeur), 234-149 av. J.-C.
De agricultura [Goujard, CUF 1975] = Pros.
Origines [Chassignet, CUF 1986] = Pros.

Q. ENNIUS, de Rudiae, en Calabre, 239-169 av. J.-C. [Vahlen^2, 1903; Warmington, ROL 1]
Annalium frg. [Vahlen^2; O. Skutsch, 1985] = Pros.
Tragoediarum frg. [Ribbeck^2, 1; Jocelyn, 1967] = Théât.

C. LUCILIUS, chevalier romain, mort en 103 av. J.-C.: *Saturarum frg.* [F. Marx, 1904-1905; Charpin 1-3, CUF 1978-1991] = Poés.

CN. NAEVIUS, poète, deuxième moitié du 3e s. av. J.-C., fut soldat dans la première guerre punique; frg. [Warmington, ROL 2]
Carmina [dont le *Bellum Punicum*, Morel; Strzelecki, BT 1961] = Poés.
Comoediae [Ribbeck^2, 2] = Théât.
Tragoediae [Ribbeck^2, 1] = Théât.

M. PACUVIUS, poète tragique, 2e s. av. J.-C.
Tr. [Ribbeck^2, 1; Warmington, ROL 2] = Théât.

T. MACCIUS PLAUTUS (Plaute), 254-184 av. J.-C. [Ernout 1-7, CUF 1932-1940]
Amphitruo, 1 = Théât.
Asinaria, 1 = Théât.
Aulularia, 1 = Théât.
Bacchides, 2 = Théât.
Captivi, 2 = Théât.
Casina, 2 = Théât.
Cistellaria, 3 = Théât.
Curculio, 3 [Collart, 1962] = Théât.
Epidicus, 3 = Théât.
Fragmenta, 7 = Théât.
Menaechmi, 4 = Théât.
Mercator, 4 = Théât.
Miles gloriosus, 4 = Théât.
Mostellaria, 5 [Collart, 1970] = Théât.
Persa, 5 = Théât.
Poenulus, 5 = Théât.
Pseudolus, 6 = Théât.
Rudens, 6 = Théât.
Stichus, 6 = Théât.
Trinummus, 7 = Théât.
Truculentus, 7 = Théât.
Vidularia (frg.), 7 = Théât.

P. TERENTIUS AFER (Térence), né à Carthage, env. 185-159 av. J.-C., affranchi, admis dans la société de Scipion l'Africain et de C. Laelius [Marouzeau 1-3, CUF 1942-1949]
Adelphoe, 3 = Théât.
Andria, 1 = Théât.
Eunuchus, 1 = Théât.
H(e)autontimoroumenos, 2 = Théât.
Hecyra, 3 = Théât.
Phormio, 2 = Théât.

[C] = période classique :

Bellum Africum, après César [Bouvet, CUF 1949] = Pros.

Bellum Alexandrinum, après César [Andrieu, CUF 1954] = Pros.

Bellum Hispaniense, après César [Way, Loeb 1956; Pascucci, 1965; Diouron, CUF 1999] = Pros.

C. JULIUS CAESAR, conquérant de la Gaule, dictateur, né en 101/100, assassiné en 44 av. J.-C.
Lettres conservées dans la correspondance de Cic. à Atticus, 9-10 = Pros.
De bello civili l. III [Fabre 1-2, CUF 1936] = Pros.
Fragments [Funaioli, GRF 1 ; Malcovati, *Orat.* ; Morel] = Pros.
De bello Gallico l. VII [Constans 1-2, CUF 1926] = Pros.

C. VALERIUS CATULLUS (Catulle), poète, de Vérone, environ 87-54 av. J.-C. [Lafaye, CUF 1923] = Poés.

M. TULLIUS CICERO (Cicéron), né en 106 à Arpinum, exécuté en 43 av. J.-C., consul en 63 [CUF: ***Discours*** 1-20, 1921-1976, Boulanger, Boyancé, Cousin, Gaffiot, Grimal, Wuilleumier, etc.; ***Correspondance*** 1-11, 1934-1996, Constans, Bayet, Beaujeu; frg. Müller, Watt 3 OCT 1958]
Academica, libri II [Plasberg, BT 1922] = Pros.
De lege agraria, orationes III [*Disc.* 9] = Pros.
Pro Sex. Roscio Amerino [*Disc.* 1] = Pros.
Aratea, trad. en vers d'Aratos [Soubiran, CUF 1972] = Poés.
Pro A. Licinio Archia poeta [*Disc.* 12] = Pros.
Epistulae ad T. Pomponium Atticum, l. I-XVI [*Corresp.* 1-10; Sh. Bailey, BT 1987] = Pros.
Pro L. Cornelio Balbo [*Disc.* 15] = Pros.
Brutus [J. Martha, CUF 1923] = Pros.
Epistulae ad M. Junium Brutum, l. I-II [*Corresp.* 10-11; Sh. Bailey, BT 1988] = Pros.
In Q. Caecilium divinatio [*Disc.* 2] = Pros.
Pro A. Caecina [*Disc.* 7] = Pros.
Pro M. Caelio Rufo [*Disc.* 15] = Pros.
Fragments poétiques [avec les *Aratea*] = Poés.
In L. Sergium Catilinam orationes IV [*Disc.* 10; Haury, 1969] = Pros.
Pro A. Cluentio [*Disc.* 8] = Pros.
Cato Major, de senectute [Wuilleumier, CUF 1961] = Pros.
Pro Q. Roscio comoedo [*Disc.* 1] = Pros.
Pro rege Dejotaro [*Disc.* 18] = Pros.
De divinatione libri II [Ax, BT 1938] = Pros.
De domo sua ad pontifices [*Disc.* 13, 1] = Pros.
Fragments de lettres [*Corresp.* 11] = Pros.
Epistulae ad familiares, libri I-XVI [*Corresp.* 1-11; Sh. Bailey, BT 1988] = Pros.
De fato [Yon, CUF 1933] = Pros.
De finibus, libri V [J. Martha 1-2, CUF 1928-1930] = Pros.
Pro L. Valerio Flacco [*Disc.* 12] = Pros.
Pro M. Fonteio [*Disc.* 7] = Pros.
Fragmenta [C. F. W. Müller, 1879, 1885, 1886] = Pros.
De haruspicum responsis [*Disc.* 13, 2] = Pros.
Hortensius [Ruch, 1958] = Pros.
De inventione libri II [Achard, CUF 1994] = Pros.
Laelius, de amicitia [Combès, CUF 1971] = Pros.
De legibus libri III [de Plinval, CUF 1959] = Pros.
Pro Q. Ligario [*Disc.* 18] = Pros.
Pro M. Claudio Marcello [*Disc.* 18; Ruch, 1965] = Pros.
Pro T. Annio Milone [*Disc.* 17] = Pros.
Pro L. Licinio Murena [*Disc.* 11] = Pros.
De natura deorum libri III [Plasberg^2, BT 1933] = Pros.
De officiis libri III [Testard 1-2, CUF 1965-1970] = Pros.
De optimo genere oratorum [avec l'*Orator*] = Pros.
Orator [Yon, CUF 1964] = Pros.
De Oratore libri III [Courbaud / Bornecque 1-3, CUF 1922-1930] = Pros.
fragments de discours [Puccioni, 1971] = Pros.
Paradoxa Stoicorum [Molager, CUF 1964] = Pros.
Partitiones oratoriae [Bornecque, CUF 1921] = Pros.
In M. Antonium orationes Philippicae XIV [*Disc.* 19-20] = Pros.
In L. Calpurnium Pisonem [*Disc.* 16, 1] = Pros.
Pro Cn. Plancio [*Disc.* 16, 2] = Pros.
De imperio Cn. Pompei (Pro lege Manilia) [*Disc.* 7] = Pros.
De provinciis consularibus [*Disc.* 15] = Pros.
Epistulae ad fratrem Quintum, libri I-III [*Corresp.* 1-3; Sh. Bailey, BT 1988] = Pros.
Pro P. Quinctio [*Disc.* 1] = Pros.
Oratio post reditum ad Quirites (Cum populo gratias egit) [*Disc.* 13] = Pros.
Pro C. Rabirio perduellionis reo [*Disc.* 9] = Pros.
Pro C. Rabirio Postumo [*Disc.* 17] = Pros.
De republica, libri VI [Bréguet 1-2, CUF 1980] = Pros.
Pro M. Aemilio Scauro [*Disc.* 16, 2] = Pros.
Oratio post reditum in senatu (Cum senatui gratias egit) [*Disc.* 13] = Pros.
Pro P. Sestio [*Disc.* 14] = Pros.
Pro P. Cornelio Sulla [*Disc.* 11] = Pros.
Timaeus, traduction de Platon [avec *Div.*; Pini, 1965] = Pros.
Topica [Bornecque, CUF 1921] = Pros.
Pro M. Tullio [*Disc.* 2] = Pros.
Tusculanae disputationes, libri I-V [Fohlen / Humbert 1-2, CUF 1931] = Pros.
In P. Vatinium testem interrogatio [*Disc.* 14] = Pros.
In C. Verrem actio secunda, orationes I-V [*Disc.* 2-6] = Pros.
In C. Verrem actio prima [*Disc.* 2] = Pros.

Cic. poet. vers de Cicéron [avec les *Aratea*] = Poés.

PSEUDO-CICERO, attributions fausses

Oratio pridie quam in exilium iret [Müller, 1879] = Pros.
Epistula ad Octavianum [Lamacchia, 1968; avec *Cic.Corresp.* 11, CUF 1996] = Pros.

Q. Tullius Cicero, frère cadet de Cicéron, exécuté en 43 av. J.-C., lettres d. *Fam.* 16, 8; 16; 26; 27
De petitione consulatus [avec *Cic.Corresp.* 1, CUF 1934] = Pros.
frg. poétiques [Morel] = Poés.

M. Tullius Cicero, fils de Cicéron, lettres d. *Fam.* 16, 21; 25 = Pros.

Julius Caesar Germanicus, fils adoptif de Tibère, mort en 19 ap. J.-C.; trad. en vers des *Phénomènes* d'Aratos et quelques fragments d'un autre poème [Le Boeuffle, CUF 1975] = Poés.

Ad Herennium, traité de rhétorique antérieur à Cicéron, vers 85 av. J.-C. [Achard, CUF 1989] = Pros.

A. Hirtius, mort consul en 43 av. J.-C., auteur du 8e livre du *Bellum Gallicum*[avec *Caes.G.*] = Pros.

Q. Horatius Flaccus (Horace), ami de Mécène et d'Auguste, 65-8 av. J.-C. [Villeneuve, CUF 1929-1934]
Epistulae = Pros.
Epodon liber = Poés.
Odarum seu carminum libri IV [avec *Epo.* et *Saec.* Plessis, 1924] = Poés.
De arte poetica [avec les *Épîtres*] = Poés.
Satirae [Lejay, 1911] = Poés.
Carmen saeculare [avec les *Odes*] = Poés.

T. Livius (Tite-Live), de Padoue, env. 59 av. J.-C. - 17 ap. J.-C., historien: *Ab Urbe condita libri CXLII*, restent 1-10 et 21-45 [Weissenborn, 1853-1866, révisions par H.J. Müller; Conway, Walters, Johnson, Mc Donald, Ogilvie 1-10, 21-35, OCT 1920-1974; Briscoe 31-45, BT, 1986-1991; Bayet, Bloch, Guittard, Hus, Jal, etc., CUF 1940-] = Pros.
Periochae, abrégés [Jal, CUF 1984] = Pros.

T. Lucretius Carus (Lucrèce), mort en 55 av. J.-C., 6 l.: *De rerum natura* [Ernout, CUF 1920] = Poés.

M. Manilius, poète et astrologue du siècle d'Auguste: *Astronomica*, 5 l. [Goold, Loeb 1977; BT 1985] = Poés.

Cornelius Nepos, ami de Cicéron, biographe [Guillemin, CUF 1923]
Praefatio = Pros.
Agesilaus = Pros.
Alcibiades = Pros.
Aristides = Pros.
Atticus = Pros.
Cato = Pros.
Chabrias = Pros.
Cimon = Pros.
Conon = Pros.
Datames = Pros.
Dion = Pros.
Epaminondas = Pros.
Eumenes = Pros.
Hamilcar = Pros.
Hannibal = Pros.
Iphicrates = Pros.
Lysander = Pros.
Miltiades = Pros.
Pausanias = Pros.
Pelopidas = Pros.
Phocion = Pros.
De regibus = Pros.
Themistocles = Pros.
Thrasybulus = Pros.
Timoleon = Pros.
Timotheus = Pros.

P. Ovidius Naso (Ovide), 43 av. J.-C. - 18 ap. J.-C. [CUF, 1924-1993]
Ars amatoria, 3 l [Bornecque, 1924] = Poés.
Amores, 3 l [Bornecque, 1930] = Poés.
Fasti, 6 l [Le Bonniec, Catane /Bologne, 1969-1970; Schilling, 1-2, 1992-1993] = Poés.
Heroides (Epistulae) [Bornecque, 1928] = Poés.
Halieutica [Lenz², Paravia, 1956; de Saint-Denis, 1975] = Poés.
In Ibin (Ibis) [J. André, 1963] = Poés.
Metamorphoses, 15 l [Lafaye, 1-3, 1925-1930] = Poés.
De medicamine faciei femineae [avec *Remedia*] = Poés.
Epistulae ex Ponto (Pontiques) [J. André, 1977] = Poés.
Remedia amoris [Bornecque, 1930] = Poés.
Tristia (Tristes) [J. André, 1968] = Poés.

Phaedrus (Phaeder ?), Phèdre, fabuliste, affranchi d'Auguste [Brenot, CUF 1924; Perry, Loeb 1965] = Poés.

Sex. Propertius (Properce), poète élégiaque du siècle d'Auguste, env. 50-15 av. J.-C., 4 l. [Fedeli, BT 1984; Goold, Loeb 1990] = Poés.

C. Sallustius Crispus (Salluste), historien, 86-34 av. J.-C. [Reynolds, OCT 1991; Ernout, CUF 1941]
De conjuratione Catilinae [Hellegouarc'h, 1972] = Pros.
Oratio Cottae = Pros.
Historiarum frg. [Maurenbrecher, 1893] = Pros.
De bello Jugurthino = Pros.
Oratio Lepidi = Pros.
Oratio Macri = Pros.
Epistula Mithridatis = Pros.
Oratio Philippi = Pros.
Epistula Pompei = Pros.

Pseudo-Sallustius, 1er s. ap. J.-C. [Ernout, CUF 1962]
Ad Caesarem senem = Pros.
Invectiva in Ciceronem = Pros.

L. Annaeus Seneca (Sénèque le rhéteur), né à Cordoue en 55 av. J.-C., mort vers 40 ap. J.-C.; père de Sénèque [Bornecque², 1932; Hakanson, BT 1989] *Controversiae* = Pros.
Suasoriae = Pros.

Albius Tibullus (Tibulle), poète élégiaque, *corpus* en 3 l., env. 55-19 av. J.-C. [Lenz³ / Galinsky, 1971; Ponchont, CUF 1926] = Poés.

M. Terentius Varro (Varron), philosophe, poète et grammairien, 116-27 av. J.-C.
Antiquitates divinae [Cardauns, 1976] = Pros.
De lingua Latina, l. 5-10 [Goetz / Schoell, 1910; Kent 1-2, Loeb, 1938; P. Flobert, CUF 1985-] = Pros.
Menippearum frg. [avec *Petr.* / Bücheler⁷ / Heraeus, 1958; Astbury, BT 1985; Cèbe, 1972-] = Poés.
Res rusticae, 3 l [Goetz², BT 1929; Heurgon, Guiraud, CUF 1978-1997] = Pros.

P. Vergilius Maro (Virgile), né à Andes près de Mantoue en 70, mort à Brindisi en 19 av. J.-C. [CUF, 1942-1980]
Bucolica (Eclogae), 10 [De Saint-Denis] = Poés.
Aeneis, 12 l [Perret 1-3] = Poés.
Georgica, 4 l [De Saint-Denis] = Poés.

M. Vitruvius Pollio (Vitruve), architecte du siècle d'Auguste: *De architectura*, 10 l. [Fensterbusch², 1964; Callebat, Fleury, Gros, Soubiran, etc., CUF 1969-] = Pros.

+C = période postclassique :

L. Ampelius, auteur du *Liber memorialis*, 2e s. ap. J.-C. [Arnaud-Lindet, CUF 1993] = Pros.

Apicius, nom d'un gourmet du 1er s. ap. J.-C.: *De re coquinaria*, 4e s. [J. André², CUF 1974] = Pros.

L. Apuleius (Apulée de Madaure), 2e s. ap. J.-C.
Apologia sive de Magia [Vallette, CUF 1924] = Pros.
Florida [*ibid.*] = Pros.
Metamorphoseon lib. XI [Robertson, Vallette, CUF 1940-1945] = Pros.
De mundo [Beaujeu, CUF 1973] = Pros.
De Platone [*ibid.*] = Pros.
De deo Socratis [*ibid.*] = Pros.

Calpurnius Siculus, poète bucolique, sous Néron [Amat, CUF 1991] = Poés.

A. Cornelius Celsus (Celse), encyclopédiste, sous Tibère: *De medicina, lib.VIII* [F. Marx, 1915; Serbat, CUF 1995-] = Pros.

Pseudo-Cicero, autre attribution fausse
In Sallustium invectiva, 2e s. ap. J.-C. ? [avec *Ps. Sall.*, Ernout, CUF 1962] = Pros.

L. Junius Moderatus Columella (Columelle), agronome sous Tibère et Claude: *De re rustica* l. XII [Lundström, Josephson, Hedberg 1897-1968; J. André, de Saint-Denis, Dumont, CUF 1969-] = Pros.
De arboribus [Goujard, CUF 1986] = Pros.

Q. Curtius Rufus (Quinte-Curce), historien d'Alexandre, 10 l. (1-2 perdus); époque de Claude (?) [Bardon 1-2, CUF 1947-1948] = Pros.

L. Annaeus Florus, historien, sous Hadrien [Jal 1-2, CUF 1967] = Pros.

M. Cornelius Fronto, maître de Marc Aurèle, vers 100-175 ap. J.-C. [Naber, 1868; Van den Hout, 1954; BT 1988]
Additamentum, p. 253 N. = [233 Van den Hout] = Pros.
De feriis Alsiensibus = Pros.
Ad amicos, 2 l = Pros.
Ad Antoninum imperatorem, 4 l. (Marc Aurèle) = Pros.
Ad Antoninum Pium = Pros.
Ad M. Caesarem, 5 l = Pros.
De eloquentia = Pros.
Laudes fumi = Pros.
Principia historiae = Pros.
Laudes neglegentiae = Pros.
De nepote amisso = Pros.
De orationibus = Pros.
De bello Parthico = Pros.
Ad Verum imperatorem, 2 l = Pros.

SEX. JULIUS FRONTINUS (Frontin), fin du 1er s. ap. J.-C.
De aquae ductu [Grimal, CUF 1944] = Pros.

A. GELLIUS (Aulu-Gelle), grammairien, 2e s. ap. J.-C. : *Noctes Atticae*, 20 l. (l. 8 perdu) [Marshall, OCT 1968; Marache, CUF 1967-1998] = Pros.

C. JULIUS HYGINUS (Hygin), affranchi d'Auguste et ami d'Ovide (attributions peu sûres)
Astronomica [Le Boeuffle, CUF 1983] = Pros.
Fabulae [Rose[2], 1963; Boriaud, CUF 1997] = Poés.

PSEUDO-HYGINUS (semble postérieur à l'arpenteur)
De munitionibus castrorum [M. Lenoir, CUF 1979] = Pros.

D. JUNIUS JUVENALIS (Juvénal), env. 60-127 ap. J.-C., auteur de 16 *Satires* [de Labriolle / Villeneuve, CUF 1921] = Poés.

M. ANNAEUS LUCANUS (Lucain), né à Cordoue en 38 ap. J.-C., contraint au suicide par Néron en 65 : *Bellum civile (Pharsalia)*, 10 l. [Hosius[3], BT 1913 ; Housman, 1926; Sh. Bailey, BT 1988] = Poés.

M. VALERIUS MARTIALIS (Martial), espagnol, auteur d'épigrammes, 14 l., sous Titus et Domitien [Izaac, CUF 1930-1933] = Poés.

MINUCIUS FELIX, avocat de Rome, apologiste, fin du 2e s. ap. J.-C. [Beaujeu[2], CUF 1974] = Pros.

Octavia, tragédie prétexte anonyme du 1er s. ap. J.-C. [avec *Sen.Trag.* 2; Liberman, 1998] = Théât.

A. PERSIUS FLACCUS (Perse), poète satirique, 34-62 ap. J.-C. [Clausen, OCT 1992; Cartault, CUF 1921] = Poés.

T. PETRONIUS ARBITER (Pétrone), sous Néron : *Satyricon, les Satyriques* [Bücheler[7] / Heraeus, 1958; Ernout, CUF 1923] = Pros.

C. PLINIUS SECUNDUS (Pline l'Ancien, ou le Naturaliste), mort en 79 ap. J.-C. : *Naturalis historia, l. VII* [Jan / Mayhoff 1-6, BT 1892-1909 ; J. André, Beaujeu, R. Bloch, Croisille, de Saint-Denis, Ernout, Le Bonniec, Rouveret, Schilling, Serbat, Zehnacker, etc., CUF 1950-] = Pros.

C. PLINIUS CAECILIUS SECUNDUS (Pline le Jeune), neveu et fils adoptif de Pline l'Ancien, consul en 100 ap. J.-C. [Guillemin 1-3, Durry 4, CUF 1927-1948]
Epistulae, l. 1-9 [Guillemin], *l. 10*, à Trajan [Durry] = Pros.
Panegyricus Trajano dictus [Durry] = Pros.

M. FABIUS QUINTILIANUS (Quintilien), rhéteur, 1er s. ap. J.-C. : *De institutione oratoria*, 12 l. [Winterbottom, OCT 1970; Cousin 1-7, CUF 1975-1980] = Pros.

L. ANNAEUS SENECA (Sénèque le philosophe), né à Cordoue vers 1 av. J.-C., contraint au suicide par Néron en 65 ap. J.-C., philosophe [*Dialogi*, Reynolds, OCT 1977; CUF 1921-1964] et poète tragique [9 tragédies, Zwierlein, OCT 1986; *Théâtre*, Herrmann 1-2, CUF 1925-1927; Chaumartin 1-3, CUF 1996-1999]
Agamemno [*Th.* 2] = Théât.
Apocolocyntosis, satire [Waltz, CUF 1934] = Poés.
De beneficiis, 7 l [Préchac 1-2, CUF 1926-1928] = Pros.
De brevitate vitae, 10 [*Dial.* 2, Bourgery, CUF 1923; Grimal, 1966] = Pros.
De clementia, 2 l [Préchac, CUF 1921] = Pros.
De constantia sapientis, 2 [*Dial.* 4, Waltz, CUF 1927] = Pros.
Epistulae ad Lucilium 125 [Reynolds 1-2, OCT 1965; Préchac, CUF 1945-1964] = Pros.
Consolatio ad Helviam, 12 [*Dial.* 3, Waltz, CUF 1923] = Pros.
Hercules furens [*Th.* 1] = Théât.
Hercules Oetaeus [*Th.* 1] = Théât.
De ira, 3 l., 3-5 [*Dial.* 1, Bourgery, CUF 1922] = Pros.
Consolatio ad Marciam, 6 [*Dial.* 3, Waltz, CUF 1923] = Pros.
Medea [*Th.* 1] = Théât.
Naturales quaestiones, 7 l [Oltramare, 1-2, CUF 1929] = Pros.
Oedipus [*Th.* 2] = Théât.
De otio, 8 [*Dial.* 4, Waltz, CUF 1927] = Pros.
Phaedra [*Th.* 1; Grimal, 1965] = Théât.
Phoenissae [*Th.* 1] = Théât.
Consolatio ad Polybium, 11 [*Dial.* 3, Waltz, CUF 1923] = Pros.
De providentia, 1 [*Dial.* 4, Waltz, CUF 1927] = Pros.
De remediis fortuitorum, frg. [Haase 3, BT 1878; Rossbach, 1888] = Pros.
Thyestes [*Th.* 2] = Théât.
De tranquillitate animi, 9 [*Dial.* 4, Waltz, CUF 1927] = Pros.
Troades [*Th.* 1] = Théât.
De vita beata, 7 [*Dial.* 2, Bourgery, CUF 1923; Grimal, 1969] = Pros.

PSEUDO-SENECA
Epigrammata 72 [*Anth.* 1, 1; Prato[2], 1964] = Poés.
Epistulae ad Paulum apostolum [Barlow, 1938] = Pros.
Monita [Wifflin, 1878] = Pros.
Oct. ➤ *Octavia* = Théât.

TI. CATIUS ASCONIUS SILIUS ITALICUS (Silius Italicus), consul en 68 ap. J.-C.; poème épique sur la 2e guerre punique, 17 l. [Delz, BT 1987; Miniconi, Devallet, Lenthéric, P. Martin, J. Volpilhac, 1-4, CUF 1979-1992] = Poés.

P. PAPINIUS STATIUS (Stace), sous Domitien, env. 45-96
Achilleis [Méheust, CUF 1971] = Poés.
Silvae, 5 l [Marastoni[2], BT 1970; Courtney, OCT 1990 ; Frère 1-2, CUF 1944] = Poés.
Thebais, 12 l [CUF, Lesueur 1-3, 1990-1994] = Poés.

C. SUETONIUS TRANQUILLUS (Suétone), env. 70-122
Fragmenta [Reifferscheid, 1860] = Pros.
De grammaticis [Kaster, 1995; Vacher, CUF 1993] = Pros.
Poet. ➤ *Vit.*
De rhetoribus [avec *Gram.* 25-30] = Pros.
Vitae XII Caesarum [Ihm, BT 1907; Ailloud 1-3, CUF 1931-1932] = Pros.
Augustus
Caesar
Caligula
Claudius
Domitianus
Galba
Nero
Otho
De poetis [avec *Frg.*, Reifferscheid, 1860]
Tiberius
Titus
Vespasianus
Vitellius

P. CORNELIUS TACITUS (Tacite), historien, consul en 97 ap. J.-C., env. 57-117 [CUF 1936-1992]
De vita Julii Agricolae [De Saint-Denis, 1942] = Pros.
Annales, l. 1-6, 11-16 [Wuilleumier 1-4, 1974-1978] = Pros.
Dialogus de oratoribus [Heubner, BT 1983; Goelzer, CUF 1936; A. Michel, 1962] = Pros.
Germania [Perret, 1949] = Pros.
Historiae, l. 1-5 [Wuilleumier, Le Bonniec, Hellegouarc'h 1-3, 1987-1992] = Pros.

Q. SEPTIMIUS FLORENS TERTULLIANUS, écrivain chrétien, de Carthage, env. 155-225, devenu montaniste en 207 [Migne, 1-2; Borleffs, Dekkers, Diercks, Waszink, etc. CC 1-2, 1954]
Apologeticum [CC 1; Waltzing, CUF 1929] = Pros.

C. VALERIUS FLACCUS, poète du 1er s. ap. J.-C., sous Vespasien : *Argonautica*, 8 l. [Ehlers, BT 1980; Liberman, CUF 1997-] = Poés.

M. VALERIUS MAXIMUS (Valère Maxime), historien, sous Tibère, 9 l. [Kempf[2], BT 1888; Combès, CUF 1995-] = Pros.

C. VELLEIUS PATERCULUS, historien, début du 2e s. ap. J.-C. : *Historia Romana*, 2 l. [Hellegouarc'h 1-2, CUF 1982] = Pros.

[T] = latin tardif :

AMMIANUS MARCELLINUS (Ammien Marcellin), historien, 4e s. [Galletier, Fontaine, Sabbah, etc. CUF 1968-] = Pros.

Anthologia Latina [Riese 1-2, BT 1894-1906; Sh. Bailey, BT 1982-] = Poés.

ARNOBIUS (Arnobe), apologiste africain, 4e s. : *Adversus nationes* [Marchesi[2], Paravia 1953; Le Bonniec, CUF 1982-] = Pros.

AURELIUS AUGUSTINUS (s. Augustin), évêque d'Hippone (Bône), 354-430 [Migne = M. 32-47]
De civitate dei libri XXII [M. 41, CV 40, CC 47-48, BA 33-37] = Pros.
Confessionum libri XIII [M. 32, BT 1934, CV 33, 1, CC 27, BA 13-14; de Labriolle 1- 2, CUF 1925-1926] = Pros.
Sermones [M. 38-39, M. suppl. 2, CC 41] = Pros.
Sermons de Mayence [Dolbeau, 1996] = Pros.
De sermone Domini in monte [M. 34] = Pros.
Nouveaux sermons [Mai, 1852] = Pros.
Nouveaux sermons [Morin, 1930] = Pros.
De Trinitate libri XV [M. 42, CC 50-50 A, BA 15-16] = Pros.

SEX. AURELIUS VICTOR AFER, 4e s. [Pilchmayr, BT 1911]
De Caesaribus [Dufraigne, CUF 1975] = Pros.

D. MAGNUS AUSONIUS (Ausone), poète et professeur de Bordeaux, 4e s. [Souchay, 1730; Schenkl MGH. AA 5, 2, 1883] *Mosella* [Ternes, 1972] = Poés.

FLAVIUS AVIANUS, fabuliste, 5e s. [Gaide, CUF 1980] = Poés.

RUFIUS FESTUS AVIENUS, poète, 4e s. [Holder, 1887]
Aratea [Soubiran, CUF 1981] = Poés.

ANICIUS MANLIUS SEVERINUS BOETHIUS (Boèce), philosophe, mis à mort en 524 sur l'ordre de Théodoric [Migne, 63-64]
De institutione arithmetica [Guillaumin, CUF 1995] = Pros.
De consolatione Philosophiae [Rand[2] / Tester, Loeb 1973; Bieler[2], CC 94, 1984] = Pros.

JULIUS CAPITOLINUS, un des auteurs de l'Histoire Auguste (HA), 4e s.
Antoninus Pius [Callu / Desbordes / Gaden, HA 1, 1, CUF 1992] = Pros.
Opilius Macrinus [R. Turcan, HA 3, 1, CUF 1993] = Pros.

CLAUDIUS CLAUDIANUS (Claudien), poète d'Alexandrie, vers 400 ap. J.-C. [Birt, MGH. AA 10, 1892]

De raptu Proserpinae (32-36) [Charlet, CUF 1991] = Pros.

EUTROPIUS (Eutrope), historien, fin du 4ᵉ s.: *Breviarium* (abrégé) [Droysen, MGH. AA 2, 1879; Santini, BT 1979; Hellegouarc'h, CUF 1999] = Pros.

Scriptores Historiae Augustae (Histoire Auguste), biographies d'empereurs, d'Hadrien à Numérien, 4ᵉ s. → *Capit.*, *Spart.* [Hohl 1-2, BT 1927; Chastagnol, 1994; Callu, R. Turcan, Paschoud, etc., CUF 1992-] = Pros.

SOPHRONIUS EUSEBIUS HIERONYMUS (s. Jérôme), prêtre, traducteur de la *Vulgate*, abbé de Bethléem, env. 347-420 [Migne = M. 22-30]
Epistulae 154 [M. 22; Hilberg, CV 54-56, 1910-1918; Labourt 1-8, CUF 1949-1963] = Pros.

CAECILIUS FIRMIANUS LACTANTIUS (Lactance), apologiste du christianisme, début du 4ᵉ s. [Migne, 6-7; Brandt / Laubmann, CV 19, 27, 1890-1897]
Divinarum institutionum libri VII [Monat, SC 204, 205, 326, 337, 1973-] = Pros.

AMBROSIUS THEODOSIUS MACROBIUS (Macrobe), érudit, début du 5ᵉ s. : [*Sat.*; *Somn.* : Willis, BT 1963]
Saturnalia, 7 l = Pros.
Somnium Scipionis, 2 l = Pros.

M. AURELIUS OLYMPIUS NEMESIANUS (Némésien), poète africain, fin du 3ᵉ s. [P. Volpilhac, CUF 1975]
De aucupio frg = Poés.
Cynegetica = Poés.
Eclogae = Poés.

Panegyrici 2-12, 4ᵉ s. [Mynors, OCT 1992; Galletier 1-3, CUF 1949-1955] = Pros.

Pervigilium Veneris (veillée de Vénus), poème anonyme, 4ᵉ s. ? [PLM 4; *Anth.* 1, 1; Schilling, CUF 1944] = Poés.

M. AURELIUS CLEMENS PRUDENTIUS (Prudence), poète chrétien, fin du 4ᵉ s. [Bergman, CV, 61, 1926; Cunningham, CC 126, 1966; Lavarenne 1-4, CUF 1944-1951]
Apotheosis, 2 = Poés.
Cathemerinon liber, 1 = Poés.
Dittochaeon, 4 = Poés.
Epilogus, 4 = Poés.
Hamartigenia, 2 = Poés.
Peristephanon liber, 4 = Poés.
Praefatio, 1 = Poés.
Psychomachia, 3 = Poés.
Contra Symmachum, 3 = Poés.

Querolus (le grincheux), comédie anonyme du début du 5ᵉ s. [Jacquemard-Le Saos, CUF 1994] = Théât.

CLAUDIUS RUTILIUS NAMATIANUS, poète gaulois, début du 5ᵉ s.: *De reditu suo* [Vessereau / Préchac, CUF 1933; Fo, 1992] = Poés.

C. SOLLIUS APOLLINARIS SIDONIUS (Sidoine Apollinaire), évêque de Clermont en Auvergne, 5ᵉ s. [Lütjohann, MGH. AA 8, 1887; Loyen 1-3, CUF 1960-1970]
Carmina, 1 = Poés.
Epistula carmini adnexa, 2-3 = Poés.
Epistulae, 2-3 = Pros.

AELIUS SPARTIANUS (Spartien), un des historiens de l'*Histoire Auguste*, 4ᵉ s. [v. HA]
Aelius (Helius) [Callu, HA 1, 1, CUF 1992] = Pros.
Antoninus Caracallus = Pros.
Didius Julianus = Pros.
Antoninus Geta = Pros.
Hadrianus [Callu, *ibid.*] = Pros.
Hel- → *Ael-*
Pescennius Niger = Pros.
Septimius Severus = Pros.

Q. AURELIUS SYMMACHUS (Symmaque), fin du 4ᵉ s. ap. J.-C. [Seeck, MGH. AA 6, 1, 1883]
Epistulae [Callu, CUF 1972-] = Pros.

Vulgata (editio), traduction canonique de la Bible demandée par le pape Damase à s. Jérôme (383-406), sauf pour les livres deutérocanoniques repris tels quels à la VL. et non révisés [Migne, 28-29; Weber³, 1983] = Pros.
I. *Vetus Testamentum*
Abdias
Aggaeus
Amos
Baruch [VL.]
Canticum canticorum
Chronica → *Par.*
Daniel
Deuteronomium
Ecclesiastes
Ecclesiasticus [VL.]
Esdras, 4 l [3-4 VL.]
Esther
Exodus
Ezechiel
Genesis
Habacuc
Isaias
Jeremias
Job
Jonas
Josue
Judices
Judith
Lamentationes → *Thren.*
Leviticus
Maccabaei, 2 l [VL.]
Malachias
Oratio Manasse [VL.; apocr.]
Michaeas
Nahum
Nehemias = 2 Esdr.
Numeri
Osee
Paralipomena, 2 l
Proverbia Salomonis
Psalmi [Psalterium Gallicanum → *Hier.*]
Reges, 4 l [*Sam.* 1-2 + *Reg.* 1-2]
Ruth
Samuel = 1-2 Reg.
Sapientia Salomonis [VL.]
Sirach → *Eccli.*
Sophonias
Threni Jeremiae
Tobias
Zacharias
II. *Novum Testamentum*
Acta apostolorum
Apocalypsis S. Johannis
S. Pauli epistula ad Colossenses
S. Pauli epistulae ad Corinthios, 1-2
S. Pauli epistula ad Ephesios
S. Pauli epistula ad Galatas
Epistula ad Hebraeos
S. Jacobi epistula
Evangelium S. Johannis, 4
S. Johannis epistulae, 1-3
S. Judae epistula
Epistula ad Laodicenses [VL.; apocr.]
Evangelium S. Lucae, 3
Evangelium S. Marci, 2
Evangelium S. Matthaei, 1
S. Petri epistulae, 1-2
S. Pauli epistula ad Philemonem
S. Pauli epistula ad Philippenses
S. Pauli epistula ad Romanos
S. Pauli epistulae ad Thessalonicenses, 1-2
S. Pauli epistulae ad Timotheum, 1-2
S. Pauli epistula ad Titum

+T = période préromane :

CAESARIUS ARELATENSIS (s. Césaire d'Arles), évêque, 6ᵉ s. [Migne, 67]
Sermones [Morin, CC 103-104, 1953; Delage, SC 175, 243, 330, 1971-1986] = Pros.

FLAVIUS CRESCONIUS CORIPPUS (Corippe), poète, évêque africain sous Justinien, 6e s. [Partsch, MGH. AA 3, 2, 1879]
In laudem Justini (Justin II), 4 l [Antès, CUF 1981] = Poés.

VENANTIUS HONORIUS CLEMENTIANUS FORTUNATUS (Fortunat), évêque de Poitiers, poète et historien chrétien, ami de Grégoire de Tours, fin du 6ᵉ s. [Migne, 88; Leo / Krusch, MGH. AA 4, 1881-1885].
Carmina [Reydellet, CUF 1994-] = Poés.
Vita S. Martini (s. Martin) [Quesnel, CUF 1996] = Poés.

GEORGIUS FLORENTIUS GREGORIUS TURONENSIS (Grégoire de Tours), évêque de Tours, 6ᵉ s. [Migne, 71; Krusch, MGH. Mer. 1, 1-2, 1885-1951]
Historiae = Pros.

A

1 **a**, n., f., indécl. [s.-ent. *littera*] ¶ **1** première lettre de l'alphabet : C Pros. ; prononcé *ā* : -C Théât., Poés. ¶ **2** abréviations diverses : ***A.* = *Aulus*** [prénom] ; ***A.* = *antiquo***, je rejette [la proposition sur les bulletins de vote dans les comices] ; ***A.* = *absolvo***, j'absous [sur les bulletins des juges] [d'où l'appellation *littera salutaris*] ‖ ***A. U. C.* = *anno urbis conditae*** ; ***a. u. c.* = *ab urbe condita*** ; ***a. d. VIII Kal. Nov.* = *ante diem octavum Kalendas Novembres*** ‖ [dans les inscr.] ***A.* = *Augustus*** ; ***A. A.* = *Augusti duo*** ; ***A. A. A.* = *Augusti tres*** ; ***III viri A. A. A. F. F.* = *triumviri aere argento auro flando feriundo*** [les *triumviri monetales*, chargés de fondre et de frapper le bronze, l'argent et l'or] ; V. *alpha*

2 **ā**, **āh**, interj., V. *ah*

3 **ā**, **āb**, **abs**, prép. avec abl.
I [complément indir. de verbe indiquant l'origine, la provenance, l'éloignement, la séparation] ¶ **1** [origine, provenance] ***oriri a***, ***nasci a***, naître de ; ***fluere a***, découler de ; ***esse a***, descendre de (par filiation), ou [fig.] être de l'école de ‖ [qqfois sans verbe] : ***Herdonius ab Aricia*** Liv., Herdonius d'Aricie ; [en parlant d'un esclave] de la maison de : Pl., Ter. ‖ ***profisci a***, partir de, provenir de ; ***ab aliquo redire***, revenir de chez qqn ‖ ***accipere a***, recevoir de ; ***impetrare a***, obtenir de ; ***habere a***, tenir de ; ***trahere a***, tirer de ; ***discere a***, apprendre de, ***audire a***, entendre de ; ***petere a***, ***postulare a***, ***quaerere a***, demander à ‖ ***aliquid ab aliquo dare***, donner qqch. en le tenant de qqn ‖ de la part de : ***adesse ab aliquo*** Pl., être là, venant de la part de qqn ¶ **2** [éloignement, séparation] ***dimittere a***, renvoyer de ; ***excludere a***, détourner de ; ***deterrere a***, chasser de ; ***distare a***, être éloigné de ; ***differre a***, différer de ‖ ***defendere a***, ***tueri a***, défendre contre ; ***munire a***, protéger de ; ***prohibere a***, ***arcere a***, écarter de
II à partir de ¶ **1** [local] ***ab summo*** Caes., à partir du sommet ; ***a vestibulo*** Liv., dès le vestibule ; ***aliquid ab aliquo dare circum*** Pl., faire circuler qqch. en commençant par qqn ‖ [à partir de = y compris, avec] ***ab radice ferens cupressum*** Virg., portant un cyprès avec ses racines ¶ **2** [temporel] ***a primo***, ***a principio***, dès le début ; ***a puero***, ***a pueritia***, dès l'enfance ; ***ab hoc tempore***, à compter de notre époque ; ***quartus ab Arcesilao*** Cic., le quatrième en partant d'Arcésilas ; ***secundus a Romulo*** Liv., le second après Romulus ; ***annus primus ab honorum perfunctione*** Cic., la première année après l'achèvement des magistratures ; ***a tuo digressu*** Cic., après ton départ ¶ **3** [d'où] à partir de = d'après, en fonction de : ***aliquid ab aliqua re cognoscere*** Caes., reconnaître qqch. d'après tel détail ; ***ab annis*** Virg., Ov., d'après l'âge ***metuere***, ***timere ab aliquo*** Cic., craindre du fait de qqn ¶ **4** [par ext.] du côté de, sous le rapport de : ***ab ea parte*** Caes., de ce côté ; ***a decumana porta*** Caes., du côté de la porte décumane ; ***ab terra*** Liv., du côté de la terre ; ***a materno genere*** Cic., du côté maternel ‖ [fig.] ***ab aliquo stare*** Pl., Cic., être du côté, du parti de qqn ; ***a petitore agere*** Plin., plaider pour le compte du demandeur ‖ sous le rapport de : ***a militibus, a pecunia*** Cic., sous le rapport des troupes, de l'argent ; ***ab natura et cultu*** Sall., sous le rapport de la nature du sol et de sa culture ; ***ab omni parte*** Hor., sous tous les rapports ‖ ***servus ab argento***, esclave préposé à l'argenterie ; ***liberti ab epistulis*** Tac., affranchis chefs du secrétariat ; [syntagme substantivé] ***a bibliotheca***, bibliothécaire
III par, par suite de, du fait de, en raison de ¶ **1** par [compl. du verbe pass. avec noms de pers.] ***ab aliquo amari***, être aimé par qqn ‖ [avec des noms de choses considérées comme des pers., par ex. l'État, des villes, les lois] : Cic. ‖ [avec des intr. équivalant pour le sens à des passifs] ***a paucis interire*** Cic., périr sous les coups de quelques hommes ¶ **2** par l'effet de, du fait de, par suite de, en raison de : ***calescere ab*** Cic., se réchauffer grâce à ; ***ab ira*** Liv., par l'effet de la colère ; ***ab servili fraude*** Liv., par suite de la perfidie des esclaves ; ***a somno languida*** Ov., alanguie par le sommeil

4 **ā-**, **āb-**, **abs-**, préfixe, *ā-* devant *m*, *v* : *amovere*, *avertere* ‖ *abs-* devant *c*, *p*, *t* : *abscondere*, *abstinere*, *asportare* = *ab-sportare* ‖ *au-* devant *f* : *auferre*, *aufugere* ; sauf *afui* parf. de *absum*, V. *2 au-* ‖ *ab* devant les autres consonnes, sauf *aspernari* au lieu de *abspernari*

Āārōn, **Ārōn**, m. indécl., Aaron [grand prêtre des Hébreux] : T Pros.

ab, V. *3 a*

ăbactŏr, *ōris*, m., celui qui détourne (vole) des bestiaux : +C Pros.

1 **ăbactus**, *a*, *um*, part. de *abigo*

2 **ăbactŭs**, *ūs*, m., détournement des troupeaux, enlèvement du butin : +C Pros.

Ābăcūc (Habacuc), m. indécl., prophète des Hébreux : T Pros.

ăbăcus, *i*, m., abaque ¶ **1** bahut, buffet, crédence : C Pros. ¶ **2** table à faire des calculs : +C Poés., Pros. ¶ **3** table de jeu : +C Pros., T Pros. ¶ **4** [tablette de marbre ou semblable à du marbre qu'on appliquait sur les murs comme ornement] : C Pros. ¶ **5** tailloir [partie supérieure du chapiteau d'une colonne] : C Pros.

ābaetō (ābītō), *īs*, *ĕre*, -, -, intr., s'en aller : -C Théât.

ăbăgĭo, V. *adagio* : C Pros.

ăbăgo, V. *abigo*

ăbălĭēnātĭo, *ōnis*, f., aliénation par vente, cession : C Pros.

ăbălĭēnātus, *a*, *um*, part. de *abalieno*

ăbălĭēnō, *ās*, *āre*, *āvī*, *ātum*, tr. ¶ **1** faire passer ailleurs, éloigner, séparer : -C Théât. ¶ **2** [fig.] détourner : C Pros. ; ***aliquem ab aliqua re*** C Pros., détourner qqn de qqch. ‖ avec abl., dégager de, délivrer de : ***aliquem metu*** C Pros., délivrer qqn de la crainte ‖ priver de : C Pros. ¶ **3** aliéner, détourner : ***a se judices*** C Pros., s'aliéner les juges ‖ [avec abl. seul] C Pros. ‖ [sans compl. indir.] rendre hostile : C Pros. ¶ **4** faire passer à autrui la propriété d'une chose, aliéner, céder, vendre : C Pros., +C Pros.

ăbaltĕrŭtrum, adv., à l'écart l'un de l'autre : +C Pros., +T Pros.

abanet, indécl., partie du vêtement sacerdotal, ceinture : T Pros.

ăbantĕ, prép. avec l'acc., de devant : T Pros.

Ăbantēus, *a*, *um*, d'Abas : C Poés.

Ăbantĭădēs, *ae*, m., [Acrisius] fils d'Abas : C Poés. ‖ [Persée] petit-fils d'Abas : C Poés.

Ăbantĭus, *a*, *um*, de l'Eubée : +C Poés.

Ăbărimōn, contrée de Scythie : +C Pros.

Ăbăris, *is*, m., nom de pers. divers : C Poés.

Ăbās, *antis*, m., roi d'Argos : +C Poés. ‖ autres personnages : C Poés.

Ăbătŏs, *i*, f., rocher dans le Nil : +C Poés.

ăbaudĭō, *īs*, *īre*, -, -, écouter : T Pros.

ăbăvus, *i*, m. ¶ **1** trisaïeul : -C Théât., C Pros. ¶ **2** [au pl., en gén.] les ancêtres : C Pros.

Abazea, *ōrum*, n. pl., V. *Sabazia*

abba, m. indécl., abba [père] : T Pros.

abbās, *ātis*, m., [ordinairement] abbé, chef d'une communauté religieuse : T Pros.

Abbassium, *ĭi*, n., ville de Phrygie : C Pros.

abbātissa, *ae*, f., abbesse : +T Pros.

abblandĭŏr, → *adblandĭŏr*

abbrĕvĭātĭo, *ōnis*, f., retranchement : [T] Pros.

abbrĕvĭō, *ās*, *āre*, -, -, tr., hâter : [T] Pros. ‖ affaiblir : [T] Pros.

abcīdo, **abcīse**, etc., → *abscido, abscise*, etc.

Abdenago, m. indécl., nom d'homme : [T] Pros.

Abdēra, *ae*, f., **Abdēra**, *ōrum*, n. pl., [C] Pros., Abdère, ville de Thrace

Abdērītēs, *ae*, m., Abdéritain, d'Abdère : [C] Pros. ‖ **-tānus** [+C] Poés., d'Abdère ‖ **-tae**, *ārum*, m. pl., Abdéritains : [C] Pros.

abdĭcātĭo, *ōnis*, f. ¶ **1** action de déposer une chose, de s'en démettre : [C] Pros. ¶ **2** exclusion d'un fils de la famille, exhérédation : [C] Pros., [+C] Pros.

1 **abdĭcō**, *ās*, *āre*, *āvī*, *ātum*, tr. ¶ **1** [sens prim.] nier, dire que ne ... pas, cf. [-C] Théât. ¶ **2** renier, ne pas reconnaître [un fils, un père] : [C] Pros., [+C] Pros. ‖ déshériter : [+C] Pros. ¶ **3** renoncer à, se démettre de ***a) se magistratu*** [C] Pros., renoncer à une magistrature ***b) abdicare magistratum***, abdiquer une magistrature : [C] Pros. ***c)*** [abs[t]] se démettre de ses fonctions : ***abdicaverunt consules*** [C] Pros., les consuls se démirent de leurs fonctions ¶ **4** rejeter, exclure, priver de : [T] Pros.

2 **abdīcō**, *ĭs*, *ĕre*, *dīxī*, *dictum*, tr., [terme de la langue relig.], refuser, repousser, ne pas consentir à : [C] Pros.

abdĭdī, parf. de *abdo*

abdĭtus, *a*, *um* ¶ **1** part. de *abdo* ¶ **2** adj. ***a)*** [au pr.] placé hors de la vue, caché : [C] Pros. ***b)*** [fig.] caché, secret : ***sententiae abditae*** [C] Pros., pensées enveloppées ; [C] Poés. ; ***sensus abditi*** [C] Pros., sentiments secrets, pensées intimes ‖ [n. pl. pris subst[t]] ***terrae abdita*** [C] Poés., les entrailles de la terre, [+C] Pros. ‖ n. sg., [forme des expr. adv.] ***ex abdito*** [C] Pros., de provenance secrète, de source cachée, [+C] Pros. ; ***in abdito*** [+C] Pros., en secret, caché, mystérieux ‖ ***abditior*** [T] Pros.

abdō, *ĭs*, *ĕre*, *dĭdī*, *dĭtum*, tr. ¶ **1** placer loin de, écarter, éloigner, dérober aux regards, cacher : [C] Pros. ‖ ***se in occultum*** [C] Pros., se retirer dans l'ombre ; ***se in terram*** [C] Pros., se cacher dans la terre ‖ [avec *in* abl.] [C] Pros. ‖ [avec abl. seul] [+C] Pros. ‖ [avec dat.] ***lateri ensem*** [C] Poés., enfoncer son épée dans le flanc ‖ pass. réfl. *abdi*, se retirer à l'écart, se cacher : [+C] Pros. ¶ **2** [métaph.] ***se abdere***, s'ensevelir dans, s'enfoncer dans [avec abl. ou *in* acc.] : ***litteris*** [C] Pros. ; ***in litteras*** [C] Pros., s'enfoncer dans l'étude ¶ **3** [fig.] cacher, tenir secret [un sentiment, frayeur, douleur, etc.] : [+C] Pros. ¶ **4** [poét.] cacher, recouvrir, dissimuler : ***caput casside*** [C] Poés., recouvrir sa tête d'un casque ; [+C] Pros.

abdōmĕn, *ĭnis*, n. ¶ **1** ventre, abdomen : [-C] Théât. ‖ [d'animaux] [-C] Théât. ¶ **2** [fig.] = sensualité, gourmandise : ***insaturabile abdomen*** [C] Pros., un ventre insatiable, [+C] Pros.

abdūcō, *ĭs*, *ĕre*, *dūxī*, *ductum*, tr.
I [pr.] ¶ **1** conduire en partant d'un point, emmener : ***de ara*** [-C] Théât., emmener de l'autel, [C] Poés., Pros. ; ***ex aedibus*** [-C] Théât., de la maison, [C] Pros. ; ***cohortes secum*** [C] Pros., emmener avec soi les cohortes ; ***ab Sagunto exercitum*** [C] Pros., emmener l'armée de Sagonte [qu'elle assiège] ¶ **2** emmener, enlever : ***familiam*** [C] Pros., enlever les esclaves ; ***legiones a Bruto*** [C] Pros., enlever ses légions à Brutus ‖ [avec dat.] ***aliquem, aliquid alicui***, enlever qqn, qqch. à qqn : [-C] Théât., [+C] Poés., Pros. ‖ [dat. ou abl. ? douteux] [C] Poés., [+C] Poés.
II [fig.] séparer de, détacher de ¶ **1** [idée d'éloignement] [C] Pros. ¶ **2** détourner de : ***aliquem ab negotio*** [C] Pros., détourner qqn de ses occupations ¶ **3** détacher, détourner et amener à soi : ***discipulum ab aliquo*** [C] Pros., enlever à qqn son disciple ; ***equitatum ad se*** [C] Pros., amener à soi la cavalerie ¶ **4** détourner d'une chose et mener à une autre : [C] Pros., [+C] Pros. ¶ **5** [fig. en parl. de choses], emmener, enlever, emporter : [+C] Pros.

abductĭo, *ōnis*, f., retraite, solitude : [T] Pros.

abductus, *a*, *um*, part. de *abduco*

abduxī, parf. de *abduco*

ăbēgī, parf. de *abigo*

Ăbēl, indécl., **Ăbēl**, *ēlis*, **Ăbēlus**, *i*, m., Abel [fils d'Adam] : [T] Pros.

Ăbella, *ae*, f., ville de Campanie [célèbre pour ses fruits] : ***malifera Abella*** [C] Poés.

ăbellāna, *ae*, f., noisette [d'Abella] : ***nux abellana*** [-C] Pros., [+C] Pros.

Ăbellānus, *a*, *um*, → *Abella, abellana*

ăbĕō, *īs*, *īre*, *ĭī*, *ĭtum*, intr.
I [pr.] s'en aller, s'éloigner, partir : [C] Pros. ***a)*** [avec *ex*] ***ex eorum agris*** [C] Pros., s'en aller de leurs terres ; ***ex conspectu*** [C] Pros., s'éloigner de la vue ‖ [avec *de*] [-C] Théât., [C] Pros. ‖ [avec *ab*] ***ab his locis*** [-C] Théât. ; ***ab urbe*** [C] Pros., s'éloigner de ces lieux, de la ville ; ***ab aliquo*** [-C] Théât., s'éloigner de qqn, quitter qqn, [C] Pros. ; ***ab oculis*** [-C] Théât., s'éloigner des regards, [+C] Pros. ‖ [avec abl.] ***navi*** [-C] Théât., quitter un vaisseau, [C] Pros., [+C] ***b)*** [avec supin] ***cubitum*** [-C] Théât., s'en aller se coucher ***c)*** [avec inf.] ***abi quaerere*** [-C] Théât., va-t'en chercher ***d)*** [avec acc. de qualité] [-C] Théât. ***e)*** [avec attribut du sujet] ***integri abeunt*** [C] Pros., ils s'en vont sans dommage ***f)*** [poét.] pénétrer dans, s'enfoncer dans : ***in corpus*** [C] Poés., s'enfoncer dans le corps, [+C] Poés.
II [fig.] ¶ **1** s'en aller, disparaître : [C] Pros. ; ***sensus abiit*** [C] Pros., le sentiment a disparu ¶ **2** [avec abl.] ***magistratu, consulatu***, etc., quitter une magistrature, le consulat, etc. : [C] Pros. ¶ **3** s'éloigner d'une chose, s'écarter de [avec *ab*] : ***ab jure*** [C] Pros., s'écarter du droit ; ***abeamus a fabulis*** [C] Pros., laissons là les récits fabuleux ‖ ***ne longius abeam*** [C] Pros., pour ne pas faire trop longue digression ¶ **4** s'éloigner d'un état pour passer à un autre, changer de nature, se transformer en qqch. ; [avec *in* acc.] ***e in u abiit*** [C] Pros., *e* s'est changé en *u* ; [C] Poés. ¶ **5** [en parl. d'une affaire] ***abire ab aliquo***, échapper à qqn : [C] Pros. ‖ [en parl. d'argent] sortir des coffres de qqn : [C] Pros. ¶ **6** aboutir à ***a)*** [avec *in* acc.] ***in vanum*** [+C] Pros., aboutir au néant, être sans effet ***b)*** [avec un adv.] avoir telle ou telle issue : [-C] Théât., [C] Pros. ¶ **7** [expr. familière] : ***abi in malam rem !*** ; va-t-en à la malheure ! ; ***abi in malam crucem !*** ; va te faire pendre ! va-t'en au diable ! : [-C]

Ăbĕōna, *ae*, f., déesse qui présidait au départ : [T] Pros.

ăbĕquĭtō, *ās*, *āre*, *āvī*, -, intr., partir à cheval : [C] Pros.

ăbĕram, imparf. de *absum*

ăbĕro, fut. de *absum*

ăberrātĭo, *ōnis*, f., moyen de s'éloigner de, diversion à : [C] Pros.

ăberrō, *ās*, *āre*, *āvī*, *ātum*, intr.
I [pr.] errer loin de : ***inter homines a patre*** [-C] Théât., s'égarer dans la foule après avoir perdu son père ; [C] Pros.
II [fig.] ¶ **1** s'éloigner, s'écarter ; ***ab aliqua re***, de qqch. : [C] Pros. ‖ ***ad alia*** [C] Pros., s'égarer sur d'autres idées ‖ [abs[t]] se distraire de pensées pénibles : [C] Pros. ¶ **2** s'égarer, se fourvoyer : [C] Pros. ; ***conjectura*** [C] Pros., s'égarer dans ses conjectures

ăbĕs, indic. prés. ou impér. 2e pers. de *absum*

Ăbessālōm, **-ōn**, m., → *Absalom*

ăbesse, inf. de *absum*

ăbĕuntis, gén. de *abiens*

abfŏre, **abfŭtūrum esse**, inf. fut. de *absum*

abfŏrem, imparf. subj. de *absum*

abfŭī, parf. de *absum*

abfŭtūrus, *a*, *um*, part. fut. de *absum*

Abgar, **Abgarus**, *i*, m., nom de plusieurs rois : [T] Pros. ; → *Acbarus*

ăbhĭbĕō, *ēs*, *ēre*, -, -, éloigner : [-C] Théât.

ăbhinc, adv.
I [lieu], loin d'ici : [C] Poés., [+C] Pros.
II [temps] ¶ **1** à partir de maintenant, à compter de maintenant ***a)*** [avec acc.] [-C] Théât., [C] Pros. ***b)*** [avec abl.] [C] Pros., [+C] Pros. ¶ **2** [par rapport à l'avenir] [-C] Théât.

ăbhorrens, *tis* ¶ **1** part. prés. de *abhorreo* ¶ **2** adj[t] ***a)*** déplacé, inopportun : ***abhorrentes lacrimae*** [C] Pros., larmes déplacées ***b)*** [avec dat.] inconciliable avec, qui ne répond pas à : [C] Pros.

ăbhorrĕō, *ēs*, *ēre*, *ŭī*, -, intr. ¶ **1** s'éloigner avec effroi de qqch., éprouver de l'horreur, de l'aversion, de l'éloignement, de la répugnance pour qqch. ***a)*** [avec *ab*] ***a dolore*** [C] Pros., avoir de l'aversion pour la douleur ***b)*** [avec abl.] [+C] Pros. ***c)*** [avec acc., pris trans[t]] [+C] Pros., [T] Pros. ***d)*** [abs[t]] se détourner avec horreur : [C] Pros. ‖ n'avoir aucune disposition favorable pour faire une chose, être réfractaire : [C] Pros. ‖ être hostile : [C] Pros. ¶ **2** [en parl. de choses] être incompatible avec, répugner à ***a)*** [*ab aliqua re, ab aliquo*] : [C] Pros. ***b) orationes abhorrent inter se*** [C] Pros., les discours sont contradictoires entre eux ***c)*** → *abhorrens*.

ăbhorrescō, ***ĭs, ĕre, -, -***, intr. et tr., se détourner de : [T] Pros.

ăbī, impér. de *abeo*

ăbībĭtur, [fut. pass. impers.] on s'en ira : [-C] Théât., [C] Pros.

ăbĭcĭo, → *abjicio*

ăbĭdum (abi dum) [-C] Théât., va-t'en donc

ăbĭēgnus, ***a, um***, de sapin : ***abiegnus equus*** [C] Poés., le cheval de Troie

ăbĭens, ***ĕuntis***, part. prés. de *abeo*

ăbĭēs (ābjēs), ***ĕtis***, f. ¶ **1** sapin [arbre] : [C] Pros. ¶ **2** [objets faits en sapin] tablettes à écrire : [-C] Théât. ‖ vaisseau : [C] Poés. ‖ lance : [C] Poés.

ăbĭĕtārĭus, ***a, um***, subst. m., ouvrier qui travaille le sapin : [T] Pros.

ăbĭgō, ***ĭs, ĕre, ēgī, actum***, tr. ¶ **1** pousser loin de, chasser : ***aliquem ab aedibus*** [-C] Théât., repousser qqn de la maison, [C] Pros. ¶ **2** pousser devant soi un troupeau pour le détourner, emmener, détourner, voler : [C] Pros. ¶ **3** expulser [le fœtus avant terme] : [C] Pros., [+C] Pros. ¶ **4** [fig.] chasser, faire disparaître, dissiper [fatigue, désirs, soucis] : [-C] Théât., [C] Pros., [+C] Pros.

1 **ăbĭī**, parf. de *abeo*

2 **Abĭi**, ***ōrum***, m. pl., Abiens [peuple de Scythie] : [+C] Pros.

Abimelech, m. indécl., nom de plusieurs rois : [T] Pros.

ăbinvĭcem, → *invicem* : [T] Pros.

Abītăcus, → *Avitacus*

ăbĭtĭo, ***ōnis***, f., départ : [-C] Théât.

ăbītō, ***ĭs, ĕre***, → *abaeto*

ăbĭtŭs, ***ūs***, m. ¶ **1** départ, éloignement : [-C] Théât., [C] Pros. ¶ **2** issue, sortie : [C] Poés., [+C] Pros.

abjēcī, parf. de *abjicio*

abjectē, adv., lâchement, bassement : [C] Pros., [+C] Pros.

abjectĭo, ***ōnis***, f. ¶ **1** abattement, découragement : [C] Pros. ¶ **2** abaissement, humiliation, condition humble : [T] Pros.

abjectus, ***a, um*** ¶ **1** part. de *abjicio* ¶ **2** adj[t] ***a)*** [rhét.] banal, plat : [C] Pros. ***b)*** bas, humble, commun : [C] Pros. ***c)*** abattu, sans courage : [C] Pros. ‖ ***abjectior*** [C] Pros. ; ***abjectissimus*** [+C] Pros.

abjĭcĭō, ***ĭs, ĕre, jēcī, jectum***, tr.

I [idée de séparation, d'éloignement] ¶ **1** [pr.] jeter loin de soi : [C] Pros. ¶ **2** [fig.] abandonner, laisser là [un espoir, un projet, une affaire] : [C] Pros. ‖ ***dolorem*** [C] Pros., chasser la douleur ; ***salutem*** [C] Pros., abandonner le souci de sa conservation ‖ [chrét.] rejeter [hors de l'Église], excommunier : [T] Pros.

II [idée d'abaissement] ¶ **1** jeter en bas, jeter à terre, rejeter [de haut en bas] : [C] Pros. ; ***insignibus abjectis*** [C] Pros., ayant jeté à terre ses insignes ; ***statua abjecta*** [C] Pros., la statue une fois abattue ; ***anulum in mari*** [C] Pros., jeter en mer son anneau ; ***se in herba*** [C] Pros., se jeter dans l'herbe ; ***e muro se in mare*** [C] Pros., se jeter du haut d'un mur dans la mer ¶ **2** abattre, terrasser : ***feriuntur, abjiciuntur*** [C] Pros., ils se frappent, se terrassent ; [+C] Pros. ‖ ***se abjicere*** [C] Pros., se laisser tomber à terre ; ***se ad pedes alicui*** ou ***ad pedes alicujus***, se jeter aux pieds de qqn : [C] Pros. ¶ **3** [fig.] ***a)*** abattre [au sens moral] : [+C] Pros. ; ***se abjicere*** [C] Pros., se laisser abattre ‖ surtout part., ***abjectus*** = abattu : [C] Pros. ***b)*** abaisser, ravaler : [C] Pros. ***c)*** [en parl. du débit ou du style] laisser échapper négligemment, laisser tomber : [C] Pros.

abjūdĭcātus, ***a, um***, part. de *abjudico*

abjūdĭcō, ***ās, āre, āvī, ātum***, tr. ¶ **1** refuser par un jugement, enlever par un jugement : [C] Pros. ¶ **2** [fig.] rejeter, repousser : ***se a vita*** [-C] Théât., renoncer à la vie ; ***aliquid ab aliquo*** [C] Pros., dénier qqch. à qqn ; ***sibi libertatem*** [C] Pros., se dénier la qualité d'homme libre

abjŭgō, ***ās, āre, -, -***, tr., détacher du joug, éloigner, séparer ; ***ab aliqua re***, de qqch. : [-C] Théât.

abjunctus, ***a, um***, part. de *abjungo*

abjungō, ***ĭs, ĕre, junxī, junctum***, tr. ¶ **1** détacher du joug, dételer : [C] Poés. ¶ **2** [fig.] séparer : [C] Pros.

abjūrātus, ***a, um***, part. de *abjuro*

abjurgō, ***ās, āre, -, -***, tr., refuser à qqn un objet en contestation, adjuger à un autre : [+C] Poés.

abjūrō, ***ās, āre, āvī, ātum***, tr., nier par un faux serment : ***pecuniam*** [-C] Théât., nier une dette par serment, [C] Pros., Poés.

ablactātĭo, ***ōnis***, f., sevrage : [T] Pros.

ablactātus, ***a, um***, part. de *ablacto*

ablactō, ***ās, āre, āvī, ātum***, tr., sevrer : [T] Pros.

ablăquĕātĭo, ***ōnis***, f., déchaussement [dégagement des racines] : [+C] Pros. ‖ fosse : [+C] Pros.

ablăquĕātus, ***a, um***, part. de *ablaqueo*

ablăquĕō, ***ās, āre, āvī, ātum***, tr., déchausser [creuser la terre autour d'un arbre pour couper les racines inutiles et les rejets, et pour maintenir l'eau à la base de la plante] : [-C] Pros., [+C] Pros.

ablātīvus, ***i***, m., [avec ou sans *casus*] ablatif : [+C] Pros.

ablātŏr, ***ōris***, m., ravisseur : [T] Pros.

ablātus, ***a, um***, part. de *aufero*

ablēgātĭo, ***ōnis***, f. ¶ **1** action de faire partir loin de, d'éloigner : [C] Pros. ¶ **2** bannissement, relégation : [+C] Pros.

ablēgātus, ***a, um***, part. de *ablego*

ablēgō, ***ās, āre, āvī, ātum***, tr., envoyer loin de, éloigner, écarter : [avec *ab*] ***a fratris adventu*** [C] Pros., empêcher d'être présent à l'arrivée d'un frère ‖ ***pueros venatum*** [C] Pros., éloigner les enfants en les envoyant à la chasse

ablepsĭa, ***ae***, f., inattention, distraction : [+C] Pros.

ablĭgurrĭō, ***ĭs, īre, īvī*** et ***ĭī, -***, tr., faire disparaître en léchant, lécher : [T] Pros. ‖ [fig.] dévorer, dissiper : [-C] Théât.

abligurrītĭo, ***ōnis***, f., action de dissiper : [T] Pros.

ablŏcō, ***ās, āre, -, -***, tr., céder en location : [+C] Pros.

ablūdō, ***ĭs, ĕre, -, -***, intr., ne pas s'accorder avec [cf. ἀπᾴδω] ‖ [fig.] s'éloigner de, être différent de [avec *ab*] : [C] Poés.

ablŭō, ***ĭs, ĕre, ŭī, ūtum***, tr. ¶ **1** enlever en lavant, laver [sang, sueur] : [C] Poés., [+C] Pros. ‖ ***Ulixi pedes*** [C] Pros., laver les pieds d'Ulysse ‖ [terme relig.] purifier par ablution : [C] Poés. ¶ **2** [fig.] laver, effacer, faire disparaître : [C] Pros., Poés.

ablūtus, ***a, um***, part. de *abluo*

ablŭvĭum, ***ĭi***, n., déluge, inondation : [+C] Pros.

abnătō, ***ās, āre, -, -***, intr., se sauver à la nage : [+C] Poés.

abnĕgātĭo, ***ōnis***, f., dénégation : [T] Pros. ‖ ***sui abnegatio*** [T] Pros., renoncement à soi même, abnégation

abnĕgō, ***ās, āre, āvī, ātum***, tr. ¶ **1** refuser absolument ; ***alicui aliquid***, qqch. à qqn : [C] Poés. ‖ [avec inf.] se refuser à : [C] Poés. ¶ **2** renier [un dépôt] : [+C] Pros., Poés.

abnĕpōs, ***ōtis***, m., arrière-petit-fils [4e degré] : [+C] Pros.

abneptis, ***is***, f., arrière-petite-fille : [+C] Pros.

Abner, m. indécl., général de l'armée de Saül : [T] Pros.

Abnŏba, ***ae***, f., mont de Germanie : [+C] Pros.

abnoctō, ***ās, āre, -, -***, intr., passer la nuit hors de chez soi, découcher : [+C] Pros.

abnōdātus, ***a, um***, part. de *abnodo*

abnōdō, ***ās, āre, -, -***, tr., couper les nœuds, les excroissances [de la vigne] : [+C] Pros.

abnormis, ***e***, qui n'est pas conforme à la règle : [C] Poés. [= en dehors de toute école philos.]

abnŭĕō, ***ēs, ēre, -, -***, → *abnuo* : [-C] Pros., Théât.

abnŭĭtūrus, ***a, um***, part. fut. de *abnuo* : [C] Pros.

abnŭmĕrō, *ās, āre, -, -*, compter entièrement : +C Pros.

abnŭō, *ĭs, ĕre, ŭī, -*, tr. ¶ **1** faire signe pour repousser qqch., faire signe que non : -C Théât., +C Pros. ‖ [avec prop. inf.] faire signe que ne... pas : C Pros. ¶ **2** [fig.] ***a)*** refuser ; ***aliquid*** ; qqch. : C Pros. ‖ [avec inf.] refuser de : C Pros., +C Pros. ‖ [absᵗ] C Pros., +C Pros. ‖ ***non abnuere quin*** +C Pros., ne pas s'opposer à ce que [ou avec prop. inf. +C Pros.] ‖ ***aliquid alicui*** C Pros., refuser qqch. à qqn ‖ ***alicui de re*** C Pros., opposer à qqn un refus sur un point ‖ ***alicui rei*** +C Pros., renoncer à qqch. ***b)*** nier ; ***aliquid***, qqch. : C Pros. ‖ [avec prop. inf.] nier que : C Pros., +C Pros. ‖ [absᵗ] +C Pros. ‖ [pass. impers.] ***abnuitur*** C Pros., on nie que

abnūtō, *ās, āre, -, -*, tr., refuser par signes répétés : -C Théât.

ăbŏlēfăcĭō, *ĭs, ĕre, fēcī, factum*, ➡ *1 aboleo* : +C Pros.

ăbŏlĕō, *ēs, ēre, ēvī, ĭtum*, tr. ¶ **1** détruire, anéantir : C Poés., +C Pros. ¶ **2** [fig.] supprimer, détruire, effacer [des rites, des mœurs, des lois] : C Pros., +C Pros. ; ***memoriam flagitii*** C Pros., effacer le souvenir d'une honte ‖ ***alicui magistratum*** C Pros., supprimer à qqn sa charge

ăbŏlescō, *ĭs, ĕre, ēvī, -*, intr., dépérir, se perdre : +C Pros. ‖ [fig.] s'effacer : C Poés., Pros.

ăbŏlĭtĭo, *ōnis*, f., abolition, suppression : +C Pros. ; ***facti*** +C Pros., amnistie

ăbŏlĭtus, *a, um*, part. de *1 aboleo*

ăbolla, *ae*, f., manteau de guerre : C Poés. ‖ manteau de philosophe : +C Poés. ‖ manteau [en gén.] +C Poés., Pros.

ăbōmĭnābĭlis, *e*, abominable : T Pros.

ăbōmĭnandus, *a, um*, [pris adjᵗ] abominable : C Pros., +C Pros.

ăbōmĭnātĭo, *ōnis*, f., action de repousser comme une chose exécrable, malédiction : T Pros. ‖ chose abominable [en rapport avec démons et idoles] : T Pros.

ăbōmĭnātus, *a, um*, part. parf. de *abominor* : C Pros., Poés.

ăbōmĭnŏr, *ārĭs, ārī, ātus sum*, tr. ¶ **1** écarter un mauvais présage : C Pros., +C Pros. ‖ [avec acc.] repousser de ses voeux : C Pros. ; ***quod abominor !*** C Poés., ce qu'aux dieux ne plaise ! ¶ **2** repousser avec horreur : C Pros., +C Pros. ‖ [avec inf.] avoir horreur de : +C Pros. ‖ adj. verbal, ***quod abominandum (est)*** C Pros., chose qu'on doit repousser avec horreur, +C Pros.

Abora, *ae*, m., fleuve de Mésopotamie : T Pros.

Ăbŏrīgĭnes, *um*, m. pl., Aborigènes [peuple primitif de l'Italie] : -C Pros., C Pros.

ăbŏrĭŏr, *īrĭs, īrī, ortus sum*, intr., périr, mourir : C Pros. ‖ avorter : +C Pros. ‖ [fig.] ***vox aboritur*** C Poés., la voix s'éteint, manque

ăbŏriscŏr, *scĕrĭs, scī, -*, intr., mourir : C Poés.

1 **ăbortĭō**, *īs, īre, īvī, -*, intr., avorter : T Pros.

2 **ăbortĭo**, *ōnis*, f., avortement : -C Théât., C Pros.

ăbortĭum, *ĭī*, n., avortement : T Pros.

ăbortīvum, *i*, n., substance abortive : +C Poés.

ăbortīvus, *a, um* ¶ **1** né avant terme : C Poés. ¶ **2** qui fait avorter : +C Pros.

ăbortō, *ās, āre, āvī, -*, intr., avorter : C Pros.

1 **ăbortus**, *a, um*, part. de *aborior*

2 **ăbortŭs**, *ūs*, m. ¶ **1** avortement : C Pros., Poés. ¶ **2** ***abortum facere*** ‖ avorter : +C Pros.

abra, *ae*, f., jeune servante : T Pros.

abrādō, *ĭs, ĕre, rāsī, rāsum*, tr., enlever en rasant, raser : C Pros. ‖ [fig.] enlever à, extorquer à [avec *ab*] : -C Théât., C Pros. ‖ [avec dat. ou abl., douteux] enlever à : +C Pros. ‖ [avec *ex*] +C Pros.

Ābrăhaeus, *i*, m., descendant d'Abraham : T Pros.

Ābrăhām, patriarche hébreu : T Pros.

abrāsus, *a, um*, part. de *abrado*

Abraxās, *ae*, m., divinité des Basilidiens [hérétiques] : T Pros.

abrĕlinquō, *ĭs, ĕre, līquī, -*, tr., laisser : T Pros.

abreptus, *a, um*, part. de *abripio*

abrĭpĭō, *ĭs, ĕre, rĭpŭī, reptum*, tr., arracher, enlever : [avec *a*] ***a tribunali*** C Pros., arracher du tribunal ; [avec *ex*] C Pros. ; [avec *de*] C Pros. ; [avec dat.] +C Pros. ‖ ***se abripere***, s'esquiver, se dérober : -C Théât., C Pros., +C Pros.

abrōdō, *ĭs, ĕre, rōsī, rōsum*, tr., enlever en rongeant, détruire en rongeant : C Pros.

abrŏgātĭo, *ōnis*, f., suppression par une loi d'une autre loi, abrogation : C Pros.

abrŏgātŏr, *ōris*, m., celui qui abroge, qui détruit : T Pros.

abrŏgātus, *a, um*, part. de *abrogo*

abrŏgō, *ās, āre, āvī, ātum*, tr. ¶ **1** enlever ***a) fidem alicui, alicui rei***, enlever le crédit à qqn à qqch. : -C Théât., C Pros. ***b) imperium, magistratum alicui***, enlever à qqn ses pouvoirs, sa charge : C Pros. ¶ **2** supprimer, abroger [une loi] : C Pros. ¶ **3** n. pl., ***abrogata*** +C Pros., des choses abolies

abrōsī, parf. de *abrodo*

ăbrŏtŏnītēs vīnum (hăbr-), acc. *ēn*, vin d'aurone : +C Pros.

ăbrŏtŏnum (hăbr-), *i*, n., **abrŏtŏnus**, *i*, m., C Poés., aurone [plante médicinale]

abrumpō, *ĭs, ĕre, rūpī, ruptum*, tr., détacher en rompant ¶ **1** détacher violemment : C Poés. ; ***se latrocinio Antonii*** C Pros., s'arracher à la bande de brigands d'Antoine ; C Pros., Poés. ¶ **2** briser, rompre : ***vincula*** -C Pros., briser ses fers ; C Pros., Poés. ; ***abrupto ponte*** +C Pros., le pont étant brisé ‖ [fig.] interrompre brusquement : ***somnos*** C Poés. ; ***sermonem*** C Poés., rompre le sommeil, un entretien ; ***vitam*** C Poés., l'existence, +C Pros. ; ***dissimulationem*** +C Pros., rompre avec, en finir avec la dissimulation ¶ **3** intr. [avec *ab*] se séparer violemment de qqn : +C Pros.

Abrupolis, *is*, m., roi de Thrace : C Pros.

abruptē, adv., brusquement : +C Pros. ‖ ***abruptius*** T Pros.

abruptĭo, *ōnis*, f., rupture : C Pros. ‖ [fig.] divorce : C Pros.

abruptum, *i*, n. ¶ **1** pl. ***a)*** parties brisées, tronçons : +C Pros. ***b) abrupta viarum*** +C Poés., escarpements des routes, précipices ¶ **2** [expressions] ***in abruptum ferri, trahi***, être entraîné dans les profondeurs, dans un gouffre, dans l'abîme, [au pr. et fig.] : C Poés., +C Pros. ‖ ***per abrupta*** +C Pros., à travers des précipices, par des voies escarpées, pénibles

abruptus, *a, um* ¶ **1** part. de *abrumpo* ¶ **2** [adjᵗ] ***a)*** à pic, escarpé, abrupt : +C Pros. ***b)*** [en parl. du style] brisé, coupé, haché : C Pros., +C Pros. ***c)*** [en parl. du caractère] intraitable, rigide : ***abrupta contumacia*** +C Pros., une obstination inflexible

Absālōm, Ăbessālōm, m. indécl., Absalon [fils de David] : T Poés.

abscēdentĭa, *ĭum*, n. pl., abcès : +C Pros. ; ➡ *abscedo* ¶ *2b*

abscēdō, *ĭs, ĕre, cessī, cessum*, intr., aller loin de, s'éloigner, s'en aller ¶ **1** ***a)*** [absᵗ] ***abscede*** -C Théât., va-t'en, retire-toi ‖ [fig.] ***somnus abscessit*** C Poés., le sommeil s'en est allé ; ***metus abscessit*** +C Pros., la crainte est partie ***b) ab aliquo*** C Pros., s'éloigner de qqn ; ***ab urbe*** C Pros., s'éloigner de la ville ; ***a Capua*** C Pros., de Capoue [environs] ; ***Regio*** C Pros., de Regium ; ***Armenia*** +C Pros., quitter l'Arménie ‖ [fig.] ***e conspectu*** -C Théât., s'éloigner de la vue ; ***civilibus muneribus*** C Pros., se tenir à l'écart des fonctions civiles ; ***e foro*** C Pros., s'éloigner du forum ***c)*** abandonner, renoncer à : ***ab obsidione*** C Pros., renoncer au siège, abandonner le siège ; ***custodia Ioniae*** C Pros., abandonner la garde de l'Ionie ¶ **2** ***a)*** [peinture] s'éloigner en perspective : C Pros. ***b)*** [médec.] se former en abcès : +C Pros. ¶ **3** décéder, mourir : T Pros.

abscessĭo, *ōnis*, f. ¶ **1** action de s'éloigner, éloignement : C Pros. ¶ **2** [chrét. = ἀποστασία] apostasie : T Pros.

abscessūrus, *a, um*, part. fut. de *abscedo*

abscessŭs, *ūs*, m. ¶ **1** acte de s'éloigner, éloignement : C Pros., Poés. ‖ départ : +C Pros. ¶ **2** absence : +C Pros. ‖ retraite : +C Pros. ¶ **3** [médec.] abcès : +C Pros.

abscīdō, *ĭs, ĕre, cīdī, cīsum*, tr. ¶ **1** séparer en coupant, trancher : ***caput*** C Pros., trancher la tête ¶ **2** [fig.] ***a)*** séparer : C Pros. ; ***abscisa aqua*** C Pros., eau détournée [par une saignée] ***b)*** retrancher, enlever [l'espoir, un appui] : C Pros., +C Pros. ¶ **3** châtrer : T Pros.

abscindō, *ĭs, ĕre, scĭdī, scissum*, tr. ¶**1** séparer en déchirant, arracher, déchirer : ***alicujus tunicam a pectore*** [C] Pros., arracher à qqn sa tunique de la poitrine ; [poét.] ***abscissa comas*** [C] Poés., s'arrachant les cheveux ; [+C] Pros. ¶**2** [fig.] ***a)*** séparer : ***inane soldo*** [C] Poés., le vide du plein ***b)*** supprimer : [C] Poés.

abscīsē, adv., d'une manière concise : [+C] Pros.

abscīsĭo, *ōnis*, f., action de retrancher : [T] Pros. ‖ castration : [T] Pros. ‖ [rhét.] réticence : [C] Pros.

abscissus, *a, um*, part. de *abscindo*

abscīsus, *a, um* ¶**1** part. de *abscido* ¶**2** [adj^t^] ***a)*** abrupt : [C] Pros., [+C] Pros. ***b)*** [en parl. du style] écourté, tronqué : [+C] Pros. ***c)*** [fig.] raide, intraitable, inaccessible : [+C] Pros. ; ***abscisior justitia*** [+C] Pros., justice trop rigoureuse ***d)*** châtré, rendu castrat : [T] Pros.

abscondi, **abscondĭdi**, parf. de *abscondo*

abscondĭtē ¶**1** d'une manière cachée, secrètement : [T] Pros. ¶**2** [fig.] ***a)*** d'une manière enveloppée : [C] Pros. ***b)*** d'une manière profonde : [C] Pros.

abscondĭtĭo, *ōnis*, f., action de se cacher, cf. [T] Pros.

abscondĭtus, *a, um* ¶**1** part. de *abscondo* ¶**2** [adj^t^] caché, invisible : [C] Pros. ‖ [fig.] ignoré, secret, mystérieux : [C] Pros. ¶**3** subst. n., chose cachée, secret, mystère : ***in absconditis suis*** [T] Pros., dans le plus profond de soi-même ; ***in absconditis*** [T] Pros., en secret

abscondō, *ĭs, ĕre, condĭdī* et *condī, condĭtum* et *consum*, tr. ¶**1** cacher loin de, dérober à la vue : [-C] Théât., [C] Pros., [+C] Pros., Poés. ‖ [poét.] perdre de vue [en naviguant] : [C] Poés., [+C] Pros. ‖ [pass.] ***abscondi*** [C] Poés., se coucher [en parl. des astres] ‖ [abs^t^] ***abscondere*** [+C] Pros., se cacher ¶**2** [fig.] cacher, dissimuler : [C] Pros., [+C] Pros. ¶**3** [avec *ab*] protéger, défendre de : [T] Pros.

absconsē, adv., ➡ *abscondite*, en secret : [+C] Poés.

absconsĭo, *ōnis*, f., action de cacher ou de se cacher : [T] Pros.

absconsus, *a, um*, ➡ *absconditus* part. de *abscondo* ‖ ***in absconso*** [T] Pros., en secret

absens, *tis* ¶**1** part. prés. de *absum* ¶**2** [adj^t^] absent : [C] Pros. ‖ ***absentissimus*** [T] Pros.

absentĭa, *ae*, f., absence : [C] Pros., [+C] Pros.

absentĭum, ➡ *absinthium*

absentīvus, *a, um*, absent : [+C] Pros.

absentō, *ās, āre, -, -*, ***se absentare***, s'absenter : [T] Pros.

absĭlĭō, *ĭs, īre, sĭlŭī* et *sĭlīvī, -* ¶**1** intr., sauter loin de, s'éloigner par des sauts : [C] Poés. ‖ sauter, rebondir : [+C] Poés. ¶**2** tr., ***nidos*** [+C] Poés., sauter hors des nids

absim, *is, it*, subj. prés. de *absum*

absĭmĭis, *e*, non semblable, différent : [C] Pros., [+C] Pros.

absinthĭātus, *a, um*, qui contient de l'absinthe : [C] Pros. ‖ **absinthiatum**, n., vin d'absinthe

absinthītes, *ae*, m., vin d'absinthe : [+C] Pros.

absinthĭum, *ĭi*, n., absinthe : [C] Poés., Pros., [+C] Pros. ; ➡ *apsinthium*

absinthĭus, *ĭi*, m. (**apsinthĭum**, *ĭi*, n.), absinthe : [C] Poés.

absis, ➡ *apsis*

absistō, *ĭs, ĕre, stĭtī, -*, intr. ¶**1** s'éloigner de : ***ab aliqua re*** [C] Pros., de qqch. ; ***vestigiis hostis*** [C] Pros., s'éloigner des traces de l'ennemi, perdre les traces de l'ennemi ¶**2** [fig.] cesser de, renoncer à ***a)*** [avec abl.] ***oppugnatione*** [C] Pros., renoncer au siège ; ***incepto*** [C] Pros., abandonner une entreprise ; ***continuando magistratu*** [C] Pros., cesser de maintenir sa charge, de se maintenir en charge ***b)*** [avec inf.] [C] Poés., Pros. ***c)*** [abs^t^] s'arrêter, cesser : [C] Poés., Pros. ; ***absistamus*** [C] Poés., tenons-nous-en là

absit, ➡ *absum ¶2 c*

absŏlūtē, adv., d'une façon achevée, parfaite : [C] Pros. ; ***absolutius*** [+C] Pros. ; ***absolutissime*** [C] Pros.

absŏlūtĭo, *ōnis*, f. ¶**1** acquittement : [C] Pros. ; ***majestatis*** [C] Pros., acquittement sur le chef de lèse-majesté ¶**2** achèvement, perfection : [C] Pros. ¶**3** [rhét.] exactitude [revue complète des genres relatifs à une cause] : [C] Pros.

absŏlūtōrĭus, *a, um*, qui acquitte : [C] Pros., [+C] Pros.

absŏlūtus, *a, um* ¶**1** part. de *absolvo* ¶**2** [adj^t^] ***a)*** achevé, parfait : [C] Pros. ***b)*** complet, qui forme par soi-même un tout : [C] Pros. ***c)*** [gram., en parl. du positif des adj. et adv. ; opp. à comparatif, superlatif] : [+C] Pros. ‖ ***absolutior*** [+C] Pros. ; ***-tissimus*** [C] Pros., [+C] Pros.

absolvō, *ĭs, ĕre, solvī, sŏlūtum*, tr. ¶**1** détacher, délier : [+C] Pros. ‖ dégager : ***vinclis absoluti*** [+C] Pros., dégagés de leurs fers ¶**2** dégager, laisser libre : [-C] Théât. ¶**3** dégager de, délier de : ***ab aliquo se absolvere*** [C] Pros., se libérer au regard de qqn ; ***aliquem cura*** [C] Pros., débarrasser qqn d'un souci ‖ [en part.] ***absolvere aliquem*** [-C] Théât., payer qqn ¶**4** acquitter, absoudre : [C] Pros. ‖ ***majestatis absolvi*** [C] Pros., être acquitté du chef de lèse-majesté ; ***capitis*** [C] Pros., d'une accusation capitale ; ***improbitatis*** [C] Pros., être absous du grief de malhonnêteté, [+C] Pros. ‖ ***ambitu*** [C] Pros., être absous du chef de brigue ; ***crimine*** [C] Pros., d'une accusation, [+C] Pros. ; ***aliquem suspicione regni*** [C] Pros., absoudre quelqu'un du soupçon d'aspirer à la royauté ‖ ***de praevaricatione absolutus*** [C] Pros., absous du chef de prévarication ‖ ***aliquem peccato*** [C] Pros., absoudre qqn d'une faute ; ***se absolvere*** [+C] Pros., s'absoudre ; ***fidem*** [+C] Pros., absoudre la fidélité ¶**5** achever [des labours, un édifice, un sanctuaire] : [C] Pros. ; ***Catone absoluto*** [C] Pros., mon Caton [*de Senectute*] étant achevé ; [C] Pros. ‖ [abs^t^] achever un développement, un exposé : ***uno verbo*** [-C] Théât., dire tout d'un mot ; [C] Pros.

absŏnē, adv., d'une voix fausse : [+C] Pros. ‖ [fig.] de façon absurde, sans rime ni raison : [+C] Pros.

absŏnus, *a, um* ¶**1** qui n'a pas le son juste, faux : [C] Pros. ‖ ***littera absona*** [+C] Pros., lettre ayant un son désagréable ‖ discordant, inharmonieux : [+C] Pros. ¶**2** [fig.] discordant : ***alicui rei*** [C] Pros., qui ne s'accorde pas avec qqch. ; [ou] ***ab aliqua re*** [C] Pros. ‖ [abs^t^] choquant, qui détonne : [+C] Pros.

absorbĕō, *ēs, ēre, bŭī, -*, tr., faire disparaître en avalant, absorber, engloutir : [C] Pros., Poés.

Absoritānus, *i*, m., habitant de l'île d'Absoros [Adriatique] : [+C] Poés.

absorptus, *a, um*, part. de *absorbeo*

absp-, ➡ *asp-*

1 **absquĕ**, prép. avec abl., sans ¶**1** [chez les com., *absque* avec un abl. et *esset* ou *foret*, subj. de suppos.] [-C] Théât. ¶**2** ***a)*** sans : [+C] Pros. ***b)*** excepté, hormis : [+C] Pros. ***c)*** en dehors de, loin de [local] : [+C] Pros. ***d)*** sans compter, en plus de : [T] Pros.

2 **absquĕ**, = ***et abs***

abstantĭa, *ae*, f., distance, éloignement : [C] Pros.

abstēmĭus, *a, um* ¶**1** qui s'abstient de vin : [C] Poés. ¶**2** sobre, tempérant ‖ [avec gén.] qui s'abstient de : [C] Pros.

abstentus, *a, um*, part. de *abstineo*

abstergĕō, *ēs, ēre, tersī, tersum*, tr. ¶**1** essuyer [des larmes, du sang, de la poussière] : [C] Pros. ¶**2** [fig.] effacer, balayer, dissiper [la douleur, les ennuis] : [C] Pros. ¶**3** emporter, balayer : ***remos*** [+C] Pros., les rames

absterrĕō, *ēs, ēre, terrŭī, terrĭtum*, tr., détourner par la crainte, détourner, chasser ***a)*** ***ab aliqua re*** [C] Pros., détourner de qqch. ‖ ***de aliqua re*** [-C] Théât., écarter de qqch. ‖ ***vitiis*** [C] Poés. ; ***bello*** [+C] Pros., détourner des vices, de la guerre ‖ [abs^t^] ***hostem*** [C] Pros., chasser l'ennemi, [+C] Pros. ***b)*** [avec *ne* subj.] détourner de, empêcher de : [-C] Théât. ***c)*** ***non absterrere quin*** [+C] Pros., ne pas détourner de ***d)*** ***aliquid alicui*** [C] Poés., refuser qqch. à qqn

absterrĭtus, *a, um*, part. de *absterreo*

abstersī, parf. de *abstergeo*

abstersus, *a, um*, part. de *abstergeo*

abstĭnāx, *ācis*, habitué à l'abstinence : [+C] Pros.

abstĭnens, *tis* ¶**1** part. prés. de *abstineo* ¶**2** adj. ***a)*** qui s'abstient, retenu, modéré, réservé : [C] Pros. ***b)*** désintéressé : [C] Pros. ***c)*** [avec gén.] ***pecuniae*** [C] Poés., indifférent à l'argent ; ***alieni abstinentissimus*** [+C] Pros., désintéressé au plus haut point du bien d'autrui ; [avec abl.] [+C] Pros.

abstĭnentĕr, adv., avec désintéressement : [C] Pros., [+C] Pros.

abstĭnentĭa, *ae*, f. ¶ 1 action de s'abstenir, retenue, réserve : [C] Pros. ‖ [avec gén.] ***alicujus rei*** [C] Pros., fait de s'abstenir de qqch., [+C] Pros. ¶ 2 désintéressement : [C] Pros. ¶ 3 abstinence, continence : [+C] Pros.

abstĭnĕō, *ēs*, *ēre*, *tĭnŭī*, *tentum*
I tr. ¶ 1 tenir éloigné de, maintenir loin de ***a) ab aliquo manum*** [-C] Théât. ; ***manus*** [C] Pros., tenir sa main, ses mains éloignées de qqn, s'abstenir de toucher à qqn ; [ou] ***ab aliqua re*** [C] Pros., s'abstenir de toucher à qqch. ; ***manus a se*** [C] Pros., ne pas tourner ses mains contre soi-même, s'épargner ; ***ab aede ignem*** [C] Pros., écarter le feu du temple ***b) direptione militem*** [C] Pros., tenir le soldat éloigné du pillage ***c)*** [C] Pros. ; ***sermonem de aliqua re*** [-C] Théât., se dispenser de parler de qqch. ¶ 2 [réfléchi] ***a) se abstinere ab aliqua re*** [C] Pros., s'abstenir de qqch., [+C] Pros. ‖ ***nefario scelere*** [C] Pros., s'abstenir d'un crime abominable ***b)*** [absᵗ] ***se abstinere*** [C] Pros., se tenir à l'écart ‖ s'abstenir de nourriture : [C] Pros., [+C] Pros.
II intr., s'abstenir de, se tenir à l'écart de ¶ 1 [avec abl.] ***proelio*** [C] Pros., s'abstenir de combattre ; ***faba*** [C] Pros., s'abstenir des fèves ¶ 2 [avec compl. introduit par *ab*] ***a mulieribus*** [C] Pros., épargner les femmes ‖ ***a voluptatibus*** [C] Pros., s'abstenir des plaisirs ; ***a cibo*** [+C] Pros., s'abstenir de nourriture ¶ 3 [avec gén.] [C] Poés., [+C] Pros. ¶ 4 [avec une prop. subordonnée complétive] ***a)*** [avec inf.] [-C] Théât., [+C] Pros. ***b) non abstinere quin***, ne pas s'abstenir de : [-C] Théât., [C] Pros., [+C] Pros. ; ou ***quominus*** [+C] Pros. ¶ 5 [absᵗ] s'abstenir : [-C] Théât., [C] Poés., Pros.

abstō, *ās*, *āre*, -, -, intr., être éloigné, être placé à distance : [C] Poés. ‖ ***abstandus*** [-C] Théât., on doit le tenir à l'écart

abstractus, *a*, *um*, part. de *abstraho*

abstrăhō, *ĭs*, *ĕre*, *trāxī*, *tractum*, tr. ¶ 1 tirer, traîner loin de, séparer de, détacher de, éloigner de [au pr. et fig.] ***a) a rebus gerendis*** [C] Pros., détourner de l'activité politique ; ***a sollicitudine*** [C] Pros., arracher, soustraire à l'inquiétude ***b) de matris amplexu aliquem*** [C] Pros., arracher qqn des bras de sa mère ***c)*** [abl. ou dat. ?] [C] Poés., [+C] Théât., Pros., Poés. ¶ 2 entraîner : ***ad bellicas laudes*** [C] Pros., entraîner vers les exploits guerriers, [+C] Pros.

abstrūdō, *ĭs*, *ĕre*, *trūsī*, *trūsum*, tr., pousser violemment loin de ; [mais sens affaibli], cacher, dérober à la vue [au pr. et fig.] : ***aulam in fano*** [-C] Théât., cacher une marmite dans un temple ; ***in profundo veritatem*** [C] Pros., cacher la vérité dans les profondeurs ; ***in silvam se*** [C] Pros., se cacher dans un bois ; ***tristitiam*** [+C] Pros., dissimuler sa tristesse ; [C] Pros., Poés.

abstrūsē, ➡ *abstrusius*

abstrūsĭo, *ōnis*, f., action de cacher : [T] Pros.

abstrūsĭus, adv., plus secrètement : [T] Pros.

abstrūsus, *a*, *um* ¶ 1 part. de *abstrudo* ¶ 2 adj. ***a)*** caché : ***dolor abstrusus*** [C] Pros., douleur refoulée ***b)*** abstrus, difficile à pénétrer : ***disputatio abstrusior*** [C] Pros., argumentation un peu abstruse ***c)*** [caractère] dissimulé, fermé : [+C] Pros. ***d) in abstruso esse*** [-C] Théât., être caché

abstŭlī, parf. de *aufero*

absum, *ăbes*, *ăbesse*, *āfŭī*, *āfŭtūrus*, intr. ¶ 1 être à une distance de [souvent avec les adv. *longe*, *prope*, *procul* ou un acc. de distance] : [C] Pros. ; ***a morte propius*** [C] Pros., être à une distance plus rapprochée de la mort ¶ 2 être loin de, être éloigné de ***a)*** [avec *ab*] [C] Pros. ‖ [avec *ex*] [C] Pros. ‖ [avec abl.] ***patria***, ***Roma***, ***domo***, ***urbe***, être éloigné de sa patrie, de Rome, de chez soi, de la ville : [C] Pros. ***b)*** [absᵗ, au pr. et fig.] être éloigné : ***absentibus notus*** [C] Pros., connu de personnes éloignées, connu au loin ; ***dum timor abest*** [C] Pros., pendant que la crainte se trouve éloignée ‖ [au subj. optatif] ***vis absit*** [C] Pros., que la violence se tienne au loin, ne se montre pas ***c) absit*** [avec inf., ou avec *ut* ou *ne* subj.], loin de nous la pensée de (que) : [+C] Pros. ¶ 3 être éloigné de l'endroit où l'on est d'ordinaire, ne pas être là, être absent : [C] Pros. ¶ 4 [fig.] manquer, faire défaut ***a)*** [en parl. de pers.] ***absentibus nobis*** [C] Pros., sans mon assistance ***b)*** [en parl. de choses] [C] Pros. ¶ 5 être loin de, différent de : [C] Pros. ¶ 6 [en parl. de choses] être éloigné, n'être pas compatible avec, ne pas convenir à : [C] Pros. ¶ 7 être loin de, être exempt de, être sans : ***a culpa*** [C] Pros., être exempt de faute ‖ se tenir éloigné de, s'écarter de : [C] Pros. ¶ 8 [expressions] ***a) non multum (haud procul, non longe, paulum) abest quin***, il ne s'en faut pas de beaucoup que : [C] Pros. ; ***abesse non potest quin*** [C] Pros., il ne peut manquer que ; ***nihil abest quin*** [C] Poés., il ne s'en faut de rien que ; [C] Pros. ***b) longe abest ut*** [C] Pros., il s'en faut de beaucoup que ***c)*** [le plus souvent] ***tantum abest ut... ut***, tant s'en faut que... qu'au contraire : [C] Pros. ; [après le second *ut* on trouve aussi] ***contra*** [C] Pros. ; ***etiam*** [C] Pros. ; ***vix*** [C] Pros. ‖ [au lieu du second *ut*, une prop. principale] [C] Pros. ***d)*** [avec *tantum* exclamatif] [C] Pros., [+C] Pros.

absūmēdo, *ĭnis*, f., consommation [jeu de mots] : [-C] Théât.

absūmō, *ĭs*, *ĕre*, *sumpsī*, *sumptum*, tr., prendre entièrement ¶ 1 user entièrement, consumer [au pr. et fig.] : [C] Pros. ; ***res paternas*** [C] Pros., dissiper son patrimoine, [+C] Pros. ; [C] Pros., Poés. ; ***absumet Caecuba*** [C] Poés., il engloutira ton Cécube ; ***vires*** [C] Poés., épuiser ses forces ‖ [en parl. du temps] ***dicendo tempus*** [C] Pros., épuiser le temps en parlant ¶ 2 détruire, anéantir [des choses] : [C] Pros. ; ***classis absumpta*** [C] Pros., flotte anéantie ¶ 3 faire périr, anéantir : ***reliquias pugnae*** [C] Pros., massacrer les survivants du combat ‖ [au pass.] ***absumi***, être emporté, périr : [C] Pros.

absumptĭo, *ōnis*, f., anéantissement, destruction : [T] Pros.

absumptus, *a*, *um*, part. de *absumo*

absurdē ¶ 1 d'une manière qui détonne : [C] Pros. ¶ 2 d'une manière déplacée : [+C] Pros. ¶ 3 d'une manière absurde : [C] Pros.

absurdĭtās, *ātis*, f., absurdité : [T] Pros.

absurdus, *a*, *um* ¶ 1 qui a un son faux, qui détonne : [C] Pros. ‖ [d'où] choquant, désagréable, déplaisant : [C] Pros. ¶ 2 qui détonne, qui jure, qui ne convient pas : [C] Pros. ‖ ***haud absurdum est*** [avec inf.], il n'est pas déplacé de : [C] Pros., [+C] Pros. ¶ 3 [en parl. des idées, des paroles] absurde, saugrenu : [C] Pros. ‖ ***absurdum est*** [avec inf.], il est absurde de : [C] Pros. ; [avec prop. inf.], il est absurde que : [C] Pros. ‖ ***absurdissimus*** [C] Pros.

Absyrtus, *i*, m. ¶ 1 fils d'Æètès, frère de Médée : [C] Pros., Poés. ¶ 2 fleuve de l'Illyrie : [+C] Poés.

Abudius, nom de famille : [+C] Pros.

Abulites, *ae*, m., nom d'un Perse : [+C] Pros.

ăbundans, *tis* ¶ 1 part. prés. de *abundo* ¶ 2 adj. ***a)*** qui déborde : [C] Poés. ***b)*** qui est en abondance, à profusion, surabondant : [C] Pros. ***c)*** qui a en profusion, riche : [C] Pros. ***d)*** riche en [avec abl.] : ***bellicis laudibus*** [C] Pros., riche en gloire guerrière ‖ [avec gén.] [C] Pros. ***e) -tior*** [C] Pros. ; ***-tissimus*** [C] Pros.

ăbundantĕr, adv., abondamment, avec abondance : [C] Pros. ‖ ***-tius*** [C] Pros.

ăbundantĭa, *ae*, f. ¶ 1 abondance : [C] Pros. ‖ ***ingenii*** [C] Pros., richesse de génie ¶ 2 richesse, opulence : [C] Pros. ¶ 3 [rhét.] surabondance, prolixité : [C] Pros., [+C] Pros.

ăbundātio, *ōnis*, f., débordement d'un cours d'eau : [+C] Pros.

ăbundē ¶ 1 abondamment, en abondance : [C] Pros. ‖ suffisamment : [C] Pros., [+C] Pros. ; ***abunde est*** [avec inf.] [+C] Pros., c'est bien assez de ; ***abunde est, si*** [+C] Pros., c'est bien assez si, que ¶ 2 [avec gén.] assez de : [C] Poés., [+C] Pros.

ăbundō, *ās*, *āre*, *āvī*, *ātum*, intr. ¶ 1 déborder : [C] Pros., [+C] Pros., Poés. ¶ 2 être en abondance : [C] Poés. ¶ 3 avoir en abondance, être abondamment pourvu de [avec abl.] : ***equitatu*** [C] Pros., être abondamment pourvu de cavalerie ‖ [avec gén.] [-C] Poés., [C] Poés. ¶ 4 [absᵗ] être riche, être dans l'abondance : [C] Pros.

ăbundus, *a*, *um*, abondant : [+C] Pros.

Aburas, ➡ *Abora*

Aburius, *ĭī*, m., nom d'homme : [C] Pros.

ăbūsĭo, *ōnis*, f., [rhét.] catachrèse : [C] Pros., [+C] Pros.

ăbūsīvē ¶ 1 par catachrèse, métaphoriquement : [+C] Pros. ¶ 2 de façon insolite, abusive : [T] Pros.

ăbusquĕ, prép. avec abl., ➡ *usque ab*, depuis : ***abusque Pachyno*** [C] Poés., depuis le promontoire de Pachynum ; ***Oceano abusque*** [+C] Pros., depuis l'Océan ; [temporel] ***Tiberio abusque*** [+C] Pros., depuis Tibère

1 **ăbūsus**, *a*, *um*, part. de *abutor*

2 **ăbūsŭs**, *ūs*, m., utilisation d'une chose jusqu'à son épuisement, consommation complète : [C] Pros.

ăbūtendus, *a, um*, dont on peut abuser : +C Pros.

ăbūtŏr, *ūtĕrĭs, ūtī, ūsus sum*
I [arch.] tr., user jusqu'à consommation, jusqu'à disparition de l'objet, épuiser, consumer : ***omnem caseum*** -C Pros., utiliser tout le fromage ; ***aurum*** -C Théât. ; ***rem patriam*** -C Théât., dissiper une somme d'or, son patrimoine ; ***operam*** -C Théât., consumer son activité, perdre son temps, C Pros.
II intr. ¶1 se servir pleinement de, user librement de, employer complètement : ***sole*** C Pros., user librement du soleil ; ***prooemio*** C Pros., utiliser un préambule [de façon définitive, une fois pour toutes] ; ***otio*** C Pros., employer entièrement ses moments de loisir ¶2 user de [en faisant dévier l'objet de sa destination première] : C Pros. ‖ ***verbo*** C Pros., faire un emploi détourné d'un mot ¶3 abuser : ***militum sanguine*** C Pros., abuser de la vie de ses soldats

Ăbȳdēnus, *a, um*, d'Abydos [Mysie] : C Poés. ‖ [m. pris substᵗ] = Léandre, amant d'Hero : C Poés.

Ăbȳdus, *i*, C Pros., m., **Ăbȳdos** C Poés., f. et **Ăbȳdum**, *i*, n., Abydos [ville de Mysie]

ăbyssus, *i*, f. qqf. m. ¶1 [pr.] abîme : T Pros. ‖ profondeur inaccessible : T Pros. ¶2 [fig.] l'outre-tombe, les enfers : T Pros. ‖ l'enfer, séjour des damnés : T Pros.

ac, ➡ *atque*

ăcăcĭa, *ae*, f., suc d'acacia : +C Pros.

Ăcădēmīa, *ae*, f. ¶1 L'Académie [gymnase d'Académus, près d'Athènes, dans un parc ; c'est là qu'enseignait Platon] : C Pros., +C Pros. ¶2 [gymnase de Cicéron dans sa villa de Tusculum] : C Pros. ¶3 [méton. = philosophie platonicienne] : ***vetus Academia*** C Pros., l'ancienne Académie

Ăcădēmĭcus, *a, um*, académique, relatif à l'Académie : C Pros. ; ***Academica quaestio*** C Pros., l'enquête sur la doctrine académique ‖ n. pl., ***Academica*** C Pros., les *Académiques* ‖ m. pl., ***Academici*** C Pros., les philosophes de l'Académie

Ăcădēmus, *i*, m., héros grec : C Pros.

Acadira, f., ville de l'Inde : +C Pros.

ăcălanthis, *ĭdis*, f., oiseau [peut-être le chardonneret] : C Poés.

Ăcămās, *antis*, m., nom de divers personnages grecs, notamment du fils de Thésée et de Phèdre : C Poés.

ăcanthĭnus, *a, um*, d'acanthe : +C Pros.

Ăcanthis, *ĭdis*, f., nom de femme : C Poés.

Ăcanthō, f., mère du Soleil : C Pros.

1 **ăcanthus**, *i* ¶1 m., acanthe [plante dont la feuille sert souvent comme ornement dans l'architecture] : C Poés., Pros. ¶2 f., arbre d'Égypte toujours vert, mimosa : C Poés.

2 **Ăcanthus**, *i*, m., ville de Macédoine : C Pros.

ăcapnus, *a, um*, sans fumée [en parl. du miel qu'on a recueilli sans chasser les abeilles par la fumée] : ***ligna acapna*** +C Poés., bois qui ne fume pas

ăcarna, **ăcarnē**, ➡ *2 acharne*

Ăcarnān, *ānis*, m. ¶1 nom du héros éponyme de l'Acarnanie : C Poés. ¶2 [adj. et subst.] d'Acarnanie, Acarnanien : C Pros., Poés. ; pl., ***Acarnanes***, les Acarnaniens ‖ acc. sg. *Acarnana*, C Pros. ; acc. pl. *Acarnanas*, C Pros.

Ăcarnānĭcus, *a, um*, acarnanien : C Pros. ‖ **-nānus**, *a, um*, C Pros.

Ăcastus, *i*, m., fils de Pélias, roi d'Iolcos : C Poés. ‖ nom d'un esclave de Cicéron : C Pros.

Ăcaunus, *i*, m., nom de lieu du pays des Nantuates ‖ **Acauni**, *ōrum*, m. pl., habitants d'Acaune : +T Pros.

Acbarus, *i*, m., nom de roi arabe : +C Pros. ; ➡ *Abgar*

Acbatana, ➡ *Ecbatana*

Acca, *ae*, f. ¶1 compagne de Camille : C Poés. ¶2 ***Acca Larentia (Larentina)***, nourrice de Romulus et Rémus : C Pros., +C Poés., Pros.

accădō, *ĭs, ĕre, -, -*, intr., tomber devant : C Pros. ; ➡ *1 accido*

accănō, *ĭs, ĕre, -, -*, intr., chanter avec : C Pros.

accantō (adcantō), *ās, āre, -, -*, intr., chanter auprès de [dat.] : +C Poés.

accēdō, *ĭs, ĕre, cessī, cessum*
I aller vers, se rendre dans ¶1 [pr.] *a)* [avec ad + acc. ou avec dat.] aller vers, s'approcher de : ***ad aliquem accedere*** Cic., aborder qqn : ***ad aliquid accedere*** Cic., Caes., s'approcher de qqch ‖ [idée d'hostilité] marcher sur, contre : ***ad urbem accedere*** Cic., marcher sur la ville ‖ [spéc.] aller vers qqn = le fréquenter : ***ad aliquem accedere*** Cic. ; ***alicui accedere*** Quint., fréquenter qqn *b)* [tr.] ***aliquem accedere*** Sall., Tac., s'approcher de qqn ; ***aliquid accedere*** Plin., Liv., s'approcher de qqch. *c)* [avec in + acc. ou acc. seul] se rendre dans, pénétrer dans : ***in aliquid accedere*** Cic., pénétrer dans qqch. ; ***Romam accedere*** Cic., entrer dans Rome ¶2 [fig.] [intr.] ***ad rem publicam accedere*** Cic., aborder la carrière politique ; ***ad dicendum accedere*** Cic., se disposer à parler ; ***ad pericula accedere*** Cic., s'exposer aux dangers ; ***ad causam accedere*** Cic., se charger d'une cause ; ***ad condiciones accedere*** Cic., donner son adhésion à des conditions ‖ [tr.] ***naturae partes accedere*** Virg., aborder les mystères de la nature ; ***societatem accedere*** Tac., se joindre, se rallier à une alliance
II venir en plus, s'ajouter ¶1 [avec ad + acc. ou avec dat.] ***ad aliquid accedere*** Cic., s'ajouter à qqch. ¶2 [avec subordonnée] ***accedit quod*** Cic., à cela s'ajoute le fait que ‖ ***accedit ut*** [subj.] il arrive en outre que, à cela s'ajoute que : Cic.

accĕlĕrātio, *ōnis*, f., accélération : C Pros.

accĕlĕrātus, *a, um*, part. de *accelero*

accĕlĕrō, *ās, āre, āvi, ātum* ¶1 intr., se hâter, faire diligence : C Pros. ¶2 tr., hâter, presser : ***iter*** C Pros., accélérer la marche ; ***gradum*** C Pros., presser le pas, +C Pros. ; ***consulatum alicui*** +C Pros., hâter l'accès de qqn au consulat

accendō, *ĭs, ĕre, cendī, censum*, tr. ¶1 embraser, mettre le feu à, allumer : ***faces*** C Pros., allumer des torches ‖ ***ignem*** C Poés., allumer un feu, +C Pros. ‖ embraser, rendre brûlant : ***harenas*** +C Pros., embraser les sables du désert ¶2 [fig.] *a)* enflammer, exciter ; ***aliquem***, qqn : C Pros. ‖ ***ad pugnam*** +C Pros., donner l'ardeur de combattre ; ***ad dominationem accensi*** C Pros., ardents à dominer ; ***in rabiem accensi*** C Pros., jetés dans un transport de fureur ‖ ***aliquem contra aliquem*** C Pros. ou ***in aliquem*** C Pros., enflammer qqn contre qqn *b)* allumer, éveiller, provoquer qqch. : C Pros. ; ***cupiditatem*** C Pros. ; ***odium*** +C Pros., allumer le désir, la haine ; ***favorem alicui*** C Pros., allumer pour qqn la faveur populaire *c)* attiser, augmenter : C Pros., +C Pros.

accensĕō (adcensĕō), *ēs, ēre, -, censum*, tr., mettre au nombre de, rattacher à ; ***alicui, alicui rei***, à qqn, à qqch. : C Poés. ; part., ***accensus*** C Pros.

accensĭbĭlis, *e*, qui brûle : T Pros.

accensĭo, *ōnis*, f., action d'allumer : T Pros.

1 **accensus**, *a, um* ¶1 part. de *1 accendo* ¶2 part. de *accenseo*

2 **accensus**, *i*, m. ¶1 [employé d'ordinaire au pl. *accensi, orum*] *a)* [primᵗ désigne la cinquième classe créée par Servius] *b)* [en langue milit.] soldats de réserve en surnombre [destinés à combler les vides dans les légions, appelés plus tard *supernumerarii*] : C Pros. ; ***accensi velati*** C Pros., soldats surnuméraires [littᵗ "habillés", parce qu'ils n'étaient en armes que quand ils comblaient les vides] ¶2 huissier [attaché à un magistrat], appariteur : C Pros.

accentĭuncŭla, *ae*, f., accent, accentuation : +C Pros.

accentŭs, *ūs*, m. ¶1 accent, son d'une syllabe : +C Pros. ¶2 accentuation, augmentation : ***hiemis*** T Pros., de l'hiver

accēpī, parf. de *accipio*

acceptābĭlis, *e*, agréable à, agréé de [compl. au dat.] : T Pros.

acceptātus, *a, um* ¶1 part. de *accepto* ¶2 adj., +C Pros.

acceptĭo, *ōnis*, f., action de recevoir, réception : C Pros.

acceptō, *ās, āre, āvī, ātum*, tr. ¶1 avoir l'habitude de recevoir : -C Théât., +C Pros. ¶2 recevoir, accueillir : ***jugum*** +C Poés., supporter le joug

acceptŏr, *ōris*, m. ¶1 celui qui reçoit, qui fait accueil, qui approuve : -C Théât. ¶2 ***personarum*** T Pros., partial ¶3 ➡ *accipiter*, épervier : -C Poés.

acceptōrārĭus, *ĭi*, m., fauconnier : [T] Poés.

acceptōrĭus, *a*, *um*, ***modulus***; tuyau de réception d'eau : [+C] Pros.

acceptrīx, *īcis*, f., celle qui reçoit : [-C] Théât.

acceptum, *i*, n. ¶**1** ce qu'on a reçu, ce qu'on a touché : [-C] Théât., [C] Pros.; ***in acceptum referre*** [C] Pros., porter au chapitre des recettes ¶**2** [fig.] ce qui est porté au compte de, imputé à : ***accepto ferre*** [T] Pros., mettre au compte de, attribuer à ; [+C] Pros.

acceptus, *a*, *um* ¶**1** part. de *accipio* ‖ [en part.] ***aliquid acceptum ferre (referre) alicui***, porter, relater sur son registre au nom de qqn qqch. comme reçu = porter qqch. à l'avoir, au crédit de qqn : [C] Pros. ‖ [fig.] porter au compte de, imputer à : [C] Pros. ¶**2** adj. ***a)*** [en parl. de choses] bien accueilli, agréable ; ***alicui***, à qqn : [C] Pros., Poés. ***b)*** [en parl. de pers.] bien vu, bienvenu : [C] Pros. ‖ ***apud aliquem acceptissimus*** [-C] Théât., le mieux vu de qqn

accers-, → *arcess-*

accessĭo, *ōnis*, f. ¶**1** action de s'approcher : [-C] Théât. ¶**2** arrivée, accès d'une maladie, crise : [+C] Pros. ¶**3** arrivée en plus, addition, augmentation, accroissement : [C] Pros. ¶**4** partie ajoutée, partie annexe, accessoire : [C] Pros. ¶**5** [phil.] idée ajoutée, notion supplémentaire, complément : [C] Pros. ¶**6** ce qu'on donne en plus de la chose due ou stipulée, supplément, surplus : [-C] Pros., [C] Pros., [+C] Pros. **accessĭtō**, *ās*, *āre*, -, -, intr., venir vers sans discontinuer : [-C] Pros.

accessŭs, *ūs*, m. ¶**1** arrivée, approche : [C] Pros. ¶**2** accès auprès de qqn, possibilité d'approcher qqn : [C] Pros., [+C] Pros. ‖ accès dans un lieu : [C] Poés., Pros. ¶**3** accès, attaque d'une maladie : [+C] Pros.

Acchĕruns, → *Acheruns* : [-C] Théât.

Accĭa, → *Accius*

Accĭānus, *a*, *um*, accien, d'Accius [le poète] : [C] Pros., [+C] Pros.

accĭdens, *entis*, n. du part. prés. d'*1 accido* pris subst[t] ¶**1** accident [opp. à substance], manière d'être accidentelle, non essentielle, accessoire ‖ [au pl.] [+C] Pros. ; [le sg. est tard.] ¶**2** événement malheureux, accident fâcheux [au pl.] : [+C] Pros.

1 **accĭdō**, *ĭs*, *ĕre*, *cĭdī*, -, intr. ¶**1** tomber vers ou sur : ***de caelo ad terram*** [-C] Théât., descendre du ciel sur la terre, [C] Poés. ; [C] Pros. ‖ ***ad genua*** [-C] Théât., se jeter aux genoux de qqn, [C] Pros. ; ou ***genibus*** [C] Pros. ‖ [milit.] survenir, tomber sur l'ennemi : [C] Pros. ¶**2** arriver, parvenir [aux oreilles, à la vue] : ***auribus*** [C] Pros. ; ***ad aures*** [C] Pros., arriver aux oreilles ; ***ad oculos animumque*** [C] Pros., tomber sous les yeux et frapper l'attention ‖ ***accidere*** [seul] ; arriver aux oreilles : [C] Pros., [+C] Pros. ¶**3** arriver ***a)*** [événements fortuits, malheureux] : ***quod acciderit, feramus*** [C] Pros., ce qui arrivera, supportons-le ***b)*** [événements indifférents] : [C] Pros. ***c)*** [événements heureux] : [C] Pros. ***d)*** arriver réellement : [C] Pros. ¶**4** arriver de telle ou telle manière, tourner bien ou mal : [C] Pros. ; ***si secus accidit*** [C] Pros., si les événements ont mal tourné ¶**5** [gram.] [+C] Pros. ¶**6** [tours particul.] ***a) percommode accidit quod*** [C] Pros., c'est une chance que ; ***accidit perincommode quod*** [C] Pros., c'est très fâcheux que ***b)*** [avec prop. inf.] [C] Pros., [+C] Pros.

2 **accīdō**, *ĭs*, *ĕre*, *cīdī*, *cīsum*, tr. ¶**1** commencer à couper, entamer, entailler : [C] Pros., Poés. ¶**2** couper entièrement, couper à ras : [C] Pros. ‖ [poét.] ***accisis dapibus*** [C] Poés., les mets une fois consommés

accĭĕō, *ēs*, *ēre*, *cīvī*, *cītum*, tr., faire venir : [-C] Théât., [+C] Poés.

accinctĭo, *ōnis*, f., action de ceindre, de s'armer : [T] Pros.

accinctus, *a*, *um* ¶**1** part. de *accingo* ¶**2** adj. ‖ prêt, dispos : [+C] Pros.

accingō, *ĭs*, *ĕre*, *cinxī*, *cinctum*, tr. ¶**1** [poét.] adapter par une ceinture : ***ensem lateri*** [+C] Poés., adapter (ceindre) une épée au côté ‖ [fig.] [C] Poés. ¶**2** ***accingi ferro, armis, ense***, se ceindre du glaive, de ses armes, de son épée : [C] Poés., [+C] Pros. ; ***gladiis accincti*** [C] Pros., des gens armés ; [d'où] ***accinctus***, armé : [+C] Pros. ¶**3** [avec abl.] munir de, pourvoir de, armer de : ***accincta flagello*** [C] Poés., armée d'un fouet ; [+C] Pros. ‖ [fig.] ***aliquem ad fastigium paternum*** [+C] Pros., armer qqn en vue du trône paternel ¶**4** ***a) se accingere rei***, se préparer, se disposer en vue d'une chose : [C] Poés. ***b)*** pass. réfléchi, ***accingi***, se préparer : ***accingere*** [-C] Théât., prépare-toi, [C] Pros., [+C] Pros. ‖ ***in rem***, se préparer en vue d'une chose : [C] Pros., [+C] Pros. ; ***ad rem*** [C] Pros., [+C] Pros. ; ***rei*** [+C] Poés. ‖ [avec inf.] [C] Poés., [+C] Pros.

accinxī, parf. de *accingo*

accĭō, *īs*, *īre*, *cīvī* (*cĭī*), *cītum*, tr., faire venir, mander : ***aliquem filio doctorem*** [C] Pros., faire venir qqn pour servir de maître à son fils ; ***ex Etruria*** [C] Pros. ; ***e castris*** [C] Pros., faire venir d'Étrurie, du camp ; ***ab Tarracone*** [C] Pros., mander de Tarragone ; ***aliquem Romam Curibus*** [C] Pros., faire venir qqn de Cures à Rome

accipenser, → *acipenser*

accĭpĕtrīna, → *accipitrinus*

accĭpĭō, *ĭs*, *ĕre*, *cēpī*, *ceptum* ¶**1** recevoir qqn, l'accueillir, le traiter bien ou mal : ***milites tectis accipere*** Liv., recevoir des soldats chez soi ; ***in urbem aliquem accipere*** Liv., recevoir qqn dans la ville ‖ ***in deditionem aliquem accipere*** Caes., recevoir la soumission de qqn ; ***in civitatem aliquem accipere*** Cic., donner le droit de cité à qqn ‖ ***aliquem leniter accipere*** Cic., traiter qqn avec douceur ; ***verberibus accipi*** Cic., être traité avec des coups ¶**2** recevoir qqch., accepter, subir : ***pecuniam, dona, litteras accipere*** Cic., recevoir de l'argent, des cadeaux, une lettre ; ***aliquid ex manu alicujus accipere*** Pl., recevoir qqch. des mains de qqn ; ***medicinam accipere*** Cic., prendre un médicament ‖ ***excusationem accipere*** Cic., accepter une excuse ; ***condicionem pacis accipere*** Caes., accepter des conditions de paix ‖ ***contumeliam accipere*** Cic., subir un outrage ; ***calamitatem accipere*** Caes., essuyer un désastre ¶**3** recevoir une nouvelle, une information, du sens : ***accipe, accipite*** Hor., écoute, écoutez ; [au parf.] ***aliquid accepisse ab aliquo*** Cic., savoir qqch. en le tenant de qqn ; [avec prop. inf.] ***accepimus*** Cic., nous savons par la tradition que ‖ ***verbum in sententiam aliquam*** Cic., prendre, interpréter un mot dans tel ou tel sens ‖ ***in bonam partem aliquid accipere*** Cic., prendre qqch. en bonne part

accĭpĭtĕr, *tris*, m., épervier, faucon ; [en gén.] oiseau de proie : [C] Pros. ‖ [au fig., en parl. d'un homme rapace] [-C] Théât.

accĭpĭtrīnus, *a*, *um*, d'épervier : [-C] Théât.

accĭpĭtrō, *ās*, *āre*, -, -, tr., déchirer [à la manière d'un oiseau de proie] : [+C] Pros.

accīsus, *a*, *um*, part. de *2 accīdo*

Accĭtānus, *a*, *um*, d'Acci : [T] Pros.

accītĭo, *ōnis*, f., évocation, appel : [T] Pros.

1 **accītus**, *a*, *um* ¶**1** part. de *accio* ¶**2** adj., importé, d'origine étrangère : [+C] Pros.

2 **accītŭs**, *ūs*, m., appel : ***accitu alicujus*** [C] Pros., sur une convocation, un appel de qqn ; [+C] Pros.

Accĭus, *ĭi*, m., **Accĭa**, *ae*, f., nom de famille ‖ L. Accius [poète romain] : [C] Pros.

accīvī, parf. de *accio*

acclāmātĭo (adcl-), *ōnis*, f. ¶**1** cris à l'adresse de qqn ***a)*** [en bonne part] acclamation ; [C] Pros., [+C] Pros. ***b)*** [en mauvaise part.] huée, clameur : [C] Pros. ; ***adversa*** [C] Pros., cris hostiles ¶**2** action de crier : [C] Pros. ¶**3** [rhét.] exclamation : [+C] Pros.

acclāmō (adcl-), *ās*, *āre*, *āvī*, *ātum*, intr. ¶**1** pousser des cris à l'adresse de qqn ou de qqch., pour protester ou blâmer ***a)*** [abs[t]] ***acclamatur*** [C] Pros., on pousse des cris hostiles ***b) alicui*** [C] Pros., se récrier contre qqn, [+C] Pros. ***c)*** [avec prop. inf.] crier en réponse que, protester que : [C] Pros. ¶**2** [pour louer] : [+C] Pros. ¶**3** répondre par des cris : [+C] Pros. ; [avec prop. inf.] répondre par acclamation que : [C] Pros. ; [avec *ut*] en réponse demander à grands cris que : [+C] Pros. ¶**4** [avec acc. de la chose criée] crier à l'adresse de qqn : ***servatorem liberatoremque*** [C] Pros., proclamer qqn sauveur et libérateur ; ***nocentem*** [+C] Pros., par ses cris désigner qqn comme coupable

acclārō (adcl-), *ās*, *āre*, *āvī*, -, tr., rendre clair, faire voir clairement : [C] Pros.

acclīnātus, *a*, *um*, part. de *acclino*

acclīnis (adcl-), *e*, appuyé à ou contre, adossé à : ***arboris trunco*** [C] Poés., adossé au tronc d'un arbre, [+C] Poés. ‖ ***acclini jugo*** [C] Poés., sur un sommet légèrement en pente

acclīnō (adcl-), *ās, āre, āvī, ātum*, tr., appuyer à ou contre, incliner vers : ***se ad aliquem*** [C] Poés., se pencher vers qqn ; [C] Pros. ‖ [fig.] ***se ad causam senatus*** [C] Pros., se donner au parti du sénat

acclīvis (adcl-), *e*, qui a une pente montante, qui va en montant : [C] Pros. ; ***valde acclivis*** [C] Pros., montant fortement

acclīvĭtās (adcl-), *ātis*, f., montée, pente en montée : [C] Pros. ‖ hauteur, colline : [T] Pros.

Acco, *ōnis*, m., nom d'un personnage gaulois : [C] Pros.

accognoscō (adcogn-), *ĭs, ĕre, gnōvī, gnĭtum*, tr., reconnaître : [C] Pros., [+C] Pros.

accŏla, *ae*, m., qui habite auprès, voisin : [-C] Théât. ; ***accolae Cereris*** [C] Pros., les voisins du temple de Cérès : ***accolae Oceani*** [C] Pros., riverains de l'Océan ; ***accolae fluvii*** [+C] Pros., les cours d'eaux voisins, les affluents

accŏlō (adcŏlō), *ĭs, ĕre, cŏlŭī, cultum*, tr., habiter auprès : [C] Pros.

accommŏdātē (adcom-), d'une manière appropriée, qui convient ***a)*** [avec *ad*] [C] Pros. ; ***ad naturam accommodatissime*** [C] Pros., de la manière la plus conforme à la nature ; ***accommodatius*** [C] Pros. ***b)*** [avec dat.] [T] Pros.

accommŏdātĭo (adcom-), *ōnis*, f., appropriation : [C] Pros. ‖ esprit d'accommodement : [C] Pros.

accommŏdātus (adcom-), *a, um* ¶ **1** part. de *accommodo* ¶ **2** adj., approprié à ***a)*** ***ad rem*** [C] Pros., approprié à qqch. ***b)*** [avec dat.] [C] Pros., [+C] Pros.

accommŏdē, adv., d'une manière apropriée : ***-dissime*** [+C] Pros.

accommŏdō (adcom-), *ās, āre, āvī, ātum*, tr. ¶ **1** adapter, ajuster ***a)*** [avec dat.] ***rem rei*** [C] Pros., ajuster une chose à une autre ; ***sibi personam*** [C] Pros., s'arroger un rôle, une personnalité ; ***umeris alas*** [C] Poés., ajuster des ailes aux épaules ***b)*** [avec *ad*] [-C] Théât., [C] Pros. ¶ **2** [fig.] approprier ***a)*** [avec dat.] [C] Pros. ; ***naturae se*** [+C] Pros., s'accommoder à la nature ***b)*** [avec *ad*] [C] Pros. ; ***testes ad crimen*** [C] Pros., produire les témoins appropriés à un chef d'accusation ; ***aliquem ad sententiam*** [C] Pros., mettre qqn d'accord avec une maxime ***c)*** ***accommodari*** [avec *in* acc.] ; s'adapter à, s'appliquer à : [C] Pros. ***d)*** [abst] ***alicui accommodare de aliqua re*** [C] Pros., donner des accommodements à qqn à propos de qqch., se montrer accommodant ¶ **3** appliquer [son esprit, ses soins, son attention] à qqch. : ***animum negotio*** [+C] Pros., appliquer son esprit à une affaire ; ***operam studiis*** [+C] Pros., consacrer son activité aux études ; ***pecoribus curam*** [+C] Pros., donner ses soins aux troupeaux ¶ **4** ***nomen*** [+C] Pros., donner un nom

accommŏdus (adcom-), *a, um*, approprié à, convenable pour [avec dat.] : [C] Poés., [+C] Poés. ‖ [abst] bon : [T] Pros.

accrēdō (adcr-), *ĭs, ĕre, dĭdī, -*, intr., [avec dat.] être disposé à croire, ajouter foi : [-C] Théât., [C] Poés., Pros. ; [pris abst] [C] Pros.

accrescō (adcr-), *ĭs, ĕre, crēvī, crētum*, intr. ¶ **1** aller en s'accroissant : ***flumen accrevit*** [C] Pros., le fleuve a grossi ; ***accrescit fides*** [C] Pros., la confiance va grandissant ‖ ***accrescens***, florissant : [T] Pros. ¶ **2** s'ajouter à [avec dat.] : [C] Poés., [+C] Pros.

accrētĭo (adcr-), *ōnis*, f., accroissement, augmentation : [C] Pros.

accrēvī, parf. de *accresco*

accŭbĭtio, *ōnis*, f., action de s'étendre, de se coucher : [C] Pros. ‖ action de prendre place sur un lit de table : [C] Pros.

accŭbĭtŭs, *ūs*, m., ➡ *accubitio* : [+C] Poés.

accŭbō (adcŭbō), *ās, āre, -, -*, intr. ¶ **1** être couché, étendu auprès ***a)*** [avec dat.] [+C] Pros. ***b)*** [abst] être couché : [C] Pros., Poés. ¶ **2** être étendu sur le lit de table, être à table : [C] Pros. ‖ [avec acc.] ***lectum*** [+C] Pros., prendre place sur un lit

accŭbŭō, [adv. forgé plaisamment par Plaute, comme réplique à *adsiduo*] en couchant à côté : [-C] Théât.

accūdō, *ĭs, ĕre, -, -*, frapper en outre [des pièces de monnaie] : [-C] Théât.

accumbō, *ĭs, ĕre, cŭbŭī, *cŭbĭtum*, intr. ¶ **1** se coucher, s'étendre : [C] Pros. ‖ [avec dat.] se coucher à côté de qqn : [C] Poés. ; [avec acc.] [-C] Théât. ¶ **2** s'étendre sur le lit de table ; [avec acc.] ***mensam*** [-C] Poés., prendre place à table ; [avec dat.] ***epulis divum*** [C] Poés., prendre part aux festins des dieux ‖ ***in convivio*** [C] Pros., prendre place à un repas ‖ [abst] prendre place, assister à un repas : [C] Pros. ; ***in robore*** [C] Pros., s'étendre sur le bois dur (à même le bois) ; ***eodem lecto*** [C] Pros., sur le même lit

accŭmŭlātē, adv., avec abondance, largement : [C] Pros. ‖ ***accumulatissime*** : [C] Pros.

accŭmŭlātŏr, *ōris*, m., accumulateur : [+C] Pros.

accŭmŭlō, *ās, āre, āvī, ātum*, tr. ¶ **1** mettre en monceau, amonceler, accumuler : [C] Pros. ¶ **2** mettre par-dessus, ajouter : [+C] Poés., Pros. ‖ ***rei accumulari*** [C] Poés., s'ajouter à qqch. ¶ **3** augmenter : ***aliquem aliqua re*** [C] Poés., combler qqn de qqch. ; ***rem re***, augmenter une chose d'une autre chose, ajouter une chose à une autre : [C] Poés., [+C] Poés. ; ***caedem caede*** [C] Poés., entasser meurtre sur meurtre

accūrātē, adv., avec soin, soigneusement : [C] Pros. ; ***fallere*** [-C] Théât., tromper avec circonspection ; [C] Pros. ‖ ***-tius*** [C] Pros. ; ***-tissime*** [C] Pros.

accūrātio, *ōnis*, f., action d'apporter ses soins, son attention : [C] Pros.

accūrātus, *a, um* ¶ **1** part. de *accuro* ¶ **2** adj., fait avec soin, soigné [en parl. de choses] : [C] Pros. ; ***accurata malitia*** [-C] Théât., ruse soigneusement ourdie ; [C] Pros. ‖ ***accuratior*** [C] Pros.

accūrō, *ās, āre, āvī, ātum*, tr., apporter ses soins à, faire (préparer) avec soin : [-C] Théât., [C] Pros. ‖ [avec *ut*] [-C] Théât. ; [avec *ne*] [-C] Théât. ; [avec subj. seul] [-C] Théât. ‖ ***advenientes hospites*** [-C] Théât., faire accueil aux hôtes qui arrivent [en prendre soin]

accurrō, *ĭs, ĕre, currī (cŭcurrī), -*, intr., courir vers, accourir : [pris abst] [C] Pros. ; [avec *ad*] [C] Pros. ; [avec *in*] ***accurres in Tusculanum*** [C] Pros., tu viendras en hâte dans ma villa de Tusculum ; [avec acc.] ***aliquem*** [+C] Pros., accourir vers qqn ; [avec deux dat.] ***auxilio alicui*** [C] Pros., accourir au secours de qqn ‖ [en parl. de choses] : ***imagines accurrunt*** [C] Pros., les images se présentent instantanément

accursŭs, *ūs*, m., action d'accourir : [+C] Pros.

accūsābĭlis, *e*, digne d'être accusé, incriminé : [C] Pros.

accūsātĭo, *ōnis*, f., action d'accuser, d'incriminer [devant un tribunal dans le cadre d'un procès criminel public ou d'un procès privé] ¶ **1** accusation [surtout au sens judiciaire] : [C] Pros. ; ***accusationem adornare*** [C] Pros. ; ***comparare*** [C] Pros. ; ***factitare*** [C] Pros. ; ***suscipere*** [C] Pros., préparer, disposer une accusation ; faire métier d'accusateur ; se charger d'une accusation ; ***accusationes exercere*** [+C] Pros., faire métier de délateur ‖ accusation = discours d'accusation : [C] Pros. ‖ [en part., les discours contre Verrès] : [C] Pros. ¶ **2** [avec gén. subj.] ***Catonis accusatio*** [C] Pros., accusation portée par Caton ; ***mea*** [C] Pros. ‖ [gén. obj.] ***M'. Aquili*** [C] Pros., accusation contre M'. Aquilius

accūsātīvus, *a, um*, [gram.] accusatif : ***casus*** [C] Pros., l'accusatif ; [subst. m., même sens] [+C] Pros.

accūsātŏr, *ōris*, m., accusateur, celui qui intente une accusation, accusateur de métier : [C] Pros. ‖ délateur : [+C] Pros.

accūsātōrĭē, adv., à la manière d'un accusateur, avec passion : [C] Pros.

accūsātōrĭus, *a, um*, d'accusateur : ***accusatorio animo*** [C] Pros., avec une âme d'accusateur ; ***accusatoria consuetudo*** [C] Pros., la méthode ordinaire des accusateurs

accūsātrīx, *īcis*, f., accusatrice : [-C] Théât., [+C] Pros.

accūsātus, *a, um*, part. de *accuso*

accūsĭtō, *ās, āre, -, -*, tr., incriminer : [-C] Théât.

accūsō, *ās, āre, āvī, ātum*, tr., mettre en cause, porter plainte [contre], accuser ¶ **1** accuser en justice, intenter une accusation ; [abst] être accusateur : [C] Pros. ‖ [avec acc.] ***aliquem*** [C] Pros., accuser qqn, intenter une accusation à qqn (contre qqn) ‖ [avec gén. du crime dont on accuse] ***ambitus*** [C] Pros., accuser de brigue ; ***pecuniae captae*** [C] Pros., de vénalité [d'avoir reçu de l'argent] ‖ [avec *de*] ***de pecuniis repetundis*** [C] Pros., accuser de concussion ‖ [avec *propter*] à cause de : [C] Pros. ‖ [avec *inter*] ***inter sicarios*** [C] Pros., accuser d'assassinat (comme faisant partie d'assassins) ‖ [avec *in* et abl. de *res* ou d'un pron. neutre] accuser à propos d'une chose : [C] Pros. ‖

[avec *ob*, à cause de] [C] Pros. ‖ [avec *quod* et subj.] ***aliquem, quod fecerit*** [C] Pros., accuser qqn d'avoir fait ‖ [avec prop. inf.] [+C] Pros.; [avec inf.] ***accusata injecisse*** [+C] Pros., accusée d'avoir provoqué ‖ [avec le gén. de la peine encourue, dans l'expr. *accusare aliquem capitis*, "intenter à qqn une accusation capitale"] : [C] Pros. ‖ [avec l'abl.] ***crimine*** ou ***criminibus***, accuser qqn au moyen de tel ou tel chef d'accusation, invoquer contre qqn tel ou tel grief : [C] Pros. ¶**2** accuser [en gén.], incriminer : [C] Pros. ‖ ***aliquid***, incriminer qqch., faire le procès d'une chose, la blâmer : [C] Pros.; ***inertiam adulescentium*** [C] Pros., adresser aux jeunes gens le reproche de paresse ‖ ***aliquem quod*** [subj.]; reprocher à qqn de... : [C] Pros. ‖ [avec *cur*] [C] Pros.

Acē, *ēs*, f., ville de Galilée, auj. St-Jean-d'Acre : [C] Pros.

ăcēdiŏr, *ārĭs*, *ārī*, -, intr., être dégoûté, découragé : [T] Pros.

ăceō, *ēs*, *ēre*, *ăcŭī*, -, intr., être aigre : [-C] Pros.

1 **ăcĕr**, *ĕris*, n., érable : [C] Poés.

2 **ācer**, *cris*, *cre* ¶**1** pointu, perçant : ***ferrum acre*** [+C] Pros., fer acéré; ***acres stimuli*** [C] Poés., aiguillon perçant ¶**2** perçant, pénétrant, âpre, rude, vif [en parl. de ce qui affecte les sens] : ***acetum acre*** [-C] Pros., vinaigre piquant; ***suavitate acerrima*** [C] Pros., [parfum] d'une douceur très pénétrante; [C] Poés., Pros.; ***acris hiems*** [C] Poés., l'âcre, le rude hiver ¶**3** perçant, pénétrant [en parl. des sens et de l'intelligence] : ***sensus acerrimus*** [C] Pros., [la vue] le sens le plus pénétrant, le plus vif; ***animus acer*** [C] Pros., esprit vif ¶**4** [en parl. du caractère] ardent, impétueux, énergique, ou [en mauvaise part] violent, fougueux, passionné : ***milites acres*** [C] Pros., soldats ardents; ***hostis acerrimus*** [C] Pros., l'ennemi le plus acharné; ***acerrimi duces*** [C] Pros., chefs les plus énergiques; ***Aufidus acer*** [C] Poés., le violent Aufide; ***in dicendo acrior*** [C] Pros., orateur plus ardent ‖ [avec *ad*] ***ad efficiendum*** [C] Pros., prompt à réaliser; [avec *in* abl.] ***in rebus gerendis*** [C] Pros., ardent dans l'action; [avec *in* acc.] ***litterae acriores in aliquem*** [C] Pros., lettre plus violente à l'égard de qqn; [avec abl.] ***bellis*** [C] Poés., ardent dans les batailles; [avec gén.] ***militiae*** [+C] Pros., infatigable soldat; [avec inf.] ardent à faire qqch. : [+C] Poés. ¶**5** vif, violent, rigoureux [en bonne ou mauvaise part, en parl. de sentiments ou de choses abstraites] : ***amor gloriae*** [C] Pros., vif amour de la gloire; ***acrioribus suppliciis*** [C] Pros., avec des supplices plus rigoureux; ***acerrima pugna*** [C] Pros., combat le plus acharné; ***acrioribus remediis*** [C] Pros., avec des remèdes plus énergiques, avec des moyens plus efficaces; ***acris oratio*** [C] Pros., vivacité du style ‖ [n. pris substᵗ] **acre**, *cris*, âpreté, violence : [C] Poés.

ăcĕrātus, *a*, *um*, mêlé de paille : [-C] Poés.

ăcerbē ¶**1** âprement, durement, cruellement : [C] Pros. ¶**2** péniblement : ***acerbe ferre aliquid*** [C] Pros., supporter qqch. avec peine ‖ ***-bius*** [C] Pros.; ***-bissime*** [C] Pros.

ăcerbĭtās, *ātis*, f. ¶**1** âpreté, âcreté, amertume, verdeur des fruits : [C] Pros. ¶**2** [fig.] âpreté, dureté ***a)*** [mœurs, caractère] [C] Pros. ***b)*** [style] [C] Pros. ¶**3** calamité, malheur : [C] Pros.

ăcerbĭtūdo, *ĭnis*, f., ➡ *acerbitas* : [+C] Pros.

ăcerbō, *ās*, *āre*, -, -, tr. ¶**1** rendre âpre, amer : ***gaudia*** [+C] Poés., gâter (troubler) la joie ¶**2** ***crimen*** [C] Poés., envenimer une accusation

ăcerbus, *a*, *um* ¶**1** âpre, âcre : [-C] Théât., [C] Poés.; ***acerba uva*** [-C] Pros., raisin âpre (vert), [C] Poés.; ***acerbus odor*** [+C] Poés., odeur âcre; ***vox acerba*** [+C] Pros., voix aigre ‖ n. pl., ***acerba sonans*** [C] Poés., avec un bruit strident ¶**2** qui n'est pas à maturité [fig.] : ***res acerbae*** [C] Pros., affaires inachevées; ***virgo acerba*** [C] Poés., jeune fille qui n'est pas nubile; ***acerbum funus*** [-C] Théât., [C] Poés., mort prématurée ¶**3** âpre, dur, pénible, amer, cruel : ***recordatio acerba*** [C] Pros., souvenir amer; ***fortuna*** [C] Pros., cruelle destinée; ***acerbum est*** [avec inf.] il est pénible de : [C] Pros. ‖ subst. n. pl., ***acerba***, choses pénibles : [C] Pros., Poés.; ***fremens acerba*** [C] Poés., avec des frémissements violents [de colère] ¶**4** aigre, dur, cruel, impitoyable, [en parl. du caractère, des actions] : [C] Pros.; [avec *in* acc., "à l'égard de"] [C] Pros. ‖ ***-bior*** [C] Pros.; ***-bissimus*** [C] Pros.

ăcernĕus, *a*, *um* [+T] Poés., **ăcernus**, *a*, *um*, [C] Poés., d'érable

ăcĕrōsus, *a*, *um*, mêlé de paille : [-C] Poés.

1 **ăcerra**, *ae*, f., petite boîte à encens : [C] Poés. ‖ autel [où l'on brûlait l'encens devant les morts] : [C] Pros.

2 **Ăcerra**, *ae*, m., surnom : [+C] Poés.

Ăcerrae, *ārum*, f. pl., Acerra [ville de Campanie] : [C] Poés., Pros. ‖ **-āni**, *ōrum*, m. pl., habitants d'Acerra [Campanie] : [C] Pros.

ācerrĭmē, superl. de *acriter*

Acerrōnius, nom propre : [C] Pros.

ăcersĕcŏmēs, *ae*, m., qui porte les cheveux longs, esclave favori : [+C] Poés.

ăcervālis, *e*, qui procède par accumulation [désignation du sorite] : [C] Pros.

ăcervātim, adv., par tas, en monceaux : [C] Poés. ‖ en accumulant [les mots] : [C] Pros. ‖ en gros, sommairement : [C] Pros.

ăcervātio, *ōnis*, f., accumulation : [+C] Pros. ‖ [+C] Pros. [polysyndète et asyndète]

ăcervātus, *a*, *um*, part. de *acervo*

ăcervō, *ās*, *āre*, *āvī*, *ātum*, tr., entasser, amonceler, accumuler [au pr. et fig.] : [C] Pros., [+C] Pros.

ăcervus, *i*, m., monceau, tas, amas : [C] Pros. ‖ [sorite] [C] Pros.

ăcēscō, *ĭs*, *ĕre*, *ăcŭī*, -, intr., devenir aigre : [C] Pros.

Ăcĕsīnēs, *is*, m., fleuve de l'Inde : [+C] Pros.

Ăcĕsīnus, *i*, m., fleuve de Scythie ‖ **-nus**, *a*, *um* [+C] Poés., de l'Acésinus

Ăcesta, *ae*, f., Ségeste [ville de Sicile] : [C] Poés. ‖ **-taeus**, *a*, *um* ou **-tensis**, *e*, [C] Pros., de Ségeste

Ăcestēs, *ae*, m., Aceste [roi de Sicile] : [C] Poés.

ăcētābŭlum, *i*, n. ¶**1** vase à vinaigre, [puis, en gén.] bol, écuelle : [+C] Pros. ¶**2** gobelet de prestidigitateur : [+C] Pros. ¶**3** [mesure] quart d'une hémine : [-C] Pros.

ăcētum, *i*, n. ¶**1** vinaigre : ***mulsum*** [-C] Pros., vinaigre adouci avec du miel ‖ [employé avec le feu pour dissoudre les rochers] [C] Pros., [+C] Poés. ¶**2** [fig.] finesse, esprit caustique : [-C] Théât., [C] Poés.

Ăchāb, m., roi d'Israël : [T] Pros.

Ăchaeī, *ōrum*, m. pl. ¶**1** Achéens [nord du Péloponnèse] : [C] Pros. ¶**2** les Grecs [expression homérique] : [+C] Poés. ¶**3** habitants de la Grèce réduite en province romaine : [C] Pros. ¶**4** habitants d'une colonie grecque du Pont-Euxin : [C] Poés.

Ăchaeĭas, ➡ *Achaias*

Ăchaemĕnēs, *is*, m., premier roi de Perse, aïeul de Cyrus : [C] Poés., [+C] Pros.

Ăchaemĕnĭdēs, *is*, m., compagnon d'Ulysse : [C] Poés.

Ăchaemĕnĭus, *a*, *um*, ➡ *2 Persicus*, de Perse : [C] Poés.

Ăchaetus, *i*, m., rivière de Sicile : [+C] Poés.

1 **Ăchaeus**, *a*, *um*, achéen, ➡ *Achaei*, *Achivus*

2 **Ăchaeus**, *i*, m., roi de Syrie : [C] Poés.

Ăchāĭa, *ae*, f., Achaïe ¶**1** nord du Péloponnèse : [C] Pros. ¶**2** [poét.] la Grèce : [C] Poés. ¶**3** [après la destruction de Corinthe, désigne la Grèce réduite en province romaine] : [C] Pros., [+C] Pros.

Ăchāĭăs, *ădis*, f., Achéenne, Grecque : [C] Poés.

Ăchāĭcus, *a*, *um* ¶**1** achéen : [C] Pros. ¶**2** grec : [C] Poés. ¶**3** de la Grèce, province romaine : [C] Pros. ¶**4** Achaïque [surnom de Mummius] : [+C] Pros.; [surnom féminin] [+C] Pros.

Ăchāis, *ĭdis*, f. ¶**1** Achéenne, Grecque : [C] Poés. ¶**2** Achaïe, Grèce : [C] Poés.

Āchān, **Achar**, Hébreu lapidé sur l'ordre de Josué : [T] Pros.

ăchăris, *ĭtis*, sans grâce, sans esprit : [T] Pros. ‖ adv., ***achariter*** [T] Pros.

Ăcharnae, *ārum*, f. pl., Acharnes [bourg de l'Attique] : [+C] Poés. ‖ **-nānus**, *a*, *um*, [C] Pros., **-neūs**, *i*, m., [+C] Théât., Acharnien

ăcharnē, *ae*, f., poisson de mer : [-C] Poés.

Acharrae, *ārum*, f. pl., Acharres [ville de Thessalie] : [C] Pros.

1 **ăchātēs**, *ae*, m., agate : [m.] [T] Pros.

2 **Ăchātēs**, *ae*, m., Achate ‖ compagnon d'Énée : [C] Poés.

Ăchĕlōĭas, *ădis*, f., [+C] Poés., **Ăchĕlōis**, *ĭdis*, f., Achéloïde [fille d'Acheloüs] ‖ pl., les Achéloïdes, les Sirènes : [C] Poés.

Ăchĕlōĭus, *a*, *um*, d'Achéloüs ‖ ***heros*** [+C] Poés., le héros étolien [Tydée] ‖ ***pocula Acheloia*** [C] Poés., coupes d'eau

Ăchĕlōus, *i*, m., Achéloüs ¶**1** dieu de ce fleuve : [C] Poés. ¶**2** l'eau du fleuve, l'eau : [C] Poés., [T] Pros.

Acherini, *ōrum*, m. pl., les Achériniens [Sicile] : [C] Pros.

Ăchĕrōn, *ontis*, m., Achéron ¶**1** fleuve des enfers : [C] Pros. ‖ les enfers : [C] Pros., Poés. ‖ dieu du fleuve : [C] Poés. ¶**2** fleuve d'Épire : [C] Pros. ¶**3** fleuve du Bruttium : [C] Pros. ¶**4** fleuve de Bithynie : [+C] Poés., [T] Pros.

Ăchĕrontēus, *a*, *um*, de l'Achéron [enfers] : [T] Pros.

Ăchĕrontĭa, *ae*, f., ville d'Apulie : [C] Poés.

Ăchĕrontĭcus, *a*, *um*, [T] Pros., **-tius**, *a*, *um*, de l'Achéron

Ăchĕros, m., → *Acheron* ¶*3* : [C] Pros.

Ăchĕruns, *untis*, m., Achéron, fleuve des enfers [forme latine ; se trouve, au lieu d'*Acheron*, dans [-C] Théât., [C] Poés.] ‖ locatif *Acherunti* : [-C] Théât. ‖ **-tĭcus**, *a*, *um*, de l'Achéron : [-C] Théât.

Achĕrūsĭus, *a*, *um*, achérusien, des enfers, infernal : [C] Poés.

Achilla, → *Acilla*

Ăchillās, *ae*, m., meurtrier de Pompée : [C] Pros., [+C] Poés.

Ăchillēis, *ĭdis*, f., Achilléide [poème de Stace]

Ăchillēs, *is i* ou *ĕi*, acc. ***em*** ou *ĕa*, m., Achille [fils de Pélée et de Thétis] : [C] Pros. ‖ [fig.] un Achille : [-C] Théât., [C] Poés.

Ăchillēus, *a*, *um*, d'Achille, achilléen ‖ **-ĭăcus**, *a*, *um*, [+T] Poés.

Ăchillīdēs, *ae*, m., Achilléide, descendant d'Achille : [C] Poés.

Achinapolus, (**Archi-**?), *i*, m., nom d'homme : [C] Pros.

Ăchīvus, *a*, *um*, grec : [C] Poés. ‖ **Ăchīvi**, *ōrum*, m. pl., les Grecs : [C] Poés. ; → *1 Achaeus*

Acholla, → *Acilla*

Achollitānus, → *Acillitanus*

Ăchōreūs, *i*, m., nom d'un Égyptien : [+C] Poés.

Āchrădīna, *ae*, f., Achradine [quartier de Syracuse] : [C] Pros.

ăchrăs, *ădis*, f., poirier sauvage : [+C] Pros.

Achulla, → *Acilla*

Achyro, *ōnis*, f., villa près de Nicomédie : [T] Pros.

ăcĭa, *ae*, f., fil à coudre : [+C] Pros. ‖ [prov.] ***ab acia et acu*** [+C] Pros., de fil en aiguille

Ăcīdălĭus, *a*, *um*, acidalien, d'Acidalie [fontaine en Béotie, où se baignaient Vénus et les Grâces] ‖ ***Acidalia***, surnom de Vénus : [C] Poés. ; [d'où le sens, pour l'adj.] relatif à Vénus, de Vénus : [+C] Poés.

ăcĭdē, adv., de façon amère, pénible, désagréable : compar., ***acidius*** [+C] Pros.

Acidīnus, *i*, m., surnom romain : [C] Pros.

ăcĭdō, *ās*, *āre*, -, -, intr., tr., ***acidatus*** [C] Pros., rendu aigre

ăcĭdus, *a*, *um*, aigre, acide : [C] Poés. ‖ ***creta*** [+C] Poés., craie délayée dans du vinaigre [pour farder] ‖ [au fig.] aigre, désagréable : [C] Pros., [+C] Pros. ‖ ***acidior*** [+C] Pros. ; ***acidissimus*** [-C] Théât.

ăcĭēs, *ēī*, f., partie aiguë, pointe
I [pr.] pointe, tranchant [d'un instrument, d'une épée] : [C] Pros., Poés. ‖ [d'où] épée : [C] Poés., [+C] Pros. ; [ou] fer tranchant : [+C] Pros.
II [fig.] ¶**1** éclat [des astres] : [C] Poés. ‖ glaive [de l'autorité] : [C] Pros., [+C] Pros. ¶**2** pénétration, force pénétrante, perçante : [en parl. des yeux] [C] Pros. ; [de l'intelligence] [C] Pros. ‖ [d'où] regard : ***aciem intendere*** [C] Pros., porter (diriger) son regard ‖ pupille : [C] Pros. ‖ oeil : [C] Poés. ¶**3** [milit.] ***a)*** ligne de soldats, ligne de bataille, armée rangée en bataille : ***prima***, ***secunda***, première, deuxième ligne ; ***duplex***, ***triplex***, armée rangée sur deux, sur trois lignes ; ***aciem instruere***, ***constituere***, ***instituere***, disposer, établir, former la ligne de bataille [ranger l'armée en bataillon] : ***aciem derigere*** [C] Pros., faire prendre la formation de combat ; ***acies peditum*** [C] Pros., la ligne des fantassins, l'infanterie ; ***equitum*** [C] Pros., la cavalerie ‖ [en parl. des vaisseaux] [C] Pros. ***b)*** bataille rangée, bataille : [C] Pros. ; ***acies Pharsalica*** [C] Pros., bataille de Pharsale ; ***Cannensis*** [C] Pros.

Acīliānus, *a*, *um*, d'Acilius [l'historien] : [C] Pros.

1 **Ăcīlĭus**, *ĭi*, m., nom de famille, notamment C. Acilius Glabrio, historien : [C] Pros.

2 **Ăcīlĭus**, *a*, *um*, d'Acilius : ***lex Acilia*** [C] Pros., loi Acilia [sur les concussions]

Acilla (**Acylla**, **Acholla**, **Achilla**, **Achulla**), ville d'Afrique, près de Thasus : [C] Pros. ‖ **-ĭtānus**, *a*, *um*, d'Acilla : ***Acyllitani*** [C] Pros.

Acimincum, (**Acumincum**), ville de Pannonie : [T] Pros.

ăcĭna, → *acinus*

ăcīnăcēs, *is*, m., courte épée [chez les Perses] : [C] Poés., [+C] Pros.

ăcĭnārius, *a*, *um*, relatif au raisin : [C] Pros.

Acinatius, → *Aginatius*

Acincum, *i*, n. : [T] Pros.

Acindȳnus, *i*, m., nom d'homme : [T] Pros.

ăcĭnus, *i*, m., **ăcĭna**, *ōrum*, n. pl., [-C] Pros., petite baie, grain de raisin : [C] Pros.

ăcĭpensĕr (**ăcŭpensĕr**, **ăquĭpensĕr**), *ĕris*, m., esturgeon : [-C] Poés., [C] Pros., Poés.

Ācis, *ĭdis*, voc. *i*, acc. ***in***, m. ¶**1** fleuve de Sicile : [C] Poés. ¶**2** berger aimé de Galatée : [C] Poés.

ăcisco, → *acesco*

ăcītābŭlum, → *acetabulum*

āclȳs, *ĭdis*, f., javelot attaché à une courroie : [C] Poés.

Acmē, acc. ***Acmen***, f., nom de femme : [C] Poés.

Acmōn, *ŏnis*, m., compagnon d'Énée : [C] Poés. ‖ de Diomède : [C] Poés.

Acmōnensis, *e*, d'Acmonia [ville de la Grande Phrygie] : [C] Pros.

Acmŏnĭdēs, *is*, m., un des aides de Vulcain : [C] Poés.

acnŭa, (**agn-**), *ae*, f., mesure de superficie [120 pieds carrés] : [C] Pros., [+C] Pros.

ăcoenŏnŏētus, *i*, m., inepte [épith. d'un pédagogue] : [C] Pros., [+C] Poés.

Ăcoetēs, *is*, m., pers. mythologique : [C] Poés. ‖ compagnon d'Énée : [C] Poés. ‖ Thébain : [+C] Poés.

ăcoetis, *is*, f., épouse : [-C] Poés.

ăcoetum, *i*, n., → *acetum*

ăcŏnītum, *i*, (acc. ***ton***, [C] Poés.), n., aconit ; [d'ordin. au pl. *aconita*] [C] Poés. ‖ poison violent, breuvage empoisonné : [C] Poés., [+C] Poés.

Ăcontēus, *i*, m., nom de guerrier : [C] Poés.

ăcontĭās, *ae*, m., espèce de serpent : [T] Pros.

Acontisma, n., défilé en Macédoine : [T] Pros.

Ăcontĭus, *ĭi*, m., amant de Cydippe : [C] Poés.

ăcŏpum, *i*, n., sorte de lénitif : [+C] Pros.

ăcŏr, *ōris*, m., aigreur, acidité : [+C] Pros.

Ăcŏreūs, m., nom d'homme : [+C] Poés.

Acoridos Comē, bourg chez les Pisidiens : [C] Pros.

ăcosmos, (beauté) négligée : [C] Poés.

acquĭescō (**adq-**), *ĭs*, *ĕre*, ***quĭēvī***, ***quĭētum***, intr., en venir au repos, se donner au repos ¶**1** se reposer : [C] Pros. ; ***somno*** [+C] Pros., dormir ‖ prendre le dernier repos, mourir : [C] Pros. ; ***morte*** [+C] Pros., se reposer dans la mort ¶**2** [fig., en parl. de choses] : ***dolor acquiescit*** [+C] Pros., la douleur s'assoupit ; ***numquam adquiescit*** [C] Pros., [l'agitation de l'esprit] ne connaît jamais le repos, ne s'arrête jamais ; [C] Pros. ¶**3** trouver le calme de l'âme : [C] Pros. ; ***in aliqua re***, dans qqch. : [C] Pros. ‖ [avec idée de contentement] [C] Pros. ; ***in adulescentium caritate*** [C] Pros., se complaire dans l'affection des jeunes gens ; [avec abl. de cause] ***Clodii morte*** [C] Pros., être soulagé par la mort de Clodius ¶**4** se reposer sur, avoir foi, avoir confiance en [avec dat.] : [C] Pros., [+C] Pros., [T] Pros. ¶**5** [avec dat.] consentir, obéir, acquiescer à : [T] Pros.

acquīrō (**adq-**), *ĭs*, *ĕre*, ***quīsīvī***, ***quīsītum***, tr., ajouter à ce qu'on a, à ce qui est ¶**1** ajouter à, acquérir en plus ***a)*** ***aliquid ad vitae fructum*** [C] Pros., ajouter qqch. aux avantages qu'on a déjà dans la vie ; [abs[t]] ***ad fidem*** [C] Pros., ajouter à (augmenter) son crédit ***b) aliquid adquiro*** [C] Pros., acquérir qqch. en plus, obtenir qq. avantage ; ***dignitatem*** [C] Pros., augmenter la considération dont on jouit ; [C] Poés., Pros. ¶ **2** acquérir, (se) procurer : ***reverentiam nomini*** [+C] Pros., attirer le respect sur son nom ‖ [abs[t]] acquérir, s'enrichir : [+C] Pros., Poés.

acquīsītĭo (adq-), *ōnis*, f., accroissement, augmentation : [+C] Pros.

acquīsītŏr, *ōris*, m., acquéreur : [T] Pros.

acquīsītus, *a, um*, part. de *acquiro*

Ăcrădīna, V. *Achradina*

Acrae, *ārum*, f. pl., Acré ‖ ville de Sicile : [C] Pros.

Ăcraephĭa, *ae*, f., ville de Béotie : [C] Pros.

Ăcraeus, *a, um*, épithète donnée à des divinités honorées sur des hauteurs : [C] Pros.

Ăcrăgās, *antis*, m., Agrigente [ville de Sicile, sur une hauteur] : [C] Poés. ‖ **-gantīnus**, *a, um*, d'Acragas [Agrigente] : [C] Poés.

ăcrātŏphŏrŏs, *i*, m., **ăcrātŏphŏrŏn**, *i*, n., vase à vin : [C] Pros.

acrēdŭla, *ae*, f., oiseau inconnu : [C] Pros.

Acriae, *ārum*, f. pl., ville maritime de Laconie : [C] Pros.

ācrĭcŭlus, *a, um*, légèrement mordant : [C] Pros.

ăcrĭfŏlĭum [T] Pros., **ăquĭfŏlĭum**, *ĭi*, n., **ăquĭfŏlĭa**, *ae*, f., houx ‖ **acrŭfŏlĭus**, *a, um*, [-C] Pros., de houx

Acrillae, *ārum*, f. pl., ville de Sicile : [C] Pros.

ācrĭmōnia, *ae*, f. ¶ **1** âcreté, acidité : [-C] Pros. ¶ **2** âpreté [de caractère], dureté : [-C] Théât. ‖ âpreté, énergie : [C] Pros. ‖ énergie, efficacité [d'un argument] : [C] Pros.

ācrĭor, compar. de *2 acer*

ācris, V. *2 acer*

Ācrĭsiōnē, *ēs*, f., Danaé, fille d'Acrisius ‖ **-nēus**, *a, um*, d'Acrisius, argien : [C] Poés. ‖ **-niădēs**, *ae*, m., descendant d'Acrisius [Persée] : [C] Poés.

Ācrĭsĭus, *ĭi*, m., roi d'Argos : [C] Poés.

ācrĭtas, *ātis*, f., force pénétrante [fig.] : [-C] Théât. [+C] Pros.

ācrĭtĕr ¶ **1** d'une façon perçante, pénétrante [fig.] : [C] Pros. ; ***acriter intellegere*** [C] Pros., avoir l'intelligence vive ¶ **2** vivement, énergiquement, ardemment : ***pugnare*** [C] Pros., combattre avec acharnement : ***vigilare*** [C] Pros., veiller avec ardeur ‖ ***minari acriter*** [C] Pros., faire de violentes menaces ‖ ***exspectare*** [C] Pros., attendre avec impatience ‖ ***monere*** [C] Pros., avertir sévèrement ; ***dilectum habere*** [C] Pros., faire une levée (enrôlement) avec rigueur

ācrĭtūdo, *ĭnis*, f., aigreur, âpreté : [C] Pros. ‖ énergie : [+C] Pros. ‖ âpreté, rudesse [caractère] : [+C] Pros.

acrius, adv., compar. de *acriter*

ācrivōcēs, pl., ayant la voix aigre : [T] Pros.

ăcrŏāma, *ătis*, n. ¶ **1** audition, concert : [+C] Pros. ¶ **2** l'artiste qui se fait entendre, virtuose : [C] Pros., [+C] Pros.

ăcrŏāsis, *is*, f., audition, savant auditoire : [C] Pros. ‖ conférence : [C] Pros., [+C] Pros.

ăcrŏātĭcus, *a, um*, fait pour des auditeurs, en parl. des livres d'Aristote qui contiennent la doctrine professée oralement, livres ésotériques [opp. exotériques] : [+C] Pros.

Acrŏcĕraunĭa, *ōrum*, n. pl., monts Acrocérauniens [en Épire] ‖ **-nius**, *a, um*, acrocéraunien ; [fig.] dangereux : [C] Poés.

acrŏchordōn, *ŏnis*, f., durillon : [+C] Pros.

Acrŏcŏrinthus, *i*, f., Acrocorinthe, citadelle de Corinthe : [C] Pros.

acrŏlĭthus, *a, um*, dont la partie supérieure est en pierre : [C] Pros.

Ācrōn, *ŏnis*, m. ¶ **1** guerrier tué par Mézence : [C] Poés. ¶ **2** roi des Céniniens : [C] Poés.

Acrŏnŏma saxa, **(Acrun-)**, lieu inconnu près de Rome : [C] Pros.

ăcrŏpŏdĭum, *ĭi*, n., piédestal : [+C] Poés.

acrostichis, *idis*, f., acrostiche : [C] Pros.

Ăcrŏta, *ae*, m., roi d'Albe : [C] Poés.

ăcrōtērĭa, *ōrum*, n. pl. ¶ **1** promontoires : [C] Pros. ¶ **2** [archit.] acrotères [éléments décoratifs qui surmontent la couverture d'un édifice, notamment au faîte et aux angles inférieurs d'un pignon ou d'un fronton] : [C] Pros.

acrŭfŏlius, V. *acrifolium*

1 **acta**, *ae*, f., rivage, plage : [C] Pros., Poés. ‖ vie sur la plage, plaisirs de plage : [C] Pros.

2 **acta**, *ōrum*, n. pl., choses faites

I actions, faits : [C] Pros. ; ***Herculis*** [C] Poés., exploits d'Hercule

II actes [en langue officielle] ¶ **1** lois, ordonnances, décisions de magistrats : ***acta Dolabellae*** [C] Pros., actes de Dolabella ; ***Caesaris*** [C] Pros., de César ¶ **2** ***acta senatus***, recueil des procès-verbaux des séances du sénat, comptes rendus officiels ¶ **3** ***acta urbana*** [C] Pros. ; ***publica*** [+C] Pros. ; ***diurna*** [+C] Pros. ; ***rerum urbanarum*** [C] Pros. ; ***acta*** [seul] [C] Pros., journal officiel de Rome, chronique journalière, bulletins des nouvelles, relation officielle affichée dans les endroits en vue ¶ **4** relations des faits et dits des empereurs : [+C] Pros. ‖ [ou des particuliers] [+C] Pros.

Actaei, *ōrum*, m. pl., V. *2 Actaeus*

Actaeōn, *ŏnis*, m., Actéon [changé en cerf et dévoré par ses chiens] : [C] Poés.

1 **actaeus**, *a, um*, situé sur le rivage : [T] Poés.

2 **Actaeus**, *a, um*, de l'Attique, attique, athénien : [C] Poés. ‖ **Actaei**, *ōrum*, m. pl., les Athéniens : [C] Pros. ; V. *Actaei*

Actē, *ēs*, f., Acté ¶ **1** ancien nom de l'Attique : [+C] Pros. ¶ **2** affranchie de Néron : [+C] Pros.

Actĭăcus, *a, um*, d'Actium : [C] Pros., [+C] Pros., Poés. ‖ [en parl. d'Apollon qui avait un temple sur le promontoire d'Actium] : [C] Poés.

Actĭăs, *ădis*, f., attique : [C] Poés. ‖ d'Actium : [+C] Poés.

actĭo, *ōnis*, f., action de faire ¶ **1** action ***a)*** accomplissement d'une chose : [C] Pros. ; ***actio rerum*** [C] Pros., action de faire qqch., action, activité ; ***gratiarum*** [C] Pros., action de remercier ‖ [avec gén. subj.] ***vitae*** [C] Pros., vie active, pratique ; ***corporis*** [C] Pros., action du corps, activité physique ***b)*** action, acte : [C] Pros. ; ***honesta*** [C] Pros., action honorable ¶ **2** action oratoire [débit, gestes, attitudes] : [C] Pros. ‖ jeu des acteurs : [C] Pros. ¶ **3** manifestation de l'activité, action d'un magistrat dans l'exercice de ses fonctions, débats, propositions, motions [devant le peuple ou le sénat] : [C] Pros. ; ***actiones tribuniciae*** [C] Pros., actions [interventions] des tribuns ; ***seditiosae actiones*** [C] Pros., des motions séditieuses ¶ **4** [droit] action ***a)*** [formule délivrée par le magistrat, sur la demande du demandeur, et permettant à un juge de trancher le litige] : ***actionem dare, denegare, postulare***, accorder, refuser, demander une action : [C] Pros. ; ***Hostiliae actiones*** [C] Pros., les formules recueillies par Hostilius ***b)*** [moyen utilisé par le demandeur pour protéger son droit] : ***actionem exercere (= agere)*** : [C] Pros. ***c)*** accusation [procès public] : [C] Pros., [+C] Pros. ; ***prima actio*** [C] Pros. ; ***prior actio*** [C] Pros., première action ou accusation [éléments successifs de l'accusation dans un procès *de repetundis*, pour malversation] ¶ **5** plaidoyer : [C] Pros., [+C] Pros. ‖ discours [en général] : [+C] Pros.

actĭōsus, *a, um*, agissant, actif : [C] Pros.

actĭtō, *ās, āre, āvī, ātum*, tr., ***causas*** [C] Pros., plaider fréquemment des causes, [+C] Pros. ‖ ***tragoedias*** [C] Pros., jouer souvent des tragédies ; ***mimos*** [+C] Pros., des mimes

Actĭum, *ĭi*, n., ville et promontoire d'Acarnanie [célèbre bataille d'Actium] : [C] Pros.

actĭuncŭla, *ae*, f., petit discours judiciaire : [+C] Pros.

Actĭus, *a, um*, d'Actium : [C] Poés.

actīvus, *a, um*, actif, qui consiste dans l'action : [+C] Pros.

1 **actŏr**, *ōris*, m. ¶ **1** celui qui fait mouvoir, avancer : ***pecoris*** [C] Poés., conducteur de troupeau ‖ ***habenae*** [+C] Poés., celui qui fait mouvoir la courroie de la fronde, frondeur ¶ **2** celui qui fait : [C] Pros. ¶ **3** celui qui représente, qui joue : [C] Pros. ; ***alienae personae*** [C] Pros., jouant un personnage étranger ‖ acteur : [C]

Pros. ¶ **4** celui qui parle avec l'action oratoire, orateur : [C] Pros., [+C] Pros. ¶ **5** défenseur, avocat [qui agit pour le compte de l'accusateur] : [-C] Théât., [C] Pros., Poés. ‖ [ou pour le compte de l'accusé] : [C] Pros. ¶ **6** fondé de pouvoir, préposé [de condition servile, gérant les affaires ou les biens de son maître] : [+C] Pros. ¶ **7** agent de l'administration impériale : ***actor publicus*** [+C] Pros., agent du trésor public ; ***actor summarum*** [+C] Pros., trésorier

2 **Actor**, *ŏris*, m. ¶ **1** père de Ménoetius, grand-père de Patrocle ‖ **-īdēs**, *ae*, m., descendant d'Actor : [C] Poés. ¶ **2** personnages divers : [C] Poés.

Actōrĭus Nāso, historien : [+C] Pros.

actŭālis, *e*, actif, pratique [en parl. de vertu] : [T] Pros.

actŭāria, *ae*, f., (s.-ent. ***navis***), vaisseau léger : [C] Pros.

actŭārĭŏla, *ae*, f., barque : [C] Pros.

1 **actŭārius**, *a*, *um*, facile à mouvoir : ***actuaria navis*** [C] Pros., vaisseau léger

2 **actŭārius**, *ĭi*, m. ¶ **1** sténographe : [+C] Pros. ¶ **2** teneur de livres, comptable : [+C] Pros. ¶ **3** intendant militaire : [T] Pros.

actum, *i*, n., acte, action : [C] Pros. ; [d'ordin. au pl.] → *2 acta* ‖ ***aliquid acti***, qqch. de réalisé, progrès réalisé : [+C] Pros.

actŭōsē, adv., avec véhémence, avec passion : [C] Pros.

actŭōsus, *a*, *um*, plein d'activité, agissant : ***actuosa virtus*** [C] Pros., la vertu se révèle dans l'action ; ***vita*** [+C] Pros., vie active ‖ ***-sior*** [+C] Pros.

1 **actus**, *a*, *um*, part. de *ago*

2 **actŭs**, *ūs*, m., le fait de se mouvoir, d'être en mouvement ¶ **1** ***mellis*** [C] Poés., le mouvement (l'écoulement), du miel ; [mouvement de chute] [C] Poés. ; [mouvement d'une roue] [+C] Pros. ¶ **2** [en parl. des animaux qu'on pousse en avant] : [C] Pros. ¶ **3** le droit de conduire char ou bête de somme qq. part, droit de passage : [C] Pros., [+C] Pros. ¶ **4** mesure de superficie, arpent : ***actus minimus*** [C] Pros., surface de quatre pieds de large sur cent vingt de long ; ***quadratus***, cent vingt pieds au carré ; ***duplicatus***, deux cent quarante pieds de long sur cent vingt de large ‖ [à propos de séries de nombres] : [C] Pros. ¶ **5** mouvement du corps, action oratoire : [+C] Pros. ‖ geste, jeu de l'acteur : [C] Pros., [+C] Pros. ‖ ***fabellarum actus*** [C] Pros., représentation de petites pièces ; [+C] Pros. ¶ **6** acte [dans une pièce de théâtre] : [C] Pros., Poés. ¶ **7** action ***a)*** accomplissement d'une chose : ***in actu esse*** [+C] Pros., être agissant ; ***actus rerum***, accomplissement de choses = l'action, l'activité : [+C] Pros. ; ***multarum rerum*** [+C] Pros., accomplissement de beaucoup de choses ***b)*** acte : ***tui actus*** [+C] Pros., tes actes ***c) actus rerum*** [+C] Pros., occupation du barreau ***d)*** manière d'agir : [+C] Pros. ***e)*** fonctions : [+C] Pros.

actūtum, adv., aussitôt, sur-le-champ, incessamment : [-C] Théât., [C] Pros., [+C] Pros.

ăcŭa, **ăcŭārius**, → *1 aqua, aquarius*

Acuca, ville d'Apulie : [C] Pros.

ăcŭla, *ae*, f., filet d'eau : [C] Pros.

ăcūlĕātus, *a*, *um*, pointu, subtil : [C] Pros.

Ăcūlĕo, *ōnis*, m., Aculéo [surnom] : [C] Pros. ‖ jurisconsulte, qui avait épousé la tante maternelle de Cicéron : [C] Pros.

ăcūlĕus, *i*, m., aiguillon ¶ **1** ***apis*** [C] Pros., dard de l'abeille ‖ [fig.] ***aculeo emisso*** [C] Pros., après avoir laissé son aiguillon [dans la plaie], [+C] Pros. ‖ pointe d'un trait : [C] Pros. ¶ **2** [métaph.] [surtout au pl.] ***a) aculei orationis*** [C] Pros., aiguillons de la parole [mots capables de percer, de blesser] ; [en parl. d'outrages] [C] Pros. ; [de reproches] [C] Pros. ; [de railleries] [C] Pros. ***b)*** stimulant : [C] Pros. ***c)*** pointes, finesses, subtilités : [C] Pros.

ăcūmen, *ĭnis*, n., pointe ¶ **1** [au pr.] pointe de glaive, de lance : [C] Pros., Poés. ; ***auspicia ex acuminibus*** [C] Pros., auspices tirés des pointes de lance [étincelantes en temps d'orage] ‖ extrémité : [C] Poés. ; [des doigts] [C] Poés. ; [sommet d'une montagne] [C] Poés. ; [pointe d'un cône] [C] Poés. ; [pointe d'une équerre] [C] Pros. ¶ **2** [fig.] ***a)*** pénétration [en parl. de l'intelligence] : [C] Pros. ; ***ingeniorum*** [C] Pros., finesse des esprits ; ***dialecticorum*** [C] Pros., finesse (pénétration) des dialecticiens ‖ ***acumen habere*** [C] Pros., avoir du piquant ***b)*** subtilités, finesses : [C] Pros. ; ***meretricis acumina*** [C] Pros., les ruses d'une courtisane

ăcŭō, *ĭs*, *ĕre*, *ăcŭī*, *ăcūtum*, tr., rendre aigu, pointu ¶ **1** [au pr.] ***gladios*** [C] Pros., aiguiser (affiler) les épées ; ***serram*** [C] Pros., aiguiser une scie ¶ **2** [fig.] ***a)*** aiguiser, exercer : ***linguam*** [C] Pros., aiguiser sa langue [par l'exercice de la parole] ; [C] Pros. ; ***mentem*** [C] Pros. ; ***ingenium*** [C] Pros., aiguiser l'intelligence, l'esprit ***b)*** exciter, stimuler : [C] Pros. ; [avec *ad*] exciter à : [C] Pros. ; [avec *in* acc.] animer contre : [C] Pros. ***c)*** exciter, augmenter : ***curam acuebat quod*** [C] Pros., ce qui avivait les préoccupations, c'est que (le fait que) ; ***studia*** [C] Pros., augmenter le dévouement, les sympathies ***d)*** [gram.] rendre aigu, prononcer d'une façon plus aiguë ou plus accentuée : [+C] Pros.

ăcŭpensĕr, → *acipenser*

1 **ăcŭs**, *ĕris*, n., balle du blé : [-C] Pros., [C] Pros.

2 **ăcŭs**, *i*, m., aiguille [poisson de mer] : [+C] Poés.

3 **ăcŭs**, *ūs*, f., aiguille : [C] Pros. ; ***acu pingere*** [C] Poés., broder ‖ ***tetigisti acu*** [-C] Théât., tu as mis le doigt dessus [tu as deviné juste] ‖ épingle pour la chevelure : [+C] Pros., Poés. ‖ aiguille de chirurgien : [+C] Pros.

Ăcūsĭlās, *ae*, m., historien : [C] Pros.

ăcūtē, adv., de façon aiguë, perçante, fine, pénétrante ; [avec l'idée de penser] [C] Pros. ; [de raisonner, de disserter] [C] Pros. ; [de parler, d'écrire] [C] Pros. ‖ ***acute cernere*** [C] Poés., voir distinctement (distinguer nettement) ; ***sonare*** [C] Pros., avoir un son aigu

Ăcūtĭlĭus, *i*, m., nom propre : [C] Pros.

Ăcūtĭus, **-a**, m., f., noms de famille romains : [C] Pros.

ăcūtŭlus, *a*, *um*, légèrement aigu, subtil : [C] Pros., [+C] Pros.

ăcūtus, *a*, *um*

I part. de *acuo*

II adj. avec compar. et superl. [C] ¶ **1** aigu, pointu [en parl. d'épées, de traits, de pieux, de rochers] ¶ **2** aigu [en parl. du son, dessus de la voix] : ***acutissimus sonus*** [C] Pros., le ton le plus aigu ; n. pl., ***acuta*** [C] Pros., sons aigus ‖ piquant : [C] Poés. ; [des saveurs] [+C] Pros. ‖ ***acuta belli*** [C] Poés., les rigueurs [dangers] de la guerre ¶ **3** aigu, pénétrant, fin [en parl. de l'intelligence] : ***homo acutus*** [C] Pros., homme fin ; ***orator*** [C] Pros., orateur à l'esprit pénétrant ; ***acutiora ingenia*** [C] Pros., esprits plus pénétrants ‖ [en parl. des sens] [C] Pros. ; ***oculi acuti*** [C] Pros., yeux perçants ‖ [poét.] [n. adverbial] ***acutum cernere*** [C] Poés., avoir une vue perçante ‖ [avec *ad*] ***ad excogitandum*** [C] Pros., adroit à imaginer (inventer) ; ***ad fraudem*** [C] Pros., plein de ressources (de finesse) pour tromper ‖ ***in cogitando*** [C] Pros., plein de finesse dans l'invention ‖ [en parl. du style] fin, d'une simplicité qui porte, d'une précision pénétrante : [C] Pros. ¶ **4** [gram.] aigu : ***syllaba acuta*** [+C] Pros., syllabe marquée de l'accent aigu

Acylla, → *Acilla*

Acys, → *Acis*

1 **ăd**, prép. avec l'acc.

I [indiquant la direction, au pr. et au fig.] ¶ **1** [avec mouvement] ***a)*** pour, vers, à : ***ad urbem proficisci*** CAES., partir pour la ville ; ***legatos ad aliquem mittere***, envoyer des ambassadeurs à qqn ; ***ad aliquem ora convertere*** CAES., tourner son visage vers qqn ; ***ad aliquid dicere*** CIC., répliquer à qqch. ‖ [milit.] contre : ***ad hostes contendere*** CAES., marcher contre les ennemis ‖ [point d'application] ***ad terram naves deligare*** CAES., attacher des vaisseaux au rivage ***b)*** jusqu'à : ***usque ad ultimas terras*** CIC., jusqu'aux confins de la terre ; ***omnes ad unum*** CIC., tous jusqu'au dernier ; ***ad perfectum*** SEN., jusqu'à la perfection ; ***ad necem*** CIC., jusqu'à ce que mort s'ensuive ***c)*** au-delà de, outre : ***ad haec*** LIV., en plus de cela ; ***ad cetera volnera*** CIC., outre les autres blessures ; ***ad naves viginti*** LIV., en plus des vingt navires ***d)*** [fig.] pour, en vue de : ***ad omnes casus*** CAES., pour toutes les éventualités ; ***facti ad quamvis vim perferendam*** CAES., faits pour supporter n'importe quelle violence ; ***ad hoc, ut*** [subj.] LIV., en vue de, pour que ¶ **2** [sans mouvement] ***a)*** près de, du côté de : ***ad urbem esse*** CIC., être près de la ville ; ***ad eam partem oppidi*** CAES., de ce côté de la ville ; ***ad laevam, ad dextram*** CIC., du côté gauche, du côté droit (à gauche, à droite) ; ***ad solarium*** CIC., aux alentours du cadran solaire ; [en parlant de batailles] ***ad Nolam*** CIC., à la bataille de Nola ;

[avec ellipse de aedem] ***ad Castoris*** CIC., près du temple de Castor ***b)*** chez : ***esse ad aliquem*** CIC., être chez qqn ; ***ad exercitum manere*** CAES., rester à l'armée ; ***ad populum agere*** CIC., plaider devant le peuple ***c)*** [fig.] vers, environ : ***ad hominum milia decem*** CAES., environ 10 000 hommes
II [sens temporel] ***a)*** à : ***ad diem*** CAES., au jour fixé ; ***ad idus*** CAES., aux ides ; ***ad tempus*** CIC., à temps, au moment opportun ***b)*** vers : ***ad vesperam*** CIC., vers le soir ; ***ad extremam orationem*** CAES., sur la fin du discours ***c)*** jusqu'à : ***ad summam senectutem*** CIC., jusqu'à la plus grande vieillesse ; ***ad hanc diem*** CIC., jusqu'aujourd'hui ***d)*** pour : ***ad quodam tempus*** CIC., pour un temps limité ; ***ad tempus lectus*** LIV., élu pour un temps (= provisoirement) ***e)*** dans : ***ad annum*** CIC., dans un an, l'année prochaine
III [indiquant un rapport, une relation] ¶ **1** d'après, selon, suivant : ***hanc ad legem*** CIC., d'après ces principes ; ***ad nutum alicujus*** CIC., selon la volonté de qqn ; ***ad naturam*** CIC., conformément à la nature ‖ [adaptation, accompagnement] ***ad chordarum sonum*** NEP., aux sons d'un instrument à cordes ; ***ad lucernam*** SEN., à la lueur d'une lampe ; ***ad lunam*** VIRG., à la lumière de la lune ¶ **2** relativement à, au regard de : ***quid ad rem ?*** CIC., quel rapport avec l'affaire ? ; ***ad cetera egregius*** LIV., remarquable sous tous les autres rapports ; ***ad universi caeli complexum*** CIC., par rapport à l'étendue qu'embrasse le ciel ¶ **3** par suite de : ***ad clamorem convenire*** CAES., aux cris poussés, se rassembler ; ***ad auditas voces*** OV., entendant ces paroles ; ***ad haec visa auditaque*** LIV., à cette vue, à ces paroles ¶ **4** [sens instrumental] ***ad digiti sonum aliquem vocare*** TIB., appeler qqn au bruit des doigts ‖ [tard.] ***ad fundas lapides jacere*** VEG., jeter des pierres à la fronde

2 **ad-**, préfixe, ici sous la forme *ad-* devant les voyelles et les consonnes *b, d, f, g, h, j, l, m, n, r, s, t, v* ; *a-* devant *gn* et *s* suivi de consonne, *ab-* qqf. devant *b*, *ac-* devant *c* et *qu*, *ap-* devant *p*. La forme dialectale *ar-* se rencontre à l'époque archaïque devant *f* et *v* : ***arvehant*** [-C] Pros.

ădactĭo, *ōnis*, f., action de contraindre : ***juris jurandi*** [C] Pros., contrainte à un serment, engagement par serment ; [V.] *adigo ¶ 2 b*

1 **ădactus**, *a, um*, part. de *adigo*

2 **ădactŭs**, *ūs*, m., atteinte : [C] Poés.

Ădăd, Ădădus, *i*, m., le premier des dieux chez les Assyriens : [T] Pros. ‖ nom de rois : [T] Pros.

ădaequātus, *a, um*, part. de *adaequo*

ădaequē, adv., d'une manière égale [d'ordin. avec une nég., suivi de *atque* ou *ut*] autant que : [-C] Théât. ‖ [avec abl.] [-C] Théât. ‖ [C] Pros., = ***ut ... ita***

ădaequō, *ās, āre, āvī, ātum*, tr. ¶ **1** rendre égal ***a)*** une chose à une autre : ***rem rei*** [C] Pros. ; ***tecta solo*** [C] Pros., raser des maisons ; ***rem cum re*** [C] Pros. ***b)*** rendre qqn égal à qqn : ***aliquem cum aliquo*** [C] Pros. ; ***aliquem alicui*** [+C] Pros. ***c)*** comparer, assimiler ; ***rem rei***, une chose à une autre : [+C] Pros., Poés. ¶ **2** égaler, atteindre : ***equorum cursum*** [C] Pros., égaler les chevaux à la course ; ***summam muri*** [C] Pros., atteindre le sommet du mur ; ***famam alicujus*** [C] Pros., atteindre (égaler) la renommée de qqn ¶ **3** [abs[t]] [C] Pros. ¶ **4** [emploi intr., exceptionnel, avec dat.] être égal à, égaler : [C] Pros.

ădaerō, *ās, āre, -, -*, tr., convertir en argent [un impôt en nature], taxer : [T] Pros.

ădaestŭō, *ās, āre, -, -*, intr., refluer en bouillonnant : [+C] Poés.

ădaggĕrātus, *a, um*, part. de *adaggero*

ădaggĕrō, *ās, āre, -, -*, tr., entasser, accumuler, amonceler : [-C] Pros., [+C] Pros.

ădăgĭo, *ōnis*, f., adage, sentence, morale, proverbe : [C] Pros.

ădăgĭum, *ĭi*, n., [V.] *adagio* : [+C] Pros.

Ādām, indécl., **Ādām**, *Ādae*, m., **Ādāmus**, *i*, m., Adam, le premier homme : [T] Pros.

ădămantēus, *a, um*, **ădămantĭnus**, *a, um*, [C] Poés., d'acier, dur comme l'acier

ădămās (**ădămans**), *antis*, acc. ***anta***, m., le fer le plus dur, acier : [C] Poés.

Ădămāstŏr, *ŏris*, m., un géant : [T] Poés.

Ădămāstus, *i*, m., un habitant d'Ithaque : [C] Poés.

ădămātus, *a, um*, part. de *adamo*

ădambŭlō, *ās, āre, -, -*, intr., marcher auprès : [-C] Théât., [+C] Pros.

ădămō, *ās, āre, āvī, ātum*, tr., se mettre à aimer, s'éprendre de : [C] Pros. ‖ [avec acc. attribut] [+C] Pros. ‖ [rare] aimer passionnément : [+C] Pros.

ădămussim, [V.] *amussis*

ădăpĕriō, *īs, īre, pĕrŭi, pertum*, tr. ¶ **1** découvrir [qqch. qui est caché] : [C] Pros., [+C] Pros. ¶ **2** ouvrir [qqch. qui est fermé] : [C] Pros., Poés. ¶ **3** mettre au jour, mettre à nu : [+C] Pros.

ădăpertĭlis, *e*, qui laisse voir par une ouverture : [C] Poés.

ādāpertĭo, *ōnis*, f., action d'ouvrir : [T] Pros.

ădăpertus, part. de *adaperio*

ădaptātus, part. de *adapto*

ădaptō, *ās, āre, āvī, ātum*, tr., adapter, ajuster : [+C] Pros.

ădăquō, *ās, āre, āvī, -*, tr., abreuver : [T] Pros. ‖ [pass.] être amené à boire, aller boire [en parl. de troupeaux] : [+C] Pros.

ădăquŏr, *āris, ārī, -*, faire provision d'eau : [C] Pros. ; [V.] *aquor*

ădārescō, *ĭs, ĕre, ārŭī, -*, intr., sécher, devenir sec : [-C] Pros.

Adargatis, [V.] *Atargatis*

1 **ădauctus**, *a, um*, part. de *adaugeo*

2 **ădauctŭs**, *ūs*, m., augmentation, accroissement : [C] Poés.

ădaugĕō, *ēs, ēre, auxī, auctum*, tr., augmenter [en ajoutant] : [C] Pros., [+C] Pros.

ădaugescō, *ĭs, ĕre, -, -*, intr., commencer à grossir, croître : [C] Poés., Pros.

ădaugmĕn, *ĭnis*, n., accroissement, augmentation : [C] Poés.

adbĭbō, *ĭs, ĕre, bĭbī, -*, tr., absorber en buvant, s'abreuver, boire : [-C] Théât., [+C] Pros. ‖ [fig., en parl. des oreilles] [-C] Théât., [C] Pros.

adbītō, *ĭs, ĕre, -, -*, intr., s'approcher : [-C] Théât.

adblandĭŏr, *īrĭs, īrī, -*, chercher à obtenir par flatterie : [T] Poés.

adblătĕrō, *ās, āre, -, -*, tr., débiter vivement : [+C] Pros.

adc-, [V.] *acc-*

adclārassis, [V.] *acclaro*

addĕcet, impers., il convient ; ***aliquem***, à qqn [avec inf.] : [-C] Théât.

addĕcĭmō, *ās, āre, -, -*, lever la dîme sur : [T] Pros.

addensĕō, *ēs, ēre, -, -*, tr., rendre plus épais, plus compact : [C] Poés.

addīcō, *ĭs, ĕre, dīxī, dictum*, tr. ¶ **1** [abs[t]] dire pour, approuver, être favorable [en parl. des auspices] : [C] Pros. ¶ **2** [un des trois mots sacramentels du préteur réglant une instance : *do, dico, addico*] donner un juge et une formule, déclarer le droit ‖ prononcer : ***litem addicere*** [+C] Pros., trancher le litige ; ***judicium addicere*** [C] Pros., prononcer un jugement ¶ **3** adjuger : ***aliquem alicui***, adjuger qqn à qqn, la personne du débiteur au créancier : [-C] Théât., [C] Pros. ‖ [fig.] [C] Pros. ; [V.] *2 addictus* ‖ ***aliquid alicui***, adjuger qqch. à qqn : [C] Pros. ¶ **4** adjuger [dans une enchère] : ***opere addicto*** [C] Pros., adjudication faite du travail ; ***alicui*** [C] Pros., adjuger à qqn ; ***in publicum bona alicujus*** [C] Pros., confisquer les biens de qqn ; ***nummo sestertio*** [C] Pros., adjuger pour un sesterce ‖ [au fig.] céder au plus offrant : [C] Pros. ¶ **5** [fig.] dédier, vouer, abandonner : ***senatui se addicere*** [C] Pros., se dévouer au sénat ; [+C] Pros. ‖ [poét.] [avec inf.] [C] Pros. ¶ **6** attribuer : [+C] Pros.

addictĭo, *ōnis*, f., adjudication [attribution de la personne du coupable ou d'une chose revendiquée, par la sentence du préteur] : [C] Pros.

1 **addictus**, *a, um*, part. de *addico*

2 **addictus**, *i*, m., esclave pour dette : [-C] Théât., [C] Pros., [+C] Pros.

addĭdī, parf. de *addo*

addiscō, *ĭs, ĕre, addĭdĭcī, -*, tr., apprendre en outre, ajouter à ce que l'on sait : [C] Pros. ‖ [avec inf.] apprendre à faire qqch. : [C] Poés.

addĭtāmentum, *i*, n., addition ; ***rei***, de qqch. : [+C] Pros.

addĭtĭo, *ōnis*, f., action d'ajouter : [C] Pros.

addĭtus, *a, um*, part. de *addo*

addō, *ĭs, ĕre, dĭdī, dĭtum*, tr.
I mettre en plus, donner en plus ¶ **1** ***addere gradum***, presser (doubler) le pas : [-C] Théât., [C] Pros. ¶ **2** ajouter ; ***rem ad rem***, une chose à une chose : [C] Pros. ‖ ***scelus in scelus*** [C] Poés., ajouter le crime au crime, [+C] Pros. ; [mais] ***in vinum aquam*** [-C] Pros. ; ***in orationem quaedam*** [C] Pros., ajouter de l'eau dans du vin, des détails dans un discours [c.-à-d. mettre en plus dans] ‖ [absᵗ] recommencer à [inf.] : [T] Pros. ¶ **3** ajouter [par la parole ou l'écriture] : ***pauca addit*** [C] Pros., il ajoute quelques paroles ; [absᵗ] [C] Pros. ‖ [avec prop. inf.] [C] Pros. ‖ [avec *ut, ne* idée d'ordre, de conseil] : [C] Pros. ‖ [suivi du style direct] [C] Pros. ‖ [abl. absolu du part. neutre] [+C] Pros. ‖ [expr.] : ***adde***, ajoute, ajoutons ; ***huc, istuc***, ajoute à cela ; ***eodem***, ajoute encore, à cela ; ***adde quod***, ajoute ce fait que : [C] Pros., [+C] Pros., poètes
II placer vers ¶ **1** ***stercus ad radicem*** [-C] Pros., mettre du fumier à la racine d'un arbre ; ***alicui custodem*** [-C] Théât., placer un gardien à côté de qqn ; [C] Poés., Pros. ¶ **2** appliquer : ***virgas alicui*** [C] Pros., appliquer les verges à qqn ; ***calcaria*** [+C] Pros. ; ***stimulos*** [+C] Pros., appliquer l'éperon, l'aiguillon ‖ [au fig.] ***timidis virtutem*** [C] Pros., inspirer du courage aux pusillanimes ‖ ***nugis pondus*** [C] Pros., attacher de l'importance à des bagatelles

addŏcĕō, *ēs, ēre, -, -*, tr., enseigner [en complétant] : [C] Pros.

addormĭō, *īs, īre, -, -*, intr., **addormiscō**, *ĭs, ĕre, -, -*, s'endormir : [+C] Pros.

Addŭa (**Ădŭa**), *ae*, m., affluent du Pô [auj. Adda] : [+C] Pros.

addŭbĭtātus, *a, um*, V. *addubito*

addŭbĭtō, *ās, āre, āvī, ātum*, intr., pencher vers le doute, douter ; ***de aliqua re***, douter de qqch. : [C] Pros. ; [avec interr. indir.] [C] Pros. ; [avec *num*] [C] Pros. ‖ [emploi tr., au part. parf. passif] ***addubitato augurio*** [C] Pros., l'augure ayant été jugé douteux

addūcō, *ĭs, ĕre, dūxī, ductum*, tr.
I amener à soi, attirer ¶ **1** ***ramum*** [C] Pros., tirer à soi un rameau ‖ ***adducta sagitta*** [C] Poés., la flèche ramenée en arrière ¶ **2** [d'où] tendre : ***habenas*** [C] Pros., tendre les rênes ; ***adducto arcu*** [C] Poés., avec son arc bandé ; ***lorum*** [C] Pros., serrer les liens ‖ contracter : [C] Poés. ; ***frontem*** [+C] Pros. ; ***vultum*** [+C] Pros., contracter (froncer) le sourcil, le visage
II conduire vers, mener à ¶ **1** amener : ***exercitum*** [C] Pros., amener une armée ; ***aliquem secum, tecum, mecum***, amener qqn avec soi, avec toi, avec moi : ***ab Roma*** [C] Pros. ; ***Lilybaeo*** [C] Pros. ; ***ex Italia*** [C] Pros., de Rome, de Lilybée, d'Italie ; ***ad aram*** [C] Pros. ; ***ad urbem, in urbem*** [C] Pros., près de l'autel, aux portes de la ville, dans la ville ; ***in fines Atrebatum*** [C] Pros., dans le pays des Atrébates ; ***Massiliam*** [C] Pros., à Marseille ; ***domum*** [C] Pros., à la maison ‖ [exceptionnel] ***adducor litora*** [C] Poés., je suis amené au rivage ‖ ***alicui***, amener à qqn (pour qqn) : [-C] Théât., [C] Pros. ‖ ***integros subsidio*** [C] Pros., amener des troupes fraîches comme soutien ‖ [en part.] ***in judicium*** [C] Pros., appeler en justice ; ***ad populum*** [C] Pros., citer devant le peuple ‖ [en parl. de choses] ***aquam*** [C] Pros., amener de l'eau ; [+C] Pros. ¶ **2** [fig.] amener à, mener à : ***ad iracundiam, ad fletum*** [C] Pros., amener [le juge] à l'irritation, aux larmes ; ***in spem*** [C] Pros., amener à espérer ; ***ad suscipiendum bellum*** [C] Pros., amener à entreprendre la guerre ‖ ***in invidiam aliquem adducere*** [C] Pros., attirer la haine sur qqn ; ***in suspicionem*** [C] Pros., attirer les soupçons sur qqn, rendre qqn suspect ; ***in suspicionem alicujus rei*** [C] Pros., rendre suspect de qqch. ‖ ***adduci ut*** [subj.] ; être amené à : [C] Pros. ; ***aliqua re adduci ut***, être déterminé par qqch. à : [C] Pros. ; [d'où l'emploi du part. *adductus*] entraîné, déterminé, décidé : [C] Pros. ¶ **3** ***adduci*** [a fini par avoir à lui seul le sens de] se laisser gagner, se laisser convaincre (persuader) : [C] Pros., [+C] Pros.

adductē**, adv., [inus.] ***adductius, d'une façon plus tendue, plus roide : [+C] Pros.

adductus, *a, um* ¶ **1** part. de *adduco* ¶ **2** adj. ***a)*** contracté, resserré : [C] Poés. ***b)*** tendu, roide, sévère : [+C] Pros. ; ***adductior*** [+C] Pros.

adduxī, parf. de *adduco*

ădĕdō, *ĭs, ĕre, ēdī, ēsum*, tr., entamer avec les dents, ronger : [C] Poés., Pros. ; [au fig. en parl. d'argent] [C] Pros., [+C] Pros. ‖ [en parl. du feu] ronger, consumer : [C] Poés. ‖ [en parl. de l'eau] [C] Poés., [+C] Poés.

ădēgī, parf. de *adigo*

Adelphī ou **Adelphoe**, *ōrum*, m. pl., les Adelphes, comédie de Térence : [-C] Théât.

ădēmī, parf. de *adimo*

ădemptĭo, *ōnis*, f., action d'enlever : ***civitatis*** [C] Pros., destitution de la citoyenneté ; ***bonorum*** [+C] Pros., confiscation

ădemptus (**ădemtus**), *a, um*, part. de *adimo*

1 **ădĕō**, adv., jusque-là, jusqu'au point ¶ **1** [sens local] [-C] Pros. ¶ **2** [sens temporel] ***usque adeo (dum)***, aussi longtemps (que) : [-C] [C] Poés., Pros. ¶ **3** marquant le [degré] à ce point : [C] Poés., Pros. ‖ [réflexion qui conclut] : [C] Poés., Pros. ‖ ***adeo ut, usque adeo ut***, à tel point que, jusqu'au point que : [C] Pros. ; [*adeo* portant sur une nég.] : [C] Pros., [+C] Pros. ; ***adeo non, ut contra***, si loin de... qu'au contraire : [C] Pros. ‖ [suivi d'une rel. conséc.] [C] Pros. ; [avec *quin*] [C] Pros. ‖ [suivi d'une partic. de comparaison] : ***adeo quasi*** [-C] Théât., tout autant que ; [C] Pros. ; ***adeo ... quam*** [C] Pros., autant que, [+C] Pros. ¶ **4** à plus forte raison : [+C] Pros. ; [avec une négation] encore bien moins : [+C] Pros. ¶ **5** [enchérissement] ***atque adeo***, et bien plus : [C] Pros. ; [correction] [C] Pros. ; ***atque adeo*** [C] Pros., ou plutôt non ¶ **6** au surplus, d'ailleurs : [C] Pros. ‖ ***atque adeo*** [-C] Théât., d'ailleurs, au fait ‖ en plus, surtout, particulièrement : [-C] Théât., [C] Pros., Poés. ‖ [comme *quidem*] le certain, c'est que : [C] Poés.

2 **ădĕō**, *īs, īre, ĭī, ĭtum*, intr. et tr.
I intr., aller vers ¶ **1** ***ad aliquem***, aller vers qqn, aller trouver qqn : ***ad praetorem in jus*** [C] Pros., aller en instance devant le préteur ; ***ad libros Sibyllinos*** [C] Pros., aller consulter les livres sibyllins ; ***ad fundum*** [C] Pros., se rendre à une propriété ; ***ad urbem*** [C] Pros., à une ville ; ***in conventum*** [C] Pros., aller dans une assemblée ; ***in fundum*** [C] Pros., dans une propriété ‖ [absᵗ, milit.] s'avancer, se porter en avant : [C] Pros. ¶ **2** [fig.] ***ad rem publicam*** [C] Pros., aborder les affaires publiques
II tr. ¶ **1** ***aliquem***, aller trouver qqn, s'adresser à qqn, aborder qqn : [C] ; ***insulam*** [C] Pros., aborder une île ; ***munimenta*** [C] Pros., atteindre les fortifications ; ***oraculum*** [C] Pros., consulter un oracle ; ***muros portasque*** [C] Pros., approcher des murs et des portes ; ***sacrificium*** [C] Pros., approcher d'un sacrifice ; ***municipia coloniasque*** [C] Pros., visiter (parcourir) municipes et colonies ¶ **2** [fig.] ***pericula*** [C] Pros., s'exposer aux dangers ; ***capitis periculum*** [C] Pros., s'exposer à un danger de mort ; ***labores*** [C] Pros. ; ***inimicitias*** [C] Pros., s'exposer aux fatigues, aux haines ‖ ***hereditatem adire*** [expression du droit civil], accepter d'être héritier : ***hereditatem non adire*** [C] Pros., renoncer à une succession ; [la formule complète était *hereditatem adeo cernoque* [C] Pros., "j'accepte cette succession et je le décide"] ¶ **3** [prov.] ***alicui manum adire***, tromper qqn : [-C] Théât. ; V. *2 manus ¶ 1*

Adĕōna, *ae*, f., déesse qui présidait à l'arrivée : [T] Pros.

ădeps, *ădĭpis*, m. et f., graisse : [-C] Pros., [C] Pros. ‖ [au pl.] [au fig.] [C] Pros. ; [en parl. de l'enflure du style] [+C] Pros.

ădeptĭo, *ōnis*, f., acquisition : [C] Pros.

ădeptŏr, *ōris*, m., acquéreur : [T] Pros.

adeptus, *a, um*, part. de *adipiscor*, ayant atteint, ayant acquis ‖ [avec sens passif] ***adepta libertate*** [C] Pros., la liberté étant acquise, [+C] Pros.

ădĕquĭtō, *ās, āre, āvī, ātum*, intr., aller à cheval vers : ***ad nostros*** [C] Pros., s'approcher des nôtres à cheval ; ***in dextrum cornu*** [C] Pros., se porter à cheval à l'aile droite ; ***portis*** [C] Pros. ; ***vallo*** [C] Pros., s'approcher à cheval des portes, du retranchement, [+C] Pros.

ădĕram, imparf. de *adsum*

ădĕro, fut. de *adsum*

ăderrō, *ās, āre, -, -*, intr., errer auprès, autour : [+C] Poés.

ădĕs, 2ᵉ pers. sg. indic. prés. et impér. de *adsum*

ădesco, *ās, āre, āvī, ātum*, tr., nourrir, engraisser : [T] Pros.

ădesdum, viens donc : [-C] Théât.

ădesse, inf. prés. de *adsum*

ădest ¶ **1** de *adsum* ¶ **2** de *adedo*, pour *adedit* : [+C] Poés.

ădēsŭrĭō, *īs, īre, īvī*, -, intr., prendre faim : [-C] Théât.

ădēsus, *a, um*, part. de *adedo*

ădĕundus, *a, um*, adj. verb. de *2 adeo*

adfăbĕr, *bra, brum*, habile : [T] Pros.

adfābĭlis, *e*, à qui l'on peut parler, affable, accueillant : [C] Pros., [+C] Pros. ‖ ***adfabilior*** [+C] Pros.

adfābĭlĭtās, *ātis*, f., affabilité : [C] Pros.

adfābĭlĭtĕr, adv., avec affabilité : [+C] Pros., [T] Pros. ; ***adfabilissime*** [+C] Pros.

adfabrē, adv., artistement, avec art : [C] Pros.

adfāmĕn, *ĭnis*, n., paroles adressées à qqn : [+C] Pros.

adfătim, adv., à suffisance, amplement, abondamment : [C] Pros. ‖ ***divitiarum adfatim*** [-C] Théât., avec une profusion de richesses ; ***pecuniae*** [C] Pros. ; ***armorum*** [C] Pros., suffisamment d'argent, d'armes

1 **adfātus**, *a, um*, part. de *adfor*

2 **adfātŭs**, *ūs*, m., paroles adressées à qqn : [C] Poés., [+C] Poés.

adfăvĕō, *ēs, ēre*, -, -, intr., favoriser : [T] Pros.

adfēcī, parf. de *adficio*

adfectātĭo, *ōnis*, f., aspiration vers, recherche, poursuite : ***sapientiae*** [+C] Pros. ; ***quietis*** [+C] Pros., recherche de la sagesse, de la tranquillité ; ***Germanicae originis*** [+C] Pros., prétention à une origine germanique ‖ simulation, hypocrisie : [T] Pros. ‖ affection, attaque : [T] Pros.

adfectātŏr, *ōris*, adj. m., qui est à la recherche (à la poursuite) de : ***sapientiae*** [+C] Pros., qui aspire à la sagesse ; ***regni*** [+C] Pros., prétendant au trône

adfectātus, *a, um*, part. de *adfecto*

adfectĭo, *ōnis*, f. ¶ **1** action d'affecter, influence : [C] Pros. ¶ **2** état (manière d'être) qui résulte d'une influence subie, affection, modification : [C] Pros. ¶ **3** [en gén.] état affectif, disposition morale ou physique, état, manière d'être : [C] Pros. ¶ **4** [après Cicéron] manière dont on est affecté, disposition, sentiment : [+C] Pros. ‖ inclination, goût, affection : [+C] Pros.

adfectō, *ās, āre, āvī, ātum*, tr. ¶ **1** approcher de, aborder, atteindre : ***(navem) dextra*** [C] Poés., atteindre (le vaisseau) avec la main ; ***viam*** [-C] Théât., aborder (prendre) une route ; ***iter*** [C] Pros., un chemin ; ***viam Olympo*** [C] Poés., suivre la route de [qui mène à] l'Olympe ‖ [C] Pros. ; ***Gallias adfectavere*** [+C] Pros., ils s'attaquèrent aux Gaules ¶ **2** chercher à atteindre, avoir des vues sur, être en quête de : ***civitates*** [C] Pros., [+C] Pros. ; ***Aetolorum amicitiam*** [C] Pros. ; ***studia militum*** [+C] Pros., chercher à gagner des cités, l'amitié des Étoliens, le dévouement des soldats ; ***res Africae*** [C] Pros., avoir des vues sur l'Afrique ; ***bellum Hernicum*** [C] Pros., avoir en vue une guerre contre les Herniques [la direction d'une ...] ; ***munditiam*** [C] Pros., viser à la propreté ; ***regnum*** [C] Pros., aspirer à la royauté ; ***honorem*** [C] Pros., ambitionner une charge ‖ [avec inf.] [+C] Pros. ‖ ***adfectatus, a, um*** [a parfois un sens péjor.], recherché (peu naturel) : [+C] Pros. ¶ **3** simuler, feindre : ***neque a daemoniis affectaretur (divinitas)*** [+C] Pros., les démons ne simuleraient pas (d'être des dieux)

adfectŭōsē, adv., ***-issime*** [T] Pros., d'une manière très affectueuse

adfectŭōsus, *a, um*, affectueux : [T] Pros.

1 **adfectus**, *a, um*

I part. de *adficio*

II adj. ¶ **1** pourvu de, doté de : [-C] Théât. ; ***beneficio adfectus*** [C] Pros., objet d'une faveur ; ***vitiis*** [C] Pros. ; ***virtutibus*** [C] Pros., pourvu (doté) de vices, de vertus ; ***optuma valetudine*** [C] Pros., pourvu d'une excellente santé ¶ **2** mis dans tel ou tel état, disposé : [C] Pros. ¶ **3** mal disposé, atteint, affecté, affaibli : ***aetate*** [C] Pros. ; ***senectute*** [C] Pros., atteint par l'âge, par la vieillesse ; [+C] Pros. ¶ **4** près de sa fin, dans un état avancé : ***aetate adfecta*** [C] Pros., d'un âge à son déclin, d'un âge avancé ‖ compar. [+C] Pros. ; superl. [+C] Pros.

2 **adfectŭs**, *ūs*, m. ¶ **1** état [de l'âme], disposition [de l'âme] : [C] Pros. ‖ [méd.] état physique, disposition du corps, affection, maladie ¶ **2** sentiment : [C] Poés. ‖ [en part.] sentiment d'affection : [C] Poés., [+C] Pros., Poés. ‖ passion, mouvement passionné de l'âme [terme de la phil. et de la rhétor. après Cicéron] : [+C] Pros. ¶ **3** [pl. concret] affections, parents [de qqn] : [T] Pros.

adfĕrō, *fers, ferre, adtŭlī, adlātum*, tr., apporter ¶ **1** [au pr.] : ***candelabrum Romam*** [C] Pros., apporter un candélabre à Rome ; ***Socrati orationem*** [C] Pros. ; ***scyphos ad praetorem*** [C] Pros., apporter un discours à Socrate, des coupes au préteur ‖ ***sese adferre***, se transporter, venir : [-C] Théât., [C] Poés. ¶ **2** ***epistulam, litteras***, apporter une lettre (***ad aliquem*** ou ***alicui***, à qqn) : [C] Pros. ; ***nuntium alicui*** [C] Pros., apporter une nouvelle à qqn ‖ [d'où l'emploi du verbe seul signifiant annoncer] : [C] Pros. ‖ [avec prop. inf.] : [C] Pros. ‖ [avec *ut*, au sens d'injonction] : [C] Pros. ¶ **3** porter sur, contre : ***vim alicui*** [C] Pros., faire violence à qqn ; ***manus alicui*** [C] Pros., se livrer à des actes de violence sur qqn ; [+C] Pros. ¶ **4** apporter en plus : [C] Pros. ‖ apporter à, mettre à : [C] Pros. ¶ **5** apporter : ***testimonium, argumentum, exemplum, rationem, causam***, apporter (produire) un témoignage, une preuve, un exemple, une raison, une cause ‖ [d'où] alléguer, dire : [C] Pros., [+C] Pros. ‖ [avec interrog. indir.] : ***aliquid (multa) adferre, cur (quamobrem)***, apporter un argument, beaucoup d'arguments pour prouver que : [C] Pros., [+C] Pros. ‖ [avec *quod*, "ce fait que"] : [C] Pros. ‖ [avec prop. inf.] : [C] Pros. ¶ **6** apporter, occasionner : ***delectationem, dolorem, luctum, metum, spem***, apporter du plaisir, de la douleur, le deuil, la crainte, l'espoir : ***pacem, bellum*** [C] Pros., apporter la paix, la guerre ‖ apporter qqch. comme contribution à : [C] Pros.

adfĭcĭō, *ĭs, ĕre, fēcī, fectum*, tr. ¶ **1** pourvoir de : [-C] Théât., [C] Pros. ; ***aliquem sepultura*** [C] Pros., ensevelir qqn ; ***stipendio exercitum*** [C] Pros., payer la solde à l'armée ‖ ***praemiis*** [C] Pros., récompenser ‖ infliger : ***servitute*** [C] Pros., mettre dans la servitude ; ***poena*** [C] Pros., punir, châtier ; ***timore*** [C] Pros., remplir de crainte ; ***delectatione adfici*** [C] Pros., éprouver du plaisir ; ***amentia adficere aliquem*** [C] Pros., frapper qqn d'égarement ; ***desiderio*** [C] Pros., inspirer du regret à qqn ¶ **2** mettre dans tel ou tel état, affecter, disposer : [C] Pros. ¶ **3** affaiblir, toucher, frapper, incommoder : [C] Pros. ; ***corpora*** [C] Pros., affaiblir les forces physiques ; [+C] Pros.

adfictīcĭus, *a, um*, adjoint à : [C] Pros.

adfictĭo, *ōnis*, f., action d'imaginer : [T] Pros.

adfictus, *a, um*, part. de *adfingo*

adfīgō, *ĭs, ĕre, fīxī, fīxum*, tr. ¶ **1** attacher : ***cruci aliquem*** [C] Pros., attacher qqn à la croix ; ***adfixus Caucaso*** [C] Pros., [Prométhée] attaché au Caucase ‖ ***adfixus ad Caucasum*** [C] Pros., attaché au Caucase ¶ **2** ***animis adfigi*** [C] Pros., se fixer dans les esprits, [+C] Pros. ; ***aliquid animo adfigere*** [+C] Pros. ; ***memoriae*** [+C] Pros., fixer qqch. dans l'esprit, dans la mémoire

adfĭgūrō, *ās, āre, āvī*, -, ➡ *figuro* : [+C] Pros.

adfingō, *ĭs, ĕre, finxī, fictum*, tr. ¶ **1** appliquer, ajouter [en façonnant] : [C] Pros. ¶ **2** attribuer faussement, imputer à tort, ajouter en imaginant : [C] Pros.

adfīnis, *e* ¶ **1** limitrophe, voisin : [C] Pros. ¶ **2** mêlé à qqch. : ***sceleri*** [C] Pros., complice d'un crime ; ***turpitudini*** [C] Pros., mêlé à une infamie ‖ ***rei capitalis*** [C] Pros., qui a trempé dans un crime capital ¶ **3** allié, parent par alliance [dans ce sens presque toujours subst.] : ***tuus adfinis*** [C] Pros., ton parent par alliance ‖ [poét.] ***adfinia vincula*** [C] Poés., liens de parenté par alliance

adfīnĭtās, *ātis*, f. ¶ **1** voisinage : [C] Pros. ¶ **2** parenté par alliance : [C] Pros. ; ***regia adfinitas*** [C] Pros., parenté d'alliance avec le roi ‖ [fig.] ***litterarum adfinitas*** [+C] Pros., parenté (relation étroite) de certaines lettres entre elles

adfirmātē, adv., d'une façon ferme : ***aliquid promittere*** [C] Pros., promettre qqch. solennellement ; ***adfirmatissime*** [+C] Pros., de la manière la plus formelle

adfirmātio, *ōnis*, f., affirmation, action d'assurer (de garantir) : [C] Pros.

adfirmātus, *a, um*, part. de *adfirmo*

adfirmō, *ās, āre, āvī, ātum*, tr. ¶ **1** affermir, consolider, fortifier [une idée, un sentiment] : ***aliquid rationibus*** [C] Pros., fortifier qqch. par des raisonnements ; ***opinionem*** [C] Pros., fortifier une opinion ; [+C] Pros. ¶ **2** affirmer, donner comme sûr et certain : [C] Pros. ‖ ***de aliqua re*** [C] Pros. ; ***de aliquo*** [C] Pros., parler avec assurance (certitude) de qqch., de qqn

adflagrans, *antis*, brûlant : ***tempus*** [T] Pros., temps de troubles

1 **adflātus**, *a*, *um*, part. de *adflo*

2 **adflātŭs**, *ūs*, m. ¶ **1** [+C] Pros. ‖ [C] Poés. ¶ **2** [fig.] souffle qui inspire : [C] Pros. ¶ **3** [chrét.] le souffle de Dieu [non pas l'Esprit, mais celui qui a créé l'âme d'Adam] : [T] Pros.

adflectō, *ĭs*, *ĕre*, -, -, tr., tourner, diriger vers : [T] Poés.

adflĕō, *ēs*, *ēre*, -, -, intr., pleurer [à, en présence de] : [-C] Théât., [C] Poés.

adflictātĭo, *ōnis*, f., douleur démonstrative, désolation : [C] Pros. ; V. *adflicto ¶ 3*

adflictĭo, *ōnis*, f., action de frapper, d'infliger : [T] Pros. ‖ tourment : [T] Pros.

adflictō, *ās*, *āre*, *āvī*, *ātum*, tr. ¶ **1** frapper (heurter) souvent ou avec violence contre : [C] Pros. ¶ **2** bousculer, maltraiter : [-C] Théât. ‖ endommager, mettre à mal : [+C] Pros. ¶ **3** [au pr.] : ***se adflictare***, se frapper, se maltraiter [en signe de douleur] : [-C] Théât., [C] Pros. ; ***ne te adflictes*** [-C] Théât., ne te casse pas la tête contre les murs ‖ [d'où] se désespérer, se désoler : [C] Pros. ‖ ***adflictari***, même sens : [C] Pros.

adflictŏr, *ōris*, m., celui qui jette à bas, destructeur : [C] Pros.

adflictrīx, *īcis*, f., celle qui renverse, destructrice : [+C] Pros.

1 **adflictus**, *a*, *um* ¶ **1** part. de *adfligo* ¶ **2** adj., jeté à terre, abattu, terrassé : [au pr.] [C] Pros. ; [au fig.] [C] Pros. ; ***rebus adflictis*** [C] Pros., dans une situation désespérée ‖ ***adflictior*** [C] Pros.

2 **adflictŭs**, *ūs*, m., choc, collision : [+C] Pros.

adflīgō, *ĭs*, *ĕre*, *flīxī*, *flictum*, tr. ¶ **1** frapper (heurter) contre : [C] Pros. ; ***cum (fortuna) reflavit, adfligimur*** [C] Pros., quand (la fortune) souffle en sens contraire, nous faisons naufrage ¶ **2** jeter à terre, abattre : [au pr.] ***ad terram*** [-C] Théât. ; ***terrae*** [C] Poés. ; ***solo*** [+C] Pros., jeter à terre, sur le sol ; [C] Pros. ¶ **3** [chrét.] mortifier [par le jeûne] : [T] Pros.

adflō, *ās*, *āre*, *āvī*, *ātum*

I intr. ‖ souffler vers (sur, contre) : [C] Pros. ‖ [avec dat.] [C] Poés.

II tr. ¶ **1** [acc. de la chose portée par le souffle] : [C] Poés., Pros. ¶ **2** [acc. de l'objet sur lequel porte le souffle] : [C] Pros. ; ***adflati incendio*** [C] Pros., atteints par le souffle embrasé ; [C] Poés., [+C] Pros. ‖ ***aliquo incommodo adflatur*** [+C] Pros., le souffle de quelque désagrément passe sur lui

adflŭens, *tis*

I part. prés. de *adfluo.*

II adj. ¶ **1** coulant abondamment, abondant : ***aquae adfluentiores*** [C] Pros., eaux plus abondantes ‖ [fig.] [C] Pros., [+C] Pros. ‖ ***ex adfluenti*** [+C] Pros., en abondance ¶ **2** abondamment pourvu de [avec abl.] : [C] Pros. ; ***opibus adfluentes*** [C] Pros., des gens ayant des richesses en abondance ‖ [avec gén.] [C] Pros.

adflŭentĕr, adv., abondamment : ***adfluentius*** [C] Pros., dans le luxe

adflŭentĭa, *ae*, f., abondance : ***omnium rerum*** [C] Pros., abondance de tous les biens ‖ luxe : [C] Pros. ‖ surabondance : [+C] Pros.

adflŭō, *ĭs*, *ĕre*, *flūxī*, -, intr. ¶ **1** couler vers : [+C] Pros. ; [avec dat.] [C] Pros. ¶ **2** [fig.] affluer, arriver en abondance, (en foule) : [C] Pros. ‖ [avec *ad*] [C] Pros. ‖ venir en surabondance [rare] : [C] Pros., [+C] Pros. ¶ **3** être abondamment pourvu : ***voluptatibus adfluere*** [C] Pros., avoir les plaisirs en abondance ; ***unguentis adfluens*** [C] Pros., ruisselant de parfums ; [C] Poés. ; ***adfluere facetiis*** [-C] Théât., déborder d'esprit

adfŏr, *fārĭs*, *fārī*, *fātus sum*, tr., parler à : ***versibus aliquem*** [C] Pros., s'adresser en vers à qqn ; [C] Poés. ‖ adresser la parole : [pour saluer] [C] Pros. ; [pour dire adieu] [C] Poés. ; ***aliquem adfari extremum*** [C] Poés., dire à qqn le dernier adieu ‖ [pass.] [+C] Pros.

adfŏrĕ, inf. fut. de *adsum*

adfŏrem, V. *adsum*

adformīdō, *ās*, *āre*, -, -, intr., être pris de peur : [-C] Théât.

adfrangō, *ĭs*, *ĕre*, -, *fractum*, tr., briser contre : [+C] Poés. ‖ appuyer violemment contre : [+C] Poés.

adfrĕmō, *ĭs*, *ĕre*, -, -, intr., frémir à (à la suite de) : [+C] Poés.

adfrĭcō, *ās*, *āre*, *frĭcŭī*, *frictum*, tr., frotter contre : [+C] Pros. ‖ communiquer par le frottement (par le contact) : [+C] Pros.

adfrictŭs, *ūs*, m., frottement : [+C] Pros.

adfringō, *ĭs*, *ĕre*, -, -, C. *adfrango*

adfrĭō, *ās*, *āre*, -, -, tr., émietter sur, saupoudrer : [C] Pros.

adfūdī, parf. de *adfundo*

adfulgĕō, *ēs*, *ēre*, *fulsī*, -, intr. ¶ **1** apparaître en brillant : [C] Pros., Poés. ¶ **2** [fig.] apparaître, se montrer, luire : [C] Pros.

adfundō, *ĭs*, *ĕre*, *fūdī*, *fūsum*, tr. ¶ **1** verser (répandre) sur, contre : [+C] Pros. ¶ **2** [sens réfléchi au pass.] se répandre sur : [+C] Pros. ‖ [en particul. au part.] affaissé, prosterné : [C] Poés. ; ***adfusus aris*** [+C] Théât., prosterné au pied des autels, [C] Poés.

adfūsus, *a*, *um*, part. de *adfundo*

adfŭtūrus, de *adsum*

Adgar, V. *Agar*

adgĕmō, *ĭs*, *ĕre*, -, -, intr., gémir avec qqn [*alicui*] : [+C] Poés.

adgĕrō (agg-), *ĭs*, *ĕre*, *gessī*, *gestum*, tr. ¶ **1** porter à (vers), apporter : ***aquam*** [-C] Théât., apporter de l'eau ‖ entasser : ***terram*** [C] Pros. ; ***limum*** [C] Pros., entasser de la terre, du limon ; [+C] Pros. ¶ **2** [fig.] produire (alléguer) en masse : [+C] Pros.

adgestum, *i*, n., remblai, terrasse, rempart : [T] Pros.

1 **adgestus**, *a*, *um*, part. de *adgero*

2 **adgestŭs**, *ūs*, m. ¶ **1** action d'apporter : [+C] Pros. ¶ **2** levée de terre, terrasse : [+C] Pros.

adglŏmĕrō, *ās*, *āre*, *āvī*, *ātum*, tr., rattacher (réunir) étroitement : [C] Poés. ‖ ***tenebras*** [+C] Poés., rendre denses (épaissir) les ténèbres ; ***fretum*** [+C] Poés., soulever la mer comme en pelotes, la boursoufler

adglūtĭnātus, part. de *adglutino*

adglūtĭnō, *ās*, *āre*, *āvī*, *ātum*, tr., coller à, contre : [C] Pros. ; ***(medicamentum) fronti*** [+C] Pros., coller (un remède) contre le front ‖ [fig.] ***ad aliquem se*** [-C] Théât., se coller (s'attacher) à qqn

adgrăvātus, *a*, *um*, part. de *adgravo*

adgrăvescō (-vascō), *ĭs*, *ĕre*, -, -, intr., s'alourdir : [-C] Théât. ‖ s'aggraver [maladie] : [-C] Théât.

adgrăvō, *ās*, *āre*, *āvī*, *ātum*, tr., aggraver : [C] Pros. ; ***inopiam*** [C] Pros., aggraver la disette ‖ ***reum*** [+C] Pros., charger, accabler un accusé

adgrĕdĭŏr, *dĕrĭs*, *dī*, *gressus sum*, intr. et tr.

I intr. ¶ **1** aller vers, s'approcher : ***silentio adgressi*** [C] Pros., s'étant approchés en silence ‖ [-C] Théât. ¶ **2** [fig.] [C] Pros. ; ***ad causam*** [C] Pros. ; ***ad disputationem*** [C] Pros., aborder une cause, une discussion ; ***ad dicendum*** [C] Pros., se mettre à parler [commencer un discours] ; ***ad injuriam faciendam*** [C] Pros., en venir à commettre une injustice

II tr. ¶ **1** aborder [*aliquem*, qqn] : [-C] Théât., [C] Pros. ¶ **2** entreprendre qqn, chercher à le circonvenir : [C] Pros. ; ***pecunia*** [C] Pros., avec de l'argent ; ***pollicitationibus*** [C] Pros., avec des promesses ; [+C] Pros. ¶ **3** attaquer : [C] Pros. ‖ ***absentem adgredi*** [C] Pros., l'attaquer [= lui intenter une accusation] pendant son absence ¶ **4** aborder, entreprendre [*rem*, qqch.] : [C] Pros. ; ***causam*** [C] Pros., aborder une cause [en entreprendre la défense] ; ***adgressi facinus*** [C] Pros., ayant tenté ce coup ; ***eloquentiam*** [+C] Pros., aborder l'éloquence ; ***opus*** [+C] Pros., entreprendre un travail (une oeuvre) ‖ [avec inf.] [C] Pros.

adgrĕgātĭo, *ōnis*, f., adjonction, addition : [T] Pros.

adgrĕgō, *ās*, *āre*, *āvī*, *ātum*, tr., adjoindre, associer, réunir : [C] Pros. ; ***se ad amicitiam alicujus adgregare*** [C] Pros., se ranger parmi les amis de qqn ; ***ad causam alicujus se adgregare*** [C] Pros., se ranger au parti de qqn

adgressĭo, *ōnis*, f., attaque, assaut : [C] Pros. ‖ [rhét.] épichérème : [+C] Pros.

adgressus, *a*, *um*, part. de *adgredior*

adgŭbernō, *ās*, *āre*, -, -, gouverner, diriger : [+C] Pros.

ădhaerens, *tis*, part. prés. de *adhaereo*

ădhaerĕō, *ēs*, *ēre*, *haesī*, *haesum*, intr., être attaché à : [avec dat.] ***saxis*** [C] Pros., être accroché aux rochers ; ***ancoris*** [+C] Pros., aux ancres ; [avec *in* abl.] [C] Poés., [+C] Pros. ‖ [abs[t]] se tenir (se maintenir) attaché : [C] Poés., [+C] Pros. ‖ être adhérent à : [dat.] [C] Pros. ; ***continenti*** [C] Pros., être adhérent au continent ‖ ***tempus***

adhaerens [+C] Pros., moment qui se rattache immédiatement au précédent ‖ [fig.] ***alicui***, être toujours aux côtés de qqn : [C] Pros., [+C] Poés. ; ***stativis castris*** [+C] Pros., être assujetti à des campements de durée

ădhaerescō, *ĭs, ĕre, haesī, -*, intr., s'attacher à ¶ **1** [au pr.] ***ad rem, in rem, in re, rei, in aliquo*** : ***ad turrim*** [C] Pros., se fixer à la tour [en parl. d'un javelot] ; [C] Pros. ; ***in lateribus*** [-C] Pros., s'attacher aux parois du vase ; ***creterrae*** [C] Poés., s'attacher au cratère, [C] Pros., [+C] Pros. ¶ **2** [au fig.] ***ad rem, rei*** : ***ad disciplinam*** [C] Pros., s'attacher à une école ; ***justitiae*** [C] Pros., s'attacher à la justice ; ***egressibus*** [+C] Pros., s'attacher aux pas de qqn quand il sort ; ***memoriae*** [+C] Pros., se fixer dans la mémoire ; [C] Pros., [+C] Pros. ‖ [C] Pros.

ădhaesē, adv., en hésitant : [+C] Pros.

ădhaesĭo, *ōnis*, f., adhérence : [C] Pros. ‖ adhésion : [T] Pros.

ădhaesŭs, *ūs*, m., adhérence : [C] Poés.

Ădherbăl, *ălis*, m., fils de Micipsa, tué par Jugurtha : [C] Pros.

ădhĭbĕō, *ēs, ēre, bŭī, bĭtum*, tr., [suppose toujours application, relation à un objet] : mettre à, appliquer à, employer à ¶ **1** [avec *ad*] ***ad consilium (aliquem)*** [C] Pros. ; ***ad convivia*** [C] Pros., faire participer (qqn) à un conseil [à une assemblée], à des banquets ; [C] Pros. ¶ **2** [avec *in*] ***in convivium*** [C] Pros., faire venir dans un festin ‖ ***in aliquem crudelitatem*** [C] Pros. ; ***in famulos saevitiam*** [C] Pros., montrer de la cruauté contre qqn, appliquer un traitement cruel aux esclaves ¶ **3** [avec dat.] [C] Pros. ; ***aegro medicinam*** [C] Pros., appliquer un remède à un malade ; ***alicui calcaria*** [C] Pros., appliquer à qqn l'éperon ‖ ***convivio aliquem*** [C] Pros. ; ***cenae*** [+C] Pros., admettre qqn à sa table ¶ **4** appliquer, employer : ***oratorem*** [C] Pros., employer un orateur, recourir à un orateur ‖ ***potionem, cibum*** [C] Pros., employer la boisson, la nourriture ; ***doctrinam*** [C] Pros., faire appel à la science ; ***severitatem in aliquo*** [C] Pros., montrer de la sévérité à propos de qqn ‖ ***aliquem ducem*** [C] Pros. ; ***arbitrum*** [C] Pros. ; ***patronum*** [C] Pros., employer qqn comme chef, comme arbitre, comme défenseur ¶ **5** ***aliquem liberaliter*** [C] Pros. ; ***quam liberalissime*** [C] Pros. ; ***severius*** [C] Pros., traiter qqn libéralement, le plus libéralement possible, avec quelque sévérité ‖ ***vim alicui*** [C] Pros., exercer des violences sur qqn ; [au fig.] [C] Pros., avoir de l'action (de l'influence) sur qqn

ădhĭbĭtus, *a, um*, part. de *adhibeo*

ădhinnĭō, *īs, īre, īvī, ītum* ¶ **1** intr., hennir à [qqn ou qqch.] : [C] Poés., Pros. ¶ **2** tr., ***equolam*** [-C] Théât., hennir à une cavale

ădhoc, [V] → *adhuc*

ădhortāmĕn, *ĭnis*, n., [V] → *adhortatio* : [+C] Pros.

ădhortātio, *ōnis*, f., exhortation : [C] Pros. ; [avec gén. objectif] ***capessendi belli*** [C] Pros., exhortation à entreprendre la guerre

ădhortātŏr, *ōris*, m., qui exhorte : ***operis*** [C] Pros., qui anime au travail

1 **ădhortātus**, *a, um*, part. de *adhortor*

2 **ădhortātŭs**, *ūs*, m., [seul[t] à l'abl.] exhortation : [+C] Pros.

ădhortŏr, *ārĭs, ārī, ātus sum*, tr., exhorter, encourager qqn : ***aliquem*** [C] Pros. ; ***ad rem, ad rem faciendam***, exhorter à qqch., à faire qqch. : [C] Pros. ‖ ***in rem*** : [+C] Pros. ‖ ***de re***, à propos de qqch. : [C] Pros. ‖ [avec le subj.] ***adhortor properent*** [-C] Théât., je les exhorte à se hâter ; [C] Pros., [+C] Pros. ‖ [avec *ut*] exhorter à [constr. ordin.] ‖ [avec *ne*] exhorter à ne pas : [C] Pros. ‖ [avec inf.] [+C] Pros.

ădhūc, adv. ¶ **1** jusqu'ici, jusqu'à ce moment, jusqu'à maintenant : [C] Pros. ; ***quod adhuc non amisi*** [C] Pros., et [cette sonorité de la voix] je ne l'ai pas encore perdue ; ***usque adhuc***, jusqu'à maintenant : [-C] ; [C] Pros. ¶ **2** encore maintenant, encore toujours : [C] Pros. ¶ **3** [non classique] encore [référant au passé ou au futur] : [C] Pros., [+C] Poés. ‖ encore, en outre, davantage : [+C] Pros. ‖ [devant compar.] ***adhuc difficilior*** [+C] Pros., encore plus difficile

ădhūcine, [V] → *adhucne* : [+C] Pros.

Adiabās, *ae*, m., fleuve d'Assyrie : [T] Pros.

Ădĭăbēnē, *ēs*, **Ădĭăbēna**, *ae*, f., Adiabène [contrée d'Assyrie] : [T] Pros. ‖ **-bēnus**, *a, um*, de l'Adiabène : [+C] Pros. ‖ **-bēni**, *ōrum*, m. pl., habitants de l'Adiabène : [+C] Pros.

Ădĭātōrix, *īgis*, m., roi des Comaniens, fait prisonnier par Octave à Actium : [C] Pros.

ădĭcĭō, *ĭs, ĕre, -, -*, [V] → *adjicio*

ădĭens, *ĕuntis*, part.prés. de *2 adeo*

ădĭgō, *ĭs, ĕre, ēgī, actum*, tr., pousser vers ¶ **1 a)** [C] Pros., Poés. ‖ ***arbitrum adigere aliquem***, passer, faire citer qqn devant l'arbitre : [C] Pros. **b)** ***tigna fistucis*** [C] Pros., enfoncer des pilotis avec des moutons ; ***scalprum in articulo*** [C] Pros., enfoncer un ciseau au point de jonction [de la tête et du cou] ; [C] Poés. **c)** ***telum***, lancer un trait de manière qu'il porte à un but : [C] Pros. **d)** ***turri adacta*** [C] Pros., une tour ayant été approchée ; ***naves*** [+C] Pros., amener des vaisseaux ¶ **2** [fig.] pousser à, forcer à, contraindre à **a)** ***ad insaniam*** [-C] Théât., pousser à la folie, [+C] Pros. ‖ [avec subj. seul] [-C] Théât. ; [avec inf.] [C] Poés., [+C] Pros. **b)** [expr. consacrées] ***(ad) jus jurandum aliquem*** [C] Pros. ; ***jure jurando*** [C] Pros., [+C] Pros., faire prêter serment à qqn

ădĭī, parf. de *2 adeo*

Ădīmantus, *i*, m., Adimante, nom de divers pers. : [C] Poés., Pros.

ădĭmō, *ĭs, ĕre, ēmī, emptum*, tr., enlever ¶ **1** : ***aliquid alicui*** qqch. à qqn : [C] Pros. ; ***aspectum solis*** [C] Pros., enlever la vue du soleil ; ***vitam*** [C] Pros., ôter la vie [à qqn] ‖ ***dolores, poenas*** [C] Pros., supprimer les douleurs, les châtiments ‖ ***leto aliquem*** [C] Poés., arracher qqn à la mort ‖ ***equum*** [C] Pros., ôter [à un chevalier pour indignité] le cheval fourni par l'État ‖ [avec *ab*] ***rem ab aliquo*** [C] Pros. ‖ [avec l'inf.] [poét.] [C] Pros., [+C] Poés. ‖ [avec *ut*] [avec *ne*] [-C] Théât. ¶ **2** [chez les poètes] ***casus, fortuna, mors aliquem adimit***, le sort, la destinée, la mort enlève qqn ; [d'où] ***ademptus, a, um***, enlevé par la mort : [C] Poés., [+C] Pros.

ădimplĕō, *ēs, ēre, ēvī, -*, tr., remplir : [+C] Pros. ‖ [fig.] combler : [T] Pros.

ădimplētĭo, *ōnis*, f., action de remplir, d'exécuter : [T] Pros. ‖ assouvissement : [T] Pros.

ădimplētŏr, *ōris*, m., celui qui accomplit : [T] Pros.

ădimplētus, part. de *adimpleo*

ădincrescō, *ĭs, ĕre, -, -*, intr., croître, augmenter : [T] Pros.

ădindō, *ĭs, ĕre, indĭdī, indĭtum*, tr., introduire en sus : [-C] Pros.

ădinflō, *ās, āre, -, -*, tr., enfler : [T] Pros.

ădinstar, [V] → *instar*

ădinsurgō, *ĭs, ĕre, -, -*, [V] → *adsurgo* : [C] Pros.

ădinventĭo, *ōnis*, f., pensée, idée : [T] Pros.

ădinvĭcem, [V] → *invicem* : [T] Pros.

ădĭpālĭs, *e*, gras : [T] Pros.

ădĭpātus, *a, um*, gras ; [au fig., en parl. de style] épais : [C] Pros. ‖ pl. n., ***adipata*** [+C] Poés., pâté gras

ădĭpēs, *is*, [V] → *adeps*

ădĭpĕus, *a, um*, gras, vigoureux : [T] Pros.

ădĭpiscendus, *a, um*, adj. verb. de *adipiscor*

ădĭpiscŏr, *scĕrĭs, scī, adeptus sum*, tr., atteindre [au pr. et fig.] : [C] Pros. ; ***senectutem*** [C] Pros., atteindre la vieillesse ‖ ***ex bello aliquid*** [C] Pros., tirer qqch. de la guerre ; ***a populo*** [C] Pros., obtenir qqch. du peuple ‖ [avec gén.] [+C] Pros. ‖ [avec *ut* subj.] obtenir que : [C] Pros., [+C] Pros. ; [avec *ne*] obtenir de ne pas : [C] Pros. ‖ [sujet nom de chose] [C] Pros., Poés. ‖ [sens passif au part.] [V] → *1 adeptus*

ădĭtĭālĭs, *e*, ***aditialis cena***, repas offert par un magistrat entrant en charge : [C] Pros.

ădĭtĭo, *ōnis*, f., action d'aller à : [-C] Théât.

ădĭtō, *ās, āre, āvī, -*, intr., aller fréquemment vers : [-C] Théât.

1 **ădĭtus**, *a, um*, part. de *2 adeo*

2 **ădĭtŭs**, *ūs*, m., action d'approcher, approche ¶ **1** abord, accès : [C] Pros. ; ***litoris*** [C] Pros., l'accès du rivage ‖ [en parl. des pers.] : ***ad aliquem*** [C] Pros., accès auprès de qqn ¶ **2** entrée [temples, monuments, camps] : [C] Pros. ¶ **3** [fig.] entrée, accès : ***ad consulatum*** [C] Pros., au consulat ‖ ***misericordiae*** [C] Pros., accès à la pitié ; ***laudis*** [C] Pros., à la gloire ; ***honorum*** [C] Pros., aux

magistratures ¶ **4** possibilité [de qqch.] : [C] Pros. ; ***commendationis aditum ad aliquem*** [C] Pros., avoir des possibilités (moyens) de recommandation auprès de qqn

ădīvī, parf. de *2 adeo*

adjăcens, *tis*, part. de *adjaceo*

adjăcĕō, *ēs, ēre, cŭī, -*, intr., être couché auprès, être situé auprès : ***ad Aduatucos*** [C] Pros., auprès du pays des Aduatuques ‖ [avec acc.] [C] Pros. ; ***Etruriam*** [C] Pros., toucher l'Étrurie ‖ [avec dat.] ***Aduatucis*** [C] Pros., [+C] Pros. ‖ [abs[t]] ***adjacentes populi*** [+C] Pros., peuples du voisinage ; ***adjacet templum*** [+C] Pros., à côté se trouve un temple ‖ [n. pl. pris subst[t]] ***adjacentia***, environs : [+C] Pros.

adjectĭō, *ōnis*, f. ¶ **1** action d'ajouter : [C] Pros. ¶ **2** [rhét.] répétition d'un mot dans une phrase : [+C] Pros. ¶ **3** [en archit.] saillie, renflement au milieu d'un fût de colonne : [C] Pros.

adjectīvus, *a, um*, qui s'ajoute ‖ ***adjectivum (nomen)***, adjectif : [T] Pros.

1 **adjectus**, *a, um*, part. de *adjicio*

2 **adjectŭs**, *ūs*, m., action de mettre en contact : [C] Poés., Pros.

adjĭcĭō, *ĭs, ĕre, jēcī, jectum*, tr.

I jeter vers, (à) ¶ **1** [au pr.] [C] Pros., [+C] Pros. ¶ **2** [fig.] ***oculos ad rem, ad aliquem*** [-C] Théât., [C] Pros., jeter les yeux sur qqch., sur qqn ; ***hereditati*** [C] Pros., jeter les yeux sur un héritage ‖ ***animum rei***, porter, attacher son esprit (sa pensée) à qqch., envisager qqch. : [C] Pros. ; ***ad rem*** [C] Pros. ou [arch.] ***rem*** [-C] Théât.

II ajouter à ¶ **1** [avec *ad*] [C] Pros. ‖ [avec dat.] [C] Pros. ‖ ***nomen alicui*** [C] Pros., adjoindre un prénom à (au nom de) qqn ; [+C] Pros. ‖ [abs[t]] [+C] Pros. ¶ **2** ajouter [par la parole ou l'écriture], dire, écrire en outre : [+C] Pros. ; ***adjicit Senecam*** [+C] Pros., il désigne ensuite Sénèque ‖ [avec prop. inf.] [C] Pros. ‖ [abl. abs. du part. n. *adjecto* suivi de prop. inf.] [+C] Pros. ‖ [avec *quod*, "ce fait que"] [+C] Pros. ‖ ***adjice***, ajoute à cela ; ***adjice quod***, ajoute que : ***adjicite ad haec*** [C] Pros. ; ***adjice huc*** [+C] Pros., ajoutez à cela, ajoute à cela ‖ [avec interrog. indir.] [+C] Pros. ¶ **3** mettre une enchère ; ***supra*** [C] Pros., surenchérir ¶ **4** [avec inf.] continuer de : [T] Pros.

adjūdĭcātus, *a, um*, part. de *adjudico*

adjūdĭcō, *ās, āre, āvī, ātum*, tr., adjuger : ***aliquid alicui*** [C] Pros., adjuger qqch. à qqn ; [not[t] dans une action en partage] [C] Pros. ; ***causam alicui*** [C] Pros., donner gain de cause à qqn, prononcer en faveur de qqn ‖ ***aliquid Italis armis*** [C] Pros., soumettre qqch. aux armes romaines [par une simple sentence] ‖ ***morti*** [T] Pros., condamner à mort ‖ [abs[t]] condamner : [T] Pros.

adjŭgātus, *a, um*, part. de *adjugo*

adjŭgō, *ās, āre, -, -*, tr., lier : [+C] Pros. ‖ [fig.] joindre, unir : [-C] Théât.

adjūmentum, *i*, n., aide, secours, assistance : [C] Pros. ‖ ***belli adjumenta*** [C] Pros., aide pour la guerre ‖ ***adjumento esse alicui*** [C] Pros., apporter du secours à qqn

adjunctĭo, *ōnis*, f., action de joindre, d'ajouter : ***adjunctio animi*** [C] Pros., inclination de l'âme, sympathie ; ***ad hominem naturae*** [C] Pros., rapprochement naturel d'un homme vers un autre homme ‖ [rhét.] l'adjonction [figure qui consiste à placer en tête ou en queue d'une phrase à plusieurs membres le verbe qui porte sur chacun d'eux] : [C] Pros., [+C] Pros. ‖ addition qui limite, restreint une pensée : [C] Pros.

adjunctŏr, *ōris*, m., qui fait ajouter : [C] Pros.

adjunctus, *a, um* ¶ **1** part. de *adjungo* ¶ **2** adj., lié, attaché : ***mare adjunctum*** [+C] Pros., la mer attenante ; [C] Pros., Poés. ‖ [n. pris subst[t]] : ***pietatis adjunctum*** [C] Pros., une partie intégrante de la piété ; [C] Pros., [+C] Pros. ‖ ***adjunctissimus*** [T] Pros.

adjungō, *ĭs, ĕre, junxī, junctum*, tr., joindre à [au pr. et fig.] ¶ **1** [avec dat.] ***plostello mures*** [C] Poés., atteler des rats à un petit chariot ; ***ulmis vites*** [C] Poés., unir la vigne à l'ormeau ; [C] Pros. ; ***montem urbi*** [C] Pros., ajouter une montagne à la ville ; ***sibi auxilia*** [C] Pros., s'adjoindre des secours ; ***scientiam aliquam oratori*** [C] Pros., ajouter certaines connaissances au bagage de l'orateur ‖ ***aliquem sibi socium*** [C] Pros., s'associer qqn ; [dat. non exprimé] [C] Pros. ‖ ***res rei adjungitur (adjuncta est)***, une chose s'ajoute (est ajoutée) à une autre : [C] Pros. ; [dat. non exprimé] [C] Pros. ; ***adjuncta satietate*** [C] Pros., quand en outre on est rassasié ; [abl. abs. du part. passé n.] [C] Pros. ¶ **2** [avec *ad*] ***parietem ad parietem*** [C] Pros., joindre (appuyer) un mur à un mur ‖ ***aliquem ad suam causam*** [C] Pros., rallier qqn à sa cause ; ***civitates ad amicitiam*** [C] Pros., gagner des cités à une alliance ; ***ad rationes alicujus se adjungere*** [C] Pros., embrasser les intérêts de qqn ‖ ***animum ad rem***, appliquer son esprit à qqch. : [-C] Théât., [C] Pros. ¶ **3** ajouter [par la parole, par l'écriture] [avec prop. inf.] [C] Pros. ‖ ***adjungitur ut*** [C] Pros., il s'ajoute que

adjūrāmentum, *i*, n., prière instante : [T] Pros.

adjūrātĭo, *ōnis*, f., action de jurer : [+C] Pros. ‖ invocation : [T] Pros.

adjūrātus, *a, um*, part. de *1 adjuro*

adjūrō, *ās, āre, -, -*, tr. ¶ **1** jurer en outre : [C] Pros. ¶ **2** jurer à qqn, affirmer à qqn par serment : [C] Pros. ¶ **3** [poét.] ***per deos***, jurer par les dieux : [-C] Théât. ; ***alicujus caput*** [C] Poés., jurer sur la tête de qqn ¶ **4** conjurer, exorciser : [+C] Pros., [T] Pros.

adjūtābĭlis, *e*, secourable : [-C] Théât.

adjūtō, *ās, āre, -, -*, aider, soulager ; ***aliquem***, qqn : [-C] Théât. ‖ ***aliquem aliquid***, qqn en qqch. : [-C] Théât. ‖ [avec dat.] ***alicui*** [+C] Pros., prêter assistance à qqn

1 **adjūtŏr**, *ārĭs, ārī, -*, secourir : [-C] Théât.

2 **adjūtŏr**, *ōris*, m. ¶ **1** celui qui aide, aide, assistant : [C] Pros. ; ***aliquo adjutore uti*** [C] Pros., user de l'assistance de qqn ‖ ***in aliqua re***, en (à propos de) qqch. : [C] Pros. ‖ ***ad rem***, pour (en vue de) qqch. : [C] Pros. ¶ **2** aide [à titre officiel], adjoint : [C] Pros. ‖ doublure [au théâtre] : [C] Poés.

adjūtōrĭum, *ĭī*, n., aide, secours : [+C] Pros.

adjūtrix, *īcis*, f., aide : [-C] Théât., [C] Pros. ; [avec gén. objectif] [C] Pros. ‖ [sous les empereurs, épithète de deux légions supplémentaires constituées par l'infanterie de marine] ***prima Adjutrix*** [+C] Pros., la première légion Adjutrix

1 **adjūtus**, *a, um*, part. de *adjuvo*

2 **adjūtŭs**, *ūs*, m., secours : [T] Pros.

adjŭvō, *ās, āre, jūvī, jūtum*, tr., aider, seconder ¶ **1** ***aliquem***, aider, seconder qqn : [C] Pros. ‖ ***rem***, seconder, appuyer, favoriser qqch. : [C] Pros. ‖ ***aliquem aliqua re***, aider qqn au moyen de qqch. : [C] Pros. ‖ ***aliquem nihil***, n'aider qqn en rien : [C] Pros. ; ***quid ?***, en quoi ? : [C] Pros. ; ***aliquid***, (aider) en qqch. : [C] Pros. ‖ ***in aliqua re***, en (à propos de) qqch. : [C] Pros. ‖ ***in rem***, pour (en vue de) qqch. : [C] Pros. [+C] Pros. ‖ ***ad rem***, pour (en vue de) qqch. : [C] Pros. ‖ [abs[t]] ***Lepido adjuvante*** [C] Pros., avec l'aide de Lépidus ; ***adjuvante natura*** [C] Pros., avec l'aide de la nature ‖ ***adjuvare ut***, aider, contribuer à ce que : [C] Pros. ; ***adjuvare ne*** [C] Poés. ‖ [avec prop. inf.] [C] Poés. ‖ [impers.] ***adjuvat*** [avec inf.], il est utile : [C] Pros. ¶ **2** [au fig.] activer, alimenter : [en parl. du feu] [C] Pros. ; [en parl. d'un fleuve] [+C] Pros.

adlābŏr, *ĕrĭs, ī, lapsus sum*, intr., se glisser vers : [C] Pros. ; ***mare adlabitur*** [C] Poés., la mer arrive en glissant vers le rivage ‖ [avec dat. et acc. de but] [poét.] ***oris*** [C] Poés., arriver au rivage ; ***genibus*** [+C] Poés., se laisser tomber aux genoux de qqn ; ***aures*** [C] Poés., parvenir aux oreilles

adlăbōrō, *ās, āre, -, -*, intr., travailler à [avec *ut*] : [C] Poés. ‖ ajouter par le travail : [C] Poés.

adlacrĭmans, *tis*, [part. prés. seul existant] pleurant à (en réponse à) : [C] Poés., [+C] Pros.

adlambō, *ĭs, ĕre, -, -*, tr., lécher autour : [T] Poés. ‖ effleurer : [T] Poés.

1 **adlapsus**, *a, um*, part. de *adlabor*

2 **adlapsŭs**, *ūs*, m., fait d'arriver en glissant : [C] Poés., [+C] Pros. ‖ arrivée [en parl. d'eau] : [+C] Pros.

adlātrō, *ās, āre, āvī, ātum*, tr., aboyer après [seul[t] au fig.] : ***aliquem*** [+C] Pros., invectiver qqn, être aux trousses de qqn ; ***magnitudinem Africani*** [C] Pros., aboyer après (crier contre) la grandeur de l'Africain ; [+C] Poés.

adlātum, **adlātus**, supin de *adfero*

adlaudābĭlis, *e*, louable : [C] Poés.

adlaudō, *ās, āre, -, -*, tr., adresser des éloges à : [-C] Théât.

adlectātĭo, *ōnis*, f., séduction : [+C] Pros.

adlectātŏr, *ōris*, m., qui attire, entraîne : [+C] Pros.

adlectĭo, *ōnis*, f., promotion à une charge élevée sans avoir passé par les charges inférieures : [T] Pros.

adlectō, *ās, āre, -, -*, tr., attirer puissamment, engager à : [C] Pros.

adlectus, *a, um*, part. de *2 adlego*

adlēgātĭo, *ōnis*, f. ¶ **1** délégation [à, vers] : [C] Pros. ¶ **2** allégation, excuse [qu'on fait valoir devant les juges] : [+C] Pros.

adlēgātū, [abl., dans l'expr.] ***meo adlegatu***, par mon envoi, sur mission de moi : [-C] Théât., [+C] Pros.

adlēgātus, *a, um*, part. de *1 adlego*

1 **adlēgō**, *ās, āre, āvī, ātum*, tr. ¶ **1** déléguer, envoyer [en mission privée] : ***amicos*** [C] Pros., déléguer ses amis ; ***ad aliquem*** [C] Pros., déléguer à (vers) qqn ‖ [fig.] ***philosophiam ad aliquem*** [C] Pros., dépêcher à qqn la philosophie comme porte-parole ; [en mauv. part] [-C] Théât. ¶ **2** alléguer, produire [comme preuve, comme justification] : ***rem alicui***, qqch. à qqn : [+C] Pros.

2 **adlĕgō**, *ĭs, ĕre, lēgī, lectum*, tr., adjoindre par choix, par élection [en parl. de collèges de prêtres] [C] Pros. ‖ ***adlecti in senatum***, recrutés sénateurs [en dehors des cercles habituels] : [+C] Pros. ; ***inter praetorios adlectus*** [+C] Pros., admis au sénat au rang des anciens préteurs ‖ [fig.] ***caelo adlegi*** [+C] Théât., être reçu au ciel, parmi les dieux

adlĕvāmentum, *i*, n., allégement, soulagement : [C] Pros.

adlĕvātĭo, *ōnis*, f., action de soulever : ***umerorum*** [+C] Pros., soulèvement, redressement des épaules ‖ allégement : [C] Pros.

adlĕvātus, *a, um*, part. de *1 adlevo*

adlēvī, parf. de *adlino*

adlĕvĭō, *ās, āre, āvī, ātum*, tr., rendre léger : [T] Pros.

1 **adlĕvō**, *ās, āre, āvī, ātum*, tr. ¶ **1** soulever : ***velum*** [+C] Pros., soulever un rideau ; ***aliquem*** [+C] Pros., soulever qqn ; ***supplicem*** [+C] Pros., relever un suppliant ¶ **2** [fig.] alléger, soulager : ***onus*** [C] Pros., alléger un fardeau ; ***sollicitudines*** [C] Pros., adoucir les peines ; ***animum a maerore*** [+C] Pros., soustraire son âme à la douleur ; [C] Pros. ; ***adlevatur animum*** [poét. = *adlevat sibi animum*] [+C] Pros., il reprend courage ‖ ***notas*** [+C] Pros., adoucir des notes infamantes

2 **adlēvō**, *ās, āre, -, -*, tr., rendre lisse, uni : [+C] Pros.

adlexī, parf. de *adlicio*

adlĭbesco, V. *adlubesco*

adlĭcĕfăcĭō (allĭc-), *ĭs, ĕre, -, -*, tr., attirer : [+C] Pros.

adlĭcĕfăctus, *a, um*, part. de *adlicefacio*

adlĭcĭō, *ĭs, ĕre, lexī, lectum*, tr., attirer à soi : [en parl. de l'aimant] [C] Pros. ; [en parl. des pers. ou des sentiments] ***lectorem delectatione*** [C] Pros., attirer à soi (gagner) le lecteur en le charmant ; ***ad rem*** [C] Pros. ; ***ad recte faciendum*** [C] Pros., amener à qqch, à bien faire ; ***Gallias*** [+C] Pros., gagner (s'attacher) les Gaules

adlīdō, *ĭs, ĕre, līsī, līsum*, tr., heurter contre : ***ad scopulos adlidi*** [C] Pros., être heurté contre des rochers ; [C] Poés. ‖ [métaph. tirée des navires] ***virtutem adlidere*** [+C] Pros., briser son courage contre les récifs [en s'exposant témérairement] ; [C] Pros.

adlĭgātĭo, *ōnis*, f., action de lier : [C] Pros., [+C] Pros. ‖ lien : [C] Pros.

adlĭgātŏr, *ōris*, m., lieur, qui lie : [+C] Pros., [T] Pros.

adlĭgātūra, *ae*, f., lien pour la vigne : [+C] Pros. ‖ pansement [au pr. et fig.] : [T] Pros.

adlĭgātus, part. de *adligo*

adlĭgō, *ās, āre, āvī, ātum*, tr. ¶ **1** attacher à, lier à : ***aliquem ad statuam*** [C] Pros. ; ***ad palum*** [C] Pros., attacher qqn à une statue, à un poteau ‖ ***beluam*** [C] Pros., lier une bête féroce ; [+C] Pros. ‖ [C] Pros., Poés. ; ***vetuit se adligari*** [C] Pros., il défendit qu'on le liât [pour une opération] ¶ **2** faire une ligature, mettre un bandeau sur : ***vulnus*** [C] Pros., bander une plaie ; ***oculus adligatus*** [C] Pros., l'oeil bandé ¶ **3** enchaîner, lier : [C] Pros., Poés. ‖ [+C] Pros. ; ***lac alligatum*** [+C] Poés., lait caillé ¶ **4** lier moralement : ***stipulatione aliquem*** [C] Pros., lier qqn par une stipulation ; ***beneficio adligari*** [C] Pros., être attaché par un bienfait ‖ ***ad praecepta se*** [+C] Pros., se tenir lié à des préceptes ‖ ***scelere se*** [C] Pros., s'engager dans les liens d'un crime, se rendre coupable d'un crime ; ***furti se*** [-C] Théât., se rendre coupable d'un vol ¶ **5** [en parl. du rythme de la prose] [C] Pros. ; ***orationem ad rythmos*** [+C] Pros., assujettir la prose à des rythmes ‖ [en parl. de la place des mots dans la phrase] : [+C] Pros. ¶ **6** [chrét.] ***peccata***, retenir les péchés [oppos. à *solvere*] : [T] Pros.

adlĭnō, *ĭs, ĕre, lēvī, lĭtum*, tr., étendre en enduisant sur ou à côté : [C] Poés., [+C] Pros. ‖ [fig.] [C] Pros. ; ***alicui vitium*** [+C] Pros., imprégner qqn de ses vices

adlīsus, *a, um*, part. de *adlido*

adlŏcūtĭo, *ōnis*, f., allocution : [+C] Pros. ‖ ***obliquae adlocutiones*** [+C] Pros., discours indirects ‖ paroles d'exhortation : [C] Poés., [+C] Pros.

adlŏcūtus, *a, um*, part. de *adloquor*

adlŏquĭum, *ĭī*, n., paroles adressées à, allocution, exhortation : [C] Pros. ‖ conversation, entretien : [+C] Poés. ‖ exhortation, paroles de consolation : [C] Poés., [+C] Pros.

adlŏquŏr, *quĕrĭs, quī, lŏcūtus sum*, tr., adresser des paroles à (qqn) ; ***aliquem*** [C] Pros., parler à qqn ‖ [abst] adresser une allocution, haranguer : [+C] Pros. ‖ exhorter : [+C] Pros. ‖ dire comme réconfort, consolation : [+C] Pros.

adlŭbentĭa, *ae*, f., inclination vers : [+C] Pros.

adlŭbescō (allŭb-), *ĭs, ĕre, -, -*, intr., complaire ; ***alicui***, à qqn : [+C] Pros. ‖ [abst] commencer à plaire (à être du goût de qqn) : [-C] Théât. ‖ commencer à avoir du goût pour (***alicui rei***), qqch. : [+C] Pros.

adlūcĕō (allūc-), *ēs, ēre, lūxī, -*, intr., briller, luire auprès, en outre : [+C] Pros. ‖ briller (à), pour ; ***alicui***, qqn : [-C] Théât. ‖ [impers.] : ***nobis adluxit*** [+C] Pros., la lumière a lui pour nous [nous avons un heureux présage]

adluctŏr, *ārĭs, ārī, -*, intr., lutter contre : [+C] Pros. ‖ ***alicui***, contre qqn : [+C] Pros.

adlūdĭō, *ās, āre, -, -*, jouer avec [abst] : [-C] Théât.

adlūdō, *ĭs, ĕre, lūsī, lūsum*, intr. ¶ **1** jouer, badiner, plaisanter [à l'adresse de qqn ou de qqch.] : ***Galba adludens*** [C] Pros., Galba en plaisantant (par manière de jeu) ; [acc. de qualification] ***nec plura adludens*** [C] Poés., sans plaisanter davantage (se bornant à cette réflexion plaisante) ; [+C] Pros. ‖ ***ad aliquem*** [-C] Théât., badiner avec qqn ; ***alicui*** [C] Poés., adresser des plaisanteries à qqn ‖ [en parl. des flots] [C] Pros., [+C] Poés. ; [avec acc.] [C] Poés., [+C] Poés., Pros. ¶ **2** faire allusion a qqn, qqch. : >[avec dat.] [+C] Pros.

adlŭō, *ĭs, ĕre, lŭī, -*, tr., venir mouiller, baigner : [C] Pros., Poés. ; [au pass.] [C] Pros.

adlūsio (allūs-), *ōnis*, f., action de jouer avec : [T] Pros.

adlŭvĭēs, *ĭēī*, f., eau débordée, débordement : [C] Pros., [+C] Pros.

adlŭvĭo, *ōnis*, f., alluvion, atterrissement : [C] Pros. ‖ débordement, inondation : [+C] Pros.

adluxī, parf. de *adluceo*

Admagetobriga, *ae*, f., ville des Gaulois : [C] Pros.

admātūrō, *ās, āre, -, -*, tr., hâter : [C] Pros.

admensus, *a, um*, part. de *admetior*

Admētē, *ēs*, f., une des Océanides : [+C] Poés.

admētĭŏr, *īrĭs, īrī, mensus sum*, tr., ***alicui rem*** ; mesurer à qqn qqch. : [-C] Pros., [C] Pros.

Admētus, *ī*, m., Admète ***a)*** roi de Phères en Thessalie : [C] Poés., [+C] Poés., Pros. ***b)*** roi des Molosses : [C] Pros.

admĭgrō, *ās, āre, -, -*, intr., aller rejoindre, se joindre à [avec *ad*] : [-C] Théât.

admĭnĭcŭlātŏr, *ōris*, m., qui aide : [+C] Pros.

admĭnĭcŭlātus, *a, um*, part. de *adminiculo*, adj., ***adminiculatior memoria*** [+C] Pros., mémoire mieux secondée, plus sûre

admĭnĭcŭlō, *ās, āre, āvī, ātum*, tr., étayer, échalasser [en parl. de la vigne] : [C] Pros., [+C] Pros. ‖ [au fig.] soutenir, appuyer : [C] Poés., [+C] Pros.

admĭnĭcŭlum, *i*, n. ¶ **1** étai, échalas : [C] Pros. ‖ toute espèce d'appui : [C] Pros., [+C] Pros. ¶ **2** [fig.] aide, appui, secours : [C] Pros., [+C] Pros.

admĭnister, *tri*, m., celui qui prête son aide, son ministère ; aide, agent : ***cupiditatum*** [C] Pros., agent de ses plaisirs ‖ ***sine administris*** [C] Pros., sans aides

admĭnistra, *ae*, f. du précédent : [C] Pros.

admĭnistrātio, *ōnis*, f. ¶ **1** action de prêter son aide : [C] Pros. ¶ **2** administration, exécution : [C] Pros. ¶ **3** administration, gestion, direction : ***rei publicae*** [C] Pros., l'administration de l'État (des affaires publiques) ; ***civitatis*** [C] Pros. ; ***provinciae*** [C] Pros., administration de la cité, d'une province ; ***belli*** [C] Pros., conduite d'une guerre ; [en parl. d'un siège] [C] Pros. ‖ ***navis*** [C] Pros., direction (manoeuvre) d'un navire ; ***patrimonii*** [+C] Pros. ; ***mundi*** [C] Pros., gouvernement de l'univers ; ***officii alicujus*** [+C] Pros., gestion (exercice) de quelque charge officielle ‖ [dans [+C] et postérieurement, au pl.] fonctions administratives : [+C] Pros.

admĭnistrātīvus, *a*, *um*, actif, capable d'agir : [+C] Pros.

admĭnistrātŏr, *ōris*, m., qui a la charge de : ***belli gerendi*** [C] Pros., qui est chargé de la conduite d'une guerre

admĭnistrātus, *a*, *um*, part. de *administro*

admĭnistrō, *ās*, *āre*, *āvī*, *ātum*
I intr., prêter son ministère, son aide : ***alicui ad rem divinam*** [-C] Théât., prêter son aide à qqn pour un sacrifice
II tr. ¶ **1** mettre sous la main, présenter : [C] Pros. ¶ **2** avoir en main, s'occuper de, diriger, régler : [C] Pros. ‖ s'occuper de, exécuter : ***ad tempus res*** [C] Pros., prendre toutes les mesures au moment opportun ‖ [abs[t]] mettre la main à l'oeuvre : [C] Pros. ¶ **3** diriger, administrer : ***rem publicam***, administrer les affaires publiques [sens fréquent] ; ***rem navalem*** [C] Pros., diriger les affaires maritimes ; ***rem militarem*** [C] Pros., les affaires militaires ; ***rem familiarem*** [C] Pros., gérer ses affaires, administrer ses biens ; ***navem*** [C] Pros., diriger (gouverner) un navire ‖ [abs[t]] administrer [en parl. d'un gouverneur de province] : [C] Pros. ; diriger la manoeuvre [en parl. d'opérations milit.] : [C] Pros.

admīrābĭlis, *e*, adj., [sans superl.], admirable [en parl. de pers. et de choses] : ***in dicendo*** [C] Pros., admirable dans l'éloquence (comme orateur) ‖ étonnant, prodigieux : [C] Pros. ‖ [n. pl.] ***admirabilia*** [C] Pros., les paradoxes des Stoïciens [choses étranges, qui heurtent l'opinion]

admīrābĭlĭtās, *ātis*, f., le fait d'être digne d'admiration : [C] Pros.

admīrābĭlĭtĕr, adv., d'une manière admirable, admirablement : [C] Pros. ‖ d'une manière étrange, bizarre : [C] Pros. ‖ ***admirabilius*** [C] Pros.

admīrandus, *a*, *um*, adj.,digne d'admiration, admirable : [C] Pros. ; ***admirandum in modum*** [C] Pros., d'une manière admirable ‖ **admīrandum**, *i* subst. n., merveille, chose étonnante : [C] Pros. ; pl., [+C] Pros.

admīrātio, *ōnis*, f., admiration ¶ **1** ***admirationes*** [C] Pros., marques d'admiration ; ***admirationem habere*** [C] Pros., comporter l'admiration, exciter l'admiration ; ***admiratione adfici*** [C] Pros., être l'objet de l'admiration ; [+C] Pros. ‖ [avec gén. subjectif] [C] Pros. ; [avec gén. objectif] [C] Pros. ; ***divitiarum*** [C] Pros. ; ***virtutis*** [C] Pros., admiration pour les richesses, pour la vertu ¶ **2** admiration, étonnement, surprise : [C] Pros. ‖ [avec gén. subjectif] [C] Pros. ; [avec gén. objectif] [C] Pros.

admīrātŏr, *ōris*, m., qui admire, admirateur : [C] Pros., [+C] Pros.

admīrātus, *a*, *um*, part. de *admiror*

admīrŏr, *ārĭs*, *ārī*, *ātus sum*, tr., admirer, s'étonner ¶ **1** [abs[t]] être dans l'admiration : ***admirantibus omnibus*** [C] Pros., tous étant dans l'admiration ‖ être dans l'étonnement : ***admiratus quaerit*** [C] Pros., dans l'étonnement, il s'informe ¶ **2** admirer qqn, qqch. : [C] Pros. ; ***alicujus ingenium vehementer*** [C] Pros., admirer vivement le talent de qqn ‖ s'étonner de : ***impudentiam alicujus*** [C] Pros., s'étonner de l'impudence de qqn ; ***nil*** [C] Pros. ; ***nihil*** [C] Pros., ne s'étonner de rien [ne se laisser déconcerter par rien] ¶ **3** [abs[t] avec *de*] : [C] Pros. ; ***de diplomate admiraris*** [C] Pros., tu marques de l'étonnement au sujet du passeport ‖ [avec *quod*] s'étonner de ce que : [C] Pros., [+C] Pros. ‖ [avec la prop. inf.] [C] Pros. ‖ [avec une interrog. indir.] se demander avec étonnement pourquoi, comment : [C] Pros. ‖ [avec *si*] s'étonner, si : [C] Pros., [+C] Pros.

admiscĕō, *ēs*, *ēre*, *miscŭī*, *mixtum* (*mistum*), tr. ¶ **1** [au pr.] ajouter en mêlant ; ***rem rei***, une chose à une autre : ***mortiferum vitali*** [C] Pros., mélanger la substance mortelle à la substance qui fait vivre ‖ ***admixto calore*** [C] Pros., par suite du mélange de la chaleur ¶ **2** [fig.] mêler à, mélanger à : [C] Pros. ; ***versus orationi*** [C] Pros., entremêler des vers à un exposé [philosophique] ‖ impliquer dans, faire participer : ***admisceri ad consilium*** [C] Pros., se mêler à (prendre part à) un conseil ¶ **3** mélanger avec ; ***rem cum re***, mélanger une chose avec une autre : [-C] Pros. ; [au pass.] : [C] Pros.

admīsī, parf. de *admitto*

admissārĭus, *i*, m., [avec ou sans *equus, asinus*] étalon : [C] Pros. ‖ [en parl. d'un débauché] : [C] Pros., [+C] Pros.

admissĭo, *ōnis*, f., action d'admettre ¶ **1** admission, audience [auprès d'un particulier ou de l'empereur] : [+C] Pros. ¶ **2** monte, saillie : [C] Pros.

admissŏr, *ōris*, m., celui qui introduit : [T] Pros.

admissum, *i*, action, acte [au sens péjor.] : ***ob admissum foede*** [C] Poés., pour un acte honteux ; ***male*** [+C] Pros., mauvaise action ‖ [pris abs[t]] mauvaise action, méfait, crime : ***admissa Popaeae*** [+C] Pros., les crimes de Poppée ; ***meum admissum*** [C] Poés., mon crime

admissūra, *ae*, f., saillie : [C] Pros. ‖ haras : [+C] Poés.

admittō, *ĭs*, *ĕre*, *mīsī*, *missum*, tr.
I faire aller vers ou laisser aller vers : ***in hostem equos*** [C] Pros., lancer les chevaux contre l'ennemi ; ***equo admisso*** [C] Pros., à toute bride, à bride abattue ; ***admissi equi*** [C] Poés., chevaux lancés ‖ [d'où, poét.] ***admisso passu*** [C] Poés., d'un pas pressé, en pressant le pas ; ***admissae jubae*** [C] Poés., crinière flottante (qu'on laisse aller librement)
II laisser venir vers ¶ **1** admettre, permettre l'accès à (qqn) : [C] Pros. ‖ ***domum ad se aliquem*** [C] Pros., admettre qqn chez soi en sa présence ; ***in domum*** [C] Pros., admettre dans sa maison ; ***in cubiculum*** [C] Pros., dans sa chambre ; ***in castra*** [C] Pros., admettre dans le camp ; ***aliquem ad capsas*** [C] Pros., laisser qqn s'approcher des coffrets ; ***spectatum admissi*** [C] Poés., admis à voir ¶ **2** admettre à une chose : [avec *ad*] ***ad colloquium*** [C] Pros., admettre à une entrevue ; [avec *in* acc.] [+C] Pros. ; [avec dat.] [C] Poés. ¶ **3** accoupler le mâle : [C] Pros. ¶ **4** admettre (laisser aller) qqch. ***a)*** [avec *ad*] [C] Poés., Pros. ‖ [avec *in* acc.] ***lucem in thalamos*** [C] Poés., laisser la lumière pénétrer dans la chambre à coucher ; [+C] Pros. ‖ [avec dat.] [+C] Poés. ‖ ***auribus*** [dat. ou abl. ?] [C] Pros., [laisser arriver qqch. aux oreilles, ou admettre qqch. par l'ouïe] écouter ***b)*** accueillir : ***preces*** [+C] Pros., accueillir des prières ; ***solacia*** [+C] Pros., des consolations ¶ **5** ***in se aliquid***, se permettre qqch, perpétrer qqch. [au sens péjor.] : ***in se facinus*** [C] Pros., commettre un crime ‖ [sans *in se*] ***scelus*** [C] Pros., commettre un crime ; ***dedecus*** [C] Pros., une action déshonorante ; ***aliquid scelerate in aliquem*** [C] Pros., se rendre coupable d'une action criminelle à l'égard de qqn ¶ **6** admettre, permettre : [C] Pros. ; [abs[t]] ***aves admittunt***, les auspices sont consentants : [C] Pros. ‖ ***quaestionem*** [+C] Pros., autoriser des poursuites ‖ ***exemplum*** [+C] Pros., admettre un précédent

admixtĭo, *ōnis*, f., mélange, addition : [C] Pros.

1 **admixtus**, *a*, *um*, part. de *admisceo*

2 **admixtŭs**, *ūs*, m., mélange : [T] Pros.

admŏdĕrātē, adv., d'une manière proportionnée : [T] Poés.

admŏdĕrŏr, *ārĭs*, *ārī*, *ātus sum*, modérer : [-C] Théât.

admŏdŭlantĕr, adv., harmonieusement : [+T] Poés.

admŏdŭlō, *ās*, *āre*, -, -, intr., résonner harmonieusement : [+T] Poés.

admŏdum, adv., jusqu'à la mesure, pleinement ¶ **1** [dans les réponses] tout à fait, parfaitement : [-C] Théât., [C] Pros. ¶ **2** tout à fait : ***admodum adulescens*** [C] Pros., tout jeune ; ***juvenis admodum*** [C] Pros., tout jeune ; ***puer*** [C] Pros., tout enfant ; ***admodum senex*** [C] Pros., très vieux ‖ ***admodum pauci*** [C] Pros. ; ***pauci admodum*** [C] Pros., un très petit nombre ; ***nihil admodum*** [C] Pros. ; ***admodum nihil*** [C] Pros., absolument rien ; ***non admodum indocti*** [C] Pros., qui ne manquent pas tout à fait (précisément) de culture ; ***paulum admodum*** [C] Pros., tout à fait peu ‖ ***admodum diligere*** [C] Pros., aimer absolument ; ***admodum delectare*** [C] Pros., faire un très grand plaisir ; ***admodum gaudere*** [C] Pros., éprouver la plus grande joie ¶ **3** [avec un nom de nombre, il indique que le chiffre n'est pas exagéré, qu'il est juste, en compte rond] au moins, tout au plus : [C] Pros.

admoenĭō, *īs, īre, īvī, -*, tr., appliquer des terrassements, des travaux de siège contre : ***oppidum*** -C Théât., bloquer une ville ‖ [fig.] dresser des fourberies : -C Théât.

admōlĭŏr, *īrĭs, īrī, ītus sum* ¶1 intr., faire des mouvements, des efforts vers : -C Théât. ¶2 tr., mettre en mouvement vers : ***manus alicui rei*** -C Théât., +C Pros., porter la main sur qqch.

admŏnĕō, *ēs, ēre, ŭī, ĭtum*, tr. ¶1 faire souvenir, rappeler : C Pros. ; ***cum admoneris*** C Pros., quand on te fait souvenir [des noms des électeurs] ‖ ***aliquem de aliqua re*** ou ***aliquem alicujus rei***, faire souvenir qqn de qqch. : C Pros. ‖ [avec prop. inf.] rappeler que : C Pros. ‖ [avec interr. indir.] C Pros. ¶2 avertir, faire remarquer, faire prendre garde : C Pros. ; ***natura admonente*** C Pros., sur les indications de la nature ‖ ***aliquem de aliqua re***, avertir qqn de qqch, attirer l'attention de qqn sur qqch. : C Pros. ‖ [avec acc. n. des pron.] -C Théât., C Pros. ‖ [avec prop. inf.] avertir que, annoncer que : C Pros., +C Pros. ‖ [avec interrog. indir.] C Pros. ¶3 rappeler à l'ordre : ***admonere verberibus*** +C Pros., rappeler à l'ordre par des coups ‖ admonester, faire des remontrances, une semonce : +C Pros. ; ***bijugos telo*** C Poés., exciter l'attelage du fer de son javelot ¶4 engager (à), stimuler ***a)*** [abs[t]] C Pros. ***b)*** [au pass. avec *ad*] ***admoneri ad*** C Pros., être poussé à ***c)*** [avec *ut*] avertir de, engager à : C Pros. ; [avec *ne*] engager à ne pas : C Pros. ***d)*** [avec inf.] C Pros., +C Pros. ***e)*** [avec le subj.] C Pros., +C Pros.

admŏnĭtĭo, *ōnis*, f. ¶1 action de faire souvenir, rappel : C Pros. ¶2 action de faire remarquer (constater) : C Pros. ¶3 avertissement, représentation : C Pros.

admŏnĭtŏr, *ōris*, m., qui rappelle au souvenir : C Pros. ; ***operum*** C Poés., [l'astre] qui fait songer aux travaux [l'étoile du matin]

admŏnĭtrix, *īcis*, f., celle qui donne un avis : -C Théât.

admŏnĭtum, *i*, n., [pris subst[t]] ***admonita*** C Pros., avertissements

1 **admŏnĭtus**, *a, um*, part. de *admoneo*

2 **admŏnĭtŭs**, *ūs*, m., [à l'abl.] ¶1 rappel du souvenir : ***locorum admonitu*** C Pros., parce que les lieux rappellent nos souvenirs ¶2 conseil : ***admonitu istius*** C Pros., sur son conseil ‖ avertissement : C Pros. ‖ parole d'excitation, d'encouragement : C Pros.

admŏnŭī, parf. de *admoneo*

admordĕō, *ēs, ēre, momordī, morsum*, tr., mordre après, entamer par une morsure : C Poés. ‖ [fig.] ***aliquem*** -C Théât., dévorer qqn, mordre après qqn à belles dents [lui soutirer son argent]

1 **admorsus**, *a, um*, part. de *admordeo*

2 **admorsŭs**, *ūs*, m., morsure [fig.] : T Pros.

admōtĭo, *ōnis*, f., action d'approcher : ***digitorum*** C Pros., application des doigts [sur les cordes d'un instrument]

admōtus, *a, um*, part. de *admoveo*

admŏvĕō, *ēs, ēre, mōvī, mōtum*, tr. ¶1 faire mouvoir vers, approcher [compl. indir. au dat. ou avec *ad*] : C Pros., +C Pros., Poés. ‖ ***admoto igni*** C Pros., au contact du feu ; ***lumen*** +C Pros., (approcher) un flambeau ; ***scalas moenibus*** C Pros., approcher les échelles des murailles ; ***classem ad moenia*** +C Pros., approcher la flotte des remparts ; ***in Campaniam exercitum*** C Pros. ; ***Capuam*** C Pros. ; ***ad Hennam*** C Pros., faire entrer son armée en Campanie, l'approcher de Capoue, d'Henna ; ***signa*** C Pros., approcher les enseignes [s'approcher] ; ***castra ad Anienem*** C Pros., porter son camp sur les bords de l'Anio ; [abs[t]] s'approcher avec son armée : +C Pros. ‖ ***aure admota*** C Pros., l'oreille appliquée [contre le sol] ; ***aurem admovere*** C Pros., prêter l'oreille, écouter [au fig.] ; ***poculis labra*** C Poés., approcher ses lèvres d'une coupe ; ***fidibus manum*** C Pros., appliquer ses doigts aux cordes d'une lyre ; ***lanae manus*** +C Pros., mettre la main à la laine [travailler la laine] ‖ ***altaribus aliquem*** C Pros., faire approcher qqn des autels ; ***admotae hostiae*** +C Pros., victimes amenées près de l'autel [pour le sacrifice] ; ***canes*** +C Pros., faire lancer des chiens [contre un lion] ; ***equiti equos*** C Pros., ramener leurs chevaux aux cavaliers [qui les avaient laissés pour combattre à pied] ‖ ***alicui fatum*** +C Pros., hâter pour qqn le destin (l'heure fatale) ‖ ***in idem fastigium aliquem*** +C Pros., faire monter qqn sur le même faîte [des honneurs] ‖ ***ad lumen se*** C Pros., s'approcher d'une lumière ; ***alicui se*** +C Pros., s'approcher de qqn ; ***studiis admoveri*** +C Pros., se mettre à des études ¶2 appliquer, employer : C Pros. ; ***vitiis monitiones*** +C Pros., appliquer des avertissements aux vices [comme remèdes] ; ***stimulos alicui*** C Pros., aiguillonner, stimuler qqn ; ***curationem ad aliquem*** C Pros., appliquer un traitement à qqn

admūgĭō, *īs, īre, īvī, -*, intr., mugir, meugler en réponse à, à l'adresse de [avec dat.] : C Poés., T Pros.

admurmŭrātio, *ōnis*, f., murmure pour approuver : C Pros. ‖ murmure pour blâmer : C Pros.

admurmŭrō, *ās, āre, āvī, ātum*, intr., faire entendre des murmures [marques de désapprobation] à l'adresse de : C Pros. ; [pass. impers.] C Pros.

admurmŭrŏr, dép., ➡ *admurmuro* : +C Pros.

admŭtĭlō, *ās, āre, āvī, ātum*, tr., [fig.] tondre, escroquer : -C Théât.

adnascor, ➡ *agnascor*

adnătō, *ās, āre, āvī, -*, intr. ¶1 nager vers [avec *ad*] : C Pros. ‖ [avec dat.] +C Poés. ¶2 nager à côté de [dat.] : +C Théât., Pros.

adnātus, ➡ *agnatus*

adnectō, *ĭs, ĕre, nexŭī, nexum*, tr., attacher à [avec *ad*] : C Pros. ‖ [avec dat.] C Pros., +C Pros. ‖ [avec prop. inf.] ajouter que : +C Pros. ‖ [avec subj. = impér. en st. indir.] +C Pros.

1 **adnexus**, *a, um*, part. de *adnecto*

2 **adnexŭs**, *ūs*, m., rattachement, association : +C Pros.

adnictō, *ās, āre, -, -*, intr., [dat.] faire signe (à qqn) du coin de l'œil : -C Théât.

adnĭhĭlātĭo, *ōnis*, f., mépris absolu : T Pros.

adnĭhĭlō, *ās, āre, āvī, ātum*, tr., réduire à néant, considérer comme rien : T Pros.

1 **adnīsus**, *a, um*, part. de *adnitor*

2 **adnīsŭs**, *ūs*, m., effort : T Pros.

adnītendus, *a, um*, adj. verb. de *adnitor*

adnītŏr, *tĕrĭs, tī, nīxus sum (nīsus sum)*, intr. ¶1 s'appuyer à [avec *ad*] : ***ad adminiculum*** C Pros., s'appuyer sur un étai ; [avec dat.] ***columnae adnixa*** C Poés., [lance] appuyée contre une colonne ; ***oleae adnisa*** +C Pros., [Latone] appuyée contre un olivier ¶2 s'efforcer de, travailler à [avec *ut, ne*, d. C et C Pros.] : C Pros. ; ***summo studio*** C Pros. ; ***summis viribus*** C Poés., faire tous ses efforts, les plus grands efforts, mettre toute son ardeur, toutes ses forces à ‖ [avec *ad*] ***ad restituendam pugnam*** C Pros., s'efforcer de rétablir le combat ‖ [avec inf.] s'efforcer de : C Pros., +C Pros. ‖ [avec *de*] ***de triumpho*** C Pros., faire des efforts à propos du triomphe ‖ [avec dat.] faire des efforts pour qqn : T Pros. ‖ [abs[t]] faire des efforts : C Pros. ‖ [avec acc. n. des pron.] ***hoc idem*** C Pros., faire les mêmes efforts ; ***se id adniti, ut*** C Pros., il faisait effort [disait-il] relativement à ceci que, le but de ses efforts était que

adnixus, part. de *adnitor*

adnō, *ās, āre, āvī, -*, intr., nager vers [avec *ad*] : C Pros., +C Pros. ; [avec dat.] C Poés., Pros. ‖ arriver par eau : ***ad urbem*** C Pros., à la ville ‖ nager à côté de [dat.] : +C Pros.

adnōdō, *ās, āre, āvī, ātum*, tr., raser jusqu'au nœud [des branches] : +C Pros. ; ***palmitem*** +C Pros., les branches d'un palmier

adnōmĭnātio, *ōnis*, f. [=παρονομασία] paronomase [figure de rhét. qui consiste à rapprocher dans le discours, des mots, dits paronymes, de sens différents mais semblables ou proches par la forme] : C Pros., +C Pros.

adnŏtāmentum, *i*, n., annotation, remarque : +C Pros.

adnŏtātĭo, *ōnis*, f., annotation, remarque : +C Pros.

adnŏtātĭuncŭla, *ae*, f., petite remarque, notule : +C Pros.

adnŏtātŏr, *ōris*, m., qui prend note de : +C Pros.

1 **adnŏtātus**, *a, um*, part. de *adnoto*

2 **adnŏtātŭs**, *ūs*, m., remarque : +C Pros.

adnŏtō, *ās, āre, āvī, ātum*, tr., mettre une note à ; [d'où] noter, remarquer (***alicui***), qqch. : [+C] Pros. ‖ ***ex noxiis laniandos*** [+C] Pros., parmi les criminels désigner ceux qui sont destinés à être déchirés [par les bêtes] ‖ [avec prop. inf.] remarquer que : [+C] Pros.

adnūbĭlō, *ās, āre, -, -*, tr., répandre l'obscurité sur : [+C] Poés.

adnŭĭtūrus, *a, um*, part. fut. de *adnuo*

adnullātĭo, *ōnis*, f., anéantissement : [T] Pros.

adnullō, *ās, āre, -, -*, anéantir, annuler : [T] Pros.

adnŭmĕrātus, *a, um*, part. de *adnumero*

adnŭmĕrō, *ās, āre, āvī, ātum*, tr. ¶**1** compter (à), remettre en comptant : ***pecuniam alicui*** [C] Pros., compter une somme à qqn ‖ [fig.] ***verba lectori*** [C] Pros., remettre un décompte des mots au lecteur [faire une traduction mot à mot] ; [+C] Pros. ¶**2** ajouter au compte de, ajouter [avec dat.] : [C] Pros., [+C] Pros. ; ***dialogos philosophiae*** [+C] Pros., mettre des dialogues au compte de [les rattacher à] la philosophie ‖ [avec *in* abl.] ***Naevium in vatibus*** [C] Pros., compter Naevius au nombre des devins ¶**3** présenter un compte de : ***vulnera tibi*** [+C] Pros., t'énumérer [leurs] blessures ¶**4** attribuer (à) : ***aliquid alicui*** [+C] Poés., mettre qqch. au compte de qqn ¶**5** [chrét.] adjoindre en comptant, compter parmi [à propos de la Trinité] : [T] Pros.

adnuntĭātĭo, *ōnis*, f., [chrét.] bonne nouvelle, Évangile : [T] Pros.

adnuntĭō, *ās, āre, āvī, ātum*, tr., annoncer : [+C] Pros., Poés. ‖ [chrét.] annoncer, prédire [en parl. des prophètes] : [T] Pros. ; annoncer, prêcher [en parl. du Christ, de l'Évangile] : [T] Pros.

adnŭō (annŭō), *ĭs, ĕre, nŭī, nūtum*, intr. et tr. ¶**1** faire un signe (à), adresser un signe (à) ***a)*** ***alicui***, faire signe à qqn : [-C] Théât., [C] Pros., [+C] Pros. ***b)*** indiquer par un signe [*aliquem, aliquid*, qqn, qqch.] : [C] Pros. ***c)*** demander par signes : [+C] Pros. ¶**2** donner par signes son approbation, son assentiment ***a)*** [acc. n. des pron.] [C] Pros. ; ***quod semel annuisset*** [C] Pros., pour une chose à laquelle il avait une fois donné son assentiment, [+C] Pros. ***b) falsa*** [+C] Pros., avouer des choses qui ne sont pas ; ***deditionem*** [+C] Pros., approuver la reddition ***c) alicui rei***, donner son approbation à qqch. : [C] Pros., Poés., [+C] Pros. ‖ ***alicui***, donner son approbation, son consentement à qqn : [C] Poés. ***d) alicui aliquid***, consentir pour qqn à qqch., daigner accorder à qqn qqch. : [C] Poés., Pros. ‖ [abs[t]] ***adnueram*** [C] Pros., j'avais consenti ‖ [avec prop. inf.] [C] Pros. ; ***cum adnuisset se venturum*** [C] Pros., ayant répondu que oui, qu'il viendrait ‖ [avec inf.] permettre de : [C] Poés.

adnūtō, *ās, āre, -, -*, intr., faire un signe de consentement : [-C] Théât.

ădobrŭō, *ĭs, ĕre, rŭī, rŭtum*, tr., recouvrir de terre légèrement : [+C] Pros.

1 **ădŏlĕō**, *ēs, ēre, ēvī, ădultum*, tr., transformer en vapeur ¶**1** ***a)*** [d. la langue religieuse] faire évaporer, faire brûler [pour honorer un dieu] : [C] Poés. ; ***Junoni honores*** [C] Poés., offrir par le feu [en brûlant les entrailles des victimes] des honneurs à Junon (honorer Junon par un sacrifice) ***b)*** couvrir de vapeur, de fumée, le lieu qu'on honore d'un sacrifice : [C] Poés. ; ***flammis penates*** [C] Poés., répandre sur les pénates la vapeur des victimes embrasées [leur offrir un sacrifice] ***c)*** honorer [par l'offrande de qqch.] : [+C] Pros. ¶**2** brûler [en gén.] : ***stipulas*** [C] Poés., faire brûler les chaumes ; ***Aeneida*** [+C] Pros., brûler l'Énéide

2 **ădŏlĕō**, *ēs, ēre, ēvī, -*, intr., grandir : [T] Pros.

ădŏlescens, -escentĭa, ➡ *adul-*

1 **ădŏlescō (ădŭl)**, *ĭs, ĕre, ēvī, adultum*, intr., croître, grandir, se développer ¶**1** [au pr., en parl. des êtres vivants, des plantes] : [C] Pros. ; ***(viriditas) sensim adulescit*** [C] Pros., (la pousse verdoyante) grandit peu à peu ¶**2** [fig.] croître, se développer : [C] Pros., [+C] Pros. ; ***adulta nocte*** [+C] Pros., la nuit étant avancée

2 **ădŏlescō**, *ĭs, ĕre, -, -*, se transformer en vapeur, brûler : [C] Poés.

Ădōn, *ōnis*, m., ➡ *Adonis* : [C] Poés.

Ădōnēa, *ōrum*, n. pl., fêtes d'Adonis : [T] Pros.

1 **Ădōneūs**, *ei*, m., ➡ *Adonis* : [-C] Théât., [C] Poés.

2 **Ădōnēus**, *a, um*, d'Adonis : [T]

Ădōnis, *ĭdis*, m., Adonis [célèbre par sa beauté] : [C] Poés., Pros.

ădŏpĕrĭō, *īs, īre, pĕrŭī, pertum*, tr., couvrir : [+C] Pros. ‖ [employé surtout au part. parf. pass.] **adopertus**, *a, um*, adj., couvert : [C] Poés., Pros. ; [poét.] ***adoperta vultum*** [C] Poés., s'étant couvert le visage ‖ voilé : [C] Poés. ; ***adopertis fenestris*** [+C] Pros., les fenêtres étant voilées ; ***foribus adopertis*** [+C] Pros., les portes étant fermées

ădŏpertus, part. de *adoperio*

ădŏpīnŏr, *ārĭs, ārī, -*, tr., conjecturer : [C] Poés.

ădoptātīcĭus, *ĭi*, m., adoptif, adopté : [-C] Théât.

ădoptātĭo, *ōnis*, f., [pr., droit] action d'adopter, adoption : [C] Pros., [+C] Pros.

ădoptātŏr, *ōris*, m., celui qui adopte, père adoptif : [+C] Pros.

ădoptātus, *a, um*, part. de *adopto*

ădoptĭo, *ōnis*, f., action d'adopter, adoption [au sens pr. de "adoption d'un fils de famille", par oppos. à l'*adrogatio*] : [C] Pros., [+C] Pros.

ădoptīvus, *a, um*, adoptif, qui est adopté : [+C] Pros. ‖ qui adopte : [+C] Pros. ; ***sacra adoptiva*** [C] Pros., le culte de la famille adoptive ‖ [au fig., en parl. de fruits obtenus par greffe] [C] Poés., [+C] Poés.

ădoptō, *ās, āre, āvī, ātum*, tr. ¶**1** prendre par choix, choisir, adopter : [C] Pros. ; ***patronum*** [C] Pros., prendre qqn comme défenseur ¶**2** [droit] adopter : ***sibi filium*** [C] Pros., adopter comme fils ; ***aliquem*** [C] Pros., adopter qqn ; ***aliquem ab aliquo*** [C] Pros., adopter le fils de qqn ‖ [abs[t]] adopter : [C] Pros. ‖ ***in familiam nomenque aliquem*** [+C] Pros., adopter qqn et lui donner son nom ; ***in regnum adoptatus*** [C] Pros., adopté en vue du trône (pour hériter du trône) ‖ [au fig.] [C] Pros. ‖ [en parl. de greffe] : [C] Poés.

ădŏr, *ŏris*, n., espèce de froment, épeautre : [C] Poés.

ădōrābilis, *e*, adorable : [+C] Pros.

ădōrātus, *a, um*, part. de *adoro*

ădōrĕa (ădōrĭa), *ae*, f., récompense en blé (?) donnée aux soldats : [-C] Théât., [C] Poés.

1 **ădōrĕus**, *a, um*, de blé : [-C] Pros., [C] Pros. ‖ ***adorea liba*** [C] Poés., gâteaux de farine de froment ‖ **ădōrĕum**, *i*, (s.-ent. ***far***), n., blé-froment : [+C] Pros.

2 **Adōrĕus**, *ei*, m., montagne de Phrygie : [C] Pros.

ădōrĭa, ➡ *adorea*

ădŏrĭŏr, *īrĭs, īrī, ortus sum*, tr. ¶**1** assaillir, attaquer : ***aliquem gladiis, fustibus*** [C] Pros., assaillir qqn avec des épées, des bâtons ; ***pagum*** [C] Pros. ; ***navem*** [C] Pros. ; ***castra*** [C] Pros., attaquer un bourg, un navire, un camp ‖ ***minis aliquem*** [+C] Pros., assaillir qqn de menaces ; ***tumultuosissime*** [C] Pros., diriger [contre qqn] une attaque à grand fracas ¶**2** entreprendre : ***aliquid*** [C] Pros., entreprendre qqch. ; ***nefas*** [C] Poés., entreprendre (oser) un crime ‖ [avec inf.] ***convellere*** [C] Pros., entreprendre (essayer) d'arracher

ădornātē, adv., avec élégance : [+C] Pros.

ădornātus, *a, um*, part. de *adorno*

ădornō, *ās, āre, āvī, ātum*, tr. ¶**1** équiper, préparer : ***naves onerarias*** [C] Pros., équiper des vaisseaux de transport ; ***accusationem*** [C] Pros., préparer une accusation ; ***nuptias*** [-C] Théât., préparer une noce ‖ [abs[t]] préparer tout, tenir tout prêt : [-C] Théât. ‖ [avec inf.] se préparer à : [-C] Théât. ¶**2** orner, parer : ***gemmis vestem*** [+C] Pros., orner un vêtement de pierres précieuses ; [C] Pros.

ădōrō, *ās, āre, āvī, ātum*, tr. ¶**1** : ***aliquem*** [+C] Pros., adresser la parole à qqn ¶**2** adresser des paroles de vénération, de prière à, adorer : ***adorati dii, ut*** [C] Pros., on adressa aux dieux des prières, pour que ‖ [fig.] [C] Poés. ; [avec subj.] demander en priant que : [C] Poés. ¶**3** implorer par des prières : ***pacem deum*** [C] Pros., implorer la faveur des dieux ¶**4** adorer, rendre un culte à, se prosterner devant : ***Caesarem ut deum*** [+C] Pros., adorer César comme un dieu ; ***vulgum*** [+C] Pros., témoigner son respect à la foule ; ***virtutem*** [+C] Pros., vénérer la vertu

adortus, *a, um*, part. de *adorior*

adp-, → *app-*

adposcō, *ĭs, ĕre, -, -*, tr., demander en plus : [-C] Théât., [C] Pros.

adque, = *ad -que*

adquīro, → *acquiro*

adquō, adv., → *quoad*, jusqu'à ce que : [-C] Théât.

adrādō, *ĭs, ĕre, rāsī, rāsum*, tondre, raser : [C] Pros., [+C] Pros. ‖ rogner, tondre des rejetons : [+C] Pros. ‖ [fig.] trancher, tailler : [+C] Pros.

Adrămyttēum, *i*, n., **Adrămyttēos**, *i*, f., Adramytte [ville de Mysie] : [C] Pros. ‖ **-ēnus**, *a, um*, d'Adramytte : [C] Pros.

Adrăna, *ae*, m., fleuve de Germanie : [+C] Pros.

Adrānum, *i*, n., ville de Sicile : [+C] Poés.

Adrastēa (-tīa), *ae*, f., surnom de Némésis : [T] Pros.

Adrastis, *ĭdis*, f., l'Adrastide [Argie, fille d'Adraste] : [+C] Poés.

Adrastus, *i*, m., Adraste [roi d'Argos, beau-père de Tydée et de Polynice] : [C] Poés. ‖ **-tēus**, *a, um*, d'Adraste : [+C] Poés.

adrāsus, *a, um*, part. de *adrado*

adrectārĭa, *ōrum*, n. pl., montants verticaux : [C] Pros.

adrectus (arr-), *a, um* ¶ **1** part. de *2 adrigo* ¶ **2** [adj[t]] ***a)*** escarpé : [C] Pros. ***b)*** [dressé] dans l'attente : [C] Poés.

adrēmĭgō (arr-), *ās, āre, āvī, -*, intr., ramer vers, s'approcher à la rame [avec dat.] : [+C] Pros.

adrēpō (arr-), *ĭs, ĕre, repsī, -*, intr., ramper (vers) [*ad aliquid, ad aliquem*, vers qqch., vers qqn] : [C] Pros. ‖ [fig.] se glisser : ***ad amicitiam alicujus*** [C] Pros., se glisser (s'insinuer) dans l'amitié de qqn ; ***in spem (hereditatis) adrepe*** [C] Poés., insinue-toi en vue (de l'héritage) ; [+C] Pros.

adreptīcĭus (arr-), *a, um*, saisi, possédé [du démon] : [T] Pros.

Adrĭa, **Adrĭăcus**, → *Hadria, Hadriacus*

adrīdeō (arr-), *ēs, ēre, rīsī, rīsum*, intr. ¶ **1** rire à (en réponse à) : ***ridentibus adridere*** [C] Poés., répondre au rire par son rire, [+C] Pros. ¶ **2** sourire [avec marque d'approbation] : [C] Pros. ‖ ***alicui*** [-C] Théât., [C] Pros., sourire à qqn ¶ **3** sourire, plaire à : [C] Pros.

1 **adrĭgō (arr-)**, *ās, āre, -, -*, tr., arroser : [+C] Pros.

2 **adrĭgō (arr-)**, *ĭs, ĕre, rēxī, rectum*, tr. ¶ **1** mettre droit, dresser : ***adrectis in hastis*** [C] Poés., sur des piques dressées ; ***adrectis cervicibus*** [C] Poés., avec la tête dressée ; ***comas adrigere*** [C] Poés., hérisser sa crinière ; ***aures*** [-C] Théât., [C] Poés., dresser les oreilles [l'oreille] ¶ **2** [fig.] relever, exciter [*animos*, les esprits] : [C] Pros. ; [poét.] [C] Poés., Pros. ‖ [+C] Pros. ; → *adrectus* ¶ *2 b*

adrĭpiō (arr-), *ĭs, ĕre, rĭpŭī, reptum*, tr. ¶ **1** tirer à soi, saisir : ***telum*** [C] Pros. ; ***vexillum*** [C] Pros., saisir une arme, l'étendard ; ***medium aliquem*** [-C] Théât., [C] Pros., saisir qqn par le milieu du corps (par la ceinture) ; ***arrepta manu*** [C] Poés., m'ayant pris la main ¶ **2** entraîner [vivement] : [C] Pros. ; ***adreptis navibus*** [+C] Pros., s'étant saisi de navires ¶ **3** assaillir : [+C] Pros. ¶ **4** saisir, arrêter : [C] Pros. ¶ **5** traîner devant les tribunaux : [C] Pros. ¶ **6** [fig.] saisir brusquement [avidement] : ***haec (praecepta) adripuit*** [C] Pros., voilà (les préceptes) dont il s'empara ; ***quod iste adripuit*** [C] Pros., lui, saisit avec empressement ce conseil

adrīsĭo (arr-), *ōnis*, f., sourire approbatif : [C] Pros.

adrīsŏr (arr-), *ōris*, m., qui sourit en signe d'approbation : [+C] Pros.

adrōdō (arr-), *ĭs, ĕre, rōsī, rōsum*, tr., ronger autour, entamer avec les dents : [C] Pros.

adrŏgans (arr-), *tis* [pris adj[t]] arrogant : ***homo*** [C] Pros., personnage arrogant ; ***verbum adrogans*** [C] Pros., parole arrogante ‖ ***adrogans minoribus*** [+C] Pros., arrogant envers les inférieurs ‖ compar., ***-tior*** [C] Pros., [+C] Pros. ; superl., ***-tissimus*** [+C] Pros., [T] Pros.

adrŏgantĕr (arr-), avec arrogance : [C] Pros. ; ***facere*** [C] Pros., agir avec présomption ‖ ***-tius*** [C] Pros.

adrŏgantĭa (arr-), *ae*, f., arrogance, présomption : [C] Pros. ; ***adrogantia uti*** [C] Pros., se montrer arrogant ; ***adfirmandi adrogantia*** [C] Pros., la présomption qui consiste à affirmer

adrŏgātĭo (arr-), *ōnis*, f., arrogation, adoption d'une personne *sui juris*, c.-à-d. qui n'est pas sous la puissance paternelle : [+C] Pros.

adrŏgātus (arr-), *a, um*, part. de *adrogo*

adrŏgō (arr-), *ās, āre, āvī, ātum*, tr. ¶ **1** ***sibi adrogare***, faire venir à soi, s'approprier, s'arroger : [C] Pros. ¶ **2** [poét.] ***(aliquid) alicui rei***, faire venir (qqch.) s'ajoutant à qqch., ajouter, attribuer, donner : [C] Poés. ; ***chartis pretium*** [C] Pros., donner du prix à un ouvrage ; [C] Poés. ¶ **3** associer, ajouter : [C] Pros. ‖ apporter, introduire : ***quod extrinsecus adrogatur*** [+C] Pros., ce qui est apporté de l'extérieur ¶ **4** [de *rogo* "demander"] [-C] Théât.

adrōsŏr (arr-), *ōris*, m., rongeur : [+C] Pros.

adrōsus (arr-), *a, um*, part. de *adrodo*

adrŏtans (arr-), *tis*, qui tourne autour, hésitant : [T] Pros.

Adrūmētum (Hadr-), *i*, n., Hadrumète [ville maritime, entre Carthage et Leptis] : [C] Pros. ‖ **-tīnus**, *a, um*, d'Hadrumète : [T] Pros.

adrŭō, *ĭs, ĕre, -, -*, tr., entasser [la terre] : [C] Pros.

Adryăs, *ădis*, f., Hamadryade : [C] Poés.

ads-, → *as-, ass-*

adsc-, → *asc-*

adsecla (ass-), **adsĕcŭla (ass-**, *ae*), m., qui fait partie de la suite de qqn : [C] Pros. ‖ [en mauv. part] acolyte : [C] Pros., séquelle : [C] Pros.

adsectātĭo (ass-), *ōnis*, f., action d'accompagner, de faire cortège à [un candidat] : [C] Pros.

adsectātŏr (ass-), *ōris*, m. ¶ **1** celui qui accompagne, qui fait cortège à [un candidat], partisan : [C] Pros. ¶ **2** poursuivant, prétendant : [+C] Pros. ¶ **3** sectateur, disciple : ***sapientiae*** [+C] Pros., l'aspirant à la sagesse ; ***cenarum bonarum*** [+C] Pros., amateur de bons dîners

adsectātus (ass-), *a, um*, part. de *adsector*

adsectŏr (ass-), *ārĭs, ārī, ātus sum*, tr., suivre partout [continuellement] : [C] Poés., [+C] Pros. ‖ faire cortège à [*aliquem*, qqn] : [C] Pros.

adsĕcŭē (ass-), adv., en suivant de près, pas à pas : [-C], [C] Pros.

adsĕcŭla, → *adsecla*

adsĕcūtus (ass-), *a, um*, part. de *adsequor*

adsensī (ass-), variante de parf. à la voix active de *adsentior*

adsensio (ass-), *ōnis*, f. ¶ **1** assentiment, adhésion, approbation : [C] Pros. ‖ pl., ***assensiones***, marques d'approbation : [C] Pros. ¶ **2** [phil.] adhésion au témoignage des sens, accord de l'esprit avec les perceptions [συγκατάθεσις] : [C] Pros., [+C] Pros. ; → *2 adsensus* ¶*2*

adsensŏr (ass-), *ōris*, m., approbateur : [C] Pros.

1 **adsensus (ass-)**, *a, um*, ayant approuvé, consenti ‖ [rare] qui a été approuvé : ***adsensa*** [C] Pros., des choses reconnues comme vraies

2 **adsensŭs (ass-)**, *ūs*, m. ¶ **1** assentiment, adhésion [se manifestant extérieurement] : [C] Pros. ; ***cum adsensu omnium*** [C] Pros., dire qqch. en obtenant l'assentiment général (tous manifestant leur assentiment) ¶ **2** [phil.] assentiment au témoignage des sens, accord de l'esprit avec les perceptions : [C] Pros. ‖ pl., [C] Pros. ¶ **3** [poét.] ***vox adsensu nemorum ingeminata*** [C] Poés., voix redoublée par l'écho [l'accord] des bois

adsentātĭo (ass-), *ōnis*, f., action d'abonder dans le sens de qqn par calcul, flatterie : [C] Pros. ‖ approbation empressée : [-C] Théât., [+C] Pros.

adsentātĭuncŭla (ass-), *ae*, f., petite flatterie [mesquine] : [-C] Théât., [C] Pros.

adsentātŏr (ass-), *ōris*, m., flagorneur, flatteur : [C] Pros. ‖ ***adsentatores regii*** [C] Pros., partisans du roi

adsentātōrĭē (ass-), adv., en flatteur : [C] Pros.

adsentātrix (ass-), *īcis*, f., flagorneuse : -C Théât.

adsentĭŏr (ass-), *īrĭs*, *īrī*, *sensus sum*, intr., donner son assentiment, son adhésion (***alicui***, à qqn ; ***alicui rei***, à qqch.), approuver (qqn, qqch.) : C Pros. ; ***verbo adsentiebatur*** C Pros., il se contentait d'approuver d'un mot [sans motiver son avis] ‖ ***illud (hoc, id cetera, alterum, utrumque) tibi adsentior*** ; je suis de ton avis en cela (en ceci, sur tout le reste, sur un des deux points, sur les deux points) : C Pros. ‖ [avec prop. inf.] C Pros. ‖ [avec *ut*] C Pros. ; [avec idée d'exhortation] C Pros. ‖ [avec *ne*] C Pros.

adsentŏr (ass-), *ārĭs*, *ārī*, *ātus sum*, intr., approuver continuellement : -C Théât., C Pros. ‖ [d'où] flatter : C Pros. ; ***(Baiae) tibi adsentatur*** C Pros., (Baies) te fait la cour [cherche à te plaire]

adsĕquē, ▶ *adsecue*

adsĕquŏr (ass-), *quĕrĭs*, *quī*, *sĕcūtus sum*, tr. ¶ **1** atteindre, attraper : C Pros. ¶ **2** [fig.] atteindre, parvenir à, obtenir : ***facultatem dicendi*** C Pros., parvenir à l'éloquence ; ***in dicendo mediocritatem*** C Pros., arriver à une éloquence moyenne ; ***honores*** C Pros., obtenir les magistratures ; ***immortalitatem*** C Pros., conquérir l'immortalité ‖ atteindre, égaler : ***Demosthenem*** C Pros., égaler Démosthène ; ***alicujus laudes*** C Pros., égaler la gloire de qqn ‖ atteindre par la pensée, comprendre : ***apertis obscura*** C Pros., arriver par les choses claires à comprendre les choses obscures ‖ examiner : T Pros. ‖ [avec *ut*, *ne*] obtenir que, que ne pas : C Pros.

1 **adsĕrō (ass-)**, *ĭs*, *ĕre*, *sēvī*, *sĭtum*, tr., planter à côté : -C Pros., C Pros.

2 **adsĕrō (ass-)**, *ĭs*, *ĕre*, *sĕrŭī*, *sertum*, attacher à, annexer à, joindre à soi, tirer à soi ¶ **1** [terme de droit] amener [*manu*, par la main] (une personne) devant le juge en la déclarant de condition libre ou esclave : C Pros. ; ***aliquem in libertatem*** C Pros. ; ***in servitutem*** C Pros., revendiquer (réclamer) qqn comme homme libre, comme esclave ; -C Théât. ‖ [par ext.] affranchir : C Poés., +C Pros. ¶ **2** [en gén.] se faire le défenseur de, défendre, soutenir : ***dignitatem alicujus*** +C Pros., défendre la dignité de qqn ; ***auriculas*** +C Poés., défendre (protéger) les oreilles [contre l'audition de méchants vers] ¶ **3** [surtout à partir d'Apulée] soutenir, affirmer : C Pros. ¶ **4** amener de, faire venir de, tirer de : +C Pros. ; ***a mortalitate se adserere*** +C Pros., se dégager de la condition de mortel [s'assurer l'immortalité] ; ***ab injuria oblivionis*** +C Pros., se sauver de l'oubli injurieux ¶ **5** attacher à, attribuer à : +C Pros. ‖ ***aliquid sibi adserere*** +C Pros., s'attribuer qqch. ; +C Pros. [sans *sibi*] ***laudes alicujus*** C Poés., s'attribuer [s'approprier] la gloire de qqn, +C Poés.

adsertĭo (ass-), *ōnis*, f. ¶ **1** action de revendiquer pour qqn la condition de personne libre, ou d'esclave : +C Pros. ; ***adsertionem denegare alicui*** +C Pros., refuser à qqn le droit de revendiquer la condition d'homme libre ¶ **2** affirmation, assertion : T Pros.

adsertŏr (ass-), *ōris*, m. ¶ **1** celui qui affirme devant le juge qu'une personne est de condition libre, ou inversement, qu'elle est esclave : C Pros. ¶ **2** [en gén.] défenseur : C Pros. ‖ libérateur : +C Pros.

adsertus (ass-), *a*, *um*, part. de *2 adsero*

adsĕrŭī (ass-), parf. de *2 adsero*

adservātus (ass-), *a*, *um*, part. de *adservo*

adservĭō (ass-), *īs*, *īre*, -, -, intr., s'asservir à, s'assujettir à [avec dat.] : C Pros.

adservō (ass-), *ās*, *āre*, *āvī*, *ātum*, tr. ¶ **1** garder, conserver : ***tabulas neglegentius*** C Pros., conserver des registres avec trop peu de soin ‖ garder à vue [qqn] : C Pros. ¶ **2** garder, avoir sous sa garde [qqn] : -C Théât., C Pros. ‖ ***portas murosque*** C Pros., garder les portes et les murs ¶ **3** surveiller, observer : -C Théât., C Pros.

adsessĭo (ass-), *ōnis*, f., présence aux côtés de qqn [pour le consoler] : C Pros. ‖ fonction d'assesseur : T Pros.

adsessŏr (ass-), *ōris*, m., assesseur, aide [dans une fonction] : C Pros., +C Pros.

1 **adsessus (ass-)**, *a*, *um*, part. de *adsideo*

2 **adsessŭs (ass-)**, *ūs*, m., fait d'être assis à côté de qqn : C Poés.

adsĕvērantĕr (ass-), adv., de façon affirmative (catégorique) : C Pros. ‖ ***adseverantius*** C Pros., de façon plus positive

adsĕvērātē (ass-), adv., avec assurance : +C Pros. ‖ avec feu, avec passion : +C Pros.

adsĕvērātĭo (ass-), *ōnis*, f., assurance (insistance) dans l'affirmation, affirmation sérieuse : C Pros., +C Pros. ; ***adseveratio in voce*** +C Pros., assurance dans le ton de la voix ‖ [en gram.] action de fortifier l'affirmation : +C Pros.

adsĕvērō (ass-), *ās*, *āre*, *āvī*, *ātum*, tr. ¶ **1** [abs[t]] parler sérieusement : C Pros. ; ***sin adseveramus*** C Pros., mais si nous parlons sérieusement ¶ **2** affirmer sérieusement, assurer : C Pros., +C Pros. ¶ **3** rendre sévère : ***frontem*** +C Pros., prendre un front sévère

adsēvī (ass-), parf. de *1 adsero*

adsībĭlō (ass-), *ās*, *āre*, -, - ¶ **1** intr., siffler contre (en réponse à) : T Poés. ¶ **2** tr., ***animam*** +C Poés., rendre l'âme en sifflant

adsiccescō (ass-), *ĭs*, *ĕre*, intr., se dessécher : +C Pros.

adsiccō (ass-), *ās*, *āre*, -, -, tr., sécher : ***lacrimas*** +C Pros., sécher ses larmes ; ***adsiccata tellus*** +C Pros., le sol desséché

adsĭdĕō (ass-), *ēs*, *ēre*, *sēdī*, *sessum*

I intr. ¶ **1** être assis (placé) auprès de qqn [*alicui*] : C Pros., +C Pros., Poés. ‖ ***adsidet (mihi) recitanti*** +C Pros., il est parmi (mes) auditeurs, quand (je) fais une lecture publique ¶ **2** être installé, camper auprès de : C Pros., +C Pros. ‖ [métaph.] ***gubernaculis*** +C Pros., être assis au gouvernail de l'État ; ***philosophiae*** +C Pros., se donner assidûment à la philosophie ; ***litteris*** +C Pros., aux belles-lettres ‖ ***alicui ut*** T Pros., demander instamment à qqn de ¶ **3** [droit] assister, siéger comme juge : C Pros., +C Pros.

II tr. [rare] ¶ **1** être assis auprès : ***pedes alicujus*** +C Pros. ; ***parentem aegrotum*** +C Pros., être assis aux pieds de qqn, au chevet de son père malade ¶ **2** être installé (campé) auprès de, assiéger : C Poés., +C Pros. ; +C Poés.

adsīdō (ass-), *ĭs*, *ĕre*, *sēdī*, *sessum* ¶ **1** intr., s'asseoir, prendre place : -C Théât., C Pros. ; ***propter Tuberonem*** C Pros., auprès de Tubéron ¶ **2** tr., ***adsidere Gabinium*** C Pros., s'asseoir à côté de Gabinius

adsĭdŭē (ass-), adv., assidûment, continuellement, sans interruption : ***aliquid adsidue audire*** C Pros., ne pas cesser d'entendre qqch.

adsĭduĭtās (ass-), *ātis*, f. ¶ **1** présence constante, assiduité : ***medici*** C Pros. ; ***amicorum*** C Pros., assiduité (soins assidus) du médecin, des amis ‖ persévérance : C Pros. ¶ **2** persistance, durée persistante : ***bellorum*** C Pros. ; ***molestiarum*** C Pros. ; ***exercitationis*** C Pros., persistance des guerres, permanence des maux, continuité d'un exercice

1 **adsĭdŭō (ass-)**, adv., ▶ *adsidue* : -C Théât., +C Pros.

2 **adsĭdŭō (ass-)**, *ās*, *āre*, -, *ātum*, tr., employer assidûment : T Pros.

adsĭdŭus (ass-), *a*, *um*

I [droit] installé sur un fonds, propriétaire : [par ext. citoyen riche, inscrit dans la première classe censitaire synonyme de *locuples*, par oppos. à *proletarius*] : C Pros., +C Pros. ‖ [fig.] de valeur notable : ***scriptor*** +C Pros., écrivain notable [qui a pignon sur rue]

II ¶ **1** qui est (se tient) continuellement [qq. part] : ***adsiduus Romae*** C Pros. ; ***in praediis*** C Pros., demeurant constamment à Rome, dans ses propriétés à la campagne ; ***in oculis hominum*** C Pros., vivant constamment sous les yeux du public ‖ ***flagitator*** C Pros., créancier qui réclame avec ténacité ¶ **2** qui a une durée persistante (ininterrompue) : ***adsiduus labor*** C Pros., travail incessant ‖ compar., ***adsiduior*** C Pros. ; superl., ***adsiduissimus*** +C Pros.

adsignātĭo (ass-), *ōnis*, f., assignation, répartition : ***agrorum*** C Pros., partage des terres ; ***Sullana*** C Pros., partage fait par Sylla

adsignātus (ass-), *a*, *um*, part. de *adsigno*

adsignĭfĭco (ass-), *ās*, *āre*, *āvī*, *ātum*, tr., apporter une démonstration (indication), indiquer, montrer : C Pros.

adsignō (ass-), *ās*, *āre*, *āvī*, *ātum*, tr. ¶ **1** assigner, attribuer dans un partage : C Pros. ; ***equos publicos*** C Pros., affecter (attribuer) les chevaux officiels [= fournis par l'État aux chevaliers]; ***colonis agros*** [C] Pros., attribuer des terres aux colons; ***locum sepulchro*** [C] Pros., donner un terrain pour y ériger un tombeau ‖ ***ordines*** [C] Pros., distribuer les grades de centurion ¶ **2** attribuer, imputer, mettre sur le compte de: ***praeceptum deo*** [C] Pros., attribuer un précepte à un dieu ‖ ***gloriae sibi aliquid*** [+C] Pros., se faire un titre de gloire de qqch. ‖ ***unam potestatem*** [+C] Pros., reconnaître une puissance unique ¶ **3** remettre, confier: ***juvenes famae*** [+C] Pros., confier des jeunes gens à la renommée ¶ **4** [rare] apposer un cachet sur, sceller: [+C] Poés.

adsĭlĭō (ass-), *īs, īre, sĭlŭī, -*, intr., sauter contre ou sur: [C] Poés., [+C] Pros.; ***moenibus*** [C] Poés., assaillir les remparts; [+C] Pros. ‖ ***adsiliunt fluctus*** [C] Poés., les flots se soulèvent à l'encontre; [+C] Poés.

adsĭmĭlātus (ass-), *a, um*, part. de *adsimilo*

adsĭmĭlis (ass-), *e*, dont la ressemblance s'approche de, à peu près semblable à: [avec gén.] [−C] Théât., [C] Poés. ‖ [avec dat.] [C] Pros., Poés.

adsĭmĭlĭtĕr (ass-), pareillement, semblablement: [−C] Théât.

adsĭmĭlō (ass-), *ās, āre, -, -*, ➡ *adsimulo*: [−C] Théât., [C] Poés., [+C] Pros.

adsĭmŭlātĭo (ass-), *ōnis*, f. ¶ **1** [terme de rhét.] [C] Pros. ¶ **2** comparaison: [+C] Pros.

adsĭmŭlātus (ass-), *a, um* ¶ **1** feint, simulé: ***virtus adsimulata*** [C] Pros., vertu feinte; [+C] Pros. ¶ **2** ***litterae adsimulatae*** [C] Pros., lettres [de l'alphabet] reproduites en fac-similé

adsĭmŭlō (ass-), *ās, āre, āvī, ātum*, tr. ¶ **1** reproduire, simuler, feindre: [−C] Théât., [+C] Pros. ¶ **2** rendre semblable, reproduire par l'imitation: [−C] Théât., [C] Poés., [+C] Pros.; ***litterae adsimulatae*** [C] Pros., lettres reproduites [fac-similé d'écriture] ¶ **3** comparer, assimiler: [C] Pros., Poés., [+C] Pros.

adsistō (ass-), *ĭs, ĕre, stĭtī, -*, intr.

I ¶ **1** se placer auprès, s'arrêter auprès: ***ad Achillis tumulum*** [C] Pros., s'arrêter près du tombeau d'Achille ‖ [dat.] ***tabernaculis*** [+C] Pros., s'arrêter auprès des tentes; ***lecto*** [C] Poés., se dresser près du lit; ***consulum tribunalibus*** [+C] Pros., se présenter devant le tribunal des consuls ¶ **2** s'arrêter en se tenant droit, se tenir debout: [C] Pros., Poés.

II ➡ *adsto* ¶ **1** se tenir (debout) près de: ***ad epulas regis*** [C] Pros., se tenir debout près de la table du roi [pour servir], [+C] Pros. ‖ [dat.] ***foribus*** [+C] Pros., se tenir à la porte ‖ être présent: [+C] Pros. ¶ **2** [fig.] assister en justice [*alicui*, qqn]: ***adsistebam Vareno*** [+C] Pros., j'assistais Varénus

adsĭtus (ass-), *a, um* ¶ **1** ➡ *1 adsero* ¶ **2** placé à côté: [+C] Pros., [T] Poés.

adsŏcĭātus (ass-), *a, um*, part. de *adsocio*

adsŏcĭō (ass-), *ās, āre, āvī, ātum*, tr., joindre, associer: [+C] Poés.

adsŏlĕō (ass-), *ēs, ēre, -, -*, intr. ¶ **1** [mode personnel seul^t à la 3e pers. sg. et pl.], être coutumier, habituel, traditionnel: [−C] Théât., [C] Pros. ¶ **2** [impers. dans l'expr.]: ***ut adsolet***, suivant l'usage: [C] Pros., [+C] Pros.

adsŏlō (ass-), *ās, āre, āvī, -*, tr., détruire de fond en comble: [+C] Pros.

adsŏnō (ass-), *ās, āre, -, -* ¶ **1** intr., répondre par un son [écho]: [C] Poés., [+C] Poés. ¶ **2** tr., faire entendre [des chants]: [+C] Pros.

adsp-, ➡ *asp-*

adsternō (ast-), *ĭs, ĕre, -, -*, tr., étendre auprès ‖ [employé au pass. réfl. *adsternor, adstratus*]: ***adsternuntur sepulcro*** [C] Poés., elles se couchent près du tombeau

adstĭpŭlātio, *ōnis*, f., harmonie, concordance: [+C] Pros.

adstĭpŭlātŏr, *ōris*, m., créancier accessoire [dont le droit naît d'une seconde stipulation, par laquelle le débiteur renouvelle son engagement principal]: [C] Pros. ‖ [fig.] celui qui partage l'opinion d'un autre, partisan: [C] Pros.

adstĭpŭlātus, abl. *u*, m., consentement: [+C] Pros.

adstĭpŭlŏr, *āris, ārī, ātus sum*, intr. ¶ **1** se faire promettre un engagement accessoire [en parl. d'un créancier accessoire, qui reçoit, par une seconde stipulation, l'engagement d'un débiteur identique à l'engagement pris en faveur du créancier principal]: [+C] Pros. ¶ **2** [fig.] se ranger à l'opinion de [*alicui*], qqn: [C] Pros. ‖ donner son adhésion à: [+C] Pros.

adstĭtī, parf. de *adsisto* ou *adsto*

adstĭtŭō, *ĭs, ĕre, tŭī, tūtum*, tr., placer auprès: [−C] Théât.; ***ad lectum*** [C] Pros., placer près du lit; ***molae adstituor*** [+C] Pros., on m'attache à la meule

adstō (astō), *ās, āre, stĭtī, -*, intr. ¶ **1** se tenir debout auprès, s'arrêter auprès: [−C] Théât. ‖ ***adstante ipso*** [C] Pros., en sa présence; [+C] Pros.; ***portis adstare*** [C] Poés., se tenir près des portes ¶ **2** se dresser: ***squamis adstantibus*** [C] Poés., [l'hydre] avec ses écailles qui se dressent ¶ **3** se tenir aux côtés de qqn, l'assister: [−C] Théât.

adstrangŭlō, *ās, āre, -, -*, tr., étrangler: [+C] Pros.

adstrātus, *a, um*, part. de *adsterno*

adstrĕpō, *ĭs, ĕre, -, -*, intr., frémir à (en réponse à, en écho à): [+C] Théât. ‖ répondre par des manifestations bruyantes: [+C] Pros.; ***alicui*** [+C] Pros., manifester bruyamment son approbation à qqn ‖ ***eadem adstrepere*** [+C] Pros., faire entendre les mêmes cris (faire écho aux cris de qqn)

adstrictē (astr-), adv., d'une façon serrée, étroite, stricte: [C] Pros. ‖ avec concision; ***astrictius*** [+C] Pros.

adstrictus (astr-), *a, um* ¶ **1** part. de *adstringo* ¶ **2** [adj^t] ***a)*** serré: ***non adstricto socco*** [C] Pros., avec un brodequin mal ajusté au pied (flottant); ***corpora adstricta*** [+C] Pros., corps sveltes; ***adstrictae aquae*** [C] Poés., eaux congelées ‖ ***alvus adstrictior*** [+C] Pros., ventre constipé ***b)*** [fig.] serré, regardant: [C] Poés., [+C] Pros. ***c)*** enchaîné, maintenu strictement par une règle: ***numerus adstrictus*** [C] Pros., un rythme assujetti par des lois rigoureuses

adstrīdens, part. prés. de l'inus. **adstrido*, qui siffle contre: [+C] Poés.

adstringō (astr-), *ĭs, ĕre, strinxī, strictum*, tr. ¶ **1** attacher étroitement à: ***ad statuam aliquem*** [C] Pros., attacher qqn étroitement à une statue; ***vinctus, adstrictus*** [C] Pros., enchaîné, garrotté ¶ **2** serrer, resserrer: [+C] Pros.; ***venas (terrae) hiantes*** [C] Poés., resserrer les veines béantes [trop dilatées] (de la terre); [C] Pros.; ***adstrictae fauces*** [+C] Pros., gorge serrée [par une corde]; ***frontem*** [+C] Pros., froncer le sourcil ‖ retremper: [+C] Poés.; ***adstringi*** [+C] Pros., se retremper ‖ resserrer, constiper: [+C] Pros. ¶ **3** [fig.] lier, enchaîner: [C] Pros.; ***(Jugurtha) majoribus adstrictus*** [C] Pros., (Jugurtha) attaché [absorbé] par des affaires plus importantes ‖ ***fidem*** [−C] Théât., [C] Pros., lier (engager) sa parole; ***legibus*** [C] Pros., lier par des lois; ***ad temperantiam adstringi*** [+C] Pros., s'astreindre à la tempérance; ***sacris adstringi*** [C] Pros., être astreint aux sacrifices (être tenu de les accomplir) ‖ [C] Pros.; ***se adstringere furti*** [−C] Théât., se rendre coupable d'un vol ¶ **4** [rhét.] ***(orationem, verba) numeris*** [C] Pros., lier la prose, les mots au moyen du rythme ‖ ***argumenta*** [C] Pros., resserrer une argumentation; ➡ *adstrictus* ¶ *2*

adstructŏr, *ōris*, m., qui sait faire des constructions logiques, dialecticien: [T] Poés.

adstructus, *a, um*, part. de *adstruo*

adstrŭō, *ĭs, ĕre, struxī, structum*, tr. ¶ **1** bâtir à côté (contre): [+C] Pros.; ***gradibus adstructis*** [C] Pros., ayant adossé des degrés ¶ **2** [fig.] ajouter [*rem rei*, une chose à une autre]: [C] Pros., [+C] Pros. ‖ donner en plus [*aliquid alicui* qqch. à qqn]: [+C] Pros. ¶ **3** ***aliquem falsis criminibus*** [+C] Pros., munir qqn de fausses accusations [suborner un faux témoin] ¶ **4** prouver, garantir (qqch.) [par des arguments, des témoignages]: [T] Pros. ‖ [avec prop. inf.] [T] Pros.

adstŭpĕō, *ēs, ēre, -, -*, intr., s'étonner à la vue de: ***alicui*** [C] Poés., [+C] Poés., qqn; ***alicui rei*** [+C] Pros., rester béant devant qqch

adsuctus, *a, um*, part. de *adsugo*

adsūdascō, *ĭs, ĕre, -, -*, intr., entrer en sueur: [−C] Théât.

adsūdescō, *ĭs, ĕre, -, -*, intr., commencer à suer, s'échauffer: [C] Pros.

adsuēfăcĭō (ass-), *ĭs, ĕre, fēcī, factum*, tr., rendre habitué, habituer, dresser: ***aliqua re adsuefactus***, habitué à qqch.: [C] Pros. ‖ [*aliqua re* ou *alicui rei*?] [C] Pros. ‖ [*alicui rei*] [C]

Pros., [+C] Pros. ‖ [*ad rem*] [C] Pros. ‖ [avec inf.] [C] Pros. ; ***adsuefacti superari*** [C] Pros., accoutumés à avoir le dessous

adsuēfactus, *a, um*, part. de *adsuefacio*

adsuescō (ass-), *ĭs, ĕre, suēvī, suētum* ¶ **1** intr., s'habituer ; [au parf.], avoir l'habitude : [C] Pros. ; ***sic adsuevi*** [C] Pros., telle est l'habitude que j'ai prise ‖ [avec abl.] [C] Pros., [+C] Pros. ‖ [abl. ou dat. ?] [C] Pros. ‖ [dat.] ***militae*** [C] Pros., s'accoutumer au métier des armes ‖ [avec *in* acc.] ***in hoc adsuescat*** [+C] Pros., qu'il s'habitue à cela ; V▶ *adsuetus* ‖ [avec acc.] [C] Poés. [mais ¶ 2] ; [C] Pros. ‖ [avec inf.] [C] Pros. ¶ **2** tr. [rare et poét.] =▶ *adsuefacio* : [C] Poés., [+C] Pros., Poés. ‖ [avec *in* acc.] [+C] Pros. ‖ [avec inf.] [T] Poés. ; V▶ *adsuetus*

adsuētūdo (ass-), *ĭnis*, f., [employé surtout à l'abl.] habitude : [C] Pros. ; ***adsuetudine mali*** [C] Pros., par suite de l'habitude du mal ; ***succedendi muros*** [C] Pros., grâce à l'habitude d'escalader les murailles

adsuētus (ass-), *a, um*, part.-adj. de *adsuesco* ¶ **1** habitué : ***aliqua re***, à qqch. [C] Pros., Poés., [+C] Pros. ‖ [*aliqua re* ou *alicui rei*, cas douteux] [C] Pros. ‖ [*alicui rei*] : [C] Poés., Pros. ‖ [*ad rem*] [C] Pros., [+C] Théât. ‖ [*in rem*] [C] Pros. ‖ ***adsueti inter se hostes*** [C] Pros., ennemis habitués à se combattre mutuellement ‖ [avec inf.] [C] Poés. ¶ **2** habituel : ***adsueta arma*** [C] Poés., armes accoutumées ; ***adsueta portula*** [C] Pros., la petite porte accoutumée ; ***cum adsueto praesidio*** [C] Pros., avec le détachement habituel ‖ ***longius adsueto*** [C] Poés., plus loin que d'ordinaire ; ***propior adsueto*** [+C] Poés., plus près que d'ordinaire ‖ ***adsuetior*** [C] Pros.

adsuēvī, parf. de *adsuesco*

adsūgō, *ĭs, ĕre, -, suctum*, tr., attirer en suçant : [C] Poés.

adsultō (ass-), *ās, āre, āvī, ātum*, sauter contre (vers, sur) ¶ **1** intr. : [+C] Pros. ¶ **2** tr. [très rare] : [+C] Pros.

adsultŭs, *ūs*, m., bond, saut, vive attaque : [C] Poés., [+C] Pros.

adsum (ass-), *ădĕs, ădesse, adfŭī, -*, intr., être près de ¶ **1** être là, être présent [oppos. à *absum*] : [C] Pros. ; ***qui aderant*** [C] Pros., Poés., les personnes qui étaient présentes ‖ ***ades, adeste*** [-C] Théât., sois présent, soyez présents = approche, approchez, [C] Pros. ‖ ***ad diem adesse*** [C] Pros., être présent au jour fixé ; ***ad tempus*** [C] Pros., au moment voulu ; ***Kalendis Decembribus*** [C] Pros., aux calendes de décembre ‖ ***ad portam*** [C] Pros. ; ***in Capitolio*** [C] Pros. ; ***in collegio*** [C] Pros., se trouver [venir] à la porte de la ville, au Capitole, dans une réunion de collègues [augures] ; ***Syracusis*** [C] Pros., à Syracuse ; ***Arimini*** [C] Pros., à Ariminum ‖ [C] Pros. ; ***huc ades*** [C] Poés., viens ici ; [-C] Théât., [C] Poés., [+C] Pros. ‖ être présent, se présenter sur ordre d'un magistrat : [C] Pros. ¶ **2** ***adesse alicui***, être auprès de qqn, se présenter à, devant qqn : [-C] Théât., [C] Pros. ‖ ***adesse alicui in consilio*** [C] Pros., assister qqn dans une délibération, être conseiller de qqn ‖ [fréquent au sens de] assister qqn, le soutenir [surtout en justice] : [C] Pros., Poés. ‖ ***adesse animo (animis)***, être présent d'esprit, faire attention, [ou] être présent de coeur, avoir du courage : [C] Pros. ¶ **3** ***adesse alicui rei***, assister à qqch., y prendre part, y coopérer : ***decreto scribendo*** [C] Pros., prendre part à la rédaction d'un décret ; [formule habituelle en tête des sénatus-consultes] [C] Pros. ; ***pugnis*** [C] Pros., à des combats ‖ ***ad rem divinam*** [-C] Pros., participer à un sacrifice ; ***ad suffragium*** [C] Pros., prendre part au vote ‖ ***in pugna*** [C] Pros., prendre part au combat ; ***in aliqua re decernenda*** [C] Pros., à un décret ¶ **4** [en parl. de choses] être là, être présent : [C] Pros. ‖ ***alicui virtus adest*** [C] Pros., qqn possède la vertu ; [-C] Théât., [C] Poés., [+C] Pros.

adsūmentum, *i*, n., morceau de rapiéçage, de raccommodage : [T] Pros.

adsūmō (ass-), *ĭs, ĕre, sumpsi, sumptum*, tr. ¶ **1** prendre pour soi (avec soi) : [C] Pros. ‖ ***aliquem socium adsumere*** [C] Pros., prendre qqn pour allié ; ***in societatem consilii aliquem*** [C] Pros., associer qqn à un projet [complot] ; ***in societatem armorum*** [C] Pros., associer à une prise d'armes [amener (qqn) à prendre les armes avec soi] ¶ **2** s'approprier, se réserver : [C] Pros., [+C] Pros. ; ***potentiam sibi*** [C] Pros., s'attirer de la puissance ¶ **3** prendre en plus, joindre à ce qu'on avait : [C] Pros. ¶ **4** poser la mineure d'un syllogisme : [C] Pros. ¶ **5** [en rhét.] ***(verbum) assumptum***, (mot) pris métaphoriquement : [+C] Pros. ¶ **6** [mystique] exalter, ravir : [T] Pros. ¶ **7** recevoir, accueillir : [T] Pros. ‖ entreprendre : [T] Pros.

adsumptĭo (ass-), *ōnis*, f. ¶ **1** action de prendre (choisir, emprunter) : [C] Pros. ¶ **2** mineure d'un syllogisme : [C] Pros. ¶ **3** [chrét.] ‖ action d'être emporté au ciel [dans l'Ascension] : [T] Pros. ‖ admission [au royaume de Dieu] : [T] Pros.

adsumptīvus (ass-), *a, um*, qui vient du dehors : ***causa adsumptiva*** [C] Pros., cause qui se défend par des arguments extérieurs [le fait par lui-même ne pouvant se prouver], [+C] Pros.

adsumptus (ass-), *a, um*, part. de *adsumo*

adsŭō (ass-), *ĭs, ĕre, sŭī, sūtum*, tr., coudre à : [C] Poés.

adsurgō (ass-), *ĭs, ĕre, surrēxī, surrectum*, intr. ¶ **1** se lever [de la position couchée ou assise] : [C] Pros. ; ***ex morbo*** [C] Pros., se relever d'une maladie ; [C] Poés. ‖ ***alicui***, se lever pour faire honneur à qqn : [C] Pros., Poés., [+C] Pros. ¶ **2** [fig. et poét.] se dresser : [C] Poés., [+C] Pros. ; ***adsurgunt irae*** [C] Poés., [sa] colère se soulève ; [+C] Pros. ‖ ***in triumphum*** [+C] Pros., s'élever jusqu'au triomphe

adsuspīrans (ass-), *tis*, soupirant avec ou après : [+C] Pros.

adtactŭs, *ūs*, m., action de toucher, contact : [C] Pros., Poés., [T] Pros.

adtāmĭnō, *ās, āre, -, -*, tr., toucher, porter la main sur : [T] Pros.

adtempĕrātē, adv., à point, à propos : [-C] Théât.

adtempĕrō, *ās, āre, -, -*, tr., ajuster : [C] Pros. ‖ diriger contre [*sibi*, contre soi] : [+C] Pros.

adtemptō, V▶ *adtento*

adtendō (att-), *ĭs, ĕre, tendī, tentum*, tr. ¶ **1** tendre vers : ***aurem*** [-C] Théât., tendre l'oreille ; ***manus caelo*** [+C] Pros., tendre les mains vers le ciel ‖ [pass.] s'étendre : [+C] Pros. ¶ **2** [fig.] tendre (l'esprit) : ***animum*** [-C] Théât., [C] Pros., être attentif ***ad aliquid***, à qqch. [C] Pros. ; ***animo*** [-C] Théât., [C] Pros. ¶ **3** [le plus souvent *adtendere* seul] être attentif, prendre garde, remarquer : ***diligenter attendite*** [C] Pros., prêtez-moi une attention scrupuleuse ‖ [avec acc.] ***aliquem***, prêter attention à qqn, l'écouter attentivement : [C] Pros. ‖ [avec prop. inf.] [C] Pros. ‖ [avec interrog. indir.] [C] Pros. ‖ [avec *de*] ***de aliqua re***, porter son attention sur qqch. : [C] Pros. ¶ **4** [constr. non class.] ***a) alicui, alicui rei***, faire attention à qqn, à qqch. : [C] Pros., [+C] Pros. ***b)*** [avec *ut*] ***attendimus, ut reficiantur*** [+C] Pros., nous nous occupons de faire faire les réparations ***c)*** [avec *ne*] [+C] Pros. ; V▶ *1 adtentus*

adtentātio (att-), *ōnis*, f., tentative : [T] Pros.

adtentātus (att-), *a, um*, part. de *adtento*

adtentē (att-), avec attention, avec application ‖ compar., ***adtentius*** [C] Pros. ; superl., ***adtentissime*** [C] Pros.

adtentĭo (att-), *ōnis*, f., attention, application ; ***animi***, de l'esprit : [C] Pros. ‖ attention : [+C] Pros.

adtentō (att-), *ās, āre, āvī, ātum*, tr., entreprendre, essayer, attaquer [qqn, qqch.] ; [idée d'hostilité] [-C] Théât., [C] Pros. ; ***fidem alicujus*** [C] Pros., surprendre la bonne foi de qqn ; ***alicujus pudicitiam*** [+C] Pros., attenter à la pudeur de qqn ‖ [sans idée d'hostilité, rare] : [+C] Pros. ; ***vias volucrum*** [+C] Poés., chercher à atteindre les régions où volent les oiseaux ; ***arcum digitis*** [T] Pros., chercher à tendre un arc

adtentus (att-), *a, um* ¶ **1** part. de *adtendo* et *adtineo* ¶ **2** adj[t] ***a)*** attentif à qqch. ; ***ad aliquid*** : [-C] Théât., [C] Pros. ; ***alicui rei*** [C] Poés., [+C] Pros. ; ***alicujus rei*** [+C] Pros. ***b)*** attentif, vigilant : [C] Pros. ***c)*** ménager, regardant : [C] Pros. ‖ ***-tior*** [C] Pros.

adtĕnŭātē (att-), d'une manière mince ‖ [fig.] avec un style simple : [C] Pros.

adtĕnŭātĭo (att-), *ōnis*, f., amoindrissement, affaiblissement : [C] Pros. ‖ simplicité du style : [C] Pros.

adtĕnŭātus (att-), *a, um* ¶ **1** part. de *adtenuo* ¶ **2** adj[t] ***a)*** affaibli, amoindri : [C] Pros. ***b)*** [style] simple : [C] Pros. ; ***multa adtenuata*** [C] Pros., beaucoup de traits du style simple ***c)*** [voix] qui va vers l'aigu, dessus de la voix, voix de tête : [C] Pros. ‖ ***adtenuatissimus*** [C] Pros.

adtĕnŭō (att-), *ās, āre, āvī, ātum*, tr. ¶ **1** amincir, amoindrir, affaiblir : [C] Pros. ; ***attenuatus amore*** [C] Poés., amaigri (consumé) par l'amour ‖ ***curas*** [C] Poés., atténuer les soucis ¶ **2** [rhét.] abaisser, amoindrir [par la parole] : [C] Pros. ‖ réduire [le style] à l'expression la plus simple : [C] Pros. ; V▶ *adtenuatus*

adtermĭnō (att-), *ās, āre, -, -*, circonscrire, limiter : [T] Pros.

adtĕrō (**att-**), *ĭs, ĕre, trīvī, trītum*, tr. ¶ **1** frotter contre : [C] Poés. ; ***nubes adtritae*** [+C] Pros., frottement des nuages les uns contre les autres ¶ **2** enlever (user) par le frottement : ***surgentes herbas*** [C] Poés., fouler (écraser) sous ses pieds l'herbe naissante ; [+C] Pros. ‖ [fig.] user, affaiblir, écraser : [C] Pros., [+C] Pros. ; ➡ *1 adtritus*

adterrānĕus (**att-**), *a, um*, qui arrive de la terre : [+C] Pros.

adtestātĭo (**att-**), *ōnis*, f., attestation : [T] Pros.

adtestātŏr (**att-**), *ōris*, m., celui qui atteste : [T] Pros.

adtestŏr (**att-**), *āris, ārī, ātus sum*, tr., attester, prouver : [C] Poés., [+C] Pros. ‖ confirmer [un premier présage] : [+C] Pros.

adtexo (**att-**), *ĭs, ĕre, texŭī, textum*, tr., joindre en tissant, lier intimement à : [C] Pros.

adtĭgō (**att-**), *ĭs, ĕre, -, -*, tr., ➡ *1 adtingo* : [C] Poés. ; ***attigas*** [-C] Théât. ; ***attigat*** [-C] Théât.

adtĭgŭus (**att-**), *a, um*, contigu, voisin : [+C] Pros.

adtĭnĕō (**att-**), *ēs, ēre, tĭnŭī, tentum*

A tr., tenir [*aliquid*, qqch.] : [-C] Théât. ‖ retenir [*aliquem*, qqn] [-C] Théât., [+C] Pros. ‖ garder, maintenir : [C] Pros., [+C] Pros. ‖ tenir occupé, amuser, lanterner : ***aliquem spe pacis*** [C] Pros., amuser qqn par l'espoir de la paix

B intr., aboutir jusqu'à, s'étendre jusqu'à : [+C] Pros. ‖ concerner, regarder : [-C] Théât., [C] Pros. ‖ [expr.] : [C] Pros. ; ***quod attinet ad aliquem, ad aliquid***, quant à ce qui concerne qqn, qqch. : [-C] Théât.

1 **adtingō** (**att-**), *ĭs, ĕre, tĭgī, tactum*, tr., toucher à, toucher ¶ **1** ***aliquem digito*** [-C] Théât., toucher qqn du doigt ; [C] Pros. ; ***arma*** [C] Pros., prendre les armes ; ***genua, dextram*** [C] Pros., toucher les genoux, la main droite de qqn [en suppliant] ‖ ***aliquem*** [C] Pros., toucher à qqn (s'attaquer à qqn) ; ***si Vestinus adtingeretur*** [C] Pros., si l'on touchait aux Vestins (si on les attaquait) ¶ **2** toucher, atteindre : [C] Pros. ¶ **3** toucher à, confiner à : [C] Pros. ¶ **4** atteindre, aborder (arriver dans, à) : ***Asiam*** [C] Pros., atteindre l'Asie ; ***forum*** [C] Pros., mettre les pieds au forum ‖ ***verum*** [C] Pros., atteindre le vrai ¶ **5** se mettre à : ***Graecas litteras*** [C] Pros., se mettre aux lettres grecques ; ***causam*** [C] Pros., prendre une cause en mains ; ***poeticen*** [C] Pros., s'occuper de poésie ‖ [-C] Théât. ; ***historiam*** [C] Pros., toucher à l'histoire [parler de l'histoire] ¶ **6** avoir rapport à : [C] Pros. ¶ **7** intr. [très rare, avec *ad*] [-C] Théât.

2 **adtingō** (**adtinguō**), *ĭs, ĕre, -, tinctum*, tr., arroser, mouiller, cf. [C] Pros.

adtĭtŭlō (**att-**), *ās, āre, -, -*, tr., intituler, donner un titre à : [T] Pros.

adtŏlĕrō (**att-**), *as, are, -, -*, tr., soutenir, supporter [une statue] : [+C] Pros.

1 **adtollo** (**att-**), *ĭs, ĕre, -, -*, tr. ¶ **1** élever, soulever : [C] Poés. ; ***manus ad caelum*** [C] Pros., lever les mains au ciel ; ***oculos*** [C] Pros., [+C] Pros., lever les yeux ; ***globos flammarum*** [C] Poés., pousser [dans les airs] des tourbillons de flammes ; [C] Poés. ‖ [C] Pros. ; ***attolluntur harenae*** [C] Poés., les sables montent à la surface ; [+C] Pros. ¶ **2** élever, dresser : [C] Poés. ; ***arcem*** [C] Poés., élever une citadelle ; ***malos*** [C] Poés., dresser les mâts ‖ ***in auras se*** [C] Poés., se dresser dans les airs ¶ **3** [fig.] élever : [C] Pros. ; ***alicujus progeniem super cunctos*** [+C] Pros., élever la descendance de qqn au-dessus de tout le monde (lui donner l'ascendant sur tous) ‖ soulever, exalter : [C] Poés., [+C] Pros. ‖ grandir, rehausser : ***aliquem praemiis*** [+C] Pros., honorer qqn de récompenses ; ***aliquem triumphi insignibus*** [+C] Pros., rehausser (décorer) qqn des insignes du triomphe ‖ grandir (exalter) par des paroles : [+C] Pros.

2 **adtollo**, ➡ *adfero*

adtondĕō (**att-**), *ēs, ēre, tondī, tonsum*, tr., tondre : [+C] Pros. ‖ tondre (brouter) : [C] Poés. ; tondre (émonder) : [C] Poés. ‖ tondre, escroquer : [-C] Théât.

adtŏnĭtus (**att-**), *a, um*, part.-adj. de *adtono* ¶ **1** frappé de la foudre, étourdi : [+C] Pros. ¶ **2** frappé de stupeur : ***adtonitis similes*** [+C] Pros., semblables à des gens frappés de la foudre, [C] Pros. ; [C] Poés., [+C] Pros. ; ***metu*** [C] Pros., étourdis par la surprise, par la crainte ; ***attoniti vultus*** [+C] Pros., physionomies frappées de stupeur ¶ **3** [poét.] ***attonito metu*** [+C] Poés., dans sa frayeur hébétée, dans l'égarement de la frayeur ; [+C] Pros., cf. ***attoniti clamores*** [+C] Poés., cris épouvantés ¶ **4** jeté dans l'extase, en proie à l'égarement prophétique : [C] Poés., [+C] Poés. ; [+C] Pros. ¶ **5** béant dans l'attente de qqch., absorbé tout entier par la pensée de qqch., anxieux, attentif : [+C] Pros.

adtŏnō (**att-**), *ās, āre, tŏnŭī, tŏnĭtum*, tr., frapper du tonnerre : [+C] Pros. ‖ frapper de stupeur : [C] Poés., Pros.

adtonsus (**att-**), part. de *adtondeo*

adtŏnŭī, parf. de *adtono*

adtorquĕō (**att-**), *ēs, ēre, -, -*, tr., brandir, lancer [un javelot] : [C] Poés.

adtorrĕō (**att-**), *ēs, ēre, -, -*, tr., faire griller : [+C] Pros.

adtractus (**att-**), *a, um* ¶ **1** part. de *adtraho* ¶ **2** [adj[t]] contracté : ***attractis superciliis*** [+C] Pros., avec les sourcils froncés

adtrăhō (**att-**), *ĭs, ĕre, trāxī, tractum*, tr., tirer à soi ¶ **1** ***ferrum*** [C] Pros., attirer le fer ¶ **2** tirer violemment (traîner) vers : [C] Pros. ¶ **3** [fig.] attirer : [C] Pros. ; ***Romam aliquem*** [C] Pros., attirer qqn à Rome ; [+C] Pros. ; ***aliquem in crimen*** [+C] Pros., envelopper qqn dans une accusation

ad trans, locut. prép. avec acc., au-delà de : [T] Pros.

adtrectātĭo (**att-**), *ōnis*, f., attouchement : [+C] Pros.

1 **adtrectātus**, *a, um*, part. de *adtrecto*

2 **adtrectātŭs** (**att-**), *ūs*, m., attouchement : [-C] Théât., [C] Pros.

adtrectō (**att-**), *ās, āre, āvī, ātum*, tr. ¶ **1** toucher à, palper, manier : *aliquem* qqn : [-C] Théât., [C] Pros., Poés. ; *aliquid* qqch. : [C] Pros. ¶ **2** toucher à, chercher à saisir : [C] Pros. ‖ [fig.] entreprendre (qqch.) : [+C] Pros.

adtrĕmō (**att-**), *ĭs, ĕre, -, -*, intr., trembler à (en réponse à) : ***alicui*** [+C] Poés., devant qqn

adtrĕpĭdō (**att-**), *ās, āre, -, -*, intr., approcher d'un pas tremblant : [-C] Théât.

adtrĭbŭō (**att-**), *ĭs, ĕre, bŭī, būtum*, tr. ¶ **1** donner, attribuer, allouer : [C] Pros. ; ***ordines*** [C] Pros., donner (décerner) des grades de centurion ‖ assigner, allouer [des terres, de l'argent] : [C] Pros. ‖ ***aliquem*** [C] Pros., déléguer qqn, donner une délégation sur qqn, imputer sur qqn le paiement d'une dette ‖ mettre sous la dépendance de : ***Boios Haeduis*** [C] Pros., annexer les Boïens aux Éduens ‖ assigner [comme commandement] : [C] Pros. ‖ assigner [comme tâche] : [C] Pros. ¶ **2** départir, donner en partage : [C] Pros., Poés. ¶ **3** attribuer, imputer ; ***aliquid alicui***, mettre qqch. sur le compte de qqn : [C] Pros. ; ***alicui culpam*** [C] Pros., faire retomber une faute sur qqn

adtrĭbūtio (**att-**), *ōnis*, f. ¶ **1** assignation, action de déléguer un débiteur pour l'acquittement d'une dette : [C] Pros. ¶ **2** [rhét.] propriété (caractère) afférente à une personne, à une chose : [C] Pros.

adtrĭbūtum (**att-**), *i*, n., fonds alloués sur le trésor public : [C] Pros.

adtrĭbūtus, *a, um*, part. de *adtribuo*

adtrītĭo (**att-**), *ōnis*, f., écrasement : [T] Pros.

1 **adtrītus** (**attr-**), *a, um* ¶ **1** part. de *adtero*, usé par le frottement : [C] Poés. ¶ **2** [adj[t]] [C] Pros. ; ***(cantharus) attrita ansa*** [C] Poés., (coupe) avec une anse usée ‖ [fig.] ***adtrita frons*** [+C] Poés., front impudent [qui ne rougit plus] ‖ [+C] Pros.

2 **adtrītŭs** (**attr-**), *ūs*, m., frottement : [+C] Pros.

adtrīvī, parf. de *adtero*

adtŭlī, parf. de *adfero*

adtŭŏr (**att-**), *tŭĕrĭs, tŭī, -*, regarder : [C] Pros.

Aduatŭca, *ae*, f., place forte des Éburons [auj. Tongres] : [C] Pros.

Aduatŭcī, *ōrum*, m. pl., les Aduatuques [Belgique] : [C] Pros.

ădūlābĭlis, *e*, caressant, insinuant : [T] Pros.

ădūlans, *tis*, part. prés. pris adj[t], caressant, flatteur : [+C] Pros.

ădūlātĭo, *ōnis*, f. ¶ **1** caresse des animaux qui flattent : [C] Pros., [+C] Pros. ¶ **2** caresses rampantes, flatterie basse : [C] Pros. ; ***adversus superiores*** [+C] Pros., basses flatteries envers les grands ; ***patrum in Augustam*** [+C] Pros., adulation des sénateurs à l'égard d'Augusta ‖ [pl.] [+C] Pros. ‖ prosternement [chez les Orientaux] : +C Pros. ; [pl.] C Pros. ‖ adoration [des dieux] : +C Pros.

ădūlātŏr, *ōris*, m., flatteur, flagorneur, vil courtisan : C Pros., +C Pros.

ădūlātōrĭus, *a, um*, qui se rattache à l'adulation : +C Pros.

ădūlātus, *a, um*, part. de *adulor*

ădŭlescens, *tis* ¶ **1** pris adj^t : ***adulescentior*** −C Théât., C Pros., qui est plus jeune ; ***adulescentior Academia*** C Pros., la nouvelle Académie ¶ **2** subst. m. ou f. ‖ [sens courant] jeune homme ou jeune femme [en principe de 17 ans à 30 ans, mais parfois au-delà] : ***honestus adulescens*** C Pros., jeune homme honorable ; ***optuma*** −C Théât., excellente jeune femme ‖ [pour distinguer des pers. du même nom] : C Pros.

ădŭlescentĭa, *ae*, f., jeunesse : C Pros. ‖ la jeunesse = [les jeunes gens] : C Pros.

ădŭlescentĭor, *ārĭs, āri*, -, tr., se comporter en jeune homme : C Poés.

ădŭlescentŭlus, *a, um*, tout jeune homme : C Pros. ‖ [qqf. subst.] **adulescentulus**, *i*, m., un tout jeune homme : C Pros. ; **adulescentula**, *ae*, f., une toute jeune femme : −C Théât.

ădŭlesco, ▶ *1 adolesco*

ădūlō, *ās, āre, āvī, ātum*, [arch. et rare] ▶ *adulor* : −C Théât., C Poés., +C Pros.

ădūlŏr, *ārĭs, ārī, ātus sum*

I tr. ¶ **1** faire des caresses, flatter [en parl. des animaux] : C Poés., +C Pros. ¶ **2** flatter, aduler ; ***aliquem, aliquid***, qqn, qqch. ; C Pros., +C Pros.

II intr., [avec dat.] ***alicui***, adresser des flatteries à qqn, aduler qqn : C Pros., +C Pros. ; ***gratiae*** +C Pros., flatter le crédit

1 **ădultĕr**, *ĕra, ĕrum* ¶ **1** adultère : ***adultera mens*** C Poés., pensées adultères ¶ **2** altéré, falsifié : ***adultera clavis*** C Poés., fausse clef ¶ **3** [chrét.] hérétique, infidèle : T Pros.

2 **ădultĕr**, *ĕri*, m., **ădultĕra**, *ae*, f., adultère : C Pros. ; ***Dardanius*** C Poés., l'adultère troyen [Pâris] ; ***Lacaena adultera*** C Poés., l'adultère lacédémonienne [Hélène] ‖ [avec gén.] ***sororis*** C Pros., amant de sa soeur ; ***Agrippinae*** +C Pros., d'Agrippine ‖ [avec *in* abl.] ***in nepti Augusti*** +C Pros., ayant eu des relations adultères avec la petite-fille d'Auguste ‖ [abs^t] amant : +C Pros. ‖ [en parl. d'animaux qui s'accouplent hors de leur espèce] : +C Poés., Pros. ‖ [chrét.] falsificateur [Diable], hérétique, infidèle : T Pros.

ădultĕrātus, *a, um*, part. de *adultero*

ădultĕrīnus, *a, um*, falsifié, faux : [en parl. d'un cachet] C Pros. ; [de monnaie] C Pros. ; [de clef] C Pros. ; [de biens] +C Pros. ; [de testament]

ădultĕrĭo, *ōnis*, f., **adultĕrĭtās**, *ātis*, f., adultère : +C Pros.

ădultĕrĭum, *ĭi*, n. ¶ **1** adultère, crime d'adultère : C Pros. ; ***per adulterium Mutiliae*** +C Pros., par suite de ses relations adultères avec Mutilia ¶ **2** [chrét.] culte idolâtre : T Pros.

ădultĕrō, *ās, āre, āvī, ātum*, tr. ¶ **1** commettre un adultère : C Pros. ; ***adulterari ab aliquo*** [en parl. d'une femme] être débauchée par qqn, être entraînée à l'adultère par qqn : +C Pros. ‖ [en parl. d'animaux] C Pros. ¶ **2** falsifier, altérer : C Pros. ‖ ***faciem*** C Poés., changer ses traits, sa physionomie

ădultĕrŏr, *ārĭs, ārī*, -, dép., intr., commettre un adultère : T Pros.

ădultus, *a, um*, part.-adj. de *1 adolesco* ‖ qui a grandi : ***adulta virgo*** C Pros., jeune fille déjà grande

ădumbrātim, adv., d'une manière vague, en contours vagues : C Poés.

ădumbrātĭo, *ōnis*, f. ¶ **1** esquisse : C Pros. ¶ **2** [fig.] esquisse, ébauche : C Pros. ‖ feinte, simulation : +C Pros.

adumbrātus, *a, um*, part.-adj. de *adumbro* ¶ **1** esquissé : C Pros. ; ***adumbrata comitia*** C Pros., des semblants de comices ¶ **2** vague, superficiel : C Pros. ¶ **3** fictif, faux : C Pros. ; ***adumbrata laetitia*** +C Pros., joie feinte

ădumbrō, *ās, āre, āvī, ātum*, tr. ¶ **1** mettre à l'ombre, ombrager, masquer : +C Pros. ¶ **2** esquisser : +C Pros. ‖ imiter, reproduire : ***Macedonum morem*** +C Pros., reproduire les moeurs des Macédoniens

ăduncĭtās, *ātis*, f., courbure : ***rostrorum*** C Pros., courbure du bec

ăduncus, *a, um*, crochu, recourbé : [en parl. du nez] −C Théât. ; [dents] C Poés. ; [ongles] C Pros., Poés. ; [main] C Poés. ‖ [scie] C Pros. ; [bâton] C Pros. ; [charrue] C Poés.

ădūrens, *tis*, part. de *aduro*

ădurgĕō, *ēs, ēre*, -, -, tr., presser : +C Pros. ‖ poursuivre : C Poés.

ădūrō, *ĭs, ĕre, ussī, ustum*, tr., brûler à la surface, brûler légèrement : ***sibi capillum*** C Pros., se brûler les cheveux [au lieu de les faire tondre] ‖ [en parl. du froid] C Poés., +C Pros. ‖ [de remèdes] +C Pros. ‖ [fig., en parl. de l'amour] : C Poés.

ădusquĕ ¶ **1** prép. avec acc., jusqu'à : C Poés., +C Pros. ¶ **2** adv., entièrement : +C Pros.

ădustus, *a, um* ¶ **1** part. de *aduro* ¶ **2** adj^t, brûlé par le soleil : C Pros., +C Pros. ‖ n. pl., ***adusta***, brûlures : +C Pros.

advectīcĭus, *a, um*, amené de dehors, importé : C Pros.

advectō, *ās, āre, āvī, ātum*, tr., transporter : +C Pros.

1 **advectus**, [seulement à l'abl.] m., action de transporter, transport : C Pros., +C Pros.

2 **advectus**, *a, um*, part. de *adveho*

advĕhō, *ĭs, ĕre, vēxī, vectum*, tr., amener, transporter vers [par chariot, navire, bête de somme] ; [et au pass.] être transporté, amené [d'où] arriver [par eau, en voiture, à cheval] : [avec dat.] ***ancillam alicui*** −C Théât., amener une servante à qqn ; C Pros. ‖ [avec *ad*] ***ad urbem advectus*** C Pros., amené à la ville ‖ [avec *in* acc.] ***in fanum*** C Pros. ; ***in castra*** C Pros., amené dans le temple, dans le camp ‖ [avec acc.] [poét.] ***advehitur Teucros*** C Poés., il arrive (aborde) chez les Troyens ; +C Pros. ‖ importer : ***advecta religio*** +C Pros., culte d'importation étrangère ; ***indigenae an advecti*** +C Pros., [on ne sait pas bien] si ce sont des indigènes ou des immigrants

advēlans, part. de *advelo*

advēlō, *ās, āre*, -, -, tr., voiler : ***tempora lauro*** C Poés., ceindre les tempes (le front) de laurier

advĕna, *ae*, [peut se rapporter aux 3 genres, mais en gén. m.] étranger [venu dans un pays] : C Pros. ‖ C Poés. ; ***advena Thybris*** C Poés., le Tibre venu de l'étranger [d'Étrurie] ‖ [avec gén.] étranger dans : ***belli*** +C Poés. ; ***studiorum*** +C Pros., à qui la guerre, les études sont étrangères

advĕnĕrŏr, *ārĭs, ārī, ātus sum*, tr., révérer, vénérer : C Pros., +C Poés.

advĕnĭō, *īs, īre, vēnī, ventum*, intr., arriver ¶ **1** [en parl. de pers.] ***rure*** −C Théât., arriver de la campagne ; ***Athenis*** −C Théât., arriver d'Athènes ‖ [avec *ab*] ***a portu*** −C Théât. ; ***a foro*** −C Théât. ; ***a Roma*** C Pros., du port, du forum, de Rome ‖ [avec *ex*] ***ex Asia*** −C Théât. +C Pros. ; ***ex proelio*** +C Pros., d'Asie, du combat ; ***ex Hyperboreis Delphos*** C Pros., arriver du pays des Hyperboréens à Delphes ‖ [acc. de mouv^t] ***Tyriam urbem*** C Poés. ; ***Durnium oppidum*** C Pros. ; ***delubra Dianae*** +C Poés., arriver à la ville des Tyriens, à la ville de Durnium, au sanctuaire de Diane ‖ [dat.] ***tectis meis*** +C Poés., à ma demeure ‖ [avec *ad*] ***ad forum*** −C Théât. ; ***ad Ambraciam*** C Pros. ; ***ad aliquem*** −C Théât., arriver au forum, à Ambracie, vers qqn ‖ [avec *in* acc.] ***in domum*** −C Théât. ; ***in provinciam*** C Pros., dans une maison, dans une province ‖ [abs^t] C Pros., +C Pros. ¶ **2** [en parl. de navires] −C Théât., C Pros. ; [d'une lettre] +C Pros. ; [liquide, chaleur, etc.] C Poés. ¶ **3** [fig.] ***cum id advenit*** C Pros., quand ce terme [de la vie] est arrivé ; ***dies advenit*** C Pros., le jour [fixé] arriva, +C Pros.

adventīcĭus, *a, um* ¶ **1** qui vient du dehors : C Pros. ¶ **2** qui vient de l'étranger : ***auxilia adventicia*** C Pros., secours venus de l'étranger ; ***merces adventiciae*** C Pros., marchandises étrangères ‖ migrateur [oiseau] : C Pros. ¶ **3** qui survient de façon inattendue, accidentel : ***pecunia adventicia*** C Pros., argent imprévu, revenu casuel ; ***ex adventicio*** +C Pros., sur une part d'héritage (sur du casuel) ; ***fructus adventicius*** C Pros., bénéfice accessoire ¶ **4** relatif à l'arrivée : ***cena adventicia*** +C Pros., repas d'arrivée, de bienvenue ‖ **adventicia**, *ae*, subst. f., bienvenue : +C Pros.

adventō, *ās*, *āre*, -, -, intr. ; [usité seul^{t} au prés. et à l'imparf.] approcher ¶ **1** ***ad Italiam*** C Pros., approcher de l'Italie ; ***Romam*** C Pros., de Rome ; ***propinqua Seleuciae*** +C Pros., du voisinage de Séleucie ; ***portis*** +C Poés., des portes ¶ **2** [fig.] ***quod tempus adventat*** C Pros., et ce temps se rapproche de plus en plus

adventŏr, *ōris*, m. ¶ **1** celui qui vient faire visite, client [d'une courtisane] -C Théât., +C Pros. ; [d'un cabaretier] +C Pros. ¶ **2** visiteur, étranger : -C Théât.

adventōrĭus, *a*, *um*, relatif à l'arrivée ; ***adventoria***, repas d'arrivée, bienvenue : +C Poés.

adventŭs, *ūs*, m., acte d'arriver et fait d'être arrivé, arrivée ¶ **1** ***adventu tuo*** C Pros., à ton arrivée ; ***Pythagorae adventus*** C Pros., l'arrivée de Pythagore ; +C Pros. ‖ ***nocturnus ad urbem*** C Pros., notre arrivée chez Pompée, l'arrivée de nuit à la ville ¶ **2** [terme milit.] C Pros. ; ***Gallicus adventus*** C Pros., l'arrivée (invasion) des Gaulois ¶ **3** [fig.] ***malorum*** C Pros., l'arrivée des maux ¶ **4** [chrét.] venue [du Christ], nativité, parousie [retour du Christ à la fin des temps] : T Pros.

adverbĕrō, *ās*, *āre*, -, -, tr., frapper sur : +C Poés.

adverbĭum, *ĭī*, n., adverbe : +C Pros.

adverrō, *ĭs*, *ĕre*, -, -, tr., balayer : +C Poés.

adversa, *ōrum*, → *2 adversus*

adversābĭlis, *e*, prompt à tenir tête : -C Théât.

adversārĭa, *ōrum*, n. pl., qqch. que la pers. a toujours devant soi, brouillon (registre, main courante) : C Pros.

adversārĭus, *a*, *um* ¶ **1** qui se tient en face, contre, opposé, adverse, contraire [en parl. des pers. et des choses] : ***homo alicui***, opposé (contraire) à qqn : C Pros. ; ***alicui rei***, à qqch. : C Pros. ‖ ***res adversaria rei*** : C Pros. ¶ **2** [subst. pris au m. *adversarius* ou au f. *adversaria*] un(e) adversaire, un(e) rival(e) [peut signifier aussi "ennemi" dans toutes les acceptions du terme] : C Pros. ‖ [chrét.] impie : T Pros.

adversātĭo, *ōnis*, f., opposition : +C

adversātŏr, *ōris*, m., qui se dresse contre : +C Pros.

adversātrīx, *īcis*, f., femme qui fait opposition : -C Théât.

adversātus, *a*, *um*, part. de *adversor*

adversē, adv., d'une manière contradictoire : +C Pros.

adversĭo, *ōnis*, f., ***animi adversio*** C Pros. ; → *animadversio*

adversĭtās, *ātis*, f., hostilité : T Pros. ‖ adversité : T Pros.

adversĭtŏr (advors-), *ōris*, m., esclave qui va à la rencontre de son maître : -C Théât.

adversō (advorsō), *ās*, *āre*, *āvī*, -, tr., diriger continuellement vers : ***animum*** -C Théât., être très attentif

adversŏr (advorsŏr), *āris*, *ārī*, *ātus sum*, intr., s'opposer, être contraire : ***perpaucis adversantibus*** C Pros., un très petit nombre seulement faisant opposition ; ***adversante fortuna*** C Pros. ; ***ratione*** C Pros., malgré la fortune, malgré la raison ; ***adversante vento*** +C Pros., le vent étant contraire ‖ [avec dat.] ***alicui***, être opposé (hostile) à qqn : C Pros. ; ***alicui rei***, à qqch. : C Pros. ; ***rogationi*** C Pros., combattre un projet de loi ‖ [avec *quominus*] C Pros.

1 **adversŭs (adversŭm)** [arch.] **advors-**
I adv., contre, vis-à-vis, en face : -C Théât. ‖ ***adversum ire (alicui)***, aller à la rencontre (au-devant de qqn) : -C Théât. ; ***(alicui) adversus venire*** -C Théât. ; [avec idée d'hostilité] C Poés., Pros.
II prép. ; [avec acc.] ¶ **1** en face de, en se dirigeant vers, contre : C Pros. ‖ ***bellum***, ***pugna adversus***, guerre, combat contre : C Pros., +C ¶ **2** [fig.] contre, à l'encontre de : C Pros. ; ***adversus legem*** C Pros., contre (contrairement à) la loi ‖ [sans idée d'hostilité] en réplique à, en réponse à : C Pros. ¶ **3** vis-à-vis de, à l'égard de, en s'adressant à : C Pros. ‖ à l'égard de, envers : C Pros. ‖ en comparaison de [rare] : C Pros., +C Pros.

2 **adversus (advor-)**, *a*, *um*
I part. de *adverto*
II adj. ¶ **1** qui est en face, à l'opposite, devant : C Pros. ; ***adverso corpore*** C Pros., [blessures reçues] sur le devant du corps, par devant ; ***adversum monumentum*** C Pros., le devant du monument ; ***adversa basis*** C Pros., face d'un piédestal ; ***adverso colle***, en gravissant la pente de la colline [qui fait face à ceux qui grimpent] : C Pros. ; ***adverso flumine*** C, en remontant le fleuve [en marchant dans le sens contraire du courant] ‖ [expr. adverbiales] ***a) ex adverso***, en face, à l'opposé : C Pros. ; ***urbi*** C Pros., en face de la ville ; ***veniens hostis*** C Pros., l'ennemi arrivant de face ; [au fig.] du côté opposé, chez la partie adverse : +C Pros. ***b) in adversum***, contre la partie opposée, dans le sens contraire : ***nitens*** C Poés., poussant dans le sens opposé ; ***subiere*** C Pros., ils se mirent à gravir la pente opposée [à eux] ¶ **2** [avec idée d'obstacle, d'hostilité] C Pros. ; ***alicui*** C Pros., hostile à qqn, adversaire de qqn ; ***alicui rei***, hostile à qqch., adversaire de qqch. : C Pros., +C Pros. ‖ ***per adversos fluctus*** C Pros., en allant (en luttant) contre les vagues ‖ [n. sg. pris subst^{t}] : C Pros. ¶ **3** contraire, fâcheux, malheureux : ***res adversae***, les événements contraires, le malheur ; ***adversa fortuna***, la fortune contraire (adverse), le malheur ; ***adversum proelium***, combat malheureux ; ***adversa navigatio*** +C Pros., navigation (traversée) difficile ; C Pros. ; ***nihil adversi*** C Pros., rien de malheureux ; ***aliquid adversi*** C Pros., qqch. de malheureux ; ***adversa***, les choses malheureuses, le malheur ; C Pros. ; ***adversa alicujus***, les malheurs, les disgrâces de qqn : -C Théât., +C Pros. ¶ **4** [en logique] contraire, opposé [pour le sens] : C Pros. ‖ compar. ; superl., ***-issimus*** C Pros.

advertō (advortō), *ĭs*, *ĕre*, *vertī*, *versum*, tr., tourner vers, diriger du côté de ¶ **1** -C Théât. ; ***urbi agmen*** C Poés., diriger ses troupes vers la ville, +C Pros. ; ***terris proram*** C Poés., tourner la proue vers le rivage ; ***in portum classem*** C Pros., faire entrer la flotte dans le port ‖ [au pass.] : ***advertuntur harenae*** C Poés., ils se dirigent vers la grève ‖ ***oculos*** +C Pros. ; ***lumina*** C Poés., tourner les yeux ; ***aures*** C Poés., les oreilles ; ***vultus*** C Poés., le visage ¶ **2** tourner vers soi, attirer sur soi : ***vulgum miseratione*** +C Pros., attirer sur soi l'attention de la foule en excitant la pitié ; ***vetera odia*** +C Pros., appeler sur soi (réveiller contre soi) de vieilles haines ¶ **3** ***animum***, ***mentem advertere***, tourner son esprit vers : C Poés. ; ***monitis animos*** C Poés., faire attention à des avertissements ; -C Théât. ; [avec *ne*] veiller à ce que ne pas : C Pros. ‖ ***animum advertere***, remarquer, voir, s'apercevoir de ; [même constr. que *animadvertere*] ***aliquem*** C Pros., remarquer qqn ; ***aliquid*** C Pros., remarquer qqch. ; ***columellam*** C Pros., remarquer une petite colonne ; [avec prop. inf.] C Pros. ; [avec interrog. indir.] C Pros. ¶ **4** ***advertere*** [seul] = ***animum advertere***, faire attention, remarquer : C Poés., +C Pros. ; ***aliquem***, ***aliquid advertere*** +C Pros., remarquer qqn, qqch. ‖ [avec prop. inf.] C Pros. ‖ [avec interrog. indir.] C Pros. ¶ **5** intr., ***advertere in aliquem***, punir qqn, sévir contre qqn : +C Pros. ‖ [abs^{t}] punir, sévir : +C Pros.

advespĕrascĭt, *ĕre*, *āvĭt*, impers., le soir vient, il se fait tard : ***cum jam advesperasceret*** C Pros., comme déjà le soir tombait, -C Théât.

advēxī, parf. de *adveho*

advĭgĭlō, *ās*, *āre*, -, -, intr., veiller à (auprès de) [au pr. et fig.] : C Pros. ; ***alicui*** C Poés., veiller sur qqn ‖ veiller, être attentif : -C Théât., C Pros.

advīvō, *ĭs*, *ĕre*, *vīxī*, -, intr., [abs^{t}] : +C Poés.

advŏcātĭo, *ōnis*, f., action d'appeler à soi ¶ **1** appel en consultation [et par ext.] consultation, en justice : C Pros. ¶ **2** réunion de ceux qui assistent, ensemble des *advocati* : C Pros. ¶ **3** délai, remise [temps suffisant pour se pourvoir d'un conseil] : C Pros. ‖ [en gén.] délai, répit : +C Pros. ¶ **4** [à l'époque impériale] métier d'avocat, plaidoirie : +C Pros.

1 **advŏcātus**, part. de *advoco*

2 **advŏcātus**, *i*, m. ¶ **1** celui qui a été appelé à assister qqn en justice [il aide par ses conseils, par ses consultations juridiques, par sa seule présence qui peut influer sur le jury ; mais il ne plaide pas], conseil, assistant, soutien : C Pros. ¶ **2** [époque impériale] avocat plaidant, avocat : +C Pros. ¶ **3** [fig.] aide, défenseur : C Pros., +C Pros.

advŏcō, *ās*, *āre*, *āvī*, *ātum*, tr., appeler vers soi ¶ **1** appeler, convoquer, faire venir ; ***contione advocata*** C Pros., l'assemblée ayant été convoquée ; ***in rem***, convoquer en vue d'une chose ; ***in consilium***, pour tenir conseil : C Pros., +C Pros. ; ***ad contionem*** C Pros., convoquer à une assemblée ; C Poés. ¶ **2** [en part.] appeler comme conseil dans un procès : C Pros. ‖ [abs^{t}] C Pros. ¶ **3** [époque impériale] appeler comme avocat ; ***(causis)***

quibus advocamur Pros., (causes) que nous sommes appelés à défendre ¶ **4** appeler comme aide, invoquer l'assistance de (qqn) : Pros. ; [en part.] invoquer les dieux : ***deos contra aliquem*** Pros., invoquer les dieux contre qqn ; Pros. ¶ **5** faire appel à, recourir à : Poés. ; ***secretas artes*** Poés., faire appel à sa science mystérieuse ; Pros. ; ***ingenium*** Pros., faire appel à l'imagination

advolatus, m., [usité seul[t] à l'abl.], arrivée en volant : Pros.

advŏlō, *ās, āre, āvī, ātum*, intr., voler vers, approcher en volant ¶ **1** : ***ad aves*** Pros., s'approcher des oiseaux en volant ¶ **2** voler , se précipiter , accourir (***ad aliquem, ad aliquid***) : Pros. ; ***in agros*** Pros., fondre sur les campagnes ‖ ***rostra*** Pros., voler à la tribune ; ***ora*** Poés., voler vers le visage ; ***alicui*** Poés., Poés., voler vers quelqu'un

advŏlūtus, *a, um*, part. de *advolvo*

advolvō, *ĭs, ĕre, volvī, vŏlūtum* ¶ **1** tr., rouler vers Poés. ; ***focis ulmos*** Poés., rouler des ormes dans les foyers ¶ **2** ***advolvi*** [ou] ***se advolvere***, se jeter (rouler) aux pieds de qqn : Pros. ; ***advolutus genibus*** Pros., s'étant jeté à ses genoux, Pros. ; ***pedibus alicujus***, se jeter aux pieds de qqn : Pros. ; ***genua alicujus***, se jeter aux genoux de qqn : Pros., Pros.

advors-, **advors-**, **advort-**, → *advers-*, *advert-*

ădȳtum, *i*, n., partie la plus secrète d'un lieu sacré, sanctuaire : Pros. ; [en parl. d'un tombeau] ***ab imis adytis*** Poés., du fond du mausolée

adzēlŏr, *ārĭs, ārī, -*, tr., s'irriter contre : Pros.

Aea, *ae*, f., nom de la Colchide aux temps mythologiques : Poés. ‖ **Aeaeus**, *a, um*, d'Aea : Poés.

Aeăcĭdēĭus, **Aeăcĭdēs**, **Aeăcĭdīnus**, **Aeăcĭus**, → *Aeacus*

Aeăcus, *i*, m., Éaque [roi d'Égine, père de Pélée, de Télamon et Phocus ; grand-père d'Achille ; après sa mort, juge aux enfers avec Minos et Rhadamanthe] : Poés., Pros. ‖ **Aeăcĭus**, *a, um*, éacien : ***flos*** Pros., fleur née du sang d'Ajax, fils de Télamon, hyacinthe ‖ **Aeăcĭdēs**, *ae*, voc. *Aeăcĭdă*, m., Éacide, descendant mâle d'Éaque, c.-à-d. soit un de ses fils [par. ext. Pélée ; Phocus] soit son petit-fils Achille, soit son arrière-petit-fils, Pyrrhus, fils d'Achille, soit enfin un de ses descendants, comme Pyrrhus, roi d'Épire, ou Persée, roi de Macédoine, vaincu par Paul-Émile ‖ [d'où] **Aeăcĭdēĭus**, *a, um*, éacidéen : ***Aeacideia regna*** Poés., le royaume des Éacides [île d'Égine] ; **Aeăcĭdīnus**, *a, um*, digne de l'Éacide [Achille] : Théât.

Aeaea, *ae*, **Aeaeē**, *ēs*, f., Ééa [île fabuleuse, séjour de Circé] : Poés. ‖ [d'où] **Aeaeus**, *a, um*, d'Éea [au f. surnom de Circé] : Poés. ‖ [surnom de Calypso] : Poés.

Aeās, *antis*, m., fleuve d'Épire : Poés., Poés.

Aebura, *ae*, f., ville d'Espagne : Pros.

Aebūtĭus, *ĭi*, m., nom de famille romaine ‖ [d'où] **Aebūtius**, *a, um*, d'Aebutius : Pros.

Aecae, *ārum*, f. pl., ville d'Apulie : Pros.

Aeclānum, **Aecŭlānum**, *i*, n., ville du Samnium : Pros. ‖ **-ensis**, *e*, d'Aeculanum : Pros.

aecus, *a, um*, → *aequus*

aedēs, **aedis**, *is*, f. ¶ **1** temple, sanctuaire : ***in aede Castoris*** Pros., dans le temple de Castor ; [au pl.] Pros. ¶ **2** chambre : Poés., Pros., Pros. ‖ [fig.] ***aedes aurium*** Théât., les chambres des oreilles [les oreilles] ‖ [pl.], **aedes**, *ium*, f., maison, demeure : Pros. ‖ ruche des abeilles : Poés.

aedĭcŭla, *ae*, f. ¶ **1** [au sg.] chapelle, niche : Pros., Pros. ‖ petite chambre : Théât. ¶ **2** [au pl.] petite maison : Pros.

aedĭcŭlum, *i*, n., → *aedicula* : Théât.

aedĭfĭcātĭo, *ōnis*, f. ¶ **1** action de bâtir, construction : Pros. ¶ **2** construction, édifice : Pros., Pros. ¶ **3** [chrét.] édification [de la foi] : Pros.

aedĭfĭcātĭuncŭla, *ae*, f., petite construction : Pros.

aedĭfĭcātŏr, *ōris*, m., qui bâtit, constructeur : Pros., Pros. ‖ qui a la manie de bâtir, bâtisseur : Pros., Poés.

aedĭfĭcātus, *a, um*, part. de *aedifico*

aedĭfĭcĭum, *ĭi*, n., édifice, bâtiment en général : Théât., Pros.

aedĭfĭcō, *ās, āre, āvī, ātum*, tr. ¶ **1** [abs[t]] bâtir, construire un bâtiment, édifier une construction : Pros. ¶ **2** ***a)*** ***domum*** Pros., construire une maison ; ***villam*** Pros., une maison de campagne ; ***carcerem*** Pros., une prison ; ***columnas*** Pros., des colonnes ***b)*** garnir de bâtiments : ***locum*** Pros., bâtir sur un emplacement ; ***aedificanda loca*** Pros., emplacements destinés à recevoir des constructions ; ***caput*** Poés., bâtir sur la tête un édifice de cheveux ***c)*** [fig.] ***mundum*** Pros., créer le monde [l'univers] ; ***rem publicam*** Pros., fonder, constituer l'État ¶ **3** [chrét.] affermir, confirmer : Pros.

aedīlĭcĭus, *a, um*, qui concerne l'édile : ***aedilicia repulsa*** Pros., échec dans une candidature à l'édilité ; ***aedilicius scriba*** Pros., greffier d'un édile

aedīlis, *is*, m., édile [magistrat romain ; au début, deux édiles plébéiens, auxquels furent adjoints (en 366 av. J.-C.) deux édiles curules ; ils ont dans leurs attributions la police municipale, l'approvisionnement de Rome, la surveillance des marchés (*cura annonae*), l'organisation de certains jeux (*cura ludorum*) et la garde des archives plébéiennes ; César créa deux nouveaux édiles, les *aediles cereales*, chargés spécialement des approvisionnements de blé et de l'organisation des jeux de Cérès, *Cerialia*] : Pros. ‖ magistrat des municipes chargé de la police : Pros.

aedīlĭtās, *ātis*, f., édilité, charge d'édile [pl. *aedilitates*, référant à plusieurs personnes] : Pros.

aedis, *is*, f., → *aedes*

aedĭtĭm-, → *aeditum-*

aedĭtŭens, *tis*, m., gardien d'un temple : Poés., Pros.

aedĭtŭmus (-tĭmus), *i*, m., gardien d'un temple : Pros. ‖ **aedĭtŭus**, *i*, m., Théât. [forme condamnée par Varron au profit de *aeditumus* ; mais à partir de Cicéron, *aedituus* est préféré à *aeditumus*]

aedĭtŭus, m., → *aeditumus*

ăēdōn, *ŏnis*, f., rossignol : Théât., Pros.

Aedŭī (Haedui), *ōrum*, m. pl., les Éduens [peuple de la Gaule, entre la Loire et la Saône] : Pros.

aedus, *i*, m., → *haedus*

Aeēta, *ae*, **Aeētēs**, *ae*, m., Éétès [roi de Colchide] : Pros., Poés. ‖ **-tēus**, *a, um*, éétien, d'Éétès : Poés. ‖ **-tĭăs**, *ădis*, f., Poés., **-tīnē**, *ēs*, f., Poés. ; **-tis**, *ĭdis*, f., Poés., fille d'Éétès ; [Médée] **-tĭus**, *a, um*, éétien, d'Éétès : Poés.

Aefŭla, *ae*, f., **Aefŭlum**, *i*, n., bourgade du Latium : Poés., Pros. ‖ **Aefŭlānus**, *a, um*, d'Aefula : Pros.

Aegae, **Aegaeae**, **-gēae**, **-gīae**, *ārum*, f. pl., ville de Macédoine : Pros. ‖ de Cilicie : Poés., Pros. ‖ **Aegēātēs**, *ae*, m., Égéate, d'Égae : Pros. ; [en Éstolie] Pros.

Aegaeōn, *ŏnis*, acc. *ŏna*, m., autre nom de Briarée, géant aux cent bras : Poés. ‖ nom d'un dieu marin : Poés. ; [métaph.] la mer Égée : Poés.

Aegaeum mare (-ēum), la mer Égée : Pros. ; ou ***Aegeum pelagus*** Pros. ou ***mare Aegaeum*** Pros. ‖ **Aegaeus (-ēus)**, *a, um*, de la mer Égée : Poés.

Aegălĕŏs, m., colline de l'Attique : Poés.

Aegātēs, *tium*, **Aegātae**, *ārum*, f. pl., îles Égates : Pros.

Aegēādēs, **Aegēātēs**, → *Aegae*

aegĕr, *gra, grum* ¶ **1** malade, souffrant : Pros. ; ***vulneribus*** Pros. ; ***ex vulnere*** Pros., malade par suite de blessures, d'une blessure ; ***pedibus*** Pros. ; ***oculis*** Pros., qui a mal aux pieds, aux yeux ; [acc. de relation] ***manum*** Pros. ; ***pedes*** Pros., ayant mal à la main, aux pieds ‖ [subst[t]] Pros. ‖ [poét.] ***seges aegra*** Poés., blés malades ; Pros. ; ***aegra civitas*** Pros., la cité étant dans le malaise ¶ **2** [fig.] Pros. ; ***aeger animi*** Pros., Pros., malade dans son esprit, dans son coeur ; ***curis*** Poés. ; ***amore*** Pros. ; ***timore*** Pros., [malade par suite de] que le souci, l'amour, la crainte rend malade ; ***animus*** Pros., esprit malade, tourmenté ; ***mortales aegri*** Poés., les malheureux mortels ‖ [avec gén. de cause] : ***aeger morae*** Poés. ; ***timoris*** Poés., que le retard, que la crainte rend malade ¶ **3** douloureux, pénible : ***vagitus aegri*** Poés., vagissements douloureux ; ***anhelitus aeger*** [C] Poés., respiration pénible ; ***morte sub aegra*** [C] Poés., dans les angoisses de la mort ; ***dolores aegri*** [C] Poés. ; ***aeger amor*** [C] Poés., douleur, amour qui tourmente ‖ ***aegrior*** [-C] Théât., [C] Poés. ‖ ***aegerrimus*** [+C] Poés., [+C] Pros.

Aegĕrĭa, V. *Egeria*

aegerrĭmē, superl. de *aegre*

1 **Aegeūs** [2 syll.], ***eī***, m., Égée [roi d'Athènes, père de Thésée] : [C] Poés.

2 **Aegēus**, ***a, um***, V. *Aegaeum*

Aegĭălē, ***ēs***, **Aegĭălēa (-līa)**, ***ae***, f., Égialée [femme de Diomède] : [+C] Poés.

Aegĭăleūs, ***eī***, m., Égialée [fils d'Éétès, frère de Médée, nommé aussi Apsyrtos] : [-C], [C] Pros. ‖ [fils d'Adraste, un des Sept devant Thèbes] [+C] Poés.

Aegĭălŏs (-lus), ***ī***, m., nom d'homme : [+C] Pros.

Aegīdēs, ***ae***, m., fils ou descendant d'Égée : [C] Poés.

Aegĭenses, ***ĭum***, m. pl., habitants d'Égium [ville d'Achaïe] : [C] Pros.

Aegimĭus, ***ĭi***, m., nom d'homme : [+C] Pros.

Aegĭmŭrus (-mŏrŏs), ***i***, f., île près de Carthage : [C] Pros.

Aegīna, ***ae***, f., Égine ¶ **1** fille d'Asopos : [C] Poés., [+C] Poés. ¶ **2** île en face du Pirée : [C] Pros. ‖ **-ensis**, ***e***, d'Égine ; **-enses**, ***ium***, **-ētae**, ***ārum***, m. pl., les Éginètes, habitants d'Égine : [C] Pros., [+C] Pros.

Aegĭnĭum, ***ĭi***, n., ville de Macédoine : [C] Pros. ‖ **-ĭenses**, ***ium***, m., les habitants d'Éginium : [C] Pros.

Aegĭon (-gĭum), ***ĭi***, n., Égium [ville d'Achaïe] : [C] Pros., Poés. ‖ **Aegius**, ***a, um*** ou **Aegiensis**, ***e***, [+C] Pros., d'Egium

Aegĭpān, ***ānos***, m., Egipan [dieu des forêts] : [+C] Pros.

aegis, ***ĭdis (ĭdos)***, f., égide [bouclier de Pallas, avec la tête de Méduse] : [C] Poés. ‖ bouclier de Jupiter : [C] Poés., [+C] Poés. ‖ [fig.] bouclier, défense : [C] Poés.

aegĭsŏnus, ***a, um***, retentissant du bruit de l'égide : [+C] Poés.

Aegīsos, ***ī***, f., ville de Scythie : [C] Poés.

Aegisthus, ***i***, m., Égisthe [fils de Thyeste, tué par Oreste] : [C] Pros., Poés. ‖ [nom injurieux donné par Pompée à César] Égisthe [c.-à-d. adultère] : [+C] Pros.

Aegĭum, V. *Aegion*

Aeglē, ***ēs***, f., Eglé [une naïade] [C] Poés. ‖ nom de femme : [+C] Poés.

Aegŏcĕrōs, ***ōtis***, m., le Capricorne [signe du Zodiaque] : [C] Poés., [+C] Poés.

Aegōn, ***ōnis***, m. ¶ **1** mer Égée : [+C] Poés. ¶ **2** nom de berger : [C] Poés.

Aegŏs flūmĕn, n., fleuve de la chèvre, Aegos Potamos [fleuve et ville de la Chersonèse de Thrace] : [C] Pros.

aegrē, adv. ¶ **1** de façon affligeante, pénible : [-C] Théât. ; ***careo aegre*** [C] Pros., il m'est pénible d'être privé de lui ; ***aegre ferre*** [C] Pros., éprouver de l'affliction ¶ **2** avec peine, difficilement : ***resistere*** [C] Pros. ; ***portas tueri*** [C] Pros., avoir de la peine à tenir bon, à défendre les portes ; ***pervincere ut*** [C] Pros., obtenir à grand-peine que ; ***aegerrime*** [C] Pros., avec la plus grande peine ¶ **3** avec peine, à regret, avec déplaisir : [C] Pros. ‖ ***aegre ferre (aliquid)*** [ou prop. inf.], supporter (qqch.) avec peine : [C] Pros. ‖ ***aegre habere aliquid*** [C] Pros., supporter avec peine qqch. ; [avec prop. inf.] [C] Pros.

aegrĕō, ***ēs, ēre, -, -***, intr., être malade : [C] Poés.

aegrescō, ***ĭs, ĕre, -, -***, intr., inchoat. de *aegreo* ¶ **1** devenir malade : [C] Poés., [+C] Pros. ‖ [en parl. de l'âme] [C] Poés. ‖ se chagriner, s'affliger : ***rebus laetis*** [+C] Poés., des événements heureux ; ***mentem*** [+C] Poés., s'aigrir l'esprit ¶ **2** s'aigrir, s'irriter, empirer : [C] Poés., [+C] Poés.

aegrĭmōnĭa, ***ae***, f., plus tard **aegrĭmōnĭum**, ***ĭi***, n., malaise moral, chagrin, peine morale : [C] Pros., Poés.

Aegritomārus, ***i***, m., nom d'homme : [C] Pros.

aegrĭtūdo, ***ĭnis***, f. ¶ **1** indisposition, malaise physique [la prose class. emploie *aegrotatio*] : [+C] Pros. ¶ **2** malaise moral, chagrin : [C] Pros.

aegrŏr, ***oris***, m., maladie : [C] Poés.

aegrōtātĭo, ***ōnis***, f., maladie [du corps] : [C] Pros. ‖ [en parl. de l'âme, au fig.] [C] Pros.

aegrōtō, ***ās, āre, -, -***, intr., être malade : ***graviter*** [C] Pros. ; ***periculose*** [C] Pros., être gravement, dangereusement malade ‖ [d'où le part. prés. pris subst[t]] [C] Pros. ‖ [comparaison des passions avec une maladie de l'âme] : [C] Pros.

aegrōtus, ***a, um***, [ni compar. ni superl.], malade : [C] Pros. ‖ [subst[t]] **aegrotus**, ***i***, m., un malade : [C] Pros. ‖ [en parl. de l'âme] [-C] Théât. ; [avec inf.] [-C] Théât.

Aegypta, ***ae***, m., affranchi de Cicéron : [C] Pros.

Aegyptiăcus, ***a, um***, d'Égypte : [+C] Pros.

Aegyptīnī, ***ōrum***, m. pl., Éthiopiens : [-C] Théât.

Aegyptĭus, ***a, um***, Égyptien : [C] Pros., Poés. ‖ [subst[t]] un Égyptien [au pl.] ; des Égyptiens : [C] Pros.

1 **Aegyptus**, ***i***, m., frère de Danaüs : [+C] Poés.

2 **Aegyptus**, ***i***, f., Égypte [contrée] : [C] Pros. ‖ ***Aegyptum profugere*** [C] Pros. ; ***iter habere*** [C] Pros. ; ***proficisci*** [C] Pros. ; ***navigare*** [C] Pros., se réfugier, se rendre, partir en Égypte, faire voile vers l'Égypte ‖ ***in Aegyptum proficisci*** [C] Pros. ; ***ire*** [C] Pros. ‖ [loc.] ***Aegypti***, en Égypte : [C] Pros., [+C] Pros. ; ***in Aegypto*** [C] Poés., Pros. ‖ ***ex Aegypto***, d'Égypte : [C] Pros. ; ***Aegypto*** [-C] Théât., [+C] Pros.

Aelĭānus, ***a, um***, d'Aelius Stilo : [C] Pros.

aelĭnon, exclamation funèbre : [C] Poés.

Aelĭus, ***ĭi***, m., nom romain ‖ **Aelius**, ***a, um***, [C] Pros.

Aellō, ***ūs***, f., nom d'une Harpye : [C] Poés. ‖ un des chiens d'Actéon : [C] Poés.

aelūrus, ***i***, m., chat : [+C] Poés., Pros.

Aemathia, etc., V. *Emathia*

Aemĭlĭa, ***ae***, f., ***Aemilia (via)***, voie Émilienne : [C] Pros. ‖ [d'où le nom de la région où se trouve cette voie] Émilie : [+C] Poés.

Aemĭlĭānus, ***a, um***, Émilien, *agnomen* du second Scipion l'Africain, tiré du nom de sa propre famille (il était fils de L. Aemilius Paullus) et ajouté aux noms de son père adoptif : [+C] Poés. ‖ **Aemiliāna**, ***ōrum***, n. pl., faubourg Émilien à Rome : [C] Pros., [+C] Pros.

1 **Aemĭlĭus**, ***ĭi***, m., [nom de famille, illustré par plusieurs personnages, notamment L. Aemilius Paullus, Paul-Émile, qui vainquit Persée] [au pl.] [C] Pros.

2 **Aemĭlĭus**, ***a, um***, Émilien : ***ludus*** [C] Poés., école [de gladiateurs] fondée par un Aemilius Lepidus

Aemimontus, V. *Haemimontus*

Aemon, V. *Haemon*

Aemŏnensis, V. *Haemonensis*

Aemōnĭa, **-nides**, **-nius**, V. *Haemonia*

aemŭla, ***ae***, f., V. *aemulus*

aemŭlātio, ***ōnis***, f., émulation [en bonne et en mauvaise part] : [C] Pros. ¶ **1** désir de rivaliser, d'égaler : [C] Pros. ; ***alicujus*** [+C] Pros. ; ***laudis*** [C] Pros., émulation de gloire ; ***honoris*** [+C] Pros., rivalité d'honneur ; ***cum aliquo*** [+C] Pros., désir de rivaliser avec qqn ¶ **2** rivalité, jalousie : [C] Pros., [+C] Pros. ; ***cum aliquo*** [+C] Pros., rivalité avec qqn ; ***alicujus*** [+C] Pros., jalousie à l'égard de qqn ‖ [pl.] [C] Pros. ‖ haine : [+C] Pros. ¶ **3** ferveur, passion : [T] Pros.

aemŭlātŏr, ***ōris***, m., qui cherche à égaler, à imiter : ***Catonis*** [C] Pros., qui se pique d'imiter Caton ; [+C] Pros. ‖ rival : [+C] Pros. ‖ [chrét.] zélateur, artisan : [T] Pros. ‖ jaloux : [T] Pros.

1 **aemŭlātus**, ***a, um***, part. de *aemulor*

2 **aemŭlātŭs**, ***ūs***, m., rivalité : ***aemulatus agere*** [+C] Pros., jouer le rôle de rival, se comporter en rival

aemŭlō, ***ās, āre, -, -***, [forme rare] [+C] Pros. ; V. *aemulor*

aemŭlŏr, ***āris, ārī, ātus sum***, être émule [en bonne et mauvaise part] ¶ **1** tr., chercher à égaler, rivaliser avec : [C] Pros. ; ***aliquem*** [C] Pros., [+C] Pros., chercher à égaler qqn ; ***aliquid*** [C] Pros., rivaliser avec qqch. ; ***ad aemulandas virtutes*** [C] Pros., [exciter] à égaler les vertus ‖ intr., ***alicui*** [+C] Pros., rivaliser avec qqn ‖ [chrét.] aspirer à : [T] Pros. ‖ entourer de son zèle : [T] Pros. ¶ **2 *a)*** intr., être jaloux : ***alicui*** [C] Pros., être jaloux de qqn ***b)*** rivaliser : ***vitiis*** [+C] Pros., rivaliser de vices ; ***cum aliquo*** [C] Pros., être rival de qqn ***c)*** tr., C Poés. ‖ [avec inf.] chercher à l'envi à : +C Pros.

aemŭlus, *a*, *um*, [le plus souv. pris subst^t au m. ou au f.] qui cherche à imiter, à égaler [en bonne et mauvaise part] ¶**1** ***alicujus*** C Pros., émule de qqn ; ***alicujus rei***, de qqch. : C Pros. ‖ −C Théât., C Poés., +C Pros. ¶**2** rival, adversaire : +C Pros. ; ***Civili aemulus*** +C Pros., adversaire de Civilis ‖ ***aemulus Triton*** C Poés., Triton jaloux ; ***aemula senectus*** C Poés., la vieillesse jalouse ‖ rival en amour : C Pros. ; ***tuus aemulus*** C Pros., ton rival ; ***praetoris*** C Pros., rival du préteur

Aemus, V. *Haemus*

Aenăria, *ae*, f., île de la Méditerranée [actuellement Ischia] : C Pros.

ăēnātōres, *um*, m. pl., ➡ *aēneātores* : T Pros.

Aenēa, **Aenīa**, *ae*, f., ville maritime de Macédoine : C Pros.

Aenĕădae, *ārum* et *ūm*, m.pl, compagnons ou descendants d'Énée : C Poés. ‖ Romains : C Poés. ‖ [sg.], **-ădēs**, *ae*, m., fils ou descendant d'Énée : C Poés.

Aenēās, *ae*, m., Énée [prince troyen] : C Poés. ‖ **-as Silvius**, roi d'Albe : C Pros.

Aenēātes, *um* ou *ium*, m. pl., habitants d'Aenéa : C Pros.

ăēnĕātor (**ăhē-**), *ōris*, m., joueur de trompette, trompette : +C Pros.

Aenēi, *ōrum*, m. pl., habitants d'Ainos [Thrace] : C Pros.

Aenēis, *ĭdos*, f., Énéide [poème de Virgile] : +C Pros.

Aenēĭus, *a*, *um*, d'Énée : C Poés.

ăēnĕŏlus, *a*, *um*, de bronze : +C Pros.

ăēnĕus (**ăhē-**), *a*, *um*, de cuivre, de bronze : C Pros. ‖ de la couleur du bronze : +C Pros. ‖ [fig.] dur comme l'airain : C Poés.

Aenīa (**-ēa**), *ae*, f., ville de Macédoine : C Pros.

Aenĭānes, *um*, **Aenĭenses**, *ĭum*, m. pl., peuple de la vallée du Sperchios : C Pros. ; ***Aenianum sinus*** C Pros. ➡ *Maliacus sinus*

Aenīdēs, *ae*, m. ¶**1** fils ou descendant d'Énée : C Poés. ¶**2** [au pl.] habitants de Cyzique : +C Poés.

aenigma, *ătis*, n. ¶**1** énigme : +C Pros. ‖ allégorie un peu obscure : C Pros., +C Pros. ¶**2** énigme, obscurité : C Pros., +C Poés. ‖ mystère (païen) : T Pros. ‖ symbole : ***in aenigmate*** T Pros., symboliquement

aenigmătĭcē, adv., d'une manière énigmatique : +C Pros.

aenigmătista, **-tistēs**, *ae*, m., celui qui déchiffre des énigmes : T Pros.

Aenii, *iōrum*, m. pl., habitants d'Ainos [Thrace] : C Pros.

ăēnĭpēs (**ăhē-**), *ĕdis*, aux pieds de bronze : C Poés.

Aēnŏbarbus (**Ahē-**), *i*, m., surnom, V. *1 Domitius* : +C Pros.

Aenos, **Aenus**, *i* ¶**1** f., ville de Thrace : C Pros. ¶**2** m., fleuve de Rhétie : +C Pros.

ăēnum (**ăhē-**), *i*, n., chaudron : C Poés.

ăēnus (**ăhē-**), *a*, *um*, de cuivre, de bronze, d'airain : C Poés. ‖ [fig.] ***aena manu*** C Poés., d'une main de fer ; ***aena corda*** +C Poés., coeurs d'airain [inflexibles]

Aeŏlenses, *ĭum*, m. pl., **Aeŏles**, *um*, m. pl., C Pros., Eoliens [peuple de l'Asie Mineure]

Aeŏlĭa, *ae*, f., Éolide [contrée d'Asie Mineure] : C Pros. ‖ Éolie [résidence d'Éole, dieu des vents] : C Poés.

Aeŏlĭcus, *a*, *um*, des Éoliens, éolien ; +C Pros.

Aeŏlĭdae, *ārum*, m. pl., Éoliens [anciens habitants de la Thessalie] : +C Poés.

Aeŏlĭdēs, *ae*, m., fils ou descendant d'Éole : C Poés.

Aeŏlĭs, *ĭdis*, f. ¶**1** Éolienne, Thessalienne : C Poés. ¶**2** Éolide [contrée d'Asie Mineure] : C Pros.

Aeŏlĭus, *a*, *um* ¶**1** des Éoliens, et de leurs colonies : C Poés., +C Poés. ¶**2** d'Éole [dieu des vents] : C Poés.

Aeŏlus, *i*, m., Éole [dieu des vents] : C Poés. ‖ ***Aeoli pila***, éolipile [sphère creuse en bronze représentant la tête d'Éole soufflant de la vapeur quand l'objet partiellement rempli d'eau est placé sur un feu] : C Pros.

Aephĭtus, V. *Aepytus*

aepŭlum, V. *epulum*

Aepy, n., ville de Messénie : +C Poés.

Aepўtus, *i*, m., roi d'Arcadie : C Poés. ‖ **-ĭus**, *a*, *um*, d'Épytus, d'Arcadie : +C Poés.

aequābĭlis, *e*, [sans superl.] ¶**1** qui peut être égalé à : −C Théât. ¶**2** égal à soi-même en toutes ses parties, régulier, uniforme : ***satio*** C Pros., ensemencement régulier ; ***motus*** C Pros., mouvement uniforme ‖ égal, impartial : ***praedae partitio*** C Pros., répartition égale (impartiale) du butin ; ***jus aequabile*** C Pros., droit égal pour tous ‖ [en parl. des pers.] +C Pros. ; ***in suos*** +C Pros., juste envers les siens ‖ [en politique] égal pour tous les citoyens : C Pros.

aequābĭlĭtās, *ātis*, f., égalité, uniformité, régularité : ***in omni vita*** C Pros., unité [du caractère] dans toute la vie ; ***motus*** C Pros., régularité d'un mouvement ‖ impartialité : ***decernendi*** C Pros., impartialité des arrêts ; ***aequabilitatis conservatio*** C Pros., maintien d'une justice égale pour tous ‖ [en politique] égalité [des droits] : C Pros.

aequābĭlĭtĕr, adv., d'une manière égale, uniforme, régulière : −C Pros., C Pros. ‖ ***aequabilius*** +C Pros.

aequaevus, *a*, *um*, du même âge : C Poés.

aequālis, *e* ¶**1** égal par l'âge ***a)*** de même âge : −C Théât. ; [avec gén.] ***alicujus aequalis*** C Pros., du même âge que qqn ; ***meus aequalis*** C Pros., du même âge que moi ; ***temporum illorum*** C Pros., contemporain de cette époque-là ; [gén. ou dat.] ***Themistocli*** C Pros., du même âge que Thémistocle ; [dat.] ***cui (Ennio)*** C Pros., contemporain de lui (Ennius) ; ***temporibus illis*** C Pros., contemporain de cette époque-là ‖ ***aequales***, personnes du même âge ou de la même époque : C Pros. ***b)*** de la même durée : C Pros. ¶**2** égal [à un autre objet, sous le rapport de la forme, de la grandeur] : ***intervallis aequalibus*** C Pros., par des intervalles égaux ; [en métrique] C Pros. ; ***aequalium intolerans*** +C Pros., ne pouvant supporter ses égaux ; C Pros. ¶**3** ➡ *aequabilis* : C Poés. ; ***aequali ictu*** C Poés., [frapper l'eau] à coups réguliers ; ***cursus*** +C Pros., cours régulier (égal à lui-même) ¶**4** ➡ *aequus* : ***per loca aequalia*** C Pros., à travers un terrain uni, −C Pros. ‖ ***aequalior*** C Pros., +C Pros.

aequālĭtās, *ātis*, f., égalité [supposant comparaison avec d'autres objets] ¶**1** [de l'âge] ***aequalitas vestra*** C Pros., le fait que vous êtes du même âge ¶**2** égalité [sous divers rapports], identité : C Pros. ¶**3** [en politique] égalité [des droits, ἰσοτιμία] : C Pros., +C Pros. ‖ esprit d'égalité [qui fait qu'un citoyen ne cherche pas à s'élever au-dessus des autres illégalement et respecte les droits assurés à chacun par la Constitution] : C Pros. ¶**4** égalité de surface [surface unie] : ***(maris)*** +C Pros., calme de la mer ‖ égalité des proportions, harmonie [d'une statue] : +C Pros. ‖ invariabilité, régularité dans la vie : +C Pros. ; ***gaudii*** +C Pros., joie toujours égale

aequālĭtĕr, adv., par parties égales, d'une manière égale : C Pros.

aequănĭmĭtās, *ātis*, f. ¶**1** sentiments bienveillants : −C Théât. ¶**2** égalité d'âme : +C Pros., T Pros.

aequănĭmĭtĕr, adv., avec égalité d'âme, avec sérénité : T Pros.

Aequānus, *a*, *um*, d'Equa, ville de Campanie : +C Poés.

aequātĭo, *ōnis*, f., égalisation : C Pros. ; ***bonorum*** C Pros., répartition égale des biens ; ***juris*** C Pros., égalité du droit

aequātus, *a*, *um*, part. de *aequo*

aequē, [avec compar. et superl. seul^t au sens ¶2] également, de la même manière ¶**1** [en parl. de choses qu'on compare] C Pros. ‖ [avec *et*] C Pros. ‖ [avec *ac (atque)*] C Pros. ; ***aeque ac si*** C Pros., autant que si ‖ ***aeque quam*** −C ; C Pros., +C Pros., autant que ou C Pros., +C Pros. ‖ [avec *cum*] ***aeque mecum*** −C Théât., autant que moi, +C Pros. ‖ [suivi de l'abl.] ***aeque hoc*** −C Théât., autant que lui, +C Pros. ‖ [*aeque* ajouté au compar.] −C Théât. ¶**2** équitablement, à bon droit : ***aequissime*** C Pros., très équitablement ; C Pros., +C Pros.

Aequi, *ōrum*, m. pl., les Èques [peuple voisin des Latins] : C Pros.

Aequīcŏli, **-cŭlāni**, **-cŭli**, *ōrum*, m. pl., ▶ *Aequi* : [C] Pros. ‖ **-cŭlus**, *a*, *um*, des Èques : [C] Poés., [+C] Poés.

Aequĭcus, *a*, *um*, des Èques : [C] Pros.

aequĭdĭānus, *a*, *um*, équinoxial : [+C] Pros.

aequĭdĭci versūs, m. pl., vers partagés en deux hémistiches qui se correspondent mot pour mot

aequĭformis, *e*, de même nature : [T] Pros.

aequĭlātātĭo, *ōnis*, f., largeur égale : [C] Pros.

aequĭlībris, *e*, de même poids, de même hauteur : [C] Pros.

aequĭlībrĭtās, *ātis*, f., juste harmonie (exacte proportion) des parties : [C] Pros.

aequĭlibrĭum, *ĭi*, n., équilibre, exactitude des balances, niveau : [+C] Pros. ‖ talion, compensation : [+C] Pros.

Aequĭmaelium, ▶ *Aequimelium*

aequĭmănŭs, *ūs*, m., qui se sert également bien des deux mains, ambidextre : [T] Pros.

Aequĭmēlĭum, *ĭi*, n., nom d'un quartier de Rome : [C] Pros.

aequĭnoctĭālis, *e*, équinoxial : [C] Poés., [+C] Pros.

aequĭnoctĭum, *ĭi*, n., équinoxe, égalité des jours et des nuits : [-C] Pros., [C] Pros.

aequĭpār, *ăris*, égal, pareil : [+C] Pros.

aequĭpărābĭlis, *e*, comparable, qu'on peut mettre en parallèle : [-C] Théât.

aequĭpărō, ▶ *aequipero*

aequĭpĕdus, *a*, *um*, qui a des pieds égaux, des côtés égaux : [+C] Pros.

aequĭpĕrātio (aequĭpăr-), *ōnis*, f., comparaison : [+C] Pros.

aequĭpĕrō (-părō), *ās*, *āre*, *āvī*, *ātum* ¶ **1** tr. ***a)*** égaler, mettre au même niveau : ***rem ad rem*** [-C] Théât., [+C] Pros., ou ***rem rei*** [C] Pros., ou ***rem cum re*** [+C] Pros., une chose avec une autre ***b)*** égaler, atteindre ; ***aliquid, aliquem***, qqch., qqn : [-C] Théât., [C] Pros., Poés. ‖ ***aliqua re***, ; en qqch. : [C] Pros. ¶ **2** intr., être égal à [avec dat.] : [-C] Pros., Théât.

aequĭpondĭum, *ĭi*, n. ¶ **1** contrepoids [de la statère] : [C] Pros. ¶ **2** solstice : [T] Pros.

aequĭtās, *ātis*, f., égalité ¶ **1** égalité d'âme, calme, équilibre moral : [C] Pros. ‖ absence de passion, de parti pris, impartialité : [C] Pros. ‖ absence de convoitise, esprit de modération, désintéressement : [C] Pros. ¶ **2** équité, esprit de justice : [C] Pros. ‖ ***legis*** [C] Pros., justice d'une loi ; ***causae*** [C] Pros., justice d'une cause ; ***condicionum*** [C] Pros., propositions équitables ‖ équité en jurisprudence [oppos. à la lettre] : [C] Pros. ¶ **3** égalité, juste proportion [rare, non class.] : ***portionum*** [+C] Pros., la juste proportion des parties ; ***membrorum*** [+C] Pros., exacte proportion des membres

aequĭtĕr, adv., également : [-C] Théât.

aequĭternus, *a*, *um*, de même éternité : [T] Pros.

aequō, *ās*, *āre*, *āvī*, *ātum*, tr., rendre égal ¶ **1** aplanir : ***locum*** [C] Pros., aplanir le terrain ; ***campos*** [+C] Pros., niveler le sol de la plaine ‖ ***aream*** [C] Poés., faire une aire parfaitement plane ¶ **2** rendre égal à : [C] Pros., Poés. ‖ [avec dat.] [C] Pros. ; ***aliquem alicui*** [C] Pros., égaler un homme à un autre (mettre sur le pied d'égalité un homme avec un autre) ; ***solo*** [C] Pros., raser [une maison] et [au fig.] détruire : [C] Pros., Poés. ; ***caelo aliquem laudibus*** [C] Poés., porter qqn aux nues ; [C] Pros. ¶ **3** égaler, rendre égal : [C] Pros. ; ***cum aequassent aciem*** [C] Pros., [les Sabins] ayant formé un front de bataille de même étendue ; ***aequata fronte*** [C] Pros., sur un front égal (sur une même ligne) ; ***certamen aequare*** [C] Pros., équilibrer la lutte, maintenir les chances égales ; [+C] Pros. ¶ **4** arriver à égaler, être égal : ***moenium altitudinem*** [+C] Pros., atteindre la hauteur des remparts ; ***cursum equorum*** [+C] Pros., égaler la course des chevaux ; ***equos velocitate*** [C] Pros., égaler les chevaux en vitesse ; ***equitem cursu*** [C] Pros., égaler un cavalier à la course ; ***gloriam alicujus*** [C] Pros., atteindre la gloire de qqn ; ***odium Appii*** [C] Pros., être aussi détesté qu'Appius

aequŏr, *ŏris*, n., toute surface unie (plane) ¶ **1** plaine : [C] Pros., Poés. ; ***ferro scindere*** [C] Poés., ouvrir la plaine avec le fer ; ***speculorum*** [C] Poés., la surface unie (polie) des miroirs ¶ **2** plaine de la mer, mer : ***aequora ponti*** [C] Poés., les plaines de la mer ¶ **3** plaine liquide [en parl. de fleuves] : [C] Poés. ¶ **4** [fig.] [C] Poés. [= je traite un vaste sujet]

aequŏrĕus, *a um*, marin, maritime : [C] Poés., [+C] Poés.

aequum, *i*, n. pris subst[t], ▶ *aequus*

aequus, *a*, *um* ¶ **1** plat, uni : ***aequus locus*** Caes., endroit plat, plaine ; ***loqui ex aequo loco*** Cic., parler de plain-pied (= devant le sénat) [parce qu'on parlait de sa place] ‖ [n. pris subst[t]] ***aequum***, plaine ¶ **2** égal ***a)*** équivalent : ***aequa pars*** Caes., part égale ; ***aequo jure*** Liv., avec les mêmes droits ; ***aequis viribus*** Liv., avec des forces équivalentes ‖ [locution] ***ex aequo*** Liv., Sen., Tac., à égalité ; ***in aequo esse*** Sen., Tac., être au même niveau ***b)*** équitable : ***aequa sententia*** Cic., sentence équitable ; ***aequae condiciones*** Caes., conditions équitables ; ***causa aequa*** Cic., cause juste ‖ [n. pris subst[t]] ***aequum***, l'équité, la justice ; [d'où] ***plus aequo*** Cic., plus que de raison ***c)*** calme, tranquille : ***aequo animo***, avec calme, avec sang-froid, avec résignation ¶ **3** favorable : ***tempus aequum*** Caes., circonstance favorable ; ***locus aequus ad dimicandum*** Caes., emplacement favorable pour le combat ; ***aequis auribus audire*** Liv., écouter d'une oreille favorable ; ***mentibus aequis*** Virg., avec des dispositions favorables ; [en parlant de pers.] ***alicui aequior esse*** Liv., être plus favorable à qqn, mieux disposé à son égard

āēr, *āĕris* acc. **aerem** et **aera**, m. ¶ **1** air, air atmosphérique, [qui enveloppe la Terre et qui est lui-même enveloppé par l'éther] : [C] Pros., Poés. ; ***in aqua, in aere*** [C] Pros., dans l'eau, dans l'air ; ***crassissimus aer*** [C] Pros., la partie la plus épaisse de l'air [qui entoure la Terre] ‖ air [un des éléments] : [C] Pros. ; ***liquidus*** [C] Poés., air transparent ; [+C] Pros. ‖ ***quietus*** [C] Poés., air calme ; ***placidus, inquietus*** [+C] Pros., air tranquille, agité ‖ ***in aere*** [C] Pros., en plein air ; ***in aere aperto*** [C] Poés., à l'air libre ‖ [poét.] air (atmosphère) d'une région : [C] Pros., [+C] Poés. ¶ **2** [poét.] nuage, brouillard [répandu par les dieux autour de qqn] : [C] Poés., [+C] Poés. ¶ **3** [fig.] air, vide : ***aerem verberare*** [T] Pros., battre l'air ; ***in aera loqui*** [T] Pros., parler en l'air

aera, pl. de *aes*

aerācĭus, *a*, *um*, d'airain, de bronze : [C] Pros.

aerāmentum, *i*, n., objet d'airain, de bronze, de cuivre : [+C] Pros.

aerārĭa, *ae*, f., mine de cuivre : [C] Pros. ‖ fonderie : [C] Pros.

aerārĭum, *ĭi*, n., Trésor public [placé dans le temple de Saturne, d'où l'expr. *aerarium Saturni* ; le même lieu servait de dépôt des archives : on y déposait les comptes des magistrats, les registres du cens, les textes de lois, les enseignes militaires, etc.] : ***in aerarium deferre*** [C] Pros. ; ***inferre*** [C] Pros. ; ***referre*** [C] Pros. ; ***invehere*** [C] Pros. ; ***redigere*** [C] Pros. ; ***condere*** [C] Pros. ; ***ad aerarium deferre*** [C] Pros. ; ***referre*** [C] Pros., porter au Trésor public ; ***in aerario ponere*** [C] Pros., déposer au Trésor public ‖ ***aerarium sanctius***, la partie la plus reculée (inviolable, sacrée) du Trésor public, la réserve du Trésor [caisse de réserve], le trésor secret : [C] Pros. ‖ archives secrètes : [C] Pros. ‖ ***aerarii praetores*** [+C] Pros. ; ***aerarii quaestor*** [+C] Pros. ; ***praefectus*** [+C] Pros., préteurs, questeur gardien(s) du trésor public, préfet du Trésor ‖ ***aerarium militare***, trésor militaire [fonds destinés aux soldats] : [+C] Pros. ‖ [par ext. en parl. du Trésor du roi] [C] Pros. ‖ ***aerarium privatum*** [C] Pros., trésor particulier [caisse constituée par les contributions des particuliers]

1 **aerārĭus**, *a*, *um* ¶ **1** relatif à l'airain (au bronze, au cuivre) : ***faber*** [C] Pros., fondeur ; ***aerarium metallum*** [C] Pros., mine de cuivre ¶ **2** relatif à l'argent : ***aeraria ratio*** [C] Pros., cours de la monnaie ; ***tribuni aerarii*** [C] Pros., tribuns du Trésor

2 **aerārĭus**, *i*, m., éraire, contribuable [citoyen non inscrit dans une tribu, soumis à une capitation (*aes*) fixée arbitrairement et n'ayant pas le droit de vote ; c'était une flétrissure que d'être relégué dans la classe des éraires] : [C] Pros.

aerātus, *a*, *um* ¶ **1** garni, couvert d'airain : ***naves aeratae*** [C] Pros., navires à éperon d'airain ; ***lecti aerati*** [C] Pros., lits avec garniture de bronze ; ***aeratae acies*** [C] Poés., troupes revêtues d'airain ¶ **2** en airain, d'airain : ***aerata securis*** [C] Poés., hache d'airain ; ***aerata cuspis*** [C] Poés., pointe d'airain ¶ **3** muni de monnaie (d'écus) [jeu de mots] : [C] Pros.

aerĕlăvīna, *ae*, f., fonderie de cuivre : [C] Pros.

aerĕus, *a, um* ¶ **1** d'airain (de cuivre, de bronze) : ***aerea signa*** [C] Pros., statues d'airain ; ***aereus ensis*** [C] Poés., épée d'airain ¶ **2** garni d'airain (de cuivre, de bronze) : ***temo aereus*** [C] Poés., timon garni d'airain ; ***aerea rota*** [C] Poés., roue recouverte d'airain ¶ **3** m. pris subst[t], **aereus**, pièce de monnaie en cuivre : [C] Pros.

Aĕrĭa, *ae*, f., ancien nom donné à l'Égypte : [+C] Pros.

Aĕrĭās, *ae*, m., roi, constructeur du temple de Vénus à Paphos : [+C] Pros.

aerĭfĕr, *fĕra, fĕrum*, porteur d'airain [cymbales d'airain] : [C] Poés.

aerĭfĭcē, adv., en travaillant l'airain : [C] Poés.

āĕrĭnus, *a, um*, d'air, fait d'air : [C] Poés.

aerĭpēs, *pĕdis*, aux pieds d'airain : [C] Poés.

aerĭsŏnus, *a, um*, qui retentit du son de l'airain : [+C] Poés.

āĕrĭus, *a, um* ¶ **1** relatif à l'air, aérien : ***(animantium genus) aerium*** [C] Pros., (espèce d'animaux) vivant dans l'air ; ***aeriae grues*** [C] Poés., les grues au vol élevé ; ***aerium mel*** [C] Poés., le miel venu du ciel (de l'air) ¶ **2** aérien, élevé dans l'air, haut : ***aeria quercus*** [C] Poés., chêne aérien ; ***aeriae Alpes*** [C] Poés., les Alpes qui se perdent dans les airs ¶ **3** vain, de vent : [T] Pros.

aero, *ōnis*, m., V▸ *2 ēro*

Aĕrŏpē, *ēs*, **Aĕrŏpa**, *ae*, f., Aéropé, épouse d'Atrée, mère d'Agamemnon et de Ménélas : [C] Poés.

aerūca, *ae*, f., vert-de-gris [fait artificiellement] : [C] Pros.

aerūgĭnō, *ās, āre, āvī, -*, intr., s'oxyder, se rouiller : [T] Pros.

aerūgĭnōsus, *a, um*, oxydé, rouillé : [+C] Pros. ‖ ***aeruginosa manus*** [C] Pros., main couverte de vert-de-gris [à force de manier la monnaie de cuivre]

aerūgo, *ĭnis*, f., oxydation du cuivre, vert-de-gris : [-C] Pros., [C] Pros. ‖ [fig.] fiel, envie : [C] Poés., [+C] Poés. ‖ rouille [cupidité] qui ronge le coeur : [C] Poés.

aerumna, *ae*, f., peines, tribulations, misères, épreuve : [C] Pros. ‖ [en part.] les travaux d'Hercule : ***Herculis aerumnae*** [C] Pros., les tribulations d'Hercule, [-C] Théât. ; [au sg.] [-C] Théât. ‖ ***sociorum aerumna*** [C] Pros., les misères des alliés ‖ [pl., même sens] [C] Pros.

aerumnābĭlis, *e*, qui cause de la peine, de l'accablement : [C] Poés.

aerumnōsus, *a, um*, accablé de peines, de misères : [C] Pros. ; ***aerumnosissimus*** [C] Pros. ‖ [poét.] ***aerumnosum salum*** [C] Pros., mer pleine d'agitation, tourmentée ; [+C] Pros.

aeruscātŏr, *ōris*, m., mendiant : [+C] Pros.

aeruscō, *ās, āre, -, -*, tr., mendier : [+C] Pros.

aes, *aeris*, n. ¶ **1** airain, bronze, cuivre : ***ex aere*** [C] Pros., d'airain (de bronze, de cuivre) ¶ **2** objet d'airain (bronze, cuivre) : [C] Poés. ; ***Corybantia aera*** [C] Poés., l'airain (les cymbales) des Corybantes ‖ ***(telum) aere repulsum*** [C] Poés., (trait) repoussé par l'airain du bouclier ; ***aera fulgent*** [C] Poés., l'airain [les armes] resplendit ‖ ***legum aera*** [C] Pros., l'airain des tables des lois ; ***in aes incidere*** [C] Pros., graver sur l'airain ‖ ***aera sudant*** [C] Poés., l'airain des statues se couvre de sueur ¶ **3** cuivre (bronze) servant primit[t] aux échanges, aux achats : ***rude, infectum***, métal brut ; ***signatum***, lingot d'un poids déterminé portant une empreinte [primit. celle d'une brebis ou d'un bœuf] : [C] Pros. ‖ [en gén.], monnaie de cuivre : [C] Pros. ‖ [sans *gravis*] [C] Pros. ; ***decies aeris*** [C] Pros., [s.-ent. *centena milia*] un million d'as ‖ pièce d'un as : [T] Pros. ‖ V▸ *libra* ¶ **4** argent [comme *pecunia*] : [-C] Théât., [C] Pros., Poés. ; ***prodigus aeris*** [C] Poés., prodiguant l'argent ¶ **5** argent, fortune, moyens : [C] Pros. ; ***aes alienum***, argent d'autrui, argent emprunté, dette ou ***aes mutuum*** [C] Pros. ; ***habere*** [C] Pros. ; ***contrahere*** [C] Pros. ou ***conflare*** [C] Pros., avoir, contracter des dettes ; ***solvere, persolvere*** [C] Pros. ; ***dissolvere*** [C] Pros., payer une dette ‖ [C] Pros. ¶ **6** argent de la solde : ***aes militare*** [-C] Théât., [C] Pros., paie militaire ; ***aere dirutus*** [C] Pros., privé de sa solde

Aesăcŏs, **Aesăcus**, *i*, m., fils de Priam : [C] Poés.

Aesar, m. ¶ **1** dieu des Étrusques : [+C] Pros. ¶ **2** rivière de la Grande-Grèce : [C] Poés. ‖ **-rĕus**, **-rĭus**, *a, um*, de l'Ésar : [C] Poés.

Aeschĭnēs, *is*, m. ¶ **1** Eschine [disciple de Socrate] : [C] Pros. ¶ **2** [orateur rival de Démosthène] : [C] Pros. ¶ **3** philosophe de la nouvelle Académie, élève de Carnéade : [C] Pros. ¶ **4** orateur asiatique, contemporain de Cicéron : [C] Pros.

Aeschrĭo, *ōnis*, m., Aeschrion [écrivain grec] : [C] Pros.

Aeschŷlus, *i*, m. ¶ **1** Eschyle [poète tragique grec] : [C] Pros. ‖ **-ēus**, *a, um*, eschyléen : [C] Poés. ¶ **2** rhéteur de Gnide, contemporain de Cicéron : [C] Pros.

Aescŭlānus, *i*, m., dieu de la monnaie de cuivre : [T] Pros.

Aescŭlāpīum, *ĭī*, n., temple d'Esculape : [C] Pros.

Aescŭlāpĭus (Ais-), *ĭī*, m., Esculape [dieu de la médecine] : [C] Pros. ; V▸ *Asclepius*

aescŭlētum, *i*, n., forêt de chênes : [C] Poés. ‖ quartier de Rome : [C] Pros.

aescŭlĕus, *a, um*, de chêne : [C] Poés. ou **aescŭlīnus**, *a, um*, [C] Pros.

aescŭlus, *ī*, f., chêne farnetto [consacré à Jupiter] : [C] Poés.

Aesēpus, *i*, m., Ésèpe [fleuve de Mysie] ‖ **-ĭus**, *a, um*, de l'Ésèpe : [+C] Poés.

Aesernĭa, *ae*, f., Isernia [ville du Samnium] : [C] Pros. ‖ **-īnus**, *a, um*, d'Isernia : [C] Pros. ‖ [subst. m.] habitant d'Isernia : [C] Pros. ‖ [nom d'un gladiateur célèbre, pris comme type du champion redoutable] : [-C] Poés., [C] Pros.

Aesis, *is*, acc. *im*, m., Ésis [fleuve d'Ombrie] : [C] Pros.

Aesŏla, V▸ *Aefula*

Aesōn, *ŏnis*, m., Aeson [père de Jason] : [C] Poés.

Aesŏnĭdēs, *ae*, m., descendant mâle d'Aeson [Jason] : [C] Poés.

Aesŏnĭus, *a, um*, d'Eson : [C] Poés.

Aesōpēus, **-pīus**, *a, um*, ésopique : [+C] Pros. ou **-pĭcus**

Aesōpus, *i*, m. ¶ **1** Ésope [célèbre fabuliste] : [+C] Pros. ¶ **2** [tragédien, ami de Cicéron] : [C] Pros.

Aesquĭliae, V▸ *Esquiliae*

aestās, *ātis*, f., été : [C] Pros. ‖ [poét.] année : [C] Poés. ‖ moment de l'été : [C] Poés. ‖ air de l'été : ***per aestatem liquidam*** [C] Poés., [les abeilles volent] dans l'air limpide de l'été ‖ chaleur de l'été : [C] Poés.

aestĭfĕr, *fĕra, fĕrum* ¶ **1** qui apporte la chaleur, brûlant : [C] Poés. ¶ **2** qui comporte la chaleur, brûlé par la chaleur : [C] Poés., [+C] Poés.

aestĭflŭus, *a, um*, rempli des bouillonnements de la mer : [T] Poés.

Aestii, *ōrum*, m. pl., Baltes : [+C] Pros.

aestĭmābĭlis, *e*, que l'on peut apprécier (évaluer), qui a de la valeur : [C] Pros.

aestĭmātĭo, *ōnis*, f. ¶ **1** évaluation, estimation [du prix d'un objet] : [C] Pros. ; ***frumenti*** [C] Pros., estimation du blé ; ***possessionum*** [C] Pros., évaluation des propriétés ; ***in aestimationem venire*** [C] Pros., être soumis à l'estimation, être évalué ; ***poenae*** [C] Pros., fixation du montant d'une amende ; ***litium*** [C] Pros., fixation des dépens d'un procès ; [d'où] ***aestimationes*** [C] Pros., biens reçus en paiement ; ***aestimationem accipere*** [C] Pros., recevoir un paiement de dette réduit (souffrir un dommage) ‖ valeur marchande : [C] Poés. ‖ [archit.] devis : [C] Pros. ¶ **2** appréciation, reconnaissance de la valeur d'un objet : ***periculi certaminisque*** [C] Pros., appréciation du danger et de la lutte ; ***aestimatione recta*** [+C] Pros., d'après une appréciation saine ¶ **3** [en phil., comme ἀξία] prix attaché à qqch., valeur : [C] Pros.

aestĭmātŏr, *ōris*, m., celui qui estime, qui évalue ¶ **1** ***frumenti*** [C] Pros., taxateur du blé ¶ **2** appréciateur : [C] Pros., [+C] Pros.

1 **aestĭmātus**, *a, um*, part. de *aestimo*

2 **aestĭmātŭs**, *ūs*, m., évaluation : [T] Pros.

aestĭmō (aestŭmō), *ās, āre, āvī, ātum*, tr. ¶ **1** estimer, évaluer, priser : ***frumentum*** [C] Pros. ; ***possessiones*** [C] Pros., estimer le blé, des propriétés ‖ ***pluris*** [C] Pros. ; ***minoris*** [C] Pros., estimer plus, moins ‖ ***permagno aliquid*** [C] Pros., estimer qqch. à très haut prix ‖ ***rei pretium*** [C] Pros., évaluer le prix d'une chose ‖ ***litem aestimare*** [C] Pros., évaluer l'objet de la contestation, apprécier le dommage ¶ **2** apprécier, estimer : ***aliquem*** [C] Pros., [+C] Pros. ; ***aliquid*** [C] Pros., estimer qqn, qqch. ; ***magni*** [C] Pros. ; ***magno*** [C] Pros., estimer beaucoup ; ***pluris*** [C] Pros. ; ***minoris*** [C] Pros., davantage, moins ; ***levi momento aliquid*** [C] Pros., considérer qqch. comme de peu d'importance ‖ ***quod carum aestumant*** [C] Pros., ce qu'ils mettent à haut prix ¶ **3** [rare et tard., au lieu de *existimare*], penser, juger ***a)*** [avec un attribut] [-C] Théât., [C] Pros. ***b)*** [avec prop. inf.] : [C] Poés., [+C] Pros. ***c)*** [avec *quod, quia, quoniam*] [T] Pros. ‖ concevoir, comprendre : [+C] Pros.

aestīva, *ōrum*, n. pl. ¶ **1** camp d'été : [C] Pros. ; ***aestiva agere*** [C] Pros., tenir (avoir) ses quartiers d'été ¶ **2** séjour d'été des troupeaux : [C] Pros. ¶ **3** campagne d'été, expédition militaire : [C] Pros. ; ***aestivis confectis*** [C] Pros., la campagne étant finie ¶ **4** (s.-ent. ***tempora***), été : [+C] Pros.

aestīvālis, *e*, d'été : [+C] Pros.

aestīvē, adv., à la façon de l'été [avec des vêtements légers] : [-C] Théât.

aestīvĭtās, *ātis*, f., temps d'été : [+T] Poés.

1 **aestīvō**, adv., en été : [+C] Pros.

2 **aestīvō**, *ās, āre, āvī, -*, intr., passer l'été [qq. part] : [C] Pros., [+C] Pros.

aestīvus, *a, um*, d'été : ***tempora aestiva*** [C] Pros., la saison d'été ; ***aestivi dies*** [C] Pros., les jours d'été ‖ [C] Pros. ; [V.▶] *aestiva*

Aestraeum, [V.▶] *Astraeum*

aestŭans, *tis*, pris adj[t], bouillonnant, écumant : [C] Pros., [+C] Pros.

aestŭārĭum, *ĭi*, n., estuaire [endroit inondé par la mer à la marée montante] : [C] Pros. ‖ lagune, marécage : [C] Pros. ‖ ***in aestuario Tamesae*** [+C] Pros., dans l'estuaire de la Tamise ‖ piscine près de la mer : [C] Pros. ‖ soupirail [aération dans les puits de mine] : [C] Pros.

aestŭō, *ās, āre, āvī, ātum*, intr.
I [en parl. du feu] ¶ **1** s'agiter, bouillonner : [C] Poés. ¶ **2** être brûlant : [C] Poés. ; ***homo aestuans*** [C] Pros., un homme qui a très chaud ‖ [fig.] ***in illa aestuat*** [C] Poés., il est tout brûlant d'amour pour elle
II [en parl. de l'eau] ¶ **1** bouillonner, être houleux : [C] Poés. ¶ **2** [fig.] bouillonner sous l'effet d'une passion : [C] Pros. ; [par inquiétude, embarras] ***aestuabat dubitatione*** [C] Pros., l'hésitation le mettait dans une violente agitation

aestŭŏr, *ārĭs, ārī, ātus sum*, dép., intr., brûler, se tourmenter, être malade : [T] Pros.

aestŭōsē, adv., avec les bouillonnements de la mer : [-C] Théât. ‖ compar. ; [adj. ou adv.] ***aestuosius*** [C] Poés., plus ardent, plus ardemment

aestŭōsus, *a, um* ¶ **1** brûlant : ***aestuosa via*** [C] Pros., route brûlante ¶ **2** bouillonnant : ***freta aestuosa*** [C] Poés., les mers houleuses ‖ compar. [V.▶] *aestuose*

aestŭs, *ūs*, m. ¶ **1** grande chaleur, ardeur, feu : [C] Pros. ‖ chaleur de l'été, été : [C] Poés., [+C] Pros. ¶ **2** agitation de la mer, flots houleux : [C] Pros., Poés. ‖ marée : [C] Pros. ; ***aestus maritimi*** [C] Pros., les marées ¶ **3** [fig.] bouillonnement des passions, agitation violente, fluctuations de l'opinion dans les comices : [C] Pros. ‖ force entraînante : [C] Pros. ‖ ***curarum*** [C] Poés., son esprit est agité par une mer de soucis

Aesŭla, **Aesŭlānus**, **Aesŭlum**, [V.▶] *Aefula*

aetās, *ātis*, f.
I ¶ **1** temps de la vie, vie : [C] Pros. ; ***aetatem agere*** [C] Pros. ; ***degere*** [C] Pros., passer sa vie, vivre ; ***aetatem in aliqua re terere*** [C] Pros. ; ***conterere*** [C] Pros. ; ***consumere*** [C] Pros., user, consumer sa vie à (dans) une chose ¶ **2** âge de la vie, âge : [C] Pros. ; ***alicui aetate praestare*** [C] Pros., devancer qqn par l'âge ; ***aetas puerilis*** [C] Pros., l'enfance ; ***confirmata*** [C] Pros. ; ***constans*** [C] Pros., âge affermi, mûr [âge viril] ; ***quaestoria*** [C] Pros. ; ***consularis*** [C] Pros. ; ***senatoria*** [+C] Pros., âge de la questure, du consulat, âge sénatorial ; [C] Pros. ‖ ***prima aetate*** [C] Pros., au début de la vie ¶ **3** [en part.] jeunesse, vieillesse : ***dum per aetatem licet*** [-C] Théât., tant que la jeunesse le permet ; [C] Pros. ‖ ***aetatis excusatio*** [C] Pros., l'excuse de l'âge [vieillesse]
II ¶ **1** temps : [C] Pros., Poés. ¶ **2** époque, siècle, génération : [C] Pros. ; ***heroicis aetatibus*** [C] Pros., dans les temps héroïques ; [+C] Pros. ‖ [poét.] [C] Poés. ; ***aurea*** [C] Poés., la génération de l'âge d'or ¶ **3** [locution adverbiale] ***aetatem*** [-C] Théât., [C] Poés., pendant la durée des siècles ; ***jamdudum, aetatem*** [-C] Théât., depuis longtemps, il y a un siècle

aetātŭla, *ae*, f., âge tendre : [C] Pros.

aeternābĭlis, *e*, éternel : [-C] Théât.

aeternālĭter, adv., éternellement : [T] Pros.

aeternĭtās, *ātis*, f. ¶ **1** éternité : [C] Pros. ; ***ex omni aeternitate*** [C] Pros. ; ***ex aeternitate*** [C] Pros. ; ***ab omni aeternitate*** [C] Pros., de toute éternité ¶ **2** durée éternelle : ***animorum*** [C] Pros., la durée éternelle des âmes

1 **aeternō**, adv., éternellement : [C] Poés.

2 **aeternō**, *ās, āre, -, -*, tr., rendre éternel, éterniser : [C] Poés.

aeternum, acc. n.pris adv[t], éternellement, indéfiniment : [C] Poés., [+C] Pros.

aeternus, *a, um*, éternel : [C] Pros. ‖ ***in aeternum*** [C] Poés., Pros., [+C] Pros., pour l'éternité, pour toujours

Aethălĭa, *ae*, f., île près d'Éphèse : [C] Pros.

Aethălĭdēs, *is*, m., nom propre : [+C] Poés., Pros.

Aethălŏs, *i*, m., nom propre : [C] Poés.

aethēr, *ĕris*, acc. *ĕra*, m. ¶ **1** éther : [air subtil des régions supérieures, qui enveloppe l'atmosphère = ***aer***] ; [C] Pros., [+C] Pros., Poés. ‖ [considéré comme étant de feu] [C] Pros. ; [il alimente les astres] [C] Poés., Pros. ¶ **2** [poét.] ciel : [C] Poés. ‖ séjour des dieux : ***rex aetheris*** [C] Poés., le roi du ciel [Jupiter] ¶ **3** air : [C] Poés. ‖ le monde d'en haut [par oppos. aux enfers] : [C] Poés. ¶ **4** Éther : [dieu de l'air, Jupiter] [C] Poés. ‖ [père de Jupiter] : [C] Pros. ¶ **5** [au n. pl.] ***aethera*** [+T] Poés., les cieux

aethĕrĭus (**aethĕrĕus**), *a, um* ¶ **1** éthéré : [C] Pros. ¶ **2** céleste : ***sedes aetheriae*** [C] Poés., les demeures éthérées [le ciel] ; ***arces*** [C] Poés., les hauteurs de l'éther (du ciel) ‖ ***aetherii ignes*** [C] Poés., le feu divin, l'inspiration divine ¶ **3** aérien : [C] Poés. ¶ **4** relatif au monde d'en haut [par oppos. aux enfers] : [C] Poés.

Aethīōn, *ŏnis*, m., nom mythologique : [C] Poés., [+C] Poés.

Aethĭŏpēs, *um*, acc. *as*, m. pl., Éthiopiens : [C] Pros.

Aethĭŏpĭa, *ae*, f., Éthiopie : [-C] Théât.

Aethĭops, *ŏpis*, m., Éthiopien : [C] Poés., [+C] Poés.

Aethĭŏpus, [C.▶] *Aethiops* : [-C] Poés.

Aethōn, *ōnis*, m. ¶ **1** un des chevaux du Soleil : [C] Poés. ‖ un des chevaux du jeune Pallas : [C] Poés. ‖ un des chevaux de l'Aurore : [T] Pros. ¶ **2** nom d'homme : [+C] Poés. ¶ **3** aigle qui rongeait le cœur [*sic*] de Prométhée : [+C] Poés.

1 **aethra**, *ae*, f., région de l'éther où se trouvent les astres, firmament : [C] Poés. ‖ limpidité de l'air, pureté du ciel : [-C] Pros. [C] Poés. ; [C] Poés. ‖ ciel : [T] Poés.

2 **Aethra**, *ae*, f., Éthra [fille de l'Océan et de Téthys] : [C] Poés. ‖ femme d'Égée, mère de Thésée : [C] Poés.

Aetĭa, *ōrum*, n. pl., titre d'un ouvrage de Callimaque ["les Causes"] : [+C] Poés.

aetĭŏlŏgĭa, *ae*, f., recherche des causes : [+C] Pros.

Aĕtĭōn, *ōnis*, m., Aétion [célèbre peintre grec] : [C] Pros.

Aĕtĭus, *ĭi*, m., vainqueur d'Attila : [T] Poés.

Aetna, *ae*, f., Etna ¶ **1** volcan de Sicile : [C] Pros. ¶ **2** ville au pied de l'Etna : [C] Pros.

Aetnaeus, *a, um*, de l'Etna : [C] Pros. ‖ [par ext.] de Sicile : [+C] Poés.

Aetnensis, *e*, de la ville d'Etna : [C] Pros.

Aetōli, *ōrum*, m. pl., Étoliens [peuple de Grèce] : [C] Pros.

Aetōlĭa, *ae*, f., Étolie [province de Grèce] : [C] Pros.

Aetōlĭcus, *a, um*, Étolien : [C] Pros.

Aetōlis, *ĭdis*, f., Étolienne : [C] Poés.

Aetōlĭus, *a, um*, [C.▶] *Aetolicus*, Étolien : [C] Poés.

1 **Aetōlus**, *a, um*, d'Étolie : [C] Poés.

2 **Aetōlus**, *i*, m., fils de Mars, héros éponyme de l'Étolie : [+C] Pros.

aevĭtās, *ātis*, f., temps, durée, âge : [C] Pros. ‖ immortalité : [+C] Pros.

aevĭternus, *a*, *um*, ➨ *aeternus* : [C] Pros.

aevum, *i*, n. ¶ **1** la durée [continue, illimitée], le temps : [C] Poés. ¶ **2** temps de la vie, vie : ***agitare*** [-C] Pros. [C] Poés. ; ***agere*** [-C] Théât. [C] Poés. ; ***degere*** [C] Poés. ; ***exigere*** [C] Poés., passer le temps de la vie ; ***traducere leniter*** [C] Pros., couler des jours tranquilles ‖ ***primo aevo*** [C] Poés., au début de la vie ; ***medio aevo*** [+C] Pros., au milieu de la vie ; [C] Pros. ¶ **3** âge de la vie, âge : ***aequali aevo*** [C] Poés., du même âge ; [C] Pros. ; ***obsitus aevo*** [C] Poés., chargé d'années ¶ **4** époque, temps, siècle : [C] Pros., Poés., [+C] Pros. ‖ les gens du siècle : [C] Poés. ‖ [en gén.] moment de la durée, durée : [C] Pros.

Aex, *Aegos* ou *Aegis*, f. ¶ **1** rocher de la mer Égée, ressemblant à une chèvre : [C] Pros. ¶ **2** ***Aegos flumen*** [C] Pros., le fleuve de la chèvre [*Aegos Potamos*]

af [arch.] prép., ➨ *ab* : [C] Pros.

ăfannae, *ārum*, f. pl., inepties, sornettes ; faux fuyants, balivernes : [+C] Pros.

Āfĕr, *fra*, *frum*, africain : [C] Poés. ‖ m. pl., les Africains : [C] Pros.

aff-, ➨ *adf-*

āflŭō, *ĭs*, *ĕre*, -, -, découler de : [+C] Pros.

Āfrānĭānus, *a*, *um*, d'Afranius : [C] Pros.

Āfrānĭus, *ĭi*, m. ¶ **1** Lucius Afranius [célèbre poète comique] : [C] Pros. ¶ **2** [général de Pompée en Espagne] : [C] Pros.

Āfri, *ōrum*, ➨ *Afer*

Āfrĭca, *ae*, f., Afrique : [C] Pros. ‖ province d'Afrique : [C] Pros.

Āfrĭcāna, *ae*, f., (s.-ent. ***bestia***), panthère : [C] Pros.

1 **Āfrĭcānus**, *a*, *um*, africain : [C] Pros.

2 **Āfrĭcānus**, *i*, m., surnom des deux grands Scipions, l'un vainqueur d'Hannibal, l'autre [Scipion Émilien] destructeur de Carthage et de Numance : [C] Pros.

āfrĭcĭa, *ae*, f., espèce de gâteau sacré : [T] Pros.

Āfrĭcus, *a*, *um*, africain : [C] Pros. ; ***Africus ventus*** ou ***Africus, i***, subst. m., l'Africus [vent du sud-ouest] : [C] Pros.

āfrūtābŭlum, **āfrūtum**, ➨ *afra-*

ăgăga, *ae*, m., entremetteur : [+C] Pros.

Ăgămēdē, *ēs*, f., Agamède [fille d'Augée, héroïne du siège de Troie] : [+C] Poés.

Ăgămēdēs, *is*, m., Agamède [architecte] : [C] Pros.

Ăgămemnōn, **Ăgămemnō**, *ŏnis*, m., Agamemnon [roi de Mycènes, généralissime des Grecs au siège de Troie] : [C] Pros. ‖ **-nŏnĭus**, *a*, *um*, [C] Poés., d'Agamemnon ‖ **-nŏnĭdēs**, *ae*, m., fils d'Agamemnon [Oreste] : [+C] Poés.

Ăgănippē, *ēs*, f. ¶ **1** Aganippe [source de l'Hélicon] : [C] Poés. ‖ **-pēus**, *a*, *um*, [C] Poés. (**-pĭcus**, *a*, *um*, [T] Pros.), de l'Aganippe ‖ **-pis**, *ĭdos*, f., consacrée aux Muses : [C] Poés. ¶ **2** Aganippe [épouse d'Acrisius, mère de Danaé] : [+C] Poés.

ăgăpē, *ēs*, f., agape [festin des premiers chrétiens] : [+C] Pros.

Ăgăpēnŏr, *ŏris*, m., roi des Tégéates : [+C] Poés.

ăgăpētae, *ārum*, f. pl., amies [iron. et péjor.] : [T] Pros.

Āgăr, f. indécl., servante d'Abraham : [T] Pros.

ăgāso, *ōnis*, m., palefrenier, valet d'armée : [C] Pros. ‖ conducteur de chevaux : [C] Pros. ‖ [terme de mépris] [C] Poés.

Agassae, *ārum*, f. pl., ville de Thessalie : [C] Pros.

Ăgătharchĭdēs, *ae*, m., philosophe grec : [+C] Pros.

Ăgăthensis, *e*, d'Agatha [Agde] : [+T] Pros.

Ăgăthōn, *ōnis*, m., Agathon, fils de Priam : [+C] Poés.

Ăgăthŏcles, *is* et *i*, m., Agathocle ¶ **1** [roi de Sicile] : [C] Pros. ‖ **-clēus**, *a*, *um*, d'Agathocle : [+C] Poés. ¶ **2** [écrivain babylonien] : [C] Pros.

Ăgăthyrna, *ae*, f., [C] Pros., **Ăgăthyrnum**, *i*, n., ville de Sicile

Ăgăthyrsi, *ōrum*, m. pl., peuple de Scythie : [C] Poés.

Ăgāvē, *ēs*, f. ‖ Agavé [fille de Cadmus] : [C] Poés. ‖ [l'une des Néréides] : [+C] Poés. ‖ [l'une des Amazones] : [+C] Poés.

Agbătănă, *ae*, f., ➨ *Ecbatana*

Agdestis, être hybride de la légende phrygienne : [T] Pros.

Agdestĭus, *a*, *um*, d'Agdestis : [T] Pros.

Agdus, *i*, f., rocher de Phrygie : [T] Pros.

ăgĕ, **ăgĭtĕ**, **ăgĕdum**, **ăgĭtĕdum**, [anc. impér. de *ago* devenus de pures interj.] eh bien !, allons !, or çà ! [les formes du sg. *age*, *agedum* sont employées même quand elles s'adressent à une pluralité : [-C] Théât. ; Cicéron n'emploie jamais *agite*] ‖ [avec impér.] [C] Pros. ; ***age, esto*** [C] Pros., eh bien, soit ‖ [avec subj.] [C] Pros. ‖ [avec interrog.] [C] Pros. ‖ [avec indic.] [C] Pros., Poés. ‖ [ellipse du verbe] [C] Pros.

ăgēa, *ae*, f., passage conduisant vers les rameurs [dans un navire] : [-C] Pros.

Agedincum, *i*, n., capitale des Sénons, sur l'Yonne [auj. Sens] : [C] Pros.

ăgĕdum, ➨ *age*

Ăgĕlastus, *a*, *um*, qui ne rit pas : [T] Théât. ‖ [surnom de M. Crassus, grand-père du triumvir] : [-C] Poés., [C] Pros., [+C] Pros.

ăgellŭlus, *i*, **agellus**, *i*, m., [C] Pros., tout petit champ

ăgēma, n., agéma [corps d'élite, garde du corps, chez les Macédoniens] : [C] Pros., [+C] Pros.

ăgĕnĭtus, *a*, *um*, [chrét.] non engendré : [T] Poés.

Ăgēnŏr, *ŏris*, m., ancêtre de Didon : ***Agenoris urbs*** [C] Poés., Carthage ‖ **-nŏrĕus**, *a*, *um*, d'Agénor : [C] Poés. ; de Phénicie : [+C] Poés. ; carthaginois : [+C] Poés. ‖ **-nŏrĭdēs**, *ae*, m., Cadmus, fils d'Agénor : [C] Poés. ; Persée, descendant d'Agénor : [C] Poés. ‖ **-nŏrĭdae**, *ārum*, m. pl., descendants d'Agénor [Carthaginois] : [C] Poés.

Ăgĕnŏrĭa, *ae*, f., déesse de l'activité : [T] Pros.

ăgens, *entis* ¶ **1** part. prés. de *ago* pris adj[t], qui produit de l'effet, expressif : [C] ‖ ***satis agens***, qui se donne du mal : [+C] ¶ **2** pris subst[t], plaidant, demandeur : [+C] Pros. ‖ ***agentes in rebus***, commissaires informateurs [agents de surveillance en mission, créés par Constantin] : [T] Pros. ‖ ***agens (domus)***, majordome : [+T] Pros. ‖ sacristain : [+T] Pros.

ăgĕr, *agri*, m. ¶ **1** champ, fonds de terre : [C] Pros. ; ***agrum colere*** [C] Pros., cultiver un champ ¶ **2** les champs, la campagne : [C] Pros. ¶ **3** territoire, contrée, pays : ***ager Campanus*** [C] Pros., le territoire campanien ; ***ager publicus*** [C] Pros., territoire (domaine) de l'État ‖ intérieur des terres [par oppos. à la mer] : [C] Pros. ¶ **4** [terme d'arpentage] ***in agrum*** [oppos. à *in fronte*], en profondeur : [C] Poés., [+C] Pros. [d.les inscriptions on trouve aussi *in agro*]

Ăgēsĭlāus, *i*, m., Agésilas ¶ **1** [roi de Sparte] : [C] Pros. ¶ **2** [de ἄγω] surnom de Pluton : [T] Pros.

Ăgēsimbrŏtus, *i*, m., amiral rhodien : [C] Pros.

Ăgēsĭpŏlis, *is*, m., nom d'un Lacédémonien : [C] Pros.

ăgĕsīs, = ***age, si vis***, allons, voyons, de grâce : [-C] Théât.

agg-, ➨ *adg-*

Aggar, n. indécl., ville du nord de l'Afrique : [C] Pros.

aggĕr, *ĕris*, m. ¶ **1** amoncellement de matériaux de toute espèce : [C] Pros. ; ***aggerem petere*** [C] Pros. ; ***comportare*** [C] Pros., faire venir, transporter des amas de matériaux ; ***(trabes) aggere vestiuntur*** [C] Pros., (ces traverses) sont revêtues d'une couche de déblais ¶ **2** levée de terre [pour fortifier un camp] : [C] Pros. ‖ [en part.] le talus de Servius, agrandi par Tarquin, protégeant Rome entre l'Esquilin et le Quirinal : [C] Pros., Poés. ¶ **3** chaussée, terrasse [pour un siège] : ***aggerem jacere*** [C] Pros. ; ***cotidianus agger*** [C] Pros., travail journalier de la terrasse ; ***aggerem interscindere*** [C] Pros., couper la terrasse ¶ **4** [en gén.] chaussée, remblai, digue : [C] Pros., Poés., [+C] Pros. ‖ chaussée d'une route : ***in aggere viae*** [C] Poés., sur la chaussée ; [+C] Pros. ‖ chaussée, levée formant route : [+C] Pros. ‖ ***agger publicus*** [T] Pros., voie publique ¶ **5** [poét.] monceau, amas, élévation : ***tumuli ex aggere*** [C] Poés., de l'amoncellement d'un tertre [= du haut d'un tertre de gazon] ; ***aggeres nivei*** [C] Poés., monceaux de neige ¶ **6** tombeau : [T] Pros.

aggĕrātim, adv., en monceau, par tas : [+C] Pros.

aggĕrātĭo, *ōnis*, f., amoncellement, entassement, levée : [C] Pros.

aggĕrātus, *a, um*, part. de *2 aggero*

aggĕrĕus, *a, um*, en forme de tas : [T] Poés.

1 **aggĕrō**, *ās, āre, āvī, ātum* ¶ **1** amonceler, accumuler : ***cadavera*** [C] Poés., amonceler les cadavres ; [+C] Pros. ‖ ***arbores aggerare*** [+C] Pros., rechausser des arbres ¶ **2** [fig.] développer, grossir : ***iras*** [C] Poés., développer la colère [chez qqn] ; ***promissum*** [+C] Poés., grossir (exagérer) une promesse

2 **aggĕro**, ▶ *adgero*

Agilimundus, *i*, m., Agilimond [roi des Quades] : [T] Pros.

ăgĭlis, *e* ¶ **1** que l'on mène facilement : [C] Pros., Poés. ¶ **2** qui se meut aisément, agile, preste, leste : ***agilis dea*** [C] Poés., la déesse agile [Diane] ; ***agilis Cyllenius*** [C] Poés., le Cyllénien au vol rapide [Mercure] ; [+C] Pros. ‖ ***aer agilior*** [+C] Pros., air plus mobile ¶ **3** actif, agissant : [C] Pros. ; ***agilem (oderunt) remissi*** [C] Pros., les nonchalants (n'aiment pas) l'homme actif ; [+C] Pros.

ăgĭlĭtās, *ātis*, f., facilité à se mouvoir : [C] Pros. ; ***membrorum agilitas*** [C] Pros., agilité des membres ; ***rotarum*** [+C] Pros., vitesse des roues

ăgĭlĭter, adv., agilement : [T] Pros. ‖ ***agilius*** [+C] Pros.

Agilo, *ōnis*, m., nom propre germanique : [T] Pros.

Agĭnātĭus, *ii*, m., nom d'homme : [T] Pros.

ăgīnō, *ās, āre, -, -*, intr., s'agiter, se démener, se remuer : [+C] Pros.

ăgĭpēs, *pĕdis*, m., suiviste [sénateur qui vote avec les pieds, cf. *pedarius*] : [-C] Poés.

Āgis, *ĭdis*, m., roi de Sparte : [C] Pros. ‖ frère d'Agésilas : [C] Pros. ‖ un Lycien : [C] Poés.

ăgĭtābĭlis, *e*, facilement mobile : [C] Poés.

ăgĭtans, *tis*, part. de *agito*

ăgĭtātĭo, *ōnis*, f. ¶ **1** action de mettre en mouvement, agitation : [C] Pros. ; ***agitatio terrae*** [+C] Pros., remuement (labourage) de la terre ‖ [fig.] action de pratiquer qqch. : ***studiorum agitatio*** [C] Pros., la pratique des études ; [+C] Pros. ¶ **2** action de se mouvoir, de s'agiter, mouvement, agitation : ***agitationes fluctuum*** [C] Pros., agitation des flots ; [+C] Pros. ‖ ***mentis agitatio*** [C] Pros., activité de l'esprit

ăgĭtātŏr, *ōris*, m. ¶ **1** cocher [conducteur de quadriges dans les jeux publics] : [C] Pros., [+C] Pros. ; [conducteur d'un char de guerre] [C] Poés. ¶ **2** celui qui pousse devant lui du bétail : [C] Poés. ‖ instigateur : [T] Pros.

ăgĭtātrix, *īcis*, f., celle qui agite, qui met en mouvement : [T] Pros.

1 **ăgĭtātus**, *a, um* ¶ **1** part. de *agito* ¶ **2** [adj[t]] mobile, agile, remuant, actif : [C] Pros., [+C] Pros. ‖ animé, passionné : [+C] Pros.

2 **ăgĭtātŭs**, *ūs*, m., état de mouvement, d'agitation, mouvement : [C] Pros., [T] Pros.

ăgĭtĕdum, ▶ *age*

ăgĭtō, *ās, āre, āvī, ātum* ¶ **1** mettre en mouvement, pousser, agiter **a)** ***digitos agitare*** Plin., agiter les doigts ; ***hastam agitare*** Ov., brandir une lance ; ***navem agitare*** Nep., faire manoeuvrer un vaisseau ; ***maria agitata ventis*** Cic., mers agitées par les vents ‖ ***equum agitare*** Cic., presser un cheval ; ***Trojanos agitare*** Virg., poursuivre les Troyens ; ***aliquem agitare*** Cic., Sall., Liv., harceler, tourmenter qqn ; [d'où, fig.] ***rem militarem agitare*** Cic., critiquer le métier militaire **b)** [médio-pass.] ***agitari***, se remuer, se déplacer : ***aether semper agitatur*** Cic., l'éther ne cesse d'être en mouvement ¶ **2** mettre en mouvement = s'occuper de, se consacrer à : ***cuncta agitare*** Sall., s'occuper de tout ; ***imperium agitare*** Sall., exercer le pouvoir ; ***praesidium agitare*** Liv., monter d'ordinaire la garde ‖ ***per studia ingenium agitare*** Sen., s'exercer l'esprit par l'étude ¶ **3** agiter une chose dans son esprit, [d'où] examiner, discuter, débattre : ***sententiam agitare in senatu*** Cic., débattre un avis au sénat ; ***secum agitare*** Ter., Hor., réfléchir ‖ [avec interrog. indir. ou prop. inf.] ***agitare quanti daretur...*** Liv., examiner à quel prix serait cédé ... ‖ [abs[t]] penser : ***de aliqua re agitare*** Liv., Tac., penser à qqch. ; ***longe aliter animo agitare*** Sall., avoir au fond de soi des pensées toutes différentes ¶ **4** passer son temps, vivre : ***aevum agitare*** Virg., passer sa vie ; ***paucorum arbitrio agitabatur*** Sall., on vivait sous le bon plaisir de quelques-uns ‖ se comporter, se tenir : ***ferocius agitare quam solitus*** Sall., se montrer plus fier que de coutume

Āglăĭa, *ae*, **Aglaĭē**, *ēs*, f., Aglaé [une des Grâces] : [+C] Pros.

Āglăŏphōn, *ontis*, m., célèbre peintre grec : [C] Pros.

Āglaurŏs (-rus, *i*), f., Aglaure [fille de Cécrops] : [C] Poés.

Āglāŭs, *i*, m., nom d'homme : [+C] Pros.

agmĕn, *ĭnis*, n.

I [en gén.] ¶ **1** marche, cours : [C] Poés. ; ***agmina caudae*** [C] Poés., les replis de la queue [de la couleuvre] ¶ **2** file, bande, troupe : [C] Poés., Pros. ‖ ***agmen apium*** [C] Poés., essaim d'abeilles

II [langue milit., emploi le plus fréquent dans la prose class.] ¶ **1** marche d'une armée : ***in agmine adoriri*** [C] Pros., attaquer pendant la marche ; ***lentum agmen*** [+C] Pros., marche lente ; ***citato agmine*** [C] Pros. ; ***concitato agmine*** [C] Pros., avec impétuosité ; ***praecipiti agmine*** [C] Pros., précipitamment ¶ **2** [sens le plus ordinaire] armée en marche, colonne de marche : ***ordo agminis*** [C] Pros., disposition de la colonne de marche, ordre de marche ; ***primum agmen*** [C] Pros., avant-garde ; ***medium*** [C] Pros., le centre de la colonne ; ***novissimum*** [C] Pros., arrière-garde ; ***extremum*** [C] Pros., la fin de la colonne, les dernières lignes de l'arrière-garde ; ***quadrato agmine*** [C] Pros., marche en carré (= en ordre de bataille) ; ***agmen claudere*** [C] Pros. ; ***cogere*** [C] Pros., fermer la marche ; ***agmen constituere*** [C] Pros., arrêter les troupes, faire halte ‖ [poét.] ***agmina***, troupes, armée, bataillons, escadrons : [C] Poés. ‖ [par ext.] ***impedimentorum agmen*** [C] Pros., la colonne des bagages, le train des équipages ; ***agmen jumentorum*** [C] Pros., la colonne des bêtes de somme ; ***navium*** [C] Pros., la file des navires ; ***agmine facto*** [C] Pros., Poés., en rangs serrés, en colonne compacte

agmentum, ▶ *amentum*

agmĭnātim, adv., en troupe, par bande : [+C] Pros. ‖ en quantité, en masse : [+C] Pros.

agna, *ae*, f., agnelle, jeune brebis : [C] Pros., Poés. ‖ [offerte en sacrifice] [C] Poés.

Agnālĭa, *ĭum*, n. pl., ▶ *Agonalia* : [C] Poés.

agnascŏr (adgn-), *scĕrĭs, scīs, scī, nātus sum*, intr., naître après le testament du père : [C] Pros.

agnātĭo, *ōnis*, f., parenté du côté paternel, agnation : [C] Pros.

1 **agnātus**, *a, um*, part. de *agnascor*

2 **agnātus**, *i*, m. ¶ **1** agnat [parent du côté paternel] : [C] Pros. ¶ **2** enfant en surnombre [venu au monde quand il y a déjà les héritiers établis, naturels ou par adoption] : [+C] Pros.

agnellus, *i*, m., [terme d'affection] [-C] Théât.

Agnēs, *is* (*ētis*), f., sainte Agnès : [T] Poés.

agnīna, *ae*, f., chair d'agneau : [-C] Théât., [C] Pros.

agnīnus, *a, um*, d'agneau : [-C] Théât.

agnĭtĭo, *ōnis*, f., connaissance : [C] Pros.

agnĭtor, *ōris*, m., qui reconnaît : [+C] Pros.

agnĭtus, *a, um*, part. de *agnosco*

agnōmĭnātio, *ōnis*, ▶ *adnominatio*

agnoscō (adgn-), *ĭs, ĕre, nōvī, nĭtum*, tr. ¶ **1** reconnaître, percevoir, saisir : [C] Pros. ‖ [avec prop. inf.] [C] Pros. ¶ **2** reconnaître [qqn, qqch. de déjà vu, déjà connu] : [C] Pros. ‖ [part. pass.] ***agnitus alicui***, reconnu de qqn : [+C] Poés. ¶ **3** reconnaître, admettre : [C] Pros. ‖ [part. pass.] [+C] Pros.

agnŭa, ▶ *acnua*

agnus, *i*, m. ¶ **1** agneau [sens collectif] [C] Pros. ; [prov.] [-C] Théât. ¶ **2** [chrét.] agneau pascal : [T] Pros. ‖ Agneau divin, Messie : [T] Pros. ‖ [au pl.] ouailles, troupeau du Christ : [T] Pros.

agnus Phrixēus, l'agneau de Phrixos, le Bélier [constellation] : [+C] Poés.

ăgō, *ĭs, ĕre, ēgī, actum*

I pousser ¶ **1** pousser devant soi, faire avancer, conduire, emmener : ***capellas agere*** Virg., pousser devant soi des chèvres ; ***copias agere*** Liv., mettre des troupes en marche ; ***naves agere*** Liv., manoeuvrer (faire avancer) des vaisseaux ; ***praedam agere*** Caes., pousser le butin devant soi ; ***agere et ferre*** Liv., emmener et emporter (= piller) ; ***aliquem in crucem agere*** Cic., faire aller qqn au supplice de la croix ‖ [fig.] ***aliquem in arma agere*** Liv., pousser qqn à prendre les armes ‖ [réfléchi et pass. à sens réfléchi] ***ad auras se agere*** Virg., monter (se pousser) dans les airs ; ***motu suo agi*** Cic., se mouvoir d'un mouvement spontané ¶ **2** pousser dehors, faire sortir, chasser, traquer : ***cruentas spumas*** Virg., faire sortir une écume sanglante ; ***aliquem lapidibus*** Cic., chasser qqn à coup de pierres ; ***aliquem diris agere*** Hor., poursuivre qqn de ses imprécations ‖ exhaler : ***gemitus agere*** Virg., exhaler des gémissements ; ***animam agere*** Cic., Liv., rendre l'âme.

II faire

A [tr.] ¶ **1** faire, accomplir qqch., s'occuper de qqch., traiter ou régler ou affaire : ***nihil agere***, ne rien faire ***aliquid agere***, faire qqch. ***rem agere***, accomplir une chose [ou] traiter une affaire ; ***negotium agere*** Cic., s'occuper d'une affaire ; ***alias res agere*** Cic., s'occuper d'autre chose, être distrait, indifférent ; ***tempus agendae rei*** Liv., le moment d'agir (d'accomplir une chose) ‖ [avec des compl. divers] ***gratias agere***, remercier ; ***honores agere*** Liv., exercer des magistratures ; ***joca et seria agere*** Sall., plaisanter et parler sérieusement ‖ [au pass.] être en question, être en jeu : ***agitur populi Romani gloria*** Cic., il s'agit de la gloire du peuple romain ¶ **2** ***agere (id, hoc) ut (ne)*** [et subj], se proposer de (de ne pas), viser à (à ne pas) : ***id semper egi ne interessem rebus gerendis*** Cic., j'ai toujours visé à ne pas me mêler à l'activité politique ¶ **3** aboutir à qqch. : ***aliquid agere velle*** Cic., vouloir obtenir un résultat ; ***nihil agere***, n'aboutir à rien

B [abs[t]] agir, prendre des mesures, se comporter, traiter avec qqn, parler ¶ **1** agir : ***tempus agendi*** Cic., le temps d'agir ; ***ad agendum natus*** Cic., né pour l'action ; ***agite ut voltis*** Cic., agissez à votre guise ; ***bene agis cum jussisti*** Liv., tu fais bien (= tu as raison) d'avoir ordonné... ¶ **2** se comporter de telle ou telle façon : ***agere cum aliquo bene, male***, se comporter bien, mal à l'égard de qqn ; [d'où au pass.] ***bene agitur cum senectute si ...*** Sen., c'est un bonheur pour la vieillesse si ... ; ***praeclare agitur si possumus ...*** Cic., c'est bien beau si nous pouvons ... ¶ **3** avoir affaire avec qqn, traiter avec qqn, parler avec qqn : ***cum aliquo agere*** Caes., s'expliquer avec qqn ; ***plebeio sermone cum aliquo agere*** Cic., s'adresser à qqn dans un style populaire ‖ [terme officiel] ***agere cum populo, cum patribus, cum plebe***, s'adresser au peuple, aux sénateurs, à la plèbe, leur faire des propositions ‖ ***de aliqua re in senatu agere*** Cic., traiter une affaire au sénat ; ***de aliquo agere*** Cic., débattre à propos de qqn

C [spécialm[t]] agir comme acteur ou orateur, jouer, plaider ¶ **1** jouer : ***fabulam agere*** Pl., Ter., Cic., jouer une pièce ; ***agere gestum*** Cic., faire des gestes d'acteur ; ***partes agere*** Cic., tenir un rôle [au pr. et au fig.] ‖ [d'où] ***bonum patrem familiae agere*** Sen., jouer le rôle d'un bon père de famille ¶ **2** plaider : ***causam agere***, plaider une cause ; ***res agitur apud praetorem*** Cic., l'affaire est portée (se plaide) devant le préteur ; ***agitur de*** [avec abl.] Cic., l'objet de l'action est ... ‖ ***cum aliquo, contra aliquem agere*** Cic., intenter une action contre qqn ; ***ex jure civili agere*** Cic., poursuivre en vertu du droit civil

III passer son temps, sa vie, vivre, être : ***aetatem, vitam agere*** Cic., passer sa vie ; ***hiemem agere*** Liv., passer l'hiver ; [d'où] ***hiberna, aestiva agere*** Liv., tenir les quartiers d'hiver, d'été ; ***otia agere*** Virg., vivre dans l'oisiveté ‖ [chez Sall., Liv., Sall., Tac. et les poètes, *agere* est pris abs[t] au sens de *vivere*] ***incerta pace agere*** Liv., vivre dans un état de paix équivoque ‖ être, se trouver, se tenir : ***apud primos agere*** Sall., se tenir au premier rang

ăgōn, *ōnis*, m., lutte dans les jeux publics : +C Pros.

Ăgōnālia, *ĭum* et *ĭōrum*, n. pl., Agonalia [fêtes célébrées en l'honneur de Janus] : C Poés.

Ăgōnālis, *e*, qui appartient aux Agonalia : C Pros.

Agōnenses, *ĭum*, m. pl., surnom des prêtres Saliens : C Pros.

Ăgōnĭa, *ōrum*, n. pl., ➡ *Agonalia* : C Poés.

Agōnis, *ĭdis*, f., nom de femme : C Pros.

ăgōnista, *ae*, m., athlète, combattant dans les jeux : T Pros.

ăgōnĭthĕta, m., ➡ *agonotheta*

ăgōnizō, *ās*, *āre*, -, -, intr., lutter : T Pros.

ăgōnizŏr, *āris*, *ārī*, -, ➡ *agonizo* : T Pros.

ăgōnŏthĕta, **agōnothĕtēs**, *ae*, m., agonothète, président des jeux : T Pros.

ăgŏrānŏmus, *i*, m., magistrat chargé de surveiller les marchés à Athènes : -C Théât.

Ăgrăgantīnus, ➡ *Acragantinus*, ➡ *Acragas*

Ăgrăgas, ➡ *Acragas*

ăgrammătus, *a*, *um*, m., illettré : C Pros.

ăgrārĭus, *a*, *um*, relatif aux champs ; ***lex agraria***, loi agraire : C Pros. ; ***triumvir agrarius*** C Pros., triumvir [commissaire] chargé de la répartition des terres ‖ **agrarii**, *orum*, m. pl., partisans du partage des terres : C Pros.

Agravonītae, *ārum*, m. pl., Agravonites [peuple de l'Illyrie] : C Pros.

Ăgrēcius, ➡ *Agroecius*

ăgrēdŭla, ➡ *acredula*

ăgrestis, *e* ¶ **1** relatif aux champs, champêtre, agreste : C Pros. ; ***agrestis praeda*** C Pros., butin fait dans la campagne [sur le territoire ennemi] ; ***vita agrestis*** C Pros., vie des champs [paysanne] ; ***Numidae agrestes*** C Pros., les Numides paysans [attachés à la terre] ‖ **agrestis**, *is*, m., paysan : C Pros. ; ***agrestes*** C Pros., des paysans ¶ **2** agreste, grossier, inculte, brut : C Pros.

ăgrestĭus, adv. ; [seul[t] au compar.] un peu trop gauchement : T Pros.

Ăgrĭānes, *um*, m. pl., peuple de Thrace ou de Pannonie : C Pros.

Ăgrĭcius, ➡ *Agroecius*

1 **ăgrĭcŏla**, *ae*, m., qui cultive les champs (la terre), cultivateur, agriculteur [au sens le plus étendu] : C Pros., Poés. ‖ ***deus agricola*** C Poés. ; ***caelites agricolae*** C Poés., dieu(x) des travaux champêtres, dieu(x) rustique(s)

2 **Ăgrĭcŏla**, *ae*, m., général romain, beau-père de Tacite : +C Pros.

ăgrĭcŏlātio, *ōnis*, f., agriculture : +C Pros.

ăgrī cultĭo, *ōnis*, f., agriculture : C Pros.

ăgrī cultŏr, *ōris*, m., agriculteur : C Pros., +C Pros. ***cultoribus agrorum*** C Pros. ; ***cultoribus agri*** C Pros.

ăgrī cultūra, *ae*, f., agriculture, culture des terres : C Pros.

Ăgrĭgentum, *i*, n., Agrigente [ville de Sicile] : C Pros. ‖ **Ăgrĭgentīnus**, *a*, *um*, d'Agrigente : ***Agrigentini*** C Pros., habitants d'Agrigente, Agrigentins

ăgrĭmensŏr, *ōris*, m., arpenteur : T Pros.

Ăgrĭŏpās, *ae*, m., père de l'inventeur de la tuile (Cinyra) : +C Pros.

Ăgrĭŏpē, ➡ *Argiope*

ăgrĭpĕta, *ae*, m., détenteur d'un lot [dans le partage des terres aux vétérans] : C Pros. ‖ colon (qui a reçu un lot de terres par le sort) : C Pros.

Ăgrippa, *ae*, m., Agrippa ¶ **1** ➡ *Menenius* ¶ **2** M. Vipsanius [gendre d'Auguste] : +C Pros. ¶ **3** Postumus : +C Pros. ¶ **4** nom de deux rois de Judée : +C Pros.

Ăgrippīna, *ae*, f., Agrippine ¶ **1** femme de Germanicus : +C Pros. ¶ **2** femme de l'empereur Tibère : +C Pros. ¶ **3** fille de Germanicus et mère de Néron : +C Pros.

Ăgrippīnensis cŏlōnia, f., colonie d'Agrippine [Cologne, sur le Rhin] : +C Pros.

Ăgrippīnensēs, *ĭum*, m. pl., habitants de Cologne : +C Pros.

Ăgrippīnensis, *e*, de Cologne : +T Pros.

Ăgrippīnus, *i*, m., surnom romain : +C Pros.

Ăgrĭus, *ĭi*, m., nom d'homme [en part., père de Thersite] : C Poés.

Ăgroecĭus, **Ăgrēcĭus**, **Ăgrīcĭus**, *ĭi*, m., surnom d'homme : [T] Pros.

ăgrōsĭus, *a*, *um*, riche en terres : [C] Pros.

Ăgyīeūs, *eī* ou *eōs*, m., surnom d'Apollon [qui préside aux rues] : [C] Poés.

Ăgyllē, *ēs*, f., nymphe du lac Trasimène : [+C] Poés.

Ăgylleūs, m., nom d'homme : [+C] Poés.

Ăgyllīnus, *a*, *um*, d'Agylla : [C] Poés.

Ăgȳrĭum, *ĭi*, n., ville de Sicile : [C] Pros. ‖ **Ăgȳrĭnensis**, *e*, d'Agyrium : ***Agyrinensis civitas*** [C] Pros., la cité d'Agyrium ‖ **Ăgȳrĭnenses**, m. pl., les habitants d'Agyrium : [C] Pros. ‖ **Ăgȳrīnus**, *a*, *um*, d'Agyrium : [+C] Poés.

āh, **ā**, interj., [exprime la douleur, la joie, l'étonnement, la colère] ah !, oh ! : [-C], [C] Poés., Pros.

ăhā, → *ah*

Ăhāla, *ae*, m., surnom des Servilius : [C] Pros.

Aharna, *ae*, f., ville d'Étrurie [auj. Bargiano] : [C] Pros.

ăhēn-, → *ăēn-*

ai, interj., [marquant la douleur] **hélas ! hélas !** : [C] Poés.

āiens, *entis*, part.-adj. de *aio*, affirmatif : [C] Pros.

āīn, sync. pour *aisne*, → *aio* ¶ *3*

āiō (āiio), *ăĭs*, verbe défectif ¶ **1** dire oui : [-C] Théât., [C] Pros. ¶ **2** dire, affirmer, soutenir : [a pour compl. soit un pronom neutre] [C] Pros. ; [soit les mots mêmes que l'on cite] [C] Pros. [alors *ait* est souvent intercalé ou mis après la citation] : [C] Pros., Poés. ‖ [prop. inf.] [C] Pros. ; [*esse* souvent s.-ent.] [C] Pros. ‖ [à noter] [C] Pros. ‖ [tour le plus fréquent, *ut ait*, *ut aiunt* intercalé] [C] Pros. ; ***ut ait Homerus*** [C] Pros., comme dit Homère, selon l'expression d'Homère ‖ [dans les expr. proverbiales] ***ut aiunt***, ***quod aiunt***, ***quemadmodum aiunt***, comme dit le proverbe, suivant l'expression proverbiale : [C] Pros. ‖ [rar[t] avec le dat.] : [C] Pros., [+C] Pros. ¶ **3** ***ain*** : ***ain pro aisne*** [C] Pros., *ain* est pour *aisne* ; [suivi le plus souvent d'un point d'interrogation] vraiment ? : [-C] Théât., [C] Pros.

Āius Lŏquens, *tis*, m., Aius Loquens [divinité qui annonça aux Romains l'arrivée des Gaulois] : [C] Pros.

Ājax, *ācis*, m. ¶ **1** fils de Télamon : [C] Pros. ¶ **2** fils d'Oïlée : [C] Pros.

āla, *ae*, f. ¶ **1** aile [en tant que membre formant en qq. sorte l'aisselle, l'épaule de l'oiseau, tandis que *pennae* est l'aile en tant que plumage] : [-C] Théât. ; ***alis se levare*** [C] Pros., se soulever sur ses ailes ‖ ***fulminis alae*** [C] Poés., les ailes de la foudre ¶ **2** aisselle : [C] Pros. ¶ **3** aile de bâtiment : [C] Pros. ¶ **4** [le plus usuel] aile d'une armée : ***ala dextra*** [C] Pros. ; ***sinistra*** [C] Pros., aile droite, aile gauche ; [avant la guerre sociale les ailes étaient occupées par les troupes alliées, infanterie et cavalerie] [-C] Pros., [C] Pros. ; ***duae alae*** [C] Pros., les deux ailes de la légion [= le contingent allié] ; [mais *ala* a fini par s'appliquer plus spécialement à la cavalerie] ***ala equitum*** [C] Pros., corps de cavalerie alliée [chaque *ala* comportait cinq *turmae*, escadrons de 60 cavaliers] ‖ [après la guerre sociale, la cavalerie auxiliaire fournie par les pays étrangers occupe les ailes ; *ala* désigne alors un corps de cavalerie auxiliaire] : [C] Pros., [+C] Pros. ; [*cohortes*, cohortes = infanterie, *alae* = cavalerie, le tout formant les *auxilia*, troupes auxiliaires] [+C] Pros. ‖ en dehors de Rome : ***ala Numidarum*** [C] Pros., corps de cavaliers numides ‖ [poét.] ***alae***, escadrons : [C] Poés. ; [en gén.] troupe à cheval [chasseurs] : [C] Poés.

Ălăbanda, *ae*, f., **Ălăbanda**, *ōrum*, n. pl., Alabanda [ville de Carie] : [C] Pros. ‖ **-densis**, *e*, d'Alabanda : [C] Pros. ‖ **-denses**, *ĭum*, m. pl., [C] Pros. ‖ **-dēus**, *a*, *um*, [C] Pros. ‖ **-dīs**, *ĭum*, m. pl., [C] Pros., habitants d'Alabanda

Ălăbandus, *i*, m., héros éponyme d'Alabanda : [C] Pros.

ălăbarchēs, → *arabarches*

ălăbaster, *tri*, m., vase d'albâtre où l'on enfermait les parfums : [C] Pros.

ălăbastrum, *i*, n., → *alabaster* : [+C] Poés.

Ălăbis, *is*, **Ălăbōn**, *ōnis*, m., fleuve de Sicile : [+C] Poés.

ălăcĕr (ălăcris), *ĭs*, *e*, alerte, vif, bouillant, allègre, dispos, gaillard : [C] Pros. ; ***alacri clamore*** [C] Pros., avec des cris pleins d'entrain ; [+C] Pros. ; ***alacris voluptas*** [C] Poés., une heureuse allégresse

ălăcrĭtās, *ātis*, f., vivacité, feu, ardeur, entrain : [C] Pros. ; ***ad litigandum*** [C] Pros., ardeur à défendre la chose publique, à plaider ‖ [sens péjor.] [C] Pros.

ălăcrĭtĕr, adv., vivement, avec ardeur : [+C] Pros.

Alagabalus, → *Elagabalus*

Ălalcŏmĕnē, *ēs*, f., ville de Béotie ‖ **-naeus**, *a*, *um*, d'Alalcomène : [+C] Poés.

Ălămani, **Ălămanni**, **Ălĕmanni**, *ōrum*, m. pl., Alamans : [T] Pros.

Ălămannĭa, *ae*, f., pays des Alamans : [T] Pros. ‖ **-nĭcus**, *a*, *um*, Alamannique : [T] Pros. ‖ **-nus**, *a*, *um*, alamannique : [T] Pros.

Alander, **Alandrus**, *i*, m., fleuve de Phrygie : [C] Pros.

ălăpa, *ae*, f., soufflet : [C] Poés. ‖ soufflet donné pour affranchir un esclave : ***est sub alapa*** [+C] Pros., il a la joue encore chaude (c'est un affranchi de fraîche date)

ālāris, *e*, qui fait partie des ailes d'une armée : [C] Pros. ‖ [pris subst[t]] ***alares***, les troupes des ailes [= les cavaliers auxiliaires] : [+C] Pros.

ālārĭus, *a*, *um*, qui fait partie des ailes : [C] Pros. ***a)*** [pris subst[t]] ***alarii***, troupes auxiliaires à pied : [C] Pros. ***b)*** cavaliers auxiliaires : [C] Pros.

Ălastŏr, *ŏris*, m., l'un des compagnons de Sarpédon, tué par Ulysse : [C] Poés. ‖ un des chevaux de Phaéton : [T] Pros.

Alatheus, m., nom d'un chef des Goths : [T] Pros.

Ălātrīnās, → *Aletrinas*

ālātus, *a*, *um*, ailé : [C] Poés.

ălauda, *ae*, f., nom d'une légion romaine équipée aux frais de César : [+C] Pros. [d'où] **alaudae**, ***arum***, m. pl., les alaudes, soldats de cette légion : [C] Pros.

ălausa, *ae*, f., alose [poisson de la Moselle] : [T] Poés.

Alavivus, *i*, m., nom d'un chef des Goths : [T] Pros.

Alazōn, *ŏnis*, m., le Fanfaron [titre d'une pièce grecque] : [-C] Théât.

1 **Alba**, *ae*, f. ¶ **1** ***Alba Longa***, Albe [premier emplacement de Rome] : [C] Poés., Pros. ¶ **2** ***Alba*** ou ***Alba Fucentia***, ville des Èques ou des Marses : [C] Pros.

2 **Alba**, *ae*, m., nom d'un roi d'Albe la Longue : [C] Poés., Pros. ‖ ***Alba Aemilius***, confident de Verrès : [C] Pros.

albāmĕn, *ĭnis*, n., partie blanche, blanc [de poireau] : [+C] Pros.

albāmentum, *i*, n., blanc [d'œuf] : [+C] Pros.

Albāna, *ae*, f., route conduisant à Capoue : [C] Pros.

Albāni, *ōrum*, m. pl. ¶ **1** Albains [hab. d'Albe la Longue] : [C] Pros. ¶ **2** Albaniens [hab. de l'Albanie] : [+C] Pros.

Albānus, *a*, *um*, d'Albe : [C] Pros. ; ***Albanus lacus*** [C] Pros., lac albain [près d'Albe] ; **Albanum**, *i*, n., maison d'Albe [maison de campagne de Pompée] [C] Pros. ; [maison de Clodius] [C] Pros.

albārĭus, *a*, *um*, relatif au crépi : [C] Pros. ‖ ***albarium opus***, crépissure, stuc : [C] Pros. ; ou seul[t] ***albarium***, n.

albātus, *a*, *um*, vêtu de blanc : [C] Pros.

albens, part. prés. de *albeo*

albĕō, *ēs*, *ēre*, -, -, intr., être blanc : [C] Poés., [+C] Pros. ‖ [plus employé au part. prés.] ***albens***, blanc : ***albente caelo*** [C] Pros., à l'aube ; ***albentes equi*** [+C] Pros., chevaux blancs ; ***albentia ossa*** [+C] Pros., ossements blanchis

albescō, *ĭs*, *ĕre*, -, -, intr., devenir blanc, blanchir : [C] Pros., Poés.

Albĭānus, *a*, *um*, d'Albius : [C] Pros.

albĭcăpillus, *i*, m., vieillard aux cheveux blancs : [-C] Théât.

albĭcascō, *ĭs*, *ĕre*, -, -, intr., commencer à blanchir : [+C] Pros.

albĭcēris, *is*, f., sorte d'olive blanche : [-C] Pros.

Albicī, *ōrum*, m. pl., peuple voisin de Massilia [Marseille] : [C] Pros.

albĭcō, *ās*, *āre*, -, - ¶ **1** tr., rendre blanc : [C] Poés. ¶ **2** intr., être blanc : [C] Poés.

albĭcŏlŏr, *ōris*, m., la couleur blanche : [+T] Poés.

albĭcŏmus, *a*, *um*, aux cheveux blancs : [+T] Poés.

albĭdus, *a*, *um*, blanc : [C] Poés. ‖ ***-ior*** [+C] Pros. ; ***-issimus*** [+C] Pros.

Albīga, *ae*, f., ▶ *Albigensis Urbs* : [+T] Pros.

Albīgensis urbs, **Albīgensis cīvĭtās**, f., Albiga, ville d'Aquitaine [auj. Albi] : [+T] Pros. ‖ **Albīgenses**, *ĭum*, m. pl., habitants d'Albiga, Albigeois : [+T] Pros.

Albingaunum, *i*, n., ville de Ligurie ‖ **-ni**, *ōrum*, m. pl., habitants d'Albingaunum : [C] Pros.

Albinĭus, *ĭi*, m., nom d'homme : [C] Pros. ‖ **-ĭānus**, *a*, *um*, d'Albinius : [T] Pros.

Albĭnŏvānus, *i*, m., nom de différents pers. romains ¶ **1** accusateur de Sestius : [C] Pros. ¶ **2** ***Celsus Albinovanus***, contemporain d'Horace : [C] Pros. ‖ ***Pedo Albinovanus***, ami d'Ovide : [C] Poés.

Albintĭmĭlĭum, *ĭi*, n., ville de Ligurie [auj. Vintimille] : [+C] Pros.

1 **Albīnus**, *i*, m., nom de famille rom., branche principale des *Postumii*, not[t] ¶ **1** ***A. Postumius Albinus***, auteur d'une histoire romaine en grec : [C] Pros., [+C] Pros. ¶ **2** ***Sp. Postumius Albinus*** et son frère ***Aulus***, qui figurèrent dans la guerre contre Jugurtha : [C] Pros.

2 **albīnus**, *i*, m., ▶ *albarius*

albĭplūmis, *e*, qui a les plumes blanches : [T] Poés.

Albis, *is*, m., Elbe [fleuve de Germanie] : [+C] Pros.

albiscō, *ĭs*, *ĕre*, -, -, ▶ *albesco*

albĭtūdo, *ĭnis*, f., blancheur : [-C] Théât.

Albĭus, *ĭi*, m., nom de plusieurs personnages : [C] Pros. ‖ ***Albius Tibullus***, le poète Tibulle : [C] Pros.

Albrīnĭa, **Albrūna**, *ae*, f., prophétesse germaine : [+C] Pros. ; ▶ *Aurinia*

Albūcĭus, *ĭi*, m., nom d'homme : [C] Pros., Poés.

Albŭdīnus fons, m., source dans la Sabine : [+C] Pros. ‖ **-dignus**, [+C] Pros.

Albŭla, *ae*, m., ancien nom du Tibre : [C] Poés., Pros. ‖ **Albŭla**, *ae*, f., [+C] Poés., **Albŭlae**, *ārum*, f. pl., sources sulfureuses près de Tibur : [+C] Pros.

albŭlus, *a*, *um*, blanc : [C] Poés.

album, *i*, n. de *albus* pris subst[t] ¶ **1** blanc : [C] Poés. ; ***album oculorum*** [+C] Pros., blanc des yeux ¶ **2** couleur blanche : [C] Pros. ¶ **3** tableau blanc [blanchi au plâtre, exposé publiquement, pour que tout le monde pût lire ce qu'il portait écrit] : [album du grand pontife] [C] Pros. ; [album du préteur] ; [d'où] ***ad album sedentes*** [+C] Pros., ceux qui sont au courant des édits des préteurs, des formules du droit, les jurisconsultes ¶ **4** liste, rôle : ***album judicum*** [+C] Pros., liste des juges [établie par le préteur]

Albūnĕa, *ae*, f. ¶ **1** source jaillissant près de Tibur : [C] Poés. ¶ **2** sibylle honorée dans les bois de Tibur : [T] Pros.

1 **alburnus**, *i*, m., ablette : [T] Poés.

2 **Alburnus**, *i*, m., montagne de Lucanie : [C] Poés.

albus, *a*, *um* ¶ **1** blanc mat [opposé à *ater* ; *candidus* "blanc éclatant" opposé à *niger*] : [C] Pros., Poés. ; ***albi equi*** [C] Pros., chevaux blancs ‖ ***plumbum album*** [C] Pros., étain ‖ ***albus Notus*** [C] Poés., le blanc Notus [vent qui éclaircit le ciel en chassant les nuages] ¶ **2** pâle, blême : [+C] Poés. ; ***timor albus*** [+C] Poés., la peur blême ¶ **3** clair : ***albae sententiae*** [C] Pros., pensées limpides, claires ¶ **4** favorable : ***alba stella*** [C] Poés., la blanche étoile [annonçant un ciel serein, clair] ¶ **5** [expr. proverbiales] : [C] Poés., Pros., [+C] Pros.

Alcaeus, *i*, m., Alcée [poète lyrique] : [C] Pros., Poés.

Alcămĕnēs, *is*, m., nom d'un statuaire célèbre : [C] Pros.

Alcandĕr, *dri*, m., nom d'un Troyen : [C] Poés. ‖ nom d'un des compagnons d'Énée : [C] Poés.

Alcānŏr, *ŏris*, m., nom d'un Troyen : [C] Poés.

Alcăthŏē, *ēs*, f., nom donné à Mégare : [C] Poés.

Alcăthŏus, *i*, m., fils de Pélops, et fondateur de Mégare : [C] Poés.

1 **Alcē**, *ēs*, f., ville de la Tarraconaise : [C] Pros.

2 **alcē**, *ēs*, f., élan : [+C] Poés.

alcēdo, *ĭnis*, f., alcyon [martin-pêcheur ?] : [-C] Théât., [C] Pros.

alcēdōnĭa, *ōrum*, n. pl., jours calmes [pendant lesquels les alcyons couvent] : [-C] Théât.

alcēs, ▶ *2 alce*

Alcestē, *ēs*, f., **Alcestis**, *is* (*idis*), f., Alceste [femme d'Admète] : [+C] Poés. ‖ une pièce de Laevius : [+C] Pros.

Alci, *ōrum*, m. pl., nom de deux divinités chez les Germains : [+C] Pros.

Alcĭbĭădēs, *is*, m. ¶ **1** Alcibiade [général athénien] : [C] Pros. ‖ **-dīus**, *a*, *um*, d'Alcibiade : [T] Pros. ¶ **2** Lacédémonien qui prit part à la guerre contre Rome : [C] Pros.

Alcĭdămās, *antis*, m., nom d'un rhéteur grec d'Élée, disciple de Gorgias : [C] Pros., [+C] Pros. ‖ autre personnage : [C] Poés.

Alcĭdēmos, *i*, f., surnom de Minerve : [C] Pros.

Alcīdēs, *ae*, m., Alcide, descendant d'Alcée [Hercule] : [C] Poés.

Alcĭmĕdē, *ēs*, f., Alcimède [femme d'Éson] : [C] Poés.

Alcĭmĕdōn, *ontis*, m., nom d'homme : [C] Poés.

Alcĭmus, *i*, m., nom d'homme : [+C] Poés. ‖ ***Alcimus Avitus***, saint Avit : [+T] Poés.

Alcĭnŏus, *i*, m., Alcinoüs [roi des Phéaciens] : [C] Poés.

Alcippē, *ēs*, f., nom de femme : [C] Poés., [+C] Pros.

Alcis, m., ▶ *Alci*

Alcĭthŏē, *ēs*, f., une des filles de Minyas : [C] Poés.

Alcmaeo, [C] **Alcmĕō**, [+C] Poés., **Alcŭmaeōn**, *ŏnis*, **Alcŭmĕus**, *i*, m., [-C] Théât., Alcméon ¶ **1** fils d'Amphiaraüs : [C] Pros. ‖ **-maeŏnius**, *a*, *um*, d'Alcméon : [C] Poés. ¶ **2** philosophe, disciple de Protagoras : [C] Pros. ¶ **3** archonte athénien : [+C] Pros.

Alcmān, *ānis*, m., Alcman, poète lyrique : [+C] Pros. ‖ **-ānĭcus**, *a*, *um*, **-ānius**, *a*, *um*, d'Alcman

Alcmēna, *ae*, f., [C] Pros., **Alcmēnē**, *ēs*, f., Alcmène, mère d'Hercule : [C] Poés.

Alcō (**Alcōn**), *ōnis*, m. ¶ **1** fils d'Astrée : [C] Pros. ¶ **2** artisan sicilien : [C] Poés. ¶ **3** esclave : [C] Poés. ¶ **4** habitant de Sagonte : [C] Pros.

Alcŭmaeōn, ▶ *Alcmaeo*

Alcŭmĕus, ▶ *Alcmaeo*

alcȳŏn (**halcyōn**, *ŏnis*), f., alcyon [oiseau de mer fabuleux] : [C] Poés.

Alcyŏnē (**Halcyŏnē**, *ēs*), f. ¶ **1** fille d'Éole : [C] Poés. ¶ **2** fille d'Atlas [une des Pléiades] : [C] Poés.

alcyŏnēus (**-nĭus**), *a*, *um*, relatif aux alcyons : [+C] Pros.

alcyŏnĭdēs dĭēs (**alcyŏnēi**, **-nĭi dĭēs**, [C] Pros., [+C] Pros.), f. pl., **alcyŏnia**, n. pl., [+C] Poés., ▶ *alcedonia*

1 **ālĕa**, *ae*, f. ¶ **1** dé, jeu de dés, jeu de hasard, hasard : ***alea ludere*** [C] Pros. ***aleam*** [+C] Pros. jouer aux dés ; ***aleam exercere*** [+C] Pros., pratiquer les jeux de hasard ; [C] Pros. ; ***aleae indulgens*** [+C] Pros., ayant un faible pour le jeu ¶ **2** hasard, risque, chance : [C] Pros., Poés.

2 **Alĕa**, *ae*, f., surnom de Minerve : [+C] Poés.

ālĕāris, *e*, **ālĕārĭus**, *a*, *um*, [-C] Théât., qui concerne les jeux de hasard

ālĕātŏr, *ōris*, m., joueur de dés, celui qui joue aux jeux de hasard : [C] Pros.

ālĕātōrĭus, *a*, *um*, qui concerne le jeu : [C] Pros. ‖ **ālĕātōrĭum**, *ĭi*, n., maison de jeu : [T] Pros.

ālĕātum, ▶ *aliatum*

ālēc, **ālēcātus**, ▶ *allec, allecatus*

Ālectō, f. indécl., ▶ *1 Allecto*, une des Furies : [C] Poés.

ālēcŭla, ▶ *allecula*

Ālēī, *ōrum*, m. pl., Éléens : [-C] Théât.

Ălēĭi campi, m. pl., plaine d'Alé où erra Bellérophon après avoir été jeté à bas de Pégase et aveuglé par un éclair de Jupiter : [C] Pros. ‖ ***Aleia arva*** [C] Poés., même sens

Ălĕmāni, **Ălĕmanni**, etc., V. *Alamani*

Ălēmōn, *ŏnis*, m., père du fondateur de Crotone : [C] Poés.

Ălēmŏnĭdēs, *ae*, m., fils d'Alémon : [C] Poés.

Ălentīnus, V. *Haluntium*

ālĕo, *ōnis*, m., joueur : [-C] Théât., [C] Poés.

āleph, indécl., première lettre de l'alphabet hébreu : [T] Pros.

ālĕs, *ĭtis*, adj. ¶ **1** qui a des ailes, ailé : ***angues alites*** [-C] Théât., serpents ailés, dragons ; ***ales equus*** [C] Poés., cheval ailé [Pégase] ; ***puer*** [C] Poés., l'enfant ailé [l'Amour] ‖ léger, rapide : [C] Poés. ¶ **2 ālĕs**, *ĭtis*, subst. m. et f., [poét.] oiseau : [C] Poés. ‖ [en part., dans la langue augurale] oiseau dont le vol est un présage [*aves oscines*, oiseaux dont le chant est un présage] : [C] Pros. ; [d'où] ***secunda alite*** [C] Poés. ; ***mala*** [C] Poés., avec de bons, de mauvais présages ; ***potiore*** [C] Poés., sous de meilleurs auspices

Ălēsa, V. *Halaesa*

ălescō, *ĭs*, *ĕre*, -, -, intr., pousser, augmenter : [C] Poés., Pros.

Alesĭa, *ae*, f., Alésia, ville de la Gaule, capitale des Mandubii [auj. Alise-Ste-Reine] : [C] Pros.

Ălēsus, V. *Halaesus*

Ălētēs, *ae*, m., nom d'un compagnon d'Énée : [C] Poés. ‖ Thébain : [+C] Poés. ‖ fils d'Égisthe : [+C] Poés.

Ălētrĭum, *ĭi*, n., ville des Herniques [auj. Alatri] ‖ **Alĕtrīnās**, *ātis*, m., f., n., d'Aletrium : [C] Pros. ‖ **-nātes**, m. pl., habitants d'Aletrium : [C] Pros.

ālĕum, V. *alium*

Ălēus, *a*, *um*, V. *Eleus* : [-C] Théât. ; V. *Alei*

Ălēvās, *ae*, m., tyran de Larisse, tué par ses soldats : [C] Poés.

Ălexandĕr, *dri*, m. ¶ **1** Alexandre le Conquérant, fils de Philippe II, roi de Macédoine : [C] Pros. ; ***magnus*** [C] Pros. ¶ **2** Alexandre, fils de Persée roi de Macédoine : [C] Pros. ¶ **3** tyran de Phères : [C] Pros. ¶ **4** roi d'Épire : [C] Pros. ¶ **5** autre nom de Pâris : [-C], [C] Pros.

Ălexandrēa (-īa), *ae*, f., Alexandrie, nom de différentes villes ¶ **1** ville d'Égypte : [C] Pros. ¶ **2** ville de la Troade : [C] Pros. ¶ **3 -drīnus**, *a*, *um* ¶ **4** d'Alexandrie d'Égypte : [C] Pros., [+C] Pros. ¶ **5 -drīni**, *ōrum*, m. pl., habitants d'Alexandrie : [C] Pros.

Ălexantĕr, V. *Alexander* : [+C] Pros.

Ălexĭcăcus, *i*, m., qui éloigne les maux [surnom d'Hercule] : [C] Pros., [T] Pros. ‖ épith. d'Apollon : [T] Pros.

Ălexīnus, *i*, m., philosophe de Mégare : [C] Pros.

Ălexĭōn, *ōnis*, m., médecin du temps de Cicéron : [C] Pros.

Ălexĭrhŏē, *ēs*, f., nymphe, fille du Granique : [C] Poés.

Ălexis, *is* ou *ĭdis*, m., poète comique grec : [+C] Pros. ‖ affranchi d'Atticus : [C] Pros.

alfă, V. *alpha*

alfăbētum, V. *alphabetum*

Alfēnus, qqf. **Alphēnus**, *i*, m., Alfénus Varus [jurisconsulte romain] : [C] Poés.

Alfĭus, qqf. **Alphĭus**, *ĭi*, m., nom de plus. Romains [par ex. C. Alfius Flavus] : [C] Pros.

alga, *ae*, f., algue : [C] Poés. ‖ [fig., pour désigner qqch. de peu de valeur] : [C] Poés.

algĕō, *ēs*, *ēre*, *alsī*, **alsus*, intr., avoir froid : [C] Pros., [+C] Poés.

algescō, *ĭs*, *ĕre*, -, -, intr., se refroidir, devenir froid, se calmer : [T] Poés.

Algĭāna ŏlĕa, f., sorte d'olive : [+C] Pros.

Algĭdum, *i*, n., ville du Latium : [C] Pros.

1 **Algĭdus**, *i*, m., mont près de Tusculum : [C] Pros., Poés. ‖ **-dus**, *a*, *um*, du mont Algide : [C] Poés. ; ou **-densis**, *e*

2 **algĭdus**, *a*, *um*, froid : [-C], [C] Pros., Poés.

algĭfĭcus, *a*, *um*, qui glace : [+C] Pros.

algŏr, *ōris*, m., le froid : [C] Pros., [+C] Pros. ‖ sensation de froid : [-C] Théât.

algŭs, *ūs*, m., V. *algor* : [-C] Théât., [C] Poés.

1 **ălĭā**, adv., par un autre endroit : [-C] Théât., [C] Pros. ; ***alius alia*** [C] Pros., l'un par un côté, l'autre par un autre

2 **Ălĭa**, V. *Allia*

Ălĭacmōn, V. *Haliacmon*

ălĭās, adv. ¶ **1** une autre fois, d'autres fois, à un autre moment, à une autre époque : [C] Pros. ; ***jocabimur alias*** [C] Pros., nous badinerons une autre fois ‖ ***alias... alias***, tantôt... tantôt : [C] Pros. ‖ ***alius alias*** : [C] Pros. ¶ **2** [sens local, non classique] ailleurs, à un autre endroit : [+C] Pros. ¶ **3** [sens conditionnel, à partir de Pline l'Ancien] autrement, sans quoi : [+C] Pros. ‖ d'ailleurs, sous un autre point de vue, d'une autre manière : [+C] Pros. ‖ [chez les jurisconsultes et les auteurs tard.] [+C] Pros.

ālĭātum (ālĕātum), *i*, n., mets à l'ail : [-C] Théât.

ălĭbī, dans un autre endroit : ***nec usquam alibi*** [C] Pros., nulle part ailleurs ; [+C] Pros. ‖ dans un autre endroit d'un écrit : [C] Pros., [+C] Pros. [parfois sans répétition d'*alibi*] ‖ ***alibi... alibi***, ici ... là ; [C] Pros. ‖ ***alius alibi*** : [C] Pros.

ălĭbĭlis, *e*, nourrissant : [C] Pros.

ălĭca, *ae*, f., semoule : [-C] Pros. ‖ plat de semoule : [+C] Poés.

ălĭcārĭus (hălic-), *a*, *um*, relatif à la balle de blé : [-C] Théât.

Ălĭcarnassŏs, etc., V. *Halicarnassus*

ălĭcastrum, *i*, n., espèce de blé semblable à l'épeautre [blé de mars] : [+C] Pros.

Alicodra, *ae*, f., ville de Bactriane : [T] Pros.

ălĭcŭbī, adv., quelque part, en quelque endroit : [C] Pros.

ălĭcŭla, *ae*, f., espèce de manteau léger : [+C] Poés. ‖ léger vêtement de chasse : [+C] Pros.

ălĭcundĕ, adv., de quelque endroit, de quelque part : [C] Pros.

Ălĭdensis, *e*, V. *Elidensis* : [-C] Théât.

ălĭēnātĭo, *ōnis*, f. ¶ **1** aliénation, transmission (transport) d'une propriété à un autre : [+C] Pros. ; ***sacrorum*** [C] Pros., transmission des sacrifices (du culte) d'une famille dans une autre ¶ **2** éloignement, désaffection : [C] Pros. ; ***alienatio disjunctioque*** [C] Pros., rupture et séparation [entre amis] ; ***alienatio exercitus*** [C] Pros., fait d'aliéner l'esprit de l'armée ; ***in Vitellium*** [+C] Pros., désaffection pour Vitellius ¶ **3 *alienatio mentis*** [+C] Pros., aliénation mentale ; ***alienatio*** [seul] [+C] Pros.

ălĭēnātus, *a*, *um*, part. de *alieno*

Ălĭēni (Forum Ălĭēni), n., Forum d'Alienus [ville de la Gaule transpadane] : [+C] Pros.

ălĭēnĭgĕna, *ae*, m., né dans un autre pays, étranger : [C] Pros. ‖ f., étrangère : [+C] Pros. ‖ ***vinum alienigena*** [+C] Pros., vin étranger

ălĭēnĭgĕnus, *a*, *um*, étranger : [+C] Pros. ‖ hétérogène : [C] Poés. ‖ [chrét.] V. *alienigena*

ălĭēnō, *ās*, *āre*, *āvī*, *ātum*, tr. ¶ **1** aliéner, transporter à d'autres son droit de propriété : [C] Pros. ; ***vectigalia alienare*** [C] Pros., aliéner les revenus publics ‖ [d'où] ***alienari***, passer au pouvoir d'autrui : ***urbs alienata*** [C] Pros., ville tombée aux mains d'autrui ¶ **2** éloigner (détacher), rendre étranger (ennemi) : ***aliquem a se*** [C] Pros., s'aliéner qqn ; ***aliquem alicui*** [C] Pros., aliéner qqn à qqn ; ***animos ab aliqua re*** [C] Pros., rendre les esprits hostiles à qqch. ‖ [d'où] ***alienari***, se détacher, s'éloigner, avoir de l'éloignement, devenir ennemi : [C] Pros. ‖ [d'où] **ălĭēnātus**, *a*, *um*, qui a rompu avec qqn, adversaire, ennemi : [C] Pros., [+C] Pros. ‖ [chrét.] qui s'est détaché [de la foi] : ***alienatus a Deo*** [+C] Pros., révolté contre Dieu ¶ **3** [en part.] ***mentem alienare*** [C] Pros., aliéner l'esprit, ôter la raison ; ***alienata mente*** [C] Pros., avec l'esprit égaré ; ***alienatus*** [+C] Pros., égaré, qui n'est pas en possession de soi ¶ **4 *alienatus ab sensu*** [C] Pros., étranger à toute sensation ¶ **5** [en méd., en parl. du corps humain] ***alienari***, perdre tout sentiment, être en léthargie, être paralysé : [+C] Pros. ; ***in corpore alienato*** [+C] Pros., dans un corps en léthargie

1 **ălĭēnus**, *a*, *um* ¶ **1** d'autrui : ***alienos agros appetere*** Cic., convoiter les champs d'autrui ; ***aliena mala*** Cic., les malheurs d'autrui ; ***aes alienum***, l'argent d'autrui [d'où] la

dette ‖ [n. pris subst^t] ***alienum***, le bien d'autrui, ce qui appartient à autrui : ***exstruere aedificium in alieno*** Cic., construire sur la propriété d'autrui ¶ **2** étranger ***a)*** [à propos de pers.] ***alienus ab aliquo esse*** Cic., être étranger à qqn (= ne pas avoir de liens avec lui) ‖ [n. pris subst^t] ***alienissimos defendere*** Cic., défendre les personnes qui nous sont le plus étrangères (= des gens tout à fait inconnus) ‖ [spécialm^t à propos de patrie] ***non alienus, sed civis Romanus*** Cic., non pas un étranger, mais un citoyen romain ‖ [chrét.] étranger à la foi, païen ***b)*** [à propos de choses] ***humani nihil a me alienum puto*** Ter., je considère que rien de ce qui concerne l'homme ne m'est étranger ; ***res aliena ab aliquo, ab aliqua re*** [ou abl. seul, ou gén.] Cic., chose qui ne convient pas à qqn, qui n'est pas conforme à qqch. ; ***non alienum esse videtur proponere*** Caes., il ne semble pas hors de propos d'exposer... ‖ [spécialm^t à propos de patrie] ***aliena religio*** Cic., culte qui vient de l'étranger ‖ [rhét.] ***verbum alienum*** Cic., terme qui n'est pas le mot propre ‖ [tard.] différent de ¶ **3** défavorable, hostile ***a)*** [à propos de choses] défavorable, désavantageux, préjudiciable : ***alienus locus*** Caes., lieu défavorable ; ***alienum tempus*** Cic., circonstance désavantageuse, inopportune ***b)*** [à propos de pers. ou de sentiments] hostile : ***alieno esse animo in aliquem*** Caes., avoir des sentiments hostiles contre qqn ; ***alienus alicui*** Tac., mal disposé vis-à-vis de qqn

2 **Ālĭēnus**, *i*, m., ➡ *Allienus*

ălĭeūs, ➡ *halieus*

Ālīfae, ➡ *Allifae*

ālĭfĕr, *fĕra*, *fĕrum*, qui porte des ailes, ailé : Poés.

Alifēra, **Alifira**, ➡ *Aliphera*

ālĭgĕr, *gĕra*, *gĕrum*, ailé, qui a des ailes : Poés. ‖ **Ālĭgĕri**, m. pl., les Amours : Poés.

Aligildus, *i*, m., nom d'homme : Pros.

1 **Ălĭī**, ➡ *Aleii*

2 **ălĭī**, dat. d'*alius* ; gén.

ălĭīmŏdī, arch. pour *aliusmodi*

ălĭmentārĭus, *a*, *um*, adj., alimentaire, concernant l'alimentation ‖ **ălĭmentārĭus**, *ĭi*, subst. m., légataire d'une pension alimentaire ; [en part.] celui qui est nourri aux frais de l'État : Pros.

ălĭmentum, *i*, n., d'ord. au pl. ***alimenta***, aliments : ***corporis*** Pros., aliments du corps ; ***tridui*** Pros., subsistances pour trois jours ; ***sufficere alimentis*** Pros., suffire à l'alimentation ‖ aliments (entretien, nourriture) dus aux parents par les enfants [θρεπτήρια] : Pros.

Ălĭmentus, *i*, m., surnom dans la famille Cincia : Pros.

Alimmē, *ēs*, f., ville de Phrygie : Pros.

ălĭmō, *ōnis*, m., nourrisson : Poés.

ălĭmōnĭa, *ae*, f., **ălĭmōnium**, *ĭī*, n., nourriture, aliment : Poés., Pros.

ălĭō, adv., vers un autre lieu, ailleurs [avec mouvement] : Pros.

ălĭōquī (**ălĭōquīn**), adv. ¶ **1** sous d'autres rapports, du reste : Pros., Pros. ¶ **2** autrement, sans quoi : Pros., Pros.

ălĭorsum, adv., dans une autre direction, vers un autre endroit : Théât., Pros.

ălĭōversŭs, adv., autrement : Pros.

ălĭōvorsum, ➡ *aliorsum* : Théât.

ālĭpēs, *ĕdis*, qui a des ailes aux pieds, aux pieds ailés [Mercure] : Poés. ‖ rapide : Poés.

Ālĭphae, **Alīphānus**, ➡ *Allifae*

Aliphēra, *ae*, f., ville d'Arcadie : Pros.

ālĭpĭlus, *i*, m., qui ôte le poil des aisselles : Pros.

ălipta, **ăliptēs**, *ae*, m., celui qui frotte ou parfume les athlètes et les baigneurs, masseur : Pros.

ălĭquā, adv., par quelque endroit : Pros. ; ***evadere aliqua*** Pros., sortir par quelque ouverture ‖ [fig.] par quelque moyen : Poés.

ălĭquam, adv., [jamais isolé, ne se trouve que devant *multus* et *diu*], passablement

ălĭquamdĭū (**ălĭquandĭū**), adv., passablement longtemps : Pros.

ălĭquam multi, *ae*, *a*, [rare] passablement nombreux : Pros., Pros.

ălĭquam multum, adv., une quantité passablement grande : ***temporis*** Pros., passablement de temps

ălĭquam plūres, passablement plus nombreux : Pros.

ălĭquandō, adv. ¶ **1** un jour, une fois, quelque jour : Pros. ; ***si aliquando*** Pros., si jamais, si quelque jour ¶ **2** enfin, une bonne fois : Pros. ; ***peroravit aliquando*** Pros., à la fin il s'est décidé à conclure ¶ **3** quelquefois (= il arrive que), parfois : Pros.

ălĭquantillus, *a*, *um*, ***aliquantillum quod gusto*** Théât., si peu que soit ce que je déguste (la moindre bouchée)

ălĭquantispĕr, adv., pendant passablement de temps, qq. temps : Théât.

ălĭquantō, ➡ *aliquantum*

ălĭquantorsum, adv., assez loin dans une direction, assez avant : Pros.

ălĭquantŭlum, adv. et subst. n. ¶ **1** [adv.] un petit peu, tant soit peu : Théât., Pros., Pros. ¶ **2** [subst.] Théât.

ălĭquantŭlus, *a*, *um*, si petit soit-il, tant soit peu de : Pros.

ălĭquantum, n., [employé souvent comme adv.] ¶ **1** une assez grande quantité, une quantité notable : Théât., Pros. ¶ **2** ***aliquantum commotus*** Pros., assez fortement ému ‖ [avec compar.] [rare] Théât., Pros. ‖ abl., ***aliquanto*** [avec compar.] : Théât., Pros. ; ***aliquanto post*** Pros., assez longtemps après ; ***aliquanto ante*** Pros., assez longtemps avant

ălĭquantus, *a*, *um*, assez grand, d'une grandeur notable : Pros. ; ***timor aliquantus*** Pros., une crainte assez forte ‖ [au pl.] ➡ *aliquot*, quelques, quelques-uns : Pros., Pros.

ălĭquātĕnŭs, adv., jusqu'à un certain point : Pros.

ălĭquī, *quă*, *quŏd*, adj.-pron. indéf., quelque [pour les acceptions de *aliqui* ➡ *aliquis*] ¶ **1** m., ***aliqui*** [adj. mais plus rare que *aliquis*] : ***aliqui morbus*** Pros., quelque maladie, Pros. ‖ [subst.] quelqu'un : Théât., Pros. ¶ **2** f., ***aliqua*** [rar^t subst.] quelque femme : Poés., Pros. ‖ [adj.] Théât., Pros. ¶ **3** n., ***aliquod*** [touj. adj.]

ălĭquid, ➡ *aliquis* ¶ 9

ălĭquis, *quă*, *quĭd*, adj. pron. indéf. ; [le m. ***aliquis*** est tantôt adj., tantôt subst. ; pour le f. *aliqua*, ➡ *1 aliqui* ; le n. *aliquid* est touj. subst.] ¶ **1** [pron.] quelqu'un [indéterminé, mais existant], un tel ou un tel : Pros. ‖ adj., quelque, tel ou tel : Pros. ; ***in aliquo judicio*** Pros., dans tel ou tel procès ¶ **2** [joint ou non à *alius*] quelque [n'importe lequel], tel ou tel : Pros.\9 ¶ **3** quelque (de qq. importance) : Pros.\9 ¶ **4** [avec une négation] : Pros. ¶ **5** [ironique] Pros. ; ***Phormioni alicui*** Pros., à quelque Phormion ¶ **6** [avec noms de nombre] quelque, environ : Théât. mais Pros., je voudrais que tu m'envoies deux de tes copistes [indéterminés, ceux que tu voudras] ; [souvent] ***unus aliquis*** ou ***aliquis unus*** ; ➡ *unus* ¶ 4 ¶ **7** [formules] : ***dicet aliquis*** Pros. ; ***quaeret aliquis*** Pros., qqn dira, demandera ; ***inquiet aliquis*** Pros., dira qqn ¶ **8** [noter] ***exite aliquis*** Théât., sortez, qqn ; ***aperite aliquis*** Théât., ouvrez, qqn ¶ **9** ***aliquid*** : ***aliquid posse in dicendo*** Pros., avoir qq. valeur comme orateur ‖ [pris adv^t] ***aliquid differre*** Pros., différer en qqch. (qq. peu) ; ***aliquid obesse*** Pros., porter qq. préjudice, faire qq. tort

ălĭquō, adv. ¶ **1** quelque part [avec mouvement] : ***aliquo concedere*** Pros., se retirer qq. part ; ***aliquo deducere*** Pros., emmener qq. part ¶ **2** [fig.] = *ad aliquam rem* : ***studia perveniendi aliquo*** Pros., le désir d'atteindre un but ; Pros.

ălĭquŏt, indécl. ; [employé comme adj. et qqf. comme subst.] quelques, un certain nombre de : ***aliquot anni*** Pros., un certain nombre d'années ; ***aliquot saeculis post*** Pros., quelques siècles après ; ***aliquot de causis*** Pros., pour plusieurs raisons ‖ ***aliquot ex veteribus*** Pros., un certain nombre parmi les anciens ; ***occisi aliquot*** Pros., il y eut quelques tués

ălĭquotfārĭăm, adv., en quelques endroits : ; Pros.

ălĭquŏtĭens, adv., quelquefois : [-C] Pros., [C] Pros.

ălĭquōvorsum, adv., vers qq. endroit : [-C] Théât.

Ālĭs, *ĭdis*, f., V. *Elis* : [-C] Théât.

Alīso, **Alīsōn**, *ōnis*, m., forteresse sur la Lippe [Germanie] : [+C] Pros.

Ălĭsontĭa, *ae*, f., rivière qui se jette dans la Moselle [auj. Alzette] : [T] Poés.

ălĭtĕr, adv. ¶**1** autrement : [C] Pros. ‖ ***non aliter nisi***, non autrement que si, par aucun autre moyen que : [C] Pros. ‖ ***aliter atque aliter***, autrement et encore autrement : [+C] Pros. ‖ ***alius aliter*** : [C] Pros. ¶**2** autrement, sans quoi : [C] Pros.

ālĭtis, gén. de *ales*

ălĭtŏr, V. *altor*

ălĭtūra, *ae*, f., nourriture : [+C] Pros.

1 **ălĭtus**, *a*, *um*, part. de *alo*

2 **ālĭtŭs**, V. *halitus*

ălĭŭbī, adv., ailleurs [sans mouvement] : [C] Pros., [+C] Pros.

ālĭum (all-), *i*, n., ail : [-C] Théât., Pros.

ălĭundĕ, adv. ¶**1** d'un autre lieu : ***aliunde aliquid arcessere*** [C] Pros., faire venir qqch. d'ailleurs ¶**2** [fig.] = ***ab (ex) alio, ab (ex) alia re*** : [C] Pros. ; ***non aliunde pendere*** [C] Pros., ne pas dépendre des choses extérieures ; ***agitari aliunde*** [C] Pros., recevoir son mouvement d'un autre corps ; ***gigni aliunde*** [C] Pros., tirer d'une autre chose son origine

ălĭus, *a*, *ŭd*, gén. **ălīus** ou ordin[t] **alterius**, dat. **alĭī** ¶**1** [sens] ***a)*** autre [en parlant de plusieurs, par opp. à *alter*, "autre, un autre" en parlant de deux] : ***nihil aliud*** Cic., rien d'autre ; ***alio loco*** Cic., ailleurs ; ***alia ratione*** Cic., par un autre moyen ; ***haec et alia*** Cic., ces choses et d'autres encore ‖ [tour inverse] ***et in aliis causis et in hac*** Cic., dans d'autres causes et en particulier dans celle-ci ; ***cum aliis de causis, tum etiam ut ...*** Cic., pour plusieurs raisons et en particulier pour que ... ‖ autre = et en outre : ***missa plaustra jumentaque alia*** Liv., on envoya des chariots et en outre des bêtes de somme (= et d'autres choses, à savoir des bêtes de somme) ***b)*** différent : ***velut alii repente facti*** Liv., comme soudain métamorphosés ; ***alias res agere*** Cic., être distrait, indifférent ¶**2** [constr.] ***a) alius ac (atque), alius quam, alius praeter, alius*** avec abl., autre que : ***alio mense ac fas est*** Cic., dans un autre mois que celui que la religion exige ; ***aliud conficere quam causa postulat*** Cic., produire un autre effet que celui que réclame la cause ; ***nullo remedio alio praeter intercessionem*** Liv., sans autre remède que l'opposition tribunicienne ; ***quod est aliud melle*** Varr., ce qui est différent du miel ‖ ***nihil aliud nisi***, rien d'autre sinon : ***nihil aliud nisi de judicio cogitare*** Cic., consacrer ses pensées uniquement au procès ; ***nullam aliam ob causam nisi quod*** Cic., sans autre raison que parce que (= uniquement parce que) ***b)*** [*alius* répété au même cas], l'un ... un autre ; les uns ... les autres : ***bonorum alia ... alia autem ... alia*** Cic., parmi les biens, les uns ..., d'autres ..., d'autres ... ; ***alii melius quam alii*** Cic., les uns mieux que les autres ; ***alio atque alio colore*** Luc., d'une autre et encore d'une autre couleur (= de diverses couleurs) ***c)*** [*alius* répété à des cas différents = réciprocité ou alternative] : ***cum alius alium timet*** Cic., quand on se craint mutuellement ; ***alius ex alio causam tumultus quaerit*** Caes., ils se demandent l'un à l'autre la cause du tumulte ; ***alii aliam in partem ferebantur*** Caes., ils se portaient les uns d'un côté, les autres d'un autre ; ***cum alius alii subsidium ferret*** Caes., portant secours l'un à l'un, l'autre à un autre ¶**3** [substitutions] ***a) alii***, = *ceteri*, les autres, tous les autres : Sall., Liv., Tac., Plin. ***b)*** [qqf. au lieu de *alter*] ***duas leges, unam ..., aliam*** Caes., deux lois, l'une ..., l'autre ; ***pater alius*** Plin., un second père

allab-, V. *adlab-*

allact-, **allamb-**, V. *adl-*

allapsus, C. *1 adlapsus*

allat-, **allaud-**, V. *adl-*

allēc (hallēc, allex, hallex), *ēcis*, n., préparation culinaire à base de poisson décomposé : [C] Poés.

allēcātus (hallēc-), assaisonné d'allec : [+C] Pros.

allect-, V. *adl-*

allectātĭo, **allectĭo**, V. *adlectatio, adlectio*

1 **Allectō (Alectō)**, f., Alecto [une des trois Furies] : [C] Poés.

2 **allectō**, *ās*, *āre*, -, -, V. *adlecto*

allēcŭla (hallēcŭla), dim. de *allec*, fretin : [+C] Pros.

alleg-, V. *adleg-*

allēgŏrĭa, *ae*, f., allégorie : [+C] Pros.

allēlūia, **hallēlūia**, [mot hébreu signifiant "louez Dieu"] : [T] Pros.

allēnīmentum, *i*, n., adoucissement, manière de calmer : [T] Pros.

allev-, V. *adlev-*

allex (hallex), *ēcis*, f., C. *allec*, poisson pourri : ***hallex viri*** [-C] Théât., pourriture d'homme

allexi, V. *adlexi*

Allĭa, *ae*, f., rivière de la Sabine, où les Romains furent battus par les Gaulois en 390 av. J.-C. : [C] Pros., [+C] Poés.

allĭc-, **allid-**, V. *adl-*

Allĭensis, *e*, de l'Allia : [C] Pros.

Allĭēnus, *i*, m., nom d'homme : [C] Pros.

Allīfae (Allīphae), f. pl., [C] Pros., **Allīfē**, *ēs*, f., [+C] Poés., Allifes [ville du Samnium] ‖ **-ānus**, *a*, *um*, d'Allifes : [C] Poés.

allig-, **allin-**, V. *adl-*

Alliphae, V. *Allifae*

allis-, **alliv-**, V. *adl-*

allĭum, V. *alium*

Allŏbrŏges, *um*, m. pl., peuple de la Narbonnaise : [C] Pros. ‖ **-brox**, *ŏgis*, acc. *ŏga* [+C] Poés., m. sg., Allobroge : [C] Poés.

alloc-, V. *adloc-*

allŏq-, **allŭb-**, **allŭc-**, **allŭd-**, **allŭo**, V. *adl-*

allūsĭo, V. *adlusio*

alluv-, **allux-**, V. *adl-*

Almana, *ae*, f., ville de Macédoine : [C] Pros.

Almo, *ōnis*, m., ruisseau près de Rome : [C] Poés., [+C] Poés. ‖ le dieu de la rivière : [C] Poés.

1 **Almus**, *i*, m., mont de Pannonie : [T] Pros.

2 **almus**, *a*, *um*, nourrissant, nourricier ; [d'où] bienfaisant, maternel, libéral, doux, bon : [C] Poés.

alnĕus, *a*, *um*, de bois d'aune : [C] Pros.

alnus, *i*, f. ¶**1** aune [arbre] : [C] Poés. ¶**2** ce qui est fait en bois d'aune [en part. les bateaux] : [C] Poés.

ălō, *ĭs*, *ĕre*, *ălŭī*, *altum* ou *ălĭtum*, tr. ¶**1** nourrir, alimenter, sustenter : [-C] Théât., [C] Pros. ‖ ***exercitum alere*** [C] Pros., nourrir (entretenir) une armée ‖ nourrir, élever : [C] Pros. ‖ alimenter, faire se développer : [C] Pros., Poés. ¶**2** [fig.] nourrir, développer : [C] Pros. ¶**3** [passif sens réfléchi], se nourrir : [C] Pros. ; ***lacte*** [C] Pros., se nourrir de lait ‖ ***se alere*** : [C] Pros.

ălŏē, *ēs*, f., aloès [plante] : [+C] Pros., [T] Pros. ‖ [fig.] amertume : [+C] Poés.

Ălōeūs, *ĕī* ou *ĕŏs*, m., Aloée [nom d'un géant] : [+C] Poés.

ălŏgĭa, *ae*, f., acte ou parole déraisonnable, sottise : [+C] Poés.

Alōīdae, *ārum*, m. pl., Aloïdes [nom patronymique des fameux géants Ottus et Éphialte] : [C] Poés.

Ălŏpē, *ēs*, f. ¶**1** Alopé [fille de Cercyon] : [+C] Poés. ¶**2** ville de Locride : [C] Pros. ‖ ancien nom d'Éphèse : [+C] Poés.

Ălōpĕconnēsus, *i*, f., Alopéconnèse [ville de la Chersonèse de Thrace] : [C] Pros.

ălōsa, *ae*, f., V. *alausa*

Alpes, *ĭum*, f. pl., les Alpes : [C] Poés., [+C] Poés. ‖ [se dit en parl. de tous les hauts sommets] : [+C] Poés., [T] Poés.

alphă, n. indécl., alpha [α, première lettre de l'alphabet grec] : [+C] Poés. ‖ [fig.] ***alpha paenulatorum*** [+C] Poés., le premier des gueux ‖ [chrét.] commencement [fig.] : [T] Poés.

alphăbētum, *i*, n., alphabet : [T] Pros.

Alphēĭăs, *ădis*, f., fille d'Alphée [Aréthuse] : [C] Poés.

Alphēnŏr, *ŏris*, m., un des fils de Niobé : [C] Poés.

Alphēnus, [V→] *Alfenus*

Alphĕsĭboea, *ae*, f., Alphésibée [femme d'Alcméon] : [C] Poés.

Alphĕsĭboeus, *i*, m., Alphésibée [nom d'un berger] : [C] Poés.

Alphēus, **-ēŏs**, *i*, m., l'Alphée [fleuve de l'Élide] : [C] Poés. ‖ **-ēus**, *a*, *um*, de l'Alphée : [C] Poés.

alphus, *i*, m., maladie de peau, grattelle : [+C] Pros.

Alpĭcus, *a*, *um*, des Alpes : [C] Pros.

1 **Alpīnus**, *a*, *um*, des Alpes : [C] Poés.

2 **Alpīnus**, *i*, m., nom d'un poète : [C] Poés.

Alpis, *is*, f., [C→] *Alpes*, les Alpes : [C] Poés., [+C] Poés.

alsī, parf. de *algeo*

Alsĭensis, *e*, d'Alsium : [C] Pros. ‖ **Alsiense**, *is*, n., domaine [de Pompée] à Alsium : [C] Pros.

Alsĭētīnus lăcŭs, m., lac près de Rome : [+C] Pros.

alsĭōsus, *a*, *um*, [C] Pros., **alsĭus**, *a*, *um*, [C] Poés., frileux, qui craint le froid

Alsĭum, *ĭi*, n., port d'Étrurie : [C] Pros. ‖ **-sĭus**, *a*, *um*, d'Alsium : [T] Poés. ‖ **-sĭensis**, [V→] ce mot

alsĭŭs, plus frais : [C] Pros. ‖ [V→] *alsiosus*

altānus ventus, vent qui souffle de la mer : [C] Pros.

altăr, *āris*, n., [C→] *altare*

altārĕ, *is*, n., autel : [hébreu] [T] Pros. ; [chrétien] ‖ [ordin[t] au pl.], **altārĭa**, autel où l'on sacrifie : [C] Pros.

altārĭum, *ĭi*, n., [C→] *altare* : [T] Pros.

altē, adv. ¶ **1** en haut, de haut : ***alte spectare*** [C] Pros., regarder en haut (vers les hauteurs) ; ***alte cadere*** [C] Pros., tomber de haut ¶ **2** profondément : [C] Pros., [+C] Pros. ¶ **3** de loin : [C] Pros. ‖ ***altissime*** [+C] Pros. ‖ ***altius*** [C]

1 **altĕr**, *ĕra*, *ĕrum*, gén. *altĕrĭus*, dat. *altĕrī* ¶ **1** l'un des deux ; [en parl. de deux] l'un, l'autre ; [dans une énumération] second : [C] Pros. ‖ [C] Pros. ; [d'où] ***alter Themistocles*** [C] Pros., un second Thémistocle ‖ ***alterum tantum***, une seconde fois autant : [-C] Théât., [C] Pros. ‖ [poét.] [C] Poés. ‖ ***alter ... alter***, l'un ... l'autre, le premier ... le second ; ***alteri ... alteri*** [sens collectif] : [C] Pros. ‖ ***unus ... alter*** : [C] Pros. ‖ ***unus aut alter, unus alterve***, un ou deux : [C] Pros. ‖ ***unus et alter***, un, puis un autre : [C] Pros. ‖ ***alter alterum*** : [C] Pros. ¶ **2** autrui : [C] Pros.

2 **altēr**, *ēris*, [C→] *halter*

altĕrās, [C→] *alias*, une autre fois : [-C] Théât.

altercābĭlis, *e*, de discussion, de controverse : [T] Pros.

altercātio, *ōnis*, f., altercation, dispute [en gén.] : [C] Pros. ‖ prises oratoires [échange d'attaques et de ripostes entre les avocats des parties adverses] : [C] Pros., [+C] Pros. ‖ dispute entre philosophes : [C] Pros.

altercātŏr, *ōris*, m., interpellateur, preneur à partie : [+C] Pros.

altercō, *ās*, *āre*, *āvī*, -, intr., être en altercation, en dispute : [-C] Théât. ; [pass. impers.] ***altercatur***, on discute, [V→] *altercor*

altercŏr, *ārĭs*, *ārī*, *ātus sum*, intr. ¶ **1** échanger des propos, prendre à partie, disputer : ***altercari cum aliquo*** [C] Pros., discuter avec qqn ¶ **2** [au tribunal] échanger attaques et ripostes avec l'avocat adverse : [C] Pros., [+C] Pros. ¶ **3** [fig.] lutter avec [dat.] : [C] Poés.

altĕrĭtās, *ātis*, f., diversité, différence : [T] Pros.

alternābilis, *e*, variable : [-C] Théât. ; [V→] *aeternabilis*

alternans, part. prés. de *alterno*

alternātim, adv., alternativement, tour à tour : [T] Pros.

alternātĭo, *ōnis*, f., action d'alterner, succession : [T] Pros.

alternātus, part. de *alterno*

alternis, alternativement, à tour de rôle : [C] Poés., Pros., [+C] Pros. ‖ ***alternis ... alternis ...***, tantôt ... tantôt : [C] Pros., [+C] Pros.

alternō, *ās*, *āre*, *āvī*, *ātum* ¶ **1** tr., faire tantôt une chose, tantôt l'autre, faire tour à tour : [+C] Pros. ¶ **2** intr., alterner, aller en alternant : [C] Poés. ‖ hésiter : [C] Poés.

alternus, *a*, *um* ¶ **1** l'un après l'autre, alternant : [C] Pros. ; ***alternis versibus*** [C] Pros., en distiques ; [C] Poés. ‖ subst. n. pl., ***alterna***, les choses qui alternent : [C] Poés. ; ***alterna loqui*** [C] Poés., dialoguer ; ***alterna*** [adv[t]] ; alternativement : [+C] Poés., Pros. ‖ ***in alternum*** [C] Poés., alternativement ¶ **2** qui se rapporte à l'un et à l'autre, à chacun des deux successivement : [C] Pros.

altĕrŭtĕr, *tra*, *trum*, gén. *alterutrius*, dat. *alterutri*, l'un des deux, l'un ou l'autre : ***horum*** [C] Pros., l'un ou l'autre d'entre eux ***ex his*** [C] Pros., [+C] Pros.

Althaea, *ae*, f., Althée [mère de Méléagre] : [C] Poés.

altĭcinctus, *a*, *um*, haut-troussé = actif : [C] Poés.

altĭfĭcō, *ās*, *āre*, -, -, tr., élever : [T] Pros.

altĭlis, *e* ¶ **1** engraissé : [C] Pros. ‖ [fig.] ***dos altilis*** [-C] Théât., grosse dot ¶ **2** nourrissant : [T] Pros. ¶ **3** subst., volaille engraissée : f., [+C] Poés. ; pl., [C] Pros. ‖ n., [+C] Pros. ; pl., [+C] Pros.

Altīnās, *ātis*, m., d'Altinum : [+C] Pros. ‖ **-ātēs**, *um* ou *ĭum*, m. pl., habitants d'Altinum : [+C] Pros. ‖ **-nus**, *a*, *um*, d'Altinum : [+C] Pros.

altĭsŏnus, *a*, *um*, qui résonne fort, tonnant de haut : [-C] Théât., [C] Pros. ‖ [fig.] sublime : [+C] Poés.

altĭthrŏnus, *a*, *um*, assis sur un trône élevé : [+T] Poés.

altĭtŏnans, *antis*, qui tonne dans les hauteurs : [-C] Pros., [C] Pros. ‖ retentissant dans le ciel : [C] Poés.

altĭtŏnus, *a*, *um*, [C→] *altitonans* : [C] Poés.

altĭtūdo, *ĭnis*, f. ¶ **1** hauteur : ***muri*** [C] Pros., hauteur du mur ‖ [fig.] ***altitudo animi*** [C] Pros., grandeur d'âme, sentiments élevés ¶ **2** profondeur : ***fluminis*** [C] Pros., d'un fleuve ; ***maris*** [C] Pros., de la mer ¶ **3** [chrét.] mystère : [T] Pros. ‖ [fig.] profondeur, perfidie cachée : ***altitudines Satanae*** [T] Pros., les abîmes de Satan

altĭuscŭlē, adv., un peu en haut : [+C] Pros.

altĭuscŭlus, *a*, *um*, un peu élevé : [+C] Pros.

altĭvŏlans, *tis*, [C] Pros., Poés., **altĭvŏlus**, *a*, *um*, qui vole haut

altō, *ās*, *āre*, -, -, tr., rendre haut, élever : [T] Pros.

altŏr, *ōris*, m., celui qui nourrit, nourricier : [C] Pros., Poés.

altrim sĕcŭs, [V→] *altrinsecus* : [-C] Théât.

altrinsĕcŭs, de l'autre côté : [-C] Théât.

altrix, *īcis*, f., celle qui nourrit, nourrice : [C] Pros.

altrorsus, [+C] Pros., **altrōversum**, **-vorsum**, [-C] Théât., de (vers) l'autre côté

altum, *i*, n., [V→] *2 altus*

1 **altus**, part. de *alo*

2 **altus**, *a*, *um* ¶ **1** haut, élevé : ***murus altus*** Cic., mur élevé ; ***in altiorem locum*** Cic., arriver à une situation plus élevée ; ***altus gradus dignitatis*** Cic., haut degré d'honneur ‖ [fig.] ***altus vir*** Cic., homme à l'esprit élevé ; ***altus Caesar*** Hor., le grand César ; ***litterae altiores*** Sen., culture littéraire un peu relevée ‖ [n. pris subst[t]] ***altum***, les hauteurs : ***altum petere*** Virg., gagner les hauteurs ; ***ex alto*** Sen., des hauteurs du pouvoir ; ***altissima cupere*** Tac., avoir les visées les plus hautes ¶ **2** profond : ***alta fossa*** Caes., fossé profond ; ***altum vulnus*** Virg., blessure profonde ‖ [fig., à propos de la nuit, du silence, du sommeil, d'un sentiment...] ***altus dolor*** Virg., douleur profonde ‖ [n. pris subst[t]] ***altum***, le fond, les profondeurs : ***ex alto corporis extrahere*** Plin., extirper du fond du corps ; ***in alto vitiorum*** Sen., dans l'abîme des vices ¶ **3** lointain, reculé : ***altior memoria*** Cic., souvenir reculé ; ***altiore initio aliquid repetere*** Tac., reprendre qqch assez loin à ses débuts ‖ [n. pris subst[t]] ***altum***, la haute mer : ***in alto jactari*** Cic., être ballotté en pleine mer

3 **altŭs**, *ūs*, m., nourriture, produit : [T] Pros.

ālūcĭn-, [V→] *hallucin-*

ălŭī, parf. de *alo*

ălūmĭnātus, **ălūmĭnōsus**, *a*, *um*, mêlé d'alun, [ou] ayant le goût de l'alun : [C] Pros.

ălumnŏr, *ārĭs*, *ārī*, -, tr., élever, nourrir : [+C] Pros. ‖ [part. au sens pass.] [+C] Pros.

ălumnus, *a, um*, [sens passif] ¶ **1** m., nourrisson, enfant : [C] Pros. ; [fig.] [C] Pros. ‖ disciple, élève : [C] Pros. ‖ serviteur : [T] Poés. ¶ **2** f., [C] Pros. ¶ **3** n., [C] Poés.

Aluntĭum, [V] *Haluntium*

ălūta, *ae*, f., cuir tendre [préparé avec de l'alun] : [-C] Pros., [C] Pros. ‖ soulier : [C] Poés., [+C] Poés. ‖ porte-monnaie, bourse : [+C] Poés. ‖ mouche [posée sur le visage comme ornement] : [C] Poés.

alvārĭum, *ĭi*, n., ruche d'abeilles : [C] Pros.

alvĕāre, *is*, n., ruche d'abeilles : [+C] Pros.

alvĕātus, *a, um*, creusé en forme d'alvéole : [-C] Pros.

alvĕŏlātus, *a, um*, creusé en forme de ruche : [C] Pros.

alvĕŏlus, *i*, m. ¶ **1** petit vase, petit baquet : [C] Poés., [+C] Pros. ‖ panier à terre : [C] Pros. ‖ plat : [T] Pros. ¶ **2** table de jeu : [C] Pros. ¶ **3** lit étroit de rivière : [+C] Pros. ¶ **4** navette de tisserand : [T] Pros.

alvĕus, *i*, m. ¶ **1** cavité : [C] Poés. ¶ **2** baquet, auge : [-C] Pros., [C] Pros. ¶ **3** coque d'un navire : [C] Pros. ; [d'où] pirogue, canot : [C] Pros. ¶ **4** baignoire : [C] Pros. ¶ **5** lit de rivière : [C] Poés. ¶ **6** ruche : [+C] Pros.

alvus, *i*, f. ¶ **1** ventre, intestins : [C] Pros. ¶ **2** flux de ventre : [+C] Pros. ‖ déjections, excréments : [+C] Pros. ¶ **3** matrice, utérus : [C] Pros. ¶ **4** estomac : [C] Pros. ¶ **5** coque d'un navire : [+C] Pros.

Alyattes, *is*, m., gén. *-tei* [C] Poés.

Alyatti, *ōrum*, m. pl., Alyattes [ville de Galatie] : [C] Pros.

Alyzia, *ae*, f., ville de l'Acarnanie : [C] Pros.

am ¶ **1** prép. avec acc., de part et d'autre de : [-C], [T] Pros. ¶ **2** [employée surtout en compos., sous les formes *amb-*, *ambi-*, *ambe-*, *am-*, *an-*] ***a)*** double, des deux côtés : ***ambiguus, anceps*** ***b)*** autour, de part et d'autre : ***ambio, amicio, amplector***

ăma, *ae*, f., [V] *hama*

ămābĭlis, *e*, digne d'amour, aimable : [-C] Théât., [C] Poés., Pros. ‖ ***-bilior*** [C] Pros. ‖ ***-issimus*** [C] Pros.

ămābĭlĭtās, *ātis*, f., amabilité : [-C] Théât.

ămābĭlĭtĕr, adv., avec amour : [C] Pros. ‖ agréablement : [C] Pros. ‖ ***amabilius*** [C] Poés.

Ămădrўas, [V] *Hamadryas*

Amafīnĭus, *ĭi*, m., philosophe épicurien : [C] Pros.

Ămalthēa, *ae*, f., Amalthée ¶ **1** chèvre [ou nymphe ?] qui nourrit Jupiter de son lait : [C] Poés. ¶ **2** **-thēa**, *ae*, f., **-thēum** (**-thīum**), *i*, n., sanctuaire élevé à Amalthée dans la maison de campagne d'Atticus en Épire, puis dans celle de Cicéron à Arpinum : [C] Pros. ¶ **3** une sibylle : [C] Poés.

āmandātĭo, *ōnis*, f., éloignement, exil : [C] Pros.

āmandātus, *a, um*, part. de *amando*

āmandō, **āmendō**, *ās, āre, āvī, ātum*, tr., éloigner : [C] Pros., [+C] Pros.

ămandus, *a, um*, part.-adj., aimable : [C] Poés.

Amānĭcae Pўlae, f. pl., défilé du mont Amanus : [+C] Pros.

Amānĭenses, *ĭum*, m. pl., habitants du mont Amanus : [C] Pros.

ămans, *tis* ¶ **1** part. prés. de *amo* ¶ **2** adj[t] : ***amans patriae*** [C] Pros., qui aime sa patrie ; ***tui amantior*** [C] Pros., plus affectionné pour toi ; ***amantissimus otii*** [C] Pros., très épris de repos ‖ ***amantissimum consilium*** [C] Pros., conseil très affectueux ‖ subst. m. ou f., amant, amante : [-C] Théât., [C] Pros. ‖ ***amantissimus***, bien-aimé : [T] Pros. ‖ délicieux : [T] Pros.

ămantĕr, adv., en ami, d'une façon affectueuse : [C] Pros. ; ***amantius*** [C] Pros. ; ***amantissime*** [C] Pros.

Amantĭa, *ae*, f., ville d'Épire : [C] Pros. ‖ **-tīni**, *ōrum*, m. pl., habitants d'Amantia : [C] Pros. ou **-tēs**, *ĭum*

āmănŭensis, *is*, m., secrétaire : [+C] Pros.

Ămānus, *i*, m., mont situé entre la Syrie et la Cilicie : [C] Pros.

ămārăcĭnus, *a, um*, n. pris subst[t], essence de marjolaine : [C] Poés.

ămărantus, *i*, m., amarante [plante] : [C] Poés.

Amardus, *i*, m., fleuve de Médie : [T] Pros.

ămārē, adv., amèrement, avec amertume : [+C] Pros. ; ***amarius*** [T] Pros. ; ***amarissime*** [+C] Pros.

ămārēfăcĭo, *ĭs, ĕre, -, -*, tr., rendre amer : [T] Pros.

ămārescō, *ĭs, ĕre, -, -*, intr., devenir amer : [T] Pros.

ămārĭcō, *ās, āre, -, -*, tr., rendre amer ‖ [passif] devenir amer : [T] Pros. ; ***amaricans*** [T] Pros., plein d'amertume

ămārĭtās, *ātis*, f., amertume : [C] Pros.

ămārĭtĕr, adv., amèrement : [T] Pros.

ămārĭtĭēs, *ei*, f., amertume : [C] Poés.

ămārŏr, *ōris*, m., amertume : [C] Poés.

ămārŭlentus, *a, um*, très amer, très piquant : [+C] Pros., [T] Pros.

ămārus, *a, um* ¶ **1** amer : [C] Pros. ‖ aigre, criard : [+C] Poés. ¶ **2** [fig.] ***a)*** amer, pénible : [+C] Pros. ‖ n. pl., ***amara***, les choses amères, l'amertume : [C] Poés. ***b)*** amer, mordant, âpre, sarcastique : [C] Poés., [+C] Pros. ***c)*** amer, aigre, morose, acariâtre : [C] Pros. ‖ ***amarior*** [C] Pros. ; ***amarissimus*** [C] Pros.

Ămărўllis, *ĭdis*, f., nom de bergère : [C] Poés.

Ămărўnceūs, *ĕi*, m., nom de héros : [+C] Poés.

Ămărўnthis, *ĭdis*, f., surnom de Diane honorée à Amarynthe [en Eubée] : [C] Pros.

ămascō, *ĭs, ĕre, -, -*, intr., commencer à aimer : [-C] Théât.

Ămăsēnus, *i*, m., Amasène [fleuve du Latium] : [C] Poés.

ămāsĭo, *ōnis*, m., [V] *amasius* : [+C] Pros.

Ămāsis, *is*, m., roi d'Égypte : [+C] Poés.

ămāsĭuncŭla, *ae*, f., amante : [+C] Pros.

ămāsĭuncŭlus, *i*, m., amant : [+C] Pros.

ămāsĭus, *ĭi*, m., amoureux, amant : [-C] Théât.

Ămastra, *ae*, f., [V] *Amestratus* : [+C] Poés.

Ămastris, *ĭdis*, f., ville du Pont ‖ **-rĭăcus**, *a, um*, d'Amastris : [C] Poés. ‖ **-rĭāni**, *ōrum*, m. pl., habitants d'Amastris : [+C] Pros.

1 **Ămāta**, *ae*, f. ¶ **1** femme de Latinus : [C] Poés. ¶ **2** nom d'une Vestale : [+C] Pros.

2 **ămāta**, *ae*, f. du part. de *amo* pris subst., amante : [C] Pros.

Ămăthūs, *untis* ¶ **1** m., Amathus, fondateur d'Amathonte : [+C] Pros. ¶ **2** f., Amathonte [ville de Chypre, avec un temple de Vénus] : [C] Poés. ‖ **-thūsia**, *ae*, f., Vénus : [C] Poés., [+C] Pros. ‖ **-thūsĭăcus**, *a, um*, d'Amathonte : [C] Poés.

ămātĭo, *ōnis*, f., manifestation de l'amour : [-C] Théât. ‖ au pl., [-C] Théât.

ămātŏr, *ōris*, m., qui aime, qui a de l'amour, de l'affection : [C] Pros. ‖ [en mauv. part] débauché, libertin : [C] Pros. ‖ [pris adj[t]] amoureux : [+C] Pros.

ămātorcŭlus, *i*, m., petit amant : [-C] Théât.

ămātōrĭē, adv., en amoureux, en passionné : [-C] Théât., [C] Pros.

ămātōrĭus, *a, um*, d'amour, qui concerne l'amour : [C] Pros. ‖ **ămātōrĭum**, *ĭi*, n., philtre amoureux : [+C] Pros.

ămātrix, *īcis*, f., amoureuse, amante : [-C] Théât.

ămātus, *a, um*, part. de *amo* ‖ m. pris subst[t], amant : [+C] Pros.

Ămazōn, *ŏnis*, f., [C] Poés., [+C] Pros., Amazone ‖ **Ămazŏnĕs**, **Ămazŏnĭdĕs**, *um*, f. pl., les Amazones [femmes guerrières de Scythie] : [C] Poés. ‖ [fig.] héroïne d'amour : [C] Poés.

Ămazŏna, *ae*, f., Amazone : [+C] Poés.

Ămazŏnĭcus, *a, um*, **Ămazŏnĭus**, *a, um*, d'Amazone : [C] Poés.

amb-, [V] *am*

ambactus, *i*, m., esclave : [C] Pros.

ambădĕdō, *ĭs, ĕre, -, -*, tr., ronger autour, manger : [-C] Théât.

ambāgēs, *is*, f.
I [sg. rare] ¶ **1** détours, sinuosités : abl. *ambage*, [C] Poés., [+C] Pros. ¶ **2** ambiguïté, obscurité : [nom.] [+C] Pros. ; [abl.] [+C] Pros.
II pl., **ambāgēs**, *um* ¶ **1** détours, circonlocutions, ambages : [C] Poés., Pros. ¶ **2** ambiguïté, obscurité, caractère énigma-

tique : ***per ambages*** [C] Pros., de façon énigmatique, par des voies détournées

ambāgĭōsus, *a*, *um*, plein d'ambiguïté, d'obscurité : [+C] Pros.

ambāgo, *ĭnis*, f., ambiguïté, caractère énigmatique : [C] Poés.

Ambarri, *ōrum*, m. pl., peuple de la Gaule Lyonnaise : [C] Pros.

Ambarvālis, *e*, qui concerne la fête des Ambarvales : ***Ambarvalis hostia*** [T] Pros., victime ambarvale [qu'on promenait autour des champs avant de l'immoler]

ambĕ-, [V.→] *am*

ambĕcīsŭs, *ūs*, m., action de couper autour : [C] Pros.

ambĕdō, *ĭs*, *ĕre*, *ēdī*, *ēsum*, tr., manger, ronger autour : [-C] Théât., [C] Poés., [+C] Pros. ‖ 3ᵉ pers. indic. prés. *ambest*

ambestrix, *īcis*, f., celle qui dévore, qui dissipe : [-C] Théât.

ambēsus, *a*, *um*, part. de *ambedo*

ambĭ-, [V.→] *am*

Ambĭāni, *ōrum*, m. pl., peuple de la Belgique : [C] Pros.

Ambiātīnus vīcus, m., village du Rhin : [+C] Pros.

Ambibarĭi, *ōrum*, m. pl., peuple de l'Armorique : [C] Pros.

ambĭdextĕr, *tri*, m., ambidextre : [T] Pros.

ambiectum esse, [→] *circumjectum esse*, être jeté autour : [C] Pros.

ambĭegnus, *a*, *um*, f., victime flanquée de deux agneaux : [C] Pros.

ambĭendus, *a*, *um*, adj. verbal de *ambio*

ambĭentĕr, adv., avidement : [T] Pros.

ambĭfārĭam, adv., de deux manières : [+C] Pros.

ambĭfārĭus, *a*, *um*, ambigu, à double sens : [T] Pros.

ambĭgō, *ĭs*, *ĕre*, *-*, *-* ¶**1** ***a)*** intr., discuter, être en controverse : ***qui ambigunt*** [C] Pros., ceux qui se livrent à une discussion ‖ [surtout pass. impers.] : [C] Pros. ***b)*** tr., [seulᵗ au passif] [C] Pros. ‖ [rare] ***non ambigitur quin…*** [C] Pros., il est hors de discussion que… ¶**2** intr. ***a)*** être en discussion (en procès) : [C] Pros. ; ***si de hereditate ambigitur*** [C] Pros., s'il y a contestation sur une question d'héritage ***b)*** être entraîné dans deux directions, être dans l'incertitude, hésiter : ***de aliqua re*** [+C] Pros., être dans l'incertitude sur qqch. ‖ douter que [prop. inf.] : [T] Pros.

ambĭgŭē, adv., à double entente, d'une manière ambiguë (équivoque) : [C] Pros. ‖ d'une manière incertaine, douteuse : ***haud ambigue*** [C] Pros., d'une façon manifeste ; ***pugnabatur ambigue*** [+C] Pros., le combat était indécis

ambĭgŭĭtās, *ātis*, f., ambiguïté [double sens], équivoque, obscurité : [C] Pros. ; ***ambiguitatem solvere*** [+C] Pros., détruire une équivoque

ambĭgŭus, *a*, *um* ¶**1** entre deux, variable, douteux, incertain, flottant : [C] Poés. ; ***ambigui viri*** [C] Poés., les Centaures ; ***ambigui lupi*** [C] Poés., loups-garous [tantôt loups, tantôt hommes] ; ***per ambiguum favorem*** [C] Pros., par une faveur partagée [en favorisant tantôt l'un, tantôt l'autre] ¶**2** douteux, incertain : ***victoria ambigua*** [C] Pros., victoire douteuse ; ***certamen ambiguum*** [C] Pros., bataille incertaine (indécise) ; [-C] Théât., [C] Poés., [+C] Pros. ‖ [en parl. des pers.] [+C] Pros. ; ***ambiguus consilii*** [+C] Pros., ne sachant quel parti prendre ; ***ambiguus imperandi*** [+C] Pros., hésitant à exercer le pouvoir ¶**3** à double entente, ambigu, équivoque : ***ambiguum nomen*** [C] Pros., mot équivoque ; ***oracula ambigua*** [C] Pros., oracles ambigus ‖ n. pris substᵗ, ***ambiguum***, l'équivoque, l'ambiguïté : ***ex ambiguo controversia*** [C] Pros., contestation venant de [portant sur] l'équivoque ; [C] Pros. ¶**4** douteux, peu sûr : ***ambigua fides*** [C] Pros., fidélité douteuse, [+C] Pros.

ambĭī, parf. de *ambio*

Ambiliati, *ōrum*, m. pl., peuple de la Belgique : [C] Pros.

ambĭō, *īs*, *īre*, *ĭī* (*īvī*), *ītum*, tr. ¶**1** aller à l'entour : [C] Poés., Pros., [+C] Pros. ‖ [fig.] ***vicatim ambire*** [C] Pros., faire le tour quartier par quartier [parcourir les quartiers de la ville à la ronde, successivement] [C.→] *circum* ¶**2** [fig.] entourer : [C] Pros., [+C] Pros. ‖ [C] Poés. ¶**3** entourer qqn [pour le prier, le solliciter] [surtout en parl. du candidat qui sollicite les suffrages] : [C] Pros. ; ***ambiuntur, rogantur*** [C] Pros., on s'empresse autour d'eux, on les sollicite ‖ [absᵗ] solliciter, briguer : [C] Pros. ‖ ***magistratum*** [-C] Théât., briguer une magistrature [*sibi alterive*, pour soi ou pour autrui] ‖ [en gén.] [C] Poés., [+C] Pros. ¶**4** désirer, rechercher : [T] Poés. ‖ demander, s'efforcer de [inf., *ut*, *ne*] ▸ [+C] Poés., Pros. ¶**5** [intr. avec *ad*] avoir recours à : [+C] Pros.

Ambĭŏrix, *īgis*, m., chef des Éburons : [C] Pros.

ambĭtĭo, *ōnis*, f. ¶**1** tournées (démarches) des candidats pour solliciter les suffrages, par des voies légitimes [oppos. à *2 ambitus* ¶*2* "brigue", c.-à-d. emploi de moyens illégitimes] : [C] Pros. ¶**2** [en gén.] ambition : [C] Pros. ; ***ambitio mala*** [C] Pros., une ambition funeste ‖ désir de popularité : [C] Pros. ‖ désir de se faire bien venir, complaisances intéressées : [C] Pros. ; ***ambitio scriptoris*** [+C] Pros., les complaisances [désir de plaire] d'un écrivain ‖ ***ambitio gloriae*** [+C] Pros., l'ambition (la poursuite) de la gloire ¶**3** pompe, faste : [C] Pros., [+C] Pros. ¶**4** [au pr.] action d'entourer, d'aller autour, de se répandre : [T] Pros.

ambĭtĭōsē ¶**1** en faisant les démarches d'un candidat, d'un solliciteur : [C] Pros., [+C] Pros. ¶**2** avec désir de plaire, avec complaisance : [C] Pros. ¶**3** par ambition : [+C] Pros. ¶**4** par ostentation : [+C] Pros.

ambĭtĭōsus, *a*, *um* ¶**1** [au pr.] qui va autour, qui entoure, qui enveloppe : [C] Poés. ¶**2** celui qui poursuit les honneurs, les charges : [C] Pros. ‖ avide de popularité : ***ambitiosus imperator*** [C] Pros., un général avide de popularité ‖ désireux de se faire bien voir : [C] Pros. ; ***ambitiosus in aliquem*** [C] Pros., désireux de plaire à qqn (complaisant envers qqn) ; ***ambitiosae rogationes*** [C] Pros., sollicitations de complaisance ; ***ambitiosi rumores*** [+C] Pros., bruits intéressés ‖ intrigant, qui use de brigue : [C] Pros. ‖ ambitieux, avide de gloire, prétentieux : [C] Poés., [+C] Pros.

1 **ambĭtus**, *a*, *um*, part. de *ambio*

2 **ambĭtŭs**, *ūs*, m. ¶**1** [au pr.] mouvement circulaire : [C] Pros. ‖ circuit, détour : [C] Pros. ; ***ambitus aquae*** [C] Poés., méandres de l'eau ‖ [fig.] [C] Pros. ; si je voulais passer en revue [que de vouloir…] ‖ pourtour : ***ambitus litorum*** [C] Pros., le pourtour du rivage ; [+C] Pros. ; ***castrorum*** [+C] Pros., enceinte d'un camp ; ***aedium*** [C] Pros., pourtour d'une maison [espace de cinq pieds, inconstructible, aménagé entre deux maisons contiguës] ‖ [fig.] ***verborum ambitus*** [C] Pros., période [cf. περίοδος] ¶**2** brigue [recherche des magistratures par des démarches et moyens illégitimes] : [C] Pros. ; ***lex ambitus*** [C] Pros. ; ***lex de ambitu*** [C] Pros., loi sur la brigue ; ***de ambitu postulatus*** [C] Pros., accusé de brigue (corruption electorale) ; ***ambitu absolutus*** [C] Pros., absous d'une accusation de brigue ‖ [en gén.] intrigue, manoeuvres pour avoir la faveur : ***per uxorium ambitum*** [+C] Pros., grâce aux intrigues d'une épouse ‖ ambition : [+C] Pros. ‖ parade, montre : [+C] Pros.

Ambĭvarēti, *ōrum*, m. pl., peuple de la Gaule : [C] Pros.

Ambĭvarīti, *ōrum*, m. pl., peuple de la Gaule Belgique : [C] Pros.

ambĭvĭum, *ĭi*, n., double voie : [C] Poés.

Ambĭvĭus, *ĭi*, m., Ambivius Turpio [acteur de l'époque de Térence] : [C] Pros., [+C] Pros. ‖ un cabaretier de la voie Latine : [C] Pros.

1 **ambō**, *ae*, *ō*, deux en même temps, tous deux ensemble, les deux [on dit *Eteocles et Polynices ambo perierunt*, "Étéocle et Polynice périrent tous deux ensemble" ; mais on ne dit pas *Romulus et Africanus ambo triumphaverunt*, on dit *uterque* "Romulus et l'Africain remportèrent tous deux (chacun de leur côté) le triomphe" :] : [C] Pros.

2 **ambō**, *ōnis*, m., [→] *umbo* : [C] Pros.

Ambrăcĭa, *ae*, f., Ambracie [ville d'Épire] : [C] Pros. ‖ **-cĭensis**, *e*, d'Ambracie, Ambracien : [C] Pros. ou **-cĭus**, *a*, *um*, [C] Pros. ; **-cĭōtēs**, *ae*, m., Ambraciote, d'Ambracie : [C] Pros.

Ambrōnēs, *um*, m. pl., Ambrons [ancien peuple gaulois vivant du brigandage] : [C] Pros.

1 **ambrŏsĭa**, *ae*, f. ¶**1** ambroisie [nourriture des dieux] : [C] Pros. ‖ [servant à oindre le corps] [C] Poés. ¶**2** nom d'un contre-poison : [+C] Pros.

2 **Ambrŏsĭa**, [C.→] *Ambrosie*

Ambrŏsĭē, *es*, f., Ambroisie [fille d'Atlas, une des Hyades] : [+C] Poés.

1 **ambrŏsĭus (-ēus)**, *a, um*, d'ambroisie : +C Poés. ‖ suave comme l'ambroisie : +C Pros. ‖ parfumé d'ambroisie : C Poés. ‖ digne des dieux : ***ambroseum corpus*** +C Pros., corps divin (admirable)

2 **Ambrŏsĭus**, *ĭi*, m. ¶ **1** nom d'homme : +C Poés. ¶ **2** saint Ambroise, évêque de Milan : T Pros. ‖ **-sĭus**, *a, um*, **-sĭānus**, *a, um*, d'Ambroise

ambūbāia, *ae*, f. ¶ **1** courtisane syrienne, joueuse de flûte : +C Pros. ¶ **2** chicorée sauvage : +C Pros.

ambŭlācrum, *i*, n., promenade plantée d'arbres devant une maison : -C Théât., +C Pros.

ambŭlātĭlis, *e*, qui fait un va-et-vient : C Pros. ‖ qui peut se déplacer en marchant : T Pros.

ambŭlātĭō, *ōnis*, f., promenade : C Pros. ‖ lieu de promenade : C Pros. ‖ va-et-vient de l'orateur [qui se déplace en parlant à la tribune] : +C Pros.

ambŭlātĭuncŭla, *ae*, f., petite promenade : C Pros. ‖ petit emplacement de promenade : C Pros.

ambŭlātŏr, *ōris*, m., promeneur : -C Pros. ‖ colporteur : +C Poés.

ambŭlātōrĭus, *a, um* ¶ **1** fait pendant la promenade : +C Pros. ¶ **2** qui va et vient, mobile : ***turris ambulatoria*** C Pros., tour mobile [engin de siège]

ambŭlātrix, *īcis*, f., celle qui aime à se promener : -C Pros.

ambŭlātŭs, *ūs*, m., faculté de marcher : T Pros.

ambŭlō, *ās, āre, āvī, ātum*, intr.
I [abs^t] ¶ **1** aller et venir, marcher, se promener : [oppos. à *cubare*] -C Théât. ; [à *sedere*] C Pros. ; [à *stare*] +C Pros. ; [à *jacere*] +C Pros. ; ***in sole*** C Pros., se promener au soleil ‖ marcher, avancer : ***si recte ambulaverit*** C Pros., si [le porteur de la lettre] marche bien ; C Pros. ¶ **2** [en parl. de choses] -C Pros.
II [avec acc.] ¶ **1** [acc. de l'objet intérieur] C Pros. ; ***perpetuas vias*** C Poés., cheminer sans arrêt ¶ **2** [acc. de l'espace parcouru] C Pros.

ambūrō, *ĭs, ĕre, ussī, ustum*, tr. ¶ **1** brûler autour, brûler : -C Théât. ¶ **2** [employé surtout au part.] ***ambustus***, brûlé tout autour, roussi : C Pros. ‖ atteint par le feu, brûlé : C Pros.

ambustŭlātus, *a, um*, dim. de *1 ambustus*, qq. peu rôti : -C Théât.

1 **ambustus**, *a, um*, part. de *amburo*

2 **Ambustus**, *i*, m., surnom d'un Fabius : C Pros.

ămellus, *i*, m., amelle [fleur] : C Poés. ‖ **amella**, *ae*, f.

āmēn, indécl., assurément : T Pros.

Ămĕnānus, *i*, m., fleuve de Sicile : C Poés. ‖ **-us**, *a, um*, de l'Aménane : C Poés.

āmendo, → *amando*

āmens, *tis* ¶ **1** [en parl. des pers.] qui n'a pas sa raison, qui est hors de soi, égaré, éperdu, fou : C Pros. ‖ ***-tior*** C ; ***-tissimus*** C Pros. ¶ **2** [pers. et choses] extravagant, insensé, stupide : C Pros. ‖ ***nihil amentius*** C Pros., rien de plus fou ; ***amentissimum consilium*** C Pros., la résolution la plus insensée

āmentātus, *a, um*, part. de *1 amento*, garni d'une courroie ; [d'où] ***hastae amentatae*** C Pros., javelines prêtes à être lancées

āmentĭa, *ae*, f., absence de raison, démence, égarement : C Pros.

āmentō, *ās, āre, āvi, ātum*, tr. ¶ **1** garnir d'une courroie : C Pros. ¶ **2** lancer un javelot au moyen d'une courroie : +C Poés. ; [d'où] projeter violemment [en parl. du vent] : +C Poés.

āmentum (ammentum), *i*, n., courroie (lanière) adaptée aux javelots : C Pros.

Ămĕrĭa, *ae*, f., Amérie [ville d'Ombrie] : C Pros. ‖ **-rīnus**, *a, um*, d'Amérie : C Pros. ‖ **-rīni**, *ōrum*, m. pl., habitants d'Amérie : C Pros. ‖ **-rīna**, *ōrum*, n. pl., espèce de fruit : +C Poés.

Ămĕrĭŏla, *ae*, f., ville du Latium : C Pros.

ămĕs, *ĭtis*, m., perche ¶ **1** bâton d'oiseleur : C Poés. ¶ **2** traverse de clôture : +C Pros. ¶ **3** brancards d'un autel portatif : T Pros.

Amestrătus, *i*, f., ville de Sicile : C Pros. ‖ **-tīni**, *ōrum*, m. pl., habitants d'Amestratus : C Pros.

ăměthystĭna, *ōrum*, n. pl., vêtements couleur d'améthyste : +C Poés.

ăměthystĭnātus, *a, um*, revêtu d'habits couleur d'améthyste : +C Poés.

ăměthystĭnus, *a, um*, couleur d'améthyste : +C Poés. ‖ orné d'améthyste : +C Poés.

amfractus, → *2 anfractus* : C Pros.

āmĭ (ammĭ), n. indécl., gén. *ameos* ; ; *ammeos* +C Pros.

ămĭās, *ae*, acc. *an*, f., sorte de thon : -C Poés., C Pros.

ămīca, *ae*, f., amie, maîtresse : C Pros.

ămīcābĭlis, *e*, amical ‖ **-bĭlĭter**, amicalement : T Pros.

ămīcālis, *e*, amical : +C Pros., T Pros. ‖ **-lĭtĕr**, amicalement : +T Poés.

ămīcē, adv., amicalement : C Pros. ‖ ***amicissime*** C Pros. ; ***amicius*** +C Pros.

Amĭcenses, m., peuple sarmate : T Pros.

ămĭcīmen, *ĭnis*, n., → *2 amictus* : +C Pros.

ămĭcĭō, *īs, īre, mĭcŭī* et *mixī, ictum*, tr., mettre autour, envelopper [opp. *induo*] ; [employé surtout au pass.] : ***pallio amictus*** C Pros., couvert d'un manteau ‖ abs^t, ***amiciri***, s'habiller, se draper, s'ajuster, mettre de l'ordre dans son vêtement : -C Théât., C Poés., +C Pros. ‖ [poét.] ***nube amictus*** C Poés., enveloppé dans un nuage ; [acc. de relation] C Poés. ; [fig.] C Pros., Poés.

ămīcĭtĕr, → *amice* : -C Théât.

ămīcĭtĭa, *ae*, f. ¶ **1** amitié : C Pros. ; ***amicitiam contrahere*** C Pros., former une amitié ; ***conglutinare*** C Pros., sceller une amitié, → *jungo, gero* ; ***aliquem in amicitiam recipere*** C Pros., recevoir qqn dans son amitié ¶ **2** [entre peuples] amitié, bons rapports, alliance : ***amicitiam facere*** C Pros., lier d'amitié

ămīcĭtĭēs, *ēi*, f., → *amicitia* : C Poés.

ămīcō, *ās, āre, -, -*, tr., rendre favorable : +C Poés.

1 **ămictus**, *a, um*, part. de *amicio*

2 **ămictŭs**, *ūs*, m. ¶ **1** enveloppe, ce qui recouvre : C Pros. ‖ vêtement de dessus : C Pros. ‖ [fig.] air ambiant : C Poés. ¶ **2** façon de s'envelopper (de se draper) de la toge : C Pros.

ămīcŭla, *ae*, → *amiculus*

ămīcŭlum, *i*, n., vêtement, manteau : C Pros.

ămīcŭlus, *i*, m., petit ami : C Pros. ‖ **amīcŭla**, *ae*, f., petite amie : C Pros.

1 **ămīcus**, *a, um*, adj., ami : C Pros. ; ***amico animo*** C Pros., avec les sentiments d'un ami (avec un coeur d'ami) ‖ ***rei publicae*** C Pros., dévoué à l'intérêt public ‖ [relations politiques] : C Pros.

2 **ămīcus**, *i*, m., ami : ***paria amicorum*** C Pros., paires (couples) d'amis ; ***amicus bonus*** C Pros. ; ***firmus, fidelis*** C Pros. ; ***verus*** C Pros. ; ***intimus*** C Pros., bon ami, ami sûr, fidèle, sincère, intime ; ***amicissimi vestri*** C Pros., vos plus grands amis ‖ ***amicus veritatis*** C Pros., ami de la vérité ‖ ami, confident [d'un roi] : C Pros. ‖ ami, allié : [du peuple romain] C Pros. ; [avec gén. ou dat.] C Pros.

Amida, *ae*, f., ville de Mésopotamie : T Pros.

ămĭlum, → *amulum*

Ămĭlcăr, m., → *Hamilcar*

Ămĭnaeus (-nēus), *a, um*, d'Aminéa [canton de la Campanie, renommé pour ses vins] : -C Pros., C Poés.

Ămīnĭās, *ae*, m., frère du poète Eschyle : T Pros.

Amīsēnus, *ĭi*, m., → *Amisus*

āmīsī, parf. de *amitto*

Amīsĭa, *ae*, m., rivière de Germanie [l'Ems] : +C Pros.

Ămīsŏs, *i*, → *Amisus*

āmissĭbĭlis, *e*, qui peut se perdre : T Pros.

āmissĭo, *ōnis*, f., perte : C Pros. ‖ [au pl.] +C Pros.

1 **āmissus**, *a, um*, part. de *amitto*

2 **āmissŭs**, *ūs*, m., perte : C Pros.

Ămīsus (**-ŏs**, *i*), f., ville du Pont : [C] Pros. ‖ **-sēni**, *ōrum*, m. pl., habitants d'Amisus : [+C] Pros.

ămĭta, *ae*, f., sœur du père, tante du côté paternel : [C] Pros. ‖ ***magna*** [+C] Pros., soeur de l'aïeul, grand-tante

Ămĭternum, *i*, n., ville des Sabins : [C] Pros. ‖ **-nus**, *a, um*, d'Amiternum : [C] Poés. ‖ **-nīnus**, *a, um*, d'Amiternum : [C] Pros. ‖ **-nīni**, *ōrum*, m. pl., habitants d'Amiternum : [C] Pros.

Ămĭthāōn, V. *Amythaon*

āmittō, *ĭs*, *ĕre*, *mīsī*, *missum*, tr. ¶ **1** envoyer loin de soi (renvoyer), ou laisser partir : ***ab se filium amittere*** [-C] Théât., renvoyer son fils loin de soi ¶ **2** [fig.] laisser partir, perdre volontairement, abandonner : [C] Pros. ; ***amittere fidem*** [C] Pros., trahir sa parole ¶ **3** laisser s'échapper, perdre [involontairement] : [C] Pros. ; ***occasionem*** [C] Pros. ; ***tempus*** [C] Pros., perdre l'occasion, le moment favorable (manquer le moment) ¶ **4** perdre (faire une perte) : ***aliquem*** [C] Pros., perdre qqn [par la mort] ; ***clientelas*** [C] Pros., perdre une clientèle (des clients) ; ***vitam*** [C] Pros. ; ***fortunam*** [C] Pros., perdre la vie, sa fortune ; ***lumina*** [C] Pros., la vue ; ***fructum*** [C] Pros., le fruit de la récolte ; ***civitatem*** [C] Pros., les droits de citoyen ; ***mentem*** [C] Pros., la raison ; ***sensum*** [C] Pros., le sentiment ; ***exercitum*** [C] Pros., perdre son armée ; ***impedimenta*** [C] Pros., ses bagages ; ***classem*** [C] Pros., une flotte ; ***oppidum*** [C] Pros., une ville

ămixī, parf. de *amicio*

Amma, *ae*, f., ville de Judée : [T] Pros.

Ammanītēs, (**-ītis**), V. *Ammonites* : [T] Pros.

ammentum, V. *amentum*

ammĭ, V. *ami*

Ammĭānus Marcellīnus, *i*, m., Ammien Marcellin [historien latin du 4ᵉ s.] : [T] Pros.

Ammīnĕus, V. *Aminaeus*

ammīror, V. *admiror*

ammitto, V. *admitto*

Ammōdēs, m., contrée d'Afrique : [+C] Pros.

ammŏdȳtēs (**hamm-**), *ae*, m., nom d'un serpent d'Afrique qui se cache dans le sable : [+C] Poés.

1 **Ammōn** (**Hammōn**), *ōnis*, m., nom de Jupiter chez les Libyens : [C] Pros., [+C] Pros.

2 **Ammōn**, indécl., fils de Loth, qui a donné son nom aux Ammonites : [T] Pros.

ammŏnĕo, V. *admoneo*

ammŏnĭtrix, V. *admonitrix*

ammōnĭăcus, *a, um*, V. *1 Ammon*

Ammōnītēs, *ae*, m., Ammonite, **Ammōnītae**, *ārum*, pl., Ammonites [Arabie Pétrée] : [T] Pros. ‖ **-nītĭdes**, *um*, f. pl., femmes Ammonites : [T] Pros.

amnestĭa, *ae*, f., amnistie : [+C] Pros.

amnĭcŏla, *ae*, m., qui habite ou croît au bord de la rivière : [C] Poés.

amnĭcŭlus, *i*, m., petite rivière : [C] Pros.

amnĭgĕna, *ae*, m., né d'un fleuve : [+C] Poés. et **-gĕnus**, *a, um*, né dans une rivière : [T] Poés.

amnis, *is*, m. ¶ **1** cours d'eau rapide, fleuve [au fort courant] : [C] Poés., Pros. ‖ rivière : [C] Pros. ‖ torrent : [C] Poés. ¶ **2** courant : ***secundo amni*** [C] Poés., en suivant le courant [en aval] ; ***adverso amne*** [+C] Pros., contre le courant [en amont] ; ***Oceani amnes*** [C] Poés., les courants de l'Océan [fleuve pour les Anciens] ¶ **3** [poét.] eau : [C] Poés. ¶ **4** [poét.] constellation de l'Éridan : [C] Poés.

ămo, *ās*, *āre*, *āvī*, *ātum*, tr. ¶ **1** aimer, avoir de l'affection pour [sens plus fort que *diligo*] : [C] Pros. ; ***se ipsum amare*** [C] Pros., être égoïste ‖ [-C] Théât., [+C] Pros. ; ***patriam*** [C] Pros., aimer sa patrie ¶ **2** se plaire à : ***amare epulas*** [C] Pros. ; ***divitias*** [C] Pros. ; ***litteras, philosophiam*** [C] Pros., aimer les festins, les richesses, les lettres, la philosophie ‖ [poét.] [avec prop. inf. ou inf.] [C] Pros., Poés. ¶ **3** aimer, être amoureux ***a)*** [avec compl. dir.] [-C] Théât., [C] Pros. ***b)*** [absᵗ] ***qui amant*** [-C] Théât., les amoureux, [C] Poés. ; [C] Pros. ¶ **4** [expr.] ***amabo***, je t'aimerai, je t'en prie, de grâce : [-C] Théât., [C] Pros. ‖ ***si me amas***, si tu m'aimes, par amitié pour moi, de grâce : [C] Pros., Poés. ‖ ***ita me di ament (amabunt) ut...*** ; que les dieux m'aiment (les dieux m'aimeront) aussi vrai que... : [-C] Théât. ; [sans *ut*] [-C] Théât. ‖ [C] Pros. ; ***in (de) aliqua re aliquem amare***, être content de qqn à propos de qqch. lui en savoir gré : [C] Pros.

āmŏdŏ, adv., dorénavant : [T] Pros.

Ămoebeūs, *ĕi*, m., joueur de harpe athénien : [C] Poés.

ămoenē, adv., agréablement : [-C] Théât. ‖ ***amoenius*** [+C] Pros. ; ***-issime*** [+C] Pros.

ămoenĭfĕr, *fĕra*, *fĕrum*, charmant : [+T] Poés.

ămoenĭtās, *ātis*, f., agrément, charme, beauté [en parl. d'un lieu, d'un paysage] : [C] Pros. ‖ [fig., en parl. de l'esprit, d'un discours, d'études, etc.] : [-C] Théât., [+C] Pros. ‖ [terme d'affection] [-C] Théât.

ămoenĭtĕr, adv., joyeusement, agréablement : [+C] Pros.

ămoenus, *a, um*, agréable, charmant ¶ **1** [à la vue] ***locus*** [C] Pros., lieu agréable ; ***cultus amoenior*** [C] Pros., mise trop recherchée ‖ [pl. n. pris substᵗ] lieux agréables : [+C] Pros. ¶ **2** [en gén.] : ***amoena vita*** [+C] Pros., vie agréable ; ***amoenissima verba*** [+C] Pros., expressions pleines de charme

āmōlĭŏr, *īrĭs*, *īrī*, *ītus sum*, tr. ¶ **1** écarter, éloigner [avec idée d'effort, de peine] : ***objecta onera*** [C] Pros., déplacer (écarter) les fardeaux entassés comme obstacle ¶ **2** [fig.] éloigner : [C] Pros., [+C] Pros. ; ***crimen ab aliquo*** [+C] Pros., détourner de qqn une accusation ¶ **3** [chez les comiques] ***se amoliri***, se déplacer, se transporter ailleurs, décamper, déguerpir : [-C] Théât.

āmōlītĭo, *ōnis*, f., action d'éloigner : [+C] Pros.

āmōlītus, *a, um*, part. de *amolior*

ămōmum (**-ŏn**), *i*, n., amome [plante odoriférante] : [C] Poés.

ămŏr, *ōris*, m. ¶ **1** amour, affection : ***in aliquem*** [C] Pros. ; ***erga aliquem*** [C] Pros. ; ***alicujus*** [C] Pros., affection pour qqn ; ***amor in patriam*** [C] Pros., (***patriae*** [C] Pros., amour pour la patrie) ; [avec gén. subj.] ***amor multitudinis*** [C] Pros., affection de la foule ; ***in amore esse*** [C] Pros., être aimé ¶ **2** amour : ***ex amore insanit*** [-C] Théât., l'amour lui fait perdre la raison ; [C] Pros. ‖ [dans la poésie élégiaque] ***amores***, les amours ; ***Amor***, Amour [Éros], le dieu Amour ‖ objet d'amour : [C] Poés., Pros. ¶ **3** amour, vif désir : ***consulatus*** [C] Pros. ; ***gloriae*** [C] Pros. ¶ **4** [chrét.] amour, charité, dévotion : [T] Pros.

ămōrābundus, *a, um*, disposé à l'amour : [+C] Pros.

Ămorgŏs, *i*, f., une des îles Sporades : [+C] Pros.

Ămorrhaeus, *i*, m., descendant de Chanaan : [T] Pros.

āmōtĭo, *ōnis*, f., action d'éloigner, éloignement : [C] Pros.

āmōtus, *a, um* ¶ **1** part. de *amoveo* ¶ **2** [adjᵗ] éloigné : [C] Pros.

āmŏvĕō, *ēs*, *ēre*, *mōvī*, *mōtum*, tr. ¶ **1** éloigner, détourner, écarter : ***aliquem ex loco*** [C] Pros. ; ***ab urbe*** [C] Pros., éloigner qqn d'un endroit, de la ville ‖ détourner, soustraire : ***frumentum*** [C] Pros., du blé ; ***claves portarum*** [C] Pros., les clefs des portes [d'une ville] ¶ **2** [fig.] détourner, écarter : [C] Pros. ‖ écarter, bannir : ***cupiditates omnes*** [C] Pros., écarter toutes les passions ; ***amoto ludo*** [C] Poés., la plaisanterie étant mise à l'écart

Ampĕlĭus, *ĭi*, m., auteur d'un *liber memorialis* : [T] Pros.

Ampĕlŏs, *i*, m., jeune homme aimé de Bacchus : [C] Poés.

Amphĭărāus, *i*, m., devin d'Argos : [C] Pros. ‖ **-rēus**, *a, um*, d'Amphiaraüs : [C] Poés. ‖ **-rēĭădēs**, *ae*, m., descendant mâle d'Amphiaraüs : [C] Poés.

amphĭbĭŏn, *i*, n., amphibie : [+C] Pros.

amphĭbŏlĭa, *ae*, f., amphibologie, double sens, ambiguïté : [C] Pros.

amphĭbrăchus, *i*, m., **amphĭbrăchȳs**, *ȳos*, m., amphibraque [pied composé d'une longue entre deux brèves] : [+C] Pros.

Amphictȳŏnes, *um*, m. pl., les amphictyons [magistrats qui représentaient au congrès de la Grèce les différentes villes de ce pays] : [C] Pros.

Amphĭdămās, *antis*, m., un des Argonautes : [+C] Poés.

Amphĭgĕnīa, *ae*, f., ville de Messénie : [+C] Poés.

Amphĭlŏchĭa, *ae*, f., contrée de l'Épire : [C] Pros. ‖ **-chĭus (chĭcus)**, *a*, *um*, d'Amphilochie : [C] Pros. ‖ **-chi**, *ōrum*, m. pl., habitants d'Amphilochie : [C] Pros.

Amphĭlŏchus, *i*, m. ¶**1** fils d'Amphiaraüs : [C] Pros. ¶**2** écrivain grec : [C] Pros.

amphĭmăcrus pēs, amphimacre [pied composé d'une brève entre deux longues] : [+C] Pros.

amphĭmallum, *i*, [C] Pros., **amphĭmallĭum**, *ĭi*, n.

Amphĭmĕdōn, *ontis*, m., nom d'un Libyen tué par Persée : [C] Poés.

Amphĭnŏmus, *i*, m., Amphinome [qui avec son frère Anapis sauva ses parents des flammes de l'Etna] : [+C] Pros.

Amphīōn, *ŏnis*, m., Amphion [qui bâtit Thèbes en faisant mouvoir les pierres aux sons de sa lyre] : [C] Poés. ‖ **-īŏnĭus**, *a*, *um*, d'Amphion : [C] Poés.

Amphĭpŏlis, *is*, f., ville de Macédoine : [C] Pros. ‖ **-pŏlītēs**, *ae*, m., habitant d'Amphipolis : [C] Pros. ‖ **-pŏlītānus**, *a*, *um*, d'Amphipolis : [C] Pros.

amphĭprostȳlŏs, *i*, m., édifice qui a des colonnes par devant et par derrière : [C] Pros.

Amphissa, *ae*, f., Amphisse [ville de Locride] : [C] Pros.

Amphissŏs (-us), *i*, m., fils d'Apollon et de Dryopé : [C] Poés.

amphĭtăpŏs, *ŏn*, **amphitapoe (vestes)**, [-C] Poés., **amphitapa**, n. pl., [C.] *amphimallum*

amphithălămus, *i*, m., antichambre ? : [C] Pros.

amphĭthĕātĕr, *tri*, m., [V.] *amphitheatrum*, l'amphithéâtre [l'ensemble des spectateurs] : [+C] Pros.

amphĭthĕātrum, *i*, n., amphithéâtre : [C] Pros., [+C] Pros.

Amphītrītē, *ēs*, f., Amphitrite [déesse de la mer] : [C] Poés.

Amphĭtrŭo arch., **Amphĭtrўo**, **-trўōn**, *ōnis*, m., Amphitryon [mari d'Alcmène, roi de Thèbes] : [-C] Théât., [C] Poés. ‖ **-ōnĭădēs**, *ae*, m., Hercule : [C] Poés.

amphŏra, *ae*, f., amphore [récipient utilisé surtout pour les liquides] : [-C] Pros., [C] Poés., [+C] Pros. ‖ [mesure pour les liquides équivalant à 26, 263 l] : [C] Pros.

Amphrȳsŏs (-sus), *i*, m., Amphryse [fleuve de Thessalie, où Apollon fut berger du roi Admète] : [C] Poés. ‖ **-sĭăcus**, [+C] Poés., **-sĭus**, *a*, *um*, [C] Poés., de l'Amphryse ; d'Apollon

Ampĭa, *ae*, f., **Ampĭus**, *ĭi*, m., nom de femme, nom d'homme : [C] Pros.

ampla, *ae*, f., anse, poignée : [T] Pros.

amplē, adv., amplement, largement : [C] Pros. ‖ [fig.] avec l'ampleur du style : [C] Pros. ‖ ***amplissime***, de la manière la plus large, la plus grandiose, la plus généreuse : [C] Pros. ‖ [V.] *amplius*

amplectŏr, *tĕrĭs*, *tī*, *plexus sum*, tr. ¶**1** embrasser, entourer : [C] Poés. ; ***germanam amplexa*** [C] Poés., tenant sa soeur embrassée ; ***saxa manibus*** [C] Pros., agripper des mains les rochers (se cramponner aux rochers) ; ***genua, dextram*** [C] Pros., embrasser (saisir) les genoux, la main de qqn [pour le supplier] ¶**2** [fig.] embrasser, enfermer [par la pensée, par la parole] [d'où] traiter, développer : [C] Pros. ; ***oratores amplecti*** [C] Pros., embrasser (passer en revue) tous les orateurs ‖ embrasser, comprendre : [C] Pros., [+C] Pros. ‖ embrasser, étendre sa possession sur : [C] Pros. ¶**3** entourer de son affection, choyer : ***aliquem*** [C] Pros., entourer qqn de prévenances ¶**4** s'attacher à qqch. [que l'on aime, que l'on approuve], s'y tenir fermement : [C] Pros. ; ***artem*** [C] Pros., s'attacher à l'art (être un tenant de l'art) ; [+C] Pros. ; ***inclementiam*** [+C] Pros., s'attacher à la rigueur ¶**5** accueillir qqch. avec empressement [en qq. sorte lui ouvrir ses bras] : [C] Pros.

amplexātus, *a*, *um*, part. de *amplexor*

amplexŏr, *ārĭs*, *ārī*, *ātus sum* ¶**1** embrasser, serrer dans ses bras : [C] Pros. ¶**2** s'attacher à qqch. [avec prédilection] : ***otium*** [C] Pros., aimer la tranquillité ¶**3** choyer, cajoler qqn : [C] Pros.

1 **amplexus**, *a*, *um*, part. de *amplector*

2 **amplexŭs**, *ūs*, m., action d'embrasser, d'entourer, embrassement : [C] Poés., Pros. ‖ étreinte, caresse : [C] Poés.

amplĭātio, *ōnis*, f., augmentation, extension : [T] Pros. ‖ remise d'un jugement [pour effectuer un supplément d'enquête] : [C] Pros.

amplĭātŏr, *ōris*, m., bienfaiteur : [T] Pros.

amplĭātus, *a*, *um*, part. de *amplio*

amplĭfĭcātĭo, *ōnis*, f., accroissement, augmentation : [C] Pros. ‖ [rhét.] amplification : [C] Pros.

amplĭfĭcātŏr, *ōris*, m., celui qui augmente : [C] Pros. ‖ **amplĭfĭcātrīx**, *īcis*, f., celle qui augmente : [T] Pros.

amplĭfĭcātus, *a*, *um*, part. de *amplifico*

amplĭfĭcē, adv., magnifiquement : [C] Poés.

amplĭfĭcō, *ās*, *āre*, *āvī*, *ātum*, tr. ¶**1** élargir, accroître, augmenter : [C] Pros. ¶**2** [rhét.] amplifier : [un sujet] [C] Pros. ; [le discours lui-même] [C] Pros. ‖ glorifier : [T] Pros. ¶**3** intr., exagérer : [T] Pros.

amplĭfĭcus, *a*, *um*, magnifique : [+C] Pros.

amplĭō, *ās*, *āre*, *āvī*, *ātum*, tr. ¶**1** augmenter, élargir : [C] Poés., [+C] Pros. ‖ [fig.] rehausser, illustrer : [+C] Pros. ¶**2** [droit] prononcer le renvoi d'un jugement [à plus ample informé, [V.] *amplius* ¶*6*] : [C] Pros. ‖ ***aliquem*** [C] Pros., ajourner qqn, ajourner son affaire

amplĭtĕr, [C.] *amplē* : [-C] Théât.

amplĭtūdo, *ĭnis*, f. ¶**1** grandeur des proportions, ampleur : ***corporis*** [+C] Pros., corpulence, embonpoint ; [C] Pros. ¶**2** [fig.] grandeur : ***honoris*** [C] Pros., grandeur (importance) considérable d'une magistrature ; ***amplitudo Marcellorum*** [C] Pros., le prestige des Marcellus ; ***amplitudo animi*** [C] Pros., grandeur d'âme ¶**3** [rhét.] ampleur du style : [C] Pros.

amplĭus ¶**1** avec plus d'ampleur, en plus grande quantité, plus longtemps, davantage : [C] Pros. ¶**2** en plus de ce qui est déjà, en outre : [C] Pros. ¶**3** [avec les noms de nombre, à l'abl.] [C] Pros. ‖ sans influence sur le cas [plus ordin[t]] ***horam amplius*** [C] Pros., depuis plus d'une heure ‖ [avec *quam*] [C] Pros. ¶**4** [avec abl. du dém.] [C] Pros. ; ***his amplius*** [+C] Pros., plus que cela ¶**5** [expr.] : [C] Pros. ¶**6** [terme de droit] supplément d'information (d'instruction), plus ample informé : [C] Pros.

amplĭuscŭlē, adv., avec assez d'étendue : [T] Pros.

amplĭuscŭlus, *a*, *um*, assez grand : [+C] Pros.

amplō, *ās*, *āre*, -, -, [C.] *amplio* : [-C] Théât.

amplus, *a*, *um* ¶**1** ample, de vastes dimensions : ***ampla domus*** [C] Pros., maison spacieuse ; ***amplum signum*** [C] Pros., statue de grandes proportions ; ***amplus portus*** [C] Pros., port vaste ¶**2** grand, vaste, important : ***ampla civitas*** [C] Pros., cité importante ; ***in amplissimis epulis*** [C] Pros., dans les plus grands festins ¶**3** [en parl. de choses] grand, magnifique, imposant : ***amplissimum munus*** [C] Pros., les jeux les plus magnifiques ; ***amplissima dignitas*** [C] Pros., le plus haut rang (les plus hautes dignités) ¶**4** [en parl. des pers.] grand, considérable, notable, influent : [C] Pros. ; ***homines amplissimi*** [C] Pros., les hommes les plus considérables ‖ ***(orator) amplus*** [C] Pros., (orateur) au style ample [large, riche] ¶**5** compar. n. pris subst[t] avec gén. : ***amplius negotii*** [C] Pros., une plus grande quantité d'embarras (de plus grands embarras)

ampŏra, [C.] *amphora* ; [V.] *ampulla*

Ampsanctus, **(Ams-**, *i*), m., lac d'Italie [très dangereux par ses émanations pestilentielles ; auj. Ansancto] : [C] Poés., Pros.

Ampsivarĭi, *ōrum*, m. pl., nom d'une peuplade germanique : [+C] Pros.

amptrŭō (antrŭō, antrŏō, andrŭō), *ās*, *āre*, *-*, *-*, tourner, danser comme les prêtres saliens : [-C] Poés.

ampulla, *ae*, f. ¶**1** petite fiole à ventre bombé : [-C] Théât., [C] Pros. ¶**2** [fig.] terme emphatique, style ampoulé : [C] Poés.

ampullārĭus, *ĭi*, m., fabricant de fioles : [-C] Théât.

ampullŏr, *ārĭs*, *ārī*, -, intr., s'exprimer en un style emphatique : [C] Pros.

ampŭtātĭo, *ōnis*, f. ¶**1** action d'élaguer, de retrancher : [C] Pros. ¶**2** [chrét.] suppression : [T] Pros.

ampŭtātus, *a*, *um*, part. de *amputo*

ampŭtō, *ās*, *āre*, *āvī*, *ātum*, tr., couper, élaguer : [C] Pros. ‖ [fig.] retrancher : [C] Pros. ‖ n. pl. pris subst[t] [rhét.] ***amputata*** [C] Pros., phrases mutilées, hachées [où les mots n'ont pas une liaison harmonieuse]

Ampȳcus, *i*, m., prêtre de Cérès : [C] Poés. ‖ père du devin Mopsus : [+C] Poés. ‖ **-pȳcĭdēs**, *ae*, acc. *en*, m., fils d'Ampycus [devin Mopsus] : [C] Poés.

Ampyx, *ȳcis*, acc. *ȳca*, m., un des Lapithes : [C] Poés. ‖ guerrier pétrifié par Persée : [C] Poés.

Amsanctus, V. *Ampsanctus*

Amtorgis, *is*, f., ville de Bétique : [C] Pros.

Amudis, *is*, f., ville de Mésopotamie : [T] Pros.

ămŭla, *ae*, f., bassin [vase] : [T] Pros. ; V. *hamula*

Ămūlĭus, *ĭi*, m., roi d'Albe [qui ordonna de jeter Rémus et Romulus dans le Tibre] : [C] Poés., Pros.

ămŭlum, amidon, empois : [-C] Pros.

Ămunclae, *ārum*, f. pl., **-clānus**, [+C] Pros., V. *Amyclae* ¶2

ămurca, *ae*, f., amurque [eau de pression des olives] : [-C] Pros., [C] Poés.

ămurcārĭus, *a*, *um*, d'amurque : [-C] Pros.

ămūsĭa, *ae*, f., ignorance de la musique : [C] Poés.

ămūsos, *i*, m., qui ne sait pas la musique : [C] Pros.

ămussis, *is*, f., [fig.] ***ad amussim*** ou ***adamussim***, au cordeau, exactement : [C] Pros. ‖ CF. *examussim*, véritablement : [-C] Théât.

ămussĭtātus, *a*, *um*, tiré au cordeau parfait : [-C] Théât.

ămussĭum, *ĭi*, n., règle, niveau : [C] Pros.

Ămȳclae, *ārum*, f. pl. ¶**1** Amyclées, ville de Laconie : [C] Poés., [+C] Poés. ¶**2** ville du Latium détruite par des serpents [donne aussi une autre tradition] : [C] Poés. ‖ **-claeus**, *a*, *um*, d'Amyclées [Laconie] : [C] Poés. ‖ **-clānus**, *a*, *um*, d'Amyclées [Latium] : [+C] Pros. ; V. *Amunclae*

Ămȳclās, *ae*, m., nom d'homme : [+C] Poés.

Ămȳclē, *ēs*, f., nom de femme : [C] Poés.

Ămyclīdēs, *ae*, m., fils d'Amyclas [Hyacinthe] : [C] Poés.

Ămȳcus, *i*, m. ¶**1** fils de Neptune : [+C] Poés. ¶**2** nom d'un Centaure : [C] Poés. ¶**3** nom d'un Troyen : [C] Poés.

Ămȳdōn, *ōnis*, f., ville de Macédoine : [+C] Poés.

ămygdălum, *i*, n. ¶**1** amande : [C] Poés. ¶**2** amandier : [+C] Pros.

Ămȳmōnē, *ēs*, f., une des Danaïdes : [C] Poés. ‖ fontaine près d'Argos : [C] Poés. ‖ **-mōnĭus**, *a*, *um*, d'Amymoné : [+C] Poés.

Amynandĕr, *dri*, m., roi d'Athamanie : [C] Pros.

Ămȳnŏmăchus, *i*, m., philosophe épicurien : [C] Pros.

Ămyntās, *ae*, m., roi de Macédoine, père de Philippe II : [C] Pros. ‖ **-tĭădēs**, *ae*, m., fils d'Amyntas : [C] Poés. ‖ nom d'un berger : [C] Poés.

Ămyntōr, *ŏris*, m., roi des Dolopes : [C] Poés. ‖ **-tŏrĭdēs**, *ae*, m., fils d'Amyntor [Phoenix] : [C] Poés.

Ămȳrus, *i*, m., fleuve de Thessalie : [+C] Poés.

ămystis, *ĭdis*, f., action de vider un verre d'un seul trait : [C] Poés.

Ămȳthāōn, *ŏnis*, m., père de Mélampe : [C] Poés. ‖ **-āŏnĭus**, *a*, *um*, d'Amithaon : [C] Poés.

1 **an** (arch. **annĕ**), particule interrogative
I interrog. directe ¶**1** [dans une interrog. simple, marque le doute] ***a)*** [pour présenter qqch. comme peu vraisemblable] est-ce que vraiment ?, est-il vrai que ?, mais est-ce que ? : ***an dubitas ?*** Cic., est-ce que vraiment tu doutes ? ; ***an scis ?*** Pl., mais est-ce que tu le sais ? ; ***an tu haec credis ?*** Cic., mais est-ce que tu y crois ? ***b)*** [pour suggérer une hypothèse] serait-ce que ?, ne serait-ce pas que ? (= c'est sans doute que) : ***quamobrem ? an quia pudet ?*** Ter., pourquoi ? serait-ce parce que tu as honte ? ; ***cujum pecus ? an Meliboei ?*** Virg., à qui le troupeau ? serait-il à Mélibée ? ***c)*** [pour proposer une autre interprétation à titre d'hypothèse] ou bien par hasard est-ce que ? : ***indignum putas quod ..., an id tibi indignum videtur quod ...*** Cic., tu trouves indigne le fait que ..., à moins que ce qui te paraisse indigne, ce soit de ... ? ; ***an censes ... ?*** Cic., ou bien par hasard est-ce que tu crois ... ?, à moins que par hasard tu ne croies ... ? ¶**2** [dans une interr. double, pour introduire le 2e membre] ***-ne, an ... ?, num ..., an ... ?, utrum ..., an ... ?***, est-ce que ..., ou bien est-ce que ... ? ; ***utrum ..., an non ?***, est-ce que ..., ou non ? ‖ [aucune particule dans le 1er membre] : Pl., Cic. ‖ [sans 1[er] membre interrogatif] ***cum Simonides an quis alius polliceretur ...*** Cic., alors que Simonide – ou est-ce un autre ? – promettait ...
II interrog. indir. ¶**1** [simple] ***rogitare an, quaerere an***, demander si ; ***spectare an***, rechercher si ; ***temptare an***, essayer de savoir si ‖ [spécialm[t] avec verbe marquant la méconnaissance ou le doute] ***nescire an, haud scire an***, ne pas savoir si ... ne pas ; ***dubitare an***, se demander s'il n'est pas vrai que ‖ ***nescio an, haud scio an, incertum an*** = peut-être : ***haud scio an nihil*** Cic., peut-être rien ; ***id haud scio an non possis*** Cic., peut-être ne le peux-tu pas ‖ ***nescio an*** adverbialisé (= peut-être) et sans influence sur le mode du verbe : Cic., Liv. ¶**2** [double] ***-ne, an ..., utrum ..., an ..., utrum ..., anne ...***, si ..., ou si ... ‖ ***num ..., an ...*** Ov., même sens ‖ [aucune particule dans le 1er membre], même sens

2 **an-**, V. *am*

Ăna, V. *3 Anas*

ănăbāthrum, *i*, n., estrade pour lecture publique : [+C] Poés.

ănăbŏlădĭum, *ĭi*, n., écharpe : [T] Pros.

Ănăbūra, *ōrum*, n. pl., ville de Pisidie : [C] Pros.

Ănăcharsis, *ĭdis*, m., philosophe scythe : [C] Pros.

ănăchōrēsis, *is*, f., retraite, vie d'anachorète : [T] Pros.

ănăclĭtērĭum, *ĭi*, n., coussin : [T] Pros.

ănăclĭtŏs, *ŏn*, adj., muni d'un dossier : [C] Poés.

Ănăcrĕōn, *ontis*, m., poète lyrique : [C] Pros. ‖ **-tēus**, *a*, *um*, **-tīus**, *a*, *um*, [+C] Pros., d'Anacréon

Ănactes, *um*, m. pl., surnom des Dioscures : [C] Pros.

Ănactŏrĭē, *ēs*, f., jeune fille de Lesbos : [C] Poés.

Ănactŏrĭum, *ĭi*, n., ville d'Acarnanie : [-C] Théât. ‖ **-tŏrĭus**, *a*, *um*, d'Anactorium : [+C] Poés.

ănădēma, *ătis*, n., ornement de tête : [C] Poés.

ănaetĭus, *a*, *um*, innocent : [T] Pros. ; V. *anetius*

ănăglyptĭcus, *a*, *um*, ciselé en bas-relief : [T] Pros.

ănăglyptus, *a*, *um*, sculpté en bas-relief : [+C] Poés.

Ănagnĭa, *ae*, f., Anagni [ville du Latium] : [C] Pros. ‖ **-gnīnus**, *a*, *um*, d'Anagni : [C] Pros. ‖ **-gnīnum**, *i*, n., propriété de Cicéron près d'Anagni : [C] Pros.

ănagnostēs, *ae*, acc. *ēn*, m., lecteur : [C] Pros.

ănăgōgē, *ēs*, f., sens spirituel de l'Écriture : [T] Pros.

ănălecta, *ae*, m., esclave qui ramasse les restes, les débris d'un repas : [+C] Poés. ‖ [plais[t]] ramasseur de phrases, de mots : [+C] Pros.

ănălectrĭdes, V. *analeptrides*

ănălemma, *atos*, n., épure (du cadran solaire) : [C] Pros.

ănăleptrĭdĕs, *um*, f. pl., rembourrage, épaulettes : [C] Poés.

ănălŏgĭa, *ae*, f., ressemblance ou conformité de plusieurs choses entre elles, analogie : [C] Pros. ‖ [gram.] analogie : [C] Pros., [+C] Pros. ‖ traité de César, *de Analogia* : [+C] Pros.

ănălŏgĭcus, *a*, *um*, qui traite de l'analogie : [+C] Pros.

ănălŏgus, *a*, *um*, analogue : [C] Pros.

ănancaeum, *i*, n., grande coupe que l'on était obligé de vider d'un trait : [-C] Théât.

ănăpaestum, *i*, n., vers anapestique ou poème anapestique : [C] Pros.

ănăpaestus, *i*, m., anapeste [pied composé de deux brèves et d'une longue] : [C] Pros. ‖ vers anapestique : [C] Pros.

Ănăphē, *ēs*, f., île de la mer de Crète : [C] Poés.

ănăphŏra, *ae*, f., ascension des étoiles : [+C] Pros.

ănăphŏrĭcus, *a*, *um*, [en parl. d'une horloge] qui marque le lever des étoiles : [C] Pros.

ănăphysēma, *atis*, n., souffle qui surgit brusquement des entrailles de la terre : [+C] Pros.

Ănāpis, *is*, m., frère d'Amphinome : [C] Poés. ‖ fleuve de Sicile : [C] Pros.

ănăpŏrĭcus, [V.] *anaphoricus*

Ănāpus, *i*, m., rivière de Sicile : [C] Poés. ; [V.] *Anapis*

Anartes, *um*, m. pl., peuple de la Dacie septentrionale : [C] Pros.

1 **ănăs**, *ĭtis* (*ătis*), f., canard, cane : ***anites*** [-C] Théât., canards ; ***anitum ova*** [C] Pros., oeufs de canes

2 **Anas**, *ae*, m., fleuve de Bétique [auj. Guadiana] : [C] Pros. ; [V.] *2 Ana*

Ănastăsĭus, *ĭi*, m., Anastase ‖ **-sĭānus**, *a*, *um*, anastasien : [T] Pros.

ănastăsis, *is*, f., résurrection : [T] Pros.

ănastŏmōtĭcus, *a*, *um*, capable d'ouvrir : [+C] Pros.

Anatha, acc. *ān*, f., ville de Mésopotamie : [T] Pros.

1 **ănăthēma**, *ătis*, n., don, offrande, ex-voto : [T] Poés.

2 **ănăthĕma**, *ătis*, n., la personne maudite, excommuniée : [T] Pros.

ănăthĕmătizātus, *a*, *um*, part. de *anathematizo*

ănăthĕmătizō, *ās*, *āre*, -, -, frapper de l'anathème, excommunier : [T] Pros. ‖ maudire, rejeter : [T] Pros.

ănăthĕmō, *ās*, *āre*, -, -, maudire : [T] Pros.

Anathoth ¶ **1** m. indécl., nom d'homme : [T] Pros. ¶ **2** f., ville de la tribu de Benjamin : [T] Pros. ‖ **-thītēs**, *ae*, m., d'Anathoth : [T] Pros. ‖ **-thia**, *ae*, f., pays d'Anathoth : [T] Pros.

ănăthȳmĭăsis, *is*, f., gaz [de l'intestin] : [+C] Pros.

ănătĭcŭla, *ae*, f., petit canard : [C] Pros. ‖ [terme d'affection] **ănĭt-**, [-C] Théât.

ănătīna, *ae*, f., chair de canard [ou "eau d'aneth"= *anethina* ?] : [+C] Pros.

ănătŏcismus, *i*, m., intérêt composé : [C] Pros.

Ănătŏlē, *ēs*, f., une des Heures : [+C] Poés.

ănătŏmĭa, **-mĭca**, *ae*, f., anatomie, dissection du corps : [T] Pros. ‖ **-mĭcus**, *i*, m., anatomiste : [T] Pros.

ănătŏnus, *a*, *um*, [méc.] ***anatonum capitulum***, cadre anatone [cadre plus haut que large dans une machine de jet] : [C] Pros.

Ănaurŏŏs (**-us**), *i*, m., fleuve de Thessalie : [+C] Poés.

Anausis, *is*, m., roi des Albaniens, prétendant de Médée : [+C] Poés.

Ănaxăgŏrās, *ae*, m., célèbre philosophe de Clazomènes : [C] Pros.

Ănaxandrĭdēs, *is*, m., poète comique : [T] Pros.

Ănaxarchus, *i*, m., philosophe d'Abdère : [C] Pros.

Ănaxărĕtē, *ēs*, f., jeune fille changée en rocher : [C] Poés.

Ănaxĭmandĕr, *dri*, m., Anaximandre, philosophe de Milet : [C] Pros.

Anaxĭmĕnēs, *is*, m. ¶ **1** Anaximène, philosophe de Milet : [C] Pros. ¶ **2** rhéteur de Lampsaque : [+C] Pros.

Ănazarbus, *i*, f., Anazarbe [ville de Cilicie] : [T] Pros.

Ancaeus, *i*, m., Ancée [Arcadien tué par le sanglier de Calydon] : [C] Poés.

Ancalitēs, *um*, m. pl., peuple de Grande-Bretagne : [C] Pros.

ancărĭus, [V.] *angarius* : [-C] Poés.

anceps, *cĭpĭtis* ¶ **1** à deux têtes : ***(Janus) ancipite imagine*** [C] Poés., Janus à la double face ¶ **2** qui a double front (double face), double : ***securis anceps*** [-C] Théât., [C] Poés., hache à double tranchant ‖ ***ancipiti proelio*** [C] Pros., dans un combat sur un double front ‖ ***(elephanti) ancipites ad ictum*** [C] Pros., (les éléphants) exposés doublement aux coups [sur leurs deux flancs] ¶ **3** incertain, douteux : [C] Pros. ; ***ancipiti pugna*** [C] Pros. ; ***ancipiti proelio*** [C] Pros. ; ***ancipiti Marte*** [C] Pros., dans un combat douteux ‖ [avec l'inf.] [+C] Pros. ¶ **4** douteux, ambigu, équivoque : ***in ancipiti causa*** [C] Pros., dans une cause douteuse [où les sentiments des juges sont incertains entre les deux parties] ; ***anceps responsum*** [C] Pros. ; ***oraculum*** [C] Pros., réponse équivoque, oracle ambigu ¶ **5** incertain, dangereux : [C] Pros. ; ***oppugnatio*** [C] Pros., siège incertain (dangereux) ; [+C] Pros. ‖ [avec inf.] : [C] Pros. ‖ [n. pris subst[t] au sg. et au pl.], situation critique, danger : ***in ancipiti esse*** [+C] Pros. ; ***in anceps tractus*** [+C] Pros., être en danger, mis en péril ; ***inter ancipitia*** [+C] Pros., parmi les dangers, dans les moments hasardeux

Anchārĭa, *ae*, f., déesse des habitants d'Asculum : [+C] Pros.

Anchārĭus, *ĭi*, m., nom d'une famille romaine : [C] Pros. ‖ **Anchārĭānus**, *a*, *um*, de la famille Ancharia : [C], [+C] Pros.

Anchĕmŏlus, *i*, m., fils du roi des Marrubiens Rhétus : [C] Poés.

Anchĭălŏs (**-us**, *i*), f., **-um**, *i*, n., ville maritime de Thrace : [C] Poés.

Anchīsa, *ae*, **Anchīsēs**, *ae*, m., Anchise, père d'Énée : [C] Poés. ‖ **-chīsēus**, *a*, *um*, d'Anchise : [C] Poés. ‖ **-chīsĭădēs**, *ae*, m., fils d'Anchise [Énée] : [C] Poés.

anchŏra, [V.] *ancora*

ancīle, *is*, n., **ancilia**, *ium*, [+C] Pros. et ***iorum***, [C] Poés., pl. ¶ **1** bouclier sacré [tombé du ciel sous le règne de Numa, qui en fit faire onze semblables, confiés à la garde des prêtres Saliens] : [C] Pros. ¶ **2** bouclier ovale : [C] Poés.

ancilla, *ae*, f., servante, esclave : [C] Pros. ‖ [chrét.] dévote, servante [de Dieu] : [T] Pros.

ancillārĭŏlus, *i*, m., amouraché des servantes : [+C] Poés., Pros.

ancillāris, *e*, de servante : [C] Pros. ‖ servile, bas : [T] Pros.

1 **ancillātus**, *a*, *um*, part. de *ancillor*

2 **ancillātŭs**, *ūs*, m., service, domesticité : [T] Pros.

ancillŏr, *ārĭs*, *ārī*, *ātus sum*, être esclave, servir [avec dat.] : [-C] Théât.

ancillŭla, *ae*, f., petite servante, petite esclave : [-C] Théât., [C] Pros.

ancīsus, *a*, *um*, coupé autour, échancré : [C] Poés.

anclō, *ās*, *āre*, -, -, **anclŏr**, *ārĭs*, *ārī*, -, tr., puiser : [-C] Théât.

1 **ancōn**, *ōnis*, acc. *ōna*, m. ¶ **1** branche d'une équerre : [C] Pros. ‖ pièce du chorobate [instrument servant à mesurer le niveau de l'eau] : [C] Pros. ¶ **2** [archit.] console : [C] Pros. ¶ **3** [méc.] tige, bielle [dans l'orgue hydraulique] : [C] Pros. ¶ **4** [méc.] équerre [pièce d'assemblage] : [C] Pros.

2 **Ancōn**, *ōnis*, [C] Pros., [C] Poés., **Ancōna**, *ae*, f., Ancône [port d'Italie sur l'Adriatique] : [C] Pros. ‖ **-nĭtānus**, *a*, *um*, d'Ancône : [C] Pros.

3 **Ancōn**, *ōnis*, f., port et ville du Pont : [+C] Poés.

Ancōna, *ae*, [V.] *2 Ancon*

ancōniscus, *i*, m., support, tenon : [T] Pros.

ancŏra, *ae*, f ¶ **1** ancre : [C] Pros. ¶ **2** [fig.] refuge, soutien : [C] Poés. ‖ [chrét.] ancre, point fixe : [T] Pros.

ancŏrālis, *e*, d'ancre : [+C] Pros. ‖ **-rāle**, *is*, n., câble de l'ancre : [C] Pros.

ancŏrārĭus, *a*, *um*, d'ancre : [C] Pros.

ancŭlō, *ās*, *āre*, -, -, [C.] *anclo* : [-C] Théât.

Ancus, *i*, m., Ancus Marcius, quatrième roi de Rome : [C] Poés.

ancȳlŏblĕphărŏn, *i*, n., adhérence des paupières : [+C] Pros.

Ancȳra, *ae*, f., Ancyre ‖ capitale de la Galatie [auj. Ankara] : [C] Pros.

andăbătă, *ae*, m., gladiateur qui combattait les yeux couverts : [C] Pros. ‖ **Andăbătae**, titre d'une satire de [C] Poés.

Andănĭa, *ae*, f., ville de Messénie : [C] Pros.

Andĕcāvi (**-gāvi**), *ōrum*, m. pl., Andécaves [peuple de la Lyonnaise, auj. Anjou] : [+C] Pros. ‖ **-cāvensis** (**-gāvensis**), [+T] Pros., **-cāvīnus** (**-gāvīnus**), Angevin

Andēs, *ĭum*, m. pl., habitants de l'Anjou : [C] Pros. ; [V.] *Andecavi*

Andŏcĭdēs, *is*, m., orateur athénien : [C] Pros.

andrăchlē (**-chnē**), *ēs*, f., pourpier : [+C] Pros.

Andraemōn, *ŏnis*, m. ¶ **1** père d'Amphissos, changé en lotus : [C] Poés. ¶ **2** père de Thoas : [C] Poés.

Andrēās, *ae*, m., médecin : [C] Pros.

andrĕmas, f., [V.] *andrachle*

Andrĭa, f., V. *Andrius*

Andrĭcus, *i*, m., nom d'homme : [C] Pros.

Andriscus, *i*, m., nom d'un esclave qui se fit passer pour le fils de Persée roi de Macédoine et provoqua la 3e guerre macédonienne : [C] Pros., [+C] Pros.

Andrĭus, *a*, *um*, né à Andros : [-C] Théât. ‖ **Andrĭa**, *ae*, f., l'Andrienne, comédie de Térence : [-C] Théât.

Andrŏclēs, *is*, m., chef des Acarnaniens : [C] Pros.

Andrŏclus, *i*, m., esclave épargné par un lion qu'il avait soigné : [+C] Pros.

Andrŏgĕōn, *ōnis*, m., Androgée : [C] Poés. ‖ **-gĕōnēus**, *a*, *um*, d'Androgée : [C] Poés.

Andrŏgĕōs, *ō*, [C] Poés., **-gĕus**, *i*, m., Androgée [fils de Minos] : [C] Poés.

andrŏgўnēs, *is*, f., femme qui a le courage d'un homme : [+C] Pros.

andrŏgўnus, *i*, m., hermaphrodite, androgyne : [C] Pros., [+C] Pros.

Andrŏmăcha, *ae*, **Andrŏmăche**, *ēs*, f., Andromaque : [C] Poés. ‖ tragédie d'Ennius : [C] Pros.

Andrŏmĕda, *ae*, f., **Andrŏmĕdē**, *ēs*, Andromède : [C] Poés., Pros.

andrōn, *ōnis*, m., passage entre deux murs : [C] Pros., [+C] Pros.

Andrŏnīcus, *i*, m. ¶**1** Livius Andronicus, poète latin : [C] Pros. ¶**2** grammairien de Syrie : [+C] Pros. ¶**3** nom d'un ami de Cicéron : [C] Pros.

andrōnītis, *tĭdis*, acc. *tin*, f., V. *andron* : [C] Pros., [+C] Pros.

Andrōnĭus, *a*, *um*, d'Andron [médecin grec] : [+C] Pros.

Andrŏs (-us), *i*, f., île d'Andros [une des Cyclades] : [-C] Théât., [C] Pros., Poés.

Androsthĕnēs, *is*, m., Androsthène [nom d'homme] : [C] Pros.

Androtiōn, *ōnis*, m., un agronome : [C] Pros.

andruō, V. *amptruo*

Andrus, C. *1 Andros*

Andus, *a*, *um*, des Andécaves : [+C] Poés.

ānellus, *i*, m., petit anneau : [C] Poés.

Ănĕmōrĭa, *ae*, f., ville de Phocide : [+C] Poés.

Ănĕmūrĭum, *ĭi*, n., promontoire et ville de Cilicie : [C] Pros. ‖ **-rĭensis**, *e*, d'Anémurium : [+C] Pros.

ănĕō, *ēs*, *ēre*, -, -, **ănescō**, *ĭs*, *ĕre*, *anuī*, -, intr., être vieille, devenir vieille : [-C] Théât.

Ănepsĭa, *ae*, f., nom de femme : [T] Pros.

ănēsum, *i*, n., anis [plante] : [-C] Pros.

ănēthātus, *a*, *um*, assaisonné d'aneth : [+C] Pros.

ănēthum (-tum), *i*, n., aneth [plante odoriférante] : [C] Poés.

ănētĭus, *a*, *um*, V. *anaetius*

anfractum, *i*, n., courbe, contour : [C] Pros.

1 **anfractus**, *a*, *um*, sinueux, tortueux : [T] Pros.

2 **anfractŭs (amfr-)**, *ūs*, m. ¶**1** courbure, sinuosité : [C] Pros. ; ***anfractus solis*** [C] Pros., la course incurvée du soleil ¶**2** détours d'un chemin : [C] Pros., [+C] Pros. ‖ sinuosités d'une montagne : [C] Pros. ¶**3** [fig.] détours, biais, circonlocution : [C] Pros. ‖ période : [C] Pros.

angărĭō (-izō), *ās*, *āre*, *āvī*, -, tr., obliger, forcer : [T] Pros.

angărĭus, *ĭi*, m., courrier, messager : [C] Poés., [+C] Pros.

angărizo, V. *angario*

Angēa, *ae*, f., ville de Thessalie : [C] Pros.

angĕlĭcē, adv., d'une manière angélique : [T] Pros.

angĕlĭcus, *a*, *um*, [chrét.] angélique, des anges : [T] Pros.

angellus, *i*, m., petit angle : [C] Poés.

angĕlus, *i*, m., messager, envoyé : [T] Pros. ‖ [chrét.] ange [bon ou mauvais] : [T] Pros.

Angĕrōna, **-ōnĭa**, *ae*, f., déesse : [T] Pros. ‖ **-rōnālia**, *ĭum*, n. pl., Angeronalia, fêtes d'Angérona : [C] Pros.

angĭna, *ae*, f., angine, esquinancie : [-C] Théât.

angĭportum, *i*, n., C. *angiportus*

angĭportŭs, *ūs*, m., ruelle, petite rue détournée : [-C] Théât., [C] Pros., Poés.

Angitia, *ae*, f., fille d'Éétès, sœur de Médée, devenue divinité des Marses : [C] Poés.

Anglĭī, *ōrum*, m. pl., Angles [peuple de Germanie] : [+C] Pros.

angō, *ĭs*, *ĕre*, -, -, tr. ¶**1** serrer, étrangler : ***guttur angere*** [C] Poés., serrer la gorge ¶**2** [fig.] serrer le cœur, faire souffrir, tourmenter, inquiéter : [C] Pros. ‖ passif, ***angi***, se tourmenter : [C] Pros. ; ***aliqua re*** [C] Pros. ; ***de re*** [C] Pros. ; ***propter rem*** [C] Pros., se tourmenter à propos de qqch., à cause de qqch. ‖ ***angi animi*** [C] Pros. ; ***animo*** [C] Pros., se tourmenter dans l'esprit, avoir l'âme tourmentée ‖ [avec prop. inf.] : [C] Pros. ‖ [avec *quod*] [C] Pros. ¶**3** intr., être dans l'angoisse : [+T] Poés.

angŏbătae, V. *angubatae*

angol-, V. *angul-*

angŏr, *ōris*, m. ¶**1** oppression : [C] Pros. ¶**2** [fig.] tourment, angoisse : [C] Pros. ‖ pl. , ***angores***, amertumes, chagrins, tourments : [C] Pros.

Angrivarĭi, *ĭōrum*, m. pl., peuple germain : [+C] Pros.

angŭbătae, *ārum*, m. pl., ludions : [C] Pros.

anguĭcŏmus, *a*, *um*, qui a des serpents pour cheveux : [C] Poés., [+C] Poés.

anguĭcŭlus, *i*, m., petit serpent : [C] Pros.

anguĭfĕr, *fĕra*, *fĕrum* ¶**1** qui porte des serpents : [C] Poés. ‖ [subst. m.] constellation : [+C] Pros. ¶**2** qui nourrit (produit) des serpents : [+C] Poés.

anguĭgĕna, *ae*, m., f., né d'un serpent : [C] Poés.

anguĭgĕr, *ĕri*, m., constellation, C. *anguifer* : [T] Poés.

anguĭmănŭs, *ūs*, adj. m. et f., qui a une trompe flexible comme un serpent [l'éléphant] [C] Poés.

anguĭnĕus, C. *anguinus* : [C] Poés.

anguīnus, *a*, *um*, de serpent : [-C] Théât., Pros., [C] Poés. ‖ semblable au serpent : [C] Pros. ‖ fourbe : [T] Poés.

anguĭpēs, *ĕdis*, m., qui se termine en serpent : [C] Poés.

anguis, *is*, m. ¶**1** serpent, couleuvre : [C] Pros. ; ***femina anguis*** [C] Pros., serpent femelle ¶**2** constellation [le Dragon] [C] Poés. ; [l'Hydre] [C] Pros. ; [le Serpentaire] [C] Pros., Poés. ‖ étendard [dragon] : [T] Poés. ¶**3** [chrét.] diable [serpent] : [T] Poés.

Anguĭtĕnens, *tis*, m., le Serpentaire [constellation] : [C] Pros.

angŭlāris, *e*, qui a des angles : [-C] Pros. ‖ **-āris**, *is*, m., moule de forme angulaire : [+C] Pros. ‖ ***lapis angularis*** [T] Pros., pierre d'angle [qui maintient deux murs] ‖ [fig.] pierre angulaire, fondement : [T] Pros.

angŭlātim, adv., de coin en coin : [T] Pros.

angŭlātus, *a*, *um*, qui a des angles : ***corpuscula angulata*** [C] Pros., des corpuscules (atomes) anguleux

angŭlus, *i*, m. ¶**1** angle, coin : [C] Poés., Pros. ‖ tour d'angle : [T] Pros. ‖ pierre angulaire : [T] Pros. ¶**2** lieu écarté, retiré : [C] Pros. ¶**3** [fig.] salle d'études, salle d'école : [C] Pros.

angustātus, *a*, *um*, part. de *angusto*

angustē ¶**1** de façon étroite, resserrée : ***angustius pabulari*** [C] Pros., fourrager dans un espace un peu resserré ¶**2** [fig.] de façon restreinte : [C] Pros. ‖ [rhét.] d'une façon resserrée : ***anguste concludere*** [C] Pros. ; ***definire*** [C] Pros., présenter un raisonnement, une définition sous une forme ramassée

augustĭa, V. *angustiae* ¶*4*

angustĭae, *ārum*, f. pl. ¶**1** étroitesse : ***loci*** [C] Pros. ; ***locorum*** [C] Pros., espace étroit (resserré) ; ***pontis, itinerum*** [C] Pros., étroitesse du pont, des chemins ‖ [absᵗ] espace étroit : [C] Pros. ; passage étroit, défilé : [C] Pros. ‖ [en parl. du temps] ***angustiae temporis*** [C] Pros., étroitesse des délais [étroites limites de temps] ; [C] Pros. ‖ [fig.] ***angustiae animi*** [C] Pros., étroitesse de l'esprit ¶**2** état de gêne : ***angustiae aerarii*** [C] Pros. ; ***rei frumentariae*** [C] Pros., gêne du trésor public, état précaire de l'approvisionnement ‖ [abs.] [C] Pros. ¶ **3** difficultés, situation critique : [C] Pros. ¶ **4** au sg., ***angustia*** [C] Pros., resserrement, concision

angusticlāvĭus, *ĭi*, m., qui porte l'angusticlave [tribun plébéien] : [+C] Pros.

angustĭō, *ās, āre, āvī, ātum*, tr., [fig.] mettre dans l'embarras, troubler, inquiéter : [T] Pros.

angustĭtās, *ātis*, f., V. *angustia* : [-C] Théât.

angustō, *ās, āre, āvī, ātum*, tr., rendre étroit, rétrécir : [C] Poés. ‖ restreindre, circonscrire : [+C] Pros.

angustum, *i*, n. de *angustus* pris substᵗ ¶ **1** espace étroit : [+C] Pros. ***in angusto*** [C] Pros. ¶ **2** [poét.] ***angusta viarum*** [C] Poés., [+C] Pros., chemins étroits, rues étroites ; [mais] ***angusta corporis*** [+C] Pros., parties peu étendues du corps

angustus, *a, um* ¶ **1** étroit, resserré : ***angusta domus*** [C] Pros. ; ***castra angusta*** [C] Pros. ; ***angustus aditus*** [C] Pros., maison peu spacieuse, camp de faible étendue, entrée étroite ¶ **2** [en parl. du temps] étroit, limité : [C] Poés., Pros., [+C] Pros. ¶ **3** [fig.] étroit, limité, étroitement mesuré : ***nostra (liberalitas) angustior*** [C] Pros., ma générosité se limite davantage ¶ **4** [rhét.] ***angusta oratio*** [C] Pros., style à phrases courtes, resserré ¶ **5** [en parl. de l'esprit] étroit, mesquin, borné : [C] Pros. ‖ [en part.] étroit [= où l'on est à l'étroit, gêné] : [C] Pros., [+C] Pros.

ănhēlans, *tis*, haletant, hors d'haleine : [C] Poés.

ănhēlātus, *a, um*, part. de *anhelo*

ănhēlĭtŭs, *ūs*, m. ¶ **1** exhalaison : [C] Pros. ¶ **2** respiration, souffle : [-C] Théât., [+C] Pros. ¶ **3** respiration pénible : [C] Pros.

ănhēlō, *ās, āre, āvī, ātum*
I intr. ¶ **1** respirer difficilement, être hors d'haleine : [C] Poés. ¶ **2** émettre des vapeurs : [C] Poés. ¶ **3** [avec dat.] aspirer à : [T] Pros.
II tr., exhaler : [C] Pros., Poés. ‖ [fig.] ***scelus anhelans*** [C] Pros., respirant le crime

ănhēlus, *a, um* ¶ **1** essoufflé, haletant : [C] Poés. ‖ [avec gén.] : ***longi laboris*** [+C] Poés., essoufflé à la suite d'un long effort ¶ **2** qui rend haletant : [C] Poés.

ănĭātrŏlŏgētŏs, *i*, m., qui n'a aucune connaissance de la médecine : [C] Pros.

Ănīcātus, *i*, m., nom d'un affranchi d'Atticus : [C] Pros.

Ănīcētus, *i*, m., nom d'un affranchi romain : [+C] Pros.

ănĭcilla, *ae*, f., petite vieille : [C] Pros.

Ănĭcĭus, *ĭi*, m., nom de famille : [C] Pros. ‖ remontant au consulat d'Anicius [L. Anicius Gallus, 160 av. J.-C.] : [C] Pros.

ănĭcŭla, *ae*, f., petite vieille : [-C] Théât., [C] Pros.

Anidus, *i*, m., montagne de Ligurie : [C] Pros.

Ănĭēn, *ēnis*, **Ănĭo**, *ōnis*, **Ănĭēnus**, *i*, m., l'Anio [affluent du Tibre] ‖ **-ĭensis**, *e*, de l'Anio : [C] Pros. ou **-ĭēnus**, *a, um*, [C] Poés.

Ănĭēnĭcŏla, *ae*, m., habitant des rives de l'Anio : [+C] Poés.

Ănīgrŏs (-us), *i*, m., l'Anigre [fleuve de Thessalie] : [C] Poés.

ănīlis, *e*, de vieille femme : [C] Poés. ‖ à la manière d'une vieille : [C] Pros.

ănīlĭtās, *ātis*, f., vieillesse de la femme : [C] Poés.

ănīlĭtĕr, adv., à la manière des vieilles femmes : [C] Pros.

ănīlĭtŏr, *ārĭs, ārī, -*, devenir une vieille femme : [+C] Pros.

ănĭma, *ae*, f., souffle ¶ **1** air : [C] Pros. ; ***reciprocare animam*** [C] Pros., aspirer et expirer l'air (respirer) ‖ souffle de l'air : [C] Poés. ¶ **2** souffle, haleine : [C] Pros., Poés. ¶ **3** âme [souffle vital], vie : [C] Pros. ; ***animam agere*** [C] Pros., être à l'agonie ; ***animam debere*** [-C] Théât., devoir jusqu'à son souffle de vie [être criblé de dettes] ‖ [en parl. des animaux] [C] Poés. ‖ [en parl. des plantes] [+C] Pros. ‖ âme [terme de tendresse] : [C] Pros. ‖ âme (être, créature) : [C] Poés., [+C] Pros. ¶ **4** âme [par oppos. au corps] : [C] Pros. ; ***de immortalitate animae*** [C] Pros., sur l'immortalité de l'âme ; ***non interire animas*** [C] Pros., [les druides enseignent] que les âmes ne meurent pas ‖ âme [en tant que principe vital, distinct du corps, mais opposé à *animus*, siège de la pensée, comme dans Épicure τὸ ἄλογον s'oppose à τὸ λογικόν] : [C] Poés., Pros. ‖ les âmes des morts : [C] Pros., Poés.

ănĭmābĭlis, *e*, vivifiant : [C] Pros.

ănĭmadversĭo, *ōnis*, f. ¶ **1** attention de l'esprit, application de l'esprit : [C] Pros. ‖ observation : [C] Pros. ‖ observation, remontrance, blâme : ***animadversionem effugere*** [C] Pros., éviter le blâme ¶ **2** punition, châtiment : [C] Pros. ; ***animadversionem constituere*** [C] Pros., instituer des poursuites [pour punir un délit] ; ***quaestio animadversioque*** [C] Pros., enquête (instruction de l'affaire) et châtiment ; ***animadversio vitiorum*** [C] Pros., la répression des vices

ănĭmadversŏr, *ōris*, m., observateur : [C] Pros.

ănĭmadvertō, *ĭs, ĕre, vertī, versum*, tr., tourner son esprit vers ¶ **1** faire attention, remarquer : ***si animadvertistis*** [C] Pros., si vous avez pris garde ; ***rem*** [C] Pros., remarquer qqch. ‖ [avec *ad*] faire attention à : [+C] Pros. ‖ [avec *ne*] prendre garde que... ne (de) : [C] Pros. ‖ [avec interrog. indir.] : [C] Pros. ¶ **2** reconnaître, constater, remarquer, voir : [C] Pros. ‖ [avec *ab*, "d'après"] [C] Pros. ‖ [avec prop. inf.] voir que, constater que, remarquer que : [C] Pros. ‖ [avec interrog. indir.] [C] Pros. ¶ **3** blâmer, critiquer : [C] Pros. ¶ **4** infliger un châtiment : ***in aliquem animadvertere***, sévir contre qqn, châtier qqn : [C] Pros. ; ***in aliquem servili supplicio*** [C] Pros., punir qqn du châtiment des esclaves [la croix]

ănĭmaequus, *a, um*, patient, résigné : [T] Pros.

ănĭmăl, *ālis*, n. ¶ **1** être vivant, être animé, créature : [C] Pros. ¶ **2** animal, bête : [C] Pros. ; [terme injurieux] [C] Pros.

ănĭmālis, *e* ¶ **1** formé d'air : [C] Pros. ¶ **2** animé, vivant : ***animale genus*** [C] Poés., la race des êtres vivants ; [C] Pros. ; ***exemplum animale*** [C] Pros., modèle vivant ¶ **3** matériel, physique [opposé à *spiritalis*] : [T] Pros.

1 **ănĭmans**, *antis*, adj., animé, vivant : [C] Pros.

2 **ănĭmans**, *antis*, subst. m., f. ou n., être vivant, animal : f., [C] Pros. ‖ m., [C] Pros. ‖ n., [C] Pros.

ănĭmātĭo, *ōnis*, f. ¶ **1** la qualité d'un être animé : [C] Pros. ¶ **2** [fig.] animation, ardeur : [T] Pros.

ănĭmātus, *a, um*, part.-adj. de *animo* ¶ **1** animé : [C] Pros. ¶ **2** disposé : ***bene*** [C] Pros., bien (favorablement) disposé ; ***infirme*** [C] Pros., ayant des dispositions chancelantes ; ***erga aliquem*** [C] Pros. ; ***in aliquem*** [C] Pros., disposé à l'égard de qqn ‖ [en part.] animé, plein de courage, déterminé : [-C] Théât. ‖ disposé à, prêt à [avec *ad*] : [T] Pros. ; [avec *in*] [T] Pros. ‖ [avec inf.] ***animatus facere*** [-C] Théât., disposé à faire

ănĭmō, *ās, āre, āvī, ātum*, tr. ¶ **1** animer, donner la vie : [C] Pros. ; [poét.] ***classem in nymphas*** [C] Poés., transformer des vaisseaux en nymphes ‖ emplir d'air : [+C] Pros. ‖ [jeu de mots] [C] Poés. ¶ **2** [au pass.] être disposé de telle ou telle façon, recevoir tel ou tel tempérament : [C] Pros., [+C] Pros. ; V. *1 animatus, 1 animans*

ănĭmōsē ¶ **1** avec cœur, avec courage, avec énergie : [C] Pros. ¶ **2** avec passion, avec ardeur : [+C] Pros.

ănĭmōsĭtās, *ātis*, f., ardeur, énergie : [T] Pros. ‖ animosité, colère : [T] Pros.

ănĭmōsus, *a, um* ¶ **1** qui a du cœur, courageux, hardi : [C] Pros. ‖ qui a de la grandeur (de la force) d'âme : [C] Pros. ; ***vox animosa*** [+C] Pros., parole pleine de grandeur d'âme ¶ **2** fier : [C] Poés., [+C] Pros. ¶ **3** passionné, ardent : ***corruptor*** [+C] Pros., corrupteur passionné ‖ [poét., en parl. du vent] impétueux : [C] Poés.

1 **Anĭmŭla**, *ae*, f., petite ville d'Apulie : [-C] Théât.

2 **ănĭmŭla**, *ae*, f., petite âme : [T] Pros.

ănĭmŭlus, *i*, m., petit cœur : ***mi animule*** [-C] Théât., mon cher petit coeur, [-C] Théât.

ănĭmus, *i* ¶ **1** [ensemble des facultés de l'âme, siège de la pensée] âme, esprit, pensée : ***bestiarum animi*** Cic., l'âme des bêtes ; ***animo et corpore*** Cic., au moral et au physique ; ***tranquillo animo esse*** Cic., avoir l'esprit tranquille ‖ ***habere aliquid cum animo*** Sall. [ou] ***in animo*** Sen., Quint., avoir qqch. dans l'esprit, méditer qqch. ; ***in animo habere aliquem*** Sall., songer à qqn ; ***in animo habere*** [avec prop. inf.] Cic., penser que ‖ ***ex animo alicujus discedere*** Cic., sortir de la pensée de qqn ; ***ab aliqua re animos avertere*** Cic., détourner les esprits de qqch. ; ***animis attentis*** Cic., les esprits étant attentifs ‖ [terme de cajolerie] ***mi anime*** Pl., mon coeur, ma chère âme ¶ **2** sentiments, dispositions d'esprit, intention : ***alieno animo esse in aliquem*** CAES., avoir des sentiments hostiles à l'égard de qqn ; ***quo tandem animo sedetis, judices ?*** CIC., quelles sont enfin vos dispositions d'esprit, juges ? ‖ ***eo ad aliquem animo venire ut*** [avec subj.] CIC., venir voir qqn avec l'intention de ; ***in animo habere facere aliquid*** CIC., avoir l'intention de faire qqch. ; ***animum suum explere*** TER., satisfaire ses fantaisies ; ***animi causa*** CIC., par goût, par caprice ¶ **3** [mouvement vif du sentiment et des passions] ardeur, courage, colère, arrogance : ***firmiore animo*** CAES., avec plus de détermination ; ***confirmare militum animum*** CIC., raffermir l'ardeur des soldats ; ***alicui animum adferre*** CIC., donner du courage à qqn ‖ [au pl.] ***addere animos alicui*** CIC., redonner du coeur, de l'ardeur à qqn ; ***ferro et animis fretus*** LIV., confiant dans ses armes et dans son courage ‖ ***alicujus animos retardare*** CIC., calmer la colère de qqn ; ***divitiae animos faciunt*** LIV., la richesse rend arrogant

Ănĭo, ▶ *Anien*

ănīsŏcȳcli, *ōrum*, m. pl., engrenages : [C] Pros.

ănĭtās, *ātis*, f., ▶ *anilitas* : [T] Poés.

ănĭtes, ▶ *1 anas*

ănĭtĭcŭla, ▶ *anaticula*

Ănĭus, *ĭī*, m., roi et prêtre de Délos : [C] Poés.

Anna, *ae*, f., Anne, sœur de Didon : [C] Poés. ‖ mère de Samuel : [T] Pros.

Anna Pĕrenna, *ae*, f., déesse [fête le 15 mars] : [T] Pros.

Annaea, *ae*, f., nom de femme : [C] Pros.

Annaeus, *i*, m., nom d'une famille romaine : [C] Pros. ; [en part.] famille des Sénèques et de Lucain

1 **annālis**, **e** ¶ **1** relatif à l'année : [C] Pros. ¶ **2** ***leges annales (lex annalis)***, lois annales, lois d'âge, lois concernant l'âge exigé pour chaque magistrature : [C] Pros.

2 **Annālis**, *is*, m., surnom des Villius : [C] Pros.

annătō, ▶ *adnato*

annĕ, adv. interr. qui introduit en général le second membre d'une interr. double, même sens que *an*, ▶ *1 an*

annectō, ▶ *adnecto*

Annēĭus, nom de famille romain : [C] Pros.

annell-, ▶ *anell-*

annex-, ▶ *adnex-*

Annĭānus, *a*, *um* ¶ **1** d'Annius : [C] Pros. ¶ **2** **-nus**, *i*, m., nom d'un poète romain : [+C] Pros.

Annĭbal, ▶ *Hannibal*

Annĭcĕris, m., philosophe cyrénéen : [T] Pros. ‖ **Annĭcĕrĭī**, *ōrum*, m. pl., disciples d'Annicéris : [C] Pros.

annictō, ▶ *adnicto*

annĭcŭlus, *a*, *um*, d'un an, âgé d'un an : [-C] Pros., [C] Pros.

annĭhĭl-, **annis-**, **annit-**, ▶ *adn-*

Annĭus, *ĭī*, m., nom d'une famille romaine, ex. Milon : [C] Pros.

annĭversārĭus, *a*, *um*, qui revient (qui se fait, qui arrive) tous les ans : [C] Pros.

annix-, ▶ *adnix-*

1 **annō**, ▶ *adno*

2 **annō**, *ās*, *āre*, -, -, intr., passer l'année : [T] Pros. ; ▶ *2 Anna perenna*

3 **Anno**, ▶ *Hanno*

annōm-, ▶ *adnom-*

annōn, **an nōn**, ▶ *1 an*

1 **annōna**, *ae*, f. ¶ **1** production de l'année, récolte de l'année : [C] Pros. ; ***vini, lactis*** [+C] Pros., la récolte en vin, en lait ¶ **2** [surtout] la production en blé et en denrées alimentaires, le ravitaillement en denrées : ***difficultas annonae*** [C] Pros., les difficultés de l'approvisionnement ‖ [d'où] le cours [en fonction de la récolte] : [C] Pros. ‖ [fig] [C] Pros. ‖ ***cura annonae***, la charge du ravitaillement de la Ville : [C] Pros. ¶ **3** [en part.] cours élevé, cherté des cours : [-C] Théât., [C] Pros. ¶ **4** blé : [+T] Pros.

2 **Annōna**, *ae*, f., déesse des denrées : [+C] Poés.

annōnō, *ās*, *āre*, -, -, tr., approvisionner : [T] Pros.

annōsĭtās, *ātis*, f., vieillesse : [T] Pros.

annōsus, *a*, *um*, chargé d'ans : [C] Poés., [+C] Pros. ‖ ***annosior, -issimus*** [T] Pros.

annŏta-, ▶ *adnota-*

annōtĭnus, *a*, *um*, d'un an, qui est de l'année précédente : [C] Pros., [+C] Pros.

annŏtō, ▶ *adnoto*

annūbĭlo, ▶ *adnubilo*

annŭĭtūrus, *a*, *um*, ▶ *adnuo*

annŭla, **annŭlo-**, ▶ *anul-*

annullātĭo, ▶ *adnullatio*

annullō, ▶ *adnullo*

annŭlus, ▶ *anulus*

annŭm-, **annunt-**, ▶ *adn-*

annŭo, ▶ *adnuo*

annus, *i*, m. ¶ **1** année : [C] Pros. ; ***annum vivere*** [C] Pros., vivre un an ¶ **2** [poét.] saison : [C] Poés. ‖ produit de l'année : [+C] Poés. ¶ **3** ***annus meus, tuus...***, l'année voulue par la loi pour moi, pour toi [en vue d'une candidature] : [C] Pros. ¶ **4** ***annus magnus***, la grande année, période dans laquelle les constellations reviennent à leur place première [= environ 25.800 années ordinaires] [C] Pros. ¶ **5** expressions ***a)*** [arch.] ***anno***, il y a un an : [-C] Théât., Poés. ***b) anno***, chaque année, annuellement : ***bis anno*** [C] Pros., deux fois par an, ou ; ***in anno*** [C] Pros. ***c) annum***, pendant une année : [C] Pros. ***d) ad annum***, dans un an, l'année suivante (prochaine, à venir) : [C] Pros. ‖ ***ante annum*** [+C] Pros., une année avant ; ▶ *ante*

annūt-, ▶ *adnut-*

annŭum, *i*, [+C] Pros., n., plus fréquemment **annŭa**, *ōrum*, pl., revenu annuel, pension : [+C] Pros.

annŭus, *a*, *um* ¶ **1** annuel, qui dure un an : [C] Pros. ¶ **2** qui revient chaque année : [C] Pros.

ănōmălĭa, *ae*, f., irrégularité : [C] Pros., [+C] Pros.

Anquillārĭa, *ae*, f., ville de la côte africaine : [C] Pros.

anquīrō, *ĭs*, *ĕre*, *quīsīvī*, *quīsītum* ¶ **1** chercher de part et d'autre (autour), être en quête de, rechercher : [C] Pros. ¶ **2** rechercher, s'enquérir : [C] Pros. ¶ **3** [droit] mettre en accusation, poursuivre [un crime] : [C] Pros. ; ***de morte alicujus anquiritur*** [+C] Pros., il y a procédure accusatoire sur la mort de qqn

anquīsītĭo, *ōnis*, f., procès criminel : [C] Pros.

ansa, *ae*, f., anse, poignée, prise : [C] Poés. ‖ attache d'une chaussure : [C] Poés. ‖ [fig.] occasion : ***ad aliquid ansas dare*** [C] Pros., fournir l'occasion, donner le moyen de faire qqch.

ansātus, *a*, *um*, qui a une anse : [C] Pros. ‖ ***ansatae (hastae)*** [C] Pros., lances à crochets ‖ ***(homo) ansatus*** [-C] Théât., (homme) qui a les poings sur les hanches

1 **ansĕr**, *ĕris*, m., oie : [C] Pros.

2 **Ansĕr**, *ĕris*, m., Anser [poète latin] : [C] Poés. ‖ ami d'Antoine : [C] Pros.

ansercŭlus, *i*, m., petite oie, oison : [+C] Pros.

ansĕrīnus, *a*, *um*, d'oie : [+C] Pros.

ansŭla, *ae*, f. ¶ **1** petite anse : [+C] Pros. ¶ **2** petite bague : [+C] Pros. ¶ **3** courroie de soulier : [+C] Pros. ‖ cordon, attache : [T] Pros.

antae, *ārum*, f. pl., [archit.] antes, avancées des murs de la *cella* encadrant l'entrée : [C] Pros. ; [dans la maison grecque] [C] Pros.

Antaeus, *i*, m., Antée [géant tué par Hercule] : [C] Poés.

Antămoenĭdēs, m., personnage de soldat : [-C] Théât.

Antandrŏs (-us), *i*, f., ville de Mysie ‖ **-drĭus**, *a*, *um*, d'Antandros : [C] Pros.

antăpŏdŏsis, *is*, f., antapodose : [+C] Pros.

antarctĭcus, *a*, *um*, antarctique : [+C] Pros.

antārĭus, *a*, *um*, ***antarii funes*** [C] Pros., câbles qui soutiennent une machine en avant

antĕ

I adv. ¶ **1** [lieu] devant, en avant, en face : C Pros. ; ***ante aut post pugnare*** C Pros., se battre en avant ou en arrière ; ***ante missis equitibus*** C Pros., des cavaliers étant envoyés en avant ¶ **2** [temps] avant, auparavant, antérieurement : C Pros. ‖ ***paulo, multo, aliquanto ante***, peu, beaucoup, assez longtemps auparavant : ***paucis annis ante*** C Pros. ; ***aliquot diebus ante*** C Pros. ; ***tertio anno ante*** C Pros. ; ***biduo ante*** C Pros. ; ***anno ante*** C Pros., peu d'années auparavant, un certain nombre de jours avant, trois années avant, deux jours, une annnée avant ; ***paucis ante diebus*** C Pros. ; ***multis ante annis*** C Pros. ; ***annis ante paucis*** C Pros., peu de jours, plusieurs années, peu d'années auparavant ; ***paucis ante versibus*** C Pros., quelques vers avant ‖ C Poés., Pros., +C Pros. ‖ ***ante dictus*** T Pros. ; V. *antedictus*

II prép. avec acc. ¶ **1** [lieu] devant, en face de : ***ante oppidum considere*** C Pros., prendre position devant la place ; ***cum ante se hostem videret*** C Pros., voyant l'ennemi devant lui ; ***ante oculos ponere***, placer devant les yeux ‖ ***equitatum ante se misit*** C Pros., il envoya devant lui sa cavalerie ; ***aliquem ante urbem producere*** C Pros., conduire qqn devant la ville ¶ **2** [temps] avant : ***ante horam decimam*** C Pros., avant la dixième heure ; ***ante Romam conditam*** C Pros., avant la fondation de Rome ; ***ante istum praetorem*** C Pros., avant sa préture ; ***ante tubam*** C Poés., avant que sonne la trompette ; ***ante lunam novam*** C Pros., avant la nouvelle lune ‖ ***ante omnia*** [= *primum*] avant tout, d'abord : +C Pros. ‖ au lieu de *die tertio ante*, de *paucis ante diebus*, on trouve : C Pros. ; ***ante dies paucos*** C Pros. ; ***paucos ante dies*** C Pros. ; ***dies ante paucos*** C Pros., peu de jours auparavant ; ***ante quadriennium*** +C Pros., quatre ans avant ‖ au lieu de *die quinto ante Idus Quinctiles*, les Latins disaient : C Pros. ¶ **3** [idée de précellence] avant, plus que : C Pros., Poés. ; ***ante omnia*** C Poés., Pros., avant tout, plus que tout

antĕā, adv., auparavant : C Pros. ‖ ***antea quam*** ou ***anteaquam***, avant que : C Pros. ; V. *antequam*

antĕactus, *a, um*, part. de *anteago*

anteăgō, = ***ante ăgō*** ; V. *ago*

antĕambŭlo, *ōnis*, m., qui marche devant [son maître ou son patron] : +C Poés., Pros.

antĕāquam, V. *antea*

Antĕcănem, indécl., [= προκύων], Procyon [astre] : C Poés., Pros.

antĕcantāmentum, *i*, n., prélude : +C Pros.

antĕcăpĭō (ante căpĭō), *ĭs, ĕre, cēpī, captum* et *ceptum*, tr., prendre avant : ***locum*** C Pros., prendre le premier un emplacement ‖ ***noctem*** C Pros., devancer (prévenir) la nuit

antĕcăpō, *ās, āre, -, -*, devancer : T Pros.

antĕcaptus, *a, um*, part. de *antecapio*

antĕcēdens, *entis*, part. prés. de *antecedo* pris adj[t], [en phil. et rhét.] ***causa*** C Pros., cause antécédente ; n. pris subst[t], ***antecedens*** [opposé à *consequens*] C Pros., antécédent [opposé à conséquent] ; [plus souvent au pl.] ***antecedentia, consequentia*** C Pros., +C Pros., antécédents, conséquents

antĕcēdō, *ĭs, ēre, cessī, cessum*, intr. et tr. ¶ **1 *a)*** intr., marcher devant, précéder : ***lictores antecedebant*** C Pros., les licteurs marchaient devant ***b)*** tr., C Pros. ; ***agmen*** C Pros., précéder le gros de la colonne (former l'avant-garde) ¶ **2** tr., devancer (arriver avant), gagner de vitesse : C Pros. ‖ ***nuntios famamque*** C Pros., devancer les messagers et la renommée ¶ **3** [fig.] ***a)*** tr., devancer, l'emporter sur, avoir le pas sur : C Pros., +C Pros. ; ***in aliqua re*** C Pros., l'emporter en qqch. ***b)*** intr., ***alicui (aliqua re)*** ; avoir le pas sur qqn (en qqch.) : -C Théât., C Pros. ‖ [abs[t]] : C Pros.

antĕcellō, *ĭs, ĕre, -, -*, s'élever au-dessus de ; [d'où au fig.] se distinguer, l'emporter sur ¶ **1** intr., [abs[t]] : C Pros. ‖ [avec dat.] ***alicui (aliqua re)*** ; l'emporter sur qqn (en qqch.) : C Pros. ¶ **2** tr. [non class.] C Pros., +C Pros.

antĕcēpī, parf. de *antecapio*

antĕceptus, part. de *antecapio*

antĕcessĭo, *ōnis*, f. ¶ **1** action de précéder, précession : C Pros. ¶ **2** fait qui précède, antécédent : C Pros.

antĕcessŏr, *ōris*, m. ¶ **1** éclaireur, avant-coureur : C Pros., +C Pros. ¶ **2** prédécesseur [dans un emploi] : +C Pros.

1 **antĕcessus**, *a, um*, part. de *antecedo*

2 **antĕcessŭs**, *ūs*, m., [usité dans l'expr.] ***in antecessum***, par avance, par anticipation : +C Pros.

antĕcurrō, *ĭs, ĕre, -, -*, tr., précéder dans sa course : C Pros.

antĕcursŏr, *ōris*, m., qui court en avant ; [pl.] éclaireurs d'avant-garde : C Pros.

antĕdictus, V. *ante I* ¶ *2*

antĕĕō, *īs, īre, ĭī, ĭtum*, intr. et tr., aller devant, en avant

I intr. ¶ **1** ***anteibant lictores*** C Pros., devant marchaient les licteurs ‖ [avec dat.] : ***alicui*** C Pros., marcher devant qqn ¶ **2** [au fig.] être avant, être supérieur : ***aetate*** C Pros., dépasser en âge, être plus âgé ‖ [avec dat.] ***alicui (aliqua re)***, surpasser qqn [en qqch.] : -C Théât., C Pros., +C Pros.

II tr. ¶ **1** ***aliquem***, précéder qqn : C Poés., +C Pros. ‖ devancer : +C Pros. ¶ **2** [fig.] devancer : C Pros. ‖ prévenir : ***periculum*** +C Pros. ; ***damnationem*** +C Pros., prévenir un danger, une condamnation ‖ pressentir, deviner : +C Poés. ‖ surpasser, dépasser : ***aliquem (aliqua re)***, surpasser qqn (en qqch.) : -C Théât., C Pros., +C Pros.

antĕfāna, *ae*, f., cantique : +T Pros.

antĕfĕrō, *fers, ferre, tŭlī, lātum*, tr. ¶ **1** porter devant : ***fasces*** C Pros. ; ***imagines*** +C Pros., porter en avant les faisceaux, les portraits d'ancêtres ¶ **2** placer devant (au-dessus), préférer : ***aliquem alicui*** C Pros., préférer qqn à qqn ; ***rem rei*** C Pros., préférer qqch. à qqch. ‖ C Pros. ; [rar[t]] ***rem re*** : C Pros. ¶ **3** V. *praecipio* : C Pros.

antĕfīxum, *i*, n. ¶ **1** antéfixe [façade du couvre-joints d'égout sur un toit ; reçoit ordinairement un décor peint, sculpté ou moulé] : C Pros. ¶ **2** pièce de catapulte : C Pros.

antĕfīxus, *a, um*, fixé en avant : +C Pros.

antĕgĕnĭtālis, *e*, avant la naissance : +C Pros.

antĕgĕrĭō (antĭg-), adv., beaucoup, tout à fait [mot arch. signalé par Quintilien]

antĕgrĕdĭŏr, *dĕrĭs, dī, gressus sum*, tr., marcher devant, devancer, précéder [au pr. et au fig.] : C Pros.

antĕgressus, *a, um*, part. de *antegredior*

antĕhăbĕō, *ēs, ēre, -, -*, tr., préférer : ***vetera novis*** +C Pros., préférer l'ancien état de choses au nouveau

antĕhāc, (**antĭdhāc**, -C Théât.), avant ce temps-ci, auparavant, jusqu'à présent : C Pros., Poés., +C Pros.

Antĕius, m., nom d'homme : +C Pros.

antĕlātus, *a, um*, part. de *antefero*

antĕlŏgĭum, *ĭī*, n., avant-propos, prologue : -C Théât.

antĕlongus, *a, um*, en parl. d'un nombre qui est le produit de deux facteurs dont le premier est le plus grand, ex. : 27 = 9 × 3 : T Pros. ‖ compar., ***antelongior***

antĕlŏquĭum, *ĭī*, n., droit de parler le premier : T Pros. ‖ avant-propos : T Pros.

antĕlūcānō, adv., avant le jour : T Pros.

antĕlūcānus, *a, um*, avant le jour, jusqu'avant le jour, matinal : C Pros. ‖ **-lūcānum**, *i*, n., l'aube : +C Pros., T Pros.

antĕlūcĭō, **antelūcŭlō**, adv., avant le jour : +C Pros.

antĕlūdĭum, *ĭī*, n., prélude : +C Pros.

antĕmĕrīdĭānus, *a, um*, d'avant midi : C Pros. ; ***sermo antemeridianus*** C Pros., entretien d'avant midi

antĕmissus, *a, um*, V. *ante missus*

1 **antemna**, *ae*, f., antenne de navire, vergue : C Pros.

2 **Antemna**, **Antemnae**, *ārum*, f. pl., ville des Sabins : C Pros. ‖ **-ātes**, *ĭum*, m. pl., habitants d'Antemnae : C Pros.

antĕmūrāle, *is*, n., glacis, avant-mur : T Pros.

antĕmūrānus, *a, um*, ce qui est devant un mur : T Pros.

Antēnŏr, *ŏris*, m., prince troyen, fondateur de Padoue : C Poés. ‖ **-nŏrĕus**, *a, um*, d'Anténor : +C Poés. ‖ **-nŏrĭdēs**, *ae*, m., descendant d'Anténor : C Poés.

antĕoccŭpātĭo (antĕ occŭpātio), *ōnis*, f., antéoccupation [devancer une objection] : [C] Pros., [+C] Pros.

antĕpagmentum (antĭp-), *i*, n., revêtement, chambranle de porte : [-C] Pros., [C] Pros.

antĕparta, *ōrum*, n. pl., biens acquis antérieurement : [-C] Théât.

antĕpassĭo, *ōnis*, f., trouble préalable à la passion : [T] Pros.

antĕpendŭlus, *a, um*, qui pend par devant : [+C] Pros.

antĕpēs, *pĕdis*, m., pied de devant : [C] Poés.

antĕpīlānus, *i*, m., soldat qui combattait devant les *pilani* ou *triarii* : [C] Pros. ‖ qui combat au premier rang : [T] Pros. ‖ [fig.] champion : [T] Pros.

antĕpollĕō, *ēs, ēre, -, -*, surpasser : ***alicui*** [+C] Pros. ; ***aliquem*** [+C] Pros., surpasser qqn

antĕpōnō, *ĭs, ĕre, pŏsŭī, pŏsĭtum*, tr. ¶ **1** placer devant : [+C] Pros. ; ***non antepositis vigiliis*** [+C] Pros., sans avoir placé d'avant-postes ¶ **2** [fig.] mettre avant, préférer : ***neminem Catoni*** [C] Pros., ne mettre personne au-dessus de Caton ‖ [tmèse] : [C] Pros.

antĕpŏsĭtus, *a, um*, part. de *antepono*

antĕpŏtens, *entis*, qui l'emporte : [-C] Théât.

antĕquăm (antĕ quăm), conj., avant que ¶ **1** [avec indic. marque un pur rapport temporel] : [C] Pros. ¶ **2** [avec subj. nuances logiques] : [C] Pros. ¶ **3** [pas de verbe personnel avec *quam*] : [C] Pros. ‖ [inversion, *quam ... ante*] [C] Pros., Poés., [+C] Poés. ‖ [pléonasme] : ***prius ... ante quam*** [C] Poés.

antērĭdĕs, *ōn*, f. pl., contreforts [d'un mur de soutènement] : [C] Pros. ‖ étais [dans la baliste] [C] Pros.

antĕrĭor, *ōris*, qui est devant : [T] Pros. ‖ **-tĕrĭus**, adv., plus tôt : [T] Pros.

Antĕrōs, *ōtis*, m. ¶ **1** dieu de l'amour réciproque : [C] Pros. ¶ **2** esclave d'Atticus : [C] Pros.

antēs, *ĭum*, m. pl., rangs [de ceps de vigne] [C] Poés. ‖ [de plantes, de fleurs] [+C] Pros.

anteschŏlānus, *i*, m., répétiteur, sous-maître : [+C] Pros.

antĕsignānus, *i*, m. ¶ **1** qui est en avant du drapeau, soldat de première ligne : [C] Pros. ¶ **2** [pl. dans [C]] soldats armés à la légère attribués à chaque légion : [C] Pros. ¶ **3** [fig.] qui est au premier rang, chef : [C] Pros.

antestātus, *a, um*, → *antestor*

antestō (antistō), *ās, āre, stĭtī, -*, surpasser ¶ **1** intr., ***alicui aliqua re***, surpasser qqn en qqch. : [-C] Pros., [C] Pros. ; ***in aliqua re*** : [-C] Théât. ¶ **2** tr., ***aliquem in aliqua re*** : [+C] Pros. ¶ **3** [abs[t]] être au premier rang : [C] Pros., Poés.

antestŏr, *ārĭs, ārī, ātus sum*, tr., appeler comme témoin : [-C] Théât., [C] Pros.

antĕtŭlī, parf. de *antefero*

antĕvĕnĭō, *īs, īre, vēnī, ventum* ¶ **1** intr., venir avant, prendre les devants : [-C] Théât., [C] Poés., Pros. ; [avec dat.] ***alicui*** [-C] Théât., venir avant qqn, devancer qqn ‖ [au fig.] être supérieur : [avec dat.] [-C] Théât. ¶ **2** tr., ***aliquem, rem***, devancer qqn, qqch. : [C] Pros., [+C] Pros. ‖ [fig.] ***nobilitatem*** [C] Pros., surpasser la noblesse

antĕventŭlus, *a, um*, qui vient par devant [en parl. de cheveux] : [+C] Pros.

antĕversĭo, *ōnis*, f., action de prévenir (devancer) : [T] Pros.

Antĕverta (-vorta), *ae*, f., → *Postverta* : [T] Pros.

antĕvertō (antĕvortō), *ĭs, ĕre, vertī (vortī), versum (vorsum)* ¶ **1** intr. ***a)*** devancer, prendre les devants : ***alicui*** [-C] Théât., devancer qqn ***b)*** [abs[t]] prendre les devants, prévenir : [C] Pros. ¶ **2** tr., devancer, prévenir : ***aliquem, aliquid*** [+C] Pros., prévenir (devancer) qqn, qqch. ‖ faire passer avant, préférer : [C] Pros. ; [pass.] [-C] Théât.

antĕvĭdĕo, = ***ante video*** ; → *video*

antĕvĭō, *ās, āre, -, -*, tr., devancer : [+T] Poés.

antĕvŏlō, *ās, āre, -, -*, tr., devancer en volant : [+C] Poés.

Antĕvorta, → *Anteverta*

Anthēdĭus, *ĭī*, m., port du golfe Saronique : [T] Pros.

Anthēdōn, *ŏnis*, f., ville de Béotie : [C] Poés. ‖ **-dŏnĭus**, *a, um*, d'Anthédon : [+C] Poés.

Antheūs, *ĕi (ĕos)*, m., compagnon d'Énée : [C] Poés.

1 **anthrax**, *ăcis*, m., minium brut : [C] Pros.

2 **Anthrax**, *ăcis*, m., nom d'un cuisinier : [-C] Théât.

anthrōpĭāni, *ōrum*, m. pl., hérétiques qui niaient la divinité du Christ : [T] Pros.

anthўpŏphŏra, *ae*, f., espèce d'anticipation : [C] Pros.

Antĭa lex, f., loi Antia [contre le luxe des repas] : [+C] Pros.

antĭădes, *um*, f. pl., amygdales : [+C] Pros.

antĭae, *ārum*, f. pl., cheveux tombant en avant : [+C] Pros.

Antĭănīra, *ae*, f., fille de Ménélas : [+C] Poés.

Antĭānus, Antĭās, Antiātīnus, etc., → *Antium*

antĭbăsis, *is*, f., pièce horizontale, reposant sur le sol, en avant de la base de la baliste : [C] Pros.

antĭbŏrēum, *i*, n., sorte de cadran solaire orienté vers le nord : [C] Pros.

Antĭcăto, *ōnis*, m., Anticaton [titre de deux ouvrages de César] : [+C] Pros., Poés.

antĭcĭpātio, *ōnis*, f. ¶ **1** connaissance anticipée : [C] Pros. ¶ **2** premier mouvement du corps qui se met en marche : [T] Pros.

antĭcĭpātus, *a, um*, part. de *anticipo*

antĭcĭpō, *ās, āre, āvī, ātum*, tr., prendre par avance, anticiper : [C] Pros. ‖ [abs[t]] prendre les devants : [C] Poés.

Antĭclēa (-īa), *ae*, f., Anticlée, mère d'Ulysse : [-C], [C] Pros., [+C] Pros.

Antĭclīdēs, *ae*, m., écrivain grec : [+C] Pros.

antīcus, *a, um*, qui est devant : [C] Pros. ‖ qui regarde le midi : [C] Pros.

Antĭcўra, *ae*, f., Anticyre, trois villes de ce nom ***a)*** en Phocide, sur le golfe de Corinthe : [C] Pros. ***b)*** en Locride, sur le même golfe : [C] Pros. ***c)*** près du Mont Œta sur le Sperchius, toutes trois réputées pour leur ellébore : [C] Poés.

antĭdĕā, → *antea* : [C] Pros.

antĭdhāc, → *antehac*

antĭdŏtum, *i*, n., [+C] Pros., **antĭdŏtus**, *i*, f., [+C] Pros., contre-poison

Antĭensis, → *Antium*

antĭfrăsis, → *antiphrasis*

Antĭgĕnēs, *is*, m., nom d'homme : [C] Poés., Pros.

Antĭgĕnĭdās, *ae*, m., célèbre musicien : [C] Pros.

Antĭgŏnē, *ēs* (**-ŏna**, *ae*), f. ¶ **1** fille d'Œdipe : [C] Poés., [+C] Poés. ¶ **2** fille du roi Laomédon : [C] Poés.

Antĭgŏnēa, *ae*, f. ¶ **1** ville d'Épire : [C] Pros. ‖ **-nensis**, d'Antigonée : [C] Pros. et **-nenses**, m. pl., habitants d'Antigonée ¶ **2** ville de Macédoine : [C] Pros.

Antĭgŏnīa, → *Antigonea*

Antĭgŏnus, *i*, m., nom de plusieurs rois de Macédoine : [C] Pros. ‖ écrivain : [C] Pros. ‖ affranchi : [C] Pros.

Antĭlībănus, *i*, m., l'Antiliban [montagne en Syrie] : [C] Pros.

Antĭlŏchus, *i*, m., fils de Nestor : [C] Poés.

Antĭmăchus, *i*, m. ¶ **1** poète grec : [C] Pros. ¶ **2** centaure : [C] Poés. ¶ **3** fils d'Égyptus : [+C] Poés. ¶ **4** personnage : [-C] Théât.

Antĭnŏēus, Antĭnŏītae, → *Antinous*

antĭnŏmĭa, *ae*, f., antinomie : [+C] Pros.

Antĭnŏus, *i*, m., Antinoüs ¶ **1** prétendant de Pénélope : [C] Poés. ¶ **2** jeune homme divinisé par Hadrien : [T] Pros.

Antĭŏchēa, → *Antiochia*

Antĭŏchensis, → *Antiochia* et *Antiochus*

Antĭŏchēnus, → *Antiochia*

Antĭŏchēus, → *Antiochus*

Antĭŏchīa (-ēa), *ae*, f., Antioche [capitale de la Syrie] : [C] Pros., [+C] Pros. ‖ **-chensis**, *e*, [T] Pros., d'Antioche et **-chenses**, *ĭum*, m. pl., habitants d'Antioche : [+C] Pros.

Antĭŏchīnus, V. → *Antiochus*

Antĭŏchīus, V. → *Antiochus*

Antĭŏchus, *i*, m. ¶**1** nom de plusieurs rois de Syrie : [C] Pros., [+C] Pros. ¶**2** nom d'un philosophe académicien (Antiochus d'Ascalon), maître de Cicéron et de Brutus : [C] Pros. ¶**3** **-chensis**, *e*, d'Antiochus [le Grand] : [+C] Pros. ‖ **-chīus**, **-chēus**, *a*, *um*, d'Antiochus [le philosophe] ; **Antĭŏchīa**, *ōrum*, n. pl., [C] Pros., opinions d'Antiochus ; **Antĭŏchīi**, *ōrum*, m. pl., [C] Pros., les disciples d'Antiochus ‖ **-chīnus**, *a*, *um* ***a)*** d'Antiochus [le Grand] : [C] Pros., [+C] Pros. ***b)*** [du philosophe] : [C] Pros.

Antĭŏpa, *ae*, **Antĭŏpē**, *ēs*, f., Antiope ¶**1** fille de Nyctée : [C] Poés., [+C] Poés. ‖ titre d'une tragédie de Pacuvius : [C] Pros. ¶**2** épouse de Piérus [mère des Piérides] : [C] Pros.

antĭpagmentum, → *antepagmentum*

Antĭpătĕr, *tri*, m. ¶**1** général d'Alexandre : [C] Pros. ¶**2** nom de plusieurs philosophes : [C] Pros. ¶**3** contemporain de Cicéron : [C] Pros. ¶**4** Cœlius Antipater, historien, V. → *Coelius*

Antĭpătrēa, *ae*, f., ville d'Illyrie près de la Macédoine : [C] Pros.

Antĭphătēs, *ae*, m. ¶**1** roi des Lestrygons : [C] Poés. ¶**2** fils de Sarpédon : [C] Poés.

Antĭphĭlus, *i*, m. ¶**1** nom d'homme : [C] Pros. ¶**2** peintre athénien du temps d'Alexandre : [+C] Pros.

Antĭpho, *ōnis*, **Antĭphōn**, *ontis*, m. ¶**1** le premier des orateurs attiques : [C] Pros. ¶**2** nom d'un interprétateur de rêves : [C] Pros. ¶**3** histrion : [C] Pros. ¶**4** personnage de la comédie latine : [-C] Théât.

antĭphrăsis, *is*, f., ironie : [T] Pros.

antĭpŏdes, *um*, acc. *as*, m. pl., les antipodes : [T] Pros. ‖ gens qui font de la nuit le jour et du jour la nuit : [+C] Pros.

Antĭpŏlis, *is*, f., ville de la Narbonnaise [auj. Antibes] ‖ **-lĭtānus**, *a*, *um*, d'Antipolis : [+C] Poés.

antīquārĭus, *a*, *um* ¶**1** d'antiquité, relatif à l'antiquité : ***antiquaria ars*** [T] Pros., art de lire et transcrire les manuscrits ¶**2** subst. m., partisan de l'antiquité : [+C] Pros. ¶**3** f., femme qui aime l'antiquité : [+C] Poés.

antīquātus, *a*, *um*, part. de *antiquo*

antīquē, adv., à l'antique : [C] Pros. ‖ ***antiquius*** [+C] Pros.

antīquĭtās, *ātis*, f. ¶**1** temps d'autrefois, antiquité : [C] Pros. ‖ événements d'autrefois, histoire des temps anciens : [C] Pros. ‖ [pl.] ***antiquitates***, antiquités, faits antiques : [C] Poés., [+C] Pros. ; [titre d'un ouvrage de Varron] les Antiquités : [C] Pros., [+C] Pros. ‖ les gens de l'antiquité : [C] Pros. ‖ caractère antique, moeurs antiques : [C] Pros., [+C] Pros. ‖ [sens péjor.] : [C] Pros., [+C] Pros. ¶**2** ancienneté (antiquité) de qqch. → *vetustas* : [C] Pros. ; ***generis*** [C] Pros., antiquité de la race

antīquĭtŭs, adv. ¶**1** depuis l'antiquité : [C] Pros. ¶**2** dans l'antiquité, dans les temps anciens : [C] Pros., [+C] Pros.

antīquō, *ās*, *āre*, *āvī*, *ātum*, tr., [terme de droit] rendre caduc, rejeter [une proposition de loi] : [C] Pros. ‖ supprimer, faire disparaître : [T] Pros.

antīquus, *a*, *um* ¶**1** [sens local "celui qui est en avant" conservé au compar. et au superl. métaphoriquement] plus important, le plus important : [C] Pros. ¶**2** [sens temporel] d'autrefois, d'auparavant, précédent : [C] Pros. ¶**3** qui appartient aux temps d'autrefois (au passé), ancien, antique : [C] Pros. ; ***antiqua philosophia*** [C] Pros., la philosophie antique [avant Socrate] ; [C] Pros. ; ***antiqui***, les Anciens : [C] Pros. ‖ [avec idée d'éloge] ***antiqua religio*** [C] Pros., les scrupules d'autrefois ; ***homines antiqui*** [C] Pros., ces gens d'un caractère antique ‖ [sens péjor.] [C] Pros. ¶**4** qui remonte loin dans le passé : [C] Pros. ; ***antiquus amicus*** [C] Pros., vieil ami ; ***ludi antiquissimi*** [C] Pros., les jeux qui remontent le plus loin dans le passé

Antisa, V. → *Antissa*

antiscĭi, *ōrum*, m. pl., antisciens [habitants de l'autre hémisphère dont l'ombre est dans une direction opposée à la nôtre] : [T] Pros.

antĭsŏphista (-ēs), *ae*, m., antisophiste, grammairien de principes opposés : [+C] Pros.

antispectō, *ās*, *āre*, -, -, être dirigé en sens contraire : [+C] Pros.

Antissa, *ae*, f., ville (et île) qui touche Lesbos : [C] Pros. ‖ **-tissaei**, *ōrum*, m. pl., habitants d'Antissa : [C] Pros.

antistĕs, *ĭtis*, m. et f. ¶**1** chef, préposé : [+C] Pros. ‖ maître : [C] Pros. ‖ magistrat, dignitaire : [+C] Pros. ‖ [fig.] tenant, champion : ***veritatis*** [+C] Pros., de la Vérité ¶**2** prêtre : [C] Pros. ‖ f., prêtresse : [C] Pros.

Antisthĕnēs, *is*, m., philosophe, disciple de Socrate, fondateur de l'école cynique : [C] Pros. ; [pl.] ***Antisthenae*** [+C] Pros.

Antistĭa, *ae*, f., nom d'une Romaine : [+C] Pros.

antistĭta, *ae*, f., prêtresse : [-C] Théât., [C] Pros.

Antistĭus, *ĭi*, m., nom de plusieurs Romains, entre autres Antistius Labéon, jurisconsulte : [C] Pros.

antisto, V. → *antesto*

antistrĕphōn, *ontos*, m., argument qui peut se retourner : [+C] Pros.

antistrŏphē, *ēs*, **antistrŏpha**, *ae*, f., antistrophe : [T] Pros.

antĭthĕton (-um), *i*, n., antithèse : [T] Pros. ‖ opposition : [+C] Poés.

antĭthĕus, *i*, m., qui prétend être un dieu : [T] Pros. ‖ le diable [ennemi de Dieu] : [T] Pros.

Antĭum, *ĭi*, n., ville du Latium [auj. Anzo] : [C] Pros. ‖ **-ĭās**, *tis*, [C] Pros., **-ĭātes**, *ĭum*, m. pl., les habitants d'Antium : [C] Pros. ‖ **-ĭātinus**, [+C] Pros., **-ĭensis**, *e*, [+C] Pros., d'Antium

Antĭus, *ĭi*, m., nom d'homme : [C] Pros. ‖ **-tĭus**, *a*, *um*, d'Antius : ***lex Antia*** [+C] Pros., loi [somptuaire] d'Antius Restio

antlĭa, *ae*, f., machine à tirer de l'eau, pompe : [+C] Poés. ‖ corvée de la pompe : [+C] Pros.

Antōnĭa, **-nĭānus**, V. → *Antonius*

Antōnĭastĕr, *tri*, m., imitateur d'Antoine [orateur] : [C], [+C] Pros.

Antōnīnus, *i*, m., Antonin [nom de plusieurs empereurs, notamment Antonin le Pieux 138-161 ou *T. Aurelius Antoninus*, devenu *T. Aelius Hadrianus Antoninus Pius* après son adoption par Hadrien. Le surnom *Antoninus* se retrouvera chez d'autres empereurs, entrés par adoption réelle ou fictive dans la famille d'Antonin : Marc Aurèle, Lucius Verus, Commode, les Sévères] : [T] Pros. ‖ **-nĭānus**, *a*, *um*, d'Antonin : [T] Pros.

Antōnĭus, *ĭi*, m., Marc Antoine : l'orateur : [C] Pros. ‖ le triumvir, petit-fils du précédent : [C] Pros. ; L. Antonius, son frère ‖ **-tōnĭānus**, *a*, *um* ***a)*** Antonien, d'Antoine [triumvir] d'où **Antōnĭāni**, *ōrum*, m. pl., partisans d'Antoine et **Antōnĭānae**, *ārum*, f. pl., discours de Cicéron contre Antoine [Philippiques] : [+C] Pros. ***b)*** de l'orateur Antoine : [C] Pros.

antŏnŏmăsĭa, *ae*, f., antonomase [fig. de rhét.] : [+C] Pros.

Antŏrēs, *ae* ou *is*, m., compagnon d'Hercule : [C] Poés.

Antrōnes, acc. *as*, f. pl., ville de la Phthiotide : [C] Pros.

antrum, *i*, n., grotte, caverne : [C] Poés. ‖ creux dans un arbre : [C] Poés. ‖ [pl.] fosses (nasales) : [T] Pros.

antrŭō, V. → *amptruo*

Ănūbis, *is* et *ĭdis*, m., dieu égyptien : [C] Poés.

ānŭlārĭus, *a*, *um*, d'anneau : [C] Pros. ‖ subst. m., fabricant d'anneaux : [C] Pros.

ānŭlātus, *a*, *um*, portant un anneau : [-C] Théât., [+C] Pros.

ānŭlus, *i*, m. ¶**1** bague, anneau : [C] Pros. ; [servant de sceau, de cachet] [C] Pros. ¶**2** anneau d'or [d'abord signe du rang de chevalier] : [C] Pros., [+C] Pros. ¶**3** boucle de cheveux : [+C] Poés., Pros. ‖ [archit.] annelet [filet du chapiteau dorique, séparant le gorgerin de l'échine] : [C] Pros. ; V. → *annulus*

1 **ānŭs**, *i*, m. ¶**1** anneau : [C] Pros. ; [anneau pour le pied] [-C] Théât. ¶**2** anus, fondement : [C] Pros., [+C] Pros.

2 **ănŭs**, *ūs*, f. ¶**1** vieille femme : [C] Pros. ‖ vieille sorcière : [C] Poés. ¶**2** [adj[t]] vieille, vieux : ***anus matrona*** [+C] Pros., vieille dame ; ***anus charta*** [C] Poés., vieil écrit

anxĭē ¶**1** avec peine, avec amertume : ***anxie ferre*** [C] Pros., supporter avec amertume ¶**2** avec anxiété, avec un soin inquiet : ***se anxie componere*** [+C] Pros., avoir le souci anxieux de composer son personnage

anxĭĕtās, *ātis*, f. ¶**1** disposition habituelle à l'inquiétude, caractère anxieux (inquiet) : [C] Pros. ; ➡ *angor* ¶**2** soin inquiet, souci méticuleux : [+C] Pros.

anxĭĕtūdo, *inis*, f., ➡ *anxietas* : [T] Pros.

anxĭfĕr, *ĕra*, *ĕrum*, qui tourmente : [C] Pros.

anxĭō, *ās*, *āre*, -, -, intr., être triste : [T] Pros.

anxĭŏr, *ārĭs*, *ārī*, -, -, dép., intr., se tourmenter : [T] Pros.

anxĭtūdo, *ĭnis*, ➡ *anxietas* : [-C] Théât., [C] Pros.

anxĭus, *a*, *um* ¶**1** anxieux, inquiet, tourmenté : [C] Pros. ; ***anxius animi*** [C] Pros., ayant au coeur de l'inquiétude ‖ [avec abl.] [C] Pros. ‖ [avec gén.] [+C] Pros. ; ***sui anxius*** [+C] Pros., tourmenté pour soi-même ‖ ***anxius pro salute alicujus*** [+C] Pros., inquiet pour la vie de qqn ‖ [avec interrog. indir.] [+C] Pros. ¶**2** sans repos, aux aguets, vigilant : [+C] Pros. ¶**3** pénible, qui tourmente : ***aegritudines anxiae*** [C] Pros., les peines qui tourmentent ; ***timor anxius*** [C] Poés., crainte pénible ; ***anxiae curae*** [C] Pros., soucis cuisants

1 **Anxŭr**, *ŭris* ¶**1 -ŭrus**, m., Jupiter, dieu adoré à Anxur : [C] Poés. ‖ **-urnās**, *ātis*, m., d'Anxur : [C] Pros. ¶**2** m., source du voisinage : [+C] Poés. [C] Pros.

2 **Anxur**, *ŭris*, m., guerrier Rutule : [C] Poés.

Ănўtus, *i*, m., un des accusateurs de Socrate : [C] Poés.

Anzăbās, *ae*, m., fleuve d'Afrique : [T] Pros.

Āoedē, *ēs*, f., une des quatre Muses primitives : [C] Pros.

Āŏnes, *um*, m. pl., [adj[t]] d'Aonie : [acc. *-as*] [C] Poés.

Āŏnĭa, *ae*, f., Aonie [nom myth. de la Béotie] : [+C] Pros. ‖ **-nĭdēs**, *ae*, m., Aonien : [+C] Poés. ‖ **Āŏnĭdae**, *ūm*, pl., [+C] Poés., = Béotiens ‖ **-nĭs**, *ĭdis*, f., Béotienne : [+C] Poés. ‖ **Aŏnĭdes**, *um*, f. pl., les Muses : [C] Poés. ‖ **-nĭus**, *a*, *um*, d'Aonie : [C] Poés.

Ăornis, acc. *in*, f., rocher dans les Indes [sans oiseaux] : [+C] Pros.

Ăornŏs, *i*, m., lac à l'entrée des Enfers, ➡ *2 Avernus* : [C] Poés.

Aorsi, m. pl., peuple sarmate : [+C] Pros.

Aŏus, *i*, m., fleuve d'Illyrie : [C] Pros.

ăpăgĕ, ôte, éloigne, dégage [avec acc.] : [-C] Théât. ‖ [abs[t]] ***apage*** [-C] Théât., arrière, loin d'ici ; ***apage sis*** [-C] Théât., va-t'en, de grâce

ăpăla ōva, **hăp-**, œufs mollets : [+C] Pros.

Ăpămēa, *ae*, f., ville de la grande Phrygie : [C] Pros. ‖ **-ēensis**, **-ensis**, *e*, d'Apamée [Phrygie] : [C] Pros. ; ou **-ēnus**, *a*, *um*, **-ēus**, *a*, *um*, subst[t], **-ēi**, *ōrum*, m. pl., habitants d'Apamée : [+C] Pros.

Ăpămīa, ➡ *Apamea*

ăpăthīa, *ae*, f., absence de passion : [+C] Pros.

Ăpătūrĭa, *ōrum*, n. pl., les Apaturies [fêtes grecques célébrées par les phratries] : [+C] Pros.

Ăpătūrĭus, *ĭi*, m., peintre célèbre d'Alabanda : [C] Pros.

Apĕlaurus, *i*, m., ville ou canton d'Arcadie : [C] Pros.

Ăpella, *ae*, m., nom d'affranchi : [C] Pros. ‖ nom d'un juif : [C] Poés.

Apellēs, *is*, m., célèbre peintre grec : [C] Pros. ‖ **-lēus**, *a*, *um*, d'Apelle : [+C] Poés.

āpellō, *ĭs*, *ĕre*, -, -, tr., expulser : [T] Pros.

Āpĕnīnus, ➡ *Appenninus*

Āpenn-, ➡ *Appenn-*

1 **ăpĕr**, *apri*, m., sanglier : ***Erymanthius*** [C] Pros., sanglier d'Érymanthe

2 **Ăpĕr**, *pri*, m., nom d'homme, en part. interlocuteur du Dialogue des Orateurs de Tacite : [+C] Pros.

Apĕrantĭa, *ae*, f., petite province de Thessalie : [C] Pros. ‖ **-rantī**, *ōrum*, m. pl., habitants de l'Apérantie : [C] Pros.

ăpĕrantŏlŏgia, *ae*, f., bavardage intarissable : [C] Poés.

ăpĕrīlis, [fausse étymologie d'*Aprilis* (*aperio*)] : [T] Pros.

ăpĕrĭō, *īs*, *īre*, *pĕrŭī*, *pertum*, tr. ¶**1** ouvrir, découvrir : ***alicui portas*** [C] Pros., ouvrir à qqn les portes de la ville ; ***litteras*** [C] Pros. ; ***oculos*** [C] Pros., ouvrir une lettre, les yeux ‖ ***vomicam*** [C] Pros. ; ***corpora hominum*** [C] Pros., ouvrir un abcès, le corps humain ‖ [réfléchi et médio-passif] : [C] Pros., [+C] Pros. ; [en parl. d'étoiles] ***se aperire*** [C] Pros. ; ***aperiri*** [C] Pros., se découvrir, se montrer ¶**2** ouvrir, creuser [= faire en ouvrant, en creusant] : ***fundamenta templi*** [C] Pros., creuser les fondations du temple ; ***subterraneos specus*** [+C] Pros., creuser des retraites souterraines ‖ ***viam***, ***vias***, ***iter***, ouvrir, frayer, creuser une route, des routes, un chemin : [C] Pros. ¶**3** [fig.] ouvrir mettre à découvert : ***viam*** [C] Poés., Pros., ouvrir, laisser libre une route ; ***fontes philosophiae*** [C] Pros., ouvrir les sources de la philosophie ‖ [terme de finances] ouvrir un crédit : ***quod DCCC aperuisti*** [C] Pros., [c'est bien à toi] de lui avoir ouvert le crédit de 800 000 sesterces ‖ mettre en vente : [T] Pros. ¶**4** mettre au grand jour [des projets, des sentiments, des actions, etc.] : [C] Pros. ‖ montrer, exposer, expliquer : [C] Pros. ‖ [avec prop. inf.] : [C] Pros. ‖ [avec interrog. ind] : [C] Pros.

ăpertē ¶**1** ouvertement, à découvert : [C] Pros. ¶**2** clairement : [C] Pros.

ăpertĭo, *ōnis*, f. ¶**1** ouverture : [C] Pros., [+C] Pros. ¶**2** dévoilement : [T] Pros. ‖ libération : [T] Pros.

ăpertō, *ās*, *āre*, -, -, tr., ouvrir : [-C] Théât., [T] Pros.

ăpertum, *i*, part. n. de *aperio* pris subst[t] ¶**1** ***in aperto*** [C] Pros., dans un lieu découvert ; ***aperta populatus*** [+C] Pros., ayant ravagé la rase campagne ‖ [fig.] ***in aperto esse***, être libre, ouvert à tous, facile : [+C] Pros. ¶**2** ***in aperto***, à l'air libre : [C] Poés., Pros., [+C] Pros. ¶**3** ***in aperto esse***, être à découvert, au grand jour : [C] Pros., [+C] Pros.

ăpertūra, *ae*, f., ouverture : [C] Pros.

ăpertus, *a*, *um*

I part. de *aperio*

II adj[t] ¶**1** ouvert, découvert : ***aperto ostio*** [C] Pros., avec la porte ouverte ‖ ***caelum apertum*** [C] Pros., ciel découvert ‖ [fig.] ouvert, libre : [C] Pros. ‖ ***aperta navis***, navire non ponté : [C] Pros. ; ➡ *tectus* ‖ dévêtu : [T] Pros. ¶**2** découvert (sans défense) : ***a latere aperto*** [C] Pros., sur le flanc découvert de l'armée ¶**3** découvert, qui a lieu au grand jour : ***apertum scelus*** [C] Pros., crime perpétré au grand jour ; ***apertus inimicus*** [C] Pros., ennemi déclaré ‖ ouvert, loyal : ***apertus animus*** [C] Pros., âme ouverte ; ***homo*** [C] Pros., homme ouvert (droit, franc) ‖ [sens péjor.] [C] Pros. ¶**4** manifeste, clair : ***verbis apertissimis*** [C] Pros., en termes très clairs ; [+C] Pros. ; ***sententiae apertae*** [C] Pros., pensées claires ‖ ***apertum est***, il est clair que : [avec prop. inf.] [C] Pros. ; [avec interrog. indir.] [C] Pros.

ăpĕrŭī, parf. de *aperio*

ăpēs, ➡ *1 apis*

ăpex, *ĭcis*, m. ¶**1** pointe, sommet : [C] Poés., Pros. ¶**2** le bonnet lui-même : [C] Pros. ¶**3** tiare, couronne : [C] Pros. ¶**4** aigrette : [C] Poés. ; = aigrette de feu, langue de feu : [C] Poés. ¶**5** signe des voyelles longues : [+C] Pros. ¶**6** pl., ***apices***, forme des lettres (linéaments) : [+C] Pros. ‖ un écrit : [T] Pros. ‖ ***Christi apex*** [T] Poés., monogramme du Christ ¶**7** [fig.] ‖ couronne, fleuron : [C] Pros.

ăpexăbo, **ăpexāo**, *ōnis*, f., sorte de boudin employé dans les sacrifices : [C] Pros., [T] Pros.

Ăphăreūs, *ĕī* (*ĕos*), m. ¶**1** roi de Messénie ‖ **-rēius**, *a*, *um*, d'Apharée : [C] Poés. ¶**2** un centaure : [C] Poés.

ăphĕdrus, *i*, f., menstrues : [T] Pros.

ăphēlĭōtēs, [C] Poés., [+C] Pros.

Ăphĕsās, *antis*, m., montagne de l'Argolide : [+C] Poés.

Ăphīdās, *ae*, m., nom d'un centaure : [C] Poés.

Ăphidnae, *ārum*, f. pl., bourg de l'Attique : [+C] Théât. ‖ **-na**, *ae*, f., [C] Poés.

ăphractus, *i*, f., vaisseau non ponté : [C] Pros. ‖ **ăphracta**, *ōrum*, n. pl., [C] Pros.

Ăphrŏdīsĭa, *ōrum*, n. pl., Aphrodisies [fêtes en l'honneur d'Aphrodite] : [-C] Théât.

Ăphrŏdīsĭăs, *ădis*, f., ville de Cilicie : [C] Pros. ‖ ville et promontoire de Carie : [C] Pros.

Ăphrŏdīsĭensis, *e*, d'Aphrodisias ‖ **-enses**, habitants d'Aphrodisias : [+C] Pros.

aphthae, *ārum*, f. pl., aphtes : [+C] Pros.

ăpĭăcŏn, *i*, n., sorte de chou frisé : [-C] Pros.

ăpĭānus, *a*, *um*, d'abeille ‖ ***apiana uva***, raisin muscat [aimé des abeilles] : [+C] Pros.

ăpĭārĭum, *ĭī*, n., ruche [où sont les abeilles] : [+C] Pros.

ăpĭastĕr, *tri*, m., **ăpĭastrum**, *i*, n., mélisse [plante] : [C] Pros.

ăpĭca, *ae*, f., brebis sans laine sur le ventre : [C] Pros.

ăpĭcātus, *a*, *um*, coiffé du bonnet des flamines : [C] Poés.

Ăpīcĭānus, *a*, *um*, ▶ *2 Apicius*

1 **ăpĭcĭus**, *a*, *um*, ***uva apicia*** [-C] Pros., sorte de plant de vigne, [+C] Pros. ; ***apicium (vinum)***, vin apicien (vin de ce plant particulier) : [-C] Pros., [C] Pros.

2 **Ăpīcĭus**, *ĭī*, m., M. Gavius Apicius [gastronome célèbre ; livre de cuisine] : [+C] Pros.

ăpĭcŭla, *ae*, f., petite abeille : [+C] Pros.

Āpĭdănus, *i*, m., rivière de Thessalie : [C] Poés.

ăpĭnae, *ārum*, f. pl., bagatelles, sornettes : [+C] Poés.

Apiŏlae, *ārum*, f. pl., ville du Latium : [C] Pros.

Ăpīōn, *ōnis*, m., surnom d'un Ptolémée, roi de Cyrène : [C] Pros., [+C] Pros.

ăpīrŏcălus, *i*, m., qui n'a pas de goût : [+C] Pros.

1 **ăpis**, *is*, f., abeille [surtout au pl.], **apes**, ***apium*** ou ***apum***, [C], etc.

2 **Āpis**, *is*, acc. **im**, m., Apis [le bœuf adoré en Égypte] : [C] Pros.

ăpiscŏr, *scĕrĭs*, *scī*, *aptus sum*, tr. ¶ **1** atteindre : [-C] Théât., [C] Pros. ¶ **2** [fig.] ***a)*** saisir [en parl. de maladies] : [C] Poés. ***b)*** saisir par l'intelligence : [C] Poés., [+C] Pros. ¶ **3** gagner, obtenir : [-C] Théât., [C] Pros. ‖ [avec gén.] [+C] Pros.

ăpium, gén. pl., ▶ *1 apis*

ăpĭus, *ĭī*, m., ▶ *apium* : [+C] Pros.

ăplestĭa, *ae*, f., goinfrerie : [T] Pros.

ăplustrĕ, *is*, n., [+C] Poés., ordinᵗ pl., **ăplustrĭa**, *um*, **ăplustra**, *ōrum*, aplustre [ornement de la poupe d'un vaisseau] : [C] Poés., [+C] Poés.

ăpŏbaptizo (-tĭdĭo), *are*, tr., tremper, plonger [dans un liquide] : [+C] Pros.

ăpŏcălō, *ās*, *āre*, *-*, *-*, tr., [vulg.] ***se apocolare*** [+C] Pros., se tirer, mettre les voiles ; ▶ *apoculo*

ăpŏcălypsis, *is*, f., révélation : [T] Pros.

ăpŏcartĕrēsis, *is*, f., action de se laisser mourir de faim : [+C] Pros.

ăpŏcătastătĭcus, *a*, *um*, qui revient à sa position première : [T] Pros.

ăpŏclēti, *ōrum*, m. pl., apoclètes [magistrats d'Étolie] : [C] Pros.

Ăpŏcŏlŏcynthōsis, *is*, f., titre d'un pamphlet de Sénèque "La Métamorphose en coloquinte" [cf. *apotheosis*]

ăpŏcŏr, *ārĭs*, *ārī*, *-*, *-*, intr., servir de garant : [T] Pros.

ăpŏcrȳphus, *a*, *um*, apocryphe, non canonique : [T] Pros.

ăpŏcŭlō, *ās*, *āre*, *-*, *-*, f. l. pour *apocalo* : [+C] Pros.

ăpŏdictĭcus, *a*, *um*, péremptoire : [+C] Pros.

ăpŏdixis, *is*, acc. **in**, f., preuve évidente : [+C] Pros.

Ăpŏdŏti, *ōrum*, m. pl., peuple d'Étolie : [C] Pros.

ăpŏdȳtērĭum, *ĭī*, n., vestiaire des bains : [C] Pros., [+C] Pros.

ăpŏfŏrēta, ▶ *2 apophoreta*

ăpŏlactizō, *ās*, *āre*, *-*, *-*, tr., lancer des ruades contre : [-C] Théât.

1 **Ăpollĭnāris**, *e* ¶ **1** adj., d'Apollon : [C] Poés. ; ***ludi Apollinares*** [C] Pros., jeux Apollinaires ¶ **2** subst. ‖ **-āre**, n., lieu consacré à Apollon : [C] Pros.

2 **Ăpollĭnāris**, ▶ *2 Sidonius*

Ăpollĭnĕus, *a*, *um*, d'Apollon : [C] Poés.

Ăpollo, *ĭnis*, m., Apollon : [C] Pros. ‖ ***promunturium Apollinis*** [C] Pros., promontoire d'Apollon [en Afrique]

Ăpollŏdōrēi, *ōrum*, m. pl., imitateurs du rhéteur Apollodore : [+C] Pros.

Ăpollŏdōrus, *i*, m. ¶ **1** rhéteur de Pergame, maître du futur Auguste : [+C] Pros. ¶ **2** grammairien d'Athènes : [C] Pros. ¶ **3** philosophe : [C] Pros. ¶ **4** tyran de Cassandrée : [C] Pros. ¶ **5** poète comique grec : [-C] Théât., [+C] Pros.

Ăpollōnĭa, *ae*, f., Apollonie, nom de plus. villes : [en Crète] ; [en Thrace] ; [en Macédoine] [C] Pros. ; [en Illyrie] [C] Pros. ‖ **-nĭātēs**, *ae*, m., natif d'Apollonie : [C] Pros. ‖ **-nĭātae**, *ārum*, m. pl., habitants d'Apollonie : [C] Pros. ou **-nĭātes**, *ĭum*, m. pl., [C] Pros. ‖ **-nĭensis**, *e*, d'Apollonie : [C] Pros. et **-nĭenses**, *ĭum*, m. pl., habitants d'Apollonie

Ăpollōnĭdēs, *ae*, m., autres pers. : [C] Pros., [+C] Pros.

Ăpollōnis, *ĭdis*, f., ville de Lydie : [C] Pros.

Ăpollōnĭus, *ĭī*, m., nom de plus. pers. grecs : Apollonius d'Alabanda [rhéteur] : [C] Pros. ‖ Apollonius Molon, d'Alabanda lui aussi, mais établi à Rhodes [rhéteur, maître de Cicéron] : [C] Pros. ‖ Apollonios de Rhodes [auteur des Argonautiques] : [+C] Pros. ‖ Apollonius de Pergame [agronome] : [C] Pros., [+C] Pros. ‖ Apollonius de Myndos [astronome] : [+C] Pros. ‖ Apollonius de Tyane [philosophe et thaumaturge] : [T] Pros.

Ăpollȳōn, m., l'Exterminateur : [T] Pros.

ăpŏlŏgātĭo, *ōnis*, f., récit en forme d'apologue : mot condamné par [+C] Pros.

ăpŏlŏgētĭcus, *a*, *um*, de défense [contre les Païens] : ***Apologeticus (liber)*** [+C], l'Apologétique

ăpŏlŏgō, *ās*, *āre*, *-*, *-*, tr., repousser : [+C] Pros.

ăpŏlŏgus, *i*, m., récit fictif : [-C] Théât. ‖ apologue, fable : [C] Pros.

Ăpōnĭāna, *ae*, f., île près de Lilybée : [C] Pros.

Ăpŏnus, *i*, m., source d'eau chaude près de Padoue ‖ **-nus**, *a*, *um*, d'Aponus : [+C] Poés.

ăpŏphŏrēta, *ōrum*, n. pl., présents offerts aux convives le jour des Saturnales ou en d'autres fêtes, cadeaux à emporter : [+C] Pros.

ăpŏphŏrētĭcum, *i*, n., cadeau à emporter : [T] Pros.

ăpŏphŏrētus, *a*, *um*, donné pour être emporté : [+C] Pros.

ăpŏphysis, *is*, f., apophyse [partie supérieure ou inférieure du fût de la colonne] : [C] Pros.

ăpŏpompaeus, *i*, m., bouc émissaire : [T] Pros.

ăpŏprŏēgmĕna, *ōrum*, n. pl., choses à repousser comme moins estimables [dans la morale stoïcienne] : [C] Pros.

ăpopsis, *is*, f., belvédère : [+C] Pros.

ăpŏrĭa, *ae*, f., embarras, doute : [T] Pros.

Ăpŏrĭdŏs cōmē, f., village de la Grande Phrygie : [C] Pros. ; ▶ *Acoridos come*

ăpŏrĭŏr, *ārĭs*, *ārī*, *ātus sum*, intr., être dans l'embarras, douter : [T] Pros.

ăporroea, *ae*, f., rayonnement : [T] Pros.

ăpŏsĭōpēsis, *is*, f., réticence : [+C] Pros.

ăposphrāgismă, *ătis*, n., figure gravée sur le chaton d'un anneau : [+C] Pros.

ăpostăta, *ae*, m., dissident, apostat : [T] Pros.

ăpostatrix, *īcis*, f., celle qui apostasie : [T] Pros.

ăpostŏla, *ae*, f., femme apôtre : [T] Pros.

ăpostŏlātŭs, *ūs*, m., apostolat [apôtres, évêques] : [T] Pros.

ăpostŏlus, *i*, m. ¶ **1** messager : [T] Pros. ¶ **2** envoyé du Christ, apôtre : [T] Pros.

ăpostrŏpha, *ae*, **ăpostrŏphē**, *ēs*, f., apostrophe [fig. de rhétorique par laquelle l'orateur, se détournant du juge, se tourne vers l'adversaire et l'interpelle] : [+C] Pros. [ailleurs *sermo aversus, oratio aversa*]

ăpŏthēca, *ae*, f., lieu où l'on garde les provisions, office, magasin : [C] Pros. ‖ cellier, cave [chambre où le vin se bonifiait dans la fumée] : [C] Pros., Poés.

ăpŏthēcō, *ās*, *āre*, *-*, *-*, tr., emmagasiner : [+T] Poés.

ăpŏthĕōsis, *is*, f., apothéose : [C] Poés., [+C] Pros.

ăpŏthermum (-ter-), *i*, n., plat froid [gâteau de semoule au vin cuit] : [+C] Pros.

ăpŏthĕsis, *is*, f., ➡ *apophysis* : [C] Pros.

appāgĭnēcŭli, *ōrum*, m. pl., frontons en accolade [ornements fantaisistes à tiges cannelées et ornés de feuillages en volutes, substitués au fronton architectonique dans la peinture fantaisiste] : [C] Pros.

app-, ➡V *adp-*

appărātē, adv., avec appareil, somptueusement : [C] Pros. ‖ *apparatius* [+C] Pros.

appărātĭo, *ōnis*, f. ¶**1** préparation, apprêt : ***popularium munerum*** [C] Pros., préparation des jeux donnés au peuple ¶**2** [fig., en parl. du travail de l'orateur] apprêt, recherche : [C] Pros.

appărātrix, *īcis*, f., préparatrice : [T] Pros.

1 **appărātus**, *a*, *um* ¶**1** part. de *apparo* ¶**2** adj[t], préparé, disposé, [d'où] ***a)*** bien pourvu : ***domus apparatior*** [C] Pros., maison mieux pourvue ***b)*** plein d'appareil, d'éclat : ***ludi apparatissimi*** [C] Pros., jeux les plus richement organisés ***c)*** [rhét.] apprêté : [C] Pros.

2 **appărātŭs**, *ūs*, m. ¶**1** action de préparer, préparation, apprêt : ***belli*** [C] Pros. ; ***triumphi*** [C] Pros. ; ***sacrorum*** [C] Pros., préparatifs de guerre, du triomphe, d'un sacrifice ; [en gén.] préparatifs : [C] Pros. ¶**2** ce qui est préparé, appareil [meubles, machines, instruments, bagages, etc.] : [C] Pros. ¶**3** somptuosité, pompe : ***prandiorum*** [C] Pros. ; ***ludorum*** [C] Pros., somptuosité des festins, des jeux ; ***apparatu regio*** [C] Pros., avec un faste royal ; ***sine apparatu*** [C] Pros., sans recherche ‖ [rhét.] éclat, pompe du style : [C] Pros.

appārĕō (adpārĕō), *ēs*, *ēre*, *ŭī*, *ĭtum*, intr., apparaître ¶**1** être visible : [C] Pros. ; ***(illa vis) non apparet nec cernitur*** [C] Pros., (cette puissance) n'est pas apparente et ne se discerne pas ‖ se montrer : [C] Pros. ; ***nec apparuit hostis*** [C] Pros., et l'ennemi n'apparut pas ¶**2** se montrer manifestement, être clair : [C] Pros. ‖ [constr. personnelle avec prop. inf.] [rare] [C] Pros., [+C] Pros. ¶**3** impers., ***apparet***, il est clair, il est manifeste ; [avec prop. inf.] : [C] Pros. ; ➡V *¶2* fin ‖ [avec interrog. indir.] : [C] Pros. ‖ ***omnibus apparet*** [C] Pros., il est clair pour tout le monde que ¶**4** être près de qqn pour le servir, être au service de, être appariteur [avec dat.] cf. [C] Pros. ‖ [abs[t]] [C] Poés.

appārescō, *ĭs*, *ĕre*, -, -, intr., apparaître soudain : [T] Pros.

appărĭō, *ĭs*, *ĕre*, -, -, tr., acquérir : [C] Poés.

appārĭtĭo, *ōnis*, f., action de servir : [C] Pros. ‖ gens de service : [C] Pros.

appārĭtŏr, *ōris*, m., appariteur, huissier attaché au service d'un magistrat [p. ex. les licteurs, les scribes, les hérauts, etc.] : [C] Pros.

appārĭtūra, *ae*, f., fonctions d'appariteur : [+C] Pros.

appărō (adpărō), *ās*, *āre*, *āvī*, *ātum*, tr., préparer, apprêter, disposer, faire les apprêts, les préparatifs de : [en parl. de repas] [C] Pros. ; [de jeux] [C] Pros. ; [de guerre] [C] Pros. ; [de travaux de guerre] [C] Pros. ‖ [avec inf.] [C] Pros., [-C] Théât. ‖ [avec *ut*] [-C] Théât. ‖ ***se apparare*** ; se préparer [avec inf.] : [-C] Théât.

appārŭī, parf. de *appareo*

appellātĭo, *ōnis*, f. ¶**1** action d'adresser la parole : [C] Pros. ¶**2** appel : ***tribunorum*** [C] Pros., appel aux tribuns ¶**3** prononciation : ***lenis litterarum*** [C] Pros., prononciation douce, [+C] Pros. ¶**4** appellation, dénomination, nom : [C] Pros., [+C] Pros. ‖ [gram.] nom commun : [+C] Pros.

appellātŏr, *ōris*, m., appelant, qui fait appel : [C] Pros.

appellātus, *a*, *um*, part. de *1 appello*

appellĭtātus, *a*, *um*, part. de *appellito*

appellĭtō, *ās*, *āre*, *āvī*, *ātum*, tr., appeler souvent : [+C] Pros.

1 **appellō (adp-)**, *ās*, *āre*, *āvī*, *ātum*, tr., appeler ¶**1** adresser la parole, apostropher : [C] Pros. ; ***milites benigne*** [C] Pros., adresser la parole avec bienveillance aux soldats ; ***aliquem comiter*** [C] Pros., s'adresser à qqn avec affabilité ‖ ***crebris litteris*** [C] Pros., s'adresser à qqn dans de nombreuses lettres [lui adresser de nombreuses lettres] ‖ prier, invoquer : [C] Pros. ¶**2** faire appel à : ***tribunos*** [C] Pros., faire appel aux tribuns ; ***in aliqua re*** [C] Pros. ; ***de aliqua re*** [C] Pros., faire appel au sujet de qqch. ; ***a praetore tribunos*** [C] Pros., appeler du préteur aux tribuns ¶**3** adresser une réclamation [pour de l'argent], mettre en demeure, sommer [de payer] : [C] Pros. ; ***debitorem ad diem*** [+C] Pros., assigner le débiteur en paiement ¶**4** désigner [en accusant], inculper : [C] Pros. ¶**5** appeler (donner un nom) : [C] Pros. ; ***nomine aliquem*** [C] Pros., appeler qqn d'un nom ‖ [dans les étymologies] : [C] Pros. ‖ mentionner : ***aliquem*** [C] Pros., mentionner qqn ; ***aliquid*** [C] Pros., mentionner qqch. ¶**6** prononcer : [C] Pros., [+C] Pros. ¶**7** intr., en appeler à [avec *ad*] : [T] Pros.

2 **appellō (adp-)**, *ĭs*, *ĕre*, *appŭlī*, *appulsum*, tr. ¶**1** pousser vers diriger vers : [C] Pros., Poés. ‖ [-C] Théât. ; ***ad bibendum oves*** [C] Pros., mener boire les brebis ¶**2** [en part.] pousser vers le rivage, faire aborder : [C] Pros. ; ***classem (navem) in portum*** [C] Pros. ; ***in Italiam*** [C] Pros. ; ***in sinum*** [C] Pros. ; ***in locum eumdem*** [+C] Pros., aborder dans le port, en Italie, dans le golfe, au même endroit ; ***ad Delum*** [C] Pros. ; ***Messanam*** [C] Pros. ; ***ad Emathiam*** [C] Pros. ; ***Cumas*** [C] Pros., à Délos, à Messine, en Émathie, à Cumes ; ***litori*** [C] Pros., [+C] Pros., au rivage ‖ ***Uticam adpulsi*** [C] Pros., ayant abordé à Utique ‖ [abs[t]] [C] Pros. ; ***ad insulam adpulerunt*** [C] Pros., ils abordèrent à l'île ; [+C] Pros.

appendĕō, *ēs*, *ēre*, -, -, ➡ *appendo* : [+C] Pros.

appendĭcĭum, *ĭī*, n., supplément : [T] Pros.

appendĭcŭla, *ae*, f., petit appendice : [C] Pros.

appendix, *īcis*, f. ¶**1** ce qui pend : [+C] Pros. ¶**2** addition, supplément, appendice : [C] Pros.

appendō (adp-), *ĭs*, *ĕre*, *pendī*, *pensum*, tr. ¶**1** suspendre, pendre : ***pallium*** [-C] Théât., un manteau ¶**2** peser, payer : [C] Pros., [T] Pros. ‖ [fig.] [C] Pros.

Appennīnĭcŏla, *ae*, m., f., habitant de l'Apennin : [C] Poés.

Appennīnĭgĕna, *ae*, m., f., né sur l'Apennin : [C] Poés.

Appennīnus, *i*, m., l'Apennin : [C] Pros., Poés.

appensus, part. de *appendo*

appĕtens (adp-), *tis* ¶**1** part. de *1 appeto* ¶**2** adj[t] ***a)*** [abs[t]] convoiteux, qui a des désirs (avide, ambitieux, etc.) : [C] Pros. ***b)*** [avec gén.] avide de, qui recherche : ***gloriae*** [C] Pros., épris de gloire ; ***alieni*** [C] Pros., convoiteux du bien d'autrui ‖ ***adpetentissimus honestatis*** [C] Pros., le plus épris de l'honnête

appĕtentĕr (adp-), avec avidité : [C] Pros.

appĕtentĭa (adp-), *ae*, f., recherche de qqch., envie, désir : [C] Pros.

appĕtībĭlĭs, *e*, désirable : [+C] Pros.

appĕtissō, *ĭs*, *ĕre*, -, -, tr., vouloir à toute force faire revenir : [-C] Théât.

appĕtītĭo (adp-), *ōnis*, f. ¶**1** action de chercher à atteindre, désir : ***principatus*** [C] Pros., désir d'avoir la primauté ‖ désir passionné, convoitise : ***alieni*** [C] Pros., convoitise du bien d'autrui ¶**2** *appetitio (animi)*, penchant naturel [ὁρμή] : [C] Pros. ‖ pl., [C] Pros.

appĕtītŏr, *ōris*, m., qui désire ardemment : [T] Pros.

1 **appĕtītus (adp-)**, *a*, *um*, part. de *1 appeto*

2 **appĕtītŭs (adp-)**, *ūs*, m. ¶**1** ***appetitus (animi)*** [au sg. ou au pl.], penchant naturel, instinct [ὁρμή] : [chez les hommes] [C] Pros. ; [chez les animaux] [C] Pros. ¶**2** désir de qqch. [avec gén.] : [C] Pros.

appĕtō (adp-), *ĭs*, *ĕre*, *īvī* ou *ĭī*, *ītum*

I intr., [en parl. du temps] approcher : [C] Pros. ; ***cum lux adpeteret*** [C] Pros., comme le jour approchait, [-C] Théât., Pros., [+C] Pros.

II tr., chercher à atteindre ¶**1** ***aliquem*** [C] Pros., [+C] Pros., attaquer, assaillir qqn ; ***lapidibus*** [C] Pros., à coups de pierres ; [+C] Pros. ; ***ignominiis adpetitus*** [C] Pros., en butte aux opprobres ‖ ***Europam*** [C] Pros., entreprendre qqch. contre l'Europe ¶**2** ***mammas adpetunt*** [C] Pros., [les petits animaux] vont prendre les mamelles de leurs mères ; [C] Pros. ‖ ***aliquem***, rechercher qqn [= chercher ses bonnes grâces, son amitié] : [C] Pros. ¶**3** [fig.] chercher à atteindre qqch., désirer, convoiter : ***voluptatem*** [C] Pros. ; ***amicitias*** [C] Pros. ; ***vacuitatem doloris*** [C] Pros., rechercher le plaisir, les amitiés, l'absence de douleur ; ***regnum*** [C] Pros., aspirer à la royauté ‖ [avec inf.] : [C] Pros. ¶**4** faire venir à soi : [C] Pros. ; ***aliquid sibi de aliqua re*** [C] Pros., tirer à soi qqch. de qqch. ‖ [sens voisin du ¶4] [C] Pros.

Appĭa vĭa, f., **Appĭa**, *ae*, f., la voie Appienne [commencée par Appius Claudius Caecus] : [C] Pros.

Appĭāni, *ōrum*, m. pl., habitants d'Appia en Phrygie : [C] Pros.

Appĭānus, *a, um*, d'Appius : [C] Pros.

Appĭăs, *adis*, f. ***a)*** Appias [sg. collectif dans [C] Poés. ; [C] Poés.] = ***Appiades***, les Appiades [groupe de nymphes ornant une fontaine située devant le temple de Vénus Genetrix] ***b)*** nom donné par Cic. à une Minerve d'Appius Claudius : [C] Pros.

Appĭĕtās, *ātis*, f., [mot forgé ironiquement par Cicéron] : [C] Pros.

appingō (adp-), *ĭs, ĕre, pinxī, pictum*, tr., peindre sur, à, dans [avec datif] : [C] Poés. ‖ [fig.] ajouter : [C] Pros.

Appĭŏlae, ▶ *Apiolae*

Appĭus, *ĭī*, m., prénom romain, surtout dans la gens Claudia ; ▶ *Appia via*

applaudō (applōdō, adpl-), *ĭs, ĕre, plausī, plausum* ¶ **1** tr., frapper contre : [C] Poés. ; [avec dat.] ***terrae*** [+C] Pros., jeter à terre violemment ¶ **2** intr., applaudir : [-C] Théât. ; [avec dat.] [-C] Théât., [+C] Pros.

1 **applausus**, *a, um*, part. de *applaudo*

2 **applausŭs**, *ūs*, m., choc bruyant : [+C] Poés.

applēnē, adv., complètement : [+T] Pros.

applĭcātio (adp-), *ōnis*, f. ¶ **1** action d'attacher, attachement : [C] Pros. ¶ **2** droit permettant au patron d'hériter d'un client mort ab intestat : [C] Pros.

applĭcātūrus (adp-), *a, um*, part. fut. de *applico*

applĭcātus (adp-), *a, um*, part. de *applico*

applĭcĭtus, adp-, *a, um*, ▶ *applico*

applĭcō (adp-), *ās, āre, āvī* ou *ŭī, ātum*, tr., appliquer, mettre contre ¶ **1** ***ad eas (arbores) se adplicant*** [C] Pros., ils [les élans] s'appuient contre eux (les arbres) ; [+C] Pros. ; ***ratis applicata*** [C] Pros., le radeau accolé ; ***flumini castra*** [C] Pros., adosser son camp au fleuve ; ***moenibus scalas*** [+C] Pros., appuyer des échelles contre les murs ; ***terrae aliquem*** [C] Poés., maintenir qqn à terre ‖ ***ad flammam se*** [C] Pros., s'approcher au contact du feu ; [C] Poés. ; ***sudarium ad os*** [+C] Pros., appliquer un mouchoir contre la bouche ; [C] Poés. ¶ **2** diriger vers [en parl. de vaisseau] : [C] Pros. ‖ [d'où] faire aborder : [C] Pros. ; ***terrae naves*** [C] Pros., [+C] Pros. ; ***in Erythraeam classem*** [C] Pros., faire aborder les navires (la flotte) au rivage, dans le territoire d'Érythrée ‖ ***adplicant classem*** [+C] Pros., ils abordent ‖ [abs[t]] ***ad terram adplicant*** [C] Pros., ils abordent ; ***cum istuc adplicuisset*** [+C] Pros., ayant abordé dans tes parages ; ***dum adplicant*** [C] Pros., en abordant ‖ ***in terras tuas*** [C] Poés., dans ton pays ¶ **3** [au fig.] appliquer à, attacher à : ***se ad aliquem*** [C] Pros., s'attacher à qqn (suivre assidûment les leçons de qqn) ; ***externo se*** [C] Pros., se donner à un étranger (se soumettre) ; [+C] Pros. ‖ ***ad historiam scribendam se*** [C] Pros., s'attacher (se consacrer) à écrire l'histoire ; ***juventam frugalitati*** [+C] Pros., assujettir la jeunesse à la frugalité ; ***animum ad frugem*** [-C] Théât., appliquer son esprit au bien ‖ ***fortunae consilia*** [C] Pros., lier ses décisions à la fortune (les faire dépendre de) ‖ ***in rem finitionem*** [+C] Pros., appliquer une définition à une chose ¶ **4** attribuer : [T] Pros.

applōdo, ▶ *applaudo* : [+C] Pros.

applōrō (adp-), *ās, āre, āvī, -*, intr., pleurer à propos de, adresser ses larmes à : [+C] Pros. ‖ pleurer à côté de (dans le sein de) qqn [avec dat.] : [C] Poés.

applōsus, ▶ *1 applausus*

appōnō (adp-), *ĭs, ĕre, pŏsŭī, pŏsĭtum*, tr.
I placer auprès ¶ **1** [C] Pros. ; ***scalis appositis*** [C] Pros., ayant dressé (contre) une machine, des échelles ‖ appliquer sur : ***aliquid ad morsum*** [-C] Pros. ; ***ad vulnus*** [+C] Pros., appliquer qqch. sur une morsure, sur une blessure ‖ ***epistulis notam*** [C] Pros., mettre une marque à des lettres ; ***vitiis modum*** [C] Pros., fixer une limite aux vices ¶ **2** présenter, mettre sur la table, servir : [-C] Théât., [C] Pros. ; ***argentum purum*** [C] Pros., servir de l'argenterie sans ornements ¶ **3** [en parl. de pers.] placer auprès : ***aliquem alicui***, mettre qqn aux côtés d'une personne : ***custodem alicui aliquem*** [C] Pros., mettre qqn comme gardien (surveillant) auprès de qqn ; ***appositus custodiae alicujus rei*** [C] Pros., attaché à la garde de qqch., [+C] Pros. ‖ [souvent en mauv. part] aposter : [C] Pros.
II placer en outre ¶ **1** ***ad rem aliquid***, ajouter qqch. à qqch. : [-C] Théât., [C] Pros., Poés. ‖ ajouter une épithète à un nom : [+C] Pros. ¶ **2** [avec idée d'ordre] : [+C] Pros. ‖ recommencer à : ***loqui ad eam*** [T] Pros., à lui parler

apporrectus (adp-), *a, um*, étendu auprès : [C] Poés.

apportātĭo, *ōnis*, f., transport : [C] Pros.

apportātus (adp-), *a, um*, part. de *apporto*

apportō (adp-), *ās, āre, āvī, ātum*, tr., amener, transporter : [C] Pros. ‖ [fig.] apporter avec soi [une nouvelle, un malheur] : [-C] Théât., [C] Poés.

appŏsĭtē, adv., de façon appropriée : [C] Pros., [+C] Pros.

appŏsĭtĭo, *ōnis*, f., action d'ajouter, addition : [+C] Pros.

appŏsĭtum, *i*, n., qui qualifie [= ἐπίθετον], épithète : [+C] Pros.

appŏsĭtus (adp-), *a, um* ¶ **1** part. de *appono* ¶ **2** adj[t] ***a)*** placé auprès, attenant, voisin : [+C] Pros. ‖ [fig] [C] Pros., [+C] Pros. ; [rhét.] [+C] Pros. ***b)*** placé pour, approprié : [C] Pros. ; ***adpositissimus*** [C] Pros.

appōtus (adp-), *a, um*, qui a bien bu : [-C] Théât.

apprĕcŏr (adp-), *āris, ārī, ātus sum*, tr., prier, invoquer : [C] Poés.

apprĕhendō (adp-), *ĭs, ĕre, hendī, hensum*, tr. ¶ **1** prendre, saisir : [C] Pros. ¶ **2** s'emparer de [langue milit.] : [C] Pros. ‖ surprendre, fondre sur, assaillir qqn [en parl. d'une maladie] [-C] Pros. ¶ **3** atteindre : [T] Pros. ‖ chercher à atteindre, aspirer à : [T] Pros.

apprĕhensĭo, *ōnis*, f., action de saisir : [T] Pros.

apprĕhensus, *a, um*, part. de *apprehendo*

apprensus, ▶ *apprehensus*, ▶ *apprehendo*

appressus, *a, um*, part. de *apprimo*

apprĕtĭātĭo, *ōnis*, f., estimation : [T] Pros.

apprīmē (adp-), en première ligne, avant tout, entre tous, supérieurement : [-C] Théât., [C] Pros., [+C] Pros.

apprĭmō (adp-), *ĕs, ĕre, pressi, pressum*, tr., presser, serrer contre : ***aliquid ad rem, rei***, serrer qqch. contre qqch. : [+C] Pros. ‖ ***dextram*** [+C] Pros., serrer contre soi la main droite de qqn

apprīmus (adp-), *a, um*, tout premier : [-C] ; [+C] Pros.

apprŏbātio (adp-), *ōnis*, f. ¶ **1** approbation : [C] Pros. ¶ **2** preuve, confirmation : [C] Pros.

apprŏbātŏr (adp-), *ōris*, m., approbateur : [C] Pros.

approbātus (adp-), *a, um*, part. de *approbo*

apprŏbē (adp-), très bien : [-C] Théât.

apprŏbō (adp-), *ās, āre, āvī, ātum* ¶ **1** approuver : [C] Pros. ‖ [avec prop. inf.] reconnaître que, être d'avis avec qqn que : [C] Pros., [+C] Pros. ¶ **2** démontrer : [C] Pros. ; [avec prop. inf.] [C] Pros. ¶ **3** faire admettre, faire approuver, rendre acceptable ; ***aliquid alicui***, qqch. à qqn : [C] Pros., [+C] Pros.

apprŏbus (adp-), *a, um*, excellent : [+C] Pros.

apprōmittō (adp-), *ĭs, ĕre, -, -*, tr., [avec prop. inf.] se porter garant (être garant) que : [C] Pros.

apprōnō (adp-), *ās, āre, -, -*, tr., pencher en avant, baisser : [+C] Pros.

apprōnuntĭātĭo, *ōnis*, f., parole : [T] Pros.

apprŏpĕrātus (adp-), *a, um*, part. de *appropero*

apprŏpĕrō (adp-), *ās, āre, āvī, ātum* ¶ **1** tr., hâter : [C] Pros., [+C] Pros. ¶ **2** intr., se hâter : [-C] Théât., [C] Pros. ; ***ad facinus*** [C] Pros., se hâter vers l'accomplissement d'un crime

apprŏpinquātĭo (adp-), *ōnis*, f., approche : [C] Pros.

apprŏpinquō (adp-), *ās, āre, āvī, ātum*, intr., s'approcher de [avec *ad*] : [C] Pros. ‖ [avec le dat.] [C] Pros. ‖ [en parl. du temps, etc.] approcher : [C] Pros. ‖ [fig.] ***primis ordinibus*** [C] Pros., approcher du premier grade

apprŏpĭō, *ās, āre, āvī, ātum*, intr., s'approcher [dat.] : [T] Pros.

approxĭmō (adp-), *ās, āre, -, -*, intr., s'approcher : [avec *ad*] [T] Pros.

appugnō (adp-), *ās, āre*, -, -, tr., assaillir, attaquer : [+C] Pros.

Appŭlēius, Appŭlus, → *Apuleius, Apulus*

appŭli (adp-), parf. de *2 appello*

1 **appulsus (adp-)**, *a, um*, part. de *2 appello*

2 **appulsŭs (adp-)**, *ūs*, m., abordage, accès : [C] Pros. ‖ approche [du soleil] : [C] Pros. ‖ influence causée par une approche, atteinte : ***deorum appulsu*** [C] Pros., sous l'action des dieux ; pl., [C] Pros.

Ăprāgŏpŏlis, *is*, f., la ville de l'Oisiveté [île près de Capri] : [+C] Pros.

ăprīcātĭo, *ōnis*, f., exposition au soleil : [C] Pros.

ăprīcŏr, *ārĭs, āri*, -, -, intr., se chauffer au soleil : [C] Pros.

ăprĭcŭlus, *i*, m., poisson inconnu : [+C] Pros.

ăprīcus, *a, um* ¶ **1** exposé au soleil : [C] Pros. ¶ **2** qui aime le soleil : [C] Poés. ¶ **3** ensoleillé = clair, pur : [+C] Pros. ‖ chaud : [+C] Pros. ¶ **4** [fig.] grand jour : [C] Pros.

Ăprīlis, *is*, m., avril : [C] Poés. ‖ adj., ***mensis Aprilis*** [C] Pros., mois d'avril ; ***nonis Aprilibus*** [C] Pros., aux nones d'avril

Ăprōnĭus, *ĭi*, m., nom d'homme : [C] Pros. ‖ **-nĭānus**, *a, um*, d'Apronius : [C] Pros.

ăprugnus, [-C] Théât., **ăprūnus**, *a, um*

ăprūnus, → *aprugnus*

aps, → *3 a*

apsinthĭum, → *absinthium*

apsis (absis), *īdis*, f., arc, voûte : [+C] Pros.

apsumo, → *absumo*

Apsus, *i*, m., rivière d'Illyrie : [C] Pros.

aptātus, *a, um*, part. de *apto*

aptē, adv. ¶ **1** de telle façon que tout se tient, avec une liaison parfaite : [C] Pros. ‖ [en parl. du style] avec une liaison harmonieuse des mots : [C] Pros. ; ***concluse apteque*** [C] Pros., en phrases périodiques et bien liées ¶ **2** de façon appropriée, d'une manière qui s'ajuste, convenablement : [C] Pros.\9 ‖ ***aptius*** [C] Poés., [+C] Pros.

aptō, *ās, āre, āvī, ātum*, tr. ¶ **1** adapter, attacher : ***arma*** [C] Pros. ; [avec dat.] ***arma corpori*** [C] Pros., s'armer ; ***vincula collo*** [C] Poés., mettre un lien à son cou ¶ **2** préparer, disposer : [C] Pros., [+C] Pros. ; ***arma pugnae*** [C] Pros., préparer les armes pour le combat ‖ [avec abl.] munir de : ***classem velis*** [C] Poés., appareiller ; ***se armis*** [C] Pros., prendre ses armes ‖ [fig.] ***aptatus, a, um, ad aliquid*** [C] Pros., approprié à qqch.

aptus, *a, um* ¶ **1** [part. de *apiscor*] attaché, joint ***a) cum aliqua re aptus*** CIC., attaché à qqch. ; ***gladium e lacunari aptum*** CIC., une épée suspendue au plafond ‖ [fig.] ***causae aliae ex aliis aptae*** CIC., causes liées les unes aux autres ***b)*** lié à = qui découle de, qui dépend de [avec *ex* et abl. ou abl. seul] : ***ex honesto officium aptum*** CIC., devoir qui découle de l'honnête ; ***rudentibus apta fortuna*** CIC., sort qui dépend de cordages de navire ***c)*** lié en ses parties, formant un tout, [d'où] en bon état, en parfait état : ***apta oratio*** CIC., style bien lié, qui a de la symétrie ; ***apta dissolvere*** CIC., rompre un tout articulé ; ***ire non aptis armis*** SALL., marcher avec des armes qui ne sont pas en bon état ¶ **2** [poét.] muni de, pourvu de [avec abl.] : ***vestis auro apta*** LUCR., vêtement garni d'or ; ***Tyrio apta sinu*** TIB., vêtue de pourpre tyrienne ¶ **3** [adj.] convenable, approprié : ***aptior locus*** CIC., une occasion plus convenable ; ***tempus aptum*** LIV., le moment favorable ‖ [avec dat.] ***res apta naturae, aetati, adulescentibus*** CIC., une chose appropriée à la nature, à l'âge, aux jeunes gens ; ***apta portandis oneribus jumenta*** SEN., des bêtes de somme propres à porter des fardeaux ‖ [avec *ad*] ***calcei apti ad pedem*** CIC., des chaussures adaptées au pied ; ***homo non aptissimus ad jocandum*** CIC., l'homme le moins fait pour la plaisanterie ‖ [également avec *in* et acc. ; avec inf. (poét.) ; avec une rel. au subj. (rare)]

Apŭāni Lĭgŭres, m. pl., Ligures d'Apua : [C] Pros.

ăpŭd, prép. avec acc.

I [avec des noms de pers.] près de, chez ; [en gén.] : ***apud aliquem commorari*** [C] Pros., séjourner chez qqn ; ***apud inferos*** [C] Pros., chez les gens d'en bas, aux enfers ‖ chez, dans la maison de qqn : [C] Pros. ‖ chez, près de [un professeur] : [C] Pros., [+C] Pros. ‖ ***apud Romanos, apud majores nostros***, chez les Romains, chez nos ancêtres : [C] Pros. ‖ ***apud exercitum***, à l'armée : [C] Pros. ‖ ***apud Platonem***, dans Platon : [C] Pros. ‖ devant [un magistrat, le peuple, etc.] : [C] Pros. ; ***apud aliquem queri***, → *queror* ‖ ***apud se esse***, être en possession de soi-même : [-C] Théât., [+C] Pros. ‖ [avoir de l'influence, etc.] ***apud aliquem***, auprès de qqn : [C] Pros. ‖ avec : [T] Théât. ‖ [avec le pass.] par : [T] Pros.

Āpŭlēiānus, *a, um*, d'Apuléius : [C] Pros.

Āpŭlēĭus (App-), *i*, m., nom d'hommes ***a)*** le tribun L. Apuleius Saturninus : [C] Pros. ‖ adj., ***lex Apuleia*** [C] Pros., loi Apuléia ***b)*** Apulée, de Madaure, écrivain du 2e s. apr. J.-C. : [T] Pros.

Āpūlĭa, *ae*, f., Apulie : [C] Pros. ‖ **Āpŭlus**, *a, um*, d'Apulie : [C] Poés., Pros. ‖ **Āpŭlī**, *ōrum*, m. pl., les Apuliens : [C] Pros. ; ***in Apulis natus*** [-C] Théât., né en Apulie [= stupide] ‖ **-lĭcus**, *a, um* [forme contestée] : [C] Poés.

Apustĭus, *ĭi*, m., nom d'hommes : [C] Pros.

ăpȳrēnus, → *apyrinus*

ăpȳrīnus (-rēnus), *a, um*, dont le pépin ou le noyau n'est pas dur : [+C] Pros.

1 **ăqua**, *ae*, f. ¶ **1** eau : [C] Pros. ; ***aquae ductio*** [C] Pros., conduite d'eau ‖ pl., ***aquae perennes*** [C] Pros., des eaux intarissables ¶ **2** eau de rivière : [C] Pros. ‖ ***aqua Albana*** [C] Pros., lac d'Albe ‖ la mer : [C] Pros. ‖ eau de pluie : [C] Pros. ‖ [au pl.] eaux thermales, eaux pour les baigneurs, etc. : ***ad aquas venire*** [C] Pros., venir aux eaux ‖ ***aqua intercus***, → *intercus* ¶ **3** [expressions] : ***praebere aquam*** [C] Poés., offrir l'eau pour les ablutions avant le repas, [d'où] inviter qqn ‖ ***aquam dare*** [+C] Pros., fixer le temps de parole à un avocat [clepsydre] ; ***aquam perdere*** [+C] Pros., mal employer son temps de parole ‖ ***aqua et igni interdicere***, → *interdico*

2 **Ăqua**, [dans les expr. comme *Aqua Appia, Aqua Marcia, Aqua Claudia, Aqua Virgo*] aqueduc

3 **Ăqua**, *ae*, f., l'Eau [nom d'une constellation] : [C] Poés.

Ăquae, *ārum*, f. pl., nom de villes qui avaient des eaux minérales ‖ **Ăquae Sextiae, Aquae Statiellae**, etc., → *1 Sextius, Statiellae*

ăquaeductŭs (ăquae ductŭs), *ūs*, m., aqueduc : [C] Pros. ‖ droit d'amener l'eau en un certain endroit : [C] Pros.

ăquālĭcŭlus, *i*, m., ventre : [+C] Poés.

ăquālis, *e*, chargé d'eau : [C] Poés. ‖ **-lis**, *is*, m., aiguière : [-C] Théât., [C] Pros.

ăquārĭŏlus, *i*, m., porteur d'eau, homme à tout faire, entremetteur : [+C] Pros.

ăquārĭum, *ĭi*, n., abreuvoir : [-C] Pros.

ăquārĭus, *a, um*, qui concerne l'eau : [-C] Pros. ; ***aquaria provincia*** [C] Pros., intendance des eaux ; ***libra aquaria*** [C] Pros., niveau d'eau ‖ **-rĭus**, *ĭi*, m. ***a)*** porteur d'eau : [+C] Poés. ***b)*** le Verseau [signe du zodiaque] : [C] Poés.

ăquātĭlis, *e* ¶ **1** aquatique : [C] Pros. ¶ **2 -tĭlĭa**, *ĭum*, n. pl.

ăquātĭo, *ōnis*, f. ¶ **1** action de faire provision d'eau : [C] Pros. ¶ **2** lieu où se trouve de l'eau : [+C] Pros.

ăquātŏr, *ōris*, m., celui qui va faire provision d'eau : [C] Pros.

ăquātus, *a, um*, aqueux, mêlé d'eau : [-C] Pros. ‖ ***-issimus*** [T] Pros.

ăquĭfŏlĭum- etc., → *acrifolium*

1 **ăquĭla**, *ae*, f. ¶ **1** aigle : [C] Pros. ¶ **2** [poét., portant l'éclair de Jupiter] : [C] Pros. ¶ **3** enseigne romaine : [C] Pros. ‖ porteur de l'enseigne : [+C] Poés. ‖ légion romaine : [C] Pros. ¶ **4** l'Aigle [constellation] : [C] Poés.

2 **Ăquĭla**, *ae*, m., nom d'homme : [C] Pros., [+C] Pros.

Ăquĭlārĭa, *ae*, f., ville d'Afrique : [C] Pros.

Ăquĭlēia, *ae*, f., Aquilée [ville de l'Istrie] : [C] Pros. ‖ **-ēiensis**, d'Aquilée : [C] Pros. ‖ **ēienses**, *ĭum*, m. pl., habitants d'Aquilée : [C] Pros.

ăquĭlentus, *a, um*, plein d'eau, humide : [C] Poés.

ăquĭlex, *ĕgis* ou *ĭcis*, m., sourcier : [C] Poés.

Aquĭlĭānus, *a, um*, V.→ *2 Aquilius*

ăquĭlĭcĭum, *ĭi*, n., sacrifice en vue d'obtenir de la pluie : [+C] Pros.

ăquĭlĭfĕr, *fĕri*, m., légionnaire qui porte l'aigle, porte-enseigne : [C] Pros.

ăquĭlīnus, *a, um*, d'aigle, aquilin : [-C] Théât.

1 **ăquĭlĭus**, *a, um*, C.→ *aquilus* : [T] Pros.

2 **Ăquīlĭus**, *ĭi*, m., nom de famille rom., not^t M. Aq. Gallus et C. Aq. Gallus : [C] Pros. ‖ ***-lia lex***, loi Aquilia [loi du 3e s. av. J.-C. sur la réparation des dommages causés aux biens] : [C] Pros. ‖ **-lĭānus**, *a, um*, d'Aquilius : [C] Pros.

Ăquillĭus, V.→ *2 Aquilius*

1 **ăquĭlo**, *ōnis*, m., vent du nord : [C] Poés.

2 **Ăquĭlo**, *ōnis*, m., époux d'Orithye, père de Calaïs et de Zétès : [C] Pros., Poés.

ăquĭlōnālis, *e*, septentrional : [C] Pros.

Aquĭlōnĭa, *ae*, f., ville des Hirpins : [C] Pros.

ăquĭlōnĭgĕna, *ae*, m., f., enfant du nord : [T] Poés.

ăquĭlōnĭus, *a, um*, du nord : [C] Pros.

ăquĭlus, *a, um*, brun : [-C] Théât., [+C] Pros.

Ăquīnās, V.→ *Aquinum*

Aquīnĭus, *ĭi*, m., nom d'un poète : [C] Pros.

Ăquīnum, *i*, n., ville du Latium [auj. Aquino, fr. Aquin] : [C] Pros., [+C] Poés. ‖ **-nās**, *ātis*, d'Aquinum : [C] Pros. et **-nātes**, *um* ou *ĭum*, m. pl., habitants d'Aquinum : [C] Pros.

ăquĭpenser, C.→ *acipenser*

Ăquĭtānĭa, *ae*, f., l'Aquitaine : [C] Pros. ‖ **-tānus**, *a, um*, d'Aquitaine : [C] Poés. et **-tāni**, *ōrum*, m. pl., les Aquitains : [C] Pros.

ăquŏla, *ae*, f. ¶ **1** V.→ *1 aquila* : [-C] Théât. ¶ **2** V.→ *aquula* et *2 acula* : [-C] Théât.

ăquŏr, *ārĭs*, *ārī*, *ātus sum*, intr., faire provision d'eau : [C] Pros. ‖ supin *-atum* : [-C] Pros.

ăquōsus, *a, um*, aqueux, humide : [-C] Pros., [C] ‖ clair, limpide : [C] Poés. ‖ ***-issimus*** [-C] Pros., [+C] Pros.

ăquŭla, *ae*, f., filet d'eau : [C] Pros.

ăr-, forme archaïque et dialectale du préfixe *ad*

1 **āra**, *ae*, f. ¶ **1** autel : [-C] Théât., [C] Pros. ‖ ***ara sepulcri*** [C] Poés., bûcher [jouant le rôle d'autel] ¶ **2** l'Autel [constellation] : [C] Pros. ¶ **3** monument honorifique : [C] Pros. ¶ **4** [fig.] asile, protection, secours : [C] Pros. ¶ **5** [méc.] cuve en bronze [pièce de l'orgue hydraulique] : [C] Pros.

2 **ăra**, *ae*, V.→ *hara*

3 **āra**, sg., **ārae**, pl., suivi d'un déterminatif, désigne des localités diverses : ***ara Ubiorum*** [+C] Pros., ville sur le Rhin ; ***arae Alexandri*** [C] Pros., ville de Cilicie, etc.

ărăbarchēs (**ălăbarchēs**), *ae*, m., arabarque [percepteur des droits de douane] : [C] Pros., [+C] Poés.

Ărăbes, **Ărăbi**, V.→ *Arabs, Arabus*

Ărăbĭa, *ae*, f., l'Arabie : [C] Pros. ‖ **-bĭus**, [C] Poés., [+C] Pros., **-bĭcus**, [+C] Pros., **-bĭānus**, *a, um*, [T] Pros., d'Arabie

Ărăbītae, *ārum*, m. pl., peuple de Gédrosie [Perse] : [+C] Pros.

Ărabs, *ăbis*, adj., arabe et **Ărăbes**, *um*, m. pl., Arabes : [C] Pros., Poés. ‖ **-bus**, *a, um*, arabe, arabique ; subst. m., Arabe : [C] Poés.

Arabus, *i*, m. ¶ **1** fleuve de Gédrosie : [+C] Pros. ¶ **2** V.→ *Arabs*

Arach, f. indécl., ville de Mésopotamie : [T] Pros. ‖ **-chītēs**, *ae*, m., habitant d' Arach : [T] Pros.

Arācha, *ae*, f., ville de la Susiane : [T] Pros.

1 **ărachnē**, *ēs*, f., sorte de cadran solaire : [C] Pros.

2 **Ărachnē**, *ēs*, f., Arachné [jeune fille changée en araignée par Minerve] : [C] Poés. ‖ **-naeus**, **-nēus**, *a, um*, imité d'Arachné : [T] Poés. ‖ **-nēa**, *ae*, f., [C] Poés., Arachné

Ărāchōsĭa, *ae*, f., province perse ‖ **-chōsĭi**, *ōrum*, m. pl., [+C] Pros., **-chōti**, *ōrum*, **-chōtae**, *ārum*, m. pl., Arachosiens

Ărāchōtos crēnē, *ēs*, f., lac d'Arachosie : [T] Pros.

Arachtus, V.→ *Aratthus*

Ărăcynthus, *i*, m., de Béotie : [C] Poés.

Ărădŏs, **-dus**, *i*, f., ville et île près de la Phénicie : [C] Pros., [+C] Pros. ‖ **-dĭus**, *a, um*, d'Aradus et **-dĭi**, *ōrum*, [C] Pros., habitants d'Aradus

ārae, f. pl., V.→ *3 ara*

ăraeostўlŏs, *on*, aréostyle [qualifie un temple ayant des colonnes trop espacées] : [C] Pros.

ărānĕa, *ae*, f., araignée : [C] Poés. ‖ toile d'araignée : [-C] Théât.

ărānĕans, *antis*, plein d'araignées ; [fig.] ***araneantes fauces*** [+C] Pros., gosier où rien n'a passé depuis longtemps

ărānĕŏla, *ae*, f., [C] Pros., **ărānĕŏlus**, *i*, m., petite araignée

ărānĕōsus, *a, um*, plein de toiles d'araignée : [C] Poés.

ărānĕum, *i*, n., toile d'araignée : [C] Poés.

1 **ărānĕus**, *i*, m., araignée : [-C] Théât., [C] Poés., [+C] Pros.

2 **ărānĕus**, *a, um*, d'araignée, qui concerne les araignées : ***araneus mus*** [+C] Pros., musaraigne

arapennis, **arepennis**, *is*, m., mesure agraire = la moitié du *jugerum* : [+C] Pros.

Ărăr, *ăris*, [C], **Ărăris**, *is*, m., l'Arar [la Saône] : [C] Pros. ‖ **-rĭcus**, *a, um*, de l'Arar : [T] Pros.

Ararath, **Ararat**, m. indécl., montagne d'Arménie : [T] Pros.

ărātĭo, *ōnis*, f., labour : [C] Pros. ‖ terre cultivée : [-C] Pros. ‖ [en part. terres que le peuple romain donnait à cultiver dans les provinces] : [C] Pros.

ărātĭuncŭla, *ae*, f., petit champ labourable : [-C] Théât. ‖ petit sillon, saignée : [T] Pros.

ărātŏr, *ōris*, m., laboureur : [C] Pros. ‖ fermier des terres de l'État : [C] Pros.

ărātrum, *i*, n., araire : [C] Pros., Poés., [+C] Pros.

Aratthus, *i*, m., fleuve d'Épire : [C] Pros.

1 **ărātus**, *a, um*, part. de *aro*

2 **Ărātus**, *i*, m. ¶ **1** poète grec, auteur des *Phénomènes*, trad. par Cicéron : [C] Pros. ‖ **-tēus**, **tīus**, *a, um*, d'Aratos : [C] Pros. ¶ **2** général grec, fondateur de la ligue achéenne : [C] Pros.

Aravisci, *ōrum*, m. pl., peuple de Pannonie : [+C] Pros.

Ăraxātēs, *is*, m., fleuve de la Sogdiane : [T] Pros.

Ăraxēs, *is*, m. ¶ **1** fleuve de l'Arménie : [C] Poés. ¶ **2** fleuve de Perse : [+C] Pros.

Arbaca, *ae*, f., ville d'Arachosie [Perse] : [T] Pros.

Arbăcēs, *is*, **Arbactus**, *i*, m., premier roi des Mèdes : [+C] Pros.

1 **Arbēla**, *ae*, f., ville de Sicile : [+C] Poés.

2 **Arbēla**, *ōrum*, n. pl., Arbèles [ville d'Assyrie] : [+C] Pros.

arbĭta, V.→ *arbutum*

arbĭter, *tri*, m. ¶ **1** témoin oculaire ou auriculaire : [-C] Théât., [C] Pros. ; ***remotis arbitris*** [C] Pros., ayant écarté tout témoin ‖ ***decisionis arbiter*** [C] Pros., témoin qui préside à un arrangement ; ***arbitri sermonis*** [+C] Pros., témoins de l'entretien ‖ confident : ***secretorum omnium*** [+C] Pros., confident de tous les secrets ¶ **2** [terme de jurispr.] arbitre, juge qui apprécie la bonne foi entre les deux parties avec des pouvoirs d'appréciation illimités [différence entre les *actiones bonae fidei* et les *actiones stricti juris*] : ***arbitrum adigere aliquem*** [C] Pros., citer qqn devant l'arbitre ¶ **3** [en gén.] arbitre, juge : [C] Pros. ; ***arbiter rei*** [C] Pros., arbitre d'une chose ¶ **4** [par suite] maître : [+C] Pros. ; ***arbiter bibendi*** [C], le roi du festin [symposymposiarque] ; ***elegantiae*** [+C] Pros., [Pétrone] arbitre du bon goût ; ***(notus) arbiter Hadriae*** [C] Poés., (le Notus) souverain de l'Adriatique

arbĭtra, *ae*, f. ¶ **1** témoin, confidente : [C] Poés. ¶ **2** arbitre, qui juge, qui décide : [+C] Pros.

arbĭtrālis, *e*, d'arbitre : [T] Pros.

arbĭtrārĭō, adv., d'une façon douteuse : [-C] Théât.

arbĭtrārĭus, *a, um* ¶**1** voulu, volontaire : [+C] Pros. ¶**2** arbitraire, douteux : [-C] Théât.

1 **arbitrātus**, *a, um*, part. de *arbitror*

2 **arbitrātŭs**, *ūs*, m. ¶**1** sentence de l'arbitre : [-C] Théât., Pros., [C] Pros. ¶**2** pouvoir, liberté : [nom.] [-C] Théât. ; [abl.] ***meo (tuo, suo) arbitratu***, à ma (ta, sa) guise, à mon (ton, son) gré : [C] Pros. ‖ ***arbitratu alicujus***, au gré de qqn, suivant le bon plaisir de qqn : [C] Pros.

arbĭtrĭum, *ĭī*, n. ¶**1** jugement de l'arbitre, arbitrage, ➡ *arbiter* : [C] Pros. ‖ ***arbitria funeris***, frais de funérailles fixés par arbitre, prix des funérailles : [C] Pros. ¶**2** jugement, décision : ***ad arbitrium alicujus conferre aliquid*** [C] Pros., soumettre qqch. au jugement de qqn ; ***in arbitrium alicujus venire*** [C] Pros., être exposé au jugement de qqn [en parl. d'écrits] ¶**3** pouvoir de faire qqch. à sa guise, bon plaisir : [C] Pros. ‖ [expr.] : [C] Pros. ; ***multitudinis arbitrio*** [C] Pros., selon les fantaisies de la foule ; [+C] Pros.

arbĭtrŏr, *ārĭs, ārī, ātus sum*, tr. ¶**1** être témoin de, entendre ou voir : [-C] Théât., [C] Pros., [+C] Pros. ¶**2** [sens courant] penser, juger, croire, être d'avis [avec prop. inf.] : [C] Pros. ‖ [avec deux acc.] : [-C] Théât., [C] Pros. ‖ ***quod non arbitror*** [C] Pros., chose que je ne crois pas ‖ [abs[t], entre parenth.] : ***ut arbitror***, à ce que je crois : [C] Pros. ; ***ut Helvetii arbitrantur*** [C] Pros., comme le croient les Helvètes ‖ [avec *quia, quod*] : [T] Pros.

Arbŏcăla, *ae*, f., ville de la Tarraconaise : [C] Pros.

arbŏr (**-bōs**, [C]), *ŏris*, f., arbre : [C] Pros. ¶**1** ***arbor fici*** [C] Pros., le figuier, [+C] Pros. ¶**2** [poét.] ***arbor Jovis*** [C] Poés., l'arbre de Jupiter [le chêne] ; ***Phoebi*** [C] Poés., le laurier ; ***Palladis*** [C] Poés., l'olivier ; ***arbos Herculea*** [C] Poés., le peuplier ¶**3** [objets en bois] : ***arbos mali*** [C] Poés., le bois du mât, le mât ; [ou sans *mali*] [+C] Poés. ‖ ***Pelias arbor*** [C] Poés., le navire Argo ‖ [l'arbre du pressoir] [-C] Pros. ‖ [le javelot] [+C] Poés. ‖ ***arbor infelix*** [C] Pros., gibet, potence

Arbor fēlix, ville et château de Rhétie [auj. Arbon] : [T] Pros.

arbŏrārĭus, *a, um*, qui concerne les arbres : ***falx arboraria*** [-C] Pros., serpe à émonder les arbres

arbŏrātŏr, *ōris*, m., émondeur [des arbres] : [+C] Pros.

arbŏrētum, *i*, m., verger : [+C] Pros.

arbŏrĕus, *a, um*, d'arbre : [C] Poés. ‖ [fig.] ***cornua arborea*** [C] Poés., bois du cerf

arbōs, ➡ *arbor*

1 **arbuscŭla**, *ae*, f. ¶**1** arbuste, arbrisseau : [C] Pros., [+C] Pros. ¶**2** [méc.] chape [pour loger les axes de roues de machines] ➡ *hamaxopodes* : [C] Pros.

2 **Arbuscŭla**, *ae*, f., nom d'une comédienne contemporaine de Cicéron : [C] Pros., Poés.

arbustĭcŏla, *ae*, m., pépiniériste : [T] Poés.

arbustīvus, *a, um* ¶**1** planté d'arbres : [+C] Pros. ¶**2** [en part.] (vigne) mariée à un arbre : [+C] Pros.

arbustum, *i*, n. ¶**1** plantation, lieu planté d'arbres : [C] Pros., Poés. ¶**2** [poét.] au pl., arbres : [C] Poés., [+C] Poés.

arbustus, *a, um*, planté d'arbres : [C] Pros.

arbŭtĕus, *a, um*, d'arbousier : [C] Poés.

arbŭtum, *i*, n. ¶**1** arbouse : [C] Poés. ¶**2** arbousier : [C] Poés., [T] Poés. ¶**3** [en gén.] arbre : [T] Poés.

arbŭtus, *i*, f., arbousier : [C] Poés.

arca, *ae*, f. ¶**1** ***a)*** coffre, armoire : [-C] Pros., [C] Pros. ***b)*** [en part.] coffre où l'on dépose de l'argent : [C] Pros. ¶**2** cercueil : [C] Poés. ¶**3** prison étroite, cellule : [C] Pros. ¶**4** [archit.] chéneau : [C] Pros. ¶**5** coffrage [pour une maçonnerie] : [C] Pros. ¶**6** coffre, cadre [dans une machine] : [C] Pros. ¶**7** [chrét.] arche [de Noé] : [T] Pros. ‖ ***arca foederis*** [T] Pros., arche d'alliance

Arcădēs, *um*, m. pl., Arcadiens : [C] Pros., Poés. ; ➡ *2 Arcas*

1 **Arcădĭa**, *ae*, f., Arcadie [Péloponnèse] ‖ **-dĭcus**, *a, um*, arcadien : [C] Pros. ‖ **-dĭus**, *a, um*, arcadien : [C] Poés.

2 **Arcădĭa**, *ae*, f., ville de Crète : [+C] Pros.

arcānō, adv., en secret, en particulier : [C] Pros.

1 **arcānum**, *i*, n., secret : [C] Poés. ‖ archive : [+C] Pros.

2 **Arcānum**, *i*, n., villa de Quintus Cicéron près d'un certain bourg (*Arx*) entre Arpinum et Aquinum : [C] Pros.

arcānus, *a, um* ¶**1** discret, sûr : [-C] Théât., [+C] Pros. ‖ [poét.] ***arcana nox*** [C] Poés., nuit discrète ¶**2** caché, secret, mystérieux : [C] Pros.

1 **Arcăs**, *ădis*, m., fils de Jupiter et de Callisto : [C] Poés.

2 **Arcăs**, *ădis* ou *ădos*, m., Arcadien ; [en part.] Mercure : [+C] Poés.

arcelaca (vītis), *ae*, f., sorte de vigne : [+C] Pros.

arcella, *ae*, f., cachette, secret, tréfonds : ***conscientiae*** [+T] Pros. ; ***animae*** [+T] Pros.

arcellŭla, *ae*, f., coffre : [+T] Pros.

Arcens, *tis*, m., nom d'homme : [C] Poés.

arcĕō, *ēs, ēre, ŭī, -*, tr. ¶**1** contenir, enfermer, retenir : ***flumina*** [C] Pros., maintenir les fleuves dans leur lit ¶**2** tenir éloigné, détourner, écarter : [C] Pros. ‖ détourner de : ***aliquem ab aliqua re*** [C] Pros. ; ***aliquem aliqua re*** [C] Pros. ‖ [avec le dat.] [poét.] : [C] Poés. ‖ ***arcere ne*** [C] Pros., empêcher que ; ***non arcere quin*** [C] Pros., ne pas empêcher que ‖ avec prop. inf. [poét.] : [C] Poés., [+C] Pros.

arcĕra, *ae*, f., sorte de chariot couvert : [C] Poés., [-C] Pros.

Arcĕsĭlās, *ae*, m., philosophe académicien : [C] Pros.

Arcĕsĭlāus, *i*, m., ➡ *Arcesilas* : [+C] Pros.

Arcĕsĭus, *ĭī*, m., fils de Jupiter, père de Laerte : [C] Poés.

arcessītŏr, *ōris*, m., celui qui mande, qui appelle : [+C] Pros. ‖ accusateur : [T] Pros.

arcessītu, abl. m. de l'inus. **arcessītŭs* : ***alicujus rogatu arcessituque*** [C] Pros., sur la prière et l'invitation de qqn

arcessītus, *a, um* ¶**1** part. de *arcesso* ¶**2** adj[t], tiré de loin, cherché, peu naturel : [C] Pros., [+C] Pros.

arcessō (**accersō**), *ĭs, ĕre, īvī, ītum*, tr. ¶**1** faire venir, appeler, mander : [C] Pros. ‖ ***hinc, inde, undique***, faire venir d'ici, de là, de partout : ***Athenis*** [C] Pros., faire venir d'Athènes ; ***Teano*** [C] Pros., de Téanum ; ***a Capua*** [C] Pros., des environs de Capoue ; ***auxilia a Vercingetorige*** [C] Pros., demander des secours à Vercingétorix ; ***ex Britannia*** [C] Pros. ; ***ex longinquioribus locis*** [C] Pros., faire venir de Bretagne, d'endroits plus éloignés ‖ [avec dat.] ***auxilio arcessiti*** [C] Pros., appelés au secours ¶**2** [droit] citer (appeler) en justice, accuser : ***aliquem capitis*** [C] Pros., intenter une action capitale à qqn ; ***pecuniae captae*** [C] Pros., poursuivre qqn pour argent reçu [pour corruption] ; [C] Pros. ¶**3** [fig.] faire venir de, tirer de : [C] Pros. ‖ amener, procurer : [C] Pros.

arceuthĭnus, *a, um*, de genévrier : [T] Pros.

archangĕlĭcus, *a, um*, d'archange : [T] Pros.

Archē, *ēs*, f., une des quatre muses, filles du second Jupiter : [C] Pros.

Archĕlāus, *i*, m. ¶**1** Archelaos de Milet [philosophe] : [C] Pros. ¶**2** roi de Macédoine : [C] Pros.

Archemăchus, *i*, m., historien grec : [+C] Pros.

Archĕmŏrus, *i*, m., fils de Lycurgue : [+C] Poés.

Archēnŏr, *ŏris*, m., fils d'Amphion et de Niobé : [+C] Poés.

Archĕsĭlās, ➡ *Arcesilas*

archĕtȳpum, *i*, n., original, modèle : [C] Pros., [+C] Pros.

archĕtȳpus, *a, um*, original, qui n'est pas une copie : [+C] Poés.

Archĭa, *ae*, f., fille d'Océanus : [+C] Poés.

Archĭas, *ae*, m. ¶**1** poète grec, défendu par Cicéron : [C] Pros. ¶**2** ciseleur ; [d'où] **-ĭăcus**, *a, um*, [C] Pros., d'Archias

Archĭdāmus, *i*, m., notable étolien : [C] Pros.

Archĭdēmĭdēs, *is*, m., fils d'Archidème : [-C] Théât.

Archĭdēmus, *i*, m., philosophe de Tarse : [C] Pros.

archĭdĭăcōn, *ŏnis*, **-cŏnus**, *i*, m., archidiacre : [T] Pros., [+T] Poés.

Archĭgĕnēs, *is*, m., médecin de l'époque de Trajan : [+C] Poés.

Archĭlŏchus, *i*, m., Archiloque, poète grec de Paros : [C] Pros. ‖ = injurieux, satirique : [C] Pros.

archĭmăgīrus, *i*, m., chef des cuisiniers : [+C] Poés.

archĭmandrīta, *ae*, m., archimandrite, abbé : [T] Pros.

Archĭmēdēs, *is*, m., Archimède, géomètre de Syracuse : [C] Pros.

archĭmīmus, *i*, m., [+C] Pros., **archĭmīma**, *ae*, f., acteur ou actrice à la tête d'une troupe

archĭpīrāta, *ae*, m., chef des pirates : [C] Pros.

Archippus, *i*, m., roi des Marses : [C] Poés. ‖ général d'Argos : [C] Pros.

archĭpresbyter, *ĕri*, m., archiprêtre : [T] Pros.

archĭtectātus, *a*, *um*, part. d'*1 architector*

archĭtectĭo, *ōnis*, f., architecture : [T] Pros.

archĭtectōn, *ŏnis*, m., architecte : [-C] Théât. ; ▶ *architectus*

archĭtectŏnĭa, *ae*, [T] Pros., **archĭtectŏnĭcē**, *ēs*, f., [+C] Pros., architecture

archĭtectŏnĭcus, *a*, *um*, qui concerne l'architecture : [C] Pros.

archĭtectŏnizō, *ās*, *āre*, -, -, tr., faire construire : [T] Pros.

archĭtectŏr, *ārĭs*, *ārī*, -, tr., bâtir : [C] Pros. ‖ inventer, procurer : [C] Pros.

archĭtectūra, *ae*, f., architecture : [C] Pros.

archĭtectus, *i*, m., architecte, ingénieur : [-C] Théât., [C] Pros. ‖ inventeur, auteur, artisan : [C] Pros.

Archĭtis, *ĭdis*, f., nom de Vénus chez les Assyriens : [T] Pros.

archĭtriclīnus, *i*, m., maître d'hôtel : [T] Pros.

archīum, *ĭi*, **archīvum**, *i*, n., [+C] Pros., archives

archōn, *ontis*, m., archonte, magistrat grec : [C] Pros.

Archȳta, m., [T] Poés., ▶ *Archytas*

Archȳtās, *ae*, m., philosophe pythagoricien de Tarente : [C] Pros.

arcĭpŏtens (**arquĭ-**), *tis*, habile à manier l'arc [surnom d'Apollon] : [+C] Poés.

arcis, gén. sg. d'*arx*

arcĭsellĭum, *ĭi*, n., siège à dossier cintré : [+C] Pros.

arcĭtĕnens (**arquĭ-**), *tis*, m., porteur d'arc [surnom de Diane et d'Apollon] : [C] Poés. ‖ = Apollon : [C] Poés. ‖ le Sagittaire [constellation] : [C] Poés.

arctātio, **arcte**, **arcto**, **arctum**, **arctus**, ▶ *art-*

arctĭcus, *a*, *um*, arctique : [+C] Pros.

Arctoe, forme grecque pour **Arcti**, [C] Poés. ; ▶ *Arctos*

arctŏphy̆lax, *ăcis*, m., le Bouvier [constellation] : [C] Pros.

Arctŏs, **Arctus**, *i*, f., l'Ourse [la grande ou la petite] : [C] Poés. ; pl., *Arcti* [C] Poés., les deux Ourses ‖ le pôle nord : [C] Poés. ‖ la nuit : [C] Poés. ‖ le pays et les peuples du Nord : [+C] Poés. ‖ le nord : [C] Poés.

arctōus, *a*, *um*, arctique : [+C] Poés.

Arctūrus, *i*, m., Arcturus [étoile du Bouvier] : [C] Poés. ‖ la constellation entière : [C] Poés.

Arctus, ▶ *Arctos*

arcŭātĭlis, *e*, voûté : [T] Pros.

arcŭātĭo, *ōnis*, f., arcade, arche : [+C] Pros.

arcŭātūra, **arquātūra**, *ae*, f., ▶ *arcuatio* : [+C] Pros.

arcŭātus, **arquātus**, *a*, *um* ¶ **1** courbé en arc : [C] Pros., [+C] Pros. ¶ **2** ***arquatus morbus*** [+C] Pros., jaunisse [couleur d'arc-en-ciel] ; d'où *arquatus*, (celui) qui a la jaunisse ; [adj.] [+C] Pros. ; [subst.] [C] Poés.

arcŭla, *ae*, f., coffret : [C] Pros. ‖ petite cassette [pour l'argent] : [-C] Théât. ‖ boîte à couleurs : [C] Pros. ‖ boîte à fard ou à parfums : [C] Pros. ‖ coffre : [contenant les flèches] [+C] Pros. ; [les vêtements] [+C] Pros. ‖ sommier d'un orgue hydraulique : [C] Pros.

arcŭlārĭus, *ĭi*, m., faiseur de coffrets : [-C] Théât.

arcŭō, *ās*, *āre*, *āvī*, *ātum*, tr., courber en arc : [C] Pros.

arcŭpŏtens, ▶ *arcipotens*

arcŭs, **arquŭs**, *ūs*, m. ¶ **1** arc : [C] Pros. ¶ **2** arc-en-ciel : [C] Pros. ¶ **3** voûte, arc de triomphe : [+C] Pros. ¶ **4** toute espèce d'objet courbé en forme d'arc : [C] Poés., [+C] Pros. ‖ arc de cercle : [+C] Pros. ¶ **5** [fig.] = puissance [hébr.] : [T] Pros.

ardălĭo, *ōnis*, m., agité, homme qui fait l'empressé : [C] Poés., [+C] Poés.

1 **ardĕa**, *ae*, f., héron : [C] Poés.

2 **Ardĕa**, *ae*, f., ville des Rutules : [C] Poés. ‖ **-dĕās**, *ātis*, d'Ardée : [C] Pros. ‖ **-dĕātes**, *ĭum*, m. pl., habitants d'Ardée : [C] Pros. ‖ **-dĕātīnus**, *a*, *um*, d'Ardée : [C] Pros.

Ardĕātis, m., ▶ *Ardeas*, ▶ *2 Ardea* : [-C] Pros.

Ardenna, ▶ *Arduenna*

ardens, *tis* ¶ **1** part. prés. de *ardeo* ¶ **2** adj[t] ***a)*** brûlant : [C] Pros. ; ***sol ardentissimus*** [+C] Pros., soleil très ardent ***b)*** étincelant : ***ardentes clipei*** [C] Poés., boucliers étincelants ***c)*** [fig.] brûlant, ardent : ***ardentes amores*** [C] Pros., amour ardent ‖ ***ardens oratio*** [C] Pros., discours brûlant

ardentĕr, adv., d'une façon ardente : ***ardenter cupere*** [C] Pros., désirer ardemment ; ***ardentius*** [C] Pros. ; ***ardentissime*** [+C] Pros.

ardĕō, *ēs*, *ēre*, *arsī*, *arsum*, intr. ¶ **1** être en feu, brûler : ***ardentes faces*** [C] Pros., torches en feu ; ***domus ardebat*** [C] Pros., la maison brûlait ; [poét.] ***ardet Ucalegon*** [C] Poés., Ucalégon [le palais d'Ucalégon] est en feu ‖ ***ardentes laminae*** [C] Pros., lames de fer rougies ‖ [C] Pros. ¶ **2** briller, resplendir, étinceler : [C] Poés. ‖ ***ardebant oculi*** [C] Pros., ses yeux étincelaient (flamboyaient) ; ***cum oculis arderet*** [C] Pros., ayant les yeux étincelants (flamboyants) ¶ **3** [fig] être en feu, être transporté par un sentiment violent : ***ardere Galliam*** [C] Pros., [il disait]que la Gaule était en feu [que les passions étaient allumées en Gaule] ‖ ***odio*** [C] Pros., brûler de haine ; ***dolore, ira*** [C] Pros., être transporté de dépit, de colère ‖ [mais] ***ardere invidia*** [C] Pros., être en butte à la haine, à la malveillance ‖ ***podagrae doloribus*** [C] Pros., être tourmenté par les douleurs de la goutte ‖ [en part.] brûler de désir : [C] Pros. ; ***ardet in arma*** [C] Poés., il brûle de combattre ; [avec inf.] [C] Pros. ‖ [poét.] brûler d'amour : [C] Poés. ‖ [tr. avec acc.] : [C] Poés., [+C] Poés., Pros. ¶ **4** être en feu, se développer avec violence : [C] Pros., Poés.

ardescō, *ĭs*, *ĕre*, *arsī*, intr. ¶ **1** s'enflammer, prendre feu : [C] Poés., [+C] Pros. ¶ **2** s'enflammer, se passionner : [+C] Pros. ; ***libidinibus ardescit (animus)*** [+C] Pros., les passions embrasent l'âme ‖ ***in nuptias*** [+C] Pros., s'enflammer pour un mariage ¶ **3** prendre feu, se développer : ***ardescente pugna*** [+C] Pros., le combat s'échauffant

Ardiaei, *ōrum*, m. pl., peuple d'Illyrie : [C] Pros.

ardĭfĕtus, *a*, *um*, ardent : [C] Poés.

Ardoneae, *ārum*, f. pl., ville d'Apulie : [C] Pros.

ardŏr, *ōris*, m. ¶ **1** feu, embrasement : [C] Pros. ‖ ***solis ardor*** [C] Pros. ; ***ardores*** [C] Pros., l'ardeur, les feux du soleil ¶ **2** ***oculorum*** [C] Pros., l'éclat des yeux ; ***Sirius ardor*** [C] Poés., l'éclat de Sirius ¶ **3** [fig.] feu, ardeur, passion : [C] Pros. ; ***animi*** [C] Pros., la chaleur de l'âme, de l'émotion ‖ [avec gén. obj.] : ***in Africam trajiciendi*** [C] Pros., ardeur à (désir ardent de) passer en Afrique ‖ [avec *ad*] : [C] Pros. ; ***ad hostem insequendum*** [C] Pros., ardeur à poursuivre l'ennemi ¶ **4** [poét.] ardeur de l'amour, les feux de l'amour : [C] Poés.

Ardŭenna, *ae*, f., les Ardennes : ***Arduenna silva*** [C] Pros., la forêt des Ardennes ; [+C] Pros.

ardŭĭtās, *atis*, f., escarpement : [C] Pros.

ardŭum, *i*, n., hauteur, montagne : [au sg. seul[t] avec prép.] [C] Pros. ; ***ardua terrarum*** [C] Poés., les montagnes

ardŭus, *a*, *um* ¶ **1** haut, élevé, abrupt : ***ardua cervix*** [C] Poés., une haute encolure ; ***arduus ascensus*** [C] Pros., montée abrupte ‖ la tête haute : [C] Poés. ¶ **2** [fig.] ***a)*** difficile : ***opus arduum*** [C] Pros., entreprise difficile ; [subst. n.] [+C] Pros. ***b)*** défavorable : ***rebus in arduis*** [C] Poés., dans l'adversité

Ardyaei, ▶ *Ardiaei*

ārĕ, dans *facit are* tmèse pour *arefacit*, ▶ *arefacio* : [C] Poés.

ārĕa, *ae*, f. ¶ **1** surface, sol uni ; [en part.] emplacement pour bâtir : [C] Pros. ‖ cour de maison : [+C] Pros. ‖ divers espaces libres dans Rome, places : [C] Poés. ; ***area Capitoli*** [C] Pros., la place du Capitole [devant le temple de Jupiter Capitolin] ‖ large espace pour jeux, arène : [C] Pros. ‖ [fig.] carrière, théâtre, époque [de la vie] : ***area scelerum*** [C] Pros., théâtre des crimes ; [+C] Poés. ¶ **2** [en part.] aire à battre le blé : [-C] Pros., [C] Pros., Poés. ‖ [fig.] moisson, blé : [T] Pros. ¶ **3** [fig.] halo : [+C] Pros. ‖ parterre, bordure [en parl. des jardins] : [+C] Pros. ‖ aire aménagée pour prendre les oiseaux (pipée) : [-C] Théât. ‖ calvitie : [+C] Pros., Poés. ¶ **4** aire, superficie : [C] Pros., [+C] Pros.

Ărĕcŏmĭci, *ōrum*, m. pl., peuple de la Narbonnaise : [C] Pros.

ārĕfăcĭō, *ĭs*, *ĕre*, *fēcī*, *factum*, tr., faire sécher, dessécher : [C] Pros., Poés. ‖ tarir : [+C] Pros. ‖ [fig.] flétrir, briser : [T] Pros.

ārĕfactus, *a*, *um*, part. de *arefacio*

Arĕi, *ōrum*, m. pl., Aréens [peuple d'Afrique] : [C] Pros.

Ărĕlās, *ātis*, f., **Ărĕlātē**, n. indécl., [C] Pros., Arles

Arellĭus, *ĭi*, m., Arellius Fuscus, rhéteur romain : [C] Pros.

Ărĕmŏrĭca, *ae*, f., l'Armorique [province occidentale de la Gaule] ‖ **-cus**, *a*, *um*, de l'Armorique : [C] Pros.

ărēna (hăr-), *ae*, f., sable ¶ **1** ***bibula arena*** [C] Poés., le sable qui absorbe l'eau ¶ **2** terrain sablonneux : ***arenam emere*** [C] Pros., acheter un terrain sablonneux ¶ **3** [en part.] ***a)*** désert de sable : ***Libycae arenae*** [C] Poés., les sables de Libye ***b)*** rivage : ***hospitium arenae*** [C] Poés., l'hospitalité du rivage ***c)*** l'arène : [C] Pros., [+C] Pros. ‖ [d'où] les combats du cirque : ***arenae devotus*** [+C] Pros., passionné pour les combats du cirque ‖ les combattants du cirque, gladiateurs : [+C] Poés. ¶ **4** ***arena urens*** [+C] Pros., la lave

Ărēnācum, *i*, **-nācĭum**, *ĭi*, n., ville de la Belgique [auj. Ryndern] : [+C] Pros.

ărēnārĭus, *a*, *um* ¶ **1** qui concerne le cirque : ***arenaria fera*** [T] Pros., bête destinée au cirque. ¶ **2** **ărēnārĭus**, *ĭi*, m. ‖ combattant du cirque, gladiateur : [+C] Pros. ¶ **3** **ărēnārĭa**, *ae*, f., carrière de sable : [C] Pros. ou **ărēnārĭum**, *ĭi*, n., [C] Pros.

ărēnātĭo, *ōnis*, f., mélange de chaux et de sable, crépissage : [C] Pros.

ărēnātus, *a*, *um*, mêlé de sable : [-C] Pros. ‖ **ărēnātum**, *i*, n., mortier de sable : [C] Pros.

ărēnĭvăgus, *a*, *um*, qui erre dans les sables : [+C] Poés.

ărēnōsus, *a*, *um*, plein de sable, sablonneux : [C] Poés. ‖ subst., **ărēnōsum**, *i*, n., terrain sablonneux : [C] Pros.

ārens, *tis*, part. adj. de *areo* ¶ **1** desséché, aride : [C] Poés. ‖ ***per arentia*** [+C] Pros., à travers des lieux arides ¶ **2** desséché, altéré : [C] Poés. ; ***arens sitis*** [C] Poés., soif brûlante

ārĕō, *ēs*, *ēre*, *ŭī*, -, intr. ¶ **1** être sec : ***tellus aret*** [C] Poés., la terre est sèche ¶ **2** être desséché, fané : ***aret ager*** [C] Poés., le champ est desséché ‖ [fig.] ***Tantalus aret*** [C] Poés., Tantale brûle de soif, [-C] Théât.

ārĕŏla, *ae*, f., petite cour : [+C] Pros. ‖ planche [dans un jardin], parterre : [+C] Pros.

Ărēŏpăgītēs (-ta), *ae*, m., Aréopagite, membre de l'Aréopage : [C] Pros. ‖ **-tĭcus**, *a*, *um*, de l'Aréopage : [T] Pros.

Arēŏpăgus (-ŏs), *i*, m., Aréopage [tribunal d'Athènes] : [C] Pros.

arepennis, *is*, m., ➡ *arapennis* : [+C] Pros.

1 **āres**, [arch.] ➡ *aries* : [C] Pros.

2 **Arēs**, *is*, m., nom d'un guerrier : [+C] Poés.

ārescō, *ĭs*, *ĕre*, *ārŭī*, -, intr., sécher, se dessécher : [C] Poés., [-C] Théât., Pros. ; ***arescit lacrima*** [C] Pros., les larmes se sèchent ‖ avoir soif : [T] Pros. ‖ [fig.] languir, dépérir, se consumer : [T] Pros.

Ărestŏrĭdēs, *ae*, m., fils d'Arestor [Argus] : [C] Poés.

ărĕtālŏgus, *i*, m., hâbleur, charlatan : [+C] Poés.

1 **Ărētē**, *ēs*, f., fille de Denys l'ancien, tyran de Syracuse : [C] Pros.

2 **Ărētē**, *ēs*, f., Arété [femme d'Alcinoüs, roi des Phéaciens] : [+C] Poés.

Arĕtho, *ontis*, m., Aréton, [fleuve de l'Épire, auj. Arta] : [C] Pros.

Ărĕthūsa, *ae*, f., Aréthuse [nymphe de la suite de Diane, aimée par Alphée] : [C] Poés. ***a)*** fontaine près de Syracuse : [C] Pros. ***b)*** **-saeus**, *a*, *um*, d'Aréthuse : [T] Pros. ou **-sĭus**, *a*, *um*, [+C] Poés., **-sis**, *ĭdos*, f., [C] Poés.

Ārētĭum (Arrē-), *ĭi*, n., Arétium [ville d'Étrurie, auj. Arezzo] : [C] Pros. ‖ **-tīni**, *ōrum*, m. pl., habitants d'Arétium : [C] Pros.

1 **ărēus**, *a*, *um*, de l'Aréopage : ***areum judicium*** [+C] Pros., l'Aréopage

2 **Ărēus**, *i*, m., nom d'un philosophe : [+C] Pros.

Arēvăci, *ōrum*, m. pl., sg., [+C] Poés.

arfăcio, sync. pour *arefacio* : [-C] Pros.

Arganthōnĭus, *ĭi*, m., roi des Tartessiens qui parvint à un âge fort avancé : [C] Pros. ‖ **-ĭăcus**, *a*, *um*, [+C] Poés., d'Arganthonius

Arganthus, *i*, m., montagne de la Bithynie : [C] Poés.

Argēi, *ōrum*, m. pl., endroits de Rome destinés à certains sacrifices : [C] Pros., Poés. ‖ mannequins en jonc que les prêtres jetaient tous les ans, aux ides de mai, dans le Tibre du haut du pont Sublicius [image des anciens sacrifices humains] : [C] Pros., Poés.

Argelĭus, *ĭi*, m., nom d'un architecte : [C] Pros.

Argentānum, *i*, n., ville du Bruttium : [C] Pros.

1 **argentārĭa**, *ae*, f. ¶ **1** mine d'argent : [C] Pros. ¶ **2** banque : [-C] Théât., [C] Pros. ‖ négoce d'argent : ***argentariam facere*** [C] Pros., exercer le métier de banquier

2 **Argentārĭa**, *ae*, f., ville de la Gaule [auj. Horbourg] : [T] Pros. ‖ femme de Lucain : [+C] Poés., [T] Pros.

1 **argentārĭus**, *a*, *um* ¶ **1** [monnaie] : ***inopia argentaria*** [-C] Théât., disette d'argent ; ***taberna argentaria*** [C] Pros., boutique de changeur ¶ **2** subst. m. ‖ banquier : [-C] Théât., [C] Pros.

2 **Argentārĭus**, *ĭi*, m., promontoire de la côte d'Étrurie [auj. Monte Argentaro] : [T] Poés.

argentātus, *a*, *um*, argenté, garni d'argent : ***argentati milites*** [C] Pros., soldats aux boucliers recouverts d'argent ‖ fourni d'argent : ***argentata querimonia*** [-C] Théât., plainte argentée = accompagnée d'argent

argentĕŏlus (-tĭŏlus), *a*, *um*, d'argent : [-C] Théât., [+C] Pros.

1 **argentĕus**, *a*, *um* ¶ **1** d'argent : ***argentea aquila*** [C] Pros., aigle d'argent ‖ orné d'argent : ***scaena argentea*** [C] Pros., scène avec décorations en argent ¶ **2** de l'âge d'argent : ***argentea proles*** [C] Poés., les hommes de l'âge d'argent ‖ [fig.] [-C] Théât. ‖ (s.-ent. ***siclus***), m., pièce d'argent : [T] Pros.

2 **Argentĕus**, *a*, *um*, épithète d'une rivière de la Narbonnaise [auj. Argens] : ***a Ponte Argenteo*** [C] Pros., de Pont d'Argent, pont et bourg sur cette rivière

argentĭcŭlum, *i*, n., un petit peu d'argent : [+T] Pros.

argentĭfex, *ĭcis*, m., ouvrier en argent : [C] Pros.

argentĭfŏdīna, *ae*, f., mine d'argent : [-C] Pros., [C] Pros.

Argentīnus, *i*, m., le dieu de l'argent : [T] Pros.

Argentŏrātus, *i*, f., Argentoratus [Strasbourg, ville de la Gaule] : [T] Pros. ‖ **-ensis**, *e*, d'Argentoratus : [T] Pros.

argentum, *i*, n. ¶ **1** argent [métal] : [C] Pros. ; ***argentum infectum*** [C] Pros., argent brut ; ***argentum factum*** [C] Pros., argent ciselé ¶ **2** objets en argent, argenterie : [C] Pros. ¶ **3** argent monnayé, monnaie en général : [C] Pros. ‖ ***argentum adnumerare*** [-C] Théât., compter une somme d'argent

argentumextĕrĕbrōnĭdēs, [mot forgé, *argentum* et *exterebro*] escroqueur d'argent : [-C] Théât.

Argenussae, ➡ *Arginusae*

Argestaeus campus, m., plaine d'Argos d'Orestide [Macédoine] : [C] Pros.

Argēus, **Argīus**, **Argi**, ➡ *Argos*

Argīa, *ae*, f., fille d'Adraste et femme de Polynice : [+C] Poés. ‖ femme d'Inachus et mère d'Io : [+C] Poés.

Argīlētum, *i*, n., quartier de Rome, près du Mont Palatin : [C] Pros. ‖ **-tānus**, *a*, *um*, de l'Argilète : [C] Pros. ‖ [étymologie] : ***argilla Argilletum*** [C] Pros. ; [ou par tmèse] ***Argi letum*** [+C] Poés. [un certain Argos ayant été tué là par Evandre]

argilla, *ae*, f., de potier : [-C] Pros., [C] Pros.

argillōsus, *a*, *um*, riche en argile : [C] Pros.

Argĭlŏs, *i*, f., ville de Macédoine : [C] Pros. ‖ **Argĭlĭus**, *a*, *um*, d'Argilos : [C] Pros.

Argĭnūsae, *ārum*, f. pl., Arginuses, îles de la Mer Égée, célèbres par la victoire navale de Conon sur les Spartiates : [C] Pros.

Argĭnussae, → *Arginussae*

Argĭŏpē, *ēs*, f., femme d'Agénor, mère de Cadmos : [+C] Poés.

Argīphontēs, *ae*, m., surnom de Mercure [meurtrier d'Argus] : [T] Pros.

Argĭrĭpa, → *Argyrīpa*

Argĭthea, *ae*, f., ville d'Athamanie : [C] Pros.

argītis, *is*, f., vigne à raisin blanc : [+C] Pros.

Argīus, **Argīvus**, → *Argos*

Argō, *ūs*, acc. *Argo*, [C] Pros., f. ¶ **1** navires des Argonautes : [C] Poés., Pros. ‖ **-gōus**, *a*, *um*, d'Argo : [C] Poés. ¶ **2** constellation : [C] Poés.

Argŏlās, *ae*, m., nom d'un Grec : [C] Pros.

Argŏlĭcus, **Argŏlĭs**, → *Argos*

Argŏnautae, *ārum*, m. pl., les Argonautes : [C] Pros.

Argŏs, n., [seul^t au nom. et à l'acc.] ; **Argi**, *ōrum*, m. pl. ¶ **1** Argos : [C] Poés. ¶ **2** en parl. de toute la Grèce : [+C] Poés. ‖ **-ēus**, *a*, *um*, [C] Poés., **-īus**, *a*, *um*, [C] Pros., **-īvus**, *a*, *um*, [C] Pros., Poés., d'Argos, argien, grec ; [d'où] **Argīvi**, *ōrum*, m. pl., les Argiens [ou poét.] les Grecs ‖ **-ŏlĭcus**, *a*, *um*, [C] Poés., d'Argos, argien ; **-ŏlis**, *ĭdis*, subst. f., [C] Poés. ‖ Argienne, grecque : acc. pl. *-idas*, [C] Poés. ; dat. pl. *-isin*, [C] Poés.

Argōus, *a*, *um*, → *Argo*

argūmentātĭo, *ōnis*, f. ¶ **1** argumentation : [C] Pros. ¶ **2** arguments : [C] Pros.

argūmentātus, *a*, *um*, part. pass. de *argumentor*

argūmentŏr, *āris*, *ārī*, *ātus sum* ¶ **1** intr., apporter des preuves, raisonner sur des preuves, argumenter : [C] Pros. ; ***de aliqua re*** [C] Pros., argumenter sur qqch. ¶ **2** tr., produire comme preuve : [C] Pros. ‖ [avec prop. inf.] : [C] Pros. ‖ [avec interrog. ind] : [C] Pros.

argūmentōsus, *a*, *um* ¶ **1** d'une matière riche, soignée : [+C] Pros. ; → *argumentum* ¶ *3* ¶ **2** controversé : [T] Pros.

argūmentum, *i*, n. ¶ **1** argument, preuve : [C] Pros. ; ***argumenta criminis*** [C] Pros., preuves à l'appui d'une accusation ¶ **2** la chose qui est montrée [en gén.] : [C] Pros. ‖ signe, présage : [T] Pros. ¶ **3** la chose qui est montrée, matière, sujet, objet : ***argumentum comoediae*** [-C] Théât., argument (sujet) d'une comédie, [C] Pros., [+C] Pros. ; ***contionis*** [C] Pros., thème d'une harangue ; ***epistulae*** [C] Pros., matière d'une lettre ‖ énigme : [T] Pros.

argŭō, *ĭs*, *ĕre*, *ŭī*, *ūtum*, tr. ¶ **1** montrer, prouver : ***si arguitur non licere*** [C] Pros., si l'on prouve que ce n'est pas permis ; [C] Poés. ‖ [pass.] : [C] Poés. ¶ **2** dévoiler, mettre en avant [avec idée de reproche, d'inculpation], dénoncer : [C] Pros. ¶ **3** inculper avec preuve (faire la démonstration d'une culpabilité) : [C] Pros. ‖ [en gén.] inculper, accuser : [C] Pros. ‖ punir : [T] Pros. ¶ **4** [sujet nom de choses] convaincre d'erreur [une personne] : [+C] Pros. ‖ [avec prop. inf.] : [C] Pros., [+C] Pros. ‖ convaincre d'erreur, de défectuosité : [C] Pros., [+C] Pros. ; (il donna des lois) telles que l'usage même, qui est par excellence le réformateur des lois, malgré l'épreuve ne les fit pas voir en défaut

1 **Argus**, *a*, *um*, d'Argos : [-C] Théât.

2 **Argus**, *i*, m. ¶ **1** fils d'Arestor [avec cent yeux] : [C] Poés. ¶ **2** constructeur du navire Argo : [+C] Poés.

argūtātio, *ōnis*, f., [fig.] [C] Poés.

argūtātŏr, *ōris*, m., ergoteur : [+C] Pros.

argūtē, adv., d'une façon fine, piquante, ingénieuse : ***argutius*** [C] Pros. ; ***-tissime*** [C] Pros.

argūtĭae, *ārum*, f. pl. ¶ **1** vivacité piquante dans les propos : [+C] Pros., [-C] Théât., [C] Poés. ‖ [en parl. de l'orateur] gestes mimant la pensée : [C] Pros. ; → *1 argutus* ¶ **2** subtilité : [C] Pros.

argūtĭŏla, *ae*, f., petite subtilité : [+C] Pros.

argūtō, *ās*, *āre*, -, -, tr., ressasser, jacasser, bavarder : [C] Poés.

argūtŏr, *āris*, *ārī*, -, tr., → *arguto* : [-C] Théât.

argūtŭlus, *a*, *um*, assez piquant : [+C] Pros. ‖ quelque peu subtil : [C] Pros.

argūtūrus, *a*, *um*, → *arguo*

argūtus, *a*, *um* ¶ **1** expressif, parlant : [C] Pros. ‖ fin, pénétrant, ingénieux : [C] Pros. ‖ rusé, fine mouche : [C] Poés., Pros. ‖ ***argutum caput*** [C] Poés., tête fine (expressive) du cheval ¶ **2** [poét.] ***arguta hirundo*** [C] Poés., hirondelle aux cris aigus ; ***sub arguta ilice*** [C] Poés., sous un chêne au feuillage sonore ; ***arguta fistula*** [C] Poés., flûte harmonieuse ; ***serra*** [C] Poés., la scie stridente ‖ ***arguta Neaera*** [C] Poés., Nééra à la voix claire ; ***Thalia*** [C] Poés., l'harmonieuse Thalie

Argynnus, *i*, m., jeune enfant à qui Agamemnon éleva un tombeau : [C] Poés.

argy̆ranchē, *ēs*, f., argyrancie [mot forgé pour jouer avec συνάγχη, *synanche*, esquinancie], mal de gorge causé par l'argent : [+C] Pros.

argy̆raspĭdes, *um*, m. pl., argyraspides, soldats qui portaient des boucliers d'argent : [C] Pros., [+C] Pros.

Argy̆rĭpa, [C] Poés., **Argy̆rippa**, *ae*, f., → *Arpi*

argy̆rŏtoxus, *i*, m., qui porte un arc d'argent : [T] Pros.

Ărĭadna, *ae*, **Ărĭadnē**, *ēs*, f., Ariane [fille de Minos] : [C] Poés. ‖ constellation : [+C] Pros. ‖ **-naeus**, *a*, *um*, d'Ariane : [C] Poés.

Arĭărāthēs, *is*, m., roi de Cappadoce : [C] Pros. ‖ autres du même nom : [C] Pros.

Ărīcĭa, *ae*, f., Aricie ¶ **1** épouse d'Hippolyte : [C] Poés. ¶ **2** village près de Rome : [C] Pros. ‖ **-cīnus**, *a*, *um*, d'Aricie : [C] Pros., Poés. ‖ **-cīnum nĕmus**, le bois sacré d'Aricie [consacré à Diane] : [+C] Poés. ‖ **-cīni**, *ōrum*, habitants d'Aricie : [C] Pros.

ārĭda, *ae*, f., terre ferme : [T] Pros. ; → *aridum*

Aridaeus, → *Arrhidaeus*

ārĭdē, adv., sèchement : [C] Pros.

ārĭdŭlus, *a*, *um*, un peu sec : [C] Poés.

ārĭdum, *i*, n., terre ferme : [C] Pros. ; pl.

ārĭdus, *a*, *um* ¶ **1** sec, desséché : [C] Poés., Pros. ¶ **2** [fig.] décharné, maigre, mince, pauvre : [C] Poés., [+C] Poés. ‖ frugal : [C] Pros. ‖ sec [style], non orné : [C] Pros., [+C] Pros. ‖ avare : [-C] Théât. ‖ paralysé, atrophié : [T] Pros.

1 **ariel**, m. indécl., lion : [T] Pros.

2 **Ariel**, m. indécl., nom d'homme : [T] Pros. ‖ **-ītae**, *ārum*, m. pl., descendants d'Ariel : [T] Pros. ‖ [surnom de Jérusalem] : [T] Pros.

ărĭes, *ărĭĕtis*, m. ¶ **1** bélier : [C] Pros. ¶ **2** bélier [machine de guerre] : [C] Pros. ¶ **3** étançon : [C] Pros. ¶ **4** constellation : [C] Pros., Poés.

ărĭĕtārĭus, *a*, *um*, de bélier [machine] : ***testudo arietaria*** [C] Pros., tortue bélière

ărĭĕtātĭo, *ōnis*, f., choc : [+C] Pros.

ărĭĕtātus, *a*, *um*, part. de *arieto*

ărĭĕtillus, *a*, *um* ¶ **1** [subst^t] m. pl., gens cornus = retors : [+C] Pros. ¶ **2** n., **-tillum**, pois chiche : [+C] Pros.

ărĭĕtō, *ās*, *āre*, *āvī*, *ātum* ¶ **1** intr. ***a)*** jouer des cornes : [-C], [C] Pros. ***b)*** choquer, heurter : [+C] Pros. ; [avec *in* acc.] heurter contre : [C] Poés. ***c)*** [fig.] broncher, trébucher : [+C] Pros. ¶ **2** tr., heurter, ébranler, secouer : [-C] Théât., [+C] Pros.

Ărĭi, *ōrum*, m. pl., peuple de Germanie : [+C] Pros.

ărillātŏr, *ōris*, m., revendeur : [+C] Pros.

Ărĭmaspa, *ae*, **Ărĭmaspus**, *i*, m., **Ărĭmaspi**, *ōrum*, m. pl., peuple de la Sarmatie européenne : [+C] Poés., Pros.

Ărīmăthaea (-ia), *ae*, f., Arimathie [ville de Palestine] : [T] Pros.

Ărīmĭnum, *i*, n., Ariminum [ville de l'Ombrie ; auj. Rimini] : [C] Pros. ‖ **-ensis**, *e*, d'Ariminum et **-enses**, habitants d'Ariminum : [C] Pros.

Ărĭŏbarzănēs, *is*, m., roi de Cappadoce : [C] Pros.

ārĭŏla, → *areola* ; **ărĭŏla**, → *hariola*

ărĭŏlor, **-us**, → *hariolor*, *hariolus*

Ărīōn, **Ărīo**, *ōnis*, m. ¶**1** poète lyrique sauvé par un dauphin : [C] Poés., Pros., [+C] Pros. ¶**2** cheval que Neptune fit sortir de terre : [C] Poés., [+C] Poés. ¶**3** philosophe phythagoricien : [C] Pros. ‖ **-nĭus**, *a, um*, d'Arion [poète] : [C] Poés.

ariopag-, [V.] *areopag-*

Ariovistus, *i*, m., roi des Germains : [C] Pros.

Āris, *ĭnis*, m., nom d'homme : [C] Pros., [+C] Poés. ; acc. *Arinem* [C] Pros.

Ărisba, *ae*, **Ărisbē**, *ēs*, f., ville de la Troade : [C] Poés.

ărista, *ae*, f. ¶**1** barbe, pointe de l'épi : [C] Pros. ‖ épi : [C] Poés. ¶**2** arête de poisson : [T] Poés. ‖ poil : [+C] Poés. ‖ [en parl. de différ. sortes de plantes] : [C] Poés., [+C] Poés.

Ărīstaeus, *i*, m., Aristée [fils d'Apollon et de Cyrène, qui introduisit l'élevage des bestiaux, la récolte de l'huile, l'apiculture, etc.] : [C] Pros., Poés.

Ăristandĕr, *dri*, m., devin de Telmesse : [+C] Pros.

Ăristandrŏs, *i*, m., agronome : [C] Pros.

Ăristarchus, *i*, m., Aristarque ¶**1** célèbre critique alexandrin qui révisa les poèmes d'Homère : [C] Pros., Poés. ‖ [en gén.] un critique : [C] Pros. ‖ **-chēi**, *ōrum*, m. pl., les Aristarques, les critiques à la façon d'Aristarque : [C] Pros. ¶**2** poète tragique : [-C] Théât. ¶**3** mathématicien : [C] Pros.

Ăristēās, *ae*, m., poète de l'île de Proconnèse [Propontide] : [+C] Pros.

Ăristeūs, *ei*, m., nom d'homme : [C] Pros.

Ăristīdēs, *is* et *i*, m., Aristide ¶**1** Athénien célèbre par sa vertu : [C] Pros., Poés. ¶**2** poète de Milet : [C] Poés.

ăristĭfĕr, *ĕra*, *ĕrum*, fertile en épis, en blé : [T] Poés.

Ăristippus, *i*, m., Aristippe [philosophe de Cyrène] : [C] Pros. ‖ **-pēus**, *a, um*, d'Aristippe : [C] Pros.

Ăristĭus, *ĭi*, m., Aristius Fuscus [grammairien et orateur, ami d'Horace] : [C] Pros., Poés.

Ăristo, *ōnis*, m. ¶**1** philosophe de Chios : [C] Pros. ‖ **-tōnēus**, *a, um*, d'Ariston : [C] Pros. ¶**2** Titius Aristo [jurisconsulte du 1er s. apr. J.-C.] : [+C] Pros.

Ăristŏbūlus, *i*, m. ¶**1** prince de Judée : [+C] Pros. ¶**2** roi de Syrie : [+C] Pros.

Ăristŏclēs, *is*, m., grammairien grec : [C] Pros.

Ăristŏcrătēs, *is*, m., nom d'homme : [-C] Poés.

Ăristŏdēmus, *i*, m., roi de Cumes : [C] Pros. ‖ pers. divers : [C] Pros.

Aristŏgītōn, *ŏnis*, m. ¶**1** Athénien qui conspira contre les Pisistratides : [C] Pros. ¶**2** orateur attique, adversaire de Démosthène : [+C] Pros.

Ăristŏmăchē, *ēs*, f., femme de Denys le Tyran : [C] Pros.

Ăristŏmĕnēs, *is*, m., pers. divers : [C] Pros., [+C] Pros.

Ăristŏnīcus, *i*, m. ¶**1** roi de Pergame : [C] Pros., [+C] Pros. ¶**2** tyran de Lesbos : [+C] Pros.

Ăristŏphănēs, *is*, m., Aristophane ¶**1** le célèbre poète comique d'Athènes : [C] Pros., Poés. ‖ **-nēus**, *a, um*, d'Aristophane : [C] Pros. ou **-nīus**, *a, um* [métr.] **-nīcus**, *a, um* ¶**2** grammairien alexandrin [né à Byzance] : [C] Pros.

Ăristŏphontēs, m., nom d'homme : [-C] Théât.

Ăristŏrĭdēs, [V.] *Arestorides*

ăristōsus, *a, um*, qui a des barbes d'épis : [+T] Poés.

Ăristŏtĕlēs, *is*, m., Aristote ¶**1** célèbre philosophe de Stagire, précepteur d'Alexandre : [C] Pros. ‖ **-lēus**, **-līus**, *a, um*, d'Aristote : [C] Pros. ou **-ĭcus**, *a, um*, [T] Pros. ¶**2** un invité de Cicéron : [C] Pros.

Ăristoxĕnus, *i*, m., Aristoxène [philosophe et musicien] : [C] Pros.

Ăristus, *i*, m., philosophe académicien, ami de Cicéron : [C] Pros.

ărithmētĭca, [V.] *arithmeticus*

ărithmētĭcus, *a, um*, d'arithmétique : [C] Pros. ‖ **-tĭca**, *ae*, **-cē**, *ēs*, f., [C] Pros., **-tĭca**, *ōrum*, n. pl., [C] Pros., arithmétique

ārĭtūdō, *ĭnis*, f., aridité, sécheresse : [-C] Théât., [C] Pros., Poés.

Ărīus (Arrīus), *ĭi*, m., célèbre schismatique : [T] Poés.

Ărĭus pagus, [V.] *Areopagus*

Ărĭūsĭus, *a, um*, d'Ariusium [promontoire de l'île de Chios] : [C] Poés.

arma, *ōrum*, n. pl. ¶**1** ustensiles, instruments : [C] Poés. ¶**2** armes [en gén.] : [C] Pros. ‖ hommes armés, troupe : [C] Pros. ‖ les combats, la guerre : [C] Pros. ‖ [fig.] [C] Pros. ; ***arma prudentiae*** [C] Pros., les armes de la prudence

armămaxa, *ae*, f., litière fermée : [+C] Pros.

armāmenta, *ōrum*, n. pl., [surtout] agrès, équipement d'un navire : [C] Pros. ‖ armes : [T] Poés. ‖ armure : [T] Pros.

armāmentārĭum, *ĭi*, n., arsenal : [C] Pros., [+C] Pros.

armārĭŏlum, *i*, n., petite armoire : [-C] Théât. ‖ petite bibliothèque : [T] Pros.

armārĭum, *ĭi*, n., armoire : [C] Pros. ‖ buffet : [-C] Théât. ‖ bibliothèque : [C] Pros., [+C] Pros.

armātūra, *ae*, f. ¶**1** armure, armes : [C] Pros. ¶**2** soldats en armes, troupes : [C] Pros. ; [surtout] ***levis armatura***, troupes légères, infanterie légère : [C] Pros. ¶**3** [=] *armamenta navis*, gréement : [+T] Poés.

1 **armātus**, *a, um* ¶**1** part. de *armo* ¶**2** adjt, armé : ***armatissimus*** [C] Pros. ‖ **armāti**, *ōrum*, m. pl., gens armés : [C] Pros.

2 **armātŭs**, abl. *ū*, m. ¶**1** armes : [C] Pros. ¶**2** soldats en armes, troupes : [C] Pros.

Armĕnĭa, *ae*, f., l'Arménie : [C] Pros. ‖ **-ĭăcum**, n., abricot : [+C] Pros. ‖ **-ĭăca**, *ae*, f., abricotier : [+C] Pros. ‖ **-nĭus**, *a, um*, Arménien : [C] Pros., Poés., [+C] Poés. ‖ **-nĭum**, *ĭi*, n., couleur bleue : [C] Pros.

armenta, *ae*, f., [V.] *armentum*

armentālis, *e* ¶**1** de gros bétail : [C] Poés. ¶**2** qui soigne le bétail : [T] Poés. ¶**3** pastoral : [T] Pros.

armentārĭus, *a, um*, de bétail : [+C] Pros. ‖ **-ārĭus**, *ĭi*, m., bouvier : [C] Poés., Pros.

armentīcĭus, *a, um*, [=] *armentalis* ¶*1* : [C] Pros.

armentōsus, *a, um*, riche en bestiaux ‖ ***-sissimus*** [+C] Pros.

armentum, *i*, n. ¶**1** troupeau [de gros bétail] : [C] Pros., Poés. ¶**2** bête de labour : [C] Poés., Pros. ¶**3** troupeau [d'animaux quelconques] : [C] Poés.

armĭfĕr, *ĕra*, *ĕrum* ¶**1** guerrier, belliqueux : [C] Poés., [+C] Poés. ¶**2** qui produit des hommes armés : [+C] Théât.

armĭgĕr, *ĕra*, *ĕrum* ¶**1** qui porte des armes : [-C] Théât., [+C] Poés. ‖ qui produit des hommes armés : [C] Poés., [Cf.] *armifer* ¶**2** [substt], **-gĕr**, *ĕri*, m. ***a)*** qui porte les armes d'un autre, écuyer : [C] Pros., Poés. ‖ **-gĕra**, *ae*, f., [C] Poés. ***b)*** oiseau [aigle] qui porte les armes de Jupiter [la foudre] : [C] Poés. ***c)*** satellite : [+C] Pros.

armilla, *ae*, f., bracelet : [C], [+C] Pros., Pros., Poés. ‖ anneau de fer : [-C] Pros., [C] Pros.

armillātus, *a, um*, qui porte des bracelets : [+C] Pros. ‖ qui porte un collier : [C] Poés.

armillum, *i*, n., vase à mettre du vin ; [prov.] ***ad armillum reverti*** [+C] Pros., revenir à son broc, à sa bouteille (= à ses habitudes), [-C] Poés.

armĭlustrĭum, *ĭi*, n., purification de l'armée : [C] Pros. ‖ lieu où l'on faisait cette purification : [C] Pros.

Armĭnĭus, *ĭi*, m., célèbre chef germain : [+C] Pros.

armĭpŏtens, *tis*, puissant par les armes, redoutable, belliqueux : [C] Poés.

armĭpŏtentĭa, *ae*, f., puissance des armes : [T] Pros.

armĭsŏnus, *a, um* ¶**1** dont les armes retentissent : [C] Poés. ¶**2** où les armes retentissent : [T] Pros.

armō, *ās, āre, āvī, ātum*, tr. ¶**1** armer : [C] Pros. ‖ armer, équiper un vaisseau : [C] Pros. ‖ armer une place forte, fortifier : [C] Pros. ¶**2** [fig.] = munir, pourvoir : ***aliquem aliqua re*** [C] Pros., armer qqn de qqch. ; ***se imprudentia alicujus*** [C] Pros., se faire une arme de l'imprudence de qqn

armŏnĭa, etc., ▶ *1 harmonia*

armŏrācĕa, **-rācĭa**, *ae*, f., **-rācĭum**, *ĭī*, n., raifort, ravenelle : [FC] Pros.

Armŏrĭca- etc., ▶ *Aremorica* etc.

armus, *i*, m., jointure du bras et de l'épaule, épaule [des animaux] : [C] Poés. ‖ flanc : [C] Poés. ‖ épaule [de l'homme] : [C] Poés. ‖ bras : [FC] Pros., Poés.

Arna, *ae*, f., ville d'Ombrie : [FC] Poés.

Arnē, *ēs*, f. ¶**1** fille d'Éole : [C] Poés. ¶**2** ville de Boétie : [FC] Poés.

Arnĭensis, *e*, de l'Arno [nom d'une tribu de Rome] : [C] Pros.

Arnus, *i*, m., Arno [fleuve d'Étrurie] : [C] Pros.

ărō, *ās*, *āre*, *āvī*, *ātum*, tr., labourer : ***agrum*** [C] Pros., labourer un champ ; ***litus*** [C] Poés., labourer le rivage [perdre sa peine] ‖ ***arborem*** [FC] Pros., labourer autour d'un arbre ‖ [en gén.] cultiver : ***publicos agros*** [C] Pros., cultiver le domaine public ‖ [absᵗ] être cultivateur, faire valoir : [C] Pros. ‖ [poét.] ***aequor maris*** [C] Poés., labourer (sillonner) la plaine liquide de la mer ; ***frontem rugis*** [C] Poés., sillonner son front de rides ‖ [fig.] cultiver : [T] Pros.

ărōma, *ătis*, n., aromate, épice : [FC] Pros. ‖ onguent parfumé : [T] Pros. ‖ parfum : [T] Poés.

ărōmătĭcus, *a*, *um*, pl. n., **-ĭca**, épices : [T] Pros.

ărōmătizō, *ās*, *āre*, -, -, intr., dégager un parfum, sentir : [T] Pros.

Arōn, ▶ *Aaron*

Arpānus, *a*, *um*, ▶ *Arpi*

Arpi, *ōrum*, m. pl., Arpi ou Argyrippe, ville d'Apulie : [C] Pros. ‖ **-ānus**, *a*, *um*, d'Arpi : [C] Pros.

Arpīnās, **-ātis**, ▶ *Arpinum*

Arpīnum, *i*, n., ville des Volsques [patrie de Marius et de Cicéron, auj. Arpino] : [C] Pros. ‖ **-nās** (**-nātis**, [-C] Pros.), *ātis*, adj. m. f. n., d'Arpinum : [C] Pros. ‖ subst. n., maison de campagne d'Arpinum : [C] Pros. ‖ **-nātes**, *ĭum*, m. pl., habitants d'Arpinum : [C] Pros. ‖ subst. m., **Arpinas**, l'Arpinate = Marius ou Cicéron : [C] Pros., [T] Pros.

1 **Arpīnus**, *a*, *um*, d'Arpi : [C] Pros. ‖ **-pīnī**, m. pl., habitants d'Arpi : [C] Pros.

2 **Arpīnus**, *a*, *um*, d'Arpinum = de Cicéron : [FC] Poés.

Arpŏcrătēs, ▶ *Harpocrates*

arquātūra, **arquātus**, ▶ *arcuatura*, *arcuatus*

arquitenens, ▶ *arquitenens*

arquō, *ās*, *āre*, -, -, ▶ *arcuo*

arquus, *i*, m., ▶ *arcus*

arr-, ▶ *adr-*

Arrăbia, **Arrăbius**, ▶ *Arabia*, *Arabus*

arrăbo, *ōnis*, m., arrhes : [-C] Théât.

arrādo, ▶ *adrado*

arrect-, ▶ *adrect-*

arrēmĭgo, ▶ *adremigo*

arrep-, ▶ *adrep-*

Arrētĭum-, ▶ *Aretium*

arrexi, ▶ *2 adrigo*

Arrhĭdaeus, *i*, m., frère d'Alexandre : [FC] Pros.

Arrĭa, *ae*, nom de femme : [FC] Pros., Poés.

Arrĭdaeus, ▶ *Arrhidaeus*

arrid-, **arrig-**, **arrip-**, **arris-**, ▶ *adr-*

arro-, ▶ *adro-*

Arruns, *tis*, m., fils de Tarquin : [C] Pros.

Arruntĭus, *ĭī*, m., nom d'homme : [FC] Poés.

ars, *artis*, f. ¶**1** [savoir-faire] ***a)*** procédé, méthode : ***artibus Fabii bellum gerere*** Liv., faire la guerre selon la tactique de Fabius ; ***imperium his artibus retinere quibus...*** Sall., conserver le pouvoir par les mêmes méthodes que... ***b)*** habileté, artifice, ruse : ***plus artis quam fidei*** Liv., plus d'habileté que de bonne foi ; ***ars Punica*** Liv., l'habileté des Carthaginois ; ***ad artes confugere*** Ov., avoir recours à des expédients ***c)*** talents, qualités : ***bonae artes*** Sall., Cic., bonnes qualités, bons principes d'action, vertus ; ***malae artes*** Sall., Liv., Tac., mauvaises qualités, mauvaise ligne de conduite, vices ¶**2** [effets du savoir-faire] ***a)*** métier, profession, science, art : ***artes minime probandae*** Cic., les métiers les moins louables ; ***pictura et fabrica ceteraeque artes*** Cic., la peinture, l'architecture et tous les autres arts ; ***artes liberales*** Cic., les arts libéraux (= les disciplines classiques) ; ***artem profiteri*** Cic., faire profession d'un art, d'une science ; ***ars dicendi*** Cic., l'art de la parole ***b)*** connaissances organisées, corps de doctrine, théorie, système [d'où] traité : ***ingeniis atque arte valere*** Cic., être remarquable par les dons naturels et les connaissances théoriques ; ***omnia ad artem revocare*** Cic., ramener tout à la théorie ‖ ***ars rhetorica*** Cic., traité de rhétorique ; ***ars amatoria*** Ov., traité d'érotisme

Arsăcēs, *is*, m., roi des Parthes ‖ **-cĭdae**, *ārum*, m. pl., Arsacides [descendants d'Arsacès] : [FC] Poés. ‖ **-cĭus**, *a*, *um*, des Arsacides, des Parthes : [FC] Poés.

Arsămōsăta, *ae*, f., ville d'Arménie : [FC] Pros.

arse verse, ▶ *averte ignem*, détourne le feu [inscription étrusque mise comme protection sur les portes des maisons] : [-C] Théât.

arsī, parf. de *ardeo*

Arsĭa silva, f., forêt d'Étrurie : [C] Pros., [FC] Pros.

arsĭnĕum, *i*, n., ornement de tête à l'usage des femmes : [-C] Pros.

Arsĭnŏē, *ēs*, **-sĭnŏa**, *ae*, f., une des Hyades : [FC] Poés., [C] Pros.

Arsippus, *i*, m., père du troisième Esculape : [C] Pros.

Artăbănus, *i*, m. ¶**1** général de Xerxès : [C] Pros. ¶**2** roi des Parthes : [FC] Pros.

Artabazus, *i*, m., satrape perse : [FC] Pros.

Artacana, ▶ *Artacoana* : [T] Pros.

Artăcĭē, *ēs*, f., fontaine des Lestrygons : [C] Poés.

Artacoana, *ōrum*, n. pl., ville de l'Ariane : [FC] Pros.

artaena, ▶ *arytena*

Artăgēra, *ae*, f., ville d'Arménie : [FC] Pros.

Artamis, *is*, m., fleuve de Bactriane : [T] Pros.

Artaphernēs, *is*, m., général perse : [C] Pros.

1 **artātus**, *a*, *um*, part. de *arto*

2 **Artātus**, *i*, m., fleuve d'Illyrie : [C] Pros.

Artavasdēs, *is*, m., nom d'un roi d'Arménie : [C] Pros.

Artaxăta, *ōrum*, n. pl., **Artaxăta**, *ae*, f., capitale de l'Arménie : [FC] Poés., Pros.

Artaxerxēs, *is*, m., nom de rois perses : [C] Pros., [FC] Pros.

Artaxĭās, *ae*, m., roi d'Arménie : [FC] Pros.

1 **artē**, adv. ¶**1** étroitement, d'une manière serrée : ***aliquem artius complecti*** [C] Pros., embrasser qqn plus étroitement ¶**2** [fig.] étroitement, sévèrement : ***aliquem arte colere*** [C] Pros., traiter qqn sévèrement ‖ étroitement, rigoureusement, strictement : [C] Pros. ; ***artissime diligere aliquem*** [FC] Pros., avoir pour qqn la plus étroite affection

2 **artĕ**, abl. sg. de *ars*

Artĕmĭdōrus, *i*, m., autres du même nom : [C] Pros., [FC] Pros.

Artĕmis, *ĭdis*, f., nom grec de Diane : [T] Pros.

Artĕmīsĭa, *ae*, f., Artémise [femme de Mausole, reine de Carie] : [C] Pros., [FC] Pros.

Artĕmīsĭum, *ĭī*, n., promontoire et ville de l'Eubée : [C] Pros.

Artĕmīta, *ae*, f., ville d'Assyrie : [FC] Pros.

1 **artĕmo** (**-ōn**), *ŏnis*, m., [méc.] chape de renvoi [au pied du mât d'une machine de soulèvement] : [C] Pros.

2 **Artĕmō** (**-ōn**), *ōnis*, m., nom d'homme : [C] Pros.

1 **artēna**, ▶ *arytena*

2 **Artēna**, *ae*, f., ville des Volsques : [C] Pros.

1 **artērĭa**, *ae*, f. ¶ 1 trachée-artère : ou ***aspera arteria*** [C] Pros. ¶ 2 artère : [C] Pros., [+C] Pros.

2 **artērĭa**, n. pl., trachée-artère : [C] Poés.

artērĭăcē, *ēs*, f., remède pour la trachée-artère : [+C] Pros.

artērĭăcus, *a*, *um*, de la trachée-artère : [C] Pros.

artērĭum, *ĭi*, n., trachée-artère : [C] Poés. ; ▶ *2 arteria*

arthrītĭcus, *a*, *um*, goutteux : [C] Pros.

artĭcŭlāris, *e*, articulé [en parl. de la voix] : [T] Pros.

artĭcŭlārĭus, *a*, *um*, ***morbus articularius*** [-C] Pros., arthrite

artĭcŭlātē, adv., en articulant : [+C] Pros.

artĭcŭlātim ¶ 1 par morceaux : [-C] Théât., [C] Pros. ¶ 2 fragment par fragment, distinctement : [C] Pros., Poés.

artĭcŭlo, *ās*, *āre*, *āvī*, *ātum*, tr., articuler, prononcer distinctement : [C] Poés.

artĭcŭlōsus, *a*, *um*, morcelé : [+C] Pros.

artĭcŭlus, *i*, m. ¶ 1 articulation, jointure des os : [C] Pros. ‖ articulation (noeud) des sarments de la vigne : [C] Pros., [+C] Pros. ‖ membre : [C] Poés. ‖ doigt : [C] Poés. ‖ [prov.] [+C] Pros. ; ▶ *brachium* ¶ 2 [fig.] ***a)*** membre de phrase, partie, division : [C] Pros. ***b)*** [gram.] le pronom *hic* et *quis* : [C] Pros. ‖ l'article : [+C] Pros. ***c)*** moment, instant, point précis : [C] Pros. ‖ moment critique, décisif : [-C] Théât., [+C] Pros. ***d)*** point : [+C] Pros. ***e)*** article, point dans un exposé : [T] Pros.

artĭfex, *ĭcis*, m.

I subst. ¶ 1 qui pratique un art, un métier, artiste, artisan : [C] Pros. ‖ maître dans un art, spécialiste : [C] Pros. ; ***dicendi artifices*** [C] Pros., maîtres d'éloquence ¶ 2 [en gén.] ouvrier d'une chose, créateur, auteur : ***mundi*** [C] Pros., l'artisan de l'univers ‖ ***negotii*** [C] Pros., artisan d'une affaire ; ***comparandae voluptatis*** [C] Pros., maître dans l'art de procurer le plaisir

II adj. ¶ 1 habile, adroit : [C] Pros., Poés. ¶ 2 fait avec art : [C] Poés.

artĭfĭcĭālis, *e*, fait avec art, selon l'art : [+C] Pros. ‖ **artĭfĭcĭālĭa**, *ĭum*, n. pl., principes de l'art : [+C] Pros.

artĭfĭcĭālĭtĕr, adv., avec art : [+C] Pros.

artĭfĭcĭōsē, adv., avec art, artistement : [C] Pros. ; ***artificiosius*** [C] Pros. ; ***-issime*** [C] Pros.

artĭfĭcĭōsus, *a*, *um* ¶ 1 fait suivant l'art, obtenu par l'art : [C] Pros. ‖ fait avec art : [C] Pros. ¶ 2 qui a de l'art, adroit : [C] Pros. ‖ ***artificiosior*** [C] Pros. ; ***-issimus*** [C] Pros.

artĭfĭcĭum, *ĭi*, n. ¶ 1 art, profession, métier, état : ***pictorum*** [C] Pros., l'art des peintres ; ***necessaria artificia*** [C] Pros., métiers nécessaires [opp. aux arts libéraux] ¶ 2 art, travail artistique : [C] Pros. ¶ 3 art, connaissances techniques, science, théorie : [C] Pros. ¶ 4 art, habileté, adresse : [C] Pros. ‖ [en mauv. part] artifice : [C] Pros.

artĭsellĭum, f. l. ▶ *arcisellium*

artō, *ās*, *āre*, *āvī*, *ātum*, tr., serrer fortement, étroitement : [C] Poés. ‖ [fig] resserrer, raccourcir, amoindrir : [C] Pros.

artŏcrĕās, *ătis*, n., pâté de viande : [+C] Poés.

artŏlăgȳnŏs, *i*, m., panier-repas : [C] Pros.

artopta, *ae*, f., sorte de tourtière pour cuire le pain, moule à pain : [-C] Théât., [+C] Poés.

Artŏtrōgus, *i*, m., Rongeur de pain [nom d'un parasite] : [-C] Théât.

artum, *i*, n. de *1 artus* pris subst[t] ¶ 1 espace étroit : [C] Pros. ; ***in artum compulsi*** [C] Pros., refoulés à l'étroit ¶ 2 [fig.] ***in arto esse*** [C] Pros., être dans une situation critique ; [+C] Pros. ; ***in arto commeatus*** [+C] Pros., le ravitaillement est réduit

1 **artus**, *a*, *um* ¶ 1 serré, étroit : [C] Pros. ; ***artissimum vinculum*** [C] Pros., le lien le plus étroit ; ***arta toga*** [C] Pros., toge étroitement serrée ¶ 2 étroit, resserré : [C] Pros. ; ***artae viae*** [C] Pros., routes resserrées ; ***fauces artae*** [C] Pros., gorges étroites ; [+C] Pros. ‖ ***arta convivia*** [C] Pros., festins où l'on est à l'étroit ¶ 3 serré, mesuré, limité : [C] Pros.

2 **artŭs**, *ūs*, m., plus souv[t] pl. **artūs**, *ŭŭm*, dat.-abl. *ŭbŭs*, articulations : [C] Pros., [+C] Pros. ‖ membres [du corps] : [C] Pros., Poés. ‖ [poét.] le corps entier : [C] Poés.

artūtus, *a*, *um*, trapu : [-C] Théât.

ārŭi, parf. de *areo*

ārŭla, *ae*, f., petit autel : [C] Pros. ‖ petit foyer : [T] Pros.

ărundĭfĕr, *ĕra*, *ĕrum*, qui porte des roseaux : [C] Poés.

ărundĭnātĭo, *ōnis*, f., étayage avec des roseaux : [C] Pros.

ărundĭnētum, *i*, n., lieu planté de roseaux : [-C] Pros., [+C] Pros.

ărundĭnĕus, *a*, *um*, de roseaux : [C] Poés. ; ***arundineum carmen*** [C] Poés., chant pastoral sur la flûte

ărundĭnōsus, *a*, *um*, fertile en roseaux : [C] Poés.

ărundo (harundo), *ĭnis*, f. ¶ 1 roseau : [C] Poés. ; ***fera arundinis*** [T] Pros., la bête des roseaux [crocodile] ¶ 2 [objet en roseau] : chalumeau de pâtre, flûte : [C] Poés. ‖ tige de la flèche : [C] Poés. ‖ flèche : [C] Poés. ‖ ligne de pêcheur : [-C] Théât., [C] Poés. ‖ gluau : [+C] Pros. ‖ canne [bâton] : [C] Poés., [+C] Pros. ‖ perche d'arpenteur : [T] Poés. ‖ mesure de longueur [six coudées] : [T] Pros. ‖ balai : [-C] Théât. ‖ roseau pour écrire : [+C] Poés. ‖ traverse pour les tisserands : [C] Poés.

Aruns, **Aruntius**, ▶ *Arruns*

Arūpĭum, *ĭi*, n., ville d'Istrie ‖ **-īnus**, *a*, *um*, d'Arupium : [C] Poés.

Arūsīni campi, m. pl., canton de Lucanie : [+C] Pros.

ăruspex, **ăruspĭcīna**, ▶ *haruspex*, *haruspicina*

Arvae, *ārum*, f. pl., ville d'Hyrcanie : [+C] Pros.

arvālis, *e*, qui concerne les champs ; ***arvales fratres***, frères arvales, prêtres romains : [C] Pros., [+C] Pros.

arvectus, **arvĕho**, **arvĕna**, **arvenĭo**, ▶ *adv-*

Arverni, *ōrum*, m. pl., Arvernes [Auvergne] : [C] Pros. ‖ **-us**, *a*, *um*, **-ensis**, *e*, des Arvernes : [T] Pros.

arvīga, *ae*, f., victime ayant ses cornes : [C] Pros.

arvignus, *a*, *um*, de bélier : [C] Pros.

1 **arvīna**, *ae*, f., lard ‖ saindoux : [C] Poés.

2 **Arvīna**, *ae*, m., surnom romain : [C] Pros.

arvīnŭla, *ae*, f., un peu de graisse : [T] Pros.

Arvĭrăgus, *i*, m., roi de Bretagne : [+C] Poés.

Arvīsĭus, ▶ *Ariusius*

arvum, *i*, n. ¶ 1 terre en labour, champ : [C] Pros., [+C] Pros., Poés. ; ***arva virum*** [C] Poés., campagnes peuplées ¶ 2 moisson : [C] Poés. ¶ 3 rivage : [C] Poés. ¶ 4 pré, champ : [C] Poés. ¶ 5 plaine : [C] Poés. ; ***arva Neptunia*** [C] Poés., plaines de Neptune, la mer ¶ 6 sein maternel : [C] Poés.

arvus, *a*, *um*, labourable : [-C] Théât., [C] Pros. ‖ f. pl. *arvae* ▶ *arvum* : [-C] Théât.

arx, *arcis*, f. ¶ 1 citadelle, forteresse : [C] Pros. ‖ = le Capitole : [C] Pros. ¶ 2 [poét.] place forte, ville : [C] Poés. ¶ 3 [fig.] citadelle, défense, protection : [C] Pros. ¶ 4 [poét.] lieu élevé, hauteur ***a)*** [C] Poés. ; ***beatae arces*** [C] Poés., les hauteurs fortunées ; ***arces igneae*** [C] Poés., les hauteurs de l'Empyrée ***b)*** les collines de Rome : [C] Poés. ***c)*** cime, faîte : ***Parnasi*** [C] Poés., le sommet du Parnasse ‖ sommet : ***cerebri*** [T] Poés., de la tête ‖ principe : ***linguae*** [T] Pros., de la langue

ărўtēna, **ărūtaena**, **artēna**, *ae*, f., vase à puiser de l'eau : [-C] Poés.

Arzănēna, *ae*, f., contrée de l'Arménie : [T] Pros.

1 **as**, *assis*, m., as ¶ 1 unité pour la monnaie, le poids, les mesures ***a)*** = douze onces [prim[t] = une livre, *as librarius* [C] Pros. ; devenu synonyme d'une valeur insignifiante, cf. un sou] : [C] Pros., Poés., [+C] Pros. ; ***ab asse crevit*** [+C] Pros., il est parti de rien ***b)*** poids d'une livre : [C] Poés. ***c)*** [mesure] = un pied : [+C] Pros. ‖ un arpent : [+C] Pros. ¶ 2 [unité opposée à n'importe quelle division] : [C] Pros., Poés. ¶ 3 [d'où l'expr.] ***ex asse*** ou ***in assem*** [opp. à *ex parte*], en totalité : ***heres ex asse*** [+C] Pros., héritier pour le tout

2 **as-**, ▶ *ads-*

ăsărī, *ĕŏs*, n., asaret [plante] : [+C] Pros.

ăsărōtĭcus, *a*, *um*, de mosaïque : [T] Poés.

ăsărōtŏs, *ŏn*, en mosaïque ‖ **ăsărōta**, n. pl., ouvrages de mosaïque : [+C] Poés.

Asbamaeus, *i*, m., surnom de Jupiter, en Cappadoce : [T] Pros.

asbestŏn, *i*, n., tissu incombustible : [C] Pros.

asbestŏs, *i*, m., ***lapis asbestos*** [T] Pros., amiante

Asbŏlus, *i*, m., nom d'un chien d'Actéon : [C] Poés.

asc-, V. *adsc-*

Ascălăphus, *i*, m. ¶1 fils de l'Achéron : [C] Poés. ¶2 fils de Mars : [+C] Poés.

Ascălō, *ōnis*, f., Ascalon [ville de Palestine] ‖ **-nensēs**, *ĭum*, m. pl., habitants d'Ascalon ou **-nītae**, *ārum*, m. pl., [T] Pros. et **-nĭus**, *a*, *um*, d'Ascalon

ascălōnĭa (cēpa), *ae*, f., oignon d'Ascalon, oignon-échalote : [+C] Pros.

ascalpō, *ĭs*, *ĕre*, -, -, tr., gratter : [+C] Pros.

Ascănĭus, *ĭi*, m., Ascagne, fils d'Énée : [C] Poés., Pros.

ascārĭi, *ōrum*, m. pl., soldats barbares auxiliaires, supplétifs : [T] Pros.

ascaulēs, *ae*, m., joueur de cornemuse : [+C] Poés.

ascĕa, V. *ascia*

ascendō (adsc-), *ĭs*, *ĕre*, *scendī*, *scensum*, intr. et tr.

I intr. ¶1 monter : ***in oppidum*** [C] Pros. ; ***in Capitolium*** [C] Pros. ; ***in equum*** [C] Pros. ; ***in caelum*** [C] Pros., monter à la place forte, au Capitole, à cheval, au ciel ; ***ad templum*** [C] Pros., monter au temple ; ***in trierem*** [C] Pros., dans une trirème ; ***in murum*** [C] Pros., sur les remparts ¶2 [fig.] ***ad regium nomen*** [C] Pros. ; ***ad honores*** [C] Pros., s'élever au titre de roi, aux magistratures ; ***in altiorem locum*** [C] Pros., s'élever à une situation plus haute ; ***(fortuna) in quam postea ascendit*** [+C] Pros., (la fortune) à laquelle il s'éleva plus tard ; ***super ingenuos*** [+C] Pros., s'élever au-dessus des hommes de naissance libre ; ***supra tribunatus*** [+C] Pros., au-dessus des tribunats ¶3 aller : [T] Pros. ‖ ***in cor*** [T] Pros., venir à l'esprit

II tr. ¶1 ***jugum montis*** [C] Pros. ; ***murum*** [C] Pros., gravir le sommet d'une montagne, escalader un mur ; ***navem*** [C] Pros., monter sur un vaisseau ; ***equum*** [+C] Pros., monter un cheval ‖ saillir : ***oves*** [T] Pros., des brebis ¶2 [fig.] [C] Pros. ; ***altiorem gradum*** [C] Pros.

ascensĭo (adsc-), *ōnis*, f., action de monter, ascension : ***ascensionem facere*** [-C] Théât., monter ‖ ***oratorum*** [C] Pros., montée graduelle des orateurs [vers l'éloquence] ‖ [chrét.] [T] Pros. ‖ degré, palier : [T] Pros. ‖ trône [à degrés] : [T] Pros.

ascensŏr, *ōris*, m., ***equi*** [T] Pros., cavalier

1 **ascensus (adsc-)**, *a*, *um*, part. de *ascendo*

2 **ascensŭs (adsc-)**, *ūs*, m. ¶1 action de monter, escalade : ***in Capitolium*** Pros., la montée au Capitole ¶2 chemin par lequel on monte, montée : [C] Pros. ¶3 [fig.] accès, accession : ***ad civitatem*** [C] Pros., ascension au droit de cité ¶4 coussin : [T] Pros.

Aschĕtŏs, *i*, m., nom d'un cheval : [+C] Poés.

ascĭa (ascĕa), *ae*, f. ¶1 herminette : [C] Pros., [+C] Pros. ¶2 rabot de maçon [pour gâcher la chaux] : [C] Pros. ¶3 marteau du tailleur de pierre : [T] Pros.

Ascĭburgĭum, *ĭi*, n., ancienne ville de la Gaule Belgique, sur le Rhin : [+C] Pros.

1 **ascĭō**, *ās*, *āre*, *āvī*, *ātum*, tr., racler avec un rabot de maçon : [C] Pros. ‖ gâcher [la chaux] : [C] Pros.

2 **ascĭō (adscĭō)**, *īs*, *īre*, -, -, tr., faire venir à soi, s'adjoindre, recevoir : ***(Trojanos) socios*** [C] Poés., recevoir (les Troyens) comme alliés ; [+C] Pros. ‖ [chrét.] [T] Poés.

ascīscō (adsc-), *ĭs*, *ĕre*, *īvī*, *ītum*, tr., appeler à soi ¶1 [C] Pros. ; ***aliquem in civitatem*** [C] Pros., admettre qqn au droit de cité ; ***inter patricios aliquem*** [+C] Pros., admettre qqn au nombre des patriciens ‖ ***adscitus caelo*** [+C] Pros. ; ***superis*** [C] Poés., admis au ciel, au rang des dieux ¶2 prendre pour soi, emprunter, adopter : [C] Pros. ; ***consuetudinem*** [C] Pros., adopter une coutume ; ***adsciscet nova (vocabula rerum)*** [C] Pros., il adoptera des termes nouveaux ‖ s'attribuer, s'arroger : ***prudentiam sibi*** [C] Pros., s'attribuer une science ; ***regium nomen*** [C] Pros., prendre le titre de roi, [+C] Pros. ¶3 adopter, admettre, approuver : [C] Pros.

ascītus (adsc-), *a*, *um* ¶1 part. de *ascisco* ¶2 adj[t], tiré de loin, emprunté : [C] Pros., Poés. ; ***adsciti milites*** [+C] Pros., des soldats enrôlés au dehors

Asclēpĭădes, *ae*, m., Asclépiade ¶1 célèbre médecin de Bithynie, ami de Crassus : [C] Pros. ¶2 philosophe aveugle d'Érétrie : [C] Pros.

Asclēpĭŏdŏtus, *i*, m., ***Cassius Asclepiodotus*** : [+C] Pros.

Asclēpĭus, *ĭi*, m., V. *Aesculapius* : [+C] Poés.

Asclētārĭo, *ōnis*, m., mathématicien de l'époque de Domitien : [+C] Pros.

Asclum, V. *Asculum* : [+C] Poés.

ascŏpa, *ae*, f., sac de cuir : [+C] Pros.

ascŏpēra, *ae*, f., V. *ascopa* : [T] Pros.

Ascordus, *i*, m., fleuve de la Macédoine : [C] Pros.

Ascra, *ae*, f., village de Béotie, près de l'Hélicon, patrie d'Hésiode : [C] Poés. ‖ **-aeus**, *a*, *um* ¶1 d'Ascra, ascréen : ***poeta*** [C] Poés., le poète d'Ascra [Hésiode] ; ***senex*** [C] Poés., le vieillard d'Ascra [Hésiode] ¶2 relatif à Hésiode, d'Hésiode : ***Ascraeum carmen*** [C] Poés., poésie à la façon du poète d'Ascra [relative aux travaux des champs] ¶3 d'Ascra = de l'Hélicon : [C] Poés.

ascrībō (adsc-), *ĭs*, *ĕre*, *scripsī*, *scriptum*, tr. ¶1 ajouter en écrivant, écrire en sus : ***in epistula diem*** [C] Pros., ajouter la date dans une lettre ; ***aliquid ad legem*** [C] Pros. ; ***foederibus*** [C] Pros., inscrire en plus dans une loi, dans les traités ¶2 ajouter à une liste : [C] Pros. ; ***ascriptus Heracliae*** [C] Pros. ; ***in aliis civitatibus*** [C] Pros., inscrit comme citoyen à Héraclée, dans d'autres cités ‖ ***milites*** [C] Pros., enrôler des soldats en surnombre [comme remplaçants éventuels] ; [C] Pros., [+C] Pros. ¶3 assigner : ***aliquem alicui collegam*** [C] Pros., assigner à qqn comme collègue ; ***aliquem tutorem liberis*** [C] Pros., donner qqn comme tuteur à ses enfants ; [+C] Pros. ‖ mettre au compte de, attribuer : [C] Pros. ¶4 faire figurer parmi, inscrire au nombre de : [C] Pros.

ascriptīcĭus (adsc-), *a*, *um*, récemment inscrit sur les rôles : [C] Pros.

ascriptĭo (adsc-), *ōnis*, f., addition [par écrit] : [C] Pros.

ascriptīvus (adscr-), *a*, *um*, surnuméraire, supplémentaire [soldat] : [-C] Théât., [C] Pros.

ascriptŏr (adsc-), *ōris*, m., celui qui ajoute sa signature en signe d'approbation, qui contresigne : [C] Pros.

Ascua, *ae*, f., ville d'Espagne : [C] Pros.

Ascŭlum, *i*, n. ¶1 ville du Picénum : [C] Pros. ; ***Asclum*** [+C] Poés. ‖ **-lānus**, *a*, *um*, d'Asculum : [C] Pros. ‖ **Asculani**, *ōrum*, m. pl., habitants d'Asculum : [C] Pros. ¶2 ville d'Apulie : [+C] Pros.

Ascuris, *ĭdis*, f., lac de Thessalie : [C] Pros.

Ascurum, *i*, n., ville de Maurétanie : [C] Pros.

Ascyltŏs, *i*, acc. *ŏn*, m., personnage de roman : [+C] Pros.

Asdrŭbal, V. *Hasdrubal*

ăsella, *ae*, f., petite ânesse : [C] Poés.

Ăsellĭfĕr, *ĕra*, *ĕrum*, qui porte l'âne [surnom de la constellation du Cancer] : [T] Poés.

Ăsellĭo, *ōnis*, m., Sempronius Asellio [historien latin] : [C] Pros., [+C] Pros.

Asellĭus, *ĭi*, m., nom de différents personnages : [C] Pros., [+C] Pros.

ăsellŭlus, *i*, m., misérable petit âne : [T] Pros.

1 **ăsellus**, *i*, m. ¶1 petit âne, ânon : [C] Pros. ¶2 poisson de mer : [C] Pros.

2 **Asellus**, *i*, m., surnom romain : [C] Pros.

1 **ăsēna**, *ae*, f., V. *arena* : [C] Pros.

2 **Asena**, *ae*, f., ville de l'Hispanie ultérieure : [C] Pros.

ăseptus, *a*, *um*, imputrescible : [T] Pros.

asf-, V. *asph-*

Ăsĭa, *ae*, f., Asie ¶1 [partie du monde] [C] Pros. ¶2 [Asie antérieure, Asie Mineure] : [C] Pros. ¶3 [royaume de Pergame] : [C] Pros. ¶4 [province romaine d'Asie] : [C] Pros.

Ăsĭăcus, *a, um*, d'Asie : [+C] Pros.

Ăsĭăgĕnēs, *is*, m., surnom de Scipion l'Asiatique : [C] Pros. ou **Asĭăgĕnus**, *i*, m.

ăsĭānē, adv., dans le style asiatique : [+C] Pros.

Ăsĭānus, *a, um*, d'Asie, Asiatique : [C] Pros. ‖ **Asĭāni**, *ōrum*, m. pl., habitants de l'Asie : [C] Pros. ; [en part.] orateurs asiatiques : [+C] Pros.

Ăsĭātĭcus, *a, um* ¶ **1** asiatique, d'Asie : [C] Pros. ‖ **Ăsĭātĭci**, *ōrum*, m. pl., les orateurs du genre asiatique : [C] Pros. ‖ ***Asiatica*** [s.-ent. *Persica*], espèce de pêches : [+C] ¶ **2** surnom de L. Cornelius Scipion, vainqueur d'Antiochus : [C] Pros.

Ăsīlās, m., nom de guerrier : [C] Poés.

Asīli, *ōrum*, m. pl., peuple du Picénum : [+C] Poés.

ăsīlus, *i*, m., taon : [C] Poés.

1 **ăsĭna**, *ae*, f., ânesse : [C] Pros. ‖ dat. abl. pl. *asinabus* d'après mais pas d'exemple

2 **Asĭna**, *ae*, m., surnom dans la gens Cornelia : [C] Pros.

ăsĭnālis, *e*, d'âne : [+C] Pros. ou **-nārĭcius**, *a, um*, [T] Pros. ‖ **-nārius**, *a, um*, [-C] Pros. ‖ subst. m., ânier : [-C] Pros., [C] Pros. ‖ [chrét.] sobriquet des chrétiens : [+C] Pros. ‖ **Asĭnārĭa**, *ae*, f., Asinaire [le Prix des ânes], pièce de Plaute : [-C] Théât.

ăsĭnastra fīcus, f., espèce de figue : [T] Pros.

ăsĭnīnus, *a, um*, d'âne : [C] Pros.

Ăsĭnĭus, *ĭi*, m., nom d'une famille romaine ; [en part.] C. Asinius Pollion [l'ami d'Auguste, protecteur de Virgile, etc.] : [C] Pros., [+C] Pros. ‖ **-niānus**, *a, um*, d'Asinius (un inconnu) : [+C] Pros.

ăsĭnus, *i*, m., âne : [-C] Pros., [C] Pros. ‖ [fig.] âne, homme stupide : [C] Pros.

ăsĭnusca ūva, f., sorte de raisin : [T] Pros.

Āsis, *ĭdis*, acc. *ĭda*, f., asiatique : ***Asis terra*** [C] Poés., Asie

Ăsīsĭum, *ĭi*, n., ville d'Ombrie [Assise] : [C] Poés.

1 **Āsĭus**, *a, um*, d'Asie [région de la Lydie] : [C] Poés.

2 **Āsĭus**, *ĭi*, m., nom d'homme : [C] Poés.

Asmŏdaeus, *i*, m., le démon de la débauche : [T] Pros.

Asnaus, *i*, m., montagne de Macédoine : [C] Pros.

Asōpĭădēs, *ae*, m., descendant d'Asopus, Éaque : [C] Poés.

Āsōpis, *ĭdis*, f. ¶ **1** de l'Asopus : [+C] Poés. ¶ **2** fille d'Asopus, Égine : [C] Poés.

Āsōpus (**-ŏs**), *i*, m. ¶ **1** fils de l'Océan et de Téthys, changé en fleuve par Jupiter : [C] Poés. ¶ **2** fleuve près de Thèbes : [C] Poés. ¶ **3** fl. de Thessalie : [C] Pros.

ăsōtĭa, *ae*, f., prodigalité, amour du plaisir : [+C] Pros.

ăsōtĭcŏs, *ŏn*, ➡ *asotus* : [+C] Pros.

ăsōtus, *a, um*, subst. m., homme adonné aux plaisirs, voluptueux, débauché : [C] Pros.

Aspar, *ăris*, m., ami de Jugurtha : [C] Pros.

Aspărăgĭum, *ĭi*, n., ville d'Illyrie : [C] Pros.

aspărăgus, *i*, m., asperge : [-C] Pros., [+C] Pros.

1 **aspargō**, *ĭs, ĕre, -, -,* ➡ *1 aspergo*

2 **aspargo**, *ĭnis*, ➡ *2 aspergo*

asparsĭo, ➡ *aspersio*

Aspăsĭa, *ae*, f., Aspasie [courtisane célèbre de Milet] : [C] Pros., [+C] Pros.

Aspavia, *ae*, f., ville de la Bétique : [C] Pros.

aspectābĭlis, *e* ¶ **1** visible : [C] Pros. ¶ **2** digne d'être vu : ***-bilior*** [+C] Pros.

aspectō (**adsp-**), *ās, āre, āvī, ātum*, tr. ¶ **1** regarder à différentes reprises, regarder avec attention : [C] Pros. ¶ **2** [fig.] être attentif à qqch. : ***jussa principis*** [+C] Pros., observer avec soin les ordres du prince ¶ **3** regarder vers [topographiquement] : [C] Poés., [+C] Pros.

aspectŏr, *ōris*, m., celui qui regarde : [T] Pros.

1 **aspectus** (**adsp-**), *a, um*, part. de *aspicio*

2 **aspectŭs** (**adsp-**), *ūs*, m.
I ¶ **1** action de regarder, regard : [C] Pros. ; ***praeclarus ad aspectum*** [C] Pros., beau à voir ; ***terribilis aspectu*** [C] Pros., terrible à regarder ‖ regards, présence : [C] Pros. ¶ **2** sens de la vue, faculté de voir : ***aspectum amittere*** [C] Pros., perdre le sens de la vue ; ***aspectus judicium*** [C] Pros., le jugement de la vue ; ***aspectus oculorum*** [C] Pros., la vision [des yeux] ; [C] Pros. ; ***in aspectum aliquid proferre*** [C] Pros., présenter qqch. sous les yeux (aux regards) ; ***aspectu aliquid percipere*** [C] Pros., percevoir qqch. par la vue ¶ **3** vue, regards, champ de la vue (de la vision) : [C] Pros.
II [rare] fait d'être vu (d'apparaître), [d'où] aspect : [C] Pros. ; ***aspectus deformis*** [C] Pros., laideur d'aspect

aspellō, *ĭs, ĕre, (pulī), pulsum*, tr., repousser, chasser, éloigner : [-C] Théât.

Aspendŏs, *i*, f. (**Aspendum**, *i*, n.), ville de Pamphylie : [C] Pros. ‖ **-dĭus**, *a, um*, d'Aspendos : [C] Pros. ‖ **-dĭi**, *ōrum*, m. pl., [C] Pros., habitants d'Aspendos

1 **aspĕr**, *ĕra, ĕrum*
I rugueux, âpre, raboteux ¶ **1** [opposé à *lēvis*, "poli, lisse"] : [C] Pros. ; [en parl. de plantes] [C] Pros. ; [de rochers] [C] Pros. ; [de collines] [C] Pros. ; [de terrains] [C] Pros. ‖ [C] Poés. ; ***nummus asper*** [+C] Pros., pièce neuve (qui a encore son relief) ; ***in aspero accipere*** [+C] Pros., recevoir (être payé) en monnaie neuve ¶ **2** ***maria aspera*** [C] Poés., mer âpre, hérissée, orageuse ; ***hieme aspera*** [C] Pros., pendant les rigueurs de l'hiver ; ***asperrimo hiemis*** [+C] Pros., au plus âpre (au plus fort) de l'hiver ‖ ***vinum asperum*** [-C] Pros., vin âpre, [+C] Pros. ‖ [en parl. de la voix] rauque : [C] Pros. ‖ [du style] âpre, rude [où l'arrangement des mots présente des sons heurtés, des hiatus] : [C] Pros. ¶ **3** n. pl., [C] Poés., [+C] Pros. ; ***per aspera*** [+C] Pros., à travers (sur) un terrain raboteux
II [fig.] ¶ **1** âpre, dur, pénible : ***res asperae*** [C] Pros., les choses (les entreprises) difficiles ; ***doctrina asperior*** [C] Pros., doctrine philosophique un peu trop sévère ; ***sententia asperior*** [C] Pros., avis plus rigoureux ; ***bellum asperrumum*** [C] Pros., guerre menée avec acharnement ; ***verbum asperius*** [C] Pros., parole un peu blessante ; ***in rebus asperis*** [C] Pros., dans le malheur, dans l'épreuve ¶ **2** [en parl. des pers.] âpre, dur, sévère, farouche : [C] Pros. ; ***aspera Pholoe*** [C] Poés., l'intraitable (insensible) Pholoé ‖ [en parl. des animaux] farouche, violent : [C] Poés. ; ***(anguis) asper siti*** [C] Poés., (serpent) que la soif rend farouche [redoutable]

2 **Asper**, *ĕrī*, m., surnom romain, par ex. de Trebonius : [C] Pros. ; de Sulpicius : [+C] Pros.

aspĕrātus, *a, um*, part. de *aspero*

aspĕrē, adv. ¶ **1** de façon rugueuse : ***vestitus*** [C] Pros., vêtu de façon hirsute ¶ **2** de façon rude, dure [à l'oreille] : ***loqui*** [C] Pros., parler avec des rencontres de sons désagréables ¶ **3** avec âpreté, dureté, sévérité : [C] Pros. ; ***aspere dicta*** [C] Pros., choses dites durement (paroles dures) ; ***asperrime*** [C] Pros., avec la plus grande violence ¶ **4** ***aliquid aspere accipere*** [C] Pros., recevoir (accueillir) qqch. mal, avec irritation ; [+C] Pros.

1 **aspergō** (**adsp-**), *ĭs, ĕre, spersī, spersum*, tr.
I *aliquid*, répandre qqch. ‖ [fig.] [C] Pros. ; ***alicui labeculam aspergere*** [C] Pros., imprimer une tache à qqn
II ***aliquem (aliquid) aliqua re***, saupoudrer, asperger qqn (qqch.) de qqch. ¶ **1** ***aram sanguine*** [C] Pros., arroser l'autel de sang ¶ **2** [fig.] [C] Poés. ; ***mendaciunculis aliquid aspergere*** [C] Pros., saupoudrer qqch. de légers mensonges ; ***aspergebatur infamia*** [C] Pros., il [Alcibiade] était atteint par le discrédit ‖ [chrét.] purifier : [T] Pros.

2 **aspergo**, **aspargo** (**adsp-**), *ĭnis*, f., aspersion, arrosement : [C] Poés. ‖ éclaboussure, souillure : [T] Pros., Poés.

aspĕrĭtas, *ātis*, f. ¶ **1** aspérité : ***saxorum asperitates*** [C] Pros., les aspérités des rochers ; ***asperitas viarum*** [C] Pros., le mauvais état des routes ¶ **2** ***frigorum*** [+C] Pros., l'âpreté du froid (froid rigoureux) ‖ rencontre désagréable de sons : [C] Pros., [+C] Pros. ¶ **3** [fig.] âpreté, dureté, rudesse : [C] Pros. ‖ ***(ferarum) asperitatem excutere*** [+C] Pros., dépouiller (les bêtes sauvages) de leur caractère farouche ‖ [méd.] inflammation : ***asperitas oculorum*** [+C] Pros., inflammation des yeux

aspĕrĭtūdo, ➡ *aspritudo* : [+C] Pros.

aspernābĭlis, *e*, méprisable : [-C] Théât., [+C] Pros., [T] Pros.

aspernandus, *a, um*, méprisable : [+C] Pros. ‖ n. pl., [C] Poés.

aspernātĭo, *ōnis*, f., action d'écarter, d'éloigner : ***ex aspernatione rationis*** [C] Pros., du fait qu'on écarte la raison ; [+C] Pros. ‖ pl., [+C] Pros.

aspernātus, *a, um*, part. de *aspernor*

aspernŏr, *ārĭs, ārī, ātus sum*, tr., repousser : ***alicujus amicitiam*** [C] Pros., repousser l'amitié de qqn ; ***alicujus querimonias*** [C] Pros., rejeter les plaintes de qqn ; ***non sum aspernatus*** [C] Pros., je ne l'ai pas rebuté ‖ [avec inf.] : [+C] Pros.

aspĕrō, *ās, āre, āvī, ātum*, tr. ¶ **1** rendre âpre, rugueux : [C] Pros. ; ***apes asperantur*** [C] Pros., les abeilles se hérissent ; [+C] Poés. ; ***undas*** [C] Poés., hérisser (soulever) les flots ; ***asserculi asperantur*** [+C] Pros., les perches sont recouvertes d'aspérités [pour qu'elles ne soient pas glissantes] ¶ **2** aiguiser, affiler : ***(pugionem obtusum) saxo*** [+C] Pros., affiler au moyen d'une pierre (un poignard émoussé) ¶ **3** [fig.] rendre plus violent, aggraver, irriter : ***iram alicujus*** [+C] Pros., irriter la colère de qqn ; ***crimina*** [+C] Pros., aggraver les griefs (les charges) ‖ ***aliquem asperare*** [+C] Pros., aigrir qqn

aspersĭo (adsp-), *ōnis*, f., action de répandre sur : ***aspersione fortuita*** [C] Pros., par le fait de répandre au hasard [des couleurs] ; [C] Pros.

aspersus (adsp-), *a, um*, part. de *1 aspergo*

aspĭcĭō (adsp-), *ĭs, ĕre, spexī, spectum*, tr. ¶ **1** porter ses regards vers (sur), regarder : [C] Pros. ‖ [abs[t]] : ***quocumque adspexisti*** [C] Pros., partout où tes regards se portent ; ***aspice ad me*** [-C] Théât. ; ***contra me*** [-C] Théât., regarde-moi, de mon côté ; ***ad terram*** [-C] Théât., regarde à terre ‖ [suivi d'une exclamation] [-C] Théât., [C] Poés. ¶ **2** regarder, examiner : [C] Pros. ; ***avem*** [C] Pros., le vol d'un oiseau ¶ **3** regarder [par la pensée], considérer : [C] Pros., [+C] Pros. ¶ **4** apercevoir, voir : [-C] Théât., [C] Pros. ; ***Daphnim aspicio*** [C] Poés., j'aperçois Daphnis ‖ [avec prop. inf.] [C] Poés., [-C] Théât. ‖ [avec *ut* indic.] : [C] Pros. ‖ [avec interrog. indir.] [C] Poés., Pros. ¶ **5** [poét.] regarder [topographiquement] : [C] Pros., [+C] Pros.

aspīrāmen (adsp-), *ĭnis*, n., [fig.] souffle : [+C] Poés.

aspīrātĭo (adsp-), *ōnis*, f. ¶ **1** souffle : ***aeris*** [C] Pros., ventilation de l'air [pour la respiration] ¶ **2** exhalaison, émanation : [C] Pros. ¶ **3** [gram.] "aspiration" (= expiration) : [C] Pros. ¶ **4** souffle favorable, faveur : [T] Pros.

aspīrātus (adsp-), *a, um*, part. de *aspiro*

aspīrō (adsp-), *ās, āre, āvī, ātum*, intr. et tr.
I intr. ¶ **1** [au pr.] souffler vers : [C] Pros., Poés. ‖ [poét.] ***amaracus aspirans*** [C] Poés., la marjolaine exhalant son parfum ¶ **2** [poét.] avoir un souffle favorable, favoriser : [C] Poés., [+C] Pros. ¶ **3** [fig.] diriger son souffle vers, faire effort vers, aspirer à, approcher de : [C] Pros. ‖ [avec le dat.] [poét.] [C] Poés., [+C] Poés.
II tr. ¶ **1** faire souffler : [C] Poés. ¶ **2** [fig.] inspirer, insuffler : [C] Poés., [+C] Pros.
III intr. et tr. [en gram.] "aspirer", émettre un souffle expiratoire [sur une lettre] : ***consonantibus non aspirant*** [+C] Pros., ils ne font pas l'aspiration sur (ils n'aspirent pas) les consonnes

aspis, *ĭdis*, f., aspic : [C] Pros.

asportātĭo, *ōnis*, f., action d'emporter, transport : [C] Pros.

asportātus, *a, um*, part. de *asporto*

asportō, *ās, āre, āvī, ātum*, tr., emporter, transporter [d'un endroit à un autre] : [C] Pros. ‖ [en part.] emmener [par bateau] : [-C] Théât., [C] Pros.

asprātus, forme sync., → *aspero*

asprēdo, *ĭnis*, f., → *asperitas* : [+C] Pros.

Asprēnās, *ātis*, m., surnom romain : [+C] Pros.

asprēta, *ōrum*, n. pl., lieux raboteux, pleins d'aspérités : [C] Pros.

asprĭtūdo, *ĭnis*, f., âpreté, dureté : [+C] Pros.

ass-, → *ads-*

1 **assa**, *ōrum*, n. pl., → *2 assum*

2 **assa**, *ae*, f., → *assus*

Assacanus, *i*, m., nom d'un Perse : [+C] Pros.

Assanītae, *ārum*, m. pl., Assanites [surnom des Sarrazins] : [T] Pros.

Assărăcus, *i*, m., roi de Troie, aïeul d'Anchise : [C] Poés. ; ***Assaraci nurus*** [C] Poés., Vénus ‖ ***frater Assaraci*** [C] Poés., Ganymède, une constellation ‖ ***gens Assaraci*** [C] Poés., les Romains

1 **assārĭus**, *a, um*, rôti : [-C] Pros.

2 **assārĭus**, *a, um*, de la valeur d'un as : [+C] Poés. ‖ subst. m., as : [C] Pros.

assātūra, *ae*, f., viande rôtie : [+C] Pros.

assātus, *a, um*, part. de *asso*

assĕc-, → *adsec-*

assel-, **assenes-**, **assens-**, **assent-**, **assequ-**, → *ads-*

assĕr, *ĕris*, m. ¶ **1** chevron, poutre : [C] Pros. ¶ **2** bras d'une litière : [+C] Pros.

assercŭlus, *i*, m., **assercŭlum**, *i*, [-C] Pros., n., petite solive, petit chevron, petit pieu : [+C] Pros.

assĕro, **assert-**, **asserv-**, → *ads-*

assess-, **assĕv-**, **assib-**, **assicc-**, → *ads-*

assĭcŭlus, → *axiculus*

assĭd-, **assig-**, **assĭl-**, → *ads-*

assĭla, → *assula* : [C] Pros.

assim-, → *ads-*

assĭpondĭum, *ĭi*, n., poids d'une livre : [C] Pros.

1 **assis**, gén. de *1 as*

2 **assis**, *is*, m., [forme rare] → *2 axis* : [C] Pros.

3 **assis**, = *adsis*, de *adsum*

Assīsium, → *Asisium*

assist-, → *adsist-*

assĭtus, *a, um*, → *adsitus*

assō, *ās, āre, āvī, ātum*, tr., faire rôtir : [+C] Pros.

assŏc-, → *adsoc-*

assol-, **asson-**, → *ads-*

Assōrum, *i*, n., ville de Sicile : [C] Pros. ‖ **-rīni**, *ōrum*, m. pl., habitants d'Assore : [C] Pros. ; ***Assorinus ager*** [C] Pros., territoire d'Assore

assub-, **assuc-**, **assud-**, **assuef-**, → *ads-*

Assŭērus, *i*, m., roi de Perse [Xerxès ? Artaxerxès ?] : [T] Pros.

assuesc-, **assuet-**, → *ads-*

assŭla, *ae*, f., fragments du bois quand on le coupe, éclat, copeau : [-C] Théât. ‖ éclat [de marbre] : [C] Pros. ; → *(h)astula*

assŭlātim, adv., en morceaux : [-C] Théât.

assult-, → *adsult-*

1 **assum**, → *adsum*

2 **assum**, *ī*, n., rôti : [C] Pros., Poés., [+C] Pros. ‖ **assa**, n. pl., [C] Pros., étuves

3 **assūm-**, → *adsum-*

assuo, → *adsuo*

Assur, m. indécl., fils de Sem : [T] Pros. ‖ les Assyriens, les Babyloniens : [T] Pros.

assurgo, → *adsurgo*

Assūria, **-rius**, → *Assyria, -rius*

assurrexi, → *adsurrexi*, → *adsurgo*

assus, *a, um* ¶ **1** rôti, grillé : [-C] Théât., Pros., [C] Poés. ¶ **2** [fig.] sec : [C] Pros. ¶ **3** **assa**, *ae*, f., nourrice sèche [qui se borne à soigner les enfants, sans les nourrir] : [+C] Poés.

assuspirans, → *ads-*

assūtus, *a, um*, → *adsuo*

Assȳrĭa, *ae*, f., l'Assyrie [province d'Asie] ‖ **-ĭus**, *a, um*, d'Assyrie : [C] Poés., [+C] Poés. ‖ **-ĭi**, *ōrum*, m. pl., Assyriens : [C] Pros.

ast ¶ **1** [conj. de liaison] d'autre part [cf. δέ] ‖ [C] Pros. ¶ **2** [= *at* après une conditionnelle] [C] Pros. ¶ **3** [conj. adversative = *at*] mais : [C] Pros., Poés.

1 **asta**, → *1 hasta*

2 **asta**, n. pl., impuretés de la laine cardée : [C] Pros.

3 **Asta**, *ae*, f., ville de la Bétique : [C] Pros.

Astăcĭdēs, *ae*, m., fils d'Astacus, Ménalippe : [C] Poés., [+C] Poés.

1 **Astăcus (-cŏs)**, *i*, f., **-cum**, *i*, n., Astacos [ville de Bithynie] : [T] Pros.

2 **Astăcus**, *i*, m., nom du père de Ménalippe : [C] Poés.

Astae, *ārum*, m. pl., peuple de Thrace : [C] Pros.

Astăpa, *ae*, f., ville de la Bétique : [C] Pros. ‖ **-enses**, *ĭum*, m. pl., habitants d'Astapa : [C] Pros.

Astaroth, indécl., nom d'une idole : [T] Pros. ; d'une ville : [T] Pros. ‖ **-rothītēs**, *ae*, m., d'Astaroth : [T] Pros.

Astartē, *ēs*, f., Astarté, divinité de Syrie : [C] Pros.

astātus, → *hastatus*

Astensis, *e*, d'Asta : [C] Pros. ‖ **-ses**, *ium*, m. pl., habitants d'Asta : [C] Pros.

astēr, *ĕris*, m., étoile : [T] Pros.

Astĕrĭa, *ae*, **-rĭē**, *ēs*, f., sœur de Latone : [C] Pros. ‖ nom d'autres femmes : [C] Poés.

Astĕrĭē, *ēs*, f., → *2 Asteria* : [C] Poés.

Astĕrĭōn, *ōnis*, m. ¶ **1** rivière d'Argolide : [+C] Poés. ¶ **2** nom d'un Argonaute : [+C] Poés.

Astĕris, *ĭdis*, f., nom de femme : [+C] Poés.

astĕriscus, *i*, m., astérisque [signe critique] : [+C]

Astērĭus, *ĭi*, m., nom d'homme : [+C] Poés.

asterno, → *adsterno*

astĕrŏplectŏs, *ŏn*, frappé par la foudre : [+C] Pros.

astĭcus, *a*, *um*, ***astici ludi*** [+C] Pros., jeux urbains

Astĭi, *ōrum*, m. pl., peuple de Thrace : [C] Pros.

Astĭlus, → *Astylus*

astĭpŭl-, → *adstipul-*

astĭtŭō, **asto**, → *adstituo*

Astŏbŏrās, bras du Nil en Éthiopie : [C] Pros.

Astŏmi, *ōrum*, m. pl., Astomes [peuple de l'Inde qui n'avait pas de bouche] : [+C] Pros.

astrăba, *ae*, f., titre d'une pièce de Plaute : [C] Pros., [+C] Pros.

Astraea, *ae*, f., Astrée [déesse de la justice] : [C] Poés., [+C] Poés. ‖ la Vierge [constellation] : [+C] Poés.

Astraeum, *i*, n., Astrée [ville de Péonie] : [C] Pros.

Astraeus, *i*, m., l'un des Titans : [C] Poés.

astrăgălus, *i*, m., [archit.] astragale, baguette [moulure à profil convexe] : [C] Pros.

Astrăgos, m., **-gon**, n., fort de la Carie : [C] Pros.

Astrăgus, *i*, m., fleuve de l'Éthiopie : [+C] Pros.

astrāis, *e*, relatif aux astres : [T] Pros.

astrangŭlo, → *adstrangulo*

astrĕpo, → *adstrepo*

astrictus, → *adstrictus*

astrĭcus, *a*, *um*, d'astre : [C] Poés.

astrīdens, → *adstridens*

astrĭfĕr, *ĕra*, *ĕrum*, qui soutient les astres : [+C] Poés. ‖ qui amène les astres : [+C] Poés. ‖ placé dans les astres, divin : [+C] Poés.

astrĭgĕr, *ĕra*, *ĕrum*, qui porte les astres : [+C] Poés.

astringo, → *adstringo*

astrŏlŏgĭa, *ae*, f. ¶ **1** astronomie : [C] Pros. ¶ **2 -gĭcus**, *a*, *um*, astronomique : [T] Pros.

astrŏlŏgus, *i*, m. ¶ **1** astronome : [C] Pros. ¶ **2** astrologue : [C] Pros.

astrŏnŏmĭca, *ōrum*, n. pl. ¶ **1** poème de Manilius ¶ **2** traité d'Hygin

astrŏnŏmus, *i*, m., astronome : [T] Pros.

astruct-, → *adstruct-*

astrum, *i*, n. ¶ **1** astre, étoile : [C] Pros., Poés. ‖ constellation : ***Canis astrum*** [C] Poés., la constellation du Chien ¶ **2** pl. [fig.], ciel : [C] Poés.

1 **astu**, **(asty**, [C] Pros.**)**, n. indécl., la ville par excellence [chez les Grecs] Athènes : [C] Pros.

2 **astū**, abl. de *astus*

astŭla, *ae*, f., → *assula* : [+C] Pros.

astŭlus, *i*, m., petite ruse : [+C] Pros.

astŭpeo, → *adstupeo*

Astur, *ŭris*, m., [+C] Poés., d'Asturie ‖ **-tŭres**, *um*, m. pl., Asturiens : [+C] Pros.

Astŭra, *ae* ¶ **1** m. ‖ fleuve de la Tarraconaise : [+C] Pros. ¶ **2** f. ‖ île et ville du Latium : [C] Pros.

asturco, *ōnis*, m., cheval d'Asturie, haquenée : [+C] Pros., Poés.

Astŭrĭus, *a*, *um*, → *Asturicus*, asturien : [+C] Poés.

Astŭrĭca, *ae*, f., ville de Tarraconaise ‖ **-cus**, *a*, *um*, d'Asturie, asturien : [+C] Poés.

astŭs, *ūs*, m., [employé surt. à l'abl. sg.], ruse, astuce, fourberie : [C] Poés., Pros., [+C] Pros. ‖ pl., [+C] Pros.

astūtē, adv., avec ruse, avec astuce, adroitement : [-C] Théât., [C] Pros. ‖ ***astutius*** [C] Pros., [T] Pros. ; ***astutissime*** [+C] Pros., [T] Pros.

astūtĭa, *ae*, f., ruse, machination astucieuse : [-C] Théât. ; ***astutias tollere*** [C] Pros., supprimer les artifices (les pièges astucieux) ‖ astuce, ruse : [-C] Théât., [C] Pros. ‖ adresse : [C] Pros. ‖ finesse : [T] Pros.

astūtŭlus, *a*, *um*, finaud, passablement rusé : [+C] Pros.

astūtus, *a*, *um*, rusé, astucieux, fourbe : [-C] Théât., [C] Pros. ‖ ***ratio astuta*** [C] Pros., méthode pleine d'astuce ; ***nihil astutum (habet oratio philosophorum)*** [C] Pros., (le style des philosophes ne comporte) aucun piège ‖ fin, habile : [T] Pros. ; ***astutior*** [C] Pros. ; ***astutissimus*** [T] Pros.

asty, → *1 astu*

Astyăgēs, *is*, m., ennemi de Persée, métamorphosé en pierre : [C] Poés.

Astyănax, *actis*, m. ¶ **1** fils d'Hector : [C] Poés. ¶ **2** nom d'un tragédien du temps de Cicéron : [C] Pros.

astycus, → *1 asticus*

Astȳlus, *i*, m., nom de berger : [+C] Poés.

Astynŏmē, *ēs*, f., fille d'Amphion : [+C] Poés. ‖ fille de Talaüs : [+C] Poés.

Astўŏchē, *ēs*, f., mère de Tlépolème : [+C] Poés.

Astўpălaea, *ae*, f., Astypalée, une des Cyclades : [C] Poés. ‖ **-laeensis**, *e*, **-laeĭcus**, **-lēius**, *a*, *um*, d'Astypalée : [C] Pros. Poés.

Astyr, → *Astur*

āsŭper, prép., → *2 super II* : [T] Pros.

Asūvius, *ĭi*, m., nom d'homme : [C] Pros.

ăsȳlum, *i*, n., temple, lieu inviolable, refuge [fondé par Romulus] [C] Poés., Pros. ; [en gén.] [C] Pros., Poés.

ăsymbŏlus, *a*, *um*, qui ne paie pas son écot : [-C] Théât., [+C] Pros.

ăsyndĕtŏs (-us), *a*, *um*, sans connexion : [T] Pros.

ăsystătŏs (-us), *a*, *um*, instable, qui n'a pas de stabilité : [T] Pros.

ăt, conj. de coord. et simple particule de liaison, marque l'opposition ¶ **1** [antithèse] mais, mais au contraire, en revanche, et pourtant : ***Tusculanos in civitatem receperunt ; at Carthaginem sustulerunt*** Cic., ils donnèrent le droit de cité aux habitants de Tusculum ; en revanche ils détruisirent Carthage ; ***tibi ita hoc videtur, at ego...*** Ter., c'est ton avis, mais moi... ; ***quid hoc levius ? at quantus orator !*** Cic., quelle plus grande marque de faiblesse ? et pourtant quel éminent orateur ! ¶ **2** [objection] mais, mais alors, mais dira-t-on (diras-tu, dit-il, ...) : ***at in Italia fuit ; fateor*** Cic., mais dira-t-on, elle a été en Italie ; je le reconnais ¶ **3** [transition] quant à, d'autre part, par ailleurs : ***at vobis male sit*** Catul., quant à vous, soyez maudits ; ***at vos, o Superi...*** Virg., et vous, ô dieux d'en haut... ; ***at tu, nauta...*** Hor., mais toi, marin... ‖

[dans la mineure d'un syllogisme] or ¶ **4** [restriction, surtout après une concessive ou une conditionnelle] du moins, cependant, en revanche : ***quamquam ego vinum bibo, at ...*** Pl., j'ai beau boire du vin, cependant ... ; ***si tibi fortuna non dedit ..., at ...*** Cic., si la fortune ne t'a pas donné ..., du moins (en revanche) ...

ătābŭlus, *i*, m., atabule [vent de l'Apulie] : [C] Poés.

Atabyria, *ae*, f., ancien nom de l'île de Rhodes ‖ **-us**, *a*, *um*, d'Atabyre : [T] Pros.

Ătăcīni, *ōrum*, m. pl., peuple de la Narbonnaise ‖ **Varro Ătăcīnus**, Varron de l'Aude [poète latin] : [C] Poés.

1 **Ătălanta**, *ae*, **-tē**, *ēs*, f. ¶ **1** épouse de Méléagre : [C] Poés. ¶ **2** fille de Schénée, roi de Scyros : [C] Poés. ‖ **-taeus**, **-tēus**, *a*, *um*, d'Atalante : [C] Poés., [+C] Poés.

2 **Ătălanta**, *ae*, **-tē**, *ēs*, f., île voisine de l'Eubée : [C] Pros., [+C] Pros.

Ătălantiădēs, *ae*, m., fils d'Atalante [Parthénopée] : [+C] Poés.

ătămussim, pour *ad amussim*, [V.] *amussis*

Atanagrum, *i*, n., ville de la Tarraconaise : [C] Pros.

Atandrus, [C.] *Antandros*

Ătargătis, acc. *in*, f., déesse des Syriens : [T] Pros.

Ătarnītēs, *ae*, m., Hermias, tyran d'Atarnée : [C] Poés.

ătăt, [V.] *attat*

ătăvus, *i*, m. pl., père du trisaïeul : [C] Pros. ‖ **-vi**, m., ancêtres : [C] Poés.

Ătax, *ăcis*, m., rivière de la Narbonnaise [auj. Aude] : [+C] Poés.

Ateius, **Attēius**, *i*, m., nom d'homme, ex. ; ***Ateius Philologus***, grammairien célèbre, ami de Salluste et de Pollion : [+C] Pros.

Ătella, *ae*, f., ville des Osques : [C] Pros., [+C] Pros. ‖ **-ānus**, *a*, *um*, d'Atella : [C] Pros. ; ***fabella Atellana*** [C] Pros. ; [V.] *atellana*

ātellāna, *ae*, f., atellane [farce campanienne] : [C] Pros. ‖ **-ānĭcus**, *a*, *um*, des atellanes : [+C] Pros. ou **-ānĭus**, *a*, *um*, [C] Pros., [+C] Pros.

ātellānĭŏla, *ae*, f., petite atellane : [+C] Pros.

ātellānus, *i*, m., acteur qui joue dans les atellanes : [+C] Pros.

Atenās, [C.] *Atinas*

ātĕr, *tra*, *trum*, noir, sombre [terne] ¶ **1** [en parl. de nuage] [C] Poés. ; [de la nuit] [C] Poés. ; [des torches fumantes] [C] Poés. ; [de caverne] [C] Poés. ; [de bois ombreux] [C] Poés. ; [d'une tempête horrible] [C] Poés. ; [de la mer orageuse] [C] Poés. ; [du sang] [C] Poés. ; [des licteurs dans les funérailles] [C] Pros. ¶ **2** [fig.] sombre, triste, funeste, cruel [en parl. de la mort] : [C] Poés. ; [de l'épouvante] [C] Poés. ; [du souci] [C] Poés. ; [des procès] [C] Poés. ; [de jours malheureux] [C] Pros., [+C] Pros., Poés. ; [du jour de la mort] [C] Poés. ; [de vers perfides] [C] Pros. ‖ ***atrior*** [-C] Théât., [+C] Pros. ; [superl. inusité]

Aternius, *ĭi*, m., nom d'un consul : [C] Pros.

Atĕsis, [V.] *Athesis*

Ăteste, *is*, n., ville de Vénétie [auj. Este] : [+C] Pros. ‖ **-īnus**, *a*, *um*, d'Ateste : [+C] Poés.

Athăcus, *i*, f., ville de Macédoine : [C] Pros.

Athalia, *ae*, f., Athalie, fille d'Achab : [T] Pros.

Ăthămānes, *um*, m. pl., habitants de l'Athamanie : [C] Pros. ‖ **Ăthămānĭa**, *ae*, f., l'Athamanie [province de l'Épire] : [C] Pros. ‖ **-mānus**, *a*, *um*, [C] Poés., **-mānĭcus**, *a*, *um*, de l'Athamanie

Ăthămās, *antis*, m., roi de Thèbes : [C] Pros., Poés. ‖ **Athămantēus**, *a*, *um*, d'Athamas : [C] Poés. ‖ **-tĭădēs**, *ae*, m., fils d'Athamas [Palémon] : [C] Poés. ‖ **-tis**, *ĭdos*, f., fille d'Athamas [Hellé] : [C] Poés.

Ăthāna, *ae*, f., nom grec [dorien] d'Athéna : [+C] Pros.

Athanagĭa, *ae*, f., ville de la Tarraconaise : [C] Pros.

Ăthēna, *ae*, f., Athéna : [-C] Poés.

Ăthēnae, *ārum*, f. pl. ¶ **1** Athènes : [C] Pros. ¶ **2** autres villes : [C] Pros. ‖ **-naei**, *ōrum*, m. pl., habitants d'Athènes [hors de l'Attique] ou **-naeŏpŏlītae**, *ārum*, [C] Pros.

Ăthēnaeum, *i*, n., bourg d'Athamanie : [C] Pros.

Ăthēnaeus, *a*, *um*, d'Athènes [Attique] : [C] Poés. ‖ **-naeus**, *i*, m., nom d'homme : [C] Pros. ‖ le rhéteur Athénée : [C] Pros., [+C] Pros.

Ăthēnăgŏras, *ae*, m., nom d'homme : [C] Pros., [+C] Pros.

Ăthēnāis, *ĭdis*, f., nom de femme : [C] Pros.

Ăthēnĭensis, *e*, d'Athènes [en Attique] : [C] Pros. ‖ **-ses**, *ĭum*, m. pl., les Athéniens : [C] Pros.

Ăthēnĭo, *ōnis*, m., chef des esclaves révoltés en Sicile : [C] Pros.

Ăthēnŏdōrus, *i*, m., philosophe stoïcien : [C] Pros.

Ăthēnŏdŏtus, *i*, m., nom du maître de Fronton : [+C] Pros.

ăthĕos (**-ĕus**), *i*, m., athée [qui ne croit pas à l'existence des dieux] : [T] Pros. ἄθεος [C] Pros.

ăthĕrōma, *atis*, n., athérome [terme de méd.] : [+C] Pros.

Athĕsis (**Atĕsis**), *is*, m., fleuve de la Vénétie [l'Adige] : [C] Poés.

ăthĕus, [V.] *atheos*

Athis, [V.] *Attis*

athisca, *ae*, f., coupe sacrée : [T] Pros.

āthlēta, *ae*, m., athlète [celui qui combat dans les jeux] : [C] Pros. ‖ [chrét.] ***athleta Christi*** [T] Pros., athlète du Christ [appliqué aux saints et aux martyrs]

āthlētĭcē, adv., à la manière des athlètes : [-C] Théât.

āthlētĭcus, *a*, *um*, des athlètes : [+C] Pros. ‖ **-tĭca**, *ae*, f., l'athlétique, l'art des athlètes : [+C] Pros.

āthlum (**-ŏn ?**), *i*, n. ¶ **1** lutte [dans les jeux] : [+C] Poés. ¶ **2** pl., ***athla*** ; épreuves de la vie : [C] Poés. ‖ travaux d'Hercule : [+C] Poés.

Athō, **Athōn**, *ōnis*, [C.] *Athos* : [C] Pros.

Ăthōs, gén., dat., abl. *ō*, acc. *ō* et *ōn*, m., mont de Macédoine : [C] Poés., Pros.

Athracis, [V.] *Atracis*

Ăthyr, m., un Carthaginois : [+C] Poés.

Athyrās, m., fleuve de Thrace : [T] Pros.

Atia, *ae*, f., mère d'Auguste : [+C] Pros.

Ătĭānus, *a*, *um*, d'Atius Varus [officier de Pompée] : [C] Pros.

Ătīlĭānus, *a*, *um*, d'Atilius : [C] Pros., [+C] Pros.

Ătīlĭus, *ĭi*, m., nom de famille romaine, en part. Atilius Regulus, Atilius Calatinus : [C] Pros.

Ătīmētus, *i*, m., nom d'homme : [+C] Pros.

Ātīna, *ae*, f. ¶ **1** ville des Volsques : [C] Poés., Pros. ¶ **2** **Ātīnās**, *ātis*, adj. m. f. n., d'Atina : [C] Pros. ‖ **-ātes**, *ium*, m. pl., habitants d'Atina

1 **Ātīnās**, [V.] *Atina*

2 **Ătīnās**, m., nom d'homme : [C] Poés.

Ātīnĭa lex, f., loi Atinia [2e s. av. J.-C., sur la prohibition d'usucaper (d'acquérir définitivement) les choses volées] : [C] Pros.

Ātīnĭus, *ĭi*, m., nom d'homme : [C] Pros.

Atintānĭa, *ae*, f., partie de l'Épire : [C] Pros.

Ătĭus, *ĭi*, m., nom de famille romaine, en part. M. Atius Balbus, grand-père maternel d'Auguste : [C] Pros., [+C] Pros.

Atlantēus, *a*, *um*, d'Atlas : [C] Poés.

Atlantĭăcus, *a*, *um*, **-tĭcus**, *a*, *um*, Atlantique : [C] Pros., [+C] Poés.

Atlantĭădēs, *ae*, m., fils ou descendant d'Atlas : [C] Poés.

Atlantĭās, *ădis*, f., fille ou descendante d'Atlas : [+C] Poés.

Atlantĭcus, [V.] *Atlantiacus*

Atlantĭdes, *um*, f. pl., Atlantides, filles d'Atlas : [C] Poés., [+C] Poés., Pros.

Atlantĭgĕna, *ae*, f., fille d'Atlas : [T] Poés.

Atlantĭs, *idis*, f. ¶ **1** de l'Atlas : [+C] Poés. ¶ **2** fille d'Atlas : [C] Poés.

Atlantĭus, *ĭi*, m., descendant d'Atlas : [+C] Poés.

Ătlās (**Atlans**), *antis*, m. ¶ **1** Titan, qui portait le Ciel sur ses épaules : [C] Pros., Poés. ‖ roi de Maurétanie, pétrifié par Persée : [C] Poés. ¶ **2** montagne de Maurétanie : [C] Poés.

ătŏmus, *a, um*, subst. f., **ătŏmus**, *i*, atome, corpuscule : Ⓒ Pros.

atquĕ, ac

I [conj. de coord.] ¶**1** [ajoute un second terme] et, et en outre, et même, et voilà que : ***noctes ac dies*** CIC., nuit et jour ; ***etiam atque etiam*** CIC., encore et encore ; ***faciam, ac lubens*** TER., je le ferai, et de grand coeur ; ***deerraverat, at ego aspicio...*** VIRG., il s'était égaré, et voilà que j'aperçois... ‖ ***atque quidem, atque etiam, atque adeo,*** et même ¶**2** [marque une opposition] mais, et pourtant, au contraire : ***atque hodie primum vidit*** PL., et pourtant il l'a vue aujourd'hui pour la première fois ; ***ne cupide quid agerent, atque ut mallent*** CIC., (les engager) à ne rien faire avec passion, à préférer au contraire... ¶**3** [en tête de phrase, marque une transition] cela étant, alors, à ce moment-là, or, or donc

II [particule de comparaison après des adj. ou des adv. exprimant l'égalité, l'inégalité, la ressemblance, la dissemblance] ***idem ac***, le même que ; ***similis ac***, le même que, pareil à ; ***aeque ac***, autant que ; ***perinde ac***, de la même façon que, tout comme ; ***alius ac***, autre que ; ***contra ac***, contrairement à ce que

atquī, conjonction marquant une opposition atténuée, cf. *at pol qui* Ⓒ Théât. ¶**1** et pourtant, eh bien, pourtant : Ⓒ Théât., Ⓒ Pros. ¶**2** eh bien, alors (dans ces conditions) : Ⓒ Pros. ¶**3** eh bien : Ⓒ Pros. ‖ or, eh bien : Ⓒ Pros. ‖ [en part. dans la mineure du syllogisme] or : Ⓒ Pros.

atquīn, forme postérieure de *atqui* : Ⓒ Théât., Ⓒ Pros.

Atrăbates, etc., ➡ *Atrebas*, ➡ *Atrebates*

Ātrăcīdēs, *ae*, m., Atracide = Thessalien [Cénée] : Ⓒ Poés.

Ātrăcĭs, *idis*, f., Thessalienne [Hippodamie] : Ⓒ Poés.

Ātrăcĭus, *a, um* ¶**1** Thessalien : Ⓒ Poés. ¶**2** magique : ⊞ Poés.

ātrāmentārĭum, *ĭi*, n., écritoire, encrier : Ⓣ Pros.

ātrāmentum, *i*, n. ¶**1** noir en liquide, noir en couleur : Ⓒ Pros. ; ***sutorium*** Ⓒ Pros., noir de cordonnier, ⊞ Pros. ¶**2** encre : Ⓒ Pros. ‖ peinture noire : Ⓒ Pros.

Atratīnus, *i*, m., surnom romain : Ⓒ Pros.

1 **ātrātus**, *a, um*, rendu noir, noirci : Ⓒ Poés. ‖ en habit de deuil : Ⓒ Pros., ⊞ Pros.

2 **Atrātus**, *i*, m., rivière voisine de Rome : Ⓒ Pros.

Atrĕbătes, *um*, m. pl., peuple de Gaule septentrionale [auj. Arras] : Ⓒ Pros. ‖ **-bas**, *ătis*, m., Atrébate : Ⓒ Pros.

1 **Ātreūs**, *ei*, m., Atrée [fils de Pélops, roi de Mycènes] : Ⓒ Pros., Poés.

2 **Atrēŭs**, *a, um*, d'Atrée : ⊞ Poés.

Atrĭa, *ae*, f., ville de Vénétie : Ⓒ Pros.

Ātrīda, **Ātrīdēs**, *ae*, m., fils d'Atrée : Ⓒ Poés. ‖ **-ae**, les Atrides [Agamemnon et Ménélas] : Ⓒ Poés.

ātrĭensis, *e*, de l'atrium ‖ **-sis**, *is*, m., concierge, intendant : Ⓒ Pros.

ātrĭŏlum, *i*, n., petit vestibule : Ⓒ Pros.

ātrĭtās, *ātis*, f., couleur noire : Ⓒ Théât.

ātrĭum, *ĭi*, n., atrium, salle d'entrée : Ⓒ Pros. ‖ [poét.] la maison elle-même : Ⓒ Poés. ‖ salle d'entrée dans la demeure des dieux : Ⓒ Poés., ⊞ Poés. ‖ portique d'un temple : Ⓒ Pros., ⊞ Pros. ‖ ***atria auctionaria*** Ⓒ Pros., salle des ventes ‖ sanctuaire : Ⓣ Pros.

Atrĭus, *ĭi*, m., nom de famille romaine : Ⓒ Pros.

ātrōcĭtās, *ātis*, f. ¶**1** atrocité, horreur, cruauté, monstruosité : ***rei*** Ⓒ Pros., horreur d'un fait ; ***criminis*** Ⓒ Pros., d'une accusation ; ***verbi*** Ⓒ Pros., ce qu'un mot comporte de cruel (d'odieux) ; ***temporis*** Ⓒ Pros., conjonctures terribles ¶**2** caractère farouche, rudesse, dureté, violence : Ⓒ Pros.

ātrōcĭter ¶**1** d'une manière atroce, cruelle : Ⓒ Pros. ¶**2** d'une manière dure, farouche : Ⓒ Pros., ⊞ Pros. ‖ ***atrociter minitari*** Ⓒ Pros., se répandre en menaces terribles ; ***aliquid dicere*** Ⓒ Pros., dire qqch. avec violence ‖ ***-cius*** Ⓒ Pros., ⊞ ; ***-cissime*** Ⓒ Pros.

Ătrŏpŏs [sans gén.] l'une des trois Parques : ⊞ Poés.

ātrōtus, *a, um*, invulnérable : ⊞ Poés.

ātrōx, *ōcis* ¶**1** atroce, cruel, affreux : Ⓒ Pros. ; ***tempestas*** Ⓒ Pros., tempête affreuse ; ***caedes*** Ⓒ Pros., carnage affreux ; ***valetudo*** ⊞ Pros., maladie dangereuse ¶**2** farouche, dur, inflexible, opiniâtre : Ⓒ Poés. ; ***invidia*** Ⓒ Pros., animosité violente ; ⊞ Pros. ; ***atrox odii*** ⊞ Pros., implacable dans sa haine ‖ [style] violent : Ⓒ Pros.

ātrusca, *ae*, f., sorte de vigne : Ⓣ Pros.

att-, ➡ *adt-*

1 **Atta**, *ae*, m., surnom romain, en part. C. Quinctius Atta [poète comique latin] : Ⓒ Pros.

2 **Atta**, *ae*, m., prénom sabin de *Atta Claudius* : ⊞ Pros.

Attacotti, *ōrum*, m. pl., peuple du nord de la Bretagne : Ⓣ Pros.

attactus, ➡ *adtactus*

attăcus, *i*, m., espèce de sauterelle : Ⓣ Pros.

attăgēn, *ēnis*, m., Ⓒ Poés., **-gēna**, *ae*, f., francolin [oiseau] : ⊞ Poés.

attăgus, *i*, m., bouc : Ⓣ Pros.

Attălēa, f., ➡ *Attalia*

Attălīa, **Attalēa**, *ae*, f., ville de Pamphylie : Ⓣ Pros. ‖ habitants d'Attalie [Pamphylie] : Ⓒ Pros.

Attălĭcus, *a, um* ¶**1** du roi Attale : Ⓒ Pros. ‖ **-ca**, *ōrum*, n. pl., habits ou tapis brodés en or : Ⓒ Poés. ou ***vestes Attalicae*** Ⓒ Poés. ¶**2** [fig.] = somptueux, riche : Ⓒ Poés.

Attălis, *ĭdis*, f., tribu d'Attale [une tribu d'Athènes] : Ⓒ Pros.

Attălus, *i*, m. ¶**1** Attale [roi de Pergame, célèbre par ses richesses] : Ⓒ Poés. ¶**2** pers. divers : Ⓒ Pros. ¶**3** philosophe stoïcien : ⊞ Pros.

attămĕn, **at tămĕn** ¶**1** [en deux mots] : ***at tamen***, mais cependant ; [dans Cicéron surtout après *si, si non, si minus*] du moins : Ⓒ Pros. ¶**2** [en un seul mot] ➡ *tamen* : Ⓒ Pros., ⊞ Pros.

attăt, **attătae**, interj., [marque l'étonnement] : Ⓒ Théât.

attĕgĭa, *ae*, f., hutte, cabane : ⊞ Poés.

Attēius, ➡ *Ateius*

attempĕrātē, ➡ *adtemperate*

attempero, **attempto**, **attendo**, ➡ *adt-*

attent-, **attenu-**, **atter-**, **attest-**, **attex-**, ➡ *adt-*

Atthis, *ĭdis*, f. ¶**1** Athénienne : ⊞ Poés., Pros. ¶**2** l'Attique : Ⓒ Poés. ¶**3** une amie de Sapho : Ⓒ Poés. ¶**4** l'Athénienne Philomèle, changée en rossignol, d'où = rossignol : ⊞ Poés. ‖ ou Procné changée en hirondelle, d'où = hirondelle : ⊞ Poés.

Atthuarii, ➡ *Attuarii*

Attĭa, ➡ *Atia*

Attĭca (**-cē**), *ae*, f. ¶**1** l'Attique : Ⓒ Pros. ¶**2** fille de Pomponius Atticus : Ⓒ Pros.

1 **attĭcē**, *ēs*, f., espèce d'ocre : ⊞ Pros.

2 **Attĭcē**, adv., à la manière des Attiques : Ⓒ Pros., ⊞ Pros.

attĭcissō, *ās*, *āre*, -, -, intr., se passer à Athènes : Ⓒ Théât. ‖ parler le grec d'Athènes : ⊞ Pros. ‖ parler en platonicien : Ⓣ Poés.

Attĭcŭla, *ae*, f., fille d'Atticus : Ⓒ Pros.

Attĭcurgēs, *ĕs*, adj., qui est dans le style attique : Ⓒ Pros.

Attĭcus, *a, um* ¶**1** de l'Attique, d'Athènes : ***civis Attica*** Ⓒ Théât., citoyenne d'Athènes ; ***terra Attica*** Ⓒ Pros., l'Attique ; ***Attica fides*** ⊞ Pros., foi attique (bonne foi) ‖ ***noctes Atticae***, nuits Attiques, titre de l'ouvrage d'Aulu-Gelle ¶**2** **-ci**, *ōrum*, m. pl. ***a)*** les Athéniens ou les Attiques : Ⓒ Pros. ***b)*** les orateurs Attiques [opp. à *Asiani*] : Ⓒ Pros. ¶**3** **-cus**, *i*, m., Atticus [surnom de T. Pomponius, l'ami intime de Cicéron] : Ⓒ Pros.

attĭg-, ➡ *adtig-*

1 **Attin**, ➡ *Attis*

2 **attin-**, ➡ *adtin-*

Attinius, ➡ *Atinius*

Attis, *ĭdis*, **Attin**, *ĭnis*, m., berger phrygien aimé de Cybèle, qui devint prêtre de la déesse et qui se mutila : Ⓒ Poés.

attĭtŭl-, V.▸ *adtitul-*

Attĭus, *ĭi*, m., gentilice : [C] Pros. ; V.▸ *Atia* et *Accius* [le poète tragique]

atto-, **attr-**, V.▸ *adt-*

attu-, V.▸ *adtu-*

Attuārii, **Atthuārii**, *ōrum*, m. pl., peuple franc : [+C] Pros., [T] Pros.

Attus, *i*, m., prénom romain, not^{t} : ***Attus Navius*** [C] Pros.

Atuaca, C.▸ *Aduatuca*

Atuatuca, **Atuatuci**, C.▸ *Aduatuca, Aduatuci*

Ătŭr, *ŭris*, m., [C] Poés., [+C] Poés., C.▸ *Aturrus*

Aturres, *ium*, habitants d'Atura [auj. Aire sur l'Adour] : [T] Pros.

Aturrus (**Atŭrus**, [+C] Poés.), *i*, m., l'Adour [fleuve] : [T] Poés. ‖ **-icus**, *a*, *um*, de l'Adour : [T] Pros.

ătypus, *a*, *um*, qui n'articule pas distinctement : [+C] Pros.

Atȳrās, V.▸ *Athyras*

Ătys, *ys* ou *ўis*, m. ¶ **1** roi d'Albe : [C] Pros. ¶ **2** fondateur de la gens *Atia* : [C] Poés. ¶ **3** père de Tyrrhenus et Lydus : [+C] Pros.

1 **au**, **hau**, onomat., [interj. féminine marquant le trouble, la surprise, l'impatience ; sert à interpeller] **ho ! ha ! holà !** : [-C] Théât.

2 **au-**, [remplace *ab-* devant *f*] V.▸ *4 a-*

aucella, **aucilla**, *ae*, f., petit oiseau [ortolan, caille, râle] : [C] Pros., [+C] Pros.

auceps, *aucŭpis*, m., oiseleur : [-C] Théât., Poés., [C] Poés. ‖ [fig.] qui est à l'affût de, qui épie : [-C] Théât. ; ***syllabarum*** [C] Pros., éplucheur de syllabes

Auchātēs, *ae*, **Auchētae**, *ārum*, m. pl., un Auchate, les Auchates [surnom d'une peuplade scythe] : [+C] Poés.

Auchenĭus, *ĭi*, m., nom d'un cocher : [T] Pros.

auctārĭum, *ĭi*, n., surplus, ce qui fait la bonne mesure : [-C] Théât.

auctĭfĕr, *ēra*, *ĕrum*, fécond : [C], [T] Pros.

auctĭfĭcō, *ās*, *āre*, -, -, tr., augmenter : [T] Pros. ‖ honorer par des sacrifices : [T] Pros.

auctĭfĭcus, *a*, *um*, qui développe : [C] Poés.

auctĭo, *ōnis*, f. ¶ **1** enchère, vente publique, encan : ***auctionem facere*** [C] Pros. ; ***instituere*** [C] Pros. ; ***constituere*** [C] Pros., faire une vente aux enchères ; ***proferre*** [C] Pros., la différer ; ***proscribere*** [C] Pros., l'afficher ; ***auctio hereditaria*** [C] Pros., vente des biens d'une succession ‖ ***auctionem vendere*** [C] Pros., procéder à une vente [en tant que crieur public] ¶ **2** [rare] augmentation, accroissement : [T] Pros.

auctĭōnārĭus, *a*, *um*, relatif aux enchères : ***in atriis auctionariis*** [C] Pros., dans les salles de ventes publiques ; ***tabulae auctionariae*** [C] Pros., listes de biens à vendre aux enchères

auctĭōnŏr, *ārĭs*, *ārī*, *ātus sum*, intr., faire une vente à l'encan : [C] Pros.

auctītō, *ās*, *āre*, -, -, tr., augmenter (accroître) sans cesse : [+C] Pros. ‖ honorer [par un sacrifice] : [T] Pros.

auctō, *ās*, *āre*, -, -, tr., augmenter : [C] Poés. ‖ favoriser : [C] Poés.

auctŏr, *ōris*, m., personne qui est la source dont procède qqch., qui s'en porte garant ou lui sert de modèle, qui en est l'instigateur ou l'auteur ¶ **1** source, garant [à propos de qqch. qui a été dit, d'une information, d'une tradition historique] : ***Polybius, bonus auctor*** Cic., Polybe, bon garant des faits ; ***ex bono auctore audivisse*** Cic., tenir un renseignement de bonne source ; ***voces nullo auctore emissae*** Cic., paroles lancées sans que personne ne les garantisse ; ***legati auctores concilia haberi*** Liv., des ambassadeurs qui garantissaient que des assemblées se tenaient ‖ [spéc^{t} à propos d'un acte juridique, d'une décision politique] qui ratifie : ***auctores comitiis fieri*** Liv., ratifier les décisions des comices ¶ **2** modèle, précédent, autorité [à propos de qqch. que l'on fait, d'un comportement, d'une discipline pratiquée] : ***aliquem auctorem proferre*** Cic., invoquer qqn comme précédent ; ***aliquo auctore aliquid facere*** Cic., faire qqch. en prenant qqn pour modèle, pour exemple ; ***omnium virtutum auctor*** Cic., le modèle de toutes les vertus ; ***auctor latinitatis*** Cic., une autorité en matière de latin ¶ **3** conseiller, instigateur, promoteur [à propos d'une décision à prendre, d'un comportement à adopter] : ***multarum legum auctor*** Cic., le promoteur de nombreuses lois ; ***auctore Pompeio*** Cic., à l'instigation de Pompée ; ***auctor publici consili*** Cic., le guide des décisions publiques ‖ ***auctor esse ut (ne)*** [avec subj.] Cic., engager à (à ne pas) ¶ **4** fondateur, auteur [à propos d'une institution, d'une ville, d'un ouvrage] : ***auctor nobilitatis*** Cic., le fondateur d'une noble lignée ; ***auctores cujusdam vitae*** Cic., les fondateurs d'un genre de vie ; ***rerum auctor*** Aug., le créateur de l'univers ‖ ***comoediae auctores*** Quint., les auteurs de comédies ; ***Graeci auctores*** Quint., les écrivains grecs

auctōrāmentum, *i*, n. ¶ **1** ce pourquoi on s'engage à un service déterminé [soldat, gladiateur], paiement d'un engagement, émoluments, salaire : [C] Pros. ¶ **2** engagement, contrat [du gladiateur] : [+C] Pros.

auctōrĭtās, *ātis*, f. ¶ **1** autorité ***a)*** [= souveraineté, suprématie] ***auctoritas rei judicatae*** Dig., l'autorité de la chose jugée ; ***auctoritas divinorum eloquiorum*** Aug., l'autorité des saintes Ecritures ; ***auctoritatem naturalem habere*** Cic., avoir une autorité naturelle ‖ une autorité (= une personne influente) : Cic. ***b)*** pouvoir : ***legati cum auctoritate*** Cic., des ambassadeurs avec pleins pouvoirs ; ***auctoritas dandarum legum*** Cic., le pouvoir de donner des lois ***c)*** prestige, influence : ***auctoritas nominis populi Romani*** Cic., le prestige du nom romain ; ***magnae habitus auctoritatis*** Caes., jouissant d'une grande influence ***d)*** exemple, modèle : ***alicujus auctoritatem sequi*** Cic., suivre l'exemple de qqn ; ***alicujus auctoritate adductus*** Caes., entraîné par l'exemple de qqn ‖ un exemple (= une personne servant d'exemple) : Cic. ¶ **2** volonté ***a)*** intention : ***alicujus auctoritatem relinquere*** Cic., négliger l'intention, les volontés de qqn ; ***auctoritatem consulis sequi*** Cic., suivre les vues du consul ; ***ex auctoritate principis*** Dig., par volonté impériale ‖ [au pl.] décisions : ***publicae auctoritates*** Cic., décisions officielles ***b)*** instigation, impulsion, conseil : ***alicujus auctoritate bellum indicere*** Nep., déclarer la guerre à l'instigation de qqn ; ***alicujus auctoritate*** Cic., sur les conseils de qqn, sur ses recommandations ***c)*** accord, autorisation, ratification : ***ex auctoritate senatus*** Cic., avec l'accord du sénat ; ***publica auctoritas*** Liv., autorisation officielle

auctōrō, *ās*, *āre*, *āvī*, *ātum*, tr., ***se auctorare, auctorari***, se louer, s'engager comme gladiateur : ***inter novos auctoratos*** [+C] Poés., parmi les gladiateurs nouvellement engagés ; [C] Poés.

auctōrŏr, *ārĭs*, *ārī*, *ātus sum*, pass. tr., engager, donner en location : [+C] Pros.

auctumn-, V.▸ *autumn-*

1 **auctus**, *a*, *um* ¶ **1** part. de *augeo* ¶ **2** adj^{t}, accru, grandi : ***aegritudo auctior*** [-C] Théât., douleur plus grande ; [C] Pros. ; ***disciplina auctior*** [+C] Pros., une loi plus complète [l'Évangile]

2 **auctŭs**, *ūs*, m., accroissement, augmentation : [+C] Pros. ; ***fluminum auctus*** [+C] Pros., les crues des fleuves ‖ [fig.] [C] Pros. ; ***auctus imperii*** [+C] Pros., accroissement de l'empire

aucŭpātōrĭus, *a*, *um*, qui sert à la chasse aux oiseaux : [+C] Poés.

1 **aucŭpātus**, *a*, *um*, part. de *aucupo* et *aucupor*

2 **aucŭpātŭs**, *ūs*, m., C.▸ *aucupium* : [T] Pros.

aucŭpĭum, *ĭi*, n. ¶ **1** chasse aux oiseaux : [C] Pros. ‖ produit de la chasse : ***peregrina aucupia*** [+C] Pros., oiseaux, produits de chasses lointaines. ¶ **2** [fig.] chasse, poursuite de qqch. : ***delectationis*** [C] Pros., chasse à l'agrément ; ***aucupia verborum*** [C] Pros., épluchage des mots (chicanes de mots)

aucŭpō, *ās*, *āre*, *āvī*, *ātum*, tr. [ancienne forme ; employé seulement au figuré] ¶ **1** [abs^{t}] être à la chasse, être à l'affût : [-C] Théât. ¶ **2** [avec acc.] guetter, épier : [-C] Théât.

aucŭpŏr, *ārĭs*, *ārī*, *ātus sum*, tr. ¶ **1** [au pr.] chasser aux oiseaux : [C] Pros., [+C] Pros. ¶ **2** [au fig.] être à la chasse (à l'affût) de, épier, guetter : ***tempus*** [C] Pros., guetter l'occasion ; ***inanem rumorem*** [C] Pros., être en quête d'une vaine réputation ; ***verba*** [C] Pros., être à l'affût des mots (chicaner sur les mots)

audācĭa, *ae*, f., audace ¶**1** [le plus souv. en mauv. part] : [C] Pros. ; ***effrenata*** [C] Pros. ; ***immanis*** [C] Pros., audace sans frein, monstrueuse ‖ fait, acte d'audace : [C] Pros. ; [surtout au pl.] traits d'audace, actes d'audace : [C] Pros. ¶**2** [sans nuance péjor.] audace (disposition à oser, fait d'oser), hardiesse : [C] Pros. ; ***insidiandi*** [C] Pros., hardiesse de dresser des embûches ; ***ad pericula capessenda*** [C] Pros., audace pour affronter le danger ‖ ***alicui audacia est*** [avec inf.] [+C] Pros. ‖ [sens favorable] hardiesse, décision : [C] Pros.

audācĭtĕr, ▶ *audacter* : [C] Pros.

audactĕr ¶**1** [en mauv. part] avec audace : [C] Pros. ¶**2** [sans nuance péjor.] hardiment : [C] Pros. ; ***audacissime*** [C] Pros.

audācŭlus, *a*, *um*, qq. peu hardi (audacieux) : [+C] Pros.

audāx, *ācis*, [adj. souvent pris subst[t]] audacieux ¶**1** [en mauv. part, plus habituellement] [C] Pros. ‖ ***audax ad conandum*** [C] Pros., audacieux dans ses entreprises ¶**2** [sans nuance péjor.] audacieux (qui ose), hardi : [C] Pros. ‖ [poét.] ***viribus audax*** [C] Poés., confiant dans sa force ; ***audax juventa*** [C] Poés., rendu hardi par ma jeunesse, avec l'audace de la jeunesse

Audena, *ae*, m., fleuve d'Étrurie : [C] Pros.

audens, *entis*, qui ose, audacieux, hardi : [C] Poés., [+C] Pros.

audentĕr, hardiment : [+C] Pros.

audentĭa, *ae*, f., hardiesse, audace : [+C] Pros.

audĕō, *ēs*, *ēre*, ***ausus sum***, tr. ¶**1** [le sens primitif "avoir envie, désirer" s'est conservé surtout dans l'expression *si audes* ([-C] Théât.) qui est devenue *sodes*, "si tu le juges bon, si tu veux"] ; ▶ *sodes* ¶**2** prendre sur soi de, oser [avec inf.] : [C] Pros. ‖ [avec les pron. neutres, *id, nihil, quid, multum, tantum*] [C] Pros. ‖ [abs[t]] ***ad audendum projectus*** [C] Pros., porté à l'audace ‖ [avec acc.] [-C] Théât., [C] Pros. ; ***capitalem fraudem*** [C] Pros. ; ***capitalia*** [C] Pros., oser un crime, des crimes dignes de la peine capitale ; ***audeantur infanda*** [C] Pros., ose un crime abominable

audĭens, *entis*, obéissant : ***dicto audiens***, obéissant à la parole, aux paroles, aux ordres : [-C] Théât., [C] Pros. ; ***alicui dicto audiens***, obéissant aux ordres, aux volontés de qqn : [-C] Théât., Pros., [C] Pros. ‖ pris subst[t], auditeur : [C] Pros.

Audĭense castellum, place forte de Maurétanie : [T] Pros.

audĭentĭa, *ae*, f., attention donnée à des paroles, action de prêter l'oreille : [C] Pros.

audĭō, *īs*, *īre*, *īvī* (*ĭī*), *ītum*, tr. ¶**1** entendre [sens de l'ouïe] : [C] Pros. ¶**2** entendre, percevoir par les oreilles, ouïr : [C] Pros. ; ***audite litteras*** [C] Pros. ; ***decretum*** [C] Pros., écoutez la lettre, le décret [la lecture de la lettre, du décret] ‖ [constructions] : [C] Pros., [+C] Pros. ¶**3** entendre dire, entendre parler de, connaître (savoir) par ouï-dire : [C] Pros. ‖ [constr.] [C] Pros. ‖ ***ex aliquo audire*** [C] Pros. ; ***ab aliquo*** [C] Pros. ; ***de aliquo*** [C] Pros., entendre (apprendre) de qqn, par qqn, de la bouche de qqn ‖ [abs[t]] ***audio sero*** [C] Pros., je reçois les nouvelles tardivement ‖ ***si aliquid a comitiis audierimus*** [C] Pros., une fois que j'aurai eu qq. nouvelle provenant des comices ‖ ***audio quod, quia, quoniam*** [subj. ou indic.], entendre que : [T] Pros. ¶**4** écouter : [C] Pros. ; ***alicujus verba audire*** [C] Pros., écouter les paroles de qqn avec attention ‖ [en part.] écouter les leçons d'un maître, être disciple de : ***Xenocratem audire*** [C] Pros., suivre les leçons de Xénocrate ¶**5** écouter, accepter d'entendre, accorder audience : ***legatos*** [C] Pros., recevoir des ambassadeurs ; ***sociorum querellas*** [C] Pros., écouter les doléances des alliés ¶**6** apprendre, recevoir la nouvelle de : [C] Pros. ‖ [part. pass. n. à l'abl. absolu] : [C] Pros., [+C] Pros. ¶**7** entendre, comprendre : *audio*, oui, j'entends, je comprends : [-C] Théât., [C] Pros. ¶**8** écouter, accueillir, admettre : [C] Pros. ¶**9** écouter, suivre les conseils de qqn : ***si me audiet*** [C] Pros., s'il veut m'en croire ‖ [poét.] [C] Poés. ¶**10** écouter, exaucer : [C] Pros., Poés. ¶**11** ***bene, male audire***, avoir une bonne, une mauvaise réputation : [C] Pros. ‖ ***bene, male audire ab aliquo***, être bien, mal apprécié par qqn, être estimé, être décrié : [C] Pros., [+C] Pros.

audissem, **audisti**, sync. pour *audivissem, audivisti*

audītĭo, *ōnis*, f. ¶**1** action d'entendre, audition : [C] Pros. ; ***auditione aliquid expetere*** [C] Pros., désirer un objet sur ouï-dire ¶**2** ce qu'on entend dire, bruit, rumeur : [C] Pros. ¶**3** audition [d'une lecture publique, d'une déclamation] : [C] Pros., [+C] Pros. ¶**4** instruction [justice] : [+C] Pros.

audītĭuncŭla, *ae*, f., petite leçon d'un maître, petit cours : [+C] Pros.

audītō, *ās*, *āre*, *āvī*, -, entendre souvent : [-C] Théât.

audītŏr, *ōris*, m., celui qui écoute, auditeur : [C] Pros. ‖ disciple : ***alicujus auditor*** [C] Pros., élève (disciple) de qqn ‖ auditeur [2e niveau chez les Manichéens] : [T] Pros.

audītōrĭum, *ĭī*, n. ¶**1** lieu, salle où l'on s'assemble pour écouter : [+C] Pros. ¶**2** assemblée d'auditeurs : [+C] Pros.

1 **audītus**, *a*, *um*, part. de *audio*, [employé qqf. comme adj.] connu : [C] Pros.

2 **audītŭs**, *ūs*, m. ¶**1** le sens de l'ouïe, faculté d'entendre : [C] Pros. ¶**2** action d'entendre : [+C] Pros. ‖ action d'apprendre par ouï-dire : [+C] Pros. ¶**3** chose entendue, parole : [T] Pros. ‖ ***auditus malus*** [+T] Pros., condamnation [cf. *male audire*] ‖ prédication : [T] Pros.

Audurus, *i*, m., nom d'un lieu où se trouvait une église de Saint-Etienne : [T] Pros.

Aufēius, *a*, *um*, d'Auféius : [+C] Pros.

aufĕrō, *fers*, *ferre*, *abstŭlī*, *ablātum*, tr. ¶**1** emporter : [C] Pros., [+C] Pros. ¶**2** emporter, entraîner [au loin] : [C] Pros., [+C] Pros. ‖ emporter, cesser : ***aufer cavillam*** [-C] Théât., porte au loin (cesse) tes plaisanteries ; [avec inf.] [poét.] [C] Poés. ‖ [réfléchi ou pass.] [-C] Théât., [C] Poés., [+C] Pros. ¶**3** enlever, arracher : ***auriculam mordicus*** [C] Pros., enlever le bout de l'oreille d'un coup de dent ; ***ab aliquo candelabrum*** [C] Pros., enlever à qqn un candélabre ‖ [fig.] ***ab senatu judicia*** [C] Pros., enlever au sénat le pouvoir judiciaire ; ***clientelam a patronis*** [C] Pros., enlever à des patrons leurs clients ; ***vitam alicui*** [C] Pros., enlever la vie à qqn ‖ [poét.] emporter, détruire : [C] Poés. ¶**4** emporter, obtenir : ***responsum ab aliquo*** [C] Pros., emporter une réponse de qqn

Aufĭdēna, *ae*, f., ville du Samnium : [C] Pros.

Aufĭdĭānus, *a*, *um*, d'Aufidius [Sext. Auf.] : [C] Pros.

Aufĭdĭēnus, *ī*, m., nom d'homme : [+C] Pros.

Aufĭdĭus, *i*, m., Cn. Aufidius, [auteur d'une histoire en grec] : [C] Pros. ‖ autres pers. : [C] Pros. ‖ Aufidius Bassus [historien sous Tibère] : [+C] Pros.

Aufĭdus, *i*, m., l'Aufide [fleuve d'Apulie] : [C] Poés. ‖ **-us**, ***a***, ***um***, de l'Aufide : [+C] Poés.

aufŭgĭō, *ĭs*, *ĕre*, *fūgī*, -, intr., fuir, se sauver : [-C] Théât., [C] Pros. ‖ ***domo*** [-C] Théât. ; ***ex loco*** [C] Pros., s'enfuir de la maison, d'un lieu

Auga, *ae*, **-gē**, *ēs*, f., Augée [mère de Télèphe] : [C] Poés., [+C] Théât.

Augēās, ▶ *Augeus*

augĕō, *ēs*, *ēre*, *auxī*, *auctum*, [C] Pros., tr. et intr.

I tr. ¶**1** faire croître, accroître, augmenter : ***numerum pugnantium*** [C] Pros., augmenter le nombre des combattants ; ***aucto exercitu*** [C] Pros., l'armée étant accrue ; ***de urbe augenda*** [C] Pros., au sujet de l'accroissement de la ville ¶**2** [fig.] augmenter, développer [rendre plus fort, plus intense] : [C] Pros. ; ***suspicionem augere*** [C] Pros., augmenter un soupçon ; ***spem*** [C] Pros. ; ***periculum*** [C] Pros. ; ***terrorem*** [C] Pros., augmenter l'espoir, le danger, l'effroi ‖ grandir, grossir par la parole : [C] Pros. ¶**3** ***aliquem augere***, rehausser qqn, l'aider à se développer, l'honorer, l'enrichir : [C] Pros. ‖ ***aliquem (aliquid) aliqua re***, faire croître qqn, qqch. par qqch., rehausser par qqch. : [C] Pros. ; ***scientia aliquem augere*** [C] Pros., faire faire des progrès à qqn en savoir (l'enrichir de connaissances)

II intr., croître, se développer : [-C] Pros., [C] Pros., [+C] Pros.

augĕr, **augĕrātus**, ▶ *augur, 2 auguratus*

augescō, *ĭs*, *ĕre*, -, -, intr., s'accroître, croître, grandir : [au pr.] [C] Pros. ; ***CM*** [C] Pros. ; [au fig.] [-C] Théât., [C] Poés., Pros., [+C] Pros.

Augēus, *i*, m., [+C] Théât., [+C] Poés., **-gēās**, *ae*, m., [C] Poés., roi d'Élide tué par Hercule : [+C] Poés.

augĭfĭcō, *ās*, *āre*, -, -, tr., augmenter, accroître : [-C] Théât.

Auginus, *i*, m., mont de Ligurie : [C] Pros.

augmĕn, *ĭnis*, n. ¶**1** augmentation : [C] Poés. ¶**2** ▶ *augmentum* ¶**2** : [T] Pros.

augmentum, *i*, n. ¶**1** augmentation : [C] Pros., [+C] Pros. ¶**2** morceau de la victime offerte en sacrifice : [C] Pros., [T] Pros.

augŭr, *ŭris*, m. ¶**1** augure [membre d'un collège de prêtres, qui prédit l'avenir par l'observation principalement du vol, de la nourriture ou du chant des oiseaux] : [C] Pros. ¶**2** [en gén.] ***a)*** quiconque prédit l'avenir : ***Augur Apollo*** [C] Poés., Apollon, qui révèle l'avenir ***b)*** quiconque interprète : [C] Poés. ‖ f., [C] Poés., [+C] Poés. ‖ n. pl., ***augura*** : [-C] Théât.

augŭra, n. pl., → *augur* fin

augŭrāle, *is*, n. ¶**1** augural [partie droite de la tente du général, où il prend les auspices] : [+C] Pros. ¶**2** le bâton augural : [+C] Pros.

augŭrālis, *e*, augural, relatif aux augures : ***augurales libri*** [C] Pros., les livres auguraux ; ***auguralis cena*** [C] Pros., le repas offert par l'augure [à son entrée en fonction] ; ***auguralis vir*** [C] Pros., personnage qui a été augure

augŭrātĭo, *ōnis*, f. ¶**1** action de prendre les augures : [C] Pros. ¶**2** science des augures, divination : [T] Pros.

augŭrātō, après avoir pris les augures, avec l'approbation des dieux : [C] Pros., [+C] Pros.

augŭrātōrĭum, *ĭī*, n., → *augurale* : [+C] Pros.

augŭrātrix, *īcis*, f., devineresse : [T] Pros.

1 **augurātus**, *a*, *um*, part. de *auguro* et de *auguror*

2 **augŭrātŭs**, *ūs*, m., dignité, fonction d'augure : [C] Pros.

augŭrĭālis, **-rĭōnālis**, *e*, → *auguralis*

Augŭrīnus, *i*, m., surnom, surtout de plusieurs Minucius : [+C] Pros.

augŭrĭum, *ĭī*, n. ¶**1** observation et interprétation des signes [surtout du vol des oiseaux], augure : ***augurium agere*** [C] Pros. ; ***capere*** [C] Pros., prendre l'augure (les augures) ¶**2** science augurale : [C] Poés. ¶**3** le présage lui-même, le signe qui s'offre à l'augure : ***augurium accipere*** [C] Pros., accueillir un augure, un présage [comme heureux] ¶**4** [en gén.] prédiction, prophétie : [C] Pros. ‖ pressentiment, prévision : [C] Pros.

augŭrĭus, *a*, *um*, → *auguralis* : [-C], [C] Pros., [+C] Pros.

augŭrō, *ās*, *āre*, *āvī*, *ātum*, tr., prendre les augures ¶**1** ***salutem populi*** [C] Pros., prendre les augures relativement au salut du peuple ‖ [fig] ***astute augura*** [-C] Théât., montre-toi fin augure ‖ [pass.] être consacré par les augures : [C] Pros. ; → *augurato* ¶**2** prédire, pressentir, conjecturer : [-C] Théât., [C] Pros., Poés.

augŭrŏr, *ārĭs*, *ārī*, *ātus sum*, tr. ¶**1** prédire d'après les augures : [C] Pros. ¶**2** en gén. ***a)*** prédire, annoncer, présager : ***alicui mortem*** [C] Pros., prédire à qqn sa mort ***b)*** conjecturer, penser, juger : [C] Pros. ‖ [avec prop. inf.] [C] Pros.

Augusta, *ae*, f., titre des impératrices de Rome, qqf. de la mère, des filles ou des sœurs de l'empereur : [+C] Pros.

Augustālĭa, → *Augustalis*

Augustālis, *e*, d'Auguste : ***ludi Augustales*** [+C] Pros., jeux en l'honneur d'Auguste ‖ **Augustāles**, *ĭum*, m. pl. ‖ prêtres d'Auguste : [+C] Pros. ; ou ***sodales Augustales*** [+C] Pros. ; ou ***sacerdotes Augustales*** [+C] Pros.

Augustamnĭca, *ae*, f., partie septentrionale de l'Égypte : [T] Pros.

augustātus, *a*, *um*, part. de *augusto*

augustē, selon le rite, religieusement : [C] Pros. ; ***augustius*** [C] Pros.

Augustĭānus, *a*, *um*, d'Auguste ‖ **-ĭāni**, *ōrum*, m. pl., corps de chevaliers formant la claque de Néron acteur : [+C] Pros.

1 **Augustīnus**, *i*, m., saint Augustin : [T] Pros.

2 **Augustīnus**, *a*, *um*, d'Auguste : [+C] Pros.

augustō, *ās*, *āre*, -, -, tr., rendre auguste : [T] Pros.

Augustŏdūnum, *i*, n., ville de la Gaule Lyonnaise [Autun] : [+C] Pros.

1 **augustus**, *a*, *um*, saint, consacré : ***augustissimum templum*** [C] Pros., temple très saint ‖ majestueux, vénérable, auguste : [C] Pros.

2 **Augustus**, *i*, m. ¶**1** surnom d'Octave : [C] Poés., Pros. ¶**2** titre des empereurs : [C] Poés., [+C] Pros.

3 **Augustus**, *a*, *um*, d'Auguste : [C] Poés. ‖ mois d'août : [+C] Pros., [T] Pros., Poés.

1 **aula**, *ae*, f. ¶**1** cour d'une maison : [C] Pros. ‖ cour d'une bergerie : [C] Poés. ¶**2** → *atrium* : [C] Pros., Poés. ¶**3** cour, palais : [C] Poés. ‖ cour d'un prince, puissance d'un prince : [C] Pros., [+C] Pros. ¶**4** [chrét.] ***caelestis aula*** [T] Poés., la cour céleste [le ciel]

2 **aula**, *ae*, f., employé par jeu de mots au sens de flûte et joueuse de flûte : [+C] Pros.

3 **aula**, *ae*, f., marmite : [-C] Théât.

aulaea, *ae*, f., → *aulaeum* : [T] Pros.

aulaeum, *i*, n. ¶**1** rideau [et en part.] rideau de théâtre : ***tollitur*** [C] Pros., on lève le rideau [à la fin de la pièce ; le contraire chez nous] ; ***premitur*** [C] Pros., on baisse le rideau [pendant le spectacle] ; ***mittitur*** [C] Poés., le rideau tombe [la représentation commence] ‖ [plus tard l'usage changea et les choses se passèrent comme chez nous] : ***post depositum aulaeum*** [T] Pros., après la chute du rideau [= le spectacle ayant pris fin], [+C] Pros. ¶**2** tapis, tenture : [C] Poés. ‖ [plais[t] en parl. d'une toge trop ample] : [+C] Poés.

Aulerci, *ōrum*, m. pl., Aulerques [peuple de la Gaule Lyonnaise] : [C] Pros.

Aulētēs, *ae*, m., Aulète [surnom de Ptolémée XII, roi d'Égypte] : [C] Pros.

aulĭcus, *a*, *um* ¶**1** de la cour, du palais, du prince : [+C] Pros. ‖ de l'Église : [T] Poés. ¶**2** **-lĭci**, *ōrum*, m. pl., esclaves de la cour : [C] Pros., [+C] Pros. ‖ courtisans : [T] Pros.

Aulĭōn, *ii*, n., grotte sur les bords du Pont-Euxin : [T] Pros.

Aulis, *ĭdis*, f., petit port de Béotie, Aulis : [C] Pros., Poés. ‖ acc. *Aulida* [C] Poés. et *Aulim* [+C] Poés.

auloedus, *i*, m., joueur de flûte : [C] Pros., [+C] Pros.

1 **aulōn**, *ōnis*, m., cour : [T] Pros.

2 **Aulōn**, *ōnis*, m., montagne des environs de Tarente : [C] Poés., [+C] Poés.

aulōna, *ae*, f., vallon : [T] Pros.

aulŭla, *ae*, f., petite marmite : [C] Pros., [+C] Pros.

aura, *ae*, f. ¶**1** souffle léger, brise : [+C] Pros. ¶**2** [en gén.] souffle, vent : [C] Pros., Poés. ‖ [fig.] exhalaison : [C] Poés. ‖ rayonnement : ***auri*** [C] Poés., rayonnement de l'or ¶**3** l'air, les airs : [C] Poés. ‖ les airs, les hauteurs de l'air, le ciel : [C] Poés. ¶**4** [fig.] souffle : [C] Pros. ; ***popularis aura*** [C] Pros., la faveur populaire

aurāmentum, *i*, n., objet en or : [T] Pros.

aurārĭa, *ae*, f., mine d'or : [+C] Pros.

aurārĭus, *a*, *um*, d'or : ***auraria statera*** [C] Poés., trébuchet, balance à peser l'or

aurāta, *ae*, f., dorade [poisson] : [+C] Poés.

aurātūra, *ae*, f., dorure : [+C] Pros.

aurātus, *a*, *um*, doré : [C] Pros. ‖ orné d'or : ***aurati milites*** [C] Pros., soldats aux boucliers garnis d'or ‖ de couleur d'or : [C] Poés.

aurĕātus, *a*, *um*, couronné : [T] Poés.

Aurēlĭa, *ae*, f., mère de J. César : [+C] Pros.

Aurēlĭāna cīvĭtās, **cīvĭtās Aurēlĭāni** (**Auril-**), [T] Pros., **-nensis urbs**, [T] Pros., ville de Gaule [auj. Orléans]

Aurēlĭānus, *i*, m., nom d'homme

Aurēlĭus, *ĭī*, m., nom d'une famille romaine, not[t]. C. Aurelius Cotta, célèbre orateur, interlocuteur du *de Oratore* de Cicéron : [C] Pros. ‖ **-us**, *a*, *um*, d'Aurélius : ***via Aurelia*** [C] Pros., la voie Aurélienne ; ***Aurelia lex*** [C] Pros., la loi Aurélia [sur l'organisation des tribunaux] ; ***forum Aurelium*** [C] Pros., ville d'Étrurie, sur la voie Aurélienne ; ***Aurelium tribunal*** [C] Pros., le tribunal d'Aurélius [sur le forum] ; ***gradus Aurelii*** [C] Pros., les degrés d'Aurélius = le tribunal

aurĕŏlus, *a*, *um* ¶**1** d'or : ***aureolus anellus*** [-C] Théât., petit anneau d'or ¶**2** couvert ou orné d'or, doré : ***cinctus aureolus*** [-C] Poés., ceinture garnie d'or ‖ de couleur d'or : [C] Pros. ¶**3** [fig.] qui vaut de l'or, précieux : ***aureolus libellus*** [C] Pros., petit livre d'or ; ***aureoli pedes*** [C] Poés., petits pieds en or ‖ subst. m., pièce d'or : [+C] Poés.

aurescō, *ĭs, ĕre, -, -*, intr., prendre la couleur de l'or : [C] Pros.

aurĕus, *a, um* ¶ **1** d'or : ***simulacra aurea*** [C] Poés., statues d'or ; ***imber aureus*** [–C] Théât., pluie d'or ¶ **2** doré, orné d'or, garni d'or : ***cingula aurea*** [C] Poés., ceinture dorée ; ***aurea unda*** [C] Poés., flots qui roulent de l'or ¶ **3** de couleur d'or : ***color aureus*** [C] Poés., de couleur d'or ; ***aurea sidera*** [C] Poés., astres aux rayons d'or ¶ **4** [fig.] d'or, beau, splendide : ***aurea Venus*** [C] Poés., la rayonnante Vénus ; ***aurea aetas*** [C] Poés., l'âge d'or ; ***aurea mediocritas*** [C] Poés., la médiocrité bienheureuse ; ***aurea dicta*** [C] Poés., paroles d'or ; ***aurei mores*** [C] Poés., moeurs pures ‖ subst. m., **aurĕus**, pièce d'or ; = ***nummus aureus*** : [C] Pros., [+C] Pros. ‖ [synonyme, à partir de Constantin, de *solidus*, monnaie valant 1/72e de la livre] : [T] Pros.

Aurĭāna āla, f., division de cavalerie Auriana (d'Aurius, un inconnu) : [+C] Pros.

aurĭchalcum, V. *orichalcum* : [–C] Théât.

aurĭcilla (orĭ-), *ae*, f., le lobe de l'oreille : [C] Poés.

aurĭcŏmus, *a, um*, à la chevelure d'or : [+C] Poés.

aurĭcŭla, *ae*, f. ¶ **1** oreille [considérée dans sa partie externe] ***a)*** [chez l'homme] le lobe de l'oreille, le petit bout de l'oreille : [–C] Théât., [C] Pros., Poés., [+C] Pros. ‖ l'oreille [en gén.] : [+C] Pros. ***b)*** [chez les animaux] [C] Pros., Poés., [+C] Pros. ¶ **2** [poét.] petite oreille, oreille délicate : [C] Poés., Pros. ¶ **3** oreille, ouïe : [C] Pros., [+C] Poés.

aurĭcŭlārĭus, *i*, m., confident, conseiller : [T] Pros.

aurĭfer, *ĕra, ĕrum*, qui produit de l'or, aurifère : ***aurifera arbor*** [C] Pros., arbre aux pommes d'or [dans le jardin des Hespérides] ‖ qui contient de l'or : ***aurifer amnis*** [C] Poés., fleuve qui roule de l'or

aurĭfex, *ĭcis*, m., orfèvre : [C] Pros.

aurĭflŭus, *a, um*, qui roule de l'or : [T] Poés.

aurīga, *ae*, m. ¶ **1** cocher, conducteur de char : [C] Pros. ‖ f., ***auriga soror*** [C] Poés., la soeur conduisant le char ¶ **2** palefrenier : [C] Poés., Pros. ¶ **3** [poét.] pilote : [C] Poés. ‖ [fig.] conducteur : [+C] Pros. ¶ **4** constellation : [C] Poés.

aurīgārĭus, *ĭi*, m., cocher du cirque : [+C] Pros.

aurīgātio, *ōnis*, f., action de conduire un char : [+C] Pros. ‖ course, promenade [sur le dos d'un poisson] : [+C] Pros.

aurīgātor, *ōris*, m., le Cocher [constellation] : [T] Poés.

Aurĭgĕna, *ae*, m., né d'une pluie d'or [Persée] : [C] Poés.

aurĭgĕr, *ĕra, ĕrum*, V. *aurifer* : [C] Pros., [+C] Poés.

Aurigis, **Auringis**, *is*, f., ville de la Bétique : [C] Pros.

aurīgō, *ās, āre, āvī, ātum*, intr., conduire un char : [+C] Pros. ‖ [fig.] guider, gouverner : [+C] Pros.

aurīgŏr, *ārĭs, ārī, -*, V. *1 aurigo* : [C] Poés.

Auringis, V. *Aurigis*

Aurīnĭa, *ae*, f., V. *Albrinia*, prophétesse des Germains : [+C] Pros.

Aurīnus deus, m., le dieu de l'or : [T] Pros.

aurĭpigmentum, *i*, n., orpin, orpiment [colorant jaune] : [C] Pros., [+C] Pros.

auris, *is*, f. ¶ **1** oreille : ***auribus desectis*** [C] Pros., avec les oreilles coupées ; ***ad aurem admonere aliquem*** [C] Pros., avertir qqn à l'oreille ; [C] Poés. ; ***aliquid auribus accipere*** [C] Pros., recueillir au moyen des oreilles, écouter ; ***ad aures alicujus accidere*** [C] Pros., arriver aux oreilles de qqn ***pervenire*** [C] Pros. ; ***auribus accidere*** [+C] Pros. ¶ **2** oreille attentive, attention : [C] Pros. ; ***aurem praebere*** [C] Poés. ; ***commodare*** [C] Pros., prêter l'oreille ; ***aures erigere*** [C] Pros., dresser l'oreille (être attentif) ‖ jugement de l'oreille : [C] Pros. ¶ **3** orillon d'une charrue : [C] Poés.

auriscalpĭum, *ĭi*, n., cure-oreille : [+C] Poés.

aurītŭlus, *i*, m., âne : [C] Poés.

aurītus, *a, um* ¶ **1** qui a de longues oreilles : [C] Poés., [+C] Poés. ¶ **2** qui entend, attentif : [–C] Théât., [C] Poés. ; ***auritae leges*** [T] Poés., lois pourvues d'oreilles, attentives [par oppos. à *surdae*, inexorables]

Aurĭus, *ĭi*, m., nom d'homme : [C] Pros.

aurō, *ās, āre, -, -*, tr., dorer : [C] Poés.

aurŏchalcum, V. *aurichalcum* : [+C] Pros.

1 **aurōra**, *ae*, f. ¶ **1** l'aurore : [C] Poés., Pros. ¶ **2** le Levant, les contrées orientales : [C] Poés.

2 **Aurōra**, *ae*, f., Aurore [épouse de Tithon, déesse de l'aurore] : [C] Poés.

aurōrō, *ās, āre, -, -*, intr., avoir l'éclat de l'aurore : [C] Poés.

aurŭla, *ae*, f., [fig.] souffle léger : [T] Pros.

aurŭlentus, *a, um*, de couleur d'or : [T] Poés.

aurum, *i*, n. ¶ **1** or : [C] Pros. ; ***montes auri*** [–C] Théât., des montagnes d'or ¶ **2** objets faits en or, vaisselle d'or : [C] Pros., V. *commodo* ¶ *2* ; ***libare auro*** [C] Poés., faire des libations avec des coupes d'or ‖ ***onerata auro*** [–C] Théât., couverte de bijoux, [C] Pros. ; [C] Poés. ¶ **3** monnaie d'or, or monnayé, or : [C] Pros. ¶ **4** [fig.] or, argent, richesse : [C] Pros., Poés. ‖ l'éclat, la couleur de l'or : [C] Poés., [+C] Poés. ‖ l'âge d'or : [C] Poés.

Aurunca, *ae*, f., ancien nom de Suessa en Campanie : [+C] Poés. ‖ **-cus**, *a, um*, d'Aurunca : [C] Poés. ‖ **-ci**, *ōrum*, m. pl., les Aurunques : [C] Poés.

Auruncŭlēius, *i*, m., nom de famille rom. : [C] Pros.

Ausăfa, *ae*, f., ville d'Afrique ‖ **-fensis**, *e*, d'Ausafa : [T] Pros.

Ausci, *ōrum*, [C] Pros., **Auscenses**, *ĭum*, [T] Pros., m. pl., peuple de la Novempopulanie [pays d'Auch] ‖ **-cĭensis**, *e*, [+C] Poés., **-cĭus**, *a, um*, des Ausci

auscŭlor, V. *osculor*

auscultātĭo, *ōnis*, f. ¶ **1** action d'écouter, d'espionner : [+C] Pros. ¶ **2** action d'obéir : [–C] Théât.

auscultātŏr, *ōris*, m. ¶ **1** auditeur : [C] Pros. ¶ **2** qui obéit : ***auscultator mandati*** [+C] Pros., qui exécute un ordre

auscultātŭs, *ūs*, m., action d'écouter : [+C] Pros.

auscultō, *ās, āre, āvī, ātum*, tr. et intr. ¶ **1** dresser l'oreille, écouter avec attention : [–C] Théât. ‖ ***aliquem*** [–C] Théât., [C] Poés., écouter qqn ‖ ***alicui*** [–C] Théât., prêter l'oreille à qqn ¶ **2** ajouter foi [avec acc.] : ***crimina*** [–C] Théât., ajouter foi à des accusations ‖ [avec le dat. de la pers.] ***cui auscultabant*** [T] Pros., la personne à qui ils croyaient ¶ **3** écouter en cachette : [–C] Théât. ‖ [en parl. des esclaves] veiller à la porte : ***ad fores auscultato*** [–C] Théât., veille à la porte ¶ **4** [avec le dat.] obéir : ***auscultato filio*** [–C] Théât., obéis à mon fils ; ***mihi ausculta*** [C] Pros. [ex. unique] écoute-moi, obéis-moi ‖ [pass. impers.] ***auscultabitur*** [–C] Théât., on obéira [ce sera fait]

ausculum, V. *osculum*

Ausētānus, *a, um*, Ausétain [en Tarraconaise] : [C] Pros. ‖ subst. m. pl., les Ausétains : [C] Pros.

Ausōn, *ŏnis*, m., fils d'Ulysse, éponyme de l'Ausonie ‖ **-sŏnes**, *um*, m. pl., les Ausones : [+C] Poés. ‖ **-sōn**, *ŏnis*, adj. m., f., d'Ausonie : [T] Poés. ‖ **Ausŏna**, *ae*, f., ville de l'ancienne Ausonie : [C] Pros. ‖ **Ausŏnĭa**, *ae*, f., Ausonie [ancien nom d'une partie de l'Italie] ; [poét.] l'Italie : [C] Poés.

Ausŏnĭdae, *dūm*, m. pl., Ausoniens, habitants de l'Ausonie : [C] Poés.

Ausŏnis, *ĭdis*, f., Ausonienne, Italienne : [C] Poés., [+C] Poés.

Ausŏnĭus, *a, um*, Ausonien, d'Ausonie, Romain, Italien : [C] Poés. ‖ subst. m. pl., les Ausones : [C] Poés.

auspex, *ĭcis*, m. ¶ **1** celui qui prédit d'après le vol, le chant, la manière de manger des oiseaux, augure, devin : [C] Pros. ¶ **2** [fig.] chef, protecteur, guide : ***dis auspicibus*** [C] Poés., avec la protection divine ¶ **3** [en part.] témoin dans un mariage, paranymphe : ***nuptiarum auspices*** [C] Pros., les témoins aux mariages

auspĭcābilis, *e*, de bon augure : [T] Pros.

auspĭcātō ¶ **1** les auspices étant pris, avec de bons auspices : [C] Pros. ¶ **2** adv., [fig.] heureusement : [–C] Théât.

auspĭcātus, *a, um*, consacré par les auspices : [C] Pros., Poés. ‖ favorable : [C] Poés. ; ***quod erat auspicatissimum*** [+C] Pros., ce qui était le plus heureux des présages

auspĭcĭum, *ĭi*, n. ¶ **1** observation des oiseaux [vol, mouvements, appétit, chant], auspice : ***optimis auspiciis*** [C] Pros., avec d'excellents auspices ; ***auspicia neglegere*** [C] Pros., ne pas tenir compte des auspices ‖ [en gén.] présage : [C] Pros. cf. [+C] Pros. ‖ droit de prendre les auspices : ***auspicia habere*** [C] Pros. ou

auspicium habere [C] Pros. ¶**2** auspices d'un magistrat [donc symbole du pouvoir, du commandement] : [-C] Théât., [+C] Pros., [C] Pros., Poés.

auspĭcō, *ās, āre, āvī, ātum*, intr., [forme anc.] ➨ *auspicor*, prendre les auspices ; ***alicui rei***, pour une chose : [-C] Théât. ; [abs[t]] [+C] Pros. ; [acc. d'objet intér.] [-C]

auspĭcŏr, *ārĭs, ārī, ātus sum*, tr. ¶**1** prendre les auspices : ***auspicari vindemiam*** [C] Pros. ; ***comitia*** [C] Pros., consulter les auspices pour la vendange, pour les comices ‖ [abs[t]] [C] Pros. ¶**2** commencer : ***militiam auspicari*** [+C] Pros., commencer le service militaire ; ***regnum*** [+C] Pros., inaugurer sa royauté ‖ [abs[t]] [+C] Pros. ; [avec inf.] [+C] Pros.

austellus, *i*, m., petit auster : [-C] Poés.

austĕr, *tri*, m., le vent du midi, l'auster : [+C] Pros. ; ***auster vehemens*** [C] Pros., un vent du midi violent ; ***auster humidus*** [C] Poés., l'auster qui apporte la pluie ‖ [en part.] le sud, le midi : ***in austri partibus*** [C] Pros., dans les régions méridionales ; pl., [C] Poés.

austērē, adv., sévèrement, rudement : [C] Pros. ‖ ***austerius*** [T] Pros.

austērĭtas, *tis*, f., [fig.] sévérité, gravité, sérieux : ***austeritas magistri*** [+C] Pros., la sévérité du maître

austērŭlus, *a, um*, qq. peu âpre : [+C] Pros.

austērus, *a, um* ¶**1** âpre, aigre : [-C] Pros. ; ***austerior gustus*** [+C] Pros., goût plus âpre ¶**2** [fig.] sévère, rude, austère [en parl. des pers.] : [C] Pros. ; [des choses] ***austero more*** [C] Pros., de moeurs sévères ‖ [en parl. du langage, du style] sévère, grave : ***suavitas austera*** [C] Pros., une douceur grave

Austorĭāni, *ōrum*, m. pl., peuple de Maurétanie : [T] Pros.

austrālis, *e*, du midi, méridional, austral : [C] Pros., Poés.

austrĭfer, *fĕra, fĕrum*, qui amène le vent du midi ou la pluie : [+C] Poés.

austrīnātĭo, *ōnis*, f., vent du sud [considéré comme malsain] : [T] Pros.

austrīnus, *a, um*, du midi : ***calores austrini*** [C] Poés., les souffles chauds du midi

ausum, *i*, n., entreprise hardie, acte de courage : [C] Poés. ‖ crime, forfait : ***pro talibus ausis*** [C] Poés., pour de pareils forfaits

1 **ausus**, *a, um*, part. de *audeo*

2 **ausŭs**, *ūs*, m., acte d'audace : [+C] Pros., [T] Pros.

aut, conj., ou, ou bien ¶**1** [lien entre des mots ou des prop.] [C] Pros. ‖ [*aut* répété] [C] Pros. ‖ [après négation] [C] Poés., Pros. ‖ [fortifié par des particules diverses] [C] Pros. ; ***aut saltem*** [C] Pros., ou à défaut, ou tout au moins ; ***aut potius*** [C] Pros., ou plutôt ; ***aut fortasse*** [C] Pros., ou peut-être ; ***aut denique*** [C] Pros., ou enfin ; ***aut summum*** [C] Pros., ou tout au plus ¶**2** ou sinon, ou sans cela, ou autrement : [C] Pros., Poés. ¶**3** ***aut… aut*** [avec valeur disjonctive] de deux choses l'une, ou bien… ou bien : [C] Pros. ‖ [le 2e *aut* restrictif] [C] Pros. ‖ [après négation] [C] Pros. ¶**4** [dans les interrog.] et : [C] Pros. ‖ ➨ *1 an* : [T] Pros.

autem

I conj. [marque en général une oppositon très faible, et correspond d'ordinaire au grec δέ] ¶**1** [légère opposition] mais, tandis que : [C] Pros. ‖ précédé de *quidem* : [C] Pros. ¶**2** [balancement] d'autre part, et d'autre part, quant à : [C] Pros. ‖ ***nunc autem*** [C] Pros., pour le moment ‖ [dans une énumération, après le dernier membre] [C] Pros. ‖ ***tum… tum autem***, tantôt… tantôt : [C] Pros. ¶**3** [reprise d'un mot ou d'une idée] or : [C] Pros. ‖ [reprise et correction] [C] Pros. ‖ [entrée dans un développement après un digression ou parenthèse] or, eh bien : [C] Pros. ‖ [dans l'intérieur d'une parenthèse] [C] Pros. ‖ [où l'on croirait trouver *enim*] [C] Pros. ‖ [mineure du syllogisme] [C] Pros. ¶**4** [addition] et, et puis, mais aussi, mais en outre : [C] Pros. ¶**5** [très souvent simple liaison intraduisible] [C] Pros.

II particule [surtout à la période arch.] d'autre part : [-C] Théât., [C] Poés. ‖ ***neque… neque autem*** [C] Pros., Poés., [+C] Pros.

authentĭci, *orum*, m. pl., [chrét.] les authentiques, les apôtres [dépositaires de la tradition authentique] : [T] Pros.

authepsa, *ae*, f., récipient de bronze ou d'argent à foyer, espèce de samovar : [C] Pros.

authŏlŏgrăphus, *a, um*, entièrement autographe : [T] Pros.

authŏr, ➨ *auctor*

Autŏbūlus, *i*, m., nom d'un danseur : [C] Pros.

autochthōn, *ŏnis*, m., autochtone [né sur le sol qu'il habite] : [+C] Pros.

autŏgrăphus, *a, um*, autographe, écrit de la propre main de qqn : ***litterae autographae*** [+C] Pros., lettre autographe ‖ subst. n., un autographe : [T] Pros.

Autŏlŏles, *um*, m. pl., peuple de Maurétanie ‖ **-ae**, *ārum*, [+C] Poés.

Autŏlycus, *i*, m., fils d'Hermès, aïeul d'Ulysse, fameux par ses vols : [C] Poés.

Autŏmătĭa, *ās*, f., Automatia [déesse qui règle à son gré les événements] : [C] Pros.

autŏmătŏpoeētus, *a, um*, qui se meut soi-même : [C] Pros.

autŏmătum, *i*, n., machinerie, mécanisme [dans les spectacles] : [+C] Pros. ‖ mouvements rythmés [acte sexuel] : [+C] Pros.

autŏmătus, *a, um*, spontané, volontaire : ***plausus automati*** [+C] Pros., applaudissements spontanés

Autŏmĕdōn, *ontis*, m., écuyer d'Achille : [C] Poés. ‖ [fig.] conducteur de char : [C] Pros.

Autŏnŏē, *ēs*, f., fille de Cadmos, femme d'Aristée et mère d'Actéon : [C] Poés. ‖ une prêtresse de Cumes : [+C] Poés. ‖ **-nŏēĭus**, *a, um*, d'Autonoé : ***Autonoeius heros*** [C] Poés., le héros, fils d'Autonoé [Actéon]

autŏpȳrus, *i*, m., pain de farine pure : [+C] Pros.

Autrōnĭus, *ĭi*, m., nom de famille rom. : [C] Pros. ‖ **-ānus**, *a, um*, d'Autronius : [C] Pros.

autumnālis, *e*, d'automne : ***tempus autumnale*** [C] Pros., saison d'automne ; [C] Poés., Pros.

autumnĭtas, *ātis*, f. ¶**1** temps de l'automne : ***prima autumnitate*** [-C] Pros., au commencement de l'automne ¶**2** productions de l'automne : [C] Poés., [T] Pros.

1 **autumnus**, *a, um*, automnal, d'automne : ***imber autumnus*** [-C] Pros., pluie d'automne

2 **autumnus**, *i*, m. ¶**1** automne : [C] Pros. ; ***autumno vergente*** [+C] Pros., à la fin de l'automne ; ***autumno adulto*** [+C] Pros., vers le milieu de l'automne ; ***septem autumni*** [C] Poés., sept automnes (sept ans) ¶**2** [fig.] les productions de l'automne : ***senes autumni*** [+C] Poés., vins vieux

autŭmō, *ās, āre, āvī, ātum*, tr. ¶**1** dire, affirmer : [-C] Théât. ‖ [avec prop. inf.] affirmer que : [-C] Théât. ‖ dire, nommer, appeler : ***quam Dido autumant*** [+C] Pros., qu'ils appellent Didon, [C] Poés. ¶**2** penser, estimer : [+C] Pros.

auxī, parf. de *augeo*

auxĭlĭābundus, *a, um*, secourable : ***auxiliabunda fratri*** [+C] Pros., toujours prête à secourir son frère

auxĭlĭāris, *e* ¶**1** qui secourt : ***dea auxiliaris*** [C] Poés., déesse secourable [Lucine] ; ***aera auxiliaria*** [C] Poés., l'airain secourable [dont les sons, croyaient les anciens, pouvaient conjurer une éclipse de lune] ¶**2** auxiliaire : ***auxiliares cohortes*** [C] Pros., [+C] Pros., cohortes auxilliaires ‖ subst. m., un soldat des troupes auxiliaires : [+C] Pros. [et surtout au pl.], les troupes auxiliaires : [C] Pros. ‖ qui appartient aux troupes auxiliaires : [+C] Pros.

auxĭlĭārĭus, *a, um*, de secours, venant au secours : [-C] Théât. ‖ ***cohors auxiliaria*** [C] Pros., une cohorte d'auxiliaires, [+C] Pros. ‖ ***auxiliarii***, subst. m., les troupes auxiliaires, ➨ *1 auxilium* ¶*2* : [+C] Pros.

auxĭlĭātŏr, *ōris*, m., qui aide, qui secourt, soutien : ***auxiliator litigantium*** [+C] Pros., qui défend les plaideurs

1 **auxĭlĭātus**, *a, um*, part. de *auxilio* et de *auxilior*

2 **auxĭlĭātŭs**, *ūs*, ➨ *1 auxilium* : [C] Poés.

auxĭlĭō, *ās, āre, -, ātum*, [part. avec sens pass.] [-C] Poés., [C] Pros.

auxĭlĭŏr, *ārĭs, āri, ātus sum*, intr., aider, porter secours : ***auxiliari alicui*** [-C] Théât., porter secours à qqn, [C] Pros.

1 **auxĭlĭum**, *ĭi*, n. ¶**1** secours, aide, assistance : ***alicui ferre*** [C] Pros., porter secours à qqn ; ***auxilio esse alicui*** [C] Pros., secourir qqn, donner son appui à qqn, protéger qqn ; ***auxilio alicui venire*** [C] Pros. ; ***mittere*** [C] Pros., venir, envoyer au secours

de qqn ; ***arcessere*** [C] Pros., appeler au secours ; ***ad auxilium convenire*** [C] Pros., venir ensemble au secours ; ***auxilium adventicium*** [C] Pros., secours étranger ‖ protection accordée par un magistrat (intercession) : [C] Pros. ¶ **2** pl., ***auxilia*** ; troupes de secours, troupes auxiliaires, [en gén.] infanterie : [C] Pros. ¶ **3** moyen de secours, ressource : [C] Pros. ¶ **4** [en médecine] secours, remède : [C] Poés., [+C] Pros.

2 **Auxĭlium**, *ĭī*, n., le Secours [déifié] : [-C] Théât.

Auxĭmum (-mŏn), *i*, n., ville du Picénum : [C] Pros., [+C] Pros. ‖ **-ātes**, *ĭum*, m. pl., habitants d'Auximum : [C] Pros.

Auxō, f., une des Heures, fille de Jupiter : [+C] Poés.

Auzacium, *ĭī*, n., mont de Perse : [T] Pros.

Auzĕa, **Auzĭa**, *ae*, f., ville de Maurétanie : [+C] Pros.

ăva, *ae*, f., → *1 avia* ¶ *1* : [+T] Poés.

ăvārē, avec avidité, avec cupidité : ***avare aliquid facere*** [C] Pros., se montrer cupide ; [+C] Pros.

Ăvărĭcum, *i*, n., capitale des Bituriges [auj. Bourges] : [C] Pros. ‖ **-censis**, *e*, d'Avaricum : [C] Pros.

ăvārĭtĕr, avec avidité : ***avariter ingurgitare*** [-C] Théât., avaler avec avidité

ăvārĭtĭa, *ae*, f. ¶ **1** vif désir, convoitise, avidité [en gén.] [-C] Théât., [+C] Pros. ¶ **2** [en part.] avidité d'argent, cupidité : ***omnes avaritiae*** [C] Pros., toutes les formes de la convoitise ; ***per avaritiam*** [C] Pros., par cupidité ; ***avaritia inhians*** [C] Pros., convoitise toujours béante, insatiable ‖ avarice : [-C] Théât., [C] Pros. ‖ bien acquis par cupidité : [T] Pros.

ăvārĭtĭēs, *ēi*, f., → *avaritia* : [C] Poés., Pros.

ăvārus, *a*, *um* ¶ **1** qui désire vivement, avide : ***Acheron avarus*** [C] Poés., l'avide Achéron ; ***laudis avarus*** [C] Pros., avide de gloire ¶ **2** [en part.] avide de fortune, d'argent, cupide : ***homo avarissimus*** [C] Pros., le plus cupide des êtres ; ***avarior*** [C] Pros., ayant plus de convoitise ; ***factum avarum*** [C] Pros., acte de cupidité ‖ avare : [-C] Théât., [C] Pros.

1 **ăvĕ**, un des abl. de *avis*

2 **ăvĕ**, voc. de *avus*

3 **ăvē**, **hăvē** ¶ **1** [formule de salutation, = χαῖρε, χαίροις] bonjour, salut : [C] Pros., [+C] Pros. ou **haveto**, [C] Pros., [+C] Poés. ‖ inf., [+C] Poés. ¶ **2** [chrét.] [T] Pros.

āvĕhō, *ĭs*, *ĕre*, *vēxī*, *vectum*, tr., emmener, transporter de (loin de) : ***domum*** [C] Pros., emmener chez soi ; ***in alias terras*** [+C] Pros., emmener dans un pays étranger ; [C] Poés. ; ***frumentum navibus*** [C] Pros., emmener du blé par bateaux ‖ [pass. avec sens réfléchi] s'en aller, se retirer [à cheval, en voiture] : [C] Pros., Poés.

Avēia, *ae*, f., ancienne ville près d'Aquilée : [+C] Poés.

Ăvella, → *Abella*

ăvellāna, → *abellana*

āvellō, *ĭs*, *ĕre*, *vulsī* (*volsī*) et *vellī*, *vulsum* (*volsum*), tr. ¶ **1** arracher, détacher : [C] Pros. ‖ [avec *ex*] [C] Pros. ; [avec *ab*] [C] Pros. ; [avec *de*] [C] Pros., arracher de (à) ‖ [avec abl.] [poét.] [C] Poés. ‖ [avec dat.] [+C] Pros., enlever à, arracher à ¶ **2** [fig.] arracher, séparer : ***ab errore aliquem*** [C] Pros., arracher qqn à l'erreur ; [+C] Pros.

ăvēna, *ae*, f. ¶ **1** avoine [sauvage], folle avoine : [-C] Pros., [C] Pros., Poés. ‖ pl., ***steriles avenae*** [C] Poés., les folles avoines ‖ avoine [cultivée] : [C] Poés. ¶ **2** [poét.] chalumeau, flûte pastorale : [C] Poés. ‖ pl., chalumeaux réunis = flûte de Pan : [C] Poés.

Avennĭo, (qqf. **-ēnĭo**), *ōnis*, f., Avignon [ville de la Narbonnaise] ‖ **-ĭcus**, *a*, *um*, d'Avignon : ***urbs Avennica*** [+T] Pros., Avignon

ăvens, *tis*, part. de *1 aveo* ‖ adj[t], → *libens* : [+C] Pros.

ăventĕr, adv., avec empressement : [T] Pros.

Aventĭcum, *i*, n., ville des Helvètes [Avenche] : [+C] Pros., [T] Pros.

Ăventīnus, *i*, m. ¶ **1** un fils d'Hercule : [C] Poés. ¶ **2** un roi d'Albe : [C] Pros., Poés.

Ăventīnus mons, [C] Pros. [ou abs[t]], **Ăventīnus**, *i*, m., [+C] Pros., **Ăventīnum**, n., [C] Pros., le mont Aventin [une des sept collines de Rome] ‖ ***Aventinum occupare*** [C] Pros., occuper l'Aventin ‖ **-us**, *a*, *um*, de l'Aventin : [C] Poés. ‖ **-ensis**, *e*, [+C] Pros., **-iensis**, *e*

ăvĕo, *ēs*, *ēre*, -, -, tr., désirer vivement ; [avec acc.] désirer qqch. : [C] Poés., Pros. ‖ [d'ordin. avec inf.] [C] Pros. ‖ [avec prop. inf.] [C] Poés.

Ăverna, *ōrum*, n. pl., → *2 Avernus* : [C] Poés.

1 **Ăvernus**, *a*, *um*, sans oiseaux, de l'Averne : [C] Poés.

2 **Ăvernus**, *i*, m., Averne, [lac de Campanie où les poètes placent une entrée des Enfers] : [C] Poés., Pros. ‖ [poét.] = les Enfers : [C] Poés. ‖ l'enfer des chrétiens : [T] Poés. ‖ **-us**, *a*, *um*, de l'Averne, des Enfers : [C] Poés. ou **-ālis**, *e*, [C] Poés.

āverrō, *ĭs*, *ĕre*, *verrī*, -, tr., emporter, enlever : ***pisces mensa*** [C] Poés., enlever les poissons du comptoir [du marchand]

āverruncō, *ās*, *āre*, -, -, tr., [formule religieuse] détourner [un malheur] : ***calamitates*** [-C] Pros., détourner les fléaux ; ***iram deum*** [C] Pros., détourner la colère des dieux ‖ [abs[t]] [C] Pros.

Averruncus, *i*, m., divinité qui détournait les malheurs : [C] Pros., [+C] Pros.

āversābĭlis, *e*, abominable : [C] Poés. ‖ repoussant : [T] Pros.

āversātio, *ōnis*, f., éloignement, dégoût : [+C] Pros. ; ***alienorum processuum*** [+C] Pros., jalousie haineuse des succès d'autrui

āversātus, *a*, *um*, part. de *1 aversor*

āversĭo, *ōnis*, f., action de détourner ¶ **1** [dans les locutions adverbiales seul[t]] ***ex aversione*** [C] Pros., par derrière ¶ **2** fig. de rhét. par laquelle l'orateur détourne l'attention des auditeurs du sujet traité : [+C] Pros. ¶ **3** éloignement, dégoût : [T] Pros. ¶ **4** [chrét.] action de se détourner, infidélité, égarement : [T] Pros.

1 **āversŏr**, *ārĭs*, *ārī*, *ātus sum* ¶ **1** [abs[t]] se détourner, détourner la tête (le visage) : [-C] Théât. ¶ **2** tr., se détourner de : ***filium aversatus*** [C] Pros., s'étant détourné de son fils ; ***aspectum ejus*** [+C] Pros., s'étant dérobé à son regard (ayant esquivé son regard) ‖ [fig.] se détourner de, dédaigner, repousser : [+C] Pros. ; ***non aversatus honorem*** [C] Poés., sans te détourner de cet hommage (sans le dédaigner) ; ***aversabantur preces*** [C] Pros., ils refusaient d'écouter les prières ; ***aversari scelus*** [+C] Pros., repousser un crime (ne pas vouloir s'en faire complice) ‖ [avec 2 acc.] [+C] Pros. ‖ [avec inf.] [C] Pros.

2 **āversŏr**, *ōris*, m., celui qui détourne à son profit : ***pecuniae publicae*** [C] Pros., qui détourne les deniers publics

āversum, **āversa**, n., → *aversus* ¶ *1*

āversus, *a*, *um*, part. de *averto*, pris adj[t] ¶ **1** détourné, qui est du côté opposé, placé derrière : [C] Pros. ; ***ne aversi circumvenirentur*** [C] Pros., par crainte d'être assaillis par derrière ; ***per aversam portam*** [C] Pros., par la porte opposée ; ***in aversa charta*** [+C] Poés., sur le revers des pages ‖ ***aversa oratio*** ; → *apostropha* ‖ n. pris subst., ***aversum*** ; le côté opposé : [+C] Pros. ; ***per aversa urbis*** [C] Pros., par derrière la ville ¶ **2** [fig.] détourné, hostile, qui a de la répugnance (de l'éloignement) pour : ***aversus a vero*** [C] Pros. ; ***a Musis*** [C] Pros., ennemi du vrai, des Muses

āvertentes dii, m., → *averruncus* : [T] Pros.

āvertō (āvortō), *ĭs*, *ĕre*, *vertī (vortī)*, *versum (vorsum)*, tr. ¶ **1** détourner : ***flumina*** [C] Pros., détourner des cours d'eau ‖ ***ab aliqua re oculos avertere*** [C] Pros., détourner ses regards de qqch. ‖ ***se avertere*** [C] Pros., se détourner, se tourner d'un autre côté ‖ [passif à sens réfléchi] : [C] Pros. ; [poét.] ***fontes avertitur*** [C] Poés., il se détourne des sources, [+C] Poés., Pros. ; [T] Pros. ‖ [chrét.] se détourner [du bien] : [T] Pros. ‖ [pris abs[t]] ***avertere***, se détourner : [-C] Théât. ; ***prora avertit*** [C] Poés., la proue se détourne, [+C] Pros., [T] Pros. ¶ **2** [fig.] détourner l'esprit, l'attention : [C] Pros. ¶ **3** détourner, éloigner, écarter : ***pestem ab Aegypto*** [C] Pros., écarter un fléau de l'Égypte ; ***retrorsum*** [T] Pros., mettre en fuite ‖ faire cesser : [T] Pros. ¶ **4** détourner, dérober, soustraire : ***pecuniam publicam*** [C] Pros., détourner les deniers publics ; ***pecuniam domum*** [C] Pros., détourner de l'argent et l'emporter chez soi ‖ [avec dat. ou abl. ?] [poét.] [C] Poés., [+C] Poés.

āvexī, parf. de *aveho*

1 **ăvĭa**, *ae*, f. ¶**1** grand-mère [paternelle ou maternelle] : [-C] Théât., [C] Pros. ‖ [fig.] préjugé de grand-mère : ***veteres aviae*** [+C] Poés., vieux préjugés ¶**2** séneçon [plante] : [+C] Pros.

2 **āvĭa**, *ōrum*, n. pl., lieux où il n'y a pas de chemins frayés, lieux impraticables : [+C] Pros.

Avĭānĭus, *ĭī*, m., nom de famille rom. : [C] Pros.

ăvĭārĭum, *ĭī*, n. ***a)*** poulailler, colombier, volière : [C] Pros. ***b)*** bocages [où nichent les oiseaux] : [C] Poés.

ăvĭārĭus, *a*, *um*, relatif aux oiseaux : ***aviaria retia*** [C] Pros., filets à prendre les oiseaux ‖ subst. m., celui qui prend soin de la volaille : [+C] Pros.

ăvĭcŭla, *ae*, f., petit oiseau : ***aviculae nidulus*** [+C] Pros., le petit nid d'un oiselet

ăvĭdē, adv., avidement : [C] Pros. ‖ ***avidius*** [C] Pros. ; ***-issime*** [C] Pros.

ăvĭdĭtas, *ātis*, f. ¶**1** avidité, désir ardent : ***legendi aviditas*** [C] Pros., passion de la lecture, avidité de lecture ; ***gloriae*** [C] Pros., soif de gloire ¶**2** [en part.] ‖ cupidité, convoitise : [C] Pros.

ăvĭdĭtĕr, avec avidité : [+C] Pros.

ăvĭdus, *a*, *um* ¶**1** qui désire vivement, avide : [avec gén.] ***gloriae avidior*** [C] Pros., plus avide de gloire ; ***-issimus*** [C] Pros. ‖ [avec inf.] [C] Poés. ‖ [avec *in* abl.] [C] Pros., [+C] Pros. ‖ [avec *in* acc.] [C] Pros., [+C] Pros. ‖ [avec *ad*] [-C] Théât., [C] Pros. ¶**2** [en part.] ***a)*** âpre au gain, avare, cupide : ***animus avidus*** [C] Pros., cupidité ; [C] Poés. ‖ subst. m., un avare : [C] Pros. ***b)*** affamé, gourmand, vorace, glouton [métaph.] : [C] Pros. ; ***convivae avidi*** [C] Poés., convives affamés ; ***aures avidae*** [C] Pros., oreilles avides, insatiables ; [poét.] ***avidum mare*** [C] Poés., la mer insatiable

Ăvĭēnus, *i*, m., Rufus Festus Avienus, poète latin, traducteur des *Phénomènes* d'Aratos : [T] Pros.

Ăvĭŏla, *ae*, m., surnom romain : [+C] Pros.

Aviones, *um*, m. pl., Avions [peuple germain] : [+C] Pros.

ăvis, *is*, f. ¶**1** oiseau : [C] Pros. ‖ [servant aux auspices] [C] Pros. ‖ [en parl. des abeilles] [C] Pros. ¶**2** [fig.] présage, auspice : ***avis sinistra*** [-C] Théât., mauvais augure ; ***secundis avibus*** [C] Pros., avec de bons présages ‖ [proverbes] ***avis alba*** [C] Pros., un merle blanc [une chose rare] ; ***rara avis*** [+C] Poés., oiseau [présage] rare

Ăvītăcus, *i*, f., [T] Poés., bourg dans la Lyonnaise [auj. Aydat] : [T] Pros.

ăvĭtĭum, *ĭī*, n., gent ailée : [+C] Pros.

1 **ăvītus**, *a*, *um*, appartenant au grand-père, qui vient de l'aïeul, des aïeux, ancestral : [C] Pros. ‖ [en parl. des animaux] : ***avita celeritas*** [+C] Pros., la vitesse ancestrale

2 **Ăvītus**, *i*, m., surnom romain, not[t] A. Cluentius Avitus, défendu par Cicéron : [C] Pros. ‖ empereur [455-456] : [T] Poés. ‖ s. Avit [5e-6e s. apr. J.-C.] : [+T] Pros.

āvĭum, *ĭī*, n., lieu non fréquenté, écarté : [C] Pros. [employé surtout au pl.] → *2 avia*

āvĭus, *a*, *um* ¶**1** où il n'y a point de chemin frayé, impraticable, inaccessible : [C] Poés., Pros. ¶**2** [en parl. des pers.] errant, égaré : [C] Poés. ‖ [fig.] éloigné de, fourvoyé : [C] Poés., [+C] Poés.

āvŏcāmentum, *i*, n., ce qui détourne, distraction, diversion, délassement, détente, repos : [+C] Pros.

āvŏcātĭo, *ōnis*, f., action de détourner, de distraire, diversion : [C] Pros. ; ***sine avocatione*** [+C] Pros., sans causer de distraction

āvŏcō, *ās*, *āre*, *āvī*, *ātum*, tr. ¶**1** appeler de, faire venir de : [C] Pros. ‖ faire s'en aller de, éloigner de : [C] Pros. ¶**2** [fig.] détourner, écarter, éloigner : [C] Pros. ¶**3** divertir, distraire : [T] Pros. ; ***quibus avocare se*** [T] Pros., se divertir avec

āvŏlō, *ās*, *āre*, *āvī*, *ātum*, intr. ¶**1** s'envoler loin de : [C] Poés., [+C] Pros. ¶**2** [fig.] s'envoler, partir précipitamment : [C] Pros. ; ***voluptas avolat*** [C] Pros., le plaisir s'envole ‖ être en transes : [T] Pros.

āvols-, → *avuls-*

Ăvŏna, *ae*, m., rivière de Bretagne [auj. l'Avon] : [+C] Pros.

ăvŏs, → *avus*

āvulsī, parf. de *avello*

āvulsus, *a*, *um*, part. de *avello*

ăvuncŭlus, *i*, m. ¶**1** oncle maternel : ***avunculus magnus*** [C] Pros., grand-oncle maternel ‖ ; [ou aussi] grand-oncle maternel : [+C] Pros. ¶**2** [qqf.] ***a)*** oncle, mari de la sœur de la mère : [+C] Pros. ***b)*** → *avunculus magnus* : [+C] Pros.

ăvus (**ăvŏs**), *i*, m., aïeul, grand-père : [C] Pros. ‖ pl., les aïeux : [C] Pros.

Axĕnus Pontus, et abs[t] **Axĕnus**, *i*, m., ancien nom du Pont-Euxin : [C] Poés.

Axia, *ae*, f., place forte d'Étrurie [auj. Castel d'Asso] : [C] Pros.

Axiānus, *i*, m., surnom romain : [C] Pros.

axĭcĭa, *ae*, f., ciseaux : [-C] Théât.

1 **axĭcŭlus**, *i*, m., axe, rouleau : [C] Pros.

2 **axĭcŭlus**, *i*, m., petit ais, petite planche : [T] Pros.

Axilla, *ae*, m., surnom romain : [C] Pros.

Axīnus, *i*, m., → *Axenus* : [C] Pros.

axĭōma, *ătis*, n., axiome, proposition évidente : [+C] Pros.

Axĭōn, m., fils de Priam : [+C] Poés.

1 **axis**, *is*, m. ¶**1** axe, essieu : [-C] Pros., Théât., [C] Poés., Pros. ¶**2** char : [C] Poés. ¶**3** axe [de machines diverses] : [C] Pros. ¶**4** axe du monde : [C] Pros. ‖ [d'où] pôle, [et en part.] pôle nord : [C] Poés. ¶**5** la voûte du ciel, le ciel : [C] Poés. ‖ région du ciel : ***axe sub Hesperio*** [C] Poés., sous la partie occidentale de la voûte du ciel (à l'Occident) ¶**6** fiche, agrafe [servant à la penture des portes] : [+C] Poés.

2 **axis**, *is*, m., ais, planche : [C] Pros., [+C] Pros. ‖ [archit.] plaquette [bordure plate qui cerne la tranche des volutes dans le chapiteau ionique] : [C] Pros.

axĭtĭōsus, *a*, *um*, factieux : [C] Pros.

Axius, *ĭī*, m. ¶**1** fleuve de Macédoine : [C] Pros. ¶**2** nom romain : [C] Pros., [+C] Pros.

axōn, *ŏnis*, m. ¶**1** axe [de l'analemme] : [C] Pros. ¶**2** arbre [du treuil de la baliste] : [C] Pros. ¶**3** tablettes de bois [sur lesquelles étaient gravées les lois de Solon] : [T] Pros., [+C] Pros.

Axŏna, *ae*, m., rivière de la Gaule Belgique [Aisne] : [C] Pros., [T] Poés.

Axur, → *Anxur*

Axylŏs, f., canton de la Galatie : [C] Pros.

Azān, *ānis*, m., héros éponyme d'un peuple d'Arcadie : [+C] Poés.

Azarĭās, *ae*, m., nom d'homme chez les Juifs : [T] Pros.

Azōrus, *i*, f., ville de Thessalie : [C] Pros.

Azōtĭcē, adv., à la façon des habitants d'Azot : [T] Pros.

Azōtus, **-tŏs**, *i*, f., ville de Judée ‖ **-tis**, *idis*, acc. pl. *idas*, f., **-tĭus**, *a*, *um*, d'Azot : [T] Pros.

azȳmus, *a*, *um*, qui est sans levain : [T] Pros. ‖ [fig.] sans ferment, pur : [T] Pros. ‖ **-mŏn**, n., [T] Poés., **azȳma**, pl., pain(s) sans levain : [T] Pros.

B

b, f., n., indécl., deuxième lettre de l'alphabet latin, prononcée *bē* : [C] ‖ [abrév.] ***B = bonus*** ou ***bene*** ; ***B. D. = bona dea*** ; ***B. M. = bene merenti*** ; ***bonae memoriae*** ; ***B. M. P. = bene merenti posuit*** ; ***B. D. S. M. = bene de se merito*** ou ***meritae*** ; V. *1 beta*

Bāāl (Bahal), indécl., ou gén. ***alis***, m., Baal [idole des Assyriens et des Phéniciens] : [T] Pros. ‖ nom de plusieurs personnages : [T] Pros.

Baba, ***ae***, m., nom d'esclave : [+C] Pros.

băbae, interj., [marque l'admiration et l'approbation] oh ! ah ! fort bien ! à merveille ! : [-C] Théât., [+C] Pros.

băbaecălus, ***i***, m., fat, freluquet : [+C] Pros.

Babel, ***ēlis***, f., = *Babylon* : [T] Pros.

Babilus, ***i***, m., astronome du temps de Néron : [+C] Pros.

Babrĭus, ***ii***, m., fabuliste grec : [T] Poés.

Babullĭus, ***ii***, m., riche Romain, ami de César : [C] Pros.

băbŭlus, ***i***, m., hâbleur : [+C] Pros.

Băbȳlō, ***ōnis***, m., un Babylonien, un nabab : [-C] Théât.

Băbȳlōn, ***ōnis***, acc. ***ōna***, f., Babylone [ancienne capitale de la Chaldée, sur l'Euphrate] : [C] Pros. ‖ ***Babylon magna*** [T] Pros., la grande Babylone [Rome] ‖ **-nĭăcus**, [C] Poés. ou **-nĭcus** ou **-nĭus**, ***a, um***, [-C] Théât. ou **-niensis**, ***e***, [-C] Théât., de Babylone, babylonien ‖ **-nĭī**, ***ōrum***, m. pl., les Babyloniens : [C] Pros. ‖ **-nĭca**, ***ōrum***, n. pl., tapis babyloniens, étoffes brodées : [-C] Théât., [C] Poés.

Băbȳlōnĭa, ***ae***, f., Babylone : [C] Pros., [+C] Pros.

1 **băca**, ***ae***, f. ¶ **1** baie [en gén.], fruit rond de n'importe quel arbre, fruit : [-C] Pros., [C] Pros. ‖ [en part.] olive : [C] Pros. ¶ **2** [fig.] perle : [C] Poés.

2 **Băca**, V. *1 Baccha*

bacalūsiae, ***ārum***, f. pl., folles conjectures, exégèses gratuites, fariboles : [+C] Pros.

Băcānal, V. *Bacchanal*

Bacānālia, V. *Bacchanalia*

băcātus, ***a, um***, fait avec des perles : [C] Poés.

Bacaudae, V. *Bagaudae*

1 **bacca**, V. *1 baca*

2 **bacca**, = *vinum* [en Espagne] : [C] Pros.

baccăr, ***ăris***, n. et **baccăris**, ***is***, f., baccar [plante dont on tirait un parfum] : [C] Poés.

Baccăra, nom d'esclave : [+C] Poés.

baccātus, V. *bacatus*

1 **Baccha** (arch. **Baca**), ***ae*** et **Bacchē**, ***ēs***, f., **Bacchae**, ***ārum***, pl., Bacchante, Bacchantes [femmes qui célébraient les mystères de Bacchus, nommés Bacchanales] : [-C] Théât. ; ***Bacchis initiare aliquem*** [C] Pros., initier qqn aux mystères de Bacchus ; V. *Bacchanalia*

2 **baccha**, V. *2 bacca*

bacchābundus, ***a, um***, qui se livre à tous les excès de la débauche : [+C] Pros. ‖ criant, se démenant : [+C] Pros.

Bacchaeus, ***a, um*** ¶ **1** V. *Baccheius* ¶ **2** V. *1 Baccha*

Bacchānăl (arch. **Bacānal**), ***ālis***, n. ¶ **1** lieu de réunion des femmes qui célèbrent les mystères de Bacchus : [-C] Théât. ¶ **2** [au sg. [-C] Théât. mais surt. au pl.], **Bacchānālĭa**, ***ĭum*** (***ĭōrum***), n., Bacchanales, mystères de Bacchus : [C] Pros. ‖ [fig. et poét.] ***bacchanalia vivere*** [+C] Poés., mener une vie de débauches

Bacchānālis, ***e***, qui concerne Bacchus : [T] Pros.

bacchans, V. *bacchor*

bacchar, V. *baccar*

Bacchārĭa, ***ae***, f., titre d'une pièce de Plaute : [T] Pros.

bacchātim, adv., à la manière des Bacchantes : [+C] Pros.

bacchātio, ***ōnis***, f., célébration des mystères de Bacchus : [+C] Poés. ‖ [rare] orgie, débauche : ***nocturnae bacchationes*** [C] Pros., orgies nocturnes

bacchātus, ***a, um***, part. de *bacchor*

Bacchē, ***ēs***, V. *1 Baccha* : [C] Poés.

Bacchēĭs, ***ĭdis***, adj. f., de Bacchis [roi de Corinthe] ; [d'où] Corinthienne : [+C] Poés.

Bacchēĭus, ***a, um***, de Bacchus : [C] Poés.

Bacchēus, ***a, um*** ¶ **1** de Bacchus : [+C] Poés. ¶ **2** des Bacchantes : [C] Poés. ; ***Baccheus sanguis*** [+C] Poés., sang répandu par les Bacchantes

Bacchĭădae, ***ārum***, m. pl., les Bacchiades [famille corinthienne issue de Bacchis, et établie en Sicile] : [C] Poés.

Bacchĭcus, ***a, um***, de Bacchus [bachique] : [+C] Poés.

bacchĭgĕnus, ***a, um***, de Bacchus, de la vigne : [T] Poés.

bacchīnon, jatte de bois, baquet : [+T] Pros.

Bacchis, ***ĭdis***, f., nom de femme ‖ pl., ***Bacchides***, titre d'une comédie de Plaute : [-C] Théât.

Bacchīum, ***ĭi***, n., île près de l'Ionie : [C] Pros.

1 **Bacchĭus**, ***a, um***, de Bacchus : [C] Poés. ‖ subst. n. pl., = *Bacchanalia*

2 **Bacchĭus**, ***ĭi***, m. ¶ **1** auteur de Milet, qui a écrit sur l'agriculture : [C] Pros. ¶ **2** nom d'un gladiateur : [C] Poés.

bacchīus pes, bacchée, pied bacchiaque [composé d'une brève et de deux longues] : [+C] Pros.

bacchor, ***ārĭs, ārī, ātus sum***, intr. ¶ **1** avoir le délire inspiré par Bacchus, être dans les transports bachiques : [-C] Théât., [C] Pros., Poés. ¶ **2** [poét.] [sens passif] être parcouru (foulé) par les Bacchantes : [C] Poés. ¶ **3** [fig.] être dans des transports, dans le délire [sous l'effet d'une passion violente] : [C] Pros. ‖ se démener, s'agiter : ***bacchatur vates*** [C] Poés., la prêtresse se débat dans le délire ¶ **4** errer en s'agitant, s'ébattre : [C] Poés. ‖ se déchaîner : [C] Poés. ‖ se répandre à grand bruit : [C] Poés. ¶ **5** part. prés., **Bacchantes**, ***ium*** (poét. ***um***), f. pl., = *Bacchae*, Bacchantes : [C] Poés., [+C] Pros.

Bacchus, ***i***, m., dieu du vin [surnom de Dionysos] : [-C] Théât., [C] Pros.

Bacchylides, ***is***, m., poète lyrique grec : [T] Pros.

baccĭballum (-us), ***i***, n., m. ?, vase à vin (?) ‖ [fig.] femme replète, nana [arg.] : [+C] Pros.

Băcēnis, f., forêt en Germanie : [C] Pros.

bacĕŏlus, ***i***, m., imbécile : [+C] Pros.

bācĭfĕr, ***ĕra, ĕrum***, qui porte des olives : [C] Poés.

băcillum, ***i***, n., baguette : [C] Pros. ‖ verge portée par les licteurs : [C] Pros.

Bacis, ***ĭdis***, m. ¶ **1** devin de Béotie : [C] Pros. ¶ **2** taureau adoré en Égypte : [acc. *-in*] [T] Pros.

Bactra, ***ōrum***, n. pl., Bactres [capitale de la Bactriane] : [C] Poés., [+C] Pros.

Bactrēnus et **Bactrīnus**, ***a, um***, [+C] Pros., de la Bactriane

Bactrĭānus, ***a, um***, = *Bactrenus* : [+C] Pros. ‖ **-i**, ***ōrum***, m. pl., Bactriens, habitants de Bactres ou de la Bactriane : [+C] Pros.

Bactrĭnus, ***a, um***, = *Bactrenus* : [C] Poés.

Bactrŏs (-us), ***i***, m., fleuve de la Bactriane : [+C] Poés., Pros.

băcŭlum, [C] Poés., n. et tard. **băcŭlus**, *i*, m. ¶ **1** bâton : [C] Pros. ¶ **2** sceptre : [HC] Pros. ¶ **3** [usages divers] : [bâton d'augure] [C] Pros. ; [des philosophes cyniques] [HC] Poés. ; [des aveugles] [T] Pros. ; ***senectutis*** [T] Pros., bâton de vieillesse [leur fils]

Badĭa, *ae*, f., ville de la Bétique : [HC] Pros.

bădĭus, *a*, *um*, bai : [C] Poés.

bădizō, *ās*, *āre*, *-*, *-*, intr., avancer [en parlant d'un cheval] : [-C] Théât.

Baduhennae lūcus, *i*, m., forêt de Baduhenne [en Germanie] : [HC] Pros.

Baebĭus, *ĭi*, m., nom de famille rom. : [C] Pros. ‖ **-us**, *a*, *um*, de Baebius : [C] Pros.

Baecŭla, *ae*, f., ville de la Bétique : [C] Pros.

Baetĭca, *ae*, f., la Bétique : [HC] Pros.

baetĭcātus, *a*, *um*, revêtu de laine de Bétique : [HC] Poés.

Baetĭcŏla, *ae*, f., habitant de la Bétique : [HC] Poés.

Baetĭgĕna, *ae*, m., né sur les bords du Bétis : [HC] Poés.

Baetis, *is*, m., fleuve d'Espagne [auj. Guadalquivir] ‖ **-ĭcus**, *a*, *um*, du Bétis, de la Bétique : [HC] Poés. ‖ **Baetici**, m. pl., les habitants de la Bétique : [HC] Pros.

baetō (bētō), *ĭs*, *ĕre*, *-*, *-*, ➡ *bito* : [C] Poés.

Baetūrĭa, *ae*, f., Béturie, partie de la Bétique : [C] Pros.

Băga, *ae*, m., roi des Maures : [C] Pros. ‖ guerrier : [HC] Poés.

Băgaudae (Băc-), *ārum*, m. pl., Bagaudes [brigands qui ravagèrent la Gaule] : [T] Pros.

Băgenni, ➡ *Bagienni* : [HC] Poés.

Băgĭenni, *ōrum*, m. pl., Ligures du Tanaro supérieur : [C] Pros. ; ➡ *Vagienni*

Bagistanēs, *is*, m., nom d'un Babylonien : [HC] Pros.

Băgōās, *ae*, m. et **-gōus**, *i*, m., nom d'homme chez les Perses [= eunuque] : [HC] Pros.

Bagophănēs, *is*, m., nom d'un Perse : [HC] Pros.

Băgrăda, *ae*, m., le Bagrada [fleuve de Numidie, auj. Medjerda] : [C] Pros.

Bahal, ➡ *Baal*

bahis, *is*, f., palme : [T] Pros.

Bāiae, *ārum*, f. pl. ¶ **1** Baïes [ville d'eaux de Campanie] : [C] Pros. ¶ **2** bains, thermes : [C] Pros. ‖ **-ānus**, *a*, *um*, de Baïes : [C] Pros.

Bāiŏcasses, *ĭum*, m. pl., [peuple de la 2e Lyonnaise] ‖ **-ssīnus**, *a*, *um*, Baïocasse : [FT] Pros.

băiolus, ➡ *bajulus*, *baiulus* : [-C] Théât.

Bāius, *a*, *um*, de Baïes, de bains : [C] Poés.

bājŭlō (bāiulō), *ās*, *āre*, *-*, *-*, tr., porter sur le dos : [-C] Théât. : [HC] Pros. ‖ ***baiolare*** [-C] Théât.

bājŭlus (bāiŭlus), *i*, m., porteur, portefaix : [C] Pros., [HC] Pros. ‖ messager : [T] Pros. ‖ celui qui porte les morts : [T] Pros. ‖ qui porte, soigne les enfants : [T] Pros.

Bāl, ➡ *Baal*

Balacrus, *i*, m., nom d'homme : [HC] Pros.

bālaena, ➡ *ballaena*

bălănātus, *a*, *um*, parfumé d'huile de balanus [arbrisseau odoriférant] : [HC] Poés.

bālans, *tis*, part. de *1 balo* ‖ subst. f., brebis : [C] Poés.

bălănus, *i*, f., arbrisseau odoriférant ‖ gland de mer, balane : [-C] Théât., [HC] Pros.

Bălări, *ōrum*, m. pl., Balares [peuple de la Sardaigne] : [C] Pros.

bălătro, *ōnis*, m., hâbleur, charlatan, vaurien : [C] Poés.

bālātŭs, *ūs*, m., bêlement : [C] Poés.

bălaustĭum, *ĭi*, n., fleur du grenadier sauvage : [HC] Pros.

balbē, adv., en balbutiant, en bégayant : [C] Poés.

Balbilius, *ii*, m., nom d'homme : [C] Pros.

Balbillus, *i*, m., nom d'homme : [HC] Pros.

Balbīnus, *i*, m., nom d'homme : [C] Poés.

1 **balbus**, *a*, *um*, bègue, qui bégaye : [C] Pros., Poés.

2 **Balbus**, *i*, m. ¶ **1** surnom romain : [C] Pros. ¶ **2** mont d'Afrique : [C] Pros.

balbūtĭō (-buttĭō), *īs*, *īre*, *īvi*, *-*, intr. et tr

I intr. ¶ **1** bégayer, balbutier, articuler mal : [HC] Pros. ¶ **2** parler obscurément : [C] Pros.

II tr., dire en balbutiant : [C] Pros. ‖ [avec prop. inf.] [C] Poés.

Bălĕāres insŭlae et **Bălĕāres**, *ĭum*, f. pl., îles Baléares : [C] Pros. ‖ **-ārĭcus**, *a*, *um* et **-āris**, *e*, des îles Baléares : [C] Poés. ; ***funditores Baleares*** [C] Pros., frondeurs baléares

bālēna, ➡ *bālaena*

Bălĭāres, etc., ➡ *Baleares*, etc.

bălĭnĕae, *ārum*, f. pl., bains publics : [-C] Théât.

bălĭnĕātŏr, *ōris*, ➡ *balneator* : [-C] Théât.

bălĭnĕum, *i*, ➡ *balneum* : [C] Pros.

băliscus, *i*, m., bain : [HC] Pros.

1 **bālista**, etc., ➡ *1 ballista*

2 **Bālista**, *ae*, m., ➡ *2 Ballista*

ballaena, *ae*, f., baleine : [C] Poés., [HC] Poés. ‖ **-nācĕus**, *a*, *um*, de baleine : [HC] Pros.

ballēna, ➡ *ballaena*

Ballĭo, *ōnis*, m., Ballio [nom d'un entremetteur] : [-C] Théât. ‖ [fig.] = un vaurien : [C] Pros. ‖ **-ōnĭus**, *a*, *um*, de Ballion : [-C] Théât.

1 **ballista (bālista)**, *ae*, f. ¶ **1** baliste [lanceur de pierres à torsion et à deux bras] : [-C] Théât., [C] Pros., [HC] Théât., Pros. ‖ [utilisée pour lancer des poutres] [C] Pros. ; [des javelots] [HC] Poés. ¶ **2** baliste [lanceur de flèches à torsion, construit en métal à partir du 1er s. apr. J.-C.] : [T] Pros. ¶ **3** projectile lancé par la baliste : [-C] Théât.

2 **Ballista**, *ae*, m., mont de Ligurie : [C] Pros.

ballistārĭum, *ĭi*, n., arsenal : [-C] Théât.

ballistārĭus, *ĭi*, m., soldat qui sert la baliste : [T] Pros.

ballistrārĭus, ➡ *ballistarius*

ballō, *ās*, *āre*, *-*, *-*, intr., danser : [T] Pros.

Ballŏnīti, *ōrum*, m. pl., peuple scythe : [HC] Poés.

ballūca (bālūca), *ae* et **ballux (bālux)**, *ūcis*, f., sable aurifère, poudre d'or : [HC] Poés.

balnĕae, *ārum*, f. pl., bains publics : ***balneae Seniae*** [C] Pros., bains de Senia

balnĕāris, *e*, de bain, relatif au bain ‖ **-rĭa**, *ĭum*, n. pl., ustensiles de bain : [HC] Pros.

balnĕārĭus, *a*, *um*, de bain : [C] Poés. ‖ **-rĭa**, *ōrum*, n. pl., bains, local de bains : [C] Pros., [HC] Pros.

balnĕātŏr, *ōris*, m., baigneur, maître de bain : [C] Pros.

balnĕō, *ās*, *āre*, *-*, *-*, intr., se baigner : [C] Poés.

balnĕŏlum, *i*, n., petit bain : [C] Pros., [HC] Pros.

balnĕum, *i*, n., salle de bains d'un particulier : [C] Pros. ‖ bain chaud, eau du bain : [C] Pros., [HC] Pros. ‖ pl., bains publics : [C] Pros.

balneus, *i*, m., ➡ *balneum* : [HC] Pros.

1 **bālō**, *ās*, *āre*, *āvi*, *ātum*, intr., bêler : [C] Poés., [HC] Pros. ‖ [plaist] [C] Pros. ‖ dire des absurdités : [T] Pros. ; ➡ *balans*

2 **balō**, *ās*, *āre*, *-*, *-*, ➡ *ballo*

balsămum, *i*, n. ¶ **1** baumier [arbrisseau] : [HC] Pros. ¶ **2** suc du baumier, baume, parfum : [qqf. sg.] [HC] Pros. ; [surt. au pl.] ***balsama*** [C] Poés. ; [HC] Pros.

baltĕus, *i*, m., baudrier, ceinturon : [C] Pros., Poés. ‖ [poét.] ceinture : [HC] Poés. ‖ ceinture du grand prêtre hébreu : [T] Pros. ‖ étrivières : [HC] Poés. ‖ [fig.] le zodiaque : [C] Poés. ‖ le bord, la croûte d'une pâtisserie : [-C] Pros. ‖ listel du chapiteau ionique : [C] Pros.

Balthasar (-ssar, -zar), indécl., ou gén. *aris*, m., Balthasar, dernier roi de Babylone : [T] Pros.

bălūca, ➡ *balluca*

bālux, ➡ *balluca*

Bambălĭo, *ōnis*, m., le Bègue [sobriquet donné au beau-père de Marc-Antoine] : [C] Pros.

bambĭlĭum, *ĭi*, n., flûte grave : [T] Poés.

Bambycē, *ēs*, f., ville de Syrie ‖ **-cĭus**, *a*, *um*, de Bambycé : [T] Poés.

Bandŭsĭa, *ae*, f., Bandusie [source chantée par Horace] : [C] Poés.

bannus, *i*, m., amende : [+T] Pros.

Bantĭa, *ae*, f., ville d'Apulie : [C] Pros. ‖ **-īnus**, *a*, *um*, [C] Poés., de Bantia ‖ **-tīni**, *ōrum*, m. pl., habitants de Bantia

Baphyrus, *i*, m., fleuve de Macédoine : [C] Pros.

Baptae, *ārum*, m. pl., les Baptes, prêtres de Cotytto : [+C] Poés.

baptisma, *ătis*, n., ablution, immersion : [T] Poés. ‖ baptême [sacrement] : [T] Pros.

baptismus (-um), *i*, m., n., ablution : [T] Pros.

Baptista, *ae*, m., baptiseur : ***Joannes Baptista*** [T] Pros., Jean Baptiste

baptistērĭum, *ĭi*, n. ¶ **1** piscine [pour se baigner et nager] : [+C] Pros. ¶ **2** fonts baptismaux, baptistère, lieu où l'on baptise : [T] Pros.

baptizātĭo, *ōnis*, f., action de baptiser : [T] Pros.

baptizō, *ās*, *āre*, -, -, tr., baigner : ***baptizari*** [T] Pros. ; ***baptizare se*** [T] Pros., se laver, faire ses ablutions ‖ [chrét.] baptiser, administrer le baptême : [T] Pros. ‖ [fig.] purifier : [T] Pros.

Bărabbās, *ae*, m., meurtrier juif à qui le peuple donna la liberté plutôt qu'à J.-C. : [T] Pros.

bărăthrum, *i*, n., gouffre où l'on précipitait les condamnés à Athènes, gouffre, abîme [en parl. de la mer] : [C] Poés. ‖ les enfers : [-C] Théât., [C] Poés. ‖ [fig.] ***barathro donare*** [C] Poés., perdre, jeter à l'eau ; ***effunde in barathrum*** [-C] Théât., verse dans ton gouffre [ventre] ; [en parl. d'un h. insatiable] ***barathrum macelli*** [C] Pros., abîme du marché [des victuailles] ‖ [chrét.] l'enfer : [T] Poés.

Baraxmalcha, *ae*, f., ville de Mésopotamie : [T] Pros.

1 **barba**, *ae*, f., barbe [de l'homme et des animaux] : ***tondere*** [C] Pros., se raser ; ***barbam submittere*** [+C] Pros., laisser croître sa barbe ; [C] Poés. ; ***barbam vellere alicui*** [C] Poés., tirer la barbe à quelqu'un (l'insulter) ; [+C] Pros., Poés.

2 **Barba**, *ae*, m., surnom romain : [C] Pros.

Barbāna, *ae*, m., rivière d'Illyrie [auj. Bojana] : [C] Pros.

barbărē, adv. ¶ **1** de façon barbare [= de pays étranger par rapport aux Grecs] : ***vortere barbare*** [-C] Théât., traduire en langue barbare [= en latin] ¶ **2** d'une façon barbare, grossière : [C] Poés. ¶ **3** de façon barbare : ***loqui*** [C] Pros., parler en faisant des fautes, [+C] Pros. ¶ **4** cruellement : [T] Pros.

barbări, *ōrum*, m. pl., les barbares ¶ **1** [pour les Grecs] = les Romains, les Latins : [-C], [C] Pros., [+C] Pros. ¶ **2** [pour les Romains] = tous les peuples sauf les Grecs et les Romains : [C] Pros. ¶ **3** gens barbares, incultes : [C] Pros.

barbarĭa, *ae*, f. ¶ **1** pays barbare [pour les Grecs, = l'Italie] : [-C] Théât. ‖ [plus souv.] pays étranger, nation étrangère [tous les pays en dehors de la Grèce et de l'Italie] : [C] Pros. ¶ **2** barbarie, manque de culture, mœurs barbares, incultes, sauvages : [C] Pros. ‖ langage barbare (vicieux) : [C] Pros.

barbărĭcum ¶ **1** [n. pris adv[t]] à la manière des barbares : [+C] Poés. ¶ **2** subst. n., ▶ *barbaricus*

barbărĭcus, *a*, *um* ¶ **1** ▶ *barbarus* ¶ *1*, barbare, étranger ‖ [en part.] Phrygien : [C] Poés. ¶ **2 -rĭcum**, n. ***a)*** pays étranger : [T] Pros. ***b)*** sauvagerie, barbarie : [+T] Pros.

barbarĭēs, ▶ *barbaria* : [C] Pros.

barbărismus, *i*, m., barbarisme : [C] Pros., [+C] Pros. ‖ [fig.] ***morum*** [T] Pros., barbarisme moral [discordance]

barbărum, *ī*, n. ¶ **1** sorte d'emplâtre : [+C] Pros. ¶ **2** barbarie ▶ *barbaria* : [+C] ‖ ▶ *barbarus* ¶ *2*

barbărus, *a*, *um* ¶ **1** barbare, étranger [= Latin, pour les Grecs] : [-C] Théât. ¶ **2** barbare, étranger [= venant de tous les pays sauf les Grecs et les Romains] : [C] Pros. ‖ [n. pris subst[t]] ***in barbarum*** [+C] Pros., à la manière barbare ¶ **3** barbare, inculte, sauvage : [C] Pros. ¶ **4** [en parl. du langage] barbare, incorrect : [C] Pros., [+C] Pros. ¶ **5** [chrét.] païen : [T] Poés. ; ▶ *barbari* ‖ ***barbarior*** : [C] Poés.

barbascŭlus, *i*, m., peu cultivé, balourd : [+C] Pros. ; ▶ *barunculus*

Barbatĭus, *ĭi*, m., nom d'homme : [C] Pros.

barbātōrĭa, *ae*, f., action de se faire la barbe pour la première fois [vulg.] : ***barbatoriam facere*** [+C] Pros., se faire la barbe pour la première fois

barbātŭlus, *i*, m., à la barbe naissante (au poil follet) : [C] Pros. ‖ ***mullus*** [C] Pros., rouget-barbet [poisson]

1 **barbātus**, *a*, *um*, barbu, qui a de la barbe, qui porte barbe : [C] Pros. ‖ ancien, du vieux temps [époque où on ne se rasait pas] : [C] Pros. ‖ = philosophe : [+C] Poés. ‖ subst. m., bouc : [C] Poés.

2 **Barbātus**, *i*, m., surnom romain : [C] Pros.

barbĭgĕr, *ĕra*, *ĕrum*, barbu : [C] Poés.

barbĭtĭum, *ĭi*, n., barbe : [+C] Pros.

barbĭtŏs, *i*, m., instrument de musique à plusieurs cordes, luth : [C] Poés. ‖ [fig.] chant : [C] Poés.

Barbosthĕnēs, *is*, m., montagne de Laconie : [C] Pros.

1 **barbŭla**, *ae*, f., petite barbe : [C] Pros.

2 **Barbŭla**, *ae*, m., surnom romain : [C] Pros.

barbus, *i*, m., barbeau [poisson] : [T] Poés.

Barca, *ae*, m., surnom d'Hamilcar, père d'Hannibal : [C] Pros., [+C] Poés. ‖ **-cīnus**, *a*, *um*, de Barca, de la famille des Barcides : [C] Pros. ; ***Barcina factio*** [C] Pros., la faction des Barcides ‖ [poét.] ***Barcina clades*** [T] Poés., la défaite d'Hasdrubal [sur le Métaure] ‖ **-cīni**, *ōrum*, m. pl., les Barcides : [C] Pros. ‖ **-caeus**, *a*, *um*, des Barcides : [+C] Poés.

Barcaei, ▶ *Barce*

barcala, *ae*, m., homme de rien, imbécile : [+C] Pros.

Barcāni, *ōrum*, m. pl., Barcaniens [peuple de l'Hyrcanie] : [+C] Pros.

Barcās, ▶ *Barca*

Barcē, *ēs*, f. ¶ **1** Barcé [nourrice de Sichée] : [C] Poés. ¶ **2** ville de Libye [postérieurement Ptolemaïs] ‖ **-caei**, *ōrum*, m. pl., habitants de Barcé : [C] Poés.

Barch-, ▶ *Barc-*

Barcīnus, *a*, *um*, ▶ *Barca*

bardăĭcus, *a*, *um*, ***calceus*** [+C] Poés., chaussure de soldat ; [ou abs[t]] ***bardaicus*** [+C] Poés.

bardītŭs, *ūs*, m., bardit [cri de guerre des Germains] : [+C] Pros. ; ▶ *barritus*

Bardo, *ōnis*, f., ville de l'Hispanie ultérieure : [C] Pros.

bardŏcŭcullus, *i*, m., sorte de manteau d'étoffe grossière avec un capuchon, cape : [+C] Poés.

1 **bardus**, *a*, *um*, lourd, stupide : [C] Pros.

2 **bardus**, *i*, m., barde, chanteur et poète chez les Gaulois : [+C] Poés., [T] Pros., Poés.

Bardylis, *is*, m., roi d'Illyrie : [C] Pros.

1 **Bărēa**, *ae*, f., ville de la Tarraconaise [auj. Vera] : [C] Pros.

2 **Barĕa**, *ae*, m., surnom romain : [+C] Pros.

Bargŭllum (-lum), *i*, n., ville d'Épire : [C] Pros.

Bargūsĭi, *ōrum*, m. pl., peuple de la Tarraconaise : [C] Pros.

Bargylĭa, *ōrum*, n. pl., et **Bargyliae**, *ārum*, f. pl., [C] Pros., ville de Carie ‖ **-lĭētae**, *ārum*, m. pl., habitants de Bargylies : [C] Pros. ‖ **-lĭētĭcus**, *a*, *um*, de Bargylies : [C] Pros.

Barĭa, *ae*, f., ▶ *1 Barea*

Bariciāni, *ōrum*, m. pl., ▶ *Barcaei* : [T] Pros.

Bārīnē, *ēs*, f., nom de femme : [C] Poés.

bāris, *ĭdos*, f., barque, toue [dont on se sert sur le Nil] : [C] Poés.

barītus, ▶ *barritus*

Bārĭum, *ĭi*, n., ville d'Apulie [auj. Bari] : [C] Pros.

bāro, *ōnis*, m. ¶ **1** lourdaud, imbécile : [C] Pros. ¶ **2** colosse : [+C] Pros.

barrīnus, *a*, *um*, d'éléphant : [T] Pros.

barrĭō, *īs, īre, -, -*, intr., barrir [crier comme l'éléphant] : [T] Pros.

barrītŭs, *ūs*, m., barrissement [cri de l'éléphant] : [+C] Pros.

1 **barrus**, *i*, m., éléphant : [C] Poés.

2 **Barrus**, *i*, m., surnom romain : [C] Pros.

Barthŏlŏmaeus, *i*, m., saint Barthélémy, apôtre : [T] Pros.

Baruch, m. indécl., prophète : [T] Pros. ‖ autres du même nom : [T] Pros.

bārunculus, *i*, m., → *barbasculus*

băryсĕphălus, *a, um*, f., à la tête trop lourde [à propos du temple aréostyle qui, par ses proportions, ressemblerait à un homme à la tête trop lourde] : [C] Pros.

Barzalo, *ōnis*, f., place forte de Mésopotamie : [T] Pros.

Barzimerēs, *is*, m., nom d'un tribun des scutaires : [T] Pros.

bascanus, *i*, m., → *fascinum* : [+C] Pros.

bascauda, *ae*, f., cuvette [où on lave la vaisselle] : [+C] Poés.

bascināre, → *fascinare* : [+C] Pros.

bāsĭātĭo, *ōnis*, f., action de baiser, baiser : [C] Poés., [+C] Poés.

bāsĭātŏr, *ōris*, m., embrasseur, donneur de baisers : [+C] Poés.

bāsĭātus, *a, um*, part. de *basio*

Băsĭlēa (-īa), *ae*, f., ville des Rauraci, sur le Rhin [auj. Bâle] : [T] Pros.

băsĭlĭca, *ae*, f., basilique [grand édifice avec portiques intérieurs et extérieurs; servant de tribunal, de bourse de commerce, de lieu de promenade; garni de boutiques extérieurement] : [C] Pros.

băsĭlĭcē, adv., royalement, magnifiquement : [-C] Théât.

băsĭlĭcus, *a, um*, royal, magnifique, princier : [-C] Théât. ‖ **băsĭlĭcus**, *i*, m., le coup du roi [le coup de dés le plus heureux] : [-C] Théât. ‖ **băsĭlĭcum**, *i*, n., vêtement royal, magnifique : [-C] Théât.

băsĭliscus, *i*, m., surnom de Cn. Pompée : [C] Pros.

Băsĭlissa, *ae*, f., nom de femme : [T] Poés. ‖ nom d'une sainte : [+T] Poés.

Băsĭlus, *i*, m., surnom romain : [C] Pros.

bāsĭō, *ās, āre, āvi, ātum*, tr., baiser, donner un baiser : [C] Poés., [+C] Pros., Poés. ‖ [avec acc. de la pers. et d'objet intér.] [C] Poés.

bāsĭŏlum, *i*, n., petit baiser : [+C] Pros.

băsis, *is*, f. ¶ **1** base, piédestal : [C] Pros. ‖ fondement : ***bases virtutis*** [T] Pros., les bases de la vertu ¶ **2** base [d'une colonne], soubassement, stylobate : [C] Pros. ‖ base [d'une machine] : [C] Pros. ¶ **3** base [d'un triangle] : [C] Pros. ¶ **4** corde [d'un arc] : [+C] Pros. ¶ **5** racine [d'un mot] : [C] Poés. ¶ **6** plante du pied : [T] Pros.

bāsĭum, *ĭi*, n., baiser : [C] Poés. ; ***jactare basia*** [C] Poés., envoyer des baisers

Bassānĭa, *ae*, f., ville de l'Illyrie [auj. Elbassan] : [C] Pros. ‖ **-nītae**, *ārum*, m. pl., habitants de Bassania : [C] Pros.

Bassărĕus, *ĕi (ĕos)*, m., Bassarée [un des noms de Bacchus] : [C] Poés. ‖ **-ĭcus**, *a, um*, de Bacchus : [C] Poés.

Bassăris, *ĭdis*, f., bacchante : [+C] Poés.

Bassus, *i*, m., surnom romain [Campanie]; L. Aufidius Bassus : [+C] Pros. ‖ [en part.] un poète ami de Martial : [+C] Poés.

Bastarnae, *ārum*, m. pl., Bastarnes [peuple germain de la Dacie] : [C] Pros.

basternārĭus, *ĭi*, m., conducteur des mulets attelés à la *basterna*, muletier : [T] Pros.

Bastitāni (-tetāni), *ōrum*, m. pl., peuple de la Bétique : [C] Pros.

băt, mot de la langue comique pour parodier la conjonction *at* : [-C] Théât.

bătălārĭa, *ae*, f., vaisseau de guerre [proprement : qui vogue avec bruit] : [+C] Poés.

Bătāvi, *ōrum*, m. pl., Bataves [auj. Hollandais] : [+C] Pros. ‖ **-us**, *a, um*, du pays des Bataves : [+C] Poés.

Bătāvĭa, *ae*, f., Batavie [pays des Bataves] : [T] Pros.

Bătāvĭcus, *a, um*, batave, des Bataves : [T] Pros.

Bătāvŏdŭrum, *i*, n., ville des Bataves : [+C] Pros.

Bătāvus, → *Batavi*

bătĕnim, → *bat*

Băternae, *ārum*, m. pl., → *Bastarnae* : [+C] Poés.

Bathīnus, *i*, m., fleuve de Pannonie : [+C] Pros.

Băthyllus, *i*, m. ¶ **1** Bathylle, [jeune homme chanté par Anacréon] : [C] Poés. ¶ **2** pantomime célèbre d'Alexandrie, favori de Mécène et rival du non moins célèbre Pylade : [C] Pros.

bătillum (văt-), *i*, n., pelle à braise, réchaud : [C] Pros., Poés.

bătĭŏca, *ae*, f., coupe à vin : [-C] Théât., [T] Pros.

bătis, *is (-ĭdis)*, f., fenouil de mer [plante] : [+C] Pros.

Batnae, *ārum*, f. pl. et **Batnē**, *ēs*, f., ville de la Mésopotamie : [T] Pros.

Bāto, *ōnis*, m. ¶ **1** chef germain, fait prisonnier par Germanicus : [C] Poés. ¶ **2** fils de Longarus, roi des Dardaniens : [C] Pros.

Batrăchŏmyŏmăchĭa, *ae*, f., Batrachomyomachie [titre d'un poème héroï-comique attribué à Homère] : [+C] Poés.

Battara, *ae*, m., Romain dont la mort est signalée par Cicéron : [C] Pros.

Battĭădēs, *ae*, m. ¶ **1** descendant ou fils de Battus [en parl. de Callimaque] : [C] Poés. ¶ **2** habitant de Cyrène [ville fondée par Battus] : [+C] Poés.

1 **battis**, → *batis*

2 **Battis**, *ĭdis*, f., femme de Cos, chantée par le poète Philétas : [C] Poés.

batto, → *battuo* : [+C] Pros.

battŭō (bātŭō), *ĭs, ĕre, -, -* ¶ **1** tr. ***a)*** battre, frapper : [-C] Théât. ***b)*** battre [des soles, pour les attendrir] : [+C] Pros. ¶ **2** [abs[t]] ***a)*** faire des armes, s'escrimer : ***rudibus cum aliquo*** [+C] Pros., s'escrimer avec qqn avec les baguettes [= au fleuret] ***b)*** [dans un sens obscène] [C] Pros.

Battus, *i*, m. ¶ **1** nom donné à Aristote de Théra, fondateur de Cyrène : [C] Poés., [+C] Poés. ¶ **2** berger témoin du meurtre d'Argus : [C] Poés.

Bătŭlum, *i*, n., château fort de la Campanie [auj. Baja] : [C] Poés.

bătuo, → *battuo*

bătus (-tŏs), *i*, f., m., mesure pour les liquides en usage chez les Juifs [38 l.] : [T] Pros.

Baubo, *ōnis*, f., femme d'Éleusis, qui donna l'hospitalité à Cérès : [T] Pros.

baubŏr, *ārĭs, ārī, -*, intr., aboyer, hurler : [C] Poés.

Baucis, *ĭdis*, f., femme de Philémon : [C] Poés. ‖ [fig.] une vieille femme : [+C] Poés.

baudus, *i*, m., hardi : [T] Poés.

Bauli, *ōrum*, m. pl., Baules [ville de Campanie, près de Baïes] : [C] Pros.

Bautis, *is*, m., fleuve de l'Inde : [T] Pros.

Băvĭus, *ĭi*, m., mauvais poète, ennemi de Virgile et d'Horace : [C] Poés.

baxĕa, *ae*, f., espèce de sandale [plus particulièrement à l'usage des philosophes] : [-C] Théât., [+C] Pros.

Bazăīra, *ae*, f., contrée de la Scythie d'Asie : [+C] Pros.

bdellĭum, *ĭi*, n., sorte de palmier ‖ la gomme précieuse qu'on en extrait, cf. [-C] Théât.

bĕābĭlis, *e*, capable de rendre heureux : [+T] Poés.

bĕātē, adv., heureusement, à souhait : [C] Pros. ‖ ***beatius*** [C] Pros. ; ***-issime*** [C] Pros.

bĕātĭfĭcō, *ās, āre, -, -*, tr., rendre heureux : [T] Pros.

bĕātĭfĭcus, *a, um*, qui rend heureux : [+C] Pros., [T] Pros.

bĕātĭtās, *ātis*, f., bonheur [mot formé par Cicéron sur *beatus*] : [C] Pros., [+C] Pros., [T] Pros.

bĕātĭtūdo, *ĭnis*, f., bonheur [mot formé par Cicéron sur *beatus*] : [C] Pros., [+C] Pros., [T] Pros. ‖ [chrét.] béatitude : [T] Pros. ‖ (Votre) Béatitude [titre honorifique des évêques] : [T] Pros.

bĕātŭlus, *a, um*, pauvre bienheureux (ou heureux d'un instant) : [+C] Poés.

bĕātum, subst., V. *beatus*

bĕātus, *a, um* ¶ **1** bienheureux, heureux : [C] Pros. ; ***beata vita*** [C] Pros., la vie heureuse, le bonheur, la félicité ; ***parvo beati*** [C] Pros., heureux de peu ‖ ***sedes beatae*** [C] Poés., le bienheureux séjour [= les champs Élysées] ; [C] Pros. ‖ n. pris subst[t], le bonheur : [C] Pros. ¶ **2** comblé de tous les biens, riche, opulent : [C] Pros., Poés. ‖ [rhét.] riche, abondant : [+C] Pros. ¶ **3** m. pris subst[t], ***in beatorum insulis*** [C] Pros., dans les îles des bienheureux ¶ **4** [chrét.] bienheureux, béni, saint : [T] Pros. ; ***Verbum*** [T] Pros., le Verbe

Bebasē, *ēs*, f., ville de Mésopotamie : [T] Pros.

bēbō, *ās, āre, -, -*, intr., crier bê bê, bêler [chevreau] : [+C] Pros.

Bĕbriăcum, **Bĕbriăcensis**, V. *Bedriacum, Betriacum*

Bebryces, *um*, m. pl., colonie des Bébryces établie dans la Narbonnaise : [+C] Poés.

Bebrycĭa, *ae*, f., Bébrycie [contrée de l'Asie Mineure, postérieurement la Bithynie] : [+C] Poés. ‖ **Bebrycĭus**, *a, um*, de Bébrycie : [C] Poés. ‖ de la colonie bébrycienne établie dans la Narbonnaise : [+C] Poés. ; ***Bebrycia virgo*** [+C] Poés., Pyrène, fille du chef de cette colonie

Bebryx, *ycis*, m. ¶ **1** roi des Bébryces, appelé aussi Amycus, qui sacrifiait les étrangers qu'il avait vaincus au ceste, et qui fut à son tour vaincu et tué par Pollux : [+C] Poés. ¶ **2** habitant de la colonie bébrycienne [dans la Narbonnaise] : [+C] Poés.

beccus, *i*, m., bec [particulièrement d'un coq] : [+C] Pros.

Bēdrĭăcum, **Bēdrĭăcensis**, V. *Betriacum* : [+C] Pros.

bee, indécl., onomatopée reproduisant le bêlement des moutons : [C] Pros.

Beelphegor, m. indécl., Béelphégor ou Belphégor [dieu des Moabites] : [T] Pros.

Beelzĕbūb, m. indécl. ou **-būl**, *ūlis*, m., Béelzébuth, Béelzébub ou Belzébuth, le prince des démons : [T] Pros.

Bĕgorra, *ae*, f., ville d'Aquitaine [Tarbes] : [+T] Pros.

Begorrītēs lacus, m., lac de Macédoine : [C] Pros.

Behemoth, indécl., nom d'une bête énorme [hippopotame] : [T] Pros.

Bēl, indécl. et **Bēl**, *ēlis*, m., V. *Baal* : [T] Pros.

Belbīnātēs, m., (***ager***) ; territoire de Belbine [ville d'Arcadie] : [C] Pros.

Bĕlēnus (-līnus), *i*, m., dieu des habitants du Norique : [+C] Pros.

Belga, *ae*, m. et **Belgae**, *ārum*, pl., Belge, Belges, habitants de la Gaule Belgique (au N. de la Gaule Celtique) : [C] Pros., [+C] Poés. ‖ **-ĭcus**, *a, um*, des Belges, belge : [C] Poés.

Belgĭum, *ĭi*, n., Belgium [partie de la Gaule Belgique, entre l'Oise et l'Escaut] : [C] Pros.

Bēlīa, V. *Belial* : [T] Poés.

Bēlīal, m. indécl., Bélial [idole des Ninivites] : ***filii Belial*** [T] Pros., fils de Bélial [malfaiteurs, impies]

1 **Bēlĭăs**, *ădis*, f., petite-fille de Bélus [une Danaïde] : [+C] Théât.

2 **Bēlĭās**, *ae*, m., fleuve de Mésopotamie : [T] Pros.

1 **Bēlĭdēs**, *ae*, m, fils de Bélus [Danaüs et Égyptus] : [+C] Poés. ‖ petit-fils de Bélus [Lyncée] : [C] Poés. ‖ un descendant de Bélus [Palamède] : [C] Poés.

2 **Bēlĭdes**, *um*, f. pl., les Danaïdes [petites-filles de Bélus] : [C] Poés.

Belitae, *ārum*, m. pl., peuple d'Asie : [+C] Pros.

bellārĭa, *ōrum*, n. pl., friandises, dessert : [-C] Théât., [+C] Pros.

bellātŏr, *ōris*, m., guerrier, homme de guerre, combattant : [C] Pros. ‖ [adj[t]] belliqueux, de guerre : ***bellator equus*** [C] Poés. ou ***bellator*** [seul] [+C] Poés., cheval fougueux ; ***bellator ensis*** [C] Poés., épée de combat ; ***bellator campus*** [+C] Poés., champ de bataille ‖ pion de damier : [C] Poés. ‖ [chrét.] soldat (du Christ) : [T] Pros.

bellātōrĭus, *a, um*, propre à la guerre : [T] Pros. ; ***bellatorius stilus*** [+C] Pros., style de polémique

bellātrix, *īcis*, f., guerrière : [C] Poés. ‖ adj[t], belliqueuse, de guerre : ***bellatrix belua*** [+C] Poés., l'animal de combat [l'éléphant] ‖ [fig.] ***bellatrix iracundia*** [C] Pros., colère de combattant

bellātŭlus ou **bellĭātŭlus**, *a, um*, joli, mignon : [-C] Théât.

bellax, *ācis*, belliqueux : [+C] Poés.

bellē, adv., joliment, bien, délicieusement : ***belle se habere*** [C] Pros., se bien porter ; ***bellissime navigare*** [C] Pros., faire une traversée fort agréable ‖ ***belle facere*** [-C] Pros., être efficace [en parl. d'un remède]

Bellĕrŏphōn (Bellĕrŏphontēs), *ontis*, m., Bellérophon, fils de Poséidon [ou, selon d'autres, de Glaucus], vainqueur de la Chimère : [C] Pros., [+C] Pros. ‖ [en parl. de quiconque porte un message qui lui est défavorable] : [-C] Théât. ‖ **-tēus**, *a, um*, de Bellérophon : [C] Poés.

bellĭātŭlus, V. *bellatulus*

bellĭātus, *a, um*, V. *bellulus* : [-C] Théât.

bellĭcōsus, *a, um*, belliqueux, guerrier, vaillant : ***bellicosissimae nationes*** [C] Pros., nations extrêmement belliqueuses ; ***quod bellicosius erat*** [C] Pros., ce qui dénotait une plus grande valeur guerrière ; ***bellicosior annus*** [C] Pros., année plus remplie de guerres

bellĭcum, *i*, n., signal de l'appel aux armes [sonné par la trompette], signal du combat : ***bellicum canere*** [C] Pros., sonner le combat ‖ [fig.] ***canit bellicum*** [C] Pros., il embouche la trompette guerrière

bellĭcus, *a, um* ¶ **1** de guerre, à la guerre : ***bellica virtus*** [C] Pros., mérite guerrier ; ***res bellicae*** [C] Pros., les faits de la vie guerrière ; ***bellica nomina*** [+C] Pros., surnoms mérités à la guerre ‖ n. pris subst[t], V. *bellicum* ¶ **2** [poét.] guerrier, valeureux : ***bellica virgo*** [C] Poés., la vierge guerrière [Pallas]

Bellĭēnus, *i*, m., nom d'homme : [C] Pros.

bellĭfĕr, [C] Poés. et **bellĭgĕr**, *ĕra, ĕrum* ¶ **1** qui porte la guerre, belliqueux, guerrier : ***belligerum numen*** [+C] Poés., la divinité guerrière [Mars] ; ***belligera fera*** [+C] Poés., l'animal guerrier [l'éléphant] ¶ **2** [en parlant des choses] ***hasta belligera*** [+C] Poés., la lance guerrière

Bellĭgĕr, *ĕri*, m., le Guerrier [la planète Mars] : [C] Poés.

bellĭgĕrātŏr, *ōris*, m., guerrier : [T] Pros.

bellĭgĕrō, *ās, āre, āvi, ātum*, intr., faire la guerre : ***cum Gallis belligerare*** [C] Pros., faire la guerre aux Gaulois ; [+C] Pros. ‖ [fig.] lutter : ***cum fortuna belligerare*** [C] Pros., lutter contre la fortune ; [-C] Théât.

bellĭgĕrŏr, *ārĭs, ārī, ātus sum*, dép., [+C] Poés., V. *belligero*

bellĭpŏtens, *entis*, puissant dans la guerre : [-C] Pros. ‖ subst. m., le dieu des combats [Mars] : [C] Poés.

Bellĭus, *ĭi*, m., nom d'homme [forme évoluée de *Duellius*] : [C] Pros.

bellō, *ās, āre, āvī, ātum*, intr. ¶ **1** faire la guerre : ***cum diis bellare*** [C] Pros., faire la guerre aux dieux ; ***adversum patrem*** [C] Pros., contre son père ‖ [poét.] ***alicui*** [+C] Poés. ‖ [pass. impers.] ***bellatum cum Gallis*** [C] Pros., on combattit contre les Gaulois ‖ [avec acc. d'objet intér.] [C] Pros. ¶ **2** [en gén.] lutter, combattre : [C] Poés. ; ***ense bellare*** [+C] Poés., combattre avec l'épée

Bellōna, *ae*, f., Bellone [déesse de la guerre et sœur de Mars] : [C] Poés.

Bellŏnē, V. *Belone*

bellŏr, dép. arch., V. *bello* : ***bellantur Amazones*** [C] Poés., les Amazones combattent

Bellŏvăci, *ōrum*, m. pl., peuple de la Belgique [habitants du Beauvaisis] : [C] Pros.

Bellovesus, *i*, m., Bellovèse [roi des Celtes] : [C] Pros.

bellua, **bellualis**, **belluatus**, etc., V. *belu-*

bellŭlē, adv., joliment : [+C] Pros.

bellŭlus, *a, um*, joliet, gentillet : [-C] Théât.

bellum, *i*, n. ¶ **1** guerre [au pr. et au fig.] : [C] Pros. ; ***Veienti bello*** [C] Pros., pendant la guerre contre Véies ; ***bellis Punicis*** [C] Pros., pendant les guerres puniques ; ***in civili bello*** [C] Pros., pendant la guerre civile ; ***bellum navale*** [C] Pros. ou ***maritimum*** [C] Pros., la guerre des pirates ‖ V. *1 paro, gero, 2 indico, duco, traho* ¶ **2** combat, bataille : [C] Pros. ¶ **3** [au pl.] [fig.] armées : [C] Poés., [+C] Pros. ‖ la Guerre, divinité : ***Belli portae*** [C] Poés., les portes du temple de Janus

bellŭōsus, V. *beluosus*

bellus, *a, um* ¶ **1** joli, charmant, élégant, aimable délicat : ***homo bellus*** [C] Pros., homme aimable ; ***bellissimus*** [C] Pros. ¶ **2** en bon état, en bonne santé : [C] Pros. ¶ **3** ***bellum (bellissimum) est*** [avec inf.] [C] Pros., il est bien (très bien) de

bēlo, C. *1 balo* : [C] Pros.

Bĕlŏna, V. *Belone*

Bĕlŏnē, *ēs*, f., nom de l'inventrice de l'aiguille : [+C] Poés.

bēlŭa (bellŭa), *ae*, f., gros animal : [C] Pros. ‖ bête [en gén.] : [C] Pros. ‖ brute : [C] Pros. ‖ chose monstrueuse : [+C] Pros.

belŭālis, *e*, de bête : [T] Pros.

bēlŭātus, *a, um*, avec des formes de bêtes [brodées] : [-C] Théât.

bēlŭīnus, *a, um*, de bête, bestial : [+C] Pros.

bēlŭōsus, *a, um*, peuplé de monstres : [C] Poés.

1 **Bēlus**, *i*, m. ¶ **1** premier roi des Assyriens, père de Ninus : [C] Poés. ‖ le précédent, mis au rang des dieux : [C] Pros. ; V. *Bel, Baal* ¶ **2** père de Danaüs, aïeul des Danaïdes : [+C] Poés. ¶ **3** père de Didon : [C] Poés.

2 **Bēlus**, *i*, m., fleuve de Phénicie : [+C] Pros.

bēlŭus, *i*, m., bestial : [C]

Belzebub, V. *Beelzebub*

Bēnācus, *i*, m., le lac Bénacus [auj. lac de Garde] : [C] Poés.

Bendĭdīus, *a, um*, de Bendis [nom de Diane chez les Thraces] : [C] Pros.

bĕnĕ, adv. ¶ **1** bien [au sens le plus général du mot] ; [joint à des verbes, adj. et adv.] [C] Pros. ; ***bene olere*** [C] Pros., avoir une bonne odeur ; ***bene emere*** [C] Pros., acheter dans de bonnes conditions ; ***bene existimare*** [C] Pros., avoir une bonne opinion ; ***aliquem bene nosse (cognosse)*** [C] Pros., bien connaître qqn ; ***bene vivere*** [C] Pros., bien vivre [avoir une vie droite, honnête] ; ***bene evenire*** [C] Pros., avoir une heureuse issue ; ***bene sperare*** [C] Pros., avoir bon espoir ‖ ***bene peritus*** [C] Pros., ayant une bonne compétence ‖ ***bene ante lucem*** [C] Pros., bien avant le jour ; ***bene penitus*** [C] Pros., bien à fond ; ***bene mane*** [C] Pros., de bon (de grand) matin ‖ ***bene Christianus*** [T] Pros., bon chrétien ¶ **2** [tournures particulières] ***bene agis*** [C] Pros., tu agis bien (c'est bien) ‖ ***bene audio*** ; V. *audio* ‖ ***alicui bene dicere*** [C] Pros., dire du bien de qqn ; V. *bene dico, 2 dico* ‖ ***bene facis*** [-C] Théât., c'est bien à toi [je te remercie] ; [C] Pros. ; V. *facio*, V. *bene facio* ‖ ***bene est***, cela va bien, tout va bien : [-C] ; [formule en tête de lettres] ***si vales bene est, ego valeo*** [en abrégé *s. v. b. e. e. v.*], si ta santé est bonne, tout va bien ; la mienne est bonne ; ***bene habet*** [C] Pros., tout va bien, V. *habeo* ‖ ***bene sit tibi*** [-C], bonne chance ‖ ***tibi melius est*** [C], tu vas mieux ‖ [en buvant à la santé de qqn] ***bene vos, bene nos*** [-C] Théât., à votre santé, à la nôtre, [C] Poés. ‖ compar., ***mĕlius***, superl., ***optĭmē***

bĕnĕdĭcē, adv., avec de bonnes paroles : [-C] Théât.

bĕnĕ dīcō (bĕnĕdīcō), *ĭs, ĕre, dīxī, dictum* ¶ **1** intr., dire du bien de qqn ; ***alicui*** : [C] Pros., Poés. ‖ bien parler de qqn ; ***alicui*** : [-C] Théât. ¶ **2** [chrét., cf. εὐλογέω] ***a)*** [dat.] donner sa bénédiction, rendre gloire à ; ***benedic Domino*** [T] Pros., bénis le Seigneur ***b)*** [acc.] bénir, exalter, célébrer : ***benedixerunt illam omnes*** [T] Pros., tous la bénirent

bĕnĕdictĭo, *ōnis*, f. ¶ **1** louange ***a)*** salut : [T] Pros. ‖ compliment : [T] Pros. ***b)*** [d'un point de vue religieux] action de grâces [à Dieu] : [T] Pros. ; pl. ¶ **2** bénédiction ***a)*** [faite par l'homme] [T] Pros. ***b)*** [faite par Dieu] [T] Pros. ‖ protection divine : [T] Pros. ¶ **3** [produit de la bénédiction] prospérité : [T] Pros. ¶ **4** [chose bénite] eucharistie : [T] Pros.

bĕnĕ dictum, *i*, n., bonne parole, bon propos : [-C] Théât. ‖ **bĕnĕdictum**, bénédiction : [T] Pros.

bĕnĕdictus, *a, um*, part. de *benedico*

bĕnĕ făcĭō (bĕnĕfăcĭō), *ĭs, ĕre, fēcī, factum* ¶ **1** intr., faire du bien, rendre service : [-C] Théât., [+C] Pros. ‖ ***in aliquem aliquid bene facere***, rendre un service à qqn : [-C] Théât. ‖ ***alicui bene facere***, faire du bien à qqn, l'obliger : [-C] Théât., [C] Pros. ‖ [passif] [-C] Théât. ¶ **2** tr., [T] Pros.

bĕnĕfactor, *ōris*, m., bienfaiteur : [+T] Poés.

bĕnĕfactum, *ī*, n., [d'ordin. au pl.] bonne action, service, bienfait : [C] Pros.

bĕnĕficē, adv., avec bienfaisance : [+C] Pros.

bĕnĕficentia, *ae*, f., disposition à faire le bien, bienfaisance : [C] Pros. ‖ clémence : [+C] Pros.

bĕnĕficĭārius, *a, um* ¶ **1** qui provient d'un bienfait (d'un don) : [+C] Pros. ¶ **2** [pris subst[t]] ***beneficiarii***, soldats exempts des corvées militaires, bénéficiaires : [C] Pros. ‖ attachés à la personne du chef : [C] Pros., [+C] Pros.

bĕnĕficĭentia, *ae*, f., C. *beneficentia* : [+C] Pros.

bĕnĕficĭum, *ĭi*, n. ¶ **1** bienfait, service, faveur : [C] Pros. ; ***accipere beneficium*** [C] Pros., recevoir un bienfait ; ***apud aliquem ponere*** [C] Pros. ; ***collocare*** [C] Pros., placer un bienfait sur qqn, obliger qqn ; ***in aliquem conferre*** [C] Pros., rendre un service à qqn, obliger qqn ; ***aliquem beneficio obligare*** [C] Pros., lier qqn par un bienfait ; ***beneficio adligari*** [C] Pros., être lié par un bienfait ; ***complecti*** [C] Pros., s'attacher qqn par des bienfaits ; ***adficere*** [C] Pros., obliger qqn ; ***beneficio alicujus uti*** [C] Pros., accepter les bienfaits (les services) de qqn, profiter des faveurs de qqn ‖ ***beneficium erga aliquem*** [C] Pros. ; ***in aliquem*** [C] Pros., bienfait (service) à l'égard de qqn ‖ ***in beneficio aliquid petere*** [C] Pros., demander qqch. à titre de faveur ‖ ***meo beneficio*** [C] Pros., grâce à moi ; ***anuli beneficio*** [C] Pros., à la faveur de l'anneau (grâce à l'anneau) ; ***sortium*** [C] Pros., grâce aux sorts ¶ **2** [officiel[t]] faveur, distinction : [C] Pros. ; ***beneficia petere*** [C] Pros., solliciter les faveurs (les places) ; [+C] Pros. ‖ faveurs, gratifications, avancement : [C] Pros.

bĕnĕficus, *a, um*, bienfaisant, obligeant, disposé à rendre service : [C] Pros. ; ***beneficentior*** [+C] Pros. ; ***beneficentissimus*** [C] Pros. ; ***in aliquem*** [C] Pros. ; ***adversus aliquem*** [+C] Pros., obligeant à l'égard de qqn

bĕnĕfīo, V. *benefacio*

bĕnĕfrāgantĭa, *ae*, f., bonne odeur : [T] Pros.

bĕnĕlŏquĭus, *a, um*, bien disant : [+T] Pros.

bĕnĕmĕrĕor, V. *mereor*

bĕnĕplăcens, *entis*, agréable : [T] Pros.

bĕnĕplăcĕō, *ēs, ēre, ŭī, ĭtum*, intr., plaire : [T] Pros. ‖ [impers.] [T] Pros.

bĕnĕplăcĭtum, *i*, n., bon plaisir, volonté [de Dieu] : [T] Pros.

bĕnĕplăcĭtus, *a, um*, agréable : [T] Pros.

bĕnestăbĭlis, *e*, assidu : [T] Pros.

bĕnĕsuādus, *a, um*, qui donne de bons conseils : [+C] Pros.

Bĕnĕventum, *i*, n., Bénévent [ancienne ville du Samnium] : [C] Pros. ‖ **-tānus**, *a, um*, de Bénévent : [C] Pros.

bĕnĕvŏlē, adv., avec bienveillance : [C] Pros. ‖ compar., superl., V. *benevolenter*

bĕnĕvŏlens ou **bĕnĭvŏlens**, *tis*, qui veut du bien, favorable ; ***alicui***, à qqn : [C] Pros. ‖ subst. m., f., ***meus benevolens*** [-C] Théât., mon ami dévoué

bĕnĕvŏlentĕr, adv., ***-entius, -entissime*** : [T] Pros. ; V. *benevole*

bĕnĕvŏlentia (bĕnĭv-), *ae*, f., bienveillance, disposition à vouloir du bien (à obliger), dévouement : [C] Pros. ; ***benevolentia civium*** [C] Pros., les dispositions favorables des citoyens ; ***benevolentiam adjungere*** [C] Pros., se concilier les bonnes grâces

bĕnĕvŏlus (bĕnĭv-), *a, um*, bienveillant, dévoué : [C] Pros.

bĕnĭf-, bĕnĭv-, V. *bene-*

bĕnignē, adv. ¶ **1** avec bonté, bienveillance : [C] Pros. ¶ **2** avec bienfaisance, obligeamment : ***benigne facere alicui*** [C] Pros., faire du bien à qqn, bien traiter qqn ¶ **3** [formule de remerciement] ***benigne*** [C] Pros., tu es bien aimable, grand merci ¶4 largement, généreusement : C Pros. ‖ ***benignius*** ; ***benignissime***

bĕnignĭtās, *ātis*, f. ¶1 bonté, bienveillance : C Pros. ¶2 obligeance, bienfaisance, générosité : C Pros. ; ***in aliquem*** C Pros., générosité à l'égard de qqn ¶3 [fig.] générosité : ***terrae*** +C Pros., du sol

bĕnignŏr, *ārĭs, ārī*, -, intr., se réjouir : T Pros.

bĕnignus, *a, um* ¶1 bon, bienveillant, amical : C Pros. ‖ ***alicui*** -C Théât. ; C Poés. ; ***erga aliquem*** -C Théât. ; ***adversus aliquem*** +C Pros., bienveillant à l'égard de qqn ¶2 bienfaisant, libéral, généreux : C Pros. ; [avec gén.] prodigue de : C Poés. ¶3 qui donne (produit) généreusement, abondant : C Poés., Pros. ¶4 heureux, favorable : +C Poés. ‖ ***benignior*** ; ***benignissimus***

bĕnĭv-, ➡ *benev-*

Benjamin, m. indécl., le plus jeune fils du patriarche Jacob : T Pros.

bĕō, *ās, āre, āvī, ātum*, tr., rendre heureux : -C Théât. ‖ gratifier de : C Poés., Pros. ‖ dire heureux : +T Poés.

berbēna, **berbex**, ➡ *verbena, verbex, vervex*

Bĕrĕcyntes, *um*, m. pl. et **Bĕrĕcytae**, *ārum*, m. pl., ‖ **-tĭăcus**, *a, um*, de Cybèle : T Poés. ‖ **-tĭădēs**, *ae*, m., Bérécyntiade, habitant du Bérécynte [Attis] : C Poés. ‖ **-tĭus**, *a, um*, qui appartient aux montagnes du Bérécynte : ***Berecyntia mater*** C Poés., Cybèle

Bĕrĕnīcē, *ēs*, f., Bérénice ‖ **-caeus** ou **-cēus**, *a, um*, de Bérénice : C Poés.

Bĕrĕnīcĭs, *ĭdis*, f., région entourant Bérénice [ville] : +C Poés.

Bergae, *ārum*, m. pl., ville du Bruttium : C Pros.

Bergistāni, *ōrum*, m. pl., Bergistanes [peuple de la Tarraconaise] : C Pros. ‖ sg., **-ānus**, C Pros.

Bergium, *ĭi*, n., ville de la Tarraconaise : C Pros.

Bergŏmum, *i*, n., ville de la Gaule transpadane [Bergame] ‖ **Bergŏmātes**, *um* et *ĭum*, m. pl., habitants de Bergomum : -C Pros.

Bĕrŏē, *ēs*, f. ¶1 nourrice de Sémélé : C Poés. ¶2 une des Océanides : C Poés. ¶3 une Troyenne, épouse de Doryclus d'Épire : C Poés.

Beroea, *ae*, f., Bérée, ville de Macédoine : C Pros. ‖ **-roeaeus**, *a, um*, de Bérée : C Pros.

Bērōnes, *um*, m. pl., peuple de la Tarraconaise : C Pros.

Berosus, *i*, m., astrologue de Babylone : +C Pros.

Beroth (**-tha**), indécl., villes de Palestine et de Syrie : T Pros. ‖ **-thītēs**, *ae*, m., de Béroth : T Pros.

Bērytŭs (**-ŏs**), *i*, f., port de la Phénicie [auj. Beyrouth] : +C Pros.

bēs, *bessis*, m., les 2/3 d'un tout de 12 parties [8/12] ¶1 [héritage] : ***heres ex besse*** +C Pros., héritier des 2/3 ¶2 les 2/3 d'un arpent : +C Pros. ¶3 [intérêt] 2/3 de 1 % par mois, = 8 % par an : C Pros. ¶4 = huit : ***bessem bibamus*** +C Poés., buvons huit coupes ¶5 [math.] 2/3 de 6 [nombre parfait] = 4 : C Pros.

Bēsa, *ae*, m., divinité égyptienne : T Pros.

bēsālis, *e*, ➡ *bessalis*

Besidĭae, *ārum*, f. pl., ville du Bruttium : C Pros.

Bessa, *ae*, f., ville des Locriens Opontins : +C Théât.

bessālis, *e*, renfermant le nombre 8, longueur de 8 pouces : C Pros. ‖ poids de 8 onces : +C Poés.

Bessi, *ōrum*, m. pl., peuple de Thrace : C Pros. ‖ **-ĭcus**, *a, um*, des Besses, appartenant aux Besses : C Pros.

Bessus, *i*, m. ¶1 un Besse, ➡ *Bessi* ¶2 un satrape de la Bactriane : +C Pros.

1 **bestĭa**, *ae*, f., [en gén.] bête [opposée à l'homme] : C Pros. ‖ [en part.] pl., bêtes destinées à combattre les gladiateurs ou les criminels : C Pros. ; ***pugnare*** T Pros., combattre les bêtes féroces (dans l'amphithéâtre) ‖ constellation [le Loup] : C Pros.

2 **Bestĭa**, *ae*, m., surnom de la famille Calpurnia : C Pros.

bestiālis, *e*, de bête : T Poés. ‖ ***bestialis natio*** T Pros., nation sauvage

bestĭārĭus, *a, um*, de bête féroce : ***bestiarius ludus*** +C Pros., jeu où combattent hommes et bêtes sauvages ‖ m. pris substt, bestiaire, gladiateur combattant contre les bêtes féroces : C Pros.

bestĭŏla, *ae*, f., insecte, petite bête : C Pros.

Bestĭus, *ĭi*, m., nom d'homme : +C Poés.

1 **bēta**, n. indécl., bêta [deuxième lettre de l'alphabet grec] : +C Poés. ‖ [fig.] le second partout : +C Poés.

2 **bēta**, *ae*, f., bette, poirée [plante] : C Pros.

bētācĕus ou **-cĭus**, *a, um*, de bette, de poirée : C Pros. ‖ subst. m., bette : +C Pros.

Betasi, **Betasii**, **Baet-**, *ōrum*, m. pl., peuple de la Belgique [auj. Beetz] : +C Pros.

Bĕthlĕĕm, **Bĕthlĕhem**, **Bĕthlem**, n. indécl., **Bĕthlĕhĕmum**, *i*, n., ville de la tribu de Juda, ville natale de David et du Christ : T Pros. ‖ **-mītēs**, *ae*, T Pros., **-mītĭcus**, *a, um*, T Pros. et **Bethlaeus**, *a, um*, de Bethléem

Bethsaida, *ae*, f., ville de Galilée : T Pros.

Bethsamēs, f., ville de la tribu de Juda : T Pros. ‖ **-mītae**, *ārum*, m. pl., Bethsamites : T Pros.

Bethulia, *ae*, f., Béthulie [ville de Galilée] : T Pros.

bētis, *is*, f., ➡ *2 bēta*, bette

bētizō, *ās, āre*, -, -, être mou : +C Pros.

bēto, ➡ *bito*

Bētrĭăcum (**Bēdrĭă-**), *i*, n., ville près de Vérone, où Othon fut vaincu par Vitellius : +C Pros. ‖ **-ăcensis**, *e*, de Bedriacum : +C Pros.

Bēturia, ➡ *Baeturia*

Betūtĭus, *ĭi*, m., nom d'homme : C Pros.

Beudos vĕtus, n., ville de la Phrygie : C Pros.

Bēvus, *i*, m., fleuve de Macédoine : C Pros.

Bezabdē, *ēs*, **Bezabda**, *ae*, f., ville de Mésopotamie : T Pros.

Bĭānŏr (**Bĭē-**), *ŏris*, m., nom d'un Centaure : C Poés.

Bĭantēs, *ae*, m., fils de Priam : +C Poés.

Bĭās, *antis*, m., l'un des sept sages de la Grèce : C Pros.

Bĭbācŭlus, *i*, m., surnom des Furius et des Sextius : C Pros.

bĭbax, *ācis*, grand buveur : +C Pros. ‖ ***bibacior*** T Pros.

bĭbĕr, ➡ *bibere*

bĭbĕrārius, *ĭi*, m., marchand de boissons : +C Pros.

Bĭbĕrĭus, *ii*, m., surnom donné à Tibère : +C Pros. ; ➡ *Mero*

bĭbĭo, *ōnis*, m., moucheron du vin : -C Théât.

bĭbĭtŏr, *ōris*, m., buveur : T Pros.

bĭbĭtus, *a, um*, part. tard. de *bibo*

bĭblĭnus, *a, um*, de papyrus : T Pros.

bĭblĭŏpōla, *ae*, m., libraire : +C Pros., Poés.

bĭblĭŏthēca, *ae*, f., bibliothèque [salle] : C Pros., +C Pros. ‖ [meuble] : +C Pros.

bĭblĭŏthēcālis, *e*, de bibliothèque : T Pros.

bĭblĭŏthēcārĭus, *ĭi*, m., bibliothécaire : +C Pros.

bĭblĭŏthēcŭla, *ae*, f., petite bibliothèque : T Pros.

Bĭblis, ➡ *Byblis*

bĭblos (**-us**), *i*, f., papyrus : +C Poés.

bĭbō, *ĭs, ĕre, bĭbī, pōtum*, tr. ¶1 boire : C Pros. ; ***alicui bibere ministrare*** C Pros., servir à boire à qqn ‖ ***aquam*** C Pros. ; ***mulsum*** C Pros. ; ***venenum*** C Pros., boire de l'eau, du vin mêlé de miel, du poison ; -C Théât. ‖ ***nomen alicujus*** +C Poés., boire le nom de qqn = autant de coupes que le nom a de lettres ‖ ***eodem poculo*** -C Théât. ; ***gemma*** C Poés. ; ***in calathis*** +C Poés., boire dans la même coupe, dans les pierres précieuses (coupes enrichies de...), dans des coupes ‖ ***Graeco more*** C Pros., boire à la manière grecque [en portant des santés successives] ¶2 [fig.] ***pugnas bibit aure vulgus*** C Poés., la foule absorbe d'une oreille avide les récits de bataille ; ***Dido***

longum bibebat amorem [C] Poés., Didon buvait l'amour à longs traits

bĭbōsus, *a, um*, ivrogne : [+C] Pros.

Bibractĕ, *is*, n., Bibracte [ville de la Gaule, chez les Éduens, auj. Autun] : [C] Pros.

Bibrax, *actis*, f., ville de la Gaule, chez les Rèmes : [C] Pros.

Bibrŏci, *ōrum*, m. pl., peuple de la Bretagne : [C] Pros.

Bĭbŭla, *ae*, f., nom de femme : [+C] Poés.

1 **Bĭbŭlus**, *i*, m., surnom romain, en part. dans la *gens Calpurnia* : [C] Pros.

2 **bĭbŭlus**, *a, um*, qui boit volontiers : ***Falerni*** [C] Pros., qui sable le Falerne ‖ qui s'imbibe, s'imprègne : ***bibula charta*** [+C] Pros., papier qui boit ; ***bibulus lapis*** [C] Poés., pierre poreuse ‖ [fig.] avide d'entendre : ***bibulae aures*** [+C] Poés., oreilles assoiffées

bĭcămĕrātus, *a, um*, qui a deux compartiments ou deux étages : [T] Pros.

Bicē, *ēs*, f., ➡ *Byce*

bĭceps, *cĭpĭtis*, qui a deux têtes : [C] Pros. ; ***biceps Janus*** [C] Poés., Janus au double visage ‖ [poét.] ***Parnassus*** [C] Poés., le Parnasse à la double cime ‖ [fig.] ***argumentum*** [+C] Pros., dilemme ‖ ***gladius biceps*** [T] Pros., épée à deux tranchants ; ***biceps hamus*** [T] Pros., hameçon à deux pointes

bĭclīnĭum, *ĭi*, n., lit pour deux convives : [-C] Théât.

bĭcōdŭlus, *a, um*, qui semble avoir une double queue [en l'agitant avec rapidité] : [+C] Pros.

bĭcŏlŏr, *ōris*, [C] Poés. et **-lōrus**, *a, um*, de deux couleurs

bĭcornĭgĕr, *ĕra, ĕrum*, qui a deux cornes : [C] Poés.

bĭcornis, *e*, qui a deux cornes : [C] Poés. ‖ [poét.] ***furca*** [C], fourche à deux dents ; ***luna*** [C] Poés., le croissant de la lune ‖ à deux bras, à deux embouchures : ***Granicus*** [C] Poés., le Granique aux deux embouchures ‖ à double cime : ***bicorne jugum*** [+C] Poés., le Parnasse

bĭcorpŏr, *ŏris*, m. et f., qui a deux corps : ***bicorpor manus*** [C] Pros., la troupe des Centaures [trad. de Sophocle]

bĭcostis, *e*, à deux tranchants : [T] Pros.

bĭdens, *tis* ¶ **1** qui a sa double rangée de dents [en parl. des brebis, bœufs, etc.] : [+C] Pros. ¶ **2** subst. m., hoyau, croc : [C] Poés. ‖ subst. f., brebis de deux ans [propre à être sacrifiée] : [C] Poés. ‖ toute victime âgée de deux ans : [+C] Pros. ‖ brebis [en gén.] : [C] Poés.

bĭdentăl, *ālis*, n., monument élevé [avec le sacrifice d'une brebis *bidens*] sur un endroit frappé par la foudre : [C] Poés.

Bidis, *is*, f., ville de Sicile, près de Syracuse : [C] Pros. ‖ **-dīnus**, *a, um*, [C] Pros., de Bidis

bīdŭānus, *a, um*, ‖ **-ānum**, *i*, n., ➡ *biduum* : [+T] Poés.

bīdŭum, *i*, n., espace de deux jours : ***biduum abesse (a Brundisio)*** [C] Pros. ; ***abesse bidui*** [C] Pros., être à deux journées de distance : ***biduum morari*** [C] Pros., s'arrêter deux jours ; ***per biduum*** [C] Pros., dans l'espace de deux jours ; ***hoc biduo*** [C] Pros., pendant ces deux jours ; ***biduo, quo*** [C] Pros., deux jours après que ; ➡ *quadriduo* à *quadriduum*

bĭennĭum, *ĭi*, n., espace de deux ans : [-C] Théât., [C] Pros.

bĭfārĭam, adv., en deux directions, en deux parties : [C] Pros.

bĭfārĭus, *a, um*, double : [T] Pros.

bĭfĕr, *ĕra, ĕrum*, qui porte deux fois dans l'année [arbre] : [C] Poés. ‖ double : ***biferum corpus*** [C] Poés., corps moitié homme, moitié animal

bĭfestus, *a, um*, qui est doublement un jour de fête : [T] Poés.

bĭfĭdātus, **bĭfĭdus**, *a, um*, [C] Poés., fendu ou partagé en deux, séparé ou divisé en deux parties

bĭfŏris, *e*, qui a deux ouvertures : ***bifores valvae*** [C] Poés., portes à deux battants ; ***biforis cantus*** [C] Poés., sons de la flûte [phrygienne] à deux branches

bĭformātus, *a, um*, à double forme : [C] Pros. ‖ et **bĭformis**, *e*, ***Janus biformis*** [C] Poés., Janus au double visage ; ***biformes partus*** [+C] Pros., enfants monstrueux

bĭfŏrus, *a, um*, ➡ *biforis* : [C] Pros.

bĭfrons, *ontis*, qui a deux fronts, deux visages [Janus] : [C] Poés.

bĭfurcum, *i*, n., chose fourchue, qui fait la fourche, bifurcation : ***bifurcum pastini*** [+C] Pros., le fer fourchu de la houe ‖ fesses : [+C] Pros.

bĭfurcus, *a, um*, fourchu : [C] Pros. ‖ bifurqué : [+C] Pros.

bīga, *ae*, f., **-gae**, *ārum*, pl., char à deux chevaux : [C] Poés., [+C] Pros. ‖ ***biga olorina*** [+C] Poés., char attelé de deux cygnes

bīgātus, *a, um*, ***bigatum argentum*** [C] Pros., pièce de monnaie dont l'empreinte est un char attelé de deux chevaux ‖ subst. m. pl., ***bigati***, pièces de cette monnaie : [C] Pros.

bĭgemmis, *e*, qui a deux yeux ou deux boutons [en parlant des plantes] : [+C] Pros.

bĭgĕnĕr, *ĕra, ĕrum*, engendré de deux espèces différentes [comme le mulet], hybride : [C] Pros.

Bĭgerra, *ae*, f., ville de la Tarraconaise [auj. Bogara] : [C] Pros.

Bĭgerri, *ōrum*, m. pl., **Bĕg-**, peuple d'Aquitaine [auj. Bigorre] ‖ **-ĭcus**, *a, um*, des Bigerres : [T] Pros., **-ĭtānus**, *a, um*

Bĭgerrĭōnes, *um*, m. pl., peuple d'Aquitaine [auj. Bigorre] : [C] Pros.

Bĭgerrus, *i*, m., nom d'homme : [T] Pros.

bĭjŭgis, *e* et **-gus**, *a, um* ¶ **1** attelé de deux chevaux : ***curriculum bijuge*** [+C] Pros., char à deux chevaux ; ***leones bijugi*** [C] Poés., couple de lions attelés ‖ subst., **bĭjŭgi**, *ōrum*, m. pl., char attelé de deux chevaux : [C] Poés. ¶ **2** qui concerne les chars, les jeux du cirque : ***bijugo certamine*** [C] Poés., dans une course de chars

Bilbĭlis, *is*, f., petite ville de la Tarraconaise, patrie de Martial [auj. Calatayud] : [+C] Poés.

bilbĭo, *īs, īre*, -, -, intr., faire le bruit d'un liquide s'échappant d'un vase : ***bilbit amphora*** [-C] Théât., la bouteille fait glouglou

bĭlībra, *ae*, f., poids de deux livres : [C] Pros.

bĭlībris, *e*, qui a le poids ou qui contient la mesure de deux livres : [C] Poés.

bĭlinguis, *e*, qui a deux langues : [-C] Théât. ‖ [fig.] qui parle deux langues : [C] Poés. ‖ qui a deux paroles, de mauvaise foi, perfide, hypocrite : [C] Poés. ‖ à double sens : ***bilingues fabulae*** [T] Pros., récits allégoriques

bīlĭōsus, *a, um*, subst. m., bilieux, qui a un tempérament bilieux : [+C] Pros.

bīlis, *is*, f., [fig.] mauvaise humeur, colère, emportement, indignation : ***bilis atra*** [C] Pros., humeur atrabilaire ; ***bilem commovere*** [C] Pros., échauffer la bile ; ***effundere*** [+C] Poés., exhaler sa bile

bĭlix, *īcis*, à double fil : ***lorica*** [C] Poés., cotte d'armes à doubles mailles

bĭlustris, *e*, qui dure deux lustres [dix ans] : [C] Poés.

bĭlychnis, *e*, qui a deux lumignons : [+C] Pros.

Bĭmarcus, *i*, m., double Marcus [titre d'une satire ménippée de Varron] : [C] Poés.

bĭmăris, *e*, qui est entre deux mers, baigné par deux mers : [C] Poés.

bĭmărītus, *i*, m., bimari [bigame] : [C] Pros.

bĭmātĕr, *ātris*, adj., qui a eu deux mères : [C] Poés.

bĭmembris, *e*, qui a une double nature : [+C] Poés. ‖ subst. m., ***bimembres***, les Centaures : [C] Poés.

bĭmestris, **bĭmenstris**, *e*, de deux mois : [C] Poés., Pros.

bĭmĕtĕr, *tra, trum*, qui a deux sortes de vers [de mètres] : [T] Pros.

bīmŭlus, *a, um*, âgé de deux ans : [+C] Pros.

bīmus, *a, um*, de deux ans, qui a deux ans : [-C] Pros. ; ***bimum merum*** [C] Poés., vin de deux années ‖ qui dure deux ans : ***bima sententia*** [C] Pros., avis décidant de proroger pour deux ans le commandement d'une province

Bingĭo, *ōnis*, f., ➡ *Bingium* : [T] Pros.

Bingĭum, *ĭi*, n., ville de Gaule sur le Rhin [auj. Bingen] : [C] Pros.

1 **bīnī**, *ae, a* ¶ **1** [distributif] chaque fois deux : [C] Pros. ‖ ***binae quinquagesimae*** [C] Pros., deux cinquantièmes, deux centièmes ¶ **2** [avec des noms usités seulement au pl.] ***bina castra*** [C] Pros. ; ***binae litterae*** [C] Pros., deux camps, deux lettres ¶ **3** deux objets formant paire, couple : ***binos (scyphos) habebam*** [C] Pros., j'avais une paire (de coupes)

2 **bīnī**, ➡ *futuit* : [C] Pros.

bĭnoctĭum, *ĭī*, n., espace de deux nuits : [+C] Pros.

bĭnōmĭnis, *e*, qui est pourvu de deux noms : [C] Poés.

bīnus, *a, um*, double : [C] Poés.

Bĭōn (Bĭo), *ōnis*, m. ¶ **1** philosophe satirique : [C] Pros. ‖ **-ōnēus**, *a, um*, de Bion [spirituel, satirique, mordant] : [C] Pros. ¶ **2** Bion de Soles [agronome] : [C] Pros.

bĭpālĭum, *ĭī*, n., labour à deux fers de bêche : [-C] Pros.

bĭpalmis, *e*, qui a deux palmes [de large ou de long] : [C] Pros.

bĭpartĭō (bĭpertĭō), *īs, īre, īvī, ītum*, tr., partager, diviser en deux parties : [+C] Pros.

bĭpartītō (bĭpertītō), en deux parts, par moitié : [C] Pros.

bĭpartītus (bĭpertītus), *a, um*, part. de *bipartio* : [C] Pros.

bĭpătens, *entis*, qui s'ouvre en deux, à deux battants : [C] Poés.

bĭpĕdālis, *e*, [C] Pros., **-dānĕus**, *a, um*, [+C] Pros., de deux pieds

bĭpennĭfĕr, *ĕra, ĕrum*, armé d'une hache à deux tranchants : [C] Poés.

1 **bĭpennis**, *e*, qui a deux tranchants, bipenne : ***bipenne ferrum*** [C] Poés., hache à double tranchant

2 **bĭpennis**, *is*, f., hache à deux tranchants : [C] Poés.

bĭpert-, ➡ *bipart-*

bĭpēs, *ĕdis*, qui a deux pieds, bipède : [C] Pros. ; ***bipes equus*** [C] Poés., cheval marin : ***asellus*** [+C] Poés., âne à deux pieds [un imbécile] ‖ subst. m., bipède, animal à deux pieds : [C] Pros.

bĭpinnis, ➡ *1 bipennis* : [C] Poés.

bĭprōrus, *a, um*, qui a deux proues : [+C] Poés.

bĭrēmis, *e*, qui a deux rangs de rames : [C] Pros. ‖ mû par deux rames : [C] Poés. ‖ subst. f., birème, navire à deux rangs de rames : [C] Pros., [+C] Pros.

birrātus, *a, um*, encapuchonné : [T] Pros.

Birrĭus, *i*, m., nom d'homme : [C] Poés.

bĭs, adv., deux fois : ***bis in die*** [C] Pros., deux fois par jour ‖ [multiplicatif avec les distrib.] ***bis bina*** [C] Pros., deux fois deux ; ***bis deni (ae, a)***, deux fois dix : [C] Pros., Poés. ‖ [poét.] [avec les adj. numéraux cardinaux] : ***bis mille*** [C] Poés., deux mille : ***bis centum*** [C] Poés., deux cents

bĭsaccĭum, *ĭī*, n., **-cia**, *ae*, f., bissac : [+C] Pros.

bĭsăcūtus, *a, um*, à double tranchant : [T] Pros.

Bĭsaltae, *ārum*, m. pl., Bisaltes [habitants de la Bisaltie] : [C] Poés. ‖ [au sg.] ***Bisalta*** : [T] Poés.

Bĭsaltĭa, [+C] Pros., **Bĭsaltĭca**, *ae*, f., [C] Pros., Bisaltie [contrée de la Macédoine]

Bĭsaltis, *ĭdis*, f., nymphe aimée de Poséidon : [C] Poés.

bĭsellĭum, *ĭī*, n., siège à deux places [donné par honneur à une pers.] : [C] Pros.

Bĭsontĭī, *ĭōrum*, m. pl., Bisontins, habitants de Vesontio [auj. Besançon] : [T] Pros.

bisp-, ➡ *visp-*

bis quīni (bisquīni), *ae, a*, [poét.] deux fois cinq = dix : [C] Poés.

bis sēni (bissēni), *ae, a*, [poét.] deux fois six = douze : [C] Poés. ‖ [au sg.] ***bisseno die*** [+C] Poés., pendant douze jours

bĭssyllăbus, ➡ *bisyllabus*

Bistŏnĭa, *ae*, f., la Bistonie ou la Thrace : [+C] Poés. ‖ **Bistŏnis**, *ĭdis*, adj. f., de Thrace : [C] Poés. ‖ **-ĭdes**, *um*, f. pl., les Bacchantes : [C] Poés. ‖ **Bistŏnĭus**, *a, um*, de Thrace : [C] Poés. ‖ d'Orphée : [T] Pros.

bĭsulcis, *e*, fendu en deux, fourchu : [-C] Théât.

bĭsyllābus, *a, um*, de deux syllabes : [C] Pros.

Bĭterr-, ➡ *Baeterr-*

Bithiae, *ārum*, f. pl., Bithies [femmes de Scythie, qui, dit-on, tuaient de leur regard] : [+C] Pros.

Bīthȳnĭa, *ae*, f., Bithynie [contrée de l'Asie Mineure, sur le Pont] : [C] Pros. ‖ **-nĭcus**, *a, um*, de Bithynie : [C] Pros. ‖ Pompée le Bithynique [surnom] : [C] Pros. ‖ subst. m., le fils du précédent : [C] Pros. ‖ **-nĭus**, *a, um*, de Bithynie : [+C] Pros. ou **-nus**, *a, um*, [C] Pros., [+C] Pros. ‖ **-nis**, *ĭdis*, f., Bithynienne : [C] Poés.

Bĭtĭās, *ae*, nom d'homme : [C] Poés.

bītō, *ĭs, ĕre, -, -*, intr., aller, marcher : [-C] Théât., [C] Poés. ; ➡ *baeto, beto*

Bĭton, *ōnis*, m., Biton [Argien qui, avec son frère Cléobis, traîna sa mère Cydippé jusqu'au temple de Junon] : [C] Pros.

Bittis, *ĭdis*, f., ➡ *2 Battis*

Bĭtŭītus, *i*, m., nom d'un roi des Arvernes : [+C] Pros.

bĭtūmĕn, *ĭnis*, n., bitume, goudron : [-C] Pros., [C] Poés.

bĭtūmĭnĕus, *a, um*, de bitume : [C] Poés.

bĭtūmĭnōsus, *a, um*, bitumineux : [C] Pros.

Bĭtŭrīcum (-rīg-), *i*, n., ville principale des Bituriges [Bourges] : [+T] Pros.

Bĭtŭrīcus (-rīg-), *a, um*, des Bituriges : ***Biturica vitis*** [+C] Pros., sorte de vigne, de raisin ‖ **-rīci (-rīgi)**, *ōrum*, m. pl., Bituriges ou habitants de Bourges : [+T] Pros.

Bĭtŭrīgae, *ārum*, f. pl., ville des Bituriges [auj. Bourges] : [T] Pros.

Bĭtŭrīges, *um*, m. pl., Bituriges [peuple de la Gaule centrale, entre la Loire et la Garonne (Berrichons)] : [C] Pros. ‖ sg., ***Biturix***, subst. m. et adj., [+C] Poés., [T] Poés.

bĭūrus, *i*, m., animal [en Campanie] qui ronge la vigne : [C], [+C] Pros.

bĭvertex, *ĭcis*, à deux sommets : [+C] Poés.

bĭvĭra, *ae*, f., femme ayant un second mari : [C] Poés.

bĭvĭum, *ĭī*, n. ¶ **1** lieu où deux chemins aboutissent : [C] Poés. ¶ **2** [fig.] double voie, deux moyens : [C] Pros. ‖ doute : [C] Poés.

bĭvĭus, *a, um*, qui présente deux chemins : [C] Poés.

Bīzac-, ➡ *Byzac-*

blactĕrō, *ās, āre, -, -*, intr., variante pour *1 blatero* : [T] Pros.

Blaesĭus, *ĭī*, m., nom propre romain : [+C] Poés. ‖ **-ĭānus**, *a, um*, de Blésius : [+C] Poés.

1 **blaesus**, *a, um*, bègue, qui balbutie : [+C] Poés.

2 **Blaesus**, *i*, m., surnom des Junius, des Sempronius : [+C] Pros.

Blandae, *ārum*, f. pl., ville de Lucanie : [C] Pros.

blandē, adv., d'une manière flatteuse, en caressant, en cajolant, avec douceur, agréablement : [C] Pros., Poés. ‖ ***blandius*** [C] Pros. ; ***-issime*** [C] Pros.

Blandenonne, abl., ville d'Italie, près de Plaisance : [C] Pros.

blandĭdĭcus, *a, um*, ayant des paroles caressantes : [-C] Théât.

blandĭflŭus, *a, um*, qui se répand avec douceur agréablement : [+T] Poés.

blandĭlŏquens, *entis*, insinuant : [T] Pros.

blandĭlŏquentĭa, *ae*, f., [-C], [C] Pros., n., douces paroles

blandĭlŏquentŭlus, *a, um*, qui a des paroles enjôleuses : [-C] Théât.

blandĭlŏquus, *a, um*, [-C] Théât., [+C] Théât., ➡ *blandidicus*

blandīmentum, *i*, n. et [ordin[t]] **-menta**, *ōrum*, n. pl. ¶ **1** caresses, flatterie : [C] Pros. ‖ [fig.] agréments, douceurs : [C] Pros. ; ***vitae*** [+C] Pros., les charmes de la vie ¶ **2** assaisonnement, condiments : [+C] Pros.

blandĭŏr, *īrĭs, īrī, ītus sum*, intr. ¶ **1** flatter, caresser, cajoler ; ***alicui***, qqn : [C] Pros. ‖ ***blandiri sibi***, se flatter, se faire illusion : [+C] Pros. ¶ **2** flatter, charmer : [C] Pros., [+C] Pros. ; ***blandiente inertia*** [+C] Pros., la paresse étant pleine de charmes ; [C] Poés. ‖ [avec le subj.] [C] Poés.

blandĭtĕr [arch.] ➡ *blande* : [-C] Théât.

blandĭtĭa, *ae*, f. ¶ **1** caresse, flatterie : [C] Pros. ; ***blanditia popularis*** [C] Pros., flatteries à l'égard du peuple ¶ **2** pl., ***blanditiae***, caresses, flatteries : ***minae, blanditiae*** [C] Pros., les menaces, les flatteries ¶ **3** attraits, séductions : [C] Pros., [+C] Pros.

blandītus, *a*, *um* ¶ **1** part. de *blandior* ¶ **2** adjᵗ, ▶ *blandus* ; ▶ *blandior*

blandŭlus, *a*, *um*, câlin, caressant : [T] Pros.

blandum, adv., ▶ *blande* : [+C] Pros.

blandus, *a*, *um* ¶ **1** caressant, câlin, flatteur : [C] Pros. ‖ ***mihi blandissimus*** [+C] Pros., si caressant pour moi ; ***adversus aliquem*** [C] Pros., flatteur (complimenteur) à l'égard de qqn ‖ [constructions poét.] ***blandus ... ducere quercus*** [C] Poés., dont la séduction sait entraîner les chênes ; ***blandus precum*** [+C] Poés., employant de douces prières ¶ **2** caressant, attrayant, séduisant : ***(securitas) specie blanda*** [C] Pros., (sérénité, absence de soucis) en apparence séduisante ; ***blandis vocibus*** [C] Poés., par de flatteuses paroles ; ***blandi flores*** [C] Poés., fleurs exquises ‖ ***blanda dicere*** [+C] Pros., faire un éloge flatteur

Blannovĭi, *ōrum*, m. pl., peuple celtique : [C] Pros.

Blasĭo, *ōnis*, m., surnom romain : [C] Pros.

Blasĭus, *ĭi*, m., chef des Salapiens : [C] Pros.

blasphēmātŏr, *ōris*, m., **-trix**, *īcis*, f., celui, celle qui outrage, blasphémateur, -trice, sacrilège, impie : [T] Pros.

blasphēmĭa, *ae*, f., parole outrageante, calomnie : [T] Pros.

blasphēmĭum, *ĭi*, n., ▶ *blasphemia* : [T] Poés.

blasphēmō, *ās*, *āre*, -, -, tr. et intr., outrager : [+T] Pros. ‖ blasphémer : [T] Pros.

blătĕa, ▶ *blattea*

1 **blătĕrātus**, *a*, *um*, part. de *1 blatero*

2 **blătĕrātŭs**, *ūs*, m., bavardage, babillage : [T] Pros.

1 **blătĕrō** (**blatt-**, **blact-**), *ās*, *āre*, *āvi*, *ātum* ¶ **1** intr., babiller, bavarder : [-C] Théât., [C] Poés. ‖ tr., dire (laisser échapper) en bavardant : [-C] Théât., [+C] Pros. ¶ **2** coasser [cri de la grenouille] : [T] Pros.

2 **blătĕro**, *ōnis*, m., bavard, parlant pour ne rien dire : [+C] Pros.

blătĭō, *īs*, *īre*, -, -, tr., dire, débiter (en bavardant) : [-C] Théât.

blatta, *ae*, f., blatte, cafard : [C] Poés.

blattārĭus, *a*, *um*, qui concerne les blattes : ***blattaria balnea*** [+C] Pros., bains à blattes = sombres, obscurs

blattĕa (**-ĭa**), *ae*, f., pourpre : [T] Pros., [+T] Poés.

blattĕro, ▶ *1 blatero*

blattia, ▶ *blattea*

blattĭfĕr, *ĕra*, *ĕrum*, vêtu de pourpre : [T] Pros.

blattĭnus, *a*, *um*, couleur de pourpre : [T] Pros.

blattĭo, ▶ *blatio*

Blaundēnus, *a*, *um*, de Blaundos [ville de Phrygie] : [C] Pros.

blennus, *a*, *um*, stupide, niais, benêt : [-C] Théât.

Blēsenses, *ĭum*, m. pl., habitants de Blois [Blésois] : [+T] Pros.

blĭtĕus, *a*, *um*, fade [comme la blette], insipide, méprisable : [-C] Théât.

Blossĭus, *ĭi*, m., C. Blossius Cumanus, Blossius de Cumes [philosophe stoïcien, partisan de Tibérius Gracchus] : [C] Pros.

Bŏa, *ae*, f., île de l'Adriatique, près de la Dalmatie : [T] Pros.

bŏārĭus (**bŏv-**), *a*, *um*, qui concerne les bœufs : ***bovarium forum*** [C] Pros. ; ***boarium forum*** [C] Pros., marché aux boeufs

bŏātus, *ūs*, m., [fig.] cri bruyant : [+C] Pros.

bŏaulia, *ae*, f., étable à bœufs : [T] Pros.

bōbus, dat. et abl. pl. de *bos*

Boccăr, *ăris*, m. ¶ **1** nom d'Africain : [+C] Poés. ¶ **2** ▶ *Bucar*

Bocchoris, m., roi d'Égypte : [+C] Pros.

Bocchus, *i*, m., roi de Maurétanie, beau-père de Jugurtha : [C] Pros.

bōcula, ▶ *bucula*

Bŏdotrĭa, *ae*, f., nom d'un golfe sur les côtes de Grande-Bretagne : [+C] Pros.

Boduognātus, *i*, m., nom d'un Nervien : [C] Pros.

Boebē, *ēs*, [C] Pros., **Boebēis**, *ĭdos*, f., lac de Thessalie ‖ **-bēius**, *a*, *um*, du lac Bébé, thessalien : [+C] Poés.

boeōtarchēs, *ae*, m., béotarque [premier magistrat des Béotiens] : [C] Pros.

Boeōti, ▶ *1 Boeotia*

1 **Boeōtĭa**, *ae*, f., Béotie [province de la Grèce] : [C] Pros. ‖ **-tĭcus** ou **-tĭus** ou **-tus**, *a*, *um*, de Béotie, béotien : [C] Pros., [+C] Poés. ‖ **-ti**, *ōrum*, m. pl., [C] Pros. ou **-tĭi**, [C] Pros., Béotiens

2 **Boeōtĭa**, *ae*, f., épouse d'Hyas, mère des Pléiades : [+C] Pros.

Bŏēthus, *i*, m. ¶ **1** ciseleur et statuaire carthaginois : [C] Pros. ¶ **2** philosophe stoïcien : [C] Pros.

Bogud, *ŭdis*, m., roi de la Maurétanie Tingitane : [C] Pros.

bōia, *ae*, f. et **bōiae**, *ārum*, pl., entrave(s) pour esclaves et criminels : [-C] Théât.

Bōihēmum, *i*, n., pays des Boïens en Germanie [Bohême] : [+C] Pros. ‖ **Boiohaemum**, [+C] Pros.

Bōii, **Bōi**, *ōrum*, m. pl., Boïens [peuple celtique] : [C] Pros. ‖ Boïens de la Gaule transpadane : [C] Pros. ‖ sg., **Bōius** et **Bōia**, Boïen, Boïenne : [-C] Théât. [avec jeu de mots sur *boia*]

Bōiŏrix, *īgis*, m., roi des Boïens : [C] Pros.

Bōla, *ae*, f., **-lae**, *ārum*, pl., [C] Pros., ancienne ville du Latium : [C] Poés. ‖ **Bōlānus**, *a*, *um*, de Bola : [C] Pros. ‖ **Bōlāni**, m. pl., habitants de Bola : [C] Pros.

Bōlānus, m. ¶ **1** nom d'homme : [C] Pros., Poés. ¶ **2** ▶ *Bola*

bolbus, *i*, ▶ *bulbus* : [C] Poés.

bōlētăr, *āris*, n., plat destiné aux champignons, plat [en gén.] : [+C] Poés., Pros.

bōlētārĭum, *ĭi*, ▶ *boletar* : [T] Pros.

bōlētus, *i*, m., bolet [champignon] : [+C] Pros.

bŏlis, *ĭdis*, f., sonde marine : [T] Pros.

bŏlōnae, *ārum*, m. pl., marchands de poisson [du tout-venant, c.-à-d. pris dans un coup de filet] : [T] Pros.

bŏlus, *i*, m., coup de dés : [-C] Théât. ‖ coup de filet, capture : ***bolo tangere aliquem*** [-C] Théât., faire sa proie de qqn ; [+C] Pros. ‖ prise, gain, profit : [-C] Théât.

bombax !, interj., [exprime l'étonnement] peste ! diantre ! : [-C] Théât.

bombĭcō, *ās*, *āre*, -, -, intr., résonner : [+T] Poés.

bombĭcum, *i*, n., bourdonnement : [+T] Poés.

bombĭlō (**-nō**), *ās*, *āre*, -, -, intr., bourdonner [en parl. des abeilles] : [+C] Pros., [T] Poés.

bombĭō, *īs*, *īre*, -, -, intr., bourdonner [en parl. des abeilles] : [+C] Pros.

bombizō, *ās*, *āre*, -, -, ▶ *bombilo* : [+C] Pros.

Bombŏmăchĭdēs (**Bumb-**), *ae*, m., guerrier qui se contente de bourdonner [mot forgé par Plaute] : [-C] Théât.

bombus, *i*, m., bourdonnement des abeilles : [C] Pros. ‖ bruit résonnant, retentissant, grondant : [C] Poés., [+C] Pros.

bombȳcĭnus, *a*, *um*, subst. n., étoffe de soie ; subst. pl., ***bombycina*** [+C] Poés., vêtements de soie

bombyx, *ȳcis*, m. et f. ¶ **1** ver à soie : [+C] Poés. ¶ **2** vêtement de soie : [C] Poés.

Bŏmilcăr, *ăris*, m., général d'Hannibal : [C] Pros. ‖ officier de Jugurtha : [C] Pros.

bōmiscus, *i*, m., petit autel : [T] Pros.

bōmŏnīcae, *ārum*, m. pl., bomoniques [jeunes Spartiates luttant sur l'autel de Diane à qui endurerait le plus de coups] : [+C] Poés.

bŏna, *ōrum*, n. pl. ¶ **1** les biens : [C] Pros. ‖ [philos.] ***bona, mala*** [C] Pros., les biens, les maux ; ***aliquid in bonis numerare*** [C] Pros., compter qqch. parmi les biens ‖ qualités, vertus : [C] Poés., [+C] Pros. ‖ bonnes choses, prospérité, bonheur : [-C] Théât. ; ***bonis inexpertus*** [C] Pros., inaccoutumé au bien-être ; [+C] Pros. ‖ bonnes choses, bienfaits : [-C] Théât. ¶**2** biens, avoir : [C] Pros. ; ***bona vendere*** [C] Pros., vendre des biens ; ***bona alicujus publicare*** [C] Pros., confisquer les biens de qqn

Bŏna Dĕa (Dīva), f., la Bonne Déesse [déesse de la fécondité, de l'abondance; honorée par les femmes romaines] : [C] Pros.

bŏnātus, *a, um*, de bonne pâte : [+C] Pros.

bŏni, *ōrum*, m. pl., ➡ *bonus*

bŏni consulo, ➡ *consulo*

Bŏnĭfātĭus, *ĭi*, m., Boniface [nom de plusieurs laïcs, papes ou évêques] : [T] Poés.

bŏnĭtās, *ātis*, f., bonté, bonne qualité : ***agrorum*** [C] Pros., l'excellence des terres ; ***vocis*** [C] Pros., qualité de la voix ; ***ingenii*** [C] Pros., bon naturel ; ***verborum*** [C] Pros., mots remplissant bien leur office ‖ bonté, bienveillance, affabilité : [C] Pros. ‖ bonté des parents, tendresse : ***in suos*** [C] Pros., sa tendresse envers les siens ‖ honnêteté, vertu : [C] Pros.

Bonna, *ae*, f., ville de Germanie sur le Rhin [auj. Bonn] : [+C] Pros. ‖ **-nensis**, *e*, de Bonn : [+C] Pros.

Bŏnōnĭa, *ae*, f., ville de l'Italie cispadane [auj. Bologne] : [C] Pros. ‖ ville de Pannonie : [T] Pros. ‖ ville de Gaule Belgique [auj. Boulogne-sur-Mer] : [T] Pros. ‖ **-nĭensis**, *e*, de Bologne : [C] Pros.

bŏnum, *i*, n., [en gén.] bien : ***summum bonum*** [C] Pros., le souverain bien ; [+C] Pros. ‖ ***bonum publicum***, le bien public, le bien de l'État : [C] Pros. ‖ ***in bonum vertere*** [C] Pros., tourner à bien ‖ [C] Pros. ; [d'où l'expr. jurid.] [C] Pros.

bŏnus, *a, um* ¶**1** [en parl. de pers.] bon, honnête, bienveillant : ***bonus imperator*** Cic., bon général ; ***bonus medicus*** Cic., bon médecin ; ***bonus poeta*** Cic., bon poète ; ***boni (cives)*** Cic., les gens de bien, les honnêtes gens ‖ ***di boni !***, grands dieux ! : ***bona Juno*** Virg., Junon favorable ‖ ***o bone*** Hor., mon cher ¶**2** [en parl. de choses] bon, de bonne qualité : ***bonus ager*** Cic., bon champ, champ fertile ; ***bonum vinum*** Cat., bon vin ; ***bona oratio*** Cic., bon discours ‖ ***bona verba*** Cic., bons termes, expressions justes ; ***bono genere natus*** Cic., d'une bonne famille, bien né ; ***bona ratio*** Cic., droite raison, raison bien réglée ; ***bona ratione aliquid emere*** Cic., acheter qqch. honnêtement ‖ ***bona pars sermonis*** Cic., une bonne (= grande) partie de l'entretien ; ***bona fortuna*** Cic., bonne fortune, prospérité ‖ ***bonae res*** Pl., Luc., richesses, biens ; [mais] ***bonae res, malae res*** Cic., le bien, le mal ¶**3** [constructions] bon pour, propre à : [avec dat.] ***pecori bonus alendo*** Liv., propre à nourrir les troupeaux ‖ [avec *ad* ou *in*] Cat., Liv. ‖ [poét. avec inf.] ***bonus dicere versus*** Virg., habile à dire des vers

bŏnuscŭla, *ōrum*, n. pl., petit biens : [T] Pros.

1 **bŏō**, *ās, āre, āvī, -*, intr., mugir, retenir : [-C] Théât., [C] Poés. ‖ crier : [+C] Pros. ‖ [avec acc. de l'exclamation, ➡ *clamo*] [+C] Pros. ; [avec exclamation au st. direct] [+C] Pros.

2 **bŏō**, *ĭs, ĕre, -, -*, intr., ➡ *1 boo* : [-C] Théât., [C] Poés.

bŏōpis, *is*, f., qui a des yeux de vache, c.-à-d. aux grands yeux : [C] Pros.

Bŏōtēs, *ae*, m., le Bouvier [constellation] : [C] Poés.

Booz, m. indécl., époux de Ruth et bisaïeul de David : [T] Pros.

Bora, *ae*, m., montagne de Macédoine : [C] Pros.

1 **bŏrĕās**, *ae*, m., borée, aquilon, vent du Nord : [C] Poés. ‖ le septentrion : [C] Poés.

2 **Bŏrĕās**, *ae*, m., Borée [un dieu du vent, fils d'Astrée, enleva Orithye] : [C] Poés.

bŏrēus, *a, um*, boréal, septentrional : [C] Poés.

borīcus, *a, um*, **bŏrīnus**, ➡ *boreus* : [+T] Poés.

bŏrīth, n. indécl., saponaire [plante] : [T] Pros.

Bormĭae Ăquae, f. pl., ou **Ăquae Bormōnis**, eaux de Bourbon [l'Archambault]

Borni, *ōrum*, m. pl., petite ville de Thrace : [C] Pros.

borrās, *ae*, m., ➡ *1 boreas* : [T] Poés.

borrĭō, *īs, īre, -, -*, intr., fourmiller : [+C] Pros.

Bŏrysthĕnēs, *is* ¶**1** **-thĕnĭus**, *a, um*, du Borysthène : [C] Poés. ¶**2** f., ville située sur le Borysthène : [T] Pros.

Bŏrysthĕnĭdae, *ārum*, m. pl., peuples riverains du Borysthène : [C] Poés.

Bŏrysthĕnītae, ➡ *Borysthenidae* : [T] Pros.

bōs, *bŏvis*, m., f. ; pl. *boves, boum, bōbus* et *būbus*, boeuf, vache : [C] Pros., [T] Pros. ‖ ***Lucae boves*** ; ➡ *Luca bos*

boscĭs, *ĭdis*, f., sorte de canard : [+C] Pros.

Bosphŏrānus (-rĕus), **(-rĭcus)**, **(-rĭus)**, *a, um*, du Bosphore : [C] Poés., [+C] Pros., [T] Poés. ‖ **Bosphŏrāni**, [C] Pros. et **Bosphŏrenses**, m. pl., habitants du Bosphore

Bosphŏreum jŭgum, n., la Grande Ourse (Chariot) : [T] Poés.

Bosphŏrus (-rŏs), *i*, m., Bosphore, nom de deux détroits communiquant avec le Pont-Euxin : le Bosphore de Thrace, et le Bosphore cimmérien : [C] Pros., Poés.

Bospŏr-, ➡ *Bosphor-*

Bosra, indécl., nom de plusieurs villes de Judée et d'Idumée : [T] Pros.

Bostăr, *ăris*, m., nom carthaginois : [C] Pros.

Bostra, *ae*, f., ville de l'Arabie Pétrée : [T] Pros. ‖ **-trēnus**, *i*, m., habitant de Bostra : [C] Pros.

Bostrēnus, *i*, m., ➡ *Bostra*

bŏtellus, *i*, m., ➡ *botulus* : [+C] Poés.

Bōterdum, *i*, n., ville des Celtibères : [+C] Poés.

bŏthynus, *i*, m., sorte de comète : [+C] Pros., cf. [+C] Pros.

Botontīnus, ➡ *Butunti*

bŏtrĭo, ➡ *botryo*

bŏtrўo, *ōnis*, m., grappe de raisin : [+C] Poés.

Bottĭaea, f., la Bottiée [partie de la Macédoine] : [C] Pros.

bŏtŭlārĭus, *ĭi*, m., faiseur de boudins : [+C] Pros.

bŏtŭlus, *i*, m., boudin, saucisson, [en gén.] boyau farci : [+C] Pros., Poés.

Boudicca, *ae*, f., reine des Icènes : [+C] Pros.

bŏŭm, gén. pl. de *bos*

bŏvārius, ➡ *boarius*

Bŏvĭānum, *i*, n., ville des Samnites : [C] Pros. ‖ **-ānensis**, *e* et **-ānĭus**, *a, um*, de Bovianum : [+C] Poés.

bŏvīlis, *e*, de bœuf : [+C] Poés.

Bŏvillae, *ārum*, f. pl., ancienne ville du Latium : [+C] Pros. ‖ **-ānus**, *a, um*, de Bovillae : [C] Pros.

bŏvillus, *a, um*, de bœuf : [C] Pros.

bŏvīnātŏr, *ōris*, m., qui tergiverse : [-C] Poés., [+C] Pros.

bŏvō, *ās, āre, -, -*, [arch.] ➡ *1 boo* : [-C] Pros.

brăbeuta, *ae*, m., arbitre dans les jeux entre les combattants : [+C] Pros.

brāca, *ae*, f., [C] Poés., [plus souvent] **brācae**, *ārum*, f. pl., braies [chausses plus ou moins larges serrées par le bas, portées par les barbares] : [C] Poés., [+C] Pros.

brācātus, *a, um*, qui porte des braies : [C] Pros. ‖ subst., **Bracati**, m. pl., les Gaulois : [+C] Poés.

bracch-, ➡ *brach-*

brāchĭālis, *e*, de bras : [-C] Théât.

brāchĭāti, *ōrum*, m. pl., porteurs de bracelets (soldats) : [T] Pros.

brāchĭātus, *a, um*, branchu : [+C] Pros.

brāchĭŏlum, *i*, n., petit bras, bras mignon : [C] Poés. ‖ bras d'un siège, d'un trône : [T] Pros.

brāchĭum (bracch-), *ĭi*, n. ¶**1** bras [depuis la main jusqu'au coude] : [+C] Pros. ¶**2** bras [en gén.] : [C] Pros. ; ***brachia remittere*** [C] Poés., laisser tomber ses bras [cesser de ramer] ; [+C] Pros. ‖ ***vitis*** [C] Poés., les bras de la vigne ‖ bras d'une baliste, d'une catapulte : [C] Pros. ‖ bras de mer : [C] Poés. ‖ [poét.] antennes de navire : [C] Poés. ‖ [milit.] ligne de communication : [C] Pros. [en part. les Longs Murs entre Athènes et le Pirée] ‖ [fig.] force, bras : [T] Pros.

brachmānae, *ārum*, **-ni**, *ōrum*, m. pl., brahmanes [philosophes de l'Inde] : [+C] Pros., [T] Pros.

bractĕa, V. *brattea*

brădys, lent : [-C] Pros.

Branchus, *i*, m., nom d'un fils d'Apollon : [+C] Poés.

Brancus, *i*, m., roi des Allobroges : [C] Pros.

Brannăcum (Brinn-), *i*, n., villa en Gaule Belgique [Berny-Rivière, Aisne] : [+T] Pros. ‖ **-censis**, *e*, de Brannacum : [+T] Pros.

Brannovices, *um*, m. pl., nom d'une partie des *Aulerci* : [C] Pros.

brasmătĭae, *ārum*, m. pl., fermentation, bouillonnement du globe, tremblement de terre : [T] Pros.

brastae, *ārum*, m. pl., C. *brasmatiae* : [+C] Pros.

brattĕa (bract-), *ae*, f., feuille de métal : ***auri*** [C] Poés., feuille d'or ; [sans *auri*, même sens] [C] Poés. ‖ [poét.] ***viva*** [+C] Poés., toison d'or [blonde toison des brebis de l'Hespérie]

brattĕālis, *e*, de feuille de métal d'or : [T] Poés.

brattĕātus (bratt-), *a*, *um*, couvert d'une feuille d'or, doré : [+C] Pros., [T] Pros. ‖ [fig.] ***bratteata felicitas*** [+C] Pros., bonheur de façade, de clinquant

brattĕŏla, *ae*, f., petite feuille ou lame d'or : [+C] Poés.

Bratuspantĭum, *ĭi*, n., ville de Gaule chez les Bellovaques : [C] Pros.

Braurōn, *ōnis*, m., ville de l'Attique : [+C] Poés.

Bregĕtĭo (-ĭtio), *ōnis*, f., ville de la Basse Pannonie [O-Szöny] : [T] Pros.

Brennus, *i*, m. ¶ **1** chef gaulois qui s'empara de Rome : [C] Pros. ‖ **Brennĭcus**, *a*, *um*, de Brennus : [T] Poés. ¶ **2** un autre qui envahit la Grèce : [C] Pros.

Breuni, *ōrum*, m. pl., peuple de la Rhétie : [C] Poés.

brĕvī, abl. n. de *1 brevis* employé adv[t] ¶ **1** brièvement : ***comprendam brevi*** [C] Pros., je conclurai en peu de mots ; ***percurrere*** [C] Pros. ; ***definire*** [C] Pros. ; ***explicare*** [C] Pros. ; ***respondere*** [C] Pros., passer en revue, définir, exposer, répondre brièvement ¶ **2** sous peu, dans peu de temps : [C] Pros. ¶ **3** pendant peu de temps, en peu de temps : ***cunctactus brevi*** [C] Poés., ayant hésité un moment, [+C] Pros. ; [C] Pros. ‖ ***brevi post*** [C] Pros., peu après ; ***brevi postquam*** [C] Pros., peu de temps après que ; ***brevi deinde*** [+C] Pros., peu après ; ***brevi ante*** [C] Pros., peu auparavant [+C] Pros. ; ***non brevi antiquior*** [+C] Pros., notablement plus ancien

brĕvĭa, *ĭum*, n. pl. de *1 brevis* pris subst[t], bas-fonds [mer] : [C] Poés., [+C] Pros.

brĕvĭārĭus, *a*, *um*, subst. n., abrégé, sommaire : [+C] Pros. ‖ ***breviarium imperii*** [+C] Pros., inventaire de l'empire

brĕvĭātus, *a*, *um*, part. de *brevio*

brĕvĭcŭlus, *a*, *um*, courtaud [de taille] : [-C] Théât. ‖ court, de peu de durée : [+C] Pros.

brĕvĭlŏquens, *entis*, qui parle en peu de mots, concis, serré : [C] Pros.

brĕvĭlŏquentĭa, *ae*, f., brièveté, concision, laconisme : [C] Pros.

brĕvĭō, *ās*, *āre*, *āvī*, *ātum*, tr., abréger, raccourcir : [+C] Pros. ; ***gradus*** [T] Pros., les pas ‖ rendre brève [une syllabe] : [+C] Pros.

1 **brĕvis**, *e*, court ¶ **1** [quant à l'espace] [C] Pros. ; ***breviore itinere*** [C] Pros., par un chemin plus court ; ***via brevior*** [C] Pros., voie (méthode) plus courte ‖ ***brevis aqua*** [poét.] [C] Poés., une nappe d'eau étroite ; [C] Pros. ; ***brevia vada*** [C] Poés., bas-fonds, V. *brevia* ; ***puteus brevis*** [+C] Poés., puits peu profond ; [+C] Pros. ‖ court [en hauteur] : [C] Pros. ; ***statura brevis*** [+C] Pros., petite taille ; ***hasta brevis*** [C] Pros., lance courte ; ***parmae breviores*** [C] Pros., boucliers plus courts ; ***brevis murus*** [C] Poés., mur peu élevé ‖ [en parl. d'écrits, de discours] court, bref : [C] Pros. ; ***brevis defensio*** [C] Pros., courte (brève) défense ; ***dicta brevia*** [C] Pros., mots à l'emporte-pièce, boutades satiriques ‖ n. pris subst[t], ***breve faciam*** [C] Pros., je ferai court, je serai bref ‖ [en parl. des écrivains ou orateurs eux-mêmes] bref, concis : [C] Pros., Poés. ¶ **2** court [quant au temps] : [C] Pros. ; ***breve tempus*** [C] Pros., court espace de temps ; ***breviores noctes*** [C] Pros., nuits plus courtes ‖ ***brevi tempore*** **a)** sous peu, dans peu de temps : [C] Pros. **b)** pendant peu de temps, en peu de temps : [C] Pros. ; V. *1 tempus, spatium, brevi* ‖ [en parl. des choses elles-mêmes] court, bref, passager : [C] Pros. ; ***dolor brevis*** [C] Pros., douleur de courte durée ‖ [poét.] ***breve lilium*** [C] Poés., le lis fugitif (éphémère) ‖ [métr.] ***syllaba brevis*** [C] Pros., syllabe brève ; ***tres breves*** [C] Pros., trois brèves [syllabes] ; [C] Pros. ; V. *brevi, brevia*

2 **brĕvis**, *is*, m., sommaire, liste, inventaire : [T] Pros.

brĕvĭtās, *ātis*, f., brièveté ¶ **1** [quant à l'espace] ***spatii brevitas*** [C] Pros. ; ***loci*** [C] Pros., la faible étendue de l'espace ; ***brevitas nostra*** [C] Pros., notre petite taille (stature) ‖ [en parl. d'écrits, de discours] ***brevitas orationis*** [C] Pros., brièveté d'un discours ¶ **2** [quant au temps] ***diei brevitas*** [C] Pros., la brièveté du jour ; ***temporis*** [C] Pros., brièveté du temps, courte durée, court laps de temps ; ***vitae*** [C] Pros., brièveté de la vie ; ***imperii*** [+C] Pros., brièveté du règne ‖ ***brevitas*** [seul], courte durée : [C] Pros. ‖ [métr.] [C] Pros.

brĕvĭtĕr, adv., brièvement ¶ **1** [employé surtout en parl. d'écrits, de discours] ***exponere breviter*** [C] Pros., exposer brièvement ; ***breviter strictimque*** [C] Pros., d'une façon brève et rapide ; ***summatim breviterque*** [C] Pros., en gros et brièvement ‖ [métr.] ***breviter dicitur*** [C] Pros., la quantité est brève ¶ **2** [temps] [C] Pros. ‖ [espace] [C] Poés. ‖ compar., ***brevius*** [C] Pros. ; superl., ***brevissime*** [C] Pros.

brĭa, *ae*, f., espèce de vase à vin : [T] Pros.

Brĭăreūs, *ĕi* ou *ĕos*, m., Briarée [géant qui avait cent bras] : [C] Poés. ‖ **-rēĭus**, *a*, *um*, de Briarée, des géants : [T] Pros.

Brĭgaecum (Brigēcum), *i*, n., ville d'Asturie ‖ **-cīni**, *ōrum*, m. pl., habitants de Brigécum : [+C] Pros.

Brĭgantes, *um*, m. pl., Brigantes, peuple de la Bretagne : [+C] Pros. ‖ acc. *-as* [+C] Poés.

Brĭgantĭa, *ae*, f., ville de Vindélicie [Bregenz] : [T] Pros.

Brĭgantĭum, *ĭi*, n., ville de la Gaule cisalpine [auj. Briançon] : [T] Pros.

Brīmō, *ūs*, f., autre nom d'Hécate : [C] Poés.

Brĭnĭātes, *um* ou *ĭum*, m. pl., peuple de Ligurie : [C] Pros.

Brinnĭus, *ĭi*, ‖ **-ĭānus**, *a*, *um*, de Brinnius : [C] Pros.

Brinta, *ae*, m., rivière qui passe à Padoue [Brenta] : [+T] Poés.

brīsa, *ae*, f., raisin foulé, marc de raisin : [+C] Pros.

Brīsaeus (-ēus), *i*, m., surnom de Bacchus : [+C] Poés.

Brīsēis, *ĭdis* ou *ĭdos*, f., fille de Brisès, devenue esclave d'Achille : [C] Poés. ‖ **Brīsēida**, *ae*, f., [+C] Poés.

Brīsēus, V. *Brisaeus*

Brisoāna, *ae*, m., fleuve de la Perse : [T] Pros.

Brĭtanni, *ōrum*, m. pl. ¶ **1** Bretons [habitants de la Bretagne (Angleterre)] : [C] Pros. ‖ sg., ***Brĭtannus*** : [C] Poés. ¶ **2** [T] Pros. ; C. *Britones*

Brĭtannĭa, *ae*, f., Bretagne [Angleterre] : [C] Pros. ‖ **-ĭcus**, *a*, *um*, de Bretagne : [C] Pros.

Brĭtannĭcus, *i*, m., fils de Claude et de Messaline, empoisonné par Néron : [+C] Pros.

Brĭtannus, *a*, *um*, de Bretagne : [C] Poés. ; V. *Britanni*

Brĭtŏnes (Brittōnes), *um*, m. pl. ¶ **1** Bretons, Brittons [nation celtique établie en Angleterre] : [+C] Poés. ‖ sg., **Britto**, *ōnis*, [+C] Poés. ¶ **2** Bretons [établis dans l'Armorique] : [+T] Pros.

Brittānĭa, *ae*, f., V. *Britannia*

Brittannus, *a*, *um*, C. *Britannus* : [C] Poés.

Brittĭi, m., C. *Bruttii* : [C] Pros.

Brīva Curretia, f., ville d'Aquitaine [auj. Brive-la-Gaillarde] : [+T] Pros.

Brīvās, *ātis*, f., ville des Arvernes [auj. Brioude] : [T] Poés. ‖ **-tensis**, *e*, de Brioude : [+T] Pros.

Brixĭa, *ae*, f., [C] Pros. et **-ae**, *ārum*, f. pl., ville de la Gaule transpadane [auj. Brescia] ‖ **-ĭānus**, *a*, *um*, de Brixia : [+C] Pros. ‖ subst. m. pl., habitants de Brixia : [C] Pros.

1 **brocchus**, V. *brochus*

2 **Brocchus**, *i*, m., surnom romain : [C] Pros.

brŏchus (**-cchus**, **-ccus**) ou **bronch-**, **bronc-**, *a*, *um*, proéminent : ***dentes brochi*** [C] Pros., dents saillantes

Brogitărus, *i*, m., gendre de Déjotarus : [C] Pros.

Brŏmē (**-miē**), *ēs*, f., nourrice de Bacchus : [+C] Poés.

Brŏmĭa, *ae*, f., nom de servante : [-C] Théât.

Brŏmĭus, *ĭi*, m., surnom de Bacchus : [-C] Théât., [C] Poés. ‖ **-ĭus**, *a*, *um*, de Bacchus : [C] Poés.

bronchus (**-cus**), ▶ *brochus*

Brontē, *ēs*, f., un des chevaux du Soleil : [+C] Poés.

Brontēs, *ae*, m., un des Cyclopes : [C] Poés.

Brŏtĕās, *ae*, m. ¶**1** nom d'un Lapithe : [C] Poés. ¶**2** nom d'un fils de Vulcain : [C] Poés. ¶**3** nom d'un guerrier : [+C] Poés.

Brūchīŏn, *ĭi*, n., quartier d'Alexandrie : [T] Pros.

brūchus, *i*, m., espèce de sauterelle : [T] Poés.

Bructĕri, *ōrum*, m. pl., Bructères [peuple de la Germanie] : [+C] Pros. ‖ sg., ***Bructerus*** : [+C] Pros. ‖ **-us**, *a*, *um*, [+C] Pros., bructère

Brŭges, arch. pour *Phryges* : [+C] Pros.

brūma, *ae*, f. ¶**1** le solstice d'hiver : [-C] Pros., [C] Pros. ¶**2** l'hiver : [C] Poés. ¶**3** [poét.] l'année : [+C] Poés.

brūmālis, *e* ¶**1** qui se rapporte au solstice d'hiver : [C] Pros. ¶**2** d'hiver : ***brumale tempus*** [C] Poés., le temps de l'hiver ; [+C] Poés.

Brunda, ▶ *Brundisium* : [T] Pros.

Brundĭsĭum (**Brundŭsĭum**), *ĭi*, n., ville et port de Calabre [auj. Brindisi] : [C] ‖ **-ĭsīnus**, *a*, *um*, de Brundisium : [C] Pros. ‖ **-ĭsīni**, m. pl., habitants de Brundisium : [C] Pros. ‖ **Brundĭsīnum**, n., territoire de Brundisium : [C] Pros.

Brunichildis, *is*, f., Brunehaut [reine d'Austrasie, suppliciée en 613] : [+T] Pros.

brūtescō (**-iscō**), *ĭs*, *ĕre*, -, -, intr., s'abrutir : [+T] Poés. ‖ devenir insensible (inerte) : [T] Pros.

1 **Brūtĭānus**, *a*, *um*, de Brutus : [+C] Pros.

2 **Brūtĭānus** (**Brutt-**), *i*, m., poète latin du temps de Trajan : [+C] Poés.

Brūtīnus, *a*, *um*, de Brutus : [C] Pros.

Bruttăces, *um*, m. pl., habitants du Bruttium : [-C] Pros.

Bruttĭi (**Britt-**), *ōrum*, m. pl., Bruttiens, habitants du Bruttium : [C] Pros. ‖ **-ttĭus**, *a*, *um*, du Bruttium : [C] Pros.

brūtum, *i*, n., [surt. au pl.] bête brute : [+C] Pros.

1 **brūtus**, *a*, *um* ¶**1** lourd, pesant : [C] Poés. ¶**2** [fig.] stupide, déraisonnable : [-C], [C] Pros.

2 **Brūtus**, *i*, m., surnom romain, L. Junius Brutus, premier consul de Rome : [C] Pros. ‖ M. Junius Brutus, un des chefs de la conjuration contre César : [C] Pros. ‖ autres du même nom : [C] Pros. ‖ titre d'un traité de rhétorique de Cicéron : [+C] Pros.

Bryanĭum, *ĭi*, n., ville de Macédoine : [C] Pros.

brўŏnĭa, *ae* (**-nĭas**, *ădis*), f., bryone, couleuvrée [plante] : [+C] Pros.

Bubacenē, *ēs*, f., la Bubacène [province d'Asie] : [+C] Pros.

Būbastis, *is*, f., nom de Diane chez les Égyptiens : [C] Poés.

Būbăsus, *i*, f., ‖ **-băsis**, *ĭdis*, adj. f., de Bubase : [C] Poés.

būbīle, *is*, n., étable à bœufs : [-C] Théât., Pros.

būblĭo-, ▶ *biblio-*

būblus, ▶ *bubulus* : [+C] Pros.

būbō, *ōnis*, m. f., hibou grand-duc : [C] Pros., Poés.

Būbōna, *ae*, f., déesse protectrice des bœufs : [T] Pros.

bŭbulcĭtō, *ās*, *āre*, -, - et **-tŏr**, *ārĭs*, *ārī*, -, dép. ¶**1** être bouvier : [-C] Théât. ¶**2** [fig.] crier, hurler comme un bouvier : [C] Poés.

bŭbulcus, *i*, m., bouvier [qui a le soin, la conduite des bœufs], vacher : [C] Pros.

būbŭlus, *a*, *um*, de bœuf, de vache : ***corii bubuli*** [-C] Théât., lanières en cuir ; ***casei bubuli*** [C] Pros., fromages de vache ‖ subst. f., **-la**, *ae*, viande de boeuf : [-C] Théât., [+C] Pros.

būbus, dat abl. pl. de *bos*

būca, ▶ *bucca*

būcaeda, *ae*, m., tueur de bœufs [à force d'user des lanières en recevant des coups] : [-C] Théât.

Bucar, *āris*, m., officier au service de Syphax : [C] Pros.

bucca, *ae*, f. ¶**1** cavité de la bouche, bouche : [C] Pros. ‖ joue : [C] Poés., Pros. ; ***buccis fluentibus*** [C] Pros., aux joues pendantes ; ***buccas inflare*** [C] Poés., gonfler les joues [de colère] ¶**2** [fig.] braillard : [+C] Poés. ‖ goinfre : [+C] Pros. ‖ bouchée : [+C] Poés.

buccĕa, *ae*, f., bouchée : [+C] Pros.

buccella, *ae*, f., petite bouchée : [+C] Poés.

buccellārĭus, *ĭi*, m., qui mange du biscuit, (satellite), soldat d'un particulier : [+T] Pros.

buccellātum, *i*, n., biscuit, pain de munition : [T] Pros.

buccilla, ▶ *buccella*

buccĭn-, ▶ *bucin-*

bucco, *ōnis*, m., joufflu [personnage d'atellane] : [C] Pros. ‖ sot, imbécile : [-C] Théât.

buccŭla (**būcŭla**), *ae*, f. ¶**1** petite bouche : [+C] Pros. ‖ petite joue : [+C] Pros. ¶**2** [fig.] ***a)*** bosse du bouclier : [C] Pros. ***b)*** mentonnière du casque : [+C] Poés. ***c)*** [méc.] joue [nom donné à deux pièces différentes de la catapulte] : [C] Pros. ***d)*** timon : [C] Pros.

buccŭlentus, *a*, *um*, qui a de grosses joues, ou une grande bouche : [-C] Théât.

buccus, *i*, m., bouc : [surnom] [+T] Pros.

Būcĕphăla, *ae* (**-ē**, *ēs*, **-ŏs**, *i*), f., Bucéphale [ville de l'Inde] : [+C] Pros.

būcĕrĭus, *a*, *um*, qui a des cornes de bœuf, de bœuf : [C] Poés.

būcĕrus, *a*, *um*, ▶ *bucerius* : [C] Poés.

būcētum, *i*, n., pacage pour les bœufs : [+C] Poés., Pros.

būcĭna, *ae*, f., cornet de bouvier : [C] Pros. ‖ trompette : [C] Pros., Poés. ‖ ***prima, secunda bucina*** [C] Pros., première, seconde veille [annoncée par la trompette] ‖ [poét.] la corne de Triton : [C] Poés.

būcĭnātŏr, *ōris*, m., trompette, celui qui sonne de la trompette : [C] Pros.

būcĭnō, *ās*, *āre*, *āvī*, *ātum*, intr., sonner de la trompette, sonner du cor : [C] Pros., [+C] Pros.

Bucinobantes, m. pl., peuple de Germanie [près de Mayence] : [T] Pros.

būcĭnus, *i*, m., ▶ *bucinator* : [+C] Pros.

būcītum, *i*, n., ▶ *bucetum* : [C] Pros.

Būcŏlĭca, *ōrum* et *ōn*, n. pl., Bucoliques [poèmes de Virgile] : [+C] Pros.

Būcŏlici milites, m., soldats en garnison dans certains endroits d'Égypte nommés *Bucolia* : [T] Pros.

būcŏlĭcus, *a*, *um* et **-ŏs**, *ē*, *ŏn*, pastoral, bucolique, qui concerne les bœufs ou les pâtres : [+C] Pros.

būcŭla, *ae*, f., génisse : ***ex aere Myronis*** [C] Pros., la génisse de Myron en bronze

būcŭlus, *i*, m., jeune bœuf, bouvillon : [+C] Pros.

Bucures, *um*, m. pl., rois de Maurétanie honorés comme des dieux : [T] Pros.

Budălĭa, *ae*, f., village de la Basse Pannonie : [T] Pros.

būfō, *ōnis*, m., crapaud : [C] Poés.

Būlarchus, *i*, m., Boularque [peintre grec] : [+C] Pros.

bulba, ▶ *vulva* : [T] Pros.

bulbus, *i*, m., oignons d'espèces diverses : [-C] Pros., [+C] Pros.

būlē, *ēs*, f., le sénat : [+C] Pros.

būleuta, *ae*, m., sénateur : [+C] Pros.

bulga, *ae*, f. ¶**1** bourse de cuir : [C] Poés. ¶**2** ▶ *vulva* : [-C] Poés.

bulla, *ae*, f. ¶**1** [fig.] = un rien : [C] Pros., [+C] Pros. ¶**2** tête de clou pour l'ornement des portes : [C] Pros. ¶**3** bouton de baudrier : [C] Poés. ¶**4** clou qui sert à marquer les jours heureux ou malheureux : [+C] Pros. ¶**5** bouton ou bille mobile dans une horloge à eau : [C] Pros. ¶**6** bulle que les triomphateurs portaient sur leur poitrine après y avoir renfermé des amulettes contre l'envie : [T] Pros. ¶**7** bulle suspendue au cou d'animaux favoris : [C] Poés.

bullātus, *a*, *um*, orné de clous, de boutons : [C] Pros. ‖ ***bullata statua*** [+C] Pros., statue portant la bulle d'or

bullescō, *ĭs*, *ĕre*, -, -, intr., se former en globules : [+C] Pros.

Bullĭdenses (**Byll-**), **Bullĭenses** (**Byll-**), *ĭum*, **Bullīni** (**Byll-**), *ōrum*, **Bullĭōnes**, *um*, m. pl., habitants de Bullis ou Byllis : [C] Pros.

bullĭō, *īs*, *īre*, *īvi* et *ĭi*, *ītum*, intr., bouillonner, bouillir : [+C] Pros. ‖ [fig.] ***bullire indignatione*** [+C] Pros., être bouillant d'indignation ; [+C] Poés.

Bullis (**Byl-**), *ĭdis*, f., Bullis ou Byllis [ville d'Épire] : [C] Pros.

bullītŭs, *ūs*, m., bouillonnement : [C] Pros.

bullō, *ās*, *āre*, -, -, intr., bouillonner, bouillir : [-C] Pros. ‖ se couvrir de bulles : [+C] Pros.

bullŭla, *ae*, f., petite bulle [produite à la surface d'un liquide] : [+C] Pros.

Bulotus amnis, m., le Bulote [cours d'eau dans le voisinage de Locres] : [C] Pros.

Būmādus (**Būmelus**), *i*, m., fleuve d'Assyrie : [+C] Pros.

būmammus, *a*, *um*, espèce de raisin à gros grains : [C] Pros., [T] Pros.

būmastus, *a*, *um*, → *bumammus* : [C] Poés., [+C] Pros.

Bumbŏmăchĭdēs, → *Bombomachides*

būpaes, *dis*, m., grand garçon : [C] Pros.

Būpălus, *i*, m., Bupale [célèbre sculpteur] : [C] Poés.

1 **būra**, *ae*, f., manche de charrue : [C] Pros.

2 **Būra**, *ae*, **Būris**, *is*, f., ville d'Achaïe : [C] Poés., [+C] Pros.

Burbŭlēius, *i*, m., nom d'un acteur : [C] Pros., [+C] Pros.

Burdĕgăla (**Burdĭgăla**), *ae*, f., ville d'Aquitaine, sur la Garonne [auj. Bordeaux] : [+C] Poés.

Burdo, *ōnis*, m., surnom romain : [+C] Pros.

burdubasta, *ae*, m., mule accablé par un fardeau [gladiateur éreinté] : [+C] Pros.

Burgundĭi, *iōrum* (**-dĭōnes**, *um*), m. pl., Burgondes [peuple germain établi en Gaule (Bourguignons)] : [T] Pros.

Būri, *ōrum*, m. pl., peuple de la Germanie : [+C] Pros.

Būrĭcus, → *Buri*

būris, *is*, f., → *1 bura* : [C] Poés.

burra, *ae*, f., bure, étoffe grossière en laine : [T] Poés.

burrae, *ārum*, f. pl., niaiseries, fadaises : [T]

Burrĭēnus, *i*, m., nom d'homme : [C] Pros.

Burrus ¶**1** arch. pour *Pyrrhus* : [C] Pros. ¶**2** Burrus [gouverneur de Néron] : [+C] Pros.

1 **Bursa**, *ae*, m., surnom romain : [C] Pros.

2 **Bursa**, → *Byrsa* : [C] Pros.

Bursaones, *um*, m. pl., peuple celtibère : [C] Pros.

Busa, *ae*, f., nom d'une femme d'Apulie : [C] Pros.

būsĕqua, *ae*, m., bouvier : [+C] Pros. ‖ **buss-**, [+C] Pros.

Būsīris, *is* ou *ĭdis*, m., roi d'Égypte : [C] Pros., Poés.

Bussenĭus, *ĭi*, m., nom de famille : [C] Pros.

Busta Gallĭca, n., lieudit dans Rome [où furent enterrés les Gaulois morts pendant le siège de Rome, 390 av. J.-C.] : [C] Pros., [+C] Pros.

bustĭcētum, *i*, n., entassement de bûches, bûcher : [T] Pros.

bustĭo, *ōnis*, f., combustion : [C] Poés.

bustĭrăpus, *i*, m., détrousseur de bûchers [mot forgé] : [-C] Théât.

bustŭālis, *e*, de bûcher, de tombe : [T] Poés., Pros.

bustŭārĭus, *a*, *um*, qui est relatif aux bûchers, aux tombeaux : ***bustuarius gladiator*** [C] Pros., gladiateur qui combat à des funérailles ‖ qui fréquente les lieux de sépulture (les cimetières) : [+C] Poés. ‖ subst. m., celui qui brûle les corps : [T] Pros.

bustum, *i*, n., bûcher : [C] Pros., Poés. ‖ tombeau, sépulture : [C] Pros. ‖ monument funéraire : [C] Pros. ‖ [fig.] ***bustum reipublicae*** [C] Pros., tombeau de l'État ‖ cadavre consumé, cendres : [+C] Poés. ‖ ***bustum arae*** [T] Pros., feu de l'autel

būsȳcŏn, *i*, n., grosse figue : [C] Pros.

Būta, *ae*, m., nom d'homme : [+C] Pros.

Būtĕo, *ōnis*, surnom d'un Fabius : [C] Pros.

Būtēs, *ae*, m., nom d'homme : [C] Poés.

Būthrōtum, *i*, n. et **-tos**, [C] Poés., f., Buthrote [ville maritime d'Épire] : [C] Pros. ‖ **-ĭus**, *a*, *um*, de Buthrote : [C] Pros. ‖ subst. m. pl., habitants de Buthrote : [C] Pros.

būthysĭa, *ae*, f., sacrifice de bœufs, hécatombe : [+C] Pros.

1 **būtĭō**, *īs*, *īre*, -, -, intr., crier "*bu*" [comme le butor] : [T] Poés.

2 **būtĭo**, *ōnis*, m., butor : [T] Poés.

Butrōtus, *i*, m., fleuve de la Grande-Grèce [auj. Bruciano] : [C] Pros.

Bŭtunti, *ōrum*, m. pl., ville de Calabre [Bitonto] : [+C] Poés.

būtūrum, [C] Pros., **bŭ-**, [+T] Poés., beurre

buxans, *tis*, ayant la couleur du buis : [+C] Pros.

Buxentum, *i*, n., ville de Lucanie [auj. Policastro] : [C] Pros. ‖ **-tīnus** (**-tĭus**), *a*, *um*, de Buxentum : [+C] Poés.

buxētum, *i*, n., lieu planté de buis : [+C] Poés.

buxĕus, *a*, *um*, de buis : [+C] Pros. ‖ de la couleur du buis, jaune : [+C] Poés.

buxĭfĕr, *ĕra*, *ĕrum*, qui produit du buis : [C] Poés.

buxis, f., → *pyxis*

buxum, *i*, n. et **buxus**, *i* ou *ūs*, f. ¶**1** buis [arbrisseau] : [C] Poés., [+C] Pros. ; [bois] [C] Poés. ¶**2** [objets en buis] flûte : [C] Poés. ‖ toupie, sabot : [C] Poés. ‖ peigne : [+C] Poés. ‖ tablettes à écrire : [C] Poés.

Būzȳgēs, *ae*, m., le même que Triptolème : [+C] Pros.

bȳblĭo-, → *bīblĭo-*

Bȳblis, *ĭdis* (*ĭdos*), f., Byblis [fille de Milétus et de Cyanée] : [C] Poés.

Bȳcē, *ēs*, f., lac de la Chersonèse taurique : [+C] Poés.

Bylazŏr, *ōris*, f., ville de Péonie [auj. Bilias] : [C] Pros.

Byllidenses, **Byllini**, → *Bullidenses*

Byllis, → *Bullis*

Byrrhĭa (**-ās**), *ae*, m., nom d'esclave : [-C] Théât.

Byrsa, *ae*, f., citadelle de Carthage, bâtie par Didon : [C] Poés., Pros. ‖ **-sĭcus**, *a*, *um*, de Byrsa : [T] Pros.

byssĭcus, → *byssinus*

byssĭnus, *a*, *um*, de lin fin, de batiste : [+C] Pros.

byssum, *i*, n., → *byssus*

byssus, *i*, f., lin très fin, batiste : [+C] Pros., [T] Pros.

Byzācĭum, *ĭi*, n., la Byzacène [contrée de l'Afrique] : [C] Pros. ‖ **-cĭus**, *a*, *um*, de la Byzacène : [+C] Poés.

Byzantĭum (**-tĭŏn**), *ĭi*, n., Byzance [postérieurement Constantinople, ville sur le Bosphore de Thrace] : [C] Pros. ‖ **-tĭus**, *a*, *um*, de Byzance, byzantin : [C] Pros., Poés. ‖ **-tĭăcus**, [+C] Poés. ‖ **Byzantĭi**, *ōrum*, m. pl., habitants de Byzance : [C] Pros.

Byzēres, *um*, m. pl., Byzères [peuple du Pont] : [+C] Poés.

C

c, n., f. indécl., troisième lettre de l'alphabet latin, prononcée *cé*, V. *b*, employée aussi pour *G* dans les inscriptions archaïques., C'est le gamma (Γ) grec, affecté à la sourde en étrusque comme *K* et *Q* ‖ abréviation de ***Gaius*** [quand il est retourné (Ɔ), il signifie *Gaia*]; ***Cn*** est de même l'abréviation de ***Gnaeus*** ‖ sur les tablettes de vote des juges, il signifie ***condemno*** [d'où son nom de *littera tristis* par opposition à *A* (*absolvo*) appelé *littera salutaris*] ‖ signe numérique **C** = cent

căballa, ***ae***, f., jument : [T] Poés.

căballīnus, ***a***, ***um***, de cheval : ***caballinus fons*** [+C] Poés., fontaine d'Hippocrène

1 **căballus**, ***i***, m., cheval hongre : [+C] Poés. ‖ cheval de fatigue, bidet : [C] Pros., [+C] Pros.

2 **Căballus**, ***i***, m., surnom romain : [+C] Poés.

Căbillo, ***ōnis***, f. [T] Pros., **Căbillōna**, ***ae***, f. [T] Pros., **-ōnum**, ***i***, n. [C] Pros., Cabillonum [ville des Éduens, auj. Chalon-sur-Saône]

Cabīra, ***ōrum***, n. pl., Cabires [ville du Pont] : [T] Pros.

Căbīrus, ***i***, m., divinité adorée surtout en Macédoine et dans l'île de Samothrace : [C] Pros., pl., ***Cabiri*** [-C] Théât.

Caburus, ***i***, m., surnom d'un Gaulois : [C] Pros.

căbus, ***i***, m., mesure hébraïque : [T] Pros.

Cabylē, ***ēs*** (**-la**, ***ae***), ville de Thrace : [T] Pros.

Cāca, ***ae***, f., sœur de Cacus, mise au nombre des déesses parce qu'elle avait dénoncé à Hercule le vol commis par son frère : [T] Pros.

căcātŭrĭō, ***īs***, ***īre***, -, -, intr., avoir envie d'aller à la selle : [+C] Poés.

căcātus, ***a***, ***um***, part. de *caco*

caccăbĭus, ***a***, ***um***, cuit en cocotte : [+C] Pros.

cāccăbō (**cācăbō**), ***ās***, ***āre***, -, -, intr., cacaber [cri ou chant de la perdrix] : [T] Poés.

caccăbŭlus, ***i***, m., casserole : [+C] Pros.

caccăbus, ***i***, m., marmite, chaudron : [C] Pros., [+C] Pros.

caccītus, ***i***, m., mignon [sens incertain] : [+C] Pros.

căcemphătŏn, ***i***, n., expression évoquant qqch. d'obscène : [+C] Pros.

căchinnābĭlis, ***e***, en forme d'éclats de rire : ***cachinnabilis risus*** [+C] Pros., éclats de rire

căchinnātĭo, ***ōnis***, f., action de rire aux éclats, rire fou : [C] Pros.

căchinnō, ***ās***, ***āre***, ***āvī***, - ¶ **1** intr., rire aux éclats : [C] Pros., Poés. ‖ [fig.] faire du bruit, retentir [en parl. des flots] : [-C] Théât. ¶ **2** se moquer de : [+C] Pros.

căchinnus, ***i***, m., rire bruyant, éclat de rire : ***cachinnum alicujus commovere*** [C] Pros., faire rire qqn aux éclats, exciter un rire fou ; ***tollere*** [C] Pros. ; ***edere*** [+C] Pros. ; ***effundi in cachinnos*** [+C] Pros., rire aux éclats ‖ [poét.] murmure, mugissement des flots : [C] Poés.

căcillō, ***ās***, ***āre***, -, -, intr., glousser : [T] Poés.

căcō, ***ās***, ***āre***, ***āvī***, ***ātum*** ¶ **1** intr., aller à la selle : [C] Poés. ¶ **2** tr., rendre par le bas : [+C] Poés. ‖ embrener : [C] Poés.

căcŏēthĕs, ***is***, n., mauvaise habitude, fâcheuse manie : [+C] Poés. ‖ tumeur difficile à distinguer du carcinome : [+C] Pros.

Căcŏmnēmōn, ***ŏnis***, m., qui se souvient mal [pièce de Labérius] : [+C] Pros.

căcŏsynthĕtŏn, ***i***, n., mauvaise construction d'une phrase : [-C] Poés.

căcozēlĭa, ***ae***, f., imitation de mauvais goût (grotesque) : [C] Pros., [+C] Pros.

căcozēlus, ***a***, ***um***, imitateur affecté (ridicule) : [+C] Pros.

căcŭla, ***ae***, m., valet d'armée : [-C] Théât.

căcūmĕn, ***ĭnis***, n. ¶ **1** sommet, extrémité, pointe : [-C] Pros., [C] Pros. ; ***ramorum cacumina*** [C] Pros., les extrémités des branches ‖ sommet, cime [d'une montagne, d'un arbre, etc.] : [C] Poés. ‖ sommet d'un angle : [C] Pros. ¶ **2** [fig.] comble, faîte, perfection, apogée : [C] Poés.

căcūmĭnō, ***ās***, ***āre***, ***āvī***, ***ātum***, tr., rendre pointu, terminer en pointe : [C] Poés.

Cacurĭus, ***ĭi***, m., nom d'homme : [C] Pros.

Cācus, ***i***, m., brigand qui vomissait des flammes, tué par Hercule : [C] Poés., Pros.

cădāvĕr, ***ĕris***, n., corps mort, cadavre [au pr. et au fig.] : [C] Pros.

cădāvĕrīnus, ***a***, ***um***, de cadavre : [T] Pros.

cădāvĕrōsus, ***a***, ***um***, cadavéreux : [-C] Théât.

Cădi, ***ōrum***, m. pl., Cades [peuple de la Phrygie] : [C] Poés.

Cadmaeus, V. *Cadmeius*

Cadmēa, ***ae***, f., V. *Cadmeius*

Cadmēis, ***ĭdis***, adj. f., de Cadmus, de Thèbes : [C] Poés. ‖ subst., fille de Cadmus [Sémélé, Ino, Agavé] : [C] Poés.

Cadmēĭus (**-ēus**), ***a***, ***um*** ¶ **1** de Cadmus, de Thèbes : [C] Poés., [+C] Poés. ¶ **2** des Carthaginois [descendants des Tyriens] : [+C] Poés. ‖ **-mēa**, ***ae***, f., la Cadmée [citadelle de Thèbes] : [C] Pros.

Cadmŏgĕna, ***ae***, f., descendante de Cadmus : [-C] Théât.

Cadmus, ***i***, m. ¶ **1** fils d'Agénor, frère d'Europe, fondateur de la Cadmée : [C] Pros., Poés. ¶ **2** nom d'un bourreau à Rome : [C] Poés.

cădō, ***ĭs***, ***ĕre***, ***cĕcĭdī***, ***cāsum*** ¶ **1** tomber, faire une chute, dégringoler **a)** ***ex (de) equo cadere*** Cic., tomber de cheval ; ***in terram corpora cadentia*** Cic., des corps qui tombent à terre ; ***de caelo cadit ignis*** Sen., le feu tombe du ciel **b)** tomber mort, succomber : ***pro patria cadere*** Cic., tomber pour la patrie ; ***alicujus armis telisque cadere*** Virg., tomber sous les armes et les traits de qqn ; ***ab aliquo cadere*** Ov., Tac., Suet., tomber sous les coups de qqn **c)** [fig.] perdre de sa force, s'affaiblir, disparaître : ***venti vis cecidit*** Liv., la force du vent tomba ; ***cecidere illis animi*** Ov., leur courage tomba ; ***animis cadere*** Cic., se laisser abattre ‖ ***res publica cadens*** Cic., un gouvernement en train de tomber ; ***mundi cadentes*** Cic., des mondes qui disparaissent **d)** [spéc.] perdre un procès, être condamné : ***in judicio cadere*** Cic., perdre son procès ; ***repetundarum criminibus cadere*** Tac., être condamné du chef de concussion ¶ **2** tomber juste, tomber bien ou mal, tomber sous le coup de **a)** tomber juste, cadrer, convenir : ***cadere in aliquem, in aliquid*** Cic., cadrer avec qqn, avec qqch. ; ***dictum in aliquem cadens*** Cic., un mot qui s'applique bien à qqn ; ***id verbum in consuetudinem nostram non cadit*** Cic., ce mot n'est pas conforme à l'usage de notre langue **b)** tomber bien ou mal, arriver, se produire : ***peropportune cadere*** Cic., arriver fort heureusement ; ***si non omnia caderent secunda*** Caes., si tout n'arrivait pas heureusement ; ***ita cadebat ut...*** Cic., il arrivait que **c)** tomber sous le coup de, s'exposer à : ***sub imperium alicujus cadere*** Cic., tomber sous la domination de qqn ; ***in suspicionem cadere*** Cic., être exposé au soupçon ; ***in offensionem alicujus cadere*** Cic., s'exposer à l'hostilité de qqn ¶ **3** avoir telle ou telle fin, telle ou telle issue **a)** [pr.] ***verba eodem pacto cadentia*** Cic., mots ayant la même désinence casuelle ; [à propos de la phrase] ***numerose cadere*** Cic., avoir une fin rythmique **b)** [fig.] aboutir à : ***in***

nimiam servitutem cadere Cɪᴄ., aboutir à une excessive servitude ; ***in cassum cadere*** Lᴜᴄ., n'aboutir à rien, être sans effet ; ***ad irritum cadere*** Lɪᴠ. ; ***in irritum cadere*** Tᴀᴄ., même sens

Cadra, *ae*, f., colline de l'Asie Mineure : [+C] Pros.

cādūcĕātŏr, *ōris*, m., envoyé, parlementaire [porteur d'un caducée] : [C] Pros. ‖ héraut dans les mystères : [T] Pros.

cādūcĕus, *i*, m., **-cĕum**, *i*, n., caducée [baguette que portaient Mercure et les envoyés, les hérauts, etc.] : [C] Pros.

cādūcĭfĕr, *ĕra*, *ĕrum*, qui porte un caducée [Mercure] : [C] Poés.

cădūcĭtĕr, adv., en se précipitant : [C] Poés.

cădūcum, *i*, n., un bien caduc : [+C] Poés.

cădūcus, *a*, *um*, qui tombe, qui est tombé, qui tombera ¶ **1** [C] Pros., Poés. ; ***caduco juveni*** [C] Poés., pour ce jeune guerrier voué à la mort ‖ qui tombe du mal caduc [du haut mal, de l'épilepsie] : [+C] Pros. ¶ **2** [fig.] caduc, périssable, fragile : [C] Pros. ; ***spes caducae*** [C] Poés., espoirs fragiles ¶ **3** [jct.] ***caduca possessio*** [C] Pros., bien sans maître ; ***caducae hereditates*** [C] Pros., héritages vacants [en part., par suite des lois caducaires d'Auguste, *lex Julia* et *Papia Poppaea*, qui privaient du droit d'héritage total les célibataires ou partiel les *orbi*, mariés sans enfant, il restait souvent des parts d'hérédité vacantes, *caducae*]

Cădurci, *ōrum*, m. pl., peuple d'Aquitaine, → *2 Cadurcum* : [C] Pros. ‖ sg. *Cadurcus*, [C] Pros.

1 **cădurcum**, *i*, n. ¶ **1** drap ou couverture de lit [fabrication des Cadurques, d'où l'appellation] : [+C] Poés. ¶ **2** lit : [+C] Poés.

2 **Cădurcum**, *i*, n., ville d'Aquitaine [auj. Cahors] : [+T] Pros. ‖ **-cus**, *a*, *um* (**-censis**, *e*), des Cadurques : [+T] Pros.

cădus, *i*, m. et **cădum**, *i*, n., récipient de terre dans lequel on conserve le vin [qqf. l'huile, le miel], jarre : [-C] Théât., [C] Poés. ‖ vase en airain, urne funéraire : [C] Poés.

Cădūsĭa, *ae*, f., le pays des Cadusiens ‖ **Cădūsĭi** (**-si**), *ōrum*, m. pl., Cadusiens [peuple d'Asie, près de la mer Caspienne] : [C] Pros.

Caea, → *Cea*

caecātus, *a*, *um*, part. de *caeco*

caecĭās, acc. *an*, m., vent du nord-est : [+C] Pros.

caecĭgĕnus, *a*, *um*, aveugle de naissance : [C] Poés.

1 **caecĭlĭa**, *ae*, f., sorte de laitue : [+C] Pros.

2 **Caecĭlĭa**, *ae*, f., nom de femme : [C] Pros. ‖ adj., → *Caecilius*

Caecĭlĭus, *ĭi*, m., Caecilius Statius, poète comique de Rome : [C] Pros. ‖ nom d'une *gens* à laquelle appartenait la famille de Métellus : [C] Pros. ‖ **-us**, *a*, *um*, de Caecilius : [C] Pros. ; loi Caecilia Didia [proposée par Caecilius et Didius] ‖ **Caecĭlĭānus**, *a*, *um*, de Caecilius : [C] Pros. ‖ subst. m., nom d'homme : [+C] Pros.

Caecīna, *ae*, m., nom d'une branche de la *gens* Licinia, not^t A. Licinius Caecina défendu par Cicéron : [C] Pros.

caecĭtās, *ātis*, f., cécité : [C] Pros. ‖ [fig.] aveuglement : [C] Pros.

caecō, *ās*, *āre*, *āvī*, *ātum*, tr. ¶ **1** aveugler, priver de la vue : [C] Poés. ‖ [fig.] aveugler, éblouir : [C] Pros. ¶ **2** [fig.] ***oratio caecata*** [C] Pros., discours rendu obscur, inintelligible

Caecŭbus ager, plaine du Latium, célèbre par ses vins ‖ **Caecubus**, *a*, *um*, de Cécube : [C] Poés. ‖ subst. n., vin de Cécube, le cécube : [C] Poés., [+C] Poés.

Caecŭlus, *i*, m., fils de Vulcain et fondateur de Préneste : [C] Poés.

caecum intestinum, n., le caecum [intestin] : [+C] Pros.

1 **caecus**, *a*, *um* ¶ **1** aveugle : [C] Pros. ‖ [m. pris subst^t] un aveugle : [C] Pros., [+C] Pros. ¶ **2** [fig.] aveugle, aveuglé : [C] Pros. ; ***caecus cupiditate*** [C] Pros., aveuglé par la passion ; ***caecus animo*** [C] Pros., l'esprit aveuglé ; [+C] Poés. ; ***caecus animi*** [+C] Pros., ayant l'esprit aveuglé ‖ ***caeca avaritia*** [C] Pros., aveugle cupidité ¶ **3** privé de lumière, obscur, sombre : ***in caecis nubibus*** [C] Pros., dans de sombres nuages ; ***caecae latebrae*** [C] Poés., retraites obscures ¶ **4** qu'on ne voit pas, caché, dissimulé : ***res caecae*** [C] Pros., choses obscures ; ***caecae fores*** [C] Poés., porte dissimulée (secrète) ‖ ***caeca pericula*** [C] Pros., dangers imprévus ¶ **5** incertain, douteux : [C] Pros., Poés. ; ***caeci ictus*** [C] Pros., coups portés à l'aveugle ‖ ***caeca murmura*** [C] Poés., bruits sourds (indistincts) ; [-C] Théât. ‖ compar., ***caecior*** [C] Poés.

2 **Caecus**, *i*, m., surnom d'Appius Claudius qui était aveugle : [C] Pros.

caecūtĭō, *īs*, *īre*, -, -, intr., voir trouble : [C] Poés.

caedēs, *is*, f., action de couper, d'abattre ¶ **1** meurtre, [et surtout] massacre, carnage : [C] Pros. ; ***caedem facere*** [C] Pros., commettre un meurtre ¶ **2** [dans les sacrifices] [C] Poés. ¶ **3** sang versé : ***abluta caede*** [C] Poés., les souillures du carnage étant lavées ; [C] Pros. ¶ **4** corps massacrés : [C] Poés., Pros., [+C] Pros. ¶ **5** [retour au sens premier] action de couper, d'abattre : [+C] Pros.

Caedĭcĭānus, *i*, m., nom d'homme : [+C] Poés.

Caedĭcĭus, *ĭi*, m., nom d'homme : [C] Pros.

caedō, *ĭs*, *ĕre*, *cĕcīdī*, *caesum*, tr., frapper, battre, abattre ¶ **1** ***loris aliquem caedere*** [-C] Théât., frapper qqn du fouet, donner les étrivières ; ***virgis ad necem*** [C] Pros., battre de verges jusqu'à ce que mort s'ensuive ¶ **2** abattre : ***arbores*** [C] Pros. ; ***silvas*** [C] Pros., abattre des arbres, des forêts ; [C] Poés. ‖ ***materiam*** [C] Pros., couper le bois de construction ¶ **3** briser, fendre : ***silicem*** [C] Pros., fendre une pierre ; ***montes*** [+C] Pros., fendre les montagnes ; ***murum*** [C] Pros., saper un mur ‖ [en part.] tailler : [C] Pros. ¶ **4** abattre, tuer, massacrer : [C] Pros. ‖ [avec idée de vaincre] [C] Pros. ¶ **5** égorger [des animaux] : [C] Pros. ; ***(cervos) rudentes caedunt*** [C] Poés., ils égorgent (les cerfs) malgré leurs bramements ‖ immoler, sacrifier : [C] Pros., Poés. ¶ **6** [poésie érotique] posséder [faire l'amour] : [C] Poés.

caedrus, → *cedrus*

caedŭus, *a*, *um*, qu'on peut couper, bon à couper : ***caedua silva*** [-C] Pros., [C] Pros., bois taillis

cael, par apocope pour *2 caelum* : [-C] Pros.

caelāmĕn, *ĭnis*, n., gravure : ***caelamine excudere*** [+C] Pros., graver au burin

caelātŏr, *ōris*, m., graveur, ciseleur : [C] Pros.

caelātūra, *ae*, f., ciselure, art de ciseler [ou] ouvrage de ciselure : [+C] Pros.

caelātus, *a*, *um*, part. de *caelo*

caelebs, *ĭbis*, m., célibataire : [C] Pros., Poés. ‖ arbres non mariés à la vigne : [C] Poés.

caelĕs, *ĭtis* [inus. au nom.] adj., du ciel, céleste : [C] Poés. ‖ subst. [surtout usité au pluriel], habitant du ciel, dieu : [-C] Théât., [C] Pros.

caelestis, *e* ¶ **1** du ciel, céleste : [C] Pros. ¶ **2** d'origine céleste, qui se rapporte aux dieux d'en haut : [C] Pros. ‖ [fig.] divin, excellent, merveilleux : [C] Pros., [+C] Pros. ‖ **caelestis**, *is* [subst. m. ordin^t au pl.] habitant du ciel, dieu : [C] Pros. ; f., déesse : [+C] Pros. ‖ **caelestĭa**, *ium*, n. pl., choses célestes : [C] Pros. ‖ les cieux, séjour de Dieu et des bienheureux : [T] Pros.

Caelĭānus, *a*, *um*, de Caelius : [+C] Pros. ; → *Coeliana*

caelĭbāris, *e*, qui concerne les célibataires : ***caelibaris hasta*** [T] Pros., aiguille avec laquelle on séparait les cheveux de la nouvelle mariée

caelĭbātŭs, *ūs*, m., célibat : [+C] Pros.

caelĭcŏlae, *ūm* (*ārum*), m., habitants du ciel, dieux : [-C] Pros., [C] Poés. ‖ [chrét.] anges, chrétiens fidèles : [T] Pros. ‖ sg. *caelicola*, [+C] Poés., [T] Pros.

Caelĭcŭlus, *i*, m., partie du mont Caelius : [C] Pros. ; [+C] Poés.

caelĭcus, *a*, *um*, du ciel : [+C] Poés.

caelĭfĕr, *ĕra*, *ĕrum*, qui porte le ciel : [C] Poés.

caelĭgĕna, *ae*, m., né du ciel : [+C] Pros.

caelĭgĕnus, *a*, *um*, né dans le ciel : [C] Pros.

Caelĭmontāna porta, f., porte Caelimontane [une des portes de Rome, au pied du mont Caelius] : [C] Pros.

Caelĭmontānus, *i*, m., surnom romain : [C] Pros.

Caelĭŏlus, → *Caeliculus* : [C] Pros.

caelĭpŏtens, *tis*, maître du ciel : [-C] Théât., [T] Poés.

caelĭtes, *um*, → *caeles*

caelĭtŭs, adv., venant du ciel : [T] Pros.

Caelĭus, *ĭi*, m. ¶**1** (***mons*** exprimé ou s.-ent.) ; le Caelius [une des sept collines de Rome] : [C] Pros. ; → *Caeliculus* ¶**2** L. Caelius Antipater, historien et juriste du temps des Gracques : [C] Pros. ; → *Coelius* ¶**3** M. Caelius Rufus, défendu par Cicéron : [C] Pros.

caelō, *ās, āre, āvī, ātum*, tr. ¶**1** graver, ciseler, buriner : ***caelare argento*** [C] Pros. ; ***in auro*** [C] Poés., ciseler dans l'argent, dans des objets d'or ; ***caelatum aurum*** [C] Pros., or ciselé ¶**2** orner : [C] Pros. ¶**3** broder : [+C] Poés.

1 **caelum**, *i*, n., ciseau, burin, instrument du ciseleur, du graveur : [C] Pros., [+C] Pros. ‖ ***caelum figuli*** [+C] Poés., roue du potier

2 **caelum**, *ī*, n., ciel ¶**1** ciel, voûte céleste : [C] Pros. ‖ phénomènes célestes, signes du ciel : ***de caelo servare*** [C] Pros., observer le ciel [chercher à voir des signes dans le ciel] ; [C] Pros. ; ***de caelo percussus*** [C] Pros., frappé, atteint de la foudre ; ***caelo albente*** [C] Pros. ; ***vesperascente*** [C] Pros., au point du jour, à la tombée de la nuit ‖ [séjour de la divinité] ***de caelo delapsus*** [C] Pros., tombé (envoyé) du ciel ‖ [poét.] ***caelo gratissimus*** [C] Poés., chéri du ciel ¶**2** ciel, hauteur des airs : [C] Pros. ‖ [fig.] [C] Pros. ; ***in caelo sum*** [C] Pros., je suis au septième ciel [je triomphe] ; ***de caelo detrahere aliquem*** [C] Pros., faire descendre qqn du ciel [de son piédestal] ¶**3** air du ciel, air, atmosphère : [C] Pros. ‖ climat, atmosphère d'une contrée : [C] Pros., Poés. ; ***palustre caelum*** [C] Pros., air (atmosphère) des marais ‖ ciel, état du ciel : ***caelo sereno*** [C] Pros., par un ciel serein ; ***dubio caelo*** [C] Poés., avec un ciel incertain ¶**4** voûte, dôme d'un édifice, voussure : [C] Pros. ¶**5** [chrét.] le ciel, demeure de Dieu, des bienheureux : [T] Pros.

caelus, *i*, m. ¶**1** ciel : [-C] Pros., [C] Pros., [+C] Pros. ; pl., ***caeli*** [C] Poés. ¶**2** Ciel, fils d'Ether et de Dies : [C] Pros. ‖ père de Saturne : [-C] Pros., [C] Pros.

caementa, *ae*, f., → *caementum*

caementārĭus, *ĭi*, m., maçon : [T] Pros.

caementīcĭus, *a, um*, de moellons (*paries structura*) : [C] Pros.

caementum, *i*, n., moellon, pierre brute : [-C] Pros., [C] Pros. ‖ ***caementa marmorea*** [C] Pros., éclats de marbre ‖ mortier : [T] Pros.

caena, etc., → *cena*

Caeneūs, *ĕi* ou *ĕos*, m., fille du Lapithe Elatus, appelée alors *Caenis* fut ensuite changée en homme par Neptune : [C] Poés. ‖ nom d'un guerrier troyen : [C] Poés.

Caeni, *ōrum*, m. pl., peuple de Thrace : [C] Pros.

Caenīna, *ae*, f., ville du Latium ‖ **-nīnensis**, *e* et **-nīnus**, *a, um*, de Caenina : [C] Poés. ‖ **Caenīnenses**, *ĭum*, m. pl., habitants de Caenina : [C] Pros.

Caenis, *ĭdis*, f. ¶**1** Caenis [fille du Lapithe Elatus, elle fut appelée ensuite *Caeneus*] → *Caeneus* : [C] Poés. ¶**2** une concubine de Vespasien : [+C] Pros.

caeno, etc., → *ceno*

Caenomani, → *Cenomani*

Caenŏphrūrĭum, *ĭi*, n., ville de Thrace [auj. Bivados] : [T] Pros.

caenōsus, *a, um*, bourbeux, fangeux : [+C] Poés.

caenum (**cē-**, rar[t] **coe-**), *i*, n., boue, fange, ordure : [C] Pros. ‖ [fig.] ***e caeno emersus*** [C] Pros., sorti de la fange ‖ ordure [terme d'injure] : [-C] Théât., [C] Pros.

caepa, etc., → *cepa*, etc.

Caepārĭus, *ĭi*, m., nom d'homme : [C] Pros.

Caepāsius, *i*, m., C. et L. Caepasius, deux orateurs : [C] Pros.

Caepĭo, *ōnis*, m., surnom des Servilius : [C] Pros. ‖ au pl., ***Caepiones*** [C] Pros.

Caerĕ, n. indécl. et **Caeres**, *ĭtis* (*ētis*), f., Caeré [ville d'Étrurie, antérieurement nommée Agylla, auj. Cervetri] : [C] Pros. ‖ **Caerēs**, *ētis* (*ĭtis*), adj., de Caeré : [C] Pros. ‖ **-ītes**, *ĭtum*, m. pl., Caerites, habitants de Caeré : [C] Pros. ; [ils avaient obtenu le droit de cité romaine sans le droit de voter] [+C] Pros. ‖ **-tānum**, *i*, n., maison de campagne près de Caeré : [+C] Pros. ‖ **-tāna**, *ōrum*, n. pl. (s.-ent. ***vina***), vins de Caeré : [+C] Poés. ‖ **-tāni**, *ōrum*, m. pl., les habitants de Caeré : [+C] Pros.

Caerellĭa, *ae*, f., nom de femme : [C] Pros.

caerĕmōnĭa, → *caerimonia*

Caeres, *ĭtis*, → *Caere* : ***caerites tabulae*** [+C] Pros., tables écrites [liste sur laquelle les censeurs portaient les citoyens privés du droit de suffrage]

caerĭmōnĭa (**caerĕ-**), *ae*, f. ¶**1** [sens rare] caractère sacré : ***legationis*** [C] Pros., caractère sacré d'une députation ; [+C] Pros. ¶**2** vénération, respect religieux : [C] Pros. ¶**3** manifestation de la vénération, culte : ***caerimoniae sepulcrorum*** [C] Pros., le culte des tombeaux ‖ [surtout au pl.] cérémonie : [C] Pros. ; ***caerimonias polluere*** [C] Pros., profaner les cérémonies religieuses ; ***caerimonias retinere*** [C] Pros., garder (maintenir) les cérémonies religieuses ; ***colere*** [C] Pros., les observer, les pratiquer

caerĭmōnĭālis, *e*, **-nĭōsus**, *a, um*, qui concerne les cérémonies religieuses, religieux, consacré par la religion : [T] Pros.

caerĭmōnĭŏr, *āris, ārī, -*, tr., honorer par des cérémonies religieuses : [T] Pros.

caerimonium, → *caerimonia*

Caeroesi, *ōrum*, m. pl., peuple de la Gaule Belgique : [C] Pros.

caerŭla, *ōrum*, n. pl. ¶**1** la mer (les plaines azurées) : [C] Pros., Poés. ¶**2** l'azur du ciel : [C] Poés. ‖ l'azur des sommets des montagnes : [C] Poés.

caerŭlĕātus, *a, um*, peint de couleur bleue : [+C] Pros.

caerŭlĕus, *a, um*, bleu, bleu sombre : [C] Pros. ‖ foncé, sombre, noirâtre : [C] Poés. ‖ subst. n., **caerŭlĕum**, azur, couleur bleue : [C] Pros.

caerŭlus, *a, um*, → *caeruleus* : [C] Pros., Poés. ‖ subst. n. pl., → *caerula*

Caesăr, *ăris*, m., nom de famille dans la *gens* Julia, dont le personnage le plus important fut Jules César : [C] Pros. ‖ titre porté par les empereurs et même, à partir d'Hadrien, par les héritiers présomptifs de l'empire : [+C] Pros. ‖ **-rĕus**, *a, um* [poét.] ou **-rīnus**, *a, um* ou **-rĭānus**, *a, um*, de César, césarien : [C] Pros. ‖ **Caesărĭāni**, *ōrum*, m. pl., partisans de César : [C] Pros. ; ou agents du fisc au service de l'empereur dans les provinces ‖ **-rĭānum**, *i*, n., espèce de collyre : [+C] Pros.

Caesărĕa, *ae*, f., nom de diverses villes de Palestine, Pisidie, Arménie, Maurétanie, Lusitanie ‖ **-iensis**, *e*, de Césarée : [+C] Pros. ; pl., habitants de Césarée

Caesărĭa, *ae*, f., nom de femme : [+T] Pros.

Caesărĭānus, → *Caesar*

caesărĭātus, *a, um* ¶**1** chevelu : [-C] Théât. ¶**2** [fig.] orné de feuillage, de feuilles : [+C] Pros.

caesărĭēs, *ĭēi*, f., chevelure : [de l'homme] [-C] Théât., [C] Poés. ; [de la femme] [C] Poés. ‖ ***caesaries barbae*** [C] Poés., le poil de la barbe

Caesărīnus, → *Caesar*

Caesărĭo, *ōnis*, m., Césarion [fils de César et de Cléopâtre] : [+C] Pros.

Caesărĭus, *ĭi*, m., saint Césaire, évêque d'Arles : [+T] Poés. ‖ autres du même nom : [T] Pros., [+T] Pros.

Caesellĭus, *ĭi*, m., nom de famille romaine : [+C] Pros.

Caesēna, *ae*, f., ville de la Gaule cispadane : [C] Pros.

Caesennĭus, *ĭi*, m., nom de famille romaine : [C] Pros.

Caesĭa silva, *ae*, f., forêt de Germanie : [+C] Pros.

caesim, adv., en tranchant ‖ [rhét.] par incises : [C] Pros., [+C] Pros.

caesĭo, *ōnis*, f., taille, coupe : [+C] Pros. ‖ [pl. concret] assassins : [+C] Pros.

1 **caesĭus**, *a, um*, tirant sur le vert : ***caesii oculi*** [C] Pros., yeux pers ‖ ***virgo caesia*** [-C] Théât., jeune fille aux yeux pers ‖ ***caesissimus*** [C] Pros.

2 **Caesĭus**, *ĭi*, m., nom d'homme : [C] Pros. ‖ [en part.] ***Caesius Bassus*** ; → *Bassus*

Caeso (**Kaeso**), *ōnis*, m., Caeso [prénom des Fabius, des Quinctius, des Duilius] : [C] Pros.

Caesōnĭa, *ae*, f., épouse de Caligula : [+C] Poés.

Caesōnīnus, *i*, m., surnom romain : [C] Pros.

Caesōnĭus, *ĭī*, m., nom de famille romaine : [C] Pros., [+C] Pros. ‖ **-ĭānus**, *a, um*, de Caesonius : [+C] Pros.

caesŏr, *ōris*, m., bourreau : [+T] Pros.

caespĕs, **cēspĕs**, *ĭtis*, m. ¶**1** motte de gazon [en forme de brique :] : [C] Pros., [+C] Pros. ¶**2** [fig.] hutte : [C] Poés. ‖ autel de gazon : [+C] Pros. ‖ [chrét.] tombeau : [T] Pros. ¶**3** terre couverte de gazon, sol : ***caespes gramineus*** [C] Poés., pelouse

caespōsus, *a, um*, couvert de gazon : [+C] Pros.

1 **caestus**, *i*, m., [C] Poés., ➡ *2 caestus*

2 **caestŭs**, *ūs*, m., ceste, gantelet [bandes de cuir garnies de plomb] : ***caestus jactare*** [C] Pros., projeter les cestes [pour frapper]

caesūrātim, adv., de façon coupée, par incises : [T] Pros.

caesus, *a, um*, part. de *caedo* ‖ m. pl. pris substᵗ : ***caesorum spolia*** [C] Pros., les dépouilles des cadavres (des tués) ‖ n. pl. *caesa*, ➡ *ruta* ‖ [rhét.] ***oratio caesa*** [C] Pros., style coupé

caetera, **caeterum**, ➡ *cetera, ceterum*

caetra et ses dérivés, ➡ *cetra*

Caeus, ➡ *Ceus* et *Coeus*

Caeyx, ➡ *Ceyx*

Cafaues, m. pl., peuple d'Afrique : [T] Pros.

Căia, *ae*, f., prénom de femme : [C] Pros. ; ➡ *Gaius*

Căiānus ās, m., l'as réduit par Caligula, monnaie de très faible valeur : [+C] Poés.

Caiātĭa, *ae*, f., ville du Samnium : [C] Pros. ‖ **-tīnus**, *a, um*, de Caiatia : [C] Pros.

Caici, ➡ *Cauci*

Căīcus, *i*, m. ¶**1** fleuve de Mysie : [C] Pros. ¶**2** un des compagnons d'Énée : [C] Poés.

Căiēta, *ae*, **-ētē**, *ēs*, f., Caiète ¶**1** nourrice d'Énée : [C] Poés. ¶**2** ville et port du Latium [auj. Gaète] : [C] Pros. ‖ **-ētānus**, *a, um*, de Caiète : [+C] Pros.

Căīn, m. indécl., fils aîné d'Adam, meurtrier de son frère Abel : [T] Pros.

Căīnus, *a, um*, qui se rapporte à Caïn : [T] Pros. ; ***Caina haeresis***, hérésie caïnite [secte qui rendait un culte aux réprouvés, comme Caïn, Judas]

căiō, *ās, āre*, -, -, tr., fouetter, corriger : [-C] Théât.

Căīphās, *ae*, m., Caïphe [grand-prêtre des Juifs du temps de J.-C.] : [T] Pros.

Căĭus, *i*, m., prénom romain, ➡ *Gaius*

căla, *ae*, f., bois, bûche : [-C] Poés.

Călăbĕr, *bri*, m., habitant de la Calabre : [+C] Poés. ‖ **-bĕr**, *bra, brum*, de Calabre : [C] Poés.

Călābra curia, *ae*, f., lieu couvert sur le Capitole où était convoqué le peuple pour entendre proclamer les jours fastes et néfastes, les dates des jeux et des sacrifices, etc. : [C] Pros.

Călābrĭa, *ae*, f., la Calabre [province méridionale de l'Italie] : [C] Poés., Pros. ‖ **-brĭcus**, *a, um*, de Calabre : [+C] Pros.

Călactē, **Căleactē**, *ēs*, f., ville maritime de la Sicile septentrionale : [C] Pros. ‖ **-tīni**, *ōrum*, m. pl., habitants de Calactè : [C] Pros.

Călăgurris (-gorris), *is*, f., ville de la Tarraconaise [auj. Calahorra], patrie de Quintilien : [T] ‖ autre ville, dans la Tarraconaise [auj. Loharra] : [C] Pros. ‖ **-urrĭtāni**, *ōrum*, m. pl., de Calagurris : [C] Pros.

Călăis, *is*, m., fils de Borée et d'Orithye, frère de Zéthès : [C] Poés. ‖ nom d'un jeune homme : [C] Poés.

Călăma, *ae*, f., ville de Numidie [auj. Guelma] : [T] Pros.

călămārĭus, *a, um*, de roseaux à écrire : ***calamaria theca*** [+C] Pros., boîte à roseaux pour écrire

cālāmentum, *i*, n., bois mort : [+C] Pros.

călămīnus, *a, um*, formé de roseaux : [C] Pros.

Călămis, *ĭdis*, m., nom d'un sculpteur célèbre : [C] Pros.

călămistĕr, *tri*, m., fer à friser : [C] Pros. ‖ [fig.] faux ornements du style, afféterie : [C] Pros.

călămistrātus, *a, um*, frisé au fer : [C] Pros.

călămistrum, *i*, n., ➡ *calamister* : [-C] Théât., [C] Pros.

călămĭtās, *ātis*, f., tout fléau qui endommage la moisson sur pied : [-C] Théât., [C] Pros. ‖ [fig.] calamité, malheur, désastre, fléau : ***calamitates accipere*** [C] Pros., essuyer des malheurs ; ***calamitati esse alicui*** [C] Pros., être un fléau pour qqn ‖ malheur à la guerre, défaite, désastre, ruine : [C] Pros.

călămĭtōsē, adv., malheureusement : [C] Pros.

călămĭtōsus, *a, um* ¶**1** qui fait du dégât, des ravages, ruineux, désastreux, pernicieux, funeste [au pr. et au fig.] : [C] Pros. ¶**2** exposé à la grêle, au ravage : [-C] Pros., [C] Pros. ‖ malheureux, accablé par le malheur : [C] Pros. ‖ ***-tosior*** [C] Pros. ‖ ***-tosissimus*** [C] Pros.

călămus, *i*, m., canne, roseau : [+C] Pros. ‖ roseau à écrire : ***calamum sumere*** [C] Pros., prendre la plume ‖ chalumeau, flûte : [C] Poés. ‖ flèche : [C] Poés. ‖ canne à pêche : [C] Poés. ‖ gluau [pour la pipée] : [C] Poés., [+C] Poés. ‖ perche, baguette : [+C] Pros. ‖ [pour mesurer] aune : [T] Pros. ‖ chaume [de plantes] : [C] Poés. ‖ roseau odorant : [-C] Pros., Théât. ‖ branche creuse d'un candélabre : [T] Pros.

Calānus (Call-), *i*, m., nom d'un philosophe indien : [C] Pros.

Călăris, **Călărĭtānus**, ➡ *Caralis*

Călăthana, *ōrum*, n. pl., bourg de Thessalie : [C] Pros.

călăthiscus, *i*, m., petit panier : [C] Poés., [+C] Pros.

călăthus, *i*, m., panier, corbeille : [C] Poés. ‖ coupe : [C] Poés. ‖ [fig.] calice [d'une fleur] : [+C] Pros.

Călātĭa, *ae*, **-tĭae**, *ārum*, pl. ; f., ville de la Campanie [auj. Le Galazze] : [C] Pros. ‖ **-īni**, *ōrum*, m. pl., habitants de Calatia : [C] Pros. ‖ **Călātīnus**, surnom des Atilius : [C] Pros.

călātĭo, *ōnis*, f., appel, convocation du peuple : [C] Pros.

Călatis, **Callatis**, *ĭdis*, f., ville de Thrace [auj. Kollat] : [T] Pros.

călātor, *ōris*, m. ¶**1** crieur, héraut au service de prêtres divers : [+C] Pros. ¶**2** esclave de magistrats, ou de particuliers : [-C] Théât.

călātus, *a, um*, part. de *calo*

Călaurēa, [C] Poés., **-rĭa**, *ae*, f., Calaurie [île du golfe Saronique]

călautĭca, *ae*, f., sorte de coiffe pour les femmes : [C]

Calavĭus, *ĭī*, m., nom d'une famille de Capoue : [C] Pros.

calbĕus, **calbĕum**, ➡ *galbeus, galbeum*

calcābĭlis, *e*, sur lequel on peut marcher : [T] Pros.

calcăr, *āris*, n., éperon : [C] Pros. ‖ [fig.] ***calcar admovere*** [C] Pros. ; ***calcar adhibere alicui*** [C] Pros. ; ***calcaribus uti in aliquo*** [C] Pros., éperonner = stimuler qqn ‖ éperon, ergot de coq : [+C] Pros.

calcārĭa, *ae*, f., ➡ *calcarius*

calcārĭus, *a, um*, qui concerne la chaux : [-C] Pros. ‖ subst. m., chaufournier : [-C] Pros.

Calcās, ➡ *Calchas*

calcātae, *ārum*, f., fascines (?) : [C] Pros.

calcātŏr, *ōris*, m., celui qui foule [le raisin] : [+C] Poés.

calcātrix, *īcis*, f., celle qui foule aux pieds : [T] Poés.

calcātūra, *ae*, f., action de manœuvrer avec les pieds [une roue pour élever l'eau] : [C] Pros.

calcātus, *a, um*, part. de *calco* ‖ adjᵗ, commun, rebattu : [T] Pros.

calcĕāmĕn (-cĭāmĕn), *ĭnis*, **calcĕāmentum (-cĭāmentum)**, *i*, n., chaussure, soulier : [-C] Pros., [C] Pros., [+C] Pros.

calcĕārĭa (-cĭārĭa), *ae*, f., cordonnerie : [C] Pros.

calcĕārĭum (-cĭārĭum), *ĭī*, n., indemnité allouée pour l'achat de la chaussure : [+C] Pros.

1 **calcĕātus**, **calcĭātus**, *a, um*, part. de *calceo*

2 **calcĕātŭs (-cĭā-)**, *ūs*, m., chaussure : [+C] Pros.

Calcēdon-, etc., ➡ *1 Calchedon*, etc.

calcĕō (-cĭō), *ās, āre, āvi, ātum*, tr., chausser : [+C] Pros. ; ***calceatus*** [C] Pros., chaussé [sens pr.] ‖ ***mulas calceare*** [+C] Pros., chausser les mules [et non pas " ferrer "] ‖ [fig.] ***calceati dentes*** [-C] Théât., dents bien chaussées

calcĕŏlārĭus, *ĭi*, m., cordonnier : [-C] Théât.

calcĕŏlus, *i*, m., dim. de *calceus* : [C] Pros.

calces, → *1, 2 calx*

calcĕus, *i*, m., chaussure, soulier : [C] Pros. ; ***calceos poscere*** [+C] Pros., s'apprêter à se lever de table [on quittait ses chaussures pour manger] ‖ ***calceos mutare*** [C] Pros., devenir sénateur [les sénateurs portaient une chaussure particulière, rouge (*mulleus*) avec des cordons en cuir souple (→ aluta) et marquée d'un croissant]

Calchādon, → *1 Calchedon*

Calchās, *antis*, m., Calchas [devin grec au siège de Troie] : [C] Pros., Poés.

1 **Calchēdōn (Calcē-, Chalcē-)**, *ŏnis* et *ŏnos*, acc. *ŏnem* et *ŏna*, f., Chalcédoine, ville de Bithynie, sur le Bosphore, vis-à-vis de Byzance : [C] Pros. ‖ **-dŏna**, *ae*, f., [T] Pros. ‖ **-dŏnĭus**, *a, um*, de Chalcédoine : [C] Pros. ; **-dŏnii**, *ōrum*, m. pl., Chalcédoniens : [+C] Pros.

2 **calchēdōn (calcē-)**, *ōnis*, m., [T] Poés. et **calchēdŏnĭus smăragdus**, calcédoine [pierre]

calcĭā-, → *calcea-*

calcĭo-, etc., → *calceo*, etc.

calcis, gén. de *1 calx* et *2 calx*

1 **calcĭtrō**, *ās, āre, āvī, ātum*, intr., [fig.] se montrer récalcitrant : [C] Pros.

2 **calcĭtro**, *ōnis*, m., qui rue, qui regimbe : [C] Poés. ‖ qui frappe (les portes), à coups de pieds : [-C] Théât.

calcĭtrōsus, *a, um*, rueur : [+C] Pros.

calcĭus, → *calceus*

calcō, *ās, āre, āvī, ātum*, tr., fouler, marcher sur qqch. ¶ **1** piétiner, comprimer en foulant : [la terre] [-C] Pros., [C] Poés. ; [les raisins pour extraire le jus] [-C] Pros., [C] Pros. ‖ faire entrer en foulant : ***oleas in orculam*** [-C] Pros., comprimer des olives dans une jarre ; [C] Pros., [+C] Pros. ‖ ***morientum acervos*** [C] Poés., piétiner les monceaux de mourants ¶ **2** [fig.] fouler aux pieds : [C] Pros., [+C] Pros. ¶ **3** actionner avec les pieds [une roue pour élever l'eau] : [C] Pros.

calcŭlātŏr, *ōris*, m., calculateur : [+C] Poés.

calcŭlō, *ās, āre, -, -*, tr., calculer, supputer : [T] Poés. ‖ évaluer, estimer : [T] Pros.

calcŭlōsus, *a, um*, qui a la gravelle, la pierre : [+C] Pros.

calcŭlus, *i*, m., petite pierre ¶ **1** caillou : [C] Pros., Poés. ‖ calcul de la vessie, pierre, gravelle : [C] Pros., [+C] Pros. ¶ **2** caillou pour voter : [C] Poés., [+C] Pros. [d'où] vote, suffrage : [C] Poés., [+C] Pros. ‖ caillou blanc [pour marquer les jours heureux] : [C] Poés., [+C] Pros. ¶ **3** caillou, pion [d'une espèce de jeu de dames ou d'échecs] : ***calculum reducere*** [C], ramener un jeton en arrière ; ***promovere*** [+C] Pros., le pousser en avant ; [C] Poés., [+C] Pros. ¶ **4** caillou de la table à calculer, [d'où] calcul, compte : ***ad calculos aliquem vocare*** [C] Pros., inviter qqn à calculer (à faire un compte) ; ***ad calculos aliquid vocare*** [C] Pros., mettre qqch. en calcul, calculer qqch. ; ***calculos ponere*** [+C] Pros., établir un calcul ¶ **5** cailloux des prestidigitateurs : [+C] Pros.

calda, *ae*, f., eau chaude : [+C] Pros.

caldārĭus, **călĭdārĭus**, *a, um*, relatif à la chaleur ¶ **1** chaud, chauffé : [+C] Pros. ¶ **2** subst. f. ¶ **3** **caldārĭum**, *ĭi*, n., étuve, chaudière, chaudron : [+C] Pros. ‖ bains chauds [salle des thermes] : [C] Pros.

caldĭcĕrĕbrĭus, *ĭi*, n., tête chaude, tête brûlée : [+C] Pros.

Caldĭus, *ĭi*, m., nom donné par plaisanterie (au lieu de Claudius), à Tibère, parce qu'il s'enivrait : [+C] Pros.

caldŏr, *ōris*, m., chaleur : [C] Pros. ‖ au pl., [T] Pros.

caldum, → *calidum*

1 **caldus**, *a, um*, comp., ***caldior*** [C] Poés., trop bouillant, emporté

2 **Caldus**, *i*, m., surnom romain : [C] Pros.

Călēdŏnes, *um*, m., Calédoniens [habitants de la Calédonie] : [+C] Pros.

Călēdŏnĭa, *ae*, f., Calédonie [partie septentrionale de la Bretagne] : [+C] Pros.

călĕfăcĭō, *ĭs, ĕre, fēcī, factum*, tr., échauffer, chauffer, faire chauffer : [C] Pros. ‖ [fig.] tenir en haleine, ne pas laisser de répit : [C] Pros., [+C] Pros. ‖ [poét.] échauffer, émouvoir, enflammer, exciter : [C] Poés. ‖ pass. *calefacior*, [C] Pros. ; → *calefio*

călĕfactō, *ās, āre, -, -*, tr., chauffer souvent ou fortement : [-C] Théât., [C] Pros. ‖ ***calefactare virgis*** [-C] Théât., chauffer les épaules à coups de verges

călĕfactus, *a, um*, part. de *calefacio*

călĕfīō, *fīs, fĭĕrī, factus sum*, pass. de *calefacio*, devenir chaud : [C] Pros. ; ***fauces calefiunt*** [C] Pros., la gorge s'enflamme

călendae (kăl-), *ārum*, f. pl., calendes [premier jour du mois chez les Romains] : [C] Pros. ; [prov.] ***ad calendas Graecas*** [+C] Pros., aux calendes grecques [c.-à-d. jamais] ‖ ***calendae Martiae*** [C] Poés., calendes de Mars [*Matronalia*, fête célébrée à cette date en l'honneur de Junon par les matrones romaines]

călendāris, *e*, relatif aux calendes : [T] Pros.

călendārĭum (kă-), *ĭi*, n., registre, livre de compte : [+C] Pros.

calens, *entis*, part.-adj. de *caleo* ¶ **1** chaud, brûlant : [C] Pros., Poés. ¶ **2** [fig.] [+C] Pros. ; ***jam calentibus (animis)*** [+C] Pros., quand les esprits sont déjà échauffés [préparés]

Călēnum, *i*, n., ville de Campanie [la même que Calès] ‖ **-nus**, *a, um*, de Calès : [C] Pros. ; ***Calenum (vinum)*** [+C] Poés., vin de Calès ‖ **-ni**, *ōrum*, m. pl., habitants de Calès : [+C] Pros. ‖ n. sg., ***Calenum*** [C] Pros., propriété près de Calès

Călēnus, *i*, m., surnom romain : [C] Pros.

călĕō, *ēs, ēre, ŭī, ĭtūrus*, intr. ¶ **1** être chaud, être brûlant : [C] Pros. ‖ [passif impers.] ***cum caletur*** [-C] Théât., quand il fait chaud ; [+C] Pros. ¶ **2** [fig.] être sur les charbons, être embarrassé : [C] Pros. ‖ être échauffé, être agité : [C] Poés., Pros. ; ***amore*** [C] Poés., brûler d'amour ; ***spe*** [+C] Pros., être enflammé d'espérance ; [C] Pros. ; ***calebat in agendo*** [C] Pros., il était tout feu dans l'action [oratoire] ‖ [avec inf.] brûler de, désirer vivement : [+C] Poés. ¶ **3** [fig.] être chauffé, être à point : [C] Pros. ‖ être dans tout son feu (en pleine activité) : [C] Pros. ; ***indicia calebant*** [C] Pros., les dénonciations battaient leur plein

Călēs, acc. *es*, dat.-abl. *ibus*, f. pl., Calès [ville de Campanie renommée pour la qualité de ses vins, auj. Calvi] : [C] Pros., Poés. ‖ à l'acc. sg. *Calen* : [+C] Poés. ‖ → *Calenum*

călescō, *ĭs, ĕre, -, -*, intr., s'échauffer : [-C] Théât., [C] Pros.

Calētes, *um* (**-ti**, *ōrum*), m. pl., peuple de la Gaule : [C] Pros.

Caletrānus ager, m., territoire de Calétra [ancienne ville d'Étrurie] : [C] Pros.

calfăcĭo, sync. pour *calefacio*

calfacto, → *calefacto*

calfactus, *a, um*, sync. pour *calefactus*

călĭandrum ; **-drĭum**, [T] Pros., → *caliendrum*

1 **călĭcŭlus**, *i*, m., petite coupe : [-C] Pros., [T] Pros.

2 **călĭcŭlus**, *i*, m., → *calyculus*

călĭda, *ae*, f., → *calda* : [-C] Pros.

Călĭdae Aquae, f., lieu de la Zeugitane [auj. Hammam Gurbos] : [C] Pros.

călĭdārĭum, **-dārĭus**, → *caldarium, caldarius*

călĭdē, adv., chaudement : [T] Pros. ‖ avec feu, avec ardeur : [-C] Théât.

Călĭdĭus, *ĭi*, m., nom d'homme : [C] Pros. ‖ **-ānus**, *a, um*, de Calidius : [C] Pros.

Călĭdŏnes, **Călĭdŏnĭa**, → *Caledones, Caledonia*

călĭdum, *i*, n., chaleur : [C] Poés. ‖ vin coupé d'eau chaude : [-C] Théât. ‖ ***caldum*** [+C] Poés.

1 **călĭdus**, *a, um*, chaud : [C] Pros. ; ***calidissimae hiemes*** [C] Pros., hivers très chauds ; ***calida***, subst. f., → *calda* et *calida* ; ***calidum***, subst. n., → *calidum* ‖ [fig.] ardent, bouillant, emporté : [C] Poés. ‖ tout chaud, immédiat : [-C] Théât. ; ***calidum consilium*** [-C] Théât., un expédient sur l'heure ‖ bouillant, inconsidéré, téméraire : ***consilia calida*** [C] Pros., conseils inconsidérés ‖ ***calidior*** [C] Pros. ; → *1 caldus* ; ***-issimus*** [-C] Pros.

2 **Călĭdus**, *i*, m., surnom romain : [C] Pros.

călĭendrum, *i*, n., ornement de tête, relevant la chevelure des femmes : [C] Poés. ; V. *caliandrum*

călĭga, *ae*, f., brodequin, godillot [sorte de soulier, chaussure de soldat romain] : [C] Pros. ‖ [fig.] profession de soldat : [+C] Pros.

călĭgātus, *a*, *um*, qui porte le soulier de soldat : [+C] Pros. ‖ subst. m., simple soldat : [+C] Pros.

cālīgĭnōsus, *a*, *um*, sombre, ténébreux : [C] Pros. ‖ [fig.] obscur, incertain : [C] Poés.

1 **cālīgo**, *ĭnis*, f. ¶ **1** tout état sombre de l'atmosphère : [C] Poés. ; ***caliginis aer*** [C] Poés., couche d'air obscure ; ***picea caligine*** [C] Poés., d'un noir de poix ‖ obscurité, ténèbres : [C] Pros., Poés. ‖ brouillard, vapeur épaisse, nuage : [C] Poés., Pros. ; ***discussa caligine*** [+C] Pros., le brouillard s'étant dissipé ; [C] Pros. ‖ brouillard qui s'étend sur les yeux : [C] Pros., [+C] Pros. ¶ **2** [fig., métaph. diverses] ténèbres [= époque troublée] : [C] Pros. ‖ nuit, détresse : [C] Pros. ‖ nuit, brouillards de l'intelligence, ignorance : [C] Pros.

2 **cālīgō**, *ās*, *āre*, *āvī*, *ātum*, intr. et tr. ¶ **1** intr., être sombre, obscur, couvert de ténèbres, enveloppé de brouillard : [C] Poés. ‖ [fig.] [+C] Pros. ; ***(nubes) quae circum caligat*** [C] Poés., (le nuage) épaissit autour de toi ‖ ***(videmus) caligare oculos*** [C] Poés., (nous voyons) que les yeux se couvrent d'un brouillard ‖ [méd.] avoir les yeux brouillés, obscurcis, faibles : [+C] Pros. ¶ **2** intr., [fig.] avoir la vue obscurcie, être ébloui, être aveuglé : [+C] Pros. ; ***ad cetera caligant*** [+C] Pros., pour le reste ils sont aveugles ; ***caligare in sole*** [+C] Pros., n'y pas voir en plein jour

3 **Cālīgo**, *ĭnis*, f., l'Obscurité [déesse] : [+C] Poés.

cālīgōsus, *a*, *um*, C. *caliginosus* : [T] Pros.

Călĭgŭla, *ae*, m., Gaïus, surnommé Caligula, empereur romain [37-41 apr. J.-C.] : [+C] Pros. ; V. *Gaius*

Cālisto, V. *Callisto*

călĭtūrus, *a*, *um*, V. *caleo*

călix, *ĭcis*, m., coupe, vase à boire : [-C] Théât., [C] Pros. ‖ [fig., le contenu] : [C] Poés., Pros. ‖ vase de terre, marmite : [-C] Pros., [C] Poés. ‖ tuyau d'aqueduc : [+C] Pros. ‖ [chrét., fig.] lot, destinée : [T] Pros.

Callaecus (-ăĭcus), *a*, *um*, de la Gallécie [Galice] : [+C] Poés. ; V. *Gallaecus* ‖ ***Callaicum aurum*** [+C] Poés., or callaïque

Callăĭcus, V. *Callaecus*

callăĭnus, *a*, *um*, d'un vert pâle [couleur d'une pierre précieuse nommée *callais*] : [+C] Poés. ‖ subst. n., **callainum**, couleur vert pâle

Callatis, C. *Calatis*

callens, *tis*, part. de *calleo* ‖ pris adj[t], habile, connaisseur : [+C] Pros. ; [avec gén.] [+C] Pros.

callentĕr, adv., adroitement, habilement : [+C] Pros.

callĕō, *ēs*, *ēre*, *ŭī*, -, intr. et tr.
I avoir des callosités, des durillons : [-C] Théât.
II [fig.] intr. et tr. ¶ **1** être rompu à, être façonné, être au courant : [-C] Théât. ; ***alicujus rei usu callere*** [C] Pros., être rompu à la pratique d'une chose ; ***fallendo callere*** [-C] Théât., être passé maître en tromperies ; ***in re rustica*** [+C] Pros., être versé dans l'art de la culture ; ***ad suum quaestum*** [-C] Théât., être expert en vue de son profit ¶ **2** tr., être expert en qqch., savoir à fond : [C] Pros. ***jus civile*** [+C] Pros., du droit civil ; [C] Pros., Poés. ‖ [avec inf.] savoir parfaitement : [C] Poés., [+C] Pros. ‖ [avec prop. inf.] [+C] Pros. ‖ [avec interrog. indir.] [-C] Théât., [+C] Pros.

callĭandrum, C. *caliandrum*

Callĭās, *ae*, m., nom d'homme : [C] Pros. ‖ nom d'un architecte : [C] Pros.

callĭblĕphărum, *i*, n., fard pour colorer les paupières : [C] Poés.

Callĭcĭās, *ae*, m., nom d'homme : [-C] Théât.

Callĭcīnus, *i*, m., colline de Thessalie : [C] Pros.

Calliclēs, *is*, m., personnage du Trinummus de Plaute : [-C] Théât.

Callĭcŏlōnus, *i*, m., belle colline : [T] Poés.

Callĭcrătēs, *is*, m., Callicrate, [sculpteur de Lacédémone] : [+C] Pros. ‖ autres du même nom : [C] Pros.

Callĭcrătĭdās, *ae*, m., général lacédémonien : [C] Pros.

Callĭcŭla, *ae*, f., montagne de la Campanie [auj. Cajanello] : [C] Pros.

Callĭdămătēs, *is*, m., nom d'homme : [-C] Théât.

Callĭdămē, *ēs*, f., nom grec de femme : [C] Pros.

callĭdē, adv., à la façon de qqn qui s'y connaît, habilement, adroitement : [C] Pros. ; ***callidius*** [C] Pros., avec plus de savoir-faire ‖ très bien, parfaitement : ***callide novisse aliquem*** [-C] Théât., connaître parfaitement qqn ; ***intellegere aliquid*** [-C] Théât., comprendre très bien qqch.

Callĭdēmĭdēs, *ae*, m., nom d'homme : [-C] Théât.

callĭdĭtas, *ātis*, f., habileté, savoir-faire, finesse [en bonne et mauvaise part] : [C] Pros.

Callĭdrŏmŏs, *i*, m., nom d'un sommet du mont Œta : [C] Pros.

callĭdŭlus, *a*, *um*, assez ingénieux : [T] Pros.

callĭdus, *a*, *um*, qui s'y connaît ¶ **1** [en mauv. part] rusé, roué, madré : [C] Pros. ; ***callida assentatio*** [C] Pros., flatterie habile (astucieuse) ¶ **2** [en bonne part] qui a le savoir-faire, l'expérience, habile : [C] Pros. ; [en parl. d'un orateur] [C] Pros. ; [d'un général] [C] Pros. ; [en gén.] [C] Pros. ‖ ***callidissimo artificio*** [C] Pros., avec un art souverainement habile ¶ **3** [constr.] [C] Pros. ; ***in dicendo callidus*** [C] Pros., habile orateur ; [C] Poés., [+C] Pros. ‖ [avec inf.] [C] Poés., [+C] Poés.

Callīfae, *ārum*, f. pl., ville du Samnium : [C] Pros.

Callĭgĕnēs, m., nom d'un médecin : [C] Pros.

Callĭmăchus, *i*, m., Callimaque [poète élégiaque de Cyrène] : [C] Pros.

Callĭnīcum, *i*, n., ville de Mésopotamie : [T] Pros.

Callĭnīcus, *i*, m., nom d'homme : [-C] Théât.

Callĭŏpē, *ēs*, f., Calliope [muse de l'éloquence et de la poésie héroïque] : [C] Poés. ; [muse en gén., poésie] [C] Poés. ‖ **-pēa**, ***ae***, f., [C] Poés. ‖ **-ēĭus**, ***a***, ***um***, [T] Poés., de Calliope

Callipeucē, *ēs*, f., défilé de Thessalie : [C] Pros.

Calliphăna, *ae*, f., nom de femme : [C] Pros.

Callĭphănēs, *is*, m., Calliphane [historien grec] : [+C] Pros.

1 **Callĭpho**, *ōnis*, m., personnage de comédie : [-C] Théât.

2 **Callĭpho**, *ontis*, m., nom d'un philosophe grec : [C] Pros.

Callĭpidēs, *is*, m., acteur grec qui se démenait sur la scène : [C] Pros., [+C] Pros.

callĭplŏcămŏs, adj. f., aux belles tresses : [-C] Poés.

Callĭpŏlis, *is*, f., nom de diverses villes de Chersonèse, d'Étolie, d'Italie, de Sicile, etc. : [C] Pros., [+C] Poés.

Callippus, *i*, m., Callippe [général macédonien] : [C] Pros. ‖ nom d'homme : [-C] Théât.

Callĭrhŏē (-rŏē), *ēs*, f. ¶ **1** Callirhoé [fille d'Achéloüs] : [C] Poés. ¶ **2** fontaine près d'Athènes : [+C] Poés.

callis, *is*, m., [C] Poés., et f., [C] Pros., sentier foulé par les troupeaux : [C] Pros. ‖ sentier : [C] Pros.

callisphŭrŏs, *ŏn*, f., aux belles chevilles : [-C] Poés.

Callisthĕnēs, *is*, m., Callisthène [philosophe grec] : [C] Pros.

Callistō, *ūs*, f., Callisto [fille de Lycaon changée en ourse par Junon] : [C] Poés. ‖ constellation de la Grande Ourse : [C] Poés.

Callistrătus, *i*, m., Callistrate [orateur athénien] : [C] Pros., [+C] Pros.

callistrūthĭa, *ae* (**-this**, *ĭdis*), f., sorte de figue : [+C] Pros.

Callistus, *i*, m., nom d'homme : [+C] Pros.

Callĭthēra, *ōrum*, n. pl., ville de Thessalie : [C] Pros.

callĭtrĭchon, *i*, n., et **callĭtrĭchŏs**, *i*, f., capillaire [plante]

Callōn, *ōnis*, m., statuaire de l'île d'Égine : [+C] Pros.

callōsus, *a*, *um*, calleux, qui a des durillons : [+C] Pros. ‖ dur, épais : ***callosa ova*** [C] Poés., oeufs dont la coque est dure, épaisse

callum, *i*, n., cal, peau épaisse et dure : [C] Pros. ‖ peau coriace, couenne : [-C] Théât. ‖ [fig.] rudesse, insensibilité : [C] Pros.

1 **călō**, *ās*, *āre*, *āvī*, *ātum*, tr., appeler, convoquer : [C] Pros., [+C] Pros., [T] Pros.

2 **călō**, *ās*, *āre*, *-*, *ātum*, tr., [sens nautique] ➡ *pono*, faire descendre, suspendre : [C] Pros.

3 **cālō**, *ōnis*, m., valet d'armée : [C] Pros. ‖ palefrenier, valet : [C] Pros., Poés., [+C] Pros.

Caloenus, V. ➡ *Calenus*

cālŏpŏdĭa, *ae*, f., et **cālŏpŏdĭŏn**, *ĭī*, n., forme de cordonnier

1 **călŏr**, *ōris*, m., chaleur [en gén.] : [C] Pros. ‖ pl. *calores*, [C] Pros., [+C] Pros. ‖ fièvre : [C] Poés. ‖ [fig.] ardeur, zèle, impétuosité : [C] Pros., [+C] Pros., Poés. ‖ [fig.] feu de l'amour, amour : [C] Poés.

2 **Călŏr**, *ōris*, m., fleuve du Samnium : [C] Pros.

călōrātus, *a*, *um*, ardent, bouillant [au fig.] : [+C] Pros.

cālōrĭfĭcus, *a*, *um*, qui échauffe : [+C] Pros.

Calpē, *ēs*, f., montagne de Bétique [auj. Gibraltar] ‖ **Calpis**, *is*, f., [T] Pros., abl. n. pl. *-ĕ* [+C] Poés.

Calpētānus, *a*, *um*, de Calpé : [T] Poés.

Calpĕtus, *i*, m., Calpétus Silvius [ancien roi du Latium] : [C] Poés.

Calpis, V. ➡ *Calpe*

Calpurnĭus, *ĭī*, m., nom d'une famille romaine où se trouvaient les surnoms de *Piso, Bestia, Bibulus* : [C] Pros. ‖ **-nĭus**, *a*, *um*, de la famille Calpurnia, de Calpurnius : [C] Pros. ‖ **-nĭānus**, *a*, *um*, de Calpurnius : [C] Pros.

caltha (calta), *ae*, f., souci [plante] : [C] Poés.

calthŭla (caltŭla), *ae*, f., vêtement de femme couleur de souci : [-C] Théât.

calthum, *i*, n., C. ➡ *caltha* : [T] Poés.

călumnia, *ae*, f., tromperie ¶ **1** accusation fausse, calomnieuse [devant les tribunaux], chicane en justice : [C] Pros. ‖ condamnation et punition pour accusation fausse : ***calumniam non effugiet*** [C] Pros., il n'évitera pas le châtiment de son injuste accusation [poursuite] ¶ **2** [en gén.] accusation injuste, chicane : [C] Pros., [+C] Pros. ¶ **3** emploi abusif de la loi, chicane du droit, supercherie, manœuvres, cabale : [C] Pros. ; ***calumnia litium*** [C] Pros., procès intentés par pure chicane ; ***calumniam coercere*** [C] Pros., réprimer la chicane

calumniātor, *ōris*, m., chicaneur, celui qui fait un emploi abusif de la loi : [C] Pros. ‖ faux accusateur : [C] Pros.

călumnĭātrix, *īcis*, f., celle qui accuse faussement : [T] Pros.

călumnĭo, V. ➡ *calumnior*

calumnĭŏr, *ārĭs*, *ārī*, *ātus sum*, tr. ¶ **1** intenter de fausses accusations devant les tribunaux : [C] Pros. ¶ **2** [en gén.] accuser faussement, élever des chicanes, se livrer à des manœuvres, à des intrigues : [C] Pros. ; ***calumniabar ipse*** [C] Pros., je soulevais moi-même des chicanes sans objet (je me créais des inquiétudes chimériques) ; ***se calumniari*** [+C] Pros., se chercher des chicanes, se corriger trop sévèrement ; [C] Pros., [+C] Pros. ‖ [avec prop. inf.] [+C] Pros. [avec *quod*] [C] Poés.

călumnĭōsē, adv., ***-sissime*** [T] Pros.

1 **calva**, *ae*, f., crâne, boîte crânienne : [C] Pros.

2 **calva**, *ae*, f., V. ➡ *1 calvus*

3 **Calva**, *ae*, f., surnom de Vénus : [T]

4 **Calva**, *ae*, m., surnom : [C] Pros.

1 **calvārĭa**, *ae*, f., crâne [de l'homme et des animaux] : [+C] Pros.

2 **calvārĭa**, n. pl., sorte de poisson : [-C], [+C] Pros.

Calvārĭae lŏcus, calvaire [lieu où J.-C. fut crucifié] : [T] Pros.

Calvārĭum, *ii*, n., C. ➡ *Calvariae locus* : [T] Pros.

Calvena, *ae*, m., surnom du chauve Matius, ami de César : [C] Pros.

Calventĭus, *ĭī*, m., nom de famille romain : [C] Pros.

calvescō, *ĭs*, *ĕre*, *-*, *-*, intr., [fig.] devenir clairsemé : [+C] Pros.

Calvīna, *ae*, f., nom de femme : [+C] Poés.

Calvīnus, *i*, m., surnom des Domitius, Veturius, etc. : [C] Pros., [+C] Pros.

Calvĭsĭus, *ĭī*, m., nom de famille romain : [C] Pros.

calvĭtĭes, *ēi*, f., calvitie : [+C] Pros.

calvĭtĭum, *ĭī*, n., C. ➡ *calvities* : [C] Pros. ‖ [fig.] nudité, stérilité d'un lieu : [+C] Pros.

calvo, V. ➡ *calvor*

calvŏr, *vĕrĭs*, *vī*, *-*, *-*, tr., chicaner, tromper [abst] [avec acc.] [-C] Théât.

1 **calvus**, *a*, *um*, chauve, sans cheveux : [-C] Théât., [+C] Pros. ‖ [fig.] lisse : ***calvae nuces*** [-C] Pros., noix à la coquille lisse ‖ dénudé, dégarni : [+C] Poés. ‖ subst. f., noix à la coquille lisse : [+C] Pros. ‖ ***calvior*** [+C] Pros.

2 **Calvus**, *i*, m., surnom, en part. des Licinius [nott] Licinius Calvus [poète et orateur romain, ami de Catulle] : [C] Poés.

1 **calx**, *calcis*, f. ¶ **1** talon : [C] Pros., [+C] Pros. ¶ **2** [fig.] [archit.] patin d'escalier : [C] Pros. ‖ pied d'un mât : [C] Pros.

2 **calx**, *calcis*, f. ¶ **1** chaux : [-C] Pros., [C] Pros. ; ***calx viva*** [C] Pros., chaux vive ; ***extincta*** [C] Pros., chaux éteinte ¶ **2** [fig.] extrémité de la carrière marquée primt par de la chaux : [C] Pros. ‖ [en gén.] fin, terme : [C] Pros., [+C] Pros.

Călȳbē, *ēs*, f., nom de femme : [C] Poés.

Călȳcadnus, *i*, m. ¶ **1** fleuve de Cilicie : [T] Pros. ¶ **2** promontoire de Cilicie : [C] Pros.

călȳcŭlus (cali-), *i*, m., [fig.] écaille de crustacés : [+C] Pros.

Călȳdōn, *ōnis*, f., Calydon [ancienne ville d'Étolie] : [C] Poés., Pros. ‖ **-ōnēus**, [C] Poés. et **-ōnĭus**, *a*, *um*, [-C] Théât., ***Calydonius heros*** [C] Poés., le héros calydonien [Méléagre] ‖ **-dōnis**, *ĭdis*, f., [C] Poés.

Călȳmnē, *ēs* (**-nĭa**, *ae*), f., île de la mer Égée : [C] Poés.

Călypsō, *ūs*, f., Calypso [nymphe qui retint sept ans Ulysse dans son île] : [C] Poés., Pros.

cămaelĕon, C. ➡ *chamaeleon*

cămărārĭus, V. ➡ *camerarius*

Cămărīna (-ĕrīna), *ae*, f. ¶ **1** **-nus**, *a*, *um*, [C] Poés., de Camarina ¶ **2** marais près de Camarina : [T] Pros.

Cămars, *tis*, f., ville d'Étrurie [nommée ensuite Clusium] : [C] Pros.

camarus, V. ➡ *cammarus*

Cămăsēna, V. ➡ *Cameses*

cambĭō, *ās*, *āre*, *āvī*, *-*, tr., échanger, troquer : [+C] Pros.

Cambūnĭi montes, m. pl., chaîne de montagnes qui séparent la Macédoine de la Thessalie : [C] Pros.

Cambȳsēs, *is* (*ae*), m., fleuve de Médie : [T] Pros.

Cămēlĭus, *ĭī*, m., meurtrier de D. Brutus : [+C] Pros.

cămella, *ae*, f., écuelle, bol : [C] Poés., [+C] Pros.

cămēlŏpardălis, *is*, f., **-lus**, *i*, m., **-pardus**, *i*, m., girafe : [C] Pros.

cămēlus, *i*, m., chameau : [C] Pros.

Cămēna, *ae*, f. ; surtout au pl., **-nae**, *ārum*, Camènes [nymphes aux chants prophétiques, plus tard identifiées avec les Muses] ; Muses : [C] Pros., Poés. ‖ [fig.] poésie, poème, chant : [C] Poés. ‖ **-nālis**, *e*, des muses : [T] Poés.

cămĕra (-ăra), *ae*, f. ¶ **1** toit recourbé, voûte, plafond voûté : [C] Pros. ¶ **2** barque à toit voûté : [+C] Pros.

cămĕrārĭus, *ĭī*, m., camérier : [+T] Pros.

cămĕrātĭo, *ōnis*, f., construction en voûte : [T] Pros.

Cămĕrē, *ēs*, f., petite ville de Grande-Grèce, près de Sybaris : [C] Poés.

Cămĕrĭa, *ae*, f., ville du Latium : [C] Pros.

Cămĕrīna, V. ➡ *Camarina*

Cămĕrīnum, *i*, n., ville de l'Ombrie sur les limites du Picénum [auj. Camérino] : [C] Pros. ‖ subst. m. pl., **Camĕrīni**, *ōrum*, habitants de Camérinum : [+C] Pros. ‖ **Cămers**, *tis*, de Camérinum : [C] Pros. ‖ **Cămertes**, *ium*, m. pl., habitants de Camérinum : [C] Pros. ; sg., [C] Pros. ‖ **-tīnus**, *a*, *um*, de Camérinum : [C] Pros.

1 **Cămĕrīnus**, *i*, m., surnom romain, dans la *gens* Sulpicia : [C] Pros. ‖ représentant la haute noblesse : [+C] Poés. ; pl., [+C] Poés.

2 **Cămĕrīnus**, *a*, *um* ¶**1** [V.] *Camerinum* ¶**2** [V.] *Camarina*

Cămĕrĭum, *ĭi*, n., [C.] *Cameria* : [+C] Pros.

Cămĕrĭus, *ĭi*, m., nom d'homme : [C] Poés.

Cămers, [V.] *Camerinum*

Cămĕses, *is*, m., ancien roi, qui régna sur le Latium avec Janus : [T] Pros.

1 **cămilla**, *ae*, f., jeune fille de bonne famille, aide dans les sacrifices : [T] Pros.

2 **Camilla**, *ae*, f., Camille [reine des Volsques, alliée de Turnus] : [C] Poés.

Cămillānus, *a*, *um*, de Camille [pas le dictateur] : [T] Pros.

1 **cămillus**, *i*, m., enfant noble, aide dans les sacrifices : [C] Pros., [T] Pros.

2 **Cămillus**, *i*, m., surnom des Furius, not[t] Camille [célèbre dictateur qui sauva Rome des Gaulois] : [C] Pros. ‖ [au pl.] les Camilles, les gens comme Camille : [C] Pros.

cămīnum, *i*, n., [C.] *caminus* : [T] Pros.

cămīnus, *i*, m. ¶**1** fourneau, fournaise : [-C] Pros., [C] Poés. ‖ [poét.] forge [de Vulcain et des Cyclopes sous l'Etna] : [C] Poés. ¶**2** cheminée, âtre : [C] Pros. ¶**3** foyer, feu [d'une cheminée] : ***caminus luculentus*** [C] Pros., foyer bien garni ¶**4** [chrét.] creuset, épreuve : [T] Pros.

Camīrus (-rŏs), *i*, m., fils d'Hercule, donna son nom à une ville de l'île de Rhodes : [C] Pros. ‖ **-renses**, *ium*, m. pl., habitants de Camirus : [T] Pros.

Camisarēs, *is*, m., nom d'un satrape perse : [C] Pros.

cammărus, *i*, m., crevette ou écrevisse : [+C] Pros.

Cămoena, mauv. orth. de *Camena*

campa, [V.] *campe*

campae, *ārum*, f. pl., [fig.] sinuosité, courbure : ***campas dicere*** [-C] Théât., prendre des détours, des échappatoires ; [V.] *campe*

Campānenses, *ium*, m. pl., peuple de la Gaule [Champenois] : [+T] Pros.

• **campānĕus (-nĭus)**, *a*, *um*, de la campagne, champêtre ‖ **campānĭa**, *ōrum*, n. et **-ĭa**, *ae*, f., les champs, la plaine : [+T] Pros.

Campānĭa, *ae*, f., la Campanie [région d'Italie] : [C] Pros. ‖ **-nus (-nĭcus)**, *a*, *um*, de Campanie : [-C] Théât., [C] Pros. ; ***Campanus morbus*** [C] Poés., la maladie campanienne [envahissement des tempes par des verrues ·] ; ***Campanus pons*** [C] Poés., pont sur le Savo formant la limite entre le Latium et la Campanie ‖ subst. m. pl., **-ni**, *ōrum*, les Campaniens : [C] Pros.

Campans, [V.] *Campas*

Campās (-pans), *ātis*, [C.] *Campanus* : [-C] Théât.

campē, *ēs* (**-pa**, *ae*), f., chenille : [+C] Pros.

campensis, *e*, champêtre : [T] Pros. ‖ [subst. pl.] campagnards [secte hérétique] : [T] Pros. ‖ surnom d'Isis, qui avait un temple au Champ de Mars : [+C] Pros.

campestĕr (rar[t] **-tris**), *tris*, *tre* ¶**1** de plaine, uni, plat : [C] Pros. ; ***campestre iter*** [C] Pros., chemin de plaine ; ***campester hostis*** [C] Pros., ennemi qui recherche les combats en plaine ; ***Scythae campestres*** [C] Poés., les Scythes qui habitent les plaines ‖ **-trĭa**, *ĭum*, n. pl., [V.] *campestria* ¶**2** qui a rapport au Champ de Mars, du Champ de Mars, exercices, comices, élections : [C] Pros. ‖ ***gratia campestris*** [C] Pros., influence dans les comices ; ***temeritas campestris*** [+C] Pros., le caprice des élections

campestrātus, *a*, *um*, qui porte le *campestre* : [T] Pros.

campestre, *is*, n., cache-sexe : [T] Pros.

campestrĭa, *ium*, n. pl., lieux plats, plaines : [+C] Pros.

campsō, *ās*, *āre*, *āvī*, *-*, tr., tourner, doubler [term. de marine] : [-C] Pros. ; courber

camptēr, *ēris*, m., détour, tournant d'une lice : [-C] Théât.

campus, *i*, m. ¶**1** plaine : [C] Pros. ‖ plaine cultivée, champs : [C] Poés., Pros. ‖ plaine, rase campagne : [C] Pros. ‖ ***campi Elysii*** [C] Poés., champs-Élyséens, Champs-Élysées ‖ [en gén.] plaine ; [de la mer] [-C] Théât., [C] Poés. ; [du ciel] [C] Poés. ¶**2** place [dans la ville de Rome] : ***campus Esquilinus*** [C] Pros. ; ***campus Agrippae*** [+C] Pros., champ Esquilin, champ d'Agrippa ‖ [mais surtout] ***campus Martius*** [ou abs[t] *campus*] le Champ de Mars [lieu des comices] [C] Pros. ; ***dies campi*** [C] Pros., le jour du Champ de Mars [le jour des comices] ; [lieu de promenade, de jeu, d'exercices militaires] [C] Pros., Poés. ¶**3** [fig.] champ libre, large espace (carrière, théâtre) : [C] Pros.

camter, [V.] *campter* : [-C] Théât.

Camulŏdūnum, *i*, n., ville de Bretagne [auj. Colchester] : [+C] Pros.

cămŭr, *a*, *um*, recourbé, tourné en dedans : ***camura cornua*** [C] Poés., cornes recourbées en dedans ; ***camuri arcus*** [T] Poés., voûtes ‖ nom. sg. *camur* dans

cāmus, *i*, m., muselière : [T] Pros. ‖ carcan : [-C] Théât.

1 **Cana**, *ae*, f., ville de Palestine : [T] Pros.

2 **Cāna**, *ae*, f., nom de femme : [C] Pros.

cānăba (cann-), *ae*, f., cellier, entrepôt : [T] Pros.

cānăbis, [V.] *cannabis*

Cănăcē, *ēs*, f., fille d'Éole, aima son frère, et se donna la mort : [C] Poés.

cănăchēnus, *i*, m., voleur (?), filou (?) : [T] Pros.

Cănăchus, *i*, m., nom de deux artistes de Sicyone : [C] Pros.

Canae, *ārum*, f. pl., ville d'Éolide : [C] Pros.

cănālĭcŭla, *ae*, f., petit conduit : [C] Pros.

cănālĭcŭlus, *i*, m. ¶**1** petit canal ou conduit : [C] Pros. ¶**2** [archit.] feuillure [sur la face jointive des tuiles] : [C] Pros. ‖ glyphe [moulure concave verticale dans un triglyphe] : [C] Pros. ¶**3** canon [de la catapulte appelé par les Grecs **σῦριγξ**] : [C] Pros. ¶**4** éclisse : [+C] Pros.

1 **cănālis**, *e*, de chien : [+C] Pros.

2 **cănālis**, *is*, m., tube, tuyau, conduit d'eau, canal [ouvert ou couvert] : [-C] Pros., [C] Pros., Poés. ‖ [en part.] à Rome, sur le forum, caniveau qui se déversait dans la *Cloaca Maxima* : [-C] Théât. ‖ filet creusé dans la volute ionienne : [C] Pros. ‖ canal de la catapulte : [C] Pros. ‖ éclisses [pour contenir les os fracturés] : [+C] Pros. ‖ le chalumeau [instrum. de musique] : [+C] Poés. ‖ [fig.] ***canale directo*** [+C] Pros., en droite ligne ; ***pleno canali*** [+C] Pros., à pleins bords

Cananaeus, *i*, m., Cananéen, de Cana : [T] Pros.

Cănārĭae insulae, f. pl., les îles Canaries, dans l'Océan, près de la côte d'Afrique : [T] Pros.

Cănastraeum, *i*, n., promontoire de Macédoine : [C] Pros.

cancellātim, adv., en forme de treillis : [+C] Pros.

cancellō, *ās*, *āre*, *āvī*, *ātum*, tr., disposer en treillis : [+C] Pros.

cancellus, *i*, m. ; surtout pl., **cancelli**, *ōrum*, barreaux, treillis, balustrade : [C] Pros., [+C] Pros. ‖ [fig.] bornes, limites : [C] Pros.

cancer, *cri*, m. ¶**1** le Cancer, signe du zodiaque : [C] Poés. ‖ [poét.] le sud : [C] Poés. ¶**2** chaleur violente : [C] Poés. ¶**3** cancer, chancre : [+C] Pros. ; [dans ce sens qqf. n.] ‖ [fig.] ***Orci cancri*** [+C] Pros., les griffes de Pluton

Candāvĭa, *ae*, f., région montagneuse d'Illyrie : [C] Pros.

candēfăcĭō, *ĭs*, *ĕre*, *fēcī*, *factum*, tr., blanchir [un objet] : [-C] Théât., [+C] Pros.

candēla, *ae*, f. ¶**1** chandelle, cierge [de suif, de cire ou de poix] : [C] Pros. ¶**2** corde enduite de cire [pour la conservation] : [C] Pros.

candēlābĕr, *bri*, m., [C.] *candelabrum* : [T] Pros. ‖ **-brus**, [+C] Pros.

candēlābrum, *i*, n., candélabre : [C] Pros.

candens, *tis*, part. et adj. ¶**1** blanc brillant [lait] [C] Poés. ; [marbre] [C] Poés. ; [soleil] [C] Poés. ; [lune] [C] Pros. ¶**2** ardent : ***carbone candente*** [C] Pros., avec un charbon ardent ; ***aqua candens*** [+C] Pros., eau bouillante ‖ ***candentior*** [+C] Poés.

candentĭa, *ae*, f., blancheur éclatante : [C] Pros.

candĕō, *ēs, ēre, ŭī, -*, intr., être d'une blancheur éclatante : [C] Poés. ‖ être blanc par suite de la chaleur, brûler, être embrasé : [C] Poés., [+C] Poés. ‖ être brillant, éclatant : [C] Poés.

candescō, *ĭs, ĕre, dŭī, -*, intr., blanchir, devenir d'un blanc éclatant : [C] Poés. ‖ se chauffer à blanc, s'embraser : [C] Poés.

candētum, *i*, n., mesure gauloise variable, représentant cent pieds carrés à la ville, cent cinquante à la campagne : [+C] Pros.

candĭcō, *ās, āre, -, -*, intr., blanchir, devenir blanc, tirer sur le blanc : [+C] Pros.

candĭda, *ae*, f., robe blanche du candidat : [T] Pros.

candĭdātōrĭus, *a, um*, relatif à la candidature : [C] Pros.

candĭdātus, *a, um* ¶**1** part. de *candido*, vêtu de blanc : [-C] Théât., [+C] Pros. ¶**2 candĭdātus**, *i*, m., candidat [vêtu d'une toge blanche] : [C] Pros. ; ***praetorius*** [C] Pros. ; ***consularis*** [C] Pros. ; ***tribunicius*** [C] Pros. ; ***quaesturae*** [+C] Pros., candidat à la préture, au consulat, au tribunat, à la questure ‖ ***candidatus Caesaris***, candidat de César [recommandé par César] : [+C] Pros., candidat de César = sûr du succès ‖ [en gén.] prétendant, aspirant à : [+C] Pros. ; ***eloquentiae*** [+C] Pros., aspirant à l'éloquence, candidat orateur ; ***candidatus socer*** [+C] Pros., aspirant au titre de beau-père

candĭdē, adv. ¶**1** de couleur blanche : ***candide vestitus*** [-C] Théât., de blanc vêtu ¶**2** avec candeur, de bonne foi, simplement : [+C] Pros.

candĭdō, *ās, āre, āvī, ātum*, tr., blanchir, rendre blanc : [T] Pros.

candĭdŭlē, adv., tout simplement : [T] Pros.

candĭdŭlus, *a, um*, dim. de *candidus* : [C] Pros.

candĭdum, *i*, n., couleur blanche : [C] Poés., [+C] Poés.

candĭdus, *a, um* ¶**1** blanc éclatant, blanc éblouissant : [en parl. de la neige] ***candidum Soracte*** [C] Poés., le Soracte éblouissant [de la neige qui le recouvre] ; [des lis] [C] Poés. ; [du peuplier] [C] Poés. ; [de pierres] [-C] Pros. ; [de la cigogne] [C] Poés. ; [d'un agneau] [C] Poés. ; [de la barbe] [C] Poés. ; [des cheveux] [+C] Pros. ; [du corps] [C] Pros. ; [du cou] [C] Poés. ; [du vêtement] ***toga candida*** [C] Pros., toge blanche du candidat ; ***candida turba*** [C] Poés., foule vêtue de blanc ; [du sel] [-C] Pros. ; [du pain] [C] Pros. ¶**2** d'une lumière claire (éclatante, éblouissante) : [en parl. des astres] [-C] Pros., Théât., [C] Poés., [+C] Pros. ; [du jour] [C] Poés. ; ***candidus Zephyrus*** [+C] Pros., le clair Zéphyre [= qui rend le ciel clair] ‖ d'une blancheur éclatante, d'une beauté radieuse [épithète de dieux, de héros, d'héroïnes, etc.] : ***candida Dido*** [C] Poés., la radieuse Didon ; ***(Galatea) candidior cycnis*** [C] Poés., (Galatée) plus blanche que les cygnes ; ***candide Bacche*** [C] Poés., ô radieux Bacchus ¶**3** [fig.] radieux, heureux, favorable : [en parl. d'un jour anniversaire] [C] Poés. ; [de la paix] [C] Poés. ; [de présages] [C] Poés. ‖ clair, franc, loyal : [C] Poés., Pros. ‖ clair, net, sans détours, sans apprêt : [C] Pros., [+C] Pros. ; ***candidissimus*** [+C] Pros. ‖ (voix) claire [oppos. à *fusca*, sourde] : [+C] Pros. ‖ ➡ *candida, candidum*

candĭfĭcō, *ās, āre, -, -*, tr., blanchir, rendre blanc : [T] Pros.

candĭfĭcus, *a, um*, qui blanchit : [+C] Pros.

candŏr, *ōris*, m. ¶**1** blancheur éclatante : ***solis candor*** [C] Pros., la blancheur éclatante du soleil ‖ [en parl. des personnes] éclat, beauté : [C] Pros. ¶**2** [fig.] clarté, limpidité : [+C] Pros. ‖ bonne foi, franchise, innocence, candeur : [+C] Pros.

candosoccus, *i*, m., marcotte de vigne : [+C] Pros.

1 **cānens**, *tis*, part. et adj., qui tire sur le blanc, grisonnant : ***canens senecta*** [C] Poés., la vieillesse grisonnante

2 **Cănens**, *tis*, f., qui chante [surnom d'une nymphe] : [C] Poés.

cānĕō, *ēs, ēre, ŭī, -*, intr., être blanc : [C] Poés.

Cănēphŏros, *i*, f. ; pl., **Canephoroe**, Canéphores (porteuses de corbeilles) : [C] Pros.

cănĕrit, ➡ *cano*

cănēs, *is*, ➡ *canis* : [-C] Théât.

cānescō, *ĭs, ĕre, canŭī*, intr., blanchir : [C] Poés. ‖ [de vieillesse] [C] Poés. ‖ [fig.] vieillir : ***(quercus) canescet*** [C] Pros., le chêne vieillira

Cangi, *ōrum*, m. pl., peuple de Bretagne [dans le pays de Galles] : [+C] Pros.

cāni, *ōrum*, m. pl., cheveux blancs, vieillesse : [C] Pros., Poés., [+C] Pros.

cănĭcae, *ārum*, f. pl., son de froment : [-C] Poés.

cănīcŭla, *ae*, f., [fig.] femme hargneuse : [-C] Théât. ‖ la Canicule [constellation] : [C] Poés. ‖ coup du chien [coup de dés malheureux] : [+C] Poés.

cănīcŭlāris, *e*, de la canicule, caniculaire : ***inclementia canicularis*** [T] Pros., la chaleur excessive de la canicule

Cānĭdĭa, *ae*, f., Canidie [nom d'une sorcière] : [C] Poés.

Cānĭdĭus, *ii*, m., nom d'homme : [C] Pros.

cănĭfĕra, ➡ *canephoros*

cănĭformis, *e*, qui a la forme d'un chien : [T] Poés.

1 **cănīna**, *ae*, f., chair de chien : [C] Pros.

2 **Cănīna**, *ae*, m., surnom d'homme : [+C] Pros.

Caninifati, ➡ *Canninefates* : [+C] Pros.

Cănīnĭus, *ii*, m., nom de famille romaine, not[t] : Caninius Rébilus [lieutenant de César dans les Gaules] : [C] Pros. ‖ Caninius Gallus [accusateur d'Antoine, plus tard son beau-fils] : [C] Pros., [+C] Pros. ‖ **-nĭānus**, *a, um*, de Caninius : [C] Pros.

cănīnus, *a, um*, de chien : ***canini dentes*** [C] Pros., canines ; ***scaeva canina*** [-C] Théât., augure favorable tiré de la rencontre d'un chien ‖ [fig.] ***caninum prandium*** [C] ; [+C] Pros., repas de chien [où l'on ne boit que de l'eau claire] ; ***canina littera*** [+C] Poés., la lettre R [qu'on retrouve dans le grognement du chien] ;] ; ***canina eloquentia*** [+C] Pros., éloquence agressive ; ***canina verba*** [C] Poés., paroles mordantes ; ***caninus philosophus*** [T] Pros., philosophe cynique ‖ ➡ *1 canina*

cănis, *is*, m. f. ¶**1** chien, chienne : ***canes venatici*** [C] Pros., chiens de chasse ‖ [fig.] chien [terme injurieux] : [C] Poés. ‖ limier, agent, créature : [C] Pros. ‖ ***tergeminus canis*** [C] Poés., le chien aux trois têtes [Cerbère] ; ***infernae canes*** [C] Poés., les chiennes de l'enfer [qui accompagnent les Furies] ; cf. les chiens qui selon la fable entourent Scylla : [C] Poés., Pros. ‖ [prov.] [C] Pros. ; ***cave canem*** [+C] Pros., prenez garde au chien ¶**2** la Canicule [constellation] : [C] Poés. ‖ coup du chien [aux dés, amener tous les as] : [C] Poés., [+C] Poés. ‖ chaîne, collier : [-C] Théât. ‖ ***sentis canis*** [+C] Pros., aubépine, poil à gratter

cānisco, ➡ *canesco*

cănistra, *ōrum*, n. pl., paniers, corbeilles : [C] Pros., Poés. ‖ sg., ***canistrum*** [T] Pros.

cānĭtĭēs, *ĭēi*, f., blancheur : [C] Poés. ‖ blancheur des cheveux, de la barbe = vieillesse : [C] Poés., [+C] Pros.

Cānĭus, *ii*, m., nom d'homme : [C] Pros.

1 **canna**, *ae*, f. ¶**1** [au pr.] canne, jonc mince plus petit que le roseau : [C] Poés., [+C] Pros. ¶**2** roseau, flûte pastorale : [C] Poés. ‖ barque (en roseau) : [+C] Poés.

2 **Canna**, *ae*, m., fleuve voisin de Cannes, en Apulie : [C] Pros.

cannăba, ➡ *canaba*

cannăbĭnus, *a, um*, de chanvre : [C] Pros.

cannăbis, *is*, f., chanvre : [+C] Pros.

cannăbĭus, *a, um*, ➡ *cannabinus*

Cannae, *ārum*, f. pl., Cannes [village d'Apulie, célèbre par la victoire qu'Hannibal y remporta sur les Romains] : [C] Pros. ‖ **-ensis**, *e*, de Cannes : [C] Pros.

Cannenĕfātes, ➡ *Canninefates*

cannĕus (-nĭcius), *a, um*, de canne, de roseau : [T] Pros.

Canninefātes, [+C] Pros. ; **Cannenef-**, *tum (tium)*, m. pl., peuple de la presqu'île Batave ‖ sg., **-ninefas**, *ātis*, Canninéfate : [+C] Pros. ; adj., [+C] Pros.

cănō, *ĭs, ĕre, cĕcĭnī, cantum* ¶**1** chanter **a)** [abs[t]] ***canere ad tibicinem*** Cic., chanter avec accompagnement de la flûte ; ***canere absurde*** Cic., chanter faux ‖ [à propos d'animaux] : Cic. **b)** [tr.] ***canere carmen*** Cic., chanter une poésie **c)** [par ext.] chanter, commémorer, célébrer : ***clarorum virorum laudes cantare*** Cic., chanter la gloire des hommes illustres ; ***arma virumque cano*** Virg., je chante les armes et le héros... ¶2 prophétiser, prédire : ***haec quae nunc fiunt cantare*** Cic., prophétiser les événements actuels ‖ [avec prop. inf.] ***aliquem incolumem fore canere*** Virg., prédire que qqn sera sain et sauf ; ***alicui canere eum recte facere quod...*** Cic., prédire à qqn qu'il fait bien de... ¶3 jouer d'un instrument [avec sujet de pers.], résonner, retentir [avec sujet de chose] : ***fidibus canere*** Cic., jouer de la lyre ‖ ***tubae cecinerunt*** Liv., les trompettes sonnèrent ; ***modulate canentes tibiae*** Cic., flûtes rendant un son mélodieux ; ***cum symphonia caneret*** Cic., alors que résonnaient les concerts ‖ [tr.] ***tubicines signa canere jubere*** Sall., donner l'ordre que les trompettes exécutent leurs sonneries ; ***classicum cani jubere*** Caes., donner l'ordre de procéder aux sonneries de trompettes ‖ [d'où] donner le signal de : ***bellicum canere*** Cic., donner (faire retentir) le signal du combat ; ***receptui canere*** Caes., donner le signal de la retraite

Cănōbus, ▶ *2 Canopus*

cănōn, *ŏnis*, m. ¶1 tuyau de bois dans une machine hydraulique : [C] Pros. ¶2 recettes fiscales annuelles : [T] Pros. ¶3 [chrét.] ‖ règlement ecclésiastique : [T] Pros.

cănŏnĭcus, *a*, *um* ¶1 qui concerne une règle, une mesure, régulier : [C] Pros., [T] Pros. ‖ n. pl., **canonica**, *ōrum*, théorie : [+C] Pros. ¶2 [chrét] canonique, conforme aux règles de l'Église : [T] Pros.

cănōpĭca, *ōrum*, n. pl., sorte de gâteaux : [T] Poés.

1 **Cănōpus**, *i*, m., étoile qui fait partie de la constellation Argo : [C] Poés.

2 **Cănōpus (-pos)**, *i*, m., Canope [ville de la Basse-Égypte] : [+C] Pros. ‖ [poét.] Basse-Égypte, Égypte : [C] Poés. ‖ **-ītae**, *ārum*, m. pl., habitants de Canope : [C], [+C] Pros. ‖ sg., **-ītēs**, *ae*, [+C] Pros.

cănŏr, *ōris*, m., son, son mélodieux, ensemble de sons harmonieux : ***cycni*** [C] Poés., chant du cygne

cănōrē, adv., mélodieusement, harmonieusement : [+C] Pros.

cănōrus, *a*, *um* ¶1 sonore, mélodieux, harmonieux : ***vox canora*** [C] Pros., voix harmonieuse ‖ [en mauvaise part] [C] Pros. ¶2 qui fait entendre des sons harmonieux : ***canorus orator*** [C] Pros., orateur à la voix harmonieuse (bien timbrée) ‖ ***aves canorae*** [C] Poés., ramage des oiseaux ‖ ***fides canorae*** [C] Poés., lyre mélodieuse ; ***aes canorum*** [C] Poés., airain sonore [trompette]

cantābĭlis, *e*, digne d'être chanté : [T] Pros.

Cantābri, *ōrum*, m. pl., les Cantabres [peuple de la Tarraconaise, près des Pyrénées et sur l'océan] : [C] Pros., sg., ***Cantaber*** [C] Poés.

Cantăbrĭa, *ae*, f., Cantabrie ‖ **-ĭcus**, *a*, *um*, du pays des Cantabres : [C] Pros.

cantăbrum, *i*, n., bannière, étendard : [+C] Pros.

cantābundus, *a*, *um*, qui chante, chantant : [+C] Pros.

cantāmĕn, *ĭnis*, n., charme, enchantement : [C] Poés., [T] Poés.

cantātĭo, *ōnis*, f., chant, chanson : [C] Pros.

cantātŏr, *ōris*, m., musicien, chanteur : ***cantator fidibus*** [+C] Pros., joueur de lyre [▶ fidicen, ▶ canere fidibus] ; [+C] Poés.

cantātrix, *īcis*, f., musicienne, chanteuse, cantatrice : [T] Pros. ‖ enchanteresse, magicienne, sorcière : [+C] Pros.

cantātus, *a*, *um*, part. de *canto*

cantĕ, ▶ *cano*

cantērĭātus (-thĕr-), *a*, *um*, soutenu par des échalas : [+C] Pros.

cantērīnus (-thē-), *a*, *um*, de cheval hongre, de cheval : [-C] Théât. ; ***canterinum hordeum*** [+C] Pros., orge pour les chevaux

cantērĭŏlus, *i*, m., petit échalas : [+C] Pros.

1 **cantērĭus (-thē-)**, *ĭi*, m. ¶1 cheval hongre : [C] Pros. ‖ [en part.] cheval de main ou cheval monté : [-C] Théât., [C] Pros., [+C] Pros. ¶2 [archit.] arbalétrier : [C] Pros. ‖ sorte de joug où l'on fixe la vigne : [+C] Pros.

2 **Cantērĭus**, *ĭi*, m., nom d'homme : [C] Pros.

Canthăra, *ae*, f., nom de femme : [-C] Théât.

Canthăridae, *ārum*, m. pl., nom des adversaires d'Hermotimos : [+C] Pros.

canthăris, *ĭdis*, f., cantharide [insecte venimeux] : [C] Pros.

canthărŭlus, *i*, m., petite coupe : [T] Pros.

canthărus, *i*, m., coupe à anses : [-C] Théât., [C] Poés.

canthērĭus et ses dérivés, ▶ *1 canterius*

1 **canthus**, *i*, m., cercle de fer, bande qui entoure la roue : [+C] Pros. ‖ roue : [+C] Poés. ; ▶ *2 cantus*

2 **Canthus**, *i*, m., nom d'homme : [+C] Poés.

canthyll-, ▶ *anthyll-*

Cantĭa, *ae*, f., ▶ *Cantium* : [+T] Pros.

cantĭcum, *i*, n., chant, chanson : [+C] Pros. ‖ [au théâtre] morceau chanté avec accompagnement de flûte par un chanteur debout à côté du musicien, tandis que l'acteur en scène exécute la mimique : [C] Pros. ‖ récitatif : [C] Pros., [+C] Pros. ‖ chant magique, enchantement : [+C] Pros.

cantĭcus, *a*, *um*, de chant, musical : [T] Pros.

cantĭlēna, *ae*, f., chant, chanson : [+C] Pros. ‖ air rebattu, refrain, rabâchage : [-C] Théât., [C] Pros.

cantĭlēnōsus, *a*, *um*, qui renferme des chants, lyrique : [T] Pros.

Cantĭlĭus, *ĭi*, m., secrétaire d'un pontife, battu de verges jusqu'à la mort : [C] Pros.

cantĭlō, *ās*, *āre*, *āvī*, -, intr., chanter, fredonner : [+C] Pros.

cantĭo, *ōnis*, f., chant, chanson : [-C] Théât. ‖ incantation, enchantement, charme : [-C] Pros., [C] Pros.

cantĭtō, *ās*, *āre*, *āvī*, *ātum*, tr., chanter souvent : [C] Pros.

Cantĭum, *ĭi*, n., partie de la Bretagne [auj. le pays de Kent] : [C] Pros.

cantĭuncŭla, *ae*, f., petite chanson : [C] Pros.

cantō, *ās*, *āre*, *āvī*, *ātum*

I intr. ¶1 chanter : [C] Pros., [+C] Pros. ¶2 [chant du coq] [-C] Théât., [C] Pros. ; [du cygne] [C] Poés. ; [des oiseaux] [C] Poés. ¶3 [instruments] : ***bucina cantat*** [C] Poés., la trompe retentit ¶4 jouer de [avec abl.] : [-C] Théât. ; ***scienter tibiis*** [C] Pros., jouer de la flûte avec art ; ***cithara*** [C] Pros., de la cithare ; ***calamo*** [+C] Pros., jouer du chalumeau ; ***lituo*** [+C] Pros., jouer du clairon

II tr. ¶1 chanter : ***incondita cantare*** [C] Poés., chanter des choses informes ; ***hymenaeum*** [-C] Théât., chanter le chant de l'hyménée ; ***Niobam*** [+C] Pros., chanter le rôle de Niobé ¶2 chanter, célébrer : [C] Poés. ¶3 déclamer, seriner : [C] Poés., [+C] Poés., Pros. ¶4 chanter, raconter, prêcher, avoir sans cesse à la bouche : [-C] Théât., [C] Pros., Poés. ¶5 chanter, exposer en vers : [C] Poés. ¶6 prononcer des paroles magiques, frapper d'incantation : [C] Poés. ; ***cantatae herbae*** [C] Poés., herbes enchantées

cantŏr, *ōris*, m. ¶1 chanteur, musicien : [C] Poés. ‖ [fig.] qui répète, qui rabâche : ***cantor formularum*** [C] Pros., qui rabâche des formules ‖ panégyriste : ***cantores Euphorionis*** [C] Pros., les panégyristes d'Euphorion ¶2 l'acteur qui harangue le public et à la fin de la pièce crie "*plaudite*" : [C] Poés., Pros.

cantrix, *īcis*, f., chanteuse : [-C] Théât. ‖ adj., ***aves cantrices*** [C] Pros., oiseaux chanteurs

cantŭrĭō, *īs*, *īre*, -, -, intr., chantonner, fredonner : [+C] Pros.

1 **cantŭs**, *ūs*, m., chant [de l'homme et des oiseaux] : [C] Pros. ‖ son (accents) d'un instrument : [C] Pros. ‖ enchantement, charme, cérémonie magique : [C] Poés. ‖ vers, poésie, poème : [+C] Pros.

2 **cantus**, *i*, m., ▶ *1 canthus*

cānŭī, parf. de *caneo*

Canŭlēius, *i*, m., tribun de la plèbe : [C] Pros. ‖ **-ēius**, *a*, *um*, ***Canuleium plebiscitum*** [C] Pros., plébiscite de Canuléius

1 **cānus**, *a*, *um*, blanc, d'un blanc brillant [en parl. des choses] : ***cani fluctus*** [C] Poés., flots argentés ; ***cana pruina*** [C] Poés., gelée blanche ‖ blanc [en parl. des cheveux, de la barbe] ; dont le poil, le duvet est blanc [en parl. des animaux, des fruits] : [-C] Théât., [C] Poés. ; ***canus lupus*** [C] Poés., loup au poil cendré ‖ [fig.] vieux, vénérable : ***cana veritas*** [C] Poés., l'auguste vérité ; ***cana Fides*** [C] Poés., l'antique loyauté ‖ subst., ▶ *cani*

2 **Cānus (Kā-)**, *i*, m., surnom romain : [C] Pros.

cănŭsīna, *ae*, f., vêtement en laine de Canusium : [+C] Poés.

cănŭsīnātus, *a, um*, habillé en laine de Canusium : +C Poés., Pros.

Cănŭsĭum, *ii*, n., ville d'Apulie [auj. Canosa] : C Pros. ‖ **-sīnus**, *a, um*, de Canusium : C Pros. ‖ subst., **-sīni**, *ōrum*, m. pl., habitants de Canusium : C Poés. ‖ subst. f., ▶ *canusina*

căpācĭtas, *ātis*, f., capacité, faculté de contenir : +C Pros. ‖ réceptacle : C Pros.

căpācĭter, adv., avec capacité, aptitude : T Pros.

Căpănĕūs, *ĕi* ou *ĕos*, m., Capanée [un des sept chefs devant Thèbes] : C Poés. ‖ **-ēĭus**, **-ēus**, *a, um*, de Capanée : +C Poés.

căpax, *ācis*, capable, qui peut contenir, qui contient, spacieux, ample, étendu : ***capaciores scyphi*** C Poés., des coupes plus profondes ; ***vini capacissimus*** C Pros., qui absorbe plus de vin que personne ; +C Pros. ‖ [fig.] ***aures capaces*** C Pros., oreilles insatiables ; ***capax secreti*** +C Pros., capable de garder un secret ; ***capax imperii*** +C Pros., digne de l'empire

căpĕdum [arch.] prends donc : -C Théât.

căpēduncŭla, *ae*, f., petit vase à anse : C Pros.

1 **căpella**, *ae*, f., petite chèvre [ordin[t]] chèvre : C Poés. ‖ [terme injurieux] T Pros. ‖ la Chèvre [étoile de la constellation du Cocher] [annonce la saison pluvieuse] C Poés.

2 **Căpella**, *ae*, m., nom d'un poète du siècle d'Auguste : C Poés. ‖ surnom d'un Statilius : +C Pros. ‖ **-lĭānus**, *a, um*, relatif à un Capella : +C Poés.

Căpēna, *ae*, f., Capène [ville d'Étrurie sur le Tibre] : C Pros. ‖ **-nas**, *ātis*, adj., de Capène : ***Capenati bello*** C Pros., dans la guerre contre Capène ; ***in Capenati*** C Pros., dans le territoire de Capène [abl. *-e* C Pros.] ‖ **-nātis**, *e*, adj., -C Pros. ‖ subst., **-nātes**, m. pl., les habitants de Capène : C Pros. ‖ **-pēnus**, *a, um*, de Capène : C Poés. ; ***porta Capena*** C Pros., la porte de Capène

Capēnas, *ātis*, m. ¶**1** rivière d'Étrurie : +C Poés. ¶**2** ▶ *Capena*

căpĕr, *pri*, m., bouc : C Poés. ‖ odeur forte des aisselles : C Poés. ‖ le Capricorne [constellation] : C Poés.

Căpērēus, ▶ *Caphareus*

căpĕrrō, *ās, āre, āvī, ātum* ¶**1** tr., rider, froncer [le sourcil] : ***caperrata frons*** -C, C Pros. ; ***caperatum supercilium*** +C Pros., sourcil froncé ¶**2** intr., se rider, se renfrogner : -C Théât.

căpessō, *ĭs, ĕre, īvī (ĭī), ītūrus*, tr. ¶**1** prendre [avec de l'empressement], saisir : ***cibum dentibus*** C Pros., saisir la nourriture avec les dents ; C Poés., Pros., j'ordonne à mes compagnons de saisir leurs armes ¶**2** tendre vers un lieu, chercher à atteindre : ***Melitam capessere*** C Pros., gagner Malte ‖ [arch.] ***se capessere***, se porter, se rendre vivement qq. part. : ***domum*** -C Théât., se rendre vite à la maison ; [ou abs[t]] -C Théât. ¶**3** se saisir de, embrasser, entreprendre : C Pros. ; ***libertatem*** C Pros., se saisir de la liberté ; ***juvenum munia*** C Pros., assumer le rôle des jeunes gens ; ***obsidia urbium*** +C Pros., se charger du siège des villes ; ***pericula*** C Pros., affronter les dangers ‖ ***fugam*** C Pros., prendre la fuite ; ***pugnam*** C Pros., engager la lutte ; ***bellum*** C Pros., entreprendre la guerre ; ***viam*** C Pros., adopter (prendre) une route, un itinéraire ‖ embrasser par la pensée, comprendre : +C Pros.

căpētum, ▶ *capitum*

Căpĕtus, *i*, m., Capétus Silvius, roi d'Albe : C Pros.

Caphārēūs (-phērēūs), *ĕi* ou *ĕos*, m., Capharée [promontoire de l'Eubée, où se brisa la flotte des Grecs en revenant de Troie] : C Poés. ‖ **-rēus**, *a, um*, de Capharée : C Poés., **-ēus**, C Poés. ‖ **-ris**, *ĭdis*, adj. f., de Capharée : +C Théât.

Căpharnaum, *i*, n., Capharnaüm [ville de Galilée] : T Pros.

căpĭens, *tis*, part. prés. de *1 capio* ‖ adj., +C Pros.

căpillācĕus, *a, um*, fait avec des cheveux : T Pros.

căpillāmentum, *i*, n., faux cheveux, perruque : +C Pros. ‖ tigelle de plantes, filaments : +C Pros.

căpillāre, *is*, n., pommade pour les cheveux : +C Poés.

căpillātus, *a, um*, qui a des cheveux longs : C Pros., +C Poés. ‖ ***capillatior*** C Pros. ‖ subst. m.

căpillĭtĭum, *ĭi*, n., chevelure : +C Pros.

căpillus, *i*, m., cheveu, chevelure : [sg. collectif] ***capillus promissus*** C Pros., cheveux longs ; [pl.] ***compti capilli*** C Pros., cheveux bien peignés ‖ poil de la barbe : +C Pros. ‖ poil des animaux : +C Pros.

1 **căpĭō**, *ĭs, ĕre, cēpī, captum* ¶**1** prendre, saisir, s'emparer de ***a)*** [avec sujet de pers.] : ***clipeum capere*** VIRG., prendre son bouclier ; ***cibum capere*** LIV., prendre de la nourriture ‖ ***signum capere*** CIC., s'emparer d'une statue ; [avec prép.] ***de praeda hostium capere*** CIC., prendre sur le butin des ennemis ; ***ex hostibus aliquid capere*** CIC., prendre qqch. aux ennemis ; ***urbem ab hostibus capere*** LIV., prendre une ville aux ennemis ‖ ***aliquem in acie capere*** CIC., faire qqn prisonnier dans la bataille ***b)*** [fig.] ***fugam capere*** CAES., prendre la fuite ; ***ex aliqua re documentum capere*** CIC., tirer de qqch. un enseignement ; ***conjecturam ex facto ipso*** CIC., tirer la conjecture du fait lui-même ‖ ***locum castris idoneum capere*** CAES., choisir un emplacement favorable pour camper ; ***tabernaculum vitio captum*** CIC., emplacement de la tente augurale mal choisi ‖ ***aures capere*** CIC., captiver les oreilles ; ***sensus capere*** CIC., captiver les sens ***c)*** [avec sujet de chose] ***amor aliquem capit*** CIC., l'affection s'empare de qqn ‖ [au pass.] ***misericordia captus*** CIC., saisi de pitié ; ***pravis cupidinibus captus*** SALL., possédé par des passions mauvaises ; ***formidine captus*** VIRG., en proie à l'effroi ; ***facetiis captus*** CIC., séduit par des plaisanteries ; ***membris captus*** CIC., paralysé ; ***mente captus*** CIC., aliéné, en délire ; ***captus animi*** TAC., hébété ‖ [abs[t]] se laisser surprendre, se laisser abuser : CIC. ¶**2** atteindre, obtenir, recevoir, éprouver : ***insulam capere*** CAES., atteindre une île ‖ ***consulatum capere*** CIC., obtenir le consulat ; ***honores capere*** NEP., obtenir les magistratures ; ***gloriam capere*** CIC., recueillir de la gloire ; ***hereditatem capere*** CIC., recevoir un héritage ; ***stipendium capere*** CAES., percevoir un tribut ‖ ***dolorem capere*** CIC., éprouver de la douleur ; ***infamiam capere*** CIC., encourir le discrédit ; ***calamitatem capere*** CIC., éprouver un malheur ¶**3** saisir dans son entier [d'où] ***a)*** contenir, renfermer : ***multa capere*** SEN., contenir beaucoup de choses ; ***est ille plus quam capit*** SEN., celui-là mange au-delà de sa capacité ; ***quidquid mortalitas capit*** CURT., tout ce dont un mortel est capable ; ***contio capit omnem vim orationis*** QUINT., l'assemblée du peuple comporte (admet) tout le déploiement de l'éloquence ***b)*** embrasser par l'esprit, concevoir, percevoir : ***aliquid mente capere*** LIV., se faire une idée de qqch., le concevoir ; ***magna capere*** CIC., concevoir de grandes choses ; ***veram speciem senatus capere*** LIV., percevoir la véritable image du sénat

2 **căpio**, *ōnis*, f., action de prendre possession : +C Pros. ‖ [en part.] ***usus capio*** ; ▶ *2 usucapio*

căpis, *ĭdis*, f., coupe à une anse utilisée dans les sacrifices : C Pros.

căpistērĭum, *ĭi*, n., crible (van) [pour nettoyer les grains] : +C Pros.

căpistrō, *ās, āre, -, ātum*, tr., mettre une muselière, un licou : C Poés. ‖ lier la vigne, attacher des arbres : +C Pros.

căpistrum, *i*, n., muselière, licol, bâillon : C Pros., Poés. ‖ [fig.] ***maritale capistrum*** +C Poés., la muselière conjugale ‖ lien à attacher la vigne : +C Pros. ‖ courroie adaptée au pressoir : -C Pros.

căpĭtăl, *ālis*, n. ¶**1** crime capital : ***capital facere*** -C Théât., commettre un crime capital ; ***capitalia vindicare*** C Pros., punir les crimes capitaux ‖ ***capital est*** [avec , inf.] c'est un crime capital de : C Pros., +C Pros. ; [formules de lois] C Pros. ‖ **căpĭtāle**, +C Pros. [au lieu de *capital*] ¶**2** bandeau des prêtresses dans les sacrifices : C Pros.

căpĭtāle, *is*, n., ▶ *capital* ¶*1*

căpĭtālis, *e* ¶**1** qui concerne la tête, capital [c.-à-d., suivant les cas, qui entraîne la mort (peine de mort), ou seulement la mort civile] : ***poena capitalis*** C Pros., peine capitale ; ***res capitalis*** C Pros., affaire capitale ; ***fraus capitalis*** C Pros., crime capital ; ***crimen capitale*** C Pros., accusation capitale ; ***triumviri capitales*** C Pros., les triumvirs (commissaires) aux affaires capitales ¶**2** [fig.] mortel, fatal, funeste : ***capitalis hostis*** C Pros., ennemi mortel ; ***capitale odium*** C Pros., haine mortelle ; ***capitalis oratio*** C Pros., discours fatal ; ***ira*** C Poés., colère mortelle ¶**3** capital, qui tient la tête, qui est le principal : C Pros.

căpĭtālĭtĕr, adv., en menaçant la vie : ***capitaliter lacessere aliquem*** +C Pros., intenter à qqn un procès capital ‖ avec acharnement : T Pros.

căpĭtātus, *a*, *um*, qui a une grosse tête : -C Poés., C Pros. ‖ [en parl. de plantes] +C Pros.

Căpĭtīnus, *a*, *um*, de Capitium [Sicile] : C Pros.

căpĭtĭum, *ĭi*, n., vêtement de femme qui couvre la poitrine : C Pros.

1 **căpĭto**, *ōnis*, m. ¶**1** qui a une grosse tête : C Pros. ‖ épithète donnée aux parasites : -C Théât. ¶**2** muge ou chabot [poisson de mer] : -C Pros. ‖ chevesne [poisson] : T Poés.

2 **Căpĭto**, *ōnis*, m., surnom des Ateius, des Fonteius : +C Pros.

1 **Căpĭtōlīnus**, *a*, *um*, Capitolin, du Capitole, ➡ *clivus* : ***Juppiter Capitolinus*** C Pros., Jupiter Capitolin ; ***ludi Capitolini*** C Pros., jeux Capitolins [célébrés en l'honneur de Jupiter] ; ***dapes Capitolinae*** +C Poés., festin servi à Jupiter dans la cérémonie du *lectisternium* ; ***Capitolina quercus*** +C Poés., couronne de chêne, prix du vainqueur dans les jeux Capitolins [institués par Domitien] ‖ **-līni**, *ōrum*, m. pl., prêtres chargés de la célébration des jeux Capitolins : C Pros.

2 **Căpĭtōlīnus**, *i*, m., surnom des Quinctius, des Manlius : C Pros. ; not[t] M. Manlius Capitolinus, qui sauva le Capitole : C Pros. ‖ Jules Capitolin, un des auteurs de l'Histoire Auguste

Căpĭtōlĭum, *ĭi*, n., le Capitole [une des sept collines de Rome sur laquelle était bâti le temple de Jupiter Capitolin] : C Pros. ‖ nom donné par d'autres villes à leurs citadelles ou à leurs temples les plus magnifiques : +C Pros.

căpĭtŭlāni, *ōrum*, m. pl., collecteurs d'impôts : T Pros.

căpĭtŭlātim, adv., sommairement : C Pros.

căpĭtŭlātus, *a*, *um*, qui a une petite tête : ***capitulatae costae*** +C Pros., côtes qui ont une tête [arrondies à l'une des extrémités]

căpĭtŭlum, *i*, n. ¶**1** petite tête, tête : -C Théât. ‖ homme, individu [langue de la comédie] : -C Théât. ; ***capitulum lepidissimum*** -C Théât., la plus délicieuse des créatures ¶**2** ***capitulum cepae*** +C Pros., tête d'oignon ‖ [archit.] chapiteau : C Pros. ‖ [méc.] cadre [de la baliste ou de la catapulte, pièce qui renferme les ressorts] : C Pros. ‖ partie saillante arrondie : C Pros.

căpītum, *i*, n., fourrage, nourriture des animaux : T Pros.

cāpō, *ōnis*, m., chapon : +C Poés.

Cappădŏcĭa, *ae*, f., la Cappadoce [province centrale de l'Asie Mineure] : C Pros. ‖ **-cĭus (-cus)**, *a*, *um*, de Cappadoce : +C Pros.

Cappădox, *ŏcis*, m., adj. m. f., de Cappadoce : C Pros. **Cappadoces**, m. pl., C Pros., Cappadociens

cappări, n. indécl., câpre, fruit du câprier : +C Pros.

cappăris, *is*, f., fruit du câprier, câpre : -C Théât., +C Pros., Poés.

căpra, *ae*, f., chèvre : C Pros. ‖ la Chèvre [étoile de la constellation du Cocher] : C Poés. ‖ surnom d'un homme aux cheveux hérissés : +C Pros. ‖ ***olidae caprae*** C Pros., l'odeur forte des aisselles [m. à m. les chèvres puantes] ‖ ***Caprae Palus*** C Pros., le marais de la Chèvre [endroit où Romulus disparut et où s'éleva plus tard le Cirque Flaminius] ‖ **Căpra**, surnom des Annius : C Pros.

căprāgĭnus (căprūg-), de chevreuil : T Pros.

căprārĭus, *a*, *um*, subst. m., chevrier : C Pros.

Caprāsĭa, *ae*, f., île près de la Corse : C Pros.

căprĕa, *ae*, f., chèvre sauvage, chevreuil : C Poés. ‖ ***Capreae palus*** C Poés. ; ➡ *Caprae palus*

Căprĕae, *ārum*, f. pl., Caprée [île de la mer Tyrrhénienne, auj. Capri] : +C Pros. ‖ **-ĕensis** ou **-ensis**, *e*, de Caprée : +C Pros.

căprĕāgĭnus, *a*, *um*, de la race des chèvres : -C Théât.

căpreĭda, *ae*, f., chèvrefeuille (?) : -C Pros.

caprĕŏlātim, adv., à la manière des tendrons de la vigne : +C Pros.

căprĕŏlus (-rĭŏlus), *i*, m. ¶**1** jeune chevreuil : C Poés. ¶**2** binette [instrument de labour] : +C Pros. ¶**3** vrille de la vigne : C Pros. ¶**4** [archit., méc.] pièce de bois employée obliquement [arbalétrier ou chevron] : C Pros. ‖ contrefiche : C Pros.

Căprĭcornus, *i*, m., le Capricorne [signe du zodiaque] : C Poés.

căprĭfīcus, *i*, f., figuier sauvage : C Poés. ‖ les dons naturels qui demandent à se produire au-dehors avec la même force que le figuier sauvage qui pousse n'importe où irrésistiblement : +C Poés. ‖ figue sauvage : +C Pros.

căprigĕnus, *a*, *um*, de chèvre : -C, C Poés., T Pros. ‖ subst. m. pl., les satyres, gén. pl. *caprigenum* -C Théât.

căprīlis, *e*, de chèvre : C Pros. ‖ **căprīle**, *is*, n., étable à chèvres : C Pros.

căprĭmulgus, *i*, m., qui trait les chèvres, chevrier : C Poés.

Căprīnĕus, *i*, m., nom donné à Tibère, parce qu'il affectionnait l'île de Caprée : +C Pros.

căprīnus, *a*, *um*, de chèvre : -C Pros., C Pros.

căprĭŏlus, ➡ *capreolus*

căprĭpēs, *ĕdis*, qui a des pieds de chèvre : C Poés.

Căprĭus, *ĭi*, m., nom d'homme : C Poés.

căprōnae et **căprōneae**, *ārum*, f. pl., cheveux qui tombent sur le front : +C Pros.

Căprōtīna, *ae*, f., surnom de Junon : T Pros.

Căprōtīnae Nōnae, f., nones de juillet, pendant lesquelles se célébrait la fête de Junon Caprotine : C Pros.

căprūgĭnus, ➡ *capraginus*

1 **capsa**, *ae*, f., boîte à livres, à papiers : C Pros., Poés. ‖ boîte, coffre pour conserver les fruits : +C Poés.

2 **Capsa**, *ae*, f., ville de Numidie [Gafsa] : C Pros. ‖ **-senses**, *ium*, **-sĭtāni**, *ōrum*, m. pl., habitants de Capsa : C Pros.

capsăcēs, *ae*, m., cruche (fiole) à huile : T Pros.

capsārĭus, *ĭi*, m., esclave qui porte la boîte de livres des enfants qui vont à l'école : +C Pros.

capsella, *ae*, f., petite boîte, petit coffre : +C Pros.

capsŭla, *ae*, f., petite boîte, coffret : C Poés. ; ***de capsula totus*** +C Pros., tiré à quatre épingles [qui a l'air de sortir d'un coffre à vêtements]

capsus, *i*, m., chariot couvert, voiture fermée [en part.] la caisse, l'intérieur de cette voiture : C Pros. ‖ sorte de cage : +C Pros.

Capta, *ae*, f., surnom de Minerve : C Poés.

captātĭo, *ōnis*, f., action de chercher à saisir, à surprendre : ***captatio verborum*** C Pros., chicane de mots ‖ recherche : +C Pros. ‖ feinte [terme d'escrime] : +C Pros.

captātŏr, *ōris*, m., celui qui cherche à saisir, à surprendre qqch. : C Pros. ‖ captateur de testaments : C Poés., +C Poés. ‖ séducteur : T Poés. ‖ [en parl. de choses] ***captator macellum*** +C Poés., provisions qui servent à séduire

captātrix, *īcis*, f., celle qui recherche, qui poursuit : +C Pros.

captio, *ōnis*, f., tromperie, duperie, piège : ***captionis aliquid vereri*** C Pros., appréhender quelque tromperie ; -C Théât. ‖ piège dans les paroles : C Pros. +C Pros. ‖ raisonnement captieux, sophisme : ***in captiones se induere*** C Pros., se perdre dans des sophismes ; ***captiones discutere*** C Pros. ; ***explicare*** C Pros., débrouiller des sophismes, briser les mailles d'un raisonnement captieux

captĭōsē, adv., d'une manière captieuse : C Pros.

captĭōsus, *a*, *um*, trompeur : C Pros. ‖ captieux, sophistique : ***nihil captiosius*** C Pros., rien de plus captieux ; pl. n., les sophismes : C Pros.

captĭtō, *ās*, *āre*, -, -, fréq. de *capto* : +C Pros.

captĭuncŭla, *ae*, f., petite finesse, ruse, subtilité : C Pros.

captīva, *ae*, f., captive : -C Théât., C Pros.

captīvātŏr, *ōris*, m., **captīvātrix**, *īcis*, f., [le diable] T Pros.

captīvĭtās, *ātis*, f., captivité, état de captif, de vaincu : [+C] Pros. ‖ ensemble de captifs : [+C] Pros. ‖ action de réduire en captivité : ***captivitates urbium*** [+C] Pros., prises de villes ‖ état de qqn qui est *captus oculis* : [+C] Pros. ‖ [chrét.] esclavage de la nature humaine : [T] Pros.

captīvō, *ās, āre, āvī, ātum*, tr., faire captif : [T] Pros. ; [fig., chrét.] rendre prisonnier du péché : [T] Pros.

captīvus, *a, um* ¶ **1** captif : ***captivi cives*** [C] Pros., citoyens captifs ; ***naves captivae*** [C] Pros., navires prisonniers ; ***captivi agri*** [C] Pros., [+C] Pros., territoire conquis ‖ pris à la chasse : [C] Pros., Poés. ‖ [fig.] ***mens captiva*** [C] Poés., esprit captif [de l'amour] ¶ **2** [poét.] de captif : ***captivus sanguis*** [C] Poés., sang des captifs ; [C] Pros., [+C] Pros. ¶ **3** subst. m., prisonnier de guerre : [C] Pros.

captō, *ās, āre, āvī, ātum*, tr., chercher à prendre ¶ **1** chercher à saisir, à prendre, à attraper : [C] Poés. ; ***laqueis feras*** [C] Poés., tendre des pièges pour prendre les bêtes sauvages ; ***muscas*** [+C] Pros., attraper des mouches ; [C] Poés. ¶ **2** [fig.] ***sermonem alicujus*** [-C] Théât., chercher à surprendre les paroles de qqn ; [C] Pros. ; ***solitudines*** [C] Pros., rechercher la solitude des déserts ; ***somnum*** [+C] Pros., chercher à attraper le sommeil ; ***benevolentiam*** [C] Pros. ; ***misericordiam*** [C] Pros. ; ***risus*** [C] Pros. ; ***alicujus assensiones*** [C] Pros. ; ***plausus*** [C] Pros. ; ***occasionem*** [C] Pros. ; ***voluptatem*** [C] Pros., chercher à gagner la bienveillance, à exciter la pitié, le rire, à recueillir l'approbation de qqn, les applaudissements, à saisir (épier) l'occasion, rechercher le plaisir ; [-C] Théât., maintenant quelle combinaison es-tu d'avis de tramer ? ‖ [avec inf.] [C] Poés., [+C] Pros. ‖ [intr. indir.] [+C] Pros. ‖ [avec *ne*] chercher à éviter de : [+C] Pros. [avec *ut*] ¶ **3** chercher à prendre (surprendre) qqn par ruse : [C] Pros. ; ***insidiis hostem*** [C] Pros., chercher à prendre l'ennemi dans une embuscade ; ***Minuci temeritatem*** [C] Pros., prendre au piège la témérité de Minucius ‖ [abs^t] [-C] Théât., [C] Pros. ¶ **4** capter : ***testamenta*** [C] Poés., capter des testaments [+C] Pros. ; ***captare aliquem***, circonvenir qqn pour capter son héritage : [+C] Pros., Poés. ; [abs^t] ***captare***, faire des captations d'héritage : [+C] Pros., Poés.

captor, ➡ *capto*

captrix, *īcis*, f., celle qui prend

captūra, *ae*, f., gain, profit [que l'on réalise par qqch. de bas, de vil, de honteux] : [+C] Pros. ‖ salaire : [+C] Pros. ‖ gain d'un mendiant : [C] Pros.

1 **captus**, *a, um*, part. de *1 capio*

2 **captŭs**, *ūs*, m. ¶ **1** faculté de prendre, capacité [physique ou morale] : ***pro corporis captu*** [+C] Pros., compte tenu de leurs capacités physiques [de leur petitesse] ; [C] Pros., [+C] Pros. ¶ **2** action de prendre, prise, acquisition : [+C] Pros.

Căpŭa, *ae*, f., Capoue [ville célèbre de la Campanie] : [C] Pros.

căpūdō, *ĭnis*, f., vase pour les sacrifices, cruche : [C] Pros.

căpŭla, *ae*, f., vase à anse : [C] Pros.

căpŭlāris, *e*, qui a un pied dans la tombe : [-C] Théât.

căpŭlātor, *ōris*, m., celui qui transvase le vin ou l'huile : [-C] Pros., [+C] Pros.

căpŭlō, *ās, āre, -, -*, tr., lier, entourer d'une corde : [+C] Pros.

căpŭlum (**capl-**), *i*, n., ➡ *capulus*

căpŭlus, *i*, m. ¶ **1** bière, cercueil : [-C] Théât., [+C] Pros. ¶ **2** manche [de charrue] : [C] Poés. ‖ poignée [d'une épée] : [-C] Théât., [C] Pros., Poés.

cāpus, *ī*, m., chapon : [C] Pros., [+C] Pros.

căpŭt, *ĭtis*, n. ¶ **1** tête [d'homme ou d'animal] : ***caput quassare*** Virg., secouer la tête ; ***caput efferre*** Virg., redresser la tête ; ***capite operto*** Cic., la tête couverte ; ***capite demisso*** Cic., la tête baissée ; ***caput praecidere*** Cic., couper la tête ‖ [expr. prov.] ***supra caput esse*** Cic., Sall., Virg., Liv., être au-dessus de la tête (= être une menace) ; ***aliquid capite agere*** Sen., chasser par la tête (= rejeter sans ménagement) ¶ **2** [par ext. et fig.] ***a)*** tête = personne, individu : ***sesquimodios frumenti populo in capita describere*** Cic., distribuer au peuple un boisseau et demi de blé par tête ; ***desiderium tam cari capitis*** Hor., le regret d'une tête si chère ; ***o lepidum caput !*** Pl., ô l'aimable homme ! ‖ ***capite censeri***, n'être recensé que pour sa personne ***b)*** tête = vie, existence : ***pactum pro capite pretium*** Cic., le prix convenu pour la vie de qqn (= la rançon) ; ***poena capitis*** Cic., peine de mort ; ***causa capitis*** Cic., cause capitale ; ***capitis aliquem arcessere*** Cic., intenter à qqn une action capitale ***c)*** tête = personnage principal : ***capita conjurationis*** Liv., les chefs de la conjuration ; ***cujusdam partis caput*** Liv., la tête d'un parti ‖ [en partic.] ***qui capita rerum sunt*** Liv., ceux qui sont à la tête des affaires, les principaux citoyens ***d)*** tête = commencement, racine, source : ***caput jecoris*** Cic., tête du foie ‖ ***capita vitium*** Cat., racines de la vigne ‖ ***capita tignorum*** Caes., les extrémités des poutres ‖ ***caput amnis*** Virg., la source du fleuve ; [mais] ***capita Rheni*** Caes., les embouchures du Rhin ‖ ***caput sermonis*** Pl., le commencement d'un propos ‖ ***capita legum*** Cic., l'origine des lois ; ***aliquid a capite repetere*** Sen., reprendre une question à sa source ¶ **3** [en parl. de choses] ***a)*** partie principale : ***cujusdam defensionis caput*** Cic., la partie principale d'une défense ; ***cenae caput*** Cic., l'essentiel du repas ; ***caput est ut*** [avec subj.] Cic., l'essentiel est de ‖ [spéc.] capitale : ***Antium caput Volscorum*** Liv., Antium, capitale des Volsques ‖ capital (par opp. aux intérêts) : ***aliquid de capite deducere*** Liv., déduire qqch. du capital ***b)*** point capital [d'un écrit] : ***unum Epicuri caput*** Cic., un principe posé par Epicure ‖ [d'où] chapitre, paragraphe : ***primum caput legis*** Cic., le premier chapitre de la loi

Căpўs, *ўos* (*ўis*), acc. ***yn***, abl. ***ye***, Capys [fils d'Assaracus et père d'Anchise] : [C] Poés. ‖ un des compagnons d'Énée : [C] Poés. ‖ un des rois d'Albe : [C] Pros. ‖ un fondateur de Capoue : [C] Poés., [+C] Pros. ‖ un roi de Capoue : [C] Pros.

Căr, *is*, m. ¶ **1** nom du héros éponyme de la Carie, qui inventa la science de tirer des augures du vol des oiseaux : [+C] Pros. ¶ **2** Carien : [C] Pros. ; ➡ *1 Cares*

Cărăcalla, *ae*, [T] Pros. et **Cărăcallus**, *i*, [T] Pros., m., surnom d'un empereur romain, fils de Septime Sévère, M. Aurelius Antoninus Bassianus [211-217 apr. J.-C.]

căractēr, ➡ *character*

Cărălis, *is* et **-les**, *ĭum*, [C] Pros., f. pl., ville capitale de la Sardaigne [auj. Cagliari] ‖ **-lĭtānus**, *a, um*, de Caralis : [C] Pros. ‖ **-tāni**, *ōrum*, m. pl., les habitants de Caralis : [C] Pros.

Cărălītis, *is*, f., marais de Pisidie [auj. Kaja Goel] : [C] Pros.

Cărambis, *is* et *ĭdis*, acc. ***in*** et ***im***, f., promontoire et ville de la Paphlagonie : [+C] Poés.

Cărantŏnus, *i*, m., fleuve de la Gaule [auj. la Charente] : [T] Poés.

Cărānus, *i*, m., premier roi de Macédoine : [C] Pros. ‖ un des lieutenants d'Alexandre : [+C] Pros.

Caratăcus, *i*, m., roi des Silures de Bretagne : [+C] Pros.

Carausĭus, *ĭi*, m., gouverneur de la Bretagne à la fin du 3e s. : [T] Pros.

Caravandis, *ĭdis*, f., ville d'Illyrie : [C] Pros.

Cărăvantĭus, *ĭi*, m., nom d'un Illyrien : [C] Pros.

căraxo, ➡ *charaxo*

carbas, *ae*, m., le vent du nord-est : [C] Pros.

carbasĕsus (**-sĭnĕus**, **-sĭnus**), *a, um*, de lin fin, de toile très fine : [C] Pros.

carbăsus, *i*, f., **-sa**, *ōrum*, n. pl. [fréquent à partir d'Ovide] espèce de lin très fin [d'où] vêtement de lin : [C] Poés. ‖ voile tendue dans les théâtres : [C] Poés. ‖ voile de navire : ***deducere carbasa*** [C] Poés., déployer les voiles ‖ navire : [+C] Poés.

carbătĭnus, ➡ *carpatinus*

1 **carbo**, *ōnis*, m., charbon : [C] Pros. [fig., une marque au charbon était indice de blâme, oppos. à *creta*] : [-C] Théât., [C] Poés., [+C] Poés. ‖ cendre : [+C] Pros.

2 **Carbo**, *ōnis*, m., Carbon, surnom des Papirius : [C] Pros.

carbōnārĭus, *a, um*, subst., **-rĭus**, *ĭi*, m., charbonnier : [-C] Théât.

carbōnĕus, *a, um*, noir comme le charbon : [T] Poés.

carbuncŭlōsus, *a, um*, plein de pierrailles rougeâtres : [+C] Pros.

carbuncŭlus, *i*, m. ¶ **1** petit charbon : [C] Pros. ‖ [fig.] chagrin dévorant : [-C] Théât. ¶ **2** carboncle [variété de sable de carrière] :

[C] Pros. ‖ brouissure des arbres, des fleurs : [+C] Pros. ‖ charbon [maladie] : [+C] Pros.

carcăr, *ăris*, n., Cf. *carcer* : [T] Pros.

Carcaso, *ōnis*, f., Carcassonne [ville de la Gaule Narbonnaise] : [C] Pros., **Carcasum**, *i*, n.

carcĕr, *ĕris*, m. ¶ **1** prison, cachot : ***in carcerem conjicere aliquem*** [C] Pros., jeter qqn en prison ; ***in carcerem demissus*** [C] Pros. ; ***conditus*** [C] Pros., jeté, enfermé dans un cachot ‖ tout endroit où l'on est enfermé : [C] Pros. ‖ ce que renferme une prison, prisonniers : [C] Pros. ‖ gibier de prison, de potence : [-C] Théât. ¶ **2** l'enceinte, d'où partent les chars dans une course [au pl. en prose] : [C] Pros. ‖ [fig.] point de départ : [C] Pros.

carcĕrālis, *e*, [T] Poés., de prison

1 **carcĕrārĭus**, *a*, *um*, relatif à la prison : [-C] Théât.

2 **carcĕrārĭus**, *ĭi*, m., prisonnier : [+T] Pros.

carcĕrĕus, *a*, *um*, de prison : [T] Poés.

carchărus, *i*, n., chien de mer : [+C] Pros.

Carchēdōn, *ŏnis*, f., autre nom de Carthage ‖ **-ŏnĭus**, *a*, *um*, Carthaginois, de Carthage : [-C] Théât.

carchēsĭum, *ĭi*, n. ¶ **1** hune d'un vaisseau : [+C] Poés., [T] Pros. ¶ **2** coupe à anses : [C] Poés., [T] Pros. ¶ **3** ***carchesium versatile***, plate-forme tournante ou mât de charge : [C] Pros.

carcĭnōma, *ătis*, dat.-abl. pl. ***matis***, n., cancer [maladie] : [-C] Pros., [+C] Pros.

Carcĭnŏs, **-nus**, *i*, m., le Cancer [signe du zodiaque] : [+C] Pros., Poés.

Carcĭnus, *i*, m., V. *Carcinos*

cardăcae, *ārum*, m. pl., milice perse, vaillante, mais pillarde : [C] Pros.

Cardĕa ou **-da**, *ae*, f., déesse qui présidait aux portes : [T] Pros.

cardēlis, chardonneret [oiseau] : [+C] Pros.

Cardĭa, *ae*, f., ville de la Chersonèse de Thrace ‖ **-ānus**, *a*, *um*, de Cardia : [C] Pros.

cardĭăcus, *i*, m., malade de l'estomac : [C] Pros.

cardĭnālis, *e*, qui concerne les gonds : ***scapi cardinales*** [C] Pros., montants des portes

cardĭnātus, *a*, *um*, enclavé, emboîté : [C] Pros.

1 **cardo**, *ĭnis*, m. ¶ **1** gond, pivot : ***cardo stridebat*** [C] Poés., le gond grinçait ‖ [dans une machine] tenon ou mortaise : [C] Pros. ‖ pôle : [C] Pros. ; ***Eous cardo*** [+C] Poés., l'Orient ‖ point cardinal, point solstitial : ***cardo extremus*** [+C] Poés., le point extrême [de la vie] ‖ ligne de démarcation : [C] Pros. ¶ **2** [fig.] point sur lequel tout roule, point capital : [C] Poés., [+C] Pros.

2 **Cardo**, *ōnis*, f., ville de l'Hispanie ultérieure : [C] Pros.

cardŭs, *ūs*, m., **cardŭus**, *i*, m., chardon : [C] Poés.

cārē, adv., cher, à haut prix : [C] Pros. ‖ ***carius*** [C] Pros. ; ***constare carius*** [-C] Poés. ; ***carissime*** [+C] Pros., coûter plus cher, le plus cher

cārectum (**caroec-**), *i*, n., lieu rempli de laîches ou carex : [C] Poés.

cărendus, *a*, *um*, V. *careo* ¶ *4*

cărĕō, *ĕs*, *ēre*, *ŭī*, *ĭtūrus*, intr., [construit avec l'abl.] ¶ **1** être exempt de, libre de, privé de, être sans, ne pas avoir [qu'il s'agisse de bonnes ou de mauvaises choses] : [C] Pros. ; ***suspicione carere*** [C] Pros. ; ***crimine*** [C] Pros. ; ***reprehensione*** [C] Pros. ; ***dedecore*** [C] Pros. ; ***periculis*** [C] Pros. ; ***dolore*** [C] Pros. ; ***errore*** [C] Pros., être à l'abri d'un soupçon, d'une accusation, d'un blâme, du déshonneur, du péril, être exempt de douleur, ne pas tomber dans l'erreur ; ***morte*** [C] Poés., un dieu privé de corps, immortel ¶ **2** se tenir éloigné de : [C] Pros. ¶ **3** être privé de [malgré soi], sentir le manque de : [C] Pros. ¶ **4** [constr. rares] : [arch., avec acc.] [-C] Théât. ‖ [avec gén.] : [-C] Théât., [+C] Pros. ‖ passif : ***vir mihi carendus*** [C] Poés., mari dont je dois être privée ; [pass. impers.] ***carendum est*** [-C] Théât., on doit être privé ; [C] Pros.

1 **Cāres**, *um*, m. pl., Cariens, habitants de la Carie : [C] Pros. ‖ sg., V. *Car*

2 **Cărēs**, *is*, m., Cher [affluent de la Loire] : [+T] Pros. ‖ f., Chiers [affluent de la Meuse] : [+T] Poés.

cārex, *ĭcis*, f., laîche ou carex [plante] : [C] Poés.

Carfŭlēnus, *i*, m., nom d'un sénateur : [C] Pros.

Cārĭa, *ae*, f., la Carie [province de l'Asie Mineure] : [C] Pros. ‖ **-ĭcus**, *a*, *um*, de Carie : [C] Pros.

cārĭca, *ae*, f., figue sèche de Carie : [C] Pros.

cărĭēs, acc. ***em***, abl. ***ē*** [seuls cas], f., pourriture : [C] Poés., [+C] Pros. ‖ carie [méd.] : [+C] Pros. ‖ état ruineux [d'un mur, d'un bâtiment] : [T] Pros. ‖ goût de vieux [en parl. de vins] : [+C] Pros. ‖ mauvais goût [en parl. de fruits vieillis] : [+C] Poés. ‖ rancissure : [+C] Pros. ‖ [fig.] charogne, pourriture [termes injurieux] : [-C] Théât.

cărīna, *ae*, f., carène d'un vaisseau [qui rappelle la moitié d'une coquille de noix] : [C] Pros. ‖ navire : [C] Poés.

Cărīnae, *ārum*, f. pl., les Carènes, quartier de Rome : [C] Pros.

cărĭnans, *tis*, [part. d'un verbe *carino*, "injurier"] qui injurie : [-C] Pros.

cărīnārĭus, *ĭi*, m., teinturier en couleur brou de noix : [-C] Théât.

cărīnus, *a*, *um*, de couleur brou de noix : [-C] Théât.

cărĭōsus, *a*, *um*, carié, pourri : [C] Pros. ; ***cariosa terra*** [-C] Pros., [+C] Pros., terrain desséché (en poudre) à demi humecté par la pluie ‖ ***cariosum vinum*** [+C] Poés., vin qui a perdu sa force ‖ [fig.] gâté : ***cariosa senectus*** ; [C] Poés. ‖ **-sior**, [C] Pros.

cărĭōta, V. *caryota*

cāris, *ĭdis*, f., sorte de crevette : [C] Poés.

Carīsĭus, V. *Charisius*

Cărĭstĭa, *ōrum*, n. pl., fête familiale : [C] Poés. ; V. *Charistia*

cārĭtās, *ātis*, f. ¶ **1** cherté [opp. à *vilitas*] haut prix : ***annonae*** [C] Pros., cherté du blé ¶ **2** amour, affection, tendresse : [C] Pros. ‖ [avec gén. obj.] ***patriae*** [C] Pros., l'amour de la patrie ‖ [avec gén. subj.] ***hominum*** [C] Pros., l'amour que témoignent les hommes ‖ ***caritates***, les personnes chères, aimées : [T] Pros. ¶ **3** [chrét.] charité, amour de Dieu et du prochain : [T] Pros.

Carmēl, indécl. (**-lus**, *i*), m. ¶ **1** chaîne du mont Carmel [en Judée] : [T] Pros. ¶ **2** ville de Judée : [T] Pros. [d'où] **-lītes**, *ae*, m. et **-lītis**, *ĭdis*, f., habitant, habitante de Carmel : [T] Pros.

Carmēlus, *i*, m., Cf. *Carmel* ¶ *1* ‖ Dieu adoré sur le mont Carmel : [+C] Pros.

1 **carmĕn**, *ĭnis*, n. ¶ **1** chant, air, son de la voix ou des instruments : ***ferale*** [C] Poés., chant lugubre, funèbre ¶ **2** composition en vers, vers, poésie : ***carmina canere*** [C] Pros., chanter des vers ; ***contexere*** [C] Pros. ; ***fundere*** [C] Pros., écrire, composer des vers ‖ [en part., poésie lyrique ou épique] [C] Pros., [+C] Pros. ‖ division d'un poème, chant : ***in primo carmine*** [C] Poés., dans le premier chant ‖ inscription en vers : [C] Poés. ‖ réponse d'un oracle, prophétie, prédiction : [C] Poés., Pros. ‖ incantation, paroles magiques, charme, enchantements : [C] Poés. ‖ formule [religieuse ou judiciaire] : [C] Pros. ‖ sentences morales [en vers] : [C] Pros. ‖ chanson satirique, épigramme ; [soldats] [C] Pros.

2 **carmĕn**, *ĭnis*, n., carde, peigne à carder : [+T] Poés.

Carmenta, *ae*, f., [C] Pros. ou **Carmentis**, *is*, f., [C] Poés., mère d'Évandre, prophétesse réputée ‖ **-mentālis**, *e*, de Carmenta : [C] Pros. ‖ **-mentālĭa**, *ium*, n., fêtes de Carmenta : [C] Pros., Poés.

carmĭnābundus, *a*, *um*, qui fait des vers : [T] Pros.

carmĭnātus, *a*, *um*, part. de *1 et 2 carmino*

1 **carmĭnō**, *ās*, *āre*, -, -, tr., mettre en vers : [T] Pros. [abs[t]]

2 **carmīnō**, *ās*, *āre*, -, *ātum*, tr., carder de la laine : [C] Pros.

Carmo, *ōnis*, f., [C] Pros. ou **Carmōna**, *ae*, f., [C] Pros., ville de la Bétique ‖ **-mōnenses**, *ium*, m. pl., habitants de Carmo : [C] Pros.

Carna, *ae*, f. ¶ **1** divinité protectrice des organes du corps : [T] Pros. ¶ **2** V. *Cardea* : [C] Poés.

carnālis, *e*, transitoire, mortel : [T] Pros. ‖ faible : [T] Pros. ‖ [subst. n. pl.] les besoins du corps : [T] Pros.

carnālĭtās, *ātis*, f., inclination charnelle : [T] Pros.

carnālĭtĕr, adv., charnellement : [T] Pros.

carnārĭus, *a*, *um*, qui concerne la viande ‖ pris subst[t] ***a)*** **carnārĭus**, *ĭi*, m., gros mangeur de viande : [+C] Poés. ***b)***

carnārĭa, *ae*, f., boucherie : [C] Pros. *c)* **carnārĭum**, *ĭī*, n., croc à suspendre la viande : [-C] Théât. ‖ garde-manger : [-C] Théât.

Carnĕădēs, *is*, m., Carnéade [philosophe grec] : [C] Pros. ‖ **-dēus**, *a*, *um*, [C] Pros. et **-dīus**, *a*, *um*, [C] Pros., de Carnéade

carnĕus, *a*, *um*, fait de chair, matériel, corporel : [T] Pros.

Carnī, *ōrum*, m. pl., peuplade de la Carniole : [C] Pros.

carnĭfex (arch. **carnu-**), *ĭcis*, m., le bourreau public [esclave exécuteur des hautes œuvres] : [-C] Théât., [C] Pros. ‖ [fig.] bourreau, homme qui torture : [C] Pros. ‖ [injure] bourreau, pendard : [-C], [C] Pros. ‖ [poét.] ***pedes carnifices*** [+C] Poés., pieds qui torturent [goutteux]

carnĭficātus, *a*, *um*, part. de *carnifico*

carnĭficīna (arch. **carnu-**), *ae*, f., lieu de torture : [C] Pros. ‖ office de bourreau : ***carnuficinam facere*** [-C] Théât., exercer l'office de bourreau ‖ torture, tourment [au pr. et fig.] : [C] Pros.

carnĭficĭus, *a*, *um*, de bourreau, de supplice : [-C] Théât.

carnĭficō, *ās*, *āre*, -, -, tr., décapiter : [C] Pros.

carnĭficor, *āris*, *āri*, -, tr., → *carnifico*

carnŭf-, arch. pour *carnif-* : [-C] Théât.

carnŭlentus, *a*, *um*, charnel, esclave de la chair : [T] Poés.

Carnuntum, *i*, n., ville de la Pannonie

Carnūs, *untis*, f., [C] Pros., ville d'Illyrie inconnue

Carnūtes, *um*, [C] Pros., **Carnūti**, *ōrum*, m. pl., les Carnutes [peuple de la Gaule, auj. Chartres] ‖ **-tēnus**, *a*, *um*, des Carnutes

1 **cārō**, *ĭs*, *ĕre*, -, -, tr., carder : [-C] Théât., [C] Pros.

2 **căro**, *carnis*, f. ¶ **1** morceau de viande : [-C] Pros. ; ***carnem petere*** [C] Pros., réclamer sa part de viande ¶ **2** chair, viande : [C] Pros. ¶ **3** [en part.] la chair [par opposition à l'esprit] : [+C] Pros., [T] Pros. ‖ charogne [en parl. de qqn] : ***caro putida*** [C] Pros., charogne puante ¶ **4** [fig., en parl. d'un écrivain] [+C] Pros.

3 **cārō**, adv., cher : ***caro valere*** [T] Pros., valoir cher

căroen-, → *caren-*

cărōta, *ae*, f., carotte : [+C] Pros.

carpăsum, *i*, n., ou **carpăthum**, *i*, n., plante vénéneuse inconnue

Carpăthŏs (-us), *i*, f., île de la mer Égée ‖ **-thĭus**, *a*, *um*, de Carpathos : [C] Poés. ; ***Carpathium mare*** [C] Poés., mer de Carpathos

carpătĭnus, *a*, *um*, en cuir brut, grossier : [C] Poés.

carpentum, *i*, n., voiture à 2 roues munie d'une capote, char, carrosse : [C] Pros. ‖ char de guerre [chez les Gaulois] : [C] Pros., [+C] Pros.

carpĕo, → *carpo*

Carpesii, *ōrum*, m. pl., peuple de la Tarraconaise : [C] Pros.

Carpetāni, *ōrum*, m. pl., peuple de l'Ibérie : [C] Pros. ‖ **Carpetania**, *ae*, f., territoire des *Carpetani* : [C] Pros.

Carpi, *ōrum*, m. pl., peuple de la Sarmatie : [T] Pros.

carpĭnĕus, *a*, *um*, en bois de charme : [+C] Pros.

carpĭnus, *i*, m., charme [arbre] : [-C] Pros., [+C] Pros.

carpō, *ĭs*, *ĕre*, *carpsī*, *carptum*, tr. ¶ **1** arracher, détacher, cueillir : ***vindemiam de palmite*** [C] Poés., cueillir le raisin sur le cep de vigne ; ***arbore frondes*** [C] Poés., détacher d'un arbre des rameaux ‖ ***Milesia vellera*** [C] Poés., filer les laines de Milet (déchirer les flocons de laine) ¶ **2** diviser par morceaux, lacérer, déchirer : [C] Poés. ‖ [fig.] [C] Pros. ; ***fluvium*** [+C] Pros., diviser un fleuve en canaux ¶ **3** [fig.] cueillir, recueillir, détacher : [C] Pros. ‖ [poét.] cueillir, prendre, goûter : ***carpe diem*** [C] Poés., cueille le jour présent [jouis-en] ; [C] Poés. ; ***auras vitales*** [C] Poés., respirer, vivre ‖ [poét.] parcourir : ***viam*** [C] Poés., parcourir une route [m. à m. la prendre morceau par morceau] ; ***supremum iter*** [C] Poés., faire le dernier voyage ; ***tenuem aera*** [C] Poés., gagner l'air léger ¶ **4** [fig.] déchirer par de mauvais propos : ***malo dente*** [C] Pros., déchirer d'une dent mauvaise (médisante) ¶ **5** [milit.] par des attaques répétées tourmenter, affaiblir l'ennemi, harceler : [C] Pros. ‖ [poét.] enlever peu à peu, affaiblir : [C] Poés., Pros.

Carpŏphŏrus, *i*, m., nom d'un favori de Domitien : [+C] Poés.

carpsī, parf. de *carpo*

carptim, adv., en choisissant, par morceaux : [C] Pros. ‖ séparément, à plusieurs reprises : ***dimissi carptim (milites)*** [+C] Pros., les soldats furent renvoyés par petits paquets ; ***carptim pugnare*** [C] Pros., faire des attaques partielles

carptŏr, *ōris*, m. ¶ **1** esclave qui découpe les viandes : [+C] Poés. ¶ **2** critique malveillant : [+C] Pros.

carptūra, *ae*, f., action de butiner : [C] Pros.

carptus, *a*, *um*, part. de *carpo*

Carpus, *i*, m., nom d'homme [écuyer tranchant] : [+C] Pros.

Carrae ou **Carrhae**, *ārum*, f. pl., Carres [ville d'Assyrie] : [+C] Pros.

carrāgo, *ĭnis*, f., barricade formée avec des fourgons : [T] Pros.

Carrīnās, *ātis*, m., nom d'un rhéteur : [+C] Poés.

1 **carrūca (-cha)**, *ae*, f., carrosse : [+C] Poés.

2 **Carrūca**, *ae*, f., ville de la Bétique : [C] Pros.

carrūcārĭus, *a*, *um* ou **-chārĭus**, *a*, *um*, de carrosse

carrus, *i*, m., [C] Pros., **carrum**, *i*, n., chariot, fourgon

Carsĕŏlī, *ōrum*, m. pl., [C] Pros. ou **Carsĭŏlī**, *ōrum*, m. pl., ville du Latium ‖ **-sĕŏlānus**, *a*, *um*, de Carseoli : [C] Poés.

Carsītāni, *ōrum*, m. pl., habitants d'une localité près de Préneste : [T] Pros.

Carsŭlae, *ārum*, f. pl., ville de l'Ombrie : [+C] Pros. ‖ **-sŭlānum**, *i*, n., domaine près de Carsulae : [+C] Pros.

carta et ses dérivés, → *charta*

Cartāgo, → *1 Carthago*

cartallus, *i*, m., corbeille : [T] Pros.

Cartēĭa, *ae*, f. ¶ **1** ville de la Bétique : [C] Pros. ¶ **2** ville de la Tarraconaise : [C] Pros. ‖ **-tēĭānus**, *a*, *um* et **-tēĭensis**, *e*, [C] Pros., de Cartéia

Cartenna, *ae*, f., ou **Cartinna**, *ae*, f., ville de la Maurétanie

Carthaea, *ae*, f., ville de l'île de Céos ‖ **-thaeus**, *a*, *um*, [C] Poés. ou **-thēĭus**, *a*, *um*, [C] Poés., de Carthaea

Carthāgĭnĭensis (Kar-), *e*, Carthaginois : [C] Pros. ‖ **-thāgĭnĭenses**, *ium*, m. pl., les Carthaginois : [C] Pros.

1 **Carthāgo (Kar-)**, *ĭnis*, f., Carthage ‖ **Carthāgo (Nova)**, f., Carthagène : [C] Pros.

2 **Carthāgo**, *ĭnis*, f., nom d'une fille d'Hercule : [C] Pros.

Carthēĭus, → *Carthaea*

cartĭbŭlum, *i*, n., guéridon de pierre à un seul pied : [C] Pros.

cartĭlāgĭnĕus, *a*, *um* et **cartĭlāgĭnōsus**, *a*, *um*, cartilagineux

cartĭlāgo, *ĭnis*, f., cartilage : [+C] Pros.

Cartima, *ae*, f., ville de la Bétique : [C] Pros.

Cartinna, → *Cartenna*

Cartismandŭa, *ae*, f., reine des Brigantes : [+C] Pros.

carūca, → *1 carruca*

cārŭī, parf. de *careo*

căruncŭla, *ae*, f., petit morceau de chair : [C] Pros., [+C] Pros.

1 **cārus**, *a*, *um* ¶ **1** cher, aimé, estimé : [C] Pros. ; ***carum habere aliquem*** [C] Pros., chérir qqn ¶ **2** cher, coûteux, précieux : [-C] Théât. ‖ ***-ior*** [C] Pros. ; ***-issimus*** [C] Pros.

2 **Cārus**, *i*, m. ¶ **1** poète de l'époque d'Auguste : [C] Poés.

Carventāna arx, f., citadelle de Carventum [ville du Latium] : [C] Pros.

Carvilĭus, *ii*, m. ¶ **1** roi breton : [C] Pros. ¶ **2** nom romain : [C] Pros. ‖ **-lĭānus**, *a*, *um*, de Carvilius : [+C] Pros.

Cărўa, *ae*, f., [C] Pros., → *Caryae* ‖ ***Carya Diana***, Diane qui avait un temple à Caryae : [+C] Poés.

Cărўae, *ārum*, f. pl., bourg de Laconie : [C] Pros.

Cărўātes, *um* ou *ium*, m. pl., habitants de Caryae : [C] Pros.

Cărўātĭdes, *um*, f. pl., [fig.] caryatides, statues de femmes qui supportent une corniche : [C] Pros.

Cărўātīum, *ii*, n., temple de Diane à Caryae : [+C] Poés.

Cărybdis, ▶ *Charybdis*

căryōta, *ae*, f., [C] Pros. et **căryōtis**, *ĭdis*, f., [+C] Poés., variété de datte

Cărystus, *i*, f., ville d'Eubée : [C] Pros. ‖ ville de Ligurie : [C] Pros. ‖ **-rystĭus**, [+C] Pros. et **-rystēus**, *a*, *um*, [C] Poés., de Carystus

căsa, *ae*, f., cabane, chaumière : [C] Pros. ; ***casae humiles*** [C] Poés., chaumières au toit bas ‖ baraque [de soldats] : [C] Pros.

cāsābundus, ▶ *cassabundus*

Casca, *ae*, m., surnom dans la *gens* Servilia : [C] Pros.

cascē, adv., à l'ancienne mode : [+C] Pros.

Cascellius, *ĭi*, m., jurisconsulte célèbre : [C] Poés. ‖ **-liānus**, *a*, *um*, de Cascellius : [C] Pros.

cascus, *a*, *um*, ancien, des anciens temps : [C] Pros.

cāsĕātus, *a*, *um*, où il y a du fromage : [+C] Pros. ‖ [fig.] gras, fertile : [T] Pros.

cāsĕŏlus, *i*, m., petit fromage : [+C] Poés.

cāsĕum, *i*, n., [-C] Pros. et plus souvent **cāsĕus**, *i*, m., fromage : [C] Pros. ‖ [fig.] terme de caresse : [-C] Théât. ‖ m. pl., [C] Pros.

căsĭa, *ae*, f. ¶**1** cannelier, lauruscassia : [-C] Théât. ¶**2** daphné [arbrisseau] : [C] Poés.

Căsĭlīnum, *i*, n., ville de Campanie : [C] Pros. ‖ **-līnus**, *a*, *um*, de Casilinum : [+C] Poés. ‖ **-līnātes**, *ium* ou *um*, [+C] Pros. et **-nenses**, *ium*, m. pl., [C] Pros.

Căsĭna, *ae*, f., nom d'une comédie de Plaute : [C] Pros.

Căsīnum, *i*, n., ville du Latium [Cassino] : [C] Pros. ‖ **Căsīnās**, *ātis*, de Casinum : [C] Pros. ‖ [subst[t]] [C] Pros. ‖ **Căsīnus**, *a*, *um*, de Casinum : [+C] Poés.

Căsĭus mons, m., montagne de Syrie ‖ **Căsĭus**, *a*, *um*, du mont Casius [Égypte] : [+C] Poés.

casmēna, *ae*, f., [C] Pros., ▶ *camena*

casmillus, *i*, m., [C] Pros., ▶ *1 camillus*

casnar, m., vieillard : [C] Pros., [+C] Pros.

cāsō, *ās*, *āre*, -, -, intr., ▶ *2 casso*

Caspĕrĭa, *ae*, f., ville de la Sabine : [C] Poés.

Caspĭăcus, *a*, *um*, [+C] Poés., ▶ *Caspius*

Caspĭădae, *ārum*, m. pl., [+C] Poés. et **Caspĭāni**, *ōrum*, m. pl., peuples des bords de la mer Caspienne

Caspĭăs, *ădis*, f., Caspienne, ▶ *Caspium mare*

Caspĭum mare, n., la mer Caspienne ‖ **Caspius**, *a*, *um*, de la mer Caspienne : [C] Poés. ‖ ***Caspiarum claustra*** [+C] Pros. ; ***Caspia claustra*** [+C] Poés., portes Caspiennes, défilé du mont Taurus

cassābundus, *a*, *um*, prêt à tomber, chancelant : [-C] Théât.

Cassander, *dri*, m., Cassandre ‖ célèbre astronome : [C] Pros.

Cassandra, *ae*, f., Cassandre [fille de Priam, prophétesse dont les prédictions étaient vaines] : [C] Poés. ‖ **-tra**, [+C] Pros.

Cassandrēa, *ae*, f., [C] Pros. et **Cassandrīa**, *ae*, f., ville de Macédoine ‖ **-drenses**, *ium*, m. pl., habitants de Cassandrée : [C] Pros. ‖ **Cassandreūs**, *ei*, m., le Cassandréen [Apollodore, tyran de Cassandrée] : [C] Poés.

cassātus, *a*, *um*, part. de *1 casso*

casses, *ium*, m. pl., ▶ *2 cassis*

cassescō, *ĭs*, *ĕre*, -, -, intr., s'anéantir : [T] Pros.

Cassi, *ōrum*, m. pl., peuple de Bretagne : [C] Pros.

Cassia via, f., la voie Cassienne : [C] Pros. ‖ **Cassia lex**, f., la loi Cassia : [C] Pros.

Cassiānus, *a*, *um*, de Cassius [des divers Cassius] : [C] Pros.

cassĭda, *ae*, f., casque de métal : [C] Poés.

cassĭdīle, *is*, n., sac, havresac : [T] Pros.

Cassin-, ▶ *Casin-*

1 **Cassĭŏpē**, *ēs*, f., [C] Poés. et **Cassĭĕpīa**, *ae*, f., [C] Pros., Cassiopée [mère d'Andromède, transformée en constellation]

2 **Cassĭŏpē**, *ēs*, f., [C] Pros. et **Cassĭŏpa**, *ae*, f., [+C] Pros., ville de l'île de Corcyre

1 **cassĭs**, *ĭdis*, f., casque en métal [des cavaliers] : [C] Pros.

2 **cassis**, *is*, m., [C] Poés. et **casses**, *ium*, m. pl., [C] Poés., rets, filet de chasse : [+C] Poés. ‖ toile d'araignée : [C] Poés. ‖ [fig.] pièges : [C] Poés.

cassīta, *ae*, f., alouette huppée : [+C] Pros.

Cassĭus, *ĭi*, m., nom romain, en part. ***a)*** C. Cassius, meurtrier de César : [C] Pros. ***b)*** Cassius de Parme, poète : [C] Pros. ***c)*** Cassius Longinus, jurisconsulte : [+C] Pros. ***d)*** Cassius Severus, rhéteur : [C] Pros., [+C] Pros. ‖ **Cassĭus**, *a*, *um*, de ou des Cassius : [+C] Pros. ‖ ou **Cassiānus**, *a*, *um*, ▶ *Cassianus*

Cassivellaunus, *i*, m., chef breton : [C] Pros.

1 **cassō**, *ās*, *āre*, *āvī*, *ātum*, tr., détruire, anéantir : [T] Pros.

2 **cassō**, *ās*, *āre*, -, -, intr., vaciller, être sur le point de tomber : [-C] Théât.

3 **casso**, ▶ *quasso*

cassum, n. pris adv[t], sans motif : [+C] Théât.

cassus, *a*, *um* ¶**1** vide : ***cassa nux*** [-C] Théât., [C] Poés., noix vide ‖ [avec abl.] dépourvu de, privé de : [-C] Théât., [C] Poés. ‖ [avec gén.] [C] Poés., [+C] Pros. ¶**2** [fig.] vain, chimérique, inutile : [C] Pros. ; ***cassa vota*** [C] Poés., voeux inutiles ‖ [loc. adv.] ***in cassum*** : ***in cassum frustraque*** [C] Poés., vainement et sans résultat ; ***in cassum cadere*** [-C] Théât., n'aboutir à rien ; [C] Poés.

Castălĭa, *ae*, f., Castalie [fontaine de Béotie consacrée aux Muses] : [C] Poés. ‖ **-lĭdes**, *um*, f. pl., les Muses : [+C] Poés. ‖ **-tălis**, *ĭdis*, adj. f. : ***unda Castalis*** [+C] Poés., la fontaine de Castalie ‖ **Castălĭus**, *a*, *um*, [C] Poés., de Castalie

Castanaea, *ae*, f., ou **Castana**, *ae*, f., ville de Magnésie

castănĕa, *ae*, f., châtaignier : [+C] Pros. ‖ châtaigne : [C] Poés.

castănētum, *i*, n., châtaigneraie : [+C] Pros.

castănĕus, *a*, *um*, de châtaignier : ***castanea nux*** [C] Poés., châtaigne

castē, adv. ¶**1** honnêtement, vertueusement : ***caste vivere*** [C] Pros., mener une vie honnête ‖ purement, chastement : [C] Pros. ¶**2** religieusement, purement : [C] Pros. ; ***castissime*** [C] Pros. ; ***castius*** [C] Pros. ¶**3** correctement : [+C] Pros.

castellāmentum, *i*, n., [plur.] sorte de boudin : [T] Pros.

castellānus, *a*, *um*, de château fort : ***castellani triumphi*** [C] Pros., triomphes pour la prise de réduits fortifiés ‖ **castellāni**, *ōrum*, m. pl., garnison, habitants d'un fort : [C] Pros.

castellārius, *ĭi*, m., garde d'un réservoir : [+C] Pros.

castellātim, adv., par places fortes : [C] Pros.

castellum, *i*, n. ¶**1** fortin : ***castella communire*** [C] Pros., élever des redoutes ‖ [fig.] asile, repaire : ***castellum latrocinii*** [C] Pros., repaire de brigands ¶**2** hameau, ferme dans les montagnes : ***castella in tumulis*** [C] Poés., chalets sur les hauteurs ¶**3** château d'eau, réservoir : [C] Pros.

castērĭa, *ae*, f., dépôt des rames pendant l'arrêt de la navigation : [-C] Théât.

castĭfĭcātĭo, *ōnis*, f., purification : [T] Pros.

castĭfĭcō, *ās*, *āre*, -, -, tr., rendre pur : [T] Pros.

castĭfĭcus, *a*, *um*, chaste, pur : [+C] Théât.

castīgābĭlis, *e*, répréhensible, punissable : [-C] Théât.

castīgātē, adv. ¶**1** avec réserve, retenue : [C] Pros. ¶**2** d'une manière concise : [T] Pros. ‖ ***-tius*** [T] Pros., avec plus de réserve

castīgātim, ▶ *castigate*

castīgātio, *ōnis*, f. ¶**1** blâme, réprimande : [C] Pros. ¶**2** [fig.] ***castigatio loquendi*** [T] Pros., application à châtier son style

castīgātŏr, *ōris*, m., critique, qui blâme : [-C] Théât., [C] Poés., Pros.

castīgātōrĭus, *a*, *um*, d'un critique, d'une personne qui réprimande : ***castigatoria severitas*** [T] Pros., sévérité rigoureuse ; ***solacium castigatorium*** [+C] Pros., consolation sur un ton de réprimande

castīgātus, *a, um* ¶ **1** part. de *castigo* ¶ **2** adj^t *a)* régulier, de lignes pures : [C] Poés., [+C] Poés. *b)* [fig.] contenu, strict : [T] Pros. ; ***castigatissima disciplina*** [+C] Pros., discipline très stricte

castīgō, *ās, āre, āvī, ātum*, tr. ¶ **1** reprendre, réprimander : [C] Pros. ‖ punir : [C] Pros., [+C] Pros. ¶ **2** [fig.] amender, corriger : [C] Pros., [+C] Pros. ; ***castigare verba*** [+C] Poés., relever des fautes de langage ; [C] Poés. ¶ **3** contenir, réprimer : [C] Pros., [+C] Pros.

castĭmōnĭa, *ae*, f., continence, chasteté du corps : [C] Pros. ‖ pureté des moeurs, moralité : [C] Pros.

castĭmōnĭum, *ĭi*, n., [+C] Pros., ➜ *castimonia*

castĭtās, *ātis*, f., pureté, chasteté : [C] Pros., [+C] Pros. ‖ pureté de moeurs : [+C] Pros. ‖ désintéressement, intégrité : [T] Pros. ‖ [chrét.] scrupule religieux : [T] Pros.

castĭtūdo, *ĭnis*, f., ➜ *castitas* : [-C] Théât.

1 **castor**, *ŏris*, m., castor : [+C] Poés.

2 **Castor**, *ŏris*, m., Castor [fils de Léda, frère de Pollux] : [C] Pros. ; ***ad Castoris*** [C] Pros., au temple de Castor ‖ **Castŏres**, *um*, m. pl., Castor et Pollux, les Dioscures : [+C] Pros. ‖ **locus Castorum**, [+C] Pros., localité d'Italie ‖ **Castŏrĕus**, *a, um*, de Castor : [-C] Théât.

castŏrĕum, *i*, n., [C] Poés. et **castŏrĕa**, *ōrum*, n. pl., [C] Poés., castoréum, médicament tiré du castor

castŏrīnātus, *a, um*, qui porte un vêtement en peau de castor : [T] Pros.

1 **castra**, *ae*, f., arch., ➜ *2 castra* : [-C] Théât.

2 **castra**, *ōrum*, n. pl. ¶ **1** camp : ***castra ponere*** [C] Pros., camper ; ***castra munire*** [C] Pros., construire un camp ; ***castra movere*** [C] Pros., lever le camp, décamper ; ***castra stativa*** [C] Pros., camp fixe, permanent ; ***castra aestiva*** [+C] Pros., quartiers d'été ; ***castra navalia*** [C] Pros., camp de mer, station de vaisseaux ¶ **2** [fig.] campement, journée de marche : [C] Pros. ‖ service en campagne : [C] Pros. ‖ caserne : [+C] Pros. ‖ résidence impériale : [T] Pros. ‖ parti politique, école philosophique : ***Epicuri castra*** [C] Pros., le camp d'Épicure

3 **Castra**, *ōrum*, n. pl., Camp [sert à désigner des localités] : ***Castra Hannibalis*** [T] Pros., ville du Bruttium ; ***Castra Herculis*** [T] Pros., ville de Batavie ; ***Castra Martis*** [T] Pros., Camp de Mars ; ***Castra Postumiana*** [C] Pros., ville de l'Hispanie ‖ ➜ *2 Castrum*

castrămētŏr, *āris, ārī, ātus sum*, (➜ *metor*), intr., camper : [T] Pros.

Castrānus, *a, um*, de Castrum [chez les Rutules] : [+C] Poés.

castrātĭo, *ōnis*, f., castration : [+C] Pros.

castrātus, *a, um*, part. de *castro*

castrensis, *e*, relatif au camp, à l'armée : [C] Pros. ; ***castrensis jurisdictio*** [+C] Pros., juridiction exercée dans le camp, justice des camps

1 **castrĭcĭus**, *a, um*, ➜ *castrensis*

2 **Castrĭcĭus**, *ĭi*, m., nom d'homme : [C] Pros. ‖ **-cĭānus**, *a, um*, de Castricius : [C] Pros.

castrō, *ās, āre, āvī, ātum*, tr. ¶ **1** châtrer : [-C] Théât., [+C] Pros. ‖ ébrancher, élaguer : [-C] Pros. ‖ rogner, amputer, enlever : [+C] Pros. ¶ **2** expurger : ***castrare libellos*** [+C] Poés., purger des vers de ce qu'ils ont d'obscène ¶ **3** [chrét.] [réfl.] s'abstenir, se retenir : [T] Pros.

1 **castrum**, *i*, n., fort, place forte : [C] Pros. ; ➜ *2 castra*

2 **Castrum**, *i*, n., Camp [sert à désigner des localités] : ***Castrum Inui*** [C] Poés. et absol^t ***Castrum*** [C] Poés., ville du Latium, entre Ardée et Antium ; ***Castrum Album*** [C] Pros., ville de la Tarraconaise ; ***Castrum Novum*** [C] Pros., ville d'Étrurie ; ***Castrum Truentinum*** [C] Pros., ville du Picénum ; ***Castrum Vergium*** [C] Pros., ville de la Tarraconaise ‖ ➜ *3 Castra*

Castŭlo, *ōnis*, f., ville de la Tarraconaise : [C] Pros., [+C] Poés. ‖ **Castulōnensis saltus**, m., massif montagneux dans la Bétique : [C] Pros.

castŭōsus, *a, um*, ➜ *1 castus*

1 **castus**, *a, um* ¶ **1** pur, intègre, vertueux, irréprochable : [C] Pros. ; ***castissima domus*** [C] Pros., maison très vertueuse ‖ [en part.] fidèle à sa parole, loyal : [C] Pros. ; ***casta Saguntus*** [+C] Poés., la fidèle Sagonte ¶ **2** chaste, pur : [C] Poés. ; ***casta Minerva*** [C] Poés., la chaste Minerve ; ***castus vultus*** [C] Poés., air pudique ‖ [fig.] correct [en parl. du style] : [+C] Pros. ¶ **3** pieux, religieux, saint : ***casti nepotes*** [C] Poés., descendants pieux ; ***casta contio*** [C] Pros., assemblée sainte [dans un lieu consacré] ; ***castum nemus*** [+C] Pros., forêt sainte ; ***castae taedae*** [C] Poés., les torches sacrées

2 **castŭs**, *ūs*, m., règlement religieux qui défend l'usage de certaines choses : [+C] Pros.

cāsŭālis, *e*, [gram.] relatif aux cas : [C] Pros.

cāsŭālĭter, adv., fortuitement, par hasard : [T] Pros.

căsŭla, *ae*, f. ¶ **1** cabane : [+C] Poés. ‖ [fig.] tombeau : [+C] Pros. ¶ **2** vêtement de dessus : [T] Pros.

cāsūrus, part. fut. de *cado*

cāsŭs, *ūs*, m., action de tomber ¶ **1** chute : [C] Pros. ; ***nivis casus*** [C] Pros., chute de neige ‖ chute, fin : [C] Poés., Pros. ¶ **2** arrivée fortuite de qqch. : [C] Pros. ¶ **3** ce qui arrive, accident, conjoncture, circonstance, occasion : [C] Pros. ‖ hasard : [C] Pros. ; ***caeco casu*** [C] Pros., par un hasard aveugle ‖ abl. *casu* employé adv^t, par hasard, accidentellement : [C] Pros. ‖ arrivée heureuse de qqch., occasion, bonne fortune, chance : [C] Pros. ‖ heureux événement : [C] Pros. ¶ **4** [en part.] accident fâcheux, malheur : [C] Pros. ‖ [chrét.] chute morale, spirituelle : [T] Pros. ¶ **5** [gram.] cas : [C] Pros. ; ***in barbaris casibus*** [C] Pros., dans les cas d'un mot latin ‖ ***casus rectus*** [C] Pros., nominatif ; ***casus nominandi*** [C] Pros., nominatif ‖ ***sextus casus*** [C] Pros., ablatif

cătă, prép., ***cata mane*** [T] Pros., tous les matins

cătăbăsis, *is*, f., descente [d'Attis aux enfers, dans les cérémonies en l'honneur de *Magna Mater*] : [T] Pros.

Cătăbathmŏs, *i*, m., mont et place forte en Libye : [C] Pros.

Cătăbŏlum, *i*, n., ville de Cilicie : [+C] Pros.

Cătăcĕcaumĕnē, *ēs*, f., contrée de l'Asie Mineure : [C] Pros.

cătăchanna, *ae*, f. ¶ **1** arbre qui produit par la greffe des fruits de différentes espèces : [+C] Pros. ¶ **2** pl., écrits mêlés [coq-à-l'âne] : [T] Pros.

cătăclista vestis et abs^t **cătăclista**, *ae*, [+C] Pros., f., habit de fête [rangé soigneusement]

cătăclistĭcus, *a, um*, précieux (litt^t renfermé) : [+T] Poés.

cătăclysmŏs, *i*, m., déluge : [C] Pros. ‖ le déluge universel : [+C] Pros.

cătădrŏmus, *i*, m., corde raide (de funambule) : [+C] Pros.

Cătădūpa, *ōrum*, n. pl., cataracte du Nil : [C] Pros.

cătaegis, *ĭdis*, f., vent d'orage : [+C] Pros. ‖ vent particulier à la Pamphylie : [+C] Pros.

catafract-, ➜ *cataphract-*

Cătăgĕlăsĭmus, *i*, m., le Ridiculisé : [-C] Théât.

cătăgrăphus, *a, um*, brodé : [C] Poés.

Cătălauni et **Cătĕlauni**, *ōrum*, m. pl., peuple de la Gaule Belgique [Châlons-en-Champagne] : [T] Pros. ‖ **-launĭcus**, *a, um*, des Champs Catalauniques : [T] Pros.

cătălŏgus, *i*, m., énumération : [T] Pros. ‖ liste : [T] Pros.

Cătămĭtus, *i*, m., nom ancien de Ganymède : [-C] Théât. ‖ [fig.] homme débauché, mignon : [C] Pros.

Cătăna, *ae*, [C] Pros. et **Cătănē**, *ēs*, f., [+C] Poés., Catane, ➜ *Catina* ‖ **Catanensis**, habitant de Catane : [T] Pros.

Cătăŏnes, *um*, m. pl., habitants de la Cataonie : [+C] Pros. ‖ **Cătăŏnĭa**, *ae*, f., province de la Cappadoce : [C] Pros.

cătăphăgās, *ae*, m., gros mangeur : [+C] Pros.

cătăphracta, *ae* et **-ractē**, *ēs*, f., cotte de mailles [pour hommes et pour chevaux] [+C] Pros.

cătăphractīs, *ae*, m., ➜ *cataphractus*

cătăphractus, *a, um*, bardé de fer : [C] Pros. ‖ subst. m., [C] Poés. ‖ [fig.] cuirassé, couvert comme d'une armure : [T] Pros.

cătăplasma, *ae*, f., **cătăplasma**, *ătis*, n., cataplasme

cătăplasmō, *ās, āre, -, -*, tr., faire un cataplasme, couvrir d'un cataplasme, employer en cataplasme : [T] Pros.

cataplectātĭo, *ōnis*, f., reproche : [T] Pros.

cătăplexis, *is*, f., beauté stupéfiante : [C] Poés.

cătăplūs, *i*, m., retour d'un navire au port, débarquement : [C] Pros. ; [fig.] ***Niliacus cataplus*** [+C] Poés., le retour du Nil par mer = la flotte revenant du Nil

cătăpŏtĭum, *ĭi*, n., pilule : [+C] Pros.

cătăpulta, *ae*, f. ¶ **1** catapulte [lanceur de flèches à torsion et à deux bras] : [-C] Théât., [C] Pros. ‖ [utilisée pour lancer de petites pierres] [C] Pros. ¶ **2** catapulte [lanceur de pierres = *onager, scorpio* ?] : [T] Poés. ¶ **3** flèche, carreau : [-C] Théât.

cătăpultārĭus, *a*, *um*, lancé par une catapulte : [-C] Théât.

cătăracta, *ae*, f., [+C] Pros., **-actēs**, *ae*, m., cataracte [du Nil] ‖ [fig.] réservoir, écluse : [+C] Pros. ‖ sorte de herse, qui défend la porte d'une citadelle ou l'accès d'un pont : [C] Pros. ‖ cachot : [T] Pros.

cătăractrĭa, *ae*, f., sorte d'épice : [-C] Théât.

Catarclūdi, *ōrum*, m. pl., peuple de l'Inde : [+C] Pros.

cătascŏpĭum, *ĭi*, n., [+C] Pros., **cătascŏpus**, *i*, m., bâtiment d'observation, patrouilleur : [C] Pros.

cătasta, *ae*, f. ¶ **1** estrade où sont exposés les esclaves mis en vente : [C] Poés., [+C] Pros. ; [fig.] ***mille catastae*** [+C] Poés., mille estrades = le brouhaha de mille estrades de vente ‖ tribune : [T] Poés. ¶ **2** gril [instrument de torture] : [T] Poés.

cătastrŏpha, *ae*, f., retour de fortune : [+C] Pros. ‖ mouvement de conversion : [T] Pros.

cătătŏnus, *a*, *um*, [méc.] ***catatonum capitulum*** [C] Pros., cadre catatone [cadre plus large que haut dans une machine de jet]

cătāx, *ācis*, boiteux : [-C] Poés.

cătē, adv., avec finesse : [-C] Théât. ‖ avec art : [C] Poés.

cătēchēsis, *is*, f., instruction sur la religion : [T] Pros.

cătēchista, *ae*, m., catéchiste : [T] Pros.

cătēgŏrĭa, *ae*, f. ¶ **1** accusation : [T] Pros. ¶ **2** catégorie [logique] : [T] Pros.

cătēia, *ae*, f., arme de jet des Gaulois qui, comme le boomerang, revient à son point de départ : [C] Poés., [+C] Pros.

Cătĕlauni, ▶ *Catalauni*

1 **cătella**, *ae*, f., petite chienne : [+C] Poés. ‖ [fig.] terme de caresse : [T] Pros.

2 **cătella**, *ae*, f., petite chaîne, chaînette, collier : [C] Pros. ‖ [récompense militaire] [C] Pros.

cătellus, *i*, m. ¶ **1** petit chien : [-C] Théât. ‖ [fig., terme de caresse] ***sume, catelle*** [C] Poés., prends, mon chéri ¶ **2** jeu de mots avec *2 catella* [petit chien, petite chaîne] : [-C] Théât.

cătēna, *ae*, f. ¶ **1** chaîne : ***catena firma*** [C] Pros., une chaîne solide ; ***catena vinctus*** [+C] Pros., enchaîné ; ***catenis vincire aliquem*** [-C] Théât., enchaîner quelqu'un ; ***catenas indere alicui*** [-C] Théât. ***injicere*** [C] Pros. mettre des chaînes à quelqu'un ; ***in catenas conjicere*** [C] Pros., jeter dans les fers ‖ [fig.] contrainte, lien, barrière : [C] Pros. ¶ **2** [archit.] clef, entretoise : [C] Pros. ¶ **3** série, enchaînement : [+C] Pros.

cătēnārius, *a*, *um*, relatif à la chaîne : ***canis catenarius*** [C] Pros., chien qui est à la chaîne

cătēnātio, *ōnis*, f., ligature [archit.] : [C] Pros. ‖ assemblage : ***catenatio mobilis*** [+C] Pros., assemblage mobile

cătēnātus, *a*, *um*, enchaîné : [C] Poés., [+C] Pros. ‖ [fig.] ***catenati labores*** [+C] Poés., épreuves qui s'enchaînent ; ***catenatae palaestrae*** [+C] Poés., palestres où les lutteurs s'enlacent

cătēnō, *ās*, *āre*, -, *ātum*, tr., enchaîner : [+C] Pros., [+T] Poés.

cătēnŭla, *ae*, f., petite chaîne : [T] Pros.

căterva, *ae*, f. ¶ **1** corps de troupes, bataillon, troupe, [surtout] bande guerrière, troupe de barbares [par opp. aux légions] : ***catervae Germanorum*** [+C] Pros., bandes de guerriers germains ; ***conducticiae catervae*** [C] Pros., bandes de mercenaires ; [+C] Pros. ‖ escadron : [C] Poés. ¶ **2** [en gén.] troupe, foule : ***catervae testium*** [C] Pros., foules de témoins ; ***catervae avium*** [C] Poés., bandes d'oiseaux ‖ troupe d'acteurs ou de chanteurs : [C] Pros.

cătervārĭus, *a*, *um*, en troupe : ***catervarii pugiles*** [+C] Pros., boxeurs formant équipe

cătervātim, adv., par troupes, par bandes : [C] Poés., Pros.

căthĕdra, *ae*, f. ¶ **1** chaise à dossier, siège : [C] Poés., [+C] Poés. ‖ chaise à porteurs : [+C] Poés. ¶ **2** chaire de professeur : ***sterilis cathedra*** [+C] Poés., chaire de maigre rapport

căthedrālĭcĭus, *a*, *um*, fait pour les fauteuils, efféminé : [+C] Poés.

căthedrārĭus, *a*, *um* ¶ **1** relatif au fauteuil ou à la chaise à porteurs : ***cathedrarii servi*** [T] Pros., porteurs de litière ¶ **2** relatif à la chaire de professeur : ***cathedrarii philosophi*** [+C] Pros., philosophes en chaire = philosophes de parade

căthĕtus, *i*, f., [archit.] cathète, ligne verticale [dans le dessin du chapiteau ionique] : [C] Pros.

căthŏlĭcus, *a*, *um*, catholique [adj. et subst.] : [T] Poés.

Cătĭa, *ae*, f., nom de femme : [C] Poés.

1 **Cătĭānus**, *a*, *um*, de Catius, philosophe épicurien : [C] Pros.

2 **Cătĭānus**, *i*, m., nom d'homme : [+C] Poés.

Cătĭēnus, *i*, m., [C] Poés., **Cătĭēna**, *ae*, f., [+C] Poés., noms d'homme et de femme

Cătĭlīna, *ae*, m., L. Sergius Catilina : [C] Pros. ‖ [fig.] ***seminarium Catilinarum*** [C] Pros., une pépinière de conspirateurs ‖ **Cătĭlīnārius**, *a*, *um*, [+C] Pros., de Catilina

Cătĭlĭus, *ĭi*, m., nom d'homme : [C] Pros.

cătillāmen, *inis*, n., mets friand : [T] Pros.

cătillātio, *ōnis*, f., action de lécher les plats

1 **cătillō**, *ās*, *āre*, -, *ātum*, tr., lécher les plats : [-C] Théât.

2 **cătillo**, *ōnis*, m., parasite, écornifleur : [-C] Poés., [T] Pros.

cătillum, *i*, n., ▶ *1 catillus* ; pl., [+C] Pros.

1 **cătillus**, *i*, m., petit plat, petite assiette : [C] Poés.

2 **Cătillus**, *i*, m., [C] Poés. et **Cătĭlus**, *i*, m., [C] Poés., fils d'Amphiaraüs et fondateur de Tibur

Cătĭna, *ae*, f., Catane [ville de Sicile] : [C] Pros. ‖ **Cătĭnensis**, *e*, de Catane : [C] Pros.

cătīnum, *i*, n., [-C] Pros. et **cătīnus**, *i*, m., [C] Pros., [C] Poés., plat en terre ‖ pièce creuse de la pompe de Ctésibius : [C] Pros.

1 **Cătĭus**, *ĭi*, m., divinité romaine qui inspirait la ruse : [T] Pros.

2 **Cătĭus**, *ĭi*, m., philosophe épicurien : [C] Pros.

catlastĕr, *tri*, m., jeune homme [esclave] : [C] Pros.

Căto, *ōnis*, m., Caton (surnom des Porcii), not[t] : M. Porcius Caton, le célèbre censeur : [C] Pros. ‖ [fig.] ***Catones*** [C] Pros., des Catons = des modèles de vertu comme Caton l'Ancien ; [+C] Pros., [T] ‖ Caton le Jeune ou d'Utique : [C] Pros. ‖ Valerius Cato, grammairien et poète : [+C] Pros.

cătŏchītēs, *ae*, m., et **cătŏchītis**, *idis*, f., pierre précieuse inconnue

cătōmĭdiō, *ās*, *āre*, -, -, tr., fesser, fouetter [qqn tenu soulevé sur les épaules d'un autre] : [T] Pros.

cătōmum, *i*, n., être suspendu aux épaules d'un autre [pour être fouetté, cf. *catomidio*] : ***tollere in catomum*** [+C] Pros., suspendre à l'épaule [pour être fouetté] ; [C] Pros.

Cătōnĭānus, *a*, *um*, de Caton : [C] Pros.

Cătōnīnus, *i*, m., partisan ou admirateur de Caton (d'Utique) : [C] Pros.

Catōsus, *i*, m., nom d'homme : [T] Pros.

1 **catta**, *ae*, f., chatte : [+C] Poés.

2 **Catta**, *ae*, f., une femme Chatte : [+C] Pros. ; ▶ *Chatti*

Catthi, **Catti**, ▶ *Chatti*

cătŭla, *ae*, f., petite chienne : [C] Poés.

cătŭlĭō, *īs*, *īre*, -, -, intr., être en chaleur [en parl. des chiennes] : [C] Pros.

Cătulla, *ae*, f., nom de femme : [+C] Poés.

Cătullus, *i*, m., Catulle, poète élégiaque : [C] Poés. ‖ **Cătullĭānus**, *a*, *um*, du poète Catulle : [+C] Poés.

1 **cătŭlus**, *i*, m., petit chien : [C] Pros. ‖ petit d'un animal quelconque : [porcelet] [-C] Théât. ; [louveteau] [C] Poés. ; [lionceau] [C] Poés.

2 **Cătŭlus**, *i*, m., surnom dans la *gens* Lutatia, ▶ *Lutatius*

cătumĕum, *i*, n., sorte de gâteau sacré : [T] Pros.

Cătŭrīges, *um*, m. pl., peuple des Alpes Cottiennes : [C] Pros.

cătus, *a, um*, aigu : [-C] Pros. ‖ avisé, fin, habile : [-C], [-C] Théât., [C] Pros. ; ***consilium catum*** [-C] Théât., conseil avisé

Caucăsĭgĕna, *ae*, m., f., enfant du Caucase : [T] Pros.

Caucăsus, *i*, m., le Caucase : [C] Pros. ‖ **Caucasĭus**, *a, um*, [C] Poés., **Caucasĕus**, *a, um*, [C] Poés., du Caucase

Cauci, V. *Chauci*

caucŭla, *ae*, f., petite coupe : [+C] Pros.

cauda (**coda**, [C] Pros.), *ae*, f., queue : [C] Pros. ‖ [fig.] [+C] Poés. ; ***caudam trahere*** [C] Poés., traîner une queue derrière soi [prêter à rire]

caudĕus, *a, um*, de jonc : [-C] Théât.

1 **caudex** (**cōdex**), *ĭcis*, m. ¶1 souche, tronc d'arbre : [C] Poés. ‖ [fig.] homme stupide, bûche : [-C] Théât. ¶2 V. *codex* : [-C], [+C] Pros.

2 **Caudex**, *ĭcis*, m., surnom d'un Appius Claudius : [+C] Pros.

caudĭca, *ae*, f., sorte de bateau : [+C] Pros.

caudĭcālis, *e*, qui concerne les bûches de bois : ***caudicalis provincia*** [-C] Théât., la mission de fendre du bois

caudĭcĕus, *a, um*, fait d'un tronc d'arbre : ***caudiceus lembus*** [T] Poés., canot

Caudĭum, *ii*, n., ville du Samnium : [C] Pros. ‖ **-īnus**, *a, um*, [C] Pros., de Caudium : ***furculae Caudinae*** [C] Pros. ; ***furcae*** [+C] Poés., les Fourches Caudines

caulae (**caullae**), *ārum*, f. pl. ¶1 cavités, ouvertures : [C] Poés. ¶2 barrière d'un parc à moutons : [C] Poés.

Caularis, *is*, m., fleuve de la Pamphylie : [C] Pros.

caulātŏr (**caullātŏr**), *ōris*, m., V. *cavillator* : [-C] Théât.

caules, V. *caulis*

caulĭcŭlus, *i*, **cōlĭcŭlus**, *i*, m., [-C] Pros., petit chou : [+C] Pros. ‖ [fig.] caulicole, nervure, rinceau du chapiteau corinthien : [C] Pros.

caulis, **cōlis**, [-C] Pros., **cōlēs**, [+C] Pros., *is*, m., tige des plantes : [-C] Pros. ‖ chou : [C] Pros., Poés. ‖ V. *penis* : [-C] Poés., [+C] Pros.

caullae, V. *caulae*

Caulōn, *ōnis*, m., [C] Poés., **Caulōnea**, *ae*, f., [C] Pros., ville du Bruttium

cauma, *ătis*, n., forte chaleur : [T] Pros.

caunĕae, *ārum*, f. pl., figues sèches de Caunos : [C] Pros., [+C] Pros.

Caunĕus ou **Caunĭus**, *a, um*, de Caunos ‖ **Caunĭi**, *orum*, m. pl., les gens de Caunos : [C] Pros.

Caunŏs (**-us**), *i*, f., m., héros fondateur de Caunos : [C] Poés.

caupilus, V. *caupulus*

caupo (**cōpo**), *ōnis*, m., cabaretier : [C] Pros.

caupolus, V. *caupulus*

caupōna (**cōpōna**), *ae*, f. ¶1 cabaretière : [-C] Poés., [+C] Pros. ¶2 auberge, taverne : [C] Pros., [+C] Pros.

caupōnĭum, *ii*, n., auberge : [+C] Pros.

caupōnĭus, *a, um*, d'auberge : ***puer cauponius*** [-C] Théât., le garçon

caupōnŏr, *ārĭs, ārī, ātus sum*, tr., traiter une affaire au cabaret, maquignonner : [-C] ; [C] Pros.

caupōnŭla, *ae*, f., gargote : [C] Pros.

caupŭlus, *i*, m., [+C] Pros., **caupillus** (**-ĭlus**), **-ŏlus**, *i*, m., petite barque

Caurus, *i*, m., [C] Poés., **Cōrus**, *i*, m., [C] Pros., vent du nord-ouest

causa (**caussa**), *ae*, f. ¶1 cause, motif, raison ***a) nihil sine causa fieri potest*** Cic., rien ne peut arriver sans cause ; ***belli causa*** Caes., la cause de la guerre ; ***causam rei proferre*** Cic., produire les raisons d'une chose ; ***aliud esse causae suspicari*** Cic., soupçonner qu'il y a un autre motif ‖ [expr.] ***qua causa ?*** Pl. ; ***qua de causa ?*** Cic., pour quelle raison ? ; ***certa de causa*** Cic., pour une raison précise ; ***ob eam ipsam causam quod...*** Cic., précisément pour la raison que... ; ***propter hanc causam quod...,*** Cic., pour cette raison que... ; ***cum causa*** Cic., avec raison, légitimement ; ***non sine causa*** Cic., non sans raison ; ***satis habere causae quamobrem...*** Cic., comporter des raisons suffisantes pour que... ; ***quid est causae cur... ?*** Cic., quel motif y a-t-il pour que... ? ; ***ea est causa ut...*** Liv., c'est la raison pour laquelle... ; ***nihil causae quin...*** Cic., pas de raison pour empêcher que... ***b)*** raison invoquée, motif allégué, prétexte, excuse : ***causam habere ad injuriam*** Cic., avoir un prétexte pour commettre une injustice ; ***bellandi causam inferre quod...*** Cic., alléguer comme prétexte de faire la guerre que... ; ***per causam equitatus cogendi*** Caes., sous prétexte de rassembler la cavalerie ¶2 cause, affaire ***a) de causa alicujus judicare*** Cic., se prononcer sur l'affaire de qqn ; ***causam defendere*** Cic., défendre une cause ; ***causam accipere*** Cic., se charger d'une cause ; ***causam rei publicae suscipere*** Cic., prendre en mains la cause de la chose publique ; ***causam populi Romani deserere*** Cic., déserter la cause du peuple romain ; ***causam amittere*** Cic., perdre un procès ***b)*** = parti : ***Sullae causa*** Cic., le parti de Sylla ¶3 cas, situation ***a) in eadem causa esse*** Cic., être dans le même cas ; ***consilii causam proponere*** Cic., exposer l'état d'un projet ; ***causam rei publicae ad aliquem deferre*** Cic., rapporter à qqn l'état des affaires publiques ; ***meliore in causa esse*** Cic., être dans une situation plus favorable ***b)*** situation entre personnes, rapports, relations : ***causam amicitiae habere cum aliquo*** Caes., avoir des relations d'amitié avec qqn ; ***causa necessitudinis intercedit alicui cum aliquo*** Cic., des rapports d'amitié existent entre une personne et une autre ¶4 ***causa*** [prép. placée après son régime au gén.] en vue de, pour : ***honoris causa***, pour honorer ; ***rei publicae causa*** Cic., dans l'intérêt général ‖ [qqf. = *propter*, à cause de] : Caes., Cic.

causālis, *e*, causal ‖ **Causālĭa**, n. pl., [T] Pros., Traité des causes [titre d'un ouvrage]

causārĭus, *a, um* ¶1 malade, infirme, V. *causa* : [+C] Pros. ¶2 invalide, réformé : [C] Pros.

causātĭo, *ōnis*, f., prétexte : [+C] Pros.

causātus, *a, um*, part. de *causor*

causĕa, **causĭa**, *ae*, f., chapeau macédonien : [-C] Théât., [+C] Pros.

causĭdĭcālis, *e*, d'avocat : [+C] Pros.

causĭdĭcātĭo, *ōnis*, f., plaidoirie : [+C] Pros.

causĭdĭcīna, *ae*, f., profession d'avocat : [T] Pros.

causĭdĭcus, *i*, m., avocat de profession [souvent péjoratif] : [C] Pros.

causĭfĭcŏr, *ārĭs, ārī*, -, intr., prétexter : [-C] Théât.

causor (**caussor**), *ārĭs, ārī, ātus sum*, tr., prétexter, alléguer : [+C] Pros. ; ***numquid causare quin*** [C] Pros., as-tu qqch. à alléguer pour empêcher que... ? ‖ [avec prop. inf.] [C] Pros. [avec *quod*] [+C] Pros.

caussa, V. *causa*

causŭla, *ae*, f., petite cause, petit procès : [C] Pros. ‖ petite occasion : [C] Pros.

cautē, adv., avec précaution, prudemment : [C] Pros. ‖ ***cautius*** [C] Pros. ; ***cautissime*** [C] Pros.

cautēla, *ae*, f. ¶1 défiance, précaution : [-C] Théât., [+C] Pros. ¶2 protection, défense : [+C] Pros. ‖ **cautēlĭtās**, *ātis*

cautēr, *ēris*, m., fer à brûler (torture) : [T] Poés. ‖ brûlure faite par ce fer : [T] Poés.

cautēs, *is*, f., [C] Poés., **cōtēs**, *is*, f., [C] Pros., roche, écueil : [C] Poés.

cautim, adv., avec précaution : [-C] Théât.

cautĭo, *ōnis*, f. ¶1 action de se tenir sur ses gardes, précaution : [-C] Théât., [C] Pros. ; ***cautionem non habere*** [C] Pros., ne pas se laisser prévoir ¶2 caution, garantie : [C] Pros. ‖ reconnaissance (écrite) de dette : [C] Pros.

cautis, *is*, f., [T] Poés., V. *cautes*

cautŏr, *ōris*, m. ¶1 homme de précaution : [-C] Théât. ¶2 celui qui garantit : [C] Pros.

cautŭlus, *a*, *um*, assez sûr : [+C] Pros.

cautus, *a*, *um*
I part. de *caveo*
II pris adj[t] ¶**1** entouré de garanties, sûr, qui est en sécurité : [C] Pros., [+C] Poés. ¶**2** qui se tient sur ses gardes, défiant, circonspect, prudent : [C] Pros., Poés., [T] Pros. ‖ ***cautum consilium*** [C] Pros., conseil prudent ; [+C] Pros. ‖ cauteleux, rusé, fin : ***cauta vulpes*** [C] Pros., le renard matois

căvaedĭum, *ĭi*, n., cour intérieure d'une maison : [+C] Pros.

Cavarīnus, *i*, m., nom d'un chef gaulois : [C] Pros.

căvātio, *ōnis*, f., cavité : [C] Pros.

căvātus, *a*, *um* ¶**1** part. de *cavo* ¶**2** pris adj[t], creux : ***rupes cavata*** [C] Poés., caverne ; ***cavati oculi*** [C] Poés., yeux caves

căvĕa, *ae*, f. ¶**1** intérieur de la bouche : [T] Poés. ¶**2** enceinte où sont enfermés des animaux : [cage pour les fauves] [C] Poés., [+C] Pros. ; [cage pour les oiseaux] [C] Pros. ; [ruche] [C] Poés. ‖ treillage dont on entoure un jeune arbre : [+C] Pros. ¶**3** partie du théâtre ou de l'amphithéâtre réservée aux spectateurs : [C] Pros. ‖ [fig.] le théâtre, les spectateurs : [+C] Pros., Poés.

căvĕfăcĭō, *ĭs*, *ĕre*, *-*, *-*, éviter : [+T] Poés.

căvĕō, *ēs*, *ēre*, *cāvī*, *cautum*, intr. et tr. ¶**1** être sur ses gardes, prendre garde : [C] Pros. ‖ [avec *ab*] ***ab aliquo*** [C] Pros., se défier de qqn ‖ [avec *cum*] [-C] Théât. ‖ [avec *de*] ***de aliqua re*** [-C] Théât., [C] Pros., prendre garde à qqch. ‖ [avec abl.] [-C] Théât. ‖ [avec acc.] se garder de, éviter : ***inimicitias*** [C] Pros., prendre des précautions contre les haines ; ***caveamus Antonium*** [C] Pros., gardons-nous d'Antoine ; ***cave canem*** [C] Poés., prends garde au chien ‖ [avec subj.] ***cave putes*** [C] Pros., garde-toi de croire ‖ [avec *ne*] [C] Pros. ‖ [avec *ut ne*] [C] Pros. ‖ [avec inf.] [C] Pros., Poés. ¶**2** avoir soin de, veiller sur ; [avec dat.] : [-C] Théât., [C] Pros. ‖ ***caves Siculis*** [C] Pros., tu prends soin des Siciliens ; [+C] Pros. ‖ [avec *ut*] avoir soin que, prendre ses mesures (précautions) pour que : [C] Pros. ; ***caverat sibi ut*** [C] Pros., il avait pris ses précautions dans son intérêt pour que ¶**3** [droit] prendre toutes les précautions utiles, comme jurisconsulte, au nom du client, veiller à ses intérêts au point de vue du droit : [C] Pros. ‖ prendre des sûretés pour soi-même : ***sibi cavere*** [C] Pros., prendre ses sûretés ; ***cavere ab aliquo ut*** [C] Pros., prendre ses sûretés à l'égard de qqn en stipulant que ‖ [avec prop. inf.] [C] Pros. ‖ donner des sûretés, des garanties à autrui au moyen de qqch. : [C] Pros., [+C] Pros. ; ***obsidibus cavere inter se*** [C] Pros., échanger des otages pour se donner une garantie mutuelle ‖ prendre des dispositions pour qqch. au moyen d'une loi [avec dat.] : ***his (agris) cavet*** [C] Pros., voilà les champs qu'il protège par sa loi (auxquels il veille) ‖ ***cavere ut***, disposer que, stipuler que : [C] Pros. ‖ [avec *de*] [C] Pros. ‖ [avec acc.] [C] Pros. ‖ prendre des dispositions par un traité pour qqn, sur qqch. : [C] Pros. ‖ prendre des dispositions en faveur de qqn au moyen d'un testament : ***cavere alicui*** [C] Pros. ; ***testamento cavere ut*** [C] Pros., ordonner par son testament de ...

căverna, *ae*, f. ¶**1** cavité, ouverture : ***cavernae terrae*** [C] Poés., les cavernes souterraines ; ***cavernae navium*** [C] Pros., cales des navires ; ***cavernae arboris*** [+C] Pros., fentes d'un arbre ‖ pl., bassins, réservoirs : [+C] Pros. ‖ [en part.] ¶**2** [fig.] la cavité que forme la voûte du ciel : [C] Poés.

căvernātim, adv., à travers des cavités : [T] Pros.

căvĕsis, **căve sis**, prends garde, je te prie : [-C] Théât.

Cavĭi, *ōrum*, m. pl., peuple d'Illyrie : [C] Pros.

căvilla, *ae*, f., plaisanterie, baliverne : ***aufer cavillam*** [-C] Théât., trêve de plaisanterie

căvillātĭo, *ōnis*, f. ¶**1** badinage, enjouement : [C] Pros. ¶**2** subtilité, sophisme : [C] Pros., [+C] Pros.

căvillātŏr, *ōris*, m. ¶**1** badin, plaisant : [-C] Théât., [C] Pros. ¶**2** sophiste : [+C] Pros.

căvillātrix, *īcis*, f., une sophiste : ***verborum*** [+C] Pros., qui subtilise sur les mots ‖ la sophistique : [+C] Pros.

1 **căvillātus**, *a*, *um*, part. de *cavillor* et de *cavillo*

2 **căvillātŭs**, *ūs*, m., taquinerie : [+C] Pros.

căvillis, *is*, f., → *cavilla* : [-C] Théât.

căvillō, *ās*, *āre*, *-*, *-*, [+T] Poés., → *cavillor* ‖ **căvillātus**, *a*, *um*, qui a été trompé : [+C] Pros.

căvillŏr, *āris*, *ārī*, *ātus sum*, tr. et intr. ¶**1** plaisanter, dire en plaisantant, se moquer de : ***cum eo cavillor*** [C] Pros., je plaisante avec lui ‖ ***cavillari rem*** [C] Pros., plaisanter sur qqch. ; [avec prop. inf.] dire en plaisantant que : [C] Pros. ¶**2** user des sophismes : [C] Pros., [+C] Pros.

căvillum, *i*, n., [+C] Pros. et **căvillus**, *i*, m., [+C] Pros., → *cavilla*

căvĭtĭo, *ōnis*, f., [arch.] → *cautio*

căvĭtum, → *caveo*

căvō, *ās*, *āre*, *āvī*, *ātum*, tr. ¶**1** creuser : ***lapidem cavare*** [C] Poés., creuser la pierre ¶**2** faire en creusant : ***naves ex arboribus*** [C] Pros., creuser des navires dans des arbres ; [poét.] ***arbore lintres*** [C] Poés., creuser des cuves dans le bois

căvum, *i*, n., trou [seul[t] au pl.] : [C] Pros., [+C] Pros.

1 **căvus**, *a*, *um* ¶**1** creux, creusé, profond : ***cava ilex*** [C] Poés., chêne creux ; ***cava manus*** [C] Poés., le creux de la main ; ***cava dolia*** [C] Poés., tonneaux sans fond ; ***cava flumina*** [C] Poés., fleuves profonds ¶**2** [fig.] ‖ vide, vain, sans consistance : ***cava imago*** [C] Poés., fantôme sans consistance ; ***nubes cava*** [C] Poés., nuage léger

2 **căvus**, *i*, m., trou, ouverture : [C] Pros., Poés. ; → *cavum*

Căystrŏs (-us), *i*, m., fleuve d'Ionie : [C] Poés. ‖ **Caystrĭus ales**, = le cygne : [C] Poés.

-cĕ, particule qui s'ajoute aux démonstratifs : ***hisce*** [-C] Théât., ceux-ci ‖ devient *-ci-* quand elle est suivie de l'enclitique interr. 4 *ne* : ***hicine*** ; ***haecine*** ; ***sicine***

Cēa, *ae*, f., Céa ou Céos, île de la mer Égée : [C] Poés. ‖ **Cēus**, *a*, *um*, de Céos : [C] Poés. ‖ **Cēi**, *ōrum*, m., les Céens : [C] Pros. ‖ **Cīus**, *a*, *um*, [C] Poés.

Cĕbenna, f., [C] Pros., **Cĕbennae**, f. pl., **Cĕbennĭci montes**, m. pl., les Cévennes

Cĕbrēn, *ēnis*, m., dieu d'un fleuve de Troade ‖ **-nis**, *īdis*, f., la fille de Cebren : [C] Poés.

1 **cĕcĭdī**, parf. de *cado*

2 **cĕcīdī**, parf. de *caedo*

cĕcĭnī, parf. de *cano*

Cecrŏpĭa, *ae*, f., Athènes [la ville de Cécrops] : [C] Poés. ‖ citadelle d'Athènes : [+C] Pros.

Cecrŏpĭdēs, *ae*, m., descendant de Cécrops : [C] Poés. ‖ **Cecropidae**, *ārum*, m. pl., les Athéniens : [C] Poés.

Cecrŏpis, *ĭdis*, f., descendante de Cécrops : [C] Poés. ‖ d'Athènes : ***mera Cecropis*** [+C] Poés., une Athénienne authentique

Cecrŏpĭus, *a*, *um*, d'Athènes ou de l'Attique : ***apes Cecropiae*** [C] Poés., les abeilles de l'Hymette

Cecrops, *ŏpis*, m., Cécrops [premier roi d'Athénes] : [C] Poés.

cecut-, → *cicut-*

Cedar, m. indécl. ¶**1** second fils d'Ismaël : [T] Pros. ¶**2** ville de l'Arabie Pétrée : [T] Pros.

1 **cēdō**, *ĭs*, *ĕre*, *cessī*, *cessum* ¶**1** aller, s'en aller, céder la place ***a)*** aller, marcher, s'avancer [sens rare] : PL., HOR. ***b)*** s'en aller, se retirer : ***equites cedunt*** CAES., les cavaliers se retirent ‖ ***loco cedere*** CAES., abandonner sa position, lâcher pied ; ***ex loco cedere*** LIV., abandonner son poste ; ***(e) vita cedere*** CIC., quitter la vie ‖ ***alicui cedere*** CIC., plier (= se retirer) devant qqn ***c)*** [fig.] céder, ne pas résister : ***fortunae cedere*** CAES., s'incliner devant la nécessité ; ***tempori cedere*** CIC., céder aux circonstances ; ***precibus cedere*** CIC., céder aux prières ‖ ***alicui cedere*** CIC., céder le pas à qqn, se reconnaître inférieur à lui ‖ ***alicui aliqua re cedere*** CIC., le céder à qqn en qqch. ***d)*** [fig.] céder, faire cession de, abandonner : ***alicui aliqua re cedere*** CIC., faire cession de qqch. à qqn, lui abandonner qqch. ; ***alicui aliquid cedere*** CIC., même sens ‖ [avec *ut*] concéder que, accorder que : LIV., TAC. ‖ ***non cedere quominus*** QUINT., admettre que ***e)*** [fig.] s'en aller, disparaître : ***horae cedunt*** CIC., les heures s'en vont, passent ; ***cessit furor*** VIRG., son délire cessa ; ***non cessit fiducia Turno*** VIRG., la confiance ne disparut pas pour Turnus (= n'abandonna pas Turnus) ¶**2** aller, arriver, devenir ***a)*** aller à, revenir à, échoir à : ***praeda Romanis cessit*** LIV., le butin revint aux Romains ; ***in imperium Romanum cedere*** LIV., passer au pouvoir des Romains ***b)***

aller, arriver, se produire (de telle ou telle manière) : ***prospere cedere*** SALL., avoir un heureux résultat ; ***secus cedere*** SALL., mal tourner, échouer ; ***si male cesserat*** HOR., s'il était arrivé qqch. de fâcheux ***c)*** aboutir à, tourner en, se changer en : ***in gloriam cedere*** CURT., aboutir à la gloire ; ***in remedium cedere*** SEN., tourner en remède, devenir salutaire ; ***in vicem alicujus rei cedere*** LIV., tenir lieu de qqch. ; ***pro aliqua re cedere*** CAT., TAC., même sens

2 **cĕdŏ**, pl. arch., ***cette*** ¶**1** donne, montre, présente : ***cedo senem*** Théât., donne-moi le vieux, le bonhomme ; Pros. ; ***cedo argentum*** Théât., donne l'argent ; Pros. ¶**2** dis, parle : Pros. ‖ [avec interr. indir.] Pros. ‖ [avec acc.] Pros. ¶**3** [simple exhortation] allons, voyons : Théât. ; ***cedo, consideremus*** Pros., allons, considérons ‖ ***cedo dum***, donne donc, parle donc, voyons donc : Théât.

cĕdrĕus, *a, um*, de cèdre : Pros.

cĕdrĭum, *ĭi*, n., huile tirée du cèdre : Pros.

Cedron, m. indécl., Cédron [torrent et vallée près de Jérusalem] : Pros.

Cedrosi, ▶ *Gedrosi*

cĕdrus, *i*, f., bois de cèdre : Poés. ‖ huile de cèdre : Poés.

Cĕlădōn, *ontis*, m., nom d'un guerrier : Poés. ‖ un des Lapithes : Poés.

Cĕlaenae, *ārum*, f. pl., ville de Phrygie : Pros. ‖ **-laenaeus**, *a, um*, de Célènes : Poés.

Cĕlaeneūs, *ei* ou *ĕos*, m., nom d'un guerrier : Poés.

Cĕlaenō, *ūs*, f., l'une des Pléiades : Poés. ‖ l'une des Harpyes : Poés.

cēlātē, adv., en secret, en cachette : Pros.

Celathara, *ōrum*, n. pl., Celathara [bourg] : Pros.

cēlātim, adv., en cachette, secrètement : ***quam maxime celatim*** Pros., le plus secrètement possible

cēlātor, *ōris*, m., celui qui cache : Poés.

cēlātura, ▶ *caelatura*

cēlātus, *a, um*, part. de *1 celo* ‖ [n. pl. pris subst[t]] ***celata***, secrets : Théât.

cĕlĕber, *bris, bre*, nombreux, en grand nombre ¶**1** [en parl. de lieux] : très fréquenté, très peuplé : Pros. ¶**2** [en parlant de fêtes] célébré (fêté) par une foule nombreuse : Pros. ¶**3** cité souvent et par un grand nombre de personnes, très répandu : Pros. ‖ [d'où en parl. d'un nom] fêté, célébré, en vogue : Pros. ¶**4** [en parl. de pers.] célèbre, illustre : Pros., Pros.

cĕlĕbrābĭlis, *e*, digne d'être célébré : Pros.

cĕlĕbrātio, *ōnis*, f. ¶**1** affluence : Pros. ‖ réunion nombreuse : Pros. ¶**2** célébration, solennité : ***celebratio ludorum*** Pros., célébration des jeux

cĕlĕbrātor, *ōris*, m., celui qui célèbre : Poés.

cĕlĕbrātus, *a, um*, part. de *celebro* pris adj[t] ¶**1** fréquenté : Pros. ¶**2** fêté par une foule nombreuse : Pros., Poés. ¶**3** cité souvent et par beaucoup de personnes, publié, répandu : Pros. ¶**4** honoré, vanté, fameux : Pros. ¶**5** qui est employé souvent : ***verbum celebratius*** Pros., mot plus usité

cĕlĕbrescō, *ĭs, ĕre, -, -*, intr., se répandre dans la foule : Théât.

cĕlĕbris, m.

cĕlĕbrĭtās, *ātis*, f. ¶**1** fréquentation nombreuse d'un lieu : Pros. ¶**2** célébration solennelle (en foule), d'un jour de fête : ***ludorum celebritas*** Pros., la pompe des jeux ¶**3** extension, diffusion parmi un grand nombre de personnes, fait d'être mentionné souvent par une foule : Pros. ‖ ***celebritas nominis*** Pros., large diffusion d'un nom, notoriété ¶**4** grande affluence : Pros. ; ***solitudo, celebritas*** Pros., solitude, affluence ¶**5** fréquence : Pros. ; ***celebritas periculorum*** Pros., la fréquence des dangers ¶**6** célébrité, renommée, notoriété : Pros.

cĕlĕbrĭter, adv., souvent : ***celeberrime*** Pros., très souvent

cĕlĕbrō, *ās, āre, avī, ātum*, tr. ¶**1** fréquenter en grand nombre un lieu ou une personne : Pros. ¶**2** assister en foule à une fête, fêter (célébrer) en grand nombre, solennellement : Pros. ; ***nuptias*** Pros., célébrer un mariage ; ***alicujus diem natalem*** Pros., célébrer l'anniversaire de qqn ; ***alicujus exsequias*** Pros., célébrer les funérailles de qqn, rendre les derniers honneurs à qqn ¶**3** répandre parmi un grand nombre de personnes, publier, faire connaître : Pros. ‖ [avec deux acc.] Pros. ‖ répandre avec éloge, glorifier, célébrer : Pros. ; ***aliquem celebrare*** Poés., célébrer, chanter qqn ¶**4** employer souvent, pratiquer : ***artes*** Pros., pratiquer des arts ; Pros. ‖ répandre dans l'usage : Pros. ; ***Africani cognomen*** Pros., mettre en usage (rendre courant) le surnom d'Africain

Celēia, *ae*, f., ville du Norique ‖ **-ni**, *ōrum*, m. pl., et **-ĭenses**, *ium*, m. pl., habitants de Celeia

Celēiātes, *ĭum*, m. pl., peuple de Ligurie : Pros.

Celemna, *ae*, f., ville de Campanie : Poés.

Cĕlēnae, ▶ *Celaenae*

Cĕlendĕris, *is*, f., ville de Cilicie : Pros.

Celendris, *is*, ▶ *Celenderis*

1 **cĕlĕr**, *ĕris, ĕre* ¶**1** prompt, rapide, leste : Théât., Poés. ; ***celerrimus*** Pros., qui a le mouvement le plus rapide ; [avec inf.] ***celer sequi*** Poés., prompt à suivre ; [avec gén. gérond.] ***celer nandi*** Poés., rapide à la nage ; ▶ *Celeres* ¶**2** [fig.] prompt, rapide, vif : Pros. ; [avec inf.] ***celer irasci*** Pros., prompt à la colère ¶**3** hâtif : ***fata celerrima*** Poés., le trépas le plus prompt ; Pros. ¶**4** bref [en parl. de syllabes] : ***tres celeres*** Pros., trois brèves

2 **Cĕlĕr**, *ĕris*, m., Céler [officier de Romulus] : Poés. ‖ surnom de diverses familles : Pros., Poés.

cĕlĕrātus, *a, um*, part. de *celero*

cĕlĕrĕ, adv. arch., rapidement : Théât.

Cĕlĕrēs, *um*, m. pl., Célères [300 cavaliers qui formaient la garde de Romulus] : Pros.

cĕlĕrĭpēs, *pĕdis*, léger à la course : Pros.

cĕlĕrĭtās, *ātis*, f., célérité, rapidité, agilité : Pros. ; ***celeritas peditum*** Pros., l'agilité des fantassins ‖ [fig.] promptitude : ***celeritas animorum*** Pros., l'agilité de l'esprit ; ***celeritas consilii*** Pros., rapidité de décision ; ***celeritas dicendi*** Pros., volubilité de parole ; ***veneni*** Pros., action prompte d'un poison

cĕlĕrĭtĕr, adv., promptement, rapidement : Pros. ‖ ***celerius*** Pros. ; ***celerrime*** Pros.

cĕlĕrĭtūdo, *inis*, f., vitesse : Pros.

cĕlĕrĭuscŭlē, adv., assez vivement : Pros.

cĕlĕrō, *ās, āre, āvī, ātum* ¶**1** tr., faire vite, accélérer, hâter, exécuter promptement : ***celerare fugam*** Poés., fuir précipitamment ; ***haec celerans*** Poés., se hâtant d'exécuter ces ordres ¶**2** intr., se hâter : Pros. ‖ se hâter d'aller : Poés. ‖ [avec inf.] Poés.

cĕlēs, *ētis*, acc. pl. *ētăs*, m., bateau rapide, vedette : Pros.

Cĕletrum, *i*, n., ville de Macédoine : Pros.

Cĕlĕus, *i*, m., Célée [roi d'Éleusis] : Poés.

cēlĭbāris, ▶ *caelibaris*

cella, *ae*, f. ¶**1** endroit où l'on entrepose qqch., grenier, magasin : Pros. ¶**2** petite chambre, chambrette : ***concludere se in cellam aliquam*** Théât., s'enfermer dans quelque réduit ; ***cellae servorum*** Pros., réduits des esclaves ; ***cella pauperis*** Pros., le réduit du pauvre [chambre misérable que les riches avaient dans leurs demeures luxueuses pour y faire retraite par raffinement] ; Poés. ¶**3** salle de bains : Pros. ¶**4** partie du temple où se trouvait la statue du dieu, sanctuaire : ***Jovis cella*** Pros., le sanctuaire de Jupiter ¶**5** logement des animaux : ***columbarum*** Pros., pigeonnier ¶**6** alvéoles des ruches, cellules : Poés.

cellāris, *e*, de pigeonnier : Pros.

cellārĭus, *a, um*, de l'office : ***cellaria sagina*** Théât., l'embonpoint qu'on gagne à l'office ‖ **cellārĭus**, *ĭi*, m., chef de l'office, dépensier : Théât.

cellŭla, *ae*, f., ▶ *cella* ¶2 : Théât. ‖ ▶ *cella* ¶*1 et 4* : Pros.

cellŭlānus, *i*, m., qui vit dans une cellule, moine : Pros.

Celmis, *is*, m., nourricier de Jupiter : [C] Poés.

1 **cēlo**, *ās, āre, āvī, ātum*, tr. ¶ **1** tenir secret, tenir caché, ne pas dévoiler, cacher : ***sententiam*** [C] Pros. ; ***peccatum*** [C] Pros., tenir cachée son opinion, cacher une faute ¶ **2** cacher à qqn ; ***celare aliquem*** : [C] Pros. ¶ **3** cacher qqch. à qqn ; ***celare aliquem aliquam rem*** : [C] Pros. ‖ ***celare aliquem de aliqua re*** [C] Pros., tenir qqn dans l'ignorance touchant qqch. ‖ ***celare alicui aliquid*** : [C] Pros.

2 **cēlo**, *ōnis*, m., étalon : [-C] Théât.

cĕlox, *ōcis*, m. et f., navire léger : m., [C] Pros., f., ***celox publica*** [-C] Théât., vaisseau de l'État ‖ [fig.] ***onusta celox*** [-C] Théât., ventre garni

celsē**, adv., en haut : ***celsius [+C] Pros., [T] Pros.

celsĭtās, *ātis*, f., ► *celsitudo*

celsĭtūdo, *ĭnis*, f., élévation, hauteur : ***celsitudo corporis*** [+C] Pros., haute taille ; ***celsitudines montium*** [T] Pros., hauts sommets

1 **celsus**, *a, um* ¶ **1** élevé, haut, grand : [C] Pros. ; ***celsae turres*** [C] Poés., les hautes tours ¶ **2** qui se redresse, fier, droit, plein d'assurance : [C] Pros. ‖ ***celsior*** [C] Poés., [+C] Pros. ; ***celsissimus*** [+C] Pros.

2 **Celsus**, *i*, m., Celse ¶ **1** médecin célèbre et écrivain encyclopédiste : [+C] Pros. ¶ **2** jurisconsulte sous Trajan : [+C] Pros. ¶ **3** Celsus Albinovanus, ► *Albinovanus*

Celtae, *ārum*, m. pl., les Celtes [en part., habitants de la Gaule centrale] : [C] Pros.

Celtĭbēr, *ēri*, m., Celtibère : [C] Poés. ‖ **Celtĭbēri**, *ōrum*, m. pl., les Celtibères [peuple d'Espagne] : [C] Pros. ‖ **Celtĭbērĭa**, *ae*, f., Celtibérie : [C] Pros. ‖ **Celtĭbērĭcus**, *a, um*, Celtibère : [C] Pros.

Celtĭcus, *a, um*, qui a rapport aux Celtes ‖ **Celtĭcum**, *i*, n., le pays des Celtes : [C] Pros.

Celtillus, *i*, m., chef arverne, père de Vercingétorix : [C] Pros.

celtis, *is*, f., scalpel, burin : [T] Pros.

cēmentum, *i*, n., ► *caementum*

cēna, *ae*, f. [arch.] : ***cesna*** ¶ **1** dîner [repas principal vers 15 h, les affaires étant terminées vers 14 h] : ***cenam coquere*** [-C] Théât., faire cuire le dîner ; ***ad cenam invitare*** [C] Pros. ; ***ad cenam vocare*** [C] Pros., prier à dîner ; ***dare cenam alicui*** [C] Pros., offrir à dîner à qqn ; ***inter cenam*** [C] Pros., à table ; [+C] Pros. ¶ **2** service : [+C] Poés. ¶ **3** réunion de convives : [+C] Poés.

cēnācŭlum, *i*, n. ¶ **1** salle à manger : [C] Pros. ¶ **2** étage supérieur [où se trouvait la salle à manger], chambres placées à cet étage : [C] Pros.

Cēnaeum, *i*, n., capitale de l'île d'Eubée : [C] Pros. ‖ **Cēnaeus**, *a, um*, de Cenaeum : [C] Poés.

cēnātĭcus, *a, um*, qui a rapport au dîner : ***spes cenatica*** [-C] Théât., espoir de dîner

cēnātĭo, *ōnis*, f., salle à manger : [+C] Pros.

cēnātĭuncŭla, *ae*, f., petite salle à manger : [+C] Pros.

cēnātōrĭum, *ii*, n., salle à manger ‖ **cēnātōrĭa**, *ōrum*, n. pl., habits, tenue de table : [+C] Pros.

cēnātŭrĭō, *īs, īre, -, -*, intr., avoir envie de dîner : [+C] Poés.

cēnātus, *a, um*, part. de *1 ceno* ¶ **1** qui a dîné : [-C] Théât., [C] Pros. ¶ **2** passé à dîner, passé à table : ***cenatae noctes*** [-C] Théât., nuits passées à dîner ; [+C] Pros.

Cenchrĕae, *ārum*, f. pl., port de Corinthe : [C] Pros. ‖ **Cenchrēus**, *a, um*, de Cenchreae : [+C] Poés.

Cenchrēis, *ĭdis*, f., mère de Myrrha : [C] Poés.

cenchris, *ĭdis*, m., espèce de serpent tacheté : [+C] Poés.

Cenchrĭus, *ii*, m., fleuve d'Ionie : [+C] Pros.

Cĕnĕta, *ae*, f., ville de l'Italie : [PT] Poés.

Cenimagni, *ōrum*, m. pl., peuple de Bretagne : [C] Pros.

Cēnīna, **Cēninensis**, ► *Caenina, Caeninensis*

cēnĭtō, *ās, āre, āvī, -*, intr., dîner souvent : ***si foris cenitarem*** [C] Pros., si j'avais l'habitude de dîner en ville ; ***solus cenitabat*** [+C] Pros., il prenait ses repas seul ‖ [pass. impers.] [T] Pros.

1 **cēnō**, *ās, āre, āvī, ātum* ¶ **1** intr., dîner : [C] Pros. ; ***melius cenare*** [C] Pros., mieux dîner ‖ [parf. *cenatus sum*] [C] Pros. ¶ **2** tr., manger à dîner, dîner de : [C] Pros. ; ***centum ostrea*** [+C] Poés., dévorer un cent d'huîtres

2 **Ceno**, *ōnis*, f., Céno [ville des Volsques] : [C] Pros.

Cĕnŏmāni, *ōrum*, m. pl., peuple de la Celtique : [C] Pros. ‖ peuple de la Cisalpine : [C] Pros.

Censennĭa, *ae*, f., ville du Samnium : [C] Pros.

censĕō, *ēs, ēre, sŭī, sum* ¶ **1** [à propos des opérations du cens] recenser, se faire recenser **a)** recenser : ***populi pecunias censere*** Cic., recenser les biens du peuple ; ***Sicilia tota censetur*** Cic., la Sicile toute entière est soumise aux opérations du cens ; ***legem censui censendo dicere*** Liv., fixer la règle, le taux pour l'application du cens **b)** déclarer sa fortune au censeur : ***in aliqua tribu praedia censere*** Cic., déclarer des biens pour le cens dans une tribu ‖ [au pass. avec acc.] même sens : ***aliquid censeri*** Cic., déclarer qqch. au censeur comme faisant partie de ses biens ¶ **2** [par ext. et gén[t] au pass.] **a)** mettre au nombre de, compter, considérer comme : ***de aliquo censeri*** Ov., être considéré comme appartenant à qqn **b)** considérer, évaluer, apprécier : ***nihil censendum nisi...*** Ov., il ne faut considérer que... ; ***si censenda nobis res sit*** Cic., si nous devions évaluer la chose ; ***aliqua re censeri*** Tac., Plin. *Ep.*, se faire apprécier par qqch. **c)** [chrét.] [pass.] être censé être, exister : Tert. ¶ **3** avoir une opinion, être d'avis **a)** [en gén.] ***quid censetis ?*** Cic., quel est votre avis ? ; ***ita prorsus censeo*** Cic., c'est mon avis ‖ [avec deux interrog.] ***quid censes Roscium quo studio esse ?*** Cic., selon toi, quel est le goût de Roscius ? **b)** être d'avis, conseiller : ***aliquid alicui censere*** Cic., conseiller qqch. à qqn ‖ [avec prop. inf.] être d'avis que, conseiller de : ***legatos decerni non censere*** Cic., n'être pas d'avis qu'on décrète une députation ; ***senatui placere censere...*** Cic., être d'avis que le sénat décrète... ‖ [avec *ut* ou *ne*] conseiller de, de ne pas : Cic., Liv. ‖ [avec subj.] même sens : ***censeo desistas*** Cic., je te conseille de renoncer **c)** [en part. à propos du sénat] estimer, décider, prescrire : ***quae patres censuerunt*** Liv., ce que le sénat a décidé ; ***bellum patres censuerunt et populus jussit*** Liv., le sénat décréta la guerre et le peuple ratifia ‖ [avec prop. inf.] décider que : Cic. ‖ [avec *ut*] même sens : Cic. ; [avec *ne*] Suet.

censĭo, *ōnis*, f. ¶ **1** évaluation : [C] Pros. ‖ dénombrement, recensement : [+C] Pros. ¶ **2** action de dire *censeo*, opinion, avis : [-C] Théât. ¶ **3** [fig.] ***censio bubula*** [-C] Théât., amende payable en coups de nerf de boeuf

censitĭo, *ōnis*, f., répartition de la taxe, imposition : [T] Pros.

censŏr, *ōris*, m. ¶ **1** censeur : [C] Pros. ¶ **2** [fig.] censeur, critique : [C] Pros., Poés.

1 **censōrīnus**, *a, um*, qui a été censeur : [C] Pros.

2 **Censōrīnus**, *i*, m., surnom de la *gens* Martia : [C] Pros.

censōrĭus, *a, um* ¶ **1** de censeur, relatif aux censeurs : ***censoriae tabulae*** [C] Pros. et ***censorii libri*** [+C] Pros., registres des censeurs ; ***leges censoriae*** [C] Pros., règlements, ordonnances des censeurs ; ***opus censorium*** [+C] Pros., acte qui tombe sous la réprobation des censeurs ‖ ***homo censorius*** [C] Pros., ancien censeur ; ***censoria gravitas*** [C] Pros., la gravité d'un censeur ¶ **2** [fig.] qui blâme, qui réprouve : [+C] Pros. ‖ digne d'un censeur : [T] Pros.

censŭāles, *ium*, m. pl., registres, annales : [+C] Pros.

censŭī, parf. de *censeo*

censum, *i*, n., ► *2 census*

censūra, *ae*, f. ¶ **1** censure, dignité de censeur : [C] Pros. ; ***censuram petere*** [C] Pros. ; ***gerere*** [C] Pros., briguer, exercer la censure ¶ **2** examen, jugement, critique : [+C] Pros.

1 **census**, *a, um*, part. de *censeo*

2 **censŭs**, *ūs*, m. ¶ **1** cens, recensement [quinquennal des citoyens, des fortunes, qui permet de déterminer les classes, les centuries, l'impôt] : ***censum habere*** [C] Pros. ; ***agere*** [C] Pros., faire le recensement ; ***censu prohibere*** [C] Pros. ; ***excludere*** [C] Pros., ne pas admettre qqn sur la liste des citoyens ‖ [en part.] ***census equitum*** [C] Pros., revue des chevaliers ¶ **2** rôle, liste des censeurs, registres du cens : [C] Pros. ¶ **3** cens, quantité recensée, fortune, facultés : [C] Pros.

centaurēum, *i*, n., [C] Poés., **-rĭum**, *ĭi*, n., ; **-rĭa**, *ae*, f., centaurée [plante]

Centaurēus, *a*, *um*, [C] Poés., **Centaurĭcus**, *a*, *um*, [+C] Poés., des Centaures

Centauri, *ōrum*, m. pl., les Centaures [myth.] : [C] Poés. ‖ **Centaurus**, *i* ¶ **1** m., [C] Poés. ‖ le Centaure [constellation] : [C] Pros. ¶ **2** f. [épithète d'un vaisseau] ***navis*** : [C] Poés.

Centaurŏmăchĭa, *ae*, f., combat des Centaures : [-C] Théât.

centēnārius, *a*, *um*, au nombre de cent, qui compte cent : ***grex centenarius*** [C] Pros., troupeau de cent têtes ; ***centenaria aetas*** [T] Pros., âge de cent ans

centēni, *ae*, *a* ¶ **1** [distributif] cent à chacun, cent chaque fois : [C] Pros. ¶ **2** cent [nombre cardinal] : ***centenae manus*** [C] Poés., cent mains

Centēnĭus, *ĭi*, m., nom d'un préteur : [C] Pros.

centēnus, *a*, *um*, qui est au nombre de cent : [C] Poés. ‖ centième : ***centeno consule*** [+C] Poés., sous le centième consul = dans cent ans ‖ → *centeni*

centēsĭma, *ae*, f., le centième : [C] Pros. ‖ impôt du centième, de un pour cent [p. ex. sur les ventes] : [+C] Pros. ‖ **centēsĭmae**, *ārum*, f. pl., [en parl. d'intérêt] un pour cent (par mois) : [C] Pros. ; ***minore centesimis*** [C] Pros. et ***minoris centesimis*** [+C] Pros., à un taux moindre que un pour cent par mois

centēsĭmō, *ās*, *āre*, *āvī*, -, tr., punir un homme sur cent : [T] Pros.

centēsĭmus, *a*, *um* ¶ **1** centième : ***centesima lux*** [C] Pros., le centième jour ¶ **2** ***cum centesimo***, au centuple : [C] Pros.

centĭceps, *cĭpĭtis*, qui a cent têtes : ***bellua centiceps*** [C] Poés. = Cerbère

centĭens, **centĭēs**, cent fois : ***sestertium centies*** [C] Pros., dix millions de sesterces (cent fois cent mille) ; [-C] Théât.

centĭfĭdus, *a*, *um*, fendu en cent parties : [T] Poés.

centĭmănŭs, *ūs*, m., qui a cent mains : [C] Poés.

centĭmĕtĕr, *tri*, m., qui fait usage de cent espèces (= un grand nombre) de mètres : [T] Poés.

centĭplex, → *centuplex*

1 **cento**, *ōnis*, m. ¶ **1** pièce d'étoffe rapiécée, morceau d'étoffe : [-C] Pros., [C] Pros. ‖ [fig.] ***centones alicui sarcire*** [-C] Théât., conter des bourdes à quelqu'un ¶ **2** centon, pièce de vers en pot-pourri [vers ou bribes de vers pris à divers auteurs] : [T] Pros.

2 **Cento**, *ōnis*, m., surnom romain : [C] Pros.

Centobrīga, *ae*, f., ville de Celtibérie : [+C] Pros. ‖ **-genses**, *ĭum*, m. pl., les habitants de Centobriga : [+C] Pros.

centōnārĭus, *a*, *um*, subst. m. ‖ chiffonnier, rapetasseur : [+C] Pros.

Centŏres, *um*, m. pl., peuple voisin de la Colchide : [+C] Poés.

centrālis, *e*, **centrātus**, *a*, *um*, central, placé au centre

Centrōnes, → *Ceutrones*

centrum, *i*, n., la pointe fixe du compas autour de laquelle l'autre pivote : [C] Pros. ‖ axe : [C] Pros.

centŭm, indécl., cent ‖ [fig.] un grand nombre : [-C] Théât., [C] Poés., [C] Pros.

Centumălus, *i*, m., surnom romain : [C] Pros.

Centumcellae, *ārum*, f. pl., ville et port d'Étrurie : [+C] Pros.

centumgĕmĭnus, *a*, *um*, centuple : ***Briareus*** [C] Poés., Briarée aux cent bras ; ***Thebe*** [+C] Poés., Thèbes aux cent portes

centumpĕda, *ae*, m., qui a cent pieds [surnom de Jupiter] : [T] Pros.

centumpondĭum, **centŭpondĭum**, *ĭi*, n., poids de cent livres : [-C] Théât., Pros.

centumvĭr, *vĭri*, m., centumvir [membre d'un tribunal qui comprenait au temps de Pline 180 juges, divisés en 4 chambres (*consilia*) siégeant tantôt ensemble (*quadruplex judicium* [+C] Pros.), tantôt séparément, et qui jugeait des affaires privées, surtout celles d'héritage] : [C] Pros.

centumvĭrālis, *e*, des centumvirs : ***causae centumvirales*** [C] Pros., affaires qui relèvent du tribunal des centumvirs

centuncŭlus, *i*, m., haillon, loques rapiécées : [C] Pros. ‖ habit d'arlequin : [+C] Pros.

centŭplex, *ĭcis*, centuple : [-C] Théât.

centŭplĭcātus, part. de *centuplico*

centŭplĭcō, *ās*, *āre*, *āvī*, *ātum*, tr., centupler, rendre au centuple : [T] Pros.

centŭplus, *a*, *um*, n., ***centuplum*** ; le centuple : [T] Pros.

centŭpondĭum, *ĭi*, n., → *centumpondium*

centŭrĭa, *ae*, f. ¶ **1** superficie de 100 *heredia* ou 200 jugères [= 50 ha] : [C] Pros. ¶ **2** centurie, compagnie de 100 hommes : [C] Pros.

centŭrĭālis, *e*, ***centurialis vitis*** [T] Pros., cep du centurion

centŭrĭātim, adv., par centuries : [C] Pros. ‖ par centuries [militaires] : [C] Pros.

1 **centŭrĭātus**, *a*, *um*, part. de *1 centurio* ¶ **1** formé par centuries : ***centuriati pedites*** [C] Pros., fantassins formés par centuries ; [abl. n. absolu] ***centuriato*** [C] Pros., après formation en centuries ‖ [fig.] ***centuriati manipulares*** [-C] Théât., soldats bien rangés ¶ **2** par centuries : ***comitia centuriata*** [C] Pros., comices centuriates ; ***centuriata lex*** [C] Pros., loi votée dans les comices par centuries, loi centuriate

2 **centŭrĭātŭs**, *ūs*, m., division par centuries : [C] Pros.

3 **centŭrĭātŭs**, *ūs*, m., grade de centurion : [C] Pros.

1 **centŭrĭō**, *ās*, *āre*, *āvī*, *ātum*, tr., former en centuries : ***centuriare seniores*** [C] Pros., former en centuries le deuxième ban ‖ [absol[t]] ***centuriat Capuae*** [C] Pros., il constitue ses compagnies à Capoue

2 **centŭrĭo**, *ōnis*, m., centurion, commandant d'une centurie militaire : [C] Pros. ‖ ***centurio classiarius*** [+C] Pros., commandant d'une compagnie d'infanterie de marine

centŭrĭōnātŭs, *ūs*, m. ¶ **1** ***centurionatum agere*** [+C] Pros., passer la revue des centurions ¶ **2** grade de centurion : [+C] Pros.

Centŭrĭpa, *ōrum*, n. pl., **Centŭrĭpae**, *ārum*, f. pl., Centuripe [ville au pied de l'Etna] : [+C] Poés. ‖ **-rĭpīnus**, *a*, *um*, de Centuripe : [C] Pros. ‖ **-rĭpīni**, *ōrum*, m. pl., les habitants de Centuripe : [C] Pros.

centussis, *is*, m., somme de 100 as : ***emere centussis*** [gén.] [C], [+C] Pros., payer cent as ; [abl.] ***centusse*** [+C] Poés.

cēnŭla, *ae*, f., petit repas : [C] Pros., [+C] Pros.

cēnum, → *caenum*

Cēos, *i*, f., [C] Pros., → *Cea*

cēpa (caepa), *ae*, f., oignon : [+C] Pros. ‖ **cepe**, n. usité seul[t] au nom. et à l'acc. sg. : [C] Pros., [+C] Pros.

Cēpārĭus, → *Caeparius*

cēpĕ, *is*, n., → *cepa*

cepētum (caepētum), *i*, n., partie du jardin plantée d'oignons (carré d'oignons) : [+C] Pros.

cĕphălaeum, *i*, n., la tête : [-C] Poés.

Cĕphălĭo, *ōnis*, m., esclave d'Atticus : [C] Pros.

Cĕphallānĭa, *ae*, f., **Cĕphallēnĭa**, *ae*, f., Céphallénie [île de la mer Ionienne] : [C] Pros. ‖ **-lēnes**, *um*, m. pl., habitants de Céphallénie : [C] Pros.

Cĕphălō, *ōnis*, m., homme à la grosse tête [surnom] : [-C] Poés.

Cĕphăloedis, *is*, f., **Cĕphăloedium**, *i*, n., [C] Pros., ville de Sicile [Cefalin] ‖ **-dĭtāni**, *ōrum*, m. pl., habitants de Céphalédis : [C] Pros. ‖ **-dĭās**, *ădis*, f., de Céphalédis : [+C] Poés.

Cĕphălus, *i*, m., Céphale [amant de l'Aurore] : [C] Poés. ‖ père de l'orateur Lysias : [C] Pros. ‖ prince épirote : [C] Pros.

Cēphēis, *ĭdos*, f., Andromède [fille de Céphée] : [C] Poés.

Cēphēĭus, → *1 Cephēus*

Cēphēnes, *um*, m. pl., Céphènes [peuple de l'Éthiopie] : [C] Poés. ‖ **Cēphēnus**, *a*, *um*, des Céphènes : [C] Poés.

1 **Cēphēus**, *a*, *um*, [C] Poés., **Cēphēĭus**, *a*, *um*, [C] Poés., issu de Céphée, de Céphée : ***Cepheia arva*** [C] Poés., l'Éthiopie

2 **Cēpheūs**, ***ei*** ou ***ĕos***, m., Céphée [roi d'Éthiopie] : ***stellatus Cepheus*** Pros., Céphée transformé en constellation

Cēphīsĭa, ***ae***, f., lieu de l'Attique, près du Céphise : Pros.

Cēphisĭus, ***ĭi***, m., fils du Céphise = Narcisse : Poés.

Cēphīsus, **Cēphissus**, ***i***, m., **Cēphissŏs**, ***i***, m., Poés., le Céphise [fleuve de Béotie] ‖ **Cēphīsĭăs**, ***ădis***, f., Poés. et **Cēphīsis**, ***ĭdis***, f., Poés., du Céphise

Cepi, ***ōrum***, m. pl., **Cepae**, ***ārum***, f. pl., ville d'Asie, près du Bosphore Cimmérien

cēpĭcĭum (**caepĭcĭum**), ***ĭi***, n., oignon, tête d'oignon : Pros.

cēpīna (**caepīna**), ***ae***, f., oignon, semence ou semis d'oignons : Pros.

cēpolindrum, ***i***, n., sorte d'aromate : Théât.

cēpŭla (**-lla**), ***ae***, f., petit oignon, ciboule : Pros.

Cēpūrŏs, ***i***, m., le Jardinier [titre du 3e livre d'Apicius] : Pros.

cēra, ***ae***, f. ¶ **1** cire : ***cera circumlinere*** Pros., enduire de cire ¶ **2** cire à cacheter : Pros. ¶ **3** tablette à écrire, page : Pros. ; ***extrema cera*** Pros., le bas de la page ¶ **4** pl., statues en cire : Pros. ‖ portraits en cire : ***cerae veteres*** Poés., vieilles figures de cire [bustes des aïeux] ¶ **5** [poét.] cellules des abeilles : ***cerae inanes*** Poés., cellules vides

Cĕrambus, ***i***, m., nom d'un homme qui échappa au déluge : Poés.

Cĕrămīcus, ***i***, m., le Céramique, place et quartier d'Athènes : Pros.

cērārĭa, ***ae***, f., la cirière : Théât.

cērārĭum, ***ĭi***, n., impôt pour la cire [droit du sceau] : Pros.

cĕrăsĭnus, ***a***, ***um***, de couleur cerise : Pros.

cĕrăsĭum, ***ĭi***, n., cerise : Pros.

cĕrasta, ***ae***, f., → *cerastes*

Cĕrastae, ***ārum***, m. pl., habitants de l'île de Chypre métamorphosés en taureaux : Poés.

cĕrastēs, ***ae***, m., céraste ‖ vipère à cornes : Poés.

cĕrăsus, ***i***, f. ¶ **1** cerisier : Pros., Poés. ¶ **2** cerise : Poés.

cĕrātĭna, ***ae***, f., argument cornu : Pros.

cĕrātĭum, ***ĭi***, n., caroubier : Pros.

cērātum, ***i***, n., Pros., → *cerotum*

cērātūra, ***ae***, f., enduit de cire : ***ceraturam pati*** Pros., être susceptible de recevoir un enduit de cire

cērātus, ***a***, ***um***, part. de *cero*, enduit de cire : ***cerata tabella*** Pros., bulletin de vote des juges ; ***ceratae pennae*** Poés., plumes jointes avec de la cire

cĕraula, ***ae***, m., celui qui joue du cor : Pros.

Cĕraunĭa, ***ĭōrum***, n. pl., Poés., **Cĕraunĭi montes**, Pros., monts Cérauniens, en Épire ‖ **-nus**, ***a***, ***um***, Poés., des monts Cérauniens

cĕraunĭae vītes, f. pl., Pros. et **ūvae**, f. pl., vignes et raisins de couleur rouge

1 **cĕraunus**, ***i***, m., pierre précieuse couleur de l'éclair : Poés.

2 **Cĕraunus**, ***i***, m. ¶ **1** surnom de Ptolémée II, roi de Macédoine : Pros. ¶ **2** → *Ceraunia*

Cerbĕrus (**-os**), ***i***, m., Cerbère [le gardien des Enfers] : ***triceps Cerberus*** Pros., Cerbère, le chien à trois têtes ‖ **-bĕrēus**, ***a***, ***um***, de Cerbère : Poés.

Cercēi, → *Circeii*

cercĕra, → *querquerus*

cercēris, ***is***, f., oiseau inconnu : Pros.

Cercĕtae, ***ārum***, m. pl., **Cercĕtĭi**, ***ōrum***, m. pl., Cercètes [peuple du Bosphore Cimmérien.]

Cercĕtĭus mons, m., montagne de Thessalie : Pros.

Cercīna, ***ae***, f., Pros., **Cercinna**, ***ae***, f., île sur la côte d'Afrique ‖ **-nītāni**, ***ōrum***, m. pl., habitants de l'île Cercina : Pros.

Cercinĭum, ***ĭi***, n., ville de Thessalie : Pros.

cercītis, ***ĭdis***, f., sorte d'olivier : Pros.

cercĭus, → *circius*

Cerco, ***ōnis***, m., surnom romain : Pros.

Cercŏnīcus, ***i***, m., nom d'un personnage de comédie : Théât.

Cercōpes, ***um***, m. pl., les Cercopes [métamorphosés en singes par Jupiter] : Poés.

Cercōpia insŭla, f., le pays des singes : Théât.

cercŏpĭthēcus, ***i***, m., singe à longue queue : Poés.

1 **cercops**, ***ōpis***, m., singe à longue queue : Poés.

2 **Cercops**, ***ōpis***, m., philosophe pythagoricien : Pros.

cercūrus, ***i***, m., Théât., **cercȳrus**, ***i***, m., Pros. ¶ **1** navire léger ¶ **2** poisson de roche : Poés.

Cercusĭum, ***ĭi***, n., ville de Mésopotamie : Pros.

Cercȳo, ***ŏnis***, m., Cercyon [brigand tué par Thésée] : Poés. ‖ **-ŏnēus**, ***a***, ***um***, de Cercyon : Poés.

cercȳrus, → *cercurus*

Cerdiciātes, ***um*** ou ***ium***, m. pl., peuple de Ligurie : Pros.

cerdo, ***ōnis***, m., artisan, gagne-petit : Poés. ; ***cerdo sutor*** Poés., savetier

Cēre, → *Caere*

Cĕrĕālĭa (**Cĕrĭālia**), ***ium***, n., fêtes de Cérès : Pros. ; ***Cerialia ludi*** Pros., jeux en l'honneur de Cérès

1 **cĕrĕālis**, ***e***, relatif au blé, au pain : ***cereales herbae*** Poés., les blés en herbe ; ***cerealia arma*** Poés., les ustensiles pour faire le pain ; → *2 Cerealis*

2 **Cĕrĕālis**, ***e***, de Cérès : ***Cereale nemus*** Poés., bois consacré à Cérès ‖ **Cĕrĕālis**, ***is***, m., nom d'homme : Pros., Poés.

cĕrĕbĕllum, ***i***, n., petite cervelle : Pros.

cĕrĕbrōsus, ***a***, ***um***, malade du cerveau : Théât. ‖ emporté, violent : Poés. ‖ rétif : Pros.

cĕrĕbrum, ***i***, n. ¶ **1** cerveau : Pros. ; [fig.] Théât. ¶ **2** tête, cervelle, esprit : Théât. ; ***cerebrum putidum*** Poés., cervelle brouillée

Cērellĭa, ***ae***, f., nom de femme : Pros.

cērĕmōnĭa, → *caerimonia*

cērĕŏlus, ***a***, ***um***, couleur de cire : Pros.

1 **Cĕrēs**, ***ĕris***, f. ¶ **1** Cérès [déesse de l'agriculture] : Poés. ; ***flava Ceres*** Poés., blonde Cérès ¶ **2** [fig.] moisson, blé, pain : Pros., Poés.

2 **Cēres**, **Cērētānus**, → *Caer*

1 **cērĕus**, ***a***, ***um***, de cire, en cire : Pros. ; ***cerea effigies*** Poés., portrait en cire ; ***cerea castra*** Poés., les cellules des abeilles ‖ couleur de cire, blond : ***cerea brachia*** Poés., bras blonds ‖ cireux, graisseux : Poés. ‖ [fig.] flexible, maniable [avec inf.] Poés.

2 **cērĕus**, ***i***, m., cierge, bougie de cire : Pros.

cĕrial-, → *cereal-*

cērĭārĭa, → *ceraria*

Cērillae, ***ārum***, f. pl., port du Bruttium : Poés.

cērĭmōn-, → *caerimon-*

cērintha, ***ae***, f., Poés. et **-thē**, ***ēs***, f., mélinet [plante]

Cērinthus, ***i***, m., nom d'homme : Poés.

cērīnum, ***i***, n., étoffe jaune : Théât.

Cērites, → *Caeres*

cērītus, ***a***, ***um***, → *cerritus*

Cermalus (**Germ-**), ***i***, m., Germal [colline de Rome attenante au mont Palatin] : Pros.

cernō, ***ĭs***, ***ĕre***, ***crēvī***, ***crētum***, tr. ¶ **1** [au pr.] séparer : ***per cribrum cernere*** Pros., passer au crible, tamiser ¶ **2** [fig.] distinguer, discerner, reconnaître nettement avec les sens et surtout avec les yeux : Pros., Poés. ‖ ***en cernite*** Poés. ; ***cerne en*** Poés., [parenthèses pour attirer l'attention] voyez, vois ¶ **3** distinguer avec l'intelligence, voir par la pensée, comprendre : ***verum cernere*** Pros., discerner le vrai ‖ ***in aliqua re,***

aliqua re cerni, être reconnu (se reconnaître) dans, à qqch. : [-C]; [C] Pros. ¶ **4** trancher, décider : [C] Pros. ‖ ***armis cernere*** [-C] Théât., décider par les armes ¶ **5** [droit] prononcer la formule par laquelle on déclare son intention d'accepter un héritage : [C] Pros. ; [d'où] ***hereditatem cernere*** [C] Pros., déclarer qu'on accepte un héritage, accepter un héritage [jeu de mots sur *cernere* [C] Pros.]

cernŏphŏrŏs et **-ŏra**, f., prêtresse qui porte le *cernos*

cernŭālĭa, *ium*, n. pl., → *consualia*

cernŭātus, *a, um*, part. de *cernuo*

cernŭlō, *ās, āre, -, -*, tr., jeter la face contre terre, culbuter : [+C] Pros.

cernŭlus, *a, um*, qui fait une culbute : [+C] Pros.

cernŭō, *ās, āre, -, -* ¶ **1** intr., tomber la tête la première, faire la culbute : [+C] Pros. ¶ **2** tr., courber : ***cernuare ora*** [T] Poés., courber la tête

cernŭus, *a, um*, qui se courbe ou tombe en avant : [C] Poés.

cērō, *ās, āre, -, ātum*, tr., frotter de cire : [+C] Pros.

Ceroliensis locus, m., quartier de Rome, près des Carènes : [C] Pros.

cērōma, *ae*, f., [T] Pros., **cērōma**, *ătis*, n., onguent composé de cire et d'huile, à l'usage des lutteurs : [+C] Pros., Poés. ‖ salle de lutte : [+C] Pros. ‖ [poét.] lutte : [+C] Poés.

cērōmătĭcus, *a, um*, frotté de *ceroma* : [+C] Poés.

cērōtum, *i*, n., cérat : [+C] Poés.

Cerrētāni, *ōrum*, m. pl., peuple de la Tarraconaise ‖ **-rētānus**, *a, um*, des Cerretani : [+C] Poés.

cerrĕus, *a, um*, de cerre : [+C] Pros.

cerrītŭlus, *a, um*, dim. de *cerritus*

cerrītus, *a, um*, frénétique, possédé : [C] Poés., [-C] Théât., Pros.

cerrus, *i*, f., cerre, chêne chevelu : [C] Pros.

certābundus, *a, um*, qui discute avec passion : [+C] Pros.

certāmen, *ĭnis*, n. ¶ **1** action de se mesurer avec un adversaire, lutte, joute : ***in certamen descendere*** [C] Pros., affronter la lutte ; ***certamen saliendi*** [+C] Pros., concours de saut ; ***certamen quadrigarum*** [+C] Pros., course de quadriges ; ***certamen pedum*** [C] Poés., course à pied ; ***certamen eloquentiae*** [+C] Pros., joute oratoire ; ***certamina ponere*** [C] Poés., organiser des joutes ¶ **2** combat, bataille, engagement : ***proelii certamen*** [C] Pros., les engagements (la lutte) au cours de la bataille ; ***in certamine ipso*** [C] Pros., en pleine bataille ¶ **3** lutte, conflit, rivalité : [C] Pros. ; ***certamen honoris*** [C] Pros., lutte pour les magistratures ; ***dominationis certamen*** [C] Pros., conflit pour la suprématie ; ***certamen periculi*** [C] Pros., émulation à s'exposer au danger ¶ **4** [fig.] ***certamen controversiae*** [C] Pros., point vif du débat

certātim, adv., à l'envi, à qui mieux mieux : ***certatim currere*** [C] Pros., lutter de vitesse

certātĭo, *ōnis*, f., [en part.] lutte dans les jeux, au gymnase : ***corporum certatio*** [C] Pros., lutte corps à corps ‖ [fig.] lutte, débat : [C] Pros. ‖ action, débat judiciaire : [C] Pros.

certātŏr, *ōris*, m., disputeur : [+C] Pros.

1 **certātus**, *a, um*, part. de *2 certo*, disputé par les armes : [+C] Poés. ‖ contesté, qui est l'objet d'un conflit : [C] Poés. ‖ [n. abl. abs.] ***multum certato*** [+C] Pros., après un long combat

2 **certātŭs**, *ūs*, m., lutte : [+C] Poés.

certē, adv. ¶ **1** certainement, de façon certaine, sûrement, sans doute : [-C] Théât., [C] Pros. ¶ **2** du moins, en tout cas : [C] Pros. ‖ ***sed certe*** [C] Pros., ce qui est certain, c'est que

certĭfĭcō, *ās, āre, -, -*, tr., rassurer, rendre confiant : [T] Pros.

Certima, *ae*, f., place forte de Celtibérie : [C] Pros.

Certis, *is*, m., autre nom du fleuve Bétis : [C] Pros.

certissō (certiscō), *ĭs, ĕre, -, -* ou *ās, āre, -, -*, intr., être renseigné : [-C] Théât.

1 **certō**, adv., certainement, sûrement, avec certitude : ***perii certo*** [-C] Théât., c'est fait de moi sans nul doute ; ***certo scio*** [C] Pros., je suis bien sûr ‖ d'une manière irrévocable : ***certo decrevi*** [-C] Théât., j'ai pris la résolution formelle

2 **certō**, *ās, āre, āvī, ātum*

I intr., chercher à obtenir l'avantage sur qqn en luttant, lutter, combattre : [C] Pros. : ***cum aliquo de aliqua re***, contre qqn sur qqch. : [C] Pros. ; ***inter se officiis certant*** [C] Pros., ils luttent entre eux (rivalisent) de bons offices ‖ [avec interrog. indir.] [C] Pros. ‖ [en justice] : [C] Pros. ‖ [poét., avec dat.] tenir tête à : [C] Poés. ‖ [poét., avec inf.] lutter pour, tâcher de : [C] Poés., [+C] Pros.
II tr., débattre une chose ; ***rem*** : [+C] Pros. ; ***multam*** [C] Pros., débattre le taux de l'amende

certŏr, *ārĭs, ārī, ātus sum*, dép., → *2 certo* : [+T] Poés.

certus, *a, um* ¶ **1** sûr ***a)*** qui n'est pas douteux, certain : ***res certissimae*** Caes., les faits les plus certains ; ***certum est*** [avec prop. inf.], c'est une chose certaine que ; ***certum habere*** [avec interrog. indir. ou prop. inf.] Liv., tenir pour certain ; ***pro certo affirmare*** Liv., affirmer comme certain ‖ [en parl. de pers.] qui n'est pas douteux, incontestable : ***certissimus matricida*** Cic., un homme qui a tué incontestablement sa mère ; ***deum certissima proles*** Virg., vrai rejeton des dieux ***b)*** sur qui on peut compter, assuré : ***certus amicus*** Cic., ami sûr ; ***certa manu*** Ov., d'une main sûre ; ***certus receptus*** Caes., refuge assuré ***c)*** sûr de qqch., certain de qqch. : [avec gén.] ***certus triumphi*** Plin. *Pan.*, sûr du triomphe ***d)*** instruit de, informé de, au courant de : [avec gén.] ***futurorum certi*** Ov., instruits de l'avenir ; ***certiorem facere aliquem***, informer qqn ; ***alicujus rei certiorem facere aliquem*** Cic. *Att.*, Liv., informer qqn de qqch. ; ***de aliqua re certiorem facere aliquem*** Cic., Caes., même sens ; [avec prop. inf.], informer que ; [avec interrog. indir.] ***aliquem certiorem facere quid opus sit*** Cic., informer qqn de ce qu'il faut faire ¶ **2** décidé, résolu : ***certa res est*** [avec inf.] Pl., c'est une chose décidée que de... ; ***alicui certum est*** [avec inf.] Cic., être bien décidé à ‖ [en parl. de pers.] ***certa mori*** Virg., décidée à mourir ; [avec gén.] ***relinquendae vitae certus*** Tac., résolu à mourir ¶ **3** déterminé, fixé : ***certo die*** Cic., à un jour fixé ; ***pecunia certa*** Cic., somme déterminée ; ***nihil certi*** Cic., rien de fixe, de précis ‖ [sens analogue à *quidam*] déterminé, particulier : ***certi homines*** Cic., certains hommes (qu'on ne désigne pas plus explicitement)

cĕrūchi (-ci), *ōrum*, m., cordages qui tiennent la vergue horizontale : [+C] Poés.

cērŭla, *ae*, f., petit morceau de cire : ***miniatula*** [C] Pros., crayon rouge [avec lequel les Romains marquaient les passages caractéristiques d'un livre]

cērussa, *ae*, f., céruse [pour le visage] [-C] Théât. ; [pour la peinture] ; [pour la méd., poison] [+C] Pros.

cērussātus, *a, um*, blanchi avec de la céruse : [+C] Poés.

cerva, *ae*, f., biche, femelle du cerf : [C] Pros., Poés.

cervīcăl, *ālis*, n., oreiller, coussin : [+C] Pros. et **cervīcāle**, *is*, n.

cervīcātus, *a, um*, entêté, obstiné : [T] Pros.

cervīcōsĭtās, *ātis*, f., entêtement, obstination : [T] Pros.

cervīcŭla, *ae*, f. ¶ **1** petit cou, petite nuque : ***cerviculam jactare*** [C] Pros., balancer la tête ¶ **2** col d'une machine hydraulique : [C] Pros. ¶ **3** [fig.] [chrét.] orgueil : [T] Pros.

cervīnus, *a, um*, de cerf : ***cervinum cornu*** [C] Pros., corne de cerf ; ***cervina senectus*** [+C] Poés., longévité de cerf

cervisca, *ae*, f., sorte de poire : [T] Pros.

cervix, *īcis*, f. ; [tj. au pl. d. [-C], [C]] ¶ **1** nuque, cou : [-C] Pros., [C] Pros. ; ***cervices frangere*** [C] Pros., briser la nuque, étrangler ; [+C] Pros. ¶ **2** [fig.] cou, tête, épaules : [C] Pros. ‖ hardiesse : [C] Pros. ¶ **3** [choses inanimées] ***c. cupressi*** [+C] Poés., tête d'un cyprès

cervus, *i*, m. ¶ **1** cerf : [C] Pros. ¶ **2** chevaux de frise : [C] Pros.

cēryx, *ȳcis*, m., [probablement] ‖ premier magistrat dans qq. ville inconnue, → *1 prytanis* et *sufes* : [+C] Pros.

cesna, *ae*, f., → *cena*

cesp-, → *caesp-*

Cessaeus, *a, um*, des Ibériens d'Asie : [+C] Poés.

cessātĭo, *ōnis*, f. ¶ **1** retard, lenteur, retardement : ***non datur cessatio*** [-C] Théât., il n'y a pas de temps à perdre ¶ **2** arrêt de l'activité, repos : [C] Pros. ¶ **3** arrêt, cessation : ***cessatio***

pugnae +C Pros., cessation du combat ¶**4** repos donné à la terre, jachère : +C Pros.

cessātŏr, *ōris*, m., retardataire, fainéant : ***cessator in litteris*** C Pros., qui est paresseux pour écrire des lettres

cessātus, *a, um*, part. de *cesso*

cessī, parf. de *1 cedo*

cessim, adv., en reculant, en cédant : +C Pros.

cessĭo, *ōnis*, f., action de céder, cession [en t. de droit] : C Pros.

cessō, *ās, āre, āvī, ātum*, intr. ¶**1** tarder, se montrer lent, lambiner, ne pas avancer, ne pas agir : -C Théât. ; ***si tabellarii non cessarint*** C Pros., si les courriers ne traînent pas en route (s'ils font diligence) ‖ [avec inf.] tarder à faire qqch. : -C Théât., C Poés. ‖ [droit] ne pas comparaître au jour dit en justice, faire défaut : +C Pros. ‖ [fig.] tarder à venir, ne pas être présent : +C Pros. ‖ ne pas arriver, manquer : +C Pros. ¶**2** suspendre son activité, s'interrompre, se reposer : C Pros., +C Pros. ‖ [avec *in* abl.] C Pros. ; ***in officio cessare*** C Pros., se relâcher dans l'accomplissement de ses devoirs ‖ [avec abl.] C Pros., +C Poés. ‖ [avec *ab*] s'arrêter de : C Pros. ‖ [avec *in* acc.] C Poés. ‖ [fig.] se relâcher, se négliger : C Poés. +C Pros. ¶**3** être oisif, ne rien faire : C Pros. ‖ [poét.] consacrer ses loisirs à qqch., s'adonner à ; ***cessare alicui rei*** ▶ *vacare alicui rei*, ▶ *vaco II* ¶*2* : C Poés. ‖ être au repos : -C Théât., C Poés. ; ***cessat terra*** C Poés., la terre est au repos, reste en jachère ¶**4** [poét., emploi trans. au passif] ***cessatis in arvis*** C Poés., dans les champs laissés au repos

cessus, *a, um*, part. de *1 cedo*

Cestĭus, *ĭi*, m. ¶**1** nom d'un préteur : C Pros. ¶**2** rhéteur célèbre : C Pros. ‖ **-tiānus**, *a, um*, de Cestius : C Pros.

cestŏs, ▶ *1 cestus*

cestrosphendŏnē, *ēs*, f., machine pour lancer des traits : C Pros.

1 **cestus (-os)**, *i*, m., ceinture, sangle, courroie : C Pros. ‖ ceinture de Vénus : +C Poés.

2 **cestŭs**, *ūs*, m., ▶ *2 caestus*

cētārĭa, *ae*, f., **cētārĭum**, *ĭi*, n., C Poés., vivier

Cētārīni, *ōrum*, m. pl., habitants de Cetaria [ville de Sicile] : C Pros.

cētārĭus, *ĭi*, m., marchand de poissons de mer, mareyeur : -C Théât.

cētē, cétacés : ***immania cete*** C Poés., les monstrueuses baleines ; ; ▶ *cetus*

cētĕrā, acc. n. pl. pris advt, quant au reste, du reste : C Pros. ‖ désormais : C Poés.

cētĕrōquī, **cētĕrōquīn**, adv., au surplus, d'ailleurs : C Pros.

cētĕrum, n. pris advt, pour le reste : C Pros. ‖ du reste, d'ailleurs : C Pros. ‖ mais : C Pros. ‖ mais en réalité : C Pros. ‖ autrement, sans quoi : -C Théât., +C Pros.

cētĕrus**, *a, um*, [employé surtout au pl. *ceteri, ae, a* ; le nom. m. *ceterus* n'existe pas] tout le reste de : C Pros. ; ***cetera jurisdictio C Pros., le reste des fonctions de justice ; ***cetera series*** C Pros., le reste de la série ‖ acc. n. sg. pris substt, ***ceterum***, le reste : -C Théât. ; C Pros. ; +C Pros. ‖ [m. pl.] les autres, tous les autres : C Pros. ; ***ceteri omnes*** C Pros., tous les autres ; ***redeo ad cetera*** C Pros., je reviens au reste ‖ ***de cetero***, pour ce qui est du reste : C Pros., +C Pros. ‖ dorénavant, à l'avenir : +C Pros. ‖ ***ad cetera***, à tous les autres égards, sous tous les autres rapports : C Pros., +C Pros.

Cĕthēgus, *i*, m., surnom des Cornelii : C Pros. ‖ complice de Catilina : C ‖ **Cĕthēgi**, *ōrum*, pl., des Céthégus [des Romains de l'ancien temps] : C Poés.

Cētō, *ūs*, f., nymphe de la mer, femme de Phorcus, mère des Gorgones : +C Poés.

cētra, C Poés., **caetra**, *ae*, C Pros., f., petit bouclier de cuir

cētrātus ou **caetrātus**, *a, um*, armé du bouclier nommé *cetra* : C Pros. ‖ **cētrāti**, *ōrum*, m., soldats munis de ce bouclier : C Pros.

Cetrōnĭus, *ĭi*, m., nom de famille romain : +C Pros.

cette, ▶ *2 cedo*

cētus, *i*, m., poisson de mer, marée : -C Théât. ‖ la Baleine [constell.] : C Poés.

ceu ¶**1** comme, ainsi que : C Poés. ; ***ceu fumus*** C Poés., comme une fumée ¶**2** comme si ***a)*** [sans verbe] +C Pros. ***b)*** [avec subj.] C Poés.

Cēus, *a, um*, ▶ *Cea*

Ceutrones, *um*, m. pl. ¶**1** peuple de Belgique : C Pros. ¶**2** peuple de la Gaule, dans les Alpes : C Pros.

ceva, *ae*, f., sorte de vache : +C Pros.

cēvĕō, *ēs, ēre, ēvī, -*, intr., remuer le derrière : +C Poés. ‖ faire des avances comme un mignon : +C Poés.

Cēyx, *ȳcis*, m., époux d'Alcyone, métamorphosé en alcyon : C Poés.

Chabrĭās, *ae*, m., général athénien : C Pros.

chaerĕ, bonjour : -C Poés., C Pros.

Chaerĕa, *ae*, m., surnom romain : C Pros., +C Pros.

Chaerĕās, *ae*, m., auteur d'un traité d'agriculture : C Pros.

chaerēmōn, *ŏnis*, m., nom d'homme : +C Poés.

chaerĕphyllum, *i*, n., cerfeuil : +C Pros.

Chaerestrătus, *i*, m., personnage de comédie : C Pros.

Chaerippus, *i*, m., nom d'homme : C Pros.

Chaerōnēa, *ae*, f., Chéronée [ville de Béotie] : C Pros.

Chalastra, *ae*, f., ville de Macédoine ‖ **-traeus**, *a, um* et **trĭcus**, *a, um*, de Chalastra

chălazŏphy̆lax, *ăcis*, acc. pl. ***acas***, m., garde chargé de prédire la grêle : +C Pros.

chalcaspĭdes, *um*, m. pl., soldats armés d'un bouclier d'airain : C Pros.

Chalcedon, etc., ▶ *1 Calchedon*, etc.

chalcĕus, *a, um*, d'airain : +C Poés.

Chalcĭdensis, *e*, C Pros., **Chalcĭdĭcensis**, *e*, +C Pros., de Chalcis ‖ **-denses**, *ĭum*, m. pl., habitants de Chalcis : C Pros. et **-dĭenses**, *ĭum*

Chalcĭdĭcensis, ▶ *Chalcidensis*

chalcĭdĭcum, *i*, n., salle aux deux extrémités d'une basilique : C Pros.

Chalcĭdĭcus, *a, um*, de Chalcis, d'Eubée : ***Chalcidicus Euripus*** C Pros., l'Euripe d'Eubée ; ***versus*** C Poés., vers du poète Euphorion de Chalcis ‖ de Cumes [colonie eubéenne] : C Poés. ; ***Chalcidica Nola*** +C Poés., Nole, ville fondée par les Eubéens

Chalcĭoecŏs, *i*, m., nom d'un temple de Minerve à Sparte : C Pros.

Chalcĭŏpē, *ēs*, f., Chalciope [sœur de Médée] : +C Poés.

Chalcis, *ĭdis* ou *ĭdos*, f., Chalcis [capitale de l'Eubée] : C Pros.

chalcītēs, *is*, **chalcītis**, *ĭdis*, +C Pros., f., minerai de cuivre

chalcŏphōnŏs, **chalcŏphtongŏs**, *i*, f., sorte de pierre précieuse qui a le son du cuivre

Chaldaea, *ae*, f., la Chaldée ‖ **Chaldaei**, *ōrum*, m. pl., habitants de la Chaldée, Chaldéens : C Poés. ‖ [fig.] astrologues : ***Chaldaeorum promissa*** C Pros., les prédictions flatteuses des astrologues ‖ **-daeus**, *a, um*, Chaldéen : ***Chaldaeus grex*** +C Poés., troupe d'astrologues ‖ **-dăĭcus**, *a, um*, Chaldéen : C Pros.

chăly̆bēĭus, *a, um*, d'acier : C Poés.

Chăly̆bes, *um*, m. pl., Chalybes ‖ peuple du Pont, réputé pour ses mines et la fabrication de l'acier : C Poés.

chălybs, *y̆bis*, m., acier : ***vulnificus chalybs*** C Poés., l'acier meurtrier ‖ [fig.] objet en acier : ***chalybs strictus*** +C Théât., épée nue

Cham, m. indécl., fils de Noé : T Pros.

chămaelĕōn, *ōnis* ou ***ontis***, m., caméléon : +C Pros.

chămaestrōtus, *a, um*, qui se courbe vers la terre : +C Pros.

Chămāvi, *ōrum*, m. pl., Chamaves [peuple des bords du Rhin] : +C Pros.

chămeunĭa, *ae*, f., action de coucher sur la terre : T Pros.

chămulcus, *i*, m., chariot bas pour les gros fardeaux : T Pros.

Chănāăn, f. indécl., [T] Pros. et **Cănān**, f. indécl., le pays de Chanaan en Palestine ‖ **-nānaeus**, *a*, *um*, [T] Pros. et **-nănītis**, *ĭdis*, f., de Chanaan ‖ **-nănaei**, *ōrum*, m. pl., les Chananéens : [T] Pros.

channē, **chānē**, *ēs*, f., poisson hermaphrodite : [C] Poés.

Chāōn, *ŏnis*, m., Chaon [fils de Priam] : [C] Poés.

Chāŏnes, *um*, m. pl., habitants de la Chaonie : [C] Pros. ‖ **Chāŏnĭa**, *ae*, f., Chaonie [région de l'Épire] : [C] Pros. ‖ **Chāŏnis**, *ĭdis*, f., de Chaonie : [C] Poés. ‖ **Chāŏnĭus**, *a*, *um*, de Chaonie, d'Épire : [C] Poés.

Chăŏs, *i*, n. ¶ **1** le chaos, masse confuse dont fut formé l'univers : ***a Chao*** [C] Poés., à partir du Chaos [avant même la création du monde] ‖ le Chaos personnifié : [C] Poés. ‖ le vide infini, les Enfers : [C] Poés. ¶ **2** [fig.] profondes ténèbres : [+C] Poés. ; ***chaos horridum*** [T] Poés., ténèbres effrayantes

chara, n., chou-rave : [C] Pros.

chărăcātus, *a*, *um*, échalassé : [+C] Pros.

chăractēr, *ēris*, m. ¶ **1** marque au fer : [+C] Pros. ¶ **2** [fig.] caractère, particularité d'un style : [C] Pros. en grec d. [C] Pros.

chăractērismus (**-ŏs**), *i*, m., caractérisation des vertus et des vices : [+C] Pros.

charadrĭŏs (**-ĭus**), *ĭi*, m., courlis [oiseau] : [T] Pros.

Chărădrŏs (**-us**), *i*, m., rivière de Phocide : [+C] Poés.

chăragma, *ătis*, n., signe, trace : [T] Pros.

Chărax, *ăcis*, f., forteresse de la Thessalie : [C] Pros.

chăraxō, *ās*, *āre*, -, *ātum*, tr., gratter, sillonner, graver : [T] Poés.

Chăraxus, *i*, m., frère de Sapho : [C] Poés. ‖ un des Centaures : [C] Poés.

Charchēdŏnĭus, → *Carchedonius*

Chărēs, *ētis*, m. ¶ **1** statuaire grec : [C] Pros. ¶ **2** historien grec : [+C] Pros.

Chăribdis, → *Charybdis*

Chăriclō, *ūs*, f., épouse de Chiron : [C] Poés.

Chărĭdēmus, *i*, m., nom d'homme : [C] Pros.

Chărĭmandĕr, *dri*, m., auteur d'un traité d'astronomie : [+C] Pros.

Chărinda, *ae*, m., fleuve d'Hyrcanie : [T] Pros.

Chărīnus, *i*, m., nom d'homme : [-C] Théât.

Chărīsĭānus, *i*, m., nom d'homme : [+C] Poés.

Chărīsĭus, *ĭi*, m., orateur athénien : [C] Pros.

chărisma, *ătis*, n., grâce : [T] Poés.

Chăristĭa, → *Caristia*

chārĭtas, → *caritas*

chărĭtē, *ēs*, f., nom de femme : [+C] Pros.

Chărĭtes, *um*, f. pl., les Charites, les Grâces : [C] Poés.

Charmădās, *ae*, m., philosophe grec : [C] Pros.

Charmel-, → *Carmel-*

Charmĭdes, *āi* ou *i*, m., personnage de comédie : [-C] Théât.

charmĭdŏr, *ārĭs*, *ārī*, *ātus sum*, intr., devenir un Charmide = se réjouir [χάρμα, " joie "] : [-C] Théât.

1 **Chărōn**, *ontis*, m., Charon [le nocher des Enfers] : [C] Pros., Poés.

2 **Chărōn**, *ōnis*, m., homme d'État thébain : [C] Pros.

Chărondās, *ae*, m., législateur de Thurium : [C] Pros.

Chărŏpēĭus, *a*, *um*, de Charops : [+C] Poés.

Chărops, *ŏpis*, m., nom d'homme : [C] Poés.

charta, *ae*, f. ¶ **1** papier : ***charta dentata*** [C] Pros., papier lustré ; [+C] Pros., Poés., [C] Pros. ¶ **2** [fig.] écrit, livre : [C] Pros. ; ***chartae Socraticae*** [C] Poés., les écrits socratiques ‖ volume : [C] Poés. ¶ **3** feuille de métal : ***charta plumbea*** [+C] Pros., feuille de plomb

chartārĭus, *a*, *um*, qui concerne le papier : ***chartarius calamus*** [+C] Pros., roseau à écrire

chartŭla, *ae*, f. ¶ **1** petit papier, petit écrit : [C] Pros. ¶ **2** **chartulae**, *ārum*, f. pl., actes des martyrs : [T] Poés.

chartus, → *charta*

chārus, → *1 carus*

Chărybdis, *is*, f., Charybde [gouffre de la mer de Sicile, dans le détroit de Messine] : [C] Pros. ‖ [fig.] gouffre, abîme, monstre dévorant : ***Charybdis bonorum*** [C] Pros., Charybde de sa fortune

chasma, *ătis*, n. ¶ **1** gouffre du sol : [+C] Pros. ¶ **2** espèce de météore : [+C] Pros.

chasmătĭās, *ae*, m., tremblement de terre qui entrouvre le sol : [T] Pros.

Chasŭārĭi, *ōrum*, m. pl., peuple germain : [+C] Pros.

Chatti, *ōrum*, m. pl., [+C] Poés. et **Catti**, *ōrum*, m. pl., les Chattes [peuple germain] ‖ **Chattus**, *a*, *um*, de la tribu des Chattes [Hessois] : [+C] Pros.

Chauci, *ōrum*, m. pl., [+C] Pros., **Chauchi**, *ōrum*, m. pl., [+C] Pros., **Căўci**, *ōrum*, m. pl., [+C] Poés., les Chauques [peuple germain] ‖ **Chaucĭus**, *ĭi*, m., le vainqueur des Chauques : [+C] Pros.

Chaunus, *i*, m., montagne d'Espagne : [C] Pros.

Chaus, *i*, m., fleuve de Carie : [C] Pros.

chēlē, *ēs*, f. ¶ **1** [surtout au pl.] **chelae**, *ārum*, les pinces du Scorpion, la Balance : [C] Poés. ¶ **2** [méc.] détente [dans la catapulte → *manucla*] : [C] Pros. ‖ tiroir [dans la baliste] : [C] Pros.

1 **chĕlīdōn**, *ŏnis*, f., hirondelle : [T] Poés.

2 **Chĕlīdōn**, *ŏnis*, f., Chélidon [courtisane] : [C] Pros.

chĕlōnītĭs, *ĭdis*, f., ou **chĕlōnītēs**, *ae*, m., pierre précieuse

chĕlōnĭum, *ĭi*, n., [méc.] palier, coussinet : [C] Pros. ‖ tiroir [dans la baliste] : [C] Pros.

chĕlўdrus, *i*, m., serpent venimeux : [C] Poés.

chĕlўs, *yis* et *yos*, f., tortue : [+C] Pros. ‖ [fig.] ***a)*** lyre : [C] Poés., [+C] Poés. ***b)*** la Lyre [constell.] [T] Poés.

chēniscus, *i*, m., extrémité de la poupe d'un vaisseau recourbée à la façon d'un cou d'oie : [+C] Pros.

chēnŏboscīŏn, *ĭi*, n., basse-cour avec bassin pour les oies : [C] Pros., [+C] Pros.

chĕrăgra, *ae*, f., [C] Poés., **chĭrăgra**, *ae*, f., [+C] Pros., chiragre, goutte des mains : ***nodosa cheragra*** [C] Pros., la chiragre noueuse

chĕrogrăphum, *i*, n., [T] Poés., → *chirographum*

Cherrŏnēsus, *i*, f., [C] Pros., **Chersŏnēsus**, *i*, f., [C] Pros., la Chersonèse de Thrace ‖ **Chersŏnēsus**, *i*, f., [C] Pros., **Cherrŏnēsus Taurica**, la Chersonèse Taurique

Chersĭdămās, *antis*, m., nom d'un Troyen : [C] Poés.

Chersĭphrōn, *ŏnis*, m., architecte qui bâtit le temple d'Éphèse : [+C] Pros.

Chersŏnēsus, → *Cherronesus*

chersŏs, *i*, f., tortue de terre : [+C] Poés.

chersydros (**-us**), *i*, m., espèce de serpent amphibie : [+C] Poés.

Chĕrub, m. sg. invariable, **Chĕrŭbim**, m. pl. invariable, [T] Poés., **Chĕrŭbin**, Chérubin [esprit céleste]

Chĕrusci, *ōrum*, m. pl., les Chérusques [peuple germain] : [C] Pros., [+C] Pros.

Chēsippus, *i*, m., nom donné par Zénon au philosophe Chrysippe : [C] Pros.

Childebertus, *i*, m. ¶ **1** Childebert Ier [fils de Clovis, 511-558] : [+T] Pros. ¶ **2** Childebert II [roi d'Austrasie, fils de Brunehaut, 575-595] : [+T] Pros.

Childericus, *i*, m., Childéric [roi franc, père de Clovis] : [+T] Pros.

chīlĭarchēs, *ae*, m., chiliarque, officier qui commande mille hommes : [+C] Pros.

chīlĭarchus, *i*, m., premier ministre chez les Perses : [C] Pros.

Chīlĭastae, *ārum*, m. pl., Millénaristes [secte qui croyait au règne du Christ pendant mille ans] : Pros.

Chīlo, Pros., **Chīlōn**, *ōnis*, m., Pros., Chilon [l'un des Sept Sages de la Grèce]

Chilpĕrĭcus, *i*, m., Chilpéric [roi des Francs] : Poés.

Chĭmaera, *ae*, f. ¶**1** monstre fabuleux : Poés. ¶**2** un des vaisseaux d'Énée : Poés.

Chĭmaerĭfĕr, *ĕra*, *ĕrum*, qui a produit la Chimère : Poés.

Chĭōn, *ōnis*, m., Chion [artiste grec] : Pros.

Chĭŏnē, *ēs*, f., Chioné [fille de Dédalion] : Poés. ‖ nom de femme : Poés.

Chĭŏnĭdēs, *ae*, m., fils de Chioné : Poés.

Chĭŏs, Pros. et **Chĭus**, *ĭi*, Pros., f., Chios [île de la mer Égée]

chīragra, ▶ *cheragra*

chīragrĭcus, *a*, *um*, chiragre, qui a la goutte aux mains : Pros. ‖ ***chiragricae manus*** Pros., mains goutteuses

chīrămaxĭum, *ĭi*, n., voiture à bras : Pros.

chīrĭdōta tŭnĭca, Pros. et **chīrĭdōta**, *ae*, f., tunique à longues manches

Chīro, ▶ *Chiron*

chīrŏdȳta, *ae*, f., Pros., **-dȳti**, *ōrum*, m. pl., Poés., manches, ▶ *chiridota*

chīrŏgrăphum, *i*, n., **-phus**, *i*, m., Pros., **-phŏn**, *i*, n., Poés. ¶**1** écriture autographe : Pros. ¶**2** ce qu'on écrit de sa propre main : Pros. ¶**3** engagement signé, reçu, obligation, reconnaissance : ***chirographi exhibitio*** Pros., l'exhibition du reçu ; Pros., Pros.

Chīrōn, *ōnis*, m., Poés., **Chīro**, *ōnis*, m., Théât., le centaure Chiron ‖ le Sagittaire [constell.] : Poés. ‖ **-īcus**, *a*, *um*, de Chiron : Pros.

Chīrōnēum vulnus, n., Poés. et **Chīrōnīum ulcus**, , n., Pros., blessure, ulcère inguérissable

chīrŏnŏmĭa, *ae*, f., l'art du geste [rhét.] : Pros.

chīrŏnŏmōn, *untis*, m., Poés. et **-mŏs**, *i*, m., Poés., pantomime

Chīrūchus, *i*, m., nom d'un personnage de comédie : Théât.

chīrurgĭa, *ae*, f., [fig.] ***chirurgiae taedet*** Pros., je suis las des remèdes violents

chīrurgĭcus, *a*, *um*, de chirurgie : ***medicina chirurgica*** Poés., chirurgie

chīrurgus, *i*, m., chirurgien : Pros.

Chīum, *ĭi*, n., vin de Chios : Poés.

1 **Chīus**, *a*, *um*, de Chios : ***Chium vinum*** Théât., vin de Chios ; Pros. ‖ **Chīi**, *ōrum*, m. pl., habitants de Chios : Pros. ‖ **Chīum signum**, Poés., le Scorpion [constell.]

2 **Chĭus**, ▶ *Chios*

chlaena, *ae*, f., manteau grec : Poés.

chlămȳda, *ae*, f., Pros., ▶ *chlamys*

chlămȳdātus, *a*, *um*, vêtu d'une chlamyde : Pros. ‖ **-ȳdāti**, *ōrum*, m. pl., les gens en chlamyde : Pros.

chlămȳs, *ȳdis*, f., chlamyde [manteau grec], manteau militaire : Théât., Pros., Poés.

Chlĭdē, *ēs*, f., nom de femme : Poés.

Chlodĭo, *ōnis*, m., Clodion [roi des Francs] : Pros. ; ▶ *Cloio*

Chlodobertus, *i*, m., Clodobert [fils de Chilpéric] : Poés.

Chlodovechus, *i*, m., Clovis [roi des Francs] : Poés.

Chlŏē, *ēs*, f., Chloé [nom de femme] : Poés.

Chlōreūs, *ĕi* ou *ĕos*, m., Chlorée [prêtre de Cybèle] : Poés.

Chlōrĭs, *ĭdis*, f., déesse des fleurs : Poés. ‖ mère de Nestor : Poés. ‖ nom grec de femme : Poés.

Chlōrus, *i*, m., nom d'homme : Pros.

Chŏaspēs, *is*, m. ¶**1** fleuve de Médie : Poés. ¶**2** fleuve de l'Inde : Pros.

chŏaspītēs, *ae*, m., **chŏaspītis**, *ĭdis*, f., sorte de pierre précieuse de couleur verte

Chŏātrae, *ārum*, m. pl., peuple voisin du Palus-Méotide : Poés.

Chŏātrēs, *ae*, m., rivière de Parthie : Pros.

choenĭca, *ae*, f., **choenix**, *ĭcis*, f., chénice, mesure attique pour les grains [1, 08 litre]

Choerĭlus, *i*, m., poète grec, contemporain d'Alexandre : Poés.

choerŏgryllus, *i*, m., porc-épic : Pros.

chŏlĕra, *ae*, f., maladie provenant de la bile : Pros.

chommŏdum, au lieu de *commodum* [aspiration vicieuse dont se moque Catulle] : Poés.

chŏrāgĭārĭus, *ĭi*, m.,, ▶ *choragus*

chŏrāgĭum, *ĭi*, n. ¶**1** matériel scénique, décors : Théât. ‖ [fig.] appareil somptueux : Pros. ¶**2** ressort : Pros.

chŏrāgus, *i*, m., chorège, directeur de théâtre, régisseur : Théât.

Chŏrasmĭi, Pros. et **Chŏrasmi**, *ōrum*, m. pl., peuple de la Sogdiane

chŏraulēs, *ae*, Poés., **chŏraula**, *ae*, m., Pros., joueur de flûte accompagnant les choeurs

chorda, *ae*, f. ¶**1** tripe : Pros. ¶**2** [fig.] ***a)*** corde d'un instrument de musique : Pros., Poés. ***b)*** corde, ficelle : Théât.

1 **chordus (cordus)**, *a*, *um*, né après terme : Pros. ‖ tardif [en parl. des plantes] : Pros.

2 **Chordus**, ▶ *2 Cordus*

chŏrēa, *ae*, f., Poés., **chŏrĕa**, *ae*, f., Poés., danse en choeur ‖ [fig] mouvement circulaire des astres : Poés.

chŏrēus, *i*, m., chorée, trochée : Pros. ‖ **chŏrēus**, *i*, m., Pros., **chŏrīus**, *ĭi*, m.,tribraque

Chŏreusae insulae, f. pl., les Îles flottantes [en Lydie] : Pros.

chŏrĭambĭcus, *a*, *um*, qui concerne le choriambe : ***choriambicus versus*** Pros., vers choriambique

chŏrĭambus, *i*, m., choriambe [pied composé d'un trochée et d'un iambe] ‖ **chŏrĭambus**, *a*, *um*, poème en vers choriambiques

chŏrĭus, ▶ *choreus*

chōrŏbătēs, acc. *en*, abl. *e*, m., instrument pour prendre le niveau de l'eau : Pros.

chŏrŏcĭthăristēs, *ae*, m., musicien qui accompagne le chœur avec la cithare : Pros.

Choroebus, ▶ *Coroebus*

chōrŏgrăphĭa, *ae*, f., topographie : Pros.

Choromandae, *ārum*, m. pl., peuple de l'Inde : Pros.

chors, Poés., **cors**, *tis*, f., Pros., cour de ferme, basse-cour, ▶ *cohors* ¶*1*

chŏrus, *i*, m. ¶**1** danse en rond, en chœur : Poés. ; ***choros agitare*** Poés., se livrer à la danse ‖ mouvement harmonieux des astres : Poés. ¶**2** troupe qui danse en chantant, chœur : Pros., Poés. ; ***chorus Dryadum*** Poés., le choeur des Dryades ‖ [en part.] le choeur dans la tragédie : Poés. ¶**3** troupe [en gén.], cortège, foule : Pros. ; ***philosophorum chorus*** Pros., le choeur des philosophes ; ***scriptorum chorus*** Pros., la troupe des écrivains

Chrĕmēs, *mētis* et *mis*, m., Chrémès [vieillard de comédie] : Théât.

Chrestĭānus, ▶ *2 Christianus* : Pros.

Chrestilla, *ae*, f., nom de femme : Poés.

Chrestus (-os), *i*, m. ¶**1** nom d'homme : Pros. ¶**2** le Christ : Pros., Pros.

chrīa, *ae*, f., chrie [exposé, avec exemple, d'une pensée, d'un lieu commun] : Pros.

chrismō, *ās, āre, āvī, ātum*, tr., [chrét.] faire une onction [au cours du baptême ou de la confirmation, ou encore de la consécration d'une église] : [+T] Pros.

1 **christĭānus**, *a, um*, chrétien : ***christiana religio*** [T] Pros., la religion chrétienne ; ***christianissimus*** [T] Pros.

2 **Christĭānus**, *i*, m., chrétien : [+C] Pros.

christĭcŏla, *ae*, m., adorateur du Christ, chrétien : [T] Poés. ‖ **christĭcŏlus**, *a, um*, [+T] Poés.

christĭfĕr, *ĕra, ĕrum*, qui porte le Christ : [T] Pros.

christĭgĕnus, *a, um*, de la famille du Christ : [T] Poés.

christĭpŏtens, *entis*, puissant par le Christ : [T] Poés.

1 **christus**, *a, um*, oint, qui a reçu l'onction : [T] Pros.

2 **Christus**, *i*, m., le Christ : [+C] Pros.

Chrodechildis, *is*, f., Clothilde [épouse de Clovis] : [+T] Pros.

chrōma, *ătis*, n., la gamme chromatique [musique] : [C] Pros.

chrōmătĭcē, *ēs*, f., théorie de la gamme chromatique : [C] Pros.

chrōmătĭcus, *a, um*, chromatique : [C] Pros.

1 **chrŏmis**, *is*, f., poisson de mer inconnu : [C] Poés.

2 **Chrŏmis**, *is*, m., fils d'Hercule : [+C] Poés. ‖ centaure : [C] Poés. ‖ nom d'un berger : [C] Poés.

chrŏnĭcus, *a, um*, relatif à la chronologie : ***chronici libri*** [+C] Pros., **chrŏnĭca**, *ōrum*, n. pl., chroniques, ouvrages de chronologie

Chrŏnĭus, *ĭi*, m., fleuve de la Sarmatie : [T] Pros.

chrŏnŏgrăphus, *i*, m., chroniqueur : [T] Pros.

chrotta, *ae*, f., espèce de flûte : [+T] Poés.

Chry̆sa, *ae*, f., **Chry̆sē**, *ēs*, f., [C] Poés., ville de Mysie

Chry̆sălus, *i*, m., Chrysale [nom d'homme] : [-C] Théât.

Chry̆săōr, *ŏris*, m., fils de Neptune et de Méduse : [+C] Poés.

Chry̆sās, [C] Pros., **Chry̆sa**, *ae*, m., [+C] Poés., fleuve de Sicile

chry̆sattĭcum (vīnum), *i*, n., vin couleur d'or fait à Athènes : [+T] Poés.

Chry̆sē, → *Chrysa*

Chry̆sēĭda, *ae*, f., [+C] Poés. et **Chry̆sēis**, *ĭdis*, f., [C] Poés., fille de Chrysès [Chryséis ou Astynomé]

chry̆sendĕta, *ōrum*, n. pl., plats ornés de ciselures en or : [+C] Poés., **chry̆sendĕtae lances**, f. pl., [+C] Poés.

Chry̆sēs, *ae*, m., grand prêtre d'Apollon : [C] Poés. ‖ dat. *-i*, [+C] Poés.

Chry̆sippus, *i*, m., Chrysippe : philosophe stoïcien : [C] Pros. ‖ affranchi de Cicéron : [C] Pros. ‖ **-ēus**, *a, um*, de Chrysippe [le philosophe] : [C] Pros.

Chry̆sis, *ĭdis*, f., Chrysis [personnage de comédie] : [-C] Théât., [C] Pros.

chry̆sĭus, *a, um*, d'or ; subst. pl. n., objets en or : [+C] Poés.

chrysoberullus, *i*, m., ou **-bēryllus**, *i*, m., béryl ou aigue-marine [pierre précieuse]

chry̆sŏcanthŏs, *i*, f., **chry̆sŏcarpus**, *i*, f., sorte de lierre à baies jaunes

chry̆sŏcolla, *ae*, f., chrysocolle [borax, servant à souder] : [C] Pros.

chry̆sŏcŏmēs, *ae*, m., aux cheveux d'or [épithète d'Apollon] : [T] Pros.

Chry̆sŏgŏnus, *i*, m., nom d'homme : [C] Pros., [+C] Poés.

Chry̆sŏlāus, *i*, [+C] Pros., m., tyran de Méthymne

chry̆sŏlĭthŏs, *i*, m., [C] Poés., **chry̆sŏlĭthus**, *i*, f., chrysolithe ou topaze [pierre précieuse] ‖ **-lĭthus vĭtrĕus**, hyacinthe [pierre précieuse]

chry̆sŏlĭthus, *a, um*, de chrysolithe : [+T] Poés.

chry̆sŏmallus, *i*, m., le bélier à la toison d'or : [+C] Poés.

chry̆sŏmēlĭnum mālum, n., [+C] Pros., **chry̆sŏmēlum**, *i*, n., pomme d'or [probablement le coing]

Chry̆sŏpŏlis, *is*, f., ville d'Arabie : [-C] Théât.

chry̆sŏs, *i*, m., or : [-C] Théât.

Chry̆sŏthĕmis, *ĭdis*, f., nom de femme : [+C] Poés.

chry̆sŏvellus, *a, um*, à la toison d'or : [C] Poés.

Chryxus, → *Crixus*

Chthŏnĭus, *ĭi*, m., nom d'un Centaure : [C] Poés. ‖ nom d'un guerrier : [+C] Poés.

Chyrĕtĭae, *ārum*, f. pl., → *Cyretiae*

chytrŏpūs, *ŏdis*, m., pot de terre à pieds : [T] Pros.

Chy̆trŏs, *i*, f., ville de l'île de Chypre : [C] Poés.

Cīa, *ae*, f., → *Cea* : [C] Pros.

Cīāni, *ōrum*, m. pl., habitants de Ciéos : [C] Pros.

Cībălae, *ārum*, f. pl., ville de la Pannonie : [T] Pros.

cĭbārĭa, *ōrum*, n. pl., aliments, nourriture, vivres : [-C] Pros. ‖ vivres du soldat, ration : [C] Pros. ; ***duplicia cibaria*** [C] Pros., double ration ‖ indemnité de vivres allouée aux magistrats provinciaux : [C] Pros.

cĭbārĭum, *ĭi*, n., nourriture : ***cibarium, vestiarium*** [+C] Pros., la nourriture et le vêtement

cĭbārĭus, *a, um* ¶ **1** qui concerne la nourriture : [-C] Théât. ¶ **2** commun, grossier [en parl. des aliments] : ***panis cibarius*** [C] Pros., pain grossier ; ***vinum cibarium*** [C] Poés., piquette

cĭbātĭo, *ōnis*, f., et plutôt **cĭbātŭs**, *ūs*, m., nourriture [de l'homme ou des animaux] : [-C] Théât., [C] Pros.

cibdēlus, *a, um*, malsain : [C] Pros.

cĭbĭcīda, *ae*, m., le tombeau (le tueur) des mets : [-C] Poés.

cĭbō, *ās, āre, āvī, ātum*, tr., nourrir : [+C] Pros. ; ***draconem cibare*** [+C] Pros., donner à manger à un serpent

cĭbŏr, *āris, āri, -*, intr., se nourrir : ***scrupulose cibari*** [+C] Pros., faire attention à ce qu'on mange

cĭbōrĭum, *ĭi*, n., coupe ayant la forme du fruit du nénuphar égyptien : ***ciboria exple*** [C] Poés., emplis jusqu'au bord les coupes

cĭbus, *i*, m. ¶ **1** nourriture, aliment [de l'homme, des animaux ou des plantes], mets, repas : ***cibus gravis*** [C] Pros., aliment indigeste ; [+C] Pros. ; ***abstinere se cibo*** [C] Pros., s'abstenir de manger ‖ [fig.] aliment, nourriture : [C] Poés. ‖ pl., ***cibi***, aliments : [C] Pros. ¶ **2** suc des aliments, sève : [C] Pros., Poés. ¶ **3** appât : [C] Poés.

Cĭby̆ra, *ae*, f., Cibyre [ville de Cilicie et de Pamphylie] : [C] Pros. ‖ **-āta**, *ae*, m. et f., de Cibyre [Cilicie] : ***Cibyratae fratres*** [C] Pros., frères de Cibyre ; ***Cibyratae pantherae*** [C] Pros., panthères de Cibyre ‖ **-ātae**, *ārum*, m. pl., habitants de Cibyre : [C] Pros. ‖ **-ātĭcus**, *a, um*, de Cibyre : [C] Pros.

cĭcāda, *ae*, f., cigale : [C] Poés.

cĭcăro, *ōnis*, m., enfant chéri, chouchou : [+C] Pros.

cĭcātrīcōsus, *a, um*, couvert de cicatrices : [-C] Théât., [+C] Pros. ; [fig.] [+C] Pros.

cĭcātrīcŭla, *ae*, f., petite cicatrice : [+C] Pros.

cĭcātrix, *īcis*, f. ¶ **1** cicatrice, marque que laisse une plaie : [C] Pros. ; ***cicatrices adversae*** [C] Pros., cicatrices de blessures reçues de face ; [+C] Pros. ; ***cicatricem ducere*** [C] Pros., Poés. ***inducere*** [+C] Pros. ; ***obducere*** [+C] Pros. cicatriser [une plaie] ¶ **2** reprise [à un soulier] : [+C] Poés.

ciccum, *i*, n., membrane qui sépare les grains de la grenade : [C] Pros. ‖ [fig.] peu de chose : ***ciccum non interduim*** [-C] Théât., je n'en donnerais pas un zeste

cĭcĕr, *ĕris*, n., pois chiche : [-C] Pros., Théât., [C] Poés.

cĭcĕra, *ae*, f., gesse [légume] : [+C] Pros.

cĭcercŭla, *ae*, f., petite gesse : [+C] Pros.

cĭcercŭlum, *i*, n., → *cicercula*

Cĭcĕrēius, *i*, m., nom d'homme : [C] Pros.

Cĭcĕro, *ōnis*, m., M. Tullius Cicéron, l'orateur : [+C] Pros. ‖ Quintus Cicéron, son frère : [C] Pros. ‖ Marcus, son fils : [C] Pros. ‖ Quintus, son neveu : [C] Pros. ‖ [fig.] **Cĭcĕrōnes**, [+C] Pros., des Cicérons

Cĭcĕrŏmastix, *īgis*, m., le Fouet de Cicéron [pamphlet de Largius Licinius] : [+C] Pros.

Cĭcĕrōnĭānus, *a, um*, de Cicéron, cicéronien : [C] Pros. ‖ **-nus**, *i*, m., partisan de Cicéron : [T] Pros.

cĭchŏrēum (-īum), *i*, n., [C] Poés., **cĭchŏrēa (cĭcŏrēa)**, *ae*, f., chicorée

cĭcĭlendrum, **cĭcĭmandrum**, *i*, n., sorte d'épice : [-C] Théât.

Cĭcirrus, *i*, m., [le Coq] surnom d'homme : [C] Poés.

Cĭcŏnes, *um*, m. pl., peuple de Thrace : [C] Poés.

cĭcōnĭa, *ae*, f. ¶ **1** cigogne : [C] Poés. ‖ [geste de moquerie] [+C] Poés., [T] Pros. ¶ **2** espèce d'équerre : [+C] Pros.

cĭcōnīnus, *a, um*, de cigogne : ***adventus ciconinus*** [T] Pros., l'arrivée des cigognes

cĭcŭr, *ŭris*, adj., apprivoisé, privé, domestique : [C] Pros. ‖ [fig.] ***consilium cicur*** [-C] Théât., sage conseil

Cĭcŭrīni, *ōrum*, m. pl., surnom dans la famille des Veturius : [C] Pros.

cĭcŭrō, *ās, āre, -, -*, tr., adoucir : [-C] Théât., [C] Pros.

cīcus, *ciccum*

1 **cĭcūta**, *ae*, f., ciguë : [-C] Pros. ‖ chalumeau, flûte en tuyaux de ciguë : [C] Poés.

2 **Cĭcūta**, *ae*, m., surnom d'homme : [C] Poés.

cĭcūtĭcĕn, *ĭnis*, m., joueur de chalumeau : [T] Poés.

cĭdăr, *ăris*, [+T] Poés., n., **cĭdăris**, *is*, [+C] Pros., f., diadème des rois de Perse ‖ tiare du grand-prêtre [chez les Hébreux] : [T] Pros.

cĭĕō, *ēs, ēre, cīvī, cĭtum*, tr. ¶ **1** mettre en mouvement : [C] Pros., [+C] Pros. ; [fig.] [C] Pros. ‖ [au jeu d'échecs] ***calcem ciere*** [-C] Théât., pousser un pion ‖ ***herctum ciere*** [C] Pros., partager un héritage ; V. *herctum* ‖ pousser, faire aller, faire venir, appeler [au combat, aux armes] : [C] Poés., Pros., [+C] Pros. ‖ faire venir, appeler [au secours] : [C] Poés., Pros., [+C] Pros. ‖ remuer, ébranler, agiter : [C] Poés. ‖ [milit.] maintenir en mouvement, animer : [C] Pros. ¶ **2** donner le branle à, provoquer, produire, exciter : ***motus ciere*** [C] Pros., exciter (provoquer) des mouvements ; ***lacrimas ciebat*** [C] Poés., il cherchait à tirer des larmes ; ***fletus*** [C] Poés., pousser des gémissements ‖ ***bella cient*** [C] Poés., ils provoquent la guerre ; [C] Pros. ; ***seditiones*** [C] Pros., chercher à provoquer des séditions ¶ **3** faire sortir des sons, émettre des sons : ***tinnitus cie*** [C] Poés., fais retentir les sons de l'airain ; ***voces*** [C] Poés., émettre des sons, pousser des cris ; ***mugitus*** [C] Poés., pousser des mugissements ‖ appeler, nommer : [C] Poés., [+C] Pros., Pros. ‖ [droit] ***patrem ciere*** [C] Pros., désigner son père [= prouver qu'on est de naissance légitime] ; [C] Pros.

Cĭĕrĭum, *i*, n., [C] Pros., **Cĭĕros**, [C] Poés., ville de Thessalie

Cilbĭāni, *ōrum*, m. pl., peuple de Lydie ‖ **-biānus**, *a, um*, des Cilbiani : [C] Pros.

cĭlĭbantum, *i*, n., guéridon : [C] Pros.

Cĭlĭces, V. *2 Cilix*

Cĭlĭcĭa, *ae*, f., Cilicie [région de l'Asie Mineure] : [C] Pros.

Cĭlĭcĭensis, *e*, de Cilicie : [C] Pros.

cĭlĭcĭŏlum, *i*, n., petite natte en poil de chèvre : [T] Pros. ‖ petit cilice : [T] Pros.

cĭlĭcĭum, *ĭi*, n., pièce d'étoffe en poil de chèvre [de Cilicie] : [C] Pros. ‖ habit de poil de chèvre, cilice : [T] Pros.

Cĭlissa, *ae*, f., de Cilicie : [C] Poés.

cĭlĭum, *ĭi*, n., cils : [T] Pros.

1 **Cĭlix**, *ĭcis*, m., fils d'Agénor, donna son nom à la Cilicie : [+C] Poés. ‖ nom d'homme : [C] Pros.

2 **Cĭlix**, *ĭcis*, adj. m., de Cilicie, Cilicien : [C] Poés. ‖ **Cĭlĭces**, *um*, m. pl., Ciliciens, habitants de la Cilicie : [C] Pros.

Cilla, *ae*, f., ville de la Troade : [C] Poés.

cillĭba, *ae*, f., table à manger : [C] Pros.

Cilnĭus, *ĭi*, m., nom d'une famille noble d'Étrurie d'où descendait Mécène : [C] Pros.

Cĭlo, *ōnis*, m., surnom romain : [+C] Pros.

cĭlōtrum, *i*, n., bourse, sac : [T] Pros.

1 **Cimbĕr**, *bri*, m. ¶ **1** Tillius Cimber [un des meurtriers de César] : [C] Pros. ¶ **2** un Cimbre : [+C] Pros. ; V. *Cimbri*

2 **Cimber**, adj. m., cimbre : [C] Poés.

Cimbĭi, *ōrum*, m. pl., ville de la Bétique : [C] Pros.

Cimbri, *ōrum*, m. pl., Cimbres [peuple de la Germanie] : [C] Pros.

Cimbrĭcus, *a, um*, des Cimbres : [C] Pros.

Cimetra, *ae*, f., ville du Samnium : [C] Pros.

cīmex, *ĭcis*, m., punaise : [C] Poés. ‖ [fig.] ***cimex Pantilius*** [C] Poés., cette punaise de Pantilius

cĭmīnum, V. *cuminum*

Cĭmĭnus, *i*, m., montagne et lac d'Étrurie : [C] Poés. ‖ **Cĭmĭnĭus**, *a, um*, du Ciminus : [C] Pros., [+C] Pros. ‖ **Cĭmĭnĭa**, *ae*, f., la région du Ciminus : [T] Pros.

Cimmĕrĭi, *ĭōrum*, m. pl., Cimmériens ‖ peuple fabuleux enveloppé de ténèbres : [C] Pros. ‖ **-ĭus**, *a, um*, Cimmérien : [+C] Poés. ‖ [fig.] où règne une profonde obscurité : [T] Pros.

Cimmĕris, *ĭdis*, f., V. *Antandros*

Cimo, V. *Cimon*

Cĭmōlĭa crēta, *ae*, f., craie de Cimole : [+C] Pros. ; V. *Cimolus*

Cĭmōlus, *i*, f., Cimole [l'une des Cyclades] : [C] Poés.

Cĭmōn, *ōnis*, [C] Pros., **Cĭmo**, *ōnis*, [+C] Pros., m., Cimon [général athénien]

cĭnaedĭa, *ae*, f., pierre qui se trouve dans la tête du poisson *cinaedus*

cĭnaedĭcus, *a, um*, qui excite à la débauche, lascif, homosexuel : [-C] Théât. ‖ m. pris subst[t], V. *1 cinaedus* : [-C] Théât.

1 **cĭnaedus**, *i*, m., homosexuel, mignon : [-C], [C] Poés., [+C] Poés.

2 **cĭnaedus**, *a, um*, débauché, efféminé : ***ut decuit cinaediorem*** [C] Poés., comme il convenait à une fière putain

1 **cĭnăra**, **cy̆năra**, *ae*, f., cardon : [+C] Pros.

2 **Cĭnăra**, *ae*, f., nom de femme : [C] Pros.

Cincĭa, V. *Cincius*

cincinnātŭlus, *a, um*, dim. de *1 cincinnatus* : [T] Pros.

1 **cincinnātus**, *a, um*, celui dont les cheveux sont bouclés : [C] Pros. ‖ [fig.] ***cincinnata stella*** [C] Pros., comète

2 **Cincinnātus**, *i*, m., L. Quinctius Cincinnatus [le dictateur] : [C] Pros.

cincinnus, *i*, m., boucle de cheveux : [C] Pros. ‖ [fig.] ***poetae cincinni*** [C] Pros., les frisures [ornements artificiels] chez un poète

Cincĭŏlus, *i*, m., le petit Cincius : [C] Pros.

Cincĭus, *ĭi*, m., L. Cincius Alimentus [historien latin] : [C] Pros. ‖ M. Cincius Alimentus [tribun de la plèbe, auteur de la loi Cincia] : [C] Pros. ‖ un ami d'Atticus : [C] Pros. ‖ **Cincĭus**, *a, um*, de Cincius : ***Cincia lex*** [C] Pros., la loi Cincia [204 av. J.-C.] ; limite la capacité de faire des donations, interdit les honoraires des avocats

cinctĭcŭlus, *i*, m., tunique courte : [-C] Théât.

cinctōrĭum, *ĭi*, n., [fig.] ceinture : [T] Pros.

cinctūra, *ae*, f., ceinture : [+C] Pros.

1 **cinctus**, *a, um*, part. de *cingo*

2 **cinctŭs**, *ūs*, m. ¶ **1** action ou manière de se ceindre ; ***cinctus Gabinus***, manière de porter la toge comme les habitants de Gabies : [C] Poés., Pros. ¶ **2** ceinture d'un vêtement : [+C] Pros. ¶ **3** sorte de jupe [servait en part. aux jeunes gens dans leurs exercices :] : [C] Pros.

cinctūtus, *a, um*, qui porte un *cinctus*, V. *2 cinctus* ¶ *3* : [C] Poés.

Cīnĕās, *ae*, m., ambassadeur de Pyrrhus : [C] Pros.

cĭnĕfactus, *a, um*, réduit en cendres : [C] Poés.

cĭnĕr, *ĕris*, m., V. *cinis*

cĭnĕrārĭus, *a, um*, semblable à la cendre : [C] Pros. ‖ **cĭnĕrārĭi**, *ōrum*, m. pl., nom méprisant donné aux chrétiens qui vénéraient les cendres des martyrs : [T] Pros. ‖ **cĭnĕrārĭus**, *ĭi*, m., celui qui frise au fer [chauffé dans les cendres], coiffeur : [C] Pros., Poés., [+C] Pros.

cĭnĕrescō, *ĭs, ĕre, -, -*, intr., tomber en cendres : [+C] Pros.

cĭnĕrīcĭus, *a, um*, qui ressemble à de la cendre : [T] Pros.

cĭnĕrōsus, *a, um*, plein de cendre : ***canities cinerosa*** [+C] Pros., cheveux blancs couverts de cendre ‖ réduit en cendres : [+C] Pros.

Cinēthĭi (-nīthĭi), *ōrum*, m. pl., peuple d'Afrique, avoisinant la petite Syrte : [+C] Pros.

Cinga, *ae*, f., rivière de la Tarraconaise : [C] Pros.

Cingĕtŏrix, *īgis*, m., chef des Trévires : [C] Pros. ‖ chef breton : [C] Pros.

Cingilĭa, *ae*, f., ville des Vestini : [C] Pros.

cingillum, *i*, n., [C] Poés., **cingillus**, *i*, m., petite ceinture

cingō, *ĭs, ĕre, cinxī, cinctum*, tr., ceindre, entourer ¶ **1** ***collum resticula*** [C] Pros., entourer le cou d'une cordelette ; [C] Poés. ‖ [en parl. d'armes, passif sens réfléchi] avec abl. : ***cingi gladio, armis, ferro, ense, etc.***, se ceindre d'un glaive, d'une épée, se couvrir de ses armes : [C] Pros., Poés., [+C] Pros. ; [poét.] avec acc. : [C] Poés. ; [abs[t]] s'armer : [C] Poés. [au fig.] ***aliqua re cingi***, se munir de qqch. : [+C] Poés. ¶ **2** retrousser, relever par une ceinture : [C] Poés. ; ***alte cincti*** [+C] Pros., les peuples à tunique courte (court-vêtus) ; [fig.] ***alte cinctus*** [+C] Pros., homme au coeur intrépide ; [C] Poés. ¶ **3** entourer, environner : ***urbem moenibus*** [C] Pros., faire à une ville une ceinture de murailles ; ***flammis cincta*** [C] Poés., entourée de flammes ‖ [milit.] protéger, couvrir : [C] Pros. ; ***murum cingere***, garnir le rempart [de défenseurs] : [C] Pros.

cingŭla, *ae*, f., sangle, ventrière : [C] Poés., [+C] Poés.

1 **cingŭlum**, *i*, n., ceinture : [C] Pros., Poés. ; ***cingulo succinctus*** [+C] Pros., portant ceinture ‖ ceinture des prêtres : [T] Pros. ‖ sangle, ventrière : [+C] Pros.

2 **Cingŭlum**, *i*, n., ville du Picénum : [C] Pros. ‖ **Cingula saxa**, pl., [+C] Poés., la citadelle de Cingulum ‖ **-lānus**, *a, um* et **-lāni**, *ōrum*, m. pl.,de Cingulum, habitants de Cingulum

cingŭlus, *i*, m., ceinture : [T] Pros. ‖ zone : [C] Pros.

cĭnĭfēs, **cĭnĭphēs**, **cĭnyphēs**, → *sciniphes*

cĭnĭflo, *ōnis*, m., coiffeur : [C] Poés.

cĭnis, *ĕris*, m. et qqf. f. [C] Poés. ¶ **1** cendre : ***cinis exstinctus*** [+C] Pros., cendre refroidie ; [C] Poés. ‖ cendre [de ville], ruine : [C] Pros. ¶ **2** cendres des morts, restes brûlés : [C] Pros., [+C] Pros. ‖ [fig.] ***a)*** mort, défunt : [C] Poés. ***b)*** la mort : ***post cineres*** [+C] Poés., après la mort ***c)*** néant : ***cinerem fieri*** [-C] Théât., être réduit en cendres

cĭniscŭlus, *i*, m., un peu de cendre : [T] Poés.

Cinithii, → *Cinethii*

Cinna, *ae*, m. ¶ **1** L. Cornelius Cinna [consul avec Marius] : [C] Pros. ¶ **2** conspirateur gracié par Auguste : [+C] Pros. ¶ **3** Helvius Cinna [poète, ami de Catulle] : [C] Poés.

cinnăbăr, *ăris*, n., **-bări**, *is*, n., **-băris**, *is*, f., cinabre [couleur d'un rouge vif]

cinnămĕus, *a, um*, de cannelle : ***cinnamei crines*** [+C] Pros., cheveux qui sentent la cannelle

cinnămōma, *ae*, f., [T] Pros., → *cinnamomum*

cinnămōmum, *i*, n., **cinnămum**, *i*, n., [C] Poés., **cinnămōn**, *i*, n., [+C] Poés., cannelier, cannelle ‖ [fig.] terme de flatterie : [-C] Théât.

Cinnānus, *a, um*, de Cinna : ***Cinnanis temporibus*** [+C] Pros., au temps des proscriptions de Cinna

cinxī, parf. de *cingo*

Cinxĭa, *ae*, f., surnom donné à Junon parce qu'elle présidait au mariage : [T] Pros.

Cīnyps, *ўpis* ou *ўphis*, m., fleuve de Libye ‖ **Cīnўphĭus**, *a, um*, du Cinyps : [C] Poés.

cĭnўra, *ae*, f., instrument à cordes : [T] Pros.

Cĭnўrās, *ae*, m., roi de Chypre, père d'Adonis : [C] Poés. ‖ **-aeus**, [+C] Poés., **-ēĭus**, [C] Poés. et **-ēus**, *a, um*, [+C] Poés., de Cinyras

Cĭos, → *1 Cius*

Cipĭus, *ĭi*, m., nom d'homme : [C] Pros.

cippus, *i*, m. ¶ **1** cippe, colonne funéraire : [C] Poés., [+C] Poés., Pros. ‖ [fig.] cippes, pieux dans les trous de loups : [C] Pros. ‖ cep [instrument de torture destiné à briser les pieds] : [T] Pros. ¶ **2** borne d'un champ : [C] Pros.

Ciprĭus, [C] Pros. et **Cyprĭus vicus**, m., [C] Pros., rue de Rome

ciprus, *a, um*, bon : [C] Pros.

Cīpus ou **Cippus**, *i*, m., personnage légendaire : [C] Poés.

1 **circā**

I adv. ¶ **1** tout autour, à l'entour : ***urbes circa*** Liv., les villes à l'entour, les villes voisines ¶ **2** de part et d'autre, de chaque côté : ***quattuor legiones per frontem, totidem circa*** Tac., quatre légions sur le front, autant sur les côtés

II prép. avec acc. ¶ **1** autour de : ***circa urbem*** Liv., autour de la ville ‖ auprès de, dans le voisinage de : ***circa montem Amanum*** Caes., dans les parages du mont Amanus ; ***circa se habens duos filios*** Liv., ayant ses deux fils à ses côtés ‖ à la ronde, de tous côtés successivement : ***litterae circa Latium missae*** Liv., lettres envoyées de tous côtés dans le Latium ; ***circa domos ire*** Liv., parcourir les maisons à la ronde ¶ **2** [fig.] à propos de, au sujet de, par rapport à [époque impériale] : ***circa verba dissensio*** Quint., dissentiment sur des mots ; ***omne tempus circa aliquid consumere*** Tac., consacrer tout son temps à qqch. ; ***circa bonas artes socordia*** Tac., indifférence vis-à-vis des connaissances utiles ¶ **3** vers ***a)*** [temporel] aux environs de : ***circa eamdem horam*** Liv., vers la même heure ; ***circa finem*** Quint., vers la fin ; ***circa captam Carthaginem*** Plin., vers l'époque de la prise de Carthage ***b)*** [avec noms de nombres] environ : ***oppida circa septuaginta*** Liv., environ 70 places fortes

2 **Circa**, *ae*, f., [C] Pros., [C] Poés., → *Circe*

Circaeus, *a, um* ¶ **1** de Circé : ***Circaeum poculum*** [C] Pros., breuvage magique ; ***Circaea moenia*** [C] Poés., remparts Circéens (Tusculum, bâtie par le fils de Circé) ¶ **2** de Circéi : ***Circaea terra*** [C] Poés., terre de Circé = promontoire de Circéi

circāmoerĭum, *ĭi*, n., [C] Pros., → *pomoerium*

circātŏr, → *circitor*

Circē, *ēs*, f., Circé [magicienne célèbre] : [C] Pros., Poés. ; → *2 Circa*

Circēii, *ōrum*, m. pl., Circéi [ville et promontoire du Latium où se serait établie Circé] : [C] Pros. ‖ célèbre par ses huîtres : [C] Poés., [+C] Poés. ‖ **-ēienses**, *ĭum*, m. pl., habitants de Circéi : [C] Pros.

circellus, *i*, m., boudin : [+C] Pros.

circenses, *ĭum*, m. pl., jeux du cirque : [C] Pros., [+C] Pros., Poés. ; ***circenses edere*** [+C] Pros., donner des jeux dans le cirque

circensis, *e*, du cirque : ***ludi circenses*** [C] Pros., jeux du cirque [dans le *Circus Maximus*] ; ***circense ludicrum*** [C] Pros., représentation dans le cirque ; ***circense tomentum*** [+C] Poés., paillasson rembourré pour s'asseoir aux jeux du cirque

circēs, *ĭtis*, m., cercle : [C] Pros. ‖ tour du cirque : [T] Poés.

circĭās, *ae*, m., → *circius* : [C] Pros.

circĭnātĭo, *ōnis*, f., cercle, circonférence : [C] Pros. ‖ [astron.] orbite : [C] Pros. ‖ [méc.] rotation, mouvement circulaire : [C] Pros.

circĭnātus, *a, um*, part. de *circino*

circĭnō, *ās, āre, āvī, ātum*, tr., parcourir en formant un cercle : [C] Poés.

circĭnus, *i*, m., compas : [C] Pros. ; ***circino dimetiri*** [C] Pros., mesurer au compas ‖ ***ad circinum***, au compas, [d'où] en cercle : [C] Pros. ‖ cercle : [C] Pros.

circĭtĕr ¶ **1** adv. ‖ environ, à peu près : [C] Pros. ¶ **2** prép. avec acc. ***a)*** dans le voisinage de : [-C] Théât. ***b)*** vers, environ, à peu près : ***circiter meridiem*** [C] Pros., autour de midi

circĭtēs ou **circĭtis ŏlĕa**, f., espèce d'olivier : [+C] Pros.

circĭtĭo, f., [C] Pros., → *circinatio*

circĭtis, → *circites*

circĭtō, *ās, āre, -, -*, tr., faire tourner autour, agiter : [+C] Pros.

circĭtŏr, *ōris*, m., employé du service des eaux : [+C] Pros.

circĭus, *ĭi*, m., [+C] Pros., **cercĭus**, *ĭi*, m., [-C] ; [+C] Pros., vent du nord-ouest dans la Narbonnaise, le cers, le mistral

circlus, sync. pour *circulus* : C Poés.

circŭĕo, V▶ *circumeo*

circŭĭtĭo, *ōnis*, -C Théât., C Pros., **circumĭtĭo**, *ōnis*, f. ¶ **1** ronde, patrouille : C Pros. ‖ tour, pourtour, espace circulaire : C Pros. ‖ courbe : ***circumitio fluminis*** T Pros., courbe d'un fleuve ; C Pros. ‖ circonférence : C Pros. ‖ [astron.] orbite : C Pros. ‖ [méc.] giration, révolution : C Pros. ¶ **2** circonlocution, procédé détourné : C Pros.

circŭĭtor, *ōris*, m., C▶ *circitor*

1 **circŭĭtus**, *a*, *um*, part. de *circueo*

2 **circŭĭtŭs**, *ūs*, m. ¶ **1** action de faire le tour, marche circulaire : C Pros. ‖ détour : C Pros. ‖ retour périodique [d'une maladie] : +C Pros. ¶ **2** circuit, tour, enceinte : C Pros. ‖ espace libre laissé autour d'un bâtiment : C Pros. ¶ **3** [rhét.] ***a)*** période : C Pros. ***b)*** circonlocution, périphrase : ***loqui aliquid per circuitus*** +C Poés., employer des périphrases

circŭīvī, parf. de *circueo*

circŭlātim, adv., par groupes : +C Pros.

circŭlātĭo, *ōris*, f., orbite, circuit [que décrit un astre] : C Pros. ‖ V▶ *circumlatio*

circŭlātor, *ōris*, m., charlatan : +C Pros. ; [en parl. d'un philosophe] +C Pros. ; [d'un rhéteur] T Pros. ‖ ***circulator auctionum*** C Pros., brocanteur, habitué des ventes ‖ badaud : T Pros.

circŭlātōrĭus, *a*, *um*, de charlatan : ***circulatoria jactatio*** +C Pros., vantardise de charlatan

circŭlātrix, *īcis*, f., adj., ***lingua circulatrix*** +C Poés., langue de charlatan

circŭlātus, *a*, *um*, part. de *circulo* et de *circulor*

circŭlō, *ās*, *āre*, *āvī*, *ātum*, tr., arrondir : ***circulare digitos*** +C Pros., former un cercle avec ses doigts

circŭlŏr, *ārĭs*, *ārī*, *ātus sum*, intr., former groupe : C Pros. ‖ réunir un cercle de personnes autour de soi [pour parler devant elles] : +C Pros. ‖ faire le charlatan, parader : +C Pros.

circŭlus, *i*, m. ¶ **1** cercle : C Pros. ‖ cercle, zone du ciel : C Pros. ‖ révolution d'un astre : C Pros. ¶ **2** objet de forme circulaire : ***circulus corneus*** +C Pros., anneau de corne ; C Poés. ‖ gâteau : C Pros. ¶ **3** cercle, assemblée, réunion : C Pros. ; ***circulus pullatus*** +C Pros., réunion de pauvres diables

circum

I adv. ¶ **1** autour, à l'entour : C Pros. ; ***turbati circum milites*** +C Pros., tout autour les soldats en désordre ; C Poés. ; ***circum undique*** +C Pros., de toutes parts, de tous côtés ¶ **2** des deux côtés : +C Pros.

II prép. avec acc. ¶ **1** autour de : C Pros. ¶ **2** à la ronde, dans des endroits divers, successivement : C Pros. ; ***concursare circum tabernas*** C Pros., courir de boutique en boutique, faire le tour des boutiques ¶ **3** à proximité de, dans le voisinage de : C Pros. ¶ **4** auprès de qqn, dans l'entourage de qqn : C Pros., Poés.

circumactĭo, *ōnis*, f., [astron.] mouvement circulaire : C Pros. ‖ [rhét.] tournure périodique : +C Pros.

1 **circumactus**, *a*, *um*, part. de *circumago*

2 **circumactŭs**, *ūs*, m., révolution [astron.] : ***caeli circumactus*** +C Pros., la révolution du ciel

circumadjăcĕō, *ēs*, *ēre*, -, -, intr., se tenir autour : T Pros.

circumadsisto, V▶ *-assisto*

circumaedifĭcō, *ās*, *āre*, -, -, tr., entourer de constructions : T Pros.

circumăgō, *ĭs*, *ĕre*, *ēgī*, *actum*, tr. ¶ **1** mener (pousser) tout autour, faire faire le tour : -C Pros. ‖ ***sulcum circumagere*** C Pros., mener (tracer) un sillon tout autour ‖ [avec deux acc.] -C Pros. ‖ ***se circumagere (circumagi)***, se porter tout autour, effectuer un circuit : C Pros. ‖ [en parl. des esclaves] ***circumagi***, être affranchi [parce que le maître, tenant l'esclave par la main droite, le faisait tourner sur lui-même en signe d'affranchissement] : +C Pros. ¶ **2** faire tourner, retourner : ***frenis equos*** C Pros., tourner bride ; ***circumacto agmine*** C Pros., la colonne ayant fait demi-tour ; ***circumagit aciem*** C Pros., il fait faire volte-face à son armée ; ***cervicem*** +C Pros., tourner la tête ‖ ***se circumagere (circumagi)***, se tourner, se retourner : ***circumagente se vento*** C Pros., le vent tournant ; +C Pros. ¶ **3** [fig.] ***se circumagere (circumagi)***, accomplir une révolution : C Poés., Pros. ¶ **4** ***circumagi***, être poussé de côté et d'autre, [ou] se porter de côté et d'autre : C Poés., +C Pros. ‖ [fig.] C Pros. ; ***rumoribus vulgi*** C Pros., se laisser mener par les propos de la foule

circumambĭō, *īs*, *īre*, -, -, tr., entourer : T Pros.

circumămĭcĭō, *īs*, *īre*, -, *mictum*, tr., envelopper de toutes parts : T Pros.

circumămictus, *a*, *um*, part. de *circumamicio*

circum amplectŏr, **circumamplectŏr**, *tĕrĭs*, *tī*, *plexus sum*, tr., embrasser, entourer : C Poés.

circumăpĕrĭō, *īs*, *īre*, -, -, tr., ouvrir tout autour [chirurg.] : +C Pros.

circumărō, *ās*, *āre*, *āvī*, -, tr., entourer en labourant : C Pros.

circumcaesūra, *ae*, f., contour [des corps] : C Poés., T Pros.

circumcalcō, *ās*, *āre*, *āvī*, -, tr., couvrir en foulant : +C Pros.

circumcīdānĕum vinum, n., vin du deuxième pressurage : -C Pros., +C Pros.

circumcīdō, *ĭs*, *ĕre*, *cīdī*, *cīsum*, tr. ¶ **1** couper autour, tailler, rogner : C Pros. ; ***ungues*** +C Pros., tailler les ongles ‖ [en part.] circoncire : +C Pros., T Pros. ¶ **2** [fig.] supprimer, réduire, diminuer : C Pros. ‖ [rhét.] élaguer, retrancher : +C Pros.

circumcingō, *ĭs*, *ĕre*, *cinxī*, *cinctum*, tr., encercler, enfermer de toutes parts : C Pros., +C Poés.

circumcircā, adv., tout à l'entour : -C Théât.

circumcircō, *ās*, *āre*, -, -, tr., parcourir en tous sens : T Pros.

circumcīsē, adv., avec concision : +C Pros.

circumcīsīcĭus, *a*, *um*, C Pros., C▶ *circumcidaneus*, V▶ *circumcidaneum vinum*

circumcīsĭo, *ōnis*, f., circoncision : T Pros. ‖ [fig.] purification spirituelle : T Pros.

circumcīsus, *a*, *um* ¶ **1** part. de *circumcido* ¶ **2** pris adj[t], abrupt, escarpé : C Pros. ‖ [fig.] raccourci, court, concis : +C Pros.

circumclaudō, *ĭs*, *ĕre*, -, -, tr., T Pros., C▶ *circumcludo*

circumclausus, **-clūsus**, *a*, *um*, part. de *circumclaudo*, *-cludo*

circumclūdō, *ĭs*, *ĕre*, *clūsī*, *clūsum*, tr., enclore de toutes parts : C Pros.

circumcŏlō, *ĭs*, *ĕre*, -, -, tr., habiter autour, le long de : C Pros.

circumcŭmŭlō, *ās*, *āre*, -, -, tr., accumuler autour : +C Poés.

circumcurrō, *ĭs*, *ĕre*, -, -, intr., faire le tour, le pourtour : C Pros. ; ***linea circumcurrens*** +C Pros., ligne qui termine une surface, périphérie ‖ [fig.] ***ars circumcurrens*** +C Pros., art ambulant [qui s'applique à tous les sujets]

circumcursĭo, *ōnis*, f., action de courir çà et là : +C Pros.

circumcursō, *ās*, *āre*, *āvī*, *ātum* ¶ **1** intr., courir autour : C Poés. ‖ courir de côté et d'autre, à la ronde : -C Théât. ¶ **2** tr., courir autour de (***aliquem***, de qqn) : C Poés. ‖ parcourir à la ronde : ***omnia circumcursavi*** -C Théât., j'ai tout parcouru

circumdătus, *a*, *um*, part. de *circumdo*

circumdĕdī, parf. de *circumdo*

circumdō, *dās*, *dăre*, *dĕdī*, *dătum*, tr. ¶ **1** placer autour : C Pros. ¶ **2** [avec dat.] ***rei rem circumdare*** : C Pros. ; ***murum urbi*** C Pros., construire un mur autour de la ville ¶ **3** [avec abl.] ***aliquid (aliquem) aliqua re***, entourer qqch. (qqn) de qqch. : C Pros. ‖ [rare] +C Pros. ‖ [part. pass. avec acc.] C Poés. ¶ **4** [avec deux acc.] -C Pros. ; [au pass.] C Poés., Pros.

circumdūco, *ĭs*, *ĕre*, *dūxī*, *ductum*, tr. ¶ **1** conduire autour : ***aratrum*** C Pros., mener la charrue autour d'un espace, tracer un cercle [l'enceinte d'une ville] avec la charrue ; C Pros., +C Pros. ; ***rei alicui aliquid***, mener qqch. autour de qqch. : +C Pros. ¶ **2** entourer, faire un cercle autour : C Pros. ¶ **3** conduire en cercle (par un mouvement tournant), conduire par un détour : C Pros. ; ***circumducto cornu*** C Pros., l'aile ayant opéré un mouvement tournant ‖ [abs[t]] C Pros. ‖ emmener par un détour, détourner : ***aquam*** +C Pros., détourner chez soi l'eau d'une propriété ¶ **4** conduire partout à la ronde : [C] Pros. ‖ [avec deux acc.] [C] Pros. ¶ **5** [emplois figurés] : ***aliquem*** [-C] Théât., duper, attraper, circonvenir qqn ; ***aliquem aliqua re*** [-C] Théât., escroquer qqch. à qqn ‖ [gram.] allonger une syllabe dans la prononciation : [+C] Pros. ‖ [rhét.] développer qqch. : [+C] Pros. ‖ ***diem per aliquid circumducere*** [+C] Pros., passer la journée à s'occuper de qqch.

circumductĭo, *ōnis*, f. ¶ **1** action de conduire autour : ***circumductiones aquarum*** [C] Pros., conduites d'eau ‖ circonférence [du cercle] : [+C] Pros. ¶ **2** [fig.] escroquerie : [-C] Théât. ; ▶ *circumduco* ¶ *5* ‖ période [rhét.] : [+C] Pros.

circumductum, *i*, n., période [rhét.] : [+C] Pros.

1 **circumductus**, *a*, *um*, part. de *circumduco*

2 **circumductŭs**, *ūs*, m., pourtour, contour : [+C] Pros. ‖ mouvement circulaire : [T] Pros.

circumduxī, parf. de *circumduco*

circumēgī, parf. de *circumago*

circumĕō (**circŭĕō**), *īs*, *īre*, *iī* (*īvī*), ***circumĭtum*** (***circŭĭtum***), intr. et tr. ¶ **1** aller autour (en faisant un cercle), tourner autour ***a)*** intr., ***ut circumit sol*** [+C] Pros., selon que le Soleil tourne ***b)*** tr., [C] Pros. ; ***aras*** [C] Poés., tourner autour de l'autel ; [+C] Pros. ¶ **2** ***a)*** intr., faire un mouvement tournant, un détour : [C] Pros., [+C] Pros. ***b)*** tr., contourner, tourner [pour prendre à revers] : [C] Pros. ‖ [d'où] entourer, envelopper, cerner : [C] Pros. ¶ **3** aller à la ronde, aller successivement d'un endroit à un autre ou d'une personne à une autre ***a)*** intr., [C] Pros. ***b)*** tr., ***circumire ordines*** [C] Pros., parcourir les rangs des soldats ; ***manipulos*** [C] Pros., parcourir les manipules ; ***praedia*** [C] Pros. ‖ [en part.] faire des démarches de sollicitation : [C] Pros. ¶ **4** [fig.] exprimer avec des détours : [+C] Pros. ‖ circonvenir, duper : [-C] Théât.

circumĕquĭtō, *ās*, *āre*, *āvī*, *ātum*, tr., chevaucher autour de, faire à cheval le tour de : [C] Pros.

circumerrō, *ās*, *āre*, -, - ¶ **1** intr., errer autour : [C] Pros. ¶ **2** tr., circuler autour de (***aliquem***) : [C] Poés. ¶ **3** [absᵗ] ***circumerrant Furiae*** [+C] Poés., les Furies courent çà et là

circumĕundus, *a*, *um*, de *circumeo*

circumfĕrentia, *ae*, f., circonférence, cercle : [+C] Pros.

circumfĕrō, *fers*, *ferre*, *tŭlī*, *lātum*, tr. ¶ **1** porter autour, mouvoir circulairement : [C] Poés., [+C] Pros. ‖ [pass. sens réfléchi] ***circumferri***, se mouvoir autour : ***sol ut circumferatur*** [C] Pros., en sorte que le Soleil se meut autour [de la Terre] ; ***non defertur, quod circumfertur*** [+C] Pros., ce n'est pas descendre que se mouvoir circulairement ‖ [relig.] purifier un champ en portant tout autour les victimes : [-C] Pros. [d'où] purifier par aspersion circulaire : [C] Poés. ¶ **2** porter à la ronde, faire passer de l'un à l'autre, faire circuler : ***circumfer mulsum*** [-C] Théât., fais circuler le vin miellé ; ***codicem*** [C] Pros. ; ***tabulas*** [C] Pros., faire passer de main en main un registre ; [+C] Pros. ‖ [fig.] [C] Poés. ; ***terrorem circumferre*** [+C] Pros., répandre partout la terreur ‖ colporter, faire connaître partout, publier en tout lieu : [C] Pros., Poés.

circumfīgō, *īs*, *ĕre*, -, *fixum*, tr., enfoncer autour : [-C] Pros.

circumfirmō, *ās*, *āre*, -, -, tr., fortifier tout autour : [+C] Pros.

circumflăgrō, *ās*, *āre*, -, -, intr., brûler autour, à la ronde : [T] Poés.

circumflectō, *ĭs*, *ĕre*, *flexī*, *flexum*, tr. ¶ **1** décrire autour [en parl. des chars dans l'arène] : [C] Poés. ¶ **2** marquer d'un accent circonflexe, prononcer [une syllabe] longue : [+C] Pros.

circumflexē, adv., avec l'accent circonflexe : [+C] Pros.

circumflexio, *ōnis*, f., action d'entourer : [T] Pros.

circumflexus, *a*, *um*, part. de *circumflecto*

circumflō, *ās*, *āre*, -, - ¶ **1** intr., souffler autour : ***circumflantibus Austris*** [+C] Poés., tandis que l'Auster souffle tout autour ¶ **2** [fig.] tr., [C] Pros.

circumflŭens, *tis* ¶ **1** part. de *circumfluo* ¶ **2** pris adjᵗ ***a)*** surabondant : ***circumfluens oratio*** [C] Pros., éloquence débordante ***b)*** circulaire : [+C] Pros.

circumflŭō, *ĭs*, *ĕre*, *flūxī*, *fluxum*, intr. et tr., couler autour

I intr. ‖ [fig.] être largement pourvu de, regorger de : ***omnibus copiis*** [C] Pros., regorger de richesses de toute espèce ; ***gloria*** [C] Pros., être tout environné de gloire ‖ [rhét.] ***circumfluens oratio*** [C] Pros., éloquence débordante

II tr. ¶ **1** entourer d'un flot (d'un courant) : [C] Poés. ¶ **2** [fig.] entourer en grand nombre : [C] Pros., [+C] Poés., Pros.

circumflŭus, *a*, *um*, qui coule autour : [C] Poés. ; ***alicui rei*** [+C] Poés., autour de qqch. ‖ entouré d'eau : [C] Poés., [+C] Pros. ‖ [fig.] entouré, bordé : [+C] Poés. ‖ en surabondance : [T] Poés.

circumfŏdĭō, *ĭs*, *ĕre*, *fōdī*, *fossum*, tr., creuser autour : [-C] Pros.

circumfŏrāneus, *a*, *um*, qui est à l'entour du forum : ***aes circumforaneum*** [C] Pros., dettes contractées chez les banquiers qui entourent le forum ‖ qui court les marchés, forain : ***pharmacopola circumforaneus*** [C] Pros., apothicaire ambulant, charlatan ‖ qu'on transporte partout, mobile : [+C] Pros.

circumfossĭo, *ōnis*, f., action de creuser autour : [T] Pros.

circumfossus, *a*, *um*, part. de *circumfodio*

circumfractus, *a*, *um*, brisé autour : ***circumfracti colles*** [T] Pros., collines abruptes

circumfrĕmō, *ĭs*, *ĕre*, *ŭī*, tr. et intr., faire du bruit autour : [+C] Pros.

circumfrĭcō, *ās*, *āre*, -, -, tr., frotter autour : [-C] Pros.

circumfundō, *ĭs*, *ĕre*, *fūdī*, *fūsum*, tr., répandre autour : [-C] Pros. ¶ **1** [surtout au pass. de sens réfléchi] ***circumfundi***, se répandre autour ; ***alicui rei***, de qqch. : [C] Pros. ‖ [avec acc.] [C] Pros. ¶ **2** [en parl. des pers.] ***se circumfundere***, surtout ***circumfundi***, se répandre tout autour : [C] Pros. ‖ [avec dat.] [C] Pros. ; ***circumfundebantur obviis*** [C] Pros., elles se pressaient autour des arrivants qu'elles rencontraient ‖ [absᵗ] ***circumfudit eques*** [+C] Pros., la cavalerie les enveloppa ‖ [avec acc.] ***circumfundi aliquem*** [C] Pros., se répandre autour de qqn, entourer qqn ‖ [en parl. d'une seule pers.] ***circumfundi alicui*** [C] Poés., embrasser qqn, enlacer qqn ; ***aliquem*** [C] Poés. ¶ **3** [milit.] [C] Pros. ¶ **4** entourer : [C] Pros. ‖ ***aliquem cera*** [C] Pros., entourer un mort de cire ; [+C] Pros. ‖ entourer, cerner, envelopper : [+C] Pros. ‖ [surtout au pass.] [C] Pros. ; ***circumfusus libris*** [C] Pros., entouré de livres ; ***circumfusi caligine*** [C] Pros., enveloppés des ténèbres de l'ignorance

circumfūsus, *a*, *um*, part. de *circumfundo*

circumgĕmō, *ĭs*, *ĕre*, -, -, intr., gronder autour : [C] Poés.

circumgestō, *ās*, *āre*, -, -, tr., colporter : ***epistulam*** [C] Pros., faire circuler une lettre

circumgrĕdĭŏr, *dĕrĭs*, *dī*, *gressus sum*, tr., faire le tour de : [T] Pros. ‖ faire un mouvement tournant : [+C] Pros. ‖ [fig.] attaquer de tous côtés, investir : [C] Pros., [+C] Pros.

1 **circumgressus**, *a*, *um*, part. de *circumgredior*

2 **circumgressŭs**, *ūs*, m., course, voyage autour : [T] Pros. ‖ [fig.] circonférence, pourtour ; [T] Pros.

circumhŭmātus, *a*, *um*, inhumé autour : [T] Pros.

circumĭcĭo, ▶ *circumjicio*

circumĭens, *ĕuntis*, part. de *circumeo*

circuminjĭcĭō, *ĭs*, *ĕre*, -, -, tr., placer autour : [C] Pros. ; ▶ *circumjicio*

circumĭtĭo, ▶ *circuitio*

circumĭtŏr, ▶ *circitor*

1 **circumĭtus**, *a*, *um*, part. de *circumeo*

2 **circumĭtŭs**, *ūs*, m., ▶ *2 circuitus*

circumjăcĕō, *ēs*, *ēre*, -, -, intr. ¶ **1** être étendu autour : [+C] Pros. ¶ **2** être placé auprès, autour : ***circumjacentes populi*** [+C] Pros., les peuples voisins ; [C] Pros. ‖ [avec dat.] [+C] Pros.

circumjăcĭō, *ĭs*, *ĕre*, -, -, [T] Pros., ▶ *circumjicio*

circumjectĭo, *ōnis*, f., enveloppe : [T] Pros.

1 **circumjectus**, *a*, *um* ¶ **1** part. de *circumjicio* ¶ **2** pris substᵗ, **circumjecta**, *ōrum*, n., le pays d'alentour : [+C] Pros.

2 **circumjectŭs**, *ūs*, m. ¶ **1** action d'envelopper, d'entourer : [C] Pros. ¶ **2** enceinte, pourtour : ***circumjectus arduus*** [C] Pros., enceinte élevée ¶ **3** vêtement : [C] Pros.

circumjĭcĭō, *ĭs*, *ĕre*, *jēcī*, *jectum*, tr. ¶ **1** placer autour : [C] Pros. ; ***circumjicere vallum*** [C] Pros. [V. circuminjicio] placer un retranchement autour ; ***circumjecti custodes*** [+C] Pros., gardes placés autour ; [avec dat.] ***alicui rei*** [C] Pros., placer autour de qqch. ; [avec acc.] [C] Pros. ¶ **2** envelopper : [C] Pros., [+C] Pros.

circumlābens, *tis*, qui tourne autour : [+C] Poés.

circumlātīcĭus, *a*, *um*, portatif : [T] Pros.

circumlātĭo, *ōnis*, f., action de se mouvoir en cercle : [C] Pros.

circumlātrō, *ās*, *āre*, -, -, tr., aboyer autour : [+C] Pros., [T] Pros.

circumlātus, *a*, *um*, part. de *circumfero*

circumlăvō, *ās*, *āre*, -, -, et *ĭs*, *ĕre*, -, -, tr., baigner : [+C] Poés.

circumlĕgō, *ĭs*, *ĕre*, -, -, intr., côtoyer : [T] Pros.

circumlēvĭgō, *ās*, *āre*, -, -, tr., adoucir [les bords du dessin d'une pièce mécanique] : [C] Pros.

circumlĭgātus, *a*, *um*, part. de *circumligo*

circumlĭgō, *ās*, *āre*, *āvī*, *ātum*, tr., lier autour : [C] Poés. ‖ ***aliquid, aliquem aliqua re***, entourer qqch., qqn de qqch. : [-C] Pros., [C] Pros., [+C] Poés.

circumlĭnĭō, *īs*, *īre*, -, -, **circumlĭnō**, *ĭs*, *ĕre*, -, *lĭtum*, tr., oindre, enduire autour : [-C] Pros., [C] Pros., [+C] Pros. ‖ ***aliquid alicui rei***, appliquer qqch. sur le pourtour de qqch. : [C] Poés.

circumlĭtus, *a*, *um*, part. de *circumlino*

circumlŏcūtĭo, *ōnis*, f., circonlocution, périphrase : ***circumlocutio poetica*** [+C] Pros., périphrase poétique

circumlūcens, *tis*, jetant de l'éclat tout autour : [+C] Pros.

circumlŭō, *ĭs*, *ĕre*, -, -, tr., baigner autour : [C] Pros.

circumlustrō, *ās*, *āre*, *āvī*, *ātum*, tr., parcourir : [+C] Poés.

circumlŭvĭo, *ōnis*, f., [C] Pros., **circumlŭvĭum**, *ĭī*, n., circonluvion [désagrégation du sol par l'eau et formation d'îlot]

circummētĭŏr, *īrĭs*, *īrī*, -, -, tr., mesurer autour [pass.] : [C] Pros.

circummingō, *ĭs*, *ĕre*, *minxi*, -, tr., uriner sur, compisser : [+C] Pros.

circummissus, *a*, *um*, part. de *circummitto*

circummittō, *ĭs*, *ĕre*, *mīsī*, *missum*, tr. ¶ **1** envoyer par un contour, faire faire un mouvement tournant : [C] Pros. ¶ **2** envoyer à la ronde : [C] Pros. ; ***scaphas circummisit*** [C] Pros., il envoya des chaloupes à tous les navires à la ronde

circummoenĭo, [arch.] [V.] *circummunio* : ***circummoeniti sumus*** [-C] Théât., nous voilà enfermés de tous côtés

circummūgĭō, *īs*, *īre*, -, -, tr., mugir autour : [+C] Poés.

circummūnĭō, *īs*, *īre*, *īvī*, *ītum*, tr., entourer d'une clôture, enclore : ***pomarium maceria*** [+C] Pros., enclore un verger d'un mur en pierres sèches ‖ entourer d'ouvrages, bloquer : ***Uticam vallo*** [C] Pros., établir autour d'Utique une ligne de circonvallation ; [V.] *circummoenio*

circummūnītĭo, *ōnis*, f., circonvallation, ouvrages de circonvallation : [C] Pros.

circummūnītus, *a*, *um*, part. de *circummunio*

circummūrānus, *a*, *um*, qui est autour des murs : [T] Pros.

circumnāvĭgō, *ās*, *āre*, *āvī*, -, tr., naviguer autour : [+C] Pros.

circumnectō, *ĭs*, *ĕre*, -, -, tr., envelopper (d'un réseau) : [T] Pros.

circumnŏtātus, *a*, *um*, peint à l'entour : ***circumnotata animalia*** [+C] Pros., dessins d'animaux exécutés tout autour

circumornātus, *a*, *um*, orné tout autour : [T] Pros.

circumpădānus, *a*, *um*, qui avoisine le Pô : [C] Pros.

circumpĕdes (**-pĕdīles**), m. pl., vêtement sacerdotal : [T] Pros.

circumpēs, [V.] *circumpedes*

circumpĕtītus, *a*, *um*, attaqué autour : [T] Pros.

circumplaudō, *ĭs*, *ĕre*, *plausī*, -, tr., applaudir autour : [C] Poés., [+C] Poés.

circumplectō, *ĭs*, *ĕre*, -, *plexum* [arch.], tr., entourer, embrasser : [-C] Théât.

circumplectŏr, *tĕrĭs*, *tī*, *plexus sum*, tr. ¶ **1** ceindre, entourer : [C] Pros. ¶ **2** [fig.] saisir : [+C] Pros.

circumplexus, *a*, *um*, part. de *circumplecto* et de *circumplector*

circumplĭcātus, *a*, *um*, part. de *circumplico*

circumplĭcō, *ās*, *āre*, *āvī*, *ātum*, tr. ¶ **1** envelopper de ses replis : [C] Pros. ; ***circumplicatus aliqua re*** [C] Pros., enlacé de (par) qqch. ¶ **2** rouler autour ; ***aliquid alicui rei*** : [+C] Pros.

circumplumbō, *ās*, *āre*, -, -, tr., entourer de plomb : [-C] Pros.

circumpōnō, *ĭs*, *ĕre*, *pŏsŭī*, *pŏsĭtum*, tr., mettre autour : [-C] Pros., [C] Poés., [+C] Pros. ‖ servir sur table à la ronde : [C] Poés.

circumpŏsĭtus, *a*, *um*, part. de *circumpono*

circumpōtātĭo, *ōnis*, f., action de boire à la ronde : [C] Pros.

circumpurgō, *ās*, *āre*, *āvī*, *ātum*, tr., nettoyer autour : [+C] Pros.

circumquāquĕ, adv., tout à l'entour : [T] Pros.

circumrādō, *ĭs*, *ĕre*, *rāsī*, *rāsum*, tr., racler, gratter autour : [+C] Pros.

circumrāsus, *a*, *um*, part. de *circumrado*

circumrētĭō, *īs*, *īre*, *īvī*, *ītum*, tr., entourer d'un filet, comme d'un filet : [T] Pros. ‖ [fig.] prendre comme dans un filet : [C] Pros.

circumrētītus, *a*, *um*, part. de *circumretio*

circumrōrans, *antis*, aspergeant à l'entour : [+C] Pros.

circumrŏtō, *ās*, *āre*, -, -, tr., faire tourner : ***circumrotare machinas*** [+C] Pros., tourner la meule

circumsaepĭō, *īs*, *īre*, *saepsī*, *saeptum*, tr., clore à l'entour : [-C] Pros. ‖ entourer : [C] Pros., [+C] Pros. ‖ assiéger : [T] Poés. ‖ [fig.] ***circumsaepti ignibus*** [C] Pros., entourés de feux

circumsaeptus, *a*, *um*, part. de *circumsaepio*

circumsaltans, *antis*, qui danse autour : [T] Poés.

circumscindō, *ĭs*, *ĕre*, -, -, tr., déchirer autour : [C] Pros.

circumscrībō, *ĭs*, *ĕre*, *scrīpsī*, *scrīptum*, tr., tracer une ligne autour, circonscrire ¶ **1** [au pr.] ***orbem*** [C] Pros., décrire un cercle ; [+C] Pros. ; ***virgula aliquem circumscribere*** [C] Pros., avec une baguette tracer un cercle autour de quelqu'un ¶ **2** [fig.] enclore, borner, limiter qqch. : [C] Pros. ; ***terminis aliquid circumscribere*** [C] Pros., entourer qqch. de limites (circonscrire qqch.) ¶ **3** limiter, restreindre : [C] Pros., [+C] Pros. ¶ **4** envelopper, circonvenir, tromper : [C] Pros. ‖ ***adulescentulos circumscribere*** [C] Pros., circonvenir des jeunes gens [les voler par abus de confiance] ; [C] Pros. ‖ détourner une loi de son vrai sens (l'interpréter faussement) ; [un testament] [+C] Pros. ¶ **5** écarter, éliminer [d'un procès, d'une discussion] : [C] Pros.

circumscriptē, adv., avec des limites précises : [C] Pros. ‖ [rhét.] en phrases périodiques : [C] Pros. ‖ sommairement : [T] Pros.

circumscriptio, *ōnis*, f. ¶ **1** cercle tracé : [C] Pros. ¶ **2** espace limité, borne : ***circumscriptio terrae*** [C] Pros., l'étendue de la terre ; ***temporis*** [C] Pros., espace de temps ¶ **3** [rhét.] encerclement de mots (περίοδος), phrase, période : [C] Pros. ¶ **4** tromperie, duperie : [+C] Pros. ‖ ***circumscriptio adulescentium*** [C] Pros., action de duper (d'abuser) les jeunes gens

circumscriptor, *ōris*, m., trompeur, dupeur : [C] Pros.

circumscriptus, *a*, *um*, part. de *circumscribo* ‖ pris adj[t], circonscrit, délimité étroitement : [C] Pros.

circumsĕcō, *ās*, *āre*, -, *sectum*, tr., couper autour : [-C] Pros., [+C] Pros. ‖ [en parl. de la circoncision] : [+C] Pros.

circumsectus, *a*, *um*, part. de *circumseco*

circumsĕcus, adv., tout autour : [+C] Pros.

circumsĕdĕō, *ēs*, *ēre*, *sēdi*, *sessum*, tr. ¶ **1** être assis autour : [+C] Pros. ¶ **2** entourer : [C] Pros. ¶ **3** assiéger, bloquer : [C] Pros. ‖ [fig.] assiéger, circonvenir : [C] Pros.

circumsēpĭo, V. *circumsaepio*

circumseptus, V. *circumsaeptus*

circumsessĭo, *ōnis*, f., siège, investissement : [C] Pros.

circumsessus, *a*, *um*, part. de *circumsedeo*

circumsīdō, *ĭs*, *ĕre*, -, -, tr., établir un blocus autour de : [C] Pros., [+C] Pros.

circumsignō, *ās*, *āre*, *āvi*, -, tr., faire une marque autour : [+C] Pros.

circumsĭlĭō, *īs*, *īre*, -, - ¶ **1** intr., sauter tout autour : [C] Poés. ¶ **2** tr., assaillir de toutes parts : [+C] Poés.

circumsistō, *ĭs*, *ĕre*, *stĕtī* (*stĭtī* rare, [+C] Pros.), - ¶ **1** intr., s'arrêter autour, auprès : [-C] Théât. ‖ se tenir auprès, autour : [C] Pros. ¶ **2** tr., entourer : [C] Pros. ‖ [en part.] entourer pour attaquer : [C] Pros. ‖ [fig.] envelopper, envahir : [C] Poés.

circumsĭtus, *a*, *um*, circonvoisin : [T] Pros.

circumsŏnō, *ās*, *āre*, *ŭī*, *ātum* ¶ **1** intr., retentir autour, retentir de : [C] Pros. ; ***circumsonantes loci*** [C] Pros., lieux retentissants [où il y a un écho] ¶ **2** tr., retentir autour de, faire retentir autour de : [C] Pros., Poés.

circumsŏnus, *a*, *um*, qui retentit autour : [C] Poés. ‖ qui retentit de : [+C] Poés.

circumspargo, V. *circumspergo*

circumspectātŏr, *ōris*, m., espion : [T] Théât.

circumspectātrix, *īcis*, f., celle qui regarde autour, qui espionne : [-C] Théât.

circumspectē, adv., avec circonspection, avec prudence : [+C] Pros. ‖ soigneusement : ***circumspecte indutus*** [+C] Pros., ayant une mise soignée ‖ ***circumspectius*** [+C] Pros.

circumspectĭo, *ōnis*, f., action de regarder autour : [T] Pros. ‖ [fig.] attention prudente : [C] Pros.

circumspectō, *ās*, *āre*, *āvī*, *ātum* ¶ **1** intr., regarder fréquemment autour de soi : [C] Pros. ‖ [fig.] être attentif, hésitant : [C] Pros. ¶ **2** tr., considérer, examiner avec défiance, inquiétude : [-C] Théât. ; ***parietes circumspectabantur*** [+C] Pros., on examinait les murs d'un oeil inquiet ; [C] Pros. ‖ guetter, épier : [C] Pros.

circumspectŏr, *ōris*, m., qui regarde partout : [T] Pros.

1 **circumspectus**, *a*, *um* ¶ **1** part. de *circumspicio* ¶ **2** pris adj[t] ***a)*** circonspect, prudent : [C] Pros., [+C] Pros. ***b)*** discret, réservé : ***verba non circumspecta*** [C] Poés., paroles inconsidérées ***c)*** remarquable : [T] Pros. ‖ ***circumspectior*** [+C] Pros. ; ***circumspectissimus*** [+C] Pros.

2 **circumspectŭs**, *ūs*, m., possibilité de voir tout autour : [C] Pros.

circumspergō, *ĭs*, *ĕre*, -, -, tr., répandre autour : [+C] Pros.

circumspĭcĭentĭa, *ae*, f., examen, réflexion : [+C] Pros.

circumspĭcĭō, *ĭs*, *ĕre*, *spexī*, *spectum*, tr., regarder autour ¶ **1** regarder autour de soi : [abs[t]] [C] Pros. ; ***circumspicedum ne...*** [-C] Théât., regarde bien aux alentours, par crainte que... ; [fig.] [C] Pros. ‖ [avec *se*] ***se circumspicere a)*** regarder autour de soi avec précaution : [-C] Théât. ***b)*** se contempler, s'observer : [C] Pros. ¶ **2** parcourir des yeux, jeter les regards circulairement sur qqch., embrasser du regard : [C] Pros. ‖ examiner par la pensée : [C] Pros. ‖ regarder attentivement, examiner avec soin, avec circonspection : [C] Pros. ; [avec *ut*, qqf. *ne*] [C] Pros. [avec. *ne*] [+C] Pros. ¶ **3** chercher des yeux autour de soi : [C] Pros. ; ***externa auxilia*** [C] Pros., chercher des secours au dehors ; ***fugam*** [+C] Pros., songer à la fuite ; ***diem bello*** [C] Pros., épier le jour favorable pour faire la guerre ; [+C] Pros. ‖ [fig.] chercher à deviner : [C] Pros.

circumstantĭa, *ae*, f. ¶ **1** action d'entourer, enveloppement : [+C] Pros. ¶ **2** situation, circonstances : [+C] Pros. ‖ [rhét.] ***ex circumstantia*** (περίστασις), d'après les particularités de la cause : [+C] Pros.

circumstătĭo, *ōnis*, f., action d'être rangé autour : ***circumstatio militum*** [+C] Pros., formation de soldats en cercle

circumstīpātus, *a*, *um*, part. de *circumstipo*

circumstīpō, *ās*, *āre*, -, *ātum*, tr., entourer en grand nombre : [+C] Poés.

circumstō, *ās*, *āre*, *stĕtī*, - ¶ **1** intr., se tenir autour, être autour : [-C], [C] Pros., Poés. ¶ **2** tr., entourer : [C] Pros. ‖ [fig.] menacer : [C] Pros.

circumstrĕpĭtus, *a*, *um*, part. de *circumstrepo*

circumstrĕpō, *ĭs*, *ĕre*, *ŭī*, *ĭtum* ¶ **1** intr., faire du bruit autour : [+C] Pros. ¶ **2** tr., signifier autour avec bruit, assaillir avec des cris : ***atrociora circumstrepere*** [+C] Pros., dénoncer à grand bruit des choses plus révoltantes

circumstrīdens, *entis*, qui gronde autour : [T] Pros.

circumsurgens, *tis*, qui s'élève autour : [+C] Pros.

circumtectus, *a*, *um*, part. de *circumtego*

circumtĕgō, *ĭs*, *ĕre*, -, *tectum*, tr., couvrir autour, envelopper : [T] Pros.

circumtendō, *ĭs*, *ĕre*, -, *tentum*, tr., envelopper, entourer : [-C] Théât.

circumtĕnĕō, *ēs*, *ēre*, *ŭī*, -, tr., [fig.] assiéger de tous côtés : [T] Pros.

circumtentus, *a*, *um*, part. de *circumtendo*

circumtergĕō, *ēs*, *ēre*, -, -, tr., essuyer autour : [-C] Pros.

circumtĕrō, *ĭs*, *ĕre*, -, -, tr., frotter autour : [C] Poés.

circumtextum, *i*, n., robe bordée de pourpre : [C] Pros.

circumtextus, *a*, *um*, bordé : [C] Poés.

circumtinnĭō, *īs*, *īre*, -, -, tr., faire sonner autour [un métal] : [C] Pros.

circumtŏnō, *ās*, *āre*, *ŭī*, -, tr., tonner autour : [C] Poés., [+C] Poés.

circumtonsus, *a*, *um*, tondu autour : [+C] Pros. ‖ [fig.] ***oratio circumtonsa*** [+C] Pros., style trop élagué, artificiel

circumtorquĕō, *ēs*, *ēre*, -, -, tr., faire tourner : [+C] Pros.

circumtŭĕŏr, *ērĭs*, *ērī*, -, -, tr., regarder autour : ***circumtuetur aquila*** [+C] Pros., l'aigle scrute l'horizon

circumundique, V. *circum I* ¶ *1*

circumustus, *a*, *um*, brûlé autour : [C] Pros.

circumvādō, *ĭs*, *ĕre*, *vāsī*, -, tr., attaquer de tous côtés : [C] Pros. ‖ [fig.] envahir, s'emparer de : [C] Pros.

circumvăgŏr, *ārĭs*, *ārī*, -, intr., se répandre de tous côtés : [C] Pros.

circumvăgus, *a*, *um*, qui erre autour : ***Oceanus circumvagus*** [C] Poés., l'Océan répandu tout autour

circumvallātus, *a*, *um*, part. de *circumvallo*

circumvallō, *ās*, *āre*, *āvī*, *ātum*, tr., faire des lignes de circonvallation, cerner, bloquer : [C] Pros. ‖ entourer : [+C] Pros.

circumvallum, *i*, n., circonvallation : [T] Pros.

circumvectĭo, *ōnis*, f., transport de marchandises [à la ronde] : [C] Pros. ‖ mouvement circulaire : [C] Pros.

circumvectŏr, *ārĭs*, *ārī*, *ātus sum*, tr., se transporter autour, aller autour : [C] Pros. ‖ parcourir successivement : [-C] Théât. ‖ [fig.] exposer dans le détail : [C] Poés.

circumvectus, *a*, *um*, part. de *circumvehor*

circumvĕhŏr, *hĕrĭs*, *hī*, *vectus sum* ¶ **1** [abs[t]] se porter autour, faire le tour : [C] Pros. ; ***circumvecti navibus*** [C] Pros., ayant fait le tour en bateaux ¶ **2** [avec acc.] faire le tour de : [C] Pros. ‖ côtoyer : [C] Pros.

circumvēlō, *ās*, *āre*, -, -, tr., voiler autour : [C] Poés.

circumvĕnĭō, *īs*, *īre*, *vēnī*, *ventum*, tr., venir autour ¶ **1** entourer : ***circumventi flamma*** [C] Pros., entourés par les flammes ; [+C] Pros. ¶ **2** envelopper, cerner : [C] Pros. ‖ ***vallo moenia*** [C] Pros., entourer les remparts d'un retranchement ¶ **3** [fig.] assiéger qqn, tendre des filets autour de qqn, serrer, opprimer : [C] Pros.

circumventĭo, *ōnis*, f., action de tromper : ***circumventiones innocentium*** [T] Pros., pièges tendus aux innocents

circumventōrĭus, *a*, *um*, perfide, trompeur : [T] Pros.

circumventus, *a*, *um*, part. de *circumvenio*

circumverrō, V. *circumversus* ¶ *2*

circumversĭo, *ōnis*, f., action de retourner [la main] : Pros. ‖ mouvement circulaire : Pros.

circumversŏr, *āris*, *ārī*, -, intr., se tourner (tourner) autour : Poés., Poés.

circumversus, *a*, *um* ¶1 de *circumverto* ¶2 de *circumverro*, balayé autour : Pros.

circumvertō (-vortō), *ĭs*, *ĕre*, *tī*, *sum*, tr., faire tourner : ***circumvertens se*** Pros., en se tournant de côté ; ***ubi circumvortor*** Théât., en me retournant ‖ [fig.] duper, tromper : ***circumvertere aliquem argento*** Théât., escroquer de l'argent à quelqu'un

circumvincĭō, *īs*, *īre*, -, *vinctum*, tr., garrotter : Théât., Pros.

circumvinctus, *a*, *um*, part. de *circumvincio*

circumvīsō, *ĭs*, *ĕre*, -, -, tr., examiner à l'entour : Théât.

circumvŏlātus, *a*, *um*, part. de *circumvolo*

circumvŏlĭtō, *ās*, *āre*, *āvī*, -, tr., voltiger autour : ***lacus circumvolitare*** Poés., voltiger autour des étangs ‖ [en parl. de cavaliers] Poés., Pros. ‖ [fig.] ***limina*** Pros., faire en hâte le tour des maisons

circumvŏlō, *ās*, *āre*, *āvī*, *ātum*, tr., voler autour : Poés., Pros.

circumvŏlūtus, *a*, *um*, part. de *circumvolvo*

circumvolvō, *ĭs*, *ĕre*, *vī*, *vŏlūtum*, tr., rouler autour [employé seul[t] au passif *circumvolvi* et au réfléchi *se circumvolvere*] : Poés.

circumvorto, → *circumverto*

circus, *i*, m. ¶1 cercle : Poés., Pros. ¶2 cirque, [en part.] le grand cirque à Rome : Pros. ‖ [fig.] les spectateurs du cirque : Poés.

cīris, *is*, f., l'aigrette [oiseau] : Poés. ‖ titre d'un petit poème attribué jadis à Virgile

cirrātus, *a*, *um*, qui a les cheveux bouclés : Pros. ‖ **cirrāti**, *ōrum*, m. pl., têtes bouclées [en parl. d'enfants] : Poés.

Cirrha, *ae*, f., ville de Phocide, consacrée au culte d'Apollon : Pros., Poés. ‖ **-aeus**, *a*, *um*, de Cirrha : ***Cirrhaea antra*** Poés., l'antre de Cirrha = l'oracle de Delphes

cirrītus, *a*, *um*, → *cirratus* ‖ **cirrītum pĭrum**, Pros., sorte de poire

cirrus, *i*, m., boucle de cheveux : Poés. ‖ frange des vêtements : Poés. ; frange du lobe de l'huître : Poés.

Cirta, *ae*, f., Cirta [ville de Numidie, auj. Constantine] : Pros. ‖ **-tenses**, *ĭum*, m. pl., habitants de Cirta : Pros., Pros.

cĭs, prép. avec l'acc. ¶1 en deçà : ***cis Taurum*** Pros., en deçà du mont Taurus ¶2 avant [en parl. du temps] : Théât.

Cĭsalpĭcus, *a*, *um* et **Cĭsalpīnus**, *a*, *um*, cisalpin, qui est en deçà des Alpes : Pros.

cĭsĭum, *ĭi*, n., voiture à deux roues, cabriolet : Pros.

cispellō, *ĭs*, *ĕre*, -, -, tr., pousser en deçà, empêcher de passer outre : Théât.

Cispĭus, *ĭi*, m ¶1 nom d'homme : Pros. ¶2 colline de Rome : Pros., Pros.

Cisrhēnānus, *a*, *um*, cisrhénan, situé en deçà du Rhin : Pros.

Cisseūs, *ĕi* ou *ĕos*, m., Cissée ¶1 **Cissēis**, *ĭdis*, f., fille de Cissée [Hécube] : Poés. ¶2 un compagnon de Turnus : Poés.

Cissis, *is*, f., ville de Tarraconaise : Pros.

Cissūs, *untis*, f., Cissonte [port des Érythréeens] : Pros.

cissȳĭum, *ĭi*, n., coupe en bois de lierre : Pros.

cista, *ae*, f., corbeille, coffre : Pros. ‖ corbeille pour certains sacrifices : Poés. ‖ urne électorale : Pros.

cistella, *ae*, f., petite corbeille, coffret : Théât.

Cistellārĭa, *ae*, f., titre d'une comédie de Plaute : Pros.

cistellātrix, *īcis*, f., gardienne des coffrets : Théât.

cisterna, *ae*, f., citerne : Pros., Pros.

cisternīnus, *a*, *um*, de citerne : Pros.

cistĭfĕr, *ĕri*, porteur de corbeilles : Poés.

cistŏphŏrŏs, *i*, m., cistophore [pièce de monnaie asiatique qui portait l'empreinte de la corbeille sacrée de Déméter] : Pros.

cistŭla, *ae*, f., petite corbeille : Théât.

Cĭtaeis, → *Cytaeis*

cĭtātim, adv., à la hâte, avec précipitation : Pros. ‖ ***citatius*** Pros. ; ***citatissime*** Pros.

cĭtātĭo, *ōnis*, f., commandement militaire : Pros.

cĭtātus, *a*, *um*, part. de *2 cito*, pris adj[t], lancé, ayant une marche rapide, d'une allure vive : Pros. ; ***citato gradu*** Pros., au pas de course ; ***equo citato*** Pros., à bride abattue, de toute la vitesse de son cheval ‖ [rhét.] ***pronuntiatio citata*** [oppos. *pressa*] Pros., débit rapide ; Pros. ‖ trop libre, relâché [ventre] : Pros.

cĭtĕr, *tra*, *trum*, qui est en deçà : Théât.

cĭtĕrĭor, n. ***citerius***, gén. ***citeriōris***, compar. de *cĭter* ¶1 qui est plus en deçà, citérieur [opp. à *ulterior*] : ***Gallia citerior*** Pros., Gaule citérieure (cisalpine) ; ***Hispania*** Pros., Espagne citérieure [en deçà de l'Èbre] ¶2 plus rapproché : Pros. ‖ [temps] Pros., Pros. ‖ [degré] plus petit, moindre : Pros.

cĭtĕrĭus, adv., plus en deçà : ***citerius debito*** Pros., en deçà de ce qu'il faut

Cĭthaerōn, *ōnis*, m., Cithéron [mont de Béotie, célèbre par ses troupeaux ; théâtre des orgies des Bacchantes] : Poés.

cĭthăra, *ae*, f., cithare : Poés., Pros. ‖ [fig.] ***a)*** chant sur la cithare : Poés. ***b)*** l'art de jouer de la cithare : Poés.

cĭthărĭcĕn, *ĭnis*, m., joueur de cithare : Pros.

cĭthărista, *ae*, m., joueur de cithare : Pros. ‖ poète lyrique : Poés.

cĭthăristrĭa, *ae*, f., joueuse de cithare : Théât.

cĭthărizō, *ās*, *āre*, -, -, intr., jouer de la cithare : Pros.

cĭthăroeda, *ae*, f., → *citharistria*

cĭthăroedĭcus, *a*, *um*, qui concerne le jeu de la cithare : ***ars citharoedica*** Pros., l'art du citharède

cĭthăroedus, *i*, m., citharède [chanteur qui s'accompagne de la cithare] : Pros.

Cĭtĭensis, **Cĭtĭēus**, → *Citium*

cĭtĭmē, adv. inusité, cité par

cĭtĭmus, *a*, *um*, le plus rapproché : Pros. ; pl. n.

cĭtĭrēmis, *e*, poussé rapidement par les rames : Poés.

Cĭtĭum, *ĭi*, n. ¶1 ville de Chypre ‖ **Cĭtĭēus**, *i*, m., Pros. et **Cĭtĭensis**, *e*, Pros., de Citium ‖ **-ēi**, *ōrum*, m. pl., habitants de Citium : Pros. ¶2 ville de Macédoine : Pros.

Cĭtĭus, *ĭi*, m., montagne de Macédoine : Pros.

1 **cĭto**, adv. ¶1 vite : ***cito discere*** Pros., apprendre vite ; ***dicto citius*** Poés., plus promptement qu'on ne pourrait le dire [en un clin d'oeil] ¶2 aisément : Pros. ¶3 ***citius***, plutôt : Pros. ‖ ***citius quam*** [subj.] Pros., plutôt que de ‖ ***citissime*** Pros.

2 **cĭtō**, *ās*, *āre*, *āvī*, *ātum*, tr. ¶1 mettre en mouvement (souvent, fortement) : ***hastam*** Poés., brandir une lance ; Pros. ‖ [fig.] provoquer, susciter, (un mouvement de l'âme, une passion) : Pros. ¶2 faire venir, appeler : Théât., Poés. ¶3 pousser un chant, entonner à haute voix : Poés., Pros. ¶4 [surtout] appeler, convoquer : Pros. ‖ convoquer les juges : Pros. ‖ appeler les citoyens pour l'enrôlement militaire : Pros. ‖ citer en justice : Pros. ‖ appeler les parties [devant le tribunal] : Pros. ‖ citer comme témoin : Pros. [fig.] invoquer [comme témoin, garant, etc.] : Pros. ¶5 proclamer : Pros. ‖ appeler, faire l'appel : Pros.

citrā, adv. et prép. ¶1 adv., en deçà : ***nec citra nec ultra*** Poés., ni d'un côté ni de l'autre ¶2 prép. avec acc., en deçà de : ***citra Rhenum*** Pros., en deçà du Rhin ‖ [poét.] sans aller jusqu'à : ***citra scelus*** Poés., sans aller jusqu'au crime ; ***citra quam*** Poés., moins que ‖ [poét.] avant : Poés. ‖ [époque impér.] sans : ***citra usum*** Pros., sans la pratique [ou] abstraction faite de : ***citra personas*** Pros., abstraction faite des personnes

cĭtrĕus, *a*, *um*, de thuya : ***mensa citrea*** Pros., table en bois de thuya

cĭtrĭum, *ĭi*, n., cédrat : [+C] Pros.

cĭtrō, adv. [employé seulement avec *ultro*] : ***ultro citro*** [C] Pros. ; ***ultro citroque*** [C] Pros.

cĭtrōsus, *a, um*, qui sent le thuya : [-C], [T] Pros.

cĭtrum, *i*, n., table en bois de thuya : [+C] Poés.

cĭtrus, *i*, f., thuya : [+C] Pros.

Cittieus, → *Citieus*

cĭtŭmus, → *citimus*

cĭtus, *a, um* ¶ **1** part. de *cieo* ¶ **2** pris adj[t], prompt, rapide : [C] Pros. ; ***citus incessus*** [C] Pros., démarche rapide, précipitée ; ***(naves) citae remis*** [+C] Pros., (navires) rapides à la rame ; ***legionibus citis*** [+C] Pros., avec des légions faisant marche forcée ; ***ad scribendum cita (manus)*** [-C] Théât., (main) prompte à écrire ‖ [rôle d'adv.] [-C] Théât., [C] Poés. ; ***si citi advenissent*** [+C] Pros., s'ils arrivaient promptement

1 **Cĭus** ou **Cĭos**, *ĭi*, f., ville de Bithynie : [C] Pros.

2 **Cīus**, *a, um*, → *Ceus*

cīvī, parf. de *cieo* ‖ dat. sg. de *1 civis*

cīvĭcus, *a, um*, relatif à la cité ou au citoyen, civique, civil : ***civica bella*** [C] Poés., guerres civiles ; ***corona civica*** [C] Pros. ; [abs[t]] ***civica*** [+C] Pros., la couronne civique

1 **cīvīlis**, *e*, de citoyen, civil ¶ **1** [au pr.] [C] Pros. ; ***facinus civile*** [C] Pros., acte d'un citoyen ; ***civile bellum*** [C] Pros., guerre civile ; ***civilis victoria*** [C] Pros., victoire remportée sur des concitoyens ; ***ante civilem victoriam*** [C] Pros., avant sa victoire dans la guerre civile [sur Marius] ; [C] Pros. ‖ [poét.] ***civilis quercus*** = ***corona civica***, → *civicus* : [C] Poés. ‖ ***jus civile***, [en gén.] droit civil, droit propre aux citoyens d'une certaine cité : [C] Pros. ; [opposé à *jus naturale*] [C] Pros. ; [en part.] droit civil = droit privé : [C] Pros. ‖ ***dies civilis*** [C] Pros., jour civil [de minuit à minuit] ; [+C] Pros. ¶ **2** qui concerne l'ensemble des citoyens, la vie politique, l'État : ***oratio civilis*** [C] Pros., discours politique ; ***civilis scientia*** [C] Pros., science politique ‖ ***civilia munera*** [C] Pros., charges, fonctions civiles ¶ **3** qui convient à des citoyens, digne de citoyens : [C] Pros., [+C] Pros. ¶ **4** populaire, affable, doux, bienveillant : [+C] Pros.

2 **Cīvīlis**, *is*, m., Civilis [chef batave] : [+C] Pros.

cīvīlĭtās, *ātis*, f. ¶ **1** qualité de citoyen : [T] Pros. ¶ **2** sociabilité, courtoisie, bonté : [+C] Pros. ¶ **3** la politique [trad. de ἡ πολιτική de Platon] : [+C] Pros.

cīvīlĭtĕr, adv. ¶ **1** en citoyen en bon citoyen : ***vivere civiliter*** [C] vivre en bon citoyen ; [C] Pros., [+C] Pros. ¶ **2** avec modération, avec douceur : [C] Poés., [+C] Pros. ¶ **3** ***civilius*** [+C] Pros. ; ***civilissime*** [T] Pros.

1 **cīvis**, *is*, m., citoyen, concitoyen : [C] Pros. ‖ = sujet : [C] Pros. ‖ [au f.] ***civis Romana*** [C] Pros., citoyenne romaine ; [-C] Théât.

2 **Cīvis**, *is*, m., nom d'homme : [+C] Poés.

cīvĭtās, *ātis*, f. ¶ **1** ensemble des citoyens qui constituent une ville, un état, cité, État : [C] Pros. ; ***Syracusana civitas*** [C] Pros., la cité de Syracuse ; ***Ubiorum civitas*** [C] Pros., l'État formé par les Ubiens ; ***de civitatibus instituendis*** [C] Pros., sur l'organisation des États ‖ [au sens de *urbs*, rare] ***muri civitatis*** [+C] Pros., les murs de la ville ; ***expugnare civitatem*** [+C] Pros., prendre d'assaut une ville ‖ [au sens de *Urbs* = *Roma*] la ville [et ses habitants] : [+C] Pros. ¶ **2** droits des citoyens, droit de cité : [C] Pros. ; ***aliquem civitate donare*** [C] Pros., gratifier qqn du droit de cité ; ***dare civitatem alicui*** [C] Pros., accorder le droit de cité à qqn ; ***civitatem amittere*** [C] Pros., perdre les droits de citoyen ‖ [fig.] ***verbum civitate donare***, donner droit de cité à un mot : [+C] Pros. ¶ **3** [chrét.] la cité du ciel : [T] Pros. ‖ l'Église : [T] Pros.

cīvĭtātŭla, *ae*, f., petite cité : [+C] Pros. ‖ droit de cité dans une petite ville : [+C] Poés.

clābŭlāris, *e*, [T] Pros. ou **clābŭlārĭus**, *a, um*, qui se fait au moyen de fourgons

clādēs, *is*, f. ¶ **1** désastre [de toute espèce], fléau, calamité : [-C] Théât., [C] Poés. ; ***civitatis*** [C] Pros., les malheurs abattus sur la cité ; ***mea clades*** [C] Pros., mon malheur (exil) ; [+C] Pros. ‖ [fig.] fléau destructeur [en parl. de qqn] : [C] Pros. ¶ **2** [en part.] désastre militaire, défaite : [C] Pros. ; ***alicui cladem afferre*** [C] Pros. ; ***inferre*** [C] Pros., faire subir un désastre à qqn ; ***cladem accipere*** [C] Pros., essuyer un désastre ; ***cladi superesse*** [C] Pros., survivre à la défaite

cladis, *is*, f., → *clades* : [C] Pros.

clam, arch. **calam** ¶ **1** adv., à la dérobée, en cachette : [C] Pros. ; ***clam esse*** [-C] Théât., [C] Poés., Pros., demeurer secret ¶ **2** prép., à l'insu de ***a)*** [avec abl.] ***clam vobis*** [C] Pros., à votre insu ; [-C] Théât., [C] Poés., Pros. ***b)*** [avec acc.] [constr. habituelle de Plaute et Térence] ***clam patrem*** [-C] Théât., à l'insu de mon père

clāmātŏr, *ōris*, m., criard, braillard : [C] Pros., [+C] Pros.

1 **clāmātus**, *a, um*, part. de *clamo*

2 **clāmātŭs**, *ūs*, m., → *clamor*

clămis, [-C] Théât., → *chlamys*

clāmĭtātĭo, *ōnis*, f., criailleries : [-C] Théât.

clāmĭtō, *ās, āre, āvī, ātum*, intr. et tr.

I intr. ¶ **1** crier souvent, crier fort ***a)*** [avec l'exclamation au style direct] [C] Pros. ; ***ad arma clamitans*** [C] Pros., criant "aux armes !" ***b)*** [avec l'exclamation à l'acc.] ***Cauneas clamitabat*** [C] Pros., il criait "figues de Caunos !" ***c)*** [avec prop. inf.] [C] Pros. ; [pass. impers.] [C] Pros. ¶ **2** demander à grands cris : [+C] Pros. [avec. *ut*] [+C] Pros. [avec. *ut* et prolepse] [-C] Théât. ¶ **3** [nom de chose, sujet] crier = proclamer, montrer clairement : [C] Pros.

II tr. [rare], crier qqch. : [+C] Pros.

clāmō, *ās, āre, āvī, ātum*

I intr. ¶ **1** [abs[t]] crier, pousser des cris : ***tumultuantur, clamant*** [-C] Théât., on se bouscule, on crie ; [C] Pros. ; ***anseres clamant*** [C] Pros., les oies crient ; ***unda clamat*** [+C] Poés., l'onde mugit ¶ **2** crier ***a)*** [avec l'exclamation au style direct] : [C] Poés., Pros. ***b)*** [avec acc. de l'exclamation] ***clamare triumphum*** [C] Poés., crier "triomphe !" ***c)*** [avec prop. inf.] [C] Pros. ¶ **3** demander à grands cris ***a)*** [avec interr. indir.] [-C] Théât. ***b)*** [avec *ut*] [C] Pros. [avec. *ne*] [+C] Pros.

II tr. ¶ **1** appeler à grands cris : ***janitorem*** [-C] Théât., appeler à grands cris le portier ; ***morientem nomine*** [C] Poés., appeler à grands cris la mourante par son nom ¶ **2** proclamer [avec deux acc.] ***aliquem insanum*** [C] Poés., crier que qqn est un fou ; [au pass.] ***insanus clamabitur*** [C] Pros., on le proclamera fou

clāmŏr, *ōris*, m., [en gén.] cri de l'homme ou des animaux : ***clamorem facere*** [-C] Théât., jeter des cris, faire du bruit ; ***clamorem profundere*** [C] Pros., pousser un cri ; [C] Poés. ‖ [en part.] ***a)*** cri de guerre : [C] Pros. ***b)*** acclamation : [C] Pros. ***c)*** cri hostile, huée : [C] Pros. ‖ [fig.] bruit : [C] Poés.

clāmōsē, adv., en criant : [+C] Pros.

clāmōsus, *a, um* ¶ **1** criard : ***clamosus altercator*** [+C] Pros., chicaneur criard ; ***clamosus pater*** [+C] Poés., père grondeur ¶ **2** qui retentit de cris : ***clamosae valles*** [+C] Poés., vallées retentissantes ¶ **3** qui se fait avec des cris : ***clamosa actio*** [+C] Pros., débit criard

Clampĕtĭa, *ae*, f., ville du Bruttium : [C] Pros.

clancŭlārĭus, *a, um*, caché, anonyme : [+C] Poés.

clancŭlō, adv., à la dérobée, furtivement : [+C] Pros., [T] Pros.

clancŭlum ¶ **1** adv., en cachette : [-C] Théât. ¶ **2** prép. avec acc., ***clanculum patres*** [-C] Théât., à l'insu des pères

clandestīnō, adv., clandestinement : [-C] Théât.

clandestīnus, *a, um*, qui se fait en cachette : [C] Pros. ‖ qui se fait sans qu'on s'en aperçoive : [C] Poés. ‖ qui agit en secret : [C] Pros.

clangō, *ĭs, ĕre, -, -* ¶ **1** intr., crier [en parl. de certains oiseaux] : [T] Pros. ‖ sonner de la trompette : [T] Pros. ‖ retentir : [-C] Théât. ¶ **2** tr., faire résonner [en parl. de la trompette] : [+C] Poés.

clangŏr, *ōris*, m., cri de certains oiseaux : [C] Pros. ‖ son de la trompette : [C] Poés.

Clănis, *is*, m., rivière d'Étrurie : [+C] Poés. ‖ personnage mythologique : [C] Poés.

Clănĭus, *ĭi*, m., rivière de Campanie : [C] Poés.

Clārānus, *i*, m., nom d'homme : [+C] Poés.

clārē, adv. ¶ **1** clairement [pour les sens] : [-C] Théât., [C] Pros. ¶ **2** clairement [pour l'esprit] : ***clare ostendere*** [+C] Pros., montrer clairement ¶ **3** brillamment, avec éclat : ***clarius explendescebat*** [C] Pros., il brillait avec plus d'éclat ‖ ***clarius*** [C] Pros.

clāreō, *ēs, ēre, -, -*, intr., briller, luire : [-C] Théât. ‖ [fig.] ***a)*** briller, resplendir : [-C], [C] Pros. ***b)*** être évident : [C] Poés.

clārescō, *ĭs, ĕre, rŭī, -*, intr., devenir clair, briller : ***clarescit dies*** [+C] Théât., le jour commence à luire ‖ devenir illustre, s'illustrer : [+C] Pros. ‖ devenir distinct [pour l'oreille] : ***clarescunt sonitus*** [C] Poés., les bruits se précisent ; [+C] Pros. ‖ devenir distinct [pour l'esprit] : [C] Poés.

clārĭcĭto, [V.] *clarigito*

clārĭcō, *ās, āre, -, -*, intr., éclairer vivement : [+C] Pros.

clārĭfĭcātus, part. de *clarifico*

clārĭfĭcō, *ās, āre, -, -*, tr., glorifier : [T] Pros.

clārĭgātĭo, *ōnis*, f. ¶ **1** action de réclamer de l'ennemi ce qu'il a pris injustement, sommation solennelle [par les féciaux] : [+C] Pros. ¶ **2** droit de représailles : [C] Pros.

clārĭgĭto, *ās, āre, -, -*, tr., appeler : [C] Poés.

clārĭsŏnus, *a, um*, clair, retentissant : [C] Poés.

clārissĭmātŭs, *ūs*, m., dignité de celui qui avait le titre de *clarissimus* : [T] Pros. ; [V.] *1 clarus ¶ 3 a*

clārĭtās, *ātis*, f. ¶ **1** éclat, sonorité [de la voix] : ***claritas in voce*** [C] Pros., clarté de la voix ¶ **2** [fig.] ***a)*** clarté, éclat : [+C] Pros. ***b)*** illustration, célébrité : ***pro tua claritate*** [C] Pros., étant donné l'éclat de ton nom ; ***claritas generis*** [+C] Pros., l'éclat de la naissance

clārĭtūdo, *ĭnis*, f., clarté, éclat : ***claritudo deae*** [+C] Pros., l'éclat de la déesse [la Lune] ; ***claritudo vocis*** [+C] Pros., clarté de la voix ‖ [fig.] illustration, distinction : [-C] ; [C] Pros., [+C] Pros.

clārĭtŭs, adv. arch., [C.] *clare*

Clărĭus, *a, um*, [V.] *Claros*

clārō, *ās, āre, āvī, ātum*, tr. ¶ **1** rendre clair, lumineux : [C] Pros., [+C] Poés. ¶ **2** [fig.] ***a)*** éclaircir, élucider : [C] Poés. ***b)*** illustrer : [C] Poés.

Clărŏs, *i*, f., ville d'Ionie, fameuse par un temple d'Apollon : [C] Poés. ‖ **Clărĭus**, *a, um*, de Claros : [+C] Pros. ‖ **Clărĭus**, *ĭi*, m. ***a)*** Apollon : [C] Poés. ***b)*** le poète de Claros (Antimaque) : [C] Poés.

clārus, *a, um* ¶ **1** clair, brillant, éclatant : ***in clarissima luce*** [C] Pros., au milieu de la plus éclatante lumière ; ***clarissimae gemmae*** [C] Pros., pierres précieuses du plus vif éclat ‖ [poét.] ***clarus Aquilo*** [C] Poés., le clair Aquilon = qui rend le ciel clair ‖ [avec abl.] [C] Poés. ‖ ***clara voce*** [C] Pros., d'une voix éclatante, sonore ; ***clariore voce*** [C] Pros., d'une voix plus éclatante ; [+C] Pros. ***clara, suavis*** [C] Pros., voix claire, agréable ¶ **2** [fig.] clair, net, intelligible, manifeste : [C] Pros. ‖ ***clarum est*** [avec prop. inf.] [+C] Pros., c'est un fait connu que, on sait que ¶ **3** brillant, en vue, considéré, distingué, illustre ***a)*** [en parl. des pers.] [C] Pros. ; ***gloria clariores*** [C] Pros., auxquels la gloire a donné plus de lustre ***b)*** [en parl. des choses] ***dies clarissimus*** [C] Pros., la journée la plus brillante ; ***oppidum clarum*** [C] Pros. ***urbs clarissima*** [C] Pros. ville illustre ; ***clarissima victoria*** [C] Pros., la victoire la plus brillante

Classĭa, *ae*, f., nom de pays inventé : [-C] Théât.

classĭārĭi, *ōrum*, m. pl., matelots : [C] Pros. ‖ soldats de marine : [C] Pros. ‖ matelots venant par roulement d'Ostie et de Putéoli : [+C] Pros.

classĭārĭus, *a, um*, de la flotte : ***classiarius centurio*** [+C] Pros., centurion de la flotte

classĭci, *ōrum*, m. pl., [V.] *classicus ¶ 2*

classĭcŭla, *ae*, f., flottille : [C] Pros.

classĭcum, *i*, n., signal donné par la trompette, sonnerie de la trompette : [C] Pros. ‖ [poét.] trompette guerrière, clairon : [C] Poés.

classĭcus, *a, um* ¶ **1** de la première classe : ***classicus*** [pris subst[t]] [-C], [+C] Pros., citoyen de la première classe ; [fig.] ***classicus scriptor*** [+C] Pros., écrivain de premier ordre, exemplaire, classique ¶ **2** de la flotte, naval : ***classici milites*** [C] Pros., les soldats de la flotte ‖ **classici**, *orum*, m. pl. pris subst[t] : ***classicorum legio*** [+C] Pros., la légion des soldats de marine ‖ les matelots : [+C] Pros.

classis, *is*, f. ¶ **1** division du peuple romain, classe : [C] Pros. ¶ **2** division [en gén.], classe, groupe, catégorie : [+C] Pros. ¶ **3** [arch.] armée : ***classis procincta*** [+C] Pros., l'armée en tenue de combat ; ***Hortinae classes*** [C] Poés., les contigents d'Hortina ¶ **4** flotte : [C] Pros. ‖ [poét.] vaisseau : [C] Poés.

Clastidium, *ĭi*, n., ville de la Gaule Cisalpine : [C] Pros.

Claterna, *ae*, f., ville de la Gaule cispadane : [C] Pros.

clātra, *ōrum*, n., [C.] *clatri* : [C] Poés.

clātrātus, *a, um*, fermé par des barreaux : [-C] Théât.

clātri, *ōrum*, m. pl., barreaux : [-C] Pros., [C] Poés.

clātrō, *ās, āre, -, -*, tr., fermer avec des barreaux : [+C] Pros.

claudeō, *ēs, ēre, -, -*, intr., boiter, clocher : [C] Pros.

Claudĭa, *ae*, f. ¶ **1** nom de femme : [C] Poés., [+C] Pros. ¶ **2** [V.] *2 Claudius*

Claudĭālis, *e*, de Claude [empereur] : [+C] Pros.

1 **Claudĭānus**, *a, um*, qui a rapport à un membre de la famille Claudia : [+C] Pros.

2 **Claudĭānus**, *i*, m., Claudien Mamert [poète chrétien] : [T] Pros.

Claudĭăs, *ădis*, f., ville de Cappadoce : [T] Pros.

claudĭcātĭo, *ōnis*, f., action de boiter, claudication : [C] Pros.

claudĭcō, *ās, āre, āvī, ātum*, intr. ¶ **1** boiter : ***graviter claudicare*** [C] Pros., boiter fortement ¶ **2** vaciller, être inégal : [C] Poés. ; ***libella claudicat*** [C] Poés., le niveau n'est pas d'aplomb ¶ **3** clocher, faiblir, être inférieur : [C] Pros., [+C] Pros.

claudīgo, *ĭnis*, f., [C.] *claudĭtas*

Claudĭŏpŏlis, *is*, f., ville de Cilicie : [T] Pros. ‖ **-pŏlītāni**, *ōrum*, m. pl., habitants de Claudiopolis [en Bithynie] : [+C] Pros.

claudĭtās, *ātis*, f., claudication, action de boiter : [+C] Pros.

1 **Claudĭus**, *ĭi*, m., nom de famille romaine ¶ **1** Appius Claudius Caecus [homme d'État et écrivain] : [C] Pros. ¶ **2** M. Claudius Marcellus [général célèbre] : [C] Pros. ¶ **3** l'empereur Claude, fils de Drusus [Tibérius Claudius Nero Germanicus, 41-54 apr. J.-C.] : [+C] Pros.

2 **Claudĭus**, *a, um*, de la famille Claudia, d'un Claudius : ***Claudiae manus*** [C], les mains d'un Claudius ‖ ***Claudia via***, f., la voie Appienne : [C] Poés. ‖ ***Claudia aqua***, f., l'aqueduc de Claude : [+C] Pros. ‖ ***Claudia tribus*** [C] Pros., nom d'une tribu rustique

1 **claudō**, *ĭs, ĕre, clausī, clausum*, **clūdō**, *ĭs, ĕre, clusī, clusum*, tr., fermer ¶ **1** fermer, clore : ***forem cubiculi*** [C] Pros., fermer la porte de la chambre ; ***omnes aditus*** [C] Pros., fermer toutes les issues ; [fig.] [C] Pros. ; ***claudere pupulas*** [C] Pros., clore les pupilles ; [+C] Pros. ¶ **2** fermer une route, un passage, un pays : [C] Pros. ¶ **3** finir, clore : ***agmen claudere***, fermer la marche, [V.] *agmen* : ***epistulam*** [C] Poés. ; ***opus*** [C] Poés., finir une lettre, un travail ; [+C] Pros. ¶ **4** couper, barrer, arrêter : ***fugam*** [C] Poés., couper la fuite ; [C] Pros. ‖ enfermer : [C] Pros. ; ***clausus domo*** [+C] Pros., enfermé dans sa maison ; [C] Pros. ; ***ne multitudine clauderentur*** [C] Pros., pour empêcher qu'ils ne fussent enveloppés par la multitude des ennemis ‖ [rhét.] [C] Pros. ; ***pedibus verba*** [C] Poés., enfermer les mots dans la mesure des vers ; [C] Pros.

2 **claudō**, *ĭs, ĕre, -, clausūrus*, intr., boiter, clocher : ***res claudit*** [C] Pros., les affaires clochent ; [V.] *claudico*

claudus, *a, um* ¶ **1** boiteux : ***altero pede*** [C] Pros., boiteux d'un pied ; ***pes claudus*** [C] Poés., pied boiteux ‖ [navire] qui boite, désemparé : [C] Poés., Pros., [+C] Pros. ¶ **2** fig. ‖ qui cloche, défectueux : [C] Poés., [+C] Pros.

Clausal, fleuve d'Illyrie : [C] Pros.

clausī, parf. de *1 claudo*

clausĭbĭlis, *e* et **clausĭlis**, *e*, qui peut être fermé

clausĭo, *ōnis*, f., fermeture : [T] Pros.

clausŏr, **clūsŏr**, *ōris*, m., qui enferme : [T] Pros. ‖ forgeron, orfèvre : [T] Pros.

claustra, *ōrum*, n. pl. ¶ **1** fermeture ‖ d'une porte, verrous : ***claustra revellere*** [C] Pros., briser les verrous ; [fig.] [C] Pros. ¶ **2** barrière, clôture : [+C] Pros. ; ***claustra montium*** [+C] Pros., la barrière formée par les montagnes ; ***claustra loci*** [C] Pros., la barrière de ce lieu, cette barrière naturelle ; [+C] Pros. ‖ ***contrahere claustra*** [+C] Pros., resserrer la ligne d'investissement [d'une ville assiégée]

claustrĭtĭmus, **-tŭmus**, *i*, m., portier : [-C] ; [+C] Pros.

claustrum, *i*, n. ; [rare, employé surtout au pl., → *claustra*] ***claustrum evellere*** [+C] Pros., briser la serrure ‖ ***claustrum objicere*** [+C] Pros., étendre une chaîne pour barrer un port (bâcler le port)

clausŭla, *ae*, f. ¶**1** fin, conclusion : ***epistulae*** [C] Pros., fin d'une lettre ¶**2** [rhét.] clausule, fin de phrase : [C] Pros. ¶**3** [chrét.] ***clausula saeculi*** [+C] Pros., la fin du monde

clausum, *i*, n. ¶**1** endroit fermé : ***sub clauso habere*** [+C] Pros., tenir sous clef ¶**2** fermeture : ***clausa domorum*** [C] Poés., les fermetures des maisons

clausūra, **clūsūra**, *ae*, f., fermeture, porte : [T] Pros.

1 **clausus**, *a*, *um*, part. de *1 claudo* ‖ pris adj[t] [fig.], fermé, clos, ne laissant pas voir ses sentiments : [+C] Pros.

2 **Clausus**, *i*, m., ancêtre de la *gens* Claudia : [C] Pros.

clāva, *ae*, f., massue : [C] Pros. ‖ [pour exercices physiques] : [C] Pros. ‖ bâton [autour duquel les éphores spartiates enroulaient leur message], scytale : [C] Pros. ‖ massue d'Hercule : [C] Poés., Pros. ‖ bâton de philosophe cynique : [T] Pros.

clāvārĭum, *ĭi*, n., indemnité de chaussures [de clous] : [+C] Pros.

clāvātŏr, *ōris*, m., qui porte une massue : [-C] Théât.

clāvĭcŭla, *ae*, f. ¶**1** petite clef : [C] Poés. ¶**2** [méc.] linguet [empêche un treuil de revenir en arrière] : [C] Pros. ¶**3** sorte de fortification : [+C] Pros. ¶**4** vrille de la vigne : [C] Pros.

1 **clāvĭgĕr**, *ĕra*, *ĕrum*, qui porte une massue : [C] Poés.

2 **clāvĭgĕr**, *ĕri*, m., le porteur de clefs [épith. de Janus] : [C] Poés.

clāvis, *is*, f. ¶**1** clef : ***esse sub clavi*** [C] Pros., être sous clef ; ***claves adimere*** [C] Pros., retirer les clefs à sa femme, la répudier ¶**2** barre de fermeture, verrou : [C] Poés. ¶**3** baguette de fer pour faire tourner le cerceau : [C] Poés. ¶**4** barre du pressoir : [-C] Pros.

clāvŏla, **clāvŭla**, *ae*, f., scion, rejeton d'arbre : [C] Pros.

clāvŭlus, *i*, m., petit clou : [-C] Pros., [C] Pros.

clāvus, *i*, m. ¶**1** clou : ***clavis religare*** [C] Pros., attacher (fixer) avec des clous ‖ [ancien usage de compter les années au moyen d'un clou que l'on plantait chaque année, le 13 septembre, dans le mur du temple de Jupiter : *figere clavum* [C] Pros. ; " planter le clou "], ¶**2** barre, gouvernail : [C] Poés., Pros., [+C] Pros. ¶**3** bande de pourpre cousue à la tunique, large [laticlave] pour les sénateurs, étroite [angusticlave] pour les chevaliers, d'où : [+C] Pros. ¶**4** [méd.] tumeur, induration, (verrue, poireau, cor) : [+C] Pros.

Clāzŏmĕnae, *ārum*, f. pl., Clazomènes [ville d'Ionie] : [C] Poés. ‖ **-mĕnĭus**, *a*, *um*, [C] Pros., de Clazomènes

Clĕădās, *ae*, m., nom d'homme : [+C] Poés.

Clĕaerĕta, *ae*, f., nom grec de femme : [-C] Théât.

Clĕandĕr, *dri*, m., Cléandre [officier d'Alexandre] : [+C] Pros.

Cleanthēs, *is*, m., Cléanthe [philosophe stoïcien] : [C] Pros. ‖ **-ēus**, *a*, *um*, de Cléanthe : [+C] Poés.

Clĕarchus, *i*, m., disciple d'Aristote : [+C] Pros. ‖ général lacédémonien : [+C] Pros.

1 **clēmens**, *entis* ¶**1** doux, clément, bon, indulgent : [C] Pros. ‖ modéré, calme : ***clemens in disputando*** [C] Pros., modéré dans la discussion ‖ ***consilium clemens*** [C] Pros., résolution humaine ; ***clementior sententia*** [C] Pros., une décision plus clémente ¶**2** [poét., en parl. de l'air, de la température, de la mer] doux, calme, paisible : ***clemens flamen*** [C] Poés., souffle clément, doux zéphyr ; ***clemens mare*** [+C] Pros., mer calme ; ***clemens amnis*** [C] Poés., cours d'eau paisible ; ***clementiore alveo*** [+C] Pros., [le fleuve coule] avec un lit de pente plus doux

2 **Clēmens**, *entis*, m., nom propre : [+C] Pros.

clēmentĕr, adv., avec clémence, avec douceur, avec bonté, avec indulgence : [C] Pros. ; ***aliquem clementius tractare*** [+C] Pros., traiter qqn avec plus de douceur ‖ avec calme : ***aliquid clementer ferre*** [C] Pros., supporter qqch. avec calme (patiemment) ‖ [fig.] ***clementius tremere*** [+C] Pros., éprouver des secousses [de tremblements de terre] moins fortes ; [+C] Pros.

clēmentĭa, *ae*, f. ¶**1** clémence, bonté, douceur : [C] Pros. ; ***violare clementiam*** [C] Pros., manquer à l'humanité ¶**2** [poét.] ***clementia caeli*** [+C] Poés., la douceur du climat ; ***aestatis*** [+C] Pros., douceur de l'été, chaleur modérée de l'été

Clĕŏbis, *is*, m., frère de Biton : [C] Pros.

Clĕŏbūlus, *i*, Cléobule ¶**1** l'un des Sept Sages : [T] Pros. ¶**2** écrivain grec : [+C] Pros.

Clĕŏchărēs, *ētis*, m., un des officiers d'Alexandre : [+C] Pros.

Clĕŏchus, *i*, m., père d'Aréa ou Aria, aimée d'Apollon : [T] Pros.

Clĕŏmăchus, *i*, m., nom de soldat : [-C] Théât.

Clĕombrŏtus, *i*, m., Cléombrote ¶**1** général lacédémonien : [C] Pros. ¶**2** philosophe admirateur de Platon : [C] Pros.

Clĕŏmĕdōn, *ontis*, m., lieutenant de Philippe de Macédoine : [C] Pros.

Clĕŏmĕnēs, *is*, m., Cléomène ‖ nom d'un Syracusain : [C] Pros.

Clĕōn, *ōnis*, m., Cléon ‖ homme d'État athénien : [C] Pros.

Clĕōnae, *ārum*, f. pl., Cléones [ville de l'Argolide] : [C] Poés. ‖ **-ōnaeus**, *a*, *um*, de Cléones : [C] Pros.

Clĕōnīcus, *i*, m., nom d'un affranchi de Sénèque : [+C] Pros.

Clĕŏpătra, *ae*, f., Cléopâtre ¶**1** reine dÉgypte : [+C] Pros. ¶**2** l'une des Danaïdes : [+C] Poés.

Clĕŏpătrānus, *a*, *um*, **Clĕŏpătrĭcus**, *a*, *um*, [T] Pros., de Cléopâtre

Clĕŏphantus, *i*, m., Cléophante ‖ médecin grec : [C] Pros.

Clĕŏphis, *ĭdis*, f., reine des Indes : [+C] Pros.

Clĕŏphōn, *ontis*, m., philosophe athénien : [C] Pros.

Clĕostrăta, *ae*, f., nom grec de femme : [-C] Théât.

clĕpō, *ĭs*, *ĕre*, *psī*, *-*, tr., dérober : [-C] Théât. ; ***clepere dolo*** [C] Pros., dérober par ruse [trad. d'Eschyle] ‖ [fig.] ***sermonem clepere*** [-C] Théât., épier un entretien ‖ cacher, dissimuler : [+C] Théât. ‖ soustraire : ***se opificio clepere*** [C] Poés., se dérober au service

clepsydra, *ae*, f., clepsydre, horloge d'eau : [C] Pros., [+C] Pros. ‖ temps marqué par l'écoulement de l'eau d'une clepsydre : [+C] Pros.

clērĭcālis, *e*, qui a rapport au clergé : [T] Pros.

clērĭcātŭs, *ūs*, m., cléricature, emploi ou état de clerc : [T] Pros.

clērĭcŭs, *i*, m., membre du clergé, clerc : [T] Pros.

Clērūmĕnoe, m. pl., titre d'une comédie de Diphile : [-C] Théât.

Cleŭās, *ae*, m., nom d'un général du roi Persée : [C] Pros.

clībănārĭus, *ĭi*, m., cavalier couvert d'une cuirasse : [T] Pros.

clībănus, *i*, m., tourtière : [+C] Pros.

clĭens, *entis*, m., client [protégé d'un *patronus*] : [-C], [+C] Pros. ‖ ***clientes*** [cités d'Italie ou des provinces, dont les habitants sont placés sous la protection d'un *patronus* romain] : [C] Pros. ‖ client, sorte de vassal [en parl. des individus ou des peuples chez les Gaulois et les Germains] : [C] Pros. ‖ [fig.] ***cliens Bacchi*** [C] Pros., adepte de Bacchus

clĭenta, *ae*, f., cliente : [-C] Théât.

clĭentēla, *ae*, f. ¶**1** état, condition de client [individu ou peuple] : ***esse in clientela alicujus*** [C] Pros., être le client de qqn ; [-C] Théât. ¶**2** au pl., clients : [C] Pros. ‖ vassaux : [C] Pros.

clĭentŭlus, *i*, m., petit client : [+C] Pros.

clīma, *ătis*, n., mesure agraire : [+C] Pros.

clīmăcis, *ĭdos*, f., [méc.] échelle [glissière dans la baliste = *canalis, canaliculus* dans la catapulte] : [C] Pros.

clīmactēr, *ēris*, m., ***climacter annus*** [+C] Pros., année climatérique [époque où la vie humaine est particulièrement menacée et qui revient tous les sept ans] ; [+C] Pros.

clīmactērĭcus, *a*, *um*, climatérique : [+C] Pros. ; → *climacter*

clīmătĭae, *ārum*, m. pl., sorte de tremblements de terre : [T] Pros.

clīnāmen, *ĭnis*, n., inclinaison, déviation : [C] Poés.

clīnātus, *a*, *um*, part. de *clino*

Clīnĭa, *ae*, m., personnage de comédie : [-C] Théât.

Clīnĭădēs, *ae*, m., fils de Clinias [Alcibiade] : [C] Poés.

Clīnĭas, *ae*, m., Clinias [père d'Alcibiade] : Pros.

1 **clīnĭcus**, *a, um*, de lit, de malade : ***clinicus deus*** Poés., Esculape

2 **clīnĭcus**, *i*, m. ¶ **1** clinicien, médecin qui visite les malades : Poés. ¶ **2** malade alité : Pros. ¶ **3** croque-mort : Poés.

clīnō, *ās, āre, -, -*, tr., incliner, faire pencher [existe d. les composés et au part.] ; ***clinatus*** Poés.

clīnŏpūs, *ŏdis*, m., pied de lit : Poés., Pros.

Clīō, *ūs*, f., muse de l'Histoire : Poés. ‖ une Néréide : Poés.

1 **clĭpĕātus**, *a, um*, part. de *clipeo*

2 **clĭpĕātus**, *i*, m., soldat pesamment armé : Pros., Pros.

clĭpĕō, *ās, āre, -, ātum*, tr., armer d'un bouclier : Pros., Poés. ‖ représenter sur un médaillon : Pros. ; *clipeus* ¶ 2

clĭpĕŏlum, *i*, n., petit bouclier : Poés.

clĭpĕum, *i*, n., Pros., Poés., *clipeus*

clĭpĕus (clŭpĕus), *i*, m. ¶ **1** bouclier [ordinairement en métal] Pros. ; ***clupeus Minervae*** Pros., le bouclier de Minerve ; ***clipeos objicere*** Poés., se couvrir du bouclier ¶ **2** médaillon sur lequel les dieux ou les grands hommes sont représentés en buste : Pros., Pros. ¶ **3** le disque du soleil : Poés. ¶ **4** la voûte du ciel : , Pros. ¶ **5** sorte de météore : Pros. ¶ **6** soupape [suspendue au puits de jour ménagé dans la salle des bains de vapeur des thermes ; la hauteur à laquelle on la suspend permet de régler la densité de la vapeur] : Pros.

Clisthĕnēs, *is*, m., Clisthène [orateur athénien] : Pros.

Clitae, *ārum* ¶ **1** f. pl., ville de la Chalcidique : Pros. ¶ **2** m. pl., peuple de la Cilicie : Pros.

Clītarchus, *i*, m., historien grec : Pros.

clītellae, *ārum*, f. pl., bât : , Pros., Pros.

clītellārĭus, *a, um*, qui porte un bât : Pros., Pros. ; ***homines clitellarii*** Théât., hommes qui servent de bêtes de somme

Clīternum, *i*, n., ville des Èques ‖ **-ernīnus**, *a, um*, de Cliternum : Pros.

Clītĭpho, *ōnis*, m., Clitiphon [personnage de comédie] : Théât.

Clītŏmăchus, *i*, m., Clitomaque [philosohe grec] : Pros.

Clītŏr, *ŏris*, m., Pros., **Clītŏrĭum**, *ĭi*, n., ville d'Arcadie ‖ **Clītŏrĭus fons**, m., Poés., fontaine de Clitor

Clītumnus, *i*, m., le Clitumne [rivière de l'Ombrie] : Pros. ‖ **-nus**, *a, um*, du Clitumne : Poés.

Clītus, *i*, m., général d'Alexandre : Pros., Pros.

clīvĭa (ăvis), f., oiseau de mauvais augure : ***cliviae*** [s.-ent. *aves*] Poés., oiseaux de mauvais augure

clīvos, arch. pour *clivus* : Théât.

clīvōsus, *a, um*, qui s'élève en pente, montueux : ***clivosum rus*** Poés., terrain en forte pente ; ***clivosus Olympus*** Poés., l'Olympe escarpé

clīvŭlus, *i*, m., petite pente, petite montée : Pros.

clīvus, *i*, m., pente, montée : ***mollis clivus*** Poés., pente douce ; ***clivum mollire*** Pros., adoucir la pente ‖ ***clivus Capitolinus*** Pros. ; [abs[t]] ***clivus*** Pros., le chemin du Capitole [et] la colline du Capitole

clŏāca, *ae*, f., égout : Pros., Poés. ‖ ***Cloaca maxima***, le grand égout [à Rome] : Pros. ‖ [fig.] ventre : Théât.

Clŏācīna, **Clŭācīna**, *ae*, f., Vénus Cloacine (purificatrice) [surnom de Vénus chez les Sabins] : Théât., Pros.

clŏcĭtō, *ās, āre, -, -*, intr., bramer [cri du cerf] : Poés.

Clōdĭa, *ae*, f., *Claudia*

Clōdĭānus, *a, um*, de Clodius : Pros. ‖ **Clōdĭānus**, *i*, m., nom d'homme : Pros.

clōdĭco, Pros., *claudico*

1 **Clōdĭus**, *a, um*, d'un Clodius ou de la famille Clodia : Pros. ‖ *2 Fossa*

2 **Clōdĭus**, *ĭi*, m., P. Clodius Pulcher [tribun de la plèbe, ennemi de Cicéron, tué par Milon] : Pros. ‖ *1 Claudius*

clōdo, *ĭs*, *claudo*

clōdus, *a, um*, Poés., *claudus*

Cloelĭa, *ae*, f., jeune fille romaine dont l'exploit est raconté par Pros. : Poés.

Cloelĭi, *ōrum*, m. pl., famille d'Albe qui fut admise dans le patriciat romain : Pros.

Cloelĭus (Cluīlĭus), *ĭi*, m., nom romain : Pros.

Clōio, Poés., *Chlodio*

Clŏnĭus, *ĭi*, m., compagnon d'Énée : Poés.

Clostĕr, *ĕris*, m., fils d'Arachné, inventeur des fuseaux : Pros.

Clōthō, *ūs*, f., l'une des trois Parques : Poés.

clovāca, **cluāca**, *cloaca* : Poés., Pros.

Clŭācīna, *Cloacina*

clŭcĭdātus, *a, um*, adouci, suave : Pros.

clūdĕn, **cludo**, *ĭnis*, n. ou f., épée de théâtre : Pros.

clūdō, *ĭs, ĕre, -, -*, Pros., *1 claudo*

1 **clŭens**, *tis*, part. de *clueo*

2 **clŭens**, *cliens*

Clŭentĭus, *ĭi*, m., nom romain : Pros. ‖ **Clŭentĭa**, *ae*, f., nom de femme : Pros. ‖ **-tĭānus**, *a, um*, de Cluentius : Pros.

clŭeō, *ēs, ēre, -, -*, intr. ¶ **1** s'entendre dire, avoir la réputation de : Théât. ¶ **2** être illustre : Théât. ¶ **3** être, exister : Poés.

clŭĕŏr, *ērĭs, ērī, -*, dép., être appelé, passer pour : Théât., Poés.

Cluīlĭus, *ĭi*, m., chef des Albains : Pros. ‖ **Cluīlĭus**, *a, um*, de Cluilius : Pros.

***clŭis**, *e*, illustre, noble ‖ compar. *clŭĭor, clŭvĭor*

clūnābŭlum, *i*, n., **clūnācŭlum**, **clūnāclum**, *i*, n., couteau de boucher ou de sacrificateur : Pros.

clūnālis, *e*, de la croupe, des fesses : Poés.

Clūnĭa, *ae*, f., ville de la Tarraconaise : Pros.

clūnĭcŭla, *ae*, f., culotte [partie de derrière du gibier] : Pros.

clūnis, *is*, m. et f. Poés., ordin[t] pl., **clūnes**, *ĭum*, fesse, croupe : ***aliquid de clunibus apri*** Poés., une tranche d'un cuissot de sanglier ; Poés.

clŭō, *ĭs, ĕre, -, -*, intr., Poés., *clueo*

Clŭpĕa, *ae*, f., Poés., **Clŭpĕa**, *ōrum*, n. pl., Pros., ville de la Zeugitane ‖ **-pĕāni**, *ōrum*, m. pl., habitants de Clupea : Pros.

clŭpĕo, *clipeo* : Théât.

clŭpĕus, *clipeus*

clūrīnus, *a, um*, de singe : Théât., Pros.

clūsī, parf. de *cludo*

Clūsĭum, *ĭi*, n., ville d'Étrurie [Chiusi] : Poés. ‖ **Clūsīnus**, *a, um*, de Clusium : Pros. ‖ **Clūsīni fontes**, m., les eaux de Clusium : Pros.

Clūsĭus, *ĭi*, m., surnom de Janus, dont le temple était fermé en temps de paix : Poés.

Clūsīvĭus, *ĭi*, m., Pros., *Clusius*

clūsŏr, *ōris*, m., Pros., *clausor*

cluster, *ēris*, m., *clyster*

clustrum, *claustrum*

clūsūra, *ae*, f., *clausura*

clūsus, *a, um*, part. de *cludo*

Clŭtemnestra, *Clytaemnestra*

Clŭtĭdae, *Clytidae*

Clŭtŏmestŏrĭdȳsarchĭdēs, *ae*, m., nom d'un personnage de comédie : Théât.

Clutōrĭus, *ĭi*, m., nom d'homme : Pros.

Clŭvĭa, *ae*, f. ¶ **1** ville du Samnium : Pros. ¶ **2** nom de femme : Poés.

Clŭvĭānum, *i*, n., maison de campagne de Cluvius : Pros.

Clŭvĭdĭēnus Quiētus, *i*, m., nom d'homme : [+C] Pros.

Clŭvĭēnus, *i*, m., nom d'un poète : [+C] Poés.

Clŭvĭus, *ĭi*, m., ami de Cicéron : [C] Pros. ‖ historien romain : [+C] Pros.

Clўmĕnē, *ēs*, f. ¶ **1** mère de Phaéton : [C] Poés. ‖ **-naeus**, *a, um*, [+C] Poés. et **-nēius**, *a, um*, [C] Poés., de Clymène ¶ **2** nom d'une nymphe : [C] Poés. ¶ **3** nom d'une Amazone : [+C] Poés.

Clўmĕnus, *i*, m., nom d'un roi d'Arcadie : [+C] Poés. ‖ compagnon de Phinée : [C] Poés. ‖ surnom de Pluton : [C] Poés.

Clўpĕa, V. *Clupea*

clypeatus, **clypeo**, **clypeus**, V. *2 clipeatus, clipeus*

clystēr, *ēris*, m., clystère, lavement : [+C] Pros. ‖ seringue : [+C] Pros.

Clўtaemnestra, **Clўtēmestra**, **Clўtĕ-**, [-C] Théât., *ae*, f. ¶ **1** Clytemnestre [femme d'Agamemnon] : [C] Pros. ¶ **2** [fig.] femme qui tue son mari : [+C] Poés. ‖ femme impudique : [+C] Pros.

Clўtĭdae, **Clŭtĭdae**, *ārum*, m. pl., nom d'une famille d'Elis : [C] Pros.

Clўtĭē, *ēs*, f., Océanide, aimée d'Apollon, métamorphosée en héliotrope : [C] Poés.

Clўtĭus, *ĭi*, m., nom d'un Argonaute : [+C] Poés. ‖ nom d'un guerrier : [C] Poés.

Clўtus, *i*, m., nom d'un centaure : [C] Poés. ‖ nom d'homme : [C] Pros.

Cnaeus, **Cnēus**, *i*, m., prénom romain [en abrégé *Cn.*] prononcé *Gnaeus* : [+C] Pros.

cnēcŏs, *i*, f., safran bâtard : [+C] Pros.

Cnēmīdes, *um*, f. pl., et **Cnēmis**, *īdis*, f., ville de la Phocide

Cnĭdĭus, **Gnĭdĭus**, *a, um*, de Cnide : [C] Pros. ‖ **-dii**, *ōrum*, m. pl., les habitants de Cnide : [C] Pros.

Cnĭdus, [C] Pros., **Gnĭdus**, *i*, f., [C] Poés., Cnide [ville de Carie où Vénus avait un temple]

cnissa, **cnīsa**, *ae*, f., odeur de chairs rôties, fumet : [T] Pros.

cnōdax, *ăcis*, m., boulon de fer, pivot : [C] Pros.

Cnōsus, **Cnossus**, **Cnossiăcus**, **Cnossĭus**, V. *Gnossus*, etc.

co-, forme antévocalique du préfixe *cum* (*com*)

1 **cŏa**, *ae*, f., épithète donnée par Caelius à Clodia, de *coeo*, cf. *1 nola* : [+C] Pros.

2 **Cŏa**, *ōrum*, n. pl., étoffes de Cos [en tissu transparent] : [C] Poés.

cŏaccēdō, *ĭs, ĕre, -, -*, intr., s'ajouter à : [-C] Théât.

cŏăcervātim, adv., en masse : [+C] Pros.

cŏăcervātĭo, *ōnis*, f., action d'entasser, d'accumuler : [+C] Pros. ‖ [rhét.] groupement [d'arguments] : [C] Pros.

cŏăcervātus, *a, um*, part. de *coacervo*

cŏăcervō, *ās, āre, āvī, ātum*, tr., mettre en tas, entasser, accumuler : ***coacervantur pecuniae*** [C] Pros., on entasse des sommes d'argent ‖ [rhét.] ***(argumenta) coacervata*** [C] Pros., (arguments) groupés [opp. à *singula*, " pris isolément "]

cŏăcescō, *ĭs, ĕre, ăcŭī, -*, intr., devenir aigre : [C] Pros., [+C] Pros.

cŏacta, *ōrum*, n. pl., laines ou crins foulés, feutre : [C] Pros.

cŏactē, adv., vite, bientôt : [-C] Pros. ‖ avec précision, exactitude : [T] Pros. ‖ ***coactius*** [+C] Pros.

cŏactim, adv., en resserrant, brièvement : [T] Pros.

cŏactĭo, *ōnis*, f., action de recueillir, encaissement : [+C] Pros.

cŏactō, *ās, āre, -, -*, forcer : [C] Poés.

cŏactŏr, *ōris*, m. ¶ **1** celui qui rassemble : ***coactores agminis*** [+C] Pros., l'arrière-garde [ceux qui ramassent les traînards] ¶ **2** collecteur d'impôts : [C] Pros. ‖ commis de recette : [-C] Pros., [C] Pros., Poés. ¶ **3** [fig.] celui qui force, qui contraint : [+C] Pros.

cŏactūra, *ae*, f., cueillette [d'olives] : [+C] Pros.

1 **coactus**, *a, um*, part. de *cogo* ‖ pris adj[t], [au fig.] contraint, cherché, non naturel : [+C] Pros. ; ***lacrimae coactae*** [C] Poés., larmes hypocrites

2 **cŏactŭs**, abl. *ū*, m., impulsion : [C] Poés.

cŏaddō, *ĭs, ĕre, -, -*, tr., joindre à : [-C] Pros.

cŏaedĭfĭcātus, *a, um*, part. de *coaedifico*

cŏaedĭfĭcō, *ās, āre, āvī, ātum*, tr., bâtir ensemble, couvrir d'un ensemble de maisons : [C] Pros. ; ***loci coaedificati*** [C] Pros., terrains bâtis

cŏaequālis, *e* ¶ **1** du même âge : [+C] Pros. ¶ **2** égal, pareil : [T] Pros.

cŏaequātus, *a, um*, part. de *coaequo*

cŏaequō, *ās, āre, āvī, ātum*, tr. ¶ **1** rendre égal, de même plan, égaliser : ***coaequare montes*** [C] Pros., aplanir les montagnes ; ***aream*** [-C] Pros., niveler une aire ¶ **2** égaler, mettre sur le même pied : [C] Pros.

cŏaetānĕus, *a, um*, contemporain, qui est du même âge : [+C] Pros.

cŏaeternĭtas, *ātis*, f., coéternité : [T] Pros.

cŏaevĭtās, *ātis*, f., contemporanéité : [T] Pros.

cŏaevus, *a, um*, contemporain : [T] Pros.

cŏaggĕrātus, *a, um*, part. p. de *coaggero*

cŏaggĕrō, *ās, āre, -, ātum*, tr., couvrir d'un amas : [+C] Pros.

cŏăgĭtātus, *a, um*, part. p. de *coagito*

cŏăgĭtō, *ās, āre, āvī, ātum*, tr., remuer ensemble, mélanger en agitant : [+C] Pros. ‖ tasser : ***mensura coagitata*** [T] Pros., mesure bien tassée

coagmentātĭo, *ōnis*, f., assemblage, réunion de parties ensemble : [C] Pros.

cŏagmentātus, *a, um*, part. de *coagmento*

cŏagmentō, *ās, āre, āvī, ātum*, tr., unir ensemble, assembler : [C] Pros. ‖ [fig.] [C] Pros. ; ***pacem*** [C] Pros., cimenter la paix

cŏagmentum, *ī*, n., jointure, assemblage ; [employé surtout au pl.] : [-C] Pros., [C] Pros. ‖ [fig.] ***coagmenta syllabarum*** [+C] Pros., assemblage des lettres en syllabes

cŏāgŭlum, *i*, n. ¶ **1** présure : [C] Pros. ‖ [fig.] ***a)*** ce qui réunit, ce qui rassemble : [C] Poés. ***b)*** cause, origine : [T] Pros. ¶ **2** coagulation : [+C] Pros.

cŏălescō, *ĭs, ĕre, ălŭī, ălĭtum*, intr., croître ensemble, s'unir en croissant ¶ **1** s'unir, se lier : [C] Poés., Pros. ; ***coalescere cum aliqua re*** [C] Pros., se lier avec qqch. ; [+C] Pros. ¶ **2** se développer, prendre racine : [C] Pros., [+C] Pros. ‖ [fig.] [+C] Pros. ; ***coalita libertate*** [+C] Pros., la liberté étant affermie (assurée)

cŏălitu, abl. de l'inus. **coalitus*, union, réunion : [T] Pros.

cŏangustō, *ās, āre, āvī, ātum*, tr., rétrécir, resserrer, mettre à l'étroit : ***coangustabantur*** [C] Pros., ils s'entassaient

cŏaptātĭo, *ōnis*, f., ajustement de parties entre elles, harmonie : [T] Pros.

cŏaptātus, *a, um*, part. de *coapto*

cŏaptō, *ās, āre, āvī, ātum*, tr., attacher avec, ajuster à : [T] Poés., Pros.

cŏarct-, C. *coart-*

cŏargŭō, *ĭs, ĕre, gŭī, gūtum, gŭĭtūrus*, tr. ¶ **1** montrer clairement, démontrer de façon irréfutable : ***alicujus errorem*** [C] Pros., démontrer l'erreur de qqn ; ***Lacedaemoniorum tyrannidem*** [C] Pros., la tyrannie des Lacédémoniens ‖ [avec prop. inf.] démontrer que : [C] Pros., [+C] Pros. ‖ ***aliquem avaritiae*** [C] Pros., démontrer que qqn est coupable de cupidité ; ***commutati indicii*** [C] Pros., [coupable] d'avoir falsifié une preuve ¶ **2** démontrer comme faux, comme inacceptable : ***quam (legem) usus coarguit*** [C] Pros., (loi) que l'expérience condamne ¶ **3** ***coarguere aliquem***, démontrer la culpabilité de qqn : [C] Pros.

cŏargūtĭo, *ōnis*, f., preuve irréfutable : [T] Pros.

cŏartātĭo, *ōnis*, f., action de reserrer, de réunir : [C] Pros.

cŏartātus, *a, um*, part. p. de *coarto*

cŏartĭcŭlō, *ās, āre, -, -,* tr., faire émettre des sons articulés à, faire parler : [T] Pros.

cŏartō, *ās, āre, āvī, ātum*, tr., serrer, presser, resserrer : [C] Pros. ‖ abréger, réduire : [C] Poés., [+C] Pros. ‖ resserrer, condenser [dans un exposé] : [C] Pros.

cŏassāmentum, *i*, n., **cŏassātĭo**, **cŏaxātĭo**, *ōnis*, f., [C] Pros., assemblage de planches, plancher, parquet

cŏassō, **cŏaxō**, *ās, āre, -, -,* planchéier, parqueter : [C] Pros.

Cŏastrae, **Cŏatrae**, ▶ *Choatrae*

cŏaxātĭo, ▶ *coassamentum*

1 **cŏaxō**, *ās, āre, -, -,* intr., coasser : [+C] Pros.

2 **cŏaxō**, *ās, āre, -, -,* ▶ *coasso*

cōbĭo, ▶ *gobio*

Cobiomachus, *i*, m., bourg de la Narbonnaise : [C] Pros.

cōbĭus, ▶ *gobius*

Cobulātus, *i*, m., fleuve de l'Asie Mineure : [C] Pros.

Cōcălus, *i*, m., roi de Sicile : [C] Poés. ‖ **-ălĭdes**, *um*, f., les filles de Cocalus : [+C] Poés.

Coccēius, *i*, m., ami d'Auguste et d'Horace : [C] Poés.

coccēus, *a, um*, ▶ *coccinus*

coccĭnātus, *a, um*, vêtu d'écarlate : [+C] Pros., Poés.

coccĭnĕus, *a, um*, d'écarlate : [+C] Pros.

coccĭnus, *a, um*, d'écarlate : [+C] Poés. ‖ **coccĭna**, *ōrum*, n. pl., vêtements d'écarlate : [+C] Poés. ‖ **coccĭnum**, *i*, n., [T] Pros. ; ▶ *coccum*

coccolobis, ▶ *cocolobis*

coccum, *i*, n., écarlate [couleur] : [C] Poés. ‖ étoffe teinte en écarlate : [+C] Pros. ‖ manteau d'écarlate : [+C] Poés.

coccȳmēlum, *i*, n., prune : [T] Pros.

cochlĕa (**coclĕa**), *ae*, f. ¶ **1** escargot : [C] Pros. ¶ **2** coquille d'escargot : [+C] Poés. ; ***in cochleam*** [+C] Pros., en spirale ¶ **3** écaille de tortue : [+C] Poés. ¶ **4** vis de pressoir : [C] Pros. ¶ **5** vis d'Archimède, machine à élever les eaux : [C] Pros. ¶ **6** trappe : [C] Pros.

cŏchlĕăr, [+C] Pros., **cŏchlĕāre**, [+C] Poés. ou **cocl-**, *is*, n., cuiller ‖ cuillerée, mesure pour les liquides : [+C] Pros.

cochlĕārĭum (**cocl-**, *ĭi*), n., escargotière, lieu où l'on élève des escargots : [C] Pros.

cochlĕātim, adv., en colimaçon, en spirale : [T] Pros.

cochlĕŏla, *ae*, f., petit coquillage : [T] Pros.

cŏcīna, *ae*, f., ▶ *coquina*

cŏcīnar-, ▶ *coquinar-*

Cocinthŏs, *i*, f., **Cocinthum**, *i*, n., promontoire du Bruttium

cōcĭo, **cōtĭo**, **coctĭo**, **coccĭo**, *ōnis*, m., courtier, colporteur : [+C] Pros.

coclĕa-, etc., ▶ *cochlea*, etc.

1 **cŏclēs**, *ĭtis*, m., borgne : [-C], [C] Pros.

2 **Cŏclēs**, *ĭtis*, m., Horatius Coclès [guerrier borgne légendaire] : [C] Pros. ‖ **Coclĭtes**, *um*, m. pl., la race des Coclès : [-C] Théât.

cŏcō, *ĭs, ĕre, -, -,* [+C] Pros., ▶ *coquo*

coco coco, onomat., = cocorico : [+C] Pros.

cocolobis, **-lubis**, *is*, f., [+C] Pros., espèce de raisin

Cocosātes, *um*, m. pl., [C] Pros., **Cocossātes**, *um*, m. pl., peuple de l'Aquitaine

cocta, *ae*, f. (s.-ent. ***aqua***) eau bouillie : [+C] Poés.

coctăna, ▶ *cottana*

coctĭlis, *e*, cuit : ***lateres coctiles*** [C] Pros., briques cuites ; ***muri coctiles*** [C] Poés., murailles de briques

coctĭo, *ōnis*, f., aliment cuit, ragoût : [T] Pros.

coctīvus, *a, um*, qui cuit ou mûrit vite : [+C] Pros.

coctŏna, **cottŏna**, *ōrum*, n. pl., [+C] Poés., ▶ *coctana*

coctūra, *ae*, f., fusion : [+C] Pros. ‖ ce qui est cuit : [+C] Pros.

coctus, *a, um*, part. de *coquo* ‖ [pris adj[t]] ***juris coctiores*** [-C] Théât., plus consommés dans le droit

cŏcŭlum, *i*, n., sorte de vase de cuisine : [-C] Pros.

cŏcus, [-C] Théât., ▶ *coquus*

Cōcȳtŭs (**-ŏs**), *i*, m., fleuve des Enfers : [C] Poés. ‖ **-cȳtĭus**, *a, um*, du Cocyte : [C] Poés.

cōda, ▶ *cauda* : [C] Pros.

cōdēta, *ae*, f., terrain où poussent des prêles [d'où] **Codeta**, *ae*, f., nom de deux plaines près de Rome : ***Codeta minor*** [+C] Pros.

cōdex, *ĭcis*, m. ¶ **1** tablette à écrire, livre, registre, écrit : [C] Pros., [+C] Pros. ¶ **2** livre de comptes, livre comptable [registre des entrées et sorties : dettes et créances] : [C] Pros. ¶ **3** ▶ *1 caudex* : [C] Poés. ‖ [en part.] poteau de supplice : [-C] Théât., [C] Poés.

cōdĭcillāris, *e*, **cōdĭcillārĭus**, *a, um*, octroyé par un codicille de l'empereur, honoraire

cōdĭcillus, *i*, m. ¶ **1** petit tronc, tigette : [-C] Pros. ¶ **2** **cōdĭcilli**, *ōrum*, m. pl., tablettes à écrire : [C] Pros. ‖ lettre, billet : [C] Pros. ‖ mémoire, requête : [+C] Pros. ‖ diplôme, titre de nomination à un emploi : [+C] Pros. ¶ **3** [droit] sg. et pl. [+C] Pros., codicille [rectificatif apporté à un testament]

cōdĭcŭla (**cōt-**), *ae*, f., petite queue : [+C] Pros.

Codrĭo, **Codrĭōn**, *ōnis*, f., ville de Macédoine : [C] Pros.

Codrus, *i*, m. ¶ **1** roi d'Athènes : [C] Poés. ¶ **2** nom d'un berger : [C] Poés. ¶ **3** nom d'un poète : [+C] Poés.

cŏēgī, parf. de *cogo*

Coela, *ae*, f., golfe d'Eubée : [C] Pros. ‖ **Coela Euboea**, [T] Pros.

coelebs et ses dérivés, ▶ *caelebs*

cŏēlectus, *a, um*, choisi avec : [T] Pros.

coelestis, etc., ▶ *caelestis*

Coelē Sȳrĭa, [C] Pros., **Coelē**, *ēs*, f., Coelé Syrie [partie de la Syrie]

Coelētae, **Coelalētae**, *ārum*, m. pl., peuple de la région de l'Hémus : [+C] Pros.

coelĭăcus, *a, um*, relatif à l'intestin : [-C] Pros. ‖ qui a le flux céliaque : [C] Pros.

Coelĭāna, *ōrum*, n. pl., les écrits de Coelius Antipater : [C] Pros.

coelĭcŏlae, ▶ *caelicolae*

Coelĭus, *ĭi*, **Antĭpătĕr**, *tris*, m., Coelius Antipater [historien du 2e s. av. J.-C.] : [C] Pros.

coelum, ▶ *2 caelum*

cŏēmendātus, *a, um*, corrigé ensemble : [T] Pros.

cŏĕmō, *ĭs, ĕre, ēmī, emptum*, tr., réunir en achetant, acheter en bloc, en masse : [C] Pros.

cŏemptĭo, *ōnis*, f. ¶ **1** procédé rituel d'acquisition de la *manus* par l'épouse : [C] Pros. ¶ **2** achat, trafic : [T] Pros.

cŏemptĭōnālis (**compt-**), *e*, (esclave) qu'on donne pardessus le marché : [-C] Théât., [C] Pros.

cŏemptŏr, *ōris*, m., acheteur : [+C] Pros.

cŏemptus, *a, um*, part. de *coemo*

coena, etc., **coeno**, ▶ *cen-*

coenŏbĭum, *ĭi*, n., couvent, monastère : [T] Pros.

coenos-, ▶ *caenos-*

coenŭla, *ae*, f., ▶ *cenula*

coenum, *i*, n., ▶ *caenum*

cŏĕō, *cŏīs, cŏīre, cŏiī* (*cŏīvī*), *cŏĭtum*

I intr. ¶ **1** aller ensemble, se réunir, se joindre : [-C] Théât. ***in Piraeum*** [C] Pros., hier nous nous sommes réunis au Pirée ; [+C] Pros. ¶ **2** se réunir, se rapprocher, former un tout [un groupe, un corps] : [C] Pros. ; ***reliqui coeunt inter se*** [C] Pros., le reste se groupe (se reforme) ; ***coire in populos*** [+C] Pros., se réunir en corps de nation ‖ s'épaissir, se condenser : ***ut coeat lac*** [C] Pros., pour que le lait caille ; [C] Poés. ‖ s'accoupler (***cum aliquo*** ou ***alicui***, avec qqn) : [C] Poés., [+C] Pros. ; [poét.] [C] Poés. ¶ **3** [poét.] en venir aux mains, combattre : [C] Poés., [+C] Poés. ¶ **4** s'unir,

s'associer, faire alliance : C Pros. ; ***in societatem coire*** +C Pros., contracter une alliance ; [poét.] C Poés. ‖ se marier : ***nuptiis, conubio*** +C Pros., s'unir par le mariage
II tr., ***coire societatem (cum aliquo)***, contracter (former, conclure) une alliance, une association (avec qqn) : ***societatem sceleris cum aliquo*** C Pros., former avec qqn une association pour le crime ; ***de cognati fortunis*** C Pros., former avec qqn une association pour s'emparer des biens d'un parent ; ***societas coitur*** C Pros., l'association se forme, part. *coitus*

coepi, *isti, isse*, ▶ *coepio II*

coepĭo, *ĕre, coepi, coeptum*
I [verbe de la période archaïque] commencer : -C Théât.
II [les formes employées à la période classique sont celles du parf. et du supin : *coepī, coepisti, coepisse, coeptum*] j'ai commencé d. C et C on trouve seulement *coepi* avec un inf. actif ou dép. ou avec *fieri*, et *coeptus sum* avec un inf. passif ¶ **1** [avec acc.] : ***id quod coepi*** -C Théât., ce que j'ai commencé ; +C Pros. ; ***coepturi bellum*** C Pros., prêts à commencer la guerre ¶ **2** [avec inf. actif] : ***coepi velle*** C Pros., le désir m'est venu que ; ***ut coepi dicere*** C Pros., comme j'ai commencé à le dire ‖ inf. s.-ent. : C Pros. ¶ **3** [avec inf. pass.] : C Pros. ; ***occidi coepere*** +C Pros., on se mit à les tuer ¶ **4** [parf. passif] : C Pros. ‖ [avec dépon., rare] +C Pros. ‖ ***coepta luce*** +C Pros., au commencement du jour ; ***nocte coepta*** +C Pros., au commencement de la nuit ; ***coepta hieme*** +C Pros., au début de l'hiver ¶ **5** [pris intrans[t]] commencer, débuter : C Poés. ; ***ubi silentium coepit*** C Pros., quand le silence fut établi ; +C Pros.

coeptātus, *a, um*, part. de *coepto*

coeptō, *ās, āre, āvī, ātum* ¶ **1** tr., commencer, entreprendre : ***coeptare hostilia*** +C Pros., commencer les hostilités ; ***fugam*** +C Pros., essayer de fuir ; -C Théât. ‖ [avec inf.] C Pros. ¶ **2** intr., commencer, être au début : ***coeptante nocte*** T Pros., au commencement de la nuit

coeptum, *i*, n., entreprise, projet, dessein : C Poés., Pros.

coeptūrus, *a, um*, part. fut. de *coepio*

1 **coeptus**, *a, um*, part. de *coepio*

2 **coeptŭs**, *ūs*, m., début, essai : C Pros. ‖ entreprise : +C Poés.

cŏĕpŭlōnus, *i*, m., compagnon de table : -C Théât.

Coerănus, *i*, m., philosophe grec : +C Pros.

coerātŏr, [arch.] ▶ *curator*

cŏercĕō, *ēs, ēre, cŭī, cĭtum*, tr., enfermer complètement ¶ **1** enfermer, resserrer, contenir : C Pros. ¶ **2** empêcher de s'étendre librement, contenir, maintenir : C Pros. ; [poét.] ***numeris verba*** C Poés., enfermer les mots dans le mètre du vers ¶ **3** [fig.] contenir, tenir en bride, réprimer : ***cupiditates*** C Pros., réprimer les passions ; ***fenus*** C Pros., réprimer l'usure ; ***orationem rapidam*** C Pros., arrêter une parole qui s'épanche (un développement dans son cours rapide) ‖ réprimer, châtier, corriger, faire rentrer dans le devoir : C Pros.

cŏercĭtĭo, *ōnis*, f. ¶ **1** action d'enfermer : T Pros. ¶ **2** contrainte, répression : C Pros., +C Pros. ; ***coercitio ambitus*** +C Pros., répression de la brigue ¶ **3** punition, châtiment : +C Pros. ¶ **4** droit de coercition, pouvoir coercitif : ***coercitio popinarum*** +C Pros., police des tavernes

cŏercĭtŏr, *ōris*, m., celui qui maintient : T Pros. ‖ qui réprime : T Pros.

cŏercĭtus, *a, um*, part. de *coerceo*

coerŭl-, ▶ *caerul-*

coetŭs, *ūs*, m. ¶ **1** jonction, assemblage, rencontre : ***stellarum coetus*** +C Pros., conjonctions de planètes ; -C Théât., C Poés. ¶ **2** réunion d'hommes, assemblée, troupe : ***matronarum coetus*** C Pros., réunion de mères de famille ; ***coetus cycnorum*** C Poés., troupe de cygnes ‖ [fig.] mouvements séditieux, intrigues : ***miscere coetus*** +C Pros., fomenter des cabales ¶ **3** union, accouplement : T Pros.

Coeus, *i*, m., nom d'un Titan : C Poés.

cŏexercĭtātus, part. de *coexercito*

cŏexercĭtō, *ās, āre, āvī, ātum*, tr., exercer simultanément : +C Pros.

Cogedus, ▶ *Congedus*

cōgĭtābĭlis, *e*, concevable : +C Pros.

cōgĭtābundus, *a, um*, qui est pensif, plongé dans ses réflexions : +C Pros.

cōgĭtāmen, *ĭnis*, n., **cōgĭtāmentum**, *i*, n., T Pros., pensée, réflexion

cōgĭtātē, adv., avec réflexion : ***cogitate meditari*** -C Théât., méditer mûrement ; ***aliquid cogitate scribere*** C Pros., écrire (rédiger) qqch. après réflexion

cōgĭtātio, *ōnis*, f., action de penser ¶ **1** acte de penser, de se représenter, pensée, imagination : C Pros. ; ***cogitatione depingere aliquid*** C Pros., se représenter qqch. par l'imagination ¶ **2** acte de réfléchir, de méditer, réflexion, méditation : C Pros. ; ***cogitationem de aliqua re suscipere*** C Pros., se mettre à réfléchir sur qqch. ; [avec prop. inf.] la pensée que : C Pros. ¶ **3** le résultat de la pensée (de la réflexion) : C Pros. ; ***cogitatio*** C Pros., méditation (= discours médité) ¶ **4** action de projeter (méditer), idée, dessein, projet : C Pros., +C Pros. ; ***sceleris cogitatio*** +C Pros., l'idée du crime

cōgĭtātum, *i*, n. ¶ **1** pensée, réflexion : C Pros. ‖ [surtout au pl.] : C Pros. ¶ **2** projet : ***cogitata perficere*** C Pros., exécuter le complot ; ***patefacere*** C Pros., dévoiler ses projets

1 **cōgĭtātus**, *a, um*, part. de *1 cogito*

2 **cōgĭtātŭs**, *ūs*, m., pensée : +C Pros.

1 **cōgĭtō**, *ās, āre, āvī, ātum*, remuer dans son esprit ¶ **1** penser, songer, se représenter par l'esprit : C Pros. ‖ ***de aliquo, de aliqua re***, songer à qqn, à qqch. : C Pros. ‖ ***ad aliquid***, songer à qqch. [tour rare] : C Pros. ‖ [avec acc.] C Pros., +C Pros. ‖ [avec prop. inf.] C Pros. ‖ [avec interrog. indir.] C Pros. ‖ [avec *ne*] prendre garde (en réfléchissant) que ... ne, réfléchir à ne pas [cf. *considera, ne* C Pros.] : C Pros. ‖ réfléchir, méditer : C Pros. ¶ **2** méditer, projeter : C Pros. ; ***cogitatum facinus*** C Pros., crime projeté ; ***cogitata injuria*** C Pros., injustice préméditée ‖ [avec *de*] C Pros., +C Pros. ‖ [avec inf.] C Pros. ‖ [tour elliptique] ***inde cogito in Tusculanum*** C Pros., de là je songe à me rendre à Tusculum ‖ [avec *ut (ne)*] se proposer par la pensée de (de ne pas) : C Pros. ¶ **3** avoir des pensées, des intentions bonnes, mauvaises à l'égard de qqn : C Pros.

2 **cōgĭtō**, *ās, āre, -, -*, tr., contraindre : T Pros.

cognāta, *ae*, f., ▶ *cognatus*

cognātĭo, *ōnis*, f. ¶ **1** lien du sang, parenté de naissance : ***cognatio, affinitas*** C Pros., parenté naturelle, parenté par alliance ; ***cognatione se excusare*** C Pros., alléguer des liens de parenté pour s'excuser ‖ [fig.] la parenté, les parents : C Pros. ¶ **2** rapport, affinité, similitude : C Pros.

cognātus, *a, um* ¶ **1** uni par le sang ‖ subst., parent [aussi bien du côté du père que du côté de la mère] : ***cognata*** -C Théât., parente ; ***cognatae urbes*** C Poés., villes liées par le sang (villes soeurs) ¶ **2** apparenté, qui a un rapport naturel avec : C Pros., Poés.

cognĭtĭo, *ōnis*, f. ¶ **1** action d'apprendre à connaître, de faire la connaissance de : [d'une ville] C Pros. ; [d'une personne] C Pros. ¶ **2** action d'apprendre à connaître par l'intelligence, étude : C Pros. ‖ connaissance : C Pros. ‖ connaissance acquise : C Pros. ‖ ***cognitiones deorum*** C Pros., conception, notion, idée des dieux ¶ **3** [droit] enquête, instruction, connaissance d'une affaire : ***alicujus rei*** C Pros., enquête sur qqch. ; ***patrum*** +C Pros. ; ***praetoria*** +C Pros., instruction faite par le sénat, par le préteur ¶ **4** action de reconnaître, reconnaissance : -C Théât.

cognĭtŏr, *ōris*, m. ¶ **1** celui qui connaît qqn, témoin d'identité, garant, répondant : C Pros. ¶ **2** représentant [d'un plaideur, demandeur ou défendeur, qui remplaçait complètement la partie], procureur : C Pros. ‖ [en génér.] représentant, défenseur : C Pros., +C Pros.

cognitū, abl. de l'inus. **cognitus*, m., par l'étude de : +C Pros.

cognĭtūra, *ae*, f., office du *cognitor* ***a)*** représentant d'un plaideur : +C Pros. ***b)*** procurateur chargé des recouvrements de l'État qui en retour lui allouait une part des sommes recouvrées : +C Pros.

cognĭtus, *a, um*, part. de *cognosco* ‖ [pris adj[t]] connu reconnu : C Pros. ; ***cognitior*** C Poés. ; ***cognitissimus*** C Poés.

cognōbĭlis, *e*, qu'on peut connaître, comprendre : +C Pros. ; ***cognobilior*** C, +C Pros.

cognōmĕn, *ĭnis*, n. ¶ **1** surnom [ajouté au gentilice] : ***Barbatus, Brutus, Calvus, Cicero***, etc. ‖ surnom individuel : ***Africanus, Asiaticus*** ; [C] Pros. ¶ **2** nom : [C] Poés. ‖ = épithète : [+C] Pros.

cognōmentum, *i*, n., ➨ *cognomen*, surnom : [C] Pros., [+C] Pros. ‖ [en génér.] nom : [+C] Pros.

1 **cognōmĭnātus**, *a, um*, part. de *cognomino*

2 **cognōmĭnātus**, *a, um*, synonyme : [C] Pros.

cognōmĭnĭs, *e* ¶ **1** qui porte le même nom, homonyme : [-C] Théât. ; [avec gén.] ; [avec dat.] [C] Pros., [+C] Pros. ¶ **2** [gram.] synonyme : [+C] Pros.

cognōmĭnō, *ās, āre, āvī, ātum*, tr., surnommer : [+C] Pros.

cognōram, ➨ *cognosco*

cōgnōscens, *entis*, part. adj. de *cognosco* : ***cognoscens sui*** [C] Pros., qui se connaît lui-même

cognoscĭbĭlĭs, *e*, qu'on peut connaître : [T] Pros.

cognoscĭbĭlĭtĕr, adv., de manière à pouvoir être reconnu : [T] Pros.

cognoscō, *ĭs, ĕre, gnōvī, gnĭtum*, tr. ¶ **1** apprendre à connaître, chercher à savoir, prendre connaissance de, étudier, apprendre ;au parf. *cognovi, cognovisse*,connaître, savoir : [C] Pros. ; ***per exploratores*** [C] Pros. ; ***per speculatores*** [C] Pros., apprendre par des éclaireurs, par des espions ; ***ab aliquo*** [C] Pros. ; ***ex aliquo*** [C] Pros., apprendre de qqn ; ***ex aliqua re, ex aliquo***, apprendre d'après qqch., d'après qqn : [C] Pros. ‖ reconnaître, constater : ***aliquem nocentem*** [C] Pros., reconnaître la culpabilité de qqn ‖ [avec prop. inf.] apprendre que : [C] Pros. ‖ [avec interrog. indir.] : [C] Pros. ‖ [abl. absolu] : ***hac re cognita, his rebus cognitis***, à cette nouvelle (mais ***his cognitis*** [C] Pros., ceux-ci ayant été reconnus) ; [abl. n.] [C] Pros. ‖ [avec *de*] [C] Pros. ‖ [supin] [C] Pros. ‖ [en part.] prendre connaissance d'un écrit, d'un écrivain : ***ut Pythagoreos cognosceret*** [C] Pros., pour faire la connaissance des Pythagoriciens ¶ **2** reconnaître [qqn, qqch., que l'on connaît] : [C] Pros. ‖ attester l'identité de qqn : [C] Pros. ¶ **3** [droit] connaître d'une affaire, l'instruire : ***alicujus causam*** [C] Pros., instruire, étudier la cause de qqn ‖ [abs[t]] [C] Pros. ‖ [avec *de*] ***de hereditate cognoscere*** [C] Pros., instruire une affaire d'héritage ¶ **4** connaître, avoir commerce (liaison) illicite [cf. γιγνώσκειν] : [C] Poés., [+C] Pros.

cōgō, *ĭs, ĕre, cŏēgī, cŏactum*, tr., pousser ensemble ¶ **1** assembler, réunir, rassembler : ***oves stabulis*** [C] Poés., rassembler les brebis dans l'étable ‖ ***multitudinem ex agris*** [C] Pros., assembler des campagnes une masse d'hommes ‖ ***senatum*** [C] Pros., rassembler le sénat ; ***cogi in senatum*** [C] Pros., être convoqué au sénat ; ***coguntur senatores*** [C] Pros., les sénateurs s'assemblent ‖ recueillir, faire rentrer : ***oleam*** [-C] Pros. ; ***pecuniam*** [C] Pros., récolter les olives, faire rentrer de l'argent ‖ assembler en un tout, condenser, épaissir : [C] Poés. ‖ [milit.] ***cogere agmen*** [C] Pros., fermer la marche ; [fig.] [C] Pros. ; ***cuneis coactis*** [C] Poés., en colonnes serrées ¶ **2** [fig.] rassembler, concentrer, condenser, resserrer : [C] Pros. ‖ [phil.] conclure, ➨ *2 colligo* ¶ 7 : [C] Pros. ¶ **3** pousser de force qq. part : [C] Pros., Poés. ‖ [fig.] contraindre, forcer : [C] Pros. ; ***si res cogat*** [C] Pros., si les circonstances l'exigeaient ‖ [avec inf.] [C] Pros. ‖ [avec acc. et inf. pass.] : [C] Pros. ‖ [avec *ut* et subj.] [C] Pros. ‖ [acc. du pron. n.] ***aliquem aliquid*** : [C] Pros. ‖ ***ad aliquid***, forcer à qqch. : [C] Pros. ; ***ad depugnandum aliquem*** [C] Pros., forcer qqn à combattre ‖ [avec *in*] ***in deditionem*** [C] Pros., forcer de se rendre ; [+C] Pros. ; ***in ordinem cogere*** [C] Pros., forcer (le tribun) à se soumettre ‖ [souvent] ***coactus*** = contraint, forcé, sous l'empire de la contrainte

cŏhăbĭtō, *ās, āre, -, -*, intr., demeurer avec : [T] Pros.

cŏhaerens, *entis*, part.-adj. de *cohaereo* : ***cohaerentior*** [+C] Pros., plus cohérent

cŏhaerentĕr, adv., d'une façon ininterrompue : [+C] Pros.

cŏhaerentĭa, *ae*, f., formation en un tout compact, connexion, cohésion : [C] Pros., [+C] Pros., [T] Pros.

cŏhaerĕō, *ēs, ēre, haesī, haesum*, intr., être attaché ensemble ¶ **1** [pr. et fig.] être lié, attaché : ***cum aliqua re*** [C] Pros., être attaché à qqch. ; ***alicui rei*** [C] Poés., [+C] Pros. ; [avec *inter se*] [C] Pros. ; ***non cohaerentia inter se dicere*** [C] Pros., tenir des propos sans liaison entre eux (sans suite) ¶ **2** être attaché dans toutes ses parties solidement, avoir de la cohésion, former un tout compact : [C] Pros., [+C] Pros.

cŏhaeres, ➨ *coheres*

cŏhaerescō, *ĭs, ĕre, haesī, -*, intr., s'attacher ensemble : [C] Pros.

cŏhaerĕtĭcus, *i*, m., confrère dans l'hérésie : [T] Pros.

cŏhērēs, *ēdis*, m. f., cohéritier, cohéritière : [C] Pros.

cŏhĭbĕō, *ēs, ēre, bŭī, bĭtum*, tr., tenir ensemble ¶ **1** contenir, renfermer : [C] Pros. ; ***bracchium toga*** [C] Pros., tenir son bras sous sa toge ; ***auro lacertos*** [C] Poés., entourer ses bras d'or [bracelets] ¶ **2** maintenir, retenir : ***aliquem in vinculis*** [+C] Pros. ; ***intra castra*** [+C] Pros., retenir qqn dans les fers, au camp ; ***carcere*** [C] Poés., en prison ¶ **3** retenir, contenir, empêcher : ***conatus alicujus*** [C] Pros., arrêter les efforts de qqn ; [+C] Pros. ‖ ***non cohibere (vix cohibere) quominus*** [avec subj.] ; ne pas empêcher (empêcher à peine) que : [+C] Pros. ‖ [avec inf.] empêcher de : [+C] Poés.

cŏhĭbĭlis, *e*, [récit] où tout se tient bien, uni, coulant : [+C] Pros.

cŏhĭbĭlĭtĕr, adv., d'une façon ramassée : [+C] Pros.

cŏhĭbĭtus, *a, um*, part. de *cohibeo* ‖ [pris adj[t]] ramassé [style], concis : [+C] Pros.

cŏhŏnestō, *ās, āre, āvī, ātum*, tr., donner de l'honneur à, rehausser, rendre plus beau : ***cohonestare exsequias*** [C] Pros., honorer de sa présence des obsèques ; ***cohonestare statuas*** [C] Pros., mettre en valeur des statues ; [T] Pros.

cŏhorrescō, *ĭs, ĕre, horrŭī, -*, intr., se mettre à frissonner de tout son corps, éprouver des frissons [pr. et fig.] : [C] Pros.

cŏhors, *tis*, f. ¶ **1** enclos, cour de ferme, basse-cour : [C] Pros., [+C] Pros., Poés. ¶ **2** [en gén.] troupe : ***cohors amicorum*** [+C] Pros., cortège d'amis ; ***cohors febrium*** [C] Poés., l'essaim des fièvres ¶ **3** [en part.] ***a)*** la cohorte, dixième partie de la légion : [C] Pros. ; ***cohors praetoria*** [C] Pros., cohorte prétorienne ***b)*** troupe auxiliaire : [C] Pros. ***c)*** [fig.] armée : [+C] Poés. ***d)*** état-major, suite d'un magistrat dans les provinces : [C] Pros.

cŏhortālis, *e*, de basse-cour, de poulailler : ***cohortalis ratio*** [+C] Pros., organisation de la basse-cour

cŏhortātĭo, *ōnis*, f., exhortation, harangue par laquelle on exhorte : ***legionis*** [C] Pros., exhortation à la légion

cŏhortātus, *a, um*, part. de *cohortor* et de *cohorto*

cŏhortō, *ās, āre, -, -* [arch.] ➨ *cohortor* ‖ part. *cohortatus* à sens pass. : [-C] ; [+C] Pros.

cŏhortŏr, *ārĭs, ārī, ātus sum*, tr., exhorter vivement, encourager : [C] Pros. ; ***ad aliquam rem***, à qqch. : [C] Pros. ‖ [avec *ut* et subj.] exhorter à : [C] Pros. ; [avec *ne* et subj.] exhorter à ne pas : [C] Pros. ; [avec subj. seul] [C] Pros. ‖ [avec *de* et abl.] : [C] Pros. ‖ [avec inf.] [C] Pros., [+C] Pros.

cŏhospēs, *ĭtis*, m., **cŏhospĭtans**, *tis*, m., qui partage l'hospitalité

1 **cŏhum**, *i*, n., voûte du ciel : [-C] Pros., [C] Pros.

2 **cŏhum**, *i*, n., ➨ *covum*

cŏhūmĭdō, *ās, āre, -, -*, tr., mouiller entièrement : [+C] Pros.

cŏĭcĭo, [+C] Pros., ➨ *conicio*

cŏïens, *ĕuntis*, part. de *coeo*

cŏimbĭbō, *ĭs, ĕre, -, -*, tr., [fig.] se mettre ensemble dans la tête de : [T] Pros.

cŏinquĭnātĭo, *ōnis*, f., souillure : [T] Pros.

cŏinquĭnātus, *a, um*, part. de *coinquino* ‖ adj[t], souillé, contaminé : [T] Pros.

cŏinquĭnō, *ās, āre, āvī, ātum*, tr., souiller : [-C] [C] Pros. ‖ infecter, contaminer : [+C] Pros.

cŏinquĭō, *īs, īre, -, -*, **cŏinquō**, *ĭs, ĕre, -, -*, tr., émonder [des arbres sacrés] ➨ *colluco*

cŏĭtĭo, *ōnis*, f. ¶ **1** engagement, prise de contact : [-C] Théât. ¶ **2** coalition, complot : [C] Pros. ; ***coitionem facere*** [C] Pros., faire une cabale ¶ **3** accouplement : [T] Pros.

1 **cŏĭtus**, *a, um*, part. de *coeo*

2 **cŏĭtŭs**, *ūs*, m., action de se joindre, de se réunir : ***coitus venae*** [+C] Pros., la cicatrice de la veine ; ***coitus humoris*** [+C] Pros.,

amas, dépôt d'humeurs ; ***coitus syllabarum*** [+C] Pros., contraction de syllabes ‖ accouplement : [+C] Pros.

cŏīvī, parf. de *coeo*

cōla, ***ae***, f., [+T] Poés., ▶ *colon*

cōlaepĭum, ***ĭi***, n., [+C] Pros., ▶ *colyphium*

cŏlăphus, ***i***, m., coup de poing : [-C] Théât. ; ***colaphum icere*** [-C] Théât., donner un coup de poing ; ***colaphum alicui ducere*** [+C] Pros., donner un coup de poing à qqn ; [-C] Théât.

cōlātus, ***a***, ***um***, part. de *1 colo*

Cŏlax, ***ăcis***, m., le Flatteur, titre d'une comédie d'Ennius et de Plaute : [-C] Théât.

Cŏlaxēs, ***is***, m., nom d'un héros : [+C] Poés.

Colchi, ***ōrum***, m. pl., habitants de la Colchide : [C] Pros. ‖ **Colchus**, ***i***, m., un Colchidien : [C] Poés.

Colchĭcus, ***a***, ***um***, de Colchide : [C] Poés.

Colchis, ***ĭdis*** (***ĭdos***), f., Colchide [région de l'Asie Mineure où était la Toison d'Or] : [+C] Poés. ‖ **Colchis**, ***idis***, adj. f., de Colchide : [+C] Poés. ‖ femme de Colchide = Médée : [C] Poés.

Colchus, ***a***, ***um***, de Colchide, de Médée [originaire de la Colchide] : ***venena Colcha*** [C] Poés., poisons de Colchide

cŏlena, ▶ *cunila*

cōles, ***is***, m., [+C] Pros., ▶ *caulis*

cōlesco, [C] Poés., ▶ *coalesco*

cōlĕus, ***i***, m., testicule : [C] Pros., [+C] Pros.

Cōlĭăcum, ***i***, n., ▶ *2 Colis*

cŏlĭandrum, ***i***, n., ▶ *coriandrum*

Cōlias, ***ădis*** et **Cōlis**, ***ĭdis***, f., promontoire de l'Inde [en face de Taprobane]

cōlĭcē, ***ēs***, f., remède pour la colique : [+C] Pros.

cŏlīna, ***ae***, f., ▶ *culina*

cōlīphĭum, ▶ *colyphium*

1 **cōlis**, ***is***, m., [-C] Pros., ▶ *caulis*

2 **Colis**, ***ĭdis***, ▶ *Colias*

collăbascō (conl-), ***ĭs***, ***ĕre***, -, -, intr., menacer ruine : [-C] Théât.

collăbĕfactatus, ***a***, ***um***, part. de *collabefacto*

collăbĕfactō, ***ās***, ***āre***, -, ***ātum***, tr., ébranler : [C] Poés.

collăbĕfactus, ***a***, ***um***, part. de *collabefio*

collăbĕfīō, ***fīs***, ***fĭĕrī***, ***factus sum***, pass. de l'inus. **colla-befacio*, s'effondrer : [C] Poés., Pros. ‖ [fig.] être renversé, ruiné : [C] Pros.

collābŏr, ***bĕrĭs***, ***bī***, ***lapsus sum***, intr., tomber avec ou en même temps ou d'un bloc, s'écrouler : ***collabi ante pedes alicujus*** [+C] Pros., tomber comme une masse aux pieds de quelqu'un ; ***collapsa membra*** [C] Poés., corps défaillant ; ***ferro collapsa*** [dat.] [C] Poés., retombée sur le glaive ; [C] Pros., [+C] Pros.

Collăbus, ***i***, m., nom d'un personnage comique : [-C] Théât.

collăcĕrātus, ***a***, ***um***, tout déchiré : [+C] Pros.

collăcrĭmātĭo (conl-), ***ōnis***, f., action de fondre en larmes : [C] Pros.

collăcrĭmō (conl-), ***ās***, ***āre***, ***āvī***, ***ātum*** ¶ **1** intr. ***a)*** pleurer ensemble : [-C], [+C] Pros. ***b)*** fondre en larmes : [-C] Théât., [C] Pros. ¶ **2** tr., déplorer : [C] Pros.

collactānĕa et **collactĕa**, ***ae***, f., [+C] Poés., soeur de lait

collactānĕus, ***i***, m., **collactĕus**, ***i***, m., [+C] Poés. et **collactĭcĭus**, ***ĭi***, m.,, frère de lait

collaevo, ▶ *collevo*

collapsus, ***a***, ***um***, part. de *collabor*

collāre, ***is***, n., collier : [-C] Théât., [C] Pros.

collāris, ***e***, de cou : [+C] Pros.

Collātĭa, ***ae***, f., Collatie [petite ville près de Rome] : [C] Pros.

collātĭcĭus, ***a***, ***um***, d'emprunt : [+C] Pros.

Collātīna, ***ae***, f., déesse des collines : [T] Pros.

Collātīni, ***ōrum***, m. pl., habitants de Collatie, Collatins : [C] Pros.

1 **Collātīnus**, ***i***, m., Collatin, surnom d'un Tarquin : [C] Pros.

2 **Collātīnus**, ***a***, ***um***, de Collatie : [C] Poés.

collātĭo (conl-), ***ōnis***, f. ¶ **1** assemblage, réunion : [-C] Théât. ‖ rencontre, choc : ***signorum conlationes*** [C] Pros., engagements [des armées] ¶ **2** contribution, souscription : [C] Pros. ; taxe spéciale, impôt ‖ [en part.] offrande faite aux empereurs : [+C] Pros. ¶ **3** comparaison, rapprochement, confrontation : [C] Pros. ‖ ***conlatio*** [C] Pros. ; ***conlatio rationis*** [C] Pros., analogie ‖ [rhét.] parallèle ; [C] Pros., [+C] Pros.

collatītĭus, ***a***, ***um***, ▶ *collaticius*

collātīvus, ***a***, ***um*** ¶ **1** mis en commun : [T] Pros. ¶ **2** qui reçoit les contributions : ***collativus venter*** [-C] Théât., ventre qui recueille toutes les offrandes

collātŏr, ***ōris***, m., celui qui contribue, souscripteur : [-C] Théât.

collātrō, ***ās***, ***āre***, -, -, tr., aboyer contre [fig.] : [+C] Pros.

1 **collātus**, ***a***, ***um***, part. de *confero*

2 **collātŭs**, ***ūs***, m., combat : [C] Pros.

collaudābĭlis, ***e***, louable : [T] Poés.

collaudātĭo (conl-), ***ōnis***, f., action de faire l'éloge, panégyrique : [C] Pros. ‖ louange : [T] Pros.

collaudātŏr, ***ōris***, m., celui qui donne des louanges : [T] Pros.

collaudātus, ***a***, ***um***, part. de *collaudo*

collaudō (conl-), ***ās***, ***āre***, ***āvī***, ***ātum***, tr., combler de louanges : [-C] Théât., [C] Pros.

collaxō (conl-), ***ās***, ***āre***, -, -, tr., dilater : [C] Poés.

collecta (conl-), ***ae***, f. ¶ **1** écot, quote-part : [C] Pros. ‖ quête : [T] Pros. ¶ **2** assemblée, réunion : [T] Pros.

collectānĕus, ***a***, ***um***, de recueil, recueilli : ***dicta collectanea*** [+C] Pros., choix de sentences [titre d'un ouvrage de César]

collectārĭus, ***ĭi***, m., changeur : [T] Pros.

collectīcĭus (conl-), ***a***, ***um***, ramassé çà et là (sans choix) : ***exercitus collecticius*** [C] Pros., armée levée à la hâte, armée de fortune ‖ accumulé : [+C] Pros.

collectĭo (conl-), ***ōnis***, f. ¶ **1** action de rassembler, de recueillir : [C] Pros., [+C] Pros. ¶ **2** [fig.] réunion, collection, rassemblement : [T] Pros. ‖ [en part.] ***a)*** [rhét.] récapitulation, résumé : [C] Pros. ***b)*** [phil.] argumentation, raisonnement, conclusion : ***subtilissima collectio*** [+C] Pros., argumentation très subtile

collectīvus, ***a***, ***um***, recueilli : ***collectivus humor*** [+C] Pros., eau accumulée ; ▶ *collecticius* ‖ [rhét.] fondé sur le raisonnement : [+C] Pros.

collectŏr, ***ōris***, m., condisciple : [T] Pros.

1 **collectus (conl-)**, ***a***, ***um*** ¶ **1** part. de *2 colligo* ¶ **2** [pris adj[t]] ***a)*** ramassé, réduit : [+C] Pros. ***b)*** réduit, modeste, chétif : [+C] Pros.

2 **collectŭs**, ***ūs***, m., amas : [C] Poés.

collēga (conl-), ***ae***, m. ¶ **1** collègue [dans une magistrature] : ***conlega in praetura*** [C] Pros., collègue dans la préture ; [+C] Pros. ¶ **2** collègue [en génér.], compagnon, camarade, confrère : ***conlega sapientiae*** [C] Pros., confrère en philosophie ‖ compagnon d'esclavage : [-C] Théât. ‖ camarade : [+C] Pros.

collēgī, parf. de *2 colligo*

collēgĭālis, ***e***, **collēgĭārĭus**, ***a***, ***um***, d'une association, d'un collège, d'une communauté

collēgĭum (conl-), ***ĭi***, n. ¶ **1** action d'être collègue : ***concors collegium*** [C] Pros., bonne entente entre consuls ¶ **2** collège [des magistrats, des prêtres] : ***conlegium praetorum*** [C] Pros., le collège des préteurs ; ***conlegium augurum*** [C] Pros., le collège des augures ¶ **3** association : [+C] Pros.

collĕprōsus, ***i***, m., compagnon de lèpre : [T] Pros.

collēvī, parf. de *collino*

collēvō, ***ās***, ***āre***, -, -, tr., [fig.] réduire une inflammation : [+C] Pros.

collĭbĕō (conlŭb-), *ēs, ēre, ŭī, -*, intr., plaire, être du goût de : [C] Pros.

collībertus (conl-), *i*, m., affranchi d'un même maître, compagnon d'affranchissement : [C] Pros.

collĭbĕt (conl-) ou **-lŭbĕt**, *ēre, bŭĭt, bĭtum est*, impers., il plaît, il vient à l'esprit : [-C] Théât., [C] Poés., Pros.

collībrō (conl-), *ās, āre, -, -*, tr., peser : [-C] Pros.

collĭcĭae (collĭquĭae), *ārum*, f., [archit.] arêtiers de noue : [C] Pros.

collĭcĭāres tegulae, tuiles faisant rigole : [-C] Pros.

collĭcĭō (conl-), *ĭs, ĕre, -, -*, tr., entraîner (amener) à : [-C] Théât.

collĭcŭlus, *i*, m., monticule, tertre : [+C] Pros.

collīdō (conl-), *ĭs, ĕre, līsī, līsum*, tr. ¶ **1** frapper contre : ***collidere manus*** [+C] Pros., battre des mains ; ***inter se manus*** [+C] Pros., battre les mains l'une contre l'autre ; ***dentes colliduntur*** [+C] Pros., les dents s'entrechoquent ¶ **2** briser contre, briser : ***collidere navigia inter se*** [+C] Pros., briser des vaisseaux les uns contre les autres ‖ écraser : [C] Pros. ¶ **3** [fig.] heurter, mettre aux prises : [+C] Poés., Pros. ; ***leges colliduntur*** [+C] Pros., on oppose les lois l'une à l'autre

collĭgātĭo (conl-), *ōnis*, f., liaison : [C] Pros., [+C] Pros. ‖ lien : [C] Pros. ‖ [fig.] jointure : [C] Pros.

collĭgātus, *a, um*, part. de *1 colligo*

1 **collĭgō (conl-)**, *ās, āre, āvī, ātum*, tr., lier ensemble ¶ **1** [pr. et fig.] attacher ensemble, réunir : ***manus*** [C] Pros., lier les mains ¶ **2** [pass.] avoir ses éléments liés ensemble : [C] Pros.

2 **collĭgō (conl-)**, *ĭs, ĕre, lēgī, lectum*, tr., cueillir ensemble ¶ **1** recueillir, réunir, ramasser, rassembler : ***radices palmarum*** [C] Pros. ; ***sarmenta, virgulta*** [C] Pros., recueillir des racines de palmiers, ramasser des brindilles et des broussailles ; ***sarcinas*** [C] Pros., mettre en tas les bagages ; ***vasa*** [C] Pros., rassembler les bagages, plier bagage ‖ ***naufragium*** [C] Pros., recueillir les débris d'un naufrage ; ***pecuniam*** [C] Pros., ramasser de l'argent ¶ **2** rassembler : ***milites*** [C] Pros., rassembler des soldats ; ***se conligere*** [C] Pros., se rallier ‖ [pass. réfl.] [C] Pros. ¶ **3** ramasser, relever, retrousser : ***togam*** [+C] Poés., retrousser sa toge ‖ [pass. réfl.] [C] Poés. ¶ **4** contracter, resserrer : [C] Pros., Poés. ; [fig.] ‖ ***equos*** [C] Poés., retenir les chevaux, les arrêter ; ***gressum*** [+C] Poés. ; ***gradum*** [+C] Poés., suspendre la marche ¶ **5** [fig.] rassembler, ramasser, réunir [des bons mots] [C] Pros. ; [les fragments qui restent des Pythagoriciens] [C] Pros. ‖ recueillir pour soi, réunir pour soi, acquérir, gagner : ***benevolentiam*** [C] Pros., la bienveillance ; ***auctoritatem*** [C] Pros., du prestige ; ***existimationem*** [C] Pros., de la considération ; ***ex aliqua re invidiam crudelitatis*** [C] Pros., s'attirer par qqch. une odieuse réputation de cruauté ; ***vires ad agendum aliquid*** [C] Pros., grouper autour de soi des forces pour tenter qq. action ; ***sitim*** [C] Poés., provoquer la soif ; ***frigus*** [C] Pros., souffrir du froid ‖ ***conligere se*** [C] Pros., se recueillir, recueillir ses forces, se ressaisir, reprendre ses esprits ; ***ex timore*** [C] Pros., se remettre d'une frayeur ‖ [avec le même sens] ***colligere animum*** [+C] Pros. ; ***animos*** [C] Pros. ; ***mentem*** [C] Poés. ¶ **6** embrasser numériquement : [+C] Pros. ¶ **7** conclure logiquement : [C] Pros. ; ***inde colligere*** [C] Pros., conclure de là ; [abl. seul] [+C] Pros. ¶ **8** [chrét.] ensevelir : [T] Pros.

collīmĭnĭum, *ĭī*, n., ➡ *collimitium*

collīmĭtānĕus, *a, um*, limitrophe : [T] Pros.

collīmĭtĭum, *ĭī*, n., frontière : [T] Pros.

collīmĭtō, *ās, āre, -, -*, intr., confiner à : [T] Pros.

collīmō, *ās, āre, -, ātum*, tr., ***collimare oculos ad aliquid*** [+C] Pros., regarder qqch. du coin de l'oeil, à la dérobée

Collīna, *ae*, ➡ *2 Collīnus*

collīnĕō (conl-), **-līnĭō**, *ās, āre, āvī, ātum* ¶ **1** tr., diriger en visant : ***conlineare sagittam aliquo*** [C] Pros., viser un but avec une flèche ¶ **2** intr., trouver la direction juste : [C] Pros.

collĭnō, *ĭs, ĕre, lēvī, lĭtum*, tr., ***aliquid aliqua re***, joindre avec, enduire de : ***tabulas cera*** [+C] Pros., enduire des tablettes de cire ‖ [fig.] souiller : [-C] Théât.

1 **collīnus**, *a, um*, de colline, de coteau : [C] Pros. ; ***vina collina*** [+C] Pros., vins de coteau

2 **Collīnus**, *a, um*, relatif à un quartier de Rome, la *Collina regio* : [C] Pros. ‖ **Collīna porta**, f., la Porte Colline : [C] Pros. ‖ **Collīna tribus**, f., nom d'une tribu urbaine : [C] Pros.

collĭquĕfactus (conl-), *a, um*, fondu : [C] Pros. ‖ dissous : [C] Pros.

collĭquescō, *ĭs, ĕre, līquī, -*, intr., se fondre, se liquéfier : [+C] Pros. ‖ [fig.] fondre en larmes : [+C] Pros.

collĭquĭae, *ārum*, f. pl., [+C] Pros., ➡ *colliciae*

collis, *is*, m., colline, coteau : [C] Pros. ; ***colles viridissimi*** [C] Pros., collines des plus verdoyantes ‖ [poét.] montagne : [+C] Poés.

collīsī, parf. de *collido*

collīsĭo, *ōnis*, f., choc, heurt : ***collisio armorum*** [T] Pros., choc d'armes

1 **collīsus**, *a, um*, part. de *collido*

2 **collīsŭs**, *ūs*, m., rencontre, choc : [+C] Pros.

collĭtus, *a, um*, part. de *collino*

collĭvĭārĭum, *ĭī*, n., purgeur : [C] Pros.

collŏcātĭo (conl-), *ōnis*, f., arrangement, installation, disposition : ***collocatio moenium*** [C] Pros., construction de remparts ; ***conlocatio siderum*** [C] Pros., la position des astres ; ***conlocatio verborum*** [C] Pros., arrangement des mots (dans la phrase) ‖ action de donner en mariage : ***conlocatione filiae*** [C] Pros., en lui donnant sa fille

collŏcātus, *a, um*, part. de *colloco*

collŏcō (conl-), *ās, āre, āvī, ātum*, tr., donner sa place à qqch. ¶ **1** placer, établir : [C] Pros. ; ***saxa in muro*** [C] Pros., placer des pierres sur un mur ; ***aliquem in cubili*** [C] Pros., mettre qqn au lit ; ***impedimenta in tumulo*** [C] Pros., installer les bagages sur une hauteur ; [+C] Pros. ‖ ***se Athenis conlocavit*** [C] Pros., il se fixa (s'établit) à Athènes ‖ [avec *in* acc.] [-C] Théât. ; ***se in arborem*** [-C] Théât., s'installer sur un arbre ¶ **2** [fig.] placer, établir : [C] Pros. ; ***adulescentiam in voluptatibus*** [C] Pros., consacrer sa jeunesse aux plaisirs ¶ **3** mettre en place, régler, arranger : [C] Pros. ; ***rem militarem*** [C] Pros., régler les affaires militaires ‖ [rhét.] [C] Pros. ; ***ratio collocandi*** [C] Pros., l'art de bien disposer les mots ¶ **4** placer, mettre à un rang déterminé : [C] Pros. ‖ mettre en possession : ***aliquem in patrimonio suo*** [C] Pros., mettre qqn en possession de ses biens ¶ **5** donner une fille en mariage : ***aliquam in matrimonium*** [C] Pros. ; ***aliquam nuptum*** [C] Pros. ; ***nuptui*** [+C] Pros. ¶ **6** placer de l'argent (sur qqch.) : ***dotem in fundo*** [C] Pros., placer une dot (l'asseoir) sur un fonds de terre ; ***pecuniam in praediis*** [C] Pros., placer de l'argent en biens-fonds ; ***collocare pecuniam*** [C] Pros., faire un placement d'argent ‖ ***beneficium*** [C] Pros., bien placer sur qqn ses bienfaits

collŏcŭplētō (conl-), *ās, āre, āvī, -*, tr., enrichir : [-C] Théât.

collŏcūtio (conl-), *ōnis*, f., entretien : [C] Pros. ; ***venire in conlocutionem cum aliquo*** [C] Pros., entrer en pourparlers avec qqn

collŏcūtor, *ōris*, m., interlocuteur : [T] Pros.

collŏquĭum (conl-), *ĭī*, n. ¶ **1** colloque, entrevue : ***venire in conloquium*** [C] Pros., se rendre à une entrevue ¶ **2** conversation, entretien : [C] Pros.

collŏquŏr (conl-), *quĕrĭs, quī, lŏcūtus sum* ¶ **1** intr., s'entretenir avec : ***conloqui cum aliquo*** [C] Pros., s'entretenir avec qqn ‖ [rare, avec acc. de la chose] : [C] Pros. ; [acc. obj. intér.] [C] Pros. ¶ **2** tr., [acc. de la pers.] : [-C] Théât., [C] Pros.

collŭbet, ➡ *collibet*

collubus, ➡ *collybus*

collūceō (conl-), *ēs, ēre, -, -*, intr., briller de toutes parts, resplendir [en parl. du soleil] [C] Pros. ; [des torches] [+C] Pros. ‖ [avec abl.] : [C] Pros. ; (candélabre), dont l'éclat devait faire resplendir et illuminer le temple ‖ [avec *ab*] [C] Pros.

collūcō (conl-), *ās, āre, -, -*, tr., couper, éclaircir un bois : [-C] Pros. ‖ tailler, émonder : ***arborem collucare*** [+C] Pros., émonder un arbre

colluctātĭo, *ōnis*, f., lutte corps à corps : [+C] Pros.

colluctŏr, *ārĭs, ārī, ātus sum*, intr., lutter avec ou contre, s'affronter corps à corps : ***colluctari praedonibus*** [T] Poés., lutter contre des brigands

collūdĭum, *ĭī*, n., jeu, ébats entre plusieurs : T Pros. ‖ collusion, connivence : T Pros.

collūdō (conl-), *ĭs*, *ĕre*, *lūsī*, *lūsum*, intr. ¶ **1** jouer avec, jouer ensemble : ***paribus colludere*** C Poés., jouer avec ceux de son âge ¶ **2** s'entendre frauduleusement avec : ***nisi tecum conlusisset*** C Pros., s'il n'y avait pas eu collusion entre vous

collum, *i*, n., cou : C Pros. ; ***invadere alicui in collum*** C Pros., sauter au cou de qqn ; ***torquere collum*** C Pros., serrer la gorge [pour traîner en prison] ‖ tige [d'une fleur] : C Poés. ‖ col, goulot [d'une bouteille] : -C Pros., C Poés.

collūmĭnō, *ās*, *āre*, -, -, tr., éclairer vivement, illuminer : T Poés.

collŭō (conl-), *ĭs*, *ĕre*, *lŭī*, *lūtum*, laver, nettoyer à fond : -C Pros. ‖ [fig.] humecter, rafraîchir : C Poés.

collurchĭnātĭo (-lurcĭ-), *ōnis*, f., ripaille : +C Pros.

collus, *i*, m., arch. pour *collum* : -C Théât., +C Pros.

collūsio (conl-), *ōnis*, f., collusion, entente frauduleuse : C Pros., +C Pros.

collūsŏr (conl-), *ōris*, m., compagnon de jeu : C Pros., +C Poés.

collustrātus, *a*, *um*, part. de *collustro*

collustrō (conl-), *ās*, *āre*, *āvī*, *ātum*, tr. ¶ **1** éclairer vivement, illuminer : C Pros. ; part. pl. n., ***conlustrata in picturis*** C Pros., les parties éclairées dans un tableau ¶ **2** parcourir du regard : C Poés., Pros. ; ***animo*** C Pros., passer en revue par la pensée

collŭtŭlentō, *ās*, *āre*, -, -, tr., couvrir de boue [fig.] : -C Théât.

collūtus, *a*, *um*, part. de *colluo*

collŭvĭēs (conl-), *ēi*, f. ¶ **1** eaux grasses, immondices, ordures : +C Pros. ¶ **2** [fig.] mélange impur, confusion, chaos : C Pros. ‖ saleté, ordure : T Pros. ‖ → *colluvio*

collŭvĭo (conl-), *ōnis*, f. ¶ **1** mélange impur, confusion, trouble, chaos : C Pros. ; ***in conluvione Drusi*** C Pros., dans l'état de confusion créé par Drusus (le bourbier de Drusus) ; ***colluvio verborum*** +C Pros., un flux bourbeux de paroles ¶ **2** souillure : T Pros.

collўbum, *i*, n., → *collybus*

collўbus (-lŭbus), *i*, m., droit sur le change de la monnaie : C Pros. ‖ change : C Pros.

collўra, *ae*, f., sorte de pain pour la soupe : -C Théât.

collўrĭcus, *a*, *um*, fait avec le pain nommé *collyra* : -C Théât.

collўrĭda, *ae*, f., gâteau : T Pros.

collўrĭum, *ĭī*, n., [en génér.] sorte d'onguent : +C Pros. ‖ [en part.] collyre : C Poés.

Colmĭnĭāna (olea), f., -C Pros., **Colmĭnĭa**, f., C Pros., **Culmĭnĭa**, f., +C Pros., variété d'olive

1 **cōlō**, *ās*, *āre*, *āvī*, *ātum*, tr., passer, filtrer, épurer : +C Pros.

2 **cŏlō**, *ĭs*, *ĕre*, *cŏlŭī*, *cultum*, tr. ¶ **1** habiter : ***urbem*** C Pros., habiter la ville [Rome] ; C Pros. ‖ [en parl. des dieux] C Pros. -C Théât., C Poés., Pros. ‖ [absᵗ] -C Théât., C Pros., +C Pros. ¶ **2** cultiver, soigner : ***agrum*** -C Pros. ; ***agros*** C Pros. ; ***vitem*** C Pros., cultiver un champ, des champs, la vigne ‖ [fig.] ***corpora*** C Poés., soigner, parer son corps ; ***lacertos auro*** +C Pros., parer (orner) d'or ses bras ‖ soigner, traiter : ***aliquem arte, opulenter*** C Pros., traiter qqn durement, royalement ‖ [en parl. des dieux] veiller sur, protéger : ***genus hominum*** -C Théât., protéger le genre humain ; C Pros., Poés. ¶ **3** cultiver, pratiquer, entretenir : -C Théât., C Pros., Poés. ; ***virtutem*** C Pros. ; ***justitiam*** C Pros., pratiquer la vertu, la justice ; ***studium philosophiae*** C Pros., cultiver l'étude de la philosophie ¶ **4** honorer : ***deos*** C Pros., honorer les dieux ; ***Musarum delubra*** C Pros., honorer les sanctuaires des Muses ‖ honorer, pratiquer avec respect : C Pros. ; ***religionum colentes*** C Pros., ceux qui observent les prescriptions religieuses, les hommes religieux ‖ honorer qqn, l'entourer de respect, de soins, d'égards : C Pros. ; ***aliquem colere donis*** C Pros., faire sa cour à qqn par des présents ; ***amicos colere*** C Pros., cultiver ses amis

cŏlŏcāsĭa, *ae*, f., colocase et **cŏlŏcāsĭum**, *ĭī*, n., nénuphar : C Poés.

cōloephĭum, → *colyphium* : +C Poés.

cōlŏn, **cōlum**, *i*, n., partie de vers : +C Pros.

cŏlōna, *ae*, f., cultivatrice, paysanne : C Poés.

Cŏlōnae, *ārum*, f. pl., Colones [ville de la Troade] : C Pros.

cŏlōnārĭus, *a*, *um*, relatif au *colonus*, au paysan : T Pros.

Cŏlōnēus, *a*, *um*, de Colone [près d'Athènes] : ***Oedipus Coloneus*** C Pros., OEdipe à Colone [tragédie de Sophocle]

cŏlōnĭa, *ae*, f. ¶ **1** propriété rurale, terre : +C Pros. ¶ **2** colonie : C Pros. ; ***in colonias mittere*** C Pros., envoyer en colonie [pour fonder des colonies] ‖ les colons : C Pros. ; → *deduco* ‖ [fig.] séjour : -C Théât. ‖ ***colonia Latina***, colonie latine [de droit latin, fondée par Rome et ses alliés, puis par Rome seule] : C Pros.

cŏlōnĭa Agrippinensis, **Trajana**, → *Agrippinensis*

cŏlōnĭcus, *a*, *um* ¶ **1** de ferme, de métairie : C Pros. ¶ **2** de colonie : ***cohortes colonicae*** C Pros., cohortes levées dans les colonies

cŏlōnus, *i*, m. ¶ **1** cultivateur, paysan : C Pros. ‖ fermier, métayer : C Pros. ¶ **2** colon, habitant d'une colonie : C Pros. ‖ [poét.] habitant : C Poés.

Cŏlŏphōn, *ōnis*, f., Colophon [ville d'Ionie] : C Pros. ‖ **-ōnĭăcus**, *a*, *um* et **-ōnĭus**, *a*, *um*, C Pros., de Colophon ‖ **-ōnĭī**, *ōrum*, m. pl., habitants de Colophon : C Pros.

Cŏlŏphōna, *ae*, f., +T Poés., → *Colophon*

cŏlŏr, *ōris*, m. ¶ **1** couleur : ***albus*** C Pros., la couleur blanche, le blanc ¶ **2** couleur du visage, teint : C Poés., Pros. ; ***color suavis*** C Pros., teint doux (frais) ; ***coloris bonitas*** C Pros., bonne mine ‖ beau teint, beauté : C Poés. ¶ **3** [fig.] couleur, aspect extérieur : C Pros. ‖ [en part.] couleur du style, coloris : ***color urbanitatis*** C Pros., couleur (teint) d'urbanité [littᵗ, propre aux gens de la ville, aux Romains] → coloro ; C Pros., +C Pros. ; ***color tragicus*** C Poés., couleur tragique (ton de la tragédie) ‖ couleur éclatante du style, éclat : C Pros. ‖ couleur, argument de défense [donnant aux faits une couleur favorable] : C Pros., +C Pros., Poés.

cŏlōrātus, *a*, *um*, part. de *coloro* ‖ [pris adjᵗ] coloré, nuancé : ***coloratae nubes*** C Pros., nuages aux teintes diverses ‖ au teint coloré : ***corpora colorata*** +C Pros., corps qui ont le teint (la fraîcheur) de la santé ‖ rouge, bruni, hâlé : +C Pros. ; ***colorati Indi*** C Poés., les Indiens basanés ‖ [fig.] fardé : +C Pros. ‖ ***coloratior*** +C Pros.

cŏlōrō, *ās*, *āre*, *āvī*, *ātum*, tr., colorer, donner une couleur : C Pros. [en part.] brunir, hâler : C Pros. ‖ [fig.] donner une simple teinte : +C Pros. ‖ [rhét.] ***eloquentia se colorat*** C Pros., l'éloquence prend les couleurs de la santé, prend de la force ‖ [fig.] colorer, déguiser : +C Pros.

cŏlossēus (-aeus), +C Pros., **-sĭaeus**, *a*, *um*, colossal

cŏlossĭcus, *a*, *um*, **cŏlossĭcŏs**, *ŏn*, colossal : C Pros. ‖ compar. grec *colossicoteros* C Pros.

1 **cŏlossus**, *a*, *um*, colossal, gigantesque : T Pros.

2 **cŏlossŭs (-ŏs)**, *i*, m., colosse, statue colossale : +C Pros.

cŏlostra, *ae*, f., **colostrum**, *i*, n., +C Poés., colostrum, premier lait des mammifères ‖ terme de caresse : -C Théât.

cŏlostrum, → *colostra*

cŏlŭber, *bri*, m., couleuvre, serpent [en gén.] : C Poés.

cŏlŭbra, *ae*, f., couleuvre femelle : C Poés., +C Pros. ‖ [au pl.] serpents qui forment la chevelure des Furies : C Poés. ‖ ***caecae colubrae*** +C Pros., vers intestinaux

cŏlŭbrĭfer, *ĕra*, *ĕrum*, qui porte des serpents : C Poés., +C Poés.

cŏlŭbrĭmodus, *a*, *um*, semblable aux serpents : +T Poés.

cŏlubrīnus, *a*, *um*, de couleuvre, de serpent : -C Théât.

cŏlŭī, parf. de *2 colo*

1 **cōlum**, *i*, n., tamis : -C Pros., C Poés. ‖ **colum nivarium**, *ĭī*, n., passoire contenant de la neige dans laquelle on filtre le vin pour le rafraîchir : +C Poés.

2 **cōlum**, *i*, n., → *colon*

cŏlumba, *ae*, f., colombe, pigeon : C Poés. ‖ terme de caresse : -C Théât.

cŏlumbar, *āris*, n., pigeonnier ; [fig.] sorte de carcan : [-C] Théât.

cŏlumbārĭum, *ĭi*, n. ¶ **1** pigeonnier, colombier : [C] Pros. ¶ **2** boulin, niche pratiquée dans un colombier pour abriter une paire de pigeons : [C] Pros. ¶ **3** boulin, cavité d'un mur destinée à recevoir une pièce de charpente : [C] Pros. ¶ **4** boulin, trou pour la sortie de l'eau dans le tympan : [C] Pros.

cŏlumbārius, *ĭi*, m., celui qui est préposé au colombier : [C] Pros.

cōlumbātim, adv., à la manière des colombes : [T] Poés.

cŏlumbīnus, *a, um*, de pigeon : [-C] Pros. ; ***pulli columbini*** [C] Pros. ou ***columbini*** [seul] [+C] Poés., pigeonneaux

cŏlumbŏr, *ārĭs, ārī, ātus sum*, intr., se becqueter comme les pigeons : [+C] Pros.

cŏlumbŭlātim, [+C] Pros., → *columbatim*

cŏlumbŭlus, *i*, m., petit pigeon : [+C] Pros.

cŏlumbus, *i*, m., pigeon mâle : [C] Pros., [-C] Théât., Poés. ‖ pigeon [en gén.] : [+C] Pros. ‖ pl. [fig.], tourtereaux : [C] Pros.

cŏlŭmella, *ae*, f., petite colonne : [-C] Pros., [C] Pros. ‖ [méc.] colonne [base de la catapulte] : [C] Pros.

cŏlŭmellāris, *e*, qui a la forme d'une petite colonne : ***columellares dentes*** [C] Pros., dents canines [du cheval], crochets

cŏlŭmĕn, *ĭnis*, n., ce qui s'élève en l'air ¶ **1** cime, sommet : [C] Pros., Poés. ‖ faîte, comble [d'un toit], chaperon : [-C] Pros., [C] Pros. ‖ [fig.] [C] Pros. ; ***audaciae*** [-C] Théât., modèle d'effronterie ¶ **2** poutre de support du toit, poinçon : [C] Pros. ‖ [fig.] pilier, soutien, colonne : [C] Pros. ; ***rei publicae*** [C] Pros., colonne de l'État

cŏlumna, *ae*, f. ¶ **1** colonne : [C] Pros. ; ***columnam dejicere, demoliri, reponere***, jeter à bas, renverser, replacer une colonne ; → *dejicio, demolior, repono* ; ***columna Maenia*** [C] Pros., la colonne Maenia [au pied de laquelle on jugeait et punissait les esclaves, les voleurs et les mauvais débiteurs] [d'où] ***columna*** [seul] = le tribunal lui-même : [C] Pros. ‖ ***rostrata*** [+C] Pros., colonne rostrale [en mémoire de la victoire navale de Duilius, ornée d'éperons de navires] ‖ ***Protei*** [C] Poés., les colonnes de Protée [confins de l'Égypte] ‖ ***columnae*** [C] Poés., les colonnes des portiques [où les libraires affichaient les nouveautés] ‖ [méc.] colonne [base de la catapulte ou de la baliste] : [C] Pros. ¶ **2** [fig.] colonne, appui, soutien : [C] Poés. ¶ **3** objets en forme de colonne [colonne d'eau] [C] Poés. : [colonne de feu] [+C] Pros. ; [membre viril] [+C] Poés.

cŏlumnāris, *e*, qui a la forme d'une colonne : ***columnaris lux*** [T] Poés., colonne de feu

cŏlumnārium, *ĭi*, n., impôt sur les colonnes : [C] Pros.

cŏlumnārĭus, *a, um*, orné de colonnes : [T] Pros.

cŏlumnātĭo, *ōnis*, f., soutien par des colonnes : [+C] Pros.

cŏlumnātus, *a, um*, soutenu par des colonnes : [C] Pros. ‖ [fig.] ***columnatum os*** [-C] Théât., menton appuyé sur la main

cŏlumnĭfer, *ĕra, ĕrum*, qui forme une colonne : [T] Poés.

cŏlūri, *ōrum*, m. pl., les colures [cercles de la sphère céleste qui se coupent aux pôles] : [T] Pros.

cŏlūrĭa, *ōrum*, n. pl., piliers de pierre, pilastres : [T] Pros.

cŏlurnus, *a, um*, de coudrier : [C] Poés.

1 **cōlus**, *i*, m., colique, → *colon*

2 **cŏlŭs**, *ūs*, f., [C] Pros., [+C] Poés., **cŏlus**, *i*, f., [C] Poés., quenouille ‖ quenouille des Parques : [C] Poés. ‖ [fig.] les fils [de la vie] : [+C] Poés.

cŏlustra, → *colostra*

cŏlūtĕa, *ōrum*, n. pl., sorte de fruits à gousses, baguenaudes : [-C] Théât.

cōlȳfia, n. pl., → *colyphium*

cōlȳphĭum (cōloephĭum, cōloepĭum), *ĭi*, n., morceau de viande [filet, longe, jambonneau] : [+C] Pros. ‖ [pl.] ragoût de viande : [-C] Théât., [+C] Poés.

cŏma, *ae*, f. ¶ **1** chevelure [de l'homme] : ***calamistrata coma*** [C] Pros., cheveux frisés au fer ‖ toison : [-C] Théât. ‖ crinière : [+C] Pros. ‖ panache, aigrette : [+C] Poés. ¶ **2** [fig.] chevelure, toison : ***comae telluris*** [+C] Pros., les fruits de la terre ; ***coma nemorum*** [C] Poés., la chevelure des bois, les frondaisons ‖ rayons [d'une flamme, du soleil] : [C] Poés. ‖ duvet du papier : [C] Poés.

Cōmāgēnē, Cōmāgēnus, → *Commagene*

cŏmans, *tis* ¶ **1** part. de *cŏmō, ās, āre*, "être chevelu" ¶ **2** [pris adj[t]], chevelu, pourvu d'une chevelure ou d'une crinière : [C] Poés. ‖ bien fourni [en poils, en herbe] : ***galea comans*** [C] Poés., casque surmonté d'un panache épais ; ***comans humus*** [+C] Poés., terre couverte d'herbe ; ***stella comans*** [C] Poés., comète

cōmarchus, *i*, m., comarque [maire d'un bourg] : [-C] Théât.

cŏmātōrĭa acus, f., épingle à cheveux : [+C] Pros.

cŏmātŭlus, *a, um*, à la chevelure abondante et soignée, efféminé : [T] Pros.

Combē, *ēs*, f., personnage changé en oiseau : [C] Poés.

1 **combĭbō**, *ĭs, ĕre, bĭbī*, - ¶ **1** intr., boire avec d'autres : [+C] Pros. ¶ **2** tr., boire, absorber, s'imbiber, se pénétrer de : [C] Poés., [+C] Pros. ; ***combibitur Erasinus*** [C] Poés., l'Erasinus s'engouffre dans la terre ‖ [fig.] se pénétrer, s'imprégner de : [C] Pros., [+C] Poés.

2 **combĭbo**, *ōnis*, m., compagnon de beuverie : [-C] Poés., [C] Pros.

combīnō, *ās, āre, -, ātum*, tr., joindre deux choses, réunir : [T] Pros.

combullĭō, *īs, īre, -, -*, intr., bouillir ensemble : [+C] Pros.

Combultĕrĭa, *ae*, f., ville du voisinage de Capoue : [C] Pros.

combūrō, *ĭs, ĕre, ussī, ustum*, tr., brûler entièrement : ***comburere aedes*** [-C] Théât., brûler la maison ; ***frumentum, naves*** [C] Pros., détruire par le feu du blé, des navires ; ***aliquem vivum*** [C] Pros., faire brûler vif qqn ; [un cadavre] [C] Pros. ‖ [fig.] ***comburere diem*** [-C] Théât., passer gaiement la journée ; ***comburere aliquem judicio*** [C] Pros., ruiner quelqu'un par un jugement ‖ ***combustus Semela*** [C] Poés., consumé d'amour pour Sémélé

combussī, parf. de *comburo*

combustūra, *ae*, f., brûlure : [+C] Pros., [T] Pros.

combustus, *a, um*, part. de *comburo*

Cōmē, *ēs*, acc. *ēn*, f., villes grecques [près de Magnésie] : [C] Pros.

1 **cŏmĕdō**, *cŏmĕdĭs* ou *cŏmēs, cŏmĕdĭt* ou *cŏmest, cŏmĕdĕre* ou *cŏmesse, cŏmĕdī, cŏmēsum* ou *cŏ-ōmestum*, tr. ¶ **1** manger : [-C], [C] Pros. ¶ **2** [fig.] ***a)*** manger, dévorer, ronger : ***comedere oculis*** [+C] Poés., dévorer des yeux ; ***ipsus se comest*** [-C] Théât., il se consume de chagrin ***b)*** dissiper, manger : ***bona comedere*** [C] Pros., manger son bien ; ***comedere aliquem*** [-C] Théât., manger quelqu'un (le gruger) ; ***nobilitas comesa*** [+C] Poés., noblesse ruinée

2 **cŏmĕdo**, *ōnis*, m., mangeur, dissipateur : [-C] Poés.

cŏmĕdus, *i*, m., [arch.] → *2 comedo*

Cōmensis, *e*, de Côme : [C] Pros. ‖ **-enses**, *ĭum*, m. pl. ‖ habitants de Côme : [C] Pros.

1 **cŏmĕs**, *ĭtis*, m. et f. ¶ **1** compagnon [ou] compagne de voyage, compagnon, compagne : [-C] Théât., [C] Pros., Poés. ‖ [fig.] associé : [C] Pros. ; ***in aliqua re*** [C] Pros. ¶ **2** [en part.] ***a)*** pédagogue, gouverneur d'un enfant : [+C] Pros. ***b)*** personne de la suite, de l'escorte : [C] Pros.

2 **cŏmēs**, 2e pers. du prés. de *1 comedo*

cōmēsātio, -ātor, → *comiss-*

cŏmēsŏr, cŏmestŏr, *ōris*, m., mangeur, consommateur : [T] Pros.

cōmessātio, -sātor, -sor, → *comiss-*

cŏmesse, cŏmessem, de *1 comedo*

cŏmestis, → *1 comedo*

cŏmestor, → *comesor*

cŏmestūra, *ae*, f., rouille [qui ronge] : [T] Pros.

cŏmestūrus, *a, um*, part. fut. de *1 comedo* : [T] Pros.

cŏmestus, *a, um*, part. de *1 comedo* : [C] Pros.

cŏmēsus, *a, um*, part. de *1 comedo* : [-C] Pros., [C] Pros.

cŏmēta, *ae*, m., → *cometes*, comète : [+C] Théât., [T] Poés.

cŏmētēs, *ae*, m., comète : [C] Pros., Poés. ‖ ***sidus cometes*** [+C] Pros., comète

cōmĭcē, adv., comiquement, à la manière de la comédie : [C] Pros., [+C] Pros.

cōmĭcus, *a*, *um*, de comédie : ***adulescens comicus*** [C] Pros., jeune homme de comédie ; ***artificium comicum*** [C] Pros., talent de comédien ; ***res comica*** [C] Poés., sujet de comédie ; ***aurum comicum*** [-C] Théât., or de comédie [lupins, qui servaient de monnaie au théâtre] ‖ **cōmĭcus**, *i*, m., poète comique : [C] Pros., [+C] Pros.

Cŏmĭnĭum, *ĭi*, n., ville du Samnium : [C] Pros.

Cŏmĭnĭus, *ĭi*, m., nom d'homme : [C] Pros.

cōmĭnŭs, ▶ *comminus*

cōmis, *e*, doux, gentil, affable, bienveillant, obligeant : [C] Pros. ; ***comis in uxorem*** [C] Pros., aimable avec sa femme ; ***ingenium come*** [C] Pros., caractère agréable ; ***comes oculi*** [C] Poés., yeux doux ‖ obligeant, généreux : [-C] Théât. ‖ ***comior*** [C] Pros. ; ***comissimus*** [+C] Pros.

cōmīsābundus, **cōmīsātĭo**, **cōmīsor**, ▶ *comiss-*

cōmīssābundus, *a*, *um*, en partie de plaisir, en cortège joyeux : [C] Pros.

cōmissālĭtĕr, adv., gaiement, joyeusement : [T] Pros.

cōmissātio, *ōnis*, f., festin avec musique et danse suivi d'une promenade en cortège pour reconduire un des invités et recommencer la fête, partie de plaisir, orgie : [C] Pros., [+C] Pros.

cōmissātor, *ōris*, m., celui qui aime les parties de plaisir : ***comissator commodus*** [-C] Théât., compagnon de fête agréable ‖ [fig.] ***comissatores conjurationis*** [C] Pros., les noceurs conjurés ; ***comissator libellus*** [+C] Poés., recueil qu'on lit à table

cōmissŏr, *āris*, *ārī*, *ātus sum*, intr., faire la fête : [-C] Théât., [+C] Pros.

cōmĭtas, *ātis*, f., douceur, affabilité, bonté, bienveillance : [C] Pros. ‖ libéralité, générosité : ***comitati esse alicui*** [-C] Théât., se montrer libéral envers quelqu'un

cŏmĭtātensis, *e*, de cour : ***comitatensis fabrica*** [T] Pros., intrigue de cour

1 **cŏmĭtātus**, *a*, *um*, part. de *comitor* et de *comito* ‖ [pris adj[t]] [C] Pros.

2 **cŏmĭtātŭs**, *ūs*, m. ¶ **1** accompagnement, cortège, suite : ***magno comitatu*** [C] Pros., avec une nombreuse escorte ¶ **2** troupe de voyageurs, caravane : [C] Pros. ‖ suite d'un prince, cour, courtisans : [+C] Pros.

cōmĭter, adv., gentiment, avec bienveillance, obligeance : [-C], [C] Pros. ; ***comiter adjuvare aliquem*** [-C] Théât., aider quelqu'un avec bienveillance ‖ avec bonne grâce : [C] Pros. ‖ avec joie, avec entrain : [C] Pros.

cŏmĭtĭa, *ōrum*, n. pl., comices, assemblée générale du peuple romain [pour voter] : ***comitiis factis*** [C] Pros., quand les comices auront eu lieu ; ***comitia habere*** [C] Pros., réunir les comices ; ▶ *curiatus*, *1 centuriatus* ¶ *1*, *2 tributus*, *consularis*, *tribunicius* ; [C] Pros.

cŏmĭtĭālis, *e*, relatif aux comices : ***dies comitiales*** [C] Pros., jours comitiaux [pendant lesquels les comices peuvent être convoqués] ; ***comitialis homo*** [-C] Théât., homme de comices [qui vend sa voix dans les comices] ‖ ***comitialis morbus*** [+C] Pros., épilepsie [on ajournait les comices quand qqn avait une crise d'épilepsie]

cŏmĭtĭātŭs, *ūs*, m., assemblée du peuple en comices : [C] Pros.

cŏmĭtĭō, *ās*, *āre*, *āvī*, *ātum*, intr., convoquer le peuple sur le *comitium* : [C] Pros.

cŏmĭtĭum, *ĭi*, n., comitium, endroit où se tenaient les comices : [C] Pros. ‖ partie du forum près de la tribune, où le préteur siégeait pour rendre la justice : [-C] Théât., [C] Pros. ‖ lieu où se tient l'assemblée du peuple à Sparte : [C] Pros. ‖ ▶ *comitia*

cŏmĭtīva dignitas et **cŏmĭtīva**, *ae*, f., dignité, fonction de comte

cŏmĭtō, *ās*, *āre*, *āvī*, *ātum*, tr., accompagner : [C] Poés. ‖ [pass.] [C] Poés. ; ***comitatus*** [C] Pros., accompagné ; ▶ *1 comitatus*

cŏmĭtŏr, *āris*, *ārī*, *ātus sum*, tr. ¶ **1** accompagner : ***aliquem*** [C] Pros., [+C] Pros., accompagner qqn ; [C] Poés. ‖ [en part.] suivre le convoi funèbre de qqn : [C] Poés. ¶ **2** [fig.] être lié à qqch. [avec dat.] : [C] Pros. ‖ [abs[t]] [C] Poés.

comma, *ătis*, n., membre de la période : [+C] Pros. en grec d. [C] Pros.

commăcŭlātus, *a*, *um*, part. de *commaculo*

commăcŭlo, *āvi*, *ātum*, *āre*, tr., souiller, tacher : [C] Pros., [+C] Pros., Poés.

commădeō, *ēs*, *ēre*, -, -, intr., être bien trempé, délayé : [-C] Pros.

Commāgēna, *ae*, f., [C] Pros., **Commāgēnē**, *ēs*, f., Commagène [région de la Syrie] ‖ **-gēnus**, *a*, *um*, de la Commagène : [C] Pros. ‖ **-gēni**, *ōrum*, m. pl., habitants de la Commagène : [+C] Pros.

commagnĭfĭcō, *ās*, *āre*, -, -, tr., exalter ensemble, glorifier : [T] Pros.

commălaxō, *ās*, *āre*, -, -, tr., amollir : [C] Poés.

commandō, *ĭs*, *ĕre*, -, *mansum*, tr., mâcher : [T] Pros.

commandūcātus, *a*, *um*, part. de *commanducor*

commandūcŏr, *āris*, *ārī*, *ātus sum*, tr., manger entièrement : [-C] Poés.

commănĕō, *ēs*, *ēre*, -, -, intr., rester, demeurer : [T] Pros.

commănĭpŭlāris, *e*, qui est du même manipule : [+C] Pros.

commănĭpŭlārius, *a*, *um*, ▶ *commanipularis*

commănĭpŭlātio, *ōnis*, f., camaraderie de manipule : [T] Pros.

commănĭpŭlo, *ōnis*, m., [T] Pros., **commănĭpŭlus**, **commănĭplus**, *i*, m., **commănuplus**, soldat du même manipule, compagnon d'armes

commansus, *a*, *um*, part. de *commando*

commănŭplaris, ▶ *commanipularis*

commarceō, *ēs*, *ēre*, -, -, intr., être languissant : [T] Pros.

commarcescō, *ĭs*, *ĕre*, *marcŭī*, -, intr., devenir languissant : [T] Pros.

commargĭnō, *ās*, *āre*, -, -, tr., pourvoir de garde-fous : [T] Pros.

commărītus, *i*, m., celui qui a la même femme qu'un autre : [-C] Théât.

commascŭlō, *ās*, *āre*, -, -, tr., corroborer, fortifier : [+C] Pros. ; ***frontem*** [T] Pros., faire bonne contenance

commătĭcus, *a*, *um*, coupé, court : [T] Pros.

commātrōna, *ae*, f., ▶ *1 matrona*

commātūrescō, *ĭs*, *ĕre*, *mātūrŭī*, -, intr., mûrir complètement : [+C] Pros.

commĕābĭlis, *e*, où l'on peut circuler : [T] Pros. ‖ qui circule facilement : [T] Pros.

commĕātor, *ōris*, m., messager : [+C] Pros.

commĕātŭs, *ūs*, m. ¶ **1** passage (par où on peut aller et venir) : [-C] Théât. ¶ **2** permission d'aller et de venir ; [d'où] congé militaire, permission : [C] Pros. ; ***commeatum sumere*** [C] Pros. ; ***dare*** [C] Pros., prendre, donner un congé ; ***in commeatu esse*** [C] Pros., être en congé ; ***commeatu abfuturus*** [+C] Pros., sur le point de partir en congé ¶ **3** convoi : [C] Pros. ¶ **4** approvisionnement, vivres : [C] Pros. ; ***commeatum petere*** [C] Pros. ; ***supportare*** [C] Pros. ; ***portare*** [C] Pros. ; ***subvehere*** [C] Pros., chercher, transporter les approvisionnements ‖ approvisionnements en dehors du blé : [C] Pros. ‖ [plais[t]] [-C] Théât.

commĕdĭtŏr, *āris*, *ārī*, -, tr., méditer, étudier à fond : [C] Pros. ‖ [fig.] s'attacher à imiter, à reproduire : [C] Poés.

commĕlĕtō, *ās*, *āre*, -, -, intr., s'exercer : [+C] Poés.

commĕmĭnī, *isse* ¶ **1** intr., se ressouvenir : ***si satis commemini*** [-C] Théât., si j'ai bonne mémoire ; [avec gén.] [-C] Théât. ‖ [avec gén.] mentionner : [+C] Pros. ¶ **2** tr., se ressouvenir, se rappeler : [C] Pros. ; ***aliquid*** [C] Pros.

commĕmŏrābĭlis, *e*, mémorable : [-C] Théât., [C] Pros.

commĕmŏrātio, *ōnis*, f., action de rappeler, de mentionner : [C] Pros. ‖ évocation : ***commemoratio posteritatis*** [C] Pros., la pensée des générations à venir

commĕmŏrātus, *a, um*, part. de *commemoro*

commĕmŏrō, *ās, āre, āvī, ātum*, tr. ¶ **1** se rappeler, évoquer : [C] Pros. ¶ **2** rappeler à autrui : ***beneficia*** [C] Pros., rappeler les services rendus ¶ **3** signaler à la pensée, rappeler, mentionner : [C] Pros. ‖ [avec prop. inf.] [C] Pros. ‖ [avec *de*] parler de, faire mention de : [C] Pros.

commĕmŏror, *āris, ārī, -*, tr., se rappeler : [P] Pros.

commendābĭlis, *e*, recommandable ; ***aliqua re***, par qqch. : [C] Pros. ; [abs[t]] [C] Pros.

commendātīcĭus, *a, um*, de recommandation : [C] Pros. ; [abs[t]] ***commendaticiae (litterae)***, lettre de recommandation : [P] Pros.

commendātĭo, *ōnis*, f., action de recommander, recommandation : [C] Pros. ‖ [gén. subjec.] ***amicorum*** [C] Pros., recommandation faite par les amis ; ***oculorum*** [C] Pros., l'appui de la vue ‖ [gén. obj.] ***sui*** [C] Pros., recommandation de soi-même ‖ ce qui recommande, ce qui fait valoir : ***ingenii*** [C] Pros., la recommandation du talent ; ***oris*** [C] Pros., la recommandation de la beauté ; ***prima commendatio*** [C] Pros., le premier titre de recommandation ‖ [phil.] [C] Pros.

commendātōr, *ōris*, m., celui qui recommande : [+C] Pros.

commendātōrĭus, *a, um*, → *commendaticius* : [P] Pros.

commendātrix, *īcis*, f., celle qui recommande : [C] Pros., [+C] Pros.

commendātus, *a, um* ¶ **1** part. de *commendo* ¶ **2** adj[t] ***a)*** recommandé : [C] Pros. ‖ superl. *commendatissimus* [C] Pros. ***b)*** qui se recommande, agréable, aimable : [+C] Pros.

commendō, *ās, āre, āvī, ātum*, tr. ¶ **1** confier ; ***alicui rem***, qqch. à qqn : [C] Pros. ¶ **2** recommander : [C] Pros. ¶ **3** faire valoir : [C] Pros. ¶ **4** faire savoir, montrer : [P] Pros.

commensūrābĭlis, *e*, de mesure égale : [P] Pros.

commensūrātus, *a, um*, → *commensurabilis*

1 **commensus**, *a, um*, part. de *commetior*

2 **commensŭs**, *ūs*, m., mesure, commensurabilité : [C] Pros.

commentārĭŏlum, *i*, n., [C] Pros., [+C] Pros. et **commentārĭŏlus**, *i*, m., [P] Pros., petit écrit, petit mémoire

commentārĭus, *ĭi*, m., **commentārĭum**, *ĭi*, n. ¶ **1** [en gén.] mémorial, recueil de notes, mémoire, aide-mémoire : [C] Pros. ¶ **2** [en part.] ***a)*** recueil de notes, journal, registre, archives de magistrats : [C] Pros. ; ***commentarii pontificum*** [C] Pros., les registres des pontifes ; ***commentarii senatus*** [+C] Pros., les archives du sénat ***b) Commentarii Caesaris*** [C] Pros., les Commentaires [notes, rapports, relations] de César ***c)*** brouillon, projet de discours : [+C] Pros. ***d)*** procès-verbaux d'une assemblée, d'un tribunal : [C] Pros., [+C] Pros. ***e)*** commentaire, explication d'un auteur : [+C] Pros. ***f)*** cahier de notes [d'un élève] : [+C] Pros.

commentātio, *ōnis*, f., examen réfléchi, préparation [d'un travail dans le cabinet], méditation : [C] Pros. ‖ pl., exercices préparatoires : [C] Pros. ‖ ***mortis*** [C] Pros., préparation à la mort ‖ [rhét.] enthymème : [+C] Pros.

commentātus, *a, um*, part. de *1 commentor* et de *commento*

commentīcĭus, *a, um* ¶ **1** inventé, imaginé : ***commenticia spectacula*** [+C] Pros., spectacles inédits ¶ **2** imaginaire, de pure imagination : [C] Pros. ; ***commenticii dii*** [C] Pros., dieux imaginaires ¶ **3** faux, mensonger : ***crimen commenticium*** [C] Pros., accusation forgée, calomnieuse

commentĭŏr, *īrĭs, īrī, ītus sum*, tr., feindre, simuler : [+C] Pros.

commentītĭus, → *commentīcius*

commentītus, *a, um*, part. de *commentior*

commentō, *ās, āre, āvī, -*, → *1 commentor* : [+C] Pros.

1 **commentŏr**, *ārĭs, ārī, ātus sum*, tr., appliquer sa pensée à qqch. ¶ **1** méditer, réfléchir à : [C] Pros. [-C] Théât. ; [C] Pros. ; ***de aliqua re commentari*** [C] Pros., méditer sur qqch. ¶ **2** faire des exercices, étudier, s'exercer [en parl. d'un maître de gladiateurs] [C] Pros. ‖ [avec acc.] préparer qqch. à loisir : ***causam*** [C] Pros., préparer une plaidoirie ; ***orationem*** [C] Pros., un discours ‖ [part. sens passif] ***commentata oratio*** [C] Pros., discours préparé (médité) ¶ **3** composer, rédiger : ***mimos*** [C] Pros., composer des mimes [+C] Pros. ‖ commenter, expliquer : [+C] Pros.

2 **commentŏr**, *ōris*, m., inventeur : [C] Poés.

commentum, *i*, n. ¶ **1** fiction, chose imaginée, imagination : [-C] Théât., [C] Pros. ¶ **2** [rhét.] enthymème : [+C] Pros.

commentus, *a, um*, part. de *comminiscor*

commeō, *ās, āre, āvī, ātum*, intr., aller d'un endroit à un autre ¶ **1** aller et venir, circuler : [C] Pros. ; [fig.] [+C] Pros. ¶ **2** aller souvent qq. part : ***ad Belgas*** [C] Pros., chez les Belges ; [fig.] [C] Pros.

commercātus, *a, um*, [part. de *commercor* sens passif] acheté : [-C] Théât.

commercĭum, *ĭi*, n.

I [pr.] ¶ **1** trafic, commerce, négoce : ***alicujus*** [C] Pros., commerce de qqn (fait par qqn) ; ***alicujus rei*** [C] Pros., commerce de qqch. ; ***commercio aliquem prohibere*** [C] Pros., empêcher qqn de faire du commerce ¶ **2** droit [entre deux parties] de recourir aux actes de commerce juridique : [C] Pros.

II [fig.] ¶ **1** rapports, relations, commerce : ***habere commercium cum aliquo*** [C] Pros., avoir commerce avec qqn ; ***commercium plebis*** [C] Pros., relations avec la plèbe ; ***loquendi audiendique*** [+C] Pros., l'échange des propos ; ***linguae*** [C] Pros., possibilité de converser dans une langue ; ***epistularum*** [+C] Pros., échange de lettres, commerce épistolaire ; ***belli commercia*** [+C] Pros., rapports entre belligérants ¶ **2** commerce charnel : [-C] Théât.

commercŏr, *ārĭs, ārī, ātus sum*, tr., acheter en masse : [-C] Théât., [C] Pros. ‖ pass. → *commercatus*

commĕreō, *ēs, ēre, ŭī, -*, [C] Pros. et **commĕrĕŏr**, *ērĭs, ērī, rĭtus sum*, [-C] Théât., [+C] Pros., tr., mériter [en mauvaise part] : [C] Pros. ‖ se rendre coupable de : ***commerere noxiam*** [-C] Théât., commettre un délit ; [C] Poés. ‖ [abs[t]] [-C] Théât.

commĕrĭtus, *a, um*, part. de *commereor* et de *commereo*

commers, [-C] Théât., → *commercium*

commētĭŏr, *īrĭs, īrī, mensus sum*, tr. ¶ **1** mesurer : [+C] Pros. ¶ **2** mesurer ensemble, confronter : [C] Pros.

1 **commētō**, *ās, āre, -, -*, intr., aller ensemble, aller : [-C] Théât. ‖ [avec acc. de qual.] [-C] Théât.

2 **commētō**, *ās, āre, āvī, -*, mesurer : [-C] Théât.

commi, → *cummi*

commictus ou **comminctus**, *a, um*, part. de *commingo*

commĭgrātĭo, *ōnis*, f., passage d'un lieu à un autre : [+C] Pros.

commigrō, *ās, āre, āvī, ātum*, intr., passer d'un lieu dans un autre : [C] Pros., [+C] Pros.

commīlĭtĭum, *ĭi*, n., fraternité d'armes [service militaire fait en commun] : [+C] Pros. ; ***uti commilitio alicujus*** [+C] Pros., avoir quelqu'un pour compagnon d'armes ‖ [fig.] ***commilitium studiorum*** [+C] Pros., camaraderie d'études

1 **commīlĭtō**, *ās, āre, -, -*, intr., être compagnon d'armes : [+C] Pros.

2 **commīlĭto**, *ōnis*, m., compagnon d'armes : [C] Pros., [+C] Pros.

commĭnans, *tis*, part. de *comminor* et de *commino*

commĭnātĭo, *ōnis*, f., démonstration menaçante, menace : [C] Pros. ‖ démonstration [milit.] : [C] Pros. ‖ pl., menaces : [+C] Pros.

commĭnātus, *a, um*, part. de *comminor*

comminctus, *a, um*, part. de *commingo*

commingō, *ĭs, ĕre, minxī, mictum* ou *minctum*, tr., mouiller d'urine : [C] Poés. ‖ souiller : [-C] Théât., [C] Poés.

commĭniscō, *ĭs, ĕre, -, -*, tr., [arch.] [+C] Pros., → *comminiscor*

commĭniscŏr, *scĕrĭs, scī, mentus sum*, tr., imaginer : ***comminisci mendacium*** [-C] Théât., forger un mensonge ; [C] Pros.

commĭnō, *ās, āre, -, -*, tr., mener ensemble [des troupeaux] : [+C] Pros.

commĭnŏr, *ārĭs, ārī, ātus sum*, intr., adresser des menaces : [avec dat.] ***alicui cuspide*** [+C] Pros., menacer qqn en lui présentant la pointe de son épée ; [-C] Théât. ; [avec acc. de la chose] ***comminari necem alicui*** [+C] Pros., menacer qqn de mort ; ***comminanda oppugnatione*** [C] Pros., par la menace d'un assaut ‖ part. *comminatus* avec sens pass., [+C] Pros.

commĭnŭō, *ĭs, ĕre, ŭī, ūtum*, tr. ¶**1** mettre en pièces, briser, broyer : ***statuam comminuunt*** [C] Pros., ils mettent en pièces la statue ; [C] Poés. ; ***comminuere caput*** [-C] Théât., casser la tête ; [-C] ; [+C] Pros. ¶**2** diminuer : [C] Poés. ‖ [fig.] affaiblir, réduire à l'impuissance, venir à bout de : [C] Pros. ; ***comminuere ingenia*** [+C] Pros., énerver le talent ; [C] Poés.

commĭnus, adv., [V]→ *eminus*, sous la main ¶**1** de près : ***pugnare*** [C] Pros., combattre de près ; [C] Pros., Poés. ¶**2** → *prope* : [+C] Pros. ‖ tout droit, tout de suite : [+C] Pros.

commĭnūtus, *a, um*, part. de *comminuo*

comminxi, [V]→ *commingo*

commis, [V]→ *cummi*

commiscĕō, *ēs, ēre, miscŭī, mixtum* ou *mistum*, tr. ¶**1** mêler avec : [-C] Pros., [C] Pros., [+C] Pros. ; ***commixtus aliqua re***, mêlé de qqch. : [C] Poés. ¶**2** [fig.] unir, allier, confondre : [-C] Théât., [C] Pros. ¶**3** [en part.] ***commixtus ex aliqua re*** ou ***aliqua re***, formé de qqch., constitué par qqch. : [C] Poés., [+C] Pros.

commĭsĕrātio, *ōnis*, f., action d'exciter la pitié, pathétique : [C] Pros. ‖ [rhét.] partie du plaidoyer où l'avocat cherche à exciter la pitié : [C] Pros.

commĭsĕrĕŏr, *ērĭs, ērī, rĭtus sum*, tr., déplorer : [+C] Pros.

commĭsĕrescĭt (**commē-**), *ĕre, -, -*, impers., avoir pitié : [-C] Théât.

commĭsĕrescō, *ĭs, ĕre, -, -* ¶**1** tr., avoir pitié ; ***aliquem***, de qqn : [-C] Théât. ¶**2** intr. ; [avec gén.] [-C] Théât.

commĭsĕrĕt (**commē-**), *ēre, rĭtum est*, impers., avoir pitié : [+C] Pros.

commĭsĕrō, *ās, āre, -, -*, tr., [-C] Théât., [C]→ *commiseror*

commĭsĕrŏr, *ārĭs, ārī, ātus sum* ¶**1** tr., plaindre, déplorer : [C] Pros. ¶**2** intr., [rhét.] exciter la compassion, recourir au pathétique : [C] Pros.

commīsī, parf. de *committo*

commissātio, commissator, [V]→ *comissatio*

commissĭo, *ōnis*, f. ¶**1** action de mettre en contact, de commencer : [C] Pros. ‖ [en part.] représentation [au théâtre, au cirque] : [+C] Pros. ‖ pièce de concours, morceau d'apparat : [+C] Pros. ¶**2** action de commettre une faute : [P] Pros.

commissum, *i*, n. ¶**1** entreprise : [C] Pros. ¶**2** faute commise, délit, crime : ***commissa fateri*** [+C] Poés., avouer ses fautes ; ***commissa luere*** [C] Poés., expier ses crimes ; [+C] Pros. ¶**3** secret : ***enuntiare commissa*** [C] Pros., trahir des secrets ; ***commissum tegere*** [C] Pros., garder un secret

commissūra, *ae*, f. ¶**1** joint, jointure : ***commissurae digitorum*** [C] Pros., jointures des doigts ¶**2** [rhét.] ***commissura verborum*** [+C] Pros., assemblage des mots

commissus, *a, um*, part. de *committo*

commist-, [V]→ *commixt-*

commītĭgō, *ās, āre, -, -*, tr., amollir : ***caput alicui sandalio*** [-C] Théât., amollir la tête de qqn avec sa sandale

committō, *ĭs, ĕre, mīsī, missum* ¶**1** réunir, joindre, assembler : ***viam viae committere*** Liv., joindre une route à une route ; ***urbem continenti committere*** Curt., relier la ville au continent ; ***commissis operibus*** Liv., les travaux de défense s'étant rejoints ‖ [spéc.] mettre aux prises, faire combattre ensemble : ***pugiles Latinos cum Graecis committere*** Suet., faire combattre ensemble des pugilistes latins et grecs ¶**2** entreprendre, engager, commencer : ***proelium committere***, engager le combat ; ***bellum committere*** Liv., entreprendre une guerre ; ***ludi committebantur*** Cic., les jeux commençaient ¶**3** commettre, se rendre coupable de : ***scelus committere*** Cic., commettre un crime ‖ [abs[t]] ***committere contra legem*** Cic., commettre une infraction à la loi ¶**4** confier, risquer, s'exposer à ***a)*** confier : ***alicui salutem, fortunas, liberos committere*** Cic., confier à qqn son salut, ses biens, ses enfants ‖ [abs[t]] faire confiance à, s'en remettre à : ***alicui committere*** Cic., faire confiance à qqn ; ***alicui committere ut*** Cic., s'en remettre à qqn du soin de… (= confier à qqn la mission de) ***b)*** risquer : ***multam committere*** Cic., risquer, encourir une amende ‖ ***se committere in senatum*** Cic., se hasarder au sénat ; ***se pugnae committere*** Liv., se risquer à une bataille ; ***se urbi committere*** Cic., se risquer à Rome ***c)*** s'exposer à : ***committere ut*** Cic., s'exposer à ce que, courir le risque que ; ***committendum non putabat ut dici posset…*** Caes., il ne pensait pas qu'il fallût courir le risque qu'on pût dire…

Commĭus, *ĭi*, m., Com, chef des Atrébates : [C] Pros.

commixtim, adv., en mêlant tout, pêle-mêle : [P] Pros.

commixtĭo, *ōnis*, f., action de mêler, de mélanger : [+C] Pros.

commixtūra, *ae*, f., mélange : [-C] Pros.

commixtus, *a, um*, part. de *commisceo*

commŏdātē, adv., convenablement : ***commodatius*** [+C] Pros., de façon plus appropriée ‖ ***commodatissime*** [+C] Pros.

commŏdātus, *a, um*, part. de *commodo*

commŏdē, adv. ¶**1** dans la mesure convenable, appropriée au but, convenablement, bien : [C] Pros. ; ***non minus commode*** [C] Pros., aussi bien ‖ ***commode facis quod*** [C] Pros., tu es bien inspiré en ¶**2** dans de bonnes conditions : [C] Pros.

commŏdĭtās, *ātis*, f. ¶**1** mesure convenable, convenance, juste proportion, adaptation des mesures : [C] Pros. ¶**2** avantage : [C] Pros. ‖ commodité : ***ob commoditatem itineris*** [C] Pros., pour faciliter les communications ‖ opportunité : [C] Pros. ¶**3** caractère accommodant, bonté, indulgence : [-C] Théât.

commŏdō, *ās, āre, āvī, ātum*, tr. ¶**1** disposer convenablement : ***trapetum*** [-C] Pros., monter un pressoir ¶**2** [fig.] ***aliquid alicui***, mettre à la disposition de qqn qqch., prêter à qqn qqch. [qui sera rendu] : [C] Pros. ; ***aurum alicui*** [C] Pros., prêter à qqn de la vaisselle d'or ; ***alicui aurem patientem*** [C] Pros., prêter à qqn une oreille docile ¶**3** appliquer à propos, approprier : [C] Pros., [+C] Pros. ¶**4** [abs[t]] se montrer complaisant, rendre service (***alicui***) : ***publice commodasti*** [C] Pros., tu (leur) as fait des avantages officiels ; ***alicui omnibus in rebus*** [C] Pros. ; ***omnibus rebus*** [C] Pros., obliger qqn en toutes choses ; [C] Pros.

commŏdŭlātio, *ōnis*, f., symétrie : [C] Pros.

commŏdŭlē, [-C] Théât., **commŏdŭlum**, [-C] Théât., convenablement

1 **commŏdŭlum**, *i*, n., petit avantage : [P] Pros.

2 **commŏdŭlum**, adv., [V]→ *commodule*

1 **commŏdum**, adv., à propos, tout juste, précisément : [C] Pros.

2 **commŏdum**, *ī*, n. ¶**1** commodité : [C] Pros. ; ***per commodum*** [C] Pros. ; ***ex commodo*** [+C] Pros., en toute commodité, commodément ; [C] Pros. ¶**2** avantage, profit : [C] Pros. ‖ ***commodu pacis*** [C] Pros., ***vitae*** [C] Pros., les avantages de la paix, de la vie ; ***commoda publica*** [C] Pros., avantages dont jouit le public ‖ [en part.] avantages attachés à une fonction, appointements : [+C] Pros. ¶**3** [rare] objet prêté, prêt : [C] Pros.

commŏdus, *a, um* ¶**1** convenable, approprié : [-C] Théât., [C] Poés., Pros. ‖ proportionné : [C] Pros. ‖ ***commodum (commodius, commodissimum) est***, il est convenable, commode, opportun, avantageux : [C] Pros. ¶**2** accommodant, bienveillant : [C] Pros. ‖ plaisant, agréable : [C] Pros.

commoenītus, *a, um*, [arch.] [C]→ *communitus* : [+C] Pros.

commōlĭŏr, *īrĭs, īrī, ītus sum*, tr., mettre en mouvement : [C] Poés.

1 **commōlītus**, *a, um*, part. de *commolior*

2 **commŏlĭtus**, *a, um*, part. de *commolo*

commŏlō, *ĭs, ĕre, ŭī, ĭtum*, tr., écraser, broyer, pulvériser : [+C] Pros.

commŏnĕfăcĭō, *ĭs, ĕre, fēcī, factum*, tr. ¶**1** faire souvenir, rappeler : [C] Pros., [+C] Pros. ; [avec prop. inf.] [C] Pros. ¶**2** avertir de : [C] Pros.

commŏnĕfīō, *fīs, fĭĕrī, factus sum*, pass. de *commonefacio* : ***alicujus rei*** [C] Pros., être rappelé au souvenir de qqch

commŏnĕō, *ēs, ēre, ŭī, ĭtum*, tr. ¶ 1 faire souvenir : [-C] Théât., [C] Pros. ‖ ***aliquem alicujus rei***, faire souvenir qqn de qqch. : [-C] Théât., [C] Pros., [+C] Pros. ‖ ***aliquem de aliqa re*** [C] Pros., rappeler qqn au souvenir de qqch. ‖ [avec prop. inf.] faire souvenir que : [C] Pros. ‖ [avec interrog. indir.] [C] Pros. ¶ 2 avertir : [C] Pros. ; ***de periculo aliquem commonere*** [C] Pros., avertir qqn d'un danger ‖ [avec prop. inf.] [C] Pros. ‖ [avec *ut*] avertir de, conseiller de : [-C] Théât., [+C] Pros.

commŏnĭtĭo, *ōnis*, f., action de rappeler, rappel : [+C] Pros.

commŏnĭtor, *ōris*, m., celui qui rappelle : [T] Pros.

commŏnĭtōrĭŏlum, *i*, n., petites instructions : [T] Pros.

commŏnĭtōrĭus, *a, um*, propre à avertir ‖ **commonitōrĭum**, *ii*, n., instructions écrites : [T] Pros.

commŏnĭtus, *a, um*, part. de *commoneo*

commonstrātus, *a, um*, part. de *commonstro*

commonstrō, *ās, āre, āvī, ātum*, tr., montrer, indiquer : [-C] ; ***commonstrare viam*** [C] Pros., indiquer le chemin

commŏrātĭo, *ōnis*, f. ¶ 1 action de séjourner, séjour : [C] Pros. ¶ 2 retard : [C] Pros. ¶ 3 [rhét.] action de s'attarder sur un point important : [C] Pros.

commordĕo, *ēs, ēre, -, -*, tr., mordre : [C] Pros. ‖ [fig.] déchirer : [+C] Pros.

commŏrĭor, *mortŭus sum, mŏri*, intr., mourir avec : ***commori alicui*** [+C] Pros., mourir avec qqn ; [-C] Théât.

Commoris, *is*, m., village de Cilicie : [C] Pros.

commŏrō, *ās, āre, -, -*, intr., [C. ▶] *commoror* : [C] Pros.

commŏror, *āris, ārī, ātus sum* ¶ 1 intr., s'arrêter, s'attarder : [C] Pros. ‖ séjourner habiter : [T] Pros. ¶ 2 tr., arrêter, retenir : ***me commoror*** [-C] Théât., je me retarde

commorsĭco, *ās, āre, -, -*, tr., mettre en pièces : [+C] Pros.

commorsus, *a, um*, part. de *commordeo*

commortālis, *e*, mortel : [+C] Pros.

commortŭus, *a, um*, part. de *commorior*

commōrunt, [V. ▶] *commoveo*

commōtĭae lymphae, f. pl., eaux agitées : [C] Pros.

commōtĭo, *ōnis*, f. ¶ 1 commotion, mouvement imprimé, secousse : ***commotio terrae*** [T] Pros., tremblement de terre ¶ 2 [fig.] émotion, ébranlement des sens, de l'âme : [C] Pros. ; ***commotiones animorum*** [C] Pros., les mouvements passionnés de l'âme

commōtĭuncŭla, *ae*, f., petit mouvement [de fièvre] : [C] Pros.

commōtor, *ōris*, m., moteur, qui donne le branle à : [T] Pros.

Commōtrĭa, *ae*, f., titre d'une pièce de Naevius : [C] Pros.

1 **commōtus**, *a, um*
I part. de *commoveo*
II [pris adj[t]] ¶ 1 en branle, en mouvement : ***(genus Antonii) commotum in agendo*** [C] Pros., (l'éloquence d'Antoine) toujours pleine de mouvement (impétueuse) au cours du plaidoyer ‖ vif, animé, emporté : [C] Pros., [+C] Pros. ¶ 2 ému, agité : [C] Pros.

2 **commōtŭs**, *ūs*, m., ébranlement : [C] Pros.

commŏvens, *entis*, part. prés. de *commoveo* ; [pris adj[t]] [C] Pros.

commŏvĕō, *ēs, ēre, mōvī, mōtum*, tr. ¶ 1 mettre en branle, remuer, déplacer : [C] Pros. ; ***ex loco castra*** [C] Pros., décamper d'un endroit ; ***aciem commovent*** [C] Pros., ils se mettent en mouvement ‖ ***se commovere***, se mettre en mouvement, faire un mouvement : ***ex loco*** [C] Pros., bouger d'un endroit, quitter un endroit ‖ ***commovere sacra*** [C] Poés., porter les objets sacrés en procession [d'où plais[t]] [-C] Théât. ‖ pousser : [C] Poés. ; ***hostem*** [C] Pros., ébranler (pousser) l'ennemi ; [fig.] ***cornua disputationis*** [C] Pros., rompre les ailes de l'argumentation (l'entamer) ¶ 2 [fig.] agiter, remuer : [C] Pros. ; ***si se commoverit*** [C] Pros., s'il se remue (s'il veut agir) ‖ [au pass.] être agité, indisposé : ***perleviter commotus*** [C] Pros., très légèrement indisposé ; d'où ***commotus = mente captus***, fou : [C] Poés., cf. ***commota mens*** [C] Poés., esprit dérangé ¶ 3 émouvoir, impressionner : ***judices*** [C] Pros., émouvoir les juges ‖ troubler : [C] Pros. ‖ agiter : [C] Pros. ‖ engager, décider : [C] Pros. ‖ donner le branle à, exciter, éveiller : ***misericordiam alicui*** [C] Pros., exciter la pitié chez qqn ; ***memoriam alicujus rei*** [C] Pros., éveiller le souvenir de qqch. ; ***invidiam in aliquem*** [C] Pros., provoquer la haine contre qqn ; ***bellum*** [C] Pros., susciter une guerre

commulcĕō, *ēs, ēre, -, -*, tr., caresser : [+C] Pros. ‖ [fig.] flatter : [+C] Pros.

commulcō, *ās, āre, -, -*, tr., maltraiter : [+C] Pros.

commundō, *ās, āre, -, ātum*, tr., nettoyer : [+C] Pros.

commūne, *is*, n. de *communis* pris subst[t] ¶ 1 ce qui est en commun, bien commun : [C] Pros., Poés. ‖ ***communia*** [C] Pros., biens communs, (mais ***communia*** [C] Pros., lieux publics = étalage dans les lieux publics, publicité) ¶ 2 communauté, ensemble d'un pays : [C] Pros. ¶ 3 ***in commune***, pour l'usage général ***a) in commune conferre*** [C] Pros., mettre en commun ; ***in commune consultare*** [+C] Pros., délibérer en commun ; [C] Pros. ***b)*** en général : ***in commune disputare*** [+C] Pros., discuter en général ; [V. ▶] *communiter* ***c)*** [exclamation] part à deux ! partageons ! : [C] Poés., [+C] Pros.

commūnĭa, [V. ▶] *commune*

commūnĭcātĭo, *ōnis*, f., action de communiquer, de faire part : ***communicatio utilitatum*** [C] Pros., mise en commun (communauté) d'intérêts ; ***sermonis communicatio*** [C] Pros., échange de propos ‖ [rhét.] communication, figure par laquelle on demande l'avis des auditeurs : [C] Pros., [+C] Pros.

commūnĭcātŏr, *ōris*, m., celui qui fait part de : [T] Pros.

1 **commūnĭcātus**, *a, um*, part. de *communico*

2 **commūnĭcātus**, *ūs*, m., participation à : [+C] Pros.

commūnĭceps, *cĭpis*, m., citoyen du même municipe : [T] Pros.

commūnĭcō, *ās, āre, āvī, ātum*, tr., mettre ou avoir en commun ¶ 1 mettre en commun, partager : [C] Pros. ‖ [abs[t]] ***cum aliquo de aliqua re***, entretenir qqn de qqch. : [C] Pros. ‖ mettre en commun avec, ajouter : [C] Pros. ¶ 2 recevoir en commun, prendre sa part de : [-C] Théât., [C] Pros. ; ***in periculis communicandis*** [C] Pros., quand il s'agit de partager les dangers [d'un ami] ; [+C] Pros. ¶ 3 [chrét.] entrer en communion avec les autres fidèles, recevoir la communion : [T] Pros.

commūnĭcŏr, *ārĭs, ārī, -*, déponent : [C] Pros. ; [C. ▶] *communico*

1 **commūnĭo**, *īs, īre, īvī* ou *ĭī, ītum*, tr. ¶ 1 fortifier : ***communire tumulum*** [C] Pros., fortifier une colline ¶ 2 construire [un fort, un ouvrage] : ***communit castella*** [C] Pros., il construit des redoutes ‖ [fig.] renforcer, étayer : [C] Pros.

2 **commūnĭo**, *ōnis*, f., [en gén.] communauté, mise en commun [ou participation], caractère commun : [C] Pros.

commūnis, *e* ¶ 1 commun, qui appartient à plusieurs ou à tous : ***communis libertas*** [C] Pros. ; ***salus*** [C] Pros., la liberté commune, le salut commun ; ***locus communis*** [-C] Théât., le séjour des morts (le commun séjour) ; ***loca communia*** [C] Pros., lieux publics ; ***loci communes*** [C] Pros., lieux communs, [V. ▶] *locus* ; ***vita communis*** [C] Pros., la vie de tous les jours (de tout le monde) ‖ commun à, en commun avec (***res alicui cum aliquo communis***, chose que l'on a en commun avec l'autre ***res hominum communis***, ou ***res inter homines communis***, chose commune aux hommes) : [C] Pros. ‖ ***in commune*** ; [V. ▶] *commune* ‖ commun, ordinaire : ***communes mimi*** [C] Pros., des mimes ordinaires (comme on en voit dans tous les jeux publics) ‖ [gram.] apte à exprimer les contraires : [+C] Pros. ; ***commune verbum*** [+C] Pros., verbe à forme passive (déponent) qui a les deux sens, actif et passif ¶ 2 accessible à tous, affable, ouvert, avenant : [C] Pros. ‖ ***sensus communis*** [+C] Pros., sentiment de compréhension [aptitude à comprendre les autres et à créer des relations harmonieuses avec eux] ; [+C] Pros. ¶ 3 [chrét.] impur : [T] Pros.

commūnĭtās, *ātis*, f., communauté, état (caractère) commun : [C] Pros. ‖ instinct social, esprit de société : [C] Pros. ‖ affabilité : [C] Pros.

commūnĭtĕr, adv. ¶**1** en commun, ensemble : +C Pros. ; ***communiter cum aliis*** C Pros., en commun avec d'autres ¶**2** en général : C Pros., +C Pros.

commūnītĭo, *ōnis*, f. ¶**1** action de construire un chemin : [fig.] C Pros. ¶**2** ouvrage de fortification : C Pros.

commūnītus, *a, um*, part. de *1 communio*

commurmŭrātĭo, *ōnis*, f., murmure général : +C Pros.

commurmŭrō, *ās, āre, -, -*, intr., murmurer à part soi ou ensemble : +C Poés.

commurmŭrŏr, *ārĭs, ārī, ātus sum*, intr., murmurer à part soi : C Pros.

commūtābĭlĭs, *e* ¶**1** changeant, sujet au changement : C Pros. ¶**2** interchangeable : ***exordium commutabile*** C Pros., exorde que l'adversaire peut exploiter pour sa thèse

commūtābĭlĭter, adv., en changeant : T Pros.

commūtātē, adv., d'autre manière : C Pros.

commūtātĭo, *ōnis*, f., mutation, changement : ***annuae commutationes*** C Pros., les révolutions des saisons ; ***commutatio studiorum*** C Pros., changement dans les goûts ; ***commutatio ordinis*** +C Pros., interversion ‖ [rhét.] réversion : C Pros. ‖ échange de vues, entretien : +C Pros.

1 **commūtātus**, *a, um*, part. de *commuto*

2 **commūtātŭs**, *ūs*, m., changement : C Poés.

commūtō, *ās, āre, āvī, ātum*, tr. ¶**1** changer entièrement : ***rerum signa*** C Pros., changer entièrement les marques des objets ; ***ad commutandos animos*** C Pros., pour changer les dispositions d'esprit ‖ ***commutatur officium*** C Pros., le devoir change, ils ne changent en rien sous le rapport des sentiments ¶**2** échanger : ***captivos*** C Pros., échanger des captifs ‖ ***rem cum aliqua re*** C Pros., échanger une chose contre une autre ‖ ***rem re*** : C Pros. ‖ ***inter se commutant vestem*** -C Théât., ils changent entre eux de vêtements ‖ ***verba cum aliquo*** -C Théât., échanger des paroles avec qqn

cōmō, *ĭs, ĕre, compsī, comptum*, tr. ¶**1** arranger, disposer ensemble : C Poés. ¶**2** arranger, disposer ses cheveux, peigner : ***comere capillos*** C Pros., arranger ses cheveux ; -C Théât. ¶**3** [en gén.] mettre en ordre, parer, orner : +C Pros. ; ***comere orationem*** +C Pros., (peigner) parer le style

cōmoedĭa, *ae*, f. ¶**1** comédie, le genre comique : C Pros. ¶**2** comédie, pièce de théâtre : -C Théât., C Pros. ; ▶ *docere, edere, dare, agere (fabulam)*

cōmoedĭcē, adv., comme dans la comédie : -C Théât.

cōmoedĭcus, *a, um*, qui appartient à la comédie : ***ars comoedica*** +C Pros., l'art de la comédie

1 **cōmoedus**, *a, um*, de comédien : +C Poés.

2 **cōmoedus**, *i*, m., comédien, acteur comique : C Pros., +C Poés.

cŏmōsus, *a, um*, chevelu, qui a de longs cheveux : C Poés.

Comōtria, *ae*, f., ▶ *Commotria*

compăciscŏr, *scĕrĭs, scī, pactus* ou *pectus sum*, intr., faire un pacte, convenir de : ***si sumus compecti*** -C Théât., si nous sommes d'accord entre nous ‖ ▶ *compactus* et *compectus*

compactīlĭs, *e*, joint, réuni : ***compactiles trabes*** C Pros., sablières jumelées

compactĭo, *ōnis*, f. ¶**1** assemblage, liaison : C Pros. ¶**2** parties liées, assemblées entre elles : C Pros.

compactum (-pectum), *i*, n., pacte, contrat : ***compacto*** C Pros. ; ***compecto*** C Pros. ; ***de compecto*** -C Théât. ; ***ex compacto*** +C Pros., après entente, de concert, après convention

compactūra, *ae*, f., assemblage, parties liées entre elles : C Pros.

compactus, *a, um*, part. de *compaciscor* et de *1 compingo*

compāgēs, *is*, f., assemblage, jointure, construction formée d'un assemblage de pièces : ***compages laxare*** C Poés., laisser se disjoindre les assemblages ; C Pros., +C Pros. ; ***compages humana*** +C Poés., la charpente humaine, l'édifice du corps humain ; +C Pros.

compāgĭnātĭo, *ōnis*, f., assemblage : T Pros.

compāgĭnātus, *a, um*, part. de *compagino*

compāgĭnō, *ās, āre, -, -*, tr., joindre, former en joignant : T Pros., Poés.

compāgo, *ĭnis*, f., C Poés., +C Pros. ; ▶ *compages*

compalpō, *ās, āre, -, -*, tr., palper : T Pros.

compār, *păris* ¶**1** adj., égal, pareil : C Pros., +C Pros. ¶**2** subst. ***a)*** m. et f., compagnon, camarade : -C Théât. ‖ amant, amante : C Poés. ***b)*** n. [rhét.], égalité des membres de la période : C Pros.

compărābĭlis, *e*, comparable, qui peut être mis en parallèle : C Pros.

compărātē, adv., par comparaison : C Pros.

1 **compărātio**, *ōnis*, f. ¶**1** action d'accoupler, d'apparier [attelage de bœufs] : +C Pros. ¶**2** comparaison : ***parium*** C Pros., comparaison de choses égales ; ***rei cum aliqua re*** C Pros., comparaison d'une chose avec une autre ; ***ex comparatione*** C Pros., par une comparaison ; ***cum aliquo in comparatione conjungi*** C Pros., être associé à qqn en parallèle = être continuellement comparé à qqn (mis en parallèle, confronté avec qqn) ; ***aliquam comparationem habere*** C Pros., comporter dans une certaine mesure une comparaison ; ***in comparationem se demittere*** +C Pros., s'engager dans une comparaison ¶**3** [rhét.] ***comparatio criminis*** C Pros., confrontation du chef d'accusation (du fait incriminé) avec la fin poursuivie dans l'acte incriminé ¶**4** [gram.] comparatif : +C Pros. ¶**5** [astron.] position comparative d'objets entre eux : C Pros. ; [trad. du grec ἀναλογία] C Pros. ¶**6** [chrét.] parabole : T Pros.

2 **compărātio**, *ōnis*, f. ; f. ¶**1** préparation : ***novi belli*** C Pros., préparation d'une nouvelle guerre ; ***criminis*** C Pros., préparation d'une accusation (action d'en réunir les éléments) ‖ préparatifs [de défense] : C Pros. ¶**2** action de se procurer, acquisition : ***testium*** C Pros., action de réunir des témoins ¶**3** [méc.] construction, montage [de machines] : C Pros.

compărātīvē, adv., avec le sens du comparatif : +C Pros.

compărātīvus, *a, um*, qui compare, qui sert à comparer ¶**1** [rhét.] ***comparativa judicatio*** C Pros., cause comparative [où l'on compare le fait incriminé avec la pureté de l'intention] ; ***genus comparativum*** +C Pros., genre comparatif ¶**2** [gram.] ou n., le comparatif ; n. pl., ***comparativa*** +C Pros., termes au comparatif, comparatifs ‖ ***comparativus casus***, ablatif

1 **compărātus**, *a, um*, part. de *1-2 comparo*

2 **compărātus**, *ūs*, m., rapport, proportion : C Pros.

comparcō ou **-percō**, *is, ĕre, parsī (persī), -*, tr., mettre de côté, épargner : -C Théât. ‖ ***comperce*** [avec inf.] : -C Théât. ; ▶ *compesco*

compāreō, *ēs, ēre, ŭī, -*, intr. ¶**1** se montrer, apparaître, se manifester : ***Pompeius non comparet*** C Pros., Pompée ne se montre pas ¶**2** être présent : C Pros. ¶**3** s'effectuer, se réaliser : -C Théât.

compărĭlis, *e*, égal, semblable : T Pros.

1 **compărō**, *ās, āre, āvī, ātum*, tr. ¶**1** accoupler, apparier : ***labella cum labellis*** -C Théât., unir les lèvres aux lèvres ; C Pros. ‖ [d'où] accoupler pour la lutte, opposer comme antagoniste : C Pros. ; [avec dat.] ***aliquem alicui*** : C Pros., +C Pros. ¶**2** [fig.] apparier, mettre sur le même pied, sur le même plan, assimiler : C Pros. ¶**3** comparer : ***aliquem alicui, rem rei*** C Pros., comparer qqn à qqn, une chose à une chose ‖ [surtout] ***aliquem cum aliquo, rem cum re*** : C Pros. ‖ ***aliquem ad aliquem*** -C Théât., comparer qqn à qqn ‖ ***res inter se*** +C Pros., comparer des choses entre elles ‖ [avec interrog. indir.] faire voir par comparaison : C Pros. ¶**4** [en part., en parl. des magistrats] ***comparare inter se***, régler à l'amiable, distribuer d'un commun accord : C Pros.

2 **compărō**, *ās, āre, āvī, ātum*, tr. ¶**1** procurer (faire avoir), ménager, préparer : -C Théât., C Pros. ; ***sibi auctoritatem*** C Pros., se ménager (acquérir) de l'influence ‖ préparer, disposer : ***bellum*** C Pros., préparer une guerre ; ***insidias alicui*** C Pros., préparer des intrigues contre qqn ; ***fuga comparata*** C Pros., la fuite étant préparée ‖ ***se comparare***, se préparer : ***dum se uxor comparat*** C Pros., tandis que sa femme se prépare ; ***se comparare ad respondendum*** C Pros., se disposer à répondre ; ***ad omnes casus*** C Pros., se préparer à toutes les

éventualités ; [avec inf.] [-C] Théât. ‖ pass. réfléchi : [C] Pros. ‖ [abs[t]] faire la préparation nécessaire : [C] Pros. ‖ [avec inf.] se préparer à faire qqch. : [C] Poés. ‖ acheter [se procurer par achat] [C] Pros. ¶ **2** [avec *ut*] disposer, régler : [C] Pros. ‖ [surtout au pass.] [C] Pros. [-C] Théât. ‖ [ou pass. impers.] [-C] Théât., [C] Pros., [+C] Pros. [avec *quod*, ce fait que] [C] Pros.

comparsī, parf. de *comparco*

compartĭceps, *cĭpis*, qui participe avec, qui est copartageant : [T] Pros.

compartĭcĭpō, *ās*, *āre*, -, -, tr., **compartĭcĭpŏr**, *ārĭs*, *ārī*, -, tr., participer à, avoir en commun

compascō, *ĭs*, *ĕre*, -, ***pastum*** ¶ **1** intr., faire paître en commun : [C] Pros. ¶ **2** faire consommer : [C] Pros.

compascŭus, *a*, *um*, qui concerne le pâturage en commun : ***compascuus ager*** [C] Pros., pâturage communal

compassus, *a*, *um*, part. de *compatior*

compastŏr, *ōris*, m., compagnon [entre bergers] : [+C] Poés.

compastus, *a*, *um*, part. de *compasco*

compătĭŏr, ***pătĕrĭs***, ***pătī***, ***passus sum***, [avec dat.] compatir : ***aliis compati*** [T] Pros., prendre part aux souffrances d'autrui

compaupĕr, *ĕri*, m. f., compagnon de pauvreté : [T] Pros.

compăvescō, *ĭs*, *ĕre*, -, -, intr., prendre peur : [+C] Pros.

compăvītus, *a*, *um*, brisé de coups : [+C] Pros.

compeccātŏr, *ōris*, m., qui pèche avec d'autres : [T] Pros.

compĕciscor, V▶ *compaciscor*

compectum, V▶ *compactum*

compectus, *a*, *um*, part. de *compeciscor* ou *compaciscor*

compĕdĭō, *īs*, *īre*, *īvī*, *ītum*, tr., attacher ensemble, lier : [C] Poés. ‖ entraver : ***servi compediti*** [-C] Pros. [et abs[t]] ***compediti*** [+C] Pros., esclaves qui portent des entraves

compĕdītus, *a*, *um*, part. de *compedio*

compĕdus, *a*, *um*, qui attache les pieds ensemble : [C] Poés.

compēgī, parf. de *1 compingo*

compellātĭo, *ōnis*, f. ¶ **1** action d'adresser la parole : [C] Pros. ¶ **2** apostrophe violente, attaque en paroles ou par écrit : [C] Pros.

1 **compellō**, *ās*, *āre*, *āvī*, *ātum*, tr. ¶ **1** ***aliquem***, adresser la parole à qqn, apostropher qqn : [-C], [C] Pros., Poés. ‖ appeler qqn par son nom : ***(nomine)*** [C] Pros. ; ***(nominatim)*** [+C] Pros. ¶ **2** s'en prendre à, attaquer, gourmander : [C] Pros., ***(mulieres) compellatae a consule*** [C] Pros., (femmes) apostrophées (prises à partie) par le consul ; [C] Poés. ¶ **3** accuser en justice : [C] Pros., [+C] Pros.

2 **compellō**, *ĭs*, *ĕre*, ***pŭlī***, ***pulsum***, tr. ¶ **1** pousser ensemble (en masse, en bloc), rassembler : [C] Pros. ‖ chasser en bloc, refouler : [C] Pros. ¶ **2** [fig.] presser, acculer, réduire : [C] Pros. ‖ pousser à, réduire à, forcer à : [C] Pros. ; ***ad mortem aliquem compellere*** [+C] Pros., forcer qqn à se donner la mort ; [C] Pros. [avec *ut* et subj.] : [+C] Pros. ; [avec inf.] : [C] Poés., [+C] Pros.

compendĭārĭa, *ae*, f., voie plus courte [fig.], abrégé : [+C] Pros.

compendĭārĭum, *ĭi*, n., chemin plus court [fig.] : [+C] Pros.

compendĭārĭus, *a*, *um*, abrégé, plus court : [C] Pros.

compendĭōsē, adv., ***-sius*** [T] Pros.

compendĭōsus, *a*, *um* ¶ **1** avantageux, fructueux : [+C] Pros. ¶ **2** abrégé, raccourci, plus court : [+C] Pros.

compendĭum, *ĭi*, n. ¶ **1** gain provenant de l'épargne, profit : [C] Pros. ‖ [fig.] ***aliquid facere compendi*** [-C] Théât., faire l'économie de qqch. = s'en dispenser ¶ **2** gain provenant d'une économie de temps, accourcissement, abréviation : [-C] Théât. ; ***compendia viarum*** [+C] Pros., chemins de traverse ; [+C] Poés. ; ***compendia ad honores*** [+C] Pros., moyens rapides pour arriver aux honneurs

compendō, *ĭs*, *ĕre*, -, -, tr., peser avec : [C] Pros.

compensātĭo, *ōnis*, f., [fig.] compensation, équilibre : [C] Pros.

compensātus, *a*, *um*, part. de *compenso*

compensō, *ās*, *āre*, *āvī*, *ātum*, tr., ***rem cum aliqua re, rem re***, mettre en balance, contrebalancer : [C] Pros. ; ***laetitiam cum doloribus*** [C] Pros., compenser par la joie les douleurs

comperco, V▶ *comparco*

compĕrĕgrīnus, *ī*, m., partageant avec un autre la condition d'étranger : [T] Pros.

compĕrendĭnātio, *ōnis*, f., C▶ *comperendinatus* : [·] Pros.

compĕrendĭnātŭs, *ūs*, m., renvoi (remise), au troisième jour pour le prononcé d'un jugement [il y avait donc un jour plein intermédiaire entre les deux audiences] : [C] Pros.

compĕrendĭnō, *ās*, *āre*, *āvī*, *ātum*, tr., [droit] renvoyer au surlendemain [= à trois jours] pour le prononcé d'un jugement : [C] Pros. ‖ [abs[t]] [C] Pros.

compĕrendĭnus, *a*, *um*, d'après-demain : ***dies comperendinus***, audience fixée au surlendemain : [T] Pros.

compĕrĭō, *īs*, *īre*, ***pĕrī***, ***pertum***, tr., découvrir, apprendre : [C] Pros. ; ***aliquid per exploratores comperire*** [C] Pros. ; ***ex captivis*** [C] Pros. ; ***certis auctoribus*** [C] Pros., apprendre qqch. par des éclaireurs, par des captifs, par des sources sûres ‖ [avec prop. inf.] : [C] Pros. ‖ [abs[t]] [C] Pros. ‖ part. *compertus, a, um*, reconnu, assuré, certain : ***aliquid ab aliquo compertum habere*** [C] Pros., tenir de qqn un renseignement positif sur qqch. ; ***si compertum est*** [C] Pros., si c'est une chose sûre ; ***pro comperto polliceri*** [+C] Pros., promettre formellement ‖ ***compertum habeo***, je suis assuré, je sais de science certaine [avec prop. infin.] [C] Pros. ***pro comperto habeo*** [C] Pros. ‖ abl. abs. n. *comperto* : [C] Pros. ‖ le part. *compertus* avec le sens de *1 convictus*, convaincu de : [C] Pros. ; [avec *in* et abl.] [+C] Pros. ; [avec inf.] : [+C] Pros.

compĕrĭŏr, ***īrĭs***, ***īrī***, ***pertus sum***, forme dépon. rare et arch., même sens que *comperio* : [-C] Théât., [C] Pros., [+C] Pros.

compernis, *e*, dont les genoux se touchent : [C] Pros.

comperpĕtŭus, *a*, *um*, coéternel : ***comperpetuus Patris*** [T] Poés., coéternel au Père

compersī, parf. de *comperco*

compertē, adv., de bonne source : [+C] Pros. ‖ ***compertius*** [+C] Pros.

compertus, *a*, *um*, part. de *comperio*

compēs, [T] Poés., ***ĕdis***, qqf. acc. **ĕdem**, abl. **ĕde** [cas usités au sg.] f., ordin[t] **compĕdes**, ***ium***, ***ibus***, pl., entraves, liens pour les pieds : [-C] ; [C] Pros., [+C] Pros. ‖ [fig.] chaîne, lien, entrave, empêchement : ***compedes corporis*** [C] Pros., les entraves du corps ; [C] Poés., Pros.

compescō, *ĭs*, *ĕre*, ***cŭī***, -, tr., retenir, arrêter, réprimer : [C] Poés. ; ***compescere Istrum*** [+C] Poés., tenir en respect les riverains du Danube ; ***vitem*** [+C] Pros., élaguer la vigne ; ***compescere linguam*** [-C] Théât., retenir sa langue ‖ [avec inf.] [-C] Théât.

compĕtens, ***entis***, part. prés. de *competo* pris adj[t], qui convient à, approprié à : ***alicui rei*** [+C] Pros. ; ***cum aliqua re*** [+C] Pros., qui s'accorde avec une chose, qui répond à une chose ‖ ***-tior*** [T] Pros.

compĕtentĭa, *ae*, f., proportion, juste rapport : [+C] Pros. ‖ disposition respective des astres : [+C] Pros.

compĕtītĭo, *ōnis*, f., accord : [T] Pros.

compĕtītŏr, *ōris*, m., compétiteur, concurrent : [C] Pros.

compĕtītrix, *īcis*, f., concurrente, celle qui brigue en même temps : [C] Pros.

compĕtō, *ĭs*, *ĕre*, ***pĕtīvī*** et ***pĕtiī***, ***petītum***, intr. ¶ **1** se rencontrer au même point : ***ubi viae competunt*** [C] Pros., au point de rencontre des deux chemins ‖ [fig.] coïncider : [+C] Pros. ‖ [impers.] ***si ita competit ut*** subj., [+C] Pros., s'il se rencontre que ¶ **2** répondre à, s'accorder avec : [+C] Pros. ; ***si competeret aetas*** [+C] Pros., si l'âge s'accordait ‖ être propre à, être en état convenable pour : [C] Pros., [+C] Pros. ‖ convenir à, appartenir à : [+C] Pros.

compĕtum, V▶ *compitum* : [C] Pros.

compīlātĭo, *ōnis*, f., pillage, dépouillement [fig.] : [C] Pros.

compīlātus, *a*, *um*, part. de *1-2 compilo*

1 **compīlō**, *ās, āre, -, -*, tr., dépouiller, piller : ***compilare fana*** [C] Pros., piller les temples ; [C] Pros., Poés., [+C] Pros.

2 **compīlō**, *ās, āre, -, -*, tr., assommer, rouer de coups : [+C] Pros.

1 **compingō**, *ĭs, ĕre, pēgī, pactum*, tr. ¶ **1** fabriquer par assemblage : [C] Poés., [d'où] **compactus**, *a, um*, bien assemblé, où toutes les parties se tiennent : [C] Pros. ‖ imaginer, inventer : [T] Pros. ¶ **2** pousser en un point, bloquer, enfermer : ***aliquem in carcerem*** [-C] Théât., jeter qqn en prison ; ***se in Apuliam*** [C] Pros., se bloquer en Apulie ; [fig.] [C] Pros. ¶ **3** imaginer, inventer : [T] Pros.

2 **compingō**, *ĭs, ĕre, pixī, -*, tr., recouvrir d'une peinture : [fig.] [+C] Pros.

Compĭtālĭa, *ĭum, ĭōrum*, [C] Pros., n. pl., Compitalia [fêtes en l'honneur des Lares des carrefours] : [C] Pros., [+C] Pros.

Compĭtālĭcĭus, *a, um*, des Compitalia : [C] Pros., [+C] Pros.

compĭtālis, *e*, de carrefour : [C] Pros. ; ***Compitales Lares*** [+C] Pros., les Lares des carrefours ‖ V. *Compitalia*

compĭtum, *i*, n., [-C] Pros. [et ordint au pl.], **compĭta**, *ōrum*, [C] Pros., carrefour, croisement de routes ou de rues : [C] Poés. ‖ [fig.] ***ramosa compita*** [+C] Poés., la croisée des chemins [du vice et de la vertu]

compĭtus, *i*, m. arch., ➤ *compitum*

complăcĕō, *ē, ēre, plăcŭī* et *plăcĭtus sum*, intr., plaire en même temps, concurremment : [-C] Théât., [+C] Pros.

complăcĭtus, *a, um*, qui plaît, agréable : [+C] Pros. ; ***-citior*** [T] Pros., plus favorable

complācō, *ās, āre, -, -*, tr., apaiser : [+C] Pros.

complānātŏr, *ōris*, m., celui qui aplanit : [+C] Pros.

complānātus, *a, um*, part. de *complano*

complānō, *ās, āre, āvī, ātum*, tr., aplanir : [-C] Pros. ; ***complanatus lacus*** [+C] Pros., lac comblé ‖ [fig.] ***a)*** détruire : ***complanare domum*** [C] Pros., raser une maison ***b)*** [moralt] ***aspera*** : [+C] Pros.

Complătōnĭcus, *i*, m., partisan de Platon : [T] Pros.

complectō, *ĭs, ĕre, -, -*, forme arch. rare, au lieu de la forme dépon. *complector* : [C] Pros.

complectŏr, *tĕrĭs, tī, plexus sum*, tr. ¶ **1** embrasser, entourer : ***aliquid manibus*** [C] Pros., étreindre qqch. avec les mains ; ***aliquem*** [C] Pros., serrer qqn dans ses bras ; ***inter se complecti*** [C] Pros., s'embrasser mutuellement ¶ **2** [fig.] saisir : [C] Pros. ¶ **3** embrasser, entourer de ses soins, de son amitié : ***aliquem*** [C] Pros., faire bon accueil à qqn ; ***philosophiam*** [C] Pros., embrasser la philosophie ; ***causam*** [C] Pros., embrasser une cause (un parti) ‖ ***aliquem beneficio*** [C] Pros., obliger qqn ¶ **4** embrasser, saisir [par l'intelligence, par la pensée, par la mémoire] : [C] Pros. ; ***animo*** [C] Pros., par l'esprit ; ***memoria*** [C] Pros., embrasser par la mémoire, retenir [sans *memoria* : [+C] Pros.] ‖ [rare] ***complecti = complecti mente*** : [C] Pros., [+C] Pros. ¶ **5** embrasser (comprendre) dans un exposé, dans un discours : [C] Pros. ‖ ***complecti*** sans abl., embrasser dans une définition : [C] Pros. ; dans un exposé : [C] Pros. ‖ [rhét.] conclure : [C] Pros. ¶ **6** part. *complexus, a, um*, avec sens passif : [C] Pros.

complēmentum, *i*, n., ce qui complète, complément : [C] Pros., [+C] Pros.

complĕō, *ēs, ēre, plēvī, plētum*, tr. ¶ **1** remplir : ***fossam*** [C] Pros., combler un fossé ; ***paginam complere*** [C] Pros., remplir la page ‖ ***Dianam floribus*** [C] Pros., couvrir de fleurs la statue de Diane ; ***naves sagittariis*** [C] Pros., garnir d'archers les navires ‖ ***aliquid alicujus rei*** : [C] Poés., Pros. ¶ **2** compléter [un effectif] : ***legiones*** [C] Pros., compléter les légions (leur donner l'effectif complet) ¶ **3** remplir un espace de lumière, de bruit : [C] Pros. ¶ **4** remplir d'un sentiment : [abl.] [C] Pros. ; ***gaudio compleri*** [C] Pros., être rempli de joie ‖ [gén. arch.] ***aliquem dementiae complere*** [-C] Théât., remplir qqn d'égarement ¶ **5** remplir, achever, parfaire : [C] Pros. ‖ rendre complet : [C] Pros. ¶ **6** ***aliquam complere*** [C] Poés., rendre une femme enceinte, engrosser ; [T] Pros.

complēram, **-ērim**, **-esse**, V. *compleo*

complētus, *a, um*, part. de *compleo*, [pris adjt] achevé, complet : [C] Pros. ‖ ***completior*** [+C] Pros.

complex, *ĭcis*, adj., uni, joint : ***dii complices*** [T] Pros., les douze grands dieux ; V. *Consentes* ‖ complice : [T] Pros. ‖ qui a des replis, tortueux : [T] Poés.

complexātus, *a, um*, part. de *complexo* et *complexor*

complexĭo, *ōnis*, f. ¶ **1** embrassement, assemblement, assemblage, union : [C] Pros. ‖ [en part.] ***verborum complexio*** [C] Pros., assemblage de mots [rhét.] période : [C] Pros. ¶ **2** exposé : [C] Pros. ¶ **3** [rhét.] conclusion : [C] Pros., [+C] Pros. ‖ dilemme : [C] Pros. ‖ complexion : [C] Pros. ¶ **4** [gram.] synérèse : [+C] Pros.

complexīvus, *a, um*, copulatif [gram.] : [+C] Pros.

complexō, *ās, āre, -, -*, **complexŏr**, *ārĭs, ārī, -*, tr., embrasser, enserrer : [T] Pros., [+T] Poés.

1 **complexus**, *a, um*, part. de *complector* et *complecto*

2 **complexŭs**, *ūs*, m. ¶ **1** action d'embrasser, d'entourer, embrassement, étreinte : [C] Pros. ‖ étreinte des bras, enlacement : [C] Pros. ‖ [rare] étreinte hostile : ***complexus armorum*** [+C] Pros., combat corps à corps ¶ **2** [fig.] lien affectueux : [C] Pros. ‖ liaison, enchaînement : ***complexus sermonis*** [+C] Pros., enchaînement des mots dans le style

complĭcātus, **complĭcĭtus**, *a, um*, part. de *complico*

complĭcō, *ās, āre, āvī* ou *ŭī, ātum* ou *ĭtum*, tr., rouler, enrouler, plier en roulant : ***complicare rudentem*** [-C] Théât., rouler une corde ; ***armamenta*** [-C] Théât., plier, serrer les agrès ; ***epistulam*** [C] Pros., plier, (fermer) une lettre ; ***complicare se*** [+C] Pros., se blottir ‖ [fig.] ***complicata notio*** [C] Pros., idée confuse

complŏdō, *ĭs, ĕre, plōsi, ōsum*, tr., frapper deux objets l'un contre l'autre : [+C] Pros. ; ***complosis manibus*** [+C] Pros., en battant des mains

complōrātĭo, *ōnis*, f. ¶ **1** action de se lamenter ensemble : ***comploratio mulierum*** [C] Pros., concert de lamentations féminines ¶ **2** action de se lamenter profondément : ***comploratio sui*** [C] Pros., action de gémir sur son propre sort ; ***complorationes edere*** [+C] Pros., se lamenter

1 **complōrātus**, *a, um*, part. de *comploro*

2 **complōrātus**, *ūs*, m., ➤ *comploratio* : [C] Pros.

complōrō, *ās, āre, āvī, ātum* ¶ **1** intr., se lamenter ensemble : [+C] Pros. ¶ **2** tr., déplorer, se lamenter sur : ***complorare interitum alicujus*** [+C] Pros., se lamenter sur la mort de qqn ; [C] Pros.

complōsus, *a, um*, part. de *complodo*

complŭĭt, *ĕre, -* ¶ **1** impers., il pleut : [C] Pros. ¶ **2** **complŭō**, *ĭs, ĕre, ŭī, ūtum*, tr., arroser de pluie, arroser : [T] Pros. [surtout au part. *complutus*]

complūres, *complūra*, rart *complūria*, [-C] Pros., [-C] Théât., gén. *ium* ¶ **1** adj., assez nombreux, plusieurs : ***complures nostri milites***, bon nombre de nos soldats : [C] Pros. ; superl., ***complurimi*** [+C] Pros. ¶ **2** substt, [C] Pros. ‖ [rare avec gén.] ***complures hostium*** [C] Pros., un bon nombre d'entre les ennemis ‖ [avec *ex*] ***e vobis complures*** [C] Pros., plusieurs d'entre vous

complūrĭens (**-plūrĭes**), maintes fois, assez souvent : [C] Théât., [+C] Pros.

complūrĭmi, V. *complures*

compluscŭlē, adv., assez souvent : [+C] Pros.

compluscŭli, *ōrum*, m., assez nombreux : [-C] Théât., [+C] Pros.

complūtŏr, *ōris*, m., celui qui arrose : [T] Pros.

Complūtum, *i*, n., ville de la Tarraconaise [auj. Alcalá de Henares] : [T] Poés.

complūtus, *a, um*, part. de *compluo*, V. *compluit*

complŭvĭātus, *a, um*, en forme de *compluvium* : [C] Pros.

complŭvĭum, *ĭi*, n. ¶ **1** trou carré au centre du toit de l'atrium, par où passait la pluie recueillie en dessous dans l'*impluvium* : [C] Pros. ‖ [postérieurement, confusion avec *impluvium*] bassin intérieur auprès duquel se trouvaient des *cartibula* : [C] Pros. ; la chapelle des pénates : [+C] Pros. ¶ **2** dispositif de forme carrée où l'on attachait la vigne : [+C] Pros.

compōnō (**conp-**), *ĭs, ĕre, pŏsŭī, pŏsĭtum*, tr. ¶ **1** placer ensemble : [C] Pros. ; ***in acervum conponere*** [-C] Pros., disposer en tas ‖ réunir : [C] Poés. ¶ **2** mettre ensemble = mettre aux prises, accoupler (apparier) pour le combat: ***aliquem cum aliquo*** C Poés., +C Pros., mettre aux prises qqn avec qqn; +C Pros.; ***alicui se componere (componi)*** +C Poés., s'affronter avec qqn ‖ confronter en justice: +C Pros. ¶**3** mettre ensemble pour comparer, rapprocher, mettre en parallèle: C Pros., +C Pros. ‖ [avec dat.] ***aliquem alicui*** -C Théât., C Poés., comparer qqn à qqn; C Poés. ¶**4** faire (composer) par une union de parties: C Pros.; ***mensam gramine*** +C Poés., constituer une table avec du gazon ‖ ***composita verba*** +C Pros., mots composés ‖ [surtout] composer un livre, faire (écrire) un ouvrage: C Pros.; ***artes componere*** C Pros., composer des traités théoriques; ***carmen*** C Pros., rédiger une formule; ***poema*** C Pros.; ***carmina*** +C Pros.; ***versus*** C Poés., composer un poème, des vers ‖ ***alicujus vitam*** +C Pros., écrire la vie de qqn ¶**5** serrer, carguer les voiles: C Pros. ‖ mettre en tas de côté, déposer [les armes]: C Poés. ‖ mettre en réserve [des provisions]: -C Pros., C Poés., +C Pros. ‖ recueillir les cendres, les ossements d'un, mort: C Poés. [d'où] mettre le mort dans le tombeau, ensevelir: C Poés., +C Pros. ‖ serrer, arranger ses membres pour dormir: C Poés.; ***componere togam*** C Poés., arranger sa toge = s'installer (pour écouter); [en parl. d'un mort] +C Poés. ‖ ***ubi thalamis se composuere*** C Poés., quand les abeilles se sont renfermées dans leurs cellules ¶**6** mettre en accord, régler, terminer [un différend]: -C Théât.; ***controversias regum*** C Pros., régler le différend entre les rois, terminer une guerre par un traité, conclure la paix ‖ pass. impers.: C Pros. ‖ mettre en accord, apaiser: ***Campaniam*** +C Pros., pacifier la Campanie; ***comitia praetorum*** +C Pros., ramener le calme dans les élections des préteurs; ***aversos amicos*** C Poés., faire l'accord entre des amis brouillés ¶**7** mettre en place, mettre en ordre, disposer, arranger: ***signa*** C Pros., mettre en place des statues ‖ [rhét.] ***verba*** C Pros., bien ranger les mots, bien les agencer; [d'où] ***orator compositus*** C Pros., orateur au style soigné ¶**8** arranger [= donner une forme déterminée, disposer d'une façon particulière, en vue d'un but déterminé]: C Pros.; ***aliquem in aliquid componere*** +C Pros., préparer qqn à qqch.; ***se componere*** +C Pros., se composer (composer son personnage); ***vultu composito*** +C Pros., en composant son visage ‖ [part. ayant sens réfléchi] ***in maestitiam compositus*** +C Pros., se donnant un air affligé; ***in securitatem*** +C Pros., affectant la sérénité ¶**9** arranger avec qqn (entre plusieurs), concerter: C Pros.; ***proditionem componere*** +C Pros., concerter une trahison; ***crimen non ab inimicis Romae compositum*** C Pros., accusation qui est loin d'avoir été concertée à Rome par des ennemis ‖ [avec interrog. indir.] C Pros.; [avec inf.] +C Pros. ‖ pass. impers.: C Pros. [avec *ut*] +C Pros. ‖ [d'où] ***composito*** -C Théât., C Pros.; ***ex composito*** C Pros.; ***de composito*** +C Pros., selon ce qui a été convenu (concerté), selon les conventions ‖ [en part.] ***componere pacem (cum aliquo)***, régler, arranger, conclure la paix (avec qqn): -C Théât. C Pros. ¶**10** combiner, inventer: ***mendacia*** -C Théât., fabriquer des mensonges; +C Pros.

compŏrtātĭo, *ōnis*, f., transport [de matériaux]: C Pros.

comportātus, *a*, *um*, part. de *comporto*

comportĭōnāles termĭni et **comportĭōnāles**, *ium*, m. pl., bornes entre les propriétés

comportō, *ās*, *āre*, *āvī*, *ātum*, tr., transporter dans le même lieu, amasser, réunir: C Pros.; ***comportatae res*** C Pros., biens amassés

compŏs, *pŏtis*, adj. ¶**1** qui est maître de: ***compos animi*** -C Théât., maître de soi; C Pros.; ***compos sui*** C Pros., qui se possède, maître de soi ¶**2** qui a obtenu, qui est en possession [d'un bien moral ou matériel]: ***compos libertatis*** -C Théât., qui a recouvré la liberté; C Pros.; ***compos voti*** C Poés., dont le voeu s'est réalisé; [rare] [avec abl.] C Pros. ‖ [qqf. en mauvaise part] ***compos miseriarum*** -C Théât., malheureux; ***compos culpae*** -C Théât., coupable

compŏsĭtē, adv., avec ordre, d'une façon bien réglée: +C Pros. ‖ [rhét.] avec des phrases bien agencées, d'une belle ordonnance: C Pros.

compŏsĭtīcĭus, *a*, *um*, composé de plusieurs parties: C Pros.

compŏsĭtĭo, *ōnis*, f. ¶**1** action d'apparier, de mettre aux prises [des gladiateurs]: C Pros. ¶**2** préparation, composition: [de parfums] C Pros.; [de remèdes] +C Pros. ‖ [d'où, en méd.] préparation, mixture: +C Pros. ¶**3** composition d'un ouvrage: C Pros. ¶**4** accommodement d'un différend, réconciliation, accord: C Pros. ¶**5** disposition, arrangement: ***membrorum*** C Pros., l'heureuse disposition des membres dans le corps humain; ***magistratuum*** C Pros., organisation des magistratures ¶**6** [rhét.] arrangement, agencement des mots dans la phrase: C Pros.

compŏsĭtō, ► *compono* ¶*9*

compŏsĭtŏr, *ōris*, m. ¶**1** celui qui met en ordre: ***compositor*** C Pros., celui qui sait disposer les idées, les arguments ¶**2** qui compose: ***compositor operum*** C Poés., écrivain

compŏsĭtūra, *ae*, f. ¶**1** liaison des parties: ***oculorum compositurae*** C Poés., l'agencement de l'oeil ¶**2** construction [gram.]: +C Pros.

compŏsĭtus, *a*, *um*

I part. de *compono*

II pris adj[t] ¶**1** disposé convenablement, préparé, apprêté: C Pros. ‖ ***composita oratio*** C Pros., discours fait avec art; ***composita verba*** C Pros., paroles apprêtées mais ► compono ¶4; ***compositus orator***; ► *compono* ¶*7* ¶**2** en bon ordre: ***composito agmine*** +C Pros., les troupes étant en ordre de marche; ***composita oratio*** C Pros., discours bien agencé; C Pros. +C Pros. ¶**3** disposé pour: ***compositus ad carmen*** +C Pros., disposé pour la poésie; ***in ostentationem virtutum*** C Pros., préparé à faire valoir ses talents; +C Pros. ¶**4** disposé, arrangé dans une forme déterminée, [d'où] calme: +C Pros.; ***composito voltu*** +C Pros., avec un visage calme (qui ne laisse voir aucune émotion) ‖ ***in adrogantiam compositus*** +C Pros., prenant un air hautain; ► *compono* ¶*8*

compostūra, *ae*, f., contr. pour *compositura*: -C Pros.

compŏsŭī, parf. de *compono*

compōtātĭo, *ōnis*, f., action de boire ensemble: C Pros.

compŏtĭō, *īs*, *īre*, *īvī*, *ītum*, tr., mettre en possession, rendre possesseur: -C Théât.; ***aliquem voti*** +C Pros., mettre qqn en possession de ce qu'il souhaitait

compŏtĭŏr, *īrīs*, *īrī*, *ītus sum*, intr., être en possession de, jouir de: -C Théât.

compōtŏr, *ōris*, m., compagnon de bouteille: C Pros.

compōtrix, *īcis*, f., compagne de bouteille: -C Théât. ‖ adj., ***turba compotrix*** T Pros., troupe de buveurs

compransŏr, *ōris*, m., compagnon de table: C Pros.

comprĕcātĭo, *ōnis*, f., prière collective à une divinité: C Pros.; ***comprecationes deum*** +C Pros., les prières publiques adressées aux dieux

comprĕcātus, *a*, *um*, part. de *comprecor*

comprĕcŏr, *āris*, *ārī*, *ātus sum*, tr. et intr. ¶**1** prier: ***comprecare deos ut*** -C Théât., prie les dieux de; +C Pros. ¶**2** prier, faire sa prière: -C Théât.

comprĕhendō (**comprendō**), *ĭs*, *ĕre*, *endī*, *ensum*, tr. ¶**1** saisir ensemble ***a)*** unir, lier: C Pros., +C Pros. ***b)*** embrasser, enfermer: C Pros., +C Pros., Poés. ‖ mais C Pros.; ***flamma comprensa*** C Pros., le feu ayant pris, la flamme s'étant communiquée ***c)*** [abs[t]] ► *concipio*, concevoir, devenir enceinte: +C Pros. ‖ prendre, s'enraciner [en parl. de plantes]: ***cum comprehendit ramus*** C Pros.; quand la greffe a bien pris; +C Pros. ¶**2** saisir, prendre: C Pros. ‖ prendre par la main [en suppliant]: C Pros. ‖ prendre, appréhender, se saisir de: C Pros. ‖ prendre, s'emparer de: C Pros. ‖ [arrestation d'une pers.] C Pros. ‖ surprendre, prendre sur le fait: ***nefandum adulterium*** C Pros., surprendre un adultère criminel; ***in furto comprehensus*** C Pros., surpris à voler ¶**3** [fig.] entourer de [manifestations d'amitié, de bonté]: C Pros. ‖ mais ***comprehendere aliquem amicitia*** C Pros., se faire un ami ¶**4** embrasser [par des mots, dans une formule]: C Pros. ‖ ***numero aliquid comprehendere*** C Poés., exprimer qqch. par des chiffres, supputer ¶**5** saisir par l'intelligence, embrasser par la pensée: ***aliquid animo*** C Pros.; ***mente*** C Pros.; ***cogitatione*** C Pros. ‖ ***aliquid memoria*** C Pros., enfermer qqch. dans sa mémoire, retenir qqch.

comprĕhensĭbĭlis, *e* ¶**1** qui peut être saisi [en parl. d'un corps]: T Pros. ¶**2** perceptible aux yeux: +C Pros. ¶**3** compréhensible, concevable: C Pros.

comprĕhensĭo (comprensĭo), *ōnis*, f. ¶**1** action de saisir ensemble : [C] Pros. ¶**2** action de saisir avec la main : [C] Pros. ‖ de s'emparer de, arrestation : [C] Pros. ¶**3** [rhét.] phrase, période : [C] Pros. ¶**4** [phil.] = κατάληψις compréhension : [C] Pros.

comprehensus (-prensus), *a, um*, part. de *comprehendo*

comprendo, comprensio, ➡ *compreh-*

compressē, adv., d'une manière serrée, concise : ***compressius loqui*** [C] Pros., parler avec plus de concision ‖ d'une manière pressante, avec insistance : ***compressius quaerere*** [+C] Pros., insister pour savoir

compressī, parf. de *comprimo*

compressĭo, *ōnis*, f. ¶**1** compression, action de comprimer : [C] Pros., [+C] Pros. ‖ embrassement, étreinte : [-C] Théât. ‖ union charnelle : [+C] Poés. ¶**2** resserrement [de l'expression, du style] : [C] Pros.

compressŏr, *ōris*, m., celui qui viole : [-C] Théât.

1 **compressus**, *a, um* ¶**1** part. de *comprimo* ¶**2** pris adj[t] ***a)*** étroit, serré : ***os compressius*** [+C] Pros., ouverture plus étroite ***b)*** [méd.] constipé : ***compressus venter*** [+C] Pros., ventre constipé ; ***compressi morbi*** [+C] Pros., maladies qui resserrent

2 **compressŭs**, abl. *ū*, m., action de comprimer, pression : [C] Pros. ‖ étreinte : [-C] Théât.

comprĭmō, *ĭs, ĕre, pressī, pressum*, tr. ¶**1** comprimer, serrer, presser : [C] Pros., [+C] Pros. ; ***compressis labris*** [C] Poés., ayant les lèvres fermées ; ***compressis ordinibus*** [C] Pros., serrant les rangs ‖ ***animam compressi*** [-C] Théât., j'ai retenu mon souffle ‖ [méd.] resserrer [le ventre] : [+C] Pros. ‖ ***mulierem*** [-C] Théât., violer une femme ¶**2** [fig.] tenir enfermé : ***frumentum*** [C] Pros. ; ***annonam*** [C] Pros., accaparer le blé ‖ tenir caché : ***orationem*** [C] Pros., tenir caché un discours ¶**3** arrêter : ***gressum*** [C] Poés., arrêter sa marche ; ***plausum*** [C] Pros., arrêter les applaudissements ; [-C] Théât., [C] Pros. ‖ comprimer, arrêter : [C] Pros. ; ***animi conscientiam*** [C] Pros., étouffer (faire taire) sa conscience

comprŏbātĭo, *ōnis*, f., approbation : [C] Pros.

comprŏbātŏr, *ōris*, m., approbateur : [C] Pros.

comprŏbātus, *a, um*, part. de *comprobo*

comprŏbō, *ās, āre, āvī, ātum*, tr. ¶**1** approuver entièrement, reconnaître pour vrai, pour juste : [C] Pros., [+C] Pros. ¶**2** confirmer, faire reconnaître pour vrai, pour valable : [C] Pros.

comprōmissum, *i*, n., compromis : [C] Pros. ; ***compromissum facere*** [C] Pros., faire un compromis

comprōmittō, *ĭs, ĕre, mīsī, missum*, tr., s'engager mutuellement à s'en remettre sur une question à l'arbitrage d'un tiers, en déposant une caution entre ses mains : [C] Pros.

comprōvincĭālis, *is*, m., qui est de la même province : [T] Pros.

Compsa, *ae*, f., ville du Samnium [Conza] : [C] Pros. ‖ **-ānus**, *a, um*, de Compsa : [T] Pros.

compsī, parf. de *como*

compsissŭmē, adv., très joliment : [-C] Théât.

comptē, adv., d'une manière soignée : [+C] Pros. ‖ d'une manière ornée : [+C] Pros. ‖ ***comptius*** [+C] Pros.

comptĭōnālis, ➡ *coemptionalis*

comptŭlus, *a, um*, paré de façon efféminée : [T] Pros.

1 **comptus**, *a, um* ¶**1** part. de *como* ¶**2** [pris adj[t]] orné, paré, séduisant : [T] Pros. ‖ [en part.] soigné, orné, élégant [en parl. du style ou de l'écrivain] : ***compta oratio*** [C] Pros., langage soigné ; [+C] Pros. ‖ ***comptior*** [+C] Pros.

2 **comptŭs**, *ūs*, m., assemblage, union : [C] Poés. ‖ arrangement de la chevelure, coiffure : [C] Poés.

compugnō, *ās, āre, -, -*, intr., se battre ensemble : [+C] Pros.

compŭlī, parf. de *2 compello*

compulsātĭo, *ōnis*, f., heurt, conflit, débat : [+C] Pros.

compulsō, *ās, āre, -, -* ¶**1** tr., pousser fort : [+C] Pros. ¶**2** intr., se heurter contre : [+C] Pros.

compulsŏr, *ōris*, m., collecteur, percepteur des impôts : [T] Pros.

1 **compulsus**, *a, um*, part. de *2 compello*

2 **compulsŭs**, abl. *ū*, m., choc : [+C] Pros., [T] Poés.

Compultĕrĭa, *ae*, f., ville du Samnium : [C] Pros.

compunctĭo, *ōnis*, f., douleur, amertume : [T] Pros.

compunctōrĭus, *a, um*, qui aiguillonne, qui excite : [T] Pros.

compunctus, part. de *compungo*

compungō, *ĭs, ĕre, punxī, punctum*, tr. ¶**1** piquer fort ou de toutes parts, piquer : [C] Pros., [+C] Pros. ¶**2** blesser, offenser : [C] Poés. ¶**3** [au pass.] être saisi de repentir : [T] Pros. ‖ être affligé : [T] Pros.

compŭtātĭo, *ōnis*, f. ¶**1** calcul, compte, supputation : [+C] Pros. ; ***ad computationem vocare aliquem*** [+C] Pros., demander des comptes à qqn ¶**2** [fig.] manie de calculer, parcimonie : [+C] Pros.

compŭtātŏr, *ōris*, m., calculateur : [+C] Pros.

compŭtātus, p. de *computo*

compŭtō, *ās, āre, āvī, ātum*, tr. ¶**1** calculer, compter, supputer : [+C] Poés., Pros. ‖ [abs[t]] faire le compte : ***computarat*** [C] Pros., il avait fait le compte ‖ [fig.] calculer, être cupide : [+C] Pros. ¶**2** regarder comme [avec deux acc.] : [T] Pros.

compŭtrescō, *ĭs, ĕre, trŭī, -*, intr., pourrir entièrement, se corrompre : [+C] Pros. ; [tmèse] ***conque putrescunt*** [C] Poés.

cŏmŭla, *ae*, f., petite chevelure : [+C] Pros.

Cōmum, *i*, n., Côme [ville de la Transpadane] : [C] Pros., [+C] Pros. ‖ [appelée aussi *Novum Comum*, parce qu'elle avait été colonisée par César] [+C] Pros.

con, pour *1 cum* en composition

cōnāmĕn, *ĭnis*, n., élan, effort : [C] Poés. ‖ [fig.] appui : [C] Poés.

cŏnangusto, ➡ *coangusto* : [C] Pros.

cōnărachnē, *ēs*, f., sorte de cadran solaire : [C] Pros.

cōnātĭo, *ōnis*, f., effort, essai : [+C] Pros.

cōnātum, *i*, n., effort, entreprise : [C] Pros., [+C] Pros. ‖ [surtout au pl.] ***conata perficere*** [C] Pros., venir à bout d'une entreprise

cōnātus, *ūs*, m., effort [physique, moral, intellectuel], entreprise, tentative : [C] Pros. ; ***alicujus conatum comprimere*** [C] Pros. ; ***refutare*** [C] Pros., arrêter, repousser les entreprises de qqn ‖ poussée instinctive : [C] Pros.

conbibo, ➡ *combibo* : [-C] Pros.

conca ►, ➡ *concha*

concăcō, *ās, āre, -, -*, tr., salir de matière fécale, embrener : [C] Poés., [+C] Pros.

concădō, *ĭs, ĕre, -, -*, intr., tomber ensemble : [+C] Pros.

concaedes, *is*, f. ; [seul[t] à l'abl.] [T] Pros. et **concaedes**, *ium*, f. pl., [+C] Pros., abattis d'arbres

concălĕfăcĭō (concalf-), *ĭs, ĕre, fēcī, factum*, tr., échauffer entièrement : [C] Pros. ‖ [au pass.] ***concalefacior*** [C] Pros. ; ***concalefio*** [C] Pros. ; ***concalfieri*** [C] Pros.

concălĕfactus, *a, um*, part. de *concalefacio* : [C] Pros.

concălĕfīo, pass. de *concalefacio*

concălĕō, *ēs, ēre, -, -*, intr., être très chaud : [-C] Théât.

concălescō, *ĭs, ĕre, călŭī, -*, intr., s'échauffer entièrement : [-C] Théât., [C] Pros. ; [fig.] [-C] Théât.

concalfăcĭo, etc., ➡ *concalefacio*

concallescō, *ĭs, ĕre, callŭī, -*, intr. ¶**1** devenir calleux : [C] Pros. ¶**2** [fig.] devenir habile : [C] Pros. ‖ devenir insensible, s'émousser : [C] Pros.

concămĕrātĭo, *ōnis*, f., voûte : [C] Pros.

concămĕrātus, *a, um*, part. de *concamero*

concămĕrō, *ās, āre, āvī, ātum*, tr., voûter : [C] Pros.

Concăni, *ōrum*, m. pl., peuple d'Espagne : [C] Poés.

concaptīvus, *ī*, m., adj., [T] Pros.

concastīgō, *ās, āre, -, -*, tr., gourmander sévèrement : [-C] Théât.

concătēnātĭo, *ōnis*, f., enchaînement : ***concatenatio causarum*** [T] Pros., l'enchaînement des causes

concătēnō, *ās, āre, āvī, ātum*, tr., [part. parf. pris adj[t]] formé de chaînons : ***concatenatae loricae*** [T] Pros., des cottes de mailles

concătervātus, *a, um*, étroitement serré, groupé, tassé : [T] Pros.

concăvātus, *a, um* ¶ **1** part. de *concavo* ¶ **2** adj[t], concave : [+C] Pros.

concăvō, *ās, āre, āvī, ātum*, tr., rendre creux : ***concavare manus*** [T] Poés., former un creux avec les mains ‖ courber : [C] Poés.

concăvus, *a, um*, creux et rond, concave : [-C] Pros., [C] Pros. ; ***concava aera*** [C] Poés., cymbales ; ***concava aqua*** [C] Poés., la vague

concēdendus, *a, um*, adj., excusable : [C] Pros.

concēdō, *ĭs, ĕre, cessī, cessum* ¶ **1** ***a)*** passer d'un lieu à un autre, se retirer, s'en aller : ***ad dextram concedere*** Ter., passer à droite ; ***ex praetorio in tabernaculum suum concedere*** Liv., se retirer de la tente du général dans la sienne propre ; ***concedere domum*** Ter., se retirer chez soi ‖ ***concedere (vita)*** Tac., mourir ***b)*** [fig.] passer d'un état à un autre, en venir à : ***in deditionem concedere*** Liv., en venir à se rendre ; ***in sententiam alicujus concedere*** Liv., se ranger à l'avis de qqn ‖ ***in nomen imperantium concedere*** Sall., prendre le nom de ses vainqueurs ‖ [pass. impers.] ***concessum in condicionem ut...*** Liv., on adopta des conditions portant que ... ¶ **2** se retirer devant, faire place à, céder à, se ranger à : ***concedere naturae*** Sall., céder à la nature, mourir ; ***nemini studio concedere*** Cic., ne le céder à personne en dévouement ; ***alicujus postulationi concedere*** Cic., déférer à la demande de qqn ; ***alicui concedere*** Cic., se ranger à l'avis de qqn, [ou] se reconnaître inférieur à qqn ‖ [d'où] faire une concession à, excuser : ***temere dicto concedere*** Cic., faire une concession à (= excuser) une parole téméraire ; ***alicui gementi concedere*** Cic., excuser les gémissements de qqn ¶ **3** [tr.] abandonner, faire l'abandon de, concéder ***a)*** abandonner qqch. à qqn, accorder : ***alicui libertatem concedere*** Caes., accorder la liberté à qqn ; ***praedam militibus concedere*** Caes., abandonner le butin aux soldats ; ***alicui bona diripienda concedere*** Cic., laisser à qqn la faculté de piller des biens ‖ [avec inf. ou avec *ut* et subj.] permettre : ***res de qua loqui non conceditur*** Caes., une chose dont il n'est pas permis de parler ; ***alicui concedere ut praetereat...*** Cic., permettre à qqn de laisser de côté ... ‖ [abs[t]] ***te reviset si concedes*** Hor., il reviendra te voir si tu le permets ‖ [avec prop. inf.] convenir de, reconnaître que : ***haec conceduntur esse facta*** Cic., on reconnaît que cela s'est produit ***b)*** faire le sacrifice de, renoncer à : ***rei publicae suas inimicitias concedere*** Cic., faire à l'Etat le sacrifice de ses inimitiés personnelles ; ***aliquem alicujus precibus concedere*** Tac., accorder aux prières de qqn la grâce d'une personne ; ***aliquem alicui concedere*** Cic., renoncer à punir qqn, lui pardonner pour l'amour de qqn ‖ [d'où] pardonner, excuser : ***alicui peccata concedere*** Cic., pardonner ses méfaits à qqn

concĕlĕbrātus, *a, um*, part. de *concelebro*

concĕlĕbrō, *ās, āre, āvī, ātum*, tr. ¶ **1** fréquenter, assister en grand nombre à : [C] Poés. ‖ ***concelebrare convivia*** [C] Pros., être assidu aux banquets ‖ [fig.] pratiquer avec ardeur, cultiver assidûment : ***concelebrata studia*** [C] Pros., études assidûment suivies ¶ **2** célébrer, fêter, honorer [avec idée d'empressement, de foule] : [-C] Théât., [C] Pros. ¶ **3** divulguer, répandre [par les écrits ou par la parole] : [C] Pros.

concellānĕus, *i*, m., ➡ *concellita*

concellīta, *ae*, m., compagnon de cellule : [T] Pros.

concēlō, *ās, āre, -, -*, tr., cacher soigneusement : [+C] Pros.

concēnātĭo, *ōnis*, f., action de manger ensemble, banquet : [C] Pros.

concentĭo, *ōnis*, f., action de chanter ensemble : [C] Pros. ‖ concert : [+C] Pros.

concentŭrĭō, *ās, āre, -, -*, tr., assembler par centuries ‖ [fig.] grouper, assembler : [-C] Théât. ; ***in corde metum alicui*** [-C] Théât., amasser la peur dans l'âme de qqn

concentŭs, *ūs*, m. ¶ **1** accord de voix ou d'instruments, concert : ***concentus avium*** [C] Poés., concert d'oiseaux ; ***concentus efficere*** [C] Pros., produire des accords ‖ [en part.] concert d'acclamations : [+C] Pros. ¶ **2** [fig.] accord, union, harmonie : [C] Pros.

concēpī, parf. de *concipio*

conceptācŭlum, *i*, n., lieu où une chose est contenue, réservoir, réceptacle, récipient : [+C] Pros.

conceptē, adv., sommairement : [C] Pros. ‖ ***conceptim***

conceptĭo, *ōnis*, f. ¶ **1** action de contenir, de renfermer : [C] Pros. ‖ [en part.] prise d'eau : ***conceptio aquae*** [+C] Pros., contenu d'un réservoir ¶ **2** action de recevoir : [C] Pros. ‖ conception : [C] Pros. ¶ **3** [fig.] ***conceptio rei*** [+C] Pros., expression de l'idée ‖ [en part.] ***a)*** expression : [T] Pros. ***b)*** rédaction, formule [droit] : [C] Pros.

conceptĭōnālis, *e*, relatif à la conception : [T] Pros.

conceptīvus, *a, um*, qui est annoncé, fixé officiellement : ***conceptivae feriae*** [C] Pros., fêtes mobiles

conceptō, *ās, āre, -, -*, tr., concevoir : [T] Pros. ‖ [fig.] concevoir, projeter : [T] Pros.

conceptum, *i*, n., fruit, fœtus : [+C] Pros.

1 **conceptus**, *a, um*, part. de *concipio*, ***conceptissimis verbis*** [+C] Pros., avec la formule la plus solennelle ; ➡ *concipio* ¶ *3*

2 **conceptŭs**, *ūs*, m. ¶ **1** ce qui est contenu : [+C] Pros. ¶ **2** action de recevoir : ***ex conceptu camini*** [+C] Pros., le feu ayant pris par la cheminée ‖ [en part.] conception : [C] Pros.

concernō, *ĭs, ĕre, -, -*, tr., cribler ensemble, mêler ensemble : [T] Pros.

concerpō, *ĭs, ĕre, cerpsī, cerptum*, tr., déchirer, mettre en pièces : ***concerpere epistolas*** [C] Pros., déchirer des lettres ‖ rassembler en cueillant : [+C] Pros.

concerptus, *a, um*, part. de *concerpo*

concertātĭo, *ōnis*, f., bataille : [-C] Théât. ‖ dispute, conflit : [C] Pros. ‖ [en part.] discussion, débat philosophique ou littéraire : ***concertationis studio*** [C] Pros., par goût de la discussion

concertātīvus, *a, um*, où l'on se combat mutuellement : ***accusatio concertativa*** [+C] Pros., reconvention [droit]

concertātŏr, *ōris*, m. ¶ **1** rival : [+C] Pros. ¶ **2** compagnon de lutte : [T] Pros.

concertātōrĭus, *a, um*, qui appartient à la dispute : [C] Pros.

concertō, *ās, āre, āvī, ātum*, intr. ¶ **1** combattre : ***concertare proelio*** [C] Pros., livrer bataille ; [+C] Pros. ¶ **2** se quereller : ***concertare cum ero*** [-C] Théât., avoir maille à partir avec le maître ; [C] Pros. ‖ ***cum aliquo de aliqua re***, être en conflit, lutter : [C] Pros.

concertŏr, *ārĭs, ārī, -*, intr., [T] Pros., ➡ *concerto*

concessātĭo, *ōnis*, f., arrêt : [+C] Pros.

concessĭo, *ōnis*, f., action d'accorder, de concéder, concession : ***concessio agrorum*** [C] Pros., concession de terres ; ***concessio praemiorum*** [C] Pros., attribution de récompenses ‖ concession [rhét.] : [+C] Pros. ‖ action de plaider coupable : [C] Pros.

concessō, *ās, āre, āvī, ātum*, intr., cesser, s'arrêter : ***concessare lavari*** [-C] Théât., cesser de se laver ; ***concessare pedibus*** [-C] Théât., s'arrêter

concessum, *i*, n., chose permise : [C] Pros., Poés. ; ➡ *1 concessus*

1 **concessus**, *a, um*, part. de *concedo*, [pris adj[t]], permis, licite : [C] Pros. ‖ ***pro concesso aliquid putare*** [C] Pros. ***sumere*** [C] Pros. regarder qqch. comme concédé (approuvé)

2 **concessus**, *ūs*, m., [usité d'ordin[t] à l'abl.], concession, permission, consentement : ***concessu omnium*** [C] Pros., de l'assentiment unanime ; ***populi concessu*** [C] Pros., avec le consentement du peuple ; ***Caesaris*** [C] Pros., par une concession de César

concha, *ae*, f. ¶ **1** coquillage : ***conchas legere*** [C] Pros., ramasser des coquillages ¶ **2** [en part.] ***a)*** coquillage d'où l'on tire la pourpre : [C] Poés. ‖ [fig.] ***b)*** perle : [C] Poés. ***c)*** pourpre : [C] Poés. ¶ **3** coquille : [C] Poés., [+C] Pros. ¶ **4** petit vase en forme de coquillage : [C] Poés. ¶ **5** conque marine, trompette des Tritons : [C] Poés.

conchĭcla (concĭcla), *ae*, f., purée de fèves sèches : [+C] Pros.

conchĭclātus (concĭclātus), *a, um*, farci d'une purée de pois secs : [+C] Pros.

conchis, *is*, f., purée de fèves sèches : [+C] Poés.

conchīta, *ae*, m., pêcheur de coquillages : [-C] Théât.

conchŭla, *ae*, f., petit coquillage : [+C] Pros.

conchȳlĭātus, *a, um*, teint en pourpre : [C] Pros. ‖ **conchȳlĭāti**, *ōrum*, m. pl., [+C] Pros., gens habillés de pourpre

conchȳlĭum, *ĭi*, n., [en gén.] coquillage : [C] Pros. ‖ [en part.] ***a)*** huître : [C] Pros. ***b)*** le pourpre, coquillage d'où l'on tire la pourpre : [C] Poés. ‖ [fig.] pourpre [teinture] : [C] Pros. ‖ **conchylia**, *ōrum*, n. pl., [+C] Poés., vêtements teints en pourpre

concĭcla, **concĭcŭla**, → *conchicla*

concīdēs, → *concaedes* : [T] Pros.

1 **concĭdō**, *ĭs, ĕre, cĭdī*, -, intr., tomber ensemble, d'un bloc ¶ **1** tomber, s'écrouler, s'effondrer : ***conclave concidit*** [C] Pros., la salle s'écroula ‖ tomber, succomber : [C] Pros. ; ***vulneribus concidere*** [C] Pros., tomber sous les coups, succomber à ses blessures ‖ [en parl. des victimes immolées] [C] Poés. ‖ [moralement] être renversé, démonté, démoralisé : [C] Pros. ; ***mente concidit*** [C] Pros., il perdit contenance ¶ **2** [fig.] tomber, s'écrouler= perdre sa force, son autorité, sa considération : [C] Pros. ‖ ***fides concidit*** [C] Pros., le crédit tomba, fut ruiné

2 **concīdō**, *ĭs, ĕre, cīdī, cīsum*, tr. ¶ **1** couper en morceaux, tailler en pièces, couper : ***nervos*** [C] Pros., couper les nerfs ; ***sarmenta minute*** [-C] Pros., couper les sarments en menus morceaux ; [C] Poés., Pros. ‖ [fig.] couper, hacher, morceler : ***sententias*** [C] Pros., morceler la pensée ‖ [sens obscène] : [C] Pros. ¶ **2** tailler en pièces, massacrer : ***exercitum*** [C] Pros. ; ***cohortes*** [C] Pros., tailler en pièces une armée, des cohortes ¶ **3** abattre, terrasser : [C] Pros. ¶ **4** rompre (rouer, déchirer) de coups : ***aliquem virgis*** [C] Pros., déchirer qqn à coups de verges

concĭens, *tis*, → *inciens*, enceinte, grosse : [+C] Pros.

concĭĕō, *ēs, ēre*, -, *cĭtum* et plus ordin[t] **concĭō**, *īs, īre, īvī, ītum*, tr. ¶ **1** assembler : ***ad se multitudinem*** [C] Pros., réunir autour de soi la multitude ¶ **2** mettre en mouvement, exciter, soulever : [C] Poés. ; ***freta concita*** [C] Poés., mer agitée ‖ lancer dans un mouvement rapide : [C] Poés. ¶ **3** [fig.] mettre en branle, exciter, soulever, ameuter, passionner : [C] Pros., Poés. ‖ donner le branle à qqch., provoquer, soulever : ***seditionem*** [C] Pros. ; ***bellum*** [C] Pros., soulever une sédition, une guerre

concĭlĭābŭlum (-bŏlum, [-C] Théât.), *ī*, n., lieu d'assemblée, de réunion, place, marché : ***per conciliabula*** [+C] Pros., dans les assemblées ; ***conciliabula martyrum*** [T] Pros., endroits où l'on se réunit pour honorer les martyrs ‖ mauvais lieu : [-C] Théât. ‖ [en part. lieu de réunion pour les habitants de divers cantons, d'un même *populus*] : [C] Pros.

concĭlĭātĭo, *ōnis*, f. ¶ **1** association, union : [C] Pros. ¶ **2** bienveillance, action de se concilier la faveur : ***conciliationis causa*** [C] Pros., pour se concilier la bienveillance ‖ appel à la bienveillance des juges : [C] Pros. ¶ **3** inclination, penchant : ***naturae conciliationes*** [C] Pros., inclinations naturelles, instincts ¶ **4** action de se procurer, acquisition : ***ad conciliationem gratiae*** [C] Pros., pour ménager une réconciliation ¶ **5** attachement, intérêt porté à qqch. : [+C] Pros.

concĭlĭātŏr, *ōris*, m., celui qui procure, → *concilio* ¶ *4* : ***conciliator nuptiarum*** [C] Pros., celui qui ménage un mariage ; ***conciliator proditionis*** [C] Pros., fauteur de la trahison

concĭlĭātrīcŭla, *ae*, f., → *conciliatrix* ¶ *1* : [C] Pros.

concĭlĭātrix, *īcis*, f. ¶ **1** qui gagne les bonnes grâces : → *concilio* ¶ *2* : ***blanda conciliatrix*** [C] Pros., adroite marieuse ‖ entremetteuse : [-C] Théât. ¶ **2** qui procure, → *concilio* ¶ *4* : [C] Pros.

concĭlĭātūra, *ae*, f., métier d'entremetteur : [+C] Pros.

1 **concĭlĭātus**, *a, um*, part. de *concilio* ‖ pris adj[t] ¶ **1** ***alicui***, dans les bonnes grâces de qqn, aimé de qqn, cher à qqn : [C] Pros., [+C] Pros. ¶ **2** favorable, bien disposé : [+C] Pros. ‖ porté (par l'instinct) à : ***voluptati*** [+C] Pros., incliné vers le plaisir

2 **concĭlĭātŭs**, *ūs*, m., union, liaison : [C] Poés.

concĭlĭō, *ās, āre, āvī, ātum*, tr. ¶ **1** [au pr.] assembler, unir, associer : [C] Poés. ¶ **2** [fig.] concilier, unir par les sentiments, gagner, rendre bienveillant : ***conciliare homines*** [C] Pros., rendre les hommes (les auditeurs) bienveillants ; ***homines inter se*** [C] Pros., rapprocher les hommes entre eux ; ***ad conciliandos novos (socios)*** [C] Pros., pour gagner de nouveaux (alliés) ; ***aliquem aliqua re*** [C] Pros., gagner qqn par qqch. ‖ ***conciliare animos*** [C] Pros., se concilier les esprits ; ***animos hominum*** [C] Pros., se concilier les esprits ‖ rapprocher [par un penchant instinctif] : [C] Pros., [+C] Pros. ; → *conciliatio* ¶ *3* ¶ **3** se ménager, se procurer : [-C] Théât., [C] Pros. ; ***pulchre conciliare*** [-C] Théât., faire un bon marché, acheter dans de bonnes conditions ; ***aliquid de aliquo*** [-C] Théât., acheter qqch. à qqn ¶ **4** ménager, procurer : ***filiam suam alicui*** [+C] Pros., procurer sa fille à qqn ‖ ***benevolentiam alicujus alicui*** [C] Pros., assurer à qqn la bienveillance de qqn ; ***amicitiam alicui cum aliquo*** [C] Pros., ménager à qqn une amitié avec qqn (lier qqn d'amitié avec qqn) ; ***sibi amorem ab aliquo*** [C] Pros., se concilier l'affection de qqn (se faire aimer de qqn) ; ***pacem inter cives*** [C] Pros., ménager la paix entre les citoyens ; ***alicui regnum*** [C] Pros., ménager [procurer] le trône à qqn ; [C] Pros.

concĭlĭum, *ĭī*, n. ¶ **1** union, réunion, assemblage [des atomes] : [C] Poés. ‖ accouplement : [T] Pros. ¶ **2** réunion, assemblée : ***deorum*** [C] Pros. ; ***pastorum*** [C] Pros., assemblée des dieux, des bergers ‖ [en part.] assemblée délibérante, conseil : ***concilium advocare*** [C] Pros. ; ***convocare*** [C] Pros., convoquer une assemblée ; ***concilio coacto*** [C] Pros., l'assemblée ayant été réunie ; ***concilio habito*** [C] Pros., ayant tenu un conseil ***praebere*** [C] Pros. donner audience aux députés ; ***adire concilium*** [C] Pros., se rendre dans une assemblée ‖ [l. officielle] ***concilium plebis*** [C] Pros., assemblée de la plèbe, conciles plébéiens [en les distinguant, par principe, des comices, centuriats ou tributes] ; ***concilium populi*** [C] Pros., assemblée du peuple [opp. au sénat, à Carthage]

concĭnens, *tis*, part. de *concino* ‖ adj[t], en accord : [T] Pros.

concĭnentĭa, *ae*, f., accord des voix, des sons [dans les instruments], harmonie, unisson : [T] Pros. ‖ [fig.] symétrie : [T] Pros.

concinnātīcĭus, *a, um*, bien agencé, bien servi [repas] : [+C] Pros.

concinnātĭo, *ōnis*, f., préparation, apprêt : [-C] Pros.

concinnātŏr, *ōris*, m., celui qui ajuste : ***concinnator capillorum*** [+C] Pros., coiffeur ‖ [fig.] celui qui fabrique, qui invente : [T] Pros.

concinnātus, *a, um*, part. de *concinno*

concinnē, adv. ¶ **1** artistement, avec un agencement élégant : ***concinne ornata*** [-C] Théât., parée avec goût ‖ [fig.] de façon bien agencée, appropriée, avenante : [C] Pros. ¶ **2** avec une construction symétrique, avec un plan bien construit : [C] Pros. ‖ avec des expressions symétriques, avec parallélisme dans le style : [C] Pros. ‖ ***concinnius*** [+C] Pros.

concinnis, *e*, [+C] Pros., → *concinnus*

concinnĭtās, *ātis*, f. ¶ **1** [rhét.] symétrie, arrangement symétrique [des mots, des membres de phrase] : [C] Pros. ‖ ***concinnitates colorum*** [+C] Pros., harmonies de couleurs ¶ **2** [sens péj.] ajustement recherché (étudié) : [+C] Pros.

concinnĭter, adv., artistement : [+C] Pros.

concinnĭtūdo, *ĭnis*, f., → *concinnitas* : [C] Pros.

concinnō, *ās, āre, āvī, ātum*, tr. ¶ **1** ajuster, agencer : ***aream*** [-C] Théât., agencer une aire [d'oiseleur] ; ***Corinthia*** [+C] Pros., disposer artistement des vases de Corinthe ‖ [fig.] donner une forme convenable : ***ingenium*** [+C] Pros., former le caractère ¶ **2** préparer, produire : ***alicui multum negotii*** [+C] Pros., attirer (susciter) beaucoup d'embarras à qqn ; [C] Poés. ‖ [avec acc.] → *efficio* : ***aliquem insanum*** [-C] Théât., rendre fou qqn

concinnus, *a, um* ¶ **1** bien proportionné, régulier, joli, charmant : [-C] Théât. ¶ **2** disposé symétriquement, avec parallélisme : [C] Pros. ‖ agencé par rapport à qqch., à qqn, approprié, ajusté : [C] Pros. ; ***concinnior*** [C] Poés., plus en concordance ; ***non inconcinnus*** [C] Pros., toujours approprié, sans discordance ; [-C] Théât.

concĭnō, *ĭs, ĕre, cĭnŭī, -*
I intr. ¶**1** chanter, ou jouer ensemble, former un ensemble de sons [voix, instruments] : [C] Pros. ¶**2** [fig.] être d'accord, s'accorder : [C] Pros. ; ***re cum aliquo concinere*** [C] Pros., être d'accord avec qqn pour le fond
II tr. ¶**1** produire des sons ensemble, chanter, jouer dans un chœur : [C] Poés., Pros. ‖ ***tristia omina*** [C] Poés., faire entendre des chants de triste présage ¶**2** chanter, célébrer : ***Caesarem*** [C] Poés., chanter César

1 **conciō**, *īs, īre, -, -,* ▶ *concieo*

2 **concĭo**, *ōnis,* ▶ *contio*

concĭōn-, ▶ *cont-*

concĭpĭlō, *ās, āre, āvī, ātum*, tr., mettre en pièces : [-C] Théât. ‖ mettre au pillage, rafler : [+C] Pros.

concĭpĭō, *ĭs, ĕre, cēpī, ceptum* ¶**1** prendre en soi, absorber : ***aquas concipere*** Ov., absorber les eaux ; ***ignem concipere*** Cic., prendre feu ; ***semina concipere*** Cic., recevoir les semences [à propos de la terre] ‖ [en part.] recevoir la fécondation, concevoir : ***cum concepit mula*** Cic., quand la mule a conçu ‖ [d'où au pass.] se former, naître : ***de lupo concepta*** Ov., conçue d'un loup ; ***torrens ex alio fonte conceptus*** Curt., torrent venu d'une autre source ¶**2** [fig.] ***a)*** recevoir dans son esprit, concevoir : ***flagitia concipere animo*** Cic., avoir dans l'esprit des pensées honteuses ; ***superstitiosa concipere*** Cic., concevoir des idées superstitieuses ; ***spem regni concipere*** Liv., concevoir l'espoir de régner ‖ [avec prop. inf.] ***mens concipit id fieri oportere*** Cic., l'intelligence conçoit que cela doit être fait ‖ [spéc., avec inf.] concevoir le projet de : Tac. ***b)*** contracter, se charger de : ***vitia concipere*** Cic., contracter des vices ; ***dedecus concipere*** Cic., se couvrir de honte ; ***furorem concipere*** Cic., être pris de folie ‖ ***flagitium concipere*** Cic., se rendre coupable d'un acte scandaleux ; ***scelus concipere*** Cic., commettre un crime ¶**3** assembler des mots en formule : ***concipere verba*** Cat., prononcer une formule ; ***cetera juris jurandi verba concipere*** Tac., prononcer le reste de la formule du serment ; ***verbis conceptis jurare*** Pl., prononcer un serment en forme ; ***sicut verbis concipitur more nostro*** Cic., selon la formule (de serment) en usage chez nous

concīsē, adv., ***minute atque concise*** [+C] Pros., par le menu et dans le détail

concīsĭo, *ōnis*, f., [rhét.] ***concisio verborum*** [C] Pros., incise

concīsŏr, *ōris*, m., celui qui coupe : ***concisor nemorum*** [+T] Poés., bûcheron

concīsūra, *ae*, f., division : ***concisura aquarum*** [+C] Pros., distribution des eaux

concīsus, *a, um* ¶**1** part. de *2 concido* ¶**2** [adj[t]] coupé, saccadé : ***vox concisior*** [T] Pros., son plus saccadé ‖ concis, court, serré : [C] Pros., [+C] Pros. ‖ **concīsa**, *ōrum*, n. pl., courts membres de phrase : [+C] Pros.

concĭtāmentum, *i*, n., moyen d'excitation : [+C] Pros.

concĭtātē, adv., vivement, rapidement : [+C] Pros. ‖ avec animation : [+C] Pros. ‖ ***-tius*** [+C] Pros. ; ***-tissime*** [T] Pros.

concĭtātĭo, *ōnis*, f. ¶**1** mouvement rapide : [C] Pros. ¶**2** mouvement violent, excitation de l'âme : [C] Pros. ¶**3** sédition, soulèvement : [C] Pros.

concĭtātŏr, *ōris*, m., celui qui excite : ***concitator tabernariorum*** [C] Pros., celui qui ameute les boutiquiers ; ***concitator belli*** [C] Pros. ; celui qui excite à la guerre

1 **concĭtātus**, *a, um*, part. de *concito* ‖ pris adj[t] ¶**1** prompt, rapide : ***(stelliferi cursus) conversio concitatior*** [C] Pros., révolution (des étoiles) plus rapide ‖ ***concitatissimus*** [C] Pros. ¶**2** emporté, irrité : [C] Pros. ¶**3** emporté, véhément : ***adfectus concitati*** [+C] Pros., sentiments violents ; ***concitatior clamor*** [C] Pros., cris plus retentissants ; ***oratio concitata*** [+C] Pros., éloquence animée, passionnée

2 **concĭtātŭs**, *ūs*, m., impulsion [au propre] : [T] Poés.

concĭtō, *ās, āre, āvī, ātum*, tr. ¶**1** pousser vivement, lancer d'un mouvement rapide : [C] Pros. ; ***equum calcaribus*** [C] Pros., presser un cheval de l'éperon ; ***aciem*** [C] Pros., lancer les troupes en avant ; ***equitatum in pugnam*** [C] Pros., lancer la cavalerie dans le combat, faire donner la cavalerie ‖ ***se concitare*** [C] Poés., Pros., se lancer, s'élancer ; [C] Pros. ¶**2** [fig.] exciter, soulever, enflammer : [C] Pros. ; ***in aliquem concitari*** [C] Pros., être soulevé contre qqn ; ***ad philosophiam studio*** [C] Pros., être poussé par son goût vers la philosophie ; ***ad maturandum*** [C] Pros., être poussé à se hâter ¶**3** [fig.] exciter, susciter : ***tempestates*** [C] Pros., soulever des tempêtes ; ***bellum*** [C] Pros., susciter la guerre ; ***invidiam*** [C] Pros., exciter la haine ; ***misericordiam*** [C] Pros., exciter la pitié ‖ exciter à [avec inf.] : [C] Poés.

concĭtŏr, *ōris*, m., celui qui excite : [C] Pros., [+C] Pros.

1 **concĭtus**, *a, um*, part. de *concieo* ‖ pris adj[t] ¶**1** rapide : ***concito gradu*** [C] Poés., d'une allure rapide ; ***concitus Mavors*** [C] Poés., Mars impétueux, déchaîné ¶**2** excité, ému, troublé : [C] Poés.

2 **concītus**, *a, um*, part. de *1 concio*

concĭuncŭla, ▶ *contiuncula*

concla, *ae*, f., ▶ *conchula*

conclāmātĭo, *ōnis*, f., cri, clameur d'une foule : [+C] Pros. ‖ acclamations : [C] Pros.

conclāmātus, *a, um*, part. de *conclamo* ‖ adj[t], fameux, célèbre : ***-tissimus*** [T] Pros. ‖ mal famé, dangereux : [T] Pros. ‖ pitoyable, désespéré, ▶ *conclamo II* ¶*1*

conclāmĭtō, *ās, āre, -, -*, crier fort : [-C] Théât.

conclāmō, *ās, āre, āvī, ātum*
I intr. ¶**1** crier ensemble [avec acc. de l'objet de l'exclamation] : ***victoriam conclamant*** [C] Pros., ils crient "victoire !" ; [C] Poés. ; ***ad arma conclamant*** [C] Pros., ils crient aux armes ; ***conclamare vasa*** [C] Pros., donner le signal de décamper (de plier bagage) ; [verbe seul au pass. impers.] ***conclamari jussit*** [C] Pros., il fit donner le signal de décamper ‖ approuver à grands cris : [C] Pros. ‖ [avec prop. inf.] [C] Pros. ‖ [avec *ut*] demander à grands cris que : [C] Pros. ; [avec subj. seul] [C] Pros., [+C] Pros. ¶**2** [en parl. d'une seule pers.] crier à haute voix : [C] Pros., Poés., [+C] Pros.
II tr. ¶**1** crier le nom d'un mort, lui dire le dernier adieu : ***suos conclamare*** [C] Pros., dire aux siens le dernier adieu ; ***conclamatus es*** [+C] Pros., tu as reçu le dernier adieu ¶**2** ***homines***, appeler à grands cris des personnes : [C] Poés. ‖ acclamer : [+C] Pros. ¶**3** crier contre qqch., [d'où pass.] recevoir les cris de qqn : [+C] Poés.

conclāvĕ, *is*, n. ¶**1** [en gén.] chambre, pièce fermant à clef : [-C] Théât. ¶**2** [en part.] ***a)*** chambre à coucher : [C] Pros. ***b)*** salle à manger ; [C] Pros. ***c)*** enclos pour les animaux, étable, volière : [+C] Pros.

conclūdō, *ĭs, ĕre, clūsī, clūsum*, tr. ¶**1** enfermer, enclore, fermer : ***bestias*** [C] Pros., enfermer des bêtes ; ***conclusa aqua*** [C] Pros., eau enfermée (stagnante) ; ***in concluso mari*** [C] Pros., dans une mer enclose [Méditerranée] ‖ ***in cellam*** [-C] Théât. ; ***in angustum locum*** [C] Pros., enfermer dans un réduit, dans un lieu étroit ‖ [au pass.] ***in cavea conclusi*** [-C] Théât., enfermés dans une cage ; [C] Poés. ¶**2** [fig.] enfermer, resserrer : [C] Pros. ; ***in formulam sponsionis aliquem*** [C] Pros., enfermer qqn dans la formule de l'engagement réciproque ¶**3** clore, finir : ***epistulam*** [C] Pros. ; ***crimen*** [C] Pros., finir une lettre, l'exposé d'un chef d'accusation ‖ conclure, donner une conclusion à : [C] Pros. ‖ donner en conclusion : [C] Pros. ¶**4** [rhét.] enfermer dans une phrase bien arrondie [ou] donner une fin harmonieuse à la phrase : ***sententias*** [C] Pros., enfermer les pensées dans une forme périodique ; ***oratio conclusa*** [C] Pros., style aux phrases bien arrondies ‖ [abs[t]] [C] Pros. ‖ ***concludere versum*** [C] Poés., faire un vers régulier ‖ [terminaison d'un mot] [C] Pros. ¶**5** [phil.] conclure logiquement, terminer par une conclusion en forme : ***argumentum*** [C] Pros. ; ***argumentationes*** [C] Pros., conclure un argument, des argumentations ‖ [avec prop. inf.] : [C] Pros. ; [abs[t]] tirer une conclusion, conclure : [C] Pros. ; ***ex aliqua re*** [C] Pros., tirer une conclusion de qqch. ‖ [abl. abs. n.] [C] Pros.

conclūsē, adv., en phrases périodiques : [C] Pros.

conclūsĭo, *ōnis*, f. ¶**1** action de fermer, d'où [milit.] blocus : [C] Pros. ¶**2** achèvement, fin : [C] Pros. ¶**3** [rhét.] fin du discours : [C] Pros. ¶**4** art d'enfermer l'idée dans une période, dans une phrase bien arrondie : ***conclusio sententiarum*** [C] Pros., art d'enfermer la pensée en une période bien arrondie (bien cadencée) ‖ art de terminer la phrase : [C] Pros. ; ***conclusiones*** [C] Pros., fins de phrase (clausules) ; mais [C] Pros. ¶**5** [phil.] conclusion [d'un syllogisme, d'un raisonnement] : [C] Pros.

conclūsĭuncŭla, *ae*, f., petit argument : [C] Pros.

conclūsūra, *ae*, f., jointure : [C] Pros.

conclūsus, *a*, *um*, part. de *concludo* ‖ adj[t], ***conclusior*** [+C] Pros., plus fermé

concoctĭo, *ōnis*, f., digestion : ***tarda concoctio*** [+C] Pros., digestion pénible

concoctus, *a*, *um*, part. de *concoquo*

concoen-, V. *concen-*

concōgĭtō, *ās*, *āre*, -, -, tr., avoir dans la pensée : [T] Pros.

concŏlŏr, *ōris*, adj., de même couleur : [C] Poés. ‖ [avec dat.] [C] Poés. ‖ [fig.] semblable, de même teinte : ***error concolor*** [T] Poés., erreur pareille

concŏmĭtātus, *a*, *um*, V. *concomitor*

concŏmĭtŏr, *ārĭs*, *ārī*, *ātus sum*, tr., accompagner : [+T] Poés. ‖ part. *concomitatus*, avec sens passif : [-C] Théât.

concŏquō, *ĭs*, *ĕre*, *coxī*, *coctum*, tr. ¶**1** faire cuire ensemble : [+C] Pros. ¶**2** digérer, élaborer : [C] Pros. ‖ [abs[t]] faire la digestion : ***quamvis non concoxerim*** [+C] Pros., bien que ma digestion ne soit pas faite ¶**3** [fig.] ***a)*** digérer [une disgrâce], endurer, supporter : [C] Pros. ; ***odia concoquere*** [C] Pros., être insensible aux haines ***b)*** méditer mûrement, approfondir : [C] Pros. ; ***concoquamus illa*** [+C] Pros., assimilons ces enseignements

concordātĭo, *ōnis*, f., accord : [T] Pros.

concordātus, *a*, *um*, part. de *concordo*

1 **concordĭa**, *ae*, f., concorde, accord, entente, harmonie : [-C] Théât., [C] Pros. ; Cf. *conglutino* ‖ [fig.] accord des voix, des sons : [C] Pros., [+C] Pros.

2 **Concordĭa**, *ae*, f., la Concorde, déesse : [C] Poés.

3 **Concordĭa**, *ae*, f., ville de Germanie : [T] Pros.

concordĭtās, *ātis*, f., [arch.] Cf. *1 concordia* : [-C] Théât.

concordĭtĕr, adv., en bonne intelligence, de bon accord : ***congruunt inter se concorditer*** [-C] Théât., ils s'entendent parfaitement bien ‖ ***-dius*** [C] Pros. ; ***-dissime*** [C] Pros.

Concordĭus, *ĭī*, m., nom d'homme : [T] Pros.

concordō, *ās*, *āre*, *āvī*, *ātum*, intr., s'accorder, vivre en bonne intelligence : ***si concordabis cum illa*** [-C] Théât., si tu t'accordes bien avec elle ‖ [fig.] être d'accord [en parl. des choses] : [C] Pros., Poés. ; ***cum gestu concordare*** [+C] Pros., s'accorder avec le geste

concorpŏrālis, *e*, qui constitue un même corps de nation : [T] Pros. ‖ subst. m., soldat du même corps, camarade : [T] Pros.

concors, *cordis*, uni de cœur, qui est d'accord, qui a des sentiments concordants avec qqn : [-C] Théât., [C] Pros. ; ***concordissimi fratres*** [C] Pros., des frères en si parfait accord ‖ [fig.] où il y a de l'accord, de l'union : [C] Pros. ; ***concordia frena*** [C] Poés., freins qui jouent en même temps ; [C] Pros.

concoxī, parf. de *concoquo*

concrēdĭdī, parf. de *concredo*

concrēdĭtus, *a*, *um*, part. de *concredo*

concrēdō, *ĭs*, *ĕre*, *dĭdī*, *dĭtum*, tr., confier : ***concredere rem alicui*** [C] Pros., confier ses intérêts à qqn ; ***concredere aliquid fidei alicujus*** [-C] Théât., confier qqch. à la loyauté de qqn ; ***alicui nugas*** [C] Poés., faire confidence de bagatelles à qqn

concrēdŭō, *dŭī*, fut. ant., parf. de *concredo* arch. : [-C] Théât.

concrĕmātus, *a*, *um*, part. de *concremo*

concrēmentum, *i*, n., concrétion : [+C] Pros.

concrĕmō, *ās*, *āre*, *āvī*, *ātum*, tr., faire brûler entièrement, réduire en cendres : ***tecta, domos*** [C] Pros., réduire en cendres les maisons ; ***vivos igni*** [C] Pros., brûler des hommes tout vivants ; ***commentarios concremavit*** [+C] Pros., il fit brûler les procès-verbaux

concreō, *ās*, *āre*, -, *ātum*, tr., [pass.] être inné : [T] Pros. ‖ produire : ***concreari ex nive*** [+C] Pros., être produit par la neige

concrĕpātĭo, *ōnis*, f., bruit : [T] Pros.

concrĕpĭtō, *ās*, *āre*, -, -, intr., retentir avec force : [T] Poés.

concrĕpō, *ās*, *āre*, *pŭī*, *pĭtum* ¶**1** intr., faire du bruit, bruire : ***foris concrepuit*** [-C] Théât., la porte a fait du bruit ; ***(multitudo) armis concrepat*** [C] Pros., (la multitude) fait retentir ses armes ; ***concrepare digitis*** [C] Pros., faire claquer ses doigts [en part. pour appeler un serviteur et lui donner un ordre] ; [C] Pros. ¶**2** tr., faire retentir : ***concrepare digitos*** [+C] Pros., faire claquer ses doigts ; ***concrepare aera*** [C] Poés., faire retentir des cymbales ‖ annoncer à son de trompe : [T] Pros.

concrescentĭa, *ae*, f., concrétion [d'un liquide] : [C] Pros.

concrescō, *ĭs*, *ĕre*, *crēvī*, *crētum*, intr. ¶**1** croître ensemble par agglomération (agrégation), s'accroître : [+C] Pros. ‖ emploi fréquent du part. *concretus, a, um* [avec *ex*] : [C] Pros. ; [avec abl.] [C] Pros. ¶**2** se former par condensation, s'épaissir, se durcir : [-C] Pros., [C] Poés., Pros. ; ***cum lac concrevit*** [+C] Pros., quand le lait est caillé ; ***radix concreta*** [C] Poés., racine durcie par le froid

concrētĭo, *ōnis*, f. ¶**1** agrégation, assemblage : [C] Pros. ¶**2** ce qui est formé par agrégation (agglomération), la matière : [C] Pros.

concrētus, *a*, *um*, part. de *concresco* ‖ [pris adj[t]] épais, condensé, compact : [C] Pros. ‖ ***-tior*** [C] Poés.

concrīmĭnŏr, *ārĭs*, *ārī*, *ātus sum*, tr., [avec prop. inf.] prétendre en accusant que : [-C] Théât.

concrispātus, *a*, *um*, part. de *concrispo* ‖ [pris adj[t]] frisé, bouclé : [C] Pros.

concrispō, *ās*, *āre*, -, -, tr. ; [usité seulement aux part.] ¶**1** friser, faire onduler : ***humores se concrispantes*** [C] Pros., vapeurs qui ondulent (moutonnent) dans l'air ¶**2** brandir : ***concrispans telum*** [T] Pros., brandissant un javelot

concrŭcĭfīgō, *ĭs*, *ĕre*, *fīxī*, *fixum*, crucifier avec [dat.] : [T] Pros.

concrŭcĭŏr, *ārĭs*, *ārī*, -, pass., souffrir totalement : [C] Poés.

concrustātus, *a*, *um*, couvert d'une croûte : [T] Pros.

concŭbĭa nox, f., une des divisions de la nuit chez les Romains, moment du premier sommeil, nuit assez avancée : ***concubia nocte*** [C] Pros., avant le milieu de la nuit ; [arch.] ***noctu concubia*** [-C] Pros.

concŭbīna, *ae*, f., concubine : [-C] Théât., [C] Pros.

concŭbīnalis, *e*, de concubine : [T] Pros.

concŭbīnātŭs, *ūs*, m., concubinat : [-C] Théât., [+C] Pros. ; V. *concubina*

concŭbīnŭla, *ae*, f., petite concubine : [T] Théât.

concŭbīnus, *i*, m., compagnon de lit : [C] Poés., [+C] Pros.

concŭbĭtĭo, *ōnis*, f., union charnelle : [+C] Pros.

concŭbĭtŏr, *ōris*, m., [T] Pros., Cf. *concubinus*

concŭbĭtŭs, *ūs*, m. ¶**1** place sur le lit de table : [C] Poés. ¶**2** union de l'homme et de la femme : [C] Pros. ‖ accouplement des animaux : [C] Poés.

concŭbĭum, *ĭī*, n. ¶**1** union charnelle, Cf. *concubitus* ¶*2* : [+C] Pros. ¶**2** ***concubium noctis*** [-C] Théât. ; Cf. *concubia nox*

concŭbĭus, *a*, *um*, V. *concubia*

concŭcurrī, un des parf. de *concurro* : [+C] Pros.

conculcō, *ās*, *āre*, *āvī*, *ātum*, tr. ¶**1** fouler avec les pieds, écraser : [-C] Pros., [C] Pros., Poés. ¶**2** [fig.] fouler aux pieds, opprimer, maltraiter, tenir pour rien, mépriser : [l'Italie] [C] Pros. ; [qqn] [C] Pros. ; [les lois] [C] Pros. ; [les biens] [+C] Pros.

concumbō, *ĭs*, *ĕre*, *cŭbŭī*, *cŭbĭtum*, intr., se coucher : [C] Poés., [+C] Poés. ‖ coucher avec : [avec *cum*] [-C] Théât., [C] Pros. ; [avec dat.] [C] Poés.

concŭpĭens, *tis*, part. de *concupio*, primitif de *concupisco* ‖ adj[t], ***concupientes regni*** [-C], [C] Pros., avides de régner

concŭpiscentĭa, *ae*, f., [chrét.] désir du bien : [T] Pros. ‖ désir du mal, concupiscence : [T] Pros.

concŭpiscentĭālis, *e*, de concupiscence : [T] Pros.

concŭpiscō, *ĭs, ĕre, pīvī* ou *piī, pītum*, tr., convoiter, désirer ardemment : C Pros. ‖ [avec acc.] C Pros. ; [nom de ch. sujet] C Pros. ‖ [avec inf.] C Pros. ‖ [avec prop. inf.] +C Pros.

concŭpītus, *a, um*, part. de *concupisco* : C Pros.

concūrō, *ās, āre, -, -*, tr., bien soigner : -C Théât.

concurrō, *ĭs, ĕre, currī* (*cŭcurrī*), *cursum*, intr. ¶ **1** courir de manière à se rassembler sur un point : ***Agrigentini concurrunt*** C Pros., les Agrigentins accourent en masse ; ***de contione concurrere*** C Pros., accourir en masse de l'assemblée ; ***ad arma*** C Pros., courir aux armes ; ***gratulatum Romam*** C Pros., se porter en foule à Rome pour féliciter [qqn] ¶ **2** se rencontrer, se joindre : ***concurrunt labra*** +C Pros., les lèvres se joignent (restent collées l'une à l'autre) ; C Pros. ‖ se cumuler, coïncider : C Pros. ¶ **3** se rencontrer, se heurter, s'entrechoquer : ***ne prorae concurrerent*** C Pros., pour éviter que les proues ne s'entrechoquent ; ***concurrunt equites inter se*** C Pros., les cavaliers se heurtent ‖ ***cum aliquo*** C Pros., en venir aux mains avec qqn ‖ ***adversus fessos*** C Pros., se porter contre (attaquer) des soldats fatigués ‖ [avec dat.] : ***viris*** C Poés., lutter contre des hommes ; C Poés., Pros. ‖ [abs[t]] C Pros. ; ***simul concurreritis*** C Pros., aussitôt que vous serez aux prises ‖ [pass. impers.] ***utrimque concurritur*** C Pros., on s'attaque de part et d'autre

concursātio, *ōnis*, f. ¶ **1** action d'accourir ensemble, affluence : ***cum multa concursatione*** C Pros., au milieu d'une grande affluence ¶ **2** course ici et là, allées et venues : C Pros. ; [fig.] +C Pros. ‖ course à la ronde : ***concursatio decemviralis*** C Pros., tournée des décemvirs dans la province ‖ mêlée confuse : C Pros. ¶ **3** attaque d'escarmouche, harcèlement : C Pros., +C Pros.

concursātŏr, *ōris*, adj., propre aux escarmouches, aux attaques dispersées et rapides : C Pros.

concursātōrĭus, *a, um*, ➡ *concursator* : ***concursatoriae pugnae*** T Pros., escarmouches

concursĭo, *ōnis*, f. ¶ **1** rencontre : ***atomorum*** C Pros. ; ***vocum*** C Pros. ; ***fortuitorum*** C Pros., rencontre d'atomes, de voyelles, concours de choses fortuites ¶ **2** [rhét.] = συμπλοκή répétition fréquente de mêmes mots : C Pros., +C Pros.

concursō, *ās, āre, āvī, ātum* ¶ **1** intr., courir çà et là : C Pros. ; [pass. imp.] ***concursari jubet*** C Pros., il ordonne qu'on se démène ‖ ***circum tabernas*** C Pros., courir les tavernes à la ronde ‖ voyager à la ronde, faire une tournée : C Pros. ‖ courir sur un point et sur un autre, escarmoucher : C Pros. ; ***in novissimum agmen*** C Pros., harceler l'arrière-garde ¶ **2** tr., visiter à la ronde : C Pros.

concursŭs, *ūs*, m. ¶ **1** [sg. ou pl.] course en masse vers un point : C Pros. ; [pl.] ***ad Afranium fiebant*** C Pros., on accourt au prétoire, on accourait vers Afranius ‖ [fig.] ***honestissimorum studiorum*** C Pros., concours (réunion) des plus nobles occupations ¶ **2** rencontre, assemblage : ***corpusculorum*** C Pros., rencontre d'atomes ; +C Pros. ‖ rencontre, choc : ***navium*** C Pros., choc des navires ; [choc des nuages] C Poés. ¶ **3** rencontre, choc des troupes dans la bataille : C Pros.

concussī, parf. de *concutio*

concussĭo, *ōnis*, f. ¶ **1** agitation, secousse : +C Pros. ¶ **2** [fig.] trouble, agitation : T Pros.

1 **concussus**, *a, um*, part. de *concutio*

2 **concussŭs**, *ūs*, m., secousse, ébranlement : ***caeli*** C Poés., ébranlement du ciel ; ***quo de concussu*** C Poés., à la suite de cette secousse

concustōdĭō, *īs, īre, īvī, ītum*, tr., garder avec soin : -C Théât.

concŭtĭō, *ĭs, ĕre, cussī, cussum*, tr. ¶ **1** agiter, secouer : ***caput*** C Poés. ; ***quercum*** C Poés., secouer la tête, un chêne ; ***arma manu*** C Poés., agiter des armes de sa main ; C Pros. ‖ [fig.] ***se concutere*** C Poés., se secouer en tous sens [comme un vase dont on explore l'intérieur], s'examiner ; C Poés. ¶ **2** [fig.] faire chanceler, ébranler : C Pros. ; ***concussa fide*** +C Pros., la fidélité étant ébranlée ‖ disloquer, renverser, ruiner : ***rem publicam*** C Pros., bouleverser le gouvernement ; ***opes Lacedaemoniorum*** C Pros., abattre la puissance des Lacédémoniens ¶ **3** ébranler l'âme, troubler : C Pros. ; [poét.] C Poés. ‖ ***non concuti*** +C Pros., ne pas se troubler (s'affecter), être impassible ¶ **4** exciter, soulever : +C Pros. ; ***se concussere ambae*** +C Poés., toutes deux se mirent en marche [pour la vengeance] ¶ **5** entrechoquer : ***manus concutiuntur*** +C Pros., les mains s'entrechoquent

condălĭum, *ĭī*, n., anneau d'esclave : -C Théât. ‖ titre d'une pièce de Plaute : C Pros.

Condātĕ, *is*, n., nom de villes en Gaule et en Bretagne [auj. Condé-sur-Iton, Cosne, Rennes...] ‖ **Condās**, *ātis*, **Condātīnus**, *a, um*, de Condat [Aquitaine]

Condātensis, *e*, de Candes [ville sur la Loire] : +T Pros.

condĕcens, *tis*, part. de *condecet*, [adj.[t]] convenable : T Pros.

condĕcentĭa, *ae*, f., convenance : C Pros.

condĕcĕt, *ēre*, [mêmes constr. que *decet*], convenir : -C Théât. ; [avec inf.] -C Théât.

condĕcĭbĭlis, *e*, convenable : +T Pros.

condĕcŏrātus, *a, um*, part. de *condecoro*, [adj[t]] orné, paré : -C, C Pros.

condĕcŏrē, adv., avec justesse : +C Pros.

condĕcŏrō, *ās, āre, āvī, ātum*, tr., orner brillamment, décorer : -C Théât.

condēlectŏr, *ārĭs, ārī, ātus sum*, pass., prendre plaisir à, aimer : T Pros.

condēlĭquescō, *ĭs, ĕre, -, -*, intr., se fondre entièrement : -C Pros.

condemnātĭo, *ōnis*, f., condamnation : C Pros.

condemnātŏr, *ōris*, m., celui qui fait condamner : +C Pros.

condemnātus, *a, um*, part. de *condemno*

condemnō, *ās, āre, āvī, ātum*, tr. ¶ **1** condamner : ***aliquem lege aliqua*** C Pros., condamner qqn en vertu d'une loi ; ***omnibus sententiis*** C Pros., à l'unanimité des suffrages ‖ [le délit au gén.] : ***aliquem ambitus*** C Pros. ; ***injuriarum*** C Pros. ; ***pecuniae publicae*** C Pros. ; ***sponsionis*** C Pros., condamner qqn pour brigue, pour injustices, pour concussion, pour engagement violé ‖ [à l'abl. avec *de*] : ***de pecuniis repetundis*** C Pros. ; ***de vi*** C Pros., pour concussion, pour violence ‖ [la peine au gén.] : ***capitis*** C Pros., condamner à mort ; ***dupli, quadrupli*** -C Pros., condamner à une amende du double, du quadruple ; ***sponsionis*** C Pros., condamner à exécuter un engagement ‖ [à l'abl.] : ***capitali poena*** +C Pros., condamner à la peine capitale ; ***quadruplo*** C Pros., à une amende du quadruple ‖ [à l'acc. avec *ad, in*] : ***ad metalla, ad bestias*** +C Pros. ; ***in antliam*** +C Pros., condamner aux mines, aux bêtes, à tirer de l'eau ¶ **2** [fig.] déclarer coupable : ***aliquem inertiae*** C Pros., déclarer qqn coupable de paresse ‖ condamner qqch. : C Pros. ¶ **3** faire condamner : C Pros. ; ***aliquem furti*** C Pros., faire condamner qqn pour vol ; ***aliquem per judicem*** C Pros., faire condamner qqn par l'intermédiaire du juge

condenseō, *ēs, ēre, -, -*, tr., C Poés., ➡ *condenso*

condensō, *ās, āre, āvī, ātum*, tr. ¶ **1** rendre compact : +C Pros. ¶ **2** serrer : C Pros.

condensus, *a, um* ¶ **1** dont les éléments sont serrés, compact, dense : ***condensa acies*** C Pros., formation de combat serrée ¶ **2** garni, couvert de : C Pros.

condepsō, *ĭs, ĕre, psŭi, -*, tr., mêler en pétrissant, pétrir : -C Pros.

condĭcĭo, *ōnis*, f. ¶ **1** condition, situation, état, sort, qualité, manière d'être [d'une pers. ou d'une chose] : ***liberorum populorum*** C Pros. ; ***servorum*** C Pros. ; ***humana*** C Pros., la condition des peuples libres, des esclaves, la condition humaine ‖ ***nascendi condicio*** C Pros., la situation qui nous est dévolue à notre naissance, notre destinée ¶ **2** condition à laquelle est soumis un engagement : C Pros. ‖ ***his condicionibus*** C Pros. ; ***ista condicione*** C Pros., avec de telles conditions, à cette condition-là ; ***nulla condicione*** C Pros., à aucune condition ‖ ***ea condicione ut*** [subj.] à condition que : C Pros. ‖ ***sub condicione*** C Pros., sous condition, conditionnellement ‖ ***sub condicionibus iis*** C Pros., sous ces conditions ‖ ***per condiciones*** C Pros., par stipulation, selon des clauses, par une capitulation ; ***in eas condiciones*** C Pros., conformément à ces clauses ¶ **3** [en parl. de mariage] parti : -C Théât., C Pros. ;

alicui condicionem ferre [-C] Théât., présenter un parti à qqn ‖ [en mauvaise part] bonne fortune, maîtresse : [C] Pros., [+C] Pros.

condīcō, *ĭs, ĕre, dīxī, dictum*, tr. ¶ **1** notifier : ***in diem tertium*** [+C] Pros., assigner au troisième jour ‖ [en part.] ***alicui ad cenam***, s'annoncer, s'inviter à dîner chez qqn : [-C] Théât., [+C] Pros. ; ***cum mihi condixisset*** [C] Pros., m'ayant annoncé qu'il dînerait chez moi ¶ **2** [avec gén.] ***alicujus rei alicui*** [C] Pros., à propos de qqch. faire une réclamation à qqn avec entente sur la date d'exécution

condictum, *i*, n., convention, pacte, chose convenue : [+C] Pros. ; ***ad condictum venire*** [+C] Pros., venir au rendez-vous

condictus, *a, um*, part. de *condico*

condĭdī, parf. de *condo*

condignē, adv. ¶ **1** [avec compl. à l'abl.] d'une manière tout à fait digne : ***condigne te*** [-C] Théât., d'une manière digne de toi ; [+C] Pros. ¶ **2** [abs[t]] dignement, convenablement : [-C] Théât., [+C] Pros.

condignus, *a, um*, tout à fait digne : [-C] Théât. ‖ [avec abl.] ***aliquo, aliqua re*** : [-C] Théât., [+C] Pros. ‖ [avec dat.] [+C] Pros.

condīmentum, *i*, n., ce qui sert à assaisonner, assaisonnement : ***condimenta viridia*** [+C] Pros., assaisonnements frais, avec des herbes fraîches ; ***condimenta arida*** [+C] Pros., épices ‖ [qqf.] ce qui rend acceptable, adoucissement : [-C] Théât., [C] Pros.

condĭō, *īs, īre, īvī* ou *ĭī, ītum*, tr. ¶ **1** confire, mariner : ***oleas*** [-C] Pros., confire des olives ‖ embaumer : [C] Pros. ¶ **2** assaisonner, accommoder, aromatiser : ***condire fungos*** [C] Pros., accommoder des champignons ¶ **3** [fig.] relever, assaisonner, rendre agréable : ***orationem*** [C] Pros., relever le style

condiscĭpŭla, *ae*, f., compagne d'études : [+C] Poés.

condiscĭpŭlātŭs, *ūs*, m., état de condisciple, camaraderie d'école : ***a condiscipulatu*** [C] Pros., depuis l'école

condiscĭpŭlus, *i*, m., condisciple : [C] Pros.

condiscō, *ĭs, ĕre, dĭdĭcī, -* ¶ **1** intr., apprendre avec qqn : [+C] Pros. ¶ **2** tr., apprendre à fond (de manière à posséder pleinement) : ***modos*** [C] Poés., apprendre des mélodies ; ***genera plausuum*** [+C] Pros., différentes manières d'applaudir ; [-C] Théât., [C] Pros. ‖ [fig., en parl. des choses] [+C] Pros.

condiscumbō, *ĭs, ĕre, -, -*, intr., se mettre à table avec : [T] Pros.

condītānĕus, *a, um*, confit, mariné : [C] Pros.

condītārĭus, *a, um*, où l'on accommode des aliments : [T] Pros.

1 **condĭtĭo**, *ōnis*, f., action de fonder, fondation, création : [T] Pros.

2 **condītĭo**, *ōnis*, f., préparation [pour faire des conserves] : [C] Pros. ‖ assaisonnement, préparation des aliments : [C] Pros.

condĭtīvum, *i.*, n., tombeau : [+C] Pros.

condītīvus, *a, um*, que l'on garde, que l'on met de côté : ***conditiva mala*** [-C] Pros., [C] Pros., fruits qui se conservent

1 **condĭtŏr**, *ōris*, m. ¶ **1** fondateur : ***oppidi*** [C] Pros., ***templi*** [C] Pros. ; ***urbis*** [C] Pros., fondateur d'une ville, d'un temple, d'une ville ‖ auteur de, créateur de : ***Romanae libertatis*** [C] Pros., fondateur de la liberté romaine ; ***omnium*** [+C] Pros., le créateur de toutes choses ; ***legum*** [-C] Théât., législateur ; [C] Poés. ‖ organisateur : [C] Pros. ¶ **2** celui qui conserve

2 **condītŏr**, *ōris*, m., celui qui apprête un mets : [C] Pros.

condĭtōrĭum, *ĭi*, n., magasin, dépôt : [T] Pros. ‖ cercueil, bière : [+C] Pros. ‖ sépulcre, tombeau : [+C] Pros.

condĭtrix, *īcis*, f., fondatrice : [+C] Pros. ‖ organisatrice : [T] Pros.

condĭtum, *i*, n. et ordin[t] pl., **condĭta**, *ōrum*, magasin, dépôt de vivres : [T] Pros.

1 **condĭtūra**, *ae*, f., confection, fabrication : [+C] Pros.

2 **condītūra**, *ae*, f., manière de confire, de mariner, de conserver des provisions : [+C] Pros. ‖ assaisonnement, accommodement : [+C] Pros.

1 **condĭtus**, *a, um*, part. de *condo*

2 **condītus**, *a, um*, part. de *condio* ‖ adj[t], assaisonné, relevé : [C] Pros. ‖ [en parl. des personnes] [C] Pros.

3 **condĭtŭs**, *ūs*, m., fondation [d'une ville] : [+C] Pros.

4 **condītŭs**, *ūs*, m., assaisonnement, conserve : [+C] Pros.

condō, *ĭs, ĕre, dĭdī, dĭtum* ¶ **1** établir, fonder : ***urbem condere*** Cic., fonder une ville ; ***post urbem conditam*** Cic., après la fondation de Rome ; ***Romanam gentem condere*** Virg., fonder la nation romaine ; ***aurea saecula condere*** Virg., établir l'âge d'or ‖ [spéc. à propos de textes] rédiger, composer : ***leges condere*** Liv., rédiger des lois ; ***carmen condere*** Cic., composer une poésie ; ***praecepta medendi condere*** Plin., rédiger des préceptes de médecine ; ***Caesaris acta condere*** Ov., raconter les actes de César ¶ **2** mettre en réserve, garder en sûreté, renfermer ***a) aliquid horreo condere*** Hor., mettre qqch. en réserve dans son grenier ; ***fructus condere*** Cic., conserver des fruits ; ***cineres in urnas condere*** Suet., renfermer des cendres dans des urnes ‖ [fig.] ***in pectore consilium condere*** Pl., renfermer un conseil dans son coeur ; ***omne bonum in visceribus condere*** Cic., renfermer le souverain bien dans les entrailles ***b)*** [par ext.] ***aliquem in vincula condere*** Liv., jeter qqn dans les fers ; ***aliquem vivum in arcam condere*** Liv., enfermer qqn vivant dans un coffre ; ***sepulcro animam condere*** Virg., enfermer l'âme dans le tombeau ; ***mortuos condere*** Cic., ensevelir des morts ‖ [à propos d'une arme] enfoncer : ***alicui in pectore ensem*** Virg., enfoncer son épée dans la poitrine de qqn ; [sans indication de lieu] remettre au fourreau : ***condere gladium*** Sen., rengainer son glaive ***c)*** [spéc. à propos du temps] passer : ***longos cantando condere soles*** Virg., passer de longs jours à chanter ; ***dies cito conditur*** Plin. *Ep.*, la journée est vite écoulée ¶ **3** cacher : ***turmas medio in saltu condere*** Liv., cacher des escadrons au milieu des bois ; ***se condere silvis*** Virg., se cacher dans les forêts ‖ ***nubes condidit lunam*** Hor., un nuage a caché la lune ; ***sol se condit in undas*** Virg., le soleil se cache dans les ondes ‖ [fig.] ***iram condere*** Tac., cacher sa colère ‖ [poét.] cacher un lieu à la vue = le perdre de vue : Val.-Flac.

condŏcĕfăcĭō, *ĭs, ĕre, fēcī, factum*, tr., dresser, façonner : ***tirones gladiatores*** [C] Pros., former de jeunes gladiateurs ; ***elephantos*** [C] Pros., dresser des éléphants ‖ [fig.] ***animum, ut ...*** [C] Pros., façonner son âme à ...

condŏcĕfactus, *a, um*, part. de *condocefacio*

condŏcĕō, *ēs, ēre, -, doctum*, tr., dresser, former : [-C] Théât.

condoctŏr, *ōris*, m., celui qui enseigne avec : [T] Pros.

condoctus, *a, um*, part. de *condoceo* ‖ adj[t], dressé, instruit, façonné : [-C] Théât.

condŏleō, *ēs, ēre, -, -*, intr., souffrir vivement : [C] Pros.

condŏlescō, *ĭs, ĕre, dŏlŭī, -*, intr., prendre mal, éprouver un malaise, une souffrance : ***si dens condoluit*** [C] Pros., s'il nous a pris une rage de dents ; [-C] Théât., [C] Pros., [+C] Pros. ‖ [moralement] [C] Pros.

condŏmō, *ās, āre, -, -*, tr., dompter entièrement : [T] Poés.

condōnātĭo, *ōnis*, f., donation : [C] Pros.

condōnātus, *a, um*, part. de *condono*

condōnō, *ās, āre, āvī, ātum*, tr. ¶ **1** donner sans réserve, faire donation, faire cadeau : [-C] Théât., [C] Pros. ‖ [en part.] abandonner, livrer (à la merci), adjuger : ***vitam alicujus crudelitati alicujus*** [C] Pros., sacrifier la vie de qqn à la cruauté de qqn ; ***hereditatem alicui*** [C] Pros., adjuger à qqn un héritage ¶ **2** immoler, sacrifier [par renonciation] ; faire l'abandon de : ***condonare se reipublicae*** [C] Pros., se sacrifier à l'État ¶ **3** faire remise à qqn de qqch. ***a) pecunias debitoribus*** [C] Pros., remettre des créances à ses débiteurs ***b) crimen alicui*** [C] Pros., faire remise à un accusé de ce dont on l'accuse ; ***scelus alicui*** [C] Pros., faire remise à qqn de son crime, le lui pardonner ***c) alicui aliquid*** = remettre qqch. en considération de qqn : [C] Pros. ***d) alicui aliquem*** [C] Pros., faire grâce à qqn en faveur de qqn ¶ **4** [arch., avec deux acc.] ***aliquem aliquam rem***, gratifier qqn par rapport à qqch., de qqch. : [-C] Théât.

condormĭō, *īs, īre, -, -*, intr., dormir profondément : [+C] Pros.

condormiscō, *ĭs, ĕre, īvī, -*, intr., s'endormir : [-C] Théât.

Condrūsi, *ōrum*, m. pl., Condruses [peuple de la Belgique] : [C] Pros.

condūcenter, adv., utilement : [+C] Pros.

condūcĭbĭlis, *e*, utile : [-C] Théât. ‖ ***conducibilius*** [C] Pros.

condūcō, *ĭs, ĕre, dūxī, ductum* ¶ **1** rassembler : ***virgines in unum conducere*** Cic., réunir des jeunes filles dans un lieu ; ***nubila conducere*** Ov., amonceler des nuages ; ***copias dispersas conducere*** Tac., rassembler des troupes dispersées ; ***vineas conducere*** Cic., rassembler [d'où] faire avancer les baraques de siège ‖ réunir en rapprochant, resserrer, contracter : ***vulnera conducere*** Val.-Flac., fermer les blessures ; ***ignis coria conducit in unum*** Lucr., le feu contracte le cuir ¶ **2** louer, engager contre salaire, prendre à ferme ***a)*** [prendre qqch. en location] ***domum conducere*** Cic., louer une maison ; ***conductum de aliquo fundum habere*** Cic., tenir de qqn une terre en location ; ***conducta pecunia*** Juv., argent emprunté ***b)*** [engager qqn à son service moyennant salaire] ***milites conducere*** Curt., engager des soldats ; ***pictorem conducere*** Cic., engager les services d'un peintre ***c)*** [se charger de qqch., contre salaire, prendre à ferme] ***aliquid faciendum de aliquo conducere*** Cic., s'engager auprès de qqn à faire qqch. ; ***praebenda conducere*** Liv., se charger des fournitures (militaires) ¶ **3** être utile, être avantageux : ***nemini injuste facta conducunt*** Cic., les actes injustes ne sont avantageux pour personne ; ***in aliquid conducere*** Pl. ; ***ad aliquid conducere*** Cic., être utile pour qqch.

conductīcĭus, *a, um*, loué, pris à gages : ***fidicina conducticia*** [-C] Théât., joueuse de flûte prise à gages ; ***conducticius exercitus*** [C] Pros., armée de mercenaires

conductĭo, *ōnis*, f. ¶ **1** [rhét.] réunion d'arguments, récapitulation : [C] Pros. ¶ **2** location, fermage, bail : [C] Pros. ; → *conduco* ¶ *2*

conductŏr, *ōris*, m. ¶ **1** locataire, fermier : [-C] Théât., [+C] Pros. ; ***conductores (histrionum)*** [-C] Théât., ceux qui engagent les histrions = les édiles ¶ **2** entrepreneur : ***conductor operis*** [C] Pros., adjudicataire d'un travail

conductum, *iī*, n., location, maison louée : [C] Pros., [+C] Pros.

condulcō, *ās, āre, -, -*, adoucir, soulager : [T] Pros.

condŭplĭcātĭo, *ōnis*, f. ¶ **1** doublement, [plais[t]] = embrassade : [-C] Théât. ¶ **2** [rhét.] répétition d'un mot : [C] Pros.

condŭplĭcō, *ās, āre, āvī, -*, tr., doubler : [-C] Théât., [C] Poés. ‖ ***conduplicantur tenebrae*** [-C], [C] Pros., les ténèbres redoublent ‖ [plais[t]] ***corpora*** [-C] Théât., s'embrasser

condūrō, *ās, āre, -, -*, tr., rendre très dur : [C] Poés.

condus, *i*, m., qui garde les provisions, magasinier : [-C] Théât.

condўlōma, *ătis*, n., condylome, tumeur dure : [+C] Pros.

Condўlōn, *i*, n., forteresse de Thessalie : [C] Pros.

condўlus, *i*, m., nœud de roseau, [d'où] flûte : [+C] Poés.

Cōnē (Chōnē), *ēs*, f., île à l'embouchure du Danube : [+C] Poés.

cōnĕa, *ae*, f., → *ciconia* [dans le dialecte de Préneste] : [-C] Théât.

cōnectō (connectō), *ĭs, ĕre, nexŭī, nexum*, tr. ¶ **1** attacher, (lier) ensemble [pr. et fig.] : [-C] Théât. ; ***conexi crines*** [C] Poés., cheveux attachés ensemble ; [C] Pros., [+C] Pros. ; ***dissipata conectere*** [C] Pros., ajuster ensemble des fragments épars ; [+C] Pros. ‖ ***conectere verba*** [C] Pros., lier des mots entre eux, faire des vers ; ***sermonem*** [+C] Pros., faire un discours qui se tient ‖ [ce qui est en connexion logique] [C] Pros. ¶ **2** former par liaison : [C] Pros. ; ***conectere amicitias*** [+C] Pros., former des amitiés solides

cōnesto, → *cohonesto* : [-C] Théât.

cōnexĭo, *ōnis*, f., liaison, enchaînement : [C] Pros., [+C] Pros.

cōnexīvus, *a, um*, qui lie, de liaison : [+C] Pros.

cōnexum, *iī*, n., enchaînement (connexion) logique : [C] Pros., [+C] Pros.

1 **cōnexus**, *a, um*, part. de *conecto*, [pris adj.[t]] ‖ qui forme une continuité : [+C] Pros. ; ***conexum odium*** [+C] Pros., une haine permanente

2 **cōnexŭs**, *ūs*, m., liaison : [C] Poés., Pros.

confăbrĭcŏr, *ārĭs, ārī, ātus sum*, tr., forger de toutes pièces [fig.] : [+C] Pros.

confābŭlātĭo, *ōnis*, f., entretien, conversation : [T] Pros.

confābŭlātus, abl. *ū*, m., [T] Pros., → *confabulatio*

confābŭlŏr, *ārĭs, ārī, ātus sum* ¶ **1** intr., converser, s'entretenir : [-C] Théât. ¶ **2** tr., [-C] Théât.

confămŭlans, *tis*, qui est esclave avec un autre : [T] Pros.

confarrĕātus, *a, um*, part. de *confarreo*

confarrĕō, *ās, āre, -, ātum*, tr. ¶ **1** marier avec confarréation : ***confarreati parentes*** [+C] Pros., parents mariés avec confarréation ¶ **2** célébrer un mariage avec confarréation : [+C] Pros.

confātālis, *e*, soumis à la même fatalité : [C] Pros.

confectĭo, *ōnis*, f. ¶ **1** action de faire entièrement, confection, achèvement, terminaison : ***confectio libri*** [C] Pros., composition d'un ouvrage ; ***annalium*** [C] Pros., rédaction d'annales ; ***memoriae*** [C] Pros., la formation de la mémoire, l'art de former la mémoire ; ***medicamenti*** [+C] Pros., préparation du médicament ; ***hujus belli*** [C] Pros., achèvement de cette guerre ¶ **2** action d'effectuer, de réaliser : ***confectio tributi*** [C] Pros., recouvrement de l'impôt ¶ **3** action de réduire : ***confectio escarum*** [C] Pros., la réduction des aliments (dans la mastication) ‖ [fig.] ***confectio valetudinis*** [C], affaiblissement de la santé

confectŏr, *ōris*, m. ¶ **1** celui qui fait jusqu'au bout, qui achève : ***negotiorum*** [C] Pros., homme d'affaires, fondé de pouvoir ; ***belli*** [C] Pros., celui qui met fin à la guerre ¶ **2** destructeur : ***confectores cardinum*** [-C] Poés., enfonceurs de portes ; [C] Pros. ; ***confectores ferarum*** [+C] Pros., bestiaires

confectrix, *īcis*, f., destructrice : [T] Pros.

confectūra, *ae*, f., confection, préparation : [+C] Pros.

confectus, *a, um*, part. de *conficio*

conferbŭī, parf. de *confervesco*

confercĭō, *īs, īre, fersī, fertum*, tr., entasser en bourrant, accumuler, serrer : [C] Poés. ; ***apes conferciunt se*** [C] Pros., les abeilles se forment en peloton ‖ → *confertus*

confĕrendus, *a, um*, [adj[t]], comparable : [C] Pros.

confĕrō, *fers, ferre, tŭlī, collātum (conlātum)*, tr. **I** apporter ensemble, mettre ensemble, mettre en commun ¶ **1** amasser, réunir, concentrer en un même lieu : ***sarcinas conferre*** Caes., réunir les bagages ; ***in unum vires suas conferre*** Liv., concentrer ses troupes ‖ [fig.] ***in pauca conferre*** Cic., résumer en peu de mots ¶ **2** rapprocher (surtout avec idée d'hostilité) : ***castra castris conlata*** Cic., camp rapproché du camp ennemi ; ***castris alicujus castra conlata habere*** Caes., camper à proximité de qqn (= le serrer de près) ‖ ***arma, manum, gradum, pedem, signa conferre***, en venir aux mains, engager le combat : ***manum cum hoste conferre*** Liv., en venir aux mains avec l'ennemi ; ***collatum pedem non ferre*** Liv., ne pas soutenir la lutte corps à corps ¶ **3** mettre en commun à titre de contribution, contribuer : ***in commune aliquid conferre*** Cic., verser une somme à la communauté ; ***tributum conferre in aliquid*** Liv., payer un impôt comme contribution pour qqch. ‖ [fig.] ***plurimum ad victoriam conferre*** Suet., contribuer beaucoup à la victoire ‖ [d'où] être utile : ***multum veteres conferunt*** Quint., les anciens (écrivains) sont d'un grand profit ¶ **4** mettre en commun des propos, échanger des propos : ***sermonem cum aliquo conferre*** Cic., s'entretenir avec qqn ; ***inter sese conferre sermones*** Pl., échanger des propos ; ***inter se conferre injurias*** Tac., se faire part des injustices subies ¶ **5** mettre ensemble pour comparer, mettre en parallèle : ***aliquem cum aliquo (aliquid cum aliqua re) conferre*** Cic., comparer une personne à une autre (une chose à une autre) ; ***aliquem cum aliquo aliqua re conferre*** Cic., comparer qqn à qqn sous le rapport de qqch. ‖ [avec dat.] ***parva magnis conferre*** Cic., comparer de petites choses aux grandes

II porter d'un point à un autre ¶ **1** transporter, faire passer : ***copias suas in provinciam conferre*** Cic., transporter ses fonds dans une province ‖ ***se conferre a)*** se transporter, se réfugier : ***se suaque omnia in oppidum conferre*** Caes., se transporter avec tous ses biens dans la ville ***b)*** [fig.] se tourner vers, se consacrer à : ***ad amicitiam alicujus se conferre*** Cic., rechercher l'amitié de qqn ; ***in salutem rei publicae se conferre*** Cic., se dévouer au salut de l'Etat ; ***ad historiam se conferre*** Cic., se consacrer à l'histoire ¶ **2**

[spéc. à propos du temps] reporter à une date déterminée, différer : ***aliquid in longiorem diem conferre*** CAES., reporter à une date plus éloignée
III faire porter sur, placer sur, appliquer à ¶ **1** attribuer à ***a)*** [qqch. de négatif] : ***alicujus rei causam in aliquem conferre*** CIC., attribuer la responsabilité de qqch. à qqn ; ***in aliquem culpam conferre*** CIC., rejeter la faute sur qqn ***b)*** [qqch. de positif] ***beneficia in aliquem conferre*** CIC., prodiguer des faveurs à qqn ; ***officia in aliquem conferre*** CIC., rendre des services à qqn ¶ **2** appliquer à, consacrer à, employer à : ***aliquid in rem publicam conservandam conferre*** CIC., consacrer qqch. au salut de l'État ; ***omne tempus ad aliquid conferre*** CIC., employer tout son temps à qqch. ; ***ad aliquid operam suam conferre*** CIC., donner tous ses soins à qqch.

confersī, parf. de *confercio*

confertim, adv., en troupe serrée : [C] Pros. ‖ ***confertius*** [T] Pros.

confertus, *a, um*, part. de *confercio* ‖ pris adj^t ¶ **1** entassé, serré : ***conferta moles*** [+C] Pros., édifice absolument plein, bondé ; ***conferti milites*** [C] Pros., soldats en rangs serrés ; ***conferta legio*** [C] Pros., légion en formation compacte ; ***confertissima acie*** [C] Pros., en formation de combat très serrée ¶ **2** plein, absolument plein : [C] Pros. ; ***confertus cibo*** [C] Pros., gorgé de nourriture ‖ ***confertior*** [C] Pros.

confervēfăcĭō, *ĭs, ĕre, -, -*, tr., fondre, liquéfier : [C] Poés.

conferveō, *ēs, ēre, -, -*, intr., se souder [méd.] : [+C] Pros.

confervescō, *ĭs, ĕre, ferbŭī, -*, intr. ¶ **1** s'échauffer en totalité : [C] Pros. ; [fig.] s'enflammer : [C] Poés. ¶ **2** commencer à fermenter, entrer en fermentation : [+C] Pros.

confessĭo, *ōnis*, f. ¶ **1** aveu, confession : ***alicujus rei*** [C] Pros., aveu de qqch. ; ***alicujus*** [C] Pros., l'aveu de qqn ‖ [fig. de rhét.] [+C] Pros. ¶ **2** action de convenir de, reconnaissance : [C] Pros. ¶ **3** confession des péchés : [T] Pros.

confessŏr, *ōris*, m., celui qui reconnaît ses péchés : [T] Pros.

confessus, *a, um*, part. de *confiteor* ¶ **1** qui avoue [sa faute, sa culpabilité] : [C] Pros. ¶ **2** [sens passif] avoué : ***aes confessum*** [+C] Pros., dette reconnue ; [C] Pros. ‖ n. pris subst^t, ***in confessum venire*** [+C] Pros., venir [à l'état de chose manifeste] à la connaissance de tous ; ***in confesso esse*** [+C] Pros., être incontesté ; ***ex confesso*** [+C] Pros., manifestement, incontestablement ‖ n. pl. *confessa*, choses évidentes, incontestables : [+C] Pros.

confestim, adv., à l'instant même, tout de suite, sur l'heure : [C] Pros. ; ***confestim a proelio*** [C] Pros., aussitôt après le combat ; ***cum ... confestim*** [C] Pros., alors que ... aussitôt ... ; ***ut ... confestim*** [C] Pros., quand ... aussitôt

confĭcĭens, *tis*, part. de *conficio* ‖ adj^t, qui effectue, qui accomplit : ***causae conficientes*** [C] Pros., causes efficientes

confĭcĭō, *ĭs, ĕre, fēcī, fectum* ¶ **1** faire, effectuer, provoquer : ***facinus conficere*** CIC., perpétrer un crime ; ***orationes conficere*** NEP., faire des discours ; ***iter reliquum conficere*** CIC., effectuer le reste du trajet ; ***filiae dotem conficere*** CIC., constituer une dot à sa fille ; ***exercitum conficere*** CIC., former une armée ; ***bibliothecam conficere*** CIC., composer une bibliothèque ; ***motus animorum conficere*** CIC., provoquer des émotions ‖ ***aliquem benevolum conficere*** CIC., rendre qqn bienveillant ‖ [chrét.] consacrer le pain lors de l'eucharistie : HIER. *Ep.* ¶ **2** réduire, accabler, dévorer ***a)*** réduire : ***conficere ligna ad fornacem*** CAT., réduire le bois (= le fendre) pour le fourneau ‖ [fig.] réduire, subjuguer : ***provinciam conficere*** LIV., réduire une province ***b)*** accabler : ***luctus se maerore conficientis*** CIC., lamentations d'un homme qui se ronge de chagrin ‖ [souvent au pass.] ***confici curis*** CIC., être accablé par les soucis ; ***lassitudine confici*** CAES., être épuisé par la fatigue ; ***homo lacrimans confectusque*** CIC., une personne en larmes et abattue de chagrin ***c)*** dévorer, absorber (qqch.) : ***serpentes conficere*** CIC., absorber des serpents ‖ [fig.] ***patrimonium conficere*** CIC., dissiper son patrimoine ¶ **3** achever ***a)*** terminer (qqch.) : ***negotium conficere*** CIC., mener une affaire à son terme ; ***bellum conficere*** CAES., achever une guerre ; ***annuum munus conficere*** CIC., achever son année de charge ; ***provincia confecta*** LIV., ayant terminé sa mission ‖ [spéc.] tirer une conclusion : ***ex aliqua re aliquid conficere*** CIC., tirer une conclusion de qqch. ; ***ex quo conficitur ut*** CIC., d'où il s'ensuit que ***b)*** faire périr (qqn) : ***saucium conficere*** LIV., achever un blessé ; ***aliquem inermem*** TAC., tuer un homme sans armes

confictĭo, *ōnis*, f., action de forger de toutes pièces : ***confictio criminis*** [C] Pros., la tâche de forger l'accusation

confictō, *ās, āre, -, -*, fréq. de *confingo* ; tr., inventer : [-C] ; [C] Pros.

confictus, *a, um*, part. de *confingo*

confīdens, *tis* ¶ **1** part. de *confido* ¶ **2** pris adj^t ***a)*** hardi, résolu : [-C] Théât. ***b)*** audacieux, insolent, outrecuidant : [-C] Théât., [C] Pros. ‖ ***-tior*** [-C] Théât. ; ***-tissimus*** [C] Poés.

confīdentĕr, adv. ¶ **1** hardiment, résolument, sans crainte : [-C] Théât. ; ***-tius*** [C] Pros. ¶ **2** audacieusement, effrontément : [-C] Théât. ‖ ***-tissime*** [C] Pros.

confīdentĭa, *ae*, f. ¶ **1** confiance, ferme espérance : [-C] Théât. ‖ ***confidentia est*** avec prop. inf. ➡ *confido* : [-C] Théât. ¶ **2** assurance, confiance en soi : [C] Pros. ¶ **3** audace, effronterie, outrecuidance : [-C] Théât., [C] Pros.

confīdentĭlŏquus, *a, um*, dont le langage est impudent ; ***-loquius*** [-C] Théât.

confīdī, parf. de *confindo*

confīdō, *ĭs, ĕre, fīsus sum*, intr., se fier à, mettre sa confiance dans [avec dat.] ***equitatui*** [C] Pros. ; ***legioni*** [C] Pros., avoir confiance dans la cavalerie, dans une légion ; ***sibi confidere***, avoir confiance en soi-même : [C] Pros. ; ***virtuti alicujus*** [C] Pros., se fier au courage de qqn ; ***causae suae*** [C] Pros., avoir confiance dans sa propre cause ‖ [avec abl.] ***confidere aliquo*** [C] Pros., avoir confiance en qqn ; ***natura loci*** [C] Pros. ; ***fortunae stabilitate*** [C] Pros., avoir confiance dans la nature d'une position, dans la stabilité de la fortune ‖ [abl. ou dat., douteux] ***confisi viribus*** [C] Pros., confiants dans leurs forces ‖ [avec *de*] [+C] Pros. ‖ [avec *in*] [T] Pros. ; ***confidere in Domino*** [T] Pros., avoir confiance dans le Seigneur ‖ [abs^t] avoir confiance : [-C] Théât., [C] Pros. ‖ [avec prop. inf.] avoir la ferme confiance, la ferme conviction que, espérer fermement que : [-C] Théât., [C] Pros. ‖ [avec *ut*] [+C] Pros. ‖ [*quod*] [T] Pros.

confīgō, *ĭs, ĕre, fīxī, fīxum*, tr. ¶ **1** clouer ensemble : [-C] Pros., [C] Pros. ¶ **2** enclouer, mettre des clous dans : [+C] Pros. ¶ **3** percer : [-C] Théât., [C] Pros. ; ***confixi ceciderunt*** [C] Pros., ils tombèrent percés de coups

confīgūrātus, *a, um*, part. de *configuro*

confīgūrō, *ās, āre, āvī, ātum*, tr., donner une forme, une figure : [+C] Pros. ‖ [fig.] ***configurare indolem*** [+C] Pros., façonner le caractère

confīnālis, *e*, limitrophe ‖ **-nāles**, *ĭum*, m. pl., habitants limitrophes, voisins : [T] Pros.

confindō, *ĭs, ĕre, fĭdī, fissum*, tr., fendre : [C] Poés.

confīnĕ, *is*, n., partie qui avoisine, voisinage : [+C] Poés.

confingō, *ĭs, ĕre, finxī, fictum*, tr. ¶ **1** façonner, fabriquer : ***verbum*** [C] Pros., créer un mot ¶ **2** forger de toutes pièces, imaginer, feindre : ***dolum inter se*** [-C] Théât., concerter une ruse ; ***aliquid criminis*** [C] Pros., forger un délit

confīnĭālis, ➡ *confinalis*

confīnis, *e* ¶ **1** qui confine, contigu, voisin : ***in agrum confinem*** [C] Pros., sur le territoire voisin ¶ **2** [fig.] qui a du rapport avec, qui touche à : [+C] Pros. ‖ **confīnis**, *is*, m., voisin de propriété : [+C] Poés. ‖ ➡ *confine*

confīnĭtĭmus, *a, um*, [+C] Pros., ➡ *confinis*

confīnĭum, *ĭī*, n. ¶ **1** limite commune à des champs, à des territoires : [C] Pros. ¶ **2** proximité, voisinage : [+C] Pros.

confĭō, *fĭs, fĭĕrī*, autre passif de *conficio* ; [employé rar^t, et seul^t à l'inf. ou à la 3e pers. sg. et pl.] ¶ **1** être fait, se produire, avoir lieu : [C] Poés., [+C] Pros., Pros. ¶ **2** être épuisé, consumé : [-C] Théât. ¶ **3** être constitué [somme d'argent] : [C] Pros.

confirmātē, adv., solidement [fig.] : [C] Pros.

confirmātĭo, *ōnis*, f. ¶ **1** action de consolider, d'étayer : [C] Pros. ¶ **2** action d'affermir, de redresser, d'encourager : ***confirmatione animi*** [C] Pros., par des encouragements ¶ **3** affirmation : ***confirmatio perfugae*** [C] Pros., les affirmations du transfuge ¶4 [rhét.] confirmation [partie du discours]: [C] Pros., [+C] Pros.

confirmātŏr, *ōris*, m., celui qui garantit, garant: [C] Pros. ‖ celui qui corrobore, qui confirme [une opinion]: [T] Pros.

confirmātus, *a*, *um*, part. de *confirmo* ‖ pris adj[t] ¶1 encouragé, affermi, ferme, solide: [C] Pros. ¶2 confirmé, assuré: [C] Pros.

confirmĭtās, *ātis*, f., entêtement, obstination: [-C] Théât.

confirmō, *ās*, *āre*, *āvī*, *ātum*, tr. ¶1 affermir: [C] Pros. ‖ [la santé, le corps] [C] Pros.; ***confirmato corpore*** [C] Pros., étant rétabli physiquement; ***plane confirmatus*** [C] Pros., tout à fait rétabli, solide ‖ affermir [le courage, les esprits]: [C] Pros. ‖ affermir dans le devoir (dans la fidélité): [C] Pros., [+C] Pros. ‖ [fig.] affermir, fortifier, consolider: ***suam manum*** [C] Pros., ses troupes; ***opinionem*** [C] Pros., confirmer une opinion ¶2 confirmer, corroborer, prouver: [C] Pros.; ***divinationem*** [C] Pros., établir la vérité de la divination ‖ [avec prop. inf.] démontrer que, faire la preuve que: [C] Poés.; confirmer que: [C] Pros. ¶3 affirmer, assurer, garantir: [C] Pros. ‖ [avec prop. inf.] [C] Pros. ‖ [avec *ne* et subj.] [C] Pros.

confiscātĭo, *ōnis*, f., confiscation: [+C] Pros.

confiscātus, *a*, *um*, part. de *confisco*

confiscō, *ās*, *āre*, *āvī*, *ātum*, tr. ¶1 garder dans une caisse: [+C] Pros. ¶2 faire entrer dans la cassette impériale, confisquer: [+C] Pros. ‖ frapper qqn de confiscation: [+C] Pros.

confīsĭo, *ōnis*, f., confiance: [C] Pros.

confissus, *a*, *um*, part. de *confindo*

confīsus, *a*, *um*, part. de *confido*

confitĕŏr, *ērĭs*, *ērī*, *fessus sum*, tr. ¶1 avouer: [C] Pros.; ***peccatum suum*** [C] Pros., avouer sa faute; ***ut confitear vobis*** [C] Pros., pour que je vous fasse des aveux; ***confessae manus*** [C] Poés., des mains qui avouent la défaite ‖ ***se victos confiteri*** [C] Pros., s'avouer vaincus; ***se miseros*** [C] Pros., s'avouer malheureux; ***se hostem*** [C] Pros., s'avouer ennemi de son pays ‖ [avec prop. inf.] [-C] Théât., [C] Pros. ‖ ***aliquid de aliqua re***, convenir de qqch. touchant qqch.: [C] Pros. ‖ ***confiteri de aliqua re***, faire un aveu touchant qqch.: ***ut de me confitear*** [C] Pros., pour faire un aveu personnel ¶2 [poét.] faire connaître, révéler, manifester: [C] Poés.; ***(Venus) confessa deam*** [C] Poés., (Vénus) laissant voir sa qualité de déesse; [+C] Pros. ¶3 [chrét.] proclamer sa foi: [T] Pros. ‖ [avec dat.] louer Dieu ou ses oeuvres: ***confitebor tibi*** [T] Pros., je te louerai

confixĭlis, *e*, fixé (assujetti) dans son ensemble: [+C] Pros.

confixus, part. de *configo*

conflaccescō, *ĭs*, *ĕre*, -, -, intr., mollir, s'apaiser: [+C] Pros.

conflāgēs, pl., **confrāgēs**, pl., lieux exposés à tous les vents

conflăgrātĭo, *ōnis*, f., conflagration: [+C] Pros.; ***conflagratio Vesuvii*** [+C] Pros., l'éruption du Vésuve

conflăgrātus, *a*, *um*, part. de *conflagro*

conflăgrō, *ās*, *āre*, *āvī*, *ātum* ¶1 intr., être tout en feu, se consumer par le feu: [C] Pros. ‖ [fig.] ***amoris flamma*** [C] Pros., être brûlé des feux de l'amour; ***invidiae incendio*** [C] Pros., être la proie des flammes de la haine ¶2 tr. [rare] [C] Pros.

conflātĭlis, *e*, fait par fusion = en métal fondu: [T] Poés. ‖ **-tĭle**, *is*, n., ouvrage en métal fondu: [T] Pros.

conflātŏr, *ōris*, m., fondeur: [T] Pros.

conflātōrĭum, *ĭī*, n., fonderie: [T] Pros.

conflātus, *a*, *um*, part. de *conflo*

conflictātĭo, *ōnis*, f., action de heurter contre, choc: [+C] Pros. ‖ choc de deux armées: [+C] Pros. ‖ querelle, dispute: [+C] Pros.

conflictātus, *a*, *um*, part. de *conflicto*

conflictĭo, *ōnis*, f. ¶1 choc, heurt: [+C] Pros. ¶2 lutte: [+C] Pros. ‖ débat, conflit: [C] Pros.

conflictō, *ās*, *āre*, *āvī*, *ātum* ¶1 intr., se heurter contre, lutter contre: ***cum aliqua re*** [-C] Théât., lutter contre qqch. ¶2 tr., bouleverser: [+C] Pros. ‖ [surtout au pass.] être maltraité, être tourmenté, subir les assauts de: [C] Pros.; ***superstitione conflictari*** [C] Pros., être tourmenté par la superstition; [+C] Pros.; ***molestiis conflictatus ab aliquo*** [C] Pros., en proie aux ennuis du fait de qqn ‖ [abs[t]] être mal en point, souffrir: [+C] Pros.

conflictŏr, *ārĭs*, *ārī*, *ātus sum*, intr., ***cum aliqua re***, ***cum aliquo***, se heurter contre, lutter contre: [-C] Théât., [C] Pros.; ***inter se*** [+C] Pros.

1 **conflictus**, *a*, *um*, part. de *confligo*

2 **conflictus**, *ūs*, m., [seul[t] à l'abl.] choc, heurt: [C] Pros.

conflīgō, *ĭs*, *ĕre*, *flīxī*, *flictum* ¶1 tr., heurter ensemble, faire se rencontrer: [C] Poés. ‖ [fig.] mettre aux prises, confronter: ***rem cum re*** [C] Pros., une chose avec une autre ¶2 intr., se heurter, se choquer: ***naves inter se conflixerunt*** [C] Pros., les navires s'entrechoquèrent; [C] Poés. ‖ venir aux prises, lutter, combattre: ***cum aliquo*** [C] Pros., livrer bataille à qqn; ***adversus classem*** [C] Pros., lutter contre une conspiration, contre une flotte ‖ [abs[t]] en venir aux mains, se battre: [C] Pros.; ***armis*** [C] Pros., se battre les armes à la main ‖ [fig.] ***leviore actione*** [C] Pros., engager le conflit par un procès moins grave; ***causae inter se confligunt*** [C] Pros., les partis sont en conflit ‖ [pass. impers.] [C] Pros.

conflō, *ās*, *āre*, *āvī*, *ātum*, tr. ¶1 exciter (aviver) par le souffle: ***ignem*** [-C] Théât., allumer du feu; [C] Pros. ‖ [fig.] exciter: [C] Pros.; ***alicui invidiam conflare*** [C] Pros., exciter la haine contre qqn ¶2 fondre un métal en lingot, fondre: ***argenteas statuas*** [+C] Pros., fondre des statues d'argent; ***falces in ensem*** [C] Poés., fondre les faux pour en faire des épées ¶3 [fig.] former par mélange: [C] Pros. ‖ former par assemblage, combinaison [de pièces et de morceaux]: ***exercitum*** [C] Pros., forger une armée; ***pecuniam*** [C] Pros., ramasser (rafler) de l'argent par tous les moyens ‖ fabriquer, machiner, susciter: [C] Pros.; ***in aliquem crimen invidiamque*** [C] Pros., soulever des griefs et de la haine contre qqn; ***negotium alicui*** [C] Pros., susciter à qqn des embarras

conflōreō, *ēs*, *ēre*, -, -, intr., fleurir ensemble: [T] Pros.

confluctŭō, *ās*, *āre*, -, -, intr., ondoyer, être ondoyant: [+C] Pros.

conflŭens, *tis*, m., confluent [de deux rivières]: [C] Pros.

1 **conflŭentes**, *ium*, m. pl., confluent: [C] Pros., [+C] Pros.

2 **Conflŭentes**, *ium*, m. pl., Coblence: [+C] Pros.

conflŭentĭa, *ae*, f., afflux du sang, congestion: [T] Pros.

conflŭgēs, confluent: [-C] Théât.; ➡ *conflages*

conflŭō, *ĭs*, *ĕre*, *flūxī*, -, intr. ¶1 couler ensemble, joindre ses eaux, confluer: [C] Pros. ¶2 [fig.] arriver en masse, affluer, se rencontrer en foule sur un point: [C] Pros.

conflŭus, *a*, *um*, qui conflue: [T] Poés.

conflŭvĭum, *ĭī*, n., lieu d'écoulement: [C] Poés.

confluxī, parf. de *confluo*

confŏdĭō, *ĭs*, *ĕre*, *fōdī*, *fossum*, tr. ¶1 bêcher, creuser, fouiller: ***confodiatur terra*** [-C] Pros., il faut bêcher le sol; ***confodere vineta*** [+C] Pros., donner une façon aux vignes ¶2 percer de coups: ***pugnans confoditur*** [C] Pros., il tombe percé de coups en combattant ‖ critiquer: [+C] Pros.

confoedĕrātio, *ōnis*, f., engagement, pacte: [T] Pros.

confoedĕrō, *ās*, *āre*, *āvī*, *ātum*, tr., sceller, cimenter: [T] Pros.; ***ad confoederandam disciplinam*** [+C] Pros., pour affermir la discipline entre tous

confoedō, *ās*, *āre*, *āvī*, -, tr., salir entièrement: [+C] Pros.

confŏre, **confŏret**, ➡ *confuit*

conformātĭo, *ōnis*, f. ¶1 conformation, forme, disposition: ***conformatio theatri*** [C] Pros., agencement d'un théâtre; ***conformatio lineamentorum*** [C] Pros., arrangement des traits; ***conformatio animi*** [C] Pros., forme de l'âme ¶2 [fig] ***conformatio vocis*** [C] Pros., adaptation de la voix; ***verborum*** [C] Pros., arrangement des mots; ***doctrinae*** [C] Pros., le façonnement de la science (formation scientifique) ‖ [en part.] ***a)*** [phil.] ***conformatio animi*** [C] Pros. et abs[t] ***conformatio*** [C] Pros., vue de l'esprit, concept ***b)*** [rhét.] tour, figure: [C] Pros. ‖ prosopopée: [C] Pros.

conformātus, *a*, *um*, part. de *conformo*

confōrmis, *e*, exactement semblable : [T] Pros. ; [avec gén.] [T] Pros. ; [avec dat.] [T] Pros.

confōrmō, *ās*, *āre*, *āvī*, *ātum*, tr. ¶ **1** donner une forme, façonner : [C] Pros., [+C] Pros. ¶ **2** [fig.] former, adapter, composer, modeler : [C] Pros. ; ***conformare se ad voluntatem alicujus*** [C] Pros., se plier aux désirs de qqn

confornĭcātĭo, *ōnis*, f., action de voûter, voûte : [C] Pros.

confornĭcō, *ās*, *āre*, -, -, tr., voûter : [C] Pros.

confortātŏr, *ōris*, m., celui qui réconforte : [T] Pros.

confortātus, *a*, *um*, part. de *conforto*

confortō, *ās*, *āre*, *āvī*, *ātum*, tr., renforcer : [T] Pros. ‖ consoler, réconforter : [T] Pros.

confossus, *a*, *um*, part. de *confodio*, ; ***confossior*** [-C] Théât., mieux transpercé

confōtus, *a*, *um*, part. de *confoveo*

confŏvĕō, *ēs*, *ēre*, *fōvī*, *fōtum*, tr., réchauffer, ranimer : ***membra cibo*** [+C] Pros., restaurer les forces avec de la nourriture

confrăcescō, *ĭs*, *ĕre*, *frăcŭī*, -, intr., pourrir entièrement : [C] Pros.

confractĭo, *ōnis*, f., action de briser, de détruire : [T] Pros. ‖ contrition : [T] Pros.

confractus, *a*, *um*, part. de *confringo*

confrăgēs, V. → *conflages*

confrăgōsus, *a*, *um* ¶ **1** âpre, inégal, raboteux, rude : ***confragosa loca*** [C] Pros., lieux d'accès difficile. ‖ **confrăgōsum**, *i*, n., [+C] Pros., **confrăgōsa**, *ōrum*, n. pl., [+C] Pros., endroits, régions difficiles ¶ **2** [fig.] ***a)*** raboteux, inégal : ***versus confragosi*** [+C] Pros., vers rocailleux ***b)*** embarrassant : ***condiciones confragosae*** [-C] Théât., conditions embarrassantes

confrăgus, *a*, *um*, [+C] Poés., V. → *confragosus*

confrēgī, parf. de *confringo*

confrĕmō, *ĭs*, *ĕre*, *frĕmŭī*, -, intr., frémir ensemble, murmurer : [C] Poés. ; ***confremit circus*** [+C] Poés., le cirque retentit de toutes parts

confrĕquentō, *ās*, *āre*, -, -, tr., fréquenter en grand nombre : [T] Poés. ‖ [pass.] être augmenté en nombre : [+C] Pros.

confrĭcātĭo, *ōnis*, f., frottement : [T] Pros.

confrĭcātus, *a*, *um*, part. de *confrico*

confrĭco, *ās*, *āre*, -, *ātum*, tr. ¶ **1** frotter : ***caput unguento*** [C] Pros., se frotter la tête avec un onguent ¶ **2** [fig.] ***confricare genua*** [-C] Théât., embrasser [en suppliant] les genoux de qqn

***confrīgō**, *ĭs*, *ĕre*, -, -, V. → *confrixus*

confringō, *ĭs*, *ĕre*, *frēgī*, *fractum* ¶ **1** briser : [-C] Théât. ; ***digitos*** [C] Pros., briser les doigts ; ***tesseram*** [-C] Théât., rompre la tessère = violer les droits de l'hospitalité ¶ **2** [fig.] abattre, rompre, détruire : [C] Pros., [+C] Pros. ‖ ***confringere rem*** [-C] Théât., mettre en miettes, dissiper son patrimoine

confrĭō, *ās*, *āre*, -, -, tr., broyer, écraser : [-C] Pros.

confrixus, *a*, *um*, rôti, grillé : [T] Pros.

confŭĕrit, V. → *confuit*

confŭgĭō, *ĭs*, *ĕre*, *fūgī*, -, intr., se réfugier : ***in naves*** [C] Pros., se réfugier sur les vaisseaux ; ***ad aliquem*** [C] Pros., chercher un refuge auprès de qqn ‖ [fig.] avoir recours : ***confugere ad clementiam alicujus*** [C] Pros., recourir à la clémence de qqn ‖ ***illuc confugere*** [avec prop. inf. ou avec *ut* subj.] [C] Pros., avoir recours à cette défense, savoir que... ; ***confugiet ad imprudentiam*** [C] Pros., il invoquera comme défense l'irréflexion

confŭgĭum, *ĭī*, n., refuge, asile : [C] Poés., [+C] Poés.

confŭit, *confŭtūrum*, *confŏre*, se produire en même temps, arriver : [-C] Théât.

confulcĭō, *īs*, *īre*, -, *fultum*, tr., bien étayer : [C] Poés.

confulgĕō, *ēs*, *ēre*, -, -, intr., briller de tous côtés : [-C] Théât.

confundō, *ĭs*, *ĕre*, *fūdī*, *fūsum*, tr., verser ensemble ¶ **1** mêler, mélanger : [C] Pros. ‖ pass. ; [avec dat.] [C] Poés. ¶ **2** [fig.] mélanger, unir : [C] Pros. ; [dat. poét.] [C] Poés. ; [poét.] ***confundere proelia cum aliquo*** [C] Poés., engager un combat contre qqn ‖ part. *confusus, a, um*, formé par mélange : [C] Pros. ¶ **3** mettre pêle-mêle ensemble : [C] Pros. ; ***jura gentium*** [C] Pros., confondre (bouleverser) les droits des familles ‖ brouiller, rendre méconnaissable : [+C] Pros. ‖ ***confusus***, couvert de confusion, de rougeur : [+C] Pros. ‖ troubler l'esprit : [C] Pros., [+C] Pros. ‖ brouiller (fatiguer), l'esprit, la mémoire : [+C] Pros. ¶ **4** [pass.] se répandre (être répandu) dans un ensemble, pénétrer : [C] Pros.

confūsānĕus, *a*, *um*, confus : [+C] Pros.

confūsē, adv., sans ordre, pêle-mêle : [C] Pros. ‖ **confūsim**, [C] Pros. ‖ ***confusius*** [C] Pros.

confūsĭcĭus, *a*, *um*, où tout est confondu : [-C] Théât.

confūsĭo, *ōnis*, f. ¶ **1** action de mêler, de fondre, mélange : [C] Pros. ¶ **2** confusion, désordre : ***religionum*** [C] Pros., confusion de religions ; ***suffragiorum*** [C] Pros., confusion des votes [vote par tête au lieu du vote habituel par centuries] ; [C] Pros. ‖ confusion, rougeur : [+C] Pros. ‖ trouble [des sentiments, de l'esprit] : [+C] Pros. ‖ [droit] confusion, V. → *confundo* ¶ *2*

confūsus, *a*, *um* ¶ **1** part. de *confundo* ¶ **2** ***a)*** mélangé : [C] Pros. ***b)*** sans ordre, confus : [C] Pros. ***c)*** troublé [moralement] : [C] Pros. ‖ figure troublée (bouleversée) : [C] Pros., [+C] Pros. ‖ visage défiguré : [+C] Pros. ‖ ***pavor confusior*** [+C] Pros., crainte plus troublée, qui se traduit par un plus grand trouble

confūtātĭo, *ōnis*, f., [rhét.] réfutation : [C] Pros.

confūtātus, *a*, *um*, part. de *confuto*

confūtō, *ās*, *āre*, *āvī*, *ātum*, tr. ¶ **1** [en part.] contenir un adversaire, réduire au silence, confondre, réfuter, convaincre : [-C] Théât., [C] Pros., [+C] Pros. ; ***confutans index*** [C] Pros., la dénonciatrice tenant tête, soutenant le contraire ‖ et abs^t ***confutatus*** [T] Pros. ‖ ***confutatus*** [avec prop. inf.], convaincu de : [T] Pros. ¶ **2** déconcerter, décontenancer : ***confutare obtutum*** [+C] Pros., éblouir les yeux

confŭtŭō, *ĭs*, *ĕre*, -, -, tr., coucher avec : [C] Poés.

confŭtūrus, *a*, *um*, V. → *confuit*

congarrĭō, *īs*, *īre*, -, -, tr., redire souvent : [+C] Pros.

Congĕdus, *i*, m., rivière de la Tarraconaise : [+C] Poés.

congĕlascō, *ĭs*, *ĕre*, -, -, intr., geler : [+C] Pros., [T] Pros.

congĕlātĭo, *ōnis*, f., gelée : [+C] Pros.

congĕlātus, *a*, *um*, part. de *congelo*

congĕlescō, *ĭs*, *ĕre*, -, -, intr., V. → *congelasco*

congĕlō, *ās*, *āre*, *āvī*, *ātum* ¶ **1** tr., geler, faire geler : [+C] Poés. ‖ [fig.] geler, donner froid : [+C] Poés. ‖ durcir, rendre dur : ***in lapidem aliquid*** [C] Poés., pétrifier qq. ¶ **2** intr., se geler : ***Hister congelat*** [C] Poés., l'Hister se glace ‖ [fig.] s'engourdir : ***congelare otio*** [C] Pros., s'engourdir dans le repos

congĕmĭnātĭo, *ōnis*, f., [fig.] embrassade, embrassement : [-C] Théât.

congĕmĭnātus, *a*, *um*, part. de *congemino*

congĕmĭnō, *ās*, *āre*, *āvī*, *ātum* ¶ **1** tr., redoubler : [C] Poés., [+C] Poés. ¶ **2** intr., se doubler : [-C] Théât.

congĕmiscō, *ĭs*, *ĕre*, -, -, intr., gémir profondément, s'affliger : ***in aliquo*** [T] Pros., gémir sur le sort de qqn

congĕmō, *ĭs*, *ĕre*, *mŭī*, - ¶ **1** intr., gémir ensemble [ou] profondément : ***congemuit senatus*** [C] Pros., ce fut un gémissement unanime dans le sénat ¶ **2** tr., pleurer, déplorer : ***congemere aliquem*** [+C] Poés., pleurer qqn ; ***mortem*** [C] Poés., s'affliger de mourir

congĕnĕr, *ĕri*, m., gendre avec d'autres : [T] Pros.

congĕnĕrātus, *a*, *um*, part. de *congenero*

congĕnĕrō, *ās*, *āre*, -, -, tr. ¶ **1** engendrer ensemble : [C] Pros. ¶ **2** ajouter, associer : [-C] Théât.

congĕr, *gri*, m., [-C] Théât., **congrus**, **gongĕr**, *gri* et **gongrus**, *i*, congre [poisson de mer]

congĕrĭa, *ae*, f., V. → *congeries*

congĕrĭēs, *ēi*, f. ¶ **1** amas : ***congeries lapidum*** [C] Pros., tas de pierres ; ***cadaverum congeries*** [+C] Poés., monceau de cadavres ‖ [en part.] tas de bois : [+C] Pros. ¶ **2** [fig.] le Chaos : [C] Poés. ‖ [rhét.] accumulation : [+C] Pros.

congermānescō, *ĭs, ĕre, -, -*, intr., s'accorder comme des frères, sympathiser : +C Pros.

congermĭnālis, *e*, de même germe : ***ceteris congerminalis*** T Pros., né du même germe que les autres

congermĭnō, *ās, āre, -, -*, intr., germer : +C Pros.

congĕrō, *ĭs, ĕre, gessī, gestum*, tr., porter ensemble ¶ **1** amasser, entasser, amonceler, accumuler : ***saxis congestis*** C Pros., avec des pierres amoncelées ; ***alicui munera congerere*** C Pros., charger qqn de présents ; ***viaticum*** C Pros., amasser des provisions de route [pour qqn] ; C Pros. ***in os alicujus*** C Pros. entasser des grains de blé dans la bouche de qqn ; C Pros. ‖ ***tela in aliquem*** +C Pros., cribler qqn de traits ; ***congestis telis*** +C Pros., sous une grêle de traits ‖ former par accumulation : C Poés. ; ***nidamenta*** -C Théât., faire un nid ; [abst] C Poés., +C Pros., faire son nid ¶ **2** [fig.] rassembler, accumuler des noms dans une énumération : C Pros., +C Pros. ‖ rassembler (accumuler) sur qqn [bienfaits, honneurs] : ***ad aliquem*** C Pros. ; ***in aliquem*** C Pros. ; ***alicui*** +C Pros. ; [en part.] ***in aliquem maledicta*** C Pros. ; ***in aliquem crimina*** C Pros., entasser contre qqn les injures, les accusations ; C Pros.

congerro, *ōnis*, m., compagnon d'amusement : -C Théât.

congessī, parf. de *congero*

congestē, adv., en bloc : T Pros.

congestīcĭus, *a, um*, fait d'amoncellement, rapporté : ***locus congesticius*** C Pros., terrain formé de terres rapportées

congestim, adv., en tas : +C Pros.

congestĭo, *ōnis*, f., action de mettre en tas, accumulation [de terre] C Pros. ‖ comblement [d'un fossé] : C Pros. ‖ [fig.] ***congestio enumerationis*** T Pros., longue énumération

1 **congestus**, *a, um*, part. de *congero* ‖ adjt, ***congestior alvo*** T Poés., plus gros de ventre

2 **congestŭs**, *ūs*, m., action d'apporter ensemble : ***herbam credo avium congestu (extitisse)*** ; C Pros. ‖ entassement, accumulation : C Poés., +C Pros.

congĭālis, *e*, qui contient un conge : -C Théât.

congĭārĭum, *ĭi*, n. ¶ **1** distribution d'argent : C Pros., +C Pros. ¶ **2** don, présent [en gén.] : C Pros., +C Pros.

congĭus, *ĭi*, m., conge [mesure pour les liquides = 6 *sextarii* = 3 1/4 l] : -C Pros., C Pros.

conglăcĭātus, *a, um*, part. de *conglacio*

conglăcĭō, *ās, āre, -, ātum*, intr., se congeler : C Pros.

congliscō, *ĭs, ĕre, -, -*, intr., s'étendre, s'accroître : -C Théât.

conglŏbātim, adv., en masse : T Pros.

conglŏbātĭo, *ōnis*, f. ¶ **1** accumulation en forme de globe, agglomération : +C Pros. ¶ **2** rassemblement en corps : +C Pros.

conglŏbātus, *a, um*, part. de *conglobo*

conglŏbō, *ās, āre, āvī, ātum*, tr., mettre en boule ¶ **1** [pass.] se mettre en boule, s'arrondir, se ramasser : C Pros. ; ***conglobata figura*** C Pros., figure sphérique ¶ **2** [fig.] rassembler, attrouper [des soldats] : C Pros. ; ***cum se in unum conglobassent*** C Pros., après s'être reformés en un seul corps de troupes ; +C Pros. ‖ ***in aliquem locum*** C Pros. ; ***in aliquo loco*** +C Pros., se rassembler dans un lieu ‖ ***definitiones conglobatae*** C Pros., définitions accumulées ¶ **3** [en parl. des atomes] former par agglomération (***aliquem***, qqn) : +C Pros.

conglŏmĕrātus, *a, um*, part. de *conglomero*

conglŏmĕrō, *ās, āre, āvī, ātum*, tr., mettre en peloton : C Poés. ‖ [fig.] entasser, accumuler : -C Théât.

conglūtĭnātio, *ōnis*, f., action de coller ensemble : C Pros. ‖ [fig.] ***verborum*** C Pros., assemblage des mots [évitant les hiatus], liaison des mots

conglūtĭnātus, *a, um*, part. de *conglutino*

conglūtĭnō, *ās, āre, āvī, ātum*, tr. ¶ **1** coller ensemble, lier ensemble : C Pros. ¶ **2** [fig.] former par liaison étroite des éléments, constituer en un tout compact : C Pros. ‖ lier étroitement les éléments d'un tout, cimenter, souder : C Pros. ‖ combiner qqch. : -C Théât.

congrădus, *a, um*, qui marche avec [construit avec le dat.] : T Poés.

congraecŏr, *ārĭs, ārī, -*, tr., dépenser à la grecque = en débauches : -C Théât.

congrātŭlātio, *ōnis*, f., congratulation, félicitation : +C Pros.

congrātŭlŏr, *ārĭs, ārī, ātus sum*, intr. ¶ **1** présenter ses félicitations, féliciter : -C Théât., +C Pros. ¶ **2** se féliciter : C Pros.

congrĕdĭō, *ĭs, īre, -, -* [arch.], ➡ *congredior* : -C Théât.

congrĕdĭŏr, *dĕrĭs, dī, gressus sum*

I intr. ¶ **1** rencontrer en marche, aller trouver qqn, aborder qqn, avoir une entrevue avec qqn : ***cum aliquo*** C Pros. ‖ [abst] C Pros. ; ***cum erimus congressi*** C Pros., quand nous nous rencontrerons (nous nous trouverons ensemble) ¶ **2** [sens hostile] se rencontrer dans une bataille, combattre : ***armis congredi*** C Pros., combattre les armes à la main ; ***impari numero*** C Pros., lutter avec l'infériorité du nombre ‖ ***alicui***, se mesurer avec qqn, être aux prises avec qqn : C Poés., +C Pros. ‖ ***contra aliquem***, marcher en armes contre qqn : C Pros. ‖ [fig.] se mesurer (combattre) en paroles : C Pros. ; ***cum Academico*** C Pros., lutter contre un philosophe académicien

II tr., ***congredi aliquem***, aborder qqn : -C Théât., +C Poés. ‖ ***in congrediendis hostibus*** +C Pros., en abordant les ennemis (au moment de l'attaque)

congrĕgābĭlis, *e*, fait pour le groupement, pour la société : C Pros.

congrĕgātim, adv., en troupe, en foule : T Poés.

congrĕgātĭo, *ōnis*, f. ¶ **1** action de se réunir en troupe : C Pros. ¶ **2** réunion d'hommes, société : C Pros. ‖ propension à se réunir, esprit de société : C Pros., +C Pros. ‖ assemblée, foule : T Pros. ¶ **3** [en gén.] réunion : T Pros. ; ***congregatio criminum*** +C Pros., la réunion des chefs d'accusation ‖ [rhét.] ***congregatio rerum*** +C Pros., récapitulation

congrĕgātŏr, *ōris*, m., celui qui rassemble : T Pros.

congrĕgātus, *a, um*, part. de *congrego*

congrĕgō, *ās, āre, āvī, ātum*, tr., rassembler en troupeau ¶ **1** [pass.] se rassembler : C Pros. ¶ **2** rassembler [des hommes] : ***dissupatos homines*** C Pros., rassembler (en un même endroit) les hommes dispersés ‖ ***se congregare cum aliquibus*** C Pros. ; ***unum in locum*** C Pros., se réunir avec certains, se rassembler en un même lieu ‖ ***congregari*** : C Pros. ; ***familiae congregantur*** C Pros., les familles se rassemblent ; ***congregantur in fano*** C Pros., ils se rassemblent dans un temple ‖ ***congregari inter se*** +C Pros., tenir des réunions entre eux ¶ **3** [part. pass.] formé par rassemblement : C Pros. ‖ dont les éléments sont solidement liés : C Pros. ¶ **4** rassembler [des choses] : +C Pros.

congressĭo, *ōnis*, f. ¶ **1** action de se rencontrer, rencontre [opp. *digressio*, séparation] : C Pros. ¶ **2** action d'aborder qqn, abord, commerce, entrevue, réunion : C Pros. ‖ commerce de l'homme et de la femme : C Pros.

1 **congressus**, *a, um*, part. de *congredior*

2 **congressŭs**, *ūs*, m. ¶ **1** action de se rencontrer, rencontre [opp. à *digressus*, séparation] : C Pros. ¶ **2** entrevue, réunion, commerce : C Pros. ‖ commerce de l'homme et de la femme : +C Pros. ¶ **3** rencontre, combat : C Pros.

congrex, *grĕgis* ¶ **1** qui appartient au même troupeau : +C Pros. ¶ **2** [fig.] étroitement uni, serré : ***congrex nexus*** T Poés., noeud serré

Congrĭo, *ōnis*, m., nom d'un cuisinier dans Plaute : -C Théât.

congrŭē, adv., convenablement, de façon congruente : T Pros.

congrŭens, *entis*, part. prés. de *congruo*, pris adjt ; [compar. et superl. tardifs], qui s'accorde avec ¶ **1** convenable, juste, conforme : C Pros. ‖ s'accordant, d'accord : C Pros. ‖ ***congruens est, congruens videtur*** [avec inf.], il est, il paraît convenable de : +C Pros. ; [avec prop. inf.] +C Pros. ; [avec *ut* subj.] +C Pros. ‖ n. pl. pris subst., ***congruentia***, des choses concordantes : C Pros., +C Pros. ¶ **2** dont les parties sont en accord : C Pros. ; ***clamor congruens*** C Pros., cris poussés à l'unisson ; +C Pros.

congrŭentĕr, adv., d'une manière convenable, conformément à : C Pros. ; ***congruenter naturae*** C Pros., en se conformant à la nature ‖ ***-tius*** +C Pros.

congrŭentĭa, *ae*, f., accord, proportion, rapport, conformité : +C Pros. ; ***congruentia morum*** +C Pros., conformité de caractère ; ***congruentia pronuntiandi*** [+C] Pros., la correction du débit

congrŭō, *ĭs, ĕre, grŭī, -* ¶**1** se rencontrer étant en mouvement : ***guttae inter se congruunt*** [C] Pros., les gouttes tombant se rencontrent, se réunissent ; [+C] Pros. ‖ être en mouvement concordant : [C] Pros. ¶**2** [fig.] être d'accord, concorder : [C] Pros. ; ***congruere ad aliquid*** [C] Pros., concorder avec qq. ‖ être en harmonie, en accord : [C] Pros. ‖ [avec dat.] ***congruere naturae*** [C] Pros., être en accord avec la nature ; [avec *cum*] [C] Pros. ; [avec *inter se*] s'accorder ensemble : [C] Pros. ; [avec *in unum*] former un accord unanime : [C] Pros. ‖ ***de aliqua re***, être d'accord au sujet d'une chose : [C] Pros. ; [abl. seul] ***(Academici et Peripatetici) rebus congruentes*** [C] Pros., (Académiciens et Péripatéticiens) étant d'accord pour le fond ¶**3** [emploi impers.] ***congruit ut*** [et subj.] [+C] Pros., il n'est pas contradictoire que, il est logique que... ‖ ***forte congruerat ut*** [subj.] [+C] Pros., une coïncidence fortuite avait fait que

congrus, *i*, m., V. *conger*

congrŭus, *a, um*, conforme, congruent : [-C] Théât.

congȳrō, *ās, āre, āvī, -*, intr., tourner ensemble autour : [T] Pros.

cŏnĭcĭō, *ĭs, ĕre, -, -*, V. *conjicio* : [+C] Pros.

cōnĭfĕr, [C] Poés. et **cōnĭger**, *ĕra, ĕrum*, [C] Poés., qui porte des fruits en cône [en parl. de certains arbres, résineux]

cŏnĭla, *ae*, f., V. *cunila*

cŏnistērĭum, *ĭi*, n., lieu du gymnase où les lutteurs se frottent de poussière : [C] Pros.

cōnīsus, *a, um*, part. de *conitor*

cōnītŏr (connītŏr), *tĕrĭs, tī, nīsus sum (nīxus sum)*, intr. ¶**1** faire des efforts ensemble : [C] Pros., Poés. [-C] Théât. ‖ faire un effort total, tendre tous ses ressorts : [C] Pros., Poés. ‖ [avec inf.] [C] Pros., [+C] Pros. ‖ [avec *ut* et subj.] [+C] Pros. ‖ [avec *ad* et gérond.] [+C] Pros. ¶**2** [en part.] tendre tous les ressorts, se raidir [pour monter, s'élever] : [C] Pros. [+C] Pros. ; [C] Pros. ‖ ***conixus in hastam*** [+C] Poés., faisant pression sur sa lance ¶**3** [poét.] se raidir pour mettre bas : [C] Poés.

cōnīvĕō, *ēs, ēre, nīvī* ou *nīxī, -*, intr., s'incliner ensemble ¶**1** se fermer : [+C] Pros. ¶**2** [surtout en parl. des yeux] [C] Pros. ‖ [en parl. des pers. elles-mêmes] fermer les yeux : [-C] Théât., [C] Pros. ; [avec acc. de relation] ¶**3** [fig.] fermer les yeux, laisser faire avec indulgence : [C] Pros. ; ***in aliqua re***, fermer les yeux sur qqch. : [C] Pros.

conjēcī, parf. de *conjicio*

conjectānĕa, *ōrum*, n. pl., conjectures [titre d'ouvrages] : [+C] Pros.

conjectārĭus, *a, um*, conjectural : [+C] Pros.

conjectātĭo, *ōnis*, f., action de conjecturer, de présumer : [+C] Pros.

conjectātŏr, *ōris*, m., V. *conjector*

conjectātōrĭus, V. *conjectarius*

conjectātus, *a, um*, part. de *conjecto*

conjectĭo, *ōnis*, f. ¶**1** action de jeter, de lancer (des traits) : [C] Pros. ¶**2** [fig.] comparaison : [C] Pros. ¶**3** explication conjecturale, interprétation : ***somniorum*** [C] Pros., interprétation des songes

conjectō, *ās, āre, āvī, ātum*, tr. ¶**1** [au pr.] jeter : [+C] Pros. ‖ apporter : [+C] Pros. ¶**2** [fig.] conjecturer (***aliquid***), qqch. : [-C] Théât., [C] Pros., [+C] Pros. ‖ ***rem aliqua re***, conjecturer une chose par (d'après) une autre : [C] Pros., [+C] Pros. ; ou ***de aliqua re*** [+C] Pros. ou ***ex aliqua re*** [+C] Pros. ‖ [avec prop. inf.] conjecturer que : [C] Pros., [+C] Pros. ‖ [avec interrog. indir.] [C] Pros., [+C] Pros. ‖ [absᵗ] faire des conjectures ; ***de aliqua re***, sur qqch. : [+C] Pros. ¶**3** pronostiquer, présager : [+C] Pros.

conjectŏr, *ōris*, m. ¶**1** qui interprète, qui explique : [-C] Théât. ¶**2** [en part.] interprète de signes (de songes), devin : [-C] Théât., [C] Pros.

conjectrix, *trīcis*, f., devineresse : [-C] Théât.

conjectūra, *ae*, f. ¶**1** conjecture : [C] Pros. ; ***humani animi*** [+C] Pros., conjecture sur le coeur humain ; ***consequentium*** [C] Pros., faculté de conjecturer les conséquences ; ***conjecturam facere de aliquo (ex aliquo)*** [C] Pros., faire une conjecture sur qqn (d'après qqn) ; ***ex aliqua re alicujus rei conjecturam facere*** [C] Pros., faire d'après qqch. des conjectures sur qqch. ; ***de se conjecturam facere*** [C] Pros., conjecturer d'après soi ; ***aliquid conjectura consequi*** [C] Pros., se rendre compte d'une chose par conjecture ; ***conjectura suspicari*** [C] Pros. ; ***augurari*** [C] Pros., soupçonner, juger par conjecture ‖ pl., [+C] Pros. ¶**2** interprétation des songes, prédiction : [-C] Théât., [C] Pros. ¶**3** [rhét.] argumentation conjecturale, qui s'appuie sur des conjectures : [C] Pros. ; ***ex aliqua re conjecturam sumere*** [C] Pros. ; ***ducere*** [C] Pros., tirer de qqch. un raisonnement conjectural ; ***conjecturam inducere*** [C] Pros., employer le raisonnement conjectural

conjectūrālis, *e*, fondé sur des conjectures, conjectural : [+C] Pros. ‖ [rhét.] ***causa conjecturalis*** [C] Pros., cause conjecturale = qui porte sur une question de fait [qu'il faut résoudre par conjecture]

conjectūrālĭter, adv., par conjecture : [T] Pros.

1 **conjectus**, *a, um*, part. de *conjicio*

2 **conjectŭs**, *ūs*, m. ¶**1** action de jeter ensemble, d'amonceler : [C] Poés., Pros. ‖ concentration sur un point : [C] Poés. ¶**2** action de lancer [des traits] [C] Pros. ; [des pierres] [C] Pros. ‖ possibilité de lancer des traits : [C] Pros. ‖ action d'abattre le bras sur qqch. : [C] Poés. ¶**3** [fig.] action de jeter, de diriger les regards ; ***in aliquem***, sur qqn : [C] Pros., [+C] Pros. ‖ action de diriger l'esprit : [+C] Pros.

conjĕro, *ās, āre, -, -*, V. *conjuro*

conjĭcĭō (conĭcĭō ou **coĭcĭō)**, *ĭs, ĕre, jēcī, jectum*, tr. ¶**1** jeter ensemble [sur un point] : [C] Pros. ‖ jeter en tas (en masse) sur un point, réunir en un point : [C] Poés. ; ***in hydriam sortes*** [C] Pros., jeter les sorts ensemble dans une urne ; ***nomina in urnam*** [C] Pros., [+C] Pros., jeter (réunir) les noms dans une urne ; ***sarcinas in medium*** [C] Pros., jeter les bagages en tas au milieu ‖ [poét.] ***spolia igni*** [C] Poés., jeter dans le feu les dépouilles ; ***juveni facem*** [C] Poés., jeter un brandon contre le jeune homme ¶**2** jeter, diriger [les yeux] : ***oculos in aliquem*** [C] Pros., jeter les yeux sur qqn ; [avec interrog. indir.] : [C] Pros. ¶**3** jeter, pousser, lancer : ***aliquem in vincula, in carcerem*** [C] Pros. ; ***in catenas*** [C] Pros., jeter qqn dans les fers, en prison ; ***hostem in fugam*** [C] Pros., mettre l'ennemi en fuite ‖ ***se conjicere in paludem*** [C] Pros. ; ***in signa manipulosque*** [C] Pros. ; ***in fugam*** [C] Pros., se jeter dans un marais, au milieu des enseignes et des manipules, se mettre à fuir précipitamment ; ***se in pedes*** [-C] Théât., prendre la fuite ; ***se in noctem*** [C] Pros., se jeter [d'aventure] dans la nuit ; ***se in versum*** [C] Pros., s'appliquer à versifier ¶**4** [fig.] jeter, pousser, faire entrer, faire aller : ***aliquem in metum*** [C] Pros., jeter qqn dans l'effroi ‖ ***culpam in aliquem*** [C] Pros., faire retomber une faute sur qqn ; V. *confero III ¶1 a* : ***causam*** [C] Pros., présenter une cause [-C] Théât. ; ***verba inter se conjicere*** [-C] Théât., échanger des mots ¶**5** combiner dans l'esprit, conjecturer : [C] Pros., [+C] Pros. ‖ interpréter des signes, deviner, présager : [C] Pros. ; ***male conjecta*** [n. pl.] [C] Pros., les mauvaises interprétations de signes ¶**6** [méc.] encastrer, loger : [C] Pros.

conjūcundŏr, *ārĭs, ārī, -*, intr., se réjouir avec : [T] Pros.

conjŭga, *ae*, f., épouse : [+C] Pros.

conjŭgālis, *e*, conjugal : [+C] Pros. ; ***dii conjugales*** [+C] Pros., les dieux qui président au mariage

conjŭgātĭo, *ōnis*, f. ¶**1** alliage, mélange : [+C] Pros. ¶**2** union : ***corporum*** [T] Pros., union charnelle ‖ [en part.] ***a)*** [rhét.] parenté, rapport étymologique des mots : [C] Pros. ***b)*** [phil.] enchaînement [des propositions] : [+C] Pros.

conjŭgātŏr, *ōris*, m., celui qui unit : ***conjugator amoris*** [C] Poés., le dieu qui resserre les liens de l'amour

conjŭgātus, *a, um*, part. de *conjugo* ‖ adjᵗ, apparenté, de la même famille : [C] Pros. ; n., ***conjugatum*** [+C] Pros., rapport étymologique

conjŭgĭālis, *e*, qui concerne le mariage : ***conjugiale foedus*** [C] Poés., le lien conjugal ; ***conjugialia festa*** [C] Poés., les fêtes de l'hymen

conjŭgĭum, *ĭi*, n. ¶**1** union : C Poés. ¶**2** union conjugale, mariage : C Pros. ‖ accouplement : C Poés. ¶**3** [fig.] époux, épouse : C Poés.

conjŭgō, *ās*, *āre*, *āvī*, *ātum*, tr. ¶**1** unir : C Pros. ¶**2** marier : +C Pros. ¶**3** V. *conjugatus*

conjŭgŭlus myrtus, m., sorte de myrte : -C Pros.

conjunctē, adv. ¶**1** conjointement [avec], ensemble, à la fois : C Pros. ‖ [rhét.] ***aliquid conjuncte elatum*** C Pros., proposition énoncée conjointement (= conditionnelle) [opp. à *simpliciter*, d'une manière indépendante, catégorique] ¶**2** dans une étroite union (intimité) : C Pros. ‖ ***-tius*** C Pros. ; ***-issime*** C Pros.

conjunctim, adv., en commun, conjointement : C Pros.

conjunctĭo, *ōnis*, f. ¶**1** union, liaison : ***portuum*** C Pros., l'union des deux ports ; ***litterarum inter se conjunctio*** +C Pros., action de lier ensemble des lettres [dans la lecture] ; ***vicinitatis*** C Pros., liens de voisinage ¶**2** liens du mariage, union conjugale : C Pros. ¶**3** liaison avec qqn, relations amicales : C Pros. ‖ liens de parenté : C Pros. ¶**4** [rhét.] ***a)*** conjonction : C Pros. ***b)*** liaison harmonieuse des mots dans la phrase : C Pros. ‖ [phil.] syllogisme conjonctif, proposition conjonctive : C Pros. ‖ [gram.] conjonction, particule de liaison : C Pros., +C Pros.

conjunctrix, *īcis*, f., celle qui réunit : T Pros.

conjunctum, *i*, part. n. de *conjungo*, pris subst[t] ¶**1** propriété cohérente (inhérente), inséparable d'un corps : C Poés. ¶**2** [pl.] mots de même famille : C Pros. ¶**3** proposition conjointe (συμπεπλεγμένον) : +C Pros.

1 **conjunctus**, *a*, *um*, part. de *conjungo*, [pris adj[t]] ¶**1** lié, connexe, concordant : C Pros. ‖ ***conjuncta verba*** C Pros., mots liés ensemble ; ***conjunctae causae*** +C Pros., causes complexes ¶**2** uni par les liens de l'amitié, du sang : C Pros. ; ***alicui conjunctissimus*** C Pros., intimement lié à qqn ‖ [abs[t]] ***conjunctus*** +C Pros., parent ; C Pros. ¶**3** uni par le mariage : C Pros., Poés. ; [fig., en parl. de la vigne mariée à l'ormeau] C Poés.

2 **conjunctŭs**, abl. *ū*, m., union, assemblage : C Pros.

conjungō, *ĭs*, *ĕre*, *junxī*, *junctum*, tr. ¶**1** lier ensemble, joindre, unir [constr. avec *cum*, avec dat., avec *inter se*] : ***boves conjungere*** -C Pros., atteler des boeufs ; ***dextras*** C Poés., unir les mains (se serrer la main) ; C Pros. ; ***aliquid cum aliqua re conjungitur*** C Pros., qqch. se lie à une chose (a du rapport avec elle) ‖ ***alicui conjungi*** C Pros. ***se conjungere*** +C Pros. se joindre à qqn ; ***dextrae dextram*** C Poés., unir sa main droite à celle d'un autre ; C Pros. ; V. *confero* ¶3 ‖ [abs[t]] ***se conjungere, conjungi***, se joindre, se réunir, faire corps : C Pros. ‖ [pass.] être formé par liaison, union : C Pros. ‖ mettre en commun : ***bellum conjungunt*** C Pros., ils font la guerre en commun ‖ maintenir lié, maintenir une continuité dans qqch. : +C Pros. ‖ [gram.] ***verba conjungere*** +C Pros., faire des mots composés ‖ [rhét.] ***vocales*** C Pros., fondre ensemble deux voyelles en hiatus (= élider) ¶**2** unir par les liens de l'amitié, de la famille : C Pros. ; ***aliquem alicui*** C Pros., lier qqn à qqn (créer des liens entre eux) ; ***aliquem sibi*** C Pros., s'attacher qqn ‖ constituer [par un lien] : ***necessitudinem cum aliquo*** C Pros., se lier intimement avec qqn ‖ [en part.] unir par le mariage, marier : +C Pros. ***sibi*** +C Pros. prendre une femme pour épouse ; ***Poppaeae conjungitur*** +C Pros., il se marie avec Poppée ; C Pros.

conjūrātio, *ōnis*, f. ¶**1** conjuration, alliance [de peuples contre Rome] : C Pros. ¶**2** conspiration, complot : C Pros. ¶**3** conjuration = les conjurés : C Pros.

conjūrātus, *a*, *um*, part. de *conjuro*, lié par serment, conjuré : C Poés. ; ***testes conjurati*** C Pros., témoins ligués ensemble ‖ m. pl. pris subst[t] : ***conjurati*** C Pros., conjurés ‖ V. *conjuro*

conjūrō, *ās*, *āre*, *āvī*, *ātum*, intr. ¶**1** jurer ensemble ; [milit.] prêter le serment en masse [non individuellement] : C Pros. ; ***conjurati*** C Pros., qui ont prêté en masse le serment de fidélité au drapeau ¶**2** se lier par serment, se liguer : C Poés., Pros. ; ***cum ceteris*** C Pros., se liguer avec les autres peuples ‖ [avec prop. inf.] : C Pros. ; ***conjurant... se non redituros*** C Pros., ils s'engagent par serment à ne pas revenir... ‖ [avec subj. seul] -C Théât. ; [avec *ut* subj.] C Pros. ‖ [avec inf.] C Poés. ‖ ***in facinora*** C Pros., former une association en vue de crimes ¶**3** conspirer, former un complot : C Pros. ; ***de interficiendo Pompeio*** C Pros., comploter le meurtre de Pompée ‖ [avec inf.] comploter de : C Pros. ‖ [avec *ut* subj.] C Pros. ; [avec *quo* subj.] C Pros.

conjux, *ŭgis*, surtout f., épouse : C Pros. ‖ m., époux : C Pros. ‖ pl., les deux époux : C Poés. ‖ f., femelle des animaux : C Poés. ‖ l'orme auquel on marie la vigne : +C Pros. ‖ fiancée : C Poés. ‖ maîtresse : C Poés.

conl-, V. *coll-*

conm-, V. *comm-*

connect-, **connīt-**, **connīv-**, V. *conec-*, *conit-*, *coniv-*

connūb-, V. *conub-*

Connus, *i*, m., nom d'homme : C Pros.

Cŏnōn, *ōnis*, m. ¶**1** général athénien : C Pros. ¶**2** astronome grec : C Poés.

Cōnōpās, *ae*, m., nom d'homme : +C Pros.

cōnōpēum, *i*, n., +C Poés. et **cōnōpĭum**, *ĭi*, n., C Poés., moustiquaire, voile, tente

cōnŏr, *ārĭs*, *ārī*, *ātus sum* ¶**1** intr., se préparer : -C Théât., C Pros. ¶**2** tr., se préparer à qqch., entreprendre qqch. : C Pros., +C Pros. ‖ [surtout avec inf.] C Pros. ; [avec *ut*] C Pros. ‖ [avec *si* subj.] faire des tentatives pour le cas où : C Pros.

conp-, V. *comp-*

conquadrātus, *a*, *um*, part. de *conquadro*

conquadrō, *ās*, *āre*, *āvī*, *ātum* ¶**1** tr., rendre carré, équarrir : C Poés., +C Pros. ¶**2** intr., cadrer avec ou ensemble : T Pros.

conquaestŏr, C Pros., V. *conquisitor*

conquassātĭo, *ōnis*, f., ébranlement : ***valetudinis corporis*** C Pros., altération de la santé

conquassātus, *a*, *um*, part. de *conquasso*

conquassō, *ās*, *āre*, *āvī*, *ātum*, tr. ¶**1** secouer fortement : C Pros. ‖ briser, casser : -C Pros. ¶**2** [fig.] ébranler, bouleverser : ***mens conquassatur*** C Poés., l'esprit est disloqué ; C Pros.

conquĕrŏr, *ĕrĭs*, *querī*, *questus sum*, tr., se plaindre vivement de, déplorer : ***fortunam adversam*** -C, C Pros., déplorer la fortune contraire ; ***iniqua judicia*** C Pros., se plaindre de jugements iniques ‖ ***ad aliquem aliquid*** C Pros., porter une plainte devant qqn ***apud aliquem*** +C Pros. ‖ [avec prop. inf.] se plaindre que : C Poés., Pros. ‖ [avec *quod*] se plaindre de ce que : C Pros., +C Pros. ‖ [avec *cur*] demander en se plaignant pourquoi : +C Pros.

conquestĭo, *ōnis*, f. ¶**1** action de se plaindre vivement, de déplorer : +C Pros. ¶**2** action de formuler une plainte, un reproche : C Pros. ¶**3** [rhét.] partie de la péroraison où l'on sollicite la compassion des juges : C Pros.

1 **conquestus**, *a*, *um*, part. de *conqueror*

2 **conquestŭs**, m., plainte : C Pros.

conquexī, parf. de *conquinisco*

conquĭescō, *ĭs*, *ĕre*, *quĭēvī*, *quĭētum*, intr., se reposer [pr. et fig.] : ***ante iter confectum*** C Pros., se reposer avant l'achèvement du trajet ; ***vectigal quod non conquiescit*** C Pros., un revenu qui ne chôme pas, ne s'interrompt pas ‖ ***ex laboribus*** C Pros. ; ***a continuis bellis*** C Pros., se reposer des fatigues, de guerres continuelles ; ***in studiis*** C Pros. ; ***in aliqua mensura honorum*** +C Pros., se contenter (se tenir pour satisfait) d'une certaine mesure d'honneurs

conquīl-, V. *conchyl-*

conquĭniscō, *ĭs*, *ĕre*, *quexī*, -, intr., baisser la tête : -C Théât.

conquĭno, V. *coinquino*

conquīrō, *ĭs*, *ĕre*, *quīsīvī*, *quīsītum*, tr., chercher de tous côtés, rassembler en prenant de côté et d'autre : C Pros. ; ***omne argentum*** C Pros., rechercher toute l'argenterie ‖ lever, recruter [des soldats] : C Pros. ‖ ***suavitates undique*** C Pros., rechercher de tous côtés les plaisirs ; ***aliquid sceleris*** C Pros., être en quête de quelque crime [à commettre]

conquīsītē, adv., avec recherche, avec soin : ***conquisite scribere*** +C Pros., écrire avec soin ; C Pros.

conquīsītĭo, *ōnis*, f., action de rechercher, de rassembler : ***conquisitio diligentissima*** [+C] Pros., recherche très consciencieuse ; ***conquisitio pecuniarum*** [+C] Pros., levée de tributs ‖ [en part.] enrôlement, levée de troupes : [C] Pros. ; ***intentissima conquisitio*** [C] Pros., enrôlement très sévère

conquīsītŏr, *ōris*, m., celui qui fouille, scrute : [T] Pros. ‖ enrôleur, recruteur : [C] Pros. ‖ inspecteur : [-C] Théât. ‖ agent pour faire des recherches : [-C] Théât.

conquīsītus, *a*, *um*, part. de *conquiro* ‖ adj[t], recherché, choisi soigneusement, précieux : [C] Pros.

conquīsīvī, parf. de *conquiro*

conr-, [V.] *corr-*

consaepĭō (**consēp-**), *īs*, *īre*, *saepsī*, *saeptum*, tr., enclore : [+C] Pros. ; ***consaeptus ager*** [C] Pros., champ enclos, parc

consaeptum, *ī*, n., enclos, enceinte : [C] Pros.

consaeptus, *a*, *um*, part. de *consaepio*

consălūtātĭo, *ōnis*, f., action de saluer ensemble [en parl. de la foule] : [C] Pros. ‖ échange de salut entre deux corps de troupe : [+C] Pros.

consălūtātus, *a*, *um*, part. de *consaluto*

consălūtō, *ās*, *āre*, *āvī*, *ātum*, tr., saluer ensemble, saluer : [C] Pros. ‖ échanger un salut : ***cum inter se consalutassent*** [C] Pros., s'étant salués mutuellement

consānescō, *ĭs*, *ĕre*, *sānŭī*, -, intr., revenir à la santé, se guérir : [C] Pros.

consanguĭnĕa, *ae*, f., sœur : [C] Poés.

consanguĭnĕus, *a*, *um* ¶ **1** né du même sang, fraternel, de frères : [C] Poés., [+C] Poés. ¶ **2** m. pris subst[t], parent, [en part.] frère : [C] Pros.

consanguĭnĭtas, *ātis*, f., [en gén.] parenté, communauté d'origine : [C] Poés.

consānō, *ās*, *āre*, *āvī*, -, tr., guérir entièrement : [+C] Pros.

consānŭī, parf. de *consanesco*

Consānus, *a*, *um*, [V.] *Compsanus*

consarcĭnātus, *a*, *um*, part. de *consarcino*

consarcĭnō, *ās*, *āre*, *āvī*, *ātum*, tr., coudre ensemble : [T] Pros. ‖ [fig.] ***insidias*** [T] Pros., ourdir des pièges

consārĭō, *īs*, *īre*, -, -, tr., sarcler entièrement : [-C] Pros., [+C] Pros.

consătĭo, [V.] *consitio* [en parl. de la génération]

consaucĭō, *ās*, *āre*, *āvī*, *ātum*, tr., blesser grièvement : [C] Pros., [+C] Pros. ; [poét.] [+C] Pros.

consāvĭo, **consāvĭor**, [V.] *consuavio*

conscĕlĕrātus, *a*, *um*, part. de *conscelero* ‖ adj[t], scélérat, criminel : ***pirata consceleratus*** [C] Pros., pirate scélérat ; ***vis conscelerata*** [C] Pros., violence criminelle ‖ ***conscelerātissimus*** [C] Pros.

conscĕlĕrō, *ās*, *āre*, *āvī*, *ātum*, tr., souiller par un crime : [C] Pros., Poés.

conscendō, *ĭs*, *ĕre*, *scendī*, *scensum*, monter, s'élever ¶ **1** intr., ***in equos*** [C] Poés. ; ***in montem*** [+C] Pros. ; ***in navem*** [-C] Théât., [C] Pros., monter sur des chevaux, sur une montagne, sur un navire [C] Pros. ‖ [fig.] ***ad consulatum*** [+C] Pros., s'élever au consulat ¶ **2** tr., ***equos*** [C] Poés., Pros. ; ***currum*** [C] Poés. ; ***vallum*** [C] Pros. ; ***navem*** [-C] Théât., [C] Pros., monter sur des chevaux, sur un char, sur un retranchement [pour le défendre], sur un navire ‖ [abs[t]] ***conscendere***, s'embarquer : [C] Pros. ; ***ab aliquo loco*** [C] Pros. ; ***e Pompeiano*** [C] Pros., s'embarquer à un endroit [= partir par mer d'un endroit], s'embarquer au sortir de la maison de campagne de Pompéi ; ***Thessalonicae*** [C] Pros., s'embarquer à Thessalonique ‖ [fig.] ***laudis carmen*** [C] Poés., s'élever au ton du panégyrique

conscensĭo, *ōnis*, f., action de monter dans : ***conscensio in naves*** [C] Pros., embarquement

conscensus, *a*, *um*, part. de *conscendo*

conscĭdī, parf. de *conscindo*

conscĭentĭa, *ae*, f. ¶ **1** connaissance de qqch. partagée avec qqn, connaissance en commun ***a)*** [gén. subj.] [C] Pros., [+C] Pros. ***b)*** [gén. obj.] [C] Pros., [+C] Pros. ¶ **2** claire connaissance qu'on a au fond de soi-même, sentiment intime : [C] Pros. ; ***victoriae*** [+C] Pros., le sentiment de la victoire ‖ ***salva conscientia*** [+C] Pros., sans sacrifier mon sentiment intime (mes convictions) ¶ **3** [sens moral] sentiment intime de qqch., claire connaissance intérieure : [C] Pros. ; ***optimae mentis*** [C] Pros., le sentiment d'avoir eu d'excellentes intentions ¶ **4** sentiment, conscience [avec idée de bien, de mal] : ***conscientia animi*** [C] Pros., témoignage de la conscience, voix de la conscience ; ***recta*** [C] Pros. ; ***bona*** [+C] Pros., bonne conscience ; ***mala*** [C] Pros., mauvaise conscience ‖ [abs[t]] bonne conscience : [C] Pros., [+C] Pros. ‖ [abs[t]] mauvaise conscience : ***angor conscientiae*** [C] Pros., les tourments qu'inflige la conscience ; ***ex conscientia diffidens*** [C] Pros., défiant par suite de la conscience qu'il a de ses crimes ‖ [d'où] remords : [C] Pros. ; ***conscientia morderi*** [C] Pros., souffrir des remords de conscience

conscindō, *ĭs*, *ĕre*, *scĭdī*, *scissum*, tr., mettre en pièces, déchirer : [C] Pros. ; ***aliquem pugnis*** [C] Pros., abîmer qqn à coups de poings ‖ [fig.] [C] Poés., Pros. ; ***sibilis conscissus*** [C] Pros., déchiré de coups de sifflet, sifflé outrageusement

conscĭō, *īs*, *īre*, *īvī*, *ītum*, tr., avoir la connaissance de : [cf.] *conscius* ¶ *2* ; [C] Pros.

consciscō, *ĭs*, *ĕre*, *scīvī* et *scĭī*, *scītum*, tr. ¶ **1** [t. officiel] décider [en commun], arrêter : [C] Pros. ¶ **2** ***sibi consciscere***, décider pour soi, se résoudre à : ***mortem*** [C] Pros., se donner la mort ‖ [sans *sibi*] [-C] Théât., [C] Pros.

conscissus, *a*, *um*, part. de *conscindo*

conscītus, *a*, *um*, part. de *conscisco*

conscĭus, *a*, *um* ¶ **1** ayant connaissance de qqch. avec qqn, partageant la connaissance de, confident : [C] Pros. ‖ [d'où] qui participe à, complice : ***maleficii*** [C] Pros., complice du crime ; ***interficiendi Agrippae*** [+C] Pros., complice du meurtre d'Agrippa ; [C] Pros. ‖ [avec dat.] ***facinori*** [C] Pros., complice d'un crime ; ***mendacio meo*** [C] Pros., complice de mon mensonge ‖ ***conscium esse alicui alicujus rei*** [C] Pros. [-C] Théât., [+C] Pros. être complice avec qqn de qqch. ‖ [avec *in* abl.] [C] Pros. ‖ [avec *de*] [C] Pros. ¶ **2** ayant la connaissance intime de, conscient de [avec *sibi*] : [C] Pros., Poés. ‖ [avec *in* abl.] [C] Poés. ‖ [avec prop. inf.] [C] Pros. [-C] Théât., [C] Pros. ‖ [avec interrog. indir.] [C] Pros. ‖ [abs[t]] ***conscii sibi*** [C] Pros., se sentant coupables ‖ [sans *sibi*] [C] Poés. ; [poét.] ***conscia virtus*** [C] Poés., courage conscient de lui-même [la conscience de sa valeur] ‖ [en mauvaise part] ***conscius animus*** [C] Poés., âme consciente de sa faute, qui se sent coupable [-C] Théât., [C] Pros.

conscrĕŏr, *ārĭs*, *ārī*, -, intr., tousser pour cracher : [-C] Théât.

conscrībillō, *ās*, *āre*, *āvī*, -, tr., griffonner, décrire en griffonnant : [C] Poés. ‖ couvrir de griffonnages = de traces de coups : [C] Poés.

conscrībō, *ĭs*, *ĕre*, *scripsī*, *scriptum*, tr., consigner par écrit ¶ **1** inscrire sur une liste, enrôler : ***legiones*** [C] Pros. ; ***exercitum*** [C] Pros., enrôler des légions, une armée ‖ ***Collinam novam*** [C] Pros., enrôler (former) une nouvelle tribu Colline ; ***conscribere*** [C] Pros., enrôler = former des cabales ¶ **2** composer, rédiger : ***librum*** [C] Pros. ; ***legem*** [C] Pros. ; ***epistulam*** [C] Pros. ; ***condiciones*** [C] Pros., écrire un livre, rédiger une loi, une lettre, des conditions ‖ [abs[t]] écrire : ***alicui*** [C] Pros. ; ***de aliqua re*** [C] Pros., écrire à qqn, sur qqch. ; [avec prop. inf.] écrire que : [+C] Pros. ¶ **3** [poét.] marquer qqch. de caractères écrits : ***mensam vino*** [C] Poés., écrire avec du vin sur la table ‖ [plais[t]] écrire sur le dos de qqn, le sillonner de coups : [-C] Théât.

conscriptĭo, *ōnis*, f., rédaction : [C] Pros. ‖ composition, ouvrage : [C] Pros.

conscriptus, *a*, *um*, part. de *conscribo* ‖ ***conscripti*** ; seul : [C] Poés.

consĕcō, *ās*, *āre*, *sĕcŭī*, *sectum*, tr., mettre en petits morceaux, hacher : [-C] Pros. ; ***membra fratris*** [C] Poés., couper en morceaux le corps de son frère

consĕcrānĕus, *i*, m., celui qui participe au même culte, coreligionnaire : [+C] Pros.

consĕcrātĭo, *ōnis*, f. ¶ **1** action de consacrer aux dieux : [C] Pros. ¶ **2** action de dévouer aux dieux l'infracteur d'une loi : ***capitis*** [C] Pros., action d'appeler l'anathème sur la tête de l'infracteur ¶ **3** apothéose des empereurs romains : [+C] Pros.

consĕcrātus, *a*, *um*, part. de *consecro*

consĕcrō, *ās, āre, āvī, ātum*, tr. ¶**1** consacrer, frapper d'une consécration religieuse : ***alicujus domum*** [C] Pros. ; ***possessiones*** [C] Pros. ; ***bona*** [C] Pros., consacrer aux dieux la maison, les biens de qqn, en faire des objets sacrés ‖ [avec dat.] consacrer à : [C] Pros. ‖ **consecrātus**, *a, um* [souvent] = consacré, saint, enlevé à l'usage profane : [C] Pros. ¶**2** dévouer aux dieux infernaux comme rançon d'une infraction à qqch. de consacré : [C] Pros., [P] Pros. ¶**3** consacrer, reconnaître comme ayant un caractère sacré (divin) : [C] Pros. ‖ [apothéose des empereurs] diviniser : [+C] Pros. ¶**4** [fig.] = immortaliser : [C] Pros. ¶**5** part. *consecratus, a, um* [qqf.] = imputé (attribué) [comme qqch. de divin] : [C] Pros., [+C] Pros.

consectānĕus, *a, um*, conséquent : [P] Pros. ‖ subst. m., celui qui est de la même secte, sectateur : [P] Pros.

consectārĭus, *a, um*, conséquent, logique : [C] Pros. ‖ **consectārĭa**, *ōrum*, n. pl., conclusions : [C] Pros.

consectātĭo, *ōnis*, f., poursuite, recherche : ***concinnitatis*** [C] Pros., recherche de la symétrie

consectātrix, *īcis*, f., celle qui poursuit : [C] Pros.

consectātus, *a, um*, part. de *consector*

consectĭo, *ōnis*, f., coupe [des arbres] : [C] Pros.

consectŏr, *ārĭs, ārī, ātus sum*, tr. ¶**1** s'attacher aux pas de qqn : [-C] Théât. ‖ suivre constamment : [-C] Théât., [C] Pros. ¶**2** [fig.] poursuivre, rechercher : ***potentiam*** [C] Pros., rechercher la puissance ; ***verba*** [C] Pros., s'attacher uniquement aux mots (à la lettre) ; ***aliquid imitando*** [C] Pros., chercher à imiter qqch. ; ***ne plura consecter*** [C] Pros., pour ne pas rechercher dans mon exposé un plus grand nombre de considérations ¶**3** [idée d'hostilité] ***aliquem clamoribus, sibilis*** [C] Pros., poursuivre qqn de cris, de sifflets ; ***hostes*** [C] Pros., poursuivre l'ennemi opiniâtrement ; ***maritimos praedones*** [C] Pros., traquer les pirates

consectus, *a, um*, part. de *conseco*

consĕcŭē, adv., en suivant : [C] Poés.

consĕcŭī, parf. de *conseco*

consĕcūtĭo, *ōnis*, f., suite, conséquence : [C] Pros. ‖ [rhét.] ***a)*** conclusion : [C] Pros. ***b)*** liaison appropriée : ***consecutio verborum*** [C] Pros., construction correcte de la phrase

consĕcūtus ou **consĕquūtus**, *a, um*, part. de *consequor*

consĕcŭus, *a, um*, suivant, qui suit : [P] Pros.

consĕdeō, *ēs, ēre, -, -*, intr., être assis avec : [P] Pros.

consēdī, parf. de *consido*

consēmĭnālis, *e*, [+C] Pros., **consēmĭnĕus**, *a, um*, [+C] Pros., planté d'espèces différentes

consĕnescō, *ĭs, ĕre, ŭī, -*, intr. ¶**1** vieillir, arriver à un âge avancé : [C] Poés., [+C] Pros. ¶**2** [fig.] vieillir, languir : [C] Pros. ; ***in commentariis rhetorum*** [+C] Pros., vieillir (pâlir) sur les traités des rhéteurs ‖ s'user, dépérir, se consumer : [C] Pros. ; ***invidia consenescit*** [C] Pros., la haine s'épuise

consēnĭor, *ōris*, m., prêtre avec qqn : [P] Pros.

consensĭo, *ōnis*, f. ¶**1** conformité dans les sentiments, accord : ***omnium gentium*** [C] Pros., accord de toutes les nations ; ***de aliqua re*** [C] Pros., accord sur qqch. ‖ ***consensio naturae*** [C] Pros., harmonie de l'univers ¶**2** [mauvaise part] conspiration, complot : [C] Pros. ; ***globus consensionis*** [C] Pros., le noyau de la conjuration

1 **consensus**, *a, um*, part. de *consentio*

2 **consensŭs**, *ūs*, m. ¶**1** accord : [C] Pros. ‖ = συμπάθεια : [C] Poés., Pros. ; ▶ *conjunctio* ¶**2** [mauvaise part] conspiration, complot : [C] Pros.

consentānĕē, adv., d'accord : [P] Pros.

consentānĕus, *a, um*, d'accord avec, conforme à : ***cum aliqua re*** [C] Pros., conforme à qqch. ‖ [ordin[t] avec dat.] [C] Pros. ‖ [abs[t]] qui convient, qui est conséquent (logique) : [C] Pros., [+C] Pros. ‖ ***consentaneum est***, il est logique, conséquent, raisonnable, il est dans l'ordre, il convient : [avec inf.] [C] Pros. ; [avec prop. inf.] [-C] Théât., [C] Pros. ; [avec *ut* subj.] [-C] Théât., [C] Pros. ‖ **consentānĕa**, *ōrum*, n. pl., circonstances concordantes : [C] Pros.

Consentes dĭī, m. pl., les dieux conseillers [les douze grands dieux formant le conseil de l'Olympe, appelés aussi *dii complices*] : [C] Pros., [P] Pros.

Consentĭa, *ae*, f., ville du Bruttium [Cosenza] ‖ **-tīnī**, *ōrum*, m. pl., habitants de Consentia : [C] Pros.

consentĭens, *tis*, ▶ *consentio*

Consentīnus, ▶ *Consentia*

consentĭō, *īs, īre, sensī, sensum*

I intr. ¶**1** être de même sentiment, être d'accord : ***animi consentientes*** [C] Pros., âmes qui sont d'accord ‖ ***cum aliquo***, être d'accord avec qqn : [-C] Théât., [C] Pros. ‖ ***alicui, alicui rei***, être d'accord avec qqn, avec qqch. : [C] Pros. ; ***sibi consentire*** [C] Pros., être conséquent avec soi-même ‖ [avec prop. inf.] s'accorder à dire que, reconnaître unanimement que : [C] Pros. ***consentitur*** [+C] Pros., on est d'accord pour reconnaître ‖ [avec *ut*] ***consensum est ut*** [C] Pros., on se mit d'accord pour décider que ¶**2** s'entendre, conspirer, comploter [abs[t]] : [C] Pros. ‖ [avec *cum*] s'entendre (faire cause commune) avec : [C] Pros. ‖ ***ad aliquid***, pour qqch. : [C] Pros. ‖ [avec inf.] comploter de : [C] Pros. ‖ [avec *ut*] se mettre d'accord pour que, comploter de : [+C] Pros. ¶**3** [en parl. de choses] être d'accord : [abs[t]] [C] Pros. ‖ [surtout au part. prés.] ***consentiens***, d'accord, unanime : [C] Pros. ‖ [avec dat.] [C] Pros. [avec *cum*] [C] Pros. [avec *inter se*] [C] Pros. ‖ ***de aliqua re*** [C] Pros.

II tr., décider en accord : ***bellum*** [C] Pros., être d'accord pour décider la guerre

Consentĭus, *ĭī*, m., nom d'homme : [P] Pros.

consĕnŭī, parf. de *consenesco*

consēpio, -septum, -septo, ▶ *consaep-*

consĕpultus, *a, um*, [avec *cum* abl.] enseveli avec : [P] Pros.

consĕquens, *entis*, part. prés. de *consequor*, [pris adj[t]] ¶**1** [gram.] bien construit : ***non consequens*** [C] Pros., contraire à la construction ¶**2** ***a)*** connexe : [C] Pros. ***b)*** ce qui suit logiquement : [C] Pros. ‖ ***consequentia*** [C] Pros., les conséquences logiques ‖ ***consequens est*** [avec prop. inf.] [C] Pros. ‖ ***consequens est*** [avec *ut* subj.], il est raisonnable, logique que : [C] Pros. ; [avec prop. inf.] [+C] Pros.

consĕquentĕr, adv., conséquemment : [+C] Pros.

consĕquentia, *ae*, f., suite, succession : ***eventorum*** [C] Pros. ; [pl.] ***consequentiae rerum*** [P] Pros., la suite des événements ; ***per consequentias***, par voie de conséquence

consĕquĭa, *ae*, f., suite : [C] Poés., [+C] Pros.

consĕquĭus, *a, um*, qui suit : [+C] Pros.

consĕquŏr, *sĕquĕrĭs, sĕquī, sĕcūtus sum*

I tr. ¶**1** venir après, suivre [*aliquem*, suivre qqn] : [-C] Théât., [C] Pros. ; ***aliquem vestigiis*** [C] Pros., suivre qqn à la trace ‖ poursuivre [l'ennemi] : [C] Pros. ¶**2** suivre [chronologiquement] : [C] Pros. ¶**3** poursuivre, rechercher qqch. : ***voluptates*** [C] Pros. ; ***laudem*** [C] Pros., rechercher les plaisirs, l'estime ; ***exilitatem*** [C] Pros., la maigreur du style ¶**4** suivre comme conséquence : [C] Pros. ¶**5** atteindre, rejoindre, rattraper [qqn] : [C] Pros. ‖ atteindre un lieu : [C] Pros. ‖ [fig.] atteindre, obtenir, acquérir [qqch.] : ***honores*** [C] Pros., obtenir les magistratures ; ***quaestus*** [C] Pros., réaliser des gains ; ***aliquid ab aliquo*** [C] Pros., obtenir qqch. de qqn ; ***aliquid ex aliqua re*** [C] Pros., retirer qqch. de qqch. ‖ ***hoc consequi ut*** avec subj., [C] Pros., obtenir ce résultat que ; [C] Pros. ; ***hoc consequi ne*** [C] Pros., obtenir ce résultat d'empêcher que ; [avec inf.] [C] Pros. ‖ atteindre, égaler : [qqn] [C] Pros., [+C] Pros. ; [qqch.] [C] Pros., [+C] Pros. ‖ atteindre, réaliser par la parole, exprimer dignement : ***verbis laudem alicujus*** [C] Pros., exprimer en termes suffisants la gloire de qqn ‖ atteindre, embrasser (par la mémoire) : ***aliquid memoria consequi*** [C] Pros., [+C] Pros. ‖ atteindre qqn [= lui échoir en partage] : [C] Pros.

II intr., venir ensuite : [C] Pros. ‖ [chronologiquement] [C] Pros. ‖ [comme conséquence] [C] Pros.

consermōnŏr, *ārĭs, ārī, -*, intr., ***cum aliquo***, s'entretenir avec qqn : [+C] Pros.

1 **consĕrō**, *ĭs, ĕre, sēvī, sĭtum*, tr. ¶**1** planter, ensemencer : ***agros*** [C] Pros., ensemencer des champs ‖ [en parl. de la fécondation] [C] Poés., [P] Pros. ‖ [fig.] [C] Poés. ; ***consitus senectute*** [-C] Théât., accablé de vieillesse ¶**2** planter : [des oliviers, la vigne]

[-C] Pros. ; [des arbustes] [C] Pros. ; ***arborem*** [C] Pros., [+C] Pros., planter un arbre

2 **cōnsĕrō**, *ĭs, ĕre, sĕrŭī, sertum*, tr. ¶1 attacher ensemble, réunir, joindre : [+C] Pros. ; ***conserta navigia*** [+C] Pros., navires attachés ensemble ‖ [fig.] ***virtutes consertae*** [+C] Pros., vertus enchaînées entre elles ; [C] Poés., Pros. ¶2 [en part.] ***conserere manum (manus)***, en venir aux mains : [-C] Théât., [C] Pros. ; ***cum aliquo***, avec qqn : [C] Pros. ; ***inter se*** [C] Pros., entre eux ‖ combat fictif pour la revendication de propriété dans l'ancien système de procédure romain : [C] Pros., [+C] Pros. ‖ [d'où] [C] Pros. ; ***acies*** [+C] Poés., engager le combat, livrer bataille ; ***alicui pugnam*** [-C] Théât., livrer bataille à qqn ; ***bellum*** [+C] Poés., engager les hostilités ‖ ***conserta acies*** [+C] Pros., combat de près, mêlée ; [C] Pros., [+C] Pros. ‖ [abs[t]] ***conserere***, être aux prises, se battre : [C] Pros. ¶3 former qqch. en attachant des parties entre elles : [C] Poés., [+C] Pros. ‖ ***sermonem conserere***, former une conversation par un enchaînement de propos = converser, s'entretenir : [+C] Pros.

cōnsertē, adv., avec enchaînement : [C] Pros.

cōnsertĭo, *ōnis*, f., assemblage, réunion : [T] Pros.

cōnsertus, *a, um*, part. de *2 consero*

cōnsĕrŭī, parf. de *2 consero*

cōnserva, *ae*, f., compagne d'esclavage : [-C] Théât.

cōnservans, *antis*, part. de *conservo* ‖ adj[t], conservateur : [C] Pros.

cōnservātĭo, *ōnis*, f., action de conserver : ***frugum*** [C] Pros., conservation des produits du sol ; ***naturae*** [C] Pros., respect des lois de la nature ; ***aequabilitatis*** [C] Pros., maintien de l'équité

cōnservātŏr, *ōris*, m., conservateur, sauveur : ***conservator Urbis*** [C] Pros., sauveur de Rome ‖ sauveur, titre donné à certains dieux : [+C] Pros.

cōnservātrix, *īcis*, f., celle qui conserve, qui sauve : [C] Pros. ; ***conservatrices ignis*** [T] Pros., [les Vestales] qui entretiennent le feu

cōnservatus, *a, um*, part. de *conservo*

cōnservĭtium, *ĭī*, n., esclavage commun : [-C] Théât.

cōnservō, *ās, āre, āvī, ātum*, tr. ¶1 conserver : ***ad se conservandum*** [C] Pros., pour sa conservation personnelle ; ***cives incolumes*** [C] Pros., conserver les citoyens sains et saufs ¶2 observer fidèlement : ***ordinem (rerum)*** [C] Pros., observer l'ordre (des faits) ; ***fidem datam*** [C] Pros., garder la foi jurée ; ***collocationem verborum*** [C] Pros., observer avec soin l'arrangement des mots dans la phrase ; ***mortui voluntatem*** [C] Pros., respecter la volonté d'un mort [C] Pros. respecter la majesté du peuple romain ; ***privilegia athletis*** [+C] Pros., maintenir les privilèges des athlètes

1 **cōnservus**, *a, um*, qui partage l'esclavage : [-C] Théât.

2 **cōnservus**, *ī*, m., compagnon d'esclavage : [C] Pros., [T] Pros.

cōnsessŏr, *ōris*, m., celui qui est assis auprès : [C] Pros.

cōnsessŭs, *ūs*, m., foule assise, réunion, assemblée [dans les tribunaux, au théâtre] : [C] Pros.

cōnsēvi, part. de *1 consero*

Cōnsēvĭus, *ĭī*, m., ➡ *Consivius*

cōnsīdĕrantĕr, adv., avec circonspection : [+C] Pros.

cōnsīdĕrantĭa, *ae*, f., réflexion, considération attentive sur qqch. : [C] Pros.

cōnsīdĕrātē, adv., avec réflexion : [C] Pros. ‖ ***-tissime*** [C] Pros.

cōnsīdĕrātĭo, *ōnis*, f., action de considérer : ***consideratio naturae*** [C] Pros., l'observation de la nature ; ***consideratio verborum*** [+C] Pros., action de peser les mots ; ***considerationem intendere in aliquid*** [C] Pros., porter toute son attention sur qqch.

cōnsīdĕrātŏr, *ōris*, m., observateur : [+C] Pros.

cōnsīdĕrātus, *a, um* ¶1 part. de *considero* ¶2 [adj[t]] réfléchi, pesé, prudent : [C] Pros. ‖ circonspect, prudent : ***homo consideratus*** [C] Pros., homme avisé ‖ compar. *-tior* [C] Pros. ; superl. *-tissimus* [C] Pros.

cōnsīdĕrō, *ās, āre, āvī, ātum*, tr., examiner (considérer) attentivement : [un candélabre] [C] Pros. ‖ [fig.] ***in animo*** [-C] Théât. ; ***secum*** [C] Pros., considérer par la pensée ‖ ***considerare ut***, subj., veiller avec circonspection à ce que : [C] Pros. ‖ [avec *ne*] prendre bien garde d'éviter que : [C] Pros. ‖ [avec *de*] porter ses réflexions, son examen sur : [C] Pros.

Cōnsīdĭus, *ĭī*, m., nom d'homme : [C] Pros.

cōnsīdō, *ĭs, ĕre, sēdī, sessum*, intr. ¶1 s'asseoir : [C] Pros. ; ***in pratulo consedimus*** [C] Pros., nous nous assîmes sur une pelouse ; ***ibi considitur*** [C] Pros., là on l'assied ; ***considite transtris*** [C] Poés., prenez place sur les bancs [de rameurs] ‖ siéger : [C] Pros. ‖ prendre place dans sa chaire [en parl. du professeur] : [+C] Pros. ¶2 [milit.] prendre position, se poster, camper : ***sub monte*** [C] Pros., prendre position au pied de la montagne ; ***in insidiis*** [C] Pros., se poster en embuscade, s'embusquer ¶3 se fixer, s'installer, s'établir [qq. part pour un certain temps] : [C] Pros. ‖ [fig.] ***in otio*** [C] Pros., se fixer dans le repos [= rentrer dans la vie privée, après l'exercice d'une fonction publique] ; [C] Poés. ¶4 s'abaisser, s'affaisser : [C] Pros. ; ***terra consedit*** [C] Pros., la terre s'affaissa ; [C] Poés. [+C] Pros. ‖ [rhét.] [C] Pros.

cōnsignātē, adv., avec justesse, précision : [+C] Pros. ‖ ***consignatius*** [+C] Pros.

cōnsignātĭo, *ōnis*, f., preuve écrite : [+C] Pros.

cōnsignātus, *a, um*, part. de *consigno*

cōnsignō, *ās, āre, āvī, ātum*, tr., marquer d'un signe ¶1 sceller, revêtir d'un sceau : [C] Pros. ; ***tabellas dotis*** [+C] Pros. ; ***dotem*** [+C] Pros., sceller (signer) un contrat de mariage ¶2 consigner, mentionner avec les caractères de l'authenticité : [C] Pros.

cōnsĭlescō, *ĭs, ĕre, sĭlŭī, -*, intr., se taire complètement, faire silence : [-C] Pros., Théât. ‖ [fig.] s'affaiblir, s'éteindre : [+C] Pros.

1 **cōnsĭlĭārĭus**, *a, um*, qui délibère, qui donne des conseils : [-C] Théât. ; ***consiliarium (fulgur)*** [+C] Pros., éclair qui porte conseil

2 **cōnsĭlĭārĭus**, *ĭī*, m., conseiller : [C] Pros. ‖ [en part.] ***a)*** juge assesseur : [+C] Pros. ***b)*** celui qui interprète : ***consiliarius Jovis*** [C] Pros., interprète de la volonté de Jupiter

cōnsĭlĭātŏr, *ōris*, m., conseiller : [C] Poés., [+C] Pros.

cōnsĭlĭātrix, *īcis*, f., conseillère : [+C] Pros.

cōnsĭlĭŏr, *āris, ārī, ātus sum*, intr. ¶1 tenir conseil, délibérer : [C] Pros. ¶2 [avec dat.] délibérer au profit de, conseiller : [C] Poés.

cōnsĭlĭōsus, *a, um*, qui conseille bien, circonspect : [C], [+C] Pros. ‖ ***-sior*** [T] Pros. ‖ ***-sissimus*** [T] Pros.

cōnsĭlĭum, *ĭī*, n. ¶1 délibération : ***in consilia publica adhibere*** Liv., appeler aux délibérations publiques ; ***cum aliquo consilia conferre*** Cic., échanger des vues avec qqn, délibérer avec lui ; ***in consilium ire*** Cic., se réunir pour délibérer ; ***mittere in consilium*** Cic., laisser délibérer (les juges) ; ***consilium habere*** Caes., tenir un conseil de guerre (délibérer) ; ***consilium habere utrum..., an...*** Sen. *Ep.*, délibérer pour savoir si..., ou si... ‖ [d'où] assemblée délibérante, conseil : ***patrum consilium*** Cic., le sénat (l'assemblée des Pères) ; ***consilium dimittere*** Cic., renvoyer le jury ; ***ad consilium publicum aliquid deferre*** Cic., soumettre qqch. au conseil public (= à la délibération du sénat) ¶2 conseil, avis : ***fidele consilium dare*** Cic., donner un conseil loyal ; ***consilio alicujus parere*** Cic., suivre les conseils de qqn ; ***consilio uti*** Caes., adopter un avis ; ***de (ex) consilio alicujus*** Cic. *Att.*, sur le conseil de qqn ; ***contra consilium alicujus*** Cic. *Att.*, contre l'avis de qqn ‖ [d'où] réflexion, prudence : ***infirmitas consilii*** Cic., la faiblesse de jugement (le manque de réflexion) ; ***res virtute et consilio alicujus factae*** Liv., exploits accomplis par l'énergie et la prudence réfléchie de qqn ¶3 résolution, intention, volonté ***a) subita et repentina consilia Gallorum*** Caes., les résolutions soudaines et inattendues des Gaulois ; ***consilium inire*** Cic., prendre une résolution ; ***consilium capere*** [avec gér. ou avec *ut*] Cic., prendre la résolution de, former le projet de ; ***consilium est*** [avec gér., ou avec inf., ou avec *ut*], l'intention est de ; ***eo consilio ut*** [avec subj.] Cic., avec l'intention de ‖ ***consilio*** Cic., à dessein, avec intention ; ***consilio alicujus*** Caes., par la volonté de qqn ***b)*** application d'une volonté [d'où] mesure, politique : ***communi***

consilio Cic., par une mesure prise en commun ; ***consociare se in consilia alicujus*** Liv., s'associer à la politique de qqn ; [en part.] plan de guerre, stratégie : Caes., Cic.

consĭlŭī, parf. de *consilesco*

consĭmĭlis, *e*, entièrement semblable ***a)*** [avec gén.] [C] Pros. ***b)*** [avec dat.] [-C] Théât. ; ***alicui rei*** [C] Pros. ***c)*** [avec *atque*] [-C] Théât., [+C] Pros. ; [avec *et*] [C] Poés. ***d)*** [avec *quasi*] [-C] Théât. ***e)*** [absᵗ] [-C] Théât., [C] Pros. ; ***consimili studio*** [+C] Pros., avec une égale passion ‖ **consĭmĭlĭa**, *ĭum*, n. pl., choses semblables : ***in omnibus consimilibus*** [+C] Pros., dans tous les cas analogues

consĭmĭlĭter, adv., d'une manière entièrement semblable : [+C] Pros.

consĭmĭlō, *ās*, *āre*, *-*, *-*, tr., rendre semblable, assimiler : [T] Pros.

consĭpĭō, *ĭs*, *ĕre*, *sĭpŭī*, *-*, intr., être dans son bon sens, être maître de soi : [+C] Pros. ; ***consipere mentibus*** [C] Pros., se posséder

consistens, *tis*, part. de *consisto*

consistio, *ōnis*, f., action de rester immobile (***loci***, dans un lieu) : [+C] Pros.

consistō, *ĭs*, *ĕre*, *stĭtī*, *-*, intr. ¶ **1** se mettre, se placer, se poser : ***ad mensam*** [C] Pros., se mettre près de la table [pour servir] ; [C] Pros. ; ***in pedes consistere*** [+C] Pros. ; se mettre sur ses pattes [tortue] ‖ se présenter, se produire : [C] Pros. ; ***in causa aliqua*** [C] Pros., se présenter dans une cause [pour la soutenir] ; [d'où] ***consistere*** seul, comparaître comme accusateur : [C] Pros., [+C] Pros. ‖ [fig.] se présenter : [C] Pros. ‖ [milit.] se placer, prendre position : [C] Pros. ; ***in orbem consistere*** [C] Pros., se former en carré ; [fig.] [C] Pros. ‖ [en parl. de dés] se poser, tomber : [C] Pros. ‖ [au parf.] ***constiti***, je me trouve placé (établi), [presque synonyme de *sum*] : [C] Poés., [+C] Pros. ¶ **2** s'arrêter : [C] Pros. ‖ faire halte : [C] Pros. ; ***a fuga*** [C] Pros., s'arrêter dans sa fuite ‖ ***cum aliquo***, s'arrêter avec qqn pour causer : [C] Pros., Poés. ‖ séjourner qq. temps dans un lieu : [C] Pros. ‖ se fixer, s'établir dans un lieu : [C] Pros. ; [fig.] [C] Pros. ‖ [fig.] s'arrêter sur qq., insister sur : ***in singulis*** [C] Pros., insister sur chaque point séparément ‖ s'arrêter, s'en tenir à (à un rang déterminé) : [C] Pros., [+C] Pros. ‖ [en parl. de choses] s'arrêter, rester immobile : [C] Pros. ; ***cum mustum constitit*** [+C] Pros., quand le moût a cessé de fermenter ‖ [fig.] s'arrêter, être suspendu, cesser : [C] Pros. ¶ **3** se tenir [de façon compacte, solide, par étroite union des éléments] : [C] Poés. ‖ [avec *ex*] être composé de, résulter de : [C] Poés., Pros., [+C] Pros. ‖ [avec abl.] [+C] Pros. ‖ [avec *in*] [fig.] consister dans : [C] Pros. ‖ se fonder (reposer), sur : [C] Pros., [+C] Pros. ‖ [fig.] se maintenir, rester ferme, en parfait équilibre : ***mente consistere*** [C] Pros. ; ***animo*** [C] Pros., garder son esprit calme, en équilibre, d'aplomb ¶ **4** [emploi douteux] tr., établir : [+C] Pros.

consistōrĭānus, *a*, *um*, relatif au conseil de l'empereur ‖ **consistōrĭānus**, *i*, m., conseiller, membre du conseil [de l'empereur] : [T] Pros.

consistōrĭum, *ĭī*, n., [en part.] ***a)*** antichambre : [T] Pros. ***b)*** cabinet de l'empereur [conseil privé de l'empereur, pour les affaires de justice, administration et législation] : [T] Pros.

consĭtĭo, *ōnis*, f., action de planter, plantation : [C] Pros., [+C] Pros.

Consĭtĭus, *ĭī*, m., nom d'homme : [+C] Pros.

consĭtor, *ōris*, m., planteur : [C] Poés.

consĭtūra, *ae*, f., plantation, ensemencement : [C] Pros.

consĭtus, *a*, *um*, part. de *1 consero*

Consīva, et **Consīvĭa**, *ae*, f., [C] Pros., surnom d'Ops [protectrice des biens de la terre]

Consīvĭus, *ĭī*, m., surnom de Janus : [T] Pros.

consŏbrīna, *ae*, f., [en gén.] cousine germaine : [C] Pros.

consŏbrīnus, *i*, m., cousin germain [du côté maternel] : [C] Pros. ‖ [en gén.] cousin germain : [C] Pros. ‖ cousin : [+C] Pros.

consŏcĕr, *ĕri*, m., le père du gendre ou de la bru : [+C] Pros.

consŏcĭātim, adv., conjointement : [T] Pros.

consŏcĭātĭo, *ōnis*, f., action de s'associer : ***hominum*** [C] Pros., la société

consŏcĭātus, *a*, *um* ¶ **1** part. de *consocio* ¶ **2** [adjᵗ] associé, uni intimement : ***consociatissima voluntas*** [C] Pros., accord parfait des sentiments

consŏcĭō, *ās*, *āre*, *āvī*, *ātum*, tr., associer, joindre, unir : [C] Pros. ; ***pestis alicujus consilia cum aliquo*** [C] Pros., comploter avec qqn la perte de qqn ; ***rem inter se consociant*** [C] Pros., ils se partagent le pouvoir ; ***consociare se in consilia alicujus*** [C] Pros., s'associer à la politique de qqn ; [-C] Théât. ; ***cum senatu consociati*** [C] Pros., unis au sénat ‖ ***regnum consociant*** [C] Pros., ils mettent en commun l'exercice du pouvoir royal

consōlābĭlis, *e* ¶ **1** consolable, qui peut être consolé : ***consolabilis dolor*** [C] Pros., douleur susceptible de consolation ¶ **2** consolant : [+C] Pros.

consōlātĭo, *ōnis*, f. ¶ **1** consolation : ***non egere consolatione*** [C] Pros., n'avoir pas besoin de consolation ; ***consolatio malorum*** [C] Pros., consolation dans le malheur ‖ ***illa consolatio*** [avec prop. inf.] [C] Pros., cette consolation, à savoir que ; [C] Pros. ‖ [fig.] consolation, discours, écrit destiné à consoler : [C] Pros., [+C] Pros. ‖ titre d'un traité : ***in Consolationis libro*** [C] Pros. ; ***in Consolatione*** [C] Pros., dans ma " Consolation " ¶ **2** soulagement, encouragement : [C] Pros.

consōlātōr, *ōris*, m., consolateur : [C] Pros., [+C] Pros. ‖ [chrét.] le Consolateur [l'Esprit saint] : [T] Pros.

consōlātōrĭē, adv., d'une manière propre à consoler : [T] Pros.

consōlātōrĭus, *a*, *um*, de consolation : [C] Pros., [+C] Pros.

consōlātus, *a*, *um*, part. de *consolor* et de *consolo*

consŏlīdātŏr, *ōris*, m., celui qui consolide : [+T] Poés.

consŏlīdātus, *a*, *um*, part. de *consolido*

consŏlīdō, *ās*, *āre*, *āvī*, *ātum*, tr., consolider : [C] Pros. ‖ [fig.] fortifier, affermir : [T] Pros.

consōlō, *ās*, *āre*, *-*, *-* ¶ **1** ➨ *consolor* : [C] Poés. ¶ **2** [pass.] [T] Pros. ‖ [sens réfl.] se consoler : [+C] Pros.

consōlŏr, *ārĭs*, *ārī*, *ātus sum*, tr. ¶ **1** rassurer, réconforter, consoler (***aliquem*** qqn) : [C] Pros. ; ***de aliqua re*** [C] Pros., touchant qqch. ; ***in aliqua re*** [C] Pros., à propos de, dans qqch. ¶ **2** adoucir, soulager [le malheur, la douleur] : [C] Pros. ‖ compenser, faire oublier : [C] Pros.

consomnĭō, *ās*, *āre*, *āvī*, *-*, tr., rêver, voir en rêve : [-C] Théât.

consŏnans, *tis* ¶ **1** part. de *consono* ¶ **2** subst. f., consonne : [+C] Pros.

consŏnantĕr, adv., avec accord : ***consonantissime*** [C] Pros., avec l'accord le plus parfait

consŏnantĭa, *ae*, f., production de sons ensemble, concordance, accord : [C] Pros. ‖ [dans la phrase] [+C] Pros.

consŏnē, adv., d'une voix unanime : [+C] Pros.

consŏnō, *ās*, *āre*, *sŏnŭī*, *-*, intr. ¶ **1** produire un son ensemble : [C] Pros., [+C] Pros. ‖ renvoyer le son, retentir : [C] Poés., Pros., [+C] Pros. ‖ [rhét.] avoir le même son [terminaison semblable] : [+C] Pros. ‖ être en accord, concordance : [+C] Pros. ¶ **2** [fig.] être en accord, en harmonie : ***secum*** [+C] Pros. ; ***sibi*** [+C] Pros., avec soi-même

consŏnus, *a*, *um* ¶ **1** qui sonne ou retentit ensemble, qui est d'accord, harmonieux : [C] Poés., [+C] Poés. ¶ **2** [fig.] conforme, convenable : [C] Pros.

consōpĭō, *īs*, *īre*, *īvī*, *ītum*, tr., assoupir, étourdir : [C] Poés., Pros. ‖ [fig.] ***consopiri*** [+C] Pros., tomber en désuétude

consōpītus, *a*, *um*, part. de *consopio*

consors, *sortis* ¶ **1** indivisaire, copartageant, possédant conjointement : ***alicujus rei*** [C] Pros. ; ***in aliqua re*** [C] Pros., [+C] Pros., copartageant d'une chose, dans une chose ; ***alicujus*** [+C] Pros., collègue de qqn, partageant avec qqn ***cum aliquo*** [C] Pros. ‖ [poét.] qui est en commun : ***consortia tecta*** [C] Poés., habitations communes ¶ **2** en communauté de biens, propriétaire indivis : [C] Pros., [+C] Pros. ‖ [poét.] [substᵗ] frère, soeur : [C] Poés. ; [adjᵗ] fraternel : [C] Poés.

consortĭo, *ōnis*, f., association, communauté : ***consortio humana*** [C] Pros., la société humaine ; [+C] Pros. ‖ [fig., méd.] relation, sympathie, interdépendance : [+C] Pros.

consortĭum, *ĭī*, n., participation, communauté : [C] Pros. ; ***consortium regni*** [+C] Pros., partage du trône ; ***consortium studiorum*** [+C] Pros., confraternité littéraire ‖ [en part.] communauté de biens : [+C] Pros.

conspar-, ➨ *consper-*

conspătĭans, *tis*, se promenant avec : [+C] Pros.

conspectĭo, *ōnis*, f., ▶ *2 conspectus*

1 **conspectus**, *a, um* ¶ **1** part. de *1 conspicio* ¶ **2** [adjᵗ] ***a)*** visible, apparent : [C] Pros. ***b)*** qui attire les regards, remarquable : [C] Poés., Pros. ‖ ***-tior*** [C] Poés., Pros., [+C] Pros.

2 **conspectŭs**, *ūs*, m. ¶ **1** action de voir, vue, regard : ***in conspectum alicui se dare*** [C] Pros., s'offrir à la vue de qqn ; ***in conspectum alicujus se committere*** [C] Pros., oser se présenter (se risquer) aux regards de qqn ; ***in conspectu multitudinis*** [C] Pros., sous les yeux de la foule ‖ ***in conspectu Italiae*** [C] Pros., sous les yeux de l'Italie ‖ vue de l'esprit, examen : [C] Pros. ‖ vue d'ensemble, coup d'oeil d'ensemble : [C] Pros., [+C] Pros. ¶ **2** apparition, présence : [C] Pros. ‖ aspect : [C] Pros., [+C] Pros.

conspergō, *ĭs, ĕre, spersī, spersum*, tr. ¶ **1** arroser, asperger : ***aras sanguine*** [C] Poés., arroser les autels de sang ; [C] Pros. ‖ parsemer : ***carnem sale*** [+C] Pros., saupoudrer la viande de sel ; ***herbas floribus*** [C] Poés., émailler les herbes de fleurs ¶ **2** verser dessus : ***vinum vetus*** [+C] Pros., arroser de vin vieux

conspersus, *a, um*, part. de *conspergo* ‖ **consparsum**, *i*, n., pâte : [T] Pros.

conspexī, parf. de *1 conspicio*

conspĭcābĭlis, *e*, visible : [T] Poés. ‖ digne d'être vu : [T] Pros.

conspĭcātus, *a, um*, part. de *conspicor*

conspĭcĭendus, *a, um* ¶ **1** adj. verbal de *1 conspicio* ¶ **2** [adjᵗ] digne d'être remarqué, remarquable : ***forma conspiciendus*** [C] Poés., remarquable par sa beauté

conspĭcillum, *i*, n., lieu d'où l'on peut observer, observatoire : [-C] Théât.

1 **conspĭcĭō**, *ĭs, ĕre, spexī, spectum*

I intr., porter ses regards : ***in caelum*** [-C] Théât., vers le ciel ; [C] Pros., [+C] Pros.

II tr. ¶ **1** apercevoir : [C] Pros. ‖ apercevoir par la pensée, comprendre : [-C] Théât. ‖ remarquer : [+C] Pros. ¶ **2** regarder, contempler : [-C] Théât., [C] Pros. ‖ [en part., au pass.] être regardé, attirer les regards (l'attention) : [C] Pros.

2 **conspĭcĭo**, *ōnis*, f., regard attentif de l'augure : [C] Pros.

conspĭcŏr, *ārĭs, ārī, ātus sum*, tr., apercevoir : [C] Pros. ‖ [avec prop. inf.] [-C] Théât. ‖ [avec interrog. indir.] [C] Pros.

conspĭcŭus, *a, um* ¶ **1** qui s'offre à la vue, visible : ***conspicuus polus*** [C] Poés., le ciel visible ¶ **2** qui attire les regards, remarquable : [C] Pros., [+C] Pros.

conspīrātĭo, *ōnis*, f., accord [de sons] : [+C] Pros. ‖ [fig.] ***a)*** accord, union : ***bonorum omnium*** [C] Pros., unanimité des honnêtes gens ***b)*** conspiration, complot : [C] Pros., [+C] Pros.

1 **conspīrātus**, *a, um*, part. de *conspiro* ***a)*** en accord : [C] Pros. ***b)*** ayant conspiré, s'étant conjuré : [C] Poés. ‖ subst. m. pl. *conspirati*, les conjurés : [+C] Pros.

2 **conspīrātŭs**, abl. *ū*, m., accord, harmonie : [+C] Pros.

conspīrō, *ās, āre, āvī, ātum*, intr., s'accorder, être d'accord ***a)*** ***conspirate nobiscum*** [C] Pros., soyez d'accord avec nous ; [C] Poés. ***b)*** conspirer, comploter : [C] Pros. ; ***in aliquem*** [+C] Pros., conspirer contre qqn ; ***in caedem alicujus*** [+C] Pros., comploter la mort de qqn ; [C] Pros. ; ***conspirare ut*** [+C] Pros., s'entendre pour ; ***conspirare ne*** [C] Pros., s'entendre pour empêcher que ; ***conspirare perdere aliquem*** [+C] Pros., s'entendre pour faire périr qqn

conspissātus, *a, um*, part. de *conspisso*

conspissō, *ās, āre, -, ātum*, tr., condenser, épaissir [employé surtout au part.] : [+C] Pros.

conspŏlĭō, *ās, āre, -, -*, tr., dépouiller de : [T] Pros.

conspŏlĭum, *ĭī*, n., sorte de gâteau sacré : [T] Pros.

conspondĕō, *ēs, ēre, spondī, sponsum*, tr., ***consponsi*** [-C], [C] Pros., ceux qui ont pris l'engagement mutuel [*consposi*]

consponsŏr, *ōris*, m., celui qui est caution avec d'autres : [C] Pros.

consponsus, *a, um*, ▶ *conspondeo*

conspōsi, ▶ *conspondeo*

conspŭō, *ĭs, ĕre, spŭī, spūtum* ¶ **1** tr., salir de crachat, de bave : [+C] Pros. raillerie d'[C] Poés. ¶ **2** intr., cracher : [T] Pros.

conspurcātus, *a, um*, part. de *conspurco*

conspurco, *ās, āre, āvī, ātum*, tr., salir, souiller : [C] Poés., [+C] Pros.

conspūtātus, *a, um*, part. de *consputo*

conspūtō, *ās, āre, āvī, ātum*, tr., couvrir de crachats : [C] Pros.

conspūtus, *a, um*, part. de *conspuo*

constăbĭlĭō, *īs, īre, īvī, ītum*, tr., établir solidement : [-C] Théât.

constăbĭlītus, *a, um*, part. de *constabilio*

1 **constans**, *antis*, part. prés. de *consto*, [pris adjᵗ] ¶ **1** qui se tient fermement, consistant : [C] Poés. ‖ ***constans aetas*** [C] Pros., âge mûr ; ***constans pax*** [C] Pros., paix inaltérable ¶ **2** ferme moralement, constant avec soi-même, conséquent, qui ne se dément pas : [C] Pros. ¶ **3** dont toutes les parties s'accordent, où tout se tient harmonieusement : ***in oratione constanti*** [C] Pros., dans un discours bien ordonné ‖ ***rumores constantes*** [C] Pros., bruits concordants

2 **Constans**, *antis*, m., nom de divers pers., notᵗ Constant, fils de Constantin [empereur avec son frère Constance II de 337 à 350] : [T] Pros.

constantĕr, adv. ¶ **1** d'une manière continue, invariable : [C] Pros. ¶ **2** avec constance, fermeté : [C] Pros. ; ***aliquid constanter ferre*** [C] Pros., supporter avec constance (fermeté) qqch. ‖ avec pondération : [C] Pros. ¶ **3** en accord, d'une manière concordante : [C] Pros. ‖ d'une manière conséquente : [C] Pros. ‖ ***constantius*** [C] Pros.

1 **constantĭa**, *ae*, f. ¶ **1** permanence, continuité, invariabilité : [C] Pros. ; ***testium constantia*** [C] Pros., invariabilité des témoins ¶ **2** fermeté du caractère, des principes, constance : [C] Pros. ¶ **3** esprit de suite, accord, concordance, conformité : [C] Pros.

2 **Constantĭa**, *ae*, f., nom de femme : [T] Pros.

Constantĭăcus, *a, um*, [T] Pros., **-tĭānus**, *a, um*, [T] Pros., **-tĭensis**, *e*, de Constance [empereur romain]

Constantĭānus, *i*, m., nom d'un officier de l'empereur Julien : [T] Pros.

Constantīna, *ae*, f., nom de femme : [T] Pros. ‖ ville de Numidie [ancienne Cirta] : [T] Pros. ‖ ville de Mésopotamie : [T] Pros.

Constantīnĭānus, *a, um*, de l'empereur Constantin : [T] Pros.

Constantīnus, *i*, m., Constantin, empereur romain [306-337] : [T] Pros.

Constantĭus, *ĭi*, m., Constance (Chlore) [empereur romain, 305-306, père de Constantin] : [T] Pros. ‖ Constance II [empereur romain, 337-361, fils de Constantin] : [T] Pros.

constat, ▶ *consto*

constātūrus, *a, um*, part. fut. de *consto*

constellātĭo, *ōnis*, f., [astrol.] position des astres, état du ciel : [T] Pros.

consternātĭo, *ōnis*, f., bouleversement, affolement : [C] Pros., [+C] Pros. ‖ agitation, mutinerie : [C] Pros., [+C] Pros.

consternātus, *a, um*, part. de *1 consterno*

1 **consternō**, *ās, āre, āvī, ātum*, tr., effaroucher, épouvanter, bouleverser : [C] Pros. ; ***equo consternato*** [+C] Pros., le cheval ayant pris peur ‖ ***in fugam consternantur*** [C] Pros., ils s'affolent jusqu'à prendre la fuite, ils prennent la fuite dans leur affolement

2 **consterno**, *ĭs, ĕre, strāvī, strātum*, tr. ¶ **1** couvrir, joncher : [C] Pros. ‖ ***navis constrata*** ; ▶ *constratus* ¶ **2** abattre, renverser : [-C] Pros., [+C] Pros. ¶ **3** aplanir : [T] Pros.

constĭbĭlis lignĕa, f., presse en bois : [-C] Pros.

constīpātĭo, *ōnis*, f., foule : [T] Pros.

constīpō, *ās, āre, āvī, ātum*, tr. ¶ **1** presser, serrer : ***se constipaverant*** [C] Pros., ils s'étaient entassés ¶ **2** bourrer : [T] Pros.

constĭti, part. de *consisto* et de *consto*

constĭtŭō, *ĭs, ĕre, stĭtŭī, stĭtūtum*, tr. ¶ **1** placer debout, dresser : [C] Pros. ; ***posteaquam (candelabrum) constituerunt*** [C] Pros., quand ils eurent dressé le candélabre ‖ placer, établir : ***ante oculos aliquid sibi*** [C] Pros., se mettre devant les yeux qqch. ‖ faire faire halte : [C] Pros. ; ***signa constituere*** [C] Pros. ‖ élever, construire, fonder : ***turres duas*** [C] Pros., élever deux tours ; [fig.] [C] Pros. ¶ **2** fixer (établir) qqn à un endroit déterminé : [C] Pros. ¶ **3** établir, instituer : ***alicui legem, jus*** [C] Pros., instituer pour qqn une loi, une jurisprudence ‖ constituer, fonder : [C] Pros. ; ***pacem constituere*** [C] Pros., établir la paix ‖ constituer, organiser, fonder : ***civitates*** [C] Pros., fonder les États ; ***civitas constituta*** [C] Pros., cité ayant sa constitution, ses lois bien établies ; ***rem nummariam*** [C] Pros., régler la monnaie (fixer sa valeur) ; ***rem familiarem*** [C] Pros., organiser (remettre en ordre) ses affaires ‖ [pass.] être constitué solidement : [C] Pros. [C] Pros. quand on a une bonne constitution physique ; [C] Pros., [+C] Pros. ‖ ***constituisse ex*** = ***constare ex***, résulter de, êtret formé de : [C] Pros., [+C] Pros. ¶ **4** décider, fixer, établir : ***accusatorem*** [C] Pros., fixer l'accusateur ; ***praemia, poenas*** [C] Pros., établir des récompenses, des châtiments ; ***colloquio diem*** [C] Pros., fixer un jour pour une entrevue ; ***pretium frumento*** [C] Pros., fixer un prix au blé ; ***ut erat constitutum*** [C] Pros., comme cela avait été décidé ‖ ***cum aliquo***, décider, fixer avec qqn : [C] Pros. ‖ [avec prop. inf.] décider que : [-C] Théât. ‖ ***alicui constituere*** [avec prop. inf.], fixer (promettre) à qqn que : [C] Pros. ‖ [avec *ut* subj.] [C] Pros. ‖ [absᵗ] fixer un rendez-vous à qqn : [+C] Poés. ¶ **5** définir, établir, préciser une idée : [C] Pros. ¶ **6** se déterminer à faire qqch., prendre une résolution : ***ut constituerat*** [C] Pros., comme il l'avait décidé ; ***constituere ut*** subj., décider de, décider que : [C] Pros. ‖ [absᵗ] ***de aliquo, de aliqua re***, prendre une résolution sur qqn, sur qqch. : [C] Pros.

constĭtūtĭo, *ōnis*, f. ¶ **1** [en gén.] état, condition, situation : ***corporis*** [C] Pros., complexion ¶ **2** [en part.] ***a)*** définition : ***summi boni*** [C] Pros., définition du souverain bien ***b)*** [rhét.] état de la question, fond de la cause : [C] Pros. ***c)*** arrangement, disposition, organisation : ***rei publicae*** [C] Pros., l'organisation de l'État ***d)*** disposition légale, constitution, institution : [+C] Pros. ***e)*** [phil.] constitution, ensemble organisé constituant un être vivant [σύστασις] : [+C] Pros.

constĭtūtŏr, *ōris*, m., créateur, fondateur : [+C] Pros., [T] Pros.

constĭtūtum, *i*, n. ¶ **1** chose convenue, convention : [C] Pros. ; ***ad constitutum***, à l'époque (à l'heure) convenue, fixée, [ou] au rendez-vous : [C] Pros., [+C] Pros. ¶ **2** [fig.] loi, règle : [+C] Pros.

constĭtūtus, *a, um*, part. de *constituo*

constō, *ās, āre, stĭtī, stātūrus* ¶ **1** [absᵗ] ***a)*** se tenir arrêté : ***constant, conserunt sermones*** PL., ils restent arrêtés, ils causent ***b)*** rester stable, être assuré : ***in ebrietate lingua non constat*** SEN. *Ep.*, dans l'ivresse, la parole n'est pas assurée ***c)*** rester, demeurer, subsister : ***uti numerus legionum constare uideretur*** CAES., pour que le nombre des légions parût n'avoir pas changé ; ***alicui non vultus constat*** LIV., qqn change de visage ; ***scripta quae constant*** CIC., des écrits qui subsistent ; ***pugna constare non potuit*** LIV., le combat ne put pas continuer ***d)*** exister : ***si mens constare potest vacans corpore*** CIC., si l'intelligence peut exister sans le corps ¶ **2** [avec compl.] ***a)*** être constitué par, être composé de, résulter de : [avec abl. ou *ex* et abl.] ***corporea natura constare*** LUCR., être d'une nature matérielle ; ***ex anima et corpore constare*** CIC., être composé d'une âme et d'un corps ‖ [avec *in* et abl.] : ***in alicujus virtute constare*** CAES., reposer sur le courage de qqn ‖ [avec *de* et abl.] : LUCR., APUL. ***b)*** coûter, valoir [avec abl. ou gén. de prix] : ***parvo constare*** SEN., coûter peu ; ***pluris constare*** SEN., coûter plus ; ***sestertium sex milibus constare*** CIC., coûter six mille sesterces ‖ ***alicujus morte constare*** CAES., avoir pour prix la mort d'un homme ¶ **3** [impers.] ***constat***, c'est un fait établi, reconnu, que : [avec prop. inf.] ***constat inter omnes... oportere*** CIC., tout le monde est d'accord qu'il faut... ‖ [avec interrog. indir.] ***non satis certum constat apud animos utrum ... an ...*** LIV., il n'est pas établi dans les esprits comme une chose certaine si... ou si... (= on ne voit pas précisément si... ou si...) ; ***alicui constat quid agat*** CAES., qqn voit nettement quoi faire

constrātum, *i*, n., plancher : ***constrata pontium*** [C] Pros., le plancher des ponts ; ***constratum puppis*** [+C] Pros., pont d'un navire

constrātus, *a, um*, part. de *2 consterno*, ***constrata navis*** [C] Pros., navire ponté

constrāvī, parf. de *2 consterno*

constrĕpō, *ĭs, ĕre, strepŭī, strepĭtum* ¶ **1** intr., faire du vacarme : [en parl. d'un orateur] [+C] Pros. ; ***ululatibus*** [+C] Pros., faire entendre de bruyants gémissements ¶ **2** tr., faire retentir : [+C] Pros.

constrictĭo, *ōnis*, f., [méd.] resserrement : [T] Pros.

constrictus, *a, um*, part. de *constringo*

constringō, *ĭs, ĕre, strinxī, strictum*, tr., lier ensemble étroitement, lier, enchaîner : [C] Pros. ; ***tu non constringendus*** [C] Pros., tu n'es pas à lier ! ‖ [rhét.] [C] Pros. ; ***constricta narratio*** [+C] Pros., narration succincte ‖ [fig.] enchaîner, contenir, réprimer : ***scelus supplicio*** [C] Pros., enchaîner le crime en appelant sur lui le châtiment

constructĭo, *ōnis*, f. ¶ **1** construction ; [fig.] structure (***hominis***, de l'homme) : [C] Pros. ¶ **2** assemblage de matériaux pour construire : ***lapidum*** [+C] Pros., assemblage des pierres ‖ [rhét.] ***verborum*** [C] Pros., assemblage, arrangement des mots dans la phrase ¶ **3** disposition des livres dans une bibliothèque : [C] Pros.

constructus, *a, um*, part. de *construo*

construō, *ĭs, ĕre, struxī, structum*, tr. ¶ **1** entasser par couches (avec ordre), ranger : [C] Pros. ‖ garnir : [C] Poés. ¶ **2** bâtir, édifier : ***navem*** [C] Pros., construire un navire

constŭprātĭo, *ōnis*, f., action de déshonorer : [T] Pros.

constŭprātŏr, *ōris*, m., celui qui souille : [C] Pros.

constŭprātus, *a, um*, part. de *constupro*

constŭprō, *ās, āre, āvī, ātum*, tr., déshonorer, débaucher, violer : [C] Pros., [+C] Pros. ‖ [fig.] ***judicium constupratum*** [C] Pros., jugement immoral

consuādĕō, *ēs, ēre, -, -* ¶ **1** tr., conseiller fortement : [-C] Théât. ¶ **2** intr., donner un avis favorable : [-C] Théât. ‖ ***alicui*** [-C] Théât., circonvenir (enjôler) qqn

Consŭālĭa, *ĭum* ou *ōrum*, n. pl., les Consualia, fêtes en l'honneur de Consus : [C] Pros.

consuāsŏr, *ōris*, m., conseiller pressant : [C] Pros.

consuāvĭō, **consāvĭō**, *ās, āre, -, -*, tr., [+C] Pros., **consuāvĭŏr**, **consāvĭŏr**, *ārĭs, ārī, -*, tr., [+C] Pros., baiser, donner un baiser

consŭbrīnus, ➡ *consobrinus*

consubsīdō, *ĭs, ĕre, -, -*, intr., rester [en parl. de plusieurs] : [+C] Pros.

consūcĭdus, *a, um*, plein de sève, succulent : [-C] Théât.

consūdēscō, *ĭs, ĕre, -, -*, intr., ressuer : [+C] Pros.

consūdō, *ās, āre, āvi, -*, intr., suer abondamment : [-C] Théât. ‖ ressuer : [+C] Pros.

consuēfăcĭō, *ĭs, ĕre, fēcī, factum*, tr., accoutumer : [C] Pros. ; ***consuefaciunt ut...*** [C] Pros., ils habituent à... ; [avec *ne*] [-C] Théât.

consuescō, *ĭs, ĕre, suēvī, suētum* ¶ **1** tr., accoutumer : ***bracchia consuescunt*** [C] Poés., ils exercent leurs bras ; [+C] Pros. ¶ **2** intr., s'accoutumer, prendre l'habitude : ***consuevi*** [C] Pros., j'ai l'habitude ***a)*** [absᵗ] [C] Poés. ; ***ut consuevi*** [C] Pros., selon mon habitude ***b)*** [avec inf.] s'habituer à : [C] Pros. ‖ [avec inf. pass.] [C] Pros. ***c)*** [avec dat.] ***dolori*** [+C] Pros., s'habituer à la douleur ***d)*** [avec abl.] [+C] Pros. ‖ ***consuescere cum aliquo*** [-C] Théât., avoir commerce avec qqn ‖ ➡ *consuetus*

consuētē, adv., suivant l'habitude, comme de coutume : [T] Pros.

consuētĭo, *ōnis*, f., commerce, liaison : [-C] Théât.

consuētūdĭnārĭus, *a, um*, habituel, ordinaire : [T] Pros.

consuētūdo, *ĭnis*, f. ¶ **1** habitude, coutume, usage : [C] Pros. ; ***de mea consuetudine (dicturus sum)*** [C] Pros., c'est de ma pratique personnelle (que je vais parler) ‖ ***consuetudo***

laborum C Pros., l'habitude de supporter les fatigues ; ***hominum immolandorum*** C Pros., l'habitude des sacrifices humains ‖ ***pro mea consuetudine*** C Pros., suivant mon habitude ; ***praeter consuetudinem*** C Pros., contre l'habitude ¶**2** [droit] coutume : C Pros. ‖ ***consuetudinis jura*** C Pros., droit de la coutume, droit des gens ¶**3** usage courant de la langue, langue courante : C Pros. ¶**4** liaison, intimité : C Pros. ‖ rapports, relations : C Pros. ‖ liaison, amour : C Pros., +C Pros. ; ***consuetudo stupri*** C Pros., relations coupables

consuētus, *a, um* ¶**1** part. de *consuesco* : -C Théât., C Pros., Poés. ¶**2** [pris adj^t] habituel, accoutumé : -C Théât., C Poés. ; ***consuetissima verba*** C Poés., les paroles les plus habituelles

consuēvī, parf. de *consuesco*

consŭl, *ŭlis*, m. ¶**1** consul : ***Mario consule*** C Pros., sous le consulat de Marius ¶**2** proconsul : C Pros.

consŭlāris, *e*, de consul, consulaire : ***comitia consularia*** C Pros., comices consulaires ; ***aetas consularis*** C Pros., âge minimum pour être consul (43 ans au temps de Cicéron) ; ***exercitus consularis*** C Pros., armée commandée par un consul ; ***consulare vinum*** +C Poés., vin vieux [désigné du nom d'un ancien consul] ‖ ***homo (vir) consularis*** [ou abs^t] **consularis**, *is*, m., consulaire, ancien consul : C Pros., +C Pros.

consŭlārĭtĕr, adv., d'une manière digne d'un consul : C Pros.

consŭlārĭus, *a, um*, C➡ *consularis*

consŭlātŭs, *ūs*, m., consulat, dignité, fonction de consul : ***consulatum petere*** C Pros., briguer le consulat ; ***gerere consulatum*** C Pros., exercer le consulat ; ***in consulatu meo*** C Pros., pendant mon consulat ; ***ex consulatu*** C Pros., au sortir du consulat

consŭlĕō, *ēs, ēre, -, -*, +T Poés., C➡ *consulo*

consŭlō, *ĭs, ĕre, sŭlŭī, sultum* ¶**1** examiner, réfléchir, délibérer : ***rem consulere*** PL., examiner un problème ; ***qui consulunt*** CIC., ceux qui tiennent conseil ; ***quae consuluntur*** CIC., les questions mises en délibération ‖ ***quid agant consulunt*** CAES., ils réfléchissent à ce qu'il vont faire ‖ ***de aliqua re, de aliquo consulere*** CIC., SALL., LIV., réfléchir sur qqch., sur qqn ; ***in commune consulere*** TER., songer à l'intérêt commun ; ***in medium consulere*** VIRG., délibérer en vue de l'intérêt général ; ***in unum consulere*** TAC., se concerter ¶**2** consulter : ***aliquem consulere***, consulter qqn ; ***aliquid consulere***, consulter qqch. ; ***senatum consulere*** CIC., consulter le sénat ; ***Apollinem consulere*** CIC., consulter Apollon ; ***speculum consulere*** OV., consulter le miroir ; ***aures consulere*** QUINT., consulter l'oreille ‖ ***vos consulo quid mihi faciendum putetis*** CIC., je vous demande à titre de consultation ce que vous pensez que je doive faire ‖ ***aliquem aliquid consulere*** PL., consulter qqn sur qqch. ; ***jus consulere*** LIV., consulter sur un point de droit ; ***rem nulli obscuram consulere*** VIRG., consulter sur une question qui n'a d'obscurité pour personne ¶**3** avoir soin de, veiller à, s'occuper de : ***alicujus commodis consulere*** CIC., veiller aux intérêts de qqn ; ***sibi consulere*** CIC., songer à soi, pourvoir à sa sûreté ; ***parti civium consulere*** CIC., s'occuper d'une partie seulement des citoyens ; ***consulere receptui sibi*** CAES., se ménager une retraite ‖ [avec *ut* et subj.] veiller à ce que, pourvoir à ce que : CIC. ; [avec *ne* et subj.] veiller à ce que ne pas : TER., VIRG. ¶**4** [formule] ***boni consulere aliquid***, trouver qqch. bon, être satisfait de : ***munus boni consulere*** SEN., faire bon accueil à un présent

consultātĭo, *ōnis*, f. ¶**1** action de délibérer : -C Théât., C Pros. ‖ point soumis à une délibération, question, problème : C Pros. ¶**2** question posée à qqn : C Pros. ; [en part.] ***a)*** question posée à un juriste : C Pros. ***b)*** question soumise à un chef : +C Pros.

consultātŏr, *ōris*, m., consultant, celui qui demande conseil à un juriste : +C Pros.

consultātōrĭus, *a, um*, qui a trait à une consultation : ***consultatoriae hostiae*** T Pros., victimes dont on consulte les entrailles

consultātum, *i*, n., décision : +C Poés.

consultātus, *a, um*, part. de *2 consulto*

consultē, adv., avec examen, avec réflexion : -C Théât., C Pros. ‖ ***-tius*** C Pros.

1 **consultō**, adv., exprès, à dessein, de propos délibéré : C Pros.

2 **consultō**, *ās, āre, āvī, ātum* ¶**1** intr., délibérer mûrement [ou] souvent : ***de bello*** C Pros., débattre la question de la guerre ‖ s'occuper sans cesse de [dat.] : ***rei publicae*** C Pros., veiller sans cesse au bien de l'État ¶**2** tr. ***a)*** délibérer fréquemment (***rem*** sur qqch.) : -C Théât., C Pros., +C Pros. ***b)*** consulter, interroger : -C Théât. ; ***consultare aves*** +C Pros., consulter les augures

1 **consultŏr**, *āris, ārī, -*, tr., consulter : T Pros.

2 **consultŏr**, *ōris*, m. ¶**1** conseiller : C Pros., +C Pros. ¶**2** celui qui consulte, qui demande conseil : C Pros. ¶**3** jurisconsulte : +C Pros.

consultrix, *īcis*, f., celle qui pourvoit : C Pros.

consultum, *i*, n. ¶**1** résolution, mesure prise, plan : C Pros. ; ***mollia consulta*** +C Pros., mesures sans énergie ‖ [en part.] décret du sénat : C Pros. ¶**2** réponse d'un oracle : C Poés.

consultus, *a, um*, part. de *consulo*, [pris adj^t] ¶**1** réfléchi, étudié, pesé : C Pros. ¶**2** qui est avisé dans, versé dans : ***juris*** C Pros., versé dans le droit ‖ ***jure consulti*** C Pros., jurisconsultes ¶**3** m. pris subst^t, **consultus**, *i*, jurisconsulte : C Pros., Poés.

consŭlŭī, parf. de *consulo*

***consum**, V➡ *confuit*

consummābĭlis, *e*, qui peut s'achever, se parfaire : +C Pros., T Poés.

consummātĭo, *ōnis*, f. ¶**1** action de faire la somme : +C Pros. ¶**2** ensemble, accumulation : +C Pros. ‖ [rhét.] accumulation [d'arguments] : +C Pros. ¶**3** accomplissement, achèvement : ***consummatio operis*** +C Pros., exécution d'un ouvrage ; ***maximarum rerum*** +C Pros., accomplissement des plus grandes choses

consummātus, *a, um* ¶**1** part. de *consummo* ¶**2** [adj^t] achevé, accompli : +C Pros. ; ***consummatus orator*** +C Pros., orateur parfait ‖ ***-tissimus*** +C Pros.

consummō, *ās, āre, āvī, ātum*, tr. ¶**1** additionner, faire la somme : +C Pros. ‖ former un total de : +C Pros. ¶**2** accomplir, achever : C Pros. ‖ [abs^t] finir son temps de service : +C Pros. ‖ [fig.] parfaire, porter à la perfection : +C Pros.

consūmō, *ĭs, ĕre, sumpsī, sumptum*, tr., absorber entièrement (faire disparaître) qqch. en s'en servant ¶**1** employer, dépenser : ***pecuniam in aliqua re*** C Pros., dépenser de l'argent à qqch. ; ***aetatem in aliqua re*** C Pros., consacrer sa vie à qqch. ¶**2** consommer, épuiser : C Pros. ; ***consumptis lacrimis*** C Pros., ayant consommé tous les traits, les larmes étant épuisées ‖ dissiper [les biens, la fortune] : C Pros. ‖ passer le temps [avec idée de dépense complète] : C Pros. ; ***tempus dicendo*** C Pros., consumer le temps en discours ‖ mener à bout, épuiser : C Pros., +C Pros. ; ***ignominiam consumpsistis*** +C Pros., vous avez toute honte bue ¶**3** venir à bout de, consumer, détruire : C Pros. ‖ [pass.] être consumé, détruit par le feu : C Pros. ‖ faire périr : C Pros. ‖ [pass.] être exténué, usé par qqch., succomber : C Pros. ; ***maerore consumptus*** C Pros., épuisé par le chagrin ‖ [fig.] C Pros., Poés. ; ***jugulo ensem*** +C Poés., avoir une épée plongée dans son cou (l'épée disparaît dans le cou)

consumptĭo, *ōnis*, f. ¶**1** action d'employer, emploi : C Pros. ¶**2** action d'épuiser, épuisement : C Pros.

consumptŏr, *ōris*, m., destructeur : C Pros. ‖ dissipateur : C Pros.

consumptus, *a, um*, part. de *consumo*

consŭō, *ĭs, ĕre, ŭī, ūtum*, tr., coudre ensemble, coudre : C Pros. ‖ [fig.] ***consuere os alicui*** +C Pros., fermer la bouche à qqn ; ***consuti doli*** -C Théât., tissu de fourberies

consupplĭcātrix, *īcis*, f., qui supplie avec : C Pros.

consurgō, *ĭs, ĕre, surrēxī, surrectum*, intr., se lever ensemble, [ou] d'un seul mouvement, d'un bloc, se mettre debout : C Pros. ; ***consurgitur ex consilio*** C Pros., on se lève de l'assemblée ; ***ex insidiis*** C Pros., se lever d'une embuscade ; ***consurgitur in consilium*** C Pros., on se lève pour voter ‖ s'élever : +C Pros. ‖ [fig.] se lever, se mettre en mouvement, se déchaîner : ***in arma*** C Poés. ; ***ad bellum*** C Pros., se lever pour prendre les armes, pour faire la guerre ; ***ira consurgit*** [+C] Pros., la colère éclate, se déchaîne ‖ [chrét.] ressusciter avec : ***consurgere cum Christo*** [T] Pros., avec le Christ

consurrectĭo, *ōnis*, f., action de se lever ensemble : [C] Pros.

consurrexī, parf. de *consurgo*

Consus, *i*, m., vieille divinité romaine ; probablement dieu de la végétation [*condo, absconsus*] ; d'après les Romains, dieu du bon conseil [*consulii*] : [T] Pros.

consŭsurrō, *ās, āre, -, -*, intr., chuchoter avec : [-C] Théât.

consūtus, *a, um*, part. de *consuo*

contābēfăcĭō, *ĭs, ĕre, -, -*, tr., [fig.] faire fondre, consumer : [-C] Théât.

contābescō, *ĭs, ĕre, bŭī, -*, intr., se fondre entièrement : [-C] Théât. ‖ [fig.] se dessécher, se consumer, dépérir : [C] Pros.

contăbŭlātio, *ōnis*, f., garniture de planches, plancher : [C] Pros. ‖ plis d'un vêtement : [+C] Pros.

contăbŭlātus, *a, um*, part. de *contabulo*

contābŭlō, *ās, āre, āvī, ātum*, tr. ¶ **1** garnir de planches, planchéier, munir de planchers = d'étages : ***turres contabulantur*** [C] Pros., on munit de planchers (d'étages) les tours ; ***turres contabulatae*** [C] Pros., tours à étages ‖ ***murum turribus*** [C] Pros., garnir d'étages le mur au moyen de tours, garnir le mur de tours avec étages ¶ **2** couvrir : [+C] Pros.

contābundus, *a, um*, C. ▸ *cunctabundus*

1 **contactus**, *a, um*, part. de *1 contingo*

2 **contactŭs**, *ūs*, m., [en gén.] contact, attouchement : [C] Poés. ‖ [en part.] contact contagieux, contagion : [C] Pros. ; [fig.] [+C] Pros.

contāgēs, *is*, f., contact : [C] Poés. ‖ abl. *contagē* : [C] Poés.

contāgĭo, *ōnis*, f. ¶ **1** contact : ***contagio pulmonum*** [C] Pros., contact avec les poumons ; ***cum corporibus*** [C] Pros., contact avec les corps ‖ [fig.] relation, rapport : ***contagio naturae*** [C] Pros., rapport des phénomènes naturels entre eux (συμπά-συμπάθεια) ¶ **2** contagion, infection : [-C] ; [C] Pros. ; ***contagio pestifera*** [C] Pros., épidémie pernicieuse ‖ [fig.] contagion, influence pernicieuse : [C] Pros. ; ***contagiones malorum*** [C] Pros., la contagion du mal ¶ **3** [chrét.] souillure du péché : [T] Pros.

contāgĭum, *ĭī*, n., et chez les poètes **contāgĭa**, *ĭōrum*, n. pl., [C] Pros., contact, contagion, influence : [C] Poés.

contāmĭnātŏr, *ōris*, m., celui qui souille : [+C] Pros.

contāmĭnātus, *a, um* ¶ **1** part. de *contamino* ¶ **2** [adj[t]] souillé, impur : [C] Pros.

contāmĭnō, *ās, āre, āvī, ātum*, tr. ¶ **1** mélanger, mêler : ***fabulas*** [-C] Théât., fondre ensemble plusieurs comédies ¶ **2** souiller par contact : [C] Pros., [+C] Pros. ‖ [fig.] corrompre, souiller : ***contaminare se vitiis*** [C] Pros., se souiller de vices ; ***veritatem mendacio*** [C] Pros., altérer la vérité par un mensonge ; V. ▸ *contaminatus*

contanter, V. ▸ *cunctanter*

1 **contātus**, V. ▸ *cunctatio*

2 **contātus**, *a, um*, V. ▸ *cunctatus*

contaxō, *ās, āre, -, -*, tr., taxer avec

contechnŏr, *ārĭs, ārī, ātus sum*, tr., machiner, ourdir : [-C] Théât.

contectus, *a, um*, part. de *contego*

contĕgō, *ĭs, ĕre, tēxī, tectum*, tr., couvrir [pour protéger, pour cacher] : [C] Pros. ‖ [fig.] cacher, dissimuler : ***libidines*** [C] Pros., dissimuler ses passions

contĕmĕrō, *ās, āre, āvī*, tr., souiller : [C] Poés.

contemnendus, *a, um* ¶ **1** adj. verbal de *contemno* ¶ **2** adj., méprisable, négligeable, sans valeur, insignifiant : [C] Pros.

contemnĭfĭcus, *a, um*, méprisant : [C] Poés.

contemnō, *ĭs, ĕre, tempsī, temptum*, tr., tenir pour négligeable, mépriser : [-C] Théât., [C] Pros., Poés. ; [avec inf.] [C] Pros. ‖ ravaler en paroles : [C] Pros.

contempĕrātus, *a, um*, part. de *contempero*

contempĕrō, *ās, āre, āvī, ātum*, tr., délayer, mêler convenablement : [+C] Pros. ‖ approprier, adapter, rendre égal à [avec dat.] : [T] Pros.

contemplābĭlis, *e*, qui vise bien : [T] Pros.

contemplābĭlĭter, adv., en visant bien : [T] Pros.

contemplātĭo, *ōnis*, f., action de regarder attentivement, contemplation : ***contemplatio caeli*** [C] Pros., la contemplation du ciel ‖ [fig.] contemplation intellectuelle, examen approfondi : [C] Pros. ‖ [en part.] considération, égard : ***contemplatione alicujus (alicujus rei)*** [+C] Pros., en considération de qqn, de qqch.

contemplātīvus, *a, um*, contemplatif, spéculatif : [+C] Pros., [T] Pros.

1 **contemplātŏr**, *ōris*, m. ¶ **1** celui qui contemple, contemplateur, observateur : [C] Pros., [+C] Pros. ¶ **2** viseur, tireur : [T] Pros.

2 **contemplātor**, impér. fut. de *contemplor* : [C] Poés.

contemplātrix, *īcis*, f., celle qui considère avec attention, observatrice : [+C] Pros.

1 **contemplātus**, *a, um*, part. de *contemplo* et de *contemplor*

2 **contemplātŭs**, abl. *ū*, m., contemplation : [C] Poés. ‖ considération, égard : ***pro contemplatu alicujus rei*** [T] Pros., eu égard à qqch.

contemplō, *ās, āre, -, -* [arch.] [-C] Théât., C. ▸ *contemplor* ‖ ***contemplatus*** [avec sens pass.] [T] Pros.

contemplŏr, *ārĭs, ārī, ātus sum*, tr., regarder attentivement, contempler : [C] Pros. ‖ [avec prop. inf.] considérer que : [T] Pros.

contempŏrālis, *e*, **contempŏrānĕus**, *a, um*, [+C] Pros. contemporain [avec dat.]

contempsī, parf. de *contemno*

contemptim, adv., avec mépris : [-C] Théât., [C] Pros. ‖ ***-tius*** [+C] Pros.

contemptĭo, *ōnis*, f., mépris : ***venire in contemptionem alicui*** [C] Pros., encourir le mépris de qqn ; ***in contemptionem adducere aliquem*** [C] Pros., rendre qqn méprisable

contemptĭus, V. ▸ *contemptim*

contemptŏr, *ōris*, m., qui méprise, contempteur : [C] Pros., Poés.

contemptrix, *īcis*, f., celle qui méprise : ***contemptrix mea*** [-C] Théât., celle qui me dédaigne ; [C] Poés., [+C] Pros.

1 **contemptus**, *a, um* ¶ **1** part. de *contemno* ¶ **2** [adj[t]] dont on ne tient pas compte, méprisable : [C] Pros. ; ***contemptissimi consules*** [C] Pros., les consuls les plus méprisables

2 **contemptŭs**, *ūs*, m. ¶ **1** action de mépriser, mépris : [C] Pros., [+C] Pros. ¶ **2** fait d'être méprisé : [C] Poés., Pros. ; ***contemptui esse alicui*** [C] Pros., être objet de mépris pour qqn

contendō, *ĭs, ĕre, tendī, tentum* ¶ **1** tendre, faire des efforts **a)** ***nervos contendere*** Cic., tendre les muscles ; ***arcum contendere*** Virg., bander un arc ; [d'où] ***tela contendere*** Virg., lancer des traits ‖ [fig.] ***vires contendere*** Lucr., tendre ses forces ; ***animum contendere*** Ov., tendre son esprit ‖ [intr.] ***voce contendere*** Cic., faire effort de la voix (= élever la voix) ; ***remis contendere*** Caes., faire force de rames ‖ ***ad aliquid contendere*** Cic., tendre vers qqch. ‖ [avec *ut* et subj.] faire des efforts pour, s'efforcer de : Caes., Cic. ; [avec inf.] même sens ; [avec *ne* et subj.] s'efforcer de ne pas **b)** [par ext.] tendre vers, chercher à obtenir , viser : ***ad castra contendere*** Caes., se diriger vers le camp ; ***in Italiam magnis itineribus contendere*** Caes., se porter en Italie par grandes étapes ; ***tantum itineris contendere*** Cic., faire tant de chemin ‖ ***magistratum a populo contendere*** Cic., solliciter une magistrature auprès du peuple ‖ [abs[t]] ***ab aliquo contendere*** Cic., solliciter qqn avec insistance ; [avec *ut, ne*] ***ab aliquo contendere ut aliquid faciat*** Cic., presser qqn de faire qqch. ‖ [avec inf.] chercher à : ***mutare aliquid contendere*** Cic., chercher à modifier qqch. ¶ **2** lutter, rivaliser : ***cum aliquo contendere***, rivaliser avec qqn ; ***cum aliqua re contendere*** Cic., rivaliser avec qqch. ; ***aliqua re cum aliquo contendere*** Cic., rivaliser de qqch. avec qqn. ; ***de***

aliqua re cum aliquo contendere Cic., lutter avec qqn pour qqch ; ***proelio contendere*** Caes., se mesurer dans un combat (= les armes à la main) ‖ [poét.] ***alicui contendere*** Lucr., Prop., rivaliser avec qqn ‖ [en part.] discuter : ***cum aliquo de mittendis legatis*** Caes., discuter avec qqn pour l'envoi d'une ambassade ¶ **3** prétendre, affirmer, soutenir : ***aliquid contendere*** Cic., soutenir énergiquement qqch. ‖ [surtout avec prop. inf.] soutenir que : Cic. ¶ **4** comparer : ***leges contendere*** Cic., comparer les lois ; ***aliquid cum aliqua re contendere*** Cic., comparer une chose à une autre ; ; [poét.] ***aliquid alicui rei*** Hor., même sens

Contĕnĕbra, *ae*, f., ville d'Étrurie : [C] Pros.

contĕnĕbrascō, *ĭs*, *ĕre*, *brāvī*, *-*, intr., s'obscurcir : [impers.] ***contenebravit*** [C] Pros., la nuit est venue

contĕnĕbrātĭo, *ōnis*, f., obscurcissement : [T] Pros.

contĕnĕbrātus, *a*, *um*, part. de *contenebro*

contĕnĕbrescĭt, *ĕre*, -, -, impers., les ténèbres viennent : [T] Pros.

contĕnĕbrĭcō, *ās*, *āre*, -, -, [T] Pros., ➡ *contenebro*

contĕnĕbrō, *ās*, *āre*, -, *ātum*, tr., couvrir de ténèbres : [T] Pros.

Contensis, *e*, de Conta [ville d'Afrique] : [T] Pros.

1 **contentē**, adv., avec effort, en s'efforçant : ***contentius ambulare*** [C] Pros., se promener en forçant l'allure ; ***contentissime clamitare*** [+C] Pros., crier à tue-tête ‖ avec fougue : [C] Pros.

2 **contentē**, adv., en restreignant, chichement : [-C] Théât., [T] Pros.

contentĭo, *ōnis*, f. ¶ **1** action de tendre [ou] d'être tendu avec effort, tension, contention, effort : [C] Pros. ‖ [en part.] élévation de la voix [portée dans le registre élevé] : [C] Pros. ; [ou] effort de la voix, ton animé : [C] Pros. ‖ éloquence soutenue, style oratoire [opp. à *sermo*, conversation, style familier] : [C] Pros. ; [ou] éloquence animée, passionnée : [C] Pros. ‖ tension des corps pesants vers un point, (pesanteur, gravité) : [C] Pros. ¶ **2** lutte, rivalité, conflit : [C] Pros. ‖ ***de aliqua re*** ou ***alicujus rei***, pour qqch. : ***commodi alicujus*** [C] Pros. ; ***honorum*** [C] Pros., lutte (rivalité) pour tel ou tel avantage, pour les magistratures ¶ **3** comparaison : ***ex aliorum contentione*** [C] Pros., par comparaison avec des choses différentes ; ***rei cum re*** [C] Pros., d'une chose avec une autre ‖ [rhét.] antithèse : [C] Pros., [+C] Pros. ‖ contradiction : [C] Pros. ‖ [gram.] degré de comparaison : [C] Pros.

contentĭōsē, adv., ***-sissime*** [T] Pros.

contentĭōsus, *a*, *um*, qui respire la lutte, de discussion : [+C] Pros. ‖ opiniâtre : [+C] Pros. ‖ ***-sior*** [T] Pros.

contentĭuncŭla, *ae*, f., petit débat, petite lutte : [+C] Pros.

contentō, *ās*, *āre*, -, -, forcer, contraindre : [T] Pros.

1 **contentus**, *a*, *um*, part. de *contendo*, [pris adj[t]] ¶ **1** tendu : ***contentis corporibus*** [C] Pros., en tendant les muscles du corps ; ***contentissima voce*** [+C] Pros., d'un ton de voix très élevé ¶ **2** appliqué fortement : ***mens contenta in aliqua re*** [C] Poés., esprit appliqué fortement à qqch. ; ***contento cursu*** [C] Pros., à vive allure

2 **contentus**, *a*, *um*, part. de *contineo*, [pris adj[t]] ‖ content de, satisfait de [*aliqua re*] : ***parvo*** [C] Pros., content de peu ; ***quibus (rhetoribus) non contentus*** [C] Pros., ne me contentant pas de ces rhéteurs ‖ [avec *quod*] ***eo contentus quod*** [C] Pros., content de ce fait que, de ce que ; ***contentus quod*** [sans *eo*] [C] ‖ [avec *ut*, *ne*] [C] Pros. ; ***hoc contentus, ut*** [+C] Pros., content de ‖ [avec *si*] ***eo contentus si*** [C] Pros., content si ; [sans *eo*] [+C] Pros. ‖ [avec inf. prés. act.] [C] Poés., [+C] Pros. ; [inf. prés. pass.] [C] Poés., [+C] Pros. ; [inf. parf. act.] [+C] Pros. ‖ [avec prop. inf.] [+C] Pros.

Contĕrĕbrŏmĭus, *a*, *um*, qui foule beaucoup de raisin : [-C] Théât.

contermĭnō, *ās*, *āre*, -, -, intr., être voisin, avoisiner [*alicui*] : [T] Pros.

contermĭnus, *a*, *um*, contigu, limitrophe [avec dat., abl., gén.] : ***fonti*** [C] Poés., voisin de la source ; [+C] Pros. ; ***jugi*** [+C] Pros., voisin du sommet ‖ **contermĭnus**, *i*, m., le voisin : [+C] Pros.

釐conternō, *ās*, *āre*, -, -, intr., être dans sa troisième année : [T] Pros.

contĕrō, *ĭs*, *ĕre*, *trīvī*, *trītum*, tr. ¶ **1** broyer, piler : ***medium scillae*** [C] Pros., piler le coeur d'un oignon ¶ **2** user par le frottement, par l'usage : ***viam Sacram*** [C] Poés., user le pavé de la Voie Sacrée ; [fig., en parl. d'un livre souvent feuilleté] [C] Pros. ¶ **3** accabler, épuiser, détruire : ***aliquem oratione*** [-C] Théât., assommer qqn par ses discours ; ***boves*** [C] Poés., exténuer des boeufs ; ***corpora*** [+C] Pros., s'épuiser physiquement ‖ [fig.] réduire en poudre, anéantir : ***alicujus injurias oblivione*** [C] Pros., réduire à néant par l'oubli les injustices de qqn ¶ **4** user, consumer [temps] : ***aetatem in litibus*** [C] Pros., user sa vie dans les procès ; ***operam frustra*** [-C] Théât., perdre son temps ; ***conterere se in geometria*** [C] Pros., employer tout son temps à l'étude de la géométrie ; ***cum in foro conteramur*** [C] Pros., puisque nous passons notre vie au Forum ‖ [fig.] épuiser par l'usage [un sujet] : [C] Pros. ¶ **5** [chrét.] broyer le cœur par le repentir : [T] Pros.

conterrĕō, *ēs*, *ēre*, *ŭī*, *ĭtum*, tr., frapper de terreur, épouvanter : [C] Pros.

conterrĭtus, *a*, *um*, part. de *conterreo*

contestātē, adv., ***-tissime*** [T] Pros., de façon incontestable

contestātĭo, *ōnis*, f. ¶ **1** attestation, affirmation fondée sur des témoignages : [+C] Pros. ¶ **2** [fig.] prière pressante, vives instances : [C]

contestātĭuncŭla, *ae*, f., petit discours : [T] Pros.

contestātō, ➡ *contestor* ¶ *2*

contestātus, *a*, *um*, ➡ *contestor*

contestŏr, *āris*, *ārī*, *ātus sum*, tr. ¶ **1** prendre à témoin, invoquer : [C] Pros. ¶ **2** commencer (entamer) un débat judiciaire, en produisant les témoins : [C] Pros., [+C] Pros. ‖ [passif] [C] Pros. ¶ **3** [fig.] **contestatus**, ***a***, ***um***, attesté, éprouvé : [C] Pros.

contexī, parf. de *contego*

contexo, *ĭs*, *ĕre*, *texŭī*, *textum*, tr. ¶ **1** entrelacer, ourdir : [C] Pros. ¶ **2** [fig.] unir, relier, rattacher (***rem cum re***, une chose à une autre) : [C] Pros. ‖ ***epilogum defensioni*** [C] Pros., rattacher la péroraison à la défense ; [+C] Pros. ‖ continuer, prolonger : ***interrupta*** [C] Pros., renouer le fil de ce qui a été interrompu ; ***carmen longius*** [C] Pros., prolonger la citation d'une poésie ; [+C] Pros. ; ***historia contexta*** [C] Pros., histoire suivie ¶ **3** former par assemblage, par entrelacement : [C] Pros. ; [par couches successives] [C] Pros., Poés. ‖ [fig.] ***orationem*** [+C] Pros., composer un discours ; ***crimen*** [C] Pros., ourdir une accusation

contextē, adv., d'une façon bien enchaînée : [C] Pros.

contextĭo, *ōnis*, f., action de former par assemblage : [T] Pros. ‖ composition [d'un livre] : [T] Pros.

1 **contextus**, *a*, *um*, part. de *contexo*

2 **contextŭs**, *ūs*, m. ¶ **1** assemblage : [C] Poés., Pros. ¶ **2** [fig.] réunion, enchaînement : [C] Pros. ‖ succession [de lettres] : [+C] Pros. ‖ contexture d'un discours : [C] Pros. ; ***in contextu operis*** [+C] Pros., au cours de l'ouvrage

contĭcĕō, *ēs*, *ēre*, -, -, intr., se taire ; [ne pas parler] [+C] Poés.

contĭcescō, **contĭciscō**, *ĭs*, *ĕre*, *tĭcŭī*, - ¶ **1** intr., se taire [cesser de parler] : ***repente conticuit*** [C] Pros., brusquement il se tut ‖ [fig.] devenir muet, cesser : [C] Pros. ¶ **2** tr., [chrét.] taire, cacher : [T] Pros.

contĭcĭnĭum (**-cinnum**), *i*, n., [-C] Théât., **contĭcĭum**, **contĭcŭum**, *i*, n., [T] Pros., la première partie de la nuit : [C] Pros.

contĭcisco, [-C] Théât., [C] Pros., ➡ *conticesco*

contĭcŭum, ➡ *conticinium*

contĭgī, parf. de *1 contingo*

contignātĭo, *ōnis*, f., plancher : [C] Pros. ‖ étage : [C] Pros.

contignātus, *a*, *um*, formé d'ais, de planches : [C] Pros.

contĭgŭus, *a*, *um* ¶ **1** qui touche, qui atteint : [+C] Pros. ¶ **2** qui touche, contigu (***alicui rei***, à qqch.) : [+C] Pros. ¶ **3** à portée de [dat.] : [C] Poés.

continctus, *a*, *um*, part. de *2 contingo*

contĭnens, *entis*, part. prés. de *contineo*, [pris adj[t]] ¶ **1** joint à, attenant à (***alicui rei, cum aliqua re***, à qqch.) : [C] Pros. ¶ **2** qui se tient, continu : ***terra continens*** [C] Pros. et **contĭnens**, ***tis***, f., continent : C Pros. ‖ ***continentibus diebus*** C Pros., les jours suivants ; ***labor continens*** C Pros., travail ininterrompu ; ***oratio*** C Pros., exposé suivi ¶ **3** continent, sobre, tempérant : C Pros. ¶ **4** [rhét.] **continens**, *tis*, n., l'essentiel, le principal [dans une cause] : +C Pros. ; ***continentia causarum*** C Pros., les points essentiels des procès

contĭnentĕr, adv. ¶ **1** en se touchant : ***continenter sedere*** C Poés., être assis les uns près des autres ‖ de suite, sans interruption, continuellement : ***biduum continenter*** C Pros., pendant deux jours sans arrêt ¶ **2** sobrement, avec tempérance : C Pros. ‖ ***continentissime*** T Pros.

contĭnentĭa, *ae*, f. ¶ **1** maîtrise de soi-même, modération, retenue : C Pros. ¶ **2** contenance, contenu : T Pros. ¶ **3** contiguïté, voisinage : T Pros.

contĭnĕo, *ēs*, *ēre*, *tĭnŭī*, *tentum*, tr. ¶ **1** maintenir uni, relié : ***capillum*** C Pros., maintenir des cheveux réunis ‖ maintenir en état, conserver : C Pros. ¶ **2** embrasser, enfermer : C Pros. ; ***quam angustissime aliquem continere*** C Pros., tenir qqn enfermé le plus étroitement possible ‖ maintenir dans un lieu : ***in castris*** C Pros. ; ***castris*** C Pros. ; ***intra castra*** C Pros., maintenir au camp, à l'intérieur du camp ; ***sese vallo*** C Pros., se maintenir derrière le retranchement ‖ [fig.] C Pros. ; ***libris contineri*** C Pros., être renfermé dans des livres ¶ **3** maintenir, retenir [dans le devoir] : ***in officio*** C Pros. ; ***in fide*** C Pros. ¶ **4** renfermer en soi, contenir : ***alvo*** C Pros., porter dans son sein ‖ [d'où le passif] ***contineri aliqua re***, consister dans qqch. : C Pros. ¶ **5** contenir, réprimer, réfréner [qqn ou les passions de qqn] : C Pros. ‖ ***non contineri ne*** C Pros. ; ***non contineri quin*** C Pros. ; ***quominus*** +C Pros., ne pas être empêché de ‖ contenir, réprimer [le rire, la douleur] : C Pros. ‖ ***sese continere*** C Pros., se contraindre ‖ tenir éloigné de [*ab aliquo, ab aliqua re*] : ***ab aliquo manus alicujus*** C Pros., retenir qqn de porter les mains sur qqn ; ***milites a proelio*** C Pros., empêcher les soldats de combattre ; ***se ab assentiendo*** C Pros., se garder de donner son assentiment

contingit, impers., ▶ *1 contingo*

1 **contingō**, *ĭs*, *ĕre*, *tĭgī*, *tactum*
I tr. ¶ **1** toucher, atteindre : ***funem manu*** C Poés., toucher de la main les cordages ; C Pros. ; ***terram osculo*** C Pros., baiser la terre ; ***avem ferro*** C Poés., atteindre d'un trait un oiseau ; ***Italiam*** C Poés., aborder en Italie ‖ [fig.] arriver jusqu'à, atteindre : C Pros., Poés. ‖ [en part.] infecter, contaminer : C Pros. ¶ **2** toucher, être en rapport (relation) avec : ***aliquem propinquitate, amicitia*** C Pros. ; ***sanguine, genere*** C Pros., toucher à qqn par la parenté, l'amitié, le sang, la naissance ; ***deos*** C Poés., approcher des dieux ; ***modico usu aliquem*** +C Pros., avoir quelques relations avec qqn ‖ concerner, regarder : C Pros.
II intr. ¶ **1** arriver [*alicui*, à qqn], échoir, tomber en partage : C Pros. ‖ [en mauvaise part] C ‖ [abs[t]] arriver, se produire : C Pros. ; [avec *ex*] +C Pros. ¶ **2** [avec inf.] C Pros. ‖ [avec *ut* subj.] -C Théât., C Pros.

2 **contingō (-tinguō)**, *ĭs*, *ĕre*, -, -, tr., baigner de : C Poés. ‖ imprégner de : C Poés.

contĭnŏr, *ārĭs*, *ārī*, *ātus sum*, tr., rencontrer qqn : +C Pros.

contĭnŭātĭo, *ōnis*, f., continuation, succession ininterrompue : C Pros. ‖ continuité : C Pros. ‖ [rhét.] ***continuatio verborum*** C Pros., le groupement des mots en période ‖ [phil.] C Pros.

contĭnŭātus, *a*, *um* ¶ **1** part. de *2 continuo* ¶ **2** [adj[t]] continu, continuel, ininterrompu : ***continuatum iter*** C Pros., marche ininterrompue ‖ ***continuatissimus*** T Pros.

contĭnŭē, adv., d'une manière continue : C Pros., T Pros.

contĭnŭī, parf. de *contineo*

contĭnŭĭtās, *ātis*, f., continuité : C Pros.

1 **contĭnŭō**, adv. ¶ **1** incontinent, à l'instant : C Pros. ‖ immédiatement après : C Pros. ¶ **2** [lien logique] ***non continuo*** C Pros., il ne s'ensuit pas que, ce n'est pas une raison pour que ¶ **3** continuellement, sans interruption : C Pros., +C Pros.

2 **contĭnŭō**, *ās*, *āre*, *āvī*, *ātum*, tr. ¶ **1** faire suivre immédiatement, assurer une continuité, joindre de manière à former un tout sans interruption : +C Pros. ; ***fundos*** C Pros. ; ***agros*** C Pros., acquérir des propriétés attenantes, étendre ses propriétés ; ***latissime agrum*** C Pros., étendre au loin ses terres ‖ [surtout au pass.] C Pros. ‖ [fig.] ***continuata verba*** C Pros., mots disposés en période ¶ **2** faire succéder [dans le temps] sans interruption : ***dapes*** C Poés., faire succéder les mets sans interruption ; C Pros. ‖ faire durer sans discontinuité : C Pros. ; ***magistratum*** C Pros., prolonger une magistrature ¶ **3** intr., durer, persister : +C Pros.

contĭnŭŏr, *ārĭs*, *ārī*, -, ▶ *continor* : +C Pros.

contĭnŭus, *a*, *um*, continu ¶ **1** [dans l'espace] [avec dat. ou abs[t]] +C Pros. ; ***Leucas continua*** C Poés., Leucade jointe au continent = qui est une presqu'île ; ***continui montes*** C Pros., chaîne de montagnes ; n. pl., ***continua*** C Pros., les parties adjacentes ‖ ***continuus principi*** +C Pros., toujours aux côtés de l'empereur ‖ [fig.] ***oratio continua*** +C Pros., exposé continu ; ***lumina continua*** +C Pros., ornements entassés ¶ **2** [dans le temps] C Pros. ; ***honores continui*** C Pros., continuité des magistratures [dans une famille] ‖ [fig.] qui ne s'interrompt pas : +C Pros. ¶ **3** [phil.] homogène : +C Pros.

contĭo (concĭo), *ōnis*, f. ¶ **1** assemblée du peuple convoquée et présidée par un magistrat [dans laquelle on ne vote jamais] : ***advocare contionem*** C Pros. ; ***habere*** C Pros., convoquer, présider l'assemblée du peuple ; ***laudare aliquem pro contione*** C Pros., faire l'éloge de qqn devant le peuple ; ***dimittere, summovere contionem***, congédier, lever l'assemblée, ▶ *dimitto*, *summoveo* ‖ assemblée des soldats : C Pros. ¶ **2** harangue, discours public : ***contiones habere*** C Pros., prononcer des discours politiques, des harangues ‖ discours [en gén.] : +C Pros. ¶ **3** [expressions] ***in contionem prodire*** C Pros., s'avancer pour parler dans l'assemblée ; [comme on parlait du haut des rostres] ***in contionem ascendere*** C Pros., se présenter pour parler, monter à la tribune

contĭōnābĭlis, *e*, ▶ *contionalis*

contĭōnābundus, *a*, *um*, qui harangue : ***velut contionabundus*** +C Pros., comme s'il était à la tribune ‖ ***haec*** C Pros., tenant ces propos dans des harangues

contĭōnālis, *e*, relatif à l'assemblée du peuple : ***clamor contionalis*** C Pros., clameurs dignes de l'assemblée du peuple ; +C Pros. ; ***contionalis senex*** C Pros., vieux bavard de réunions publiques

contĭōnārĭus, *a*, *um*, relatif aux assemblées du peuple : C Pros. ; ***oratio contionaria*** T Pros., discours pour les assemblées [des soldats]

contĭōnātŏr, *ōris*, m., harangueur qui flatte le peuple, démagogue : C Pros. ‖ prédicateur : T Poés.

contĭōnŏr, *ārĭs*, *ārī*, *ātus sum*, intr. ¶ **1** être assemblé : C Pros. ¶ **2** haranguer, prononcer une harangue : C Pros. ; ***pro tribunali*** +C Pros., haranguer du haut de son tribunal ; ***apud milites*** C Pros., faire une harangue devant les soldats ; ***ad populum*** +C Pros., devant le peuple ; ***de aliqua re, de aliquo***, au sujet de qqch., de qqn : C Pros. ¶ **3** dire dans une harangue : C Pros. ‖ [avec acc. n. pl. *haec*] C Pros. ‖ [avec subj. seul] [idée d'ordre] C Pros. ¶ **4** dire publiquement, proclamer : C Pros., T Pros.

contīro, *ōnis*, m., camarade : T Pros.

contĭuncŭla, *ae*, f., petite assemblée du peuple : C Pros. ‖ petite harangue au peuple : C Pros.

contŏgātus, *i*, m., qui a revêtu la toge en même temps : T Pros.

contollō, *ĭs*, *ĕre*, -, -, tr., arch. pour *confero* : -C Théât.

contŏnat, impers., il tonne fort : -C Théât.

contorquĕō, *ēs*, *ēre*, *torsī*, *tortum*, tr. ¶ **1** tourner, faire tourner (tournoyer) : ***membra*** C Pros., se tourner ; ***proram ad...*** C Poés., tourner la proue vers... ; C Pros. ‖ [en part.] brandir, lancer : ***telum*** C Poés., lancer un javelot ¶ **2** [fig.] ***a)*** tourner qqn dans tel ou tel sens : C Pros. ***b)*** lancer avec force : C Pros., +C Pros.

contorrĕō, *ēs*, *ēre*, *ŭī*, -, tr., consumer entièrement : T Pros.

contorsī, parf. de *contorqueo*

contortē, adv., d'une manière contournée : C Pros. ‖ d'une manière serrée : C Pros.

contortĭo, *ōnis*, f., entortillement : ***contortiones orationis*** [C] Pros., expressions alambiquées

contortĭplĭcātus, *a, um*, embrouillé : [-C] Théât.

contortŏr, *ōris*, m., celui qui torture : [-C] Théât.

contortŭlus, *a, um*, qq. peu entortillé : [C] Pros.

contortus, *a, um* ¶ **1** part. de *contorqueo* ¶ **2** [adj[t]] entortillé, compliqué, enveloppé : [C] Pros. ‖ impétueux, véhément : [C] Pros. ‖ **contorta**, *ōrum*, n. pl., passages véhéments : [+C] Pros.

contrā, adv. et prép.
I adv. ¶ **1** en face, vis-à-vis : [-C] Théât., [C] Pros., [+C] Pros. ¶ **2** au contraire, contrairement, au rebours ***a)*** [attribut] [C] Pros. ***b)*** [liaison] [C] Pros. ; ***contraque*** [C] Pros., et au contraire ¶ **3** contrairement à ce que, au contraire de ce que : [C] Pros.
II prép. avec acc. ¶ **1** en face de, vis-à-vis de, contre : ***contra Galliam*** [C] Pros., en face de la Gaule ¶ **2** contre, en sens contraire de : ***contra naturam*** [C] Pros. ‖ contre (en luttant contre) : [C] Pros. ; ***contra aliquem pugnare*** [C] Pros., combattre qqn

contractābĭlis, ▶ *contrectabilis*

contractābĭlĭtĕr, adv., d'une manière souple, douce : [C] Poés.

contractĭo, *ōnis*, f. ¶ **1** action de contracter, contraction : ***digitorum*** [C] Pros., action de fermer la main ; ***contractio frontis*** [C] Pros., action de plisser le front ¶ **2** action de serrer, d'abréger : [C] Pros. ‖ [fig.] ***contractio animi*** [C] Pros., resserrement de l'âme, accablement ; ▶ *contraho*

contractĭuncŭla, *ae*, f., ***contractiunculae animi*** [C] Pros., légers serrements de l'âme

contractĭus, adv., plus à l'étroit : [+C] Pros.

contracto, [-C] Théât., [C] Poés., [+C] Pros., ▶ *contrecto*

contractūra, *ae*, f., [archit.] contracture : [C] Pros.

1 **contractus**, *a, um* ¶ **1** part. de *contraho* ¶ **2** [adj[t]] ***a)*** replié, fermé : [+C] Pros. ***b)*** resserré, étroit, mince : ***Nilus contractior*** [+C] Pros., le Nil plus resserré dans son cours ; ***contractiores noctes*** [C] Pros., nuits plus courtes ; ***contractior oratio*** [C] Pros., langage trop ramassé ‖ ***contracta paupertas*** [C] Pros., l'étroite pauvreté, qui vit à l'étroit ‖ modéré, restreint : ***studia contractiora*** [C] Pros., passions qui se restreignent davantage ‖ ***contractus leget*** [C] Pros., bien ramassé sur lui-même, il lira ***c)*** [expr.] ***porca contracta*** [C] Pros., truie due comme expiation

2 **contractŭs**, *ūs*, m. ¶ **1** contraction, resserrement : [C] Pros. ¶ **2** action d'engager, de commencer une affaire : [+C] Pros. ‖ [en part.] contrat, convention, pacte, transaction : [+C] Pros.

contrādīcō, **contrā dīcō**, [C] *ĭs, ĕre, dīxī, dictum*, contredire ***a)*** [abs[t]] [C] Pros. ***b)*** ***alicui, alicui rei***, parler contre qqn, contre qqch. : [+C] Pros. ‖ [avec prop. inf.] répliquer que : [C] Pros. ‖ ***non contradici quin*** [C] Pros., [il répondit] qu'on ne formulait pas d'opposition à ce que

contrādictĭo, *ōnis*, f., action de contredire, objection, réplique : [C] Pros., [+C] Pros.

contradictŏr, *ōris*, m., [droit] opposant : [T] Pros.

contraĕō, *īs, īre, -, -*, intr., s'opposer, aller à l'encontre : [T] Pros.

contrăho, *ĭs, ĕre, trāxī, tractum*, tr. ¶ **1** tirer (faire venir) ensemble, rassembler : [C] Pros. ; ***senatum contrahere*** [+C] Pros., réunir le sénat ; ***decuriones*** [+C] Pros., réunir les décurions ; ***pecuniam*** [+C] Pros., rassembler de l'argent, recueillir des fonds ‖ faire venir [à soi], contracter : ***aes alienum*** [C] Pros., contracter des dettes ; ***aliquid damni*** [C] Pros., faire une perte ; ***contrahere alicui cum aliquo bellum*** [C] Pros., attirer à qqn une guerre avec qqn ; ***alicui negotium*** [C] Pros., attirer des embarras à qqn, lui créer des difficultés ; ***plus periculi*** [C] Pros., s'attirer plus de danger ¶ **2** resserrer, contracter : ***frontem*** [C] Pros. ; ***membra*** [C] Pros., contracter le front, les membres ; ***pulmones se contrahunt*** [C] Pros., les poumons se contractent ‖ ***contraxi vela*** [C] Pros., je calai la voile (je me modérai) ‖ réduire, diminuer : ***castra*** [C] Pros., rétrécir son camp ; ***tempus epularum*** [+C] Pros., réduire le temps des banquets ‖ [rhét.] ***nomina*** [C] Pros., contracter les noms ‖ [abs[t]] ***contrahere***, faire une contraction dans la prononciation : [C] Pros. ‖ resserrer : [C] Pros. ; ***appetitus*** [C] Pros., restreindre les penchants ; ***jura*** [+C] Poés., restreindre les droits [de la royauté] ; ***contrahi*** [+C] Pros., se rapetisser, se ravaler ‖ [en part.] ***animos contrahere*** [C] Pros., serrer l'âme, le coeur (accabler) ; [C] Poés., Pros. ¶ **3** avoir un lien (des rapports) d'affaire [*cum aliquo*, avec qqn], engager une affaire [avec qqn] : [C] Pros.

contrālĕgo, **contrā lĕgō**, *ĭs, ĕre, -, -*, intr., faire une lecture de contrôle [pour permettre la vérification d'un texte de manuscrit] : [T] Pros.

contrāpōnō, *ĭs, ĕre, -, -*, tr., opposer : [+C] Pros.

contrāpŏsĭtum, *i*, n., antithèse [rhét.] : [+C] Pros.

contrāpŏsĭtus, *a, um*, part. de *contrapono*

contrārĭē, adv., d'une manière contraire : [C] Pros. ; ***contrarie dicere aliquid*** [+C] Pros., se contredire

contrārĭĕtās, *ātis*, f., opposition : [T] Pros.

contrārĭō, adv., ▶ *contrarius ¶ 3 à ex contrario*

contrārĭus, *a, um* ¶ **1** qui est en face, du côté opposé : [C] Pros. ; ***contraria vulnera*** [+C] Pros., blessures reçues en face ‖ [avec dat.] en face de : [+C] Pros. ¶ **2** opposé, contraire : [C] Pros. ; [avec dat.] opposé à : [C] Pros., Poés. ‖ ***in contrarium***, dans le sens contraire : [C] Pros., [+C] Pros. ; ***ex contrario***, du point opposé (diamétralement opposé) : [+C] Pros. ¶ **3** [fig.] contraire, opposé : [C] Pros. ; ***ex contraria parte*** [C] Pros., du point de vue opposé ‖ contraire à qqch. : [*alicui rei*] [C] Pros. ; [*alicujus rei*] [C] Pros. ; [avec *inter se*] [C] Pros. ; [avec *ac, atque*] contraire de (ce que) : [C] Pros. ; [avec *quam*] [+C] Pros. ‖ [rhét.] ***contraria***, membres de phrase antithétiques : [C] Pros. ; ***in contrariis referendis*** [C] Pros., dans le rapprochement de membres antithétiques [*relatio contrariorum* [C] Pros.] ; [sg.] [rare] [C] Pros. ‖ ***ex contrario***, contrairement, au contraire : [C] Pros. ***contrario*** [+C] Pros. ¶ **4** [log.] qui est en contradiction (***alicui rei***, avec une chose) : [C] Pros. ‖ ***contraria***, les contradictions : [C] Pros. ¶ **5** défavorable, ennemi, hostile, nuisible : [C] Pros., [+C] Pros. ; [avec dat.] [C] Poés., [+C] Pros.

contrascrībō, *ĭs, ĕre, -, -*, intr., contrôler : [+C] Pros.

contrāvĕnĭō, *īs, īre, -, -*, intr., s'opposer à, prendre position contre : [T] Pros.

contrāversim, adv., en sens inverse : [+C] Pros.

contrāversus, *a, um*, tourné vis-à-vis, placé en face de : [T] Pros.

Contrĕbĭa, *ae*, f., ville de la Tarraconaise [auj. Botorrita] : [C] Pros.

contrectābĭlis, *e*, tangible, tactile, palpable : [T] Pros., Poés.

contrectātĭo, *ōnis*, f., attouchement : [C] Pros.

contrectātus, *a, um*, part. de *contrecto*

contrectō, *ās, āre, āvī, ātum*, tr. ¶ **1** [en gén.] toucher, manier : ***pecuniam*** [+C] Pros., manier de l'argent ; ***pectora*** [C] Poés., palper la poitrine ¶ **2** [en part.] ***a)*** tâter, visiter, fouiller : [+C] Pros. ***b)*** avoir commerce avec : [-C] Théât., [+C] Pros. ¶ **3** [fig.] ***contrectare aliquid oculis*** [+C] Pros., repaître ses yeux de la vue de qq. ; ***mente voluptates*** [C] Pros., goûter des plaisirs par la pensée

contremiscō (-esco), *ĭs, ĕre, mŭī, -* ¶ **1** intr., commencer à trembler [choses et pers.] : [C] Pros. ‖ [fig.] chanceler, vaciller : [C] Pros. ¶ **2** tr., trembler devant, redouter : [C] Poés., [+C] Pros.

contrĕmō, *ĭs, ĕre, -, -*, intr., trembler tout entier : [-C] Théât., [C] Poés.

contrĕmŭlus, *a, um*, tout tremblant : [C] Poés.

contrībŭlātĭo, *ōnis*, f., ▶ *contritio* : [T] Pros.

contrībŭlātus, *a, um*, part. de *contribulo*

contrībūlis, *is*, m., coreligionnaire : [T] Pros.

contrībŭlō, *ās, āre, āvī, ātum*, tr., broyer, écraser : [T] Pros.

contrĭbŭō, *ĭs, ĕre, bŭī, būtum*, tr. ¶ **1** apporter sa part en commun, ajouter pour sa part : [C] Poés. ‖ ajouter de manière à confondre : [C] Poés. ; [avec dat.] [+C] Pros. ¶ **2** ajouter (annexer) de manière à incorporer [avec dat.] : [C] Pros., [+C] Pros. ‖ [avec *cum*] [C] Pros. ‖ [avec *in* acc.] incorporer dans : [C] Pros. ¶ **3** disposer, arranger, classer : [+C] Pros.

contrĭbūtus, *a*, *um*, part. de *contribuo*

contrĭō, *īs*, *īre*, -, -, tr., broyer : [T] Pros.

contristō, *ās*, *āre*, *āvī*, *ātum*, tr., attrister, contrister : ***nec contristatur nec timet*** [+C] Pros., il n'éprouve ni tristesse ni crainte ‖ [fig.] attrister, assombrir : [+C] Poés., Pros.

contrītĭo, *ōnis*, f., [fig.] ***a)*** brisement, destruction, ruine : [T] Pros. ***b)*** accablement : [T] Pros. ***c)*** contrition, regret de ses fautes : [T] Pros.

contrītus, *a*, *um*, part. de *contero* ‖ [adjt] usé, banal, rebattu : [C] Pros.

contrīvī, parf. de *contero*

contrōversĭa, *ae*, f. ¶ **1** [en gén.] controverse, discussion [entre deux antagonistes, deux parties] : [-C] Théât., [C] Pros. ; ***deducere*** [C] Pros., soumettre une affaire à un débat, appeler le débat sur une affaire ; ***controversiam facere*** [C] Pros., engendrer une discussion [en parl. de choses] ; [C] Pros. ; ***controversias habere*** [C] Pros., avoir des contestations ; ***controversiam componere*** [C] Pros., arranger une contestation ‖ ***sine controversia*** [C] Pros., sans conteste ¶ **2** [en part.] ***a)*** point litigieux, litige [discussion juridique] : [C] Pros. ***b)*** débat judiciaire, procès : [C] Pros. ***c)*** controverse, déclamation : [C] Pros., [+C] Pros.

contrōversĭālis, *e*, de controverse : [T] Pros.

contrōversĭōsus, *a*, *um*, litigieux : [C] Pros. ‖ contestable : [+C] Pros.

contrōversŏr, *ārĭs*, *ārī*, -, intr., discuter, avoir une discussion : [C], [T] Pros.

1 **contrōversus**, *a*, *um* ¶ **1** tourné vis-à-vis : [T] Pros. ‖ contraire, opposé : [T] Pros. ¶ **2** controversé, discuté, mis en question, douteux, litigieux : ***res controversa*** [C] Pros., question très discutée ‖ **controversa**, *ōrum*, n. pl., points litigieux : [+C] Pros.

2 **contrōversus (-sum)**, adv., à l'opposé : [-C] Pros.

contrŭcīdātus, *a*, *um*, part. de *contrucido*

contrŭcīdō, *ās*, *āre*, *āvī*, *ātum*, tr. ¶ **1** massacrer, égorger ensemble, en bloc : [+C] Pros. ¶ **2** accabler de coups [une seule pers.] : [C] Pros. ; [fig.] ***rempublicam*** [C] Pros., ruiner l'État

contrūdō, *ĭs*, *ĕre*, *trūsī*, *trūsum*, tr. ¶ **1** pousser avec force : [C] Poés. ‖ pousser ensemble : [C] Poés. ¶ **2** entasser, refouler : [C] Pros.

contruncō, *ās*, *āre*, *āvī*, *ātum*, tr., couper la tête à plusieurs à la fois : [-C] Théât. ‖ [fig.] rogner : [-C] Théât.

contrūsī, parf. de *contrudo*

contrūsus, *a*, *um*, part. de *contrudo*

contŭbernālis, *is*, m. ¶ **1** camarade de tente, camarade [entre soldats] : [C] Pros., [+C] Pros. ‖ attaché à la personne d'un général : [C] Pros., [+C] Pros. ¶ **2** [en gén.] camarade, compagnon : [attaché à la personne d'un magistrat] [C] Pros. ‖ m. et f., compagnon, compagne [entre esclaves de sexe différent] : [+C] Pros. ‖ [fig.] compagnon inséparable : ***contubernalis Quirini*** [C] Pros., compagnon de Romulus = César [dont la statue se dressait dans le temple de Quirinus-Romulus]

contŭbernĭum, *ĭī*, n. ¶ **1** camaraderie entre soldats qui logent sous la même tente : [+C] Pros. ‖ vie commune d'un jeune homme avec un général auquel il est attaché : [C] Pros. ¶ **2** commerce, société, intimité, liaison d'amitié : [+C] Pros. ; ***contubernium hominis*** [+C] Pros., la cohabitation avec l'homme ¶ **3** tente commune : [C] Pros. ; tente : ***progrediuntur contuberniis*** [+C] Pros., ils sortent de leurs tentes ‖ logement commun : [+C] Pros. ‖ logement d'esclaves : [+C] Pros.

contŭdī, parf. de *contundo*

contŭĕŏr, *ērĭs*, *ērī*, *tŭĭtus sum*, tr., observer, regarder, considérer : ***aliquid*** [C] Pros., regarder, fixer qqch. ; ***aliquem duobus oculis*** [C] Pros., regarder de ses deux yeux qqn ‖ [fig.] considérer, faire attention à : [C] Pros.

1 **contŭĭtus**, *a*, *um*, part. de *contueor*

2 **contŭĭtŭs**, *ūs*, m., [fig.] considération, égard : [T] Pros.

contŭlī, parf. de *confero*

contŭmācĭa, *ae*, f. ¶ **1** opiniâtreté, esprit d'indépendance, obstination, fierté [en mauvaise et bonne part] : [C] Pros. ¶ **2** [fig.] entêtement des animaux : [+C] Pros.

contŭmācĭter, adv., avec fierté, sans ménagements : [C] Pros. ‖ avec obstination, opiniâtreté : ***-cius*** [C] Pros.

contŭmax, *ācis* ¶ **1** opiniâtre, obstiné, fier [surtout en mauvaise part] : [C] Pros., [+C] Pros. ‖ constant, ferme, qui tient bon [en bonne part] : [+C] Pros. ¶ **2** [fig.] rétif : [+C] Pros. ‖ récalcitrant, rebelle [en parl. des choses] : [+C] Poés. ‖ ***-cior*** [C] Pros., [+C] Pros. ; ***-issimus*** [+C] Pros.

contŭmēlĭa, *ae*, f. ¶ **1** parole outrageante, outrage, affront : ***contumeliam dicere alicui*** [-C] Théât., injurier qqn ; ***contumeliam jacere in aliquem*** [C] Pros., lancer une injure à qqn ; ***contumelias alicui imponere*** [C] Pros., faire subir des affronts à qqn ; ***alicui contumeliam facere*** [-C] Théât., [C] Pros., [+C] Pros., outrager qqn mais [C] Pros. ***facere contumeliam*** = ***contumelia adfici*** ; ***per contumeliam*** [C] Pros., d'une façon outrageante ‖ blâme, reproche : [C] Poés. ¶ **2** [fig.] injures [des éléments] : [C] Pros.

contŭmēlĭōsē, adv., outrageusement, injurieusement : [C] Pros. ‖ ***-sissime*** [C] Pros.

contŭmēlĭōsus, *a*, *um*, outrageant, injurieux : [C] Pros.

contŭmĭa, *ae*, f., ➡ *contumelia*

contŭmŭlō, *ās*, *āre*, -, -, tr., couvrir d'un tertre, enterrer : [C] Poés., [+C] Poés.

contundō, *ĭs*, *ĕre*, *tŭdī*, *tūsum*, tr. ¶ **1** écraser, broyer, piler : [-C] Pros., [C] Pros. ; ***radices*** [+C] Pros., broyer des racines ¶ **2** écraser, briser, meurtrir de coups, assommer : ***aliquem fustibus*** [-C] Théât., rompre qqn de coups de bâton ; ***manus*** [C] Pros., rompre les mains de qqn ; ***articulos*** [C] Poés., paralyser les mains ¶ **3** [fig.] ***contudi audaciam*** [C] Pros., j'ai écrasé son audace ; ***contudi animum*** [C] Pros., je me suis réduit, dompté ; ***Hannibalem*** [C] Pros., abattre Hannibal ; ***ingenium*** [C] Poés., briser les ressorts de l'esprit ; [-C] Théât.

conturbātĭo, *ōnis*, f. ¶ **1** trouble, affolement : [C] Pros. ¶ **2** trouble, dérangement, malaise : ***conturbatio mentis*** [C] Pros., dérangement de l'esprit

conturbātŏr, *ōris*, m., celui qui mène à la banqueroute, ruineux : [+C] Poés.

conturbātus, *a*, *um*, part. de *conturbo*, [pris adjt] troublé, abattu : [C] Pros. ; ***conturbatior*** [C] Pros.

conturbō, *ās*, *āre*, *āvī*, *ātum*, tr. ¶ **1** [en gén.] mettre en désordre, troubler, altérer : ***ordines*** [C] Pros., mettre le trouble dans les rangs ; ***oculus conturbatus*** [C] Pros., oeil troublé (vue brouillée) ; ***rem publicam*** [C] Pros., bouleverser l'État ; [C] Poés. ‖ [fig.] troubler, effrayer, inquiéter : [C] Pros. ‖ troubler, embrouiller : [C] Poés., Pros. ; [abst] [C] Pros. ¶ **2** [en part.] jeter le désordre dans les comptes, les brouiller, les bouleverser : [-C] Théât. ‖ [abst] suspendre les paiements, faire faillite : [C] Pros., [+C] Poés.

conturmālis, *is*, m., qui est du même escadron, frère d'armes : [T] Pros.

conturmō, *ās*, *āre*, -, -, tr., mettre en escadron : [T] Pros.

contus, *i*, m. ¶ **1** perche (gaffe) : [C] Poés., [+C] Pros. ¶ **2** épieu, pique : [+C] Pros.

contūsĭo, *ōnis*, f., action d'écraser, de meurtrir : [+C] Pros.

contūsum, *i*, n., contusion : [+C] Pros.

contūsus, *a*, *um*, part. de *contundo*

contūtŏr, *ārĭs*, *ārī*, -, tr., mettre en lieu sûr, cacher : [T] Pros.

contūtŭs, abl. *ū*, [-C] Théât., ➡ *2 contuitus*

cōnūbĭālis, *e*, conjugal, nuptial : [C] Poés.

cōnūbĭum, *ĭī*, n. ¶ **1** capacité [qu'ont deux personnes] de contracter un mariage conforme au droit [romain ou aux lois de la cité de l'époux], droit de contracter un mariage reconnu par le droit [les Romains jouissent entre eux du *conubium* (sauf exception) ; ils ont également ce droit avec les pérégrins à qui le *conubium* a été concédé] : [C] Pros. ¶ **2** [rare, poét. ou tard.] le mariage lui-même [souvent au pl.] : [C] Pros., Poés., [+C] Poés. ¶ **3** union des sexes : [C] Poés.

cōnus, *i*, m. ¶**1** cône : C Poés., Pros. ¶**2** [fig.] sommet d'un casque : C Poés. ‖ pomme de cyprès : +C Pros. ‖ sorte de cadran solaire : C Pros.

convādŏr, *ārĭs, ārī, ātus sum*, tr., citer à comparaître [= donner rendez-vous] : -C Théât.

convālescentĭa, *ae*, f., convalescence : T Pros.

convălescō, *ĭs, ĕre, vălŭī, -*, intr. ¶**1** prendre des forces, croître, grandir : ***convalescunt arbores*** C Pros., les arbres poussent ; ***convaluit flamma*** +C Pros., la flamme a grandi ; ***convalescere ex morbo*** C Pros. ; [ou abs[t]] ***convalescere*** -C, C Pros., +C Pros., se rétablir ¶**2** [fig.] ***convaluit*** C Pros., il est devenu puissant ; ***convaluit annona*** +C Pros., le marché du blé s'est assaini ; ***opinio convaluit*** +C Pros., l'opinion s'est accréditée

convallĭa, *ĭum*, n. pl., vallées : T Poés.

convallis, *is*, f., vallée encaissée : C Pros.

convallō, *ās, āre, āvī, ātum*, tr., entourer d'un retranchement, entourer : +C Pros.

convărĭō, *ās, āre, -, -*, tr., tacheter de tout côté : +C Pros.

convāsātus, *a, um*, part. de *convaso*

convāsō, *ās, āre, āvī, ātum*, tr., empaqueter pour emporter : -C Théât.

convectĭo, *ōnis*, f., action de transporter : T Pros.

convectō, *ās, āre, -, -*, tr., charrier, transporter en masse, en bloc : C Poés., +C Pros.

convectŏr, *ōris*, m., compagnon de voyage : [par mer] C Pros. ; [par terre] +C Pros.

convectus, *a, um*, part. de *conveho*

convĕhō, *ĭs, ĕre, vēxī, vectum*, tr. ¶**1** [en gén.] transporter par charroi, charrier, apporter : C Pros. ¶**2** [en part.] rentrer [la récolte] : C Pros.

convēlātus, *a, um*, part. de *convelo*

convellō, *ĭs, ĕre, vellī (vulsī), vulsum (volsum)*, tr., arracher totalement, d'un bloc ¶**1** arracher : C Pros. ; ***convolsis repagulis*** C Pros., les barres de fermeture étant arrachées ‖ arracher d'un endroit : [abl.] C Pros. ; [avec *e, ex*] C Pros. ; [avec *a, ab*] C Poés. ¶**2** [méd.] **convulsus**, *a, um*, qui a des spasmes, des convulsions : +C Pros. ; **convulsa**, *ōrum*, n. pl., convulsions ¶**3** [fig.] ébranler : C Pros. ‖ démolir, détruire : ***leges*** C Pros., saper des lois ; ***acta Dolabellae*** C Pros., annuler (infirmer) les actes de Dolabella

convēlō, *ās, āre, -, -*, tr., couvrir d'un voile : +C Pros.

convĕna, *ae* ¶**1** [adj[t]] qui se rencontre, qui se réunit : -C Théât. ¶**2** subst. m. pl., **convenae**, *ārum*, étrangers venus de partout, fugitifs, aventuriers : C Pros.

convēnī, parf. de *convenio*

convĕnībo, ► *convenio*

convĕnĭens, *tis*, part. de *convenio* ‖ adj[t] ¶**1** qui est en bon accord, qui vit en bonne intelligence : C Pros. ‖ [en parl. de choses] en harmonie : C Pros. ¶**2** qui est d'accord avec, conforme à : C Pros. ‖ [avec *ad*] C Pros. ‖ [avec *in* abl.] C Pros. ‖ [avec *cum*] +C Pros. ¶**3** convenable, séant : +C Pros. ‖ ***convenientissimus*** +C Pros.

convĕnĭentĕr, adv., conformément : ***convenienter cum natura*** C Pros. ou C Pros. ‖ ***-tius*** T Pros.

convĕnĭentĭa, *ae*, f. ¶**1** accord parfait, harmonie, sympathie : ***convenientia naturae*** C Pros. ; ► *conjunctio* ; C Pros. ; ***convenientia partium*** C Pros., proportion des parties ¶**2** [abs[t]] convenance (ὁμολογία) : C Pros.

convĕnĭō, *īs, īre, vēnī, ventum*

I [tr.] rencontrer qqn, joindre qqn : ***aliquem in itinere convenire*** CAES., joindre qqn en chemin ; ***aliquem aliquid facientem*** CIC., trouver qqn en train de faire qqch. ; ***clam inter se convenire*** CIC., se rencontrer en secret ; ***hoc homine convento opus est*** PL., il est nécessaire de rencontrer cet homme

II [intr.] ¶**1** se rassembler : ***equites conveniunt*** CAES., les cavaliers se rassemblent ; ***unum in locum convenire*** CIC., se réunir au même endroit ; ***ad aedes convenire*** CIC., se rassembler vers la maison ; ***ad signa convenire*** CAES., rejoindre ses enseignes (= son corps) ‖ ***ad signum convenire*** LIV., se rassembler au signal donné ; ***ad clamorem convenire*** CAES., aux cris poussés, se rassembler ‖ ***qui novissimus convenit*** CAES., celui qui se présente le dernier au rassemblement ‖ ***in manum convenire*** CIC., venir sous la puissance (du mari)= se marier ¶**2** s'accorder avec : ***cum aliqua re convenire*** CAES., s'accorder avec qqch., être conforme à qqch. ; [avec dat. ou avec *in* et acc.] CIC., même sens ; ***sibi convenire*** CIC., être cohérent avec soi-même, ne pas se contredire ; ***in aliquid convenire*** PL., s'adapter à qqch. ; ***ad aliquid convenire*** CIC., même sens ; ***alicui convenire*** HOR., aller bien à qqn ‖ [abs[t]] ***corona non convenit*** CIC., la couronne ne va pas ; ***mores conveniunt*** TER., nos caractères se conviennent ¶**3** être convenu, être l'objet d'un accord : ***signum quod convenerat*** CAES., le signal qui avait été convenu ‖ ***alicui cum aliquo convenire***, être l'objet d'un accord entre une personne et une autre ; ***hoc mihi cum tuo fratre convenit*** LIV., là-dessus nous sommes d'accord ton frère et moi ‖ ***quibus conventis*** LIV., l'accord étant fait sur ce point ¶**4** [impers.] ***convenit a)*** [avec inf. ou prop. inf.] il convient que, il est convenable que : ***non convenit oratorem tueri...*** QUINT., il n'est pas convenable que l'orateur défende... ***b)*** [avec inf.] il est logique de : ***qui convenit polliceri... ?*** CIC., est-il logique de promettre... ? ***c)*** il y a accord : [abs[t]] ***uti convenerat*** SALL., selon les conventions ; ***alicui cum aliquo convenit*** CIC., il y a accord de qqn avec qqn ; ***inter aliquos de aliqua re*** CIC., il y a accord entre des personnes sur une question ‖ [avec prop. inf.] on reconnaît que : ***inter omnes convenit...*** CIC., tout le monde reconnaît que... ‖ [avec *ut, ne*] il est décidé que...

conventīcĭus, *a, um*, de rencontre : -C Théât. ‖ **conventīcĭum**, *ĭī*, n., jeton de présence, argent donné à ceux qui assistent à l'assemblée du peuple chez les Grecs : C Pros.

conventĭcŭlum, *i*, n. ¶**1** petite réunion, petit groupement : C Pros. ¶**2** lieu de réunion : +C Pros., T Pros.

conventĭo, *ōnis*, f. ¶**1** assemblée du peuple : C Pros. ‖ union charnelle : T Pros. ¶**2** convention, pacte : C Pros., +C Pros.

conventum, *i*, n., convention, pacte, accord, traité : C Pros.

1 **conventus**, *a, um*, part. de *convenio*

2 **conventŭs**, *ūs*, m. ¶**1** [en gén.] assemblée, réunion : C Pros. ‖ assemblée (congrès) d'États : C Pros. ¶**2** [en part.] ***a)*** assises [tenues par les gouverneurs de province], session judiciaire : ***conventum agere*** C Pros., tenir les assises ; ***conventibus peractis*** C Pros., la session terminée ***b)*** communauté formée par les citoyens romains établis dans une ville de province, colonie romaine : C Pros. ¶**3** rencontre [de deux étoiles] : +C Pros. ‖ commerce charnel : T Pros. ‖ agglomération des atomes : C Poés. ¶**4** [rare] accord : ***ex conventu*** C Pros., d'après la convention

convĕnustō, *ās, āre, -, -*, tr., embellir, orner, parer : T Pros.

converbĕro, *ās, āre, -, ātus*, tr., [fig.] flageller, stigmatiser : +C Pros.

converrī, parf. de *converro*

converrĭtŏr, *ōris*, m., celui qui balaye : +C Pros.

converrō, *ĭs, ĕre, verrī, versum*, tr., enlever, nettoyer en balayant : -C Pros. ‖ [fig.] ***a)*** rafler : C Pros. ***b)*** étriller, rosser : -C Théât.

conversātĭo, *ōnis*, f. ¶**1** action de tourner et retourner qqch., usage fréquent de qqch. : +C Pros. ¶**2** commerce, intimité, fréquentation : +C Pros.

conversātus, *a, um*, part. de *conversor*

conversĭbĭlis, *e*, ► *convertibilis*

conversim, adv., inversement : T Pros.

conversĭo, *ōnis*, f. ¶**1** action de tourner, mouvement circulaire, révolution : ***conversiones astrorum*** C Pros., les révolutions des astres ‖ retour périodique : C Pros. ‖ [méd.] abcès : +C Pros. ¶**2** changement, mutation, métamorphose : C Pros. ‖ conversion [religieuse] : T Pros. ‖ traduction : +C Pros. ‖ [rhét.] ***a)*** répétition du même mot en fin de période : C Pros. ***b)*** = ἀντιμεταβολή répétition des mêmes mots dans un ordre inverse : C Pros. ***c)*** tour périodique [de la phrase], période : C Pros.

conversō, *ās, āre, -, -*, tr., tourner en tous sens : [C] Pros. ; [fig.] [+C] Pros.

conversŏr, *ārĭs, ārī, ātus sum*, intr., vivre avec : ***conversari alicui*** [+C] Pros. ; ***cum aliquo*** [+C] Pros. ‖ [ou absᵗ] ***conversari*** [+C] Pros., vivre en compagnie de qqn

1 **conversus**, *a, um*, part. de *converto* et de *converro*

2 **conversus**, abl. *ū*, m., mouvement circulaire : [T] Pros.

convertī, parf. de *converto*

convertĭbĭlis, *e*, susceptible de changement : [T] Poés.

convertō (-vortō), *ĭs, ĕre, vertī (vortī), versum (vorsum)*, tr. ou intr.
I tr. ¶ **1** tourner entièrement, retourner, faire retourner : ***converso baculo*** [C] Pros., avec son bâton retourné ; ***itinere converso*** [C] Pros., revenant sur leurs pas ; ***se convertere*** [C] Pros., se retourner ; ***sese convertere*** [C] Pros., tourner le dos, prendre la fuite ‖ [fig.] retourner = changer complètement : [C] Pros. ‖ [milit.] ***castra castris*** [C] Pros., changer un camp contre un autre, changer de camp à chaque instant ‖ faire passer d'un état dans un autre : [C] Pros. ‖ faire passer d'une langue dans une autre, traduire : [C] Pros. ; ***aliquid in Latinum*** [C] Pros., traduire qqch. en latin ¶ **2** tourner, faire tourner : [C] Pros. ‖ [fig.] [C] Pros. ; ***in se odia convertere*** [C] Pros., attirer sur soi les haines ‖ ***aliquid in rem suam*** [C] Pros., détourner qqch. à son profit ¶ **3** [chrét.] convertir : [T] Pros.
II intr. ¶ **1** se retourner, revenir : [C] Pros., ([C] Pros., Poés., [+C] Pros.) ¶ **2** se changer : [C] Pros.

convertor, employé comme l'actif *converto* [douteux] : [-C] Théât.

convestĭō, *īs, īre, īvī, ītum*, tr., couvrir d'un vêtement : [-C] Théât. ‖ [fig.] couvrir, envelopper : [C] Pros., Poés.

convestītus, *a, um*, part. de *convestio*

convexī, parf. de *conveho*

convexĭo, *ōnis*, f., → *convexitas* : [+C] Pros., [T] Pros.

convexĭtās, *ātis*, f., convexité, forme circulaire, voûte arrondie : [T] Pros.

convexō, *ās, āre, āvī, ātum*, tr., opprimer, (maltraiter, tourmenter) profondément : [+C] Pros.

convexus, *a, um* ¶ **1** convexe, arrondi, de forme circulaire : [C] Poés. ¶ **2** ***convexo in tramite*** [C] Poés., dans un chemin creux ¶ **3** **convexum**, *i*, n., et **convexa**, *ōrum* [le plus souvent] n. pl., concavité, creux : ***in convexo nemorum*** [C] Poés., dans un fond entouré de bois ; ***convexa caeli*** [C] Poés., la voûte du ciel

convĭbrō, *ās, āre, āvī, -*, tr., mettre en vibration, mouvoir avec rapidité : [+C] Pros.

convīcī, parf. de *convinco*

convīcĭātŏr, *ōris*, m., celui qui injurie, insulteur : [C] Pros., [+C] Pros.

convīcĭŏr, *ārĭs, ārī, ātus sum*, intr., injurier, insulter bruyamment, faire du tapage, s'attrouper : [C] Pros. ‖ ***alicui*** : [+C] Pros.

convīcĭōsē, adv., en injuriant : [T] Pros.

convīcĭum, *ĭī*, n. ¶ **1** éclat de voix, clameur, vacarme, charivari : ***convicium facere*** [-C] Théât., faire du tapage ‖ cris [de certains animaux] : [C] Poés. ¶ **2** [en part.] cri marquant la désapprobation ***a)*** cris d'improbation, vives réclamations : [C] Pros. ***b)*** invectives, cris injurieux : [C] Pros. ***c)*** reproche, blâme : [C] Pros. ¶ **3** [fig.] celui qui est l'objet des reproches, vaurien : [-C] Théât.

1 **convictĭo**, *ōnis*, f., pl., [C] Pros.

2 **convictĭo**, *ōnis*, f., démonstration convaincante (décisive) : [T] Pros.

convictŏr, *ōris*, m., convive, compagnon de table : [C] Poés., [+C] Pros.

1 **convictus**, *a, um*, part. de *convinco*

2 **convictŭs**, *ūs*, m. ¶ **1** commerce, vie commune, société : [C] Pros., [+C] Pros. ¶ **2** banquet, festin : [+C] Pros.

convincō, *ĭs, ĕre, vīcī, victum*, tr., vaincre entièrement ¶ **1** confondre un adversaire : [C] Pros. ¶ **2** convaincre [= prouver la culpabilité] : [C] Pros. ‖ ***convinci*** [avec inf.] être convaincu d'avoir fait qqch. : [C] Pros., [+C] Pros. ¶ **3** démontrer victorieusement [une erreur, une faute] : ***falsa*** [C] Pros., dénoncer le faux ‖ prouver victorieusement une chose contre qqn : [C] Pros., [+C] Pros. ‖ [avec prop. inf.] prouver victorieusement [contre qqn] que : [C] Pros.

convinctĭo, *ōnis*, f., [gram.] conjonction : [+C] Pros.

convĭŏlō, *ās, āre, āvī, ātum*, tr., violer, transgresser : [T] Poés.

convīsō, *ĭs, ĕre, -, -*, tr., examiner attentivement, fouiller du regard : [C] Poés. ‖ [fig.] visiter : [C] Poés.

convīva, *ae*, m. f., convive : [C] Pros., Poés.

convīvālis, *e*, de repas : [C] Pros. ; ***fabulae convivales*** [+C] Pros., propos de table

convīvātŏr, *ōris*, m., celui qui donne un repas, hôte, amphitryon : [C] Poés., Pros.

convīvātus, *a, um*, part. de *convivor*

convīvĭālis, *e*, [+C] Pros., → *convivalis*

convīvĭfĭcō, *ās, āre, āvī, ātum*, tr., vivifier ensemble : [T] Pros.

convīvĭum, *ĭī*, n. ¶ **1** repas, festin : [-C] Théât., [C] Pros. ¶ **2** réunion de convives : [+C] Pros. ¶ **3** [chrét.] repas eucharistique : [+C] Pros.

1 **convīvō**, *ās, āre, -, -*, [+C] Pros., → *convivor*

2 **convīvō**, *ĭs, ĕre, vīxī, victum*, intr., vivre avec, ensemble : [C] Pros. ou ***alicui*** [+C] Pros., vivre avec qqn ‖ manger ensemble : [+C] Pros. ; ***cum aliquo*** [+C] Pros.

convīvŏr, *ārĭs, ārī, ātus sum*, intr., donner ou prendre un repas : [C] Pros., [+C] Pros.

convŏcātĭo, *ōnis*, f., appel, convocation : [C] Pros.

convŏcātŏr, *ōris*, m., celui qui invite à dîner : [T] Pros.

convŏcātus, *a, um*, part. de *convoco*

convŏcō, *ās, āre, āvī, ātum*, tr., appeler, convoquer, réunir : [C] Pros. ***in societatem vitae*** [C] Pros. appeler les hommes à la vie sociale ; ***ad se*** [C] Pros., faire venir à soi, convoquer ; ***in unum locum*** [C] Pros., convoquer en un même point ; [avec *ex, de*] [C] Pros.

convolnĕro, → *convulnero*

convŏlō, *ās, āre, āvī, ātum*, intr., accourir ensemble : [C] Pros.

convolsĭo, **convolsus**, → *convul-*

convŏlūtŏr, *ārĭs, ārī, -*, passif, se rouler avec : [+C] Pros.

convŏlūtus, *a, um*, part. de *convolvo*

convolvō, *ĭs, ĕre, volvī, vŏlūtum*, tr., rouler autour, rouler, envelopper : ***convolvens se sol*** [C] Pros., le soleil qui accomplit sa rotation ; [C] Poés. ‖ **convolutus**, *a, um* [avec abl.], entouré de, enveloppé de : [C] Pros. ‖ [fig.] envelopper, s'étendre à : [+C] Pros.

convolvŭlus, *i*, m., ver-coquin, sorte de chenille de vigne : [-C] Pros.

convŏmō, *ĭs, ĕre, -, -*, tr., vomir sur : [C] Pros., [+C] Poés.

convulnĕrātus, *a, um*, part. de *convulnero*

convulnĕrō, *ās, āre, āvī, ātum*, tr., blesser profondément : [+C] Pros.

convulsus, *a um*, part. de *convello*

cŏŏlesco, → *coalesco*

cŏŏnĕrō, *ās, āre, -, ātus*, tr., charger en même temps, à la fois : [T] Pros.

cŏŏnustō, *ās, āre, -, -*, → *coonero*

cŏŏpĕrārĭus, *a, um*, qui coopère ‖ subst. m., **cŏŏpĕrārĭus**, *ĭī*, coopérateur ; ***alicujus***, de qqn : [T] Pros.

cŏŏpĕrātĭo, *ōnis*, f., coopération, collaboration : [T] Pros.

cŏŏpĕrātŏr, *ōris*, m., coopérateur : [T] Pros.

cŏŏpercŭlum, *i*, n., couvercle : [+C] Pros.

cŏŏpĕrīmentum, *i*, n., ce qui recouvre entièrement, couvercle : [+C] Pros.

cŏŏpĕrĭō, *īs, īre, pĕrŭī, pertum*, tr., couvrir entièrement : ***aliquem lapidibus*** [C] Pros., lapider qqn ; ***coopertus telis*** [C] Pros., accablé de traits ; ***amnes... oppida coperuisse*** [= *coop-*] [C] Poés. ‖ ***fenoribus coopertus*** [-C], [C] ; [+C] Pros., couvert de dettes ; [C] Pros.

cŏŏpĕrŏr, *ārĭs, ārī, ātus sum*, intr., coopérer [absᵗ ou avec dat.] : [T] Pros.

cŏŏpertōrĭum, *ĭī*, n., couverture, tout objet qui recouvre : [T] Pros.

cŏŏpertus, *a, um*, part. de *cooperio*

cŏoptātĭo, *ōnis*, f., choix, élection pour compléter un corps, un collège : ***cooptatio censoria*** [C] Pros., nomination faite par les censeurs ; ***cooptatio in patres*** [C] Pros., admission dans la classe des patriciens

cŏoptātus, *a, um*, part. de *coopto*

cŏoptō, *ās, āre, āvī, ātum*, tr., choisir pour compléter un corps, un collège, agréger, s'associer, nommer : ***senatores*** [C] Pros., élire des sénateurs ; ***sibi collegam*** [+C] Pros., se donner un collègue ; ***in collegium augurum*** [C] Pros., faire admettre dans le collège des augures

cŏŏrĭor, *ŏrĭrĭs, ŏrīrī, ortus sum*, intr. ¶ **1** naître, apparaître : [C] Poés., Pros. ¶ **2** [en parl. des phénomènes naturels] [C] Pros. ¶ **3** se lever pour combattre, s'élever contre : [C] Pros. ; ***cooriri ad pugnam*** [C] Pros., se dresser pour combattre ; ***cooriri in rogationes*** [C] Pros., s'élever contre des projets de loi

1 **cŏortus**, *a, um*, part. de *coorior*

2 **cŏortŭs**, *ūs*, m., naissance, apparition : [C] Poés.

Cŏŏs, *i*, **Cŏus**, *i*, f., [C] Pros., **Cōs**, [+C] Pros., f., île de la mer Égée, ▶ *2 Cous*

cōpa, *ae*, f., cabaretière : [+C] Pros.

cŏpădĭum, *ĭī*, n., tranche, escalope, aiguillette : [+C] Pros.

Cōpāïs, *ĭdis*, f., le lac Copaïs [en Béotie] : [C] Pros.

cōpercŭlum, **cōpĕrīmentum**, ▶ *cooperculum, cooperimentum*

cōpĕrĭō, *īs, īre, -, -*, ▶ *cooperio* : [C] Poés.

Cŏphēs, *is*, m., fils d'Artabaze : [+C] Pros.

cŏphĭnus, *i*, m., corbeille : [+C] Pros., Poés.

1 **cōpĭa**, *ae*, f. ¶ **1** abondance : ***frugum*** [C] Pros. ; ***pecuniae*** [C] Pros. ; ***librorum*** [C] Pros. ; ***virorum fortium*** [C] Pros., abondance de moissons, d'argent, de livres, d'hommes courageux ¶ **2** abondance de biens, richesse : [C] Pros. ; ***in summa copia*** [C] Pros., au sein d'une extrême opulence ‖ pl., ressources de tout genre, richesse, fortune : [C] Pros. ‖ ressources intellectuelles et morales : [C] Pros. ¶ **3** [milit.] troupe, forces militaires [surtout au pl.] : ***navalis copia*** [C] Pros., forces navales ; ***pedestres*** [C] ; Pros., de fantassins ; ***equitatus peditatusque*** [C] Pros., troupes de cavalerie et d'infanterie ¶ **4** [rhét.] abondance [des idées ou des mots], abondance oratoire, richesse du génie, richesse du style : [C] Pros. ¶ **5** faculté, pouvoir [de faire, d'obtenir qqch.] : ***Capuae potiendae*** [C] Pros., possibilité de prendre Capoue ; ***alicui alicujus copiam facere*** [-C] Théât., donner accès à qqn chez qqn ; ***copiam alicujus habere*** [C] Pros., avoir la libre disposition de qqn ; [+C] Pros. ‖ ***pro rei copia*** [C] Pros. ; ***ex copia rerum*** [C] Pros. ; ***ex copia*** [C] Pros., d'après la situation, étant donné la situation ‖ ***pro copia***, suivant ses facultés, son pouvoir, ses ressources : [C] Pros. ‖ ***copia est ut*** [avec subj.], il y a possibilité de : [-C] Théât. ; [avec inf.] [C] Pros., Poés.

2 **Cōpĭa**, *ae*, f., l'Abondance [déesse] : [-C] Théât., [C] Pros., Poés.

cōpĭŏr, *ārĭs, ārī, -*, intr., se munir abondamment de [avec abl.] : [+C] Pros.

cōpĭōsē, adv., avec abondance : ***copiose proficisci*** [C] Pros., partir avec d'abondantes ressources ‖ [rhét.] avec abondance [des idées et du style] : [C] Pros. ‖ ***-ius*** [C] Pros. ; ***-issime*** [C] Pros.

cōpĭōsus, *a, um* ¶ **1** qui abonde, bien pourvu : ***copiosum patrimonium*** [C] Pros., riche patrimoine ; ***homo copiosus*** [C] Pros., homme d'une grande fortune ; ***aliqua re*** [C] Pros. [+C] Pros. abondamment pourvu de qqch. ; [C] Pros. ; [avec gén.] ¶ **2** [rhét.] riche d'idées ou de mots, abondant, ayant l'abondance oratoire : [C] Pros. ‖ ayant la richesse du génie : [C] Pros. ‖ compar. *-sior* [C] Pros. ; superl. *-issimus* [C] Pros.

cŏpis, *ĭdis*, f., sabre à large lame, yatagan : [+C] Pros.

cōpla, *ae*, f., ▶ *copula*

cōpo, **cōpōna**, ▶ *caupo*

Cōpōnĭus, *ĭī*, m., nom romain : [C] Pros. ‖ **-nĭānus**, *a, um*, de Coponius : [C] Pros.

coppa, n. indécl., signe numérique grec, = 90 : [+C] Pros.

coprĕa, *ae*, m., bouffon : [+C] Pros.

cops, **cōpis**, [C] Pros., riche, opulent, qui abonde de : [-C] Théât. ‖ [avec gén.] [-C] Théât.

copta, *ae*, f., espèce de gâteau très dur : [+C] Poés.

coptātĭo, ▶ *cooptatio*

coptŏplăcenta, *ae*, f., sorte de gâteau à pâte dure : [+C] Pros.

Coptŏs, **Coptus**, *i*, f., ville de la Thébaïde d'Égypte ‖ **-ītĭcus (-ĭcus)**, *a, um*, d'Isis [honorée à Coptos] : [+C] Pros. ‖ **-ītēs**, *ae*, m., **-ĭs**, *ĭdis*, f., de Coptos

cōpŭla, *ae*, f. ¶ **1** tout ce qui sert à attacher, lien, chaîne : [-C] Théât., [C] Pros. ; ***copula torta*** [-C] Théât., cordage ‖ laisse : [C] Poés. ‖ crampon, grappin : [C] Pros. ¶ **2** [fig.] ***a)*** lien moral, union : [C] Poés., Pros. ***b)*** enchaînement, suite des mots : [+C] Pros. ‖ composition d'un mot : [+C] Pros.

cōpŭlātē, ▶ *copulative* ; [+C] Pros., [T] Pros.

cōpŭlātio, *ōnis*, f., action de réunir, agglomération, assemblage : [C] Pros., [+C] Pros.

cōpŭlātīvē, adv., par réunion, par synalèphe [gram.] : [T] Pros.

cōpŭlātrix, *īcis*, f., celle qui unit, qui rapproche : [T] Pros., Poés.

cōpŭlātum, *i*, n., ▶ *conjunctum* : [+C] Pros.

1 **cōpŭlātus**, *a, um*, part. de *copulo*, [adjᵗ] [C] Pros. ; ▶ *copulo*

2 **cōpulātŭs**, *ūs*, m., action de réunir : [T] Pros.

cōpŭlō, *ās, āre, āvī, ātum*, tr. ¶ **1** lier ensemble, attacher : ***hominem cum belua*** [C] Pros., unir l'homme à la bête ; [C] Poés., Pros. ‖ unir, associer : ***voluptatem cum honestate*** [C] Pros., joindre la volupté à la vertu, ([C] Pros.) ‖ former d'une façon solide (bien liée) : ***concordiam copulare*** [C] Pros., établir fermement la concorde ¶ **2** [rhét.] ***a)*** lier des mots et les fondre en un seul dans la prononciation : [C] Pros. ***b)*** [logique] proposition qui se lie à une autre : [C] Pros., [+C] Pros.

cōpŭlŏr, *ārĭs, ārī, -*, ▶ *copulo* : ***copulantur dexteras*** [-C] Théât., on me donne des poignées de main

cōpŭlum, *i*, n., ▶ *copula*

cŏqua, *ae*, f., cuisinière : [-C] Théât.

cŏquīna (cŏcī-), *ae*, f. ¶ **1** cuisine : [T] Pros. ¶ **2** art du cuisinier : [+C] Pros.

cŏquīnāris, *e*, [C] Poés., **cŏquīnārĭus**, *a, um*, de cuisine, relatif à la cuisine

cŏquīnō (cŏcī-), *ās, āre, āvī, ātum* ¶ **1** intr., faire la cuisine : [-C] Théât. ¶ **2** tr., préparer comme plat : [-C] Théât.

cŏquīnus (cŏcī-), *a, um*, de cuisinier, de cuisine : [-C] Théât.

cŏquĭtātĭo, *ōnis*, f., cuisson prolongée : [+C] Pros.

cŏquō, *ĭs, ĕre, coxī, coctum* ¶ **1** cuire, faire cuire ; ***aliquid***, qqch. [solide ou liquide] : [C] Pros. ; ***cibaria cocta*** [C] Pros., blé cuit (biscuit) ‖ [absᵗ] faire la cuisine : [-C] Théât. ‖ n. pl., ***cocta*** [+C] Pros., aliments cuits ‖ ▶ *cocta*, f. ¶ **2** brûler, fondre [chaux, métal] : [-C] Pros. ; ***coctus later*** [+C] Poés., brique cuite [opp. *crudus*] ; [-C] Pros. ; ***agger coctus*** [C] Poés., mur de briques cuites ; ***robore cocto*** [C] Poés., d'un bois durci au feu ¶ **3** mûrir, faire mûrir : [-C] Pros., [C] Pros., Poés. ‖ [qqf.] dessécher, brûler : [C] Pros., Poés. ¶ **4** digérer : [C] Pros. ¶ **5** [fig.] ***a)*** méditer, préparer mûrement (cf. mijoter) : ***bellum*** [C] Pros., préparer sourdement la guerre ***b)*** faire sécher (d'ennui), tourmenter : [-C] Pros., Théât., [C] Poés., [+C] Pros.

cŏquus, **cŏcus**, *i*, m., cuisinier : [-C], [C] Pros.

cŏr, *cordis*, n. ¶ **1** cœur [viscère] : [C] Pros., [+C] Pros. ‖ estomac : [C] Poés. ¶ **2** [fig.] ***a)*** [poét.] ***corda*** ▶ ***animi*** : [C] Poés. ; [en parl. de pers.] [C] Poés. ‖ [en parl. d'animaux] [C] Poés. ***b)*** cœur [siège du sentiment] : [-C] Théât., [C] Poés. ***c)*** [expr.] ***cordi esse alicui***, être agréable à qqn, lui tenir à cœur : [C] Pros. ; ***cordi est (alicui)*** ; avec inf., qqn a à coeur de, tient absolument à : [-C] Théât., [C]

Pros. ; [avec prop. inf.] C Pros. ‖ ***cordi habere*** +C Pros., même sens ***d)*** intelligence, esprit, bon sens : -C Pros., Théât., C Poés., Pros.

Cŏra, *ae*, f., ville du Latium : C Pros. ‖ **-ānus**, *a, um*, de Cora : C Pros.

Coracēsĭum, *ĭī*, n., ville de Cilicie : C Pros.

1 **cŏrăcĭnus**, *a, um*, de corbeau : ***coracinus color*** C Pros.

2 **Cŏrăcīnus**, *i*, m., surnom d'homme : +C Poés.

cŏrălium, ➜ *corallium*

Cŏralli, *ōrum*, m. pl., peuple de la Mésie : C Poés.

cŏrallĭum (cūr-, C Poés.), *ĭī*, n., corail : +C Pros.

cŏrallum, *i*, n., corail : T Poés.

cōrăm, adv. et prép. ¶ **1** adv., en face, devant, en présence : ***coram videre*** C Pros., voir sur place (personnellement) ; ***coram cum aliquo loqui*** C Pros., parler à qqn de vive voix ; ***coram adesse*** C Pros., être présent personnellement ; ***ut veni coram*** C Poés., quand je fus devant toi ‖ publiquement, ouvertement : +C Pros. ¶ **2** prép. avec abl., ***coram aliquo*** ; en présence de, devant qqn : C Pros. ‖ ***senatu coram*** +C Pros., devant le sénat ‖ [avec acc. ou gén.] T Pros.

cŏramblē, *ēs*, f., sorte de chou : +C Pros.

Cŏrānus, *i*, m. ¶ **1** nom d'homme : C Poés. ¶ **2** ➜ *Cora*

Cŏrās, *ae*, m., héros fondateur de Cora : C Poés.

1 **cŏrax**, *ăcis*, m. ¶ **1** corbeau [machine de guerre] : C Pros. ¶ **2** premier degré d'initiation dans le culte de Mithra : T Pros.

2 **Cŏrax**, *ăcis*, m. ¶ **1** rhéteur syracusain : C Pros. ; [jeu de mots avec *1 corax*] C Pros. ¶ **2** nom d'esclave : -C Théât. ¶ **3** montagne d'Étolie : C Pros.

corbes, *is*, f., ➜ *corbis*

1 **Corbĭo**, *ōnis*, m., nom d'homme : +C Pros.

2 **Corbĭo**, *ōnis*, f. ¶ **1** ville des Èques : C Pros. ¶ **2** ville d'Hispanie : C Pros.

corbis, *is*, m., +C Pros., et f., C Pros., corbeille

corbīta, *ae*, f., navire de charge : -C Théât., C Pros.

corbŏna, *ae*, f., **corbān**, **corbanās**, trésor (du temple) : T Pros. ‖ offrande : T Pros.

corbŭla, *ae*, f., petite corbeille : -C Théât., C Pros.

Corbŭlo, *ōnis*, m., Corbulon [Cn. Domitius Corbulo, général romain sous Néron] : +C Pros.

corcillum, *i*, n., petit cœur : +C Pros.

corcŏdīlus, *i*, m., C Poés., ➜ *crocodilus*

1 **corcŭlum**, *i*, n., petit cœur : -C Théât. ‖ terme de caresse : -C Théât.

2 **Corcŭlum**, *i*, n., Sagesse [surnom de Scipion Nasica] : C Pros.

corcŭlus, *a, um*, sage, sensé : +C Pros.

Corcȳra, *ae*, f., île sur la côte de l'Épire [auj. Corfou] : C Pros. ‖ **-cyraeus**, *a, um*, de Corcyre : C Pros. ‖ **-cyraei**, *ōrum*, m. pl., habitants de Corcyre : C Pros.

corda, etc., ➜ *chorda*

Cordălĭo, *ōnis*, m., nom d'esclave : -C Théât.

cordātē, adv., sensément : -C Théât.

cordātus, *a, um*, sage, prudent, avisé, sagace : -C Pros., +C Poés. ‖ ***cordatior*** T Pros.

cordax, *ācis*, m. ¶ **1** le cordax [danse licencieuse] : +C Pros. ¶ **2** [fig.] [en parlant du rythme trochaïque] manquant de tenue : C Pros., +C Pros.

cordĭcĭtŭs, adv., au fond du cœur : T Pros.

cordŏlĭum, *ĭī*, n., crève-cœur, chagrin : -C Théât., +C Pros.

Cordŭba, *ae*, f., ville de la Bétique [Cordoue] : C Pros. ‖ **-enses**, *ĭum*, m. pl., habitants de Cordoue : C Pros.

Cordŭēna, *ae*, f., la Gordyène [région d'Arménie] : T Pros.

cordūla, ➜ *cordyla* : +C Pros.

1 **cordus**, ➜ *1 chordus*

2 **Cordus**, *i*, m., nom d'homme ; [en part.] ***Cremutius Cordus***, historien romain : +C Pros.

cordȳla, *ae*, f., jeune thon : +C Poés.

Cŏresĭa, ➜ *Coria*

Corfĭdĭus, *ĭī*, m., nom d'homme : C Pros.

Corfīnĭum, *ĭī*, n., ville des Péligniens : C Pros. ‖ **-nĭensis**, *e*, de Corfinium : C Pros. ‖ **-nĭenses**, *ĭum*, m. pl., les habitants de Corfinium : C Pros.

Cŏrĭa, *ae*, f., surnom de Minerve chez les Arcadiens : C Pros.

cŏrĭācĕus, *a, um*, de cuir : T Pros.

cŏrĭāgo, *ĭnis*, f., coriage [maladie des bovins] : +C Pros.

cŏrĭandrātus, *a, um*, garni de coriandre ‖ **-drātum**, *i*, n., eau de coriandre : +C Pros.

cŏrĭandrum, *i*, n., **-drus**, *i*, m., -C Pros., la coriandre [plante]

Cŏrĭnaeus, *a, um*, ➜ *Corynaeus*

Corinna, *ae*, f. ¶ **1** poétesse grecque [5e s. av. J.-C.] : C Poés. ¶ **2** femme chantée par Ovide : C Poés.

Corinthĕus, *a, um*, ➜ *Corinthius*

Corinthĭăcus, *a, um*, de Corinthe : C Pros.

Cŏrinthĭensis, *e*, de Corinthe : +C Pros. ‖ **-ses**, *ĭum*, m. pl. ‖ les Corinthiens : +C Pros.

Cŏrinthĭus, *a, um*, de Corinthe : ***Corinthius ager*** C Pros., territoire de Corinthe ; ***Corinthiumaes*** C Pros., bronze de Corinthe ; ***Corinthia vasa*** C Pros. et abs^t^ **Corinthia**, *ōrum*, n. pl., vases de Corinthe ‖ **-thĭi**, *ōrum*, m. pl., les habitants de Corinthe : C Pros. ‖ ***genus Corinthium***, ordre corinthien : C Pros.

Cŏrinthus, *i*, f., C Pros., **Corinthos**, *i*, f., +C Pros., Corinthe [sur l'isthme de ce nom]

Cŏrĭŏlānus, *i*, m., Coriolan [surnom de C. Marcius, vainqueur de Corioles] : C Pros.

Cŏrĭŏli, *ōrum*, m. pl., ville du Latium : C Pros. ‖ **Cŏrĭŏlānus**, *a, um*, de Corioles : C Pros.

Cŏrĭŏsŏlītes, *um*, m. pl., Coriosolites [peuple d'Armorique ; Corseul] : C Pros.

Coriosvelītes, *um*, m. pl., ➜ *Curiosolites*

Cŏrippus, *i*, m., poète chrétien du 6e s. : T Poés.

cŏrĭum, *ĭī*, n. ¶ **1** peau, (cuir, robe) des animaux : -C Pros., C Pros. ¶ **2** peau de l'homme : ***corium concidere alicui*** -C Théât. ; ***corium petere (alicujus)*** C Pros., tanner le cuir à qqn, fustiger qqn ; +C Poés. ; ***de alieno corio*** +C Pros., risquer sa peau, celle d'autrui ¶ **3** [fig.] ***a)*** courroie, lanière, fouet : -C Théât. ***b)*** surface, superficie, couche : ***corium arenae*** C Pros., couche de sable

cŏrĭus, *ĭī*, m., [arch.] -C Théât., C Poés. ; ➜ *corium*

Cormăsa, *ōrum*, n. pl., ville de Pisidie : C Pros.

Cornēlĭa, *ae*, f., nom de femme [en part.] Cornélie, mère des Gracques : C Pros. ‖ femme de César : +C Pros. ‖ femme de Pompée : +C Poés.

Cornēlĭānus, *a, um*, relatif à un Cornélius ou à la famille Cornélia : ***Corneliana (oratio)*** C Pros., plaidoyer pour Cornélius ‖ **Corneliana castra** (*Cornelia*), n. pl., Camp de Scipion [lieu d'Afrique] : C Pros.

1 **Cornēlĭus**, *ĭī*, m., nom d'une *gens* ayant de nombreux rameaux, ➜ *Dolabella, Scipio, Sylla* ‖ ***Forum Cornelii*** ; ➜ *Forum Cornelium*, ➜ *2 Forum*

2 **Cornēlĭus**, *a, um*, de Cornélius : ***Cornelia gens*** C Pros., la famille Cornélia ; ***Cornelia lex*** C Pros., la loi Cornélia ‖ ***Forum Cornelium*** C Pros., ville de la Cisalpine, fondée par Cornélius Sylla

cornĕŏlus, *a, um*, qui est de la nature de la corne : C Pros. ‖ [fig.] dur comme de la corne : +C Pros.

cornētum, *i*, n., lieu planté de cornouillers : C Pros.

1 **cornĕus**, *a, um*, de corne, fait en corne, en forme de corne : C Pros., Poés. ‖ [fig.] dur comme de la corne : +C Poés.

2 **cornĕus**, *a, um*, de cornouiller : -C Pros., C Poés.

1 **cornĭcĕn**, *ĭnis*, m., sonneur de cor : C Pros.

2 **Cornĭcĕn**, *ĭnis*, m., surnom dans la *gens Oppia* : C Pros.

Cornĭcĭnus, *i*, m., ➡ *2 Cornicen* : Pros.

cornīcŏr, *ārĭs*, *ārī*, -, intr., croasser : Poés., Pros.

cornīcŭla, *ae*, f., petite corneille : Pros., Pros.

cornĭcŭlans, *tis*, qui est dans son croissant [en parl. de la lune] : Pros.

Cornĭcŭlānus, ➡ *2 Corniculum*

Cornĭcŭlārĭa, *ae*, f., titre d'une comédie perdue de Plaute : Pros.

cornĭcŭlārĭus, *ĭi*, m., corniculaire, qui porte le *corniculum* [soldat attaché à un officier] : Pros.

cornĭcŭlātus, *a*, *um*, Pros., ➡ *corniculans*

1 **cornĭcŭlum**, *i*, n., petit entonnoir : Pros. ‖ aigrette en métal [récompense militaire] : Pros., Pros.

2 **Cornĭcŭlum**, *i*, n., ville du Latium : Pros. ‖ **-lānus**, *a*, *um*, de Corniculum : Poés.

cornĭfĕr, *ĕra*, *ĕrum*, qui a des cornes : Poés., Pros.

Cornĭfĭcĭus, *ĭi*, m., nom romain ; [en part.] Q. Cornificius, rhéteur contemporain de Cicéron : Pros., Pros.

cornĭfrons, *tis*, qui a des cornes au front : Théât.

cornĭgĕr, *ĕra*, *ĕrum*, cornu : Poés.

cornĭpēs, *ĕdis*, qui a des pieds de corne : Poés. ‖ **cornĭpēs**, *ĕdis*, m., f., cheval, cavale : Poés.

cornĭpĕta, ➡ *cornupeta*

cornix, *īcis*, f., corneille [oiseau] : Pros. ; [prov.] Pros. ; [abrév.] Pros.

cornū, gén. *cornūs*, Pros. et *cornū*, Pros., n. ¶**1** corne des animaux : Poés. ¶**2** [en gén. tout objet dont la substance ressemble à la corne, ou qui a la forme d'une corne, ou qui est fait de corne] : corne du pied des animaux : Pros., Poés. ‖ bec des oiseaux : Poés. ‖ défense de l'éléphant, ivoire : Pros. ‖ corne, pointe d'un casque : Pros. ‖ cornes du croissant de la lune : Poés. ‖ bras d'un fleuve : Poés. ‖ cor, trompette : Pros., Poés. ‖ arc : Poés. ‖ vase à huile : Poés. ‖ lanterne : Théât. ‖ entonnoir : Poés. ‖ table d'harmonie : Pros. ‖ antenne [de vaisseau] : Poés. ‖ bouton d'ivoire aux extrémités du bâton autour duquel se roulait un livre ; [au pl.] le bâton lui-même : Poés., Poés. ‖ sommet, point culminant d'une montagne : Poés. ‖ pointe extrême (extrémité) d'un lieu : Pros., Pros. ‖ houppe de cheveux : Poés. ‖ langue de terre qui s'avance dans la mer, promontoire : Poés. ‖ aile d'une armée : Pros. ¶**3** [fig.] ***a)*** corne, en tant que symbole de la force ou de l'abondance = courage, énergie : ***cornua sumere*** Poés., prendre courage ***b)*** symbole de la résistance, de l'hostilité : ***cornua alicui obvortere*** Théât., montrer les dents à qqn (tourner ses cornes contre qqn) ; Poés. ***c)*** attribut de divinités fluviales : Poés., Poés.

cornŭātus, *a*, *um*, courbé : Pros.

cornŭlum, *i*, n., cornet : Pros.

1 **cornum**, *i*, n., Théât., Poés., Pros., ➡ *cornu*

2 **cornum**, *i*, n., cornouille : Poés., Pros. ‖ bois de cornouiller = javelot : Poés.

cornŭpĕta, *ae*, m., qui frappe de la corne : Pros.

1 **cornŭs**, *ūs*, m., Pros., Poés., ➡ *cornu*

2 **cornus**, *i*, f., cornouiller : Poés., Pros. ‖ [fig.] javelot, lance : Poés.

3 **cornŭs**, *ūs*, f., Pros., Poés., ➡ *2 cornus*

4 **Cornus**, *i*, f., ville de Sardaigne : Pros.

cornūta, *ae*, f., bête à cornes : Pros.

cornūti, *ōrum*, m. pl., désignation d'un groupe de soldats : Pros.

1 **cornūtus**, *a*, *um*, qui a des cornes : [bœufs] Théât., Poés., Pros. ; ***cornutae quadrupedes*** Pros., les éléphants ‖ [fig.] sophistique, captieux ; [en part.] (le syllogisme) cornu, ➡ *ceratina* : Pros.

2 **Cornūtus**, *i*, m., surnom romain ; [en part.] ***Annaeus Cornutus***, philosophe, maître de Perse : Pros.

Cŏroebus, *i*, m., héros troyen : Poés.

cŏrolla, *ae*, f., petite couronne, feston de fleurs, guirlande : Théât.

cŏrollārĭa, *ae*, f., titre d'une comédie de Naevius : Pros.

cŏrollārĭum, *ĭi*, n. ¶**1** [fig.] ce qui est donné par-dessus le marché, pourboire, gratification : Pros., Poés. ¶**2** [géom.] corollaire : Pros.

1 **cŏrōna**, *ae*, f. ¶**1** couronne : Théât., Pros. ; ***sub corona vendere*** Pros., vendre des prisonniers de guerre [on les exposait en vente couronnés de fleurs] ¶**2** [fig.] ***a)*** cercle, assemblée, réunion ; [en part., cercle formé par les assistants dans les débats judiciaires] : Pros. ***b)*** ligne d'une armée assiégeante, cordon de troupes : Pros. ***c)*** ligne de soldats qui défendent une enceinte : Pros. ***d)*** larmier, corniche : Pros., Pros. ***e)*** circuit, pourtour d'un champ : Pros. ***f)*** couronne [méd. vétérinaire] : Pros. ***g)*** cercle lumineux autour du soleil, halo : Pros. ¶**3** félicité de la vie éternelle, récompense des martyrs : Pros.

2 **Cŏrōna**, *ae*, f., la Couronne [constellation] : Poés.

Cŏrōnae, *ārum*, m. pl., personnages mythologiques [devenus constellation] : Poés.

cŏrōnālis, *e*, de couronne, produit par une couronne : Pros.

cŏrōnāmĕn, *ĭnis*, n., couronne : Pros.

cŏrōnāmentum, *i*, n., plante (fleur) propre à faire des couronnes : Pros.

cŏrōnārĭus, *a*, *um* ¶**1** [en part.] ***coronarium aurum*** Pros., or coronaire [présent fait à un général victorieux par les provinces] ¶**2** de corniche : ***coronarium opus*** Pros., moulure de corniche

cŏrōnātĭo, *ōnis*, f., couronnement : Pros.

cŏrōnātŏr, *ōris*, m., celui qui couronne : Pros.

cŏrōnātus, *a*, *um*, part. de *corono*

Cŏrōnēa, Pros., **Cŏrōnīa**, *ae*, f., Poés., ville de Béotie ‖ **-ōnensis**, *e*, de Coronée : Pros.

Cŏrōneūs, *ĕi* ou *ĕos*, m., roi de Phocide : Poés.

Cŏrōnīdēs, *ae*, m., le fils de Coronis = Esculape : Poés.

1 **cŏrōnis**, *ĭdis*, f., signe qui marque la fin d'un livre : Poés.

2 **Cŏrōnis**, *ĭdis*, f., mère d'Esculape : Poés.

cŏrōnō, *ās*, *āre*, *āvī*, *ātum*, tr., couronner, orner de couronnes : ***coronare cratera*** Poés., couronner de fleurs le cratère ; [acc. d'objet intér.] ***coronari Olympia*** Pros., être couronné dans les jeux Olympiques ‖ [fig.] entourer, ceindre : Poés.

cŏrōnŭla, *ae*, f., petite couronne : Pros.

corpŏrālis, *e*, relatif au corps, du corps : Pros.

corpŏrālĭtĕr, adv., pour le corps (pour le physique) : Pros.

corpŏrātūra, *ae*, f., corpulence : Pros., Pros.

corpŏrātus, *a*, *um*, part. de *corporo*

corpŏrĕālis, *e*, ➡ *corporalis* : Poés.

corpŏrĕus, *a*, *um*, corporel, matériel : Pros., Poés. ‖ qui se rattache au corps : ***res corporeae*** Pros., les biens du corps ‖ charnu, de chair : Poés.

corpŏrō, *ās*, *āre*, *āvī*, *ātum*, tr. ¶**1** donner un corps : ***corporari*** Pros., prendre un corps, se former ; Pros. ; ***corporatus Christus*** Pros., le Christ fait homme ¶**2** réduire à l'état de cadavre, tuer : Théât.

corpŏrōsus, *a*, *um*, ➡ *corpulentus*

corpŭlentus, *a*, *um*, gros, gras, bien en chair : Pros. ‖ ***corpulentior*** Théât.

corpus, *ŏris*, n. ¶**1** corps [en gén.] : ***corporis dolores*** Pros., douleurs physiques ‖ élément matériel : Poés. ; ***corpora (rerum)*** Poés., corps élémentaires, éléments, atomes ¶**2** chair du corps : Pros. ; ***corpus amittere*** Pros., Poés., perdre sa chair, maigrir ; ***in corpus ire*** Pros., prendre du corps, devenir charnu ‖ [fig.] ***corpus eloquentiae*** Pros., la substance, l'essentiel de l'éloquence ¶**3** personne, individu : ***nostra corpora*** Pros., nos personnes ; ***liberum corpus*** Pros., une personne libre ¶**4** corps inanimé, cadavre : Pros. ‖

[poét.] âmes des morts, apparences de corps : [C] Poés. ‖ tronc [opp. à la tête] : [C] Poés. ‖ parties génitales : [C] Poés. ‖ [archit.] fût [d'une colonne] : [C] Pros. ¶ **5** [fig.] corps, ensemble, tout [ossature d'un vaisseau] [C] Pros. ; [ensemble de fortifications] [C] Pros. ; [corps (ensemble) de l'état] [C] Pros. ; [en part.] nation : [C] Pros. ‖ corps d'ouvrage : [C] Pros. ¶ **6** [chrét.] ‖ ***sacramentum corporis Christi et sanguinis***, le sacrement du corps et du sang du Christ [l'Eucharistie] : [T] Pros.

corpuscŭlum, *i*, n., petit corps ; [en part.] ¶ **1** corpuscule, atome : [C] Poés., Pros. ¶ **2** corps faible, chétif : [+C] Poés. ‖ [terme de caresse] mignonne : [-C] Théât.

corrādō, *ĭs*, *ĕre*, *rāsī*, *rāsum*, tr., enlever en raclant, recueillir en prélevant : [C] Pros. ; ***corpora*** [C] Poés., emporter des atomes [en parl. du vent] ‖ [fig.] ***a)*** ramasser, rassembler une somme d'argent : [-C] Théât. ***b)*** enlever en bloc : [-C] Théât. ***c)*** recueillir avec peine : [C] Poés.

Corrăgum (**-ŏn**), *i*, n., fort dans la Macédoine : [C] Pros.

Corrăgus, *i*, m., nom d'homme grec : [C] Pros.

corrāsus, *a*, *um*, part. de *corrado*

correctĭo, *ōnis*, f., action de redresser, de corriger, de réformer : [C] Pros. ; ***correctio morum*** [+C] Pros., réforme des moeurs ‖ réprimande, rappel à l'ordre : [C] Pros. ‖ correction [rhét.] : [C] Pros.

correctŏr, *ōris*, m., celui qui redresse, qui corrige, qui améliore, qui réforme : [C] Pros., [+C] Pros. ‖ [abs^t^] celui qui fait la morale, censeur : [C] Pros.

correctūra, *ae*, f., fonction de *corrector* : [T] Pros.

correctus, *a*, *um* ¶ **1** part. de *corrigo* ¶ **2** [adj^t^] corrigé, amélioré : ***fit correctior*** [+C] Pros., il s'amende

corrĕgĭōnālēs, *ĭum*, m. pl., habitants de régions voisines : [T] Pros.

corrēpō, *ĭs*, *ĕre*, *repsī*, *-*, intr., se glisser, s'introduire furtivement dans : ***in onerariam corrependum*** [C] Pros., il faut que je me glisse dans un cargo ‖ [fig.] ***in dumeta correpitis*** [C] Pros., vous vous faufilez dans les broussailles (vous vous perdez dans les subtilités) ‖ [abs^t^] se faire tout rampant [sous l'empire de l'effroi] : [C] Poés.

correptē, adv., d'une manière brève [prosodie] : [+C] Pros. ‖ ***correptius*** [C] Poés.

correptĭo, *ōnis*, f. ¶ **1** action de prendre, de saisir : [+C] Pros. ¶ **2** décroissance : ***correptiones dierum*** [C] Pros., diminution de la longueur des jours ‖ action de prononcer brève (une voyelle, une syllabe), abrégement : [+C] Pros.

correptŏr, *ōris*, m., celui qui critique, censeur : [+C] Pros.

correptus, *a*, *um*, part. de *corripio*

correxī, parf. de *corrigo*

corrīdĕō, *ēs*, *ēre*, *-*, *-*, intr., rire ensemble : [T] Pros. ‖ [fig.] [C] Poés.

corrĭgĭa, *ae*, f., [en part.] ‖ lacet de soulier : [C] Poés., Pros.

corrĭgĭum, *ĭi*, n., → *corrigia*

corrĭgō, *ĭs*, *ĕre*, *rēxī*, *rectum*, tr. ¶ **1** redresser : ***digitum*** [+C] Pros., redresser un doigt ; ***cursum navis*** [C] Pros., faire reprendre son cap à un vaisseau ¶ **2** [fig.] redresser, améliorer, réformer, guérir : ***corrigere aliquem ad frugem*** [-C] Théât., ramener qqn au bien ‖ corriger, changer [sans idée d'amélioration] : [C] Pros.

corrĭpĭō, *ĭs*, *ĕre*, *rĭpŭī*, *reptum*, tr., saisir vivement, complètement ¶ **1** saisir : ***arcum*** [C] Poés., saisir son arc ; [C] Pros. ‖ ***corpus de terra*** [C] Poés. ; ***corpus e stratis*** [C] Poés., se lever vivement de terre, de sa couche ; ***corpus e somno*** [C] Poés., s'arracher au sommeil ; ***se corripere*** [C] Poés., s'élancer ; ***intro se corripere*** [-C] Théât., entrer vivement ‖ [poét.] ***corripere viam*** [C] Poés. ; ***campum*** [C] Poés., prendre vivement une route, se saisir de l'espace (dévorer l'espace) ; ***gradum*** [C] Poés., presser le pas ‖ ***correpti flamma*** [C] Pros., saisis par la flamme ; ***turbine correptus*** [C] Poés., saisi par un tourbillon ; [+C] Pros. ¶ **2** [fig.] se saisir de, s'emparer de : ***pecunias, pecuniam*** [C] Pros., faire main basse sur des sommes d'argent (les rafler) ; ***fascibus correptis*** [C] Pros., s'étant saisis des faisceaux consulaires ‖ se saisir de qqn en accusateur, se faire accusateur de qqn : [+C] Pros. ; ***a delatoribus corripitur*** [+C] Pros., les délateurs s'emparent d'elle ‖ se saisir de qqn en paroles, le malmener : [C] Pros. ; [d'où] déchirer qqn en paroles, le blâmer de façon mordante : [C] Pros., [+C] Pros. ¶ **3** resserrer : ***membra timore*** [C] Poés., ramasser ses membres sous l'effet de la crainte ‖ réduire en resserrant : ***impensas*** [+C] Pros., réduire les dépenses ; ***vitam*** [+C] Pros., raccourcir la vie ‖ [gram.] rendre une syllabe brève dans la prononciation, la prononcer brève : [C] Pros., [+C] Pros. ¶ **4** [chrét.] blâmer, punir : [T] Pros.

corrīvātus, *a*, *um*, part. de *corrivo*

corrīvō, *āre*, *ātum*, tr., amener (des eaux) dans le même lieu : [+C] Pros.

corrōbŏrāmentum, *i*, n., ce qui fortifie : [T] Pros.

corrōbŏrō, *ās*, *āre*, *āvī*, *ātum*, tr., fortifier dans toutes ses parties, rendre fort, renforcer : ***militem opere*** [+C] Pros., fortifier le soldat par le travail ; ***corroborati*** [C] Pros., étant fortifiés ‖ ***corroborare se*** [C] Pros., prendre de la force, arriver à maturité ; ***conjurationem*** [C] Pros., fortifier la conjuration ; ***aetas corroborata*** [C] Pros., âge affermi, mûr

corrōdō, *ĭs*, *ĕre*, *rōsi*, *rōsum*, tr., ronger : [C] Pros.

corrŏgātĭo, *ōnis*, f., invitation de plusieurs pers. à la fois : [T] Pros.

corrŏgātus, *a*, *um*, part. de *corrogo*

corrŏgō, *ās*, *āre*, *āvī*, *ātum*, tr. ¶ **1** inviter ensemble, à la fois : [C] Pros. ; ***corrogati auditores*** [+C] Pros., auditeurs que l'on a réunis à force d'insistance ¶ **2** quêter partout, solliciter de partout : [C] Pros.

corrōsī, parf. de *corrodo*

corrōsus, *a*, *um*, part. de *corrodo*

corrŏtundātus, *a*, *um*, part. de *corrotundo*

corrŏtundō, *ās*, *āre*, *āvī*, *ātum*, tr., arrondir : [+C] Pros. ‖ [fig.] arrondir, compléter une somme d'argent : [+C] Pros.

corrūda, *ae*, f., asperge sauvage : [-C] Pros., [+C] Pros.

corrūgātus, *a*, *um*, part. de *corrugo*

corrūgis, *e*, froncé, plissé : [T] Poés.

corrūgō, *ās*, *āre*, *āvī*, *ātum*, tr., rider, froncer : ***oliva corrugatur*** [+C] Pros., l'olive se ride ; ***corrugare nares*** [C] Pros., faire froncer les narines

corrumpō, *ĭs*, *ĕre*, *rūpī*, *ruptum*, tr., mettre en pièces complètement ¶ **1** détruire, anéantir : [C] Pros. ‖ ***magnas opportunitates*** [C] Pros., réduire à néant de belles occasions ; ***libertas corrumpebatur*** [+C] Pros., la liberté disparaissait ¶ **2** [fig.] gâter, détériorer [physiquement ou moralement] : ***aqua corrumpitur*** [C] Pros., l'eau se corrompt ; ***sanguis corruptus*** [C] Pros., sang gâté ; ***oculos*** [-C] Théât., gâter ses yeux [en pleurant] ; ***litteras publicas*** [C] Pros. ; ***tabulas*** [C] Pros., falsifier des registres officiels ; ***nomen alicujus*** [C] Pros., altérer le nom de qqn dans la prononciation ‖ altérer les idées de qqn : [C] Pros. ; ***corrumpitur oratio*** [+C] Pros., le style se gâte ‖ ***mores civitatis*** [C] Pros., corrompre les moeurs d'une cité ; ***homo corruptus*** [C] Pros., homme corrompu, débauché ‖ corrompre, séduire une femme : [-C] Théât., [+C] Pros. ‖ [en part.] corrompre, gagner qqn : [C] Pros. ; ***aliquem pecunia*** [C] Pros., corrompre qqn à prix d'argent ; ***judicium corruptum*** [C] Pros., jugement acheté

corrumpt-, → *corrupt-* ; [-C] Théât.

corrŭō, *ĭs*, *ĕre*, *rŭī*, *-*

I intr. ¶ **1** s'écrouler, crouler : ***aedes corruerunt*** [C] Pros., une maison s'est écroulée ; ***arbor corruit*** [C] Poés., l'arbre tombe ; [C] Pros. ; ***in vulnus*** [C] Poés., tomber sur sa blessure (en avant) ; ***quo cum conruit (ales)*** [C] Poés., quand l'oiseau s'est abattu là ¶ **2** [en parl. d'un comédien] échouer, faire un four : [C] Pros. ‖ échouer en justice : [+C] Pros.

II tr. ¶ **1** ramasser, entasser : ***ditias*** [-C] Théât., des richesses ; [C] Pros., Poés. ¶ **2** abattre, faire tomber : [C] Poés., [+C] Pros.

corrūpī, parf. de *corrumpo*

corruptē, adv., d'une manière vicieuse : ***corrupte judicare*** [C] Pros., porter un jugement vicié ; [+C] Pros. ‖ ***corruptius*** [+C] Pros. ; ***-issime*** [C] Pros.

corruptēla, *ae*, f., ce qui gâte, ce qui corrompt : [-C] Théât., [C] Pros. ‖ séduction, corruption, dépravation : ***mulierum*** [C] Pros., action de débaucher des femmes ‖ [fig.] ***a)*** séducteur, corrupteur : [-C] Théât. ***b)*** lieu de perdition : [+C] Pros.

corruptĭbĭlis, *e*, corruptible : [T] Pros.

corruptĭlis, *e*, C. ➜ *corruptibilis*

corruptĭo, *ōnis*, f., altération : [C] Pros. ‖ séduction, tentative de débauchage : [+C] Pros.

corruptŏr, *ōris*, m., celui qui corrompt, corrupteur : [C] Pros., Poés.

corruptōrĭus, *a*, *um*, C. ➜ *corruptibilis*

corruptrix, *īcis*, f., corruptrice : [C] Pros., [T] Pros.

corruptus, *a*, *um*, part. de *corrumpo* ; adj[t], avec compar. [C], [+C] Pros. ; superl. [C], [+C]

cors, [C] Pros., C. ➜ *cohors*

corsa, *ae*, f., [archit.] bandeau : [C] Pros.

corsalvĭum, *ĭi*, n., C. ➜ *salvia*

Corsĭca, *ae*, f., et **Corsis**, *ĭdis*, f., la Corse ‖ **Corsus**, *a*, *um*, [C] Poés., **Corsĭcus**, *a*, *um*, [C] Pros. et **Corsĭcānus**, *a*, *um*, de Corse ‖ **Corsi**, *ōrum*, m. pl., les Corses : [C] Pros.

Corsus, *a*, *um*, V. ➜ *Corsica*

cortex, *ĭcis*, m. ; f. [C] Poés., enveloppe, ce qui recouvre : ***tritici*** [-C] Pros., balle du blé ; ***cortex (arboris)*** [C] Pros., écorce ; ***cortex ovi*** [C] Pros., coquille d'oeuf ‖ [abs[t]] liège : [-C] Pros. ; ***levior cortice*** [C] Poés., plus léger que le liège

cortĭcātus, *a*, *um*, ***corticata pix***, espèce de poix : [+C] Pros.

cortĭcĕus, *a*, *um*, d'écorce, fait en écorce : [C] Pros. ‖ qui coule de l'écorce des arbres : [T] Poés.

cortĭcŭlus, *i*, m., petite écorce : [+C] Pros.

cortīna, *ae*, f. ¶ **1** chaudron, chaudière, cuve : [-C] Théât. ‖ [en part.] le trépied d'Apollon : [C] Poés. ; l'oracle même : [C] Poés. ¶ **2** [fig.] ***a)*** espace circulaire : [-C] Pros. ***b)*** cercle d'auditeurs, auditoire : [+C] Pros.

cortīnālĕ, *ĭs*, n., emplacement pour les cuves et les chaudières : [+C] Pros.

cortīnĭpŏtens, *tis*, maître du trépied (qui rend des oracles) [épith. d'Apollon] : [-C] Poés.

cortīnŭla, *ae*, f., petit chaudron : [T] Pros.

Cortōna, *ae*, f., ville d'Étrurie : [C] Pros. ‖ **-nensis**, *e*, de Cortone : [C] Pros. ‖ **-nenses**, *ĭum*, m. pl.

cortŭmĭo, *ōnis*, f., contemplation intérieure, analyse (?) : [C] Pros.

Cortuōsa, *ae*, f., ville d'Étrurie : [C] Pros.

Cortȳnĭa, C. ➜ *Gortyn*

cōrūda, V. ➜ *corruda*

cŏrŭlētum, *i*, n., lieu planté de noisetiers : [C] Poés.

cŏrŭlus, *i*, f., noisetier, coudrier : [-C] Pros., [C] Poés.

Cŏrumbus, *i*, m., nom d'homme : [C] Pros.

Cŏruncānĭus, *ĭi*, m., Ti. Coruncanius [premier pontife plébéien] : [C] Pros.

Cōrus, V. ➜ *Caurus*

cŏruscābĭlis, *e*, **cŏruscālis**, *e*, brillant

cŏruscāmen, *ĭnis*, n., éclat, splendeur éclatante : [+C] Pros., [T] Pros.

cŏruscō, *ās*, *āre*, *āvī*, *ātum* ¶ **1** intr., cosser, heurter de la tête : [C] Poés. ‖ s'agiter, bouger : [C] Poés. ; ***coruscat abies*** [+C] Poés., une poutre branle ‖ briller, étinceler : [-C] ; [C] Pros., Poés. ‖ impers., ***coruscat*** [T] Pros., il fait des éclairs ¶ **2** tr., agiter, brandir, darder, secouer : [C] Poés. ; ***linguas coruscant (colubrae)*** [C] Poés., (les couleuvres) dardent leurs langues

1 **cŏruscus**, *a*, *um* ¶ **1** agité, tremblant : [C] Poés. ‖ [fig.] ***corusca fabulari*** [-C] Théât., dire des choses tremblotantes ¶ **2** brillant, étincelant : [C] Poés. ‖ acc. n. adv. : [+C] Poés.

2 **coruscus**, *i*, m., l'éclair : [+T] Pros.

Corvīnus, *i*, m., surnom dans la famille Valéria : [C] Pros.

1 **corvus**, *i*, m., corbeau : [-C] Théât., [C] Pros. ‖ croc, harpon : [C] Pros., [+C] Pros. ‖ scalpel : [+C] Pros. ‖ le Corbeau [constellation] : [C] Pros. ‖ sorte de poisson de mer : [+C] Pros.

2 **Corvus**, *i*, m., surnom de M. Valérius : [C] Pros.

Cŏrȳbantes, *um*, m. pl., prêtres de Cybèle : [C] Poés. ‖ **-tĭus**, *a*, *um*, des Corybantes : [C] Poés.

Cŏrȳbās, *antis*, m. ¶ **1** fils de Cybèle : [C] Pros. ¶ **2** Corybante, V. ➜ *Corybantes* ‖ [fig.] Corybante, fou furieux : [+C] Poés.

cōrȳcēum, *i*, n., endroit d'un gymnase où l'on s'exerçait avec le corycus : [C] Pros. ; V. ➜ *1 corycus*

Cōrȳcĭdes, *um*, acc. *as*, f. pl., nymphes du Parnasse : [C] Poés. ; V. ➜ *1 Corycius*

1 **Cōrȳcĭus**, *a*, *um*, corycien [qui a trait à la grotte de Korykos, Κωρύκιον ἄντρον (), située sur le flanc du Parnasse, consacrée aux nymphes et à Pan] : ***Corycium nemus*** [+C] Poés., la forêt du Parnasse

2 **Cōrȳcĭus**, *a*, *um*, de Corycus [en Cilicie] : [C] Poés.

1 **cōrȳcus**, *i*, m., sac plein dont se servaient les athlètes pour boxer : [fig.] [C] Pros.

2 **Cōrȳcus**, *i*, m., [C] Pros., **Cōrȳcos**, *i*, m., f., ville et montagne de Cilicie ‖ port d'Ionie : [C] Pros.

Cŏrȳdōn, *ōnis*, m., nom de berger : [C] Poés.

Cŏrȳlēnus, *i*, f., ville d'Éolie : [C] Pros.

cŏrȳlētum, V. ➜ *coruletum*

cŏrȳlus, V. ➜ *corulus*

cŏrymbĭfĕr, *ĕra*, *ĕrum*, couronné de grappes de lierre : [C] Poés.

cŏrymbĭŏn, *ĭi*, n., perruque : [+C] Pros.

cŏrymbus, *i*, m., grappe de lierre : [C] Poés. ‖ ornement à la poupe et à la proue des navires : [+C] Poés.

Cŏrȳnaeus, *i*, m., nom d'un guerrier : [C] Poés.

1 **Cŏrȳphaeus**, *i*, m., nom d'un cheval : [+C] Poés.

2 **cŏrȳphaeus**, *i*, m., coryphée ‖ [fig.] chef, porte-parole : [C] Pros.

Cŏrȳphăsĭa, *ae*, f., nom de la Minerve de Messénie : [T] Pros. ; V. ➜ *Coria*

Cŏrȳphē, *ēs*, f., fille de l'Océan : [C] Pros.

Cŏrȳthus, *i*, m., héros ou ville d'Étrurie : [C] Poés. ‖ fils de Pâris : [C] Poés.

cōrȳtŏs (-us), *i*, m., carquois : [C] Poés. ; V. ➜ *gorytus*

1 **cos**, abréviation de *consul*, *consule*

2 **cōs**, *cōtis*, f., surtout à aiguiser : [C] Poés., Pros.

3 **Cōs**, V. ➜ *Coos*

Cŏsa, *ae*, f., **Cŏsae**, *ārum*, f. pl., [C] Poés., ville de l'Étrurie ‖ **Cŏsānus**, *a*, *um*, de Cosa : [C] Pros. ‖ **-ānum**, *i*, n., territoire de Cosa : [C] Pros. ‖ **Cŏsa**, ville de Lucanie : [C] Pros.

Coscōnĭus, *ĭi*, m., nom d'homme : [C] Pros.

Cosedia, *ae*, f., **-diae**, *ārum*, f. pl., ville de la Lyonnaise

cosmētēs, *ae*, m., esclave chargé de la toilette : [+C] Poés.

Cosmĭānus, *a*, *um*, de Cosmus : [+C] Poés. ‖ **Cosmĭānum**, *i*, n., parfum de Cosmus : [+C] Poés.

cosmĭcos, **-ĭcus**, *a*, *um*, qui est du monde : [+C] Poés.

cosmittĕrĕ, pour *committere*

cosmoe, *ōrum*, m. pl., sorte d'archontes chez les Crétois : [C] Pros.

cosmopoeĭa, *ae*, f., création du monde : [T] Pros.

cosmos, *i*, m., le monde : [+C] Pros.

Cosmus, *i*, m., parfumeur en renom à Rome : [+C] Poés.

coss., abréviation de *consules* et *consulibus*

Cossa, V. ➜ *Cosa*

cossim, **coxim**, adv., en se tenant accroupi : [+C] Pros. ‖ en boitant : [C] Poés.

Cossinĭus, *ĭi*, m., nom d'homme : [C] Pros.

Cossūra, V. ➜ *Cosura*

Cossus, *i*, m., surnom romain : [C] Pros. ; ***fratres Cossi*** [C] Pros., les frères Cossus

Cossŭtĭa, *ae*, f., femme de César : [+C] Pros.

Cossŭtĭānae Tabernae, f. pl., [lieudit] les Tavernes de Cossutius : [C] Pros.

Cossŭtĭānus, *i*, m., délateur fameux sous Néron : [+C] Pros.

Cossŭtius, *ĭi*, m., nom d'homme : [C] Pros.

Cossȳra, V▶ *Cosura*

costa, *ae*, f., côte : [+C] Pros. ‖ [fig.] côté, flanc : [C] Poés.

costātus, *a*, *um*, qui a de bonnes côtes : [C] Pros.

costum, *i*, n., [C] Poés., **costus** ou **costŏs**, *i*, f., [+C] Poés., costus [plante aromatique]

Cŏsūra ou **Cŏsȳra**, *ae*, [C] Poés. et **Cossūra** ou **Cossȳra**, *ae*, f., [+C] Poés., île entre la Sicile et l'Afrique

cŏtana, V▶ *cottana*

cōtes, [C] Pros., V▶ *cautes*

cōthōn, *ōnis*, m., et **cōthōnum**, *i*, n., port artificiel creusé de main d'homme : [C] Pros.

Cōthōnēa, *ae*, f., mère de Triptolème : [+C] Poés.

cŏthurnātē, adv., d'une manière tragique [style] : ***-ius*** [T] Pros.

cŏthurnātus, *a*, *um*, chaussé du cothurne : [+C] Pros. ‖ **cothurnati**, *ōrum*, m. pl., acteurs tragiques : [+C] Pros. ‖ tragique, imposant : ***cothurnata dea*** [C] Poés., déesse imposante ; ***cothurnata scelera*** [T] Pros., crimes dignes du cothurne

cŏthurnus, *i*, m. ¶ **1** cothurne, chaussure montante ***a)*** à l'usage des chasseurs : [C] Pros., Poés., [+C] Poés. ***b)*** à l'usage des acteurs tragiques : [C] Poés. ¶ **2** [fig.] tragédie : [C] Poés. ‖ sujet tragique : [+C] Poés. ‖ style élevé, sublime : [C] Poés., [+C] Pros. ‖ majesté, prestige : [T] Pros.

cōtĭcŭla, *ae*, f., [pour *caudicula*] queue de porc : [+C] Pros.

cŏtīd-, V▶ *cottid-*

cŏtīla, V▶ *cotyla*

Cŏtĭlĭae, V▶ *Cutiliae*

Cŏtĭnūsa, **Cŏtĭnussa**, *ae*, f., ancien nom de Gadès

cōtĭo, V▶ *cocio* et *coctio*

Cŏtĭso, *ōnis*, m., Cotison [roi des Gètes] : [+C] Pros. ‖ appelé " le Dace " : [C] Poés.

cŏtōnĕus, **cŏtōnĭus**, *a*, *um*, de cognassier : ***cotoneum malum*** ou **cotoneum**, *i*, n. ; [abs[t]] coing : [C] Pros.

Cotta, *ae*, m., surnom romain dans la famille Aurélia : [C] Pros.

cottăbus, *i*, m., bruit de coups : ***cottabi bubuli*** [-C] Théât., coups de nerf de boeuf

cottăna, *ōrum*, n. pl., petites figues de Syrie : [+C] Poés.

Cottiae, [T] Pros., **Cottianae Alpes**, f. pl., [+C] Pros., les Alpes Cottiennes

cottīdĭānō, adv., V▶ *cottidie* : [-C] Théât., [C] Pros.

cottīdĭānus, *a*, *um*, quotidien, de tous les jours, journalier : [C] ‖ familier, habituel, commun : [-C] Théât., [C] Pros.

cottīdĭē, adv., tous les jours, chaque jour : [C]

Cottĭus, *ĭi*, m., roi qui donna son nom aux Alpes Cottiennes : [T] Pros.

Cottōn, *ōnis*, f., ville de l'Eolie : [C] Pros.

cottŏna, V▶ *cottana* : [+C] Poés.

cŏtŭla, V▶ *cotyla*

cōturnix, *īcis*, f., caille : [C] Pros., Poés. ‖ terme de caresse : [-C] Théât.

1 **Cŏtus**, *i*, m., chef éduen : [C] Pros.

2 **Cotus**, *i*, m., nom d'un roi thrace : [C] Pros.

Cŏtўla, *ae*, m., nom d'homme : [C] Pros.

Cŏtўs, *yis*, m. et **Cŏtus**, *i*, m., nom de plusieurs rois thraces : [C] Pros., [+C] Pros.

Cŏtyttĭa, *ōrum*, n. pl., mystères de Cotytto : [C] Poés.

Cŏtyttō, *ūs*, f., Cotytto [déesse de l'impudicité] : [+C] Poés.

coum, V▶ *covum* : [C] Pros.

1 **Cōus**, *a*, *um*, de l'île de Cos : ***Coa Venus*** [C] Pros., la Vénus de Cos [tableau d'Apelle] ; ***Cous artifex*** [C] Poés., l'artiste de Cos [Apelle] ‖ **Cōum**, *i*, n., vin de Cos : [C] Poés. ‖ V▶ *2 Coa*

2 **Cŏus**, *i*, f., V▶ *Coos*

cŏūtor, *i*, intr., avoir des relations avec : [T] Pros.

Cŏvella, *ae*, f., surnom de Junon : [C] Pros.

cŏvinnārĭus, *ĭi*, m., covinnaire, conducteur d'un char armé de faux : [+C] Pros.

cŏvinnus, *i*, m., char de guerre armé de faux : [+C] Poés. ‖ voiture de voyage : [+C] Poés.

cŏvum, *i*, n., trou pratiqué dans le joug pour recevoir le timon : [C] Pros. ; V▶ *2 cohum*

coxa, *ae*, f., os de la hanche, hanche, cuisse : [+C] Pros. ‖ râble : [+C] Poés.

coxendix, *ĭcis*, f., hanche : [C] Pros. ‖ cuisse : [-C] Théât.

coxī, parf. de *coquo*

coxĭm, V▶ *cossim*

crăbattus, V▶ *grabatus*

Crabra, **aqua Crabra**, *ae*, f., ruisseau des environs de Tusculum : [C] Pros.

crābro, *ōnis*, m., frelon : [C] Poés. ; ***irritare crabrones*** [-C] Théât., [prov.] jeter de l'huile sur le feu

crăcens, *tis*, V▶ *gracilis* ; [-C] Pros.

Crăgus, *i*, m., montagne et promontoire de Lycie : [C] Poés.

crāmum, *i*, n., crème de lait : [+T] Poés.

crambē, *ēs*, f., espèce de chou : ***crambe repetita*** [+C] Poés., chou réchauffé

Crănaus, *i*, m., roi d'Athènes : [C] ; [T] Pros.

Cranē, *ēs*, f., autre nom de Carna : [C] Poés.

Cranĭi, *ĭōrum*, m. pl., habitants d'une ville de Céphallénie : [C] Pros.

Crānōn, **Crannōn**, *ōnis*, f., ville de Thessalie : [C] Pros. ‖ **-ōnĭus**, *a*, *um*, de Cranon : [C] Pros.

Crantōr, *ŏris*, m. ¶ **1** Crantor [frère de Phénix] : [C] Poés. ¶ **2** philosophe de l'Académie : [C] Pros.

crāpŭla, *ae*, f. ¶ **1** indigestion de vin [mal de tête, nausées], ivresse : ***edormi crapulam*** [C] Pros., cuve ton vin ; [-C] Théât. ; V▶ *exhalo* ; ***crapulae plenus*** [C] Pros., gorgé de vin ¶ **2** excès de nourriture : [T] Pros.

crāpŭlārĭus, *a*, *um*, relatif à l'ivresse : [-C] Théât.

crāpŭlātĭo, *ōnis*, f., V▶ *crapula*

crāpŭlentus, *a*, *um*, ivre : [T] Pros.

crās ¶ **1** adv., demain : [-C] Théât., [C] Pros. ; ***cras mane*** [C] Pros., demain matin ¶ **2** subst. n., le lendemain : [+C] Poés.

crassāmĕn, *ĭnis*, n., sédiment, dépôt : [+C] Pros.

crassāmentum, *i*, n. ¶ **1** épaisseur : [+C] Pros. ¶ **2** sédiment, dépôt : [+C] Pros.

crassantus, V▶ *craxantus*

crassatus, *a*, *um*, part. de *crasso*

crassē, adv. ¶ **1** d'une manière épaisse : ***crasse linere*** [+C] Pros., enduire d'une couche épaisse ¶ **2** grossièrement : [C] Pros. ‖ confusément : [+C] Pros.

crassescō, *ĭs*, *ĕre*, -, -, intr., engraisser : [+C] Pros.

Crassĭānus, *a*, *um*, de Crassus [le triumvir] : [+C] Pros.

Crassĭpes, *ĕdis*, m., surnom romain : [C] Pros.

crassĭtās, *ātis*, f., épaisseur : [+C] Pros.

crassĭtĭēs, *ēi*, f., épaisseur : [+C] Pros.

Crassĭtĭus, *ĭi*, m., nom d'homme : [C] Pros.

crassĭtūdo, *ĭnis*, f., épaisseur : ***crassitudo parietum*** [C] Pros., épaisseur des murs ‖ consistance : ***crassitudo aeris*** [C] Pros., densité de l'air ‖ matière consistante : [-C] Pros.

crassō, *ās*, *āre*, *āvī*, *ātum*, tr., [employé au pass.] devenir épais : [+C] Pros., [T] Pros.

crassundĭa, *ōrum*, n. pl., gros intestin : [C] Pros.

1 **crassus**, *a*, *um* ¶ **1** épais : ***arbores crassiores*** [-C] Pros., arbres plus épais ¶ **2** dense, gras : ***crassae paludes*** [C] Poés., marais fangeux ; ***crassus homo*** [-C] Théât., gros homme ;

crassum filum C Pros., gros fil ; ***crassus aer*** C Pros., air épais ; ***crassus ager*** C Pros., terre grasse ¶ **3** [fig.] ***crassum infortunium*** -C Théât., gros malheur ‖ [en part.] grossier, lourd, stupide : ***crassa turba*** +C Poés., la foule grossière ; ***crassiora nomina*** +C Poés., noms barbares ‖ ***crassissimus*** C Pros.

2 **Crassus**, ***i***, m., surnom de la famille Licinia ; [en part.] L. Licinius Crassus, l'orateur : C Pros. ‖ M. Licinius Crassus, le triumvir : C Pros.

crastĭnō, adv., demain : +C Pros.

crastĭnum, ***i***, n., le lendemain : +C Théât.

crastĭnus, ***a***, ***um*** ¶ **1** de demain : ***crastinus dies*** -C Théât., C Pros., le jour de demain ; ***die crastini*** -C Théât., +C Pros. ; ***crastino die*** C Pros., demain ‖ ***in crastinum***, à demain, pour demain : -C Théât., C Pros. ¶ **2** [poét.] à venir, futur : +C Poés.

Crătaeis, **Crătēis**, ***ĭdis***, f., C Poés., nom d'une nymphe

crătaeŏgŏnŏn, ***i***, n., **crătaeŏgŏnŏs**, ***i***, f., crucianelle [plante]

crātēr, ***ēris***, acc. ***em*** ou ***a***, m., cratère, grand vase où l'on mêlait le vin avec l'eau : C Poés. ‖ vase à huile : C Poés. ‖ bassin d'une fontaine : +C Pros. ; [métaph.] la baie de Naples : C Pros. ‖ cratère d'un volcan : C Poés. ‖ la Coupe [constellation] : C Poés.

crātēra, ***ae***, f., C Pros., ➡ *crater* ‖ la Coupe [constellation] : C Poés.

Crătĕrus, ***i***, m., officier d'Alexandre : +C Pros. ‖ médecin célèbre : C Pros.

Crătēs, ***is***, m., Cratès [philosophe de l'Académie] : C Pros. ‖ Cratès de Mallos [grammairien] : +C Pros.

Crāthis, ***is*** et ***ĭdis***, C Poés., m., rivière du Bruttium

crātīcĭus, ***a***, ***um***, qui est formé d'une claie : ***craticii parietes*** C Pros., murs en claies

crātīcŭla, ***ae***, f., petit gril : -C Pros., +C Poés., Pros.

crātīcŭlus, ***a***, ***um***, constitué à la façon d'un treillis : -C Pros.

Crātīnus, ***i***, m., poète comique d'Athènes : C Poés.

Crătippus, ***i***, m., Cratippe [philosophe péripatéticien] : C Pros. ‖ nom d'un Sicilien : C Pros.

crātis, ***is***, f., claie, treillis : ***crates stercorariae*** -C Pros., claies à porter le fumier ; C Poés. ; ***cratis saligna*** +C Pros., claie d'osier ‖ [en part.] ***a)*** herse de labour : C Poés. ***b)*** claie, instrument de supplice : -C Théât., C Pros. ***c)*** [seulement au pl.] claies, fascines : C Pros. ‖ [fig.] ***crates*** [acc. pl.] ***pectoris*** C Poés., le thorax ; ***crates favorum*** C Poés., les claies des rayons de miel

Crăto, ***ōnis***, m., Craton [médecin] : +C Pros.

craxantus (crass-), ***i***, m., crapaud : T Poés.

craxo, ➡ *charaxo*

crĕāmen, ***ĭnis***, n., création : T Poés.

crĕātĭo, ***ōnis***, f. ***a)*** création, élection, nomination : C Pros. ***b)*** créature : T Pros.

crĕātŏr, ***ōris***, m., créateur, fondateur : C Pros. ‖ père : C Poés. ‖ [chrét.] le Créateur, Dieu : T Pros.

crĕātrix, ***īcis***, f., créatrice : C Poés. ‖ mère : C Poés.

crĕātūra, ***ae***, f., créature : +C Pros. ‖ création : T Pros.

crĕātus, ***a***, ***um***, part. de *1 creo*

crēbĕr, ***bra***, ***brum***, serré, dru, épais, nombreux : ***crebra silva*** C Poés., forêt épaisse ; -C Théât. ; ***crebrae arbores*** C Pros., arbres serrés l'un contre l'autre ; ***creberrima aedificia*** C Pros., bâtiments en très grand nombre ‖ plein de, abondant en : C Poés. ; ***creber sententiis*** C Pros., riche de pensées ; ***in reperiendis sententiis*** C Pros., fertile dans la découverte des idées ‖ qui revient souvent, qui se répète : ***creber anhelitus*** +C Pros., respiration précipitée ; C Pros. ; ***creber ictibus*** C Poés., qui fait pleuvoir les coups ; ***crebrae litterae*** C Pros., lettres fréquentes, nombreuses ‖ ***crebrior*** C Pros.

crēberrĭmē, superl. de *crebrē* ou *crebrō*

crēbră, n. pl. pris adv^t, ➡ *crebro* : C Poés.

crēbrē, adv., d'une manière serrée : C Pros. ‖ souvent : C Pros.

crēbrescō, ***ĭs***, ***ĕre***, ***brŭi*** (***bŭi***), -, intr., se répéter à brefs intervalles, se propager, se répandre de plus en plus, s'intensifier : ***crebrescit sermo*** C Poés. [et abs^t] ***crebrescit*** +C Pros., le bruit se répand ; ***crebrescunt aurae*** C Poés., les vents prennent de la force

crēbrĭnōdus, ***a***, ***um***, aux nœuds denses, plein de nœuds : C Poés.

crēbrĭtās, ***ātis***, f., qualité de ce qui est dru, serré, abondant, nombreux : ***crebritates venarum*** C Pros., multiplicité des veines [des arbres] ; ***crebritas sententiarum*** C Pros., fertilité de pensées ; ***crebritas litterarum*** C Pros., fréquence de lettres ; ***caeli crebritas*** C Pros., pression, densité de l'air

crēbrĭter, adv., fréquemment : C Pros., +C Pros.

crēbrĭtūdo, ***ĭnis***, f., ➡ *crebritas*

crēbrō, adv., d'une manière serrée : C Pros. ‖ souvent : -C Théât., C Pros. ‖ ***crebrius*** C Pros. ; ***creberrime*** C Pros.

crēbŭī, un des parf. de *crebresco* : T Pros.

crēdĭbĭlis, ***e***, croyable, vraisemblable : C Pros. ; ***credibile est*** [avec prop. inf.] C Pros., +C Pros. ; [ou avec *ut* et subj.] -C Théât. ‖ [avec interrog. indir.] C Pros. ‖ [subst. n.] ***credibili fortior*** C Poés., plus courageuse qu'on ne saurait croire ‖ ***credibilior*** +C Pros.

crēdĭbĭlĭtĕr, adv., d'une manière croyable, vraisemblable : C Pros., +C Pros. ‖ ***credibilius*** T Pros.

crēdĭdī, parf. de *credo*

crēdĭtŏr, ***ōris***, m., créancier : C Pros.

crēdĭtum, ***ī***, n., prêt, [d'où] créance : ***solvere*** C Pros., payer une dette ; +C Pros.

crēdō, ***ĭs***, ***ĕre***, ***dĭdī***, ***dĭtum*** ¶ **1** croire, tenir pour vrai, croire en l'existence de : ***rem credere*** Cic., tenir un fait pour vrai ; ***deos credere*** Sen. *Ep.*, croire en l'existence des dieux ‖ [avec deux acc.] ***aliquem praestantem virum credere*** Liv., tenir qqn pour un homme supérieur ‖ [avec prop. inf.] ***reliquum exercitum subsequi credere*** Caes., croire que le reste de l'armée suit ; [pass. impers.] ***creditur*** Liv., on croit ; ***creditum est*** Liv., on a cru ; ***credendum est*** Caes., on doit croire ; [pass. pers.] ***aliquis fecisse creditur...*** Sall., on croit que qqn a fait... ‖ [en incise] ***credo***, je pense, j'imagine [souvent ironique] : Cic. ¶ **2** se fier à, avoir confiance, ajouter foi : ***alicui credere*** Cic., avoir confiance en qqn ; ***testibus credere*** Cic., ajouter foi à des témoins ; ***aliquid alicui credere*** Cic., croire qqn sur un point ; ***promissis alicujus credere*** Cic., se fier aux promesses de qqn ‖ [chrét.] avoir la foi, croire ; ***multi crediderunt*** Vulg., beaucoup eurent la foi ; ***credere Deo*** Hier., croire en Dieu ; [avec *in* et abl.] ***in Christo credere*** Hier., croire au Christ ; [avec *in* et acc.] Aug. ¶ **3** confier ***a)*** ***aliquid alicui credere***, confier qqch. à qqn : ***se suaque omnia alicui credere*** Caes., confier à qqn sa personne et tous ses biens ‖ [fig.] ***se pugnae credere*** Virg., se hasarder à combattre ***b)*** confier en prêt, prêter : ***aliquid alicui credere*** Pl., Cic., prêter qqch. à qqn ; ***pecuniae creditae*** Cic., sommes prêtées

crēdra, ***ae***, f., cédratier (?) : +C Pros.

crēdŭlĭtās, ***ātis***, f. ***a)*** crédulité : +C Pros. ***b)*** [chrét.] croyance [non péj.] : T Pros.

crēdŭlus, ***a***, ***um*** ¶ **1** crédule : ***creduli senes*** C Pros., vieillards crédules ‖ ***alicui*** C Poés. ; ***in rem*** C Poés., prompt à croire qqn, qqch. ¶ **2** cru facilement : +C Pros.

Crĕmastē, ***ēs***, f., surnom de Larissa en Phthiotide : C Pros.

crĕmastēr, ***ēris***, m., muscle suspenseur des testicules : +C Pros.

crĕmātus, ***a***, ***um***, part. de *cremo*

crēmentum, ***i***, n., accroissement, croissance : C Poés.

Crĕmĕra, ***ae***, f., rivière d'Étrurie [auj. Valia] : C Pros., Poés. ‖ **-mĕrensis**, ***e***, de la Crémère : +C Pros.

crĕmĭum, ***ĭi***, n., copeaux, bois sec, petit bois : T Pros. ‖ au pl., +C Pros.

crĕmō, ***ās***, ***āre***, ***āvī***, ***ātum***, tr., brûler, détruire par le feu : ***urbem*** C Pros., réduire une ville en cendres ‖ brûler [un mort sur le bûcher] : C Pros. ; [supplice] C Pros. ; [victimes en sacrifice] C Poés.

Crĕmōna, ***ae***, f., Crémone [ville de la Cisalpine] : C Pros. ‖ **-nensis**, ***e***, de Crémone : C Pros. ‖ **-nenses**, ***ĭum***, m. pl., habitants de Crémone : C Pros.

Crĕmōnis jŭgum, n., nom d'un massif des Alpes : [C] Pros.

crĕmŏr, *ōris*, m., jus, suc : [-C] Pros., Théât.

crēmum (crā-), *i*, n., crème : [+T] Poés.

Crĕmūtĭus, *ĭi*, m., Crémutius Cordus [historien, victime de Séjan] : [+C] Pros.

Crēnaeus, *i*, m., nom d'un guerrier : [+C] Poés.

Crēnē, *ēs*, f., ville d'Éolie : [C] Pros.

1 **crĕō**, *ās*, *āre*, *āvī*, *ātum*, tr. ¶ 1 créer, engendrer, procréer, produire : [C] Poés., Pros. ; ***creari ex imbri*** [C] Poés., être produit par l'eau ; [C] Poés., Pros. ‖ [poét.] ***creatus*** [avec abl.] né de, fils de : ***Aquilone creatus*** [C] Poés., fils d'Aquilon ‖ enfanter : [C] Pros. ‖ [en part.] créer, choisir, nommer [un magistrat, un chef] : [C] Pros. ‖ [en parl. du président de l'assemblée] faire élire : [C] Pros. ¶ 2 [fig.] causer, faire naître, produire : [-C] Théât. ; ***creare taedium*** [+C] Pros., faire naître le dégoût ; ***errorem*** [C] Pros., être une cause d'erreur

2 **Crĕo**, *ōnis*, m., [-C] Théât., **Crĕōn**, *ontis*, m., [C] Poés., Créon [nom de héros grecs]

Crĕon, *ōnis*, m., V. ▶ *2 Creo*

crĕpax, *ācis*, qui craquette : [+C] Pros.

crĕpĕr, *ĕra*, *ĕrum* ¶ 1 [seulement au n. sg.] obscur : ***creperum noctis*** [T] Pros., l'obscurité de la nuit ¶ 2 douteux, incertain : ***in re crepera*** [-C] Théât., dans une situation critique ; [C] Poés., Pros.

Crĕpĕrēĭus, *i*, m., nom romain : [C] Pros.

crĕpĕrum, *i*, n., V. ▶ *creper ¶ 1*

crĕpĭda, *ae*, f., sandale : [C] Pros., [+C] Pros. ; ***ne sutor supra crepidam*** [prov.]

crĕpĭdārĭus, *a*, *um*, qui a rapport aux sandales : [+C] Pros.

crĕpĭdātus, *a*, *um*, qui est en sandales : [C] Pros.

crĕpīdo, *ĭnis*, f. ¶ 1 base, socle, piédestal, soubassement : [C] Pros. ¶ 2 avancée, saillie d'un rocher, d'un mur, bord du rivage : [en part.] ***a)*** quai, môle, jetée : [C] Pros., [+C] Poés. ***b)*** ***crepido semitae*** [+C] Pros., trottoir d'une ruelle ***c)*** [archit.] moulure saillante : [C] Pros.

crĕpĭdŭla, *ae*, f., petite sandale : [-C] Théât., [+C] Pros.

crēpis, *ĭdis*, f., Cf. ▶ *crepida* : [+C] Pros.

crĕpĭtācillum, *i*, n., petite crécelle : [C] Poés.

crĕpĭtācŭlum, *i*, n., crécelle, sistre : [+C] Pros., Poés.

crĕpĭtō, *ās*, *āre*, *āvī*, *ātum*, intr., faire entendre un bruit sec et répété : ***dentibus*** [-C] Théât., claquer des dents ; ***flamma crepitante*** [C] Poés., avec le crépitement de la flamme ; [cliquetis des armes] [C] Poés. ; [pétillement du fer sur l'enclume] [C] Poés.

crĕpĭtŭs, *ūs*, m., bruit sec, craquement, crépitement : ***crepitus dentium*** [C] Pros., claquement de dents ; ***crepitus armorum*** [C] Pros., cliquetis des armes ; crépitement des coups de verges ([C] Pros.) ‖ pet : [-C] Théât.

crĕpō, *ās*, *āre*, *pŭī*, *pĭtum* ¶ 1 intr., rendre un son sec, craquer, craqueter, claquer, pétiller, retentir : [-C] Théât. ; ***crepare solidum*** [+C] Poés., rendre un son plein ; ***crepans digitus*** [+C] Poés., claquement de doigt ; [-C] Théât., [+C] Pros. ‖ péter : [+C] Poés. ‖ éclater, crever, se fendre : [T] Pros. ¶ 2 tr., faire sonner, faire retentir : ***crepare aureolos*** [+C] Poés., faire sonner des pièces d'or ; [C] Poés. ‖ [fig.] répéter sans cesse, avoir toujours à la bouche : [C] Pros.

crĕpŭlus, *a*, *um*, retentissant, résonnant : [T] Pros.

crĕpundĭa, *ōrum*, n. pl., signes de reconnaissance suspendus au cou des enfants : [-C] Théât., [C] Pros. ‖ amulette : [+C] Pros.

crĕpuscŭlascens hōra, f., temps du crépuscule du soir : [T] Pros.

crĕpuscŭlum, *i*, n., crépuscule : [-C] Théât. ‖ [fig.] obscurité : [C] Poés.

Crēs, *ētis*, m., Crétois : [C] Pros. ‖ V. ▶ *Cretes*

crescentĭa, *ae*, f., accroissement : [C] Pros.

crescō, *ĭs*, *ĕre*, *crēvī*, *crētum*, intr. ¶ 1 venir à l'existence, naître : [C] Pros., Poés. ‖ [poét.] **cretus**, *a*, *um* [avec abl. ou *ab*], né de, issu de, provenant de : [C] Poés. ¶ 2 croître, grandir, s'élever, s'accroître : [C] Poés., Pros. ‖ ***in ungues manus*** [C] Poés., ses cheveux poussent en feuillage, ses mains s'allongent en griffes ¶ 3 croître, augmenter : [C] Pros. ¶ 4 grandir en considération, en puissance : ***per aliquem*** [C] Pros., devoir son élévation à qqn ; ***ex aliquo*** [C] Pros. ; ***de aliquo*** [C] Pros. ; ***ex aliqua re*** [C] Pros., s'élever, se faire valoir aux dépens de qqn, se servir de qqn comme d'un piédestal, trouver dans qqch. l'occasion de s'élever

Crēsĭus, *a*, *um*, V. ▶ *Cressius*

Cresphontēs, *is* ou *ae*, m., Cresphonte [héros grec] : [+C] Poés. ‖ tragédie d'Euripide : [C] Pros.

Cressa, *ae*, f., Crétoise, de Crète : ***Cressa genus*** [C] Poés., Crétoise de race ‖ la Crétoise (Ariane) : [C] Poés. ‖ [adj[t]] ***Cressa pharetra*** [C] Poés., carquois crétois ; ***Cressa nota*** [C] Poés., marque de Crète [à la craie] ; ***Cressae herbae*** [C] Poés., les plantes de la Crète

Cressĭus ou **Crēsĭus**, *a*, *um*, de Crète : [C] Poés.

1 **crēta**, *ae*, f., craie, argile : [C] Pros. ‖ [en part.] ***a)*** blanc [pour la toilette] : [+C] Pros. ***b)*** craie à cacheter : [C] Pros. ***c)*** craie à blanchir [les habits] : [-C] Théât. ***d)*** ***creta notati*** [C] Poés., acquittés [par des cailloux blancs ; usage grec] ***e)*** = ▶ *2 calx ¶ 1* : [+C] Pros.

2 **Crēta**, *ae*, f., [C] Pros., **Crētē**, *ēs*, f., la Crète ‖ **-taeus**, *a*, *um*, [C] Poés., **-tĭcus**, *a*, *um*, [C] Poés. et **-tensis**, *e*, [C] Pros., de Crète ‖ **-tenses**, *ĭum*, m. pl., [+C] Pros. et **-tāni**, *ōrum*, m. pl., [-C] Théât., les Crétois ‖ V. ▶ *Cressa* et *Cressius*

Crētāni, V. ▶ *2 Creta*

crētārĭus, *a*, *um*, qui a rapport à la craie ‖ **crētārĭa**, *ae*, f., boutique, magasin de craie : [C] Pros.

crētātus, *a*, *um*, blanchi avec de la craie : ***cretatus bos*** [+C] Poés., boeuf blanchi [pour le sacrifice] ; ***cretata Fabulla*** [+C] Poés., Fabulla qui a mis du blanc ‖ [fig.] ***cretata ambitio*** [+C] Poés., brigue blanchie à la craie [manoeuvres des candidats, Cf. ▶ *candidatus*]

Crētē, **Crētensis**, V. ▶ *2 Creta*

crēterra, [C] Pros. ou **crētēra**, Cf. ▶ *cratera*

Crētes, *um*, m. pl., les Crétois : [C] Pros.

crētĕus, *a*, *um*, de craie, d'argile : [C] Poés.

Crētheūs, *ĕi* ou *ĕos*, m., Créthée [héros troyen] : [C] Poés. ‖ aïeul de Jason : [+C] Pros. ‖ **-ēĭus**, *a*, *um*, de Créthée : [+C] Poés.

Crēthīdēs, *ae*, m., descendant de Créthée [Jason] : [+C] Poés.

crētĭcē, *ēs*, f., Cf. ▶ *hibiscum*

1 **Crētĭcus**, V. ▶ *2 Creta*

2 **Crētĭcus**, *i*, m., nom d'homme : [+C] Poés. ‖ surnom d'un Métellus, vainqueur de la Crète : [+C] Pros.

crētĭo, *ōnis*, f., crétion, action d'accepter un héritage : [C] Pros.

Crētis, *ĭdis*, f., [C] Poés., Cf. ▶ *Cressa*

crētōsus, *a*, *um*, abondant en craie : [-C] Pros., [C] Poés.

crētŭla, *ae*, f., argile à cacheter : [C] Pros.

crētus, *a*, *um*, part. de *cerno* et de *cresco*

1 **Crĕūsa**, *ae*, f., Créuse [épouse de Jason] : [+C] Théât. ‖ femme d'Énée : [C] Poés.

2 **Crĕūsa**, *ae*, f., [C] Pros., **Crĕūsis**, *ĭdis*, f., ville de Béotie

crēvī, parf. de *cresco* et de *cerno*

crībellō, *ās*, *āre*, *-*, *ātum*, tr., sasser, tamiser : [+C] Pros.

crībrātus, *a*, *um*, part. de *cribro*

crībrō, *ās*, *āre*, *āvī*, *ātum*, tr., cribler, tamiser, sasser : [+C] Pros. ‖ [fig.] mettre à l'épreuve : [T] Pros.

crībrum, *i*, n., crible, sas, tamis : [-C] Pros., [C] Pros.

Crĭcŏlăbus, *i*, m., surnom d'un personnage de comédie : [-C] Théât.

crīmĕn, *ĭnis*, n. ¶ 1 accusation, chef d'accusation, grief : ***cum respondero criminibus*** [C] Pros., quand j'aurai répondu aux accusations ; ***avaritiae*** [C] Pros., accusation d'un très grand crime, de cupidité ; ***crimina alicujus*** [C] Pros., accusations portées par qqn ; ***in aliquem*** [C] Pros., accusation contre qqn ; ***in aliquem crimen intendere*** [C] Pros., porter une accusation contre qqn ; ***esse in crimine*** [C] Pros., être l'objet d'une accusation ; ***res crimini est alicui***, une chose est un sujet d'accusation contre qqn, fait accuser qqn : [C] Pros. ; ***aliquem,***

aliquid in crimen vocare [C] Pros., accuser qqn, qqch. ‖ ***meum (tuum) crimen*** = l'accusation portée soit par moi (toi), soit contre moi (toi) : [C] Pros. ; ***crimen senectutis*** [C] Pros., grief contre la vieillesse ; ***navale crimen*** [C] Pros., chef d'accusation concernant la flotte ¶**2** la faute, le crime même que l'on accuse [poét., postclassique] : [C] Pros. ‖ faits criminels, adultères : [C] Poés. ‖ culpabilité : [C] Poés. ¶**3** [chrét.] péché : [T] Pros.

Crīmessus, [C] Pros., [V.] *Crinisus*

crīmĭnātĭo, *ōnis*, f., accusation ; [en part.] accusation malveillante, calomnieuse : [C] Pros.

crīmĭnātŏr, *ōris*, m., accusateur malveillant, calomniateur : [-C] Théât., [+C] Pros. ‖ [chrét.] le diable : [T] Pros.

crīmĭnātrix, *īcis*, f., accusatrice : [T] Pros.

crīmĭnātus, *a*, *um*, part. de *crimino* et de *criminor*

crīmĭnō, *ās*, *āre*, -, -, tr., accuser : [-C] Théât. ‖ [pass.] [C] Pros., [+C] Pros., [T] Pros.

crīmĭnŏr, *ārĭs*, *ārī*, *ātus sum*, tr., accuser [en part.] accuser de façon calomnieuse : ***aliquem alicui*** [-C] Théât., noircir qqn dans l'esprit de qqn ‖ ***aliquem apud populum*** [avec prop. inf.] [C] Pros., accuser calomnieusement qqn devant le peuple de ... ; [C] Pros. ‖ [avec *quod* subj.] [C] Pros. ‖ ***criminari aliquid*** [C] Pros., invectiver contre qqch. ‖ [absᵗ] ***ut illi criminantur*** [C] Pros., comme ils le disent mensongèrement

crīmĭnōsē, adv., en accusateur, de manière à charger l'accusé, [ou] à faire paraître accusé : ***criminose interrogare*** [C] Pros., interroger de manière à faire naître une accusation ‖ ***criminosissime*** [+C] Pros.

crīmĭnōsus, *a*, *um* ¶**1** d'accusateur, qui comporte des accusations, des imputations, médisant, agressif : ***criminosior oratio*** [C] Pros., discours plus accusateur ; ***res alicui criminosa*** [C] Pros., fait donnant lieu à une accusation contre qqn ; ***criminosus homo*** [C] Pros., accusateur passionné, homme agressif ; ***criminosi iambi*** [C] Poés., iambes satiriques ; ***criminosissimus liber*** [+C] Pros., infâme libelle ¶**2** digne de reproche, blâmable, criminel : [+C] Pros. ‖ un accusé : [T] Pros.

Crīmissus, [V.] *Crinisus*

crīnāle, *is*, n., aiguille de tête, peigne : [C] Poés.

crīnālis, *e*, qui a rapport aux cheveux : ***crinales vittae*** [C] Poés., bandelettes qui ornent les cheveux ‖ [fig.] [C] Poés. ; [V.] *crinis* ¶*2*

crīnĭgĕr, *ĕra*, *ĕrum*, chevelu : [+C] Poés.

crīnĭō, *īs*, *īre*, -, *ītum*, tr., couvrir de cheveux : [pass.] ***criniri frondibus*** [+C] Poés., se couvrir de feuilles ‖ [V.] *crinitus*

crīnis, *is*, m. ¶**1** cheveu, chevelure : ***septem crines*** [+C] Poés., sept cheveux ; ***crinis sparsus*** [C] Poés., chevelure éparse ‖ pl., [C] Pros. ; ***trahere aliquem crinibus*** [C] Poés., traîner qqn par les cheveux ‖ [en part.] tresses, nattes [coiffure d'une matrone] : [-C] Théât., [C] Pros. ¶**2** chevelure des comètes : [C] Poés. ‖ rayons, rais de lumière : [+C] Poés.

crīnĭsătus, *a*, *um*, né de la chevelure [de la Gorgone] : [T] Poés.

Crīnīsus, *i*, m., fleuve de Sicile : [C] Poés.

crīnītus, *a*, *um* ¶**1** part. de *crinio* ¶**2** [adjᵗ], qui a beaucoup de cheveux, qui a une longue chevelure : [-C] Théât., [C] Poés., [+C] Poés. ‖ [fig.] ***stella crinita*** [+C] Pros., comète ; [C] Poés.

cripta, [V.] *crypta*

crĭsis, acc. *in* ; pl. *es* ; f., crise [méd.] : [+C] Pros.

crīsō (crissō), *ās*, *āre*, *āvī*, intr., se tortiller : [+C] Poés.

crispans, *tis* ¶**1** part. de *crispo* ¶**2** [adjᵗ], bouclé, frisé : [T] Pros. ‖ ridé, qui se ride : ***nasus crispans*** [+C] Poés., nez qui se plisse

crispātus, *a*, *um*, part. de *crispo*

crispĭcans, *tis*, qui ride : [+C] Pros.

Crispīna, *ae*, f., nom de femme : [+C] Pros.

Crispīnus, *i*, m., surnom romain : [C] Pros., Poés.

crispĭō, *īs*, *īre*, -, -, intr., glousser : [+C] Pros.

crispĭsulcans, *tis*, qui trace un sillon sinueux [en parl. de la foudre] : [C] Pros.

crispĭtūdo, *ĭnis*, f., tortillement : [T] Pros.

crispō, *ās*, *āre*, *āvī*, *ātum*, tr. ¶**1** [fig.] faire onduler, froncer, rider : [+C] Pros. ; ***crispare aurum*** [+C] Poés., ciseler en or ; ***pelagus*** [+C] Poés., rider la mer ¶**2** agiter, brandir : ***hastilia*** [C] Poés., brandir des javelots ‖ remuer vivement : [T] Pros. ‖ [V.] *crispans*

crispŭlus, *a*, *um*, frisotté : [+C] Pros. ‖ [fig.] en parl. du style recherché : [+C] Pros.

1 **crispus**, *a*, *um* ¶**1** crépu, frisé : ***crispi cincinni*** [-C] Théât., boucles de cheveux bien frisés ; ***homo crispus*** [-C] Théât., un bonhomme frisé ‖ [fig.] élégant : [+C] Pros. ¶**2** onduleux, tordu : ***abies crispa*** [-C], [C] Pros., sapin tordu (gondolé) [par le feu] ‖ vibrant : [+C] Poés. ‖ ***-issimus*** [+C] Pros.

2 **Crispus**, *i*, m., surnom romain [de Salluste et de Vibius] : [C] Pros.

crisso, [V.] *criso*

crista, *ae*, f. ¶**1** crête [d'un oiseau] : [C] Pros. ¶**2** aigrette, panache : [C] Poés., Pros. ‖ clitoris : [+C] Poés.

cristall-, [V.] *crystall-*

cristātus, *a*, *um*, qui a une crête : ***cristatus ales*** [C] Poés., le coq ‖ [casque] surmonté d'une aigrette : [C] Pros. ‖ qui a un casque muni d'une aigrette : [C] Poés.

cristŭla, *ae*, f., dim. de *crista*, petite aigrette : [+C] Pros.

Crithōtē, *ēs*, f., ville de la Chersonèse de Thrace : [C] Pros.

Crĭtĭās, *ae*, m., Critias [un des trente tyrans d'Athènes] : [C] Pros.

crĭtĭcus, *a*, *um*, [méd.] critique : [T] Pros. ‖ **crĭtĭcus**, *i*, m., critique, juge des ouvrages de l'esprit : [C] Pros. ‖ **critica**, *ōrum*, n. pl., critique, philologie : [+C] Pros.

Crĭto, *ōnis*, m., Criton [disciple de Socrate] : [C] Pros. ‖ personnage de comédie : [-C] Théât.

Crĭtŏbūlus, *i*, m., Critobule [ami de Socrate] : [C] Pros. ‖ médecin célèbre : [+C] Pros.

Crĭtŏdēmus, *i*, m., astronome : [+C] Pros.

Critognatus, *i*, m., Critognat [noble arverne] : [C] Pros.

Crĭtŏlāus, *i*, m., philosophe péripatéticien : [C] Pros. ‖ général achéen : [C] Pros.

Crĭtŏmēdĭa, *ae*, f., une des Danaïdes : [+C] Poés.

Crĭtōnĭa, *ae*, m., nom d'un acteur tragique : [C] Poés.

Crīūmĕtōpŏn, **Crīū Mĕtōpŏn**, n., promontoire de Crète

Crixus, *i*, m., lieutenant de Spartacus : [+C] Pros.

Crōbĭălŏs, *i*, f., ville de Paphlagonie : [+C] Poés.

Crŏcălē, *ēs*, f., nom d'une nymphe : [C] Poés. ‖ nom de bergère : [+C] Poés.

crŏcĕus, *a*, *um* ¶**1** de safran : ***crocei odores*** [C] Poés., les parfums du safran ¶**2** de couleur de safran, jaune, doré : [C] Poés. ‖ **crŏcĕa**, *ōrum*, n. pl., vêtements de soie couleur safran : [T] Pros.

crŏcĭnus, *a*, *um*, de couleur de safran : [C] Poés. ‖ **crŏcĭnum**, *i*, n., huile de safran : [-C] Théât., [C] Poés.

crōcĭō, *īs*, *īre*, -, -, intr., croasser : [-C] Théât.

crōcĭtō, *ās*, *āre*, -, -, intr., [V.] *crocio* : [+C] Pros.

crŏcŏdīlēa, *ae*, f., fiente de crocodile employée comme médicament : [C] Poés.

crŏcŏdīlĭnus, *a*, *um*, relatif au crocodile : ***crocodilina ambiguitas*** [+C] Pros., l'équivoque du crocodile [sorte d'argument captieux]

crŏcŏdīlus, *i*, m., crocodile : [C] Pros.

crŏcŏmagma, *ătis*, n., marc de safran : [+C] Pros.

1 **crŏcŏs**, [V.] *crocum*

2 **Crŏcŏs**, *i*, m., jeune homme changé en safran : [C] Poés.

crŏcōta, *ae*, f., robe de couleur de safran [à l'usage des femmes et des prêtres de Cybèle] : [-C] Théât., [C] Pros.

crŏcōtārĭus, *a*, *um*, relatif à la crocota : ***infectores crocotarii*** [-C] Théât., teinturiers en jaune safran

crŏcōtŭla, *ae*, f., petite robe ou tunique de couleur de safran : [-C] Théât.

crŏcum, *i*, n., [+C] Pros., **crŏcus**, *i*, m., [C] Poés., safran ‖ couleur de safran : [C] Poés. ‖ parfum de safran : [C] Poés., [+C] Pros., Pros. ‖ **crŏcus**, *i*, f., [+C] Pros.

1 **crŏcus**, *i*, m. et f., V. ▶ *crocum*

2 **Crŏcus**, *i*, m., nom d'homme : [T] Pros.

Crŏdūnum, *i*, n., lieu de la Gaule : [C] Pros.

Croesus, *i*, m., Crésus [roi de Lydie] : [C] Pros.

Crommyoacris, C. ▶ *Crommyuacris*

Crommȳŏn, V. ▶ *Cromyon*

Crommȳūacris, *ĭdis*, f., promontoire de Chypre : [C] Pros.

Crŏmȳōn, *ōnis*, m., bourg près de Corinthe : [C] Poés.

Crŏnia, *ōrum*, n. pl., fêtes de Cronos : [-C], [T] Pros.

Crŏnĭus, *i*, m., nom d'homme : [+C] Poés.

Crŏnŏs, *i*, m., Kronos, Saturne : [T] Poés.

crŏtălĭa, *ōrum*, n. pl., pendants d'oreilles formés de plusieurs perles : [+C] Pros.

crŏtălistrĭa, *ae*, f., joueuse de crotales [instrument de musique] : [C] Poés., [+C] Pros.

crŏtălum, *i*, n., crotale [sorte de castagnettes métalliques] : [T] Pros.

1 **Crŏto**, **Crŏtōn**, *ōnis*, m., héros fondateur de Crotone : [C] Poés. ‖ nom romain : [C] Pros.

2 **Crŏto**, **Crŏtōn**, *ōnis*, [+C] Poés., **Crŏtōna**, *ae*, [+C] Pros., f., Crotone [ville de la Grande-Grèce] ‖ **Crŏtōnĭātēs**, *ae*, m., habitant de Crotone : ***Crotoniates Milo*** [C] Pros., Milon de Crotone ‖ **-nĭātae**, *ārum*, m. pl., les habitants de Crotone : [C] Pros. ‖ **Crŏtōnĭensis**, *e*, de Crotone : [C] Pros.

crŏtŏlō, *ās*, *āre*, -, -, intr., craqueter [en parl. de la cigogne] : [+C] Pros.

Crŏtōpĭădēs, *ae*, m., fils ou petit-fils de Crotope : [C] Poés.

Crŏtōpus, *i*, m., Crotope [roi d'Argos] : [+C] Poés.

Crŏtŏs, *i*, m., le Sagittaire [constellation] : [+C] Pros.

crotta, *ae*, f., harpe celtique : [+T] Poés.

crŭcĭābĭlis, *e*, qui torture, cruel : [+C] Pros. ‖ qui peut être torturé : [T] Pros.

crŭcĭābĭlĭtās, *ātis*, f., tourment : [-C] Théât.

crŭcĭābĭlĭtĕr, adv., au milieu des tourments, cruellement : [-C] Théât., [C] Pros., [T] Pros.

crŭcĭāmĕn, *ĭnis*, n., tourment, martyre : [T] Poés.

crŭcĭāmentum, *i*, n., tourment, souffrance : [-C] Théât., [C] Pros.

crŭcĭārĭus, *a*, *um*, de la croix : ***cruciaria poena*** [T] Pros., supplice de la croix ‖ **crŭcĭārĭus**, *ĭi*, m. ***a)*** un crucifié : [+C] Pros. ***b)*** pendard, gibier de potence : [+C] Pros.

crŭcĭātĭo, *ōnis*, f., tourments, souffrances : [T] Pros.

crŭcĭātŏr, *ōris*, m., bourreau : [T] Pros.

1 **crŭcĭātus**, *a*, *um*, part. de *crucio*

2 **crŭcĭātŭs**, *ūs*, m. ¶ **1** torture, supplice : ***in cruciatum dari*** [C] Pros., être livré au bourreau ; [-C] Théât. ‖ [fig.] tourments, souffrance : [C] Pros. ¶ **2** pl., instruments de torture : [C] Pros.

crŭcĭfĕr, *ĕri*, m., celui qui porte sa croix [Jésus-Christ] : [T] Poés.

crŭcī fīgō, **crŭcĭfīgō**, *ĭs*, *ĕre*, *fīxī*, *fixum*, tr., mettre en croix, crucifier : [C] Pros., [+C] Pros.

crŭcĭfīxus, *a*, *um*, part. de *crucifigo*

crŭcĭō, *ās*, *āre*, *āvī*, *ātum*, tr. ¶ **1** [en gén.] faire périr dans les tortures, supplicier : [-C] Théât. ‖ [pass. d. [C] [C] Pros. ¶ **2** [fig.] torturer, tourmenter : [C] Pros. ; ***se ipsa cruciavit*** [C] Pros., elle s'est torturée elle-même ‖ ***cruciare se*** [-C] Théât. ; ***cruciari*** [-C] Théât., se tourmenter, souffrir ; souffrir de ce que [avec prop. inf.] : [-C] Théât. ; [avec *quod*] [-C] Théât. ; [avec *quia*] [-C] Théât. ; [avec *cum*] [-C] Théât. ; [avec *ne*] [C] Pros. ‖ ***crucians cantherius*** [-C] Théât., bidet qui torture [au dos anguleux]

Crŭcĭsălus, *i*, m., [qui danse sur une croix], jeu de mots sur Chrysalus : [-C] Théât.

crūdēlis, *e*, dur, cruel, inhumain : ***crudelis in aliquem*** [C] Pros., cruel envers qqn ; ***crudelis necessitas*** [C] Pros., nécessité cruelle ; [C] Poés. ‖ n., ***crūdēle*** [pris adv[t]] cruellement : [+C] Poés. ‖ ***crudelior*** [C] Pros. ; ***-issimus*** [C] Pros.

crūdēlĭtās, *ātis*, f., dureté, cruauté, inhumanité : [C] Pros.

crūdēlĭtĕr, adv., durement, cruellement : [C] Pros. ‖ ***crudelius*** [C] Pros. ; ***-issime*** [C] Pros.

crūdescō, *ĭs*, *ĕre*, *dŭī*, -, intr., [fig.] devenir violent, cruel : [C] Poés. ; ***crudescit seditio*** [+C] Pros., la sédition devient plus violente

crūdĭtās, *ātis*, f., indigestion : [C] Pros., [+C] Pros.

crūdĭtō, *ās*, *āre*, -, -, intr., mal digérer, souffrir d'indigestion : [+C] Pros.

crūdīvus, *a*, *um*, C. ▶ *crudus*

crūdŭm, n. pris adv[t] : ***crudum ructare*** [+C] Pros., éructer des aliments non digérés

crūdus, *a*, *um*, encore rouge ¶ **1** saignant, cru, non cuit : [-C] Théât., [C] Poés., Pros. ‖ brique non cuite : [C] Pros., [+C] Pros. ‖ fruit vert : [C] Pros., [+C] Pros. ‖ brut, non travaillé [cuir] : [C] Pros., Poés. ‖ blessure saignante, non cicatrisée : [C] Poés., [+C] Pros. ‖ non digéré : [+C] Pros. ‖ [activ[t]] qui n'a pas digéré, [ou] qui digère difficilement : [C] Pros., [-C] Pros., Poés., [+C] Pros. ¶ **2** [fig.] encore vert, frais [vieillesse] : [C] Poés., [+C] Pros. ‖ récent : ***crudum servitium*** [+C] Pros., servitude toute fraîche ‖ qui n'a pas la maturité pour le mariage : [+C] Poés. ‖ lecture mal digérée : [+C] Pros. ¶ **3** [fig.] dur, insensible, cruel : [-C] Théât., [C] Poés. ‖ ***crudus ensis*** [C] Poés., épée impitoyable ; ***cruda bella*** [C] Poés., guerres cruelles

crŭentātus, *a*, *um*, part. de *cruento*

crŭentē, adv., d'une manière sanglante, cruellement : [+C] Pros.

crŭenter, adv., cruellement : [+C] Pros.

crŭentō, *ās*, *āre*, *āvī*, *ātum*, tr. ¶ **1** mettre en sang [par le meurtre, en tuant] : ***vigiles cruentant*** [-C] Pros., ils massacrent les sentinelles ; [C] Pros. ‖ ensanglanter, souiller de sang : [C] Pros. ‖ [fig.] blesser, déchirer : [C] Pros. ¶ **2** teindre en rouge : [C] Pros., [+C] Pros.

crŭentus, *a*, *um* ¶ **1** sanglant, ensanglanté, inondé de sang : [C] Pros., [+C] Pros. ; ***cruenta victoria*** [C] Pros., victoire sanglante ‖ de couleur rouge sang : [C] Poés. ¶ **2** sanguinaire, cruel : ***hostis cruentus*** [+C] Pros., ennemi cruel ; ***cruenta ira*** [C] Poés., colère sanguinaire ‖ **crŭenta**, *ōrum*, n. pl., carnage : [C] Poés. ‖ ***cruentior*** [C] Poés., [+C] Pros. ; ***-tissimus*** [+C] Pros.

crŭmēna ou **crŭmīna**, *ae*, f., bourse, gibecière : [-C] Théât. ‖ bourse, argent : [C] Pros., [+C] Poés.

crŭmilla, *ae*, f., petite bourse : [-C] Théât.

crŭmīnō, *ās*, *āre*, -, -, tr., remplir comme une bourse : [+T] Poés.

crŭŏr, *ōris*, m., sang rouge, sang qui coule : [C] Pros. ; ***atri cruores*** [C] Poés., flots d'un sang noir ‖ [fig.] ***a)*** force vitale, vie : [+C] Poés. ***b)*** meurtre, carnage : [C] Poés.

cruppellārĭi, *ōrum*, m. pl., gladiateurs couverts de fer : [+C] Pros.

Cruptorix, *ĭgis*, m., chef germain : [+C] Pros.

crūrālis, *e*, de la jambe : ***crurales fasciae*** [+C] Pros., bandes molletières

crūrĭcrĕpĭda, *ae*, m., homme dont les jambes font sonner fers et entraves : [-C] Théât.

crūrĭfrăgĭus, *ĭi*, m., à qui on a cassé les jambes : [-C] Théât.

1 **crūs**, *crūris*, n., jambe : [C] Pros. ‖ pied, souche d'un arbre : [+C] Pros. ‖ pl., piles d'un pont : [C] Poés.

2 **Crūs**, *Crūris*, m., surnom romain dans la *gens Cornelia* : [C] Pros.

Cruscellĭo, *ōnis*, m., surnom romain : [+C] Pros.

crusma, *ătis*, n., sons donnés par un instrument de musique ou des vocalises : [+C] Poés.

crusta, *ae*, f., ce qui enveloppe, recouvre : ***crusta luti*** [C] Poés., couche de boue ; ***concrescunt crustae*** [C] Poés., il se forme une croûte de glace ‖ bas-relief, ornement ciselé : [C] Pros., [+C] Poés.

crustallum, C. ▶ *crystallum* : [+C] Pros.

crustātus, *a*, *um*, part. de *crusto*

crustō, *ās*, *āre*, *āvī*, *ātum*, tr., revêtir, incruster : [+C] Poés.

crustŭla, *ae*, f., [pl.] petits flocons : [T] Pros. ‖ gâteau : [T] Pros.

crustŭlārĭus, *ĭi*, m., pâtissier, confiseur : [+C] Pros.

crustŭlum, *i*, n., gâteau, bonbon, friandise : [C] Pros., Poés.

crustum, *i*, n., gâteau : [C] Pros., Poés.

Crustŭmĕrĭa, *ae*, f., [C] Pros., **Crustŭmĕrĭum**, *ĭi*, n., [C] Pros., **Crustŭmĕri**, *ōrum*, m. pl., [C] Poés., **Crustŭmĭum**, *ĭi*, n., [+C] Poés., ville de la Sabine ‖ **-mĕrīnus**, *a, um*, [C] Pros., **-mīnus**, *a, um*, [C] Pros. et **-mĭus**, *a, um*, [C] Poés., de Crustumérium ‖ **Crustŭmīnum**, *i*, n., [C] Pros., le territoire de Crustumérium

Crustŭmīnum, V▶ *Crustumeria*

Crustŭmĭum, n., V▶ *Crustumeria*

crux, *ŭcis*, f. ¶**1** croix, gibet : [C] Pros. ; ***tollere in crucem aliquem*** [C] Pros., faire mettre en croix qqn ‖ timon d'un char : [+C] Poés. ¶**2** [fig.] ***a)*** gibier de potence : [-C] Théât. ***b)*** peste [en parl. d'une courtisane] : [-C] Théât. ***c)*** peine, tourment, fléau : [-C] Théât., [+C] Pros. ; ***i in crucem*** [-C] Théât. ¶**3** [chrét.] croix du Christ : [T] Pros. ‖ représentation de la croix : [T] Pros.

crypta, *ae*, f., galerie souterraine, caveau, crypte : [C] Poés., [+C] Pros., Poés. ; ***crypta Neapolitana*** [+C] Pros., tunnel de Naples [reliant Naples à Pouzzoles]

cryptĭcus, *a, um*, souterrain : [T] Pros.

cryptŏportĭcŭs, *ūs*, f., cryptoportique, galerie fermée : [+C] Pros.

crystallĭcus, *a, um*, clair comme le cristal : [T] Pros.

crystallĭnus, *a, um*, de cristal, en cristal ‖ **crystallĭnum**, *i*, n., vase de cristal : [+C] Pros., Poés.

crystallŏs, [+C] Poés., **crystallus**, [+C] Pros., *i*, m. et f., **crystallum**, *i*, n., [T] Pros. ¶**1** la glace : [+C] Pros. ¶**2** cristal, cristal de roche : [+C] Pros. ‖ objet en cristal ***a)*** sorte de perle : f., ***crystallus*** [C] Poés. ***b)*** coupe : ***crystallos*** [+C] Poés. ; n. pl., ***crystalla*** [+C] Poés. ***c)*** n. pl., vases de cristal : [+C] Poés.

Ctēsĭbĭus, *ĭi*, m., mathématicien d'Alexandrie : [C] Pros. ‖ **-ĭcus**, *a, um*, ***ctesibica machina*** [C] Pros., pompe à eau [= *sipho*]

Ctēsĭpho, *ōnis*, m., Ctésiphon [personnage des *Adelphes* de Térence] : [-C] Théât.

1 **Ctēsĭphōn**, *ontis*, m., Athénien défendu par Démosthène : [C] Pros.

2 **Ctēsĭphōn**, *ontis*, f., capitale des Parthes : [+C] Pros.

cŭăthus, V▶ *cyathus*

Cuballum, *i*, n., ville de Galatie : [C] Pros.

cŭbans, *tis* ¶**1** part. de *cubo* ¶**2** [adj^t] ***a)*** qui n'est pas d'aplomb, qui penche, qui va en pente : [C] Poés. ***b)*** qui reste à plat, immobile [en parl. de poissons] : [+C] Pros. ¶**3** [subst^t] alité, malade : [+C] Pros.

cŭbātĭo, *ōnis*, f., action d'être couché : [C] Pros.

cŭbātŭs, *ūs*, m., V▶ *2 cubitus*

cŭbĕ ou **cŭbĭ**, [en composition] V▶ *necubi, sicubi*

cŭbiclum, *i*, n., [+C] Poés., contrac., C▶ *cubiculum*

cŭbĭcŭlāris, *e*, relatif à la chambre à coucher : [C] Pros., [+C] Pros.

cŭbĭcŭlārĭus, *a, um*, de chambre à coucher : [+C] Poés. ‖ **cŭbĭcŭlārĭus**, *ĭi*, m., valet de chambre : [C] Pros., [+C] Pros.

cŭbĭcŭlātus, *a, um*, pourvu de chambres à coucher : [+C] Pros.

cŭbĭcŭlum, *i*, n., chambre à coucher : [C] Pros., [+C] Pros. ; ***cubiculo praepositus*** [+C] Pros., chambellan ‖ loge de l'empereur dans le Cirque : [+C] Pros. ‖ trou de boulin : [C] Pros.

cŭbĭcus, *a, um*, qui a rapport au cube, cubique : [C] Pros.

cŭbīle, *is*, n. ¶**1** couche, couchette, lit : [C] Pros. ‖ [en part.] lit nuptial : [C] Poés. ¶**2** nid, niche, tanière, gîte des animaux : [rat] [-C] Théât. ; [chiens] [C] Pros. ; [bêtes sauvages] [C] Pros. ¶**3** [fig.] domicile, demeure : [C] Poés., Pros. ¶**4** [archit.] cavité, assise [où reposent des pierres, des poutres] : [C] Pros.

cŭbĭtal, *ālis*, n., coussin sur lequel on appuie le coude : [C] Poés.

cŭbĭtālis, *e*, haut d'une coudée : [C] Pros.

cŭbĭtō, *ās, āre, āvī, ātum*, intr., être souvent couché, avoir l'habitude de se coucher : [-C] Théât., [C] Pros. ‖ avoir commerce avec : [-C] Théât.

cŭbĭtŏr, *ōris*, m., qui se couche d'habitude : [+C] Pros.

cŭbĭtōrĭus, *a, um*, [vêtement] de table : [+C] Pros.

1 **cŭbĭtum**, supin de *cubo*

2 **cŭbĭtum**, *i*, n., coudée : [+C] Pros.

cŭbĭtūra, *ae*, f., action de se coucher : [-C] Théât.

1 **cŭbĭtus**, *i*, m. ¶**1** cubitus [anatomie] [+C] Pros. ‖ coude : [-C] Théât., [+C] Pros. ; ***reponere cubitum*** [+C] Pros., se replacer sur son coude = se remettre à manger ¶**2** coudée, mesure de longueur [44, 36 cm] : [C] Pros.

2 **cŭbĭtŭs**, *ūs*, m., action d'être couché, de dormir : ***cubitu surgere*** [-C] Pros., se lever

cŭbō, *ās, āre, ŭī, ĭtum*, intr. ¶**1** être couché, être étendu : ***in lectica cubans*** [C] Pros., étendu dans sa litière ¶**2** [en part.] ***a)*** être au lit, dormir : [C] Pros. ***b)*** avoir commerce avec une femme : [-C] Théât. ***c)*** être à table : [C] Pros. ***d)*** être malade, être alité : [C] Poés. ***e)*** être calme [en parl. de la mer] : [+C] Poés. ***f)*** pencher : V▶ *cubans*

cŭbuclărĭus, **cŭbŭcŭlārĭus**, **cŭbuclum**, V▶ *cubic-*

cŭbŭla, *ae*, f., sorte de gâteau sacré : [T] Pros.

cŭbus, *i*, m., cube : [C] Pros. ‖ sorte de mesure : [C] Poés. ‖ nombre cubique : [+C] Pros.

Cucci, m., **Cuccium**, n., ville de Pannonie

cuccŭma, V▶ *cucuma*

cuchlĭa, C▶ *cochlea*

cŭcūlĭo, V▶ *cucullio* : [-C] Pros.

cŭcullĭo, *ōnis*, m., [-C] Pros., C▶ *1 cucullus*

1 **cŭcullus**, *i*, m., cape, capuchon : [+C] Poés. ‖ enveloppe de papier, cornet : [+C] Poés.

2 **cŭcullus**, V▶ *cuculus* fin

cŭcŭlō, *ās, āre, -, -*, intr., crier [en parl. du coucou] : [+C] Pros., [T] Poés.

cŭcŭlus, [T] Poés. et d'ordinaire **cŭcūlus**, *i*, m., coucou : [-C] Théât. ‖ [fig.] ***a)*** galant : [-C] Théât. ***b)*** imbécile : [-C] Théât. ***c)*** fainéant : [*cucullus*] [C] Poés.

cŭcŭma, *ae*, f., chaudron, marmite : [+C] Pros. ‖ bain privé [opp. *thermae*] : [+C] Poés.

cŭcŭmĕr, *ĕris*, m., C▶ *cucumis*

cŭcŭmis, *mis* et *mĕris*, m., concombre : [C] Pros.

cŭcŭmŭla, *ae*, f., petite marmite : [+C] Pros.

cŭcurbĭta, *ae*, f. ¶**1** gourde [plante] : [+C] Pros. ‖ [fig.] ***cucurbitae caput*** [+C] Pros., tête sans cervelle ¶**2** ventouse : [+C] Poés.

cŭcurbĭtārĭus, *ĭi*, m., amateur de gourdes [celui qui veut traduire *ciceion* par *cucurbita* au lieu de *hedera* ; en réalité le ricin] : [T] Pros.

cŭcurbĭtīnus et **-tīvus**, *a, um*, [-C] Pros., en forme de gourde

cŭcurbĭtŭla, *ae*, f., petite ventouse : [+C] Pros.

cūcūrĭō, **cūcurrĭō**, *īs, īre, -, -*, intr., coqueliner [cri du coq] : [+C] Pros., [T] Poés.

cŭcurrī, parf. de *curro*

cūcurru, interj., cocorico : [-C] Théât.

cŭcus, *i*, m., C▶ *cuculus* : [-C] Théât.

1 **cūdō**, *ĭs, ĕre, cūdī, cūsum*, tr. ¶**1** battre, frapper : [C] Poés. ‖ [en part.] battre au fléau : [+C] Pros. ¶**2** travailler au marteau, forger : ***argentum cudere*** [-C] Théât., battre monnaie ‖ [fig.] forger, machiner : [-C] Théât.

2 **cūdo**, *ōnis*, m., casque en peau de bête : [+C] Poés.

Cugerni, *ōrum*, m. pl., peuplade germanique sur le Rhin inférieur : [+C] Pros.

cuī, dat. de *qui* et de *quis*

cuīcuīmŏdī, forme abrégée de gén., → *cujuscujusmodi*, → *quisquis*: ***cuicuimodi est*** [C] Pros., de quelque nature qu'il soit

cuīmŏdī, → *cujusmodi*, de quelle manière? quel?: [+C] Pros.

cūjās, *ātis*, **cūjātis (quojatis)**, *is*, de quel pays ‖ nom.: ***cujas*** [C] Pros.; ***quojatis*** [-C] Théât.; ***cujatis*** [-C] Théât., [+C] Pros. ‖ acc.: ***cujatem*** [C] Pros.

1 **cūjus**, gén. de *qui* et de *quis*

2 **cūjus**, *a*, *um* ¶ **1** [rel.] à qui appartenant, de qui, dont: [C] Pros., [+C] Pros. ¶ **2** [interrog.] [C] Poés.

cūjuscĕmŏdī, de quelque façon que: [+C] Pros.

cūjusdammŏdī, plutôt **cujusdam modi**, d'une certaine manière, d'une manière particulière: [C] Pros.

cūjusmŏdī ou **cūjus mŏdi**, de quel genre? de quelle sorte?: [C] Pros.

cūjusnam, *janam*, *jumnam*, de qui donc? à qui donc appartenant?

cūjusquĕmŏdī, **cūjusque mŏdi**, de toute espèce: [C] Poés., Pros.

cūjusvis, *cujavis*, *cujumvis*, de qui que ce soit: [+C] Pros.

culcĭta, *ae*, f., matelas, coussin: [C] Pros., [+C] Pros.; ***culcita plumea*** [C] Poés., lit de plume; [-C] Théât.

culcĭtella, *ae*, f., [-C] Théât., **culcĭtŭla**, *ae*, f., petit matelas: [C] Poés.

culcitra, → *culcita*: [+C] Pros.

culcĭtŭla, → *culcitella*

cūlĕāris ou **cullĕāris**, *e*, de la grandeur d'une outre [*culleus*]: [-C] Pros., [C] Pros.

cūlĕum, *i*, n., [C] Pros., **cūlĕus**, **cullĕus**, *i*, m., sac de cuir [où par ex. on cousait les parricides]: [C] Pros. l'anecdote du ***culleus ligneus***: [C] Pros. ‖ mesure pour les liquides: [-C] Pros.

cŭlex, *ĭcis*, m., [-C] Théât., et f., [-C] Théât., cousin, moustique ‖ [fig.] ***culex cana*** [-C] Théât. [en parl. d'un amoureux à cheveux blancs] ‖ ***Culex***, titre d'un poème attribué à Virgile: [+C] Poés.

cŭlĭcŭlāre, *is*, n., moustiquaire: [T] Pros.

cŭligna, *ae*, f., petite coupe: [-C] Pros.

culillus, *i*, m., [C] Poés., → *culullus*

cŭlīna, *ae*, f., cuisine: [C] Pros. ‖ foyer portatif: [+C] Pros., Poés. ‖ [fig.] table, mets: [C] Poés.

cullĕāris, → *culearis*

Cullĕŏlus, *i*, m., surnom romain: [C] Pros.

culleus, *i*, m., → *culeum*

culmĕn, *ĭnis*, n. ¶ **1** faîte, sommet: ***culmina Alpium*** [C] Pros., les hauteurs des Alpes; [voûte du ciel] [C] Poés.; ***culmen aedis*** [C] Pros., le faîte d'un temple ‖ [poét.] édifice, temple: [+C] Poés. ¶ **2** [fig.] apogée, le plus haut point: [C] Pros. ¶ **3** [poét.] → *culmus*, paille [de fève]: [C] Poés.

Culminĕa, **Culminĭa**, [+C] Pros., → *Colminiana*

culmōsus, *a*, *um*, [poét.] qui pousse comme un épi: ***culmosi fratres*** [T] Poés., guerriers nés des dents du dragon tué par Cadmus

culmus, *i*, m., tige ***a)*** [du blé] tuyau de blé, chaume: [C] Pros., Poés. ***b)*** [des autres plantes] [+C] Pros. ‖ [fig.] chaume, toit de chaume: [C] Poés.

cūlōsus, *a*, *um*, fessu: [+C] Poés.

culpa, *ae*, f. ¶ **1** faute, culpabilité: ***in culpa esse*** [C] Pros., être coupable; ***culpa est in aliquo*** [C] Pros., une faute est imputable à qqn; ***alicujus rei culpam in aliquem conjicere*** [C] Pros., rejeter la responsabilité d'une chose sur qqn; ***culpam in aliquem transferre*** [C] Pros.; ***derivare*** [C] Pros., faire passer, détourner une faute sur qqn; ***alicujus culpam in se suscipere*** [C] Pros., prendre sur soi la faute de qqn ¶ **2** faute, écart passionnel: [C] Poés., [+C] Pros. ¶ **3** [droit] faute commise par négligence, négligence: [C] Poés. ¶ **4** [poét., sens concret] le mal, (ce qui pèche, ce qui est défectueux): [C] Poés. ‖ défectuosité d'un travail: [C] Pros. ¶ **5** [chrét.] péché: [T] Pros.

culpābĭlis, *e*, digne de reproche, coupable: [T] Pros.

culpābĭlĭtĕr, adv., d'une manière blâmable: [T] Pros.

culpātĭo, *ōnis*, f., accusation, blâme: [+C] Pros.

culpātus, *a*, *um*, part. de *culpo* ‖ [adj[t]] blâmable, coupable: [C] Poés., [+C] Poés.; ***culpatius*** [+C] Pros.

culpĭtō, *ās*, *āre*, -, -, blâmer vivement: [-C] Théât.

culpō, *ās*, *āre*, *āvī*, *ātum*, tr., regarder comme fautif, blâmer: [-C] Théât.; ***ob rem aliquam*** [+C] Pros. ou ***in re aliqua*** [+C] Pros., blâmer pour qqch. ‖ [fig.] rejeter la faute sur qqch. ou sur qqn: [+C] Pros.; ***culpantur calami*** [C] Poés., on s'en prend à sa plume; ***culpatus Paris*** [C] Poés., Pâris incriminé [par Énée], l'inculpation de Pâris; [avec prop. inf.] [+C] Pros.

culta, *ōrum*, n. pl., → *1 cultus*

cultē, adv., avec soin, avec élégance: [+C] Pros. ‖ ***cultius*** [+C] Pros.

cultellus, *i*, m., petit couteau: ***cultellus tonsorius*** [+C] Pros., rasoir ‖ ***cultelli lignei*** [C] Pros., chevilles en bois

cultĕr, *tri*, m., [en gén.] couteau: [C] Pros.; ***culter tonsorius*** [+C] Pros., rasoir; ***culter venatorius*** [+C] Pros., couteau de chasse ‖ ***in cultro (in cultrum)*** [C] Pros., sur le chant [à propos d'une roue à engrenages placée verticalement dans les mécanismes du moulin à eau ou de l'hodomètre]

cultĭcŭla, → *culcitula*

cultĭo, *ōnis*, f., action de cultiver, culture: [C] Pros. ‖ vénération, culte: [T] Pros.

cultŏr, *ōris*, m. ¶ **1** celui qui cultive, qui soigne: ***agrorum*** [C] Pros., laboureur; ***vitis*** [C] Pros., vigneron ‖ [abs[t]] paysan, cultivateur: [C] Pros. ¶ **2** habitant: [C] Pros.; ***cultor caeli*** [-C] Théât., habitant du ciel; [C] Poés., Pros. ¶ **3** [fig.] ***a) juvenum*** [+C] Poés., assidu à former la jeunesse; ***imperii Romani*** [C] Pros., zélé partisan de Rome; ***veritatis*** [C] Pros., tenant de la vérité ***b)*** celui qui honore, qui révère: [C] Pros.; ***cultor deorum*** [C] Poés., adorateur des dieux

cultrārĭus, *ĭi*, m., victimaire, celui qui égorge la victime: [+C] Pros.

cultrix, *īcis*, f., celle qui cultive: [C] Pros. ‖ celle qui habite: [C] Poés. ‖ celle qui honore, adore: [T] Pros.

cultūra, *ae*, f. ¶ **1** [en gén.] culture: [-C] Pros., [C] Pros.; ***vitium*** [C] Pros., culture de la vigne; [C] Poés. ¶ **2** [en part. et abs[t]] l'agriculture: [C] Pros.; pl., ***culturae*** [+C] Pros., les différentes cultures ¶ **3** [fig.] ***a)*** culture [de l'esprit, de l'âme]: [C] Pros. ***b)*** action de cultiver qqn, de lui faire sa cour: [C] Pros. ***c)*** action d'honorer, de vénérer, culte: [+C] Pros.

1 **cultus**, *a*, *um*, part. de *2 colo* ‖ [adj[t]] ¶ **1** cultivé: ***ager cultior*** [C] Pros.; ***cultissimus*** [C] Pros., champ mieux cultivé, admirablement cultivé ‖ **culta**, *ōrum*, n. pl., [C] Poés., lieux cultivés, cultures ¶ **2** soigné, paré, orné: [+C] Pros. ‖ ***ingenia cultiora*** [+C] Pros., natures plus cultivées, plus ornées

2 **cultŭs**, *ūs*, m. ¶ **1** action de cultiver, de soigner: ***agricolarum*** [C] Pros., le travail des laboureurs; ***agrorum*** [C] Pros., travail, culture des champs; [C] Poés., Pros. ‖ [fig.] ***cultus animi*** [C] Pros., nourriture, entretien de l'esprit ¶ **2** action de cultiver, de pratiquer une chose: ***studiorum liberalium*** [+C] Pros.; ***litterarum*** [+C] Pros., culture des arts libéraux, de la littérature; ***religionis*** [+C] Pros., pratique de la religion ‖ action d'honorer [parents, patrie, dieux]: [C] Pros.; [en part.] ***deorum***, culte des dieux, honneurs rendus aux dieux: [C] Pros. ¶ **3** manière dont on est cultivé, état de civilisation, état de culture, genre de vie: [C] Pros.; ***agrestis cultus*** [C] Pros., genre de vie champêtre ¶ **4** recherche, luxe, élégance, raffinement: [dans les édifices] [+C] Pros.; [dans le style] [C] Pros., [+C] Pros. ‖ [en mauvaise part] [C] Pros.

cŭlulla, *ae*, f., → *culullus*

cŭlullus, *i*, m., [en gén.] vase à boire, coupe: [C] Poés.

cūlus, *i*, m., cul, derrière: [C] Pros., Poés.

1 **cum** [prép. avec abl.] avec ¶ **1** [accompagnement] ***habitare cum aliquo*** Cic., habiter avec qqn; ***habere rem cum aliquo*** Caes., avoir une chose en commun avec qqn ¶ **2** [simultanéité] ***cum prima luce*** Cic., avec (= dès) le point du jour; ***exire cum nuntio*** Caes., partir aussitôt la nouvelle reçue ¶ **3** [manière d'être, circonstance] ***cum sensu*** Cic., avec tact; ***Romam venire cum febri*** Cic. *Att.*, venir à Rome avec de la fièvre; ***esse cum telo*** Cic., être armé; ***stare cum pallio purpureo*** Cic., se tenir debout en manteau de pourpre ‖

cum dis bene juvantibus Liv., avec l'aide des dieux ‖ [en part.] ***cum decumo efferre*** Cic., produire avec le décuple (= dix fois autant, dix pour un) ‖ [locutions] ***cum eo quod***, avec cette réserve que : ***cum eo quod accidit ut...*** Quint., avec cette réserve qu'il arrive que... ; ***cum eo ut*** [et subj.] Liv., à la condition que, pourvu que ¶ **4** [conséquence] ***cadere cum magno rei publicae vulnere*** Cic., succomber avec, pour résultat, un coup terrible (= en portant ainsi un coup terrible) à la république

2 **cum**, arch. **quom**
I [sens temporel] ¶ **1** [avec indic.] ***a)*** quand, lorsque, au moment où : ***cum haec scribebam*** Cic., au moment où j'écrivais cela ; ***tum cum Sicilia florebat*** Cic., à l'époque où la Sicile était prospère ; ***cum venit*** Cic., quand il fut arrivé ; ***cum quaeretur*** Cic., quand on cherchera ; ***cum haec docuero*** Cic., quand j'aurai montré cela ; ***cum emunt*** Sall., quand ils achètent ***b)*** [en part.] toutes les fois que : ***cum mihi proposui..., perhorresco*** Cic., toutes les fois que je me représente..., je frissonne ***c)*** [locutions] ***cum maxime***, quand précisément : ***tum, cum maxime fallunt*** Cic., au moment où précisément ils trompent ‖ ***cum primum***, aussitôt que ‖ ***cum interea, cum interim***, quand cependant ¶ **2** [en relation avec un nom indiquant un moment, une époque] ***a)*** [avec indic.] ***fuit tempus cum homines vagabantur*** Cic., il y eut un temps où les hommes erraient çà et là ; ***anni sunt octo cum...*** Cic., il y a huit ans que... ; ***vigesimus annus est cum...*** Cic., voilà vingt ans que... ***b)*** [qqf. avec subj. consécutif] un temps où= un temps tel que... ¶ **3** [avec subj.] en : ***cum faceret Jovis formam, nonne contemplabatur aliquem ?*** Cic., en faisant la statue de Jupiter, ne contemplait-il pas un modèle ? ; ***cum peterem magistratum, solebam...*** Cic., en faisant acte de candidature, j'avais l'habitude... ; ***cum ageremus vitae supremum diem, scribebam haec*** Cic., c'est en vivant mon dernier jour que je t'écris ceci ; ***cum artifex sit, tum vir ejusmodi est ut...*** Cic., tout en étant un artiste, c'est aussi un homme tel que...
II [avec subj.] [relations logiques] ¶ **1** [relation temporelle-causale] comme : ***cum Capuam venissem*** Cic., comme j'étais venu à Capoue, étant venu à Capoue ; ***cum Athenae florerent*** Cic., comme Athènes était prospère ¶ **2** [relation causale] puisque, vu que, du moment que : ***quae cum ita sint*** Cic., puisqu'il en est ainsi ; ***cum amicitiae vis sit in eo ut...*** Cic., puisque l'essence de l'amitié consiste à... ; ***cum in convivium venisset, non poterat...*** Cic., du moment qu'il était venu dans un banquet, il ne pouvait... ‖ ***cum praesertim*** Cic., étant donné surtout que ¶ **3** [relation concessive] quoique, bien que : ***Graecia, cum jamdiu excellat in eloquentia, tamen...*** Cic., la Grèce, quoiqu'elle excelle dans l'éloquence, cependant... ; ***quae cum ita sint gravia, tum illud acerbissimum est...*** Cic., ces choses ont beau être pénibles, le plus dur c'est... ¶ **4** [relation d'opposition] alors que, tandis que : ***solum animantium est particeps rationis, cum cetera sint expertia*** Cic., il est le seul être vivant qui participe de la raison, tandis que les autres en sont dépourvus
III [locutions adverbiales] ¶ **1** ***(nunc) cum maxime*** Cic., précisément en ce moment, maintenant plus que jamais ‖ ***tum cum maxime*** Liv., alors surtout, [ou] à ce moment même ¶ **2** ***cum..., tum...***, d'une part..., d'autre part surtout... : ***cum multis in rebus, tum in amicitia*** Cic., dans maints objets et en particulier dans l'amitié

cūma, → *cyma*

Cūmae, *ārum*, f. pl., [C] Poés., **Cūmē** ou **Cȳmē**, *ēs*, f., [+C] Poés., Cumes, ville de Campanie ‖ **Cumaeus** et **Cȳmaeus**, *a*, *um*, de Cumes : [C] Poés.

cūmāna, *ae*, f., poêlon en terre [de Cumes] : [+C] Pros.

Cūmānus, *a*, *um*, de Cumes : ***Cumanus ager*** [C] Pros., le territoire de Cumes ‖ **Cūmānum**, *i*, n. ***a)*** villa de Cumes : [C] Pros. ***b)*** **-āni**, *ōrum*, m. pl., habitants de Cumes : [C] Pros. ; → *cumana*

cūmătĭlis, *e*, couleur de flot, vert : [-C] Théât.

cūmătĭum, → *cymatium*

cumba, *ae*, f., barque, chaloupe, esquif : [-C] Théât., [C] Pros.

cumbŭla, *ae*, f., petite barque, canot : [+C] Pros.

cumcumque, → *cumque*

cŭmĕra, *ae*, f., [C] Pros., **cŭmĕrus**, *i*, m., [C] Pros., coffre à blé, coffre

cŭmīnātus, *a*, *um*, mêlé de cumin ‖ **cŭmīnātum i**, n., sauce au cumin : [+C] Pros.

cŭmīnum, *i*, n., cumin [plante] : [-C] Pros., [C] Pros.

cumma, n., → *cummi*

cummaxĭmē, → *2 cum II C*

cummi, **commi**, **gummi**, n. indécl., **cummis**, **commis**, **gummis**, f., gomme : [-C] Pros., [+C] Pros.

cummĭtĭo, *ōnis*, f., action de gommer : [+C] Pros.

cumprīmē, → *cumprimis* : [C] Pros., [+C] Pros.

cumprīmis, **cum prīmis**, → *in primis*, parmi les premiers, au premier rang : [-C] Théât., [C] Pros.

cumquĕ (**cunquĕ**, **quomquĕ**), adv., en toutes circonstances : [C] Poés. ‖ [d'ordinaire joint aux relatifs, auxquels il donne une idée d'indétermination] ***quicumque, qualiscumque, ubicumque*** ‖ [avec tmèse] [C] Poés. ; ***cum... cumque*** [C] Poés., toutes les fois que

cŭmŭlanter, → *cumulate*

cŭmŭlātē, adv., en comblant la mesure, pleinement, abondamment : [C] Pros. ‖ ***-ius*** [C] Pros.

cŭmŭlātim, adv., en tas, par monceaux : [C] Pros., [T] Poés.

cŭmŭlātus, *a*, *um*, part. de *cumulo* ; [adj[t]] ¶ **1** augmenté, agrandi, multiplié : ***mensura cumulatiore*** [C] Pros., dans une mesure plus grande ¶ **2** qui est à son comble, plein, parfait : [C] Pros. ¶ **3** [avec gén.] surchargé de : ***scelerum cumulatissime*** [-C] Théât., toi, le plus chargé de crimes

cŭmŭlō, *ās*, *āre*, *āvī*, *ātum*, tr. ¶ **1** entasser, accumuler : ***materies cumulata*** [C] Poés., matière entassée ; [C] Pros., [+C] Pros. ; ***probra in aliquem*** [+C] Pros., accumuler les outrages sur qqn ¶ **2** augmenter en entassant, grossir : ***scelere scelus*** [C] Pros., ajouter un crime à un autre ; ***invidiam*** [C] Pros., accroître la haine, ajouter à la haine ‖ porter à son comble, couronner : ***totam eloquentiam*** [C] Pros. ; ***gaudium*** [C] Pros., donner son couronnement à toute l'éloquence, mettre le comble à la joie ¶ **3** remplir en accumulant : [C] Poés., Pros., [+C] Pros. ‖ ***aliquem muneribus*** [C] Poés., combler qqn de présents ; [C] Pros., [+C] Pros.

cŭmŭlus, *i*, m. ¶ **1** amas, amoncellement : [C] Pros. ; ***cumulus aquarum*** [C] Poés., vagues amoncelées ; ***sarcinarum*** [C] Pros., monceau de bagages ¶ **2** surplus, surcroît : [C] Pros. ; ***cumulus dierum*** [C] Pros., un surcroît de jours ‖ couronnement, comble, apogée : [C] Pros. ‖ [rhét.] = péroraison : [+C] Pros.

cūna, *ae*, f., [C] Poés., → *cunae*

cūnābŭla, *ōrum*, n. pl. ¶ **1** berceau d'enfant : [C] Pros. ‖ gîte, nid d'oiseau : [C] Poés. ¶ **2** [fig.] ***a)*** lieu de naissance : [C] Poés. ***b)*** première enfance, naissance, origine : ***a primis cunabulis*** [+C] Pros., dès le berceau ; [C] Pros.

cūnae, *ārum*, f. pl., couchette de bébé, berceau : [-C] Théât., [C] Pros. ‖ nid d'oiseau : [C] Poés. ‖ [fig.] première enfance : [C] Poés.

cunctābundus, *a*, *um*, qui hésite : [C] Pros.

cunctans, *tis*, part. de *cunctor* ‖ [adj[t]] ¶ **1** qui tarde, qui hésite : ***cunctans ad opera*** [+C] Pros., lent au travail ‖ qui résiste : ***cunctans ramus*** [C] Poés., rameau qui résiste ¶ **2** [fig.] irrésolu, indécis, circonspect : [+C] Pros.

cunctantĕr, adv., en tardant, lentement, avec hésitation : ***haud cunctanter*** [C] Pros., sans hésiter ‖ ***-tius*** [+C] Pros.

cunctātĭo, *ōnis*, f., retard, lenteur, hésitation : [C] Pros. ; ***cunctatio invadendi*** [C] Pros., hésitation à attaquer

1 **cunctātŏr**, *ōris*, m., temporiseur, qui aime à prendre son temps, circonspect, hésitant : [C] Pros. ; ***non cunctator iniqui*** [+C] Poés., prompt à l'injustice

2 **Cunctātŏr**, *ōris*, m., le Temporisateur [surnom de Q. Fabius Maximus] : [C] Pros.

cunctātus, *a*, *um*, part. de *cunctor* ‖ [adj[t]] lent à se résoudre, circonspect : ***cunctatior ad dimicandum*** [+C] Pros., qui se décide plus difficilement à combattre

cunctim, adv., en masse : [+C] Pros.

cunctĭpărens, *tis*, m., père de toutes choses : [T] Poés.

cunctĭpōtens, *tis*, tout-puissant : [T] Poés.

cunctō, *ās*, *āre*, -, -, intr., arch. pour *cunctor* : [-C] Théât. ‖ [pass. impers.] ***non cunctatum est*** [+C] Pros., on n'hésita pas

cunctŏr, *ārĭs*, *ārī*, *ātus sum*, intr., temporiser, tarder, hésiter, balancer : [C] Pros. ‖ séjourner, s'arrêter : ***diutius in vita*** [C] Pros., prolonger son existence ‖ [poét.] ***cunctatur olivum*** [C] Poés., l'huile coule lentement ‖ [chrét.] douter de : ***in Deo cunctari*** [T] Pros., douter de Dieu

cunctus, *a*, *um*, tout entier, tout ensemble, tout : ***cunctus senatus*** [C] Pros., le sénat tout entier ; ***cuncta Gallia*** [C] Pros., toute la Gaule ; ***cuncti cives*** [C] Pros., tous les citoyens sans exception ; ***cuncta agitare*** [C] Pros., mettre tout sens dessus dessous ; ***cuncti hominum*** [C] Poés., tous les hommes ; ***cuncta terrarum*** [C] Poés., tout l'univers ; [+C] Pros. ; ***cuncta viai*** [C] Poés., toute la route

cŭnĕātim, adv., en forme de coin, de triangle : [C] Pros., [T] Pros.

cŭnĕātus, *a*, *um*, part. de *cuneo*, [adj^t] qui a la forme d'un coin, cunéiforme : [C] Pros.

cŭnēla, [+C] Pros., V. *cunila*

cŭnĕō, *ās*, *āre*, *āvī*, *ātum*, tr., servir de coin ‖ pour maintenir une voûte [en s'intercalant entre ses pierres] : [+C] Pros.

cŭnĕŏlus, *i*, m., petit coin : [C] Pros., [+C] Pros. ‖ clavette [petite barre métallique autour de laquelle s'enroulent les ressorts de la catapulte ou de la baliste] : [C] Pros.

cŭnĕus, *i*, m. ¶ **1** coin [à fendre ou à caler] : [-C] Pros., [C] Pros., Poés. ; [*cunei* = les chevilles, les jointures dans un vaisseau] [C] Poés. ¶ **2** [fig.] ***a)*** formation de bataille en forme de coin, de triangle : [C] Pros., Poés. ***b)*** section verticale [portion de la *cavea* du théâtre] : [C] Pros., [+C] Pros., Poés. ; ***cunei omnes*** [C] Poés., tous les gradins = toute l'assemblée ***c)*** ligne de refend, filt d'encadrement [délimite des panneaux monochromes ou des rangs d'appareil feint caractéristiques du premier style pompéien] : [C] Pros. ***d)*** claveau, voussoir : [C] Pros.

cūnica, *ae*, f., douille [partie du pressoir] : [-C] Pros.

cŭnīcŭlārĭus, *ĭi*, m., mineur, sapeur : [T] Pros.

cŭnīcŭlōsus, *a*, *um*, qui abonde en lapins : [C] Poés.

cŭnīculus, *i*, m. ¶ **1** lapin : [C] Pros., Poés. ¶ **2** ***a)*** [en gén.] galerie souterraine, canal souterrain, conduit, tuyau : [C] Pros., [+C] Pros. ***b)*** [en part.] galerie de mine, mine, sape : [C] Pros. ‖ [fig.] ***cuniculis oppugnare*** [C] Pros., attaquer par des moyens détournés

cūnĭfĕr, V. *conifer*

cŭnīla (cŏnīla), *ae*, f., sarriette, variété de l'origan [plante] : [-C] Théât., [+C] Pros.

Cūnīna, *ae*, f., déesse qui protège les enfants au berceau : [T] Pros.

cunnĭlingus, *i*, m., lécheur du sexe féminin : [+C] Poés.

cunnus, *i*, m., sexe de la femme, vagin : [C] Poés., [C] Pros.

cunque, V. *cumque*

cūnŭlae, *ārum*, f. pl., petit berceau : [T] Poés.

1 **cūpa** ou **cuppa**, *ae*, f., grand vase en bois, tonneau : [C] Pros.

2 **cūpa**, *ae*, f., manivelle [de moulin à huile] : [-C] Pros.

3 **cūpa**, V. *copa*

cūpēd-, V. *cupped-*

Cŭpencus, *i*, m., [=prêtre, en langue sabine, d'après] guerrier Rutule, tué par Enée : [C] Poés.

cupēs, V. *cuppes*

cŭpĭdē, adv., avidement, passionnément : [C] Pros. ; ***cupidius*** [C] Pros. ‖ avec empressement : ***aliquid cupidissime facere*** [C] Pros., faire qqch. avec le plus grand empressement ‖ avec passion, avec partialité : [C] Pros.

Cŭpīdĭnĕus, *a*, *um*, de Cupidon : [C] Poés. ‖ beau comme Cupidon : [+C] Poés.

cŭpĭdĭtās, *ātis*, f. ¶ **1** désir, envie : ***veri videndi*** [C] Pros., désir de voir le vrai ; ***flagrare cupiditate*** [C] Pros., brûler d'ardeur ¶ **2** désir violent, passionné : ***pecuniae*** [C] Pros., amour de l'argent, cupidité ‖ passion : [C] Pros. ; ***indomitae cupiditates*** [C] Pros., passions indomptées ‖ convoitise, cupidité : [C] Pros. ‖ passion, partialité : [C] Pros. ‖ passion amoureuse : [+C] Pros.

1 **cŭpīdo**, *ĭnis*, f. ¶ **1** [poét.] désir, envie : ***urbis condendae*** [C] Pros., le désir de fonder une ville ; ***gloriae*** [C] Pros., désir de la gloire ¶ **2** désir passionné, passion : [C] Poés. ‖ passion amoureuse : [C] Poés., [+C] Pros. ‖ cupidité, convoitise : [+C] Pros. ‖ ambition démesurée : [C] Pros.

2 **Cŭpīdo**, *ĭnis*, m., Cupidon [dieu de l'amour, fils de Vénus] : [C] Pros. ‖ ***Cupidines***, les Amours : [C] Poés.

cŭpĭdus, *a*, *um* ¶ **1** qui désire, qui souhaite, qui aime : ***te audiendi*** [C] Pros., désireux de t'entendre ; ***vitae*** [C] Pros., attaché à la vie ; ***nostri cupidissimus*** [C] Pros., très épris de moi, plein d'attachement pour moi ‖ [avec inf.] [poét.] ***cupidus moriri (= mori)*** Ov. *M. 14, 215*, souhaitant la mort [C] Poés. ¶ **2** [en mauvaise part] avide, passionné : ***pecuniae*** [C] Pros., avide d'argent ‖ partial, aveuglé par la passion : [C] Pros. ; [en part. passion politique] ***non cupidus*** [C] Pros., sans passion politique, modéré ‖ cupide, avide : [C] Pros., [+C] Pros. ‖ épris d'amour, amoureux : [C] Poés.

Cupiennius, *ĭi*, m., nom d'homme : [C] Pros.

cŭpĭens, *tis*, part. de *cupio* ‖ [adj^t] désireux de, avide de : ***cupiens nuptiarum*** [-C] Théât., qui désire se marier ; ***cupiens voluptatum*** [+C] Pros., avide de plaisirs ; [C] Pros.

cŭpĭentĕr [arch.] [-C] Théât., V. *cupide*

cŭpĭō, *ĭs*, *ĕre*, *īvī* ou *ĭī*, *ītum*, tr. ¶ **1** désirer, souhaiter, convoiter [*cupere*, c'est le penchant naturel ; *optare*, le souhait réfléchi ; *velle*, la volonté] : ***pacem*** [C] Pros., désirer la paix ; ***novas res*** [C] Pros., désirer un changement politique ; ***res cupita*** [C] Pros., chose désirée ‖ **cŭpītum**, subst. n., désir : [-C] Théât., [C] Pros. ‖ [avec inf.] [C] Pros. ‖ [avec prop. inf.] [C] Pros. ‖ [avec *ut (ne)*] [-C] Théât., [C] Pros., [+C] Pros. ‖ [subj. seul] [C] Pros., Poés., [+C] Pros. ¶ **2** avoir de la passion, de l'amour pour qqn : [-C] Théât., [C] Poés. ¶ **3** [abs^t] avoir de l'attachement, de l'intérêt, vouloir du bien, être bien disposé ; ***alicui***, pour qqn : [C] Pros. ‖ ***alicujus causa***, en faveur de qqn : [C] Pros. ¶ **4** [emploi arch. avec gén.] : ***domi cupio*** [-C] Théât., je suis désireux de rentrer chez moi ‖ ***alicujus***, être amoureux de : [-C] Théât.

cŭpītŏr, *ōris*, m., celui qui désire : [+C] Pros.

cŭpītum, *i*, n., V. *cupio ¶ 1*

cŭpītus, *a*, *um*, part. de *cupio*

cuppa, *ae*, V. *2 cupa*

1 **cuppēdĭa**, *ae*, f., gourmandise : [C] Pros. ‖ **cuppediae**, ***arum***, pl., friandises, mets friands : [+C] Pros.

2 **cuppēdĭa**, *ōrum*, n., V. *cuppedium*

cuppēdĭnārius, *a*, *um*, qui concerne les friandises : [T] Pros. ‖ m. pl. pris subst^t, marchand de friandises : [-C] Théât.

cuppēdĭum, *ĭi*, n., friandise : [C] Pros. ‖ pl. *cuppedia*, [-C] Théât.

cuppēdo, *ĭnis*, f., V. *cuppediae* : [C] Pros.

cuppēs, nom. sg. et acc. pl., gourmand : [-C] Théât.

cuppŭla, V. *cupula*

Cūpra, *ae*, f., nom de Junon chez les Étrusques : [+C] Poés.

cŭpressētum, *i*, n., lieu planté de cyprès : [-C] Pros., [C] Pros.

cŭpressĕus, *a*, *um*, de bois de cyprès, de cyprès : [C] Pros.

cŭpressĭfĕr, *ĕra*, *ĕrum*, planté de cyprès : [C] Poés.

cŭpressinus, *a*, *um*, de cyprès : [+C] Pros.

cŭpressus, *i*, [C] Pros., et *ūs*, [+C] Pros., f., cyprès ‖ [fig.] coffret de cyprès : [C] Poés. ‖ m., [-C] Pros.

cŭprĕus, *a*, *um*, **cŭprĭnus**, *a*, *um*, de cuivre rouge

Cuprĭus, V. *Cyprius*

cūpŭla, *ae*, f., petite manivelle : [-C] Pros.

cūr, adv. interrogatif ¶ **1** [direct] pourquoi ? : [-C] Théât., [C] Pros. ‖ [dans une prop. inf.] [C] Pros. ‖ [poét. après plusieurs mots] [C] Poés. ¶ **2** [indirect, avec subj.] : [C] Pros. ¶ **3** [causal] [+C] Pros.

cūra, *ae*, f. ¶ **1** soin : [C] Pros. ; ***cura diligentiaque*** [C] Pros., du soin et de l'exactitude (de la conscience) ; [+C] Pros. ‖ ***rerum alienarum*** [C] Pros., soin (conduite, direction, administration) des affaires d'autrui ; ***agere curam de aliquo*** [C] Pros., s'occuper des intérêts de qqn ‖ ***res curae est mihi***, je prends soin de qqch., je m'en occupe, je m'y intéresse : [C] Pros., [+C] Pros. ; ***curae aliquid habeo = res est curae mihi*** : [C] Pros., [+C] Pros. ‖ ***curae est alicui de aliqua re***, qqn prend soin de qqch. : [C] Pros. ¶**2** [en part.] administration d'une chose publique : ***rerum publicarum*** [C] Pros., le soin des affaires publiques ; ***annonae*** [+C] Pros. ; ***aerarii*** [+C] Pros. ; ***operum publicorum*** [+C] Pros., administration (intendance) des vivres, du trésor public, des travaux publics ‖ [méd.] traitement : [+C] Pros. ; [fig.] [C] Pros. ‖ [agric.] soin, culture : [C] Poés. ¶**3** [sens concret] ***a)*** travail, ouvrage de l'esprit : [C] Poés., [+C] Pros. ; pl. : [+C] Pros. ***b)*** gardien, intendant : [C] Poés. ¶**4** souci, sollicitude, inquiétude : [-C] [C] Pros. ; ***curae metusque*** [C] Pros., soucis et craintes ‖ ***curam gerere pro aliquo*** [C] Poés., prendre souci de qqn ; ***dare curas alicui*** [C] Pros., donner des soucis à qqn ¶**5** souci amoureux, tourments de l'amour, amour : [C] Poés. ; ***cura puellae*** [C] Poés., amour pour une jeune fille ‖ objet de l'amour, amour : [C] Poés.

cūrălĭum, → *coralium* : [C] Poés.

curans, *tis* ¶**1** part. de *curo* ¶**2** subst. m., le médecin traitant : [+C] Pros.

cūrăpălāti (cura palatii), → *curopalates* : [T] Poés.

cūrātē, adv., avec soin, avec empressement : [T] Pros. ‖ ***curatius*** [+C] Pros.

cūrātĭo, *ōnis*, f. ¶**1** action de s'occuper de, soin : [C] Pros. ‖ [arch. avec acc.] [-C] Théât. ¶**2** [en part.] ***a)*** administration, charge, office : [C] Pros. ***b)*** cure, traitement d'une maladie : [C] Pros.

cūrātŏr, *ōris*, m., celui qui a le soin (la charge, l'office) de : ***curator negotiorum*** [C] Pros., homme de confiance ; ***curator apum*** [+C] Pros., celui qui est chargé du rucher ; ***curator annonae*** [C] Pros., commissaire chargé de l'approvisionnement en blé ‖ [droit] curateur [chargé de la curatelle sur les incapables : prodigues, fous, mineurs de 25 ans] : [C] Pros.

cūrātūra, *ae*, f., soin diligent, attentif : [-C] Théât.

cūrātus, *a*, *um*, part. de *curo*, adj[t] ***a)*** bien soigné : ***boves curatiores*** [-C] Pros., boeufs mieux soignés ***b)*** → *accuratus* : ***curatissimae preces*** [+C] Pros., prières les plus pressantes

1 **curcŭlĭo**, *ōnis*, m., ver du blé, charançon : [-C] Théât., Pros., [+C] Pros.

2 **Curcŭlĭo**, *ōnis*, m., nom d'un personnage et titre d'une pièce de Plaute : [-C] Théât.

curcŭlĭōnĭus, *a*, *um*, plein de charançons : [-C] Théât.

curcŭlĭuncŭlus, *i*, m., petit charançon : ***curculiunculos fabulare*** [-C] Théât., tu parles de petits charançons = ton offre est insignifiante

Cŭrensis, *e*, de Cures : [C] Poés. ‖ **-enses**, *ĭum*, m. pl., habitants de Cures : [C] Pros.

Cŭrēs, *ĭum*, m. et f. pl., ville des Sabins : [C] Pros. ‖ [fig.] habitants de Cures : [C] Poés.

1 **Cŭrētes**, *um*, m. pl., habitants de Cures, sabins : [C] Pros. ‖ sg. adj., ***Curetis*** [C] Poés., de Cures, Sabin

2 **Cūrētes**, *um*, m. pl., prêtres crétois qui veillèrent sur l'enfance de Jupiter : [C] Poés. ‖ **-ētĭcus**, *a*, *um*, des Courètes : [+C] Poés.

1 **Curetis**, → *1 Curetes*

2 **Cūrētis**, *ĭdis*, f., des Courètes, Crétoise : ***Curetis terra*** [C] Poés., la Crète

Curfĭdĭus, *ĭi*, m., → *Corfidius*

cūrĭa, *ae*, f. ¶**1** curie, une des divisions du peuple romain : [C] Pros. ¶**2** lieu de réunion des curies, temple où elles se réunissaient : [C] Pros., Poés. ¶**3** curie [lieu où le sénat s'assemblait], assemblée du sénat, sénat : [C] Pros. ‖ ***curia Hostilia*** [C] Pros., la curie [prim[t]] ‖ ***curia Pompeia*** [C] Pros., [+C] Pros. ; ***curia Julia*** [+C] Pros., la curie [plus tard] ¶**4** lieu de réunion d'une assemblée [en gén.] : ***curia Saliorum*** [C] Pros., le temple où se réunissent les Saliens ; ***curia Martis*** [+C] Poés., l'Aréopage

cūrĭālis, *is*, m. ***a)*** celui qui est de la même curie (= δημότης) ou du même bourg : [-C] Théât., [C] Pros. ***b)*** personne de la cour, courtisan, serviteur du palais : [T] Pros.

Cŭrĭānus, *a*, *um*, de Curius : [C] Pros.

Cūrĭātĭi, *ōrum*, m. pl., les Curiaces [guerriers albains] : [C] Pros.

cūrĭātim, adv., par curies : [C] Pros.

Cūrĭatĭus, *ĭi*, m., nom romain : [C] Pros. ‖ ***Curiatius Maternus***, orateur et poète : [+C] Pros.

cūrĭātus, *a*, *um*, de curie, qui a trait à la curie : ***comitia curiata*** [C] Pros., assemblée du peuple par curies ; ***curiata lex*** [C] Pros., loi curiate ; ***curiatus lictor*** [+C] Pros., licteur qui convoque les comices par curies

Cŭricta, *ae*, f., île de l'Adriatique : [C] Pros. ‖ **-tĭcus**, *a*, *um*, de Curicta : [+C] Pros.

Curidius, *ĭi*, m., nom de famille romain : [C] Pros.

1 **cūrĭo**, *ōnis*, f. ¶**1** curion [prêtre d'une curie] : ***curio maximus*** [C] Pros., le chef des curions ¶**2** crieur public : [+C] Poés.

2 **Cūrĭo**, *ōnis*, m., Curion, surnom dans la *gens Scribonia* ‖ [en part.] orateur romain : [C] Pros. ‖ tribun de la plèbe et correspondant de Cicéron : [C] Pros.

3 **cūrĭo**, *ōnis*, m., celui que le souci amaigrit [mot forgé] : [-C] Théât.

Cūrĭōnĭānus, *a*, *um*, de Curion : [C] Pros.

cūrĭōnus, *i*, m., → *1 curio*

cūrĭōsē, adv., avec soin, avec intérêt, avec attention : [C] Pros., [+C] Pros. ‖ avec curiosité : [C] Pros. ‖ avec recherche, affectation : [+C] Pros. ‖ ***curiosius*** [C] Pros. ; ***-issime*** [+C] Pros.

cūrĭōsĭtās, *ātis*, f., désir de connaître, curiosité, soin que l'on apporte à s'informer : [C] Pros. ‖ [chrét.] manie de savoir, curiosité [en mauvaise part] ; superstition : [T] Pros. ‖ [sens concret] objet de curiosité : [+C] Pros.

Cŭrĭŏsŏlītēs, *um*, m., peuple de la Gaule Armoricaine : [C] Pros. ‖ **Cŭrĭosvēlītes**, → *Coriosolites*

cūrĭōsŭlus, *a*, *um*, indiscret : [+C] Pros.

cūrĭōsus, *a*, *um* ¶**1** qui a du soin, soigneux : [C] Pros. ; ***ad investigandum curiosior*** [C] Pros., plus scrupuleux dans ses recherches ¶**2** soigneux à l'excès, minutieux : [C] Pros., [+C] Pros. ¶**3** avide de savoir, curieux : ***curiosissimi homines*** [C] Pros., les hommes les plus avides de savoir ; ***curiosis oculis*** [C] Pros., avec des yeux curieux ‖ [mauvaise part] curieux, indiscret : [C] Pros. ‖ vétilleux : [C] Pros. ‖ [pris subst[t]] espion : [+C] Pros. ; [et plus tard] agent de police secrète ¶**4** qui a du souci, → *3 curio* : [-C] Théât.

1 **cŭris**, f., lance, pique : [C] Poés.

2 **Cŭris**, → *2 Quiris*

cūrĭtō, *ās*, *āre*, -, -, tr., soigner avec empressement : [+C] Pros.

Cŭrĭus, *ĭi*, m., nom romain ; [en part.] M'Curius Dentatus [vainqueur des Samnites et de Pyrrhus, type de la frugalité et des vertus antiques] : [C] Pros. ‖ [fig.] **Cŭrĭi**, *ōrum*, m. pl., des hommes comme Curius : [C] Pros.

cūrō, *ās*, *āre*, *āvī*, *ātum*, tr. ¶**1** avoir soin de, soigner, s'occuper de, veiller à : [C] Pros. ; ***negotia aliena*** [C] Pros. ; ***mandatum*** [C] Pros., s'occuper des affaires d'autrui, remplir un mandat ‖ ***corpus*** [C] Poés., Pros. ou ***membra*** [C] Poés. ou ***cutem*** [C] Pros. ou ***pelliculam*** [C] Poés. ou ***se*** [C] Pros., prendre soin de soi = manger, se réconforter ; ***curati cibo*** [C] Pros., après s'être restaurés (le repas fini) ‖ ***apes*** [+C] Pros., prendre soin de la vigne, des abeilles ‖ ***curare aliquem*** [C] Pros., veiller sur qqn (l'entourer de soins, de prévenances) ; [+C] Pros. ‖ ***alia cura*** [-C] Théât. ; ***aliud cura*** [-C] Théât., ne t'inquiète pas de cela, sois tranquille ‖ [constr. avec acc. et adj. verbal] faire faire qqch., veiller à l'exécution de qqch. : [C] Pros. ‖ [avec *ut (ne)* subj., ou avec subj. seul] prendre soin que : ***cura ut valeas*** [C] Pros., prends soin de te bien porter ‖ [avec inf.] se donner la peine de, se soucier de, se préoccuper de [dans Cicéron, le plus souvent *non curo*] : [C] Pros. ¶**2** [abs[t]] s'occuper, donner ses soins, faire le nécessaire : [-C] Théât. ‖ [avec dat.] [arch.] [-C] Théât. ‖ [milit.] exercer le commandement : [C] Pros. ¶**3** s'occuper d'une chose officielle, administrer : [C] Pros. ; ***Asiam*** [+C] Pros. ; ***Achaiam*** [+C] Pros., administrer (gouverner) l'Asie, l'Achaïe ; ***legiones*** [+C] Pros., commander des légions ‖ [abs[t]] [+C] Pros. ¶**4** [méd.] soigner, traiter, guérir ; ***aliquem***, qqn : [C] Pros. ; [une maladie] [C] Pros., [+C] Pros. ; ***vulnus*** [C] Pros., soigner une blessure ; [abs[t]] [+C] Pros. ; → *curans* ‖ [plais[t]] ***provinciam curare*** [C] Pros., traiter = gouverner une province ¶**5** [commerce] faire payer, payer [une somme], régler : [C] Pros.

cūrŏpălātēs, *ae*, m., maréchal du palais : Poés. ; ➡ *curapalati*

currĭcŭlum, *i*, n. ¶1 course : Théât. ; *curriculo* Théât., en courant, à la course ¶2 [en part.] lutte à la course : Pros. ; *quadrigarum curriculum* Pros., course de chars ¶3 endroit où l'on court, carrière, lice, hippodrome : Pros. ‖ [fig.] *curriculum vitae* Pros. ou *vivendi* Pros., la carrière de la vie ; *curricula mentis* Pros., la carrière où s'exerce la pensée ¶4 char employé dans les jeux du cirque, char de course : Pros. ‖ char, char de guerre : Pros., Pros.

currĭcŭlus, *i*, m., ➡ *curriculum*

currīlis, *e*, de char, de course de chars : Pros.

currō, *ĭs*, *ĕre*, *cŭcurrī*, *cursum*, intr., courir : Pros. ; *currere subsidio* Pros., courir au secours ; *currere per flammam* Pros., traverser un brasier en courant ‖ *curritur ad praetorium* Pros., on court au prétoire ; *currentem incitare* [prov.] Pros. ‖ [avec acc. de l'objet intér.] *eosdem cursus* Pros., fournir les mêmes courses (= suivre la même piste) ; *stadium* Pros., effectuer la course du stade, courir le stade ; Pros. ‖ [fig.] *amnes currunt* Poés., les torrents se précipitent ; *currit oratio* Pros., la parole court ; Pros. ; *currit aetas* Poés., l'âge fuit ‖ [avec inf. de but] Théât., Pros. ; [avec le supin] Théât. ; [avec *ut* subj.] Théât., Pros. ‖ [chrét.] parcourir [par la pensée] : Pros.

currūlis, *e*, de course : Pros. ; ➡ *currilis*

currŭs, *ūs*, m. ¶1 char : Pros., Poés. ‖ [en part.] char de triomphe : Pros. ‖ triomphe : Pros. ¶2 [poét.] ***a)*** navire : Poés. ***b)*** attelage d'un char : Poés. ***c)*** train de la charrue : Poés.

cursĭm, adv., en courant, à la course, rapidement : Théât., Pros.

cursĭo, *ōnis*, f., action de courir, course : Pros.

cursĭtō, *ās*, *āre*, *āvī*, *ātum*, intr., courir çà et là : Théât. ‖ courir : [en parl. d'athlètes] Pros. ; [en parl. des atomes] Pros.

cursō, *ās*, *āre*, *āvī*, *ātum*, intr., courir souvent, courir çà et là : Pros.

1 **cursŏr**, *ōris*, m., coureur [disputant le prix de la course] : Pros. ‖ conducteur de char : Poés. ‖ courrier, messager : Pros., Pros. ‖ coureur, esclave qui précède la litière ou la voiture du maître : Pros.

2 **Cursŏr**, *ōris*, m., surnom de L. Papirius : Pros.

cursōrĭus, *a*, *um*, de course, relatif à la course ‖ **cursōrĭa**, *ae*, f., bateau léger, bateau-poste : Pros.

cursūra, *ae*, f., course : Théât., Pros.

cursŭs, *ūs*, m. ¶1 action de courir, course : *ingressus, cursus* Pros., la marche, la course ‖ course, voyage : Pros. ; *cursum dirigere aliquo* Pros., diriger sa course qq. part. ; *cursus maritimi* Pros., courses (voyages) en mer ‖ direction : *cursum tenere* Pros., maintenir sa direction [en mer], gouverner ; Pros. ‖ course, cours : *stellarum* Pros., cours des étoiles ; *siderum* Pros., des astres ; cours d'un fleuve (Pros.) ‖ cours, circulation du sang : Pros. ‖ course, marche des navires : Pros. ¶2 [fig.] cours, marche : *cursus rerum* Pros., le cours des choses ‖ *cursus* Pros. ; *cursus honorum* Pros., carrière politique ‖ [rhét.] marche, allure du style : Pros. ‖ [en part.] allure du rythme, mouvement réglé de la phrase : Pros. ¶3 [chrét.] série des prières, des offices : Pros.

Curtĭus, *ĭī*, m., Romain légendaire : Pros. ‖ Curtius Montanus, orateur et poète : Pros. ‖ Quinte-Curce [Quintus Curtius Rufus, historien latin] : Pros.

Curtĭus lăcŭs, m., lac Curtius [gouffre dans lequel M. Curtius se précipita] : Pros. ‖ **Curtĭus fons**, m., une des sources qui alimentaient Rome : Pros.

curtō, *ās*, *āre*, *āvī*, *ātum*, tr., [fig.] réduire, écorner : Poés. ; *curtare rem* Poés., écorner sa fortune

curtus, *a*, *um* ¶1 écourté, tronqué : *dolia curta* Poés., jarres tronquées [faisant vases de nuit] ; *curta vasa* Poés., vases ébréchés ; *curti Judaei* Poés., les Juifs circoncis ; *curtus equus* Poés., cheval écourté [une fois sacrifié, on lui coupait la queue] ¶2 [fig.] ***a)*** incomplet, boiteux [en parl. du rythme oratoire] : Pros. ***b)*** mince, insuffisant : Poés.

cŭrūlis, *e* ¶1 de char, relatif au char : *curules equi* Pros chevaux que l'État fournissait pour atteler les chars dans le processions que l'on faisait dans le Cirque ; *curulis trium phus* Pros., le grand triomphe [par oppos. à l'ovation] ; *lud curules* Pros., les jeux du cirque ¶2 curule, qui donne droi à la chaise curule : *sella curulis* Pros., chaise curule ; *curuli aedilitas* Pros., édilité curule ; *curulis magistratus* Pros magistrature curule ; ➡ *aedilis* ‖ **cŭrūlis**, *is*, f., chais curule : Pros. ‖ **cŭrūlis**, *is*, m., édile curule ; *cūrūles* m. pl Poés.

curvāmĕn, *ĭnis*, n., courbure : Poés., Pros. ; *curvame caeli* Pros., voûte du ciel [fig. = climat]

curvāmentum, *i*, n., Poés., ➡ *curvamen*

curvātĭo, *ōnis*, f., action de courber : Pros.

curvātūra, *ae*, f., courbe, courbure : Pros.

curvātus, *a*, *um*, part. de *curvo*

curvescō, *ĭs*, *ĕre*, -, -, intr., se courber : Pros.

curvimeres, ➡ *cucumeres*, ➡ *cucumis* : Pros.

curvĭtās, *ātis*, f., courbure : Pros.

curvō, *ās*, *āre*, *āvī*, *ātum*, tr. ¶1 courber, plier, voûter *curvare arcum* Poés., bander un arc ; Poés., Pros. ‖ [a passif] s'infléchir : Poés. ¶2 [fig.] fléchir, émouvoir : Poés.

curvŏr, *ōris*, m., courbure : Pros.

curvus, *a*, *um* ¶1 courbe, courbé, recourbé, plié : *curva falces* Poés., faux recourbées ; *curva litora* Poés., rivage sinueux ; *curvus arator* Poés., le laboureur courbé sur l charrue ; *curvum aequor* Poés., creux de la vague ‖ qu dévie : *curvae quadrigae* Poés., char qui se détourne de so chemin ‖ creux : *curvae cavernae* Poés., cavernes profonde ¶2 [fig.] ➡ *pravus*, qui n'est pas droit, contourné : Pros *curvi mores* Poés., fléchissement des moeurs ; Pros.

Cūsĭis, *is*, f., ville de la Tarraconaise : Pros.

Cusīnĭus, *ĭī*, m., nom romain : Pros.

cuspis, *ĭdis*, f. ¶1 pointe : Pros., Poés. ; *cuspis aquilae* Pros extrémité pointue de l'étendard qu'on enfonçait en terre ; Pros. ¶2 tout objet pointu : [épieu, javelot] Poés. ; [broche rôtir] Poés. ; [trident de Neptune] Poés. ; [aiguillon d'abeille] [dard du scorpion] Poés. ‖ tube en argile : Pros.

Cuspĭus, *ĭī*, m., nom romain : Pros.

Custidĭus, *ĭī*, m., nom romain : Pros.

custōdēla, *ae*, f., garde, surveillance : Théât.

custōdĭa, *ae*, f. ¶1 action de garder, garde, conservation *agitare custodiam* Théât., faire bonne garde ; *custodi pastoris* Pros., la surveillance du berger ; *ignis* Pros., garde du feu sacré ; *custodiae causa* Pros., pour monter garde ; *custodia justitiae* Pros., respect de la justice *custodia decoris* Pros., observation des convenances ¶ garde, sentinelles, corps de garde : *custodiam reliquerant* Pros., ils avaient laissé une garde ; *de custodia Germani* Pros., Germains de la garde du corps ; *custodiae Maenapio rum* Pros., les corps de garde installés par les Ménapiens ¶ lieu où l'on monte la garde, poste : Pros. ¶4 prison : *custodias includere* Pros., jeter dans les prisons ; *liber custodia* Pros., prison libre, détention chez un particulier o dans une ville ¶5 prisonnier, détenu : *in recognoscend custodiis* Pros., en parcourant la liste des détenus

custōdĭārĭus, *a*, *um*, de garde : Pros.

custōdĭō, *īs*, *īre*, *īvī* ou *ĭī*, *ītum*, tr. ¶1 [en gén.] garde conserver, protéger, défendre : *corpus* Pros., garder personne de qqn ; *poma in melle* Pros., conserver des frui dans du miel ; *se custodire* Pros., être sur ses garde *templum ab Hannibale* Pros., garder un temple cont Hannibal ; *memoria aliquid* Pros., retenir qqch. dans s mémoire ; Pros. ; *custodire quod juraveris* Pros., respect son serment ¶2 [en part.] ***a)*** surveiller, garder l'œil sur : Pros. ***b)*** tenir secret : Pros. ***c)*** tenir en prison : Pros. ¶3 [abs prendre garde, avoir soin de : *custodiendum est ut* Pros., faut veiller à ce que ; [avec *ne*] Pros.

custōdĭŏla, *ae*, f., dim. de *custodia*,

custōdītē, adv., avec circonspection, en se surveillant : [+C] Pros. ; ***custoditius dicere*** [+C] Pros., parler avec plus de réserve

custōdītĭo, *ōnis*, f., soin qu'on met à garder : ***legum*** [T] Pros., observance des lois

custōdītus, *a, um*, part. de *custodio*

custōs, *ōdis*, m. ¶ **1** [en gén.] garde, gardienne, protecteur, protectrice : [C] Pros. ; ***fani custodes*** [C] Pros., les gardiens du temple ; ***hortorum custodes*** [+C] Pros., les gardes des jardins ; [absᵗ] ***custodes*** [C] Poés., chiens de garde ; [C] Pros. ¶ **2** [en part.] ***a)*** surveillant [d'un jeune homme, d'une femme] : [-C] Théât. ; ***bone custos*** [-C] Théât., ô excellent pédagogue ***b) custos corporis*** [C] Pros., garde du corps ***c)*** contrôleur, surveillant [chargé dans les comices d'empêcher la fraude des suffrages] : [C] Pros. ***d)*** courson, sarment réservé pour recéper : [-C] Pros. ***e)*** le Bouvier [constellation] : [C] Pros.

Cusus, *i*, m., affluent du Danube : [+C] Pros.

Cuticiacum, *i*, n., ville des Arvernes [Coucy] : [T] Pros.

cŭtīcŭla, *ae*, f., peau : [+C] Poés. ; ***cuticulam curare*** [+C] Poés., soigner sa petite personne

Cŭtĭlĭae (Cŏtĭlĭae), *ārum*, f. pl., ville des Sabins : [+C] Pros. ‖ **-ĭensis**, *e*, [C] Pros. et **-ĭus**, *a, um*, de Cutilies ‖ **Cŭtĭlĭae**, *ārum*, f. pl. [s.-ent. *aquae*], les eaux de Cutilies : [+C] Pros.

Cutina, *ae*, f., ville chez les Vestini : [C] Pros.

cŭtis, *is*, f. ¶ **1** peau : ***curare cutem*** [C] Pros., soigner sa personne ; [+C] Pros., Poés. ‖ cuir : [+C] Poés. ¶ **2** [en gén.] enveloppe : ***cutis aquae*** [T] Poés., la glace ¶ **3** [fig.] vernis, apparence : [+C] Pros.

Cўănē, *ēs*, f., Cyané [nymphe de Sicile, compagne de Proserpine] : [C] Poés. ‖ fontaine de Cyané, sur le territoire de Syracuse : [C] Poés.

Cўănĕae (et poét. **Cȳ-**), *ārum*, f. pl., îles Cyanées [dans le Pont-Euxin, Symplégades de la légende] : [C] Poés. ‖ **-ĕus**, *a, um*, des îles Cyanées : [+C] Poés. ‖ comme les îles Cyanées : [+C] Poés.

Cўănĕē (et poét. **Cȳ-**), *ēs*, f., nymphe, fille du fleuve Méandre : [C] Poés.

Cўănĕus, V. *Cyaneae*

cўăthissō, *ās, āre, -, -*, intr., verser à boire : [-C] Théât.

cўăthus, *i*, m., cyathe, coupe, gobelet ; [servant] ***a)*** à boire : [-C] Théât. ***b)*** à puiser le vin dans le cratère pour remplir les coupes : [C] Poés. ; ***ad cyathum stare*** [+C] Pros., servir d'échanson ; [C] Poés. ***c)*** de mesure pour les liquides ou qqf. les solides [douzième partie du *sextarius*] : [-C] Pros., [C] Poés.

Cўătis, *ĭdis*, f., citadelle de Céphallénie : [C] Pros.

cўbaea, *ae*, f., bateau de transport : [C] Pros. ‖ **cўbaea nāvis**, [C] Pros.

Cўbēbē, *ēs*, f., V. *Cybele* : [C] Poés. ‖ mont de Phrygie : [C] Poés.

Cўbĕlē, *ēs* et **Cўbĕla**, *ae*, f., Cybèle [mère des dieux] : [C] Poés. ‖ montagne de Phrygie : [C] Poés. ‖ **-ēĭus**, *a, um*, de Cybèle : [C] Poés. ‖ du mont Cybèle : [C] Poés.

Cўbĕlus, *i*, m., V. *Cybele* [montagne] : [C] Poés.

Cўbĭosactēs, *ae*, m., marchand de poisson salé [nom donné par les habitants d'Alexandrie à Vespasien] : [+C] Pros.

Cўbĭra, **Cўbĭrātĭcus**, V. *Ciby-*

Cўbistra, *ōrum*, n. pl., ville de Cappadoce : [C] Pros.

cўbĭum, *ĭi*, n., jeune thon [qui fournissait ces tranches] : [C] Pros.

cўbus, V. *cibus* et *cubus*

cўcĕōn, *ōnis*, m., breuvage où il entrait du lait de chèvre et du vin : [T] Pros.

cyclădātus, *a, um*, vêtu de la robe nommée cyclas : [+C] Pros.

Cyclădes, *um*, f. pl., Cyclades [îles de la mer Égée] : [C] Pros., Poés. ‖ au sg. *Cyclas* [une des Cyclades] : [+C] Poés.

cyclămĕn, *ĭnis*, n., **cyclămīnŏs**, *i*, f., **cyclămīnum**, *i*, n., cyclamen [plante]

1 **cyclăs**, *ădis*, f., sorte de robe traînante et arrondie par le bas à l'usage des femmes : [C] Poés., [+C] Poés.

2 **Cȳclas**, V. *Cyclades*

cyclĭcus, *a, um*, cyclique, du cycle épique : ***cyclicus scriptor*** [C] Poés., poète cyclique [poète épique, sorte de continuateur d'Homère, tirant ses sujets de l'époque héroïque]

Cyclōpēus (-pĭus, *a, um*), des Cyclopes : [C] Poés., [+C] Poés.

Cўclops, *ōpis*, m., Cyclope : [C] Pros., Poés. ; ***saltare Cyclopa*** [C] Poés., danser la danse du Cyclope ; V. *1 et 2 cocles*

Cycnēĭus, *a, um*, de Cycnus, de Thessalie : [C] Poés.

cycnēus, **cygnēus**, *a, um*, de cygne : [C] Pros., [T] Pros.

1 **cycnus** ou **cygnus**, *i*, m., cygne [oiseau] : [C] Pros. ; ***cycnus Dircaeus*** [C] Poés., le cygne de Thèbes [Pindare] ‖ le Cygne [constellation] : [+C] Pros.

2 **Cycnus**, *i*, m., roi de Ligurie, fils de Sthénélus [métamorphosé en cygne] : [C] Poés. ‖ fils de Neptune [métamorphosé en cygne] : [C] Poés. ‖ fils d'Arés tué par Hercule en Thessalie : [+C] Théât.

cydărum, *i*, n., sorte de barque de pêche : [+C] Pros.

Cydās, *ae*, m., nom de plusieurs Crétois : [C] Pros.

Cȳdippē, *ēs*, f., Cydippe [jeune fille aimée d'Acontius, qui lui jeta une pomme où étaient gravés ses serments] : [C] Poés. ‖ une des Néréides : [C] Poés.

Cydnus (-ŏs), *i*, m., le Cydnus [fleuve de Cilicie, auj. Tarsus Çayi] : [C] Pros.

Cўdōn, *ōnis*, m., habitant de Cydon, Crétois : [C] Poés. ‖ nom d'un Troyen : [C] Poés.

Cўdōnēa (-ĭa), *ae*, f., ancienne ville de Crète : [+C] Pros.

Cўdōnēus (-ĭus, *a, um*), de Cydon, de Crète : [C] Poés. ‖ **-nĭātae**, *ārum*, m. pl., habitants de Cydon : [C] Pros. ‖ **-nĭtae vītes**, f. pl., vignes de Cydon : [+C] Pros. ; V. *cotoneus*

cygnus, etc., V. *1 cycnus*

Cўlicrāni, *ōrum*, m. pl., peuple fabuleux près d'Héraclée [ἀπὸ τῆς κύλικος] : [T] Pros.

cўlindrus, *i*, m., cylindre : [C] Pros. ‖ cylindre, rouleau servant à aplanir le sol : [-C] Pros., [C] Poés.

Cylla, V. *Cilla*

Cyllărus (-ŏs), *i*, m., nom d'un Centaure : [C] Poés. ‖ cheval de Castor : [C] Poés.

Cyllēnē, *ēs*, **Cyllēna**, *ae*, f., Cyllène [montagne d'Arcadie, sur laquelle naquit Hermès] : [C] Poés. ‖ port de l'Élide : [C] Pros.

Cyllēnēus, *a, um*, du mont Cyllène, d'Hermès : [C] Poés.

Cyllēnis, *ĭdis*, f., d'Hermès : [C] Poés.

Cyllēnĭus, *a, um*, de Cyllène [nymphe], du mont Cyllène, d'Hermès : ***Cyllenia proles*** [C] Poés., Hermès, [ou] [C] Poés., fils d'Hermès, Céphale ‖ subst. m., Hermès : [C] Poés.

Cўlōnĭus, *a, um*, de Cylon [Athénien vainqueur aux jeux Olympiques qui recherchа la tyrannie] : [C] Pros.

cȳma (cū-, cī-), *ătis*, n., et *ae*, f., tendron du chou : [-C] Poés., [+C] Pros.

Cȳmaeus, *a, um* ¶ **1** de Cyme [en Éolide] : [C] Pros. ‖ subst. m. pl., habitants de Cymé : [C] Pros. ¶ **2** V. *Cumaeus*

cȳmătĭlis, **cūmătĭlis**, *e*, de couleur vert de mer : [-C] Théât.

cȳmătĭum (-ĭŏn), *-ĭi*, n., [archit.] échine [du chapiteau ionique] : [C] Pros. ‖ moulure de couronnement, talon : [C] Pros.

cymba, V. *cumba*

cymbălĭcus, *a, um*, de cymbale : [+T] Poés.

cymbălista, *ae*, m., joueur de cymbales, cymbalier : [+C] Pros.

cymbălistrĭa, *ae*, f., joueuse de cymbales : [+C] Pros.

cymbălum, *i*, n., [surtout au pl.] cymbale [instrument de musique] : [C] Pros., Poés. ‖ soupape dans l'orgue hydraulique : [C] Pros.

cymbĭum, *ĭi*, n., gondole, vase en forme de nacelle : [C] Poés. ‖ lampe en forme de nacelle : [+C] Pros.

cymbĭus, *ĭi*, m., voûte : [+T] Poés.

Cȳmē, *ēs*, f. ¶ **1** ville d'Éolide : [C] Pros. ; V. *Cymaeus* ¶ **2** Cumes, V. *Cumae*

Cymīnē, *ēs*, f., ville de Thessalie : [C] Pros.

cўmīnum, V. *cuminum*

Cȳmŏdŏcē, *ēs*, **-dŏcēa**, *ae*, f., Cymodocée [nymphe de la mer] : [C] Poés.

cȳmōsus, *a*, *um*, qui est rempli de rejetons : [+C] Pros.

Cymŏthŏē, *es*, f., Cymothoé [une des Néréides] : [C] Poés.

cȳmŭla, *ae*, f., petite tige : [+C] Pros.

Cȳnaegīrus, *i*, m., nom d'un héros athénien : [+C] Pros.

Cȳnapsēs, *is*, m., fleuve qui se jette dans le Pont-Euxin : [C] Poés.

cȳnăra, f., V. *1 cinara*

Cȳnēgĕtĭca, *ōn*, n. pl., poème sur la chasse [titre d'un poème de Grattius Faliscus et d'un autre de Nemesianus]

Cynegīrus, V. *Cynaeg-*

Cȳnēum mare, n., nom de l'Hellespont, où Hécube se précipita et fut changée en chienne : [+C] Poés.

cȳnĭcē, adv., en cynique : [-C] Théât.

Cȳnĭci, *ōrum*, m. pl., Cyniques [philosophes de la secte d'Antisthène] : [C] Pros. ‖ sg. *Cynicus* [en parl. de Diogène] : [+C] Poés.

cȳnĭcus, *a*, *um*, cynique, des Cyniques, V. *Cynici* : ***cynica institutio*** [+C] Pros., l'École cynique (des philosophes cyniques)

Cȳnĭphĭus, V. *Cinyphius*

Cȳnĭras, V. *Cinyras*

Cȳnŏcĕphălae, V. *Cynoscephalae*

cȳnŏcĕphălus, *i*, m., cynocéphale, babouin [espèce de singe] : [C] Pros. ‖ Anubis, divinité égyptienne : [+C] Pros.

cȳnŏpennae, *ārum*, m. pl., hommes tenant de l'oiseau et du chien : [+C] Pros.

Cȳnŏsargĕs, *ĭs*, n., quartier d'Athènes : [C] Pros.

Cȳnoscĕphălae, *ārum*, f. pl., hauteurs de Thessalie [célèbres par la défaite de Philippe V, roi de Macédoine (197 av. J.-C.)] : [C] Pros.

Cȳnŏsūra, *ae*, f. ¶ **1** Cynosure, Petite Ourse [constellation] : [C] Pros. ¶ **2** ville d'Arcadie : [+C] Poés.

Cȳnŏsūrae, *ārum*, f. pl., nom d'un promontoire de l'Attique : [C] Pros.

Cȳnosūris, *ĭdis*, f., de la Petite Ourse : [C] Poés.

Cynthĭa, *ae*, f., Cynthie [Diane honorée sur le mont Cynthus] : [C] Poés. ‖ nom de femme : [C] Poés.

Cynthĭus, *ĭi*, m., Apollon [honoré sur le mont Cynthus] : [C] Poés.

Cȳnus, *i*, f., ville de Locride : [C] Pros.

Cȳpărissa, **-ssĭa**, *ae*, f., ville de Messénie : [C] Pros.

cȳpărissiăs, *ae*, m., météore igné [dont la forme rappelle celle du cyprès] : [+C] Pros.

cȳpărissĭfĕr, *ĕra*, *ĕrum*, abondant en cyprès : [T] Poés.

1 **cȳpărissus**, *i*, f., cyprès [arbre] : [C] Poés.

2 **Cȳpărissus**, *i* ¶ **1** m., fils de Télèphe [changé en cyprès] : [C] Poés. ¶ **2** f., ancien nom d'Anticyre [en Phocide] : [+C] Poés.

Cȳpassis, *ĭdis*, f., nom de femme : [C] Poés.

cȳpērŏs (-us), *i*, f., **cȳpērum (-ŏn)**, *i*, n., souchet [sorte de jonc] : [C] Pros., [+C] Pros.

cypressus, V. *cupressus* : [T] Pros.

Cyprĭa, *ae*, f., Vénus [honorée dans l'île de Chypre], Cypris : [C] Poés.

Cyprĭăcus, *a*, *um*, de Chypre : [+C] Pros.

Cyprĭānus, *i*, m., saint Cyprien [évêque de Carthage] : [T] Pros.

Cyprĭarchēs, *ae*, m., le gouverneur de Chypre : [T] Pros.

Cyprĭcus, *a*, *um*, de Chypre : [-C] Pros.

Cyprĭus, *a*, *um*, de Chypre : [C] Poés. ‖ ***Cyprĭi***, m. pl., habitants de Chypre : [+C] Pros. ‖ ***Cyprius vicus*** [C] Pros. ; V. *Ciprius*

Cȳprus (-ŏs), *i*, f., Chypre [grande île de la mer Égée, où l'on honorait Vénus] : [C] Pros., Poés.

Cypsĕla, *ōrum*, n. pl., place forte de Thrace : [C] Pros.

Cypsĕlus, *i*, m., tyran de Corinthe : [C] Pros.

Cȳra, *ae*, f., V. *Cyrene* : [C] Poés.

Cȳrēnae, *ārum*, f. pl., **Cȳrēnē**, *ēs*, f., Cyrène [ville de la Pentapole, près de la Grande Syrte, patrie de Callimaque, d'Aristippe] : [C] Pros.

Cȳrēnaeus, *a*, *um* ¶ **1** de Cyrène [ville] : ***Cyrenaea urbs*** [C] Poés., Cyrène ‖ **Cȳrēnaei**, *ōrum*, m. pl., [C] Pros., V. *Cyrenaici* ¶ **2** de Callimaque : [C] Poés.

Cȳrēnăĭcus, **Cȳrēnaeĭcus**, *a*, *um*, de Cyrène [ville] : ***Cyrenaica philosophia*** [C] Pros., philosophie cyrénaïque, enseignée par Aristippe [de Cyrène] ‖ **Cȳrēnăĭca**, *ae*, f., la Cyrénaïque, province d'Afrique ‖ **Cȳrēnăĭci**, m. pl., les Cyrénaïques, ou disciples d'Aristippe : [C] Pros.

Cȳrēnē, *es*, f. ¶ **1** Cyrène [mère d'Aristée] : [C] Poés. ¶ **2** ville, V. *Cyrenae*

Cȳrēnensis, *e*, de Cyrène [ville] : ***Cyrenenses agri*** [C] Pros., territoire de Cyrène ‖ **Cyrenenses**, *ĭum*, m. pl., [C] Pros., habitants de Cyrène

Cȳrētiae, *ārum*, f. pl., ville de Thessalie : [C] Pros. ; V. *Chyretiae*

Cȳrēus, *a*, *um*, de Cyrus [architecte] : ***Cyrea***, n. pl., travaux de Cyrus : [C] Pros.

Cyrnaeus, V. *Cyrne*

Cyrnē, *ēs*, f. et **Cyrnus (-ŏs)**, f., nom grec de l'île de Corse ‖ **-nēus (-aeus)**, *a*, *um* et **-năĭcus**, *a*, *um*, de Corse : [C] Poés., [T] Poés.

Cȳrŏpŏlis, *is*, f., ville de Médie : [+C] Pros., [T] Pros.

Cyrrha, V. *Cirrha*

Cyrrhestĭca, *ae*, f., **Cyrrhestĭcē**, *ēs*, f., la Cyrrhestique, partie de la Syrie : [C] Pros.

Cyrtaei, **Cyrtĭi**, *ōrum*, m. pl., peuple de Médie : [C] Pros.

Cȳrus, *i*, m. ¶ **1** Cyrus [fils de Cambyse et de Mandane, roi de Perse] : [C] Pros. ‖ Cyrus le Jeune, frère d'Artaxerxès Mnémon : [C] Pros. ¶ **2** nom d'un architecte : [C] Pros. ‖ autre personnage du même nom : [C] Poés.

Cȳta, *ae*, f., ville de Colchide [patrie de Médée] : [+C] Poés.

Cȳtaei, *ōrum*, m. pl., habitants de Cyta : [+C] Poés.

Cȳtaeis, *ĭdis*, f., de Cyta = Médée : [C] Poés.

Cȳtaeus, *a*, *um*, de Cyta, de Médée, magique : [+C] Poés. ‖ V. *Cytaei*

Cȳtāīnē, *es*, f., de Cyta, épithète de Médée : [C] Poés.

Cȳthaerē, V. *Cythere*

Cȳthaeron, V. *Cithaeron*

Cȳthēra, *ōrum*, n. pl., Cythère [île de la mer Égée, consacrée à Vénus] : [C] Poés.

Cȳthērē, *ēs*, **Cȳthĕrēa (-ēĭa)**, *ae*, f., Cythérée, Vénus [adorée à Cythère] : [C] Poés.

Cȳthĕrēĭăs, *ădis*, **Cȳthĕrēis**, *ĭdis*, f., de Cythère, de Vénus ; [qqf.] Vénus : [C] Poés.

Cȳthĕrēius, **Cȳthĕrĭăcus**, *a*, *um*, de Cythère, de Vénus : [C] Poés. ; ***Cythereius heros*** [C] Poés., Énée ; ***mensis*** [C] Poés., le mois d'avril [consacré à Vénus]

Cȳthēris, *ĭdis*, f., comédienne aimée d'Antoine : [C] Pros.

Cȳthērĭus, *ĭi*, m., Cythérien, nom donné à Antoine [amant de Cythéris] : [C] Pros.

Cythnŏs (-us), *i*, f., une des Cyclades : [C] Pros. ‖ **-nĭus**, *a*, *um*, de Cythnos : [+C] Pros.

cȳtĭsus, *i*, f. et **cȳtĭsum**, *i*, n., cytise [plante] : [C] Poés., Pros.

Cȳtōrus, *i*, m., Cytore [mont de Paphlagonie] : [C] Poés. ‖ **-ĭăcus**, du Cytore : [C] Poés. ou **-ĭus**, *a*, *um*, [C] Poés.

Cȳzĭcēnus, *a*, *um*, subst. m. pl., habitants de Cyzique : [C] Pros.

Cȳzĭcus (-ŏs), *i*, f., **Cȳzĭcum**, *i*, n., Cyzique [ville de Propontide] : [C] Poés.

D

d, n. indécl., 4e lettre de l'alphabet latin, prononcée *dē*, V. *b* ‖ [pour dater une lettre] ***D. = dabam*** ou ***dies*** : C Pros. ‖ [employé comme chiffre] ***D***, = cinq cents

dā, impér. de *do*, dis, voyons : C Poés. ; V. *do* ¶ *2 d*

Dăae, V. *Dahae*

Dabana, ***ae***, f., C. *Davana*

Dāci, V. *Dacus*

Dācĭa, ***ae***, f., Dacie [grande région au S.-E. de la Germanie, auj. la Roumanie] : +C Pros.

Dācĭcus, ***a***, ***um***, Dacique [vainqueur des Daces, surnom de Trajan] : +C Poés.

dactŭlus, V. *dactylus*

dactўlĭcus, ***a***, ***um***, dactylique, de dactyle [métrique] : ***dactylicus numerus*** C Pros., rythme dactylique

dactўlĭŏthēca, ***ae***, f., écrin, présentoir pour les bagues : +C Poés.

dactўlŭs, ***i***, m. ¶ **1** sorte de grappe de raisin : +C Pros. ¶ **2** [métrique] dactyle [composé d'une longue et deux brèves] : C Pros., +C Pros.

Dācus, ***i***, m., **Dāci**, ***ōrum***, m. pl., Dace, Daces [habitants de la Dacie] : C Poés., Pros. ‖ **-us**, ***a***, ***um***, des Daces : +C Poés.

Dādastāna, ***ae***, f., ville de Bithynie ou de Phrygie : T Pros.

dādūchus, ***i***, m., daduque [prêtre qui portait un flambeau dans les cérémonies de Démèter à Éleusis] : +C Pros.

1 **Daedăla**, ***ae***, f., partie de l'Inde, en deçà du Gange : +C Pros.

2 **Daedăla**, ***ōrum***, n. pl., Dédales [forteresse de Carie] : C Pros.

Daedălēus, C Poés., **-lĕus**, C Poés. et **-lĭus**, ***a***, ***um***, de Dédale ‖ ***Daedaleae insulae***, f. pl., îles dédaléennes [sur la côte de Carie] : +C Pros.

daedălĭcus, ***a***, ***um***, habile, ingénieux : +T Poés.

Daedălĭōn, ***ōnis***, m., Dédalion [fils de Lucifer, changé en épervier] : C Poés.

Daedălĭs, ***ĭdis***, f., Dédalis [nom de femme] : -C Théât.

Daedălĭus, V. *Daedaleus*

1 **daedălus**, ***a***, ***um*** ¶ **1** industrieux, ingénieux : C Poés. ‖ [avec gén.] qui sait faire artistement qqch. : C Poés. ¶ **2** artistement fait, artistement ouvragé : C Poés.

2 **Daedălus**, ***i***, m., Dédale [légendaire architecte et statuaire d'Athènes, constructeur du labyrinthe de Crète] : C Pros., Poés.

daemōn, ***ŏnis***, m. ¶ **1** un esprit, un génie : +C Pros. ‖ mauvais ange, démon, génie : +C Pros., T Pros. ¶ **2** [chrét.] diable : +C Pros.

daemŏnĭcŏla, ***ae***, m. f., adorateur du démon, païen : T Pros.

Daemŏnēs, ***is***, m., nom d'homme : -C Théât.

daemŏnĭē, ***ēs***, f., Cf. *daemonium* : C Poés.

daemŏnĭum, ***ĭi***, n., petit démon : +C Pros. ‖ démon : +C Pros. ‖ ***daemonion***, le démon de Socrate : +C Pros.

daemŏnĭus, ***a***, ***um***, divin, merveilleux : C Poés.

daemŏnizŏr, ***ārĭs***, ***ārī***, -, être possédé du démon : T Pros.

Dafn-, V. *Daphn-*

Dagōn, indécl., Dagon [dieu des Philistins] : T Pros.

Dăhae (non **Dăae**), ***ārum***, m. pl., Dahes [peuple scythe] : C Poés., Pros., +C Pros. ‖ sg., ***Dăha*** : T Poés.

Dalila, ***ae***, f., femme du pays des Philistins, aimée de Samson : T Pros.

Dalmătae, ***ārum***, m. pl., Dalmates, habitants de la Dalmatie : C Pros. ‖ adjt, ***montes Dalmatae*** +C Poés., monts de Dalmatie ‖ sg., ***Dalmata*** : +C Poés.

Dalmătĭa, ***ae***, f., Dalmatie [province située le long de l'Adriatique] : C Pros., +C Pros., Poés.

Dalmătĭcus, ***a***, ***um***, Dalmatique [vainqueur des Dalmates, surnom de L. Cécilius Metellus] : C Pros.

1 **dāma** ou **damma**, ***ae***, m. ou f., daim [animal] : C Poés.

2 **Dāma**, ***ae***, m., nom d'esclave : C Poés.

Dămălĭs, ***ĭdis***, f., nom de femme : C Poés.

Dāmărātus, ***i***, m., V. *Demaratus*

Dămascēna, ***ae***, f., **Dămascēnē**, ***ēs***, Damascène [partie de la Coelè-Syrie], pays de Damas ‖ **dămascēna**, ***ōrum***, n. pl., pruneaux de Damas : +C Poés. ‖ **Dămascēni**, ***ōrum***, m. pl., habitants de Damas : T Pros.

Dămascus, ***i***, f., Damas [capitale de la Coelè-Syrie] : +C Pros. ‖ **-us**, ***a***, ***um***, de Damas : T Pros.

Dămăsichthōn, ***ōnis***, m., fils de Niobé, tué par Apollon avec ses frères : C Poés.

Dămăsippus, ***i***, m., Damasippe, partisan de Marius : C Pros. ‖ surnom de la famille Licinia : C Pros. ‖ interlocuteur de la *Sat. 2, 3* d'Horace

Dāmĭo, ***ōnis***, m., nom d'homme : C Pros.

dāmĭurgus, V. *demiurgus*

dammŭla, V. *damula*

damnābĭlis, ***e***, condamnable, honteux, indigne : T Pros.

damnābĭlĭtĕr, adv., ***-lius*** +C d. T Pros., d'une manière plus condamnable

damnās, indécl., [arch.], obligé à, condamné à : ***damnas esto*** -C d. +C Pros., qu'il soit tenu de

damnātĭo, ***ōnis***, f. ¶ **1** condamnation judiciaire : ***damnatio ambitus*** C Pros., condamnation pour brigue ¶ **2** damnation : T Pros.

damnātōrĭus, ***a***, ***um***, de condamnation : C Pros., +C Pros. ; ***damnatorium ferrum*** T Pros., glaive du bourreau

damnātus, ***a***, ***um***, part. de *damno* ‖ adjt, condamné, rejeté, réprouvé : ***damnatior*** C Pros.

damnĭfĭcus, ***a***, ***um***, malfaisant, nuisible : -C Théât.

damnĭgĕrŭlus, ***a***, ***um***, malfaisant, porteur de préjudice : -C Théât.

damnō, ***ās***, ***āre***, ***āvī***, ***ātum*** ¶ **1** condamner en justice, déclarer coupable ; ***aliquem***, qqn : C Pros. ; ***damnati*** C Pros., les condamnés ‖ ***damnare rem***, condamner une chose, la rejeter comme injuste : C Pros. ‖ [avec *quod* et subj.] être condamné pour... : C Pros. ; [avec *cur* et subj.] T Pros. ‖ [gén. du grief] ***damnari ambitus*** C Pros. ; ***furti*** C Pros. ; ***majestatis*** C Pros., être condamné pour brigue, vol, lèse-majesté ; ***rei capitalis*** C Pros., pour crime capital ; [ou avec *de*] ***de majestate*** C Pros. ‖ [abl. de la peine] C Pros. ; ***aliquem capite*** C Pros., condamner qqn à mort ‖ [gén. de la peine] ***capitis*** C Pros., condamner à la perte de sa personnalité civile [perte du droit de cité ou exil] ; ***capitis*** C Pros. ou ***capitalis poenae*** C Pros., condamner à mort ; ***octupli damnari*** C Pros., être condamné à payer huit fois la somme ‖ [avec *ad*] : ***ad mortem*** +C Pros. ; ***ad extremum supplicium*** +C Pros. ; ***ad bestias*** +C Pros., condamner à mort, au dernier supplice, aux bêtes ‖ ***morti damnatus*** C Poés., condamné à mort ¶ **2** faire condamner, obtenir la condamnation de qqn, Cf. *condemno* : -C Théât., C Pros. ¶ **3** condamner, blâmer, critiquer : ***aliquem summae stultitiae*** C Pros., taxer qqn de la dernière sottise ‖ ***damnare Senecam*** +C Pros., condamner Sénèque, le désapprouver ; ***damnanda*** +C Pros., des choses condamnables ‖ rejeter, repousser [avec infinitif] +C Poés. ‖ interdire, obstruer [cf. le français " condamner une porte, une fenêtre "] : T Poés. ¶ **4** [expressions] : ***damnare aliquem votis*** C

Poés., condamner qqn à l'exécution de ses voeux = les exaucer ; [+C] Poés. ‖ le plus souvent ***voti damnari*** = voir ses voeux exaucés : [C] Pros. ¶ **5** [chrét.] [en parlant de Dieu] réprouver, damner : [T] Pros.

damnōsē, adv., d'une manière dommageable : ***damnose bibere*** [C] Poés., boire à se ruiner

damnōsus, *a, um* ¶ **1** [en parl. de pers. et de choses] qui cause du tort, dommageable, nuisible, funeste [avec dat.] : [C] Pros. ; ***damnosum est*** [avec inf.] [+C] Pros., il est nuisible de ‖ [abs[t]] ***damnosissimus*** [-C] Théât. ¶ **2** qui dépense, qui se ruine, prodigue : [-C] Théât. ; ***damnosior*** [+C] Pros.

damnum, *i*, n. ¶ **1** détriment, dommage, tort, préjudice : ***damnum facere*** [C] Pros. ; ***contrahere*** [C] Pros. ; ***accipere*** [C] Pros. ; ***pati*** [+C] Pros. ; ***ferre*** [C] Poés., éprouver du dommage ; ***damnum dare*** [-C] Pros., Théât., [C] Pros., causer du dommage ; [C] Pros. ‖ ***damnum infectum*** [C] Pros., dommage éventuel ¶ **2** [en part.] ***a)*** perte de troupes à la guerre : [C] Pros. ***b)*** amende, peine pécuniaire : [-C] Théât., [C] Pros.

Dāmŏclēs, *is*, m., Damoclès [courtisan de Denys le Tyran] : [C] Pros.

Dāmŏcrĭtus, *i*, m., nom d'un préteur des Étoliens : [C] Pros.

Dāmoetās, *ae*, m., nom de berger : [C] Poés.

Dāmōn, *ōnis*, m., Pythagoricien [ami de Pythias] : [C] Pros. ‖ célèbre musicien d'Athènes : [C] Pros. ‖ berger : [C] Poés.

dāmŭla, **dammŭla**, *ae*, f., petit daim : [+C] Pros.

dān, pour *dasne* : [-C] Théât.

Dănăē, *ēs*, f., Danaé [mère de Persée] : [C] Poés. ‖ **-ēĭus**, *a, um*, de Danaé : [C] Poés.

Dănăi, *ōrum* et *um*, m. pl., les Grecs : [C] Pros., Poés.

Dănăĭdae, *ārum*, m. pl., les Grecs : [+C] Théât.

Dănăĭdes, *um*, f. pl., les Danaïdes [filles de Danaüs condamnées à remplir dans les Enfers un tonneau sans fond] : [+C] Théât.

1 **Dănăus**, *i*, m., Danaüs [roi d'Argos, père des Danaïdes] : [C] Pros.

2 **Dănăus**, *a, um*, relatif à Danaüs, c.-à-d. aux Argiens, aux Grecs ; [d'où] grec, des Grecs : [C] Poés. ; [V▶] *Danai*

Dandacē, *ēs*, f., ville de la Chersonèse Taurique : [T] Pros.

Dandări, *ōrum*, **Dandărĭdae**, *ārum*, m. pl., peuple scythe des environs du Palus-Méotide : [+C] Pros. ‖ **-ĭca**, *ae*, f., pays des Dandares : [+C] Pros.

Dāni, *ōrum*, m. pl., peuple de la Chersonèse Cimbrique [Danois] : [+T] Poés.

Dănĭēl, *ēlis* et **Dănĭēlus**, *i*, m., Daniel [prophète] : [T] Pros.

dănista, *ae*, f., prêteur d'argent, usurier : [-C] Théât.

dănistĭcus, *a, um*, d'usurier : [-C] Théât.

Danthelēthae, *ārum*, **Denthelēti**, *ōrum*, m. pl., [C▶] *Denseletae* : [C] Pros.

Dānŭbĭus, *ĭi*, m., **Dānŭvĭus**, *ĭi*, m., Danube [fleuve de Germanie] : [C] Pros., Poés. ; [V▶] *Ister* ‖ **-īnus**, *a, um*, du Danube : [T] Pros.

Dānŭvĭus, [V▶] *Danubĭus*

Daorsi, *ōrum*, m. pl., peuple de Liburnie : [C] Pros.

dăpālis, *e*, [Jupiter] à qui l'on offre un sacrifice : [-C] Pros.

Daphitās (**-dās**), *ae*, m., sophiste de Telmesse : [C] Pros., [+C] Pros.

1 **daphnē**, *ēs*, f., le laurier [arbre] : [+C] Pros.

2 **Daphnē**, *ēs*, f., fille du fleuve Pénée, aimée d'Apollon, changée en laurier : [C] Poés. ‖ bourg près d'Antioche en Syrie : [C] Pros. ‖ **-naeus**, *a, um*, de Daphné [ville de Syrie] : [T] Pros. ou **-nensis**, *e*

Daphnensis, [V▶] *2 Daphne*

Daphnis, *ĭdis* et *is*, m. ¶ **1** fils de Mercure, inventeur de la poésie bucolique, en Sicile : [C] Poés. ‖ nom de berger : [C] Poés. ¶ **2** ***Lutatius Daphnis***, grammairien : [+C] Pros. ¶ **3** ***Daphnidis insula***, île de Daphnis [dans le golfe Arabique] : [+C] Pros.

daphnōn, *ōnis*, m., bois de laurier : [+C] Poés., Pros.

dăpĭnō, *ās, āre, -, -*, tr., payer, procurer : [-C] Théât.

daps** inus. au nom. *dăpis*, f. et ordin[t] au pl. **dăpes**, *um* ¶ **1** sacrifice offert aux dieux, banquet sacré : [-C] Pros., [C] Poés. ¶ **2** repas, banquet, festin, mets ***a) sg., [-C] Théât., [C] Poés. ***b)*** pl., [C] Poés. ***c)*** mets [oppos. à vin] : [C] Poés.

dapsĭlē, adv., en grande pompe, magnifiquement, somptueusement : [+C] Pros.

dapsĭlis, *e*, abondant, riche, somptueux : [-C] Théât.

dapsĭlĭtĕr, [C▶] *dapsile* : [-C] Théât.

Dardăni, *ōrum*, m. pl., Dardaniens, habitants de la Dardanie [en Mésie] : [C] Pros.

Dardănĭa, *ae*, f. ¶ **1** pays des Dardaniens [Mésie] : [C] Pros. ¶ **2** Dardanie [ville fondée par Dardanus sur l'Hellespont, d'où Dardanelles] : [C] Poés. ¶ **3** [poét.] = Troie : [C] Poés.

Dardănĭdēs, *ae*, m., fils ou descendant de Dardanus [par ex. Énée] : [C] Poés. ‖ **-ĭdae**, *ārum* et *ūm*, m. pl., Troyens : [C] Poés.

Dardănis, *ĭdis*, f., Troyenne : [C] Poés., [+C] Poés.

Dardănĭus, *a, um* ¶ **1** de Dardanus, de Troie, Troyen : [C] Poés. ; ***Dardanius senex*** [C] Poés., Priam ; ***Dardanius dux*** [C] Poés., Énée ; ***minister*** [+C] Poés., Ganymède ; ***Dardania Roma*** [C] Poés., Rome, fondée par les Troyens ¶ **2** de Dardanus [magicien] ; magique : [+C] Pros.

Dardănum, *i*, n., promontoire et ville de Dardanie [en Troade] : [C] Pros.

1 **Dardănus**, *a, um*, de Dardanus, Troyen ; [subst. m.] = Énée : [C] Poés. ‖ Romain : ***Dardanus ductor*** [+C] Poés., Scipion l'Africain

2 **Dardănus**, *i*, m., fondateur de Troie : [C] Poés. ‖ philosophe stoïcien : [C] Pros.

Dărēs, *ētis*, m., nom d'un athlète troyen : [C] Poés.

Dārēus, *i*, m., [C▶] *Darius* : [C] Poés.

Dārīus, *ĭi*, m., nom de plusieurs rois de Perse dont les plus célèbres sont Darius, fils d'Hystaspe, et Darius Codoman, détrôné par Alexandre : [C] Pros.

Darsa, *ae*, f., ville de Pisidie : [C] Pros.

Dăsius, *ĭi*, m., nom d'homme : [C] Pros.

Dătămēs, *is*, m., Datame, nom d'un satrape perse : [C] Pros.

dătārĭus, *a, um*, qui est susceptible d'être donné : [-C] Théât.

dătātim, adv., en échange, en retour, réciproquement : [-C] Théât.

Dătĭānus, *i*, m., nom d'homme : [T] Poés.

dătĭo, *ōnis*, f. ¶ **1** action de donner : [C] Pros. ¶ **2** droit de faire abandon de ses biens : [C] Pros.

Dātis, acc. *in*, m., général des Perses, vaincu par Miltiade à Marathon : [C] Pros.

dătīvus, *a, um*, [gram.] ***dativus casus***, m., [+C] Pros., et abs[t], ***dativus*** [+C] Pros., le datif

dătō, *ās, āre, āvī, -*, donner souvent : [-C] Théât. ‖ ***se*** [-C] Théât., se donner souvent

dătŏr, *ōris*, m., celui qui donne, donneur : [-C] Théât. ; ***dator laetitiae*** [C] Poés., donneur de joie ‖ [au jeu de balle] le donneur, qui sert la balle : [-C] Théât.

dătum, *i*, n., surtout au pl., dons, présents : [C] Poés.

1 **dătus**, *a, um*, part. de *1 do*

2 **dătŭs**, abl. *ū*, action de donner : [-C] Théât.

daucum, *i*, n., **daucŏs**, *i*, f., sorte d'ombellifère [plante] : [+C] Pros.

Daulĭăs, *ădis*, f., de Daulis : [C] Poés.

Daulis, *ĭdis*, f. ¶ **1** Daulis [ville de Phocide, où régna Térée] : [C] Pros. ¶ **2** adj. f., de Daulis : [+C] Théât.

Daulĭus, *a, um*, de Daulis, de Philomèle : [C] Poés.

Daunĭăcus, *a, um*, [C▶] *Daunius* : [+C] Poés.

Daunĭăs, *ădis*, f., de la Daunie : [C] Poés.

Daunĭus, *a, um*, de Daunie, d'Apulie : [C] Poés. ‖ d'Italie : [C] Poés.

Daunus, *i*, m., aïeul de Turnus, roi d'Apulie : [C] Poés.

Davana, *ae*, f., ville de Mésopotamie : [T] Pros.

Dāvīd, m. indécl. et **Dāvīd**, *īdis*, m., David, roi des Hébreux : [T] Pros. ‖ **-dĭcus**, *a, um*, de David : [T] Poés.

Dāvŏs (-us), *i*, m., Dave, nom d'esclave : [C] Poés.

dē, prép. avec abl.
I [marquant l'origine] ¶**1** à partir de ***a) de loco superiore*** Cic., à partir d'un endroit plus élevé ***b) de rhetore consul fieri*** Juv., d'orateur, devenir consul ***c) de publico*** Cic., en prenant sur les fonds publics (= aux frais de l'Etat) ¶**2** par suite de, d'après : ***de via fessus*** Cic., fatigué du voyage ; ***gravi de causa*** Cic., par suite d'un motif grave, pour une raison grave ; ***de mea sententia*** Cic., d'après mon avis ¶**3** au sortir de, immédiatement après : ***non bonus somnus de prandio*** Pl., il n'y a pas de bon sommeil en sortant de table ; ***diem de die*** Liv., un jour après un autre, de jour en jour ¶**4** [avec des noms, pour indiquer une relation d'origine] ***accusator de plebe*** Cic., accusateur venu de la plèbe ; ***aliquis de nostris hominibus*** Cic., qqn de nos compatriotes ; ***caupo de via Latina*** Cic., un cabaretier de la voie latine ; ***aliquis de circo Maximo*** Cic., un individu du grand cirque ¶**5** [avec des verbes marquant eux-mêmes le départ, l'éloignement] ***detrahere de***, enlever de ; ***decedere de***, s'éloigner de ; ***exire de***, sortir de...
II [par ext.] ¶**1** au sujet de, à propos de, sur : ***de contemnenda gloria libellus*** Cic., un opuscule sur le mépris de la gloire ; ***de benivolentia...*** Cic., pour ce qui concerne la bienveillance... ; ***de Samnitibus triumphare*** Cic., remporter le triomphe relativement aux Samnites (= pour avoir vaincu les Samnites) ¶**2** au cours de : ***de tertia vigilia*** Caes., au cours de la troisième veille ; ***de nocte venire*** Cic., venir de nuit ; ***de media nocte*** Caes., au milieu de la nuit ; ***de die*** Liv., de jour ¶**3** [locutions adverbiales] ***de integro*** Cic., de nouveau ; ***de improviso*** Cic., à l'improviste ; ***de insidiis*** Cic., par surprise

dĕa, *ae*, f., déesse : [C] Pros. ; ***deae triplices*** [C] Poés., les Parques ; ***dea siderea*** [T] Poés., la nuit

dĕăcĭnātus, *a, um*, d'où l'on a retiré le raisin : [-C] Pros.

dĕalbātĭo, *ōnis*, f., blancheur : [T] Pros.

dĕalbātus, *a, um*, part. de *dealbo* ‖ [fig.] blanchi, pur : ***dealbatior*** [T] Pros. ‖ vêtu de blanc [en parlant des nouveaux baptisés] : [T] Pros.

dĕalbō, *ās, āre, āvī, ātum*, tr., blanchir, crépir : [C] Pros. ‖ [fig.] blanchir, rendre pur : [T] Pros.

dĕālĭtās, *ātis*, f., divinité : [T] Pros.

dĕămātus, *a, um*, part. de *deamo*, [cadeau] qui est bien venu : [-C] Théât.

dĕambŭlăcrum, *i*, n., promenade, lieu de promenade : [T] Pros.

dĕambŭlātĭo, *ōnis*, f., action de se promener, promenade : [-C] Théât. ‖ lieu de promenade, promenade : [T] Pros.

dĕambŭlō, *ās, āre, āvī, ātum*, intr., se promener : [-C] Pros., Théât., [C] Pros., [+C] Pros.

dĕămō, *ās, āre, āvī, ātum*, tr., aimer fortement : [-C] Théât.

dĕargentassĕre, ➡ *deargento*

dĕargentō, *ās, āre, āvī, ātum*, tr., dépouiller de son argent : [-C] Poés.

dĕarmō, *ās, āre, āvī, ātum*, tr., désarmer : [C] Pros. ‖ dérober, soustraire : [+C] Pros.

dĕartŭō, *ās, āre, āvī, ātum*, tr., démembrer, disloquer [fig.] : ***deartuare opes*** [-C] Théât., dépecer, disloquer une fortune

dĕascĭō, *ās, āre, āvī, ātum*, tr., raboter, racler avec la doloire : [T] Poés. ‖ [fig.] escroquer : [-C] Théât.

dĕaurātus, *a, um*, part. de *deauro*

dĕaurō, *ās, āre, āvī, ātum*, tr., dorer : [T] Pros.

dēbacchō, *ās, āre, āvī, -*, ➡ *debacchor* : [+T] Poés.

dēbacchŏr, *ārĭs, ārī, ātus sum*, intr., se livrer à des transports furieux, s'emporter : [-C] Théât.

dēbattŭō, *ĭs, ĕre, -, -*, ➡ *battuo* : [+C] Pros.

dēbellātŏr, *ōris*, m., vainqueur : [C] Poés., [+C] Poés.

dēbellātrix, *īcis*, f., celle qui dompte, qui soumet : [+C] Pros., [T] Pros.

dēbellātus, *a, um*, part. de *debello*

dēbellō, *ās, āre, āvī, ātum*, intr. et tr. ¶**1** intr., terminer la guerre par un combat : [C] Pros. ‖ abl. n. du part. : ***debellato*** [C] Pros., la guerre étant terminée ¶**2** tr., réduire, soumettre par les armes : ***debellare superbos*** [C] Poés., réduire les peuples orgueilleux ‖ ***rixa debellata*** [C] Poés., rixe tranchée par une bataille

dēbens, *tis*, part. de *debeo* ‖ subst. m. pl., **debentes**, *ium*, débiteurs : [C] Pros., [+C] Pros.

dēbĕō, *ēs, ēre, bŭī, bĭtum*, tr., tenir qqch. de qqn [donc] lui en être redevable ¶**1** devoir, être débiteur : ***pecuniam alicui*** [C] Pros., devoir de l'argent à qqn ; [abs[t]] [C] Pros. ‖ ***debere alicui*** [C] Pros., être débiteur de qqn ‖ pass. : [C] Pros. ‖ [pass. impers.] ***si omnino non debetur*** [C] Pros., si on ne doit rien ; [prov.] ***animam debere*** [-C] Théât., être criblé de dettes ¶**2** [fig.] devoir, être obligé à : ***gratiam alicui debere*** [C] Pros., devoir de la reconnaissance à qqn ; ***gratia alicui debetur*** [C] Pros., on doit de la reconnaissance à qqn ; ***debita officia*** [C] Pros., les devoirs pressants de la vie sociale ‖ [avec inf.] : [C] Pros., Poés. ‖ [poét.] ➡ *necesse est* : [C] Poés. ‖ [poét.] devoir, = être destiné (par le destin, par la nature) à : [C] Poés. ; ***fatis debitus*** [C] Poés., dû aux destins = destiné à mourir ‖ [qqf. aussi, obligation logique] devoir, = être contraint par la logique de : [C] Pros. ¶**3** [fig.] devoir, être redevable de : ***beneficium alicui*** [C] Pros., être redevable à qqn d'un service ; ***plus alicui quam...*** [C] Pros., être plus redevable, avoir plus d'obligations à qqn qu'à... ; ***vitam alicui*** [C] Poés. ; ***salutem*** [C] Poés., devoir la vie, son salut à qqn ‖ [abs[t]] ***alicui debere*** [C] Pros., avoir des obligations à qqn ¶**4** ***debet*** [impers.], il faut : ***intelligi debet*** [T] Pros., il faut que l'on comprenne

dēbĭl, *is*, ➡ *debilis* [arch.] : [-C] Pros.

dēbĭlis, *e*, faible impotent, infirme, débile : [C] Pros. ; [abs[t]] ***debiles*** [+C] Pros., les invalides ‖ ***debile crus*** [+C] Pros., jambe paralysée ; ***debilis umbra*** [C] Poés., fantôme sans force ; [+C] Poés. ‖ [fig.] faible, impuissant : [C] Pros. ‖ ***debilior*** [+C] Pros.

dēbĭlĭtās, *ātis*, f., faiblesse, débilité, infirmité : [C] Pros. ; ***debilitas linguae*** [C] Pros., infirmité de la langue ; ***debilitas membrorum*** [C] Pros., paralysie ; ***debilitas pedum*** [+C] Pros., goutte ‖ [fig.] ***debilitas animi*** [C] Pros., faiblesse de caractère, lâcheté

dēbĭlĭtātĭo, *ōnis*, f., affaiblissement : [+C] Pros. ‖ découragement : [C] Pros.

dēbĭlĭtĕr, adv., en restant sans forces (paralysé) : [-C] Théât.

dēbĭlĭtō, *ās, āre, āvī, ātum*, tr., blesser, estropier, mutiler : [C] Pros., [+C] Pros. ; ***debilitare mare*** [C] Poés., briser les vagues de la mer ‖ affaiblir, paralyser [propre et fig.] : [C] Pros. ; ***corpore debilitari*** [C] Pros., être affaibli physiquement

dēbĭtĭo, *ōnis*, f., action de devoir : [C] Pros., [+C] Pros.

dēbĭtŏr, *ōris*, m., débiteur : [C] Pros. ‖ [fig.] ***debitor voti*** [+C] Poés., qui doit ce qu'il a fait voeu d'offrir dans le cas de succès [c.-à-d., dont le voeu a été exaucé, accompli] ; ***debitor vitae*** [C] Poés., redevable de la vie ; [+C] Pros. ‖ [chrét.] qui a une dette envers Dieu, pécheur : [T] Pros.

dēbĭtum, *i*, m., dette d'argent : ***debitum alicui solvere*** [C] Pros., s'acquitter d'une dette envers qqn ‖ devoir : ***debitum conjugale*** [T] Pros., le devoir conjugal

dēbĭtus, *a, um*, part. de *debeo*

dēblătĕrō, *ās, āre, āvī, ātum*, tr., dire en bavardant, à tort et à travers : [-C] Théât., [+C] Pros.

Dēbŏra, *ae*, f., nourrice de Rébecca : [T] Pros.

dēbrĭō, *ās, āre, āvī, ātum*, tr., enivrer complètement : [T] Pros. ; ➡ *deebriatus*

dēbrĭus, *a, um*, entièrement ivre : [T] Poés.

dēbŭī, parf. de *debeo*

dēcăchinnō, *ās, āre, -, -*, tr., rire aux éclats de, se moquer de : ***decachinnamur*** [+C] Pros., nous sommes un objet de risée

dēcăcūmĭnō, *ās, āre, -, -*, tr., tailler la tête [d'un arbre] : [+C] Pros.

dĕcălautĭcō, *ās, āre, -, -*, tr., dépouiller de la coiffure appelée *calautica* : [-C] Poés.

dēcalvātĭo, *ōnis*, f., action de se raser la tête : [T] Pros.

dĕcānĭa, *ōrum*, n. pl., groupe de dix signes du Zodiaque : [C] Poés.

dēcantātĭo, *ōnis*, f., action de répéter, de réciter : [T] Pros.

dēcantō, *ās, āre, āvī, ātum*, tr., chanter sans discontinuer, exécuter en chantant : [C] Poés., [+C] Pros. ‖ répéter une même chose, rebattre, rabâcher : [C] Pros. ‖ faire l'appel successif de : [+C] Poés. ‖ charmer par des enchantements : [+C] Pros.

dĕcānus, *i*, m., dizenier : [T] Pros. [dans un monastère]

dēcarnō, *ās, āre, -, -*, tr., ôter la chair : [+C] Pros.

dēcarpo, C. ➔ *decerpo* : [-C] Pros.

dĕcăstylŏs, *ŏn*, qui a dix colonnes de front : [C] Pros.

Decĕātum, **Decĭātum**, *i*, n., ville de la Narbonnaise ‖ **-ĕātes**, **-ĭātes**, *um* ou *ĭum*, m. pl., Décéates : [+C] Pros.

dēcēdō, *ĭs, ĕre, cessī, cessum*, intr. ¶ **1** s'éloigner de, s'en aller ; [avec *de, ex*, ou abl. seul] : [C] Pros. ; ***de provincia*** [C] Pros., s'en aller de la province ; ***ex Gallia*** [C] Pros., quitter la Gaule ; ***Italia*** [C] Pros. ; ***pugna*** [C] Pros., quitter l'Italie, le combat ‖ ***de via*** [C] Pros., s'écarter de la route ; ***via*** [+C] Pros., s'égarer ; [C] Pros. ‖ ***(de) via decedere alicui***, ou simplt ***decedere alicui***, s'écarter devant qqn, faire place à qqn : [C] Pros. ; ***via alicui*** [+C] Pros., céder le pas à qqn ; [pass. impers.] [C] Pros. ; [fig.] [C] Pros., Poés. ‖ [d'où poét.] : ***serae nocti*** [C] Poés., se retirer devant la nuit tardive, s'en aller avant que la nuit soit avancée ; ***calori*** [C] Poés., se soustraire (se dérober) à la chaleur ‖ [milit.] s'en aller, abandonner une position : [C] Pros. ; ***de colle*** [C] Pros. ; ***de vallo*** [C] Pros., abandonner la colline, le retranchement ‖ [t. officiel] quitter le gouvernement d'une province, quitter la province où l'on a exercé une fonction officielle : ***de provincia*** [C] Pros. ; ***provincia*** [C] Pros. ; ***e provincia*** [C] Pros. ; ***ex Syria*** [C] Pros. ; ***e Cilicia*** [C] Pros., quitter le gouvernement de la Syrie, de la Cilicie ‖ [abst] s'en aller, la fonction accomplie : [C] Pros. ¶ **2** s'en aller, mourir, disparaître : ***de vita*** [C] Pros. ; ***decedere*** [C] Pros. ‖ ***quartana decessit*** [C] Pros., la fièvre quarte a disparu ; ***aestus decedit*** [C] Pros., la marée s'en va ; ***sol decedens*** [C] Poés., le soleil s'en allant, déclinant ¶ **3** [fig.] [avec *de*] renoncer à, se départir de : ***de suis bonis*** [C] Pros., faire cession de ses biens ; ***de suo jure*** [C] Pros., renoncer à son droit ‖ [avec abl.] ***jure suo*** [C] Pros., renoncer à son droit ; ***officio*** [C] Pros., s'écarter du devoir ; [+C] Pros. ‖ [avec *ab*] [C] Pros. ¶ **4** s'en aller (d'un tout), se retrancher de : [C] Pros. ¶ **5** avoir un terme, finir : [+C] Pros.

Dĕcĕlēa (**-īa**), *ae*, f., Décélie [bourg de l'Attique] : [C] Pros.

dĕcem, indécl., dix ‖ dix [= un nombre indéterminé] : [-C] Théât., [C] Pros.

Dĕcembĕr, *bris*, m., décembre [le dixième mois de l'année romaine à compter du mois de mars] : [C] Pros. ‖ adj., du mois de décembre : ***Kalendae Decembres*** [C] Pros., calendes de décembre ; [C] Poés.

dĕcemjŭgĭs, (s.-ent. ***currus***) [char] attelé de dix chevaux : [+C] Pros.

dĕcemmŏdĭus, *a, um*, qui contient dix boisseaux : [+C] Pros. ‖ **decemmodia**, *ae*, f., corbeille qui contient dix boisseaux : [+C] Pros.

dĕcempĕda, *ae*, f., perche de dix pieds [servant de mesure] : [C] Pros., Poés.

dĕcempĕdātŏr, *ōris*, m., arpenteur : [C] Pros.

dĕcemplex, *ĭcis*, décuple : [C] Pros.

dĕcemplĭcātus, *a, um*, décuplé : [C] Pros.

dĕcemprīmi, **dĕcem prīmi**, *ōrum*, m., les dix premiers décurions d'une ville municipale : [C] Pros.

dĕcemrēmis, *e*, qui a dix rangs de rames : [+C] Pros.

dĕcemscalmus, *a, um*, qui a dix rames : [C] Pros.

dĕcemvir, *ĭri*, m., un décemvir, V. ➔ *decemviri* : [C] Pros.

dĕcemvĭrālis, *e*, décemviral, de décemvir : [C] Pros. ; ***decemviralis invidia*** [C] Pros., haine contre les décemvirs ; ***decemvirales leges*** [C] Pros., la loi des Douze Tables

dĕcemvĭrālĭtĕr, adv., en juge : [T] Pros.

dĕcemvĭrātŭs, *ūs*, m., décemvirat, dignité et fonction de décemvir : [C] Pros.

dĕcemvĭri, *ōrum* et *ūm*, m. pl., décemvirs [commission de dix magistrats nommée en 451 av. J.-C. pour rédiger un code de lois, auteurs de la loi des Douze Tables] : [C] Pros. ‖ ***decemviri stlitibus judicandis***, magistrats qui connaissaient des questions de liberté et de droit de cité : [C] Pros., [+C] Pros., (***decemviri*** seul [C] Pros. ‖ toute commission de dix personnes nommée légalement : ***agris dividundis*** [C] Pros., décemvirs chargés d'un partage des terres ; ***sacris faciundis*** [C] Pros., décemvirs [collège de prêtres] chargés de garder les livres sibyllins, de les consulter et d'accomplir les sacrifices voulus

dĕcennālis, *e*, C. ➔ *decennis* : [T] Pros.

dĕcennis, *e*, qui dure dix ans, décennal : [+C] Pros.

dĕcennĭum, *ĭi*, n., espace de dix ans : [+C] Pros.

dĕcens, *tis*, pris adjt, convenable, séant, décent, bienséant : [C] Poés., Pros., [+C] Pros. ‖ bien proportionné, harmonieux, bien fait : ***decens facies*** [C] Poés., traits réguliers, belle figure ; ***decens Venus*** [C] Poés., la belle Vénus ; ***decens equus*** [+C] Pros., cheval bien fait ‖ ***decentior*** [+C] Pros. ; ***-tissimus*** [+C] Pros.

dĕcentĕr, adv., convenablement, avec bienséance : [+C] Pros. ‖ ***-tius*** [C] Pros.

dĕcentĭa, *ae*, f., convenance : [C] Pros.

Dĕcentĭăci, *ōrum*, m. pl., soldats de Décentius : [T] Pros.

Dĕcentĭus, *ĭi*, m., gouverneur des Gaules, qui fut nommé César : [T] Pros.

dĕcĕo, V. ➔ *decet*

dēceptĭo, *ōnis*, f., fait d'être trompé : [T] Pros.

dēceptŏr, *ōris*, m., celui qui trompe, trompeur : [+C] Théât. ‖ le diable : [T] Pros.

dēceptōrĭus, *a, um*, trompeur, décevant : [+C] Pros., [T] Pros.

dēceptus, *a, um*, part. de *decipio*

dĕcēris, *is*, f., navire à dix rangs de rames : [+C] Pros.

dēcermĭna, *um*, n. pl., [au fig.] restes, rebuts : [+C] Pros.

dēcernō, *ĭs, ĕre, crēvī, crētum*, tr. ¶ **1** décider, trancher [une chose douteuse, contestée, par les armes, par la discussion] : [C] Pros. ; [pass. impers.] [C] Pros. ‖ [abst] : [C] Pros. ¶ **2** décider, juger, régler : [C] Pros. ; ***druides decernunt*** [C] Pros., les druides prononcent ‖ décréter : [C] Pros. ; ***supplicationem*** [C] Pros., décréter des actions de grâce aux dieux ; [avec prop. inf.] [C] Pros. ; [avec *ut* subj.] [C] Pros. ; [avec subj. seul] [C] Pros. ¶ **3** décider pour soi-même, se résoudre à [avec inf.] [C] Pros. ; [avec *ut* subj.] [C] Pros. ; [avec subj. seul] [-C] Théât.

dēcerpō, *ĭs, ĕre, cerpsī, cerptum*, tr. ¶ **1** détacher en cueillant, cueillir : ***flores*** [C] Poés., cuellllir dcs fleurs ; ***acinos de uvis*** [-C] Pros., détacher des grains de raisin des grappes ; ***arbore pomum*** [C] Poés., cueillir un fruit à un arbre ¶ **2** [fig.] détacher de, retrancher de : [C] Pros. ; ***aliquid de gravitate decerpere*** [C] Pros., ôter qqch. à l'autorité d'un discours (la diminuer) ‖ recueillir : ***ex re fructus*** [C] Poés., recueillir des avantages d'une chose ; ***decus pugnae*** [+C] Poés., recueillir l'honneur d'un combat ‖ cueillir, détruire : ***spes*** [+C] Pros., faucher des espérances

dēcerptus, *a, um*, part. de *decerpo*

dēcertātio, *ōnis*, f., décision d'un combat, décision : [C] Pros.

dēcertātus, *a, um*, V. ➔ *decerto*

dēcertō, *ās, āre, āvī, ātum*, intr. et qqf. tr. ¶ **1** intr., décider par un combat, trancher une querelle en combattant, livrer une bataille décisive : ***proelio, pugna*** [C] Pros. ; ***armis*** [C] Pros. ou ***decertare*** seul [C] Pros., livrer une bataille décisive [ou simplt] livrer bataille, combattre ; ***cum aliquo*** [C] Pros., contre qqn ; [pass. impers.] [C] Pros. ¶ **2** tr. ; [à l'adj. verb. et au part.], livrer combat au sujet de qqch. [dans un concours] : [+C] Pros. ‖ remplir de combats, de guerres : [+C] Poés.

dēcervīcātus, *a, um*, décapité : [T] Pros.

dēcessĕ, V. ➔ *decedo*

dēcessī, parf. de *decedo*

dēcessĭo, *ōnis*, f. ¶ **1** action de s'éloigner, départ [en parl. de pers. et de ch.] : [C] Pros. ‖ [en part.] départ d'un fonctionnaire de sa province : [C] Pros. ¶ **2** déperdition, soustraction [opp. à *accessio*, "augmentation, addition"] de qqch. : [C] Pros. ‖ diminution, décroissance : [C] Pros. ¶ **3** [fig. en parl. des mots] passage au sens figuré : [+C] Pros. ¶ **4** [chrét.] mort : [T] Pros.

dēcessŏr, *ōris*, m., le sortant, le prédécesseur, magistrat qui sort de charge, c.-à-d. quitte une province après avoir fait son temps : [C] Pros., [+C] Pros.

1 **dēcessus**, *a*, *um*, part. de *decedo*, qui s'est retiré : [T] Poés.

2 **dēcessŭs**, *ūs*, m. ¶ **1** départ : [C] Pros. ‖ sortie de charge [d'un magistrat] : [C] Pros. ‖ décès, mort : [C] Pros. ¶ **2** action de se retirer, de s'en aller : ***decessus aestus*** [C] Pros., le reflux ; ***decessus febris*** [+C] Pros., rémission de la fièvre

dĕcĕt, ***dĕcēre***, ***dĕcŭit***, convenir, être convenable ¶ **1** [avec un sujet nom de chose et un compl. nom de personne à l'acc., qqf. au dat.] ***aliquem res decet*** [C] Pros., une chose va bien à qqn ; ***quod contra decuit*** [C] Pros., ce qui aurait dû être le contraire ‖ [dat.] : [-C] Théât. ¶ **2** [avec un inf. et un acc. nom de pers., qqf. un dat.] ***oratorem irasci minime decet*** [C] Pros., il ne sied pas du tout à l'orateur de se mettre en colère ; [avec inf. pass.] [C] Pros., Poés. ‖ [dat.] [-C] Théât. ¶ **3** [impers.] ***facis ut te decet*** [-C] Théât., tu agis selon ton devoir ; [C] Pros. ‖ [dat.] [-C] Théât., [C] Pros.

Dĕcetĭa, *ae*, f., Décétie [ville de la Gaule, chez les Éduens, auj. Decize] : [C] Pros.

dēcharmĭdō, *ās*, *āre*, *-*, *-*, tr., faire que qqn ne soit plus Charmide, décharmider : [-C] Théât. ; V. *charmidor*

1 **Dĕcĭānus**, *a*, *um*, de Décius : [C] Pros.

2 **Dĕcĭānus**, *i*, m., nom d'homme : [C] Pros.

Decĭātes, V. *Deceatum*

Decidĭus, *ĭi*, m., Décidius Saxa [Celtibère, lieutenant de César] : [C] Pros.

dēcĭdīvus, **dēcădīvus**, *a*, *um*, qui doit tomber : [T] Poés.

1 **dēcĭdō**, *ĭs*, *ĕre*, *cĭdī*, *-*, intr. ¶ **1** tomber de, tomber : [C] Pros. ; ***equo decidere*** [C] Pros., tomber de cheval ; ***ex equis in terram*** [C] Pros. ; ***ab equo in arva*** [C] Poés., tomber de cheval à terre ; ***in terram*** [C] Poés. ; ***in puteum*** [C] Poés., tomber à terre, dans un puits ; ***si decidit imber*** [C] Pros., s'il tombe une averse ‖ [fig.] ***ex astris*** [C] Pros., tomber des astres (= du faîte de la gloire) ¶ **2** [poét.] tomber, succomber, périr : [C] Poés., Pros. ¶ **3** [fig.] tomber, déchoir : ***de spe*** [-C] Théât. ; ***a spe*** [C] Pros. ; ***spe*** [+C] Pros., tomber d'une espérance, avoir son espoir trompé ‖ ***in fraudem*** [C] Pros., tomber dans un crime, en venir à..., tomber, être en décadence ; [+C] Pros. ‖ tomber, essuyer un échec : [C] Pros.

2 **dēcīdō**, *ĭs*, *ĕre*, *cīsī*, *cīsum*, tr. ¶ **1** détacher en coupant, couper, retrancher : ***aures*** [+C] Pros., couper les oreilles ; ***capite deciso*** [+C] Pros., la tête étant coupée ¶ **2** trancher, décider, régler, terminer : ***post decisa negotia*** [C] Pros., une fois les affaires tranchées ‖ [abs^t] : ***cum aliquo decidere*** [C] Pros., s'arranger avec qqn ; ***de aliqua re*** [C] Pros., conclure un arrangement au sujet de qqch. ‖ [verbe seul] s'arranger, s'accommoder, transiger : [C] Pros.

dĕcĭens et **dĕcĭēs**, dix fois : [C] Pros. ; ***HS deciens*** [C] Pros., un million de sesterces ; [C] Poés. ‖ dix fois [pour un nombre indéfini de fois] : [-C] Théât. ; ***deciens centena (milia)*** [C] Poés., un million de sesterces = tout l'argent du monde

1 **dĕcĭma** (**dĕcŭma**), *ae*, f. ¶ **1** ***a)*** dîme offerte aux dieux : [C] Pros., [T] Pros. ‖ le tribut de la dîme : [C] Pros. ; au pl., [C] Pros. ***b)*** au sg. et au pl., libéralité faite au peuple en argent ou en nature : [C] Pros. ***c)*** pl., le dixième d'un héritage : [+C] Pros. ¶ **2** [s.-ent. *hora*] la dixième heure : [C] Pros., [+C] Pros. ¶ **3** [chrét.] dîme à offrir à Dieu : [T] Pros. ‖ aux prêtres : [T] Pros.

2 **Dĕcĭma**, *ae*, f., déesse présidant aux accouchements [dixième mois] : [C] d. [+C] Pros.

dĕcĭmāna mulier (**dĕcŭ-**) et abs^t **-māna**, *ae*, f., femme d'un percepteur de la dîme : [C] Pros.

1 **dĕcĭmānus** (**dĕcŭ-**), *a*, *um* ¶ **1** donné en payement de la dîme : ***decumanum frumentum*** [C] Pros., le froment de la dîme ‖ sujet à la dîme : ***decumanus ager*** [C] Pros., territoire qui paye la dîme ¶ **2** appartenant à la dixième légion : [C] Pros. **dedecumani**, *orum*, m. pl., les soldats de la 10e légion : [+C] Pros. ‖ ***decumana porta*** [C] Pros., la porte décumane [près de laquelle étaient campées les dixièmes cohortes des légions] ; ***decumanus limes*** [+C] Pros., allée (traverse) qui va du levant au couchant ¶ **3** [fig.] gros, grand, considérable : [-C] Poés.

2 **dĕcĭmānus** (**dĕcŭ-**), *i*, m., fermier, percepteur de la dîme : [C] Pros. ‖ soldat de la 10e légion, V. *1 decimanus*

dĕcĭmātes, V. *decumates*

dĕcĭmātĭo (**dĕcŭ-**), *ōnis*, f., action de décimer : [T] Pros. ‖ dîme : [T] Pros.

dĕcĭmātus, *a*, *um*, part. de *decimo* ‖ adj^t [fig.] choisi, distingué : [T] Pros.

dĕcĭmō (**dĕcŭ-**), *ās*, *āre*, *-*, *-*, tr., décimer, punir [ordin^t de mort] une personne sur dix : [abs^t] [+C] Pros. ; [avec acc.] [+C] Pros. ‖ [chrét.] offrir la dîme : [T] Pros. ‖ faire payer la dîme : [T] Pros.

dĕcĭmum (**dĕcŭ-**) ¶ **1** adv., pour la dixième fois : [C] Pros. ¶ **2** n. pris subst^t, le décuple : [C] Pros. ; V. *octavum*

1 **dĕcĭmus** (**dĕcŭ-**), *a*, *um*, dixième : [C] Pros., Poés. ; ***decuma pars*** [-C] Théât., la dîme ‖ **dĕcĭmus**, *i*, m. pris subst^t ***a)*** (s.-ent. ***liber***) : [+C] Pros. ***b)*** (s.-ent. ***dies***) : [+C] Pros. ‖ **dĕcĭma**, f., V. *1 decima* ‖ [fig.] gros, considérable : ***decimus fluctus*** [+C] Poés., la plus grosse vague ; [C] Poés. ‖ n., V. *decimum*

2 **Dĕcĭmus**, *i*, m., prénom romain, écrit en abrégé *D*

dēcĭnĕrescō, *ĭs*, *ĕre*, *-*, *-*, intr., tomber en cendres : [+C] Pros.

dēcĭpĭō, *ĭs*, *ĕre*, *cēpī*, *ceptum*, tr. ¶ **1** prendre, surprendre, attraper : [-C] Théât. ¶ **2** [fig.] attraper, tromper, abuser : [C] Pros. ; ***decipere exspectationes*** [C] Pros., tromper les attentes ; ***custodiam*** [+C] Pros., tromper la surveillance ; [poét.] ***diem*** [C] Poés., charmer l'ennui du jour ‖ [avec gén. de relation] ***decipi laborum*** [C] Poés., être distrait de ses peines

dēcĭpŭla, *ae*, f., piège, lacet, lacs : [T] Pros. ‖ [fig.] [T] Pros. ou **dēcĭpŭlum**, *i*, n., [+C] Pros.

dēcircĭnō, *ās*, *āre*, *-*, *-*, tr., tracer avec le compas : [C] Poés.

dēcīsĭo, *ōnis*, f. ¶ **1** amoindrissement : [+C] Pros. ¶ **2** action de trancher une question débattue, solution, arrangement, accommodement, transaction : [C] Pros.

dēcīsus, *a*, *um*, part. de *2 decido*

Dĕcĭus, *ĭi*, m., **Dĕcĭi**, *ĭōrum*, m., Décius, les Décius [nom de trois illustres Romains qui se dévouèrent pour la patrie] : [C] Pros. ‖ Décius Magius, citoyen de Capoue : [C] Pros.

dēclāmātĭo, *ōnis*, f., déclamation ¶ **1** exercice de la parole : [C] Pros., [+C] Pros. ‖ sujet traité comme exercice : [+C] Pros. ‖ thème, sujet à déclamation : [+C] Poés. ¶ **2** [en mauvaise part] discours banal, propos rebattus : [C] Pros. ‖ protestation bruyante : [C] Pros. ‖ style déclamatoire : [+C] Pros.

dēclāmātĭuncŭla, *ae*, f., petite déclamation : [+C] Pros., [T] Pros.

dēclāmātŏr, *ōris*, m., déclamateur, celui qui s'exerce à la parole : [C] Pros., [+C] Pros.

dēclāmātōrĭē, adv., en déclamateur : [+T] Pros.

dēclāmātōrĭus, *a*, *um*, qui a rapport à la déclamation, à l'exercice de la parole : [C] Pros., [+C] Pros.

dēclāmātus, *a*, *um*, part. de *declamo*

dēclāmĭtō, *ās*, *āre*, *āvī*, *ātum* ¶ **1** intr., s'exercer avec ardeur à la déclamation, faire de fréquents exercices de parole : [C] Pros. ‖ [en mauvaise part] ***de aliquo*** [C] Pros., prendre quelqu'un comme thème de ses déclamations ¶ **2** tr., ***causas*** [C] Pros., s'exercer à prononcer des plaidoiries

dēclāmō, *ās*, *āre*, *āvī*, *ātum* ¶ **1** intr., déclamer, s'exercer à la parole : [C] Pros., [+C] Pros. ‖ [en mauvaise part] parler avec violence, criailler, invectiver : ***contra aliquem*** [C] Pros. ; ***in aliquem*** [C] Pros., se répandre en invectives contre quelqu'un ; ***alicui*** [C] Poés., parler à quelqu'un sur un ton déclamatoire ¶ **2** tr., ***aliquid*** [C] Pros., exposer qqch. dans un exercice préparatoire, dans une déclamation ; ***suasorias*** [+C] Pros., déclamer des *suasoriae*

dēclārātĭo, *ōnis*, f., action de montrer, manifestation : [C] Pros.

dēclārātīvus, *a*, *um*, qui fait voir clairement : [+C] Pros.

dēclārātŏr, *ōris*, m., celui qui proclame : [+C] Pros.

dēclārātus, *a*, *um*, part. de *declaro*

dēclārō, *ās, āre, āvī, ātum*, tr., montrer, faire voir clairement : [C] Pros. ‖ proclamer, nommer [un magistrat, un vainqueur] : [C] Pros., Poés. ‖ annoncer officiellement : ***munera*** [C] Pros., annoncer une célébration de jeux ‖ [au fig.] exprimer, signifier : ***motus animorum*** [C] Pros., traduire, exprimer des émotions ; [avec prop. inf.] [C] Pros. ; [avec interrog. indir.] [C] Pros.

dēclīnātĭo, *ōnis*, f. ¶ **1** action de détourner, inflexion, flexion : ***parva (corporis) declinatione*** [C] Pros., [+C] Pros., en se détournant un peu ‖ déclinaison, déviation [des atomes] : [C] Pros. ¶ **2** inclinaison de la terre vers les pôles, région du ciel, climat, exposition : [C] Pros., [+C] Pros. ¶ **3** [fig.] action de se détourner de, d'éviter, de fuir, aversion, répugnance pour qqch. : [C] Pros. ‖ écart, petite digression : [C] Pros. ‖ abandon motivé d'un développement : [C] Pros. ¶ **4** [gram.] ***a)*** toute espèce de changement amené dans un mot par la déclinaison, la conjugaison, la dérivation : [C] Pros. ***b)*** [en part.] la conjugaison : [+C] Pros. ; la déclinaison : [+C] Pros.

1 **dēclīnātus**, *a, um*, part. de *declino*

2 **dēclīnātŭs**, *ūs*, m., [gram.] formation de mots par dérivation : [C] Pros.

dēclīnis, *e*, qui s'éloigne : [+C] Poés.

dēclīnō, *ās, āre, āvī, ātum*

I tr. ¶ **1** détourner, incliner : [-C] Théât. ; ***se recta regione*** [C] Poés., se détourner du chemin, de la ligne verticale ; [C] Pros. ¶ **2** [fig.] faire dévier, infléchir : [-C] Théât., [+C] Pros. ; ***aetate declinata*** [+C] Pros., dans un âge avancé, sur son déclin ‖ rejeter sur, imputer : [C] Pros., [+C] Pros. ‖ [gram.] changer les mots au moyen de flexions [décliner, conjuguer, dériver] : [C] Pros. [en part.] conjuguer et décliner : [+C] Pros. ; décliner : [+C] Pros. ¶ **3** [fig.] éviter en s'écartant, esquiver : [C] Pros. ; ***impetum*** [C] Pros., parer une attaque ; ***judicii laqueos*** [C] Pros., esquiver les filets de la justice ‖ ***invidiam*** [+C] Pros., se dérober à la malveillance

II intr. ¶ **1** se détourner : ***de via*** [C] Pros., se détourner de la route ; ***a Capua*** [C] Pros., se détourner de Capoue ¶ **2** [fig.] ***a)*** s'écarter, s'éloigner : ***de statu suo*** [C] Pros., changer son attitude (ses dispositions) ; ***a malis*** [C] Pros., éviter le mal ; ***a proposito*** [C] Pros., s'écarter de son objet ; ***ad discendum jus*** [+C] Pros., se détourner vers l'étude du droit ‖ s'écarter du droit chemin : [+C] Pros. ***b)*** s'égarer : [C] Poés. ; ***in pejus*** [+C] Pros., empirer ‖ [méd.] s'affaiblir, diminuer, décliner : [+C] Pros.

dēclīvis, *e* ¶ **1** qui est en pente [pente vue d'en haut ; *acclivis*, vue d'en bas] : [C] Pros. ‖ n. pris subst[t], ***per declive*** [C] Pros., sur la pente ¶ **2** [fig.] sur son déclin : ***aetate declivis*** [+C] Pros., au déclin de l'âge ¶ **3** inclinant vers : [T] Pros. ‖ ***declivior*** [T] Pros.

dēclīvĭtās, *ātis*, f., pente, penchant : [C] Pros., [T] Pros.

dēcŏco, ➤ *decoquo*

dēcocta, *ae*, f. (s.-ent. ***aqua***) eau bouillie qui est ensuite rafraîchie dans la neige : [+C] Pros., Poés.

dēcoctŏr, *ōris*, m., dissipateur, homme ruiné, banqueroutier : [C] Pros.

dēcoctus, *a, um*, part. de *decoquo* ‖ adj[t], ***decoctior*** [+C] Poés., mieux mijoté ‖ ➤ *decocta*

dēcollātus, *a, um*, part. de *decollo*

dēcollō, *ās, āre, āvī, ātum*, tr., décoller, décapiter : [+C] Pros., Poés.

dēcōlō, *ās, āre, āvī, ātum*, intr., s'en aller entièrement par l'étamine ; [d'où, fig.] s'en aller, glisser entre les doigts, faire défaut : [-C] Théât., [C] Pros.

dēcŏlŏr, *ōris*, adj., qui a perdu sa couleur naturelle, décoloré, terni, noirci : ***decolor sanguis*** [C] Pros., sang altéré ; ***decolor sanguine*** [C] Poés., souillé de sang ; ***decolor Indus*** [C] Poés., l'Indien basané ‖ [fig.] corrompu, gâté : ***decolor aetas*** [C] Poés., un âge qui a perdu ses qualités premières [par opp. à l'âge d'or]

dēcŏlōrātĭo, *ōnis*, f., altération de la couleur : [C] Pros.

dēcŏlōrātus, *a, um*, part. de *decoloro* ‖ adj., ***-tior*** [T] Pros., plus altéré, plus troublé

dēcŏlōrō, *ās, āre, āvī, ātum*, tr., altérer la couleur : ***decolorare mare*** [C] Poés., faire perdre sa couleur à la mer ; ***cutem*** [+C] Pros., altérer le teint ; ***decolorari ex albo*** [+C] Pros., perdre la couleur blanche

dēcŏlōrus, *a, um*, ➤ *decolor* : [T] Poés.

dēcondō, *ĭs, ĕre, -, -*, tr., mettre au fond de [avec *in* acc.] : [+C] Pros.

dēcontŏr, *ārĭs, ārī, -*, intr., balancer, hésiter : [+C] Pros.

dēcŏquō (**dēcŏcō**), *ĭs, ĕre, coxī, coctum*, tr. ¶ **1** réduire par la cuisson ; ***aliquid***, qqch. : [-C] Pros., [C] Pros. ‖ séparer par fusion : [C] Pros. ‖ [fig.] séparer, retrancher : [+C] Pros. ‖ affaiblir, réduire à néant : [+C] Pros. ‖ [abs[t]] se réduire, se volatiliser : [+C] Pros. ‖ [fig.] ruiner : [+C] Poés. ; [abs[t]] dissiper sa fortune, se ruiner, faire banqueroute : [C] Pros. ¶ **2** faire cuire entièrement : ***holus*** [C] Poés., faire cuire des légumes ¶ **3** digérer : [T] Pros.

1 **dĕcŏr**, *ōris*, m. ¶ **1** ce qui convient, ce qui est séant : [C] Poés., [+C] Pros. ¶ **2** parure, ornement, charme : [+C] Pros. ; élégance du style : [+C] Pros. ‖ pl., ***scenai decores*** [C] Poés., les ornements de la scène ¶ **3** [en part.] beauté corporelle, grâce, charme : [C] Poés., [+C] Pros.

2 **dĕcŏr**, *ŏris*, adj., beau, magnifique : [C] Pros., [+C] Pros.

dĕcŏrāmĕn, *ĭnis*, n., ornement, parure : [+C] Poés., [T] Poés.

dĕcŏrāmentum, *i*, n., ➤ *decoramen* : [T] Pros.

dĕcŏrātus, *a, um*, part. de *decoro*

dĕcōrē, adv., convenablement, dignement : [C] Pros. ‖ artistement : [C] Pros.

dĕcōrĭtĕr, ➤ *decore* : [+C] Pros.

dĕcŏrō, *ās, āre, āvī, ātum*, tr., décorer, orner, parer : [C] Pros., Poés. ‖ [fig.] honorer, parer, rehausser : [C] Pros.

dĕcōrus, *a, um* ¶ **1** qui convient, qui sied : [C] Pros. ; ***decorum est*** [avec inf. ou prop. inf.], il convient de ou que : [C] Pros. ‖ n. pris subst[t], **dĕcōrum**, ce qui convient, la convenance, les bienséances [grec τὸ πρέπον] : [C] Pros. ‖ [avec dat.] [C] Pros., [+C] Pros. ‖ [avec *ad*] ***(auri venae) ad ornatum decorae*** [C] Pros., (veines d'or) séantes à la parure ‖ [avec abl.] = digne de : [-C] Théât. ‖ [avec *pro*] [+C] Pros. ¶ **2** orné, paré : ***aedes decora*** [C] Poés., maison bien parée ‖ beau, élégant : ***arma decora*** [C] Pros., riches armes ; ***decora facie*** [C] Pros., d'un beau visage ; [C] Poés. ‖ pl. n., **dĕcōra**, ornements, honneurs : [+C] Pros. ‖ [avec abl.] [C] Poés.

dēcoxī, parf. de *decoquo*

dēcrēmentum, *i*, n., amoindrissement, diminution : [+C] Pros. ‖ décours de la lune : [+C] Pros.

dēcrĕpĭtus, *a, um*, décrépit, ratatiné : [-C] Théât. ; ***aetas decrepita*** [C] Pros., âge décrépit

dēcrescentĭa, *ae*, f., décroissement, décours de la lune : [C] Pros.

dēcrescō, *ĭs, ĕre, crēvī, crētum*, intr., décroître, diminuer, se rapetisser : [C] Pros., Poés., [+C] Pros. ‖ [poét.] décroître aux yeux, disparaître : [+C] Poés.

dēcrētālis, *e*, de décret, ordonné par décret : [T] Pros.

dēcrētŏr, *ōris*, m., qui décide : [T] Pros.

dēcrētōrĭus, *a, um*, décisif, définitif : [+C] Pros. ; ***decretoria hora*** [+C] Pros., l'heure fatale ; ***decretoria pugna*** [+C] Pros., combat décisif

dēcrētum, *i*, n. ¶ **1** décision, décret : [C] Pros. ¶ **2** [phil.] principe, dogme : [C] Pros., [+C] Pros.

dēcrētus, *a, um*, part. de *decerno*, ➤ aussi *decresco*

dēcrēvī, parf. de *decerno* et de *decresco*

Decrĭānus, *i*, m., architecte de l'empereur Hadrien : [T] Pros.

dēcŭbō, *ās, āre, -, -*, intr., découcher : [+C] Pros.

dēcŭbŭī, parf. de *decumbo*

dēcŭcurri, ➤ *decurro*

dēculcō, *ās, āre, -, -*, tr., fouler, presser : [fig.] [+C] Poés.

dēculpō, *ās, āre, -, -*, tr., blâmer : ***deculpatum verbum*** [+C] Pros., mot condamné

dĕcŭma, etc., ➤ *decim-*

dĕcŭmātes ăgri, m. pl., champs décumates [région comprise entre Rhin, Main et Neckar] : [+C] Pros.

dēcumbō, *ĭs, ĕre, cŭbŭī, -*, intr. ¶ **1** se coucher, se mettre au lit : [-C] Pros. ‖ se mettre sur un lit, à table : [-C] Théât. ¶ **2** se laisser tomber à terre [en parl. du gladiateur qui s'avoue vaincu et attend la mort] : [C] Pros.

dĕcŭmo, -mus, V▶ *decim-*

dēcunctor, V▶ *decontor* : [+C] Pros.

dĕcŭplus, *a, um*, décuple : [T] Pros.

dĕcŭrĭa, *ae*, f., décurie ¶**1** réunion de dix, dizaine : [+C] Pros. ¶**2** [t. officiel] division par corps, corporation, confrérie : ***decuria senatoria*** [C] Pros., décurie de juges sénateurs [au temps de Cicéron d'après la loi Aurelia, trois décuries de juges : sénateurs, chevaliers, tribuns du trésor] ‖ ***decuriam (scribarum) emere*** [C] Pros., acheter son entrée dans la corporation des scribes ‖ [plais[t]] société de buveurs : [-C] Théât. ¶**3** [chrét.] groupe de neuf moines dirigés par un dixième [dizenier] : [T] Pros.

dĕcŭrĭātĭo, *ōnis*, f., division par décuries, V▶ *1 decurio* : [C] Pros.

1 **dĕcŭrĭātus**, *a, um*, part. de *1 decurio*

2 **dĕcŭrĭātŭs**, *ūs*, m., V▶ *decuriatio* : [C] Pros.

1 **dĕcŭrĭō**, *ās, āre, āvī, ātum*, tr. ¶**1** distribuer par décuries : ***equites*** [C] Pros., distribuer les cavaliers en décuries ¶**2** [fig.] enrôler par décuries, former des factions, des cabales : [C] Pros.

2 **dĕcŭrĭo**, *ōnis*, m., décurion, officier qui primitivement commandait dix cavaliers : [C] Pros. ‖ décurion, sénateur dans les villes municipales ou dans les colonies : [C] Pros. ‖ décurion, chef de personnel au palais : [+C] Pros.

dēcurrō, *ĭs, ĕre, currī* (*cūcurrī*), *cursum*, intr. et tr. **I** intr. ¶**1** descendre en courant, se précipiter : [C] Pros. ; ***ad naves decurrunt*** [C] Pros., ils descendent au pas de course vers les navires ; ***ex montibus in vallem*** [C] Pros., descendre au pas de course des montagnes dans la vallée ; ***de tribunali*** [C] Pros., se précipiter de son tribunal ; ***summa ab arce*** [C] Poés., accourir du haut de la citadelle ***alta arce*** [C] Poés. ¶**2** faire des manœuvres et évolutions militaires : [C] Pros. ; ***cum legionibus decurrebat*** [C] Pros., il prenait part aux manoeuvres des légions ¶**3** [en parl. de courses de chars] [C] Pros. ¶**4** faire une traversée : [C] Pros. ‖ descendre vers la mer : [+C] Pros. ¶**5** se précipiter, descendre [en parl. d'un cours d'eau] : [C] Poés., Pros. ¶**6** s'en aller en courant : [+C] Pros. ; [fig.] ***per totas quaestiones*** [+C] Pros., parcourir toutes les questions ¶**7** [fig.] venir à, aboutir à : ***ad iras proclivius*** [C] Poés., céder à la colère plus rapidement ; [C] Pros. ‖ recourir à : [C] Pros. ; ***ad aliquem*** [+C] Pros., recourir à qqn **II** tr., parcourir d'un bout à l'autre un espace : [C] Pros. ; ***decurso spatio*** [C] Pros., après avoir parcouru la carrière [dans l'arène] ‖ [fig.] ***aetate decursa*** [C] Pros., au terme de sa carrière ; [C] Poés.

dēcursĭo, *ōnis*, f. ¶**1** action de descendre à la course, incursion de cavalerie, ou descente brusque : [C] Pros. ‖ descente de l'eau : [T] Pros. ¶**2** évolution (manœuvre) militaire, revue : [+C] Pros.

1 **dēcursus**, *a, um*, part. de *decurro*

2 **dēcursŭs**, *ūs*, m. ¶**1** action de descendre à la course, descente au pas de course : [C] Pros., [+C] Pros. ‖ descente rapide, chute : [C] Poés. ¶**2** pente [d'un terrain] : [C] Pros. ¶**3** action de parcourir jusqu'au bout, d'achever une course : ***destitit ante decursum*** [+C] Pros., il se retira avant d'avoir achevé la course ‖ [fig.] ***decursus honorum*** [C] Pros., le parcours entier de la carrière des charges ¶**4** [milit.] évolution, exercice, manœuvre, défilé, parade : [C] Pros., [+C] Pros. ¶**5** [rhét.] allure, mouvement rythmique des vers : [+C] Pros.

dēcurtans, *tis*, part. de **decurto*

dēcurtātus, *a, um*, part. de **decurto*

dēcurtō**, *ās, āre, -, ātum*, tr., [n'existe qu'au part. prés. [T] Pros. et au part. passé] ‖ raccourcir : ***decurtatus [+C] Pros., mutilé

dĕcŭs, *ŏris*, n., tout ce qui sied, tout ce qui va bien, ornement, parure, gloire, illustration : ***decora fanorum*** [C] Pros., les ornements des temples ; ***decus senectutis*** [C] Pros., parure de la vieillesse ; ***militiae*** [C] Pros., exploits militaires ‖ ***decora Sulpiciae*** [+C] Pros., l'illustration [= la noblesse illustre] de la *gens Sulpicia* ‖ [phil.] bienséance, ce qui sied, la dignité morale, l'honneur : [C] Pros.

dĕcŭsātim, **dĕcŭsātĭo**, , **dĕcŭso**, V▶ *decuss-*

dĕcussātim, adv., avec intersection : [C] Pros., [+C] Pros.

dĕcussātĭo, *ōnis*, f., intersection [de deux lignes] : [C] Pros.

dĕcussātus, *a, um*, part. de *decusso*

dēcussī, parf. de *decutio*

dĕcussis (**dĕcŭsis**), *is*, m. ¶**1** le nombre dix, dizaine : ***decusis sexis*** [C] Pros., le nombre seize ¶**2** intersection : ***decusis punctum*** [C] Pros., point d'intersection ¶**3** pièce de monnaie valant dix as : [C] Pros.

dĕcussissexis, V▶ *decussis*

dĕcussō, *ās, āre, āvī, ātum*, tr., croiser en forme d'X, croiser en sautoir : [C] Pros., [+C] Pros.

dēcussus, *a, um*, part. de *decutio*

dēcŭtĭo, *ĭs, ĕre, cussī, cussum*, tr. ¶**1** abattre en secouant, en frappant : [C] Pros. ¶**2** faire tomber de, enlever à : [avec *ex*] [-C] Théât., [+C] Pros. ‖ [avec abl.] [C] Poés.

dēdĕcĕt, *cēre, cŭit* [pour la constr. V▶ *decet*] ne pas convenir, être malséant ¶**1** [C] Poés. ; ***si quid dedecet*** [C] Pros., s'il y a qqch. de malséant ¶**2** [avec inf. pass.] [+C] Pros. ¶**3** ***ut ne dedeceat*** [C] Pros., en évitant l'inélégance ¶**4** [poét., constr. personnelle] [+C] Poés., Pros.

dēdĕcŏr, *ŏris*, adj., laid, honteux, indigne : [+C] Poés.

dēdĕcŏrātŏr, *ōris*, m., celui qui déshonore, qui flétrit : [+C] Pros.

dēdĕcŏrō, *ās, āre, āvī, ātum*, tr., défigurer, déformer, enlaidir : [C] Poés. ‖ [fig.] déshonorer, flétrir, souiller : [C] Pros.

dēdĕcōrus, *a, um*, déshonorant, honteux : [+C] Pros.

dēdĕcŭs, *ŏris*, n. ¶**1** déshonneur, honte, ignominie, infamie, indignité : [C] Pros. ; ***dedecori esse alicui*** [C] Pros., être un objet de honte pour qqn ‖ action déshonorante : ***dedecus admittere*** [C] Pros., commettre une action honteuse ; ***in dedecora incurrunt*** [C] Pros., ils en viennent aux actes déshonorants ¶**2** [phil., oppos. à *decus*] [C] Pros.

1 **dĕdī**, parf. de *1 do*

2 **dēdi**, inf. prés. pass. de *dedo*

dēdĭcātĭo, *ōnis*, f., consécration, dédicace, inauguration [d'un temple, d'un théâtre] : [C] Pros.

dēdĭcātŏr, *ōris*, m., celui qui fait une dédicace, [d'où] auteur de : [+C] Pros.

dēdĭcātus, *a, um*, part. de *dedico*

dēdĭcō, *ās, āre, āvī, ātum*, tr. ¶**1** déclarer, révéler : [C] Poés. ‖ ***praedia in censu*** [C] Pros., déclarer ses biens au censeur ***in censum*** [+C] Pros. ¶**2** dédier, consacrer [avec acc. de l'objet consacré] : ***aedem Castori*** [C] Pros., consacrer un temple à Castor ; ***simulacrum Jovis*** [C] Pros., consacrer la statue de Jupiter ‖ [avec acc. du nom de la divinité] : [C] Pros. ; ***Junonem dedicare*** [C] Pros., consacrer un temple à Junon ‖ ***libros operi*** [+C] Pros., consacrer des volumes à un travail ‖ inaugurer [une maison, un théâtre] : [+C] Pros.

dēdignātĭo, *ōnis*, f., dédain, refus dédaigneux : [+C] Pros.

dēdignātus, *a, um*, part. de *dedignor*

dēdignŏr, *ārĭs, ārī, ātus sum*, tr., repousser qqch. ou qqn comme indigne, dédaigner, refuser : ***dedignari aliquid*** [+C] Pros., dédaigner qqch. ; ***aliquem maritum*** [C] Poés., dédaigner qqn comme mari ; [avec inf.] ***intueri dedignari*** [+C] Pros., refuser de regarder ; [C] Poés. ‖ [avec prop. inf.] [T] Pros. ‖ [abs[t]] [+C] Pros.

dēdiscō, *ĭs, ĕre, dĭdĭcī, -*, tr., désapprendre, oublier ce qu'on a appris : ***aliquid*** [C] Pros., désapprendre qqch. ; ***loqui*** [C] Pros., ne plus savoir parler ‖ [poét.] [+C] Poés. ; ***dedisce captam*** [-C] Théât., oublie la captivité

dēdĭtīcĭus, *a, um*, rendu à discrétion, à merci, soumis sans condition ; m. pris subst[t], **dediticius**, *ii*, [sg.] [C] Pros. ; [pl.] [C] Pros.

dēdĭtĭo, *ōnis*, f., capitulation, reddition, soumission : [C] Pros. ; ***deditione facta*** [C] Pros., la soumission étant faite ; ***in deditionem venire*** [C] Pros. ; ***deditionem subire*** [C] Pros., se rendre, capituler ; ***deditio ad Romanos*** [C] Pros., soumission aux Romains ; ***in deditionem accipere*** [C] Pros. ; ***recipere*** [C] Pros., recevoir à discrétion

dēdĭtus, *a, um* ¶ **1** part. de *dedo* ¶ **2** adj^t **a)** dévoué à (***alicui, alicui rei***, à qqn, à qqch.) : [C] Pros. ‖ adonné à une passion : [C] Pros. **b)** livré à : [C] Poés. ‖ ***deditior*** [T] Pros.

dēdō, *ĭs, ĕre, dĭdī, dĭtum*, tr. ¶ **1** livrer, remettre : ***aliquem hostibus in cruciatum*** [C] Pros., livrer qqn à l'ennemi pour un supplice ; ***aliquem telis militum*** [C] Pros., livrer qqn aux traits des soldats ; ***aliquem alicui ad supplicium*** [C] Pros., livrer qqn à qqn pour subir un supplice ‖ [milit.] donner sans condition : [C] Pros. ; ***sese dedere*** [C] Pros., se rendre, capituler ¶ **2** [fig.] livrer, abandonner : ***aliquem crudelitati alicujus*** [C] Pros., livrer qqn à la cruauté de qqn ‖ ***se dedere alicui, alicui rei***, se consacrer, se dévouer à qqn, à qqch. : [C] Pros. ; ***se ad scribendum*** [C] Pros., s'adonner au travail de la composition ‖ ***se aegritudini*** [C] Pros. ; ***libidinibus*** [C] Pros., s'abandonner au chagrin, se donner aux passions ‖ ***dedita opera***, avec intention, à dessein : [-C] Théât., [C] Pros. ; [rare^t] ***opera dedita*** [C] Pros.

dēdŏcĕō, *ēs, ēre, dŏcŭī, doctum*, tr., faire oublier ce qu'on a appris, faire désapprendre : ***dedocere aliquem geometrica*** [C] Pros., faire désapprendre la géométrie à qqn ; [C] Poés., Pros. ‖ ***dedocendus*** [C] Pros.

dēdŏlātus, *a, um*, part. de *dedolo*

dēdŏleō, *ēs, ēre, ŭī, -*, intr., cesser de s'affliger, mettre fin à sa douleur : [C] Poés.

dēdŏlō, *ās, āre, āvī, ātum*, tr., abattre ou polir avec la doloire, raboter : [+C] Poés., Pros.

dēdūc, **dēdūcĕ**, ▶ *deduco*

dēdūcō, *ĭs, ĕre, dūxī, ductum* ¶ **1** faire descendre **a)** ***aliquem de rostris deducere*** Caes., faire descendre qqn de la tribune aux harangues ; ***de vallo deducere*** Caes., faire descendre du retranchement ; ***ex locis superioribus in campum copias deducere*** Caes., faire descendre les troupes des hauteurs dans la plaine **b)** [fig.] tirer de, dériver de : ***deductum nomen ab Anco*** Ov., nom dérivé d'Ancus ¶ **2** conduire hors d'un lieu, emmener hors de, détourner de, ôter de **a)** ***ex agris deducere*** Caes., emmener des champs ; ***exercitum finibus alicujus deducere*** Liv., retirer l'armée du territoire de qqn ‖ [en part.] emmener du rivage à la mer, mettre à la mer : ***naves deducere*** Caes., mettre les navires à flot ‖ faire partir, évincer d'une propriété : Cic. **b)** détourner : ***atomos de via deducere*** Cic., détourner les atomes de leur chemin ; ***aqua deducta*** Cic., eau détournée **c)** [fig.] détourner de, faire revenir de : ***aliquem de sententia deducere*** Cic., faire changer qqn d'avis ; ***a timore aliquem deducere*** Cic., faire revenir qqn de ses craintes **d)** [par ext.] retrancher, soustraire, déduire : ***de capite deducere aliquid*** Liv., déduire une somme du capital ; ***addendo deducendoque*** Cic., par des additions et des soustractions ¶ **3** conduire dans un lieu, emmener vers, amener à **a)** ***deducere aliquem ad aliquem*** Cic., conduire qqn vers qqn ; ***coloniam in locum aliquem deducere*** Cic., conduire une colonie qq. part ; ***impedimenta in proximum collem deducere*** Caes., emmener les bagages sur la colline la plus proche ‖ [en part.] emmener dans la maison de l'époux : ***deducere virginem ad aliquem*** Liv., conduire une fiancée chez son époux **b)** [par ext.] escorter, accompagner qqn : Cic. **c)** [fig.] amener à : ***ad fletum aliquem deducere*** Cic., amener qqn à pleurer ; ***res ad arma deducitur*** Caes., on en vient aux armes ; ***huc rem deducere ut*** Caes., amener les choses à ce point que ... ‖ [en part.] amener à un autre parti, séduire, gagner : Caes., Cic. ¶ **4** étendre, étirer : ***deducere bracchia*** Prop., étendre les bras ; ***filum deducere*** Ov., étirer le fil, tisser ‖ [fig.] ***versus deducere*** Hor., tisser, composer des vers ; ***commentarios deducere*** Quint., rédiger des notes

dēducta, (s.-ent. ***pars***), *ae*, f., somme déduite d'un héritage et abandonnée par l'héritier : [C] Pros.

dēductĭo, *ōnis*, f., action d'emmener, de détourner : ***rivorum a fonte*** [C] Pros., dérivation de ruisseaux d'une source ; ***aquae*** [C] Pros., détournement d'une eau ‖ ***militum in oppida*** [C] Pros., action d'emmener des troupes dans des places fortes ‖ action d'emmener une colonie : [C] Pros. ‖ éviction symbolique d'une possession : [C] Pros. ‖ transport [de pierres] : [C] Pros. ‖ action d'abaisser [le bras d'un levier] : [C] Pros. ‖ déduction, retranchement : [C] Pros., [+C] Pros.

dēductŏr, *ōris*, m., celui qui accompagne, qui escorte un candidat : [C] Pros.

1 **dēductus**, *a, um*, part. de *deduco* ‖ adj^t, abaissé : ***deductior*** [+C] Pros. ‖ ***deductum carmen*** [C] Poés., chant simple, d'un ton modéré

2 **dēductŭs**, abl. *ū*, m., descente : ***deductu ponderis*** [+C] Pros., par la chute d'un corps pesant

dēdux, *ŭcis*, adj., issu de [avec gén.] : [T] Pros.

dēduxī, parf. de *deduco*

dēēbrĭātus (**dēb-**), *a, um*, ivre : [T] Poés.

Dĕensis, *e*, adj., de Die : ***Deensis urbs*** [+T] Pros., Die [ville de la Narbonnaise]

dĕĕō, *īs, īre, -, -*, intr., aller d'un lieu à un autre, descendre : [+C] Poés.

deerat, **deerit**, de *desum*

deerrō, *ās, āre, āvī, ātum*, intr., s'écarter du droit chemin, se fourvoyer, se perdre : ***in itinere*** [C] Pros., s'égarer en chemin, faire fausse route ; ***deerrare ab aliquo*** [-C] Théât., s'égarer en s'éloignant de qqn ; ***itinere*** [+C] Pros., s'écarter de son chemin ‖ [fig.] ***a vero*** [C] Poés., s'écarter de la vérité ; ***significatione*** [+C] Pros., s'écarter de l'acception ordinaire

deest, de *desum*

dēfaecābĭlis, *e*, qu'on peut nettoyer : [T] Pros.

dēfaecō (**-fēcō**), *ās, āre, āvi, ātum*, tr., [fig.] clarifier, purifier, éclaircir : [-C] Théât.

defaen-, ▶ *defen-*

dēfāmātus, *a, um*, décrié : [+C] Pros.

dēfāmis, *e*, infâme, décrié : [+C] Pros.

dēfānātus, *a, um*, profané, souillé : [T] Pros.

dēfătīgātĭo (**dēfĕ-**), *ōnis*, f., fatigue, lassitude, épuisement : [C] Pros. ; ***quaerendi*** [C] Pros., lassitude de chercher

dēfătīgātus, *a, um*, part. de *defatigo*

dēfătīgō (**dēfĕ-**), *ās, āre, āvī, ātum*, tr., fatiguer, lasser, épuiser : [C] Pros. ‖ [fig.] ***judices*** [C] Pros., lasser les juges ; ***numquam defatigabor*** [C] Pros., je ne me lasserai jamais ; ***non defatigabor permanere*** [C] Pros., je ne me lasserai pas de rester

dēfătiscor, ▶ *defetiscor*

dēfēcābĭlis, *e*, ▶ *defaecabilis*

dēfēcī, parf. de *deficio*

dēfectĭbĭlis, *e*, sujet à défaillance : [T] Pros.

dēfectĭo, *ōnis*, f. ¶ **1** défection, désertion d'un parti : [C] Pros. ‖ défection après une soumission : [C] Pros. ‖ ***solis defectiones*** [C] Pros., éclipses de soleil ¶ **2** [fig.] **a)** action de s'écarter de : ***a recta ratione*** [C] Pros., éloignement de la droite raison **b)** cessation, disparition, épuisement : ***animi*** [C] Pros. ; ***virium*** [C] Pros., disparition du courage, des forces physiques **c)** [abs^t] faiblesse, défaillance : [+C] Pros. **d)** [gram.] ellipse : [+C] Pros.

dēfectŏr, *ōris*, m., celui qui fait défection, traître, déserteur : [+C] Pros. ; ***alicujus*** [+C] Pros., qui abandonne la cause de qqn

1 **dēfectus**, *a, um*, part. de *deficio* ‖ adj^t, épuisé, affaibli : ***defectior*** [+C] Pros. ; ***defectissimus*** [+C] Pros.

2 **dēfectŭs**, *ūs*, m. ¶ **1** disparition : [C] Pros., Poés. ¶ **2** défection : [+C] Pros.

dēfendō, *ĭs, ĕre, fendī, fensum*, tr. ¶ **1** écarter, éloigner, repousser, tenir loin : [C] Pros. ; ***crimen*** [C] Pros., repousser un chef d'accusation, faire tomber une accusation ; ***injuriam*** [C] Pros., repousser une injustice ; ***pericula civium*** [C] Pros., préserver ses concitoyens contre les dangers ‖ [poét.] ***aliquid alicui***, repousser qqch. en faveur de qqn = préserver qqn de qqch. : ***solstitium pecori*** [C] Poés., préserver un troupeau des feux du solstice ‖ ***aliquem ab aliqua re***, écarter qqn de qqch. : [C] Poés., [+C] Pros. ‖ [abs^t] faire opposition, mettre obstacle : [+C] Pros. ¶ **2** défendre, protéger, ***aliquem***, qqn : [C] Pros. ; ***castra*** [C] Pros., défendre un camp ; ***oppidum*** [C] Pros., une ville ; ***de ambitu aliquem*** [C] Pros., défendre qqn contre une accusation de brigue ; ***causam*** [C] Pros., défendre une cause ‖ ***ab aliquo (ab aliqua re) aliquem*** [C] Pros., défendre qqn contre qqn (qqch.) ; ***ab incendio, ab ariete*** [C] Pros., défendre contre l'incendie, contre le bélier (préserver de ...); ***aliquem contra aliquem*** [C] Pros., défendre qqn contre qqn ‖ [abs[t]] opposer une défense, une résistance : [C] Pros. ‖ présenter une défense : [C] Pros. ¶**3** soutenir [un rang, un rôle] : [C] Pros., Poés. ¶**4** [en part.] soutenir par la parole : [C] Pros. ‖ [avec prop. inf.] soutenir que, affirmer pour sa défense que : [C] Pros. ‖ [avec interrog. indir.] [C] Pros.

dēfēnĕrātus, *a, um*, endetté, obéré : [+C] Pros.

dēfēnĕrō, *ās, āre, āvī, ātum*, tr., ruiner par l'usure : [C] Pros.

dēfensĭo, *ōnis*, f. ¶**1** action de repousser, d'écarter : [C] Pros. ; ***utriusque rei*** [C] Pros., réplique à un double grief ¶**2** défense, protection : ***contra vim*** [C] Pros. ; ***contra crimen*** [C] Pros., défense contre la violence, contre une accusation ; ***ad orationem*** [C] Pros., réponse défensive à un discours ; ***dignitatis*** [C] Pros., défense de la dignité de qqn ‖ moyen de défense dans un procès : [C] Pros. ‖ [sens concret] = plaidoyer pour se défendre : [+C] Pros.

dēfensĭtō, *ās, āre, āvī, -*, défendre souvent : [C] Pros.

dēfensō, *ās, āre, āvī, ātum*, tr. ¶**1** repousser : [+C] Poés. ¶**2** défendre vigoureusement : [-C] Théât., [C] Pros. ; ***aliqua re*** [-C] Théât. ; ***ab aliquo*** [C] Pros., contre qqch., contre qqn

dēfensŏr, *ōris*, m. ¶**1** celui qui empêche, qui repousse [un danger] : [C] Pros. ¶**2** défenseur, protecteur : ***juris*** [C] Pros., défenseur du droit ; ***defensores mei*** [C] Pros., mes défenseurs ; ***canes defensores*** [C] Pros., chiens de garde ‖ [opp. à *accusator*] [C] Pros. ‖ [en parl. de choses] = moyens de défense : [C] Pros.

dēfenstrix, *īcis*, f., celle qui défend : [C] Pros.

dēfensus, *a, um*, part. de *defendo*

dēferbŭī, parf. de *defervesco*

dēfĕrō, *fers, ferre, tŭlī, lātum*, tr. ¶**1** porter d'un lieu élevé dans un autre plus bas : ***ex Helicone coronam*** [C] Poés., apporter une couronne de l'Hélicon ; ***aliquid ad forum deferre*** [C] Pros., emporter qqch. au forum, [cf.] *descendo* ¶*1* (fin) ; [C] Pros. ; ***in profluentem deferri*** [C] Pros., être précipité dans un cours d'eau ; ***in praeceps deferri*** [C] Pros., être précipité dans l'abîme ‖ emporter d'un endroit à un autre : ***in praetorium aliquid*** [C] Pros., emporter un objet au palais du préteur ; [pass. réfléchi] [C] Pros. ; ***litteras ad aliquem*** [C] Pros. ; ***mandata ad aliquem*** [C] Pros., porter une lettre, un message à qqn ‖ ***aliquid ad aerarium, in aerarium***, porter qqch. au trésor public : [la liste des juges] [C] Pros. ; [un sénatus-consulte aux archives] [C] Pros. ; [d'où] ***deferre rationes*** [C] Pros., déposer ses comptes au trésor ; [+C] Pros. ‖ emporter dans un endroit, jeter qq. part : [C] Pros. ; [surtout en t. de marine] écarter de sa route, pousser, jeter qq. part : [C] Pros. ‖ porter au marché, exposer en vente, vendre : [+C] Pros. ¶**2** [fig.] présenter, déférer, accorder ; ***aliquid ad aliquem***, qqch. à qqn : [C] Pros. ; ***ad aliquem causam*** [C] Pros., porter (confier) une cause à qqn ‖ ***aliquid alicui***, qqch. à qqn : [C] Pros. ; ***jusjurandum deferre*** [+C] Pros., déférer (accorder) le serment ¶**3** porter à la connaissance, annoncer, révéler : [C] Pros. ‖ [avec prop. inf.] rapporter à qqn que : [C] Pros. ‖ rendre compte, soumettre : ***rem ad populum*** [C] Pros., soumettre une affaire au peuple ; ***rem ad consilium*** [C] Pros., soumettre une affaire au conseil de guerre ; ***querimonias ad aliquem*** [C] Pros., porter ses plaintes devant qqn, à qqn ; ***aliquid apud Quirites de aliquo*** [C] Pros., porter sur qqn des accusations auprès des citoyens ¶**4** [en part.] dénoncer, porter plainte en justice : ***nomen alicujus*** [C] Pros., porter plainte contre qqn, accuser qqn ; ***nomen alicui*** [C] Pros., accuser qqn ‖ [postclass.] : ***aliquem deferre*** [+C] Pros., dénoncer, accuser qqn ; [avec gén. du crime] [+C] Pros. ; [pass. pers. avec inf.] [+C] Pros.

dēfervēfăcĭō, *ĭs, ĕre, fēcī, factum*, tr., faire bien bouillir, bien cuire : [-C] Pros.

dēfervēfactus, *a, um*, part. de *defervefacio*

dēfervescō, *ĭs, ĕre, ferbŭī* ou *fervī, -*, intr. ¶**1** cesser de bouillir, de fermenter : [-C] Pros. ‖ cesser de bouillonner : ***ubi deferbuit mare*** [+C] Pros., quand la mer s'est calmée ¶**2** [fig.] ***dum defervescat ira*** [C] Pros., jusqu'à ce que la colère cesse de bouillonner

dēfessus, *a, um*, part. de *defetiscor*

dēfĕtig-, [v.] *defatig-*

dēfĕtiscŏr (**dēfă-**), *scĕrĭs, scī, fessus sum*, intr. ¶**1** se fatiguer : ***neque defetiscar experirier*** [-C] Théât., je ne me lasserai pas d'essayer ¶**2** [surtout employé aux temps du parf.] être las, fatigué, épuisé ; [avec inf.] ne plus pouvoir : [-C] Théât., [C] Poés. ‖ [avec abl. du gér.] : [-C] Théât. ‖ [avec. abl. d'un subst.] ***aliqua re***, fatigué d'une chose, par une chose : [C] Pros. ‖ [en parl. de choses] ***defessa accusatio*** [C] Pros., accusation épuisée

dēfexĭt, [v.] *deficio*

dēfĭat, [v.] *deficio* et *defit*

dēfĭcĭens, *tis*, part. prés. de *deficio*

dēfĭcĭō, *ĭs, ĕre, fēcī, fectum*, intr. et tr.

I intr. ¶**1** se séparer de, se détacher de : ***ab aliqua re*** [C] Pros. ; ***ab aliquo*** [C] Pros., se détacher d'une chose, de qqn ; ***a patribus ad plebem*** [C] Pros., se détacher des patriciens pour embrasser la cause des plébéiens ; ***ad Poenos*** [C] Pros., passer du côté des Carthaginois ‖ [abs[t]] faire défection : [C] Pros. ‖ [fig.] ***si a virtute defeceris*** [C] Pros., si tu abandonnes le parti de la vertu ‖ [avec abl.] : [C] Pros. ¶**2** cesser, faire faute, manquer : [C] Pros. ; [abs[t]] [C] Pros. ; ***memoria deficit*** [C] Pros., la mémoire fait défaut ; ***luna deficit*** [C] Pros., la lune s'éclipse ; [+C] Pros. ‖ ***animo deficere*** [C] Pros. ; ***deficere*** [seul] [C] Pros., perdre courage ¶**3** [chrét.] pécher : [T] Pros.

II tr., abandonner, quitter, manquer à : [C] Pros. ‖ [poét., avec inf.] [C] Poés. ‖ [pass.] : ***cum a viribus deficeretur*** [C] Pros., comme ses forces l'abandonnaient ; [+C] Pros. ; ***defici*** [C] Pros., être à bout de souffle ‖ ***defectus***, abattu, affaibli : ***defectis defensoribus*** [C] Pros., les défenseurs étant découragés ; [+C] Pros. ‖ [*defit*, etc., servant de pass.] être défaillant, manquer, faire défaut : ***ut defiat dies*** [-C] Théât., pour que le jour fasse défaut ; [C] Poés.

dēfīgō, *ĭs, ĕre, fīxī, fīxum*, tr. ¶**1** planter, ficher, enfoncer : ***crucem in foro*** [C] Pros., planter une croix sur le forum ; [poét.] ***defigere terrae*** [C] Poés., planter dans la terre ¶**2** [fig.] ***oculos in terram*** [+C] Pros., fixer les yeux sur le sol ; [C] Pros. ‖ [poét.] ***defixus lumina*** [C] Poés., ayant les yeux fixés devant lui ¶**3** rendre immobile, fixer, clouer : [C] Pros. ‖ ***silentio defixi*** [C] Pros., figés dans le silence ; [C] Poés., [+C] Pros. ¶**4** [t. relig.] établir, déclarer : [C] Pros. ¶**5** [magie] enchanter, envoûter, maudire, vouer à la mort : [C] Poés., [+C] Pros.

dēfindō, *ĭs, ĕre, -, -*, tr., fendre : [-C] Pros.

dēfingō, *ĭs, ĕre, finxī, fictum*, tr., façonner, donner la forme : [-C] Pros. ‖ modeler [fig.] : [C] Poés.

dēfīnĭō, *ĭs, īre, īvī* ou *ĭī, ītum*, tr. ¶**1** délimiter, borner : [C] Pros. ¶**2** [fig.] définir, déterminer : ***dolorem*** [C] Pros., définir la douleur ; ***ex contrariis*** [C] Pros., définir par les contraires ; ***verbum*** [C] Pros., définir un terme ; ***in definiendo*** [C] Pros., quand il s'agit de donner des définitions ¶**3** établir, déterminer, fixer : [C] Pros. ; ***consulatum in annos*** [C] Pros., fixer l'attribution du consulat pour des années, pour une suite d'années ; ***definitumst*** [-C] Théât., c'est bien décidé ¶**4** borner, limiter, arrêter : [C] Pros. ‖ [rhét.] ***similiter definita*** [C] Pros., membres de phrase ayant même terminaison ¶**5** [chrét.] fixer définitivement un point de doctrine : [T] Pros.

dēfīnītē, adv., d'une manière déterminée, précise, distincte : [C] Pros.

dēfīnītĭo, *ōnis*, f., définition : [C] Pros. ‖ indication précise, détermination : [C] Pros.

dēfīnītīvus, *a, um*, de définition, relatif à la définition : [C] Pros.

dēfīnītus, *a, um*, part. de *definio* ‖ adj[t], précis, défini, déterminé : [C] Pros.

dēfinxī, parf. de *defingo*

dēfĭt, *dēfĭĕrī*, passif de *deficio*, [v.] *deficio II* (fin) ¶**1** s'affaiblir, défaillir : [-C] Théât., [+C] Pros. ¶**2** manquer, faire défaut : [-C] Théât., [C] Pros., Poés.

dēfīxī, parf. de *defigo*

dēfixus, *a, um*, part. de *defigo*

dēflăgrātĭo, *ōnis*, f., combustion, incendie [propre et fig.] : [C] Pros.

dēflăgrātus, *a, um*, part. de *deflagro*

dēflăgrō, *ās, āre, āvī, ātum*

I intr. ¶ **1** brûler (se consumer) entièrement : [C] Pros. ‖ [fig.] périr, être détruit : [C] Pros. ¶ **2** s'éteindre, se calmer, s'apaiser : [C] Pros., [+C] Pros.
II tr., brûler : [C] Pros. ; pass., [-C] d. [C] Pros.

dēflammō, *ās, āre, -, -*, tr., éteindre : [+C] Pros.

dēflātus, *a, um*, part. de *deflo*

dēflectō, *ĭs, ĕre, flexī, flexum*
I tr. ¶ **1** abaisser en ployant, courber, fléchir : ***ramum*** [+C] Pros., courber une branche ‖ faire dévier, détourner : [C] Pros. ; ***novam viam*** [C] Pros., en changeant de direction prendre une route nouvelle ¶ **2** [fig.] ***a) rem ad verba*** [C] Pros., mettre l'idée sous la dépendance des mots = s'en tenir à la lettre ***b)*** détourner : ***aliquem de via*** [C] Pros., détourner qqn du chemin ; ***ab aliqua re*** [+C] Pros., détourner qqn de qqch. ; ***aliquid in melius*** [+C] Pros., faire tourner qqch. au mieux ; ***virtutes in vitia*** [+C] Pros., changer en vices ses vertus
II intr., se détourner, s'écarter ‖ ***via*** [+C] Pros., se détourner de son chemin ; ***in Tuscos*** [+C] Pros., se détourner pour aller en Toscane

dēflĕō, *ēs, ēre, flēvī, flētum*, tr. ¶ **1** [abs[t]] pleurer abondamment : [C] Poés., [+C] Pros. ¶ **2** [avec acc.] ***a)*** pleurer qqn, qqch. : [C] Poés., Pros. ‖ [avec prop. inf.] déplorer que : [C] Poés. ***b)*** ***oculos*** [+C] Pros., répandre ses yeux en larmes, user ses yeux à pleurer

dēflērim, → *defleo*

dēflētus, *a, um*, part. de *defleo*

dēflēvī, parf. de *defleo*

dēflexī, parf. de *deflecto*

dēflexĭo, *ōnis*, f., déclinaison, écart : [T] Pros. ‖ [au fig.] égarement, erreur : [T] Pros.

1 **dēflexus**, *a, um*, part. de *deflecto*

2 **dēflexŭs**, *ūs*, m., [fig.] action de se détourner, de passer de ... à : [+C] Pros.

dēflō, *ās, āre, āvī, ātum*, tr., enlever en soufflant : [C] Pros.

dēfloccō, *ās, āre, -, ātum*, tr., dégarnir de son poil : ***defloccati senes*** [-C] Théât., vieillards déplumés

dēflōrātus, *a, um*, part. de *defloro*

dēflōreō, *ēs, ēre, -, -*, [+C] Pros. et **dēflōrescō**, *ĭs, ĕre, rŭī, -*, intr., défleurir, se faner, se flétrir : [C] Poés., [+C] Pros.

dēflōrĭo, → *defloreo*, [fut.] ***defloriet*** : [T] Pros.

dēflōrō, *ās, āre, āvī, ātum*, tr., [fig.] extraire les passages marquants [d'un auteur], choisir : [T] Pros.

dēflŭō, *ĭs, ĕre, flūxī, -*, intr. ¶ **1** couler d'en haut, découler : [avec *de*] [-C] Pros., découler de ; [C] Pros. ‖ suivre le courant : [C] Poés. ; ***defluxit ad insulam*** [+C] Pros., il se laissa porter par le courant jusqu'à l'île ¶ **2** [fig.] descendre doucement, tomber doucement, glisser : ***defluebant coronae*** [C] Pros., les couronnes tombaient insensiblement ; [C] Poés., Pros. ‖ descendre de cheval, mettre pied à terre : [C] Poés. ‖ découler, provenir de : [C] Pros. ‖ s'écouler vers qqn, venir en la possession de qqn : [C] Pros. ‖ s'éloigner (s'écarter) insensiblement de : [C] Pros., [+C] Pros. ¶ **3** cesser de couler : [C] Pros., [+C] Pros. ‖ [fig.] se perdre, disparaître, s'évanouir : [C] Pros. ; ***ubi salutatio defluxit*** [C] Pros., quand les visites se sont écoulées (sont finies)

dēflŭus, *a, um*, qui coule, qui découle : ***deflua caesaries*** [T] Poés., chevelure flottante ; [+C] Poés. ‖ qui laisse couler : [+C] Pros.

dēfluxī, parf. de *defluo*

dēfluxŭs, *ūs*, m., écoulement : [+C] Pros.

dēfŏdĭō, *ĭs, ĕre, fōdī, fossum*, tr. ¶ **1** creuser, fouir : ***terram*** [C] Poés., fouir la terre ‖ faire en creusant : ***scrobem*** [+C] Pros., creuser un fossé ¶ **2** enterrer, enfouir : ***aliquid defossum in comitio*** [C] Pros., qqch. enfoui dans le *comitium* ; ***sub lecto*** [C] Pros., sous le lit ; [-C] Théât., [C] Pros. ‖ [avec *in* acc.] : [-C] d. [+C] Pros., [C] Poés., Pros. ‖ ***defodere se*** [+C] Pros., s'enterrer vivant, se dérober à tous les regards

dēfoen-, → *defen-*

dēfŏre, inf. fut. de *desum*

dēfŏris, adv., de dehors, au dehors : [T] Pros.

1 **dēformātĭo**, *ōnis*, f., dessin, représentation, croquis : [C] Pros. ; ***deformatio grammica*** [C] Pros., croquis géométrique

2 **dēformātĭo**, *ōnis*, f., action de défigurer, altération : [C] ‖ [fig.] dégradation : [C] Pros.

dēformātus, *a, um*, part. de *1-2 deformo*

dēformis, *e* ¶ **1** défiguré, difforme, laid, hideux : [C] Pros. ‖ [fig.] laid, honteux : [C] Pros. ; ***oratio deformis alicui*** [C] Pros., discours avilissant pour qqn ‖ ***-mior*** [C] Pros. ; ***-missimus*** [+C] Pros. ¶ **2** sans forme, sans consistance : ***deformes animae*** [C] Poés., âmes sans consistance (incorporelles)

dēformĭtās, *ātis*, f., difformité, laideur : [C] Pros. ‖ [fig.] déshonneur, honte, infamie, indignité : [C] Pros. ‖ pl., ***deformitates*** : [+C] Pros.

dēformĭtĕr, adv., disgracieusement, désagréablement : [+C] Pros. ‖ honteusement, ignoblement : [+C] Pros.

1 **dēformō**, *ās, āre, āvī, ātum*, tr. ¶ **1** donner une forme, façonner : [+C] Pros. ¶ **2** dessiner, représenter : [C] Pros. ‖ [fig.] décrire, représenter qqch., qqn : [C] Pros.

2 **dēformō**, *ās, āre, āvī, ātum*, tr., déformer, défigurer, enlaidir, rendre difforme : [C] Pros., Poés. ‖ [fig.] altérer, dégrader, avilir, flétrir, souiller : [C] Pros. ; ***orationem*** [+C] Pros., défigurer un discours ; ***domum*** [C] Poés., jeter la honte dans une famille

dēformōsus, *a, um*, → *deformis* : [T] Pros.

dēfossus, *a, um*, part. de *defodio*

dēfractus, *a, um*, part. de *defringo*

dēfraenātus, → *defrenatus*

dēfraudō, **dēfrūdō**, *ās, āre, āvī, ātum*, tr., enlever par tromperie : ***aliquid uxorem*** [-C] Théât., voler qqch. à sa femme ; ***nihil sibi*** [+C] Pros., ne se laisser manquer de rien (ne se priver de rien) ‖ frustrer, tromper : ***aliquem*** [-C] Théât., tromper quelqu'un ; ***aliquem aliqua re*** [C] Pros., faire tort de qqch. à qqn ‖ [fig.] ***defraudasse aures*** [C] Pros., avoir frustré l'oreille [en ne lui donnant pas ce qu'elle attend]

dēfrēgī, parf. de *defringo*

dēfrĕmō, *ĭs, ĕre, mŭī, -*, intr., cesser de frémir, s'apaiser : [+C] Pros.

dēfrēnātus, *a, um*, déchaîné, effréné : [C] Poés.

dēfrĭcātē, adv., d'une manière piquante : [-C] Théât.

dēfrĭcātus, *a, um*, part. de *defrico*

dēfrĭcō, *ās, āre, cŭī, frictum* et *frĭcātum*, tr., polir ou nettoyer en frottant : ***dentem*** [C] Poés., frotter les dents ‖ frictionner : ***defricari*** [C] Pros., se frictionner au bain ; [-C] Théât.

dēfrictum, → *defrutum* : [+C] Pros.

dēfrictus, *a, um*, part. de *defrico*

dēfrīgescō, *ĭs, ĕre, frīxī, -*, intr., se refroidir : [+C] Pros.

dēfringō, *ĭs, ĕre, frēgī, fractum*, tr., arracher en rompant, rompre, briser, casser : [-C] Théât., Pros. ; ***ramum arboris*** [C] Pros., arracher une branche d'un arbre ; ***ferrum ab hasta*** [C] Poés., arracher le fer à une lance

dēfrūdo, → *defraudo*

dēfrŭŏr, *ĕrĭs, frŭī, -*, intr., jouir (tirer parti) à fond de [avec abl.] : [T] Pros.

dēfrustō, *ās, āre, āvī, ātum*, tr., mettre en morceaux : [T] Pros. ‖ extraire : [T] Pros.

dēfrustrŏr, *ārĭs, ārī, -*, tr., tromper : [-C] Théât.

dēfrŭtārĭus, *a, um*, relatif au vin cuit : [+C] Pros. ‖ **dēfrŭtāfrŭtārĭum**, subst. n., chaudron où l'on fait cuire le vin nouveau : [+C] Pros.

dēfrŭtō, *ās, āre, -, -*, tr., faire cuire [le vin], faire du raisiné : [-C] Pros., [+C] Pros.

dēfrŭtum, *i*, n., vin cuit, sorte de raisiné : [-C] Pros., [C] Poés.

dēfūdī, parf. de *defundo*

dēfŭga, *ae*, m., déserteur, transfuge : [T] Poés.

dēfŭgĭō, *ĭs, ĕre, fūgī, -*, tr. ¶ **1** éviter par la fuite, fuir, esquiver qqch. [pr. et fig.] : [C] Pros. ‖ ***non defugere quin*** [C] Pros., ne pas se refuser à ‖ [abs[t]] [C] Pros. ¶ **2** s'enfuir d'un endroit : [C] Pros.

dēfŭī, parf. de *desum*

dēfunctĭo, *ōnis*, f., mort, décès : [T] Pros.

dēfunctōrĭē, adv., pour expédier la besogne, négligemment, par manière d'acquit : [C] Pros.

dēfunctōrĭus, *a, um*, qui a fini sa tâche : ***apodixis defunctoria*** [+C] Pros., certificat d'invalidité

dēfunctus, *a, um*, part. de *defungor*

dēfundō, *ĭs, ĕre, fūdī, fūsum*, tr., verser de, répandre : [-C] Pros. ; ***vinum*** [C] Poés., tirer du vin ‖ [fig.] ***pectore verba*** [+C] Pros., laisser jaillir de son coeur des paroles

dēfungŏr, *ĕrĭs, fungī, functus sum*, intr. ¶ **1** s'acquitter de, exécuter, accomplir [avec abl.] : ***imperio*** [C] Pros., exécuter un ordre ; ***defunctus honoribus*** [C] Pros., ayant parcouru la carrière des magistratures ¶ **2** s'acquitter d'une dette, payer : ***tribus decumis*** [C] Pros., payer trois fois la dîme ‖ [d'où] être quitte de, en avoir fini avec : [C] Pros. ; ***defunctus periculis*** [C] Pros., quitte de tout danger ; ***defunctus sum*** [-C] Théât., je suis quitte ; [C] Pros. ‖ ***vita defungi*** [C] Poés., mourir ; ***sua morte*** [+C] Pros., mourir de mort naturelle ; ***terra defunctus*** [C] Poés., mort [abs[t]] ***defunctus*** ➡ *mortuus*, mort : [+C] Pros. ; ***defuncti*** [+C] Pros., les morts ‖ [pass. impers.] [-C] Théât.

dēfūsĭo, *ōnis*, f., action de verser : [+C] Pros.

dēfūsus, *a, um*, part. de *defundo*

dēfŭtūtus, *a, um*, épuisé par la copulation : [C] Poés.

dēgĕnĕr, *ĕris*, adj., dégénéré, qui dégénère, abâtardi : [C] Poés., Pros., [+C] Pros. ‖ [avec gén.] dégénéré dans qqch., sous le rapport de qqch. : [C] Poés. ‖ dégénéré, bas, indigne : ***degeneres animi*** [C] Poés., âmes dégénérées, viles ; ***degeneres preces*** [+C] Pros., prières indignes, sans noblesse

dēgĕnĕrātus, *a, um*, part. de *degenero*

dēgĕnĕrō, *ās, āre, āvī, ātum*, intr. et tr. ¶ **1** intr., dégénérer, s'abâtardir : ***poma degenerant*** [C] Poés., les fruits dégénèrent ; [C] Pros., [+C] Pros. ‖ [fig.] ***ab aliquo, ab aliqua re*** ; dégénérer de qqn, de qqch. : [C] Pros. ; ***a gravitate paterna*** [C] Pros., dégénérer de la gravité paternelle ; [+C] Pros. ; [avec dat., poét.] ***Marti paterno*** [+C] Poés., être un rejeton dégénéré de Mars ; [avec *ad* ou *in*] ***ad theatrales artes*** [+C] Pros., s'abaisser aux arts de la scène ; ***in externos ritus*** [+C] Pros., s'abaisser à prendre des coutumes étrangères ‖ [abs[t]] [C] Pros. ¶ **2** tr., abâtardir, altérer, ruiner : [+C] Pros. ‖ déshonorer par sa dégénérescence : [qqn] [C] Poés. ; [qqch.] [C] Poés., [+C] Poés. ‖ part. n., ***degeneratum***, le fait d'être dégénéré, la dégénérescence, l'indignité : [C] Pros.

dēgĕrō, *ĭs, ĕre, gessī, -*, tr., porter, transporter de, emporter : [-C] Pros., Théât.

dēglăbrātus, *a, um*, part. de *deglabro*

dēglăbrō, *ās, āre, -, ātum*, tr., épiler : [T] Pros.

dēglūbō, *ĭs, ĕre, -, gluptum*, tr., peler, écorcer : [C] Pros. ‖ écorcher : [-C] Théât., [+C] Pros.

dēglūtĭō ou **dēgluttĭō**, *īs, īre, -, -*, tr., avaler, engloutir : [+C] Pros., [T] Pros.

dēgō, *ĭs, ĕre, -, -*, tr. ¶ **1** passer, employer, consumer [le temps] : ***aetatem*** [C] Pros. ; ***vitam*** [C] Pros., passer sa vie ; ***otia*** [C] Poés., employer ses loisirs ; ***vita degitur*** [C] Pros., la vie se passe ‖ [abs[t]] vivre : [C] Poés., [+C] Pros. ¶ **2** continuer, poursuivre : ***duellum*** [C] Poés., une lutte

dēgrandĭnat, impers., la grêle persiste : [C] Poés.

dēgrassŏr, *ārĭs, ārī, ātus sum* ¶ **1** intr., tomber : [+C] Pros. ¶ **2** tr., insulter, assaillir : [+C] Poés.

dēgrăvātus, *a, um*, part. de *degravo*

dēgrăvō, *ās, āre, -, ātum*, tr., charger, surcharger : [C] Poés. ‖ [fig.] accabler : [C] Pros., Poés. ; [+C] Pros.

dēgrĕdĭŏr, *ĕrĭs, grĕdī, gressus sum*, intr., descendre de, s'éloigner d'un lieu élevé : ***de via in semitam*** [-C] Théât., quitter la grand-route pour prendre un sentier ; ***ex arce*** [C] Pros., descendre de la citadelle ; ***monte*** [C] Pros., descendre de la montagne ; ***in campum*** [C] Pros., descendre dans la plaine ‖ [qqf. confondu avec *digredior*] ➡ *digredior*

dēgressĭo, **dēgressŏr**, ➡ *digr-*

dēgressus, *a, um*, part. de *degredior*

dēgrūmō, *ās, āre, -, -*, tr., aligner, tracer en ligne droite : [-C] Poés.

dēgrunnĭō, *īs, īre, -, -*, intr., grogner [cri du cochon] : [C] Poés.

dēgŭlātŏr, *ōris*, m., glouton : [+C] Pros.

dēgŭlō, *ās, āre, āvī, ātum*, tr., engloutir, manger [son bien] : [-C] Théât.

dēgustātus, *a, um*, part. de *degusto*

dēgustō, *ās, āre, āvī, ātum*, tr., goûter ¶ **1** déguster : ***vinum*** [-C] Pros., déguster le vin ¶ **2** atteindre légèrement, effleurer : [C] Poés. ¶ **3** [fig.] goûter, essayer, effleurer : ***quamdam vitam*** [C] Pros., goûter à un genre de vie ; ***aliquem*** [C] Pros., tâter qqn

dĕhăbeō, *ēs, ēre, -, -*, tr., manquer de posséder, manquer de : [T] Pros.

dĕhaurĭō, *īs, īre, hausī, haustum*, tr., puiser de, dans ou à même, enlever en puisant : [-C] Pros.

dĕhaustus, *a, um*, part. de *dehaurio*

dĕhĭbĕo, ➡ *debeo*

dĕhinc, adv. ¶ **1** à partir d'ici, de là : [C] Poés., [+C] Pros. ‖ ensuite de quoi, par conséquent : [-C] Théât. ¶ **2** à partir de ce moment, désormais : [-C] Théât., [C] Pros. ‖ à partir de là : [+C] Pros. ‖ ensuite, après quoi : [C] Poés., [+C] Pros.

dĕhiscō, *ĭs, ĕre, -, -*, intr., s'ouvrir, s'entrouvrir, se fendre : ***terrae dehiscunt*** [C] Poés., la terre s'entrouvre ; [C] Pros.

dĕhŏnestāmentum, *i*, n., ce qui défigure, rend difforme : ***dehonestamentum corporis*** [C] d. [+C] Pros., difformité ‖ [fig.] ce qui dégrade, déshonneur, flétrissure, ignominie : ***amicitiarum dehonestamenta*** [+C] Pros., amitiés dégradantes ; [sans gén.] [+C] Pros.

dĕhŏnestātus, *a, um*, part. de *dehonesto*

dĕhŏnestō, *ās, āre, āvī, ātum*, tr., déshonorer, dégrader, flétrir : [C] Pros., [+C] Pros.

dĕhŏnestus, *a, um*, vulgaire : [+C] Pros.

dĕhōrĭō, ➡ *dehaurio* : [-C] Pros.

dĕhortātōrĭus, *a, um*, susceptible de dissuader, de détourner : [+C] Pros.

dĕhortŏr, *ārĭs, ārī, ātus sum*, tr., dissuader : ***aliquem*** [C] Pros., dissuader qqn [de faire qqch.] ; [C] Pros. ‖ [avec inf.] [C] Pros., [+C] Pros. ‖ [avec *ne*] [-C] Théât. ‖ [tmèse] [-C] d. [+C] Pros.

Dēĭănīra, *ae*, f., Déjanire [épouse d'Hercule] : [C] Pros., Poés.

dēĭcĭo, ➡ *dejicio*

Dēĭdămīa, *ae*, f., Déidamie [fille de Lycomède, mère de Pyrrhus] : [C] Poés.

dĕĭfĭcātŏr, *ōris*, m., faiseur de dieux : [T] Pros.

dĕĭfĭcātus, *a, um*, part. de *deifico*

dĕĭfĭcō, *ās, āre, -, -*, tr., déifier : [T] Pros.

dĕĭfĭcus, *a, um*, qui fait des dieux : [+C] Pros.

Dĕillĭus, *ĭi*, m., nom de famille romain : [+C] Pros.

dĕin, ➡ *deinde* : [C] Pros.

1 **dĕinceps**, adv., à la suite, à son tour, en continuant ¶ **1** [lieu] [C] Pros. ¶ **2** [temps] [C] Pros. ; ***alii deinceps*** [C] Pros., d'autres successivement ¶ **3** [succession] : [C] Pros. ‖ ***deinceps inde*** [C] Pros., successivement à partir de là ; ***tum deinceps*** [C] Pros., puis successivement ¶ **4** ensuite : [T] Pros.

2 **dĕinceps**, *cĭpĭtis*, adj., qui vient après : [+C] Pros.

dĕinde, adv., ensuite ¶ **1** [lieu] : [C] Pros., [+C] Pros. ; ***dein*** [C] Pros. ¶ **2** [temps] [C] Pros. ¶ **3** [succession] : ***primum ... deinde*** [C] Pros., dabord ... ensuite ‖ ***deinde tum*** [C] Pros. ; ***tum deinde*** [C] Pros. ; ***deinde tunc*** [+C] Pros. ; ***tunc deinde*** [+C] Pros. ; ***dein postea*** [C] Pros., puis alors, puis après cela ; ***deinde postremo*** [C] Pros. ; ***deinde ad extremum*** [C] Pros., puis enfin

dĕinsŭpĕr, adv., en haut, au-dessus : [T] Pros.

dĕintĕgrō, **dĕ intĕgrō**, adv., ➡ *integer*

dĕintŭs, adv., au dedans, en dedans, par-dedans : [T] Pros.

Dēĭŏnĭdēs, *ae*, m., fils de Déioné [Milétus] : [C] Poés.

Dēĭŏpēa, *ae*, f., Déiopée [nom d'une nymphe] : [C] Poés.

Dēĭphŏbē, *ēs*, f., Deiphobé [fille de Glaucus, sibylle de Cumes] : [C] Poés.

Dēĭphŏbus, *i*, m., Déiphobe [fils de Priam] : [C] Poés.

Dēĭpy̆la, *ae* (**Dēĭphy̆lē**, *ēs*), f., fille d'Adraste et mère de Diomède : [+C] Poés.

dĕĭtās, *ātis*, f., divinité, nature divine : [T] Pros.

Dējănīra, ➡ *Deianira*

dējēcī, parf. de *dejicio*

dējectĭo, *ōnis*, f. ¶ **1** action de jeter à bas, de renverser : ***dejectio imaginum*** [T] Pros., renversement des statues ¶ **2** déjection, selle, évacuation : [+C] Pros. ¶ **3** [droit] expulsion : [C] Pros. ¶ **4** abattement moral, lâcheté : [+C] Pros.

dējectō, *ās*, *āre*, -, -, tr., renverser : [+C] Pros.

1 **dējectus**, *a*, *um* ¶ **1** part. de *dejicio* ¶ **2** adj[t] ***a)*** bas, en contre-bas : ***dejecta loca*** [C] Pros., lieux en contre-bas ***b)*** abattu, découragé : [C] Poés., [+C] Pros.

2 **dējectŭs**, *ūs*, m. ¶ **1** action de jeter à bas : ***arborum*** [C] Pros., abatis d'arbres ; ***aquae*** [+C] Pros., chute d'eau ; ***dejectus fluminum*** [+C] Pros., les cours précipités des fleuves ‖ action de jeter une couverture sur : [+C] Poés. ¶ **2** forte pente : [C] Pros.

dējĕrō, *ās*, *āre*, -, -, intr., jurer, faire serment : [-C] Théât., [+C] Pros.

dējĕrŏr, *ārĭs*, *ārī*, -, ➡ *dejero* : [+C] Pros.

dējĭcĭō, **dēĭcĭō**, *ĭs*, *ĕre*, *jēcī*, *jectum*, tr. ¶ **1** jeter à bas, précipiter : ***aliquem de ponte in Tiberim*** [C] Pros., précipiter qqn du haut d'un pont dans le Tibre ***e ponte*** [+C] Pros. ; ***de Saxo Tarpeio*** [C] Pros., précipiter de la roche Tarpéienne ***saxo Tarpeio*** [+C] Pros. ; ***equo dejectus*** [C] Poés., jeté à bas de cheval ; ***jugum a cervicibus*** [C] Pros., secouer le joug ‖ renverser, abattre : ***dejecta turri*** [C] Pros., la tour étant renversée ; ***ense sinistram alicujus*** [C] Poés., abattre d'un coup d'épée la main gauche de qqn ; ***libellos*** [C] Pros., arracher des affiches ; ***dejectis antemnis*** [C] Pros., les vergues étant abattues ; ***crinibus dejectis*** [+C] Pros., avec les cheveux épars ; ***praetorio dejecto*** [C] Pros., la tente du général ayant été renversée ‖ abattre = tuer : ***compluribus dejectis*** [C] Pros., plusieurs ayant été abattus ; [C] Poés. ¶ **2** [méd.] évacuer, faire évacuer : [C] Pros. ‖ ***alvum*** [-C] Pros., relâcher le ventre ; ***alvum superiorem*** [-C] Pros., vomir ¶ **3** [milit.] déloger l'ennemi, le culbuter : [C] Pros. ; ***dejecto praesidio*** [C] Pros., ayant culbuté le poste ¶ **4** [droit] déposséder [par une expulsion violente, par une voie de fait] : [C] Pros. ¶ **5** [marine] ***dejici***, être entraîné [loin de sa route], jeté vers un point déterminé : [C] Pros. ¶ **6** [fig.] abaisser : ***oculos in terram*** [+C] Pros. ; ***vultum*** [C] Poés., baisser les yeux ; [poét.] ***oculos dejectus*** [C] Poés., tenant les yeux baissés ‖ détourner : ***oculos*** [C] Pros., détourner les yeux ; ***de aliquo oculos numquam*** [C] Pros., ne jamais quitter des yeux qqn ; ***aliquem de sententia*** [C] Pros., détourner qqn d'une idée ‖ rejeter, repousser : ***cruciatum a corpore*** [C] Pros., repousser de soi la torture ; ***vitia a se*** [C] Pros., écarter de soi les vices ‖ [en part.] écarter d'une charge (empêcher de l'obtenir) : ***de honore dejici*** [C] Pros., être écarté d'une charge ; ***aedilitate aliquem dejicere*** [C] Pros., repousser qqn de l'édilité ; ***dejicere aliquem*** [C] Pros., faire échouer qqn dans une candidature ‖ jeter à bas de : ***spe dejecti*** [C] Pros., déchus de leur espoir

Dējŏtărus, *i*, m., Déjotarus [roi de Galatie, défendu par Cicéron devant César] : [C] Pros.

dējŭgis, *e*, qui est en pente, penché, incliné : [T] Poés.

dējŭgō, *ās*, *āre*, -, -, tr., disjoindre : [-C] Théât.

dējunctus, *a*, *um*, part. de *dejungo*

dējungō, *ĭs*, *ĕre*, -, -, tr., dételer, désunir, séparer : [+C] Pros.

dējūrĭum, *ĭī*, n., serment : [+C] Pros.

dējūro, ➡ *dejero*

dējŭvō, *ās*, *āre*, -, -, tr., priver de (refuser) son secours : [-C] Théât.

dēlābŏr, *bĕrĭs*, *bī*, *lapsus sum*, intr. ¶ **1** tomber de : ***de caelo delapsus*** [C] Pros. ; ***e caelo*** [C] Pros., tombé du ciel ; ***delapsus ab astris*** [C] Poés., tombé des astres ; ***curru delapsus*** [C] Poés., tombé du char ; ***delabi in mare*** [C] Poés., se jeter dans la mer [en parl. d'un fleuve] ¶ **2** [fig.] descendre vers, tomber à, dans, en venir à : ***delabi in vitium*** [C] Pros., tomber dans un défaut ; ***delabi eo, ut*** [C] Pros., en venir à ‖ dériver de [avec *ab*] : [C] Pros.

dēlăbōrō, *ās*, *āre*, -, -, intr., travailler d'arrache-pied : [-C] Théât.

dēlăcĕro, *alvi*, *āre*, tr., déchirer, mettre en pièces : [-C] Théât.

dēlăcrĭmō, *ās*, *āre*, -, -, intr., pleurer ; [en parlant des arbres] [+C] Pros.

dēlaevo, ➡ *delevo*

dēlambō, *ĭs*, *ĕre*, -, -, tr., lécher : [+C] Poés.

dēlāmentŏr, *ārĭs*, *ārī*, -, tr., se lamenter de, déplorer, pleurer sur : [C] Poés.

dēlanguĭdus (**dī-**), *a*, *um*, adj., abattu : [T] Pros.

dēlăpĭdātus, *a*, *um*, part. de *delapido*

dēlăpĭdō, *ās*, *āre*, -, -, tr., épierrer, ôter les pierres de : [-C] Pros.

1 **dēlapsus**, *a*, *um*, part. de *delabor*

2 **dēlapsŭs**, *ūs*, m., chute, écoulement de l'eau : [C] Pros.

Dēlās, *ae*, m., nom d'homme : [+C] Pros.

dēlassābĭlis, *e*, susceptible de se lasser, de se fatiguer : [C] Poés.

dēlassātus, *a*, *um*, part. de *delasso*

dēlassō, *ās*, *āre*, *āvī*, *ātum*, tr., venir à bout de (épuiser) par la fatigue : [C] Poés.

dēlātĭo, *ōnis*, f. ¶ **1** dénonciation, rapport, accusation : ***delationem dare alicui*** [C] Pros., confier à qqn le rôle d'accusateur ¶ **2** délation [sous l'empire] : [+C] Pros.

dēlātŏr, *ōris*, m., délateur, dénonciateur, accusateur : [+C] Pros.

dēlātrō, *ās*, *āre*, -, -, tr., exprimer avec des cris, des gémissements : [T] Pros.

dēlātūra, *ae*, f., délation, calomnie : [T] Pros.

dēlātus, *a*, *um*, part. de *defero*

dēlăvō, *ās*, *āre*, -, *lăvātum* ou *lōtum*, tr., laver : [+C] Pros.

dēlēbĭlis, *e*, qu'on peut détruire, destructible : [+C] Poés.

dēlectābĭlis, *e*, agréable, délectable, qui plaît, charmant : [+C] Pros. ‖ ***-bilior*** [+C] Pros.

dēlectābĭlĭtĕr, adv., agréablement : [+C] Pros.

dēlectāmentum, *i*, n., charme, amusement : [-C] Théât., [C] Pros.

dēlectātĭo, *ōnis*, f. ¶ **1** plaisir, amusement : ***videndi*** [C] Pros., le plaisir de voir ; ***delectationem habere*** [C] Pros., comporter du plaisir, être une source de plaisir ou ***in delectatione esse*** [C] Pros. ‖ pl., [C] Pros. ¶ **2** action de séduire, de débaucher : [T] Pros.

dēlectātĭuncŭla, *ae*, f., petite satisfaction : [+C] Pros.

dēlectātus, *a*, *um*, part. de *delecto*

dēlectō, *ās*, *āre*, *āvī*, *ātum*, tr. ¶ **1** attirer, retenir : [-C] Théât. ; ***oves*** [-C] Pros., retenir les brebis ¶ **2** charmer, faire plaisir à : [C] Pros., Poés. ‖ ***delectari aliqua re***, se plaire à qqch., trouver du charme dans qqch. : [C] Pros. ; ***criminibus inferendis*** [C] Pros., se plaire à porter des accusations ; ***delectari aliquo*** [C] Pros., trouver du charme, de l'attrait à qqn ; ***delectari ab aliquo*** [C] Pros., être charmé, amusé, réjoui par qqn ; ***in aliqua re delectari*** [C] Pros., se plaire dans qqch. ; ***in hoc... quod*** [C] Pros., se réjouir en ce que... ‖ ***delectat aliquem***, avec inf. : [C] Pros., Poés. ‖ ***delectat***, impers., avec inf. : [C] Poés., [+C] Pros.

dēlector, ➡ *delecto*

1 **dēlectus**, *a*, *um*, part. de *2 deligo*

2 **dēlectŭs**, **dīlectus**, *ūs*, m. ¶ **1** discernement, choix, triage : [-C] Théât., [C] Poés. ; ***sine delectu*** [C] Pros., sans choix, au hasard ; ***judicum*** [C] Pros., choix des juges ¶ **2** levée de troupes : ***delectum habere*** [C] Pros., lever des troupes, recruter des soldats, ([C] Pros.) ¶ **3** troupes levées, recrues : [+C] Pros.

dēlēgātĭo, *ōnis*, f., délégation, substitution d'une personne à une autre [dont elle reçoit les pouvoirs] : [C] Pros., [+C] Pros.

dēlēgātus, *a*, *um*, part. de *delego*

dēlēgī, parf. de *2 deligo*

dēlēgō, *ās*, *āre*, *āvī*, *ātum*, tr. ¶ **1** déléguer, confier, s'en remettre à qqn de : [C] Pros., [+C] Pros. ; [abs[t]] ***delegare ad senatum***

[C] Pros., s'en remettre au sénat ¶2 déléguer une créance (*alicui*) : [C] Pros. ¶3 mettre sur le compte de, imputer à, attribuer à ; ***aliquid alicui***, qqch. à qqn : [C] Pros., [+C] Pros. ; ***ad aliquem*** [C] Pros. ¶4 → *remitto*, renvoyer : [C] Pros.

dēlēnĭfĭcus, *a*, *um*, doux, flatteur, caressant : [-C] Théât.

dēlēnīmentum, *i*, n., tout ce qui calme, adoucissement, apaisement : [C] Pros., [+C] Pros. ‖ attrait, charme, appât, séduction : [C] Pros.

dēlēnĭō ou **dēlīnĭō**, *īs*, *īre*, *īvī* ou *ĭī*, *ītum*, tr., gagner, séduire, charmer : [C] Pros. ‖ adoucir, calmer : [C] Poés.

dēlēnītŏr, *ōris*, m., celui qui adoucit, qui charme : [C] Pros.

dēlēnītus, *a*, *um*, part. de *delenio*

dēlĕō, *ēs*, *ēre*, *lēvī*, *lētum*, tr. ¶1 effacer, biffer : [C] Pros. ‖ [abs[t]] [C] Pros. ¶2 détruire anéantir : ***urbem*** [C] Pros., détruire une ville ; ***deletis hostibus*** [C] Pros., les ennemis étant anéantis

dēlēram, **delessem**, → *deleo*

dēlērĭum, → *delir-*

dēlērō, *ās*, *āre*, -, -, → *deliro*

dēlētĭlis, *e*, qui efface : [C] Poés.

dēlētĭo, *ōnis*, f., destruction : [-C] Poés.

dēlētrix, *īcis*, f., destructrice : [C] Pros.

dēlētus, *a*, *um*, part. de *deleo*

dēlēvī, parf. de *deleo*

dēlēvō, *ās*, *āre*, -, -, tr., unir, rendre uni : [+C] Pros.

Delfi, **Delficus**, → *Delph-*

Dēlĭa, *ae*, f., Diane [née dans l'île de Délos] : [C] Poés. ‖ Délie [nom de femme] : [C] Poés.

Dēlĭăcus, *a*, *um*, de Délos, délien : [C] Pros. ‖ [en part. bronzes de Délos] subst. n. pl. : [C] Pros.

Dēlĭădae, *ārum*, m., Apollon et Diane, nés à Délos : [C] Pros.

dēlībāmentum, *i*, n., libation : [+C] Pros.

dēlībātĭo, *ōnis*, f., [chrét.] prémices : [T] Pros.

dēlībātus, *a*, *um*, part. de *delibo*

dēlībĕrābundus, *a*, *um*, qui délibère : [C] Pros.

dēlībĕrātĭo, *ōnis*, f. ¶1 délibération, consultation : [C] Pros. ; ***deliberationes habere*** [C] Pros., tenir des délibérations, des conférences ‖ examen : [C] Pros. ¶2 [rhét.] cause du genre délibératif : [C] Pros., [+C] Pros.

dēlībĕrātīvus, *a*, *um*, délibératif [rhét.] : ***deliberativa causa*** [C] Pros., cause du genre délibératif

dēlībĕrātŏr, *ōris*, m., celui qui aime peser le pour et le contre : [C] Pros.

dēlībĕrātus, *a*, *um*, part. de *delibero* ‖ adj[t], tranché, décidé : [C] Pros., [+C] Pros.

dēlībĕrō, *ās*, *āre*, *āvī*, *ātum*, intr. et tr.

I intr. ¶1 réfléchir mûrement, délibérer : ***de aliqua re*** [C] Pros., délibérer sur qqch. ; ***cum aliquo de aliqua re*** [C] Pros., délibérer avec qqn au sujet de qqch. ¶2 consulter un oracle : [C] Pros. ¶3 prendre une décision [avec inf.] : [C] Pros. ‖ [surtout au part. pass.] : [C] Pros. ; c'est une décision prise, une résolution arrêtée de dire... ; [avec prop. inf.]

II tr. ¶1 ***re deliberata*** [C] Pros., l'affaire ayant été délibérée, après mûre réflexion ; ***delibera hoc*** [-C] Théât., réfléchis à cela ; [C] Pros. ¶2 ***deliberata morte*** [C] Poés., sa mort étant résolue

dēlībō, *ās*, *āre*, *āvī*, *ātum* ¶1 enlever un peu de quelque chose, prélever : [C] Poés. ‖ entamer : [+C] Pros. ¶2 prélever, emprunter, détacher : [C] Pros. ‖ butiner : [C] Pros. ; [poét.] ***summa oscula*** [C] Poés., effleurer d'un baiser, embrasser du bout des lèvres ¶3 [fig.] ***aliquid de aliqua re*** [C] Pros., enlever qqch. à une chose ; [pass. impers.] [C] Pros. ¶4 [chrét.] immoler, sacrifier : [+C] Pros.

dēlibrātus, *a*, *um*, part. de *delibro*

dēlibrō, *ās*, *āre*, -, *ātum*, tr., écorcer : [C] Pros., [+C] Pros.

dēlĭbŭō, *ĭs*, *ĕre*, *bŭī*, *būtum*, tr., oindre [employé surtout au part.] : [C] Pros. ; ***delibuto capillo*** [C] Pros., avec les cheveux parfumés ‖ [fig.] ***delibutus gaudio*** [-C] Théât., nageant dans la joie

dēlĭcāta, *ae*, f., enfant gâtée : [-C] Théât.

dēlĭcātē, adv., délicatement, voluptueusement : [C] Pros. ‖ avec douceur, délicatesse : ***delicatius*** [+C] Pros., avec quelque délicatesse ‖ nonchalamment, mollement : [+C] Pros.

1 **dēlĭcātus**, *a*, *um* ¶1 qui charme les sens, attrayant, délicieux, voluptueux, délicat, élégant : [C] Pros. ; ***delicatus sermo*** [C] Pros., propos légers ¶2 [poét.] doux, tendre, fin, délicat : [C] Poés., [+C] Pros., l'Anio le plus doux des cours d'eau ¶3 habitué aux douceurs (aux jouissances, aux raffinements), voluptueux, efféminé : ***delicata juventus*** [C] Pros., jeunesse efféminée ‖ choyé, gâté : [-C] Théât., [C] Pros. ‖ de goût difficile, exigeant : [C] Pros., [+C] Pros.

2 **dēlĭcātus**, *i*, m., favori, mignon : [+C] Pros.

1 **dēlĭcĭa**, *ae*, f., → *deliciae* [arch.] : [-C] Théât.

2 **dēlĭcĭa**, **dēlĭquĭa**, *ae*, f., [archit.] arêtier de croupe : [C] Pros.

dēlĭcĭae, *ārum*, f. ¶1 délices, jouissances, volupté, douceurs, agrément : [C] Pros. ‖ raffinements de style : [C] Pros. ‖ ***delicias facere*** [-C] Théât., faire des moqueries, se moquer ; [mais] [C] Poés., folâtrer, faire le libertin ‖ caprices, exigences : [C] Pros. ‖ ***esse in deliciis alicui*** [C] Pros., être les délices de qqn ; ***habere aliquid in deliciis*** [C] Pros., faire ses délices de qqch. ¶2 objet d'affection, amour, délices : [C] Pros.

dēlĭcĭēs, → *deliciae* : [+C] Pros.

dēlĭcĭō, *ās*, *āre*, *āvī*, *ātum*, tr., divertir, charmer : [+T] Poés.

dēlĭcĭŏlae, *ārum*, f., ***deliciolae nostrae*** [C] Pros., mes chères délices

dēlĭcĭŏlum, *i*, n., → *deliciolae* : [+C] Pros.

dēlĭcĭōsē, adv., avec délices : [T] Pros.

dēlĭcium, *ĭi*, n., → *deliciae* : [C] Poés., [+C] Poés.

dēlĭco, → *deliquo*

dēlictum, *i*, n., délit, faute : [C] Pros. ‖ faute [d'un écrivain] : [C] Poés.

dēlictus, *a*, *um*, part. de *delinquo*

dēlĭcŭī, parf. de *deliquesco*

dēlĭcŭlus, *a*, *um*, défectueux : [-C] Pros.

dēlĭcus, *a*, *um*, sevré [en parl. du porc] : [C] Pros.

dēlĭcŭus, → *deliquus*

dēlĭgātus, *a*, *um*, part. de *1 deligo*

1 **dēlĭgō**, *ās*, *āre*, *āvī*, *ātum*, tr., attacher, lier : [C] Pros. ; ***naviculam ad ripam*** [C] Pros., amarrer une barque au rivage ; ***epistolam ad ammentum*** [C] Pros., attacher une lettre à la courroie du javelot ; ***aliquem ad palum*** [C] Pros., attacher qqn au poteau ; ***deligare vulnus*** [+C] Pros., bander une plaie

2 **dēlĭgō**, *ĭs*, *ĕre*, *lēgī*, *lectum*, tr. ¶1 choisir, élire [avec *ex*] : [C] Pros. ‖ [poét. avec *ab*] [C] Poés. ‖ [avec dat. de but] ***locum castris*** [C] Pros., choisir un emplacement pour un camp ; [avec *ad*] [C] Pros. ; [avec *in*] [C] Pros. ¶2 lever des troupes, recruter : [C] Pros. ¶3 cueillir : [-C] Pros., [+C] Pros. ¶4 mettre à part, à l'écart, séparer : [-C] Théât., [C] Poés.

dēlingō, *ĭs*, *ĕre*, *linxī*, -, lécher : [-C] Théât.

dēlīni-, → *deleni-*

dēlīnĭo, → *delenio*

dēlĭnō, *ĭs*, *ĕre*, -, *lĭtum* ¶1 frotter, oindre : [+C] Pros. ¶2 → *deleo* : ***delitus*** [C]

dēlinquĭō, *ōnis*, f., → *deliquio*

dēlinquō, *ĭs*, *ĕre*, *līquī*, *lictum*, intr., [fig.] manquer moralement, faillir, être en faute : [C] Pros. ‖ [acc. de relat.] : ***si quid deliquero*** [C] Pros., si je manque en qqch., si je commets une faute ; [+C] Pros. ‖ [pass.] ***si quid delinquitur*** [C] Pros., s'il y a une faute commise

dēlĭquescō, *ĭs*, *ĕre*, *lĭcŭī*, -, intr., se fondre, se liquéfier : [C] Poés. ‖ [fig.] s'amollir : [C] Pros.

dēlĭquĭa, → *2 delicia*

dēlĭquĭo, *ōnis*, f., privation : [-C] Théât.

dēlĭquĭum, *ĭi*, n., écoulement : [T] Poés.

dēlĭquō, **dēlĭcō**, *ās*, *āre*, -, -, tr., décanter, transvaser : [C] Pros., [+C] Pros. ‖ [fig.] éclaircir, expliquer clairement : [-C] Théât.

dēlĭqŭus, **dēlĭcŭus**, *a*, *um*, qui manque, qui fait faute : [-C] Théât.

dēlīrāmentum, *i*, n., [seul[t] au pl.] divagations, extravagances : C Théât.

dēlīrātĭo, *ōnis*, f., [fig.] délire, extravagance, démence : C Pros., HC Pros.

dēlīrĭum, *ĭi*, n., délire, transport au cerveau : HC Pros.

dēlīrō, *ās, āre, āvī, ātum*, intr., [fig.] délirer, extravaguer : C Pros. ; [avec acc. de relat.] C Pros.

dēlīrus, *a, um*, qui délire, qui extravague, extravagant : C Pros. ‖ n. pl., ***delira***, des extravagances : C Poés. ‖ ***delirior*** T

dēlĭtescō (-tiscō), *ĭs, ĕre, lĭtŭī, -*, intr., se cacher, se tenir caché : C Pros. ; [avec *sub* abl.] C Poés. ; [avec abl. seul] C Poés. ‖ [fig.] ***in alicujus auctoritate*** C Pros., s'abriter sous l'autorité de qqn ; ***in calumnia*** C Pros., s'abriter derrière une chicane

dēlītigō, *ās, āre, -, -*, intr., gourmander, s'emporter en paroles : C Poés.

dēlĭtŏr, *ōris*, m., celui qui efface [fig.] : C Théât.

dēlĭtus, *a, um*, part. de *delino*

Dēlĭum, *ĭi*, n., Délion [ville de Béotie] : C Pros.

Dēlĭus, *a, um*, de Délos, d'Apollon ou de Diane : C Poés. ; ***Delia dea*** C Poés., Diane ; ***Delius vates*** C Poés. et abs[t] ***Delius*** m., C Poés., Apollon

Delmăt-, V. *Dalm-*

Delmĭnĭum, *ĭi*, n., ville de Dalmatie : HC Pros.

dēlongē, adv., loin, de loin : T Pros.

Dēlŏs, *i*, f., Délos [île de la mer Égée] : C Pros.

dēlōtus, *a, um*, part. de *delavo*

Delphi, *ōrum*, m. pl., Delphes [ville de Phocide] : C Pros.

Delphĭca mensa ou **Delphĭca**, *ae*, f., table delphique en forme de trépied : C Pros., HC Poés.

Delphĭcē, adv., à la manière de l'oracle de Delphes : C Poés.

Delphĭcus, *a, um*, de Delphes : C Pros. ‖ subst. m., Apollon : C Poés. ‖ f., V. *Delphica mensa*

delphīn, *īnis*, m., dauphin [cétacé] : C Poés.

delphīnus, *i*, m., dauphin [cétacé] : C Pros., Poés. ‖ le Dauphin [constellation] : HC Pros. ‖ dauphin [levier dans l'orgue hydraulique] : C Pros.

1 **delphīs**, *īnis*, m., V. *delphin* : T Poés.

2 **Delphĭs**, *ĭdis*, f., de Delphes : T Pros. ‖ subst. f., la Pythie de Delphes : HC Poés.

Deltōtŏn, *i*, n., le Triangle [constellation] : C Poés.

dēlūbrum, *i*, n., temple, sanctuaire : C Pros.

dēluctō, *ās, āre, āvī, -*, **dēluctŏr**, *ārĭs, ārī, -*, intr., lutter de toutes ses forces, combattre : C Théât.

dēlūdĭfĭcō, *ās, āre, āvī, -*, tr., jouer qqn, s'en moquer : C Théât.

dēlūdō, *ĭs, ĕre, lūsī, lūsum, ĕre*, tr., se jouer de, abuser, tromper : C Pros., Poés. ‖ [abs[t]] éluder : C Pros.

delumbātus, *a, um*, part. de *delumbo*

dēlumbis, *e*, [fig.] énervé : HC Poés.

dēlumbō, *ās, āre, āvī, ātum*, tr., [fig.] affaiblir : C Pros.

dēlŭō, *ĭs, ĕre, -, -*, tr., laver, nettoyer : HC Pros.

Dēlus, *i*, f., V. *Delos*

dēlūsī, parf. de *deludo*

dēlūsĭo, *ōnis*, f., tromperie : T Pros.

dēlūsus, *a, um*, part. de *deludo*

dēlŭtō, *ās, āre, -, -*, tr., enduire, crépir, couvrir de terre grasse : C Pros.

Dēmādēs, *is*, acc. *ēn*, m., Démade [orateur athénien] : C Pros.

Dēmaenĕtus, *i*, n., nom d'un vieillard : C Poés.

dēmăgis, adv., beaucoup plus, essentiellement : C Poés.

dēmancō, *ās, āre, āvī, ātum*, tr., mutiler : T Pros.

dēmandātus, *a, um*, part. de *demando*

dēmandō, *ās, āre, āvī, ātum*, tr., confier : C Pros. ; ***deman-dari in civitatem*** HC Pros., être mis en sûreté dans une ville

dēmānō, *ās, āre, āvī, ātum*, intr., couler, se répandre : Poés., HC Pros.

Dēmărāta, *ae* ou **-tē**, *ēs*, f., fille du roi Hiéron II de Syracuse : C Pros.

Dēmărātus, *i*, m., Démarate [Corinthien, père de Tarqui l'Ancien] : C Pros. ‖ roi de Sparte qui, exilé, se retira à la cou de Darius : HC Pros.

dēmarchus, *i*, m., démarque [chef d'un dème, à Athènes] tribun de la plèbe [à Rome] : C Théât.

Dēmĕa, *ae*, m., personnage des Adelphes, de Térence : Théât.

dēmĕācŭlum, *i*, n., descente sous terre : HC Pros.

dēmens, *tis*, privé de raison, insensé, fou furieux [en par des pers. et des choses] : C Pros. ‖ ***dementior*** C Pros. ; ***-issimus*** Pros.

dēmensum, *i*, n., ce qui est mesuré (alloué) mensuellemen à l'esclave pour sa nourriture : C Théât.

dēmensus, *a, um*, part. de *demetior*

dēmentātus, *a, um*, part. de *demento*

dēmentĕr, adv., follement : C Pros. ‖ ***-tissime*** HC Pros.

dēmentĭa, *ae*, f., démence, folie, extravagance : C Pros. ‖ pl. Pros.

dēmentĭō, *īs, īre, -, -*, intr., perdre la raison, être en dé mence, délirer : C Poés., T Pros.

dēmentō, *ās, āre, āvī, ātum*, tr., rendre fou, faire perdre l raison : T Pros.

dēmĕō, *ās, āre, -, -*, intr., descendre : HC Pros.

dēmĕreō, *ēs, ēre, ŭī, ĭtum*, tr. ¶ 1 ***aliquid***, gagner, mérite qqch. : C Théât., HC Pros. ¶ 2 ***aliquem***, gagner qqn, s'attirer le bonnes grâces de qqn : C Pros., HC Pros.

dēmĕrĕŏr, *rērĭs, rērī, -*, tr., gagner qqn [par des services] HC Pros. ‖ V. *demereo*

dēmergō, *ĭs, ĕre, mersī, mersum*, tr., enfoncer, plon ger : ***in palude demersus*** C Pros., plongé dans un marécage ***stirpem*** HC Pros., planter ‖ intr., ***sol demergit*** HC Pros., le soleil s couche [se plonge dans la mer]

dēmĕrĭtus, *a, um*, part. de, ***demereo*** : C Théât.

dēmersī, parf. de *demergo*

dēmersĭo, *ōnis*, f., action de s'abîmer, de s'engloutir : T Pro

1 **dēmersus**, *a, um.*, part. de *demergo*

2 **dēmersŭs**, *ūs*, m., [ne se trouve qu'au dat. sg.] submersion HC Pros.

dēmessŭī, parf. de *demeto*

dēmessus, *a, um*, part. de *demeto*

dēmētĭŏr, *īrĭs, īrī, mensus sum*, tr., mesurer [seul[t] a part. et avec le sens passif] : C Pros. ; ***demensus cibus*** C Théâ ration mensuelle allouée à l'esclave, V. demensum ; C Théâ

dēmĕtō, *ĭs, ĕre, messŭī, messum*, tr., abattre en cou pant, moissonner : C Pros. ; ***alienos agros*** C Pros., moissonne les champs des autres ; ***demesso frumento*** C Pros., blé étai moissonné ‖ cueillir : C Poés. ‖ couper, trancher : C Poés., HC Poé

dēmētor (dīmētŏr), *ārĭs, ārī, ātus sum*, tr., délimiter C Pros. ; pass., ***dimetatus*** C Pros.

Dēmētrĭăs, *ădis*, f., Démétrias [port de Thessalie] : C Pros. **-ăcus**, *a, um*, de Démétrias : C Pros.

Dēmētrĭum, *ĭi*, n., Démétrium [ville de la Phthiotide] : C Pros. port de Samothrace : C Pros.

Dēmētrĭus, *ĭi*, m., nom de plusieurs rois de Macédoin [Démétrius Poliorcète] et de Syrie [Démétrius Soter, Démétriu Nicanor] : C Pros. ‖ rois et princes de différents pays : C Pros. Démétrius de Phalère, orateur et homme d'État [à Athènes] : Pros. ‖ nom de plusieurs contemporains de César et d'Au guste : C Pros. ‖ philosophe cynique sous Caligula : HC Pros. acteur comique : HC Poés., Pros.

dēmigrātĭo, *ōnis*, f., émigration, départ : C Pros.

dēmigrō, *ās, āre, āvī, ātum*, intr., déloger, changer de séjour, se transporter (aller s'établir) ailleurs : ***de oppidis*** [C] Pros., quitter les villes ; ***ex aedificiis*** [C] Pros., quitter les maisons ; ***ab hominibus*** [C] Pros., quitter la société des hommes ; ***loco*** [-C] Théât., quitter la place ; ***in illa loca*** [C] Pros., aller s'établir dans ces régions ; ***ad aliquem*** [C] Pros., se retirer chez qqn ; ***in urbem ex agris*** [C] Pros., déménager de la campagne dans la ville

dēmĭnōrātĭo, *ōnis*, f., abaissement, humiliation : [T] Pros.

dēmĭnŭō, *ĭs, ĕre, nŭī, nūtum*, tr. ¶ **1** enlever, retrancher ; ***aliquid de aliqua re***, qqch. de (à) qqch. : [-C] Théât., [C] Pros. ¶ **2** diminuer, amoindrir, affaiblir : [C] Poés., Pros. ‖ [droit] aliéner : [C] Pros. ‖ [rhét.] ***aliquid deminuere oratione*** [C] Pros., affaiblir qqch. par la parole ‖ ***capite deminuti*** [C] Pros., qui ont perdu leurs droits de citoyens ; ***capite se deminuere*** [C] Pros., diminuer son état juridique [en parlant d'une femme qui a perdu ses droits de famille par mariage] ‖ [gram.] tirer d'un mot un diminutif, former un diminutif : [C] Pros., [+C] Pros. ; ***nomen deminutum*** [+C] Pros., un diminutif

dēmĭnūtĭo, *ōnis*, f. ¶ **1** action d'enlever, de retrancher, prélèvement : [C] Pros. ¶ **2** diminution, amoindrissement [propre et fig.] : ***luminis*** [C] Pros., diminution de lumière ; ***libertatis*** [C] Pros., atteinte portée à la liberté ; ***mentis*** [+C] Pros., affaiblissement de l'intelligence ; ***deminutio capitis*** [C] Pros., déchéance de ses droits civiques ¶ **3** [rhét.] action d'affaiblir par la parole (litote) : [C] Pros. ‖ [gram.] forme diminutive : [+C] Pros. ¶ **4** [droit] aliénation, droit d'aliéner : [C] Pros.

dēmĭnūtīvē, adv., en employant une forme diminutive : [T] Pros.

dēmĭnūtus, *a, um*, part. de *deminuo*

Dēmĭpho, *ōnis*, m., nom d'homme : [-C] Théât.

dēmīrandus, *a, um*, merveilleux : [+C] Pros.

dēmīrātus, *a, um*, part. de *demiror*

dēmīrŏr, *ārĭs, ārī, ātus sum*, tr., s'étonner, être surpris, admirer, s'étonner que [avec prop. inf.] : [C] Pros. ‖ [avec interrog. indir.] se demander avec curiosité, être curieux de savoir : [C] Pros. ‖ [avec acc. de pron. n.] ***quod demiror*** [C] Pros., ce dont je m'étonne ‖ ***responsum alicujus*** [+C] Pros. ; ***audaciam eorum*** [+C] Pros., admirer la réponse de qqn, leur audace ; ***multa demiranda*** [+C] Pros., beaucoup de choses admirables

dēmīsī, parf. de *demitto*

dēmissē, adv. ¶ **1** vers le bas, en bas : ***demissius volare*** [C] Poés., voler plus près de la terre ¶ **2** [fig.] d'une façon humble : ***demississime aliquid exponere*** [C] Pros., exposer qqch. de la manière la plus humble ‖ bassement : ***demisse sentire*** [C] Pros., avoir des sentiments bas

dēmissīcius, *a, um*, qui tombe bas [vêtement], traînant : [-C] Théât.

dēmissĭo, *ōnis*, f. ¶ **1** abaissement : ***storiarum*** [C] Pros., des nattes ‖ ***barbae*** [T] Pros., longue barbe pendante ¶ **2** état d'affaissement : ***animi*** [C] Pros., affaissement moral

dēmissus, *a, um*

I part. de *demitto*

II adj[t] ¶ **1** abaissé : [-C] Théât. ; ***demisso capite*** [C] Pros., tête basse ; [poét.] ***vultum demissus*** [C] Poés., ayant la figure baissée ‖ ***demissa loca*** [C] Pros., terrains bas ‖ ***demissa voce*** [C] Poés., à voix basse ¶ **2** [fig.] qui s'abaisse, modeste, timide : [C] Pros., Poés. ¶ **3** affaissé, abattu : [C] Pros. ¶ **4** de condition effacée, modeste : [C] Pros. ¶ **5** [poét.] descendant de, provenant de, originaire de : [C] Poés.

dēmītĭgō, *ās, āre, -, -*, tr., adoucir : [C] Pros.

dēmittō, *ĭs, ĕre, mīsī, missum*, tr. ¶ **1** faire (laisser) tomber, faire (laisser) descendre : ***in flumen equum*** [C] Pros., faire descendre son cheval dans un fleuve ; ***caelo imbrem*** [C] Poés., faire tomber la pluie du ciel ; [C] Pros. ; ***se demittere*** [C] Pros., descendre ; [+C] Pros. ‖ laisser pendre, laisser tomber : [C] Pros. [+C] Pros. ; ***tunicis demissis*** [C] Poés., avec une tunique descendant jusqu'à terre ‖ abaisser : ***fasces*** [C] Pros., baisser les faisceaux ; ***antemnas*** [C] Pros., abaisser les vergues [+C] Pros. ; [C] Pros. ; ***demittit aures*** [C] Poés., [Cerbère] laisse retomber ses oreilles ; ***caput*** [C] Pros., baisser la tête ; ***se demittere ad aurem alicujus*** [C] Pros., se pencher à l'oreille de qqn ; [C] Poés., [+C] Pros. ‖ enfoncer : [C] Pros. ; ***gladium in jugulum*** [-C] Théât., plonger une épée dans la gorge ; [+C] Pros. ¶ **2** [fig.] laisser tomber, laisser s'affaisser : ***animos demittunt*** [C] Pros., ils se laissent abattre ; ***se animo demittere*** [C] Pros., se laisser décourager ‖ abaisser : ***se in adulationem*** [+C] Pros., s'abaisser à l'adulation ‖ enfoncer : [C] Pros. ; ***se in res turbulentissimas*** [C] Pros., se plonger dans les affaires les plus orageuses ; ***se penitus in causam*** [C] Pros., s'engager à fond dans un parti

dēmĭurgus, *i*, m., démiurge [premier magistrat dans certaines villes de Grèce] : [C] Pros. ‖ ***Demiurgus***, le Démiurge, comédie de Turpilius : [C] Pros.

dēmō, *ĭs, ĕre, dempsī, demptum*, tr., ôter, enlever, retrancher [propre et fig.] : [C] Pros. ; ***aliquid ex cibo*** [+C] Pros., retrancher quelque chose de la nourriture ; ***fetus ab arbore*** [C] Poés., détacher le fruit de l'arbre ; ***juga bobus*** [C] Poés., dételer les boeufs ; ***demere soleas*** [-C] Théât., quitter ses chaussures avant de se mettre à table, [d'où] se mettre à table ‖ ***sollicitudinem*** [C] Pros., ôter l'inquiétude ; ***alicui acerbam necessitudinem*** [C] Pros., délivrer qqn de la cruelle nécessité ; [-C] Théât.

Dēmŏchărēs, *is*, m., Démocharès [orateur athénien] : [C] Pros.

Dēmŏcrătēs, *is*, m., Démocrate [nom d'homme] : [C] Pros.

Dēmŏcrĭtēus (-īus), *a, um*, de Démocrite : ***Democritii*** [C] Pros., les disciples de Démocrite ; ***Anaxarchus Democriteus*** [C] Pros., Anaxarque, disciple de Démocrite ; n. pl., ***Democritea*** [C] Pros., enseignements de Démocrite

Dēmŏcrĭtus, *i*, m., Démocrite [philosophe matérialiste d'Abdère] : [C] Pros.

Dēmŏdŏcus, *i*, m., célèbre joueur de lyre : [C] Poés.

Dēmŏlĕōn, *ontis*, m., guerrier tué par Pélée : [C] Poés.

Dēmŏlĕōs (-us), *i*, m., Démolée [guerrier grec] : [C] Poés.

dēmōlībor, → *demolior*

dēmōlĭō, *īs, īre, -, -*, → *demolior* : [-C] Théât., [C] Poés.

dēmōlĭŏr, *īrĭs, īrī, ītus sum*, tr. ¶ **1** mettre à bas, faire descendre : ***signum*** [C] Pros., descendre une statue de son socle ; ***parietem*** [C] Pros., abattre, démolir une muraille ¶ **2** [fig.] détruire, renverser : [C] Poés., Pros. ¶ **3** éloigner, rejeter [fig.] : ***demoliri de se culpam*** [-C] Théât., rejeter loin de soi une faute

dēmōlītĭo, *ōnis*, f., action de mettre à bas, de descendre [une statue de son socle] : [C] Pros. ‖ démolition : [C] Pros.

dēmōlītŏr, *ōris*, m., [le corbeau] démolisseur : [C] Pros.

dēmōlītus, *a, um*, part. de *demolior*

Dēmōnassa, *ae*, f., Démonassa [sœur d'Irus] : [+C] Poés.

dēmonstrātĭo, *ōnis*, f. ¶ **1** action de montrer, démonstration, description : [C] Pros. ; pl., [C] Pros. ¶ **2** [rhét.] genre démonstratif : [C] Pros., [+C] Pros. ‖ sorte d'hypotypose : [C] Pros., [+C] Pros. ¶ **3** déduction : [T] Pros.

dēmonstrātīvē, adv., en désignant, en montrant : [T] Pros.

dēmonstrātīvus, *a, um*, [rhét.] démonstratif : ***genus demonstrativum*** [C] Pros., le genre démonstratif [celui qui a pour objet l'éloge ou le blâme] ; [+C] Pros. ‖ subst. f., ***demonstrativa*** ; cause du genre démonstratif : [+C] Pros.

dēmonstrātŏr, *ōris*, m., celui qui montre, qui démontre, qui décrit : [C] Pros., [+C] Pros.

dēmonstrō, *ās, āre, āvī, ātum*, tr. ¶ **1** montrer, faire voir, désigner, indiquer : ***itinera*** [C] Pros., faire voir les chemins ; ***digito*** [C] Pros., faire voir du doigt ‖ ***fines*** [C] Pros., montrer les limites d'une propriété ‖ [abs[t]] faire des gestes démonstratifs : [+C] Pros. ¶ **2** montrer, exposer, décrire, mentionner : [C] Pros. ‖ [tournure pers. au pass.] [C] Pros. ‖ ***ut demonstravimus*** [C] Pros., comme nous l'avons fait remarquer ; ***ut demonstratum est*** [C] Pros., comme il a été dit

Dēmŏphĭlus, *i*, m., nom d'un poète athénien : [-C] Théât.

Dēmŏphŏōn, *ontis*, m., fils de Thésée : [C] Poés. ‖ compagnon d'Énée : [C] Poés.

Dēmŏphōn, *ontis*, m., devin de l'armée d'Alexandre : [+C] Pros.

dēmŏrātus, *a, um*, part. de *demoror*

dēmordĕō, *ēs, ēre, -, morsum*, tr., entamer avec les dents, ronger : [+C] Poés.

dēmŏrĭŏr, *mŏrĕrĭs, mŏrī, mortŭus sum*

I intr. ¶ **1** s'en aller [d'un groupe] par la mort, faire un vide en mourant : [C] Pros. ¶ **2** aller mourant, dépérir : [-C] Théât. ; ***vocabula demortua*** [+C] Pros., noms disparus du monde [avec les personnes qu'ils désignaient]
II tr. [poét.] ***aliquem*** [-C] Théât., se mourir d'amour pour qqn

dēmŏrŏr, ***ārĭs***, ***ārī***, ***ātus sum***, tr. et intr. ¶ **1** intr., demeurer, rester, s'arrêter : [-C] Théât., [+C] Pros. ¶ **2** tr., retarder, retenir, arrêter : [C] Pros., Poés. ; ***annos demoror*** [C] Poés., je tarde à mourir, je prolonge mes jours ‖ attendre : [C] Poés.

dēmorsĭcō, ***ās***, ***āre***, ***-***, ***ātum***, tr., mordiller après qqch. : [+C] Pros. ; ***rosis demorsicatis*** [+C] Pros., après avoir goûté les roses

dēmorsus, ***a***, ***um***, part. de *demordeo*

dēmortŭus, ***a***, ***um***, part. de *demorior*

Dēmosthĕa, ***ae***, f., Démosthée [fille de Priam] : [+C] Poés.

Dēmosthĕnēs, ***is***, m., Démosthène [le célèbre orateur grec] : [C] Pros.

dēmōtus, ***a***, ***um***, part. de *demoveo*

dēmŏvĕō, ***ēs***, ***ēre***, ***mōvī***, ***mōtum***, tr., déplacer, écarter de : ***demoveri de loco*** [C] Pros., être écarté d'un lieu ; ***aliquem loco*** [C] Pros., déloger qqn ; ***gradu*** [C] Pros., faire lâcher pied ; ***praefecturā*** [+C] Pros. ; ***Syriā*** [+C] Pros., retirer de la préfecture du prétoire, du gouvernement de la Syrie ; ***centurionem, tribunum*** [+C] Pros., casser un centurion, un tribun ‖ [fig.] éloigner de, détourner de : ***animum de statu*** [C] Pros., faire sortir l'âme de son assiette ; ***odium a se*** [C] Pros., détourner de soi la haine

dempsī, parf. de *demo*

demptĭo, ***ōnis***, f., retranchement, diminution, soustraction : [C] Pros.

demptus, ***a***, ***um***, part. de *demo*

dēmūgītus, ***a***, ***um***, rempli de mugissements : [C] Poés.

dēmulcĕō, ***ēs***, ***ēre***, ***mulsī***, ***mulctum***, tr., carresser [en passant doucement la main sur] : [-C] Théât., [C] Pros. ; [avec la langue] [+C] Pros. ‖ [fig.] charmer : [+C] Pros.

dēmum, adv., précisément, tout juste, seulement ¶ **1** joint aux pronoms, [C] Pros., [+C] Pros., Poés. ¶ **2** joint aux adv., surtout de temps, ***tum demum*** [C] Pros., alors seulement (pas avant) ; ***nunc demum*** [C] Pros., maintenant seulement ; ***post demum*** [-C] Théât., c'est après seulement que... ‖ ***ibi demum*** [C] Poés., là seulement ; ***sic demum*** [C] Poés., alors seulement ; ***ita demum, si*** [+C] Pros., à la seule condition que... ¶ **3** [autres indications temporelles (âge)] [-C] Théât., [C] Poés., [+C] Pros. ‖ ***damnatus demum*** [-C] Théât., ce n'est qu'après avoir été condamné que... ¶ **4** enfin : [+C] Pros. ¶ **5** seulement, C.▶ *tantum, modo, 2 solum* : [+C] Pros.

dēmūnĕrŏr, ***ārĭs***, ***ārī***, ***-***, tr., soudoyer, corrompre : [-C] Théât.

dēmurmŭrō, ***ās***, ***āre***, ***-***, ***-***, tr., murmurer, proférer à voix basse : [C] Poés.

dēmussātus, ***a***, ***um***, dissimulé, supporté en silence : [+C] Pros., [T] Pros.

dēmūtassim, V.▶ *demuto*

dēmūtātĭo, ***ōnis***, f., changement [en mal] : [C] Pros.

dēmūtātus, ***a***, ***um***, part. de *demuto*

dēmŭtĭlō, ***ās***, ***āre***, ***-***, ***-***, tr., retrancher, élaguer : [+C] Pros.

dēmūtō, ***ās***, ***āre***, ***āvī***, ***ātum***, changer : ***orationem*** [-C] Théât. ¶ **1** [abs[t]] ***demutare de veritate*** [+C] Pros., changer qqch. à la vérité, altérer la vérité ¶ **2** intr., changer, être différent : [-C] Théât.

dēnārĭus, ***a***, ***um***, de dix ¶ **1** adj., qui contient le nombre dix : [C] Pros. ¶ **2** subst., **dēnārĭus**, ***ĭī***, gén. pl. ***denarium*** et ***denariōrum***, m. ***a)*** denier [pièce de monnaie qui, dans l'origine, valait dix as] : [C] Pros. ***b)*** as [monnaie de cuivre] : [T] Pros. ***c)*** [en gén.] pièce de monnaie : [C] Pros.

dēnarrō, ***ās***, ***āre***, ***āvī***, ***ātum***, tr., raconter d'un bout à l'autre, dans le détail : [-C] Théât., [C] Poés., [+C] Pros.

dēnascŏr, ***scĕrĭs***, ***scī***, ***-***, intr., cesser d'être, mourir : [C] Pros.

dēnăsō, ***ās***, ***āre***, ***-***, ***-***, tr., priver du nez : [-C] Théât.

dēnătō, ***ās***, ***āre***, ***-***, ***-***, intr., nager en suivant le courant, descendre en nageant : [C] Poés.

dēnĕgō, ***ās***, ***āre***, ***āvī***, ***ātum***, tr. ¶ **1** nier fortement, dire que non : [-C] Théât. ‖ [abs[t]] ***Aquilius denegavit*** [C] Pros., Aquilius a dit non [= qu'il ne se présenterait pas au consultat] ¶ **2** dénier, refuser : ***praemium alicui*** [C] Pros., refuser une récompense à qqn ‖ ***dare denegare*** [C] Poés., refuser de donner ; [-C] Théât. ‖ [abs[t]] refuser : [C] Pros.

dēni, ***ae***, ***a***, pl. ¶ **1** [distributif] chacun dix : [C] Pros. ‖ sg., ***dena luna*** [C] Poés., chaque fois la dixième lune ¶ **2** ▶ *decem* : [C] Poés. ; sg., ***denus*** : [+C] Poés.

dēnĭcāles ferĭae, f., cérémonies religieuses pour purifier la famille d'un mort : [C] Pros.

dēnĭquĕ, adv. ¶ **1** et puis après, enfin [surtout dans une énumération, il peut alors être suivi de *postremo*] : [-C] Théât., [C] Pros. ¶ **2** [aboutissement] en fin de compte, finalement : [C] Poés., Pros. ; [ironiquement] [C] Pros. ‖ [résultat attendu] enfin une bonne fois : [C] Pros. ¶ **3** [terme d'une gradation] en somme, bref : [C] Pros. ‖ [en mettant les choses au mieux] tout au plus : [C] Pros. ‖ [en mettant les choses au pis] tout au moins : [C] Pros. ¶ **4** bref, pour tout dire d'un mot : [C] Pros. ¶ **5** [anal. à *demum*] : ***tum denique*** [C] Pros., alors enfin, alors seulement ; ***nunc denique*** [C] Pros., maintenant seulement ; ***(Clodio) mortuo denique*** [C] Pros., c'est seulement après la mort de Clodius que... ‖ après tout, en dernière analyse : [C] Pros. ¶ **6** [postclass.] par suite : [+C] Pros.

dēnīxē, C.▶ *enixe* : [-C] Théât.

dēnōmĭnātĭo, ***ōnis***, f., métonymie [rhét.] : [C] Pros., [+C] Pros.

dēnōmĭnō, ***ās***, ***āre***, ***āvī***, ***ātum***, tr., dénommer, nommer : [C] Pros., [+C] Pros.

dēnormō, ***ās***, ***āre***, ***-***, ***-***, tr., rendre obliquangle, rendre irrégulier : [C] Poés.

dēnŏtātus, ***a***, ***um***, part. de *denoto*

dēnŏtō, ***ās***, ***āre***, ***āvī***, ***ātum***, tr. ¶ **1** indiquer par un signe, désigner, faire connaître : [C] Pros. ‖ ***metum alicujus*** [+C] Pros., signaler, faire remarquer la crainte de qqn ¶ **2** noter d'infamie, flétrir : [+C] Pros.

dens, ***tis***, m., dent [de l'homme et des animaux] : [C] Pros. ; ***dens Indus*** [C] Poés. ; ***Libycus*** [C] Poés., défense de l'éléphant, ivoire ; [-C] Théât. ; ***venire sub dentem*** [+C] Pros., tomber sous la dent, sous la coupe de qqn (avoir affaire à qqn) ‖ tout ce qui sert à mordre, à entamer, à saisir : ***dens aratri*** [+C] Pros., soc de la charrue ; [C] Poés. ‖ [méton.] dent de scie : [C] Pros. ; dent d'engrenage : [C] Pros. ; mâchoire [des pinces de préhension] : [C] Pros. ‖ [fig.] dent, morsure : [C] Pros.

densātus, ***a***, ***um***, part. de *denso*

densē, adv., d'une manière épaisse, serrée, en masse compacte : [C] Pros. ‖ fréquemment : [C] Pros. ‖ ***densius*** [C] Pros. ‖ ***densissime*** [C] Pros.

Denselētae, ***ārum***, m. pl., C.▶ *Denthelethi* : [C] Pros.

densĕo, ***ēs***, ***ēre***, ***-***, ***ētum***, tr., rendre dense, compact, condenser, épaissir, serrer : [C] Poés. ; ***densere hastilia*** [C] Poés., multiplier les traits ; [+C] Pros.

densētus, ***a***, ***um***, part. de *denseo*

densĭtās, ***ātis***, f., pl., [T] Pros. ‖ grand nombre, fréquence : [+C] Pros.

densītō, ***ās***, ***āre***, ***-***, ***-***, ***densitatae acies*** [T] Pros., troupes compactes

densō, ***ās***, ***āre***, ***āvī***, ***ātum***, tr., C.▶ *denseo* : [C] Poés., Pros., [+C] Pros. ‖ entasser, multiplier : [+C] Pros. ‖ condenser le style : [+C] Pros. ‖ [chrét.] donner de la densité à sa foi en l'observant mieux : [+C] Pros.

densus, ***a***, ***um*** ¶ **1** épais, serré, pressé, compact : ***silvae densiores*** [C] Pros., forêts plus épaisses ; ***hostes densi*** [C] Poés., ennemis en rangs serrés ¶ **2** fréquent, non clairsemé : [C] Poés. ; ***densis ictibus*** [C] Poés., à coups pressés ¶ **3** [fig.] plein, condensé : ***densa vox*** [+C] Pros., voix qui se ramasse ‖ ***-issimus*** [C] Pros.

dentāle, ***is***, n., V.▶ *dentalia*

dentālĭa, ***ĭum***, n. pl., partie de la charrue où s'enclave le soc, le sep : [C] Poés. ‖ soc : [+C] Poés.

dentarpaga, f., V.▶ *dentharpaga*

1 **dentātus**, *a, um* ¶**1** qui a des dents : ***male dentatus*** [C] Poés., qui a de mauvaises dents ‖ qui a de grandes dents : [-C] Théât., [T] Pros. ‖ dentelé : [C] Pros. ‖ aigu, mordant : [C] Poés. ¶**2** ***dentata charta*** [C] Pros., papier lisse, poli [avec une dent de sanglier]

2 **Dentātus**, *i*, m., M' Curius Dentatus [vainqueur de Pyrrhus] : [+C] Pros.

dentefabres, ➡ *dentifer*

Dentĕr, *tris*, m., surnom romain : [C] Pros.

dentex, *ĭcis*, m., denté [poisson de mer] : [+C] Pros.

Denthalĭās, *ātis*, adj. m., de Denthalii [ville du Péloponnèse] : [+C] Pros.

dentharpăga, *ae*, f., davier [instrument pour arracher les dents] : [C] Poés.

Denthēlēthi, *ōrum*, m. pl., peuple de Thrace : [C] Pros.

1 **dentĭcŭlus**, *i*, m., petite dent : [+C] Pros. ‖ [archit.] denticule [sur la corniche ionique ou corinthienne] : [C] Pros. ‖ [méc.] dent d'engrenage : [C] Pros.

2 **Dentĭcŭlus**, *i*, m., surnom romain : [C] Pros.

dentĭfĕr, *ĕra, ĕrum*, dentelé, crénelé : [-C] Pros.

dentĭfrangĭbŭlum, *i*, n., casse-dents, brise-mâchoire : [-C] Théât.

dentĭfrangĭbŭlus, *i*, m., casseur de dents : [-C] Théât.

dentĭlĕgus, *a, um*, qui ramasse ses dents : [-C] Théât.

dentĭō, *īs, īre, -, -*, intr., croître, pousser [en parl. des dents] : [-C] Théât.

dentiscalpĭum, *ĭi*, n., cure-dent : [+C] Poés.

Dento, *ōnis*, m., nom d'homme : [+C] Poés.

dēnūbō, *ĭs, ĕre, nupsī, nuptum*, intr., sortir voilée de la maison paternelle pour se marier, se marier [en parl. d'une femme] : [C] Poés., [+C] Pros.

dēnūdātĭo, *ōnis*, f., [fig.] révélation : [T] Pros.

dēnūdātus, *a, um*, part. de *denudo*

dēnūdō, *ās, āre, āvī, ātum*, tr. ¶**1** mettre à nu, découvrir : ***denudari a pectore*** [C] Pros., avoir la poitrine mise à nu ‖ [fig.] dévoiler, révéler : ***suum consilium*** [C] Pros., faire connaître son projet ; [+C] Pros. ¶**2** dépouiller de, priver de [avec abl.] : [C] Pros. ¶**3** expliquer : [T] Pros.

dēnŭmĕrō, *ās, āre, āvī, ātum*, tr., [abs[t]] compter de l'argent : [-C] Théât.

denuntiamino, ➡ *denuntio*

dēnuntĭātĭo, *ōnis*, f., annonce, notification, déclaration : ***belli*** [C] Pros., déclaration de guerre ‖ [phil.] rappel à l'ordre : [+C] Pros.

dēnuntĭātus, *a, um*, part. de *denuntio*

dēnuntĭō, *ās, āre, āvī, ātum*, tr. ¶**1** porter à la connaissance, notifier : [C] Pros. ; ***alicui testimonium denuntiare*** [C] Pros., notifier à qqn d'être témoin, l'appeler en témoignage ‖ [droit] citer : [C] Pros. ‖ [avec prop. inf.] notifier que, signifier que : [C] Pros. ‖ [avec inf.] signifier de, ordonner de : [+C] Pros. ‖ [avec *ut, ne*, idée d'ordre] : [C] Pros. ; ***denuntiare aliquem, ut adsit*** [C] Pros., citer qqn à comparaître, sommer de comparaître ‖ [avec subj. seul] [C] Pros., [+C] Pros. ¶**2** [en gén.] annoncer, déclarer : [C] Pros. ‖ [avec prop. inf.] déclarer que : [C] Pros. ‖ [avec *ut*] [C] Pros. ‖ [avec subj. seul] [C] Pros. ¶**3** [sujet nom de choses] [C] Pros. ¶**4** ***alicui denuntiare*** [+C] Pros., faire du chantage auprès de qqn

dēnŭō, adv. ¶**1** ➡ *de integro*, sur nouveaux frais : [-C] Théât., [+C] Pros. ¶**2** ➡ *iterum*, de nouveau, pour la seconde fois : [-C] Théât., [C] Pros. ‖ ➡ *rursus*, derechef, encore une fois : [C] Pros.

dēnus, *a, um*, ➡ *deni*

Dēōis, *ĭdis*, f., fille de Déo ou Déméter [Proserpine] : [C] Poés. ‖ **-ōĭus**, *a, um*, de Déméter : [C] Poés.

dĕŏnĕrō, *ās, āre, āvī, ātum*, tr., décharger : ***deoneratae naves*** [T] Pros., bateaux déchargés ‖ [fig.] ôter un poids : [C] Pros.

dĕoptō, *ās, āre, -, -*, tr., choisir : [+C] Poés.

dĕorio, ➡ *dehaurio* : [-C] Pros.

dĕorsum, adv., en bas, vers le bas : [C] Pros. ; ***deorsum versus*** [-C] Pros. ; ***deorsum versum*** [C] Pros., en bas, vers le bas ; ***sursum deorsum*** [-C] Théât., de bas en haut, de haut en bas ; [C] Pros., [+C] Pros. ‖ au-dessous, dessous : [-C] Théât., [C] Pros.

dĕorsŭs, ➡ *deorsum* : [C] Pros. ; ***sursus deorsus*** [C] Pros., de bas en haut, de haut en bas

dĕoscŭlŏr, *ārĭs, ārī, ātus sum*, tr., embrasser avec effusion : [-C] Théât. ‖ [fig.] louer à l'excès : [+C] Pros.

dēpăciscor, ➡ *depeciscor*

dēpactus, part. de *depaciscor* et de *depango*

dēpālātus, *a, um*, part. de *depalo*

depalmō, *ās, āre, -, -*, tr., frapper du plat de la main, souffleter : [+C] Pros.

dēpālō, *ās, āre, -, -*, piqueter, borner [en plantant des pieux] : ***depalare civitatem*** [+C] Pros., bâtir, fonder une ville [en traçant l'enceinte]

dēpangō, *ĭs, ĕre, -, pactum*, [fig.] fixer, déterminer : ***depactus*** [C] Poés.

dēparcus, *a, um*, très chiche, avare : [+C] Pros.

dēpascō, *ĭs, ĕre, pāvī, pastum*, tr. ¶**1** enlever en paissant, faire brouter : [C] Poés. ¶**2** paître, brouter : [C] Poés. ¶**3** [fig.] détruire, dévorer : [+C] Poés. ‖ réduire, élaguer [la surabondance du style] : [C] Pros.

dēpascŏr, *scĕrĭs, scī, pastus sum*, tr., manger, dévorer : [C] Poés. ; [métaph.] [C] Poés.

dēpastus, *a, um*, part. de *depasco* et de *depascor*

dēpāvī, parf. de *depasco*

dēpĕciscŏr (-pă-), *scĕrĭs, scī, pectus* et *pactus sum*, tr. ¶**1** [abs[t]] stipuler, faire un accord : ***ad condiciones alicujus*** [C] Pros., passer un accord aux conditions de qqn ¶**2** [avec acc.] stipuler : [C] Pros.

dēpectō, *ĭs, ĕre, -, pexum*, tr. ¶**1** détacher (séparer) en peignant : ***vellera foliis*** [C] Poés., détacher le duvet, la soie des feuilles ¶**2** [fig.] battre, rosser [cf. "une peignée"] : ***depexus*** [-C] Théât.

dēpectŏr, *ōris*, m., celui qui fait marché pour : ***depector litium*** [+C] Pros., entrepreneur de procès

dēpectus, *a, um*, part. de *depeciscor*

dēpĕcŭlātŏr, *ōris*, m., déprédateur, voleur : [C] Pros.

dēpĕcŭlātus, *a, um*, part. de *depeculor*

dēpĕcŭlŏr, *ārĭs, ārī, ātus sum*, tr., dépouiller qqn de son avoir, dépouiller, voler : ***aliquem*** [C] Pros., piller qqn ‖ [fig.] enlever, ravir : [C] Pros.

1 **dēpellō**, *ĭs, ĕre, pŭlī, pulsum*, tr. ¶**1** chasser, écarter, repousser : ***depelli de loco*** [C] Pros., être repoussé d'un lieu ; ***ab aliquo, ab aliqua re aliquid depellere*** [C] Pros., écarter qqch. de qqn, de qqch. ; ***defensores vallo*** [C] Pros., chasser du retranchement les défenseurs ; [fig.] ***depulsus loco*** [C] Pros. ; ***gradu*** [C] Pros., à qui on a fait lâcher pied [= battu] : ***depellere aliquem urbe*** [+C] Pros., bannir qqn de Rome ‖ ***verbera*** [C] Pros., éloigner de soi les coups ‖ ***(a mamma, a matre) depellere***, sevrer : [C] Pros., Poés. ¶**2** [fig.] écarter de, détacher de : ***de suscepta causa aliquem*** [C] Pros., détacher qqn de la cause qu'il a adoptée ; ***de spe depulsus*** [C] Pros., frustré dans ses espérances ; ***sententia depelli*** [C] Pros., être détourné d'une opinion ‖ ***non dep. quin*** [subj.] ne pas détourner qqn de faire qqch. : [+C] Pros. ¶**3** repousser qqch. : ***servitutem civitati*** [C] Pros., éloigner de la cité l'esclavage ; [+C] Pros.

2 **dēpellō**, *ās, āre, -, -*, éplucher, écaler : [+C] Pros.

dēpendeō, *ēs, ēre, -, -*, intr. ¶**1** être suspendu à, pendre de : ***ex humeris*** [C] Poés., pendre aux épaules ; ***a cervicibus ante pectus*** [+C] Pros., descendre du cou sur le devant de la poitrine ; ***ramis*** [C] Poés., être suspendu aux branches ; ***dependente brachio*** [+C] Pros., avec le bras pendant ¶**2** [fig.] dépendre de : [C] Poés. ; [avec *ex*] [+C] Pros. ‖ se rattacher à, dériver de : [avec *ex*] [C] Poés., [+C] Pros.

dēpendō, *ĭs, ĕre, dĭdī, dĭtum*, tr. ¶**1** payer, compter en paiement : [C] Pros. ‖ [abs[t]] [C] Pros. ‖ [fig.] donner en paiement : [C] Pros. ¶**2** dépenser, employer [son temps, sa peine, etc.] : [+C] Pros., Poés.

dēpendŭlus, *a, um*, qui pend à, suspendu à [avec abl.] : [+C] Pros.

dēpensus, *a, um*, part. de *dependo*

dēperdĭtus, *a, um*, part. de *deperdo* ‖ adjt, perdu, dépravé : [+C] Pros.

dēperdō, *ĭs, ĕre, dĭdī, dĭtum*, tr. ¶1 perdre au point d'anéantir ; [au part.] perdu, anéanti : [C] Poés. ¶2 perdre complètement, sans rémission : [C] Pros. ¶3 perdre de (une partie de) : ***aliquid de existimatione sua*** [C] Pros., perdre de sa considération ; ***aliquid summā*** [C] Poés., perdre une part de son capital ‖ ***sui nihil*** [C] Pros., ne rien perdre de ses biens

dēpĕrĕō, *īs, īre, ĭī, -*, intr. et tr.
I intr. ¶1 s'abîmer, se perdre, périr, mourir : [C] Pros. ‖ ***si servus deperisset*** [C] Pros., si l'esclave venait à périr ¶2 [fig.] mourir d'amour : ***amore alicujus deperire*** [C] Pros., mourir d'amour pour qqn ; [+C] Pros.
II tr., se mourir pour, aimer éperdument : ***aliquam deperire*** [avec ou sans *amore*] [-C] Théât., [C] Poés.

dēpĕrītūrus, *a, um*, part. fut. de *depereo*

dēpĕtīgo, *ĭnĭs*, f., dartre vive, gale : [-C] Pros. ‖ [tmèse] ***deque petigo*** [-C] Poés.

dēpexus, *a, um*, part. de *depecto*

dēpictus, *a, um*, part. de *depingo*

dēpīlātus, *a, um*, part. de *depilo*

dēpīlis, *e*, sans poil, imberbe : [+C] Pros.

dēpīlō, *ās, āre, -, -*, tr., plumer : [+C] Pros. ‖ [fig.] piller, dépouiller : [-C] Poés.

dēpingō, *ĭs, ĕre, pinxī, pictum*, tr. ¶1 peindre, représenter en peinture : ***pugnam Marathoniam*** [C] Pros., peindre la bataille de Marathon ; [+C] Pros. ‖ [fig.] dépeindre, décrire : [C] Pros. ; ***vitam alicujus*** [C] Pros., dépeindre la vie de qqn ; ***aliquid cogitatione*** [C] Pros., se représenter qqch. en imagination ¶2 orner : ***depicta paenula*** [+C] Pros., manteau couvert d'ornements ‖ [fig.] ***depictus***, orné, fleuri [en parl. du style] : [C] Pros.

dēpinxi, ▶ *depingo*

dēplangō, *ĭs, ĕre, planxī, planctum*, tr., pleurer, déplorer : [C] Poés.

dēplānō, *ās, āre, āvī, ātum*, tr., aplanir, mettre de niveau : [T] Pros.

dēplantātus, *a, um*, part. de *deplanto*

dēplantō, *ās, āre, āvī, ātum*, tr., arracher de la souche : [C] Pros. ‖ rompre, briser : [+C] Pros.

dēplānus, *a, um*, aplani : [T] Pros.

dēplĕō, *ēs, ēre, plēvī, plētum*, tr. ¶1 [fig.] vider, épuiser : ***fontes haustu*** [+C] Poés., épuiser les sources [de la poésie] ; ***vitam querelis*** [C] Poés., épuiser sa vie en plaintes ¶2 tirer [un liquide] : ***oleum*** [-C] Pros., transvaser de l'huile

dēplexus, *a, um*, qui étreint fortement : [C] Poés.

dēplōrātĭo, *ōnis*, f., plainte, lamentation : [+C] Pros.

dēplōrātŏr, *ōris*, m., celui qui implore : [T] Pros.

dēplōrātus, *a, um*, part. de *deploro*

dēplōrō, *ās, āre, āvī, ātum* ¶1 intr., pleurer, gémir, se lamenter : [C] Pros. ; ***de incommodis suis*** [C] Pros., pleurer sur ses malheurs ¶2 tr. ***a)*** déplorer : ***caecitatem suam*** [C] Pros., déplorer sa cécité ***b)*** déplorer qqch. comme perdu, pleurer : [C] Pros. ; [d'où] renoncer à, désespérer de : ***deploratus a medicis*** [+C] Pros., abandonné par les médecins ¶3 [acc. de l'objet intérieur avec un pron. n.] ***deplorare aliquid***, faire une lamentation : [C] Pros. ; ***multa de aliquo deplorare*** [C] Pros., se répandre en plaintes sur qqn

dēplŭit, *ĕre*, intr., pleuvoir : ***lapis depluit*** [C] Poés., il tombe une pluie de pierres

dēpōcŭlō (**dēpoclō**), *ās, āre, -, -*, se ruiner en buvant : [inf. fut.] ***depoclassere*** [-C] Poés.

dēpŏlĭō, *īs, īre, -, ītum*, tr., ***virgis dorsum*** [-C] Théât., caresser le dos à coups de bâton

dēpŏlītĭo, *ōnis*, f., agrément ; pl., maisons d'agrément : [C] Poés.

dēpŏlītus, *a, um*, part. de *depolio*

dēponderō, *ās, āre, -, -*, tr., faire enfoncer par son poids : [+C] Pros.

dēpōnō, *ĭs, ĕre, pŏsŭī, pŏsĭtum*, tr. ¶1 déposer, mettre à terre : ***onus*** [C] Pros., déposer un fardeau ; ***jumentis onera*** [C] Pros., décharger les bêtes de somme ; ***aliquid de manibus*** [C] Pros., déposer une chose qu'on tenait en mains ; [C] Poés. ; ***depositis armis*** [C] Pros., ayant déposé les armes ; ***crinem*** [+C] Pros., renoncer à sa chevelure ‖ ***malleolum in terram*** [+C] Pros., mettre en terre un surgeon ; ***plantas sulcis*** [C] Poés., déposer des rejetons dans les sillons [+C] Pros. ‖ ***vitulam*** [C] Poés., mettre une génisse en enjeu ‖ ***aliquem vino*** [-C] Théât., faire rouler qqn sous la table avec du vin ¶2 mettre de côté, en dépôt, en sûreté : ***praedam in silvis*** [C] Pros., déposer (cacher) le butin dans les forêts ; ***gladium apud aliquem*** [C] Pros., déposer une épée chez qqn ; ***ad saucios deponendos*** [C] Pros., pour laisser les blessés en sûreté ; [+C] Pros. ‖ ***in fide alicujus aliquid*** [C] Pros., confier qqch. à la loyauté de qqn ; ***in rimosa aure*** [C] Poés., confier qqch. à une oreille qui laisse fuir les secrets ; ***tutis auribus*** [C] Poés., à des oreilles sûres ¶3 mettre à terre ***a)*** [on déposait à terre les malades désespérés pour qu'ils rendissent leur dernier soupir à la terre (*Terra parens*, la Terre Mère), d'où] **depositus**, *a, um*, étendu à terre, dans un état désespéré ; [d'où] expirant, mourant : [C] Poés. ‖ défunt, mort : [C] Poés. ; [substt] ***meus depositus*** [+C] Pros., mon défunt ***b)*** [poét.] mettre bas, enfanter : [C] Poés. ***c)*** abattre, renverser : [+C] Poés. ¶4 [fig.] déposer, abandonner, quitter : ***ex memoria insidias*** [C] Pros., chasser de sa mémoire le souvenir d'un attentat ; ***imperium*** [C] Pros., déposer le pouvoir ; ***negotium*** [C] Pros., abandonner une affaire, y renoncer ; ***simultates*** [C] Pros., déposer son ressentiment ; ***provinciam*** [C] Pros., renoncer au gouvernement d'une province ; ***deposito adoptivo (nomine)*** [+C] Pros., en renonçant à son nom adoptif

dēpontō, *ās, āre, -, -*, tr., priver [les vieillards] du droit de suffrage : [C] Poés.

dēpŏposcī, parf. de *deposco*

dēpŏpŭlātĭo, *ōnis*, f., dévastation, ravage : [C] Pros.

dēpŏpŭlātŏr, *ōris*, m., dévastateur : [C] Pros.

dēpŏpŭlātus, *a, um*, part. de *depopulo* et de *depopulor*

dēpŏpŭlō, *ās, āre, -, -*, tr., ravager : [-C] Théât., [C] Pros. ‖ ***depopulatus***

dēpŏpŭlŏr, *āris, ārī, ātus sum*, tr., piller, ravager, saccager, dévaster, désoler : [C] Pros.

dēportātĭo, *ōnis*, f., charroi, transport : [-C] Pros.

dēportātus, *a, um*, part. de *deporto*

dēportō, *ās, āre, āvī, ātum*, tr. ¶1 emporter d'un endroit à un autre, emporter, transporter : ***de fundo aliquid*** [-C] Pros. ; ***ex loco*** [C] Pros., emporter d'une propriété, d'un lieu qqch. ; ***frumentum in castra*** [C] Pros., transporter le blé dans le camp ; ***multa Romam*** [C] Pros., transporter beaucoup d'objets à Rome ‖ [en parl. d'un fleuve] charrier : [C] Pros. ‖ ramener avec soi : [une armée] [C] Pros. ; [du butin] [C] Pros. ; [un sénatus-consulte] [C] Pros. ¶2 rapporter, remporter : ***de provincia benevolentiam alicujus*** [C] Pros., rapporter d'un gouvernement de province la bienveillance de qqn ; ***cognomen Athenis*** [C] Pros., rapporter d'Athènes un surnom ‖ ***triumphum*** [C] Pros., remporter le triomphe ¶3 déporter qqn : [+C] Pros.

dēposcō, *ĭs, ĕre, pŏposcī, -*, tr. ¶1 demander avec instance, exiger, réclamer : [C] Pros. ; ***sibi naves*** [C] Pros., se faire remettre des navires ‖ revendiquer : [C] Pros. ¶2 réclamer qqn pour un châtiment : ***aliquem ad mortem*** [C] Pros. ; ***morti*** [+C] Pros., exiger la mort de qqn ; ***aliquem ad poenam*** [+C] Pros. ; ***in poenam*** [C] Pros., exiger la punition de qqn ‖ ***deposcere aliquem*** [C] Poés., réclamer le châtiment de qqn ; [ou] réclamer la mort de qqn : [C] Pros. ¶3 réclamer pour adversaire, défier, provoquer : [C] Pros.

dēpŏsĭtĭo, *ōnis*, f., [rhét.] achèvement, fin d'une période : [+C] Pros.

dēpŏsĭtŏr, *ōris*, m., qui détruit, qui cherche à détruire : [T] Poés.

dēpŏsĭtum, *i*, n., dépôt, consignation : ***reddere depositum*** [C] Pros., rendre un dépôt ‖ [fig.] ***esse in deposito*** [+C] Pros., être en réserve, pris en note ‖ [chrét.] dépôt de la foi : [T] Pros.

dēpŏsĭtus, *a*, *um*, part. de *depono* ‖ adj[t], V. → *depono ¶3*

dēpŏsīvī, V. → *depono*

dēpost, prép. avec acc., derrière : [T] Pros.

dēpostŭlātŏr, *ōris*, m., celui qui réclame [pour le supplice] : [+C] Pros.

dēpostŭlō, *ās*, *āre*, -, -, tr., demander instamment : [C] Pros.

dēpŏsŭī, parf. de *depono*

dēpraedātus, *a*, *um*, part. de *depraedor*

dēpraedŏr, *āris*, *ārī*, *ātus sum*, tr., piller, dépouiller : [+C] Pros.

dēpraesentĭārum, adv., sur le moment même, sur-le-champ : [+C] Pros.

dēprāvātē, adv., de travers, mal : [C] Pros.

dēprāvātĭo, *ōnis*, f., torsion, contorsion : ***oris*** [C] Pros., grimaces ‖ [fig.] dépravation, corruption, altération : ***animi*** [C] Pros., corruption de l'âme ; ***verbi*** [C] Pros., interprétation abusive d'un mot ‖ [chrét.] schisme : [T] Pros.

dēprāvātus, *a*, *um*, part. de *depravo*

dēprāvō, *ās*, *āre*, *āvī*, *ātum*, tr., tordre, contourner, mettre de travers, rendre contrefait, difforme, déformer : [C] Pros. ‖ [phil.] ***depravatus*** [C] Pros., déformé, qui n'a plus sa nature première ‖ [fig.] dépraver, gâter, corrompre : [C] Pros. ; [abs[t]] [C] Pros.

dēprĕcābĭlis, *e*, qui se laisse fléchir : [T] Pros.

dēprĕcābundus, *a*, *um*, suppliant : [+C] Pros.

dēprĕcātio, *ōnis*, f. ¶1 action de détourner par des prières : ***periculi*** [C] Pros., prière pour détourner un danger ‖ demande de pardon : ***facti*** [C] Pros., pour un acte ‖ [rhét.] demande de pardon, de clémence (après aveu de culpabilité) : [C] Pros. ¶2 [cf. → *deprecor ¶3*] action de solliciter instamment : [C] Pros. ¶3 ***deorum*** [C] Pros., imprécation par laquelle on appelle sur soi la punition des dieux en cas de parjure

dēprĕcātŏr, *ōris*, m. ¶1 celui qui par ses prières détourne ou conjure un malheur : [C] Pros. ¶2 celui qui intercède, intercesseur, protecteur : [C] Pros. ; ***eo deprecatore*** [C] Pros., sur son intervention

dēprĕcātōrĭus, *a*, *um*, suppliant : [T] Pros.

dēprĕcātus, *a*, *um*, part. de *deprecor*

dēprĕcŏr, *āris*, *ārī*, *ātus sum*, tr. ¶1 chercher à détourner par des prières : ***mortem*** [C] Pros., la mort ; ***a se calamitatem*** [C] Pros., détourner de soi le malheur ; [poét.] ***aliqua re aliquem*** [C] Poés., prier qqn de s'écarter d'une chose ; [C] Pros. ‖ ***praecipiendi munus*** [+C] Pros., demander la permission de cesser les fonctions de professeur ‖ [avec *ne*] prier que ne pas [chose que l'on veut écarter] : [C] Pros. ‖ ***non deprecari quominus*** [C] Pros. ; ***non deprecari quin*** [C] Poés., Pros., ne pas s'opposer à ce que, consentir à ce que ; [ou avec inf.] [+C] Poés. ¶2 intercéder, demander pardon, excuse : ***pro amico*** [C] Pros., intercéder pour un ami ‖ [avec prop. inf.] [C] Pros. ¶3 demander avec insistance : ***vitam alicujus ab aliquo*** [C] Pros., demander en grâce à qqn la vie de qqn ; ***ad pacem deprecandam*** [C] Pros., pour solliciter la paix ‖ ***aliquem ab aliquo***, demander à qqn son indulgence, sa clémence, en faveur de qqn : [C] Pros. ‖ ***aliquem ut*** [+C] Pros., supplier qqn de

dēprĕhendō et **dēprendō**, *ĭs*, *ĕre*, *prendī*, *prensum*, tr. ¶1 surprendre, saisir, intercepter : ***deprehensus ex itinere*** [C] Pros., arrêté en route ; ***deprensis navibus*** [C] Pros., des navires ayant été saisis ; ***litterae deprehensae*** [C] Pros., lettre interceptée ¶2 prendre sur le fait : [C] Pros. ; ***in facinore manifesto*** [C] Pros., être pris sur le fait en train de commettre un crime ‖ prendre à l'improviste : [C] Pros. ; ***aliquos flentes*** [+C] Pros., surprendre des gens en train de pleurer ; ***venenum*** [C] Pros., surprendre le poison entre les mains de qqn ‖ ***testes deprehensi*** [+C] Pros., témoins surpris par les questions de la partie adverse ¶3 [fig., pass.] être pris, être attrapé, n'avoir point d'échappatoire : [C] Pros. ¶4 saisir, découvrir qqch. : [C] Pros. ; ***falsa*** [+C] Pros., surprendre, découvrir le faux ; ***in Livio patavinitatem*** [+C] Pros., découvrir de la patavinité dans Tite-Live ‖ [avec prop. inf.] découvrir que : [+C] Pros.

dēprĕhensio, *ōnis*, f., ***veneni*** [C] Pros., découverte et saisie du poison

dēprĕhensus (**dēprensus**), *a*, *um*, part. de *deprehendo*

dēprendo, V. → *deprehendo*

dēpressī, parf. de *deprimo*

dēpressĭo, *ōnis*, f., abaissement, enfoncement : [C] Pros. ‖ ***nasi*** [T] Pros., nez camard

dēpressĭus, compar. de l'inus. **depresse*, plus en profondeur : [+C] Pros.

dēpressus, *a*, *um* ¶1 part. de *deprimo* ¶2 adj[t] ***a)*** qui s'enfonce profondément : [C] Pros. ***b)*** abaissé : ***depressius iter*** [+C] Pros., route plus basse ¶3 **depressi**, *ōrum*, m. pl. [chrét.] les opprimés : [T] Pros.

dēprĭmō, *ĭs*, *ĕre*, *pressī*, *pressum*, tr. ¶1 presser de haut en bas, abaisser, enfoncer : [C] Pros. ; ***depresso aratro*** [C] Poés., la charrue étant enfoncée dans la terre ‖ ***vites in terram*** [-C] Pros., provigner ; [+C] Pros. ‖ ***fossam deprimere*** [C] Pros., [+C] Pros., creuser un fossé ‖ ***navem*** [C] Pros., couler bas un navire ¶2 [fig.] rabaisser : [C] Pros. ‖ ***vocem*** [+C] Pros., baisser la voix ‖ étouffer, arrêter : ***preces alicujus*** [C] Pros., rendre vaines les prières de qqn ‖ [rhét.] ***adversariorum causam*** [C] Pros., rabaisser la cause des adversaires

dēproelĭans, *tis*, part. de l'inus. **deproelior*, qui combat : [C] Poés.

dēprōmo, *ĭs*, *ĕre*, *prompsī*, *promptum*, tr. ¶1 tirer de, prendre dans : [C] Pros. ; ***aliquid domo alicujus depromere*** [C] Pros., prendre qqch. chez qqn ; [C] Poés. ¶2 communiquer, rendre public : [C] Pros.

dēpromptus, *a*, *um*, part. de *depromo*

dēprŏpĕrō, *ās*, *āre*, -, - ¶1 intr., se hâter : ***cito deproperate*** [-C] Théât., hâtez-vous promptement ¶2 tr., se hâter de faire, hâter, presser : ***deproperare coronas*** [C] Poés., se hâter de tresser des couronnes ‖ [avec inf.] s'empresser de : [-C] Théât.

depsō, *ĭs*, *ĕre*, *sŭī*, *stum*, tr., broyer, pétrir : [-C] Pros. ; ***coria depsta*** [-C] Pros., cuirs préparés, tannés ‖ [sens obscène] [C] Pros.

depstīcĭus, *a*, *um*, bien pétri : [-C] Pros.

dēpŭdescō, *ĭs*, *ĕre*, -, -, intr. ¶1 perdre toute honte : [+C] Pros. ¶2 avoir honte, rougir de [avec gén.] : [T] Pros.

dēpŭdet (me), *ēre*, *ŭĭt*, -, impers., V. → *pudet* ¶1 ne plus rougir de, n'avoir plus de honte de : [C] Poés., [T] Pros. ¶2 avoir honte de, rougir de : [+C] Pros.

dēpŭdīcō, *ās*, *āre*, -, -, tr., déshonorer, ravir l'honneur : [+C] Pros.

dēpūgis, *e*, qui n'a pas de fesses [contr. de καλλίπυγος] : [C] Poés.

dēpugnātus, *a*, *um*, part. de *depugno*

dēpugnō, *ās*, *āre*, *avī*, *ātum*, intr. ***a)*** lutter dans un combat décisif, combattre à mort : [C] Pros. ; ***cum aliquo*** [C] Pros., avec qqn ; [pass. impers.] [C] Pros. ‖ [en combat singulier] [C] Pros. ; ***cum aliquo*** [C] Pros. ‖ [en parl. des gladiateurs] [C] Pros. ***b)*** [acc. de l'objet intér.] ***depugnare proelium***, [d'où, au pass.] ***depugnato proelio*** [-C] Théât., le combat étant achevé

dēpŭlī, parf. de *1 depello*

dēpulsĭo, *ōnis*, f., action de chasser, d'éloigner : ***depulsio mali*** [C] Pros., l'éloignement du mal ‖ [rhét.] action de repousser une accusation, thèse du défenseur : [C] Pros.

dēpulsō, *ās*, *āre*, -, -, écarter de [avec *de*] : [-C] Théât.

dēpulsŏr, *ōris*, m., celui qui chasse, qui repousse : [C] Pros.

dēpulsōrĭus, *a*, *um*, expiatoire : [T] Pros.

dēpulsus, *a*, *um*, part. de *1 depello*

dēpungō, *ĭs*, *ĕre*, -, -, tr., marquer avec des points, indiquer : [+C] Poés.

dēpurgō, *ās*, *āre*, -, *ātum*, tr. ¶1 enlever en nettoyant : ***acina*** [-C] Pros., ôter les grains ¶2 nettoyer : ***pisces*** [-C] Théât., des poissons ‖ ***terram ab herba*** [-C] Pros., enlever l'herbe du sol

dēpŭtātus, *a, um*, part. de *deputo*

dēpŭtō, *ās, āre, āvī, ātum*, tr. ¶ **1** tailler, émonder, élaguer : [-C] Pros., [+C] Pros. ¶ **2** évaluer, estimer : [-C] Théât. ; ***deputare aliquid in lucro*** [-C] Théât., regarder qqch. comme un gain ¶ **3** ***aliquid alicui rei*** ‖ assigner à : [T] Pros.

dēpŭvĭō, *īs, īre, pūvī, -*, tr., frapper, battre : [-C] Théât.

dēquĕ, V. *susque deque*

dēquestus, *a, um*, qui s'est plaint de, qui a déploré : [+C] Poés. ‖ parf., [T] Pros.

dēquŏquo, V. *decoquo* : [C] Poés.

dērādō, *ĭs, ĕre, rāsī, rāsum*, tr. ¶ **1** ratisser, racler, enlever en raclant : [C] Pros., [+C] Pros. ¶ **2** raser : [+C] Pros. ¶ **3** effacer : [+C] Pros.

dērāsus, *a, um*, part. de *derado*

Derbē, *ēs*, f., Derbé [ville de Lycaonie] : [T] Pros. ‖ **-bētes**, *ae*, m., habitant de Derbé : [C] Pros. ou **-bēus**, *i*, m., [T] Pros.

Dercenna, *ae*, f., source près de Bilbilis : [+C] Poés.

Dercĕtis, *is*, f., [C] Poés., **Dercĕtō**, f., Dercétis ou Dercéto [divinité des Syriens]

Dercyllus, *i*, m., gouverneur de l'Attique sous Antipater : [C] Pros.

dērectus, *a, um*, V. *directus*

dērĕlictĭo, *ōnis*, f., abandon : [C] Pros.

1 **dērĕlictus**, *a, um*, part. de *derelinquo*

2 **dērĕlictŭs**, *ūs*, m. ; [ne se trouve qu'au dat. sg.] abandon : [+C] Pros.

dērĕlinquo, *ĭs, ĕre, līquī, lictum*, tr. ¶ **1** abandonner complètement, délaisser [qqch., qqn] : [C] Pros. ¶ **2** laisser après soi [en s'en allant] : [+C] Pros. ; [après sa mort] [T] Pros.

dērĕpentĕ, adv., tout à coup, soudain : [-C] Théât., [C] Pros.

dērĕpentīnō, V. *repentinus*

dērēpō, *ĭs, ĕre, repsī, -*, intr., descendre en rampant : [C] Poés. ‖ descendre furtivement : [C] Poés.

dēreptus, *a, um*, part. de *deripio*

dēretrō, ▶ *retro* : [T] Pros.

dērīdĕō, *ĕs, ēre, rīsī, rīsum*, tr., rire de, se moquer de, bafouer, railler : [C] Pros. ‖ [abs[t]] railler, plaisanter : ***derides*** [-C] Théât., tu veux rire ; [C] Pros.

dērīdĭcŭlum, *i*, n., moquerie : ***deridiculi gratia*** [-C] Théât., par dérision ; ***deridiculo esse*** [+C] Pros., être un objet de moquerie ‖ ridicule : ***deridiculum corporis*** [+C] Pros., difformité grotesque

dērīdĭcŭlus, *a, um*, ridicule, qui fait rire, risible : [-C] Théât., [C] Pros., [+C] Pros.

dērĭgescō (**dīr-**), *ĭs, ĕre, rĭgŭī, -*, intr., [n'est employé qu'au parf.], devenir raide, immobile, se glacer [en parl. du sang] : [C] Poés.

dērĭgo, V. *dirigo*

dērĭpĭo, *ĭs, ĕre, rĭpŭī, reptum*, tr., arracher, ôter, enlever : ***aliquem de ara*** [-C] Théât., arracher qqn de l'autel ; ***vestem a pectore*** [C] Poés., arracher un vêtement de la poitrine ; ***velamina ex humeris*** [C] Poés., arracher des voiles des épaules ; ***ensem vagina*** [C] Poés., tirer l'épée du fourreau ‖ [fig.] retrancher : ***aliquid de auctoritate alicujus*** [C] Pros., enlever qqch. au crédit de qqn

dērīsĭo, *ōnis*, f., moquerie, dérision : [T] Pros.

dērīsŏr, *ōris*, m., moqueur, railleur : [-C] Théât. ‖ bouffon, parasite : [C] Pros. ‖ mime : [+C] Poés.

1 **dērīsus**, *a, um*, part. de *derideo* ‖ adj[t], ***derisissimus*** [C] Poés.

2 **dērīsŭs**, *ūs*, m., moquerie, raillerie : [C] Pros., [+C] Pros.

dērīvāmentum, *i*, n., action de détourner, de faire dériver : [+C] Pros.

dērīvātĭo, *ōnis*, f. ¶ **1** action de détourner les eaux : [C] Pros. ‖ de prendre un mot à qqn, emprunt : [T] Pros. ¶ **2** [fig.] ‖ [rhét.] emploi d'une expression moins forte, mais de sens très voisin, à la place d'une autre : [+C] Pros.

dērīvātus, *a, um*, part. de *derivo*

dērīvō, *ās, āre, āvī, ātum*, tr. ***a)*** détourner un cours d'eau, faire dériver : [-C] Théât., [C] Pros., [+C] Pros. ***b)*** [fig.] détourner : ***aliquid in domum suam*** [C] Pros., détourner qqch. chez soi, à son profit ; ***culpam in aliquem*** [C] Pros., faire retomber la faute sur qqn ‖ [gram.] dériver un mot : [+C] Pros.

***dērōdo**, V. *derosus*

dērŏgātĭo, *ōnis*, f., dérogation [à une loi] : [C] Pros. ‖ pl., [C]

dērŏgātŏr, *ōris*, m., détracteur : [T] Pros.

dērŏgō, *ās, āre, āvī, ātum*, tr. ¶ **1** abroger une ou plusieurs dispositions d'une loi, déroger à une loi : [C] Pros. ¶ **2** [fig.] ôter, retrancher : ***aliquid de honestate*** [C] Pros., déroger à ce qu'exige l'honneur ; ***aliquid ex aequitate*** [C] Pros., porter atteinte à l'équité ; ***fidem alicui, alicui rei*** [C] Pros., ôter tout crédit à qqn ou à qqch.

dērōsus, *a, um*, rongé : [C] Pros.

Dertōsa, *ae*, f., ville de la Tarraconaise [auj. Tortosa] : [+C] Pros.

dēruncĭnātus, *a, um*, part. de *deruncino*

dēruncĭnō, *ās, āre, āvī, ātum*, tr., raboter ; [fig.] duper, escroquer : [-C] Théât.

dērŭō, *ĭs, ĕre, ŭī, -* ¶ **1** tr., précipiter, faire tomber [fig.] : [C] Pros. ¶ **2** intr., tomber, s'abattre : [+C] Pros.

dēruptus, *a, um* ¶ **1** détaché par rupture, rompu : ***derupta saxa*** [C] Poés., rochers disjoints ¶ **2** V. *abruptus*, escarpé, à pic : [C] Pros. ; ***deruptae angustiae*** [C] Pros., défilés bordés de ravins à pic ; ***deruptior*** [C] Pros., plus à pic ‖ subst. n. pl., ***derupta*** [C] Pros., précipices

des, arch. pour *bes* : [C] Pros.

dēsăcrō (**dēsecrō**), *ās, āre, āvī, ātum*, tr., consacrer, dédier : [+C] Poés.

dēsaevĭō, *īs, īre, ĭī, ītum*, intr. ¶ **1** sévir avec violence, exercer sa fureur [propre et fig.] : [C] Poés. Pros. ¶ **2** cesser de sévir, s'apaiser, se calmer : [+C] Pros. Poés.

dēsaltō, *ās, āre, -, ātum*, tr., danser : ***desaltato cantico*** [+C] Pros., après avoir dansé l'intermède

descendĭdī, V. *descendo*

descendō, *ĭs, ĕre, scendī, scensum*, intr. ¶ **1** descendre : ***de rostris*** [C] Pros. ; ***de caelo*** [C] Pros., descendre de la tribune, du ciel ; ***ex equo*** [C] Pros. ; ***e tribunali*** [+C] Pros. ; ***e caelo*** [+C] Poés., descendre de cheval, du tribunal, du ciel ; ***ab Alpibus*** [C] Pros., des Alpes ; ***monte*** [C] Pros. ; ***caelo*** [C] Poés., d'une montagne, du ciel ; ***ad naviculas nostras*** [C] Pros., descendre vers nos barques ; ***ad imas umbras*** [C] Poés., dans la profondeur des ombres ‖ [avec dat.] [poét.] ***nocti, Erebo*** [+C] Poés., descendre dans la nuit, dans l'Érèbe ‖ [en part.] ***descendere in forum*** [C] Pros. ; ***descendere*** [seul] [C] Pros., descendre au forum ; ***ad comitia*** [+C] Pros., aux comices ; ***in Piraeum*** [C] Pros., au Pirée ¶ **2** [milit.] quitter la position qu'on occupait pour en venir aux mains, en venir à, s'engager dans : ***in certamen*** [C] Pros. ; ***in aciem*** [C] Pros. ; ***ad pugnam*** [+C] Poés., en venir au combat, engager la lutte ‖ [fig.] ***in causam***, s'engager dans un parti : [C] Pros., [+C] Pros. ***in partes*** [+C] Pros. ‖ se laisser aller à qqch., condescendre à : ***ad ludum*** [C] Pros., se laisser aller à jouer ‖ en venir à, se résigner à, se résoudre à : ***ad societates calamitatum*** [C] Pros., se résoudre à partager l'infortune ; ***ad omnia*** [C] Pros., en venir à tous les moyens ; ***ad innocentium supplicia*** [C] Pros., se résoudre à supplicier des innocents ¶ **3** [en parl. des choses] pénétrer : [C] Pros. Poés. ‖ descendre [en parlant de choses] : [+C] Pros. ; [l'eau descend, baisse] [+C] Poés. ; [la voix s'abaisse] [+C] Pros. ; [les aliments descendent, se digèrent bien] [+C] Pros. ‖ [fig.] ***in aures alicujus*** [C] Poés., être versé dans les oreilles de qqn = être lu à qqn ; [C] Pros. ; ***in sese*** [+C] Poés., descendre en soi-même ¶ **4** descendre, finir par arriver à : [C] Pros., [+C] Pros. ¶ **5** s'écarter de, s'éloigner de, dévier de : [+C] Pros.

descensĭo, *ōnis*, f., action de descendre ¶ **1** descente : ***Tiberina*** [C] Pros., descente du Tibre en bateau ¶ **2** enfoncement, cavité dans une salle de bains, baignoire [à laquelle on accède en descendant des marches] : [+C] Pros.

descensŭs, *ūs*, m., action de descendre, descente : [C] Pros. ‖ descente, chemin qui descend : ***praeruptus descensus*** [C] Pros., descente en pente raide ‖ [chrét.] descente du Christ sur la terre : [T] Pros.

descīscō, *ĭs, ĕre, scīvī* ou *sciī, scītum*, intr., se détacher de, se séparer de qqn ou du parti de qqn : ***a populo Romano*** [C] Pros., se détacher du peuple romain ; ***ad aliquem*** [C] Pros., passer après défection au parti de qqn ‖ [fig.] s'écarter de, renoncer à, se départir de : ***a veritate*** [C] Pros., s'écarter de la vérité ; ***a se desciscere*** [C] Pros., se démentir ; [+C] Pros.

dēscŏbīnō, *ās, āre, āvī, ātum*, tr., limer, polir : ***descobinata simulacra*** [T] Pros., statues polies ‖ [fig.] enlever comme avec une râpe, écorcher : ***supercilia*** [C] Poés., écorcher les sourcils ; ***descobinatis cruribus*** [C] Poés., les jambes étant écorchées

descrībō, *ĭs, ĕre, scrīpsī, scriptum*, tr. ¶ **1** transcrire : ***ab aliquo librum*** [C] Pros., copier un livre sur qqn, transcrire l'exemplaire de qqn ; ***leges Solonis*** [C] Pros., copier les lois de Solon ¶ **2** décrire, dessiner, tracer : [C] Pros. ; ***in pulvere quaedam*** [C] Pros., dessiner certaines figures dans la poussière ; ***carmina in foliis*** [C] Poés., écrire des vers sur des feuilles d'arbre ¶ **3** [fig.] décrire, exposer : [C] Pros., Poés. ; ***mulierem*** [C] Pros., dépeindre une femme ‖ [avec prop. inf.] exposer que, raconter que : [C] Pros., Poés., [+C] Pros. ‖ part. pl. n. pris subst[t], ***descripta***, récit, exposé, journal : [+C] Pros. ‖ désigner qqn, faire allusion à qqn, parler de qqn : [C] Pros. ¶ **4** délimiter, déterminer : [C] Pros. ; ***jura*** [C] Pros., délimiter les droits de chacun ; ***civitatibus jura*** [C] Pros., donner aux cités une législation déterminée ‖ définir, préciser, fixer : ***oratoris facultatem*** [C] Pros., fixer la puissance de l'orateur ‖ [avec interrog. indir.] [C] Pros. ; [avec prop. inf.] [C] Pros.

descriptē, adv., d'une manière précise : [C] Pros.

descriptĭo, *ōnis*, f. ¶ **1** reproduction, copie : [C] Pros. ¶ **2** dessin, tracé : ***orbis terrarum*** [C] Pros., carte du monde ; ***aedificandi*** [C] Pros., tracé de construction, plan ¶ **3** description : ***locorum*** [C] Pros., [+C] Pros., description des lieux ; ***convivii*** [+C] Pros., d'un festin ‖ [rhét.] description d'un caractère, peinture des moeurs : [C] Pros. ¶ **4** délimitation, détermination : ***magistratuum*** [C] Pros., la fixation des fonctions des magistrats ; ***centuriarum*** [C] Pros., la fixation des centuries ‖ définition : [C] Pros. ; ***officii*** [C] Pros., détermination, définition du devoir ¶ **5** recensement : [T] Pros.

descriptĭuncŭla, *ae*, f., petite définition : [C] Pros.

descriptŏr, *ōris*, m., celui qui décrit, qui dépeint : ***descriptor gentium*** [T] Pros., ethnographe

descriptus, *a, um*, part. de *describo* ‖ qqf. adj., fixé, réglé : [C] Pros.

dēsĕcō, *ās, āre, sĕcŭī, sectum*, tr., séparer en coupant : ***partes ex toto*** [C] Pros., séparer des parties d'un tout ; ***uvas a vite*** [+C] Pros., couper des raisins sur la vigne ; ***spicas fascibus*** [C] Pros., enlever les épis des gerbes ‖ ***hordeum*** [C] Pros., couper l'orge ; ***aures*** [C] Pros., couper les oreilles de qqn ‖ [fig.] retrancher : ***prooemium*** [C] Pros., retrancher une préambule

dēsĕcro, → *desacro*

dēsectĭo, *ōnis*, f., taille, coupe : [+C] Pros.

dēsectus, *a, um*, part. de *deseco*

dēsēdī, parf. de *desideo*

dēsĕnŭī, parf. de l'inus. **desenesco*, intr., se calmer avec le temps : [C] Pros.

1 **dēsĕrō**, *ĭs, ĕre, sĕrŭī, sertum*, tr., se séparer de, abandonner, délaisser : ***aliquem*** [C] Pros., abandonner qqn ; ***agros*** [C] Pros., déserter les champs ; ***exercitum ducesque*** [C] Pros., abandonner l'armée et les généraux ‖ [abs[t]] déserter : [C] Pros., [+C] Pros. ‖ [fig.] abandonner, négliger, manquer à : ***officium*** [C] Pros., déserter son devoir ‖ [droit] ***vadimonium deserere*** [C] Pros., ne pas comparaître, faire défaut [litt[t], abandonner la caution laissée entre les mains du magistrat pour garantir la promesse de se présenter en justice à une date fixée] ; [sans *vadimonium*] [+C] Pros.

2 **dēsĕrō**, *ĭs, ĕre, -, sĭtum*, tr., semer : [C] Pros.

dēserpō, *ĭs, ĕre, -, -*, intr., descendre en rampant : [+C] Poés.

dēsertĭtūdo, *ĭnis*, f., solitude : [-C] Théât.

dēsertŏr, *ōris*, m. ¶ **1** celui qui abandonne, qui délaisse : [C] Pros. ¶ **2** déserteur : [C] Pros., [+C] Pros. ‖ [fig.] ***communis utilitatis*** [C] Pros., qui trahit l'intérêt commun

dēsertum, *i*, n. et ordin[t] **dēserta**, *ōrum*, n. pl., désert, solitude : [C] Poés.

dēsertus, *a, um* ¶ **1** part. de *1 desero* ¶ **2** adj[t], désert, inculte, sauvage : [C] Pros. ‖ ***desertior*** [C] Pros. ; ***-tissimus*** [C] Pros.

dēservĭō, *īs, īre, -, -*, intr., servir avec zèle, se dévouer à, se consacrer à : ***alicui*** [C] Pros., servir qqn avec dévouement ; ***corpori*** [C] Pros., être l'esclave de son corps ‖ [fig.] être destiné à, consacré à : [+C] Pros.

dēservĭtĭo, *ōnis*, f., service de Dieu, culte : [T] Pros.

dēsĕs, *ĭdis*, adj., oisif, inoccupé : [C] Pros., [+C] Pros. ‖ [en parl. de choses] [C] Pros., [+C] Poés.

dēsī, **dēsīt**, → *desino*

dēsiccō, *ās, āre, -, ātum*, tr., sécher, dessécher : [-C] Théât.

dēsĭdĕō, *ēs, ēre, sēdī, -*, intr., rester assis ou séjourner de manière inactive : [-C] Théât. ; ***amoenioribus locis*** [+C] Pros., séjourner dans de plus agréables lieux ; ***in aliquo spectaculo*** [+C] Pros., s'arrêter dans des spectacles ‖ rester oisif : [+C] Pros. ‖ [méd.] se déposer : [+C] Pros.

dēsīdĕrābĭlis, *e*, désirable, souhaitable : [C] Pros. ‖ dont on regrette la privation : [C] Pros. ‖ ***desiderabilior*** [+C] Pros.

dēsīdĕrābĭlĭtĕr, → *desideranter*

dēsīdĕrans, *tis* ¶ **1** part. prés. de *desidero* ¶ **2** adj[t] ‖ désiré, regretté, seul[t] au superl., ***-tissimus*** : [+C] Pros.

dēsīdĕrantĕr, adv., ***-tius*** [+C] Pros. ; ***-tissime*** [+T] Poés.

dēsīdĕrātĭo, *ōnis*, f., désir : [C] Pros. ‖ recherche, examen d'une question : [C] Pros.

dēsīdĕrātŏr, *ōris*, m., demandeur [en justice] : [T] Pros.

dēsīdĕrātus, *a, um*, part. de *desidero*

dēsīdĕrĭum, *ĭi*, n. ¶ **1** regret : ***desiderio confici*** [C] Pros., être tourmenté par le regret ; ***alicujus desiderium ferre*** [C] Pros., supporter le regret de la perte de qqn ‖ personne qui est l'objet des regrets : [C] Pros. ¶ **2** désir, besoin : [C] Pros. ; ***desiderium naturale*** [C] Pros., le besoin, les besoins ¶ **3** prière, demande, requête : [+C] Pros.

dēsīdĕrō, *ās, āre, āvī, ātum*, tr. ¶ **1** désirer : ***gloriam*** [C] Pros., aspirer après la gloire ‖ ***ab aliquo aliquid*** [C] Pros., attendre de qqn qqch., réclamer de qqn qqch. ‖ [avec prop. inf.] [C] Pros. ‖ regretter l'absence de, éprouver le manque de, regretter : [C] Pros. ; ***patriam*** [C] Pros., regretter sa patrie ‖ considérer comme manquant : [C] Pros. ¶ **2** [en part.] regretter (déplorer) la perte de : [C] Pros. ¶ **3** rechercher, étudier [une question] : [C] Pros., [+C] Pros.

dēsīdĕrōsus, *a, um*, désireux : [C] Poés.

dēsĭdes, *um*, pl. de *deses*

1 **dēsĭdĭa**, *ae*, f., longue position assise [devant un miroir] : [C] Poés. ‖ croupissement, paresse : [C] Pros. ‖ repos [de la terre] : [+C] Pros. ‖ pl., [C] Poés.

2 **dēsīdĭa**, *ae*, f., action de se retirer : [en parl. de la mer] [+C] Pros. ; [en parl. du sang] [+C] Pros.

dēsĭdĭābŭlum, *i*, n., emplacement pour les fainéants : [-C] Théât.

dēsĭdĭōsē, adv., oisivement, sans rien faire : [C] Poés.

dēsĭdĭōsus, *a, um*, oisif, inoccupé, paresseux : [+C] Pros. ‖ [en parl. de choses] [C] Pros. ‖ ***-sior*** [C] Pros. ; ***-issimus*** [C] Pros.

dēsīdō, *ĭs, ĕre, sēdī, -*, intr. ¶ **1** s'affaisser, s'abaisser : ***terra desedit*** [C] Pros., le sol s'est affaissé ‖ aller à la selle : [+C] Pros. ‖ [méd.] se résoudre : ***tumor desidit*** [+C] Pros., la tumeur se résorbe ‖ [fig.] s'affaiblir : ***mores desidentes*** [C] Pros., moeurs en décadence ¶ **2** s'enfoncer, aller au fond : [C] Pros.

dēsīgnātĭo, *ōnis*, f., figure, représentation : [C] Pros. ; ***quadrata*** [C] Pros., le carré ‖ indication, désignation : [C] Pros. ‖ disposition, arrangement : [C] Pros. ‖ désignation [au consulat] : [+C] Pros.

dēsīgnātŏr (dissignātor), *ōris*, m. ¶ **1** employé qui assignait les places au théâtre : [-C] Théât. ¶ **2** ordonnateur des pompes funèbres : [C] Pros. ‖ inspecteur dans les jeux publics : [C] Pros.

dēsīgnātus, *a, um*, part. de *designo*

dēsignō, *ās, āre, āvī, ātum*, tr. ¶**1** marquer (d'une manière distinctive), représenter, dessiner : ***urbem aratro*** Poés., tracer avec la charrue l'enceinte d'une ville ; ***Europen*** Poés., représenter Europe [en broderie] ¶**2** indiquer, désigner : ***aliquem oculis ad caedem*** Pros., désigner des yeux qqn pour le massacre ; ***turpitudinem aliquam non turpiter*** Pros., exprimer qqch. de laid d'une façon qui ne soit pas laide ‖ faire allusion à qqn [sans le nommer] : Pros. ¶**3** désigner [pour une charge, pour une magistrature] : Pros. ; ***consul designatus*** Pros., consul désigné [pour entrer en charge l'année suivante] ¶**4** ordonner, arranger, disposer : Pros. ¶**5** marquer d'un signe distinctif, faire remarquer : Théât.

dēsĭī, parf. de *desino*

dēsĭlĭo, *īs, īre, sĭlŭī, sultum*, intr., sauter à bas de, descendre en sautant : ***de raeda*** Pros., sauter de sa voiture ; ***ex essedis*** Pros., des chars ; ***ab equo*** Poés., de cheval ; ***altis turribus*** Poés., se précipiter du haut des tours ; ***in medias undas*** Poés., se jeter au milieu des flots ; ***ad pedes desiluerunt*** Pros., ils mirent pied à terre ; ***desilite, milites*** Pros., pied à terre, soldats ! ‖ [fig.] ***desilire in artum*** Poés., s'engager dans une voie trop étroite

dēsĭnō, *ĭs, ĕre, sĭī, sĭtum* ¶**1** tr., cesser, laisser, mettre un terme à : Théât., Pros., Pros. ; ***artem*** Pros., renoncer à son art ; ***desine plura*** Poés., n'en dis pas davantage ‖ ***mirari desino*** Pros., je cesse d'admirer ‖ [pass. impers.] Pros. ¶**2** intr. ***a)*** cesser, en finir : Pros. ‖ [poét.] ***desine querellarum*** Poés., mets fin à tes plaintes ‖ ***desino in exemplis*** Pros., je finis sur (par) des exemples ***b)*** cesser, se terminer : Pros. ‖ ***desinere in piscem*** Poés., se terminer en queue de poisson ***c)*** [rhét.] finir, se terminer : Pros., Pros.

dēsĭŏcŭlus, ▶ *dexiocholus*

dēsĭpĭens, *entis*, part.-adj. de *desipio* ‖ ***desipiens arrogantia*** Pros., fol orgueil

dēsĭpĭentĭa, *ae*, f., égarement d'esprit, folie : Poés.

dēsĭpĭō, *ĭs, ĕre, -, -*, intr., être dépourvu de sens, avoir perdu l'esprit, extravaguer : Pros. ; ***senectute*** Pros., sous l'effet de la vieillesse ‖ ***desipiebam mentis*** Théât., j'avais perdu l'esprit ‖ [méd.] Pros.

dēsistō, *ĭs, ĕre, stĭtī, stĭtum*, inf., s'abstenir, renoncer à, discontinuer de : ***sententia*** Pros. ; ***de sententia*** Pros., changer d'avis ; ***causa*** Pros., renoncer à un procès ; ***de mente*** Pros., changer de sentiments ; ***ab defensione*** Pros., renoncer à se défendre ‖ [poét.] ***pugnae*** Poés., cesser le combat ; ***labori*** Poés., se refuser à un travail ‖ [avec inf.] cesser de : Pros. ‖ [abs[t]] ***desiste*** Théât., arrête-toi ; ***desistente autumno*** Pros., à la fin de l'automne ‖ ***non desistere quin*** Théât., ne pas avoir de repos que ... ne, ne pas s'arrêter avant que ...

dēsĭtus, *a, um*, part. de *2 desero* et de *desino*

dēsīvi, ▶ *desino*

dēsōlātōrĭus, *a, um*, qui désole, qui ravage : Pros.

dēsōlātus, *a, um*, part. de *desolo*

dēsōlō, *ās, āre, āvī, ātum*, tr., dépeupler, ravager, désoler : Poés. ‖ [employé surtout au part.] déserté, abandonné : Poés., Pros.

dēsomnis, *e*, privé de sommeil : Pros.

despectātĭo, *ōnis*, f., vue d'en haut : Pros.

despectĭo, *ōnis*, f., [fig.] mépris :

despectō, *ās, āre, -, -*, regarder d'en haut : Poés. ‖ dominer [en parl. d'un lieu élevé] : Poés. ‖ regarder avec mépris, mépriser : Pros.

1 **dēspectus**, *a, um*, part. de *despicio* ‖ adj[t], méprisable : Pros. ‖ ***-tior*** Pros. ; ***-tissimus*** Pros.

2 **despectŭs**, *ūs*, m. ¶**1** vue d'en haut, vue plongeante : Pros. ‖ pl., points de vue : ***habere despectus*** Pros., avoir la vue (des vues) de tous côtés ¶**2** [au dat. seul[t]] mépris : ***despectui esse alicui*** Pros., Pros., être méprisé de qqn (objet de mépris pour ...) ; Pros.

despērantĕr, adv., avec désespoir, en désespéré : Pros.

despērātē, ▶ *desperanter* : ***desperatius*** Pros.

despērātĭo, *ōnis*, f., action de désespérer, désespoir [avec gén.] : Pros. ; ***desperationem alicui alicujus rei adferre*** Pros. ou ***facere*** Pros., ôter à qqn l'espoir de qqch. ‖ ***ad desperationem adductus*** Pros. ou ***redactus*** Pros., réduit au désespoir ‖ [fig.] audace qui naît du désespoir : Pros.

despērātus, *a um* ¶**1** part. de *despero* ¶**2** adj[t], dont on désespère, désespéré : ***desperati morbi*** Pros., maladies désespérées ; ***desperatae pecuniae*** Pros., sommes d'argent considérées comme perdues ; ***desperati senes*** Pros., vieillards perdus d'honneur ‖ n. pris adv[t], désespérément = extrêmement : Pros. ‖ ***desperatior*** Pros. ; ***-tissimus*** Pros. ¶**3** subst. m., **desperatus**, *i*, un malade condamné : Pros. ; ***desperati*** Pros., malades dans un état désespéré

despernō, *ĭs, ĕre, -, -*, tr., rejeter avec mépris : Pros.

despērō, *ās, āre, āvī, ātum* ¶**1** tr., désespérer de, ne pas compter ou ne plus compter sur : ***honorem*** Pros., perdre l'espérance d'arriver à une dignité ; Pros. ¶**2** intr., désespérer, perdre toute espérance : ***sibi*** Pros., désespérer de soi ; ***saluti*** Pros., de son salut ; ***de toto ordine*** Pros., désespérer de l'ordre tout entier [du sénat] ; ***a senatu*** Pros., être sans espoir du côté du sénat ‖ [abs[t]] perdre l'espérance, renoncer à l'espérance, désespérer : Pros.

despexī, parf. de *despicio*

despĭca, *ae*, f., celle qui méprise : Théât.

despĭcābĭlis, *e*, méprisable : Pros. ‖ ***-bilior*** Pros.

despĭcātĭo, *ōnis*, f., mépris, dédain : [au pl.] Pros.

1 **despĭcātus**, *a, um*, part. de *despicor* ‖ adj[t], méprisé : Théât. ; ***despicatissimus*** Pros.

2 **despĭcātŭs**, *ūs*, m., [ne se trouve qu'au dat. sg.], mépris, dédain : ***habere aliquem despicatui*** Théât., mépriser qqn ; ***despicatui duci*** Pros., être méprisé

despĭcĭendus, *a, um*, pris adj[t], méprisable : Pros.

despĭcĭens, *tis*, part. prés., pris, adj[t], avec gén. : ***sui*** Pros., ayant du mépris de soi

despĭcĭentĭa, *ae*, f., ▶ *despicatio* : Pros.

despĭcĭō, *ĭs, ĕre, spexī, spectum*

I tr. ¶**1** regarder d'en haut : Pros. ¶**2** regarder de haut, mépriser, dédaigner [les personnes et les choses] : Pros. ‖ parler avec mépris de, ravaler : Pros. ¶**3** [avec *quod* ou *quominus*] empêcher : Pros.

II intr. ¶**1** regarder d'en haut : ***ad aliquem*** Théât., laisser plonger ses regards chez qqn ; Poés. ¶**2** détourner les yeux, regarder ailleurs : Pros.

despĭcŏr, *ārĭs, ārī, -*, tr, ▶ *1 despicatus*

despŏlĭātŏr, *ōris*, m., fripon : Théât.

despŏlĭō, *ās, āre, āvī, ātum*, tr., dépouiller, spolier *aliquem*, qqn : Pros. ; ***templum*** Pros., piller un temple ; ***Atuatucos armis*** Pros., dépouiller les Atuatuques de leurs armes ; ***despoliari triumpho*** Pros., être frustré du triomphe

despondĕō, *ēs, ēre, spondī, sponsum*, tr. ¶**1** promettre, accorder, garantir : ***aliquid alicui*** Pros., réserver qqch. à qqn ¶**2** promettre en mariage, fiancer : Théât., Pros. ‖ [pass. impers.] ***intus despondebitur*** Théât., c'est dans la maison que se feront les fiançailles ¶**3** abandonner, renoncer à : ***animum*** Théât., perdre courage ; Pros. ; ***sapientiam*** Pros., renoncer à atteindre la sagesse ‖ [abs[t]] languir : Pros.

desponsātus, *a, um*, part. de *desponso*

desponsō, *ās, āre, -, ātum*, tr., fiancer : Pros. ; part. *desponsatus* Théât.

desponsŏr, *ōris*, m., celui qui fiance, qui promet ou accorde en mariage : Pros.

desponsus, *a, um*, part. de *despondeo*

despŏpondi, ▶ *despondeo*

despūmātus, *a, um*, part. de *despumo*

despūmō, *ās, āre, āvī, ātum* ¶**1** tr. ***a)*** écumer, enlever l'écume de qqch. : ***foliis undam*** Poés., écumer le liquide avec des feuilles ‖ [fig.] cuver [son vin] : Poés. ***b)*** polir : Pros. ***c)*** répandre comme une écume : Pros. ¶**2** intr., jeter son écume, cesser d'écumer : Pros.

despŭō, *ĭs, ĕre, -, -* ¶ **1** intr., cracher à terre : [C] Pros. ¶ **2** tr. ‖ [fig.] rejeter avec mépris : [-C] Théât., [C] Poés.

desquāmātus, *a, um*, part. de *desquamo*

desquāmō, *ās, āre, āvī, ātum*, tr., écailler, ôter les écailles : [-C] Théât., [+C] Pros.

dīssĭcĭō, *ĭs, ĕre, -, -*, tr., → *disjicio* : [-C] Théât.

desternō, *ĭs, ĕre, strāvī, strātum*, tr., décharger [une bête de somme] : [T] Pros.

destertō, *ĭs, ĕre, ŭī, -*, intr., cesser de rêver en ronflant : [+C] Poés.

destĭcō, *ās, āre, -, -*, intr., chicoter [en parl. du cri de la souris] : [+C] Pros., [T] Poés.

destillātĭo, *ōnis*, f., écoulement, catarrhe : [+C] Pros.

destillō (dist-), *ās, āre, āvī, ātum*, intr. ¶ **1** dégoutter, tomber goutte à goutte : [C] Poés. ; ***de capite in nares*** [+C] Pros., découler du cerveau dans le nez ‖ ***ex aethere*** [+C] Pros., émaner de l'éther ¶ **2** dégoutter de : [C] Poés.

destĭna, *ae*, f., appui, support, soutien : [C] Pros., [T] Pros.

destĭnātē, adv., obstinément : [T] Pros. ‖ ***destinatius*** [T] Pros.

destĭnātĭo, *ōnis*, f., fixation, détermination ¶ **1** ***destinatio partium*** [C] Pros., assignation des parts, partage ‖ ***destinatio consulum*** [+C] Pros., désignation des consuls ¶ **2** opiniâtreté : [T] Pros.

destĭnātō, adv., → *destinatus* ¶ *4*

destĭnātus, *a, um* ¶ **1** part. de *destino* ¶ **2** adj^t, fixé, résolu : [C] Pros. ‖ ferme, obstiné : ***destinatus obdura*** [C] Poés., tiens bon fermement ¶ **3** subst. f., **destinata**, *ae*, fiancée : [+C] Pros. ‖ subst. n., **destinatum**, *i*, projet, but fixé, → *destino* ¶ *3* : ***destinatis alicujus adversari*** [+C] Pros., combattre les projets de qqn ¶ **4** [loc. adv.] ***ex destinato***, à dessein, de propos délibéré : [+C] Pros. ou ***destinato*** [+C] Pros.

destĭnō, *ās, āre, āvī, ātum*, tr. ¶ **1** fixer, assujettir : ***antemnas ad malos*** [C] Pros., assujettir les vergues aux mâts ‖ [fig.] ***operi destinatus*** [C] Pros., occupé à travailler ¶ **2** affecter à, destiner à : ***aliquid sibi*** [C] Pros., se destiner qqch. ; ***aliquem arae*** [C] Poés. ; ***ad mortem*** [C] Pros., destiner qqn à l'autel, à la mort ; ***in aliud*** [+C] Pros., destiner à un autre usage ‖ [avec deux acc.] fixer, désigner : ***Africam alicui provinciam*** [C] Pros., destiner l'Afrique comme province à qqn ; [+C] Pros. ¶ **3** arrêter, décider : ***alicui diem necis*** [C] Pros., fixer le jour du supplice de qqn ‖ [avec inf.] [C] Pros. ; [avec prop. inf.] [C] Pros. ; → *destinatus* ‖ fixer qqch. comme but, viser : [C] Pros. ‖ subst. n., ***destinatum***, but marqué : [C] Pros. ; ***destinata feriebat*** [+C] Pros., il touchait le but ¶ **4** arrêter, fixer son dévolu sur, acheter, acquérir : ***aliquid sibi destinare*** [C] Pros., se réserver qqch. [la possession, l'acquisition] ; [-C] Théât.

destĭtŭō, *ĭs, ĕre, stitŭī, stitūtum*, tr. ¶ **1** placer debout à part, dresser isolément : ***palum in foro*** [+C] Pros., dresser un poteau sur la place publique ; [C] Pros. ‖ faire tenir debout à l'écart les soldats punis : [C] Pros. ¶ **2** [fig.] abandonner, laisser (planter) là qqn : [C] Pros. ‖ [nom de chose sujet] [C] Pros. ‖ [abs^t] abandonner = manquer, faire défaut : [C] Pros. ‖ [pass.] : ***destitutus a spe*** [C] Pros., [+C] Pros. ou ***spe*** [C] Pros., [+C] Pros., ayant perdu tout espoir ; ***a re familiari*** [+C] Pros., sans fortune ; [abs^t et pris subst^t] ***destituto similis*** [+C] Pros., semblable à un homme perdu sans ressources ¶ **3** mettre à part, supprimer : ***destituere honorem*** [+C] Pros., supprimer un honneur ; ***partem verborum*** [+C] Pros., [d. la prononciation] laisser tomber une partie des mots ¶ **4** décevoir, tromper : [C] Pros. ; ***spem destituere*** [C] Pros., tromper l'espoir de qqn ; ***conata alicujus*** [+C] Pros., trahir les efforts de qqn

destĭtūtĭo, *ōnis*, f. ¶ **1** action d'abandonner, abandon : [+C] Pros. ¶ **2** manque de parole, trahison [d'un débiteur] : [C] Pros. ¶ **3** ***ad destitutionem peccati*** [T] Pros., pour abolir le péché

destĭtūtus, *a, um*, part. de *destituo*

destrāvī, parf. de *desterno*

destrictus, *a, um*, part. de *destringo* ‖ adj^t, décidé, menaçant : ***destrictior*** [+C] Pros. ; Cf. → *stricta manus*, → *stringo* ¶ *4*

destringō, *ĭs, ĕre, strinxī, strictum*, tr. ¶ **1** enlever en serrant, couper, cueillir : ***avenam*** [-C] Pros., arracher la folle avoine ; ***frondem*** [+C] Pros., élaguer le feuillage ¶ **2** dégainer l'épée : [C] Pros. ‖ ***securis destricta*** [C] Pros., hache dégagée du faisceau ¶ **3** nettoyer en frottant, frotter avec le strigile : [+C] Pros. ; nettoyer, purger ¶ **4** [fig.] ***a)*** effleurer, raser : ***aequora alis*** [C] Poés., raser les flots de ses ailes ***b)*** atteindre, entamer : ***aliquem mordaci carmine*** [C] Poés., déchirer qqn d'un vers mordant, se déchaîner, (***in aliquem***) : [+C] Pros.

destructĭo, *ōnis*, f., destruction, ruine : [+C] Pros. ‖ réfutation : [+C] Pros.

destructŏr, *ōris*, m., destructeur : [+C] Pros.

destructus, *a, um*, part. de *destruo*

destrŭō, *ĭs, ĕre, struxī, structum*, tr., démolir, détruire, renverser, abattre : ***aedificium*** [C] Pros., démolir un bâtiment ‖ [fig.] détruire, abattre : ***jus*** [C] Pros., détruire le droit ; ***hostem*** [+C] Pros., abattre un ennemi

dēsuādĕō, *ēs, ēre, -, -*, tr., déconseiller, dissuader : [T] Pros.

dēsŭb, prép., [avec abl.] de dessous, dessous : [T] Pros., [+C] Pros.

dēsŭbĭtō, adv., tout à coup, soudain : [-C] Théât., [C] Pros.

dēsūbŭlō, *ās, āre, āvī, ātum*, tr., perforer, percer un [chemin] : [C] Poés.

Desudaba, *ae*, f., ville de Thrace : [C] Pros.

dēsūdascō, *ĭs, ĕre, -, -*, intr., suer beaucoup : ***desudascitur*** [-C] Théât., on sue à grosses gouttes

dēsūdātus, *a, um*, part. de *desudo*

dēsūdō, *ās, āre, āvī, ātum* ¶ **1** intr., suer beaucoup, suer : [+C] Pros., Poés. ‖ [fig.] suer sang et eau, se fatiguer : [C] Pros. ¶ **2** tr.

dēsuēfăcĭō, *ĭs, ĕre, -, -*, tr., désaccoutumer, → *desuefio*

dēsuēfactus, *a, um*, part. de *desuefio*

dēsuēfīō, *fīs, fĭĕrī, factus sum*, se déshabituer, perdre l'habitude : [C] Pros.

dēsuescō, *ĭs, ĕre, suēvī, suētum* ¶ **1** tr. ***a)*** se déshabituer de, perdre l'habitude de : ***vocem*** [+C] Pros., perdre l'habitude de la voix, se taire ; ***in desuescenda aliqua re morari*** [+C] Pros., passer son temps à se déshabituer de qqch. ‖ part. pass., ***desuetus***, dont on a perdu l'habitude : [C] Poés., Pros. ***b)*** part. pass., ***desuetus***, qui a perdu l'habitude, déshabitué : ***aliqua re*** [C] Poés., déshabitué de qqch. ; [avec inf.] [C] Pros. ¶ **2** intr., se déshabituer de : [+C] Poés.

dēsuētūdo, *ĭnis*, f., désaccoutumance, perte d'une habitude : [C] Pros.

dēsuētus, *a, um*, → *desuesco*

dēsuēvī, parf. de *desuesco*

dēsŭlĭo, → *desilio* : [-C] Théât.

dēsultŏr, *ōris*, m., cavalier qui saute d'un cheval sur un autre : [C] Pros. ‖ [fig.] qui passe d'un objet à un autre : ***amoris*** [C] Poés., changeant, volage en amour

dēsultōrĭus, *a, um*, [cheval] qui sert à la voltige : [+C] Pros. ‖ subst. m., [C] Pros., écuyer de cirque

dēsultūra, *ae*, f., action de sauter à bas : [-C] Théât.

dēsum, *dĕes, dĕesse, dēfŭī, -*, intr. ¶ **1** manquer : [C] Pros., [+C] Pros. ¶ **2** manquer à, faire défaut, ne pas participer à, ne pas donner son concours ou son assistance à qqn ou qqch. : ***amico deesse*** [C] Pros., laisser sans assistance un ami ; ***non deero officio*** [C] Pros., je ne manquerai pas à mon devoir ‖ [abs^t] [C] Pros.

dēsūmō, *ĭs, ĕre, sumpsī, sumptum*, tr., prendre pour soi, choisir, se charger de : [C] Pros., [+C] Pros.

dēsŭpĕr, adv. ¶ **1** adv., d'en haut, de dessus, de haut en bas : [C] Pros., [+C] Pros., Poés. ‖ dessus, au-dessus [poét.] : [C] Poés. ¶ **2** prép. avec abl. et acc., du dessus de : [T] Pros.

dēsŭpernē, → *desuper* : [C] Pros.

dēsurgō, *ĭs, ĕre, -, -*, intr., se lever : [C] Poés.

dētectus, *a, um*, part. de *detego*

dētĕgō, *ĭs, ĕre, tēxī, tectum*, tr., découvrir, mettre à découvert, à nu : [-C] Théât., [C] Pros. ‖ ***detecta corpora*** [+C] Pros., corps sans défense ‖ [fig.] ***consilium*** [C] Pros., dévoiler ses projets ; ***formidine detegi*** [+C] Pros., se découvrir (se trahir) sous l'effet de la crainte

dētendō, *ĭs, ĕre, -, tensum*, tr., détendre : ***tabernacula*** [C] Pros., plier les tentes

dētensus, *a, um*, part. de *detendo*

dētentĭo, *ōnis*, f., séjour, demeure : [T] Pros.

dētentus, *a, um*, part. de *detineo*

dētĕpescō, *ĭs, ĕre, ŭī, -*, intr., se refroidir : [T] Pros.

dētergo, ▶ *detergeo*

dētergĕō, *ēs, ēre, tersī, tersum*, tr. ¶ **1** enlever en essuyant, essuyer [la sueur, les larmes] : [C] Poés., [+C] Pros. ‖ nettoyer en essuyant, essuyer, nettoyer [la tête, les lèvres, etc.] : [-C] Théât., [+C] Pros. ; ***mensam*** [-C] Théât., nettoyer la table = faire table nette ; ***cloacas*** [C] Pros., curer les égouts ‖ balayer, faire disparaître : [les nuages] [C] Poés. ; ***remos*** [C] Pros., balayer, emporter, briser les rames ‖ purger : [+C] Pros. ¶ **2** [fig.] ***fastidia*** [+C] Pros., chasser le dégoût ‖ ***LXXX detersimus*** [C] Pros., nous avons nettoyé (dépensé) quatre-vingt mille sesterces

dētĕrĭŏr, *ĭus*, gén. *ōris* ¶ **1** pire, plus mauvais ***a) res deterior*** [C] Pros., situation plus mauvaise ; ***deteriora sequor*** [C] Poés., je m'attache au pire ; [+C] Pros. ***b)*** [-C] Théât. ; ***deteriores*** [C] Pros., les moins bons ; [-C] Théât. ¶ **2** inférieur : ***vectigalia deteriora*** [C] Pros., revenus moindres ; ***deterior peditatu*** [C] Pros., moins fort en infanterie ‖ ▶ *deterrimus*

dētĕrĭōrō, *ās, āre, -, -*, tr., détériorer, gâter : ***res deteriorata*** [T] Pros., chose détériorée

dētĕrĭus, adv., pis, plus mal : [-C] Théât., [C] Pros. ; ***deterius olere*** [C] Pros., sentir moins bon ; [C] Poés.

dētermĭnātĭo, *ōnis*, f., fixation d'une limite, fin, extrémité : [C] Pros.

dētermĭnō, *ās, āre, āvī, ātum* ¶ **1** marquer des limites, borner, limiter : ***regiones*** [-C] Théât., limiter des régions ; [C] Pros. ¶ **2** limiter, régler : [C] Pros. ¶ **3** [avec prop. inf.] [T] Pros.

dētĕrō, *ĭs, ĕre, trīvī, trītum*, tr. ¶ **1** user par le frottement : [C] Poés. ¶ **2** [fig.] affaiblir, diminuer : ***laudes*** [C] Poés., affaiblir des éloges ; [+C] Pros. ¶ **3** part., **dētrītus**, *a, um* [fig.] usé, rebattu, banal : [+C] Pros.

dēterrĕō, *ēs, ēre, ŭī, ĭtum*, tr., détourner [en effrayant], écarter : ***aliquem a dicendi studio*** [C] Pros., détourner qqn de l'étude de l'éloquence ; ***de sententia deterreri*** [C] Pros., être détourné d'une opinion ; ***proelio deterreri*** [C] Pros., être détourné du combat ; ***deterrere aliquem ne auctionetur*** [C] Pros., détourner qqn de faire une vente aux enchères ‖ [abs[t]] [C] Pros. ‖ détourner, empêcher qqch. : [C] Pros.

dēterrĭmus, *a, um*, le pire, le plus mauvais, très mauvais, de qualité inférieure : [C] Pros., Poés.

dēterrĭtus, *a, um*, part. de *deterreo*

dētersus, *a, um*, part. de *detergeo*

dētestābĭlis, *e*, détestable, abominable : [C] Pros. ‖ ***detestabilior*** [C] Pros.

dētestābĭlĭtĕr, adv., d'une manière détestable : [T] Pros.

1 **dētestātĭo**, *ōnis*, f. ¶ **1** imprécation, malédiction : [C] Pros., Poés. ‖ exécration, détestation de qqch. : [C] Pros. ¶ **2** ***sacrorum detestatio*** [+C] Pros., renonciation solennelle au culte familial ; ▶ *detestor*

2 **dētestātĭo**, *ōnis*, f., castration : [+C] Pros.

dētestātus, *a, um*, part. de *detestor* ‖ adj[t] [sens pass.] détesté, maudit : [C] Pros., Poés.

dētestŏr, *ārĭs, ārī, ātus sum*, tr. ¶ **1** détourner en prenant les dieux à témoin, écarter avec des imprécations : [C] Pros. ‖ écarter avec horreur : [C] Pros. ‖ écarter, détourner : [la haine] [C] Pros. ; [un présage] [C] Pros. ¶ **2** prononcer des imprécations contre, maudire : [C] Pros. ‖ détester, exécrer, avoir en horreur : [+C] Pros. ¶ **3** [droit] renoncer solennellement, devant témoins : [+C] Pros.

dētexī, parf. de *detego*

dētexō, *ĭs, ĕre, texuī, textum*, tr. ¶ **1** tisser complètement, achever un tissu : ***telam*** [-C] Théât., achever une toile ¶ **2** tresser : [C] Poés. ¶ **3** [fig.] achever : [C] Pros. ‖ représenter complètement (dépeindre) par la parole : ***aliquem*** [C] Pros., dépeindre qqn, faire son portrait

dētĭnĕō, *ēs, ēre, tĭnŭī, tentum*, tr. ¶ **1** tenir éloigné, retenir, arrêter, empêcher : [C] Pros. ; ***novissimos proelio*** [C] Pros., retenir l'arrière-garde par (dans) un combat ; [-C] Théât., [C] Pros. ¶ **2** retenir, tenir occupé : [C] Pros., [+C] Pros.

dētondĕō, *ēs, ēre, tondī, tonsum*, tr., tondre ras : ***oves*** [-C] Pros., tondre les brebis ‖ ***crines*** [C] Poés., couper ras les cheveux ; ***detonsa juventus*** [+C] Poés., jeunesse tondue ras ‖ couper, tailler : ***virgulta*** [+C] Pros., couper de jeunes pousses ‖ brouter : [T] Poés. ‖ ravager : ***agros*** [-C] Pros., ravager les campagnes

dētŏnō, *ās, āre, tonŭī, -*, intr. ¶ **1** tonner fortement : ***Juppiter detonat*** [C] Poés., Jupiter tonne ‖ [fig.] tonner, éclater : [+C] Pros. ; ***in aliquem*** [+C] Pros., tonner contre qqn, foudroyer qqn ¶ **2** cesser de tonner, s'apaiser, se calmer : [C] Poés.

dētonsō, *ās, āre, -, -*, tondre, couper : [+C] Pros.

dētonsus, *a, um*, part. de *detondeo*

dētornō, *ās, āre, -, ātum*, tr., [fig.] ***sententiam*** [+C] Pros., ramasser une idée dans une forme brève

dētorquĕō, *ēs, ēre, torsī, tortum*, tr. ¶ **1** détourner, écarter : ***ponticulum*** [C] Pros., détourner (lever) le petit pont ; ***aliquid in dexteram partem*** [C] Pros., tourner qqch. à droite ; ***proram ad undas*** [C] Poés., tourner la proue vers la haute mer ‖ [fig.] [C] Pros. ; ***animum in alia*** [+C] Pros., tourner son esprit d'un autre côté ; ***aliquem ad segnitiem*** [+C] Pros., tourner qqn vers la nonchalance ¶ **2** [gram.] dériver : [-C] Pros. ¶ **3** déformer, défigurer : [C] Pros., [+C] Pros.

dētorrĕō, *ēs, ēre, -, -*, tr., consumer [au fig.] : [T] Pros.

dētorsī, parf. de *detorqueo*

dētortus, *a, um*, part. de *detorqueo*

dētŏtondi, ▶ *detondeo*

dētractātĭo, **dētrāctātŏr**, ▶ *detrect-*

dētractātus, *a, um*, part. de *detracto*

dētractĭo, *ōnis*, f., action de retrancher, retranchement, suppression : [C] Pros. ; ***detractio alieni*** [C] Pros., vol du bien d'autrui ; ***doloris*** [C] Pros., suppression de la douleur ; ***sanguinis*** [+C] Pros., saignée ‖ [méd.] évacuation : ***confecti cibi*** [C] Pros., des aliments digérés ‖ [rhét.] suppression d'un mot, ellipse : [+C] Pros. ‖ suppression d'une lettre : [+C] Pros. ‖ [fig.] médisance, diffamation, critique : [T] Pros.

dētracto, ▶ *detrecto*

dētractŏr, *ōris*, m., celui qui déprécie, qui rabaisse, détracteur : [+C] Pros.

1 **dētractus**, *a, um*, part. de *detraho*

2 **dētractŭs**, abl. *ū*, m., retranchement : [C] Pros.

dētrăhō, *ĭs, ĕre, traxī, tractum*, tr.

I ¶ **1** tirer à bas de ou tirer de, enlever de : ***aliquem de curru*** [C] Pros., arracher d'un char ; ***de mulis stramenta*** [C] Pros., débarrasser les mulets de leurs bâts ; ***aliquem ex cruce*** [C] Pros., détacher qqn de la croix ; ***equo*** [C] Pros., jeter à bas d'un cheval ‖ ***alicui anulum de digito*** [C] Pros., enlever un anneau du doigt de qqn ; ***aliquem ab aris*** [C] Pros., arracher qqn aux autels ; ***homines ex provinciis*** [C] Pros., enlever des hommes des provinces ¶ **2** enlever : ***veste detracta*** [C] Pros., le vêtement étant enlevé ‖ ***torquem alicui*** [C] Pros., enlever à qqn son collier ; ***tegumenta scutis*** [C] Pros., enlever leurs gaines aux boucliers ; ***aliquid ab aliquo*** [C] Pros., enlever qqch. à qqn ¶ **3** tirer (traîner) d'un point à un autre, traîner : ***aliquem in judicium*** [C] Pros., traîner qqn en justice ; ***aliquem ad accusationem*** [C] Pros., amener de force qqn à se porter accusateur ¶ **4** enlever qqch. à une chose, prélever sur, retrancher à : ***de aliqua re*** [C] Pros. ; ***ex aliqua re*** [C] Pros.

II [fig.] ¶ **1** faire descendre d'un point à un autre, abaisser : [C] Pros. ¶ **2** enlever, retrancher : [avec *de*] [C] Pros. ; ***aliquid de aliquo*** [C] Pros., diminuer (décrier) qqn ; [avec *ex*] [C] Pros. ; ***aliquid alicui*** [C] Pros. ¶ **3** [abs[t]] ***detrahere de aliquo, de aliqua re*** [C] Pros., ravaler, rabaisser qqn, qqch. ; ***detrahendi causa*** [C] Pros., par esprit de dénigrement ¶ **4** [tard., avec dat.] critiquer, calomnier : [T] Pros.

dētraxĕ, ▶ *detraho.*

dētraxī, parf. de *detraho*

dētrectātĭo, *ōnis*, f., refus : ***militiae*** [C] Pros., refus de s'enrôler

dētrectātŏr, *ōris*, m., celui qui refuse : [+C] Pros. ‖ détracteur : [C] Pros.

dētrectō, *ās, āre, āvī, ātum*, tr. ¶1 écarter, rejeter, repousser, refuser : ***militiam*** [C] Pros., se dérober au service militaire ; ***pugnam, certamen*** [C] Pros., refuser le combat ¶2 abaisser qqn ou qqch., ravaler, déprécier : [C] Pros. ‖ ***alicujus gloriam*** [+C] Pros., rabaisser la gloire de qqn ‖ [abs^{t}] [C] Poés.

dētrīmentōsus, *a, um*, désavantageux, préjudiciable : [C] Pros.

dētrīmentum, *i*, n. ¶1 action d'enlever en frottant [usure faite par une lime] : [+C] Pros. ¶2 détriment, perte, dommage, préjudice : ***nostrum detrimentum*** [C] Pros., la perte que nous avons faite ; ***detrimentum afferre*** [C] Pros. ; ***inferre*** [C] Pros. ; ***importare*** [C] Pros., causer du préjudice ; ***detrimentum accipere*** [C] Pros. ; ***capere*** [C] Pros. ; ***facere*** [C] Pros., essuyer une perte, subir un dommage ‖ désastre, défaite : [C] Pros. ‖ [formule du *senatus consultum ultimum*] ***videant consules ne quid respublica detrimenti capiat*** [C] Pros., que les consuls prennent toutes mesures pour empêcher que l'État subisse un dommage

1 **dētrītus**, *a, um*, part. de *detero*

2 **dētrītŭs**, *ūs*, m., action d'user, de détériorer : [C] Pros.

dētrĭumphō, *ās, āre, āvī, ātum*, tr., vaincre : [+C] Pros.

dētrīvī, parf. de *detero*

dētrūdō, *ĭs, ĕre, trūsī, trūsum*, tr. ¶1 pousser de haut en bas, précipiter, enfoncer : ***in pistrinum detrudi*** [C] Pros., être précipité dans la cave où se broie le grain ; [C] Poés. ‖ [fig.] précipiter, plonger : ***in luctum detrudi*** [C] Pros., être plongé dans le deuil ¶2 chasser d'une position, déloger [propre et fig.] : ***aliquem de sententia detrudere*** [C] Pros., forcer qqn à changer d'avis ‖ [droit] chasser violemment qqn de sa propriété, expulser de force : [C] Pros. ; [avec *de*] [C] Pros. ‖ repousser, renvoyer : ***naves scopulo*** [C] Poés., repousser les vaisseaux loin de l'écueil ‖ reculer une date, différer : [C] Pros.

dētruncō, *ās, āre, āvī, ātum*, tr., retrancher du tronc, tailler : [C] Pros. ; ***superiorem partem*** [+C] Pros., couper la cime ‖ [fig.] couper, mutiler, décapiter : ***detruncata corpora*** [C] Pros., corps mutilés ; [+C] Pros.

dētrūsus, *a, um*, part. de *detrudo*

dētŭlī, parf. de *defero*

dētŭmescō, *ĭs, ĕre, tumŭī, -*, intr., cesser de s'enfler, s'abaisser : [+C] Poés. ‖ [fig.] se calmer, s'apaiser : [+C] Pros. ‖ cesser d'être fier : [T] Pros.

dētundō, *ĭs, ĕre, -, tunsum*, tr., briser : ***digiti detunsi*** [+C] Pros., doigts écrasés, meurtris

dēturbō, *ās, āre, āvī, ātum*, tr. ¶1 jeter à bas, abattre, renverser : [C] Pros., Poés. ; ***aliquem de tribunali*** [C] Pros., jeter qqn à bas du tribunal ; ***ex vallo*** [C] Pros., précipiter [l'ennemi] à bas du retranchement ¶2 déloger violemment, débusquer : ***Macedonas praesidiis*** [C] Pros., débusquer les Macédoniens de leurs positions ; ***hostes telis*** [+C] Pros., déloger l'ennemi à coups de traits ‖ chasser, expulser, évincer : [C] Pros. ‖ [fig.] ***ex spe deturbari*** [C] Pros., déchoir de ses espérances ; ***deturbare alicui verecundiam*** [-C] Théât., ôter toute vergogne à qqn

dēturpō, *ās, āre, -, -*, tr., rendre laid, défigurer : [+C] Pros.

Deucălĭōn, *ōnis*, m., Deucalion [roi de Thessalie] : [C] Poés. ‖ **-ōnēus**, *a, um*, de Deucalion : [C] Poés.

dĕungō, *ĭs, ĕre, -, -*, frotter, oindre : [-C] Théât.

dĕunx, *cis*, m., les 11/12 de la livre romaine ou d'un tout divisible : [C] Pros., [+C] Poés. ‖ mesure contenant onze fois le cyathus, 11/12 de setier : [+C] Poés. ‖ mesure contenant les 11/12 d'un jugère [26 400 pieds carrés, soit environ 23 a] : [+C] Pros.

Deurĭŏpŏs, *i*, f., la Deuriope [partie de la Péonie] : [C] Pros.

dĕūrō, *ĭs, ĕre, ussī, ustum*, tr., brûler entièrement : [C] Pros. ‖ brûler, faire périr [en parl. du froid] : [C] Pros., [+C] Pros.

deurŏ dē, interj., ici donc ! viens ici ! : [+C] Pros.

dĕus, *i*, m. ¶1 dieu, divinité : [C] Pros. ‖ ***di boni !*** [C] Pros., grands dieux !, dieux bons ! ; ***(pro) di immortales !*** [C] Pros., dieux immortels ! ; → *1 fides* ; ***per deos*** [C] Pros., au nom des dieux ; ***per deos immortales*** [C] Pros., par les dieux immortels ‖ ***di melius duint (dent), di meliora (ferant, velint)*** [-C] Théât., [C] Pros., Poés., que les dieux nous assistent ! aux dieux ne plaise ! les dieux nous en préservent ! ; [-C] Théât., [C] Pros. ; ***si dis placet*** [C] Pros. [ironique] dieu me pardonne ! ¶2 [fig., en parl. de qqn] un dieu : [C] Pros.

dĕustus, *a, um*, part. de *deuro*

Deutĕrŏnŏmĭum, *ĭi*, n., le Deutéronome [cinquième livre de l'Ancien Testament, dernier livre du Pentateuque] : [T] Pros.

dĕūtŏr, *ĕrĭs, ūtī, ūsus sum*, intr., en user mal avec qqn [abl.] : [C] Pros.

dĕvastō, *ās, āre, -, ātum*, tr. ¶1 ravager, piller : ***ad devastandos fines*** [C] Pros., pour ravager le territoire ¶2 détruire, faire périr : [C] Poés.

dēvectus, *a, um*, part. de *deveho*

dēvĕhō, *ĭs, ĕre, vexī, vectum*, tr. ¶1 emmener, transporter, charrier : ***legionem equis*** [C] Pros., emmener une légion à cheval ; ***aliquem in oppidum*** [C] Pros., transporter qqn dans la ville ¶2 [pass. à sens réfléchi] se transporter : ***Veliam devectus*** [C] Pros., s'étant transporté à la Vélia ‖ [en part.] descendre en bateau : [+C] Pros. ‖ [fig.] en arriver à : [C] Poés. ; → *devexus*

dēvellō, *ĭs, ĕre, vellī, vulsum*, tr., arracher : [-C] Théât. ‖ mettre en pièces : [+C] Pros. ‖ épiler : [+C] Pros.

dēvēlō, *ās, āre, -, -*, tr., dévoiler, mettre à découvert : [C] Poés.

dēvĕnĕrŏr, *ārĭs, ārī, ātus sum*, tr. ¶1 honorer, vénérer : [C] Poés. ¶2 détourner [par un acte d'adoration] : [C] Poés.

dēvĕnĭō, *ĭs, īre, vēnī, ventum*, intr. ¶1 venir en descendant, tomber dans, arriver à : [-C] Théât., [C] Pros. ‖ [poét. avec acc.] [C] Poés. ¶2 [fig.] en venir à, recourir à : [C] Pros. ; ***ad juris studium*** [C] Pros., se rabattre sur l'étude du droit

dēvĕnustō, *ās, āre, āvī, ātum*, tr., enlaidir, ôter la grâce, flétrir : [+C] Pros.

dēverbĕrō, *ās, āre, āvī, ātum*, tr., battre à outrance, assommer de coups : [-C] Théât.

dēverbĭum, → *diverbium*

dēvergentĭa, *ae*, f., pente, inclinaison : [+C] Pros.

dēvergō, *ĭs, ĕre, -, -*, intr., pencher, incliner : [+C] Pros.

Dēverra, *ae*, f., déesse qui présidait à la propreté des maisons : [C] d. [T] Pros.

dēverrō (arch. **dēvor-**), *ĭs, ĕre, -, -*, tr., enlever en balayant : [+C] Pros.

dēversĭtō, *ās, āre, -, -*, intr., prendre gîte qq. part ; [fig.] s'arrêter ; ***ad aliquid***, à qqch. : [+C] Pros.

dēvērsĭtŏr, *ōris*, m., → *2 deversor* : [+C] Pros.

1 **dēversŏr** (**-vorsŏr**), *ārĭs, ārī, ātus sum*, intr., loger en voyage, prendre gîte, descendre chez qqn : [C] Pros.

2 **dēversŏr**, *ōris*, m., celui qui s'arrête, qui loge dans une hôtellerie, hôte : [C] Pros.

dēversōrĭŏlum, *i*, n., petite auberge : [C] Pros.

dēversōrĭum (**dēvor-**), *ĭi*, n., lieu où l'on s'arrête pour loger ou se reposer, hôtellerie, auberge : [C] Pros. ‖ [fig.] asile : [C] Pros. ; repaire : [C] Pros. ‖ boutique, magasin : [+C] Pros.

dēversōrĭus (**dēvors-**), *a, um*, où l'on peut s'arrêter, loger : [+C] Pros. ; ***deversoria taberna*** [-C] Théât., auberge, hôtellerie

dēversus, *a, um*, part. de *deverto*

dēvertĭcŭlum (**dēvort-**), *i*, n. ¶1 chemin écarté, détourné : [-C] Théât., [C] Pros., [+C] Pros. ‖ [fig.] détour : [C] Pros., [+C] Pros. ; ***deverticulum significationis*** [+C] Pros., sens détourné ‖ digression : [+C] Poés. ¶2 auberge, hôtellerie : [C] Pros., [+C] Pros. ¶3 [fig.] échappatoire, moyen détourné : [-C] Théât., [C] Pros.

dēvertō (**dēvortō**), *ĭs, ĕre, vertī, versum* ¶1 tr. ***a)*** détourner : [+C] Poés. ***b)*** [au pass.] se détourner de son chemin, aller chez qqn ou qq. part, aller loger, descendre chez qqn : ***Cobiomacho deverti*** [C] Pros., se détourner de sa route à [à partir de] Cobiomachus [ville de la Narbonnaise] ; [-C] Théât., [C] Pros., [+C] Pros. ; ***in angiportum*** [-C] Théât., aller loger dans une ruelle ‖ [fig.] avoir recours à : [C] Poés. ¶2 intr., se détourner de son chemin : ***via devertere*** [C] Pros., se détourner de son chemin ; ***ad cauponem*** [C] Pros., descendre chez un aubergiste ;

in villam [C] Pros., descendre dans une maison de campagne ou ***ad villam*** [C] Pros.; ***domum regis*** [C] Pros., descendre chez le roi ‖ [fig.] s'écarter de son sujet, faire une digression : [C] Pros.

dēvescŏr, *scĕrĭs, scī, -*, tr., dévorer : [+C] Poés.

dēvestĭō, *īs, īre, -, -*, tr., déshabiller : [+C] Pros.

dēvexī, parf. de *deveho*

dēvexĭtās, *ātis*, f., penchant, pente, inclinaison [au pr.] : [+C] Pros.

dēvexo, [V▶] *divexo*

dēvexus, *a, um*, qui penche, qui va en pente, incliné, qui descend : [C] Pros., Poés., n. pl., [C] Pros. ‖ n. sg. pris subst[t], ***(aqua) in devexo fluit*** [+C] Pros., (l'eau) coule sur un sol en pente ; ***ire per devexum*** [+C] Pros., suivre une pente ‖ ***devexus Orion*** [C] Poés., Orion à son coucher ‖ [fig.] qui incline à, qui décline : [C] Pros.

dēvīcī, parf. de *devinco*

dēvictus, *a, um*, part. de *devinco*

dēvincĭō, *īs, īre, vinxī, vinctum*, tr. ¶**1** lier, attacher, enchaîner : [-C] Théât., [C] Pros. ¶**2** [fig.] lier, attacher : ***animos voluptate*** [C] Pros., tenir les esprits sous le charme [s'attacher l'auditoire] ; [C] Pros. ‖ [rhét.] ***verba comprensione*** [C] Pros., enchaîner les mots en période

dēvincō, *īs, ĕre, vīcī, victum*, tr., vaincre complètement, soumettre : [C] Pros. ‖ [poét.] ***devicta bella*** [C] Poés., guerres victorieuses

dēvinctus, *a, um*, part. de *devincio* ‖ adj[t], attaché ; ***alicui, alicui rei***, à qqn, à qqch. : [C] Pros. ; ***devinctior*** [C] Poés.

dēvinxī, parf. de *devincio*

dēvĭō, *ās, āre, āvī, ātum*, intr., dévier, s'écarter du droit chemin : [T] Pros.

dēvirgĭnō, *ās, āre, āvī, ātum*, tr., déflorer [une vierge] : [+C] Pros.

dēvītātĭo, *ōnis*, f., action d'éviter, d'esquiver : [C] Pros.

dēvītātus, *a, um*, part. de *devito*

dēvītō, *ās, āre, āvī, ātum*, tr., éviter, échapper à : [C] Pros.

dēvĭus, *a, um* ¶**1** hors de la route, écarté, détourné : ***oppidum devium*** [C] Pros., ville écartée ; ***iter devium*** [C] Pros., chemin détourné ‖ [pl. n.] ***devia terrarum*** [+C] Poés., des régions inconnues ‖ qui se trouve sur des chemins détournés, qui habite à l'écart, qui sort de la route, qui s'égare : [C] Pros., Poés. ; ***devius equus*** [+C] Poés., cheval qui se jette de côté ; ***devia avis*** [C] Poés., oiseau solitaire ¶**2** [fig.] ***a)*** qui s'écarte du droit chemin, qui s'égare, qui est dans l'erreur : [C] Pros. ***b)*** qui s'écarte : [+C] Pros. ; ***devius aequi*** [+C] Poés., qui sort de la justice

dēvŏcātus, *a, um*, part. de *devoco*

dēvŏcō, *ās, āre, āvī, ātum*, tr. ¶**1** rappeler, faire descendre, faire venir, inviter : ***de provincia aliquem ad gloriam*** [C] Pros., faire revenir qqn de sa province pour être glorifié ; ***caelo sidera*** [C] Poés., faire descendre les astres du ciel ; ***aliquem in judicium*** [+C] Pros., appeler qqn en justice ; ***in certamen*** [+C] Pros., provoquer au combat ¶**2** [fig.] ***philosophiam e caelo*** [C] Pros., faire descendre la philosophie du ciel sur la terre ; [+C] Pros. ; ***rem ad populum*** [+C] Pros., déférer l'affaire au peuple

dēvŏlō, *ās, āre, āvī, ātum*, intr., descendre en volant, s'abattre, fondre sur : [C] Poés., Pros. ‖ [fig.] descendre en hâte, s'élancer de, voler vers : [C] Pros.

dēvŏlūtus, *a, um*, part. de *devolvo*

dēvolvō, *īs, ĕre, volvī, vŏlūtum*, tr. ¶**1** faire rouler de haut en bas, entraîner en roulant, précipiter : [C] Pros. ; ***devolvere se toris*** [+C] Poés., se laisser tomber du lit ‖ [pass.] rouler, tomber en roulant : [C] Poés., Pros. ; ***jumenta devolvebantur*** [C] Pros., les bêtes de somme roulaient en bas ‖ dérouler, dévider : ***fusis pensa*** [C] Poés., dérouler la laine des fuseaux ¶**2** [fig.] ‖ [pass.] [C] Pros.

dēvŏrātrix, *īcis*, f., celle qui dévore : [T] Pros.

1 **dēvŏrō**, *ās, āre, āvī, ātum*, tr. ¶**1** avaler, engloutir [des aliments] : [-C] Pros., [C] Pros. ¶**2** dévorer, absorber [au fig.] : ***praedam*** [C] Pros., dévorer une proie ; ***pecuniam publicam*** [C] Pros., dévorer l'argent de l'État ; [+C] Poés. ‖ ***lacrimas*** [C] Poés., dévorer ses larmes ‖ ***verba*** [+C] Pros., avaler ses mots dans la prononciation ‖ ***libros*** [C] Pros., dévorer (lire avidement) des livres ¶**3** [fig.] avaler sans goûter, engloutir : [C] Pros. ‖ ***devoravi nomen*** [-C] Théât., j'ai avalé le nom (je l'ai oublié)

2 **dēvōro**, [V▶] *devoveo*

dēvorro, [V▶] *deverro*

dēvortĭcŭlum, [V▶] *deverticulum*

dēvortĭum, *ĭi*, n., détour : ***devortia itinerum*** [+C] Pros., routes détournées ; [V▶] *divortium*

dēvorto, [V▶] *deverto*

dēvōtātĭo, *ōnis*, f., anathème : [T] Pros.

dēvōtātus, *a, um*, part. de *devoto*

dēvōtē, adv., dévotement : [T] Pros. ‖ ***devotissime*** [T] Pros.

dēvōtĭo, *ōnis*, f., dévouement ¶**1** action de se dévouer ***a)*** vœu par lequel on s'engage, on se dévoue : ***devotiones Deciorum*** [C] Pros., le dévouement des Décius [aux dieux infernaux] ; ***devotio vitae*** [C] Pros., sacrifice de la vie ***b)*** [fig.] dévouement, attachement sans réserve : [T] Poés. ‖ dévotion : [T] Pros. ¶**2** imprécation, malédiction : [C] Pros., [+C] Pros. ¶**3** enchantements, sortilèges : [+C] Pros. ¶**4** vœu : [C] Pros., [+C] Pros., [T] Pros.

dēvōtō, *ās, āre, āvī, ātum*, tr. ¶**1** soumettre à des enchantements, ensorceler : [-C] Théât. ¶**2** invoquer une divinité : [+C] Pros.

dēvōtus, *a, um* ¶**1** part. de *devoveo* ¶**2** adj[t] ***a)*** dévoué, zélé : [+C] Pros. ; ***alicui*** [+C] Poés., zélé pour qqn ; [+C] Pros. ; ***-tissimus*** [+C] Pros. ‖ subst. m., ***devoti*** [C] Pros., des gens dévoués ***b)*** adonné à : [C] Poés. ***c)*** prêt pour : [+C] Poés. ***d)*** [chrét.] soumis à Dieu, pieux : [T] Pros.

dēvŏvĕō, *ēs, ēre, vōvī, vōtum*, tr. ¶**1** vouer, dédier, consacrer : ***aliquid Dianae*** [C] Pros., consacrer qqch. à Diane ; ***se diis devovere*** [C] Pros. ; ***se devovere*** [C] Pros., se dévouer, s'offrir en sacrifice [aux dieux infernaux] ; [C] Pros. ‖ [fig.] ***se amicitiae alicujus*** [C] Pros., vouer son amitié à qqn ; [C] Poés. ¶**2** dévouer aux dieux infernaux, maudire : [C] Pros. ; ***devota arbos*** [C] Poés., arbre maudit ¶**3** soumettre à des enchantements, à des sortilèges, ensorceler : [C] Poés. ¶**4** [chrét.] consacrer à Dieu : [T] Pros.

devulsus, *a, um*, part. de *devello*

Dexămĕnus, *i*, m., Centaure, le même qu'Eurytion : [C] Poés.

dexĭŏchōlus, *i*, m., boiteux de la jambe droite [hémiplégique] : [+C] Poés.

Dexippus, *i*, m., nom d'homme : [C] Pros.

Dexĭus, *ĭi*, m., nom de famille romaine : [C] Pros.

Dexo, **Dexōn**, *ōnis*, m., nom grec d'homme : [C] Pros.

dextans, *tis*, m., l'unité moins 1/6 = les cinq sixièmes de la livre romaine, ou d'un tout divisible : [C] Pros., [+C] Pros.

dexter, *tra, trum* ou *tĕra, tĕrum* ¶**1** qui est à droite, droit : ***dextera manu*** [C] Pros., de la main droite ‖ n. pl., **dextera (-tra)**, *ōrum*, ce qui est à droite, le côté droit : [C] Poés., [+C] Pros. ‖ [V▶] *dexterior, dextimus* ¶**2** [fig.] adroit : [C] Poés. ‖ propice, favorable : [+C] Pros. ; ***dexter adi*** [C] Poés., assiste favorablement [invocation] ¶**3** [chrét.] subst. m. pl., ceux qui sont à la droite du Père, les élus : [T] Pros.

dextĕra, **dextra**, *ae*, f. ¶**1** main droite : [C] Pros. ‖ ***jungere dextras*** [C] Poés., joindre les mains [signe d'amitié] ; ***fallere dextras*** [C] Poés., tromper les serrements de mains [les engagements loyaux] ‖ ***dextrae*** [+C] Pros., deux mains jointes d'argent ou de bronze, signe d'hospitalité ou d'amitié ; ***renovare dextras*** [+C] Pros., renouveler amitié ‖ aide, secours : ***dextram tendere*** [C] Pros., tendre une main secourable ‖ ***dextrae*** [poét.] = des bras, des troupes : [+C] Poés. ¶**2** [locutions adv.] ***a dextra*** [C] Pros. ; ***dextra*** [C] Pros. ; ***ad dextram*** [C] Pros., à droite, du côté droit

dextĕrē, adv., adroitement : [C] Pros., [+C] Pros. ‖ ***dexterius*** [C] Poés.

dextĕrĭor, *ĭus*, compar. de *dexter*, qui est à droite [en parl. de deux] : [C] Poés.

dextĕrĭtās, *ātis*, f., dextérité, adresse, habileté : [C] Pros. ‖ qualité d'être propice, favorable : [T] Pros.

dextĭmus, *a*, *um*, superl. de *dexter*, qui est le plus à droite : [C] Pros.

1 **dextra**, V. *dextera*

2 **dextrā** [employé comme prép. avec acc.] à droite de : [C] Pros., [+C] Pros.

dextrālĕ, *is*, n., bracelet : [T] Pros.

dextrālĭŏlum, *i*, n., petit bracelet : [T] Pros.

dextrorsum (-sus), à droite [avec mouv.], du côté droit, vers la droite : [C] Poés., Pros.

dextrōvorsum (-versum), adv., C. *dextrorsum* : [-C] Théât.

dextŭmus, C. *dextimus*

1 **dī-**, [en compos.] V. *1 dis-*

2 **dī**, C. *dii*, V. *deus*

Dīa, *ae*, f., l'île de Naxos : [C] Poés. ‖ femme d'Ixion et mère de Pirithoüs : [+C] Poés.

Dĭăbās, *ae*, m., fleuve d'Assyrie : [T] Pros.

dĭăbăthrārĭus, *ĭi*, m., bottier de luxe : [-C] Théât.

dĭăbăthrum, *i*, n., chaussure de femme : [-C] Théât.

dĭăbētēs, *ae*, m., siphon : [+C] Pros.

Dĭāblinti, *ōrum*, **Dĭāblintes**, *um*, m. pl., nom d'une partie des Aulerques [auj. Jublains] : [C] Pros.

Dĭăbŏlus, *i*, m., personnage de comédie : [-C] Théât.

dĭăbŏtănōn, indécl., bouillon d'herbes : [+C] Pros.

Diacira, *ae*, f., ville de Mésopotamie : [T] Pros.

dĭăcŏnātŭs, *ūs*, m., diaconat, fonction de diacre : [T] Pros.

dĭăcŏnissa, *ae*, f., femme qui sert, diaconesse : [T] Pros.

dĭăcŏnus, *i*, m., diacre : [T] Pros.

dĭădēma, *ătis* (gén. pl. *um* et *ōrum* d'après), n., diadème, bandeau royal : [C] Pros. ‖ **dĭădēma**, *ae*, f. arch., [+C] Pros.

dĭaeta, *ae*, f. ¶ **1** régime, diète ; [fig.] = traitement bénin : [C] Pros. ¶ **2** pièce, chambre, appartement, pavillon : [+C] Pros. ‖ cabine de vaisseau : [+C] Pros.

dĭăgōnālis, *e*, **dĭăgōnĭŏs**, *a*, *on*, diagonal : [C] Pros.

Dĭăgondās, *ae*, m., législateur thébain : [C] Pros.

Dĭăgŏrās, *ae*, m. ¶ **1** philosophe de Mélos : [C] Pros. ¶ **2** Rhodien, qui mourut de joie en voyant ses deux fils couronnés le même jour à Olympie : [C] Pros.

dĭăgramma, *ătis*, n., échelle des tons [musique] : [C] Pros.

dĭălectĭca, *ōrum*, n. pl., études de dialectique : [C] Pros. ‖ **dĭălectĭca**, *ae*, f., dialectique : [C] Pros. ou **dĭălectĭcē**, *ēs*, f., [+C] Pros.

dĭălecticē, adv. ¶ **1** adv., suivant l'art de la dialectique, en dialecticien : [C] Pros., [+C] Pros. ¶ **2** V. *dialectica*

dĭălectĭcus, *a*, *um*, qui concerne la dialectique, habile dans la dialectique : [C] Pros. ‖ subst. m., dialecticien, logicien : [C] Pros. ‖ subst. f. et n. pl., V. *dialectica*

dĭălectŏs (-us), *i*, f., dialecte [langage particulier d'un pays, modification de la langue générale] : [+C] Pros.

1 **Dĭālis**, *e* ¶ **1** de Jupiter : ***flamen Dialis*** [C] Pros., [-C] Pros. ; subst[t], ***Dialis*** [C] Poés., [+C] Pros., flamine de Jupiter ¶ **2** du flamine de Jupiter : ***apex dialis*** [C] Pros., bonnet du flamine de Jupiter ; ***diale flaminium*** [+C] Pros., fonction de flamine de Jupiter ¶ **3** ***dialis***, de l'air, aérien : [+C] Pros.

2 **dĭālis**, *e*, d'un jour [qui ne dure qu'un jour] [jeu de mots avec *Dialis*, de Jupiter] [C] d. [T] Pros.

dĭălŏgus, *i*, m., dialogue, entretien : [C] Pros.

dĭămĕtĕr, *tra*, *trum*, adj., diamétral : [C] Pros.

dĭămĕtrŏs (-us), *i*, f., diamètre : [C] Pros., [T] Pros.

dĭămĕtrus, *a*, *um*, V. *diametros, diameter*

Dīāna et **Dĭāna**, *ae*, f., Diane [fille de Jupiter et de Latone, déesse de la chasse] : [C] Pros., Poés. ‖ [poét.] la lune : [C] Poés.

Dĭānĭum, *ĭi*, n. ¶ **1** temple ou lieu de Rome consacré à Diane : [C] Pros. ¶ **2** ville de la Tarraconaise [Denia] : [C] Pros.

Dĭānĭus, *a*, *um*, de Diane : ***turba Diania*** [C] Poés., meute

dĭănŏmē, *ēs*, f., distribution d'argent illicite : [+C] Pros.

dĭăpasma, *ătis*, n., poudre, pastille de senteur : [+C] Poés.

Dĭăpontĭus, *ĭi*, m., nom propre forgé pour traduire *transmarinus* : [-C] Théât.

dĭăpsalma, *ătis*, n., pause [dans le chant des psaumes] : [T] Pros.

dĭārĭa, *ōrum*, n. pl., ration journalière : [C] Pros.

dĭārĭum, *ĭi*, n. ¶ **1** journal, relation jour par jour : [+C] Pros. ¶ **2** pl., V. *diaria*

dĭastēma, *ătis*, n., distance, intervalle : [T] Pros.

dĭastȳlŏs, *ŏn*, diastyle [temple avec des entre-colonnements de trois diamètres] : [C] Pros.

dĭăsyrtĭcus, *a*, *um*, ironique : [T] Pros.

dĭătessărōn, n. indécl., quarte [mus.] : [C] Pros.

dĭătŏnum, *i*, n., modulation diatonique [ou] naturelle : [C] Pros., [T] Pros.

dĭătrētus, *a*, *um*, ***diatreta***, n. pl., vases ou coupes d'un travail précieux : [+C] Poés.

dĭătrĭba, *ae*, f. ¶ **1** entretien, discussion : [+C] Pros. ¶ **2** académie, école, secte : [+C] Pros.

dĭaulŏs, *i*, m., double stade : [+C] Poés.

dĭazōma, *ătis*, n., précinction [palier de circulation horizontale qui, dans un théâtre, sépare deux sections de la *cavea*] : [C] Pros.

dĭbăphus, *i*, f., robe de pourpre : ***dibaphum cogitare*** [C] Pros., rêver la pourpre, le consulat

dībus, pour *diis*, V. *deus*

dīc, impér. de *2 dico*

dĭca, *ae*, f., procès, action en justice : ***dicam scribere alicui*** [C] Pros., notifier à qqn par écrit une action judiciaire, intenter à qqn une action ; [-C] Théât. ; ***subscribere*** [-C] Théât. ; ***impingere*** [-C] Théât., assigner en justice ‖ ***dicas sortiri*** [C] Pros., tirer au sort les juges des actions judiciaires

dĭcācĭtās, *ātis*, f., tour d'esprit railleur, causticité, raillerie : [C] Pros.

dĭcācŭlē, adv., d'une manière qq. peu piquante, caustique : [+C] Pros.

dĭcācŭlus, *a*, *um*, moqueur, mutin : [-C] Théât. ‖ railleur : [+C] Pros.

Dĭcaearchīa (-ēa-), *ae*, f., Dicéarchia [ancien nom de Puteoli, Pouzzoles] ‖ **-chēus**, *a*, *um*, de Dicéarchia : [+C] Poés.

Dĭcaearchus, *i*, m., Dicéarque [disciple d'Aristote] : [C] Pros. ‖ autre du même nom : [C] Pros.

Dĭcalēdŏnes, *um*, m. pl., C. *Caledones* : [T] Pros.

Dĭcarchēus, *a*, *um*, de Dicéarchia : [+C] Poés.

Dĭcarchis, *ĭdis*, f., C. *Dicaearchia* : [+C] Pros.

Dĭcarchus, *i*, m., Dicéarque [fondateur de Dicéarchia, auj. Pouzzoles] : [+C] Poés.

dĭcassit, V. *1 dico*

dĭcātĭo, *ōnis*, f., déclaration pour devenir citoyen d'une ville : [C] Pros.

dĭcātus, *a*, *um*, part. de *1 dico* ‖ adj[t], ***dicatissimus***, très dévoué : [T] Pros.

dĭcax, *ācis*, adj., railleur, malin, mordant : [C] Pros., Poés. ‖ ***dicacior*** [C] Pros. ; ***-cissimus*** [+C] Pros.

dicdum, **dīcĕdum** arch., impér. de *2 dico*, V. *dum*

dīcĕ, V. *2 dico*

dĭchalcŏn, *i*, n., monnaie de cuivre valant la 5e partie de l'obole : [C] Pros.

dĭchŏrēus, *i*, m., dichorée [deux trochées] : [C] Pros.

dĭchŏtŏmŏs, *ŏn*, adj., [la lune] dont on ne voit que la moitié : [T] Pros.

dīcĭbĭlis, *e*, qu'on peut dire, exprimable : [T] Pros.

dīcĭmōnĭum, *ĭi*, n., bavardage, commérage : [C] Pros.

dĭcĭo**, *ōnis*, f.; [inus. au nom.] puissance, empire, domination, autorité: [C] Pros. ou [+C] Pros. ou ***in dicionem redigere [C] Pros.

dĭcis, ***dicis causa***, pour qu'il soit dit, pour la forme, par manière d'acquit: [C] Pros.

1 **dĭcō**, *ās, āre, āvī, ātum*, tr., proclamer solennellement qu'une chose sera ¶ **1** dédier, consacrer à une divinité: [C] Pros., [+C] Pros. ¶ **2** [fig.] vouer, consacrer: ***studium laudi alicujus*** [C] Pros., vouer tout son zèle à glorifier qqn; ***totum diem alicui*** [C] Pros., consacrer toute une journée à qqn ‖ ***se alicui***, se vouer, s'attacher à qqn: [C] Pros.; ***se alii civitati*** [C] Pros.; ***se in aliam civitatem*** [C] Pros., se faire citoyen d'une autre ville; ***se alicui in clientelam*** [C] Pros., se ranger parmi les clients de qqn; ***se alicui in servitutem*** [C] Pros., se donner comme esclave à qqn ‖ inaugurer: [+C] Pros.

2 **dīco**, *ĭs, ĕre, dīxī, dīctum* ¶ **1** [en gén.] dire, parler ***a)*** dire: ***pauca dicere*** Cic., dire quelques mots; ***sententiam dicere*** Cic., exprimer son avis; ***testimonium dicere*** Cic., faire une déposition; ***orationem dicere*** Cic., prononcer un discours ***b)*** parler: ***eam rem quam diximus*** Caes., cette chose dont nous avons parlé ‖ ***de aliqua re dicere*** Cic., parler de qqch., parler sur un sujet ***c)*** [constr.] [avec prop. inf.] dire que, affirmer que, soutenir que ‖ [avec *ut, ne*, et le subj.] dire de, recommander de: ***dixeram de re publica ut sileremus*** Cic., j'avais recommandé que nous ne parlions pas de politique; [avec subj. seul] même sens: Pl. ‖ [avec interrog. indir.] ***non dici potest quam flagrem...*** Cic., il ne peut être dit (= il est impossible de dire) combien je brûle...; ***dici vix potest quantum intersit...*** Cic., on peut difficilement dire quelle importance... ***d)*** [locutions] ***bene dicite*** Pl., taisez-vous (dites des paroles de bon augure = pas de paroles de mauvais augure); ***ut ita dicam*** Cic., pour ainsi dire; ***plura ne dicam*** Cic., pour n'en pas dire davantage; ***ut plura non dicam*** Cic., sans en dire plus; ***difficile dictu*** Cic., difficile à dire ¶ **2** [en part.] ***a)*** [en incise] je veux dire, j'entends, c'est-à-dire: ***veteres illi, Herodotum dico et Thucydidem*** Cic., ces écrivains anciens, je veux dire Hérodote et Thucydide ‖ [simple reprise] ***illo ipso die, die dico, immo hora eadem*** Cic., ce jour même, je dis jour, mais plutôt à cette même heure... ***b)*** [abs[t]] plaider: ***de aliqua re ad aliquem*** Cic., plaider sur une affaire devant qqn; ***pro aliquo dicere*** Cic., plaider pour qqn; ***contra (in) aliquem dicere*** Cic., plaider contre qqn; ***populo dicere*** Sen., plaider devant le peuple ‖ parler en orateur: ***non idem loqui quod dicere*** Cic., le langage courant n'est pas la même chose que la parole oratoire ***c)*** célébrer, chanter, raconter: ***aliquem dicere*** Hor., chanter qqn; ***tempora Augusti dicere*** Tac., raconter l'époque d'Auguste ***d)*** donner un nom, nommer, appeler: ***iram initium insaniae dicere*** Cic., appeler la colère le début de la folie; ***Chaoniam Trojano a Chaone dicere*** Virg., nommer la Chaonie d'après le Troyen Chaon; ***prior dictus*** Liv., nommé le premier ***e)*** fixer, établir: ***diem dicere*** Caes., fixer un jour; ***locum concilio dicere*** Liv., fixer un endroit pour une entrevue; ***ut erat dictum*** Caes., comme il avait été convenu

dĭcrŏtum, *i*, n., [C] Pros., **dĭcrŏta**, *ae*, f., [C] Pros., navire à deux rangs de rames

Dicta, *ae*, f., **Dictē**, *ēs*, f., Dicté [montagne de Crète] ‖ **-aeus**, *a, um*, du mont Dicté, de Crète: [C] Poés.

dictābŏlārĭum, *ĭi*, n., mot piquant, brocard, sarcasme: [+C] Pros.

dictamnus, *i*, f., [C] Pros., **dictamnum**, *i*, n., [C] Poés., dictame [plante]

dictāta, *ōrum*, n., texte dicté [d'un maître à des écoliers], leçons: [C] Pros.; → *dicto* ‖ règles, instructions: [+C] Pros., Poés.

dictātŏr, *ōris*, m., dictateur [magistrature extraordinaire]: [C] Pros. ‖ le premier magistrat de certaines villes d'Italie: [C] Pros. ‖ général en chef: [-C] d. [+C] Pros.

dictātōrĭus, *a, um*, de dictateur: [C] Pros.; ***dictatorius juvenis*** [C] Pros., le fils du dictateur

dictātrix, *īcis*, f., souveraine absolue [fig.]: [-C] Théât.

dictātūra, *ae*, f. ¶ **1** dictature, dignité du dictateur: [C] Pros. ¶ **2** action de dicter aux écoliers [jeu de mots]: [+C] Pros.

dictātus, *a, um*, part. de *dicto*

Dīctē, f., → *Dicta*

dictērĭum, *ĭi*, n., bon mot, brocard, sarcasme: [C] Poés., [+C] Poés., [T] Pros.

dictĭo, *ōnis*, f. ¶ **1** action de dire, d'exprimer, de prononcer: ***dictio sententiae*** [C] Pros., expression d'une pensée, d'une opinion; [-C] Théât.; ***dictio causae*** [C] Pros., plaidoirie; ***multae dictio*** [C] Pros., fixation d'une amende ¶ **2** emploi de la parole, discours, conversation, propos: ***ceterae dictiones*** [C] Pros., les autres emplois de la parole; ***subitae dictiones*** [C] Pros., les improvisations; ***oratoriae*** [C] Pros., les plaidoyers; [+C] Pros. ¶ **3** mode d'expression: [+C] Pros. ¶ **4** prédiction, réponse d'un oracle: [C] Pros.

dictĭōsus, *a, um*, plaisant, railleur: [C] Pros.

dictĭtō, *ās, āre, āvī, ātum*, tr., aller répétant, avoir toujours à la bouche, dire et redire: [C] Pros. ‖ plaider souvent des causes: [C] Pros.

dictō, *ās, āre, āvī, ātum*, tr. ¶ **1** dire en répétant, dicter: ***aliquid alicui*** [C] Pros., dicter qqch. à qqn ‖ dicter à un secrétaire ce qu'on compose, [d'où] composer: ***versus, carmina*** [C] Poés., Pros., faire des vers ¶ **2** dicter, prescrire, ordonner, recommander, conseiller: [+C] Poés., Pros. ¶ **3** dire souvent, couramment: [+C] Pros.

dictum, *i*, n. ¶ **1** parole, mot: [C] Pros., Poés.; ***bona dicta*** [-C] d. [C] Pros., bons mots; ***dictum adrogans*** [C] Pros., parole orgueilleuse; ***facete dicta*** [C] Pros., mots d'esprit; ***dicta dare*** [C] Poés., Pros., prononcer des paroles ¶ **2** [en part.] ***a)*** bon mot, mot d'esprit: [C] Pros.; ***in aliquem dicta dicere***, → *materia* ¶ *4* ***b)*** sentence, précepte, proverbe: [C] Pros., → *compenso*; ***dicta collectanea*** [+C] Pros., apophtegmes ***c)*** ordre [ou] avis: [C] Pros.; ***dicto audiens***, → *audiens*

dictŭrĭō, *īs, īre, -, -*, avoir envie de parler, de dire: [T] Pros.

dictus, *a, um*, part. de *2 dico*

Dictynna, *ae*, f., Dictynne [surnom de Diane chasseresse, de δίκτυον, "filet de chasse"]: [C] Poés.

Dictynnēum, *i*, n., Dictynnée [sanctuaire voisin de Sparte, consacré à Dictynne]: [C] Pros.

Dictys, *yis* ou *yŏs*, m., un des Centaures, tué par Pirithoüs: [C] Poés. ‖ pêcheur qui sauva Danaé et Persée: [+C] Poés.

dĭdascălĭca, *ōn* ou *ōrum*, n. pl., nom d'un ouvrage didactique d'Accius: [+C] Pros.

Dīdĭa Clara, f., fille de Didius Julianus: [T] Pros.

Dīdĭa lex, loi de Didius ***a)*** de *Caecilius Didius*: [C] Pros. ***b)*** loi somptuaire: [T] Pros.

dĭdĭcī, parf. de *disco*

dĭdĭdī, parf. de *1 dido*

dĭdintrĭō, *īs, īre, -, -*, se dit du cri de la belette: [T] Poés.

dīdĭtus, *a, um*, part. de *1 dido*

Dīdĭus, *ĭi*, m., nom de famille romaine, not[t] T. Didius, qui fit la guerre à Sertorius: [C] Pros., Poés. ‖ Didius Julianus, riche Romain, qui acheta l'empire, après la mort de Pertinax: [T] Pros.

1 **dīdō**, *ĭs, ĕre, dīdĭdī, dīdĭtum*, tr., distribuer, répandre: [C] Poés.; ***dide, disjice*** [C] Pros., prodigue, gaspille; [C] Poés., [+C] Pros.

2 **Dīdō**, *ūs* et *ōnis*, f., Didon [épouse de Sichée, fonda Carthage]: [C] Poés.

dīdūcō, *ĭs, ĕre, dūxī, ductum*, tr. ¶ **1** conduire en différentes directions, séparer, partager, écarter [ou] étendre, dilater, allonger: [C] Poés., Pros.; ***rivis diduci*** [C] Pros., se séparer en divers ruisseaux ***in rivos*** [+C] Pros.; [C] Pros.; ***digitos*** [C] Pros., allonger les doigts; ***diducere oculum*** [+C] Pros., ouvrir un oeil; ***circinum*** [C] Pros., ouvrir un compas; [C] Poés. ‖ [fig.] ***diduci ab aliquo*** [C] Pros., se séparer de qqn; ***amicitias diducere*** [+C] Pros., rompre des liens d'amitié; ***nuptias*** [C] Pros., faire rompre un mariage; [C] Poés.; ***senatum in studia*** [+C] Pros., diviser le sénat en partis; ***ne vastius diducantur (verba)*** [C] Pros., pour que les mots ne soient pas séparés dans la prononciation par de trop grands intervalles ¶ **2** [en part.] étendre, déployer, développer: ***copias*** [C] Pros., déployer des troupes; ***cornua*** [C] Pros., étendre les ailes

dīductĭo, *ōnis*, f. ¶ **1** division, répartition: ***in diductione rerum*** [+C] Pros., dans l'organisation de l'univers ¶ **2** expansion [propriété de l'air] : +C Pros. ‖ ***diductio rationis*** C Pros., prolongement, continuation d'un raisonnement

dīductus, part. de *diduco*

Dĭdŭmāōn (Dĭdȳ-), *ŏnis*, m., Didymaon [habile ciseleur] : C Poés.

Dĭdȳmāōn, → *Didumaon*

Dĭdȳmē, *ēs*, f., île de la mer Égée : C Poés.

Dĭdȳmēŏn, *ēi*, n., temple d'Apollon à Didyma : +C Pros.

Dĭdȳmus, *i*, m., nom d'homme : +C Poés. ‖ Didyme, surnom de s. Thomas : T Pros.

dĭecrastĭni, → *crastinus*

dĭēcŭla, *ae*, f., petite journée : -C Théât. ‖ délai : -C Théât. ; ***diecu-lam ducere*** C Pros., prolonger le terme [des échéances]

dĭēpristĭne, **dĭēpristĭni**, adv., la veille : +C Pros., T Pros.

dĭēquarte, **dĭēquarti** et **dĭēquarto** ou **dĭē quarto**, adv. ***a)*** [formes en *e* et *i* ayant trait à l'avenir] dans quatre jours ***b)*** [forme en *o*, au passé] il y a quatre jours : +C Pros., T Pros.

dĭēquinte, **dĭēquinti**, adv., dans cinq jours [→ *diequarte*] : +C Pros.

dĭērectē, adv., de manière à être pendu [sens proleptique] : ***abi dierecte*** -C Théât., va t'en te faire pendre

dĭērectus, *a*, *um*, distendu, mis en croix, pendu : -C Théât. ‖ subst. n., **dĭērectum**, *i* → *mala crux* : C Poés.

1 **dĭēs**, *ēi*, m. et f. ; [au pl. toujours m.] ¶ **1** le jour civil de vingt-quatre heures : ***postero die*** C Pros. ; ***postera die*** C Pros. ; ***altero die*** C Pros., le lendemain ; ***in dies*** C Pros., de jour en jour ; ***in diem vivere*** C Pros., vivre au jour le jour ; ***diem ex die*** C Pros., un jour après un autre, de jour en jour ¶ **2** jour, date fixée : C Pros. ; ***dies dicta*** C Pros., le jour fixé ; ***ad certam diem*** C Pros., à un jour fixé ; ***ad diem*** C Pros., au jour fixé ‖ [en part.] ***diem dicere alicui*** C Pros., assigner à qqn un jour de comparution, intenter une accusation contre qqn ‖ ***dies pecuniae*** C Pros., jour de paiement ; ***comitiorum*** C Pros., le jour des comices ¶ **3** le jour [opposé à la nuit] : ***dies noctesque*** C Pros. ; ***diem noctemque*** C Pros. ; ***nocte dieque*** +C Poés., jour et nuit ; C Pros. ; ***diem noctem*** C Pros., pendant un jour et une nuit ; ***cum die*** C Poés., avec le jour, à l'aube ; ***de die*** -C Théât., de jour, en plein jour ‖ ***dubius dies*** +C Pros., jour douteux ¶ **4** jour [de la naissance, de la mort, de fièvre, etc.] : C Pros. ‖ → *obeo* ; *supremus* ¶ **5** jour, événement mémorable : C Pros. ; ***dies Alliensis*** C Pros., la journée de l'Allia ¶ **6** jour, journée, emploi de la journée : +C Pros. ‖ disposition, d'esprit [où l'on se trouve tel ou tel jour] : +C Pros. ¶ **7** journée de marche : C Pros. ¶ **8** temps, délai : C Pros. ‖ [en gén.] temps, durée : C Pros. ¶ **9** lumière du jour, jour : C Poés. ¶ **10** climat, température : +C Poés. ¶ **11** [chrét.] jour de la colère de Dieu : ***dies Domini*** T Pros., jour du Seigneur ; ***dies irae*** T Pros., jour de colère

2 **Dĭēs**, *ēi*, m. f. ¶ **1** m., le Jour : -C Théât. ¶ **2** f. ***a)*** fille du Chaos, mère du ciel et de la terre : +C Poés. ***b)*** mère de la première Vénus : C Pros.

dĭĕsis, *eos*, f., [mus.] dièse ‖ quart de ton [en ancienne musique] : C Pros., T Pros.

Dĭespĭtĕr, *tris* (**Dispiter**, **Dispater**, C Pros.), m., -C Théât., C Poés., Jupiter ‖ Pluton : T Pros.

dĭēta, → *diaeta*

dĭezeugmĕnŏs, *ŏn*, séparé : C Pros.

diffāmātĭo, *ōnis*, f., action de divulguer, de répandre : T Pros.

diffāmātus, *a*, *um*, part. de *diffamo* ‖ adj[t], ***-tissimus*** +C Pros., très diffamé

diffāmō, *ās*, *āre*, *āvī*, *ātum*, tr. ¶ **1** divulguer : C Poés., +C Pros. ¶ **2** diffamer, décrier : +C Pros. ‖ répandre le mauvais bruit que [prop. inf.] : +C Pros.

diffĕrens, *tis*, part. de *differo* ‖ adj[t], ***differentior*** T Pros., supérieur ‖ subst. n., différence : +C Pros.

diffĕrentĭa, *ae*, f., différence : C Pros. ‖ pl., C Pros., +C Pros. ‖ [en part.] pl., ***differentiae*** C Pros., objets distincts, espèces ; sg., différence spécifique, caractère distinctif : C Pros., +C Pros.

diffĕrĭtās, *ātis*, f., différence : C Poés., T Pros.

diffĕrō, *fers*, *ferre*, *distŭlī*, *dīlātum*, tr. et intr.

I tr. ¶ **1** porter en sens divers, disperser, disséminer : ***favillam late*** C Poés., disperser la cendre au loin ; C Pros. ‖ transplanter des arbres en les espaçant : C Pros. ; ***in versum ulmos*** C Poés., transplanter les ormes en les disposant par rangées ¶ **2** répandre des bruits : C Pros., +C Pros. ‖ décrier : ***aliquem variis sermonibus*** +C Pros., décrier qqn dans des propos variés ; C Poés., +C Pros. ¶ **3** [fig.] ***differri***, être tiraillé, tourmenté, déchiré : ***clamore*** -C Théât., être assassiné de réclamations ; ***amore alicujus*** -C Théât., souffrir mille morts de son amour pour qqn ; ***laetitia differor*** -C Théât., j'étouffe de joie ; ***differor doloribus*** -C Théât., les douleurs me déchirent ¶ **4** différer, remettre : ***rem*** C Pros., différer une affaire ; ***tempus*** C Pros., retarder le délai = user d'atermoiement ; ***aliquid in tempus aliud*** C Pros., remettre qqch. à un autre moment ; ***aliquem in tempus aliud*** C Pros., renvoyer qqn à un autre moment, le faire attendre ; [ou seul[t]] ***differre aliquem*** +C Pros., remettre qqn à plus tard ; C Pros. ‖ ***nihil differre quin*** C Pros., ne pas tarder à ; +C Pros. ‖ ***quaerere distuli*** C Poés., j'ai remis à plus tard de chercher ‖ [abs[t]] différer, remettre à plus tard : C Poés. ; ***diem de die*** C Pros., différer de jour en jour

II intr. ; [sans parf. ni supin] différer, être différent : C Pros. ; ***ex aliqua parte*** C Pros., différer en quelque point ; ***paulum, multum*** C Pros., différer peu, beaucoup ‖ ***ab aliquo, ab aliqua re*** C Pros., différer de qqn, de qqch. ‖ ***alicui rei*** C Poés., +C Pros., différer de qqch. ‖ [suivi d'une interr. double] : C Poés.

differtus, *a*, *um*, plein de, rempli de [avec abl.] : C Pros., +C Pros., Poés. ‖ ***differtum forum*** C Pros., le forum rempli de monde

diffībŭlō, *ās*, *āre*, -, -, tr., dégrafer : +C Poés.

diffĭcĭlĕ, adv., [rare] difficilement : +C Pros. ; → *difficiliter*

diffĭcĭlis, *e* ¶ **1** difficile, malaisé, pénible : C Pros. ‖ n. pris subst[t] : ***in difficili esse*** C Pros., être difficile ¶ **2** difficile, chagrin, morose, peu traitable : -C ; C Pros., Poés. ; ***difficilis precibus*** C Poés., peu accessible aux prières ¶ **3** rare : ***difficiles pluviae*** T Pros., de rares pluies

diffĭcĭlĭtĕr, adv., difficilement [rare au positif] : C Pros. ‖ ***-ilius*** C Pros. ; ***-illime*** C Pros.

diffĭcultās, *ātis*, f. ¶ **1** difficulté, obstacle, embarras : ***difficultas dicendi*** C Pros., les difficultés de l'éloquence ; ***habere difficultatem*** C Pros., offrir de la difficulté ; ***difficultas (morbi)*** +C Pros., guérison difficile (d'une maladie) ; ***temporis*** C Pros., circonstances difficiles ‖ manque, besoin : C Pros. ; ***rei frumentariae*** C Pros., disette de blé ¶ **2** humeur difficile, caractère insupportable : C Pros.

diffĭcultĕr, adv., difficilement, péniblement, avec peine : C Pros., +C Pros.

diffīdens, *tis*, part. prés. de *diffido* ‖ adj[t], défiant : +C Pros.

diffīdentĕr, adv., avec défiance, avec timidité : C Pros.

diffīdentĭa, *ae*, f., défiance, défaut de confiance : C Pros. ‖ ***rei*** C Pros., manque de confiance dans une chose ; +C Pros. ‖ manque de foi : T Pros.

diffĭdī, parf. de *diffindo*

diffīdō, *ĭs*, *ĕre*, *diffīsus sum*, intr., ne pas se fier à, se défier de : ***sibi*** C Pros., ne pas compter sur soi ; ***perpetuitati bonorum*** C Pros., ne pas compter sur la durée du bonheur ‖ [rare avec abl.] ***occasione*** +C Pros., se défier des circonstances ‖ [abs[t]] avoir perdu toute espérance, désespérer : C Pros. ‖ [pass. impers.] C Pros.

diffindō, *ĭs*, *ĕre*, *fĭdī*, *fissum*, tr. ¶ **1** fendre, séparer en deux, partager, diviser : ***saxum*** C Pros., fendre un rocher ‖ [fig.] ***alicujus tenacitatem*** +C Pros., réduire l'entêtement de qqn ; ***nihil hinc*** C Poés., ne rien détacher de cela [= souscrire entièrement à cela] ¶ **2** ***diffindere diem***, couper une journée = suspendre, ajourner [une affaire, une présentation de loi, un jugement] : C Pros., +C Pros. ‖ [fig.] ***diem somno*** C Pros., couper le jour par une sieste, faire la sieste

diffingō, *ĭs*, *ĕre*, -, -, tr., transformer, refaire, changer : C Poés.

diffīnĭo, → *definio*

diffīnītĭo, *ōnis*, f., → *definitio*

diffissĭo, *ōnis*, f., ajournement, remise à un autre jour : [+C] Pros.

diffissus, *a*, *um*, part. de *diffindo*

diffīsus, *a*, *um*, part. de *diffido*

diffĭtĕŏr, *ērĭs*, *ērī*, -, tr., nier, disconvenir, ne pas avouer : [C] Poés., [+C] Pros.

difflātŭs, abl. *ū*, m., souffle dans des sens divers : [T] Pros.

difflētus, *a*, *um*, perdu à force de pleurer : [+C] Pros.

difflō, *ās*, *āre*, *āvī*, *ātum*, tr., éparpiller (disperser) en soufflant : [-C] Théât., Poés.

difflŭentĭa, *ae*, f., [pl.] débordements [fig.] : [T] Pros.

difflŭō, *ĭs*, *ĕre*, *flūxī*, *flūxum*, intr. ¶1 couler de côté et d'autre, se répandre en coulant : [C] Poés. ‖ [poét.] ***sudore diffluentes*** [C] Poés., ruisselants de sueur ¶2 [fig.] se liquéfier, se dissoudre, se relâcher, s'amollir : ***luxuria*** [C] Pros., vivre dans un luxe amollissant

difflŭus, *a*, *um*, qui s'épanche de côté et d'autre : ***lacte diffluus*** [T] Pros., qui épanche du lait

difflŭvĭō, *ās*, *āre*, -, -, tr., partager en deux : [+C] Pros.

diffringō, *ĭs*, *ĕre*, *frēgī*, *fractum*, tr., briser, mettre en pièces : [-C] Théât., [+C] Pros.

diffūdī, parf. de *diffundo*

diffŭgĭō, *ĭs*, *ĕre*, *fūgī*, -, intr., fuir çà et là, fuir en désordre, se disperser en fuyant : [C] Pros. ‖ se disperser, se diviser, se dissiper : [C] Poés. ‖ ***diffugere nives*** [C] Poés., les neiges se sont enfuies, ont disparu

diffŭgĭum, *ĭī*, n., fuite de côté et d'autre, dispersion : [+C] Pros.

diffulgŭrō, *ās*, *āre*, -, -, tr., faire étinceler : [T] Poés.

diffulmĭnō, *ās*, *āre*, -, -, tr., disperser par la foudre : [+C] Poés.

diffundĭtō, *ās*, *āre*, -, -, tr. ***a)*** jeter aux vents, gaspiller : [-C] Théât. ***b)*** colporter : [T] Pros.

diffundō, *ĭs*, *ĕre*, *fūdī*, *fūsum*, tr. ¶1 étendre en versant, répandre : [C] Pros. ; ***vinum de doliis*** [+C] Pros., transvaser du vin ; [-C] Pros. ‖ répandre, étendre : [C] Pros., Poés., [+C] Pros. ; [poét.] [C] Poés. ‖ disperser, dissiper [douleur, colère] : [C] Poés. ¶2 [fig.] étendre, porter au loin : [C] Pros. ¶3 [fig.] dilater, épanouir : [C] Poés. ; ***diffusus nectare*** [C] Poés., épanoui par le nectar ; ***diffundi, contrahi*** [C] Pros., s'épanouir, se resserrer (se contracter)

diffūsē, adv., d'une manière diffuse : [C] Pros. ‖ ***diffusius*** [C] Pros., avec plus d'étendue, de developpement

diffūsĭlis, *e*, expansible : [C] Poés.

diffūsĭo, *ōnis*, f., épanouissement [fig.] : [+C] Pros.

diffūsus, *a*, *um* ¶1 part. de *diffundo* ¶2 adj[t], étendu : [C] Pros. ; ***diffusior*** [+C] Pros. ‖ dispersé, épars : [C] Pros., [+C] Pros. ‖ répandu : ***diffusior*** [+C] Pros.

diffŭtūtus, *a*, *um*, épuisé par les excès : [C] Poés.

dĭgammon, *i*, n., [+C] Pros., **dĭgamma**, n. indécl., **dĭgammŏs**, *i*, f., digamma [lettre de l'alphabet grec valant *w*] ‖ [plais[t]] ***tuum digamma*** [C] Pros., ton digamma, ton livre de compte [F, abréviation de *fenus*, intérêt, revenus]

dĭgămus, *a*, m. f., remarié, remariée : [T] Pros.

Dīgentĭa, *ae*, f., ruisseau du pays des Sabins [auj. Licenza] : [C] Pros.

dīgĕrĭēs, *ēi*, f., disposition : [T] Pros.

dīgĕrō, *ĭs*, *ĕre*, *gessī*, *gestum*, tr. ¶1 porter de différents côtés ***a)*** diviser, séparer : [C] Poés., [+C] Pros. ***b)*** distribuer, répartir : [+C] Pros. ‖ mettre en ordre, arranger les cheveux : [C] Poés. ‖ transplanter et disposer les plantes : [-C] Pros., [C] Poés. ***c)*** [méd.] dissoudre, fondre : [+C] Pros. ‖ relâcher le ventre : [+C] Pros. ‖ digérer : [+C] Pros. ‖ affaiblir le corps : [+C] Pros. ‖ remuer, agiter le corps : [+C] Pros. ¶2 [fig.] ***a)*** diviser, répartir : [C] Poés., [+C] Pros. ***b)*** distribuer, mettre en ordre, classer : ***mandata*** [C] Pros., classer des recommandations [pour les exécuter dans un ordre convenable] ; [C] Pros. ‖ ***inordinata*** [+C] Pros., mettre en ordre les mots placés à l'aventure dans la phrase

Dĭgesta, *ōrum*, n., Digeste [toute espèce d'œuvre distribuée en chapitres] : [+C] Pros.

dīgestĭbĭlis, *e*, digestif : [+C] Pros.

dīgestim, adv., avec ordre : [T] Poés.

dīgestĭo, *ōnis*, f. ¶1 distribution, répartition, classement, arrangement, ordre : ***annorum*** [+C] Pros., le calcul des années ¶2 [rhét.](= μερισμός)division d'une idée générale en points particuliers : [C] Pros. ¶3 répartition [de la nourriture dans le corps], digestion : [+C] Pros.

dīgestum, V. *Digesta*

1 **dīgestus**, *a*, *um*, part. de *digero*

2 **dīgestŭs**, *ūs*, m., distribution, répartition : [+C] Poés.

dĭgĭtābŭlum, *i*, n., doigtier, ce qui couvre les doigts, gant : [C] Pros.

dĭgĭtellum, **dĭgĭtillum**, *i*, n., orpin [plante] : [+C] Pros.

Dĭgĭti Īdaei, m. pl., les Dactyles du mont Ida [prêtres de Cybèle] : [C] Pros.

Dĭgĭtĭus, *ĭi*, m., nom d'homme : [C] Pros.

dĭgĭtŭlus, *i*, m., petit doigt, doigt : [-C] Théât., [C] Pros., [+C] Pros. ‖ doigt, griffe [de la patte d'un perroquet] : [+C] Pros.

dĭgĭtus, *i*, m. ¶1 doigt de la main : [C] Pros. ; ***digitorum percussio*** [C] Pros., claquement de doigts ; ***liceri digito*** [C] Pros. ; ***tollere digitum*** [C] Pros., mettre une enchère en levant le doigt ; [+C] Pros. ; ***percoquere aliquid in digitis*** [-C] Théât., faire cuire qqch. dans ses doigts [n'avoir pas la peine de faire cuire] ; [C] Pros. ¶2 doigt du pied : ***erigi in digitos*** [+C] Pros., se dresser sur la pointe des pieds ; ***in digitos arrectus*** [C] Poés., dressé sur la pointe des pieds ¶3 doigt des animaux : [C] Pros. ¶4 le doigt [16e partie du pied romain] : [C] Pros. ; ***digitum*** [seul] [C] Pros.

dīglădĭābĭlis, *e*, qui se bat, acharné : [T] Poés.

dīglădĭŏr, *ārĭs*, *ārī*, *ātus sum*, intr., combattre [propre et fig.] : [C] Pros.

dignans, *tis*, part. prés. de *digno*

dignantĕr, adv., avec bonté, avec courtoisie : [T] Pros.

dignātĭo, *ōnis*, f. ¶1 action de juger digne, estime (égards) qu'on témoigne : [+C] Pros. ¶2 estime dont on est entouré, considération dont on jouit : [C] Pros., [+C] Pros. ¶3 Votre Honneur (titre honorifique) : [T] Pros.

dignātus, *a*, *um*, part. de *digno* et de *dignor*

dignē, adv., dignement, convenablement, justement : [C] Pros. ‖ ***dignius*** [C] Poés.

dignĭtās, *ātis*, f. ¶1 fait d'être digne, de mériter, mérite : [C] Pros. ; ***dignitas consularis*** [C] Pros., titres au consulat ¶2 [comme suite des qualités qui font qu'on est digne] considération, estime, prestige, dignité : [C] Pros. ‖ [en part.] considération sociale, rang, dignité dans l'état : [C] Pros ‖ [de là] charge publique, emploi, dignité : [C] Pros. ; pl., ***dignitates*** [+C] Pros., les charges ¶3 sentiment de dignité, honorabilité : [C] Pros. ; ***cum dignitate moriamur*** [C] Pros., mourons avec honneur ¶4 [par extension] beauté majestueuse, noble, imposante : [C] Pros. ‖ beauté virile, ayant de la dignité [oppos. à *venustas*, " beauté gracieuse, féminine "] : [C] Pros. ‖ ***verborum*** [C] Pros., la magnificence imposante des expressions

dignĭtōsus, *a*, *um*, = ἀξιωματικός, plein de dignité : [+C] Pros.

dignō, *ās*, *āre*, *āvī*, *ātum*, tr., [employé surtout au pass.] être jugé digne de [avec abl.] : [C] Pros. ; [avec inf.] [C] Poés.

dignŏr, *ārĭs*, *ārī*, *ātus sum*, tr. ¶1 juger digne : [C] Poés., [+C] Pros. ; [avec deux acc.] ***aliquem filium*** [+C] Pros., juger qqn digne d'être son fils, reconnaître qqn pour son fils ; [C] Poés. ¶2 trouver convenable, vouloir bien, vouloir de : [C] Poés.

dignoscentĭa, *ae*, f., discernement : [T] Pros.

dignoscō (dīn-), *ĭs*, *ĕre*, *nōvī*, *nōtum*, tr., discerner, distinguer : ***civem hoste*** [C] Pros., distinguer un concitoyen d'un ennemi ; [+C] Pros. ; ***sonis homines*** [+C] Pros., reconnaître les hommes à leur voix ; [+C] Poés. ‖ reconnaître que [avec prop. inf.] : [T] Pros. ; [pass.]

dignus, *a*, *um*, digne de, qui mérite [en bonne ou mauvaise part] ¶1 [avec abl.] : [C] Pros. ; ***summa laude*** [C] Pros., digne de la plus grande estime ‖ ***aliquid piaculo dignum*** [C] Pros., qq. action qui mérite une expiation ; [avec supin en *-u*] [C] Pros., [+C] Pros. ¶2 [avec *qui* subj.] [C] Pros. ¶3 [avec inf., poét.] : [C] Poés., Pros. ¶4 [avec *ut*] [-C] Théât., [C] Pros., [+C] Pros. ¶5 [avec gén.] : [-C] Théât., [C] Poés., [+C] Pros. ¶6 [avec acc. de pron. n.] [-C] Théât. ¶7 [avec *ad*] [-C]

Théât., C Pros. ¶**8** [pris abst] digne, méritant : ***diligere non dignos*** C Pros., donner son affection à des gens indignes ; ***ipse per se dignus*** C Pros., ayant par lui-même tous les titres à cette distinction ; [pris substt] C Pros., un homme digne ‖ ***digna causa*** C Pros., cause juste ; +C Pros. ‖ ***dignum est***, il est digne, il convient, il est juste (approprié) [avec prop. inf.] : C Pros.

dīgrĕdĭŏr, *dĕrĭs, dī, gressus sum*, intr. ¶**1** s'éloigner, s'écarter, s'en aller : C Pros. ; ***digredi e loco*** C Pros., s'éloigner d'un lieu ; ***domo*** C Pros., partir de chez soi ; ***in sua castra*** C Pros., rentrer chacun dans son camp ; ***ad sua tutanda*** +C Pros., s'en aller pour défendre ses intérêts ; ***domum*** +C Pros., rentrer chez soi ¶**2** [fig.] ***a causa*** C Pros. ; ***de causa*** C Pros., faire une digression en plaidant ; ***officio*** -C Théât., s'écarter du devoir ; C Pros., +C Pros. ¶**3** [chrét.] mourir : T Pros.

dīgressĭo, *ōnis*, f. ¶**1** action de s'éloigner, départ : C Pros. ¶**2** [fig.] ***a)*** action de s'écarter du droit chemin : +C Pros. ***b)*** [rhét.] ***a proposita oratione*** C Pros., action de s'écarter de son sujet, digression [ou abst] digression : C Pros. ; pl., +C Pros.

1 **dīgressus**, *a, um*, part. de *digredior*

2 **dīgressŭs**, *ūs*, m., action de s'éloigner, départ : C Pros. ‖ digression, épisode : +C Pros.

dĭī, *deorum*, pl. de *deus*

Dĭjŏvis (Dĭŏvis), *is*, m., Jupiter : C Pros., +C Pros.

dĭjūdĭcātĭo, *ōnis*, f., jugement qui tranche : C Pros.

dĭjūdĭcātrix, *īcis*, f., celle qui discerne : +C Pros.

dĭjūdĭcātus, *a*, um, part. de *dijudico*

dĭjūdĭcō, *ās, āre, āvī, ātum*, tr. ¶**1** séparer par un jugement, décider, trancher : ***dijudicare controversiam*** C Pros., trancher un différend ; -C Théât. ; [pass. impers.] C Pros. ‖ [abst] ***inter sententias*** C Pros., décider entre des opinions ¶**2** discerner, distinguer : C Pros. ; ***vera a falsis*** C Pros., distinguer le vrai du faux ; +C Pros.

dĭjŭgātĭo, *ōnis*, f., séparation : T Pros.

dĭjŭgō, *ās, āre, -, ātum*, tr., séparer : ***dijugatus ab aliquo*** T Pros., séparé de qqn ‖ dételer : T Poés.

dĭjunct-, → *disj-*

dīlābŏr, *bĕrĭs, bī, lapsus sum*, intr. ¶**1** s'écouler de côté et d'autre, se dissiper [pr.] : C Pros. ; ***dilapsa glacies*** C Pros., glace fondue ; ***dilabens aestus*** +C Pros., le reflux ; ***dilabente nebula*** C Pros., le brouillard se dissipant ; ***dilapsus calor*** C Poés., la chaleur vitale s'échappa ¶**2** se disperser : C Pros. ; ***dilabi ab signis*** C Pros., abandonner les drapeaux ; ***dilabi in oppida*** C Pros., se disperser dans les places fortes ¶**3** tomber par morceaux, s'en aller par pièces : C Pros., +C Pros., Poés. ¶**4** [fig.] ***a)*** s'échapper de : C Pros. ***b)*** périr, s'évanouir : C Pros. ; ***dilabuntur curae*** C Poés., les soucis s'évanouissent

dīlăcĕrātĭo, *ōnis*, f., déchirement : T Pros.

dīlăcĕrō, *ās, āre, āvī, ātum*, tr., déchirer, mettre en pièces : C Pros.

dīlancĭnō, *ās, āre, āvī, ātum*, tr., déchirer, mettre en pièces : T Pros.

dīlănĭō, *ās, āre, āvī, ātum*, tr., déchirer, mettre en pièces : C Pros., C Poés.

dīlăpĭdō, *ās, āre, āvī, ātum*, tr. ¶**1** cribler de pierres [ou] comme à coups de pierres : +C Pros. ¶**2** jeter de côté et d'autre comme des pierres, disperser, dissiper, gaspiller, dilapider : -C Théât.

dīlapsĭo, *ōnis*, f., dissolution, décomposition : T Pros.

dīlapsus, *a, um*, part. de *dilabor*

dīlargĭŏr, *īrĭs, īrī, ītus sum*, tr., prodiguer, distribuer en largesses ; ***aliquid alicui***, qqch. à qqn : C Pros. ‖ [passivt] C d. +C Pros.

dīlargītus, *a, um*, part. de *dilargior*

dīlātans, *antis*, part. de *dilato*

dīlātātĭo, *ōnis*, f., orgueil : T Pros.

dīlātātus, *a, um*, part. de *dilato*

dīlātĭo, *ōnis*, f. ¶**1** délai, remise, ajournement, sursis : ***dilatio comitiorum*** C Pros., ajournement des comices ¶**2** écartement, intervalle : +C Pros.

dīlātō, *ās, āre, āvī, ātum*, tr., élargir, étendre : C Pros. ; ***manum dilatare*** C Pros., ouvrir la main ; ***aciem*** C Pros., étendre sa ligne de bataille ‖ [fig.] ***orationem*** C Pros., allonger un discours ; ***argumentum*** C Pros., développer un argument ; ***litteras*** C Pros., donner un son plein aux voyelles ; ***se dilatare*** +C Pros., s'enfler, se donner de l'ampleur [famt, " du volume "] ‖ se réjouir : T Pros. ‖ se gonfler d'orgueil : T Pros.

dīlātŏr, *ōris*, m., temporiseur, qui diffère : C Poés.

dīlātus, *a, um*, part. de *differo*

dīlaudō, *ās, āre, -, -*, tr., louer partout, vanter : C Pros.

dīlectĭo, *ōnis*, f., charité, pratique de cette charité, agapes : +C Pros. ‖ amour conjugal : T Pros. ‖ attachement à une valeur : ***dilectio justitiae*** T Pros., l'amour de la justice ‖ [tard., t. de politesse] Votre Dilection : T Pros.

1 **dīlectus**, *a, um*, part. de *diligo* ‖ adjt, chéri : C Poés. ‖ ***dilectior*** T Pros. ; ***-issimus*** +C Poés.

2 **dīlectŭs**, *ūs*, m., → *2 delectus* : -C Théât.

dīlexī, parf. de *diligo*

dīlīdō, *ĭs, ĕre, -, -*, tr., briser : -C Théât.

dīlĭgens, *entis*, part. prés. de *diligo* pris adjt ¶**1** attentif, scrupuleux, exact, consciencieux : C Pros. ; ***ad custodiendum aliquem diligentissimus*** C Pros., le plus attentif des gardiens de qqn ; ***ad reportandum*** C Pros., ponctuel à rendre [les objets prêtés] ‖ [avec gén.] C Pros. ; ***veritatis diligens*** C Pros., d'une franchise scrupuleuse ‖ [avec dat.] C Pros. ‖ [avec noms de choses] C Pros. ; ***diligens elegantia*** C Pros., une correction scrupuleuse ¶**2** [en part.] attentif [à son bien], regardant : C Pros., +C Pros.

dīlĭgentĕr, adv., attentivement, scrupuleusement, consciencieusement, ponctuellement : C Pros. ‖ ***-tius*** C Pros. ; ***-tissime*** C Pros.

dīlĭgentĭa, *ae*, f. ¶**1** attention, exactitude, soin scrupuleux, conscience : C Pros. ‖ ***sacrorum diligentia*** C Pros., l'exactitude dans l'accomplissement des sacrifices ‖ [en part.] soin de son bien, esprit d'économie, d'épargne : C Pros. ¶**2** affection, amour : T Pros.

dīlĭgō, *ĭs, ĕre, lēxī, lectum*, tr., prendre de côté et d'autre, choisir, [d'où] distinguer, estimer, honorer, aimer [d'une affection fondée sur le choix et la réflexion ; → *amo* ¶*1*] : C Pros. ‖ [nom de chose complément] : C Pros. ‖ [chrét.] aimer [en parlant de la charité chrétienne] : ***invicem*** T Pros., s'aimer les uns les autres

dīlōrīcō, *ās, āre, -, ātum*, tr., déchirer [un vêtement qui couvre la poitrine], arracher pour découvrir : ***alicujus tunicam*** C Pros., déchirer la tunique de qqn

dīlūceō, *ēs, ēre, -, -*, intr., être clair, évident : C Pros., +C Pros. ‖ ***satis dilucet*** [et prop. inf.] +C Pros., il est bien clair que

dīlūcescō, *ĭs, ĕre, lūxī, -*, intr., paraître [en parl. du jour] : C Pros. ‖ ***dilucescit***, impers., le jour commence à paraître, il commence à faire jour : C Pros. ‖ [fig.] ***diluxit, patet*** C Pros., la lumière s'est faite, on voit clair

dīlūcĭdē, adv., [fig.] d'une manière claire, limpide : C Pros.

dīlūcĭdus, *a, um*, [fig.] clair, net : C Pros.

dīlūcŭlat, impers., le jour commence à poindre : +C Pros.

dīlūcŭlum, *i*, n., pointe du jour : ***primo diluculo*** C Pros., au point du jour ; -C Théât.

dīlūdĭum, *ĭi*, n., repos des gladiateurs entre les jeux, répit [fig.] : C Pros.

dīlŭō, *ĭs, ĕre, lŭī, lūtum*, tr. ¶**1** détremper, délayer, désagréger : C Pros. ; ***alvum*** +C Pros., se purger ¶**2** délayer, dissoudre : ***favos lacte*** C Poés., délayer du miel dans du lait ; ***bacam aceto*** C Poés., dissoudre une perle dans du vinaigre ; ***aliquid cum mero*** +C Pros., dissoudre qqch. dans du vin ‖ ***venenum*** C Pros., délayer du poison ; ***diluta absinthia*** C Poés., infusion d'absinthe ¶**3** [fig.] ***crimen*** C Pros., ruiner une accusation ; ***curam mero*** C Poés., noyer ses soucis dans le vin ‖ [abst] effacer une accusation, se disculper : C Pros. ¶**4** éclaircir, débrouiller : -C Théât. ¶**5** [chrét.] purifier, laver d'une faute : +C Pros.

dīlūtē, adv., en délayant : ***dilutius potare*** [C] Pros., [T] Pros., boire son vin plus trempé, plus coupé

dīlūtus, *a*, *um* ¶**1** part. de *diluo* ¶**2** adj^t,délayé : ***vinum dilutius*** [HC] Pros., du vin plus trempé ; ***-tissimus*** [HC] Pros. ‖ clair : [fig.] [T] Pros.

dīlŭvĭēs, *ēi*, f., inondation, débordement, déluge : [C] Poés.

dīlŭvĭō, *ās*, *āre*, -, -, tr., inonder : [C] Poés.

dīlŭvĭum, *ĭī*, n. ¶**1** → *diluvies* : [C] Poés., [HC] Pros. ¶**2** le déluge universel, le déluge de Noé : [T] Pros. ¶**3** [fig.] destruction, dévastation, cataclysme : [C] Poés.

dĭmăchae, *ārum*, m. pl., soldats qui combattent à pied et à cheval : [HC] Pros.

dīmădescō, *ĭs*, *ĕre*, *dŭī*, -, intr., se fondre : [HC] Poés.

Dīmallus, *i*, f., ville d'Illyrie : [C] Pros.

dīmānō, *ās*, *āre*, *āvī*, *ātum*, intr., se répandre, s'étendre : [C] Pros.

dīmensĭo, *ōnis*, f., mesurage : [C] Pros. ‖ dimension : [T] Pros. ‖ axe de la terre, diamètre : [HC] Pros. ‖ mesure métrique : [HC] Pros.

dīmensus, *a*, *um*, part. de *dimetior*

dīmētĭŏr, *īrĭs*, *īrī*, *mensus sum*, tr. ¶**1** mesurer en tous sens : [C] Pros., [HC] Pros. ‖ emploi passif, **dimensus**, *a*, *um*, mesuré : [C] Pros. ; subst. n., **dimensum**, *i*, ration mesurée ¶**2** [en métrique] [C] Pros., [HC] Pros. ¶**3** [fig.] mesurer, calculer : [C] Pros.

dīmētŏr, *ārĭs*, *ārī*, *ātus sum*, dép., tr., délimiter : ***locum castris*** [C] Pros., fixer dans un lieu l'emplacement du camp ‖ ***dimetatus*** : [pass.] [C] Pros. ; [dép.] [C] Pros.

dīmĭcātĭo, *ōnis*, f., combat, bataille : ***dimicatio proelii*** [C] Pros., les engagements de la bataille ; ***universa dimicatio*** [C] Pros., bataille décisive ‖ [fig.] lutte, combat : ***vitae*** [C] Pros., lutte où la vie est engagée

dīmĭcō, *ās*, *āre*, *āvī* (*ŭī* [C] Poés.), *ātum*, intr., combattre, lutter : [C] Pros. ; ***capite suo*** [C] Pros., exposer sa vie

dīmĭdĭātus, *a*, *um*, → *dimidio*

dīmĭdĭō, *ās*, *āre*, -, *ātum*, tr., partager en deux, diviser par moitié ; [employé surtout au part. passif] réduit à la moitié : ***dimidiatus mensis*** [C] Pros., demi-mois ; ***dimidiati procumbunt*** [AC] Théât., ils se couchent à moitié [sur la table] ; [C] Pros.

dīmĭdĭum, *ĭī*, n., la moitié : ***dimidio stultior*** [C] Pros., plus bête de moitié ; ***dimidio plus*** [C] Pros., moitié plus ; ***dimidio minor*** [C] Pros., moitié moins grand ‖ [sens comparatif, avec *quam*] [C] Pros.

dīmĭdĭus, *a*, *um*, demi : [C] Pros. ; ***dimidius Priapus*** [HC] Poés., buste de Priape ‖ → *dimidium*

dīmĭnŭō (**dimm-**), *ĭs*, *ĕre*, -, -, tr., mettre en morceaux, briser : [AC] Théât.

dīmĭnūt-, → *demin-*

dīmīsī, parf. de *dimitto*

dīmissĭo, *ōnis*, f., envoi, expédition : [C] Pros. ‖ envoi en congé, licenciement : [C] Pros.

dīmissus, *a*, *um*, part. de *dimitto*

dīmittō, *ĭs*, *ĕre*, *mīsī*, *missum*, tr. ¶**1** envoyer de côté et d'autre, envoyer dans tous les sens : [C] Pros. ; ***litteras circum municipia*** [C] Pros., envoyer un message dans tous les municipes ‖ [abs^t] ***dimittit ad amicos*** [C] Pros., il envoie prévenir ses amis ¶**2** disperser une multitude ***a)*** dissoudre, congédier : ***senatu dimisso*** [C] Pros., l'assemblée du sénat étant levée = après la séance du sénat ; [abs^t] ***dimittere*** [C] Pros., lever la séance ***b)*** licencier une armée : [C] Pros. ***c)*** envoyer en congé : [C] Pros. ***d)*** disperser (morceler) une troupe en petits détachements : [C] Pros. ¶**3** [en gén.] renvoyer, faire partir ou laisser partir : ***aliquem ab se*** [C] Pros., éloigner qqn de soi ; ***aliquem ex provincia*** [C] Pros., renvoyer qqn de la province [Sicile] ; ***aliquem incolumem*** [C] Pros., renvoyer qqn sain et sauf ; ***equos*** [C] Pros., quitter, abandonner les chevaux [mettre pied à terre] ; ***aliquem e manibus*** [C] Pros., laisser échapper de ses mains qqn ; ***aliquem dimittere*** [C] Pros., renvoyer qqn ‖ abandonner qqch. : [C] Pros. ; ***ripas*** [C] Pros., abandonner les rives ; ***arma*** [HC] Pros., laisser tomber ses armes ; [poét.] ***dimissa anima*** [C] Poés., l'âme s'étant échappée, étant partie ‖ [en part.] laisser libre : ***dimissis pedibus volare*** [AC] Théât., s'envoler, partir à toutes jambes ¶**4** renoncer à, abandonner : [C] Pros. ; ***suum jus*** [C] Pros. [opp. à *retinere*] renoncer à son droit ; ***amicitias*** [C] Pros., renoncer à ses amitiés ‖ ***tributa alicui*** [HC] Pros., faire remise à qqn de ses impôts ¶**5** [chrét.] remettre les dettes, pardonner les péchés : [T] Pros.

dimmĭnŭō, → *diminuo*

dīmōtus, *a*, *um*, part. de *dimoveo*

dīmŏvĕō, *ēs*, *ēre*, *mōvī*, *mōtum*, tr. ¶**1** écarter de côté et d'autre, partager, diviser, fendre : ***terram aratro*** [C] Poés., fendre la terre avec la charrue ; ***cinerem*** [C] Poés., écarter, remuer la cendre ¶**2** écarter, éloigner, détourner [propre et fig.] : [C] Poés. ; ***dimovere turbam*** [HC] Pros., écarter la foule ; [C] Pros., Poés. ¶**3** mouvoir qqch. dans différentes directions, mouvoir çà et là, agiter : ***manus*** [HC] Pros., exercer ses mains ; ***dimovere se in ambulatione*** [HC] Pros., faire de l'exercice en se promenant

Dina, *ae*, f., Dina [fille de Jacob et de Lia] : [T] Pros.

Dinaea, *ae*, f., nom de femme : [C] Pros.

Dīnarchus, *i*, m., Dinarque [orateur athénien] : [C] Pros.

Dindўma, *ōrum*, n. pl. et **Dindўmŏs** (**-us**), *i*, m., le Dindyme [montagne de Phrygie avec temple de Cybèle] : [C] Poés.

Dindўmēna, *ae*, **Dindўmēnē**, *ēs*, f., nom de Cybèle [du Dindyme] : [C] Poés.

1 **Dindўmus**, *a*, *um*, → *Dindyma*

2 **Dindўmus**, *i*, m., nom d'homme : [HC] Poés.

Dīnĭae, *ārum*, f. pl., Dinies [ville de Phrygie] : [C] Pros.

Dīnŏcrătēs, *is*, m., nom de différents personnages grecs : [C] Pros. ‖ = Dinochares [célèbre architecte qui avait donné le plan d'Alexandrie] : [C] Pros.

Dīnŏmăchē, *ēs*, f., mère d'Alcibiade : [HC] Poés.

Dīnŏmăchus, *i*, m., Dinomaque [philosophe] : [C] Pros.

Dīnōn, **Dīno**, *ōnis*, m., Dinon [historien grec] : [C] Pros.

dīnosco, → *dignosco*

dīnŭmĕrātĭo, *ōnis*, f., dénombrement, calcul, compte : [C] Pros. ‖ [rhét.] énumération : [C] Pros.

dīnŭmĕrō, *ās*, *āre*, *āvī*, *ātum*, tr. ¶**1** compter, faire le dénombrement, calculer : ***stellas*** [C] Pros., compter les étoiles ‖ [abs^t] faire un dénombrement : [C] Pros. ¶**2** compter [de l'argent], payer : [AC] Théât. ; ***dinumerare stipendium*** [AC] Théât., payer la solde ; [abs^t] ***dinumerat*** [C] Pros., il paie la solde

Dĭo, **Dĭōn**, *ōnis*, m., Dion [tyran de Syracuse, disciple de Platon] : [C] Pros. ‖ philosophe académicien : [C] Pros.

dĭōbŏlāris, *e*, qu'on a pour deux oboles, putain : [AC] Théât., [C] Pros.

dĭŏcēsis, **-cīsis**, → *dioecesis*

Dĭŏchărēs, *is*, m., affranchi de César : [C] Pros. ‖ **-īnus**, *a*, *um*, de Diocharès : [C] Pros.

Dĭŏclētĭānus, *i*, m., Dioclétien [empereur romain, 284-305] : [T] Pros.

Dĭŏclēus, *a*, *um*, de Dioclès [médecin] : [HC] Pros.

dĭocmītae, → *diogmitae*

Dĭŏdōrus, *i*, m., Diodore [disciple du péripatéticien Critolaüs] : [C] Pros. ‖ célèbre dialecticien : [C] Pros.

Dĭŏdŏtus, *i*, m., Diodote [stoïcien, un des maîtres de Cicéron] : [C] Pros.

dĭoecēsis, *is*, f., étendue d'un gouvernement, d'une juridiction, circonscription, département : [C] Pros. ‖ diocèse [circonscription d'un évêché] : [T] Pros. ‖ paroisse : [T] Pros.

dĭoecētēs, *ae*, m., intendant : [C] Pros.

Dĭŏgĕnēs, *is*, acc. *em* et *en*, m. ¶**1** ***Diogenes Apolloniates*** [C] Pros., Diogène d'Apollonie [philosophe ionien, disciple d'Anaximène] ¶**2** philosophe cynique : [C] Pros. ¶**3** surnommé de Babylonie, philosophe stoïcien : [C] Pros. ¶**4** ami de Caelius Rufus : [C] Pros.

dĭogmītae, *ārum*, m. pl., soldats armés à la légère faisant la chasse aux brigands sur les frontières : [T] Pros.

Dĭognētus, *i*, m., autre pers. : [C] Pros.

Dĭŏmēdēs, *is*, m., roi d'Étolie, fils de Tydée, un des héros grecs du siège de Troie, fondateur d'Arpi, en Apulie : C Poés. ‖ ***Diomedis urbs*** C Poés., Argyripa = Arpi

Dĭŏmēdēus et **-dīus**, *a, um*, de Diomède [roi de Thrace] : T Pros.

Dĭŏmĕdōn, *ontis*, m., nom d'homme : C Pros.

1 **Dĭōn**, ➡ *Dio*

2 **Dĭŏn**, ➡ *Dium*

Dĭōna, *ae*, f., C Pros., **Dĭōnē**, *ēs*, f., Dioné [nymphe, mère de Vénus] : T Pros. ‖ Vénus : C Poés. ‖ **-aeus**, *a, um*, de Vénus : C Poés.

Dĭŏnȳsēus, *a, um*, de Bacchus, bachique : +C Poés.

1 **Dĭŏnȳsĭa**, *ae*, f., nom de femme : C Pros., +C Pros.

2 **Dĭŏnȳsĭa**, *ōrum*, n., Dionysiaques [fêtes de Bacchus] : -C Théât.

Dĭŏnȳsĭpŏlītae, ➡ *Dionysopolitae*

Dĭŏnȳsĭus, *ĭi*, m. ¶ **1** Denys l'Ancien, Denys le Tyran [roi de Syracuse] : C Pros. ¶ **2** Denys le Jeune [fils du précédent] : C Pros. ¶ **3** philosophe d'Héraclée : C Pros. ¶ **4** stoïcien, contemporain de Cicéron : C Pros. ¶ **5** nom d'affranchi et d'esclave : C Pros. ¶ **6** saint Denis [premier évêque de Paris et martyr] : +T Poés.

Dĭŏnȳsŏdōrus, *i*, m., autre du même nom : C Pros.

Dĭŏnȳsŏpŏlis, *is*, f., ville de Phrygie, ➡ *Dionysopolitae*

Dĭŏnȳsŏpŏlītae, *ārum*, m. pl., habitants de Dionysopolis [en Phrygie] : C Pros.

Dĭŏnȳsus (-ŏs), *i*, m., Dionysos [fils de Zeus, dieu du vin, ➡ *Bacchus3 Liber*] : C Pros. ; [acc. grec]

Dĭŏphănēs, *is*, m., rhéteur de Mytilène : C Pros. ‖ agronome : C Pros. ‖ préteur des Achéens : C Pros.

dĭoptra, *ae*, f., instrument d'optique servant à prendre les hauteurs ou les distances : C Pros.

Dĭōrēs, *ae*, m., nom de guerrier : C Poés.

Dĭoscŏri, ➡ *Dioscuri*

Dĭoscŏrĭdēs, *is*, m., Dioscoride [nom de plusieurs Grecs célèbres] : +C Pros.

Dĭoscūri (-cŏri), *ōrum*, m. pl., les Dioscures [les jumeaux Castor et Pollux] : T Pros.

Dĭospŏlis, *is*, f., ‖ **-lītānus**, *a, um*, de Diospolis [en Égypte] : T Pros.

dĭōta, *ae*, f., vase à deux anses : C Poés.

Dĭotrĕphēs, *is*, m., nom d'homme : T Pros.

Dĭŏvis, ➡ *Dijŏvis*

Dĭōxippē, *ēs*, f., fille du Soleil : +C Poés. ‖ une des chiennes d'Actéon : +C Poés.

Dĭōxippus, *i*, m., ➡ *Dexippus* : +C Pros. ‖ athlète de la suite d'Alexandre : +C Pros.

Dīphĭlus, *i*, m., Diphile [poète comique d'Athènes] : -C Théât. ‖ autres du même nom : C Pros.

dĭphrȳgēs, *is*, n., matte de cuivre cuite deux fois : +C Pros.

dĭplinthĭus, *a, um*, qui a deux rangs de briques dans son épaisseur : C Pros.

dĭplŏis, *ĭdis*, f., abaisse, fond de pâte : +C Pros.

dĭplōma, *ătis*, n., [en gén.] pièce officielle authenthique : T Pros. ***a)*** lettres de grâce : C Pros. ***b)*** sauf-conduit : C Pros. ***c)*** permis officiel d'user des services de poste impériaux : +C Pros. ***d)*** diplôme, brevet : +C Pros.

dĭpond-, ➡ *dupond-*

1 **dipsăs**, *ădis*, f., dipsade [vipère dont la blessure cause une soif ardente] : +C Poés.

2 **Dipsăs**, *ădis*, f., nom de femme : C Poés.

3 **Dipsăs**, *antis*, m., fleuve de Cilicie : +C Poés.

diptĕrŏs, *a, um*, diptère [qui a deux rangs de colonnes] : C Pros.

diptȳcha, *ōrum*, n. pl., diptyques [tablettes où les consuls, les questeurs, etc., sous l'empire, faisaient mettre leur nom et leur portrait, pour donner à leurs amis et au peuple, le jour de leur entrée en charge] : T Pros.

diptȳchus, *a, um*, en diptyque [plié en deux] : +T Poés.

Dīpȳlum (-ŏn), *i*, n., porte du Dipylon [à Athènes] : C Pros.

dĭpȳrŏs, *ŏn*, deux fois brûlé : +C Poés.

dīra, n. pl., ➡ *dirus*

1 **Dīrae**, *ārum*, f. pl., les Furies [déesses] : C Poés.

2 **dīrae**, *ārum*, f. pl. ¶ **1** mauvais présages : C Pros. ¶ **2** exécrations, imprécations : ***diras imprecari*** +C Pros., charger qqn d'imprécations

dīrăpĭo, **disrăpĭō**, *ĭs, ĕre, -, -*, tr., entraîner : +C Pros.

dīrāro, ➡ *disraro*

Dirca, *ae*, f., -C Théât., **Dīrcē**, *ēs*, f., Dircé [femme de Lycus, roi de Thèbes, fut changée en fontaine] : C Poés. ‖ **-caeus**, *a, um*, de la fontaine Dircé, de Dircé : C Poés. ; [= Pindare] C Poés. ; [= Polynice] +C Poés.

Dircĕtis, *ĭdis*, f., nom d'une nymphe : +C Poés.

dīrectē, adv., dans l'ordre direct, naturel : C Pros. ‖ ***directius*** C Pros.

dīrectim, adv., directement, en ligne droite : T Pros.

dīrectĭo, *ōnis*, f., alignement : C Pros. ‖ ligne droite : +C Pros. ‖ [fig.] direction : +C Pros.

dīrectō, adv., en ligne droite : C Pros. ‖ directement, sans détour : C Pros., +C Pros.

dīrectūra, *ae*, f., support réglé, couche dressée : C Pros. ‖ tracé [d'un aqueduc] : +C Pros.

dīrectus (dērectus), *a, um*, part. de *dirigo* pris adj[t] ¶ **1** qui est en ligne droite : C Pros. ; ***in directo*** C Pros. ‖ [fig.] ***directiores ictus*** +C Pros., coups plus directs ¶ **2** à angle droit [horizontalement] : ***trabes derectae*** C Pros., poutres placées horizontalement à angle droit [avec la direction du mur] ‖ à angle droit [verticalement] : C Pros. ; ***locus directus*** C Pros., lieu escarpé, à pic ¶ **3** [fig.] droit, direct, sans détour : C Pros. ¶ **4** [chrét.] droit, juste : T Pros.

dĭrēmī, parf. de *dirimo*

dĭrempsī, ➡ *dirimo*

dĭremptĭo, *ōnis*, f., séparation : T Pros. ; ***amicitiae*** +C Pros., rupture entre amis

1 **dĭremptus**, *a, um*, part. de *dirimo*

2 **dĭremptŭs**, *ūs*, m., séparation : C Pros.

dīreptio, *ōnis*, f., pillage : ***urbis*** C Pros., pillage d'une ville ; ***auri*** C Pros., de l'or ; ***bonorum direptiones*** C Pros., pillage des biens ‖ vol, rapt : T Pros.

dīreptŏr, *ōris*, m., celui qui pille, pillard, brigand : C Pros., +C Pros.

1 **dīreptus**, *a, um*, part. de *diripio*

2 **dīreptŭs**, dat. *ŭi*, m., ➡ *direptio* : T Pros.

dīrexī, parf. de *dirigo*

dīrexti, ➡ *dirigo*

dĭrĭbĕō, *ēs, ēre, -, bĭtum*, tr., trier, compter, dénombrer : ***tabellas*** C Pros. ; ***suffragia*** C Pros. ou abs[t] ***diribere*** C Pros., compter les bulletins, les suffrages

dĭrĭbĭtĭo, *ōnis*, f., compte, relevé [des votes] : C Pros.

dĭrĭbĭtŏr, *ōris*, m., scrutateur, celui qui compte les bulletins des votants : C Pros. ‖ esclave découpeur : +C Pros. ‖ distributeur : T Pros.

dĭrĭbĭtōrĭum, *ĭi*, n., local où l'on fit d'abord le dépouillement des bulletins de vote, puis, plus tard, les distributions au peuple et le paiement de la solde militaire : +C Pros.

dīrĭgĕo, **dīrĭgesco**, ➡ *derig-*

dīrĭgō (dērĭgō), *ĭs, ĕre, rēxī, rectum*, tr. ¶ **1** mettre en ligne droite, aligner : +C Pros. ; ***flumina*** C Pros., aligner (redresser) les cours d'eau ‖ ***aciem*** C Pros., ranger l'armée en ligne de bataille ; ***naves in pugnam*** C Pros., disposer les vaisseaux en ligne pour le combat ; [abs[t]] ***dirigere contra*** +C Pros., s'aligner contre ‖ [en part.] ***regiones lituo*** C Pros., marquer avec le bâton augural les régions du ciel [pour prendre les auspices] ¶**2** donner une direction déterminée, diriger : ***derectis operibus*** C Pros., ayant fixé la direction des travaux d'investissement ; ***cursum ad litora*** C Pros., diriger sa course vers le rivage ; ***equum in aliquem*** C Pros. ; ***currum in aliquem*** C Poés., diriger son cheval, son char contre qqn ; [poét.] ***hastam alicui*** C Poés., diriger sa lance contre qqn ‖ ***vulnera*** C Poés., +C Pros., diriger les coups ‖ [fig.] ***cogitationes ad aliquid*** C Pros., diriger ses pensées vers qqch. ; ***intentionem in aliquid*** +C Pros., diriger son attention sur qqch. ; C Pros. ; [abs^t] ***ad veritatem*** C Pros., diriger vers (conduire à) la vérité ¶**3** [fig.] disposer, ordonner, régler : C Pros. ; ***omnia voluptate*** C Pros., régler tout sur le plaisir, faire du plaisir la loi de la vie ; ***utilitatem honestate*** C Pros., régler l'utile sur l'honnête (le subordonner à)

dĭrĭmō, *ĭs, ĕre, ēmī, emptum*, tr. ¶**1** partager, séparer : C Pros., +C Pros. ¶**2** [fig.] séparer, désunir, rompre, discontinuer : ***conjunctionem civium*** C Pros., désunir les citoyens ; ***controversiam*** C Pros., terminer un débat ; ***colloquium*** C Pros., rompre un entretien ; ***comitia*** C Pros., interrompre les comices ; ***rem susceptam*** C Pros., interrompre une chose commencée ; ***auspicium*** C Pros., vicier les auspices ; ***tempus*** C Pros., ajourner ‖ [abs^t] C Pros.

dīrĭpĭō, *ĭs, ĕre, rĭpŭī, reptum*, tr. ¶**1** tirer dans des sens divers, mettre en pièces, déchirer, bouleverser : -C Théât. ; ***fretum*** +C Poés., bouleverser la mer ¶**2** mettre à sac, piller : ***provincias*** C Pros., piller des provinces ; ***Eburones*** C Pros., piller les Éburons ¶**3** s'arracher, se disputer qqch. : ***talos*** +C Pros., s'arracher des dés ¶**4** arracher : +C Pros. ; ***ferrum a latere*** +C Pros., arracher (tirer vivement) l'épée pendue à son côté ‖ arracher par le vol, par pillage : C Pros.

dīrĭtās, *ātis*, f. ¶**1** caractère sinistre, funeste de qqch. : C Pros. ; ***diritas diei*** +C Pros., jour défavorable pour prendre les augures ; ***diritas ominis*** +C Pros., présage sinistre ¶**2** humeur farouche, cruauté, barbarie : C Pros.

dīrŭm, n. pris adv^t, d'une manière terrible : +C Théât.

dīrumpō, **disrumpō**, *ĭs, ĕre, rūpī, ruptum*, tr. ¶**1** briser en morceaux, faire éclater : -C Théât., C Pros. ‖ [fig.] rompre, détruire : ***amicitias*** C Pros., briser des liens d'amitié ; ***dirupi me*** C Pros., je me suis époumonné ¶**2** [au passif] crever [de jalousie, de rire] : ***dirumpor dolore*** C Pros., j'étouffe de dépit ; ***dirumpi risu*** +C Pros., crever de rire

dīrŭō, *ĭs, ĕre, rŭī, rūtum*, tr., démolir, renverser, détruire : ***urbem*** C Pros., détruire, démolir une ville ‖ [fig.] ***agmina*** C Poés., défaire des armées ; C Pros. ; [d'où] ***homo dirutus*** C Pros., homme ruiné, qui a fait banqueroute

dīrūpī, parf. de *dirumpo*

dīruptĭo, *ōnis*, f., fracture, brisement : +C Pros.

dīruptus, *a, um*, part. de *dirumpo* ‖ adj^t, C Pros.

dīrus, *a, um* ¶**1** sinistre, de mauvais augure, effrayant, terrible, funeste : C Pros. ; ***dirae exsecrationes*** C Pros., affreuses imprécations ; ***nihil dirius*** C Pros., rien de plus funeste ‖ pl. n., **dīra**, *ōrum*, présages funestes : C Pros. ‖ subst. f., ***Dira*** C Poés., une Furie [qui a pris la forme d'un grand-duc] ; ➙ *1 Dirae* ¶**2** cruel, barbare, redoutable : ***dirus Ulixes*** C Poés., le cruel Ulysse ¶**3** [c. δεινός en grec] qui a la force de : +C Poés.

dīrūtus, *a, um*, part. de *diruo*, ➙ *diruptus*

1 **dĭs-**, **dir-** devant voyelle, **dī-** devant consonne sonore, partic. marquant le plus souvent division (*diduco, distraho*) et séparation (*discedo, dimitto*) ou distinction (*disquiro, diligens*) et, par suite, achèvement, plénitude (*dilucidus, discupio, dispereo*) ou négation (*dissimilis, dispar, diffido, difficilis*) ‖ *dis* se sépare qqf. par une tmèse dans les anciens poètes : ***disque sipatus*** C Poés.

2 **dīs**, *dite*, gén. *ditis*, dat. *diti*, abl. *diti*, [poét.] riche, opulent, abondant : ***dis esses*** -C Théât., tu serais riche ; ***dite solum*** +C Poés., sol riche ; C Poés. ; ***ditissimus agri*** C Poés., très riche en terres ; ***ditior aquae*** C Poés., plus abondant en eau ; ***ditia stipendia*** C Pros., campagnes militaires fructueuses ; ***in diti domo*** C Pros., dans une maison opulente ; ***ditissimus*** C Pros. ‖ subst. m. pl., ***dites*** +C Théât., les riches

3 **Dīs**, **Dītis**, *Dītis*, m., Dis [assimilé à Pluton, dieu des enfers] : ***Dis pater*** C Pros. ; ***Dis (Ditis)*** [seul] C Poés., +C Pros.

discalcĕātus (**-cĭātus**), *a, um*, déchaussé : +C Pros.

discalcĕo (**-cĭo**), *ās, āre, āvī, -*, tr., [réfl.] se dégager [comme on se déchausse] : T Pros.

discăpēdĭnō, *ās, āre, āvī, -*, tr., disjoindre, séparer : +C Pros.

discēdō, *ĭs, ĕre, cessī, cessum*, intr. ¶**1** s'en aller de côté et d'autre, se séparer, se diviser : C Pros. ¶**2** se séparer [d'un tout, d'un groupe dont on faisait partie] : ***ab amicis*** C Pros., se séparer de ses amis (rompre avec ...) ‖ [en gén.] s'éloigner de : ***ab aliquo*** C Pros., s'éloigner de qqn, quitter qqn ; ***a vallo*** C Pros., quitter le retranchement ; ***e Gallia*** C Pros., sortir de Gaule ; ***ex hibernis*** C Pros., quitter le cantonnement ; ***de foro*** C Pros., quitter le forum ; ***de praediis*** C Pros., sortir de ses propriétés ; ***Capua*** C Pros., quitter Capoue ; ***templo*** C Poés., quitter le temple ‖ se retirer du combat [vainqueur ou vaincu] : ***superiores*** C Pros., sortir vainqueurs ; ***sine detrimento*** C Pros., se retirer sans dommage ‖ ***a signis*** C Pros., quitter les enseignes = rompre les manipules, se débander, fuir ou déserter ‖ s'en aller du tribunal : ***superior discedit*** C Pros., il sort victorieux du procès ; [d'où en gén.] se tirer d'une affaire : C Pros. ¶**3** [fig.] s'écarter de : ***ab officio*** C Pros., se départir de son devoir, manquer à son devoir ; ***a sua sententia*** C Pros., renoncer à son opinion ; ***a ratione*** C Pros., s'écarter de la raison ; ***ab oppugnatione castrorum*** C Pros., abandonner le siège d'un camp ‖ se porter vers une opinion : ***in alicujus sententiam*** C Pros., se ranger à l'avis de qqn ‖ faire abstraction de : C Pros.

discens, *tis*, part. de *disco* pris subst^t, ***discentes*** C Pros., +C Pros., élèves

disceptātĭo, *ōnis*, f. ¶**1** débat, discussion contestation : ***juris disceptatio*** C Pros., discussion sur un point de droit ; ***disceptatio verborum*** C Pros., question de mots ‖ [abs^t] C Pros. ¶**2** examen, jugement, décision : ***disceptatio arbitrorum*** +C Pros., décision d'arbitres

disceptātŏr, *ōris*, m., celui qui décide, arbitre, juge : C Pros.

disceptātrix, *īcis*, f., celle qui décide, arbitre, juge : C Pros.

disceptō, *ās, āre, āvī, ātum*, tr. ¶**1** juger, décider [avec acc.] : ***bella*** C Pros., décider de la guerre (ou de la paix) [en parl. des fétiaux] ; ***controversias*** C Pros., juger les controverses ¶**2** [surtout abs^t] ***a)*** prononcer, décider : C Pros., +C Pros. ***b)*** débattre, discuter [en justice ou en gén.] : ***de publico jure*** C Pros., discuter en justice sur un point de droit public ‖ [pass. impers.] ***de aliqua re disceptatur armis*** C Pros., on a recours aux armes pour débattre une question ; [abl. absolu du part. n.] +C Pros. ***c)*** [abs^t] C Pros.

discernĭcŭlum, *i*, n., aiguille de tête, qui sert à partager les cheveux : C Pros. ‖ différence : +C Pros.

discernō, *ĭs, ĕre, crēvī, crētum*, tr. ¶**1** séparer : C Pros. ¶**2** discerner, distinguer : C Pros. ; ***a falso aliquid*** C Pros., distinguer qqch. du faux ; [pass. impers.] C Pros. ‖ reconnaître : ***discernere suos*** C Pros., reconnaître les siens, ses soldats ¶**3** prédestiner : T Pros.

discerpō, *ĭs, ĕre, cerpsī, cerptum*, tr. ¶**1** déchirer, mettre en pièces ; ***aliquem***, qqn : C Poés., Pros., +C Pros. ‖ déchirer en paroles : C Poés. ‖ [fig.] partager, diviser : C Pros. ¶**2** dissiper, disperser : C Poés.

discerptĭo, *ōnis*, f., action de déchirer, déchirement : T Pros.

discerptus, *a, um*, part. de *discerpo*

discesse, ➙ *discedo*

discessī, parf. de *discedo*

discessĭo, *ōnis*, f. ¶**1** séparation des époux : -C Théât. ¶**2** départ, éloignement : +C Pros. ¶**3** vote par déplacement dans le sénat, en passant du côté de celui dont on adopte l'avis : C Pros. ; ***fit discessio*** C Pros., on vote ¶**4** [chrét.] séparation d'avec l'Église, apostasie : T Pros. ; schisme

discessŭs, *ūs*, m. ¶**1** séparation, division : ***discessus partium*** C Pros., séparation des parties ; ***discessus caeli*** C Pros., entrebâillement du ciel, éclair ¶**2** départ, éloignement : ***tuus discessus*** C Pros., ton départ ; ***discessus ab urbe*** C Pros., départ de la ville ; [pl.] C Pros. ‖ exil : C Pros. ‖ retraite [d'une troupe] : C Pros. ¶**3** [chrét.] mort : T Poés.

discĭdī, parf. de *discindo*

discĭdĭum, *ĭī*, n., déchirement, division : [C] Poés. ‖ séparation : [C] Pros. ‖ divorce : [C] Pros.

discīdō, *ĭs, ĕre*, -, -, tr., séparer (en coupant) : [C] Poés.

discinctus, *a, um*, part. de *discingo*

discindō, *ĭs, ĕre, scĭdī, scissum*, tr., déchirer, fendre, couper, séparer : ***tunicam*** [C] Pros., déchirer une tunique ‖ [fig.] ***amicitias*** [C] Pros., rompre des amitiés

discingō, *ĭs, ĕre, cinxī, cinctum*, tr. ¶1 ôter la ceinture [ou] le ceinturon, désarmer, dépouiller : ***centuriones discincti*** [C] Pros., centurions privés du baudrier, ➡ destituo ; ***discingi armis*** [+C] Poés., se dépouiller de ses armes, quitter le ceinturon qui les retient ; ***Amazona nodo*** [+C] Poés., dénouer la ceinture de l'Amazone ; ***Afros*** [+C] Poés., détrousser les Africains ‖ ***discinctus*** [C] Poés., la ceinture détachée, à son aise ; ***discincti Afri*** [C] Poés., les Africains à la robe flottante, mous, efféminés ¶2 [fig.] ***a)*** affaiblir, énerver, réduire à rien : ***dolos*** [+C] Poés., déjouer des ruses ; [+C] Pros. ***b)*** trancher un différend, juger, décider : [T] Pros.

disciplīna, *ae*, f. ¶1 action d'apprendre, de s'instruire : [C] Pros. ; ***in disciplinam conveniunt*** [C] Pros. ; ***in disciplina permanent*** [C] Pros., ils vont ensemble chercher l'instruction, ils restent à étudier ; ***pueritiae disciplinae*** [C] Pros., les matières étudiées dans l'enfance ‖ connaissances acquises, science : [C] Pros. ; ***navalis*** [C] Pros., science des choses maritimes ¶2 enseignement : ***dicendi*** [C] Pros., enseignement (leçons) d'éloquence ; ***disciplinam ab aliquo accipere*** [C] Pros., recevoir un enseignement de qqn ; ***Hermagorae disciplina*** [C] Pros., l'enseignement (école) d'Hermagoras ; ***virtutis, officii*** [C] Pros., enseignement de la vertu, du devoir ‖ méthode : [C] Pros. ‖ système, doctrine (philosophique) : ***disciplina philosophiae*** [C] Pros., enseignement (système) philosophique ¶3 éducation, formation, discipline, école : [C] Pros. ‖ formation (éducation) militaire : [C] Pros. ‖ [en part.] ***militaris*** [C] Pros., la discipline militaire ‖ organisation politique, constitution : ***rei publicae*** [C] Pros. ; ***civitatis*** [C] Pros., régime politique, organisation du gouvernement ‖ [en gén.] principes, règles de vie : [C] Pros. ¶4 avertissement de Dieu, châtiment : [T] Pros.

disciplīnōsus, *a, um*, bien entraîné, cf. [+C] Pros.

discĭpŭla, *ae*, f., écolière, élève : [C] Poés., [+C] Pros.

discĭpŭlātŭs, *ūs*, m., condition (état) d'écolier, de disciple : [T] Pros.

discĭpŭlus, *i*, m., disciple, élève : [C] Pros. ‖ garçon, aide, apprenti : [-C] Théât. ‖ pl., les disciples de J.-C. : [T] Pros.

discissus, part. de *discindo*

disclūdō, *ĭs, ĕre, clūsī, clūsum*, tr., enfermer à part, séparer [propre et fig.] : ***mundum*** [C] Poés., enfermer le monde dans ses limites ; [C] Pros. ; ***tignis disclusis*** [C] Pros., les pilotis étant écartés ‖ [poét.] ***morsus roboris*** [C] Poés., écarter la morsure du bois = dégager de la morsure du bois

disclūsĭo, *ōnis*, f., séparation : [+C] Pros.

disclūsus, *a, um*, part. de *discludo*

discō, *ĭs, ĕre, dĭdĭcī, discĭtum*, tr. ¶1 apprendre : ***litteras Graecas*** [C] Pros., apprendre le grec ; [passif] [C] Pros. ‖ ***aliquid ab aliquo*** [C] Pros. ; ***apud aliquem*** [C] Pros. ; ***de aliquo*** [-C] Théât. ; ***ex aliquo*** [C] Pros., apprendre qqch. de, par qqn ; ***discere saltare*** [C] Pros., apprendre à danser ; ***discere fidibus*** [C] Pros., apprendre à jouer de la lyre ; ***armis*** [C] Pros., apprendre le maniement des armes ‖ [avec prop. inf.] apprendre que : [C] Pros. ‖ apprendre par message : [C] Pros. ‖ [absᵗ] ***a)*** apprendre, s'instruire : [C] Pros. ***b)*** faire des études : [C] Pros. ¶2 [nom de ch. sujet] : [-C] Théât., [C] Poés.

discŏbīno, ➡ *descobino*

discŏbŏlŏs, *i*, m., discobole, celui qui lance le disque : [+C] Pros.

discŏlŏr, *ōris*, de diverses couleurs : [C] Pros., [+C] Pros. ‖ d'une couleur différente de [avec dat.] [+C] Pros. ; [absᵗ] dont la couleur tranche : [C] Poés. ‖ [fig.] différent : [C] Pros.

discŏlōrĭus, *a, um*, ➡ *discolor* : [+C] Pros.

discŏlōrus, *a, um*, ➡ *discolor* : [+C] Pros., [T] Poés.

disconcinnus, *a, um*, qui ne va pas avec, qui est en désaccord : [+C] Pros.

discondūcō, *ĭs, ĕre*, -, -, intr., n'être pas avantageux à [dat.] : [-C] Théât.

disconvĕnĭō, *īs, īre*, -, -, intr., ne pas s'accorder : [C] Pros. ‖ impers., il y a désaccord : [C] Pros.

discŏŏpĕrĭō, *īs, īre, pĕrŭī, pertum*, tr., découvrir, mettre à découvert : [T] Pros.

discordābĭlis, *e*, qui est en désaccord : [-C] Théât.

1 **discordĭa**, *ae*, f., discorde, désaccord, désunion, mésintelligence : [C] Pros. ‖ pl., [C] Pros. ‖ [fig.] ***discordia ponti*** [+C] Poés., agitation des flots ; ***discordia mentis*** [C] Poés., état discordant des pensées, fluctuations de l'esprit

2 **Discordĭa**, *ae*, f., la Discorde [déesse, fille de l'Érèbe et de la Nuit] : [C] Poés.

discordĭōsus, *a, um*, porté à la discorde : [C] Pros. ‖ où règne la discorde : [T] Pros.

discordĭtās, *ātis*, f., ➡ *1 discordia* : [-C] Théât.

discordĭum, *ĭī*, n., ➡ *1 discordia* : [+C] Poés.

discordō, *ās, āre*, -, -, intr. ¶1 être en désaccord, en mésintelligence, en discordance [propre et fig.] : [C] Pros., [+C] Pros. ‖ [absᵗ] être divisé : [+C] Pros. ¶2 être différent : [C] Pros., [+C] Pros.

discors, *cordis*, qui est en désaccord, en mésintelligence [propre et fig.] : [C] Pros. ; ***civitas discors*** [C] Pros., [+C] Pros., État divisé ; ; [+C] Pros. ; ***discordia arma*** [C] Poés., les armes ennemies, les combats ; ***discordes venti*** [C] Poés., vents qui se combattent ‖ discordant : [C] Poés.

discrĕpantĭa, *ae*, f., désaccord : [C] Pros.

discrĕpātĭo, *ōnis*, f., dissentiment : [C] Pros.

discrĕpĭtō, *ās, āre*, -, -, être absolument différent : [C] Poés.

discrĕpō, *ās, āre, āvī (ŭī)*, -, intr. ¶1 rendre un son différent, discordant, ne pas être d'accord : [C] Pros. ¶2 [fig.] ne pas s'accorder, différer, être différent de : ***in aliqua re*** [C] Pros. ; ***de aliqua re*** [C] Pros., différer en qqch. ; ***cum aliqua re*** [C] Pros. ; ***ab aliqua re*** [C] Pros., différer de qqch. ; ***sibi discrepare*** [C] Pros., être en désaccord avec soi-même ‖ [poét.] [avec dat., sauf dans *sibi discrepare*] [C] Poés., Pros. ¶3 impers., il y a dissentiment : ***discrepat de latore*** [C] Pros., on ne s'accorde pas sur l'auteur [de ces lois] ; [C] Pros. ‖ [avec prop. inf.] il n'est pas concordant que : [C] Poés., Pros.

discrētē, **discrētim**, [+C] Pros., [T] Pros., adv., séparément, à part

discrētĭo, *ōnis*, f., séparation : [T] Pros. ‖ faculté de distinguer, discernement : [T] Pros.

discrētŏr, *ōris*, m., celui qui distingue : ***discretor cogitationum*** [T] Pros., celui qui démêle les pensées

discrētus, *a, um*, part. de *discerno*

discrēvī, parf. de *discerno*

discrībō, *ĭs, ĕre, scrīpsī, scriptum*, tr. ¶1 assigner ici une chose, là une autre : [-C] Théât., [C] Pros. ¶2 répartir, distribuer [en classes] : [C] Pros.

discrīmen, *mĭnis*, n., ce qui sépare ¶1 ligne de démarcation, point de séparation : [C] Pros., Poés. ; ***discrimina dare*** [C] Poés., séparer, former la séparation ¶2 [fig.] différence, distinction : [C] Pros. ‖ faculté de distinguer, discernement : [C] Pros. ¶3 moment où il s'agit de décider, décision, détermination : [C] Pros. ‖ moment décisif : [C] Pros. ¶4 position critique : [C] Pros. ; ***in discrimine periculi*** [C] Pros., au point critique du danger, au plus fort du danger

discrīmĭnālis, *e*, subst. n., aiguille de tête : [T] Pros.

discrīmĭnātim, adv., séparément, à part : [C] Pros.

discrīmĭnātrix, *īcis*, f., celle qui discerne : [T] Pros.

discrīmĭnātus, *a, um*, part. de *discrimino*

discrīmĭnō, *ās, āre, āvī, ātum*, tr. ¶1 mettre à part, séparer, diviser : [C] Pros., Poés. ¶2 distinguer : [C] Pros., [+C] Pros.

discriptē, ➡ *descripte*

discriptĭo, *ōnis*, f. ¶1 [en parl. de plusieurs objets] répartition en des endroits précis, assignation d'une place à l'un, d'une place à l'autre, classement, distribution : [C] Pros. ; ***quae discriptio*** [C] Pros., cette distribution [du peuple en classes] ¶2 classement (distribution, arrangement) des diverses parties d'un tout, organisation, économie : [C] Pros. ; ***juris***

discriptio [C] Pros., l'organisation du droit; *civitatis* [C] Pros., l'organisation politique, la constitution de la cité

discrŭcĭātŭs, *ūs*, m., souffrance, torture : [T] Poés.

discrŭcĭō, *ās, āre, āvī, ātum*, tr., [s'emploie ordin[t] au pass.], écarteler sur une croix, torturer, tourmenter cruellement [propre et fig.] : ***discruciatos necare*** [C] Pros., faire périr dans de cruels tourments; ***discrucior animi*** [-C] Théât., je me tourmente

discŭbĭtĭo, *ōnis*, f., siège de salle à manger : [T] Pros.

discŭbĭtŭs, *ūs*, m., action de se mettre à table : [+C] Pros.

discucurrī, parf. de *discurro*

disculcĭo, C▶ *discalceo* : [T] Pros.

discumbō, *ĭs, ĕre, cŭbŭī, cŭbĭtum*, intr. ¶ **1** se coucher, se mettre au lit [en parl. de plusieurs] : [C] Pros. ¶ **2** se coucher pour manger, prendre place à table [en parl. de plusieurs] : [C] Pros.; ***discumbitur*** [C] Poés., on se met à table ‖ [en parl. d'un seul] : [+C] Pros.

discŭpĭō, *ĭs, ĕre, -, -*, intr., désirer vivement : [-C] Théât., [C] Poés.

discurrō, *ĭs, ĕre, currī (cŭcurrī), cursum* ¶ **1** intr., courir de différents côtés [ordin[t] en parl. de plusieurs] : [C] Pros.; ***discurritur in muros*** [C] Poés., on accourt sur les remparts ‖ [fig.] [C] Poés.; ***fama discurrit*** [+C] Pros., le bruit se répand ¶ **2** tr. ***a)*** parcourir : [T] Pros. ***b)*** discourir : ***pauca discurram*** [T] Pros., je dirai quelques mots

discursātĭo, *ōnis*, f., course en sens divers, allées et venues : [+C] Pros. ‖ pl., [+C] Pros.

discursātŏr, *ōris*, m., celui qui court çà et là : ***discursatores pedites*** [T] Pros., voltigeurs; ***hostis discursator*** [T] Pros., ennemi qui provoque, qui harcèle

discursĭo, *ōnis*, f., [milit.] escarmouche : [T] Pros. ‖ action de parcourir à la hâte : [T] Pros.

discursō, *ās, āre, āvī, ātum*, intr., aller et venir, courir çà et là : [+C] Pros. ‖ tr., parcourir : [T] Pros.

1 **discursus**, *a, um*, V▶ *discurro ¶ 2*

2 **discursŭs**, *ūs*, m., action de courir çà et là, de se répandre de différents côtés : [C] Pros. ‖ [en parl. de racines]; [d'une pluie de traits] [+C] Pros. ‖ ***inanis discursus*** [+C] Pros., vaines démarches, vaine agitation ‖ louvoiement [d'un vaisseau] : [C] Pros. ‖ vagabondage [des étoiles] : [+C] Pros.

discus, *i*, m., disque, palet : [C] Pros., Poés. ‖ plateau, plat : [+C] Pros. ‖ cadran : [C] Pros.

discussĭo, *ōnis*, f., secousse, ébranlement : [+C] Pros. ‖ examen attentif, discussion : [T] Pros.

discussŏr, *ōris*, m., celui qui scrute, qui examine : [T] Pros. ‖ inspecteur, vérificateur, contrôleur des finances de l'État [dans les provinces] : [T] Pros.

1 **discussus**, *a, um*, part. de *discutio*

2 **discussŭs**, *ūs*, m., agitation : [C] Poés.

discŭtĭō, *ĭs, ĕre, cussī, cussum*, tr. ¶ **1** fendre (briser) en frappant, fracasser, fendre : ***aliquantum muri*** [C] Pros., faire une brèche assez grande dans un mur; ***tempora*** [C] Poés., fracasser la tête ¶ **2** [méd.] résoudre : [+C] Pros. ¶ **3** dissiper, écarter [propre et fig.] : [C] Pros.; ***captiones*** [C] Pros., déjouer les subtilités; ***disceptationem*** [C] Pros., trancher un différend

disdĭăpāsōn, indécl., [mus.] double octave : [C] Pros.

disdĭăpentĕ, indécl., [mus.] quinte redoublée : [C] Pros.

disdĭătessărōn, indécl., [mus.] quarte redoublée : [C] Pros.

disdo, V▶ *1 dido*

dĭsertē, adv. ¶ **1** clairement, expressément : [C] Pros. ¶ **2** éloquemment : [C] Pros. ‖ ***disertius*** [C] Pros.; ***disertissime*** [C] Pros.

dĭsertim, adv., clairement, nettement : [-C] Théât.

dĭsertĭtūdo, *ĭnis*, f., faconde, éloquence : [T] Pros.

dĭsertus, *a, um* ¶ **1** bien ordonné, habilement disposé, clair et expressif : [C] Pros. ‖ [en parl. des pers.] habile : [-C] Théât.; ***disertus leporum*** [C] Poés., connaisseur en choses spirituelles ¶ **2** [en part.] habile à parler, parleur habile : [C] Pros. ‖ ***disertior*** [C] Pros.; ***-tissimus*** [C] Pros.

disglūtĭnō, *ās, āre, -, -*, tr., détacher, séparer : [T] Pros.

dishĭascō, *ĭs, ĕre, -, -*, intr., s'entrouvir, se fendre : [-C] Pros.

disĭcĭo, V▶ *disjicio*

disjēcī, parf. de *disjicio*

disjectō, *ās, āre, -, -*, tr., jeter çà et là, disperser : [C] Poés.

1 **disjectus**, *a, um*, part. de *disjicio*

2 **disjectŭs**, *ūs*, m., dispersion [de la matière] : [C] Poés.

disjĭcĭō (dīsĭcĭō), *ĭs, ĕre, jēcī, jectum*, tr. ¶ **1** jeter çà et là, disperser, séparer : ***phalange disjecta*** [C] Pros., la phalange étant disloquée; ***disjicere naves*** [C] Pros., disperser les vaisseaux; [C] Poés. ‖ [fig.] ***disjicere pecuniam*** [+C] Pros. [ou] ***disjicere*** [seul] [C] Pros., dissiper sa fortune ¶ **2** renverser, détruire : ***arcem a fundamento*** [C] Pros., raser une citadelle; ***statuas*** [+C] Pros., renverser des statues ‖ [fig.] rompre, rendre inutile : ***compositam pacem*** [C] Poés., rompre une paix conclue; ***rem*** [C] Pros., déjouer une entreprise; ***exspectationem*** [+C] Pros., tromper une attente

disjŭg-, V▶ *dijug-*

disjunctē (disjunctim), adv., à la façon d'une alternative : [C] Pros. ‖ ***-tissime*** [T] Pros.

disjunctĭo (dīj-), *ōnis*, f. ¶ **1** séparation : ***disjunctionem facere*** [C] Pros., rompre avec qqn; ***animorum*** [C] Pros., diversité de sentiments ¶ **2** [log.] disjonction, proposition disjonctive : [C] Pros.

disjunctīvus, *a, um*, disjonctif [logique] : [+C] Pros.

disjunctus (dīj-), *a, um*, part. de *disjungo* pris adj[t] ¶ **1** éloigné : ***in locis disjunctissimis*** [C] Pros., dans les lieux les plus éloignés ¶ **2** séparé, distinct : [C] Pros. ¶ **3** [log.] mis en alternative, qui a la forme d'une alternative : [C] Pros. ‖ [rhét.] qui n'est pas lié, qui forme des hiatus [en parl. du style] : [C] Pros.; sans cohésion [en parl. de l'orateur] : [+C] Pros.

disjungō (dīj-), *ĭs, ĕre, junxī, junctum*, tr. ¶ **1** séparer, disjoindre : ***jumenta*** [C] Pros., dételer des bêtes de somme; ***agnos a mamma*** [C] Pros., éloigner les agneaux de la mamelle [les sevrer] ¶ **2** séparer, distinguer, mettre à part : [C] Pros. ‖ ***honesta a commodis*** [C] Pros., distinguer l'honnête de l'utile ‖ [log.] ***(duo) quae dijunguntur*** [+C] Pros., deux choses que l'on oppose l'une à l'autre

dispālātus, *a, um*, part. de *dispalor*

dispālescō, *ĭs, ĕre, -, -*, intr., se répandre, s'ébruiter : [-C] Théât.

dispālŏr, *ārĭs, ārī, ātus*, intr., errer çà et là : [C] Pros.

dispandō, *ĭs, ĕre, pandī, pansum*, tr., étendre : [C] Poés. ‖ écarteler : [C] Poés.

dispansus, *a, um*, part. de *dispando*

dispār, *ăris*, dissemblable, différent, inégal : ***alicui*** [C] Pros., différent de qqn ou de qqch.; [+C] Poés. ‖ [subst. n.] ***in dispar feri*** [C] Poés., farouches contre une espèce différente [d'animaux]

dispărātĭo, *ōnis*, f., séparation : [C] Pros.

dispărātum, *i*, n., proposition contradictoire, opposée [rhét.] : [C] Pros., [+C] Pros.

dispărātus, *a, um*, part. de *disparo*

dispargo, V▶ *dispergo*

dispărĭlis, *e*, C▶ *dispar* : [C] Pros., [+C] Pros.

dispărĭlĭtās, *ātis*, f., dissemblance : [+C] Pros. ‖ irrégularité : [C] Pros.

dispărĭlĭtĕr, adv., diversement, inégalement : [C] Pros. ‖ irrégulièrement : [C] Pros.

dispărō, *ās, āre, āvī, ātum*, tr., séparer, diviser : [-C] Théât., [C] Pros. ‖ diversifier : [+C] Pros.

dispartĭo, dispartĭor, V▶ *dispert-*

dispătĕō, *ēs, ēre, -, -*, intr., être ouvert de toutes parts : [T] Pros.

1 **dispectus**, *a, um*, part. de *dispicio*

2 **dispectus**, *a, um*, rompu : ***dispectae nuptiae*** [+C] Pros., mariage rompu

3 **dispectŭs**, *ūs*, m., considération, discernement : [+C] Pros.

dispellō, *ĭs, ĕre, pŭlī, pulsum*, tr., [s'emploie ordinᵗ au parf. et au part.] ¶ **1** disperser, dissiper : [C] Pros., Poés. ‖ [avec *ab*] chasser loin de : [C] Pros. ¶ **2** fendre [les flots] : [+C] Poés.

dispendĭōsus, *a, um*, dommageable, nuisible, préjudiciable : [+C] Pros.

dispendĭum, *ĭi*, n., dépense, frais : [-C] Théât., [C] Pros. ‖ dommage, perte : [C] Pros., [+C] Pros. ‖ [fig.] ***dispendia morae*** [C] Poés., perte de temps ; ***dispendia viarum*** [+C] Poés., longs voyages ; ***dispendia silvae*** [+C] Poés., chemins détournés (qui font perdre du temps) à travers une forêt

1 **dispendō**, *ĭs, ĕre, -, pensum*, tr., peser en distribuant, distribuer, partager : [C] Pros.

2 **dispendo**, [V.] *dispando*

dispenno, [V.] *dispando*

dispensātĭo, *ōnis*, f., distribution, répartition, partage : ***annonae*** [C] Pros., distribution de vivres ‖ administration, gestion : ***aerarii*** [C] Pros., administration des deniers publics ‖ office d'administrateur, d'intendant, d'économe : [C] Pros.

dispensātīvē, adv., en arrangeant les choses, pour la forme : [T] Pros.

dispensātŏr, *ōris*, m., administrateur, intendant : [C] Pros.

dispensātus, *a, um*, part. de *dispenso*

dispensō, *ās, āre, āvī, ātum*, tr. ¶ **1** partager, distribuer [de l'argent] : [-C] Théât. ¶ **2** administrer, gouverner, régler [ses affaires, des finances] : [C] Pros. ¶ **3** distribuer, partager, répartir [propre et fig.] : [C] Pros., [+C] Pros. ‖ régler, disposer, ordonner : ***victoriam*** [C] Pros., organiser la victoire

dispensus, *a, um*, part. de *1 dispendo*

dispercŭtĭō, *ĭs, ĕre, -, -*, tr., disperser en frappant, fracasser : [-C] Théât.

disperdĭtus, *a, um*, part. de *disperdo*

disperdō, *ĭs, ĕre, dĭdī, dĭtum*, tr., perdre complètement, perdre, détruire, anéantir : [C] Pros. ; ***disperditur color*** [C] Poés., la couleur disparaît ; ***carmen*** [C] Poés., massacrer un air

dispĕrĕō, *ĭs, īre, ĭī, -*, intr., disparaître en lambeaux, périr entièrement, être détruit, perdu [sert de passif à *disperdo*] : [C] Pros. ; ***disperii !*** [-C] Théât., je suis perdu ! ; [C] Poés.

dispergō, *ĭs, ĕre, spersī, spersum*, tr. ¶ **1** répandre çà et là, jeter de côté et d'autre : [C] Pros., Poés. ; ***vitem*** [+C] Pros., faire déployer la vigne ; ***bracchia*** [+C] Pros., agiter ses bras dans tous les sens ; ***saxa*** [+C] Poés., abattre des murailles [en parl. du bélier] ; ***aliquid in partes cunctas*** [C] Poés., répandre qqch. de tous côtés ‖ [fig.] ***rumorem*** [+C] Pros. ; [absᵗ] ***dispergere*** [+C] Pros., répandre un bruit ; ***vitam in auras*** [C] Poés., exhaler sa vie dans les airs ; [C] Pros. ¶ **2** [rare] parsemer de : ***cerebro viam*** [-C] Théât., éclabousser la route de sa cervelle ¶ **3** séparer, éloigner : [T] Pros.

dispersē, [C] Pros. et **dispersim**, [C] Pros., [+C] Pros., adv., çà et là, en plusieurs endroits

dispersĭo, *ōnis*, f., destruction : [C] Pros. ; [V.] *dispertitio*

1 **dispersus**, *a, um*, part. de *dispergo*

2 **dispersŭs**, abl. *ū*, m., dispersion, action dispersée : [C] Pros.

dispertĭō, **dispartĭō**, *ĭs, īre, īvī* et *ĭī, ītum*, tr., distribuer, partager, répartir : [C] Pros. ; ***pecuniam judicibus*** [C] Pros., distribuer de l'argent aux juges ; ***tirones inter legiones*** [C] Pros., répartir entre les légions les jeunes recrues ; ***exercitum per oppida*** [C] Pros., répartir une armée dans les places ‖ former en partageant : [C] Pros. ‖ [au pass.] se séparer : [-C] Théât.

dispertĭŏr, *īrĭs, īrī, -*, dép., tr., diviser : [C] Pros.

dispertītĭo, *ōnis*, f., partage : [C] Pros.

dispertītus, *a, um*, part. de *dispertio*

dispessus, *a, um*, part. de *2 dispendo*, [V.] *dispando*

dispĭcĭō, *ĭs, ĕre, spexī, spectum*, intr. et tr.

I intr. ¶ **1** voir distinctement : [C] Pros. ; ***ut primum dispexit*** [C] Pros., dès qu'il prit conscience de ce qui l'entourait ¶ **2** faire attention : [-C] Théât.

II tr. ¶ **1** bien voir, distinguer [propre et fig.] : ***verum*** [C] Pros., distinguer le vrai ; ***rem*** [C] Poés., distinguer un objet ¶ **2** considérer, examiner : [C] Pros. ; [avec *ne*] [+C] Pros., examiner si, [V.] *videre ne*, [V.] *video* ; [avec *num, an*] [+C] Pros.

Dispĭter, [V.] *Diespiter* : [C] Pros.

displānō, *ās, āre, -, -*, tr., aplanir : [C] Poés.

displĭcentĭa, *ae*, f., dégoût, déplaisir, mécontentement : ***sui*** [+C] Pros., mécontentement de soi

displĭcĕō, *ēs, ēre, cŭī, cĭtum*, intr., déplaire : ***sibi displicere a)*** [au physique] [C] Pros., ne pas se sentir bien ***b)*** [au moral] ***displiceo mihi*** [C] Pros., je suis mécontent de moi ‖ [avec inf.] [C] Pros. ‖ [avec prop. inf.] désapprouver que : [C] Pros. ‖ [rare] parf., ***displicitus sum*** : [+C] Pros.

displĭcĭtus, *a, um*, [V.] *displiceo*

displĭcō, *ās, āre, -, ātus*, tr., disperser : [C] Pros.

displōdō, *ĭs, ĕre, -, plōsum*, tr., écarter, étendre (distendre), ouvrir avec bruit : ***vesicula displosa*** [C] Poés., vessie qui éclate avec bruit ‖ ***displosae nares*** [T] Pros., narines larges, écartées

displōsus, *a, um*, part. de *displodo*

displŭvĭātus, *a, um*, avec écoulement de la pluie à l'extérieur : [C] Pros.

dispōnō, *ĭs, ĕre, pŏsŭī, pŏsĭtum*, tr. ¶ **1** placer en séparant, distinctement, disposer, distribuer, mettre en ordre : [C] Pros. ; ***in quincuncem*** [C] Pros., disposer en quinconce ‖ ***in praesidiis*** [C] Pros., disposer les troupes dans les postes ; ***sudes in opere*** [C] Pros., disposer des pieux sur l'ouvrage [fortification] ; [C] Pros. ; ***per oram*** [C] Pros., sur le rivage ‖ ***verba*** [C] Pros., disposer, arranger les mots dans la phrase ¶ **2** arranger, régler, ordonner : ***diem*** [+C] Pros., régler la journée [= l'emploi de ...]

dispŏsĭtē, adv., avec ordre, par ordre, régulièrement : [C] Pros. ‖ ***-tius*** [+C] Pros. ; ***-tissime*** [T] Pros.

dispŏsĭtĭo, *ōnis*, f. ¶ **1** disposition, arrangement : [C] Pros., [+C] Pros. ‖ [seconde partie de la rhétorique] la disposition : [C] Pros. ¶ **2** règlement, administration : [T] Pros. ¶ **3** ordre, volonté [de Dieu] : [T] Pros.

dispŏsĭtŏr, *ōris*, m., ordonnateur : [+C] Pros.

dispŏsĭtrix, *īcis*, f., ordonnatrice, intendante : [+T] Poés.

dispŏsĭtūra, *ae*, f., ordre, disposition : [C] Poés.

1 **dispŏsĭtus**, *a, um*, part. de *dispono* ‖ adjᵗ, bien ordonné : [+C] Pros. ; ***-tior*** [+C] Pros. ; ***-tissimus*** [T] Pros. ‖ n. pris substᵗ, ***ex disposito a)*** en ordre, en bonne ordonnance : [+C] Pros. ***b)*** par ordre, d'une façon arrêtée : [T] Pros.

2 **dispŏsĭtŭs**, abl. *ū*, m., arrangement, ordre : [+C] Pros.

dispostus, [V.] *dispono*

dispŏsŭī, parf. de *dispono*

dispŭdĕt (me), *ēre, dŭĭt, -*, impers., avoir grande honte : [avec inf.] [-C] Théât. ; [avec prop. inf.] [-C] Théât.

dispŭlī, parf. de *dispello*

dispulsus, part. de *dispello*

dispulvĕrō, *ās, āre, -, -*, tr., réduire en poussière : [-C] Théât.

dispunctus, part. de *dispungo*

dispungō, *ĭs, ĕre, punxī, punctum*, tr., séparer en diverses parties par des points ¶ **1** régler, mettre en balance ; [fig.] faire le bilan, vérifier : [+C] Pros. ¶ **2** distinguer, séparer, [Cf.] *interpungo* : [+C] Pros.

dispŭo, *ĭs*, [V.] *despuo*

dispŭtābĭlĭs, *e*, qui est susceptible d'une discussion : [+C] Pros.

dispŭtātio, *ōnis*, f. ¶ **1** action d'examiner une question dans ses différents points, en pesant le pour et le contre, discussion, dissertation : [C] Pros. ¶ **2** supputation, compte : [+C] Pros.

dispŭtātĭuncŭla, *ae*, f., petite discussion : [+C] Pros.

dispŭtātŏr, *ōris*, m., argumentateur, dialecticien : [C] Pros. ‖ celui qui raisonne sur [avec gén.] : [+C] Pros.

dispŭtātōrĭē, adv., en disputant : [T] Pros.

dispŭtātrix, *īcis*, f., celle qui argumente, qui discute : +C Pros. ‖ subst. f., la dialectique : +C Pros.

dispŭtātus, *a*, *um*, part. de *disputo* ‖ subst. pl. n. : +C Pros.

dispŭtō, *ās*, *āre*, *āvī*, *ātum*, tr. et intr.
I tr. ¶ **1** mettre au net un compte après examen et discussion, régler : ***rationem cum aliquo*** -C Théât., régler un compte avec qqn ¶ **2** [fig.] ***a)*** examiner point par point une question en pesant le pour et le contre, discuter, examiner : -C Théât., C Pros. ; ***multa de aliqua re*** C Pros., se livrer à de longs examens sur une question ***b)*** exposer point par point : -C Théât. ***c)*** traiter, soutenir : C Pros. ; [avec prop. inf.] soutenir que : -C Théât., C Pros.
II intr., discuter, disserter, raisonner, faire une dissertation : C Pros. ; ***de immortalitate animorum*** C Pros., disserter sur l'immortalité de l'âme ; ***de aliqua re in contrarias partes*** C Pros. ou ***in utramque partem*** C Pros., soutenir le pour et le contre sur une question ; ***ad aliquid*** C Pros., raisonner en réplique à, pour répondre à qqch. ‖ [pass. impers.] C Pros.

disquīrō, *ĭs*, *ĕre*, -, -, tr., rechercher en tout sens, s'enquérir avec soin de : C Poés.

disquīsītĭo, *ōnis*, f., recherche, enquête : C Pros. ; ***in disquisitionem venire*** C Pros., faire l'objet d'une enquête

disrăpĭo, V. → *dirapio*

disrārō (dir-), *ās*, *āre*, -, -, tr., éclaircir [un arbre] : +C Pros.

disrumpo, V. → *dirumpo*

diss-, V. → *des-*

dissaep-, V. → *dissep-*

dissāvĭō, *ās*, *āre*, -, -, tr., baiser tendrement : -C Pros.

dissĕcō, *ās*, *āre*, *sĕcŭī*, *sectum*, tr., couper, trancher : +C Pros.

dissectĭo, V. → *desectio*

dissectus, *a*, *um*, part. de *disseco*

dissēmĭnātĭo, *ōnis*, f., action de répandre, de disséminer : +C Pros.

dissēmĭnātus, *a*, *um*, part. de *dissemino*

dissēmĭnō, *ās*, *āre*, *āvī*, *ātum*, tr., disséminer, propager, répandre : C Pros.

dissensĭo, *ōnis*, f., dissentiment, divergence de sentiments, d'opinions : ***inter homines de aliqua re*** C Pros., divergence d'opinions entre les hommes sur qqch. ‖ [avec gén. obj.] ***hujus ordinis*** C Pros., désaccord avec le sénat ‖ dissension, discorde, division : C Pros. ; ***dissensiones*** C Pros. ‖ [fig.] opposition : ***rei cum aliqua re*** C Pros., d'une chose avec une autre ‖ [chrét.] schisme, hérésie : T Pros.

dissensŭs, *ūs*, m., divergence de sentiments, dissentiment : C Poés., +C Poés.

dissentānĕus, *a*, *um*, opposé, différent [avec dat.] : C Pros.

dissentĭō, *īs*, *īre*, *sensī*, *sensum*, intr., être d'un avis différent, ne pas s'entendre : ***ab aliquo*** C Pros. ; ***cum aliquo*** C Pros., ne pas être d'accord avec qqn ; ***inter se dissentiunt*** C Pros., leurs opinions sont différentes ; ***alicui rei*** C Poés., ne pas admettre qqch. ; ***secum*** +C Pros. ou ***sibi*** C Pros., être inconséquent ; ***a more*** C Pros., s'éloigner d'un usage ‖ ***non dissentire*** [avec prop. inf.] C Poés., ne pas objecter que ‖ [avec nom de chose comme sujet] s'écarter de, différer de, n'être pas d'accord avec : [avec *ab*] C Pros., +C Pros. ; [avec *cum*] C Pros. ; [avec dat.] +C Pros.

dissentĭŏr, *īrĭs*, *īrī*, dép., C. → *dissentio*

dissēpĭō (dissaepĭō), *īs*, *īre*, *psī*, *ptum*, tr., séparer [comme par une clôture] : C Pros., Poés. ‖ renverser, détruire : +C Poés.

disseptĭo (dissaep-), *ōnis*, f., → *disseptum* : C Pros.

disseptum (dissaep-), *i*, n., séparation, clôture, ce qui enclôt : C Poés. ‖ le diaphragme : T Pros.

disseptus (dissaep-), *a*, *um*, part. de *dissepio*

dissĕrēnascĭt, *āvĭt*, -, impers., le temps devient clair, s'éclaircit : C Pros.

dissĕrēnō, *ās*, *āre*, -, -, tr., éclaircir, rendre serein : T Pros.

1 **dissĕrō**, *ĭs*, *ĕre*, *sēvī*, *sĭtum*, tr., semer en différents endroits, placer çà et là : C Pros., +C Pros. ‖ disséminer : C Poés.

2 **dissĕrō**, *ĭs*, *ĕre*, *sĕrŭī*, *sertum*, tr., enchaîner à la file des idées, des raisonnements, exposer avec enchaînement ***a)*** [avec acc. des pron. n.] : C Pros. ; [avec prop. inf.] soutenir (en argumentant) que, exposer avec raisonnement que : C Pros. ; [avec interrog. indir.] C Pros. ***b)*** [acc. d'un subst.] : ***bona libertatis*** +C Pros., disserter sur les biens de la liberté ***c)*** [abs[t]] disserter, raisonner : C Pros. ; ***praecepta disserendi*** C Pros., préceptes sur l'art. de raisonner ; ***prudens in disserendo*** C Pros., habile dialecticien ; ***ratio disserendi*** C Pros., la dialectique

disserpō, *ĭs*, *ĕre*, -, -, intr., se répandre insensiblement : C Poés.

dissertātĭo, *ōnis*, f., dissertation : +C Pros.

dissertātŏr, *ōris*, m., celui qui discute : T Poés.

dissertĭo, *ōnis*, f. ¶ **1** dissolution, séparation [opp. de *consertio*] : C Pros. ¶ **2** C. → *dissertatio* : +C Pros.

dissertō, *ās*, *āre*, *āvī*, *ātum*, tr., discuter, disserter sur, exposer, traiter [en paroles] : -C Théât., +C Pros.

dissertus, V. → *disertus*

dissĕrŭi ***a)*** parf. de *2 dissero* ***b)*** V. → *1 dissero*

dissēvī, parf. de *1 dissero*

dissĭco, V. → *disseco*

dissĭdĕō, *ēs*, *ēre*, *sēdī*, *sessum*, intr. ¶ **1** être séparé, éloigné : ***Eridano*** C Poés., être éloigné de l'Éridan ; -C Théât. ¶ **2** ne pas s'entendre, être désuni, divisé, être en désaccord : ***ab aliquo*** C Pros. ; ***cum aliquo*** C Pros. ; ***alicui*** C Poés., ne pas s'accorder, être en opposition, en dissentiment avec qqn ; ***inter se dissident*** C Pros., ils sont d'opinions différentes ; ***dissidet miles*** +C Pros., le soldat est en révolte ¶ **3** [nom de chose sujet] : C Pros.

dissīdō, *ĭs*, *ĕre*, *sēdī*, -, intr., camper à part : +C Poés.

dissignātĭo, *ōnis*, f., disposition, plan : C Pros. ; V. → *designatio*

dissignātŏr, *ōris*, m., ordonnateur, celui qui assigne les places au théâtre : -C Théât. ‖ ordonnateur des pompes funèbres : C Pros.

dissignō, *ās*, *āre*, *āvī*, *ātum*, tr. ¶ **1** distinguer, disposer, régler ordonner : C Pros. ¶ **2** faire qqch. qui se remarque, se signaler par qqch. : C Pros. ‖ [ord[t] en mauvaise part = *cum nota et ignominia aliquid facere*] -C Théât., +C Pros., T Pros. ¶ **3** [chrét.] détruire, corrompre : T Pros.

dissĭlĭō, *īs*, *īre*, *sĭlŭī*, *sultum*, intr. ¶ **1** sauter de côté et d'autre, se briser en morceaux, se fendre, s'écarter, s'entrouvrir, crever : C Poés. ; ***dissiluit mucro*** C Poés., l'épée vola en éclats ; ***dissilit uva*** C Poés., le raisin éclate ‖ [fig.] ***dissilire risu*** +C Pros., crever de rire ; C Pros. ¶ **2** [chrét.] se précipiter hors du droit chemin : T Pros.

dissĭmĭlis, *e*, dissemblable, différent : ***alicujus*** C Pros. ; ***alicui*** C Pros., différent de qqn ; +C Pros.

dissĭmĭlĭtĕr, adv., différemment, diversement : C Pros. ‖ ***haud dissimiliter*** [avec dat.] C Pros., de la même manière que

dissĭmĭlĭtūdo, *ĭnis*, f., dissemblance, différence : C Pros. ; pl., C Pros.

dissĭmŭlābĭlĭtĕr, adv., en cachette, secrètement : -C Théât.

dissĭmŭlāmentum, *i*, n., feinte : +C Pros.

dissĭmŭlantĕr, adv., de façon dissimulée : C Pros.

dĭssĭmŭlantĭa, *ae*, f., art de dérober sa pensée : C Pros.

dissĭmŭlātĭo, *ōnis*, f., dissimulation, déguisement, feinte : C Pros. ; ***in dissimulationem sui*** +C Pros., pour n'être pas reconnu ‖ [en part. = εἰρωνεία, l'ironie socratique] : C Pros., +C Pros. ‖ action de cacher, de ne pas dévoiler : +C Pros.

dissĭmŭlātŏr, *ōris*, m., celui qui dissimule, qui cache : C Pros., +C Pros.

dissĭmŭlātus, *a*, *um*, part. de *dissimulo*

dissĭmŭlō, *ās*, *āre*, *āvī*, *ātum*, tr. ¶ **1** dissimuler, cacher : ***scelus*** C Pros., dissimuler un crime ‖ [abs[t]] : C Pros. ; ***dissimulavi dolens*** C Pros., ayant de la peine je dissimulai, je ne laissai rien paraître de ma peine ; ***de conjuratione*** C Pros., dissimuler au sujet de la conjuration ; ***ex dissimulato*** [+C] Pros., en cachette, à la dérobée ; ***ex male dissimulato*** [+C] Pros., en cachant mal ¶ **2** ne pas faire attention à, négliger : [+C] Pros. ; ***consonantem*** [+C] Pros., ne pas prononcer une consonne

dissĭpābĭlis, *e*, qui se dissipe, qui s'évapore aisément : [C] Pros.

dissĭpātĭo, *ōnis*, f., dispersion : [C] Pros. ‖ dissolution, anéantissement, destruction : [C] Pros. ‖ dissipation, dépense, gaspillage : [C] Pros. ‖ [fig. de rhét.] dispersion : [C] Pros. [+C] Pros.

dissĭpātŏr, *ōris*, m., destructeur [fig.] : [T] Poés.

dissĭpātus, *a*, *um*, part. de *dissipo*

dissĭpō (dissŭpō), *ās*, *āre*, *āvī*, *ātum*, tr. ¶ **1** répandre çà et là, disperser : ***membra fratris*** [C] Pros., disperser les membres de son frère ; ***homines dissipati*** [C] Pros., les hommes qui vivaient dispersés ‖ mettre en déroute [propre et fig.] : [C] Pros. ; ***curas edaces*** [C] Poés., mettre en fuite les soucis rongeurs ¶ **2** [méd.] résoudre : ***humorem*** [+C] Pros., résoudre une humeur ¶ **3** mettre en pièces, détruire, anéantir : ***statuam*** [C] Pros., mettre en pièces une statue ; ***possessiones*** [C] Pros., gaspiller des biens ¶ **4** répandre [fig.] : ***famam*** [C] Pros., répandre un bruit ¶ **5** [chrét.] pass., être partagé [moralement], se disperser : ***dissipari a se ipso*** [T] Pros., être divisé intérieurement

dissiptum, ➡ *disseptum*

1 **dissĭtus**, *a*, *um*, part. de *1 dissero*

2 **dissĭtus**, *a*, *um*, écarté, éloigné : [+C] Pros.

dissŏcĭābĭlis, *e* ¶ **1** qui sépare : [C] Poés. ¶ **2** qu'on ne peut réunir, incompatible : [+C] Pros.

dissŏcĭālis, *e*, qui répugne à [dat.] : [T] Poés.

dissŏcĭātĭo, *ōnis*, f., séparation : [+C] Pros. ‖ antipathie, répugnance [en parl. des choses] : [+C] Pros.

dissŏcĭātus, *a*, *um*, part. de *dissocio*

dissŏcĭō, *ās*, *āre*, *āvī*, *ātum*, tr., séparer : [C] Poés., Pros. ‖ [fig.] désunir, diviser : ***amicitias*** [C] Pros., dénouer les amitiés ; [+C] Pros.

dissŏlūbĭlis, *e*, séparable, divisible : [C] Pros.

dissŏlŭendus, **dissŏlŭī**, , **dissŏlŭo**, diérèse poét. pour *dissolvendus*, *dissolvi*, *dissolvo* : [C] Poés.

dissŏlūtē, adv., sans particule de liaison : [C] Pros. ‖ avec insouciance, indifférence : [C] Pros. ‖ avec faiblesse : [C] Pros.

dissŏlūtĭo, *ōnis*, f. ¶ **1** dissolution, séparation des parties : ***dissolutio naturae*** [C] Pros., dissolution [mort] ; [+C] Pros. ¶ **2** [fig.] ***a)*** destruction, ruine, anéantissement : [C] Pros. ***b)*** réfutation : [C] Pros. ***c)*** absence de liaison [entre les mots], suppression des particules de coordination : [C] Pros. ***d)*** faiblesse, manque d'énergie, de ressort : [C] Pros. ‖ ***judiciorum*** [C] Pros., relâchement des tribunaux

dissŏlūtus, *a*, *um* ¶ **1** part. de *dissolvo* ¶ **2** adj[t] ***a)*** détaché, insouciant : [C] Pros. ***b)*** indolent, mou : [C] Pros. ***c)*** relâché, dépravé : [C] Pros. ‖ ***-tior*** [C] Pros. ; ***-tissimus*** [C] Pros.

dissolvō, *ĭs*, *ĕre*, *solvī*, *sŏlūtum*, tr. ¶ **1** dissoudre, séparer, désunir : ***dissolvere apta*** [C] Pros., désagréger des parties bien liées ; ***nodos*** [C] Poés., défaire des noeuds ; ***glaciem*** [C] Poés., faire fondre la glace ; ***risu ilia*** [+C] Pros., rire à se rompre les côtes ¶ **2** détacher qqn qui est pendu : [-C] Théât. ‖ [jeu de mots] dégager : [-C] Théât. ¶ **3** payer, s'acquitter de : ***aes alienum*** [C] Pros., payer ses dettes ; ***nomen*** [C] Pros., acquitter un billet ; ***poenam*** [C] Pros., subir une peine ; ***damna*** [C] Pros., réparer des dommages ; ***vota*** [C] Pros., accomplir des voeux ; ***aliquid alicui*** [C] Pros., payer qqch. à qqn ‖ [pass.] ***dissolvi*** [C] Pros., se libérer, se dégager ¶ **4** [fig.] ***a)*** désunir, désagréger, détruire : ***amicitias*** [C] Pros., rompre les amitiés ; ***societatem*** [C] Pros., dissoudre une société ; ***acta Caesaris*** [C] Pros., annuler les actes de César ***b)*** résoudre : ***interrogationes*** [C] Pros., dénouer les mailles d'un raisonnement par interrogations, se dégager d'un raisonnement ; ***utrumque dissolvitur*** [C] Pros., la double objection se résout, tombe ***c)*** dénouer, relâcher : ***severitatem*** [C] Pros., relâcher la sévérité

dissŏnō, *ās*, *āre*, -, -, intr. ¶ **1** rendre des sons discordants : [C] Pros. ¶ **2** [fig.] différer : [+C] Pros.

dissŏnus, *a*, *um*, dissonant, discordant : [C] Pros., [+C] Pros. ‖ qui diffère, différent : [C] Pros. ; ***dissona carmina*** [+C] Poés., vers de mesure différente, vers élégiaques ; [C] Pros. ‖ divisé, ennemi : [+C] Poés.

dissors, *tis*, qui n'entre pas en partage [qui a un lot distinct] : [C] Poés.

dissuādĕō, *ēs*, *ēre*, *suāsī*, *suāsum*, dissuader, parler pour détourner de ¶ **1** tr., [avec nom de chose comme compl.] ***legem*** [C] Pros., combattre une loi ; ***pacem*** [C] Pros., parler contre la paix ; [+C] Pros. ‖ [avec prop. inf., par symétrie avec *censeo*] [C] Pros. ‖ [avec inf.] dissuader de : [C] Pros., [+C] Pros. ‖ [avec *ne*] parler pour empêcher que : [+C] Pros. ¶ **2** [abs[t]] parler contre, être opposant, faire opposition : [C] Pros. ; ***de aliqua re*** [C] Pros., à propos de qqch. ¶ **3** [en gén.] déconseiller de qqch., détourner de qqch. : ***quod dissuadetur, placet*** [-C] Théât., ce dont on nous détourne, nous plaît ; [C] Poés. ‖ [avec inf.] [+C] Pros. ; [rare] ***alicui aliquid***, déconseiller qqch. à qqn : ***alicui mori*** [+C] Théât., détourner qqn de mourir

dissuāsĭo, *ōnis*, f., action de dissuader, de parler contre, de détourner : [C] Pros. ‖ au pl. : [+C] Pros.

dissuāsŏr, *ōris*, m., celui qui dissuade, qui parle contre, qui détourne : [C] Pros.

dissuāv-, ➡ *dissav-*

dissulcō, *ās*, *āre*, -, -, tr., séparer par un sillon, fendre : [+T] Poés.

dissultō, *ās*, *āre*, -, -, intr., [poét.] tressaillir, être ébranlé : [C] Poés. ‖ s'éloigner (s'écarter) en bondissant, rebondir, rejaillir : [C] Poés., [+C] Pros.

dissŭō, *ĭs*, *ĕre*, -, *sūtum*, tr., découdre : [C] Poés. ‖ [fig.] ***amicitias*** [-C] d. [C] Pros., dénouer une amitié [se séparer sans éclat de ses amis]

dissŭpo, ➡ *dissipo*

dissūtus, part. de *dissuo*

dissyllăbus, ➡ *disyllabus*

distābescō, *ĭs*, *ĕre*, *bŭī*, -, intr., se dissoudre, se fondre : [-C] Pros. ‖ [fig.] se corrompre : [T] Pros.

distaedet (me), *taesum est*, impers., s'ennuyer beaucoup : [-C] Théât.

distantĭa, *ae*, f., différence : [C] Pros. ‖ pl., [+C] Pros.

distendō, *ĭs*, *ĕre*, *tendī*, *tentum*, tr. ¶ **1** étendre : ***aciem*** [C] Pros., étendre, déployer sa ligne de bataille ; ***distentus*** [C] Pros., ayant le corps (tendu) tiré en sens opposés ¶ **2** tendre, gonfler, remplir : [C] Poés. ¶ **3** torturer, tourmenter : [+C] Pros. ¶ **4** [fig.] diviser, partager : [C] Pros.

distensĭo, *ōnis*, f., extension : [T] Pros.

distensus, ➡ *distendo*

distentĭo, *ōnis*, f., tension : ***nervorum distentio*** [+C] Pros., convulsion [contraction des muscles] ‖ dispersion de l'esprit ou de l'âme, distraction : [T] Pros.

1 **distentus**, *a*, *um*, part. de *distendo* ‖ adj[t], gonflé, plein : [+C] Pros. ; ***distentius uber*** [C] Poés., mamelle plus gonflée

2 **distentus**, *a*, *um*, part. de *distineo* ‖ adj[t], occupé de plusieurs choses : [C] Pros. ; ***circa scelera*** [+C] Pros., occupé de crimes ‖ ***-tissimus*** [C] Pros.

distermĭna, *ae*, f., ➡ *disterminus*

distermĭnātŏr, *ōris*, m., celui qui borne : [+C] Pros.

distermĭnātus, *a*, *um*, part. de *distermino*

distermĭnō, *ās*, *āre*, *āvī*, *ātum*, tr., borner, délimiter, séparer : ***stellas*** [C] Poés., séparer des étoiles ; ***Asiam ab Europa*** [+C] Poés., séparer l'Asie de l'Europe

distermĭnus, *a*, *um*, éloigné, séparé : [+C] Poés.

disternō, *ĭs*, *ĕre*, *strāvī*, *strātum*, tr., étendre à terre : ***disternebatur lectus*** [+C] Pros., on préparait un lit ; ➡ *desterno*

distĕrō, *ĭs*, *ĕre*, *trīvī*, *trītum*, tr., broyer, piler, écraser : [C] Pros. ‖ frotter fortement, écorcher : [+C] Pros.

distexō, *ĭs*, *ĕre*, -, -, ourdir [la toile] : [T] Poés.

distĭchŏn, *i*, n., distique [hexamètre et pentamètre] : [+C] Pros.

distĭchus, *a*, *um*, qui a deux rangs : ***distichum hordeum*** [+C] Pros., escourgeon [sorte d'orge à double rang de grains]

distill-, V. ▶ *destill-*

distĭmŭlō, *ās, āre, -, -*, tr., cribler de piqûres ‖ [fig.] ***bona*** [-C] Théât., être le bourreau de sa fortune

distinctē, adv., séparément, d'une manière distincte, avec netteté : [C] Pros. ‖ ***-tius*** [C] Pros.

distinctĭo, *ōnis*, f. ¶**1** action de distinguer, de faire la différence, distinction : [C] Pros. ; ***veri a falso*** [C] Pros., distinction du vrai et du faux ‖ différence, caractère distinctif : [C] Pros. ‖ appellation distincte, désignation : [C] Pros. ¶**2** [rhét.] ***a)*** séparation, discontinuité, pause : [C] Pros. ***b)*** mise en relief d'un mot : [C] Pros.

1 **distinctus**, *a, um*, part. de *distinguo* ‖ adj^{t}, varié : ***acies distinctior*** [C] Pros., armée plus variée ‖ distinct, séparé : [C] Pros. ‖ orné, nuancé : [C] Pros. ; [en parl. du style] [C] Pros. ; ***floribus distinctus*** [C] Poés., émaillé de fleurs

2 **distinctŭs**, abl. *ū*, m., différence : [+C] Pros. ‖ diversité, variété : [+C] Poés.

distĭnĕō, *ēs, ēre, tĭnŭī, tentum*, tr. ¶**1** tenir séparé, séparer, tenir éloigné : ***tigna distinebantur*** [C] Pros., les pieux étaient tenus écartés ; [C] Poés. ¶**2** [fig.] déchirer, partager : [C] Pros. ¶**3** tenir à l'écart, retenir, tenir occupé, empêcher : [C] Pros. ; ***hostes*** [C] Pros., retenir les ennemis ; [+C] Pros. ‖ ***Galliae victoriam*** [C] Pros., empêcher la victoire de la Gaule

distinguō, *ĭs, ĕre, stinxī, stinctum*, tr. ¶**1** séparer, diviser : ***crinem*** [+C] Pros., arranger sa chevelure ¶**2** [fig.] distinguer, différencier : ***crimina*** [C] Pros., distinguer des chefs d'accusation ; ***ambigua*** [C] Pros., démêler les équivoques ; ***artificem ab inscio*** [C] Pros., distinguer l'homme habile de l'ignorant ; ***fortes ignavosque*** [+C] Pros., distinguer les braves des lâches ; ***falsum*** [C] Pros., distinguer le vrai du faux ¶**3** couper, séparer par une pause : ***versum distinguere*** [+C] Pros., couper le vers par un temps d'arrêt ‖ [fig.] terminer : ***cunctationem*** [+C] Pros., mettre fin à l'hésitation ¶**4** nuancer, diversifier : [C] Pros., Poés., [+C] Pros.

distīsum, V. ▶ *distaedet*

distō, *ās, āre, -, -*, intr. ¶**1** être éloigné : [C] Pros., Poés., [+C] Pros. ¶**2** être différent : ***a cultu bestiarum*** [C] Pros., différer de la vie des bêtes ; [avec dat., poét.] [C] Pros., [+C] Pros. ‖ [impers.] il y a une différence : [C] Pros., [+C] Pros.

distorquĕō, *ēs, ēre, torsī, tortum*, tr. ¶**1** tourner de côté et d'autre, contourner, tordre : ***sibi os*** [-C] Théât., se défigurer, grimacer ; ***oculos*** [C] Poés., rouler les yeux ¶**2** torturer, tourmenter : [+C] Pros. ‖ V. ▶ *distortus*

distortĭo, *ōnis*, f., distorsion : [C] Pros.

distortus, *a, um* ¶**1** part. de *distorqueo* ¶**2** adj^{t}, tortu, contrefait, difforme : [C] Pros., Poés. ; ***distortissimus*** [C] Pros. ‖ entortillé [en parl. du style] : ***nihil distortius*** [C] Pros., rien de plus contourné

distractĭo, *ōnis*, f. ¶**1** action de tirer en sens divers, déchirement [des membres] : [+C] Pros. ‖ division, séparation : [C] Pros. ; ***animae corporisque*** [+C] Pros., séparation de l'âme et du corps ¶**2** désaccord : [C] Pros.

distractŏr, *ōris*, m., celui qui tire en sens divers : [T] Poés.

distractus, *a, um*, part. de *distraho* ‖ adj^{t}, divisé : ***distractior*** [C] Poés. ‖ occupé : ***distractissimus*** [+C] Pros.

distrăhō, *ĭs, ĕre, trāxī, tractum*, tr.
I tirer en sens divers ¶**1** rompre (diviser) en morceaux un tout, déchirer, rompre, séparer, diviser : [C] Pros. ; ***corpus passim*** [C] Pros., faire écarteler qqn ; ***vallum*** [C] Pros., détruire un retranchement ; ***aciem*** [C] Pros., rompre une ligne de bataille ¶**2** vendre au détail : [+C] Pros. ; ***distrahere agros*** [+C] Pros. ¶**3** [fig.] partager, désunir, dissoudre : [C] Pros. ; ***distrahor*** [C] Pros., j'hésite (je suis tiraillé) ‖ ***societatem*** [C] Pros., rompre la société ; ***controversiam*** [C] Pros., dissiper, trancher un différend ; ***collegia*** [+C] Pros., dissoudre les communautés ; ***distrahere rem*** [C] Pros., faire échouer une affaire ; ***fama distrahi*** [+C] Pros., être diffamé, décrié
II tirer loin de ¶**1** détacher de : ***de corpore*** [C] Poés. ; ***a corpore*** [+C] Pros., détacher du corps ‖ ***ab aliqua re distrahi*** [C] Pros., être arraché à qqch. ¶**2** séparer : ***aliquem ab aliquo*** [-C] Théât., [C] Pros., séparer qqn de qqn ‖ ***cum aliquo distrahi*** [C] Pros., rompre avec qqn ‖ ***voces*** [C] Pros., séparer les voyelles par l'hiatus

distrĭbŭō, *ĭs, ĕre, bŭī, būtum*, tr., distribuer, répartir, partager : [C] Pros. [C] Pros., choses classées par espèces ; ***pecuniam in judices*** [C] Pros., distribuer de l'argent aux juges ; ***milites in legiones*** [C] Pros., répartir des soldats dans les légions ; ***pecunias exercitui*** [C] Pros., distribuer de l'argent à l'armée ; ***opera vitae*** [+C] Pros., régler ses occupations ‖ former en répartissant : [C] Pros.

distrĭbūtē, adv., avec ordre, avec méthode : [C] Pros. ‖ ***-tius*** [C] Pros.

distrĭbūtĭo, *ōnis*, f., division : ***distributio caeli*** [C] Pros., division du ciel ‖ [log.] pl., les divisions : [C] Pros. ‖ [rhét.] distribution : [C] Pros. ‖ [archit.] distribution des pièces d'une maison : [C] Pros.

distrĭbūtŏr, *ōris*, m., distributeur, dispensateur : [T] Pros.

distrĭbūtus, *a, um*, part. de *distribuo*

districtus, *a, um* ¶**1** part. de *distringo* ¶**2** adj^{t} ***a)*** enchaîné, empêché : ***aliqua re, ab aliqua re*** [C] Pros. ***b)*** partagé, hésitant : [C] Pros. ‖ ***districtior*** [C] Pros. ; ***districtissimus*** [+C] Pros.

distringō, *ĭs, ĕre, strinxī, strictum*, tr. ¶**1** lier d'un côté et d'un autre, maintenir écarté ou étendu : [C] Poés. ¶**2** maintenir à l'écart, éloigné : ***Romanos*** [C] Pros., tenir les Romains éloignés, les retenir par une diversion ‖ retenir, arrêter, empêcher : [+C] Pros. ; ***districtus*** [C] Pros. ‖ fatiguer : ***Jovem votis*** [+C] Pros., fatiguer Jupiter de ses voeux

distrīvī, parf. de *distero*

distruncō, *ās, āre, -, -*, tr., couper en deux : [-C] Théât.

distŭlī, parf. de *differo*

disturbātĭo, *ōnis*, f., démolition, ruine : [C] Pros.

disturbātus, *a, um*, part. de *disturbo*

disturbō, *ās, āre, āvī, ātum*, tr. ¶**1** disperser violemment : ***contionem*** [C] Pros., disperser une assemblée ; ***freta*** [+C] Théât., bouleverser les flots du détroit ¶**2** démolir : ***domum*** [C] Pros., démolir une maison ¶**3** [fig.] bouleverser, détruire [un mariage, une loi, un jugement, une affaire] : [-C] Théât., [C] Pros.

dĭsyllabus, *a, um*, dissyllabique, de deux syllabes : [+C] Pros.

dītātŏr, *ōris*, m., celui qui enrichit [= le Saint-Esprit] : [T] Pros.

dītātus, *a, um*, part. de *dito*

dītescō, *ĭs, ĕre, -, -*, intr., s'enrichir : [C] Poés.

dīthălassus, *a, um*, baigné par deux mers : [T] Pros. ; V. ▶ *bith*

dīthўrambĭcus, *a, um*, dithyrambique : [C] Pros.

dīthўrambus, *i*, m., dithyrambe [poème en l'honneur de Bacchus] : [C] Pros., Poés.

dītĭae, *ārum*, f., contr. pour *divitiae*, richesses : [-C] Théât.

dĭtĭo, V. ▶ *dicio*

dītĭor, **dītissĭmus**, compar. et superl. de *2 dis*, qui servent à *dives*

1 **dītis**, gén. de *2 dis*

2 **Dītis**, *is*, m., C. ▶ *3 Dis* : [+C] Pros.

dītĭŭs, adv. compar., plus richement : [+C] Poés. ; ***ditissime*** [+C] Pros.

dītō, *ās, āre, āvī, ātum*, tr., enrichir : [C] Pros.

1 **dĭū**, adv.
I [locatif] pendant le jour [toujours joint à *noctu*] : [-C] Théât., [C] Pros., [+C] Pros. ‖ forme *dius* : [-C] Théât.
II adv. ¶**1** longtemps, pendant longtemps : [C] Pros. ‖ ***diutius*** [C] Pros. ; ***diutissime*** [C] Pros. ‖ ***parum diu*** [C] Pros., trop peu de temps ; ***minus diu*** [C] Pros., moins longtemps ¶**2** depuis longtemps [surtout avec *jam*], V. ▶ *jam diu* ; ***non diu*** [-C] Théât., il n'y a pas longtemps ; ***jam diust quod*** [-C] Théât., il y a longtemps que

2 **dĭū**, V. ▶ *1 dius*

Dīum, *ii*, n., ville de Macédoine : [C] Pros.

dĭurnō, *ās, āre, -, -*, intr., vivre longtemps : [+C] Pros.

dĭurnum, *i*, n. ¶**1** ration journalière d'un esclave : [C] Pros., [+C] Pros. ¶**2** journal, relation des faits journaliers : [+C] Poés. ¶**3** pl., **diurna**, *ōrum* **a)** = ▶ *diurna acta*, V. ▶ *diurnus* ¶*2* : [+C] Pros. ***b)*** besoins journaliers : [T] Pros.

dĭurnus, *a, um* ¶**1** de jour, diurne [opp. à *nocturnus*, "de nuit"] : [C] Pros. ; ***labores diurni*** [C] Pros., travaux de jour ¶**2** journalier, de chaque jour : ***diurna acta*** [+C] Pros. ; ***diurni***

commentarii [+C] Pros., éphémérides, journaux ; ***diurnus cibus*** [C] Pros. ; ***victus*** [+C] Pros., ration d'un jour ‖ V. *diurnum*

1 **dīus**, *a*, *um*, [arch. et poét.] Cf. *1 divus* ¶ **1** V. *Fidius* ¶ **2** [fig.] divin, semblable aux dieux : ***Romule die*** [-C] Pros., ô divin Romulus ; [C] Pros., Poés. ‖ divinement beau (grand, etc.) : [C] Poés.

2 **dĭūs**, jour ¶ **1** nom., V. *nudiustertius* ¶ **2** locatif, V. *1 diu I*

dĭuscŭlē, adv., qq. peu de temps : [T] Pros.

dĭūtĭnē, adv., longtemps : [-C] Théât., [+C] Pros.

dĭūtĭnō, adv., longtemps : [+C] Pros.

dĭūtĭnus, *a*, *um*, qui dure longtemps, de longue durée, long : [-C] Théât., [C] Pros. ‖ [en parl. de pers.] ***diutinus aeger*** [+C] Pros., un malade de longue date, valétudinaire

dĭūtĭus, **dĭūtissĭmē**, V. *1 diu II*

dĭūtŭlē, adv., qq. peu de temps : [+C] Pros.

dĭūturnē, adv., longtemps : ***-ius*** [T] Pros.

dĭūturnĭtās, *ātis*, f., longueur de temps, longue durée : [C] Pros. ‖ pl., [T] Pros.

dĭūturnus, *a*, *um*, qui dure longtemps, durable : [C] Pros. ‖ ***-nior*** [C] Pros. ; ***-issimus*** [T] Pros.

dīva, *ae*, f., déesse : [C] Poés., Pros.

dīvăgŏr, *ārĭs*, *ārī*, -, intr., errer çà et là, flotter [fig.] : [T] Pros.

dīvālis, *e*, divin : [T] Pros.

dīvārĭcātus, *a*, *um*, part. de *divarico*

dīvārĭcō, *ās*, *āre*, *āvī*, *ātum* ¶ **1** tr., écarter l'un de l'autre : [-C] Pros. ‖ écarter les jambes : [C] Pros. ¶ **2** intr., V. *divaro*

dīvāro, *ās*, *āre*, -, -, intr., s'écarter, se fendre : [C] Pros.

dīvastō, *ās*, *āre*, -, -, tr., détruire, anéantir : [T] Pros.

dīvellō, *ĭs*, *ĕre*, *vellī* (*vulsī*, [C] Poés., [+C] Théât.), *vulsum*, tr. ¶ **1** tirer en sens divers, déchirer, mettre en pièces : [C] Pros., Poés. ‖ [fig.] [C] Pros. ; ***divelli dolore*** [C] Pros., être déchiré par la douleur ¶ **2** séparer de : ***aliquem ab aliquo*** [C] Pros., séparer qqn de qqn, (***rem ab aliqua re*** [C] Pros. ; ***a parentum complexu*** [C] Pros., arracher des bras (des parents)), (***amplexu divelli*** [C] Poés.)

dīvendĭtus, part. de *divendo*

dīvendō, *ĭs*, *ĕre*, -, *ĭtum*, tr., vendre [en divisant, en détail] : [C] Pros.

dīverbĕrō, *ās*, *āre*, -, *ātum*, tr., séparer en frappant : [C] Poés. ; ***auras*** [C] Poés., fendre l'air ‖ frapper violemment : [T] Pros.

dīverbĭum, *ĭi*, n., dialogue [des pièces de théâtre] : [C] Pros., [+C] Pros.

dīversē (**-vorsē**), en sens opposés : [C] Pros. ‖ en s'écartant : ***paulo divorsius*** [C] Pros., un peu plus séparément, à l'écart ‖ ***-sissime*** [+C] Pros.

dīversĭmŏdē, adv., de diverses manières : [T] Pros.

dīversĭtās, *ātis*, f., divergence, contradiction : [+C] Pros. ‖ diversité, variété, différence : [+C] Pros.

dīversĭtor, V. *deversitor*

dīversor, **dīversōrium**, V. *dev-*

dīversus (**dīvorsus**), *a*, *um*, part. adj. de *diverto* ¶ **1** tourné en sens contraire, allant dans des directions opposées ou diverses : ***diversi pugnabant*** [C] Pros., ils combattaient chacun de leur côté ; ***diversis legionibus*** [C] Pros., les légions se portant de côté et d'autre, étant séparées les unes des autres ; ***diversum proelium*** [C] Pros., combat sur des points différents ; ***diversis itineribus*** [C] Pros., par des chemins séparés les uns des autres ‖ éloigné, distant, opposé : [C] Pros. ‖ [moralement] sollicité en sens divers, hésitant : ***divorsus agitabatur*** [C] Pros., il était ballotté en sens divers ; ***diversus animi*** [+C] Pros., ayant l'esprit sollicité entre divers partis ¶ **2** à l'opposé d'un point, opposé : [C] Pros. ‖ n. pris subst[t] : [+C] Pros. ‖ [fig.] [C] Pros. ; [avec dat.] [C] Pros., [+C] Pros. ; [avec abl.] [+C] Pros. ; [avec *ac*, *atque*, *quam*] contraire de ce que, tout autre que ; [gén. du point de vue] ***morum diversus*** [+C] Pros., à l'opposé sous le rapport des moeurs ‖ ***in diversum*** [+C] Pros., dans le sens opposé, contraire ; ***ex diverso*** [+C] Pros., du point de vue opposé, à l'opposé, du côté opposé

dīvertĭum, V. *divortium*

dīvertō (**dīvortō**), *ĭs*, *ĕre*, *tī*, *sum*, intr. ¶ **1** se détourner de, se séparer de, s'en aller : [T] Pros. ‖ se rompre [mariage] : [+C] Pros. ¶ **2** être différent : [-C] Théât.

dīvĕs, *vĭtis*, riche, opulent : [C] Pros. ; ***dives pecoris*** [C] Poés., riche en troupeaux ; [C] Pros., [+C] Poés. ; ***dives ager*** [C] Poés., sol riche ; ***dives ramus*** [C] Poés., le précieux rameau ; [poét.] ***dives aurum*** [C] Poés., l'or opulent ‖ ***divitior*** [C] Pros. ; ***divitissimus*** [C] Pros. ‖ ***ditior*** [C] Pros. ; ***ditissimus*** [C] Pros. ; V. *2 dis*

dīvescŏr, *scĕrĭs*, *scī*, -, V. *devescor* : [+C] Poés.

dīvexō, *ās*, *āre*, *āvī*, *ātum*, tr., ravager, saccager : [C] Pros. ‖ persécuter, tourmenter : [+C] Pros.

dīvexus, *a*, *um*, croisé : [T] Pros.

Dīvĭāna, *ae*, f., Cf. *Diana* : [C] Pros.

Dīvĭcĭācus, *i*, m. ¶ **1** noble Éduen, ami de César : [C] Pros. ¶ **2** roi des Suessions : [C] Pros.

dīvĭdĭa, *ae*, f., discorde : [-C] Théât. ‖ ennui, souci, inquiétude : ***dividiae esse alicui*** [-C] Théât., être une cause d'ennui pour qqn

dīvĭdō, *ĭs*, *ĕre*, *vīdī*, *vīsum*, tr. ¶ **1** diviser, partager : [C] Pros. ; ***muros*** [C] Poés., faire une brèche dans les murs ‖ [en part.] partager en deux : [C] Pros. ‖ [sens obscène] [-C] Théât. ‖ ***bona tripartito*** [C] Pros., diviser les biens en trois espèces, admettre trois sortes de biens ‖ ***verba*** [+C] Pros., séparer les mots dans l'écriture ‖ [poét.] mettre en morceaux, rompre : ***concentum*** [C] Pros., rompre un accord ; ***iram*** [C] Poés., une animosité ¶ **2** distribuer, répartir : ***agrum viritim*** [C] Pros., partager les terres par tête ‖ ***praedam militibus*** [C] Pros., distribuer le butin aux soldats ; ***bona inter se diviserant*** [C] Pros., ils s'étaient partagé les biens ; ***agros per veteranos*** [+C] Pros., répartir les terres entre les vétérans ; ***aliquid cum aliquo*** [-C] Théât., [+C] Pros., partager qqch. avec qqn ¶ **3** séparer : [C] Pros. ; ***seniores a junioribus*** [C] Pros., séparer les plus âgés des plus jeunes ; ***aliqua re dividi aliqua re*** [C] Poés., être séparé de qqch. par qqch. ; [C] Pros., Poés. ‖ distinguer : [C] Pros. ‖ nuancer : [C] Poés.

dīvĭdus, *a*, *um*, séparé, isolé : [-C] Théât., [+C] Pros.

dīvĭduus, *a*, *um* ¶ **1** divisible, réductible en parties : [C] Pros. ¶ **2** divisé, séparé, partagé : [-C] Théât.

dīvīna, *ae*, f., devineresse : [+C] Pros.

dīvīnācŭlum, *i*, n., instrument de divination : [T] Pros.

dīvīnātĭo, *ōnis*, f. ¶ **1** divination, art de deviner, de prédire : [C] Pros. ‖ ***animi*** [C] Pros., pressentiment ¶ **2** débat judiciaire préalable, en vue de déterminer entre plusieurs postulants qui sera l'accusateur : [C] Pros. ¶ **3** [chrét.] prophétie : [+C] Pros.

dīvīnātŏr, *ōris*, m., devin : [T] Pros.

dīvīnātus, part. de *divino*

dīvīnē, adv. ¶ **1** à la façon d'un dieu : [-C] Théât. ¶ **2** divinement, excellemment, parfaitement : [C] Pros. ¶ **3** en devinant : ***cogitare divine*** [C] Pros., prévoir ‖ ***divinius*** [C] Pros.

dīvīnĭtās, *ātis*, f. ¶ **1** divinité, nature divine : [C] Pros. ¶ **2** excellence, perfection : ***divinitas loquendi*** [C] Pros., éloquence divine ‖ pl., ***divinitates*** : [C] Pros. ¶ **3** [chrét.] origine divine : [+C] Pros.

dīvīnĭtus, adv. ¶ **1** de la part des dieux, venant des dieux, par un effet de la volonté divine : [C] Pros., Poés. ¶ **2** par une inspiration divine : [C] Pros. ¶ **3** divinement, merveilleusement, excellemment : [C] Pros. ¶ **4** venant de Dieu : [T] Pros.

dīvīnō, *ās*, *āre*, *āvī*, *ātum*, tr., deviner, présager, prévoir : ***aliquid*** [C] Pros., prophétiser qqch. ‖ [avec prop. inf.] [C] Pros. ‖ [avec interrog. indir.] [C] Pros. ‖ [abs[t]] [C] Pros. ; ***de re*** [C] Pros., prophétiser sur qqch.

dīvīnum, *i*, n. ¶ **1** le divin : [+C] Pros. ‖ sacrifice divin : [C] Pros. ¶ **2** divination : [T] Pros. ‖ pl., prédictions : [T] Pros.

1 **dīvīnus**, *a*, *um* ¶ **1** divin, de Dieu, des dieux : [C] Pros. ; ***divinissima dona*** [C] Pros., présents tout à fait dignes des dieux ; ***res divina*** [C] Pros., cérémonie religieuse, offrande, sacrifice ; ***res divinae*** [C] Pros., affaires religieuses, culte, religion ; ***divina humanaque*** [-C] Théât., toutes choses, tout sans exception ; ***divina scelera*** [C] Pros., crimes contre les dieux ; ***divina verba*** [-C] Pros., formules d'expiation ¶ **2** qui devine, prophétique : [C] Pros. ‖ ***futuri*** [C] Poés., qui devine l'avenir ¶ **3** divin, extraordinaire, merveilleux, excellent : ***divinae***

legiones [C] Pros., admirables légions; ***divinus in dicendo*** [C] Pros., qui parle divinement ¶**4** divin [en parl. des empereurs]: ***divina domus*** [C] Poés., la maison impériale, la famille des Césars ¶**5** ***divinus morbus*** [+C] Pros., épilepsie

2 **dīvīnus**, *i*, m., devin : [C] Pros. ‖ diseur de bonne aventure : [C] Poés.

Dīvĭo, *ōnis*, m., Divio [ville de la Lyonnaise, auj. Dijon] : [+T] Pros. ‖ **-ōnensis**, *e*, de Dijon : [+T] Pros.

dīvīsē, adv., en coupant, en partageant : [+C] Pros.

dīvīsī, parf. de *divido*

dīvīsim, cf. ▶ *divise* : [T] Pros.

dīvīsĭo, *ōnis*, f. ¶**1** partage, répartition, distribution : [+C] Pros. ‖ vote par division : [C] Pros. ; cf. ▶ *divisa sententia* d. *divido* ¶*1* ¶**2** [sens obscène, cf. ▶ *divido* ¶*1*] [C] Pros., [+C] Pros. ¶**3** division [logique et rhét.] : [C] Pros., [+C] Pros. ¶**4** [math.] division : ***divisio binaria*** [T] Pros., division par deux

dīvīsŏr, *ōris*, m. ¶**1** celui qui sépare, qui divise : [+C] Pros. ¶**2** celui qui partage : [C] Pros. ¶**3** distributeur d'argent au nom d'un candidat, courtier d'élection : [C] Pros.

dīvisse, V. ▶ *divido*

1 **dīvīsus**, *a*, *um*, part. de *divido* ‖ adj^t, séparé, divisé : ***divisior*** [C] Poés. ; [C] Pros.

2 **dīvīsŭs**, dat. *ŭī*, m., partage : ***facilis divisui*** [C] Pros., facile à partager ; ***divisui habere*** [+C] Pros., partager

dīvĭtātĭo, *ōnis*, f., action de s'enrichir : [+C] Pros.

Dīvĭtenses, *ium*, m. pl., habitants de Divitia [en face de Cologne] : [T] Pros.

dīvĭtĭa, *ae*, f., richesse : [-C] Théât. ; V. ▶ *divitiae*

Dīvĭtĭăcus, V. ▶ *Diviciacus*

dīvĭtĭae, *ārum*, f. pl., biens, richesses : [C] Pros. ‖ [fig.] ***divitiae ingenii*** [C] Pros., richesse du génie ; ***orationis*** [C] Pros., les trésors du style ; ***verborum*** [+C] Pros., richesse d'expression

dīvĭtĭor, V. ▶ *dives*

Dīvŏdūrum, *i*, n., ville de la Gaule Belgique [nommée plus tard *Mediomatrici*, puis *Mettis*, auj. Metz] : [+C] Pros.

dīvolsus, part. de *divello*, ▶ *divulsus*

dīvolvō, *ĭs*, *ĕre*, -, -, tr., rouler [dans son esprit] : [T] Pros.

dīvorsus, **dīvorto**, V. ▶ *diver-*

dīvortĭum, *ĭi*, n. ¶**1** divorce : ***divortium facere*** [C] Pros., divorcer ¶**2** séparation : ***divortia aquarum*** [C] Pros., ligne de partage des eaux ; ***divortium itinerum*** [C] Pros., embranchement de deux routes ; ***divortium artissimum*** [+C] Pros., détroit le plus resserré [litt^t, " point de séparation le plus étroit "] ‖ [fig.] ***divortia doctrinarum*** [C] Pros., séparation de doctrines, d'écoles ; [+C] Pros.

dīvulgātus, *a*, *um* ¶**1** part. de *divulgo* ¶**2** adj^t, commun, banal, vulgarisé : [C] Poés., Pros., [+C] Pros. ‖ ***divulgatissimus*** [C] Pros.

dīvulgō, *ās*, *āre*, *āvi*, *ātum*, tr. ¶**1** divulguer, publier, rendre public : [C] Pros. ‖ [avec prop. inf.] répandre le bruit que : [C] Pros., [+C] Pros. ¶**2** ***divulgari ad*** [C] Pros., se prostituer à

dīvulsī, parf. de *divello*

dīvulsĭo, *ōnis*, f., action d'arracher, de séparer, de diviser : [+C] Pros., [T] Pros.

dīvulsus, *a*, *um*, part. de *divello*

dīvum, *i*, n. pris subst^t, l'air, le ciel : ***sub divo*** [C] Pros., Poés., en plein air, sous le ciel ‖ [fig.] ***sub divum rapere*** [C] Poés., exposer [des mystères] au grand jour

1 **dīvus**, *a*, *um*, divin : [C] Pros. ; V. ▶ *divum*, V. ▶ *diva*

2 **dīvus**, *i*, m., dieu, divinité : [C] Pros. ; pl., ***divi*** [C] Pros., les dieux ; [-C] Théât., [C] Poés. ‖ titre donné, après leur mort, aux empereurs divinisés, et d'abord à Jules César : [C] Poés.

dixe, ▶ *dixisse*, V. ▶ *2 dico*

dixī, parf. de *2 dico*

1 **dō**, *dās*, *dăre*, *dĕdī*, *dătum* ¶**1** [en gén.] donner : ***aliquid alicui dare***, donner qqch. à qqn ‖ ***alicui libertatem dare*** Cic., octroyer, accorder la liberté à qqn ; ***alicui imperia dare*** Cic., accorder, confier des commandements à qqn ; ***causas suspicionum dare*** Cic., offrir des motifs de soupçons ‖ ***litteras ad aliquem dare*** Cic., remettre au courrier une lettre pour qqn (= écrire à qqn) ‖ ***iter alicui per locum aliquem dare*** Caes., laisser à qqn le droit de passer par un endroit ¶**2** [en part.] ***a)*** accorder, concéder, faire une concession : ***satis alicui dare cum...*** Cic., accorder suffisamment à qqn en... ; ***hoc dabitis oportere...*** Cic., vous ferez cette concession qu'il faut... ; ***plus stomacho quam consilio dare*** Quint., accorder plus à sa bile (= se laisser plus aller à l'aigreur) qu'à la réflexion ‖ ***dare ut*** [et subj.] Liv., accorder de, permettre de ; ***dare ne*** Ov., Tac., accorder de ne pas ; [avec inf.] Hor., Virg., Sen., même sens ***b)*** causer, provoquer : ***alicui damnum, malum dare*** Ter., causer du tort, du mal à qqn ; ***dare motus*** Lucr., imprimer des mouvements ; ***ruinas dare*** Lucr., faire des massacres ***c)*** imputer [avec deux dat.] ***alicui aliquid crimini dare*** Cic., imputer à qqn qqch. à accusation= faire à qqn un grief de qqch., reprocher qqch. à qqn ; ***alicui aliquid laudi dare*** Cic., louer qqn de qqch. ***d)*** mettre, placer : ***hostes in fugam dare*** Caes., mettre les ennemis en fuite ; ***aliquem in caveam dare*** Pl., mettre qqn en cage ; ***aliquem ad terram dare*** Pl., jeter qqn à terre ; ***rem publicam in praeceps dare*** Liv., mettre l'Etat dans une situation critique ‖ ***se dare alicui*** Cic., se dévouer à qqn ; ***se dare alicui rei*** Cic., se consacrer à qqch. ; ***se in exercitationem dare*** Cic., se lancer dans un exercice ***e)*** exposer, dire : ***da mihi nunc...*** Cic., mais dis-moi... ‖ [poét.] ***datur*** Ov., on raconte... ***f)*** [locutions] : ***nomina dare*** Cic., donner son nom = s'enrôler pour le service militaire ‖ ***manus dare*** Cic., tendre les mains (pour qu'on les enchaîne)= s'avouer vaincu ‖ ***alicui verba dare*** Cic., tenir de beaux discours à qqn = lui donner le change, le tromper ‖ ***aliquem dare nuptum*** Pl., Ter., donner qqn en mariage

2 **dō**, acc., ▶ *domum* : [-C] Pros.

3 **-dō**, *-dĭs*, *-dĕre*, *-dĭdī*, *-dĭtum*, mettre, placer, V. ▶ *1 do*

dŏcĕō, *ēs*, *ēre*, *dŏcŭī*, *doctum*, tr., enseigner, instruire, montrer, faire voir ¶**1** ***rem*** [C] Pros., enseigner (faire connaître) qqch. ; ***canere*** [C] Pros., enseigner à chanter ; ***esse deos*** [C] Pros., enseigner qu'il y a des dieux ‖ [avec prop. inf.] enseigner que : [C] Pros. ; [avec interrog. indir.] [C] Pros. ‖ [en part., avec prop. inf.] faire connaître que, informer : [C] Pros. ¶**2** ***aliquem*** [C] Pros., instruire qqn ‖ [avec deux acc.] ***docere aliquem litteras*** [C] Pros., apprendre à lire à qqn ; [pass.] ***doceri rem*** [C] Pros., être instruit (informé) de qqch. ‖ ***docere aliquem tacere*** [C] Pros., apprendre à qqn à se taire ; [pass.] [C] Pros., [+C] Pros. ‖ [avec interrog. indir.] [C] Pros. ‖ ***aliquem de aliqua re*** [C] Pros., instruire qqn de qqch. ; [pass.] ***doceri de aliqua re*** [C] Pros., être instruit de qqch. ‖ ***aliquem equo armisque*** [C] Pros., apprendre à qqn l'équitation et le maniement des armes ‖ [rare] ***aliquem in aliqua re*** [C] Pros., instruire qqn en une matière ¶**3** ***fabulam*** [C] Pros., faire répéter ou représenter une pièce ; [C] Poés., [+C] Pros. ¶**4** [rhét.] instruire [l'auditoire, les juges] ▶ *probo* : [C] Pros. ¶**5** [abs^t] tenir école, donner des leçons : [C] Pros. ; ***mercede docere*** [C] Pros., faire payer ses leçons

dochmĭus, *ĭi*, m., pied de cinq syllabes composé d'un iambe et d'un crétique : [C] Pros., [+C] Pros.

dŏcĭlis, *e*, disposé à s'instruire, qui apprend aisément, docile : [C] Pros. ; ***docilis ad aliquam disciplinam*** [C] Pros., qui apprend facilement une science ; [+C] Poés. ; ***docilis pravi*** [C] Poés., qui se laisse facilement entraîner au mal ‖ [fig.] docile, qu'on manie aisément : ***capilli dociles*** [C] Poés., cheveux souples ; ***os docile*** [C] Poés., voix souple ‖ ***docilior*** [-C] Théât.

dŏcĭlĭtās, *ātis*, f., aptitude, facilité à apprendre : [C] Pros. ‖ douceur, bonté : [T] Pros.

dŏcis, *ĭdis*, f., météore en forme de poutre : [+C] Pros.

doctē, adv. ¶**1** savamment, doctement : [C] Pros. ; ***doctius*** [C] Pros. ; ***doctissime eruditus*** [C] Pros., profondément instruit ¶**2** prudemment, sagement, finement : [-C] Théât.

doctĭlŏquŭs, *a*, *um*, qui parle bien : [-C] Pros.

doctĭsŏnus, *a*, *um*, qui rend un son harmonieux : [T] Poés.

doctĭuscŭlē, adv., d'une manière qq. peu savante : [-C] Pros.

doctŏr, *ōris*, m., maître, celui qui enseigne : [C] Pros.

doctrīna, *ae*, f. ¶**1** enseignement, formation théorique [opp. souvent à *natura* ou *usus*], éducation, culture : [C] Pros. ¶**2**

art, science, doctrine, théorie, méthode : [C] Pros. ; ***dicendi doctrina*** [C] Pros., la science de la parole ‖ [chrét.] enseignement religieux : [T] Pros.

doctus, *a*, *um* ¶ **1** part. de *doceo* ¶ **2** adj^t ***a)*** qui a appris, qui sait, instruit, docte, savant, habile : [C] Pros. ; ***doctus legum*** [+C] Pros., versé dans les lois ; [C] Poés. ; ***docta manus*** [C] Poés., main habile ; [C] Pros. ***b) docti***, m. pl., les savants : [C] Pros. ‖ les connaisseurs, les critiques compétents : [C] Pros. ‖ les doctes [en parl. des poètes] [C] Pros. ; [ou des philosophes] [C] Pros. ***c)*** sage, avisé, fin, rusé : [-C] Théât. ‖ ***doctior*** [C] Pros. ; ***-issimus*** [C] Pros.

dŏcŭmĕn, *ĭnis*, n., ▶ *documentum* : [C] Poés.

dŏcŭmentum, *i*, n., exemple, modèle, leçon, enseignement, démonstration : [C] Pros. ; ***esse alicui documento*** [C] Pros., servir de leçon à qqn ‖ [avec interrog. indir.] [C] Pros. ; [avec prop. inf.] [-C] Pros. ‖ [avec *ne*] [C] Pros. ; ***documento esse ne*** [C] Pros., même sens ‖ [avec gén.] exemple, échantillon : ***virtutis*** [C] Pros., modèle de vertu

dōd-, ▶ *duod-*

Dōdōna, *ae*, f., **Dōdōnē**, *ēs*, f., Dodone [ville de Chaonie] : [C] Pros. ‖ **-aeus**, [C] Pros., **-ĭus**, *a*, *um*, de Dodone : [T] Pros.

Dōdōnĭdēs nymphae, f. pl., Dodonides [nymphes qui élevèrent Jupiter] : [+C] Poés.

Dōdōnĭgĕna, *ae*, m., habitant de Dodone [d'où] qui vit de glands [il y avait à Dodone une célèbre forêt de chênes] : [T] Pros.

Dōdōnis, *ĭdis*, f., de Dodone : [C] Poés.

Dōdōnĭus, ▶ *Dodona*

dōdrans, *antis*, m., les 9/12 [3/4] d'un tout : [C] Pros. ; ***heres ex dodrante*** [C] Pros., héritier des trois quarts ‖ empan [mesure de longueur] : [+C] Pros.

dōdrantārĭus, *a*, *um*, relatif aux 9/12 d'un tout : ***dodrantariae tabulae*** [C] Pros., livres de créances mis en usage par suite de la *lex Valeria feneratoria* [où l'on réduit les dettes des 3/4]

dogma, *ătis*, n. ¶ **1** [phil.] dogme, principe fondamental : [C] Pros., [+C] Pros. ¶ **2** décret : [T] Pros. ¶ **3** [chrét.] croyance chrétienne, dogme : [T] Pros.

dogmătistēs, *ae*, m., dogmatiste, celui qui établit une doctrine : [T] Pros.

1 **dŏlābella**, *ae*, f., petite doloire : [+C] Pros.

2 **Dŏlābella**, *ae*, m., nom d'une branche des *Cornelii*, not^t *P. Cornélius Dolabella* [gendre de Cicéron] : [C] Pros.

dŏlābra, *ae*, f., dolabre [outil à deux faces, servant à la fois de hache, et de pioche ou de pic], doloire : [C] Pros.

dŏlāmen, *ĭnis*, n., action de tailler avec la doloire : [+C] Pros.

dŏlātĭlis, *e*, ***charta*** [+T] Poés., tablette travaillée à la doloire = façonnée, préparée

dŏlātĭo, *ōnis*, f., ▶ *dolamen* : [T] Pros.

dŏlātōrĭus, *a*, *um*, subst. n., marteau de tailleur de pierres : [T] Pros.

1 **dŏlātus**, *a*, *um*, part. de *1 dolo*

2 **dŏlātŭs**, *ūs*, m., taille [des pierres précieuses] : [T] Poés.

dŏlendus, *a*, *um*, adj. verb. de *doleo* ‖ pl. n., ***dolenda*** [+C] Pros., événements douloureux

dŏlens, *tis*, part. de *doleo* ‖ adj^t, qui cause de la douleur : [C] Pros. ; ***dolentior*** [C] Poés.

dŏlentĕr, adv., avec douleur, avec peine : [C] Pros. ‖ en laissant voir de la douleur, d'une manière pathétique, attendrissante : [C] Pros. ‖ ***dolentius*** [C] Pros.

dŏlentĭa, *ae*, f., douleur : [+C] Pros.

dŏleō, *ēs*, *ēre*, *ŭī*, *ĭtum*, intr. et tr.

I intr. ¶ **1** éprouver de la douleur [physique], souffrir : ***doleo ab oculis*** [-C] Théât., j'ai mal aux yeux ‖ ***oculos dolere*** [+C] Pros., avoir mal aux yeux ; [fig.] ***animum dolere*** [+C] Pros., avoir l'esprit (le coeur) malade ¶ **2** [la partie douloureuse étant sujet] : ***pes dolet*** [C] Pros., le pied est douloureux, fait mal ; ***si cor dolet*** [-C] Pros., si vous avez mal au coeur ‖ [impers.] ***mihi dolet*** [-C] Théât., j'ai mal ; ***mihi dolebit, si*** [-C] Théât., il m'en cuira, si ... ¶ **3** être affligé : ***contrariis rebus*** [C] Pros., s'affliger de l'adversité ; ***de aliquo*** [C] Pros., s'affliger au sujet de qqn ; ***ex me doluisti*** [C] Pros., j'ai été pour toi un sujet de douleur ‖ [acc. de relat.] ***id dolemus, quod*** [C] Pros., la raison de notre affliction, c'est que ; ***dolere quod*** [C] Pros., s'affliger de ce que ‖ [impers.] ***tibi dolet*** [-C] Théât., tu souffres ; [C] Pros.

II tr., s'affliger de, déplorer : [C] Pros. ‖ [poét. avec acc. de pers.] plaindre qqn : [C] Poés.

dōlĕum, **dōlĕus**, ▶ *dolium*

dōlĭāris, *e*, [fig.] ***doliaris anus*** [-C] Théât., vieille femme semblable à une barrique

Dŏlĭchāōn, *ŏnis*, m., nom d'homme : [C] Poés.

Dŏlĭchē, *ēs*, f., ville de la Thessalie : [C] Pros.

dŏlĭchŏdrŏmŏs, *i*, m., la longue course [d'un parcours mal connu] : [+C] Poés.

dōlĭŏlum, *i*, n. ¶ **1** petit dolium, petite jarre, tonnelet : [C] Pros., [+C] Pros. ¶ **2** **Dōlĭŏla**, *ōrum*, n., quartier de Rome : [C] Pros.

Dŏlĭŏnis, *ĭdis*, f., ancien nom de Cyzique ‖ **-nĭus**, *a*, *um*, de Dolionis : [+C] Poés.

dŏlĭtō, *ās*, *āre*, -, -, intr., être douloureux : [-C] Pros.

dŏlĭtūrus, *a*, *um*, part. fut. de *doleo* : [C] Pros.

dōlĭum, *ĭī*, n., grand vaisseau de terre ou de bois où l'on conservait le vin, l'huile, le blé, jarre, tonne, tonneau : [-C] Pros., [+C] Pros. ‖ ***de dolio haurire*** [C] Pros., puiser au tonneau [boire du vin de l'année] ‖ sorte de météore igné : [C] Poés.

1 **dŏlō**, *ās*, *āre*, *āvī*, *ātum*, tr. ¶ **1** travailler avec la doloire, dégrossir, façonner [une pièce de bois] [-C] Pros., [C] Pros. ; ***dolare in quadrum*** [+C] Pros., équarrir ‖ ***e robore dolatus*** [C] Pros., façonné dans le chêne ¶ **2** [fig.] [C] Pros., Poés. ; ***dolare dolum*** [-C] Théât., mener à bien une ruse

2 **dŏlo**, **dŏlōn**, *ōnis*, m. ¶ **1** poignard : [+C] Pros. ‖ aiguillon de la mouche : [C] Poés. ¶ **2** beaupré et voile de beaupré : [C] Pros.

Dŏlōn, *ōnis*, m., Dolon [espion troyen, qui fut pris et tué par Ulysse et Diomède] : [C] Poés. ‖ un des fils de Priam : [+C] Poés.

Dŏlŏpēis, *ĭdis*, f., des Dolopes : [+C] Poés. ou **-pēĭus**, *a*, *um*, [+C] Poés.

Dŏlŏpes, *um*, m. pl., Dolopes [peuple de Thessalie] : [C] Pros., Poés. ‖ acc. sg., ***Dolopem*** : [C] Pros.

Dŏlŏpĭa, *ae*, f., Dolopie [partie de la Thessalie habitée par les Dolopes] : [C] Pros.

dŏlŏr, *ōris*, m. ¶ **1** douleur physique, souffrance : ***articulorum*** [C] Pros. ; ***pedum*** [C] Pros., goutte ; ***laterum*** [C] Poés. ; ***lateris*** [C] Pros., pleurésie ; [+C] Pros. ‖ ***vulneris*** [C] Pros., douleur d'une blessure ¶ **2** douleur morale, peine, tourment, affliction, chagrin : ***dolorem alicui afferre*** [C] Pros. ; ***commovere*** [C] Pros. ; ***facere*** [C] Pros., causer de la douleur à qqn ; ***dolorem accipere*** [C] Pros. ; ***percipere*** [C] Pros. ; ***suscipere*** [C] Pros. ; ***capere*** [C] Pros., éprouver, ressentir de la douleur ‖ ressentiment : [C] Pros., Poés. ‖ dépit d'un échec : [C] Pros. ¶ **3** sujet de douleur : [C] Poés. ¶ **4** [rhét.] ***a)*** émotion, faculté de pathétique : [C] Pros. ***b)*** expression passionnée, pathétique : [C] Pros.

dŏlōsē, adv., artificieusement, avec fourberie : [-C] Théât., [C] Pros.

dŏlōsĭtās, *ātis*, f., fourberie : [T] Pros.

dŏlōsus, *a*, *um*, rusé, astucieux, fourbe, trompeur [en parl. de pers. et de choses] : [-C] Théât., [C] Poés. ‖ [avec inf.] ***dolosus ferre*** [C] Poés., qui refuse artificieusement de porter

1 **dŏlus**, *i*, m. ¶ **1** fourberie, tromperie : [-C] Théât., [C] Pros. ¶ **2** tort causé, acte blâmable : [C] Poés.

2 **Dŏlus**, *i*, m., la Ruse [déesse] : [+C] Poés.

3 **dŏlus**, *i*, m., douleur : [+T] Pros.

dōma, *ătis*, n., toiture, terrasse d'une maison : [T] Pros.

dŏmābĭlis, *e*, domptable, qu'on peut dompter : [C] Poés.

dŏmātŏr, *ōris*, m., dompteur, vainqueur : [T] Pros.

dŏmātus, ▶ *1 domo*

dŏmĕfactus, *a*, *um*, dompté : [+C] Pros.

dŏmestĭcātim, adv., dans son intérieur, dans sa maison : [+C] Pros.

dŏmestĭci, *ōrum*, m. pl., les membres d'une famille, tous ceux qui sont attachés à une maison [amis, clients, affranchis] : [C] Pros. ‖ domestiques, esclaves : [+C] Pros.

1 **dŏmestĭcus**, *a, um* ¶1 de la maison : [C] Pros. ; ***domesticus vestitus*** [C] Pros., vêtement d'intérieur, porté chez soi ; ***domesticus otior*** [C] Poés., je mène chez moi une vie tranquille [loin des affaires] ¶2 de la famille, du foyer : ***domesticus luctus*** [C] Pros., chagrin domestique ; ***domesticus usus*** [C] Pros., liaison de famille ; ***res domesticae*** [C] Pros., patrimoine ‖ de chez soi, personnel : [C] Pros. ¶3 qui tient aux foyers, à la patrie, qui est du pays : [C] Pros. ; ***domesticum bellum*** [C] Pros., guerre à l'intérieur du pays

2 **domestĭcus**, *i*, m., [chrét.] serviteur de Dieu, fidèles : [T] Pros.

dŏmi, [V▶] *domus*

dŏmĭcēnĭum, *ĭi*, n., dîner qu'on prend chez soi : [+C] Poés.

dŏmĭcĭlĭum, *ĭi*, n., domicile, habitation, demeure [propre et fig.] : [C] Pros. ‖ ***domicilium gloriae*** [C] Pros., le siège de la gloire

dŏmĭcoenĭum, [V▶] *domicenium*

Dŏmĭdūca, *ae*, f., nom donné à Junon parce qu'elle présidait au mariage : [T] Pros.

Dŏmĭdūcus, *i*, m., surnom de Jupiter qu'on invoquait lorsqu'on conduisait la nouvelle mariée dans la maison de son mari : [T] Pros.

dŏmĭna, *ae*, f. ¶1 maîtresse de maison : [-C] Théât., [C] Pros. ‖ [qqf.] épouse : [C] Poés. ¶2 maîtresse, souveraine [propre et fig.] : [C] Poés., Pros. ¶3 nom donné à l'impératrice : [+C] Pros. ¶4 amie, maîtresse : [C] Poés.

dŏmĭnans, *tis*, part. prés. de *dominor* ‖ adj[t], prédominant : ***dominantior ad vitam*** [C] Poés., plus essentiel à la vie ; ***dominantia nomina*** [C] Poés., mots propres [κύρια] ‖ subst. m., le maître : [+C] Pros.

dŏmĭnātĭo, *ōnis*, f., domination, souveraineté, pouvoir absolu : [C] Pros.

dŏmĭnātŏr, *ōris*, m., maître, souverain : ***rerum*** [C] Pros., maître du monde

dŏmĭnātrix, *īcis*, f., maîtresse, souveraine : [C] Pros.

1 **dŏmĭnātus**, *a, um*, part. de *dominor*

2 **dŏmĭnātŭs**, *ūs*, m., [C▶] *dominatio* : [C] Pros.

dŏmĭnĭcum, *i*, n. ¶1 recueil des vers de Néron : [+C] Pros. ¶2 église, lieu où se rassemblent les fidèles : [T] Pros.

dŏmĭnĭcus, *a, um* ¶1 du maître, qui appartient au maître : [-C] Théât., [C] Pros., [+C] Pros. ¶2 [chrét.] du Seigneur, de Dieu : ***dies dominicus*** ou ***dominica*** [T] Pros. le jour du Seigneur, le dimanche

dŏmĭnĭum, *ĭi*, n., propriété, droit de propriété : [C] Pros., [+C] Pros. ‖ banquet solennel, festin : [C] Pros. ‖ pl., dominations = maîtres, tyrans [fig.] : [+C] Pros.

dŏmĭnō, *ās, āre*, -, -, vaincre, dompter, [V▶] *dominor* : [+T] Poés.

dŏmĭnŏr, *ārĭs, ārī, ātus sum*, intr. ¶1 être maître, dominer, commander, régner [propre et fig.] : ***in capite alicujus*** [C] Pros., être maître de la vie de qqn ; ***in exercitu*** [C] Pros., régner sur l'armée ; ***in aliquem*** [C] Pros., sur qqn mais [C] Pros., dieu qui règne en nous ‖ ***in judiciis*** [C] Pros., être le maître (faire la loi) dans les tribunaux ‖ être prédominant, jouer un rôle prépondérant : [C] Pros. ¶2 [constr. postér.]

dŏmĭnŭla, **dŏmnŭla**, *ae*, f., petite femme, épouse : [+C] Pros.

dŏmĭnus, *i*, m. ¶1 maître [de maison], possesseur, propriétaire : [C] Pros. ¶2 chef, souverain, arbitre, maître [propre et fig.] : [C] Pros. ‖ ***dominus epuli*** [C] Pros. ; ***dominus convivii*** [+C] Pros. [abs[t]] celui qui donne un festin, qui régale, amphitryon ‖ l'organisateur (de jeux) : [-C] Théât., [C] Pros. ¶3 Seigneur [nom donné aux empereurs après Auguste et Tibère] : [+C] Pros. ¶4 ami, amant : [C] Poés. ¶5 monsieur [terme de politesse] : [+C] Pros. ¶6 [chrét.] le Seigneur, Dieu : [T] Pros.

dŏmĭporta, *ae*, f., [mot forgé], celui qui porte sa maison [en parl. de l'escargot] : [C] Pros.

Dŏmĭtĭa, *ae*, f., nom de femme ‖ not[t] *D. Lepida*, mère de Messaline et tante de Néron : [+C] Pros. ; ***D. Calvilla***, mère de Marc Aurèle

Dŏmĭtĭa via, f., voie Domitia [en Gaule] : [C] Pros. ‖ **Dŏmĭtĭa lex**, loi Domitia : [C] Pros.

1 **Dŏmĭtĭānus**, *a, um*, de Domitius : [C] Pros. ‖ de Domitien : ***Domitiana via*** [+C] Poés., la voie Domitienne [de Rome à Literne]

2 **Dŏmĭtĭānus**, *i*, m., Domitien [douzième empereur de Rome, 81-96] : [+C] Pros.

Dŏmĭtilla, *ae*, f., nom de femme [la femme et la fille de Vespasien] : [+C] Pros.

dŏmĭtĭo, [C▶] *domuitio*

1 **Dŏmĭtĭus**, *ĭi*, m., nom d'une famille romaine, comportant deux branches, les *Calvini* et les *Ahenobarbi* : [C] ‖ Domitius Marsus [poète latin] : [+C] Pros. ‖ adj., [V▶] *Domitia*

2 **Dŏmĭtĭus**, *ĭi*, m., [C▶] *Domiducus* : [T] Pros.

dŏmĭtō, *ās, āre*, -, -, tr., dompter, soumettre : [C] Poés.

dŏmĭtŏr, *ōris*, m., dompteur, celui qui dompte, qui réduit, qui dresse [les animaux] : [C] Pros. ‖ vainqueur, celui qui triomphe de : [C] Pros.

dŏmĭtrix, *īcis*, f., celle qui dompte [propre et fig.] : [C] Poés.

1 **dŏmĭtus**, *a, um*, part. de *1 domo*

2 **dŏmĭtŭs**, abl. *ū*, m., action de dompter, de dresser : [C] Pros.

domnŭla, [V▶] *dominula*

Domnŭlus, *i*, m., nom d'homme : [T] Pros.

domnus, *i*, m., ***domnus Martinus*** [+T] Pros., saint Martin

1 **dŏmō**, *ās, āre, mŭī, mĭtum*, tr. ¶1 dompter, réduire, dresser, apprivoiser [les animaux] : ***feras beluas*** [C] Pros., dompter des bêtes sauvages ¶2 vaincre, réduire, subjuguer [propre et fig.] : ***nationes*** [C] Pros., dompter les nations ; ***terram rastris*** [C] Poés., dompter le sol avec la houe ; [C] Pros.

2 **dŏmō**, abl., [V▶] *domus*

dŏmŭī, parf. de *1 domo*

dŏmŭmĭtĭo, **dŏmŭĭtĭo**, *ōnis*, f., retour à la maison : [-C] Théât., [C] Pros., [+C] Pros.

dŏmuncŭla, *ae*, f., petit appartement : [C] Pros.

dŏmŭs, *ūs*, loc. *domi*, f. ¶1 maison, demeure, logis, habitation : ***domi*** [C] Pros., à la maison ; ***domi nostrae*** [C] Pros., chez nous ; ***alienae domi*** [C] Pros., chez un autre ; ***domi Caesaris*** [C] Pros., dans la maison de César ‖ ***domo*** [C] Pros., de sa maison, de chez soi ‖ ***in domo sua*** [C] Pros., dans sa maison ; [+C] Pros. ‖ [fig.] ***domi***, à domicile : [-C] Théât., [C] Pros., [+C] Pros. ; ***domi res*** [+C] Pros., affaires personnelles ¶2 édifice [de toute espèce] : ***domus error*** [C] Poés., détours du labyrinthe ; ***domus marmorea*** [C] Poés., sépulcre de marbre ¶3 patrie : ***domi*** [C] Pros., dans son pays ; ***domo emigrare*** [C] Pros., quitter son pays ; ***domum revertuntur*** [C] Pros., ils rentrent dans leur pays, dans leurs foyers ¶4 famille, maison : [C] Pros. ; ***domus Assaraci*** [C] Poés., les descendants d'Assaracus, les Romains ¶5 [chrét.] la maisonnée de Dieu, l'Église : [T] Pros.

dŏmuscŭla, [C▶] *domuncula* : [+C] Pros.

dŏmūsĭo, *ōnis*, f., usage de la maison : [+C] Pros.

dōnābĭlis, *e*, dont on peut faire cadeau (présent) : [-C] Théât.

dōnārĭa, *ōrum*, n. pl., endroit du temple où l'on déposait les offrandes, trésor : [+C] Poés. ‖ temple, sanctuaire, autel : [C] Poés. ‖ don pieux : [T] Pros.

dōnārĭum, [V▶] *donaria*

dōnātĭo, *ōnis*, f., action de donner, don : [C] Pros.

dōnātīvum, *i*, n., largesse faite par l'empereur aux soldats : [+C] Pros.

dōnātŏr, *ōris*, m., celui qui donne, donateur : [-C] Théât. ‖ celui qui pardonne les péchés : [T] Pros.

dōnātus, *a, um*, part. de *dono*

dōnĕc, conj.

I [avec indic.] ¶1 jusqu'à ce que [qqf. en corrélation avec *usque eo*] : [C] Pros. ‖ jusqu'à ce qu'enfin : [-C] Théât., [C] Pros., [+C] Pros. ¶2 aussi longtemps que, tant que : [C] Pros., [+C] Pros.

II [avec subj.] ¶1 [nuance consécutive restrictive] jusqu'à ce que pourtant enfin : [C] Pros., [+C] Pros. ‖ de sorte que à la fin : [+C] Pros. ‖ [dans Tacite, *donec* subj. marque le terme d'une situation en train de se dérouler] : [+C] Pros. ¶2 aussi longtemps que, tant que : [C] Pros.

dōnĭcum, conj., anc. forme pour *donec* : [-C] Théât., Pros., [C] Pros.

dōnĭfĭcō, *ās, āre, -, -*, faire des présents : [+C] Poés.

dōnĭque, conj., → *donec* : [C] Poés.

Donnus, *i*, m., chef gaulois des Alpes cottiennes : [C] Poés.

dōnō, *ās, āre, āvī, ātum*, tr. ¶ **1** faire don, donner : ***alicui immortalitatem*** [C] Pros., donner l'immortalité à qqn ‖ [avec inf.] [C] Poés. ‖ [avec *ut* subj.] [+C] Poés. ¶ **2** sacrifier [fig.] : ***amicitias reipublicae*** [C] Pros., sacrifier ses affections à la république ¶ **3** tenir quitte de : [C] Pros. ; ***legem*** [+C] Pros., renoncer à poursuivre en justice ; ***negotium*** [+C] Pros., ne pas suivre une affaire, laisser tomber un procès ; [C] Pros. ¶ **4** gratifier de : ***aliquem civitate*** [C] Pros., accorder le droit de cité à qqn

Donŏessa, *ae*, f., → *Donusa* : [+C] Théât.

Donūca, *ae*, m., montagne de Thrace : [C] Pros.

dōnum, *i*, n., don, présent : [C] Pros. ; ***ultima dona*** [C] Poés., les derniers devoirs, les funérailles ‖ offrande faite aux dieux : [C] Pros., Poés. ; ***Apollinis donum*** [C] Pros., don fait à Apollon

Dŏnūsa, *ae*, f., petite île de la mer Égée [auj. Stenosa] : [C] Poés.

Dor, f. indécl., ville de Palestine, au pied du mont Carmel : [T] Pros.

dorcăs, *ădis*, f., biche : [+C] Poés.

Dorceūs, *ĕi* ou *ĕos*, m., nom d'un chien d'Actéon : [C] Poés.

Dorcĭum, *ĭi*, n., nom de femme : [-C] Théât.

Dōres, *um*, m. pl., Doriens [hab. de la Doride] : [C] Pros.

Dōrĭăs, *ădis*, f., servante dans ; [-C] Théât.

Dōrĭcē, adv., à la manière des Doriens : ***Dorice loqui*** [+C] Pros., se servir du dialecte dorien

Dōrĭcus, *a, um*, = grec : [C] Poés. ‖ ***Doricum genus*** [C] Pros., ordre dorique

Dōrĭo, **Dōrĭōn**, *ōnis*, m., nom d'homme : [-C] Théât.

Dōrĭŏn, *ĭi*, n., ville de Messénie : [+C] Poés.

Dōrippa, *ae*, f., personnage de femme : [-C] Théât.

1 **Dōrĭs**, *ĭdis*, f. ¶ **1** femme de Nérée, mère des Néréides : [C] Poés. ‖ = la mer : [C] Poés. ¶ **2** femme de Denys le Tyran : [C] Pros. ¶ **3** nom de courtisane : [+C] Poés.

2 **Dorĭs**, *ĭdis*, adj. f., Dorienne, Grecque : [+C] Pros. ‖ de Sicile [où il y avait des colonies doriennes] : [+C] Théât.

Dōriscŏs, *i*, f. et **Dŏriscŏn** (**-cum**), *i*, n., place forte de la Thrace : [C] Pros.

Dōrĭus, *a, um*, Dorien : [C] Poés., [+C] Pros.

Dorixanĭum, *ĭi*, n. → *Doroxanium*

dormĭō, *īs, īre, īvī* et *ĭī, ītum*, intr. ¶ **1** dormir : ***non omnibus dormio*** [C] Pros., je ne dors pas pour tout le monde [je sais voir quand je veux] ; ***ire dormitum*** [-C] Théât., aller se coucher ‖ [poét. au passif pers.] : [C] Poés., [+C] Poés. ‖ [pass. impers.] ***dormitur*** [+C] Poés., on dort ¶ **2** [fig. = ne rien faire] : [C] Pros. ¶ **3** être engourdi spirituellement : [T] Pros.

Dormitantĭus, *ĭi*, m., le Dormeur [sobriquet] : [T] Pros.

dormītātĭo, *ōnis*, f., sommeil : [T] Pros.

dormītātŏr, *ōris*, m., voleur de nuit [qui dort pendant le jour] : [-C] Théât.

dormītĭo, *ōnis*, f., faculté de dormir, sommeil : [C] Poés. ; ***dormitio somni*** [T] Pros., même sens ‖ pl., [T] Pros.

dormītō, *ās, āre, āvī, ātum*, intr. ¶ **1** avoir envie de dormir, s'endormir, sommeiller : [C] Pros. ‖ [fig.] ***dormitans lucerna*** [C] Poés., lampe en train de s'éteindre ¶ **2** être inactif : ***dormitans sapientia*** [C] Pros., sagesse assoupie ‖ somnoler, se laisser aller [négligence] : [C] Poés.

dormītŏr, *ōris*, m., dormeur, celui qui aime à dormir : [+C] Poés.

dormītōrĭus, *a, um*, où l'on dort : ***dormitorium cubiculum*** [+C] Pros., chambre à coucher

Dŏroxănĭum, *ĭi*, n., fleuve de l'Inde qui roulait des sables d'or : [C] Poés.

Dorsennus, → *Dossennus*

Dorso, *ōnis*, m., surnom romain [dans la famille Fabia] : [C] Pros.

dorsŭālis, *e*, du dos, qui est sur le dos, dorsal : [+C] Pros., [T] Pros.

dorsum, *i*, n. ¶ **1** dos de l'homme et des animaux : [-C] Théât., [C] Poés. ¶ **2** croupe, arête [d'une montagne] : [C] Pros.

dorsŭōsus, *a, um*, qui dresse son dos [en parl. d'un écueil] : [T] Pros.

dorsus, *i*, m., → *dorsum*

1 **Dōrus**, → *Dores*

2 **Dōrus**, *i*, m., fils d'Hellen, donne son nom à la Doride : [C] Pros.

Dŏrўclus, *i*, m., nom d'homme : [C] Poés.

Dŏrўlaeum, *i*, n., Dorylée [ville de la Phrygie] : [C] Pros. ‖ **-laei** et **-lenses**, *ium*, m. pl., habitants de Dorylée : [C] Pros.

Dŏrўlas, *ae*, m., nom d'homme : [C] Poés.

Dŏrўlāus, *i*, m., nom d'homme : [C] Pros.

Dŏrўphŏrĭānus, *i*, m., nom d'homme : [T] Pros.

dŏrўphŏrus (**ŏs**, [C] Pros.), *i*, m., doryphore [soldat armé d'une lance] : [+C] Pros.

dōs, *dōtis*, f. ¶ **1** dot [apportée au mari par l'épouse ou sa famille] : [-C] Théât. ; ***dotem conficere*** [C] Pros. ; ***dare*** [C] Pros., faire la dot, doter ; ***dicere dotem*** [C] Pros., régler, fixer la dot ; ***doti dicere*** [C] Pros., donner en dot ; ***conferre in dotem*** [+C] Pros., donner en dot ; [fig.] [C] Pros. ¶ **2** [postclass.] qualités, mérites de qqch. ou de qqn : [+C] Pros.

Dōsĭthŏē, *ēs*, f., nom d'une nymphe : [C] Poés.

Dossennus, **Dossēnus**, *i*, m., personnage traditionnel de l'atellane, bossu, glouton, filou : [+C] Pros.

dossŭārĭus, qui porte sur le dos : [C] Pros.

dōtālis, *e*, de dot, donné ou apporté en dot, dotal : [C] Pros.

dōtātus, *a, um*, part. de *1 doto* ‖ adj[t], bien doté, bien doué ‖ ***dotatissimus*** [C] Poés.

dōtes, pl. de *dos*

1 **dōtō**, *ās, āre, āvī, ātum*, tr., doter : [C] Poés.

2 **Dōtō**, *ūs*, f., nom d'une Néréide : [C] Poés.

drachma, *ae*, f., drachme [monnaie athénienne, = un denier romain] : [C] Pros., Poés.

drăchŭma, → *drachma*

drăchmissō, **drăchŭmissō**, *ās, āre, -, -*, intr., servir pour une drachme : [-C] Théât.

1 **drăco**, *ōnis*, m. ¶ **1** dragon, serpent fabuleux : [C] Pros. ; [gardien de trésor] [C] Pros. ‖ serpent : [C] Poés. ¶ **2** le dragon [constellation] : [C] Pros. ¶ **3** dragon [enseigne de la cohorte] : [+C] Poés. ¶ **4** vase tortueux à faire chauffer de l'eau : [+C] Pros.

2 **Drăco**, *ōnis*, m., Dracon [législateur d'Athènes] : [C] Pros., [+C] Pros.

drăcōn, *ontis*, m., dragon : [-C] Théât.

drăcōnĭgĕna, *ae*, m. f., né d'un dragon : ***draconigena urbs*** [C] Poés. [= Thèbes]

drăcontēus, *a, um*, de dragon : [+C] Poés.

drăcontĭŏs vītis, f., sorte de vigne : [+C] Pros.

dragma, pour *drachma* : [+C] Pros.

Drăhōnus, *i*, m., rivière qui se jette dans la Moselle : [T] Poés.

Drancaeus, → *Drangae*

Drancēs, *is*, m., l'un des conseillers de Latinus : [C] Poés.

Drangae, *ārum*, m. pl., peuple de Perse ‖ **-caeus**, *a, um*, des Dranges : [+C] Poés.

drāpĕta, *ae*, m., esclave fugitif : [-C] Théât.

Drappēs, *ētis*, m., chef gaulois : [C] Pros.

draucus, *i*, m., débauché, sodomite : [+C] Poés.

Draudacum, *i*, n., ville d'Illyrie : [C] Pros.

Drăvus, *i*, m., Drave [rivière de la Pannonie] : [+C] Pros.

drensō, *ās, āre, -, -*, intr., crier [en parl. du cygne] : [+C] Pros.

Drĕpăna, n. pl., → *Drepanum*

Drĕpănē, *ēs*, f., Drépane : [+C] Poés. ; → *Drepanum*

Drĕpănĭtānus, *a, um*, de Drépane : [C] Pros.

Drĕpănum, *i*, n., [C] Poés. et **Drĕpăna**, *ōrum*, n. pl., [C] Pros., Drépane [promontoire et ville de Sicile]

1 **drŏmăs**, *ădis*, m., dromadaire [animal] : [C] Pros., [+C] Pros.

2 **Drŏmăs**, *ădis*, f., nom d'une chienne d'Actéon : [C] Poés.

drŏmĕda, *ae*, f., **drŏmĕdārius**, *ĭi*, m., → *1 dromas* : [T] Pros.

Drŏmō, *ōnis*, m., personnage de comédie : [-C] Théât.

Drŏmŏs, m., stade de Lacédémone : [C] Pros.

drōpax, *ăcis*, m., onguent épilatoire : [+C] Poés.

drosca, *ae*, f., grive : [T] Poés.

Drŭentĭa, *ae*, m., rivière de la Narbonnaise [auj. la Durance] : [C] Pros.

drŭĭdae, *ārum*, [C] Pros. et **drŭĭdes**, *um*, m. pl., [C] Pros., druides [prêtres des anciens Gaulois]

Drŭma, *ae*, m., rivière de la Viennoise [auj. la Drôme] : [T] Poés.

Drūsĭānus, **Drūsīnus**, *a*, *um*, de Drusus : [+C] Pros.

Drūsilla, *ae*, f., nom de plusieurs femmes célèbres : [+C] Pros.

Drūsus, *i*, m., surnom d'une branche de la *gens Livia* : [C] Pros. ‖ surnom de qq. *Claudii*, not^{t} *Claudius Drusus Nero*, frère de Tibère, père de Germanicus et de l'empereur Claude : [+C] Pros.

Drўădes, *um*, f. pl., les Dryades [nymphes des forêts] : [C] Poés. ‖ au sg., **Dryas** ‖ Dryade : [+C] Poés.

Drўantīdēs, *ae*, m., fils de Dryas [Lycurgue] : [C] Poés.

1 **Drўăs**, *ădis*, f., → *Dryades*

2 **Drўās**, *antis*, m., Dryas [un des Lapithes] : [C] Poés. ‖ roi de Thrace, père de Lycurgue : [+C] Poés. ‖ un des compagnons de Méléagre : [C] Poés.

Drymĭae, *ārum*, f. pl., ville de Doride : [C] Pros.

Drўmō, *ūs*, f., nom d'une nymphe : [C] Poés.

Drўŏpē, *ēs*, f., Dryope [fille d'Euryte, roi d'Œchalie] : [C] Poés. ‖ nom d'une nymphe : [C] Poés. ‖ nom d'une femme de Lemnos : [+C] Poés.

Drўŏpēĭus, **Drўŏpēis**, → *Triopeius, Triopeis*

Drўŏpes, *um*, m. pl., Dryopes [peuple d'Épire] : [C] Poés. ‖ au sg. *Dryops* [C] Poés.

dŭālis, *e*, subst. m., le duel [gram.] : [+C] Pros.

dŭăpondō, n. pl. indécl., deux livres [pesant] : [+C] Pros.

dŭas, **dŭat**, → *1 do*

dŭbĭē, adv., d'une manière douteuse, incertaine : [C] Pros. ; ***non dubie*** [C] Pros., certainement

dŭbĭĕtās, *ātis*, f., doute, hésitation : [T] Pros.

dŭbĭō, adv., d'une manière douteuse : ***non dubio*** [+C] Pros., sans doute, indubitablement

dŭbĭōsus, *a*, *um*, douteux : [+C] Pros.

Dŭbis, *is*, m., le Dubis [rivière des Séquanes, auj. le Doubs] : [C] Pros.

dŭbĭtābĭlis, *e*, douteux : [C] Poés. ‖ qui doute : [T] Poés.

dŭbĭtans, *tis*, → *dubito I ¶ 4*

dŭbĭtantĕr, [C] Pros., **dŭbĭtātim**, en doutant, avec hésitation

dŭbĭtātĭo, *ōnis*, f. ¶ **1** action de douter, doute : ***dubitationem afferre*** [C] Pros., faire douter, faire naître le doute ; ***dubitationem tollere*** [C] Pros. ; ***expellere*** [C] Pros. ; ***eximere*** [+C] Pros., dissiper, lever les doutes ; [C] Pros. ; ***in aliqua re dubitatio est*** [C] Pros., une chose inspire le doute ; ***alicujus rei dubitatio*** [C] Pros., l'incertitude sur qqch. ‖ [avec interr. indir.] [C] Pros. ¶ **2** incertitude, hésitation : [C] Pros. ; ***dubitationem alicui dare*** [C] Pros., faire hésiter qqn ¶ **3** hésitation, irrésolution, lenteur : [C] Pros. ; ***sine dubitatione*** [C] Pros. ; [C] Pros. ¶ **4** dubitation [fig. de rhét.] : [C] Pros.

dŭbĭtātus, *a*, *um*, → *dubito II b*

dŭbĭtō, *ās*, *āre*, *āvī*, *ātum*
I intr. ¶ **1** balancer entre deux choses, hésiter, être indécis, douter : [C] Pros. ‖ ***de aliqua re***, au sujet de qqch. : [C] Pros. ; ***de indicando*** [C] Pros., hésiter à dénoncer ; ***in aliquo*** [C] Pros., hésiter à propos de qqn ; [avec acc. de pron. n.] [C] Pros. ¶ **2** douter si, que : [C] Pros. ; [avec *num*] [C] Pros., [+C] Pros. ; [avec *an*] [C] Poés. ; [interrog. double avec *ne … an*] [C] Pros. ; [avec *utrum … an*] [C] Pros. ; [avec *an* seulement au 2e membre] [C] Pros. ; [avec *anne* seulement au 2e membre] [C] Poés. ‖ [avec *an*] si … ne … pas, s'il n'est pas vrai que ; [C] Pros. ‖ [avec prop. inf.] [T] Pros. ‖ ***non dubitare***, ne pas douter que ***quid dubitas***, comment douter que ***quid est quod dubites***, peut-on douter que : [avec *quin* subj.] [C] Pros. ; [avec prop. inf.] [C] Pros. ‖ [avec pron. interr.] se demander avec embarras, ou avec doute, ce qui, pour qui : [-C] Théât., [C] Pros. ¶ **3** [avec inf.] [rare] hésiter à : [C] Pros., [+C] Pros. ‖ mais ***non dubitare*** [avec inf. ou avec *quin*] ne pas hésiter à [fréq. dans Cicéron et César] ¶ **4** [en parl. de choses] : ***si fortuna dubitabit*** [C] Pros., si la fortune hésite ; [+C] Pros. ‖ [poét.] ***dubitantia lumina*** [+C] Poés., yeux mourants (qui s'éteignent)
II tr., au passif ***a)*** [adj. verbal d. Cicéron] [C] Pros. ***b)*** **dubitatus**, *a*, *um*, [C] Poés., dont on doute ; ***ne auctor dubitaretur*** [+C] Pros., pour qu'il n'y eût pas de doute sur l'instigateur

dŭbĭum, *ĭi*, n. ¶ **1** doute : [C] Pros. ; ***in dubium vocari*** [C] Pros., être mis en doute ; [+C] Pros. ; ***sine dubio*** [C] Pros., sans doute ; ***procul dubio*** [C] Pros. ; ***dubio procul*** [+C] Pros., sans doute ¶ **2** hésitation : [-C] Théât. ¶ **3** situation critique : ***in dubio esse*** [C] Pros., être en danger ; ***in dubium devocare*** [C] Pros. ; ***revocare*** [C] Pros., mettre dans une situation incertaine

dŭbĭus, *a*, *um* ¶ **1** balançant d'un côté et de l'autre, incertain, indécis, hésitant : [C] Poés., Pros. ‖ [avec gén.] ***sententiae*** [C] Pros., incertain sur le parti à prendre ; [à distinguer de] ***dubius animi*** [C] Pros. ; ***mentis*** [C] Poés., ayant l'esprit indécis ‖ [avec interrog. indir.] : [C] Poés. ¶ **2** [tour négatif] ***haud*** ou ***non dubius***, ne doutant pas que : [avec prop. inf.] [C] Pros. ; [avec *quin* subj.] [C] Pros. ¶ **3** [en parlant de choses] douteux, incertain : pl. n., ***dubia*** [C] Pros., les choses douteuses ; ***quod est dubium*** [C] Pros., ce qui est douteux ; ***dubia salus*** [C] Pros., salut chanceux ; ***dubia victoria*** [C] Pros., victoire incertaine, indécise ‖ ***dubium caelum*** [C] Poés., le ciel incertain, qui ne livre pas ses secrets ; ***dubia cena*** [-C] Théât., un repas qui met dans l'embarras du choix ‖ ***de aliqua re dubium non est*** [C] Pros., il n'y a pas de doute sur une chose ‖ ***dubium est*** [avec interrog. indir.] : [C] Pros. ‖ ***non dubium est quin*** subj. ; il n'est pas douteux que : [C] Pros. ‖ ***non dubium est*** avec prop. inf. ; il n'est pas douteux que : [-C] Théât., [C] Pros., [+C] Pros. ¶ **4** douteux, critique, dangereux : ***tempora dubia*** [C] Poés., circonstances critiques ; pl. n., ***dubia nisu*** [C] Pros., endroits difficiles à escalader ; ***in dubiis*** [C] Poés., dans les moments critiques ¶ **5** chancelant : [+C] Théât., Poés.

dūc, impér. de *duco*

dŭcālĭtĕr, adv., à la manière d'un chef, en bon général : [T] Pros. ‖ compar., ***ducalius*** [T] Pros.

dŭcātrix, *īcis*, f., conductrice : ***ducatrix vitiorum*** [+C] Pros., mère des vices

dŭcātŭs, *ūs*, m. ¶ **1** fonction de général, commandement militaire : [+C] Pros. ¶ **2** action de guider : [T] Pros. ‖ direction : [T] Pros. ; [pl.]

dŭcēnārĭa, *ae*, f., fonction du procurateur appelé *ducenarius* : [+C] Pros.

dŭcēnārĭus, *a*, *um*, qui renferme deux cents, qui concerne deux cents : ***ducenarium (pondus)***, poids de deux cents livres : [+C] Pros. ; ***ducenarii procuratores*** [+C] Pros., procurateurs, intendants aux appointements de 200 000 sesterces

dŭcēni, *ae*, *a*, pl., distributif, deux cents chacun, chaque fois deux cents : [C] Pros.

dŭcentēsĭma, *ae*, f., la deux-centième partie, un demi pour cent : [+C] Pros.

dŭcenti, *ae*, *a*, pl., au nombre de deux cents : [C] Pros. ‖ un grand nombre indéterminé : [C] Pros., Poés.

dŭcentĭēs, **-iens**, deux cents fois : [C] Pros. ‖ mille fois [fig.] : [C] Poés.

dŭcentum, indécl., deux cents : [-C] Poés., [+C] Pros.

1 **dŭcis**, gén. de *dux*

2 **dūcis**, 2e pers. sg. de *duco*

dūcō, *ĭs*, *ĕre*, *dūxī*, *ductum* ¶ **1** tirer ***a) vagina ferrum ducere*** Ov., tirer l'épée du fourreau ; ***vivos vultus de marmore ducere*** Virg., tirer du marbre des figures vivantes ; ***aliquem sorte ducere*** Cic., tirer qqn au sort ‖ [fig.] tirer de, faire découler de : ***officia quae ex communitate ducuntur*** Cic., les devoirs qui découlent de la société ; ***ab eundo nomen ductum*** Cic., un nom tiré du verbe *ire* ***b)*** tirer à soi, prendre : ***piscem hamo ducere*** Ov., prendre un poisson à l'hameçon ; ***colorem ducere*** Ov., prendre une couleur ‖ [par ext.] ***spiritum naribus ducere*** Varr. *R.*, aspirer l'air par les narines ; ***pocula Lesbii ducere*** Hor., déguster des coupes de vin de Lesbos ***c)*** étirer, étendre : ***digitulos alicujus ducere*** Sen. *Ep.*, étirer les doigts de qqn ‖ [spéc.] ***os ducere*** Cic., Quint., grimacer ‖ étirer des fils, filer : Ov., Catul. ; [d'où] composer (des vers) : Ov., Hor. ‖ tirer un trait, tracer : ***orbem ducere*** Quint., tracer un cercle ***d)*** [fig.] faire durer : ***aetatem in litteris ducere*** Cic., passer sa vie dans les lettres ; [d'où] prolonger : ***somnos ducere*** Virg., prolonger son sommeil ; ***vitam ducere*** Virg., prolonger sa vie ; ***rem prope in noctem ducere*** Caes., prolonger une affaire presque jusqu'à la nuit ; ***tempus ducere*** Cic., traîner le temps en longueur ‖ [d'où] ***aliquid diem ex die ducere*** Caes., remettre qqch. de jour en jour ; ***aliquem ducere*** Caes., faire attendre qqn ¶ **2** conduire ***a) aliquem in carcerem ducere*** Cic., conduire qqn en prison ; ***exercitum ducere*** Caes., conduire une armée ; ***reliquos obsidum loco secum ducere*** Caes., conduire (= emmener) les autres avec soi comme otages ; ***aquam per fundum alicujus ducere*** Cic., conduire (= faire passer) de l'eau sur la propriété de qqn ; ***parietem per vestibulum alicujus ducere*** Cic., mener un mur à travers le vestibule de qqn ‖ conduire (chez soi comme femme)= épouser : ***uxorem ducere filiam alicujus*** Cic., épouser la fille de qqn ‖ ***pompam ducere*** Ov., conduire une procession ; ***exsequias ducere*** Plin., mener des funérailles ; [d'où] organiser : ***funus ducere*** Cic., organiser des obsèques ; ***ludos ducere*** Tac., organiser des jeux ***b)*** conduire = commander : ***ordinem ducere*** Caes., commander une centurie ‖ [d'où] marcher en tête de : Caes. ; ***familiam ducere***, être en tête de la famille= tenir le premier rang ‖ [abs[t] dans Liv.] marcher, se diriger : ***ducere quam proxime ad hostem potest*** Liv., s'avancer le plus près possible de l'ennemi ***c)*** [fig.] conduire, mener, engager à : ***aliquem ducere promissis*** Prop., mener qqn par des promesses ; ***me ad credendum tua ducit oratio...*** Cic., tes propos m'engagent à croire... ‖ [surtout au pass.] ***gloria duci*** Cic., être guidé par la gloire ; ***hoc errore duci ut...*** Cic., se laisser conduire (= abuser) par cette idée erronée que... ¶ **3** compter ***a) nonaginta medimnum milia ducere*** Cic., compter 90.000 médimnes ***b)*** compter au nombre de, considérer comme : ***aliquid in bonis ducere*** Cic., compter qqch. au nombre des biens ; ***aliquem in numero hostium ducere*** Cic., compter qqn au nombre des ennemis ; ***innocentia pro malevolentia duci coepit*** Sall., l'intégrité commença à passer pour de la malveillance ; ***hoc pulcherrimum ducere defendere...*** Cic., regarder comme la tâche la plus belle de défendre... ***c)*** [d'où] estimer : ***magni ducere*** Cic., estimer beaucoup ; ***pluris ducere*** Cic., estimer davantage ; ***pro nihilo ducere*** Cic., tenir pour rien ‖ croire, penser : ***se magistratum equitum ducere*** Liv., se croire le maître de la cavalerie ; [avec prop. inf.] Cic.

ductābĭlĭtās, *ātis*, f., facilité à se laisser mener [par le nez] : [-C] Poés.

ductārĭus, *a, um*, qui sert à tirer : ***ductarius funis*** [C] Pros., câble de traction

ductĭlis, *e*, qu'on peut conduire, détourner [en parl. de l'eau] : [+C] Poés.

ductim, adv., en conduisant : [+C] Pros. ‖ tout d'un trait, sans se reprendre [quand on boit] : [-C] Théât.

ductĭo, *ōnis*, f., action de conduire : ***aquarum ductiones*** [C] Pros., conduites d'eau ; ***directa ductio*** [C] Pros., traction rectiligne ‖ ***alvi ductio*** [+C] Pros., relâchement du ventre

ductĭtō, *ās, āre, āvī, ātum*, conduire : [-C] Théât. ‖ emmener chez soi [une femme], épouser : [-C] Théât. ‖ duper, tromper : [-C] Théât.

ductō, *ās, āre, āvī, ātum*, tr. ¶ **1** conduire, guider, mener de côté et d'autre : [-C] Théât. ‖ conduire habituellement : [C] Pros. ‖ [en part.] commander une armée : [C] Pros. ; avoir sous ses ordres : [C] Pros. ¶ **2** emmener chez soi une femme : [-C] Théât. ¶ **3** tromper, duper : [-C] Théât. ‖ mener par le bout du nez : [-C] Théât.

ductŏr, *ōris*, m. ¶ **1** conducteur, guide : ***ductores leonum*** [C] Poés., conducteurs de lions ¶ **2** chef, général d'armée, commandant de navire, de flotte : [C] Pros. ‖ [fig.] ***ductores apum*** [C] Poés., les rois des abeilles [en guerre] ; [+C] Poés.

1 **ductus**, *a, um*, part. de *duco*

2 **ductŭs**, *ūs*, m. ¶ **1** action d'amener, conduite : ***ductus aquarum*** [C] Pros., la conduite des eaux ¶ **2** administration, gouvernement, commandement : [C] Pros. ¶ **3** tracement, tracé, trait : ***ductus muri*** [C] Pros., tracé d'un mur ; [+C] Pros. ; ***ductus oris*** [C] Pros., expression de la bouche ¶ **4** conduite, suite, économie [d'une pièce de théâtre] : [+C] Pros. ‖ conduite de la phrase : [+C] Pros.

dūdum, adv. ¶ **1** il y a quelque temps que, depuis quelque temps : [C] Pros. ; ***quamdudum...*** [C] Pros., combien il y a de temps que... ; ***haud dudum*** [-C] Théât., il n'y a pas longtemps ‖ ***jam dudum*** ; V. *jamdudum* ¶ **2** naguère, tout à l'heure, récemment : [-C] Théât., [C] Pros.

Dŭēlĭus, **Dŭellĭus**, arch. pour *Duilius, Duillius*

dŭellātŏr, *ōris*, m., guerrier, homme de guerre : [-C] Théât.

dŭellĭcus, *a, um*, belliqueux : [C] Poés. ; ***ars duellica*** [-C] Théât., l'art de la guerre

dŭellis, *is*, m., ennemi armé : [T] Pros.

dŭellum, *i*, n., guerre, combat : [C] Poés. ; ***domi duellique*** [-C] Théât. ‖ [employé d. le style arch.] : [C] Pros.

duĕnŏs, V. *bonus*

duīgae, V. *bigae* : [C] Pros.

Duīlĭus, **Duillĭus**, *ĭi*, m., Duilius [consul romain, qui, le premier, vainquit les Carthaginois sur mer] : [C] Pros. ‖ autre du même nom : [C] Pros.

duīni, V. *1 bini* : [C] Pros.

duĭpēs, *ĕdis*, V. *bipes* : [-C] Théât.

duis [arch.] ¶ **1** V. *bis* : [C] Pros. ¶ **2** V. *1 do*

Dŭītae, *ārum*, m. pl., les Duites [qui croient en deux dieux] : [T] Poés.

dŭĭtŏr, V. *1 do*

dulcātus, *a, um*, part. de *dulco*

dulcĕ, n. pris adv., d'une manière douce, agréablement, avec agrément, doucement : [C] Poés., Pros. ; V. *dulciter*

dulcēdo, *ĭnis*, f., [fig.] douceur, agrément, charme, attrait, plaisir : ***dulcedo orationis*** [C] Pros., charme du style ‖ pl., ***dulcedines*** : [C] Pros.

dulcescō, *ĭs, ĕre, -, -*, intr., s'adoucir, devenir doux [propre et fig.] : [C] Pros.

dulcĭcŭlus, *a, um*, quelque peu doux [au goût] : [C] Pros.

dulcĭfĕr, *ĕra, ĕrum*, portant de la douceur : [-C] Pros., Théât.

dulcĭlŏquus, *a, um*, au son doux, harmonieux : [T] Pros.

dulcĭmŏdus, *a, um*, V. *dulcisonus* : [T] Poés.

dulcĭŏla, *ōrum*, n. pl., petits gâteaux, friandises : [+C] Pros.

dulcĭōrĕlŏquus (-lŏcus), *a, um*, à la parole douce : [+C] Pros.

dulcis, *e*, doux, agréable : [saveur] [-C] Théât., [C] Poés., Pros. ; [sons] [C] Pros. ; [voix] [C] Pros. ; [style, écrivains] [C] Pros. ; [opp. à *suavis*] [C] Pros., douceâtre ‖ [fig.] suave, agréable, chéri [en parl. des choses et des pers.] : [C] Pros. ; ***dulcissime rerum*** [C] Poés., ô cher entre toutes choses ‖ ***dulcior*** [C] Pros. ; ***dulcissimus*** [C] Pros.

dulcĭsŏnus, *a, um*, dont le son est doux, agréable : [T] Poés.

dulcĭtās, *ātis*, f., douceur : [-C] Théât.

dulcĭtĕr, adv., agréablement, V. *dulce* : [C] Pros., [+C] Pros. ‖ compar., ***dulcius*** [+C] Pros. ; superl., ***-cissime*** [C] Pros.

dulcĭtūdo, *ĭnis*, f., douceur [goût] : [C] Pros.

dulcĭum, *ĭi*, n., gâteau : [+C] Pros.

dulcō, *ās, āre, -, -*, tr., adoucir : [T] Pros.

dulcōrĕlŏcus, V. *dulcioreloquus*

dulcōrō, *ās, āre, āvī, ātum*, tr., adoucir : [T] Pros.

Dulgubnĭi, *ōrum*, m. pl., Dulgubniens [nation germanique] : [+C] Pros.

dūlĭcē, adv., en esclave : Théât.

Dūlĭchĭa, *ae*, f., ➡ *Dulichium* : Poés.

Dūlĭchĭum, *ĭī*, n., île de la mer Ionienne, qui faisait partie du Royaume d'Ulysse : Poés. ‖ **-ĭus**, *a*, *um*, de Dulichium, d'Ulysse : Poés.

dum, adv. et conj.
I adv. enclitique ¶**1** [en composition avec *non, nullus, haud, vix*] encore : ***nondum***, pas encore ; ***nullusdum, nulladum***, encore pas un, pas une ; ***vixdum***, à peine encore ; ***nihildum***, encore rien ; ***necdum, nequedum***, et pas encore ¶**2** [après l'impér.] donc, voyons, seulement : ***circumspice dum te*** Théât., regarde seulement autour de toi ; ***memoradum*** Théât., rappelle-moi donc ; ***tangedum*** Théât., allons, touche-les, pour voir ¶**3** [après interj.] ***ehodum*** Théât., hé, voyons ! ‖ [après certains adv.] ***quidum ?*** comment donc ? : Théât. ; ***primumdum*** Théât., eh bien d'abord
II conj. ¶**1** [avec indic.] ***a)*** [avec indic. prés.] dans le même temps que, pendant que [qqf. en corrélation avec *interea, interim*] : Pros. ‖ [avec imparf.] Pros. ***b)*** jusqu'au moment où, jusqu'à ce que : Pros. ; ***exspectabo, dum venit*** Théât., j'attendrai qu'il vienne ; Pros. ***c)*** pendant tout le temps que, tant que ; [qqf. en corrélation avec *tamdiu*] Pros. ***d)*** tandis que [explicatif] : Pros. ‖ [fréqt d. Liv.] ¶**2** [avec subj.] ***a)*** [st. indir.] : Pros. ***b)*** [nuance consécutive et finale] : le temps suffisant, nécessaire pour que, un temps assez long pour que : Pros. ; [en part. après *exspectare*] Pros. ***c)*** [dans le potentiel ou irréel par attraction] Pros. ***d)*** [analogue à *cum* participial] : Poés., Pros. ¶**3** [toujours avec le subj.] ***dum, dum modo***, pourvu que : ***oderint, dum metuant*** Théât., Pros., qu'ils me haïssent, pourvu qu'ils me craignent ; Pros. ‖ [sans verbe exprimé] : Pros. ‖ [avec négation *ne*] : Pros., Pros. ¶**4** tandis que, alors que [= *cum*] : ***dum essem adulscens*** Pros., alors que j'étais jeune

dūmētum, *i*, n., ronceraie, buissons : Pros. ‖ arbrisseaux : Poés. ‖ [fig.] ***dumeta Stoicorum*** Pros., les épines du stoïcisme = subtilités, difficultés

dummŏdŏ (dum mŏdŏ), conj. avec subj., pourvu que : Pros. ; ***dummodo ne*** Pros., pourvu que ne pas ; ➡ *dum II* ¶*3*

dummus, ➡ *dumus*

Dumnacus, *i*, m., chef des Andécaves : Pros.

Dumnŏrix, *īgis*, m., noble Éduen, frère de Divitiacus : Pros.

dūmōsus, *a*, *um*, couvert de ronces, de broussailles, de buissons : Poés.

dumtaxăt (dunt-), adv. ¶**1** juste en se bornant à, pas au-delà, seulement : Pros. ; ***si dumtaxat*** Pros., si seulement ‖ [qqf.] Pros. ¶**2** surtout : Pros.

dūmus (arch. **dusmus**), *i*, m., buisson, hallier : Pros., Poés.

dŭnămis, ➡ *dynamis*

duntaxat, ➡ *dumtaxat*

dŭŏ, *ae*, *ŏ*, pl., deux : Pros. ‖ souvent acc. *duo* au lieu de *duos* : Pros.

dŭŏdĕcĭens, **-cĭēs**, douze fois : Pros.

dŭŏdĕcim, indécl., douze : Pros. ‖ ***duodecim***, les XII Tables : Pros.

dŭŏdĕcĭmō, adv., pour la douzième fois : Pros.

dŭŏdĕcĭmus, *a*, *um*, douzième : Pros.

dŭŏdēnārĭus, *a*, *um*, qui contient douze unités : Pros.

dŭŏdēni, *ae*, *a* ¶**1** [distrib.] chacun douze : Pros. ‖ gén. pl., ***duodenum*** : Pros. ¶**2** [poét.] ➡ *duodecim*, douze : ***duodena astra*** Poés., les douze signes du Zodiaque ‖ [au sg.] Pros., au nombre de douze

dŭŏdēnĭgĕna, *ae*, m. et f., au nombre de douze : Poés.

dŭŏdēnum, gén. pl. de *duodeni*

dŭŏdēquādrāgēsĭmus, *a*, *um*, trente-huitième : Pros.

dŭŏdēquādrāgintā, indécl., trente-huit : Pros.

dŭŏdēquinquāgēsĭmus, *a*, *um*, quarante-huitième : Pros.

dŭŏdēquinquāgintā, indécl., quarante-huit : Pros.

dŭŏdēsexāgēsĭmus, *a*, *um*, cinquante-huitième : Pros.

dŭŏdētrīcēsĭmus, *a*, *um*, vingt-huitième : d. Pros.

dŭŏdētrīcĭens (-cĭēs), vingt-huit fois : Pros.

dŭŏdētrīgintā, indécl., vingt-huit : Pros., Pros.

dŭŏdēvīcēni, *ae*, *a*, chacun dix-huit : Pros.

dŭŏdēvīginti, indécl., dix-huit : Pros.

dŭŏetvīcēsĭmāni, *ōrum*, m., soldats de la 22e légion : Pros.

dŭŏetvīcēsĭmus, *a*, *um*, vingt-deuxième : Pros.

dupla, *ae*, f., le double du prix : Théât.

duplāris, *e*, double qui contient le double : Pros. [comme récompense]

Duplăvīlenses, *ium*, m. pl., habitants de Duplavile [ville de l'Italie supérieure] : Poés.

dŭplex, *ĭcis* ¶**1** double : ***duplex cursus*** Pros., double trajet ; ***duplex murus*** Pros., double mur ‖ replié en deux : Pros. ‖ = gros : Pros. ; [fig.] Poés. ‖ double de, deux fois autant que : ***duplex quam*** Pros. ¶**2** partagé en deux : ***duplex ficus*** Poés., figue double, fendue en deux ; ***duplex lex*** Pros., loi qui a deux parties ¶**3** [au pl.] les deux ➡ *uterque* : ***duplices oculi*** Poés., les deux yeux ; ***duplices palmae*** Poés., les deux mains ¶**4** [fig.] ***a)*** fourbe, rusé : ***duplex Ulysses*** Poés., l'artificieux Ulysse ***b)*** = à double sens : Pros.

dŭplĭcārĭus, *ĭī*, m., soldat qui a double ration : Pros.

dŭplĭcātĭo, *ōnis*, f., action de doubler : ***duplicatio radiorum*** Pros., réfraction des rayons

dŭplĭcātŏr, *ōris*, m., celui qui double : Pros.

dŭplĭcātus, *a*, *um*, part. de *duplico*

dŭplĭcĭtās, *ātis*, f., équivoque, à double entente : Pros.

dŭplĭcĭter, adv., doublement, de deux manières : Pros., Poés.

dŭplĭco, *ās*, *āre*, *āvī*, *ātum*, tr. ¶**1** doubler : ***numerum dierum*** Pros., doubler le nombre des jours ; ***verba*** Pros., répéter les mots ou bien Pros., former des mots composés ¶**2** accroître, augmenter, grossir : ***duplicato cursu*** Pros., ayant fourni une course double ¶**3** courber en deux, ployer : Poés.

dŭplō, adv., doublement : ***duplo quam vos*** Pros., deux fois autant que vous

duplum, *i*, n., le double, deux fois autant : Pros. ; ***ire in duplum*** Pros., réclamer une réparation du double ; Pros.

dŭplus, *a*, *um*, double, deux fois aussi considérable : Pros.

dŭpondĭārĭus, *a*, *um*, de deux as : ***dupondiarius orbiculus*** Pros., diamètre de la monnaie appelée *dupondius* ‖ [fig.] de rien, méprisable, vil : ***homo*** Pros., homme de rien

dŭpondĭus, *ĭī*, m., Pros., **dŭpondĭum**, Pros., **dĭpondĭum**, *ĭī*, n., somme de deux as ‖ [fig.] peu de valeur, pas grand-chose : Pros. ‖ mesure de deux pieds : Pros.

Dūra, *ōrum*, n., ville de Mésopotamie : Pros.

dūrābĭlis, *e*, durable : Poés., Pros. ‖ ***durabilior*** Pros.

dūrăcĭnus, *a*, *um*, qui a la chair ferme : Pros., Pros.

dūrāmĕn, *ĭnis*, n., durcissement : Poés. ‖ ➡ *duramentum* : Pros.

dūrāmentum, *i*, n., [fig.] affermissement : Pros.

Dūrānĭus, *ĭī*, m., le Duranius [fleuve de la Gaule, auj. la Dordogne] : Poés.

dūrătĕus, *a*, *um*, de bois [en parl. du cheval de Troie] : Poés.

dūrātŏr, *ōris*, m., celui qui endurcit : Pros.

dūrātus, *a*, *um*, part. de *duro*

dūrē, adv. ¶**1** rudement, lourdement, sans grâce, sans élégance : Pros. ¶**2** avec dureté, rigoureusement, sévèrement : Pros. ‖ ***durius*** Pros. ; ➡ *duriter*

dūresco, *ĭs*, *ĕre*, *durŭī*, -, intr., durcir, s'endurcir, devenir dur : ***durescit humor*** Pros., l'eau durcit ‖ [fig.] prendre un style dur, se dessécher : Pros.

dūrēta, *ae*, f., cuve de bois [pour le bain] : Pros.

dūrĭcŏrĭus, *a, um*, qui a l'écorce ou la peau dure : [T] Pros.

Dūrĭs, *ĭdis*, m., historien grec de Samos : [C] Pros., [+C] Pros.

dūrĭtās, *ātis*, f., dureté, rudesse [du style] : [C] Pros.

dūrĭtĕr, adv., durement : [C] Pros. ‖ [fig.] durement, difficilement : [-C] Théât., [C] Pros. ‖ [V▶] *dure*

dūrĭtĭa, *ae*, f. ¶**1** dureté, rudesse [des corps] : [C] Poés. ¶**2** dureté, resserrement, induration [méd.] : [+C] Pros. ¶**3** [fig.] vie dure, laborieuse, pénible : [C] Pros. ¶**4** dureté d'âme, fermeté : [C] Pros. ¶**5** insensibilité : [C] Pros. ; ***duritia oris*** [+C] Pros., impudence ¶**6** sévérité, rigueur : [-C] Théât., [+C] Pros.

dūrĭtĭēs, *ēi*, f., [C▶] *duritia* [forme rare] : [C] Poés., [+C] Pros.

dūrĭtūdo, *ĭnis*, f., impudence : [-C] d. [+C] Pros.

dūrĭus, [V▶] *dure*

dūrĭuscŭlus, *a, um*, assez dur [à l'oreille] : [+C] Pros.

Durnĭum, *ĭi*, n., ville d'Illyrie : [C] Pros.

1 **dūrō**, *ās, āre, āvī, ātum*, tr. et intr.
I tr. ¶**1** durcir : ***ungulas*** [+C] Pros., endurcir la corne [d'un mulet] ; ***uvam fumo*** [C] Poés., faire sécher du raisin à la fumée ; ***corpus*** [+C] Pros., resserrer le ventre, constiper ‖ rendre solide, assujettir : [C] Pros. ¶**2** endurcir, fortifier : [C] Pros. ; ***durare membra*** [C] Poés., endurcir son corps ; ***exercitum*** [+C] Pros., aguerrir son armée ; ***mentem*** [+C] Pros., affermir son courage ¶**3** rendre dur, insensible : [C] Poés., [+C] Pros. ‖ [au pass.] s'invétérer : [+C] Pros.
II intr. ¶**1** se durcir : [C] Poés. ¶**2** être dur, cruel : [+C] Pros.

2 **dūrō**, *ās, āre, āvī, ātum*, tr. et intr. ¶**1** patienter, persévérer : [-C] Théât. ; ***durate*** [C] Poés., prenez patience ‖ [pass. impers.] [C] Pros. ‖ tenir bon, résister : [C] Pros., Poés. ¶**2** durer, subsister : [C] Poés., [+C] Pros. ‖ ***durant colles*** [+C] Pros., les collines continuent, se prolongent sans interruption ¶**3** tr., endurer, souffrir : [C] Poés. ‖ ***ut vivere durent*** [+C] Poés., pour qu'ils supportent la vie

Dūrŏcortŏrum, *i*, n., ville de la Gaule Belgique [auj. Reims] : [C] Pros.

Durōnĭa, *ae*, f., ville des Samnites : [C] Pros.

Durōnĭus, *ĭi*, m., nom d'homme : [C] Pros.

Durrach-, [V▶] *Dyrrach-*

dūrŭī, parf. de *duresco*

dūrus, *a, um* ¶**1** dur [au toucher], ferme, rude, âpre : ***durum ferrum*** [C] Poés., le fer dur ; ***dura gallina*** [C] Poés., poule coriace ; ***dura alvus*** [+C] Pros., ventre serré, constipé ; ***durum cacare*** [+C] Poés., avoir des selles dures ; ***dura pellis*** [C] Poés., peau rude ; ***durissimis pedibus*** [C] Pros., avec des pieds tout à fait endurcis ‖ [subst[t]], **durum**, *i*, n., le bois dur de la vigne : [+C] Pros. ¶**2** âpre [au goût, à l'oreille] : [C] Pros., Poés. ‖ ***durum verbum*** [C] Pros., mot dur, choquant, désagréable à entendre ¶**3** grossier, sans art : ***poeta durissimus*** [C] Pros., poète des plus rocailleux ; ***dura oratio*** [+C] Pros., style dur ¶**4** dur à la fatigue, à la peine : ***duri Spartiatae*** [C] Pros., les durs Spartiates ‖ qui ne se plie pas : ***ad haec studia*** [C] Pros., rebelle, insensible à ce genre d'études ‖ [avec inf.] [C] Poés. ¶**5** dur, sévère, cruel, endurci, insensible : ***animus durus*** [C] Pros., coeur insensible ; ***virtus dura*** [C] Pros., vertu sauvage ‖ impudent : ***os durum*** [C] Pros., impudence ¶**6** dur, difficile, pénible, rigoureux [en parl. des choses] : ***dura servitus*** [C] Pros., rude esclavage ‖ n. pl., ***dura***, choses difficiles, peines, fatigues, etc. : [C] Pros., Poés.

Dūsărēs, *is*, m., Bacchus chez les Arabes Nabatéens : [+C] Pros.

dusmus, [arch.] [C▶] *dumus*

dŭumvĭr, *ĭri*, m., [C] Pros., **dŭŏvĭr**, [C] Pros., duumvir, membre d'une commission de deux personnes [ordin[t] employé au pluriel, *duoviri*]

dŭumvĭrālĭtās, *ātis*, f., **dŭumvĭrātŭs**, *us*, m., [+C] Pros., duumvirat, charge de duumvir

dux, *dŭcis*, m. et f. ¶**1** conducteur, guide : [C] Pros. ‖ qui conduit, qui inspire : [C] Pros. ¶**2** chef, général : [C] Pros. ¶**3** chef du troupeau, qui marche à la tête : [C] Poés. ‖ [qqf.] gardien du troupeau, berger : [C] Poés.

duxī, parf. de *duco*

dўăs, *ădis*, f., le nombre deux : [T] Pros.

Dymaei, [V▶] *Dyme*

Dўmantis, *ĭdis*, f., fille de Dymas [Hécube] : [C] Poés.

Dўmās, *antis*, m. ¶**1** Dymas [roi de Thrace, père d'Hécube] : [C] Poés. ¶**2** fleuve de Sogdiane : [T] Pros.

Dўmē, *ēs*, f., et **Dymae**, *ārum*, f. pl., [C] Pros., Dymes [ville d'Achaïe] ‖ **-aeus**, *a, um*, de Dymes : [C] Pros. ‖ subst. m. pl., Dyméens : [C] Pros.

dўnămis, *is*, f. ¶**1** grande quantité, abondance : [-C] Théât. ¶**2** carré d'un nombre [puissance] : [T] Pros.

dўnastēs, *ae*, m., prince, seigneur, petit souverain : [C] Pros. ‖ [en parl. des triumvirs à Rome] [C] Pros.

dyptĭcum, [V▶] *diptycha*

Dўraspēs, *is*, m., fleuve de Scythie : [C] Poés.

Dyrrăchĭum, *ĭi*, n., ville maritime d'Illyrie [auj. Durazzo] : [C] Pros. ‖ **-īnus**, *a, um*, de Dyrrachium : [C] Pros. ; **-īni**, *ōrum*, m. pl., habitants de Dyrrachium : [C] Pros. ; **-ēni**

dyscŏlus, *a, um*, difficile, morose : [T] Pros.

dyscrasĭa, *ae*, f., mauvais tempérament ; [grec] [T] Pros.

dyspar, [V▶] *dispar* : [-C] Théât.

Dyspăris, *ĭdis*, m., nom d'homme : [C] Poés.

dyspepsĭa, *ae*, f., dyspepsie, digestion difficile : [-C] Pros.

E

1 **e**, f., n., cinquième lettre de l'alphabet latin prononcée *ē* : [C] Poés. ; → *1 a*

2 **ē**, prép., → *ex*

3 **e-**, interj., → *ecastor, edepol* ‖ partic., → *equidem*

1 **ĕā**, nom. f. sg. et n. pl. de *1 is*

2 **ĕā**, adv., par cet endroit : [C] Pros.

1 **ĕădem**, nom. f. sg. et nom. acc. n. pl. de *idem*

2 **ĕādem**, adv., par le même chemin : [C] Pros. ‖ [fig.] par les mêmes voies, en même temps, de même : [-C] Théât.

1 **ĕam**, acc. f. de *1 is*

2 **ĕam**, subj. prés. de *3 eo*

Ĕānus, *i*, m., → *Janus* : [C] d. [T] Pros.

ĕāproptĕr (ĕā proptĕr), adv., → *propterea* : [-C] Théât., [C] Poés.

ĕāpsĕ, **ĕampsĕ**, anciens abl. et acc. f. de *ipse* : [-C] Théât.

Ĕārīnus, *i*, m., nom d'homme : [+C] Pros. ‖ [avec *Ē-*] [+C] Poés.

ĕātĕnus, adv., jusque-là : [en corrélation avec *quatenus*] [+C] Pros. ; [ou avec *qua*] [+C] Pros., jusqu'au point où, dans la mesure où ‖ [avec *quoad*] [C] Pros., aussi longtemps que, en tant que ; [avec *ut* subj.] [C] Pros., dans une mesure telle que ; [avec *ne*] [+C] Pros., seulement pour éviter que

ĕbĕnum, *i*, n., ébène : [C] Poés.

ĕbĕnus, *i*, f., ébène : [C] Poés.

ēbĭbō, *ĭs*, *ĕre*, *bĭbī*, *pōtum* tard. *bĭbĭtum*, tr., boire (sucer) jusqu'à épuisement, avaler jusqu'au bout, tarir : ***ubera*** [C] Poés., épuiser la mamelle ; ***poculum*** [-C] Théât., vider une coupe ‖ [fig.] ***ebibi imperium*** [-C] Théât., j'ai bu (j'ai mangé) l'ordre ; [C] Poés. ; [C] Poés.

ēblandĭŏr, *īrĭs*, *īrī*, *ītus sum*, tr. ¶ **1** obtenir par des caresses : [C] Pros. ¶ **2** [nom de ch. sujet] ***a)*** faire sortir par la douceur : [+C] Pros. ***b)*** flatter (charmer) complètement : [C] Pros.

ēblandītus, → *eblandior*

Ĕbŏrācum, *i*, n., ville de Bretagne [auj. York] : [T] Pros.

ĕbŏrātus, → *eburatus*

Ebŏrŏlacensis, *e*, adj., d'une ville des Arvernes [auj. Ébreuil] : [T] Pros.

Ebŏsĭa, → *Ebusia*

ēbrĭăcus, *a*, *um*, ivre : [T] Pros.

ēbrĭĕtās, *ātis*, f., ivresse : [C] Pros., [+C] Pros. ‖ pl., enivrements : [+C] Pros.

ēbrĭō, *ās*, *āre*, -, *ātum*, tr., enivrer : [T] Pros. ‖ [fig.] faire perdre la raison : [T] Pros.

ēbrĭŏlus, *a*, *um*, légèrement ivre : [-C] Théât.

ēbrĭōsĭtās, *ātis*, f., ivrognerie, habitude de s'enivrer : [C] Pros.

ēbrĭōsus, *a*, *um*, ivrogne, adonné au vin : [C] Pros. ‖ subst. m., un ivrogne : [C] Pros. ‖ [fig.] qui nage dans le jus ou juteux : [C] Poés. ‖ ***ebriosior*** [+C] Pros.

ēbrĭus, *a*, *um*, ivre, enivré, pris de vin : [C] Pros. ‖ saturé, saoul, rassasié : [-C] Théât. ‖ ***ebria verba*** [C] Poés., paroles d'un homme ivre ; ***ebria nox*** [+C] Poés., nuit vouée à l'ivresse ; ***ebria bruma*** [+C] Poés., l'hiver propice à l'ivresse ‖ [fig.] [C] Poés. ; ***ebrii ocelli*** [C] Poés., chers yeux ivres d'amour ; [+C] Poés.

ēbullĭō, *īs*, *īre*, *īvī* et *ĭī*, *ītum* ¶ **1** [fig.] ***ebullit risus*** [+C] Pros., les rires jaillissent de toutes parts ¶ **2** tr., ***ebullire animam*** [+C] Poés., rendre l'âme, mourir ; [abs[t] sans *animam*] [+C] Poés. ‖ produire en abondance : [T] Pros. ‖ [fig.] faire sortir avec éclat, faire ressortir (faire mousser) : [C] Pros.

ĕbŭlum, *i*, n., hièble [plante] : [-C] Pros., [C] Poés.

ĕbŭr, *ŏris*, n., ivoire : [C] Pros. ‖ divers objets en ivoire : statue, lyre, flûte, fourreau, chaise curule, etc. : [C] Poés., Pros. ‖ éléphant : [+C] Poés.

ĕbŭrātus, *a*, *um*, orné d'ivoire : [-C] Théât.

Eburīna juga, n., hauteurs d'Éburum : [C] Pros.

ĕburnĕŏlus, *a*, *um*, dim. de *eburneus* : [C] Pros.

ĕburnĕus, *a*, *um*, d'ivoire : [C] Pros. ; ***eburnei dentes*** [C] Pros., défenses d'éléphants ‖ [poét.] blanc comme l'ivoire : [C] Poés. ‖ **ĕburnus**, *a*, *um*, ***eburnus ensis*** [C] Poés., épée à garde d'ivoire

Ebūrōnes, *um*, m., Éburons [peuple de la Gaule Belgique] : [C] Pros.

Eburovīces, *um*, m., peuple de la Gaule, partie des Aulerques [auj. Évreux] : [C] Pros.

Ebŭsĭa (-bŏ-), *ae*, f., → *1 Ebusus* : [+C] Poés.

1 **Ebŭsus (-sos)**, *i*, f., Ébuse [île près de la Tarraconaise, auj. Ibiza] : [C] Pros.

2 **Ebŭsus**, *i*, m., nom d'homme : [C] Poés.

ec, arch. pour *ex* : [C] Pros.

ēcastŏr, par Castor [formule de serment particulière aux femmes] [-C] Théât.

Ecbătăna, *ōrum*, n. pl., [+C] Pros. et **Ecbătăna**, *ae*, f., [C] Poés., Ecbatane [capitale de la Médie] ou **Ecbătănae**, *ārum*, f., [+C] Pros.

ecca, **eccam**, etc., arch. pour *ecce ea, ecce eam*, etc. : [-C] Théât.

eccĕ, adv., voici, voilà, voilà que, tout à coup : ***ecce me*** [-C] Théât., me voici ; [C] Pros. ‖ ***ecce autem***, mais voilà que, voici alors : [C] Pros. ‖ [après les conj.] ***cum*** [C] Pros. ; ***ut*** [-C] Théât. ; ***dum*** [C] Poés. ; ***ubi*** [C] Poés. ; ***postquam*** [C] Poés. ‖ ***en ecce*** ; → *2 en*

eccĕrē, adv., voilà, c'est cela : [-C] Théât. ‖ ***eccere autem*** [-C] Théât., mais voilà que

eccheuma, *ătis*, n., action de verser : [-C] Théât.

ecclēsĭa, *ae*, f., assemblée [du peuple] : [+C] Pros. ‖ l'Église, la communion de tous les fidèles du monde : [T] Pros. ‖ église [édifice], temple : [T] Pros.

ecclēsĭastes, *es*, adj., m. f., de l'église, chrétien : [T] Poés.

ecclēsĭastĭcus, *a*, *um*, de l'église, ecclésiastique : [T] Pros. ; chrétien [opposé à païen] : [T] Pros.

ecdĭcus, *i*, m., avocat d'une cité : [C] Pros.

Ecĕtra, *ae*, f., ville des Volsques : [C] Pros. ‖ **-āni**, *ōrum*, m. pl., habitants d'Écètre : [C] Pros.

ecfāri, **ecfĕro**, → *eff*

ēchēa, *ōrum*, n. pl., résonateurs d'airain dans les théâtres : [C] Pros.

Ĕchĕcrătēs, *is*, m., philosophe pythagoricien, contemporain de Platon : [C] Pros. ‖ prince macédonien : [C] Pros.

Ĕchĕdēmus, *i*, m., nom acarnanien : [C] Pros.

1 **ĕchidna**, *ae*, f., vipère femelle, serpent : [C] Poés.

2 **Ĕchidna**, *ae*, f., mère de Cerbère de l'hydre de Lerne : [C] Poés. ‖ **-naeus**, *a*, *um*, d'Échidna : ***canis*** [C] Poés., Cerbère

Ĕchīnădes, *um*, f., Échinades [nymphes changées en îles par Neptune] : [C] Poés.

ĕchīnus, *i*, m., oursin : [-C] Théât., [C] Poés. ‖ [archit.] échine [du chapiteau dorique ou toscan] : [C] Pros. ‖ récipient : [C] Poés.

Ĕchīōn, *ŏnis*, m., fils de Mercure, un des Argonautes : [C] Poés. ‖ le père de Penthée et le compagnon de Cadmus : [C] Poés. ‖ nom d'un affranchi : [+C] Pros. ‖ **-nidēs**, *ae*, m., fils d'Échion [Penthée] : Poés. ‖ **-nĭus**, *a, um*, d'Échion : Poés. ‖ de Thèbes : Poés.

1 **ēchō**, *ūs*, f., écho [son répercuté] : Théât., Poés.

2 **Ēchō**, gén. inus. *ūs*, f., nymphe qui aima Narcisse : Poés.

ēchōĭcus, *a, um*, d'écho, qui fait écho : Pros.

ĕclipsis, *is*, f., éclipse [de Soleil ou de Lune] : Pros.

ĕclŏga, *ae*, f., pièce de vers : Pros.

ĕclŏgārĭus, *a, um*, choisi ; **eclogarii**, *ōrum*, m. pl., Pros., morceaux choisis, recueil

ēcontrā, adv., à l'opposite, vis-à-vis, en face : Pros. ‖ en opposition : Pros.

ē contrārĭō, **ēcontrārĭō**, adv., [mieux en deux mots], *contrarius*

ecphŏra, *ae*, f., modérature en saillie : Pros.

ecquālis, *e*, quelle sorte de : Pros.

ecquandō, est-ce que jamais ? ; Pros. ‖ [interrog. indir.] si jamais : Pros.

1 **ecquī**, *ecquae* ou *ecqua*, *ecquod* ¶ **1** adj. interr., est-ce que quelque ? : Pros. ‖ [avec adjonction de *nam*] : ***ecquaenam*** Pros. ; ***ecquodnam*** Pros. ¶ **2** pronom, ***ecqui*** est-ce que qqn ? Théât.

2 **ecquī**, adv. interr. indir., si en qq. manière : Théât.

ecquis, *ecquid* ¶ **1** pron. interr., est-ce que qqn, qqch. ? ; Théât., Pros. ‖ [avec adjonction de *nam*] ***ecquisnam*** Pros. ; ***ecquidnam*** Pros., est-ce que qqn donc, qqch. donc ¶ **2** ***ecquis***, adj. : Théât., Pros. ¶ **3** ***ecquid*** pris adv^t, est-ce que en qqch., en qq. manière : Pros. ‖ [= *nonne*] est-ce que ne ... pas : Pros.

ecquisnam, *ecquis*

ecquō, adv., est-ce que à qq. endroit [mouvem^t] : Pros.

ectrŏpa, *ae*, f., auberge : Poés.

ectȳpus, *a, um*, qui est en relief, saillant, travaillé en bosse : Pros.

Eculānum, *Aeclānum*

ĕcŭlus, *equulus*

ĕcus, *equus*

ĕdācĭtās, *ātis*, f., appétit dévorant, voracité : Théât., Pros.

ĕdax, *ācis*, vorace, glouton : Pros. ‖ [fig.] qui dévore, ronge, consume : Poés. ; ***edaces curae*** Poés., soucis rongeurs ‖ ***-cissimus*** Pros.

ēdĕcĭmō (-cŭmō), *ās, āre, -, -*, tr., choisir, trier : Pros.

ēdentō, *ās, āre, āvī, ātum*, tr., faire tomber les dents : Théât. ; ***edentatus*** Pros., édenté

ēdentŭlus, *a, um*, édenté, qui n'a plus de dents, vieux : Théât. ‖ [fig.] ***edentulum vinum*** Théât., vin qui a perdu sa force

ĕdĕpŏl, adv., par Pollux [formule de serment] : Théât.

ĕdĕra, etc., *hedera*

Ĕdessa, *ae*, f., Édesse [ville de Macédoine, appelée postérieurement Aegae] : Pros. ‖ ville de l'Osroène : Pros. ‖ **-aeus (-ēnus)**, *a, um*, d'Édesse [les deux villes de ce nom] : Pros., Pros.

ēdī, parf. de *1 edo* ou infin. prés. pass. de *2 edo*

ēdīcĕ, *edico*

ēdīcō, *ĭs, ĕre, dīxī, dictum*, tr., dire hautement, proclamer ¶ **1** [avec *ut* ou *ne*, idée d'ordre] ordonner : Pros. ; [ou avec le subj. seul] Pros. ¶ **2** [avec la prop. inf.] déclarer (dans un édit) que : Pros. ‖ [abs^t] rendre un édit : Pros. ¶ **3** fixer, assigner, ordonner, commander : ***diem*** Pros., fixer un jour ; ***justitium*** Pros., proclamer la suspension des affaires ¶ **4** [en parl. du préteur entrant en charge] rendre public, faire connaître : Pros. ¶ **5** [en gén., sans idée officielle] : Théât., Poés., Pros.

ēdictĭo, *ōnis*, f., ordre, ordonnance : Théât.

ēdictō, *ās, āre, āvī, ātum*, tr., dire hautement, déclarer : Théât.

ēdictum, *i*, n., ordre [d'un particulier] : Théât. ‖ [le plus souv.] déclaration publique, proclamation, ordonnance, édit, règlement, [en part.] édit du préteur [à son entrée en charge] : Pros. ; ***perpetuum*** Pros., édit perpétuel [sorte de code publié par les soins de l'empereur Hadrien] ‖ annonce [de jeux] : Pros. ‖ [chrét.] commandement de Dieu : Pros.

ēdictus, *a, um*, part. de *edico* : ***edicta die*** Pros., un jour étant fixé ‖ abl. abs. n. : ***edicto ut*** Pros. ; ***edicto ne*** Pros., l'ordre étant donné de, de ne pas

ēdĭdī, parf. de *2 edo*

ēdĭdĭcī, parf. de *edisco*

ēdiscō, *ĭs, ĕre, dĭdĭcī, -*, tr., apprendre par cœur : Pros. ‖ apprendre : Pros.

ēdissĕrō, *ĭs, ĕre, sĕrŭī, sertum*, tr., exposer en entier, raconter en détail, expliquer à fond, développer : Pros., Pros. ‖ [abs^t] Pros.

ēdissertō, *ās, āre, āvī, ātum*, tr., exposer (raconter) en détail, développer : Théât., Pros.

ēdĭta, *ōrum*, n. ¶ **1** ordres : Poés. ¶ **2** lieux élevés : Pros.

ēdĭtīcius, *a, um*, ***editicii judices*** Pros., juges choisis par l'accusateur ; *2 edo*

ēdĭtĭo, *ōnis*, f., représentation, action de donner des jeux : Pros. ‖ publication [de livres], édition : Pros. ; [une édition] Pros. ‖ déclaration, version [d'un historien] : Pros. ‖ désignation [des juges] : Pros.

ēdĭtŏr, *ōris*, m., celui qui produit, auteur, fondateur : Poés.

ēdĭtus, *a, um* ¶ **1** part. de *2 edo* ¶ **2** adj^t, élevé, haut : Pros. ; ***editior*** Pros. ; ***-tissimus*** Pros. ; *edita* ‖ [fig.] supérieur : ***viribus editior*** Poés., supérieur en forces

1 **ĕdō**, *ĕdis* ou *ēs*, *ĕdit* ou *ēst*, *ĕdĕre* ou *esse*, *ēdī*, *ēsum*, imparf. subj. *ederem* ou *essem*, tr., manger : Pros. ; ***de symbolis*** Théât., dîner en payant chacun son écot ‖ Pros. ; ***pugnos edet*** Théât., il tâtera de mes poings [il sera rossé] ‖ [fig.] ronger, consumer : Poés., Pros.

2 **ēdō**, *ĭs, ĕre, dĭdī, dĭtum*, tr. ¶ **1** faire sortir : ***animam*** Pros., rendre l'âme, expirer : Pros. ; ***vitam*** Pros., exhaler sa vie, mourir ; ***clamorem*** Pros., pousser un cri ; ***miros risus*** Pros., rire prodigieusement ; ***voces*** Pros., prononcer des paroles ¶ **2** mettre au jour, mettre au monde : ***in terra partum*** Pros., faire ses oeufs sur le sol ; Poés. ‖ publier : ***librum*** Pros., publier un livre ‖ exposer, divulguer : Pros., Poés. ¶ **3** [droit] déclarer, faire connaître officiellement à l'adversaire ‖ la formule qu'il réclame parmi celles qui sont à l'avance proposées aux plaideurs sur l'album du préteur : ***edere verba*** Pros. ; ***judicium*** Pros. ‖ dans les accusations de cabale (*de sodalitiis*), l'accusateur pouvait désigner les juges qu'il voulait, dans les tribus qu'il voulait, sans qu'il y eût récusation admise : Pros. ¶ **4** [en gén.] faire connaître officiellement : ***mandata edita (sunt)*** Pros., ils exposèrent leur mission ¶ **5** produire, causer : ***fructum*** Pros., produire un bénéfice : ***ruinas*** Pros., causer des ruines ; ***scelus, facinus*** Pros., perpétrer un crime, un forfait ; ***caedem*** Pros., faire un carnage ‖ ***munus gladiatorium*** Pros., donner un combat de gladiateurs ; Pros. ; ***exemplum severitatis*** Pros., donner un exemple de sévérité

3 **ĕdo**, *ōnis*, m., gros mangeur, glouton : Poés.

ēdŏcentĕr, adv., d'une manière instructive : Pros.

ēdŏcĕō, *ēs, ēre, docŭī, doctum*, tr., enseigner à fond, instruire (montrer) entièrement ***a)*** [avec 2 acc.] ***rem aliquem***, apprendre une chose à qqn : Théât., Pros. ***b)*** [avec interrog. indir.] : Pros. ***c)*** [avec *ut* subj.] Pros. ***d)*** [avec prop. inf.] enseigner que, montrer que : Poés., Pros.

ēdŏlō, *ās, āre, āvī, ātum*, tr., travailler avec la dolabre, dégrossir, façonner [du bois] : Pros. ‖ [fig.] achever [un livre], mettre la dernière main à : d. Pros.

1 **Edom**, m. indécl., surnom d'Ésaü : Pros.

2 **Edom**, f., surnom de l'Idumée : Pros.

ēdŏmĭtō, *ās, āre, āvī, -*, tr., s'efforcer de dompter : Poés.

ēdŏmō, *ās, āre, mŭī, mĭtum*, tr., dompter entièrement : Pros. ‖ [abs^t] Pros.

Ēdōni, *ōrum*, m. pl., Édoniens, [peuple de Thrace] : Poés.

Ēdōnis, *ĭdis*, f., femme de Thrace : Poés. ‖ Ménade : Poés.

Ēdōnus, *a, um*, des Édoniens, de Thrace : [C] Poés.

ēdormiō, *īs, īre, īvī, ītum* ¶ **1** intr., finir de dormir : [C] Pros. ¶ **2** tr., achever en dormant : ***crapulam*** [C] Pros., cuver son ivresse dans le sommeil ; [+C] Pros. ; ***Ilionam edormire*** [C] Poés., cuver le rôle d'Iliona ‖ accomplir en dormant : [+C] Pros.

ēdormiscō, *ĭs, ĕre, -, -*, intr. et tr., → *edormio* : [acc. d'objet intér.] ***unum somnum*** [-C] Théât., ne faire qu'un somme ‖ ***crapulam*** [-C] Théât. ; → *edormio*

ēdūc, impér. de *2 educo*

Edūca, f., divinité qui présidait à l'alimentation des enfants : [T] Pros.

ēdŭcātĭo, *ōnis*, f., action d'élever [des animaux et des plantes] : [C] Pros. ; [animaux] [C] Pros. ; [plantes] ‖ éducation, instruction, formation de l'esprit : [C] Pros.

ēdŭcātŏr, *ōris*, m., celui qui élève, éducateur, formateur : [C] Pros., [+C] Pros.

ēdŭcātrix, *īcis*, f., celle qui nourrit, qui élève, nourrice, mère : [fig.] [C] Pros.

ēdŭcātus, *a, um*, part. de *1 educo*

ēdūcĕ, → *2 educo*

1 **ēdŭcō**, *ās, āre, āvī, ātum*, tr., élever, nourrir, avoir soin de : [-C] Théât., [C] Pros. ; [animaux] [C] Pros. ‖ former, instruire : [C] Pros. ‖ [poét.] produire, porter : ***quod terra educat*** [C] Poés., ce que la terre produit, fait croître

2 **ēdūcō**, *ĭs, ĕre, dūxī, ductum*, tr. ¶ **1** faire sortir, mettre dehors, tirer hors : ***gladium e vagina*** [C] Pros., tirer l'épée hors du fourreau ; ***sortem*** [C] Pros., tirer de l'urne une tablette ; ***ex urna tres (judices)*** [C] Pros., tirer de l'urne le nom des trois juges ; ***lacum*** [C] Pros., détourner l'eau d'un lac ¶ **2** assigner en justice : ***aliquem in jus*** [C] Pros., citer qqn devant le magistrat ou ***aliquem educere*** [C] Pros., assigner qqn ; ***eductus ad consules*** [C] Pros., traduit devant les consuls ¶ **3** emmener qqn [dans sa province] : [C] d. [+C] Pros. ‖ amener qqn d'un point à un autre : [+C] Pros. ¶ **4** faire sortir des troupes : ***copias e castris*** [C] Pros. ; ***castris*** [C] Pros., faire sortir les troupes du camp ; ***praesidium ex oppido*** [C] Pros., faire sortir d'une ville la garnison ; ***exercitum ab urbe*** [C] Pros., faire sortir l'armée de la ville ; ***in expeditionem exercitum*** [C] Pros., mettre l'armée en campagne, en marche ‖ [abs[t]] ***in aciem educit*** [C] Pros., il met ses soldats en ligne de bataille ‖ faire sortir du port des vaisseaux : ***naves ex portu*** [C] Pros. ¶ **5** tirer du sein de la mère : [+C] Pros. ‖ mettre au monde : [C] Poés. ‖ [poét.] faire éclore : [C] Poés. ¶ **6** élever un enfant : [-C] Théât., [C] Pros., Poés., [+C] Pros. ¶ **7** boire, avaler : [-C] Théât. ¶ **8** exhausser, élever en l'air : ***turrim sub astra*** [C] Poés., élever une tour vers le ciel ; ***aram caelo*** [C] Poés., élever un autel jusqu'au ciel ; [+C] Pros. ‖ [fig.] ***in astra*** [C] Poés., élever au ciel, célébrer ¶ **9** épuiser le temps, passer le temps : [C] Poés., [+C] Poés. ¶ **10** émettre un jugement, prononcer : [T] Pros. ‖ avec ***se***, se produire, se montrer : [+C] Pros.

ēductĭo, *ōnis*, f., action de faire sortir, sortie : [T] Pros.

ēductŏr, *ēris*, m., qui élève : [+C] Pros.

Edues, **Edui**, → *Aedui*

ēdulcō, *ās, āre, -, -*, tr., rendre doux [fig.] : [+C] Pros.

Edūlĭca, *ae*, f., → *Educa* : [T] Pros.

ĕdūlis, *e*, bon à manger, qui se mange : [C] Poés. ‖ subst. n., aliments : [+C] Pros.

ēdūrō, *ās, āre, -, -* ¶ **1** tr., endurcir [au travail] : [+C] Pros. ¶ **2** intr., durer, continuer : [+C] Pros.

ēdūrus, *a, um*, très dur [au pr.] : [C] Poés. ‖ [fig.] insensible, cruel : [C] Poés.

ēdus, *i*, m., → *haedus* : [C] Pros.

ēduxī, parf. de *2 educo*

ēdyllĭum, → *idyllium*

Ēĕtĭōn, *ōnis*, m., père d'Andromaque, roi de Thèbe, en Mysie : [C] Poés. ‖ **-ōnēus**, *a, um*, d'Éétion : [C] Poés.

effābĭlis, *e*, qui peut se dire, se décrire : [+C] Pros.

effaecātus, *a, um*, purifié, pur : [+C] Pros.

effāris, *ātur, āri, ātus sum*, tr., parler, dire : [C] Pros. ‖ raconter, annoncer, prédire : [C] Pros., Poés. ‖ [logique] émettre, formuler [une proposition ἀξίωμα] : [C] Pros. ; → *effatum* ‖ [langue des augures] fixer, déterminer : ***ad templum effandum*** [C] Pros., pour fixer l'emplacement d'un temple ; [dans ce sens] pass. ***effari*** [C] Pros. ; ***effatus*** [C] Pros.

effascĭnō, *ās, āre, -, -*, tr., fasciner, soumettre à des enchantements : [+C] Pros.

effātum, *i*, n., [logique] proposition [ἀξίωμα] : [C] Pros. ‖ prédiction : [C] Pros. ‖ formule pour consacrer un lieu : [C] Pros.

effātus, *a, um*, part. de *effari*

effēcātus, → *effaecatus*

effēcī, parf. de *efficio*

effectē, adv., effectivement : [+C] Poés. ‖ ***effectius*** [+C] Pros.

effectĭo, *ōnis*, f. ¶ **1** exécution, réalisation : [C] Pros. ¶ **2** faculté d'exécuter, de réaliser : [C] Pros.

effectīvus, *a, um*, ***effectiva (ars)*** [+C] Pros., art pratique

effectŏr, *ōris*, m., celui qui fait, ouvrier, auteur, producteur : [C] Pros. ‖ [chrét.] Dieu-créateur : [T] Pros.

effectrix, *īcis*, f., celle qui fait, auteur de, cause : [C] Pros.

effectum, *i*, n., effet [opposé à cause] : [C] Pros., [+C] Pros.

1 **effectus**, *a, um*, part.-adj. de *efficio*, fait, exécuté, achevé : [+C] Pros. ‖ ***effectior*** [+C] Pros.

2 **effectŭs**, *ūs*, m. ¶ **1** exécution, réalisation, accomplissement : ***ad effectum adducere aliquid*** [C] Pros., exécuter qqch. ; [+C] Pros. ; ***in effectu esse*** [C] Pros., être près de la fin ; presque achevé [ou] résider dans un acte suivi d'effet ‖ vertu, force, puissance, efficacité : [C] Pros., [+C] Pros. ¶ **2** résultat, effet : [C] Pros. ; ***sine effectu*** [C] Pros., [C] Pros.

effēmĭnātē, adv., en femme, d'une manière efféminée : [C] Pros.

effēmĭnātĭo, *ōnis*, f., faiblesse, mollesse : [+C] Pros.

effēmĭnātus, *a, um*, part.-adj. de *effemino*, [fig.] mou, efféminé, sans nerf : [C] Pros. ‖ homosexuel, giton : [+C] Pros. ‖ ***-tior*** [+C] Pros.

effēmĭnō, *ās, āre, āvī, ātum*, tr., féminiser : [C] Pros. ‖ efféminer, rendre efféminé, affaiblir, amollir, rendre lâche : [C] Pros. ‖ ***vultum*** [C] Pros., donner à son visage l'aspect féminin

effĕrascō, *ĭs, ĕre, -, -*, intr., devenir sauvage : [T] Pros.

effĕrātē, adv., d'une manière sauvage : [T] Pros.

effĕrātĭo, *ōnis*, f., action de rendre sauvage, farouche : [T] Pros.

effĕrātus, *a, um*, part. adj. de *1 effero*, rendu sauvage, qui rappelle les bêtes sauvages, farouche, sauvage : [C] Pros. ‖ ***efferatior*** [C] Pros. ; ***-tissimus*** [+C] Pros.

efferbŭī, parf. de *effervesco*

efferciō (effar-), *īs, īre, fersī, fertum*, tr., remplir, combler, farcir : [-C] Théât., [C] Pros.

effĕrĭtās (ecf-), *ātis*, f., sauvagerie : [C] Pros.

1 **effĕrō**, *ās, āre, āvī, ātum*, tr., rendre farouche, donner un air farouche, sauvage : [C] Pros. ‖ [poét.] ***aurum*** [+C] Poés., donner à l'or un caractère sauvage = transformer l'or en armes

2 **efferō (ecferō)**, *fers, ferre, extŭlī, ēlātum* ¶ **1** emporter ***a) litteras*** CAES., emporter une lettre ; ***tela ex aedibus alicujus*** CIC., emporter les armes de chez qqn ‖ [en part.] emporter un mort, ensevelir : CIC. ***b)*** [pass.] être emporté, soulevé par un sentiment, par une passion : ***studio aliquem videndi efferri*** CIC., être transporté du désir de voir qqn ; ***spe alicujus rei efferri*** CAES., être soulevé par l'espoir de qqch. ; ***recenti victoria efferri*** CAES., être très fier d'une récente victoire ‖ ***se efferre***, s'enorgueillir : ***aliqua re se efferre*** CIC., s'enorgueillir de qqch. ¶ **2** produire ***a)*** [en parlant de la terre] : CIC. ***b) se efferre***, se produire = se montrer, se manifester : ***cum virtus se extulit*** CIC., quand la vertu apparaît ***c)*** proférer, exprimer : ***aliquid versibus efferre*** CIC., exprimer qqch. en vers ; ***rem verbo efferre*** CIC., exprimer une idée par un mot, formuler une idée ***d)*** divulguer : ***aliquid foras efferre*** CIC., répandre qqch. au dehors ; ***clandestina consilia efferre*** CAES., divulguer des projets clandestins ¶ **3** élever ***a) scutum super caput efferre*** TAC., élever son bouclier au-dessus de sa tête ***b)***

[fig.] ***aliquem ad summum imperium efferre*** Cic., élever qqn jusqu'à la magistrature suprême; ***aliquem in summum odium efferre*** Tac., élever, porter qqn au plus haut degré de la haine ‖ ***aliquem verbis efferre*** Cic., élever qqn par des mots= le louer, le porter aux nues ¶**4** [poét.= *fero*] supporter : Lucr.

effertus, ***a, um***, part. adj. de *effercio*, tout plein de [avec abl.] : [-C] Théât. ‖ ***hereditas effertissima*** [-C] Théât., le plus riche des héritages

effĕrus, ***a, um***, farouche, sauvage, cruel : [C] Poés.

effervens, ***tis***, part. adj. de *efferveo*, bouillant : ***efferventior*** [+C] Pros.

effervĕō, ***ēs, ēre, -, -***, intr., bouillonner : [C] Pros. ‖ **effervō**, ***ĭs, ĕre, -, -***, intr., déborder en bouillonnant : [C] Poés. ‖ [fig.] fourmiller de : [C] Poés. ‖ sortir en fourmilière : [C] Poés.

effervescō, ***ĭs, ĕre, bŭī*** et ***vī, -***, intr., s'échauffer, entrer en ébullition : [-C] Pros., [C] Pros. ‖ [fig.] bouillonner : [C] Pros., [+C] Pros. ; ***stomacho*** [C] Pros., se livrer à des accès violents d'impatience ‖ ***verbis effervescentibus*** [C] Pros., avec un style bouillonnant

effervo, ▶ *efferveo*

effētus, ***a, um***, qui a mis bas : [+C] Pros. ‖ épuisé par l'enfantement, qui ne peut plus avoir d'enfants : [+C] Pros. ‖ [fig.] fatigué, épuisé, languissant : ***effeta tellus*** [C] Poés., terre épuisée ; ***effetum corpus*** [C] Pros., corps épuisé [par les excès]; ***effeta veri*** [C] Poés., qui n'a plus la force d'atteindre au vrai ‖ ***effetior*** [+C] Pros.

effexim, ▶ *efficio*

effībŭlo, ▶ *exfibulo*

effĭcācĭa, ***ae***, f., puissance efficace, propriété : [T] Pros.

effĭcācĭtās, ***ātis***, f., force, vertu, efficacité : [C] Pros.

effĭcācĭtĕr, adv., d'une manière efficace, avec efficacité, avec succès : [+C] Pros. ‖ ***-cius*** [+C] Pros. ; ***-cissime*** [+C] Pros.

effĭcax, ***cis***, agissant, qui réalise : [C] Poés. ‖ efficace, qui produit de l'effet, qui réussit : [C] Pros. ‖ [avec inf.] ***eluere efficax*** [C] Poés., bon pour faire disparaître ‖ ***-cior*** [+C] Pros.

effĭcĭens, ***tis***, part. adj. de *efficio*, qui effectue, qui produit, efficient : [C] Pros.

effĭcĭenter, adv., avec une vertu efficiente : [C] Pros.

effĭcĭentĭa, ***ae***, f., faculté de produire un effet, vertu, action, puissance, propriété : [C] Pros.

effĭcĭō (**ecficiō**), ***ĭs, ĕre, fēcī, fectum***, tr. ¶**1** achever, exécuter, produire, réaliser : [C] Pros. ; ***pontem*** [C] Pros. ; ***turres, tormenta*** [C] Pros., exécuter un pont, des tours, des câbles ; ***sphaeram*** [C] Pros. ; ***columnam*** [C] Pros., faire une sphère, une colonne ; ***mirabilia facinora*** [C] Pros., accomplir des actes merveilleux ; ***munus*** [C] Pros., accomplir une mission ‖ ***civitatem*** [C] Pros., construire une cité [idéale]; ***aliquid dicendo*** [C] Pros., obtenir un effet par la parole ; ***minus*** [C] Pros., avoir moins de succès ; abs[t], au gérondif, [C] Pros. ; ***aliquid ab aliquo*** [C] Pros., obtenir qqch. de qqn ‖ faire avec qqch., tirer de : ***panes ex aliqua re*** [C] Pros., faire des pains avec qqch. ; ***unam ex duabus (legionibus)*** [C] Pros., de deux légions en faire une ‖ [avec attr[t]] rendre, faire : [C] Pros. ; ***aliquem consulem*** [C] Pros., faire arriver qqn au consulat ‖ [avec *ut* subj.] obtenir ce résultat que : [C] Pros. ‖ [avec subj. sans *ut*] [C] Poés. ‖ [avec *quo* (= *ut eo*)] [C] Pros. ‖ [avec *ne*] faire que ne pas, avoir soin d'empêcher que : [C] Pros. ‖ [avec *quominus*] même sens : [C] Poés., [+C] Pros. ‖ ***effici non potest quin*** [C] Pros., il n'est pas possible que ne pas ‖ [avec prop. inf.] [C] Pros. ¶**2** [sens partic.] ***a)*** produire, donner [en parl. de terres] : [C] Pros. ***b)*** former une somme : [C] Pros. ***c)*** [phil.] ***causa efficiendi*** [C] Pros., la cause efficiente ‖ établir, tirer une conséquence logique : [C] Pros. ; ***ex quo efficitur*** ou ***efficitur*** seul [avec prop. inf.], d'où l'on conclut que, il s'ensuit que : [C] Pros. ; ***ita efficitur ut*** [subj.] [C] Pros., il s'ensuit que ..., il en résulte que ...

effictĭo, ***ōnis***, f., effiction [rhét.], portrait, description : [C] Pros.

effĭĕri, ▶ *efficio*

effĭgĭa, ***ae***, f., ▶ *effigies* : [-C] Théât. ‖ pl., [C] Poés.

effĭgĭātus, abl. ***ū***, m., représentation, imitation : [+C] Pros.

effĭgĭēs, ***ēi***, f. ¶**1** représentation, image, portrait, copie [de qqch., qqn] : [C] Pros., Poés. ‖ ombre, spectre, fantôme : [C] Poés., Pros. ¶**2** [poét.] représentation plastique, image, statue, portrait : [C] Poés., [+C] Pros. ¶**3** [chrét.] forme, condition : [T] Pros.

effĭgĭō, ***ās, āre, āvī, ātum***, tr., faire le portrait de, représenter : [T] Poés., Pros. ‖ façonner, créer : [T] Poés.

effindō, ***ĭs, ĕre, -, -***, tr., fendre : [C] Poés.

effingō, ***ĭs, ĕre, finxī, fictum***, tr. ¶**1** représenter, reproduire [par la peinture, la sculpture ou la ciselure]; imiter, copier, former, figurer, rendre, dépeindre : [C] Pros. ; ***in auro*** [C] Poés., graver sur or ; [fig.] [C] Pros. ¶**2** essuyer, éponger : [-C] Pros., [C] Pros. ‖ frotter doucement, caresser : [C] Poés.

efflāgĭtātĭo, ***ōnis***, f., ▶ *2 efflagitatus* : [C] Pros.

1 **efflāgĭtātus**, part. de *efflagito*

2 **efflāgĭtātus**, abl. ***ū***, m., demande pressante, instances : [C] Pros.

efflāgĭtō, ***ās, āre, āvi, ātum***, tr. ¶**1** demander avec insistance : ***rem*** [C] Pros., qqch. ¶**2** prier, presser, solliciter vivement : ***a multis efflagitatus*** [C] Pros., pressé par beaucoup de personnes ¶**3** ***ab aliquo efflagitare ut*** [C] Pros., solliciter qqn de ‖ ***efflagitatum est ut*** [+C] Pros., on demanda instamment que

efflātĭo, ***ōnis***, f., action d'émettre par le souffle : [T] Pros.

efflātŭs, ***ūs***, m., issue pour l'air, pour le vent : [+C] Pros.

efflictim, adv., violemment, ardemment : [-C] Théât.

efflictō, ***ās, āre, -, -***, fréq. de *effligo* : [-C] Théât.

efflīgō, ***ĭs, ĕre, flīxī, flictum***, tr., frapper fortement, battre, broyer, abattre, tuer, assommer : [C] Pros., [+C] Pros.

efflō, ***ās, āre, āvī, ātum*** ¶**1** tr., répandre dehors en soufflant, exhaler : [C] Poés. ; ***colorem*** [C] Poés., perdre sa couleur ; ***animam*** [C] Pros., rendre l'âme ; [abs[t]] ***efflans*** [C] Pros., expirant ; [poét.] ***efflantes plagae*** [+C] Poés., blessures qui font expirer, mortelles ¶**2** intr., s'exhaler : [C] Poés.

efflōrescō, ***ĭs, ĕre, rŭī, -***, intr., fleurir : [T] Pros. ‖ [fig.] s'épanouir, briller, resplendir : [C] Pros. ‖ [avec *ex*] [litt[t]] sortir en pleine floraison de : [C] Pros.

efflŭō, ***ĭs, ĕre, flūxī, -***

I intr. ¶**1** couler de, découler, sortir en coulant, s'écouler : [C] Pros., [C] Pros., Poés. ¶**2** glisser, s'échapper : [C] Poés. ; ***ex intimis aliquis effluit*** [C] Pros., qqn disparaît du groupe des intimes ‖ échapper à l'attention : [+C] Pros. ‖ s'échapper, parvenir à la connaissance du public : [-C] Théât., [C] Pros. ¶**3** s'écouler, disparaître, s'évanouir : ***quod praeterit, effluxit*** [C] Pros., ce qui est passé s'est évanoui ‖ faire défaut : ***alicui mens effluit*** [C] Pros., le fil des idées échappe à qqn

II tr., laisser couler, laisser échapper : [+C] Pros., [T] Poés. ‖ se répandre en paroles : [T] Pros.

efflŭvĭum, ***ĭi***, n., écoulement : [+C] Pros. ‖ endroit où [un lac] se déverse : [+C] Pros.

effluxī, parf. de *effluo*

effŏdĭō (**ecf-**), ***ĭs, ĕre, fōdī, fossum***, tr. ¶**1** retirer en creusant, déterrer, extraire : ***aurum*** [C] Pros., extraire de l'or ; [C] Théât. ‖ ***oculum, oculos alicui***, arracher (crever) un oeil, les yeux à qqn : [-C] Théât., [C] Pros. ¶**2** creuser, fouir : [+C] Pros. ‖ faire en creusant : ***lacum*** [+C] Pros., creuser un lac ‖ remuer, bouleverser : ***domos*** [C] Pros., saccager les maisons

effoedō, ***ās, āre, -, -***, tr., souiller entièrement : [T] Pros.

effoemĭno, ▶ *effemino*

effoetus, ▶ *effetus*

***effŏr**, ▶ *effaris*

effŏrō, ***ās, āre, -, -***, tr., percer, trouer : [+C] Pros.

effractārĭus, ***ĭi***, m., celui qui vole avec effraction : [+C] Pros.

effractus, ***a, um***, part. de *effringo*

effrēgī, parf. de *effringo*

effrēnātē, adv., d'une manière effrénée, sans réserve : [C] Pros. ; ***-natius*** [C] Pros.

effrēnātĭo, ***ōnis***, f., emportement déréglé, débordement, écart, licence : [C] Pros.

effrēnātus, ***a, um***, part.-adj. de *effreno*, débridé, délivré du frein : [C] Pros. ‖ [fig.] qui n'a plus de frein, effréné, désordonné, déréglé, déchaîné : ***effrenata libido*** [C] Pros., passion déchaînée ‖ ***-natior*** [C] Pros. ; ***-tissimus*** [+C] Pros.

effrēnis, *e*, [Vr] *effrenus* : [pr.] [T] Poés. ; [fig.]

effrēnō, ***ās, āre, -, -***, tr., lâcher la bride [fig.], déchaîner : [+C] Poés.

effrēnus, ***a, um***, qui n'a pas de frein, débridé : [C] Pros. ‖ [fig.] ***effrena gens*** [C] Poés., nation sauvage ; ***effrenus amor*** [C] Poés., amour désordonné

effrĭcō, ***ās, āre, frīxī, frĭcātum***, tr., frotter, enlever en frottant : [+C] Pros.

effringō, ***ĭs, ĕre, frēgī, fractum, ĕre*** ¶ **1** tr., enlever en brisant, faire sauter : [-C] Théât. ‖ rompre, briser, ouvrir avec effraction, détruire : [C] Pros. ¶ **2** intr., se briser : [+C] Poés., Pros.

effūdī, parf. de *effundo*

effŭgĭō, ***ĭs, ĕre, fūgī, fŭgĭtūrus***

I intr., échapper en fuyant, s'enfuir : ***e proelio*** [C] Pros., s'enfuir du combat ; [avec *ab*] [C] Pros. ; ***de manibus alicujus*** [C] Pros., s'échapper des mains de qqn ; ***patria*** [-C] Théât., se sauver de sa patrie ‖ [C] Pros., [+C] Pros. ; [avec *ab* et *ne*] [-C] Théât. ‖ ***non effugere quin*** [-C] Théât., ne pas éviter de

II tr. ¶ **1** échapper à : ***mortem*** [C] Pros., échapper à la mort ; ***equitatum*** [C] Pros., échapper aux attaques de la cavalerie ; ***dolores*** [C] Pros., se soustraire aux douleurs ! ¶ **2** [nom de ch. sujet] : [C] Pros.

effŭgĭum, ***ĭi***, n., fuite : [C] Poés. ‖ moyen de fuir, d'échapper : [C] Pros. ‖ issue, passage : [+C] Pros.

effulgĕō, ***ēs, ēre, fulsī, -***, intr., briller, éclater, luire, être lumineux : [C] Pros. ; ***auro*** [C] Poés., être tout resplendissant d'or

effulgŭrō, ***ās, āre, -, -***, intr., jeter une lueur, briller : [+C] Poés.

effultus, ***a, um***, appuyé sur, soutenu par : [C] Poés.

effundō (ecfundō), ***ĭs, ĕre, fūdī, fūsum***, tr. ¶ **1** répandre au dehors, verser, épancher : ***lacrimas*** [C] Pros., verser des larmes ‖ ***tela*** [C] Poés., jeter les traits à profusion ; [C] Pros. ; ***equo effusus*** [C] Pros., désarçonné ‖ ***se effundere***, se répandre [en parl. d'une foule] : [C] Pros. ; ***effundi*** [C] Pros., [+C] Pros. ; ***effuso exercitu*** [C] Pros., l'armée en désordre ; [poét.] [C] Poés. ¶ **2** produire en abondance : ***fruges, herbas*** [C] Pros., des céréales, des herbes ¶ **3** disperser, dissiper, prodiguer : ***patrimonium*** [C] Pros., son patrimoine ¶ **4** [fig.] ***a)*** déverser, épancher, exposer librement : [C] Pros., [+C] Pros. ; ***furorem in aliquem*** [C] Pros., déverser, répandre sur qqn sa folie furieuse ***b) se effundere in aliqua libidine*** [C] Pros., s'abandonner à une passion ; ***in omnes libidines*** [+C] Pros., à toutes les passions ‖ [ou pass.] ***effundi***, se laisser aller, s'abandonner : ***in aliquem suavissime effundi*** [C] Pros., s'abandonner aux effusions les plus aimables à l'égard de qqn ; ***in licentiam*** [C] Pros., s'abandonner à la licence ; ***in lacrimas*** [+C] Pros. ; ***lacrimis*** [C] Poés. ; ***ad lacrimas*** [C] Pros., se répandre (fondre) en larmes ***c)*** disperser au vent = laisser échapper, renoncer à : [C] Pros. ; ***odium*** [C] Pros., se débarrasser de sa haine ‖ [en part.] ***extremum spiritum*** [C] Pros., exhaler le dernier souffle ; ***animam*** [C] Poés., expirer ***d)*** laisser aller, lâcher : ***habenas*** [C] Poés., abandonner les rênes ; ***vires*** [C] Pros., prodiguer, déployer sans retenue ses forces ; [Vr] *effusus*

effūsē, adv. ¶ **1** en se répandant au large : [C] Pros. ‖ à la débandade, précipitamment, de tous côtés : ***fugere*** [C] Pros., fuir de tous côtés, en tous sens ¶ **2** avec abondance, largesse, profusion : ***donare*** [C] Pros., donner à profusion ‖ d'une manière immodérée, sans retenue : ***exsultare*** [C] Pros., s'abandonner à une joie immodérée ‖ avec effusion : ***effusissime diligere*** [+C] Pros., avoir la plus vive affection ‖ ***effusius*** [C] Pros. ‖ ***effusissime*** [+C] Pros.

effūsĭo, ***ōnis***, f., action de répandre, épanchement, écoulement : [C] Pros. ‖ [fig.] largesses, prodigalité, profusion : [C] Pros. ‖ débordement : [C] Pros.

effūsŏr, ***ōris***, m., celui qui répand, qui prodigue : [T] Pros.

effūsōrĭē, adv., en se répandant çà et là : [T] Pros.

effūsus, ***a, um***

I part. de *effundo*

II [pris adj[t]] ¶ **1** épandu, vaste, large : ***effusa loca*** [+C] Pros., vastes plaines ¶ **2** lâché, libre : [C] Pros. ; ***effusum agmen*** [C] Pros., troupes en débandande ; ***effusae comae*** [C] Poés., cheveux en désordre ; ***effuso cursu*** [C] Pros., dans une course précipitée ¶ **3** [fig.] prodigue, large : [C] Pros. ¶ **4** qui se donne carrière, sans contrainte, immodéré : ***effusa licentia*** [C] Pros., anarchie totale ; ***effusissimo studio*** [+C] Pros., avec une passion débordante

effūtīcĭus, ***a, um***, [en parl. d'un mot] sorti de la bouche au hasard : [C] Pros.

effūtĭō, ***īs, īre, īvī*** ou ***ĭī, ītum***, tr., répandre au dehors : ***ore*** [C] Poés., débiter ‖ parler inconsidérément, dire des riens, bavarder : [C] Pros. ‖ [abs[t]] ***ita effutiunt*** [C] Pros., ils débitent tant de pauvretés

effūtītus, ***a, um***, part. de *effutio* : [C] Pros.

effŭtŭō (ecf-), ***ĭs, ĕre, futŭī, fŭtūtus***, tr. ¶ **1** épuiser par la débauche : [C] Poés. ¶ **2** dissiper [son argent, sa fortune] dans la débauche : [+C] Pros.

Ēgăthĕus, ***i***, m., nom d'un affranchi d'Antonin : [+C] Pros.

ēgĕlĭdō, ***ās, āre, -, -***, tr., dégeler, faire dégeler : [T] Pros.

ēgĕlĭdus, ***a, um*** ¶ **1** tiède, tiédi : [+C] Pros. ; ***egelidi tepores*** [C] Poés., chaleur tempérée, douce chaleur ¶ **2** frais : ***egelidum flumen*** [C] Poés., eau fraîche du fleuve

ĕgens, ***tis***, part.-adj. de *egeo*, qui manque, dénué, privé de : [C] Pros. ‖ pauvre, indigent, nécessiteux : [C] Pros. ‖ ***-tissimus*** [C] Pros.

ĕgēnus, ***a, um***, qui manque, privé : [avec gén.] [C] Poés., Pros., [+C] Pros. ; [avec abl.] [+C] Pros. ‖ ***in rebus egenis*** [C] Poés., dans la détresse ‖ subst. n., ***egenum*** : ***in egeno*** [+C] Pros., dans un sol pauvre ‖ subst. m., un pauvre : [T] Pros.

ĕgeō, ***ēs, ēre, ŭī, -***, intr. ¶ **1** [rare] manquer de, être privé de [avec abl.] : ***auctoritate*** [C] Pros., manquer de prestige ¶ **2** être pauvre, dans le besoin : ***egebat ?*** [C] Pros., était-il dans le besoin ? ; ***acriter egetur*** [-C] Théât., on est dans un dénuement terrible ‖ [avec acc. de relation pron. n.] [-C] Théât. ‖ avoir besoin de : [avec abl.] ***medicina*** [C] Pros., avoir besoin de remède ; [avec gén.] ***auxilii*** [C] Pros., avoir besoin de secours ¶ **3** désirer, rechercher : ***plausoris*** [C] Poés., rechercher un admirateur ¶ **4** se passer de : ***si non est, egeo*** [-C] d. [+C] Pros., si quelque chose me manque, je m'en passe

Ēgĕrĭa, ***ae***, f., Égérie [nymphe que Numa feignait de consulter] : [C] Pros., Poés.

Ēgĕrĭus, ***ĭi***, m., nom d'un frère de Tarquin l'Ancien : [C] Pros.

ēgermĭnō, ***ās, āre, -, -***, intr., germer, pousser : [+C] Pros.

1 **ēgĕro**, ***is***, fut. ant. de *ago*

2 **ēgĕrō**, ***ĭs, ĕre, gessī, gestum***, tr., emporter dehors : ***pecuniam ex aerario*** [C] Pros., soustraire de l'argent au trésor ‖ retirer, enlever : [-C] Pros. ; ***nivem*** [C] Pros., enlever la neige ‖ rejeter, évacuer, faire sortir : ***egerere populos*** [+C] Pros., chasser les populations, les forcer à émigrer ‖ épuiser, vider : [C] Poés. ‖ [fig.] épancher, répandre, exhaler : ***animam*** [+C] Pros., rendre l'âme ; ***iras*** [+C] Poés., exhaler sa colère ‖ ***sermones*** [+C] Pros., rapporter (rédiger) des entretiens ‖ ***materiam*** [+C] Pros., déblayer, traiter un sujet

Ēgĕsīnus (Hē-), ***i***, m., philosophe académicien : [C] Pros.

ĕgestās, ***ātis***, f., pauvreté, indigence : [C] Pros. ; [pl.] [C] Pros. ‖ disette, privation : [+C] Pros. ; ***egestas rationis*** [C] Poés., le manque d'explication rationnelle ; ***egestas animi*** [C] Pros., manque de caractère

ēgestĭo, ***ōnis***, f., action d'emporter, de retirer : ***ruderum*** [+C] Pros., l'enlèvement des décombres ‖ [fig.] profusion, gaspillage : [+C] Pros.

1 **ēgestus**, ***a, um***, part. de *2 egero*

2 **ēgestŭs**, ***ūs***, m., action de retirer, d'enlever : [+C] Poés. ‖ ***ventris*** [+C] Pros., déjection

ēgī, parf. de *ago*

ēgignō, ***ĭs, ĕre, -, -***, tr., produire ‖ [pass.] croître de, sortir de : [C] Poés.

ĕglŏga, [Vr] *ecloga*

Egnātĭa, ***ae***, f., nom de femme : [+C] Pros.

Egnātĭānus, ***a, um***, d'Égnatius [Rufus] : [+C] Pros.

Egnātĭus, ***ĭi***, m., Égnatius Rufus [édile qui conspira contre Auguste] : [+C] Pros. ‖ un ami de Cicéron : [C] Pros.

Egnātŭlēius, ***i***, m., nom d'un questeur : [C] Pros.

ĕgŏ, *mē, mĕi, mĭhi, mē*, m., f., moi, je : [C] Pros. ; ***egone ?*** [C] Pros., moi ? ‖ [pour insister] ***egomet, mihimet, memet*** [abl.], moi-même : [C] Pros. ; ***mepte*** [acc.] [-C] Théât. ‖ ***me consule*** [C] Pros., sous mon consulat ‖ ***mihi*** s'emploie qqf. de façon explétive [dat. éthique] : [C] Pros., Poés.

ĕgŏmĕt, [V] ➡ *ego*

ēgrĕdĭŏr, *dĕrĭs, dī, gressus sum*
I intr. ¶ **1** sortir, sortir de ; [avec *e* ou *ex*] [C] Pros. ; [avec *a* ou *ab*] ***ab aliquo*** [-C] Théât., sortir de chez qqn ; ***ab urbe*** [+C] Pros., s'éloigner de la ville ; [avec l'abl. simpl[t]] ***domo foras*** [-C] Théât., sortir de la maison ; ***finibus*** [C] Pros., sortir du territoire ‖ [en part.] ***ex navi*** [C] Pros. ou ***navi*** [C] Pros. ou abs[t] ***egredi*** [C] Pros. ou ***egredi in terram*** [C] Pros., débarquer ‖ [fig.] sortir, s'écarter de : ***a proposito*** [C] Pros., faire une digression, s'écarter de son sujet ¶ **2** monter au-dessus, s'élever : [C] Pros. ; ***scalis egressi*** [C] Pros., arrivés au sommet par le moyen des échelles ; [+C] Pros.
II tr., passer, surpasser, dépasser, excéder, outrepasser : ***munitiones*** [C] Pros., franchir les fortifications ; ***tentoria*** [+C] Pros., sortir des tentes ‖ ***relationem*** [+C] Pros., sortir du sujet des débats ; ***praeturam*** [+C] Pros., aller au-delà de la préture

ēgrĕgĭē, adv., d'une manière particulière, spécialement : [-C] Théât. ‖ d'une manière distinguée, remarquable, très bien, parfaitement : [C] Pros. ‖ [abs[t]] ***egregie, Caesar, quod*** [+C] Pros., il est glorieux pour toi, César, de ... ‖ ***-gius*** [+C] Poés.

1 **ēgrĕgĭus**, *a, um*, choisi, d'élite, distingué, remarquable, supérieur, éminent, hors pair : [C] Pros. ; ***in bellica laude*** [C] Pros., remarquable pour ses talents militaires ; ***egregia indoles ad*** [C] Pros., dispositions remarquables pour ; ***egregia voluntas in aliquem*** [C] Pros., dispositions excellentes à l'égard de qqn ; [n. pl.] ***egregia tua*** [C] Pros., tes mérites éminents ‖ glorieux, honorable : ***alicui egregium est*** [avec inf.] [+C] Pros., c'est un honneur pour qqn de ‖ [subst. n.] ***egregium publicum*** [+C] Pros., l'honneur de l'État ‖ ***-giissimus*** [-C] Théât., [+C] Pros.

2 **ēgrĕgĭus**, [V] ➡ *egregie*

ēgressĭo, *ōnis*, f., action de sortir, sortie : [T] Pros. ‖ digression : [+C] Pros.

1 **ēgressus**, *a, um*, part. de *egredior*

2 **ēgressŭs**, *ūs*, m., action de sortir, sortie ; [pl.] ***egressus*** [+C] Pros., sorties en public ‖ départ : [C] Pros. ‖ débarquement : [C] Pros. ‖ sortie, issue : ***tenebrosus egressus*** [+C] Pros., sortie obscure ; ***egressus Istri*** [C] Poés., les bouches de l'Ister ‖ [fig.] digression : [+C] Pros.

ĕgŭī, parf. de *egeo*

ēgurgĭtō, *ās, āre, -, -*, tr., verser dehors : ***argentum*** [-C] Théât., jeter l'argent par les fenêtres

Egyptĭăcus, [C] ➡ *Aegyptiacus*

ĕhem, interj., [marque la surprise] eh !, ah ! : [-C] Théât.

ēheū, interj., [marque la douleur] ah ! hélas ! : [-C] Théât., [C] Poés., Pros.

ĕhŏ, interj., [pour appeler, avertir, insister] ho !, hé !, holà ! : [-C] Théât. ‖ [pour marquer l'étonnement] oh ! oh !, ah ! ah !, ouais ! : [-C] Théât.

ĕhŏdum, [C] ➡ *eho* : [-C] Théât.

1 **ĕī**, dat. m. f. n. sg. et nom. pl. m. de *1 is*

2 **ēī**, interj., [C] ➡ *hei* : [-C] Théât.

ēiă (hēiă), interj., [marque l'étonnement] ah ! ha ! : [-C] Théât. ‖ [ordinairement pour encourager] allons ! courage ! : [C] Poés., Pros. ; [ironie] ***heia autem*** [-C] Théât., et allez donc !

ēĭcĭo, [C] ➡ *ejicio* ; [C] Poés.

eidus, [V] ➡ *idus*

eiei ; **eieis**, anc. dat. sg. et pl. de *1 is*

eis, dat. pl. de *1 is*

ējăcŭlō, *ās, āre, -, -*, [C] ➡ *ejaculor* : [+C] Pros., [T] Poés.

ējăcŭlŏr, *ārĭs, ārī, ātus sum*, tr., lancer avec force, projeter : [C] Poés.

ējēcī, parf. de *ejicio*

ējectāmentum, *i*, n., ce qui est rejeté : [+C] Pros.

ējectĭo, *ōnis*, f., action de jeter au dehors : [C] Pros. ‖ expulsion, bannissement : [C] Pros.

ējectō, *ās, āre, āvī, ātum*, tr., rejeter hors, lancer au loin, vomir : [C] Poés., [+C] Poés.

1 **ējectus**, *a, um*, part. de *ejicio*

2 **ējectŭs**, *ūs*, m., action de jeter au dehors : ***animai foras*** [C] Poés., expulsion du souffle au dehors [expiration]

ējĕrātio, *ōnis*, f., [C] ➡ *ejuratio*

ējĕrō, *ās, āre, -, -*, [C] ➡ *ejuro* : [C] Pros.

ējĭcĭō, *ĭs, ĕre, jēcī, jectum*, tr. ¶ **1** jeter hors de, chasser de : ***e senatu, ex oppido*** [C] Pros., du sénat, de la ville : ***de collegio, de civitate*** [C] Pros., chasser d'un collège, de la cité ; ***domo ejecti*** [C] Pros., chassés de leur pays ; ***finibus ejectus*** [C] Pros., chassé du territoire ; ***aliquem in exsilium*** [C] Pros. ; ***ejicere*** [seul[t]] [C] Pros., jeter en exil, bannir, exiler qqn ; ***ejecta lingua*** [C] Pros., tirant la langue ‖ démettre, luxer un membre : [+C] Poés. ; ***ejecto armo*** [C] Poés., avec l'épaule luxée ‖ ***se ejicere (ex aliquo loco, in aliquem locum)***, s'élancer, sortir précipitamment, sauter (d'un lieu, dans un lieu) : [C] Pros. ; ***se ex castris ejecerunt*** [C] Pros., ils se jetèrent hors du camp ; ***se in agros*** [C] Pros., se précipiter dans la campagne ¶ **2** [marine] pousser du côté de la terre, faire aborder : ***aliquo naves*** [C] Pros. ; ***navem in terram*** [C] Pros., faire aborder des navires qq. part, un navire au rivage ‖ [mais au pass.] être jeté à la côte, échouer : [C] Pros. ; ***in litora*** [C] Pros., jetés sur le rivage ; [d'où] ***ejecti*** [C] Pros., des naufragés ; [C] Poés. ¶ **3** [fig.] ***a) superstitionis stirpes*** [C] Pros., extirper la superstition ; ***amorem ex animo*** [C] Pros., arracher un amour du coeur ***b)*** rejeter, repousser [une théorie, un système] : [C] Pros.

ējŭlābĭlis, *e*, plaintif : [+C] Pros.

ējŭlātĭo, *ōnis*, f., lamentations, plaintes : [-C] Théât., [C] Pros. ‖ **ējŭlātŭs**, *ūs*, m., [C] Pros.

ējŭlō, *ās, āre, āvī, ātum* ¶ **1** intr., se lamenter, pousser des cris de douleur : [C] Pros. ¶ **2** tr., se lamenter sur, déplorer : [+C] Pros. ¶ **3** ***se***, se lamenter : [+C] Pros.

ējuncĭdus, *a, um*, mince comme un jonc : [C] Pros.

ējūrātio, *ōnis*, f., désistement (démission) d'un emploi fait dans les formes : [+C] Pros. ‖ renonciation : ***bonae spei*** [+C] Pros., à l'espérance du bien

ējūrō, **ējĕro**, *ās, āre, āvī, ātum*, tr., protester par serment contre, refuser en jurant : [C] Pros. ; ***bonam copiam*** [C] Pros., protester qu'on fait de mauvaises affaires, qu'on est insolvable, déposer son bilan ‖ résigner [une charge], abdiquer, renoncer à, abandonner [pr. et fig.], s'éloigner de, désavouer : [+C] Pros. ; ***patriam*** [+C] Pros., renier la patrie ‖ [abs[t]] abdiquer : [+C] Pros.

ējus, gén. de *1 is*

ējuscĕmŏdi, gén., [C] ➡ *ejusmodi* : [+C] Pros.

ējusdemmŏdi, gén., de la même façon, de la même sorte : [C] Pros.

ējusmŏdi, gén., de cette façon, de cette sorte : [C] Pros. ‖ [en corrél. avec *ut* conséc.] de telle sorte que : [C] Pros.

ēlābŏr, *bĕrĭs, bī, lapsus sum* ¶ **1** intr. ***a)*** glisser hors, s'échapper : ***sol elabitur*** [C] Pros., le soleil disparaît ; [avec *ex*] [C] Pros. ; [avec abl.] [C] Pros. ‖ ***articuli elabuntur*** [+C] Pros., les articulations se déboîtent ***b)*** échapper à, éviter, se soustraire à ; [avec *ex*] [C] Pros. ; [avec *de*] [C] Poés. ; [avec abl.] [C] Poés. ; [avec dat.] ***elapsus custodiae*** [+C] Pros., échappé de sa prison ***c)*** [fig.] s'échapper, échapper, se dégager, se perdre, s'évanouir, disparaître : ***e manibus*** [C] Pros. ; ***de manibus*** [C] Pros., glisser entre les mains ; ***ex tot criminibus*** [C] Pros., se tirer de tant d'accusations ; ***adsensio elabitur*** [C] Pros., adieu mon assentiment ! ; ***elapsi in servitutem*** [C] Pros., tombés dans la servitude ¶ **2** tr., échapper à : ***custodias*** [+C] Pros., échapper aux postes de garde

ēlābōrātĭo, *ōnis*, f., travail, application, soin : [C] Pros.

1 **ēlābōrātus**, *a, um*, part. de *elaboro*

2 **ēlābōrātŭs**, abl. *ū*, m., [C] ➡ *elaboratio* : [+C] Pros.

ēlābōrō, *ās, āre, āvī, ātum* ¶ **1** intr., travailler avec soin, s'appliquer fortement : [avec *ut*] [C] Pros., travailler à ; ***in aliqua re*** [C] Pros., s'appliquer à qqch., porter son effort sur qqch. ; [*in* et l'acc.] [+C] Pros. ; [avec inf.] [+C] Pros., s'efforcer de ¶ **2** tr. ***a)*** faire avec application, élaborer, perfectionner [au pass. et surtout au part. d. Cicéron ; un seul ex. à l'actif : *quod... elaboravi* [C]

Pros.] : [C] Pros. ***b)*** produire par le travail : ***elaborata concinnitas*** [C] Pros., arrangement artificiel (réalisé avec trop de recherche) ; [poét.] [C] Poés.

ēlăcăta, *ae*, f., thon : [+C] Pros.

Ĕlaea, *ae*, f., Élée [ville d'Éolide] : [C] Pros.

ĕlaeŏthĕsĭum, *ĭi*, n., lieu dans les bains où l'on gardait l'huile pour les frictions : [C] Pros.

1 **Elaeŭs**, *a*, *um*, ➨ *Eleus*

2 **Elaeūs**, *untis*, f., Éléonte (ville de Thrace) : [C] Pros.

Elăgăbălus, ➨ *Heliogabalus*

Ĕlāītēs, *ae*, m., habitant d'Élée : [+C] Pros.

Elam, m. indécl., fils de Sem : [T] Pros. ‖ **-ītae**, *ārum*, m. pl., Élamites [peuple de l'Asie au S.-E. de l'Assyrie] : [T] Pros.

ēlāmentābĭlis, *e*, lamentable, plein de lamentations : [C] Pros.

ēlanguescō, *ĭs*, *ĕre*, *gŭī*, -, intr., devenir languissant, s'affaiblir : ***elanguescendum est*** [C] Pros., être condamné à l'inaction ; [nom de pers. sujet] [+C] Pros.

ēlanguĭdus, *a*, *um*, languissant : [+T] Poés.

ēlapsus, *a*, *um*, part. de *elabor*

ēlăquĕō, *ās*, *āre*, *āvī*, *ātum*, tr., délivrer de liens, mettre en liberté, élargir : [T] Pros.

ēlargĭŏr, *īrĭs*, *īrī*, -, tr., donner largement, faire des largesses : [+C] Poés.

Ĕlāris, *is*, m., ➨ *Elaver* : [T] Poés.

Elăsa, m. indécl., nom d'homme hébreu : [T] Pros.

ēlātē, adv., avec élévation, noblesse, sur un ton élevé, d'un style noble ; ***elate dicere*** [C] Pros., avoir de l'élévation dans le style ‖ avec hauteur, orgueil : [C] Pros. ; ***-tius*** [+C] Pros.

Ĕlătēa (-tīa), *ae*, f., Élatée [ville de Phocide] : [C] Pros. ‖ ville de Thessalie : [C] Pros.

ēlātĭo, *ōnis*, f., action d'élever [une charge] : [C] Pros. ‖ [fig.] transport de l'âme : [C] Pros. ‖ orgueil, arrogance : [T] Pros. ‖ élévation, hauteur, grandeur, noblesse : [C] Pros. ; ***animi*** [C] Pros., hauteur d'âme ‖ élévation [de la voix] : [C] Pros. ‖ exagération, amplification, hyperbole : [C] Pros.

ēlātrō, *ās*, *āre*, -, -, tr., dire comme en aboyant, hurler : [C] Pros.

ēlātus, *a*, *um* ¶ **1** part. de *2 effero* ¶ **2** adj^t ***a)*** haut, élevé : [+C] Pros. ***b)*** [fig.] [ton] élevé, [style] élevé, relevé : [C] Pros., [+C] Pros. ***c)*** [âme] élevée : [C] Pros. ‖ ***-tior*** [+C] Pros., [T] Pros. ; ***-tissimus*** [+C] Pros.

ēlautus, *a*, *um*, part. de *elavo*

Ĕlăver, *ĕris*, n., rivière de la Gaule centrale [auj. Allier] : [C] Pros.

ēlăvō, *ās*, *āre*, *lāvī*, *lautum*/*lōtum* ¶ **1** tr., laver, baigner [employé surtout au part.] ***elautus*** [-C] Théât. ; ***elotus*** [+C] Pros. ¶ **2** intr., ***elavi in mari*** [-C] Théât., j'ai pris un bain dans la mer [en faisant naufrage] ; [fig.] ***elavi bonis*** [-C] Théât., [litt^t] je suis lavé de ma fortune, je suis lessivé

elbŏlus, **elbus**, ➨ *helvolus*, *helvus*

Ĕlĕa, *ae*, f., Élée, nom grec de *Velia* [ville de Lucanie, patrie de Parménide et de Zénon] : [C] Pros. ‖ **-ātēs**, *ae*, m., [C] Pros., d'Élée ‖ **-ātĭcus**, *a*, *um*, éléate, éléatique : [C] Pros.

Elĕāzăr, *ăris* (**-rus**, *ī*), m., Éléazar [fils d'Aaron] : [T] Pros.

ēlĕcĕbra, ➨ *exlecebra* : [-C] Théât.

ēlectē, adv., avec choix : [C] Pros. ‖ ***electius loqui*** [+C] Pros., parler en termes particulièrement choisis

ēlectĭlis, *e*, choisi, de choix : [-C] Théât.

ēlectĭo, *ōnis*, f., choix : [C] Pros., [+C] Pros. ‖ ensemble de ceux qui sont choisis par Dieu, les baptisés, les élus : [T] Pros.

1 **ēlectō**, *ās*, *āre*, -, -, tr., séduire, tromper : [-C] Théât.

2 **ēlectō**, *ās*, *āre*, -, -, tr., choisir : [-C] Théât.

Ēlectra, *ae*, f., Électre [fille d'Atlas, mère de Dardanus] : [C] Poés. ‖ la même, changée, après sa mort, en une Pléiade : [C] Poés. ‖ fille de Clytemnestre et d'Agamemnon : [C] Poés. ; ***Electran*** [acc. grec] [C] Poés. ‖ une des Danaïdes : [+C] Poés. ‖ **-ius**, *a*, *um*, d'Électre [fille d'Atlas] : [+C] Poés.

ēlectrix, *īcis*, f., celle qui choisit : [T] Pros.

ēlectrum, *i*, n., ambre jaune, succin : [C] Poés. ‖ électrum [composition de quatre parties d'or pour une partie d'argent] : [C] Poés. ‖ boule d'ambre [que les matrones romaines portaient dans la main l'été] : [C] Poés.

Ēlectrus, *i*, [-C] Théât. (**-tryōn**, *ōnis*, [+C] Poés.), m., Électryon [fils de Persée et père d'Alcmène]

1 **ēlectus**, *a*, *um*, part.-adj. de *eligo*, choisi, excellent, supérieur, exquis : [C] Pros. ‖ **ēlecta**, n. pl., morceaux choisis, choix de morceaux : [+C] Pros. ‖ ***-tior*** [C] Pros. ; ***-issimus*** [C] Pros. ‖ [chrét.] adj. et subst., choisi par Dieu pour le salut, élu : [T] Pros. ‖ membre d'élite de la secte des manichéens, élu : [+C] Pros.

2 **ēlectŭs**, abl. *ū*, m., choix : [C] Poés.

ĕlĕēmŏsȳna, **ēlēmŏsĭna**, *ae*, f., [souvent au pl.] miséricorde, pitié ; [T] Pros.

ēlĕgans, *antis*, adj.

I [primt^t sens péjor.] homme raffiné dans son genre de vie et sa toilette, grandin : [-C] d. [+C] Pros.

II [sens class.] ¶ **1** [personnes] distingué, de bon goût : [C] Pros. ; ***homo elegantissimus*** [C] Pros., homme aux goûts délicats ¶ **2** [choses] [C] Pros. ; ***elegantiora desidero*** [C] Pros., je demande des choses qui sortent davantage du commun ¶ **3** [en part., rhét] [écrivain ou style] châtié, correct, pur, ➨ *elegantia* : [C] Pros.

ēlĕgantĕr, adv., avec choix, goût, avec distinction : [C] Pros. ‖ [rhét.] avec finesse, avec distinction : [C] Pros. ; ***elegantissime*** [C] Pros. ‖ dans un style châtié : [C] Pros.

ēlĕgantia, *ae*, f., goût, délicatesse, distinction, correction : [C] Pros. ‖ [comparaison du style à une personne] : [C] Pros. ; ***disserendi elegantia*** [C] Pros., bonne tenue, correction du raisonnement ‖ [rhét.] correction et clarté du style, bonne tenue du style : ***loquendi elegantia*** [C] Pros., une parole châtiée ‖ pl., [+C] Pros.

ĕlĕgi, *ōrum*, m. pl., vers élégiaques, poème élégiaque : [C] Poés., [+C] Pros.

ĕlĕgīa (-gēa, -gēia), *ae*, f., élégie [genre de poème] : [C] Poés., [+C] Pros.

ĕlĕgīdārĭŏn, [+C] Pros. et **ĕlĕgīdĭŏn**, *ĭi*, n., [+C] Poés., petite élégie

ēlēgō, *ās*, *āre*, *āvī*, -, tr., léguer à un étranger : [+C] Pros.

ĕlĕgus, gén. inus. *i*, ➨ *elegi*

Ēlēi, ➨ *Eleus*

Ĕlĕlēĭs, *ĭdis*, f., une Ménade : [C] Poés.

Ĕlĕleūs, *ĕi* ou *ĕos*, m., un des noms de Bacchus : [C] Poés.

ĕlĕmenta, *ōrum*, n. pl., lettres de l'alphabet, l'alphabet : [+C] Pros. ‖ [fig.] les principes, les éléments des sciences, rudiments, premières études : [C] Pros. ‖ les dix catégories d'Aristote : [+C] Pros. ‖ les quatre éléments : [C] Pros., [+C] Pros. ‖ [fig.] commencement, principe : [C] Poés.

ĕlĕmentārĭus, *a*, *um*, ***senex*** [+C] Pros., un vieux qui apprend ses lettres

ĕlĕmentum [rare], ➨ *elementa*

ēlēmŏsĭna, ➨ *eleemosyna*

ĕlenchus, *i*, m., perle en forme de poire : [+C] Poés. ‖ appendice d'un livre : [+C] Pros.

1 **Elĕphantĭnē**, *ēs*, f., île du Nil : [+C] Pros. ; ➨ *Elephantis*

2 **ĕlĕphantĭnē**, *ēs*, f., emplâtre de couleur ivoire : [+C] Pros.

Ĕlĕphantis, *ĭdis*, f., nom d'une femme poète : [+C] Poés.

ĕlĕphantus, *i*, m., éléphant [animal] : [C] Pros. ‖ [fig.] ivoire : [C] Poés. ‖ f., femelle de l'éléphant : [-C] Théât.

ĕlĕphās (-phans), *antis*, m., éléphant [animal] : [C] Pros., [+C] Poés., Pros. ‖ éléphantiasis [sorte de lèpre] : [C] Poés.

Ēlēŭs, *a*, *um*, d'Élide, Éléen : [C] Poés. ‖ **Elēi (Elīi)**, *ōrum*, m. pl., habitants d'Élis ou de l'Élide : [C] Pros.

Ĕleusīn, ➨ *Eleusis*

Ĕleusīnĭus, *a*, *um*, ➨ *Eleusinus* ‖ **-nĭa**, *ōrum*, n. pl., Éleusinies [fêtes en l'honneur de Déméter] : [+C] Pros. ‖ **-nĭi**, *ōrum*, m. pl., initiés aux mystères d'Éleusis : [T] Pros.

Ĕleusīnus, *a*, *um*, d'Éleusis ; ***Eleusina Mater*** [C] Poés., Cérès ; ***Eleusina sacra*** [+C] Pros. ; ➨ *Eleusinia*

Eleusis (-sīn), *īnis*, f., Éleusis [ville de l'Attique, fameuse par ses mystères de Déméter] : [C] Pros. ‖ [poét.] Cérès : [T] Poés.

Ĕleusĭum, *ĭī*, n., nom de femme : [-C] Théât.

Eleuteti, *ōrum*, m. pl., nom d'une partie des Cadurques : [C] Pros.

1 **ĕleuthĕria**, *ae*, f., la liberté : [-C] Théât.

2 **Ĕleuthĕrĭa**, *ōrum*, n. pl., Éleuthéries [fêtes en l'honneur de Jupiter Liberator, c.-à-d. de la Liberté] : [-C] Théât.

Ĕleuthĕrĭus, *ĭli*, m., surnom de Bacchus [le même que Liber] : [T] Pros.

Ĕleuthĕrŏcĭlĭces, *um*, m. pl., Éleuthérociliciens [petite peuplade de Cilicie, qui avait toujours été libre] : [C] Pros.

Ĕleuthĕrŏpŏlis, *is*, f., ville de Palestine : [T] Pros. ‖ **-ītānus**, *a, um*, d'Éleuthéropolis : [T] Pros.

ēlĕvātĭo, *ōnis*, f., [fig.] ironie, éloge ironique : [+C] Pros.

ēlĕvātŏr, *ōris*, m., celui qui élève, soutient [fig.] : [T] Pros.

ēlĕvĭes, ▶ *eluvies*

ēlĕvō, *ās, āre, āvī, ātum*, tr., lever, élever, soulever, exhausser : [C] Pros. ‖ ôter, enlever : ***fructum*** [+C] Pros., rentrer la récolte ‖ [fig.] alléger, soulager, affaiblir, amoindrir : ***aegritudinem*** [C] Pros., alléger la douleur ; ***perspicuitatem*** [C] Pros., affaiblir l'évidence ‖ rabaisser, ravaler [en paroles] : ***facta alicujus*** [C] Pros., rabaisser les exploits de qqn

ēlexi, ▶ *elicio*

Eliacin, m. indécl., Éliacin [nom d'homme] : [T] Pros.

1 **Ēlĭăs**, *ădis*, f., d'Élide [des jeux Olympiques] : [C] Poés.

2 **Ēlīās (Hē-)**, *ae*, m., Élie [prophète des Hébreux] : [T] Pros.

ēlībĕrō, *ās, āre, -, -*, tr., dépouiller : [+C] Pros.

ēlĭces, *um*, m. pl., rigoles : [+C] Pros.

ēlĭcĭō, *ĭs, ĕre, cŭī, cĭtum*, tr., tirer de, faire sortir, attirer : [avec *ex*] [C] Pros. ; [avec *ab*] [C] Pros. ; ***nervorum sonos*** [C] Pros., tirer des sons de la lyre ‖ évoquer : [C] Pros., Poés. ‖ décider à sortir, engager, amener à : [avec *ad*] [C] Pros. ; [avec *ut* subj.], amener à : [C] Pros. ‖ [fig.] tirer, arracher, exciter, provoquer, obtenir : ***ex aliquo verbum*** [C] Pros., arracher une parole à qqn ; ***aliquid alicui*** [+C] Pros., arracher qqch. à qqn, obtenir qqch. de qqn

ēlĭcĭtus, *a, um*, part. de *elicio*

Ēlĭcĭus, *ĭī*, m., surnom de Jupiter : [C] Poés., Pros.

Ēlĭdensis, *e*, d'Élis : [+C] Pros.

ēlīdō, *ĭs, ĕre, līsī, līsum*, tr. ¶ **1** pousser dehors (en frappant), expulser (avec violence) : ***aurigam e curru*** [C] Pros., expulser un cocher de son char ; [C] Poés., [+C] Pros. ‖ ***elidere partum*** [+C] Pros., faire avorter ; ***spiritum*** [+C] Pros., causer la suffocation [en parl. d'un mal] ; ***alicui animam*** [-C] Poés., ôter la vie à qqn ; ***laqueo vitam*** [T] Pros., étrangler avec un lacet ‖ [fig.] ***litteras*** [+C] Pros., supprimer des lettres dans la composition d'un mot [syncoper] ‖ expulser une maladie : [C] Pros. ‖ renvoyer par réflexion une image des couleurs : [C] Poés. ‖ ***magnas sententias*** [+C] Pros., émettre brusquement (par éclairs) de belles pensées ¶ **2** écraser, briser, broyer, fracasser : [C] Pros. ; ***geminos angues*** [C] Poés., étouffer deux serpents ‖ [fig.] [C] Pros. ; ***aegritudine elidi*** [C] Pros., être écrasé par le chagrin

Elĭĕzer, m. indécl., nom d'homme : [T] Pros.

ēlĭgō, *ĭs, ĕre, lēgī, lectum*, tr. ¶ **1** arracher en cueillant, enlever, ôter : [C] Pros., [+C] Pros. ¶ **2** choisir, trier, élire : ***ex malis minima*** [C] Pros., de plusieurs maux choisir le moindre ; [avec *de*] [C] Pros. ‖ [abs[t]] faire un choix heureux : [+C] Pros. ; ▶ *1 electus* ¶ **3** [chrét.] [avec *ut* ou avec inf.] décider de : [T] Pros.

Elii, ▶ *Eleus*

ēlīmātus, *a, um*, part.-adj. de *elimo*, enlevé avec la lime ‖ [fig.] limé, poli, cultivé : [+C] Pros.

Elimēa (-mīa), *ae* (**-iōtis**, *ĭdis*), f., Élimée, Élimiotide [petite région au sud de l'Éordée, sur la frontière nord de la Thessalie] : [C] Pros.

ēlīmĭnō, *ās, āre, -, ātum*, tr., faire sortir, mettre dehors, chasser : [T] Pros. ‖ ***gradus*** [+C] Pros., sortir ‖ [fig.] divulguer : [C] Pros.

ēlīmō, *ās, āre, āvī, ātum*, tr., limer, polir, retoucher, peaufiner [fam.] : [C] Poés., Pros., [+C] Pros. ‖ affaiblir, ▶ *elimatus*

ēlingō, *ĭs, ĕre, linxī, -*, tr., lécher : [T] Pros.

ēlinguis, *e*, qui reste muet, qui ne se sert pas de sa langue ; ***elinguem reddere*** [C] Pros., rendre muet, fermer la bouche à, réduire au silence ‖ sans éloquence : [C] Pros.

ēlinguō, *ās, āre, āvī, -*, tr., couper ou arracher la langue à : [-C] Théât.

ēlĭquescō, *ĭs, ĕre, -, -*, intr., devenir liquide, couler : [C] Pros.

ēlĭquō, *ās, āre, āvī, ātum*, tr., clarifier, épurer : [+C] Pros. ‖ distiller, faire couler lentement : [+C] Pros. ; [fig.] [+C] Poés., Pros. ‖ fouiller, passer au crible, examiner à fond : [T] Poés. ‖ élucider : [T] Pros.

Ēlĭs, *ĭdis*, f., l'Élide [province du Péloponnèse] : [C] Pros. ‖ Élis [capitale de l'Élide] : [C] Pros. ‖ forme *Ālis* [-C] Théât.

Ĕlīsa (-ssa), *ae*, f., Élissa [nom de Didon] : [C] Poés. ‖ **-saeus**, *a, um*, de Didon, Carthaginois : [+C] Poés.

Ĕlīsĕus, *ĕi*, m., Élisée [prophète, disciple d'Élie] : [T] Pros.

ēlīsī, parf. de *elido*

ēlīsĭo, *ōnis*, f., action d'exprimer un liquide, d'arracher des larmes : [+C] Pros.

Elissa, ▶ *Elisa*

ēlīsus, *a, um*, part. de *elido*

Ēlīus, *a, um*, d'Élis ou de l'Élide, ▶ *Elēus* ‖ **Ēlīi**, *ōrum*, m. pl., habitants d'Élis ou de l'Élide : [C] Pros.

ēlix, ▶ *elices*

ēlixō, *ās, āre, āvī, ātum*, tr., faire cuire dans l'eau, faire bouillir ; [+C] Pros.

ēlixūra, *ae*, f., substance bouillie, décoction : [+C] Pros.

ēlixus, *a, um*, cuit dans l'eau, bouilli : [C] Poés. ‖ très mouillé : [+C] Poés.

ellĕbŏrōsus (h-), *a, um*, qui est au régime de l'ellébore, fou : [-C] Théât.

ellĕbŏrus (h-), *i*, m., **-um**, *i*, n., ellébore [plante employée dans l'Antiquité contre diverses maladies, et surtout contre la folie] : [-C] Théât., [C] Poés., [+C] Pros. ; [pl.] ***ellebori*** [C] Poés.

ellipsis, *is*, f., ellipse [gram.], suppression d'un mot : [+C] Pros.

ellops, ▶ *helops*

ellum, **ellam**, arch. pour *em illum, em illam* : [-C] Théât.

ēlŏcō, *ās, āre, āvī, ātum*, tr., louer, donner à loyer, à bail, affermer : [C] Pros. ; ***gens elocata*** [C] Pros., nation dont on a affermé les impôts

ēlŏcūtĭlis, *e*, qui concerne la parole, oratoire : ***facundia*** [+C] Pros., éloquence expressive

ēlŏcūtĭo, *ōnis*, f., élocution [rhét.] : [C] Pros.

ēlŏcūtōrĭus, *a, um*, qui concerne l'élocution : [+C] Pros.

ēlŏcūtrix, *īcis*, f., qui parle, qui porte la parole : [+C] Pros.

ēlŏgĭum, *ĭī*, n., inscription tumulaire, épitaphe : [C] Pros. ‖ inscription sur un ex-voto : [+C] Pros. ; sur des *imagines* : [+C] Pros. ‖ note, codicille, clause [d'un testament, en part. pour déshériter qqn] : [C] Pros. ‖ acte d'écrou, registre d'écrou : [+C] Pros. ‖ crime, grief : [+C] Pros.

ēlonginquō, *ās, āre, -, -*, tr., éloigner, retarder : [T] Pros., d.

ēlongō, *ās, āre, āvī, -*, tr., allonger, prolonger, étendre, éloigner : [T] Pros. ‖ intr., s'éloigner : [T] Pros.

ĕlops, ▶ *helops*

ēlŏquens, *tis*, part. adj. de *eloquor*, éloquent, qui a le talent de la parole : [C] Pros. ‖ ***-tior*** [+C] Pros. ; ***-tissimus*** [C] Pros.

ēlŏquentĭa, *ae*, f., facilité à s'exprimer, éloquence, talent de la parole : [C] Pros.

ēlŏquĭum, *ĭī*, n., expression de la pensée : [C] Poés. ‖ talent de la parole, éloquence : [C] Poés. ‖ pl., paroles, discours : [T] Pros.

ēlŏquŏr, *quĕris, quī, locūtus* ou ***loquūtus sum*** ¶ **1** intr., parler, s'exprimer, s'expliquer : [C] Pros., [+C] Pros. ¶ **2** tr., dire, énoncer, exposer, exprimer : [C] Pros.

Ĕlōrīni (Hel-), *ōrum*, m. pl., habitants d'Élore : [C] Pros.

Ĕlōrĭus (Hel-), *a, um*, d'Élore [ville ou fleuve] : [C] Poés.

Ĕlōrum (Hel-), *i*, n. et **Elorus (Hel-)**, *i*, m., Élore [fleuve de Sicile] : C Pros. ‖ ville de Sicile : C Pros.

ēlōtae, V. *ilotae*

ēlōtus (ēlaut-), part. de *elavo*

ēlŏvĭēs, V. *eluvies*

Elpēnōr, *ŏris*, m., un des compagnons d'Ulysse : +C Poés.

Elpēus, *i*, m., torrent de Macédoine : C Pros.

Elpĭnīcē, *ēs*, f., nom de femme : C Pros.

ēlŭācrum labrum, n., cuve à laver : -C Pros.

ēlūcens, *tis*, part.-adj. de *eluceo*, brillant

ēlūcĕō, *ēs*, *ēre*, *lūxi*, *-*, intr. ¶ **1** luire, briller : C Pros. ¶ **2** [fig.] ***a)*** [en gén. avec un nom abstrait ou nom de chose comme sujet] être éclatant, se montrer brillamment, se révéler, se manifester : C Pros. ***b)*** [nom de pers. sujet] C Pros.

ēlūcescō, *ĭs*, *ĕre*, *lūxī*, *-*, commencer à luire : +C Pros., T Pros. ‖ [fig.] se montrer, se manifester : [choses] ; [personnes] T Pros. ‖ impers., ***elucescit***, le jour commence à poindre : T Pros.

ēlūcĭdō, *ās*, *āre*, *-*, *-*, tr., annoncer, révéler : T Pros.

ēlūcĭfĭcō, *ās*, *āre*, *-*, *-*, rendre obscur : +C Pros.

ēluctābĭlis, *e*, qu'on peut surmonter : +C Pros.

ēluctātĭo, *ōnis*, f., lutte, effort pour se délivrer : T Pros.

ēluctŏr, *ārĭs*, *ārī*, *ātus sum* ¶ **1** intr., sortir avec effort, avec peine [pr. et fig.] : +C Pros. ; ***aqua eluctabitur*** C Poés., l'eau se fraiera un passage ¶ **2** tr., surmonter en luttant : ***nives*** +C Pros., se frayer un chemin à travers la neige ; C Pros. ‖ échapper à : +C Poés.

ēlūcubrātus, *a*, *um*, part. de *elucubro*

ēlūcŭbrō, *ās*, *āre*, *āvī*, *ātum*, tr., faire à force de veilles, travailler avec soin à : C Pros., +C Pros.

ēlūcŭbrŏr, *ārĭs*, *ārī*, *ātus sum*, C. *elucubro* : C Pros.

elucus (he-), *i*, m., assoupissement, somnolence : +C Pros.

ēlūdō, *ĭs*, *ĕre*, *lūsī*, *lūsum* ¶ **1** intr., jouer, se jouer : C Pros. ¶ **2** tr. ***a)*** gagner en jouant, subtiliser [avec 2 acc.] ***aliquem aliquid*** : -C Théât. ***b)*** éviter en se jouant, esquiver [en parl. de coups portés] : +C Poés. ; [abs[t]] C Pros. ***c)*** se jouer de (qqn, qqch.) : C Pros. ***d)*** [avec idée de moquerie] berner : C Pros. ‖ se railler de (qqch.) : C Pros.

ĕlŭella, V. *helvella*

ēlūgĕō, *ēs*, *ēre*, *lūxī*, *-* ¶ **1** tr., être en deuil de, pleurer : ***patriam*** C Pros., porter le deuil de la patrie ¶ **2** intr., porter le deuil le temps convenable, quitter le deuil : ***cum eluxerunt*** C Pros., leur deuil fini

ēlumbis, *e*, [fig.] sans reins, faible, débile, sans vigueur : ***orator*** +C Pros., orateur sans énergie

ēlūmĭnātus, *a*, *um*, privé de la lumière : T Pros.

ēlŭō, *ĭs*, *ĕre*, *lŭī*, *lūtum*, tr. ¶ **1** laver, rincer, nettoyer : [la vaisselle] -C Théât. ‖ ***os*** +C Pros., se rincer la bouche ; [des taches] C Pros., Poés. ¶ **2** [fig.] purifier : +C Pros. ‖ effacer, laver : C Pros. ‖ [fig.] nettoyer sa fortune : -C Théât. ; ***elutus*** -C Théât., nettoyé, lessivé ‖ dépeupler, épuiser : +C Pros.

Elŭsa, *ae*, f., ville de la Novem-populanie [auj. Eauze] ‖ **-sātes**, *ĭum*, m., habitants d'Élusa : C Pros.

ēlūsī, parf. de *eludo*

ēlūsus, *a*, *um*, part. de *eludo*

ēlūtrĭō, *ās*, *āre*, *-*, *ātum*, tr., nettoyer en lavant, rincer : [des toiles] +C Pros. ; [de la laine]

ēlūtus, *a*, *um*, part.-adj. de *eluo*, délayé : ***nihil elutius*** C Poés., rien de plus fade

ēlŭvĭēs, *ēi*, f., eau qui coule, inondation : +C Pros. ‖ ravin, fondrière : +C Pros. ‖ [en parl. d'une loi néfaste] ruine, perte : ***civitatis*** C Pros., ruine de la cité

ēlŭvĭo, *ōnis*, f., inondation : C Pros. ‖ pl., C Pros.

ēlūxī, parf. de *elucesco*

ēluxŭrĭŏr, *ārĭs*, *ārī*, *-*, intr., être surabondant en [avec abl.] : +C Pros.

elvella, V. *helvella*

Ĕlȳmāïs, *ĭdis*, l'Élymaïde [contrée voisine de la Susiane] ‖ **-maei**, *ōrum*, m. pl., Élyméens [habitants de l'Élymaïde] : C Pros.

Ēlȳsĭum, *ĭī*, n., l'Élysée [séjour des héros et des hommes vertueux après leur mort] : C Poés. ‖ **-us**, *a*, *um*, de l'Élysée : C Poés. ; ***puella*** +C Poés., Proserpine ‖ subst. m. pl., ***Elysii***, les champs Élysées : +C Poés.

1 **em**, arch. pour *eum* : +C Pros.

2 **em**, tiens, voilà : -C Théât., -C Théât., C Pros.

ēmăcĕrō, *ās*, *āre*, *-*, *-*, tr., amaigrir : +C Pros.

ēmăciō, *ās*, *āre*, *-*, *ātum*, tr., rendre maigre, épuiser : +C Pros.

ĕmācĭtās, *ātis*, f., passion d'acheter : +C Pros.

ēmăcrescō, *ĭs*, *ĕre*, *crŭī*, *-*, intr., maigrir : +C Pros.

ēmăcŭlō, *ās*, *āre*, *āvī*, *ātum*, tr., purifier : T Pros.

ēmădescō, *ĭs*, *ĕre*, *ŭī*, *-*, intr., se mouiller : C Poés.

ēmānātĭo, *ōnis*, f., émanation [fig.] : T Pros.

ēmancĭpātio, *ōnis*, f., émancipation [droit] : +C Pros. ‖ action d'aliéner : +C Pros. ; ***familiae*** +C Pros., acte par lequel on aliène son droit de chef de famille

ēmancĭpātor, *ōris*, m., celui qui émancipe, le Christ : T Poés.

ēmancĭpō (-cŭpō), *ās*, *āre*, *āvī*, *ātum*, tr., émanciper, affranchir de l'autorité paternelle : C Pros. ‖ abandonner la possession de, aliéner [champ, propriétés] : +C Pros. ; [fig.] ***se alicui*** -C Théât., faire cession de soi à qqn, s'abandonner à qqn

ēmancō, *ās*, *āre*, *āvī*, *-*, tr., rendre manchot : C Pros.

ēmănĕō, *ēs*, *ēre*, *mansī*, *mansum*, intr., rester longtemps hors de : +C Poés.

ēmānō, *ās*, *āre*, *āvī*, *ātum* ¶ **1** intr., couler de, découler, sortir : C Poés., Pros. ‖ [fig.] émaner, provenir, tirer son origine, découler : [avec *ex*] C Pros. ‖ se répandre, se divulguer, devenir public : C Pros. ‖ ***emanabat*** [avec prop. inf.] C Pros., c'était une chose connue que ¶ **2** tr., faire couler, épancher : T Pros.

Emanuel, V. *Emmanuel*

ēmarcescō, *ĭs*, *ĕre*, *marcŭī*, *-*, intr., se faner, se flétrir : +C Pros.

ēmascŭlātŏr, *ōris*, m., corrupteur : +C Pros.

ēmascŭlō, *ās*, *āre*, *-*, *-*, tr., châtrer, rendre impuissant : +C Pros.

Ēmăthĭa, *ae*, f., Émathie [province de Macédoine] : C Pros. ; [par extension] la Macédoine : C Poés. ‖ **-thĭus**, *a*, *um*, d'Émathie, de Macédoine : C Poés. ; ***Emathii manes*** +C Poés., les mânes d'Alexandre ; ***Emathia acies*** +C Poés., bataille de Pharsale ‖ **-this**, *ĭdis*, adj. f., d'Émathie ; f. pl., ***Emathides*** C Poés., les Piérides ‖ ***Emathis***, l'Émathie : +C Poés.

Ēmăthĭōn, *ŏnis*, m., autres du même nom : C Poés.

ēmātūrescō, *ĭs*, *ĕre*, *rŭī*, *-*, intr., [fig.] s'adoucir, se calmer : C Poés.

ĕmax, *ācis*, qui a la manie d'acheter, grand acheteur : -C Pros., C Pros. ‖ [fig.] ***prece emaci*** +C Poés., par une prière qui est un marché

embăsĭcoetās, *ae*, m., [à la fois] sorte de coupe à boire et débauché [*cinaedus*] : +C Pros.

embătēs, *is*, m., module [archit.] : C Pros.

emblēma, *ătis*, n., travail de marqueterie : ***vermiculatum*** -C Poés., C Pros., mosaïque ‖ ornement en placage sur des vases : C Pros.

embŏlĭārĭa, *ae*, f., actrice d'intermèdes : +C Pros.

embŏlĭum, *ĭī*, n., intermède [sorte de pantomime qu'on jouait pendant les entractes] : C Pros.

embŏlum, *i*, n., éperon de vaisseau : +C Pros.

embŏlus, *i*, m., piston d'une pompe : C Pros.

embractum, **imbractum**, *i*, n., plat cuisiné [huîtres] : +C Pros.

1 **ēmĕātus**, *a*, *um*, traversé : T Pros.

2 **ēmĕātŭs**, *ūs*, m., navigation : T Pros.

ēmĕdĭtātus, *a, um*, étudié : ***emeditati fletus*** [+C] Pros., larmes feintes

ēmĕdullātus, *a, um*, [fig.] affaibli, énervé : [T] Pros.

ēmendābĭlis, *e*, réparable : [C] Pros. ‖ qui peut se corriger : [+C] Pros.

ēmendātē, adv., correctement : [C] Pros.

ēmendātĭo, *ōnis*, f., action de corriger, correction : [C] Pros., [+C] Pros. ‖ [chrét.] conversion : [T] Pros.

ēmendātŏr, *ōris*, m., celui qui corrige, correcteur, réformateur : [C] Pros.

ēmendātrix, *īcis*, f., celle qui corrige, réformatrice : [C] Pros.

ēmendātus, *a, um*, part.-adj. de *emendo*, sans défauts, pur : ***emendati mores*** [C] Pros., moeurs irréprochables ‖ ***-tior*** [+C] Pros. ‖ ***-tissimus*** [+C] Pros.

ēmendīcō, *ās, āre, āvī, ātum*, tr., mendier : [+C] Pros.

ēmendō, *ās, āre, āvī, ātum*, tr., corriger, effacer les fautes, retoucher, rectifier, réformer, redresser, amender : [C] Pros.

ēmensus, *a, um*, part. de *emetior*

ēmentĭŏr, *īrĭs, īrī, ītus sum*, tr. ¶ **1** [abs[t]] mentir, inventer des choses mensongères : [C] Pros. ; ***in aliquem*** [C] Pros., calomnier qqn ¶ **2** dire qqch. mensongèrement, alléguer faussement : ***auspicia*** [C] Pros., annoncer des auspices qui n'existent pas ; [avec prop. inf.] [C] Pros. ‖ part. *ementitus*, avec sens passif, imaginé faussement, controuvé : [C] Pros.

ēmentītus, *a, um*, part. de *ementior*

ēmercŏr, *ārĭs, ārī, ātus sum*, tr., acheter : [+C] Pros. ‖ [pass.] [T] Pros.

ēmĕreō, *ēs, ēre, ŭī, ĭtum*, tr. ¶ **1** mériter, gagner : [+C] Pros. ‖ [pass.] ***emeritus*** [+C] Poés., gagné, mérité ¶ **2** [avec inf.] mériter de : [C] Poés. ‖ ***aliquem*** [C] Poés., rendre service à qqn, obliger qqn ¶ **3** [sens class.] ***a)*** achever de remplir son service militaire : ***emeritis stipendiis*** [C] Pros., ayant fini de gagner la solde, le service achevé ***b)*** [en gén.] [C] Pros.

ēmĕrĕŏr, *ērĭs, ērī, ĭtus sum*, tr. ¶ **1** achever le service militaire : ***stipendia emeritus*** [+C] Pros., qui a fini son temps ; [d'où] **ēmĕrĭtus**, *i*, m., soldat qui a fait son temps, soldat libéré, vétéran : [+C] Pros. ¶ **2** [poét.] **emeritus**, *a, um*, qui a fini son service [sa tâche] : [C] Poés., [+C] Poés. ‖ hors de service : [C] Poés.

ēmergō, *ĭs, ĕre, mersī, mersum* ¶ **1** intr., sortir de, s'élever, apparaître, se montrer, naître [avec *e, ex* ou *a, ab*] : [C] Pros. ‖ [fig.] ***ex mendicitate*** [C] Pros., sortir de la dernière misère ; ***e judicio*** [C] Pros., se tirer d'un procès ; [abs[t]], sortir d'embarras : [C] Pros. ¶ **2** tr., ***se emergere*** [C] Pros., se montrer, émerger ‖ ***se ex malis*** [-C] Théât., se dégager des maux ‖ ***emergi*** [-C] Théât., [+C] Théât.

Ēmĕrĭta, *ae*, f., ville de Lusitanie [auj. Mérida] ‖ **-ensis**, *e*, d'Émérita, **-enses**, *ium*, m. pl., habitants d'Émérita : [+C] Pros.

ēmĕrĭtus, *a, um* ¶ **1** part. de *emereo* et de *emereor* ¶ **2** [adj[t]] [poét.] terminé, achevé : ***emeritis cursibus*** [C] Poés., le cours étant achevé

1 **ēmersus**, part. de *emergo*

2 **ēmersŭs**, *ūs*, m., ***hostium*** [C] Pros., l'apparition de l'ennemi (action de déboucher)

Emēsa, *ae* (**Emēsus**, *i*), f., ville de la Cœlé-Syrie [auj. Homs] : [T] Pros. ; ▶ V. *Emisenus*

ēmētĭŏr, *īrĭs, īrī, mensus sum*, tr., mesurer entièrement, mesurer : [C] Poés. ‖ parcourir, traverser : [C] Pros., [+C] Pros. ‖ [poét.] supporter, endurer : [+C] Poés. ‖ attribuer, dispenser, faire bonne mesure : [C] Pros.

ēmĕtō, *ĭs, ĕre, -, messum*, tr., moissonner : [C] Pros.

ēmī, parf. de *emo*

ēmĭcātim, adv., en sautant : [T] Pros.

ēmĭcātio, *ōnis*, f., action de s'élever : [+C] Pros.

ēmĭcāvi, ▶ V. *emico*

ēmĭcō, *ās, āre, ŭī, ātum*, intr., s'élancer hors, jaillir : [flamme] ; [sang] [C] Poés. ; [source] [C] Pros. ; ***manus emicat*** [C] Poés., la troupe s'élance ‖ [fig.] éclater, briller, se signaler : ***consternatio emicuit*** [+C] Pros., son trouble éclata

ēmĭgrō, *ās, āre, āvī, ātum* ¶ **1** intr., sortir de, changer de demeure, déménager, émigrer : ***e domo*** [C] Pros. ou ***domo*** [C] Pros., déménager ; ***domo*** [C] Pros., s'expatrier ‖ [fig.] : ***e vita*** [C] Pros., quitter la vie, mourir ¶ **2** tr., faire sortir, chasser : [T] Pros.

ēmīna, ▶ V. *hemina*

ēmĭnātĭo, *ōnis*, f., menace : [-C] Théât.

ēmĭnens, *tis*, part.-adj. de *emineo*, qui s'élève, saillant, proéminent : [C] Pros. ; [peinture] [+C] Pros. ‖ qui s'avance, saillant, à fleur de tête : ***eminentes oculi*** [C] Pros., yeux à fleur de tête ‖ [fig.] éminent, supérieur, remarquable : [+C] Pros. ‖ subst. pl. m., hommes distingués : [+C] Pros. ‖ **eminentia**, *ium*, n. pl., passages remarquables [dans un discours] : [+C] Pros. ‖ ***-tior*** [C] Pros. ‖ ***-tissimus*** [+C] Pros.

ēmĭnentĕr, adv., ***-tius*** [T] Pros., plus haut

ēmĭnentĭa, *ae*, f., éminence, hauteur, proéminence, saillie, avance, relief, bosse : [C] Pros. ‖ [fig.] excellence, supériorité, prééminence : [+C] Pros.

ēmĭneō, *ēs, ēre, ŭī, -*, intr., s'élever au-dessus de, être saillant : ***ex terra*** [C] Pros., s'élever au-dessus du sol ‖ [en peinture] être en relief, proéminent : [C] Pros. ‖ l'emporter, se distinguer, dominer : [C] Pros. ‖ [impers.] être évident : [T] Pros.

ēmĭniscŏr, *scĕrĭs, scī, mentus sum*, tr., imaginer : [C] Pros.

ēmĭnŏr, *ārĭs, ārī, -*, menacer : [abs[t]] [-C] Théât.

ēmĭnŭlus, *a, um*, qui s'élève ou qui s'avance un peu : ***genua eminula*** [C] Pros., genoux proéminents

ēmĭnŭs, adv., de loin : [C] Pros. ‖ à distance : [+C] Pros.

ēmīrŏr, *ārĭs, ārī, -*, tr., être étonné, stupéfait de : [C] Poés.

Emisa, ▶ V. *Emesa*

ēmisceō, *ēs, ēre, -, -*, tr., mêler : [C] Poés.

Emīsēnus, *a, um*, d'Émèse : [T] Pros.

ēmīsī, parf. de *emitto*

Emissa, ▶ V. *Emesa*

ēmissārĭrum, *ĭi*, n., déversoir : [C] Pros. ; ***emissarium lacus*** [+C] Pros., décharge d'un lac

ēmissārĭus, *ĭi*, m., agent, émissaire, espion : [C] Pros. ‖ satellite, sicaire : [T] Pros.

ēmissīcĭus, *a, um*, qu'on envoie à la découverte : ***emissicii oculi*** [-C] Théât., regards qui furètent, qui espionnent

ēmissĭo, *ōnis*, f., action de lancer : [C] Pros., [+C] Pros. ‖ action de lâcher [un animal] : [C] Pros.

ēmissŏr, *ōris*, m., celui qui envoie, qui lance : [T] Pros.

1 **ēmissus**, part. de *emitto*

2 **ēmissŭs**, *ūs*, m., action de lancer : [C] Poés.

ēmītescō, *ĭs, ĕre, -, -*, intr., s'adoucir, mûrir : [+C] Pros.

ēmittō, *ĭs, ĕre, mīsī, missum*, tr., envoyer dehors, faire aller dehors ou laisser aller dehors : [C] Pros. ; ***essedarios ex silvis*** [C] Pros., lancer des bois les essédaires ; ***equitatu emisso*** [C] Pros., ayant lancé la cavalerie ‖ ***aliquem manibus emittere*** [C] Pros., laisser échapper qqn de ses mains ‖ ***scutum manu*** [C] Pros., laisser tomber son bouclier ‖ ***pila*** [C] Pros., lancer les javelots ‖ ***fulmina*** [C] Pros., lancer la foudre ‖ ***vocem*** [C] Pros., émettre, prononcer une parole ‖ ***animam*** [-C] Théât., [C] Pros., rendre l'âme ‖ [en part.] ***manu emittere aliquem = manu mittere***, affranchir un esclave, ▶ V. *manumissio* : [-C] Théât., [C] Pros., [+C] Pros. ; ou ***emittere*** seul : [-C] Théât.

Emmănŭēl, m. indécl., Emmanuel, nom du Messie : [T] Pros.

Emmāūm, n. indécl. ou **-māus**, *i*, f., Emmaüs, une des toparchies de la Judée : [T] Pros.

ĕmō, *ĭs, ĕre, ēmī, emptum*, tr. ¶ **1** acheter : [C] Pros. ; ***bene*** [C] Pros., acheter à bon compte ; ***male*** [C] Pros., acheter cher ; ***ab aliquo, de aliquo*** [C] Pros., acheter à qqn ; [avec gén. ou abl. de prix] [C] Pros. ; ***minimo*** [C] Pros. ; ***magno, parvo*** [C] Pros., [C] Pros. ¶ **2** [fig.] acheter, soudoyer : ***sententias (judicum)*** [C] Pros., acheter la sentence, le verdict ; ***percussorem*** [+C] Pros., soudoyer un assassin ‖ [avec *ut* subj.] acheter la possibilité de, le droit de :

C Pros. ; [poét.] [avec inf.] +C Poés. ¶ **3** [chrét.] racheter [en parlant de la rédemption] : T Pros.

ēmŏdĕrandus, *a, um*, adj. verb. de l'inusité **emoderor*, qui peut être modéré, calmé : C Poés.

ēmŏdŭlŏr, *ārĭs, ārī, -*, tr., chanter : C Poés.

ĕmŏla, *ae*, f., ➡ *amula* : T Pros.

ēmōlĭŏr, *īrĭs, īrī, ītus sum*, tr. ¶ **1** faire sortir, évacuer : +C Pros. ‖ rejeter avec difficulté, cracher : +C Pros. ‖ faire jaillir : +C Théât. ¶ **2** achever, mener à son terme : -C Théât.

1 **ēmŏlĭtus**, part. de *emolo*

2 **ēmōlītus**, part. de *emolior*

ēmollĭō, *īs, īre, īvī* ou *ĭī, ītum*, tr., amollir, rendre mou : C Pros. ‖ [fig.] ***mores*** C Poés., adoucir les moeurs ; ***exercitum*** C Pros., affaiblir une armée

ēmŏlō, *ĭs, ĕre, ŭī, ĭtum*, tr., moudre entièrement : +C Poés.

ēmŏlŭmentum, *i*, n., avantage, profit, intérêt, gain, émolument : C Pros. ; ***emolumento esse alicui*** C Pros., être utile à qqn, ou ; ***emolumentum esse alicui*** C Pros.

ēmŏnĕō, *ēs, ēre, -, -*, tr., avertir : C Pros.

ēmŏrĭŏr, *morĕrĭs, mŏrī, mortuus sum*, intr., disparaître par la mort, mourir, s'éteindre : -C Théât., C Pros. ‖ [fig.] périr, finir, cesser : C Pros. ‖ s'atrophier : +C Pros.

ēmortŭālis, *dĭēs*, m., le jour de la mort : -C Théât.

ēmortŭus, *a, um*, part. de *emorior*

ēmōtus, part. de *emoveo*

ēmŏvĕō, *ēs, ēre, mōvī, mōtum*, tr., ôter d'un lieu, déplacer, remuer, ébranler : ***e foro*** C Pros. ; ***de medio*** C Pros. ; ***curia*** C Pros., faire sortir du forum de la place, de la curie ‖ [fig.] chasser, dissiper : ***curas*** C Poés., dissiper les soucis

empaestātus, *a, um*, gravé en relief : C Poés.

Empĕdŏclēs, *is*, m., Empédocle [philosophe d'Agrigente] : C Pros. ‖ **-ēus**, *a, um*, d'Empédocle : C Pros. ; ***Empedoclea*** n. pl., C Pros., doctrine d'Empédocle

emphăsis, *is*, f., emphase [rhét.] : +C Pros.

Emphȳtus, *i*, m., nom d'un géant : +C Poés.

empīrĭcus, *i*, m., médecin empirique : C Pros.

emplastrātĭo, *ŏnis*, f., ente en écusson : +C Pros.

emplastrō, *ās, āre, -, ātum*, tr., enter en écusson, écussonner : +C Pros.

emplastrum, *i*, n., emplâtre : -C Pros., +C Pros. ‖ emplâtre mis à un arbre greffé : ***emplastri ratio*** +C Pros., ente en écusson ‖ [fig.] ***aeris alieni*** +C Pros., un emplâtre pour dettes

empleurŏs, *ŏn*, à larges flancs : -C Poés.

Empŏrĭa, *ōrum*, n. pl., Empories [comptoirs commerciaux de la Petite Syrte carthaginois] : C Pros.

Empŏrĭae, *ārum*, f. pl., ville de la Tarraconaise [auj. Ampurias] : C Pros. ‖ **-rītāni**, *ōrum*, m. pl., habitants d'Empories : C Pros.

empŏrĭum, *ĭi*, n., marché, place de commerce, entrepôt : C Pros.

empŏrŏs (-rus), *i*, m., marchand : -C Théât.

emptīcĭus (-tītĭus), *a, um*, qui s'achète, acheté : C Pros.

emptĭcus, *a, um*, acheté : FT Poés.

emptĭo, *ōnis*, f., achat, marché : C Pros. ‖ objet acheté : C Pros.

emptĭtō, *ās, āre, āvī, ātum*, tr., acheter souvent, acheter : +C Pros.

emptŏr, *ōris*, m., acheteur : C Pros. ; ***familiae*** +C Pros., acheteur simulé auquel un citoyen mancipait son patrimoine *(familia)* dans la procédure du testament *per aes et libram* et qui se chargeait d'exécuter les volontés du testateur ; ➡ *emancipatio*

emptŭrĭō, *īs, īre, -, -*, intr., avoir envie d'acheter : C Pros.

emptus, part. de *emo*

Empŭlum, *i*, n., ville du Latium : C Pros.

Empȳlus, *i*, m., nom d'un Rhodien qui avait écrit un livre sur la mort de César : +C Pros.

empȳrĭus, *a, um*, de feu, de l'empyrée : T Pros.

ēmūgĭō, *īs, īre, -, -*, tr., mugir, dire en mugissant : +C Pros.

ēmulgĕō, *ēs, ēre, -, mulsum*, tr., traire : +C Pros. ‖ [fig.] épuiser : C Poés.

ēmunctĭo, *ōnis*, f., action de se moucher : +C Pros.

ēmunctōrĭa, *ōrum*, n. pl., mouchettes : T Pros.

ēmunctus, part. de *emungo*

ēmundō, *ās, āre, āvī, ātum*, tr., nettoyer, purifier : +C Pros.

ēmungō, *ĭs, ĕre, munxī, munctum*, tr., moucher ‖ ***se emungere*** C Pros. ; ***emungi*** +C Poés., se moucher ‖ [fig.] -C Théât., C Poés. ; ***Attici emuncti*** +C Pros., les Attiques au goût fin ‖ [chez les comiques] dépouiller de : -C Théât. ; [ou simplt] ***emungere aliquem*** -C Théât., faire cracher de l'argent à qqn ; C Poés.

ēmūnĭō, *īs, īre, īvī* ou *ĭī, ītum*, tr., fortifier [milit.] : C Pros. ‖ rendre solide, renforcer : C Pros. ‖ garantir, préserver : +C Pros. ‖ rendre praticable [un marais] : +C Pros. ‖ garnir : +C Poés. ‖ [fig.] fortifier, assurer : C Pros.

ēmuscō, *ās, āre, -, -*, tr., enlever la mousse : +C Pros.

ēmūtātĭo, *ōnis*, f., changement : +C Pros.

ēmūtō, *ās, āre, -, ātum*, tr., changer entièrement : +C Pros.

1 **ĕn**, arch. pour *in*

2 **ēn** ¶ **1** [interj.] voici, voilà : [avec nom.] C Pros. ; [avec acc.] ***en memoriam*** C Pros., voici le souvenir ‖ ***en ecce*** ➡ *ecce* [pléonasme] : +C Théât. ‖ eh bien, allons [avec impér.] : C Poés. ¶ **2** [particule interr.] ***en unquam ?*** ; est-ce que quelque jour ? est-ce que jamais ? ; -C Théât., C Poés., Pros. ‖ [interrog. indir.] si jamais : C Pros.

Ĕnaesĭmus, *i*, m., nom d'un guerrier : C Poés.

ĕnarmŏnĭus, ➡ *enharmonicus*

ēnarrābĭlis, *e*, qu'on peut exprimer, décrire : C Poés., +C Pros.

ēnarrātē, adv. [inus.] en détail, au long, explicitement ‖ compar., ***enarratius*** +C Pros.

ēnarrātio, *ōnis*, f. ¶ **1** développement, explication, commentaire : +C Pros. ¶ **2** énumération détaillée : T Pros. ‖ scansion, action de scander [les syllabes] : +C Pros.

ēnarrātŏr, *ōris*, m., qui explique en détail : +C Pros.

ēnarrō, *ās, āre, āvī, ātum*, tr., dire explicitement, rapporter avec détails : C Pros. ‖ expliquer, interpréter, commenter : +C Pros.

ēnascŏr, *scĕrĭs, scī, nātus sum*, intr., naître de, naître, s'élever, sortir, pousser : C Pros.

ēnătō, *ās, āre, āvī, ātum*, intr., se sauver à la nage, échapper au naufrage : C Poés. ‖ [fig.] s'échapper, se tirer d'affaire : C Pros.

ēnātus, part. de *enascor*

ēnāvĭgō, *ās, āre, āvī, ātum* ¶ **1** intr., effectuer une traversée, une navigation, aborder : +C Pros. ‖ [fig.] échapper, se tirer d'affaire : C Pros. ¶ **2** tr., traverser : C Poés.

encanthis, *ĭdis*, f., enflure du coin de l'œil : +C Pros.

encarpa, *ōrum*, n. pl., festons, guirlandes [archit.] : C Pros.

encaustus, *a, um*, fait à l'encaustique : +C Poés.

Encĕlădus, *i*, m., Encélade [géant foudroyé par Jupiter, qui l'emprisonna sous l'Etna] : C Poés.

enclĭma, *ătis*, n., hauteur du pôle : C Pros.

encolpĭae, *ārum*, m. pl., vents qui s'élèvent dans les détroits : +C Pros.

Encolpĭus, *ĭi*, m., Encolpe : +C Pros.

Encolpŏs, *i*, m., nom de giton : +C Poés.

encōmĭŏgrăphus, *i*, m., panégyriste, d., +C Pros.

encyclĭŏs, *ŏn*, qui embrasse tout, entier, total : ***disciplina*** C Pros., le cycle des études, éducation complète

encȳtus, *i*, m., sorte de gâteau : -C Pros.

Endēis, *ĭdis*, f., mère de Pélée et de Télamon : +C Poés.

endĕlĕchīa, → *entelechia*

endŏ, indŭ, [arch.] → *in* : -C Pros., Poés., C Poés.

endoplōro, [arch.] → *imploro* : C Pros.

endŏtercīsus, [abrév. *EN*] arch. pour *intercisus* [jour entrecoupé]

endrŏmĭdātus, *a, um*, vêtu d'une endromide : T Pros.

endrŏmis, *ĭdis*, f., endromide [manteau dont on se couvrait particulièrement après les exercices corporels] : +C Poés.

Endȳmĭōn, *ōnis*, m., Endymion [aimé de Séléné qui le plongea dans un sommeil éternel] : C Pros.

ēnĕcasso, → *eneco*

ēnĕcō (ēnĭcō), *ās, āre, nĕcŭī, nectum*, tr., [fig.] épuiser : -C Théât. ; ***enectus fame*** C Pros., épuisé par la faim ‖ assommer, fatiguer, assassiner : -C Théât.

ēnectus, *a, um*, part. de *eneco* : C Pros.

ĕnergīa, *ae*, f., force, énergie : T Pros.

ĕnergĭma, *ătis*, n., influence, action [d'un maléfice, de l'esprit malin], possession : T Poés.

ēnervātĭo, *ōnis*, f., épuisement, fatigue : T Pros.

ēnervātus, *a, um*, part.-adj. de *enervo*, dont on a retiré les nerfs ‖ [fig.] énervé, efféminé, faible, sans énergie : C Pros. ; ***enervata sententia*** C Pros., opinion lâche

ēnervis, *e*, sans nerf, languissant, faible, lâche, efféminé : +C Pros.

ēnervō, *ās, āre, āvī, ātum*, tr., retirer les nerfs : +C Pros. ‖ affaiblir, énerver, épuiser : C Pros. ; ***enervatur oratio*** C Pros., on énerve le style

ēnervus, *a, um*, → *enervis* : +C Pros.

Ĕnĕti, *ōrum*, m., nom grec des Vénètes [latin *Veneti*] : C Pros.

Engŏnăsi (-sin), indécl., l'Agenouillé ou Hercule [constellation] → *Ingeniculus* : C Pros.

Enguīnus, → *Engyon*

Engȳŏn, *ĭi*, n., Engyum [ville de Sicile] : +C Poés. ‖ **-gŭīnus**, *a, um*, d'Engyum : C Pros. ‖ subst. m. pl., habitants d'Engyum : C Pros.

ĕnharmŏnĭcus, *a, um* **(-nĭŏs**, ŏn), enharmonique [dans la musique grecque] : T Pros.

ĕnhȳdrus, *i*, m., couleuvre d'eau : T Pros.

ĕnhȳpostătus, *a, um*, contenu dans la substance : T Pros.

ēnĭco, → *eneco*

ĕnigma, *ătis*, n., au lieu de *aenigma* : T Poés.

ĕnim, adv. d'affirmation et conj.

I adv. ¶ **1** c'est un fait, bien sûr : -C Théât., C Pros., Poés. ‖ [dans le dialogue] effectivement, parfaitement, oui : -C Théât. ¶ **2** en fait, en réalité : -C Théât., C Poés., Pros. ¶ **3** expressions ***a) at enim*** [dans le dialogue, en réponse], oui, mais..., je veux bien, mais... : -C Théât., C Pros. ‖ [dans un développ[t]] tout cela est incontestable, mais... : C Pros. ‖ [pour introduire une objection] → *at* ***b) sed enim***, mais de fait : C Pros., Poés.

II conj. qui introduit soit la confirmation, soit la cause

A [confirmation] ¶ **1** en effet, de fait : C Pros. : ; en effet ceux qui n'ont rien... ‖ [souvent rapproché de *nam* (cause)] : C Pros. ‖ [confirmation par un fait] de fait, par exemple : C Pros. ‖ [la confirmation souvent se trouve dans tout le développement et non pas seulement dans la phrase qui suit] : C Pros. ‖ [confirm. sous forme de réflexion] de fait, le fait est que : C Pros. ; [avec ironie] C Pros. ‖ [elle porte sur une opposition] : C Pros. ¶ **2** [introduit un développement annoncé] voici le fait, voici la chose, eh bien ! [je commence] : C Pros. ‖ [dans le dial. introduit une réponse] : -C Théât. ‖ [avec redoublement familier] ***quia enim*** -C Théât., parce qu'aussi bien

B [cause] ¶ **1** c'est que : -C Théât., C Pros. ‖ car, en effet : -C Théât., C Pros. ‖ [dans des parenth.] C Pros., Poés. ‖ [souvent rapproché de *nam* (confirmation)] : C Pros. ¶ **2** [pour justifier une question, une allégation, une expression] car, le fait est que : C Pros. ‖ [en part. sous la forme interr.] : C Pros., Poés.

ĕnimvēro, ĕnim vēro, adv. d'affirmation, c'est un fait, oui, que... : ***ita enimvero*** -C Théât., oui, pour sûr ; C Pros., C Pros., C Pros. ‖ ***immo enim vero*** C Pros., non, de vrai ; ***verum enim vero*** C Pros., mais la vérité, c'est que ‖ [soulignant une opposition] : C Pros.

Ĕnīpeūs, *ĕi (ĕŏs)*, m., l'Énipée [fleuve de Thessalie] : C Poés., +C Poés.

1 **ēnīsus (-xus)**, *a, um*, part. de *enitor*

2 **ēnīsŭs**, *ūs*, → *2 enixus*

ēnĭteō, *ēs, ēre, ŭī*, -, intr., briller, être brillant : C Poés. ‖ [fig.] briller, paraître avec éclat, se distinguer, se signaler : C Pros.

ēnĭtescō, *ĭs, ĕre, nĭtŭī*, -, intr., commencer à briller : +C Pros.

ēnītŏr, *tĕris, tī, nīsus (nixus) sum*

I intr. ¶ **1** faire effort pour sortir, pour se dégager : ***enisus*** C Pros., s'étant frayé un passage ; +C Pros. ‖ faire effort pour s'élever, pour escalader, escalader, arriver au sommet : C Pros. ; ***in editiora enisus*** +C Pros., parvenu avec effort sur des points plus élevés ¶ **2** [avec *ut, ne*] faire effort pour que, pour éviter que : C Pros. ; [avec inf.] -C Théât., C Pros., Poés. ‖ [abs[t]] faire effort : ***in aliqua re*** C Pros., porter ses efforts sur qqch. ; ***ad dicendum*** C Pros., tourner ses efforts vers l'éloquence ; [avec acc. de pron. n.] C Pros. ; ***si quicquam enitar*** C Pros., si je fais effort en quoi que ce soit ‖ pass. impers., C Pros.

II tr. ¶ **1** escalader, franchir avec effort : +C Pros. ¶ **2** accoucher, mettre bas : C Pros., +C Pros. ‖ [abs[t]] +C Pros.

ēnixē, adv., avec effort, de toutes ses forces, de tout son pouvoir : C Pros. ‖ ***-xius*** C Pros. ; ***-issime*** +C Pros.

1 **ēnixus**, *a, um*, part. de *enitor*

2 **ēnixŭs**, *ūs*, m., enfantement, accouchement : +C Pros.

Enna, Ennensis, etc., → *Henn*

ennĕăpharmăcum emplastrum, *i*, n., topique composé de neuf substances : +C Pros.

Ennensis, → *Henn*

Ennĭānista, *ae*, m., imitateur d'Ennius : +C Pros.

Ennĭus, *ĭi*, m., Ennius [ancien poète latin] : C Pros. ‖ **-ĭānus**, *a, um*, d'Ennius : +C Pros.

Ennŏdĭus, *ĭi*, m., autre du même nom : T Pros.

Ennŏmus, *i*, prince de Mysie, tué par Achille : C Poés.

Ennŏsĭgaeus, *i*, m., qui ébranle la terre [surnom de Neptune] : +C Poés.

ēnō, *ās, āre, āvī, ātum* ¶ **1** intr., se sauver à la nage, aborder : C Pros. ‖ [poét.] s'échapper, arriver en volant : C Poés. ¶ **2** tr., parcourir, traverser : +C Poés.

Ēnōch (H-), m. indécl., patriarche qui fut enlevé au ciel : T Pros. ‖ fils de Caïn : T Pros.

ēnōdātē, adv., clairement, facilement, d'une manière lucide : C Pros. ‖ ***-tius*** C Pros. ; ***-issime*** T Pros.

ēnōdātĭo, *ōnis*, f., explication, éclaircissement, interprétation : C Pros. ‖ étymologie : C Pros.

ēnōdātus, *a, um*, part.-adj. de *enodo*, dont on a enlevé les noeuds [en parl. des ceps] : -C Pros. ‖ [fig.] clair : ***-issimus*** T Pros.

ēnōdis, *e*, qui est sans nœuds, qui n'est pas noueux : C Poés. ‖ [fig.] souple, flexible, coulant, facile : +C Pros.

ēnōdō, *ās, āre, āvī, ātum*, tr., enlever les nœuds : -C Pros., +C Pros. ‖ dénouer, détendre : +C Pros. ‖ [fig.] rendre clair, élucider, expliquer : C Pros. ; ***nomina enodare*** C Pros., expliquer l'étymologie des mots

ēnormis, *e*, irrégulier, qui est contre la règle : ***enormes vici*** +C Pros., rues irrégulièrement bâties ; ***enormis toga*** +C Pros., toge mal faite, qui n'est pas à la mode ‖ qui sort des proportions, très grand, très gros, très long, énorme : +C Pros. ‖ [fig.] ***enormis loquacitas*** +C Pros., loquacité intarissable ‖ ***-mior*** T Pros.

ēnormĭtās, *ātis*, f., irrégularité : +C Pros. ‖ grandeur ou grosseur démesurée [pr. et fig.] : +C Pros.

ēnormĭtĕr, adv., irrégulièrement, contre les règles : +C Pros.

ēnōtescō, *ĭs, ĕre, tŭī*, -, intr., devenir public, être divulgué, se faire connaître : +C Pros. ‖ ***enotuit*** [avec prop. inf.] C Pros., la nouvelle s'est répandue que

ēnŏtō, *ās, āre, āvī, ātum*, tr., noter, consigner dans des notes : +C Pros.

ens, *entis*, *entia*, n. pl. = τὰ ὄντα : [+C] Pros.

ensĭcŭlus, *i*, m., coutelas, poignard : [-C] Théât.

ensĭfĕr (-ger), *ĕra*, *ĕrum*, qui porte une épée : [C] Poés., [+C] Poés.

ensĭpŏtens, *tis*, redoutable par l'épée : [+T] Poés.

ensis, *is*, m. ¶ **1** épée, glaive [mot surtout poét.] : [-C] Pros., [C] Poés., Pros. ¶ **2** [fig.] autorité, pouvoir suprême : [+C] Poés. ‖ combat, guerre, carnage : [+C] Poés. ¶ **3** constellation, la même qu'Orion : [+C] Poés.

entăsis, *is*, f., renflement au milieu des colonnes [en grec] : [C] Pros.

entĕlĕchīa, *ae*, f., entéléchie [l'essence de l'âme, suivant Aristote] : [C] Pros.

Entellīnus, *a*, *um*, d'Entella [ville de Sicile] : [C] Pros.

Entellus, *i*, m., Entelle [Troyen, fondateur d'Entella] : [C] Poés.

enthĕātus, *a*, *um*, [C]➡ *entheus* : [+C] Poés.

enthēca, *ae*, f., réserve d'argent, épargne : [T] Pros.

enthĕus, *a*, *um*, inspiré par une divinité, plein d'enthousiasme : [+C] Poés. ‖ ***enthea mater*** [+C] Poés., la déesse qui inspire, Cybèle

enthȳmēma, *ătis*, n., conception, pensée : [-C] Poés., [C] Pros., [+C] Poés. ‖ enthymème [logique] : [+C] Pros. ; en grec d. [C] Pros.

Entrecĭus, *ĭi*, m., nom d'homme : [T] Pros.

ēnūbō, *ĭs*, *ĕre*, *nupsī*, *nuptum*, intr., se marier hors de sa classe [en parl. d'une femme], se mésallier : [C] Pros. ‖ se marier [avec qqn d'une autre ville] : [C] Pros.

ēnuclĕātē, adv., [rhét.] d'une façon sobre et nette : [C] Pros.

ēnuclĕātus, *a*, *um*, part. de *enucleo* ‖ pris adj[t] [rhét.] style en qq. sorte épluché et dépouillé, sobre et net : [C] Pros.

ēnuclĕō, *ās*, *āre*, *āvī*, *ātum*, tr., enlever le noyau, dénoyauter, épépiner : ***pruna enucleata*** [+C] Pros., prunes auxquelles on a enlevé le noyau ‖ [fig.] étudier (examiner) qqch. à fond, éplucher : [C] Pros. ; ***enucleata suffragia*** [C] Pros., suffrages soigneusement pesés

ēnŭmĕrātĭo, *ōnis*, f., énumération, dénombrement : [C] Pros. ‖ résumé, récapitulation [rhét.] : [C] Pros.

ēnŭmĕrō, *ās*, *āre*, *āvī*, *ātum*, tr., compter en entier, supputer sans rien omettre : [-C] Théât., [C] Pros. ‖ énumérer, dénombrer, passer en revue, récapituler : [C] Pros., Poés. ‖ exposer en détail : [C] Pros.

ēnunquam, [V]➡ *2 en*

ēnuntĭātĭo, *ōnis*, f., énonciation, exposition, exposé : [C] Pros., [+C] Pros. ‖ énoncé d'un jugement, proposition : [C] Pros.

ēnuntĭātīvus, *a*, *um*, qui énonce, énonciatif : [+C] Pros.

ēnuntĭātrix, *īcis*, f., celle qui énonce, exprime : ***ars enuntiatrix*** [+C] Pros., la rhétorique

ēnuntĭātum, *i*, n., proposition : [C] Pros., [+C] Pros.

ēnuntĭātus, *a*, *um*, part. de *enuntio*

ēnuntĭō, *ās*, *āre*, *āvī*, *ātum*, tr., énoncer, exprimer par des mots, exposer : [C] Pros., [+C] Pros. ‖ dévoiler, découvrir, révéler, divulguer : [-C] Théât., [C] Pros. ; [absol[t]] [C] Pros. ‖ ***litteras*** [+C] Pros., articuler les lettres

ēnuptĭo, *ōnis*, f., mariage d'une femme hors de sa classe, mésalliance : [C] Pros.

ēnūtrĭō, *īs*, *īre*, *īvī* (*ĭī*), *ītum*, tr., nourrir complètement, élever [un enfant] : [C] Poés.

Ĕnȳălĭus, *ĭi*, m., dieu de la guerre [Mars ou un fils de Bellone] [en grec] [T] Pros.

Ĕnȳō, *ūs*, f., nom grec de Bellone : [+C] Poés.

1 **ĕō**, adv. ¶ **1** là [avec mouvement] = ***in eum locum, ad eum locum*** [pr. et fig.] : [C] Pros. ‖ ***eo accedebat quod*** [C] Pros., à cela s'ajoutait que ; [V]➡ *accedo* ‖ ***eo spectare ut*** [C] Pros., viser à ; ***eo pertinere ut*** [C] Pros., avoir pour but de ¶ **2** à ce point : [C] Pros., [+C] Pros. ¶ **3** = ***in eos*** [C] Pros. ; = ***in id*** [C] Pros.

2 **ĕō**, abl. n. de *1 is* employé adverbial[t] ¶ **1** par cela, à cause de cela : [C] Pros. ‖ ***eoque*** [+C] Pros., et pour cette raison ‖ ***eo quod*** [C] Pros., parce que ; ***eo quia*** [C] Pros., parce que : ***eo quoniam*** [+C] Pros., par la raison que ‖ ***eo ut*** [C] Pros., pour que ; ***eo ne*** [C] Pros., afin que… ne… pas, en vue d'éviter de ¶ **2** [avec compar.] d'autant : ***eo minus*** [C] Pros., d'autant moins ; ***eo magis*** [C] Pros., d'autant plus ‖ ***eo minus quod*** [C] Pros., d'autant moins que ; ***eo magis quod*** [C] Pros., d'autant plus que ¶ **3** ***eo loci*** = ***in eo loco***, dans ce lieu : [C] Pros., [+C] Pros.

3 **ĕō**, *īs*, *īre*, *īvī* ou *ĭī*, *ĭtum*, intr. ¶ **1** aller, marcher, s'avancer : ***eo ad forum*** [-C] Théât., je vais au forum ; ***iens in Pompeianum*** [C] Pros., allant à ma villa de Pompéi ; ***cubitum ire*** [C] Pros., aller se coucher ‖ [poét., acc. question *quo*] : ***Afros ire*** [C] Poés., aller chez les Africains ‖ [acc. intér.] ***vias*** [C] Poés., parcourir des chemins ; ***exsequias*** [-C] Théât. ; ***pompam funeris*** [C] Poés., suivre un enterrement, un cortège funèbre ‖ [arch., avec inf.] : [-C] Théât. ‖ [avec supin] ***ire cubitum*** [C] Pros., aller se coucher ; [-C] Théât. ‖ ***pedibus ire*** [C] Pros., aller à pied ; ***equis*** [C] Pros., aller à cheval ; ***cum classe Pisas*** [C] Pros., se rendre à Pise avec la flotte ; ***ad hostem*** [C] Pros. ; ***contra hostem*** [C] Pros., marcher contre l'ennemi ‖ [en parl. de choses] : [C] Poés. ; ***in semen ire*** [-C] Pros., monter en graine [asperge] ; ***sanguis in sucos*** [C] Poés., le sang se change en sève ¶ **2** [fig.] aller, marcher, s'avancer : [C] Pros. ; ***in rixam*** [+C] Pros., se quereller ; ***in lacrimas*** [C] Poés., recourir aux larmes ; [+C] Pros. ‖ [en part.] ***pedibus ire*** ou simplement ***ire in sententiam aliquam, in sententiam alicujus***, se ranger à tel ou tel avis, à l'avis de qqn [dans le vote] : [C] Pros. ‖ ***infitias ire***, aller à l'encontre, nier, [V]➡ *infitias ire* ¶ **3** aller, se passer, prendre telle ou telle tournure : [C] Pros. ¶ **4** s'en aller, s'écouler [en parl. des jours, des années] : [C] Poés., Pros. ¶ **5** ***i***, ***eat***, etc., va donc, qu'il aille [exclam. qui exprime l'indignation, le découragement] : [C] Poés., [+C] Poés., Pros. ¶ **6** [avec supin] avoir pour but de, être disposé à : [C] Pros.

ĕōăd, adv., jusque-là : ***eoad… dum*** [+C] Pros., jusqu'à ce que

eōdem, adv. ¶ **1** [question *quo*] au même endroit, au même point : [C] Pros. ‖ [fig.] : ***eodem intendere*** [C] Pros., tendre au même but ; ***eodem accedit, ut*** [C] Pros., à cela encore s'ajoute que ; ***eodem pertinere*** [C] Pros., tendre au même point, aboutir au même résultat ‖ ***eodem*** : = ***ad eosdem homines*** [C] Pros. ; = ***in eumdem hominem*** [C] Pros. ¶ **2** abl. n. de *idem* employé adv[t] : ***eodem loci esse (= in eodem loco esse)*** [C] Pros., être au même point, dans la même situation ; [+C] Pros. ; [CL]➡ *2 eo ¶3*

Eōi, m. pl. de *Eous*

Eordaea, *ae*, f., capitale de l'Éordée [province de Macédoine] : [C] Pros. ‖ **-daei**, *ōrum*, m. pl., habitants de l'Éordée : [C] Pros.

1 **ĕōs**, acc. m. pl. de *1 is*

2 **Ēōs**, f., l'Aurore [mot usité seulement au nom.] : [C] Poés. ‖ les contrées orientales : [+C] Poés.

Ēōus, *a*, *um* ¶ **1** d'Orient, oriental : [C] Poés. ¶ **2** subst. m., l'étoile du matin : [C] Poés. ‖ habitant de l'Orient : [C] Poés. ‖ nom d'un des chevaux du Soleil : [C] Poés.

ĕpăgōgē, *ēs*, f., induction [logique] [en grec] [+C] Pros.

ĕpăgōn, *ōnis*, m., moufle, poulie [en grec] : [C] Pros.

Epămīnondās, *ae*, m., célèbre général thébain : [C] Pros.

ĕpănălepsis, *is*, f., épanalepse, répétition d'un mot ou d'une pensée ; en grec d. [+C] Pros.

Epanterii, *iōrum*, m. pl., peuple des Alpes : [C] Pros.

ĕpăphaerĕsis, *is*, f., action d'ôter, d'enlever, de tondre : [+C] Poés.

Epăphrās, *ae*, m., premier évêque de Colosses : [T] Pros.

Epăphrŏdītus, *i*, m., Épaphrodite [affranchi de Néron] : [+C] Pros. ‖ **-tiānus**, *a*, *um*, d'Épaphrodite : [+C] Pros.

Epăphus, *i*, m., fils de Jupiter et d'Io qui bâtit Memphis : [C] Poés.

1 **ēpastus**, *a*, *um*, dont on s'est repu, mangé : [C] Poés.

2 **Epastus**, *i*, m., nom d'homme : [+C] Pros.

Ĕpēus (-ŏs), *i*, m., Grec qui construisit le cheval de Troie : [C] Pros., Poés. ‖ **Ēpīus**, [-C] Théât.

ĕphēbēum, *i* (**-bīum**, *ĭī*), n., lieu où s'exercent les jeunes gens : [C] Pros.

ĕphēbĭcus, *a*, *um*, de jeune homme : [+C] Pros.

ĕphēbus, *i*, m., adolescent [de seize à vingt ans] : [C] Pros. ‖ en Grèce, jeune homme de dix-huit ans [astreint à un service militaire de dix-huit à vingt] : ***excedere ex ephebis*** [-C] Théât., sortir de l'adolescence, entrer dans la jeunesse

ĕphēlis, *ĭdis*, f., éphélide, tache de rousseur : [+C] Pros.

ĕphēmĕris, *ĭdis*, f., journal, livre de comptes : [C] Pros.

Ephĕsus, *i*, f., Éphèse [ville d'Ionie, célèbre par son temple d'Artémis] : [-C] Théât. ‖ **-sĭus**, *a, um*, d'Éphèse : [C] Pros. ‖ **-sĭi**, *ōrum*, m. pl., Éphésiens, habitants d'Éphèse : [C] Pros.

ephi, n. indécl., mesure [chez les Hébreux, pour l'huile, le grain] : [T] Pros.

Ephĭaltēs, *ae*, m., nom d'un Géant : [+C] Poés. ‖ **-ta**, [T] Poés.

ĕphippĭātus, *a, um*, assis sur une selle : [C] Pros.

ĕphippĭum, *ĭi*, n., selle de cheval : [C] Pros.

ĕphŏdŏs, *i*, f., principe, commencement : [C] Pros.

ĕphŏri, *ōrum*, m. pl., éphores [premiers magistrats de Lacédémone] : [C] Pros.

Ĕphŏrus, *i*, m., historien de Cumes, disciple d'Isocrate : [C] Pros.

Ephraim, m. indécl., **-mus**, *i*, m., Éphraïm [fils de Joseph, chef d'une des douze tribus d'Israël] [T] Pros.

Ĕphўra, *ae* et **-rē**, *ēs*, f., Éphyre [ancien nom de Corinthe] : [C] Poés. ‖ nymphe, fille de l'Océan et de Téthys : [C] Poés. ‖ **-raeus** (**-rēus**, **-rēĭus**), *a, um*, de Corinthe : [C] Poés., [+C] Poés. ‖ **-rēĭădēs**, *ae*, m., de Corinthe, Corinthien : [+C] Poés. et **-rēĭăs**, *ădis*, f.

ĕpĭbăta (**-tēs**), *ae*, m., soldat de marine : [C] Pros.

Epīcădus, *i*, m., nom d'homme : [C] Pros.

ĕpĭcēdīŏn, *ĭi*, n., poème funèbre : [+C] Poés.

Ĕpĭchăris, *is* et *ĭdis*, f., nom d'une Romaine qui entra dans une conspiration contre Néron : [+C] Pros.

Ĕpĭcharmus, *i*, m., Épicharme [poète comique de Sicile] : [C] Pros. ‖ titre d'un ouvrage d'Ennius : [C] Pros. ‖ **-mĭus**, *a, um*, d'Épicharme : [+C] Pros.

ĕpĭchīrēma, *ătis*, n., épichérème [sorte d'argument] : [+C] Pros.

ĕpĭchўsis, *is*, f., sorte de vase, pot : [-C] Théât., [C] Pros.

Ĕpĭclērus (**-ŏs**), *i*, f., titre d'une pièce de Ménandre, imitée par Turpilius : [C] Pros., [+C] Pros.

ĕpiclintae, *ārum*, m., secousses obliques produites dans les tremblements de terre : [+C] Pros.

ĕpicoenus, *a, um*, épicène : ***nomina epicoena*** [+C] Pros., noms épicènes [qui désignent indistinctement le mâle et la femelle, C.▶ 1 passer ; feles] ; V.▶ *communis*

ĕpĭcōpus, *a, um*, garni de rames : [C] Pros.

Ĕpĭcrătēs, *is*, m., le Puissant [en parl. de Pompée] : [C] Pros.

ĕpĭcrŏcus, *a, um*, [fig.] fin, délié, transparent : [-C] Théât. ‖ **ĕpĭcrŏcum**, *i*, n., vêtement féminin de laine fine : [-C] Théât.

Ĕpictētus, *i*, m., Épictète [philosophe stoïcien; fin. du 1er s. apr. J.-C.] : [+C] Pros.

Ĕpĭcūrus, *i*, m., Épicure [philosophe grec] : [C] Pros. ‖ **-rēus** (**-īus**), *a, um*, d'Épicure, Épicurien : [C] Pros. ‖ **-rēi**, *ōrum*, m. pl., Épicuriens, de la secte d'Épicure : [C] Pros.

ĕpĭcus, *a, um*, épique : [C] Pros. ‖ subst. m. pl., les poètes épiques : [+C] Pros.

Ĕpĭcўdēs, *is*, m., nom d'homme : [C] Pros.

Ĕpĭdamnus, *i*, f., Épidamne [ville d'Épire, appelée depuis Dyrrachium] : [-C] Théât. ‖ **-nĭus**, *a, um* (**-nĭensis**, *e*), d'Épidamne : [-C] Théât.

Ĕpĭdaphna et **Epĭdaphnēs**, *ae*, f., village voisin d'Antioche, en Syrie [situé près d'un lieu nommé Daphné] : [+C] Pros.

Ĕpĭdaurum, *i*, n., **-rus** ou **-rŏs**, *i*, f., Épidaure [ville de l'Argolide, où Esculape était honoré] : [C] Pros. ‖ **-rēus**, **-rīcus**, **-rĭcus**, *a, um*, d'Épidaure : [C] Poés., [T] Poés. ‖ **-rĭus**, *ĭi*, l'Épidaurien, Esculape : [C] Poés.

ĕpĭdēmus, *a, um*, épidémique : [T] Pros.

Ĕpĭdĭcazŏmĕnŏs, *i*, m., nom d'une pièce d'Apollodore : [-C] Théât.

ĕpĭdictĭcus, *a, um*, de montre, d'apparat : [C] Pros.

Ĕpĭdĭcus, *i*, m., nom d'homme, titre d'une pièce de Plaute : [-C] Théât.

ĕpĭdipnis, *ĭdis*, f., dessert : [+C] Poés.

Ĕpĭdĭus, *ĭi*, m., tribun de la plèbe au temps de César : [+C] Pros.

ĕpĭdrŏmus, *i*, m., corde de poulie : [-C] Pros.

Ĕpĭgĕnēs, *is*, m., nom d'un auteur grec : [C] Pros.

Ĕpĭgŏni, *ōrum*, m., Épigones [descendants des sept héros grecs qui dirigèrent la première expédition contre Thèbes et y périrent ; titre d'une tragédie d'Eschyle traduite en latin par Accius] : [C] Pros.

ĕpĭgramma, *ătis*, n., inscription : [C] Pros. ‖ flétrissure [marquée avec un fer chaud] : [+C] Pros. ‖ inscription tumulaire, épitaphe : [+C] Pros. ‖ épigramme, petite pièce de vers : [C] Pros.

ĕpĭgrammătĭcus, *a, um*, épigrammatique : [T] Pros.

ĕpĭgrammătĭŏn, *ĭi*, n., petite pièce de vers : [C] Pros.

ĕpĭgrammătista, *ae*, m., épigrammatiste : [T] Pros.

ĕpĭgrus, *i*, m., cheville : [+C] Pros.

Epĭi, *ōrum*, m. pl., peuple d'Étolie : [+C] Pros.

ĕpĭlŏgĭum, *ĭi*, n., prologue : [+T] Poés.

ĕpĭlŏgus, *i*, m., fin, conclusion d'un discours, péroraison : [C] Pros.

ĕpĭmēnĭa, *ōrum*, n. pl., provisions de bouche, ration pour un mois : [+C] Poés.

Ĕpĭmĕnĭdēs, *ĭs*, m., Épiménide [philosophe et poète crétois] : [C] Pros.

Ĕpĭmētheūs, *ĕi* (*ĕŏs*), m., Épiméthée [frère de Prométhée] : [+C] Poés.

Ĕpĭmēthis, *ĭdis*, f., Pyrrha, fille d'Épiméthée : [C] Poés.

ĕpĭnīcĭŏn (**-um**), *ĭi*, n., chant de victoire : [+C] Pros., [T] Pros. ‖ pl., réjouissances au sujet d'une victoire : [T] Pros.

Ĕpĭphănēa (**-īa**), *ae*, f., Épiphanée, ville de Cilicie : [C] Pros.

Epĭphănēs, *is*, m., surnom de plusieurs Antiochus, rois de Syrie, et d'un Ptolémée, roi d'Égypte : [+C] Pros.

1 **ĕpĭphănīa**, *ae*, f., surface, superficie : [T] Pros.

2 **ĕpĭphănīa**, *ōrum*, n. pl., fête de l'Épiphanie : [T] Pros.

3 **Ĕpĭphănīa**, V.▶ *Epiphanea*

ĕpĭphōnēma, *ătis*, n., épiphonème, exclamation sentencieuse : [+C] Pros.

Epĭpŏlae, *ārum*, f. pl., Épipoles [quartier de Syracuse] : [C] Pros.

ĕpĭraedĭum, *ĭi*, n., traits, attelage : [+C] Pros. ‖ voiture : [+C] Poés.

Ĕpīrus (**-ros**), *i*, f., l'Épire [province occidentale de la Grèce, auj. l'Albanie] : [C] Pros. ‖ m. pl., Épirotes, habitants de l'Épire ‖ **-rensis**, *e*, d'Épire : [C] Pros. ou **-ōtĭcus**, *a, um*, [C] Pros.

ĕpiscēnĭum, *ĭi*, n., **-nŏs**, *i*, f., couronnement (= le haut) de la scène : [C] Pros.

ĕpiscŏpālis, *e*, épiscopal : [T] Pros.

ĕpiscŏpālĭtĕr, adv., en évêque, pastoralement : [T] Pros.

ĕpiscŏpĭum, *ĭi*, n., dignité d'évêque, épiscopat : [T] Pros.

ĕpiscŏpus, *i*, m., [chrét.] évêque : [T] Pros.

ĕpistătēs, *ae*, m., supérieur, chef : [-C] Pros.

ĕpistŏla, **ĕpistŭla**, *ae*, f. ¶**1** lettre [en tant qu'envoi ; *litterae*, lettre en tant qu'écrit], courrier : [C] Pros. ¶**2** lettre, missive, dépêche : ***epistulam scribere, conscribere, facere, efficere, exarare, texere, obsignare*** [C] Pros., V.▶ ces verbes ; ***libertus ab epistulis*** [+C] Pros., affranchi secrétaire ‖ épître en vers : [C] Poés.

ĕpistŏlāris, *e*, de lettres, épistolaire : ***charta epistolaris*** [+C] Poés., papier à lettres

ĕpistŏlĭcus, *a, um*, C.▶ *epistolaris* : [C] d. [+C] Pros.

ĕpistŏlĭum, *ĭi*, n., courte lettre, billet : [C] Poés. ‖ petite pièce de vers : [+C] Pros.

ĕpistŭla, V. *epistola*

ĕpistȳlĭum, *ĭī*, n., épistyle, architrave : C Pros.

ĕpĭtăphista, *ae*, m., faiseur d'épitaphes, épitaphiste : T Pros.

ĕpĭtăphĭus, *ĭī*, m., discours funèbre (discours de Périclès dans le Ménéxène de Platon) : C Pros.

Epĭtaurītānus, C. *Epidauritanus*

ĕpĭthălămĭŏn (-mĭum), *ĭī*, n., épithalame, chant nuptial : +C Pros.

ĕpĭthēca, *ae*, f., surcroît, surplus : -C Théât.

ĕpĭthĕtŏn (-tum), *i*, n., épithète [gram.] : +C Pros.

ĕpĭtŏgĭum, *ĭī*, n., épitoge, casaque pour mettre par-dessus la toge : +C Pros.

ĕpĭtŏma, *ae*, f., C. *epitome* : C Pros.

ĕpĭtŏmē, *ēs*, f., abrégé, extrait, épitomé : C Pros., +C Pros.

ĕpĭtŏnĭum (-ŏn), *ĭī*, n., robinet : C Pros. : C Pros., +C Pros.

ĕpĭtoxis, *ĭdis*, f., griffe [dans le système de détente de la catapulte] : C Pros.

ĕpĭtrăpezĭus, *a*, *um* (**-ŏs**, *ŏn*), qu'on met sur la table : ***Hercules*** +C Poés., l'Hercule sur la table (statuette)

Epĭtrĕpontes, m. pl., titre d'une comédie de Ménandre [l'Arbitrage] : +C Pros.

ĕpĭtrītus, *a*, *um*, épitrite [qui contient une fois et un tiers ; ex. : 4 par rapport à 3, 12 par rapport à 9, V. *sesquitertius*] : +C Pros., T Pros.

ĕpĭtȳrum, *i*, n., confit d'olives [huile, vinaigre et plantes] : -C Théât., Pros., +C Pros.

Ĕpīus, V. *Epeus*

ĕpizȳgis, *ĭdis*, f., levier de torsion dans la catapulte : C Pros.

ĕpōdŏs, *i*, m., épode ***a)*** vers plus court que celui qui le précède ***b)*** pièce de vers où un vers plus court succède à un vers plus long : +C Pros.

ĕpogdŏus (-ŏŏs), *ŏum* (*ŏŏn*), adj., qui contient une fois et 1/8 [ex. : 9 par rapport à 8] : T Pros.

Ĕpŏna, *ae*, f., déesse qui veillait sur les ânes et les chevaux : +C Poés.

Eponīna, V. *Epponina*

Ĕpōpeūs, *ĕi* (*ĕŏs*), m., nom d'homme : C Poés.

ĕpops, *ŏpis*, m., huppe [oiseau] : C Poés.

Ĕpŏrĕdĭa, *ae*, f., colonie romaine dans la Gaule transpadane [auj. Ivrea] : +C Pros.

ĕpŏs, n., épopée, poème épique [usité seulement au nom. et acc. sg.] : C Poés., +C Poés.

ēpōto, *ās*, *āre*, *āvī*, *-*, tr., boire tout, vider en buvant : C Pros. ‖ [poét.] absorber, engloutir : C Poés. ‖ [fig., tard.] boire des yeux : T Pros.

ēpōtus, *a*, *um*, part. de *ebibo*

Eppĭus, *ĭī*, m., nom d'un partisan de Pompée : C Pros.

Epponīna, *ae*, f., Épponine [femme de Sabinus] : +C Pros.

ĕpŭlae, *ārum*, f. pl. ¶ **1** mets, aliments, nourriture : C Pros., Poés. ¶ **2** repas, festin, banquet : C Pros., +C Pros. ‖ [fig.] régal, festin : -C Théât., C Pros.

ĕpŭlāris, *e*, de table, de festin : C Pros.

ĕpŭlātĭo, *ōnis*, f., repas, festin, gala : +C Pros.

1 **ĕpŭlō**, *ās*, *āre*, *-*, *-*, tr., C. *epulor* : +T Poés.

2 **ĕpŭlo**, *ōnis*, m. ¶ **1** épulon [prêtre qui présidait aux festins des sacrifices] : C Pros. ¶ **2** bon convive, banqueteur : C Pros., +C Pros.

ĕpŭlŏr, *ārĭs*, *ārī*, *ātus sum* ¶ **1** intr., manger, faire un repas, faire bonne chère, assister à un repas somptueux, à un festin : C Pros. Poés. ¶ **2** tr., manger qqch. : C Poés., +C Théât.

ĕpŭlum, *i*, n., repas public donné dans les solennités, repas sacré : C Pros. ; ***funebre*** C Pros., repas de funérailles ‖ repas en général : +C Poés.

Ēpȳtĭdēs, *ae*, m., fils d'Épytus [Périphas, gouverneur d'Iule] : C Poés.

Ĕpȳtus, *i*, m., écuyer d'Anchise : C Poés. ‖ un des compagnons d'Amphion : +C Poés. ‖ roi d'Albe : C Poés.

ĕqua, *ae*, f., jument, cavale : C Pros.

ĕquārĭus, *a*, *um*, de cheval : ***medicus*** +C Pros., vétérinaire ‖ subst. f., haras : C Pros.

ĕquĕs, *ĭtis*, m. ¶ **1** homme à cheval, cavalier : C Poés., Pros. ‖ cavalier, cavalerie : C Pros. ¶ **2** chevalier : C Pros. ; ***equites*** C Pros., l'ordre des chevaliers ‖ [sg. collectif] : C Pros., +C Pros.

ĕquestĕr, *tris*, *tre* ¶ **1** de cheval ou de cavalier, équestre : ***statua equestris*** C Pros., statue équestre ; ***pugna equestris*** C Pros., combat de cavalerie ‖ de cavaliers, de cavalerie : ***equestres copiae*** C Pros., troupes de cavalerie ¶ **2** de chevalier : ***equester ordo*** C Pros., l'ordre des chevaliers, l'ordre équestre ‖ subst. m., C. *eques* : +C Pros.

ĕquestrĭa, *ĭum*, n. pl., bancs de chevaliers au théâtre : +C Pros.

ĕquĭdem, adv., certes, sans doute, assurément [dans Cicéron, employé ordinairement avec la 1re personne] : C Pros. ‖ [annonçant une particule adversative] ***equidem ... sed (verum, tamen)***, il est vrai (oui) ... mais : C Pros. ‖ [en part. détachant la pers. qui parle] quant à moi, pour moi : C Pros.

ĕquīlĕ, *is*, n., écurie : -C Pros., +C Pros.

ĕquīmentum, n., prix pour la saillie d'une jument : C Poés.

ĕquĭmulga, *ae*, m., qui trait les juments, qui vit de leur lait, Cf. *caprimulgus* : T Pros.

ĕquīnus, *a*, *um*, de cheval, de jument : C Pros.

ĕquĭrĭa, **ĕquirrĭa**, *um* (*ōrum*), n. pl., *equiria*, courses de chevaux instituées par Romulus en l'honneur de Mars : C Poés.

ĕquīso, *ōnis*, m., celui qui dresse les chevaux, écuyer : +C Pros.

ĕquĭtābĭlis, *e*, favorable aux chevauchées de la cavalerie : +C Pros.

ĕquĭtātŭs, *ūs*, m. ¶ **1** cavalerie : C Pros. ¶ **2** l'ordre des chevaliers : C Pros. ‖ galopade : -C Poés., C Pros.

ĕquĭtĭum, *ĭī*, n., haras : +C Pros.

Equĭtĭus, *ĭī*, m., nom d'un imposteur qui se fit passer pour le fils de Tibérius Gracchus : +C Pros.

ĕquĭtō, *ās*, *āre*, *āvī*, *ātum* ¶ **1** intr., chevaucher, faire des courses à cheval : C Pros. ‖ galoper [en parl. du cheval] : -C Poés., +C Pros. ‖ [fig.] ***per undas*** C Poés., se déchaîner sur les ondes [en parl. du vent] ‖ chevaucher [sens obscène] : +C Poés. ¶ **2** tr. ; [au passif] : ***flumen equitatur*** +C Pros., la cavalerie défile sur le fleuve [glace] ; T Poés.

ĕquŭlĕus (ĕcŭl-), *i*, m. ¶ **1** jeune cheval, poulain : C Pros. ; [vase en argent] C Pros. ¶ **2** chevalet de torture : C Pros. ; ***in eculeum conjici*** C Pros. ; ***imponi*** C Pros., être mis sur le chevalet de torture

ĕquŭlus (ĕcŭl-), *i*, m., poulain : C Pros.

ĕquus (ĕcus), *i*, m. ¶ **1** cheval : C Pros. ; V. *ascendo*, *conscendo*, *descendo*, *desilio* ; C Pros. ¶ **2** cheval [= cavalerie] : ***equo merere*** C Pros., servir dans la cavalerie ; ***ad equum rescribere*** C Pros., faire passer dans la cavalerie ; ***equis virisque*** C Pros., en faisant donner la cavalerie et l'infanterie ; ; [fig.] ***equis viris*** C Pros., par tous les moyens ¶ **3** cheval des chevaliers : C Pros. ; V. *traduco*, *adimo* ¶ **4** [emplois divers] ***a)*** les chevaux = les courses de char : C Poés. ; ***in equis ire*** C Poés., aller avec un attelage ***b)*** machine de guerre : +C Pros. ***c)*** le cheval de Troie : C Poés. ***d)*** Pégase [constellation] : C Pros., +C Pros. ***e) equus bipes*** C Poés., cheval marin ; ***equus ligneus*** -C Théât., navire

Ĕquustūtĭcus ou **Ĕquus Tūtĭcus**, *i*, m., ville du Samnium : C Pros.

ēr (hēr), *is*, m., hérisson : T Poés.

ĕra (hĕra), *ae*, f., maîtresse de maison, maîtresse : -C Théât. ‖ souveraine : ***tergemina era*** +C Poés., Hécate

ērādīcātĭo, *ōnis*, f., [fig.] extirpation [des péchés] : T Pros.

ērādīcātor, *ōris*, m., celui qui déracine : T Pros.

ērādīcĭtus (arch. **exr-**), adv., avec toutes les racines, radicalement : -C Théât., +C Pros.

ērādīcō (arch. **exr-**), *ās, āre, āvī, ātum*, tr., déraciner : [C] Pros. ‖ [fig.] détruire, exterminer, anéantir : [-C] Théât.

ērādō, *ĭs, ĕre, rāsī, rāsum*, tr. ¶ **1** enlever en raclant : [la terre] [C] Pros. ‖ effacer en raclant, rayer : ***aliquem albo senatorio*** [+C] Pros., rayer qqn de la liste des sénateurs ; [poét.] ***erasae genae*** [C] Poés., joues rasées ¶ **2** retrancher, supprimer, détruire : [C] Poés., [+C] Pros.

ĕram, imparf. de *1 sum*

Ĕrăna, *ae*, f., bourg de Cilicie : [C] Pros.

ērāsī, parf. de *erado*

Ĕrăsīnus, *i*, m., fleuve d'Argolide [auj. Kephalari] : [C] Poés.

Ĕrăsistrătus, *i*, m., médecin, petit-fils d'Aristote : [+C] Pros.

ĕrastēs, *ae*, m., amant : [+C] Pros.

ērāsus, *a, um*, part. de *erado*

Ĕrătō, *ūs*, f., muse de la poésie amoureuse : [C] Poés. ‖ muse [en gén.] : [C] Poés.

Ĕrătosthĕnēs, *is*, m., Ératosthène [savant célèbre de Cyrène, bibliothécaire d'Alexandrie] : [C] Pros.

Erbesōs (Herb-), **(-ssos)**, *i*, f., Erbesse [ville de Sicile] : [C] Pros.

Ercavĭca, **-censes**, → *Ergavica*

erciscō (herc-), *ĭs, ĕre, -, -*, tr., [existe seul^t à l'adj. verbal] partager : [C] Pros.

erctum (herc-), *i*, n., partage [seul^t avec le verbe *cieo*] : ***herctum ciere*** [C] Pros., provoquer un partage [de succession] ; [sorte d'expr. adv.] ***ercto non cito*** [+C] Pros. [*ertononcito* ms. V] par indivis

Ĕrĕbēus, *a, um*, → *Erebus*

Ĕrĕbus, *i*, m., Érèbe [divinité infernale] : [C] Pros. ‖ les enfers, l'Érèbe : [C] Poés. ‖ **-bēus**, *a, um*, de l'Érèbe : [C] Poés.

Ĕrechtheūs, *ĕi*, m., Érechthée [roi d'Athènes] : [C] Pros. ‖ titre d'une pièce d'Ennius : [+C] Pros. ‖ **-ēus**, *a, um*, Érechthéen, d'Athènes : [C] Poés.

Ĕrechthīdae, *ārum*, m. pl., les Athéniens : [C] Poés.

Ĕrechthis, *ĭdis*, f., fille d'Érechthée [Orythie ou Procris] : [C] Poés.

ērectē**, adv., [inus.] avec hardiesse : ***-tius [+C] Pros.

ērectĭo, *ōnis*, f., action d'élever, de dresser, érection : [C] Pros., [T] Pros. ‖ [fig.] orgueil : [T] Pros.

ērectus, *a, um* ¶ **1** part. de *erigo* ¶ **2** ***a)*** élevé, dressé, droit : [C] Pros. ***b)*** [fig.] haut, élevé, noble : [C] Pros., [+C] Pros. ‖ qui va la tête haute, fier, superbe, qui se rengorge : [C] Pros. ‖ à l'esprit tendu, attentif : [C] Pros. ‖ encouragé, le coeur haut, plein de confiance : [C] Pros. ‖ ***-tior*** [C] Pros.

ĕrēmĭa, *ae*, f., désert, solitude : [T] Pros.

ērēmĭgō, *ās, āre, āvī, ātum*, tr., parcourir en ramant (à la rame), franchir en naviguant : [+C] Poés.

ĕrēmītis, *ĭdis*, f., d'ermite : [T] Pros.

ĕrēmus, *i*, m., désert, solitude : [T] Poés.

ērēpō, *ĭs, ĕre, repsī, reptum* ¶ **1** intr., sortir en rampant, en se traînant : [-C] Théât., [+C] Poés. ‖ monter en rampant : [+C] Pros. ‖ [fig.] s'élever insensiblement : [+C] Pros. ¶ **2** tr., traverser en rampant : [+C] Poés. ‖ gravir avec peine : [C] Poés.

ēreptĭo, *ōnis*, f., spoliation, vol : [C] Pros.

ēreptŏr, *ōris*, m., ravisseur, spoliateur, voleur : [C] Pros.

ēreptus, *a, um*, part. de *eripio*

ērēs, *ēdis*, → *hērēs*

Ērētīnus, *a, um*, d'Érétum : [C] Poés.

Ĕrĕtrĭa, *ae*, f., Érétrie ¶ **1** [ville de l'Eubée, patrie du philosophe Ménédème] : [C] Pros. ‖ **-trĭus**, *a, um* (**-trĭensis**, *e*), Érétrien, d'Érétrie : [C] Pros. ‖ **-trĭăci (-trĭci)**, *ōrum*, m. pl., les disciples de Ménédème : [C] Pros. ‖ **-trĭenses**, *ium*, m. pl., habitants d'Érétrie : [C] Pros. ¶ **2** ville de Thessalie : [C] Pros.

Ērētum, *i*, n., ville des Sabins située sur le Tibre [auj. Cretona] : [C] Pros.

ērexī, parf. de *erigo*

ergā, prép. avec acc. ¶ **1** vis-à-vis, en face : [-C] Théât. ¶ **2** à l'égard de, envers, pour : [C] Pros. ‖ [idée d'hostilité] [-C] Théât., [+C] Pros. ‖ relativement à, concernant, au sujet de : [+C] Pros.

ergastĭlus, *i*, m., esclave détenu : [-C] Poés.

ergastŭlāris, *e* (**-lārius**, *a, um*), qui concerne les prisons d'esclaves : [T] Pros.

ergastŭlārĭus, *ĭi*, m., geôlier d'une prison d'esclaves : [+C] Pros.

ergastŭlum, *i*, n., ergastule [atelier d'esclaves et bâtiment où on les enfermait après les plus durs travaux ; on y enfermait aussi certains condamnés] : [C] Pros. ‖ pl., esclaves en ergastule, détenus : [C] Pros., [+C] Poés.

ergăta, *ae*, m., cabestan : [C] Pros.

Ergavĭa, → *Ergavica*

Ergavĭca, *ae*, f., ville de la Celtibérie : [C] Pros.

Ergenna, *ae*, m., nom d'un haruspice : [+C] Poés.

Ergĕtĭum (Herg-), *ĭi*, n., ville de Sicile : [+C] Poés.

Ergeūs, *ĕi* ou *ĕos*, m., Ergée [père de Céléno] : [+C] Poés.

Ergīnus (-nos), *i*, m., un des Argonautes : [+C] Poés.

ergō

I [prép. avec gén.] [touj. précédée de son régime], à cause de : ***victoriae ergo*** [C] Pros., à cause de la victoire ‖ [employée dans des formules] : [C] Pros., [C] Poés.

II [conj. de coordination] donc, ainsi donc, par conséquent : [-C], [C] Pros. ‖ [avec pléonasme] : ***ergo igitur*** [-C] Théât. ; ***itaque ergo*** [-C] Théât., [C] Pros. ‖ [concl. logique] : [C] Pros. ; ***ergo etiam*** [C] Pros. ; ***ergo adeo*** [C] Pros., donc aussi, donc encore ‖ [interrog. pressante, souvent avec une parataxe] : [C] Pros. ‖ [reprise d'une pensée après une interruption] : [C] Pros.

Ĕrichtheūs, → *Erechtheus*

Ĕrichthō, *ūs*, f., Érichtho [nom d'une magicienne de Thessalie] : [C] Poés.

Ĕrichthŏnĭus, *ĭi*, m., Érichthon [roi d'Athènes, inventeur du quadrige et des courses de chars ; changé en constellation] : [C] Poés. ‖ roi des Troyens, fils de Dardanus : [C] Poés. ‖ **-ĭus**, *a, um*, d'Athènes : [C] Poés.

Ericinĭum, *ĭi*, n., ville de Thessalie : [C] Pros.

ērĭcĭus (ērĭcĭus), *ĭi*, m., [milit.] chevaux de frise : [C] Pros.

Ērĭdănus, *i*, m., l'Éridan ou le Pô [fleuve de l'Italie supérieure] : [C] Poés. ‖ l'Éridan [constellation] : [+C] Pros.

ĕrĭfŭga (h-), *ae*, m., esclave fugitif : [C] Poés.

ērĭgō, *ĭs, ĕre, rēxī, rectum*, tr. ¶ **1** mettre droit : [C] Pros. ‖ dresser, mettre debout : [C] Pros. ; ***scalas ad moenia*** [C] Pros., dresser des échelles contre les murs ‖ ériger, construire : ***turres*** [C] Pros., ériger des tours ‖ lever : ***oculos*** [C] Pros., lever les yeux ; ***digito erecto*** [+C] Pros., avec le doigt dressé ‖ élever, mettre sur un lieu élevé : ***aciem in collem*** [C] Pros., faire monter l'armée sur une colline ¶ **2** [fig.] dresser, éveiller, rendre attentif : [C] Pros. ; ***se erigere*** [C] Pros., dresser la tête, être attentif ; ***erectus*** [C] Pros., la tête levée, attentif ¶ **3** [fig.] redresser, relever, rendre courage : [C] Pros. ; ***se erigere*** [C] Pros., se relever, reprendre courage, confiance ; pass., ***erigi*** [C] Poés., même sens ‖ [C] Pros. ; ***in spem erectus*** [+C] Pros., transporté d'espoir

Ērĭgŏnē, *ēs*, f., Érigone [fille d'Icare, changée en constellation (la Vierge)] : [C] Poés. ‖ fille d'Égisthe et de Clytemnestre : [+C] Poés. ‖ **-nēĭus**, *a, um*, d'Érigone [fille d'Icare] : [C] Poés.

Ĕrĭgōnus, *i*, m., rivière de Macédoine [auj. Crna] : [C] Pros.

ĕrīlis (hĕrīlis), *e*, du maître, de la maîtresse : [-C] Théât.

Erillus (He-), *i*, m., nom d'un philosophe stoïcien : [C] Pros. ‖ **-lĭi**, *ōrum*, m. pl., disciples d'Érillus : [C] Pros.

ērīnācĕus, → *herinaceus*

Erindēs, acc. *ēn*, m., fleuve entre la Médie et l'Hyrcanie : [+C] Pros.

Ērinnē, *ēs* (**-inna**, *ae*), f., Érinne [poétesse de Lesbos] : [C] Poés.

Ĕrinnȳs (Erīnȳs), *yos*, f., Érinnys [une des Furies] : [C] Poés. ‖ [fig.] ***civilis*** [+C] Poés., la fureur des guerres civiles ‖ furie, fléau : [C] Poés. ‖ pl., Érinnyes, les Furies : [C] Poés.

Ĕrīnȳs, → *Erinnys*

Erĭphīa, ***ae***, f., Ériphie [Naïade] : [+C] Poés.

Ĕrĭphĭus, ***ĭi***, m., nom d'homme : [T] Pros.

Ĕrĭphȳla, ***ae*** **(-lē**, ***ēs*)**, f., Ériphyle [épouse d'Amphiaraüs] : [C] Pros., Poés. ‖ **-aeus**, ***a, um***, d'Ériphyle : [+C] Poés.

ērĭpĭō, ***ĭs, ĕre, rĭpuī, reptum***, tr. ¶1 tirer hors de, arracher, enlever : ***aliquem ex manibus alicujus*** [C] Pros., arracher qqn des mains de qqn ; ***aliquem ex media morte*** [C] Pros., arracher qqn du milieu de la mort ‖ ***aliquem a morte*** [C] Pros., arracher qqn à la mort ; ***aliquem, aliquid ab aliquo*** [-C] Théât., [C] Pros., arracher qqn, qqch. à qqn ‖ ***aliquid, aliquem alicui*** [C] Pros., enlever qqch., qqn à qqn ‖ ***se eripuit flamma*** [C] Pros., il se tira de l'incendie ; ***aliquem carceri*** [+C] Pros., tirer qqn de prison ¶2 [avec *ne* subj.] soustraire à l'obligation de : [C] Pros. ; ***vix eripiam quin*** [C] Poés., j'aurai peine à obtenir que... ne... pas... ¶3 [fig.] enlever, faire disparaître : ***eripere lucem*** [C] Pros., dérober la lumière, obscurcir une question ¶4 [poét.] prendre vivement : ***eripe fugam*** [C] Poés., hâte-toi de fuir

Ĕrĭs, ***ĭdis***, f., Éris [déesse de la discorde] : [+C] Poés.

Ĕrĭsichthōn, → *Erysichthon*

ĕrisma, ***ae***, f., **ĕrismata**, ***ōrum***, n. pl., étai, arc-boutant, soutien : [C] Pros.

ĕrīthăcē, ***ēs***, f., suc gommeux dont elles enduisent les ruches, propolis : [C] Pros.

ĕrītheŭs, ***ĕi***, m., rouge-gorge [oiseau] : [T] Poés.

Eritĭum, ***ĭi***, n., ville de Thessalie : [C] Pros.

Ĕriza, ***ae***, f., ville de Carie : [C] Pros.

ernĕum (her-), ***i***, n., gâteau cuit dans un pot (*hirnea*) : [-C] Pros.

1 **ĕro**, ***ĭs, it***, fut. de *1 sum*

2 **ēro (aero)**, ***ōnis***, m., panier d'osier : [C] Pros.

ĕrōdĭo (her-), ***ōnis*** **(-dĭus**, ***ĭi*)**, m., héron [oiseau] : [T] Pros.

ērōdō, ***ĭs, ĕre, rōsī, rōsum***, tr., ronger, corroder : [+C] Pros.

ērŏgātĭo, ***ōnis***, f., distribution, dépense, paiement : [C] Pros., [+C] Pros. ‖ ***aquarum*** [+C] Pros., distribution des eaux

ērŏgātōrĭus, ***a, um***, qui sert à distribuer, de distribution : [+C] Pros.

ērŏgĭtō, ***ās, āre, -, -***, tr., demander instamment : [-C] Théât., [+C] Poés.

ērŏgō, ***ās, āre, āvī, ātum***, tr. ¶1 faire sortir pour distribuer, payer : ***pecuniam ex aerario*** [C] Pros., faire une sortie d'argent (prélever de l'argent) pour qqch. ‖ [en gén.] dépenser : [+C] Pros. ‖ ***aliquem*** [+C] Pros., fournir (sacrifier) qqn ¶2 fléchir (par des prières) : ***erogatus*** [+C] Pros., qui s'est laissé fléchir

Erōs, ***ōtis***, m., Éros [comédien contemporain de Roscius] : [C] Pros. ‖ nom d'un grand nombre d'esclaves et d'affranchis romains : [C] Pros.

ērōsus, part. de *erodo*

ĕrōtĭcus, ***a, um***, érotique : [+C] Pros.

ērōtŏpaegnĭa, ***ōn***, pl., poésies érotiques : [+C] Pros.

ērŏtundātus, ***a, um***, arrondi : [T] Pros.

errābĭlis, ***e***, sujet à errer : [+C] Pros.

errābundus, ***a, um***, errant : [C] Poés., Pros., [+C] Pros.

errans, ***tis***, part.-adj. de *1 erro*, errant, vagabond : ***errantes stellae*** [C] Pros., les planètes ‖ [fig.] ***errans sententia*** [C] Pros., opinion flottante

errantia, ***ae***, f., action de s'égarer : [-C] Théât.

errātĭcus, ***a, um***, errant, vagabond : [C] Poés., [+C] Pros. ; ***lapsu erratico*** [C] Pros., [en parl. de la vigne] se déployant en jets vagabonds ‖ qui pousse n'importe où, sauvage [plante] : [-C] Pros.

errātĭo, ***ōnis***, f., action d'errer, de s'égarer, détour, chemin plus long : [-C] Théât., [C] Pros. ‖ [fig.] égarement, faute : [T] Pros.

errātŏr, ***ōris***, m., qui erre, vagabond : [C] Poés.

errātum, ***i***, n., erreur, faute : [C] Pros.

1 **errātus**, ***a, um***, part. de *1 erro*

2 **errātŭs**, ***ūs***, m., action de s'égarer : [C] Poés.

1 **errō**, ***ās, āre, āvī, ātum***

I intr. ¶1 errer, aller çà et là, marcher à l'aventure : [C] Pros. ; ***circum villulas*** [C] Pros., visiter à l'aventure ses maisons de campagne ‖ [fig., en parl. du style] : [C] Pros. ¶2 faire fausse route, se fourvoyer, s'égarer : [C] Poés. ‖ [fig.] s'écarter de la vérité, être dans l'erreur, se tromper, se méprendre : [-C] Théât. ; ***vehementer, valde*** [C] Pros., se tromper fortement ; ***cum Platone*** [C] Pros., avoir tort avec Platon ; ***in alteram partem*** [+C] Pros., se tromper dans un sens ou dans l'autre ‖ ***hoc, aliquid errare*** [-C] Théât., [+C] Pros., se tromper sur ce point, sur un point ‖ [pass. impers.] ***erratur in nomine*** [C] Pros., on se trompe sur le nom ‖ commettre une faute, faillir, pécher par erreur : [C] Pros.

II tr. [poét.] ***errata litora*** [C] Poés., rivages parcourus à l'aventure

2 **erro**, ***ōnis***, m., vagabond, flâneur : [C] Poés., [+C] Pros. ‖ planète : [+C] Pros.

errōnĕus, ***a, um***, errant, vagabond : [+C] Pros.

errŏr, ***ōris***, m. ¶1 action d'errer çà et là, course à l'aventure, détour, circuit : [C] Pros., Poés. ‖ [fig.] incertitude, indécision, ignorance : [-C] Théât., [C] Poés., Pros. ; ***veri*** [+C] Pros., ignorance de la vérité ; [avec interrog. indir.] [C] Pros. ¶2 erreur, illusion, méprise : [C] Pros. ; ***errorem deponere*** [C] Pros., ouvrir les yeux, revenir de son erreur ; ***errorem facere*** [C] Pros., causer une méprise [*alicui* [+C] Pros., induire qqn en erreur] ‖ égarement de l'esprit, délire, aberration, folie : ***error mentis*** [C] Pros. ; [*error* seul chez les poètes] [C] Poés. ‖ [poét.] moyen de tromper, piège, tromperie : [C] Poés., Pros. ‖ faute, manquement, erreur : [C] Poés.

ērŭbescō, ***ĭs, ĕre, rubŭī, -*** ¶1 intr., rougir, devenir rouge : [C] Poés. ‖ [fig.] rougir de honte, par pudeur, avoir honte, être honteux : [C] Pros. ; ***in aliqua re*** [C] Pros., à propos de qqch. ¶2 tr. [poét.] ***jura erubuit*** [C] Poés., il eut la pudeur de respecter les droits ‖ [avec inf.] rougir de : [C] Poés., Pros., [+C] Pros. ‖ **-cendus**, ***a, um***, dont on doit rougir : [C] Poés.

Erŭbris, ***is*** **(-brus**, ***i*)**, m., rivière qui se jette dans la Moselle [Ruwer] : [T] Poés.

ērūca, ***ae***, f., chenille : [+C] Pros. ‖ roquette [plante] : [C] Poés.

Erucius, ***ii***, m., nom d'homme : [C] Pros.

ēructātĭo, ***ōnis***, f., action de rejeter, de vomir : [+C] Pros.

ēructō, ***ās, āre, āvi, atum*** ¶1 tr., rejeter, vomir, rendre par la bouche : [C] Pros. ‖ exhaler, rejeter, lancer : [C] Poés., [+C] Pros. ‖ [fig.] ***caedem*** [C] Pros., vomir des menaces de mort ‖ proférer, dire [en bonne part] : [T] Pros. ¶2 intr., s'élancer, jaillir : [+C] Pros.

ēructŭō, ***ās, āre, āvī, ātum***, → *eructo* : [T] Pros.

ēructŭŏr, → *eructuo*, proclamer : [T] Pros.

ēructus, ***a, um***, vomi ; d'où ***eructum vinum*** [+C] Pros., vin tourné, aigri

ērūdĕrō, ***ās, āre, āvī, ātum***, tr., enlever les décombres, déblayer : [C] Pros. ‖ [fig.] purger, nettoyer : [T] Pros. ‖ bétonner : [C] Pros.

ērŭdĭō, ***īs, īre, īvī*** ou ***ĭī, ītum***, tr., dégrossir, façonner [d'où] ‖ enseigner, instruire, former : [C] Pros. ; ***ad rem*** [C] Pros. ; ***in re*** [C] Pros., former à qqch., instruire dans qqch. ‖ [poét., avec deux acc.] ***aliquem leges*** [+C] Poés., enseigner les lois à qqn ; [C] Poés. ; [pass.] ***rem eruditus*** [+C] Pros., instruit d'une chose ; ***erudire aliquem*** [et prop. inf.] [C] Pros., apprendre à qqn que... ; [avec interrog. indir.] [C] Poés. ; [avec inf.] [C] Poés., [+C] Pros. ‖ informer, mettre au courant : ***de aliqua re*** [C] Pros.

ērŭdītē, adv., savamment, en homme instruit : [C] Pros. ‖ ***-tius*** [C] Pros. ; ***-issime*** [C] Pros.

ērŭdītĭo, ***ōnis***, f. ¶1 action d'enseigner, d'instruire : [C] Pros. ¶2 instruction, savoir, connaissances, science : [C] Pros. ‖ pl., connaissances : [C] Pros., [+C] Pros.

ērŭdītrix, ***īcis***, f., maîtresse : [+C] Pros.

ērŭdītŭlus, ***a, um***, demi-savant : [C] Poés.

ērŭdītus, ***a, um***, part.-adj. de *erudio*, instruit, formé, dressé, savant, habile, érudit, versé dans : [C] Pros. ; ***litteris eruditior*** [C] Pros., plus lettré ‖ ***saecula erudita*** [C] Pros., siècles éclairés ; ***eruditae aures*** [C] Pros., oreilles exercées, délicates ‖ ***eruditum est***

[et inf.] [+C] Pros.; [ou avec *si*] [+C] Pros., c'est une chose savante que de

Erŭli, → *Heruli*

ērumpō, *ĭs, ĕre, rūpī, ruptum*
I tr. ¶ **1** faire sortir violemment, pousser hors de, précipiter hors de : [C] Pros., Poés. ‖ ***stomachum in aliquem*** [C] Pros., décharger son humeur contre qqn ; ***iracundiam*** [C] Pros. ; ***iram*** [C] Pros., décharger sur qqn sa colère ¶ **2** percer, briser : ***nubem*** [C] Poés., percer un nuage
II intr. ¶ **1** se précipiter, s'élancer hors de : ***ex castris*** [C] Pros., faire une brusque sortie hors du camp ¶ **2** [fig.] éclater, faire éruption (explosion) : ***risus erumpit*** [C] Pros., le rire jaillit ; ***si erumpunt omnia*** [C] Pros., si tout éclate au grand jour ¶ **3** [avec *ad* ou *in aliquid*] : ***ad minas*** [+C] Pros., éclater en menaces

ēruncō, *ās, āre, -, -*, tr., arracher [les mauvaises herbes] : [+C] Pros. ‖ sarcler [un lieu] de ses mauvaises herbes : [+C] Pros.

ērŭō, *ĭs, ĕre, rŭī, rŭtum*, tr. ¶ **1** tirer en creusant, en fouillant, déterrer, extraire, arracher : ***aliquid obrutum*** [C] Pros., déterrer qqch. qui est enfoui ; ***mortuum*** [C] Pros., extraire un mort [caché sous un amoncellement de fumier] ; [poét.] ***eruitur oculos*** [C] Poés., on lui arrache les yeux ¶ **2** [poét.] détruire de fond en comble : [C] Poés., [+C] Poés. ¶ **3** [fig.] déterrer, découvrir, tirer au jour : [C] Pros.

ērūpī, parf. de *erumpo*

ēruptĭo, *ōnis*, f. ¶ **1** [milit.] [C] Pros. ; → *porta* ; [C] Pros. ¶ **2** éruption, jaillissement [de feux] : [C] Pros. ¶ **3** [fig.] [C] Pros. : ***vitiorum eruptio*** [+C] Pros., brusque éclosion des vices

ēruptŏr, *ōris*, m., éclaireur, espèce de tirailleur : [T] Pros.

ēruptus, *a, um*, part. de *erumpo*

ĕrus (hĕrus), *i*, m. ¶ **1** maître de maison, maître : [-C] Théât., [C] Pros. ¶ **2** époux : [C] Poés. ¶ **3** maître, possesseur, propriétaire : [C] Poés., Pros. ¶ **4** souverain : [C] Poés.

ervĭlĭa (-la), *ae*, f. ; dim. de *ervum*, gessette : [+C] Pros.

ervum, *i*, n., lentille bâtarde : [-C] Théât., [C] Poés., [+C] Pros.

Ĕrycīnus, → *Eryx*

Ĕrycĭus, *ĭi*, m., nom d'homme : [+C] Pros.

Ĕrycus mons, m., mont Éryx [Sicile] : [C] Pros.

Ĕrymanthus (-thŏs), *i*, m., Érymanthe [montagne d'Arcadie, où Hercule tua un sanglier monstrueux] : [C] Poés. ‖ rivière d'Élide, qui se jette dans l'Alphée : [C] Poés. ‖ **-thēus**, **-thĭus**, *a, um*, **-thĭăs**, *ădis* et **-this**, *ĭdis*, f., de l'Érymanthe : [C] Pros., [+C] Poés.

Ĕrymās, *antis*, m., guerrier troyen : [C] Poés.

ēryngē, *ēs*, f., **-gĭum (-ŏn)**, *ĭi*, n., érynge, panicaut, herbe à cent têtes, chardon roulant : [+C] Pros.

Ĕrysichthōn, *ŏnis*, m., roi de Thessalie : [C] Poés.

ĕrysĭpĕlās, *ătis*, n., érysipèle : [+C] Pros.

ĕrythăcē, → *erithace*

Ĕrythēa (-thīa), *ae*, f., île voisine de l'Hispanie [où habitait Géryon] ‖ **-ēis**, *ĭdis*, adj. f., de l'île d'Érythée, de Géryon : [C] Poés. et **-ēus (-īus)**, *a, um*, [+C] Poés.

Ĕrythrae, *ārum*, f. pl. ¶ **1** une des douze villes principales d'Ionie, fondée par elle : [C] Pros. ¶ **2** port de Locride sur le golfe de Corinthe : [C] Pros. ¶ **3** **-aeus**, *a, um* ***a)*** d'Érythres [en Béotie] : [C] Pros. ***b)*** d'Érythres [dans l'Inde] : ***dens Erythraeus*** [+C] Poés., éléphant ‖ **-thraea**, *ae*, f., le territoire d'Érythres [Béotie] : [C] Pros. ‖ **-thraei**, *ōrum*, m. pl., les habitants d'Érythres : [C] Pros.

1 **ĕrythraeus**, *a, um*, rouge : [+C] Pros.

2 **Ĕrythraeus**, *a, um*, → *Erythrae*

Ĕrythrās, *ae*, m., → *Erythrae* ¶ *2*

Ĕrythrus (-os), *i*, m., → *Erythrae* ¶ *2*

Ĕrytus, *i*, m., nom de guerrier : [C] Poés.

Ĕryx, *ycis*, m., fils de Vénus, tué par Hercule, enseveli sous le mont Éryx : [C] Poés. ‖ **-cīnus**, *a, um*, du mont Éryx : [C] Poés. ; ***Venus Erycina*** [C] Pros., Vénus Érycine ; ***Erycina*** [C] Poés., Vénus

Ĕryza, → *Eriza*

1 **ēs**, 2e pers. indic. prés. ou 2e pers. impér. prés. de *1 sum*

2 **ēs**, 2e pers. indic. prés. de *1 edo*

Ēsaīās, → *Isaias*

Ēsāū, m. indécl., Ésaü [fils d'Isaac] : [T] Pros. ou **Ēsāus**, *i*, m.

esca, *ae*, f. ¶ **1** nourriture, aliments, pâture : [C] Pros. ‖ [chrét.] ***esca spiritalis***, nourriture spirituelle : [T] Pros. ¶ **2** appât, amorce : [+C] Poés.

escālis, *e*, d'amorce : [T] Poés.

escārĭus, *a, um* ¶ **1** qui est servi aux repas : ***escaria mensa*** [C] Pros., table à manger ‖ n. pl., ce qui est bon à manger : [+C] Poés. ¶ **2** qui concerne l'appât : [-C] Théât.

escārus, *i*, m., → *scarus*

escas, → *esca*

escendō, *ĭs, ĕre, scendī, scensum* ¶ **1** intr., monter : ***in rostra*** [C] Pros., monter à la tribune ; ***in equum*** [C] Pros., monter à cheval ‖ (= ἀναβαίνειν) s'avancer dans l'intérieur d'un pays en s'éloignant de la mer : ***Pergamum*** [C] Pros., se rendre à Pergame ¶ **2** tr., [C] Pros., [+C] Pros.

escensĭo, *ōnis*, f., débarquement, descente : [C] Pros. ; ***escensionem facere*** [C] Pros., faire une descente ; pl., [C] Pros.

1 **escensus**, *a, um*, part. de *escendo*

2 **escensŭs**, abl. *ū*, m., assaut, escalade : [+C] Pros.

eschăra, *ae*, f., base d'une machine : [C] Pros.

escĭfĕr, *ĕra, ĕrum*, qui supporte beaucoup de nourriture : [T] Poés.

escit, escunt, → *erit, erunt*, → *1 sum*

escŭlenta, *ōrum*, n. pl., aliments, mets : [C] Pros.

escŭlentĭa, *ae*, f., nourriture, aliments ; pl., plats : [T] Pros.

escŭlentus, *a, um*, mangeable, bon à manger, comestible : [C] Pros. ‖ d'aliment : ***frusta esculenta*** [C] Pros., morceaux d'aliments (vomis) ‖ succulent, nourrissant : [T] Pros.

escŭlētum, escŭlus, → *aesc*

escunt, → *escit*

Esdrās, *ae*, m., docteur de la loi, chef des Juifs après la captivité de Babylone : [T] Pros.

Ēsernĭa, Ēsernīnus, → *Aeser*

ēsĭcĭātus, → *isiciatus* : [+C] Pros.

ēsĭtātus, *a, um*, part. de *esito*

ēsĭtō, *ās, āre, āvī, -*, tr., manger souvent de : [+C] Pros. ‖ **essito**, [-C] Pros., [-C] Théât.

ēsŏr, *ōris*, m., mangeur : [+C] Pros.

Esquĭlĭae (Ex-), *ārum*, f. pl., les Esquilies [quartier de Rome situé sur le mont Esquilin] : [C] Pros.

Esquĭlīnus mons Ex, m., le mont Esquilin, une des collines de Rome ‖ **-us**, *a, um*, du mont Esquilin : ***Esquilina (porta)*** [C] Pros., la porte Esquiline ; ***Esquilinus campus*** [C] Pros., champ Esquilin [lieu de sépulture] ‖ ou **-ĭus**, *a, um*, [C] Poés.

esse, inf. prés. de *1 sum* et de *1 edo*

esseda, *ae*, f., → *essedum* : [+C] Pros.

essĕdārĭa, *ae*, f., femme qui conduit un *essedum* : [+C] Pros.

essĕdārĭus, *ĭi*, m., soldat qui combat sur un char : [C] Pros. ‖ essédaire, gladiateur qui combat sur un char : [+C] Pros.

Essēdŏnes, *um*, m. pl., peuple scythe ‖ **-ĭus**, *a, um*, des Essédons : [+C] Poés.

essĕdum, *i*, n., char de guerre [en usage chez les Belges, les Gaulois, les Bretons] : [C] Pros. ‖ char, voiture, sorte de cabriolet : [C] Pros.

essentĭa, *ae*, f., essence, nature d'une chose : [+C] Pros. ‖ [phil.] ce qui constitue la nature d'un être (οὐσία) : [+C] Pros. ‖ [chrét.] en parlant de Dieu, souvent mal distingué de *substantia* : [T] Pros.

essentĭālis, *e*, essentiel, qui tient à l'essence : [T] Pros.

essentĭālĭtĕr, adv., essentiellement : [T] Pros.

essĭto, → *esito*

essū, supin de *1 edo* : [-C] Théât.

Essŭi, *ōrum*, m. pl., peuple de la Belgique : [C] Pros.

essŭrĭo, → *esurio*

est, 3e pers. indic. prés. de *1 sum* et de *1 edo*

Esthēr, f. indécl., épouse d'Assuérus : T Pros.

esto, 2e et 3e pers. impér. fut. de *1 sum*,soit, j'y consens, je l'accorde, → *1 sum*

estrix, *īcis*, f., grande mangeuse : -C Théât.

estur, 3e pers. indic. prés. pass. de *1 edo*

ēsŭ, supin de *1 edo*, → *essu*

Esubĭi, *ōrum*, m. pl., peuple de l'Armorique : C Pros. ; → *Essui*

ēsŭd-, → *exsud-*

Ēsŭla, *ae*, f., → *Aesula*

ēsum, sup. de *1 edo* : -C Théât.

ēsŭrĭālis, *e*, de faim : ***esuriales feriae*** -C Théât., temps où le ventre chôme

ēsŭrībo, → *1 esurio*

ēsŭrĭens, *tis*, part. adj. de *1 esurio*, qui a faim, affamé : C Poés.

ēsŭrĭentĕr, adv., en affamé, avidement : +C Pros.

ēsŭrĭēs, *ēi*, f., faim, appétit : T Pros. ‖ [fig.] désir : T Pros.

ēsŭrīgo, *ĭnis*, f., faim : C Poés.

1 **ēsŭrĭō (essŭrĭō)**, *īs*, *īre*, *ivi* ou *ĭi*, *-*, désirer manger, avoir faim, être affamé ***a)*** intr., -C Théât., C Pros. ‖ [avec acc. de pron. n.] +C Pros. ; [pass.] C Poés. ‖ [avec gén.] +C Pros. ***b)*** tr., +C Pros.

2 **ēsŭrĭo (essŭrĭo)**, *ōnis*, m., gros mangeur : -C Théât.

ēsŭrītĭo, *ōnis*, f., faim : C Poés.

ēsŭrītŏr, *ōris*, m., homme affamé : +C Poés.

1 **ēsus**, *a*, *um*, part. de *1 edo*

2 **ēsŭs**, *ūs*, m., action de manger : +C Pros.

3 **Ēsus (Aesus)**, *i*, m., divinité gauloise : +C Poés., T Pros.

ĕt

I conj. de coord., et ¶ **1** [emploi ordinaire] ***pater et mater***, le père et la mère ; C Pros. ¶ **2** [balancement] ***et... et***, et... et, d'une part... d'autre part, à la fois... et, aussi bien... que : ***et mari et terra***, à la fois sur mer et sur terre, sur mer aussi bien que sur terre, et sur mer et sur terre ‖ [rare] et... que : C Pros. ¶ **3** [dans les exclam. ou interrog.] et puis, et après cela : C Pros. ¶ **4** ***et... quidem***, et il y a mieux, et même, allons plus loin : C Pros. ‖ et d'ailleurs, mais aussi : C Pros. ‖ [*et* seul] et même, et de plus, et cela, et qui plus est : C Pros. ‖ [renforcé par *etiam*] C Pros. ; ***et vero*** C Pros., et vraiment ‖ [comme *et quidem*] et d'ailleurs, mais aussi : -C Théât., C Pros. ¶ **5** [nuance d'opposition] et pourtant : C Pros. ‖ mais : C Pros. ¶ **6** ***et... et non*** [au lieu de *nec, necque*] : C Pros. ¶ **7** [idée temporelle] : C Poés., +C Pros. ; → *simul* ¶ **8** [après impér.] : +C Pros. ¶ **9** [dans certaines comparaisons] → *ac, atque* : ***aeque et*** C Pros. ; ***aliter et*** C Pros. ; ***aliud et*** C Pros. ; ***similiter et*** C Pros., autant que, autrement que, autre chose que, de même que ¶ **10** → *aut*, ou : +C Pros.
II adv., aussi : C Pros. ; → *ipse* ¶ *1 fin*

ĕtĕnim, conj., et de fait, et vraiment, le fait est que : -C Théât., C Pros. ‖ [suivi de parataxe] : C Pros. ‖ et puis vraiment, en outre voyons, autre fait : C Pros.

Ĕtĕŏclēs, *is* ou *ĕos*, m., Étéocle [fils d'Œdipe, frère ennemi de Polynice ; ils s'entretuèrent dans un combat] : C Pros. ‖ **-ēus**, *a*, *um*, d'Étéocle : +C Pros.

Ĕtĕōnŏs, *i*, m., ville de Béotie : +C Poés.

ĕtēsĭas, *ae*, m., et ordt **ĕtēsĭae**, *ārum*, m. pl., vents étésiens [qui soufflent à l'époque de la canicule] : C Pros.

ĕtēsĭus, *a*, *um*, étésien : C Poés.

Ĕthĕōnos, → *Eteonos*

ēthĭca, *ae* (**-cē**, *ēs*), f., éthique, morale [partie de la philosophie] : T Pros. ; ***ethice*** +C Pros.

ēthĭcōs, adv., en morale, moralement : C Pros.

ēthĭcus, *a*, *um*, qui concerne la morale, moral : ***ethica res*** +C Pros., la morale

ēthŏlŏgĭa, *ae*, f., description des vertus : +C Pros.

ēthŏlŏgus, *i*, m., qui imite les mœurs, mime, comédien : C Pros.

Ethŏpĭa (Aeth-), *ae*, f., Éthopie [ville d'Athamanie] : C Pros.

ēthŏs, n., morale : T Poés.

ĕtĭam, conj. ¶ **1** [idée temporelle] encore : -C Théât., C Pros. ; ***etiam tum (tunc)*** C Pros., alors encore, encore ; ***etiam non*** -C Théât., encore pas, toujours pas encore ; C Pros. ; ***nec plane etiam*** C Pros., et pas tout à fait encore ; ***nondum etiam*** -C Théât., C Pros., pas encore ; ***vixdum etiam*** C Pros., à peine encore maintenant ¶ **2** [en gén.] encore, en plus, aussi : C Pros. ; ***etiam quoque*** -C Théât., C Poés., Pros., en outre aussi ; ***et etiam*** C Pros., et aussi ‖ [tour fréquent] ***non modo (solum)..., sed (verum) etiam***, non seulement..., mais encore : C Pros. ; [tour inverse] ***tantum... non etiam***, seulement..., et non pas : C Pros., +C Pros. ¶ **3** même, bien plus : ***etiam pecudes*** C Pros., même les animaux, jusqu'aux animaux ; → *immo* et *quin* ‖ ***atque etiam***, et même, et il y a mieux, → *atque* ; C Pros. ; ***neque etiam = et ne... quidem*** C Pros. ‖ → *etiam si* ¶ **4** [pour confirmer] oui, c'est cela : -C Théât., C Pros. ¶ **5** encore une fois, de nouveau : ***circumspice etiam*** -C Théât., regarde encore tout autour de toi ‖ ***etiam atque etiam***, encore et encore, maintes et maintes fois, à diverses reprises, avec insistance : C Pros. ¶ **6** [dans des interrog. impatientes] : -C Théât.

ĕtĭamdum (ĕtĭam dum), adv., encore alors : -C Théât., C Pros.

ĕtĭamnum (ĕtĭamnunc), adv. ¶ **1** encore maintenant, encore : C Pros. ‖ [avec nég.] : C Pros. ; [dans le passé] C Pros., Poés. ¶ **2** encore, en outre : +C Pros. ; [avec compar.] +C Pros.

ĕtĭamsī (ĕtĭam si), conj., même si, quand même ; [en corrél. avec *tamen*] : C Pros. ; ***at tamen*** C Pros. ; ***certe*** C Pros. ; ***nihilominus*** C Pros.

ĕtĭam tum, **ĕtĭam tunc**, adv., encore alors, jusque-là [dans le passé] : C Pros.

Ĕtrūrĭa, *ae*, f., l'Étrurie [province d'Italie, auj. la Toscane] : C Pros.

Ĕtruscus, *a*, *um*, Étrusque, d'Étrurie : C Pros., Poés. ‖ subst. m. pl., les Étrusques : C Pros.

etsī, conj. ¶ **1** [subordination] quoique, bien que [en corrél. avec *tamen, at tamen, certe, at certe, verum tamen*] C Pros. ‖ [sans verbe] : C Pros. ¶ **2** [coordination] mais, toutefois, d'ailleurs, et encore : C Pros.

ĕtўmŏlŏgĭa, *ae*, f., étymologie [origine d'un mot] : C Pros., +C Pros.

ĕtўmŏlŏgĭcē, *ēs*, f., la science étymologique : C Pros.

ĕtўmŏlŏgĭcus, *a*, *um*, étymologique : +C Pros.

ĕtўmŏlŏgŏs, *i*, m., étymologiste : C Pros.

ĕtўmŏn, *i*, n., étymologie : C Pros., +C Pros.

eū, interj., bien ! très bien ! bravo ! à merveille ! : -C Théât., C Poés.

Eŭadnē, *ēs*, f., Évadné [femme de Capanée, se jeta sur le bûcher de son époux] : C Poés.

Eŭaei, *ōrum*, m. pl., peuple madianite que Moïse eut à combattre : T Poés.

Eŭăgŏrās, *ae*, m., Évagoras [roi de Chypre] : C Pros.

Eŭăgrus, *i*, m., un des Lapithes : C Poés.

eŭān, → *1 euhan*

Eŭandĕr (-drus), *i*, m., Évandre [roi d'Arcadie, vint fonder une colonie dans le Latium] : C Poés., Pros. ‖ philosophe académicien : C Pros. ‖ général de Persée, roi de Macédoine : C Pros. ‖ **-drĭus**, *a*, *um*, d'Évandre : C Poés.

eŭangĕlista, *ae*, m., évangéliste, auteur d'un Évangile : T Poés. ‖ celui qui annonce l'Évangile : T Pros.

eŭangĕlĭum, *ĭi*, n., [chrét.] ¶ **1** bonne nouvelle, annonce du Salut : T Pros. ¶ **2** récit de la vie du Chist : T Pros.

eŭangĕlizō, *ās*, *āre*, *-*, *-*, intr., prêcher l'Évangile : T Pros. ‖ tr., prêcher, évangéliser : T Pros.

Eŭangĕlus, m., messager de bonne nouvelle [c. surnom] : C Pros.

eŭans, → *euhans*

Eūathlus, *i*, m., Évathlus [rhéteur] : [+C] Pros.

eūax, interj., bravo : [-C] Théât.

eubāges, V. *euhages*

Eūbĭus, *ĭi*, m., nom d'un historien : [C] Poés.

Eūboea, *ae*, f., Eubée [île de la mer Égée, anc[t] Négrepont] : [C] Pros. ‖ **-oeus**, [+C] Poés. et **-ŏĭcus**, *a*, *um*, de l'Eubée : [C] Poés. ; [désignant Cumes, colonie d'Eubée] [C] Poés. ‖ **Eūbŏis**, *ĭdis*, f., de l'Eubée : [+C] Poés.

Eūbŏlus, *i*, m., écrivain grec sur l'agriculture : [C] Pros.

Eūbūleūs, *ei*, m., un des Dioscures : [C] Pros.

Eūbūlĭdās (-dēs), *ae*, m., maître de Démosthène : [+C] Pros.

Eūchădĭa, *ae*, f., nom de femme grecque : [C] Pros.

eūchăris, m. f., gracieux, élégant : [T] Pros.

eūchăristĭcŏn, *i*, n., remerciement [titre d'un poème d'action de grâces adressé par Stace à l'empereur Domitien] : [+C] Poés.

Eūchĕrĭa, *ae*, f., Euchérie [femme poète d'Aquitaine] : [T] Poés.

Eūchĕrĭus, *ĭi*, m., saint Eucher [évêque de Lyon] : [T] Pros.

Eūchīr, m., nom de plusieurs artistes grecs : [+C] Pros.

Eūclīdēs, *is*, m., Euclide [philosophe de Mégare] : [C] Pros. ‖ mathématicien célèbre d'Alexandrie : [C] Pros.

Eūctus, *i*, m., nom d'homme : [C] Pros., [+C] Poés.

Eūdāmus, *i*, m., amiral rhodien : [C] Pros.

Eūdēmus, *i*, m., Eudème de Chypre, ami d'Aristote : [C] Pros. ‖ nom d'un médecin grec : [+C] Pros.

Eūdoses, *um*, m. pl., peuple de Germanie : [+C] Pros.

Eūdoxus, *i*, m., Eudoxe, de Gnide [astronome célèbre] : [C] Pros.

Eūēi, *ōrum*, m. pl., V. *Euaei*

Eūelpĭdēs, *is*, m., nom d'un habile oculiste : [+C] Pros.

Eūelpistus, *i*, m., nom d'un médecin : [+C] Pros.

Eūēmĕrus, V. *Euhemerus*

Eūēnŏs (-nus), *i*, m., Événus [roi d'Étolie, qui donna son nom au fleuve Lycormas] : [C] Poés., [+C] Poés. ‖ **-ēnīnus**, *a*, *um*, du fleuve Événus : [C] Poés.

eūergānĕus, *a*, *um*, bien assemblé : [C] Pros.

eūēthēs, acc. *en*, m. f., niais, sot : [T] Pros.

Eūfronĭus, V. *Euphronius*

Eūgănĕus, *a*, *um*, des Euganéens : [+C] Poés. ‖ subst. m. pl., Euganéens : [C] Pros.

eūgĕ, interj., très bien ! bravo ! courage ! à merveille ! : [-C] Théât. ; ***euge, euge*** [-C] Théât. ‖ subst[t], ***euge tuum*** [+C] Poés., tes bravos, tes acclamations

eūgĕnēus, *a*, *um*, noble, de bonne race [vin] : [-C] Pros., [C] Pros.

Eūgĕnĭum, *ĭi*, n., ville d'Illyrie : [C] Pros.

eūgĕnīus, V. *eugeneus*

eūgĭum, *ĭi*, n., sexe de la femme : [-C] Poés.

eūhāges, *um*, m. pl., euhages [prêtres gaulois] : [T] Pros. ; V. *eubages*

1 **eūhān (eūān)**, interj., cri des bacchantes : [-C] Théât.

2 **Eūhān**, le dieu Bacchus : [C] Poés.

eūhans, *antis*, part. prés., qui crie euhan [en parl. des bacchantes] : [C] Poés. ‖ [avec acc. d'obj. intér.] ***euhantes orgia*** [C] Poés., célébrant avec les cris habituels la fête de Bacchus

Eūhēmĕrus, *i*, m., Évhémère [philosophe et historien grec] : [C] Pros.

eūhĭăs, *ădis*, f., la bacchante : [C] Poés.

Eūhippē (Euip-), *ēs*, f., Évippe [épouse de Piérus, mère des Néréides] : [C] Poés.

Eūhĭus, *ĭi*, m., surnom de Bacchus : [C] Poés., Pros. ‖ **-us**, *a*, *um*, de Bacchus : [+C] Poés.

eūhoe, interj., évohé [cri des bacchantes] : [C] Poés., [+C] Poés.

Eūhȳdrĭum, *ĭi*, n., ville de Thessalie : [C] Pros.

eūĭăs, *ădis*, f., V. *euhias*

Eūĭus, *ĭi*, m., V. *Euhius*

Eūlălĭa, *ae*, f., Eulalie [nom d'une sainte] : [T] Poés.

Eūlălĭus, *ĭi*, m., nom d'homme : [+T] Pros.

eūlŏgĭum, *ĭi*, n., inscription tumulaire : [C] Poés.

ĕum, acc. m. sg. de *1 is*

Eūmaeus, *i*, m., Eumée [porcher d'Ulysse] : [C] Pros.

ĕumdem, acc. m. de *idem*

Eūmēdēs, *is*, m., Eumède [Troyen, père de Dolon] : [C] Poés.

Eūmēlis, *ĭdis*, f., fille d'Eumèle : [+C] Poés.

Eūmēlus, *i*, m., Eumèle [fils d'Admète, fondateur de Naples] : [+C] Poés. ‖ roi de Patras, ami de Triptolème : [C] Poés. ‖ Troyen, compagnon d'Énée : [C] Poés.

Eūmĕnēs, *is*, m., Eumène [un des généraux d'Alexandre le Grand] : [C] Pros., [+C] Pros. ‖ nom de plusieurs rois de Pergame : [C] Pros.

Eūmĕnĭdes, *um*, f. pl., Euménides, Furies : [C] Pros. ‖ **-nis**, f. sg., une furie : [+C] Poés.

Eūmolpus, *i*, m., Eumolpe [apporta en Attique les mystères d'Éleusis et la culture de la vigne] : [C] Poés., [+C] Pros. ‖ nom d'un poète : [+C] Pros. ‖ **-ĭdae**, *ārum*, m., les Eumolpides [famille sacerdotale d'Athènes chargée de culte de Déméter] : [C] Pros.

ĕumpsĕ, V. *1 is*

ĕundus, *a*, *um*, adj. verbal de *3 eo*

Eūnŏē, *ēs*, f., femme de Bogud, roi de Maurétanie : [+C] Pros.

Eūnŏmĭa, *ae*, f., nom de femme : [-C] Théât.

Eūnōmus, *i*, m., nom d'homme : [C] Pros.

eūnūchīnus, *a*, *um*, d'eunuque : [T] Pros.

eūnūchĭō, *ās*, *āre*, -, -, V. *eunuchizo*

eūnūchizō, *ās*, *āre*, -, -, castrer : [T] Pros.

eūnūchō, *ās*, *āre*, -, -, tr., rendre eunuque : [C] Poés.

eūnūchus, *i*, m., eunuque : [C] Pros. ‖ f., l'Eunuque [pièce de Térence] : [-C] Théât.

Eūnus, *i*, m., nom d'un esclave syrien : [C] Pros.

Eūŏdĭa (Eūh-), *ae*, f., **-dĭus (-dus)**, *i*, m., nom de femme, nom d'homme : [T] Pros.

eūoe, interj., V. *euhoe*

Eūpălămus, *i*, m., nom d'homme : [C] Poés.

Eūpalĭa, *ae*, f. et **-ĭum**, *ĭi*, n., ville de Locride : [C] Pros.

Eūpătĕreia, *ae*, f., [surnom d'Hélène] fille d'un noble père : [-C] Poés.

Eūphēmē, *ēs*, f., nourrice des Muses : [+C] Pros.

Eūphēmus, *i*, m., un Argonaute, fils de Neptune : [+C] Poés.

Eūphēno, *ūs*, f., fille de Danaüs : [+C] Poés.

Eūphorbus, *i*, m., Euphorbe [Troyen, fils de Panthus, tué par Ménélas et dont Pythagore prétendait avoir reçu l'âme par l'effet de la métempsycose] : [C] Poés.

Eūphŏrĭōn, *ōnis*, m., Euphorion de Chalcis [poète grec] : [C] Pros.

Eūphrānŏr, *ŏris*, m., célèbre statuaire : [+C] Poés., Pros. ‖ architecte : [C] Pros. ‖ général de Persée : [C] Pros.

Eūphrăsĭus, *ĭi*, m., nom d'un magistrat : [T] Pros.

Eūphrātēs, *ae*, [+C] Poés. ou *is*, [+C] Pros. ou *i*, [C] Pros., m. ¶1 Euphrate [grand fleuve d'Asie] : [C] Pros. ‖ **-tis**, *ĭdis*, adj. f., de l'Euphrate : [T] Pros. ‖ **-taeus**, *a*, *um*, de l'Euphrate : [+C] Poés. ¶2 philosophe du temps de Pline le Jeune : [+C] Pros.

eūphrŏnē, *ēs*, f., la bienveillante [épithète grecque de la nuit] : [T] Pros.

Eūphrŏnĭus (Eūfr-), *ĭi*, m., nom d'un évêque des Éduens et d'un évêque de Tours : [T] Pros., [+T] Pros.

Eūphrŏsȳna, *ae* (**-nē**, *ēs*), f., Euphrosyne [une des trois Grâces] : [+C] Pros.

eūplŏcămus, *a*, *um*, aux cheveux bien bouclés, aux belles tresses : [-C] Poés.

Eūploea, *ae*, f., nom d'une petite île près de Naples : [+C] Poés.

Eūpŏlĕmus, *i*, m., nom d'homme : [C] Pros.

Eūpŏlis, *ĭdis*, m., poète grec de l'ancienne comédie : [C] Pros., Poés.

eūrhythmĭa, *ae*, f., harmonie dans un ensemble : [C] Pros.

eūrĭnus, *a*, *um*, d'est : [+C] Pros.

Eūrīpĭdēs, *is* et *i*, m., Euripide [célèbre poète tragique grec] : [-C] Théât., [C] Pros. ‖ **-ēus**, *a*, *um*, d'Euripide : [C] Pros.

Eūrīpus (-ŏs), *i*, m. ¶ **1** Euripe [détroit entre la Béotie et l'Eubée, auj. Égribos] : [C] Pros. ¶ **2 eūrīpus** [en gén.], détroit : [C] Pros. ‖ aqueduc, canal, fosse : [C] Pros., [+C] Pros. ‖ fossé rempli d'eau qui entourait le cirque à Rome : [+C] Pros.

eūrŏăquĭlo, *ōnis*, m., vent du nord-est : [T] Pros.

eūrŏcircĭās, *ae*, m., vent de l'est-tiers-sud-est : [C] Pros.

Eūrōmē, *ēs*, f., ville de Carie ‖ **-enses**, *ium*, m. pl., habitants d'Eurome : [C] Pros.

Eūrōpa, *ae* et **-pē**, *ēs*, f. ¶ **1** Europe [fille d'Agénor, sœur de Cadmus, enlevée par Jupiter métamorphosé en taureau] : [C] Poés., Pros. ‖ [poét. et fig.] portique du Champ de Mars ou d'Europe : [+C] Poés. ¶ **2** l'Europe, une des parties du monde : [C] Poés. ‖ **-aeus**, *a*, *um*, d'Europe, fille d'Agénor : [C] Poés. ‖ Européen : [C] Pros.

Eūrōtās, *ae*, m., l'Eurotas [fleuve de Laconie] : [C] Pros.

eūrōus, *a*, *um*, de l'eurus, du levant : [C] Poés.

eūrus, *i*, m., eurus, vent du sud-est : [+C] Pros. ‖ [poét.] le levant : [+C] Poés. ‖ vent en général : [C] Poés.

Eūrўălē, *ēs*, f., fille du roi Minos, mère d'Orion : [+C] Pros. ‖ une des Gorgones : [+C] Poés. ‖ nom d'une reine des Amazones : [+C] Poés.

1 **Eūrўălus**, *i*, m., fils d'Io : [C] Poés. ‖ jeune Troyen, ami de Nisus : [C] Poés. ‖ nom d'un histrion de Rome : [+C] Poés.

2 **Eūrўālus**, *i*, m., citadelle de l'Épipole [à Syracuse] : [C] Pros.

Eūrўbătes, *ae*, m., Eurybate [héraut des Grecs au siège de Troie] : [C] Poés.

Eūrўbĭădēs, *is*, m., prince spartiate : [C] Pros.

Eūrўclēa (-clīa), *ae*, f., Euryclée [nourrice d'Ulysse] : [C] Pros.

Eūrўcrătēs, *is*, m., nom d'homme : [C] Poés.

Eūrўdămās, *antis*, m., un des Argonautes : [+C] Poés. ‖ surnom d'Hector : [C] Poés. ‖ un des prétendants de Pénélope : [+C] Poés.

Eūrўdĭca, *ae*, f., nom de femme : [-C] d. [C] Pros.

Eūrўdĭcē, *ēs*, f., Eurydice [femme d'Orphée] : [C] Poés. ‖ nom de différentes femmes : [C] Pros., [+C] Poés.

Eūrўlŏchus, *i*, m., un des compagnons d'Ulysse, le seul qui refusa le breuvage de Circé : [C] Poés. ‖ principal magistrat des Magnètes : [C] Pros.

Eūrўmăchus, *i*, m., prétendant de Pénélope : [C] Poés.

Eūrўmĕdōn, *ontis*, m. ¶ **1** fils de Pan : [+C] Poés. ¶ **2** fleuve de Pamphylie : [C] Pros.

Eūrўmĕnae, *ārum*, f., ville de Thessalie : [C] Pros.

Eūrўmus, *i*, m., père de Télémus : [+C] Poés. ‖ **-idēs**, *ae*, fils d'Eurymus (Télémus) : [C] Poés.

Eūrўnŏmē, *ēs*, f., nymphe, fille de l'Océan et de Téthys : [C] Poés. ‖ fille d'Apollon, mère d'Adraste et d'Ériphyle : [+C] Poés.

Eūrўpўlus, *i*, m., fils d'Hercule, roi de Cos : [C] Poés. ‖ nom d'un devin, fils d'Évémon : [C] Poés.

Eūrysthĕnēs, *is*, m., un des fils d'Égyptus : [+C] Poés. ‖ un des Héraclides, roi de Lacédémone : [C] Pros.

Eūrystheūs, *ĕi* ou *ĕos*, m., Eurysthée [roi de Mycènes, instrument de la haine de Junon contre Hercule] : [C] Pros., Poés. ‖ **-ēus**, *a*, *um*, d'Eurysthée : [+C] Poés.

eūrythmĭa, ▶ *eurhythmia*

Eūrўtĭōn, *ōnis*, m., person. divers : [C] Poés. ‖ un des compagnons d'Énée : [C] Poés.

Eūrўtis, *ĭdis*, f., fille d'Eurytus [Iole] : [C] Poés.

Eūrўtus, *i*, m., Eurytus [roi d'Œchalie, père d'Iole, tué par Hercule] : [C] Poés. ‖ un des Argonautes : [+C] Poés. ‖ Centaure tué par Thésée : [C] Poés.

eūschēmē, adv., avec grâce, élégamment : [-C] Théât.

Eūsĕbēs, *is* et *ētis*, m., surnom d'Ariobarzane : [C] Pros.

Eūsĕbĭa, *ae*, f., femme de l'empereur Constance II : [T] Pros.

Eūsĕbĭus, *ĭi*, m., autres du même nom : [T] Pros. ‖ **-iānus**, *a*, *um*, d'Eusèbe [philosophe] : [T] Pros.

Eūstăchĭus, *ĭi*, m., saint Eustache : [T] Pros.

Eūstăthĭus, *ĭi*, m., nom d'homme : [T] Pros.

Eūstŏchĭum, *ĭi*, n., nom d'une jeune fille pieuse : [T] Pros.

eustўlŏs, *ŏn*, eustyle [se dit d'un temple aux entrecolonnements corrects] : [C] Pros. ; ▶ *diastylos*

Eūterpē, *ēs*, f., Euterpe [Muse de la musique] : [C] Poés.

Eūthērĭus, *ĭi*, m., nom d'homme : [T] Pros.

Eūthўdēmus, *i*, m., nom d'homme : [C] Pros.

eūthўgrammŏs, *ŏn*, ligne droite : [C] Pros.

Eūthўmus, *i*, m., célèbre athlète grec : [+C] Pros.

Eūthўnŏus, m., nom d'homme grec : [C] Pros.

Eūtrăpĕlus, *i*, m., nom d'homme : [C] Pros.

Eūtrŏpĭa, *ae*, f., nom d'une femme pieuse : [T] Pros.

Eūtrŏpĭus, *ĭi*, m., saint Eutrope [évêque d'Orange] : [T] Pros. ‖ historien latin, contemporain de Julien : [T] Pros.

Eūtўchis, *ĭdis*, f., nom de femme : [+C] Pros.

Eūxīnus Pontus, *i*, m., le Pont-Euxin (la mer Noire) : [C] Pros., Poés. ‖ **-īnus**, *a*, *um*, du Pont-Euxin : [C] Poés. ‖ **Eūxīnus**, *i*, [C] Poés., m., ▶ *Euxinus pontus*, ▶ *2 Pontus*

Ēva, *ae*, f., Ève [femme d'Adam] : [T] Pros., Poés.

ēvăcŭō, *ās*, *āre*, *āvī*, *ātum*, tr., [passif] être vain, vidé de son sens : [T] Pros.

Ēvadnē, f., ▶ *Euadne*

ēvādō, *ĭs*, *ĕre*, *vāsī*, *vāsum*
I intr. ¶ **1** sortir de : ***ex balneis*** [C] Pros., sortir du bain ; ***in muros*** [C] Pros., monter sur les murs, escalader les murs ; [C] Poés. ¶ **2** s'échapper de, se sauver de, se dégager de : [C] Pros., (***periculo*** [C] Pros. ; ***ab judicibus*** [C] Pros., se tirer des mains des juges ; ***evasti*** [C] Poés., tu t'es tiré d'affaire) ‖ [fig.] ***ad conjecturam*** [-C] Théât., parvenir à conjecturer, à deviner ; [+C] Pros. ¶ **3** arriver à être, aboutir à être, finir par devenir : [C] Pros.
II tr. ¶ **1** venir à bout de franchir, franchir : ***viam*** [C] Poés., franchir une route, la parcourir jusqu'au bout ‖ ***gradus altos*** [C] Poés., arriver au haut des degrés ; ***ardua*** [C] Pros., gravir les escarpements ¶ **2** échapper à, éviter : ***flammam*** [C] Poés., échapper aux flammes ; ***insidias*** [+C] Pros., échapper aux embûches ‖ [fig.] ***gravem casum*** [+C] Pros., échapper à un grand péril ; ***sermones malignorum*** [+C] Pros., échapper aux propos des méchants

ēvăgātĭo, *ōnis*, f., action de se donner du champ, de l'essor : [+C] Pros.

1 **ēvāgīnātĭo**, *ōnis*, ▶ *evagatio* : [T] Pros.

2 **ēvāgīnātĭo**, *ōnis*, f., action de dégainer : [T] Pros.

ēvăgō, *ās*, *āre*, -, -, ▶ *evagor* : [-C] Théât.

ēvăgŏr, *ārĭs*, *ārī*, *ātus sum* ¶ **1** intr., courir çà et là, se répandre au loin, s'étendre, se propager : [+C] Pros. ; ***ad evagandum*** [C] Pros., pour se dégager ‖ [fig.] ***appetitus evagantur*** [C] Pros., les appétits se donnent carrière ‖ faire une digression : [+C] Pros. ¶ **2** tr., dépasser, franchir, transgresser : [C] Poés.

ēvălescō, *ĭs*, *ĕre*, *valŭī*, -, intr. ¶ **1** prendre de la force, se fortifier : [+C] Pros. ‖ [poét.] [avec inf.] être capable de, pouvoir : [C] Poés. ¶ **2** valoir, coûter : [T] Pros. ¶ **3** prévaloir : [+C] Pros.

ēvălĭdus, *a*, *um*, très fort, robuste : [C] Pros.

ēvallō, *ās*, *āre*, -, -, tr., rejeter, faire sortir, chasser : [C] Poés.

ēvălŭī, parf. de *evalesco*

evan, ▶ *1 euhan*

Ēvander, ▶ *Euander*

ēvānescō, *ĭs*, *ĕre*, *vanŭī*, -, intr., s'évanouir, disparaître, se dissiper, se perdre, passer, s'évaporer : [C] Poés., [+C] Pros. ; ***vinum evanescit*** [C] Pros., le vin s'évente ‖ [fig.] ***memoria evanuit*** [C] Pros., le souvenir disparut; ***spes evanescit*** [C] Pros., l'espoir s'évanouit; ***(ejus) orationes evanuerunt*** [C] Pros., ses discours sont oubliés ‖ [chrét.] perdre sa saveur : ***si sal evanuerit*** [T] Pros., si le sel s'affadit

ēvangĕl-, [V.] *euangel-*

ēvānĭdus, ***a***, ***um***, qui perd sa force, sa consistance, sa résistance : [C] Poés., [+C] Pros.; ***evanida calx*** [C] Pros., chaux amorphe [chaux encore vive, sèche et pulvérulente] ‖ [fig.] éphémère : [+C] Pros. ‖ [en parl. de pers.] exténué : [+C] Pros.

ēvānĭtūrus, ***a***, ***um***, part. fut. de *evanesco* : [T] Pros.

ēvannō, ***ĭs***, ***ĕre***, -, -, tr., vanner, rejeter en vannant : [C] Pros.

ēvans, [V.] *euhans*

ēvăpōrātĭo, ***ōnis***, f., évaporation : [+C] Pros.

ēvăpōrō, ***ās***, ***āre***, ***āvī***, ***ātum***, tr., évaporer, disperser en vapeur : [+C] Pros.

ēvāsĭo, ***ōnis***, f., délivrance : [T] Pros.

ēvasti, [V.] *evado*

ēvastō, ***ās***, ***āre***, ***āvī***, ***ātum***, tr., ravager entièrement, dévaster : [C] Pros.

ēvāsus, ***a***, ***um***, part. de *evado*

ēvax, [V.] *euax*

ēvectĭo, ***ōnis***, f., action de s'élever en l'air : [+C] Pros. ‖ permission d'utiliser le transport par la poste impériale : [T] Pros.

ēvectus, ***a***, ***um***, part. de *eveho*

ēvĕhō, ***ĭs***, ***ĕre***, ***vēxī***, ***vectum***, tr., transporter, emporter : [C] Pros.; ***merces*** [C] Pros., exporter des marchandises ‖ [fig.] élever, porter à : ***ad consulatum*** [+C] Pros., élever au consulat ‖ [pass. intrinsèque] : ***ut in collem eveheretur*** [C] Pros., pour gravir la colline [dans un char]; ***evecti in altum*** [C] Pros., s'étant portés en pleine mer ‖ [en part.] ***evectus*** [avec acc.], qui a dépassé, franchi, surpassé : [+C] Pros.

ēvellō, ***ĭs***, ***ĕre***, ***ellī*** (***ulsī***), -, tr., arracher, enlever, déraciner : [C] Pros.; ***linguam alicui*** [C] Pros., arracher la langue à qqn ‖ [fig.] ***ex animo alicui scrupulum*** [C] Pros., arracher de l'âme de qqn une inquiétude ‖ dégager, délivrer : [+C] Poés.

ēvĕnat, [V.] *evenio*

ēvĕnĭō, ***ĭs***, ***īre***, ***vēnī***, ***ventum***, intr.

I [au pr.] venir hors de, sortir : [C] Poés. ‖ ***Capuam*** [-C] Théât., parvenir à Capoue ‖ croître : [+C] Pros.

II [fig.] ¶ **1** avoir une issue, un résultat : [C] Pros.; ***nostra ex sententia*** [-C] Théât., avoir l'issue que nous souhaitons; [C] Pros. ¶ **2** arriver = se réaliser, s'accomplir : [C] Pros. ¶ **3** échoir (***alicui***, à qqn) : [C] Pros.; [sans *sorte*] [C] Pros. ¶ **4** arriver, se produire [avec idée d'effet, de suite, de résultat] : [C] Pros.; ***quod ferme evenit*** [C] Pros.; ***id quod evenit saepius*** [C] Pros., ce qui arrive d'ordinaire, le plus souvent ‖ [impers.] ***ut plerumque evenit*** [C] Pros., comme il arrive d'ordinaire; ***evenit ut***, il arrive que : [C] Pros.

Ēvēnos, [V.] *Euenos*

ēventĭlātus, ***a***, ***um***, part. de *eventilo*

ēventĭlō, ***ās***, ***āre***, ***āvī***, ***ātum***, tr., nettoyer par ventilation, vanner : [+C] Pros. ‖ [fig.] dissiper, dépenser : [T] Pros.

ēventum, ***ī***, n., [rare au sg.], ordin[t] **ēventa**, ***ōrum***, n. pl., événements, choses accidentelles : [C] Pros. ‖ [phil.] accident [oppos. *conjuncta*] : [C] Poés. ‖ résultats, effets : [C] Pros.; [sg.] [C] Pros.

ēventūra, ***ōrum***, n. pl., l'avenir : [C] Poés., [+C] Pros.

ēventŭs, ***ūs***, m., événement, résultat, issue, dénouement : [C] Pros.; ***eventus dicendi*** [C] Pros., le résultat de la plaidoirie ‖ ***eventus alicujus, alicujus rei*** [avec idée de malheur], ce qui est arrivé à qqn, à qqch. (le sort) : [C] Pros. ‖ résultat heureux, réussite, succès : [+C] Pros. ‖ effet [opposé à cause] : [C] Pros.

Ēvēnus, [V.] *Euenus*

ēverbĕrātus, part. de *everbero*

ēverbĕrō, ***ās***, ***āre***, ***āvī***, ***ātum***, tr., frapper, (avec force, avec violence) battre à coups redoublés : ***fluctus remis*** [+C] Pros., frapper avec les rames les flots de la mer; [C] Poés., [+C] Pros. ‖ [fig.] fouetter, aiguillonner, stimuler : [+C] Pros.

ēvergānĕus, [V.] *euerganeus*

ēvergō, ***ĭs***, ***ĕre***, -, -, tr., faire jaillir, répandre : [C] Pros.

ēverrĭcŭlum, ***ī***, n. ¶ **1** balai, instrument pour balayer, nettoyer : [C] Pros. ¶ **2** [pêche] traîne, seine, filet : [C] Pros.

ēverrō, ***ĭs***, ***ĕre***, ***verrī***, ***versum***, tr., balayer, nettoyer : [C] Pros., [+C] Pros. ‖ [pêche] balayer avec un filet, draguer : [C] Poés., [+C] Pros. ‖ [chrét.] détourner de la foi : [T] Pros.

ēversĭo, ***ōnis***, f. ¶ **1** renversement : ***eversio columnae*** [C] Pros., renversement d'une colonne ¶ **2** destruction, ruine : [C] Pros.; ***templorum*** [+C] Pros., destruction des temples ‖ [fig.] [C] Pros.; ***eversio vitae*** [C] Pros., bouleversement de la vie ¶ **3** action de déposséder, expulsion, expropriation : [+C] Pros.

ēversŏr, ***ōris***, m., celui qui renverse, destructeur [pr. et fig.] : [C] Pros., [+C] Pros.

ēversus, ***a***, ***um***, part. de *everro* et de *everto*

ēvertō, ***ĭs***, ***ĕre***, ***vertī***, ***versum***, tr. ¶ **1** mettre sens dessus dessous, retourner, bouleverser : ***evertere navem*** [C] Pros., faire chavirer un vaisseau; ***evertere campum*** [+C] Poés., retourner une plaine [avec la charrue], la labourer ¶ **2** jeter à bas, renverser, abattre, détruire [pr. et fig.] : ***evertere urbes*** [C] Pros., détruire des villes; ***leges*** [C] Pros., abolir les lois; ***adversaria*** [C] Pros., renverser les arguments de l'adversaire ¶ **3** expulser, exproprier : ***aliquem agro, aedibus*** [-C] Théât., chasser (dépouiller) qqn de ses terres, de sa maison; [C] Pros.

ēvestīgātus, ***a***, ***um***, découvert (à force de recherches), dépisté : [C] Pros., Poés.

Ēvhēmĕrus, [V.] *Euhemerus*

ēvhoe, [V.] *euhoe*

ēvĭbrō, ***ās***, ***āre***, -, -, tr., lancer (un projectile) : [T] Pros. ‖ exciter, animer : [+C] Pros., [T] Pros.

ēvīcī, parf. de *evinco*

ēvictus, ***a***, ***um***, part. de *evinco*

ēvĭdens, ***tis*** ¶ **1** clair, manifeste, évident : ***evidentes res*** [C] Pros., choses évidentes ¶ **2** digne de foi [en parl. de choses] : [C] Pros.; [de pers.] ‖ ***evidentissimus*** [C] Pros.

ēvĭdentĕr, adv., évidemment, clairement : [C] Pros. ‖ ***-issime*** [+C] Pros.

ēvĭdentĭa, ***ae***, f., évidence [grec ἐνάργεια] : [C] Pros. ‖ visibilité, possibilité de voir : [+C] Pros.

ēvĭdĕŏr, ***ērĭs***, ***ērī***, -, intr., apparaître entièrement : [T] Pros.

ēvĭgĭlātĭo, ***ōnis***, f., [chrét.] réveil [en parl. de la résurrection du Christ] : [T] Pros.

ēvĭgĭlātus, ***a***, ***um***, part. de *evigilo*

ēvĭgĭlō, ***ās***, ***āre***, ***āvī***, ***ātum***

I intr. ¶ **1** s'éveiller, se réveiller : [+C] Pros. ¶ **2** veiller, s'appliquer, travailler sans relâche : [C] Pros.

II tr. ¶ **1** passer [le temps] en veillant : ***nox evigilanda*** [C] Poés., nuit qu'on doit passer sans dormir ¶ **2** travailler sans relâche à, faire avec soin, méditer, élaborer, mûrir : [C] Pros.; ***evigilare libros*** [C] Poés., consacrer ses veilles à écrire des livres; [+C] Pros.

ēvīlescō, ***ĭs***, ***ĕre***, ***vilŭī***, -, intr., devenir vil, perdre toute valeur : [+C] Pros.

ēvincĭō, ***ĭs***, ***īre***, ***vinxī***, ***vinctum***, tr., ceindre [la tête] : [C] Poés., [+C] Pros. ‖ lier, attacher [en gén.] : [C] Poés.

ēvincō, ***ĭs***, ***ĕre***, ***vīcī***, ***victum***, tr. ¶ **1** vaincre complètement, triompher de [pr. et fig.] : ***evincere Aeduos*** [+C] Pros., triompher des Éduens; ***omnia*** [C] Pros., venir à bout de tout ‖ [pass.] : [C] Poés. ¶ **2** [tour fréq[t] d. Tacite] ***evinci ad miserationem*** [+C] Pros. ***in lacrimas*** [+C] Pros.; ***in gaudium*** [+C] Pros., être amené invinciblement à la pitié, aux larmes, à la joie ¶ **3** ***a)*** [avec *ut* subj.] obtenir que : [C] Pros. ***b)*** [avec prop. inf.] prouver que : [C] Poés.

ēvinctus, ***a***, ***um***, part. de *evincio*

ēvĭrātus, ***a***, ***um***, part. de *eviro* ‖ pris adj[t], efféminé : ***-tior*** [+C] Poés.

ēvĭrescō, ***ĭs***, ***ĕre***, -, -, intr., devenir vert : [C] Poés.

ēvĭrō, ***ās***, ***āre***, ***āvī***, ***ātum***, tr., ôter la virilité, faire eunuque : [C] Poés.

ēviscĕrātus, ***a***, ***um***, part. de *eviscero*

ēviscĕrō, *ās, āre, āvī, ātum*, tr., éventrer : [-C] d. [C] Pros. ‖ mettre en pièces, déchirer : [C] Poés.

ēvītābĭlĭs, *e*, qu'on peut éviter : [C] Poés., [+C] Pros.

ēvītātĭo, *ōnis*, f., action d'éviter, fuite : [+C] Pros.

ēvītātus, *a, um*, part. de *1 evito*

1 **ēvītō**, *ās, āre, āvī, ātum*, tr., éviter, fuir : [C] Pros.

2 **ēvītō**, *ās, āre, -, -*, tr., ôter la vie, tuer [acc. de l'obj. intér.] : ***vitam alicui*** [-C] d. [C] Pros., ôter la vie à qqn ; [-C] Théât. ; ***aliquem*** [+C] Pros., même sens

ēvŏcātĭo, *ōnis*, f., appel : [C] Pros. ‖ levée faite à la hâte, appel en masse : [C] Pros.

ēvŏcātŏr, *ōris*, m., celui qui fait appel à : [C] Pros.

ēvŏcātōrĭa, *ae*, f., ▶ *evocatorius*

ēvŏcātōrĭus, *a, um*, qui appelle, qui mande qqn : [T] Pros.

ēvŏcātus, *a, um*, part. de *evoco* ‖ subst. m. pl., **evocati, ōrum**, ▶ *evoco* ¶ *2*

ēvŏcō, *ās, āre, āvī, ātum*, tr. ¶ **1** appeler à soi, faire venir : ***aliquem*** [C] Pros., mander qqn près de soi ; ***mercatores undique ad se*** [C] Pros., faire venir à soi de toutes parts les marchands : [C] Pros. ‖ tirer à soi, attirer : ***sucum*** [+C] Pros., pomper le suc ‖ ***deos*** [C] Pros., évoquer les dieux, les attirer de la ville ennemie chez soi ¶ **2** [officiel] appeler, mander : ***magistratus ad se*** [C] Pros., convoquer les magistrats ‖ [milit.] appeler pour la guerre : [C] Pros. ‖ [en part.] rappeler les vétérans sous les drapeaux : [C] Pros. ; d'où le subst., ***evocati***, les vétérans rappelés en service volontaire, les rappelés : [C] Pros. ‖ faire venir, évoquer des témoins : [+C] Pros. ¶ **3** [fig.] attirer, provoquer : [C] Pros. ; ***iram alicujus*** [+C] Pros., provoquer la colère de qqn ‖ ***aliquem in saevitiam*** [+C] Pros., amener qqn à la cruauté

ēvoe, ▶ *euhoe*

ēvŏlĭtō, *ās, āre, -, -*, intr., sortir souvent en volant : [+C] Pros.

ēvŏlō, *ās, āre, āvī, ātum*, intr. ¶ **1** s'envoler, sortir en volant : ***ex quercu evolare*** [C] Pros., s'envoler de dessus un chêne ¶ **2** sortir précipitamment [pr. et fig.] : [C] Pros. ; ***evolare ex poena*** [C] Pros., se dérober au châtiment ; ***evolat ignis*** [C] Poés., le feu jaillit ; [C] Pros. ¶ **3** s'envoler dans les airs (en haut) : [pr.] [-C] Théât. ; [fig.] [C] Pros.

ēvolsus, *a, um*, ▶ *evulsus*

ēvŏlŭam, ēvŏlŭisse, ▶ *evolvo*

ēvŏlūtĭo, *ōnis*, f., action de dérouler, de parcourir, de lire : ***poetarum evolutio*** [C] Pros., lecture des poètes

ēvŏlūtus, *a, um*, part. de *evolvo*

ēvolvō, *ĭs, ĕre, volvī, vŏlūtum*, tr. ¶ **1** emporter en roulant : ***(flatus) arbusta evolvens*** [C] Poés., (le vent) emportant les arbres dans son tourbillon ; [C] Pros. ‖ ***se evolvere*** ou ***evolvi***, s'en aller en se roulant : ***per humum evolvuntur*** [+C] Pros., ils s'en vont en se roulant à terre ; ***(prodigii species) evoluta*** [C] Pros., (cette apparition surnaturelle [d'un serpent]) s'en alla en se déroulant ; [C] Poés. ¶ **2** faire sortir (dégager) de qqch. qui enveloppe, qui entoure : ***evolutus integumentis*** [C] Pros., dégagé des voiles qui te recouvrent ; [-C] Théât., [+C] Pros. ¶ **3** faire rouler loin de, faire dégringoler de : [C] Poés., [+C] Poés. ‖ [fig.] précipiter de, déloger de : ***aliquem ex praeda clandestina*** [C] Pros., déloger qqn d'un butin conquis secrètement ; [+C] Pros. ¶ **4** dérouler, déployer : ***vestes*** [C] Poés., déployer des vêtements ; ***volumen epistularum*** [C] Pros., dérouler (compulser) un volume de lettres ‖ dérouler, dévider le fil du destin (la destinée) : [C] Poés. ‖ lire, feuilleter : ***librum*** [C] Pros., un livre ; ***poetas*** [C] Pros., lire les poètes ; ***fastos*** [C] Poés., parcourir les fastes ‖ dérouler dans son esprit, méditer sur : [-C] Théât., Pros. ¶ **5** dérouler, expliquer ; [C] Pros. ‖ développer, exposer : [C] Pros. ; ***seriem fati*** [C] Poés., dérouler la suite des destins ¶ **6** dérouler le temps, les années, les jours : [T] Pros.

ēvŏmĭtus, *a, um*, part. de *evomo*

ēvŏmō, *ĭs, ĕre, mŭī, mĭtum*, tr., rejeter en vomissant, rendre, rejeter [pr. et fig.] : [C] Pros. ; ***evomere pecuniam*** [C] Pros., rendre gorge ‖ [en bonne part qqf.] épancher (des paroles) : [-C] Pros.

ēvulgō, *ās, āre, āvī, ātum*, tr., divulguer, publier : [C] Pros. ; ***evulgatus pudor*** [+C] Pros., la publicité de la honte

ēvulsi, ▶ *evello*

ēvulsĭo, *ōnis*, f., action d'arracher : [C] Pros. ‖ [au fig.] destruction : [T] Pros.

ēvulsus, *a, um*, part. de *evello*

ex ou **ē** [prép. avec abl.] ¶ **1** [marquant le point de départ] à partir de, depuis ***a)*** [local] ***ex loco superiore*** Caes., d'un point élevé ; ***omnes ex Gallia naves*** Caes., tous les navires en provenance de Gaule ; ***homines e conventu Syracusano*** Cic., des gens de la colonie de Syracuse ‖ [dans les constructions partitives] ***unus ex...***, un de, un d'entre ... ; ***nullus ex...***, aucun de, aucun d'entre ... ; ***Vettius Messius ex Volscis*** Liv., Vettius Messius, un Volsque ‖ ***exire ex***, sortir de ; ***deducere ex***, emmener de ... [et en général avec les verbes signifiant "sortir", "enlever", "emmener", "puiser", "tirer", ou au fig. "demander", "apprendre"] ***b)*** [temporel] ***ex eo tempore*** Cic., à partir de ce moment, dès lors ; ***ex eo*** Tac., même sens ; ***ex eo die quo*** Cic., à partir du jour où ... ; ***ex Metello consule*** Hor., à partir du consulat de Métellus ; ***sextus mensis est ex quo*** Curt., il y a six mois que ... ‖ immédiatement après, au sortir de : ***ex consulatu*** Cic., aussitôt après le consulat ; ***statim e somno*** Tac., aussitôt après le sommeil ; ***aliud ex alio*** Cic., une chose après une autre ‖ [tard. en parlant d'une charge qu'on a fini d'exercer] anciennement, ex- : ***ex tribunis***, ancien tribun, ex-tribun ¶ **2** [fig.] ***a)*** [cause, source, origine] par suite de, à la suite de : ***ex vulnere aeger*** Cic., malade d'une blessure ; ***ex aere alieno commota civitas*** Cic., la cité ébranlée par suite des dettes ; ***ex eo..., quod*** [ou *quia*] Cic., par suite de ce fait que, parce que ; ***ex quo fit ut*** Cic., d'où il résulte que ... ‖ ***dii ex hominibus facti*** Cic., devenus dieux, d'hommes qu'ils étaient ‖ [spécialement pour l'origine étymologique] ***uirtus appellata est ex viro*** Cic., le mot *virtus* a été tiré du mot *vir*, "homme" ***b)*** [matière] ***statua ex aere facta*** Cic., une statue en airain ; ***pocula ex auro*** Cic., des coupes en or ‖ [fig.] ***panis ex jure*** Ter., pain à la sauce (trempé dans la sauce) ***c)*** [conformité] d'après, conformément à : ***ex lege*** Cic., d'après la loi ; ***ex consuetudine*** Cic., d'après la coutume ; ***ex omnium sententia*** Cic., de l'avis de tous ; ***e re publica*** Cic., dans l'intérêt de l'Etat ; ***ex usu alicujus*** Caes., dans l'intérêt de qqn ; ***ex nullius injuria*** Liv., en ne faisant de tort à personne

exăbūsus, *a, um*, ayant usé complètement de [abl.] : [T] Pros.

exăcerbātus, *a, um*, part. de *exacerbo*

exăcerbescō, *ĭs, ĕre, -, -*, intr., s'aigrir, s'irriter : [+C] Pros.

exăcerbō, *ās, āre, āvī, ātum*, tr., aigrir qqn, irriter : [C] Pros. ‖ affecter douloureusement, chagriner : [+C] Pros.

exăcervō, *ās, āre, āvī, -*, tr., entasser, amonceler : [T] Pros. ‖ ***exacervans***, intr., s'amoncelant : [T] Pros.

exăcescō, *ĭs, ĕre, ăcŭī, -*, intr., devenir aigre, s'aigrir : [+C] Pros.

exactē, adv., avec soin, exactitude : [T] Pros. ‖ ***exactius*** [+C] Pros. ‖ ***-issime*** [T] Pros.

exactĭo, *ōnis*, f. ¶ **1** expulsion, bannissement : [C] Pros. ¶ **2** action de faire rentrer [impôts, argent], levée, recouvrement : [C] Pros. ‖ perception [fait d'avoir perçu, d'avoir recouvré, touché] : [C] Pros., [+C] Pros. ¶ **3** action d'exiger l'exécution d'une tâche : [C] Pros., [+C] Pros. ¶ **4** achèvement, perfection : [C] Pros. ‖ parfaite maîtrise [de l'artisan] : [C] Pros.

exactŏr, *ōris*, m. ¶ **1** celui qui chasse, expulse : [C] Pros. ¶ **2** celui qui fait rentrer [argent, impôts], qui recouvre, collecteur d'impôts, percepteur : [C] Pros. ¶ **3** qui exige l'exécution de, surveillant, contrôleur : ***supplicii*** [C] Pros., exécuteur du supplice (chargé de faire exécuter) ; [+C] Pros. ; ***studiorum*** [+C] Pros., surveillant des études

exactus, *a, um*, part.-adj. de *exigo*, précis, exact : [C] Pros. ‖ ***exactior*** [+C] Pros. ; ***exactissimus*** [+C] Pros.

exăcŭī, parf. de *exacesco* et *exacuo*

exăcŭō, *ĭs, ĕre, ăcŭī, acūtum*, tr., rendre aigu, aiguiser, affiler : [C] Poés. ‖ exciter, stimuler : [C] Pros. ; ***palatum*** [C] Poés., réveiller le palais ; [avec *ad*] [+C] Pros. ; [avec *in* acc.] [C] Poés.

Exădĭus, *ĭi*, m., un des Lapithes : [C] Poés.

exadversum, **exadversus**, **(-vors-)** ¶**1** adv., en face, vis-à-vis : [-C] Théât. ¶**2** [prép. avec acc.] en face de : [C] Pros.

exadvŏcātus, *i*, m., ancien *advocatus* : [T] Pros.

exaedĭfĭcātus, *a, um*, part. de *exaedifico*

exaedĭfĭcō, *ās, āre, āvī, ātum*, tr. ¶**1** bâtir en entier, achever de bâtir, construire, édifier [pr. et fig.] : [-C] Théât., [C] Pros. ¶**2** chasser de la maison : [-C] Théât.

exaequātĭo, *ōnis*, f., plan, surface plane : [C] Pros. ‖ [fig.] égalisation, état d'égalité, égalité : [C] Pros.

exaequātus, *a, um*, part. de *exaequo*

exaequō, *ās, āre, āvī, ātum*, tr. ¶**1** aplanir, égaliser, rendre uni : [C] Pros. ¶**2** [fig.] rendre égal, mettre sur le même pied, sur la même ligne : ***se exaequare cum aliquo*** [C] Pros., se mettre au niveau de qqn [d'un inférieur] ; ***alicui exaequari*** [C] Pros., se rendre égal à qqn ‖ ***exaequato periculo*** [C] Pros., le péril étant également réparti ; [+C] Pros. ¶**3** égaler, arriver à être égal à : [C] Poés.

Exaerambus, *i*, m., nom d'homme : [-C] Théât.

exaestĭmo, → *existimo*

exaestuō, *ās, āre, āvī, ātum*
I intr. ¶**1** s'élever [ou] s'avancer en bouillonnant : [C] Poés., Pros. [marée haute] ¶**2** [fig.] être agité, transporté : [C] Poés. ‖ bouillonner : [C] Poés.
II tr., faire sortir en bouillonnant : [C] Poés.

exaggĕrātĭo, *ōnis*, f., accumulation de terre ; [fig.] élévation (d'âme) : [C] Pros. ‖ amplification [rhét.] : [+C] Pros.

exaggĕrātŏr, *ōris*, m., exagérateur : [T] Pros.

exaggĕrātus, *a, um*, part.-adj. de *exaggero*, [fig.] grossi, renforcé : ***exaggeratior*** [+C] Pros.

exaggĕrō, *ās, āre, āvī, ātum*, tr. ¶**1** rapporter des terres sur, hausser en remblai : ***exaggerare planitiem*** [+C] Pros., remblayer une plaine ¶**2** grossir, augmenter en accumulant [pr. et fig.] : [C] Pros. ¶**3** combler : ***exaggerare aliquem honoribus*** [+C] Pros., combler qqn d'honneurs ¶**4** amplifier, grossir : ***beneficium verbis*** [C] Pros., grossir un bienfait par ses propos

exăgĭtātĭo, *ōnis*, f., action de pourchasser : [T] Pros.

exăgĭtātŏr, *ōris*, m., celui qui pourchasse, censeur infatigable : [C] Pros.

exăgĭtātus, *a, um*, part. de *exagito*

exăgĭtō, *ās, āre, āvī, ātum*, tr. ¶**1** chasser devant soi, pousser, poursuivre, harceler : ***exagitare leporem*** [C] Poés., lancer un lièvre ¶**2** remuer, agiter, troubler : ***faecem exagitare*** [+C] Pros., remuer la lie, le dépôt ¶**3** [fig.] traquer, inquiéter, tourmenter, exciter, irriter, exaspérer : [C] Pros. ; ***a finitimis exagitati*** [C] Pros., traqués (harcelés) par leurs voisins ; ***exagitare maerorem*** [C] Pros., irriter la douleur ; ***exagitare plebem*** [C] Pros., exciter le peuple ¶**4** pourchasser, critiquer, harceler : [C] Pros.

exăgōga, *ae*, f., exportation, transport : [-C] Théât.

exalbescō, *ĭs, ĕre, bŭī, -*, intr., devenir blanc, blanchir : [+C] Pros. ‖ devenir pâle (de crainte) : [C] Pros.

exālo, → *exhalo*

exaltātĭo, *ōnis*, f., action d'élever, de hausser : [T] Pros. ‖ état d'exaltation : [T] Pros. ‖ orgueil : [T] Pros.

exaltātŏr, *ōris*, m., celui qui élève : [T] Pros.

exaltātus, *a, um*, part. de *exalto*

exaltō, *ās, āre, āvī, ātum*, tr. ¶**1** exhausser, élever [pr. et fig.] : [+C] Pros., [T] Pros. ¶**2** exalter, honorer : [T] Pros. ¶**3** creuser : [+C] Pros.

exaltus, *a, um*, très haut : [+C] Pros.

exambĭō, *īs, īre, īvī, ītum*, tr., briguer, solliciter : [T] Pros.

exambŭlō, *ās, āre, -, -*, intr., sortir en promenade : [-C] Théât.

exāmĕn, *ĭnis*, n. ¶**1** essaim d'abeilles : [C] Pros. ¶**2** troupe [d'hommes ou d'animaux] : ***juvenum examen*** [C] Poés., troupe de jeunes gens ; ***locustarum*** [C] Pros., nuées de sauterelles ‖ [fig.] ***examina malorum*** [T] Pros., essaim de maux ¶**3** aiguille, languette d'une balance : [C] Poés. ‖ [fig.] action de peser, examen, contrôle : [C] Poés. ‖ [chrét.] jugement, [en part.] jugement dernier : [T] Pros.

exāmĭnātē, adv., ***-tius*** [T] Pros.

exāmĭnātĭo, *ōnis*, f., pesée, pesage : [C] Pros. ‖ [méc.] équilibre : [C] Pros.

exāmĭnātŏr, *ōris*, m., qui examine, qui juge : [T] Pros. ‖ qui met à l'épreuve : [+C] Pros.

exāmĭnātus, *a, um*, part. de *examino* ‖ adj[t], scrupuleux : ***-tissimus*** [T] Pros.

exāmĭnō, *ās, āre, āvī, ātum*
I intr., essaimer [en parl. des ruches] : [+C] Pros.
II tr. ¶**1** peser : [C] Pros. ‖ mettre en équilibre : [C] Pros. ¶**2** [fig.] peser, examiner : ***verborum pondera*** [C] Pros., peser ses mots ¶**3** [chrét.] jauger, soupeser [dans les épreuves, en parlant de Dieu] : [+C] Pros.

examplexŏr, *ārĭs, ārī, -*, intr., embrasser avec effusion : [C] Pros.

exămurcō, *ās, āre, -, -*, tr., ôter le marc d'olive ‖ sécher : [+C] Pros.

exămussim, → *adamussim* : [-C] Théât., [+C] Pros.

exancillātus, *a, um*, servant comme esclave : [+C] Pros.

exanclo, *ās, āre, āvī, ātum*, tr. ¶**1** puiser tout, vider, tarir : [-C] Théât. ¶**2** [fig.] supporter complètement, endurer [forme *exanclare*] : [C] Pros. ; ***exanclatus*** [C] Pros.

exanguis, → *exsanguis*

exănĭmābĭlĭtĕr, adv., de manière à être essoufflé : [-C] Théât.

exănĭmālis, *e* ¶**1** qui est sans vie : [-C] Théât. ¶**2** qui tue [fig.] : ***exanimales curae*** [-C] Théât., inquiétudes mortelles

exănĭmātĭo, *ōnis*, f., [fig.] saisissement, épouvante : [C] Pros. ; pl., [C] Pros.

exănĭmātus, *a, um*, part. de *exanimo*

exănĭmis, *e*, privé de vie, mort, inanimé : [C] Poés., Pros. ‖ [fig., poét.] ***exanimes favillae*** [+C] Poés., cendres froides ; ***exanimis hiems*** [+C] Poés., tempête calmée ‖ mort de peur, épouvanté, tremblant : [C] Poés.

exănĭmō, *ās, āre, āvī, ātum*, tr., ôter le souffle ¶**1** ***a)*** [au pass.] être essoufflé, épuisé : [C] Pros. ***b)*** [fig.] couper la respiration, suffoquer : [-C] Théât., [C] Pros., [C] Pros. ; [en parl. de mots prononcés faiblement] [C] Pros. ¶**2** ôter la vie, tuer : [C] Poés. ; ***se taxo exanimare*** [C] Pros., se donner la mort en absorbant de l'if ‖ [pass.] perdre la vie : [C] Pros.

exănĭmus, *a, um*, → *exanimis* : [C] Poés., [+C] Pros.

exănĭo, → *exsanio*

exantlātus ou **exanclātus**, *a, um*, part. de *exantlo* ou *exanclo*

exantlō, → *exanclō*

exăpĕrĭō, *īs, īre, -, -*, tr., débrouiller [fig.] : [T] Pros.

exăpŏrĭŏr, *ārĭs, ārī, -*, être dans l'embarras : [T] Pros.

exaptō, *ās, āre, -, -*, tr., adapter : [+C] Pros.

exărātĭo, *ōnis*, f., action d'écrire, écrit : [T] Poés.

exărātus, *a, um*, part. de *exaro*

exarcĭo, → *exsarcio*

exardeō, *ēs, ēre, -, -*, intr., être ardent [au pr.] : [T] Pros.

exardescō, *ĭs, ĕre, arsī, arsum*, intr. ¶**1** s'enflammer, s'allumer : [C] Pros. ; ***exarsit dies*** [+C] Poés., le jour s'est échauffé, est devenu brûlant ¶**2** [fig.] ***a)*** [en parl. de pers.] [C] Pros. ‖ [avec *ad*] s'enflammer pour, se passionner pour : ***ad spem libertatis*** [C] Pros., s'enflammer à l'espoir de la liberté ; [ou avec *in* acc.] [+C] Pros. ‖ [avec *in* acc. marquant l'aboutissement] ***in proelium*** [+C] Pros., s'échauffer jusqu'à en venir à une bataille ; [C] Pros., Poés. ***b)*** [en parl. de choses] [C] Pros., [+C] Pros.

exārescō, *ĭs, ĕre, arŭī, -*, intr., se dessécher entièrement : [C] Pros. ‖ [fig.] s'épuiser, se perdre : [C] Pros.

exarmātus, *a, um*, part. de *exarmo*

exarmō, *ās, āre, āvī, ātum*, tr. ¶**1** désarmer : [+C] Pros. ¶**2** dégréer un navire, le dégarnir de ses agrès : [+C] Pros. ¶**3** [fig.]

désarmer : ***exarmare accusationem*** [+C] Pros., ruiner une accusation

exărō, ***ās, āre, āvī, ātum***, tr. ¶**1** enlever, déterrer en labourant : [-C] Pros., [C] Pros. ¶**2** labourer profondément, creuser : [C] Pros., [+C] Pros. ¶**3** faire sortir en labourant, faire produire à la terre : [C] Pros. ¶**4** sillonner : [C] Poés. ¶**5** déchirer [le corps de blessures] : [T] Pros. ¶**6** tracer [sur la cire], écrire [une lettre] : [C] Pros.

exarsī, parf. de *exardesco*

exartus, ***a, um***, très étroit : [+C] Pros.

exārŭī, parf. de *exaresco*

exascĭō, ***ās, āre, -, -***, tr., dégrossir avec la hache ‖ [fig.] ébaucher : [-C] Théât.

exaspĕrātrix, ***īcis***, f., celle qui aigrit, irrite : [T] Pros.

exaspĕrātus, ***a, um***, part. de *exaspero*

exaspĕrō, ***ās, āre, āvī, ātum***, tr. ¶**1** rendre rude, raboteux, inégal : [C] Pros. ‖ [méd.] enflammer, irriter : ***fauces*** [+C] Pros., irriter la gorge ‖ rendre (la voix) rauque, enrouée : [+C] Pros. ‖ [fig.] aigrir, irriter, exaspérer : ***rem verbis*** [+C] Pros., envenimer une chose par ses paroles ; ***animos*** [C] Pros., irriter les esprits ¶**2** aiguiser, affiler : [+C] Poés.

exauctōrātus, ***a, um***, part. de *exauctoro*

exauctōrō, ***ās, āre, āvī, ātum***, tr. ¶**1** donner son congé à un soldat : [C] Pros. ; ***se exauctorare*** [C] Pros., prendre son congé ¶**2** casser, destituer : [+C] Pros. ‖ [fig.] ***verba exauctorata*** [T] Pros., mots répudiés, hors d'usage

exaudībĭlis, ***e***, digne d'être exaucé : [T] Pros.

exaudĭō, ***īs, īre, īvī, ītum***, tr. ¶**1** entendre distinctement, clairement : [-C] Théât., [C] Pros. ¶**2** écouter favorablement, exaucer : [C] Pros., Poés. ¶**3** se laisser persuader : [C] Poés. ‖ prêter l'oreille à : ***monitor non exauditus*** [C] Pros., le donneur d'avis qu'on n'a pas écouté

exaudītĭo, ***ōnis***, f., action d'exaucer : [T] Pros.

exaudītŏr, ***ōris***, m., celui qui écoute, qui exauce : [T] Pros.

exaudītus, ***a, um***, part. de *exaudio*

exaugeō, ***ēs, ēre, -, -***, tr., augmenter accroître, fortifier : [-C] Théât.

exaugŭrātĭo, ***ōnis***, f., action de rendre profane : [C] Pros.

exaugŭrātus, ***a, um***, part. de *exauguro*

exaugŭrō, ***ās, āre, āvī, ātum***, tr., rendre profane, ôter le caractère sacré à : [-C] Pros., d., [C] Pros., [+C] Pros.

exaurĭcŭlātus, ***a, um***, privé de ses oreilles : [T] Théât.

exauspĭcō, ***ās, āre, āvī, -***, intr., trouver les auspices favorables : ***exauspicavi ex vinclis*** [-C] Théât., j'ai auguré ma libération des fers

exballistō, ***ās, āre, -, -***, tr., renverser d'un coup de baliste [fig.] : [-C] Théât.

exbĭbo, → *ebibo* : [-C] Théât.

exbŏlus, ***a, um***, rejeté, de rebut : [-C] Théât., [C] Pros. [lire *ecbolas* ?]

exbrōmō, ***ās, āre, -, -***, tr., débarrasser de son odeur [par cuisson] : [+C] Pros.

excaecātŏr, ***ōris***, m., celui qui aveugle : [T] Pros.

excaecātus, ***a, um***, part. de *excaeco*

excaecō, ***ās, āre, āvī, ātum***, tr. ¶**1** rendre aveugle, aveugler : [C] Pros. ¶**2** retrancher les œilletons [de la vigne] : [+C] Pros. ¶**3** aveugler (un cours d'eau), obstruer : [C] Poés. ¶**4** [fig.] aveugler, jeter dans l'aveuglement : [T] Pros. ‖ aveugler, éblouir : [+C] Pros.

excalcĕātus, ***a, um***, part. de *excalceo* ‖ m. pl., ***excalceati*** [+C] Pros., acteurs comiques [qui n'ont pas le cothurne]

excalcĕō (-cĭō), ***ās, āre, āvī, ātum***, tr., déchausser, ôter les chaussures : [+C] Pros. ‖ [pers.] se déchausser : [+C] Pros.

excalcĕŏr, ***ārĭs, ārī***, → *excalceo* : ***nemo se excalceatur*** [C] Poés., personne ne se déchausse

excalcĭo, → *excalceo*

excaldō, ***ās, āre, -, ātum***, tr., ***excaldatus*** [+C] Pros.

excălescō, ***ĭs, ĕre, -, -***, intr., s'échauffer : [T] Pros.

excalpo, → *exscalpo*

excandĕfăcĭō, ***ĭs, ĕre, fēcī, factum***, tr., enflammer [fig.] : ***annonam macelli*** [C] Pros., faire monter le cours des vivres ‖ [avec tmèse] : [C] Pros.

excandescentĭa, ***ae***, f., action de prendre feu, de s'emporter : [C] Pros. ‖ irritabilité : [+C] Pros.

excandescō, ***ĭs, ĕre, dŭī, -***, intr. ¶**1** prendre feu, s'enflammer : [-C] Pros. ‖ s'enflammer [en parl. d'une plaie] : [+C] Pros. ¶**2** [fig.] s'échauffer, s'emporter, s'irriter : [C] Pros.

excantātus, ***a, um***, part. de *excanto*

excantō, ***ās, āre, āvī, ātum***, tr., faire venir par des incantations, des enchantements : [C] Poés.

excarnĭfĭcātus, ***a, um***, part. de *excarnifico*

excarnĭfĭcō, ***ās, āre, āvī, ātum***, tr., déchirer de coups, faire mourir dans les tortures : [C] Pros. ‖ [fig.] tourmenter, mettre à la torture : [-C] Théât., [+C] Pros.

excarnō, ***ās, āre, -, ātum***, décharner : [T] Pros.

excastrātus, ***a, um***, châtré : [+C] Pros.

excătărissō, ***ās, āre, -, -***, nettoyer à fond [fig.] : [+C] Pros.

excaudĭco, → *excodico*

excăvātĭo, ***ōnis***, f., trou, cavité, excavation : [+C] Pros.

excăvātus, ***a, um***, part. de *excavo*

excăvō, ***ās, āre, āvī, ātum***, tr., creuser, rendre creux : [C] Pros.

excēdō, ***ĭs, ĕre, cessī, cessum***

I intr. ¶**1** s'en aller de, se retirer de [avec *ex*] ***ex Italia, ex finibus, ex proelio, ex pugna***, se retirer d'Italie, du territoire, du combat : [C] Pros. ‖ [avec abl. seul] : [C] Pros. ; ***cum hinc excessero*** [C] Pros., quand je serai parti d'ici ¶**2** [fig.] sortir : [C] Pros. ‖ ***e vita*** [C] Pros. ; ***vita*** [C] Pros., sortir de la vie, quitter la vie ; ***excedere*** [seul] [+C] Pros. ‖ ***corpore*** [C] Pros., l'âme a quitté le corps ‖ sortir de, disparaître : [C] Pros. ¶**3** sortir, s'avancer hors de : [C] Pros. ; ***excedere ultra...*** ; s'avancer au-delà de... : [C] Pros. ‖ aboutir à, en venir à : [C] Pros. ‖ s'élever : [+C] Pros. ¶**4** [chrét.] transgresser la loi, pécher : [+C] Pros.

II tr. ¶**1** sortir de, quitter : ***urbem***, quitter la ville : [C] Pros. ¶**2** [fig.] dépasser : [C] Pros. ; ***modum*** [C] Pros., dépasser la mesure, les limites ; ***equestre fastigium*** [+C] Pros., dépasser les sommets de l'ordre équestre ‖ [absᵗ] ***excessit Fronto*** [+C] Pros., Fronto passa toute mesure (alla plus loin)

excellens, ***tis***, part. de *excello*, [pris adjᵗ] ¶**1** qui surpasse en hauteur : [+C] Pros. ¶**2** supérieur, distingué, éminent [en parl. de pers. et de choses] : [C] Pros. ‖ ***-tior*** [C] Pros. ‖ ***-tissimus*** [C] Pros.

excellentĕr, adv., d'une manière supérieure, éminente, remarquable : [C] Pros. ‖ ***-tius*** [C] Pros. ‖ ***-tissime*** [T] Pros.

excellentĭa, ***ae***, f., supériorité, excellence : [C] Pros. ; ***propter excellentiam*** [C] Pros., cause de sa supériorité sans conteste ; ***per excellentiam*** [+C] Pros., par excellence, supérieurement ‖ pl., des cas de supériorité : [C] Pros.

excellĕo, → *excello*

excellō, ***ĭs, ĕre, -, -***, intr. ¶**1** se dresser au-dessus, s'enorgueillir : [-C] d. [+C] Pros. ¶**2** être élevé au-dessus, être supérieur, l'emporter, surpasser, exceller : ***excellere ceteris*** [C] Pros. ; ***inter omnes*** [C] Pros. ; ***super ceteros*** [C] Pros. ; ***praeter ceteros*** [C] Pros., l'emporter sur tous ; [en parl. de choses] ***ex omnibus*** [C] Pros., l'emporter sur toutes choses ‖ ***aliqua re*** ou ***in aliqua re***, en qqch. : [C] Pros.

excelsē**, adv. [inus.] haut, en haut : [compar.] ***scandere excelsius [+C] Pros., monter plus haut ‖ [fig.] ***excelsius*** [C] Pros., avec plus d'élévation, de grandeur ; [superl.] ***-issime*** [+C] Pros.

excelsĭtās, ***ātis***, f., [fig.] ***excelsitas animi*** [C] Pros., élévation de l'âme

excelsus, ***a, um***, part.-adj. de *excello*, élevé, haut : ***excelsa porticus*** [C] Pros., portique élevé ; ***ab excelso*** [C] Poés., de haut ‖ [fig.] élevé, grand, noble : ***excelsus animus*** [C] Pros., âme élevée ‖ [chrét.] subst., le Très-Haut, Dieu : [T] Pros. ‖ ***excelsior*** [C] Pros. ; ***excelsissimus*** [-C] Pros., [C] Pros.

excēpī, parf. de *excipio*

exceptĭo, *ōnis*, f. ¶ **1** limitation, restriction, réserve : [C] Pros. ; ***sine exceptione*** [C] Pros., sans exception ; ***cum exceptione*** [C] Pros., avec des restrictions [*sub hac exceptione* [+C] Pros.] ¶ **2** condition particulière dans une loi : [C] Pros. ¶ **3** [droit] exception [moyen de défense invoqué par le défendeur, inséré dans la formule, pour paralyser la prétention du demandeur] : [C] Pros.

exceptĭuncŭla, *ae*, f., petite exception : [+C] Pros.

exceptō, *ās*, *āre*, -, -, tr., retirer à tout instant : [C] Pros. ‖ tirer à soi (à diverses reprises) : [C] Pros. ‖ recueillir (habituellement) : [C] Poés.

exceptus, *a*, *um*, part. de *excipio*

excĕrĕbrō, *ās*, *āre*, *āvī*, *ātum*, tr., ôter la cervelle : [T] Pros.

excernō, *ĭs*, *ĕre*, *crēvī*, *crētum*, tr., séparer, trier : [C] Pros. ‖ sasser, passer au tamis : [C] Pros. ‖ cribler, vanner : [+C] Pros. ‖ rendre par évacuation : [+C] Pros.

excerpō, *ĭs*, *ĕre*, *cerpsī*, *cerptum*, tr. ¶ **1** tirer de, extraire, recueillir, faire un choix dans : [C] Pros., [+C] Pros. ¶ **2** séparer, mettre à part, mettre à l'écart : [-C] Théât. ; ***de numero excerpere*** [C] Pros. ; ***numero excerpere*** [C] Poés., retrancher du nombre ; ***excerpere se vulgo*** [+C] Pros., se séparer de la foule ; ***se consuetudini hominum*** [+C] Pros., se soustraire aux habitudes du monde

excerptĭo, *ōnis*, f., extrait, recueil : [+C] Pros.

excerptum, *i*, n., extrait, morceau choisi : [+C] Pros.

excerptus, *a*, *um*, part. de *excerpo*

excessī, parf. de *excedo*

excessim, ▶ *excedo*

1 **excessus**, *a*, *um*, part. de *excedo*

2 **excessŭs**, *ūs*, m., sortie ‖ [fig.] ***excessus e vita*** [C] Pros. ; ***excessus vitae*** [C] Pros. [ou abs[t]] ***excessus*** [C] Pros., [+C] Pros., mort ‖ ***excessus mentis*** [T] Pros., ravissement, extase ‖ digression : [+C] Pros. ‖ ***a pudore*** [+C] Pros., écart moral

excĕtra, *ae*, f., serpent : [-C] Théât., [C] Pros. ‖ [fig.] vipère [t. injurieux] : [-C] Théât.

excīdĭo, *ōnis*, f., ruine, destruction : [-C] Théât.

excĭdĭum, *ĭi*, n., coucher du soleil : [T] Poés. ‖ destruction : [C] Poés. ; ▶ *exscidium*

1 **excĭdō**, *ĭs*, *ĕre*, *cĭdī*, -, intr. ¶ **1** tomber de : [C] Pros., Poés. ‖ [en part.] tomber de l'urne, sortir, échoir : [C] Pros. ¶ **2** [fig.] sortir, échapper involontairement : [C] Pros. ¶ **3** [avec *in* acc.] avoir telle chute, telle fin : [C] Poés., [+C] Pros. ¶ **4** tomber, se perdre, disparaître : [C] Pros., Poés. ; ***non excidere sibi*** [+C] Pros., ne pas perdre la possession de soi-même ‖ [en part.] sortir de la mémoire : [C] Pros., Poés. ; ***excidens*** [+C] Pros., l'homme oublieux, à qui la mémoire fait défaut ¶ **5** tomber de, être dépossédé de, être privé de : [-C] Théât. ; ***regno*** [+C] Pros., être dépossédé du trône ‖ sortir de, manquer à : [+C] Pros. ‖ échouer : ***formula excidere (= cadere)*** [+C] Pros., échouer, perdre son procès

2 **excīdo**, *ĭs*, *ĕre*, *cĭdī*, *cīsum*, tr. ¶ **1** enlever en frappant, (taillant, coupant) : ***lapides e terra*** [C] Pros., détacher des pierres de la terre ; ***columnas rupibus*** [C] Poés., tailler des colonnes dans des blocs de pierre ‖ [fig.] détacher, retrancher : ***aliquid ex animo*** [C] Pros., retrancher qqch. de son esprit (de sa mémoire) ; ***iram animis*** [+C] Pros., retrancher des âmes la colère ; ***aliquem numero civium*** [+C] Pros., retrancher qqn du nombre des citoyens ¶ **2** creuser : ***saxum excisum*** [C] Pros., rocher creusé ; [C] Poés. ¶ **3** démolir, détruire, raser [des maisons, une ville] : [C] Pros. ‖ tailler en pièces, anéantir une armée : [+C] Pros.

excĭĕō, *ēs*, *ēre*, *īvī* ou *ĭī*, *ĭtum*, ▶ *excio* : [-C] Théât., [C] Pros.

excindō, ▶ *exscindo*

excĭō, *īs*, *īre*, *īvī* ou *ĭī*, *ītum*, tr., attirer hors, appeler, mander, faire venir, convoquer : [C] Pros. ; ***ab urbe*** [C] Pros., faire sortir de la ville. ‖ évoquer : [C] Poés. ‖ lancer [le gibier] : [C] Poés. ‖ [en gén.] faire sortir, tirer : ***excire lacrimas alicui*** [-C] Théât., tirer des larmes à qqn ; ***excire ex somno*** [C] Pros. ; ***somno*** [C] Pros., réveiller ; ***excitus*** [C] Pros., réveillé ‖ ***excita mens*** [C] Pros., âme agitée, tourmentée ; ***excita tellus*** [C] Poés., la terre ébranlée ‖ soulever, exciter : ***excire tumultum*** [C] Pros., provoquer un tumulte ; ***terrorem*** [C] Pros., causer de la terreur

excĭpiō, *ĭs*, *ĕre*, *cēpī*, *ceptum* ¶ **1** prendre en retirant de ***a)*** retirer de : ***aliquem e mari*** Cic., retirer qqn de la mer ‖ [fig.] soustraire à : ***alicujus libidini aliquid excipere*** Tac., soustraire qqch. au caprice de qqn ***b)*** retrancher, mettre à part, excepter : ***aliquem excipere*** Cic., faire une exception pour qqn ; ***excepto quod*** Quint., hormis que, sauf que ¶ **2** laisser venir à soi ***a)*** accueillir, recevoir : ***aliquem clamore excipere*** Cic., accueillir qqn par des cris ; ***benigno voltu excipere*** Liv., accueillir qqn avec bienveillance ‖ ***aliquem epulis excipere*** Tac., recevoir qqn à table ; ***plagas excipere*** Cic., recevoir des coups ; ***aliquem labentem excipere*** Cic., recevoir qqn qui tombe ; ***se in pedes excipere*** Liv., se recevoir sur ses pieds (= se remettre sur ses pieds) ; ***invidiam excipere*** Nep., recevoir (= s'attirer) l'envie ‖ [poét.] ***porticus excipit Arcton*** Hor., le portique reçoit l'Ourse (= est orienté au nord) ***b)*** recueillir : ***sanguinem patera excipere*** Cic., recueillir du sang dans une coupe ; ***extremum spiritum alicujus excipere*** Cic., recueillir le dernier soupir de qqn ; ***laudem ex aliqua re excipere*** Cic., recueillir les louanges d'une chose ***c)*** soutenir : ***impetus excipere*** Caes., soutenir les assauts ; ***labores magnos excipere*** Cic., soutenir de durs travaux ¶ **3** prendre la suite de, succéder à : ***aliquid excipere*** Liv., succéder à qqch. ; ***aliquem excipere*** Caes., prendre la parole après qqn ‖ [abs[t]] suivre immédiatement ¶ **4** prendre par surprise, surprendre : ***aliquem in aliqua re excipere*** Caes., Virg., surprendre qqn pendant qu'il fait qqch. ‖ [fig.] ***voluntates hominum excipere*** Cic., surprendre, se gagner les sympathies ¶ **5** stipuler expressément : ***lex excipit ut...*** Cic., la loi stipule expressément que ; ***in foederibus excipitur ne...*** Cic., dans les traités est stipulée expressément la défense que ... ‖ [avec interrog. indir.] ***excipere de quibus causis non liceat...*** Cic., stipuler pour quelles raisons on ne peut ...

excīsātus, ▶ *exscissatus*

excīsĭo, *ōnis*, f., ruine, destruction : [C] Pros.

excīsōrĭus, *a*, *um*, qui sert à couper, à entailler : [+C] Pros.

excīsus, *a*, *um*, part. de *2 excido*

excĭtātē, adv. [inus.] d'une manière animée ‖ ***-tius*** [T] Pros.

excĭtātĭo, *ōnis*, f., action de réveiller : [T] Pros.

excĭtātŏr, *ōris*, m., celui qui réveille, qui excite : [T] Poés.

excĭtātus, *a*, *um*, part. de *excito* ‖ adj[t], violent, intense : [C] Pros. ; ***clamor excitatior*** [C] Pros., cris plus forts ; [rhét.] animé, vif : [+C] Pros.

excĭtō, *ās*, *āre*, *āvī*, *ātum*, tr., déplacer de son état ou de sa position ¶ **1** faire sortir : ***feras*** [C] Pros., faire sortir des bêtes sauvages [à la chasse] ; ***leporem*** [+C] Pros., lever un lièvre ; ***aliquem a portu*** [-C] Théât., faire partir qqn du port ‖ ***aliquem dicendo a mortuis*** [C] Pros., évoquer qqn du séjour des morts ‖ réveiller : ***aliquem de, e somno*** [C] Pros., tirer qqn du sommeil ; ***excitatus vigil*** [C] Pros., une sentinelle réveillée ‖ éveiller, exciter : [C] Pros. ‖ faire pousser : [C] Pros. ¶ **2** faire lever, faire se dresser : ***reum, testes*** [C] Pros., faire lever un accusé, des témoins ; [fig.] ***adflictos*** [C] Pros., relever les personnes abattues ; ***turres*** [C] Pros., élever des tours ; ***turrem ex muro*** [C] Pros., élever une tour contre le rempart ; ***sepulcrum*** [C] Pros., élever un tombeau ¶ **3** exciter, animer : ***aliquem ad rem*** [C] Pros., exciter (pousser) qqn vers (à) une chose ‖ [avec subj. seul] exciter (pousser) à : [C] Pros. ‖ susciter, provoquer, soulever : ***risus, plausum*** [C] Pros., soulever le rire, les applaudissements ; ***suspicionem alicui*** [C] Pros., éveiller les soupçons de qqn ‖ exciter, aviver : [C] Pros. ¶ **4** [gram.] faire ressortir, accentuer une syllabe : [+C] Pros.

1 **excĭtus**, *a*, *um*, part. de *excieo*

2 **excītus**, *a*, *um*, part. de *excio*

3 **excītŭs**, abl. *ū*, m., action d'appeler, appel : [+C] Pros.

excīvī, parf. de *excieo* et *excio*

exclāmātĭo, *ōnis*, f. ¶ **1** éclats de voix [au pl.], cris : [C] Pros., [+C] Pros. ¶ **2** exclamation [rhét.] : [C] Pros.

exclāmātus, *a*, *um*, part. de *exclamo*

exclāmĭtō, *ās*, *āre*, -, -, s'écrier souvent ou fortement : [T] Pros.

exclāmō, *ās*, *āre*, *āvī*, *ātum*

I intr. ¶**1** élever fortement la voix, crier, s'écrier : C Pros. ; ***exclamare majus*** C Pros., crier plus fort ; ***maximum*** -C Théât., pousser les plus grands cris ‖ se récrier d'admiration : C Pros. ¶**2** retentir, faire du bruit : +C Poés.
II tr. ¶**1** crier qqch., réciter, déclamer : +C Pros. ¶**2** appeler à haute voix : -C Théât. ¶**3** s'écrier [suivi du style direct] : C Pros. ‖ [avec prop. inf.] s'écrier que : -C Théât., C Pros. ‖ [avec *ut* subj.] crier de : C Pros. ‖ [avec un acc. représentant un voc. du st. dir.] : ***Ciceronem*** C Pros., s'écrier "Cicéron !"

exclārō, *ās*, *āre*, -, -, tr., éclairer : C Pros.

exclūdō, *ĭs*, *ĕre*, *clūsī*, *clūsum*, tr. ¶**1** ne pas laisser entrer, ne pas admettre, exclure : C Pros. ; [avec *ab*] C Pros. ‖ [en part.] ne pas recevoir chez soi, laisser dehors : -C Théât. : -C Théât., C Pros. ¶**2** faire sortir, chasser, éloigner, repousser, rejeter [pr. et fig.] : C Pros. ; ***excludere a republica*** C Pros., éloigner du gouvernement ; ***a re frumentaria*** C Pros., couper le ravitaillement ¶**3** empêcher : ***tempore exclusus*** C Pros., arrêté par le manque de temps ¶**4** clore, terminer : +C Poés.

exclūsĭō, *ōnis*, f., exclusion, action d'éloigner : -C Théât.

exclūsŏr, *ōris*, m., celui qui chasse : T Pros.

exclusti, → *excludo*

exclūsus, *a*, *um*, part. de *excludo* ‖ adjᵗ, ***exclusissimus*** -C Théât., laissé absolument dehors

excoctus, part. de *excoquo*

excōdĭcō, **excaudĭcō**, *ās*, *āre*, -, -, tr., arracher des souches : +C Pros.

excōgĭtātĭō, *ōnis*, f., action d'imaginer, invention : C Pros. ‖ faculté d'imaginer, de trouver : C Pros.

excōgĭtātus, *a*, *um*, part.-adj. de *excogito* ‖ ***excogitatissimae hostiae*** +C Pros., les victimes trouvées avec le plus d'imagination, les plus fantaisistes

excōgĭtō, *ās*, *āre*, *āvī*, *ātum*, tr., trouver à l'aide de la réflexion, imaginer, inventer : ***excogitare aliquid*** C Pros., imaginer qqch. ; [avec prop. inf.] C Pros. ‖ [avec interr. indir. et subj. délibératif] C Pros. ‖ [absᵗ] C Pros.

1 **excōlō**, *ās*, *āre*, -, -, tr. ; tr., enlever en filtrant : ***excolare culicem*** T Pros., en filtrant retirer un moucheron

2 **excŏlō**, *ĭs*, *ĕre*, *cŏlŭī*, *cultum*, tr. ¶**1** [fig.] donner la culture, polir, perfectionner : C Pros. ¶**2** orner, embellir : +C Pros. ; ***armis exculti*** +C Pros., parés de leurs armes ¶**3** honorer, vénérer : C Poés.

excŏmes, *ĭtis*, m., ancien *comes* ‖ **ex cŏmĭtĕ**, T Pros.

exconcinnō, *ās*, *āre*, -, -, tr., bien arranger : -C Théât.

excŏquō, *ĭs*, *ĕre*, *coxī*, *coctum*, tr. ¶**1** faire sortir par la cuisson, extraire en fondant : -C Théât. ‖ [d'où] épurer par le feu : C Poés. ¶**2** faire cuire, faire fondre : ***arenas in vitrum*** +C Pros., convertir par la fusion du sable en verre ¶**3** réduire par la cuisson : -C Pros., +C Pros. ¶**4** brûler, dessécher : C Poés. ¶**5** [fig.] ***a)*** mûrir [un projet], machiner : -C Théât. ***b)*** tourmenter : +C Théât. ¶**6** [chrét.] faire mûrir [moralement] : T Pros.

excors, *dis*, déraisonnable, dénué d'intelligence, de raison : C Pros.

excrĕāt-, → *exscreat-*

1 **excrēmentum**, *i*, n., criblure : +C Pros. ‖ excrétion : ***oris*** +C Pros., salive ; ***excrementa narium*** +C Pros., morve

2 **excrēmentum**, *i*, n., excroissance : T Pros.

excrĕo, → *exscreo*

excrescō, *ĭs*, *ĕre*, *crēvī*, *crētum*, intr. ¶**1** croître en s'élevant, se développer, s'accroître : +C Pros. ¶**2** former une excroissance de chair : +C Pros.

excrēta, *ōrum*, n. pl., criblures : +C Pros.

1 **excrētus**, *a*, *um*, part. de *excerno*

2 **excrētus**, *a*, *um*, part. de *excresco*, devenu grand : T Pros.

excrēvī, parf. de *excerno* et *excresco*

excrībo, → *exscribo*

excrŭcĭābĭlis, *e* ¶**1** qui mérite d'être tourmenté : -C Théât. ¶**2** qui tourmente : T Poés.

excrŭcĭātĭō, *ōnis*, f., tourment, torture, martyre : T Pros.

1 **excrŭcĭātus**, *a*, *um*, part. de *excrucio*

2 **excrŭcĭātŭs**, *ūs*, m., → *excruciatio* : T Poés.

excrŭcĭō, *ās*, *āre*, *āvī*, *ātum*, tr., appliquer à la torture, torturer, faire souffrir, martyriser : C Pros. ‖ ***sese excruciare*** -C Théât. ou ***excruciari*** -C Théât., se tourmenter

excŭbătĭo, *ōnis*, f., [fig.] action de veiller : +C Pros.

excŭbĭae, *ārum*, f. pl. ¶**1** garde, action de monter la garde [de nuit ou de jour, au pr. et au fig.] : C Pros. ¶**2** sentinelle, garde : +C Pros. ¶**3** nuit passée dehors : -C Théât.

excŭbĭālis, *e*, de garde, de sentinelle : T Pros.

excŭbĭtŏr, *ōris*, m., sentinelle, garde : C Pros.

excŭbĭtrix, *īcis*, f., celle qui veille : +C Pros.

excŭbĭtŭs, abl. *ū*, m., faction : C Pros.

excŭbō, *ās*, *āre*, *bŭī*, *bĭtum*, intr. ¶**1** coucher hors de la maison, découcher, passer la nuit dehors : C Pros. ¶**2** monter la garde, faire sentinelle : C Pros. ‖ [en gén.] veiller : C Pros. ‖ [fig.] veiller, être attentif, avoir soin : ***excubare animo*** C Pros., être sur ses gardes ; ***excubabo pro vobis*** C Pros., je veillerai pour vous garder

excŭcurrī, parf. de *excurro* : -C Théât.

excūdō, *ĭs*, *ĕre*, *cūdī*, *cūsum*, tr. ¶**1** faire sortir en frappant, tirer de : ***silici scintillam*** C Poés., faire jaillir une étincelle d'un caillou ; ***excudere ova*** C Pros. ; ***pullos*** +C Pros. ; ***pullos ex ovis*** C Pros., faire éclore des poussins ¶**2** façonner, fabriquer : C Poés. ‖ [fig.] produire [un ouvrage de l'esprit, un livre] : C Pros., +C Pros.

exculcātus, *a*, *um*, part. de *exculco* ‖ adjᵗ, ***exculcata verba*** +C Pros., mots vieillis, éculés

exculcō, *ās*, *āre*, *āvī*, *ātum*, tr., [littᵗ] extraire en foulant avec les pieds, faire sortir de force : -C Théât. ‖ combler en tassant : C Pros.

exculpo, → *exsculpo*

excultus, *a*, *um*, part. de 2 *excolo*

excŭnĕātus, *a*, *um*, déposédé de son rang, de sa place au théâtre : +C Pros.

excūrātus, *a*, *um*, bien préparé, bien soigné : -C Théât.

excūrĭō, *ās*, *āre*, -, -, tr., chasser d'une curie : C Poés.

excurrō, *ĭs*, *ĕre*, *currī* et *cŭcurrī*, *cursum*, intr. ¶**1** courir hors, sortir en courant, s'éloigner en hâte : C Pros. ‖ faire une sortie, une incursion : C Pros. ‖ [en parl. de l'orateur] se porter brusquement en avant du côté de l'auditoire : +C Pros. ¶**2** s'étendre hors, être long ou saillant, se prolonger, s'avancer : ***paeninsula excurrit*** C Pros., une presqu'île s'avance ‖ [fig.] se donner carrière, se déployer : C Pros. ‖ [avec *in* acc.] se terminer en : +C Pros. ¶**3** [avec acc. de l'obj. intér.] parcourir : ***excurso spatio*** -C Théât., l'espace étant parcouru

excursātŏr, *ōris*, m., coureur, éclaireur : T Pros.

excursĭō, *ōnis*, f. ¶**1** excursion, voyage : +C Pros. ¶**2** ***a)*** marche en avant [de l'orateur vers l'auditoire] : C Pros., +C Pros. ***b)*** incursion, irruption, sortie : C Pros. ¶**3** [fig.] ***a)*** possibilité de se donner carrière, champ libre : +C Pros. ***b)*** digression : +C Pros.

excursō, *ās*, *āre*, -, -, intr., sortir souvent : +C Poés.

excursŏr, *ōris*, m., coureur, éclaireur, espion : +C Pros.

1 **excursus**, *a*, *um*, → *excurro* ¶3

2 **excursŭs**, *ūs*, m. ¶**1** course, excursion : C Poés. ¶**2** courses [militaires], incursion, irruption : C Pros., +C Pros. ¶**3** digression : +C Pros.

excūsābĭlis, *e*, excusable, pardonnable : C Poés. ‖ ***-bilior*** +C Pros.

excūsābĭlĭtĕr, adv., ***excusabilius peccat*** T Pros., sa faute est plus pardonnable

excūsābundus, *a*, *um*, qui s'excuse, se justifie : +C Pros.

excūsātē, adv., d'une manière excusable : +C Pros. ‖ ***excusatius*** +C Pros.

excūsātĭō, *ōnis*, f. ¶**1** ***peccati*** C Pros., justification d'une faute ; ***Pompei*** C Pros., excuse présentée par Pompée ‖

excusationem dare alicui [C] Pros., fournir une excuse à qqn ¶**2** excuse, motif d'excuse : ***excusatio adolescentiae*** [C] Pros., l'excuse de la jeunesse ¶**3** prétexte, échappatoire : [C] Pros.

excūsātŏr, *ōris*, m., celui qui excuse : [T] Pros.

excūsātus, *a*, *um*, part. de *excuso* ‖ adj[t], excusé : ***-tior*** [+C] Pros. ; ***-tissimus*** [+C] Pros.

excūsō, *ās*, *āre*, *āvī*, *ātum*, tr. ¶**1** excuser, justifier, disculper : ***aliquem apud aliquem*** ou ***aliquem alicui*** [C] Pros., excuser qqn auprès de qqn ; ***alicui tarditatem litterarum*** [C] Pros., excuser auprès de qqn la lenteur d'une réponse ; ***se excusare de aliqua re*** [C] Pros., s'excuser de qqch. ‖ [pass.] [C] Pros. ‖ [fig.] justifier, compenser, contrebalancer ; ***aliquid aliqua re***, qqch. par qqch. : [+C] Pros., Poés. ¶**2** alléguer comme excuse : ***inopiam*** [C] Pros., donner la pauvreté pour excuse, alléguer la pauvreté pour se justifier ‖ [avec prop. inf.] : [-C] Théât., [+C] Pros. ¶**3** décliner avec excuses, s'excuser de ne pas faire qqch. : [+C] Pros. ‖ [pass.] ***excusari***, se dérober en s'excusant (***alicui rei***, à qqch.) : [+C] Pros.

excūsŏr, *ōris*, m., chaudronnier, fondeur : [+C] Pros.

excussē, adv., en lançant avec force : [+C] Pros.

excussī, parf. de *excutio*

excussĭo, *ōnis*, f., secousse, ébranlement : [T] Pros.

1 **excussus**, *a*, *um*, part.-adj. de *excutio*, [fig.] ¶**1** fortement secoué (toutes forces déployées) : ***excusso lacerto*** [+C] Pros., de toute la force de son bras ‖ débarrassé, dépouillé (vide) : ***excussis manibus*** [+C] Pros., les mains vides ¶**2** bien examiné, bien étudié [en parlant d'un projet] : [+C] Pros. ‖ ***-ssissimus*** [+C] Pros. ¶**3** [chrét.] dégagé, libéré : [T] Pros.

2 **excussŭs**, *ūs*, m., action de secouer ; [concr.] grain (de sel) : [T] Poés.

excūsus, *a*, *um*, part. de *excudo*

excŭtĭō, *ĭs*, *ĕre*, *cussī*, *cussum*, tr. ¶**1** faire sortir ou tomber en secouant : [C] Pros. ; ***oculum alicui*** [-C] Théât., arracher un oeil à qqn ; [+C] Pros. ; ***poma*** [C] Poés., secouer (faire tomber) des fruits ; [C] Pros. ‖ ***patria excussus*** [C] Poés., chassé de sa patrie ; ***se excutere*** [-C] Théât., décamper ; [C] Poés. ‖ secouer, agiter, déployer : [C] Poés. ; ***rudentes*** [C] Poés., secouer les cordages (pour déployer les voiles) ‖ ***tela*** [+C] Pros., lancer des projectiles ; ***sudorem*** [C] Pros., faire sortir la sueur ; ***lacrimas alicui*** [-C] Théât., provoquer les larmes de qqn ; [fig.] ***risum alicui*** [C] Poés., faire rire qqn ‖ secouer pour explorer : ***pallium*** [-C] Théât., secouer un manteau ‖ [d'où] ***excutere aliquem*** [C] Pros., fouiller qqn, secouer ses vêtements ¶**2** [fig.] ***a)*** arracher, faire tomber : [C] Pros. ; ***alicui verborum jactationem*** [C] Pros., faire tomber la jactance de qqn ; ***Senecam*** [+C] Pros., enlever Sénèque des mains des lecteurs ‖ ***excussus propriis*** [C] Poés., dépouillé de mon propre bien ***b)*** scruter, examiner, éplucher : ***verbum*** [C] Pros., éclaircir le sens d'un mot

exdorsŭō, *ās*, *āre*, -, -, tr., enlever le dos (l'arête dorsale) à un poisson : [-C] Théât.

ex dŭcĕ, m., ex-général, ex-dux : [T] Pros.

exĕco, ➨ *exseco*

exĕcr-, ➨ *execr-*

exĕdim, ➨ *exedo*

exĕdō, *ĭs*, *ĕre* ou *exesse*, *ēdī*, *ēsum*, arch. *essum*, tr., manger, dévorer, ronger, consumer : [C] Pros. ‖ [fig.] [C] Pros. ; ***exedere urbem*** [C] Poés., anéantir une ville

exĕdra (exhĕdra), *ae*, f., salle de réunion [avec sièges] : [C] Pros. ‖ choeur d'église : [T] Pros. ‖ volière : [C] Pros.

exĕdrĭum, *ĭī*, n., petite salle de réunion : [C] Pros.

exemplăr, *āris*, n. ¶**1** copie, exemplaire : [C] Pros. ; [fig.] reproduction, portrait : [C] Pros. ‖ modèle réduit [d'une machine] : [C] Pros. ¶**2** original, type, exemple, modèle : [C] Pros.

exemplāris, *e*, qui sert de modèle : [T] Pros. ‖ **exemplares**, *ium*, m. pl., exemplaires d'un ouvrage : [+C] Pros.

exemplārĭum, *ĭī*, n., ➨ *exemplar* : [T] Pros.

exemplātus, *a*, *um*, transcrit, copié : [T] Pros.

exemplum, *i*, n. ¶**1** échantillon : [C] Pros. ¶**2** exemplaire, reproduction : ***exemplum epistulae*** [C] Pros., copie d'une lettre ¶**3** minute, original : [C] Pros. ¶**4** type, original, modèle : ***animale exemplum*** [C] Pros., modèle vivant ; ***exemplum ad imitandum*** [C] Pros., exemple à imiter ¶**5** exemple : [C] Pros. ; ***exempli causa*** [C] Pros., à titre d'exemple ; ***exempli gratia*** [C] Pros., [+C] Pros., par exemple ‖ ***ad exemplum*** [C] Pros., pour servir d'exemple ‖ [en part.] exemple = précédent : [C] Pros. ¶**6** chose exemplaire [servant d'exemple, d'échantillon] : [-C] Théât. ‖ exemple, punition : [C] Pros. ¶**7** [expressions] : ***quod ad exemplumst (nomen)?*** [-C] Théât., sur quel modèle ce nom est-il ? à quoi ressemble-t-il ? ; ***istoc exemplo*** [-C] Théât., sur ce patron ; ***alicujus exemplo*** [C] Pros., [faire qqch.] à l'exemple de qqn

exemptĭlis, *e*, qu'on peut ôter : [+C] Pros.

exemptĭo, *ōnis*, f., action d'ôter : [C] Pros.

1 **exemptus**, *a*, *um*, part. de *eximo*

2 **exemptŭs**, *ūs*, m., retranchement : [C] Pros.

exentĕrō (exint-), *ās*, *āre*, -, -, tr., [fig.] vider la bourse, dévaliser : [-C] Théât. ‖ tourmenter, déchirer : [-C] Théât., Poés.

exĕō, *īs*, *īre*, *ĭī* rar[t] *īvī*, *ĭtum*

I intr. ¶**1** sortir de, aller hors de, quitter un lieu [avec *ex*] : [C] ; [avec *de*] [C] Pros. ; [avec abl. seul] ***domo, castris*** [C] Pros., sortir de sa maison (de sa patrie), du camp ; [avec *ab*] ***ab aliquo*** [-C] Théât., sortir de chez qqn ; ***ab urbe*** [C] Pros., s'éloigner d'une ville ‖ ***in solitudinem*** [C] Pros., se retirer dans un endroit désert ; ***in terram*** [C] Pros., débarquer ; ***in Piraeea*** [C] Pros., débarquer au Pirée ; ***Ostiae*** [C] Pros., à Ostie ‖ [C] Pros. ; ***visere*** [-C] Théât., aller visiter ¶**2** partir, se mettre en marche (en campagne) : [C] Pros. ¶**3** [en parl. de choses] ***a)*** sortir de l'urne : [C] Pros. ***b)*** provenir de : [C] Pros. ***c)*** [fig.] ***in immensum*** [+C] Pros., se développer à l'infini ***d)*** sortir de la bouche : [C] Pros. ***e)*** sortir, aboutir : [C] Poés., Pros. ¶**4** [fig.] sortir : ***de vita, e vita*** [C] Pros., de la vie ‖ ***ex potestate, de potestate*** [C] Pros., perdre la possession de soi-même, sortir de soi-même ‖ ***memoria hominum*** [+C] Pros., sortir de la mémoire des hommes ; [C] Pros. ‖ sortir dans le public, se divulguer : [C] Pros., [+C] Pros. ‖ partir dans une digression : [+C] Pros. ¶**5** [idée de fin] ***a)*** sortir, déboucher [en parl. de fleuves] : [C] Poés., [+C] Poés. ***b)*** se terminer : [+C] Pros. [avec *per* : [+C] Pros.] ‖ aboutir à : [+C] Pros. ***c)*** [temps] : [C] Pros.

II tr. ¶**1** aller au-delà de, franchir : ***limen*** [-C] Théât., franchir le seuil ; [C] Poés. ‖ [fig.] dépasser : ***lubricum juventae*** [+C] Pros., dépasser la période dangereuse de la jeunesse ¶**2** esquiver : ***tela*** [C] Poés., esquiver les coups ; ***odorem*** [C] Poés., fuir la puanteur

exĕquiae, **exĕquor**, ➨ *exs*

exercĕō, *ēs*, *ēre*, *cŭī*, *cĭtum*, tr.

I [pr.] ne pas laisser en repos ¶**1** mettre en mouvement sans relâche, tenir en haleine : [C] Poés. ; ***tauros*** [C] Poés., faire travailler les taureaux sans relâche ¶**2** travailler une chose sans relâche ; ***tellurem*** [C] Poés. ; ***solum*** [C] Poés., travailler la terre, le sol ; ***ferrum*** [C] Poés., travailler le fer ‖ ***diem*** [C] Poés., faire le travail de la journée (accomplir sa tâche)

II [fig.] ¶**1** tenir en haleine, travailler, tourmenter, inquiéter : [C] Pros. ; ***de aliqua re exerceri*** [C] Pros., être tourmenté pour qqch. ‖ tenir en haleine, animer : [C] Pros. ¶**2** exercer, former par des exercices : ***corpus*** [C] Pros. ; ***memoriam*** [C] Pros. ; ***copias*** [C] Pros., exercer le corps, la mémoire, des troupes ; ***aliquem in aliqua re*** [C] Pros., exercer qqn à, dans qqch. ; ***ad aliquid*** [C] Pros., exercer qqn en vue de qqch., [mais] ***ad copiam rhetorum*** [C] Pros., conformément à l'abondance des rhéteurs ‖ ***se exercere*** ou [pass. sens réfléchi] ***exerceri***, s'exercer ; ***aliqua re, in aliqua re***, par qqch., dans qqch. : [C] Pros. ; ***ad alicujus versus se exercere*** [C] Pros., s'exercer sur les vers de qqn (les prendre pour modèles) ; ***alicui se exercere*** [C] Pros., s'exercer pour qqn, consacrer à qqn ses exercices ‖ part. prés. ***exercens*** avec sens réfléchi, s'exerçant : [C] Pros., [+C] Pros. ¶**3** exercer, pratiquer : ***medicinam*** [C] Pros., la médecine ; ***jus civile*** [C] Pros., le droit civil [jurisconsultes] ; ***artem*** [C] Pros., un art, une science ; ***arma*** [C] Poés., se livrer aux exercices des armes ‖ admnistrer, s'occuper de : ***judicium*** [C] Pros., conduire les débats (être président du tribunal) ; ***quaestionem inter sicarios*** [C] Pros., présider la chambre d'enquête sur les meurtres, instruire une affaire de meurtre ; ***vectigalia*** [C] Pros., avoir la ferme des impôts ; ***pecuniam*** ou [+C] Pros. ‖ exercer, mettre à exécution, faire sentir, manifester : ***crudelitatem in aliquo*** [C] Pros., exercer sa cruauté à propos de (sur) qqn ; ***inimicitias*** [C] Pros., manifester son inimitié ; ***victoriam*** [C] Pros., exercer les droits du vainqueur, user de la victoire ; ***legem*** [C] Pros., [+C] Pros., faire exécuter une loi

exercĭtāmentum, *i*, n., exercice : [+C] Pros.

exercĭtātē**, adv., en personne exercée ‖ compar., ***exercitatius [+C] Pros. ; superl., ***-issime*** [T] Pros.

exercĭtātĭo, *ōnis*, f., exercice [du corps ou de l'esprit] : [C] Pros. ; ***in aliqua re*** [C] Pros., exercice dans qqch., ou ***alicujus rei*** [C] Pros., pratique d'une chose ; ***exercitationes virtutum*** [C] Pros., la pratique des vertus ‖ agitation, mouvement [de l'air] : [C] Pros.

exercĭtātrix, *īcis*, la gymnastique : [+C] Pros.

exercĭtātus, *a*, *um*, part.-adj. de exercito ¶ **1** agité, remué [pr. et fig.] : [C] Poés., [+C] Pros. ¶ **2** exercé, dressé, formé, qui a l'habitude : [C] Pros. ‖ ***-tior*** [C] Pros. ; ***-tissimus*** [C] Pros.

***exercĭtē**, adv., sans relâche : [+C] Pros.

exercĭtĭo, *ōnis*, f., exercice : [-C] d. [+C] Pros.

exercĭtĭum, *ĭi*, n., exercice, pratique : [+C] Pros. ‖ exercice militaire : [+C] Pros.

exercĭtō, *ās*, *āre*, *āvī*, *ātum*, tr., exercer souvent : [C] Pros., [+C] Pros.

exercĭtŏr, *ōris*, m., celui qui exerce ; [en part.] instructeur, maître de gymnastique : [-C] Théât.

1 **exercĭtus**, *a*, *um*, part. de *exerceo*, [pris adj[t]] ¶ **1** tourmenté, inquiété : [C] Pros., [+C] Pros. ¶ **2** dur, pénible : [+C] Pros. ¶ **3** exercé, dressé : ***exercita eloquentia*** [+C] Pros., éloquence exercée ‖ dressé à, habitué à [avec abl.] : [+C] Pros. ; [avec *ad*] [+C] Pros. ; [avec inf.] [+C] Pros.

2 **exercĭtŭs**, *ūs*, m. ¶ **1** exercice : [-C] Théât. ‖ tourment : [-C] Théât. ¶ **2** armée, corps de troupes : ***exercitum conscribere, conficere, comparare, colligere, conflare, cogere, contrahere, parare, facere, scribere***, lever une armée [v. ces verbes] ‖ infanterie : [C] Pros. ‖ peuple réuni en centuries : [C] Pros., [+C] Pros. ‖ [en gén.] troupe, multitude : ***exercitus corvorum*** [C] Poés., nuée de corbeaux

exĕro, → *exsero*

exerrō, *ās*, *āre*, -, -, intr., errer hors du chemin : [+C] Poés. ‖ [fig.] s'égarer : [T] Pros.

exerto, **exertus**, → *exserto*

exērŭgō, *ĭs*, *ĕre*, -, -, intr., jaillir : [-C] Pros.

exĕsŏr, *ōris*, m., celui qui ronge : [C] Poés.

exest, = ***exedit*** ; → *exedo*

exēsus, *a*, *um*, part. de *exedo*

exfībŭlō, *ās*, *āre*, -, -, tr., dégrafer : [T] Poés.

exfŏdio, → *effodio*

exfŏlĭō, *ās*, *āre*, -, -, tr., effeuiller : [+C] Pros.

exfornĭcŏr, *ārĭs*, *ārī*, -, → *fornico* : [T] Pros.

exfrĭcō, *ās*, *āre*, -, -, → *effrico*

exfūti, → *effundo*

exgigno, → *egigno*

exgurgĭto, → *egurgito*

exhaerĕdo, → *exheredo*

exhaerĕsĭmus, *a*, *um*, qui est à retrancher : [C] Pros.

exhālātĭo, *ōnis*, f., exhalaison : [C] Pros.

exhālātus, *a*, *um*, part. de *exhalo*

exhālō, *ās*, *āre*, *āvī*, *ātum*

I tr., exhaler, rendre [par le souffle] : ***exhalare crapulam*** [C] Pros., exhaler les fumées du vin ; ***vitam*** [C] Poés. ; ***animam*** [C] Poés., rendre l'âme ou le dernier soupir

II intr. ¶ **1** s'évaporer, s'exhaler : [+C] Poés. ¶ **2** expirer : [C] Poés.

exhaurĭō, *īs*, *īre*, *hausī*, *haustum*, tr. ¶ **1** vider en puisant, épuiser : ***sentinam*** [C] Pros., vider la sentine ; ***poculum*** [C] Pros., vider une coupe ‖ retirer, enlever : ***terram manibus*** [C] Pros., retirer la terre avec les mains ; ***pecuniam ex aerario*** [C] Pros., vider le Trésor de son argent ‖ [fig.] ***sibi vitam*** [C] Pros., s'ôter la vie ; ***alicui dolorem*** [C] Pros., enlever à qqn sa douleur ; ***partem ex laudibus alicujus*** [C] Pros., enlever à qqn une partie de ses éloges ¶ **2** épuiser, ruiner : ***provinciam*** [C] Pros., épuiser la province ; ***facultates patriae*** [C] Pros., épuiser les ressources de la patrie ‖ épuiser, mener à son terme : [C] Pros. ; ***mandata*** [C] Pros., accomplir entièrement une mission ; ***labores exhausti*** [C] Pros., fatigues arrivées (à leur terme, dont on est venu à bout) ; ***bella exhausta*** [C] Poés., guerres laborieusement achevées ; ***exhausta nocte*** [+C] Pros., la nuit s'étant laborieusement achevée

exhaustus, *a*, *um*, part. de *exhaurio*

exhĕdra, → *exedra*

exherbō, *ās*, *āre*, -, -, tr., désherber : [+C] Pros.

exhērēdātĭo, *ōnis*, f., action de déshériter par une exclusion explicite sur le testament : [+C] Pros.

exhērēdātus, *a*, *um*, part. de *exheredo*

exhērēdĭtō, *ās*, *āre*, -, -, tr., → *exheredo* : [T] Pros.

exhērēdō, *ās*, *āre*, *āvī*, *ātum*, tr., exhéréder [exclure nommément un héritier dans un testament], déshériter [fig.] : [C] Pros.

exhērēs, *ēdis*, m. f., déshérité, qui n'hérite pas : [C] Pros. ‖ [fig.] dépossédé : ***exheres vitae*** [-C] Théât., privé de la vie

exhĭbĕō, *ēs*, *ēre*, *ŭī*, *ĭtum*, tr. ¶ **1** produire au jour, présenter, faire paraître : [C] Pros. ¶ **2** montrer, faire preuve de : [+C] Pros. ‖ ***se omnibus tribunum*** [+C] Pros., montrer à tous qu'on est tribun ¶ **3** causer, effectuer, susciter : ***alicui molestiam*** [C] Pros., causer des désagréments à qqn ; ***alicui negotium*** [C] Pros., susciter à qqn des embarras ‖ ***vias tutas*** [C] Poés., rendre les routes sûres

exhĭbĭtĭo, *ōnis*, f., exhibition, représentation, production : [+C] Pros.

exhĭbĭtŏr, *ōris*, m., celui qui montre, présente, fournit : ***exhibitor ludorum*** [T] Pros., celui qui donne des jeux

exhĭbĭtus, *a*, *um*, part. de *exhibeo*

exhĭlărō, *ās*, *āre*, *āvī*, *ātum*, tr., réjouir, égayer, récréer : [C] Pros.

exhinc, adv., depuis ce temps : [+C] Pros.

exhŏdĭum, → *exodium*

exhŏnōrātĭo, *ōnis*, f., déshonneur : [T] Pros.

exhorreō, *ēs*, *ēre*, -, -, [+C] Pros., [T] Pros. et **exhorrescō**, *ĭs*, *ĕre*, *rŭī*, - ¶ **1** intr., frissonner [pr. et fig.] : ***in aliqua re*** [C] Pros., frissonner d'admiration à propos de qqch. ; ***metu*** [C] Pros., frémir d'horreur ¶ **2** tr., redouter vivement : [C] Poés.

exhortātĭo, *ōnis*, f., exhortation, encouragement : ***studiorum*** [+C] Pros., à l'effort ; pl., [+C] Pros.

exhortātīvus, *a*, *um*, propre à exhorter : [+C] Pros.

exhortātŏr, *ōris*, m., celui qui exhorte : [T] Pros.

exhortātus, *a*, *um*, part. de *exhortor*, → *exhortor*

exhortŏr, *āris*, *ārī*, *ātus sum*, tr., exhorter, exciter, encourager : ***cives in hostem*** [C] Poés., exciter les citoyens contre l'ennemi ‖ [avec acc. de la chose] ***exhortari virtutes*** [+C] Pros., éveiller les vertus, exciter à la vertu

exĭbĕo, → *exhibeo*

exĭbĭlo, → *exsibilo*

exĭco, → *exseco*

exĭgō, *ĭs*, *ĕre*, *ēgī*, *actum*, tr. ¶ **1** pousser dehors, chasser, expulser : ***reges ex civitate*** [C] Pros., chasser les rois de la cité ; ***post reges exactos*** [C] Pros., après l'expulsion des rois ; ***domo aliquem*** [C] Pros., chasser qqn de la maison ; [fig.] ***lassitudinem ex corpore*** [-C] Théât., chasser du corps la fatigue ‖ ***uxorem*** [-C] Théât., [+C] Pros., répudier sa femme ‖ [en parl. d'une pièce] ***exigi***, être rejetée, être sifflée : [-C] Théât. ‖ faire aller au-dehors (écouler) des marchandises, vendre : ***agrorum fructus*** [C] Pros., vendre les produits des champs ‖ pousser des racines, des branches : [+C] Pros. ‖ [poét.] pousser, plonger une épée au travers du corps de qqn : [C] Poés. ¶ **2** mener à terme, achever : [C] Poés., [+C] Pros. ‖ ***vitam*** [C] Pros., passer toute sa vie ; ***exacta aetate*** [C] Pros., après avoir achevé son existence ; ***ante exactam hiemem*** [C] Pros., avant la fin de l'hiver ¶ **3** faire rentrer, faire payer, exiger une chose due : ***sua nomina*** [C] Pros., faire rentrer ses créances ; ***pecunias*** [C] Pros., faire rentrer l'argent ; [poét.] ***obsides ab Apolloniatibus*** [C] Pros., exiger des otages des habitants d'Apollonie ‖ faire rendre compte de l'accomplissement d'une chose : [C] Pros. ¶ **4** exiger, réclamer : [C] Pros. ; ***aliquid ab aliquo*** [C] Pros., exiger qqch. de qqn ‖ [avec *ut* et subj.] exiger que : [C] Poés., [+C] Pros., Poés. ; [avec subj. seul] [+C] Pros. ; ***ab aliquo ne*** [+C] Pros., Poés., exiger de qqn que ne pas ; [avec prop. inf.] [+C] Pros. ‖ ***cum res exiget, ut res exiget***, quand les circonstances l'exigeront, selon que les circonstances l'exigeront : [+C] Pros. ‖ demander : ***ab aliquo cur…*** [+C] Pros., demander à qqn pourquoi… ¶ **5** mesurer, régler : ***columnas ad perpendiculum*** [C] Pros., vérifier l'aplomb des colonnes ; [+C] Pros. ; [fig.] ***se exigere ad aliquem*** [+C] Pros., se régler sur qqn ‖ [fig.] peser, examiner, juger : ***aliquid ad aliquam rem*** [C] Pros., [+C] Pros., juger une chose d'après une autre ; ***aliquid aure*** [+C] Pros., juger qqch. par l'oreille ‖ délibérer, discuter : ***secum aliquid*** [C] Poés., délibérer en soi-même sur qqch ; [+C] Pros.

exĭgŭē, adv., petitement, d'une manière restreinte, chichement, étroitement : [C] Pros. ‖ brièvement : [C] Pros.

exĭgŭĭtas, *ātis*, f., petitesse, exiguïté : [C] Pros. ‖ petit nombre : [C] Pros. ‖ petite quantité : [+C] Pros. ‖ pauvreté, disette : [+C] Pros. ‖ brièveté [du temps] : [C] Pros.

exĭgŭum, *i*, n., un peu de, une petite quantité de : ***exiguum spatii*** [C] Pros., un faible espace ; ***exiguum salutis*** [+C] Poés., faible planche de salut ‖ faible espace, cercle étroit : [C] Pros.

exĭgŭus, *a*, *um*, petit, exigu, de petite taille : [C] Pros. ‖ peu étendu, court, étroit : [C] Pros. ‖ peu nombreux, peu considérable : ***exiguus numerus*** [C] Pros., faible nombre ‖ court, peu prolongé : [C] Pros. ‖ peu intense, faible : ***exigua vox*** [+C] Pros., voix faible ‖ [fig.] petit, restreint, modique, étroit, faible : ***exigua laus*** [C] Pros., de minces éloges ‖ [n. pris adv[t]] un peu, peu : [+C] Poés. ‖ ***exiguior*** [+C] Pros. ; ***exiguissimus*** [+C] Pros.

exĭlĭō, *īs*, *īre*, *-*, *-*, [V.] *exsilio*

exīlis, *e*, menu, mince, délié, grêle, maigre, petit, chétif, faible : [C] Pros. ; ***exiles artus*** [C] Poés., membres décharnés ‖ [en parl. de l'effectif] [C] Pros. ‖ pauvre : [C] Pros. ‖ maigre, pauvre [en parl. du sol] : [C] Pros. ‖ [rhét.] ***exilis oratio*** [C] Pros., style grêle, maigre, sec

exīlĭtās, *ātis*, f., faiblesse, maigreur : ***exilitas soli*** [+C] Pros., pauvreté du sol ‖ [rhét.] ***exilitas in dicendo*** [C] Pros., sécheresse, maigreur du style

exīlĭtĕr, adv., chétivement, faiblement : [C] Pros. ‖ [rhét.] avec sécheresse, sans abondance : [C] Pros. ‖ brièvement : [C] Pros.

exĭlĭum (exs-), *ĭī*, n. ¶ **1** exil, bannissement : [C] Pros. ; ***exilio multare*** [C] Pros., punir de l'exil ; ***in exilium exactus*** [C] Pros., exilé ¶ **2** lieu d'exil : [C] Pros., Poés. ¶ **3** pl., exilés : [+C] Pros.

exim, adv., [cf.] *exin* : [C] Poés., Pros.

exĭmĭē, adv., excellemment, éminemment, d'une manière qui sort de l'ordinaire : ***eximie aliquem diligere*** [C] Pros., chérir qqn d'une affection toute particulière

exĭmĭĕtās, *ātis*, f., excellence, supériorité : [T] Pros.

exĭmĭus, *a*, *um*, privilégié, à part, sortant de l'ordinaire : [-C] Théât., [C] Pros. ‖ excellent, éminent, remarquable, rare : ***eximium ingenium*** [C] Pros., génie éminent ; ***eximia pulchritudo*** [C] Pros., rare beauté ‖ ***eximii regum*** [+C] Poés., remarquables entre les rois ; ***eximius scrutari*** [+C] Poés., admirable pour scruter…

exĭmō, *ĭs*, *ĕre*, *ēmī*, *emptum*, tr. ¶ **1** tirer de, retirer, ôter, enlever [pr. et fig.] : ***diem ex mense*** [C] Pros., retrancher un jour au mois ; ***aliquem e vinculis*** [C] Pros., libérer qqn des liens (de la sujétion) ; ***ex obsidione*** [C] Pros., délivrer d'un siège ; ***aliquid de dolio*** [-C] Pros., retirer qqch. d'une jarre ; ***aliquem de reis*** [C] Pros., retrancher qqn du nombre des accusés ; ***agrum de vectigalibus*** [C] Pros., retrancher un territoire des terres soumises à l'impôt ; ***obsidione urbem*** [C] Pros., délivrer une ville d'un siège ; ***aliquem servitute*** [C] Pros., tirer qqn de la servitude ; ***aliquem morti, infamiae*** [+C] Pros., soustraire qqn à la mort, à l'infamie ; ***alicui scrupulum*** [C] Pros., enlever un scrupule à qqn ¶ **2** enlever, supprimer [un tourment] : [C] Pros. ; ***diem concilio*** [C] Pros., enlever le jour [de vote] à l'assemblée = ajourner le vote ; pass. impers., [+C] Pros. ‖ [en parl. du temps] user jusqu'au bout : ***diem dicendo*** [C] Pros., épuiser la journée en gardant la parole ; [+C] Pros. ‖ excepter : [+C] Pros.

exin, adv., [cf.] *exinde* : [C] Pros.

exĭnānĭō, *īs*, *īre*, *īvī*, *ītum*, tr., vider [un navire] : [C] Pros. ‖ faire le vide dans : [C] Pros. ‖ [fig.] [C] Pros. ; ***istum exinani*** [-C] Théât., plume-le

exĭnānītus, *a*, *um*, part. de *exinanio*

exindĕ (exin, exim) ¶ **1** de là, de ce lieu : ***exim*** [-C] Théât., [+C] Pros. ¶ **2** [succession] ***exim***, après cela, ensuite : [C] Pros., [+C] Pros. ¶ **3** de là, par suite, en conséquence : [-C] Théât. ‖ ***exinde ut*** [C] Pros., suivant que, selon que ¶ **4** [temps] ensuite, après cela : [C] Pros. ; ***ubi… exinde*** [-C] Théât. ; ***postquam… exinde*** [-C] Théât. ‖ [énumération] [C] Poés., Pros., [+C] Pros. ‖ à partir de ce moment-là : ***exinde ut*** [+C] Pros., du moment que ou ***exinde cum*** [+C] Pros. ou

exintĕro, [V.] *exentero*

exīre, inf. prés. de *exeo*

existĭmātĭo, *ōnis*, f. ¶ **1** opinion, jugement [que porte autrui] : ***hominum*** [C] Pros., l'opinion publique ; ***alicujus bona exist.*** [C] Pros., opinion favorable de qqn ¶ **2** estime, considération, réputation, honneur [dont on jouit auprès d'autrui] : ***existimatio tua*** [C] Pros., ta réputation

existĭmātŏr, *ōris*, m., connaisseur, appréciateur, critique, juge : [C] Pros.

existĭmātus, *a*, *um*, part. de *existimo*

existĭmō (arch. **existŭmō**), *ās*, *āre*, *āvī*, *ātum*, tr. et intr. **I** tr. ¶ **1** juger, considérer, être d'avis, penser, croire : ***avarum aliquem*** [C] Pros., considérer qqn comme avide ‖ [avec prop. inf.] juger que : [C] Pros. ; [pass. pers.] [C] Pros. ; [avec interrog. indir.] [C] Pros. ¶ **2** [cf.] *aestimo*, apprécier [avec gén. de prix] : [-C] Théât., [C] Pros., [+C] Pros.
II intr., avoir une opinion, juger : ***de aliquo*** [C] Pros., avoir une opinion sur qqn ; ***bene existimare de aliquo*** [C] Pros., avoir bonne opinion de qqn ‖ [pass. impers.] [C] Pros. ‖ ***existimantes*** [pris subst[t]] les critiques : [C] Pros.

existo, [V.] *exsisto*

exĭtĭābĭlis, *e* et **exĭtĭālis**, *e*, funeste, pernicieux, fatal : [C] Pros., [+C] Pros., Poés.

exĭtĭābĭlĭtĕr et **exĭtĭālĭtĕr**, d'une manière funeste : [T] Pros.

exĭtĭo, *ōnis*, f., sortie : [-C] Théât. ‖ [avec acc.] [-C] Théât. ; [cf.] *exeo II 2* [[V.] *exitium*]

exĭtĭōsus, *a*, *um*, funeste, pernicieux, fatal : [C] Pros. ‖ [en parl. d'une personne] : [+C] Pros.

exĭtĭum, *ĭī*, n. ¶ **1** ruine, perte, destruction, renversement, chute : ***exitio esse alicui*** [C] Pros., causer la perte de qqn ; ***omnibus exitiis*** [C] Pros., par toutes sortes de désastres ¶ **2** [arch.] issue, sortie : [-C] Théât.

exĭtŭs, *ūs*, m. ¶ **1** action de sortir, sortie : [C] Pros. ‖ chemin pour sortir, sortie, issue : [C] Pros. ‖ [fig.] débouché : [C] Pros. ¶ **2** mort, fin : [C] Pros. ¶ **3** issue, aboutissement, résultat, fin, terme : ***exitus rerum*** [C] Pros., les résultats ; ***ad exitum pervenire*** [C] Pros., arriver à une conclusion ¶ **4** [gram.] désinence, terminaison : [C] Pros.

exlĕcĕbra (ēl-), *ae*, f., charme, séduction : [-C] Théât.

exlex, *ēgis*, m. f., adj., qui n'est pas soumis à la loi : [-C] Poés., [C] Pros. ‖ qui ne connaît pas de frein, débridé : [C] Poés.

exlīdo, [V.] *elido*

exlŏquor, [V.] *eloquor*

ex mĕdĭcō, m., ex-médecin : [T] Pros.

exmŏvĕo, [V.] *emoveo* : [-C] Théât.

ex nŏtārĭo, m., ancien scribe : [T] Pros.

exnunc, adv., dès à présent : [T] Pros.

exobrŭtus, *a*, *um*, déterré : [+C] Pros.

exobsĕcrō, *ās*, *āre*, *-*, *-*, intr., prier instamment : [-C] Théât.

exŏcŭlātus, *a*, *um*, part. de *exoculo* : [+C] Pros.

exŏcŭlō, *ās*, *āre*, *-*, *-*, tr., arracher les yeux : [-C] Théât.

exŏdĭārĭus, *ĭī*, m., acteur d'exodes, bouffon : [T] Pros.

exŏdĭum, *ĭī*, n., exode [petite pièce comique, farce qui terminait le spectacle] : [C] Pros., [+C] Poés.

exŏlescō, *ĭs, ĕre, ēvī, ētum*, intr. ¶ **1** ***exoleti***, m. pl., débauchés : [C] Pros., [+C] Pros. ¶ **2** [fig.] se faner, se passer, dépérir, tomber en désuétude : [C] Pros., [+C] Pros.

exŏlētus, *a, um*, V. *exolesco*

exŏlo, V. *exsulo*

exolvo, V. *exsolvo*

Exŏmātae, V. *Ixamatae*

exŏnĕrātus, *a, um*, part. de *exonero*

exŏnĕrō, *ās, āre, āvī, ātum*, tr. ¶ **1** décharger : ***exonerare navem*** [-C] Théât., décharger un navire ; [+C] Pros. ¶ **2** dégager d'un fardeau, soulager : [C] Pros.

exŏpīnissō, *ās, āre, -, -*, intr., penser, juger : [+C] Pros.

exoptābĭlis, *e*, très désirable : [-C] Théât.

exoptātus, *a, um*, part. de *exopto* ‖ adj[t], vivement désiré : [-C] Théât., [C] ‖ ***-tatior*** [C] Pros. ‖ ***-tissimus*** [C] Pros.

exoptō, *ās, āre, āvī, ātum*, tr., prendre de préférence, choisir : [-C] Théât. ‖ désirer vivement : [C] Pros. ; [avec inf.] [C] Pros. ; [avec prop. inf.] [-C] Théât. ; [avec *ut* subj.] [-C] Théât., [C] Pros.

exōrābĭlis, *e* ¶ **1** qu'on peut fléchir par des prières : [C] Pros. ‖ qu'on peut corrompre, qui se laisse séduire : ***non exorabilis auro*** [C] Pros., insensible à l'or ; ***-bilior*** [+C] Pros. ¶ **2** propre à fléchir : [+C] Poés.

exōrābŭlum, *i*, n., procédé capable de toucher : [-C] Théât., [+C] Pros.

exōrātĭo, *ōnis*, f., action de fléchir : [T] Pros.

exōrātŏr, *ōris*, m., celui qui obtient par ses prières : [-C] Théât.

exōrātus, *a, um*, part. de *exoro*

exorbĕo, V. *exsorbeo*

exorbĭtō, *ās, āre, āvī, ātum* ¶ **1** intr., dévier, s'écarter de : [T] Pros. ¶ **2** tr., faire dévier : [T] Pros.

exordĭŏr, *īrĭs, īrī, orsus sum*, tr., commencer de tisser, ourdir, tramer [pr. et fig.] : [C] Pros. ; ***exorsa tela*** [-C] Théât., la trame est ourdie ‖ commencer : ***dicere exordiri*** [C] Pros., commencer à parler ; ***causam*** [C] Pros., commencer une plaidoirie ‖ [abs[t]] commencer un discours : [C] Pros. ; ***exordiri ita, ut*** [C] Pros., faire son exorde de manière que

exordĭum, *ĭi*, n. ¶ **1** ourdissage, commencement d'un tissage : [+C] Pros. ¶ **2** commencement, principe, origine : [C] Pros. ‖ commencement d'un discours, exorde, début : [C] Pros. ‖ ouvrage, traité, essai : [+C] Pros.

exŏrēre, V. *exorior*

exŏriens, *tis*, m., le levant : [+C] Pros.

exŏrĭŏr, *īrĭs, īrī, ortus sum*, intr., naître, se lever, sortir, tirer son origine, dériver, découler, paraître, se montrer, commencer : [C] Pros. ; [le soleil] [C] Pros., Poés. ‖ ***exorior*** [C] Pros., je respire, je reprends courage

exornātĭo, *ōnis*, f. ¶ **1** ornement, embellissement : [+C] Pros. ¶ **2** ornements oratoires : [C] Pros. ‖ le genre d'apparat [démonstratif] : [C] Pros.

exornātŏr, *ōris*, m., celui qui orne : [C] Pros.

exornātus, *a, um*, part.-adj. de *exorno*, orné, paré ‖ ***-tior*** [T] Poés. ; ***-tissimus*** [C] Pros.

exornō, *ās, āre, āvī, ātum*, tr. ¶ **1** munir, équiper, pourvoir du nécessaire : [-C] Théât., [C] Pros. ‖ ***aciem*** [C] Pros., disposer ses troupes en bataille ¶ **2** orner complètement, parer, embellir : ***exornat triclinium*** [C] Pros., il orne sa salle à manger ; ***exornare orationem*** [C] Pros., orner son style ; ***philosophiam*** [C] Pros., embellir, rehausser la philosophie

exōrō, *ās, āre, āvī, ātum*, tr. ¶ **1** chercher à fléchir qqn, à obtenir qqch. par des prières : [C] Pros., Poés. ¶ **2** ***a)*** obtenir de qqn par des prières : [C] Pros. ; ***ab aliquo*** [-C] Théât. ; [avec *ne*] obtenir de qqn que ne ... pas : [C] Pros. ; [avec *quin*] ***non exorare aliquem quin*** [-C] Théât., ne pas obtenir de qqn que ne ... pas ; [avec deux acc.] [-C] Théât. ***b)*** vaincre par des prières, fléchir, apaiser : [C] Pros., Poés.

exors, V. *exsors*

exorsa, *ōrum*, n. pl., préambule, préliminaire : [C] Poés. ‖ entreprise : [C] Poés.

1 **exorsus**, *a, um*, part. de *exordior*

2 **exorsŭs**, *ūs*, m., exorde : [C] Pros.

exortīvus, *a, um*, qui concerne le lever [des astres] : [+C] Pros.

1 **exortus**, *a, um*, part. de *exorior*

2 **exortŭs**, *ūs*, m., commencement [lever du soleil] : [C] Pros. ; [élévation au trône] [+C] Pros. ; [source d'un fleuve]

exŏs, *ossis*, m., f., n., qui est sans os : [C] Poés.

exoscŭlātus, *a, um*, part. de *exosculor*

exoscŭlŏr, *ārĭs, ārī, ātus sum*, tr., couvrir de baisers : [+C] Pros. ‖ chérir : [+C] Pros.

exossātus, *a, um*, part. de *exosso*

exossis, *e*, qui est sans os : [+C] Pros. ‖ qui se ploie comme un désossé, flexible : [+C] Pros. ‖ [fig.] sans nerf, mou : [T] Pros.

exossō, *ās, āre, āvī, ātum*, tr., désosser, ôter les arêtes : [-C] Théât. ‖ ***exossatum pectus*** [C] Poés., buste (corps) flexible (comme désossé) ‖ [fig.] ***exossatus ager*** [+C] Poés., un champ épuisé (ou épierré ?)

exossus, *a, um*, V. *exossis* : [+C] Pros.

exostra, *ae*, f., machine qui faisait tourner la scène : [C] Pros.

exōsus, *a, um* ¶ **1** qui hait, qui déteste : [C] Poés., [+C] Pros. ¶ **2** haï, odieux : [T] Pros.

exōtĕrĭcus, *a, um*, exotérique, fait pour le public : [C] Pros., [+C] Pros.

exōtĭcus, *a, um*, étranger, exotique : [-C] Théât., [+C] Pros. ; ***Graecia exotica*** [-C] Théât., Grande-Grèce ‖ **exōtĭcum**, n., [-C] Théât., vêtement exotique

expallescō, *ĭs, ĕre, ŭī, -* ¶ **1** intr., devenir très pâle : [-C] Théât., [C] Poés., [+C] Pros. ¶ **2** tr., redouter : [C] Pros., [+C] Poés.

expallĭātus, *a, um*, à qui l'on a ôté son manteau : [-C] Théât.

expalpō, *ās, āre, -, -*, tr., caresser [pour obtenir qqch.] : [-C] Théât.

expandō, *ĭs, ĕre, pandī, pansum* ou *passum*, tr. ¶ **1** exposer à l'air : [+C] Pros. ¶ **2** [fig.] développer, expliquer : [C] Poés.

expansĭo, *ōnis*, f., action d'étendre, extension : [T] Pros.

expansus, *a, um*, part. de *expando*

expăpillātus, *a, um*, découvert jusqu'à laisser voir le sein : [-C] Théât.

expartus, *a, um*, qui a passé l'âge de mettre bas : [C] Pros.

expassus, *a, um*, part. de *expando*

expătĭor, V. *exspatior*

expătrō, *ās, āre, -, -*, tr., dissiper : [C] Poés.

expăvĕfactus, *a, um*, épouvanté : [+C] Poés.

expăveō, *ēs, ēre, -, -*, tr., craindre, redouter : [+C] Poés.

expăvescō, *ĭs, ĕre, pāvī, -* ¶ **1** intr., s'effrayer : ***ad aliquid*** [C] Pros., à qqch. ¶ **2** tr., redouter : [C] Poés., [+C] Pros.

expăvĭdus, *a, um*, épouvanté : [+C] Pros.

expectātio, **expecto**, V. *exsp*

expectō, *ĭs, ĕre, -, -*, peigner avec soin : [+C] Pros.

expectŏrō, *ās, āre, -, -*, tr., chasser du cœur : [-C] Théât., [C] Pros.

expĕcŭlĭātus, *a, um*, dépouillé, volé : [-C] Théât.

expĕdīmentum, *i*, n., prestation, exécution : [T] Pros.

expĕdĭō, *īs, īre, īvī* ou *ĭī, ītum*, tr., débarrasser le pied, le dégager des entraves ¶ **1** dégager, débarrasser : ***se de, ex aliqua re*** [C] Pros., se débarrasser de qqch. ; ***ex servitute*** [-C] Théât., dégager de la servitude ; ***se ab omni occupatione*** [C] Pros., se débarrasser de toute occupation ; ***aliquem omni molestia*** [C] Pros., délivrer qqn de tout ennui ; [-C] Théât. ; ***aliquem expedire*** [C] Pros., tirer qqn d'embarras ¶ **2** dégager, apprêter, préparer : [C] Pros. ; ***naves*** [C] Pros., préparer les vaisseaux ; ***arma*** [C] Pros., préparer les armes, se préparer au combat ; ***se expedire*** [C] Pros., se préparer [au combat] ; [abs[t]] ***expedire***, faire les préparatifs nécessaires : [+C] Pros. ‖ ménager : [C] Pros. ‖ exécuter vivement qqch., expédier : ***musti annonam*** [+C] Pros., procéder rapidement à la vente du vin doux ¶ **3** débrouiller, arranger, mettre en ordre : ***rem*** [C] Pros., arranger une affaire ; ***rem frumentariam*** [C] Pros., assurer les approvisionnements en blé ; ***exitum orationis*** [C] Pros., trouver la fin d'un discours ; ***sua consilia*** [+C] Pros., mettre au clair ses décisions, trouver des décisions par soi-même ¶ **4** expliquer, exposer, raconter : [-C] Théât., [C] Poés., Pros., [+C] Pros. ¶ **5** [arch.] ***se expedire*** [-C] Théât., se développer, avoir son cours ; [absᵗ] ***expedire*** : [-C] Théât. ¶ **6** [intr.] être avantageux, à propos : [C] Pros. ‖ impers. *expedit* : [C] Pros. ; ***expedit*** [avec *ut* subj.] ; il est utile que : [+C] Pros.

expĕdītē, adv., d'une manière dégagée, librement, facilement, aisément, promptement : [C] Pros. ‖ ***-tius*** [C] Pros. ; ***-itissime*** [C] Pros.

expĕdītĭo, *ōnis*, f. ¶ **1** préparatifs de guerre, expédition, campagne : [C] Pros. ¶ **2** [rhét.] présentation nette, exposition claire : [C] Pros. ¶ **3** [rhét.] procédé qui consiste à ruiner successivement tous les motifs supposables pour aboutir à un seul qu'on développe : [C] Pros. ¶ **4** [archit.] disposition, distribution : [C] Pros.

expĕdītĭōnālis, *e*, d'expédition : [T] Pros.

expĕdītus, *a, um*, part.-adj. de *expedio*, dégagé, débarrassé, à l'aise : [C] Pros. ‖ sans bagages, armé à la légère : [C] Pros. ‖ aisé, facile : [C] Pros. ; ***expeditissimus*** [C] Pros. ‖ prêt, dispos : ***expeditus homo*** [C] Pros., homme dispos ; ***expeditus ad caedem*** [C] Pros., prêt au meurtre ; ***ad dicendum*** [C] Pros., ayant l'élocution aisée ; ***ad inveniendum*** [C] Pros., plein de ressources pour l'invention ; ***in expedito esse*** [+C] Pros., être prêt, disponible ; ***in expedito habere*** [C] Pros., avoir sous la main ‖ ***expedita victoria*** [C] Pros., victoire toute prête, assurée

expējūrō, *ās, āre, -, -*, tr., ➡ *experjuro*

expellō, *ĭs, ĕre, pŭlī, pulsum*, tr. ¶ **1** pousser hors de, repousser, chasser, bannir : [avec *ex*] [C] Pros. ; [avec abl.] [C] Pros. ; [avec *de*] [C] Pros. ; [avec *ab*, sens un peu diffᵗ] [C] Pros. ; ***in exsilium expulsus*** [C] Pros., envoyé en exil ‖ [fig.] ***aliquem vita expellere*** [C] Pros., ôter la vie à qqn ; ***expellere somnos*** [C] Poés., dissiper le sommeil ; ***dubitationem*** [C] Pros., dissiper toute hésitation ¶ **2** projeter (un trait) : [C] Poés., [+C] Pros. ¶ **3** mettre dehors, exposer : ***uvas expellito*** [-C] Pros., exposer les grappes à découvert ¶ **4** faire sortir, tirer, dégager : [-C] Théât.

expendō, *ĭs, ĕre, pendī, pensum*, tr. ¶ **1** peser avec soin : [-C] Théât. ‖ [fig.] peser, juger, apprécier : [C] Pros. ¶ **2 *a)*** peser de l'argent en contre-partie de qqch. : [-C] Théât. ***b)*** peser de l'argent pour payer, donner de l'argent, débourser, dépenser : [C] Pros. ‖ [expr.] [C] Pros. ; ➡ *acceptum* et *acceptus* ¶ **3** [fig.] ***expendere poenas*** [-C] d. [C] Pros., être puni ; ***expendere scelus*** [C] Poés., expier un crime

expensĭo, *ōnis*, f., dépense, frais : [T] Pros.

expensō, *ās, āre, āvī, ātum*, tr., compter en compensation, égaliser : [T] Pros.

expensum, *i*, n., dépense, débit : ***expensum ferre alicui*** [C] Pros., porter au débit de qqn ; ***ratio expensi*** [-C] Théât., compte d'argent avancé, compte ouvert ; [+C] Pros.

expensus, *a, um*, part. de *expendo*

expergēfăcĭō, *ĭs, ĕre, fēcī, factum*, tr., éveiller [pr. et fig.] : ***se expergefacere*** [C] Pros., se tirer de son engourdissement ; [C] Poés. ‖ ***flagitium*** [-C] Théât., exciter (soulever) un scandale

expergēfactus, *a, um*, part. de *expergefio*

expergēfīō, *fīs, fĭĕrī, factus sum*, pass. de *expergefacio*, être réveillé : [+C] Pros.

expergĭfĭcō, *ās, āre, -, -*, tr., réveiller, exciter, animer : [+C] Pros.

expergĭfĭcus, *a, um*, qui réveille, qui anime : [+C] Pros.

expergiscŏr, *scĕrĭs, scī, perrectus sum*, intr., s'éveiller : [C] Pros. ‖ [fig.] se réveiller, sortir de son engourdissement : [C] Pros.

expergĭtē, adv., avec vigilance : [+C] Pros.

expergĭtus, *a, um*, part. de *expergo*

expergō, *ĭs, ĕre, pergī, pergĭtum*, tr., réveiller, exciter : [+C] Pros. ‖ pass. *expergitus* [-C] Poés., [C] Poés.

expĕrĭens, *tis*, part. de *experior* ‖ adjᵗ, actif, agissant, entreprenant : [C] Pros. ‖ ***-tissimus*** [C] Pros.

expĕrĭentĭa, *ae*, f. ¶ **1** essai, épreuve, tentative, expérience : ***patrimonii amplificandi*** [C] Pros., efforts pour augmenter son patrimoine ¶ **2** expérience acquise, pratique : [C] Poés., [+C] Pros.

expĕrīmentum, *i*, n., essai, épreuve, preuve par expérience, par les faits : [C] Pros., [+C] Pros.

expĕrĭŏr, *īrĭs, īrī, pertus sum*, tr. ¶ **1** éprouver, faire l'essai (l'expérience) de : ***vim veneni*** [C] Pros., essayer la force d'un poison ; ***amorem alicujus*** [C] Pros., mettre à l'épreuve l'affection de qqn ; ***aliquem*** [C] Pros., mettre qqn à l'épreuve ‖ ***se experiri aliqua re*** [+C] Pros., éprouver ses forces en qqch. ‖ [avec interrog. indir.] : [C] Pros. ¶ **2** tenter de réaliser qqch. : [C] Pros. ; ***extrema omnia*** [C] Pros., en venir aux dernières extrémités ‖ [avec *ut* et subj.] tenter de : [C] Pros. ; [avec inf.] [+C] Pros. ¶ **3** [droit] : ou absᵗ ***experiri*** [C] Pros., faire valoir son droit devant la justice ¶ **4** [absᵗ] : [C] Pros. ¶ **5** [aux temps dérivés du parf.] avoir fait l'essai, savoir par expérience : ***bis experti*** [C] Pros., instruits par une double expérience ; ***industriam alicujus expertus*** [C] Pros., connaissant par expérience l'activité de qqn ; [avec prop. inf.] [C] Pros.

experjūrō, *ās, āre, -, -*, jurer fortement : [-C] Théât.

experrectus, *a, um*, part.-adj. de *expergiscor*, ***-tior*** [+C] Pros., plus vigilant

expers, *tis*, qui n'a pas de part à, qui manque de, privé, dénué, dépourvu de : [C] Pros. ; ***expers eruditionis*** [C] Pros., dépourvu d'instruction ‖ [avec abl.] [rare] [-C] Théât., [C] Pros.

expertĭo, *ōnis*, f., essai, épreuve : [C] Pros.

expertus, *a, um*, part. de *experior* ‖ adjᵗ, éprouvé, qui a fait ses preuves : ***expertus belli*** [+C] Pros., aguerri ‖ ***expertissimus*** [+C] Pros.

expĕtendus, *a, um*, désirable : [C] Pros.

expĕtens, *tis*, part. de *expeto* ‖ adjᵗ, désireux : [C] Pros.

expĕtessō (-tissō), *ĭs, ĕre, -, -*, tr., souhaiter : [-C] Théât. ‖ [acc. d'objet intér.] ***expetessere preces ab aliquo*** [-C] Théât., adresser des voeux à qqn

expĕtĭbĭlis ➡ *expeto*, très désirable : [+C] Pros., [T] Pros.

expĕtītŏr, *ōris*, m., qui désire vivement : [T] Pros.

expĕtītus, *a, um*, part. de *expeto*

expĕtō, *ĭs, ĕre, īvī (ĭī), ītum*, tr. et intr.

I tr. ¶ **1** désirer vivement, souhaiter, convoiter, rechercher : ***auxilium ab aliquo*** [C] Pros., souhaiter l'assistance de qqn : [C] Pros. ‖ [avec inf.] ***vincere expetunt*** [C] Pros., ils désirent vaincre ; [-C] Théât. ‖ [avec prop. inf.] [-C] Théât., [C] Pros. ‖ [avec *ut*] [+C] Pros. ¶ **2** prendre, choisir : [-C] Théât. ¶ **3** chercher à obtenir, réclamer, revendiquer : ***expetere poenas ab aliquo*** [C] Pros., chercher à obtenir le châtiment de qqn ; ***expetere jus*** [C] Pros., revendiquer ses droits ¶ **4** chercher à atteindre [un lieu] : [C] Pros.

II intr. ***a)*** survenir, tomber sur : [-C] Théât. : [-C] Théât. ***b)*** prendre de l'extension [dans le temps] : ***aetatem*** [-C] Théât., durer éternellement

expĭāmentum, *i*, n., moyen expiatoire : [C] Pros.

expĭātĭo, *ōnis*, f., expiation : [C] Pros. ‖ pl., [C] Pros., [+C] Pros.

expĭātōrĭus, *a, um*, expiatoire : [T] Pros.

expĭātus, *a, um*, part. de *expio*

expictus, *a, um*, part. de *expingo*

expīlātĭo, *ōnis*, f., action de piller, pillage : [C] Pros. ‖ pl., [C] Pros.

expīlātŏr, *ōris*, m., voleur : [C] Pros.

expīlō, *ās, āre, āvī, ātum*, tr., voler, piller, dépouiller : [C] Pros.

expingō, *ĭs, ĕre, pinxī, pictum*, tr., dépeindre, décrire : [C] Pros.

expinsō, *ĭs, ĕre, -, -*, tr., piler : [-C] Pros.

expĭō, *ās, āre, āvī, ātum*, tr. ¶ **1** purifier par des expiations : [C] Pros. ¶ **2** détourner par des cérémonies religieuses : [C] Poés. ¶ **3** expier, réparer, racheter : [C] Pros. ‖ [fig.] [C] Pros. ; ***expiare errorem*** [+C] Pros., payer une erreur ¶ **4** apaiser, calmer, satisfaire : ***expiare manes*** [C] Pros., apaiser les mânes

expīro, ➡ *exsp*

expiscŏr, *ārĭs, ārī, ātus sum*, tr., pêcher [fig.], rechercher, chercher, fouiller, fureter : [-C] Théât., [C] Pros.

explānābĭlis, *e*, clair, intelligible : [+C] Pros.

explānātē, adv., d'une manière claire, intelligible : [+C] Pros. ‖ *-tius* [C] Pros.

explānātĭo, *ōnis*, f. ¶1 explication, éclaircissement, interprétation : [C] Pros. ¶2 clarté du style : [C] Pros. ‖ articulation, prononciation distincte : [+C] Pros. ¶3 hypotypose [rhét.] : [C] Pros.

explānātŏr, *ōris*, m., interprète, commentateur : [C] Pros.

explānātus, *a*, *um*, part.-adj. de *explano*, clair, net, distinct, intelligible : [C] Pros., [+C] Pros.

explānō, *ās*, *āre*, *āvī*, *ātum*, tr. ¶1 [fig.] développer, expliquer, éclaircir, exposer : [C] Pros. ¶2 prononcer clairement : [+C] Pros.

explantō, *ās*, *āre*, -, -, tr., déraciner, arracher : [+C] Pros.

explaudo, V. *explodo*

explēmentum, *i*, n., ce qui sert à remplir [le ventre] : [-C] Théât., [+C] Pros. ‖ remplissage [en parl. du style] : [C] Pros.

explendesco, V. *exsplendesco*

explēnunt, V. *expleo*

explĕō, *ēs*, *ēre*, *plēvī*, *plētum*, tr. ¶1 remplir : ***rimas*** [C] Pros., boucher des fentes, remplir des vides ; ***fossas*** [C] Pros., remplir, combler des fossés ¶2 compléter : ***numerum nautarum*** [C] Pros., compléter l'équipage d'un navire ; ***damna*** [C] Pros., réparer des dommages ‖ ***centurias*** [C] Pros., avoir dans les centuries le nombre complet de suffrages exigé ‖ ***vitam beatam*** [C] Pros., parfaire le bonheur ; ***damnationem*** [C] Pros., parfaire une condamnation [compléter le nombre de voix nécessaire pour une condamnation] ‖ [rhét.] ***sententias explere*** [C] Pros., donner aux pensées une forme pleine ¶3 remplir, satisfaire : ***sitim*** [C] Pros., étancher la soif ; ***cupiditates*** [C] Pros., satisfaire les passions ; ***avaritiam pecunia*** [C] Pros., assouvir son avidité avec de l'argent ‖ ***aliquem aliqua re*** [C] Pros., rassasier qqn de qqch. ; [avec gén.] [C] Poés. ‖ remplir une obligation : ***amicitiae munus*** [C] Pros., remplir les devoirs de l'amitié ‖ [en parl. du temps] remplir, terminer : ***fatales annos*** [C] Poés., remplir le nombre d'années fixé par le destin ; [C] Pros., [+C] Pros.

explētĭo, *onis*, f., satisfaction, contentement : [C] Pros. ‖ accomplissement, achèvement : [T] Pros.

explētus, *a*, *um*, part. de *expleo* ‖ adj[t], accompli, parfait : [C] Pros., [+C] Pros.

explĭcābĭlis, *e*, qui explique : [T] Pros.

explĭcātē, adv., avec un bon développement : [C] Pros. ‖ *-tius* [T] Pros.

explĭcātĭo, *ōnis*, f., action de déplier, de dérouler : [C] Pros. ‖ [fig.] action de débrouiller, de présenter clairement, netteté : [C] Pros. ‖ développement : [C] Pros. ‖ ***verborum*** [C] Pros., explication des termes, étymologie ‖ pl., applications : [C] Pros.

explĭcātŏr, *ōris*, m., **explĭcātrix**, *īcis*, f., celui, celle qui sait développer, exposer : [C] Pros.

1 **explĭcātus**, *a*, *um*, part.-adj. de *explico*, bien débrouillé, en bon ordre : [C] Pros. ‖ bien développé : ***explicata sententia*** [C] Pros., opinion bien présentée, bien formulée ‖ clair, net : *-tior* [C] Pros.

2 **explĭcātŭs**, *ūs*, m., pl., explications : [C] Pros.

explĭcāvi, un des parf. de *explico*

explĭcit lĭber, = ***explicitus est liber*** [opposé à *incipit*] : le livre est déroulé (fini), ici se termine l'ouvrage, fin : [T] Pros.

explĭcĭtus, part.-adj. de *explico* : ***consilium explicitius*** [C] Pros., le projet le plus aisé à exécuter

explĭcō, *ās*, *āre*, *āvī* et *ŭī*, *ātum* et *ĭtum*, tr. ¶1 déployer, dérouler : ***vestem*** [C] Pros., déployer (étaler) des étoffes ; ***volumen*** [C] Pros., dérouler un papyrus ; ***pennas*** [C] Poés., déployer ses ailes ; ***frontem*** [C] Poés., dérider son front ; ***mare turbidum*** [-C] Théât., calmer la mer ¶2 étendre, allonger : [C] Pros. ‖ ***aciem*** [C] Pros., déployer sa ligne de bataille ; ***se turmatim*** [C] Pros., se déployer par escadrons ; pass. ***explicari*** [C] Pros., se déployer ¶3 débrouiller, tirer d'affaire : ***Siciliam*** [C] Pros., tirer d'affaire la Sicile ; ***se dicendo*** [C] Pros., se tirer d'affaire par la parole ‖ débrouiller, tirer au clair, mettre en ordre (en état) : ***negotia*** [C] Pros., arranger des affaires ; ***consilium*** [C] Pros., arrêter sa ligne de conduite ; ***nomen*** [C] Pros., acquitter une dette ¶4 [rhét.] développer : ***vitam alicujus totam*** [C] Pros., dérouler toute la vie de qqn ; ***verbum*** [C] Pros., développer le sens d'un mot ; ***in explicanda aequitate*** [C] Pros., quand il s'agissait de développer l'équité (les considérations d'équité) ‖ [abs[t]] : ***de aliqua re explicare*** [C] Pros., entrer dans des développements sur qqch

explōdō ou **explaudō**, *ĭs*, *ĕre*, *plōsī*, *plōsum*, tr. ¶1 pousser hors, rejeter : [+C] Pros. ¶2 rejeter en battant des mains, mal accueillir, huer, siffler : [C] Pros. ‖ [fig.] désapprouver, condamner : [C] Pros. ¶3 réfuter : [T] Pros.

explōrātē, adv., en connaissance de cause, en toute sûreté : [C] Pros. ; ***exploratius promittere*** [C] Pros., garantir avec plus d'assurance

explōrātĭo, *ōnis*, f., observation, examen : [+C] Pros. ; ***exploratio occulta*** [+C] Pros., espionnage

explōrātŏr, *ōris*, m. ¶1 celui qui va à la découverte, observateur, explorateur : [+C] Pros. ¶2 celui qui fait une reconnaissance, éclaireur, espion [en gén.] : [-C] Théât., [+C] Pros. ‖ [milit.] éclaireur : [C] Pros. ; [fig.] [+C] Pros. ¶3 adj[t], qui essaye, éprouve : ***exploratores foci*** [+C] Poés., feux qui éprouvent

explōrātōrĭus, *a*, *um*, d'épreuve, qui sert à reconnaître : [+C] Pros.

explōrātus, *a*, *um* ¶1 part. de *exploro* ¶2 adj[t], certain, sûr, assuré : [C] Pros. ; ***exploratum habere*** [C] Pros. ou ***pro explorato habere*** [avec prop. inf.] [C] Pros., tenir pour certain que ‖ ***-tior*** [C] Pros. ‖ ***-tissimus*** [C] Pros.

explōrō, *ās*, *āre*, *āvī*, *ātum*, tr. ¶1 observer, examiner, explorer, vérifier, s'assurer de : ***rem*** [C] Pros., examiner une affaire ; [avec interrog. indir.] [C] Pros. ; ***explorare animos*** [C] Poés., sonder les esprits ; [C] Pros. ; [abl. abs. du part. au n.] [+C] Pros. ¶2 épier, guetter, faire une reconnaissance militaire : ***Africam*** [C] Pros., visiter l'Afrique ; [abl. n. abs.] ***explorato*** [C] Pros., reconnaissance faite ¶3 éprouver, mettre à l'épreuve : [C] Poés., [+C] Pros.

explōsus, *a*, *um*, part. de *explodo*

expŏlĭātĭo, V. *exspoliatio*

1 **expŏlĭō**, *ās*, *āre*, -, -, tr., V. *exspolio*

2 **expŏlĭō**, *īs*, *īre*, *īvī*, *ītum*, tr., polir entièrement, polir, lisser, donner du lustre : [C] Poés., [+C] Pros. ‖ [fig.] polir, orner, embellir, perfectionner : ***aliquem*** [C] Pros., [+C] Pros. ‖ ***partes*** [C] Pros., orner les divisions (d'un discours) ; ***orationem*** [+C] Pros., polir le style

expŏlītĭo, *ōnis*, f., action de polir : [C] Pros. ‖ [fig.] embellissement, ornement, perfectionnement, le fini : [C] Pros. ‖ amplification [rhét.] : [C] Pros.

expŏlītŏr, *ōris*, m., qui polit, polisseur : [T] Pros.

expŏlītus, *a*, *um*, part.-adj. de *2 expolio*, poli, nettoyé, net, propre, bien soigné, orné, embelli : [-C] Théât. ‖ ***-tior*** [C] Poés. ; ***-tissimus*** [+C] Pros.

expōnō, *ĭs*, *ĕre*, *pŏsuī*, *pŏsĭtum*, tr. ¶1 mettre hors, mettre en vue, étaler, exposer : ***argentum*** [C] Pros., exposer de l'argenterie ; ***herbam in sole*** [+C] Pros., exposer de l'herbe au soleil ; [C] Pros. ‖ [en part.] : ***puerum*** [C] Pros., exposer un enfant ; ***ad Tiberim exponi*** [C] Pros., être exposé sur les bords du Tibre ¶2 débarquer : ***exercitum*** [C] Pros. ; ***milites ex navibus*** [C] Pros., débarquer une armée, des soldats ; ***milites in terram*** [C] Pros., débarquer des soldats sur le rivage ; ***in litore expositus*** [C] Pros., débarqué sur le rivage ; [C] Pros. ‖ étendre à terre, jeter par terre : [-C] Théât. ¶3 tenir une somme à la disposition de qqn : ***alicui de*** [C] Pros., mettre à la disposition de qqn huit cent mille sesterces ¶4 exposer à, livrer à la merci de : ***ad ictus expositus*** [C] Pros., exposé aux coups ; [+C] Pros. ¶5 exposer par écrit, par la parole : ***rem breviter*** [C] Pros., exposer un fait brièvement ‖ [abs[t]] ***de aliqua re*** [C] Pros., faire un exposé sur une chose, traiter une question ‖ [avec prop. inf.] exposer que : [C] Pros. ‖ [en part.] reproduire, rapporter [un discours, une conversation] : [C] Pros.

expōrgō, *ĭs*, *ĕre*, -, -, V. *exporrigo* : [-C] Théât.

exporrectus, *a*, *um*, part. de *exporrigo*

exporrĭgō (expōrgō), *ĭs*, *ĕre*, *rēxī*, *rectum*, tr., étendre, déployer, allonger : ***equites in longitudinem*** [C] Pros., déployer en longueur la cavalerie; ***exporge frontem*** Théât., déride ton front

exportātĭo, *ōnis*, f., exportation : Pros.

exportātus, *a, um*, part. de *exporto*

exportō, *ās, āre, āvī, ātum*, tr. ¶ **1** porter hors, emporter : ***ex oppido simulacrum*** Pros., transporter une statue hors de la ville ‖ exporter : Pros. ¶ **2** déporter, bannir : Pros.

exposcō, *ĭs, ĕre, pŏposcī, poscĭtum*, tr. ¶ **1** demander instamment, solliciter vivement : ***victoriam ab dis*** Pros., demander instamment la victoire aux dieux ; [avec inf.] Poés. ; [avec prop. inf.] Poés. ; ***aliquem*** et subj., demander à qqn de : Pros. ; ***aliquem aliquid*** Pros. ; [avec *ut*] ¶ **2** réclamer, exiger : ***exposcere aliquem*** Pros., réclamer qqn pour le punir, demander l'extradition d'un coupable

expŏsĭtē, adv., clairement : Pros.

expŏsĭtīcĭus, *a, um*, exposé, abandonné : Théât.

expŏsĭtĭo, *ōnis*, f., exposé d'un sujet, exposition : Pros. ‖ définition, explication : Pros. ‖ [chrét.] interprétation des écrits sacrés, exégèse : Pros.

expŏsĭtum, *i*, n. de *expositus* pris subst[t], ***(villae) exposita*** Pros., les dehors de la villa

expŏsĭtus, *a, um* ¶ **1** part. de *expono* ¶ **2** adj[t], ouvert : ***expositum limen*** Poés., porte ouverte à tous ‖ [fig.] : ***expositi census*** Poés., fortune dont on fait part ; Pros. ‖ abordable, affable : Pros., Poés. ‖ à la portée de tous, clair, intelligible : Pros. ‖ commun, banal : Pros., Poés.

expŏsīvi, V. *expono*

expostŭlātĭo, *ōnis*, f., demande pressante, instances : Pros. ‖ réclamation, plainte : Pros. ‖ pl., Pros.

1 **expostŭlātus**, *a, um*, part. de *expostulo*

2 **expostŭlātŭs**, *ūs*, m., réclamation : Pros.

expostŭlō, *ās, āre, āvī, ātum*

I tr. ¶ **1** demander instamment, réclamer : Pros. ‖ demander que [avec *ut*] : Pros. ; [avec *ne*] Pros. ; [avec prop. inf.] Pros. ‖ réclamer qqn pour un châtiment : Pros. ¶ **2** se plaindre de : Pros. ; ***expostulare injuriam cum aliquo*** Théât., demander raison d'une injure à qqn

II intr., adresser des réclamations, se plaindre : ***cum aliquo de aliqua re*** Pros., se plaindre de qqch. à qqn ; ***de aliqua re*** Pros. ; ***cum aliquo*** Pros. ; ***vehementius expostulare*** Pros., se plaindre trop vivement ‖ ***cum aliquo*** et prop. inf., se plaindre à qqn de ce que : Théât. ‖ [avec *cur* et subj.] demander en se plaignant pourquoi : Pros.

expŏsŭī, parf. de *expono*

expōtus, *a, um*, bu en entier ‖ [fig.] ***expotum argentum*** Théât., argent dépensé à boire ; V. *epotus, ebibo*

expraefectus, *i*, m., ex-préfet : Pros.

expressē, adv., [fig.] clairement, distinctement : Pros. ‖ d'une manière expressive, significative, frappante : Pros., Pros.

expressī, parf. de *exprimo*

expressĭo, *ōnis*, f. ¶ **1** action de presser, de faire sortir en pressant, expression : Pros. ¶ **2** [méc.] élévation de l'eau : Pros. ‖ remontée de l'eau [en conduite forcée] : Pros. ‖ jet d'eau : Pros. ¶ **3** [arch.] bossages : Pros. ¶ **4** [fig.]

expressŏr, *ōris*, m., celui qui expose, qui exprime : Pros.

1 **expressus**, *a, um*, part. de *exprimo* ‖ [pris adj[t]] ¶ **1** mis en relief, en saillie : Pros. ; Pros. ; [fig.] Pros. ¶ **2** [en parl. de prononciation] exprimé nettement, bien articulé : ***expressior sermo*** Pros., langage mieux articulé ‖ [en mauvaise part] : Pros.

2 **expressŭs**, *ūs*, m., [méc.] remontée de l'eau [en conduite forcée] : Pros. ; V. *expressio*

exprētus, *a, um*, serré, entortillé : Théât.

exprĭmō, *ĭs, ĕre, pressī, pressum*, tr. ¶ **1** [en gén.] faire sortir : Poés., Pros., Pros. ‖ prononcer, articuler : Pros. ‖ faire saillir, laisser saillant : Pros. ‖ [fig.] faire sortir de force, arracher : ***ab aliquo aliquid blanditiis*** Pros., arracher qqch. à qqn par des flatteries ¶ **2** faire monter : Pros. ¶ **3** représenter, exprimer ***a)*** [plastiquement] : ***(faber) ungues exprimet*** Poés., (l'artisan) saura représenter les ongles ***b)*** [par la parole] : Pros. ‖ [avec prop. inf.] Pros. ***c)*** rendre, traduire : ***verbum e verbo*** Pros. ; ***verbum de verbo*** Théât., traduire mot pour mot ; Pros. ***d)*** reproduire, imiter : Pros.

exprŏbrābĭlis, *e*, ***a)*** [personne] blâmable : Pros. ‖ qui aime blâmer : Pros. ***b)*** [chose] répréhensible : Poés.

exprŏbrātĭo, *ōnis*, f., reproche, blâme : Théât., Pros., Pros.

exprŏbrātor, *ōris*, m. et **exprŏbrātrix**, *īcis*, f., celui ou celle qui fait des reproches : Pros.

exprŏbrātus, *a, um*, part. de *exprobro*

exprŏbrō, *ās, āre, āvī, ātum*, tr. ¶ **1** blâmer [une chose], imputer à crime, reprocher : Pros. ; ***vitia in adversariis*** Pros., censurer des défauts chez les adversaires ; ***alicui de muliere*** Pros., faire des reproches à qqn au sujet de sa femme ‖ [avec *quod* subj.] faire un reproche de ce que : Pros. ; [avec prop. inf.] Théât., Pros., Pros. ¶ **2** se répandre en reproches : Pros. ‖ rappeler sur un ton de reproche, avec des reproches : Pros. ‖ [abs[t]] faire des reproches, blâmer, censurer : Théât., Pros., Pros.

exprōmittō, *ĭs, ĕre, mīsī, missum*, tr., promettre ou faire promettre [opération qui, à partir d'une dette préexistante, permet de changer de créancier ou de débiteur] : Pros.

exprōmō, *ĭs, ĕre, prompsī (promsī), promptum (promtum)*, tr. ¶ **1** tirer, faire sortir : Théât. ; ***maestas voces*** Poés., exhaler des plaintes ¶ **2** [fig.] faire paraître, produire, montrer, manifester : ***leges*** Pros., citer des lois ; ***crudelitatem suam in aliquo*** Pros., déployer sa cruauté à propos de qqn, sur qqn ; ***odium*** Pros., manifester sa haine ‖ dire, exposer, raconter : Pros. ; ***expromere sententiam*** Pros., dire son avis ; [avec prop. inf.] Pros.

exprompsī, parf. de *expromo*

expromptus, *a, um*, part. de *expromo* ‖ adj[t], tout prêt : Théât.

exprŏprĭō, *ās, āre, -, -*, tr., prendre, revêtir : Pros.

expŭdōrātus, *a, um*, éhonté, effronté : Pros.

expugnābĭlis, *e*, qu'on peut prendre d'assaut, prenable : Pros., Pros. ‖ qui peut être dompté, détruit : Poés.

expugnātĭo, *ōnis*, f., action de prendre d'assaut, prise : Pros. ‖ pl., Pros.

expugnātŏr, *ōris*, m., celui qui prend d'assaut : Pros. ‖ [fig.] ***expugnator pudicitiae*** Pros., un séducteur

expugnātus, *a, um*, part. de *expugno*

expugnax, *ācis*, qui triomphe de : ***expugnacior herba*** Poés., plante plus efficace

expugnō, *ās, āre, āvī, ātum*, tr. ¶ **1** prendre d'assaut, de force, vaincre, soumettre, réduire : ***oppidum*** Pros., emporter une ville d'assaut ; ***inclusos moenibus*** Pros., réduire les assiégés ; ***carcerem*** Théât., forcer une prison ; ***naves*** Pros., prendre des navires de vive force ¶ **2** [fig.] emporter d'assaut, de haute lutte : ***sibi legationem*** Pros., s'emparer de haute lutte des fonctions de légat ; ***aliquem*** Théât., emporter qqn d'assaut [= venir à bout de lui soutirer de l'argent] ; ***coepta*** Poés., venir à bout d'une entreprise ; [avec *ut* subj.] obtenir de force que : Pros. ‖ ***fortunas patrias alicujus*** Pros., s'emparer du patrimoine de qqn ; ***pudicitiam*** Pros., corrompre l'innocence ‖ vaincre, triompher de : ***pertinaciam legatorum*** Pros., vaincre l'opiniâtreté des ambassadeurs ; Pros. ; ***expugnatus*** Pros., s'étant laissé vaincre (par les prières de qqn)

expŭlī, parf. de *expello*

expulsatus, *a, um*, part. de *expulso*

expulsim, adv., en lançant [la balle] : Poés.

expulsĭo, *ōnis*, f., expulsion, bannissement, renvoi : Pros.

expulsō, *ās, āre, āvī, ātum*, tr., lancer fréquemment, renvoyer [la balle] : Poés.

expulsŏr, *ōris*, m., celui qui chasse : Pros.

expulsus, *a, um*, part. de *expello*

expultrix, *īcis*, f., celle qui chasse : [C] Pros.

expunctus, *a, um*, part. de *expungo*

expungo, *ĭs, ĕre, punxī, punctum*, tr. ¶ **1** effacer, rayer, biffer [pr. et fig.] : [-C] Théât. ; ***manipulum*** [-C] Théât., licencier un manipule ; ***munus munere*** [+C] Pros., effacer un présent par un présent ¶ **2** s'acquitter de : [+C] Pros. ‖ achever, terminer : [+C] Pros.

expŭo, [V▶] *exspuo*

expurgātĭo, *ōnis*, f., justification, excuse : [-C] Théât.

expurgātus, *a, um*, part. de *expurgo*

expurgō, *ās, āre, āvī, ātum*, tr. ¶ **1** nettoyer, émonder, retrancher, enlever : [+C] Pros. ‖ [fig.] corriger : [C] Pros. ¶ **2** [fig.] purger : [C] Pros. ¶ **3** disculper, justifier : [-C] Théât., [C] Pros., [+C] Pros.

expūrĭgātĭo, *ōnis*, f., [V▶] *expurgatio* : [-C] Théât.

expūrĭgo, [V▶] *expurgo* : [-C] Théât.

expŭtātus, *a, um*, part. de *exputo*

expūtescō, *ĭs, ĕre, -, -*, intr., sentir très mauvais : [-C] Théât.

expŭtō, *ās, āre, āvī, ātum*, tr. ¶ **1** tailler, émonder : [+C] Pros. ¶ **2** peser, examiner : [-C] Théât. ; [avec interrog. indir.]

exquaero, arch. pour *exquiro* : [-C] Théât.

Exquĭlĭae, Exquĭlīnus, [V▶] *Esquiliae*

exquīrō, *ĭs, ĕre, quīsīvī, quīsītum*, tr. ¶ **1** chercher à découvrir, rechercher : ***verum*** [C] Pros., rechercher la vérité ‖ rechercher (choisir) : [C] Pros. ‖ rechercher, désirer obtenir : ***consilium meum*** [C] Pros., ma façon de voir ¶ **2** examiner de près, scruter [des comptes, la conduite de qqn] : [C] Pros. ¶ **3** demander, s'informer, s'enquérir : ***aliquid ab aliquo*** [C] Pros. ; ***ex aliquo*** [C] Pros., demander qqch. à qqn ; ***exquirere fidiculis*** [+C] Pros., chercher à apprendre par les tortures, en mettant à la question ¶ **4** interroger : ***aliquem*** [-C] Théât., questionner qqn ¶ **5** [chrét.] venger : [T] Pros.

exquīsītē, adv., avec beaucoup de soin, avec goût, d'une manière approfondie : [C] Pros., [+C] Pros. ‖ ***-tius*** [C] Pros. ; ***-issime*** [+C] Pros.

exquīsītim, adv., en faisant beaucoup de recherches : [C] Poés.

exquīsītĭo, *ōnis*, f., recherche : [T] Pros.

exquīsītŏr, *ōris*, m., celui qui recherche avec soin : [T] Pros.

exquīsītus, *a, um*, part.-adj. de *exquiro*, choisi, recherché, distingué, raffiné, exquis : [C] Pros. ; ***exquisitissima verba*** [C] Pros., termes excellents

exrādīcĭtus, [V▶] *eradicitus*

exrādīco, [V▶] *eradico*

ex rēge, m., ex-roi : [T] Pros.

exsăcrĭfĭcō, *ās, āre, -, -*, intr., sacrifier : [C] Pros.

exsaevĭō, *īs, īre, -, -*, intr., s'apaiser, se calmer : [C] Pros.

exsanguĭnātus, *a, um*, qui n'a pas de sang, exsangue : [C] Pros.

exsanguis (**exan-**), *e* ¶ **1** qui n'a pas de sang : [C] Poés. ¶ **2** qui a perdu son sang : [C] Pros. ¶ **3** pâle, blême, livide : [C] Poés. ‖ qui rend pâle : ***exsangue cuminum*** [C] Pros., le cumin qui rend pâle ¶ **4** [fig.] sans force, sans nerf, sans sève, faible, sec : [C] Pros., [+C] Pros.

exsănĭō, *ās, āre, -, -*, tr. ¶ **1** faire suppurer : [+C] Pros. ; ***exsaniari patiuntur*** [+C] Pros., ils supportent qu'on nettoie leurs plaies ¶ **2** exprimer le jus de qqch. : ***pressam baccam*** [+C] Pros., exprimer le jus d'une baie en la pressant ‖ [fig.] ***omnem amaritudinem*** [+C] Pros., rendre, perdre toute son amertume

exsarcĭō ou **exsercĭō**, *īs, īre, -, -*, tr., réparer : [-C] Théât., [C] Pros.

exsătĭātus, *a, um*, part. de *exsatio*

exsătĭō, *ās, āre, āvī, ātum*, tr., rassasier, assouvir : [C] Pros.

exsătŭrābĭlis, *e*, qu'on peut rassasier : [C] Poés.

exsătŭrātus, *a, um*, part. de *exsaturo*

exsătŭrō, *ās, āre, āvī, ātum*, tr., rassasier : [C] Poés. ‖ [fig.] assouvir : [C] Pros.

exscalpō, [V▶] *exsculpo* : [C] Pros.

exscendo, [V▶] *escendo*

exscens-, [V▶] *escens-*

exscĭdī, parf. de *exscindo*

exscĭdĭum, *ĭī*, n., ruine, destruction, sac [d'une ville], anéantissement : [C] Poés.

exscindo, *ĭs, ĕre, scĭdī, scissum*, tr., briser, détruire, renverser, anéantir : ***hostem*** [+C] Pros., tailler l'ennemi en pièces ; ***urbes*** [C] Pros., détruire des villes

exscissātus, *a, um*, arraché, déchiré : [-C] Théât.

exscissus, *a, um*, part. de *exscindo*

exscrĕō, *ās, āre, āvī, ātum* ¶ **1** intr., cracher : [C] Poés. ¶ **2** tr., rendre en crachant, cracher, expectorer : [+C] Pros.

exscrībō, *ĭs, ĕre, scripsī, scriptum*, tr. ¶ **1** copier, transcrire : [C] Pros. ‖ copier un tableau : [+C] Pros. ¶ **2** [fig.] ressembler à qqn, reproduire les traits de qqn : [+C] Pros. ¶ **3** inscrire : [-C] Théât.

exscriptus, *a, um*, part. de *exscribo*

exsculpō, *ĭs, ĕre, sculpsī, sculptum*, tr. ¶ **1** enlever en creusant : [C] Pros. ‖ arracher, enlever, ôter : ***praedam ex ore*** [C] Poés., arracher la proie de la gueule ; ***exsculpere versus*** [C] Pros., effacer des vers ‖ [fig.] obtenir de force : [-C] Théât. ¶ **2** tailler en relief, ciseler, sculpter, graver, inciser : ***aliquid e quercu*** [C] Pros., sculpter qqch. dans un chêne ; [+C] Pros.

exsculptrix, *īcis*, f., [V▶] *expultrix* : [+C] Pros.

exsculptus, *a, um*, part. de *exsculpo*

exsĕcāvi, [V▶] *exseco*

exsĕcō, *ās, āre, sĕcŭī, sectum*, tr., retrancher en coupant, faire l'ablation de : ***vitiosas partes*** [C] Pros., couper les parties malades ‖ priver de la virilité, couper, châtrer : [C] Pros. ‖ [fig.] rogner, retrancher, déduire : [C] Poés., [+C] Pros.

exsĕcrābĭlis, *e* ¶ **1** exécrable, abominable : [+C] Pros. ¶ **2** qui maudit, exècre : ***exsecrabile carmen*** [C] Pros., formule d'imprécation ; ***exsecrabile odium*** [C] Pros., haine implacable

exsĕcrābĭlĭtās, *ātis*, f., malédiction : [+C] Pros.

exsĕcrābĭlĭtĕr, adv., avec exécration : [+C] Pros. ‖ ***exsecrabilius*** [T] Pros.

exsĕcrāmentum, *i*, n., imprécation, malédiction : [+C] Pros. ‖ chose abominable : [T] Pros.

exsĕcrandus, *a, um*, exécrable : [T] Pros.

exsĕcrātĭo, *ōnis*, f., serment [accompagné d'imprécations contre soi en cas de parjure] : ***ubi exsecrationes ?*** [C] Pros., où sont les promesses solennelles ? ‖ imprécation, malédiction, exécration : [C] Pros., [+C] Pros.

exsĕcrātus, *a, um*, maudit, détesté, exécré : ***populo Romano*** [C] Pros., objet d'exécration pour le peuple romain

exsĕcrŏr, *ārĭs, ārī, ātus sum*

I tr., charger d'imprécations, maudire, vouer à l'exécration : ***exsecrari aliquem*** [C] Pros., maudire qqn ; ***aliquid***, qqch. : [C] Pros., Poés.

II intr., lancer des imprécations : ***exsecrari in aliquem*** [C] Pros., lancer des imprécations contre qqn ‖ [C] Pros. ; ***exsecrantia verba*** [C] Poés., malédictions

exsectĭo, *ōnis*, f., amputation : [C] Pros.

exsectŏr, *ōris*, m., celui qui coupe : [+C] Pros.

exsectus, *a, um*, part. de *exseco*

exsĕcūtĭo, *ōnis*, f. ¶ **1** administration : [+C] Pros. ¶ **2** exposition, développement : [+C] Pros.

exsĕcūtŏr, *ōris*, m. ¶ **1** celui qui accomplit, qui exécute : [+C] Pros. ¶ **2** celui qui poursuit, qui venge, vengeur : [+C] Pros.

exsĕcūtus, *a, um*, part. de *exsequor*

exsensus, *a, um*, qui a perdu la raison : [+C] Pros.

exsĕquens, *tis*, part. prés. de *exsequor* ‖ adj[t], ***exsequentissimus*** [avec gén.] [+C] Pros., qui recherche avec le plus grand soin

exsĕquĭae, *ārum*, f. pl. ¶ **1** pompe funèbre, obsèques, funérailles, convoi : [C] Pros. ; ***exsequias ire*** [-C] Théât., suivre un convoi ¶ **2** restes mortels : [T] Pros.

exsĕquĭālis, *e*, de funérailles : [C] Poés. ‖ **exsequialia**, *ium*, n. pl., [+C] Poés., cérémonie des funérailles

exsĕquĭŏr, *ārĭs, ārī, -*, assister à des funérailles : [C] Poés.

exsĕquŏr, *ĕrĭs, quī, cūtus sum*, tr., suivre jusqu'au bout ¶**1** [en part.] ***funus*** [+C] Pros., suivre un convoi funèbre ; cf. ▸ *exsequiae* ¶**2** suivre, s'attacher à, accompagner : ***fatum alicujus*** [C] Pros., s'attacher à la destinée de qqn, la partager ; ***cladem fugamque*** [C] Pros., accompagner qqn dans sa défaite et dans sa fuite ¶**3** suivre, poursuivre, aspirer à : ***aspectum alicujus*** [-C] Théât., chercher à voir qqn ; ***aeternitatem*** [C] Pros., vouloir l'éternité ‖ rechercher, chercher à savoir [avec gér. *quaerendo, percontando, inquirendo, sciscitando*] : [C] Pros. ¶**4** poursuivre, chercher un châtiment : ***violata jura*** [C] Pros., venger les droits violés ; ***delicta*** [+C] Pros., punir les délits ‖ [abs[t]] [+C] Pros. ¶**5** faire jusqu'au bout, exécuter : [C] Pros. ; ***mandata*** [C] Pros. ; ***imperia*** [C] Pros., exécuter les ordres ; ***caedem*** [+C] Pros., accomplir un meurtre [ordonné] ‖ achever : ***incepta*** [C] Pros., achever une entreprise ¶**6** exposer jusqu'au bout, exposer, raconter : ***aliquid verbis*** [C] Pros., exprimer qqch.

exsĕquūt-, V. ▸ *exsecut-*

exsercĭo, V. ▸ *exsarcio*

exsĕrō (exĕrō), *ĭs, ĕre, sĕrŭī, sertum*, tr., défaire, sortir [qqch.], mettre à découvert, montrer, produire : ***linguam*** [C] Pros., tirer la langue ; [+C] Poés. ; [C] Poés. ‖ [fig.] ***exserere jus*** [+C] Pros., exercer un droit ; ***secreta mentis*** [+C] Théât., dévoiler ses secrets ; [C] Poés. ; ***exsertus cachinnus*** [+C] Pros., éclats de rire

exsertē, adv., à découvert, ouvertement, hautement, fortement : [+C] Pros. ‖ ***-tius*** [T] Pros. ; ***-tissime*** [T] Pros.

exsertō, *ās, āre, āvī, ātum*, tr., ***linguam*** [+C] Pros., tirer la langue [par dérision] ‖ ***humeros*** [+C] Poés., découvrir les épaules

exsertus, *a, um*, part.-adj. de *exsero*, découvert, manifeste : [+C] Poés. ‖ ***exsertior*** [T] Pros.

exsībĭlō, *ās, āre, āvī, ātum*, tr. ¶**1** siffler, faire entendre un sifflement : [+C] Pros. ¶**2** prononcer avec un sifflement : [+C] Pros. ¶**3** siffler, huer : [C] Pros.

exsiccātus, *a, um*, part. de *exsicco* ‖ adj[t], [C] Pros.

exsiccescō, *ĭs, ĕre, -, -*, intr., se sécher : [C] Pros.

exsiccō, *ās, āre, āvī, ātum*, tr. ¶**1** sécher, dessécher : [-C] Pros., [C] Pros. ¶**2** vider [les bouteilles, le vin] : [C] Poés. ‖ [fig.] dissiper [l'ivresse] : [+C] Pros.

exsico, cf. ▸ *exseco*

exsignātus, *a, um*, part. de *exsigno*

exsignō, *ās, āre, āvī, ātum*, tr., prendre note de, noter : [-C] Théât., [C] Pros.

exsĭlĭō (exĭlĭō), *īs, īre, (s)ĭlŭī, (s)ultum*, intr. ¶**1** sauter, s'élancer hors, bondir : ***de sella exsiluit*** [C] Pros., il bondit de son siège ; ***e cunis*** [-C] Théât., sauter à bas du berceau ; ***exsilire stratis*** [C] Poés., sauter à bas du lit ; ***exsiluisti*** [C] Pros., tu t'es levé d'un bond ; ***exsilui gaudio*** [C] Pros., j'ai sauté en l'air de joie ; ***exsiluere oculi*** [C] Poés., ses yeux sortirent de leur orbite ¶**2** s'élancer, s'élever : ***ad te exsilui*** [-C] Théât., j'ai bondi vers toi ; [C] Poés., [+C] Pros.

exsĭlĭum, V. ▸ *exilium*

exsĭnŭātus, *a, um*, part. de *exsinuo*

exsĭnŭō, *ās, āre, -, -*, tr., découvrir : [T] Poés.

exsistō (existō), *ĭs, ĕre, stĭtī, -*, intr. ¶**1** sortir de, s'élever de : ***de terra, ex arvis*** [C] Pros., sortir de terre, des champs ; ***ab ara*** [C] Pros. ; ***ab inferis*** [C] Pros., sortir de l'autel, des enfers ; ***spelunca*** [C] Pros., sortir d'une caverne ‖ [fig.] naître de, provenir de : [C] Pros. ; [avec *ab*] [C] Pros. ; [avec *de*] [C] Pros. ‖ s'élever, naître : [C] Pros. ‖ [avec *ut* subj.] : ***exsistit illud ut*** [C] Pros. ; ***ex quo exsistit ut*** [C] Pros., il s'ensuit que, d'où il résulte que ; [ou avec prop. inf.] [C] Pros. ¶**2** se dresser, se manifester, se montrer : [C] Pros.

exsolētus, V. ▸ *exoletus*

exsŏlo, V. ▸ *exsulo*

exsŏlŭi, diérèse poét. pour *exsolvi* : [C] Poés.

exsŏlūtio, *ōnis*, f., libération, délivrance : [+C] Pros.

exsŏlūtus, *a, um*, part. de *exsolvo*

exsolvō, *ĭs, ĕre, solvī, sŏlūtum*, tr. ¶**1** délier, dénouer, détacher : ***nexus exsolvere*** [C] Poés., détacher des liens ; [+C] Pros. ‖ [fig.] expliquer : [C] Poés. ¶**2** dégager, débarrasser, délivrer : ***aliquem vinclis*** [-C] Théât., débarrasser qqn de ses liens ; ***aliquem curis*** [C] Poés., délivrer qqn de ses soucis ¶**3** dissoudre : [C] Poés. ¶**4** ouvrir : ***exsolvere cistulam*** [-C] Théât., ouvrir une corbeille ; ***venas*** [+C] Pros., ouvrir les veines ¶**5** payer intégralement, acquitter, s'acquitter de : [C] Pros. ; ***non exsolvit, quod promiserat*** [C] Pros., il n'a pas tenu sa promesse ; ***pretia poenasque*** [C] Pros., s'acquitter des récompenses et des punitions (récompenser et punir) ¶**6** faire disparaître, éloigner, bannir [pr. et fig.] : ***exsolvere obsidium*** [+C] Pros., lever un siège ; ***metus*** [+C] Poés., bannir ses craintes

exsomnis, *e*, qui veille, toujours éveillé : [C] Poés.

exsŏnō, *ās, āre, ŭī, -*, intr., résonner, retentir : [+C] Pros.

exsorbĕō, *ēs, ēre, ŭī, -*, tr., boire en entier, avaler, engloutir : ***civilem sanguinem*** [C] Pros., s'abreuver du sang des citoyens ; ***praedas*** [C] Pros., dévorer le butin ; ***alicujus difficultatem*** [C] Pros., supporter l'humeur difficile de qqn ‖ cf. ▸ *exhaurio* : [-C] Théât.

exsordescō, *ĭs, ĕre, -, -*, intr., s'avilir, se déshonorer : [+C] Pros.

exsors, *tis*, qui n'est pas tiré au sort : [C] Poés. ‖ qui n'a point de part, exempt, exclu, privé : [C] Pros. ; ***exsors secandi*** [C] Poés., privé de la propriété de couper ; ***periculi*** [+C] Pros., qui ne partage pas le danger ‖ [avec dat.] [T] Pros.

exspargo, V. ▸ *exspergo*

exspătĭātus, *a, um*, V. ▸ *exspatior*

exspătĭŏr, *ārĭs, ārī, ātus sum*, intr., faire beaucoup de chemin, aller à l'aventure, errer : [C] Poés. ‖ [fig.] s'étendre [sur un sujet], se donner carrière : [+C] Pros.

exspectātĭo, *ōnis*, f., attente, désir, curiosité, impatience : [C] Pros. ; ***praeter exspectationem*** [C] Pros., contre toute attente ; ***exspectationibus decipiendis*** [C] Pros., en trompant l'attente [des auditeurs]

exspectātō, adv., lorsqu'on s'y attendait [mais seul[t] avec une négat.] : ***non exspectato***, à l'improviste : [+C] Poés.

exspectātus, *a, um*, part.-adj. de *exspecto*, attendu, désiré : [C] ‖ ***-tatior*** [-C] Théât. ; ***-issimus*** [C] Pros. ‖ [expressions avec le n.] ***ante exspectatum*** [C] Poés., en devançant l'attente ; ***exspectato maturius*** [+C] Pros., plus tôt qu'on ne s'y attendait

exspectō (expectō), *ās, āre, āvī, ātum*, tr. ¶**1** attendre : ***adventum alicujus*** [C] Pros. ; ***eventum pugnae*** [C] Pros., attendre l'arrivée de qqn, l'issue du combat ‖ [part. à l'abl. abs. n.] ***nec ultra exspectato*** [+C] Pros., et sans attendre davantage ; [part. n. pris subst[t]] V. ▸ *exspectatus* ‖ [avec interrog. indir.] [C] Pros. ‖ [avec *dum (donec, quoad)*] [C] Pros. ‖ [avec *si* = "pour le cas où"] [-C] Théât., [C] Pros. ‖ [avec *ut*] attendre que : [C] Pros. ‖ s'attendre à ce que : [C] Pros. ‖ [avec négation et *quin*] [C] Pros. ‖ [pris abs[t]] ***ad portam*** [C] Pros., attendre près de la porte ¶**2** attendre [avec idée d'espoir ou de crainte] : ***aliquid spe*** [C] Pros. ; ***magna cum spe*** [C] Pros., espérer qqch., souhaiter vivement qqch. ; ***aliquid avidissime*** [C] Pros., attendre qqch. avec la plus vive impatience ‖ ***aliquid ab aliquo*** [C] Pros. ; ***ex aliquo*** [C] Pros. ; ***ab aliqua re*** [C] Pros. ; ***ex aliqua re*** [C] Pros., attendre qqch. de qqn, de qqch. ‖ [avec prop. inf.] [C] Pros., [+C] Pros. ‖ [avec inf.] [+C] Pros., [T] Pros.

exspergō, *ĭs, ĕre, spersī, spersum*, tr., répandre, éparpiller : [C] Poés.

exspēs [seul[t] au nom.] qui est sans espérance : [C] Poés., [+C] Pros.

exspīrātĭo, *ŏnis*, f., exhalaison : [C] Pros.

exspīrō (expīrō), *ās, āre, āvī, ātum*, tr. et intr.
I tr. ¶**1** rendre par le souffle, souffler, exhaler : ***animam*** [C] Poés., rendre l'âme ¶**2** laisser échapper, rendre : [C] Poés.
II intr. ¶**1** s'exhaler, sortir, s'échapper : [C] Poés. ¶**2** rendre le dernier soupir, mourir, expirer [pr. et fig.] : [C] Pros.

exsplendescō, *ĭs, ĕre, splendŭī, -*, intr., jeter un vif éclat : ***explendescit ignis*** [+C] Pros., le feu brille ‖ [fig.] briller, se distinguer : [C] Pros., [+C] Pros.

exspŏlĭātĭo, *ōnis*, f., action de dépouiller : [T] Pros.

exspŏlĭō, *ās, āre, āvī, ātum*, tr., dépouiller entièrement, spolier, [pr. et fig.] : [C] Pros. ‖ piller : ***urbem*** [C] Pros., dépouiller une ville

exsprētus, ► *expretus*

exspūmō, *ās, āre, -, -*, intr., suppurer : +C Pros.

exspŭō, *ĭs, ĕre, spuī, spūtum*, tr., [abst] cracher : +C Poés. ‖ rejeter, rendre, vomir, exhaler : C Poés. ‖ [fig.] ***ex animo*** -C Théât., C Poés., rejeter de son coeur, de son esprit

exspūtus, *a, um*, part. de *exspuo*

exstans, *tis*, part.-adj. de *exsto*

exstantĭa, *ae*, f., avance, saillie, proéminence : +C Pros.

exsternō, *ās, āre, āvī, ātum*, tr., mettre hors de soi, consterner : C Poés.

exstillō, *ās, āre, -, -*, intr., couler par gouttes : +C Pros. ‖ dégoutter : ***lacrimis*** -C Théât., fondre en larmes

exstĭmŭlātŏr, *ōris*, m., instigateur : +C Pros.

exstĭmŭlō, *ās, āre, āvī, ātum*, tr., [fig.] aiguillonner, stimuler, exciter, animer : C Poés., +C Pros. ; ***exstimulatur, ut*** +C Pros., on le pousse à

exstinctĭo, *ōnis*, f., extinction, anéantissement : C Pros.

exstinctŏr, *ōris*, m., celui qui éteint : C Pros. ‖ celui qui détruit : ***patriae*** C Pros., le destructeur de sa patrie ; ***conjurationis*** C Pros., celui qui étouffe une conjuration

1 **exstinctus**, *a, um*, part. de *exstinguo*

2 **exstinctŭs**, abl. *ū*, m., action d'éteindre : +C Pros.

exstinguĭbĭlis, *e*, qu'on peut anéantir : T Pros.

exstinguō (**extinguō**), *ĭs, ĕre, stinxī, stinctum*, tr. ¶ **1** éteindre : ***incendium*** C Pros., éteindre un incendie ; ***calx exstincta*** C Pros., chaux éteinte ¶ **2** ôter la vie, faire mourir : C Pros. ‖ pass. *exstingui*, mourir, disparaître : C Pros. ¶ **3** faire disparaître, effacer, détruire : ***invidiam*** C Pros. ; ***infamiam*** C Pros., effacer la haine, l'infamie ; ***reliquias belli*** C Pros., étouffer les restes de la guerre ‖ faire oublier : C Pros.

exstinxem, **exstinxit**, **exstinxti**, ► *exstinguo*

exstirpātĭo, *ōnis*, f., déracinement, éradication : +C Pros.

exstirpō, *ās, āre, āvī, ātum*, tr., déraciner, arracher : +C Pros. ‖ [fig.] extirper, détruire : ***vitia*** C Pros., extirper les vices

exstĭtī, parf. de *exsisto*

exstō (**extō**), *ās, āre, -, -*, intr. ¶ **1** se tenir au-dessus, être élevé au-dessus, dépasser : C Pros., Poés., +C Pros. ‖ [abst] ***summo pectore*** C Pros., avoir le haut de la poitrine émergeant [de l'eau] ‖ [poét.] [avec acc.] ***aliquem*** +C Poés., dépasser qqn ¶ **2** être visible, se montrer, exister : C Pros. ; ***quod extat in annalibus*** C Pros., ce dont nos annales font foi ‖ [impers.] ***exstat*** avec prop. inf., il est certain que, c'est une chose avérée que : C Pros. ; [avec interrog. indir.] il apparaît clairement : C Pros.

exstructĭo, *ōnis*, f., action de bâtir, construction : C Pros.

exstructus, *a, um*, part.-adj. de *extruo*, élevé, accumulé, construit, bâti ‖ ***-issimus*** +C Pros.

exstrŭō (**extrŭō**), *ĭs, ĕre, struxī, structum*, tr., accumuler, élever, dresser : ***magnum acervum*** C Pros., faire un grand tas ; ***mensae exstructae*** C Pros., repas somptueux ; ***aedificium*** C Pros., construire un édifice ; ***aggere exstructo*** C Pros., la terrasse étant construite ; ***turres*** C Pros., dresser des tours ; ***civitatem*** C Pros., construire une cité (idéale)

exsuccus, ► *exsucus*

exsuctus, *a, um*, part. de *exsugo*, desséché : ***-ctior*** C Pros.

exsūcus, *a, um*, [fig.] sec, sans force : +C Pros.

exsūdātus, part. de *exsudo*

exsūdō, *ās, āre, āvī, ātum* ¶ **1** intr., s'évaporer entièrement : C Poés. ¶ **2** tr., rendre par suintement, dégoutter de : +C Pros. ‖ [fig.] ***causas*** C Poés., suer sang et eau en plaidant ; ***ingens certamen*** C Pros., soutenir une lutte acharnée

exsūgĕō, *ēs, ēre, -, -*, ► *exsugo* : -C Théât.

exsūgō, *ĭs, ĕre, sūxī, suctum*, tr., sucer entièrement : -C Théât. ‖ absorber [l'humidité] : C Pros. ‖ épuiser, tarir : C Pros. ‖ ***exsuctus, a, um***, mis à sec : +C Poés., Pros.

exsŭl, ► *exul*

exsŭlō, ► *exulo*

exsultans, *tis*, part.-adj. de *exsulto*, bondissant, sautant : ***exsultantissimum verbum*** +C Pros., mot sautillant [composé d'une suite de brèves] ‖ [rythme] sautillant, haché : +C Pros. ; ***exultantia coercere*** +C Pros., discipliner un rythme trop incohérent ‖ [style] exubérant, qui a trop de vivacité : +C Pros.

exsultātĭo, *ōnis*, f., action de sauter, saut, bond : +C Pros. ‖ transport de joie : +C Pros.

exsultim, adv., en bondissant : C Poés.

exsultō (**exultō**), *ās, āre, āvi, ātum*, intr. ¶ **1** sauter, bondir : C Pros. ; ***exsultant vada*** C Poés., la mer bouillonne ; ***(pila) exsultat*** +C Pros., (la balle) rebondit ¶ **2** [fig.] se donner carrière : ***exsultavit audacius*** C Pros., il se donna plus libre cours [en parl. d'un orateur] ‖ être transporté [d'une violente passion] : ***laetitia*** C Pros., être transporté d'allégresse ; ***insolentia*** C Pros., donner libre cours à son insolence ‖ être dans des transports de joie : ***in ruinis alicujus*** C Pros., être transporté de joie à l'occasion des malheurs de qqn ; ***Graeci exsultant quod*** C Pros., les Grecs sont enthousiasmés de ce que ‖ être fier, s'enorgueillir : ***gestis*** +C Pros., être fier de ses hauts faits ; C Poés. ¶ **3** [chrét.] célébrer Dieu par des chants de joie : T Pros.

exsupĕrābĭlis, *e* ¶ **1** qu'on peut surmonter, vaincre : C Poés., +C Poés. ¶ **2** qui peut vaincre : +C Pros.

exsŭpĕrans, *tis*, part.-adj. de *exsupero*, qui surpasse, qui l'emporte, qui excelle : +C Pros. ‖ ***-tior*** +C Pros. ; ***-tissimus*** +C Pros.

exsŭpĕrantĭa, *ae*, f., supériorité : C Pros., +C Pros.

Exsŭpĕrantĭus (**Exu-**), *ĭi*, m., Exupérance, préfet des Gaules : T Poés.

exsŭpĕrātus, *a, um*, part. de *exsupero*

Exsŭpĕrĭus (**Exŭ-**), *ĭi*, m., évêque de Toulouse : +T Pros.

exsŭpĕrō (**exŭpĕrō**), *ās, āre, āvī, ātum* ¶ **1** intr., s'élever, apparaître au-dessus : C Poés. ‖ prévaloir, l'emporter : C Poés. ¶ **2** tr., surpasser, dépasser, surmonter : ***jugum*** C Poés., franchir une hauteur ‖ [fig.] ***aliquem superbia*** C Pros., surpasser qqn en orgueil ‖ ***aliquem*** +C Pros., survivre à qqn ‖ ***vires*** C Poés., dépasser les forces

exsurdātus, *a, um*, part. de *exsurdo*

exsurdō (**exurdō**), *ās, āre, āvī, ātum*, tr., rompre la tête, étourdir : +C Pros. ‖ émousser, rendre insensible : C Poés.

exsurgō (**exurgō**), *ĭs, ĕre, surrexī, surrectum*, intr., se lever [quand on est assis ou couché] : -C Théât., C Pros. ‖ sortir (après s'être levé) : -C Théât., C Pros. ‖ s'élever [en parl. des choses] : +C Poés. ‖ [fig.] se relever, recouvrer ses forces, se ranimer : C Pros.

exsuscĭtātĭo, *ōnis*, f., action de réveiller l'attention, mouvement oratoire : C Pros.

exsuscĭtō, *ās, āre, āvī, ātum*, tr., éveiller, tirer du sommeil : C Pros. ‖ susciter, allumer : C Pros. ‖ [fig.] provoquer, faire naître exciter : ***animos*** C Pros., être un aiguillon pour l'âme

exta, *ōrum*, n. pl., viscères, fressure, abats (cœur, poumons, foie, rate) [qui servaient aux haruspices] : C Pros.

extābescō, *ĭs, ĕre, bŭī, -*, intr., se dessécher, devenir maigre : C Pros., +C Pros. ‖ disparaître, s'évanouir : C Pros.

extantia, *ae*, f., ► *exstantia*

extāris, *e*, adj., qui concerne les entrailles des victimes : -C Théât.

extemplō, adv., sur-le-champ, aussitôt : C Pros., Poés.

extempŏrālis, *e*, qui n'est pas médité, qui se fait sans préparation, improvisé : +C Pros.

extempŏrālĭtās, *ātis*, f., talent d'improvisation : +C Pros.

extempŏrālĭtĕr, adv., sans méditation, en courant : T Pros.

extempŭlō [arch.], ► *extemplo*

extendō, *ĭs, ĕre, tendī, tensum* et *tentum*, tr. ¶ **1** étendre, allonger, élargir : ***extento bracchio*** C Pros., en étendant le bras ; ***extensis digitis*** C Pros., en tenant les doigts allongés ; ***pinnas*** C Pros., déployer ses ailes ‖ déployer, développer : ***agmen ad mare*** +C Pros. ; ***aciem latius*** +C Pros., déployer l'armée jusqu'à la mer, donner une plus large extension à la ligne de bataille ; C Poés. ‖ [fig.] ***in Africam spem***

Pros., étendre ses espérances jusque sur l'Afrique; ***famam factis*** Poés., étendre sa renommée par de belles actions ‖ prolonger, faire durer : Pros., Poés. ‖ pass., ***extendi***, s'étendre, se prolonger : Pros. ¶ **2** étendre à terre, coucher tout du long : ***aliquem arena*** Poés., étendre, renverser qqn sur le sable ¶ **3** allonger, agrandir, augmenter : ***epistulam*** Pros., allonger une lettre, s'étendre dans une lettre ; ***agros*** Poés., étendre son territoire ; ***pretium*** Pros., faire monter les prix ; ***extentis itineribus*** Pros., en allongeant les étapes ‖ prolonger [le temps] : ***tempus epularum*** Pros. ; ***consulatum*** Pros., prolonger la durée d'un banquet, prolonger le consulat ¶ **4** [méc.] tendre [un câble] : Pros. ¶ **5** [fig.] ***se extendere***, se déployer, se lancer ; ***magnis itineribus*** Pros., se lancer dans de longues étapes ; ***supra vires*** Pros., se lancer au-delà de ses moyens [mener un plus grand train qu'on ne peut]

extensĭo, *ōnis*, f., → *extentio*

extensus, part. de *extendo*

extentē, adv., d'une manière tendue ‖ ***-tius*** Pros.

extentĭo, **-sĭo**, *ōnis*, f., propagation, diffusion : Pros.

1 **extentō**, *ās, āre, -, -*, tr., essayer, éprouver : Théât.

2 **extentō**, *ās, āre, -, -*, tr., étendre : Poés.

1 **extentus**, *a, um*, part.-adj. de *extendo*, étendu : Pros., Poés. ; ***extenti oculi*** Pros., yeux grands ouverts ‖ ***-issimus*** Pros.

2 **extentŭs**, *ūs*, m., tension : Poés.

extĕnŭātĭo, *ōnis*, f., action de rendre mince, ténu, de diminuer : Pros. ‖ atténuation [rhét.] : Pros.

extĕnŭātus, *a, um*, part.-adj. de *extenuo*, aminci, affaibli, faible : Pros.

extĕnŭō, *ās, āre, āvī, ātum*, tr. ¶ **1** rendre mince, menu, ténu, amincir : ***cibus extenuatur*** Pros., les aliments sont broyés ; ***mediam aciem*** Pros., dégarnir le centre de la ligne de bataille ¶ **2** affaiblir, rabaisser, diminuer, atténuer : ***pituitam*** Pros., clarifier la pituite ‖ [fig.] ***spes extenuatur*** Pros., l'espoir diminue ; ***molestias*** Pros., atténuer les peines ; ***famam belli*** Pros., diminuer l'importance de la guerre

extĕr, → *exterus*

extĕrĕbrō, *ās, āre, -, ātum*, tr., retirer en creusant : Pros. ‖ [fig. avec *ut*] obtenir avec effort que : Théât.

extergĕō, *ēs, ēre, tersī, tersum*, tr., essuyer, nettoyer : Théât., Pros.

extĕrĭor, *ĭus*, gén. *ōris*, compar. de *exter*, plus en dehors, [ou en parl. de deux] le plus extérieur : Pros. ; ***comes*** Poés., compagnon qui laisse à l'autre le haut du pavé ‖ [chrét.] extérieur, physique, matériel [opposé à *interior*] : Pros.

extĕrĭus, adv., extérieurement, au-dehors : Poés.

extermentārĭum, *ĭī*, n., linge qui s'use en frottant : Pros.

extermĭnātĭo, *ōnis*, f., destruction : Pros.

extermĭnātŏr, *ōris*, m., ange exterminateur : Pros.

extermĭnātus, part. de *extermino*

extermĭnō, *ās, āre, āvī, ātum*, tr., chasser, bannir, exiler : [avec *ex*] Pros. ; ***aliquem ex hominum communitate*** Pros., retrancher qqn de la communauté humaine ; [avec *de*] Pros. ; [avec *ab* et nom de pers.] Pros. ; [avec abl.] Pros. ‖ [fig.] rejeter : Pros. ‖ [chrét.] altérer, défigurer : Pros., d.

externus, *a, um*, extérieur, externe, du dehors : Pros. ; ***illa externa*** Pros., ces faits extérieurs ‖ étranger, exotique : ***externus hostis*** Pros., ennemi étranger ; ***externi populi*** Pros., peuples étrangers ; ***in externis locis*** Pros., à l'étranger ‖ **externi**, *ōrum*, m., les étrangers : Pros. ; n. pl., ***externa*** Pros., exemples pris à l'étranger ‖ ***externa*** Pros., desseins hostiles

extĕrō, *ĭs, ĕre, trīvī, trītum*, tr., faire sortir en foulant : Pros. ‖ faire sortir par frottement : Poés. ‖ user par le frottement : Pros. ‖ écraser : Poés., Pros.

exterrĕō, *ēs, ēre, ŭī, ĭtum*, tr., épouvanter : Pros., Pros.

exterrĭtātĭo, *ōnis*, f., épouvante : Pros.

exterrĭtus, *a, um*, part. de *exterreo*

1 **extersus**, *a, um*, part. de *extergeo*

2 **extersŭs**, *ūs*, m., action d'essuyer, de nettoyer : Théât.

extĕrus, *a, um*, extérieur, externe, du dehors : Pros. ; → *exterior, extremus*

extexō, *ĭs, ĕre, -, -*, tr., défaire le tissu ‖ [fig.] dépouiller, escroquer : Théât.

extillo, → *exstillo*

extĭmescō, *ĭs, ĕre, timŭī, -* ¶ **1** intr., s'épouvanter : Pros. ; [avec *ne*] craindre que : Pros. ‖ [avec inf.] craindre de : Pros. ¶ **2** tr., redouter : ***aliquid*** Pros. ; ***periculum ab aliquo*** Pros., redouter un péril de la part de qqn ‖ ***aliquem*** Pros., redouter qqn

extĭmŭlo, → *exstimulo*

extĭmus (**extŭmus**), *a, um*, superl. de *exter* ¶ **1** placé à l'extrémité, qui est au bout, le plus éloigné : Pros. ; [n. pl.] ¶ **2** dernier, méprisé : Théât.

extinguo, → *exstinguo*

extirpo, → *exstirpo*

extispex, *ĭcis*, m., haruspice : Pros.

extispĭcĭum, *ĭī*, n., inspection des entrailles des victimes : Pros.

exto, → *exsto*

extollentĭa, *ae*, f., action d'élever, fierté, orgueil : Pros.

extollō, *ĭs, ĕre, extŭlī, -*, tr. ¶ **1** lever hors de, élever : Poés. ‖ ***caput*** Pros., dresser la tête ; ***onera in jumenta*** Pros., soulever des fardeaux pour les mettre sur les bêtes de somme ; [fig.] ***aliquem jacentem*** Pros., relever un homme abattu ‖ élever en hauteur un édifice : Théât. ‖ [abst[t]] : Pros. ¶ **2** [fig.] élever, exalter, vanter : ***aliquem ad caelum*** Pros., porter qqn aux nues ; ***meritum alicujus verbis*** Pros., exalter les services rendus par qqn ; ***aliquem*** Pros., vanter qqn ; ***honores nimis*** Pros., porter trop haut les honneurs ‖ relever, redresser : ***animos*** Pros., Pros., relever le courage, exalter les coeurs ; ***animus se extollit*** Pros., l'âme se redresse ‖ élever, distinguer, honorer : ***aliquem aut honore*** Pros., distinguer qqn par une gratification ou par un honneur ; Pros. ; ***aliquem supra ceteros*** Pros., élever qqn au-dessus des autres ‖ rehausser, embellir : ***hortos*** Pros., embellir des jardins ¶ **3** transporter qqch. d'un jour à un autre, remettre, différer : Théât.

extorpĕō, *ēs, ēre, -, -*, → *torpeo* : Pros.

extorpŭi, parf. de l'inus. **extorpesco*, intr., rester engourdi, immobile : Poés.

extorquĕo, *ēs, ēre, torsī, tortum*, tr. ¶ **1** déboîter, disloquer, démettre [un membre], luxer : ***extorsit articulum*** Pros., il s'est fait une entorse ; ***extorti*** Pros., torturés ¶ **2** arracher, ôter des mains : Pros. ¶ **3** obtenir par force, arracher : ***aliquid ab aliquo*** Pros., arracher qqch. à qqn ‖ [fig.] ***alicui errorem*** Pros., arracher une erreur à qqn ‖ [avec *ut* subj.] obtenir par force que : Pros. ; [avec inf.] ; [avec subj. seul] Pros.

extorrĕō, *ēs, ēre, -, -*, tr., brûler fortement : Pros.

extorris, *e*, rejeté hors d'un pays, banni : Pros. ; ***ab solo patrio*** Pros. ; ***agro Romano*** Pros., chassé du sol de la patrie, du territoire romain

extorsī, parf. de *extorqueo*

extortŏr, *ōris*, m., celui qui extorque : Théât.

extortus, part. de *extorqueo*

extrā

I adv. ¶ **1** au-dehors, à l'extérieur : Pros. ‖ compar., ***exterius*** même sens : Poés., Pros. ¶ **2** ***extra quam a)*** excepté que, à moins que : Pros. ; [surtout] ***extra quam si***, excepté le cas où : Pros. ***b)*** à l'exception de : ***extra quam qui*** Pros., en dehors de ceux qui, exception faite pour ceux qui ¶ **3** en outre, en sus : Pros.

II prép. avec acc. ¶ **1** en dehors de, hors de : Pros. ‖ ***urbem extra*** Pros., hors de la ville ¶ **2** [fig.] ***a)*** en dehors de : ***extra causam*** Pros., en dehors de la cause ‖ ***extra ordinem*** Pros., en dehors de l'ordre, extraordinairement ; [droit] ‖ ***extra***

jocum [C] Pros., sans plaisanterie ***b)*** à l'exception de : ***extra ducem*** [C] Pros., excepté le général ; [-C] Théât., [C] Pros.

extractus, *a, um*, part. de *extraho*

extrăhō, *ĭs, ĕre, trāxī, tractum*, tr. ¶ **1** tirer de, retirer de : ***telum e corpore*** [C] Pros., retirer une arme du corps [avec *de* [C] Poés.] ; ***alicui anulum*** [+C] Pros., retirer à qqn son anneau ‖ ***aliquem domo*** [C] Pros., tirer qqn hors d'une maison ; ***aliquem rure in urbem*** [C] Poés., entraîner qqn de la campagne à la ville ; ***in publicum vi*** [C] Pros., entraîner qqn de force en public ¶ **2** arracher de : ***urbem ex periculis*** [C] Pros., arracher une ville aux dangers ; ***temeritatem ex animis*** [C] Pros., arracher des esprits la légèreté ¶ **3** traîner en longueur, prolonger : [C] Pros. ; ***rem in adventum alicujus*** [C] Pros., traîner les choses en longueur jusqu'à l'arrivée de qqn ‖ épuiser, consumer [en délais] : [C] Pros.

extrānĕō, *ās, āre, -, -*, tr., traiter comme un étranger : [+C] Pros.

extrānĕus, *a, um* ¶ **1** extérieur, du dehors : [C] Pros. ¶ **2** subst. m., un étranger : [+C] Pros. ; pl., [+C] Pros.

extrăordĭnārĭus, *a, um*, supplémentaire [en parl. de troupes], de réserve, d'élite : ***cohortes extraordinariae*** [C] Pros., cohortes de réserve ‖ extraordinaire, inusité : [C] Pros. ; ***imperium*** [C] Pros., commandement extraordinaire

extrāquam, → *extra*

extrārĭus, *a, um*, extérieur : [C] Poés., Pros. ‖ étranger, qui n'est pas de la famille : [-C] Théât., [+C] Pros.

extraxī, parf. de *extraho*

extrēmālia, *ae*, f., extrémité : [T] Pros.

extrēmĭtās, *ātis*, f. ¶ **1** ***a)*** extrémité, bout, fin : [C] Pros. ; ***mundi globosi*** [C] Pros., la circonférence du globe ‖ surface [géom.] : [C] Pros. ***b)*** [rhét.] pl., les extrêmes : [+C] Pros. ***c)*** [gram.] désinence, terminaison : [+C] Pros. ¶ **2** [chrét.] petitesse, humilité : ***extremitas mea*** [T] Pros., ma petitesse [formule de modestie utilisée par certains épistoliers]

extrēmō, → *extremus*

extrēmum, → *extremus*

extrēmus, *a, um*, superl. de *exter* ¶ **1** le plus à l'extérieur, extrême : [C] Pros. ‖ [abs[t]] très lointain, du bout du monde : [+C] Poés. ¶ **2** dernier ***a)*** **extremi**, *ōrum*, m. pl., [C] Pros., les derniers, l'arrière-garde ***b)*** [n. sg. pris subst[t]] ***extremum provinciae*** [C] Pros., l'extrémité de la province ; ***ad extremum*** [C] Pros., jusqu'à la fin ; ***in extremo*** [C] Pros., finalement, en fin de compte ; ***quod erat in extremo*** [C] Pros., ce qui était à la fin de ta lettre ; ***ab extremo orsi*** [C] Pros., [les hérauts] commençant par le point le plus éloigné ***c)*** [n. pl.] : ***extrema agminis*** [C] Pros., la fin de la colonne, l'arrière-garde ; ***imperii extrema*** [+C] Pros., les extrémités de l'empire ***d)*** [expr. adv.] ***ad extremum***, enfin en dernier lieu : [C] Pros. ‖ ***extremo***, enfin : [C] Pros., [+C] Pros. ‖ ***extremum***, pour la dernière fois : [C] Poés. ¶ **3** le dernier, qui est à l'extrémité, le pire : [C] Pros. ‖ [C] Pros., [+C] Pros. ; ***venire*** [C] Pros., en venir aux dernières extrémités ; ***extrema pati*** [C] Poés., subir le pire (être mort) ¶ **4** le plus bas : ***extrema mancipia*** [+C] Pros., les derniers des esclaves ; [C] Pros. ; → *ultimus* [+C] Pros. ¶ **5** comparaison des parties d'un même objet entre elles : ***extrema oratio*** [C] Pros., la fin d'un discours ; ***in extremo ponte*** [C] Pros., à l'extrémité du pont ; ***extremum agmen*** [C] Pros., l'arrière-garde ; ***in extrema India*** [C] Pros., au fond de l'Inde ; ***extrema impedimenta*** [C] Pros., la queue des bagages ; ***extrema hieme*** [C] Pros., à la fin de l'hiver ¶ **6** très lointain, du bout du monde : [+C] Poés.

extrīcātus, part. de *extrico*

extrīcō, *ās, āre, āvī, ātum*, tr. ¶ **1** débarrasser, démêler : [C] Poés. ‖ défricher : [+C] Pros. ¶ **2** chasser : [T] Pros.

extrĭlĭdus, *a, um*, très pâle [var. *extimidus, exterritus*] : [+C] Pros.

extrinsĕcŭs, adv., du dehors, de l'extérieur : [C] Pros. ‖ au-dehors, à l'extérieur : [C] Pros. ‖ hors de propos : [+C] Pros. ‖ en outre : [T] Pros.

extrītus, *a, um*, part. de *extero*

extrīvī, parf. de *extero*

extrō, *ās, āre, -, -*, tr., franchir pour sortir : [-C] Théât.

extrūdō, *ĭs, ĕre, trūsī, trūsum*, tr., pousser dehors avec violence, chasser de : [avec *ex*] [-C] Théât. ; [avec *ab*] [C] Pros., [+C] Pros. ; [avec abl.] [-C] Théât. ; [avec *foras*] [-C] Théât. ; ou abs[t], [-C] Théât., mettre à la porte, chasser de la maison ‖ ***in viam*** [C] Pros., rejeter sur la route ‖ repousser, contenir : [C] Pros. ‖ ***merces*** [C] Pros., se défaire de marchandises ‖ [fig.] ***vetustas extrusa*** [C] Poés., la vieillesse chassée

extrŭo, → *exstrŭo*

extrūsus, part. de *extrudo*

extūbĕrātus, *a, um*, part. de *extubero*

extūbĕrō, *ās, āre, āvī, ātum*, tr., faire enfler, bomber : [+C] Pros.

extŭdī, parf. de *extundo*

extŭlī, parf. de *2 effero* et de *extollo*

extŭmĕō, *ēs, ēre, -, -*, [-C] Théât., **-mesco**, *scĭs, scĕre, ŭi, -*, [+C] Pros., être enflé, s'enfler

extŭmĭdus, *a, um*, gonflé, bombé : [C] Pros.

extŭmus, → *extimus*

extundō, *ĭs, ĕre, tŭdī, -*, tr., faire sortir en frappant, faire sortir ; [C] Poés., [+C] Pros. ‖ [fig.] arracher, obtenir avec effort : [-C] Théât., [+C] Pros. ‖ faire sortir à grand-peine, produire avec effort : [C] Poés., [+C] Pros. ‖ former, façonner : [+C] Pros. ‖ travailler en relief : [C] Poés. ‖ chasser : [C] Poés.

exturbātus, *a, um*, part. de *exturbo*

exturbō, *ās, āre, āvī, ātum*, tr., faire sortir de force, chasser brutalement, expulser [avec *ex*] : [-C] Théât., [C] Pros. ; [avec abl.] [-C] Théât., [C] Pros. ‖ faire sauter, arracher : ***alicui dentes*** [-C] Théât., faire sauter les dents à qqn ; [C] Poés. ‖ répudier [une femme] : [+C] Pros. ‖ [fig.] ***spem pacis*** [C] Pros., détruire tout espoir de paix ; ***mentem*** [C] Pros., jeter le trouble dans l'esprit

exūbĕrans, *tis*, part.-adj. de *exubero*, extraordinaire : [T] Pros.

exūbĕrantĭa, *ae*, f., abondance, exubérance : [+C] Pros.

exūbĕrātĭo, *ōnis*, f., excès, exubérance : [C] Pros.

exūbĕrō, *ās, āre, āvī, ātum* ¶ **1** intr., regorger, déborder, être plein, abondant, abonder : [C] Poés. ¶ **2** tr., rendre abondant : [+C] Pros.

exuccus, → *exsuccus*

exūdo, → *exsudo*

exūgo, → *exsugo*

exŭl (exsŭl), *ŭlis*, m. f., exilé, banni, proscrit : [C] Pros. ; ***patriae*** [C] Poés. ; ***patria*** [C] Pros., banni de sa patrie ‖ [fig.] ***mentis*** [C] Poés., privé de sa raison

exŭlāris, *e*, d'exilé : [T] Pros.

exŭlātĭo (exsŭl-), *ōnis*, f., exil : [+C] Pros.

exulcĕrātĭo, *ōnis*, f., ulcération, ulcère : [+C] Pros. ‖ [fig.] aggravation, action d'irriter : [+C] Pros.

exulcĕrātus, part. de *exulcero*

exulcĕrō, *ās, āre, āvī, ātum*, tr., former des ulcères, ulcérer : [+C] Pros. ‖ [fig.] blesser, irriter, exaspérer : [C] Pros. ; ***vestram gratiam*** [C] Pros., aigrir votre sympathie mutuelle ; ***exulceratus animus*** [C] Pros., esprit aigri

exulō (exsŭl-), *ās, āre, āvi, ātum*, intr., être exilé, banni, vivre en exil : ***Romae*** [C] Pros., passer son exil à Rome ‖ [fig.] ***animo*** [C] Pros., être exilé en esprit

exŭlŏr, *ārĭs, ārī, -*, intr., être exilé : [+C] Poés., [T] Pros.

exulto, → *exsulto*

exŭlŭlātus, part. de *exululo*

exŭlŭlō, *ās, āre, āvī, ātum* ¶ **1** intr., pousser des hurlements, des cris : [C] Poés. ¶ **2** tr., appeler avec des cris, des hurlements : [C] Poés.

exunctus, *a, um*, part. de *exungo*

exundō, *ās, āre, āvī, ātum* ¶ **1** intr., couler abondamment hors, déborder : [+C] Pros. ‖ être rejeté (sur le rivage) : [+C] Pros. ‖ [fig.] se répandre abondamment : [+C] Poés., Pros. ¶ **2** tr., répandre avec abondance : [+C] Poés.

exungō (-guō), *ĭs, ĕre, -, unctum*, tr., oindre : ***exungi*** [-C] Théât., s'oindre, se parfumer

exŭo, *ĭs, ĕre, ŭī, ūtum*, tr. ¶**1** tirer de, dégager : ***se, ex laqueis*** 🄲 Pros., se dégager des mailles d'un filet ; ***se jugo*** 🄲 Pros., se débarrasser du joug ; ***ensem vagina*** +🄲 Poés., tirer l'épée du fourreau ‖ mettre à découvert, à nu : ***lacertos exuit*** 🄲 Poés., il mit à nu ses bras ; ***exuimur*** +🄲 Poés., nous nous déshabillons ¶**2** [fig.] débarrasser de, dépouiller de : ***hominem ex homine*** 🄲 Pros., dépouiller l'homme de l'homme, se défaire de la qualité d'homme ‖ [avec abl.] ***aliquem agro*** 🄲 Pros., dépouiller qqn de son champ ; ***se omnibus vitiis*** +🄲 Pros., se débarrasser de tous ses vices ‖ [milit.] ***exuere hostem armis, impedimentis***, forcer l'ennemi à abandonner ses armes, ses bagages : 🄲 Pros. ; ***exutus armis*** 🄲 Pros. ; ***castris*** 🄲 Pros., contraint d'abandonner ses armes, son camp ¶**3** se débarrasser de, rejeter loin de soi : 🄲 Poés. ; ***togam*** +🄲 Pros., dépouiller la toge ‖ [fig.] ***humanitatem*** 🄲 Pros., dépouiller tout sentiment d'humanité ; ***mores antiquos*** 🄲 Pros., rejeter ses anciennes moeurs ; ***patriam*** +🄲 Pros., renier sa patrie ; ***promissa*** +🄲 Pros., désavouer ses engagements, renier sa parole ; ***exuto Lepido*** +🄲 Pros., Lépide étant évincé ; ***exuere magistrum*** +🄲 Pros., se débarrasser de son maître

exuper-, ▶ *exsuper-*

exurdo, ▶ *exsurdo*

exurgĕō, *ēs, ēre, -, -*, tr., exprimer en pressant, presser : -🄲 Théât.

exurgo, ▶ *exsurgo*

exūrō, *ĭs, ĕre, ussi, ustum*, tr., détruire (effacer) par le feu : 🄲 Poés. ‖ brûler qqn : 🄲 Pros. ‖ incendier des villages : 🄲 Pros. ‖ dessécher : 🄲 Pros., 🄲 Poés. ‖ [en parl. de la soif] consumer qqn, dessécher qqch. : 🄲 Poés., Pros. ‖ [fig.] enflammer [en parl. de l'amour] : 🄲 Poés.

exustĭo, *ōnis*, f., embrasement, incendie : 🄲 Pros.

exustus, *a, um*, part. de *exuro*

exūtus, *a, um*, part. de *exuo*

exŭvĭae, *ārum*, f., ce qu'on a ôté de la surface du corps, vêtements, armes ou ornements : -🄲 Théât., 🄲 Poés. ‖ peau [des animaux], dépouille : 🄲 Poés. ‖ dépouilles [enlevées à l'ennemi], butin : 🄲 Pros. ; [poét.] 🄲 Poés. ‖ [fig.] ***ornatus exuviis*** 🄲 Pros., paré de ses dépouilles

exŭvĭum, *ĭī*, n., dépouilles : ***exuvio plenus*** 🄲 Poés., chargé de dépouilles

exvăpōro, ▶ *evaporo*

Ezĕchīās, *ae*, m., roi de Juda : 🅃 Pros.

Ezĕchĭēl, *ēlis*, m., prophète des Hébreux : 🅃 Pros.

F

f, n., f. indécl., ***FF = fecerunt*** ‖ ***F. F. = Flavia fidelis*** ‖ ***F. C. = faciendum curavit*** ‖ ***F. I. = fieri jussit*** ‖ ***FL. = Flavius*** ou ***Flavia tribu*** ‖ ***FL. P. = flamen perpetuus***

făba, *ae*, f., fève [légume] : [C] Pros., [+C] Pros.

făbācĕus (-cĭus), *a*, *um*, de fèves : [T] Pros. ‖ **fābācĭae**, *ārum*, f. pl., cosses de fève : [+C] Pros.

făbāgĭnus, *a*, *um*, de fèves : [-C] Pros.

făbālis, *e*, de fèves : [C] Poés. ‖ **fabalia**, *um*, n. pl., tiges de fèves : [-C] Pros., [+C] Pros.

Făbăris, *is*, m., rivière des Sabins [auj. Farfa] : [C] Poés.

făbārĭus, *a*, *um*, qui concerne les fèves : ***fabariae Kalendae*** [T] Pros., fabaries, calendes de juin [où l'on offrait aux dieux les fèves nouvelles] ; ***pilum fabarium*** [-C] Pros., pilon pour broyer les fèves

Făbātus, *i*, m., surnom romain : [C] Pros.

fābella, *ae*, f., récit, anecdote, historiette, conte : [C] Pros. ‖ fable : [C] Poés. ‖ pièce de théâtre : [C] Pros.

1 **făber**, *bra*, *brum*, fait avec art, ingénieux : [C] Poés. ‖ ***-errimus*** [+C] Pros.

2 **făber**, *bri*, gén. pl. ordin. ***fabrum***, [C] Pros., m., ouvrier, artisan : ***faber tignarius*** [C] Pros., charpentier ‖ [fig.] artisan, ouvrier : [C] Pros.

Făbĕrĭus, *ĭi*, m., nom d'homme : [C] Pros. ‖ **-ĭānus**, *a*, *um*, de Fabérius : [C] Pros.

Făbĭus, *ĭi*, m., nom d'une célèbre famille romaine (*gens Fabia*) ; not[t] Fabius [qui institua les Luperques sous Romulus] : [C] Poés. ‖ Q. Fabius Maximus, surnommé Cunctator, qui arrêta les succès d'Hannibal en Italie : [C] Pros. ‖ ***Fabii***, pl., les Fabius, la maison Fabia, les 306 Fabius qui périrent dans la guerre de Véies : [C] Pros. ‖ Q. Fabius Pictor, historien latin, source fréquente de [C] Pros. : [C] Pros. ‖ Fabius l'Allobrogique [vainqueur des Allobroges] : [C] Pros. ‖ **-ĭus**, *a*, *um*, de Fabius : ***lex Fabia*** [C] Pros., loi Fabia ; ***fornix Fabius*** [C] Pros. ; ➡ *fornix Fabianus* ‖ **-ĭānus**, *a*, *um*, de Fabius : ***fornix Fabianus*** [C] Pros., la voûte fabienne [arc de triomphe construit par Q. Fabius Maximus l'Allobrogique] ‖ **-ĭāni**, *ōrum*, m. pl., la tribu Fabia : [+C] Pros.

Făbrātĕrĭa, *ae*, f., ville du Latium [auj. Falvatera] : [C] Pros. ‖ **-terni**, *ōrum*, m. pl., habitants de Fabrateria : [C] Pros.

făbrē, adv., artistement : [-C] Théât. ‖ ***-berrime*** [+C] Pros.

făbrēfăcĭō, *ĭs*, *ĕre*, *fēcī*, *factum*, tr., construire avec art : ***argentum fabrefactum*** [C] Pros., argent travaillé, objets en argent ciselé

făbrĭca, *ae*, f. ¶ **1** métier d'artisan, art : ***aeraria, materiaria*** [+C] Pros., l'art de travailler le bronze, le bois ; [C] Pros. ; [en part.] architecture : [C] Pros. ¶ **2** action de travailler artistement, de façonner, de confectionner, de fabriquer : [C] Pros. ¶ **3** [fig.] œuvre d'art, machination, ruse, fourberie : [-C] Théât. ¶ **4** atelier, fabrique : [-C] Théât. ‖ forge : [C] Pros.

făbrĭcātĭo, *ōnis*, f. ¶ **1** action de fabriquer, de construire : [C] Pros. ¶ **2** structure [de l'homme] : [C] Pros. ‖ fabrication [d'un mot] : [C] Pros.

făbrĭcātŏr, *ōris*, m., constructeur, ouvrier, artisan [de qqch.] : [C] Pros., Poés. ‖ [chrét.] le Créateur : [T] Pros.

făbrĭcātōrĭus, *a*, *um*, producteur, créateur : [T] Pros.

făbrĭcātrix, *īcis*, f., celle qui fabrique : [T] Pros.

1 **făbrĭcātus**, *a*, *um*, part. de *fabrico* et *fabricor*

2 **făbrĭcātŭs**, *ūs*, m., [fig.] travail, ouvrage d'art : [T] Pros.

Fabrĭcĭus, *ĭi*, m., nom de familleromaine, not[t] Fabricius [consul en 282 et 278, célèbre par son désintéressement] : [C] Pros. ‖ **-cĭus** et **-cĭānus**, *a*, *um*, relatif à un Fabricius : [C] Poés., Pros.

făbrĭcō, *ās*, *āre*, *āvī*, *ātum*, ➡ *fabricor* : [C] Poés., Pros. ‖ [au passif] ***fabricentur*** [+C] Pros., que soient fabriqués ; ***fabricatus***, fabriqué : [C] Poés., [+C] Pros.

făbrĭcŏr, *ārĭs*, *ārī*, *ātus sum*, tr., façonner, confectionner, fabriquer [pr. et fig.] : ***signa*** [C] Pros. ; ***gladium*** [C] Pros. ; ***Capitolii fastigium*** [C] Pros. ; ***astra*** [C] Pros. ; ***verba*** [C] Pros., fabriquer des statues, un glaive, le faîte du Capitole, les astres, des mots ‖ combiner, inventer, imaginer : [-C] Théât., [C] Pros. ‖ [chrét.] créer [en parl. de Dieu] : [+C] Pros.

făbrĭfĭcātĭo, *ōnis*, f., confection : [+C] Pros.

făbrīlis, *e*, d'ouvrier, d'artisan : [C] Pros. ‖ de forge : [C] Poés. ‖ séché à la fumée [de la forge] : [+C] Pros. ‖ **-lĭa**, *ĭum*, n. pl., oeuvres d'artisan : [C] Pros.

făbrīlĭtĕr, adv., artistement, avec art : [T] Poés.

făbrĭō, *īs*, *īre*, *īvī*, -, tr., construire : [+T] Poés.

1 **fābŭla**, *ae*, f. ¶ **1** propos de la foule, conversations : [+C] Pros. ; ***esse in fabulis*** [+C] Pros., être l'objet des propos, des conversations ; [avec prop. inf.] ***fabula est***, on raconte que : [+C] Pros. ¶ **2** propos familiers, conversations [privées] : [+C] Pros. ; ***convivales fabulae*** [+C] Pros., propos de table ¶ **3** récit sans garantie historique, récit mythique : [C] Pros. ; ***fictae fabulae*** [C] Pros. ; ***poeticae*** [C] Pros., récits fabuleux, légendes poétiques ; ***sicut in fabulis*** [C] Pros., comme dans les récits légendaires ‖ ***fabulae !*** [-C] Théât., contes ! chansons ! sornettes ! ; [C] Poés. ¶ **4** pièce de théâtre : ***Livianae fabulae*** [C] Pros., les pièces de Livius Andronicus ; ***fabulam dare*** [C] Pros., faire jouer, donner au public une pièce de théâtre ; ***docere*** [C] Pros., faire représenter une pièce [m. à m., la faire apprendre aux acteurs] ; [C] Pros. ¶ **5** conte, fable, apologue : [C] Pros., [+C] Pros. ; ***lupus in fabula*** [C] Pros., c'est le loup de la fable [il est arrivé comme le loup de la fable, au moment où on parlait de lui] ; [-C] Théât.

2 **făbŭla**, *ae*, f., petite fève : [-C] Théât.

fābŭlāris, *e*, fabuleux, mythique : [+C] Pros.

fābŭlātĭo, *ōnis*, f., propos mensongers : [T] Pros.

fābŭlātŏr, *ōris*, m., conteur, narrateur : [+C] Pros. ‖ fabuliste : [+C] Pros.

Făbullus, *i*, m., ami de Catulle : [C] Poés.

fābŭlō, *ās*, *āre*, -, -, ➡ *fabulor* : [-C] Théât.

fābŭlŏr, *ārĭs*, *ārī*, *ātus sum*, tr., parler, causer (***alicui, cum aliquo***, avec qqn) : [-C] Théât., [+C] Pros. ‖ ***aliquid*** [-C] Théât., raconter qqch. ; [avec prop. inf.] [-C] Théât. ‖ bavarder : [C] Pros.

fābŭlōsĭtās, *ātis*, f., récit fabuleux, fable, hâblerie : [+C] Pros.

fābŭlōsus, *a*, *um*, qui est matière à beaucoup de fables, fabuleux : [C] Poés., [+C] Pros.

făbŭlus, *i*, m., petite fève : [-C] Pros., [C] Pros., [+C] Pros.

fac, impér. de *facio*

facdum, ➡ *fac dum*, fais donc : [-C] Théât.

făcĕ, abl. de *fax*

Făcēlīna (Phă-), *ae*, f., sanctuaire de Diane, en Sicile : [+C] Poés.

făcessītus, *a*, *um*, part. de *facesso*

făcessō, *ĭs*, *ĕre*, *ī*, *ītum*, tr. et intr. ¶ **1** tr., exécuter avec empressement : ***jussa*** [C] Poés., exécuter des ordres avec empressement ‖ occasionner, causer : ***alicui periculum*** [C] Pros., mettre qqn en péril ; ***negotium alicui*** [C] Pros., créer des embarras à qqn, inquiéter qqn ¶ **2** intr., s'en aller, s'éloigner, se retirer : ***(ex) urbe*** [C] Pros., s'éloigner de la ville ; ***operae facessant*** [C] Pros., que les ouvriers se retirent

făcētē, adv. ¶**1** d'une façon élégante, avec grâce : [-C] Théât. ‖ finement, joliment : [-C] Théât. ; ***-tius*** [C] Pros. ¶**2** d'une manière plaisante, spirituelle : ***aliquid facete dicere*** [C] Pros., dire qqch. avec esprit, faire un trait d'esprit ; ***-tissime*** [C] Pros.

făcētia, ***ae***, f., plaisanterie : [-C] Théât., [+C] Pros.

făcētiae, ***ārum***, f. pl., [en gén.] plaisanterie, finesse, esprit, enjouement : [C] Pros. ‖ [en part.] plaisanteries, bons mots : [C] Pros.

făcētiŏr, ***ārĭs***, ***ārī***, -, plaisanter : [T] Pros.

făcētō, ***ās***, ***āre***, -, -, tr., orner, embellir : [+T] Poés.

făcētus, ***a***, ***um*** ¶**1** élégant : [-C] Théât., [C] Pros., [+C] Pros., Poés. ¶**2** plaisant, spirituel, enjoué : [C] Pros. ‖ ***-tior*** [-C] Poés. ; ***-tissimus*** [C] Pros.

făcĭēs, ***ēi***, f. ¶**1** forme extérieure, aspect général, air, façon [définition d'Aulu-Gelle] ***a)*** [d'une pers.] [-C] Théât., [C] Pros., [+C] Pros. ***b)*** [d'une chose] ***facies urbis*** [C] Pros. ; ***facies loci*** [+C] Pros., l'aspect de la ville, du lieu ; ***in montis faciem*** [C] Poés. ; ***in faciem stagni*** [+C] Pros., en forme de montagne, de lac ‖ [fig.] [+C] Pros. ; ***prima facie*** [+C] Pros., au premier aspect ***c)*** [en part.] bel aspect, beauté : [C] Poés. ¶**2** figure, physionomie : [C] Pros. ; [prov.] ***perfricare faciem*** [+C] Pros., bannir toute honte ¶**3** [poét.] genre, espèce : [C] Poés., [+C] Pros. ¶**4** [fig.] spectacle : [+C] Pros. ¶**5** ***a facie***, en face de, en présence de, devant : [T] Pros. ‖ hors de : [T] Pros. ‖ ***ante faciem, secundum faciem***, en présence de : [T] Pros.

făcĭlĕ, adv. ¶**1** facilement, aisément, sans peine : ***facilius*** [C] Pros. ; ***facillime*** [C] Pros. ¶**2** aisément, sans contredit, sans conteste, sans doute : [C] Pros. ¶**3** [avec une évaluation] ***facile triciens*** [C] Pros., facilement trois millions ‖ ***non facile*** [C] Pros. ; ***haud facile*** [C] Pros., difficilement, avec peine ¶**4** aisément, volontiers, sans difficulté : [-C] Théât., [C] Pros. ¶**5** facilement, sans souci, agréablement [dans l'expression *facile vivere*] : [-C] Théât., [+C] Pros.

făcĭlis, ***e*** ¶**1** qui se fait aisément, facile : [C] Pros. ; ***ascensus facilis*** [C] Pros., montée facile ; ***iter facilius*** [C] Pros., chemin plus facile ‖ [suiv. contexte] facile à trouver, à supporter : ***facilis victus*** [C] Poés., nourriture abondante ; ***jactura*** [C] Poés., perte légère ; ***facile lutum*** [C] Poés., terre aisée à façonner (malléable) ; [C] Pros. ; ***facili actu*** [+C] Pros., d'un mouvement simple [sans art] ‖ [avec *ad*] [C] Pros. ; [surtout avec *ad* et gér.] [C] Pros. ; ***ad credendum*** [C] Pros., chose facile à juger, à croire ‖ [avec *in* acc.] = en vue de, pour : [C] Pros. ‖ [avec supin] [-C] Théât. ; ***cognitu*** [C] Pros., facile à connaître ; ***inventu*** [C] Pros., facile à trouver ; [V.] *invenio* ¶*1* fin ; [mais] ***facilis victu gens*** [C] Poés., nation pourvue de toutes subsistances ‖ [avec inf.] ***facilis corrumpi*** [+C] Pros., facile à corrompre ; [le plus souvent] ***facile est***, il est facile de : [C] Pros. ‖ [avec *ut* subj.] [+C] Pros. ‖ [avec dat.] [C] Poés. ; ***campus operi*** [C] Pros., plaine qui se prête aux ouvrages militaires ; ***(Macedonia) facilis divisui*** [C] Pros., (la Macédoine) facile à partager ‖ [n. pris subst[t]] ***in facili esse*** [C] Pros., [+C] Pros., être dans les choses faciles, être facile ; ***ex facili*** [+C] Pros., facilement ¶**2** ***a)*** qui fait facilement, qui a de la facilité (de l'aisance) dans qqch. : ***facilis ad dicendum*** [C] Pros., qui a de la facilité de parole ; ***faciles in excogitando*** [+C] Pros., qui ont l'imagination facile ‖ ***faciles oculi*** [C] Poés., yeux mobiles ***b)*** qui est prêt à faire, disposé volontiers à, favorable à : ***commercio faciles*** [C] Pros., disposés à vendre ; ***facilis inanibus*** [+C] Pros., enclin aux vaines croyances ; ***capessendis inimicitiis*** [+C] Pros., disposé à se charger des haines ; [poét.] [C] Poés., [+C] Poés. ¶**3** d'humeur facile, traitable, de bonne composition : [-C] Théât., [C] Pros. ; ***faciles ad concedendum*** [C] Pros., disposés aux concessions ; [C] Poés. ; ***facilis juventa*** [+C] Pros., d'humeur communicative à cause de sa jeunesse ; ***mores facillimi*** [C] Pros., caractère extrêmement affable

făcĭlĭtās, ***ātis***, f. ¶**1** facilité à faire qqch. : [C] Pros. ‖ aptitude heureuse à : [+C] Pros. ; ***oris*** [+C] Pros., souplesse de la langue [facilité de prononciation] ¶**2** facilité de parole : [+C] Pros. ¶**3** [surtout] facilité d'abord, de caractère, affabilité, bonté, complaisance : ***quanta facilitate (debent esse imperatores)*** [C] Pros., quelle ne doit pas être leur affabilité !, (cf. ***faciles aditus*** [C] Pros., abords faciles) ‖ [qqf. en mauvaise part] facilité excessive, faiblesse : [+C] Pros.

făcĭlĭtĕr, adv., [arch., blâmé par Quintilien] ➡ *facile* : [C] Pros.

făcĭnŏrōsus (-ĕrōsus), ***a, um***, chargé de crimes : [C] Pros.

făcĭnus, ***ŏris***, n. ¶**1** action, acte, fait [en gén.] : [-C] Théât. ; ***nefarium*** [C] Pros. ; ***pulcherrimum*** [C] Pros., acte criminel, admirable : [C] Pros. ‖ [d. Plaute = chose] [-C] Théât. ¶**2** [surtout en mauvaise part] forfait, crime, attentat : [C] Pros. ‖ ***facinus facere*** [C] Pros. ; ***obire*** [C] Pros. ; ***committere*** [C] Pros. ; ***admittere*** [C] Pros. ; ***patrare*** [C] Pros., commettre un crime ‖ [poét.] = instrument du crime : [C] Poés.

făcĭō, ***ĭs***, ***ĕre***, ***fēcī***, ***factum***, pass., [V.] *fio* ; tr., faire

I [avec compl. à l'acc.] ¶**1** [avec compl. de choses] ***a) pontem facere*** CAES., faire un pont ; ***ignem facere*** CIC., faire du feu ; ***gradum facere*** CIC., faire un pas ; ***iter facere*** CIC., CAES., faire route ; ***impetum in hostem facere*** CAES., LIV., faire une charge contre l'ennemi ; ***praedam facere*** CAES., faire du butin ; ***pecuniam facere*** CIC., faire de l'argent = amasser de l'argent ; ***mercaturas facere*** CIC., faire du commerce ; ***argentariam facere*** CIC., faire de la banque = être banquier ***b)*** [sens divers selon le complément] ***castra facere*** CAES., établir un camp ; ***exercitum facere*** CIC., constituer, lever une armée ; ***ludos facere*** CIC., organiser des jeux ; ***litteram facere*** CIC., tracer un caractère, écrire ; ***verba facere*** CAES., parler ; ***damnum facere*** CIC., faire une perte = subir une perte, éprouver un dommage ; ***suspicionem facere*** CIC., créer une suspicion = provoquer le soupçon ; [avec un adv.] ***multa egregie facere*** CIC., accomplir beaucoup de belles actions ; [avec un compl. au dat.] ***alicui desiderium alicujus rei facere*** LIV., donner à qqn le désir de qqch. ; ***alicui potestatem facere*** CIC., donner à qqn le pouvoir (de faire qqch.) ***c)*** [avec compl. à l'acc. et attribut] faire, rendre : ***senatum firmiorem facere*** CIC., rendre le sénat plus solide ***d)*** [expressions] ***quid huic homini facias ?*** CIC., que faire à l'égard d'un tel homme ? ; ***quid hoc homine facias ?*** CIC., que faire d'un tel homme ? ¶**2** [avec compl. de personnes] ***a)*** faire, former : ***pullos facere*** VARR., faire des petits ; [en part. au pass.] ***factus ad dicendum*** CIC., fait pour la parole ; ***totus ex mendacio factus*** CIC., tout pétri de mensonge ‖ [avec un compl. et un attribut] faire, rendre : ***aliquem reum facere*** CIC., faire de qqn un accusé = accuser qqn ***b)*** instituer, créer, élire : ***duumviros facere*** LIV., instituer des duumvirs ; [avec un compl. et un attribut] ***consulem aliquem facere*** CIC., élire qqn consul ***c)*** représenter, mettre en scène : ***gloriosum militem facere*** TER., mettre en scène un soldat fanfaron ; [avec un compl. et un attribut] ***aliquem cum aliquo colloquentem*** CIC., représenter une personne en conversation avec une autre ¶**3** [avec 2e compl. au gén. de prix] estimer : ***aliquid magni facere*** CIC., estimer beaucoup qqch. ; ***aliquid pluris facere*** CIC., estimer qqch. davantage ; ***aliquid nihili facere*** CIC., n'avoir aucune estime pour qqch. ; ***aliquid plurimi facere*** CIC., estimer qqch. au plus haut point

II [avec prop. subordonnée] ¶**1** [avec *ut* et le subj.] faire que, faire en sorte que ‖ [avec subj. seul] même sens : CIC. *Fam.* ‖ [avec *quomodo*] même sens : SEN. ¶**2** [avec *ut non*, ou *ne*, ou *ut ne*] faire en sorte que ne ... pas (de ne ... pas) : CIC. ‖ [avec négation et *quin*] ***facere non posse quin*** CIC., ne pouvoir empêcher que ¶**3** [avec prop. inf.] faire que ‖ [en part.] supposer que, imaginer que : ***facere animos non remanere post mortem*** CIC., supposer que les âmes ne subsistent pas après la mort ‖ représenter : ***poetae impendere saxum Tantalo faciunt*** CIC., les poètes nous représentent un rocher suspendu au-dessus de la tête de Tantale

III [abs[t]] ¶**1** faire, agir, se comporter (de telle ou telle façon) : ***periculose facere*** CIC., accomplir un acte dangereux ; ***arroganter facere, cum...*** CAES., montrer de la présomption (agir de façon présomptueuse) en ... ; ***similiter facere ut si ...*** CIC., se comporter exactement comme si ... ‖ ***alicui bene facere***, se comporter bien à l'égard de qqn : ***multis benigne facere*** CIC., rendre des services à beaucoup de personnes ‖ [avec sujet de choses] faire bien, aller bien, convenir : ***belle facere ad aliquid*** SEN. *Ep.*, aller bien à qqch., faire bien pour qqch. ¶**2** faire un sacrifice, sacrifier : ***alicui facere*** CIC., sacrifier à une divinité ; ***aliqua re facere*** VIRG., sacrifier au moyen de qqch. ¶**3** être du parti de qqn : ***facere cum aliquo*** CIC., être du parti de qqn, être pour qqn ; ***facere ab aliquo*** CIC., même sens ‖ ***contra aliquem facere*** CIC., être contre qqn

făcĭs, indic. prés., 2e pers. sg. de *facio* et gén. de *fax*

factĕōn, ➡ *faciendum* [mot forgé à l'imitation de φιλοσοφητέον] : [C] Pros.

factĭo, ***ōnis***, f.

I ¶1 pouvoir de faire, droit de faire : ***testamenti*** Pros., capacité de tester **¶2** manière de faire, conduite : Théât.
II société de gens groupés **¶1** troupe, corps, corporation, association, parti : Théât. **¶2** [en mauvaise part] faction, ligue : Pros. ‖ cabale, intrigue : Pros. **¶3** [en part.] parti politique, faction : ***altera factio*** Pros., le parti politique opposé ‖ [à Rome, idée d'oligarchie] faction, oligarchie : Pros. **¶4** factions des cochers dans le cirque, au nombre de quatre, ayant chacune sa couleur : Pros. **¶5** [chrét.] la faction chrétienne : Pros.

factĭōsē, adv., puissamment : Pros.

factĭōsus, *a*, *um* **¶1** [arch.] agissant : Théât. **¶2** [sens ordinaire] affilié à une coterie politique, intrigant, factieux : Pros. ‖ qui se rattache à une faction, oligarchique : Pros. ‖ ***-ior*** Pros. ‖ ***-issimus*** Pros.

factĭtō, *ās*, *āre*, *āvī*, *ātum*, tr., faire souvent, habituellement : Pros. ; ***accusationem factitare*** Pros., faire le métier d'accusateur ‖ instituer (qqn héritier) : Pros. ‖ exercer, professer : ***medicinam*** Pros., exercer la médecine ; ***delationes*** Pros., faire le métier de délateur

factō, *ās*, *āre*, -, -, fréq. de *facio* : Théât.

factŏr, *ōris*, m., faiseur, auteur, créateur, fabricant : Pros. ‖ celui qui envoie la balle : Théât. ‖ celui qui met en pratique : Pros.

factum, *i*, n. **¶1** ▶ *2 factus* : Pros. **¶2** fait, action, entreprise, travail, ouvrage : ***meum factum*** Pros., mes actes ; ***recte, male facta*** Pros., bonnes, mauvaises actions **¶3** ***facta*** [absᵗ] actions d'éclat, hauts faits, exploits : Poés. ‖ ***bonum factum*** [abrégé en *B. F.*, formule précédant un ordre, un édit] pour le bien général, que... : Pros.

factūra, *ae*, f., œuvre : Poés.

1 **factus**, *a*, *um*, part. p. de *facio* ‖ [adjᵗ] Théât.

2 **factŭs**, *ūs*, m., construction : Pros. ‖ quantité d'huile fournie par un tour de pressoir : Pros., Pros.

făcŭl, ▶ *facile*, facilement : Théât.

făcŭla, *ae*, f., petite torche : Pros. ; [fig.] Théât.

făcultās, *ātis*, f. **¶1** faculté, facilité, possibilité, capacité : Pros. : Pros. ‖ [avec inf.] Pros., Poés. ‖ ***si facultas erit*** Pros., si c'est possible ; ***quoad facultas feret*** Pros., dans la mesure du possible ; ***dum est facultas*** Pros., pendant que c'est possible **¶2** [en part.] ***facultas dicendi*** et ***facultas*** seul, talent oratoire, faculté oratoire : Pros. ; ***extemporalis*** Pros., faculté d'improvisation **¶3** facilité de se procurer, abondance de, provision de : Pros. ‖ [pl.] ressources : Pros. ; ***Italiae*** Pros., les ressources de l'Italie ; [en part.] facultés, moyens, richesses : Pros.

făcultātŭla, *ae*, f., faibles moyens [pr. et fig.] : Pros.

făcundē, adv., éloquemment : Théât., Pros. ‖ ***-dius*** Pros. ; ***-issime*** Pros.

făcundĭa, *ae*, f., facilité d'élocution, talent de la parole, éloquence : Théât., Pros., Pros., Poés. ‖ pl., Pros.

făcundĭōsus, *a*, *um*, éloquent : Pros.

făcundĭtās, *ātis*, f., ▶ *facundia* : Théât.

făcundus, *a*, *um*, qui s'exprime facilement, qui sait manier la parole, éloquent, disert : Pros., Poés., Pros. ‖ ***-dior*** Pros. ; ***-dissimus*** Pros. ‖ ***facunda oratio*** Pros., discours abondant, coulant

Fadĭus, *ĭi*, nom de famille romain : Pros.

faecārĭus, *a*, *um*, de marc [de raisin] : Pros.

faecātus, *u*, *um*, de marc [de raisin] : ***faecatum vinum*** Pros., piquette

faecĕus, *a*, *um*, couvert de boue, ignoble : Théât.

faecĭnĭus (-cĭnus), *a*, *um*, qui laisse du marc [raisin] : Pros. ‖ qui laisse de la lie [vin] : Pros.

faecis, gén. de *faex*

faecōsus, *a*, *um*, bourbeux : Poés.

faecŭla, *ae*, f., tartre : Poés. ; ***faecula Coa*** Poés., tartre de vin de Cos [condiment]

faecŭlentĭa, *ae*, f., abondance d'ordure : Pros.

faecŭlentus, *a*, *um*, plein de lie, de vase, bourbeux, trouble : Pros. ‖ [fig.] ordurier : Pros.

faelēs, **faelis**, ▶ *feles*

faenum, etc., ▶ *fenum*

Faesŭla, *ae*, f., Poés. et **-lae**, *ārum*, f. pl., Fésules, ville d'Étrurie [auj. Fiesole] : Pros. ‖ **-ānus**, *a*, *um*, de Fésules : Pros.

faet-, ▶ *foet-*

faex, *faecis*, f. **¶1** lie, dépôt, résidu, sédiment, fèces : Pros., Poés. ‖ tartre : Poés. ‖ sauce épaisse : Poés. **¶2** [fig.] lie, rebut : Pros. ; ***de faece hauris*** Pros., tu prends dans la lie [tu énumères la tourbe des orateurs] ; Poés. ‖ résidu, fond (de la bourse) : Poés.

fāgĭnĕus, *a*, *um*, de hêtre : Pros., Poés. ‖ **-ĭnus**, *a*, *um*, Poés.

fāgĭnus, *i*, m., hêtre : Poés.

fāgo, ▶ *phago*

fāgus, *i*, f., hêtre : Poés., Pros.

Fāgūtāl, *ālis*, n., emplacement sur le mont Esquilin où il y avait un hêtre et un édicule dédiés à Jupiter : Pros. ‖ **-lis**, *e*, du Fagutal : Pros.

Fālăcer, *cris*, m., nom d'un dieu : Pros. ‖ [adj.] épithète d'un flamine : Pros.

Falacrīnum, *i*, n., ▶ *Phalacrine*

fălae, *ārum*, f. pl., tours de bois : Pros. ‖ les sept colonnes de bois de la Spina du Cirque : Poés.

fălanga, ▶ *phalangae*

fălărĭca (phăl-), *ae*, f., javelot enduit de filasse et de poix, falarique [lancé du haut des *falae* :] : Pros. ‖ javelot : Poés., Pros.

falcārĭus, *ĭi*, m., taillandier, ouvrier qui fabrique des faux, des faucilles : Pros.

falcātus, *a*, *um* **¶1** en forme de faux, courbé, courbe : Poés. **¶2** armé, muni d'une faux : Pros., Pros.

falcīcŭla, *ae*, f., faucille, serpe : Pros.

Falcĭdĭus, *ĭi*, m., nom d'un tribun de la plèbe : Pros. ‖ **-ĭānus**, *a*, *um*, de Falcidius : Pros.

falcĭfĕr, *ĕra*, *ĕrum*, qui porte une faux : Poés. ‖ ***falcifer senex*** Poés., Saturne

1 **falcŭla**, *ae*, f., faucille : Pros., Pros.

2 **Falcŭla**, *ae*, m., surnom romain : Pros.

fălĕrae, ▶ *phalerae*

fălērĕ, *is*, n., pilier : Pros.

Fălĕrĭi, *ōrum*, m. pl., Faléries [ville d'Étrurie, capitale des Falisques] : Pros.

Fălĕrīna trĭbŭs, f., une des tribus rustiques de Rome : Pros.

Fălernus, *a*, *um*, de Falerne [territoire de Campanie, renommé par ses vins] : Poés. ; ***mons*** Pros., le Massique ‖ ***Falernum*** n. ***a)*** le vin de Falerne : Poés. ***b)*** le domaine de Falerne [une terre de Pompée] : Pros.

făliscae, *ārum*, f. pl., mangeoires, râteliers : Pros.

Făliscus, *a*, *um*, de Faléries, des Falisques : ***venter*** Pros., ventre de cochon farci (à la mode des Falisques) ‖ **Falisci**, *ōrum*, m. pl., Falisques [peuple d'Étrurie] : Poés., Pros.

fallācĭa, *ae*, f., tromperie, fourberie, supercherie, ruse : Théât. ‖ enchantement, sortilège : Poés. ‖ [au pl.] Théât. ; ***fallaciis*** Pros., par des artifices

fallācĭēs, *ēi*, f., ▶ *fallacia* : Pros.

fallācĭlŏquus, *a*, *um*, qui trompe par des paroles, astucieux : d. Pros.

fallācĭōsus, *a*, *um*, trompeur, fallacieux : Pros.

fallācĭtĕr, adv., d'une manière trompeuse : Pros. ‖ ***-cissime*** Pros.

fallax, *ācis*, trompeur, imposteur, perfide, captieux, insidieux : Pros. ; ***spes fallaces*** Pros., espoirs trompeurs ; ***in herbis non fallacibus*** Pros., dans les plantes qui ne trompent pas

‖ [avec gén.] ***amicitiae fallax*** [+C] Pros., trompeur en amitié ‖ ***-acior*** [C] Poés. ; ***-acissimus*** [C] Pros.

fallens, *tis*, part. de *fallo*

fallō, *ĭs*, *ĕre*, *fĕfellī*, *falsum*, tr. ¶**1** faire glisser : [C] Pros., [+C] Pros. ¶**2** tromper : ***socium*** [C] Pros., tromper un associé ; ***alicujus opinionem*** [C] Pros., tromper l'opinion de qqn ; ***spem alicujus*** [C] Pros., décevoir les espérances de qqn ; ***promissum*** [+C] Pros., manquer à ses promesses ‖ [pass.] ***falli***, se tromper : [C] Pros. ; ***tota re*** [C] Pros., se tromper totalement ; ***nisi fallor*** [C] Pros., si je ne me trompe ; [C] Poés. ; [d'où] ***falsus***, qui est dans l'erreur, abusé : [-C] Théât., [C] Pros. ; [gén. poét.] [+C] Poés. ‖ [absᵗ] tromper, induire en erreur : [C] Pros. ; [en part. dans les serments] manquer à sa parole : ***si sciens fallo*** [C] Pros., si je trompe sciemment ‖ [impers.] ***nisi me fallit*** [C] Pros., si je ne me trompe ; ***nec eum fefellit*** [C] Pros., et il ne se trompa pas ¶**3** échapper à, tromper l'observation, l'attention : ***custodes*** [C] Pros., tromper l'attention des gardes : [C] Pros., [+C] Pros. ‖ [absᵗ] échapper, rester inconnu : [C] Pros., [+C] Pros. ¶**4** [impers.] ***te non fallit*** [avec prop. inf.] [C] Pros., il ne t'échappe pas que, tu sais bien que ; [C] Pros. ; ***neque Caesarem fefellit quin*** [C] Pros., il n'échappa pas à César que ¶**5** [poét.] tromper, faire oublier [les heures, les soucis, les chagrins] : [C] Poés. ‖ donner le change sur : [C] Poés.

falsārĭus, *ĭī*, m., faussaire : [+C] Pros.

falsē, adv., [V] → *falso* : [C] Pros. ‖ ***-sissime*** [T] Pros.

falsĭdĭcus, *a*, *um*, menteur, trompeur : [-C] Théât.

falsĭfĭcātus, *a*, *um*, faux, mensonger : [T] Poés.

falsĭjūrĭus, *a*, *um*, parjure : [-C] Théât.

falsĭlŏcus, [V] → *falsiloquus*

falsĭlŏquax, *ācis*, [V] → *falsiloquus* : [+T] Poés.

falsĭlŏquus (-lŏcus), *a*, *um*, menteur : [-C] Théât.

falsĭmōnĭa, *ae*, f., tromperie, mensonge : [-C] Théât.

falsĭpărens, *tis*, m., dont le père est supposé : [C] Poés.

falsĭtās, *ātis*, f., fausseté, mensonge : [T] Pros.

falsō, adv., à faux, à tort, faussement, sans raison, sans fondement : [C] Pros. ‖ ***-issime*** [T] Pros.

falsum, *i*, n., le faux, le mensonge : [C] Pros. ‖ ***falsum scribere ad aliquem*** [C] Pros., écrire à qqn une nouvelle fausse ; ***falsum judicare*** [C] Pros., porter un jugement faux

falsus, *a*, *um*, [adjᵗ] ¶**1** faux, falsifié, controuvé : ***falsae litterae*** [C] Pros., écritures falsifiées ; ***falsi rumores*** [C] Pros., faux bruits ; ***falsa fama*** [C] Pros., réputation sans fondement ; ***falsum testimonium*** [C] Pros., faux témoignage ; ***falsae voculae*** [C] Pros., tons de fausset ; ***falsa judicia*** [C] Pros., arrêts de justice portés à faux ‖ ***falsus accusator*** [C] Pros., accusateur supposé ; ***falsi testes*** [C] Pros., faux témoins ‖ [acc. n. adv.] [+C] ¶**2** [sens actif] trompeur, imposteur, menteur : [C] Pros., Poés., [+C] Pros.

falx, *falcis*, f., faux, faucille, serpe : [-C] Pros., [C] Pros. ; ***vineatica*** [C] Pros., serpette à tailler la vigne ‖ faux murale : [C] Pros. ‖ faux [arme de guerre, analogue à la faux murale] : [C] Pros. ‖ faux armant les chars : [C] Poés., [+C] Pros.

fāma, *ae*, f. ¶**1** bruit colporté, voix publique [joint à *nuntius*, "nouvelle apportée par messager"] : [C] Pros. ‖ tradition : [C] Pros. ¶**2** opinion publique, jugement de la foule : [C] Pros. ; ***dare aliquid famae*** [C] Poés., faire des concessions à l'opinion publique ; [+C] Pros. ; [en part.] mauvais propos de la foule, médisance : [C] Pros., [+C] Pros. ‖ renommée, réputation : ***popularis*** [C] Pros., la renommée populaire ; ***bona fama*** [εὐδοξία] [C] Pros., la bonne renommée ; ***dubia*** [C] Pros., renommée suspecte ; ***bene loquendi*** [C] Pros., réputation de parler correctement

fāmātus, *a*, *um*, décrié, mal famé : [C] Poés.

fămēlĭcus, *a*, *um*, affamé, famélique : [-C] Théât. ; ***famelicum convivium*** [+C] Pros., maigre repas ‖ [substᵗ] un famélique, un affamé : [-C] Théât.

fāmĕn, *ĭnis*, n., parole : [+T] Poés.

fămēs, *is*, abl. *ē*, f. ¶**1** faim : ***famem depellere*** [C] Pros., assouvir sa faim, se rassasier ; ***famem aliqua re tolerare*** [C] Pros., apaiser la faim avec qqch. ; ***fame enectus*** [C] Pros., mort de faim ‖ famine, disette, manque de vivres : [C] Pros. ‖ pauvreté, indigence : [-C] Théât. ¶**2** [fig.] violent désir, passion, avidité : [C] Poés. ‖ sécheresse [en parl. du style] : [C] Pros. ¶**3 Fames**, *is*, la Faim [déesse] : [C] Poés.

famex (famix), *ĭcis*, f. ; [inus. au nom.] sorte d'abcès : [+C] Pros. ; [V] → *famix*

fāmĭgĕrābĭlis, *e*, illustre, célèbre : [C] Pros., [+C] Pros.

fāmĭgĕrātĭo, *ōnis*, f., bruit public : [-C] Théât.

fāmĭgĕrātor, *ōris*, m., celui qui fait courir des bruits : [-C] Théât.

fāmĭgĕrātus, *a*, *um*, célébré : [+C] Pros.

fămĭlĭa, *ae*, f. ¶**1** ensemble des esclaves de la maison, le personnel des esclaves : [C] Pros. ; ***familia societatis*** [C] Pros., le personnel des esclaves attachés à la compagnie fermière ‖ maison, personnes attachées à un grand personnage : [C] Pros. ¶**2** maison de famille : ***pater, mater familias***, le père, la mère de famille [ou *familiae* [C] Pros.] ; ***filia familias*** [+C] Pros., fils, fille de famille ‖ dans un sens réel [archaïque], ***familia = res familiaris***, le bien de la famille, le patrimoine familial : [-C] Théât., [C] Pros. ‖ famille, branche de la *gens* ou qqf. [V] → *gens* : ***familiae*** [C] Pros., les familles, les familles nobles ; ***ex familia vetere*** [C] Pros., d'une ancienne famille ¶**3** [fig.] corps, secte, troupe, école : ***Peripateticorum*** [C] Pros., l'école des Péripatéticiens ; ***gladiatorum*** [C] Pros., la troupe des gladiateurs ‖ ***familiam ducit*** [C] Pros., c'est lui le chef de file, le coryphée

fămĭlĭārescō, *ĭs*, *ĕre*, -, -, intr., devenir familier, se familiariser : [T] Pros.

fămĭlĭārĭcus, *a*, *um* ¶**1** qui appartient à la *familia* (aux gens d'une maison) : ***familiarica cella*** [C] Pros., chambre d'esclave ¶**2** qui concerne la maison, la famille : ***familiaricae sellae*** [C] Pros., chaises percées

1 **fămĭlĭāris**, *e* ¶**1** qui fait partie des esclaves de la maison : [-C] Théât., [+C] Pros. ¶**2** de la maison, de la famille, domestique : [C] Pros. ; ***alicujus res familiaris*** [C] Pros., le patrimoine de qqn ; ***funus familiare*** [C] Pros., obsèques d'un parent ¶**3** ami de la maison, familier, intime : [C] Pros. ; ***familiarissimus meus*** [C] Pros., mon ami intime ‖ amical, confidentiel, intime : ***familiares sermones*** [C] Pros., conversations, propos intimes ‖ habituel : [+C] Pros. ‖ qui concerne l'État, le pays, la maison [opposé à *hostilis, inimicus*, qui concerne l'ennemi, l'adversaire] [en langue religieuse, dans l'examen des entrailles] : [C] Pros.

2 **fămĭlĭāris**, *is*, m., serviteur, domestique, esclave : [-C] Théât. ‖ un ami, un familier : [C] Pros.

fămĭlĭārĭtas, *ātis*, f., amitié, liaison, familiarité : [C] Pros. ; ***summa*** [C] Pros., intimité profonde ; ***in familiaritatem recipere*** [C] Pros., admettre dans son intimité ‖ les amis, les intimes : [+C] Pros.

fămĭlĭārĭtĕr, adv., en ami intime, intimement, familièrement : [-C] Théât., [C] Pros. ‖ [fig.] ***familiariter nosse*** [+C] Pros., connaître parfaitement, à fond ‖ aisément, habituellement : [+C] Pros.

fămĭlĭŏla, *ae*, f., domestiques peu nombreux : [T] Pros.

fămis, *is*, f., [V] → *fames*

famix, [V] → *famex*

fāmōsus, *a*, *um*, connu, fameux : [C] Poés., [+C] Pros. ‖ décrié, diffamé, de fâcheuse réputation : [C] Pros., [+C] Pros. ‖ infamant, diffamatoire : [C] Pros., [+C] Pros. ‖ ***-sissimus*** [+C] Pros.

fămŭl, *i*, m., variante de 2 *famulus* : [C] Poés.

fămŭla, *ae*, f., servante, esclave : [C] Poés. ‖ [fig.] ***fortunae*** [C] Pros., servante, esclave de la fortune ‖ abl. pl., ***famulabus*** : [T] Pros.

fămŭlantĕr, adv., avec soumission : [-C] Théât.

fămŭlāris, *e*, de serviteur, d'esclave : [C] Pros., Poés. ‖ [n. pris adv.] servilement : [+C] Poés.

fămŭlātrix, *īcis*, f., celle qui est soumise, servante, esclave : [T] Poés.

1 **fămŭlātus**, *a*, *um*, part. de *famulor*

2 **fămŭlātŭs**, *ūs*, m., servitude, esclavage : [C] Pros.

fămŭlĭtās, *ātis*, f., esclavage : [-C] Théât.

fămŭlĭtĭo, *ōnis*, f., troupe d'esclaves : [+C] Pros.

fămŭlĭtĭum, *ĭī*, n., troupe d'esclaves : [T] Pros.

fămŭlō, *ās*, *āre*, *āvī*, *ātum* ¶**1** intr., [V] → *famulor* ¶**2** tr., traiter en esclave, asservir : [+C] Pros.

fămŭlŏr, *ārĭs, ārī, ātus sum*, intr., servir, être au service : [C] Pros.

1 **fămŭlus**, *a, um*, asservi, soumis, obéissant : [C] Poés. ‖ d'esclave : [+C] Poés.

2 **fămŭlus**, *i*, m., serviteur, esclave : [C] Pros. ‖ prêtre d'une divinité : [C] Pros.

fānātĭcē, adv., en furieux : [+C] Pros.

fānātĭcus, *a, um* ¶ **1** inspiré, rempli d'enthousiasme : [C] Pros., [+C] Poés. ¶ **2** exalté, en délire, frénétique : [C] Pros. ¶ **3** [chrét.] païen : [+T] Poés.

fando, → **for*

fandus, *a, um* ¶ **1** qui peut être dit : ***non fanda*** [+C] Poés., des choses inexprimables, sans nom ¶ **2** permis : [C] Pros. : [C] Poés.

Fānestris, → *Fanum Fortunae*

Fannĭus, *ĭī*, m., nom d'une famille romaine, not[t] C. Fannius Strabo, interlocuteur du *Laelius* de Cicéron ‖ **-ĭus**, *a, um*, [T] Pros., **-ĭānus**, *a, um*, [C] Pros., de Fannius

fānō, *ās, āre, -, -*, tr., consacrer : [C] Pros.

fānŏr, *ārĭs, ārī, -*, intr., se démener en furieux : [+C] Pros.

fans, *tis*, part. prés. de *for*

fantas-, → *phantas-*

fānum, *i*, n., lieu consacré : [C] Pros. ‖ temple : [C] Pros.

Fānum Fortūnae, **Fānum**, *i*, n., ville maritime d'Ombrie [auj. Fano] : [+C] Pros. ‖ ***Fanestris colonia***, f., colonie de Fanum : [C] Pros.

fār, *farris*, n., blé [ordinaire], amidonnier : [C] Poés., [+C] Pros. ‖ épeautre, gruau : [+C] Pros. ‖ ***far pium*** [C] Poés., gâteau sacré

farcīmĕn, *ĭnis*, n., saucisse, boudin : [C] Pros.

farcĭō, *īs, īre, farsī, fartum*, tr., remplir, garnir, fourrer, bourrer : [C] Pros., [+C] Pros. ‖ engraisser [des animaux] : [-C] Pros., [+C] Pros. ‖ enfoncer, introduire : [+C] Pros. ‖ [fig.] gorger, remplir : [C] Poés.

farfărum, *i*, n.(obscur), **-fĕrum**, [-C] Théât., tussilage

Farfărus, *i*, n., → *Fabaris* : [C] Poés.

fārī, inf. prés. de **for*

fărīnārĭus, *a, um*, de farine, à farine : [-C] Pros.

fărīnātus, *a, um*, réduit en farine : [T] Pros.

fărīnŭla, *ae*, f., petite quantité de farine : [T] Pros.

fărīnŭlentus, *a, um*, farineux : [+C] Pros.

***fărĭo**, *ōnis*, m., → *1 sario* : [T] Poés.

***fārĭŏr**, *ārĭs, ārī, -*, dire : [+C] Pros. [lire *fateatur* ?]

farmăc-, → *pharmac-*

farnĕus, *a, um*, frêne : [+C] Pros.

farnus, *i*, f., frêne : [C] Pros.

farra, pl. de *far*

farrācĕus (-cĭus), *a, um*, → *farreus* : [C] Pros.

farrāgĭnārĭa, *ōrum*, n. pl., → *farrago* : [+C] Pros.

farrāgo, *ĭnis*, f. ¶ **1** dragée [mélange de divers grains qu'on laisse croître en herbe pour donner aux bestiaux] : [C] Pros., Poés. ¶ **2** compilation, fatras, macédoine, pot pourri : [+C] Poés. ‖ chose de peu de valeur, bagatelle : [+C] Poés.

farrārĭum, *ĭī*, n., grange : [C] Pros.

farrātum, *ī*, n., bouillie d'épeautre : [+C] Poés.

farrĕārĭus, *a, um*, qui concerne le blé : [-C] Pros.

farrĕus, *a, um*, de blé, de froment : [+C] Pros.

farsĭlis, *e*, farci : [+C] Pros.

fartĭlis, *e*, rempli, bourré : [+C] Pros.

fartim, adv., de manière à remplir, en bourrant : [-C] Poés., [+C] Pros.

fartŏr, *ōris*, m., celui qui engraisse des volailles [surtout des oies] : [+C] Pros.

fartum, *i*, n., ce qui sert à garnir, à farcir, farce : [+C] Pros. ‖ ***vestis fartum*** [-C] Théât., le contenu du vêtement = le corps

fartūra, *ae*, f., action de remplir, remplage, blocage [d'un mur] : [C] Pros. ‖ action de bourrer, de farcir : [C] Pros., [+C] Pros.

1 **fartus**, part. de *farcio*

2 **fartŭs**, *ūs*, → *fartum* : [T] Pros.

fās, n. indécl. ¶ **1** expression de la volonté divine, loi religieuse, droit divin : [C] Pros. ‖ [personnifié] [C] Pros., [-C] Théât. ¶ **2** [en gén.] ce qui est permis par les lois divines et par les lois naturelles, le juste, le légitime, le licite : [C] Poés., Pros. ; ***fas gentium*** [+C] Pros., le droit des gens ; ***patriae*** [+C] Pros., les droits sacrés de la patrie ¶ **3** [en part.] jour faste : [C] Pros.

fascĕa, → *fascia*

fascĕŏla, → *fasciola* : [C] Pros.

fascĭa, *ae*, f., bande, bandage, bandelette, ruban : [C] Pros., [+C] Pros. ‖ soutien-gorge : [+C] Poés. ‖ sangle de lit : [C] Pros., [+C] Poés. ‖ [archit.] bandeau [de l'architrave ionique] : [C] Pros. ‖ traînée (noire) dans le ciel : [+C] Poés. ‖ zodiaque : [C] Poés. ‖ bandeau royal, diadème : [+C] Pros.

fascĭātim, adv., en faisceau : [+C] Pros.

fascĭātus, *a, um*, part. de *fascio*

fascĭcŭlus, *i*, m., petit paquet, petite botte, fascicule : [-C] Pros. ; ***florum*** [C] Pros., bouquet ; ***litterarum*** [C] Pros., paquet de lettres

fascīna, *ae*, f., fagot de branchages : [-C] Pros.

fascĭnātĭo, *ōnis*, f., fascination, enchantement, charme : [+C] Pros.

fascĭnō, *ās, āre, āvī, ātum*, tr., utiliser des pratiques magiques, des enchantements, enchanter, fasciner, jeter un sort : [C] Poés.

fascĭnum, *i*, n., membre viril : [C] Pros., Poés.

fascĭō, *ās, āre, -, ātum*, tr., lier, attacher : [+C] Poés.

fascĭŏla, *ae*, f., bandelette, ruban : [C] Pros., Poés. ‖ bande [pour envelopper les jambes] : [C] Pros.

fascis, *is*, m., faisceau, fagot, paquet : [C] Pros., [+C] Pros. ‖ paquet, bagage du soldat : [C] Poés., [+C] Pros. ; fardeau : [C] Poés. ‖ [fig.] ***uno fasce*** [+C] Pros., en un seul corps ‖ ***fasces***, pl., faisceaux [de verges, d'où émergeait le fer d'une hache, que les licteurs portaient devant les premiers magistrats de Rome] : [C] Pros. ‖ [fig.] ***fasces alicui submittere*** [C] Pros., baisser les faisceaux, s'incliner devant qqn ‖ [fig.] dignités, honneurs, pouvoir, [en part.] le consulat : [C] Poés.

făsēlus, → *phaselus*

făsĕŏlus, → *phaseolus*

fassus, *a, um*, part. de *fateor*

fasti, *ōrum*, m. pl. ¶ **1** = ***dies fasti*** ; → *1 fastus* ¶ **2** fastes, calendrier des Romains [où étaient marqués les jours de fêtes et les jours d'audience] : [C] Pros., [+C] Pros. ‖ annales, fastes consulaires : [C] Pros. ‖ [en gén.] annales : [C] Poés.

fastīdĭentĕr, adv., avec mépris : [+C] Pros.

fastīdĭlĭtĕr, adv., avec dégoût : [C] Poés.

1 **fastīdĭō**, *īs, īre, īvī* ou *ĭī, ītum* ¶ **1** ***a)*** intr., avoir du dégoût, de la répugnance, être dégoûté : [-C] Théât., [C] Poés. ***b)*** tr., ***fastidis omnia*** [C] Poés., tout te dégoûte ¶ **2** [fig.] avoir de l'éloignement, de l'aversion, de la répugnance pour, mépriser ***a)*** intr., ***fastidit*** [-C] Théât., il prend des airs dédaigneux ; [C] Pros. ; ***fastidit mei*** [-C] Théât., il fait fi de moi ***b)*** tr., [C] Pros., Poés. ; ***preces*** [C] Pros., repousser avec dédain les prières de qqn ; ***fastiditus*** [+C] Pros., dédaigné ; [avec inf.] [C] Pros. ; [avec prop. inf.] [C] Pros.

2 **fastīdĭo**, *ās, āre, -, -*, → *1 fastidio* : [T] Pros.

fastīdĭōsē, adv., avec dégoût, avec dédain : [C] Pros. ‖ ***-ius*** [C] Pros.

fastīdĭōsus, *a, um* ¶ **1** qui éprouve un dégoût [des aliments], dégoûté : [C] Pros. ‖ dédaigneux, superbe, délicat : ***litterarum Latinarum*** [C] Pros., dédaigneux de la littérature latine ¶ **2** qui produit le dégoût, lassant : [C] Poés. ‖ ***-sior*** [C] Pros. ; ***-sissimus*** [C] Pros.

fastīdĭum, *ĭī*, n. ¶ **1** dégoût, répugnance : [C] Pros., Poés. ‖ ***oculorum*** [C] Pros., le dégoût qu'éprouvent mes yeux ‖ [fig.] [C] Pros. ; ***rerum domesticarum*** [C] Pros., le dégoût (dédain) des richesses nationales ; ***sui*** [+C] Pros., dégoût de soi ¶ **2** goût difficile : +C Pros. ‖ [fig.] ***fastidium delicatissimum*** C Pros., délicatesse excessive ¶ **3** dédain, morgue : C Pros.

fastīgātē, adv., en pente, en talus : C Pros.

fastīgātĭo, *ōnis*, f., action de s'élever en pointe, pointe : +C Pros.

fastīgātus, *a, um*, part. de *fastigo*, [adj[t]] élevé : ***fastigatissima felicitas*** T Pros., le comble du bonheur

fastīgĭum, *iī*, n. ¶ **1** toit à deux pentes, faîte : C Pros. ; [fig.] C Pros. ‖ [en part.] les trois corniches du fronton, sur lesquelles on plaçait des statues : C Pros. ¶ **2** pente : [d'une montagne] C Pros. ; [d'une paroi de fossé] C Pros. ; [inclinaison des pieux] C Pros. ‖ longueur de pente, profondeur d'un fossé : C Poés. ¶ **3** le sommet en surface, le niveau supérieur : C Pros. ; ***fastigium aquae*** +C Pros., le niveau de l'eau ¶ **4** [fig.] faîte, sommet, point culminant : ***in fastigio eloquentiae*** +C Pros., au faîte de l'éloquence ‖ rang social : C Pros. ‖ [pl.] points principaux, faits saillants : C Poés.

fastīgō, *ās, āre, āvī, ātum*, tr. ¶ **1** [emploi classique et sans doute primitif] **fastīgātus**, *a, um* ***a)*** élevé en pointe : C Pros. ***b)*** en forme de faîte : C Pros. ***c)*** incliné [comme la pente d'un toit] : C Pros. ; cf. ➡ *fastigate* ¶ **2** élever en hauteur = en dignité : T Pros. ; cf. ➡ *fastigatus* adj.

fastōsus, *a, um*, superbe, dédaigneux : +C Pros. ‖ magnifique : +C Poés.

1 **fastus**, *a, um*, ***fastus dies*** C Poés. ; ***fasti dies*** C Pros., jours fastes [où l'on pouvait rendre la justice]

2 **fastŭs**, *ūs*, m., orgueil, fierté, morgue : C Poés., +C Pros.

3 **fastūs**, *ŭum*, m. pl., ➡ *fasti* ¶ *2* : C Poés., +C Pros.

fātālis, *e*, du destin, du sort, qui contient la destinée, prophétique : C Pros. ; ***fatales libri*** C Pros., les Livres sibyllins [contenant la destinée de Rome] ; ***fatalia stamina*** C Poés., les fils des destinées ; ***fatalia verba*** C Poés., les paroles prophétiques ‖ fixé par le destin, fatal : C Pros. ; ***fatalis mors*** +C Pros., mort naturelle ‖ fatal, funeste, pernicieux, mortel : C Poés., +C Pros.

fātālĭtĕr, adv., suivant l'ordre du destin, fatalement : C Pros. ; ***fataliter mori*** T Pros., mourir de mort naturelle

fătĕŏr, *ērĭs, ērī, fassus sum*, tr., avouer, reconnaître, accorder que : ***se peccasse*** C Pros., avouer avoir fait une faute ; ***de facto turpi*** C Pros., avouer une action honteuse ‖ [avec acc.] ***verum fateri*** -C Théât. ; ***falsum*** C Pros., avouer la vérité, une chose fausse ; ***quod fatentur*** C Pros., ce qu'ils reconnaissent ; ***culpam, peccatum*** C Poés., reconnaître une faute ‖ manifester, déclarer, proclamer, publier : +C Pros. ‖ [gram.] ***fatendi modus*** +C Pros., le mode indicatif

fātĭdĭcus, *a, um*, qui prédit l'avenir, fatidique, prophétique : C Pros. ‖ subst. m., devin, prophète : C Pros.

fātĭfĕr, *ĕra, ĕrum*, qui entraîne la mort, homicide : C Poés.

fătīgātĭo, *ōnis*, f., grande fatigue, lassitude, épuisement : C Pros., +C Pros. ‖ [fig.] vexation, sarcasme : T Pros.

fătīgātŏr, *ōris*, m., celui qui fatigue : T Pros.

fătīgātōrĭus, *a, um*, sarcastique, vexatoire : T Pros.

fătīgō, *ās, āre, āvī, ātum*, tr. ¶ **1** ***a)*** [avec acc.] épuiser, harasser, fatiguer, exténuer : C Pros., Poés., +C Pros. ; ***silvas*** C Poés., battre les bois ***b)*** [au pass.] ***verberibus fatigati*** C Pros., épuisés par les coups ¶ **2** [fig.] tourmenter, persécuter, inquiéter, obséder, accabler : C Pros. ; ***verbis*** C Pros., accabler de reproches [ou *fatigare* seul] ; C Poés. ‖ ***curas*** +C Poés., ne pas laisser en repos ses soucis (les remuer sans cesse dans son âme) ‖ ***dolis fatigari*** C Pros., être harcelé par les embuscades ; ***saepius fatigatus*** C Pros., harcelé sans trêve

fātĭlĕgus, *a, um*, qui récolte la mort : +C Poés.

fātĭlŏquĭum, *iī*, n., prédiction : +C Pros.

fātĭlŏquus, *a, um*, qui prédit l'avenir : C Pros.

fătĭor, V. ➡ *farior* : +C Pros.

fătiscō, *ĭs, ĕre, -, -*, intr., cf. ➡ *fatiscor* ¶ **1** se fendre, s'ouvrir : C Poés. ¶ **2** [fig.] se fatiguer, s'épuiser, succomber à la fatigue : +C Pros. ; ***seditio fatiscit*** +C Pros., la sédition s'apaise ‖ [poét.] [avec l'inf.] se lasser de : +C Poés.

fătiscŏr, *ĕrĭs, ī, -, -*, intr., dép., [arch.] ¶ **1** se fendre : C Poés. ¶ **2** se lasser, se fatiguer de : C Poés. ‖ [avec inf.] -C Théât. ; ***haud fatiscar quin*** -C Théât., je ne me lasserai pas de

fātu, supin de **for*

1 **fătŭa**, *ae*, f., V. ➡ *1 fatuus*

2 **Fātŭa**, *ae*, f., Fatua, la Devineresse [sœur, femme de Faunus] : T Pros.

fatŭātus, *a, um*, part. de *fatuor*

fătŭĭtās, *ātis*, f., sottise : C Pros.

fătŭĭtŏr, *ārĭs, ārī, -, -*, intr., dire des sottises, divaguer : T Pros.

fātum, *ī*, n. ¶ **1** prédiction, oracle : ***fata Sibyllina*** C Pros., les oracles sibyllins ¶ **2** le destin, la fatalité : C Pros. ; [avec *ut*] C Poés. ‖ destinée de qqn : C Pros. ; [avec *ne*] C Pros. ‖ arrêt, volonté des dieux : ***fatum divum*** C Poés. ; ***fata deum*** C Poés. ‖ [personnif.] ***Fata***, les Parques, C Poés., +C Poés. ¶ **3** destinée = temps fixé pour la vie : ***fato perfunctus, functus***, qui a rempli sa destinée, mort : C Pros., +C Pros. ‖ destin, heure fatale, mort : ***omen fati*** C Pros., présage de son destin, de sa mort ; ***fato cedere*** C Pros., céder au destin, mourir ; ***fato obire*** +C Pros., mourir ¶ **4** destin funeste, malheur : C Pros.

fătŭŏr, *ārĭs, ārī, -*, extravaguer : +C Poés.

1 **fātŭs**, *a, um*, part. de **for*

2 **fātŭs**, *ūs*, m., oracle : T Pros. ‖ ➡ *fatum* : +C Pros., T Pros.

1 **fătŭus**, *a, um* ¶ **1** fade, insipide : +C Poés. ¶ **2** [fig.] insensé, extravagant : C Pros. ‖ subst. m., ***-uus***, f., ***-ua*** ; fou, bouffon, folle [les grands personnages à Rome entretenaient des bouffons pour passer le temps] : +C Poés., Pros.

2 **Fātŭus**, *i*, m., le Devin, nom primitif de *Faunus* : C Pros.

fauce, V. ➡ *fauces*

faucēs, *ĭum*, f. pl. ¶ **1** gosier, gorge : +C Pros. ; ***plenis faucibus*** -C Théât., [boire] à pleine gorge ‖ [fig.] ***cum faucibus premeretur*** C Pros., comme il était pris à la gorge ; de la guerre ¶ **2** passage étroit, gorge, défilé, détroit : ***fauces portus*** C Pros., goulet d'un port ; ***macelli*** C Pros., l'étroite entrée du marché ‖ bouches, cratère : ***Aetnae*** C Poés., les bouches de l'Etna ; C Pros.

Faucĭus, *ĭī*, m., nom de famille romaine : C Pros.

Fauna, *ae*, f., femme de Faunus, identifiée avec la Bonne Déesse : T Pros.

Faunāïa, V. ➡ *Faunus*

Fauni, *ōrum*, m. pl., Faunes [petits génies champêtres] : C Poés., Pros.

Faunĭgĕna, *ae*, m., fils, descendant de Faunus : +C Poés.

Faunus, *i*, m., Faunus [dieu de la fécondité des troupeaux et des champs, confondu avec Pan] : C Pros., Poés. ‖ V. ➡ *Fauni*

Fausta, *ae*, f., fille de Sylla, épouse de Milon : C Pros.

faustē, adv., heureusement : C Pros.

Faustĭānus, *a, um*, de Faustius : C Pros.

Faustīna, *ae*, f. ¶ **1** femme d'Antonin le Pieux : T Pros. ¶ **2** **-nĭānus**, *a, um*, de Faustina : T Pros.

Faustīnus, *i*, m., nom d'homme : +C Poés.

Faustĭtas, *ātis*, f., divinité qui présidait à la fécondité des troupeaux : C Poés.

Faustŭlus, *i*, m., berger qui, ayant sauvé Romulus et Rémus, les éleva : C Pros., Poés.

1 **faustus**, *a, um*, heureux, favorable, prospère : C Poés. ; ***pede fausto*** C Pros., d'une marche heureuse, avec succès ; ***faustus dies*** C Pros., jour de chance

2 **Faustus**, *i*, m., [l'Heureux, surnom du fils de Sylla] : C Pros. ‖ nom de plusieurs évêques : T Poés.

faūtŏr, *ōris*, m., celui qui favorise, appui, soutien, défenseur, partisan : ***nobilitatis*** C Pros., partisan de la noblesse ‖ [au théâtre] pl., partisans, amis, cabale : -C Théât., C Pros.

fautrix, *īcis*, f. de *fautor* : -C Théât., C Pros.

faux, V. ➡ *fauces*

făvĕa, *ae*, f., esclave de confiance : -C Théât.

1 **făventĭa**, *ae*, f., silence, recueillement, → *faveo* ¶ 2 : -C Théât.

2 **Făventĭa**, *ae*, f., ville d'Italie, Gaule cispadane [auj. Faenza] : C Pros. ‖ **-tīnus**, *a*, *um*, de Faventia : +C Pros.

făvĕō, *ēs*, *ēre*, *fāvī*, *fautum*, intr. ¶ **1** être favorable, favoriser, s'intéresser à : ***alicui*** C, favoriser qqn ; C Pros. ; ***Gallicis rebus*** C Pros., favoriser le parti gaulois ; ***sententiae*** C Pros., accueillir une opinion avec faveur ; [avec pron. n. acc.] C Pros. ‖ [abs[t]] ***favet, odit*** C Pros., il montre de la sympathie, de l'aversion ; [pass. impers.] ***favetur alicui, alicui rei*** C Pros., on a de la faveur pour qqn, pour qqch. ‖ [avec inf. ou prop. inf.] désirer que : -C Pros., C Poés. ‖ [sujet chose personnifiée] C Pros., Poés. ; ***ventis faventibus*** C Poés., les vents étant favorables ¶ **2** [religion] ***linguis favere*** [rar[t] *lingua favere*], être favorable à qqch. par sa langue [en s'abstenant de paroles fâcheuses] = retenir sa langue, se taire, garder le silence, → *1 faventia* : ***favete linguis*** C Pros. ; ***ore favete*** C Poés., gardez le silence ¶ **3** marquer son approbation par des cris, des applaudissements, applaudir (***alicui, alicui rei***) : C Pros., +C Pros.

Făvĕrĭa, *ae*, f., ville de l'Istrie : C Pros.

făvilla, *ae*, f., cendre chaude : C Poés. ‖ cendres à peine refroidies des morts : C Poés. ‖ [fig.] étincelle, origine, germe : C Poés.

făvīsŏr, *ōris*, m., → *fautor* : +C Pros.

făvissae (-īsae), *ārum*, f. pl., caveaux sous les temples, servant de magasin pour le matériel périmé : C d. +C Pros.

făvĭtŏr, *ōris*, m., → *fautor*

Făvōnĭānus, *a*, *um*, de Favonius [nom donné à une poire particulière] : +C Pros.

1 **făvōnĭus**, *ĭī*, m., le zéphyr [vent d'Ouest] : C Pros. ‖ pl., les zéphyrs : C Poés.

2 **Făvōnĭus**, *ĭī*, m., nom d'homme : C Pros.

făvŏr, *ōris*, m. ¶ **1** faveur, sympathie : C Pros. ¶ **2** [en part.] marques de faveur, applaudissements : C Pros., +C Pros.

făvōrābĭlis, *e* ¶ **1** qui attire la faveur : +C Pros. ; ***-bilior*** +C Pros. ¶ **2** bien venu, aimé, populaire : +C Pros.

făvōrābĭlĭtĕr, adv., avec faveur, avec succès : +C Pros.

Făvōrīnus, *i*, m., philosophe sous Trajan : +C Pros.

făvus, *i*, m. ¶ **1** gâteau de miel, rayon : C Pros. ; [prov.] +C Pros. ¶ **2** hexagone [dans un pavement] : C Pros.

fax, *făcis*, f. ; f. ¶ **1** torche, flambeau : C Pros., +C Pros., T Pros. = le début de la nuit ‖ torche, brandon : C Pros. ‖ flambeau nuptial, hymen : C Poés. ‖ torche funèbre : [d'où] C Poés. ‖ lumière, astre, flambeau : ***Phoebi*** C Pros., le flambeau de Phébus ‖ météore igné, étoile filante, globe de feu, traînée de feu : C Pros., Poés. ¶ **2** [fig.] ***corporis faces*** C Pros., le brandon (les excitations) des sens ; ***dicendi faces*** C Pros., les foudres de l'éloquence ‖ [en parl. des yeux] flambeaux : C Poés., +C Poés.

faxo, fut. ant. de *facio*, j'aurai pris soin que, je réponds que ‖ [avec subj.] -C Théât. ; j'aurai pris soin que, je réponds que ‖ [avec fut., sorte de parenth.] [même sens] : -C Théât.

fĕbĕr, ***bri***, m., castor : C Poés.

fĕbrĭcĭtō, *ās*, *āre*, *āvī*, *ātum*, intr., être pris de fièvre : +C Pros.

fĕbrĭcŭla, *ae*, f., petite fièvre : C Pros.

fĕbrĭcŭlōsus, *a*, *um* ¶ **1** qui a la fièvre, fiévreux : C Poés. ¶ **2** qui donne la fièvre : +C Pros.

fĕbrĭō, *īs*, *īre*, -, -, intr., avoir la fièvre : +C Pros.

fĕbris, *is*, f., fièvre : ***febrim habere*** C Pros., avoir la fièvre ; ***in febrim incidere*** C Pros., avoir un accès de fièvre ; ***cum febri redire*** C Pros., rentrer avec la fièvre ; ***cum febre*** C Pros., avec la fièvre ; -C Théât., C Pros. ‖ ***Febris***, la Fièvre [divinité] : C Pros.

fĕbrŭa, *ōrum*, n. pl., fêtes de purification en février : C Poés.

fĕbrŭārĭus, *ĭī*, m., février [le mois de purifications] ‖ **-ārĭus**, *a*, *um*, de février : ***ante Kalendas Februarias*** C Pros., avant les calendes de février

fĕbrŭātĭo, *ōnis*, f., purification : C Pros.

fĕbrŭō, *ās*, *āre*, -, *ātum*, tr., purifier, faire des expiations religieuses : C Pros.

Fĕbrūtis, f., qui purifie [surnom de Junon] : T Pros.

fĕbrŭum, *i*, n., moyen de purification : C Pros., Poés. ; → *februa*

Fĕbrŭus, *i*, m., dieu infernal [chez les Étrusques] : T Pros.

fĕcĭālis, → *2 fetialis*

fĕcĭnĭus, → *faecinius*

fĕcōsus, **fĕcula**, → *faecosus*

fēcundē, adv., d'une manière féconde : ***-ius*** C Pros.

fēcundĭtas, *ātis*, f., fécondité, fertilité [du sol] : C Pros. ‖ fécondité [d'une femme] : C Pros. ‖ [fig.] abondance [du style], fécondité, richesse : C Pros.

fēcundō, *ās*, *āre*, *āvī*, *ātum*, tr., féconder, fertiliser : C Poés.

fēcundus, *a*, *um* ¶ **1** fécond, fertile : C Pros. ¶ **2** [fig.] riche, fécond [en parl. d'un orateur] : C Pros. ‖ [avec abl.] ***amor et melle et fellest fecundissimus*** -C Théât., l'amour surabonde et de miel et de fiel ; +C Pros. ‖ [avec gén.] C Poés., +C Pros. ; [avec *in* acc.] +C Poés. ¶ **3** abondant : ***quaestus fecundus*** C Pros., gain abondant ; ***segetes fecundae*** C Pros., moissons abondantes ¶ **4** qui fertilise : ***fecundi imbres*** C Poés., pluies fertilisantes

fēdus, → *haedus* : C Pros.

fĕfellī, parf. de *fallo*

fĕl, *fellis*, n., fiel : C Pros. ‖ ***vipereum*** C Poés., venin d'une vipère ‖ [fig.] fiel, amertume : -C Théât., C Poés. ‖ bile, colère : C Poés.

fēlēs (faelēs), **fēlis (faelis)**, *is*, f. ¶ **1** chat, chatte : C Pros. ¶ **2** martre, putois : C Pros., +C Pros. ‖ [fig.] = ravisseur : -C Théât.

fĕlĭcātus, → *filicatus*

Fēlīcĭo, *ōnis*, m., l'homme heureux [surnom] : +C Pros.

1 **fēlīcĭtas**, *ātis*, f., bonheur, chance, (bonne étoile) : C Pros. ; [pl.] C Pros. ‖ [chrét.] bonheur du ciel : T Pros.

2 **Fēlīcĭtas**, *ātis*, f., la Félicité [déesse] : C Pros., +C Pros.

fēlīcĭter, adv., heureusement, avec bonheur : C Pros. ‖ [en souhait] bonne chance ! bonne réussite ! : C Pros., +C Pros. ‖ ***-cius*** C Poés. ; ***-cissime*** C Pros.

felicula, → *filic*

fēlĭō, *īs*, *īre*, -, -, intr., crier [en parl. du léopard] : +C Pros.

fēlis, *is*, f., → *feles*

1 **fēlīx**, *īcis* ¶ **1** fécond, fertile : C Poés., Pros. ; ***felicior regio*** C Poés., région plus fertile ¶ **2** pour qui tout vient heureusement, qui a de la chance, heureux : C Pros. ; ***-cissimus*** C Pros. ‖ [avec gén.] heureux sous le rapport de : C Poés. ; [avec inf.] heureux pour ce qui est de faire qqch. : C Poés. ¶ **3** heureux, qui a un heureux résultat : ***felicissimus sermo*** +C Pros., le style le plus heureux, qui réussit le mieux ¶ **4** qui rend heureux, favorable, de bon augure : C Poés., Pros. ‖ bienfaisant : ***felix malum*** C Poés., pomme salutaire ; ***felicia poma*** C Poés., fruits savoureux ; ***felix limus*** C Poés., limon fertile ¶ **5** subst., ***Felix***, l'Heureux [surnom, en part. de Sylla] : C Pros., +C Pros.

2 **fēlix**, → *filix*

fellātŏr, *ōris*, m. et, **-trix**, *īcis*, f., celui, celle qui suce : +C Poés.

fellĭco, → *fellito*

fellĭtō, *ās*, *āre*, -, -, tr., sucer, téter : T Pros.

fellītus, *a*, *um*, de fiel, amer : T Pros.

fello, *ās*, *āre*, *āvī*, -, tr., sucer, téter : C Poés.

fēmella, *ae*, f., petite femme : C Poés.

***fĕmĕn**, [nom. factice tiré de la flexion en *-n-* de *femur* : ; inus. selon] → *femur*, *femus*

fēmĭna, *ae*, f., femme : C Pros. ‖ femelle : C Pros. ; ***porcus femina*** C Pros., truie ‖ [fig.] ***femina cardo*** C Pros., mortaise [où s'engage le tenon] ‖ [gram.] genre féminin : +C Pros.

fēmĭnal, *ālis*, n., sexe de la femme : +C Pros.

fēmĭnālĭa, *ĭum*, n., bandes pour envelopper les cuisses : +C Pros.

fēmĭnĕus, *a*, *um*, de femme, féminin : C Poés. ; ***femineae Kalendae*** +C Poés., les calendes de mars [fêtées par les matrones] ‖ [fig.] féminin, efféminé, mou, faible, délicat : C Poés.

fēmĭnīnē, adv., [gram.] au genre féminin : T Pros.

fēmĭnīnus, *a, um*, féminin, de femme : C Pros. ‖ [gram.] du genre féminin : C Pros., +C Pros.

fĕmŏrālis, *e*, subst. n. pl., cf. ▶ *feminalia* : T Pros.

fĕmŭr, *fĕmĭnis fĕmŏris*, n., cuisse : -C Théât., C Pros., +C Pros. ‖ [archit.] jambage [plat du triglyphe] : C Pros. ‖ [chrét.] membre, organes génitaux : T Pros.

fĕmŭs, n., autre forme du mot *femur* (cf. ▶ *corpus*) : +C Pros.

fēnārĭus (faen-), *a, um*, relatif au foin : -C Pros., C Pros.

fendĭcae, *ārum*, f. pl., tripes : T Pros.

fēnĕbris (faen-), *e*, qui concerne l'usure, usuraire : C Pros. ; ***pecunia*** +C Pros., argent prêté à usure

Fenectānus, *a, um*, de Fenectum [ville inconnue du Latium] : C Pros.

fēnĕrātĭo (faen-), *ōnis*, f., usure : C Pros.

fēnĕrātō (faen-), adv., avec usure, à usure : -C Théât.

fēnĕrātŏr (faen-), *ōris*, m., celui qui prête à intérêt : C Pros., +C Pros. ‖ usurier : -C Pros., C Pros.

fēnĕrātrix (faen-), *īcis*, f., usurière : +C Pros.

fēnĕrō (faen-), *ās, āre, āvī, ātum*, tr. ¶ **1** prêter à intérêt ; [fig.] +C Pros., C Pros. ; ***feneratum beneficium*** -C Théât., bienfait placé à intérêt [destiné à rapporter] ‖ [abs[t]] pratiquer l'usure : +C Pros. ‖ ***mortes feneraverunt***, ils se prêtèrent (donnèrent) la mort avec usure [expr. du rhéteur Gargonius, critiquée par Sénèque le rhéteur] ¶ **2** rendre avec intérêt, avec usure : -C Théât.

fēnĕrŏr (faen-), *ārĭs, ārī, ātus sum*, tr., avancer, prêter à intérêt [pr. et fig.] : C Pros. ; ***beneficium*** C Pros., placer un bienfait à intérêts, spéculer sur un bienfait ; [abs[t]] faire de l'usure : -C Pros., C Pros.

1 **fĕnestella**, *ae*, f., petite fenêtre : +C Pros.

2 **Fĕnestella**, *ae*, f., nom d'une porte de Rome : C Poés.

3 **Fĕnestella**, *ae*, m., écrivain latin du temps d'Auguste : +C Pros.

fĕnestra, *ae*, f., fenêtre : C Pros. ‖ pl., meurtrières : C Pros. ‖ trou, ouverture : C Poés., +C Poés. ‖ [fig.] accès, avenue, voie : -C Théât., +C Pros.

fĕnestrō, *ās, āre, āvī, ātum*, tr., munir de fenêtres : ***fenestrata triclinia*** C Pros., salles à manger garnies de fenêtres ; [fig.] C Pros.

fĕnestrŭla, *ae*, f., petite fenêtre (ouverture) : +C Pros.

fēnĕus (faen-), *a, um*, de foin : T Pros. ‖ [fig.] ***homines faenei*** C Pros., mannequins (de foin)

Fēnĭcŭlārĭus campus, m., Champ de fenouil [lieu de la Tarraconaise] : C Pros.

fēnīlĕ (faen-), *is*, n., fenil [lieu où l'on entasse le foin] : C Pros., Poés.

fēnĭsĕca, *ae*, m., faucheur : +C Pros.

fēnĭsecta (faen-), *ōrum*, n. pl., foin fauché : C Pros.

fēnĭsectŏr, *ōris*, m., V. ▶ *fenisex* : +C Pros.

fēnĭsex (faen-), *ĭcis*, m., faucheur : C Pros.

fēnĭsĭcĭa (faen-), *ae*, f., C Pros., **-cĭa**, *ōrum*, n. pl., C Pros., fenaison

Fenĭus, *ĭi*, m., nom d'homme : +C Pros.

Fenni (Fin-), *ōrum*, m. pl., Finnois [peuple de la Scandinavie] : +C Pros.

fenugraecum, **fenograecum**, V. ▶ *fenum*

fēnum (faenum), *i*, n., foin : -C Pros., C Pros. ‖ ***fenum graecum*** +C Pros., fenugrec [plante]

fēnus (faenus), *ŏris*, n., rapport, produit, intérêt de l'argent prêté, profit, gain, bénéfice : C d. +C Pros., C Pros. ; ***iniquissimo fenore*** C Pros., à un taux exorbitant ; C Pros., Poés. ‖ capital : C Pros., +C Pros.

fēnuscŭlum (faen-), *i*, n., petit intérêt [de l'argent] : -C Théât.

fĕr, impér. de *fero*

fĕra, *ae*, f., bête sauvage : C Pros.

fĕrācĭtās, *ātis*, f., fertilité, fécondité : +C Pros.

fĕrācĭtĕr, adv., avec fertilité : C Pros.

ferae, *ārum*, f. pl., V. ▶ *fera*

Fērālĭa, *ĭum*, n., fêtes en l'honneur des dieux Mânes : C Poés.

1 **fērālis**, *e*, qui a rapport aux dieux Mânes : C Poés. ; ***mensis*** +C Pros., le mois de février ‖ funèbre, qui a rapport aux morts : C Poés. ‖ [fig.] fatal, funèbre, funeste : ***ferale bellum*** +C Pros., guerre funeste ‖ ***ferale*** [n. pris adv[t]] d'une manière lugubre : T Pros.

2 **fĕrālis**, *e*, de bête sauvage : T Pros.

fĕrax, *ācis*, fertile, fécond : C Pros. ; ***-cissimus*** C Pros. ‖ [poét.] ***venenorum ferax*** C Poés., qui produit beaucoup de poisons ; [avec abl.] ***ferax uvis*** C Poés., fertile en raisin

ferbĕo, **ferbesco**, V. ▶ *ferv*

ferbŭī, parf. de *ferveo*

ferctum, V. ▶ *fertum*

fercŭlum (fĕrĭc-, +C Pros.**)**, *i*, n. ¶ **1** plateau [pour porter un plat] : +C Pros. ‖ mets, plat : C Poés. ¶ **2** brancard [pour porter les dépouilles, les objets sacrés, certains captifs] : C Pros. ; [les porteurs eux-mêmes] C Pros.

fĕrē, adv. ¶ **1** presque, environ : C Pros. ; ***nemo fere, nullus fere, nihil fere, numquam fere***, presque personne, presque aucun, presque rien, presque jamais ; ***decem fere homines, tertia fere hora, omnes fere cives, eodem fere tempore***, environ dix hommes, la troisième heure environ, presque tous les citoyens, vers la même époque : C Pros. ¶ **2** presque toujours, d'ordinaire, généralement : ***fit fere ut*** C Pros., il arrive d'ordinaire que

fĕrentārĭus, *ĭi*, m., soldat armé à la légère : C Pros., +C Pros. ‖ [fig.] aide : -C Théât.

Fĕrentīnum, *i*, n. ¶ **1** ville du Latium, chez les Herniques : C Pros. ‖ **-tīnus**, *a, um*, de Ferentinum : C Pros., +C Poés. ; ou ***caput Ferentinum*** C Pros., source d'une rivière près de Ferentinum ‖ **Fĕrentīna**, *ae*, f., déesse Férentina [ayant un temple près de Ferentinum] : C Pros. ‖ **-tīni**, *ōrum*, m. pl., habitants de Ferentinum : +C Poés., **-tīnās**, *ātis*, cf. ▶ *-tinus* : C Pros., **-tīnātes**, *ĭum*, m. pl., les habitants de Ferentinum : C Pros. ¶ **2** ville d'Étrurie : +C Pros. ‖ **municipium Ferentium**, même sens : +C Pros., **municipium Ferenti**, C Pros., **colonia Ferentinensis**

Fĕretrĭus, *ĭi*, m., Férétrien [surnom de Jupiter, à qui on porte des dépouilles] : C Pros., Poés.

fĕretrum, *i*, n., brancard [pour porter les dépouilles, les offrandes] : +C Poés. ‖ [pour porter les morts] C Poés.

fērĭae, *ārum*, f. pl., jours consacrés au repos, fêtes, fériés : C Pros. ; ***feriae Latinae*** C Pros., les féries Latines ; ***forenses*** C Pros., vacances des tribunaux ; ***piscatorum*** C Pros., jours de fêtes pour les pêcheurs ‖ repos, relâche : C Poés.

fērĭātus, *a, um*, part.-adj. de *ferior*,qui est en fête : C Pros. ‖ oisif, de loisir : -C Théât. ; [avec *ab*, "sous le rapport de"] C Pros. ‖ calme, paisible : T Poés.

fĕrĭcŭlum, V. ▶ *ferculum*

fĕrĭcŭlus, *i*, m., cf. ▶ *ferculum* : +C Pros.

fĕrīnus, *a, um*, de bête sauvage : C Pros., Poés. ‖ **fĕrīna**, *ae*, f., viande de gros gibier, venaison : C Poés.

fĕrĭō, *īs, īre, -, -*, tr. ¶ **1** frapper : ***adversarium*** C Pros., frapper l'adversaire ; ***parietem*** C Pros., frapper le mur ; ***securi feriri*** C Pros., être frappé de la hache ; C Poés. ; ***mare*** C Poés., battre la mer avec les rames ; ***uvas pede*** C Poés., fouler le raisin ‖ immoler, sacrifier : ***porcum*** C Pros., immoler un porc ; ***foedus***, conclure un traité [parce qu'on immolait en même temps une victime] : C Pros. ¶ **2** frapper, atteindre : C Pros., Poés. ; ***sidera vertice*** C Poés., toucher de la tête les astres ‖ ***medium ferire*** C Pros., atteindre, observer le juste milieu ; -C Théât. ¶ **3** ***carmen*** +C Poés., forger des vers ; ***balba verba*** C Poés., émettre péniblement des paroles balbutiantes

fērĭŏr, *ārĭs, ārī, ātus sum*, intr., être en fête, chômer une fête : C Pros. ‖ être en repos : T Pros. ; V. ▶ *feriatus*

fĕrĭtās, *ātis*, f., mœurs sauvages, barbarie, cruauté : C Pros. ‖ aspect sauvage [d'un lieu] C Poés.

fermē, adv. ¶ **1** d'une manière très approximative, presque, à peu près, environ : -C Théât., C Pros. ‖ ***non ferme*** C Pros. ; ***nihil***

ferme [C] Pros., à peu près pas, à peu près rien ; ***satis ferme*** [C] Pros., à peu près assez ¶**2** d'ordinaire, communément : ***quod ferme evenit*** [C] Pros., ce qui arrive presque toujours

fermēmŏdum, adv., presque : [+C] Pros.

fermentātus, ***a, um***, part. de *fermento*

fermentō, ***ās, āre, āvī, ātum***, tr. ¶**1** faire fermenter, faire entrer en fermentation : [+C] Pros. ¶**2** amollir [la terre] : [C] Pros.

fermentum, ***i***, n. ¶**1** orge ou blé fermenté servant à fabriquer la cervoise : [C] Poés. ¶**2** [fig.] colère : [-C] Théât. ‖ dépit, aigreur : [+C] Poés. ¶**3** [chrét.] ferment spirituel, ce qui agit en bien ou en mal sur l'esprit de l'homme : [T] Pros.

fĕrō, *fers, fert, ferre, tŭlī, lātum*, tr. ¶**1** porter, comporter ***a)*** [avec sujet de personnes] ***arma ferre*** Caes., porter les armes ; ***vallum ferre*** Cic., porter un pieu ‖ [fig.] ***nomen alicujus ferre*** Cic., porter le nom de qqn ; ***alicui opem auxiliumque ferre*** Cic., porter à qqn aide et secours ; ***aliquid prae se ferre*** Cic., porter devant soi, étaler, afficher qqch. ***b)*** [avec sujet de choses] comporter : ***ut aetas illa fert*** Cic., comme cet âge le comporte = comme c'est naturel à cet âge ; ***natura fert ut...*** Cic., la nature comporte que = la nature veut que... ; ***si vestra voluntas fert*** Cic., si vous êtes d'accord ¶**2** apporter, présenter, produire : ***sententiam ferre*** Cic., apporter son suffrage, voter ‖ ***rogationem ferre*** Cic., présenter une proposition de loi ; ***ad plebem ferre ut...*** Cic., présenter (= proposer) au peuple que... ; ***aliquem judicem ferre*** Cic., présenter qqn comme juge ‖ [avec sujet de choses] ***fruges ferre*** Cic., produire les moissons ; [fig.] ***haec aetas oratorem tulit...*** Cic., cette époque produisit un orateur... ¶**3** rapporter, raconter : ***fama fert*** [avec prop. inf.] Liv., le bruit court que... ; ***multa ejus ferunt*** Cic., on cite de lui beaucoup de choses ; ***Themistocles respondisse fertur...*** Cic., on dit que Thémistocle répondit... ; ***ferunt*** [avec prop. inf.], on rapporte que ; ***ut ferunt***, à ce qu'on raconte ; ***ut fertur***, même sens ¶**4** emporter, déplacer, mettre en mouvement : ***signa ferre*** Caes., emporter les enseignes = se mettre en route ‖ ***se ferre***, se porter, se mettre en mouvement ; ***ferri***, être mis en mouvement, se mettre en mouvement ; ***recte ferri*** Cic., avoir un mouvement vertical ‖ [fig.] ***omnia fert aetas*** Virg., le temps emporte tout ; ***crudelitate ferri*** Cic., être emporté par la cruauté ‖ [absᵗ] conduire, mener : ***iter quod ad portum fert*** Caes., un chemin qui mène au port ; ***discedunt eo quo cujusque animus fert*** Sall., ils s'en vont chacun où sa fantaisie le porte ; ***fert animus*** [avec inf.] Suet., avoir la pensée, l'intention de... ¶**5** remporter, obtenir : ***palmam ferre*** Cic., obtenir la palme ; ***primas ferre*** Cic., obtenir le premier rang ; ***victoriam ex aliquo ferre*** Liv., remporter la victoire sur qqn ; ***centuriam ferre*** Cic., obtenir les suffrages d'une centurie ¶**6** supporter, subir : ***impetum ferre*** Caes., supporter le choc ; ***aegre ferre aliquid*** Cic., supporter qqch. avec peine ; ***aegre ferre*** [avec prop. inf.] Cic., supporter avec peine que ‖ ***repulsam a populo ferre*** Cic., subir un échec devant le peuple

fĕrōcĭa, ***ae***, f., violence, emportement, orgueil, fougue : [C] Pros., [+C] Pros. ‖ [en bonne part] [C] Pros. ‖ bravoure : [C] Pros.

fĕrōcĭō, ***īs, īre, -, -***, intr., être farouche, violent, fougueux : [+C] Pros.

fĕrōcĭtās, ***ātis***, f., fougue : [C] Pros. ‖ noble fierté, vaillance : ***animi ferocitate*** [C] Pros., par la noble fierté de son âme ‖ orgueil, violence, arrogance, insolence : [C] Pros.

fĕrōcĭtĕr, adv., avec hardiesse, avec audace : [C] Pros. ‖ avec dureté, hauteur : [C] Pros. ‖ ***-cius*** [C] Pros. ; ***-cissime*** [C] Pros., [+C] Pros.

fĕrōcŭlus, ***a, um***, un peu hardi : [C] Pros.

Fērōnĭa, ***ae***, f., déesse protectrice des affranchis : [C] Pros., Poés.

fĕrox, ***ōcis***, impétueux, hardi, fougueux, intrépide : [C] Pros. ; ***gens*** [C] Pros., nation intrépide ‖ [en parl. d'animaux] [-C] Théât., [C] Poés. ‖ fier, hautain : [C] Pros. ; ***viribus*** [C] Pros., fier de ses forces ‖ [avec gén.] ***linguae feroces*** [+C] Pros., intrépides en paroles ; [avec inf.] [+C] Poés. ; [avec prop. inf.] [-C] Théât. ‖ ***-cior*** [C] Pros. ; ***-cissimus*** [C] Pros., [+C] Pros.

ferrāmentum, ***i***, n., instrument de fer, outil en fer : [C] Pros., [+C] Pros. ; ***bona ferramenta*** [C] Pros., de bonnes lames ; ***tonsoria ferramenta*** [+C] Poés., rasoirs

ferrārĭa, ***ae***, f., ▶ *1 ferrarius*

1 **ferrārĭus**, ***a, um***, de fer, qui concerne le fer : ***faber*** [-C] Théât., forgeron ‖ **ferrārĭa**, ***ae***, f., mine de fer : [C] Pros.

2 **ferrārĭus**, ***ĭi***, m., forgeron : [+C] Pros.

ferrātĭlis, ***e***, chargé de fers [en parl. d'un esclave] : [-C] Théât.

ferrātus, ***a, um***, garni de fer, ferré, armé de fer : [C] Poés., Pros. ‖ ***ferratae aquae*** [+C] Pros., eaux ferrugineuses ‖ de fer : [+C] Poés. ‖ subst. m., ***ferrati*** [+C] Pros., soldats bardés de fer ‖ ▶ *ferratilis* : [-C] Théât.

ferrĕa, ***ae***, f., bêche : [-C] Pros.

fĕrrĕŏla, f., sorte de vigne : [+C] Pros.

Ferrĕŏlus, ***i***, m., préfet des Gaules : [T] Pros. ‖ saint Ferréol : [T] Pros.

ferrĕus, ***a, um***, de fer, en fer : [C] Pros. ; ***ferrea manus*** [C] Pros., main de fer, grappin ; [poét.] ***ferreus imber*** [C] Poés., une pluie, une grêle de traits ‖ [fig.] dur, insensible, sans pitié, inflexible : [C] Pros. ; ***ferrea proles*** [C] Pros., l'âge de fer ‖ pesant, lourd : ***ferreus somnus*** [C] Poés., sommeil de plomb ‖ fort, robuste : [C] Pros. ; ***ferrea vox*** [C] Poés., une voix de fer ‖ dur, âpre, raboteux : ***ferreus scriptor*** [C] Pros., écrivain dur comme le fer

ferrĭcrĕpĭnus, ***a, um***, où retentit le bruit des fers : [-C] Théât.

ferrĭfŏdīna, ***ae***, f., mine de fer [formé par analogie] : [C] Pros.

ferrĭtĕrĭum, ***ĭi***, n., lieu où l'on use le fer, prison : [-C] Théât.

ferrĭtĕrus, ***i***, **ferrĭtrībax**, ***ācis***, m., usant le fer = esclave souvent enchaîné : [-C] Théât.

ferrūgĭnĕus, ***a, um***, couleur de fer, bleu foncé : [-C] Théât., [C] Poés. ‖ **ferrūgĭnus**, ***a, um***, [C] Poés.

ferrūgo, ***ĭnis***, f., pourpre foncé, bleu sombre : [C] Poés.

ferrum, ***i***, n. ¶**1** le fer : [C] Pros. ; ***ferrum resipere*** [C] Pros., avoir la saveur, le goût du fer ¶**2** fer, épée, glaive et objets en fer : [C] Poés. ; [fer à friser] [C] Poés. ‖ ***aliquem ferro tollere*** [C] Pros., faire périr quelqu'un par le fer ; ***ferro ignique*** [C] Pros., par le fer et par le feu ; [rare] [C] Pros., [+C] Théât. ‖ [poét.] insensibilité, cruauté : [C] Poés.

ferrūmĕn (fĕrū-), ***ĭnis***, n., [fig.] soudure [adjonction de mots dans un vers traduit] : [+C] Pros.

fers, 2ᵉ pers. indic. prés. de *fero*

fertĭlis, ***e***, fertile, productif : [C] Pros. ; ***annus*** [C] Poés., année abondante ; [avec gén.] [C] Pros. ; ***fertilis hominum*** [C] Pros., [pays] peuplé ‖ [fig.] riche, abondant : ***fertile pectus*** [C] Poés., génie fécond ‖ qui rend fécond, qui fertilise : [C] Poés. ‖ ***-lior*** [+C] Pros. ; ***-lissimus*** [C] Pros.

fertĭlĭtās, ***ātis***, f., fertilité : [C] Pros.

fertŏr, ***ōris***, m., celui qui offre aux dieux un *fertum* : [C] Pros.

fertum (ferctum), ***i***, n., sorte de gâteau sacré : [+C] Pros., [-C] Pros., Poés.

fĕrŭla, ***ae***, f., férule [pour corriger les enfants, les esclaves] : [C] Poés., [+C] Poés. ‖ houssine, sorte de cravache : [C] Poés. ‖ éclisse pour les fractures : [+C] Pros.

fĕrūm-, ▶ *ferrum-*

1 **fĕrus**, ***a, um*** ¶**1** sauvage, non apprivoisé ou non cultivé : [C] Pros. ; ***ferae silvae*** [C] Poés., forêts sauvages ¶**2** [fig.] sauvage, grossier, farouche, cruel, insensible : ***gens fera*** [C] Pros., race féroce ; ***hostis ferus*** [C] Pros., ennemi cruel ‖ ***fera hiems*** [C] Poés., hiver rigoureux ; ***fera diluvies*** [C] Poés., inondation sauvage

2 **fĕrus**, ***i***, m., animal : [C] Poés.

fervēfăcĭō, ***īs, ĕre, fēcī, factum***, tr., chauffer, échauffer, faire bouillir, cuire : [-C] Pros. ‖ ***fervefacta jacula*** [C] Pros., des dards brûlants

fervens, ***tis***, part.-adj. de *ferveo*, bouillonnant de chaleur, échauffé, bouillant : [C] Pros. ; ***fervens vulnus*** [C] Poés., plaie brûlante ‖ [fig.] emporté, fougueux, impétueux, bouillant : ***ferventior*** [C] Pros., trop fougueux ; [C] Poés. ‖ ***-tissimus*** [C] Pros.

ferventĕr [fig.], avec ferveur : ***-tius*** [T] Pros.

fervĕō, ***ēs, ēre, ferbŭī, -*** et **fervō**, ***ĭs, ĕre, fervī, -***, intr. ¶**1** être bouillonnant, bouillir : ***aqua fervens*** [C] Pros., eau bouillante ¶**2** être en effervescence, être agité, animé : [C] Poés. ; ***fervet opus*** [C] Poés., on travaille avec ardeur ; ***fervet Pindarus*** [C] Poés., Pindare jette de l'écume [comme un torrent] ‖ [C] Poés. ; cf. [avec *fervo*] ; [C] Poés.

fervescō, *ĭs*, *ĕre*, *-*, *-*, intr., se mettre à bouillonner, à bouillir : [C] Poés. ‖ grouiller [de vers] : [T] Pros.

fervī, parf. de *fervo*, variante de *ferveo*

fervĭdus, *a*, *um* ¶ **1** bouillant, bouillonnant : [C] Poés. ; [fig.] [C] Pros. ; ***-dior*** [C] Pros. ¶ **2** brûlant, ardent : [C] Pros., Poés. ; ***-dissimus*** [+C] Pros. ¶ **3** [fig.] ardent, bouillant, emporté : [C] Poés., Pros. ; ***fervidus ira*** [C] Poés., exaspéré

fervŏr, *ōris*, m. ¶ **1** bouillonnement, effervescence, fermentation : [C] Poés., Pros. ¶ **2** chaleur, ardeur : [C] Pros., Poés. ; [fig.]

fervuncŭlus, *i*, m., C▶ *furunculus* : [T] Pros.

1 **Fescennĭa**, *ae*, f., ville d'Étrurie ‖ **-nīnus**, *a*, *um*, fescennin : [C] Poés., Pros. ; ***Fescennini versus*** [C] Pros., vers fescennins ; ***licentia Fescennina*** [C] Pros., licence des vers fescennins ‖ **-nīni**, *ōrum*, m. pl., les poésies fescennines : [T] Pros. ; **-nīna**, *ōrum*, n. pl., même sens : [T] Pros., Poés.

2 **Fescennĭa**, *ae*, f., nom de femme : [+C] Poés.

fescennīnĭcŏla, *ae*, m. f., ami des poésies fescennines : [T] Poés.

Fessōna, *ae*, f., déesse invoquée dans les fatigues ou les maladies : [T] Pros.

fessus, *a*, *um*, fatigué, las, épuisé : ***de via*** [C] Pros., fatigué de la route ; ***bello fessi*** [C] Pros., épuisés par la guerre ; ***plorando fessus*** [C] Pros., fatigué, las de pleurer ; [avec gén.] ***fessi rerum*** [C] Poés., fatigués de leurs épreuves ; [+C] Poés. ‖ ***fessa aetas*** [+C] Pros., l'épuisement de l'âge ; ***fessa dies*** [+C] Poés., le jour à son déclin

festīnābundus, *a*, *um*, qui se hâte : [+C] Pros., [T] Pros.

festīnantĕr, adv., à la hâte, avec précipitation : [C] Pros. ‖ ***-tius*** [+C] Pros.

festīnātĭo, *ōnis*, f., hâte, empressement, précipitation, impatience : [C] Pros. ; ***omni festinatione*** [C] Pros., en toute hâte

festīnātō, adv., à la hâte : [+C] Pros.

festīnō, *ās*, *āre*, *āvī*, *ātum* ¶ **1** intr., se hâter, se presser se dépêcher : [-C] Théât., [C] Pros. ¶ **2** tr., hâter, presser, accélérer : [-C] Théât., [C] Pros. ; ***fugam*** [C] Poés., se hâter, presser la fuite ; ***poenas*** [C] Pros., se hâter de punir ; ***mortem*** [+C] Pros., presser la mort ; ***nec virgines festinantur*** [+C] Pros., l'on ne hâte pas non plus le mariage des filles ; ***festinatum iter*** [C] Poés., voyage précipité ‖ [avec inf.] se hâter de : [C] Pros.

festīnus, *a*, *um*, qui se hâte, prompt : [C] Poés. ‖ [poét.] hâtif, précoce, prématuré : [+C] Poés. ‖ ***laudum festinus*** [+C] Poés., impatient d'être glorifié

festīvē, adv. ¶ **1** joyeusement : [-C] Théât. ¶ **2** avec agrément, avec grâce, ingénieusement : [C] Pros.

festīvĭtās, *ātis*, f. ¶ **1** joie d'un jour de fête, gaieté : [-C] Théât. ‖ [terme d'amitié] ***mea festivitas*** [-C] Théât., ma joie ! mes délices ! ¶ **2** enjouement, verve spirituelle : [C] Pros. ‖ pl., ***festivitates*** ; agréments, ornements : [C] Pros., [+C] Pros.

festīvĭtĕr, adv., agréablement : [+C] Pros.

festīvus, *a*, *um*, où il y a fête, gai, amusant, divertissant : ***locus*** [-C] Théât., lieu de réjouissance ‖ agréable, charmant [à voir, à entendre], gracieux : [-C] Théât. : [C] Pros. ; ***festivum caput*** [-C] Théât., l'aimable garçon ! ‖ [en parl. du style] gai, enjoué, fin, spirituel : [C] Pros. ‖ ***-vior*** [C] Pros. ; ***-vissimus*** [-C] Théât.

festra, *ae*, f., contr. de *fenestra* : [-C] d. [T] Pros.

1 **festūca**, *ae*, f. ¶ **1** fétu, brin de paille, tige : [C] Pros. ¶ **2** baguette [entrant dans le rituel de la revendication et de l'affranchissement] : [-C] Théât., [+C] Poés.

2 **festūca**, *ae*, C▶ *fistuca* : [-C] Pros.

festūcārĭus, *a*, *um*, qui peut affranchir : [+C] Pros.

festūcātĭo, V▶ *fistucatio*

festūcō, *ās*, *āre*, *-*, *-*, C▶ *fistuco* : [-C] Pros.

festum, *i*, n., jour de fête, fête : [C] Poés.

festus, *a*, *um*, de fête, qui est en fête, solennel : ***dies festus*** [C] Pros., jour de fête ‖ joyeux, gai : ***festi clamores*** [+C] Pros., cris d'allégresse

Fēsŭlae, etc., V▶ *Faesulae*

fētālĭa, *ĭum*, n., fêtes de la naissance : [T] Pros.

fētĕo, **-tesco**, V▶ *foet*

1 **fētĭālis**, *e*, qui concerne les fétiaux : ***fetiale jus*** [C] Pros., droit fétial

2 **fētĭālis**, *is*, m., fétial [les fétiaux, collège de 20 prêtres, chargés de déclarer la guerre suivant des rites précis, de présider aux formalités et à la rédaction des traités] : [C] Pros.

fētĭdus, *a*, *um*, V▶ *foetidus*

fētĭfĕr, *ĕra*, *ĕrum*, fécondant : [+C] Pros.

fētō, *ās*, *āre*, *-*, *-* ¶ **1** intr., pondre : [+C] Pros. ¶ **2** tr., féconder [en parl. d'un mâle] : [T] Pros.

fētŏr, *ōris*, m., V▶ *foetor*

fētōsus, *a*, *um*, fécondé : [T] Pros.

fētūra, *ae*, f. ¶ **1** temps de la gestation : [C] Pros. ‖ reproduction : [C] Poés. ¶ **2** petits des animaux, produits : [C] Pros.

1 **fētus (foe-)**, *a*, *um*, qui porte le fruit de la fécondation : ***fetum pecus*** [C] Poés., mère pleine ‖ [fig.] ensemencé, fécond, productif, abondant : [C] Poés., Pros. ‖ rempli de, gros de, plein de : [C] Poés. ; ***feta furore*** [+C] Poés., pleine de rage ‖ qui a mis bas : [C] Poés.

2 **fētŭs (foe-)**, *ūs*, m. ¶ **1** enfantement, couche, ponte : [-C] Théât., [C] Pros. ‖ action de produire, production [des plantes] : [C] Pros. ¶ **2** portée [des animaux], petits : [C] Pros. ; ***apium*** [C] Poés., le couvain des abeilles ‖ produit de la terre, plantes [sens concret] : [C] Pros. ; ***nucis*** [C] Poés., rejeton de noyer ‖ [fig.] génération, production : ***oratorum*** [C] Pros., abondance d'orateurs ; ***animi*** [C] Pros., production de l'esprit

fētūtīna, V▶ *foetutina*

fex, V▶ *faex*

fi, interj., V▶ *phy*

fĭăla, f., V▶ *phiala*

fībĕr, *bra*, *brum*, [arch.] qui est à l'extrémité : [C] Pros.

fīblo, V▶ *fibulo* : [+C] Pros.

fībra, *ae*, f., fibre ¶ **1** fibre [des plantes], filaments : [-C] Pros., [C] Pros. ¶ **2** [des animaux], [en part.] lobes du foie : [C] Pros., [+C] Pros. ‖ le foie : [C] Poés., [+C] Poés. ‖ [en gén.] entrailles : [C] Poés. ‖ [fig.] sensibilité : [+C] Poés.

Fībrēnus, *i*, m., rivière du Latium [auj. Febreno] : [C] Pros.

fībŭla, *ae*, f., ce qui sert à fixer, ¶ **1** agrafe [pour vêtement, pour cheveux] [C] Poés., Pros. ¶ **2** crampon : [C] Pros. ‖ lien : [-C] Pros. ‖ cheville, broche : [C] Pros. ¶ **3** aiguille de chirurgien : [+C] Pros. ‖ appareil d'infibulation [garantie de chasteté] : [+C] Pros., Poés.

fībŭlātĭo, *ōnis*, f., chevillage : [C] Pros.

fībŭlō, *ās*, *āre*, *āvī*, *ātum*, tr., assembler, lier : [+C] Pros.

Fīcāna, *ae*, f., ville du Latium, près d'Ostie : [C] Pros.

fīcārĭus, *a*, *um*, qui concerne les figues, de figues : [-C] Pros.

fīcātum, *i*, n., foie d'oie engraissée avec des figues : [+C] Pros.

fīcēdŭla, *ae*, f., bec-figue [oiseau] : [C] Pros.

Fīcēdŭlenses, *ĭum*, m. pl., les Bec-figuiers [nom plaisant donné à certains soldats] : [-C] Théât.

Fīcĕlĭae, *ārum*, f. pl., quartier sur le mont Quirinal : [+C] Poés.

fīcella, *ae*, f., C▶ *ficedula* : [-C] Poés.

fīcētum, *i*, n., corps couvert de kystes : [+C] Poés.

fīcōsus, *a*, *um*, couvert de kystes : [+C] Poés.

fictē, adv., d'une manière artificieuse, en apparence : [C] Pros.

fictĭle, *is*, n., vase en terre, vaisselle de terre ; [surt. au pl.] **fictilia**, *ium*, [C] Poés., [+C] Poés.

fictĭlis, *e* ¶ **1** d'argile, de terre [à potier] : [C] Pros. ¶ **2** sans valeur : [T] Pros.

fictĭo, *ōnis*, f., action de façonner, façon, formation, création : [+C] Pros. ; ***vocum fictionibus*** [+C] Pros., en forgeant des mots ‖ [fig.] action de feindre, fiction : ***voluntatis*** [+C] Pros., action de feindre une intention ; ***fictiones personarum*** [+C] Pros., prosopopées ‖ supposition, fiction, hypothèse : [+C] Pros.

fictŏr, *ōris*, m. ¶ **1** statuaire, sculpteur, modeleur : [C] Pros. ‖ celui qui confectionne les gâteaux sacrés : [C] Pros. ‖ [chrét.] le Créateur, Dieu : [T] Pros. ¶ **2** [fig.] artisan, auteur : [-C] Théât. ‖ artisan de paroles : [C] Poés. ‖ simulateur : [T] Pros.

fictrix, *īcis*, f., celle qui façonne : [C] Pros.

fictum, *i*, n., mensonge : [C] Poés.

fictūra, *ae*, f., action de façonner, façon [fig.] : [-C] Théât. ‖ formation, composition de mots : [+C] Pros.

fictus, *a*, *um*, part. de *fingo* ‖ n., ***fictum*** [pris adv[t]] faussement : [+C] Poés.

fīcŭla, *ae*, f., petite figue : [-C] Théât.

Fīcŭlĕa, *ae*, f., ville des Sabins : [C] Pros. ‖ **-lensis**, *e*, de Ficuléa : [C] Pros. ; ***in Ficulensi*** [C] Pros., dans les parages de Ficuléa ‖ **-lĕātes**, *ĭum*, m., habitants de Ficuléa : [C] Pros.

fīculnĕus, *a*, *um*, de figuier : [-C] Pros., [C] Pros. ‖ **-culnus**, *a*, *um*, [C] Poés. ‖ subst. f., **-nĕa**, *ae*, figuier : [T] Pros.

1 **fīcŭs**, *ūs* et *i*, f., figuier : [C] Pros. ‖ figue : [C] Pros.

2 **fīcus**, *i*, m., kyste, verrue : [+C] Poés.

fīdāmen, *ĭnis*, foi, croyance : [T] Poés.

fīdē**, adv. inus., avec fidélité ‖ ***-dissime [C] Pros.

fīdĕĭcommissum, *i*, m., fidéicommis [droit] : [+C] Pros.

fīdēlē, adv., fidèlement : [-C] Théât.

fīdēlĭa, *ae*, f., grand vase [pour des liquides] ; jarre, pot : [-C] Théât., [+C] Pros.

fīdēlis, *e*, en qui l'on peut avoir confiance, sûr, fidèle, loyal : ***amicus*** [C] Pros., ami fidèle ; ***amicitia*** [C] Pros., amitié sincère ; ***in dominum*** [C] Pros., fidèle à son maître ‖ solide, ferme, durable, fort : ***lorica fidelis*** [C] Poés., cuirasse à toute épreuve ; ***navis fidelis*** [C] Pros., navire solide ‖ subst. m., un ami, un intime : [C] Pros. ‖ [chrét.] qui a la foi : [+C] Pros. ; chrétien baptisé [opp. au catéchumène]

fīdēlĭtās, *ātis*, f., fidélité, constance : [C] Pros.

fīdēlĭtĕr, adv., d'une manière fidèle, sûre, loyale : [C] Pros. ‖ fermement, solidement : [C] Pros., [+C] Pros. ‖ ***-lius*** [+C] Pros. ; ***-issime*** [+C] Pros.

Fīdēna, *ae*, f., [+C] Pros. et **-dēnae**, *ārum*, f. pl., [C] Pros., Fidènes [ville des Sabins, sur le Tibre, colonie romaine] : [C] Pros. ‖ **-ātes**, *ĭum*, m. pl., les Fidénates, habitants de Fidènes : [C] Pros.

fīdens, *tis*, part.-adj. de *fido*, qui se fie, qui a confiance : [C] Pros. ‖ assuré, confiant : [C] Pros. ‖ ***-dentior*** [T] Pros. ; ***-issimus*** [T] Pros.

fīdentĕr, adv., avec assurance : [C] Pros. ‖ ***-tius*** [C] Pros. ; ***-issime*** [T] Pros.

1 **fīdentĭa**, *ae*, f., assurance, confiance, résolution : [C] Pros.

2 **Fīdentĭa**, *ae*, f., ville de la Gaule cispadane [auj. Fidenza] : [+C] Pros.

1 **fĭdēs**, *ĕī*, f. ¶ **1** le fait de croire, la confiance : ***fidem facere*** Cic., inspirer confiance ; ***fidei causa*** Sall., pour inspirer confiance ; ***alicui rei fides*** Liv., le fait de croire à qqch., la confiance en qqch. ; ***fidem facere alicujus rei*** Sen., faire croire à qqch. ; ***alicui summam omnium rerum fidem habere*** Caes., avoir en qqn la plus haute confiance pour toutes choses ; ***alicui fidem facere*** [avec prop. inf.] Cic., faire croire à qqn que ; ***vix fides fit*** [avec prop. inf.] Liv., on a peine à croire que ‖ [spéc[t]] la confiance qu'on inspire, le crédit : ***res fidesque*** Sall., les biens et le crédit ; ***fidem revocare*** Cic., ramener le crédit ‖ [chrét.] la foi, l'appartenance à l'Eglise : Minuc. ¶ **2** le fait de provoquer la confiance ***a)*** la parole donnée, l'assurance : ***alicui fidem dare*** Cic., donner sa parole à qqn ; ***fidem publicam alicui dare*** Cic., donner à qqn une assurance officielle ; ***suam fidem in aliquid interponere*** Caes., engager sa parole pour garantir qqch. ; ***de aliqua re fidem servare*** Caes., tenir sa parole relativement à qqch. ; ***fidem suam exsolvere*** Liv., remplir ses engagements ‖ [spéc[t]] parole donnée à son général, respect du serment militaire : Caes. ***b)*** [par ext.] la protection, l'assistance : ***in fidem alicujus se conferre*** Cic., se placer sous la protection de qqn ; ***fidem alicujus sequi*** Caes., même sens ; ***aliquem in fidem recipere*** Caes., prendre qqn sous sa protection ; ***fidem alicujus obtestari*** Cic., implorer l'appui de qqn ‖ [expressions] ***di vostram fidem !*** Pl., les dieux m'en soient témoins ! ¶ **3** la fidélité aux engagements pris ***a)*** la loyauté, la bonne foi, la droiture : ***fidem habere*** Sen. *Ep.*, avoir de la droiture ; ***fidem praestare*** Cic., observer la bonne foi, être loyal ; ***ex bona fide*** Cic., en toute bonne foi ; ***dic bona fide*** Pl., dis-moi franchement ***b)*** [en parl. de choses] sincérité, authenticité : ***fides reconciliatae gratiae*** Cic., sincérité d'une réconciliation ‖ [poét.] réalisation : ***vota fides sequitur*** Ov., les voeux sont exaucés

2 **Fĭdēs**, *ĕī*, f., la Bonne Foi [personn.] : [C] Pros.

3 **fĭdēs**, **fĭdis**, *is*, f., V. *4 fides*

4 **fĭdēs**, *ĭum*, f. pl., lyre : ***fidibus canere*** [C] Pros. ; ***discere*** [C] Pros. ; ***docere*** [C] Pros. ; ***scire*** [-C] Théât., jouer de la lyre, apprendre, enseigner à jouer de la lyre, savoir jouer de la lyre

fĭdĭcen, *ĭnis*, m., joueur de lyre : [C] Pros. ‖ poète lyrique : [C] Pros., Poés.

fĭdĭcĭna, *ae*, f., joueuse de lyre : [-C] Théât.

fĭdĭcĭnĭus, *a*, *um*, de joueur de lyre : [-C] Théât.

fĭdĭcŭla, *ae*, f., **fĭdĭcŭlae**, *ārum* [surtout au pl.] petite lyre : [C] Pros. ‖ cordes du chevalet [instrument de torture] : [+C] Pros.

Fĭdĭcŭlae, f., **-dĭculi**, m. pl., ville d'Apulie : [+C] Pros.

Fĭdĭcŭlānĭus, *ĭi*, m., nom de famille romaine : [C] Pros.

fĭdĭcŭlārĭus, *a*, *um*, tordu comme une corde, captieux : [+C] Pros.

Fĭdĭus, *ĭi*, m., Dius Fidius [forme de Jupiter, identifié à Semo Sancus, le dieu de la bonne foi] : [C] Pros., Poés. ; V. *Medius Fidius*

fīdo, *ĭs*, *ĕre*, ***fīsus sum***, intr., se fier, se confier, avoir confiance [en, dans], compter sur : [avec dat.] ***pestilentiae fidens*** [C] Pros., comptant sur l'épidémie ; [avec abl.] ***prudentia fidens*** [C] Pros., comptant sur sa sagesse ‖ croire avec confiance que [avec prop. inf.] : [C] Pros. ; [avec inf.] se flatter de : [+C] Poés.

fīdūcia, *ae*, f. ¶ **1** confiance : ***alicujus*** [C] Pros., confiance en qqn ; ***mei*** [C] Poés., confiance en moi ; [C] Pros. ; ***fiducia civitatis*** [C] Pros., confiance dans le titre de citoyen romain ; ***stabilis benevolentiae*** [C] Pros., dans un dévouement solide ¶ **2** confiance en soi, assurance, hardiesse : [C] Pros. ; ***fiduciam facere alicui*** [+C] Pros., donner de l'assurance à qqn ¶ **3** cession fiduciaire [confiée à la bonne foi, avec engagement moral de restituer sous certaines conditions en temps et lieu] : [C] Pros. ; ***judicium fiduciae*** [C] Pros., instance pour non-observation de contrat fiduciaire

fīdūcĭālĭtĕr, adv., avec confiance : [T] Pros.

fīdūcĭārĭus, *a*, *um*, [fig.] confié [comme un dépôt], provisoire, transitoire, par intérim : [C] Pros., [+C] Pros.

1 **fīdus**, *a*, *um* ¶ **1** à qui (à quoi) on peut se fier, fidèle, sûr : [C] Pros. ; ***fidissima uxor*** [C] Pros., épouse très fidèle ‖ [poét.] [avec dat., gén., *in* acc.] fidèle à : ***domino fidissimus*** [C] Pros., très fidèle à son maître ; [C] Poés. ; ***in amicos*** [T] Pros., dévoué à ses amis ¶ **2** [en parl. de choses] sûr, assuré, qui ne cache aucun piège : [C] Poés., [+C] Pros.

2 **fīdus**, = *2 foedus*, traité : [C] Pros.

Fidustĭus, *ĭi*, m., nom d'homme : [+C] Pros.

fīens, part. de *fio* : [T] Pros.

fĭglīna (fĭgŭl-), *ae*, f., art du potier : [T] Pros. ; pl., [+C] Pros. ‖ carrière d'argile : [C] Pros.

fĭglīnus ou **-gŭlīnus**, *a*, *um*, de terre, de potier : [C] Pros.

fĭgmĕn, *ĭnis*, n., [T] Poés. et **figmentum**, *i*, n., représentation, image : [T] Pros. ‖ création : ***figmenta verborum*** [+C] Pros., mots créés, forgés ‖ fiction : [T] Pros.

fīgō, *ĭs*, *ĕre*, *fīxī*, *fīxum*, tr. ¶ **1** ficher, enfoncer, planter, fixer : ***mucrones in hoste*** [C] Pros., planter la pointe des épées dans le corps de l'ennemi ; ***palum in parietem*** [-C] Théât., enfoncer un pieu dans la muraille ; [C] Pros. ; ***cristas vertice*** [C] Poés., fixer un panache sur sa tête ; ***alicui crucem*** [C] Pros., planter une croix pour le supplice de qqn ; ***fixus cruci*** [+C] Pros., attaché à la croix ‖ ***oculos in terram*** [C] Pros., [+C] Pros., fixer à terre ses regards ; ***in aliquo*** [C] Poés., sur qqn ‖ fixer une table d'airain à la muraille pour porter un décret, une loi à la connaissance du public, [d'où] afficher, publier : ***legem*** [C] Pros., publier une loi ; ***tabulas*** [C] Pros., afficher des décrets, des édits ; ***Capitolio figi*** [C] Pros., être affiché au Capitole ‖ fixer sa demeure : [+C] Pros., Poés. ‖ ***foribus oscula*** [C] Poés., imprimer des baisers sur une porte ; ***vulnera*** [+C] Poés., faire des blessures ¶ **2** [fig.] fixer, attacher : ***mentem omnem in aliqua re*** [C] Pros., attacher toute son intelligence à une chose ; [+C] Pros. ; ***vestigia fixa*** [C] Pros., traces fixées, durables ¶ **3** traverser, transpercer :

aliquem telo [C] Poés., percer qqn d'un trait ; ***damas*** [C] Poés., abattre des daims ‖ [fig.] ***adversarios*** [C] Pros., percer les adversaires de ses traits ; ***aliquem maledictis*** [C] Pros., percer qqn de ses traits médisants ¶ **4** [poét.] fixer un objet du regard : ***lumine terram*** [+C] Poés., fixer la terre du regard

fĭgŭlāris, *e*, de potier : [-C] Théât.

fĭgŭlātus, *a*, *um*, transformé en Figulus, → *Nigidius ?* : [+C] Pros.

fĭgŭlīnus, → *figlinus*

1 **fĭgŭlus**, *i*, m., celui qui travaille l'argile, potier : [C] Pros. ‖ tuilier, briquetier : [+C] Poés.

2 **Fĭgŭlus**, *i*, m., surnom des Marcius et des Nigidius : [C] Pros. ‖ [C] Pros. ; → *Nigidius*

fĭgūra, *ae*, f. ¶ **1** configuration, structure : ***formae figura*** [C] Poés., Pros., l'ensemble des traits qui constituent la forme d'un corps ; [C] Pros. ; ***navium*** [C] Pros., la structure des navires ¶ **2** chose façonnée, figure : ***fictiles figurae*** [C] Pros., figures d'argile ; [C] Poés. ‖ parcelles, simulacres [qui se détachent de chaque objet et qui en sont les images mêmes, d'après Épicure] : [C] Poés., [+C] Pros. ‖ figures, fantômes : [C] Poés. ¶ **3** [fig.] forme, manière d'être : ***negotii*** [C] Pros., la tournure d'une affaire ; ***orationis*** [C] Pros., genre (type) d'éloquence ; [C] Poés. ; ***vocis*** [C] Poés., la conformation de la voix ¶ **4** [rhét.] figures de style : [+C] Pros. ‖ [en part.] formes, précautions oratoires : [+C] Pros. ‖ allusions : [+C] Pros. ¶ **5** [gram.] forme grammaticale, forme d'un mot : [C] Pros., [+C] Pros.

fĭgūrālĭtĕr, adv., d'une manière figurée : [T] Pros.

fĭgūrātē, adv., ***-tius*** [T] Pros.

fĭgūrātĭo, *ōnis*, f., figure [rhét.] : [T] Pros. ‖ forme [d'un mot] : [+C] Pros. ‖ [chrét.] création, formation : [T] Pros.

fĭgūrātīvus, *a*, *um*, subst. f., figure, représentation : [+C] Poés.

fĭgūrātŏr, *ōris*, m., celui qui donne une forme, qui façonne : [T] Pros.

fĭgūrātus, *a*, *um*, part. de *figuro*, [adj[t]] ***a)*** [rhét.] figuré : [+C] Pros. ***b)*** fictif : [+C] Pros.

fĭgūrō, *ās*, *āre*, *āvī*, *ātum*, tr. ¶ **1** façonner, former : [C] Pros. ‖ [absol[t]] [C] Pros. ‖ ***sibi figurare*** [+C] Pros., imaginer, se représenter, concevoir ¶ **2** [rhét.] orner de figures : [+C] Pros. ; ***figurabat egregie*** [C] Pros., il employait admirablement les figures

fīlactērĭum, *ĭi*, → *phyl*

fīlāmĕn, *ĭnis*, m., → *1 flamen* [invention étymologique] : [C] Pros.

fīlātim, adv., fil à fil : [C] Poés.

fīlĭa, *ae*, f., fille : [-C], [C] ; ***virgo filia*** [-C] Théât., [C] Pros., fille vierge ‖ dat.-abl., ***filiis*** : [-C] Théât., [C] Pros. ; ***-abus*** [-C] Pros., [C] Pros.

fīlĭcātus (fĕlĭc-), *a*, *um*, orné de figures ressemblant à des fougères : [C] Pros.

fīlĭctum, *i*, n., fougeraie : [+C] Pros.

fīlĭcŭla (fĕlĭc-), *ae*, f., polypode [fougère] : [+C] Pros.

fīlĭŏla, *ae*, f., fillette, fille [en bas âge ou chérie] : [C] Pros. ‖ [fig.] ***filiola Curionis*** [C] Pros., le fils efféminé de Curion, cette poupée qu'est le fils de Curion

fīlĭŏlus, *i*, m., fils [en bas âge ou chéri] : [-C] Théât., [C] Pros.

fīlĭus, *ĭi*, m., fils, enfant : [C] Pros. ; ***terrae filius*** [C] Pros., homme sans naissance, de rien ‖ ***fortunae*** [C] Poés., enfant gâté de la fortune (***albae gallinae*** [+C] Poés., sens analogue) ‖ pl., enfants [des deux sexes] : [C] Pros., [+C] Pros. ‖ petits [des animaux] : [+C] Pros. ‖ [chrét.] disciple : [T] Pros. ‖ homme pieux [*filii Dei* opposés aux *filiae hominum*] : [T] Pros. ‖ ***Filius Dei*** [T] Pros., le Fils de Dieu, le Christ

fīlix (fĕl-), *ĭcis*, f. ¶ **1** fougère [plante] : [C] Poés. ¶ **2** [fig.] poils : [+C] Poés.

fīlō, *ās*, *āre*, *āvī*, -, tr., [fig.] faire couler en fil : [+T] Poés.

fīlŏsŏph-, → *philosoph-*

fīlum, *i*, n. ¶ **1** fil : [C] Pros., Poés. ‖ [prov.] ***pendere filo*** [-C] d. [T] Pros., ne tenir qu'à un fil (être en grand danger) ; [C] Poés. ‖ filament [v. *apiculum*] enroulé autour du bonnet du flamine, comme le στέμμα des Grecs : [C] Poés., Pros. ‖ toile d'araignée : [C] Poés. ‖ cordes de la lyre : [C] Poés. ¶ **2** [fig.] contexture, tissu, nature : ***uberiore filo*** [C] Pros., d'un style plus abondant (d'une trame plus serrée) ‖ traits, figure, forme : [d'un objet] [C] Poés. ; [d'une pers.] [-C] Théât., [C] Pros., [+C] Pros.

fīlus, *i*, m., → *filum* : [+C] Poés.

1 **fimbrĭa**, *ae*, f. ; [ordin[t] au pl.] extrémité, bout : [C] Pros. ‖ bord de vêtement, franges : [+C] Pros.

2 **Fimbrĭa**, *ae*, m., surnom des Flavius, not[t] C. Flavius Fimbria [l'un des partisans et satellites de Marius] : [C] Pros. ‖ autre du même nom : [C] Pros.

1 **fimbrĭātus**, *a*, *um*, dentelé, frangé : [+C] Pros.

2 **fimbrĭātus**, *a*, *um*, transformé en Fimbria : [+C] Pros.

fĭmum, *i*, n., **fĭmus**, *i*, m., fumier : [-C] Pros., [C] Poés. ‖ [poét.] boue, fange : [C] Poés.

fīnālis, *e*, qui concerne les limites : [T] Pros. ‖ qui borne : [T] Pros. ‖ final : [T] Pros.

findō, *ĭs*, *ĕre*, *fĭdī*, *fissum*, tr., fendre, ouvrir, séparer, diviser : [C] Pros., Poés. ; ***fissa ungula*** [C] Poés., sabots fendus, fourchus [d'un animal] ; [+C] Pros. ‖ pass. réfléchi, se fendre, se briser, crever : [-C] Théât., [C] Poés., [+C] Poés. ‖ [poét.] partager [le mois] : [C] Poés.

fīne ou **fīnī**, [employé comme préposition] → *finis* ¶ *1 fin*

fingō, *ĭs*, *ĕre*, *finxī*, *fictum*, tr. ¶ **1** façonner, pétrir : ***ceram*** [C] Pros., façonner la cire ¶ **2** faire en façonnant, fabriquer, modeler : ***favos*** [C] Pros., façonner des rayons de miel ; [abs[t]] ***e cera fingere*** [C] Pros., modeler dans la cire ‖ [en part.] sculpter : ***Herculem*** [C] Pros., faire la statue d'Hercule ; ***a Lysippo fingi*** [C] Pros., avoir sa statue faite par Lysippe ; ***ars fingendi*** [C] Pros., la sculpture ‖ [poét.] ***versus*** [C] Poés., faire des vers ¶ **3** [fig.] façonner, modeler : [C] Pros. ; ***ex aliqua re se fingere*** [C] Pros., se régler sur qqch. ‖ [en part.] façonner en changeant, en déguisant : ***vultum fingere*** [C] Pros., composer son visage ‖ [avec attribut] [C] Pros. ¶ **4** façonner, dresser : ***fingi ad rectum*** [C] Poés., être dressé au bon goût ; [-C] Théât. ; ***vitem putando*** [C] Poés., façonner la vigne en la taillant ¶ **5** se représenter, imaginer : [C] Pros. ; ***aliquid cogitatione*** [C] Pros. ; ***animo*** [C] Pros., se représenter qqch. par la pensée ‖ [avec attribut] [C] Pros. ‖ [avec prop. inf.] [C] Pros. ¶ **6** représenter [à autrui], imaginer [pour autrui] : ***summum oratorem*** [C] Pros., tracer le portrait de l'orateur idéal ; ***finguntur testamenta*** [+C] Pros., on imagine des testaments ; d'où le part., **fictus**, *a*, *um*, fictif, imaginaire : [C] Pros. ‖ [avec attribut] [C] Pros. ; ***se rudem fingere*** [C] Pros., se donner comme un naïf ‖ [avec interrog. indir.] [C] Pros. ¶ **7** inventer faussement, forger de toutes pièces : ***crimina in aliquem*** [C] Pros., forger des accusations contre qqn ; d'où le part., **fictus**, *a*, *um*, feint, controuvé, faux : [C] Pros. ; ***nihil fictum*** [C] Pros., rien de mensonger : ***fictus testis*** [C] Pros., faux témoin

fīnī, employé c. prép., → *finis* ¶ *1 fin*

fīnĭens, *tis*, ***orbis*** [C] Pros. ; ***circulus*** [+C] Pros., l'horizon

fīnĭō, *īs*, *īre*, *īvī*, *ītum*

I tr. ¶ **1** limiter, délimiter, borner [pr. et fig.] : [C] Pros. ; ***cupiditates*** [C] Pros., mettre des bornes aux passions ¶ **2** préciser, déterminer : ***modum alicui rei*** [C] Pros., fixer des limites à qqch. ‖ définir : [+C] Pros. ‖ avec *ne* subj. : [C] Pros. ¶ **3** achever, finir : ***bellum*** [C] Pros., terminer la guerre ; [+C] Pros. ; [C] Pros. ; ***sitim finire*** [C] Pros., apaiser la soif ‖ [abs[t]] mettre un terme, finir [de parler, d'écrire] : ***ut semel finiam*** [+C] Pros., pour conclure enfin ¶ **4** [pass.] ***finiri***, se terminer : [C] Pros. ; [gram.] se terminer (avoir comme terminaison) : [+C] Pros. ‖ ***finiri***, mourir : [C] Pros. ; ***morbo*** [+C] Pros., mourir de maladie

II intr. [rare] avoir un terme, finir : [T] Pros.

fīnis, *is*, m. (qqf. f.) ¶ **1** limite : [C] Pros. ‖ pl., ***fines*** ‖ le pays lui-même, territoire : ***extremi, primi fines***, l'extrémité, le commencement du territoire : [C] Pros. ‖ [en part.] la limite d'une piste, d'une carrière : [C] Poés. ‖ [expr.] ***fine*** ou ***fini*** [avec gén.], jusqu'à : ***fine genus*** [C] Poés., jusqu'au genou ; [-C] Pros., [C] Pros. ‖ ***radicibus fini*** [-C] Pros., jusqu'aux racines [litt[t], avec les racines comme limite, les racines étant la limite] ; ***osse fini*** [-C] Théât., jusqu'à l'os ¶ **2** [fig.] bornes, limites : [C] Pros. ¶ **3** fin, cessation, terme : [C] Pros., [+C] Pros. ‖ terme, point final : [C] Pros. ‖ fin, mort : [C] Poés., [+C] Pros. ¶ **4** le degré suprême, le comble, (τέλος) : [C] Pros. ; ***finis bonorum*** [C] Pros., le souverain bien ¶ **5** but, fin d'une chose : [C] Pros. ¶ **6** définition : [+C] Pros.

fīnītē, adv. ¶ **1** de manière limitée : [C] Pros. ¶ **2** de manière précise : [+C] Pros.

fīnĭtĭmus (-tŭmus), *a*, *um* ¶ **1** voisin, contigu, limitrophe : [C] Pros. ‖ subst. m. pl., les peuples voisins : [C] Pros. ¶ **2** [fig.] qui est tout proche de, qui ressemble à : [avec dat.] [C] Pros. ‖ mêlé à : [C] Pros.

fīnītĭo, *ōnis*, f., délimitation, bornage : [C] Pros. ‖ division, partie : [+C] Pros. ‖ [fig.] règle, principe : [+C] Pros. ‖ explication, définition : [+C] Pros. ‖ achèvement complet, perfection : [C] Pros. ‖ la mort : [T] Pros.

fīnītīvus, *a*, *um*, [rhét.] ***status*** [+C] Pros., genre de cause reposant sur une définition

fīnītŏr, *ōris*, m., celui qui marque les limites, qui délimite, arpenteur : [-C] Théât., [C] Pros. ‖ [fig.] ***finitor circulus*** [+C] Pros., l'horizon ‖ celui qui achève, qui anéantit : [+C] Poés.

fīnĭtŭmus, *a*, *um*, ▶ *finitimus*

fīō, *fīs*, *fĭĕrī*, **factus sum**, en gén. pass. de *facio*,être fait ¶ **1** se produire, arriver : [C] Pros. ‖ ***fieri ab***, provenir de : [C] Poés. ‖ ***quid fiet telo ?*** [C] Poés., qu'arrivera-t-il du trait ? ‖ ***comiter a me fiet*** [-C] Théât., il aura de ma part un accueil favorable ‖ [expressions] ***fiat*** [-C] Théât., soit ; ***ut fit*** [C] Pros., comme il arrive d'ordinaire, cf. ***ut fieri solet, ut fit plerumque*** ; [C] Pros. ; ***fit ut*** subj. ; ***fieri potest ut***, il arrive que, il peut arriver que, ▶ *facio* ; [C] Pros., [+C] Pros. ; ***quoad ejus fieri poterit*** ; ▶ *quoad* ‖ pousser, croître : [-C] Théât. ¶ **2** se rencontrer, être : [C] Pros. ¶ **3** devenir, être fait, être créé (élu), ▶ *facio* : [C] Pros., Poés. ; [abs[t]] ***fieri*** [+C] Pros., être élu ; [C] Pros. ‖ [avec gén. de prix] ▶ *facio* ¶ **4** [passif de *facio III* ¶ *2*] être offert en sacrifice : [C] Pros., Poés.

Fircellĭus, *ĭi*, m., nom d'homme : [C] Pros. ‖ **-īnus**, *a*, *um*, de Fircellius : [C] Pros.

fircus, *i*, m., [mot sabin] ▶ *hircus* : [C] Pros.

firmāmĕn, *ĭnis*, n., appui, support : [C] Poés.

firmāmentum, *i*, n., ce qui affermit, appui, étai : [C] Pros., [+C] Pros. ‖ [fig.] ***accusationis*** [C] Pros., le principal soutien de l'accusation ‖ force confirmative, moyen de prouver : ***in aliquo ponere*** [C] Pros., compter sur qqn pour prouver qqch. ‖ ***firmamentum*** [s.-ent. *caeleste*] [T] Pros., le firmament ‖ [rhét.] le point essentiel [= τὸ συνέχον] : [C] Pros.

Firmānus, ▶ *Firmum*

firmātŏr, *ōris*, m., celui qui affermit : [+C] Pros.

firmātrix, *īcis*, f., celle qui affermit : [+T] Poés.

firmātus, *a*, *um*, part. de *firmo*

firmē, adv., solidement, fortement, fermement : [C] Pros. ‖ ***-issime*** [C] Pros.

Firmīnus, *i*, m., Firmin [nom d'homme] : [+T] Pros.

firmĭtās, *ātis*, f., solidité, consistance, état robuste : [C] Pros.

firmĭtĕr, adv., fermement, avec solidité : [C] Pros. ; ▶ *firme*

firmĭtūdo, *ĭnis*, f., solidité : [C] Pros. ‖ [fig.] fermeté, constance, force de résistance : [C] Pros.

Firmĭus, *ĭi*, m., nom d'homme : [+C] Pros.

firmō, *ās*, *āre*, *āvī*, *ātum*, tr. ¶ **1** faire ou rendre ferme, solide [pr. et fig.] : [C] Pros., [+C] Pros. ; ***rem publicam*** [C] Pros., faire un gouvernement solide ; ***vocem*** [C] Pros., fortifier la voix ‖ [part. n.] ***pro firmato stare*** [C] Pros., se tenir solidement, être bien affermi ‖ affermir moralement : [C] Pros., [C] Poés., [+C] Pros. ; ***firmatus animi*** [C] Pros., raffermi en son coeur ¶ **2** confirmer, appuyer, assurer : [C] Pros., Poés. ‖ affirmer : [+C] Pros. ; [avec prop. inf.] affirmer que : [+C] Pros. ‖ [avec inf.] décider de : [T] Pros.

Firmum, *i*, n., ville du Picénum [auj. Fermo] : [C] Pros. ‖ **-ānus**, *a*, *um*, de Firmum : [C] Pros. ‖ **-āni**, *ōrum*, m. pl., habitants de Firmum : [C] Pros. ‖ **castellum Firmānōrum**, le fort de Firmum

firmus, *a*, *um* ¶ **1** solide, résistant, ferme : ***firmi rami*** [C] Pros., branches résistantes ¶ **2** [fig.] solide, fort : ***firma civitas*** [C] Pros., État fort ; [poét.] [C] Pros. ; ***firmissima consolatio*** [C] Pros., consolation très forte, très efficace ‖ [aliments] solides, consistants, nourrissants : [C] Pros., [+C] Pros. ‖ [vin] qui a du corps : [C] Poés., [+C] Pros. ‖ solide, durable : [C] Pros. ‖ ferme, constant, inébranlable : [C] Pros. ‖ solide, sur quoi l'on peut compter, sûr : [C] Pros. ; ***firmior candidatus*** [C] Pros., candidat plus sûr du succès

fiscālis, *e*, fiscal, du fisc : [+C] Pros. ; ***cursus*** [T] Pros., poste publique [entretenue par le fisc] ; ***fiscales molestiae*** [T] Pros., vexations du fisc

fiscella, *ae*, f., petite corbeille, petit panier : [-C] Pros., [C] Poés. ‖ [en part.] forme [d'osier pour faire égoutter les fromages] : [C] Poés., [+C] Pros. ‖ muselière [pour les boeufs] : [-C] Pros.

fiscellus, *i*, m., petite corbeille : [+C] Pros.

fiscĭna, *ae*, f., corbeille, petit panier de jonc ou d'osier : [-C] Théât., Pros., [C] Pros.

fiscus, *i*, m. ¶ **1** panier de jonc ou d'osier : [+C] Pros. ¶ **2** corbeille à argent : [C] Pros. ‖ [fig.] le trésor, le fisc : [C] Pros., [T] Pros. ‖ le trésor impérial, cassette impériale [par oppos. au trésor public, *aerarium*] : [+C] Pros. ; ***Judaicus*** [+C] Pros., l'impôt payé par les Juifs [au profit du prince]

fisētēr, ▶ *physeter*

fissĭcŭlō, *ās*, *āre*, *-*, *ātum*, tr., découper les entrailles [des victimes] : [+C] Pros.

fissĭlis, *e*, fissile, qui peut être fendu, facile à fendre : [C] Poés.

fissĭo, *ōnis*, f., action de fendre, de diviser : [C] Pros.

fissum, *i*, n., fente, crevasse : [+C] Pros. ‖ fissure [dans les entrailles des victimes] : [C] Pros.

fissus, *a*, *um*, part. de *findo*

fistūca (fest-), *ae*, f., mouton [pour enfoncer des pilotis] : [C] Pros.

fistūcātĭo, *ōnis*, f., damage : [C] Pros.

fistūco (fest-), *āvi*, *ātum*, *āre*, tr., tasser, niveler, aplanir [avec la *fistuca*] : [-C] Pros.

fistŭla, *ae*, f. ¶ **1** tuyau [d'eau], conduit, canal : [C] Pros. ¶ **2** roseau à écrire : [+C] Poés. ¶ **3** flûte de Pan ou syrinx : [C] Poés., Pros. ¶ **4** fistule [chir.] : [-C] Pros., [C] Pros., [+C] Pros. ¶ **5** espèce de moulin à main : [-C] Pros.

fistŭlātim, adv., à la façon d'un tuyau : [+C] Pros.

fistŭlātŏr, *ōris*, m., joueur de flûte : [C] Pros.

fistŭlātōrĭus, *a*, *um*, de joueur de flûte : [T] Pros.

fistŭlātus, *a*, *um*, percé de tuyaux : [+C] Pros. ‖ creux comme le roseau : [T] Pros.

fistŭlōsus, *a*, *um*, qui forme un tuyau, creux, poreux, fistuleux : [-C] Pros. ‖ ***caseus*** [+C] Pros., fromage qui a des trous

fīsus, *a*, *um*, part. de *fido*

fīte, impér. pl. de *fio* : [-C] Théât.

fitilla, *ae*, f., bouillie pour les sacrifices : [+C] Pros., [T] Pros.

fixūra, *ae*, f., marque [de clous] : [T] Pros.

fixus, *a*, *um*, part.-adj. de *figo*,fiché, enfoncé : [C] Pros. ‖ [fig.] fixé, fixe, arrêté : ***consilium fixum*** [C] Pros., dessein arrêté

flābellĭfĕra, *ae*, f., celle qui porte l'éventail : [-C] Théât.

flăbellŭlum, *i*, n., petit éventail : [-C] Théât.

flābellum, *i*, n., éventail : [-C] Théât., [+C] Poés.

flābĭlis, *e*, de la nature du souffle, de l'air : [C] Pros. ‖ qui donne de la fraîcheur : [T] Pros. ‖ [fig.] spirituel : [T] Poés.

flābra, *ōrum*, n. pl., souffles [des vents] : [C] Poés.

flābrālis, *e*, de vent : [T] Poés.

flaccĕō, *ēs*, *ēre*, *-*, *-*, intr., [fig.] être amolli, sans ressort : [C] Pros.

flaccescō, **-ciscō**, [-C] Théât., *ĭs*, *ĕre*, *-*, *-*, intr., devenir mou, se faner, se dessécher : [C] Pros., [+C] Pros. ‖ [fig.] devenir languissant, perdre son énergie : ***flucti flaccisunt*** [-C] Théât., les flots s'affaissent ; ***flaccescebat oratio*** [C] Pros., le discours s'affaissait (devenait languissant)

Flaccĭānus, ▶ *2 Flaccus*

flaccĭdus, *a*, *um*, [fig.] ***flaccida argumentatio*** [T] Pros., raisonnement languissant ; [poét.] ***flaccidiore turbine*** [C] Poés., par un tourbillon qui s'affaisse

Flaccilla, *ae*, f., nom de femme : [+C] Poés.

flaccisco, ▶ *flaccesco*

1 **flaccus**, *a*, *um*, flasque, pendant [en parl. des oreilles] : [C] Pros. ‖ aux oreilles pendantes : [C] Pros.

2 **Flaccus**, *i*, m., surnom romain chez les Valerii, les Cornelii ‖ Horace [désigné par son surnom] : [+C] Poés. ‖ **-cĭānus**, *a*, *um*, de Flaccus : [+C] Pros.

flăgellō, *ās*, *āre*, *āvī*, *ātum*, tr., fouetter, flageller : [+C] Pros. ‖ [fig.] donner un coup de fouet à : ***opes*** [+C] Poés., à un capital [lui faire produire des intérêts]

flăgellum, *i*, n. ¶ **1** fouet, étrivières : [C] Pros., Poés. ‖ [fig.] [en parl. des remords] [C] Poés. ¶ **2** V. *ammentum*, lanière de cuir [adaptée à la hampe du javelot] : [C] Poés. ¶ **3** tigelles [de la vigne] ; rameau flexible : [C] Poés., [+C] Pros. ¶ **4** bras des polypes : [C] Poés. ¶ **5** mèche de cheveux : [T] Pros.

flāgĭtātĭo, *ōnis*, f., demande (sollicitation) pressante, insistance : [C] Pros. ‖ pl., réclamations : [+C] Pros.

flāgĭtātor, *ōris*, m., qui réclame avec instance : ***triumphi*** [C] Pros., qui réclame le triomphe ‖ qui réclame une créance, une promesse, créancier tenace : [–C] Théât., [C] Pros., [+C] Pros.

flāgĭtātus, *a*, *um*, part. de *flagito*

flāgĭtĭōsē, adv., d'une manière scandaleuse, infâme : [C] Pros. ; ***-sissime*** [C] Pros. ‖ honteusement, avec déshonneur : [C] Pros. ‖ ***-sius*** [T] Pros.

flāgĭtĭōsus, *a*, *um*, qui a une conduite scandaleuse : [C] Pros. ; ***res flagitiosae*** [C] Pros., débordements, dérèglements ‖ honteux, déshonorant : [C] Pros. ; ***flagitiosum est*** [avec prop. inf.] [C] Pros., c'est une honte que ; [avec inf.] [C] Pros. ‖ ***-sior*** [C] Pros. ; ***-sissimus*** [C] Pros.

flāgĭtĭum, *ĭī*, n. ¶ **1** action déshonorante, infamante, ignominieuse, scandaleuse, infamie, ignominie, turpitude, scandale : [C] Pros. ‖ [en part.] opinion scandaleuse [qu'on devrait avoir honte de soutenir] : [C] Pros. ¶ **2** [personnif.] [C] Pros.

flāgĭtō, *ās*, *āre*, *āvī*, *ātum*, tr. ¶ **1** demander avec insistance, réclamer d'une manière pressante, exiger : ***flagito testes*** [C] Pros., je demande avec insistance des témoins ‖ [construction] ***ab aliquo aliquid*** [C] Pros., réclamer qqch. de qqn ; ***ab aliquo aliquem*** [C] Pros., réclamer qqn à qqn ; [C] Pros., Poés., [+C] Pros. ¶ **2** appeler en justice, citer devant les tribunaux : [+C] Pros.

flăgrans, *tis*, part.-adj. de *flagro*, brûlant, enflammé : ***flagrantissimo aestu*** [C] Pros., au coeur de l'été ‖ [fig.] ***flagrantissimus*** [C] Pros., plein d'ardeur ; ***flagrantius studium*** [C] Pros., zèle plus ardent ‖ brillant, éclatant : [C] Poés.

flăgrantĕr, adv., ***-ius*** [+C] Poés. ; ***-issime*** [+C] Pros.

flăgrantĭa, *ae*, f., vive chaleur, embrasement : ***oculorum*** [C] Pros., le feu des regards ‖ [fig.] sentiment ardent : [T] Pros.

flăgrĭo, *ōnis*, m., homme voué aux coups [de fouet] : [–C] Théât.

flăgrĭtrība, *ae*, m., celui qui use les fouets [à force d'être battu] : [–C] Théât.

flăgrō, *ās*, *āre*, *āvī*, *ātum*, intr. ¶ **1** brûler, être en feu : [C] Pros. ; [fig.] ***bello*** [C] Pros., être ravagé par la guerre ¶ **2** être animé [d'une passion] ; brûler de : ***flagrare desiderio*** [C] Pros., être rongé par le regret ; ***amore*** [C] Pros., brûler d'amour ; [avec inf.] désirer ardemment : [+C] Pros., Poés. ¶ **3** [fig.] être la proie de : ***infamia*** [C] Pros., être couvert d'infamie ¶ **4** [en parl. de ch.] être ardent : [C] Pros. ¶ **5** [poét.] tr., (?) enflammer d'amour : [+C] Poés.

flăgrum, *i*, n., fouet, martinet, lanière, étrivières : [–C] Théât., [C] Pros.

1 **flāmĕn**, *ĭnis*, m., flamine [prêtre ; quinze au total, dont trois flamines majeurs, V. *1 Dialis*] : [C] Pros.

2 **flāmĕn**, *ĭnis*, n., souffle : ***flamina tibiae*** [C] Poés., modulations de la flûte ‖ vent, brise : [C] Poés.

3 **Flāmĕn**, *ĭnis*, m., surnom de Q. Claudius : [C] Pros.

flāmĭnĭa, *ae*, f. ¶ **1** maison du flamine : [+C] Pros. ¶ **2** épouse du flamine : [T] Pros.

Flāmĭnĭa vĭa, **Flāmĭnia**, *ae*, f., la voie Flaminienne [entre Rome et Ariminum, construite par C. Flaminius] : [C] Pros., [+C] Poés.

Flāmĭnĭānus, V. *Flaminius*

flāmĭnĭca, *ae*, f., épouse de flamine : ***Dialis*** [+C] Pros., femme du flamine de Jupiter

Flāmĭnīnus, *i*, m., nom d'homme : [C] Pros.

flāmĭnĭum, mauv. orth., V. *flamonium*

Flāmĭnĭus, *ĭī*, m., nom d'une famille romaine, not[t] C. Flaminius Nepos qui périt sur les bords du lac Trasimène [en 217 av. J.-C.] : [C] Pros. ‖ **-ĭus**, *a*, *um*, de Flaminius : [C] Pros. ; V. *Flaminia* ‖ **-ĭnĭānus**, *a*, *um*, de Flaminius : [C] Pros.

1 **flamma**, *ae*, f., flamme, feu : [C] Pros. ; ***flammam concipere*** [C] Pros., prendre feu ; ***flamma ferroque*** [C] Pros., par le fer et le feu ‖ [prov.] [–C] Théât. ; V. *fumus* ‖ [fig.] ***amoris*** [C] Pros., feux de l'amour ; ***oratoris*** [C] Pros., le feu de l'orateur ‖ couleur de feu, éclatant : [C] Poés.

2 **Flamma**, *ae*, m., surnom romain : [+C] Pros.

flammans, *tis*, part. de *flammo*

flammārĭus, *ĭī*, m., qui teint de la couleur de la flamme : [–C] Théât.

flammātus, *a*, *um*, part. de *flammo*

flammĕŏlum, *i*, n., V. *flammeum* : [+C] Poés.

flammĕŏlus, *a*, *um*, qui a la couleur de la flamme : [+C] Pros.

flammescō, *ĭs*, *ĕre*, -, -, intr., s'embraser : [C] Poés.

flammĕum, *i*, n., voile de jeunes mariées [d'un rouge orange] : ***flammea conterit*** [+C] Poés., elle change de mari tous les jours

flammĕus, *a*, *um* ¶ **1** qui a la nature, la constitution de la flamme : [+C] Pros. ¶ **2** qui a la couleur de la flamme : [+C] Pros. ¶ **3** [fig.] ***flammei viri*** [T] Pros., hommes pleins d'ardeur

flammĭcŏmus, *a*, *um*, à la chevelure de flamme : [T] Poés.

flammĭcrĕmus, *a*, *um*, consumé par les flammes : [+T] Poés.

flammĭdus, *a*, *um*, enflammé : [+C] Pros.

flammĭfer, *ĕra*, *ĕrum*, ardent, enflammé : [–C] d. [C] Pros., [C] Poés.

flammĭflŭus, *a*, *um*, roulant des flammes : [T] Pros.

flammĭgĕna, *ae*, m., fils du feu (de Vulcain) : [T] Poés.

flammĭgĕr, *ĕra*, *ĕrum*, ardent, enflammé : [+C] Poés. ‖ qui porte le tonnerre : [+C] Poés.

flammĭgĕrō, *ās*, *āre*, -, -, intr., jeter des flammes : [+C] Pros.

flammĭgō, *ās*, *āre*, -, -, V. *flammigero* : [+C] Pros.

flammō, *ās*, *āre*, *āvī*, *ātum* ¶ **1** tr., enflammer : [C] Poés., Pros. ‖ [fig.] exciter : [+C] Poés. ‖ donner la couleur du feu, rendre rouge : [+C] Poés. ¶ **2** intr., [poét.] brûler, flamber : [C] Poés. ; ***flammantia lumina*** [C] Poés., des yeux enflammés

flammŭla, *ae*, f., petite flamme : [C] Pros.

flāmōnĭum, *ĭī*, n., dignité de flamine : [C] Pros., [+C] Pros.

flātĭlis, *e* ¶ **1** de souffle, qui vient du souffle : [T] Pros. ‖ envoyé par le souffle : [T] Poés. ¶ **2** fondu [au feu] : [C] Poés., [T] Pros.

flātō, *ās*, *āre*, -, -, intr., souffler : [T] Pros.

flātūra, *ae*, f. ¶ **1** souffle, vent : [T] Pros. ¶ **2** fonte : [+C] Pros.

flātŭs, *ūs*, m., souffle, respiration, haleine : [C] Poés. ‖ souffle dans la flûte, les sons de la flûte : [C] Poés. ‖ souffle, vent : [C] Pros., Poés. ‖ vent, flatuosité : [+C] Pros. ‖ l'âme : [T] Poés. ‖ [fig.] ***fortunae*** [C] Pros. ; le souffle de la fortune ‖ orgueil, prétention : [C] Poés.

flaurus, *a*, *um*, minable [jeu de mots sur *2 Florus*] : [+C] Pros.

flāvĕō, *ēs*, *ēre*, -, -, intr., être jaune ; ***flavens***, jaune : [C] Poés.

flăvescō, *ĭs*, *ĕre*, -, -, intr., devenir jaune, jaunir : [–C] Pros., [C] Poés.

Flāvĭa, f., mot qui se joint à d'autres pour désigner un grand nombre de fondations flaviennes : ***Flavia Aeduorum*** [T] Pros. ; ***Flavia*** ; des Éduens, la même que *Augustodunum*

flāvĭcŏmans, *tis*, qui a les cheveux blonds : [T] Poés.

Flāvĭālis, V. *Flavius*

Flāvĭānus, V. *Flavius*

Flāvīna, *ae*, f., ville d'Étrurie : [+C] Poés. ‖ **-ĭus**, *a*, *um*, de Flavina : [C] Poés.

Flāvĭus, *ĭī*, m., nom d'une famille romaine, not[t] Cn. Flavius qui publia les Fastes : [C] Pros. ‖ c'est de la *gens Flavia*, que descendaient les empereurs Vespasien, Titus et Dominitien :

[+C] Pros. ‖ ***ultimus*** [+C] Poés., Domitien ‖ **-ĭus**, *a, um*, de Flavius, d'un Flavius : [+C] Poés. ‖ V.▶ *Flavia* ‖ **-ĭālis**, *e*, du collège des prêtres institués par Domitien en l'honneur de la famille Flavia, un Flaviale : [+C] Pros. ‖ **-ĭānus**, *a, um*, de Flavius : ***Flavianae partes*** [+C] Pros., parti de Vespasien

flāvus, *a, um*, jaune : ***flava arva*** [C] Poés., campagnes dorées ‖ blond : [C] Poés. ‖ rougeâtre : ***flavus pudor*** [+C] Théât., le rouge de la pudeur ‖ **flāvus**, *i*, m., pièce d'or : [+C] Poés.

flēbĭlĕ, adv., d'une manière triste, tristement : [C] Poés., [+C] Poés.

flēbĭlis, *e* ¶ **1** digne d'être pleuré : lamentable, affligeant : [C] Poés., Pros. ¶ **2** qui fait pleurer : ***flebile cepe*** [-C] Poés., l'oignon qui fait pleurer ‖ [parl. de la voix] touchant : [C] Pros., Poés. ¶ **3** qui pleure, triste, affligé : [C] Pros., Poés. ‖ ***-lior*** [C] Poés.

flēbĭlĭtĕr, adv., en pleurant, tristement : [C] Pros.

flĕbŏtŏm-, V.▶ *phleb-*

flectō, *ĭs, ĕre, flexī, flexum*, tr. et intr.
I tr. ¶ **1** courber, ployer : ***membra*** [C] Pros., ployer ses membres ; ***arcum*** [C] Poés., bander un arc ‖ tourner, faire tourner : ***equos*** [C] Pros., faire tourner des chevaux ; ***flexum mare*** [+C] Pros., une courbure de la mer, une crique ; [C] Poés., [+C] Pros. ; [fig.] ***viam flectere*** [C] Pros., modifier sa route, changer de route ‖ contourner, doubler un cap : ***Leucaten*** [C] Pros., doubler le promontoire de Leucate ; ***in flectendis promuntoriis*** [C] Pros., quand il s'agit de doubler des caps ¶ **2** [fig.] plier, tourner, diriger [les esprits, les caractères] : [C] Pros. ; ***ad rem flectere*** [C] Pros., faire incliner vers une chose : ***ab re*** [C] Pros., détourner d'une chose ¶ **3** fléchir, émouvoir : ***oratione aliquem*** [C] Pros., fléchir qqn par sa parole ; ***fata*** [C] Pros., Poés., fléchir les destins (les détourner) ‖ [rhét.] [un des trois offices de l'orateur] émouvoir : [C] Pros. ; CL▶ *movere* ¶ **4** [gram.] dériver : [+C] Pros. ‖ prononcer avec l'accent circonflexe : [+C] Pros.
II intr., se tourner, se détourner [pr. et fig.] : [C] Pros. ; ***flectere in ambitionem*** [+C] Pros., se laisser aller à la vanité

flēmĕn, *ĭnis*, n., surtout au pl. **flemina** (**flemina**, *ae*, f.), inflammation, abcès aux jambes : [-C] Théât.

flendus, *a, um*, adj. verb. de *fleo*

flĕō, *ēs, ēre, ēvī, ētum* ¶ **1** intr., pleurer, verser des larmes : [C] Pros. ‖ ***fletur*** [+C] Pros., on pleure ‖ [poét.] = suinter : [C] Poés. ¶ **2** tr., pleurer qqn ou qqch. : [-C] Théât., [C] Pros. ‖ dire en pleurant : [+C] Pros. ‖ [avec prop. inf.] déplorer que : [C] Poés. ‖ [fig.] laisser couler, distiller : [T] Poés.

1 **flētus**, *a, um*, part. de *fleo* : [C] Poés. ‖ ▶ *flens* : [+C] Pros.

2 **flētŭs**, *ūs*, m., larmes, pleurs, gémissements : [C] Pros. ; ***fletum movere alicui*** [C] Pros., arracher des larmes à qqn

Flēvum, *i*, n., place forte à l'embouchure du Rhin : [+C] Pros.

flexănĭmus, *a, um*, dompteur des âmes : [-C] d. [C] Pros., [C] Poés. ‖ transporté, en délire : [-C] d. [C] Pros.

flexī, parf. de *flecto*

flexĭbĭlis, *e*, flexible, souple : [C] Pros. ‖ [fig.] ***vox flexibilis*** [C] Pros., voix souple

flexĭlis, *e*, qui se ploie, souple, flexible : [C] Poés. ‖ courbé : [+C] Pros.

flexĭlŏquus, *a, um*, de sens ondoyant : [C] Pros.

flexĭo, *ōnis*, f., action de courber, de ployer, flexion : [C] Pros. ‖ [fig.] détour : [C] Pros. ‖ inflexions (de la voix), modulations : [C] Pros.

flexĭpēs, *ĕdis*, adj., [lierre] qui chemine en s'entortillant : [C] Poés.

flexŭōsus, *a, um*, tortueux, sinueux : [-C] Pros., [C] Pros.

flexūra, *ae*, f., action de courber, de fléchir : [C] Poés. ‖ ***flexurae vicorum*** [+C] Pros., rues tortueuses ‖ inflexion, désinence [déclinaison ou conjugaison] : [C] Pros.

1 **flexus**, *a, um*, part. de *flecto*, ***flexo sono*** [C] Pros., sur un ton infléchi, en mode mineur

2 **flexŭs**, *ūs*, m. ¶ **1** action de ployer, flexion, courbure, courbe, sinuosité, coude, contour : [C] Pros. ‖ [rhét.] inflexion de la voix : [+C] Pros. ¶ **2** tournant [aux deux extrémités de l'arène où se trouvait une borne *meta*, que rasaient les chars] ; [d'où, au fig.], tournant, moment critique : [C] Pros. ‖ ***autumni flexu*** [+C] Pros., au déclin de l'automne ¶ **3** [gram.] formation de dérivés : [+C] Pros.

flictō, *ās, āre, -, -*, tr., frapper, affliger : [T] Pros.

flictŭs, *ūs*, m., choc, heurt : [C] Poés.

flīgo, *ĭs, ĕre, flīxī, flīctum*, tr., heurter, frapper : [-C] Théât.

flō, *ās, āre, āvī, ātum* ¶ **1** intr., souffler : [C] Pros. ¶ **2** tr. ***a)*** exhaler : ***flammam*** [C] Poés., vomir des flammes ; [C] Pros. ***b)*** souffler dans un instrument : ***tibia flatur*** [C] Poés., la flûte résonne ; [poét.] [+C] Poés. ***c)*** faire fondre [des métaux] : ***flare pecuniam*** [C] Pros., frapper de l'argent, monnayer ; [+C] Pros. ***d)*** [fig.] ***magna flare*** [+C] Pros., lancer de grands mots

flocces, V.▶ *floces*

floccus, *i*, m. ¶ **1** poil [d'une étoffe] : [+C] Pros. ¶ **2** [fig.] objet insignifiant, zeste, fétu : ***flocci non facere*** [-C] Théât., [C] Pros., ne faire aucun cas de, mépriser, ne tenir aucun compte de ; [C] Pros. ‖ ***flocci facere a)*** faire peu de cas de : [-C] Théât. ***b)*** faire un peu de cas de : [-C] Théât.

flŏces (**-cces**), *um*, f. pl., lie [de vin] [+C] Pros.

Flōră, *ae*, f., Flore [déesse des fleurs] : [C] Poés., Pros. ‖ **Flōrĭus**, *a, um*, [+C] Pros. ou **Flōrālis**, *e*, [C] Poés., de Flore, [d'où] **Flōrālĭa**, *ĭum, ĭōrum*, n. pl., Floralies, fêtes en l'honneur de Flore [dans lesquelles régnait une grande licence] : [+C] Poés., [T] Pros. ‖ **Flōrālĭcĭus**, *a, um*, relatif aux Floralies : [+C] Poés.

flōrālis, V.▶ *Flora* ‖ ***floralia loca*** [C] Pros., parterres de fleurs

flōrens, *tis*, part.-adj. de *floreo*, fleurissant, en fleur : [C] Poés. ‖ brillant, éclatant, étincelant : [C] Poés. ‖ [fig.] florissant, heureux : ***florens aetate*** [C] Pros., à la fleur de l'âge ; ***florens aetas*** [C] Pros., l'âge dans sa fleur : ***civitas*** [C] Pros., ville florissante ; ***fortuna*** [C] Pros., situation brillante ‖ [rhét.] ***florentes oratores*** [C] Pros., orateurs au style fleuri ‖ ***-tior, -tissimus*** : [C] Pros.

flōrentĕr** [inus.] d'une manière fleurie, brillante ‖ ***-tius [T] Pros.

Flōrentia, *ae*, f., ville d'Étrurie [Florence] : [+C] Pros. ‖ **-tīni**, *ōrum*, m. pl., les Florentins : [+C] Pros.

flōrĕō, *ēs, ēre, ŭī, -*, intr. ¶ **1** fleurir, être en fleur [pr. et fig.] : [C] Pros. ; ***terra floret*** [C] Pros., la terre se couvre de fleurs ‖ [C] Poés. : [C] Pros. ; ***in aliqua re florere*** [C] Pros., briller danq qqch. ‖ [avec abl.] [C] Pros. ; ***acumine ingenii*** [C] Pros., briller par la pénétration de son esprit : ***nobilitate discipulorum*** [C] Pros., briller par l'illustration de ses disciples ¶ **2** [fig.] ***a)*** avoir des couleurs brillantes : [C] Poés. ***b)*** [en parl. du vin qui travaille (fermente) en tonneau] : [C] Poés., [+C] Pros.

flōrescō, *ĭs, ĕre, -, -*, intr., commencer à fleurir, entrer en fleur : [C] Pros. ‖ [fig.] devenir florissant, brillant : [C] Pros., [+C] Pros. ‖ abonder : [+C] Poés.

flōrĕus, *a, um*, de fleurs : [-C] Théât., [C] Poés. ‖ couvert de fleurs, fleurissant : [C] Poés.

Flōrĭānus, *i*, m., Florien [empereur romain, 276] : [T] Pros.

flōrĭcŏlŏr, *ōris*, adj., qui a l'éclat des fleurs : [T] Poés.

flōrĭdē, adv., d'une manière brillante : [+C] Pros.

flōrĭdŭlus, *a, um*, dim. de *floridus* : [C] Poés.

flōrĭdus, *a, um*, fleuri, couvert de fleurs : [C] Pros. ‖ [fig.] ***florida aetas*** [C] Poés., la fleur de l'âge ‖ fleuri [en parl. du style] : ***-dior*** [C] Pros.

flōrĭfĕr, *ĕra, ĕrum*, qui porte des fleurs, fleuri : [C] Poés.

flōrĭgĕr, *ĕra, ĕrum*, C.▶ *florifer* : [+T] Poés.

flōrĭlĕgus, *a, um*, qui choisit (butine) les fleurs : [C] Poés.

Flōrōnĭa, *ae*, f., nom d'une Vestale : [C] Pros.

flōrōsus, *a, um*, fleuri : [+T] Poés.

flōrŭlentus, *a, um*, émaillé de fleurs : [T] Poés. ‖ [fig.] qui est dans la fleur de l'âge : [T] Poés.

1 **flōrus**, *a, um*, fleuri, éclatant : [-C] Théât., [C] Poés., [+C] Pros.

2 **Flōrus**, *i*, m., nom d'homme : [+C] Pros. ‖ L. Annaeus Florus, historien latin [Espagnol d'origine] : [+C] Pros.

flōs, *ōris*, m., fleur : [C] Pros. ‖ suc de fleurs : [C] Poés. ‖ parfum ou bouquet du vin : [-C] Théât., [C] Poés. ‖ la partie la plus fine : [fleur de farine] ***salis*** [-C] Pros., fleur de sel ; ***gypsi*** [+C] Pros., poussière du plâtre ; ***cenae*** [+C] Pros., le plus fin morceau du dîner ‖ [poét.] duvet : [C] Poés. ‖ [fig.] élite : ***juventutis*** [C] Pros., la fleur de la jeunesse ; ***in flore virium*** [C] Pros., en pleine force ; ***aetatis*** [C]

Pros., la fleur de l'âge ‖ [rhét.] ***eloquentiae*** [C] Pros., les fleurs de l'éloquence ‖ [archit.] fleur sculptée, fleuron : [C] Pros.

floscŭlus, *i*, m., fleur [jeune et tendre] : [C] Pros. ‖ tête des fruits : [+C] Pros. ‖ fleur, élite : [C] Poés. ‖ [style] fleurs, beautés, ornements : [C] Pros., [+C] Pros. ‖ devise, sentence prise dans un écrit : [+C] Pros.

fluctĭcŏla, *ae*, adj., qui habite au milieu des flots : [T] Poés.

fluctĭcŭlus, *i*, m., petite vague : [+C] Pros.

fluctĭfrăgus, *a*, *um*, qui brise les flots : [C] Poés.

fluctĭgĕnus, *a*, *um*, engendré, né dans les flots : [T] Poés.

fluctĭsŏnus, *a*, *um*, qui retentit du bruit des flots : [+C] Poés.

fluctĭvăgus, *a*, *um*, qui erre sur les flots : [+C] Poés.

fluctŭans, ▶ *fluctuo*

fluctŭātim, adv., en se pavanant : [-C] Théât.

fluctŭātĭo, *ōnis*, f., agitation : [+C] Pros. ‖ [fig.] hésitation, irrésolution : [C] Pros.

fluctŭō, *ās*, *āre*, *āvī*, *-*, **fluctŭŏr**, *ārĭs*, *ārī*, *ātus sum*, intr., être agité [en parl. de la mer] : [-C] Théât. ‖ être ballotté sur les flots : [C] Pros. ‖ [fig.] ***fluctuari animo*** [C] Pros., flotter, être irrésolu ; ***fluctuans sententia*** [C] Pros., opinion flottante ; [avec interrog. indir.] se demander si ou si : [C] Pros.

fluctŭōsus, *a*, *um*, aux flots agités [en parl. de la mer], orageux : [-C] Théât.

fluctŭs, *ūs*, m., lame, vague, flot : [sg.] [C] Pros. [pl.] [C] Pros. ‖ ondes [magnétiques] : [C] Poés. ‖ [poét.] tourbillon [de feu] : [+C] Poés. ‖ émanations : [C] Poés. ‖ [fig.] agitation, trouble : ***contionum*** [C] Pros., le tumulte des assemblées ; ***fluctus civiles*** [C] Pros., les agitations civiles, les orages politiques

flŭens, *entis*, part. prés. de *fluo* ; [pris adj[t]] ¶ **1** [en parl. du style] ***a)*** coulant, d'un cours égal : [C] Pros. ***b)*** coulant de façon trop uniforme [sans les temps marqués du rythme], lâche, flottant à l'aventure [sans les entraves du rythme] ▶ *fluo* ¶ 4 ¶ **2** qui se relâche, amolli : ***buccae fluentes*** [C] Pros., joues pendantes, flasques [mais] ▶ fluo ¶ 2 ; [méd.] ***fluens alvus*** [+C] Pros., ventre relâché ; [fig.] [+C] Pros.

flŭentĕr, adv., en coulant : [C] Poés.

flŭentĭa, *ae*, f., [fig.] ***loquendi*** [T] Pros., flux de paroles

flŭentĭsŏnus, *a*, *um*, qui retentit du bruit des flots : [C] Poés.

flŭentō, *ās*, *āre*, *-*, *-*, tr., arroser, baigner : [+T] Poés.

flŭentum, *i* et ord[t] **-ta**, *ōrum*, n. pl., cours d'eau, rivière, fleuve : [C] Poés. ; ***fluenta Tiberina*** [C] Poés., le Tibre ‖ liquide qui coule : [T] Pros. ‖ ***flammarum*** [+C] Pros., torrents de flammes

flŭescō, *ĭs*, *ĕre*, *-*, *-*, intr., devenir fluide : [T] Pros.

flŭĭdus, *a*, *um*, fluide, qui coule : [C] Poés. ; ***fluidus cruor*** [C] Poés., sang qui coule ; ***fluidus sanguine*** [C] Poés., dégouttant de sang ‖ mou, énervé, languissant [en parl. du corps] : [C] Pros. ; [chair] flasque ‖ [fig.] qui s'écoule, qui n'a pas une consistance solide, éphémère : [+C] Pros. ‖ ***fluidus calor*** [C] Poés., chaleur dissolvante

flŭĭtō, *ās*, *āre*, *āvī*, *ātum*, intr. ¶ **1** couler çà et là : [C] Poés. ¶ **2** flotter, surnager, être ballotté : [C] Pros. ¶ **3** flotter, ondoyer, être agité de mouvements divers : [C] Poés. ‖ [fig.] être ondoyant, incertain, flotter : [C] Poés., [+C] Pros.

flūmĕn, *ĭnis*, n., masse d'eau qui coule : [C] Poés., Pros. ‖ fleuve, rivière : [C] Pros. ; ***secundo flumine*** [C] Pros. ; ***adverso flumine*** [C] Pros., en suivant le courant, contre le courant ‖ [fig.] [torrents de larmes] [C] Poés. ; [flots humains] [+C] Poés. ‖ abondance, richesse [en parl. du style] : ***verborum*** [C] Pros., un flot de paroles ; ***ingenii*** [C] Pros., un flot d'inspiration

Flūmentāna porta, porte de Rome sur le Tibre, menant au Champ de Mars : [C] Pros.

flūmĭnĕus, *a*, *um*, de fleuve, de rivière : [C] Poés.

flŭō, *ĭs*, *ĕre*, *flūxī*, *flūxum*, intr. ¶ **1** couler, s'écouler : [C] Pros., Poés. ‖ [avec abl.] ***sanguine*** [C] Pros., couler en sang, rouler du sang [au lieu d'eau] ; dans son cours ¶ **2** être dégouttant de, ruisselant de : ***cruore*** [C] Poés. ; ***sudore*** [C] Poés., ruisseler de sang, de sueur ‖ [abs[t]] [C] Poés. ; ***buccae fluentes*** [C] Pros., les joues ruisselantes de parfums, (mais ***buccis fluentibus*** [C] Pros., avec les joues pendantes) ¶ **3** être flottant, coulant, avoir du jeu : ***tunicae fluentes*** [C] Poés., tuniques flottantes ; [poét.] [C] Poés., [+C] Pros. ¶ **4** s'écouler de, s'échapper de : [C] Pros., Poés. ‖ [fig.] ***a)*** se répandre : [C] Pros. ***b)*** découler de : ***ex eodem fonte*** [C] Pros., couler de la même source ; ***ab isto capite*** [C] Pros., découler de cette source ***c)*** couler, suivre son cours : [C] Pros. ***d)*** [en parl. du style] bien couler, avoir un cours égal : [C] Pros., [+C] Pros. ; [sens péjor.] couler trop uniformément ou d'une façon lâche (sans rythme) : [C] Pros., [+C] Pros. ¶ **5** couler, glisser, s'échapper insensiblement : [C] Pros., Poés. ¶ **6** se fondre, se, relâcher, s'amollir : [C] Pros. ; ***fluere mollitia*** [C] Pros., se fondre dans la mollesse

flŭŏr, *ōris*, m., règles, écoulement : [T] Pros. ‖ courant [d'eau] : [T] Pros. ‖ diarrhée, flux de ventre : [+C] Pros. ‖ courant [d'air] : [T] Pros.

flūta, *ae*, f., sorte de murène [flottante], lamproie : [C] Pros., [+C] Pros., [T] Pros.

flūtō, *ās*, *āre*, *-*, *-*, intr., contr. de *fluito*, couler : [C] Poés. ‖ **flūtŏr**, *ārĭs*, *ārī*, *-*, [C] d. [T] Pros.

flŭvĭālis, *e*, de fleuve, fluvial : [C] Poés. ‖ **flŭvĭātĭcus**, *a*, *um*, [+C] Pros. ‖ **flŭvĭātĭlis**, *e*, [C] Pros.

flūvĭdus, *a*, *um* [arch.], ▶ *fluidus* : [C] Poés., [+C] Pros.

flŭvĭŏlus, *i*, m., ruisseau, petite rivière : [+T] Pros.

Flŭvĭōnĭa (-ōna, -vōnĭa), *ae*, f., surnom de Junon : [T] Pros.

flŭvĭus, *ĭi*, m., fleuve, rivière : [C] Pros. ‖ [en gén.] eau courante, eau : [C] Poés. ; ***fluvio vivente*** [+C] Poés., avec de l'eau vive

fluxē, adv., avec négligence, avec mollesse : ***-xius*** [T] Pros.

fluxī, parf. de *fluo*

fluxĭpĕdus, *a*, *um*, qui flotte jusqu'aux pieds : [T] Poés.

fluxūra, *ae*, f., jus [du raisin], moût : [+C] Pros.

fluxus, *a*, *um* ¶ **1** qui laisse couler, qui fuit [vase] : [C] Poés. ¶ **2** [fig.] lâche, pendant, traînant : ***crine fluxo*** [+C] Pros., avec les cheveux flottants ; ***fluxa habena*** [C] Pros., les rênes lâches ‖ peu solide, chancelant : ***fluxa murorum*** [+C] Pros., murs dégradés ‖ frêle, faible, périssable, éphémère : [C] Pros. ‖ dissolu, mou, sans consistance : [C] Pros. ; ***duces fluxi*** [+C] Pros., chefs plongés dans la mollesse ‖ ***-xior*** [+C] Pros.

fōcālĕ, *is*, n., foulard [pour protéger la gorge] : [C] Poés.

fōcānĕus palmes, m., rejeton de vigne qui croît entre deux autres : [+C] Pros.

fōcĭlō (fōcŭlo), *ās*, *āre*, *āvī*, *ātum*, tr., ranimer, faire revenir à soi : [+C] Pros. ‖ [fig.] réconforter : [+C] Pros.

fōcŭla, *ōrum*, n. pl., réchaud [fig.] : [-C] Théât.

fōcŭlum, *i*, n., ▶ *focula*

fŏcŭlus, *i*, m., petit foyer : [C] Pros. ‖ petit réchaud : [-C] Pros. ‖ = feu : [+C] Poés.

fŏcus, *i*, m., foyer : [C] Pros. ‖ bûcher : [C] Poés. ; autel : [C] Poés. ‖ [fig.] maison, feu, foyer : [C] Pros. ; ***pro aris focisque*** [C] Pros., pour ses autels et ses foyers ‖ réchaud : [-C] Pros., [+C] Pros.

fŏdĭcō, *ās*, *āre*, *-*, *ātum*, piquer, percer, heurter souvent du coude : [C] Pros. ‖ [fig.] tourmenter, chagriner, faire souffrir : [-C] Théât., [C] Pros.

fŏdīna, *ae*, f., mine [de métal], minière : [C] Pros.

fŏdĭō, *ĭs*, *ĕre*, *fōdī*, *fossum*, tr. ¶ **1** creuser, fouir : [-C] Théât., [C] Pros. ‖ travailler en creusant : ***vineam, hortum*** [-C] Pros., [C] Pros., travailler la vigne, le jardin ¶ **2** extraire en creusant : ***argentum*** [C] Pros., retirer de l'argent de la terre ¶ **3** faire en creusant, creuser : ***puteos, scrobes*** [C] Pros., creuser des puits, des trous ¶ **4** piquer, percer : ***aliquem stimulis*** [-C] Théât., piquer qqn d'un aiguillon ; [C] Pros. ‖ piquer de l'éperon : [C] Poés. ; ***hastis ora*** [C] Pros., percer les visages de leurs lances

foecund-, ▶ *fecund-*

foedātus, *a*, *um*, part. de *foedo*

foedē, adv., d'une manière affreuse, horrible, odieuse : [C] Poés., Pros. ‖ ***-ius*** [C] Pros. ; ***-issime*** [C] Pros.

foedĕrātus, *a*, *um*, allié, confédéré : [C] Pros. ; [subst. m. pl.] [C] Pros.

foedĕrĭfrăgus, *a*, *um*, ▶ *foedifragus* : [+C] Pros.

foedĕrō, *ās*, *āre*, *āvī*, *ātum*, tr., unir par alliance : [T] Pros.

foedĭfrăgus, *a*, *um*, qui viole les traités, violateur de traités : [C] Pros.

foedĭtās, *ātis*, f., aspect horrible, hideux : [C] Pros. ; ***odoris*** [C] Pros., odeur repoussante ; [fig.] ***animi*** [C] Pros., laideur de l'âme ; ***barbarismi*** [+C] Pros., horrible barbarisme

foedō, *ās, āre, āvī, ātum*, tr., rendre repoussant, horrible, défigurer, mutiler : [C] Poés., [+C] Pros. ‖ souiller, gâter, enlaidir : [C] Poés. ‖ ***foedati agri*** [C] Pros., territoire dévasté ‖ [fig.] déshonorer, souiller, flétrir, avilir : [C] Pros., [+C] Pros.

1 **foedus**, *a, um*, laid, hideux, sale, repoussant : [C] Pros. ‖ funeste : [C] Pros. ‖ [fig.] honteux, ignominieux, indigne, criminel : ***nihil foedius*** [C] Pros., rien de plus honteux ; ***bellum foedissimum*** [C] Pros., guerre des plus criminelles ‖ ***foedum est*** [avec inf.] [C] Pros., [+C] Pros., il est honteux de ; [avec prop. inf.] [+C] Pros.

2 **foedŭs**, *ĕris*, n., traité [d'alliance], pacte, convention, alliance : ***facere*** [C] Pros. ; ***ferire*** [C] Pros. ; ***pacisci*** [C] Pros. ; ***icere*** [C] Pros., conclure un arrangement, traiter, contracter une alliance, faire alliance ; ***rumpere*** [C] Pros. ; ***violare*** [C] Pros. ; ***solvere*** [C] Poés., rompre, violer un traité ‖ [poét.] lois, règles : [C] Poés. ‖ [chrét.] alliance entre Dieu et les hommes : [T] Pros.

foemĭna, [V.] *femina*

foenĕro, **foenĕror**, [V.] *fen*

foenum, [V.] *fenum*

foenŭs, *ŏris*, [V.] *fenus*

foetĕō, *ēs, ēre, -, -*, intr., avoir une odeur fétide, sentir mauvais : [-C] Théât., [+C] Poés. ‖ [fig.] répugner, être infect, dégoûter : [-C] Théât.

foetĭdus, *a, um*, fétide, qui sent mauvais : [-C] Théât., Pros., [C] Pros. ‖ [fig.] dégoûtant, sale : [T] Poés. ‖ ***-dior*** [T] Pros.

foeto, [V.] *feto*

foetŏr, *ōris*, m., mauvaise odeur, puanteur, infection : [C] Pros.

foetōsus, *a, um*, [V.] *fetosus*

foetŭlentus, *a, um*, fétide, infect : [T] Pros.

foetura, **foetus**, etc., [V.] *fet*

foetūtīna, *ae*, f., [fig.] ordures, saletés : [+C] Pros.

Fōlĭa, *ae*, f., nom de femme : [C] Poés.

fŏlĭātĭlis, *e*, de feuilles : [+T] Poés.

fŏlĭātum, *i*, n., parfum [extrait de feuilles], nard : [+C] Poés.

fŏlĭātūra, *ae*, f., feuillaison, feuillage : [C] Pros.

fŏlĭum, *ĭi*, n., feuille, [qqf.] feuillage : [C] Pros. ‖ feuille [de palmier où la Sibylle de Cunes écrivait ses oracles] : [C] Poés. ‖ [fig.] bagatelle : [+C] Pros. ‖ feuille de papier : [T] Pros. ‖ feuille d'acanthe [dans le chapiteau corinthien] : [C] Pros. ‖ telson [lame médiane de la queue de la langouste] : [+C] Pros.

follĕō, *ēs, ēre, -, -*, intr., avoir le va-et-vient du soufflet [fig.] : [T] Pros.

follĭcō, *ās, āre, -, -*, intr., ***follicans caliga*** [T] Pros., chaussure trop large

follĭcŭlus, *i*, m., petit sac (de cuir) : [C] Pros. ‖ balle, ballon [jeu] : [+C] Pros. ‖ enveloppe [du grain, des légumes, des fruits], balle, gousse, péricarpe : [C] Pros., [+C] Pros. ; fourreau de l'épi : [+C] Pros. ‖ enveloppe de larve : [C] Poés. ‖ [chrét.] le corps, enveloppe de l'âme : [T] Pros.

follĭgĕna, *ae*, m. f., engendré par le soufflet : [T] Poés.

follis, *is*, m., soufflet [pour le feu] : [C] Pros. ; ***fabrilis*** [C] Pros., soufflet de forge ; ***folles fabrorum*** [C] Pros., les soufflets des forgerons ‖ outre gonflée, ballon : [-C] Théât., [+C] Poés. ‖ bourse de cuir : [+C] Poés. ‖ le contenu d'une bourse, bourse : [T] Pros. ‖ [fig.] ***ventris*** [T] Pros., l'estomac ‖ poumons gonflés : [+C] Poés. ‖ [chrét.] le corps, enveloppe de l'âme : [+C] Pros.

follītus, *a, um*, pourvu d'une bourse : [-C] Théât.

fōmenta, *ōrum*, n. pl., topique, calmant lénitif, fomentation : [C] Poés., [+C] Pros. ‖ pansements [pour blessures] : [+C] Pros. ‖ [fig.] calmant, baume adoucissant, soulagement : [C] Pros.

fōmentum, *i*, n., [C.] *fomenta* mais emploi rare : [+C] Pros.

fōmĕs, *ĭtis*, m., toute espèce d'aliment de la flamme, brindilles, copeaux : [C] Poés. ‖ [fig.] aliment, stimulant : [+C] Pros.

fōnēma, [V.] *phonema*

1 **fons**, *tis*, m., source, fontaine : [C] Pros. ‖ [poét.] eau : [C] Poés., [+C] Poés. ‖ [fig.] source, origine, cause, principe : [C] Pros., Poés.

2 **Fons**, *ontis*, m., fils de Janus, dieu des sources : [C] Pros. ‖ **Fontus**, *i*, m., [T] Pros.

fontālis, *e*, de source : [C] Pros.

Fontānālĭa, *ĭum*, n. pl., fête en l'honneur des sources : [C] Pros.

fontānus, *a, um*, de source : [C] Poés., [+C] Pros.

Fontēia, *ae*, f., nom de femme ; [en part.] Vestale, sœur de M. Fontéius : [C] Pros.

Fontēius, *i*, m., nom d'une famille romaine, not[t] M. Fontéius [gouverneur de la Gaule transpadane, défendu par Cicéron] : [C] Pros. ‖ [adj[t]] ***Fonteia gens*** [C] Pros., la famille Fontéia ‖ **-ānus**, *a, um*, de Fontéius : [C] Pros.

fontĭcŭlus, *i*, m., petite source, ruisseau : [C] Poés.

fontīnālĭa, [V.] *Fontanalia*

Fontīnālis porta, f., porte Fontinale [une des portes de Rome] : [C] Pros.

Fontus, *i*, m., [V.] *2 Fons*

for**, *-, fārī, fātus sum*, tr. ¶ **1** parler, dire : ***ad aliquem [C] Pros., parler à qqn ; ***talia fatur*** [C] Poés., il prononce ces paroles ‖ ***fando = fama*** : [C] Pros. ; ***fando accipere*** [-C] Théât., apprendre par ouï-dire ¶ **2** [poét.] célébrer, chanter : [C] Poés. ‖ prédire : [-C] d. [C] Pros., [C] Poés.

fŏrābĭlis, *e*, qui peut être percé : [C] Poés.

fŏrāgo, *ĭnis*, f., fil de couleur [marque dans le tissage] : [T] Pros.

fŏrāmĕn, *ĭnis*, n., trou, ouverture : [C] Pros., Poés. ‖ manchon, douille, virole, crapaudine : [-C] Pros., [C] Pros., [+C] Pros.

fŏramĭnātus, *a, um*, percé : [T] Pros.

fŏrās, adv.

I adv., dehors [avec mouvement] : [C] Pros. ; ***foras*** [-C] Théât., à la porte ! ; ***foras projicere*** [C] Pros., jeter dehors ; ***(scripta) foras dare*** [C] Pros., publier, rendre publics (des écrits) ‖ ***foras cenare*** [+C] Pros., aller dîner en ville

II prép. ¶ **1** [avec gén.] ***foras corporis*** [+C] Pros., hors du corps ¶ **2** [avec acc.] ***foras civitatem*** [T] Pros., hors de la cité

fŏrātus, *a, um*, part. de *foro*

forceps, *ĭpis*, m. f., tenailles, pinces [de forgeron] : [C] Poés. ‖ pinces, tenettes, forceps : [C] Poés., [+C] Pros. ‖ type d'ordre de bataille : [+C] Pros.

forcillo, [V.] *furcillo*

forcŭla, [V.] *furcula*

forda bos, f., vache pleine : [C] Pros., Poés.

fordĕum, [C.] *hordeum* : [+C] Pros.

fordĭcīdĭum, *ĭi*, n., sacrifice où l'on immolait une vache pleine : [C] Pros.

fŏrĕ, inf. fut. de *1 sum* ‖ abl. de *1 foris*

fŏrem, *ēs* et **fŏrent**, second imparf. du subj. de *1 sum*

1 **fŏrensis**, *e* ¶ **1** de la place publique, du forum, judiciaire : [C] Pros. ; ***forensis factio*** [C] Pros., la faction (= la populace) du forum ; ***Marte forensi*** [C] Poés., dans les luttes judiciaires ; [d'où] **forensis**, *is*, m., avocat : [+C] Pros. ¶ **2** qui se rapporte à la place publique, c.-à-d. au dehors, à l'extérieur : ***vestitus forensis*** [C] Pros., costume de ville ‖ n. pl., ***forensia*** [+C] Pros., costume de cérémonie

2 **fŏrensis**, *e*, étranger : [+C] Pros.

Fŏrentum, *i*, n., ville d'Apulie [auj. Forenzo] : [C] Pros.

fŏres, *ĭum*, [V.] *1 foris*

forfex, *ĭcis*, m. f., pinces [pour la préhension des pierres, dans une machine de soulèvement] : [C] Pros. ‖ davier : [+C] Pros. ‖ ordre de bataille en forme de ciseaux [ou de tenailles, le contraire du coin, *cuneus*] : [+C] Pros. ; [V.] *forceps*

fŏri, *ōrum*, [V.] *forus*

fŏria, *ae*, f. et **-a**, *ōrum*, n. pl., colique, diarrhée : [C] Pros.

fŏrĭca, *ae*, f., latrines publiques : [+C] Poés.

fŏrĭcŭla, *ae*, f., petite ouverture : [C] Pros.

fŏrinsĕcus, adv., en dehors, extérieurement, publiquement : [T] Pros. ‖ dehors [avec mouvement] : [+C] Pros.

1 **fŏrĭs**, *is*, f., porte : [-C] Théât., [C] Pros. ‖ [surtout au pl.], **fŏres** [gén. inus., sauf [-C] Théât.], porte [à deux battants d'une maison ou d'une chambre] : [-C] Théât., [C] Pros. [fig.] [C] Pros.

2 **fŏrīs**, adv., [question *ubi*] dehors : [C] Pros. ‖ [question *unde*] du dehors : [C] Pros. ‖ ***foris clarus*** [C] Pros., illustre à l'étranger ‖ [chrét.] ***foris esse*** [T] Pros., être en dehors de l'Église

forma, *ae*, f., moule, type, ¶ **1** [en gén.] forme, ensemble des traits extérieurs qui caractérisent un objet, conformation, type : ***muralium falcium*** [C] Pros., la forme, le type des faux de siège ; ***muliebris forma*** [C] Pros., la forme féminine ¶ **2** [en part.] ***a)*** belle forme, beauté : [-C] Théât., [C] Pros. ***b)*** plan, dessin, d'une maison : [C] Pros., [+C] Pros. ***c)*** empreinte de monnaie, coin, type : [+C] Pros. ***d)*** moule à fromage : [+C] Pros. ‖ forme de cordonnier : [C] Poés. ***e)*** cadre, monture d'un tableau : [C] Pros. ***f)*** canalisation, conduit : [+C] Pros. ¶ **3** forme, figure, image : [C] Pros. ; ***geometricae formae*** [C] Pros., figures géométriques ; [+C] Pros. ; ***igneae formae*** [C] Pros., des corps de feu [astres] ; [C] Pros. ¶ **4** [fig.] forme, type : [C] Pros. ; ***rerum publicarum*** [C] Pros., forme de gouvernement, constitution politique ; [+C] Pros. ; ***pugnae*** [C] Pros., forme (type) de combat ¶ **5** [en part.] ***a)*** type idéal : [grec χαρακτήρ] [C] Pros. ; [grec ἰδέα] [C] Pros. ***b)*** configuration, conformation, constitution : [C] Pros. ***c)*** aspect général, traits d'ensemble, tableau : [C] Pros. ¶ **6** [rhét.] ***a)*** division d'un *genus*, espèce [grec εἶδος] : [C] Pros. ***b)*** figures : ***sententiarum orationisque formae*** [C] Pros., les figures de pensées et de mots ***c) formae orationis*** [C] Pros., formes [tours] de phrase ; ***forma verborum*** [C] Pros., groupement harmonieux de mots ‖ groupement symétrique : [C] Pros. ¶ **7** [gram.] forme grammaticale d'un mot, flexion : [C] Pros., [+C] Pros.

formābĭlis, *e*, digne d'être formé : [T] Poés. ‖ capable d'être formé : [T] Pros.

formālis, *e*, qui sert de type : ***formalis epistula*** [+C] Pros., circulaire

formāmentum, *i*, n., forme, figure : [C] Poés.

formātĭo, *ōnis*, f., formation, confection, forme, configuration : [C] Pros. ‖ [fig.] formation : [+C] Pros.

formātŏr, *ōris*, m., celui qui donne la forme : [+C] Pros.

formātūra, *ae*, f., conformation, forme, figure : [C] Poés.

formātus, *a*, *um*, part. de *formo*

formella, *ae*, f., petit moule : [T] Pros. ‖ poissonnière : [+C] Pros.

Formĭae, *ārum*, f. pl., Formies [ville des Volsques, près de la côte, auj. Mola di Gaeta] : [C] Pros. ‖ **-ĭānus**, *a*, *um*, de Formies : [C] Pros. ‖ **-ĭānum**, *i*, n., villa de Formies [appartenant à Cicéron] : [C] Pros. ‖ **-ĭāni**, *ōrum*, m. pl., habitants de Formies : [C] Pros.

formīca, *ae*, f., fourmi : [C] Pros.

formīcīnus, *a*, *um*, de fourmi ‖ [fig.] ***gradus*** [-C] Théât., pas de foumi [de tortue, lent]

formīcō, *ās*, *āre*, -, -, intr., ***venarum formicans percussus*** [+C] Pros., pouls formicant [faible et fréquent]

formīcŭla, *ae*, f., petite fourmi : [+C] Pros.

formīdābĭlis, *e*, redoutable, formidable : [C] Poés. ‖ ***-bĭle*** [n. pris adv[t]] d'une manière terrible : [+C] Poés.

formīdāmĕn, *ĭnis*, n., forme effrayante : [+C] Pros.

formīdātŏr, *ōris*, m., celui qui redoute, qui a la crainte de : [T] Pros.

1 **formīdō**, *ās*, *āre*, *āvī*, *ātum*, tr., redouter, craindre : [C] Pros. ; [avec inf.] hésiter à : [-C] Théât., [C] Pros. ; [avec *ne*] craindre que ... ne : [-C] Théât. ‖ ***alicui*** [-C] Théât., craindre pour qqn

2 **formīdo**, *ĭnis*, f., crainte, peur, effroi, terreur : ***formidinem alicui injicere*** [C] Pros. ; ***inferre*** [+C] Pros., inspirer de l'effroi à qqn ‖ ce qui inspire de l'effroi, épouvantail : [C] Pros., Poés. ‖ épouvantail, corde garnie de plumes de couleur tendue devant les animaux pour les rabattre aux filets : [C] Poés., [+C] Pros.

formīdŏlōsē (**-dŭlōsē**), d'une manière effrayante : [C] Pros.

formīdŏlōsus (**-dŭlōsus**), *a*, *um* ¶ **1** peureux, craintif : [-C] Théât. ; ombrageux [en parl. du cheval] [+C] Pros. ¶ **2** effrayant, terrible, affreux : [C] Pros. ‖ ***-ior*** [+C] Pros. ; ***-issimus*** [C] Pros.

Formĭo, *ōnis*, ▶ *Phormio*

formō, *ās*, *āre*, *āvī*, *ātum*, tr. ¶ **1** donner une forme, former, conformer : [C] Pros. ; ***orationem*** [C] Pros., donner une forme au style ; [+C] Pros. ; ***verba*** [C] Pros., donner une forme aux mots (=les disposer dans la phrase) ‖ [mais] ***verba recte formare*** [+C] Pros., bien prononcer les mots ¶ **2** arranger, organiser, régler : [C] Pros. ; ***studia alicujus*** [+C] Pros., organiser les études de qqn ‖ former, modeler, dresser, instruire : ***puerum dictis*** [C] Poés., former un enfant par des entretiens ; ***se in mores alicujus*** [C] Pros., se modeler sur qqn ; ***ad credendum ante formatus*** [+C] Pros., disposé préalablement (préparé) à croire ¶ **3** façonner, donner telle ou telle disposition aux esprits : [C] Pros., [+C] Pros. ¶ **4** faire en façonnant, former, confectionner : [C] Poés., Pros. ; ***classem*** [C] Poés., construire une flotte ; ***personam novam*** [C] Poés., créer un personnage nouveau [théâtre] ‖ [fig.] créer, produire : ***consuetudinem*** [C] Pros., créer (faire naître) une habitude

formonsus, ▶ *formosus*

formōse, adv., d'une manière charmante, élégante : [C] Poés., [+C] Pros. ‖ ***-osius*** [+C] Pros. ; ***-osissime*** [T] Pros.

formōsĭtās, *ātis*, f., belles formes, beauté : [C] Pros., [+C] Pros.

formōsō, *ās*, *āre*, -, -, tr., embellir : [T] Poés.

formōsŭlus, *a*, *um*, mignon, assez bien fait : [C] Poés. ‖ subst. m., élégant, petit maître : [T] Pros.

formōsus, *a*, *um*, beau, bien fait, de belles formes, élégant : [C] Pros.

fōrmŭla, *ae*, f.

I [au pr.] ¶ **1** jolie prestance : [-C] Théât. ¶ **2** petite forme de cordonnier : [T] Pros. ¶ **3** conduit d'eau : [+C] Pros.

II [fig.] ¶ **1** cadre, règle, formule : ***consuetudinis nostrae*** [C] Pros., le cadre de nos habitudes ¶ **2** formulaire de prescriptions, de conditions relatives à une chose, formule de contrat, règlement : [C] Pros. : [C] Pros. ‖ [en part.] formulaire (programme) des censeurs, exposé [qu'ils publient des principes qu'ils appliqueront dans le recensement] : [C] Pros. ¶ **3** [droit] ‖ formule : ***fiduciae*** [C] Pros., formule de la cession fiduciaire ; ***testamentorum formulae*** [C] Pros., les formules de testaments

formŭlārĭus, *a*, *um*, relatif aux formules juridiques : [T] Pros. ‖ subst. m., avoué rompu aux formules : [+C] Pros.

Fornācālĭa, *ĭum*, *ĭōrum*, n., fêtes en l'honneur de Fornax [déesse des fours] : [C] Poés.

Fornācālis dea, f., ▶ *2 Fornax* : [C] Poés.

fornācŭla, *ae*, f., petit four [à usages divers] : [+C] Poés. ‖ [fig.] foyer : [+C] Pros.

1 **fornax**, *ācis*, f., four, fourneau : [C] Pros. ; [four à chaux, à poterie] [-C] Pros. ‖ fournaise de l'Etna : [C] Poés. ‖ [chrét., fig.] tourment : [T] Pros.

2 **Fornax**, *ācis*, f., déesse des fours : [C] Poés.

fornĭcārĭus, *ĭi*, m., fornicateur : [T] Pros. ‖ idolâtre : [T] Pros.

fornĭcātĭo, *ōnis*, f., [archit.] arc : [C] Pros. ‖ arc de décharge : [+C] Pros.

fornĭcātus, *a*, *um*, voûté, cintré : [C] Pros. ; ***via fornicata*** [C] Pros., passage voûté [près du Champ de Mars]

fornĭcō, *ās*, *āre*, -, -, **fornĭcŏr**, *ārĭs*, *ārī*, -, intr., [fig.] se donner à la corruption, c.-à-d. à l'idolâtrie : [T] Pros.

fornix, *ĭcis*, m. ¶ **1** cintre, arc, arche : [C] Pros., [+C] Pros. ‖ aqueduc : [C] Pros. ‖ porte cintrée, voûtée : [C] Pros. ‖ passage couvert : [C] Pros. ‖ arc de triomphe : [C] Pros. ¶ **2** lieu de prostitution, lupanar : [C] Poés. ‖ prostitué : [+C] Pros.

fŏrō, *ās*, *āre*, *āvī*, *ātum*, tr., percer, trouer, forer, perforer : [-C] Théât. : [+C] Pros. ‖ [fig.] ***forati animi*** [+C] Pros., esprits pleins de trous (qui ne retiennent rien)

Fŏrōjūlĭensis (**-lĭensĭum cŏlōnĭa**, **-lĭense oppidum**), ▶ *Forum Julium*, ▶ *2 Forum*

forpex, *ĭcis*, f., pinces, pincettes, ciseaux : [-C] Pros., [+C] Pros.

fors, abl. *forte*, f. ¶ **1** sort, hasard, fortune : [C] Pros. ; ***forte quadam*** [C] Pros., par un hasard particulier ; ***fors fuit, ut*** [+C] Pros., le hasard voulut que ; [-C] Théât. ¶ **2** ***fors fortuna*** [-C] Théât., heureuse fortune ; ***forte fortuna*** [-C] Théât., [C] Pros., par un heureux hasard ‖ ***Fors Fortuna***, personnification de la bonne chance : [-C] Théât., [C] Poés., Pros. ¶ 3 adv., ***fors = fortasse***, peut-être : [-C] Théât., [C] Poés. ; ***fors et*** [< *fors siet*] [C] Poés., peut-être même

forsăn, adv., peut-être, par chance, par aventure : [-C] Théât., [C] Poés., Pros., [+C] Pros.

forsit, adv., [contraction de *fors sit*] peut-être : [C] Poés.

forsĭtăn, adv., peut-être ¶ 1 [avec subj.] [-C] Théât., [C] Poés. ; [usage ordin. de Cicéron] [C] Pros., [+C] Pros. ¶ 2 [avec indic.] [C] Poés., Pros., [+C] Pros. [C] Pros. ¶ 3 [ne portant pas sur le verbe] [C] Pros.

fortassĕ, adv., peut-être bien, il se pourrait : [C] Pros. ‖ à peu près : [C] Pros.

fortassĕăn, adv., peut-être : [C] Pros., [+C] Pros.

fortassis, adv., peut-être : [C] Pros., [-C] Théât., Poés.

fortāx, *ācis*, m., support, assise : [-C] Pros.

fortĕ, adv., par hasard, d'aventure : [expr.] ***si forte, ni si forte***, si par hasard, à moins que par hasard, à moins peut-être que ‖ [elliptique] ***si forte*** [C] Pros., si cela se rencontre, d'aventure

fortescō, *ĭs, ĕre, -, -*, intr., devenir fort : [+C] Pros.

fortĭcŭlus, *a, um*, assez courageux : [C] Pros.

fortĭfĭcō, *ās, āre, āvī, ātum*, tr., fortifier : [T] Pros.

fortĭs, *e* ¶ 1 [au physique] fort, solide, vigoureux : ***fortissima ligna*** [C] Pros., bois très fort ; ***fortes tauri*** [C] Poés., les taureaux vigoureux ; ***fortes*** [T] Pros., les puissants ¶ 2 [au moral] fort, robuste, courageux, énergique : [C] Pros. ; ***fortes fortuna adjuvat*** [C] Pros. et ***fortuna fortes*** [ellipse] [C] Pros., la fortune seconde le courage ; ***fortis ac strenuus*** [C] Pros., ferme et résolu (agissant) ‖ ***fortibus oculis*** [C] Pros., avec des yeux énergiques ; ***fortissima cupiditas*** [C] Pros., désir très ferme ; ***forte factum*** [C] Pros., acte courageux ; ***fortia facta*** [C] Pros., traits de courage, hauts faits ; ***fortia*** [seul] [C] Poés., Pros., [+C] Pros., [T] Poés. ‖ ***oratio fortis*** [C] Pros., discours énergique

fortĭtĕr, adv., fortement, avec force : [-C] Théât. ‖ ***fortius*** [+C] Pros. ‖ [fig.] hardiment, énergiquement, vaillamment, courageusement : [C] Pros. ‖ ***-ius*** [C] ; ***-issime*** [C] Pros.

fortĭtūdo, *ĭnis*, f., force [physique] : [T] Pros. ‖ solidité [d'un tissu] : [T] Pros. ‖ [moral] courage, bravoure, vaillance, intrépidité, énergie : [C] Pros. ; ***domesticae fortitudines*** [C] Pros., traits de courage civil ‖ [chrét.] toute-puissance de Dieu : [T] Pros. ‖ les puissances du ciel [bonnes ou mauvaises] : [T] Pros.

fortŭītō, adv., par hasard, fortuitement : [C] Pros. ‖ **fortŭītū**, [C] Pros., [T] Pros.

fortŭītus, *a, um*, fortuit, qui se produit par hasard, accidentel : [C] Pros.

1 **fortūna**, *ae*, f. ¶ 1 fortune, sort, hasard : ***secunda, prospera*** [C] Pros., bonheur ; ***adversa*** [C] Pros., malheur ; ***fortunae se committere*** [C] Pros., se confier à la fortune ‖ [au pl.] les hasards de la fortune, circonstances heureuses ou malheureuses, situation, sort : ***alicujus fortunas laudare*** [C] Pros., louer le sort de qqn ; [-C] Théât. ; [C] Pros. ¶ 2 [sans qualif.] ***a)*** heureuse fortune, bonheur, chance : [C] Pros. ‖ succès : [C] Pros. ‖ ***per fortunas !*** [C] Pros., au nom de ton bonheur = au nom du ciel ! ***b)*** mauvaise fortune, malheur : [C] Poés. ¶ 3 sort, lot, condition, situation, destinée : [C] Pros. ‖ ***fortuna corporis*** [+C] Pros., un état physique ¶ 4 [pl.] les biens, fortune : [C] Pros. ; [qqf. au sg.] [C] Pros., [+C] Pros.

2 **Fortūna**, *ae*, f., la Fortune [déesse] : [C] Pros.

Fortūnālis, *is*, m., nom d'homme : [T] Pros.

Fortūnāta, *ae*, f., nom de femme : [+C] Pros.

Fortūnātae insŭlae, f., îles Fortunées [Canaries, dans l'océan Atlantique; pour les Anciens, séjour des Bienheureux, c.-à-d. les champs Élysées] : ***Fortunatorum insulae*** [-C] Théât., même sens

fortūnātē, adv., d'une manière heureuse : [C] Pros.

1 **fortūnātus**, *a, um*, part.-adj. de *fortuno*, heureux, fortuné : [C] Pros. ‖ riche, opulent : [C] Pros. ‖ ***-tior*** [C] Pros. ; ***-tissimus*** [C] Pros.

2 **Fortūnātus**, *i*, m., nom d'homme : [+C] Pros., Poés. ‖ Fortunat (***Venantius Fortunatus***) ; né à Aquilée, évêque de Poitiers et poète : [+T] Poés.

fortūnō, *ās, āre, āvī, ātum*, tr., faire réussir, faire prospérer (***alicui aliquid***) : [-C] Théât., [C] Pros. ‖ ➡ *1 fortunatus*

1 **fŏrŭli**, *ōrum*, m. pl., cases, rayons [pour des livres] : [+C] Poés., Pros.

2 **Fōrŭli**, *ōrum*, m. pl., village des Sabins : [C] Pros.

1 **fŏrum**, *i*, n.

I [en part.] ¶ 1 vestibule du tombeau : [C] Pros. ¶ 2 ***forum vinarium*** [C] Pros., espace libre dans le pressoir, où l'on met les grappes cueillies, avant de les presser

II [surtout] ¶ 1 place du marché, place publique, marché : ***forum Romanum*** [+C] Pros. ; ***(magnum, vetus) forum*** [C] Pros., le forum [centre de la vie publique de la Rome républicaine] ; [plus tard] ***forum Caesaris*** [+C] Pros. ; ***Augusti*** [+C] Pros. ; ***Trajani*** [T] Pros. ‖ ***forum bovarium (boarium)*** [C] Pros. ; ***olitorium (holitorium)*** [C] Pros. ; ***coquinum*** [-C] Théât. ; ***piscarium (piscatorium)*** [-C] Théât., [C] Pros. ; ***cuppedinis*** [C] Pros., marché aux boeufs, aux légumes, aux viandes cuites, aux poissons, aux friandises ¶ 2 [symboliquement] ***a)*** la vie publique, la vie courante : [C] Pros. ***b)*** la vie politique et surtout les tribunaux, l'éloquence politique et judiciaire : ***forum attingere*** [C] Pros., aborder le forum (affaires publiques) ; [+C] Poés. ¶ 3 [dans les provinces] centre d'un marché et d'un tribunal, centre d'assises du gouverneur : ***provinciae fora*** [C] Pros., les centres d'assises de la province ; [d'où] ***forum agere*** [C] Pros., tenir les assises, rendre la justice ¶ 4 emplacement dans le camp, à gauche du prétoire, où se dressait la tribune d'où le général parlait aux troupes convoquées en *contio* : [C] Pros.

2 **Fŏrum**, *i*, n., [avec un qualificatif désigne beaucoup de villes et de bourgs] ***Forum Alieni*** [+C] Pros., Forum d'Aliénus, sud-est de Vérone ; ***Forum Appii*** [C] Pros., Poés., dans le Latium ; ***Forum Aurelium*** [C] Pros., ville d'Étrurie ; ***Forum Cornelium*** [C] Pros., ville de Gaule cispadane ou ***oppidum Forojuliense*** [+C] Pros. ou ***colonia Forojuliensis*** [+C] Pros. ou ***Forojuliensium colonia*** [+C] Pros., Fréjus [Gaule Narbonnaise]

fŏrus, *i*, m., compartiment, casier ¶ 1 tillac, pont d'un vaisseau ; [surtout au pl.] ***fori*** [C] Pros., Poés. ¶ 2 pl. *fori* ***a)*** rangs de sièges au cirque : [C] Pros. ***b)*** plate bande : [+C] Pros. ***c)*** cellules des abeilles : [C] Poés. ¶ 3 ***forus aleatorius*** [+C] Pros. ; simpl[t] ***forus*** [+C] Pros., table de jeu, échiquier ¶ 4 ➡ *1 forum II* : [-C] Poés.

Fosi, *ōrum*, m. pl., peuple germain : [+C] Pros.

1 **fossa**, *ae*, f., excavation, creux, trou, fossé, fosse : [C] Pros. ‖ canal : [C] Pros.

2 **Fossa**, *ae*, f., ***Drusiana*** [+C] Pros., canal de Drusus [joignant le Rhin à l'Océan]

fossĭbĭlis, *e*, creusé : [T] Pros.

fossĭcĭus, *a, um*, qu'on tire de la terre, fossile : [C] Pros.

fossĭlis, *e*, tiré de la terre : [C] Pros.

fossĭo, *ōnis*, f., action de creuser, forage : [C] Pros. ‖ action de piocher, labour : [C] Pros. ‖ un fossé : [C] Pros.

fossō, *ās, āre, -, ātum*, tr., percer [de traits] : [-C] Pros.

fossŏr, *ōris*, m., bêcheur, piocheur : [C] Poés., [+C] Pros. ‖ homme grossier, rustre : [+C] Poés. ‖ ouvrier mineur : [C] Pros. ‖ pionnier, sapeur [milit.] : [+C] Poés.

fossŭla, *ae*, f., petit fossé : [-C] Pros., [+C] Pros.

fossūra, *ae*, f., action de creuser la terre, forage : [C] Pros. ‖ fosse : [C] Pros.

fossus, *a, um*, part. de *fodio*

fōtŏr, *ōris*, m., celui qui soigne : [T] Pros.

1 **fōtus**, *a, um*, part. de *foveo*

2 **fōtŭs**, *ūs*, m., [ordin. à l'abl. sg.] action d'échauffer : [T] Pros. ‖ [fig.] ***fotibus*** [T] Poés., par des encouragements

fŏvĕa, *ae*, f., excavation, trou, fosse : [C] Poés. ‖ fosse [pour prendre des animaux], trappe : [C] Pros. ; [fig.] traquenard, piège : ***fovea decipere aliquem*** [-C] Théât., faire tomber qqn dans un piège

fŏvĕō, *ēs, ēre, fōvī, fōtum*, tr. ¶ 1 échauffer, réchauffer, tenir au chaud : ***pennis pullos*** [C] Pros., tenir les petits au chaud sous ses ailes ; [-C] Théât. ‖ [méd.] faire une fomentation, baigner, bassiner : [C] Poés., [+C] Pros. ‖ [d'où, poét.] soigner : ***animas*** [C] Poés., purifier son haleine ; ***colla*** [C] Poés., soulager, reposer son cou ¶**2** [poét.] réchauffer = se tenir blotti sur (dans), = ne pas quitter : [C] Poés. ; ***castra fovere*** [C] Poés., rester blotti dans le camp ¶**3** [fig.] ***a)*** entretenir qqch. dans son esprit : ***aliquid in pectore*** [-C] Théât., méditer sur qqch. ; ***spem*** [C] Pros., entretenir une espérance ; ***tenditque fovetque (Juno)*** [avec prop. inf.] [C] Poés., elle s'applique et s'emploie à... ***b)*** choyer, dorloter, caresser, entourer de prévenances : ***aliquem*** [C] Pros., entourer qqn de prévenances ; [C] Poés. ; ***hominum sensus*** [C] Pros., flatter l'opinion ‖ encourager, soutenir, favoriser : ***patrum voluntatem*** [C] Pros., favoriser les voeux du sénat ; ***spem alicujus*** [C] Pros., encourager les espérances de qqn ; ***aliquem plausu*** [+C] Pros., soutenir qqn de ses applaudissements

frăces, f. pl., marc d'olives : [-C] Pros., [+C] Pros.

frăcescō, *ĭs, ĕre, fracŭī, -*, intr., devenir rance [en parl. de l'olive], pourrir : [C] Pros., [+C] Pros. ‖ [en parl. de terre crayeuse] fermenter : [-C] Pros.

frăcĭdus, *a, um*, pourri [en parl. de l'olive] : [-C] Pros.

fractĭo, *ōnis*, f., action de briser : [T] Pros.

fractūra, *ae*, f., éclat, fragment : [-C] Pros. ‖ fracture [d'un membre] : [+C] Pros.

fractus, *a, um*, part.-adj. de *frango*, brisé, morcelé [en parl. du style] : [C] Pros. ‖ brisé : ***fractum murmur*** [+C] Pros., un grondement étouffé ‖ [fig.] épuisé, affaibli, abattu : [C] Pros., [+C] Pros. ‖ ***-ior*** [C] Pros.

fraen-, V. *fren-*

frāga, *ōrum*, n. pl., fraises [fruit] : [C] Poés.

frăges, V. *fraces*

frăgescō, *ĭs, ĕre, -, -*, intr., être dompté : [-C] Théât.

frăgĭlis, *e* ¶**1** fragile, frêle, cassant : [C] Poés. ‖ [fig.] de faible durée, faible, périssable : [C] Pros. ¶**2** [poét.] craquant, crépitant : [C] Poés. ‖ ***-lior*** [+C] Pros. ; ***-lissimus*** [T] Pros.

frăgĭlĭtās, *ātis*, f., [fig.] faiblesse, fragilité, courte durée : [C] Pros.

frăgĭlĭtĕr, adv., avec fragilité : [T] Pros.

frăgĭum, *ĭi*, n., fracture : [+C] Pros.

fragmĕn, *ĭnis*, n., éclat, fragment, débris : [C] Poés., [+C] Pros. ‖ fracture : [+C] Poés. ‖ ***linguae*** [+C] Pros., sons brisés de la voix (balbutiement)

fragmentum, *i*, n., éclat, fragment, débris : [C] Pros.

frăgŏr, *ōris*, m., fracture, fractionnement : [C] Poés. ‖ bruit, craquement [d'une chose qui se rompt] : ***fragorem dare*** [C] Poés., faire un craquement ‖ bruit éclatant, fracas : [C] Poés., Pros.

frăgōsus, *a, um*, [poét.] fragile : [C] Poés. ‖ âpre, rude, escarpé : [C] Poés. ‖ [fig.] rude, rocailleux : [+C] Pros. ‖ bruyant, retentissant : [C] Poés.

frāgrans, *tis*, part.-adj. de *fragro*, odorant, parfumé : [C] Poés. ‖ ***-tissimus*** [+C] Pros.

frāgrantĭa, *ae*, f., odeur suave : [+C] Pros.

frāgrō, *ās, āre, -, -*, intr., exhaler fortement une odeur ‖ [une odeur suave] [C] Poés., [+C] Pros. ‖ [une mauvaise odeur] [+C] Poés.

frāgum, V. *fraga*

frămĕa, *ae*, f. framée [lance courte au fer étroit et aigu des Germains] : [+C] Pros. ‖ [en gén.] lance : [+C] Poés.

frangō, *ĭs, ĕre, frēgī, fractum*, tr. ¶**1** briser, rompre, fracasser, mettre en pièces : ***ova*** [C] Pros., briser des oeufs ; ***anulum*** [C] Pros., rompre un anneau ; ***cervices alicujus*** [C] Pros., tordre le cou à qqn ‖ ***glebam*** [C] Poés., briser la terre ; ***fruges*** [C] Poés., broyer le blé ; ***glacies se frangit*** [+C] Pros., la glace se brise ¶**2** [métaph.] ***a)*** mettre en pièces : [C] Pros., Poés. ***b)*** affaiblir, atténuer : [+C] Pros. ; ***calor se frangit*** [C] Pros., la chaleur s'atténue ; ***frangit sibi*** [+C] Poés., il retranche à son profit ***c) iter*** [+C] Poés., perdre son chemin ¶**3** [fig.] briser, anéantir : ***bellum proeliis*** [C] Pros., briser (étouffer) une guerre par des combats ; [joint à *debilitare*] ***consilium alicujus*** [C] Pros. ; ***sententiam alicujus*** [C] Pros., briser les projets de qqn, démolir la proposition de qqn ; ***se laboribus*** [C] Pros., s'épuiser dans des labeurs ; ***foedus*** [C] Pros., rompre un traité ; ***fidem*** [C] Pros., manquer à sa parole ‖ réduire, dompter : ***nationes*** [C] Pros., réduire des nations ; ***libidines*** [C] Pros., réduire les passions ‖ abattre, décourager : [C] Pros. ; ***frangi animo*** [C] Pros., être abattu ‖ adoucir, fléchir : [C] Pros. ; V. *fractus*

frāter, *tris*, m., frère : ***mi frater*** [C] Pros., mon cher frère ; ***fratres gemini*** [C] Pros., frères jumeaux ; ***germanus*** [C] Pros., frère germain [de père et de mère] ; ***patruelis*** [C] Pros., cousin ; ***dii fratres*** [C] Poés., Castor et Pollux ‖ ***fratres***, le frère et la soeur : [+C] Pros. ‖ [terme d'amitié] [C] Pros. ‖ frères, alliés : [C] Pros. ‖ prêtre d'un même collège : [C] Pros., [T] Pros. ‖ [appellation d'objets qui se ressemblent] : [montagnes] ; [livres rangés ensemble] [C] Poés. ‖ [chrét.] nom que se donnaient entre eux les chrétiens : [T] Pros.

frātercŭlus, *i*, m., tendre frère : [C] Pros. ‖ petit frère : [+C] Poés.

frāternē, adv., en frère, fraternellement : [C] Pros.

frāternĭtas, *ātis*, f., fraternité, parenté entre frères : [T] Pros. ‖ [fig.] confraternité [entre peuples] [+C] Pros. ‖ [entre chrétiens] l'Église : [T] Pros.

frāternus, *a, um*, fraternel, de frère : [C] Pros. ‖ de cousin germain : [C] Poés. ‖ [fig.] fraternel : [C] Pros. ‖ [poét.] [en parl. de deux boeufs attelés ensemble] [C] Poés.

frātrĭa, *ae*, f., phratrie [division de la tribu chez les Grecs] : [C] Pros.

frātrĭcīda, *ae*, m. f., fratricide, qui a tué son frère : [C] Pros.

frātrŭēlis, *is*, m., cousin germain [maternel] : [T] Pros.

fraudātĭo, *ōnis*, f., action de tromper, mauvaise foi : [C] Pros.

fraudātŏr, *ōris*, m., celui qui agit en fraude [not[t] de ses créanciers] : [C] Pros. ‖ [fig.] ***beneficiorum*** [+C] Pros., celui qui fait banqueroute aux bienfaits [ingrat de parti pris] ; cf. *fraudo* ¶*2*

fraudātus, *a, um*, part. de *fraudo*

fraudō, *ās, āre, āvī, ātum*, tr. ¶**1** [abs[t]] faire tort par fraude, être coupable de fraude : [C] Pros. ¶**2** ***aliquem*** [C] Pros., user de fraude à l'égard de qqn, faire tort par fraude à qqn ; ***creditores*** [C] Pros., faire une banqueroute frauduleuse, frauder ses créanciers ‖ ***aliquem debito*** [C] Pros., frustrer qqn de son dû ¶**3** détourner par fraude : ***stipendium equitum*** [C] Pros., s'approprier par des faux la solde des cavaliers ‖ **fraudata**, pl. n., [C] Pros., sommes soustraites

fraudŭlentĕr, adv., frauduleusement : [+C] Pros.

fraudŭlentĭa, *ae*, f., fourberie, astuce : [-C] Théât.

fraudŭlentus, *a, um*, fourbe, trompeur : [C] Pros. ‖ frauduleux : [C] Pros. ‖ ***-tior*** [T] Pros. ; ***-tissimus*** [-C] Théât.

fraus, *fraudis*, f. ¶**1** mauvaise foi, tromperie, fraude, fourberie, perfidie [toujours avec idée de ruse] : [C] Pros. ; ***sine fraude*** [C] Pros., loyalement ; ***legi fraudem facere*** [-C] Théât., [C] Pros., éluder la loi ‖ pl., [C] Pros. ‖ trompeur, fourbe [fourberie personnifiée] : [-C] Théât. ¶**2** illusion qu'on se fait à soi-même, erreur où l'on tombe, déception, méprise : [C] Pros. ¶**3** dommage, détriment : [C] Pros., [+C] Pros. ; ***in fraudem agere*** [C] Poés., mettre en péril ; [C] Pros. ¶**4** action délictueuse, crime : [C] Pros. ; ***suscepta fraus*** [C] Pros., un crime commis

fraxĭnĕus, *a, um*, de frêne : [C] Poés. ‖ et **-ĭnus**, *a, um*, [C] Poés.

fraxĭnus, *i*, f., frêne [arbre] : [C] Poés. ‖ javelot : [C] Poés. ‖ V. *fraxineus*

Fredegundis, *is*, f., Frédégonde [femme de Chilpéric] : [+T] Pros.

Frĕgellae, *ārum*, f. pl., Frégelles [ancienne ville des Volsques, auj. Ceprano] : [C] Pros. ‖ **-ānus**, *a, um*, de Frégelles : [C] Pros. ‖ subst. m. pl., habitants de Frégelles : [C] Pros.

Frĕgēnae, *ārum*, f. pl., Frégènes [ville d'Étrurie] : [C] Pros.

frēgī, parf. de *frango*

frĕmĕbundus, *a, um*, frémissant [en parl. des choses] : [-C] Théât. ‖ frémissant de rage : [C] Poés. ‖ grondant, frémissant [troupeau] : [+C] Poés.

frĕmens, *tis*, part. de *fremo*

frementum, *i*, n., meurtrissure : [T] Pros.

frĕmĭdus, *a, um*, bruyant, frémissant : [C] Poés.

frĕmĭtŭs, *ūs*, m., bruit [en gén.] ; grondement [des flots] : [C] Pros. ; ***maris*** [C] Pros., mugissement de la mer ; ***equorum*** [C] Pros., le hennissement des chevaux ; ***canis*** [+C] Pros., le grondement du chien ; ***apum*** [C] Poés., le bourdonnement des abeilles ‖ fracas, cliquetis [des armes] : C Pros. ‖ clameurs confuses, bruits de réunions publiques : C Pros. ; ***contionum*** +C Pros., le tumulte des assemblées

frĕmō, *ĭs, ĕre, frĕmŭī, frĕmĭtum*, intr. et tr.
I intr. ¶**1** faire entendre un bruit sourd, un grondement, un frémissement, un murmure [employé en parl. des animaux (chien, lion, cheval, loup)] : C Poés. ‖ [des hommes] C Pros., Poés. ; [poét.] [acc. intér.] ***acerba fremens*** C Poés., frémissant de colère ‖ [des vents] C Poés. ¶**2** [par résonance] C Poés., +C Pros.
II tr. ¶**1** faire entendre par un frémissement, dire en frémissant : C Poés. ; [avec prop. inf.] C Pros., +C Pros. ‖ demander en frémissant : ***arma*** C Poés., ses armes ¶**2** [avec idée de protestation, de colère] C Pros.

frĕmŏr, *ōris*, m., rugissement [lion] : +C Pros. ‖ frémissement : C Poés. ‖ bruit d'armes : C Pros.

frēnātŏr, *ōris*, m., guide, conducteur : +C Poés. ‖ [poét.] lanceur d'épieu : +C Poés. ‖ [fig.] modérateur : +C Pros.

frēnātus, *a, um*, part. de *freno*

frendō, *ĭs, ĕre, -, frēsum* (***fressum***)
I intr., grincer des dents : C Pros., Poés.
II tr. ¶**1** broyer, écraser : C Pros. ; ***faba fresca*** +C Pros., fève écrasée ¶**2** [avec prop. inf.] +C Pros.

frĕnētĭcus, ▶ *phren*

frēni, *ōrum*, m. pl., ▶ *frenum*

frēnĭgĕr, *ĕra, ĕrum*, qui porte un frein : ***frenigera ala*** +C Poés., corps de cavalerie

frēnō, *ās, āre, āvī, ātum*, tr., mettre un frein, un mors, brider : C Pros., Poés. ‖ [fig.] contenir, modérer, retenir, mettre un frein à : C Pros., Poés.

Frentāni, *ōrum*, m. pl., peuple d'Italie, qui habitait sur les bords de l'Adriatique : C Pros. ‖ **-tānus**, *a, um*, des Frentani : C Pros.

frēnum, *i*, n. ; pl., **-na**, *ōrum*, n. pl. et **-ni**, *ōrum*, m. pl., frein, mors : C Pros. ‖ [prov.] ***frenum mordere*** C Pros., prendre le mors aux dents [mais] ***frena momordit*** +C Poés., il se soumit [il rongea son frein] ; ***frenos adhibere alicui*** C Pros., employer le frein pour qqn ‖ [fig.] ***date frenos*** C Pros., lâchez les rênes, la bride ; C Poés., +C Poés. ; ***frenis egere*** C Pros., avoir besoin du frein ‖ [poét.] chevaux, attelage : +C Poés. ‖ lien, attache : +C Poés.

frĕquens, *entis*
I [idée de lieu] ¶**1** qui est rassemblé en foule, nombreux : ***senatus frequentior*** C Pros., sénat plus nombreux ; ***frequentissimo senatu*** C Pros., le sénat étant très nombreux ; ***frequentes fuimus*** C Pros., nous étions nombreux ‖ ***sententia frequens*** +C Pros., avis qui emporte de nombreux suffrages ¶**2** où il y a un grand nombre, peuplé, fréquenté : ***frequentissimo theatro*** C Pros., le théâtre étant comble ; ***frequens municipium*** C Pros., bourg populeux ‖ [avec abl.] peuplé de, garni de : C Pros. ‖ [avec gén.] +C Pros.
II [idée de temps] ¶**1** qui se trouve fréquemment qq. part, assidu : C Pros. ; ***frequens auditor*** C Pros., auditeur assidu ; ***frequens secretis*** +C Pros., prenant part souvent aux secrets ‖ [poét.] [avec inf.] +C Poés. ¶**2** répété, fréquent, multiplié, ordinaire, commun : C Pros., +C Pros. ; ***frequentior fama*** C Pros., tradition plus courante ‖ +C Pros. ; [ou avec prop. inf.]

frĕquentāmentum, *i*, n., répétition fréquente : +C Pros.

frĕquentātĭo, *ōnis*, f., abondance, emploi fréquent : C Pros. ‖ [rhét.] accumulation, récapitulation : C Pros.

frĕquentātīvus, *a, um*, [gram.] qui marque la répétition, la fréquence, fréquentatif : +C Pros.

frĕquentātō, adv., fréquemment : +C Pros.

frĕquentātus, *a, um*, part. de *frequento* ‖ adj., peuplé, riche en, plein de [avec abl.] : C Pros.

frĕquentĕr, adv. ¶**1** fréquemment, souvent : C Pros., +C Pros. ‖ ***-tius*** C Pros. ; ***-tissime*** C Pros. ¶**2** en grand nombre : C Pros.

frĕquentĭa, *ae*, f., concours, affluence, foule : C Pros. ‖ grand nombre, abondance, fréquence : C Pros. ; ***rerum*** C Pros., abondance des idées ‖ ***caeli*** C Pros., la densité de l'air

frĕquentĭtō, *ās, āre, -, -*, intr., être présent, faire acte de présence : +C Pros.

frĕquentō, *ās, āre, āvī, ātum*, tr. ¶**1** fréquenter, être assidu qq. part : ***alicujus domum*** C Pros., fréquenter la maison de qqn ; ***aliquem*** C Pros., être assidu auprès de qqn ; +C Pros. ‖ employer fréquemment : [des figures de style] C Pros. ¶**2** peupler [des villes, les déserts de l'Italie] : C Pros. ; ***piscinas*** +C Pros., peupler des viviers ; ***vineam*** +C Pros., planter un vignoble ; C Pros. ¶**3** rassembler en foule : ***scribas ad aerarium*** C Pros., rassembler en foule les scribes au trésor public ; ***populum*** C Pros., réunir le peuple en masse ¶**4** [en part.] célébrer en foule une fête : C Pros., Poés., +C Pros. ‖ [en parl. d'une seule pers.] honorer de sa présence : ***nuptias frequentavi*** +C Pros., j'ai assisté à un mariage ; C Poés., +C Pros.

Fresĭlĭa, *ae*, f., ville des Marses : C Pros.

fressus, **fresus**, ▶ *frendo*

frĕtāle, *is*, n., poêle [à frire] : +C Pros.

frĕtālis, *e*, de détroit : ***Oceanus*** T Pros., le détroit britannique [la Manche]

frĕtensis, *e*, de détroit : ***fretense mare*** C Pros., détroit de Sicile

frĕtum, *i*, n., détroit, bras de mer : C Pros. ‖ [en part.] le détroit de Sicile : C Pros. ‖ [poét.] la mer, les flots : C Poés. ‖ [fig.] la fougue de l'âge ; C Poés. ; ▶ *3 fretus*

1 **frētus**, *a, um*, confiant dans, comptant sur, fort de : [avec abl.] ***dis*** -C Théât., confiant dans les dieux ; C Pros. ; ***voce*** C Pros., confiant dans sa voix ; ***audacia*** C Pros., comptant sur son audace ‖ [avec dat.] C Pros. ‖ [avec inf.] ayant confiance de, ne craignant pas de : +C Poés. ‖ [avec prop. inf.] persuadé que : C Pros., +C Pros.

2 **frētŭs**, *ūs*, m., appui, secours : T Pros.

3 **frĕtŭs**, *ūs*, m., ▶ *fretum*, détroit : C Pros., +C Pros. ‖ [fig.] ***fretus anni*** C Poés., saison de transition

frĭātus, *a, um*, part. de *frio*

frĭcātĭo, *ōnis*, f., friction : +C Pros.

frĭcātūra, *ae*, f., action de frotter, polissage : C Pros.

frĭcātus, *a, um*, part. de *frico*

frĭcō, *ās, āre, cŭī, cātum, ctum*, tr., frotter : -C Théât., C Poés., +C Poés. ‖ polir : -C Pros., C Pros. ‖ étriller : +C Pros.

frictĭo, *ōnis*, f., action de frotter : T Pros. ‖ friction : +C Pros.

frictōrĭum, *ĭi*, n., ▶ *frixorium*

frictūra, *ae*, f., friction : +C Pros.

frictus, *a, um*, part. de *frico* et de *1 frigo*,

frĭcŭī, parf. de *frico*

frigdārĭum, *ĭi*, n., glacière, chambre froide : -C Poés.

frīgēdo, *ĭnis*, f., froid : C Poés.

frīgēfactō, *ās, āre, -, -*, tr., refroidir : -C Théât.

frīgĕō, *ēs, ēre, -, -*, intr., avoir froid, être froid (glacé) : -C Théât., C Poés. ‖ [fig.] être engourdi, sans vie : [pers.] C Pros. ‖ avoir un accueil froid (sans chaleur), n'avoir pas d'action sur la foule, ne pas rencontrer la faveur : C Pros. ; ***frigere ad populum*** C Pros. [en parl. d'un joueur de flûte] n'être pas goûté du public

frīgĕrō, *ās, āre, -, -*, tr., rafraîchir, refroidir : C Poés.

frīgescō, *ĭs, ĕre, frīxī*, intr., se refroidir : -C Pros., C Poés. ‖ devenir froid pour qqn, n'être pas accueillant (***alicui***) : +C Poés.

frīgĭda, *ae*, f., eau froide : +C Pros.

frīgĭdārĭum, n., ▶ *frigdarium* ‖ salle des thermes : C Pros.

frīgĭdārĭus, *a, um*, qui sert à rafraîchir : +C Pros. ; ***aenum frigidarium*** C Pros., cuve en bronze contenant de l'eau froide

frīgĭdē, adv., froidement, platement, sottement : +C Pros. ‖ ***-dius*** +C Pros. ; ***-dissime*** +C Pros.

frīgĭdĕfactō, *ās, āre, -, -*, tr., refroidir : -C Théât. ; ▶ *frigefacto*

frīgĭdĭuscŭlus, *a, um*, quelque peu froid [fig.] : +C Pros.

frigĭdŭlus, *a, um*, un peu froid : C Poés.

frīgĭdum, *i*, n., température froide, le froid : +C Pros.

frīgĭdus, *a, um* ¶**1** froid : C Pros. ; ***-dior*** C Pros. ; ***-dissimus*** C Pros. ‖ frais : C Poés. ‖ glacé par le froid de la mort : C Poés. ¶**2**

[fig.] froid, glacé, languissant : [C] Pros. ‖ qui glace d'effroi : [C] Poés. ‖ qui laisse indifférent, sans effet, fade, froid : [C] Pros., [+C] Pros. ; V. *frigida*

frīgilla, V. *frin*

1 **frīgō**, *ĭs*, *ĕre*, *frīxi*, *frictum*, *frixum*, tr., faire griller, rôtir, frire : [-C] Pros.

2 **frĭgō**, *ĭs*, *ĕre*, -, -, intr., sauter avec bruit : [-C] Théât.

frīgŏr, *ōris*, m., froid, frisson : [T] Pros.

frīgŏrĭfĭcus, *a*, *um*, frigorifique : [+C] Pros.

frīgŭī, parf. de *frigesco*

frīgŭs, *ŏris*, n. ¶ 1 froid, froidure : [C] Pros. ‖ [poét.] l'hiver : [C] Poés. ‖ le frisson de la fièvre, frisson : [C] Poés. ‖ le froid de la mort : [C] Poés. ‖ frisson de terreur, terreur : [C] Poés. ¶ 2 [fig.] refroidissement, froideur dans les relations, indifférence : [C] Poés., [+C] Pros. ‖ torpeur, inaction : [C] Poés.

frĭgūtĭō, **-ttĭō**, **fringuttĭō** (**-ūtĭō**, **-ŭlĭō**), *īs*, *īre*, -, -, intr. ¶ 1 chanter [en parl. du pinson] : [+C] Pros. ¶ 2 caqueter, bavarder : [-C] Théât. ‖ tr., [C] Pros., [+C] Pros.

fringilla, *ae*, f. et **fringillus**, *i*, m., pinson : [C] Pros., [+C] Poés.

fringulĭo (**-ultĭo**), V. *frigutio*

Frinĭātes, *um* (*ĭum*), m. pl., peuple de Ligurie : [C] Pros.

frĭō, *ās*, *āre*, *āvī*, *ātum*, tr., concasser, broyer : [C] Pros., Poés.

Frīsĭi, *ōrum*, m. pl., habitants de la Frise, Frisons : [+C] Pros. ‖ [au sg.], **Frīsĭus**, [+C] Pros. ‖ **-ius**, *a*, *um*, des Frisons : [+C] Pros.

frīt, n. indécl., pointe de l'épi : [C] Pros.

frĭtillus, *i*, m., cornet à dés : [+C] Poés.

frĭtinnĭō, *īs*, *īre*, -, -, intr., gazouiller : [C] Poés., Pros. ‖ babiller : [T] Poés.

frīvŏla, *ōrum*, n. pl. ¶ 1 vaisselle de terre cassée ; [ou] modeste mobilier : [+C] Pros., Poés. ¶ 2 [fig.] choses sans valeur, riens : [+C] Pros. ; V. *frivolum*

frīvŏlum, *i*, n., bagatelle : [+C] Pros.

frīvŏlus, *a*, *um* ¶ 1 [chose] de peu de prix, frivole, futile, léger : [C] Pros., [+C] Pros. ; [avec supin] ***frivolum dictu*** [+C] Pros., chose insignifiante à dire ¶ 2 [pers.] évaporé, étourdi : [+C] Pros.

frixī, parf. de *1 frigo* et de *frigesco*

frixōrĭum, *ĭi*, n. et **-xūra**, *ae*, f., poêle à frire : [+T] Poés.

frixus, *a*, *um*, V. *1 frigo*

frondātĭo, *ōnis*, f., action d'émonder, taille : [+C] Pros.

frondātŏr, *ōris*, m., émondeur : [C] Poés.

frondĕō, *ēs*, *ēre*, -, -, intr., avoir des feuilles, être couvert de feuilles : [-C] Pros., [C] Poés. ‖ **frondens**, *tis*, couvert de feuilles : [C] Poés.

frondescō, *ĭs*, *ĕre*, *frondŭī*, -, intr., se couvrir de feuilles : [C] Pros. ‖ [fig.] s'orner [en parl. du style] : [T] Pros.

frondĕus, *a*, *um*, de feuillage : [C] Poés. ‖ recouvert de feuillage : [C] Poés. ‖ ***frondea cuspis*** [+C] Poés., un cure-dent fait d'une brindille

frondĭcŏmus, *a*, *um*, qui a une chevelure de feuillage : [T] Poés.

frondĭfĕr, *ĕra*, *ĕrum*, feuillu, touffu : [C] Poés.

frondĭflŭus, *a*, *um*, qui fait tomber les feuilles : [T] Pros.

frondōsus, *a*, *um*, touffu, couvert de feuillage : [-C] Pros., [C] Poés. ‖ ***-sior*** [+C] Poés.

1 **frons**, *frondis*, f. ¶ 1 feuillage, feuilles, frondaison : [sg.] [-C] Pros., [C] Pros., Poés., [+C] Pros. ; [pl.] [C] Pros., Poés., [+C] Pros. ¶ 2 couronne de feuillage : [C] Pros., Poés.

2 **frons**, *frontis*, f. ¶ 1 front : ***frontem contrahere*** [C] Pros., plisser le front ; ***adducere, trahere*** [+C] Pros., plisser le front, se renfrogner ; ***remittere*** [+C] Pros. ; ***exporgere*** [-C] Théât. ; ***explicare*** [C] Poés., dérider, éclaircir le front ; ***frontem ferire*** [C] Pros., se frapper le front [en signe de mécontentement] ; ***frons non percussa*** [C] Pros., point de tapes sur le front [signe d'émotion de l'orateur] ¶ 2 le front = air, traits, physionomie, mine : [C] Pros. ‖ [C] Pros. ; ***proterva fronte*** [C] Poés., avec un front éhonté (= effrontément) ; [+C] Pros. ; ***frons durior*** [+C] Poés., front plus éhonté ; ***frons durissima*** [+C] Pros., front dépourvu de toute honte ; ***salva fronte*** [+C] Poés., sans vergogne ‖ [poét.] aplomb, assurance : [C] Pros. ; pudeur : [+C] Poés. ¶ 3 [fig.] ***a)*** partie antérieure, front, face, façade : ***castrorum*** [C] Pros., front d'un camp ; [front d'un navire] [C] Poés. ; [d'une armée] [C] Pros. ‖ ***in frontem*** [C] Pros., [*in fronte* α, *in frontem* β [C] Pros.], sur le devant, en face ; [+C] Pros. ; ***a fronte*** [C] Pros., de front ; [C] Poés. ‖ ***in fronte*** [C] Poés., Pros., en largeur ***b)*** façade, côté extérieur, apparence, aspect : ***frons causae*** [+C] Pros., la physionomie, l'aspect d'une cause ‖ ***(ex) prima (statim) fronte*** [+C] Pros., dès le premier aspect, de prime abord

frontālĭa, *ĭum*, n. pl. ¶ 1 fronteau, têtière [pour les chevaux et les éléphants] : [C] Pros. ¶ 2 partie antérieure : [T] Pros.

frontāti, *ōrum*, m. pl., pierres de revêtement, parement : [C] Pros.

Frontīnus, *i*, m., Frontin [Sext. Julius Frontinus, ancien consul, auteur d'ouvrages techniques] : [+C] Pros.

1 **fronto**, *ōnis*, m., celui qui a un grand front : [C] Pros.

2 **Fronto**, *ōnis*, m., M. Cornélius Fronton [rhéteur latin, précepteur de Marc Aurèle] : [+C] Pros. ‖ **-ōnĭāni**, *ōrum*, m. pl., disciples de Fronton : [T] Pros.

frontōsus, *a*, *um*, qui a plusieurs fronts : ***-osior*** [T] Pros.

Fructēsĕa, *ae*, f., déesse des fruits de la terre : [T] Pros.

fructĭfĕr, *ĕra*, *ĕrum*, qui porte des fruits : [+C] Pros.

fructĭfĭcō, *ās*, *āre*, -, -, intr., produire des fruits, fructifier : [+C] Poés.

fructŭārĭus, *a*, *um*, qui doit produire (rapporter), fruitier, à fruits : [+C] Pros. ‖ ***fructuarii agri*** [C] Pros., champs soumis à une redevance annuelle

fructŭōsus, *a*, *um*, qui rapporte, fécond, fertile : [C] Pros. ‖ ***fructuosum est*** [avec inf.] [C] Pros., il est avantageux de

1 **fructus**, *a*, *um*, part. de *fruor*

2 **fructŭs**, *ūs*, m.

I [action verbale] ¶ 1 droit de percevoir et d'utiliser les fruits d'une chose dont la propriété reste à un autre, servitude d'usufruit, V. *2 usus* ¶ *2* : [C] Pros. ¶ 2 [fig.] jouissance, usage : [-C] Théât., [C] Pros. ‖ jouissance, plaisir : [C] Pros.

II [sens concret] ¶ 1 ***a)*** ce dont on a jouissance, produit, rapport, revenu, fruit : ***praediorum*** [C] Pros., revenu des propriétés ; [+C] Pros. ***b) fructui esse alicui***, être de rapport pour qqn : [C] Pros. ; ***fructum ferre alicui*** [C] Pros., donner un revenu à qqn, rapporter à qqn ‖ fruits [des arbres et de la terre] : [C] Pros. ¶ 2 [fig.] fruit, récompense, avantage, résultat, effet ***a) fructus diligentiae*** [C] Pros., la récompense du zèle ***b) fructus (fructum) ex aliqua re ferre, capere, consequi, percipere***, recueillir de qqch. des avantages, des bénéfices, une récompense : [C] Pros.

frŭendus, *a*, *um*, V. *fruor*

frūgālĭŏr, *us*, *ōris*, comp. de *frugalis* ¶ 1 qui rapporte davantage : [C] Pros. ¶ 2 plus sage, plus rangé, plus frugal : [-C] Théât., [C] Pros. ; ***-issimus*** [C] Pros.

frūgālis, *e* ¶ 1 des moissons : [+C] Pros. ¶ 2 V. *frugalior*

frūgālĭtās, *ātis*, f. ¶ 1 bonne récolte de fruits : [+C] Pros. ¶ 2 modération, sagesse, frugalité, sobriété : [C] Pros., v. [C] Pros. ‖ mesure [chez l'orateur] : [+C] Pros.

frūgālĭter, adv., avec modération, sagesse, économie, frugalement : [-C] Théât., [C] Pros., Poés., [+C] Pros. ‖ [fig.] simplement : [+C] Pros.

frūge, abl. de *frux*

1 **frūges**, *um*, f. pl., V. *frux*

2 **Frŭges**, V. *Phryges*

1 **frūgī**, [employé comme adj. indécl. et au fig.] qui est moralement de bon rapport (de bon revenu), rangé, sage, tempérant, sobre, frugal, honnête : [C] Pros. ; ***frugi es*** [-C] Théât., tu es un brave homme ; V. *frux* ¶ *2*

2 **Frūgi**, l'Honnête homme [surnom de plusieurs Romains, p. ex. L. Pison] : [C] Pros.

frūgĭfĕr, *ĕra*, *ĕrum*, qui produit des fruits, fertile, fécond : [C] Pros. ‖ [fig.] fructueux, utile : [C] Pros.

frūgĭfĕrens, *tis*, V. *frugifer* : [C] Poés.

frūgĭlĕgus, *a*, *um*, qui ramasse du grain : [C] Poés.

frūgĭparens, *tis*, [+T] Poés. et **-părus**, *a, um*, [C] Poés., qui produit des fruits

frūgis, V. *frux*

frŭiscor, V. *fruniscor*

frŭĭtūrus, **frŭĭtus**, V. *fruor*

frūmen, *inis*, n., bouillie pour les sacrifices : [T] Pros.

frūmentācĕus, *a, um*, de blé : [T] Pros.

1 **frūmentārĭus**, *a, um* ¶1 qui concerne le blé : ***res frumentaria*** [C] Pros., approvisionnement en blé ; ***frumentaria navis*** [C] Pros., navire chargé de blé ; ***frumentaria lex*** [C] Pros., loi frumentaire [concernant le blé] ¶2 riche en blé : [C] Pros.

2 **frūmentārĭus**, *ĭi*, m., marchand de blé : [C] Pros. ‖ pourvoyeur des vivres, munitionnaire : [C] Pros. ‖ sorte de surveillant que les empereurs employaient comme espion : [T] Pros.

frūmentātĭo, *ōnis*, f. ¶1 action de s'approvisonner en blé, approvisionnement de blé : [C] Pros. ¶2 distribution de blé au peuple : [+C] Pros.

frūmentātŏr, *ōris*, m., marchand de blé : [C] Pros. ‖ soldat qui va au blé, fourrageur : [C] Pros.

frūmentŏr, *ārĭs, ārī, ātus sum*, intr., aller à la provision de blé : [C] Pros.

frūmentum, *i*, n., [sg.] blé en grains, grains : [C] Pros. ; [pl.] ***frumenta***, espèces de blé, blé sur pied : [C] Pros. ‖ ***triticeum*** [+C] Poés., froment

frund-, V. *frond-*

frūniscŏr, *ĕrĭs, ī, frunītus sum*, Cf. *fruor* : [-C] Théât., Poés., [+C] Pros.

fruns, V. *1 frons*

frŭŏr, *ĕrĭs, ī, fruĭtus* et *fructus sum*, intr. et tr. ¶1 intr., faire usage de, jouir de [avec abl.] : [C] Pros., ([C] Pros.) ; Cf. *2 usus ¶2* ‖ avoir la jouissance de : [C] Pros. ‖ [d'ordinaire avec idée de plaisir] [C] Pros. ‖ ***aliquo*** [C] Pros., jouir de la présence de qqn ¶2 tr. ; [avec acc., arch., tard.] [-C] Pros., [C] Poés., Théât. ‖ [adj. verbal] [C] Pros.

frūs, V. *fraus* et *1 frons*

Frŭsĭnās, *ātis*, adj., de Frusino : ***fundus*** [C] Pros., domaine de Frusino

Frŭsĭno, *ōnis*, f., ville des Volsques [auj. Frosinone] : [C] Pros., [+C] Poés.

frustillātim, adv., par petits morceaux : [-C] Théât.

frustillum, *i*, n., petit morceau : [T] Pros.

frustrā, adv. ¶1 en vain, vainement, inutilement : [C] Pros. ‖ sans but, sans raison : [C] Pros. ‖ [attribut] [C] Pros. ; ***frustra cadere*** [+C] Pros., échouer, être sans effet ¶2 [idée d'erreur, de tromperie] [-C] Théât. ‖ ***frustra habere aliquem*** [+C] Pros., tromper qqn, (mais ***aliquid*** [+C] Pros., = tenir qqch. pour vain, ne pas tenir compte de)

frustrābĭlis, *e*, trompeur, décevant : [T] Pros.

frustrāmĕn, *ĭnis*, n., tromperie : [C] Poés.

frustrātim, V. *frusta*

frustrātĭo, *ōnis*, f., action de mettre dans l'erreur, de tromper, duperie : [-C] Théât., [C] Pros. ‖ action d'éluder, subterfuge : [C] Pros., [+C] Pros. ‖ déception, désappointement : [C] Pros.

frustrātŏr, *ōris*, m., celui qui élude, qui abuse : [T] Pros.

1 **frustrātus**, *a, um*, part. de *frustro* et de *frustror*

2 **frustrātŭs**, *ūs*, m. ; [seul^t au dat. sg.] action de tromper : ***frustratui habere aliquem*** [-C] Théât., se jouer de qqn

frustrō, *ās, āre, āvī, ātum*, tr., [au pass.] être trompé, déçu : [C] Pros., [+C] Poés., Pros. ‖ rendre inutile un argument, le réfuter : [T] Pros.

frustrŏr, *ārĭs, ārī, ātus sum*, tr., tromper, abuser, décevoir : ***aliquem*** [-C] Théât., [C] Pros., tromper qqn ; ***exspectationem*** [+C] Pros., tromper l'attente ‖ rendre illusoire, inutile : [C] Poés., [+C] Pros. ‖ pass., V. *frustro*

frustŭlentus, *a, um*, plein de morceaux : [-C] Théât.

frustŭlum, *i*, n., dim. de *frustum* : [+C] Pros.

frustum, *i*, n., morceau [d'un aliment], bouchée : [C] Pros. ‖ [fig.] fragment, morceau : [+C] Pros. ‖ ***frustum pueri*** [-C] Théât., bout d'homme, avorton

frŭtectōsus (**-tētōsus**), *a, um*, buissonneux, fourré : [+C] Pros.

frŭtectum (**-tētum**), *i*, n., endroit rempli d'arbrisseaux, taillis, fourré : [+C] Pros.

frŭtex, *ĭcis*, m., rejeton, arbrisseau : [C] Poés. : [C] Pros., [+C] Pros. ‖ branchage : [C] Poés. ‖ [fig.] bûche [t. d'injure] : [-C] Théât.

frŭtĭcētum, *i*, n., Cf. *frutectum* : [C] Poés., [+C] Pros.

frŭtĭcō, *ās, āre, āvī, ātum*, [+C] Pros. et **frŭtĭcŏr**, *ārĭs, ārī, -*, [C] Pros., intr., pousser des rejetons ‖ [poét.] ***fruticante pilo*** [+C] Poés., avec une végétation de poils

frŭtĭcōsus, *a, um*, plein de rejetons : [C] Poés. ‖ plein de buissons : [C] Poés.

frux, *frūgis*, f. ; [mais ordin. pl.], **frūges**, *um* ¶1 [pl.] productions, biens de la terre : [C] Pros. ‖ grains, céréales, moissons : [C] Pros. ‖ [poét.] ***salsae fruges*** [C] Poés., farine salée ; Cf. *1 mola (salsa)* ¶2 [sg., même sens que le pl.] [C] Pros. ‖ [fig.] [+C] Pros. ; ***bonae frugi*** [-C] Théât., [C] Pros. ; V. *1 frugi* : ***ad frugem compellere*** [-C] Théât., ramener à une vie rangée ; ***expertia frugis*** [C] Poés., des choses en dehors de tout enseignement moral ; [C] Pros. ¶3 jouissance, usage : [+C] Pros.

Fryg-, V. *Phry-*

frўgĭo, V. *phry*

fū, interj., pouah ! : [-C] Théât.

fŭam, *ās, at*, subj. arch. de *1 sum*

fūcātus, *a, um*, part.-adj. de *fuco*, teint : [C] Pros., [+C] Pros. ‖ [fig.] fardé, faux, simulé : [C] Pros. ‖ ***-tior*** [+C] Pros.

fūcīna, *ōrum*, n. pl., étoffes teintes avec l'orseille : [+C] Pros.

Fūcĭnus lăcŭs, **Fūcĭnus**, *i*, m., le lac Fucin [en Italie, chez les Marses] : [C] Pros., Poés.

fūcō, *ās, āre, āvī, ātum*, tr., teindre : [C] Poés., [+C] Pros. ‖ farder : [C] Poés. ‖ [fig.] farder : [+C] Pros. ; V. *fucatus*

fūcōsus, *a, um*, fardé, paré : [C] Pros. ; ***fucosae amicitiae*** [C] Pros., amitiés fardées, feintes

1 **fūcus**, *i*, m. ¶1 ***a)*** fucus [plante marine donnant une teinture rouge], orseille : [+C] Pros. ***b)*** la propolis des abeilles : [C] Poés. ‖ fard, rouge : [-C] Théât., [C] Poés. ¶2 [fig.] fard, déguisement, apprêt trompeur : ***fuco illitus*** [C] Pros., fardé ; ***sine fuco*** [C] Pros., sans déguisement, sans détour

2 **fūcus**, *i*, m., faux bourdon : [C] Pros., Poés.

fūdī, parf. de *2 fundo*

fŭĕram, **fŭĕro**, V. *1 sum*

Fūfētĭus, *ĭi*, m., V. *2 Mettius*

Fūfĭdĭus, *ĭi*, m., nom d'une famille romaine : [C] Pros. ‖ **-dĭānus**, *a, um*, de Fufidius : [C] Pros.

Fŭfĭus, *ĭi*, m., nom d'une famille romaine : [C] Pros. ‖ ***(lex) Fufia*** [C] Pros., loi Fufia

fŭga, *ae*, f. ¶1 fuite, action de fuir : [C] Pros. ; ***desperata fuga*** [C] Pros., fuite désespérée ; ***se conferre*** [C] Pros. ; ***se conjicere*** [C] Pros., prendre la fuite ; ***capere*** [C] Pros. ; ***petere*** [C] Pros., prendre la fuite, chercher à fuir ; ***aliquem in fugam dare, conjicere, convertere, impellere***, mettre qqn en fuite : [C] Pros. ; ***esse in fuga*** [C] Pros., être en fuite ; ***fugam dare*** [C] Poés., fuir [mais v. ci-après ¶4] ‖ ***fugam facere*** ▸ fugere, fuir : [-C] Théât., [C] Pros. ▸ fugare, mettre en fuite : [C] Pros. ; ***fugas facere*** [C] Pros., mettre souvent en fuite ¶2 fuite de qqch., action d'éviter : ***laborum, dolorum*** [C] Pros., la fuite des fatigues, des douleurs ‖ [avec *a*] [+C] Pros. ¶3 exil, bannissement : [C] Pros., [+C] Pros. ‖ [poét.] lieu d'exil : [C] Poés. ¶4 course rapide : ***fugam dare*** [C] Poés., accélérer la course [de qqn] ; ***fuga temporum*** [C] Poés., la fuite des instants

Fŭgālĭa, *ĭum*, n., les Fugalia [fêtes à Rome en mémoire de l'expulsion des rois] : [T] Pros.

fŭgax, *ācis* ¶1 disposé à fuir, fuyard : ***fugacissimus hostis*** [C] Pros., ennemi le plus fuyard ‖ toujours en fuite [en parl. d'un esclave] : [-C] Théât. ¶2 qui fuit, qui court, rapide : ***fugacior*** [C] Poés. ‖ [fig.] passager, éphémère : [C] Pros., Poés. ‖ [avec gén.] qui cherche à éviter, qui fuit : ***gloriae*** [+C] Pros., qui fuit la gloire ; [C] Poés.

fŭgēla (-ella), *ae*, f., fuite : [+C] Pros.

fŭgĭens, *tis* ¶ **1** part. prés. de *fugio* ¶ **2** [pris adj[t]] [avec gén.] ***laboris*** [C] Pros., qui fuit la peine ‖ [fig.] ***vinum fugiens*** [C] Pros., vin qui passe

fŭgĭō, *ĭs, ĕre, fūgī, fŭgĭtūrus*
I intr. ¶ **1** fuir, s'enfuir : ***ex proelio*** [C] Pros. ; ***a Troja*** [C] Pros., s'enfuir du combat, des environs de Troie ; ***oppido*** [C] Pros., s'enfuir de la ville ; ***de civitate*** [+C] Pros. ; ***ex patria*** [C] Pros., s'exiler ; ***Tarquinios Corintho*** [C] Pros., s'exiler de Corinthe à Tarquinies ‖ [fig.] se détourner de, s'éloigner de : [C] Pros. ¶ **2** [poét.] ***a)*** fuir, aller vite, passer rapidement : [C] Poés. ; ***fugiunt nubes*** [C] Poés., les nuées s'enfuient ; ***fugientia flumina*** [C] Poés., l'eau fugitive ***b)*** passer, s'évanouir : [C] Poés., Pros. ‖ passer [en parl. des fruits et du vin] : [C] Pros., [+C] Pros. ; → *fugiens* ¶ *2*
II tr. ¶ **1** fuir, chercher à éviter, se dérober à : ***conventus hominum*** [C] Pros., fuir les réunions nombreuses ; ***conspectum multitudinis*** [C] Pros., se dérober aux regards de la foule ; ***mors fugitur*** [C] Pros., on fuit la mort ‖ [avec inf.] éviter de : [C] Pros. ‖ [avec *ne*] [C] Pros. ¶ **2** [poét.] fuir qqn, fuir devant qqn : [C] Poés. ; ***hostem*** [C] Poés., fuir l'ennemi ‖ quitter pour l'exil : ***patriam*** [C] Poés., fuir sa patrie ‖ échapper à, se soustraire à, éviter : ***insidiatorem*** [C] Poés., échapper au tendeur de pièges ; ***judicium*** [C] Poés., éviter un jugement ¶ **3** [fig.] échapper à = n'être point perçu, aperçu, compris, connu ‖ [nom de pers. compl. direct] ***res me, te, eum fugit***, cette chose m'échappe, t'échappe ... = je ne sais pas cela, je ne remarque pas cela, je ne pense pas à cela : [C] Pros. ‖ [avec inf.] [C] Pros. ; [avec prop. inf.] [C] Pros. ; [avec négation et *quin* subj.] [C] Pros.

fŭgĭtans, *tis*, part. prés. de *fugito*, [pris adj[t]] ***fugitans litium*** [-C] Théât., qui fuit les procès

fŭgĭtīvārĭus, *ĭi*, m., homme qui est à la recherche des esclaves fugitifs : [+C] Pros.

fŭgĭtīvus, *a, um*, fugitif, qui s'enfuit : [C] Pros. ; ***fugitivi a dominis*** [C] Pros., qui s'enfuient de chez leurs maîtres ‖ subst. m., esclave fugitif : [C] Pros. ‖ [soldat] transfuge, déserteur : [C] Pros. ‖ [chrét.] éphémère : [T] Pros.

fŭgĭtō, *ās, āre, āvī, ātum* ¶ **1** intr., s'empresser de prendre la fuite : [-C] Théât. ¶ **2** tr., fuir, éviter : [-C] Théât., [C] Pros. ‖ [avec inf.] éviter de : [-C] Théât., [C] Poés.

fŭgĭtŏr, *ōris*, m., → *fugitivus* : [-C] Théât.

fŭgō, *ās, āre, āvī, ātum*, tr., mettre en fuite : [C] Pros. ‖ exiler : [C] Poés. ‖ lancer [des traits] : [+C] Poés.

fulcīmĕn, *ĭnis*, → *fulcimentum* : [C] Poés.

fulcīmentum, *i*, n., soutien, appui, étai : [+C] Pros., [T] Pros.

Fulcinĭus, *ĭi*, m., nom d'homme : [C] Pros.

fulcĭō, *īs, īre, fulsī, fultum*, tr., étayer, soutenir : [C] Pros. ‖ [fig.] ***amicum*** [C] Pros., soutenir un ami ; ***aliquem litteris*** [C] Pros., soutenir quelqu'un de ses lettres ; [+C] Pros.

fulcĭpĕdĭa, *ae*, f., pimbêche [littér[t] : montée sur des échasses] : [+C] Pros.

fulcrum, *i*, n., support, montant de lit, bois de lit : [C] Poés. ‖ lit, couche : [C] Poés., [+C] Poés.

fulctūra, → *fultura*

Fulfŭlae, *ārum*, f. pl., ville du Samnium : [C] Pros.

fulgens, *tis*, part.-adj . de *fulgeo*, étincelant, brillant, éclatant : ***fulgentior*** [+C] Pros. ; ***-tissimus*** [+C] Pros.

fulgĕō, *ēs, ēre, fulsī, -*, intr. ¶ **1** éclairer, faire des éclairs : [C] Pros., Poés. ; ***caelo fulgente*** [C] Pros., quand le ciel est traversé d'éclairs ; [fig.] [en parl. d'un orateur] lancer des éclairs : [C] Pros. ¶ **2** luire, éclairer, briller : [C] Pros., Poés. ‖ briller, être illustre : [C] Pros., [+C] Pros. ‖ briller, se manifester avec éclat : [C] Pros., [+C] Pros.

fulgĕrātŏr, → *fulgur*

fulgĕrō, *ās, āre, -, -*, → *fulgur*

fulgĭdus, *a, um*, lumineux, brillant : [C] Poés. ‖ ***-dior*** [T] Pros.

Fulgĭnĭa, *ae*, f., ville d'Ombrie [auj. Foligno] : [+C] Poés.

fulgĭtrŭa, *ŭum*, n., éclairs : [+C] Poés.

fulgŏr, *ōris*, m. ¶ **1** éclair : [C] Pros., Poés. ¶ **2** lueur, éclat : [C] Pros. ; [astre resplendissant] [C] Pros. ¶ **3** [fig.] éclat, honneur : [C] Poés.

Fulgŏra, *ae*, f., déesse qui présidait aux éclairs : [+C] d. [T] Pros.

fulgŭr, *ŭris*, n., éclair : [C] Pros., Poés., [+C] Pros. ‖ foudre : [C] Poés. ‖ [fig.] lueur, éclat : [C] Poés. ‖ ***fulgura condere***, enfouir les objets frappés par la foudre : [+C] Poés.

fulgŭrālis, *e*, fulgural, des éclairs, de la foudre : [C] Pros.

fulgŭrat, impers., → *fulguro*

fulgŭrātĭo, *ōnis*, f., fulguration : [+C] Pros.

fulgŭrātŏr, *ōris*, m. ¶ **1** qui lance des éclairs : [+C] Pros. ¶ **2** interprète des éclairs, de la foudre : [C] Pros.

fulgŭrātus, *a, um*, → *fulguritus* : [+C] Pros.

fulgŭrĭō, *īs, īre, īvī*, intr., tr., frapper de la foudre, → *fulguritus*

fulgŭrītus, *a, um*, foudroyé : [-C] Théât., [C] Pros. ‖ subst. n., lieu frappé de la foudre : [T] Pros.

fulgŭrō, *ās, āre, āvī, ātum*, intr., **fulgurat**, impers., éclairer, faire des éclairs : ***Jove fulgurante*** [C] Pros., Jupiter lançant des éclairs ‖ [fig.] lancer des éclairs [en parl. d'un orateur] : [+C] Pros. ‖ [poét.] briller, étinceler, resplendir : [+C] Poés.

fūlīgĭnātus, *a, um*, teint en noir : [T] Pros.

fūlīgĭnĕus, *a, um*, fuligineux : [+C] Pros.

fūlīgĭnōsus, *a, um*, couvert de suie : [T] Poés.

fūlīgo, *ĭnis*, f., suie : [C] Pros. ‖ fumée épaisse : [+C] Pros. ‖ noir [pour se teindre les sourcils] : [+C] Poés. ‖ [fig.] obscurité : [+C] Pros.

fŭlix, *ĭcis*, f., foulque [oiseau de mer] : [C] Pros.

fullo, *ōnis*, m., foulon, qui presse les étoffes : [-C] Théât. ‖ titre d'un poème comique de Labérius : [+C] Pros.

fullōnĭca, *ae*, f., métier de foulon : [C] Pros.

fullōnĭcus, *a, um*, de foulon : [-C] Pros. ‖ **fullōnĭus**, *a, um*, [-C] Théât., [+C] Pros.

fullōnĭum, *ĭi*, n., foulerie, teinturerie : [T] Pros.

fulmĕn, *ĭnis*, n., foudre, tonnerre : ***emittere, jacere*** [C] Pros., lancer la foudre ‖ [fig.] foudre, malheur foudroyant, catastrophe : ***fulmina fortunae*** [C] Pros., les coups foudroyants de la fortune ‖ violence, foudre, impétuosité [en parl. du style] : [C] Pros., [+C] Pros. ‖ [en parl. de pers.] ***fulmina belli*** [C] Poés., foudres de guerre ‖ éclairs, vive lumière [des yeux] : [+C] Poés.

fulmenta, *ae*, f., support, étai : [-C] Pros. ‖ talon d'une chaussure : [-C] Théât.

fulmentum, *i*, n., support, étai : [C] Pros. ‖ pied de lit : [+C] Pros. ; [prov.] ‖ billot pour hacher ou table de cuisine : [+C] Pros.

fulmĭnātĭo, *ōnis*, f., lancement de la foudre : [+C] Pros.

fulmĭnātŏr, *ōris*, m., celui qui lance la foudre [épith. de Jupiter] : [T] Pros.

fulmĭnātus, *a, um* ¶ **1** part. de *fulmino* ¶ **2** qui a l'éclat de la foudre : [+C] Poés.

fulmĭnĕus, *a, um*, de la foudre : [C] Poés. ‖ étincelant, brillant : [C] Poés. ‖ [fig.] impétueux, foudroyant, meurtrier : [C] Poés.

fulmĭnō, *ās, āre, āvī, ātum* ¶ **1** intr., lancer la foudre : *fulminat*, impers., la foudre tombe : ***fulminantis Jovis*** [C] Poés., de Jupiter lançant la foudre ; ***cum fulminat*** [C] Poés., quand la foudre tombe ‖ [fig.] [C] Poés. ; ***fulminat oculis*** [C] Poés., ses yeux lancent des éclairs ¶ **2** tr., foudroyer, frapper de la foudre : [T] Pros.

fulsī, parf. de *fulcio* et de *fulgeo*

fultŏr, *ōris*, m., soutien [fig.] : [T] Poés.

fultūra, *ae*, f., soutien, étai : [+C] Pros. ; [fig.] [+C] Pros. ‖ nourriture fortifiante : [C] Poés.

fultus, *a, um*, part. de *fulcio*

Fulvĭa, *ae*, f., Fulvie [femme du tribun Clodius, puis de Marc Antoine le triumvir] : [C] Pros.

Fulvĭastĕr, *tri*, m., imitateur de Fulvius : [C] Pros.

Fulvĭus, *ĭi*, m., nom d'une famille de Rome, not[t] M. Fulvius Flaccus, partisan de C. Gracchus : [C] Pros. ‖ M. Fulvius Nobilior, vainqueur des Étoliens : [C] Pros.

fulvus, *a, um*, jaunâtre, fauve, d'or [définition d'Aulu-Gelle] : C Poés.

fūmābundus, *a, um*, fumant : T Pros.

fūmārĭum, *ĭī*, n., chambre pour fumer [surtout le vin] : +C Poés. ‖ cheminée : +C Pros.

fūmĕus, *a, um* ¶ **1** de fumée, enfumé : ***fumea vina*** +C Poés., vins qui ont été exposés à la fumée ¶ **2** qui répand de la fumée : C Poés., +C Poés. ‖ [fig.] fumeux : T Pros.

fūmĭdus, *a, um*, qui fume : C Poés.

fūmĭfĕr, *ĕra, ĕrum*, qui répand de la fumée : C Poés. ‖ [en parl. d'une rivière] : +C Poés.

fūmĭfĭcō, *ās, āre, -, -*, intr., faire de la fumée [avec l'encens] : -C Théât.

fūmĭfĭcus, *a, um*, qui fait de la fumée, qui émet de la vapeur : -C d. C Pros., C Poés., T Poés.

fūmĭgābundus, *a, um*, fumant : T Pros.

fūmĭgātus, part. de *fumigo*

fūmĭgō, *ās, āre, āvī, ātum* ¶ **1** tr., enfumer, fumiger : C Pros., +C Pros. ¶ **2** intr., fumer, être fumant : +C Pros.

fūmō, *ās, āre, āvī, ātum*, intr., fumer, jeter de la fumée, de la vapeur : C Pros., Poés. ; ***equi fumantes*** C Poés., chevaux fumants : C Poés.

fūmōsus, *a, um* ¶ **1** qui jette de la fumée : -C Pros. ¶ **2** enfumé, noirci par la fumée : C Pros. ‖ fumé [en parl. d'un jambon] : C Poés. ; [en parl. du vin] C Poés. ; → *fumarium*

fūmus, *i*, m., fumée : C Pros. ; ***fumi incendiorum*** C Pros., la fumée des incendies ‖ [prov.] ***de fumo in flammam*** T Pros., tomber de Charybde en Scylla ; -C Théât., +C Pros., Poés. ; ***per fumum vendere aliquid*** T Pros., en faire accroire ‖ ***fumi Massiliae*** +C Poés., les vins fumés de Marseille

fūnāle, *is*, n., torche : C Pros. ‖ lustre, candélabre : C Poés.

fūnālis, *e*, de corde : ***funalis equus*** +C Pros., cheval de volée [attaché en dehors du timon] ‖ subst. m., ***funalis cereus*** +C Pros., chandelle

fūnambŭlus, *i*, m., funambule, danseur de corde : -C Théât., +C Pros.

Fūnārĭus, *ĭī*, m., surnom de l'empereur Gratien : T Pros.

functĭo, *ōnis*, f., accomplissement, exécution : C Pros. ‖ accomplissement, fin, mort : T Pros. ‖ [chrét.] mort : T Pros.

functus, *a, um*, part. de *fungor*

funda, *ae*, f. ¶ **1** fronde : C Pros. ¶ **2** balle de plomb [lancée avec la fronde] : +C Poés. ¶ **3** tramail, sorte de filet : C Poés. ¶ **4** bourse : T Pros.

fundāmentum, *i*, n. ¶ **1** [au pr.] [gént au pl.] fondement, fondation, base, support : ***fundamenta agere*** C Pros. ; ***jacere*** C Pros. ; ***locare*** C Poés., jeter, poser les fondements ; C Pros. ‖ le fond de la mer : C Pros. ¶ **2** [fig.] [sg.] C Pros. ‖ [pl.] C Pros. ; ***fundamenta reipublicae*** C Pros., les assises de l'État

Fundānĭa, *ae*, f., épouse de Varron [l'écrivain] : C Pros.

Fundānĭus, *ĭī*, m., nom d'une famille romaine, nott C. Fundanius, ami de Cicéron, défendu par lui : C Pros. ‖ poète comique, ami d'Horace et de Mécène : C Poés.

Fundānus, *i*, m., → *Fundi*

fundātĭōnes, *um*, f. pl., fondations : C Pros.

fundātŏr, *ōris*, m., fondateur : C Poés., +C Pros.

fundātus, *a, um*, part. de *1 fundo*, [pris adjt] établi solidement, bien assis : ***-tior*** C Pros. ; ***-tissimus*** C Pros.

Fundi, *ōrum*, m. pl., Fundi [ville du Latium, auj. Fondi] : C Pros. ‖ **-dānus**, *a, um*, de Fundi : C Pros. ‖ subst. m. pl., habitants de Fundi : C Pros.

fundĭbălārĭus, **-bŭlārĭus**, *ĭī*, m., frondeur : T Pros.

fundĭbŭlārĭus, → *fundibalarius*

fundĭbŭlum, *i*, n., fronde : T Pros.

fundĭtō, *ās, āre, -, ātum*, tr., répandre souvent, en quantité : -C Théât. ‖ ***se*** [en parl. de puissance] T Pros., se répandre, s'étendre

fundĭtŏr, *ōris*, m., frondeur : C Pros.

fundĭtŭs, adv., jusqu'au fond, de fond en comble : C Pros. ‖ [fig.] radicalement, foncièrement : C Pros. ‖ au fond, dans les profondeurs : C Poés.

1 **fundō**, *ās, āre, āvī, ātum*, tr. ¶ **1** affermir sur une base, fonder, bâtir : C Poés. ‖ [poét.] assujettir : C Poés. ¶ **2** [fig.] asseoir solidement, fonder : C Pros. ‖ établir solidement, constituer fortement : ***nostrum imperium*** C Pros., établir solidement notre puissance ¶ **3** [chrét.] donner les rudiments : T Pros.

2 **fundō**, *ĭs, ĕre, fūdī, fūsum*, tr. ¶ **1** verser, répandre : ***sanguinem e patera*** C Pros., répandre du sang d'une coupe ; ***lacrimas*** C Poés., verser des larmes ; ***de rege sanguinem*** +C Pros., répandre le sang pour le choix d'un roi ; ***picem fundebant*** C Pros., [les assiégés] versaient de la poix ; ***animam corpore*** C Poés., exhaler son âme de son corps ‖ [pass. au sens réfléchi] se répandre : C Pros. ¶ **2** [méd.] relâcher : +C Pros. ¶ **3** répandre, disperser : ***segetem in Tiberim*** C Pros., répandre les épis dans le Tibre ¶ **4** étendre à terre, jeter à terre, renverser : C Poés. ¶ **5** bousculer, chasser d'un lieu : C Pros. ‖ mettre en déroute, disperser : ***hostium copias*** C Pros., mettre en déroute les troupes ennemies ¶ **6** laisser se répandre, répandre, déployer, étendre : C Poés. ; [poét.] C Poés. ‖ ***vitis funditur*** C Pros., la vigne s'étend ‖ ***tela*** +C Poés. ; ***sagittam*** +C Poés., faire pleuvoir les traits, les flèches ¶ **7** répandre au dehors, laisser échapper de sa bouche : ***inanes sonos*** C Pros. ; ***voces inanes*** C Pros., émettre des sons, des mots vides ; C Poés. ‖ laisser couler les vers de source : C Pros. ¶ **8** produire en abondance : C Pros. ‖ faire naître : C Pros., Poés. ‖ déverser, répandre autour de soi : ***opes*** C Pros., déverser ses richesses [comme le limon d'un fleuve] ¶ **9** [fig.] répandre, étendre, déployer : C Pros., +C Pros.

fundŭla, *ae*, f., impasse : C Pros.

fundulus, *i*, m., ***ambulatilis*** C Pros., fond mobile, piston ‖ le caecum : C Pros.

fundus, *i*, m. ¶ **1** le fond : [d'une marmite] ; [d'une armoire] C Pros. ; [prov.] C Pros. ‖ fonds de terre, bienfonds, domaine, bien, propriété : C Pros. ¶ **2** [fig.] ***a)*** fond d'une coupe, coupe : +C Poés. ***b)*** fond, partie essentielle : [d'un repas] +C Pros. ***c)*** [poét.] ***vertere fundo*** C Poés., ruiner de fond en comble ***d)*** [en parl. de pers.] -C Théât. ; ***alicujus rei*** +C Pros., être, se faire le garant d'une chose (la confirmer, la ratifier) ; [en parl. d'un peuple] ***fundum fieri*** ; accepter une loi, souscrire à une loi : C Pros., +C Pros. ¶ **3** [méc.] tiroir [dans la catapulte] : C Pros.

fūnĕbris, *e* ¶ **1** funèbre, de funérailles : C Pros. ‖ **funebria**, *um*, n. pl., appareil funéraire, obsèques : C Pros., +C Pros. ¶ **2** funeste, mortel, pernicieux : C Pros., +C Pros., Poés.

fūnĕrālis, *e*, funèbre, de funérailles : -C Théât., T Pros.

fūnĕratus, *a, um*, part. de *funero*

fūnĕrēpus, → *funir*

fūnĕrĕus, *a, um*, funèbre, de funérailles, funéraire : C Poés. ‖ funeste, pernicieux, sinistre : C Poés.

fūnĕrō, *ās, āre, āvī, ātum*, tr., faire les funérailles de : C Pros., +C Pros. ‖ **fūnĕrātus**, *a, um*, anéanti, mort : C Poés.

fūnestō, *ās, āre, āvī, ātum*, tr., souiller par un meurtre : C Pros.

fūnestus, *a, um* ¶ **1** funéraire, funèbre : C Pros. ‖ malheureux, dans le deuil, désolé : ***funesta familia*** C Pros., famille dans le deuil ¶ **2** funeste, sinistre : C Pros. ; ***funestum omen*** C Poés., présage sinistre ‖ mortel, funeste, fatal : C Pros. ‖ ***-ior*** C Pros. ; ***-issimus*** T Pros.

fungendus, *a, um*, → *fungor*

fungĭdus, *a, um*, → *fungosus*

fungīnus, *a, um*, de champignon : -C Théât.

fungō, *ĭs, ĕre, funxī, -*, tr., , → *fungor*

fungŏr, *ĕrĭs, ī, functus sum*, intr. et [arch.] tr. ¶ **1** s'acquitter de, accomplir, remplir ***a)*** [avec abl.] ***muneribus corporis*** C Pros., accomplir les fonctions du corps ***magnificentissima aedilitate*** C Pros., exercer l'édilité avec la plus grande magnificence ***officio*** C Pros., s'acquitter de son devoir ; +C Pros. ; ***more barbarorum*** C Pros., observer les coutumes des barbares ; C Poés. ; ***virtute functi*** C Poés., ceux qui ont montré de la bravoure ***b)*** tr. [touj. dans Plaute et Térence sauf *officio* -C Théât.] C Pros. ‖ [adj. verbal] C Pros. ***c)*** [abstt] servir : [+C] Pros. ¶**2** [avec acc., dans [C] Poés.] supporter : ***mala multa*** [C] Poés., supporter des maux nombreux ; [d'où] [C] Poés. ¶**3** consommer, achever : [avec abl.] ***fato*** [C] Poés. ; ***vita*** [+C] Pros., achever sa destinée (sa vie), mourir ; ***morte*** [C] Poés., mourir ‖ [abs[t]] ***functi*** ➡ *defuncti*, les morts : [+C] Poés.

fungōsus, *a, um*, poreux, spongieux : [+C] Pros.

fungus, *i*, m. ¶**1** champignon : [-C] Théât., [C] Pros., Poés. ‖ [injure] = imbécile : [-C] Théât. ¶**2** [fig.] ‖ champignon [d'une mèche qui brûle mal] : [C] Poés.

fūnĭcŭlus, *i*, m., petite corde, ficelle, cordon : [-C] Pros., [C] Pros. ‖ étendue d'un héritage, lot : [T] Pros. ‖ bord de la mer : [T] Pros. ‖ étendue déterminée d'un chemin, d'un parcours : [T] Pros.

fūnĭrēpus, *i*, m., danseur de corde : [+C] Pros.

fūnis, *is*, m., corde, câble : [C] Pros. ; [prov.] [C] Pros. ; ***educere*** [+C] Poés., retirer la corde, se rétracter

fūnŭs, *ĕris*, n. ¶**1** funérailles, cérémonie funèbre : ***facere*** [C] Pros. ; ***celebrare*** [C] Pros., faire les funérailles, rendre les derniers devoirs ; ***funere efferri*** [C] Pros., être porté à la dernière demeure, recevoir les honneurs funèbres ‖ [poét.] = cadavre : [C] Poés. ; V▶ *insepultus* ¶**2** mort violente, meurtre : [C] Pros., Poés. ‖ cadavre : [C] Poés. ¶**3** [fig.] anéantissement, ruine, perte, mort : ***reipublicae*** [C] Pros., la ruine de l'État ; ***reipublicae funera*** [C] Pros., fléaux de l'État [en parl. de personnes]

fūr, *fūris*, m., voleur : [-C] Pros., [C] Pros. ; ***alicujus rei*** [-C] Théât., [C] Pros., [+C] Pros., voleur de qqch. ; ***tuus fur*** [-C] Théât., ton voleur ; ***fures thesaurarii*** [-C] Théât., voleurs de trésors ; [C] Poés. ‖ [injure à des esclaves] voleur, pendard : [-C] Théât., [C] Poés. ‖ faux bourdon : [C] Pros.

fūrācĭtĕr** [inus.], à la façon des voleurs : ***-cissime [C] Pros.

fūrātŏr, *ōris*, m., voleur [fig.] : [+C] Pros.

fūrātrīna, *ae*, f., vol : [+C] Pros. ; [fig.] ***conjugalis*** [+C] Pros., larcin conjugal [adultère]

fūrātus, *a, um*, part. de *1 furor*

fūrax, *ācis*, enclin au vol, voleur, rapace : [C] Pros. ; ***-cior*** [+C] Poés.

furca, *ae*, f. ¶**1** fourche : [C] Pros. ¶**2** bois fourchu, étançon : [C] Poés., Pros., [+C] Pros. ‖ [instrument de supplice pour les esclaves et qqf. pour les criminels] : [-C] Théât., [C] Pros. ; ***sub furcam ibis*** [C] Poés., tu iras te mettre la fourche au cou ‖ joug fourchu pour dresser de jeunes taureaux : [C] Pros. ‖ pinces de l'écrevisse : [+C] Pros.

Furcae Caudinae, V▶ *furcula*

furcĭfer, *ĕri*, m., pendard, coquin : [-C] Théât., [C] Pros. ‖ **-ĕra**, *ae*, f., coquine : [+C] Pros.

furcilla, *ae*, f., petite fourche : [C] Pros.

furcillātus, *a, um*, fourchu : [C] Pros.

furcillō, *ās, āre, -, -*, tr., étayer [qqch. qui tombe] : [-C] Théât.

furcŭla, *ae*, f., petite fourche, étançon : [C] Pros. ‖ ***Furculae Caudinae*** [C] Pros., les Fourches Caudines [deux défilés près de Caudium où l'armée romaine fut encerclée par les Samnites]

fŭrens, *tis*, part.-adj. de *furo*, qui est hors de soi, en délire, égaré : [C] Poés.

fŭrentĕr, adv., en dément : [C] Pros.

furfŭr, *ŭris*, m., son [de la farine] : [+C] Pros. ; [d'ord. au pl.] ***furfures hordeacei*** [C] Pros., son d'orge

furfŭrācŭlum, *i*, n., tarière : [T] Pros.

furfŭrĕus, *a, um*, de son : [+C] Pros.

1 **fŭrĭa**, *ae*, f. ¶**1** [surtout pl.] délire, égarement furieux : ***ob furias Ajacis*** [C] Poés., à cause de l'accès de folie d'Ajax ‖ [poét.] furie (violence) [des vents, des flots] ¶**2** [sg. de *Furiae*] [pris au fig.] furie [en parl. d'une femme] : [C] Poés. ‖ [en parl. d'un homme] forcené, peste, fléau : [C] Pros.

2 **Fŭrĭa**, *ae*, f., une furie, V▶ *Furiae*

3 **Fūrĭa (lex)**, f., loi Furia [portée par un Furius] : [C] Pros.

Fŭrĭae, *ārum*, f. pl., les Furies [Alecto, Mégère, Tisiphone] : [C] Pros. ‖ symbole de la vengeance, furies : ***Furiae sororis*** [C] Pros., les furies vengeresses de sa soeur

fŭrĭālĕ, [n. pris adv[t]] avec fureur : [+C] Poés.

fŭrĭālis, *e*, de Furie, qui concerne les Furies : [C] Poés., Pros. ‖ qui ressemble aux Furies : ***vox*** [C] Pros., voix de Furie ‖ forcené, terrible, atroce : [C] Poés. ‖ qui rend furieux [poét.] : [+C] Poés.

fŭrĭālĭtĕr, adv., avec fureur : [C] Poés.

Fūrĭānus, *a, um*, V▶ *Furius*

fŭrĭātĭlis, *e*, furieux : [+T] Poés.

fŭrĭbundus, *a, um*, délirant, égaré : [C] Pros. ‖ inspiré [par les dieux] : [C] Pros., Poés.

Fūrīna (Furr-), *ae*, f., déesse inconnue, rapprochée des *Furiae* par Cicéron : [C] Pros. ‖ **-nālis**, *e*, de Furina : [C] Pros. ‖ **-nālĭa**, *ĭum*, n. pl., la fête de Furina : [C] Pros.

fūrīnus, *a, um*, de voleur : [-C] Théât.

1 **fŭrĭō**, *ās, āre, āvī, ātum*, tr., rendre égaré : [C] Poés. ; ***furiata mens*** [C] Poés., l'esprit en délire

2 **fŭrĭō**, *īs, īre, -, -*, intr., être en délire : [T] Poés.

fŭrĭōsē, adv., comme un dément : [C] Pros. ‖ ***-sius*** [T] Pros. ; ***-sissime*** [C] Pros.

fŭrĭōsus, *a, um*, en délire, égaré, dément : [C] Pros. ‖ ***-sior*** [C] Poés. ; ***-issimus*** [C] Pros.

Fūrĭus, *ĭi*, m., nom de famille romain, not[t] : Camille [le vainqueur de Véies] : [C] Pros. ‖ Furius Bibaculus [poète latin, contemporain de Cicéron] : [+C] Pros. ‖ A. Furius Antias : [C] Pros. ‖ **-ĭānus**, *a, um*, de Furius (Camille) : [C] Pros.

furnācātor, V▶ *forn*

furnārĭa, *ae*, f., boulangerie : [+C] Pros.

Furnĭus, *ĭi*, m., nom d'homme : [C] Pros.

furnus, (**fornus**, [C] Pros.), *i*, m., four : [C] Poés., [+C] Pros.

fŭrō, *ĭs, ĕre, -, -*, intr. ¶**1** être hors de soi, égaré, en délire : [C] Pros. ; ***furens Sibylla*** [C] Pros., la Sibylle en délire ; ***alicujus furentes impetus*** [C] Pros., attaques forcenées de qqn ‖ [poét.] ***furorem furere*** [C] Poés., s'abandonner à son délire ; ***caedis opus*** [+C] Poés., accomplir en furieux l'oeuvre du carnage ‖ [avec prop. inf.] [C] Pros. ‖ [avec inf.] brûler de, désirer passionnément : [C] Poés. ‖ [en part.] être fou d'amour pour [avec abl.] : [C] Poés. ¶**2** [en parl. de choses, poét.] se déchaîner, être en furie : ***furit tempestas*** [C] Poés. ; ***ignis*** [C] Poés., la tempête, le feu se déchaîne

1 **fūrŏr**, *ārĭs, ārī, ātus sum*, tr. ¶**1** voler, dérober (***aliquid***, qqch.) : [C] Pros. ; ***pecuniam ex templo*** [+C] Pros., voler de l'argent dans un temple ‖ ***librum ab aliquo*** [C] Pros., voler à qqn son livre, être un plagiaire ; [+C] Pros. ¶**2** [fig.] dérober, soustraire : [C] Poés. ; [poét.] ***se*** [+C] Poés., se dérober, s'esquiver ; ***membra*** [+C] Poés., dissimuler son corps ‖ s'approprier indûment : ***civitatem*** [C] Pros., dérober le titre de citoyen ¶**3** user de ruses à la guerre, faire des coups furtivement : [+C] Pros.

2 **fŭrŏr**, *ōris*, m. ¶**1** délire, folie, égarement, frénésie : [C] Pros., [+C] Pros. ‖ [poét., en parl. de choses] [C] Poés. ¶**2** délire prophétique, inspiration des poètes, enthousiasme créateur : [C] Pros. ; [pl.] [C] Poés. ¶**3** amour violent, passion furieuse : [C] Poés. ‖ [objet de la passion] [C] Poés. ‖ désir violent : [+C] Poés. ¶**4** ***furor est*** [avec inf.], c'est une folie de : [C] Poés., [+C] Poés., Pros. ¶**5** [personnification] fureur guerrière : ***Furor impius*** [C] Poés., la Fureur impie ; [+C] Poés. ¶**6** [chrét.] hérésie : [T] Poés.

Furrīn-, V▶ *Furin-*

furtĭfĭcus, *a, um*, prompt à voler : [-C] Théât.

furtim, adv., à la dérobée, en cachette : [-C] Théât., [C] Pros., Poés. ‖ par le vol : [C] Pros.

furtīvē, adv., en cachette, furtivement : [C] Pros., [+C] Pros.

furtīvus, *a, um* ¶**1** dérobé, volé : [-C] Théât., [C] Poés., Pros. ¶**2** [fig.] furtif : ***furtivum iter*** [C] Pros., voyage secret ; ***furtivus amor*** [C] Poés., amour caché ; ***furtiva nox*** [C] Poés., nuit discrète ‖ galant, adultère : [C] Poés., [+C] Théât.

furtum, *i*, n., larcin, vol : ***facere alicujus rei*** [C] Pros., dérober qqch. ; ***alicui furtum facere*** [-C] Théât., [C] Pros., [+C] Pros., voler qqn ; ***apertum*** [C] Pros., vol manifeste ‖ objet volé, vol : [C] Pros. ; ***furta ligurrit*** [C] Poés., il lèche son larcin ‖ [fig.] ruse : [C] Pros., Poés. ‖ [adv.] ***furto*** [C] Poés., subrepticement, en cachette ‖ amour secret, clandestin, commerce illicite, illégitime, adultère : [C] Poés.

fūruncŭlus, *i*, m. ¶**1** petit voleur, filou : [C] Pros. ¶**2** petit bourgeon de la grosseur d'une verrue : [+C] Pros. ‖ [méd.] furoncle, clou : [+C] Pros.

furvus, *a*, *um*, noir, sombre : [C] Pros., Poés.

fuscātŏr, *ōris*, m., celui qui obscurcit : [+C] Poés.

fuscĭna, *ae*, f., fourche [à trois dents], trident : [-C] Théât., [C] Pros., [+C] Pros., Poés.

fuscĭnŭla, *ae*, f., fourchette : [T] Pros.

1 **Fuscīnus**, *i*, m., ami de Juvénal : [+C] Poés.

2 **Fuscīnus**, *a*, *um*, ▶ *2 Fuscus*

fuscĭtās, *ātis*, f., obscurité : [+C] Pros.

fuscō, *ās*, *āre*, *āvī*, *ātum* ¶**1** tr., brunir, noircir : [C] Poés., [+C] Pros. ‖ [poét.] obscurcir : [+C] Poés. ‖ [fig.] ternir : [T] Pros. ¶**2** intr., devenir noir, noircir : [+C] Poés.

1 **fuscus**, *a*, *um*, noir, sombre : [C] Pros. ‖ basané : [C] Poés. ‖ [fig.] [en parl. de la voix] sourd, creux, caverneux, de basse-taille : [C] Pros., [+C] Pros. ‖ [chrét.] sombre, mauvais : [T] Poés.

2 **Fuscus**, *i*, m., Aristius Fuscus [grammairien et poète] : [C] Poés., Pros. ‖ Cornélius Fuscus, adulateur de Domitien : [+C] Pros., Poés. ‖ **-cīnus**, *a*, *um*, relatif à un Fuscus : [C] Pros.

fūsē, adv. ¶**1** en s'étendant : [C] Pros. ¶**2** en se répandant, abondamment : [C] Pros. ‖ ***-sius*** [C] Pros.

fūsĭlis, *e*, fondu : [C] Poés. ; ***fusilis argilla*** [C] Pros., argile amollie ‖ ***fusile numen*** [T] Poés., divinité fondue [= faite de métal fondu]

fūsĭo, *ōnis*, f., action de répandre, diffusion : [C] Pros. ; ***stellarum*** [C] Pros., suite d'étoiles ‖ faculté de se répandre, de s'épancher : [C] Pros.

fūsĭtrix, *īcis*, f., celle qui verse : [T] Pros.

Fūsĭus, *ĭi*, m., [arch.] ▶ *Furius* : [C] Pros., [+C] Pros. ‖ Spurius Fusius [père patrat] : [C] Pros.

fūsŏr, *ōris*, m., celui qui verse : ***fusor aquae*** [T] Poés., le Verseau [signe du zodiaque]

fūsōrius, *a*, *um*, qui a rapport à la fusion : [T] Pros.

fusterna, *ae*, f., tête du sapin : [C] Pros.

fustĭcŭlus, *i*, m., menu bois : [+C] Pros.

fustis, *is*, m., rondin, bâton : [C] Pros., Poés. ‖ bâton [pour frapper] : [-C] Théât., [C] Pros. ; ***formido fustis*** [C] Pros., la crainte du bâton ‖ [au pl.] fléau à battre le blé : [+C] Pros.

fustĭtŭdĭnus, *a*, *um*, qui frappe du bâton : [-C] Théât.

fustŭārĭum, *ĭi*, n., bastonnade : [C] Pros.

fūsūra, *ae*, f., fusion, fonte : [T] Pros.

1 **fūsus**, *a*, *um*
I part. de *2 fundo*
II [pris adj[t]] ¶**1** qui s'étend, qui se déploie : ***aer fusus*** [C] Pros., air diffus ; [C] Poés. ‖ ***vox fusa*** [+C] Pros., voix qui se déploie librement ¶**2** déployé, libre, lâche, flottant : ***toga fusa*** [+C] Pros., toge flottante [trop large] ; [poét.] ***fusus barbam*** [C] Poés., ayant la barbe étalée ‖ [méd.] ***fusior alvus*** [+C] Pros., ventre trop relâché ¶**3** [rhét.] style qui se déploie largement, abondamment : [C] Pros. ; ***fusiores numeri*** [+C] Pros., rythmes plus larges (amples) ‖ abondant, ample [écrivain] : [+C] Pros.

2 **fūsus**, *ī*, m. ¶**1** fuseau : [C] Poés., [+C] Pros. ‖ [attribut des Parques] destinée : [C] Poés. ¶**2** [méc.] traverse : [C] Pros.

3 **fūsŭs**, *ūs*, m., action de verser, épanchement : [T] Pros.

fūtĭlĕ (futt-), adv., inutilement, vainement : [-C] Théât.

fūtĭlis (futt-), *e* ¶**1** fragile : [C] Poés., [+C] Pros. ¶**2** [fig.] vain, léger, frivole, futile, sans autorité : ***haruspices*** [C] Pros., haruspices sans autorité ; [subst.] ***futtiles*** [C] Pros., gens dépourvus de fond, de sérieux ; ***futtiles laetitiae*** [C] Pros., vains plaisirs ‖ inutile, sans effet : [+C] Poés.

fūtĭlĭtās (futt-), *ātis*, f., futilité : [C] Pros.

fūtis, *is*, f., aiguière, vase à eau : [C] Pros.

futtĭlis, **futtĭlĭtās**, ▶ *futil*

fŭtŭō, *ĭs*, *ĕre*, *ŭī*, *ūtum*, tr., avoir des rapports avec une femme : [C] Poés., [+C] Poés.

fŭtūrus, *a*, *um* ¶**1** part. fut. de *1 sum* ¶**2** [pris adj[t]] futur, à venir : ***res futurae*** [C] Pros., l'avenir : ***futuri homines*** [C] Pros., les hommes à venir ‖ [n. pl. pris subst[t]] ***futura*** [C] Pros., l'avenir ‖ [n. sg.] ***in futuro*** [C] Pros., dans l'avenir ; [+C] Pros.

fŭtūtĭo, *ōnis*, f., rapport sexuel : [C] Poés., [+C] Poés.

fŭtūtŏr, *ōris*, m., qui a des rapports sexuels : [+C] Poés.

fŭtūtrīx, *īcis*, f. de *fututor* : [+C] Poés.

fuvī, **fuvĭmus**, parf. arch. de *1 sum*

G

g, n., f., indécl., [abrév.] ***G. L.* = *genio loci*** ‖ ***G. I.* = *Germania inferior*; *G. S.* = *Germania superior*** ‖ ***G. P. R. F.* = *genio populi Romani feliciter***

Gaba, ***ae***, f., [T] Pros., **Gabē**, ***ēs***, f., ville de Syrie

Găbăli, ***ōrum***, [C] Pros., **Găbăles**, ***um***, m. pl., peuple gaulois, limitrophe de la Narbonnaise [auj. le Gévaudan] ‖ **-itāni**, les Gabales : [T] Pros.

găbălus, ***i***, m., croix, potence : [C] Poés. ‖ [injure] pendard : [T] Pros.

Găbāōn, f. indécl., ville de la Palestine : [T] Pros. ‖ **-ōnītēs**, ***ae***, m., Gabaonite : [T] Pros. ‖ **-ōnītĭcus**, ***a***, ***um***, des Gabaonites : [T] Pros.

găbăta, ***ae***, f., écuelle, jatte : [+C] Poés.

Gabaza (Gazaba), ***ae***, f., contrée de la Sogdiane : [+C] Pros.

1 **Gabba**, ***ae***, m., bouffon d'Auguste : [+C] Poés.

2 **Gabba**, ***ae***, f., [V] ▶ *Gaba*

Gabbara, ***ae***, m., nom d'homme : [+C] Pros.

gabbăres, ***um***, , **-ărae**, ***ārum***, f. pl., momies : [T] Pros.

Gabe, [V] ▶ *Gaba*

Găbĭēnus, ***i***, m., surnom romain : [+C] Pros.

Găbĭi, ***ōrum***, m. pl., Gabies [ancienne ville du Latium] : [C] Pros., Poés.

Găbīnĭa, ***ae***, f., nom de femme : [+C] Poés. ‖ ***Gabinia lex*** [C] Pros., loi Gabinia

1 **Găbīnĭānus**, ***i***, m., rhéteur gaulois sous Vespasien : [+C] Pros.

2 **Găbīnĭānus**, ***a***, ***um***, [V] ▶ *Gabinius*

Găbīnĭus, ***ĭi***, m., nom de famille romaine : [C] Pros. ‖ **-ĭānus**, ***a***, ***um***, de Gabinius : [C] Pros.

Găbīnus, ***a***, ***um***, de Gabies : [C] Pros. ‖ **Gabini**, ***ōrum***, m. pl., les habitants de Gabies : [C] Pros. ; [V] ▶ *2 cinctus*

Găbrĭēl, m. indécl. et **-ēl**, ***ēlis***, m., l'archange Gabriel : [T] Pros.

Gaddir, [V] ▶ *Gadir*

Gādes, ***ĭum***, f. pl., Gadès [ville de la Bétique, auj. Cadix] : [C] Pros.

Gādir (-ddir), n. indécl., (gén. ***-iris***), nom phénicien de Gadès : [C] Pros.

Gādītānus, ***a***, ***um***, de Gadès : [C] Pros. ‖ **-āni**, m. pl., les habitants de Gadès : [C] Pros.

gaesa, ***ōrum***, n. pl., gèses, javelots de fer [en usage chez les peuples alpins et chez les Gaulois] : [C] Pros., Poés. ‖ [sg. rare] ***gaeso ictus*** [C] Pros., frappé d'un dard

gaesum, [V] ▶ *gaesa*

Gaetūlĭa, ***ae***, f., Gétulie [contrée au nord-ouest de l'Afrique] ‖ **-lĭcus (-lus)**, ***a***, ***um***, de Gétulie : [C] Poés. ‖ Gétulique, vainqueur des Gétules : [+C] Pros. ‖ **Gaetūli**, ***ōrum***, m. pl., les Gétules : [C] Pros.

găgānus (cag-), ***i***, m., khan des Huns : [+T] Pros.

Găĭa, [V] ▶ *Gaius*

Gāiānus, ***a***, ***um***, de Gaius, ayant trait à Gaius, c-à-d. Caligula : [+C] Pros.

Gāius, ***Gāi***, m., **Gāia**, ***ae***, f., appellation de Caligula : [+C] Pros. [anc. orth. *Caius*, *Caia*]

Gălaesus, ***i***, m. ¶ **1** fleuve près de Tarente [auj. Galaso] : [C] Pros. : [C] Poés. ¶ **2** nom d'homme : [C] Poés.

Gălanthis, ***ĭdis***, f., servante d'Alcmène, changée en belette par Lucine : [C] Poés. ‖ acc. *-ĭda* [C] Poés.

Gălăta, ***ae***, m., [V] ▶ *Galatae*

Gălătae, ***ārum***, m. pl., Galates [habitants de la Galatie appelés aussi *Gallograeci*] : [C] Pros. ‖ **-tĭcus**, ***a***, ***um***, de Galatie : [+C] Pros.

Gălătēa, ***ae***, f., Galatée [une des Néréides] : [C] Poés. ‖ nom de bergère : [C] Poés.

Gălătĭa, ***ae***, f., Galatie [province de l'Asie Mineure] : [+C] Pros. ‖ [V] ▶ *Calatia*

Gălaulās, ***ae***, m., nom d'un peuple inconnu : [T] Poés.

1 **galba**, ***ae*** ¶ **1** m., gras [en gaulois] : [+C] Pros. ¶ **2** f., vers (larve) qui naît dans le chêne : [+C] Pros.

2 **Galba**, ***ae***, m., surnom des Sulpicius, not[t] ¶ **1** Servius Sulpicius Galba [célèbre orateur sous la République] : [C] Pros. ¶ **2** autre du même nom : [C] Pros. ¶ **3** l'empereur Galba [68-69] : [+C] Pros. ‖ **-ĭāni**, ***ōrum***, m. pl., partisans de Galba (empereur) : [+C] Pros.

galbănĕus, ***a***, ***um***, de galbanum : [C] Poés.

galbănum, ***i***, n. ou **galbănus**, ***i***, f., galbanum [suc qu'on tire d'une plante ombellifère de Syrie] : [T] Pros.

galbĕi, ***ōrum***, m. pl., sg. *galbeus*, bandelette de laine entourant une médication : [+C] Pros.

Galbĭānī, ***ōrum***, [V] ▶ *2 Galba*

galbĭnātus, ***a***, ***um***, vêtu d'un galbinum : [+C] Poés.

galbĭnum, ***i***, n., tissu vert pâle [à l'usage des femmes et des hommes efféminés] : pl., [+C] Poés.

galbĭnus, ***a***, ***um***, d'un vert pâle ou jaune : [+C] Pros., Poés. ‖ [fig.] mou, efféminé, [V] ▶ *galbinum* : [+C] Poés.

galbŭlus, ***i***, m. ¶ **1** loriot [oiseau] : [+C] Poés. ¶ **2** cône de cyprès : [C] Pros.

gălĕa, ***ae***, f., casque [en gén.] ***galeam induere*** [C] Pros., se couvrir du casque ‖ casque [en métal] : ***galeae aheneae*** [C] Pros., casques d'airain ‖ casque [à visière] : [+C] Poés. ‖ huppe [d'oiseau] : [+C] Pros.

gălĕātus, ***a***, ***um***, part. de *galeo*

gălĕō, ***ās***, ***āre***, ***āvī***, ***ātum***, tr., coiffer d'un casque : [C] Pros. ; ***galeata Minerva*** [C] Pros., Minerve casquée ; ***galeatus*** [+C] Poés., soldat casqué ‖ [fig.] ***galeatum principum*** [T] Pros., début casqué, sur la défensive

gălĕŏlus, ***i***, m., sorte d'oiseau, [V] ▶ *1 merops* : [+C] Pros.

Gălĕōtae, ***ārum***, m. pl., Galéotes [devins siciliens] : [C] Pros.

Gălērĭa, ***ae***, f., femme de Vitellius : [+C] Pros. ‖ ***Galeria tribus*** [C] Pros., la tribu Galeria [une des tribus rustiques]

gălērĭcŭlum, ***i***, n., sorte de calotte, de bonnet à poils : [+C] Poés. ‖ perruque : [+C] Pros.

gălērĭtus, ***a***, ***um***, coiffé d'un galerus : [C] Poés. ‖ subst. m., alouette huppée : [C] Pros.

Gălērĭus, ***ĭi***, m., Galérius Trochalus [orateur du temps d'Othon] : [+C] Pros. ‖ Galère, empereur romain [292-311] : [T] Pros.

gălērus, ***i***, m. ¶ **1** bonnet [de peau avec ses poils] : [coiffure des prêtres] [C] d. [+C] Pros. ‖ [servant primit[t] de casque] [C] Poés. ‖ casquette : [+C] Pros. ¶ **2** pétase [de Mercure] : [+C] Poés. ¶ **3** perruque : [+C] Poés.

Gălēsus, [V] ▶ *Galaesus*

Galeti, [V] ▶ *Caletes*

Gălīlaea, ***ae***, f., la Galilée [partie septentrionale de la Palestine] ‖ **-aei**, ***ōrum***, m. pl., Galiléens : [+C] Pros.

1 **galla**, ***ae***, f., [fig.] vin aigre : [+C] Poés.

2 **Galla**, ***ae***, f., nom de femme : [+C] Poés. ‖ [V] ▶ *2 Galli*

Gallae, ***ārum***, f. pl., Galles [prêtres de Cybèle] : [C] Poés. ; [V] ▶ *1 Galli*

Gallaecus, *a*, *um*, le Gallécien [vainqueur des Gallèces] : [+C] Pros. ; V. *Callaicus*

gallans, V. *gallor*

1 **Galli**, *ōrum*, m. pl., Galles, prêtres de Cybèle : [C] Poés. ‖ sg., **Gallus**, *i*, m., [C] Pros., [+C] Poés., Pros.

2 **Galli**, *ōrum*, m. pl., Gaulois, habitants de la Gaule : [C] Pros. ‖ sg., ***Gallus*** [C] Pros., un Gaulois ; ***Galla*** [C] Pros., une Gauloise ‖ **-us**, *a*, *um*, des Gaulois : [+C] Poés. ‖ **-icus**, *a*, *um*, de la Gaule, gaulois : [C] Pros.

Gallĭa, *ae*, f., la Gaule : [C] Pros. ; ***Gallia Transalpina*** [C] Pros. ; ***ulterior*** [C] Pros., la Gaule transalpine ou Gaule proprement dite [opposée à la Gaule citérieure ou cisalpine] ; ***citerior*** [+C] Pros. ; ***Cisalpina*** [C] Pros., la Gaule citérieure ou cisalpine ; ***Galliae duae*** [C] Pros., les deux Gaules, la Gaule transalpine et la Gaule cisalpine

gallĭambus, *i*, m., galliambe, chant des prêtres de Cybèle : [+C] Poés., Pros.

gallĭca, *ae*, f., galoche, chaussure des Gaulois : [C] Pros.

Gallĭcānus, *a*, *um*, de la Gaule [province romaine], gaulois : [C] Pros. ‖ **-āni**, *ōrum*, m. pl., Gaulois : [C] Pros.

Gallĭcē, adv., à la manière des Gaulois, en langue gauloise : [+C] Pros.

Gallĭciensis, *e*, de Gallécie (Galice) : [+T] Pros.

gallĭcinĭum, *ĭi*, n., chant du coq ; [d'où] l'heure de la nuit où le coq chante = l'aube, le point du jour : [T] Pros. ; ***noctis gallicinio*** [+C] Pros., à l'aube ‖ pl., [+C] Pros., [T] Pros.

Gallĭcus, *a*, *um* ¶ **1** des Galles : [C] Poés. ; V. *1 Galli* ¶ **2** gaulois, V. *2 Galli* ¶ **3** du fleuve Gallus : [C] Poés.

1 **gallīna**, *ae*, f. ¶ **1** poule : [C] Pros. ‖ ***gallina Africana*** [C] Pros., poule de Numidie, pintade ‖ [terme de tendresse] [-C] Théât. ¶ **2** ***ad Gallinas*** [+C] Pros., près des Poules [villa de l'empereur sur le Tibre]

2 **Gallīna**, *ae*, m., nom d'un gladiateur : [C] Poés.

gallīnācĕus, *a*, *um*, de poule : ***gallinaceus gallus*** [C] Pros.

Gallīnārĭa silva, f., forêt Gallinaire, près de Cumes : [C] Pros. ; ***Gallinaria pinus*** [+C] Poés. ‖ **Gallīnārĭa insula**, [C] Pros., île de la mer Tyrrhénienne

gallīnārĭus, *a*, *um*, de poulailler, de poule : [+C] Pros. ‖ subst. m., celui qui a soin du poulailler : [C] Pros.

gallīnŭla, *ae*, f., jeune poule, poulette : [T] Pros.

Gallĭo, *ōnis*, m., Junius Gallio [rhéteur ami de Sénèque le rhéteur, dont il adopta un fils] : [+C] Pros.

Gallĭus, *ĭi*, m., nom d'homme : [C] Pros.

Gallŏgraecĭa, *ae*, f., Gallogrèce, Galatie : [C] Pros. ‖ **-cus**, *a*, *um*, de Gallogrèce : [C] Pros. ‖ **Gallŏgraeci**, *ōrum*, m. pl., Gallogrecs, Galates : [C] Pros.

Gallōnĭus, *ĭi*, m., nom d'une famille romaine, not[t] P. Gallonius, épicurien célèbre : [C] Pros.

gallŏr, *ārĭs*, *ārī*, -, intr., se livrer à des transports comme les Galles, prêtres de Cybèle : [C] Poés.

1 **gallus**, *i*, m., coq : [C] Pros. ; V. *gallinaceus* : [+C] Poés.

2 **Gallus**, *i*, m., Galle, V. *1 Galli*

3 **Gallus**, *i*, m., Gaulois : [C] Pros. ; V. *2 Galli*

4 **Gallus**, *i*, m., surnom de plusieurs familles *Cornelia*, *Sulpicia*, etc. ; not[t] Cornélius Gallus, ami de Virgile : [C] Poés.

Gamala, *ae*, f., ville de la Palestine : [+C] Pros.

gămēlĭōn, *ōnis*, m., gamélion [le 7e mois chez les Athéniens] : [C] Pros.

gammărus, V. *cammarus* : [C] Pros.

gānĕa, *ae*, f., taverne, bouge, mauvais lieu : [C] Pros., [+C] Pros. ‖ orgies : [+C] Pros.

gānĕārĭus, *a*, *um*, de mauvais lieu : [C] Pros.

gānĕo, *ōnis*, m., coureur de tavernes, débauché : [C] Pros.

gānĕum, *i*, n., [forme arch.] V. *ganea* : [-C] Théât.

gangăba, *ae*, m., portefaix : [+C] Pros.

Gangărĭdae, *ārum* ou *um*, **Gangărĭdes**, *um*, peuple voisin du Gange : [+C] Poés.

Gangēs, *is*, m., le Gange [fleuve de l'Inde] : [C] Pros. ‖ **-ētĭcus**, *a*, *um*, du Gange : [+C] Poés. ‖ **-ētis**, *ĭdis*, f., du Gange : [C] Poés.

gangraena, *ae*, f., gangrène : [+C] Pros.

gannĭō, *īs*, *īre*, -, -, intr. ¶ **1** gazouiller, crier [en parl. des oiseaux] : [T] Pros. ¶ **2** [fig.] grogner, criailler : [-C] Théât., [C] Pros., [+C] Poés. ‖ folâtrer : [+C] Pros.

gannītŭs, *ūs*, m. ¶ **1** jappement, gémissement [des petits chiens] : [C] Poés. ‖ [fig.] ***a)*** grognement : ***gannitibus lacessere*** [+C] Poés., poursuivre qqn de ses criailleries ***b)*** caresse : [+C] Pros. ¶ **2** gazouillement [des oiseaux] : [+C] Pros.

Gănўmēdēs, *is*, m., Ganymède [fils de Tros, roi de Troie, enlevé par l'aigle de Jupiter, il remplaça Hébé comme échanson des dieux] : [C] Pros. ‖ **-ēus**, *a*, *um*, de Ganymède : [+C] Poés.

Gărămantes, *um*, m. pl., peuple africain, au S. de la Lybie ‖ sg., **Gărămans**, *tis*, m., Garamante : [+C] Théât. ‖ **-is**, *ĭdis*, f., du pays des Garamantes : [C] Poés.

Gărămās, *antis*, m., V. *Garamans* : [+C] Poés.

Gargānus, *i*, m., mont d'Apulie : [C] Poés. ‖ **-us**, *a*, *um*, du mont Garganus : [C] Pros.

Gargăphĭē, *ēs*, f., vallée de Béotie, près de Platées, consacrée à Diane : [C] Poés.

Gargăra, *ōrum*, n. pl., **-ron**, *i*, n., Gargare [un des sommets du mont Ida] : [C] Poés.

gargărizātus, *a*, *um*, part. de *gargarizo*

gargărizō, *ās*, *āre*, *āvī*, *ātum* ¶ **1** intr., se gargariser : ***aliqua re*** [+C] Pros. ; ***ex aliqua re*** [+C] Pros., se gargariser avec qqch. ¶ **2** prononcer comme en se gargarisant : [C] Pros.

Gargettĭus, *a*, *um*, de Gargette [bourg de l'Attique, patrie d'Épicure] : [C] Pros., [+C] Poés.

Gargĭlĭus, *ĭi*, m., nom d'homme : [C] Pros.

Garizim, m. indécl., montagne de Samarie : [T] Pros. ‖ **-zaeus** (**-saeus**), *a*, *um*, du mont Garizim : [+T] Poés.

garrĭō, *īs*, *īre*, *īvī* (*ĭī*), *ītum*, tr. ¶ **1** [abs[t]] ***a)*** gazouiller [en parl. des oiseaux] : [+C] Pros. ***b)*** coasser : [+C] Poés. ***c)*** [fig.] jaser, babiller, parler pour ne rien dire : [-C] Théât., [C] Pros. ¶ **2** [avec acc.] dire en bavardant, en babillant, en badinant : [C] Pros., [-C] Théât., Poés.

garrītŏr, *ōris*, m., bavard : [T] Pros.

garrītŭs, *ūs*, m., bavardage, habil : [T] Pros.

garrŭlĭtās, *ātis*, f. ¶ **1** caquetage : [de la pie] [C] Poés. ; [de la corneille] ¶ **2** babil [d'enfant] : [+C] Pros. ¶ **3** bavardage, caquet : [+C] Pros.

garrŭlus, *a*, *um* ¶ **1** qui gazouille, babillard [en parl. d'un oiseau] : [C] Poés. ‖ [fig.] ***garrulus rivus*** [C] Poés., ruisseau qui gazouille ¶ **2** bavard : [-C] Théât., [C] Pros., Poés. ; ***garrula hora*** [C] Poés., une heure de causerie

Garŭli, *ōrum*, m. pl., peuple de Ligurie : [C] Pros.

gărum, *ī*, n., garum, liqueur de poisson [assaisonnement liquide obtenu après décomposition de poissons gras dans du sel et des herbes aromatiques] : [C] Poés., [+C] Pros.

Gărumna, *ae*, m., la Garonne [fleuve d'Aquitaine] : [C] Pros. ‖ **-mni**, *ōrum*, m. pl., habitants des bords de la Garonne : [C] Pros.

gărўŏphyllon, V. *car*

gastria, V. *gastrum*

gastrum, *i*, n., vase ventru : [+C] Pros. ‖ **gastra**, *ae*, f., [+C] Pros.

Gates, *ĭum*, m. pl., peuplade de l'Aquitaine : [C] Pros.

gaudĕō, *ēs*, *ēre*, **gāvīsus sum**, intr., qqf. tr. ¶ **1** se réjouir intérieurement, éprouver une joie intime : [C] Pros. ; ***in sinu gaudere*** [C] Pros., se réjouir en secret ; [+C] Pros. ; ***mihi gaudeo*** [C] Pros., je me réjouis pour ma part ‖ [avec *in* abl.] se réjouir à l'occasion d'une chose : [C] Poés. ‖ [ordin[t] avec abl.] [C] Pros. ; ***otio*** [C] Pros., trouver sa joie dans le repos ‖ [avec gén.] [rare] [+C] Pros. ‖ [avec prop. inf.] ***aliquid scire se gaudent*** [C] Pros., ils se réjouissent de savoir qqch. ‖ [poét. et rare] [avec inf.] [C] Poés., [+C] Pros. ‖ [avec *quod*] se réjouir de ce que : [C] Pros. ; [avec *quia*] [-C] Théât. ‖ [avec *cum*] se réjouir du moment que : [-C] Théât. ‖ [avec *si*]

[C] Poés. ‖ [avec acc.] ***id gaudeo*** [-C] Théât., je me réjouis de cela ¶ **2** [formule de salut, cf. χαίρειν] être en joie : [C] Pros. ¶ **3** [poét., en parl. de choses] se plaire à, se complaire dans : [C] Poés., [+C] Pros. ¶ **4** se réjouir de [avec dat. ou *de, in, super*] : [T] Pros.

gaudĭālis, *e*, réjouissant : [+C] Pros.

gaudĭmōnĭum, *ĭī*, n., → *gaudium* : [+C] Pros.

gaudĭum, *ĭī*, n. ¶ **1** contentement, satisfaction, aise, plaisir, joie [plus retenue que *laetitia*, → *gaudeo* ¶ *1*] : [C] Pros. ; ***gaudio compleri*** [C] Pros., être comblé de joie ; ***gaudio efferri*** [C] Pros., être transporté de joie ; ***aliquem gaudio officere*** [C] Pros., combler qqn de joie ; [+C] Pros. ‖ pl., joies : [C] Pros. ¶ **2** [contrairement à la définition de Cicéron donnée au début du ¶ 1] plaisir des sens, volupté : [C] Poés., Pros.

Gaulītānus, *a, um*, → *Gaulos*

Gaulŏs, *i*, f., **-lum**, *i*, n., île de la mer de Sicile : [+C] Poés.

gaulus, *i*, m., (γαυλός) vase arrondi : [-C] Théât.

gaunăca, *ae*, f. et, **-cēs**, *is*, pelisse persane : [C] Pros.

gaunăcum, *i*, n., → *gaunaca* : [C] Pros.

Gaurānus, *a, um*, → *Gaurus*

Gaureleos, *i*, m., port de l'île d'Andros : [C] Pros.

Gaurus, *i*, m., montagne de Campanie, renommée pour ses vins : [C] Pros.

gausăpa, *ae*, f., [+C] Pros. ; **-ăpĕ**, *is*, n., [C] Poés., [+C] Poés. ; **-ăpa**, *ōrum*, n. pl., [C] Poés. ; **-pēs**, *is*, m., étoffe de laine à longs poils, serviette, manteau ‖ [fig.] barbe fournie : [+C] Poés.

gausăpātus, *a, um*, vêtu d'une gausape : [+C] Pros. ‖ [fig.] couvert de son poil : [+C] Pros.

gausăpĭna, *ae*, f., [+C] Poés., ***paenula gausapina*** [+C] Poés., gausape, manteau

găvăta, → *gabata* : [+T] Poés.

gāvīsus, *a, um*, part. de *gaudeo*

Gāvĭus, *ĭī*, m., Gavius [citoyen romain mis en croix par Verrès] : [C] Pros. ‖ **-ĭānus**, *a, um*, de Gavius : [T] Pros.

1 **gaza**, *ae*, f., trésor des rois de Perse : [C] Pros. ‖ trésors, richesses : [C] Pros.

2 **Gaza**, *ae*, f., ville de Palestine ‖ **-zensis**, *e*, [T] Pros. ‖ **-zētĭcus**, *a, um*, [T] Poés.

Gazaca, *ae*, f., ville de Médie : [T] Pros.

Gazaeus, → *2 Gaza*

Gazensis, → *2 Gaza*

Gazētĭcus, → *2 Gaza*

gāzŏphўlăcĭum, *ĭī*, n., salle du trésor : [T] Pros.

Gĕbennae, → *Cebenna*

Gĕbūsaei, → *Jebusaei*

Gĕdĕōn, *ōnis*, m., Gédéon [juge des Hébreux] : [T] Pros.

Gĕdrōsĭa, *ae*, f., la Gédrosie [province de Perse] ‖ **Gedrosi (-sĭī)**, *ōrum*, m. pl., les Gédrosiens : [+C] Pros.

Gegānĭus, *ĭī*, m., nom de plusieurs personnages : [C] Pros.

gĕhenna, *ae*, f., géhenne, enfer : [+C] Pros.

Gehon, → *Geon*

Geidumni, *ōrum*, m. pl., peuple de la Belgique [pays de Gand] : [C] Pros.

Gĕlā, *ae*, f., ville de Sicile : [C] Poés. ‖ **-lensis**, *e*, de Géla, **Gelenses**, *ium*, [C] Pros., m. pl., habitants de Géla ‖ **-lōus**, *a, um*, [C] Poés., **-lānus**, *a, um*, de Géla

Gĕlānus, *a, um*, → *Gela*

gĕlăsĭānus, *i*, m., bouffon, plaisant : [T] Poés.

Gĕlăsĭmus, *i*, m., qui fait rire, nom de bouffon : [-C] Théât.

gĕlăsīnus, *i*, m., fossettes [creusées par le rire] : [+C] Poés.

gĕlātus, *a, um*, part. de *1 gelo*

Geldūba, *ae*, f., localité chez les Ubiens : [+C] Pros.

gĕlĕfactus, *a, um*, gelé : [+T] Poés.

Gĕlensis, *e*, → *Gela*

gĕlĭcĭdĭum, *ĭī*, n., gelée blanche, verglas : [C] Pros. ‖ [mais ordinᵗ au pl.] [-C] Pros., [+C] Pros.

gĕlĭda, *ae*, f., → *gelidus*

gĕlĭdē, adv., avec froideur [fig.] : [C] Poés.

gĕlĭdus, *a, um*, gelé, glacé : [-C] Théât., Pros. ; ***aqua gelida*** [C] Pros. ; ou seulᵗ ***gelida*** [C] Poés., eau glacée ; ***gelidus tyrannus*** [C] Poés., Borée ‖ [fig.] glacé [en parl. de l'âge, de la mort] : [C] Poés. ‖ [en parl. de la peur] ***gelidus tremor*** [C] Poés., un frisson glacé ‖ ***gelidior*** [C] Pros.

gĕlĭfactus, → *gelefactus*

Gellĭa, *ae*, f., nom de femme : [+C] Poés.

Gellĭānus, *i*, m., nom d'homme : [+C] Poés.

Gellĭus, *ĭī*, m., nom de famille romaine : [C] Pros. ‖ Aulu-Gelle [grammairien du 2ᵉ s. apr. J.-C., auteur des *Nuits attiques*] : [T] Pros.

1 **gĕlō**, *ās, āre, āvī, ātum*, tr., geler, congeler : [fig.] ***gelat ora pavor*** [+C] Poés., l'effroi glace ses traits

2 **Gĕlo**, *ōnis*, m., Gélon [roi de Syracuse] : [C] Pros.

Gĕlōni, *ōrum*, m. pl., Gélons [peuple scythe] : [C] Poés. ; [sg.] ***Gelonus*** [C] Poés.

Gĕlōs, *ōtis*, m., nom d'homme ‖ **Gĕlōtĭānus**, *a, um*, de Gelos : [+C] Pros.

Gelōus, *a, um*, → *Gela*

gĕlū, n. ; indécl., [empl. surtout à l'abl.] gelée, glace, grand froid : [C] Poés., Pros. ‖ [fig.] glaces de l'âge, de la mort : [C] Poés., [+C] Poés.

gĕmĕbundus, *a, um*, gémissant : [T] Pros.

gĕmellăr, *āris*, n., **-ārĭum**, *ĭī*, n., **-ārĭa**, *ae*, f., récipient pour l'huile composé de deux vases accouplés : [+C] Pros.

gĕmellĭpăra, *ae*, f., mère de deux jumeaux [surnom de Latone] : [C] Poés.

gĕmellus, *a, um*, jumeau, jumelle : ***gemella proles*** [C] Poés. ; ***gemelli fratres*** [C] Poés. ; ***gemelli fetus*** [C] Poés., frères jumeaux ‖ subst. m., [C] Poés. ; ***gemellos connixa*** [C] Poés., ayant mis bas deux jumeaux ‖ [fig.] double, formé de deux, formant le couple ou la paire : ***gemella legio*** [C] Pros., légion formée de deux autres ‖ pl., semblables, pareils : [C] Poés., [+C] Poés.

gĕmĭnātĭo, *ōnis*, f., répétition de mots : [C] Pros., [+C] Pros. ‖ réduplication [répétition d'une syllabe ou d'une lettre] : [+C] Pros.

gĕmĭnātus, *a, um*, part. de *gemino*

gĕmĭni, *ōrum*, m. pl., frères jumeaux : [C] Pros. ; → *1 geminus*, les Gémeaux [signe du zodiaque : Castor et Pollux] : [C] Pros.

gĕmĭnĭtūdo, *ĭnis*, f., ressemblance de jumeaux : [-C] Théât.

Gĕmĭnĭus, *ĭī*, m., nom d'homme : [+C] Pros.

gĕmĭnō, *ās, āre, āvī, ātum*, tr. ¶ **1** [avec acc.] ***a)*** doubler, rendre double [pr. et fig.] : ***geminata verba*** [C] Pros., mots redoublés ; ***geminatus sol*** [C] Pros., soleil qui paraît double, parhélie ; ***geminare aestum*** [C] Poés., doubler la chaleur ***b)*** mettre deux choses ensemble, joindre, réunir : [+C] Pros. ; ***geminare aera*** [C] Poés., frapper l'airain à coups redoublés ; ***geminata cacumina*** [C] Pros., sommets jumelés ¶ **2** [absᵗ] doubler, faire des paires : [C] Poés.

1 **gĕmĭnus**, *a, um* ¶ **1** jumeau, jumelle : [C] Pros. ; ***soror gemina*** [-C] Théât., soeur jumelle ; ***geminus Castor*** [C] Poés. ; ***geminus Pollux*** [C] Poés., Castor et Pollux ¶ **2** double, qui fait le couple (la paire) : [C] Pros. ‖ qui réunit deux natures : [C] Poés. ¶ **3** semblable, qui va de pair avec : [C] Pros. ‖ ***geminissimus*** [-C] Théât.

2 **Gĕmĭnus**, *i*, m., surnom des Servilius : [C] Pros.

gĕmiscō, *ĭs, ĕre, -, -*, intr., gémir : [T] Pros.

gĕmĭtŭs, *ūs*, m., gémissement : [C] Pros. ; ***gemitum dare*** [C] Poés. ; ***tollere*** [C] Poés. ; pl., [C] Pros. ; ***gemitus edere*** [C] Poés. ; ***gemitus ciere*** [C] Poés., pousser des gémissements ‖ [fig.] gémissement, bruit sourd : [C] Poés.

gemma, *ae*, f. ¶ **1** pierre précieuse, gemme : [C] Pros. ‖ pierre formant une coupe, un vase à boire, coupe ornée de pierreries : [C] Poés. ‖ chaton de bague, cachet : [C] Poés., [+C] Poés. ‖ perle : [C] Poés. ‖ [fig.] beauté, ornement : [+C] Poés. ¶ **2** bourgeon, œil [de la vigne] : [C] Pros., Poés. ¶ **3** [chrét.] homme précieux, saint : [T] Pros.

gemmārĭus, *a*, *um*, relatif aux pierres précieuses : [T] Pros. ‖ subst. m., lapidaire, joaillier : [T] Pros.

gemmascō, *ĭs*, *ĕre*, -, -, intr., bourgeonner : [+C] Pros.

gemmātus, *a*, *um*, orné de pierreries : [C] Pros.

gemmĕus, *a*, *um*, de pierre précieuse : [C] Pros. ‖ qui a l'éclat des pierreries : [+C] Pros.

gemmĭfĕr, *ĕra*, *ĕrum*, garni de pierres précieuses : [+C] Poés.

gemmō, *ās*, *āre*, *āvī*, *ātum*, intr. ¶ **1** être couvert de pierres précieuses : [C] Poés. ¶ **2** bourgeonner [en parl. de la vigne], gemmer : [C] Pros.

gemmōsus, *a*, *um*, garni de pierres précieuses : [+C] Pros.

gemmŭla, *ae*, f., petite pierre précieuse : [+C] Pros. ‖ petit bourgeon : [+C] Pros. ‖ [fig.] pupille de l'oeil : [+C] d. [T] Poés.

gĕmō, *ĭs*, *ĕre*, *ŭī*, *ĭtum*, intr. et tr.
I intr. ¶ **1** gémir, se plaindre : [C] Pros. ; ***desiderio alicujus*** [C] Pros., gémir du regret de qqn ¶ **2** gémir, craquer, faire entendre un bruit semblable à un gémissement : [C] Poés.
II tr., gémir sur, déplorer : ***suum malum*** [C] Pros., gémir sur son malheur ; [C] Pros., Poés. ‖ [avec prop. inf.] déplorer que : [C] Pros., Poés.

Gĕmōnĭae, *ārum*, f. pl., les Gémonies [degrés sur la pente du mont Capitolin, où l'on traînait et exposait le corps des suppliciés] : [+C] Pros. ; ***Gemoniae scalae*** [+C] Pros., même sens

gĕmŭī, parf. de *gemo*

gĕmŭlus, *a*, *um*, plaintif : [+C] Pros.

gĕna, *ae*, f. ; [rare au sg.] ¶ **1** joue : [+C] Pros. ¶ **2** → *genae*

Gĕnăbum, *i*, n., [C] Pros., Cénabum, ville de la Gaule Lyonnaise [auj. Orléans] ‖ **-ensis**, *e*, de Cénabum : [C] Pros. ; m. pl., les habitants de Cénabum : [C] Pros.

gĕnae, *ārum*, f. pl. ¶ **1** joues [propre[t] la partie qui est sous les yeux] : [C] Pros. ¶ **2** paupières : [-C] Pros. ¶ **3** yeux : [C] Poés. ‖ orbite : [C] Poés.

Gĕnauni, *ōrum*, m. pl., peuplade de la Vindélicie : [C] Poés.

Gĕnāva, *ae*, f., Genève : [C] Pros. ; → *Genua*

gĕnĕālŏgĭa, *ae*, f., généalogie : [T] Pros.

gĕnĕālŏgus, *i*, m., auteur de généalogic : [C] Pros. ‖ auteur de la Genèse [Moïse] : [T] Poés.

gĕnĕr, *ĕri*, m. ¶ **1** gendre, mari de la fille : [C] Pros. ¶ **2** futur gendre : [C] Poés. ¶ **3** mari de la petite-fille : [+C] Pros.

gĕnĕrābĭlis, *e*, qui peut être produit : [C] Poés.

gĕnĕrālis, *e* ¶ **1** qui appartient à une race : [C] Poés. ¶ **2** qui a trait à la nature d'une chose : [C] Pros. ¶ **3** qui appartient à un genre, général [opposé à particulier] : [C] Pros.

gĕnĕrālĭtĕr, adv., d'une manière générale : [C] Pros.

gĕnĕrascō, *ĭs*, *ĕre*, -, -, intr., se produire : [C] Poés.

gĕnĕrātim, adv. ¶ **1** par races, par nations : [C] Pros. ‖ par genres, par espèces : [C] Pros. ‖ par catégories, par classes, en classant : [C] Pros. ¶ **2** en général, généralement : [C] Pros.

gĕnĕrātĭo, *ōnis*, f., descendance : [T] Pros. ‖ ***omnes generationes*** [T] Pros., toutes les générations [l'ensemble de tous les hommes, l'humanité]

gĕnĕrātŏr, *ōris*, m., celui qui produit : [C] Pros.

gĕnĕrātus, *a*, *um*, part. de *genero*

gĕnĕrō, *ās*, *āre*, *āvī*, *ātum*, tr. ¶ **1** engendrer : [C] Poés. ‖ créer, engendrer : [C] Pros. ¶ **2** produire [pr. et fig.] : ***generare mel*** [C] Poés., produire le miel ; ***virtutes*** [+C] Pros., être une source de vertus ‖ produire [au sens littéraire], composer : [+C] Pros.

gĕnĕrōsē** [inus.], noblement, dignement ; compar., ***-ius [C] Poés.

gĕnĕrōsĭtās, *ātis*, f., bonne qualité : [+C] Pros.

gĕnĕrōsus, *a*, *um* ¶ **1** de bonne extraction, racé, de bonne race : [hommes] [C] Pros. ; [animaux] [C] Poés., [+C] Pros. ; [plantes] [+C] Pros. ; ***vinum generosum*** [C] Pros., vin d'un bon cru ‖ [éloquence] de grande race : [C] Pros. ¶ **2** [fig.] noble, généreux, magnanime : [C] Pros. ; ***generosa virtus*** [C] Pros., une noble vertu ‖ ***-sior*** [C] Poés., [+C] Pros. ; ***-sissimus*** [C] Pros.

Gēnĕsar, m. f., lac et pays de Judée [Gennésareth] : [T] Pros.

gĕnĕsis, *is*, f., position des astres par rapport à la naissance, étoile, horoscope : [+C] Poés., Pros.

gĕnesta, → *genista*

Gĕnētae, *ārum*, m. pl., Génètes [peuple du Pont] ‖ **-taeus**, *a*, *um*, des Génètes : [+C] Poés.

1 **gĕnethliăcus**, *a*, *um*, d'horoscope, généthliaque : [T] Pros. ‖ **-cŏn**, *i*, n., poème anniversaire : [+C] Poés.

2 **gĕnethlĭăcus**, *i*, m., faiseur d'horoscope, astrologue : [+C] Pros.

gĕnethlĭălŏgĭa, *ae*, f., art des horoscopes, astrologie : [C] Pros.

gĕnĕtīvus (gĕnĭt-), *a*, *um* ¶ **1** de naissance, naturel : ***genetivum nomen*** [C] Poés., nom de famille ¶ **2** qui engendre, créateur : [-C] d. [T] Pros. ¶ **3** [gram.] ***genetivus casus*** [+C] Pros. ; et abs[t] ***genetivus*** [+C] Pros., le génitif

gĕnĕtrix (gĕnĭt-), *īcis*, f., mère : [C] Poés. ‖ [Cybèle] [C] Poés. ‖ [fig.] ***genetrix frugum*** [C] Poés. ; mère des moissons, Cérès

Gĕnēva, → *Genava*

gĕnĭālis, *e* ¶ **1** relatif à la naissance, d'hymen, nuptial : ***lectus genialis*** [C] Pros., lit nuptial [ou *genialis* seul [+C] Poés.] ; ***geniaiis praeda*** [C] Poés., butin nuptial [destiné à la couche des ravisseurs] ‖ **gĕnĭālia**, *ĭum*, n. pl., [T] Pros., lit nuptial ¶ **2** fécond : ***genialia arva*** [C] Poés., champs fertiles ¶ **3** de fête, de plaisir, de réjouissance [v. *genius*] : ***genialis dies*** [+C] Poés., jour de fête

gĕnĭālĭtās, *ātis*, f., joie, gaieté : [T] Pros.

gĕnĭālĭtĕr, adv., joyeusement : [C] Poés.

Gĕnĭcŭlātŏr, *ōris*, m., l'Agenouillé [constellation], → *Engonasi* : [C] Poés.

gĕnĭcŭlātus, *a*, *um*, qui a des nœuds, noueux : [C] Pros. ‖ courbé, qui fait un coude : [T] Pros. ‖ **Geniculatus**, *i*, m., l'Agenouillé [constellation] : [C] Pros. ; → *Geniculator*

gĕnĭcŭlum, *i*, n., petit genou : [C]

gĕnĭcŭlus, *i*, m., coude, objet coudé : [C] Pros.

gĕnĭmĕn, *ĭnis*, n., production, produit, fruit : [T] Pros. ‖ race, descendance : [T] Pros.

gĕnista (gĕnes-), *ae*, f., genêt [arbrisseau] : [C] Poés.

gĕnĭtābĭlis, *e*, susceptible de produire, fécondant : [C] Poés.

gĕnĭtāle [et surtout pl.], **gĕnĭtālĭa**, *ĭum*, n., parties sexuelles : [+C] Pros.

1 **gĕnĭtālis**, *e* ¶ **1** relatif à la génération, qui engendre, fécond : ***genitalia corpora*** [C] Poés., les éléments générateurs (atomes) ; [+C] Pros. ; ***genitales menses*** [+C] Pros., les mois de la gestation, où la naissance est possible ; ***genitales dii*** [-C] Pros., les douze grands dieux [créateurs de tous les autres] ¶ **2** de naissance, natal : [+C] Pros.

2 **Gĕnĭtalis**, *is*, f., surnom de Diane : [C] Poés.

gĕnĭtālĭtĕr, adv., d'une façon propre à féconder : [C] Poés.

gĕnĭtīvus, → *genet*

gĕnĭtŏr, *ōris*, m., père : [C] Pros. ‖ un des douze grands dieux : [C] Pros. ‖ [fig.] fondateur, créateur, auteur : [C] Pros. ‖ [chrét.] le Créateur, Dieu le Père : [T] Pros.

gĕnĭtrix, → *genetrix*

gĕnĭtūra, *ae*, f. ¶ **1** être créé, créature, animal : [T] Pros. ¶ **2** nativité, horoscope : [+C] Pros. ; → *genesis*

1 **gĕnĭtus**, *a*, *um*, part. de *gigno*

2 **gĕnĭtŭs**, *ūs*, m., procréation : [+C] Pros.

gĕnĭus, *ĭi*, m., génie [dieu particulier à chaque homme, qui veillait sur lui dès sa naissance, qui partageait toute sa destinée et disparaissait avec lui ; de même chaque lieu, chaque état, chaque chose avait son génie propre] : [C] Pros., [+C] Pros., Poés. ‖ [on invoquait qqn au nom de son génie] [C] Pros., [+C] Pros. ‖ [les jours de fête, on sacrifiait au génie] [C] Poés., Pros. ‖ [le génie partage les joies et les tristesses de l'homme] [C] Pros. ‖ [d'où, génie, synonyme de la personne même] ***indulgere genio*** [+C] Poés. ou [-C] Théât., [C] Poés. ‖ [gourmandise] ***sapis ad genium*** [-C] Théât., tu as du goût pour ce qui concerne ton ventre ; [+C] Poés. ‖ [par ext.] [+C] Poés. ‖ génie, bon génie [celui qui fait bonne chère aux parasites] : [-C] Théât.

Gennadĭus, *ĭi*, m., évêque de Marseille et historien [5e s.] : Pros.

gĕnō, *ĭs*, *ĕre*, -, *ĭtum*, ancien équivalent de *gigno* : ***genit*** Pros. ; ***genunt*** Poés. ; ***genat*** Pros. ; ***genitur*** [dans une formule de testament] Pros. ; inf. pass. *geni*, Poés.

gens, *gentis*, f. ¶ **1** race, souche ; [en part. et surtout] famille [pouvant comprendre plusieurs branches] : Pros. ; ***gens Cornelia*** Pros., la famille (la gens) Cornélia [comprenant les Scipion, les Lentulus, etc.] ; Pros. [d'où au fig.] Pros. ‖ [poét.] = descendant, rejeton : Poés. ‖ [en parl. des animaux] race, espèce : Poés., Pros. ¶ **2** race de peuple, peuple [ordre décroissant : *gens, natio, civitas*] : Pros., Pros. ; ***Allobrogum*** Pros. ; ***Nerviorum*** Pros., le peuple des Allobroges, des Nerviens ¶ **3** le peuple d'une cité : Pros. ¶ **4** pays, canton, région [au gén. pl.] : Théât., Pros. ; ***nusquam gentium*** Théât., nulle part ; Pros. ; ***minime gentium*** Théât., pas le moins du monde ¶ **5** pl. *gentes*, = les barbares [par opp. aux Romains] : Pros., Pros. ¶ **6** ➡ *genus* : ***gens humana*** Pros., la race humaine, le genre humain ¶ **7** [chrét.] pl. *gentes*, les non-juifs, ceux qui n'adorent pas le Dieu unique : Pros. ‖ ceux qui ne sont pas chrétiens : Pros.

gentĭcus, *a*, *um*, qui appartient à une nation, national : Pros.

gentīlĭcĭus, *a*, *um*, propre à une famille : Pros. ‖ national : Pros.

gentīlis, *e* ¶ **1** qui appartient à une famille (à une *gens*), propre à une famille : ***gentile nomen*** Pros., nom de famille ‖ subst. m., parent [en ligne collatérale], proche : Pros. ¶ **2** qui est du même nom : Pros. ¶ **3** qui appartient à une espèce : Poés. ¶ **4** qui appartient à une nation, national : ***gentilis utilitas*** Pros., l'intérêt national ‖ subst. m., compatriote : Pros. ¶ **5** [chrét.] païen : Poés.

gentīlĭtās, *ātis*, f. ¶ **1** parenté constituée par une *gens*, parenté de famille, gentilité : Pros. ¶ **2** famille, parents : Pros. ¶ **3** [chrét.] ***a)*** les gentils, les païens, la gentilité : Poés. ***b)*** paganisme, religion païenne : Pros.

gentīlĭtĕr, adv., comme les gentils : Pros.

Gentĭus, *ĭi*, m., roi illyrien : Pros.

gĕnŭ, *ūs*, n., genou : Pros. ; ***genuum orbis*** Poés., la rotule ; ***genua advolvi*** Pros. ; ***genibus advolvi*** Pros. ; ***se advolvere*** Pros., se jeter aux genoux de qqn

Gĕnŭa, *ae*, f. ¶ **1** ville de Ligurie [auj. Gênes] : Pros. ¶ **2** ville des Allobroges [auj. Genève] : Pros. ; ➡ *Genava*

gĕnŭālĭa, *ĭum*, n. pl., genouillères : Poés.

Genucilius, *ĭi*, m., nom d'homme : Pros.

Gĕnucĭus, *ĭi*, m., nom de plusieurs personnages : Pros.

gĕnŭcŭlum, *i*, n., ➡ *geniculum* : Pros.

gĕnŭī, parf. de *gigno*

gĕnŭīnē, adv., franchement : Pros.

gĕnŭīnus, *a*, *um*, de naissance, naturel, inné : Pros., Pros. ‖ [fig.] authentique, réel : Pros.

gĕnŭīnus dens, m., **gĕnŭīnus**, *i*, m., dent molaire : Pros., Poés.

gĕnus, *ĕris*, n. ¶ **1** origine ***a)*** ***patricium genus*** Liv., origine patricienne ; ***plebeium genus*** Liv., origine plébéienne ; ***genus ducere ab aliquo*** Plin. *Ep.*, tirer son origine de qqn, descendre de qqn ; ***malo genere*** Cic., de basse extraction ***b)*** [d'où] famille, maison : ***nobili genere natus*** Cic., né de famille noble ‖ [par ext., poét.] rejeton, descendant : Virg., Hor. ¶ **2** genre [et les autres termes classificatoires : espèce, race, catégorie, classe, sorte, type...] : ***genus humanum*** Cic., le genre humain ; ***bestiarum genus*** Cic., le genre animal ; ***omne genus animantum*** Lucr., toute espèce vivante ; ***genus aliud tyrannorum*** Cic., une autre espèce de tyrans ; ***genus irritabile vatum*** Hor., l'espèce susceptible des poètes ; ***genus Romanum*** Cic., la race romaine, les Romains ; ***hominum genus muliebre*** Cic., le genre féminin, les femmes ; ***militare genus*** Liv., les soldats, l'armée ‖ [avec noms de choses] ***omne genus commeatus*** Liv., toute espèce d'approvisionnements ; ***tormenta cujusque generis*** Caes., des machines de guerre de toute espèce ; ***genus dicendi*** Cic., un genre de style ; ***rei publicae genus*** Cic., une forme de gouvernement ; ***in omni genere*** Cic., en toute espèce (de faits) = dans tous les cas, sous tous les rapports ‖ [à l'acc. adverbial] ***omne genus simulacra*** Lucr., des simulacres de toute sorte ; ***aliquid id genus***, qqch. de ce genre ; [d'où] ***quod genus = quo modo***, par exemple, ainsi : Cic., Lucr.

Gĕnŭsus, *i*, m., fleuve de Macédoine : Pros.

gĕōgrăphĭa, *ae*, f., description des lieux, géographie : Pros.

gĕōgrăphĭcus, *a*, *um*, géographique : Pros.

gĕōgrăphus, *i*, m., géographe : Pros.

gĕōmĕtra, Pros., **gĕōmetrēs**, Pros., *ae*, m., géomètre

gĕōmĕtrĭa, *ae*, f., arpentage, géométrie : Pros.

gĕōmĕtrĭca, ➡ *geometricus*

gĕōmĕtrĭcē, adv., géométriquement : Pros.

gĕōmĕtrĭcus, *a*, *um*, géométrique, d'arpentage : Pros. ‖ **-ca**, n. pl., la géométrie : Pros. ‖ **-cus**, *i*, m., géomètre : Pros.

Gēŏn (-hōn), *ōnis*, m., Géon [l'un des quatre fleuves du Paradis terrestre] : Pros.

gĕorgĭcus, *a*, *um*, relatif à l'agriculture : Pros. ‖ **-ca**, n. pl., les Géorgiques [poème de Virgile sur l'agriculture] : Pros. ; gén. pl. grec, Pros.

gĕorgĭcŏn, *i*, n., traité d'agriculture : Pros.

Gĕraestĭcus, *i*, m., port d'Ionie : Pros.

Gĕraestus (-ŏs), *i*, m., ville et promontoire de l'Eubée : Pros.

Gĕrăsēni, *ōrum*, m. pl., habitants de Gérasa [ville de Palestine] : Pros.

gerdĭus, *ĭi*, m., tisserand : Poés.

gĕrens, *tis*, part. de *gero*, [pris adj[t] avec gén.] Pros. ; ***negotii gerentes*** Pros., les gens d'affaires

geres, ➡ *gerres*

Gergĕsaei (-ei), *ōrum*, m. pl., Gergéséens [peuple de la terre de Chanaan] : Pros. ‖ au sg. : Pros.

Gergīthŭs (-thŏs), *i*, f., ville de Mysie ou d'Éolie : Pros.

Gergŏvĭa, *ae*, f., Gergovie [ville principale des Arvernes] : Pros.

Germălus, *i*, m., colline de Rome attenant au mont Palatin : Pros. ; ➡ *Cermalus*

germāna, *ae*, f., sœur [germaine] : Poés.

germānē, adv., réellement, fidèlement : Pros.

Germāni, *ōrum*, m. pl., les Germains : Pros. ‖ **-nĭa**, *ae*, f., la Germanie : Pros. ‖ pl., ***Germaniae*** Pros., les Germanies [supérieure et inférieure]

Germānĭcĭānus, *a*, *um*, servant en Germanie : Pros.

1 **Germānĭcus**, *a*, *um*, de Germanie, germanique : Pros.

2 **Germānĭcus**, *i*, m. ¶ **1** Germanicus [surnom donné à Drusus Néron, neveu et fils adoptif de Tibère, à cause de ses victoires sur les Germains] : Pros. ¶ **2** surnom donné à Domitien : Poés. ; et à plusieurs empereurs : [Claude] ; [Trajan]

germānĭtās, *ātis*, f., fraternité, parenté entre frères et sœurs : Pros. ‖ communauté d'origine, parenté [entre cités] : Pros.

germānĭtus, adv., en frère : Pros. ‖ sincèrement : Pros.

1 **germānus**, *a*, *um* ¶ **1** naturel, vrai, authentique : ***germani Campani*** Pros., Campaniens véritables ; ***germanus asinus*** Pros., un vrai âne ; ***-nissimus*** Pros. ¶ **2** germain, de frère germain : ***frater germanus*** Pros., frère germain ‖ [chrét.] fraternel : Pros. ‖ subst. m., frère germain : Poés.

2 **Germānus**, *a*, *um*, de Germanie : Poés.

3 **Germanus**, *i*, m., saint Germain [évêque de Paris] : Pros.

germĕn, *ĭnis*, n. ¶ **1** germe, bourgeon, rejeton : Poés. ; pl., Poés. ‖ semence [humaine] : Poés. ‖ [fig.] germe, principe : Poés. ‖ origine : Poés. ¶ **2** rejeton, progéniture, enfant : Pros. ¶ **3** [poét.] ***germen frontis*** Pros., bois du cerf

germĭnascō, *ĭs, ĕre, -, -*, intr., germer : Pros. ; → *nasco*

germĭnō, *ās, āre, āvī, ātum*, [tard., fig.] prospérer : Pros.

gĕrō, *ĭs, ĕre, gessī, gestum* ¶ **1** porter (sur soi) : ***vestem gerere*** Lucr., porter un vêtement ; ***in capite galeam gerere*** Nep., porter un casque sur sa tête ; [avec sujet de choses] ***semina tellus gerit*** Lucr., la terre porte des germes ‖ porter qq. part, apporter, transporter : ***saxa gerere*** Liv., apporter des pierres ¶ **2** [fig.] assumer (un sentiment, un comportement, un rôle), faire preuve de, [d'où] montrer ***a)*** ***odium in aliquem gerere*** Liv., avoir des sentiments de haine à l'égard de qqn ; ***fortem animum gerere*** Sall., faire preuve de courage ; ***personam gerere*** Cic., tenir un rôle ***b)*** ***se gerere***, se comporter (de telle ou telle manière), se montrer : ***ita se gerere ut*** Cic., se comporter de telle manière que ; ***se medium gerere*** Liv., se montrer neutre ; ***se pro cive gerere*** Cic., se comporter en citoyen ***c)*** [post-class.] ***gerere aliquem***, jouer le personnage de qqn, se comporter en telle ou telle personne : ***principem gerere*** Plin. *Pan.*, se comporter en empereur ¶ **3** porter la charge de qqch., [d'où] exercer, exécuter, accomplir, faire ***a)*** [dans le domaine politique] ***rem publicam gerere*** Cic., se charger des affaires publiques ; ***rem publicam bene gerere*** Cic., faire une bonne politique ; ***magistratum gerere*** Cic., exercer une magistrature ***b)*** [dans le domaine militaire] ***rem gerere*** Cic., engager un combat, combattre ; ***bellum gerere*** Cic., faire la guerre ; ***bene rem gerere*** Caes., remporter un succès ; ***male negotium gerere*** Caes., essuyer un échec ***c)*** [dans le domaine privé] ***rem gerere*** Cic., administrer une affaire, s'occuper de ses propres affaires ; ***negotium gerere*** Cic., même sens ; ***morem gerere alicui*** Cic., faire le caprice de qqn = déférer aux désirs de qqn ‖ ***tempus gerere*** Suet., passer le temps ¶ **4** **gesta**, *orum*, n., Liv., exploits ‖ [chrét.] ***gesta episcopalia*** Aug., actes épiscopaux

Gĕrōnĭum (**Gĕrūn-**), *ĭi*, n., ville d'Apulie : Pros.

gĕrontĭcōs, adv., comme des vieillards : Pros.

gerrae, *ārum*, f. pl., [fig.] bagatelles, balivernes, sottises : Théât.

gerrēs, *is*, m., sorte d'anchois [petit poisson de mer] : Poés.

gerrīnum (**cērīnum**), *i*, n., costume de fantaisie : Théât.

gerro, *ōnis*, m., diseur de riens, sot, imbécile : Théât.

Gerrunĭum, *ĭi*, n., ville forte de Macédoine : Pros. ‖ → *Geronium*

gĕrŭla, *ae*, f., porteuse : Pros.

gerŭlĭfĭgŭlus, *i*, m., le porteur-modeleur (artisan) [mot forgé] : ***flagitii*** Théât., qui apporte et fabrique le déshonneur

gĕrŭlus, *a, um*, qui porte, porteur (porteuse) de : m., Théât. ; f., Pros. ‖ subst. m., ***gerulus litterarum*** Pros., messager, courrier ‖ porteur, portefaix : Pros.

Gĕrunda, *ae*, f., ville de la Tarraconaise [auj. Girone] : Poés.

gĕrūsĭa, *ae*, f., salle du sénat [chez les Grecs] : Pros. ‖ maison de retraite pour les vieillards qui ont bien servi la patrie : Pros.

Gervăsĭus, *ĭi*, m., saint Gervais : Poés.

Gērўōn, *ŏnis*, **-ўŏnēs**, *ae*, m., Géryon [roi d'Ibérie que les poètes représentent avec trois corps] : Poés. ; pl. ‖ **-nācēus**, *a, um*, de Géryon : Théât., **-nēus**, Pros.

Gĕrўs, *yos*, m., fleuve de la Scythie d'Europe : Poés.

gēsa, → *gaesa*

geseorēta, *ae*, f., sorte de navire léger : Pros.

gessī, parf. de *gero*

Gessĭus Florus, m., gouverneur de la Judée, sous Néron : Pros.

gesta, *ōrum*, n. pl., → *gero II* ¶ *2*

gestāmĕn, *ĭnis*, n. ¶ **1** objet porté [fardeau, vêtement, ornement, portée, fruit] : Poés. ¶ **2** ce qui sert à porter, à transporter, moyen de transport : ***in eodem gestamine*** Pros., dans la même voiture

Gestăr, *ăris*, m., guerrier carthaginois : Poés.

gestātĭo, *ōnis*, f. ¶ **1** action de porter : ***infantium gestationes*** Pros., grossesses ¶ **2** promenade en litière ou en voiture : Pros. ¶ **3** allée [où l'on se promène en litière ou en voiture], promenade : Pros.

gestātŏr, *ōris*, m., celui qui porte, porteur : Pros. ‖ qui circule en litière : Poés.

gestātōrĭum, *ĭi*, n., litière, brancard : Pros.

gestātōrĭus, *a, um*, qui sert à porter : ***gestatoria sella*** Pros., chaise à porteurs, litière

gestātrix, *īcis*, f., celle qui porte : Poés.

gestātus, *a, um*, part. de *gesto*

gestĭcŭlārĭa, *ae*, f., pantomime [femme] : Pros.

gestĭcŭlārĭus, *ĭi*, m., pantomime [homme] : Pros.

gestĭcŭlātĭo, *ōnis*, f., gesticulation, gestes de pantomimes : Pros.

gestĭcŭlātŏr, *ōris*, m., gesticulateur : ***corporis*** Pros., pantomime

gestĭcŭlātus, *a, um*, part. de *gesticulor*

gestĭcŭlŏr, *ārĭs, ārī, ātus sum* ¶ **1** intr., gesticuler : Pros. ‖ exécuter la pantomime : Pros. ¶ **2** tr., exprimer par des gestes : ***carmina*** Pros., exprimer (traduire) des vers par une pantomime

gestĭcŭlus, *i*, m., petit geste : Pros.

1 **gestĭō**, *īs, īre, īvī (ĭī), -*, intr. ¶ **1** (faire des gestes) se démener sous l'empire de la joie, avoir des transports de joie, exulter : Pros. ; ***laetitia gestiens*** Pros., joie pétulante ¶ **2** être transporté de désir, être impatient de, brûler de : Pros., Poés. ‖ [abs[t]] Théât. ¶ **3** être en gestation : Pros.

2 **gestĭo**, *ōnis*, f., action de gérer, gestion, exécution : Pros.

gestĭtō, *ās, āre, -, -*, tr., porter souvent ou beaucoup, avoir l'habitude de porter : Théât.

gestō, *ās, āre, āvī, ātum*, tr. ¶ **1** porter çà et là : Pros. ‖ ***lectica*** Poés., porter (promener) en litière ‖ pass. *gestari*, être transporté [à cheval, en voiture, en litière], voyager, circuler : Pros., Poés. ¶ **2** porter habituellement sur soi, avec soi : Théât., Poés. ‖ porter : ***arma umeris*** Pros., porter ses armes sur les épaules ‖ porter, attendre [un enfant] : Pros. ¶ **3** [fig.] ***aliquem in sinu*** Théât., porter qqn dans son coeur ; ou ***in oculis*** Théât. ; → *in oculis ferre* ¶ **4** transporter : Pros. ‖ [fig.] colporter : ***crimina*** Théât., colporter des accusations ; Pros. ¶ **5** intr., se faire porter en litière : Pros.

gestŏr, *ōris*, m., porteur, colporteur [de nouvelles] : Théât.

gestŭōsus, *a, um*, qui gesticule beaucoup : Pros.

1 **gestus**, *a, um*, part. de *gero*

2 **gestŭs**, *ūs*, m. ¶ **1** attitude du corps : Pros. ‖ mouvement du corps, geste : Pros. ; ***avium*** Pros., battement d'ailes des oiseaux ¶ **2** [en part.] gestes de l'orateur ou de l'acteur, mimique, jeu : ***nescire gestum*** Pros., ignorer l'art du geste ; ***in gestu peccare*** Pros., faire une faute d'expression corporelle

Gĕta, *ae*, m. ¶ **1** Gète, habitant du pays des Gètes : Poés. ¶ **2** [surnom romain] Pros. ‖ [nom d'esclave] Théât. ‖ Antoninus Géta [empereur romain, 209-212] : Pros. ¶ **3** **Getae**, *ārum*, m., les Gètes [peuple établi sur le Danube] : Pros., Poés. ‖ **Gĕtēs**, *ae*, adj., du pays des Gètes : Poés. ou **-ĭcus**, *a, um*, Poés.

Geth, f. indécl., ville de Palestine : Pros. ‖ **-thaei**, *ōrum*, m. pl., habitants de Geth : Pros.

Gĕtĭcē, adv., à la manière des Gètes : Poés.

Gĕtĭcus, *a, um*, → *Geta*

Gētūlus, → *Gaetulus*

gibba, *ae*, f., bosse, gibbosité : Pros.

gibbĕr, *ĕra, ĕrum*, bossu : Pros., Pros.

gibbĕrōsus, *a, um*, bossu : Pros. ‖ tortueux, tordu [style] : Pros.

1 **gibbus**, *a, um*, convexe : Pros.

2 **gibbus**, *i*, m., bosse : Poés. ‖ grosseur, tumeur : Pros.

Gĭgantes, **gĭgantēus**, V▶ *Gigas*

gĭgantŏmăchĭa, *ae*, f., combat des Géants et des dieux : [+C] Pros.

Gĭgās, *antis*, m., un des Géants : [C] Poés. ‖ pl., **Gigantes**, *um*, les Géants [êtres monstrueux, fils de la Terre, qui voulurent escalader l'Olympe pour détrôner Jupiter, mais furent foudroyés par lui] : [C] Pros. ; ***Gigantum more*** [C] Pros., à la façon des Géants ‖ [chrét.] les Géants [hommes puissants, nés des fils de Dieu et des filles des hommes] : [T] Pros. ‖ **-tēus**, *a*, *um*, des Géants : [C] Poés. ; [fig.] gigantesque : [+C] Poés.

gĭgĕrĭa, *ōrum*, n. pl., entrailles de volaille, gésier : [-C] Poés. ; V▶ *gizĕrĭa*

gignentĭa, *ĭum*, n. pl. du part. de *gigno*, au sens passif, pris subst[t], végétaux, plantes : [C] Pros., [+C] ‖ corps organiques : [+C] Pros.

gignō, *ĭs*, *ĕre*, *gĕnŭī*, *gĕnĭtum*, tr. ¶ **1** engendrer : [C] Pros. ‖ pondre : [C] Pros. ‖ [poét.] ***dis genitus*** [C] Poés., fils des dieux ‖ ***genitus***, né de ; [avec *de*] [+C] Pros. ; [avec *ab*] ¶ **2** créer : [C] Pros. ¶ **3** produire [en parl. du sol] : [C] Pros. ; V▶ *gignentia* : [C] Pros. ¶ **4** [fig.] faire naître, produire, causer : [C] Pros. ¶ **5** [chrét., fig.] engendrer à la vie éternelle : [T] Pros.

gilbus, C▶ *gilvus*

1 **gillo**, *ōnis*, m., vase à rafraîchir, bocal : [T] Poés.

2 **Gillo**, *ōnis*, m., nom d'homme : [+C] Poés.

gilvus, *a*, *um*, jaune pâle, isabelle : [C] Poés.

Gindes, V▶ *Gyndes* : [+C] Pros.

gingĭlĭphus, *i*, m., rire bruyant, éclat de rire : [+C] Pros.

gingīva, *ae*, f., plus souv[t] **-vae**, *ārum*, f. pl., gencives : [+C] Pros.

gingīvŭla, *ae*, f., petite gencive : [+C] Pros.

gingrītŭs, *ūs*, m., **gingrum**, *i*, n.,), cri de l'oie : [T] Pros.

gīrus, V▶ *gyrus* : [+C] Pros.

Gisgo, *ōnis*, m., Gisgon [nom carthaginois] : [C] Pros.

gīt, n., nigelle [plante] : [+C] Pros.

Gitanae, *ārum*, f. pl., ville d'Épire : [C] Pros.

Gītōn, *ōnis*, m., Giton [nom de mignon] : [+C] Pros.

gĭzērĭa, *ōrum*, n. pl., C▶ *gigeria*, abats : [+C] Pros.

glăbĕr, *bra*, *brum*, sans poil, chauve, glabre : [-C] Théât. ; ***-brior*** [-C] Théât. ‖ épilé : [+C] Pros. ‖ subst. m., esclave épilé, mignon : [C] Poés. : [+C] Pros.

glăbrārĭa, *ae*, f., femme qui aime les esclaves épilés [ou] qui a été épilée, c.-à-d. dépouillée de son bien [jeu de mots] : [+C] Poés.

glăbrē, adv., de manière dépouillée : [T] Pros.

glăbrescō, *ĭs*, *ĕre*, -, -, intr., perdre son poil : [+C] Pros.

glăbrēta, *ōrum*, n. pl., lieux nus, sans végétation : [+C] Pros.

Glăbrĭo, *ōnis*, m., surnom de la *gens Acilia* : [C] Pros.

glăbrĭtās, *ātis*, f., nudité de la peau [dégarnie de poil] : [T] Pros.

glăbrō, *ās*, *āre*, -, -, tr., dépouiller de poil : ***sues*** [+C] Pros., échauder des porcs

glăcĭālis, *e*, glacial, de glace : [C] Poés. ; ***glacialis hiems*** [C] Poés., l'hiver glacé

glacĭātus, *a*, *um*, part. de *glacio*

glăcĭēs, *ēī*, f., glace, glaçon : [C] Poés., Pros. ‖ [fig.] dureté, rigidité [de l'airain] : [C] Poés.

glăcĭō, *ās*, *āre*, *āvī*, *ātum*, tr. ***a)*** changer en glace, geler : [C] Poés. ‖ [fig.] glacer d'effroi : [+C] Poés. ***b)*** durcir, solidifier : ***glaciatus caseus*** [+C] Pros., fromage caillé

glădĭātŏr, *ōris*, m. ¶ **1** gladiateur : [C] Pros. ‖ ***gladiatores dare*** [C] Pros., donner un combat de gladiateurs ; [-C] Théât., [C] Pros. ¶ **2** [injure] spadassin : [C] Pros.

glădĭātōrĭum, *ĭī*, n., salaire des gladiateurs : [C] Pros.

glădĭātōrĭus, *a*, *um*, de gladiateur : ***ludus gladiatorius*** [C] Pros., école de gladiateurs ; ***certamen gladiatorium*** [C] Pros., combat de gladiateurs ; ***locus gladiatorius*** [C] Pros., place pour voir un combat de gladiateurs ; ***gladiatorius consessus*** [C] Pros., foule qui assiste à un combat de gladiateurs ; ***gladiatoria familia*** [C] Pros., troupe de gladiateurs

glădĭātūra, *ae*, f., métier de gladiateur : [+C] Pros.

glădĭŏlum, *i*, n., poignard : [+C] Pros.

glădĭŏlus, *i*, m., épée courte, poignard : [+C] Pros.

glădĭus, *ĭī*, m. ¶ **1** épée, glaive [pr. et fig.] : ***gladium destringere*** [C] Pros. ; ***stringere*** [C] Pros. ; ***educere*** [C] Pros., dégainer, mettre l'épée à la main ; [prov.] [C] Pros. ; ***gladiorum impunitas*** [C] Pros., impunité des meurtres ¶ **2** métier de gladiateur : ***se ad gladium locare*** [+C] Pros., se louer pour être gladiateur

glaeba et ses dérivés, V▶ *gleba*

glaesum, *i*, n., ambre jaune, succin : [+C] Pros.

glandārĭus, *a*, *um*, qui produit des glands : [-C] Pros., [C] Pros.

glandĭcŭla, *ae*, f., C▶ *glandula*

glandĭfĕr, *ĕra*, *ĕrum*, qui porte des glands : [C] Poés., Pros.

glandĭŏnĭda, *ae*, f., petit languier : [-C] Théât.

glandĭum, *ĭī*, n., languier [langue et gorge de porc] : [-C] Théât.

glandŭla, *ae*, f., [ordin[t] au pl.] glande : [+C] Pros. ‖ glandule, amygdale : [+C] Pros. ‖ C▶ *glandium* : [+C] Poés. ‖ ris [boucherie] : [+C] Pros.

Glanis, *is*, m., V▶ *Clanis*

glans, *dis*, f. ¶ **1** gland, fruit du chêne : ***glande vesci*** [C] Pros., se nourrir de glands ; [C] Poés. ¶ **2** balle de plomb ou de terre cuite qu'on lançait avec la fronde : [C] Pros. ¶ **3** gland [anatomie] : [+C] Pros.

Glăphȳrus, *i*, m., nom d'homme : [+C] Poés.

glārĕa, *ae*, f., gravier : [-C] Pros., [C] Pros.

glārĕōsus, *a*, *um*, plein de gravier : [+C] Pros.

glattĭō, *īs*, *īre*, -, -, intr., japper [en parl. des petits chiens] : [+C] Pros.

Glaucē, *ēs*, f., autre nom de Créuse, femme de Jason : [+C] Poés. ‖ mère de la troisième Diane : [C] Pros. ‖ une des Amazones : [+C] Poés.

glaucēum, *i*, n., glaucium [plante] : [+C] Pros.

Glaucĭa, *ae*, m., surnom de la *gens Servilia* : [C] Pros.

glaucĭna, *ōrum*, n. pl., essence de glaucium : [+C] Poés.

Glaucippē, *ēs*, f., une des Danaïdes : [+C] Poés.

Glaucis, *ĭdos*, f., nom d'une chienne : [C] Poés.

glaucĭum, C▶ *glauceum*

glaucūma, *ae*, f., glaucome [maladie des yeux] : [-C] Théât.

1 **glaucus**, *a*, *um* ¶ **1** glauque, verdâtre, vert pâle, gris : ***glaucae sorores*** [+C] Poés., les Néréides ¶ **2** gris pommelé : [C] Poés.

2 **Glaucus**, *i*, m., fils de Sisyphe, père de Bellérophon, déchiré par ses cavales : [C] Poés. ‖ pêcheur de Béotie, changé en dieu marin : [C] Poés. ‖ guerrier lycien, au siège de Troie : [C] Poés.

glēba (**glaeba**), *ae*, f. ¶ **1** motte de terre, glèbe : [-C] Théât., Pros., [C] Pros. ¶ **2** sol, terrain : [C] Poés. ¶ **3** morceau : ***gleba sevi*** [C] Pros., boule de suif ; ***turis glebae*** [C] Poés., grains d'encens ¶ **4** corps, cadavre : [+T] Pros.

glēbālis, *e*, de motte de terre : [T] Pros.

glēbārĭus, *a*, *um*, de glèbe ; [en parl. de bœuf] capable de briser les mottes de terre : [C] Pros.

glēbōsus, *a*, *um*, rempli de mottes : [+C] Pros.

glēbŭla, *ae*, f., petite motte de terre : [+C] Pros. ‖ petit champ : [+C] Poés. ‖ petit morceau : [C] Pros. ‖ pépite : [+C] Pros.

glēbŭlentus, *a*, *um*, formé de terre : [+C] Pros.

glēchōnītēs, *ae*, m., vin de pouliot : [+C] Pros.

glēs-, V▶ *glaes-*

gleucĭnus, *a*, *um*, mélangé de vin doux : [+C] Pros.

glicĉĭō, *īs*, *īre*, -, -, intr., jargonner [en parl. des oies] : [+C] Pros.

glīrārĭum, *ĭī*, n., abri pour les loirs : [C] Pros.

glīs, *īris*, m., loir : [C] Pros.

gliscō, *ĭs*, *ĕre*, -, -, intr. ¶ **1** croître, grossir, se développer, augmenter : [-C] Théât., [C] Pros., [+C] Pros., [C] Pros. ; ***ignis*** [C] Poés., la flamme se développe ; [+C] Pros. ¶ **2** [abst[t]] se gonfler de joie, de désir : [+C] Poés. ; [avec inf.] ***gliscis regnare*** [+C] Poés., tu brûles de régner

glittus, *a, um*, meuble, friable : [-C] Pros.

glŏbātim, adv., par pelotons, en masse : [T] Pros.

glŏbōsĭtas, *ātis*, f., sphéricité : [T] Pros.

glŏbōsus, *a, um*, sphérique, rond : [C] Pros.

glŏbus, *i*, m. ¶ **1** globe, boule, sphère : ***globus terrae*** [C] Pros., le globe terrestre ¶ **2** masse, amas, amoncellement : ***globus nubium*** [+C] Pros., amas de nuages ¶ **3** peloton [de troupes], foule, masse, groupe compact : [C] Pros., [+C] Pros. ¶ **4** sorte de pâtisserie en boulette : [-C] Pros., [C] Pros.

glōcĭō, *īs, īre, -, -*, intr., glousser [en parl. des poules] : [+C] Pros.

gloctŏrō, *ās, āre, -, -*, V. *glottoro*

glŏmĕrābĭlis, *e*, arrondi : [C] Poés.

glŏmĕrāmĕn, *ĭnis*, n., formation en pelote, peloton, boule : [C] Poés. ‖ pl., les atomes de forme sphérique : [C] Poés.

glŏmĕrārĭus, *ĭi*, m., celui qui brûle d'assembler des hommes pour la guerre : [C] Pros.

glŏmĕrātus, *a, um*, part. de *glomero*

glŏmĕrō, *ās, āre, āvī, ātum*, tr. ¶ **1** mettre en pelote, en boule, en masse : ***lanam in orbes*** [C] Poés., mettre de la laine en pelotes ; [C] Pros. ; ***glomerare tempestatem*** [C] Poés., amonceler une tempête ¶ **2** réunir en peloton : ***manum bello*** [C] Poés., rallier une troupe pour combattre ; ***glomerari*** [+C] Pros. ; ***se glomerare*** [C] Poés., se grouper ¶ **3** rassembler, accumuler : [C] Pros. ; ***gressus glomerare*** [C] Poés., galoper [en rassemblant les pieds]

glŏmĕrōsus, *a, um*, qui est en peloton : [+C] Pros.

glŏmus, *ĕris*, n., peloton, pelote : [C] Pros.

glōrĭa, *ae*, f. ¶ **1** gloire, renom, réputation : ***fortitudinis gloria*** [C] Pros., le renom d'homme courageux ‖ [poét.] gloire, ornement, parure : [C] Poés. ‖ pl., titres de gloire : [-C] Théât., [C] Pros., [+C] Pros. ¶ **2** désir de la gloire, désir de se distinguer : [C] Pros., [+C] Pros. ‖ esprit de vanité, d'orgueil, grands airs : [C] Pros. ‖ [avec gén.] [C] Poés. ‖ pl., ***inanes gloriae*** [-C] Théât., vaines forfanteries ¶ **3** [chrét.] ‖ splendeur de Dieu, éclat divin : [T] Pros.

glōrĭātĭo, *ōnis*, f., action de se glorifier : [C] Pros.

glōrĭātŏr, *ōris*, m., celui qui se glorifie : [+C] Pros.

glōrĭfĭcātĭo, *ōnis*, f., glorification : [T] Pros.

glōrĭŏla, *ae*, f., petite gloire : [C] Pros.

glōrĭŏr, *ārĭs, ārī, ātus sum*, intr., se glorifier : [avec acc. de pron. n.] [C] Pros. ; ***aliqua re*** [C] Pros. ; ***de aliqua re*** [C] Pros. ; ***in aliqua re*** [C] Pros., se glorifier de qqch. ; [double constr.] [C] Pros. ‖ [avec *quod*] [C] Pros. ‖ [avec gén.] [+C] Pros. ; [avec interr. indécl.] [+C] Pros. ; [abs^{t}] [C] Pros.

glōrĭōsē, adv. ¶ **1** avec gloire, glorieusement : [C] Pros. ; ***-sissime*** [C] Pros. ¶ **2** avec gloriole, en fanfaron : [C] Pros. ; ***gloriosius*** [C] Pros.

glōrĭōsus, *a, um* ¶ **1** glorieux [en parl. de choses] : [C] Pros. ; ***dies gloriosissimus*** [C] Pros., jour le plus glorieux ; ***gloriosa mors*** [C] Pros., mort glorieuse ; ***gloriosissimae classes*** [C] Pros., flottes si glorieuses ¶ **2** [en parl. des pers.] ***a)*** glorieux, qui aime la gloire, l'ostentation [sens péjor.] : [C] Pros. ***b)*** fanfaron, vantard : ***miles gloriosus*** [C] Pros., le soldat fanfaron

glōsa, V. *glossa*

glōsārĭum, V. *glossarium*

glossa, *ae*, f., pl., recueil, glossaire : [C] Pros.

glossārĭum, *ĭi*, n., glossaire, dictionnaire où l'on explique les termes rares ou vieillis : [+C] Pros.

glossēma, *ătis*, n., terme peu usité, V. *glossa* : [C] Pros., [+C] Pros., pl. *glossemata*, titre d'un recueil de ces termes

glottŏrō, *ās, āre, -, -*, intr., craqueter [cri de la cigogne] : [T] Poés.

glūbō, *ĭs, ĕre, glupsī, gluptum* ¶ **1** tr., écorcer, ôter l'écorce : [-C] Pros. ‖ [sens priapéen] [C] Poés. ¶ **2** intr., peler [en parl. des arbres] : [-C] Pros.

glūma, *ae*, f., pellicule [des graines], balle : [C] Pros.

glūtĕn, *ĭnis*, n., colle, C. *glutinum* : [au pr.] [C] Poés.

glūtĭnātĭo, *ōnis*, f., agglutination : [+C] Pros.

glūtĭnātŏr, *ōris*, m., relieur [celui qui colle les feuillets] : [-C] Poés., [C] Pros.

glūtĭnātus, *a, um*, part. de *glutino*

glūtĭnĕus, *a, um*, englué [fig.] : [T] Poés.

glūtĭnō, *ās, āre, āvī, ātum*, tr., recoller [les chairs], cicatriser : ***glutinantia medicamenta*** [+C] Pros., les agglutinants

glūtĭnōsus, *a, um*, collant, visqueux : [+C] Pros. ‖ ***-ior*** [+C] Pros. ; ***-issimus*** [+C] Pros.

glūtĭnum, *i*, n., colle, gomme, glu : [C] Pros. ‖ [fig.] lien [de l'amitié] : [T] Pros.

glūtĭō (-ttĭō), *īs, īre, īvī (ĭī), ītum*, tr., avaler : [-C] Théât., [+C] Poés.

glūtītus, *a, um*, part. de *glutio*

glutto (glūto), *ōnis*, m., glouton : [+C] Poés., [T] Poés.

1 **glūtus (glutt-)**, *a, um*, agglutiné, adhérent : [-C] Pros.

2 **glūtŭs (glutt-)**, *ūs*, m., le gosier : [+C] Poés.

Glўcĕra, *ae*, f., Glycère [nom de femme] : [C] Poés., [+C] Poés.

Glўcĕrĭum, *ĭi*, n., nom de femme : [-C] Théât.

Glўco (-cōn), *ōnis*, m., Glycon [nom de différents personnages] : [C] Pros., [+C] Pros. ‖ **-ōnĭus**, *a, um*, de Glycon, glyconien [métrique] : [T] Pros.

Gnaeus, V. *Cnaeus*

gnārĭtās, *ātis*, f., connaissance de qqch. : [C] Pros., [T] Pros.

gnārŭris, *e*, qui sait : [-C] Théât.

gnārus, *a, um* ¶ **1** qui sait, qui connaît, informé : [C] Pros. ¶ **2** [emploi part. à Tacite] connu : [+C] Pros.

gnāta, *ae*, f., fille [de quelqu'un] : [C] Poés.

Gnătho, *ōnis*, m., nom de parasite : [C] Pros. ‖ **-ōnĭci**, *ōrum*, m. pl., gens de la secte de Gnathon : [-C] Théât.

Gnātĭa, *ae*, f., ville d'Apulie : [C] Poés.

gnātus, *a, um*, [arch.] C. *nātus*, V. *nascor, 1-2 natus*

gnāvē, C. *gnaviter*

gnāvĭtās, *ātis*, f., V. *navitas*

gnāvĭtĕr, V. *naviter*

gnāvus, *a, um*, actif, empressé : [C] Pros. ‖ V. *navus*

gnēcus, *i*, m., V. *cnecos*

Gnēus, V. *Gnaeus, Cnaeus*, prénom romain : [+C] Pros.

Gnĭdĭus, Gnĭdus, V. *Cni*

Gnipho, *ōnis*, m., M. Antonius Gniphon [grammairien et rhéteur, contemporain de Cicéron] : [+C] Pros.

gnōmē, *ēs*, f., sentence, adage : [+C] Pros.

gnōmōn, *ŏnis*, m., aiguille [de cadran solaire] : [C] Pros.

gnōmŏnĭcē, *ēs*, [C] Pros., **-nĭca**, *ae*, f., [+C] Pros., gnomonique [construction des cadrans solaires]

gnomŏnĭcus, *a, um*, gnomonique : [C] Pros.

Gnossus (-ōsus, -ssŏs), *i*, f., Cnosos [ville de Crète, ancienne résidence de Minos] ‖ **-ssĭus (-sĭus)**, *a, m*, de Cnosos, de Crète : [C] Poés., [+C] Pros., **Gnosia**, *ae*, f., = Ariane : [C] Poés. ‖ **-ossĭăs (-ōsĭăs)**, *ădis*, f., **-ossis (-ōsis)**, *ĭdis*, f., de Cnosos, de Crète : [C] Poés. ‖ **Gnossias, ssis**, subst. f., Ariane : [C] Poés.

Gobannitio, *ōnis*, m., oncle de Vercingétorix : [C] Pros.

gōbĭo, *ōnis*, m., goujon [petit poisson] : [+C] Pros., Poés. ‖ **gōbĭus**, *ĭi*, m., [+C] Poés.

goerus, V. *gyrus*

gŏētĭa, *ae*, f., enchantement, magie : [T] Pros.

Golgi, [C] Poés., **Golgoe**, *ōrum*, m. pl., ville de l'île de Chypre, où Vénus était adorée

Golgŏtha, m. indécl., lieu près de Jérusalem où J.-C. fut crucifié, le Calvaire : [T] Pros.

Gŏlīās, *ae*, m., **Goliath**, indécl., Goliath [géant philistin tué par David] : [T] Pros.

gŏmia, [V.] *gumia*

gommi, [V.] *cummi*

Gŏmorrha (-rra), *ae*, [T] Pros., f., **-rrhum (-rrum)**, *i*, [+C] Pros., n., Gomorrhe [ville près du Jourdain, consumée par le feu du ciel] ‖ **-aeus**, *a, um*, de Gomorrhe : [T] Poés.

Gomphi, *ōrum*, m. pl., ville de Thessalie : [C] Pros. ‖ **-phenses**, *ĭum*, m. pl., habitants de Gomphi : [C] Pros.

gomphus, *i*, m., cheville, clou, jointure : [+C] Pros., Poés.

gonger, [V.] *conger*

gongy̆lis, *ĭdis*, f., radis : [+C] Pros.

Gonni, *ōrum*, m. pl., ville de Thessalie : [C] Pros.

Gonnocondylum, *i*, n., ville de Thessalie : [C] Pros.

Gonnus, *i*, m., [C.] *Gonni* : [C] Pros.

Gordaei montes, [V.] *Gordyaei*

Gordĭum, *ĭi*, n., ville de Phrygie : [+C] Pros.

Gordĭus, *ĭi*, m., laboureur phrygien qui devint roi : [+C] Pros. ‖ **-ĭus**, *a, um*, ***nodus Gordius*** [T] Pros., noeud gordien

Gordĭūtīchŏs, n. indécl., nom d'une bourgade en Carie : [C] Pros.

Gordyaei, *ōrum*, m. pl., peuple d'Arménie : [+C] Pros.

Gorgē, *ēs*, f., Gorgé [fille d'Œnée, sœur de Déjanire] : [C] Poés.

Gorgĭās, *ae*, m., Gorgias, de Léontium, orateur et sophiste célèbre : [C] Pros. ‖ rhéteur d'Athènes, dont le fils de Cicéron suivit les leçons : [C] Pros.

Gorgĭs, *ĭdis*, f., [C.] *Gorge* : [+C] Poés.

Gorgo, [V.] *Gorgones*

Gorgobĭna, *ae*, f., ville des Boïens, en Gaule : [C] Pros.

Gorgŏna, *ae*, f., [C.] *Gorgon*, [V.] *Gorgones* : [T] Poés.

Gorgŏnes, *um*, acc. *năs*, f. pl., les Gorgones [Méduse, Sthényo et Euryalée], filles de Phorcus : [C] Poés. ‖ au sg., **Gorgōn (-gō)**, *ŏnis*, f., une Gorgone : [C] Pros. ; [en part. Méduse ; la tête de Méduse, représentée sur l'Égide de Pallas] [C] Poés. ‖ **-ĕus**, *a, um*, des Gorgones, de Méduse : [C] Poés. ; ***equus*** [C] Poés., cheval né du sang de Méduse (Pégase) ; ***lacus*** [C] Poés., l'Hippocrène [source qui jaillit, sur l'Hélicon, sous le sabot de Pégase]

Gorgŏphŏna, *ae*, f., tueuse de Gorgones [épithète de Minerve] : [C] Pros.

Gornĕae, *ārum*, f. pl., fort d'Arménie [auj. Khorien] : [+C] Pros.

Gorty̆n, *y̆nos*, [+C] Poés., **-na**, *ae*, [+C] Poés., **-nĭa**, *ae*, [C] Pros., f., Gortyne [ville de Crète, sur le fleuve Léthé, près de laquelle était le labyrinthe] ‖ **-nĭăcus**, *a, um*, **-nis**, *ĭdis*, f., de Gortyne : [C] Poés., [+C] Poés. ‖ **-nensis**, *e* ‖ **-nĭus**, *a, um*, [C] Pros., [C] Poés., de Crète : ***Gortynius arbiter*** [+C] Poés., = Minos, le juge de Gortyne ‖ **-nĭi**, *ōrum*, m., habitants de Gortyne : [C] Pros.

Gorty̆nĭa, *ae*, f., [V.] *Gortyn*

gōry̆tus (cō-), *i*, m., carquois : [C] Poés.

Gŏthi, *ōrum*, m. pl., Goths [nation germanique] ‖ **Gŏthĭa**, *ae*, f., la Gothie [pays des Goths] : [T] Pros.

Gŏthīni (-tīni), *ōrum*, m. pl., peuplade germanique : [+C] Pros.

Gŏthōnes (-tōnes), *um*, m. pl., Gothons [peuple de Germanie] : [+C] Pros.

grăbātus, *i*, m., bois de lit, grabat : [C] Pros., [+C] Pros.

Gracchānus, *a, um*, des Gracques : [C] Pros.

Gracchi, *ōrum*, m. pl., les Gracques [Tibérius et Gaïus Gracchus, tribuns de la plèbe, fils de Cornélie et de T. Sempronius Gracchus] : [C] Pros.

Gracchus, *i*, m., nom d'une famille de la *gens Sempronia*, [V.] *Gracchi*

graccĭtō, **gracĭtō**, *ās, āre*, -, -, intr., crier [en parl. de l'oie] : [T] Poés.

graccŭlus, [V.] *graculus*

grăcĭlentus, *a, um*, [C.] *gracilis* : [-C] Pros., [+C] Pros.

grăcĭlescō, *ĭs, ĕre*, -, -, intr., devenir maigre, grêle : [T] Pros.

grăcĭlis, *e* ¶**1** mince, maigre, grêle : [C] Pros. ; ***gracilis femina*** [C] Poés., femme élancée ¶**2** étroit : [+C] Poés. ¶**3** maigre, pauvre, misérable, chétif : ***graciles vindemiae*** [+C] Pros., maigres vendanges ¶**4** sobre, simple [en parl. du style] : [+C] Pros. ‖ ***gracillimus*** [+C] Pros.

grăcĭlĭtās, *ātis*, f. ¶**1** finesse, forme élancée : [C] Pros. ¶**2** maigreur : [C] Pros. ¶**3** simplicité, sobriété [du style] : [+C] Pros.

grăcĭlĭtĕr, adv., avec sveltesse : [+C] Pros. ‖ [fig.] ***-ius***, plus simplement : [+C] Pros.

grăcĭlĭtūdo, *ĭnis*, f., maigreur [au pr.] : [-C] Théât.

grācĭtō, [V.] *graccito*

grācŭla (grag-), *ae*, f., femelle du choucas : [T] Théât.

grācŭlus (grag-), *i*, m., choucas [oiseau] : [C] Poés.

grădātim, adv., par degrés, graduellement : [C] Pros.

grădātĭo, *ōnis*, f. ¶**1** gradin : [C] Pros. ¶**2** passage successif d'une idée à une autre, gradation : [C] Pros.

grădĭlis, *e*, qui a des degrés, où l'on monte : [T] Pros.

grădĭŏr, *dĕrĭs, dī, gressus sum* ¶**1** intr., marcher, s'avancer : ***gradietur ad mortem*** [C] Pros., il ira à la mort ; [C] Poés. ‖ [en parl. de choses] [C] Poés. ¶**2** [acc. de l'objet intér.] ***viam*** [+C] Pros., parcourir une route

grādīvĭcŏla, *ae*, m., belliqueux, qui honore Mars : [+C] Poés.

Grādīvus, **Gră-**, [C] Poés.), *i*, m., un des noms de Mars : [C] Poés.

grădŭs, *ūs*, m. ¶**1** pas : ***gradum facere*** [C] Pros., faire un pas, marcher ; ***celerare*** [C] Poés. ; ***corripere*** [C] Poés., presser l'allure ; ***addere*** [C] Pros., augmenter le pas ; ***sistere*** [C] Poés. ; ***sustinere*** [C] Poés., suspendre sa marche ; ***revocare*** [C] Poés. ; ***referre*** [C] Poés., revenir sur ses pas ; ***suspenso gradu*** [-C] Théât., en retenant ses pas, à pas de loup ; ***citato gradu*** [C] Pros., à vive allure ; ***pleno gradu*** [C] Pros., au pas accéléré ; [métaph.] [C] Pros. ‖ [fig.] marche vers, approche : [C] Pros. ; ***ad consulatum*** [C] Pros., un pas vers le consulat ; ***gradus mortis*** [C] Poés., approche de la mort ¶**2** position, posture du combattant : [C] Pros. ; ***de gradu*** [+C] Pros., à pied, de pied ferme ; [C] Pros. ; ***depellere*** [C] Pros., faire lâcher pied à qqn ; [fig.] ***de gradu dejici*** [C] Pros., être décontenancé, déconcerté, lâcher prise ¶**3** degré, marche [d'ord. au pl.] : ***gradus templorum*** [C] Pros., les marches des temples ; [+C] Pros. ; ***subitarii gradus*** [+C] Pros., des gradins improvisés ; ***spectaculorum gradus*** [+C] Pros., tribunes en gradins ; [C] Pros. ‖ [agric.] profondeur d'un coup de bêche en palier : [+C] Pros. ‖ [astron.] degré d'une circonférence : [C] Poés. ‖ étages de la chevelure : [+C] Pros. ¶**4** [fig.] degré, échelle ***a) sonorum gradus*** [C] Pros., degrés, échelle des sons ***b) temporum gradus*** [C] Pros., ordre chronologique ; [C] Poés. ***c)*** degré de parenté : [C] Poés. ; ***artissimo gradu*** [+C] Pros., à un degré très proche ***d) gradus officiorum*** [C] Pros., échelle, hiérarchie des devoirs ***e)*** degré dans les magistratures, rang, échelon : [C] Pros. ; ***gradus senatorius*** [C] Pros., le rang de sénateur

Graea, *ae*, f., ville de la Béotie : [+C] Poés.

Graecānĭcē, adv., en grec : [C] Pros.

Graecānĭcus, *a, um*, à la manière des Grecs : [C] Pros. ; ***Graecanica toga*** [+C] Pros., manteau grec

graecātŭs, *a, um*, part. de *graecor*, ***graecatior epistula*** [+C] Pros., lettre écrite en assez bon grec

Graecē, adv., en langue grecque : [C] Pros.

Graeci, *ōrum*, m. pl., les Grecs : [C] Pros. ‖ sg., **Graecus**, un Grec : [C] Pros.

Graecĭa, *ae*, f. ¶**1** la Grèce : [C] Pros. ou ***Graecia ulterior*** [C] Pros. ou ***Graecia magna*** [C] Poés. ¶**2** ***Magna Graecia***, la Grande-Grèce [partie méridionale de l'Italie] : [C] Pros. ou ***Graecia*** [C] Pros. ou ***Major Graecia*** [C] Pros. et [dans la bouche d'un Grec] ***Graecia exotica*** [-C] Théât.

Graecĭensis, *e*, de Grec, de Grèce, grec : [+C] Pros.

Graecĭgĕnae, *ārum*, m. pl., les Grecs : [T] Pros.

Graecīnus, *i*, m., ami d'Ovide : [C] Poés.

graecissō, *ās, āre*, -, -, intr., être de type grec : [-C] Théât. ‖ parler grec : [+C] Pros.

graecŏr, *ārĭs, ārī, ātus sum*, intr., vivre à la grecque [dans les plaisirs] : [C] Poés. ‖ parler grec : [T] Pros. ; V. *graecatus*

Graecostădĭum, *ĭi*, n., [T] Pros., **Graecostăsis**, *is*, f., Grécostase [édifice de Rome où se tenaient les ambassadeurs des pays étrangers en attendant l'audience du Sénat] : [C] Pros.

Graecŭlus, *a, um*, grec [méprisant ou familier] : [C] Pros., [+C] Pros. ‖ m. pris substᵗ, sale Grec, Grécaillon : [C] Pros. ‖ Grec au petit pied, élève des Grecs : [C] Pros.

1 **Graecus**, *a, um*, grec, de Grèce : [n. pl.] ***Graeca leguntur*** [C] Pros., on lit le grec, les oeuvres grecques ; ***Graeci ludi*** [C] Pros., spectacles [tragédies ou comédies] imités des Grecs ; [C] Pros. ‖ de bon grec : [C] Pros. ‖ n. pris substᵗ, **Graecum**, langue grecque, le grec : [C] Pros. ‖ [chrét.] païen

2 **Graecus**, *i*, m., un Grec, V. *Graeci*

grăfĭum, V. *graphium*

Grāiocĕli, *ōrum*, m. pl., peuple de la Narbonnaise : [C] Pros.

Grāiŭgĕna, *ae*, m., grec : [C] Poés.

Grāius, *a, um*, grec : [C] Poés. ‖ subst. m., un Grec : [C] Pros. ‖ pl., **Grāii**, **Grāi**, *ōrum*, les Grecs : [-C] Théât., [C] Poés., Pros.

grallae, *ārum*, f. pl., échasses : [C] Poés.

grallātŏr, *ōris*, m., celui qui marche avec des échasses : [-C] Théât., [C] Poés., [T] Pros.

grāmĕn, *ĭnis*, n. ¶ **1** gazon, herbe : sg., [C] Poés. ‖ pl., [-C] Pros., [C] Poés. ¶ **2** [en gén.] herbe, plante : [C] Poés., [+C] Pros. ‖ ***gramen Indum*** [+C] Poés., costus

grāmĭnĕus, *a, um*, de gazon : ***graminea corona*** [C] Pros., couronne de gazon ; V. *obsidionalis* ‖ de bambou : [C] Pros.

grāmĭnōsus, *a, um*, herbeux : [+C] Pros.

grammătēŭs, *ĕi*, m., scribe : [+C] Pros.

grammătĭca, *ae*, f., grammaire, la science grammaticale : [C] Pros. ‖ **-tĭcē**, *ēs*, f., [+C] Pros.

grammătĭcālis, *e*, grammatical, de grammaire : [T] Poés. ‖ de grammairien : [T] Pros.

1 **grammătĭcē**, adv., conformément aux règles de la grammaire : [+C] Pros.

2 **grammătĭcē**, *ēs*, V. *grammatica*

grammătĭcus, *a, um* ¶ **1** de grammaire : ***ars grammatica*** [C] Pros., la grammaire ; [+C] Pros. ¶ **2** de grammairien, de critique : [C] Pros. ¶ **3 grammătĭca**, *ōrum*, n. pl., la grammaire : [C] Pros. ¶ **4 grammătĭcus**, *i*, m., grammairien, maître de langage : [C] Pros., [+C] Pros. ‖ homme de lettres, érudit, critique, philologue : [C] Pros.

grammătista, *ae*, m., maître élémentaire, grammatiste : [+C] Pros.

grammē, *ae*, f., ligne : [T] Pros.

grammĭcus, *a, um*, linéaire, géométrique : [C] Pros.

Grampĭus mons, V. *Graupius mons*

grānārĭum, *ĭi*, n., [-C] Pros., [C] Pros. ; [plus souv. au pl.], **grānārĭa**, *ōrum*, n. pl., grenier : [-C] Théât., [C] Pros., Poés.

grānascō, *ĭs, ĕre, -, -*, intr., former des graines ; [fig.] fructifier : [T] Pros.

grānātim, adv., grain à grain : [+C] Pros.

grānātum, *i*, n., grenade [fruit] : [+C] Pros.

1 **grānātus**, *a, um*, abondant en grains, grenu : [+C] Pros.

2 **grānātŭs**, *ūs*, m., rassemblement des grains : [-C] Pros.

grandaevĭtās, *ātis*, f., grand âge, vieillesse : [-C] Théât.

grandaevus, *a, um*, vieux, avancé en âge : [C] Poés., [+C] Pros. ; ***grandaeva manus*** [+C] Poés., troupe de vieillards [le sénat] ; ***consilia grandaeva*** [+C] Poés., conseils de la vieillesse

grandescō, *ĭs, ĕre, -, -*, intr., croître, se développer, grandir : [C] Poés., [+C] Pros.

grandĭcŭlus, *a, um*, assez gros : [-C] Théât. ‖ assez grand : [-C] Théât.

grandĭfĕr, *ĕra, ĕrum*, qui rapporte beaucoup, fertile : [C] Pros.

grandĭfĭcus, *a, um*, grand, élevé [au fig.] : [T] Pros.

grandĭlŏquus, *a, um*, qui a le style pompeux : [C] Pros. ‖ orateur au grand style : [C] Pros.

grandĭnat, impers., il grêle : [+C] Pros.

grandĭnātus, *a, um*, part. de *grandino*

grandĭnis, gén. de *grando*

grandĭnō, *ās, āre, -, -*, tr., frapper de la grêle : [T] Pros. ‖ V. *grandinat*

grandĭnōsus, *a, um*, chargé de grêle : [+C] Pros.

grandĭō, *īs, īre, -, -* ¶ **1** tr., faire pousser, développer : [-C] Théât. ¶ **2** intr., grandir, pousser : [-C] Pros.

grandis, *e* ¶ **1** grand [en gén.], de vastes proportions : ***seges grandissima*** [C] Pros., les épis les plus gros ; [-C] Théât., [C] Pros. ; ***grandis epistula*** [C] Pros., longue lettre ; ***grande fenus*** [C] Pros., gros intérêts ; ***vox grandior*** [C] Pros., voix plus forte ; ***grandi pondere*** [C] Pros., d'un poids considérable ¶ **2** grand, avancé en âge : ***grandis natu*** [C] Pros., âgé, vieux ; ***grandis aetas*** [C] Pros., âge avancé ¶ **3** [rhét.] le style sublime, style aux grandes proportions, imposant : [C] Pros. ; ***grandis verbis*** [C] Pros., sublime dans l'expression ‖ [qqf.] sujet ample, important : [C] Pros.

grandiscāpĭus, *a, um*, [arbres] dont le tronc est élevé : [+C] Pros.

grandĭtās, *ātis*, f., [fig.] grandeur, sublimité, élévation [du style] : [C] Pros., [+C] Pros.

grandĭtĕr, adv., grandement, fortement : ***-dius*** [C] Poés.

grandĭuscŭlus, *a, um*, déjà un peu grand, grandet : [-C] Théât., [T] Pros.

grando, *ĭnis*, f., grêle : [C] Pros. ‖ grêle de, multitude : [+C] Poés.

grānĕa, *ae*, f., plat de blé mondé : [-C] Pros.

grānĕus, *a, um*, concassé [en parl. du marbre] : [C] Pros.

Grānīcus, *i*, m., le Granique [fl. de la Pite Phrygie] : [+C] Pros.

grānĭfĕr, *ĕra, ĕrum*, qui porte des grains : [C] Poés.

Grānĭus, *ĭi*, m., nom de plusieurs personnages : [C] Pros.

grānum, *i*, n., grain, graine : [C] Pros. ; ***fici*** [C] Pros., pépin de figue

grăphĭārĭum, *ĭi*, n., étui pour mettre les styles : [+C] Poés.

grăphĭārĭus, *a, um*, relatif aux styles : [+C] Pros.

grăphĭcē, adv., artistement, parfaitement : [-C] Théât., [+C] Pros.

grăphĭcus, *a, um*, dessiné de main de maître, parfait, accompli : [-C] Théât. ‖ compar. grec *graphicoterus* [C] Pros.

grăphĭŏlum, *i*, n., [fig.] petite pousse, (tige) : [+T] Poés.

grăphis, *ĭdis* ou *ĭdos*, f., instrument pour dessiner, crayon : ***graphidis scientia*** [C] Pros., la science du dessin

grăphĭum, *ĭi*, n., style, stylet, poinçon [pour écrire sur la cire] : [+C] Pros.

grassātŏr, *ōris*, m. ¶ **1** vagabond, flâneur : [-C] d. [+C] Pros. ¶ **2** rôdeur, brigand, voleur à main armée : [C] Pros.

grassātūra, *ae*, f., brigandage : [+C] Pros.

grassŏr, *ārĭs, ārī, ātus sum*

I intr. ¶ **1** marcher d'habitude : [-C] Théât. ¶ **2** rôder, vagabonder, courir çà et là : [C] Pros., [+C] Pros. ¶ **3** s'avancer avec idée d'attaque : ***in aliquem*** [C] Pros., marcher contre qqn ‖ [absᵗ] attaquer : [+C] Pros. ¶ **4** [fig.] s'acheminer, s'avancer, procéder : [C] Pros. ; ***veneno*** [+C] Pros., procéder par le poison ‖ se pousser, s'insinuer, se faire bien voir : [C] Pros., Poés.

II tr., attaquer : [+C] Poés. ‖ ravager : [T] Pros.

grātantĕr, adv., volontiers, avec joie : [T] Pros.

grātātōrĭus, *a, um*, de félicitation : [T] Pros.

grātē, adv. ¶ **1** avec plaisir, volontiers : [C] Pros. ¶ **2** avec reconnaissance : [C] Pros. ‖ ***-tissime*** [+C] Pros.

grātēs [sans gén.] f. pl., grâces, action de grâces, remerciement [surtout aux dieux] : ***grates alicui agere*** [C] Pros. ; ***habere*** [-C] Théât., remercier qqn ; ***grates referre*** [C] Poés. ; ***persolvere*** [C] Poés. ; ***rependere*** [+C] Poés., témoigner sa reconnaissance, s'acquitter envers qqn ; ***gratibus aliquem venerari*** [+C] Pros., rendre à qqn des actions de grâces

1 **grātĭa**, *ae*, f. ¶ **1** bienfait qu'on accorde à qqn, faveur, complaisance, grâce, [d'où] reconnaissance, remerciements

a) faveur : ***alicui gratiam dare*** TER., accorder une faveur à qqn ; ***gratiae causa*** CIC., par faveur ; ***in gratiam alicujus*** LIV., pour complaire à qqn ‖ [en part. à l'abl., placé après son régime] en faveur de = pour, en vue de : ***hominum gratia*** CIC., pour les hommes ; ***alicujus conservandi gratia*** CIC., pour sauver qqn ; ***exempli gratia*** CIC., pour prendre un exemple, par exemple ; ***ea gratia quod...*** SALL., pour ce motif que... ***b)*** grâce : ***alicui gratiam alicujus rei facere*** SALL., SUET., faire grâce à qqn de qqch. = dispenser qqn de qqch., [ou] pardonner qqch. à qqn ; ***per gratiam*** PL., de bonne grâce ; ***cum gratia*** TER., de bon gré ‖ grâce, charme, agrément : ***gratia in vultu*** QUINT., grâce dans le visage ; ***gratia corporis*** SUET., agréments physiques ; ***sermonis gratia*** QUINT., charme d'un parler ‖ [chrét.] grâce (= don de la bonté divine) : ***ex Dei gratia salvari*** HIER., être sauvé par la grâce de Dieu ; ***gratias agere*** VULG., bénir ***c)*** reconnaissance, remerciements : ***alicui gratiam referre*** CIC., témoigner de la reconnaissance à qqn ; ***alicui gratias referre*** CIC., donner à qqn des marques de reconnaissance ; ***gratiam dis persolvere*** CIC., s'acquitter envers les dieux d'une dette de reconnaissance ; ***gratias agere alicui*** CIC., adresser des remerciements à qqn ; ***gratias habere*** LIV., remercier ‖ [expressions] ***dis gratia !*** TER., dieux merci ! ; ***gratiast !*** PL., merci bien ! ¶ **2** appui dont on dispose auprès d'autrui, popularité, crédit, [d'où] relations amicales ***a)*** appui, faveur : ***gratiam alicujus sibi conciliare*** CIC., se concilier l'appui de qqn ; ***gratiam inire ab aliquo*** CIC., se mettre dans les bonnes grâces de qqn ; ***aliquam bonam gratiam sibi quaerere*** CIC., rechercher pour soi quelques faveurs ***b)*** popularité, crédit : ***gratia alicujus*** CIC., le crédit, l'influence de qqn ; ***gratia plurimum posse*** CAES., avoir le plus grand pouvoir par son crédit ; ***per gratiam contendere ut...*** CIC., tenter par son crédit, par ses relations, d'obtenir que... ***c)*** relations amicales : ***cum aliquo in gratia esse*** CIC., être en bons termes avec qqn ; ***in gratiam cum aliquo redire*** CIC., renouer des relations d'amitié avec qqn, se réconcilier avec qqn ; ***alicujus gratiam velle*** CAES., vouloir l'amitié de qqn

2 **Grātĭa**, *ae*, f., **Grātĭae**, *arum*, f. pl., une Grâce, les Grâces [Aglaé, Thalie, Euphrosyne] : Poés., Pros.

Grātĭānŏpŏlis, *is*, f., ville de la Viennoise [auj. Grenoble] : Pros.

Grātĭdĭānus, *i*, m., M. Marius Gratidianus [neveu de Marius] : Pros.

Grātĭdĭus, *ĭi*, m., orateur : Pros.

grātĭfĭcātĭo, *ōnis*, f., bienfaisance, libéralité : Pros. ; ***Sullana gratificatio*** Pros., les libéralités de Sylla [distributions de terre à ses vétérans] ‖ partialité : Pros.

grātĭfĭcātus, *a, um*, part. de *gratificor*

grātĭfĭcŏr, *ārĭs, ārī, ātus sum* ¶ **1** intr., se rendre agréable à, faire plaisir à, obliger : ***de aliqua re gratificari alicui*** Pros., faire don à qqn en prenant sur qqch. ; Pros. ; ***Scipioni*** Pros., être agréable à Scipion ¶ **2** tr., accorder comme faveur, comme complaisance : Pros. ‖ faire abandon de : Pros.

grātĭīs, → *1 gratia, gratis*

grātilla, *ae*, f., sorte de gâteau sacré : Pros.

grātĭōsus, *a, um* ¶ **1** qui est en faveur, qui a du crédit : Pros. ; ***apud aliquem gratiosus*** Pros., dans les bonnes grâces de qqn ; ***-sissimus*** Pros. ¶ **2** qui accorde une faveur, obligeant : Pros.

grātīs, Pros., **gratiis**, adv., gratuitement, pour rien, gratis ‖ ***gratis (con)stare*** Pros., Pros., ne rien coûter ‖ [chrét.] sans raison : Pros. ‖ en vain : Pros.

Grātĭus (Grattĭus), *ĭi*, m., Gratius Faliscus [poète latin] : Poés.

grātŏr, *ārĭs, ārī, ātus sum*, intr., féliciter : ***gratare sorori*** Poés., félicite ta soeur ; ***mihi grator*** Poés., je me félicite, je m'applaudis, je me réjouis ; ***gratatur reduces*** [s.-ent. *esse*] Poés., il les félicite de leur retour

grātŭītō, adv., gratuitement : Pros.

grātŭītus, *a, um*, gratuit, désintéressé [opp. *mercennarius*] : Pros. ; ***gratuita suffragia*** Pros., suffrages gratuits, libres ; Pros. ‖ spontané, pour rien, sans motif : Pros. ‖ inutile, superflu : Pros.

grātŭlābĭlis, *e*, qui se félicite, joyeux : Pros.

grātŭlābundus, *a, um*, qui félicite : Pros.

grātŭlātĭo, *ōnis*, f. ¶ **1** manifestation (expression) de la joie, de la reconnaissance : Pros. : Pros. ‖ félicitations : Pros. ‖ pl., remerciements, marques de reconnaissance : Pros. ¶ **2** actions de grâces aux dieux, décrétées comme témoignage officiel de satisfaction à qqn : Pros.

grātŭlātŏr, *ōris*, m., celui qui félicite, qui complimente : Poés.

grātŭlātōrĭē, adv., en félicitant, avec joie : Pros.

grātŭlŏr, *ārĭs, ārī, ātus sum*, intr.

I ¶ **1** remercier [arch.] : ***diis*** d. Pros., remercier les dieux ; Théât., Pros. ¶ **2** féliciter, complimenter, faire compliment de, congratuler : ***alicui de aliqua re*** Pros. ; ***pro aliqua re*** Pros. ; ***in aliqua re*** Pros., féliciter qqn de qqch. ‖ ***gratulari quod*** Pros., féliciter de ce que ‖ ***gratulari cum*** Théât., Pros., complimenter alors que, au moment où

II [avec acc. de l'objet de la félicitation] ¶ **1** [avec prop. inf.] Pros., Pros. ¶ **2** remercier de ce que [avec prop. inf.] : Théât.

1 **grātus**, *a, um* ¶ **1** agréable, bienvenu, qui reçoit bon accueil : Pros. ‖ [avec noms de pers.] ***gratus conviva*** Poés., convive bienvenu ; Pros., Pros. ¶ **2** aimable, charmant : ***gratus locus*** Pros., charmant endroit ¶ **3** accepté avec reconnaissance, cher, précieux, dont on a de la gratitude : Pros. ; ***facere alicui gratum, gratissimum, pergratum***, faire plaisir à qqn (le plus grand, un très grand plaisir) : Pros. ¶ **4** reconnaissant : ***gratissimus hominum*** Pros., le plus reconnaissant des hommes ; ***gratum se praebere alicui*** Pros., se montrer reconnaissant à qqn ; ***gratus erga aliquem*** Pros. ; ***in aliquem*** Pros. ; ***in aliquo*** Pros., reconnaissant envers qqn, à propos de qqn ; ***pro aliqua re*** Pros., pour qqch. ‖ ***grato animo*** Pros., avec reconnaissance ; ***grata manu*** Pros., d'une main reconnaissante

2 **Grātus**, *i*, m., surnom romain : Pros.

Graupĭus mons, m., montagne de la Calédonie [Grampians] : Pros.

grăvantĕr, adv., à regret : Pros.

* **grăvastellus**, *a, um*, appesanti par l'âge : Théât.

grăvātē, adv., avec peine, à regret, à contrecœur : Pros.

grăvātim, adv. ¶ **1** lentement : Poés. ¶ **2** → *gravate* : Pros., v. Pros.

grăvātus, *a, um*, part. de *gravo*

grăvēdĭnōsus, *a, um*, catarrheux : Pros.

grăvēdo, *ĭnis*, f. ¶ **1** lourdeur des membres, de la tête, pesanteurs : Pros. ‖ [en part.] coryza, rhume : Théât., Pros., Pros. ¶ **2** gestation [de la femme] : Poés.

grăveŏlens, *tis*, dont l'odeur est forte : Poés. ‖ fétide : Poés.

grăvescō, *ĭs, ĕre, -, -*, intr. ¶ **1** se charger : Poés. ¶ **2** [fig.] s'aggraver : Poés. ‖ empirer : Pros.

grăvĭdātus, *a, um*, part. d'un verbe *1 gravido*, "rendre mère" ‖ [fig.] ***terra gravidata seminibus*** Pros., la terre fécondée par les semences

grăvĭdĭtās, *ātis*, f., grossesse, gestation : Pros.

grăvĭdŭla, *ae*, adj. f., fécondée [coquillage produisant des perles], perlière : Pros.

grăvĭdus, *a, um* ¶ **1** chargé, rempli : ***gravidae aristae*** Poés., épis lourds ; ***manus gravidae*** Théât., mains pleines ; Poés. ‖ [avec gén.] Poés. ¶ **2** [en parl. de la gestation] Pros. ; ***est gravida et ex viro et ex Jove*** Théât., elle est enceinte des oeuvres et de son mari et de Jupiter [*viro* Théât.] ; ***gravidae pecudes*** Poés., brebis pleines ‖ subst. f., femme enceinte : Théât.

grăvis, *e* ¶ **1** lourd, pesant : ***gravia navigia*** Pros., vaisseaux lourds ; ***gravius onus*** Pros., Poés., une charge plus lourde ; Poés., Pros. ‖ [nourriture] lourde : Pros. ‖ [homme] grand et fort, pesant : Poés. ‖ pesamment armé : Pros., Pros. ‖ ***aes grave*** ; → *aes* : ***argentum grave*** Pros., argenterie massive ¶ **2** [fig.] ***a)*** grave, de basse [son, voix] : Pros. ; ***syllaba gravis***

+C Pros., syllabe sourde, sans accent [opp. à *acuta*] ***b)*** qui pèse dans la balance, de poids, puissant, fort, énergique : ***gravis civitas*** C Pros., cité importante ; ***auctoritas*** C Pros., influence puissante ; ***causae graves*** C Pros., des raisons puissantes ***c)*** grave, digne, noble, imposant : C Pros. ***d)*** grave, dur, rigoureux : ***verbum gravius*** C Pros., parole un peu dure ; ***gravissimum supplicium*** C Pros., le supplice le plus rigoureux ; ***gravioribus bellis*** C Pros., dans les guerres un peu difficiles ***e)*** [odeur] violente, forte, pénétrante : ***ellebori graves*** C Poés., l'ellébore nauséabond ***f)*** fort, élevé [comme prix], accablant : ***grave fenus*** +C Pros., intérêt exorbitant ; ***gravis annona*** +C Pros., cherté des vivres ***g)*** pénible, accablant, malsain : C Pros. ; ***gravis autumnus*** C Pros., automne malsain ***h)*** qui est à charge, pénible, dur à supporter, fâcheux, désagréable, importun : C Pros. ; ***grave est alicui*** [avec inf.] C Pros., il est pénible pour qqn de... ; C Pros. ¶ **3** alourdi, embarrassé ***a)*** ➡ *gravida*, en état de grossesse : C Poés. ***b)*** accablé, incommodé : ***morbo gravis (equus)*** C Poés., (cheval) accablé par la maladie ; C Pros. ; ***gravis aetate*** C Pros., alourdi par le poids de l'âge

Grăviscae, *ārum*, f. pl., C Pros., C Poés. et **Gravisca**, *ae*, f., +C Pros., ville d'Étrurie ‖ **-ānus**, *a*, *um*, de Gravisca

grăvĭtās, *ātis*, f. ¶ **1** pesanteur, lourdeur : ***armorum*** C Pros. ; ***navium*** C Pros., pesanteur des armes, des navires ¶ **2** [fig.] ***a)*** importance, poids, force vigueur : ***civitatis*** C Pros., importance d'une cité ; ***sententiarum*** C Pros., la force des pensées ; ***acrior verborum*** C Pros., une énergie plus accentuée dans les paroles ; ***morbi*** C Pros., force (violence) d'une maladie ***b)*** dignité, élévation, noblesse, solennité : C Pros. ***c)*** fermeté et dignité de caractère : C Pros. ‖ gravité, dignité, sérieux : C Pros. ***d)*** dureté, rigueur : C Pros. ***e)*** élévation, cherté : ***annonae*** +C Pros., cherté des vivres (difficulté d'approvisionnement) ***f)*** état malsain, insalubrité : ***caeli*** C Pros. ; ***loci*** C Pros., insalubrité d'un climat, d'un lieu ¶ **3** état de lourdeur, d'embarras, incommodité, malaise : C Pros. ; ***membrorum*** C Pros. ; ***corporis*** C Pros., lourdeur des membres, malaise physique ; ***gravitas senilis*** C Poés., pesanteur de la vieillesse ‖ ***linguae*** C Pros., lourdeur de la prononciation ¶ **4** état de grossesse : C Poés.

grăvĭtĕr, adv. ¶ **1** gravement, avec un ton de basse : C Pros. ¶ **2** de manière importante, avec poids : ***de aliquo gravissime judicare*** C Pros., porter sur qqn un jugement de la plus haute importance ‖ avec force, avec énergie : ***graviter conqueri*** C Pros., se plaindre avec énergie ; ***gravissime dicere*** C Pros., parler avec une très grande force ‖ avec gravité, dignité, noblesse : C Pros. ¶ **3** pesamment, violemment, gravement : ***graviter cadere*** C Poés., tomber lourdement ; ***ferire aliquem*** C Poés., porter à qqn un coup violent ; ***gravius aegrotare*** C Pros., être plus gravement malade ; ***gravissime terreri*** C Pros., éprouver la plus violente frayeur : ***graviter angi*** C Pros., être vivement tourmenté ‖ rigoureusement, durement : ***gravissime de aliquo decernere*** C Pros., prendre les décisions les plus rigoureuses au sujet de qqn ‖ en mauvaise santé : ***se non graviter habere*** C Pros., n'être pas dangereusement malade ‖ avec peine, désagréablement : C Pros. ; ***audire*** -C Théât., entendre des choses désagréables

grăvĭtūdo, *ĭnis*, f., ➡ *gravedo* : C Pros., +C Pros.

grăvĭuscŭlus, *a*, *um*, assez grave : +C Pros.

grăvō, *ās*, *āre*, *āvī*, *ātum*, tr.

I [voix active] ¶ **1** appesantir, alourdir : C Poés. ‖ charger : ***aliquem sarcinis*** +C Pros., charger qqn de bagages ¶ **2** [fig.] aggraver, augmenter : ***invidiam alicujus*** +C Pros., aggraver la haine à l'égard de qqn ; C Pros. ‖ alourdir, appesantir, accabler : C Pros. ‖ peser sur, incommoder : C Poés.

II [passif] être incommodé, trouver pesant ¶ **1** faire des difficultés, se résoudre avec peine : ***ne gravare*** -C Théât., ne fais pas de difficultés ; C Pros. ; ***non gravarer, si...*** C Pros., je me résoudrais volontiers, si... ; ***gravari militia*** C Pros., trouver pénible le métier militaire ¶ **2** [avec inf.] répugner à, se refuser à : C Pros. ¶ **3** [avec acc.] sentir le fardeau de qqn, de qqch., trouver importun, être fatigué de : ***matrem*** +C Pros., trouver sa mère importune ; ***aspectum civium*** +C Pros., avoir de la répugnance pour la vue de ses concitoyens ; +C Pros., Poés.

grĕgālis, *e* ¶ **1** qui est en troupeau, qui va en troupe : C Pros. ¶ **2** qui appartient à la foule, commun, vulgaire : ***gregale sagulum*** C Pros., sayon de simple soldat ; +C Pros. ‖ subst. m. pl. *gregales*, compagnons, amis : C Pros. ¶ **3** [chrét.] qui appartient au troupeau du Christ, chrétien : ***gregalis plebs*** T Poés., la foule chrétienne

grĕgārĭus, *a*, *um* ¶ **1** relatif aux troupeaux : ***gregarii pastores*** +C Pros., bergers de troupeaux ¶ **2** [fig.] du commun, de la foule : ***miles gregarius*** C Pros., le simple soldat ; ***gregarii milites*** C Pros., les simples soldats ‖ ***poeta*** T Pros., poète ordinaire

grĕgātim, adv., en troupeau par troupes : +C Pros. ‖ [en parl. d'hommes] C Pros.

grĕgātus, *a*, *um*, part. de *grego*

grĕgis, gén. de *grex*

grĕgō, *ās*, *āre*, -, -, tr., [passif] se réunir : +C Poés.

Grēgŏrĭus, *ĭī*, m., Grégoire de Tours [historien, 6e s.] : T Poés. ‖ Grégoire le Grand [pape de 590 à 604] : T Pros.

Gremia, **gremialis**, ➡ *crem-*

grĕmĭum, *ĭī*, n. ¶ **1** giron, sein : C Pros. ‖ [en parl. de la terre] C Pros. ¶ **2** [fig.] ***a)*** le sein de la patrie : C Pros. ; ***Graeciae*** C Pros., le centre, le coeur de la Grèce ***b)*** soins, surveillance attentive : ***ad gremium praeceptoris*** +C Pros., sous la direction du maître ***c)*** sein, bras, protection, secours : C Pros. ; pl., C Poés.

gressĭo, *ōnis*, f., marche : -C d. T Pros.

1 **gressus**, *a*, *um*, part. de *gradior*

2 **gressŭs**, *ūs*, m., marche, pas : C Poés. ‖ [poét.] marche [d'un navire] : C Poés.

grex, *grĕgis*, m. ¶ **1** troupeau : C Pros. ; [fig.] C Pros. ¶ **2** troupe, bande [d'oiseaux] : C Pros. ¶ **3** troupe [d'hommes], bande : C Pros. ‖ troupe [d'acteurs] : -C Théât. ¶ **4** [en parl. des choses] ***grex virgarum*** -C Théât., poignée de verges

Grinnes, *ĭum*, f. pl., ville de la Belgique : +C Pros.

grīphus, *i*, m., énigme : +C Pros.

grocĭo, ➡ *crocio*

grōmătĭcus, *a*, *um*, subst. m. pl., auteurs qui ont écrit sur l'arpentage : +C Pros.

grongus, *i*, m., ➡ *conger* : +C Pros.

grosa, *ae*, f. ?, grattoir, racloir : T Pros.

Grosphus, *i*, m., surnom romain : C Poés., Pros.

grossĭtūdo, *ĭnis*, f., grosseur, épaisseur : T Pros.

grossŭlus, *i*, m., petite figue : +C Pros.

1 **grossus**, *a*, *um*, ***-ior*** T Pros.

2 **grossus**, *i*, m., figue qui n'arrive pas à maturité : -C Pros., +C Pros.

Grudĭi, *ōrum*, m. pl., Groudes [peuple de la Belgique] : C Pros.

grūmătĭcus, ➡ *gromaticus*

Grūmentum, *i*, n., ville de Lucanie : C Pros.

Grūmĭo, *ōnis*, m., nom d'un esclave rural : -C Théât.

grūmus, *i*, m., petit tas de terre, petit tertre : C Pros.

grundītŭs, *ūs*, m., grognement [du porc] : C Pros.

Grunĭum, *ĭī*, n., ville de Phrygie : C Pros.

grunnĭō, *īs*, *īre*, *īvī* ou *ĭī*, *ītum*, intr., grogner [en parl. du cochon] : +C Poés.

grūs, *grŭis*, f., grue [oiseau] : C Pros. ‖ corbeau [machine de guerre] : C Pros.

Gryllus, *i*, m., fils de Xénophon, mort à Mantinée : +C Pros. ‖ nom de Romain : +C Poés.

Grynīa, *ae*, f., **-īum**, *ĭī*, n., ville d'Éolide, avec un temple d'Apollon ‖ **-nēus**, *a*, *um*, de Grynium : C Poés.

gŭbernābĭlis, *e*, gouvernable, qui peut être régi : +C Pros.

gŭbernācŭlum, **gŭbernaclum** sync. poét., *i*, n., gouvernail [d'un navire], timon : C Pros. : +C Pros. ‖ [fig. au pl.] : C Pros. ‖ [sg. rare] +C Pros. ‖ gouvernement moral : ***gubernaculum rationis*** +C Pros., la règle de la raison

gŭbernātio, *ōnis*, f., conduite d'un navire : C Pros. ‖ [fig.] direction, gouvernement : C Pros.

gŭbernātŏr, *ōris*, m., celui qui tient le gouvernail, timonier : C Pros. ‖ ***gubernator civitatis*** C Pros., le pilote de l'État

gŭbernātrix, *īcis*, f., directrice, qui gouverne : [C] Pros.

gŭbernātus, *a*, *um*, part. de *guberno*

Guberni, *ōrum*, **Gugerni**, *ōrum*, m. pl., [+C] Pros., peuple de la Belgique

gŭbernĭus, *ĭī*, m., → *gubernator* : [+C] Pros.

gŭbernō, *ās*, *āre*, *āvī*, *ātum*, tr. ¶ **1** [abst[t]] diriger un navire, tenir le gouvernail : [C] Pros. ‖ [prov.] ***gubernare e terra*** [C] Pros., gouverner du rivage, vouloir piloter sans quitter la terre ¶ **2** tr., ***navem*** [-C] Pros., diriger un navire ‖ [fig.] diriger, conduire, gouverner : [C] Pros.

gŭbernum, *i*, n., gouvernail ; [au pl.] [-C] Poés., [C] Poés.

gŭla, *ae*, f. ¶ **1** œsophage, gosier, gorge : ***obtorquere gulam*** [C] Pros., tordre la gorge, serrer à la gorge ¶ **2** [fig.] bouche, palais : [C] Pros., [+C] Poés. ‖ gourmandise : [+C] Pros.

gŭlo, *ōnis*, m., gourmand, glouton : [T] Pros.

gŭlōsē** [inus.], adv., en gourmand, gloutonnement ‖ ***-sius [+C] Pros.

gŭlōsus, *a*, *um*, gourmand, glouton, goulu : [+C] Pros., Poés. ‖ [fig.] ***gulosum fictile*** [+C] Poés., un mets délicat dans un plat grossier ; ***gulosus lector*** [+C] Poés., lecteur avide

Gulusa (-ssa), *ae*, m., fils de Masinissa : [C] Pros.

gŭmĭa, *ae*, m., gourmand : [+C] Pros.

gumm-, → *cumm-*

gumnăsĭum, → *1 gymnasium*

gŭnaecēum, → *gynaeceum*

gupsum, → *gypsum*

gurdus, *a*, *um*, balourd, lourdaud : [+C] Pros.

1 **gurgĕs**, *ĭtis*, m. ¶ **1** tourbillon d'eau : [C] Pros. ‖ masse d'eau : [C] Poés. ¶ **2** gouffre, abîme : [C] Poés. ‖ [fig.] ***vitiorum*** [C] Pros., abîme de vices

2 **Gurgĕs**, *ĭtis*, m., le Gouffre [surnom de Q. Fabius] : [T] Pros. ‖ autres pers. : [+C] Poés., Pros.

1 **gurgulĭo**, *ōnis*, m., gosier, gorge : [-C] Théât., [C] Pros.

2 **gurgŭlio**, → *1 curculio*

gurgustĭŏlum, *i*, n., masure : [+C] Pros.

gurgustĭum, *ĭī*, n., mauvaise auberge, gargote : [C] Pros. ‖ cabane, hutte : [C] Pros.

gustātĭo, *ōnis*, f., plats d'entrée : [+C] Pros.

gustātōrĭum, *ĭī*, n., entrées [de table] : [+C] Pros.

1 **gustātus**, *a*, *um*, part. de *gusto*

2 **gustātŭs**, *ūs*, m. ¶ **1** goût [sens], palais : [C] Pros. ¶ **2** goût (saveur) d'une chose : [C] Pros. ¶ **3** [fig.] action de goûter, sentiment, appréciation : [C] Pros.

gustō, *ās*, *āre*, *āvī*, *ātum*, tr. ¶ **1** goûter [pr. et fig.] : ***aquam*** [C] Pros., goûter de l'eau ; ***primis labris*** [C] Pros., goûter du bout des lèvres ; ***civilem sanguinem*** [C] Pros., goûter au sang des citoyens ‖ ***de potione*** [+C] Pros., goûter à un breuvage ¶ **2** [abst[t]] faire collation, goûter, manger un morceau : [C] Pros., [+C] Pros.

gustŭlum, *i*, n., petite entrée de table : [+C] Pros. ‖ [fig.] préliminaire : [+C] Pros.

gustum, *i*, n., entrée de table : [+C] Pros.

gustŭs, *ūs*, m. ¶ **1** action de goûter, dégustation : [-C] Théât., [+C] Pros. ¶ **2** goût d'une chose, saveur : [+C] Pros. ; [fig.] [+C] Pros. ¶ **3** [fig.] goût, avant-goût, échantillon : [+C] Pros. ¶ **4** → *gustatio*, plat d'entrée : [+C] Poés. ‖ de quoi goûter, une gorgée : [+C] Pros.

1 **gutta**, *ae*, f. ¶ **1** goutte d'un liquide : [C] Pros. ‖ larme : [C] Poés. ‖ larmes qui dégouttent de certains arbres : [+C] Poés. ¶ **2** mouchetures [des animaux, des pierres] : [C] Poés. ‖ [archit.] goutte [dans l'ordre dorique ou corinthien] : [C] Pros. ¶ **3** [fig.] une goutte, une parcelle, un brin : [-C] Théât., [C] Poés.

2 **Gutta**, *ae*, m., surnom romain : [jeu de mots] [C] Pros.

guttātus, *a*, *um*, tacheté, moucheté : [+C] Poés.

guttŭla, *ae*, f., petite goutte, gouttelette : [-C] Théât.

guttŭr, *ŭris*, n., gosier, gorge : [-C] Théât., [C] Pros., Poés. ; pl., ***guttura*** [C] Poés. ‖ [fig.] = gloutonnerie : [+C] Poés.

guttus (gūtus), *i*, m., vase à col étroit, burette : [C] Pros., Poés., [+C] Poés.

Gy̆ăra, *ae*, f., **Gy̆ărŏs**, *i*, f., **Gy̆ăra**, *ōrum*, n. pl., [+C] Poés., une des Cyclades : [C] Pros., Poés., [+C] Pros.

Gy̆ās, **Gy̆ēs**, *ae*, m., Gyas [un des Géants] : [C] Poés. ‖ compagnon d'Énée : [C] Poés.

Gȳgēs, *is* (*ae*), m. ¶ **1** Gygès [roi de Lydie] : [C] Pros. ‖ **-aeus**, *a*, *um*, de Gygès, lydien : [C] Poés. ¶ **2** nom d'un jeune homme : [C] Poés. ¶ **3** Troyen tué par Turnus : [C] Poés.

Gy̆lippus, *i*, m., nom d'homme : [C] Poés.

gymnăs, *ădis*, f., lutte, exercice de la lutte : [+C] Poés.

gymnăsĭarchus, *i*, m., gymnasiarque, directeur du gymnase : [C] Pros.

1 **gymnăsĭum**, *ĭī*, n. ¶ **1** lieu public chez les Grecs destiné aux exercices du corps, gymnase : [C] Pros. ‖ ***habere aliquem gymnasium*** [-C] Théât., prendre qqn pour un gymnase s'escrimer sur qqn, le battre ¶ **2** école philosophique [les réunions philos. se faisant sous les portiques ou dans les gymnases] : [C] Pros. ‖ gymnase [comme lieu de réunion pour la conversation] : [+C] Pros. ; [Cicéron en avait un dans sa maison de Tusculum] [C] Pros.

2 **Gymnăsĭum**, *ĭī*, n., courtisane : [-C] Théât.

gymnastĭcus, *a*, *um*, gymnastique : [-C] Théât.

Gymnētes, *um*, m. pl., Gymnètes [peuple de l'Inde] : [+C] Pros.

gymnĭcus, *a*, *um*, gymnique, de lutte : [C] Pros., [+C] Pros.

Gymnītes, → *Gymnetes*

gymnŏsŏphistae, *ārum*, m. pl., les gymnosophistes [secte de l'Inde] : [+C] Pros.

gy̆naecēum (-cīum), *i*, n., gynécée [appartement des femmes chez les Grecs] : [-C] Théât., [C] Pros.

gy̆naecōnītis, *ĭdis*, f., gynécée : [C] Pros.

Gyndēs, *ae*, m., fleuve d'Assyrie [auj. le Kerah] : [C] Poés., [+C] Pros.

gypsātus, *a*, *um*, part.-adj. de *gypso*, plâtré ‖ ***manibus gypsatissimis*** [C] Pros., avec les mains complètement recouvertes de plâtre [habitude des acteurs jouant les rôles de femmes]

gypsĕus, *a*, *um*, de plâtre : [T] Pros.

gypsō, *ās*, *āre*, *āvī*, *ātum*, tr., enduire de plâtre, crépir : [+C] Pros. ‖ ***gypsati pedes*** [C] Poés., pieds enduits de plâtre [en parl. d'esclaves mis en vente]

gypsum, *i*, n., pierre à plâtre, gypse, plâtre : [-C] Pros., [+C] Pros. ‖ plâtre, statue ou portrait en plâtre : [+C] Poés.

Gyrtōn, *ōnis*, f. (**-nē**, *ēs*, [+C] Théât.), ville de Thessalie : [C] Pros.

gȳrus, *i*, m. ¶ **1** cercle que l'on fait faire au cheval, volte : [C] Poés., [+C] Pros. ‖ cercle, rond : [C] Poés. ; [fig.] [C] Poés., [+C] Pros. ‖ pl., [fig.] détours, subtilités : [+C] Pros. ¶ **2** manège où l'on dresse les chevaux : [C] Poés. ‖ [fig.] = dressage : [C] Pros. ‖ = carrière : [C] Pros.

Gythēum, *i*, **-thĭum**, *ĭī*, n., Gythéum ou Gythium [ville de Laconie, auj. Palaeopolis] : [C] Pros.

H

h, n., f. indécl., ***H*** abréviation de ***heres, honor, habet***; ***HH = heredes***; ***H. E. T. = heres ex testamento*** ‖ ***H. S. E. = hic situs est*** ‖ ***HS.***; ➤ *2 sestertius*

hă !, interj., ah ! oh ! ; [gén^t] ***ha hae*** ou ***hahae*** ‖ ***ha ha hae*** ou ***hahahae***, ah ! ah ! [éclat de rire] : [-C] Théât.

Hābăcūc, ➤ *Abacuc*

hăbēna, *ae*, f. ¶1 courroie : [C] Poés. ‖ courroie de fronde : [+C] Poés. ‖ lanière, fouet, étrivières : [C] Pros. ‖ lanière, bande de chair : [+C] Pros. ¶2 bride, rênes, guides [ordin^t au pl.] : [C] Poés. ; ***conversis habenis*** [C] Poés., tournant bride ; ***effusissimis habenis*** [C] Pros., à toute bride ‖ [par ext.] la cavalerie : [+C] Poés. ¶3 [métaph.] ligament, fibre, radicelle : [+C] Pros.

hăbentia, *ae*, f., ce qu'on possède, l'avoir : [-C] Théât.

hăbēnŭla, *ae*, f., lambeau étroit de chair, bande charnue : [+C] Pros.

hăbĕō, *ēs, ēre, ŭī, ĭtum*, tr. ¶1 avoir ***a) pecuniam habere*** CIC., avoir, posséder de l'argent ; ***patrem clarissimum habere*** CIC., avoir un père très illustre ; ***triginta annos habere*** QUINT., avoir trente ans ; ***febrim habere*** CIC., avoir la fièvre ; ***summam vim dicendi habere*** CIC., avoir une puissance oratoire incomparable ; ***odium in aliquem habere*** CIC., avoir de la haine contre qqn ; ***aliquid in animo habere***, avoir qqch. dans l'esprit ; ***aliquid in ore habere***, avoir qqch. à la bouche ; ***aliquid ante oculos habere***, avoir qqch. devant les yeux ; ***vestem habere*** OV., avoir (= porter) un vêtement ‖ [abs^t] ***habere in nummis*** CIC., avoir en fait d'argent = avoir, posséder de l'argent ***b)*** avoir comme [avec acc. compl. et acc. attribut] : ***aliquem collegam habere*** CIC., avoir qqn comme collègue ***c)*** avoir à : [avec inf. de but] ***nihil habere ad aliquem scribere*** CIC., ne rien avoir à écrire à qqn ; [avec rel. conséc.] ***nihil habeo quod ad te scribam*** CIC., je n'ai rien à t'écrire ; [avec interrog. indir.] ***nihil habebat quid responderet*** CIC., il n'avait rien à répondre (= il ne savait que répondre) ; [avec adj. verb.] ***aliquid tuendum habere*** CIC., avoir qqch. à garder ; ***pugnandum habere*** SEN., avoir à se battre (= avoir la tâche, la mission de se battre) ***d)*** [avec un sujet de choses] avoir = comporter, avoir comme caractéristique propre : ***habet hoc virtus ut...*** CIC., la vertu a ce trait caractéristique que... ; ***difficultatem habere*** CIC., comporter une difficulté (= être difficile) ; ***dubitationem habere*** CIC., être douteux ; ***iniquitatem habere*** CIC., être injuste ‖ comporter = avoir pour conséquence, entraîner : ***magnum circuitum habere*** CAES., entraîner un long détour ***e)*** [tard., avec un part. passé, forme une périphrase comparable à notre passé composé] ***si Dominum iratum haberes*** AUG., si tu avais irrité le Seigneur ¶2 tenir ***a) aliquem in custodiis*** SALL., tenir qqn en prison ; ***aciem instructam habere*** CAES., tenir son armée rangée en bataille ; ***aliquem sollicitum habere*** CIC., tenir qqn dans l'inquiétude ; ***ordines habere*** SALL., tenir = maintenir, garder les rangs ; [à propos de conversations, de réunions] ***verba habere*** CIC., tenir des propos ; ***sermonem habere*** CIC., tenir une conversation ; ***orationem habere*** CIC., tenir = prononcer un discours ; ***concilia habere*** CAES., tenir des assemblées ; [d'où] ***senatum habere*** CIC., réunir le sénat ; ***comitia habere*** CIC., réunir les comices ***b)*** tenir pour, considérer comme, regarder comme [avec acc. compl. et acc. attribut] : ***deos aeternos habere*** CIC., estimer que les dieux sont éternels ; ***aliquem pro hoste habere*** CAES., tenir qqn pour un ennemi ; ***aliquem in numero hostium habere*** CAES., même sens ; ***maximam illam voluptatem habere quae...*** CIC., regarder comme le plus grand plaisir celui qui... ‖ [avec acc. et compl. au dat.] ***aliquid honori habere*** SALL., considérer qqch comme un titre d'honneur ‖ ***parum habere*** [avec inf.] SALL., trouver insuffisant de ‖ [au pass., avec gén. de prix] ***magni haberi*** CAES., être très apprécié ***c)*** [abs^t] se tenir qq. part, habiter : ***Syracusis habere*** PL., habiter Syracuse ¶3 traiter : ***aliquem bene habere*** PL., bien traiter qqn ; ***aliquem male habere*** CAES., maltraiter, tourmenter qqn ; ***milites laxiore imperio habere*** SALL., traiter les soldats moins rigoureusement ; ***aliquem necessarium habere*** CIC., traiter qqn en ami intime ¶4 ***habere***, [ou] ***se habere***, se trouver, être [santé, situation...] : ***bene habere*** TAC., aller bien ; ***se non graviter habere*** CIC., ne pas être gravement malade ; ***praeclare te habes, cum...*** CIC., cela va bien pour toi du moment que... ; ***res sic se habet***, les choses sont ainsi, il en est ainsi ; ***male se res habet, cum...*** CIC., cela va mal, quand...

hăbessit, ➤ *habeo*

hăbĭlis, *e* ¶1 commode à tenir, à porter, à manier, qui va bien : [C] Pros., [+C] Pros. ¶2 [fig.] qui va bien, bien adapté, bien approprié : [C] Pros., Poés. ‖ [avec inf.] propre à, apte à : [+C] Poés. ‖ ***habilissimus*** [+C] Pros.

hăbĭlĭtās, *ātis*, f., aptitude : ***habilitates corporis*** [C] Pros., facultés physiques

hăbĭlĭtĕr, adv., commodément, aisément : [C] Pros.

hăbĭtābĭlis, *e*, habitable : [C] Pros. ‖ [poét.] habité : [+C] Poés.

hăbĭtācŭlum, *i*, n., demeure : [+C] Pros. ‖ [fig.] demeure de l'âme [c.-à-d. le corps] : [T] Poés.

hăbĭtāta, *ae*, f., la terre habitée [οἰκουμένη], le monde romain : [T] Pros.

hăbĭtātĭo, *ōnis*, f., demeure, habitation, domicile : [-C] Théât., [C] Pros. ‖ loyer : [+C] Pros. ‖ le corps, demeure de l'âme : [T] Pros.

hăbĭtātŏr, *ōris*, m., habitant : [C] Pros.

hăbĭtātrix, *īcis*, f., habitante : [T] Poés., Pros. ‖ [en parlant de l'âme qui habite le corps] : [T] Pros.

hăbĭtātus, *a, um*, part. de *habito*

hăbĭtĭo, *ōnis*, f., action d'avoir : ***gratiae*** [+C] Pros., reconnaissance

hăbĭtō, *ās, āre, āvī, ātum*, tr. et intr.

I tr. ‖ habiter, occuper : ***urbes*** [C] Poés., habiter des villes ; [C] Pros., [+C] Pros.

II intr. ¶1 ***in Sicilia, Lilybaei, sub terra, apud aliquem, in via***, habiter en Sicile, à Lilybée, sous terre, chez qqn, sur la route (au bord de...) : [C] Pros. ; ***vallibus imis*** [C] Poés., habiter au fond des vallées ‖ [pass. impers.] : [C] Pros. ‖ ***melius habitare*** [C] Pros., avoir un plus beau logement ; ***bene*** [C] Pros., être bien logé ¶2 [fig.] habiter, se cantonner : ***in foro, in rostris*** [C] Pros., ne pas bouger du forum, de la tribune aux harangues ; ***in oculis*** [C] Pros., être toujours exposé aux regards ‖ s'arrêter, s'attarder sur une chose : [C] Pros. ¶3 [en parlant du Christ sur terre] : ***habitavit in nobis*** [T] Pros., il a séjourné parmi nous

hăbĭtūdo, *ĭnis*, f., manière d'être, état, extérieur : [-C] Théât., [C] Pros.

hăbĭtŭrĭō, *īs, īre, -, -*, désirer avoir : [-C] Théât.

1 **hăbĭtus**, *a, um* ¶1 part. de *habeo* ¶2 adj^t, bien portant, bien en chair : ***habitior*** [-C] Théât., en assez bon point ; ***habitissimus*** [+C] Pros.

2 **hăbĭtŭs**, *ūs*, m. ¶1 manière d'être, dehors, aspect extérieur, conformation physique : ***oris*** [C] Pros., les traits du visage ; ***cultus habitusque*** [C] Pros., le costume et l'allure générale ‖ attitude, contenance : [C] Pros., [+C] Pros. ¶2 mise, tenue : ***pastorum habitu*** [C] Pros., habillés en bergers ; ***triumphalis*** [+C] Pros., tenue du triomphateur ‖ vêtement : [+C] Pros. ¶3 [fig.] manière d'être, état ***a) Italiae*** [C] Pros., aspect de l'Italie ; ***vestis armorumve*** [C] Pros., la nature des vêtements ou des armes ; ***pro habitu pecuniarum*** [C] Pros., selon la situation de fortune ; ***orationis*** [C] Pros., tenue du style ***b)*** complexion, constitution : [C] Pros. ; ***habitus animorum*** [+C] Pros., l'état des

esprits ***c)*** dispositions d'esprit, sentiments : ***provinciarum*** [+C] Pros., dispositions d'esprit des provinces ¶**4** [phil.] manière d'être acquise, disposition physique ou morale qui ne se dément pas : [C] Pros.

habrŏtŏnum (**-ŏnus**), ▶ *abrotonum*

hăbundo, ▶ *abundo*

1 **hāc**, abl. f. de *1 hic*

2 **hāc**, adv., par ici : [-C] Théât., [C] Pros.

hācpropter, adv., à cause de cela : [C] Poés.

hāctĕnŭs, adv. ¶**1** seulement jusqu'ici, seulement jusqu'à cet endroit : [C] Poés. ¶**2** [fig.], seulement jusqu'à ce point, seulement jusque-là : [C] Pros. ‖ ***nunc hactenus*** [C] Pros., maintenant en voilà assez ‖ [en corrél.] dans la mesure où, en tant que : [avec *ut* subj. ou *quoad*] [C] Pros. ; [avec *quod* ou *si*] [+C] Pros. ‖ [avec *ne*] : [C] Pros., [+C] Pros. ¶**3** jusqu'à aujourd'hui, jusqu'à ce moment : [C] Poés., Pros.

Hādrānum, *i*, n., ▶ *Adr*

Hădrĭa (**Adr-**), ***ae*** ¶**1** f., ville du Picénum : [C] Pros. ‖ ville de Vénétie : [C] Pros. ¶**2** m., la mer Adriatique : [C] Poés., [+C] Pros. ‖ **-ĭăcus** (**-ĭātĭcus**), ***a, um***, de la mer Adriatique : [C] Poés., Pros., **Hadrĭātĭcum**, ***i***, n., l'Adriatique : [C] Poés.

Hădrĭānŏpŏlis, ***is***, f., ville de Thrace [auj. Andrinople] : [T] Pros. ‖ pl., les villes auxquelles Hadrien donna son nom : [T] Pros.

1 **Hădrĭānus**, ***a, um***, de l'Adriatique : [C] Pros.

2 **Hădrĭānus** (**Ad-**), ***i***, m., Hadrien, empereur romain [P. Aelius Hadrianus, 117-138] : [T] Pros.

haec, f. sg. et n. pl. de *1 hic*, [ancien f. pl.]

haedĭlĭae, ***ārum***, f. pl., chevrettes : [C] Poés.

haedillus, ***i***, m., petit chevreau [terme affectueux] : [-C] Théât.

haedīnus, ***a, um***, de bouc : [C] Pros. ; ***haedinum coagulum*** [C] Pros., fromage de chèvre

haedulus, ***i***, m., chevreau, cabri : [+C] Poés.

haedus, ***i***, m., petit bouc, chevreau ; [sens collectif] : [C] Pros. ‖ pl., ***Haedi*** ; les Chevreaux, constellation : [C] Pros., Poés. ‖

Haemĭmontus, ***i***, m., partie de la Thrace près du mont Hémus ‖ **-tāni**, ***ōrum***, m. pl., Hémimontains : [T] Pros.

Haemōn, ***ŏnis***, m., Hémon [fils de Créon] : [C] Poés.

Haemonensis, ▶ *He*

Haemŏnĭa (**Aem-**), ***ae***, f., Hémonie [anc. nom de la Thessalie] ; [C] Poés. ‖ **-nĭs**, ***ĭdis***, f., Thessalienne : [C] Poés. ‖ **-nĭdēs**, ***ae***, m., Hémonien, Thessalien ; [pl.] = les Argonautes : [+C] Poés. ‖ **-nĭus**, ***a, um***, Hémonien, Thessalien : [C] Poés. ; ***juvenis*** [C] Poés. = Jason ; ***puer*** [C] Poés. = Achille ; ***arcus*** [C] Poés. = le Sagittaire

haemorrhŏissa (**-hŏūsa**), ***ae***, f., femme qui a une perte de sang : [T] Pros.

Haemus, ***i***, m., fils de Borée et d'Orithye, changé en montagne : [C] Poés. ‖ nom d'homme : [+C] Poés.

haerēd-, ▶ *hered-*

haerĕō, ***ēs, ēre, haesī, haesum***, intr. ¶**1** être attaché, fixé, accroché : ***in equo*** [C] Pros. ; ***equo*** [C] Poés., se tenir ferme à cheval ; [C] Pros., Poés. ; ***in complexu alicujus haerere*** [+C] Pros. ; ***amplexibus*** [C] Poés., tenir embrassé qqn étroitement ‖ être arrêté, immobilisé : [C] Pros., [+C] Pros. ; [prov.] ***aqua haeret*** [C] Pros., l'eau de la clepsydre s'arrête, une difficulté se présente ¶**2** [fig.] ***a)*** être attaché, fixé : [C] Pros. ; ***haerere in memoria*** [C] Pros., être fixé dans la mémoire ; [avec dat.] [C] Pros., Poés., [+C] Pros. ; ***in scribendo haereo*** [C] Pros., je suis lié à mon travail de composition, je suis rivé à mon ouvrage ***b)*** [insistance sur l'idée] rester solidement, tenir bon : [C] Pros. ; ***in eo crimen non haerebat*** [C] Pros., l'accusation ne tenait pas contre lui ***c)*** s'attacher comme une ombre aux pas de qqn *(alicui)* : [C] Poés., [+C] Pros. ‖ être implanté chez qqn : [-C] Théât. ‖ [mil.] ***in tergis, tergis, in tergo***, être attaché aux trousses de l'ennemi : [C] Pros., [+C] Pros. ‖ s'arrêter obstinément à une chose : ***in obsidione castelli*** [+C] Pros., s'arrêter obstinément au siège d'un fortin ***d)*** être arrêté, être en suspens, être embarrassé : ***in multis nominibus*** [C] Pros., être à court pour de nombreux noms [n'en pas trouver l'étymologie] ; ***haerebat nebulo*** [C] Pros., le gredin était embarrassé ; [C] Poés.

haerēs, ***ēdis***, m., ▶ *heres*

haerescō, ***ĭs, ĕre, -, -***, intr., s'arrêter, s'attacher : [C] Poés.

haerĕsĭarcha (**-chēs**), ***ae***, m., hérésiarque : [T] Pros.

haerĕsis, ***is*** ou ***ĕōs***, f., opinion, système, doctrine : [C] Pros. ‖ hérésie [groupe de gens qui non seulement s'écartent de la communauté chrétienne (schisme), mais rejettent une partie de sa foi] : [T] Pros.

haesĭtābundus, ***a, um***, hésitant : [+C] Pros.

haesĭtantĕr, adv., en hésitant : [T] Pros.

haesĭtantĭa, ***ae***, f., embarras : ***linguae*** [C] Pros., bégaiement

haesĭtātĭo, ***ōnis***, f., hésitation, incertitude : [C] Pros. ‖ embarras de langue, bégaiement : [C] Pros.

haesĭtātŏr, ***ōris***, m., celui qui hésite, temporise : [+C] Pros.

haesĭtō, ***ās, āre, āvī, ātum***, intr. ¶**1** être embarrassé, s'arrêter : ***haesitantes milites*** [C] Pros., soldats embarrassés dans leur marche, embourbés ; [-C] Théât. ¶**2** éprouver un empêchement, une gêne : ***lingua*** [C] Pros., bégayer ‖ [fig.] hésiter, balancer : ***in majorum institutis*** [C] Pros., broncher quand il s'agit des institutions des ancêtres ; ***de aliqua re*** [+C] Pros., hésiter sur qqch. ¶**3** [chrét.] être dégoûté : ***ut et de haesitaremus*** [T] Pros., à tel point que nous étions dégoûtés de la vie

hăgistīa, ▶ *machagistia*

Hagna, ***ae***, f., nom de femme : [C] Poés.

ha ha hae, **hahae**, ▶ *ha*

Hălaesa, ***ae***, f., ville de Sicile : [C] Pros. ‖ **-īnus**, ***a, um***, d'Halésa : [C] Pros. ; subst. m. pl., habitants d'Halésa

Hălaesus, ***i***, m., fils d'Agamemnon : [C] Poés. ‖ un des Lapithes : [C] Poés. ‖ montagne et rivière de Sicile : [+C] Pros.

hălăgŏra, ***ae***, f., marché au sel : [-C] Théât.

halcēdo, ▶ *alcedo*

halcȳ-, ▶ *alcy-*

halec, **halec-**, ▶ *allec*

Halentīnus, ▶ *Alunt*

Hălēs, ***ētis***, m., rivière de Lucanie [auj. Alento] : [C] Pros.

Hălēsa, **Hălēsus**, ▶ *Halaes*

hālex, ▶ *allec*

Hălĭacmōn (**Al-**), ***ŏnis***, m., Haliacmon [fleuve de Macédoine, auj. Vistritza] : [C] Pros.

hălĭaeĕtos (**-tus**), **hălĭăētos**, (**-tus**), ***i***, m., grand aigle de mer : [C] Poés.

Hălĭartus, ***i***, f., Haliarte [ville de Béotie] : [C] Pros. ‖ **-tĭi**, ***ōrum***, m. pl., habitants d'Haliarte : [C] Pros.

Hălīca, etc., ▶ *alica*, etc

hălĭcăcăbum, ***i***, n. ou **-bus**, ***i***, f., coqueret ou alkékenge [plante] : [+C] Pros.

Hălĭcarnassus (**-ŏs**), ***i***, f., Halicarnasse [capitale de la Carie] : [C] Pros. ‖ **-sseūs ĕi**, [C] Pros., d'Halicarnasse ‖ **-ssĭi**, ***ōrum*** et **-ssenses**, ***ium***, m. pl., habitants d'Halicarnasse : [C] Pros., [+C] Pros.

hălĭcastrum, ▶ *alicastrum*

Hălĭcȳae, ***ārum***, f. pl., ville de Sicile [auj. Salemi] ‖ **-cȳensis**, ***e***, d'Halicyes : [C] Pros. ; subst. m. pl., habitants d'Halicyes : [C] Pros.

hălĭeūs, ***ĕi***, m., pêcheur [titre du 10ᵉ livre d'Apicius] : [+C] Pros.

hālĭtō, ***ās, āre, āvī, ātum***, tr., exhaler : [-C] Théât.

hālĭtŭs, ***ūs***, m. ¶**1** souffle, exhalaison, vapeur, émanation : ***solis*** [+C] Pros., chaleur du soleil ¶**2** haleine, souffle, respiration : [C] Pros. ‖ l'âme : [T] Poés.

Hălĭus, ***ĭi***, m., nom d'homme : [C] Poés.

hallec, ▶ *allec*

hallĕlūia, ▶ *allel*

hallex, ▶ *allec*

hallūcĭnātĭo (**hālūc-**, **ālūc-**), ***ōnis***, f., méprise, hallucination : [+C] Pros.

hallūcĭnŏr (hālūc-, ālūc-), *ārĭs, ārī, ātus sum*, intr., divaguer, rêver : [C] Pros.

hālō, *ās, āre, āvī, ātum* ¶ **1** intr., exhaler une odeur : [C] Poés. ¶ **2** tr., exhaler : ***nectar halare*** [C] Poés., exhaler un parfum de nectar ¶ **3** respirer : [T] Poés.

hălŏphanta, *ae*, m., imposteur : [-C] Théât.

hălōs, *ō*, f., halo [cercle que l'on voit qqf. autour du soleil ou de la lune] : [+C] Pros.

hălōsis, *is*, f., prise [de Troie] : [+C] Pros.

haltēres, *ērum*, acc. *ēras*, m. pl., haltères [pour la gymnastique] : [+C] Poés.

hālūc-, [V] *hall-*

Haluntĭum, *ĭī*, n., ville de Sicile : [C] Pros. ‖ **-īnus**, *a, um*, d'Haluntium : [C] Pros.

Hălus, *i*, f., ville d'Assyrie : [+C] Pros.

Hălyatt-, [V] *Al-*

Hălȳs, *yos*, m., l'Halys [grand fleuve de l'Asie Mineure, Kizilirmak] : [C] Pros. ‖ nom d'homme : [+C] Poés.

hălȳsis, *is*, f., [V] *halos* : [+C] Pros.

hăma (ăma), *ae*, f., seau : [-C] Pros., [+C] Pros., Poés.

hămādrȳădes, *um*, f. pl., hamadryades [nymphes des forêts] : [C] Poés. ‖ sg., **hămādrȳăs** [rare] [+C] Poés. ‖ [dat. pl. grec] ***Hamadryasin*** [C] Poés.

Hamae, *ārum*, f. pl., localité en Campanie : [C] Pros.

Hămartĭgĕnīa, *ae*, f., origine du péché [titre d'un poème de Prudence] : [T] Poés.

hāmātĭlis, *e*, d'hameçon : ***piscatus*** [-C] Théât., pêche à la ligne

hāmātus, *a, um* ¶ **1** qui a des crochets, crochu : ***hamata corpora*** [C] Pros., atomes crochus ¶ **2** qui a une pointe recourbée : [C] Poés.

hămaxŏpŏdes, *um*, m. pl., [méc.] chape [pour loger les axes de roues de machines] [V] *1 arbuscula* : [C] Pros.

hāmĭgĕr, *ĕra, ĕrum*, garni d'hameçons, crochu : [T] Théât.

Hămilcăr, *ăris*, m., général carthaginois, père d'Hannibal : [C] Pros. ‖ autres : [C] Pros., [+C] Pros.

hāmĭōta, *ae*, m., pêcheur à la ligne : [-C] Théât.

hammo-, [V] *amm-*

Hampsăgŏrās ou **-psĭcŏrās**, *ae*, m., potentat sarde : [C] Pros., [+C] Poés.

hămŭla (ămŭla), *ae*, f., petit seau : [+C] Pros.

hāmŭlus, *i*, m., petit hameçon : [-C] Théât. ‖ instrument de chirurgie : [+C] Pros.

hāmus, *i*, m. ¶ **1** crochet, croc : [C] Pros. ¶ **2** hameçon : [-C] Théât., [C] Pros. ¶ **3** érigne [chir.] : [+C] Pros. ¶ **4** objet crochu [en gén.] : [C] Poés. ¶ **5** sorte de pâtisserie : [+C] Pros.

Hannĭbăl, *ălis*, m., fils d'Hamilcar, chef des Carthaginois dans la seconde guerre punique : [C] Pros. ‖ ***Hannibal ad portas*** [C] Pros., Hannibal à nos portes = danger pressant

Hanno, (**-nōn**, [+C] Poés.), *ōnis*, m., Hannon [fameux navigateur carthaginois] : [C] Pros. ‖ nom de plusieurs personnages carthaginois : [C] Pros.

hăpăla, [V] *apala ova*

hăpălopsis, *ĭdis*, f., sorte d'assaisonnement : [-C] Théât.

hăphē, *ēs*, f., poussière dont les athlètes se frottaient le corps avant de combattre : [+C] Poés. ‖ [fig.] poussière dont on est couvert : [+C] Pros.

hapsis, [V] *apsis* : [+C] Pros.

hapsus, *i*, m., bandage [méd.] : [+C] Pros.

hăra, *ae*, f., étable à porcs : [C] Pros. ‖ poulailler pour les oies : [C] Pros.

Harĭi, *ōrum*, m. pl., nom d'une tribu de Germains : [+C] Pros.

hărĭŏla, *ae*, f., devineresse : [-C] Théât.

hărĭŏlātĭo, *ōnis*, f., prédiction, prophétie : [+C] Pros. ‖ pl., [-C] d. [C] Pros.

hărĭŏlŏr, *ārĭs, ārī, ātus sum* ¶ **1** intr., être devin, prédire l'avenir : [-C] Théât., [C] Pros. ¶ **2** divaguer, radoter, extravaguer : [-C] Théât.

hărĭŏlus, *i*, m., devin : [C] Pros. ‖ charlatan : [-C] Théât.

hărĭūga, [V] *arviga*

harmămaxa, [V] *armamaxa*

Harmŏdĭus, *ĭī*, m., Athénien qui conspira avec Aristogiton contre les Pisistratides : [C] Pros. ‖ pl., [+C] Pros.

harmŏgē, *ēs*, f., harmonie : [C] Poés.

1 **harmŏnĭa**, *ae*, f. ¶ **1** harmonie, accord : [C] Poés. ¶ **2** harmonie =*concentus*, accord de sons : [C] Pros., pl., [C] Pros.

2 **Harmŏnĭa**, *ae*, f., Harmonie [fille de Mars et de Vénus, femme de Cadmus] : [+C] Poés.

harmŏnĭcē, *ēs*, f., la science de l'harmonie : [C] Pros. ‖ **-a**, *ae*, f., [C] Pros.

harmŏnĭcus, *a, um*, bien proportionné, harmonieux : [C] Pros.

harpa, *ae*, f., harpe [instrument de musique] : [+T] Poés.

1 **harpăgō**, *ās, āre, āvī, ātum*, tr., voler : [-C] Théât.

2 **harpăgo**, *ōnis*, m., grappin : [C] Pros. ‖ [fig.] rapace : [-C] Théât.

Harpăgus, *i*, m., ministre d'Astyage ‖ **-sĭdēs**, *ae*, m., fils d'Harpagus : [C] Poés.

Harpălus, *i*, m., un esclave de Cicéron : [C] Pros.

Harpălȳcē, *ēs*, f., reine des Amazones : [C] Poés.

harpastum, *i*, n., balle à jouer : [+C] Poés.

Harpăsus, *i*, m., fleuve de Carie : [C] Pros.

Harpax, *ăgis*, m., nom d'esclave (voleur) : [-C] Théât.

harpē, *ēs*, f., harpé, sorte de cimeterre : [C] Poés. ‖ faucille : [+C] Poés.

Harpŏcrās, *ae*, m., nom d'homme : [+C] Pros.

Harpŏcrătēs, *is*, m., Harpocrate [dieu du silence] : [C] Pros., Poés.

Harpȳăcus, *a, um*, des Harpies : [T] Poés.

Harpȳia [trisyll.], *ae*, f., [ordin[t] au pl.] ***Harpyiae***, Harpies : [C] Poés. ‖ sg., [C] Poés. ‖ [fig.] harpie, personne rapace : [T] Pros. ‖ nom d'un des chiens d'Actéon : [C] Poés.

Harūdes, *um*, m. pl., peuple germain : [C] Pros.

harūga, [V] *arviga*

harund-, [V] *arund-*

hăruspex, *icis*, m., haruspice [qui prédisait en examinant les entrailles des victimes] : [C] Pros. ‖ [poét.] = devin : [C] Poés., [+C] Poés.

hăruspĭca, *ae*, f., devineresse : [-C] Théât.

hăruspĭcĭa, *ae*, f., [V] *haruspicium* : [+C] Pros.

hăruspĭcīnus, *a, um*, qui concerne les haruspices : [C] Pros. ‖ **hăruspĭcīna**, *ae*, f., science des haruspices : [C] Pros.

hăruspĭcĭum, *ĭī*, n., science des haruspices : [C] Poés.

harvīga, [V] *arviga*

hāsa, *ae*, f., [V] *ara*

Hasdrŭbăl (Asd-), *ălis*, m., nom de plusieurs généraux carthaginois : [C] Pros. ‖ **-lĭānus**, *a, um*, d'Hasdrubal [frère d'Hannibal] : [T] Pros.

hăsēna, [V] *1 asena*

1 **hasta**, *ae*, f. ¶ **1** [en gén., arme formée d'une hampe munie d'un fer] lance, pique, javelot : [C] Pros. ‖ javeline lancée par le fétial pour déclarer la guerre : [C] Pros. ‖ [en usage aussi dans les exercices du gymnase] : [-C] Théât. ‖ [fig.] ***abjicere hastas*** [C] Pros., quitter la partie, désespérer de sa cause, jeter le manche après la cognée ‖ ***hasta pura*** [+C] Pros., javelot sans fer [récompense militaire] ¶ **2** encan, vente publique annoncée par une pique enfoncée en terre : ***hastam ponere*** [C] Pros., planter la pique = annoncer une vente ; ***sub hasta venditus*** [C] Pros., vendu à l'encan ; ***jus hastae*** [+C] Pros., droit de saisie ; [C] Pros. ¶ **3** hampe de javelot ***a) gramineae hastae*** [C] Pros., hampes de bambou ***b) hasta (pampinea)*** [C] Poés., thyrse [sceptre de Bacchus, porté par les Bacchantes dans les fêtes de ce dieu] ***c)*** bâton du centumvir : [+C] Pros. ***d)*** baguette recourbée qui sert à

boucler la chevelure de la mariée, symbole du pouvoir marital : [C] Poés. ***e) lampadis hasta*** [T] Poés., tige d'un flambeau

2 **Hasta**, *ae*, f., → *3 Asta*

hastārĭum, *ĭī*, n., salle (liste ?) d'enchères : [+C] Pros.

hastārĭus, *a, um*, m., qui concerne les ventes : [+C] Pros.

hastātus, *a, um*, armé d'un javelot : [+C] Pros. ; ***ordo hastatus*** [C] Pros., compagnie de hastats ‖ ***primus hastatus*** [s.-ent. *ordo*] [C] Pros., première compagnie de hastats ; [C] Pros. ‖ **hastātī**, *ōrum*, m., les hastats : [C] Pros.

hastīlĕ, *is*, n. ¶ **1** hampe de javeline, bois d'un javelot : [C] Pros. ‖ [poét.] javelot : [C] Poés. ¶ **2** bâton, branche, baguette : [C] Poés. ¶ **3** [chrét.] pied de candélabre : [T] Pros.

hastŭla, *ae*, f., → *assula* : [+C] Pros.

Hatĕrius, *ĭī*, m., Q. Hatérius, orateur sous Auguste : [+C] Pros.

Hatra, *ae*, f., ville de Mésopotamie : [T] Pros.

1 **hau**, interj., → *1 au*

2 **hau**, → *haud*

haud (haut) [arch.] **hau**, adv., ne ... pas [général[t] négation d'un mot et non d'une prop.] ***a)*** [devant les verbes *scio, dubito, erro, ignoro, assentior, amo, nitor*, dans la période class., *hauscio* d. Plaute] sur *haud scio an* → *1 an* ***b)*** [devant adj. et adv.] : [C] Pros. ; ***haud sane*** [C] Pros., vraiment pas ; ***haud ita ut*** [C] Pros., non pas comme ***c)*** [devant pron. souvent d. [C] Pros.] : ***haud quisquam, haud ullus, haud alius, etc.*** ; personne, pas un, pas d'autre ***d)*** [après une conditionnelle, pour nier toute une prop.] : [C] Pros.

hauddum, adv., pas encore : [C] Pros.

haudquāquam, adv., en aucune façon, nullement, pas du tout : [C] Pros.

haurĭō, *īs, īre, hausī, haustum*, tr. ¶ **1** puiser : ***aquam de, ex puteo*** [C] Pros., tirer de l'eau d'un puits ; ***de dolio*** [C] Pros., puiser à la cuve ; ***de faece*** [C] Pros., puiser dans la lie ¶ **2** tirer, retirer : ***terra hausta*** [C] Poés., terre retirée (creusée) ‖ ***sanguinem alicujus*** [C] Pros., tirer (verser) le sang de qqn ; [C] Poés., Pros. ¶ **3** ramasser [des cendres, de la poussière] : [C] Poés. ¶ **4** enlever, faire disparaître (tuer) : [C] Poés. ¶ **5** [fig.] puiser : ***aliquid a fontibus, e fontibus*** [C] Pros. ; ***eodem fonte*** [C] Pros., puiser qqch. aux sources, à la même source ‖ ***ex aerario sumptum*** [C] Pros., tirer du trésor public de quoi subvenir à ses dépenses ¶ **6** vider, absorber, boire : ***poculum*** [C] Pros., vider une coupe ‖ [fig.] ***calamitates*** [C] Pros., vider la coupe des malheurs ; ***voluptates*** [C] Pros., s'abreuver de voluptés ; [C] Pros., Poés. ¶ **7** creuser, transpercer : [+C] Pros., [C] Poés., Pros., [+C] Pros. ¶ **8** épuiser, consumer : ***sua*** [+C] Pros., dissiper ses biens ‖ achever : [C] Poés., [+C] Poés. ‖ absorber : ***integros cibos*** [+C] Pros., avaler des aliments tels quels ; ***hauriuntur gurgitibus*** [+C] Pros., ils sont engloutis par des abîmes ‖ détruire, dévorer : [C] Pros., [+C] Pros. ‖ se pénétrer de qqch. par la vue, par l'ouïe : ***aliquid oculis*** [C] Poés., dévorer qqch. des yeux ; ***hausit caelum*** [C] Poés., il se remplit les regards de la vue du ciel ; [C] Poés., Pros., [+C] Pros.

hauscio, → *haud*

haustŏr, *ōris*, m., celui qui boit : [+C] Poés.

haustra, *ōrum*, n. pl., auges, d'une roue à godets : [C] Poés.

1 **haustus**, *a, um*, part. de *haurio*

2 **haustŭs**, *ūs*, m. ¶ **1** action de puiser de l'eau : [+C] Pros., [C] Poés., Poés. ¶ **2** droit de puiser de l'eau : [C] Pros. ¶ **3** action de boire : [C] Poés. ‖ ***haustus aquae*** [C] Poés., gorgée d'eau ; [fig.] [C] Pros., [+C] Pros. ¶ **4** [poét.] ***a)*** mouvement d'avaler, gorgée : [C] Poés. ***b) arenae*** [C] Poés., poignée de sable

haut, → *haud*

hăve, **haveo**, → *av*

he, interj., → *ha*

Hĕautontīmōrūmĕnŏs (Haut-), *i*, m., celui qui se punit lui-même [titre d'une comédie de Térence, adaptée de Ménandre] : [-C] Théât.

hebdŏmăda, *ae*, f., le chiffre sept : [+C] Pros. ‖ sept jours, septénaire, semaine : [+C] Pros.

hebdŏmădālis, *e*, d'une semaine : [T] Pros.

hebdŏmăs, *ădis*, acc. *ăda*, f., semaine : [+C] Pros. ‖ le septième jour, retour du septième jour [époque critique pour les malades], septénaire : [C] Pros., [+C] Pros. ‖ période consacrée à des exercices pieux, retraite : [T] Pros.

Hēbē, *ēs*, f., Hébé [déesse de la jeunesse, épouse d'Hercule] : [C] Poés.

hĕbĕnum, → *ebenum*

hĕbĕō, *(ēs), ēre, -, -*, intr., ordin[t] aux 3es pers. de l'ind. prés. ¶ **1** être émoussé : [C] Pros. ¶ **2** [fig.] être engourdi : [C] Poés., [+C] Pros.

hĕbĕs, *ĕtis*, abl. ***hebeti*** ¶ **1** émoussé, qui a perdu sa pointe : [-C] Théât., [C] Poés. ; ***tela hebetiora*** [C] Pros., traits plus émoussés ¶ **2** [fig.] émoussé, qui manque de pénétration, d'acuité, de finesse : ***aures hebetes*** [C] Pros., oreilles dures ¶ **3** émoussé, qui manque de vivacité : [C] Pros. ‖ mou, engourdi, languissant : [C] Pros., [+C] Pros.

hĕbescō, *ĭs, ĕre, -, -*, intr., s'émousser [pr. et fig.] : [C] Pros. ; ***hebescunt sidera*** [+C] Pros., les astres pâlissent

hĕbĕtātĭo, *ōnis*, f., affaiblissement, émoussement : [+C] Pros.

hĕbĕtātus, *a, um*, part. de *hebeto*

hĕbĕtescō, *ĭs, ĕre, -, -*, intr., s'émousser : [+C] Pros.

hĕbĕtō, *ās, āre, āvī, ātum*, tr., émousser : [C] Pros. ‖ [fig.] enlever la finesse, l'acuité, la pénétration, la force : ***ingenium hebetatum*** [+C] Pros., esprit émoussé

hĕbĕtūdo, *ĭnis*, f., état d'une chose émoussée : ***sensuum*** [T] Pros., sens émoussés ‖ stupidité : [T] Pros.

Hēbōn, *ōnis*, m., nom de Bacchus chez les Campaniens : [T] Pros.

Hĕbraei, *ōrum*, m., les Hébreux : [+C] Pros. ‖ **-braeus (-ăĭ-ăĭcus)**, *a, um*, de Judée, des Hébreux, hébreu : [+C] Pros., [T] Pros.

Hĕbrăĭcē, adv., en hébreu, en langue hébraïque : [T] Pros.

Hebrōn, m. indécl. ¶ **1** fils de Caath et petit-fils de Lévi : [T] Pros. ¶ **2** ville de la tribu de Juda, où naquit saint Jean-Baptiste : [T] Pros.

Hebronītae, *ārum*, m. pl., Hébronites, descendants d'Hébron : [T] Pros.

Hĕbrus, *i*, m. ¶ **1** Hèbre [fleuve de Thrace] : [C] Poés. ¶ **2** nom d'un jeune homme : [C] Poés. ‖ Troyen tué par Mézence : [C] Poés.

Hĕcăbē, *ēs*, f., nom d'une des Danaïdes : [+C] Poés.

Hĕcăta, *ae*, f., → *Hecate* : [C] Poés., Pros.

Hĕcătē, *ēs*, f., Hécate [divinité qui préside aux enchantements, confondue avec Diane] : [C] Pros., Poés. ‖ **-tēĭus**, *a, um*, d'Hécate, de Diane : [C] Poés., [+C] Poés. ‖ **-tēis**, *ĭdos*, f., d'Hécate : [C] Poés.

Hĕcăto, *ōnis*, m., Hécaton de Rhodes, philosophe stoïcien : [C] Pros.

hĕcătombē, *ēs*, f., hécatombe [sacrifice de cent victimes, bœufs ou autres] : [+C] Poés.

hĕcătombĭon, *ĭī*, n., → *hecatombe* : [T] Poés.

Hĕcătompy̆los, *i*, f., [aux cent portes], surnom de Thèbes, ville de la Haute-Égypte : [T] Pros.

Hĕcătōn, → *Hecato*

Hectŏr, *ŏris*, acc. *ŏra* et *ōrem*, m., fils de Priam, tué par Achille : [C] Pros., Poés. ‖ **-rĕus**, *a, um*, d'Hector, Troyen : [C] Poés.

Hĕcŭba, *ae* (**-bē**, *ēs*), f., Hécube, femme de Priam : [C] Pros., Poés. ‖ [fig.] vieille femme : [+C] Poés.

Hĕcy̆ra, *ae*, f., l'Hécyre (la Belle-Mère) [titre d'une comédie de Térence] : [-C] Théât.

hĕdĕra (ĕdĕra), *ae*, f., lierre [enguirlande le thyrse de Bacchus; sert à couronner les poètes, les convives] : [C] Poés.

hĕdĕrācĕus (-cĭus), *a, um*, de lierre : [-C] Pros.

hĕdĕrātus, *a, um*, ceint de lierre : [T] Poés.

hĕdĕrĭgĕr, *ĕra, ĕrum*, qui porte du lierre : [C] Poés.

hĕdĕrōsus, *a, um*, couvert de lierre : [C] Poés.

Hĕdĕssa, → *Edessa*

Hēdŭi, etc., → *Aedui*, etc.

hēdychrum, *i*, n., espèce d'onguent : [C] Pros.

Hēdȳlus, *i*, m., nom d'homme : +C Poés.

Hēdȳmĕlēs, *is*, m., célèbre joueur de lyre du temps de Domitien : +C Poés.

Hēdȳphăgētĭca, *ōrum*, n., Friandises [titre d'un poème d'Ennius, adapté d'Archestrate] : +C Pros.

Hēgea (-as), *ae*, m., nom d'homme : C Pros.

Hēgĕsĭās, *ae*, m., philosophe cyrénaïque : C Pros. ‖ orateur et historien : C Pros.

Hēgēsĭlŏchus, *i*, m., premier magistrat de Rhodes : C Pros.

Hēgēsīnus, ▶ *Egesinus* : C Pros.

hĕhae, interj., ▶ *hahae* : -C Théât.

hei, **ei**, interj., hélas ! ; -C Théât. ‖ *ei mihi* -C Théât., pauvre de moi ! hélas !

heia, ▶ *eia*

Hēĭus, *ĭī*, m., nom d'homme : C Pros.

Helagabalus, ▶ *Heliogabalus*

helbŏlus, ▶ *helvolus*

helcĭārĭus, *ĭī*, m., haleur, qui tire un bateau : +C Poés.

helcĭum, *ĭī*, n., collier de halage : +C Pros.

Hĕlĕna, *ae*, f. **(-nē**, *ēs*, C Poés.), Hélène [fille de Léda et de Jupiter, soeur de Castor, de Pollux, de Clytemnestre, femme de Ménélas, elle fut cause de la guerre de Troie] : C Pros. ‖ Flavia Julia Héléna, mère de Constantin : T Pros.

Hĕlĕnĭus, *ĭī*, m., client d'Atticus : C Pros.

Hĕlēnŏr, *ŏris*, m., nom de guerrier : C Poés.

Hĕlĕnus, *i*, m., fils de Priam, devin célèbre : C Pros.

hĕlĕpŏlis, *is*, f., hélépole, machine de siège : C Pros., T Pros.

Hĕlernus, *i*, m., bois sur les bords du Tibre : C Poés.

Heles, *ētis*, m., ▶ *Hales*

Heli, m. indécl., juge et grand sacrificateur des Hébreux : T Pros.

Hēlĭădĕs, *um*, f., Héliades [filles du Soleil et de Clymène, sœurs de Phaéthon] : C Poés.

Hēlīās, ▶ *2 Elias*

Hĕlĭcāōn, *ŏnis*, m., fils d'Anténor, fondateur de Patavium (Padoue) : +C Poés. ‖ **-āŏnĭus**, *ĭī*, d'Hélicaon : +C Poés.

Hĕlĭcē, *ēs*, f., une des Danaïdes : +C Poés. ‖ la Grande Ourse, constellation : C Pros. ‖ le Nord : +C Théât.

hĕlĭces, pl. de *helix*

Hĕlĭcōn, *ōnis*, m., Hélicon [montagne de Béotie, consacrée à Apollon et aux Muses] ‖ **-cōnĭus**, *a*, *um*, de l'Hélicon : C Poés. ‖ **-cōnis**, *ĭdis*, f., de l'Hélicon : +C Poés. ‖ **-cōnĭădēs** et **-cōnĭdēs**, *um*, f., nom des Muses : C Poés., +C Poés.

hēlĭŏcămīnus, *i*, m., chambre exposée au soleil : +C Pros.

Hēlĭŏdōrus, *i*, m., Héliodore [rhéteur du temps d'Auguste] : C Poés.

Hēlĭŏgăbălus, *i*, m., Héliogabale, empereur romain [218-222] : T Pros.

Hēlĭŏpŏlis, *is*, f., ville de la Basse-Égypte : C Pros. ‖ ville de Coelé-Syrie [auj. Balbek] : +C Pros. ‖ **-lītānus**, *a*, *um*, d'Héliopolis : T Pros.

Hēlĭos (-ĭus), *ĭī*, m., le Soleil : T Pros.

Hēlĭus, ▶ *Helios*

hĕlix, *ĭcis*, f., hélice, volute [du chapiteau corinthien] : C Pros.

Hellānĭcē, *ēs*, f., sœur de Clitus, nourrice d'Alexandre le Grand : +C Pros.

Hellānĭcus, *i*, m., historien de Lesbos, antérieur à Hérodote : C Pros.

Hellăs, *ădis*, f., nom de femme : C Poés.

Hellē, *ēs*, f., fille d'Athamas, donna son nom à l'Hellespont : C Poés.

hellĕbŏr-, ▶ *ellebor-*

Hellespontus, *i*, m., l'Hellespont [détroit qui sépare l'Europe de l'Asie] : C Pros. ‖ le pays autour de la Propontide : C Pros. ‖ **tĭus (tĭăcus**, **-tĭcus)**, *a*, *um*, de l'Hellespont : C Poés. ‖ **Hellespontĭus**, *ĭī*, m., habitant des bords de l'Hellespont : C Pros.

hellŭātĭo, *ōnis*, f., gloutonnerie ; [pl.] scènes de gloutonnerie, débauches : C Pros.

hellŭcus, ▶ *elucus*

hellŭo (hēlŭo), *ōnis*, m., glouton, goinfre : C Pros. ‖ [fig.] *patriae* C Pros., dévoreur de sa patrie

hellŭŏr (hēlŭŏr), *ārĭs*, *ārī*, *ātus sum*, intr., [avec abl.] être glouton de, dévorer, engloutir : C Pros. ; *libris* C Pros., être glouton de livres ‖ [abs[t]] se livrer à la goinfrerie, à la débauche : C Pros.

Hellusĭī, *ĭōrum*, m. pl., peuple de Germanie : +C Pros.

hĕlops (ĕl-), *ŏpis*, m., sterlet, ▶ *acipenser* : +C Pros.

Hĕlor-, ▶ *Elor-*

hēlūcus, ▶ *elucus*

hēlŭo, ▶ *helluo*

Helusa, ▶ *Elusa*

Helveconae, *ārum*, m. pl., peuple de Germanie : +C Pros.

helvella, *ae*, f., petit légume, petit chou : C Pros.

helvenācĭa vītis, f., la vigne helvénaque [vigne à sarment jaunâtre] : +C Pros.

Helvētĭī, *ōrum*, m. pl., Helvètes [habitants de l'Helvétie, auj. la Suisse] : C Pros. ‖ sg. ‖ **-tĭcus**, *a*, *um*, de l'Helvétie : C Pros., **-tĭus**, *a*, *um*, C Pros.

Helvĭānus, *a*, *um*, de P. Helvius Pertinax : T Pros.

Helvĭcus, *a*, *um*, ▶ *Helvii*

Helvĭdĭus, *ĭī*, m., nom d'une famille romaine, not[t] Helvidius Priscus [sénateur romain, célèbre par ses vertus] : +C Poés.

Helvĭī (-vi), *ōrum*, m. pl., Helviens [peuple de la Gaule romaine] : C Pros.

Helvīna Cĕrēs (El-), f., Cérès Helvine [honorée à Aquinum en même temps que Diane] : +C Poés.

Helvĭus, *ĭī*, m., nom de famille : C Pros. ; [not[t]] C. Helvius Cinna [poète, ami de Catulle] : +C Pros.

helvŏlus (el-), *a*, *um*, [raisin] de couleur blonde, jaunâtre : -C Pros., +C Pros.

helvus, *a*, *um*, jaunâtre : C Pros., +C Pros.

hem, interj., ah ! oh ! eh ! [marquant un sentiment pénible, l'indignation, la douleur] : -C Théât., C Pros.

hēmĕrŏdrŏmi, *ōrum*, m. pl., coureurs, courriers : C Pros. ‖ **-dromoe**, *ōrum*, C Pros.

Hĕmĕsa, ▶ *Emesa*

hēmĭcyclĭum, *ĭī*, n. ¶ **1** hémicycle, amphithéâtre : C Pros. ¶ **2** espèce de cadran solaire : C Pros. ‖ hémicycle, siège semi-circulaire : C Pros.

hēmĭcȳlindrus, *i*, m., demi-cylindre : C Pros.

hēmīna (ēm-), *ae*, f., hémine [mesure de capacité, ▶ *cotyla*] : -C Pros., Théât., +C Pros.

hēmīnārĭum, *ĭī*, n., présent de la contenance d'une hémine : +C Pros.

hēmĭŏlĭus, *a*, *um* **(-ĭos**, *ŏn*), ▶ *sesquialter* : C Pros., +C Pros.

hēmisphaerĭŏn (-ĭum), *ĭī*, n., moitié de sphère : C Pros. ‖ coupole, dôme : C Pros.

hēmistrīgĭum, demi-striga : +C Pros.

hēmĭtŏnĭum (-ĭŏn), *ĭī*, n. ¶ **1** [mus.] demi-ton : C Pros. ¶ **2** [méc.] ressort [dans une machine de jet] : C Pros.

hēmĭtriglȳphus, *i*, m., demi-triglyphe : C Pros.

hēmĭtrĭtaeus, *i*, m., hémitritée, fièvre demi-tierce : +C Poés. ‖ qui souffre d'hémitritée : +C Poés.

hĕmōnus, ▶ *humanus*

hēmorr-, ▶ *haemorr-*

hendĕcăsyllăbus (-ŏs), *i*, m., hendécasyllabe [vers de onze syllabes] : C Poés., +C Pros.

Hĕnĕti, *ōrum*, m. pl., nom grec des Vénètes : Pros. ; ▶ *1 Veneti*

Hĕnĕtĭa, *ae*, f., ▶ *Venetia*

Hēnĭŏchi, *ōrum*, m. pl., peuple sarmate ‖ **-chĭus (-chus)**, *a*, *um*, des Hénioques : Poés.

Hēnĭŏchus, *i*, m., le Cocher [Érisichthon, changé en constellation] : Poés.

Henna, *ae*, f., ville de Sicile : Pros. ‖ **-nensĭs**, *e*, d'Henna : Pros., m. pl., les habitants d'Henna : Pros. ‖ **-naeus**, *a*, *um*, Poés.

Henoch, ▶ *Enoch*

hēpătĭa, *ōrum*, n. pl., foies de volaille : Poés., Pros.

hēpătĭārĭus, *a*, *um*, de foie : Théât.

Hēphaestĭōn (-tĭo), *ōnis*, m., Héphestion [ami et confident d'Alexandre] : Pros.

Hēphaestĭum (-stĭon), *ĭi*, n., ville de Lycie : Pros.

heptăbŏlus, *a*, *um*, à sept bouches : Pros.

Heptăgōniae, *ārum*, f. pl., lieu-dit près de Sparte : Pros.

heptăgōnus, *a*, *um*, heptagone, qui a sept angles : Pros.

heptăpȳlae et **-loe Thēbae**, f., Thèbes aux sept portes [Béotie] : Poés., Pros.

heptastădĭum, *ĭi*, n., digue de sept stades : Pros.

Heptăteuchus, *i*, m., l'Heptateuque [le Pentateuque plus les livres de Josué et des Juges] : Pros.

heptērēs (-is), *is*, f., navire à sept rangs de rames : Pros.

hēr, ▶ *er*

1 **hēra**, ▶ *era*

2 **Hēra**, *ae*, f., ville de Sicile : Pros.

Hērāclēa (-clīa), *ae*, f., Héraclée [nom des villes fondées par Hercule ou qui lui étaient consacrées] ; not[t] en Lucanie : Pros. ‖ en Sicile, près d'Agrigente : Pros. ‖ en Thessalie [la même que Trachis] : Pros. ‖ en Péonie : Pros. [appelée aussi *Heraclea ex Sintis* ou encore *Heraclea Sintice*] ‖ ville maritime du Pont : Pros. ‖ **-ēensis** ou **-īensis**, *e*, d'Héraclée ‖ **-īenses**, m. pl., habitants d'Héraclée : Pros.

Hērāclĕo, *ōnis*, m., nom d'homme : Pros.

Hērāclĕōtēs, *ae*, m., d'Héraclée ; Pros. ‖ **-tae**, *ārum*, m. pl., habitants d'Héraclée : Pros.

Hērāclēum, *i*, n., ville de Macédoine : Pros.

Hērāclēus (-īus), *a*, *um*, d'Hercule : Poés.

Hērāclīdae, *ārum*, m. pl., Héraclides, nom patronymique des descendants d'Hercule : Pros.

Hērāclīdēs, *ae*, m., descendant d'Hercule, ▶ *Heraclidae* ‖ Héraclide le Pontique [philosophe] : Pros.

Hērāclĭensis, ▶ *Heraclea*

Hērāclītus, *i*, m., Héraclite [philosophe d'Éphèse, censé pleurer] : Pros. ‖ autres du même nom : Pros.

Hērāclĭus, ▶ *Heracleus*

1 **Hēraea**, *ae*, f., ville d'Arcadie : Pros.

2 **Hēraea**, *ōrum*, n. pl., jeux en l'honneur de Junon [à Argos] : Pros.

Hēraeum, *i*, n., ville de l'île de Leucade : Pros.

herba, *ae*, f. ¶**1** herbe ***a)*** pl., herbes : Poés. ‖ mauvaises herbes : Poés. ***b)*** [fig.] jeune pousse : Poés. ; ***primis in herbis*** Poés., au début de la pousse ; ***graminis herba*** Poés., les jeunes pousses du gazon ; ***seminis herba*** Poés., le germe de la graine ¶**2** plante [en gén.] : ***herbas condire*** Pros., assaisonner des légumes

herbans, *tis*, en herbe : Pros.

herbārĭa, *ae*, f., la botanique : Pros. ‖ empoisonneuse, magicienne : Pros.

herbescō, *ĭs*, *ĕre*, -, -, intr., pousser en herbe : ***viriditas herbescens*** Pros., la pousse verte de l'herbe

Herbesus, *i*, f., ville de Sicile : Pros.

herbĕus, *a*, *um*, de couleur d'herbe, vert : Théât.

herbĭdus, *a*, *um* ¶**1** couvert d'herbe, de gazon : Pros. ¶**2** plein de mauvaises herbes : Pros. ¶**3** de couleur d'herbe, vert : Poés.

herbĭfĕr, *ĕra*, *ĕrum*, qui produit de l'herbe : Poés.

herbĭgrădus, *a*, *um*, qui marche dans l'herbe : Pros.

herbĭlĭa, *ae*, f., ▶ *ervilia*

herbĭlis, *e*, d'herbe : ***herbilis anser*** Poés., oie nourrie d'herbe [non engraissée]

herbĭpŏtens, *tis*, qui connaît la vertu des plantes : Pros.

Herbita, *ae*, f., ville de Sicile [auj. Nicosia] : Pros. ‖ **-tensis**, *e*, d'Herbita : Pros. ‖ **-tenses**, *ĭum*, m. pl., habitants d'Herbita : Pros.

herbo, ▶ *herbans*

herbōsus, *a*, *um* ¶**1** couvert d'herbe, herbeux : Poés. ¶**2** bordé de gazon : Poés. ¶**3** composé de différentes plantes : Poés. ¶**4** ***herbosissimus*** Pros.

herbŭla, *ae*, f., petite herbe, brin d'herbe : Pros.

Hercātes, *um*, *ium*, m. pl., peuple de la Gaule transpadane : Pros.

Hercēus (-cīus), *i*, m., Hercéen, qui veille aux clôtures [surnom de Jupiter, protecteur de la maison] : Poés. ‖ **-us**, *a*, *um*, de Jupiter Hercéen : Poés.

herciscō, ▶ *ercisco*

Hercīus, ▶ *Herceus*

hercle, Théât., Pros., **hercŭlĕ**, Pros., exclam., par Hercule, ▶ *mehercule*

herctum, ▶ *erctum*

Hercŭlānensis, ▶ *Herculaneum*

Hercŭlānĕum, *i*, n. ¶**1** Herculanum [ville de Campanie détruite par une éruption du Vésuve en 79 apr. J.-C.] : Pros. ¶**2** ville du Samnium : Pros. ‖ **-nensis**, *e*, d'Herculanum : Pros. ; subst. n., ***in Herculanensi*** Pros., sur le territoire d'Herculanum

1 **Hercŭlānĕus** et **Hercŭlānus**, *a*, *um*, Pros., d'Hercule : ***Herculanea pars*** Théât., la dixième partie, la dîme (consacrée à Hercule) ‖ [fig.] très grand, gigantesque ; Pros. ; ***Herculaneus nodus*** Pros., noeud herculéen [difficile à dénouer]

2 **Hercŭlānĕus** et **Hercŭlānus**, *a*, *um*, Pros., d'Herculanum : Pros.

Hercŭlānus, ▶ *Herculaneus*

hercŭle, adv., ▶ *hercle*

Hercŭlēs, *is* et *i*, m., Hercule [fils de Jupiter et d'Alcmène, célèbre par ses douze travaux] : Pros. ‖ ***aerumnae Herculi*** Théât., les peines (= les travaux) d'Hercule ; ***Herculis columnae*** Pros., les colonnes d'Hercule [Gibraltar] ; Pros. ; ***Herculis fons*** Pros., source d'Hercule [en Étrurie]

Hercŭlĕus, *a*, *um*, d'Hercule : ***Herculeum astrum*** Poés., le Lion [signe du Zodiaque] ; ***Herculeum fretum*** Poés., détroit de Gadès : ***Herculeae metae*** Poés., les colonnes d'Hercule ; ***Herculea urbs*** Poés., Herculanum, ville de Campanie ; ***Herculea gens*** Poés., la famille Fabia, les Fabius [descendants d'Hercule]

Hercŭlĭāni, *ōrum*, m. pl., soldats de la légion herculéenne : Pros.

Hercŭlĭus, *ĭi*, m., surnom de l'empereur Maximien [286-305] : Pros.

Hercyna, ▶ *Hercynna*

Hercȳnĭa silva, f., la forêt Hercynienne [en Germanie, de la Forêt-Noire aux Carpathes] : Pros. ; ***Hercynia*** [seul] Pros. ‖ **Hercynĭus**, *a*, *um*, de la forêt Hercynienne : Pros., Pros.

Hercynna, *ae*, f., nom d'une compagne de Proserpine : Pros.

Herdōnĕa (-ĭa), *ae*, f., petite ville des Hirpins [auj. Ordonna] : Pros.

Herdōnĭus, *ĭi*, m., nom d'homme : Pros.

hĕrĕ, ▶ *heri*

Hĕrĕbus, V. *Erebus*

hērēdĭŏlum, *i*, n., petit héritage : [+C] Pros.

hērēdĭŏlus, *i*, m., C. *herediolum* : [+C] Pros.

hērēdĭpĕta, *ae*, m., coureur d'héritages : [+C] Pros.

hērēdĭtārĭē, adv., héréditairement, en héritage : [T] Pros.

hērēdĭtārĭus, *a*, *um*, relatif à un héritage, d'héritage : [C] Pros., [+C] Pros. ‖ reçu par héritage, héréditaire : [C] Pros., [+C] Pros.

hērēdĭtās, *ātis*, f. ¶ **1** action d'hériter, hérédité, héritage : [C] Pros. ¶ **2** ce dont on hérite, héritage, succession : [C] Pros. ; ***hereditatem capere, accipere***, recevoir un héritage ; ***relinquere***, renoncer à un héritage, V. *2 adeo, obeo* ‖ [fig.] ***hereditas gloriae*** [C] Pros., héritage de gloire ¶ **3** [chrét.] les héritiers de Dieu, le peuple hébreu : [T] Pros. ‖ le salut éternel donné par Dieu à ses héritiers : [T] Pros.

hērēdĭtō, *ās*, *āre*, -, -, tr., laisser en héritage ; [T] Pros. ‖ instituer comme héritier : [T] Pros.

hērēdĭum, *ĭī*, n., héritage, unité d'exploitation de deux jugères : [C] Pros.

hērem, V. *heres*

hērēmus, V. *eremus*

Hĕrennĭānus, *a*, *um*, d'Hérennius : [C] Pros.

Hĕrennĭus, *ii*, m., nom de famille romaine, not[t] M. Herennius, orateur : [C] Pros. ; Herennius Senecio, historien : [+C] Pros.

hērēs, *ēdis*, m. f., héritier, héritière, légataire : ***heredem aliquem facere*** [C] Pros. ; ***scribere*** [C] Pros. ; ***instituere*** [C] Pros. ; ***relinquere*** [C] Pros., instituer qqn son héritier ; ***heres secundus*** [C] Pros., héritier substitué ; ***heres ex asse*** [+C] Pros., héritier institué pour le tout ; [C] Pros. ‖ [fig.] héritier, qui hérite de : [C] Pros. ‖ rejeton [d'arbre] : [C] Poés. ‖ [arch.] maître, possesseur : [-C] Théât.

hērĕsis, V. *haeresis*

hĕrī et **hĕrĭ**, hier : [C] Pros. ; ***heri vesperi*** [C] Pros., hier au soir ‖ naguère : [+C] Pros.

hērĭcĭus, V. *ericius*

hĕrĭēs, *ēī*, f., volonté : [-C] Pros., [+C] Pros.

hĕrĭfŭga, V. *erifuga*

hĕrīlis, V. *erilis*

Hērillus (Eril-), *i*, m., philosophe stoïcien de Carthage : [C] Pros. ‖ **-lĭi**, *ōrum*, m. pl., Hérilliens, disciples d'Hérillus : [C] Pros.

Hērĭlus, *i*, m., roi de Préneste : [C] Poés.

hērĭnācĕus, *i*, m., C. *hericius* : [T] Pros.

Hĕrĭus, *ĭī*, m., prénom osque ‖ Herius Pettius [dirigeant de Nole] : [C] Pros.

Herma, *ae*, C. *Hermes*

1 **hermaeum**, *i*, n., chambre ornée d'Hermès, de bustes : [+C] Pros.

2 **Hermaeum**, *i*, n., localité de la Béotie : [C] Pros.

Hermăgŏrās, *ae*, m., rhéteur grec : [C] Pros. ‖ **-rēi**, *ōrum*, m. pl., disciples d'Hermagoras : [+C] Pros.

Hermandĭca, *ae*, f., ville de la Tarraconaise : [C] Pros.

1 **hermăphrŏdītus**, *a*, *um*, hermaphrodite, androgyne : [+C] Pros.

2 **Hermăphrŏdītus**, *i*, m., Hermaphrodite [fils de Mercure et de Vénus] : [C] Poés.

Hermarchus, *i*, m., philosophe de Mytilène : [C] Pros. ‖ de Chios : [C] Pros.

Hermās, *ae*, m., nom d'homme : [T] Pros.

Hermăthēna, *ae*, f., buste à la fois de Mercure et de Minerve : [C] Pros.

hermēneuma, *ătis*, n., interprétation, explication : [C] Pros.

Hermērăclēs, *is*, m., buste représentant à la fois Mercure et Hercule : [C] Pros.

Hermēs (Herma), *ae*, m. ¶ **1** Hermès [à Rome, Mercure] ‖ **Hermae**, *ārum*, m. pl., Hermès, piliers surmontés d'une tête de Mercure ; [en gén.] bustes : [C] Pros. ¶ **2** ***Hermes Trismegistus***, m., Hermès Trismégiste [dieu ou sage égyptien] : [T] Pros. [ou] ***Trimaximus*** [T] Pros. ¶ **3** nom d'hommes : [+C] Poés.

Hermīnĭus, *ĭī*, m. ¶ **1** montagne de Lusitanie [auj. Sierra de la Estrella] : [+C] Pros. ¶ **2** guerrier troyen : [C] Poés. ‖ combattant romain : [C] Pros.

Hermĭŏnē, *ēs* **(-na**, *ae***)**, f. ¶ **1** Hermione [fille de Ménélas et d'Hélène] : [C] Poés. ¶ **2** ville et port de l'Argolide : [C] Pros.

Hermĭŏnes, *um*, m. pl., peuple de Germanie : [+C] Pros.

Hermĭŏnēus, **-nĭcus**, **-nĭus**, *a*, *um*, d'Hermione [ville] : [C] Pros.

Hermippus, *i*, m., nom d'homme : [C] Pros.

Hermŏdōrus, *i*, m., Hermodore, philosophe d'Éphèse : [C] Pros. ‖ architecte célèbre de Salamine : [C] Pros.

Hermŏgĕnēs, *is*, m., nom d'homme : [C] Pros. ; V. *Tigellius*

Hermŏlāus, *i*, m., jeune Macédonien, qui conspira contre Alexandre : [+C] Pros.

Hermŏtīmus, *i*, m., Hermotime de Clazomènes [philosophe] : [+C] Pros.

Hermundŭri, *ōrum*, m. pl., peuple de Germanie : [+C] Pros.

Hermus, *i*, m., l'Hermus [fleuve de Lydie, qui se jette dans le Pactole] : [C] Poés.

hernĕum, V. *erneum*

hernĭa, *ae*, f., hernie : [+C] Pros.

Hernĭci, *ōrum*, m. pl., Herniques [peuple du Latium] : [C] Pros. ‖ **-nĭcum**, *i*, n., le pays des Herniques : [+C] Poés.

1 **hēro**, *ōnis*, m., V. *2 ero*

2 **Hēro**, *ūs*, f., prêtresse de Vénus, à Sestos, aimée de Léandre : [C] Poés. ‖ une des filles de Priam : [+C] Poés. ‖ une des Danaïdes : [+C] Poés.

Hērōdēs, *is* (*ae*), m., Hérode ¶ **1** nom d'un affranchi d'Atticus : [C] Pros. ¶ **2** roi de Judée, sous Auguste : [C] Pros. ¶ **3** sophiste grec sous les Antonins [surnommé Atticus] : [+C] Pros.

Hērōdĭāni, *ōrum*, m. pl., ministres et courtisans d'Hérode : [T] Pros.

Hērōdĭānus, *a*, *um*, d'Hérode : [T] Pros.

Hērōdĭăs, *ădis*, f., Hérodiade [qui fit mettre à mort saint Jean-Baptiste] : [T] Pros.

hĕrōdĭo, V. *erodio*

Hērŏdŏtus, *i*, m., Hérodote [célèbre historien grec, né à Halicarnasse] : [C] Pros.

hērōĭcē, adv., à la manière épique [dans le genre héroïque] : [T] Pros.

hērōĭcus, *a*, *um*, héroïque (mythique) des temps héroïques : [C] Pros.

hērōīnē, *ēs*, f., demi-déesse, héroïne : [C] Poés. ; pl., [C] Poés.

hērōis, *ĭdis*, f., demi-déesse, héroïne : [+C] Pros.

Hērŏphĭlē, *ēs*, f., Hérophile [prêtresse d'Apollon Sminthée] : [C] Poés.

hērōs, *ōis*, m. ¶ **1** héros, demi-dieu, de l'âge mythique : [C] Pros., Poés. ‖ [épith. des personnages épiques] : [C] Poés. ¶ **2** [fig. en parl. d'homme célèbre] : [C] Pros. ¶ **3** [chrét.] martyr ou saint ayant pratiqué les vertus d'héroïque façon : [T] Poés.

hērōus, *a*, *um*, héroïque, de l'épopée, épique : ***herous versus*** [C] Pros., hexamètre dactylique ; ***heroum carmen*** [C] Poés., épopée ‖ subst. m., vers héroïque, hexamètre dactylique : [+C] Pros. ; [pl.] ***in herois*** [+C] Pros., dans des vers héroïques [= ouvrage en vers héroïques, *Métamorphoses* d'Ovide]

Hersē, *ēs*, f., fille de Cécrops : [C] Poés.

Hersĭlĭa, *ae*, f., femme de Romulus : [C] Pros., Poés.

hērūca, V. *eruca*

Hĕrŭli (Er-), *ōrum*, m. pl., Hérules [peuple scythe habitant près du Palus Méotide] : [T] Pros. ‖ [sg.] [T] Poés.

hĕrus, V. *ĕrus*

hervum, V. *ervum*

Hēsĭŏdus, *i*, m., Hésiode [poète archaïque grec qui vécut à Ascra, en Béotie] : C Pros. ‖ **-dēus**, **-dĭcus**, **-dīus**, *a*, *um*, d'Hésiode : C Pros., T Poés.

Hēsĭŏna, *ae* (**-nē**, *ēs*, C Poés.), f., Hésione [fille de Laomédon, soeur de Priam] : C Poés.

Hespĕrĭa, *ae*, f., l'Hespérie [régions occidentales : l'Italie par rapport à la Grèce] : C Poés. ‖ [qqf. l'Espagne par rapport à l'Italie] : C Poés.

Hespĕrĭdes, *um*, f. pl., les Hespérides, filles d'Hespérus [habitaient, près de l'Atlas, un jardin aux arbres garnis de pommes d'or et gardé par un dragon] : C Pros.

Hespĕris, *ĭdis*, f., de l'Hespérie, du couchant : C Poés.

Hespĕrĭus, *a*, *um*, de l'Hespérie [toute région située à l'ouest], occidental : C Poés.

Hespĕrus (**-ŏs**), *i*, m., fils de l'Aurore et d'Atlas, changé en une étoile : C Poés. ‖ étoile du soir : C Pros., EC Théât.

hesterno, adv., ▶ *hesternus*

hesternus, *a*, *um*, d'hier, de la veille : ***hesternus dies*** C Pros., la veille ; ***hesterna disputatio*** C Pros., la discussion d'hier ; ***hesterni crines*** C Poés., cheveux tels qu'ils étaient la veille ‖ n. pl., ***hesterna*** ; événements de la veille : EC Pros.

Hēsus, ▶ *3 Esus*

hĕtaerĭa, *ae*, f., confrérie, collège, société : EC Pros.

hĕtaerĭcē, *ēs*, f., ▶ *agema*, unité d'élite : C Pros.

Heth, indécl., fils de Chanaan : T Pros. ‖ **Hethaei**, *ōrum*, m. pl., Héthéens, Hittites : T Pros.

Hetrūr-, ▶ *Etrur-*

heū, interj., hélas !, ah ! ; C Pros. ‖ [étonnement] C Théât. ‖ ***heu, heu*** ; ▶ *eheu*

heurĕtēs, m., celui qui trouve : C Théât.

heūs !, interj., hé ! holà ! hem ! ; C Pros. ; ***heus tu*** C Théât., hé toi ! ; C Poés.

Hēva, ▶ *Eva*

hexăchordŏs, *i*, m., f., hexacorde [type de dispositif à six tuyaux de l'orgue hydraulique] : C Pros.

hexaclīnŏn, *i*, n., salle à manger à six lits : EC Poés.

hexăgōnum, *i* (**-nĭum**, *ĭi*), n. et **-gōnŭs**, *i*, m., hexagone : EC Pros., T Pros.

hexămĕtĕr, (**-metrus**), *tri*, m., qui a six pieds, hexamètre : ***hexametri versus*** C Pros., vers hexamètres ‖ [sans *versus*] EC Pros.

hexăphŏri, *ōrum*, m. pl., six porteurs [du même fardeau] : ***phalangarii hexaphori*** C Pros., groupe de six portefaix

hexăphŏrŏn (**-rum**), *i*, n., litière à six porteurs : EC Poés.

Hexăpȳlŏn, *i*, n., nom d'un quartier de Syracuse : C Pros.

hexastĭchus, *a*, *um*, qui a six rangs : EC Pros.

hexastȳlŏs, *ŏn*, qui a six colonnes : C Pros.

hexēris, *is*, f., bateau à six rangs de rameurs : C Pros.

hexis, *is*, f., aptitude, habileté : C Pros.

hi, m. pl. de *1 hic*

hĭans, *tis*, part. de *hio*

Hĭantēus, ▶ *Hyanteus*

Hiarbas, ▶ *Iarbas*

hĭascō, *ĭs*, *ĕre*, -, -, intr., s'entrouvrir, se fendre : C Pros.

hĭātŭs, *ūs*, m. ¶ **1** action d'ouvrir : ***oris hiatu*** C Pros., en ouvrant la bouche ¶ **2** ouverture, fente : C Pros. ¶ **3** [fig.] ***a)*** action de désirer avidement : ***praemiorum*** EC Pros., soif avide des récompenses ; ▶ *hio I* ¶ *3* ***b)*** [gram.] hiatus : C Pros., EC Pros. ***c)*** ouverture de bouche = parole prononcée, parole : C Poés.

Hiber, **Hiberia**, **hiberis**, ▶ *Ib*

hībĕrna, *ōrum*, n. pl., quartiers d'hiver : C Pros.

hībernācŭla, *ōrum*, n. pl., baraquements d'hiver : C Pros. ‖ sg., ***hibernaculum***, appartement d'hiver : EC Pros.

hībernālis, *e*, d'hiver : T Pros.

Hībernĭa, *ae*, f., Hibernie [auj. Irlande] : C Pros., EC Pros.

hībernō, *ās*, *āre*, *āvī*, *ātum*, intr., hiverner, prendre ses quartiers d'hiver : C Pros. ‖ [en gén.] passer l'hiver : C Pros.

hībernus, *a*, *um*, d'hiver : C Pros. ; ***hiberna navigatio*** C Pros., navigation pendant l'hiver ; ***hibernae Alpes*** C Poés., Alpes à l'hiver éternel ‖ orageux : C Poés. ‖ [acc. n. de l'objet intér.] : ***increpui hibernum*** C Théât., j'ai fait gronder la tempête

Hībērus, ▶ *Iberus*

Hibis, ▶ *2 Ibis*

hĭbiscum, *i*, n., guimauve : C Poés.

hĭbrĭda, ▶ *hybrida*

1 **hĭc**, **haec**, **hōc**, adj.-pr. démonstr., ce, cet, cette, celui-ci, celle-ci, ceci, cela [désigne l'objet qui est le plus rapproché dans le temps ou dans l'espace ; par suite, pour un avocat, son client ; pour un écrivain en général, ce qui le concerne lui-même ou ce qui le touche de plus près] ¶ **1** C Pros. ; ***haec*** [n. pl.] C Pros., la situation actuelle ¶ **2** [joint à un autre pronominal] ***hoc idem*** C Pros., cette même chose ¶ **3** ***hic... ille a)*** [en gén. *hic* se rapporte au mot le plus rapproché, ille au plus éloigné dans la phrase] : C Pros. ***b)*** [*hic* renvoie à ce qui précède, *ille* annonce ce qui suit] : C Pros. ***c) hic et ille***, tel et tel : C Pros. ; [qqf.] ***hic et hic*** C Pros. ‖ ***hic aut ille***, l'un ou l'autre [quand il s'agit de deux objets] : C Pros. ¶ **4** [pour résumer ce qui précède] voilà, tel est : C Pros. ¶ **5** [annonçant ce qui suit] ***a)*** [une énumération] : C Pros. ***b)*** [prop. inf.] C Pros. ***c) quod***, ce fait que : C Pros. ***d) ut*** [subj.] : C Pros. ***e)*** [interr. indir.] : C Pros. ¶ **6** n., ***hoc*** [avec gén.] : C Pros. ; ***hoc muneris*** C Pros., cette tâche ‖ n. pl. : ***horum utrumque*** C Pros. ; ***horum neutrum*** C Pros., chacune de ces deux choses, aucune de ces deux choses : ***his expositis*** C Pros., après cette exposition ‖ [expr.] ***hoc est***, c'est-à-dire : C Pros. ¶ **7** acc. exclam., ***hanc audaciam !***, une telle audace ! : C Pros. ¶ **8** ***hic homo = ego*** : C Théât., C Poés.

2 **hīc**, adv. ¶ **1** ici, dans ce lieu-ci, en cet endroit : C Pros. ‖ [avec gén.] : ***hic viciniae*** C Théât., ici dans le voisinage ‖ ***hic... illic***, ici ... là, dans un endroit ... dans l'autre : C Théât., C Poés. ; ***nec hic nec illic*** C Pros., ni ici ni là ; ***hic illic*** C Poés., çà et là ¶ **2** [fig.] ***a)*** sur ce point, à cette occasion : C Pros. ***b)*** alors, à ce moment : C Pros. ; ***hic tum*** C Pros., à ce moment alors

hīcĕ, **haecĕ**, **hōcĕ**, renforcement de *hic* : C Théât., C Pros.

Hĭcĕtāōn, *ŏnis*, m., fils de Laomédon et frère de Priam : EC Pros. ‖ **-ŏnĭus**, *a*, *um*, fils d'Hicetaon : C Poés.

Hĭcĕtās, *ae*, m., nom d'un philosophe pythagoricien : C Pros.

1 **hīcĭnĕ**, **haecĭnĕ**, **hōcĭnĕ**, est-ce que celui-ci, celle-ci, ceci ... ? ; C Pros. ‖ [exclam.] : C Pros., Poés.

2 **hīcĭnĕ**, adv., est-ce qu'ici ? ; C Théât.

hĭĕmālis, *e*, d'hiver : C Pros. ; ***hiemalis navigatio*** C Pros., navigation pendant l'hiver ; n. pl., ***hiemalia*** ▶ *hiberna* ‖ de mauvais temps : EC Pros.

hĭĕmans, *tis*, part. de *hiemo*

hĭĕmātĭo, *ōnis*, f., action de passer l'hiver : C Pros.

hĭĕmātus, *a*, *um*, part. de *hiemo*

hĭĕmō, *ās*, *āre*, *āvī*, *ātum*, intr. ¶ **1** passer l'hiver : C Pros. ‖ être en quartiers d'hiver, hiverner : C Pros. ¶ **2** impers., ***hiemat*** EC Pros., il fait un temps d'hiver, il fait froid ¶ **3** être agité, être mauvais [en parl. de la mer ou du vent] ***hiemat mare*** C Poés., la mer est mauvaise ; EC Pros.

Hiempsal, *ălis*, m., roi de Numidie, fils de Micipsa : C Pros. ‖ roi de Maurétanie : C Pros.

Hĭempsās, *ae*, m., nom de Carthaginois : EC Poés.

hĭems, *ĕmis*, f. ¶ **1** l'hiver [saison de l'année] : C Pros. ‖ pl., les hivers, l'hiver : C Pros. ‖ [p. ext.] année : C Poés. ¶ **2** mauvais temps, orage : C Pros., Poés. ‖ [fig.] EC Poés. ; ***ferrea hiems*** EC Poés., grêle de traits ¶ **3** froid [qu'on éprouve], frisson : EC Poés. ; ***letalis hiems*** C Poés., le frisson, le froid de la mort

hĭĕra, *ae*, f., course où les concurrents arrivent au but en même temps : ***hieram facere*** EC Pros., faire ex aequo

Hĭĕrācōmē ou **Hĭĕra Cōmē**, *ēs*, f., ville de Lydie : C Pros.

Hĭĕrāpŏlis, *is*, f., ville de Phrygie : C Pros. ‖ **-ītae**, *ārum* (**-ītāni**, *ōrum*), m., habitants d'Hierapolis : T Pros.

Hĭĕrēmĭas, → *Jeremias*

Hiericho, → *Hierichus*

Hĭĕrĭcūs, *untis*, f., et **Jĕrĭchō**, [T] Poés., Jéricho, ville de Palestine ‖ **-chontīnus**, *a, um*, de Jéricho : [T] Pros.

Hĭĕro (-rōn), *ōnis*, m., Hiéron [nom de deux rois de Syracuse] : [C] Pros.

Hĭĕrŏcaesărēa, *ae*, f., ville de Lydie : [+C] Pros. ‖ **-sărĭenses**, *ĭum*, m., habitants d'Hiérocésarée : [+C] Pros.

Hĭĕrŏclēs, *is*, m., orateur d'Alabanda, contemporain de Cicéron : [C] Pros. ‖ Agrigentin qui livra Zacynthe aux Achéens : [C] Pros.

hĭĕrŏglўphĭcus, *a, um*, hiéroglyphique : [T] Pros.

hĭĕrŏgrăphĭcus, *a, um*, emblématique : [T] Pros.

Hĭĕrōn, → *Hiero*

hĭĕrŏnīca (-cēs), *ae*, m., hiéronique, vainqueur dans les jeux : [+C] Pros., **-cus**, *i*, m.,

Hĭĕrōnĭcus, *a, um*, de Hiéron, roi de Syracuse : [C] Pros. ; → *hieronica*

Hĭĕrōnўmus, *i*, m. ¶ **1** Hiéronyme [philosophe rhodien] : [C] Pros. ¶ **2** roi de Syracuse : [C] Pros.

hĭĕrŏphanta (-tēs), *ae*, m., hiérophante [prêtre qui initiait aux mystères] : [T] Pros.

Hĭĕrŏsŏlўma, *ōrum*, n., [C] Pros., [+C] Pros., Jérusalem [capitale de la Judée] ‖ **Hĭĕrŏsŏlўma**, *ae*, f., **Hĭĕrŭsălem** (*Jĕrŭ-*), [T] Pros.

Hĭĕrŏsŏlўmārĭus, *ĭi*, m., surnom que Cicéron donne à Pompée, qui était fier de ses victoires en Asie : [C] Pros.

Hĭĕrŏsŏlўmītae, *ārum*, m. pl., habitants de Jérusalem ‖ **-mītānus**, *a, um*, de Jérusalem : [T] Pros.

Hĭĕrŏsŏlўmus, *i*, m., un chef des Juifs : [+C] Pros.

hĭĕtō, *ās, āre, -, -*, intr., bâiller : [-C] Théât.

Hĭlāīra, *ae*, f., fille de Leucippe, femme de Pollux : [C] Poés.

hĭlărātus, *a, um*, part. de *hilaro*

hĭlărē, adv., gaiement, joyeusement : [C] Pros. ‖ *hilarius* [C] Pros.

hĭlărescens, *entis*, qui égaie : [T] Pros.

Hĭlărĭa, *ōrum*, n. pl., fêtes de Cybèle : [T] Pros.

hĭlărĭcŭlus, *a, um*, un peu gai : [+C] Pros.

Hĭlărĭo (-ōn), *ōnis*, m., saint Hilarion, compagnon de saint Antoine : [T] Pros.

hĭlăris, *e* et **hĭlărus**, *a, um*, gai, joyeux, de bonne humeur : [C] Pros. ; ***hilaro vultu*** [C] Pros., avec un visage joyeux ; ***hilara vita*** [C] Pros., vie agréable ‖ [fig.] ***litterae hilariores*** [C] Pros., lettre assez joyeuse ; ***hilarioribus oculis*** [C] Pros., avec des yeux plus gais ‖ ***-issimus*** [-C] Théât.

hĭlărĭtās, *ātis*, f., gaieté, joie, bonne humeur : [C] Pros. ‖ pl., ***hilaritates*** [+C] Pros.

hĭlărĭtĕr, → *hilare* : [T] Pros.

hĭlărĭtūdo, *ĭnis*, f., → *hilaritas* : [-C] Théât.

Hĭlărĭus, *ĭi*, m., saint Hilaire, évêque de Poitiers : [T] Pros. ‖ saint Hilaire, évêque d'Arles : [T] Poés.

hĭlărō, *ās, āre, āvī, ātum*, tr., rendre gai, joyeux, de belle humeur, réjouir : [C] Pros.

hĭlărŭlus, *a, um*, assez gai : [C] Pros.

1 **hĭlărus**, *a, um*, → *hilaris*

2 **Hĭlărus**, *i*, m., nom d'un affranchi : [C] Pros.

Hileia, *ae*, f., ville de Mésopotamie : [T] Pros.

Hĭlerda, *ae*, f., → *Ilerda*

Hilernus, → *Helernus*

hilla, *ae*, f. [et ordint] **hillae**, *ārum*, f. pl., intestin farci, andouille, saucisson : [C] Poés.

Hillur-, → *Illur-*

Hillus, *i*, m., nom donné par plaisanterie à ; ***Hirrus*** : [C] Pros.

Hīlōtae, → *Ilotae* : [C] Pros.

hīlum, *i*, n., un rien : ***neque proficit hilum*** [C] Pros., il n'avance pas d'un pouce ; [C] Poés. ‖ [sans nég.] : [C] Poés.

Himella, *ae*, m., petite rivière de Sabine [auj. Aja] : [C] Poés.

1 **Hīmĕra**, *ae*, m., l'Himère, rivière de Sicile : [+C] Poés.

2 **Hīmĕra**, *ae*, f. et **-ra**, *rōrum*, n. pl., ville de Sicile : [C] Pros., Poés.

Hīmĕrās, *ae*, m., → *1 Himera* : [C] Pros.

Hĭmilco, *ōnis*, m., Himilcon, nom de plusieurs Carthaginois : [C] Pros.

hin, indécl., hin (mot hébreu) [mesure pour les liquides] : [T] Pros.

hinc, adv. ¶ **1** d'ici, de cet endroit-ci : [C] Pros. ‖ à partir d'ici, de ce point-ci : ***jam hinc*** [C] Pros. ¶ **2** [fig.] de là, de cette source : [-C] Théât., [C] Pros. ; ***hinc... quod*** [C] Pros., du fait que ... ¶ **3** = ***ex hoc homine*** [-C] Théât. ; = ***ex hac re*** [C] Pros. ; = ***ex hac opinione*** [C] Pros. ¶ **4** à partir de là, ensuite : [+C] Pros. ¶ **5** ***hinc ... illinc*** [C] Pros., d'un côté ..., de l'autre ; ***hinc illincque*** [C] Pros. ; ***hinc atque hillinc*** [C] Pros., de part et d'autre, des deux côtés ‖ ***hinc... hinc*** [C] Pros., d'un côté ..., de l'autre ; ***hinc atque hinc*** [C] Poés. ; ***hinc inde*** [+C] Pros., de part et d'autre, des deux côtés

hinnĭō, ou *īs, īre, īvī, ĭī, -*, intr., hennir [en parl. du cheval] : [+C] Pros. ‖ pqp. subj., ***hinnisset*** [+C] Pros.

hinnītŭs, *ūs*, m., hennissement : [C] Pros.

hinnŭla, *ae*, f., [pour *inulea*], petite biche : [T] Pros.

hinnŭlĕus, *i*, m., jeune bardot : [C] Pros. ‖ faon [mauv. orth. pour *inuleus*]

hinnŭlus, *i*, m., dim. de, jeune bardot ‖ faon : [T] Pros. ; → *inuleus*

hinnus, *i*, m., bardot [hybride provenant du croisement d'un cheval et d'une ânesse] : [C] Pros.

hĭō, *ās, āre, āvī, ātum*

I intr. ¶ **1** s'entrouvrir, se fendre : [C] Poés. ‖ être béant : [C] Pros. ‖ [en part.] avoir la bouche ouverte : [C] Poés. ¶ **2** [rhét.] avoir des rencontres de voyelles, présenter des hiatus : [C] Pros. ; ***hians oratio*** [C] Pros., [+C] Pros., style avec hiatus ; ***concursus hiantes*** [C] Pros., rencontres de mots en hiatus ‖ présenter des trous [en parl. d'un style, où les mots, les membres de phrase ne s'enchaînent pas] : [C] Pros. ¶ **3** [fig.] être béant de convoitise : [C] Pros., [+C] Pros. ‖ être béant d'admiration : [C] Poés., [+C] Pros.

II tr., [poét.], ¶ **1** faire sortir en ouvrant la bouche, vomir : [+C] Poés. ¶ **2** faire entendre par la bouche ouverte, déclamer : [C] Poés., [+C] Poés.

hippāgo, *ĭnis*, f., navire de transport de chevaux : [+C] Pros.

hippăgōgŏs, acc. pl., **-ūs**, f., navire pour le transport des chevaux : [C] Pros.

Hippalcus, *i*, m., Argonaute, fils de Pélops : [+C] Poés.

Hipparchus, *i*, m. ¶ **1** Hipparque [célèbre mathématicien de Nicée] : [C] Pros. ¶ **2** fils de Pisistrate [assassiné par Harmodios et Aristogiton] : [+C] Pros.

Hipparīnus, *i*, m., second fils de Denys l'Ancien : [C] Pros.

Hippăris, *is*, m., fleuve de Sicile : [+C] Poés.

Hippăsĭdēs, *ae*, m., fils d'Hippase [Socus, Naubolus] : [+C] Poés.

Hippăsus, *i*, m., Hippase [un des Centaures] : [C] Poés. ‖ fils d'Eurytus, un de ceux qui firent la chasse au sanglier de Calydon : [C] Poés.

Hippēa, *ae*, f., mère de l'Argonaute Polyphème : [+C] Poés.

hippēgus, *i*, f., → *hippago* : [+C] Pros.

Hippĭa, *ae*, f., nom de femme : [+C] Poés.

Hippĭās, *ae*, m., fils de Pisistrate : [C] Pros. ‖ sophiste d'Elis : [C] Pros.

Hippĭus, *ĭi*, m., nom d'homme : [C] Pros.

Hippo, *ōnis* et **Hippo Regius**, m., Hippone [ville de Numidie, dont saint Augustin fut évêque, auj. Bône, puis Annaba] : [C] Pros. ‖ ville de la Tarraconaise : [C] Pros.

hippŏcentaurus, *i*, m., hippocentaure, centaure : [C] Pros.

Hippŏcŏōn, *ontis*, m., fils d'Œbalus : [C] Poés. ‖ compagnon d'Énée : [C] Poés.

Hippŏcrătēs, *is*, m. ¶**1** Hippocrate de Cos [célèbre médecin grec du 5ᵉ s. av. J.-C.] : C Pros. ¶**2** général syracusain : C Pros. ‖ **-īcus**, *a, um*, d'Hippocrate, de médecin : T Poés.

Hippŏcrēnē, *ēs*, f., Hippocrène [source de l'Hélicon que Pégase fit jaillir en frappant la terre] : C Poés.

Hippŏdămās, *antis*, m., père de Périmèle : C Poés.

Hippŏdămē, *ēs*, f. ¶**1** Hippodamé [ou] Hippodamie [fille d'Œnomaüs, femme de Pélops] : C Poés. ¶**2** fille d'Atrax, femme de Pirithoüs : C Poés.

Hippŏdămīa, *ae*, f., V. ▶ *Hippodame*

hippŏdămus, *i*, m., dompteur de chevaux, cavalier : +C Poés.

hippŏdrŏmŏs (**-ŭs**), *i*, m., hippodrome, emplacement pour les courses : +C Pros.

Hippŏlŏchus, *i*, m., général thessalien : C Pros.

Hippŏlytē, *ēs* et **-ta**, *ae*, f., Hippolyte [reine des Amazones, femme de Thésée et mère d'Hippolyte :] : -C Théât., C Poés. ‖ femme d'Acaste, roi de Magnésie : C Poés.

Hippŏlytus, *i*, m., Hippolyte [fils de Thésée et de l'Amazone Hippolyte] : C Pros., Poés. ‖ saint Hippolyte, martyr : T Poés.

hippŏmănēs, *is*, n., hippomane ‖ humeur que rendent les juments : C Poés. [l'hippomane, sous ces deux formes, servait pour des philtres]

Hippŏmĕdōn, *ontis*, m., un des sept chefs devant Thèbes : +C Poés.

Hippŏmĕnēïs, *ĭdis*, f., fille d'Hippomène [Limoné] : C Poés.

Hippŏmĕnēs, *ae*, m., fils de Mégarée et de Mérope [vainquit Atalante à la course et l'épousa] : C Poés. ‖ père de Limoné, V. ▶ *Hippomeneis*

Hippōn, *ōnis*, m., V. ▶ *Hippo*

hippōnactēus, *a, um*, d'Hipponax, dans le style d'Hipponax (satirique) : C Pros.

Hippōnax, *āctis*, m., poète satirique d'Éphèse [6ᵉ s.] : C Pros.

Hippōnensis, V. ▶ *Hippo*

Hippŏnīcus, *i*, n., nom du beau-père d'Alcibiade : C Pros.

Hippŏnŏus, *i*, m., nom d'homme : C Poés.

hippŏpēra, *ae*, f., valise, portemanteau : +C Pros.

hippŏpŏtămus, *i*, m., hippopotame : T Pros. ‖ **-tămiŏs**, *ii*, m., C Pros.

hippŏs, V. ▶ *hippus*

Hippŏtădēs, *ae*, m., descendant d'Hippotès [Éole] : C Poés.

Hippŏthŏus, *i*, m., un des chasseurs du sanglier de Calydon : C Poés.

hippŏtoxŏtae, *ārum*, m. pl., archers à cheval : C Pros.

hippūrus (**ŏs**), *i*, m., poisson inconnu : C Poés.

Hippus, *i*, m., nom d'un constructeur de bateaux de transport : +C Pros.

hīra, *ae*, f., intestin grêle, jéjunum : T Pros. ‖ pl., intestins : -C Théât.

hircīae, *ārum*, f. pl., sorte de hachis : T Pros.

hircīnus (**-quīnus**), *a, um*, en peau de bouc : C Poés. ‖ ***hircinum sidus*** T Poés., le Capricorne

hircō, *ās, āre*, -, -, intr., crier [en parl. du lynx] : T Poés.

hircōsus, *a, um*, qui tient du bouc, qui sent le bouc : -C Théât., +C Poés.

hircŭōsus, *a, um*, semblable au bouc : +C Pros.

hircus, (**irquus**, -C Théât., **ircus**, +C Pros.), *i*, m. ¶**1** bouc : C Poés. ¶**2** le bouc, odeur de bouc : C Poés. ¶**3** [en parl. d'un débauché] : -C Théât., C Poés.

hirnĕa, *ae*, f., vase pour mettre du vin : -C Théât. ‖ terrine, cruche : -C Pros.

hirpex (**irpex**), *ĭcis*, m., sorte de herse [pour arracher les mauvaises herbes] : -C Pros., C Pros.

Hirpi, *ōrum*, m. pl., nom primitif des *Hirpini* : +C Pros.

Hirpīni (**Irp-**), *ōrum*, m. pl., Hirpins [peuple du Samnium] : C Pros. ‖ **-īnus**, *a, um*, des Hirpins : C Pros.

hirquĭcŏmans, *antis*, velu comme un bouc : T Théât.

hirquīnus, V. ▶ *hircinus*

hirquus, V. ▶ *hircus*

hirrĭō (**irrĭō**), *īs, īre*, -, -, intr., gronder [en parl. du chien] : T Pros.

hirrītŭs (**irr-**), *ūs*, m., grognement du chien : T Pros.

Hirrus, *i*, m., nom d'homme : C Pros.

hirsūtus, *a, um* ¶**1** hérissé : C Pros. ¶**2** hirsute : C Poés. ‖ [fig.] ***hirsutae imagines*** +C Poés., portraits d'hommes hirsutes [c.-à-d. portraits d'hommes d'autrefois] ; C Poés.

Hirtĭānus, *a, um*, d'Hirtius : C Pros.

hirtĭŏla, V. ▶ *irtiola*

Hirtĭus, *ĭi*, m., consul de 43 av. J.-C., auteur du 8ᵉ livre du *Bellum Gallicum* : C Pros.

hirtus, *a, um* ¶**1** qui a des pointes, des aspérités, hérissé : +C Poés. ‖ hérissé [en parl. du poil] : C Poés. ¶**2** velu : ***hirta tunica*** C Pros., tunique d'étoffe grossière [à longs poils] ¶**3** [fig.] qui est sans culture, rude, grossier : C Pros., +C Pros.

hĭrūdo, *ĭnis*, f., [fig.] ***aerarii*** C Pros., sangsue du trésor public

hĭrundĭnĕus, *a, um*, d'hirondelle : T Pros.

hĭrundo, *ĭnis*, f., hirondelle : C Poés., Pros.

hiscō, *ĭs, ĕre*, -, -

I intr. ¶**1** s'entrouvrir, s'ouvrir, se fendre : C Poés. ‖ ***aedes hiscunt*** -C Théât., la porte bâille ¶**2** ouvrir la bouche [pour parler], parler : C Pros.

II tr. ¶**1** dire, raconter : C Poés. ¶**2** chanter [qqch. sur la lyre] : C Poés.

Hispăl, *ălis*, n. [et ordinᵗ] **Hispălis**, *is*, f., colonie romaine en Bétique [auj. Séville] : C Pros. ‖ **-enses**, *ĭum*, m. pl., habitants d'Hispalis : +C Pros.

Hispānē, adv., en espagnol : -C Pros.

Hispāni, *ōrum*, m. pl., habitants de l'Hispanie : C Pros.

Hispānĭa, *ae*, f., l'Hispanie [auj. l'Espagne] : C Pros. ; ***citerior*** C Pros., l'Hispanie citérieure [ou Tarraconaise] ; ***ulterior*** C Pros., l'Hispanie ultérieure [la Bétique et la Lusitanie] ‖ pl., C Pros. ‖ **-nus**, C Pros., **-nĭcus**, *a, um*, +C Pros., **-nĭensis**, *e*, C Pros., **-nensis**, d'Hispanie, hispanien

Hispellum, *i*, n., ville d'Ombrie ‖ **-lātes**, *ĭum*, m. pl., habitants d'Hispellum : +C Pros.

hispĭdus, *a, um*, velu : C Poés., +C Poés. ‖ âpre, raboteux : C Poés. ‖ [fig.] qui est rude, grossier : +C Pros.

Hispo, *ōnis*, m., nom d'homme : C Pros.

Hispulla, *ae*, f., nom de femme : +C Pros.

1 **histĕr**, *tri*, m., V. ▶ *histrio* : C Pros.

2 **Hister**, V. ▶ *Ister*

histōn, *ōnis*, m., atelier de tisserand : C Pros.

histŏrĭa, *ae*, f. ¶**1** l'histoire : C Pros. ‖ oeuvre historique, exposé historique, récit, relation : C Pros. ; ***historiam scribere*** C Pros., écrire l'histoire, composer un ouvrage historique ‖ pl., ***historiae*** C Pros., récits historiques, l'histoire ‖ [en gén.] récit : ***aliquid historia dignum*** C Pros., qq. fait digne d'être raconté ¶**2** [poét.] objet de récits historiques : C Poés. ¶**3** racontars, histoires : C Poés. ‖ contes, sornettes : -C Théât.

histŏrĭālis, *e*, historique : T Pros.

1 **histŏrĭcē**, adv., à la façon des historiens : +C Pros.

2 **histŏrĭcē**, *ēs*, f., explication des auteurs : +C Pros.

1 **histŏrĭcus**, *a, um*, d'histoire ou d'historien, historique : ***genus historicum*** C Pros. ; ***sermo historicus*** C Pros., style historique ‖ qui s'occupe d'histoire : ***homines historici*** C Pros. ‖ [chrét.] au sens littéral, non allégorique : T Pros.

2 **histŏrĭcus**, *i*, m., historien : C Pros.

Histri, **Histria**, V. ▶ *Istri*

histrĭcus, *a, um*, d'histrion, de comédien : -C Théât.

histrĭo, *ōnis*, m. ¶**1** histrion, mime : C Pros. ¶**2** comédien, acteur [en gén.] : C Pros. ¶**3** [fig.] comédien, fanfaron, faiseur d'embarras : +C Pros.

histrĭōnālis, *e*, d'acteur, de comédien : +C Pros.

histrĭōnĭa, *ae*, f., profession d'acteur : -C Théât., T Pros.

histrĭōnĭcus, *a*, *um*, C▶ *histrionalis* : T Pros.

Histrus (Istrus), *a*, *um*, de l'Istrie : +C Poés.

hĭulcatus, *a*, *um*, part. de *hiulco*

hĭulcē, adv., ***loqui*** C Pros., avoir une prononciation coupée d'hiatus, heurtée, une parole hésitante

hĭulcō, *ās*, *āre*, *-*, *ātum*, tr., entrouvrir, fendre : C Poés.

hĭulcus, *a*, *um* ¶**1** fendu, ouvert : C Poés. ‖ [fig.] qui a la bouche béante, avide : -C Théât. ‖ [rhét.] qui bâille : C Pros. ; ***hiulcae voces*** C Pros., hiatus ¶**2** qui fend, qui brise : +C Poés.

hōc ¶**1** V▶ *1 hic* ¶**2** adv., ▶ *huc* : -C Théât., C Pros.

hŏdĭē, adv., aujourd'hui, en ce jour : ***hodie mane*** C Pros., ce matin ‖ [pendant la nuit] : C Poés. ‖ maintenant, à présent, de nos jours : C Pros.

hŏdĭēquĕ, adv., encore aujourd'hui : +C Pros. ; [mais] = ***et hodie*** : C Pros.

hŏdĭernus, *a*, *um*, d'aujourd'hui : ***hodiernus dies*** C Pros., aujourd'hui

hŏdoepŏrĭcon, *i*, n., itinéraire : T Pros.

hoed-, V▶ *haed-*

holcōnĭa vītis, f., nom d'une espèce de vigne : +C Pros.

hŏlĭsatrum, V▶ *olusatrum* : +C Pros.

hŏlĭtŏr, V▶ *olitor*

hŏlŏcaustum, *i* (**-cautōma**, *ătis*), n., holocauste, sacrifice : T Poés.

Hŏlŏfernēs (-pher-), *is*, m., Holopherne, général assyrien, tué par Judith : T Pros.

Holon, n. indécl., ville de la tribu de Juda : T Pros.

hŏlŏporphўrus, *a*, *um*, qui est tout de pourpre : C Poés.

hŏlus, V▶ *olus*

hŏluscŭlum, V▶ *olusculum*

Hŏmērĭcus, V▶ *Homerus*

hŏmērista, *ae*, m., homériste [acteur qui récite des vers d'Homère] : +C Pros.

hŏmērŏcento, *ōnis*, m., centon d'Homère : T Pros.

Hŏmērŏmastix, *īgis*, m., fouet d'Homère [surnom ou livre de Zoïle] : C Pros.

Hŏmērŏnĭdēs (-da), *ae*, m., imitateur d'Homère : -C Théât.

Hŏmērus, *i*, m., Homère : C Pros. ‖ **ĭcus (-rīus**, +C Pros., **-ĭăcus**, *a*, *um*), d'Homère, homérique : C Pros.

hŏmĭcīda, *ae*, m., homicide, meurtrier, assassin : C Pros. ‖ f., C Pros. ‖ [épith. d'Hector] tueur d'hommes : C Poés.

hŏmĭcīdālis, *e*, homicide : T Pros. et **homĭcīdiālis**, *e*

hŏmĭcīdĭum, *ĭī*, n., homicide, meurtre, assassinat : +C Pros.

hŏmīlĭa, *ae*, f., homélie, sermon familier : T Pros.

homo, *ĭnis*, m. ¶**1** homme : C Pros. ; ***homines*** C Pros., les hommes ; ***genus hominum*** C Pros., le genre humain ; ***Graeci homines*** C Pros., des Grecs ; ***inter homines esse*** C Pros. (***agere*** +C Pros.) être parmi les hommes = vivre ; ***inter homines esse*** C Pros., vivre au milieu des hommes (dans la société, le monde) ; ***paucorum hominum esse***, fréquenter un petit nombre d'hommes seulement, n'être pas accessible à tout le monde : -C Théât., C Poés., T Pros. ‖ ***monstrum hominis*** -C Théât. ; ***flagitium hominis*** -C Théât., monstre, scélérat ‖ ***servus homo*** -C Théât., un homme qui est esclave ; C Pros. ; ***homo nemo*** C Pros., personne ‖ [apposition] C Pros. ‖ [opposé à *vir*] C Pros. ¶**2** homme, celui qui en a les qualités : -C Théât., C Pros. ‖ ***si homo esset*** C Pros., si c'était un homme, s'il avait du sens ; -C Théât. ; C Pros. ‖ homme, qui en a les imperfections : +C Pros. ¶**3** [*homo* remplaçant un dém.] cet homme, notre homme : C Pros. ‖ ***homo doctus*** C Pros., cet homme instruit, notre savant ‖ ***hic homo = ego*** ; V▶ *1 hic* ¶**4** homme = esclave : C Pros. ¶**5** ***homines***, âmes : C Pros. ‖ ***homines***, fantassins [opp. à cavaliers] : C Pros.

hŏmoeŏmĕrīa, *ae*, f., identité des parties : C Poés.

Hŏmŏlē, *ēs*, f., mont de Thessalie : C Poés.

Hŏmŏlĭum, *ĭī*, n., ville de Magnésie : C Pros.

Hŏmŏlōĭdēs, *um*, f. pl., nom des portes de Thèbes : +C Poés.

Homonadenses, *ĭum*, m. pl., peuplade de Cilicie : +C Pros.

hŏmōnўmus, *a*, *um*, homonyme : +C Pros.

hŏmŏtŏnus, *a*, *um* (**-ŏs**, *ŏn*), qui a une tension égale : C Pros.

hŏmŏūsĭŏs, *ŏn*, **-sĭus**, *a*, *um*, de même essence, consubstantiel : T Pros.

hŏmullus, *i*, m., pauvre petit homme : C Poés., Pros.

hŏmuncĭo, *ōnis*, m., C Pros. et **homuncŭlus**, *i*, m., C Pros., C▶ *homullus*

hŏnĕr-, V▶ *oner-*

hŏnestāmentum, *i*, n., embellissement : +C Pros. ‖ ornement : +C Pros.

hŏnestās, *ātis*, f. ¶**1** honneur, considération dont on jouit : C Pros. ‖ ***honestates*** C Pros., les honneurs, les dignités ‖ [sens concret] notabilités : C Pros. ¶**2** [phil.] beauté morale, noblesse d'âme : ***fontes honestatis*** C Pros., les sources de la beauté morale ¶**3** noblesse, beauté : ***testudinis*** C Pros., beauté d'une voûte ; ***in rebus*** C Pros., beauté dans les idées

hŏnestātus, *a*, *um*, part. de *honesto*

hŏnestē, adv. ¶**1** d'une manière honorable, avec dignité : C Pros. ¶**2** honnêtement, vertueusement : C Pros. ‖ de façon belle, noble : C Pros. ‖ ***honeste geniti*** C Pros., de naissance honorable ; Cf▶ +C Pros.

hŏnestō, *ās*, *āre*, *āvī*, *ātum*, tr. ¶**1** honorer, faire honneur : ***aliquem*** C Pros., honorer qqn ; ***aliquem magna laude*** C Pros., décorer qqn d'une grande gloire ¶**2** donner de la beauté, de la noblesse : ***domum*** C Pros. ; ***currum*** C Pros., rehausser une maison, orner un char de triomphe

hŏnestum, *ī*, n., l'honnête, beauté morale : ***natura honesti*** C Pros., la nature du beau moral ; ***de honesto disserere*** C Pros., disserter sur la beauté morale : C Pros.

hŏnestus, *a*, *um* ¶**1** honorable, digne de considération, d'estime : C Pros. ; ***honesta certatio*** C Pros., noble rivalité ‖ riche : T Pros. ¶**2** honorable, honnête, conforme à la morale : C Pros. ; ***honestum mendacium*** C Pros., mensonge approuvé par la morale (reposant sur une pieuse intention) ; [n. pl.] ***honesta*** C Pros., les choses honnêtes ‖ [avec inf.] C Pros. ¶**3** beau, noble : ***honesta facie*** -C Théât., d'un beau visage ; C Poés., +C Pros. ; ***vestibula honesta*** C Pros., un beau vestibule

1 **hŏnŏr (hŏnōs)**, *ōris*, m. ¶**1** honneur, témoignage de considération et d'estime, hommage : C Pros. ; ***aliquem honore afficere*** C Pros., conférer un honneur à qqn ; ***honori est alicui*** C Pros., c'est un honneur pour qqn ‖ C Pros., +C Pros. ; ***ad honorem deum*** C Pros., pour honorer les dieux ‖ ***honorem praefari*** C Pros., demander d'avance excuse pour une expression ; +C Pros. ¶**2** charge, magistrature : C Pros. ; ***honoribus inservire*** C Pros., se mettre au service des charges publiques ; ***ad honores ascendere*** C Pros., s'élever aux magistratures ; ***honorum cupiditas*** C Pros., la passion des honneurs, ***honorem agitare*** +C Pros., exercer une magistrature ¶**3 a)** honneurs suprêmes : ***honos sepulturae*** C Pros., les honneurs de la sépulture ; ***mortis*** C Poés., honneurs funèbres ; ***honorem habere alicui*** +C Pros., rendre à qqn les derniers honneurs **b)** honneurs rendus à une divinité : C Poés. ¶**4** honoraires [d'un médecin] : C Pros. ‖ récompense, prix : C Poés. ¶**5** honneur, beauté : C Poés. ¶**6** [chrét.] gloire de Dieu, hommage qui lui est rendu : T Pros.

2 **Hŏnŏr, Hŏnōs**, *ōris*, m., Honneur [divinité] : C Pros.

hŏnōrābĭlis, *e* ¶**1** honorable, qui fait honneur : C Pros. ¶**2** digne d'être honoré : T Pros.

hŏnōrābĭlĭtĕr, adv., d'une manière honorable : T Pros.

hŏnōrārĭum, *ĭī*, n., rétribution d'une charge, somme payée au trésor par le nouveau titulaire d'une charge : +C Pros.

hŏnōrārĭus, *a*, *um* ¶**1** qui concerne une ou les magistratures : ***honorarium munus*** +C Pros., exercice des magistratures, droit d'exercer les magistratures ¶**2** [sens class.] accordé par honneur, destiné à honorer, d'honneur, honorifique : ***honorarium frumentum*** C Pros., blé d'honneur [blé offert par honneur, à titre gracieux aux gouverneurs de province]; ***honorarius arbiter*** [C] Pros., arbitre officieux [arbitre non désigné par le préteur, mais choisi à titre honorifique par les parties]

hŏnōrātē, adv., en témoignant de l'honneur, des égards : [+C] Pros. ‖ ***-tius*** [+C] Pros. ; ***-issime*** [+C] Pros.

hŏnōrātĭo, *ōnis*, f., action d'honorer, hommage : [T] Pros.

hŏnōrātus, *a*, *um* ¶ **1** part. de *honoro* ¶ **2** adj[t] ***a)*** honoré, estimé : [C] Pros. ; ***honoratissimum decretum*** [C] Pros., décret le plus honorifique ***b)*** [le plus souvent] qui a été ou qui est revêtu des charges publiques [chose qui, surtout à Rome, conférait le plus d'honneur] : [C] Pros. ; ***honoratissima imago*** [C] Pros., portrait d'ancêtre le plus chargé d'honneurs [magistratures exercées de son vivant]

hŏnōrĭfĭcātus, *a*, *um*, part. de *honorifico*

hŏnōrĭfĭcē, adv., avec honneur, distinction, déférence : ***acceptus*** [C] Pros., reçu d'une façon pleine d'honneur (dignement) ‖ ***-centius*** [C] Pros. ; ***-centissime*** [C] Pros.

hŏnōrĭfĭcentĭa, *ae*, f., action d'honorer, honneur : [T] Pros.

hŏnōrĭfĭcō, *ās*, *āre*, -, -, tr., honorer : [T] Pros.

hŏnōrĭfĭcus, *a*, *um*, qui honore, honorable, honorifique : [C] Pros. ‖ ***-centior*** [C] Pros. ; ***-centissimus*** [C] Pros.

Hŏnōrīnus, *i*, m., dieu de l'honneur : [T] Pros.

hŏnōrĭpĕta, *ae*, m., celui qui court après les honneurs : [+C] Pros.

hŏnōrō, *ās*, *āre*, *āvī*, *ātum*, tr. ¶ **1** honorer : [C] Pros. ¶ **2** embellir, orner, parer : [+C] Pros. ¶ **3** aider, soutenir financièrement : ***viduas honorare*** [T] Pros., aider les veuves

hŏnōrus, *a*, *um* ¶ **1** honorable, qui honore : [+C] Pros., Poés. ¶ **2** digne d'honneur : [+C] Poés.

hŏplŏmăchus, *i*, m., hoplomaque [gladiateur lourdement armé] : [+C] Pros.

1 **hōra**, *ae*, f. ¶ **1** heure : ***prima hora, tertia*** ; la première heure [entre six et sept heures du matin], la troisième [à midi commence la septième heure] ; [C] Pros. ; ***in hora*** [C] Pros., dans l'espace d'une heure ; ***in horas*** [C] Pros., d'heure en heure, d'une heure à l'autre ; ***omnibus horis*** [C] Pros., à toute heure ; ***in horam vivere*** [C] Pros., vivre sans souci de l'avenir ; [C] Poés., Pros. ; ***horae legitimae*** [C] Pros., heures de parole accordées par la loi à l'avocat ‖ ***ad horam venire*** [+C] Pros., venir à l'heure, ponctuellement ; Cf. *1 tempus* ¶ **2** l'heure, le temps, le moment : [C] Pros., Poés. ¶ **3** ***horae***, ***arum***, f., horloge : ***mittere ad horas*** [C] Pros., envoyer voir l'heure ¶ **4** [chrét.] heures fixes pour la prière : [T] Pros. ‖ moment du jugement dernier : [T] Pros.

2 **Hōra**, *ae*, f., nom sous lequel Hersilie, femme de Romulus, était révérée comme déesse : [-C] Pros., [C] Poés., [+C] Pros.

Hōrae, *ārum*, f. pl., les Heures [déesses qui président aux saisons et gardent les portes du ciel] : [C] Poés.

hōraeus, *a*, *um*, de saison : ***scomber*** [-C] Théât., scombre nouveau, fraîchement salé

hōrālis, *e*, d'une heure : [+T] Poés.

Hŏrātĭa, *ae*, f., sœur des Horaces : [C] Pros.

Hŏrātĭi, *ōrum*, m. pl., les trois Horaces [qui combattirent contre les trois Curiaces] : [C] Pros.

Hŏrātĭus, *ĭi*, m. ¶ **1** le père des Horaces : [C] Pros. ¶ **2** Horatius Coclès : [C] Pros. ¶ **3** Q. Horatius Flaccus, le célèbre poète lyrique et satirique : [+C] Poés. ‖ **-tiānus**, **-tĭus**, *a*, *um*, des Horaces, d'un Horace : [C] Pros., [+C] Pros.

horda, *ae*, f., ***vacca*** [C] Pros., vache pleine

hordĕācĕus, *a*, *um*, d'orge : [-C] Pros.

hordĕārĭus (**orde-** et **hordi-**), *a*, *um*, qui vit d'orge : ***hordearius rhetor*** [+C] Pros., rhéteur bouffi (gonflé) [d'orge]

hordēia [trisyll.], *ae*, f., sorte de poisson de mer ou de mollusque : [-C] Théât.

hordĕum (**ord-**), *i*, n., orge : [-C] Pros., [C] Pros. ‖ pl., [C] Poés., [+C] Pros.

Hordĭcālĭa, *ĭum*, n. pl., fêtes où l'on sacrifiait des vaches pleines : [C] Pros.

Horesti, *ōrum*, m. pl., peuple du nord de la Bretagne : [+C] Pros.

hŏrĭa, *ae*, f., barque de pêcheur : [-C] Théât., [+C] Pros.

hŏrĭŏla, *ae*, f., dim. de *horia* : [-C] Théât., [+C] Pros.

hŏrĭŏr, *īrĭs*, *īrī*, -, stimuler, exciter : [-C] Pros.

Horītae, *ārum*, m. pl., peuple de Gédrosie : [+C] Pros. ; V.▶ *Oritae*

hŏrizōn, *ontis*, m., horizon [astron.] : [+C] Pros. ; V.▶ *finitor* ‖ horizon [borne de la vue] : [T] Pros. ‖ horizon [d'un cadran solaire] : [C] Pros.

Hormĭdăc, m., chef des Huns : [T] Poés.

Hormisda (**Ormisda**), *ae*, m., nom de plusieurs rois de Perse : [T] Pros.

hornō, adv., dans l'année : [-C] Théât.

hornōtĭnus, *a*, *um*, de l'année : [-C] Pros., [C] Pros.

hornus, *a*, *um*, de l'année, produit dans l'année : [C] Poés.

hōrŏlŏgĭum (**hōrĭlĕgĭum**), *ĭi*, n., horloge [cadran solaire ou clepsydre] [C] Pros.

Hōrŏs, V.▶ *Horus*

hōroscŏpīum, *ĭi*, n., instrument à l'usage des astrologues : [T] Pros.

hōroscŏpus, *i*, m., horoscope, nativité : [astrol.] [C] Poés. ‖ constellation sous laquelle on est né : [+C] Poés.

horrendē, adv., d'une manière effrayante : [T] Pros.

horrendum, n. pris adv[t], d'une manière effrayante : [C] Poés.

horrendus, *a*, *um* ¶ **1** adj. verb. de *horreo* ¶ **2** adj[t] ***a)*** effroyable, terrible, redoutable : [C] Poés. ‖ [C] Pros. ; ***horrendum dictu*** [C] Poés., chose effroyable à dire ***b)*** qui inspire un frisson religieux, redoutable : [C] Poés.

horrens, *tis*, part. prés. de *horreo*, hérissé : [C] Poés. ; ***horrens capillus*** [+C] Pros., cheveux hérissés

horrĕō, *ēs*, *ēre*, *ŭī*, -, intr. et tr.
I [pr.] intr. ¶ **1** être hérissé, se hérisser : ***terra horret*** [C] Pros., la terre se hérisse de frimas ; [C] Poés., [+C] Pros. ¶ **2** se tenir raide, hérissé : [C] Pros. ; ***horrentes rubi*** [C] Poés., les ronces épineuses
II [fig.] ¶ **1** intr. ***a)*** grelotter, frissonner, trembler : [C] Poés. ***b)*** [surtout] frissonner de peur, trembler d'effroi : [C] Pros. ; ***animo horrere*** [C] Pros., frissonner dans son coeur ; [avec interrog. indir.] [C] Pros. ; [avec *ne* subj.] craindre que : [C] Pros. ¶ **2** tr., redouter : ***dolorem*** [C] Pros. ; ***crimen*** [C] Pros., trembler à l'idée de souffrir, d'être accusé ; ***crudelitatem alicujus*** [C] Pros., craindre la cruauté de qqn ; [avec inf.] [C] Pros. ; [avec prop. inf.] craindre que : [C] Pros.

horrĕŏlum, *i*, n., petit grenier : [+C] Pros.

horrescō, *is*, *ĕre*, *horrŭī*, - ¶ **1** intr., se hérisser : ***mare horrescit*** [C] Pros., la mer se hérisse de vagues ‖ se mettre à frissonner, à trembler, être pris de frissons, d'effroi : [-C] Théât., [C] Poés. ¶ **2** tr., redouter : [C] Poés. ‖ [avec inf.] craindre de : [C] Pros.

1 **horrĕum**, *i*, n. ¶ **1** grenier : [C] Pros., Poés. ¶ **2** cellier : [C] Poés. ¶ **3** [fig., en parl. d'une ruche] : [C] Poés.

2 **Horrĕum**, *i*, n. ville d'Épire : [C] Pros.

horrĭbĭlis, *e*, qui fait horreur, horrible, effrayant : [C] Pros. ‖ [en bonne part] effrayant, = étonnant, surprenant : [C] Pros. ‖ ***-bilior*** [C] Pros.

horrĭbĭlĭtĕr, adv., d'une manière prodigieuse : [T] Pros. ‖ ***-bilius*** [T] Pros.

horrĭcŏmis, *e*, qui a les poils hérissés : [+C] Pros.

horrĭdē, adv., d'une manière hérissée, rude, âpre : [C] Pros. ‖ ***horridius*** [C] Pros., avec moins de soin, plus de négligence

horrĭdŭlus, *a*, *um* ¶ **1** [pr.] quelque peu hérissé : [+C] Poés. ‖ quelque peu saillant : [-C] Théât. ‖ grelottant : [+C] Poés. ¶ **2** [fig.] légèrement négligé : [C] Pros.

horrĭdus, *a*, *um* ¶ **1** hérissé : ***barba horrida*** [C] Pros., barbe hérissée ; [C] Poés. ¶ **2** rugueux, âpre : ***jecur horridum*** [C] Pros., foie grumeleux ¶ **3** [fig.] ***a)*** âpre, sauvage : ***campus horridus*** [C] Pros., campagne sauvage : ***vita horrida*** [C] Pros., vie âpre ; ***grando*** [C] Poés., l'âpre grêle ***b)*** rugueux [opp. à *politus*, *lēvis*] : [C] Pros. ; ***oratione horridus*** [C] Pros., ayant un style plein d'aspérités ***c)*** difficile, rébarbatif : ***de horridis rebus*** [C] Pros., sur un sujet rébarbatif ¶ **4** qui fait frissonner, terrible : [C] Pros., [+C] Pros.

horrĭfĕr, *ĕra, ĕrum*, effrayant : [C] Poés., Pros.

horrĭfĭcābĭlis, *e*, effrayant : [-C] Théât.

horrĭfĭcē, adv., d'une manière effrayante : [C] Poés.

horrĭfĭcō, *ās, āre, āvī, ātum*, tr. ¶**1** hérisser : ***horrificare mare*** [C] Poés., hérisser la mer, soulever les flots ¶**2** rendre effrayant : [+C] Poés. ¶**3** épouvanter, causer de l'effroi : [C] Poés.

horrĭfĭcus, *a, um*, effrayant, affreux : [C] Poés., [+C] Pros.

horrĭpĭlātĭo, *ōnis*, f., hérissement du poil : [T] Pros.

horrĭpĭlō, *ās, āre, -, -*, intr., avoir le poil hérissé : [+C] Pros. ‖ **horrĭpĭlŏr**, dép.

horrĭsŏnus, *a, um*, au bruit terrible, produisant un horrible bruit : [C] Pros., Poés.

horrŏr, *ōris*, m. ¶**1** hérissement, frissonnement : ***comarum*** [+C] Poés., hérissement des cheveux ‖ frissonnement du feuillage : [+C] Poés. ¶**2** [fig.] âpreté : ***dicendi*** [+C] Pros., style raboteux ; [C] Poés. ¶**3** frisson de fièvre : [C] Pros. ¶**4** [fig.] frisson d'effroi, frémissement de crainte : [C] Poés., Pros. ¶**5** frisson religieux, sainte horreur : ***perfusus horrore*** [C] Pros., saisi d'une sainte terreur ¶**6** frisson de joie : [+C] Poés.

horsum, adv., de ce côté-ci [avec mouvt vers celui qui parle] : [-C] Théât.

Hortălus, *i*, m., surnom de l'orateur Q. Hortensius et de ses descendants : [C] Pros., [+C] Pros.

hortāmen, *ĭnis*, [C] Pros., [+C] Pros., **hortāmentum**, *i*, [C] Pros., [-C] Pros., n., exhortation, encouragement

hortātĭo, *ōnis*, f., exhortation, encouragement : [C] Pros.

hortātīvus, *a, um*, qui sert à exhorter : ***hortativum genus*** [+C] Pros., genre délibératif

hortātŏr, *ōris*, m., celui qui exhorte, qui conseille, instigateur : [C] Pros., Poés. ‖ chef des rameurs : [-C] Théât.

hortātōrĭus, *a, um*, destiné à exhorter : [T] Pros.

1 **hortātus**, *a, um*, part. de *hortor*

2 **hortātŭs**, *ūs*, m., exhortation, encouragement ; [à l'abl. sg. d. Cicéron et César] : [C] Pros. ‖ dat., ***hortatui*** [T] Pros. ‖ pl., [C] Poés.

Hortensĭa, *ae*, f., fille de l'orateur Hortensius : [+C] Pros.

hortensis, *e*, de jardin, de potager : [+C] Pros.

Hortensĭus, *ĭi*, m., célèbre orateur romain, rival de Cicéron : [C] Pros. ‖ nom d'un traité de Cicéron, dédié à cet orateur : [C] Pros. ‖ **-ĭānus**, *a, um*, d'Hortensius : [+C] Pros. ; [n. pl.] ***illa Hortensiana*** [C] Pros., cet ouvrage dédié à Hortensius ‖ **-ĭus**, *a, um*, ***lex Hortensia*** ; la loi Hortensia [confère aux plébiscites l'autorité des lois, 287 av. J.-C.] : [T] Pros.

Hortīnus, *a, um*, d'Horta ou Hortanum : [C] Poés.

hortogon-, V. ▶ *orthogon-*

Hortona, V. ▶ *Ortona*

hortŏr, *ārĭs, ārī, ātus sum*, tr. ¶**1** exhorter à, engager à, pousser à : ***aliquem ad laudem*** [C] Pros., exhorter, exciter qqn à la gloire ; ***in proelia*** [C] Poés., exhorter aux combats ‖ [avec *ut* subj.] : [C] Pros. ‖ [avec *ne*] [C] Pros., exhorter à ne pas ‖ [avec subj. seul] : [C] Pros. ‖ [avec inf.] : [C] Pros. ‖ [avec le supin] : [C] Pros. ‖ [avec acc. d'un pron. n.] : [C] Pros. ¶**2** exhorter, encourager, stimuler (***aliquem***), qqn : [-C] Théât., [C] Pros. ‖ [un animal] : [C] Poés. ‖ [abst] [C] Pros. ¶**3** conseiller : ***pacem*** [C] Pros., conseiller la paix

Hortospanum, V. ▶ *Or*

hortŭalis, *e*, C. ▶ *hortulanus*

hortŭlānus, *a, um*, ***porcellus*** [+C] Pros., cochon de lait farci de légumes ‖ subst. m., jardinier : [+C] Pros., [T] Pros.

hortŭlus, *i*, m. ¶**1** petit jardin, jardinet : [C] Poés. ‖ pl., petit parc : [C] Pros. ¶**2** coin de vigne : [+C] Pros.

hortus, *i*, m. ¶**1** clos, jardin : [C] Pros. ‖ pl., jardins, parc : [C] Pros. ‖ ***Epicuri hortus*** [C] Pros., le jardin = l'école d'Épicure [cf. Académie, Lycée] ¶**2** produits du jardin, légumes : [-C] Pros., [C] Poés.

Hōrus (**-ŏs**), *i*, m., nom d'une divinité égyptienne : [T] Pros.

hospĕs, *ĭtis*, m. ¶**1** hôte, celui qui donne l'hospitalité : [C] Pros. ‖ f. [arch.] hôtesse : [-C] Théât., [C] Poés. ‖ adj. [fig.] hospitalier : [+C] Poés. ¶**2** hôte, celui qui reçoit l'hospitalité : [C] Pros. ¶**3** hôte de passage, voyageur : [C] Pros. ‖ [trad. de ξένος] étranger : [C] Pros. ‖ [fig.] ***hospes in aliqua re*** [C] Pros., étranger à propos de qqch. = qui n'est pas au courant

hospĭta, *ae*, f. ¶**1** hôtesse : [C] Pros. ¶**2** reçue en hospitalité, hébergée : [C] Pros. ¶**3** étrangère : ***conjunx hospita*** [C] Poés., épouse étrangère ‖ [fig., en parl. de choses] : [C] Poés.

hospĭtālĭa, *ĭum*, n. pl., chambres pour les hôtes : [C] Pros. ‖ chambres d'hôtes [sur la scène] : [C] Pros.

hospĭtālis, *e* ¶**1** d'hôte, hospitalier [pr. et fig.] : ***hospitalis est in aliquem*** [C] Pros., il exerce l'hospitalité envers qqn ; ***hospitales dei*** [C] Pros., dieux protecteurs de l'hospitalité ; ***hospitalia fulmina*** [+C] Pros., les foudres de Jupiter hospitalier ; ***hospitale pectus*** [C] Poés., coeur généreux ‖ [C] Pros. ; ***hospitalissimus*** [C] Pros. ¶**2** d'hôte [celui qui est reçu] : ***cubiculum hospitale*** [C] Pros., chambre d'hôte, d'ami ; ***hostis hospitalis*** [C] Pros., un ennemi qui avait été son hôte ¶**3** qui concerne l'hospitalité : ***hospitalis tessera*** [-C] Théât., tessère qui rappelle l'hospitalité ; ***aliaque hospitalia*** [C] Pros., et les autres droits de l'hospitalité ‖ ***hospitalior*** [+C] Pros.

hospĭtālĭtās, *ātis*, f. ¶**1** hospitalité : [C] Pros. ¶**2** condition d'étranger : [T] Pros. ¶**3** qualité de celui qui est hospitalier : [T] Pros.

hospĭtālĭtĕr, adv., d'une manière hospitalière : [C] Pros.

hospĭtātŏr, *ōris*, m., hôte : [+C] Pros.

hospĭtĭŏlum, *i*, n., petit logement : [T] Pros.

hospĭtĭum, *ĭi*, n. ¶**1** hospitalité, action de recevoir (d'accueillir) comme hôte : [C] Pros. ¶**2** [sens concret] toit hospitalier, logement, gîte : [C] Pros. ; ***divisi (sunt) in hospitia*** [C] Pros., ils furent répartis dans des maisons particulières (cantonnés chez les habitants) ‖ [en parl. d'animaux] gîte, abri, lieu de refuge : [C] Poés. ¶**3** rapports entre les hôtes, liens de l'hospitalité : [C] Pros. ‖ pl., [C] Pros.

hospĭtīvus, *a, um*, qui appartient à un hôte : [T] Pros.

hospĭtŏr, *ārĭs, ārī, ātus sum*, intr., [fig.] ***(opes) veniant, hospitentur*** [+C] Pros., qu'elle (la richesse) vienne, qu'elle soit accueillie comme un hôte [= pour une durée temporaire] ; [+C] Pros.

hospĭtus**, *a, um* [m. inus.] ¶**1** qui donne l'hospitalité, hospitalier [pr. et fig.] : [C] Poés. ; ***hospita aequora [C] Poés., flots hospitaliers ¶**2** de passage, qui voyage, voyageur : ***hirundines hospitae*** [C] d. [T] Pros., hirondelles de passage

1 **hostĭa**, *ae*, f. ¶**1** compensation, victime [en gén., expiatoire et servant aux prédictions des haruspices] : ***hostia lactens*** [C] Pros., victime encore à la mamelle, agneau ; ***hostia major*** [C] Pros. ; ***hostia maxima*** [C] Pros., victime adulte ‖ ***humanae hostiae*** [C] Pros., victimes humaines ¶**2** groupe d'étoiles faisant partie du Sagittaire : [+C] Pros. ¶**3** [chrét.] offrande spirituelle : ***hostiam laudis*** [T] Pros., un sacrifice de louange

2 **Hostia**, **Hostiensis**, V. ▶ *Ost*

hostĭātus, *a, um*, pourvu de victimes : [-C] Théât.

hostĭcus, *a, um* ¶**1** d'étranger : [-C] Théât. ¶**2** d'ennemi, ennemi : [C] Pros. ‖ subst. n., ***hosticum***, le territoire ennemi : [C] Pros.

hostĭfĕr, *ĕra, ĕrum*, d'ennemi : [C] Poés.

hostĭfĭcē, adv., en ennemi : [-C] Théât.

hostĭfĭcus, *a, um*, ennemi, funeste : [-C] Théât., [C] Pros.

Hostīlĭa, *ae*, f. ¶**1** bourg près de Vérone [auj. Ostiglia] : [+C] Pros. ¶**2** V. ▶ *Hostilius*

Hostĭlīna, *ae*, f., déesse qui rend les épis égaux : [T] Pros.

hostīlis, *e* ¶**1** de l'ennemi, ennemi : ***hostilis terra*** [C] Pros., pays ennemi ; ***hostiles condiciones*** [C] Pros., pacte conclu avec l'ennemi ; ***hostilis pars (jecoris)*** [+C] Poés., côté de l'ennemi (dans le foie des victimes) ‖ subst. n., ***in hostili*** [+C] Pros., en pays ennemi ¶**2** d'un ennemi, qui rappelle un ennemi : ***hostilem in modum*** [C] Pros., à la manière d'un ennemi ‖ hostile : ***hostilia loqui*** [+C] Pros., tenir un langage hostile ; [C] Pros.

hostīlĭtĕr, adv., en ennemi, hostilement : [C] Pros.

Hostīlĭus, *ĭi*, m., nom de famille rom., nott Hostus Hostilius [grand-père de Tullus Hostilius] : [C] Pros. ‖ Tullus Hostilius [3e roi de Rome] : [C] Pros. ‖ nom d'un préteur : [-C] Poés., [C] Pros. ‖ **-ĭus**, *a, um*, d'Hostilius : [C] Pros.

hostīmentum, *i*, n., compensation : [-C] Théât.

hostĭō, *īs*, *īre*, -, -, tr., [absᵗ] rendre la pareille : [-C] Théât. ‖ [avec acc.] payer de retour qqch. : [-C] Théât.

hostis, *is*, m. ¶ **1** étranger : [C] Pros. ¶ **2** ennemi [de guerre], ennemi public : [C] Pros. ; ***aliquem hostem judicare*** [C] Pros., déclarer qqn ennemi public ‖ f., ennemie : [C] Pros. ¶ **3** ennemi [en gén.] : ***hostis alicujus*** [C] Pros. ; ***hostis alicui*** [C] Pros., ennemi de qqn ‖ ennemi [en parl. des animaux] : [C] Poés. ‖ pion de l'adversaire, pièce [au jeu de *latrunculi*] : [C] Poés. ¶ **4** f., armée : [+T] Pros.

1 **hostŭs**, *ūs*, m., produit de la cueillette [d'un olivier] : [-C] Pros. ‖ produit du pressurage : [d'olives] [C] Pros.

2 **Hostus**, *i*, m., nom d'homme : [C] Pros.

hūc, adv., ici [mouvᵗ vers un lieu], ¶ **1** ici, en cet endroit, dans ce lieu : [-C] Théât., [C] Pros. ; ***huc (et) illuc*** [C] Pros. ; ***huc et huc*** [C] Poés. ; ***huc et illo*** [+C] Pros., çà et là ¶ **2** [= *in* ou *ad* et acc. du pron. *hic*] : [C] Pros. ; ***accedit huc = ad hoc*** ; à cela s'ajoute, ▶ *accedo* ; ***huc = ad has naves*** [C] Pros. ; ***huc = ad hos*** [C] Pros.

hūcĭnĕ [adv. interrog. amenant d'ordinaire *ut* conséc.] est-ce à ce point que ... ? : [C] Pros.

hūcusquĕ (hūc usquĕ), jusqu'à ce point : ***hucusque ut*** [+C] Pros., au point que

huī, interj., [exprime l'étonnement] oh ! ho, ho, ouais ! peste ! : [-C] Théât. ‖ oui-da ? quoi ? eh quoi ! : [C] Pros.

huīc, **hūjus**, dat. et gén. de *1 hic*

hūjuscĕmŏdi, ▶ *hujusmodi* : [C] Pros.

hūjusmŏdi, adv., de cette manière, de cette sorte, de cette espèce : [C] Pros. ; ▶ *modus*

hulcus, ▶ *ulcus*

hūmānē, adv. ¶ **1** conformément à la nature humaine : ***aliquid ferre*** [C] Pros., supporter qqch. avec résignation, philosophiquement ‖ humainement : [-C] Théât. ¶ **2** à la façon d'un homme bien élevé : ***fecit humane*** [C] Pros., c'est fort aimable à lui ‖ avec bienveillance : [C] Pros. ¶ **3** [ironie] agréablement, joliment : [C] Pros. ‖ ***-nius*** [C] Pros. ; ***-nissime*** [C] Pros.

hūmānĭtās, *ātis*, f. ¶ **1** humanité, nature humaine, ensemble de qualités qui font l'homme supérieur à la bête : ***vis humanitatis*** [C] Pros., la force des sentiments humains ; ***humanitatis est*** [avec inf.] [C] Pros., il est dans la nature humaine de... ; [C] Pros. ¶ **2** affabilité, bienveillance, bonté, philanthropie : [C] Pros. ¶ **3** culture générale de l'esprit : [C] Pros. ¶ **4** politesse des mœurs, savoir-vivre : [C] Pros. ‖ [en part.] civilisation : [C] Pros. ¶ **5** [chrét.] le genre humain : [+C] Pros.

hūmānĭtĕr, adv. ¶ **1** d'une façon conforme à la nature humaine : ***ferre humaniter*** [C] Pros., supporter avec résignation ¶ **2** en homme qui sait vivre, aimablement : [C] Pros. ‖ agréablement : [C] Pros.

hūmānĭtŭs, adv., conformément à la nature humaine : [-C] Théât., [C] Pros. ‖ avec douceur : [-C] Théât.

hūmānus, *a*, *um* ¶ **1** humain, qui concerne l'homme : [C] Pros. ; ***genus humanum*** [C] Pros., le genre humain ; ***non humanae audaciae*** [C] Pros., des audaces qui n'ont rien d'humain ; ***humanissima voluptas*** [C] Pros., plaisir bien conforme à la nature humaine ; ***humanum est*** [-C] Théât., [C] Pros., c'est humain, c'est dans la nature humaine ; ***humani nihil*** [-C] Théât., rien de ce qui concerne l'homme ‖ m. pl., ***humani*** [C] Poés., les humains ‖ n. pl., ***humana*** ; les choses humaines, les événements humains : [C] Pros. ; les caractères, les attributs humains : [C] Pros. ¶ **2** aimable, affable, sociable : [C] Pros. ¶ **3** cultivé : [C] Pros. ‖ policé, civilisé : [C] Pros.

hŭmātio, *ōnis*, f., action d'ensevelir, inhumation : [C] Pros.

hŭmātŏr, *ōris*, m., celui qui ensevelit : [+C] Poés.

hŭmātus, *a*, *um*, part. de *humo*

hūmect-, ▶ *umect-*

hūmens, ▶ *umens*

hūmĕō, ▶ *umeo*

hŭmĕr-, ▶ *umer-*

hūmescō, ▶ *umesco*

hŭmi, ▶ *humus*

hūmĭd-, ▶ *umid-*

hūmĭf-, ▶ *umif-*

hŭmĭlis, *e* ¶ **1** bas, près du sol, peu élevé : [C] Pros. ; ***humilis volat*** [C] Poés., il vole en rasant le sol ; [+C] Pros. ¶ **2** [fig.] humble : ***homines humiliores*** [C] Pros., des gens de basse naissance ; ***parentes humiles*** [C] Pros., parents obscurs ‖ faible : [C] Pros. ‖ de caractère humble, effacé, modeste : [C] Pros. ‖ abattu, sans ressort : [C] Pros. ‖ [péjor.] rampant, bas : [C] Pros. ¶ **3** [rhét.] style simple, modeste : [C] Pros. ‖ ***-millimus*** [C] Pros.

hŭmĭlĭtās, *ātis*, f. ¶ **1** peu d'élévation, bassesse : ***navium*** [C] Pros., le peu d'élévation des navires ; ***aliorum animalium*** [C] Pros., petite taille des autres animaux ¶ **2** [fig.] état humble, modeste : ***alicujus humilitatem despicere*** [C] Pros., mépriser la naissance obscure de qqn ‖ faiblesse, faible puissance : [C] Pros. ‖ humilité, abaissement, abattement : [C] Pros. ‖ abjection, platitude, caractère rampant : [C] Pros.

hŭmĭlĭtĕr, adv. ¶ **1** avec peu d'élévation, bas, dans un lieu peu élevé : ***humillime*** [+C] Pros. ¶ **2** [fig.] ***humiliter sentire*** [C] Pros., avoir des sentiments peu élevés ‖ avec humilité, humblement : [C] Pros. ‖ avec faiblesse : [+C] Pros.

hŭmĭlĭtō, *ās*, *āre*, -, -, tr., abaisser, humilier : [T] Pros.

hŭmō, *ās*, *āre*, *āvī*, *ātum*, tr., mettre en terre, enterrer, recouvrir de terre, inhumer : [C] Pros. ‖ faire les funérailles de qqn : [C] Pros.

hūmŏr, ▶ *umor*

hŭmus, *i*, f. ¶ **1** sol, terre : ***humo tectus*** [C] Pros., recouvert de terre ; [Gr.] ▶ [C] Pros. ‖ ***jacere humi*** [C] Pros., coucher à terre, sur la dure ¶ **2** pays, contrée, région : [C] Poés.

hunc, acc. de *1 hic*

Hunni, *ōrum*, m. pl., les Huns [peuple de la Sarmatie asiatique] : [T] Pros.

hўăcinthaeus, *a*, *um*, d'hyacinthe [pierre précieuse] : [+T] Poés.

Hўăcinthĭa, *ōrum*, n. pl., Hyacinthies [fêtes à Lacédémone en l'honneur d'Hyacinthe] : [C] Poés.

hўăcinthĭnus, *a*, *um*, d'hyacinthe [fleur] : [C] Poés. ‖ de couleur d'hyacinthe : [+C] Poés.

1 **Hўăcinthus (-thŏs)**, *i*, m., Hyacinthe [jeune Lacédémonien métamorphosé en fleur par Apollon] : [C] Poés.

2 **hўăcinthus (-thŏs)**, *i*, m., hyacinthe, lis martagon : [C] Poés.

Hўădes, *um*, f. pl., les Hyades [sœurs d'Hyas, changées en une constellation qui annonce la pluie] : [C] Pros. ‖ [sg. collectif] ***Hyas*** : [+C] Poés.

Hўagnis, *is*, m., père de Marsyas : [+C] Pros.

Hўălē, *ēs*, f., une des nymphes de Diane : [C] Poés.

hўălŏīdēs, *is*, adj., qui ressemble au verre, vitré : [+C] Pros.

hўălus, *i*, m., verre : [C] Poés. ‖ couleur du verre : [T] Poés.

Hyampŏlis, *is*, f., ville de Phocide : [C] Pros.

Hўantes, *um*, m. pl., Hyantes [ancien nom des Béotiens] ‖ **-ēus** et **-ĭus**, *a*, *um*, de Béotie, des Muses : [C] Poés., [+C] Poés.

Hўărōtis, *ĭdis*, m., fleuve de l'Inde : [+C] Pros.

1 **Hўăs**, *ădis*, f., ▶ *Hyades*

2 **Hўās**, *antis*, m., fils d'Atlas, frère des Hyades, fut déchiré par une lionne : [C] Poés. ; ***sidus Hyantis*** [C] Poés., les Hyades ‖ acc., [C] Poés.

Hўbla, *ae*, f. ¶ **1** mont de Sicile, dont le miel était réputé : [C] Poés. ‖ **-aeus**, *a*, *um*, de l'Hybla : [C] Poés. ; ***Hyblaea avena*** [+C] Poés., le chalumeau de l'Hybla [= de Théocrite] ¶ **2** ville de Sicile [à l'est de Catane] : [C] Pros. ‖ **-enses**, *ĭum*, m. pl., habitants d'Hybla : [C] Pros.

Hўblē, *ēs*, f., ▶ *Hybla* : [C] Poés.

hўbrĭda (hib-, ib-), *ae*, m., homme né de l'union d'une Romaine libre et d'un barbare affranchi : [C] Poés., [+C] Pros., Poés.

Hўdaspēs, *is*, m. ¶ **1** **-ēus**, *a*, *um*, de l'Hydaspe : [T] Poés. ¶ **2** compagnon d'Énée : [C] Poés. ¶ **3** nom d'esclave : [C] Poés.

hўdra, *ae*, f., hydre [serpent d'eau monstrueux et mythique] : [C] Poés. ‖ le Serpentaire [constellation] : [C] Poés.

hȳdrăgōgĭa, *ae*, f., canal, conduit [d'eau] : C Poés.

hȳdrălētēs, *ae*, m., moulin à eau : C Pros.

hȳdraula (-lēs), *ae*, m., celui qui joue de l'orgue hydraulique : +C Pros.

hȳdraulĭcus, *a*, *um*, hydraulique : ***hydraulica machina*** C Pros. ; ***hydraulicum organum*** +C Pros., T Pros., orgue hydraulique [dans lequel l'eau joue un rôle de régulateur de pression]

hȳdraulus, *i*, m., orgue hydraulique : C Pros.

Hȳdrēla, *ae*, f., l'Hydrèle [partie de la Carie] : C Pros. ‖ **-lītānus**, *a*, *um*, de l'Hydrèle : C Pros.

hȳdrĭa, *ae*, f., hydrie, aiguière, cruche [à poignée] : C Pros.

hȳdrīnus, *a*, *um*, de l'hydre : T Poés.

hȳdrĭus pŭer, ➡ *hydrochous* : T Poés.

hȳdrŏcēlē, *ēs*, f., hydrocèle [maladie] : +C Poés.

Hȳdrŏchŏus, *i*, m., le Verseau [constellation] : C Poés.

hȳdrŏgărātus, *a*, *um*, fait avec de l'hydrogarum : +C Pros.

hȳdrŏgărum (ĭdr-), *i*, n., hydrogarum, garum mélangé d'eau : +C Pros.

hȳdrōpĭcus, *i*, m., hydropique : C Pros.

hȳdrōpĭsis, *is*, f., et **-pismus**, *i*, m., ➡ *hydrops*

hȳdrops, *ōpis*, m., hydropisie [maladie] : C Poés.

Hydruntum, ➡ *2 Hydrus*

1 **hȳdrus (-drŏs)**, *i*, m., hydre, serpent d'eau : C Poés. ‖ pl., serpents des Furies : C Poés. ‖ venin : +C Poés. ‖ le Serpentaire [constellation] : C Poés. ‖ [chrét.] le serpent tentateur [le diable] : T Poés. ‖ ventre d'une femme enceinte : +T Poés.

2 **Hȳdrūs**, *untis*, f., **-untum**, *i*, n., Hydronte [ville de Calabre, auj. Otrante] : C Pros.

Hȳēs, *ae*, m., nom d'un Dioscure : C Pros.

Hȳgīa, *ae*, f., Hygie [déesse de la santé] : +C Poés.

Hȳgīnus, *i*, m. ¶ **1** C. Julius Hygin, grammairien et fabuliste du siècle d'Auguste : +C Pros. ¶ **2** agronome : +C Pros.

Hȳlactŏr, *ŏris*, m., nom d'un chien d'Actéon : C Poés.

Hȳlaeus, *i*, m. ¶ **1** Hylée [Centaure tué par Thésée] : C Poés. ‖ **-aeus**, *a*, *um*, d'Hylée : C Poés. ¶ **2** un des chiens d'Actéon : C Poés.

Hȳlās, *ae*, m., Argonaute [jeune compagnon d'Hercule, entraîné au fond d'une source par les Nymphes éprises de sa beauté] : C Poés.

hȳlē, *ēs*, f., matière, étoffe, substance [de qqch.] : T Pros.

Hȳlerna, *ae*, f., ➡ *Helernus* : C Poés.

Hȳlēs, *ae*, m., nom d'un Centaure : C Poés.

Hȳleūs, *ĕī*, *ĕŏs*, m., Hylée [un des chasseurs du sanglier de Calydon] : C Poés.

Hyllus, *i*, m., fils d'Hercule et de Déjanire : C Poés.

Hȳlŏnŏmē, *ēs*, f., femme de Cyllarus : C Poés.

Hȳmănē, *ēs*, f., mère de Tiphys, femme de Phorbas : +C Poés.

Hȳmēn, m. ; [seul^t aux nom. et voc.] Hymen [dieu du mariage] : C Poés. ‖ chant d'hyménée : C Poés.

1 **hȳmĕnaeus (-ŏs)**, *i*, m. ¶ **1** chant d'hyménée, épithalame : -C Théât. : -C Théât., C Poés. ¶ **2** hyménée, mariage : C Poés. ; [pl.] C Poés. ‖ accouplement des animaux : C Poés.

2 **Hȳmĕnaeus (-ŏs)**, ➡ *Hymen* : C Poés. ‖ ***Hymen Hymenaeus*** C Poés., Hymen Hyménée

Hȳmettĭus, ➡ *Hymettus*

Hȳmettus (-ttŏs), *i*, m., l'Hymette [montage de l'Attique, dont le miel était réputé] : C Pros. ‖ **-ttĭus**, *a*, *um*, de l'Hymette : C Poés.

hymnĭfĕr, *ĕra*, *ĕrum*, qui chante des hymnes : C Poés.

hymnĭō, *īs*, *īre*, *-*, *-*, T Poés. et **hymnizō**, *ās*, *āre*, *-*, *-*, intr., chanter des hymnes

Hymnis, *ĭdis*, f., titre d'une comédie de Caecilius : C Pros.

hymnus, *i*, m., hymne, chant religieux : T Pros.

hȳoscȳămum, *i*, n., jusquiame : +C Pros.

Hȳpaepa, *ōrum*, n. pl., ville de Lydie : C Poés.

hȳpaethrŏs, *ŏs*, *ŏn*, hypèthre, exposé à l'air, découvert : C Pros.

Hȳpănis, *is*, m., l'Hypanis [fleuve de Sarmatie] : C Pros., Poés.

Hȳpărētē, *ēs*, f., une des Danaïdes : +C Poés.

Hȳpăsis, *is*, m., fleuve de l'Inde : +C Pros.

Hȳpăta, *ae*, f., ville de Thessalie : C Pros. ‖ **-taei**, *ōrum*, m. pl., les habitants d'Hypate : C Pros.

hȳpătē, *ēs*, f., hypate, la corde la plus grave de la lyre : C Pros.

Hȳpĕrantus, *i*, m., un des fils d'Égyptus : +C Poés.

hȳperbătŏn, *i*, n., [rhét.] hyperbate : +C Pros.

hȳperbŏlaeoe, gén. pl. **aeōn**, m. pl., les sons aigus : C Pros.

hȳperbŏlē, *ēs* **(-la**, *ae*), f., hyperbole [rhét.] : +C Pros.

hȳperbŏlĭcus, *a*, *um*, hyperbolique : T Pros.

Hȳperbŏlus, *i*, m., orateur athénien : C Pros.

hyperbŏrĕānus et **hȳperbŏrĕus**, *a*, *um*, hyperboréen, septentrional : C Poés. ‖ **Hȳperbŏrĕi**, *ōrum*, m. pl., les peuples du Nord : C Pros.

Hȳpĕrīdēs, *is*, m., Hypéride [célèbre orateur athénien] : C Pros.

Hȳpĕrīōn, *ŏnis*, m., Hypérion [père du Soleil] : C Pros. ‖ le Soleil : C Poés. ‖ **Hȳpĕrīŏnīdēs**, *ae*, m., fils d'Hypérion, le Soleil : +C Poés. ‖ **Hȳpĕrīŏnis**, *ĭdis*, f., fille du Soleil, l'Aurore : C Poés. ‖ **Hȳpĕrīŏnĭus**, *a*, *um*, du Soleil : +C Poés.

Hȳpĕriscus, *i*, m., fils de Priam : +C Poés.

Hȳpermnestra, *ae* **(-trē**, *ēs*), f., la seule des Danaïdes qui sauva son époux, Lyncée : +C Poés.

hȳperthȳrum, *i*, n., frise [d'une porte] : C Pros.

Hȳphăsis, ➡ *Hypasis*

Hypnus, *i*, m., nom d'un esclave : +C Poés.

Hȳpŏbŏlĭmaeus, *i*, m., le Substitué [nom d'une comédie de Ménandre] : +C Pros.

hȳpŏcausis, *is*, f., foyer souterrain [dans les thermes] : C Pros.

hȳpŏcaustŏn (-um), *i*, n., chambre voûtée souterraine où était installé le chauffage des appartements, caveau de chauffage : +C Pros.

hȳpŏcrĭsis, *is*, f., hypocrisie : T Pros.

hȳpŏcrĭta (-tēs), *ae*, m., mime [qui accompagnait l'acteur avec les gestes] : +C Pros. ‖ hypocrite : T Pros.

hȳpŏdidascălus, *i*, m., sous-maître, répétiteur : C Pros.

hȳpŏdrŏmus, *i*, m., promenade couverte : T Pros.

hȳpŏgēum (-gaeum), *i*, n., construction souterraine, cave : C Pros. ‖ caveau [pour les morts], hypogée : +C Pros.

hȳpŏmochlĭŏn, *ĭi*, n., [méc.] appui du levier : C Pros.

hȳpostăsis, *is*, f., [chrét.] hypostase [personne de la Trinité] : T Pros.

hȳpŏthēca, *ae*, f., [droit] hypothèque : C Pros.

hȳpŏthĕtĭci, *ōrum*, m. pl., qui procèdent par hypothèses : +C Pros.

hȳpŏtrăchēlĭum, *ĭi*, n., le haut du fût [d'une colonne] : C Pros.

hȳpŏtrimma, *ătis*, n., sauce : +C Pros.

Hypsa, *ae*, m., rivière de Sicile : +C Poés.

Hypsaeus, *i*, m., surnom de *P. Plautius* : C Pros.

Hypseūs, *ĕiĕos*, m., nom de guerrier : C Poés.

Hypsicrătēs, *is*, m., Hypsicrate, grammairien : +C Pros.

Hypsĭpȳlē, *ēs*, f., fille de Thoas, roi de Lemnos, sauva son père quand les femmes de Lemnos tuèrent tous les hommes de l'île : C Poés., +C Poés. ‖ **-ēus**, *a*, *um*, d'Hypsipyle, de Lemnos : C Poés.

Hypsĭthylla, *ae*, f., nom de femme : C Poés.

Hyrcānĭa, *ae*, f., l'Hyrcanie [province de l'Asie, près de la mer Caspienne] : C Pros. ‖ **-ānĭus** et **-ānus**, *a*, *um*, C Poés., d'Hyrcanie, hyrcanien ; ***mare Hyrcanum*** C Poés., la mer Caspienne ‖

-āni, *ōrum*, m. pl., les habitants de l'Hyrcanie : [+C] Pros. ‖ **Hyrcānus campus**, [vaste plaine de la Lydie, près de Sardes] [C] Pros.

Hyriē, *ēs*, f., ville de Béotie : [C] Poés.

Hўrĭeūs, *ĕĭĕŏs*, m., Hyriée [paysan béotien, père d'Orion] : [C] Poés. ‖ **-ēus**, *a*, *um*, d'Hyriée : [C] Poés.

hyrpex, V. *hirpex*

Hyrtăcus, *i*, m., nom d'un guerrier troyen : [C] Poés. ‖ **Hyrtăcĭdēs**, *ae*, m., fils d'Hyrtacus [Nisus] : [C] Poés.

hysgīnum, *i*, n., hysgine [suc coloré, rouge écarlate ou pourpre, extrait de la cochenille du chêne kermès] : [C] Pros.

hysōpum, V. *hyssopum*

hyssōpītēs, m., [vin] d'hysope : [+C] Pros.

hyssōpum, *i*, n., **hyssōpus**, *i*, f., [+C] Pros., hysope [arbrisseau] : [T] Pros.

Hystaspēs, *is*, m., père de Darius Ier : [C] Pros.

hystĕrĭca, *ae*, f., femme hystérique : [+C] Poés.

I

1 **ī**, f., n. indécl., neuvième lettre de l'alphabet latin, prononcée *ī* : -C Poés. ‖ ***IDQ = iidemque*** ‖ ***IM. = immunis*** ‖ ***IMP. = imperator, imperium*** ‖ [comme chiffre] ***I = unus, primus***

2 **ī**, impér. de *3 eo*, va

1 **ĭa**, pl. de *ion*

2 **Ĭa**, *ae*, f., fille de Midas et femme d'Atys : T Pros.

Ĭacchus, *i*, m., autre nom de Bacchus : C Pros. ‖ le vin : C Poés.

Ĭācōb (Jācōb), m. indécl., Jacob [troisième patriarche] : T Pros.

Ĭācōbus, *i*, m., Jacques [nom de deux apôtres] : T Pros.

Ĭādĕr, *ĕris*, m., **Ĭādera**, *ae*, f., ville d'Illyrie ‖ **-ertīni**, *ōrum*, m. pl., habitants de Iader : C Pros.

Ĭaera, *ae*, f., nymphe [Oréade] du mont Ida : C Poés.

Ĭalmĕnus, *i*, m., fils de Lycus, un prétendant d'Hélène : +C Poés.

Ĭālȳsus, *i*, m. ¶ **1** héros protecteur de Rhodes dont le portrait avait été peint par Protogène ; [d'où] ***Ialysus***, l'Ialyse [tableau de Protogène] : C Pros. ¶ **2** **-lysius**, *a*, *um*, d'Ialyse : C Poés.

ĭambēus, *a*, *um*, iambique : C Poés.

ĭambĭcus, *a*, *um*, subst. m., un auteur d'iambes, poète satirique : +C Pros.

Ĭamblĭchus, *i*, m., dynaste d'Émèse : C Pros.

ĭambus, *i*, m., iambe [pied composé d'une brève et d'une longue] : C Pros. ‖ poème iambique : C Pros. ‖ pl., iambes, vers satiriques : C Pros., +C Pros.

Ĭamĭdae, *ārum*, m. pl., Iamides, descendants d'Iamus [devins] : C Pros.

Ĭamphŏrȳnna, *ae*, f., ville de Thrace : C Pros.

Ĭanthē, *ēs*, f., jeune Crétoise qui épousa Iphis : C Poés.

ĭanthĭnus, *a*, *um*, violet ‖ **-thĭna**, *ōrum*, vêtements violets : +C Poés.

Ĭanthis, *ĭdis*, f., nom de femme : +C Poés.

Ĭāpĕtus, *i*, m., Japet [père d'Atlas et de Prométhée] : C Poés. ‖ **-tīŏnĭdēs**, *ae*, m., fils de Japet : C Poés.

Ĭāpis, *ĭdis*, m., médecin d'Énée : C Poés.

Ĭāpȳdes, → *Iapys*

Ĭāpȳdia, *ae*, f., l'Iapydie, contrée de la Liburnie : C Poés.

Ĭāpys, *ȳdis*, m., de l'Iapydie : C Poés. ‖ **-ȳdes**, *um*, m., habitant de l'Iapydie : C Pros.

Ĭāpyx, *ȳgis*, m., [adj^t] iapygien, d'Apulie : C Poés. ‖ vent de l'Adriatique, ouest-nord-ouest : C Poés.

Ĭarba, *ae*, m., → *Iarbas* : C Poés.

Ĭarbās (Hĭarbās), *ae*, m., roi de Gétulie : C Poés., +C Poés.

Ĭarbītās, *ae*, m., surnom d'un rhéteur africain, Codrus ou Cordus : C Pros.

Ĭardănis, *idis*, f., fille d'Iardanus [Omphale] : C Poés.

Ĭăsĭdēs, *ae*, m., descendant d'Iasius : C Poés.

Ĭăsĭōn, *ōnis*, m., roi d'Étrurie : C Poés.

Ĭăsis, *ĭdis*, f., fille d'Iasus : C Poés.

1 **Ĭăsĭus**, *a*, *um*, d'Iasius, Argien : +C Poés.

2 **Ĭăsĭus**, *ii*, m., fils de Jupiter, aimé de Cérès : C Poés. ‖ roi d'Argos : +C Poés.

Ĭāsōn, *ŏnis*, m., Jason [chef des Argonautes, enleva la Toison d'or gardée par un dragon] : C Pros. ‖ tyran de Phères : C Pros. ‖ héros des *Argonautica* de Varron de l'Aude : C Poés. ‖ **-sŏnius**, *a*, *um*, de Jason : C Poés. ‖ **-sŏnĭdēs**, *ae*, m., descendant de Jason : +C Poés.

Iassus, *i*, f., ville de Carie : C Pros. ‖ **Iassenses**, *ĭum*, m. pl., habitants d'Iassus : C Pros.

Iāsus, → *Iassus*

īātrălipta (-ēs), *ae*, m., qui traite par les frictions, masseur : +C Pros. ‖ **iatroal-**, +C Pros.

Ĭazȳges, *um*, m. pl., peuplade du Danube : +C Pros. ‖ **Ĭazyx**, *ȳgis*, m., Jazyge : C Poés.

ībam, imparf. de *3 eo*

Ībēr (Hĭbēr), *ēris*, m., Ibère : C Poés., +C Poés.

Ībēra, *ae*, f., ville de Tarraconaise : C Pros.

Ībēri (Hib-), *ōrum*, m. pl., Ibères : C Poés.

Ībērĭa (Hib-), *ae*, f., Ibérie, nom que les Grecs donnaient à l'Hispanie : C Poés. ‖ contrée d'Asie [auj. Géorgie] : +C Poés.

Ībērĭăcus (Hib-) et **-ĭcus**, *a*, *um*, d'Ibérie, d'Hispanie : +C Poés.

Ībērīna, *ae*, f., nom de femme : +C Poés.

1 **Ībērus (Hĭb-)**, *a*, *um*, d'Ibérie, d'Hispanie : C Poés.

2 **Ībērus (Hĭb-)**, *i*, m., l'Èbre [fleuve de la Tarraconaise] : C Pros.

ĭbī, **ĭbĭ**, adv. ¶ **1** là, dans ce lieu, [sans mouv^t] : ***ibi ... ubi*** C Pros., là où ; ***ubi ... ibi*** C Pros., où ... là ¶ **2** [fig.] alors : -C Théât., C Poés., Pros. ; ***ubi ... ibi*** -C Théât., quand ... alors ; C Pros. ¶ **3** [= *in* et abl. du pron. *is*] C Pros. ; ***ibi = in iis rebus*** C Pros. ; ***= in ea civitate*** C Pros., (***= in eo, a quo***) ; on décide que l'empire restera à celui (au peuple) du côté de qui sera la victoire ; ***ibi = in ea re*** -C Théât.

ĭbĭdem, adv. ¶ **1** au même endroit, là même : ***hic ibidem*** C Pros., ici-même ; ***ibidem loci*** -C Théât., au même point ‖ [avec mouv^t, au lieu de *eodem*] -C Théât. ¶ **2** au même point, au même moment : C Pros. ¶ **3** [= *in* et abl. de *idem*] C Pros.

ĭbĭdum, adv., là : -C Théât.

1 **ībis**, *ĭdis* ou *is*, f., ibis [oiseau] : C Pros. ‖ pl., ***ibes*** ou ***ibides***

2 **Ībis**, *ĭdis* ou *is*, f., titre d'un poème satirique d'Ovide : ***In Ibin*** C Poés.

ĭbiscum, *i*, n., → *hibiscum*

ībo, fut. de *3 eo*

ĭbrĭda, → *hybrida*

Ībȳcus, *i*, m., poète lyrique grec : C Pros. ‖ nom d'homme : C Poés.

Ĭcădĭus, *ii*, m., nom d'un fameux brigand : C Pros.

Ĭcărĭŏtis, *ĭdis*, f., fille d'Icarius [Pénélope] : C Poés. ‖ **Icăris**, *ĭdis*, f. : C Poés.

1 **Ĭcărius**, *a*, *um* ¶ **1** d'Icarus : C Poés. ¶ **2** d'Icare : C Poés. ; ***Icarium mare*** C Poés., mer Icarienne [mer Égée]

2 **Ĭcărius**, *ii*, m., Icarius [père de Pénélope] : C Poés.

1 **Ĭcărus**, *i*, m., Icarus, père d'Érigone, qui apprit aux Athéniens la culture de la vigne et qui devint une constellation : C Poés.

2 **Ĭcărus**, *i*, m., Icare, [fils de Dédale, s'envola de Crète avec son père, qui avait fabriqué des ailes ajustées avec de la cire ; mais, comme il s'était trop approché du soleil, la cire fondit et il tomba dans la mer qui fut ensuite appelée "mer Icarienne"] : C Poés.

iccirco, → *idcirco*

Iccius, *ii*, m., nom d'homme : C Pros.

Iccius portus, → *Itius portus*

Īcĕlus (-ŏs), *i*, m., nom de Morphée : C Poés.

Icēni, *ōrum*, m. pl., peuple de Bretagne : [+C] Pros.

ichneumōn, *ŏnis*, m., ichneumon, rat d'Égypte, mangouste : [C] Pros.

Ichnŏbătēs, *ae*, m., nom d'un chien d'Actéon : [C] Poés.

ichnŏgrăphia, *ae*, f., [archit.] ichnographie [tracé en plan] : [C] Pros.

ichthyŏcolla, *ae*, f., colle de poisson : [+C] Pros.

Icilius, *ii*, m., nom de plusieurs tribuns du peuple : [C] Pros.

īcō (īcĭō), *ĭs*, *ĕre*, *īcī*, *ictum*, tr. ¶ 1 frapper, blesser : ***lapide ictus*** [C] Pros., frappé d'une pierre ; ***telo ictus*** [C] Pros., frappé d'un trait ; ***ictus e caelo*** [C] Pros., frappé de la foudre ‖ [poét.] ***ictum caput*** [C] Poés., tête troublée par le vin ¶ 2 ***foedus***, conclure un traité, ➤ *ferio* : [C] Pros. ¶ 3 [au part.] [fig.] frappé, troublé, alarmé : [C] Pros.

īcŏnismus, *i*, m., reproduction, signalement : [+C] Pros.

Ĭcŏnĭum, *ĭi*, n., capitale de la Lycaonie : [C] Pros.

ictĕrĭcus, *a*, *um*, atteint de la jaunisse : [+C] Poés.

ictis, *ĭdis*, f., furet : [-C] Théât.

1 **ictus**, *a*, *um*, part. de *ico*

2 **ictŭs**, *ūs*, m. ¶ 1 coup, choc, atteinte : ***gladiatoris*** [C] Pros., coup porté par un gladiateur ; ***pilorum*** [C] Pros., atteinte des javelots ; ***sub ictum venire*** [C] Pros., venir à la portée des javelots ; [+C] Pros. ; ***fulminis*** [C] Pros., coup de foudre ; ***solis*** [C] Poés., coup de soleil ¶ 2 battement de la mesure : [C] Poés., [+C] Pros. ¶ 3 [fig.] ***calamitatis*** [C] Pros., coup, atteinte du malheur ; [+C] Pros. ‖ ***sub ictu esse*** [+C] Pros., être exposé aux coups, être en danger ¶ 4 ***ictus foederis*** [+C] Poés., conclusion d'un traité ‖ [poét.] plaie, blessure : [+C] Théât.

īcuncŭla, *ae*, f., petite figure : [+C] Pros.

Icus (Icŏs), *i*, f., île de la mer Égée : [C] Pros.

Īda, *ae*, f., **Īdē**, *ēs*, f. ¶ 1 Ida [mont de Phrygie célèbre à plusieurs titres : enlèvement de Ganymède, jugement de Pâris et surtout culte de Cybèle] : [C] Poés. ‖ mont de Crète, où était né Jupiter : [C] Poés. ¶ 2 ***Ida venatrix*** [C] Poés., nymphe chasseresse [selon d'autres, l'Ida phrygien, région de grandes chasses]

1 **Īdaeus**, *a*, *um*, de l'Ida ¶ 1 en Phrygie : [C] Pros. ‖ = troyen : [C] Poés. ‖ ***judex*** [C] Poés., Pâris ¶ 2 en Crète : [C] Pros., Poés.

2 **Īdaeus**, *i*, m, nom d'homme : [C] Poés.

Īdălĭa, *ae*, f., ville de l'île de Chypre, célèbre par le culte de Vénus : [C] Poés.

Īdălĭē, *ēs*, f., surnom de Vénus : [C] Poés.

Īdălis, *ĭdis*, f., d'Idalie [ville de Mysie] : [+C] Poés.

Īdălĭus, *a*, *um*, d'Idalie, de Vénus : ***Idalium astrum*** [C] Poés., l'astre de Vénus ; ***Idaliae volucres*** [+C] Poés., les colombes de Vénus

Īdās, *ae*, m., nom de différents personnages : [C] Poés.

idcircō, adv., pour cela, pour cette raison : [C] Pros. ‖ [en corrél. avec *quod, quia*, qui suivent ou précèdent *idcirco*] : [-C] Théât., [C] Pros. ; [avec *ut, ne*, pour que, pour que ne pas] [C] Pros. ; [avec *si*] [C] Pros. : [C] Pros.

Īdē, *ēs*, f., ➤ *Ida*

ĭdĕa, *ae*, f., idée [de Platon], type des choses : [+C] Pros. [Cicéron garde le mot grec ἰδέα]

ĭdem, *ĕădem*, *ĭdem* ¶ 1 le même, la même : ***idem vultus*** [C] Pros., le même visage ¶ 2 = en même temps, aussi, en outre : [C] Pros. ‖ [idée d'opposition] : [C] Pros. ¶ 3 [en corrél. avec *qui, atque, et, ut, quasi, cum*] [C] Pros. ‖ [avec dat.] [C] Poés. ¶ 4 n. sg. avec gén. : ***idem juris*** [C] Pros., le même droit

ĭdentĭdĕm, adv., à diverses reprises, sans cesse, continuellement ; [C] Pros. ‖ pareillement, de même [c. *itidem*] : [T] Pros.

ĭdĕō, adv., pour cela, pour cette raison, à cause de cela : [C] Pros. ‖ [en corrél. avec *quod, quia*, parce que], [avec *ut* final, voir ces mots] ; [avec *quo* final] pour que par là : [C] Pros. ‖ [en corrél. avec *si*] [C] Pros., ➤ *si*

id est, c'est-à-dire, ➤ *1 is*

ĭdĭŏgrăphus liber, m., manuscrit autographe : [+C] Pros.

ĭdĭōma, *ătis*, n., [en parl. d'un auteur] vocabulaire spécial, langage particulier : [T] Pros.

ĭdĭōta, **(-ēs)**, *ae*, m., qui n'est pas connaisseur, profane, ignorant : [C] Pros. ‖ [chrét.] nouveau converti : [T] Pros.

ĭdĭōtismus ou **-os**, *i*, m., expression propre à une langue, idiotisme : [C] Pros.

ĭdipsum, = ***id ipsum***

Idistavisus (-taviso), m., plaine de la Germanie : [+C] Pros.

Idmōn, *ŏnis*, m., père d'Arachné : [C] Poés. ‖ **-ŏnĭus**, *a*, *um*, d'Idmon : [C] Poés. ‖ prophète d'Argos, fils d'Apollon : [C] Poés. ‖ messager des Rutules : [C] Poés. ‖ médecin d'Adraste : [+C] Poés.

īdōlŏlătris, *ĭdis*., f., celle qui adore des idoles : [T] Poés.

īdōlum ou **-ŏn**, *i*, n., image, spectre : [+C] Pros.

Īdŏmĕneūs, *ĕi* ou *ĕos*, m., Idoménée ¶ 1 roi de Crète : [C] Poés. ¶ 2 disciple d'Épicure : [+C] Pros.

Īdŏmĕnius, *a*, *um*, d'Idomène (Macédoine) : [C] Poés.

ĭdōnĕē, adv., d'une manière convenable : [C] Pros.

ĭdōnĕus, *a*, *um* ¶ 1 approprié, convenable, suffisant : [C] Pros. ; ***auctor idoneus*** [C] Pros., un garant suffisant ; ***tempus idoneum*** [C] Pros., un moment propice ; ***idonea verba*** [C] Pros., mots appropriés, expressions justes ; ***scriptor idoneus*** [+C] Pros., un bon écrivain ; [C] Pros. ¶ 2 [avec dat., avec *ad*] propre à, convenable pour : [C] Pros. ; ***ad amicitiam idoneus*** [C] Pros., propre à l'amitié, propre à devenir un ami ; [avec dat. de l'adj. verb.] [+C] Pros. ‖ [avec *in* acc.] : [+C] Pros. ‖ [avec abl.] : [C] Pros. ‖ [avec inf.] : [C] Pros., [+C] Pros. ‖ [avec gér. en *-ndi*] [avec sup. en *-u*] [C] Pros. ¶ 3 [avec rel. et subj.] qui remplit les conditions pour, digne de : [C] Pros. ‖ [abst] méritant : [C] Pros.

īdŏs, n., apparence, forme : [+C] Pros.

Īdŏthĕa, *ae*, f., fille d'Océan : [+C] Poés.

Īdrŏs (-us), *i*, m., ville de Carie célèbre par son culte d'Hécate : [C] Poés.

īdūlis, *e*, relatif aux ides : [T] Pros.

īdum, va donc : [-C] Théât.

Īdūmaea, *ae*, f., région de la Palestine, **Īdumē**, *ēs*, f., [+C] Poés. ‖ **-maeus**, *a*, *um*, de l'Idumée : [C] Poés.

īdŭō, *ās*, *āre*, -, -, diviser : [T] Pros.

īdūs, *ŭum*, f. pl., les ides [le jour qui partage le mois en deux ; le 15 des mois de mars, mai, juillet, octobre ; le 13 des autres mois] : [C] Pros.

īdŭus, *a*, *um*, divisé : [T] Pros.

Idȳia, *ae*, f., femme d'Eétés, mère de Médée : [C] Pros.

īdyllĭum, **ēdyllĭum**, *ĭi*, n., idylle, poème pastoral : [+C] Pros. ‖ pl., titre donné à qq. poèmes d'Ausone

ĭens, *euntis*, part. prés. de *3 eo*, allant [rare au nom.] : [C] Pros.

Ĭērĕmias, ➤ *Jeremias*

Ĭericho, ➤ *Hiericho*

Ĭĕrŏsŏlȳma, ➤ *Hierosolyma*

Ĭessae, **Jessae**, **Jesse**, m. indécl., Jessé, Isaï [père de David] : [T] Pros. ‖ **-ssaeus**, de Jessé : [T] Poés.

Ĭēsūs ou **Jēsūs**, *ū* et **Jēsus Christus**, m., Jésus-Christ : [T] Poés.

Ĭēsūs Nave, ➤ *Josue* : [T] Pros.

Ĭētae, *ārum*, m. pl., habitants d'Ios : [C] d. [+C] Pros.

Igilgili, n., ville de Maurétanie ‖ **-litānus**, *a*, *um*, d'Igilgili : [T] Pros.

Igĭlium, *ii*, n., île proche de l'Étrurie : [C] Pros.

ĭgĭtŭr, adv. ¶ 1 dans ces circonstances, alors : [-C] Théât. ‖ ***igitur tum, tum igitur***, alors donc : [-C] Théât. ; ***igitur deinde*** [-C] Théât., puis alors ; ***igitur demum*** [-C] Théât., alors seulement ¶ 2 [coord. logique] donc, par conséquent : [-C] Théât., [C] Pros. ¶ 3 [dans les interrog. conclusives] donc : [C] Pros. ‖ [ironie] : [C] Pros., [+C] Pros. ‖ [avec impér. ou subj. concessif] donc, ainsi donc : ***omitte igitur*** [C] Pros., laisse donc de côté... ¶ 4 [après une digression pour reprendre une pensée interrompue] donc : [C] Pros. ; [après une parenthèse] [C] Pros. ‖ [reprise emphatique] : [C] Pros. ¶ 5 [pour résumer] donc, ainsi donc : [C] Pros. ¶**6** [pour aborder un développ[t] annoncé] eh bien, donc : [C] Pros.

ignārus, *a, um* ¶**1** qui ne connaît pas, ignorant, qui n'est pas au courant ; [avec gén.] : ***physicorum*** [C] Pros., ignorant de la physique ; ***totius rei*** [C] Pros., ignorant de toute l'affaire ; ***faciendae orationis*** [C] Pros., ne sachant pas l'art de bâtir une phrase ; [+C] Pros. ‖ [avec *de*] : [+C] Pros. ‖ [avec prop. inf.] : [C] Pros., [+C] Poés. ‖ [avec interrog. indir.] [C] Pros. ‖ [abs[t]] : ***me ignaro*** [C] Pros., sans que je sois au courant ; ***ignarissimi*** [-C] Théât., les plus ignorants ¶**2** [sens passif] inconnu : [C] Pros., [+C] Pros.

ignāvē, adv., avec faiblesse, sans énergie : [C] Pros. ‖ [en parl. du style] : [C] Pros.

ignāvĭa, *ae*, f., inaction, apathie, mollesse, paresse : [C] Pros.

ignāvĭter, ➡ *ignave* : [C] Pros.

ignāvō, *ās, āre, -, -*, tr., décourager : [-C] Théât.

ignāvus, *a, um* ¶**1** sans activité, indolent, mou, paresseux : [C] Pros. ; ***homo ignavior*** [C] Pros., un homme plus apathique ‖ [avec gén.] : [+C] Pros. ¶**2** sans cœur, lâche, poltron : [C] Pros., [+C] Pros. ‖ [pris subst[t]] ***ignavi*** [C] Pros., les lâches ¶**3** [fig.] sans force, sans vertu, improductif : ***ignava nemora*** [C] Poés., bosquets inutiles ‖ inerte : ***gravitas ignava*** [C] Poés., une pesanteur inerte, impossible à mouvoir ¶**4** qui engourdit, qui rend mou : ***ignavum frigus*** [C] Poés., le froid qui engourdit ; ***ignavus aestus*** [C] Poés., la chaleur amollissante

ignescō, *ĭs, ĕre, -, -*, intr., prendre feu : [C] Pros. ‖ [fig.] s'enflammer [en parl. des passions] : [C] Poés., [+C] Poés.

ignĕus, *a, um*, de feu, enflammé : [C] Pros. ‖ [fig.] enflammé, ardent, véhément : [C] Poés.

ignĭcŏmans, *tis* et **-cŏmus**, *a, um*, aux cheveux roux : [T] Poés.

ignĭcŭlus, *i*, m., [fig.] ***a)*** vivacité : [C] Pros. ***b)*** pl., étincelles = germes : [C] Pros.

ignĭfĕr, *ĕra, ĕrum*, ardent, enflammé : [C] Poés.

ignĭgĕna, *ae*, m., né du feu [épithète de Bacchus] : [C] Poés.

ignīnus, *a, um*, qui vit dans le feu : [+C] Pros.

igniō, *īs, īre, īvī, ītum*, tr., mettre en feu, brûler : [T] Poés.

ignĭpēs, *ĕdis*, m., aux pieds de feu (qui brûlent le pavé) : [C] Poés.

ignĭpŏtens, *tis*, maître du feu [épith. de Vulcain] : [C] Poés. ‖ subst. m., = Vulcain : [C] Poés.

ignis, *is*, m. ¶**1** feu : [C] Pros. ; ***ignes*** [C] Pros., des feux ‖ pl., brandons enflammés : [C] Pros. ¶**2** les éclairs : [C] Poés. ‖ les étoiles : [C] Poés. ¶**3** [fig.] ***a)*** aliment à une passion, à la colère : [C] Pros. ***b)*** éclat, splendeur : [C] Poés. ***c)*** rougeur [des joues] : [C] Pros. ***d)*** feu [d'une passion] : [C] Poés. ; [surtout de l'amour] [C] Poés. ***e)*** objet aimé, objet de la flamme : [C] Poés. ¶**4** ***ignis sacer***, feu sacré, érysipèle [maladie] : [C] Poés., [+C] Pros.

ignisco, ➡ *ignesco*

ignispĭcĭum, *ii*, n., divination par le feu : [+C] Pros.

ignītābŭlum, *i*, n., [fig.] ce qui enflamme : [T] Pros.

ignītus, *a, um*, part. de *ignio* ‖ adj[t] [fig.] enflammé, ardent, brûlant, vif : ***ignitius vinum*** [+C] Pros., vin ayant plus de feu

ignĭvŏmus, *a, um*, qui vomit du feu : [+T] Poés.

ignōbĭlis, *e*, inconnu, obscur : [C] Pros. ‖ de basse naissance : [C] Pros., Poés.

ignōbĭlĭtās, *ātis*, f., naissance obscure : [C] Pros. ‖ obscurité, manque de renom : [C] Pros. ‖ de qualité inférieure : [+C] Pros.

ignōbĭlĭtĕr, adv., sans honneur : [T] Pros.

ignōbĭlĭtō, *ās, āre, -, -*, tr., couvrir de honte : [T] Pros.

ignōmĭnĭa, *ae*, f. ¶**1** ignominie, déshonneur, tache, honte, flétrissure, opprobre, infamie : [C] Pros. ; ***ignominia notare*** [C] Pros., marquer d'infamie ‖ ***senatus*** [C] Pros., flétrissure imprimée par le sénat ; mais ***rei publicae*** [C] Pros., honte imprimée à l'État ; ***amissarum navium*** [C] Pros., navires perdus honteusement ¶**2** les parties génitales : [T] Pros.

ignōmĭnĭō, *ās, āre, -, -*, tr., outrager, déshonorer : [+C] Pros., [T] Pros.

ignōmĭnĭōsē, adv., honteusement : [T] Pros. ; ***-ius*** [T] Pros.

ignōmĭnĭōsus, *a, um*, ignominieux, dégradant, honteux : [C] Pros. ‖ subst. m., qui est couvert de honte : [+C] Pros. ‖ ***-sissimus*** [+C] Pros.

ignōrābĭlis, *e*, inconnu : [C] Pros. ‖ ***-lior*** [+C] Pros.

ignōrābĭlĭtĕr, adv., d'une manière obscure : [+C] Pros.

ignōrans, *tis*, part. de *ignoro*

ignōrantia, *ae*, f., état d'ignorance [en gén., habituel et blâmable] : [C] Pros. ‖ erreur, faute : [T] Pros.

ignōrātio, *ōnis*, f., action d'ignorer, ignorance [en gén., fait accidentel et non blâmable en soi] : [C] Pros.

ignōrātus, *a, um*, part. de *ignoro*

ignōrō, *ās, āre, āvī, ātum*, tr., ne pas connaître, être dans l'ignorance de : [C] Pros. ; ***causam belli*** [C] Pros., ignorer la cause de la guerre ; ***alicujus patrem*** [C] Pros., ne pas savoir qui est le père de qqn ; ***Cato ignoratur*** [C] Pros., on ignore Caton [écrivain] ; [C] Pros. ; ***aliquem ignorare*** [-C] Théât., [C] Pros., ne pas connaître qqn [sa personne, son caractère] ‖ [avec prop. inf.] : [C] Pros. ‖ [avec interrog. indir.] : [C] Pros. ‖ [avec *quin* subj., dans phrase négative ou interrog.] : [C] Pros., [+C] Pros. ‖ [avec *de*] : ***ignorat de filio*** [C] Pros., il est sans nouvelles de son fils ‖ [abs[t]] être dans l'ignorance : [C] Pros., [+C] Pros. ‖ part. *ignoratus, a, um*, inconnu, ignoré ; [qqf.] sans être reconnu, remarqué : [C] Pros., [+C] Pros. ; [ou] qui est à l'insu : [C] Pros.

ignoscens, *tis*, part. prés. de *ignosco* ‖ pris adj[t] : ***animus ignoscentior*** [-C] Théât., coeur plus indulgent

ignŏscentia, *ae*, f., action de pardonner : [+C] Pros.

ignoscĭbĭlis, *e*, pardonnable, excusable : [+C] Pros.

ignoscō, *ĭs, ĕre, nōvī, nōtum*, intr. et tr. ¶**1** intr., pardonner [avec dat.] : ***alicui (rei)*** [C] Pros., pardonner à qqn, à qqch. ‖ [avec pron. n. à l'acc.] ***hoc, id alicui*** [C] Pros., pardonner en ceci, en cela à qqn ‖ ***ignoscendi ratio*** [C] Pros., le pardon ¶**2** tr. [arch.] : ***peccatum*** [-C] Théât., pardonner une faute ‖ ***alicui delicta*** [-C] Théât., pardonner ses torts à qqn ‖ pass. impers. ***ignotum est*** [-C] Théât., on a pardonné

ignōtĭtia, *ae*, f., ignorance : [C] Pros.

1 **ignōtus**, *a, um*, ➡ *ignosco*

2 **ignōtus**, *a, um* ¶**1** inconnu : ***homo*** [C] Pros., homme inconnu ; ***alicui ignotissimus*** [C] Pros., tout à fait inconnu de qqn : [C] Pros. ¶**2** qui ne connaît pas ; [surtout au pl.] ***ignoti***, des gens qui ne connaissent pas (= ***ignari***) : [C] Pros., [+C] Pros.

Ĭgŭvĭum, *ii*, n., ville d'Ombrie [auj. Gubbio] : [C] Pros. ‖ **-vīnātes**, *ium* et **-vīni**, *ōrum*, m. pl., les habitants d'Iguvium : [C] Pros.

ii, nom. m. pl. de *1 is*

***īlĕ**, *is*, n. [inus.] ➡ *2 ilia*

Ĭlercao-, ➡ *Ilergao-*

Ĭlerda, *ae*, f., ville de la Tarraconaise : [C] Pros.

Ĭlergāŏnenses, *ium* (**Ilergāŏnes**, *um*), m. pl., peuple de la Tarraconaise : [C] Pros.

Ĭlergētes, *um*, m. pl., Ilergètes [peuple de la Tarraconaise] : [C] Pros.

īlex, *ĭcis*, f., chêne vert, yeuse : [C] Poés.

1 **Īlĭa**, *ae*, f., = Rhéa Silvia, fille de Numitor, mère de Romulus et Rémus : [C] Poés. ‖ **-ădēs**, *ae*, m., fils d'Ilia : [C] Poés.

2 **īlĭa**, *ĭum*, n. pl., flancs, ventre : [C] Poés. ; ***ilia ducere*** [C] Pros. ‖ entrailles : [C] Poés.

Īlĭăcus, *a, um*, d'Ilion, de Troie : [C] Poés. ; ***Iliacum carmen*** [C] Poés., l'Iliade

1 **Īlĭădēs**, *ae*, m., ➡ *1 Ilia*

2 **Īlĭădēs**, *ae*, m., le Troyen = Ganymède : [C] Poés.

3 **Īlĭădes**, *um*, f. pl., les Troyennes : [C] Poés.

Īlĭăs, *ădis*, f. ¶**1** Troyenne : [C] Poés. ¶**2** l'Iliade [poème d'Homère] : [C] Pros., Poés.

īlĭcet, adv. ¶**1** c'en est fait : [-C] Théât. ¶**2** aussitôt, sur-le-champ : [C] Poés. ¶**3** ➡ *igitur*, donc : [T] Pros.

īlĭcētum, *i*, n., lieu planté d'yeuses : [+C] Poés.

īlĭcĕus, **īlignĕus**, **īlignus**, *a, um*, d'yeuse : [-C] Pros., [C] Poés., [+C] Poés.

īlĭco, ▶ *illico*

Īlĭenses, *ĭum*, m. pl. ¶**1** Troyens : Pros. ¶**2** peuple de Sardaigne : Pros.

Īlĭŏn, *ĭi*, n., ▶ *Ilium*

Īlĭŏna, *ae*, f., Pros. et **Īlĭŏnē**, *ēs*, f., Poés., Ilioné [fille aînée de Priam] ‖ titre d'une tragédie de Pacuvius : Pros., Poés.

Īlĭŏneūs, *ĕi* ou *ĕos*, m., Ilionée [un fils de Niobé] : Poés. ‖ un des compagnons d'Énée : Poés.

Īlĭŏs, ▶ *Ilium*

Ilipa, *ae*, f., ville de Bétique : Pros.

Ilīthyīa, *ae*, f., Ilithye [déesse de la naissance] : Poés.

Iliturgi, ▶ *Illiturgi*

Īlĭum (-ŏn), *ĭi*, n., **Īlĭos**, *ĭi*, f., Ilion ou Troie : Pros., Poés. ‖ **Īlĭus**, *a*, *um*, d'Ilion : Poés.

1 **illă**, f. et n. pl. de *ille*

2 **illā**, adv., par là : Théât., Poés., Pros.

illăbĕfactus (inl-), *a*, *um*, qui n'est pas brisé : Poés.

illābŏr (inl-), *ĕrĭs*, *ī*, *lapsus sum*, intr., tomber, glisser, s'enfoncer dans ou sur : [*in* acc.] Pros. ; [avec dat.] ‖ pénétrer, s'écouler dans : Pros. ; ***in animos*** Pros., pénétrer dans les âmes [*animis* Poés.]

illăbōrātus (inl-), *a*, *um*, qui n'est pas travaillé : Pros.

illăbōrō (inl-), *ās*, *āre*, -, -, intr., travailler à [dat.] : Pros.

illāc, adv., par là : Théât. ; ***illac facere*** Pros., être de ce parti-là

illăcĕrābĭlis (inl-), *e*, qui ne peut être déchiré : Poés.

illăcessītus (inl-), *a*, *um*, qui n'a pas été provoqué : Pros.

illăcrĭmābĭlis (inl-), *e* ¶**1** qui n'est pas pleuré : Poés. ¶**2** sans pitié, inexorable : Poés.

illăcrĭmō (inl-), *ās*, *āre*, *āvī*, *ātum*, intr. ¶**1** pleurer sur ou à propos de : ***alicui rei*** Pros., pleurer sur qqch. ; [avec prop. inf.] Pros., déplorer que ¶**2** couler, suinter : Poés. ‖ larmoyer : Pros.

illăcrĭmŏr (inl-), *ārĭs*, *ārī*, *ātus sum*, intr., pleurer sur ou à propos de : ***morti alicujus*** Pros., pleurer sur la mort de quelqu'un

illacrĭmōsus (inl-), *a*, *um*, dont on ne pleure pas : Pros.

illaec, ▶ *1 illic*

illaesus (inl-), *a*, *um*, qui n'est pas blessé, pas endommagé : Poés., Pros.

illaetābĭlis (inl-), *e*, qui ne peut réjouir, triste : Poés.

illāmentātus, *a*, *um* **(inl-)**, sur qui on n'a pas prononcé les lamentations funèbres : Pros.

illanc, acc. f. de *1 illic* : Théât.

1 **illapsus (inl-)**, part. de *illabor*

2 **illapsŭs (inl-)**, *ūs*, m., irruption : Pros.

illaqueātus (inl-), *a*, *um*, part. de *illaqueo*, enlacé [fig.] : Pros.

illăquĕō (inl-), *ās*, *āre*, *āvi*, *ātum*, prendre au piège : Poés. ‖ séduire : Poés.

illātābĭlis (inl-), *e*, dépourvu de largeur : Pros.

illātĕbrō (inl-), *ās*, *āre*, -, -, tr., cacher : Pros.

illātĕnŭs, adv., jusque-là : Pros.

illātĭo (inl-), *ōnis*, f., action d'infliger : ***mortis*** Pros., la mort

illātŏr (inl-), *ōris*, m., celui qui fait subir : Pros.

illatrō (inl-), *ās*, *āre*, -, -, intr., aboyer contre [dat.] : Poés.

illātus (inl-), *a*, *um*, part. de *infero*

illaudābĭlis (inl-), *e*, qui ne mérite pas de louanges : Poés., Pros.

illaudātus (inl-), *a*, *um*, obscur, sans gloire : Pros. ‖ infâme : Poés.

illautus (inl-), *a*, *um*, qui n'est pas lavé, ▶ *illotus*

illĕ, *illă*, *illŭd*, gén. *illĭus*, dat. *illī* ; adj. pron. dém., celui-là, celle-là, cela, ce, cet, cette ¶**1** [désigne par rapport à celui qui parle ce qui est le plus éloigné dans l'espace et dans le temps, alors souvent opposé à *hic* ; ou encore il se réfère à une troisième personne ou un troisième objet] ▶ *1 hic* : Théât., Pros. ; [poét.] ***ex illo*** Poés., depuis ce temps-là ; Pros. ¶**2** ***ille*** repris par ***is*** [pléonastique] : Pros. ¶**3** ***ille*** [pléonastique] : Pros., Poés. ‖ reprise oratoire : Pros. ; surtout joint à ***quidem*** : Pros. ¶**4** emphatique : Pros. ; ***Medea illa*** Pros., cette fameuse Médée ¶**5** renvoyant à ce qui précède : Pros. ‖ interlocuteur d'un dialogue : Pros. ‖ avec attraction : Pros. ¶**6** annonçant ce qui suit : Pros. ; [alors souvent opposé à *hic* qui renvoie à ce qui précède, ▶ *1 hic*] Pros. ¶**7** ***hic et ille***, tel et tel, ▶ *1 hic* ; Pros.

illĕcĕbra (inl-), *ae*, f. ¶**1** attrait, charme : Pros. ; ***illecebra peccandi*** Pros., attrait qui invite à la faute ‖ qui tente : Théât. ¶**2** [au pl.] attraits, séductions, amorces, appas : Pros.

illĕcĕbro (inl-), *ās*, *āre*, -, -, tr., charmer, captiver : Pros.

illĕcĕbrōsē [inus.], d'une manière séduisante : ***illecebrosius*** Pros.

illĕcĕbrōsus (inl-), *a*, *um* (*illecebra*), séduisant : ***-sior*** Théât.

illectāmentum (inl-), *i*, n., **illectātio** et **illectio**, *ōnis*, f., séduction, charme : Pros.

1 **illectus (inl-)**, *a*, *um*, non lu : Poés.

2 **illectus (inl-)**, part. de *illicio*

3 **illectŭs (inl-)**, *ūs*, m., séduction : Théât.

illeic [arch.], ▶ *2 illic*

illĕpĭdē (inl-), sans grâce : Théât., Pros., Pros.

illĕpĭdus (inl-), *a*, *um*, sans grâce, désagréable : Théât., Pros.

illēvi (inl-), parf. de *illino*

1 **illex (inl-)**, *ēgis*, sans loi, contraire à la loi : Théât.

2 **illex (inl-)** ou **-lix**, *ĭcis*, adj., tentateur, séducteur : Poés. ‖ subst. m., appeau : Théât. ‖ séducteur, séductrice : Théât.

illexi (inl-), parf. de *illicio*

illī ¶**1** dat. sg. et nom. pl. m. de *ille* ¶**2** adv., à cet endroit-là : Théât. ; ▶ *2 illic*

illībābĭlis (inl-), *e*, à qui on ne peut rien enlever : Pros.

illībātus (inl-), *a*, *um*, entier, dans son intégrité : Pros., Pros. ‖ pur, non souillé : Poés.

illībĕrālis (inl-), *e*, indigne d'un homme libre : Pros. ‖ bas, vulgaire : Pros. ‖ désobligeant : Pros. ‖ avare, mesquin : Pros.

illībĕrālĭtās (inl-), *ātis*, f., lésinerie, mesquinerie : Pros.

illībĕrālĭtĕr (inl-), d'une manière indigne de l'homme libre, de gens bien nés : Pros. ‖ mesquinement : Pros.

Illĭbĕri (-berri), n., **Illĭbĕris**, *is*, f., ville de Narbonnaise [Elne] : Pros.

1 **illĭc**, *aec*, *ŭc* ou *ŏc* Théât., [arch.] ▶ *ille* : Théât. ; ***illuc aetatis*** Théât., à cet âge

2 **illīc**, adv. ¶**1** en cet endroit-là, là-bas, là [sans mouv[t]] : ***illic... hic*** Pros., là-bas ... ici ¶**2** [= *in illo*] Pros. ; [= *in illo bello*] Pros. ; [= *in illa re*] Théât., dans cette circonstance

illicet, ▶ *ilicet*

illĭcĭbĭlis (inl-), *e*, séduisant : Pros.

illicĭnĕ, ▶ *1 illic*

illĭcĭō (inl-), *ĭs*, *ĕre*, *lexī*, *lectum*, tr., tenter, attirer, charmer, séduire : Pros. ‖ détourner, égarer : Pros. ‖ engager à, entraîner à : [avec *ut*] Poés., Pros. ; [avec subj. seul] Pros. ; [avec inf.] Pros. ‖ au passif, être convoqué : Pros.

illĭcĭtātŏr (inl-), *ōris*, m., enchérisseur : Pros.

illĭcĭtus (inl-), *a*, *um*, interdit, illégal : Pros.

illĭcĭum (inl-), *ii*, n. ¶**1** appas, charme : Pros. ¶**2** convocation du peuple : Pros.

īlĭcō (illĭcō), adv., sur la place, en place : Théât. ; ***exadversum ilico*** Théât., juste en face ‖ sur-le-champ : Théât., Pros.

illīdō (inl-), *ĭs*, *ĕre*, *līsī*, *līsum*, tr. ¶**1** frapper sur, pousser contre : ***naves vadis*** Poés., pousser des vaisseaux sur des bancs de sable ; [+C] Pros. ; ***dentes labellis*** [C] Poés., imprimer ses dents sur les lèvres ¶ **2** mettre en morceaux : [C] Pros.

illĭgātus (inl-), *a*, *um*, part. de *illigo*

illĭgō (inl-), *ās*, *āre*, *āvī*, *ātum*, tr. ¶ **1** lier à, attacher à : ***in poculis*** [C] Pros., enchâsser sur des coupes ; ***in sphaeram*** [C] Pros., monter sur une sphère ‖ entraver : [C] Poés. ¶ **2** [fig.] attacher, lier : [C] Pros.

illīmis (inl-), *e*, dépourvu de boue, limpide : [C] Poés.

illīmō (inl-), *ās*, *āre*, -, -, tr., souiller de limon : [+C] Pros.

illinc, adv., de là : [C] Pros. ‖ venant de cette personne, de ce côté : [-C] Théât., [C] Pros.

illĭnĭō (inl-), *īs*, *īre*, -, -, tr., oindre, enduire : [+C] Pros.

illĭnō (inl-), *ĭs*, *ĕre*, *lēvī*, *lĭtum*, tr. ¶ **1** oindre, enduire : ***faces pice*** [C] Pros., enduire de poix les torches ¶ **2** appliquer sur, frotter sur : ***collyria oculis*** [C] Poés., appliquer un collyre sur les yeux ‖ ***nives agris*** [C] Pros., mettre une couche de neige sur les champs ‖ ***aliquid chartis*** [C] Poés., barbouiller quelque chose sur du papier

illĭquĕfactus (inl-), *a*, *um*, rendu liquide : [C] Pros.

illīquŏr (inl-), *ĕrĭs*, *ī*, -, → *1 liquor*, couler, dégoutter : [T] Pros.

illisce, → *1 illic*

illīsi (inl-), parf. de *illido*

illīsĭo (inl-), *ōnis*, f., choc : [T] Pros.

1 **illīsus (inl-)**, *a*, *um*, part. de *illido*

2 **illīsŭs (inl-)**, *ūs*, m., coup, choc : [+C] Poés.

illittĕrātus (inl-), *a*, *um* ¶ **1** illettré, ignorant : [-C] Pros., [C] Pros. ‖ ***litterae illitteratissimae*** [+C] Pros., lettres très peu littéraires ¶ **2** non écrit : [+C] Pros.

Illiturgi (Iliturgi), n., ville de Bétique : [C] Pros. ‖ **-gītānī**, *ōrum*, m. pl., habitants d'Illiturgi : [C] Pros.

illĭtus (inl-), *a*, *um*, part. de *illino*

illīusmŏdi, de cette sorte : [C] Pros.

illix, → *2 illex*

illō, adv. ¶ **1** là-bas, en cet endroit-là, là [avec mouv[t]] : [C] Pros., [+C] Pros. ¶ **2** [= *ad illud*] [C] Pros., [+C] Pros. ¶ **3** là [question *ubi*] : [T] Pros.

illōc, adv., → *illuc*, là-bas, là [avec mouv[t]] : [-C] Théât.

illŏcābilis (inl-), *e*, qu'on ne peut établir (marier) : [-C] Théât.

illōtus, **illautus**, **illūtus**, **(inl-)**, *a*, *um* ¶ **1** sale, non lavé : [-C] Théât., [C] Poés., [T] Pros. ¶ **2** non essuyé : [C] Poés.

illubrīcō (inl-), *ās*, *āre*, -, -, tr., rendre glissant : [+C] Pros.

illūc, adv. ¶ **1** là-bas, là [avec mouv[t]] : ***huc illuc***, ***huc atque illuc***, ***etc.***, çà et là, → *huc* : [C] Pros. ¶ **2** [fig.] ***a)*** = ***ad***, ***in*** acc. + ***illud*** : [C] Pros., Poés. ***b)*** = ***ad illum*** : [+C] Pros. ¶ **3** [temporel] : ***illuc usque*** [+C] Pros., jusqu'à ce moment-là

illūcĕō (inl-), *ēs*, *ēre*, -, -, intr., luire, briller sur : ***capiti alicujus*** [-C] Théât., briller sur la tête de qqn

illūcescō (inl-), *ĭs*, *ĕre*, *lūxī*, ¶ **1** intr., se mettre à luire, à briller : ***cum sol inluxisset*** [C] Pros., le soleil s'étant mis à briller ¶ **2** tr., se mettre à éclairer, ***aliquem*** ; qqn : [-C] Théât. ¶ **3** impers., ***ubi inluxit*** [C] Pros., quand il fit jour

illuctans (inl-), *tis* [fig.] qui lutte sur : [+C] Poés.

illūcŭlascō (inl-), *ĭs*, *ĕre*, -, -, intr., commencer à luire : [+C] Pros.

illŭd, n. de *ille*

illūdiō, *ās*, *āre*, -, -, → *illudo* : [+C] Pros.

illūdō (inl-), *ĭs*, *ĕre*, *lūsī*, *lūsum*, intr. et tr.

I intr. ¶ **1** [au pr.], jouer sur, jouer avec [dat.] : [C] Poés. ; ***illudere chartis*** [C] Poés., s'amuser à écrire ¶ **2** [fig.] ***a)*** se jouer de, se moquer de [avec dat.] : ***alicujus dignitati*** [C] Pros., se jouer de la dignité de qqn ; ***capto*** [C] Poés., insulter un prisonnier ‖ [avec *in* acc.] ***in aliquem*** [-C] Théât., se jouer de qqn, ou [C] Pros., se moquer de qqn ; [avec *in* abl.] [-C] Théât. ‖ [abs[t]] ***illudens*** [C] Pros., en se jouant, par manière de plaisanterie, ironiquement ***b)*** se jouer de, ne pas respecter, maltraiter : [C] Poés. ; ***pecuniae illudere*** [+C] Pros., gaspiller l'argent en se jouant ‖ outrager, déshonorer : [+C] Pros.

II tr. ¶ **1** se jouer de : [C] Poés. ¶ **2** se moquer de, railler, tourner en ridicule : ***miseros*** [C] Pros. ; ***praecepta rhetorum*** [C] Pros., se moquer des malheureux, des préceptes des rhéteurs ; ***illusi pedes*** [C] Poés., pieds dont s'amuse la goutte, vacillants ¶ **3** se jouer de, risquer, aventurer : ***vitam alicujus*** [-C] Théât., risquer la vie de qqn, le bonheur de qqn ‖ ne pas respecter : ***corpus alicujus*** [+C] Pros., insulter le cadavre de quelqu'un

illūmĭnantĕr, adv., clairement : [T] Pros.

illūmĭnātē (inl-), avec l'éclat du style [emploi des figures] : [C] Pros.

illūmĭnātio, *ōnis*, f., éclairage : [T] Pros. ‖ [fig.] éclat : [T] Pros. ‖ inspiration : [T] Pros.

illūmĭnātus (inl-), *a*, *um*, part. de *illumino* ; [adj[t]] brillant, orné : ***-tissimus*** [T] Pros.

illūmĭnō (inl-), *ās*, *āre*, *āvi*, *ātum* ¶ **1** éclairer, illuminer : [C] Pros. ‖ embellir, orner : [C] Pros. ¶ **2** [fig.] mettre en lumière, rendre lumineux : [C] Pros. ‖ rendre illustre : [+C] Pros.

illūmĭnus (inl-), *a*, *um*, qui est sans lumière : [+C] Pros.

illunc, → *1 illic*

illūnis (inl-), *e*, **illūnĭus**, *a*, *um*, non éclairé par la lune : [+C] Pros.

Illurgavŏnenses, *ĭum*, m. pl., → *Ilergaonenses* : [C] Pros.

Illŭri, **Illŭrĭc-**, orth. arch., → *Illyr*

illūsio (inl-), *ōnis*, f., [rhét.] ironie : [C] Pros. ‖ illusion, tromperie : [T] Pros.

illustrāmentum (inl-), *i*, n., ornement : [+C] Pros.

illustrātio (inl-), *ōnis*, f., action d'éclairer, de rendre brillant [rhét. = hypotypose] : [+C] Pros. ‖ [chrét.] apparition, illumination : [T] Pros.

illustrātŏr (inl-), *ōris*, m., celui qui éclaire : [T] Pros.

illustrātus (inl-), *a*, *um*, part. de *illustro*

illustris (inl-), *e* ¶ **1** clair, éclairé, bien en lumière : ***aditus illustres*** [C] Pros., entrées de maison bien claires ‖ qui donne de la clarté, lumineux, brillant : ***illustris stella*** [C] Pros., étoile brillante ¶ **2** [fig.] ***a)*** clair, éclatant, manifeste : [C] Pros. ; ***verba illustria*** [C] Pros., expressions claires ***b)*** brillant, en vue, marquant ; ***causae illustres*** [C] Pros., causes brillantes, retentissantes ; ***homines*** [C] Pros., personnages marquants ; ***philosophorum illustrissimi*** [+C] Pros., les plus illustres des philosophes

illustrius, adv., plus clairement : [C] Pros. ; ***illustrissime*** [+C] Pros., avec la plus grande clarté

illustrō (inl-), *ās*, *āre*, *āvī*, *ātum*, tr. ¶ **1** éclairer, illuminer : [C] Pros. ¶ **2** [fig.] ***a)*** mettre en lumière, rendre patent : [C] Pros. ; ***rem disserendo*** [C] Pros., éclairer une affaire par l'argumentation ***b)*** rendre brillant, éclatant [le style] : [C] Pros. ***c)*** donner de l'éclat, du lustre : [C] Pros. ***d)*** inspirer, sanctifier : [T] Poés.

illūsus (inl-), *a*, *um*, part. de *illudo*

illūtĭbarbus, *a*, *um*, à la barbe sale : [+C] Pros.

illūtilis (inl-), *e*, qu'on ne peut laver : [-C] Théât.

1 **illūtus (inl-)**, → *illotus*

2 **illūtus (inl-)**, *a*, *um*, non mouillé : [T] Pros.

illŭviēs (inl-), *ēi*, f. ¶ **1** saleté, malpropreté : [-C] Théât., [C] Pros., Poés., [+C] Pros. ¶ **2** mare boueuse : [+C] Pros.

illuxi (inl-), parf. de *illucesco*

Illyrĭa, *ae*, f., l'Illyrie : [C] Poés.

Illyrĭcus, *a*, *um*, d'Illyrie : [C] Pros., Poés. ‖ **-cum**, *i*, n., l'Illyrie : [C] Pros.

Illyris, *ĭdis*, f., d'Illyrie : [C] Poés., [+C] Poés. ‖ subst. f., l'Illyrie : [C] Poés.

Illyrius, *a*, *um*, illyrien : [C] Pros. ‖ **-rii**, m., les Illyriens : [C] Pros.

Īlōtae, *ārum*, m. pl., ilotes, esclaves à Sparte : [C] Pros.

Iltŏnŏmus, *i*, m., un des fils d'Égyptus : [+C] Poés.

Ilucia, *ae*, f., ville de la Tarraconaise : [C] Pros.

Īlus, *i*, m., fils de Tros et roi de Troie : [C] Poés. ‖ surnom d'Ascagne : [C] Poés. ‖ compagnon de Turnus : [C] Poés.

Ilva, *ae*, f., île d'Elbe : [C] Pros.

Ilvātes, *ĭum* ou *um*, m. pl., peuple de Ligurie : [C] Pros.

1 **im-**, pour *in-*, devant *b, m, p* dans les mots composés

2 **im**, ➡ *eum* : [C] Pros.

Imăchărensis, *e*, d'Imachara [ville de Sicile] : [C] Pros.

ĭmāgĭnābilis, *e*, imaginable : [T] Pros.

ĭmāgĭnābundus, *a, um*, qui se représente qqch. : [+C] Pros.

ĭmāgĭnārĭē, adv., selon l'imagination : [T] Pros.

ĭmāgĭnārius, *a, um*, ce qui existe en imagination : [C] Pros. : [+C] Pros.

ĭmāgĭnātio, *ōnis*, f., image, vision : [+C] Pros.

ĭmāgĭnātus, *a, um*, part. de *imagino*, [sens passif] façonné : [T] Pros.

ĭmāgĭnĕus, *a, um*, qui reproduit, qui imite : [+T] Poés.

ĭmāgĭnō, *ās, āre, -, ātum*, tr., donner une image de, représenter : [+C] Pros.

ĭmāgĭnŏr, *ārĭs, ārī, ātus sum*, tr., se figurer, s'imaginer (***aliquem, aliquid***, qqn, qqch.) : [+C] Pros.

ĭmāgĭnōsus, *a, um*, qui a des hallucinations : [C] Poés.

ĭmāgo, *gĭnis*, f. ¶**1** représentation, imitation, portrait : ***alicujus picta, ficta*** [C] Pros., portrait, statue de qqn ; ***alicujus ex aere*** [C] Pros., statue de qqn en airain ¶**2** [en part.] portrait d'ancêtre, image [en cire, placée dans l'atrium, portée aux funérailles] : [C] Pros. ‖ [surtout au pl.] ***jus imaginum***, le droit d'images, réservé aux nobles ; ***fumosae imagines*** [C] Pros., portraits enfumés des ancêtres ¶**3** image, ombre d'un mort : [C] Poés. ; ***imagines mortuorum*** [C] Pros., les images des morts ‖ fantôme, vision, songe, apparition : [C] Poés. ‖ spectre : [+C] Pros. ¶**4** écho : ***vocis*** [C] Poés. ou ***imago*** seul [C] Pros., Poés. ¶**5** portrait, image, copie de qqn : [C] Pros. ; ***alicujus imaginem ferre*** [-C] Théât., prendre les traits de qqn, se faire passer pour qqn ¶**6** [au pl.] images des objets [c. *simulacra* dans Lucrèce] : [C] Pros. ¶**7** comparaison, parabole, apologue ; [C] Pros., Poés., [+C] Pros. ¶**8** [fig.] ***a)*** image, copie, reproduction : ***antiquitatis*** [C] Pros., une reproduction de l'ancien temps ***b)*** copie, imitation [opp. à la réalité] : ***virtutis*** [+C] Pros., copie de la vertu ; ***modestiae imagine*** [+C] Pros., sous le masque de la modestie ***c)*** ombre, fantôme, apparence : ***judiciorum*** [C] Pros., une ombre de tribunaux ***d)*** représentation par la pensée, évocation, pensée : ***tristium laetorumque*** [+C] Pros., évocation de choses tristes et gaies

ĭmāguncŭla, *ae*, f., petit portrait : [+C] Pros.

Ĭmāōn, *ŏnis*, m., nom d'homme : [C] Poés.

imbalnĭtĭēs, *ēi*, f., saleté : [-C] Poés.

imbēcillĭtās, *ātis*, f. ¶**1** faiblesse physique : [C] Pros. ‖ faiblesse [des matériaux] : [C] Pros. ¶**2** faiblesse [en gén.], manque de force : [C] Pros. ¶**3** faiblesse de réflexion : [C] Pros. ‖ de courage, de caractère : [C] Pros.

imbēcillĭtĕr, adv., ***imbecillius*** [C] Pros., plus faiblement

imbēcillus, *a, um* ¶**1** faible [de corps] : [C] Pros. ‖ faible [voix] : [+C] Pros. ‖ [yeux] : [+C] Pros. ; [remède] [C] Pros. ‖ facile à digérer : [+C] Pros. ¶**2** faible [esprit] : [C] Pros. ‖ humble : [C] Pros. ; ***imbecilli*** [C] Pros., des gens faibles, sans caractère ‖ ***-ior*** [C] Pros. ; ***-issimus*** [+C] Pros.

imbellĭa (inb-), *ae*, f., inaptitude à la guerre : [+C] Pros.

imbellis, *e* ¶**1** inapte à la guerre, pacifique, paisible : [C] Pros. ¶**2** ***res imbelles*** [C] Pros., faits (actes) qui témoignent de lâcheté ‖ faible, impuissant [en parl. d'un trait lancé] : [C] Poés. ‖ calme, tranquille [en parl. de la mer] : [+C] Poés. ¶**3** sans guerre, ***imbellis annus*** [C] Pros., année sans guerre

imbĕr, *bris*, m. ¶**1** pluie, averse, orage de pluie : [C] Pros. ¶**2** nuage de pluie : [C] Poés. ‖ eau de pluie : [+C] Pros. ¶**3** eau, liquide [en gén.] : [C] Pros., Poés. ‖ pluie de larmes : [C] Poés. ‖ ruisseau de sang : [+C] Poés.

imberbis, *e*, **imberbus**, *a, um*, qui est sans barbe : [C] Pros.

imbĭbō, *ĭs, ĕre, ī, -*, tr., [fig.] ***a)*** se pénétrer de : [C] Pros. ***b)*** [avec inf.] se pénétrer de = prétendre, décider de : [C] Poés., Pros.

imbītō, *ĭs, ĕre, -, -*, tr., entrer dans, pénétrer : [-C] Théât.

imbractĕō (-bratt-), *ās, āre, -, -*, tr., revêtir d'une feuille d'or : [T] Pros.

imbractum (embr-), *i*, n., pot-au-feu d'huîtres : [+C] Pros.

Imbrăsus, *i*, m., compagnon d'Énée : [C] Poés. ‖ **-sĭdēs**, *ae*, m., fils d'Imbrasus : [C] Poés.

Imbreūs, *ĕi* ou *ĕos*, m., nom d'un Centaure : [C] Poés.

imbrex, *ĭcis*, m. f. ¶**1** tuile faîtière, tuile creuse : [C] Poés. ¶**2** filet de porc : [+C] Poés. ¶**3** cloison des narines : [T] Pros. ¶**4** façon d'applaudir avec le creux des mains : [+C] Pros.

imbrĭcātus, *a, um*, part. de *imbrico*

imbrĭcĭtŏr, *ōris*, m., qui cause la pluie : [T] Pros.

imbrĭcō, *ās, āre, āvī, ātum*, tr., couvrir de tuiles creuses : [T] Pros. ‖ ***imbricatus*** ‖ imbriqué, disposé comme les tuiles : [C] Pros.

imbrĭcus, *a, um*, pluvieux, apportant la pluie : [-C] Théât., [T] Pros.

imbrĭfĕr, *ĕra, ĕrum*, qui apporte la pluie, pluvieux : [C] Poés., [+C] Pros.

imbrĭgĕnus, *a, um*, né de la pluie : [T] Poés.

Imbrĭnĭum, *ii*, n., localité du Samnium : [C] Pros.

Imbrŏs (Imbrus), *i*, f., Imbros, île près de la Thrace ‖ **Imbrĭus**, *a, um*, d'Imbros : [C] Poés.

imbulbĭtō, *ās, āre, -, -*, tr., embrener, couvrir d'excréments : [-C] Poés.

imbŭō, *ĭs, ĕre, bŭī, būtum*, tr. ¶**1** abreuver, imbiber, imprégner : ***tapetes purpura*** [+C] Pros., imprégner de pourpre les tentures ; [C] Pros. ¶**2** [fig.] ***a) gladium scelere*** [C] Pros., souiller son épée d'un crime ; ***aures promissis*** [+C] Pros., remplir les oreilles de promesses ; ***imbutus superstitione*** [C] Pros., imbu de superstition ; ***alicujus consiliis imbutus*** [C] Pros., pénétré des conseils de qqn ***b)*** pénétrer qqn d'une chose = la lui inculquer, l'en façonner : ***alicujus animum opinionibus*** [C] Pros., inculquer des opinions dans l'âme de qqn ; ***studiis se imbuere*** [C] Pros., s'imprégner de goûts (se former à des pratiques habituelles) ¶**3** [poét.] imprégner pour la première fois, [d'où] essayer, commencer : [C] Poés. ; ***terras vomere*** [+C] Poés., initier la terre au soc de la charrue, labourer pour la première fois ; [C] Poés.

imbūtus, *a, um*, part. de *imbuo*

ĭmĭtābĭlis, *e* ¶**1** imitable : [C] Pros. ¶**2** imitateur, enclin à imiter : [C] Pros.

ĭmĭtāmĕn, *ĭnis*, n., imitation, copie : [C] Poés. ou **ĭmĭtāmentum**, *i*, n., [+C] Pros.

ĭmĭtātĭo, *ōnis*, f., imitation, copie ; [C] Pros. ‖ faculté d'imitation : [+C] Pros. ‖ onomatopée : [C] Pros.

ĭmĭtātŏr, *ōris*, m., imitateur : [C] Pros.

ĭmĭtātrix, *īcis*, f., imitatrice : [C] Pros.

ĭmĭtātus, *a, um*, part. de *imitor* ‖ sens pass. ➡ *imitor* ¶*1*

ĭmĭtō, *ās, āre, -, -*, ➡ *imitor* : [-C]

ĭmĭtŏr, *ārĭs, ārī, ātus sum*, tr. ¶**1** imiter, reproduire par imitation : ***chirographum*** [C] Pros., imiter une signature ; ***aliquem in persona lenonis*** [C] Pros., imiter qqn en jouant le rôle du proxénète ; ***antiquitatem*** [C] Pros., imiter les façons de parler archaïques ; ***alicujus vitia*** [C] Pros., reproduire les défauts de qqn ‖ [poét.] remplacer un objet par un objet semblable : ***ferrum sudibus*** [C] Poés., remplacer le fer par des pieux ‖ part. ***imitatus*** [avec sens passif] qui est imité : [C] Pros., [+C] Pros., Poés. ¶**2** imiter, être semblable à : [C] Pros. ¶**3** rendre, exprimer, représenter : [C] Pros. ‖ [poét.] [C] Poés. ; ***maestitiam*** [+C] Pros., présenter les apparences de la tristesse

īmĭtŭs, adv., du fond : [+C] Pros.

immăcŭlātus, *a, um*, qui n'est pas souillé, sans tache : [+C] Poés., [T] Pros. ‖ [chrét.] exempt de péché : [T] Pros.

immădescō, *ĭs, ĕre, madŭī, -*, intr., se mouiller, s'humecter : [C] Poés., [+C] Poés.

immădĭdus, *a, um*, humide : [T] Poés.

immānĕ, n. pris adv[t], ➡ *immaniter* : [C] Poés.

immănĕō, *ēs, ēre, -, -*, intr., rester, s'arrêter sur : [T] Pros.

immānis, *e* ¶**1** monstrueux, prodigieux : [C] Pros. ; ***immania pocula*** [C] Pros., coupes immenses ‖ ***immane quantum***, extraordinairement [▶ *2 quantum*, fin] : [C] Pros., Poés., [+C] Pros. ¶ **2** monstrueux, barbare, cruel, sauvage : [C] Pros., Poés. ‖ pl. n. *immania*, des choses monstrueuses, prodigieuses : [+C] Pros. ‖ ***immanior, immanius*** [C] Pros. ; ***-issimus*** [C] Pros.

immānĭtās, *ātis*, f. ¶ **1** grandeur prodigieuse, démesurée : [+C] Pros. ; ***vitiorum*** [C] Pros., prodigieux assemblage de vices ¶ **2** caractère monstrueux, férocité, sauvagerie des mœurs, barbarie : [C] Pros.

immānĭtĕr, adv., d'une façon horrible, terrible : [+C] Pros. ‖ compar., ***immanius*** [T] Pros.

immansuētus, *a*, *um*, sauvage, cruel, féroce : [C] Poés., [+C] Pros.

immātūrē, adv., avant le temps, prématurément : [C] Pros., [+C] Pros. ‖ compar., ***-urius*** [+C] Pros.

immātūrĭtās, *ātis*, f. ¶ **1** manque de maturité : [pour le mariage] [+C] Pros. ¶ **2** précipitation : [C] Pros.

immātūrus, *a*, *um* ¶ **1** qui n'est pas mûr : [+C] Pros. ¶ **2** prématuré, avant le temps : [C] Pros. ‖ qui n'a pas l'âge, non nubile : [+C] Pros.

immĕdĭcābĭlis, *e*, incurable : [C] Poés. ‖ [fig.] irrémédiable : [+C] Poés.

immĕdĭcātus, *a*, *um*, fardé : [+C] Pros.

immĕdĭtātus, *a*, *um*, non étudié, naturel : [+C] Pros. ‖ **-dĭ-ĭtātē**, adv., sans méditation : [+C] Pros.

immēĭō, *ĭs*, *ĕre*, -, -, intr., s'épancher dans : [+C] Poés.

immĕmŏr, *ŏris* ¶ **1** qui ne se souvient pas : ***alicujus rei*** [C] Pros., de qqch. ‖ [avec inf.] oublieux de : [-C] Théât. ‖ [avec prop. inf.] qui oublie que : [+C] Pros. ‖ qui ne songe pas à [gén.] [C] Pros. ‖ ingrat, oublieux : [C] Poés. ¶ **2** qui fait oublier : [+C] Poés.

immĕmŏrābĭlis, *e* ¶ **1** qui ne mérite pas d'être rapporté : [-C] Théât. ¶ **2** inexprimable, indicible : [C] Poés. ¶ **3** qui ne veut pas raconter : [-C] Théât.

immĕmŏrātio, *ōnis*, f., oubli : [T] Pros.

immĕmŏrātus, *a*, *um*, nouveau, qui n'a pas encore été dit : [C] Pros.

immensĭtās, *ātis*, f., immensité : [C] Pros.

immensum, ▶ *immensus*

immensus, *a*, *um*, sans limites, immense, démesuré, infini : [C] Pros. ‖ n. pris subst[t], ***immensum***, immensité, infini : [C] Poés. ; ***in immensum*** [C] Pros., immensément ; ***ad immensum aliquid augere*** [C] Pros., augmenter à l'infini qqch. ‖ ***immensum*** ; pris adv[t], énormément, prodigieusement : [C] Poés., [+C] Pros., énormément, ▶ *2 quantum* ‖ ***-sissimus*** [T] Pros.

immĕrens, *tis*, innocent, qui ne mérite pas : [C] Poés., [+C] Pros. ‖ qui n'en peut mais : [+C] Pros. ‖ **-rentĕr**, adv., sans l'avoir mérité, à tort : [+C] Pros.

immergō, *ĭs*, *ĕre*, *mersī*, *mersum*, tr. ¶ **1** plonger dans, immerger : [avec *in* et acc.] [C] Pros. ‖ [avec abl.] [C] Poés. ¶ **2** mettre en terre, planter dans [avec dat.] : [+C] Pros. ¶ **3** [fig.] ***se immergere in ganeum*** [-C] Théât., se plonger dans un bouge ‖ ***se in alicujus consuetudinem*** [C] Pros., entrer fort avant dans l'amitié de qqn ; ***se studiis*** [+C] Pros., se plonger dans l'étude

immĕrĭtō, adv., injustement : [C] Pros., [+C] Pros. ‖ ***-issimo*** [-C] Théât.

immĕrĭtum [inus.], n., chose non méritée : ***immerito tuo*** [-C] Théât., sans que tu l'aies mérité

immĕrĭtus, *a*, *um* ¶ **1** qui n'a pas mérité : [C] Poés. ‖ [avec inf.] ***immeritis mori*** [C] Poés., à ceux qui n'ont pas mérité de mourir ¶ **2** immérité, injuste : [C] Pros., Poés.

immersābĭlis, *e*, qui ne peut être submergé : [C] Pros.

immersĭo, *ōnis*, f., immersion : [T] Pros.

immersus, *a*, *um*, part. de *immergo*

immētātus, *a*, *um*, non séparé par des bornes : [C] Poés.

immĭgrō, *ās*, *āre*, *āvī*, *ātum*, intr., passer dans, pénétrer [avec *in* acc.] : [C] Pros. ‖ [fig.] s'introduire dans : [C] Pros.

immĭnens, *tis*, ▶ *immineo*

immĭnentĭa, *ae*, f., imminence : [+C] Pros.

immĭnĕō, *ēs*, *ēre*, -, -, intr. ¶ **1** s'élever au-dessus, être suspendu au-dessus : [C] Poés. ‖ avoisiner : [C] Pros. ¶ **2** être suspendu sur, être imminent : ***mors imminet*** [C] Pros., la mort est sur nos têtes ; [+C] Pros. ¶ **3** menacer : [C] Pros. ¶ **4** pencher sur, tendre vers, convoiter : [C] Pros. ; ***in occasionem*** [C] Pros., guetter l'occasion [*occasioni* [+C] Pros.] ; [C] Pros. ; ***imminentes futuro*** [+C] Pros., des gens penchés sur l'avenir, qui n'ont en vue que l'avenir

immĭnŭō, *ĭs*, *ĕre*, *ŭī*, *ūtum*, tr. ¶ **1** diminuer : ***copias*** [C] Pros., diminuer des troupes ; ***summas*** [C] Pros., diminuer des sommes : ***verbum imminutum*** [C] Pros., mot abrégé ¶ **2** amoindrir, réduire, raccourcir : ***aestivorum tempus*** [C] Pros., réduire le temps de la campagne militaire ; ***oratoris auctoritatem*** [C] Pros., diminuer l'autorité de l'orateur ; ***imminuitur aliquid de voluptate*** [C] Pros., il y a une diminution du plaisir ‖ affaiblir, débiliter : ***vires*** [C] Poés., affaiblir les forces ; [+C] Pros. ; [fig.] ***bellum imminutum*** [C] Pros., guerre ralentie ; ***cupiditas imminuta*** [C] Pros., désir émoussé ¶ **3** détruire, ruiner : ***jus legationis*** [C] Pros., laisser perdre ses droits de légat ; ***Bocchi pacem*** [C] Pros., rompre l'accord de Bocchus [avec les Romains] ; ***Rufum Faenium*** [+C] Pros., ruiner le crédit de Rufus Faenius

immĭnūtio, *ōnis*, f. ¶ **1** diminution, raccourcissement : ***corporis*** [C] Pros., mutilation du corps ¶ **2** [fig.] diminution, affaiblissement : ***dignitatis*** [C] Pros., affaiblissement de la considération ‖ [rhét.] atténuation, litote : [C] Pros., [+C] Pros.

immĭnūtus, *a*, *um*, part. de *imminuo*

immiscĕo, *ēs*, *ēre*, *ŭī*, *mixtum* ou *mistum*, tr. ¶ **1** mêler à [avec dat.] : [C] Pros. ; ***corpori militum*** [+C] Pros., incorporer dans son armée ; ***manus manibus*** [C] Poés., confondre leurs mains pour combattre ‖ ***se immiscere*** ou ***immisceri*** ; se mêler à : [C] Pros. ¶ **2** [fig.] ***se immiscere alicui rei*** [C] Pros., s'immiscer dans quelque chose

immĭsĕrābĭlis, *e*, qui n'excite pas la pitié : [C] Poés.

immĭsĕrĭcordĭtĕr, adv., sans pitié : [-C] Théât.

immĭsĕrĭcors, *dis*, qui est sans pitié, impitoyable : [C] Pros., [+C] Pros.

immīsī, parf. de *immitto*

immissārium, *ĭī*, n., réservoir : [C] Pros.

immissio, *ōnis*, f., action de laisser aller, d'admettre : ***sarmentorum*** [C] Pros., action de laisser les sarments se développer

immissulus, ▶ *immusulus*

1 **immissus**, part. de *immitto*

2 **immissŭs**, abl. *ū*, m., action d'envoyer : [T] Pros.

immistus, ▶ *immixtus*

immītĕ, n. pris adv[t], violemment : [+C] Poés.

immītescō, *ĭs*, *ĕre*, -, -, entrer en fureur : [T] Pros.

immītis, *e* ¶ **1** qui n'est pas mûr [doux] : [C] Poés. ¶ **2** sauvage, rude : [C] Pros., [+C] Pros. ‖ affreux, cruel : [C] Pros. ‖ ***-ior*** [+C] Pros.

immittō, *ĭs*, *ĕre*, *mīsī*, *missum*, tr. ¶ **1** envoyer vers (contre), lancer sur (contre) : [C] Pros. ; ***pila in hostes*** [C] Pros., faire une décharge de javelots contre l'ennemi ; ***se in medios hostes*** [C] Pros., se lancer au milieu des ennemis ¶ **2** laisser aller librement : ***habenas*** [C] Poés., laisser flotter les rênes ; ***immissis frenis*** [C] Poés., à toute bride ‖ laisser croître : ***vitem*** [C] Pros., laisser la vigne se développer ; ***barba immissa*** [C] Poés., barbe qui a poussé librement, longue barbe pendante ¶ **3** [droit] envoyer en possession : ***aliquem in bona alicujus*** [C] Pros., envoyer qqn en possession des biens d'un autre ¶ **4** envoyer par-dessous main, envoyer comme émissaire : [C] Pros., [+C] Pros. ¶ **5** [fig.] ***a) aliquid aures suas*** [-C] Théât., [*in aures* [-C] Théât.], laisser pénétrer qqch. dans ses oreilles ; ***senarium*** [C] Pros., laisser échapper un sénaire ***b) injuriam in aliquem*** [C] Pros., déployer contre qqn son injustice

immixtūra, *ae*, f., copulation : [T] Pros.

immixtus, **immistus**, *a*, *um*, part. de *immisceo*

immō, à tort **īmō**, adv. ¶ **1** [surtout dans le dial., sert à corriger ce qui vient d'être dit] bien au contraire, non, au contraire : [C] Pros. ‖ non, plutôt : [-C] Théât., [C] Pros. ¶ **2** [avec *hercle, edepol, ecastor*] [-C] Théât. ¶ **3** [avec *vero*] ***a)*** [corrige] : [-C] Théât., [C] Pros. ***b)*** [enchérit] : [C] Pros. ¶ **4** [avec *etiam*] bien au contraire : [-C] Théât. ‖ [réflexion] non, vrai ! : [-C] Théât. ¶ **5** ***immo contra***, bien au contraire, loin de là : C Pros., +C Pros. ‖ ***immo e diverso***, même sens : +C Pros. ¶ **6** [chez les Com.] ***immo si scias***, mieux ! si tu savais, ah ! si tu savais : -C Théât. ; ***immo si audias*** -C Théât., ah ! si tu entendais ¶ **7** ou plutôt, ou mieux : C Pros., +C Pros.

immōbĭlis, *e* ¶ **1** immobile, qui ne se meut pas : C Pros. ¶ **2** [fig.] calme, insensible : C Poés., +C Pros. ‖ fidèle, inébranlable : +C Pros.

īmmōbĭlĭtās, *ātis*, f., insensibilité : T Pros.

immŏdĕrātē, adv., sans règle, sans ordre : C Pros. ‖ [fig.] sans mesure, sans retenue : C Pros. ‖ ***-tius*** C Pros. ; ***-issime*** T Pros.

immŏdĕrātio, *ōnis*, f., défaut de mesure : ***verborum*** C Pros., dans les paroles

immŏdĕrātus, *a*, *um* ¶ **1** qui est sans bornes, infini : C Poés., Pros. ¶ **2** sans mesure, excessif [en parl. des pers. et des choses] : C Pros. ; ***-tior*** +C Pros. ; ***-issimus*** +C Pros. ‖ [rhét.] sans cadence, sans rythme : C Pros.

immŏdestē, adv., sans retenue, sans mesure : -C Théât., C Pros., +C Pros.

immŏdestĭa, *ae*, f., manque de retenue, excès, dérèglement : -C Théât., +C Pros. ‖ indiscipline : C Pros.

immŏdestus, *a*, *um*, qui est sans retenue, déréglé : C Pros., +C Pros.

immŏdĭcē, adv., sans mesure, excessivement : C Pros., +C Pros.

immŏdĭcus, *a*, *um* ¶ **1** démesuré, excessif : C Poés., +C Pros. ¶ **2** [fig.] qui n'a pas de retenue, de mesure : C Pros. ‖ [avec gén.] : ***laetitiae, maeroris*** +C Pros., sans retenue dans la joie, dans la douleur ‖ n. pl., ***immodica cupere*** +C Pros., avoir des désirs immodérés

immŏdŭlātus, *a*, *um*, sans cadence, sans harmonie : C Poés.

immoenis, arch. pour *immunis*

immŏlātio, *ōnis*, f., immolation, sacrifice : C Pros., +C Pros.

immŏlātŏr, *ōris*, m., sacrificateur : C Pros.

immŏlātum, *i*, n., victime : T Pros.

immŏlātus, *a*, *um*, part. de *immolo*

immōlĭŏr, *-*, *-*, *ītus*, tr., construire, édifier : C Pros.

immŏlō, *ās*, *āre*, *āvī*, *ātum*, tr., [primᵗ] saupoudrer la victime de la *mola salsa* [farine sacrée] ‖ immoler, sacrifier : C Pros. ***a)*** ***aliquid alicui*** : ***Musis bovem*** C Pros., sacrifier un boeuf aux Muses ***b)*** ***alicui aliqua re*** : ***Jovi tauro*** T Pros., sacrifier un taureau à Jupiter ; C Pros. ***c)*** [absᵗ] faire un sacrifice : C Pros. ***d)*** [poét.] immoler, faire périr : C Poés.

immordĕō, *ēs*, *ēre*, *-*, *-*, ▶ *immorsus*

immŏrĭŏr, *mŏrĕrĭs*, *mŏrī*, *mortuus sum*, intr., mourir dans, sur, auprès : C Poés., +C Poés. ‖ [fig.] ***immoritur studiis*** C Pros., il se tue à la peine

immŏrŏr, *ārĭs*, *ārī*, *ātus sum*, intr., rester sur, s'arrêter : +C Pros. ‖ [fig.] s'appesantir, insister : ***in aliqua re*** +C Pros., ou ***rei*** +C Pros., s'arrêter sur qqch

immorsus, *a*, *um*, mordu : C Poés., +C Poés. ‖ [fig.] excité [en parl. de l'estomac] : C Poés.

immortālĕ, n. pris advᵗ, éternellement : +C Poés.

immortālis, *e*, immortel : C Pros. ‖ impérissable, éternel : C Pros., +C Pros. ‖ ***-tāles***, *ĭum*, m., les dieux : C Pros., Poés. ‖ [fig.] immortel, = égal à un dieu, bienheureux comme un dieu : C Poés.

immortālĭtās, *ātis*, f., immortalité : C Pros. ; [pl.] C Pros., êtres immortels ‖ état semblable à celui des immortels, béatitude : -C Théât.

immortālĭtĕr, adv., éternellement : T Pros. ‖ [fig.] ***immortaliter gaudere*** C Pros., éprouver une joie infinie

immortŭus, *a*, *um*, part. de *immorior*

immōtus, *a*, *um*, sans mouvement, immobile : C Poés., +C Pros. ‖ [fig.] ferme, inébranlable : C Poés., Pros. ‖ +C Pros.

immūgĭō, *īs*, *īre*, *ĭī*, *-*, intr., mugir contre [avec dat.] : +C Poés. ‖ gronder dans : C Poés. ‖ retentir : C Poés.

immulgĕō, *ēs*, *ēre*, *-*, *-*, tr., traire sur : C Poés.

immundĭtĭa, *ae*, f., saleté, ordures : -C Théât. ; [pl.] +C Pros.

immundus, *a*, *um* ¶ **1** sale, impur, immonde : C Poés. ; ***immunda dicta*** C Poés., paroles ordurières ‖ ***-issimus*** +C Pros. ‖ ***immundae*** subst. f. pl., C Pros., femmes qui se négligent ¶ **2** en état d'impureté : T Pros. ‖ diabolique : +C Pros.

immūnĭfĭcus, *a*, *um*, avare : -C Théât.

immūnĭō, *īs*, *īre*, *īvī*, *-*, tr., installer comme protection : ***praesidium*** +C Pros., installer [là] un poste fortifié

immūnis, *e* ¶ **1** dispensé de toute charge, libre de tout impôt : C Pros. ‖ ***portoriorum*** C Pros., exempté de péages ¶ **2** [fig.] qui se soustrait aux charges, paresseux : C Poés. ‖ égoïste : C Pros. ‖ qui ne donne rien : C Poés., Pros. ‖ [en parl. d'une chose] dont on ne sait pas de gré : ***inmoene facinus*** -C Théât. ‖ sans tache, pur ; C Poés. ¶ **3** [en gén.] exempt de, libre de ; [avec gén.] C Poés. ‖ [avec abl.] +C Pros. ‖ [avec *ab*] +C Pros.

immūnĭtās, *ātis*, f., exemption, dispense, remise : C Pros., +C Pros. ; ***omnium rerum*** C Pros., dispense de toute espèce de charges ‖ pl., C Pros.

immūnītus, *a*, *um* ¶ **1** non fortifié : C Pros., Poés. ¶ **2** impraticable [route] : C Pros.

immurmŭrō, *ās*, *āre*, *āvī*, *ātum* ¶ **1** intr., murmurer dans, sur [avec dat.] : C Poés. ‖ murmurer contre : C Poés. ¶ **2** tr., dire en murmurant, marmotter : +C Poés., T Pros.

immŭsŭlus (**-sĭlus**) ou **immisŭlus**, *i*, m., aigle pygargue : T Pros.

1 **immūtābĭlis**, *e*, qui ne change point, immuable : C Pros. ‖ ***-ior*** C Pros.

2 **immūtābĭlis**, *e*, changé : -C Théât.

immūtābĭlĭtās, *ātis*, f., immutabilité : C Pros.

immūtātĭo, *ōnis*, f. ¶ **1** changement : C Pros. ¶ **2** [rhét.] ***a)*** ***verborum immutationes*** C Pros., figures changeant la signification des mots ***b)*** métonymie : C Pros.

1 **immūtātus**, *a*, *um* ¶ **1** part. de *immuto* ¶ **2** [adjᵗ] où tout est brouillé, bouleversé : C Pros.

2 **immūtātus**, *a*, *um*, non changé, invariable, inébranlable : -C Théât., C Pros.

immūtescō, *ĭs*, *ĕre*, *mutŭī*, *-*, intr., se taire, demeurer muet : +C Pros., Poés.

immŭtĭlātus, *a*, *um*, non mutilé, intact : C Pros.

immūtō (**imm-**), *ās*, *āre*, *āvī*, *ātum*, tr. ¶ **1** changer, modifier : -C Théât., C Pros. ; ***aliquem alicui*** C Pros., changer les dispositions de qqn à l'égard de qqn ¶ **2** [rhét.] ***a)*** employer par métonymie : C Pros. ***b)*** ***immutata oratio*** C Pros., allégorie

immūtŭī, parf. de *immutesco*

īmō, adv., ▶ *immo*

impācātus, *a*, *um*, non pacifié, agité : C Poés., +C Pros.

impactio, *ōnis*, f., choc, heurt : +C Pros.

impactus, *a*, *um*, part. de *impingo*

impaenĭtendus, *a*, *um*, dont on ne doit pas se repentir : +C Pros.

impaenĭtens, *tis*, [chrét.] qui ne se repent pas, impénitent : T Pros.

impaenĭtentĭa, *ae*, f., impénitence, endurcissement : T Pros.

impāgēs, *is*, f., [archit.] traverse : C Pros.

impallescō, *ĭs*, *ĕre*, *pallŭī*, *-*, intr., pâlir de : +C Poés. ‖ pâlir sur : +C Poés.

impancrō, *ās*, *āre*, *āvī*, *-*, intr., fondre sur : C Poés.

impār, *ăris* ¶ **1** inégal, dissemblable [nombre ou qualité] : C Pros. : C Pros. ¶ **2** [fig.] inégal, inférieur ; ***alicui***, à qqn ; ***alicui rei***, à qqch. : C Poés. ; ***dolori*** +C Pros., incapable de résister à la douleur ; ***tantis honoribus*** +C Pros., au-dessous de si grands honneurs ‖ inéquitable, injuste : C Pros. ‖ inégal, où les forces ne sont pas égales [en parl. d'un combat] : C Poés. ¶ **3** impair : C Pros. ‖ subst. n. : C Poés.

impărātus, *a*, *um*, non prêt, sans préparation, pris au dépourvu, surpris ; C Pros.

impărĭlis, *e*, inégal : [T] Pros.

impărĭlĭtās, *ātis*, f., variété, diversité : [+C] Pros. ‖ défaut d'accord, solécisme : [+C] Pros.

impărĭtās, *ātis*, f., inégalité : [T] Pros.

impărĭtĕr, adv., inégalement : [C] Poés.

impartĭo, -tĭor, [V]▶ *impert*

impascŏr, *ĕrĭs, ī, -*, intr., paître dans [avec dat.] : [+C] Pros.

impassĭbĭlĭtās, *ātis*, f., impassibilité : [T] Pros.

impastus, *a, um*, affamé, à jeun : [C] Poés., [+C] Poés.

impătĭbĭlis, [V]▶ *impetibilis*

impătĭens, *tis* ¶**1** qui ne peut supporter, endurer, impatient de [avec gén.] : ***solis, pulveris*** [+C] Pros., impatient du soleil, de la poussière ‖ ***irae*** [C] Poés., qui ne maîtrise pas sa colère ; ***impatiens dei*** [+C] Théât., qui résiste au dieu ‖ [avec inf.] incapable de : [+C] Poés. ¶**2** [abs[t]] ***a)*** impatient : ***-tior*** [T] Pros. ; ***-issimus*** [+C] Pros. ***b) animus impatiens*** [+C] Pros., impassibilité (ἀπάθεια)

impătĭentĕr, adv., sans résignation, impatiemment : [+C] Pros. ‖ ***-tius*** [+C] Pros. ; ***-issime*** [+C] Pros.

impătĭentĭa, *ae*, f. ¶**1** inaptitude à supporter qqch., impatience de : [+C] Pros. ‖ [abs[t]] impuissance à supporter, manque de fermeté : [+C] Pros. ¶**2** impassibilité : [+C] Pros.

impăvĭdē, adv., sans crainte : [C] Pros.

impăvĭdus, *a, um*, inaccessible à la peur, calme, intrépide : [C] Poés.

impeccābĭlis, *e*, incapable de faute : [+C] Pros.

impĕdātio, *ōnis*, f., échalassement : [+C] Pros.

impĕdĭcō, *ās, āre, -, -*, tr., prendre au piège, entraver : [T] Pros.

impĕdīmentum, *i*, n., empêchement, ce qui entrave : [C] Pros., [+C] Pros. ; ***impedimento esse*** [C] Pros., être un empêchement [*ad aliquid* [C] Pros., relativement à qqch.] ‖ pl., ***impedimenta***, bagages d'un voyageur ou d'une armée : [C] Pros. ‖ [fig.] entraves, embarras : [+C] Pros.

impĕdĭō, *īs, īre, īvī* ou *ĭī, ītum*, tr., embarrasser les pieds ¶**1** entraver : [C] Poés. ; ***se in plagas impedire*** [-C] Théât., se prendre dans un filet ; ***orbes orbibus*** [C] Poés., enfermer des cercles dans des cercles, les emboîter l'un dans l'autre ; ***caput myrto*** [C] Poés., ceindre la tête de myrte ‖ rendre inaccessible un lieu : ***munitionibus saltum*** [C] Pros., barrer un défilé avec des fortifications ¶**2** [fig.] ***a)*** embarrasser : [C] Pros. ; ***mentem dolore*** [C] Pros., mettre sur l'esprit un écran de douleur ***b)*** entraver, empêcher, arrêter : ***aliquem*** [C] Pros., empêcher, arrêter qqn ; ***profectionem*** [C] Pros., empêcher le départ de qqn ; ***morbo impeditus*** [C] Pros., empêché par la maladie ‖ [avec *ab*] : ***aliquem ab aliqua re*** [C] Pros., empêcher qqn de faire une chose ‖ [avec abl.] : ***aliquem fuga*** [+C] Pros., empêcher qqn de fuir ‖ [avec *ad*] : [C] Pros. ‖ ***impedire ne***, empêcher que : [C] Pros. ‖ ***aliquid aliquem impedit*** [avec inf.] [C] Pros., qqch. empêche qqn de ‖ ***non impedire quominus***, ne pas empêcher que : [C] Pros. ‖ ***non impedire quin*** [C] Pros.

impĕdītio, *ōnis*, f., obstacle : [C] Pros.

impĕdītŏr, *ōris*, m., celui qui empêche : [T] Pros.

impĕdītus, *a, um* ¶**1** part. de *impedio* ¶**2** adj[t] ***a)*** [mil.] chargé de bagages, embarrassé : [C] Pros. ***b)*** embarrassé, difficilement praticable : ***impeditioribus locis*** [C] Pros., dans des lieux inaccessibles ; ***impeditissima itinera*** [C] Pros., chemins très difficilement praticables ***c)*** [fig.] embarrassé : [C] Pros. ‖ embarrassant : [C] Pros.

impĕdō, *ās, āre, -, -*, tr., échalasser : [+C] Pros.

impēgī, parf. de *impingo*

impellō, *ēs, ĕre, pŭlī, pulsum*, tr. ¶**1** heurter contre, heurter : ***chordas*** [C] Poés., heurter (faire vibrer) les cordes ; ***aures*** [C] Poés., frapper les oreilles ; ***cuspide montem*** [C] Poés., frapper la montagne de sa lance ¶**2** ébranler, mettre en mouvement : ***navem*** [C] Poés., mettre un navire en marche ; ***remos*** [C] Poés., mettre en mouvement les rames ; ***arma*** [C] Poés., secouer ses armes ‖ donner une poussée : ***praecipitantem aliquem*** [C] Pros., donner une poussée à qqn qui tombe ; [C] Pros., [+C] Pros. ¶**3** pousser à qqch. [avec *in* acc.] : ***aliquem in fraudem*** ; [V]▶ *fraus* ; ***in fugam*** [C] Pros., pousser à la fuite ; ***aliquem in eam mentem, ut*** [C] Pros., amener qqn à un état d'esprit tel que ‖ [avec *ad*] : ***aliquem ad scelus, ad bellum*** [C] Pros., pousser qqn au crime, à la guerre ‖ [avec *ut* subj.] pousser à faire une chose : [C] Pros. ‖ [avec inf.] : [C] Pros., Poés., [+C] Pros. ‖ pousser qqn, le déterminer [surtout au pass.] : ***ab aliquo impulsus*** [C] Pros., sous la poussée, l'impulsion de qqn ; ***amentia*** [C] Pros., poussé par l'égarement ‖ pousser qqch. : ***cum bellum impelleretur*** [+C] Pros., comme on mettait la guerre en branle ¶**4** culbuter, bousculer [l'ennemi] : [C] Pros., [+C] Pros. ‖ faire tomber, renverser : [+C] Pros. ; ***impulsum bellum*** [+C] Poés., guerre qui tombe, qui touche à sa fin

impendĕō, *ēs, ēre, -, -* ¶**1** intr. ***a)*** pendre au-dessus de, être suspendu sur qqn, qqch., ***alicui, alicui rei*** : [C] Pros. ***b)*** [fig.] menacer, être imminent : [C] Pros. ***c)*** être suspendu, ***in aliquem*** [C] Pros., sur la tête de qqn, ou ***alicui*** [C] Pros. ¶**2** tr., [poét.]

impendĭō, adv., beaucoup, en grande quantité : [+C] Pros. ‖ [surtout avec compar.] : [-C] Théât., [C] Pros.

impendĭōsus, *a, um*, dépensier : [-C] Théât.

impendĭum, *ĭī*, n. ¶**1** dépense, frais : [C] Pros., [+C] Pros. ¶**2** intérêts [d'un prêt] : [C] Pros. ; [fig.] [C] Pros.

impendō, *ĭs, ĕre, pendī, pensum*, tr., dépenser, débourser : [C] Pros. ‖ [fig.] dépenser, consacrer, employer : ***in rem*** [C] Pros., [+C] Pros., à, pour une chose ; ***alicui rei*** [+C] Pros. ‖ [C] Poés. ; [avec *ne*] ***aliquid impendere ne*** [C] Pros., dépenser quelque chose pour empêcher que

impĕnĕtrābĭlis, *e*, impénétrable : [+C] Pros. ; ***alicui rei*** [C] Pros. ou ***adversus rem*** [+C] Pros., impénétrable à qqch. ‖ [fig.] inaccessible : ***irae*** [+C] Poés., à la colère ‖ [abs[t]] à toute épreuve : [+C] Pros.

impensa, *ae*, f. ¶**1** dépense, frais : ***impensam facere*** [C] Pros. ; ***in macrocolla*** [C] Pros., faire une dépense, pour du papier grand format ‖ [fig.] ***impensa cruoris*** [C] Poés., dépense, sacrifice de son sang ; ***meis impensis*** [C] Pros., à mes dépens ¶**2** ustensiles, matériaux, attirail : [+C] Pros. ‖ préparation culinaire, farce : [+C] Pros.

impensē, adv., avec dépense, somptueusement : ***impensissime*** [+C] Pros., à très grands frais ‖ avec zèle, empressement : ***impensius*** [C] Pros. ‖ énergiquement, rigoureusement : [C] Pros. ‖ beaucoup, fortement : [-C] Théât., [C] Poés., Pros.

1 **impensus**, *a, um* ¶**1** part. de *impendo* ¶**2** adj[t] ***a)*** cher : ***impenso pretio*** [C] Pros. ; ***impenso*** [C] Poés., à grand prix, chèrement ***b)*** largement employé, empressé : [C] Pros. ; ***impensiore cura*** [+C] Pros., avec un soin qui se dépense largement ; ***impensissimae preces*** [+C] Pros., prières les plus pressantes

2 **impensŭs**, *ūs*, m., dépense : [T] Pros.

impĕrātio, *ōnis*, f., ordre, commandement : [T] Pros.

impĕrātīvus, *a, um*, ***imperativae feriae*** [T] Pros., féries impératives, ordonnées exceptionnellement

impĕrātŏr, *ōris*, m. ¶**1** celui qui commande, chef, maître : [-C] Théât., [C] Pros. ¶**2** chef d'armée, général : [C] Pros. ‖ titre décerné au général victorieux : [C] Pros. ‖ [fig.] homme de guerre, capitaine : [C] Pros. ‖ [épithète de Jupiter] Jupiter imperator : [C] Pros. ¶**3** empereur : [+C] Pros.

impĕrātōrĭus, *a, um* ¶**1** de général, de commandant : [C] Pros., [+C] Pros. ¶**2** d'empereur, impérial : [+C] Pros.

impĕrātrix, *īcis*, f., celle qui commande : [C] Pros.

impĕrātum, *i*, n., ordre, commandement : ***imperatum facere*** [C] Pros. ; ***imperata*** [C] Pros., exécuter un ordre, des ordres ; ***ad imperatum*** [C] Pros., suivant l'ordre

1 **impĕrātus**, *a, um*, part. de *impero*

2 **impĕrātŭs**, *ūs*, m., ordre : [T] Pros.

imperceptus, *a, um*, non perçu : [C] Poés. ‖ imperceptible : ***-tior*** [+C] Pros., plus inintelligible, plus incompréhensible

impercō, *ĭs, ĕre, -, -*, intr., épargner, ménager, ***alicui***, qqn : [-C] Théât.

impercussus, *a, um*, non frappé : [C] Poés.

imperdĭtus, *a, um*, non détruit, non tué : [C] Poés., [+C] Poés.

imperfectē, adv., mal : [+C] Pros., [T] Pros.

imperfectus, *a, um*, non achevé, inachevé, incomplet, imparfait : C Pros., Poés. ; ***imperfectus cibus*** +C Poés., aliment mal digéré ‖ ***-tior*** +C Pros. ‖ subst. m. pl., gens imparfaits : +C Pros.

imperfossus, *a, um*, non percé : C Poés.

imperfundĭtĭēs, *ēi*, f., saleté : -C Poés.

impĕrĭōsē, adv., impérieusement : +C Pros.

impĕrĭōsus, *a, um* ¶ **1** qui commande, dominateur : C Pros., Poés. ; ***-sissimus*** +C Pros. ¶ **2** impérieux, hautain, tyrannique : C Pros. ; ***-sior*** -C Théât., C Poés.

impĕrītē, adv., sans s'y connaître, maladroitement : C Pros. ; ***-tius*** C Pros. ; ***-issime*** C Pros.

impĕrītĭa, *ae*, f., manque de connaissance, ignorance, inexpérience : C Pros., +C Pros. ‖ [chrét.] ignorance de la religion chrétienne : +C Pros.

impĕrĭtō, *ās, āre, āvī, ātum* ¶ **1** intr., commander, avoir le commandement : -C Théât., C Pros., +C Pros. ‖ ***alicui*** C Poés., commander qqn ¶ **2** tr., ***aequam rem*** C Poés., commander une chose juste

impĕrītus, *a, um*, ignorant, inexpérimenté, mal informé, qui n'est pas au courant, inhabile : C Pros. ; ***imperitissimi*** C Pros., les gens les plus ignorants ; ***-tior*** C Pros. ‖ non connaisseur : C Pros. ‖ [avec gén.] : C Pros. ‖ ***in aliqua re*** +C Pros., novice, ignorant dans qqch.

impĕrĭum, *ĭī*, n. ¶ **1** commandement, ordre : C Pros. ; ***istius imperio*** C Pros., sur son ordre ; ***imperia accipere*** C Pros., recevoir des ordres du général en chef ; ***decumarum imperia*** C Pros., exigences de dîmes (imposant des dîmes) ¶ **2** pouvoir de donner des ordres, autorité, pouvoir : C Pros. ¶ **3** [offic[t]] pouvoir suprême [attribué à certains magistrats, ou confié en dehors de la magistrature, c.-à-d. délégation de la souveraineté de l'État et comportant le commandement militaire et la juridiction] : C Pros. ; ***esse cum imperio*** C Pros., être revêtu du pouvoir suprême ; ***mittere aliquem cum imperio*** C Pros., envoyer qqn avec les pleins pouvoirs ¶ **4** [en part.] commandement militaire : ***summa imperii*** C Pros., le commandement en chef ¶ **5** [qqf. au pl., sens concret] autorités, magistrats ou commandants, généraux : C Pros. ¶ **6** [en gén.] domination, souveraineté, hégémonie : C Pros. ; ***de imperio decertare*** C Pros., lutter pour la domination ‖ [sens concret] étendue de la domination, empire : C Pros. ¶ **7** empire, gouvernement impérial : ***imperium recipere*** +C Pros., recevoir l'empire

imperjūrātus, *a, um*, par qui on ne fait pas de faux serment : C Poés.

impermiscĕō, *ēs, ēre, -, mixtum*, tr., mêler, mélanger : T Pros.

impermissus, *a, um*, défendu : C Poés.

impermixtus, *a, um*, part. de *impermisceo*

impĕrō, *ās, āre, āvī, ātum*, commander, ordonner

I tr., ***aliquam rem, alicui aliquam rem***, commander qqch., qqch. à qqn : ***alicui cenam*** C Pros., donner à qqn l'ordre de faire préparer le repas ; ***civitatibus milites*** C Pros., commander aux cités de fournir des soldats ; ***pecuniam in remiges*** C Pros., exiger de l'argent pour des rameurs ‖ ***exercitum*** C Pros., +C Pros., convoquer, rassembler le peuple [pour les comices centuriates] ‖ [avec prop. inf.] : C Pros. ; ***cohortes proficisci*** C Pros., il commande que les cohortes partent ; [pass. pers.] C Pros. ; [avec inf.] C Pros. ; [avec *ut, uti*] C Pros. ; [avec *ne*] -C Théât., C Pros. ; [avec subj. seul] C Pros. ; [avec interrog. indir.] C Pros.

II intr. ***a)*** [avec dat.] ***alicui, alicui rei***, commander à qqn, à qqch. : ***omnibus gentibus*** C Pros., commander à toutes les nations ; ***cupiditatibus*** C Pros., commander à ses passions ; ***sibi*** C Pros., se maîtriser soi-même ***b)*** [abs[t]] avoir le commandement, le pouvoir, la domination : ***imperare, parere*** C Pros., commander, obéir ; ***Lucullo imperante*** C Pros., sous le commandement de Lucullus ‖ exercer les pouvoirs d'empereur : +C Pros. ***c)*** [gér. avec valeur de subst. verbal] = ordre : C Pros.

imperpĕtŭus, *a, um*, non éternel : +C Pros.

imperspĭcax, *ācis*, non perspicace : T Pros.

imperspĭcŭus, *a, um*, impénétrable : +C Pros.

impersuādĭbĭlis, *e*, qu'on ne peut persuader, indocile : T Pros.

imperterrĭtus, *a, um*, qui est sans effroi : C Poés., +C Poés.

impertĭō, **(impartĭō)**, *īs, īre, īvī*, ou *ĭī, ītum*, tr., faire part de, partager, communiquer ¶ **1** ***alicui aliquid*** : ***suis aliquid impertire*** C Pros., partager qqch. [qu'on possède] avec les siens ; ***alicui multam salutem*** C Pros., adresser à qqn mille compliments ‖ ***alicui de re familiari*** C Pros., donner à qqn de (en prenant sur) son patrimoine ‖ consacrer, accorder, impartir : C Pros. ; [avec *ad*] C Pros. ‖ [pass.] C Pros. ¶ **2** ***aliquem aliqua re***, faire participer qqn à qqch. : ***aliquem salute impertire*** -C Théât., présenter à qqn ses compliments ; ***doctrinis impertiri*** C Pros., recevoir l'enseignement des sciences

impertītĭo, *ōnis*, f., action d'accorder : T Pros.

impertītus, *a, um*, part. de *impertio*

imperturbābĭlĭs, *e*, qui ne peut être troublé : T Pros.

imperturbātio, *ōnis*, f., impassibilité : T Pros.

imperturbātus, *a, um*, non troublé, calme : C Poés., +C Pros.

impervius, *a, um*, impraticable, inaccessible : C Poés., +C Pros.

impĕs, *ĕtis*, m., [arch.] ➡ *impetus*, [cas employés : gén. sg. C Poés., abl. sg. C Poés., abl. pl. C Poés.]

impĕtĕ, abl. de *impes*

impĕtĭbĭlĭs, *e* ¶ **1** insupportable : C Pros. ¶ **2** [chrét.] incapable de souffrir, impassible : T Pros.

impĕtīgo, *ĭnis*, f., éruption cutanée, dartre : +C Pros. ‖ cal formé aux jambes des chevaux : +C Pros.

ĭmpĕtītus, *a, um*, part. de *impeto*

impĕtō, *ĭs, ĕre, -, ītum*, tr., se jeter sur, fondre sur, attaquer : ***aliquem*** C Pros., +C Poés. ‖ [fig.] attaquer, accuser : T Pros.

impetrābĭlĭs, *e* ¶ **1** qu'on peut obtenir : C Poés., Pros. ¶ **2** qui obtient facilement : -C Théât. ; ***-bilior*** -C Théât.

impĕtrātĭo, *ōnis*, f., action d'obtenir ; [pl.] C Pros.

impĕtrātŏr, *ōris*, m., celui qui obtient : T Pros.

impĕtrātus, *a, um*, part. p. de *impetro*

impĕtrĭō, *īs, īre, īvī, ītum*, tr., chercher à obtenir par de bons augures, prendre les augures : C Pros. ; ***impetritum est*** -C Théât., il y a de bons augures ‖ **-trītum**, n., bon augure : +C Pros. ‖ **impĕtrītae**, f. pl., prières pour avoir de bons augures

impĕtrō, *ās, āre, āvī, ātum*, tr. ¶ **1** arriver à ses fins, obtenir : ***aliquid per aliquem*** C Pros., obtenir qqch. par l'entremise de qqn ; ***aliquid ab aliquo*** C Pros., obtenir qqch. de qqn ; ***aliquid alicui*** C Pros., obtenir qqch. pour qqn ; ***optatum*** C Pros., avoir son souhait réalisé ¶ **2** [avec *ut*] obtenir que : C Pros. ‖ [avec *ne*] obtenir que ne pas : C Pros. ‖ [avec subj. seul] -C Théât. ‖ [avec prop. inf.] +C Pros. ¶ **3** [abs[t]] ***impetrare de***, obtenir satisfaction au sujet de : C Pros., ***impetrare*** seul : C Pros.

impĕtŭs, *ūs*, m., mouvement en avant, poussée en avant, ¶ **1** ***a)*** [phil.] faculté d'agir par impulsion propre : +C Pros. ***b)*** mouvement de rotation apparent du ciel : C Poés., Pros. ‖ poussée, pression : C Pros. ¶ **2** élan : ***impetu capto*** C Pros., ayant pris leur élan ; ***continenti impetu*** C Pros., d'un même élan, tout d'un trait ¶ **3** charge, assaut, attaque : ***impetum in aliquem facere*** C Pros. ; ***dare*** C Pros., faire une charge contre qqn ; ***propulsare*** C Pros., repousser une attaque ‖ impétuosité, violence : [de la mer] C Pros. ; [des vents] C Pros. ‖ [méd.] attaque, accès [de fièvre, de rhume] : +C Pros. ¶ **4** [fig.] élan, mouvement d'impulsion : ***in oratione*** C Pros., le mouvement dans le style ; ***divinus impetus*** C Pros., élan divin, inspiration divine : ***animi*** C Pros., impulsion intérieure ‖ impétuosité, fougue : ***impetus dicendi*** C Pros., impétuosité (feu) de l'éloquence ‖ violent désir : +C Pros. ‖ pl., mouvements instinctifs, instincts : C Pros. ‖ [phil.] mouvement passionnel qui suit l'assentiment de l'âme donné à une représentation : +C Pros.

impexus, *a, um*, non peigné, avec les cheveux ou la barbe en désordre : C Poés. ‖ [fig.] négligé : +C Pros.

impĭātus, *a, um*, part. de *impio*

impĭcō, *ās, āre, -, -*, tr., couvrir de poix, fermer à la poix : +C Pros.

impĭē, adv., d'une manière impie : C Pros. ‖ criminellement : +C Pros.

impĭĕtās, *ātis*, f., impiété : C Pros. ; [pl.] C Pros. ‖ manquement aux devoirs envers les parents, envers la patrie : +C Pros. ; ***impietatis duces*** C Pros., guides dans une voie sacrilège [contre la patrie]

impĭĕtō, *ās*, *āre*, *āvī*, *ātum*, intr., agir d'une manière impie : T Pros.

impĭger, *gra*, *grum*, actif, diligent, rapide, infatigable : C Pros., Poés. ‖ [en parl. d'un cheval] : C Poés. ‖ [avec gén.] ***impiger militiae*** +C Pros., ardent à la guerre

impĭgrē, adv., avec diligence, rapidité, sans hésiter : -C Théât., C Pros. ‖ d'une manière infatigable : C Pros.

impĭgrĭtās, *ātis*, f., activité, diligence : C Pros.

impingō, *ĭs*, *ĕre*, *pēgī*, *pactum*, tr. ¶**1** frapper contre, jeter contre : ***pugnum in os*** -C Théât., assener son poing sur la figure ; ***caput parieti*** +C Pros., se frapper la tête contre un mur ; ***compedes alicui*** -C Théât., appliquer des entraves à qqn ; ***alicui uncum*** C Pros., appliquer le croc des gémonies à qqn ; ***navem*** +C Pros., heurter son navire ; C Pros. ; +C Pros. ‖ [fig.] donner qqch. de force, imposer : ***alicui calicem mulsi*** C Pros. ; ***alicui epistulam alicujus*** C Pros., assener à qqn une coupe de bon vin, la lettre de qqn ; ***beneficium*** +C Pros., assener un bienfait ¶**2** pousser violemment, jeter en bousculant : ***agmina muris*** C Poés., refouler les bataillons contre les murs ; ***hostes in vallum*** +C Pros., refouler les ennemis derrière le retranchement ‖ [fig.] ***aliquem in litem*** +C Pros., jeter qqn dans un procès

impinguō, *ās*, *āre*, *āvī*, *ātum*, intr., devenir gras : +C Pros.

impĭō, *ās*, *āre*, *āvī*, *ātum*, tr., souiller par un acte d'impiété : +C Théât. ‖ [réfl.] commettre une impiété : -C Théât.

impĭus, *a*, *um*, qui manque aux devoirs de piété [v. *pius*], impie, sacrilège : C Pros. ‖ ***impium bellum*** C Pros., guerre impie ‖ m. pl., ***impii*** C Pros., les impies ‖ n. pl., ***impia*** +C Pros., des choses impies, paroles impies

implācābĭlĭs, *e*, implacable : ***alicui*** C Pros., ou ***in aliquem*** C Pros., à l'égard de qqn

implācābĭlĭtās, *ātis*, f., inflexibilité : T Pros.

implācābĭlius, adv., d'une manière plus implacable : +C Pros.

implācātus, *a*, *um*, inapaisé, insatiable : C Poés.

implăgō, *ās*, *āre*, -, -, tr., prendre dans des filets : T Pros.

implānō, *ās*, *āre*, -, -, tr., tromper : T Pros.

implānus, *a*, *um*, inégal, montueux : T Pros.

implastrō, *ās*, *āre*, -, -, ➡ *emplastro*

implectō, *ĭs*, *ĕre*, *plexī*, *plexum*, tr. ¶**1** entrelacer [surtout employé au part. *implexus*] : C Poés. ; [poét.] C Poés. ¶**2** [fig.] mêler à, enlacer dans : +C Pros. ‖ entremêler : +C Pros.

implĕō, *ēs*, *ēre*, *plēvī*, *plētum*, tr. ¶**1** emplir, remplir : ***volumina de aliqua re*** C Pros., remplir des volumes sur une question ; [avec abl.] ***aliquid aliqua re***, remplir qqch. de qqch. : C Pros. ; [avec gén.] ***alicujus rei*** C Pros. ¶**2** rassasier : C Poés. ‖ mettre un corps bien en chair, lui donner de l'embonpoint : ***implere se*** +C Pros., prendre de l'embonpoint ; C Poés. ‖ féconder, rendre enceinte : C Poés. ¶**3** remplir [quant au nombre, à la mesure] : C Pros. ¶**4** [fig.] ***a) urbem tumultu*** C Pros., remplir la ville de tumulte : ***aliquem spei animorumque*** C Pros., remplir qqn d'espoir et d'ardeur ***b)*** saturer, rassasier : ***se regum sanguine*** C Pros., se gorger du sang des rois ; ***se caedibus*** +C Poés., s'enivrer de carnage ; +C Pros. ; ***aures alicujus*** C Pros., satisfaire l'oreille de qqn [son goût] ***c)*** accomplir [un temps d'existence] : C Poés. ***d)*** remplir une place : ***vicem alicujus*** +C Pros., remplir le rôle de qqn ; ***censorem*** +C Pros., remplir le rôle de censeur ***e)*** remplir, accomplir, satisfaire à : [remplir une promesse] C Pros., +C Pros. ; ***munus suum*** +C Pros., remplir sa charge, les fonctions de sa charge ; ***officium*** +C Pros. ; ***consilium*** +C Pros., réaliser un dessein ; ***vera bona*** +C Pros., réaliser les vrais biens

implētŏr, *ōris*, m., qui remplit, accomplit : T Pros.

implētus, *a*, *um*, part. de *impleo*

implexus, *a*, *um*, part. de *implecto*

implĭcātio, *ōnis*, f. ¶**1** entrelacement : C Pros. ¶**2** [fig.] enchaînement : C Pros. ‖ embarras : C Pros.

implĭcātŏr, *ōris*, m., qui prend au piège [dans ses filets] : T Pros.

implĭcātūra, *ae*, f., entrelacement : T Pros.

1 **implĭcātus**, *a*, *um* ¶**1** part. de *implico* ¶**2** adj[t] ***a)*** embrouillé, embarrassé, compliqué : C Pros. ; ***quaestio implicatissima*** +C Pros., question très complexe ***b) vox implicata*** +C Poés., voix bredouillante

2 **implĭcātŭs**, *ūs*, m., action d'entortiller, de nouer [pour se coiffer] : T Pros.

implĭciscŏr, *ĕrĭs*, *ī*, -, intr., s'embrouiller, s'affoler : -C Théât., +C Pros.

implĭcĭtē, adv., d'une manière embrouillée, obscure : C Pros.

implĭcĭtus, *a*, *um*, part. de *implico*

implĭcō, *ās*, *āre*, *plĭcuī* et *plĭcāvī*, *plĭcātum* et *plĭcĭtum*, tr. ¶**1** plier dans, entortiller, emmêler : ***implicuere inter se acies*** C Poés., les rangs se mêlèrent ; ***aciem implicare*** C Pros., jeter le désordre dans les rangs ; ***implicitus laqueis*** C Poés., entortillé dans un filet ; ***se dextrae alicujus*** C Poés., s'attacher à la main de qqn ‖ ***ignem ossibus*** C Poés., faire pénétrer le feu dans les os ; C Pros. ¶**2** envelopper, enlacer : ***bracchia collo alicujus*** C Poés., enlacer ses bras autour du cou de qqn, ou enlacer de ses bras le cou de qqn ; ***crinem auro*** C Poés., enlacer d'or ses cheveux ¶**3** [fig.] ***a)*** envelopper : ***aliquem bello*** C Poés., envelopper qqn dans les mailles d'une guerre (engager dans une guerre) ; [surtout] ***implicari*** ou ***se implicare aliqua re***, s'engager dans qqch. : C Pros. ; ***se societate civium*** C Pros., s'engager dans la société de ses concitoyens ; ***familiaritatibus implicari*** C Pros., faire partie d'un cercle d'amitiés ‖ ***implicitus morbo*** C Pros. ; ***in morbum*** C Pros., pris dans une maladie ***b)*** embrouiller, embarrasser : ***aliquem responsis*** C Pros., embrouiller qqn par des réponses

implōrābĭlĭs, *e*, qu'on peut implorer : +C Poés.

implōrātĭo, *ōnis*, f., action d'implorer : [gén. subj.] ***alicujus*** C Pros., invocation faite par qqn ; [gén. obj.] ***deum*** C Pros., invocation aux dieux

implōrātus, *a*, *um*, part. de *imploro*

implōrō, *ās*, *āre*, *āvī*, *ātum*, tr. ¶**1** invoquer avec des larmes : C Pros. ¶**2** invoquer, implorer, ***aliquem***, qqn : C Pros. ‖ ***misericordiam*** C Pros., implorer la pitié ; ***jura libertatis*** C Pros., invoquer les droits de la liberté ¶**3** demander avec larmes, avec prières : C Pros. ‖ ***implorare ne*** C Pros., supplier de ne pas

implumbō, *ās*, *āre*, -, -, tr., plomber, souder : C Pros.

implūmis, *e*, qui n'a pas encore de plumes : C Poés. ‖ qui n'a pas d'ailes : C Poés.

implŭō, *ĭs*, *ĕre*, *ī*, *ūtum* ¶**1** impers., il pleut sur, il pleut dans : C Pros. ; [avec *in* acc.] +C Pros. ¶**2** intr., [avec dat.] C Poés. ; [fig.] -C Théât.

implŭvĭātus, *a*, *um*, en forme d'impluvium : -C Théât.

implŭvĭum, *ĭī*, n., bassin carré au centre de l'atrium où était recueillie l'eau de pluie qui passait par le *compluvium* ; [en gén.] tout l'espace libre à l'entour, cour libre intérieure : -C Théât., C Pros.

impoenĭt-, ➡ *impaenit-*

impoenītus, ➡ *impunitus* : +C Pros.

impŏlītē, adv., sans raffinement : C Pros.

impŏlītĭa, *ae*, f., négligence à soigner [son cheval] : +C Pros.

impŏlītus, *a*, *um*, qui n'est pas poli : ***lapis impolitus*** +C Pros., pierre rugueuse, non travaillée ‖ [fig.] qui n'a pas reçu le poli, inculte, grossier : C Pros. ‖ inachevé : C Pros.

impollūtus, *a*, *um*, non souillé, non violé : +C Pros., Poés.

impōnō, *ĭs*, *ĕre*, *pŏsŭī*, *pŏsĭtum*, tr. ¶**1** placer sur, poser sur, appliquer : ***aliquem in rogum*** C Pros., mettre qqn sur le bûcher ; ***in alteram lancem (in altera lance aliquid)*** C Pros., mettre qqch. sur l'un des plateaux d'une balance ; [fig.] C Pros. ; ***clitellas bovi*** C Pros., mettre un bât sur un boeuf ; ***alicui diadema*** C Pros., placer un diadème sur la tête de qqn ¶**2** [fig.]

a) établir sur, préposer, assigner : ***villicum*** [C] Pros., préposer un intendant ; ***vocabula rebus*** [C] Poés., mettre des noms sur des objets ; → *nomen* **b)** mettre qqch. sur les épaules de qqn, lui donner la charge de qqch. ; ***alicui negotium*** [C] Pros. ; ***personam*** [C] Pros., charger qqn d'une affaire, d'un rôle **c)** imposer : ***alicui plus laboris*** [C] Pros., imposer à qqn plus de fatigue ; ***alicui injurias, contumelias*** [C] Pros., faire subir à qqn des injustices, des outrages ; ***leges alicui*** [C] Pros., imposer des lois à qqn, faire la loi à qqn ; ***stipendium victis*** [C] Pros., imposer un tribut aux vaincus ; ***agris vectigal*** [C] Pros., imposer aux terres une redevance **d)** ***manum summam, extremam alicui rei***, mettre la dernière main à qqch. : [C] Poés., [+C] Pros. ¶**3** ***alicui***, en imposer à qqn, donner le change à qqn, abuser qqn : [C] Pros., [+C] Pros.

imporcĭō, *īs, īre, -, ītum*, tr., mettre dans les sillons : [+C] Pros.

importātīcĭus, *a, um*, importé : [C] Pros.

importātus, *a, um*, part. de *importo*

importō, *ās, āre, āvī, ātum*, tr. ¶**1** porter dans, importer : [C] Pros. ; [*in* acc.] [C] Pros. ; [*ad se*, chez soi] [C] Pros. ¶**2** [fig.] introduire : [C] Pros. ‖ apporter, susciter, attirer : ***calamitatem alicui*** [C] Pros., attirer le malheur sur qqn ; ***odium libellis*** [C] Pros., faire détester des écrits

importūnē, adv., mal à propos, à contretemps, à tort : [+C] Pros. ‖ ***-tunius*** [T] Pros. ; ***-issime*** [+C] Pros.

importūnĭtas, *atis*, f., position désavantageuse [d'un lieu] : [+C] Pros. ‖ entêtement : [-C] Théât. ‖ humeur acariâtre : [C] Pros. ‖ caractère violent : [C] Pros. ‖ rigueur, cruauté : [C] Pros.

importūnus, *a, um* ¶**1** inabordable, impraticable : [C] Pros., [+C] Pros. ¶**2** [fig.] **a)** incommode, fâcheux : ***importunum tempus*** [C] Pros., moment mal approprié, mal choisi ; ***importunum est*** inf., [C] Pros., c'est une chose ingrate que de... ; ***importuna pauperies*** [C] Poés., la pauvreté malencontreuse ; ***importuna clades*** [C] Pros., fâcheux désastre **b)** intraitable, dur, brutal, cruel : ***importunissimus hostis*** [C] Pros., l'ennemi le plus intraitable ; ***importunus, crudelis*** [C] Pros., dur, cruel

importŭōsus, *a, um*, qui manque de port [en parl. d'une mer] : [C] Pros., [+C] Pros. ‖ inabordable [côte] : [+C] Pros.

impŏs, *ŏtis*, qui n'est pas maître de [avec gén.] : [-C] Théât., [+C] Pros. ‖ qui ne peut atteindre : [+C] Pros. ‖ qui ne peut supporter : [T] Poés.

impŏsĭtĭo, *ōnis*, f. ¶**1** imposition : ***manus (manuum)*** [T] Pros., imposition de la main, des mains ¶**2** [fig.] application, imposition d'un nom à une chose, dénomination : [C] Pros.

impŏsĭtŏr, *ōris*, m., celui qui dénomme : [C] Pros.

impŏsĭtus, *a, um*, part. de *impono*

impossĭbĭlis, *e*, impossible : [+C] Pros. ‖ incapable : [T] Pros.

impossĭbĭlĭtās, *ātis*, f., impossibilité : [+C] Pros.

impŏsŭī, parf. de *impono*

impōtābĭlis, *e*, non potable : [T] Pros.

impŏtens, *entis* ¶**1** impuissant, faible : ***homo*** [C] Pros., homme sans puissance, sans crédit ; ***impotentes*** [C] Pros., les faibles ¶**2** [avec gén.] qui n'est pas maître de : [C] Pros. ; ***regendi equi*** [C] Pros., incapable de diriger sa monture ; ***irae*** [C] Pros., qui n'est pas maître de sa colère ¶**3** qui n'est pas maître de soi, effréné, immodéré, déchaîné, emporté : [C] Pros. ; ***impotens laetitia*** [C] Pros., joie immodérée ; ***rabies*** [C] Pros., fureur aveugle ; ***impotentissimus dominatus*** [C] Pros., pouvoir arbitraire, tyrannique ; ***impotens postulatum*** [C] Pros., demande excessive, exigence abusive

impŏtentābĭlis, *e*, puissant : [T] Pros.

impŏtentĕr, adv. ¶**1** violemment, tyranniquement, sans règle ni mesure : [+C] Pros. ‖ ***impotentissime*** [+C] Pros. ¶**2** d'une manière impuissante, sans efficacité : [C] Pros.

impŏtentĭa, *ae*, f. ¶**1** impuissance, faiblesse : [-C] Théât. ¶**2** impuissance à se maîtriser : [C] Pros. ; ***impotentia muliebris*** [C] Pros., [+C] Pros., impuissance des femmes à se dominer, le caractère passionné de la femme ‖ violence de qqch., excès : [C] Poés.

impraepĕdītē, **-pĕdītō**, sans obstacle : [T] Pros.

impraepĕdītus, *a, um*, non entravé : [T] Pros.

impraesentĭārum (**inp-**), adv., pour le moment : [-C] Pros., [C] Pros., [+C] Pros.

impraevārĭcābĭlis, *e*, inaliénable : [T] Pros.

impransus, *a, um*, qui n'a pas mangé, à jeun : [-C] Théât., [C] Poés., Pros.

imprĕcātio, *ōnis*, f., imprécation : [+C] Pros.

imprĕcŏr, *āris, ārī, ātus sum*, tr. ¶**1** souhaiter ; ***aliquid alicui***, qqch. à qqn **a)** [en bonne part] : [+C] Pros. **b)** [en mauvaise part] : [C] Poés., Pros., [+C] Pros. ¶**2** invoquer, prier : [+C] Pros.

imprensĭbĭlis, *e*, insaisissable : [+C] Pros.

impressī, parf. de *imprimo*

impressĭo, *ōnis*, f. ¶**1** action d'appuyer sur, application : [+C] Pros. ¶**2** choc d'un ennemi, irruption, attaque, assaut : [C] Pros. ; ***impressionem facere*** [C] Pros., faire une attaque, ou ***dare*** [C] Pros. ¶**3** [fig.] **a)** impression [sur l'esprit] : [C] Pros. **b)** expression (articulation) bien marquée : [C] Pros. **c)** ***impressiones*** [C] Pros., temps marqués (rythme)

1 **impressus**, *a, um*, part. de *imprimo*

2 **impressŭs**, *ūs*, m., pression : [T] Poés.

imprīmis, **inprīmīs**, **in prīmīs**, adv., avant tout, principalement, surtout : [C] Pros.

imprĭmō, *ĭs, ĕre, pressī, pressum*, tr. ¶**1** appliquer sur, appuyer sur : ***impresso genu*** [C] Poés., le genou étant appuyé dessus ; ***impressa lana*** [C] Poés., en appliquant dessus de la laine ¶**2** faire en pressant, en enfonçant : ***vestigium*** [C] Pros., marquer une empreinte de pas ; [+C] Pros. ¶**3** faire une figure en pressant, empreindre, imprimer : ***in cera sigillum*** [C] Pros., imprimer un sceau sur la cire ; [fig.] [C] Pros. ‖ [phil.] graver des idées, des notions dans l'âme : ***in animis*** [C] Pros., ***(in animos)*** [C] Pros. ¶**4** empreindre de, marquer de : [C] Pros. ; [poét.] [C] Poés. ¶**5** ***imprimi***, s'affaisser, s'enfoncer [sol] : [+C] Pros.

imprŏbābĭlis, *e*, qui ne mérite pas d'être approuvé, injustifiable : [+C] Pros.

imprŏbābĭlĭter, adv., de manière inadmissible : [T] Pros.

imprŏbātio, *ōnis*, f., désapprobation : [C] Pros.

imprŏbātŏr, *ōris*, m., réprobateur : [+C] Pros.

imprŏbātus, *a, um*, part. de *improbo* ‖ [adj[t]] ***improbatissimus homo*** [+C] Pros., homme très décrié

imprŏbē, adv. ¶**1** d'une manière mauvaise, défectueuse, mal : [+C] Pros. ¶**2** [moral[t]] mal, malhonnêtement : [C] Pros. ‖ contrairement au droit : ***improbe factum*** [C] Pros., agir contrairement au droit ; ***-bius*** [C] Pros. ; ***-issime*** [C] Pros. ¶**3** d'une manière excessive : [+C] Pros. ‖ avec impudence : ***improbissime respondere*** [C] Pros., répondre avec la dernière impudence

imprŏbĭtās, *ātis*, f., méchanceté, perversité : [C] Pros. ‖ malice d'un singe : [C] Pros.

imprŏbĭter, → *improbe* : [+C] Pros.

imprŏbĭtō, *ās, āre, āvī, -*, tr., désapprouver : [+C] Pros.

imprŏbō, *ās, āre, āvī, ātum*, tr., désapprouver, condamner : [C] Pros. ; ***aliquem testem*** [C] Pros., désapprouver qqn comme témoin ‖ rejeter : ***judicium alicujus*** [C] Pros., rejeter le jugement rendu par qqn, le tenir pour non avenu

imprŏbŭlus, *a, um*, quelque peu fripon : [+C] Poés.

imprŏbus, *a, um* ¶**1** de mauvais aloi, mauvais : ***improba merces*** [-C] Théât., mauvaise marchandise ; ***postes improbiores*** [-C] Théât., jambages de porte en plus mauvais état ; ***improbior coquus*** [-C] Théât., cuisinier sans client ‖ dont la conduite ne peut être approuvée : [C] Pros. ; ***negat improbus*** [C] Pros., le maladroit refuse ¶**2** [moral[t]] mauvais, méchant, pervers, malhonnête : ***homo improbissimus*** [C] Pros., le plus méchant des hommes ; ***lex improbissima*** [C] Pros., la loi la plus détestable ; ***amor improbus*** [C] Poés., amour condamnable ; ***improbissima verba*** [C] Pros., les paroles les plus inconvenantes ; ***improbum est*** [inf.] [+C] Pros., il n'est pas convenable de ¶**3** qui n'a pas les qualités requises **a)** démesuré : ***improbae spes*** [+C] Pros., espoirs extravagants **b)** sans arrêt : ***improbior imber*** [+C] Pros., pluie plus soutenue ; ***labor improbus*** [C] Poés., labeur sans merci ; ***anguis, anser*** [C] Poés., serpent, oie vorace **c)** qui ne laisse pas de répit : ***improbe amor*** [C] Poés., ô cruel amour ; ***improba conubii*** [+C] Poés., acharnée au mariage **d)**

effronté, impudent : ***improba facies*** [+C] Pros., figure impudente ***e)*** hardi, audacieux : [C] Poés.

imprōcērus, *a*, *um*, petit de taille : [+C] Pros.

imprōcrĕābĭlĭs, *e*, qui ne peut être créé : [+C] Pros.

imprōdictus, *a*, *um*, non ajourné, non retardé : [C] Pros.

imprŏfessus, *a*, *um*, qui n'a pas déclaré [sa condition] : [+C] Pros.

imprōmiscus, *a*, *um*, pur, sans mélange : [+C] Pros.

impromptus, *a*, *um*, qui n'est pas prompt, pas résolu, sans ardeur : [+C] Pros. ‖ qui n'a pas de facilité : [C] Pros.

imprŏpĕrātus, *a*, *um*, lent : [C] Poés.

imprŏpĕrĭum, *ĭi*, n., [chrét.] reproche, affront : [T] Pros.

imprŏpĕrō, *ās*, *āre*, -, -, tr., reprocher : [T] Pros. ‖ ***alicui*** [+C] Pros., faire des reproches à qqn

imprŏpĕrus, *a*, *um*, qui ne se hâte pas : [+C] Poés.

imprŏprĭē, adv., improprement : [+C] Pros.

imprŏprĭĕtās, *ātis*, f., [gram.] impropriété : [+C] Pros.

imprŏprĭus, *a*, *um*, [gram.] impropre : [+C] Pros. ‖ **-prium**, *ĭi*, n., impropriété : [+C] Pros.

imprōpugnātus, *a*, *um*, qui n'est pas défendu : [+C] Pros., [T] Pros.

improsper, *ĕra*, *ĕrum*, qui ne réussit pas, malheureux : [+C] Pros.

improspĕrē, adv., sans succès : [+C] Pros.

imprōtectus, *a*, *um*, non protégé, sans défense : [+C] Pros., [T] Pros.

imprōvĭdē, adv., inconsidérément : [C] Pros., [+C] Pros.

imprōvĭdus, *a*, *um*, imprévoyant : [C] Pros. ‖ [avec gén.] ***futuri certaminis*** [C] Pros., qui ne s'attend pas à un prochain combat ‖ gén. du point de vue : ***consilii*** [+C] Pros., incapable de prévoyance dans ses décisions

imprōvīsō, adv., à l'improviste : [-C] Théât., [C] Pros.

imprōvīsus, *a*, *um*, imprévu, qui arrive à l'improviste : [C] Pros. ‖ ***de improviso*** [C] Pros. ou ***ex improviso*** [C] Pros., à l'improviste ‖ ***ad improvisa*** [+C] Pros., pour les cas imprévus

imprūdens, *entis* ¶ **1** qui ne sait pas, qui ignore, sans savoir : [C] Pros. ‖ ***legis*** [C] Pros., ignorant la loi ¶ **2** surpris, non sur ses gardes, sans faire attention, par mégarde : [C] Pros. ‖ ***-tior*** [+C] Pros. ; ***-issimus*** [+C] Pros.

imprūdentĕr, adv., par ignorance : [C] Pros. ‖ imprudemment : [C] Pros. ‖ ***-tius*** [-C] Théât.

imprūdentĭa, *ae*, f. ¶ **1** ignorance, manque de connaissance, fait de n'être pas au courant : [C] Pros. ; ***imprudentia eventus*** [C] Pros., ignorance du résultat ‖ imprévoyance, irréflexion : [C] Pros. ¶ **2** absence de préméditation, d'intention, inadvertance : [C] Pros. ; ***per imprudentiam*** [C] Pros., sans y penser, sans le vouloir

īmpūbēs, *ĕris* et **-bis**, *is*, adj., sans poil, impubère ***a)*** [forme en *es*] [C] Pros. ; ***impuberes*** [C] Pros., les enfants ***b)*** [forme en *is*] ***malae impubes*** [C] Poés., joues imberbes ; ***corpus impube*** [C] Poés., corps juvénile ; [pl.] ***impubes*** [C] Pros., les enfants impubères

impŭdens, *tis*, effronté, sans pudeur, impudent [en parl. des pers. et des choses] : [C] Pros. ; ***-tior*** [C] Pros. ; ***-issimus*** [C] Pros.

impŭdentĕr, adv., impudemment, effrontément : [C] Pros. ‖ ***-tius*** [C] Pros. ; ***-issime*** [C] Pros.

impŭdentĭa, *ae*, f., impudence, audace, effronterie : [C] Pros.

impŭdīcē, adv., impudiquement : [C] Pros.

impŭdīcĭtĭa, *ae*, f., impudicité : [-C] Théât., [+C] Pros. ‖ moeurs infâmes : [+C] Pros.

impŭdīcus, *a*, *um*, impudent : [-C] Théât. ‖ sans pudeur, impur, impudique, débauché, souillé : [-C] Théât., [C] Pros. ; ***-cior*** [-C] Théât. ; ***-issimus*** [C] Pros. ‖ infect, fétide : [+C] Poés.

impugnātĭo, *ōnis*, f., attaque, assaut : [C] Pros.

impugnātus, *a*, *um*, part. de *impugno*

impugnō, *ās*, *āre*, *āvī*, *ātum*, tr. ¶ **1** attaquer, assaillir : ***aliquem***, qqn : [C] Pros. ‖ [abs[t]] : [C] Pros. ‖ ***tecta impugnata*** [C] Pros., maisons attaquées ¶ **2** [abs[t]] [C] Pros.

impŭlī, parf. de *impello*

impulsĭo, *ōnis*, f. ¶ **1** choc, heurt, impulsion : [C] Pros. ¶ **2** [fig.] ***a)*** impulsion naturelle, disposition à faire qqch. : [C] Pros. ***b)*** impulsion, excitation à : [C] Pros.

impulsŏr, *ōris*, m., instigateur, conseiller : [C] Pros., [+C] Pros.

1 **impulsus**, *a*, *um*, part. de *impello*

2 **impulsŭs**, *ūs*, m., choc, heurt, ébranlement : [C] Pros. ‖ [fig.] impulsion, instigation : [C] Pros. ; ***impulsu meo*** [C] Pros., à mon instigation

impulvĕrĕus, *a*, *um*, qui est sans poussière ; [fig.] sans peine : [+C] Pros.

impunctus, *a*, *um*, qui n'a pas de taches : [+C] Pros.

impūnĕ, adv. ¶ **1** impunément, avec impunité : [C] Pros., Poés. ; ***impune est*** [C] Pros., il n'y a pas de peine établie ¶ **2** sans danger, sans dommage : [C] Pros., Poés. ‖ ***-nius*** [C] Pros. ; ***-issime*** [-C] Théât.

impūnis, *e*, impuni : [+C] Pros.

impūnĭtās, *ātis*, f., impunité : [C] Pros. ; ***alicui impunitatem concedere*** [C] Pros., accorder l'impunité à qqn ‖ [fig.] licence impunie : ***gladiorum*** [C] Pros., l'impunité que s'arrogent les épées

impūnītē, → *impune* : [C] Pros.

impūnītus, *a*, *um* ¶ **1** impuni : [C] Pros. ¶ **2** [fig.] effréné, sans bornes : [C] Pros. ‖ ***-tior*** [C] Poés., Pros.

impūrātus, *a*, *um*, part. dun verbe *impuro*, "rendre impur" ‖ [adj[t]] → *impurus* : [-C] Théât. ; ***-tissumus*** [-C] Théât.

impūrē, adv., d'une manière impure, honteuse : [C] Pros. ‖ ***-rissime*** [C] Pros.

impurgābĭlĭs, *e*, inexcusable : [T] Pros.

impūrĭtās, *ātis*, f., impureté : [C] Pros. ; [pl.] [C] Pros.

impūrĭtia, *ae*, f., impureté, impudicité : [au pl.] [-C] Théât.

impūrus, *a*, *um* ¶ **1** qui n'est pas pur : [C] Poés., [+C] Pros. ¶ **2** [fig.] impur, corrompu, infâme : [C] Pros. ‖ ***-rior*** [C] Pros. ; ***-issimus*** [C] Pros.

impŭtātŏr, *ōris*, m., celui qui porte en compte : [+C] Pros.

1 **impŭtātus**, *a*, *um*, part. de *imputo*

2 **impŭtātus**, *a*, *um*, qui n'a pas été taillé : [C] Poés.

impŭtō, *ās*, *āre*, *āvī*, *ātum*, tr. ¶ **1** porter en compte, imputer : [+C] Pros. ¶ **2** [fig.] ***a)*** mettre en ligne de compte, faire valoir, se faire un mérite de : [+C] Pros. ***b)*** attribuer, imputer qqch. à qqn : [+C] Pros. ***c)*** donner, assigner : [+C] Poés.

impŭtrescō, *ĭs*, *ĕre*, *putrŭī*, -, intr., pourrir : [+C] Pros.

impŭtrĭbĭlis, *e*, qui ne pourrit pas : [T] Pros.

īmŭlus, *a*, *um*, ***imula oricilla*** [C] Poés., le petit bout de l'oreille

īmum, *i*, n. de *imus* pris subst[t] ¶ **1** ***ab imo*** [C] Pros., depuis le bas [*G. 4, 17, 3*, à l'extrémité inférieure] ; ***ab imo suspirare*** [C] Poés., soupirer profondément ‖ n. pl., [C] Poés. ¶ **2** ***ad imum*** [C] Poés., jusqu'au bout ‖ enfin : [C] Pros.

īmus, *a*, *um* [sert aussi de superl. à *inferus*] ¶ **1** le plus bas : ***imus conviva*** [C] Poés., le convive placé le plus bas ; ***ima vox*** [+C] Pros., la voix la plus basse ‖ le bas de, le fond de : ***in imo fundo*** [C] Poés., au fond de l'abîme ; ***ab imis unguibus*** [C] Pros., de l'extrémité des ongles, de la pointe des pieds jusqu'à... ; [C] Poés. ¶ **2** [fig.] ***a)*** le plus humble : ***maximi imique*** [+C] Pros., les plus grands et les plus humbles ***b)*** le dernier : ***imus mensis*** [C] Poés., le dernier mois de l'année ; → *imum*

1 **ĭn**, prép.

I [avec acc.] ¶ **1** [lieu] ***a)*** [avec aboutissement d'un mouvement] dans, en, sur : ***in aliquid accedere*** Cic., pénétrer dans qqch. ; ***in aliquem mittere*** Caes., envoyer chez qqn ***b)*** [sans aboutissement d'un mouvement] en direction de, vers, du côté de : ***in aliquid spectare*** Caes., regarder dans la direction de qqch. ; ***in meridiem*** Tac., du côté du midi ¶ **2** [temps] jusqu'à, pour, à : ***in multam noctem*** Cic., jusqu'au milieu de la nuit ; ***in lucem dormire*** Hor., dormir jusqu'au jour ; ***in posterum diem invitare*** Cic., inviter pour le lendemain; ***aliquid in mensem Januarium constituere*** Cic., fixer qqch. au mois de janvier ¶ **3** [but] ***a)*** pour, en vue de: ***in consilium consurgere*** Cic., se lever pour voter; ***in praesidium legionem mittere*** Cic., envoyer une légion pour servir de garnison; ***in honorem alicujus*** Plin. *Ep.*, pour honorer qqn ***b)*** à l'égard de, envers: ***illiberalis in aliquem*** Cic., peu serviable à l'égard de qqn; ***in aliquem aliquid dicere*** Cic., dire qqch. à l'adresse de qqn ***c)*** en faveur de, pour, contre: ***in libertatem alicujus pugnare*** Cic., combattre en faveur de l'indépendance de qqn; ***oratio in legem*** Cic., un discours en faveur d'une loi; ***carmen in aliquem*** Cic., un poème à la louange de qqn ‖ ***orationem in aliquem dicere*** Cic., prononcer un discours contre qqn ¶ **4** [référence] conformément à, du point de vue de, selon, suivant: ***in sententiam alicujus*** Cic., conformément à l'avis de qqn; ***in ea ipsa verba quae...*** Cic., suivant les termes mêmes que...; ***in barbarum*** Tac., à la façon barbare ‖ [sens distributif] ***in capita*** Cic., par tête; ***in militem*** Cic., par soldat ‖ [expressions] ***in altitudinem***, en hauteur ; ***servilem in modum***, à la manière des esclaves ; ***in diem***, au jour le jour ; ***in singulos annos***, d'année en année

II [avec abl.] ¶ **1** [lieu] dans, en, à, chez, sur: ***in urbe***, dans la ville ; ***in Gallia***, en Gaule ; ***in senatu***, au sénat ; ***in foro***, sur le forum, au forum ; ***in barbaris***, chez les barbares ; ***in oculis alicujus***, sous les yeux de qqn ¶ **2** [temps] ***a)*** [date d'un événement] ***in consulatu alicujus*** Cic., à l'époque du consulat de qqn; ***in ipso negotio*** Caes., au moment même de l'action; ***qua in aetate*** Cic., à cet âge-là; ***in tempore*** Ter., à temps ***b)*** [espace de temps à l'intérieur duquel se place une action] durant, en (tant de temps), dans un délai de: ***in tam multis annis*** Cic., durant de si nombreuses années; ***in paucis tempestatibus*** Sall., en peu de temps; ***ut in diebus proxumis decem decederent*** Cic., qu'il s'en iraient dans les dix jours = dans un délai de dix jours; ***bis in die*** Cic., deux fois par jour ¶ **3** [localisation plus abstraite] ***a)*** [pour indiquer les circonstances où se trouve qqn ou qqch.] au milieu de, avec, tout en: ***in summo timore omnium*** Cic., au milieu de la consternation générale; ***magno in aere alieno*** Cic., avec de grosses dettes = tout en ayant de grosses dettes ***b)*** [pour indiquer ce qui sert de référence à qqch.] quand il s'agit de, à propos de, étant donné, vu: ***in salute communi*** Cic., quand il s'agit du salut commun; ***in oratore probando*** Cic., quand il s'agit d'approuver un orateur; ***in rege tam nobili*** Cic., à propos d'un roi si connu; ***in tanta multitudine*** Cic., vu cette affluence ***c)*** [pour indiquer le groupe, la classe où est rangé qqn ou qqch.] au rang de, entre, parmi: ***in mediocribus oratoribus*** Cic., au rang des orateurs moyens; ***in his*** Caes., parmi ceux-ci, [ou] parmi ces nouvelles ***d)*** [pour indiquer la forme prise par qqch.] sous forme de, comme: ***in libellis aliquid mittere*** Cic., envoyer qqch. sous forme d'écrit; ***librum in dialogo scribere*** Cic., écrire un livre sous forme de dialogue; ***aliquas res legato in mandatis dare*** Caes., confier un certain nombre de points à un ambassadeur comme instructions

2 **in-**, préf. privatif ou négatif [dans les composés marque l'absence ou la non-existence de la chose signifiée par le simple: *indoctus, infans, insanus, illiberalis*]

īn', ➡ *isne*

ĭnabruptus, *a, um*, non brisé: +C Poés.

ĭnabsŏlūtus, *a, um*, incomplet: +C Pros.

ĭnaccensus, *a, um*, non enflammé: +C Poés.; [fig.] T Pros.

ĭnaccessus, *a, um*, inaccessible: C Poés.

ĭnăcescō, *ĭs, ĕre, ăcŭī, -*, intr., [fig.] devenir amer (désagréable), déplaire: C Poés.

Ĭnăchĭa, *ae*, f., nom de femme: C Poés. ‖ f. de *Inachius*

Ĭnăchĭdēs, *ae*, m., fils ou descendant d'Inachus: C Poés. ‖ pl., les Argiens: +C Poés.

Ĭnăchis, *ĭdis*, f., fille d'Inachus [Io]: C Poés. ‖ [adj.] du fleuve Inachus: C Poés.

Ĭnăchĭus, *a, um*, d'Inachus, d'Io: C Poés. ‖ d'Argos, Argien: C Poés.

Ĭnăchus (-ŏs), *i*, m., l'Inachus [fleuve de l'Argolide]: C Poés. ‖ premier roi d'Argos: C Poés. ‖ **-us**, *a, um*, d'Argos, grec: +C Poés.

ĭnactŭōsus, *a, um*, inactif: T Pros.

ĭnactus, *a, um*, part. de *inigo*

ĭnadc-, ➡ *inacc-*

ĭnădībĭlis, *e*, inaccessible: T Pros.

ĭnadscensus, ➡ *inascensus*

ĭnadspectus, *a, um*, non vu: +C Poés.

ĭnădūlābĭlis, *e*, inaccessible à la flatterie: +C Pros.

ĭnădustus, *a, um*, non brûlé: C Poés., T Poés.

ĭnaedĭfĭcō, *ās, āre, āvī, ātum*, tr. ¶ **1** bâtir sur [*in* et abl.]: C Pros. ‖ [*in* acc.] C Pros. ‖ [fig.] entasser sur [avec dat.] C Poés., +C Pros. ¶ **2** obstruer par une bâtisse, boucher, murer: ***plateas*** C Pros., obstruer par des murs les avenues

ĭnaequābĭlis, *e*, inégal: C Pros., +C Pros.

ĭnaequābĭlĭtās, *ātis*, f., dissemblance, inégalité: T Pros. ‖ anomalie: C Pros.

ĭnaequābĭlĭtĕr, adv., inégalement: C Pros., +C Pros.

ĭnaequālis, *e*, inégal, raboteux: +C Poés., Pros. ‖ dissemblable, inégal: C Poés.; ***-lior*** +C Pros.; ***-issimus*** +C Pros. ‖ variable [température]: C Poés. ‖ inconstant: C Poés., +C Pros. ‖ [poét.] ***tonsor inaequalis*** C Pros., coiffeur inégal = qui fait une coupe de cheveux inégale; ***procellae inaequales*** C Poés., tempêtes capricieuses

ĭnaequālĭtās, *ātis*, f., inégalité, diversité, variété: C Pros., +C Pros. ‖ anomalie [gram.]: C Pros., +C Pros.

ĭnaequālĭtĕr, adv., d'une manière inégale: C Pros., +C Pros.

ĭnaequātus, *a, um*, inégal: C Poés.

ĭnaequō, *ās, āre, -, -*, tr., égaliser: C Pros.

ĭnaerō, *ās, āre, -, -*, tr., revêtir de bronze: T Pros.

ĭnaestĭmābĭlis, *e* ¶ **1** qu'on ne saurait évaluer: C Pros. ‖ inestimable, inappréciable: C Pros., +C Pros. ‖ [à propos de Dieu]: +C Pros. ¶ **2** indigne d'être estimé, sans valeur: C Pros.

ĭnaestŭō, *ās, āre, -, -*, intr., s'échauffer dans, bouillonner dans [avec dat.]: C Poés.

ĭnaffectātus, *a, um*, qui n'est pas affecté, naturel: +C Pros.

ĭnaggĕrātus, *a, um*, amoncelé: T Pros.

ĭnăgĭtābĭlis, *e*, qui ne peut être agité: +C Pros.

ĭnăgĭtātus, *a, um*, non agité: C Pros., +C Pros.

ĭnalbĕō, *ēs, ēre, -, -*, intr., blanchir [en parl. du jour]: +C Pros.

ĭnalbescō, *ĭs, ĕre, -, -*, intr., devenir blanc: +C Pros., T Pros.

ĭnalbō, *ās, āre, -, -*, tr., blanchir: +C Pros.

ĭnalgescō, *ĭs, ĕre, -, -*, intr., devenir froid: +C Pros.

Ĭnalpīnus, *a, um*, situé dans les Alpes: +C Pros.

ĭnămābĭlis, *e*, indigne d'être aimé, déplaisant, désagréable: -C Théât., C Poés., +C Pros. ‖ ***-bilior*** C Pros.

ĭnămārescō, *ĭs, ĕre, -, -*, intr., devenir amer, s'aigrir: C Poés.

ĭnămātus, *a, um*, non aimé: +C Poés.

ĭnambĭtĭōsus, *a, um*, simple, sans faste: C Poés.

ĭnambŭlātio, *ōnis*, f. ¶ **1** action de se promener, promenade: C Pros. ¶ **2** lieu de promenade: C Pros.

ĭnambŭlō, *ās, āre, āvī, ātum*, intr., se promener: ***in porticu*** C Pros.; ***domi*** C Pros., se promener sous le portique, chez soi

ĭnāmissĭbĭlis, *e*, qui ne peut être perdu: T Pros.

ĭnămoenus, *a, um*, déplaisant, affreux: C Poés., +C Pros.

1 **ĭnānĕ**, n. pris adv^t, en vain: +C Poés.

2 **ĭnānĕ**, *is*, n. pris subst^t ¶ **1** le vide: C Pros., Poés. ‖ ***per inane*** C Poés.; ***per inania*** C Poés., à travers le vide, à travers les vides, les cavités [ou "à travers les airs"] ¶ **2** vide, néant: C Poés., +C Poés.; ou pl., ***inania*** C Poés.; ***inania famae*** +C Pros., de vains bruits; ***inania belli*** +C Pros., guerre sans importance, nulle

ĭnānescō, *ĭs, ĕre, -, -*, intr., devenir vide: T Pros.

ĭnānĭae, *ārum*, f. pl., des vides: -C Théât.

ĭnānĭlŏcus, ➡ *inaniloquus*

ĭnānĭlŏquĭum, *ĭi*, n., vain bavardage: T Pros.

ĭnānĭlŏquus, *i*, m., celui qui tient des propos futiles : [-C] Théât.

ĭnănĭmālĭs, *e*, **inanimans**, *tis*, inanimé : [T] Pros.

ĭnānĭmentum, *i*, n., vide : [-C] Théât.

ĭnănĭmis, *e*, sans souffle : [+C] Pros. ‖ privé de vie : [+C] Pros.

ĭnănĭmus, *a*, *um*, inanimé ; [C] Pros.

ĭnānĭō, *īs*, *īre*, *īvī*, *ītum*, tr., rendre vide, vider : [C] Poés.

ĭnānis, *e* ¶ **1** vide : ***vas inane*** [C] Pros., vase vide ; ***domus inanis*** [C] Pros., maison vide ; ***navis inanis*** [C] Pros., navire sans équipage ou sans chargement ; ***equus*** [C] Pros., cheval sans cavalier ; ***inane corpus*** [C] Pros., cadavre ; [C] Poés. ; ***inania regna*** [C] Poés., royaume des ombres ‖ [avec abl.] vide de : [C] Pros. ; [avec gén.] [-C] Théât., [C] Poés. ¶ **2** à vide ***a)*** les mains vides : ***inanes revertuntur*** [C] Pros., ils reviennent les mains vides ***b)*** qui ne possède rien : [C] Pros. ¶ **3** [fig.] vide, vain, sans valeur ***a)*** ***voces inanes*** [C] Pros., vaines paroles ; ***inane crimen*** [C] Pros., accusation sans fondement : ***inanis spes*** [C] Pros., vaine espérance ; ***causae inanes*** [C] Poés., prétextes frivoles ; ***tempus inane*** [C] Poés., délai sans importance ‖ [avec gén.] : [C] Pros. ***b)*** [homme] léger, sans réflexion : [C] Poés. ‖ fat, présomptueux : [C] Pros. ; ***inaniora ingenia*** [C] Pros., caractères un peu vains

ĭnānĭtās, *ātis*, f. ¶ **1** le vide : [C] Pros. ‖ cavité, creux : [+C] Pros. ‖ [fig.] vide = inanition : [-C] Théât. ¶ **2** futilité, vanité : [C] Pros.

ĭnānĭtĕr, adv., sans fondement, sans raison : [C] Pros. ‖ inutilement : [C] Poés.

ĭnānītus, *a*, *um*, part. de *inanio*

ĭnantĕā, adv., devant, en avant : [+T] Pros.

ĭnăpertus, *a*, *um*, qui n'est pas ouvert ; [fig.] non exposé : [+C] Poés.

ĭnappărātio, *ōnis*, f., défaut de préparation, négligence : [C] Pros.

ĭnărātus, *a*, *um* ¶ **1** non labouré : [C] Poés. ¶ **2** part. de *inaro*

ĭnardescō, *ĭs*, *ĕre*, *arsī*, -, intr., prendre feu, s'embraser : [C] Poés. ‖ [fig.] s'enflammer [d'une passion] : [+C] Pros.

ĭnārescō, *ĭs*, *ĕre*, *ārŭī*, -, intr., se sécher, se dessécher : [C] Pros., [+C] Pros. ‖ [fig.] se tarir : [+C] Pros.

ĭnargūtē, adv., sans esprit : [+C] Pros.

Ĭnărĭmē, *ēs*, f., Inarime [île d'Ischia] : [C] Poés.

ĭnărō, *ās*, *āre*, *āvī*, *ātum*, tr., enfouir par le labour : [-C] Pros., [C] Pros.

ĭnartĭfĭcĭālis, *e*, sans artifice, sans art : [+C] Pros.

ĭnartĭficiālĭtĕr, adv., sans art, naturellement : [+C] Pros.

ĭnārŭī, parf. de *inaresco*

ĭnascensus, *a*, *um*, non escaladé : [+C] Pros.

ĭnasp-, ▶ *inadsp-*

ĭnassuētus, *a*, *um*, qui n'a pas l'habitude : [C] Poés. ‖ inaccoutumé : ***inassuetum est*** [avec inf.] [+C] Poés., ce n'est pas l'habitude de

ĭnattĕnŭātus, *a*, *um*, non diminué : [C] Poés.

ĭnaudax, *ācis*, sans audace, timide : [C] Poés.

ĭnaudĭō, *īs*, *īre*, *īvi* ou *ĭi*, -, tr., entendre dire, apprendre : ***aliquid de aliquo*** [C] Pros., apprendre qqch. sur qqn ; ***aliquid de aliqua re ex aliquo*** [C] Pros., apprendre qqch. sur qqch. de la bouche de qqn ; ***aliquid*** [C] Pros., apprendre qqch. ‖ [avec prop. inf.] [C] Pros. ‖ ▶ *2 inauditus*

ĭnaudītĭuncŭla, *ae*, f., petite leçon : [+C] Pros.

1 **ĭnaudītus**, *a*, *um* ¶ **1** qui n'a pas été entendu, sans exemple, inouï : [C] Pros. ¶ **2** qui n'a pas été entendu [en parlant d'un accusé] : [+C] Pros. ¶ **3** sans ouïe, sourd : [+C] Pros.

2 **ĭnaudītus**, *a*, *um*, part. de *inaudio* : [C] Pros.

ĭnaugŭrātō, adv., après avoir pris les augures : [C] Pros.

ĭnaugŭrātus, *a*, *um*, part. de *inauguro*

ĭnaugŭrō, *ās*, *āre*, *āvī*, *ātum* ¶ **1** intr., prendre les augures : [C] Pros. ‖ [avec interrog. indir.] pour savoir si : [C] Pros. ¶ **2** tr., consacrer officiellement la nomination de qqn dans un collège sacerdotal : [C] Pros. ; ***inaugurari ab aliquo*** [C] Pros., être consacré par un confrère qui sert de parrain ‖ consacrer, inaugurer un emplacement : [C] Pros.

ĭnaurātus, *a*, *um*, part. de *inauro*

ĭnaures, *ĭum*, f. pl., ▶ *inauris*

ĭnaurĭō, *īs*, *īre*, -, -, tr., écouter, exaucer : [T] Pros.

ĭnaurĭŏr, *īrĭs*, *īrī*, -, -, dép., tr., écouter, exaucer : [T] Pros.

ĭnauris, *is*, f., , ordin[t] au pl., **ĭnaures**, *ĭum* ‖ boucles d'oreilles : [-C] Théât.

ĭnaurō, *ās*, *āre*, *āvī*, *ātum*, tr. ¶ **1** dorer : ***inaurata statua*** [C] Pros., statue dorée ¶ **2** combler de richesses : [C] Pros.

ĭnauspĭcātō, adv., sans prendre les auspices : [C] Pros.

ĭnauspĭcātus, *a*, *um*, fait sans prendre les auspices, malheureux, funeste : [C] Pros.

ĭnausus, *a*, *um*, non osé, non tenté : [C] Poés., [+C] Poés., Pros.

ĭnauxĭlĭātus, *a*, *um*, non secouru : [T] Pros.

ĭnāvertĭbĭlĭs, *e*, qu'on ne peut détourner : [T] Pros.

inb-, ▶ *imb-*

incaedŭus, *a*, *um*, non coupé : [C] Poés., [+C] Poés.

incaelestis, *e*, céleste : [T] Pros.

incălescō, *ĭs*, *ĕre*, *calŭī*, -, intr., s'échauffer : [C] Pros., [+C] Pros. ‖ [fig.] s'enflammer d'une passion : [C] Poés., [+C] Pros.

incalfăcĭō, *ĭs*, *ĕre*, -, -, tr., échauffer : [C] Poés.

incallĭdē, adv., sans adresse : [C] Pros., [+C] Pros.

incallĭdus, *a*, *um*, sans adresse, sans finesse : [C] Pros., [+C] Pros. ‖ qui ne sait pas, incompétent : [T] Pros.

incandescō, *ĭs*, *ĕre*, *dŭī*, -, intr., s'embraser [pr. et fig.] : [C] Poés.

incānescō, *ĭs*, *ĕre*, *canŭī*, -, intr., devenir blanc : [C] Poés. ‖ grisonner : [+C] Poés.

incantāmentum, *i*, n., enchantement, charme : [T] Pros.

incantātus, *a*, *um*, part. p. de *incanto*

incantō, *ās*, *āre*, *āvī*, *ātum* ¶ **1** intr., chanter dans [avec dat.] : [+C] Pros. ¶ **2** tr. ***a)*** consacrer par des charmes : [C] Poés. ***b)*** enchanter, ensorceler : [+C] Pros., [T] Pros.

incānŭī, parf. de *incanesco*

incānus, *a*, *um*, blanc, blanchi [cheveux] : [C] Poés., [+C] Pros. ‖ [fig.] ancien, antique : [C] Poés.

incăpābĭlĭs, *e*, insaisissable : [T] Pros.

incăpax, *ācis*, incapable de, qui ne peut recevoir [avec gén.] : [T] Pros. ‖ [avec inf.] : [T] Poés.

incăpistrō, *ās*, *āre*, -, -, tr., mettre un licou à ‖ [fig.] enlacer : [+C] Pros.

incăraxo, ▶ *incharaxo*

incāsĕātus, *a*, *um*, [litt[t]] abondant en fromages ; [fig.] gras, riche : [T] Pros.

incassum, adv., en vain, vainement : [C] Pros., [+C] Pros. ; ▶ *cassus*

incastīgātus, *a*, *um*, non réprimandé : [C] Pros.

incastrātūra, *ae*, f., emboîtement, encastrement : [T] Pros.

incāsūrus, ▶ *1 incido*

incautē, adv. ¶ **1** sans précaution, imprudemment : [C] Pros. ¶ **2** sans se surveiller, avec du laisser-aller : [+C] Pros.

incautus, *a*, *um* ¶ **1** qui n'est pas sur ses gardes, imprudent : [C] Pros. ; ***-tior*** [C] Pros. ; ***-issimus*** [T] Pros. ‖ ***ab aliqua re*** [C] Pros., qui ne se méfie pas de qqch. ; [avec gén.] [C] Poés. ¶ **2** dont on ne peut se garder, dangereux, imprévu : [C] Poés., Pros., [+C] Pros.

incăvillŏr, *ārĭs*, *ārī*, *ātus sum*, tr., tourner en ridicule : [+C] Pros.

incăvō, *ās*, *āre*, -, -, tr., creuser : [+C] Pros.

incēdō, *ĭs*, *ĕre*, *cessī*, *cessum*, intr. et tr.
I intr. ¶ **1** s'avancer, marcher : [C] Pros. ; ***incedunt magnifici*** [C] Pros., ils s'avancent la tête haute ; ***incedunt pueri*** [C] Poés., les enfants s'avancent [à cheval] ‖ marcher en surveillant sa démarche, marcher à pas comptés : [+C] Pros. ‖ [milit.] marcher en avant : [C] Pros. ; ***in hostes*** [C] Pros., marcher contre (sur) les

ennemis ; [+C] Pros. ¶2 [fig.] ‖ ***tenebrae incedebant*** [+C] Pros., les ténèbres s'avançaient ; [C] Pros.
II tr. ¶1 s'avancer dans, pénétrer dans : ***maestos locos*** [+C] Pros., s'avancer dans des lieux pleins de tristesse ¶2 [fig.] s'emparer de, gagner, saisir : [C] Pros.

incĕlĕbĕr ou **incĕlĕbris**, *is, e*, sans notoriété, ignoré : [+C] Poés., Pros., [T] Pros.

incĕlĕbrātus, *a, um*, non mentionné : [+C] Pros.

incēnātus, *a, um*, qui n'a pas dîné : [-C] Théât., Pros.

incendĭārĭus, *a, um*, d'incendie, incendiaire : [T] Pros. ‖ subst. m., un incendiaire : [+C] Pros.

incendĭum, *ĭi*, n. ¶1 incendie, feu, embrasement : ***facere, excitare*** [C] Pros., allumer un incendie ‖ [poét.] torche pour mettre le feu : [C] Poés. ¶2 [fig.] : ***cupiditatum incendia*** [C] Pros., le feu des passions ; ***animorum incendia*** [C] Pros., ardeur des sentiments ‖ ***incendium belli*** [C] Pros., les flammes de la guerre ; ***incendium populare*** [C] Pros., les feux de la passion populaire

incendo, *ĭs, ĕre, cendī, censum*, tr. ¶1 allumer, embraser, brûler : ***naves*** [C] Pros., incendier des vaisseaux ; ***odoribus incensis*** [C] Pros., en brûlant des parfums ‖ ***aras votis*** [C] Poés., allumer l'autel pour le sacrifice en exécution d'un voeu ¶2 faire briller : [C] Pros. ‖ allumer la fièvre : ***incensi aestus*** [C] Poés., les feux brûlants de la fièvre ¶3 [fig.] mettre en feu, enflammer : ***judicem*** [C] Pros., enflammer les juges, les passionner ; ***ab aliquo in aliquem incensus*** [C] Pros., enflammé, animé par qqn contre qqn ‖ allumer, exciter : ***cupiditatem*** [C] Pros., exciter le désir ; ***odia improborum in aliquem*** [C] Pros., allumer la haine des méchants contre qqn ‖ accroître : [C] Poés. ; ***luctus incendere*** [C] Poés., aviver la douleur ; ***annonam*** [C] Pros., faire enchérir les denrées ‖ ***caelum clamore*** [C] Poés., remplir le ciel de cris enflammés

incēnis, *e*, qui n'a pas dîné : [-C] Théât.

incēnō, *ās, āre, -, -*, intr., dîner dans : [+C] Pros.

incensĭo, *ōnis*, f., incendie, embrasement : [C] Pros.

incensō, *ās, āre, -, -*, tr., brûler (de l'encens) : [T] Pros.

incensŏr, *ōris*, m., celui qui met le feu : [+C] Pros. ‖ [fig.] instigateur : [T] Pros.

incensum, *i*, n., [chrét.] toute matière brûlée en sacrifice, encens : [T] Pros. ‖ [fig.] offrande spirituelle : [T] Pros.

1 **incensus**, *a, um*, part. de *incendo*

2 **incensus**, *a, um*, non recensé : [C] Pros.

3 **incensŭs**, *ūs*, m., encens : [T] Pros.

incentĭo, *ōnis*, f., action de jouer d'un instrument à vent : ***incentiones tibiarum*** [+C] Pros., des airs de flûte ‖ incantation : [T] Pros.

incentīvum, *i*, n., aiguillon, stimulant [avec gén. obj.] : [T] Poés., Pros.

incentīvus, *a, um* ¶1 qui donne le ton : ***tibia incentiva*** [C] Pros., flûte qui joue la partie haute [opp. *succentiva*] ‖ [fig.] qui a le pas sur : [C] Pros. ¶2 qui provoque, qui excite : [T] Poés.

incentŏr, *ōris*, m., [fig.] instigateur : [T] Pros.

incentrix, *īcis*, f., instigatrice : [T] Pros.

incēpī, parf. de *incipio*

inceptātĭo, *ōnis*, f., commencement : [+C] Pros.

inceptĭo, *ōnis*, f., action de commencer, entreprise : [-C] Théât., [C] Pros.

inceptō, *ās, āre, āvī, -* ¶1 tr., commencer, entreprendre : [-C] Théât. ‖ [avec inf.] [-C] Théât., [+C] Pros. ¶2 intr., ***cum aliquo*** [-C] Théât., se quereller avec quelqu'un

inceptŏr, *ōris*, m., celui qui commence : [-C] Théât., [T] Pros.

inceptum, *i*, n., commencement : [C] Poés. ‖ entreprise, projet : [C] Pros. ; [pl.] [C] Pros., Poés.

1 **inceptus**, *a, um*, part. de *incipio*

2 **inceptŭs**, *ūs*, m., commencement : [C] Pros., [+C] Pros.

incērātus, *a, um*, part. p. de *incero*

incernĭcŭlum, *i*, n., tamis, blutoir, crible : [-C] Pros.

incernō, *ĭs, ĕre, crēvī, crētum*, tr., tamiser, passer au crible : [-C] Pros., [+C] Pros.

incērō, *ās, āre, āvī, ātum*, tr., enduire de cire : [+C] Pros. ‖ [fig.] attacher des tablettes de cire aux genoux des dieux pour leur soumettre des voeux : [+C] Pros., Poés.

incertē, adv., d'une manière douteuse, incertaine : [-C] Théât.

1 **incertō**, ➡ *incerte* : [-C] Théât.

2 **incertō**, *ās, āre, -, -*, tr., mettre dans l'incertitude : [-C] Théât. : [-C] Théât. ‖ rendre indistinct : [+C] Pros.

incertum, *i*, n., ➡ *incertus*

incertus, *a, um* ¶1 qui n'est pas précis, pas fixé, pas déterminé, incertain : [C] Pros. ; ***spes incertissima*** [C] Pros., espoir très incertain ; ***incertis ordinibus*** [C] Pros., les rangs étant flottants, les soldats n'étant pas dans les rangs ‖ ***incerta securis*** [C] Poés., hache mal assurée (dont le coup a été mal assuré) ‖ ***incerti crines*** [C] Poés., cheveux en désordre ‖ ***incertus vultus*** [C] Pros., mine troublée, inquiète ; ***(umbra) incerta*** [-C] Théât., ombre confuse ; ***incertus (vultus)*** [-C] Théât., visage méconnaissable ‖ irrégulier [en parlant de maçonnerie ou de pierre] : [C] Pros. ¶2 sur quoi on n'est pas fixé, sur quoi on n'a pas de certitude : [C] Pros. ‖ n. ***incertum*** [employé en parenthèse] on ne sait : [C] Pros. ; [qqf. abl. abs. n.] ***incerto = cum incertum esse*** : [C] Pros. ‖ ***incertum an*** [C] Pros., peut-être mais [+C] Pros., on ne sait pas si ; ➡ *1 an* ¶3 n. pris subst[t], ***incertum***, l'incertitude, l'incertain : [C] Pros. ; ***ad incertum*** ou ***in incertum revocari*** [C] Pros., être mis dans l'incertitude, soumis aux contestations ; ***in incertum*** [C] Pros., en considération de l'incertitude ; ***in incerto est*** [C] Pros., ou ***in incerto habetur*** [C] Pros., on ne sait pas ; ***incertum habeo*** [C] Pros., je ne sais pas ‖ ***incerta belli*** [C] Pros., les hasards de la guerre ; ***incerta fortunae*** [+C] Pros., les vicissitudes de la fortune ¶4 qui ne sait pas d'une façon certaine, incertain : [-C] Théât., [C] Pros. ‖ [avec gén.] incertain de : [-C], [C] Pros.

incessābĭlĭtĕr et **incessantĕr**, sans cesse : [T] Pros.

incessī, parf. de *incendo* et *incesso*

incessō, *ĭs, ĕre, cessīvi* ou *cessi, -*, tr. ¶1 fondre sur, attaquer, assaillir : ***aliquem*** [C] Pros., assaillir qqn ¶2 attaquer, invectiver : [C] Poés., [+C] Pros. ‖ accuser, inculper : [+C] Pros. ¶3 s'emparer de, envahir, saisir

incessŭs, *ūs*, m. ¶1 action de s'avancer, marche : [C] Pros. ‖ démarche, allure : [C] Pros., Poés. ¶2 invasion, attaque : [+C] Pros. ‖ pl., les accès, les passes : [+C] Pros.

incestē, adv., de manière impure, sans observer la pureté : [C] Pros. ‖ de manière impudique : [C] Pros. ‖ de manière criminelle : [C] Poés. ‖ ***incestius*** [T] Pros.

incestĭfĭcus, *a, um*, incestueux : [+C] Théât.

incestō, *ās, āre, āvī, ātum*, tr. ¶1 souiller, rendre impur : [C] Poés., [+C] Poés. ¶2 déshonorer : [-C] Théât., [+C] Pros. ‖ souiller par un inceste : [C] Poés.

incestum, *i*, n., souillure, adultère, inceste : [C] Pros., [+C] Pros.

1 **incestus**, *a, um* ¶1 impur, souillé : [C] Pros., Poés. ‖ subst. m., [C] Poés. ¶2 impudique, incestueux : [C] Pros., [+C] Pros.

2 **incestŭs**, *ūs*, m., inceste : [C] Pros.

inchăraxō (**incăraxō**), *ās, āre, -, -*, tr., percer, faire une incision à : [+C] Pros.

inchŏātĭo, *ōnis*, f., commencement : [T] Pros.

inchŏātŏr, *ōris*, m., celui qui commence : [T] Poés.

inchŏātus, *a, um*, part. de *inchoo*

inchŏō (**incohō**), *ās, āre, āvī, ātum*, tr. ¶1 commencer, se mettre à faire une chose, entreprendre [matériellement, intellectuellement] : [C] Pros. ‖ [avec inf.] [+C] Poés. ‖ part. *inchoatus*, = commencé, imparfait, inachevé, ébauché : [C] Pros. ¶2 [abs[t]] commencer à parler : [+C] Poés.

incĭcŭr, *ŏris*, qui n'est pas apprivoisé, intraitable : [-C] Théât.

1 **incĭdō**, *ĭs, ĕre, cĭdī, -*, intr. ¶1 tomber dans, sur ***a)*** ***in foveam incidere*** Cɪᴄ., tomber dans une fosse ; ***ad terram incidere*** Vɪʀɢ., tomber à terre ***b)*** [fig.] ***in insidias incidere*** Cɪᴄ., tomber dans une embuscade ; ***in aliquem incidere*** Cɪᴄ., tomber sur qqn, rencontrer qqn ; ***alicui incidere*** Cɪᴄ., même sens ; ***in manus alicujus incidere*** Cɪᴄ., tomber entre les mains de qqn = tomber au pouvoir de qqn ; ***in morbum***

incidere Cic., tomber malade ¶ 2 se précipiter sur, fondre sur, s'abattre sur : ***in uallum incidere*** Cic., se précipiter vers le retranchement ; ***in hostem incidere*** Cic., fondre sur l'ennemi ; ***ultimis incidere*** Cic., fondre sur les derniers ; ***pestilentia incidit in urbem*** Cic., une épidémie s'abattit sur la ville ¶ 3 arriver, se présenter ***a) incidunt saepe tempora, cum...*** Cic., il arrive souvent des circonstances où ... ; ***in sermonem hominum incidere*** Cic., se présenter dans la conversation des gens = faire l'objet des conversations ***b)*** [avec *in* ou *ad* et l'acc.] ***in mentem incidere*** Cic., venir à l'esprit ; ***in tempus alicujus (rei) incidere*** Cic., arriver au même moment que qqn (qqch.), être contemporain de qqn (qqch.) ; ***ad aliquid faciendum incidere*** Cic. *Fam.*, en venir à faire qqch. ***c)*** [impers.] ***incidit ut...*** Cic., il arrive que ... ; ***forte ita incidit ne...*** Cic., le hasard empêcha que ...

2 **incīdō**, *ĭs, ĕre, cīdī, cīsum*, tr. ¶ 1 entailler, inciser : ***pulmo incisus*** [C] Pros., un poumon entamé ‖ tailler : ***pinnas*** [C] Pros., rogner les ailes ; ***vites falce*** [C] Poés., émonder la vigne ¶ 2 graver, buriner : ***in aes aliquid*** [C] Pros., graver qqch. sur l'airain ; ***aliquem litteris*** [+C] Pros., graver dans une lettre le nom, l'image de qqn ; [C] Pros. ; ***arboribus*** [C] Poés., graver sur les arbres ¶ 3 faire en entaillant, en coupant : ***ferro dentes*** [C] Poés., tailler des dents dans le fer ; ***faces*** [C] Poés., couper des torches ¶ 4 couper, trancher : ***linum*** [C] Pros., trancher le fil [qui ferme une lettre cachetée] ; ***funem*** [C] Poés., couper le câble ¶ 5 [fig.] couper, interrompre : [C] Pros. ‖ trancher, couper court à : ***media*** [C] Pros., couper court aux détails intermédiaires

incĭens, *tis*, pleine [en parl. d'une femelle] : [C] Pros., [+C] Pros.

incīle, *is*, n., saignée, rigole : [-C] Pros.

incīlis fossa, f., ▶ *incile* : [-C] Pros.

incīlō, *ās, āre, -, -*, tr., injurier, insulter : [-C] Théât., Poés., [C] Poés.

incinctus, *a, um*, part. p. de *incingo*

incingō, *ĭs, ĕre, cinxī, cinctum*, tr., enceindre, entourer, ceindre : [C] Poés. ‖ pass. réfl., se ceindre, s'entourer ; ***aliqua re***, de qqch. : [C] Poés., Pros.

incĭnō, *ĭs, ĕre, ŭī, centum* ¶ 1 intr. ***a)*** faire entendre un chant [avec la flûte] : [+C] Pros. ***b)*** retentir : [C] Pros. ¶ 2 tr., faire entendre ***a)*** chanter : [C] Poés. ***b)*** jouer sur un instrument : [+C] Pros.

incĭpesso (incĭpissō), *ĭs, ĕre, -, -*, commencer : [-C] Théât. ‖ [avec inf.] [-C] Théât.

incĭpĭō, *ĭs, ĕre, cēpī, ceptum*

I tr., prendre en main, se mettre à entreprendre, commencer ¶ 1 [avec inf.] [C] Pros. ‖ devoir, être sur le point de, aller [futur périphrast.] : [T] Pros. ¶ 2 [abs^t] : ***incipiendi ratio*** [C] Pros., une manière de commencer, un commencement ; ***ab aliqua re*** [C] Pros., commencer à, par qqch. ¶ 3 [avec acc.] ***facinus*** [-C] Théât. ; ***iter*** [-C] Théât., entreprendre une action, un voyage ; [C] Pros. ‖ pass. ; [seul^t au part. d. Cicéron et César et très rar^t] : [C] Pros. ; ***incepta oppugnatio*** [C] Pros., siège commencé

II intr., être à son commencement, à son début, commencer : [C] Pros. ; ***incipiente febricula*** [C] Pros., au début de la fièvre ‖ ***aliqua re***, commencer à, par qqch., partir de qqch. : [+C] Pros.

incĭpisso, ▶ *incĭpesso*

incircum, prép. avec acc., autour de : [C] Pros.

incircumcīsus, *a, um*, incirconcis : [T] Poés.

incircumscriptus, *a, um*, sans bornes : [T] Poés.

incīsē, incīsim, par incises : [C] Pros.

incīsĭo, *ōnis*, f., [fig.] ‖ petit membre de phrase, incise : [C] Pros.

incīsum, *i*, n., petit membre de phrase, incise : [C] Pros., [+C] Pros.

incīsūra, *ae*, f. ¶ 1 incision, fente : [+C] Pros. ¶ 2 [fig.]

incīsus, *a, um*, part. de *2 incido*

incĭta, *ōrum*, n. pl., **incĭtae**, *ārum* [s.-ent. *calces*] f. pl., pièce qu'on ne peut bouger sur l'échiquier, échec et mat ; [d'où au fig.] : [-C] Poés. ; ou ***ad incitas redigere*** [-C] Théât. ; ou

incĭtābŭlum, *i*, n., stimulant : [+C] Pros.

incitae, f., ▶ *incita*

incĭtāmentum, *i*, n., aiguillon, stimulant : ***laborum*** [C] Pros., encouragement aux fatigues ; [avec *ad*] [+C] Pros. ‖ [en parl. de pers.] [+C] Pros. ; [pl.] [+C] Pros.

incitātē [inus.] ***incitatius*** [C] Pros., avec un mouvement plus rapide

incĭtātio, *ōnis*, f. ¶ 1 mouvement rapide, rapidité : [C] Pros. ‖ [fig.] élan : [C] Pros. ¶ 2 action de mettre en mouvement, excitation, impulsion, instigation : [C] Pros.

incĭtātŏr, *ōris*, m., celui qui excite, instigateur : [T] Poés., Pros.

incĭtātrix, *īcis*, f., celle qui excite : [T] Pros.

incĭtātus, *a, um* ¶ 1 part. de *incito* ¶ 2 adj^t ***a)*** lancé d'un mouvement rapide : ***incitatissima conversio*** [C] Pros., la révolution si rapide [des sphères, des astres] ***b)*** [fig.] qui a un vif élan, impétueux [en parl. d'un écrivain ou du style] : [C] Pros. ; ***oratio incitata*** [C] Pros., éloquence impétueuse

incĭtō, *ās, āre, āvī, ātum*, tr. ¶ 1 pousser vivement : ***equi incitati*** [C] Pros., chevaux lancés au galop ; ***naves incitatae*** [C] Pros., navires lancés à toute vitesse ‖ ***currentem incitare*** [C] Pros., pousser qqn qui court [besogne inutile] ‖ [fig.] ***eloquendi celeritatem*** [C] Pros., accélérer (développer) l'agilité de la parole ¶ 2 exciter, animer, stimuler : ***aliquem, animos, studium*** [C] Pros., exciter qqn, les esprits, le zèle ; ***ad aliquid*** [C] Pros., exciter à qqch. ; ***in, contra aliquem*** [C] Pros., exciter contre qqn ‖ mettre dans un état de transes prophétiques, inspirer : [C] Pros. ¶ 3 pousser de l'avant, lancer, faire croître : ***vitem*** [+C] Pros., lancer la vigne ‖ [fig.] ***poenas*** [+C] Pros., aggraver des peines

incĭtus, *a, um*, qui a un mouvement rapide : [C] Poés. ; ***incita hasta*** [C] Poés., la flèche au vol rapide ; [-C] d. [C] Pros.

incīvīlis, *e*, violent, brutal : [+C] Pros., [T] Pros.

incīvīlĭtās, *ātis*, f., violence, brutalité : [T] Pros.

incīvīlĭter, adv., avec violence, brutalement : ***incivilius*** [+C] Pros.

inclāmātus, *a, um*, part. de *inclamo*

inclāmĭtō, *ās, āre, -, -*, fréq. de *inclamo* : [-C] Théât.

inclāmō, *ās, āre, āvī, ātum* ¶ 1 tr. ***a)*** appeler (invoquer) qqn en criant, ***aliquem*** : [C] Pros. ‖ [abs^t] appeler à l'aide : [C] Pros. ; [invoquer l'assistance] [C] Pros. ***b)*** crier après qqn, interpeller, gourmander : [-C] Théât., [C] Pros. ¶ 2 intr. ***a)*** crier : ***alicui ut*** [C] Pros., crier à qqn de, l'inviter par des cris à ***b) in aliquem*** [+C] Pros., crier contre qqn

inclārescō, *ĭs, ĕre, clarŭī, -*, intr. ¶ 1 devenir clair, brillant : [T] Pros. ¶ 2 devenir illustre, se distinguer : [+C] Pros.

inclārus, *a, um*, sans éclat, obscur : [T] Pros.

inclēmens, *tis*, dur, impitoyable, cruel : [C] Pros., [+C] Poés. ‖ ***-tior*** [C] Pros. ; ***-issimus*** [T] Pros.

inclēmentĕr, adv., durement, avec rigueur : [C] Pros. ‖ ***-tius*** [-C] Théât., [C] Pros.

inclēmentĭa, *ae*, f., dureté, rigueur : [C] Poés., [+C] Poés.

inclīnābĭlis, *e*, qu'on peut faire pencher : [+C] Pros.

inclīnāmentum, *i*, n., dérivation, désinence : [+C] Pros.

inclīnans, ▶ *inclino*

inclīnātĭo, *ōnis*, f. ¶ 1 action de pencher, inclinaison ; [les mouvements du corps pour se baisser] : [C] Pros., [+C] Pros. ‖ ***atomorum*** [C] Pros., la déviation des atomes ; ▶ *clinamen* ‖ inclinaison de la terre de l'équateur vers le pôle, hauteur polaire, zone géographique : [C] Pros., [+C] Pros. ¶ 2 [fig.] ***a)*** inclination, tendance, ***ad rem***, vers qqch. : [C] Pros., [+C] Pros. ***b)*** penchant pour, propension favorable : ***voluntatis*** [C] Pros. ; ***voluntatum*** [C] Pros., un penchant favorable de la volonté, des volontés ; [+C] Pros. ***c)*** déviation, changement des événements, des circonstances : [C] Pros.

1 **inclīnātus**, *a, um* ¶ 1 part. de *inclino* ¶ 2 pris adj^t ***a)*** infléchi : ***inclinata voce*** [C] Pros., avec des inflexions de voix ***b)*** qui décline : [C] Pros. ***c)*** incliné à, porté vers : [C] Pros.

2 **inclīnātŭs**, abl. *ū*, m., inflexion [gram.] : [+C] Pros.

1 **inclīnis**, *e*, penché, incliné : [+C] Poés.

2 **inclīnis**, *e*, qui ne penche pas : [C] Poés.

inclīnō, *ās, āre, āvī, ātum*

I tr. ¶ 1 faire pencher, incliner, baisser : ***malos*** [C] Pros., baisser les mâts ; ***genua*** [C] Poés., fléchir les genoux ¶ 2 [fig.] faire changer de direction, tourner : ***se ad Stoicos*** [C] Pros., se tourner vers les Stoïciens ; ***aliquid ad commodum causae*** [C] Pros., tourner qqch. à l'avantage de la cause qu'on défend ; ***culpam in aliquem*** [C] Pros., faire retomber une faute sur qqn ; ***onera in aliquem*** [C] Pros., faire porter les charges à qqn ‖ ***fortuna se inclinaverat*** [C] Pros., la fortune avait tourné ¶ **3** [gram.] ***a)*** former par flexion : [+C] Pros. ***b) in casus inclinari*** [+C] Pros., se décliner ¶ **4** faire pencher d'un côté ou d'un autre, amener un dénouement : [C] Pros. ‖ [en part.] faire pencher du mauvais côté : [C] Pros. ¶ **5** ***se inclinare*** et surtout ***inclinari a)*** baisser, décliner : [soleil, jour] [C] Pros. ; [d'une maladie] [+C] Pros. ***b)*** fléchir, lâcher pied : ***inclinatur acies*** [C] Pros., l'armée fléchit **II** intr. ¶ **1** dévier de la verticale : [C] Poés. ¶ **2** baisser [soleil] : [C] Poés. ‖ incliner : [+C] Pros. ¶ **3** [fig.] incliner, pencher : [C] Pros. ; [avec *in* acc] [+C] Pros. ‖ [avec prop. inf.] [C] Pros. ‖ [avec *ut* subj.] : [C] Pros. ; ***inclinavit sententia ut*** [C] Pros., il se décida à ... ‖ dévier : [C] Pros., [+C] Pros.

inclĭtus, ➡ *inclutus*

inclūdō, *ĭs*, *ĕre*, *clūsī*, *clūsum* ¶ **1** enfermer, renfermer qqn, qqch. dans qqch. ***a) aliquem, aliquid in aliquam rem.*** [C] Pros. ***b) in aliqua re*** : [C] Pros. ; ***includit se domi*** [C] Pros., il se renferme chez lui ; [constr. fréq. avec *inclusus*] ***c) aliqua re*** : [C] Pros. ***d) alicui rei*** : [C] Pros., [+C] Pros. ¶ **2** enchâsser, incruster : [C] Pros., Poés. ; [fig.] ***orationem in epistulam*** [C] Pros., insérer un discours dans une lettre ¶ **3** fermer, boucher : ***vocem*** [C] Pros., étouffer la voix, empêcher de parler ; ***spiritum*** [C] Pros., couper la respiration ‖ clore, terminer : [C] Poés., [+C] Pros.

inclūsio, *ōnis*, f., emprisonnement : [C] Pros.

inclūsus, *a*, *um*, part. de *includo*

inclŭtus (**inclyt-**, **inclĭt-**), *a*, *um*, célèbre, illustre : [-C] Théât., [C] Poés., Pros. ; ***-tissimus*** [-C], [+C] Pros.

1 **incŏactus**, *a*, *um*, non forcé : [+C] Pros.

2 **incŏactus**, *a*, *um*, coagulé : [+C] Pros.

1 **incoctus**, *a*, *um*, part. de *incoquo*

2 **incoctus**, *a*, *um*, non cuit, cru : [-C] Théât.

incoen-, **incoep-**, ➡ *ince-*

incōgĭtābĭlĭs, *e* ¶ **1** inimaginable, incroyable : [T] Pros. ¶ **2** irréfléchi ; [-C] Théât., [T] Pros.

incōgĭtans, *tis*, irréfléchi, inconsidéré : [-C] Théât.

incōgĭtantĭa, *ae*, f., irréflexion, étourderie : [-C] Théât.

incōgĭtātus, *a*, *um* ¶ **1** non médité, irréfléchi : [+C] Pros. ¶ **2** inconsidéré : [-C] Théât.

incōgĭtō, *ās*, *āre*, -, -, tr., méditer qqch., ***alicui***, contre qqn : [C] Pros.

incognĭtus, *a*, *um* ¶ **1** non examiné : ***incognita causa*** [C] Pros., sans que l'affaire ait été instruite ¶ **2** inconnu : [C] Pros. ; ***alicui*** [C] Pros., inconnu de qqn ‖ non reconnu, non identifié : [C] Pros.

incognoscō, *ĭs*, *ĕre*, -, -, tr., reconnaître : [+C] Pros.

incŏhĭbescō, *ĭs*, *ĕre*, -, -, tr., contenir : [C] Poés.

incŏhĭbĭlĭs, *e*, difficile à mettre au pas : [+C] Pros. ‖ qu'on ne peut arrêter : [T] Pros.

incŏhō, ➡ *inchoo*

incŏinquĭnātus, *a*, *um*, qui n'est point souillé : [T] Pros.

incŏla, *ae*, m. ¶ **1** celui qui demeure dans un lieu, habitant : [C] Pros. ; ***incolae nostri*** [C] Pros., nos compatriotes, habitants de notre pays ‖ [en parl. des plantes, des animaux] : [C] Pros. ‖ [en parl. des choses] indigènes : [C] Poés. ¶ **2** opp. à *civis* [= μέτοικος], domicilié : [C] Pros.

incŏlō, *ĭs*, *ĕre*, *ŭī*, - ¶ **1** tr., habiter, ***locum***, un lieu : [C] Pros. ‖ pass., [C] Pros. ¶ **2** intr., [-C] Théât. ; ***trans Rhenum*** [C] Pros., habiter au-delà du Rhin

incolŏm-, ➡ *incolum-*

incŏlŭmis, *e*, intact, entier, en bon état, sans dommage, sain et sauf : [en parl. de pers.] [C] Pros. ; [de la pers. civile, = qui jouit de tous ses droits de citoyen] [C] Pros. ; [de navires] [C] Pros. ; [de cités] [C] Pros. ; [d'une citadelle] [C] Pros. ; [d'une somme d'argent] [-C] Théât. ‖ [avec *ab*, du côté de, au regard de] [C] Pros. ‖ ***incolumior*** [+C] Pros.

incŏlŭmĭtas, *ātis*, f., maintien en bon état, conservation, salut : [C] Pros. ; [pers. civile] [C] Pros. ‖ pl., [C] Pros., [T] Pros.

incōmis, *e*, grossier, sans affabilité : [T] Pros.

incŏmĭtātus, *a*, *um*, non accompagné, sans suite : [C] Pros., Poés. ‖ ***aliqua re*** [C] Poés., non accompagné de quelque chose

incōmĭtĕr, adv., sans affabilité : [+C] Pros.

incŏmĭtĭō, *ās*, *āre*, -, -, tr., injurier en public : [-C] Théât.

incommendātus, *a*, *um*, non recommandé à, exposé à la merci de [dat.] : [C] Poés.

incommensūrābĭlĭs, *e*, incommensurable : [T] Pros.

incommōbĭlĭtās, *ātis*, f., impassibilité : [+C] Pros.

incommŏdē, adv., d'une manière qui ne convient pas, mal à propos, fâcheusement : [C] Pros. ‖ ***-dius*** [C] Pros. ; ***-issime*** [C] Pros.

incommŏdestĭcus, *a*, *um*, désagréable [mot forgé] : [-C] Théât.

incommŏdĭtās, *ātis*, f., désavantage, inconvénient, dommage, perte, injustice : [-C] Théât., [C] Pros. ‖ ***incommoditate abstinere*** [-C] Théât., éviter d'ennuyer, d'être importun ‖ pl., [-C] Théât.

incommŏdō, *ās*, *āre*, -, -, intr., être à charge : [-C] Théât., [C] Pros. ‖ ***alicui*** [C] Pros., à qqn

incommŏdum, *i*, n., inconvénient, désavantage, préjudice, ennui : [C] Pros. ‖ dommage, désastre, malheur : [C] Pros.

incommŏdus, *a*, *um*, mal approprié, fâcheux, contraire, malheureux, défavorable : ***incommoda valetudo*** [C] Pros., fâcheux état de santé ‖ [en parl. de pers.] gênant, importun, désagréable, à charge : [-C] Théât., [C] Pros.

incommūnĭcābĭlĭs, *e*, incommunicable : [T] Pros.

incommūnis, *e*, équivoque : [+C] Pros.

incommūtābĭlĭs, *e*, immuable : [C] Pros.

incommūtābĭlĭtās, *ātis*, f., ➡ *immutabilitas* : [T] Pros.

incompărābĭlĭs, *e*, incomparable, sans égal : [+C] Pros.

incompărābĭlĭtĕr, adv., incomparablement : [T] Pros.

incompertus, *a*, *um*, non découvert, non éclairci, obscur, inconnu : [C] Pros.

incompŏsĭtē, adv., sans ordre, en désordre : [C] Pros. ‖ sans art, gauchement : [+C] Pros.

incompŏsĭtus, *a*, *um*, qui est sans ordre, en désordre : [C] Pros. ‖ mal agencé, sans harmonie, sans cadence : [C] Poés., [+C] Pros.

incomprĕhensĭbĭlĭs, *e* ¶ **1** qu'on ne peut saisir : [+C] Pros., [T] Pros. ; [métaph.] [+C] Pros. ¶ **2** [fig.] qu'on ne peut embrasser, illimité : [+C] Pros.

incomprĕhensus (**-prensus**), *a*, *um*, non saisi, insaisissable : [T] Poés., Pros.

incomptē, adv., grossièrement, sans art : [+C] Poés., [T] Pros.

incomptus (**incomtus**), *a*, *um* ¶ **1** non peigné : [C] Poés. ; ***incomptior capillus*** [+C] Pros., chevelure en désordre ¶ **2** sans art, sans apprêt, sans ornement, négligé [en parl. du style] : [C] Pros., [+C] Pros., Poés.

inconcessus, *a*, *um*, non permis, défendu : [C] Poés.

inconcĭlĭō, *ās*, *āre*, *āvī*, *ātum*, tr. ¶ **1** se ménager, attirer à soi, accaparer [par ruse, en dupant] qqn, qqch. : [-C] Théât. ¶ **2** mener dans un sens fâcheux, mettre dans l'embarras : [-C] Théât. ‖ [abs[t]] créer de l'embarras : [-C] Théât.

inconcinnē, adv., maladroitement : [+C] Pros.

inconcinnĭtās, *ātis*, f., défaut de symétrie : [+C] Pros.

inconcinnĭtĕr, adv., maladroitement, sans art : [+C] Pros.

inconcinnus, *a*, *um*, qui n'est pas en harmonie, maladroit : [C] Pros.

inconcussĭbĭlis, *e*, inébranlable : [T] Pros.

inconcussus, *a*, *um*, ferme, inébranlable : [+C] Poés., Pros.

incondemnātus, *a*, *um*, ➡ *indemnatus* : [-C] d. [+C] Pros.

incondĭtē, adv., sans ordre, confusément, grossièrement : [C] Pros. ‖ [rhét.] sans art : [C] Pros.

incondĭtus, *a*, *um* ¶ **1** non mis en réserve : [+C] Pros. ¶ **2** non enseveli : [C] Pros., [+C] Poés. ¶ **3** qui n'est pas rangé (réglé), confus, en désordre : [C] Pros. ‖ style où les mots sont mal ordonnés, disposés sans art : [C] Pros. ‖ grossier, informe : ***carmina incondita*** [C] Pros., vers informes [saturniens, refrains chantés par les soldats au triomphe de leur général]

inconfectus, *a, um*, inachevé : [T] Pros.

inconfūsĭbĭlĭs, *e*, qui ne peut être confondu, irréprochable : [T] Pros.

inconfūsus, *a, um*, non confondu, sans confusion : [+C] Pros. ‖ [fig.] non troublé : [+C] Pros.

incongĕlābĭlĭs, *e*, réfractaire au gel : [+C] Pros.

incongrŭē, adv., d'une manière qui ne convient pas : [T] Pros.

incongrŭens, *tis*, qui ne convient pas : [+C] Pros.

incongrŭentĭa, *ae*, f., inconvenance : [T] Pros.

incōnīv-, ▶ *inconniv-*

inconjunctus, *a, um*, non joint, non lié : [T] Pros.

inconnīvens, *tis*, qui ne ferme pas les yeux, ayant les yeux ouverts : [+C] Pros.

inconnīvus, ▶ *inconnivens* : [+C] Pros. ‖ qui ne se ferment pas [en parlant des yeux] : [+C] Pros.

inconsĕquentĭa, *ae*, f., défaut de suite, de liaison : [+C] Pros.

inconsīdĕrantia, *ae*, f., défaut de réflexion, inattention, inadvertance : [C] Pros., [+C] Pros.

inconsīdĕrātē, adv., inconsidérément, sans réflexion : [C] Pros. ‖ ***-tius*** [+C] Pros.

inconsīdĕrātus, *a, um* ¶ **1** qui ne réfléchit pas, inconsidéré : [C] Pros. ; ***-tior*** [C] Pros., [+C] Pros. ¶ **2** [en parl. de choses] irréfléchi : [C] Pros. ; ***-issimus*** [C] Pros.

inconsĭtus, *a, um*, inculte : [C] Pros.

inconsōlābĭlĭs, *e*, qu'on ne peut réconforter (guérir), irréparable : [C] Poés., [T] Pros.

inconspectus, *a, um*, inconsidéré [en parl. de choses] : [+C] Pros.

inconspĭcŭus, *a, um*, sans gloire : [+C] Pros.

inconstăbĭlĭtĭo, *ōnis*, f., manque de solidité : [T] Pros.

inconstans, *tis*, inconstant, inconséquent, changeant : [C] Pros. ‖ [en parl. de choses] : [C] Pros. ‖ ***-tior*** [C] Pros. ; ***-tissimus*** [+C] Pros.

inconstantĕr, adv., d'une façon changeante, inconséquente : [C] Pros. ‖ ***-tissime*** [C] Pros. ; ***-tius*** [+C] Pros.

inconstantĭa, *ae*, f., inconstance, humeur changeante : [C] Pros. ‖ inconséquence : [C] Pros.

inconsuētus, *a, um* ¶ **1** inaccoutumé : [C] Pros. ¶ **2** qui n'a pas l'habitude : ***alicui rei*** [+C] Poés., d'une chose

inconsultē, adv., inconsidérément, imprudemment, à la légère : [C] Pros. ‖ ***-tius*** [C] Pros.

inconsultō, ▶ *inconsulte* : [C] Pros.

inconsultum, *i*, n., ▶ *2 inconsultus* : [+C] Poés.

1 **inconsultus**, *a, um* ¶ **1** inconsidéré, irréfléchi, imprudent : [C] Pros., [+C] Pros. ¶ **2** non consulté : [C] Pros., [+C] Pros. ‖ sans avoir reçu de réponse [de l'oracle] : [C] Poés. ¶ **3** non considéré, non respecté : [T] Pros.

2 **inconsultŭs**, abl. *ū*, m., non-consultation : ***inconsultu meo*** [-C] Théât., sans me consulter

inconsummātus, *a, um*, [fig.] grossier [pers.] : [T] Pros.

inconsumptus, *a, um*, non consumé : [C] Poés. ‖ [fig.] éternel : [C] Poés.

inconsūtĭlis, *e*, qui est sans couture : [T] Pros.

inconsūtus, *a, um*, non cousu : [T] Pros.

incontāmĭnābĭlĭs, *e*, qui ne peut être souillé : [T] Pros.

incontāmĭnātus, *a, um*, qui n'est pas souillé : [C] Pros. ‖ ***-issimus*** [T] Pros.

incontanter, **incontātus**, ▶ *incunct*

incontemptĭbĭlĭs, *e*, qui n'est pas méprisable : [+C] Pros.

incontentĭbilis, *e*, qu'on ne peut contenir : [T] Pros.

incontentus, *a, um*, qui n'est pas tendu, lâche : [C] Pros.

incontĭgŭus, *a, um*, qu'on ne peut toucher : [T] Pros.

incontĭnens, *tis*, incontinent, immodéré : [C] Poés. ‖ ***sui*** [+C] Pros., qui ne se maîtrise pas

incontĭnentĕr, adv., sans retenue, avec excès : [C] Pros., [+C] Pros.

incontĭnentĭa, *ae*, f., incapacité de restreindre ses désirs : [C] Pros.

incontrā, adv., en face : [+T] Pros.

inconvĕnĭens, *tis* ¶ **1** qui ne s'accorde pas, discordant : [+C] Pros. ¶ **2** qui ne convient pas, qui ne sied pas : [+C] Pros.

inconvĕnĭentĕr, adv., sans convenance : [T] Pros.

inconvŏlūtus, *a, um*, ▶ *involutus* : [T] Pros.

incŏquō, *ĭs, ĕre, coxī, coctum*, tr. ¶ **1** faire cuire dans (***alicui rei*** ou ***aliqua re***) : [C] Poés. ¶ **2** plonger dans, teindre : [C] Poés., [+C] Poés. ¶ **3** [fig.] ***incoctus*** [+C] Poés., imprégné de, imbu de

incōram, en face : [+C] Pros. ‖ [avec gén.] [+C] Pros.

incŏrōnātus, *a, um*, qui est sans couronne : [+C] Pros.

incorpŏrālĭs, *e*, incorporel, immatériel : [+C] Pros.

incorpŏrālĭtās, *ātis*, f., immatérialité, incorporalité : [T] Pros.

incorpŏrātus, *a, um*, part. de *incorporo*

incorpŏrĕus, *a, um*, immatériel, incorporel : [+C] Pros., [T] Pros.

incorpŏrō, *ās, āre, āvī, ātum*, tr., [chrét.] ***incorporatus***, incarné : [T] Poés.

incorrectus, *a, um*, non corrigé : [C] Poés.

incorruptē, adv., avec intégrité, d'une manière que rien n'altère : [C] Pros. ‖ correctement : [+C] Pros. ‖ ***-tius*** [C] Pros.

incorruptĭbĭlis, *e*, incorruptible : [T] Pros.

incorruptĭbĭlĭtĕr, adv., d'une manière incorruptible : ***-bilius*** [T] Pros.

incorruptīvus, *a, um*, **incorruptōrius**, *a, um*, incorruptible : [T] Pros.

incorruptus, *a, um* ¶ **1** non corrompu, non altéré, non gâté [pr. et fig.], pur, sain, intact, dans son intégrité naturelle : [C] Pros. ‖ [C] Pros. ; ***custos incorruptissimus*** [C] Poés., le gardien le plus incorruptible ¶ **2** qui ne se gâte pas, incorruptible, = impérissable : [C] Pros.

incoxī, parf. de *incoquo*

incrassō, *ās, āre, -, -*, tr., rendre épais, lourd : [T] Pros.

incrēbescō, **incrēbrescō**, *ĭs, ĕre, creb(r)ŭī, -*, intr., s'accroître, croître : [-C] Théât., [C] Pros. ‖ se développer, se répandre [bruit, nouvelle] : ***hoc increbruit*** [avec prop. inf.] [C] Pros., ce bruit s'est répandu que ; [C] Pros.

incrēdendus, *a, um*, incroyable : [+C] Pros.

incrēdĭbĭlis, *e* ¶ **1** incroyable, inouï, inimaginable, fantastique : [C] Pros. ‖ ***incredibile est*** [avec interrog. indir.] : [C] Pros., [+C] Pros. ; [avec prop. inf.] [+C] Pros. ; [avec sup. en *u*] [C] Pros. ‖ indigne d'être cru : [-C] Théât. ¶ **2** incroyant, incrédule : [T] Pros.

incrēdĭbĭlĭtĕr, adv., d'une manière incroyable, étonnamment : [C] Pros.

incrēdĭtus, *a, um*, à quoi l'on n'ajoute pas foi : [+C] Pros.

incrēdŭlē, adv., avec incrédulité : [T] Pros.

incrēdŭlĭtās, *ātis*, f., incrédulité : [+C] Pros. ‖ [chrét.] incrédulité religieuse : [+C] Pros.

incrēdŭlus, *a, um* ¶ **1** incrédule : [C] Poés., [+C] Pros. ¶ **2** incroyable : [+C] Pros.

incrēmentŭlum, *i*, n., petit accroissement : [+C] Pros.

incrēmentum, *i*, n., accroissement, développement : [C] Pros., [+C] Pros. ‖ progéniture : [C] Poés., [+C] Pros. ‖ augmentation, addition : [C] Pros. ‖ gradation [rhét.] : [+C] Pros. ‖ ce qui développe : [C] Poés.

incrĕpātīvē, adv., avec réprimande : [T] Pros.

incrĕpātōrĭus, *a, um*, de reproche : [T] Pros.

incrĕpĭtō, *ās, āre, āvī, ātum* ¶ **1** intr., crier après qqn, ***alicui*** : [C] Poés. ‖ exhorter, encourager : [C] Poés. ¶ **2** tr., gronder, blâmer : [C] Pros. ‖ [avec gén.] à cause de : [+C] Poés. ‖

frapper : Poés. ‖ reprocher,*aliquid alicui*, qqch. à qqn : Pros.

incrĕpĭtus, part. de *increpo*

incrĕpō, *ās, āre, ŭī (āvī), ĭtum (ātum)*, intr. et tr.
I intr. ¶**1** faire du bruit, faire un cliquetis, claquer, craquer : ***discus increpuit*** Pros., le disque a résonné ‖ [acc. objet intér.] ***increpui hibernum*** Théât., j'ai fait entendre les grondements de la tempête ; Poés. ¶**2** se faire entendre, éclater, se répandre : Pros.
II tr. ¶**1** ***a)*** faire rendre un son en heurtant : ***lyram*** Poés., faire résonner la lyre ***b)*** faire retentir : Poés. ***c)*** heurter, frapper d'un bruit : Théât. ¶**2** [fig.] ***a)*** apostropher,***aliquem*** ; qqn : Poés., Pros. ; ***aliquem maledictis*** Pros., se répandre en invectives contre qqn ***b)*** réprimander, faire des reproches à, blâmer : ***aliquem*** Pros. ; ***perfidiam alicujus*** Pros., blâmer qqn, la perfidie de qqn : ***aliquem avaritiae*** Pros., reprocher à qqn son avarice ; [poét.] Poés. ***c)*** dire qqch. en invectivant : Pros. ‖ ***increpare quod*** Pros., blâmer de ce que ; [avec prop. inf.] invectiver, faire des reproches en disant que : Pros. ; [avec interrog. indir.] demander sur un ton de reproche : Pros. ; [avec *ne*] donner l'avertissement de ne pas : Poés.

increscō, *ĭs, ĕre, ēvī, -*, intr., pousser, croître : Poés., Pros. ‖ s'accroître : Poés., Pros. ‖ [rhét.] aller en gradation : Pros.

incrētō, *ās, āre, -, -*, tr., blanchir avec de la craie : Pros.

1 **incrētus**, *a, um*, non tamisé : Pros.

2 **incrētus**, *a, um*, part. de *incerno*

incrīmĭnātĭo, *ōnis*, f., impossibilité d'être accusé, innocence : Pros.

incrŭentātus, *a, um*, non ensanglanté : Poés.

incruentē, adv., sans répandre de sang : Poés.

incrŭentus, *a, um*, non ensanglanté : Pros. ‖ qui n'a pas versé son sang, non blessé : Pros. ; ***incruento exercitu*** Pros., sans que l'armée ait perdu de son sang

incrustō, *ās, āre, āvī, ātum*, tr., couvrir d'une croûte, d'une couche, d'un enduit : Pros. ‖ salir : Poés.

incŭbātŏr, *ōris*, m., possesseur illégitime, usurpateur : Pros.

incŭbātrix, *īcis*, f., celle qui se couche dessus, qui s'étend au-dessus : Pros.

incŭbĭtō, *ās, āre, āvī, ātum* ¶**1** intr., couver dans : Pros. ¶**2** tr. [au pass.]], être couvé : Théât.

incŭbĭtus, *a, um*, part. de *1 incubo*

1 **incŭbō**, *ās, āre, ŭi (āvi), ĭtum (ātum)*, intr. qqf. tr. ¶**1** être couché (étendu) dans, sur : [avec dat.] Pros., Pros. ¶**2** [en part.] être couché dans un temple sur la peau des victimes pour attendre les songes de la divinité et en tirer une interprétation : Poés. ; [et aussi pour obtenir la guérison d'une maladie] Théât. ¶**3** couver ‖ intr., Pros. ¶**4** [fig.] couver une chose, veiller sur elle jalousement : ***pecuniae*** Pros., couver son argent ; Poés., Pros. ; ***dolori*** Pros., couver (entretenir) sa douleur ¶**5** être couché sur = ne pas lâcher prise : ***Italiae*** Pros., être rivé à l'Italie ‖ séjourner : ***Erymantho*** Poés., séjourner sur l'Érymanthe [Arcadie] ‖ tr., habiter un lieu : Pros.

2 **incŭbo**, *ōnis*, m., gardien d'un trésor : Pros.

incŭbŭī, parf. de *1 incubo* et *incumbo*

incŭbus, *i*, m., incube [démon nocturne] : Pros.

incūdis, ➡ *incus*

inculcātē, adv., inus ; ***inculcatius*** Pros., d'une façon plus pénétrante

inculcātĭo, *ōnis*, f., action d'inculquer : Pros.

inculcātus, *a, um*, rempli, bourré : Pros.

inculcō, *ās, āre, āvī, ātum*, tr. ¶**1** fouler : Pros. ¶**2** fourrer, intercaler : Pros. ; ***opus inculcatum*** Pros., oeuvre avec des additions ¶**3** faire pénétrer dans [avec dat.] : ***aliquid oculis, animis*** Pros., faire entrer dans les yeux, dans les esprits ‖ inculquer : Pros. ‖ Pros. ; [avec *ut*] suggérer de : Pros.

inculpābĭlis, *e*, irréprochable : Poés.

inculpābĭlĭtĕr, adv., irréprochablement : Pros.

inculpātus, *a, um*, irréprochable : Poés. ‖ ***-issimus*** Pros.

incultē, adv., d'une manière négligée : Pros. ‖ sans soin, sans apprêt : Pros.

1 **incultus**, *a, um* ¶**1** inculte, en friche : Pros. ¶**2** non cultivé, non soigné, non paré, rude, négligé : Pros. ‖ sans éducation : Pros. ‖ sans culture : Pros. ‖ sauvage : Poés.

2 **incultŭs**, *ūs*, m., défaut de culture, de soin, abandon, négligence [fig.] : Pros.

incumba, *ae*, f., imposte [archit.] : Pros.

incumbō, *ĭs, ĕre, cŭbŭī, cŭbĭtum*, intr. ¶**1** s'étendre sur, s'appuyer sur : ***toro*** Poés., s'étendre sur un lit ; ***olivae*** Poés. ; ***in scuta*** Pros., s'appuyer sur un bâton d'olivier, sur des boucliers ; ***sarcinis*** Pros., s'étendre sur les bagages ; ***remis*** Poés., peser sur les rames ¶**2** se pencher : ***ad aliquem*** Poés. ; ***alicui*** Pros., se pencher vers qqn ; Poés. ‖ ***in gladium*** Pros. ; ***gladio*** Pros. ; ***gladium*** Théât., se jeter sur son épée ¶**3** peser sur, s'abattre sur : ***in hostem*** Pros., faire pression sur l'ennemi ; Poés. ¶**4** [fig.] ***a)*** s'appliquer à : Pros. ; ***alicui rei*** Pros. ***b)*** peser sur, faire pression sur (***alicui***, qqn) : Pros., Pros. ; ***alicui rei*** Pros. ***c)*** se pencher, se porter vers : Pros. ***d)*** [avec inf.] s'appliquer à faire qqch. : Poés., Pros. ; [avec *ut*] se donner à la tâche de : Pros. ; [abs[t]] se mettre au travail : Poés.

incūnābŭla, *ōrum*, n. pl., garnitures de berceau, langes, maillot des enfants : Théât. ‖ berceau : Poés. ‖ lieu de naissance : Pros., Poés. ‖ enfance : Pros., Pros. ‖ [fig.] origine, commencement : Pros.

incunctantĕr, adv., sans hésitation : Pros.

incunctātus, *a, um*, fait sans retard : Pros.

incŭpĭdus, *a, um*, qui désire vivement [avec gén.], ***incupidior*** Théât.

incūrātus, *a, um*, non soigné [plaie] : Pros.

incūrĭa, *ae*, f., défaut de soin, négligence, insouciance : Pros., Poés.

incūrĭōsē, adv., négligemment, sans soin : Pros., Pros. ; ***-ius*** Pros.

incūrĭōsus, *a, um* ¶**1** qui n'a pas de souci, indifférent, sans égards [avec gén.] : Pros. ‖ [avec dat.] Pros. ‖ [avec *in* abl.] Pros. ‖ ***pace incuriosus*** Pros., rendu négligent par la paix ¶**2** sans soin, négligé : Pros.

incurrō, *ĭs, ĕre, currī* et *cŭcurrī, cursum*, intr., qqf. tr.
¶**1** courir contre, se jeter sur ***a)*** ***in columnas*** Pros., donner de la tête en courant contre les colonnes ; ***levi armaturae*** Pros., venir donner (se heurter) contre les troupes légères ; ***armentis*** Poés., se jeter sur les troupeaux ; ***Mauris*** Pros. ; ***in Romanos*** Pros., fondre sur les Maures, sur les Romains ***b)*** tr., ***incurrere hostes*** Pros., Pros., fondre sur les ennemis ***c)*** ***in aliquem*** Pros., tomber sur qqn, le rencontrer par hasard ¶**2** courir dans, faire irruption dans : ***in agrum Gallorum*** Pros., envahir le territoire gaulois ; ***in quadrigarum curriculum*** Pros., se précipiter sur la piste des quadriges ¶**3** [fig.] ***a)*** tomber sur, arriver à : Pros. ‖ se présenter : ***incurrunt tempora*** Pros., il se présente des circonstances ***b)*** se jeter dans, donner dans, encourir : ***in odia hominum*** Pros., encourir la haine des hommes ; ***in varias reprehensiones*** Pros., s'exposer à des critiques variées ***c)*** tomber dans, se rencontrer avec, coïncider : Pros. ; [avec dat.] Pros. ***d)*** arriver dans sa course (au cours d'un exposé) à : Pros. ***e)*** tr., assaillir : Pros.

incursax, *ācis*, qui fait des incursions : Pros.

incursio, *ōnis*, f. ¶**1** choc contre : Pros. ‖ attaque : Pros. ¶**2** incursion : Pros.

incursĭtō, *ās, āre, -, -* ¶**1** intr., se jeter sur : [avec *in* acc.] Pros. ‖ [abs[t]] agresser : Pros. ¶**2** se heurter contre (***in aliquem***, contre qqn) : Pros. ‖ [abs[t]] courir en heurtant : Pros.

incursō, *ās, āre, āvī, ātum*, intr. et tr.
I intr. ¶**1** courir contre, se jeter sur : ***in hostem*** Pros., fondre sur l'ennemi ; [fig.] Pros. ¶**2** heurter contre : ***rupibus*** Poés., donner contre les rochers ¶**3** [fig.] se présenter : Pros.

II tr., fondre sur, attaquer : [C] Pros. ‖ faire irruption dans : ***agros*** [C] Pros., faire des incursions dans la campagne

1 **incursus**, *a, um*, part. de *incurro*

2 **incursŭs**, *ūs*, m., heurt, choc, rencontre, attaque : [C] Pros. ‖ [en parl. de choses] : [C] Poés., [+C] Pros.

incurvātus, *a, um*, part. de *incurvo*

incurvescō (incurviscō), *ĭs, ĕre, -, -*, intr., se courber, plier : [-C] d. [C] Pros.

incurvĭcervīcus, *a, um*, à la nuque recourbée : [-C] Théât.

incurvō, *ās, āre, āvī, ātum*, tr. ¶ **1** courber, plier : [C] Poés. ; [pass. réfl.] se plier ‖ courber qqn : [+C] Pros. ; [pass. réfl.], se courber, plier : [+C] Pros. ‖ ***incurvatus*** [C] Pros., courbé [bâton] ¶ **2** [fig.] abattre ; [+C] Pros. ‖ émouvoir : [+C] Poés. ‖ = ***paedicare*** [+C] Poés.

incurvus, *a, um*, courbé, courbe, arrondi : [C] Pros., Poés. ‖ [fig.] voûté [vieillard] : [-C] Théât.

incūs, *ūdis*, f., enclume : [C] Pros., Poés., [+C] Pros.

incūsātĭo, *ōnis*, f., reproche, blâme : [C] Pros.

incūsātus, *a, um*, part. de *incuso*

incūsō, *ās, āre, āvī, ātum*, tr., accuser [au sens de faire des reproches à], blâmer : ***aliquem vehementer*** [C] Pros., accabler qqn de violents reproches ; ***aliquem superbiae*** [+C] Pros., accuser qqn d'orgueil ‖ reprocher, se plaindre de qqch. : ***injurias Romanorum*** [C] Pros., dénoncer les injustices des Romains ‖ [avec prop. inf.], articuler comme grief, comme reproche, que : [C] Pros., [+C] Pros. ‖ [avec *quod* et subj.] : [+C] Pros.

incussŭs, *ūs*, m., choc, coup : [+C] Pros.

incustōdītus, *a, um* ¶ **1** non gardé, sans garde : [C] Poés., [+C] Poés. ‖ négligé, non observé : [+C] Pros. ¶ **2** qui ne prend pas garde, imprudent : [+C] Pros.

incūsus, *a, um*, [+C] Poés. ; ***lapis incusus*** [C] Poés., pierre piquée au marteau [pour servir de meule] ; [+C] Pros.

incŭtĭō, *ĭs, ĕre, cussī, cussum*, tr. ¶ **1** heurter contre, appliquer en frappant : ***scipionem in caput*** [C] Pros., assener un coup de bâton sur la tête de qqn ; ***pedem terrae*** [C] Pros., frapper son pied contre la terre ‖ ***alicui colaphum*** [C] Poés., donner une gifle à qqn ¶ **2** lancer contre : [+C] Pros. ¶ **3** [fig.] envoyer, inspirer, susciter : ***alicui terrorem*** [C] Pros., inspirer de la terreur à qqn ; ***timor incutitur*** [C] Pros., on inspire de la frayeur ; ***animo religionem*** [C] Pros., jeter dans l'âme une crainte religieuse ; ***alicui negoti aliquid*** [C] Poés., susciter à qqn quelque embarras ‖ ***alicui nuntium*** [C] Pros., apporter brusquement une nouvelle à qqn

indāgātĭo, *ōnis*, f., recherche : [C] Pros.

indāgātŏr, *ōris*, m. ¶ **1** qui est à la recherche de : [+C] Pros. ¶ **2** [fig.] investigateur, chercheur, scrutateur : [-C] Théât., [C] Pros.

indāgātrix, *īcis*, f., celle qui cherche : [C] Pros., [+C] Pros.

1 **indāgātus**, *a, um*, part. p. de *1 indago*

2 **indāgātŭs**, abl. *ŭ*, m., → *indagatio* : [+C] Pros.

indāgēs, *is*, f., recherche : [T] Poés.

1 **indāgō**, *ās, āre, āvī, ātum*, tr. ¶ **1** [absᵗ] suivre la piste : [C] Pros. ‖ ***feras*** [C] Pros., suivre les animaux à la piste ; [+C] Pros. ¶ **2** [fig.] rechercher, dépister : [C] Pros. ‖ ***aliquid de re publica*** [C] Pros., dépister, découvrir qqch. concernant les affaires publiques

2 **indāgo**, *ĭnis*, f. ¶ **1** entourage de filets, cordon de filets ou de chasseurs : [C] Poés. ‖ filet, réseau : [C] Pros. ¶ **2** recherche, investigation : [+C] Pros.

indāgŏr, *ārĭs, ārī, -*, dép., → *1 indago* : [C] Pros.

indalbo, → *inalbo*

indaudio, → *inaudio*

indĕ, adv. ¶ **1** [local] de là, de ce lieu : [C] Pros. ; ***inde loci*** [C] Poés., de là ¶ **2** = ***ex ea re***, de là : [C] Pros. ; ***inde est quod*** [+C] Pros., de là vient que ; inde quod (= ex eo, quod) [-C] Théât., [+C] Pros., de ce fait que ‖ = ***ex iis***, d'eux, d'entre eux, parmi eux : [-C] Théât., [C] Pros. ‖ = ***ab iis***, d'eux, de leur part : [+C] Pros. ¶ **3** [temporel] à partir de là : ***jam inde*** [C] Pros., à partir de ce moment ‖ ***deinceps inde*** [C] Pros., à partir de là successivement

indēbĭtus, *a, um*, qui n'est pas dû : [C] Poés. ‖ illégitime, défendu : [+C] Poés., [T] Pros.

indĕcens, *entis*, inconvenant, messéant, repoussant, laid [en parl. des pers. et des choses] : [+C] Poés., Pros. ‖ ***-tior*** [C] Pros. ; ***-issimus*** [T] Pros.

indĕcentĕr, adv., d'une manière inconvenante : [+C] Poés., Pros. ‖ ***-centius*** [+C] Pros. ; ***-issime*** [+C] Pros.

indĕcentĭa, *ae*, f., inconvenance : [C] Pros.

indĕcet, *ēre*, tr., être inconvenant : [+C] Pros.

indēclīnābĭlis, *e*, qui ne dévie pas : [+C] Pros.

indēclīnābĭlĭtĕr, adv., sans dévier : [T] Pros.

indēclīnātus, *a, um*, inébranlable : [C] Poés.

indĕcŏr, **indĕcŏris**, *is, e*, sans gloire, indigne : [C] Poés., [+C] Poés.

indĕcŏrābĭlĭtĕr, → *indecore* : [-C] Théât.

indĕcōrē, adv., d'une manière inconvenante : [C] Pros., [+C] Pros.

indĕcŏris, → *indecor*

indĕcŏrō, *ās, āre, -, -*, tr., déshonorer : [-C] Théât.

indĕcōrus, *a, um*, inconvenant : [C] Pros. ‖ ***indecorum est*** [avec inf.] [C] Pros., il ne convient pas de

indēfătīgābĭlis, *e* et **indēfătīgātus**, *a, um*, infatigable : [+C] Pros.

indēfectus, *a, um*, invariable, non affaibli : [+C] Pros.

indēfensus, *a, um*, qui est sans défense : [C] Pros., [+C] Pros.

indēfessē et **-fēssim**, sans se lasser : [T] Pros.

indēfessus, *a, um*, non fatigué : [C] Poés., [+C] Pros.

indēfĭcĭentĕr, adv., sans fin : [T] Pros.

indēfīnītē, adv., indéfiniment : [+C] Pros.

indēfīnītus, *a, um*, indéfini, vague : [+C] Pros.

indēflētus, *a, um*, non pleuré : [C] Poés.

indēflexus, *a, um*, non détourné : [+C] Pros. ‖ non courbé : [+C] Pros., [T] Pros.

indējectus, *a, um*, non renversé : [C] Poés.

indēlassātus, *a, um*, infatigable : [C] Poés.

indēlēbĭlis, *e*, ineffaçable : [C] Poés.

indēlectātus, *a, um*, contrarié : [+C] Pros.

indēlībātus, *a, um*, non entamé : [C] Poés. ‖ chaste : [+C] Poés.

indēlĭcĭŏr, *ārĭs, ārī, ātus sum*, être dans les délices : [T] Pros.

indēlictus, *a, um*, irréprochable : [-C] Théât.

indemnātus, *a, um*, non condamné, qui n'a pas été jugé : [C] Pros.

indemnis, *e*, qui n'a pas éprouvé de dommage : [+C] Pros.

indemnĭtās, *ātis*, f., préservation de tout dommage, salut, sûreté : [T] Pros.

indēmonstrābĭlis, *e*, qui ne peut être démontré : [+C] Pros.

indentō, *ās, āre, -, -*, tr., museler : [T] Pros.

indēnuntĭātus, *a, um*, non déclaré : [C] Pros.

indēplōrātus, *a, um*, non pleuré : [C] Poés.

indēprāvātus, *a, um*, non altéré : [+C] Pros.

indēprĕcābĭlis, *e*, qui ne peut être détourné par des prières : [+C] Pros.

indēprensus, *a, um*, insaisissable : [C] Poés., [+C] Poés.

indeptus, *a, um*, part. de *indipiscor*

indescriptus, *a, um*, non divisé : [+C] Pros.

indēsertus, *a, um*, non abandonné : [C] Poés.

indēsēs, *ĭdis*, non indolent, actif, diligent : [+C] Pros.

indēsĭnentĕr, adv., sans relâche, incessamment : [T] Pros.

indespectus, *a, um*, qui n'a pas été vu d'en haut : [+C] Poés.

indestrictus, *a, um*, sans être atteint (blessé) : [C] Poés.

indētonsus, *a, um*, qui a les cheveux longs : [C] Poés.

indēvītātus, *a, um*, non évité : [C] Poés.

index, *ĭcis*, m. f., qui indique ¶ **1** [en parl. de pers.] indicateur, révélateur, dénonciateur : [C] Pros. ‖ espion : [C] Pros. ¶ **2** [en parl. de choses] ***a) index (digitus)*** [C] Poés., Pros., l'index ; [C] Pros. ; ***falsi indices*** [C] Pros., indices trompeurs ***b)*** catalogue, liste, table : [+C] Pros. ***c)*** titre d'un livre : [C] Pros., [+C] Pros. ***d)*** inscription : [C] Pros., Poés. ***e)*** pierre de touche : [C] Poés.

Indi, *ōrum*, m. pl., Indiens : [C] Pros., Poés. ‖ Arabes : [C] Poés. ‖ Éthiopiens : [C] Poés.

Indĭa, *ae*, f., l'Inde : [C] Pros., Poés.

Indibĭlis, *is*, m., chef des Ilergètes : [C] Pros.

indĭcātio, *ōnis*, f., indication de prix, taxe, mise à prix : [-C] Théât.

indĭcātus, *a, um*, part. de *1 indico*

indĭcens, *tis* ¶ **1** ne parlant pas : [-C] Théât., [C] Pros. ¶ **2** part. de *2 indico*

indĭcīna, *ae*, f., dénonciation : [C] Pros., [+C] Pros. ‖ prix de la dénonciation : [+C] Pros.

indĭcĭum, *ĭi*, n. ¶ **1** indication, révélation, dénonciation : [C] Pros. ‖ droit de révélation, autorisation de faire une dénonciation : [C] Pros. ¶ **2** [en gén.] indication, preuve, indice, signe : ***indicia veneni*** [C] Pros., indices d'empoisonnement ‖ ***alicui rei indicio esse*** [C] Pros., être la preuve de qqch. ; ou ***alicujus rei*** [C] Pros. ‖ ***indicio esse*** [avec interr. indir.] : [-C] Théât., [C] Pros.

1 **indĭcō**, *ās, āre, āvī, ātum*, tr. ¶ **1** indiquer, dénoncer, révéler ‖ ***rem*** ou ***aliquem***, une chose ou qqn : [C] Pros. ‖ [absᵗ] faire des révélations, ***de aliqua re***, sur qqch. : [C] Pros. ‖ [avec prop. inf.] [C] Pros. ¶ **2** indiquer le prix de, évaluer : [C] Pros.

2 **indīcō**, *ĭs, ĕre, dīxī, dictum*, tr. ¶ **1** déclarer officiellement ou publiquement, publier, notifier, annoncer : ***concilium*** [C] Pros., fixer la date d'une assemblée, convoquer une assemblée ; ***bellum alicui*** [C] Pros., déclarer la guerre à qqn ‖ [avec *ut* subj.] notifier de : [C] Pros. ‖ [en part.] convoquer : [C] Pros. ¶ **2** notifier, imposer, prescrire [une peine, une contribution] : [C] Pros., [+C] Pros.

indictĭo, *ōnis*, f., taxe extraordinaire : [+C] Pros. ‖ déclaration [de guerre] : [+C] Pros.

indictiōnālis, *e*, de taxe extraordinaire : [T] Pros.

indictīvus, *a, um*, notifié, annoncé par le crieur public : [C] Pros.

indictōaudĭens, *entis*, désobéissant : [T] Pros.

indictus, *a, um* ¶ **1** qui n'a pas été dit : [C] Poés. ¶ **2** dont on ne peut parler, ineffable : [+C] Pros. ¶ **3** non plaidé : ***indicta causa*** [C] Pros., sans que la cause soit plaidée

indĭcŭlus, *i*, m., notice, résumé : [+T] Pros.

Indĭcus, *a, um*, Indien : [-C] Théât., [C] Poés.

indĭdem, du même lieu : [C] Pros. ‖ = ***ex eadem re***, provenant de la même chose : [C] Pros.

indiffĕrens, *tis*, indifférent ¶ **1** [phil.] ni bon, ni mauvais, ni à souhaiter, ni à éviter : [C] Pros., [+C] Pros. ‖ subst. n., chose indifférente : [+C] Pros. ¶ **2** [gram.] syllabe ni longue, ni brève, commune : [+C] Pros. ¶ **3** qui ne se préoccupe pas de : [+C] Pros.

indiffĕrentĕr, adv., indifféremment, indistinctement : [+C] Pros.

indiffĕrentĭa, *ae*, f., synonymie : [+C] Pros.

indĭgĕna, *ae*, adj., indigène : [C] Poés., Pros. ‖ subst. m., indigène, originaire du pays : [C] Pros., [+C] Poés.

indĭgens, *tis*, ▶ *indigeo*

indĭgentĭa, *ae*, f., le besoin : [C] Pros. ‖ besoin insatiable, exigence : [C] Pros.

indĭgĕnus, *a, um*, ▶ *indigena* : [+C] Pros.

indĭgĕō, *ēs, ēre, ŭī, -*, intr. ¶ **1** manquer de : [avec abl.] [C] Pros., [+C] Pros. ‖ ***indigentes*** [C] Pros., ceux qui sont dans le besoin ¶ **2** avoir besoin de : [avec gén.] [C] Pros. ‖ [avec abl.] [C] Pros. ‖ [avec inf.] [+C] Pros.

1 **Indĭgĕs**, *ĕtis*, m., ▶ *Indigetes*

2 **indĭgĕs**, *is*, privé de : [avec gén.] [-C] Théât.

indīgestē, adv., sans ordre : [+C] Pros.

indīgestĭo, *ōnis*, f., indigestion : [T] Pros.

indīgestus, *a, um* ¶ **1** confus, sans ordre : [C] Poés., [+C] Pros. ¶ **2** non digéré : [T] Pros.

Indĭgĕtes, *um*, m. pl. ¶ **1** Indigètes, divinités primitives et nationales des Romains, portant un nom particulier : [C] Poés., Pros. ‖ sg. *Indiges*, appliqué à Énée : [C] Poés. : [C] Pros. ¶ **2** peuplade d'Espagne : [C] Pros.

indĭgĭtō, *ās, āre, -, -*, tr., invoquer selon le rituel une divinité : [T] Pros.

indignābundus, *a, um*, rempli d'indignation : [C] Pros., [+C] Pros.

indignans, *tis*, qui s'indigne : ***indignantissimus servitutis*** [+C] Pros., qui répugne le plus à servir, le plus rétif ‖ ***indignantes venti*** [C] Poés., les vents indignés, en révolte

indignantĕr, adv., avec indignation : [T] Pros.

indignātĭo, *ōnis*, f. ¶ **1** indignation : [C] Pros., [+C] Pros. ‖ pl., manifestations de l'indignation : [C] Pros. ¶ **2** motif, occasion de s'indigner : [+C] Poés. ¶ **3** [rhét.] indignation = excitation de l'indignation : [C] Pros., [+C] Pros.

indignātĭuncŭla, *ae*, f., léger mouvement d'indignation : [+C] Pros.

indignātus, part. de *indignor*

indignē, adv., indignement : ***indignissime*** [C] Pros., de la manière la plus indigne

indignĭtās, *ātis*, f. ¶ **1** indignité de qqn : [C] Pros. ‖ énormité, indignité d'une chose : [C] Pros. ¶ **2** outrage, conduite indigne : [C] Pros. ‖ fait d'être traité indignement, traitement indigne : ***indignitas nostra*** [C] Pros., le traitement indigne que nous subissons ‖ sentiment d'être traité indignement ; [C] Pros.

indignō, *ās, āre, -, -*, ▶ *indignor* : [+T] Pros.

indignŏr, *ārĭs, ārī, ātus sum*, tr., s'indigner, regarder comme indigne ***a)*** [avec acc.] : [C] Pros. ***b)*** [avec prop. inf.] s'indigner de ce que, trouver révoltant que : [C] Pros. ***c)*** [avec *quod*] [C] Pros. ‖ [avec *si*] [+C] Pros. ***d)*** [absᵗ] : ***de aliqua re*** [C] Pros., s'indigner à propos de qqch

indignus, *a, um* ¶ **1** indigne, qui ne mérite pas : [C] Pros. ‖ [avec abl.] : [C] Pros. ‖ [avec gén.] [C] Poés. ‖ [avec *qui*] [C] Pros. ‖ [avec *ut*] [C] Pros. ‖ [avec inf.] [C] Pros., Poés. ¶ **2** qu'on ne mérite pas, indigne : ***indignae injuriae*** [C] Pros., injustices imméritées ; ***indigna pati*** [C] Pros., subir un traitement indigne ¶ **3** indigne, qui ne convient pas : [C] Pros. ‖ honteux, révoltant : ***indignum facinus*** [C] Pros., acte révoltant, indignité ‖ ***indignum est, indignius est, indignissimum est*** [avec prop. inf.], il est indigne, il est plus honteux, c'est la plus grande indignité que : [C] Pros. ‖ [exclam.] ***indignum***, chose indigne ! ô honte ! : [C] Pros., Poés.

indĭgus, *a, um*, qui manque, qui a besoin : [avec abl.] [C] Poés. ; [avec gén.] [C] Poés., [+C] Pros. ‖ désireux de : [+C] Poés.

indĭgŭus, *a, um*, ▶ *indigus* : [+C] Pros.

indīlĭgens, *tis*, sans soin, négligent ; [-C] Théât. ; ***-tior*** [C] Pros.

indīlĭgentĕr, adv., sans soin, négligemment ; [-C] Théât., [C] Pros. ; ***-tius*** [C] Pros.

indīlĭgentĭa, *ae*, f., manque de soin, négligence : [C] Pros., [+C] Pros.

indīmensus, *a, um*, innombrable : [T] Pros.

indĭpiscō, *ĭs, ĕre, -, -*, ▶ *indipiscor* : [-C] Théât.

indĭpiscŏr, *ĕrĭs, ī, deptus sum*, tr. ¶ **1** saisir, atteindre : [C] Pros., Poés. ‖ acquérir : [-C] Théât. ‖ saisir par la pensée : [+C] Pros. ¶ **2** commencer, entamer [un combat] : [+C] Pros.

indīrectō, adv., indirectement : [+T] Poés.

indīrectus, *a, um*, indirect, détourné : [+C] Pros.

indīreptus, *a, um*, non pillé : [+C] Pros.

indiscĭplīnōsus, *a, um*, indiscipliné : [T] Pros.

indiscissus, *a, um*, qui n'a pas été déchiré : [T] Pros.

indiscrĕpantĕr, adv., sans écart : [T] Pros.

indiscrētus, *a, um*, non séparé, étroitement uni, confondu : [C] Pros., [+C] Pros. ‖ qui ne se distingue pas, indistinct : [+C] Pros. ‖ qu'on ne peut distinguer : [C] Poés.

indiscrīmĭnātim, adv., sans distinction : [C] Pros.

indĭsertē, adv., sans éloquence : [C] Pros.

indĭsertus, *a, um*, sans talent de parole : [C] Pros.

indispensātus, *a, um*, sans mesure : [+C] Poés.

indispŏsĭtē, adv., sans régularité : [+C] Pros.

indispŏsĭtus, *a, um*, mal ordonné, confus : [+C] Pros.

indissĭmĭlis, *e*, semblable : [C] Pros.

indissĭmŭlābĭlis, *e*, qu'on ne dissimule pas : [+C] Pros.

indissŏlūbĭlis, *e*, indestructible, impérissable : [C] Pros. ‖ [fig.] insoluble : [T] Pros.

indissŏlūtus, *a, um*, non dissous : [C] Pros.

indistantĕr, adv., sans distinction, sans exception : [T] Pros.

indīstinctē, adv., indistinctement : [+C] Pros.

indistinctus, *a, um*, qui n'est pas distingué, confus : [C] Poés., [+C] Pros. ‖ indistinct, peu net, obscur : [+C] Pros.

indistrictus, [V.] *indestrictus*

indĭtus, *a, um*, part. de *indo*

indīvĭdŭus, *a, um*, adv. ¶ **1** indivisible : ***corpora individua*** [C] Pros., atomes ‖ **individuum**, *i*, n., un atome : [C] Pros. ¶ **2** inséparable : [+C] Pros.

indīvīsus, *a, um* ¶ **1** non partagé : [C] Pros., [+C] Poés. ¶ **2** indivis : ***pro indiviso***, en commun, [ou] par portions égales : [-C] Pros.

indīvulsus, *a, um*, inséparable : [T] Pros.

indō, *ĭs, ĕre, dĭdī, dĭtum*, tr. ¶ **1** mettre sur, poser sur, appliquer : [avec *in* acc.] [-C] Pros., Théât. ‖ [avec *in* abl.] [+C] Pros. ‖ [avec dat.] ***aliquid alicui*** : [-C] Théât., [+C] Pros. ¶ **2** mettre dans, introduire : [+C] Pros. ‖ ***pavorem alicui*** [+C] Pros., inspirer l'effroi à qqn ‖ ***nomen alicui, alicui rei***, donner, appliquer, imposer, attacher un nom à qqn, à qqch. : [-C] Théât., [C] Pros. ; ***nomen indere ab*** ou ***ex aliqua re***, donner un nom d'après qqch. : [C] Pros., [+C] Pros.

indŏcĭlis, *e* ¶ **1** qu'on ne peut instruire : [C] Pros. ¶ **2** rebelle à : [avec gén.] [+C] Poés. ; [avec dat.] [+C] Poés. ‖ [avec inf.] qui ne peut se mettre à, se faire à : [C] Poés., [+C] Poés. ¶ **3** ignorant, qui ne sait pas : [C] Poés. ¶ **4** qu'on ne peut enseigner : [C] Pros. ‖ non appris, non enseigné : [C] Poés.

indŏcĭlĭtās, *ātis*, f., incapacité d'être instruit : [+C] Pros.

indoctē, adv., en ignorant : [C] Pros. ; ***-tius*** [+C] Pros. ‖ maladroitement : [-C] Théât.

indoctus, *a, um* ¶ **1** qui n'est pas instruit, qui n'est pas cultivé, ignorant : [C] Pros. ; ***indocti*** [C] Pros., les ignorants ‖ [avec gén.] ignorant de, qui ne connaît pas : [C] Poés., [+C] Pros. ; [avec acc.] [+C] Pros. ‖ [avec inf.] [C] Poés. ¶ **2** [en parl. des choses] qui ne doit rien à l'art, à la science : ***indocta consuetudo*** [C] Pros., la coutume sans l'art, instinctive ‖ [poét.] ***canere indoctum*** [C] Pros., faire entendre des chants qui ne doivent rien à l'art

indŏlātĭlis, *e*, qu'on ne peut polir, perfectionner : [T] Pros.

indŏlātus, *a, um*, raboteux, brut, non poli : [T] Pros.

indŏlentĭa, *ae*, f., absence de toute douleur : [C] Pros. ‖ insensibilité : [C] Pros.

indŏlēs, *is*, f. ¶ **1** qualités natives, dispositions naturelles, penchants, talents : [C] Pros. ; ***ad virtutem indoles*** [C] Pros., naturel porté à la vertu, ou ; ***virtutis*** [C] Pros. ‖ pl., [+C] Pros. ¶ **2** [en parl. de choses, d'animaux] caractère, nature : [-C] Théât., [C] Pros., [+C] Pros.

indŏlescō, *ĭs, ĕre, dŏlŭī, -* ¶ **1** intr., souffrir, éprouver une douleur : [+C] Pros. ¶ **2** intr., s'affliger, être peiné : [avec prop. inf.] [C] Pros., [+C] Pros., s'affliger de ce que ‖ [avec abl.] [C] Poés. ‖ [acc. de pron. n.] [C] Poés. ¶ **3** ***indolescendus***, dont on doit s'affliger : [T] Pros. ; ***indolescendum est*** [+C] Pros., il faut s'affliger

indŏmābĭlis, *e*, indomptable : [-C] Théât.

indŏmĭtus, *a, um*, indompté, insoumis [en parl. d'animaux, de peuples, de passions] : [C] Pros. ‖ indomptable, invincible : [C] Poés.

indormiō, *īs, īre, īvī, ītum*, intr., dormir sur : [avec dat.] [C] Poés. ‖ [fig.] ***causae*** [C] Pros., dormir sur une affaire ; ***desidiae*** [+C] Pros., être endormi dans la paresse ; [avec *in* abl.] [C] Pros.

indōtātus, *a, um* ¶ **1** non doté, sans dot : [-C] Théât., [C] Pros. ¶ **2** [fig.] sans ornement : [C] Pros. ‖ qui n'a pas reçu les derniers honneurs : [C] Poés.

indŭ, [C.] *endo* arch. [=] *in* : ***indu foro*** [-C] Pros., sur le forum ‖ [surtout en compos.] [V.] *indigena, indipiscor*

indŭbĭtābĭlis, *e*, certain, indubitable : [+C] Pros.

indŭbĭtābĭlĭtĕr, adv., indubitablement : [T] Pros.

indŭbĭtātē, **-bĭtātō**, adv., indubitablement : [C] Pros.

indŭbĭtātus, *a, um*, qui est hors de doute, incontestable : [+C] Pros.

indŭbĭtō, *ās, āre, āvī, ātum*, intr., douter de [avec dat.] : [C] Poés., [+C] Poés.

indŭbĭus, *a, um*, indubitable : [+C] Pros.

indūcĭae, [V.] *indutiae*

indūcō, *ĭs, ĕre, dūxī, ductum*, tr. ¶ **1** faire entrer dans, introduire : ***exercitum in Macedoniam inducere*** Cic., introduire une armée en Macédoine ; ***aliquem in partem regiae inducere*** Caes., introduire qqn dans une partie du palais ; ***discordiam in civitatem inducere*** Cic., introduire la discorde dans la cité ; ***novum verbum in linguam Latinam inducere*** Cic., introduire un nouveau mot dans la langue latine ; ***aliquem in errorem inducere*** Cic., induire qqn en erreur ; [d'où] ***aliquem inducere*** Cic., induire qqn en erreur, tromper qqn ‖ ***aliquid in rationem inducere*** Cic., introduire qqch. dans un compte ; [d'où] ***aliquid alicui inducere*** Cic., compter qqch. à qqn = faire payer qqch. à qqn ¶ **2** amener à, déterminer à : ***aliquem in spem inducere*** Cic., amener qqn à espérer ; ***ad misericordiam induci*** Cic., être amené à la pitié ; [avec *ut*] ***aliquem inducere ut mentiatur*** Cic., amener qqn à mentir ; [avec inf.] Lucr., Tac., même sens ¶ **3** appliquer (sur), mettre ***a)*** ***tectorium inducere*** Cic., appliquer un enduit ; ***super lateres coria inducere*** Caes., appliquer du cuir sur les tuiles ***b)*** mettre : ***calceum inducere*** Suet., mettre un soulier ; ***pontem saxis inducere*** Curt., mettre (= élever) un pont sur des piles de pierres ***c)*** [d'où] couvrir, recouvrir : ***aliquid pellibus inducere*** Caes., recouvrir qqch. avec des peaux ***d)*** [en part.] ***animum inducere*** [avec inf., ou avec *ut* et le subj.], se mettre en tête de, se résoudre à : Pl., Cic ; ***in animum inducere*** Cic., même sens ; [avec prop. inf.], se mettre dans l'idée que, se persuader que : Pl., Cic ¶ **4** présenter, représenter, mettre en scène : ***aliquem inducere*** Cic., mettre qqn en scène [ou spéc., faire descendre qqn dans l'arène : Suet.] ; ***gladiatorum par inducere*** Cic., présenter un couple de gladiateurs ; ***aliquid inducere*** Cic., présenter, mettre en avant qqch.

inductĭo, *ōnis*, f. ¶ **1** action d'amener, d'introduire, de faire entrer : [C] Pros. ¶ **2** [fig.] ***animi*** [C] Pros., résolution, détermination ‖ [raisonnement = ἐπαγωγή] induction : [C] Pros. ‖ [rhét.] [C] Pros. ‖ ***erroris inductio*** [C] Pros., action d'induire en erreur, tromperie ¶ **3** action d'étendre sur, de déployer [des rideaux pour garantir du soleil] : [C] Pros.

inductŏr, *ōris*, m., qui applique sur : [-C] Théât.

inductrix, *īcis*, f., celle qui dupe : [+C] Pros.

1 **inductus**, *a, um* ¶ **1** part. de *induco* ¶ **2** [adj[t]] importé, exotique, étranger : [+C] Pros. ‖ étranger au sujet : [+C] Pros.

2 **inductŭs**, abl. *ū*, m., instigation : [C] Pros., [+C] Pros.

indūcŭla, *ae*, f., chemise de femme : [-C] Théât.

indŭgrĕdior [arch.] [=] *ingredior*

indulcō, *ās, āre, āvī, ātum*, tr. et **-cŏrō**, *ās, āre, -, -*, intr., parler doucement : [T] Pros.

indulgens, *tis* ¶ **1** part. de *indulgeo* ¶ **2** adj[t] ***a)*** indulgent pour [avec dat.] : [C] Pros. ; [avec *in* et l'acc.] [C] Pros. ‖ adonné à : [+C] Pros. ***b)*** [abs[t]] indulgent, bon, complaisant, bienveillant : ***-tior*** [C] Pros.

indulgentĕr, adv., avec bonté, bienveillance : [C] Pros. ‖ ***-tius*** [+C] Pros. ; ***-tissime*** [+C] Pros.

indulgentĭa, *ae*, f., indulgence, douceur, ménagement, bonté, bienveillance, complaisance : ***in aliquem*** [C] Pros., bontés pour qqn ; [ou gén.] ***indulgentia filiarum*** [C] Pros., tendresse pour ses filles ‖ remise d'une peine : [T] Pros. ‖ remise d'un tribut : [T] Pros.

indulgĕō, *ēs, ēre, dulsī, dultum*, intr. et tr.

I intr. ¶ **1** être bienveillant, indulgent, complaisant : ***sibi*** [C] Pros., avoir de la complaisance pour soi-même, ne rien se

refuser ; ***peccatis*** [C] Pros., être indulgent pour les fautes ; ***legioni*** [C] Pros., montrer de la bienveillance à une légion ; ***precibus*** [+C] Pros., céder aux prières ¶**2** se donner complaisamment à, s'abandonner à : ***labori*** [C] Poés., se donner à une tâche ; ***somno*** [+C] Pros., s'abandonner au sommeil ; ***novis amicitiis*** [C] Pros., se donner à des amitiés nouvelles ; ***si aviditati indulgeretur*** [C] Pros., si l'on avait satisfait l'avidité ‖ ***valetudini*** [C] Pros., avoir soin de sa santé
II tr. ¶**1** [arch.] choyer, ***aliquem***, qqn : [-C] Théât., [+C] Pros. ¶**2** accorder, concéder : ***alicui sanguinem suum*** [C] Pros., faire à qqn l'abandon de son sang ; [+C] Pros. ; ***sese videndum alicui*** [+C] Poés., se laisser voir à qqn [accorder la vue de soi à qqn] ‖ [avec inf.] accorder de : [+C] Poés.

1 **indultus**, *a*, *um*, part. de *indulgeo*

2 **indultŭs**, abl. *ū*, m., concession permission : [T] Pros.

indūmentum, *i*, n., vêtement : [+C] Pros. ‖ ***oris*** [+C] Pros., masque ‖ enveloppe : [T] Poés., Pros.

indŭō, *ĭs*, *ĕre*, *dŭī*, *dūtum*, tr. ¶**1** mettre sur qqn, à qqn : ***alicui tunicam*** [C] Pros., mettre à qqn une tunique, la lui faire revêtir ; ***sibi torquem*** [C] Pros., se mettre un collier ‖ [sans *sibi*] : ***anulum*** [C] Pros. ; ***galeam*** [C] Pros., se mettre un anneau au doigt, un casque sur la tête ‖ pass. : [C] Pros. ‖ pass. réfl. : [-C] Théât., [C] Poés. ¶**2** revêtir, couvrir : [C] Pros., [+C] Pros., Poés. ¶**3** ***se aliqua re, in aliquam rem***, s'embarrasser dans qqch., tomber dans, se jeter dans : [C] Pros. ; ***sese mucrone*** [C] Poés., se jeter sur son épée ; ***se in laqueum*** [-C] Théât., se mettre la corde au cou ‖ [fig.] ***se in laqueos*** [C] Pros., s'entortiller dans des filets ; ***se in captiones*** [C] Pros., s'empêtrer dans des arguments captieux ¶**4** [fig.] mettre à, faire revêtir à, prêter à : [+C] Pros. ; ***sibi cognomen*** [C] Pros., prendre un surnom ‖ [sans *sibi*] revêtir, s'attribuer : ***imaginem mortis*** [C] Pros., revêtir l'image de la mort [être semblable à un mort, pendant le sommeil] ; ***personam judicis*** [C] Pros., assumer le rôle de juge ; ***munia ducis*** [+C] Pros., revêtir les fonctions de chef

indupedio [arch.] ➡ *impedio*

indŭpĕrātor, [arch.] ➡ *imperator*

indūrātus, *a*, *um*, part. de *induro*

indūrescō, *ĭs*, *ĕre*, *durŭī*, -, intr., se durcir : [+C] Pros. ‖ [fig.] s'endurcir : [+C] Pros.

indūrō, *ās*, *āre*, *āvī*, *ātum*, tr., durcir, rendre dur : [C] Poés. ‖ [fig.] [+C] Pros. ; ***timor induratur*** [C] Pros., la crainte s'affermit = fait place à la fermeté

1 **Indus**, *a*, *um*, de l'Inde : [C] Poés. ‖ V.➡ *Indi*

2 **Indus**, *i*, m., fleuve de l'Inde : [C] Pros. ‖ fleuve de Carie : [C] Pros.

indŭsĭārĭus, *ĭi*, m., fabricant de chemises : [-C] Théât.

indŭsĭātus, *a*, *um*, vêtu d'une chemise : [-C] Théât., [+C] Pros.

indŭsĭum, *ĭi*, n., [C] Pros. [d'après *intus*]

industrĭa, *ae*, f., application, activité, assiduité : [C] Pros. ‖ ***de industria*** [C] Pros. ; ***ex industria*** [C] Pros. ; ***industria*** [-C] Théât., volontairement, de propos délibéré ; [C] Pros. ; ***quasi ob industriam*** [-C] Théât., comme un fait exprès ‖ qqf. pl., [-C] Théât., [C] Pros.

industrĭē, adv., avec activité, avec zèle : [C] Pros., [+C] Pros.

industrĭōsē, adv., ***-sius*** [+C] Pros. ; ***-sissime*** [-C] Pros.

1 **industrĭus**, *a*, *um* [*indostruus* (*endo*, *struo*), qui prépare en lui-même], actif, laborieux, zélé : [C] Pros., [+C] Pros. ‖ ***-trior*** [-C] Théât.

2 **Industrĭus**, *ĭi*, m., nom d'homme : [T] Pros.

indūtĭae, *ārum*, f. pl. ¶**1** armistice, trêve : ***indutias facere*** [C] Pros., faire une trêve ; ***per indutias*** [C] Pros., au cours d'une trêve ; ***in indutiis esse*** [C] Pros., avoir une trêve ¶**2** [fig.] ***a)*** relâche, repos : [-C] Théât. ***b)*** [pour la pénitence] : [T] Pros. ***c)*** tranquillité [de la nuit] : [+C] Pros.

indūtĭlis, *e*, qui s'adapte : [-C] Pros.

Indutĭŏmārus (**Inducĭŏ-**), *i*, m., Indutiomaros, chef des Trévires : [C] Pros.

1 **indūtus**, *a*, *um*, part. de *induo*

2 **indūtŭs**, *ūs*, m. ; [ord[t] dat. sg.] : ***indutui*** [C] Pros., pour vêtir, pour le vêtement ; ***indutui gerere*** [+C] Pros., porter comme vêtement, être vêtu de ‖ abl. pl. ***indutibus*** [T] Pros.

indŭvĭae, *ārum*, f. pl., vêtement : [-C] Théât., [T] Poés.

indŭvĭes, *ei*, f., parure dont quelqu'un est revêtu : [+C] Pros.

indŭvŏlō, ➡ *involo* : [-C] Pros.

ĭnēbrĭātĭo, *ōnis*, f., action d'enivrer ; [T] Pros.

ĭnēbrĭō, *ās*, *āre*, *āvī*, *ātum*, tr., rendre ivre, enivrer : [+C] Pros. ‖ saturer ; [fig.] ***aurem*** [+C] Poés., saturer, étourdir les oreilles

ĭnēdĭa, *ae*, f., privation de nourriture : [-C] Théât., [C] Pros., [+C] Pros.

ĭnēdĭtus, *a*, *um*, qui n'a pas été publié : [C] Poés.

ĭneffĭcax, *ācis*, sans action, sans effet utile : [+C] Pros. ‖ [avec gén.] qui ne peut produire : [+C] Pros.

ĭneffĭgĭātus, *a*, *um*, informe : [+C] Pros.

ĭneffŭgĭbĭlis, *e*, inévitable : [+C] Pros.

ĭnēlăbōrātus, *a*, *um*, non travaillé : [+C] Pros.

ĭnēlĕgans, *tis*, qui est sans distinction, sans goût, sans finesse, grossier : [C] Pros.

ĭnēlĕgantĕr, adv., sans choix, sans goût, sans finesse, gauchement : [C] Pros., [+C] Pros.

ĭnēlŏquĭbĭlis, *e*, ineffable : [T] Pros.

ĭnēluctābĭlis, *e*, insurmontable, inévitable : [C] Poés., [+C] Pros.

ĭnēlŭĭbĭlis, *e*, ineffaçable, indélébile : [T] Pros.

ĭnēmendābĭlis, *e*, qui ne peut être corrigé, incorrigible : [+C] Pros.

ĭnēmŏrĭŏr, *morĕrĭs*, *mŏrī*, *mortuus sum*, intr., mourir dans, à [avec dat.] : [C] Poés.

ĭnemptus (**ĭnemtus**), *a*, *um*, non acheté : [C] Poés. ; [fig.] [+C] Pros.

ĭnēnarrābĭlis, *e*, qu'on ne peut raconter, indicible : [C] Pros.

ĭnēnarrābĭlĭtĕr, adv., ineffablement : [T] Pros.

ĭnēnarrătus, *a*, *um*, non expliqué : [+C] Pros.

ĭnēnōdābĭlis, *e*, qu'on ne peut dénouer, démêler : [+C] Pros. ‖ [fig.] inexplicable, insoluble : [C] Pros.

ĭnēnormis, *e*, qui n'est pas démesuré : [+C] Pros.

ĭnĕo, *īs*, *īre*, *ĭi* (*īvi*), *ĭtum*
I intr. ¶**1** aller dans : ***in urbem*** [C] Pros., entrer dans la ville ¶**2** commencer : ***ineunte vere*** [C] Pros., au début du printemps ; ***ab ineunte aetate*** [C] Pros., dès l'âge le plus tendre
II tr. ¶**1** pénétrer dans : ***domum alicujus*** [C] Pros., entrer chez qqn ; ***convivia*** [C] Pros., se rendre dans des festins ; ***viam*** [C] Pros., prendre une route ¶**2** saillir [une femelle] : [C] Pros., [+C] Pros. ¶**3** commencer, engager, entamer : [C] Pros. ; ***inire proelium*** [C] Pros., engager le combat ; ***magistratum*** [C] Pros., entrer en charge ; ***consulatum*** [C] Pros., entrer dans le consulat ¶**4** entrer dans, entreprendre, se mettre à : ***aestimationem rei*** [+C] Pros., entrer dans l'appréciation d'une chose ; ***numerum***, supputer, V.➡ *numerus* ; ***consilium facinoris*** [C] Pros., former le projet d'un crime ; ***rationem dierum*** [-C] Pros., faire le compte des jours ; [fig.] ***rationem***, prendre ses mesures, dresser un plan : [C] Pros. ; ***gratiam ab aliquo*** [C] Pros., entrer dans les bonnes grâces de qqn ; [-C] Théât., [C] Pros. ‖ ***suffragium inire*** [C] Pros., voter ; ***somnum*** [C] Poés., dormir ; ***imperia*** [+C] Poés., exécuter des ordres ; ***alicujus munera*** [C] Poés., remplir les fonctions de quelqu'un

ĭneptē, adv., maladroitement, gauchement, à contretemps : [C] Pros., [+C] Pros. ‖ ***-issime*** [+C] Pros.

ĭneptĭae, *ārum*, f. pl., sottises, niaiseries, impertinences : [C] Pros., [+C] Pros.

ĭneptĭō, *īs*, *īre*, -, -, intr., être fou, perdre la tête : [-C] Théât., [C] Poés.

ĭneptus, *a*, *um*, qui n'est pas approprié, déplacé, hors de propos, maladroit, gauche, impertinent [en parl. des choses et des pers.] : [C] Pros. ‖ déraisonnable, sot : [C] Pros. ‖ ***-tior*** [+C] Pros. ; ***-issimus*** [+C] Pros.

ĭnĕquĭtābĭlis, *e*, impropre à la cavalerie : [+C] Pros.

ĭnĕquĭtō, *ās*, *āre*, -, - ¶**1** intr. ***a)*** aller à cheval sur [avec dat.] : [+C] Pros. ***b)*** chevaucher contre, insulter [avec dat.] : [T] Pros. ¶**2** tr., parcourir : [+C] Pros.

ĭnermis, *e*, **ĭnermus**, *a, um* ¶**1** non armé, sans armes : [C] Pros. ‖ sans armée : [+C] Pros. ‖ sans dent : [+C] Poés. ¶**2** [fig.] ***a)*** inoffensif : [C] Poés. ***b)*** sans défense, faible : [C] Pros.

ĭnerrābĭlis, *e*, qui n'erre pas, fixe : [+C] Pros. ‖ [fig.] infaillible : [T] Pros.

ĭnerrans, *tis*, fixe : [C] Pros., [T] Pros.

ĭnerrātum, *i*, n., absence d'erreur, opposé de l'erreur : [T] Pros.

ĭnerrō, *ās, āre, āvī, ātum*, intr. ¶**1** errer dans [avec dat.] : [+C] Pros. ‖ [fig.] ***oculis*** [+C] Pros., danser devant les yeux ¶**2** [acc. de l'objet intér.] : ***ambitus inerrare*** [+C] Pros., former des ronds à l'aventure

ĭners, *ertis* ¶**1** étranger à tout art : [C] Pros. ‖ sans capacité, sans talent : [C] Pros. ; ***poeta*** [C] Pros., poète sans valeur ¶**2** sans activité, sans énergie, sans ressort, inactif, mou : [-C] Théât., [C] Pros. ‖ ***inertissimum otium*** [C] Pros., l'oisiveté la plus inerte ; ***glaebae inertes*** [C] Poés., mottes de terre improductives [à cause de leur masse compacte] ; ***inertes horae*** [C] Poés., heures de paresse ; ***inertes querelae*** [C] Pros., plaintes stériles ¶**3** fade, insipide : ***caro*** [C] Poés., viande fade ¶**4** [poét.] qui rend inerte, qui engourdit : ***iners frigus*** [C] Poés., le froid qui engourdit

ĭnertĭa, *ae*, f. ¶**1** ignorance de tout art, incapacité : [C] Pros. ¶**2** inertie, inaction, indolence : [C] Pros., [+C] Pros. ‖ [avec gén.] : ***laboris*** [C] Pros., aversion, répugnance pour le travail

ĭnertĭcŭla vītis, f., sorte de vigne qui donne un vin léger qui ne grise pas : [+C] Pros.

ĭnērŭdītē, adv., avec ignorance, en ignorant : [+C] Pros.

ĭnērŭdītĭo, *ōnis*, f., défaut de science, ignorance : [T] Pros.

ĭnērŭdītus, *a, um*, ignorant, peu éclairé : [C] Pros., [+C] Pros. ‖ [fig.] non raffiné, grossier : [+C] Pros.

ĭnescō, *ās, āre, āvī, ātum*, tr. ¶**1** appâter, amorcer : [+C] Pros. ‖ [fig.] amorcer, leurrer : [-C] Théât., [C] Pros. ¶**2** gorger de nourriture, rassasier : [+C] Pros.

ĭnesse, **inest**, V. *insum*

ĭnĕundus, V. *ineo*

ĭneuschēmē, adv., sans grâce : [-C] Théât.

ĭnēvītābĭlis, *e*, inévitable : [+C] Pros. ‖ pl. n., ***inevitabilia*** [+C] Pros., l'inévitable

ĭnēvŏlūtus, *a, um*, non déroulé : [+C] Poés.

ĭnexcĭtābĭlis, *e*, [sommeil] léthargique : [+C] Pros.

ĭnexcītus, *a, um*, non soulevé, calme : [C] Poés., [+C] Poés.

ĭnexcoctus, *a, um*, non cuit, non desséché : [T] Poés.

ĭnexcōgĭtābĭlis, *e*, inimaginable : [T] Pros.

ĭnexcultus, *a, um*, négligé, laissé à l'abandon : [+C] Pros.

ĭnexcūsābĭlis, *e*, inexcusable, qu'on ne peut excuser : [C] Pros., Poés.

ĭnexercĭtātus, *a, um* ¶**1** qui ne fait pas d'exercice, non occupé : [+C] Pros. ¶**2** non exercé, novice, qui n'a pas de pratique : [C] Pros.

ĭnexercĭtus, *a, um*, non impliqué, au repos : [T] Pros.

ĭnexesus, *a, um*, non rongé : [+C] Pros.

ĭnexhaustus, *a, um*, non épuisé : [+C] Poés. ‖ inépuisable : [C] Poés. ‖ non affaibli : [+C] Pros.

ĭnexōrābĭlis, *e* ¶**1** qu'on ne peut fléchir, inexorable : [C] Pros. ‖ sans pitié pour : [avec *in* acc.] [C] Pros. ; [avec *adversus*] [C] Pros. ; [avec *contra*] [+C] Pros. ‖ [avec dat.] [+C] Pros. ; [abs[t]] [C] Pros. ¶**2** [en parl. de choses] inflexible implacable : [C] Poés., [+C] Pros. ¶**3** qu'on ne peut obtenir par prière : [+C] Poés.

ĭnexōrātus, *a, um*, qu'on n'a pas demandé : [T] Pros.

ĭnexpĕtātus, *a, um*, V. *inexspectatus*

ĭnexpĕdĭbĭlis, *e*, dont on ne peut se tirer : [T] Pros.

ĭnexpĕdītus, *a, um*, embarrassé, gauche : [T] Pros. ‖ ***inexpeditissimum est*** [avec inf.] [T] Pros., il est très difficile de

ĭnexperrectus, *a, um*, non éveillé : [C] Poés.

ĭnexpertus, *a, um* ¶**1** inexpérimenté, neuf, novice : [C] Pros. ‖ [avec abl.] qui n'est pas habitué à, ignorant de : [C] Pros., [+C] Pros. ; [avec *ad*] [C] Pros. ¶**2** non essayé, non éprouvé : [C] Pros., [+C] Pros., Poés. ‖ nouveau, inusité : [+C] Poés.

ĭnexpĭābĭlis, *e*, inexpiable : [C] Pros. ‖ [fig.] implacable : [C] Pros., [+C] Pros.

ĭnexplēbĭlis, *e*, qui ne peut être rassasié : [+C] Pros. ‖ [fig.] insatiable, infatigable : [C] Pros. ; [poét.] ***cratera*** [+C] Pros., coupe insatiable (toujours vide)

ĭnexplētus, *a, um*, non rassasié, insatiable : [+C] Poés.

ĭnexplĭcābĭlis, *e* ¶**1** qu'on ne peut dénouer : [+C] Pros. ¶**2** impraticable : [C] Pros. ‖ inextricable, inexplicable : [C] Pros. ‖ sans fin : [+C] Pros.

ĭnexplĭcātus, *a, um*, non développé, non expliqué : [T] Pros.

ĭnexplĭcĭtus, *a, um*, qui ne se déroule pas [serpent] : [T] Poés. ‖ embarrassé, obscur, compliqué : [+C] Poés.

ĭnexplōrātē, adv., sans examen préalable : [+C] Pros.

ĭnexplōrātō, adv., sans avoir fait reconnaître la route : [C] Pros.

ĭnexplōrātus, *a, um*, non exploré, non essayé, inconnu : [C] Pros.

ĭnexpugnābĭlis, *e* ¶**1** inexpugnable, imprenable : [C] Pros. ¶**2** [fig.] invincible : [C] Pros. ‖ qu'on ne peut arracher : [C] Poés.

ĭnexpŭtābĭlis, *e*, incalculable : [+C] Pros.

ĭnexsătŭrābĭlis, *e*, insatiable : [T] Pros.

ĭnexspectātus, *a, um*, inattendu : [C] Pros., Poés. ‖ pl. n., ***inexspectata*** [+C] Pros., les choses inattendues

ĭnexstinctus, *a, um* ¶**1** non éteint : [C] Poés. ¶**2** [fig.] insatiable : [C] Poés. ‖ impérissable : [C] Poés.

ĭnexstinguĭbĭlis, *e*, inextinguible : [T] Pros.

ĭnexsŭpĕrābĭlis, *e*, infranchissable : [C] Pros. ‖ ***-bilior*** [C] Pros. ‖ [fig.] invincible, insurmontable : [C] Pros. ‖ pl. n. ***inexsuperabilia***, impossibilités : [C] Pros.

ĭnextermĭnābĭlis, *e*, impérissable, immortel : [T] Pros.

ĭnextĭmābĭlis, V. *inaestimabilis*

ĭnextrīcābĭlis, *e*, d'où l'on ne peut se tirer, inextricable : [C] Poés.

ĭnextrīcābĭlĭtĕr, adv., d'une façon inextricable : [+C] Pros.

infabrē, adv., d'une façon où il n'y a pas de main d'ouvrier, grossièrement, sans art : [C] Poés., Pros.

infăbrĭcātus, *a, um*, non façonné, non travaillé : [C] Poés.

infăcētē (qqf. **infĭcētē**), grossièrement : [+C] Pros.

infăcētĭae (**infĭcētĭae**), balourdises : [C] Poés.

infăcētus, (qqf. **infĭcētus**), *a, um*, grossier, sans esprit : [C] Pros.

infācundĭa, *ae*, f., inhabileté à s'exprimer : [+C] Pros.

infācundus, *a, um*, qui a de la peine à s'exprimer, sans éloquence : [C] Pros., [+C] Pros. ‖ ***-dior*** [C] Pros.

infāmātus, part. de *infamo*

infāmĭa, *ae*, f., mauvaise renommée, déshonneur, infamie : [C] Pros. ; ***infamiam facere alicui*** [C] Pros., jeter du discrédit sur qqn ‖ pl., ***infamias subire*** [+C] Pros., subir des peines infamantes ‖ [en parl. de qqn] honte, déshonneur : ***saecli nostri*** [C] Poés., honte de notre siècle

infāmis, *e*, mal famé, décrié : [C] Pros. ‖ [en parl. de choses] : [C] Pros.

infāmō, *ās, āre, āvī, ātum*, tr., faire une mauvaise réputation à, décrier : [C] Pros., Poés. ‖ blâmer, accuser : [+C] Pros.

infāmus, *a, um*, V. *infamis* : [-C] Poés.

infandus, *a, um*, dont on ne doit pas parler, honteux, abominable : [C] Pros. ; ***-dissimus*** [+C] Pros. ‖ ***infanda furens*** [C] Poés., ayant des accès de démence criminelle ‖ ***infandum !*** ; chose affreuse ! : [C] Poés. ‖ [pers.] horrible, monstrueux : ***infandi Cyclopes*** [C] Poés., les Cyclopes repoussants

infans, *tis* ¶**1** qui ne parle pas : [C] Pros., [+C] Pros. ‖ incapable de parler, sans éloquence : [C] Pros. ; ***-tior*** [C] Pros. ; ***-issimus*** [C] Pros. ‖ incapable encore de parler, tout enfant : [C] Pros. ¶**2** [subst[t]] bébé, petit enfant : [C] Pros. ‖ enfant qui n'est pas encore né : [C]

Pros. ¶**3** d'enfant, enfantin : C Poés. ‖ [fig.] puéril : C Pros. ¶**4** ➡ *infandus* : -C Théât. ¶**5** [chrét.] ***infantes***, les nouveaux baptisés : T Pros.

infantārĭus, ***a, um***, qui aime les enfants : +C Poés.

infantĭa, ***ae***, f. ¶**1** incapacité de parler : C Pros. ¶**2** enfance, bas âge : +C Pros. ‖ les enfants, la jeunesse : +C Pros.

infantĭcīda, ***ae***, m., infanticide, celui qui tue son enfant : +C Pros.

infantĭcīdium, ***ĭī***, n., infanticide [crime] : +C Pros.

infantŭla, ***ae***, f., fillette : +C Pros., T Pros.

infantŭlus, ***i***, m., petit enfant, petit garçon : +C Pros.

infastīdītus, ***a, um***, non dédaigné : T Poés.

infătīgābĭlis, ***e***, infatigable : +C Pros.

infătŭātus, ***a, um***, part. de *infatuo*

infătŭō, ***ās, āre, āvī, ātum***, tr., rendre sot, déraisonnable : C Pros., +C Pros.

infaustus, ***a, um*** ¶**1** funeste, malheureux, sinistre : C Poés. : C Poés. ¶**2** éprouvé par le malheur : +C Pros.

infēcī, parf. de *inficio*

infectīvus, ***a, um***, de teinture : C Pros.

infectō, ***ās, āre, -, -***, tr., troubler [fig.] : +C Pros.

infectŏr, ***ōris***, m., teinturier : C Pros.

1 **infectus**, ***a, um***, part. de *inficio*

2 **infectus**, ***a, um*** ¶**1** non travaillé : ***infectum argentum*** C Pros. ; ***aurum*** C Poés., argent, or brut ¶**2** non fait, non réalisé : ***damnum infectum*** C Pros., dommage non causé, menaçant ; ***aliquid pro infecto habere*** C Pros., considérer qqch. comme non avenu ; ***infecto negotio*** C Pros., sans avoir réalisé son dessein ¶**3** impossible : C Pros. ‖ [gram.] inaccompli [verbe au présent, à l'imparfait ou au futur] : C Pros. [subst. n.] ***infectum*** [opposé à *perfectum*] : C Pros.

infēcundē, adv., d'une manière non féconde, non copieuse : +C Pros.

infēcundĭtas, ***ātis***, f., infécondité, stérilité : +C Pros.

infēcundus, ***a, um***, inféconde, stérile : C Pros., Poés. ‖ ***-dior*** +C Pros.

infēlīcĭtās, ***ātis***, f. ¶**1** le malheur, l'infortune : C Pros. ¶**2** stérilité : +C Pros.

infēlīcĭter, adv., malheureusement : -C Théât., C Pros. ‖ ***-cius*** +C Pros. ; ***-issime*** T Pros.

infēlīcō, ***ās, āre, -, -***, tr., rendre malheureux : -C Théât.

infēlix, ***īcis*** ¶**1** improductif, stérile : C Poés. ‖ [fig.] ***infelix opera*** +C Pros., travail stérile ¶**2** malheureux, infortuné : C Pros. ; ***-cissimus*** C Pros. ; ***-cior*** C Pros. ‖ [avec gén. sous le rapport de] : +C Poés. ; [avec abl.] C Poés. ¶**3** qui cause du malheur, misérable, triste, funeste ‖ ***arbor infelix***, arbre sinistre [dont les fruits étaient consacrés aux dieux infernaux, ou stérile et condamné par la religion, où l'on pendait les condamnés] : C Pros. ; ***infelix studium*** C Pros., zèle funeste

infensē, adv., en ennemi, d'une manière hostile : +C Pros. ; ***infensius*** C Pros.

infensō, ***ās, āre, -, -***, tr. ¶**1** [abs[t]] agir en ennemi : +C Pros. ¶**2** ravager, dévaster : +C Pros. ‖ rendre dangereux : ***pabula*** +C Pros., rendre dangereux (paralyser) l'approvisionnement en fourrage

infensus, ***a, um*** ¶**1** irrité, hostile, animé contre : C Pros. ; [avec dat.] C Poés. ; [avec *in* acc.] C Pros. ¶**2** [en parl. de choses] hostile, ennemi, funeste : ***infensius servitium*** +C Pros., une servitude plus cruelle ; ***infensa valetudo*** +C Pros., une mauvaise santé, qui fait obstacle

infĕr, ***ĕra***, ➡ *inferus*

infĕrax, ***ācis***, stérile : T Pros.

infercĭō, ***īs, īre, fersī, fertum*** et ***fersum***, tr., bourrer, fourrer dans : [avec *in* acc.] +C Pros. ‖ [fig.] fourrer, ajouter [des mots] : C Pros.

infĕrī, ***ōrum***, m. pl., les enfers : C Pros. ; ***aliquem ab inferis excitare*** C Pros., faire sortir qqn des enfers, évoquer, ressusciter

infĕrĭae, ***ārum***, f. pl., sacrifice offert aux mânes de qqn, ***alicui inferias afferre*** C Pros. ; ***ferre*** C Poés. ; ***dare*** C Poés. ; ***mittere*** C Poés. ; ***facere*** +C Pros., offrir un sacrifice aux mânes de quelqu'un

infĕrĭtālis, ***e***, qui concerne les mânes : +C Pros.

infĕrĭor, ***ĭus, ĭōris***, compar. de *inferus* ¶**1** plus bas, inférieur : C Pros. ‖ ***inferior exercitus*** +C Pros., l'armée de Basse-Germanie ; [subst. pl.] ***inferiores*** C Pros., les habitants de la partie basse (d'une ville) ¶**2** ***versus*** C Poés., le second vers [dans le distique], le pentamètre ¶**3** ***aetate*** C Pros., plus jeune ¶**4** plus faible : ***numero navium*** C Pros., plus faible sous le rapport du nombre des navires ; ***causa inferior*** C Pros., la cause la plus faible, la moins bonne ; ***in jure civili*** C Pros., moins fort en droit civil ‖ [avec dat.] ***nemini inferior*** C Pros., qui ne le cède à personne ‖ [avec abl.] C Pros. ; [avec *quam*] C Pros. ¶**5** inférieur, d'un rang plus bas : C Pros. ‖ subst., ***inferior*** C Pros., un inférieur ; ***inferiores*** C Pros., les inférieurs

1 **infĕrĭus**, adv., compar. de *infra*, plus bas, plus au-dessous : C Poés.

2 **infĕrĭus**, ***a, um***, offert [dans les sacrifices] : -C Pros. ‖ ➡ *inferiae*

inferna, ***ōrum***, n. pl., les enfers : +C Pros. ; ➡ *inferni*

infernālīs, ***e***, de l'enfer, infernal : T Poés.

Infernās, ***ātis***, de la mer Inférieure [Tyrrhénienne] : C Pros.

infernē, adv., en bas : C Poés.

inferni, ***ōrum***, m. pl., séjour des dieux ; ***Inferi***, les enfers : C Poés. ; ➡ *inferna* ‖ **infernus**, ***i***, m., **infernum**, ***i***, n., [chrét.] l'enfer : T Pros.

infernus, ***a, um***, d'en bas, d'une région inférieure : C Pros. ‖ des enfers, infernal : C Poés., +C Pros. ‖ ➡ *inferni*

infĕrō, ***fers, ferre, intŭlī, illātum***, tr. ¶**1** porter, jeter dans, vers, sur, contre : ***in ignem aliquid*** C Pros. ; ***in equum aliquem*** C Pros., jeter qqch. au feu, jeter qqn sur un cheval ; ***scalas ad moenia*** C Pros., appliquer des échelles contre les murs ; ***aggeri ignem*** C Pros., mettre le feu à la terrasse ; ***fontes urbi*** +C Pros., amener des eaux de source dans la ville ; ***aerario*** +C Pros., verser au trésor ; C Pros. ¶**2** porter au tombeau, ensevelir : C Pros. ¶**3** produire des comptes (***rationes***) : C Pros. ‖ porter, inscrire sur des comptes (***rationibus***) : +C Pros. ‖ imputer, ***sumptum civibus*** C Pros., porter une dépense au compte des citoyens ¶**4** verser une contribution, payer : +C Pros. ¶**5** ***manus alicui, in aliquem ; vim alicui***, porter les mains sur qqn, faire violence à qqn, ➡ *2 manus, 2 vis* ‖ ***signa in hostem***, porter les enseignes contre l'ennemi, attaquer l'ennemi : C Pros. ; ***signa patriae*** C Pros., attaquer sa patrie ‖ ***bellum alicui*** C Pros. ; ***Italiae*** C Pros. ; ***contra patriam*** C Pros., porter, faire la guerre contre qqn, contre l'Italie, contre la patrie ; ***arma*** C Pros., commencer les hostilités ¶**6** ***pedem***, porter le pied, poser le pied qq. part, aller qq. part : C Pros. ‖ [mil.] marcher, aller de l'avant, attaquer : C Pros. ; ***gradum*** C Pros., même sens ¶**7** ***se inferre*** ou ***inferri***, se porter (se jeter) sur, dans, contre : C Pros. ; ***se in mediam contionem*** C Pros., se porter au milieu de l'assemblée ; ***se inferre concilio*** C Pros., se présenter dans l'assemblée ‖ ***se inferre***, s'avancer : -C Théât. ‖ se mettre en avant, se faire valoir : -C Théât., C Pros. ¶**8** [fig.] ***a)*** ***se in periculum*** C Pros., se jeter dans le danger ; ***alicui crimen proditionis*** C Pros., porter contre qqn l'accusation de trahison ***b)*** mettre en avant, produire : C Pros. ; ***mentio inlata*** C Pros., la mention [= la proposition] mise en avant ; ***causa illata*** C Pros., un prétexte étant mis en avant ‖ mettre en avant un raisonnement, une conclusion : C Pros. ***c)*** inspirer, causer, susciter : ***alicui terrorem, spem*** C Pros., inspirer à qqn de la terreur, lui donner de l'espoir ; ***alicui periculum*** C Pros., susciter à qqn des dangers ; ***alicui rei moram*** C Pros., apporter du retard à qqch

infersī, parf. de *infercio*

infersus, ***a, um***, part. de *infercio*

infĕrus (**infer**, -C Pros.), ***a, um***, qui est au-dessous, inférieur : ***dei inferi*** C Pros., dieux d'en bas ; ***omnia infera*** C Pros., tout ce qui est au-dessous ; ***mare Inferum*** C Pros., la mer Inférieure (Tyrrhénienne) ; ➡ *inferi* ‖ ➡ *inferior, infimus*

infervēfăcĭō, *ĭs, ĕre, fēcī, factum*, tr., faire chauffer dans, faire bouillir dans : -C Pros., +C Pros. ‖ pass. *infervefio*, +C Pros.

infervĕō, *ēs, ēre, ferbŭī, -*, intr., bouillir dans : -C Pros., +C Pros.

infervescō, *ĭs, ĕre, ferbŭī, -*, intr., se mettre à bouillir : +C Pros., C Poés., +C Pros.

infestātĭo, *ōnis*, f., vexation, attaque : +C Pros.

infestātus, *a, um*, part. de *infesto*

infestē, adv., d'une manière hostile, en ennemi : C Pros. ‖ ***-tius*** C Pros. ; ***-issime*** C Pros.

infestīvĭtĕr, adv., sans agrément : +C Pros.

infestīvus, *a, um*, dépourvu d'agrément : +C Pros.

infestō, *ās, āre, āvī, ātum*, tr., infester, harceler, ravager, désoler : C Poés., +C Pros. ‖ [fig.] attaquer, altérer, gâter, corrompre : +C Pros.

infestus, *a, um* ¶ **1** dirigé contre, ennemi, hostile : ***alicui*** -C Théât., C Pros., animé contre qqn ; ***alicui rei*** C Pros., hostile à qqch. ; [avec *in* acc.] C Pros. ; ***animo infestissimo*** C Pros., avec les sentiments les plus hostiles ‖ [mil.] ***infestis pilis*** C Pros., avec les javelots prêts au jet ; ***infesto spiculo*** C Pros., avec la lance en arrêt ; ***infestis signis*** C Pros., en formation de combat (enseignes déployées) ¶ **2** exposé au danger ou aux attaques, mis en péril, menacé : C Pros.

infīblō (**infībŭlō**), *ās, āre, -, -*, tr., ***infiblo*** ; brider : +C Pros.

inficēt-, → *infacet*

1 **infĭcĭens**, *tis*, inactif, improductif : C Pros.

2 **infĭcĭens**, part. de *inficio*

infĭcĭō, *ĭs, ĕre, fēcī, fectum*, tr. ¶ **1** imprégner, recouvrir, ***rem aliqua re***, une chose de qqch. : C Poés. ; ***locum sanguine*** +C Pros., imprégner un lieu de son sang ‖ [en part.] empoisonner, infecter : C Poés. ¶ **2** [fig.] imprégner [l'âme] : C Pros., +C Pros. ‖ [en part.] infecter : ***desidia animum*** C Pros., corrompre l'âme par la paresse ; ***vitiis infici*** C Pros., être infecté par les vices ; [poét.] ***infectum scelus*** C Poés., la souillure du crime

infĭcĭŏr, *ārĭs, ārī, -*, → *infitior*

infīdēlis, *e*, sur qui l'on ne peut compter, peu sûr, infidèle, inconstant, changeant : -C Théât., C Pros. ‖ ***-lior*** -C Théât. ; ***-issimus*** C Pros.

infīdēlĭtās, *ātis*, f., infidélité : C Pros. ; [pl.] C Pros. ‖ [chrét.] absence de foi : T Pros.

infīdēlĭtĕr, adv., d'une manière peu sûre, peu loyale : C Pros. ‖ [chrét.] T Pros.

infīdĭbŭlum, → *infud-* : -C Pros.

infīdus, *a, um* ¶ **1** peu sûr : C Pros. ¶ **2** déloyal : C Poés.

infīgō, *ĭs, ĕre, fixī, fixum*, tr. ¶ **1** ficher dans, enfoncer : [avec *in* acc.] C Pros. ; [avec dat.] C Poés., +C Pros. ¶ **2** [fig.] pass., être fixé, imprimé dans : [avec *in* abl.] C Pros. ; [avec dat.] C Pros. ‖ ***infixum est mihi*** [avec inf.] +C Poés., je suis bien décidé à

infīgūrābĭlis, *e*, **infīgūrātus**, *a, um*, non figuré, qui n'a pas de forme : T Pros.

infĭmās, *ātis*, **infĭmātis** (**infŭ-**), *e*, de basse condition : -C Théât.

infĭmātus, *a, um*, part. de *infimo*

infĭmĭtās, *ātis*, f., basse condition : T Pros.

infĭmō, *ās, āre, -, ātum*, tr., rabaisser : +C Pros.

infĭmus (**infŭ-**), *a, um*, superl. de *inferus* ¶ **1** le plus bas, le dernier : C Pros. ; ***ab infimo*** C Pros., à partir du bas ‖ le bas de, la partie inférieure de : ***infimus collis*** C Pros., la partie inférieure de la colline ¶ **2** [fig.] le plus humble, le dernier : C Pros. ; ***infimus civis*** C Pros., le plus humble citoyen ; ***infimis precibus*** C Pros., avec les prières les plus humbles

infindō, *ĭs, ĕre, fĭdī, fissum*, tr., fendre : +C Poés. ‖ creuser dans : ***sulcos telluri*** C Poés., creuser des sillons dans le sol

infīnībĭlis, *e*, infini : +C Pros.

infīnĭtās, *ātis*, f., immensité, étendue infinie : C Pros. ‖ pl., T Pros.

infīnītē, adv., sans fin, sans limite, à l'infini : C Pros. ‖ d'une manière indéfinie, en général : C Pros., +C Pros.

infīnītio, *ōnis*, f., → *infinitas* ; C Pros.

infīnītō, adv., à l'infini, infiniment : +C Pros.

infīnītus, *a, um* ¶ **1** sans fin, sans limites, infini, illimité : C Pros. ‖ [en parl. de quantité] C Pros. ; ***infinitior*** C Pros., presque illimité ¶ **2** indéfini, indéterminé, général : C Pros. ¶ **3** [gram.] ***infinitum verbum*** ou ***infinitum*** seul, l'infinitif : +C Pros. ; ***infinitus articulus*** C Pros., pronom indéfini [c. *quis, quem, quojus*] ¶ **4** [expr. avec le n. pris subst[t]] : ***in infinitum*** +C Pros., jusqu'à l'infini

***infio** [inus.], → *infit*

infirmātĭo, *ōnis*, f., action d'affaiblir, d'infirmer : C Pros. ‖ réfutation : C Pros.

infirmātus, *a, um*, part. de *infirmo*

infirmē, adv., sans vigueur, faiblement : C Pros., +C Pros. ; ***infirmius*** +C Pros., avec trop de faiblesse

infirmis, *e*, faible : T Pros. ; → *infirmus*

infirmĭtās, *ātis*, f. ¶ **1** faiblesse du corps, complexion faible : C Pros., +C Pros. ¶ **2** débilité, maladie, infirmité : +C Pros. ¶ **3** [fig.] ***ingenii*** C Pros. ; ***animi*** C Pros., faiblesse d'intelligence, d'âme ‖ [abs[t]] faiblesse de caractère : C Pros.

infirmĭtĕr, adv., faiblement : T Pros.

infirmō, *ās, āre, āvī, ātum*, tr. ¶ **1** affaiblir, débiliter : +C Pros. ¶ **2** infirmer, affaiblir, détruire, renverser, réfuter : C Pros. ; ***alicujus fidem*** C Pros., affaiblir le crédit de qqn ‖ annuler : C Pros., +C Pros.

infirmŏr, *ārĭs, ārī, -*, dép., intr., être malade, débile, infirme : T Pros.

infirmus, *a, um* ¶ **1** faible [de corps], débile : C Pros. ; ***infirma aetas*** C Pros., l'enfance ‖ malade : C Pros., +C Pros. ¶ **2** [fig.] ***a)*** faible [en parl. de vin] : +C Pros. ; [de pain peu nourrissant] +C Pros. ***b)*** peu ferme, impuissant, faible : [avec *ad*, au regard de] C Pros. ; [avec *adversus*] +C Pros. ***c)*** faible moralement, timoré : ***terrentur infirmiores*** C Pros., les gens les plus craintifs sont effrayés ; ***infirmus animus*** C Pros., coeur pusillanime ***d)*** [en parl. de choses] faible, sans poids, sans valeur, sans autorité : ***causa infirmissima*** C Pros., motif des plus frivoles

infit, verbe défectif, il commence à [avec inf.] : -C Théât., C Poés. ‖ [en part.] il commence à parler : C Poés., Pros. ; [avec prop. inf.] il commence à dire que : C Pros.

infĭtĭālis, *e*, négatif : C Pros., +C Pros.

infĭtĭās īre (**īre infĭtĭās**), [C → *fateor, suppetiae, ire*], nier, contester [ord[t] avec négation] ***a)*** [avec acc.] ***omnia*** -C Théât., nier tout ***b)*** [avec prop. inf.] C Pros., +C Pros. ***c) non eo infitias quin*** +C Pros., je ne conteste pas que ***d)*** [abs[t]] -C Théât.

infĭtĭātĭo, *ōnis*, f., dénégation : C Pros. ‖ désaveu d'une dette, d'un dépôt : +C Pros.

infĭtĭātŏr, *ōris*, m., celui qui nie un dépôt : C Pros., +C Pros.

infĭtĭātrix, *īcis*, f., celle qui renie : T Poés.

infĭtĭŏr, *ārĭs, ārī, ātus sum*, tr. ¶ **1** nier, contester qqch., ***aliquam rem*** : C Pros. ‖ [avec prop. inf.] C Pros. ‖ [abs[t]] C Pros. ‖ ***non infitiari potest quin*** +C Pros., il ne peut nier que ¶ **2** nier [une dette, un dépôt] : C Pros., +C Poés.

infixī, parf. de *infigo*

infixus, *a, um*, part. de *infigo*

inflammantĕr, adv., avec feu [fig.] : +C Pros.

inflammātĭo, *ōnis*, f. ¶ **1** action d'incendier, incendie : C Pros. ¶ **2** inflammation [maladie] : +C Pros. ‖ excitation : ***animorum*** C Pros., ardeur des sentiments, enthousiasme

inflammatrix, *īcis*, f., celle qui enflamme, qui excite : T Pros.

inflammātus, *a, um*, part. de *inflammo*

inflammō, *ās, āre, āvī, ātum*, tr. ¶ **1** mettre le feu à, allumer, incendier : ***taedas ignibus*** C Pros., allumer une torche au (avec le) feu ¶ **2** exciter, enflammer [une passion] : C Pros. ‖ échauffer, enflammer qqn : C Pros. ; ***inflammatus ad gloriam*** C Pros., passionné pour la gloire

inflātē** [inus.] d'une manière outrée, hyperbolique : compar., ***inflatius [C] Pros.

inflātĭo, *ōnis*, f., gonflement ¶ **1** dilatation de l'eau en ébullition : [C] Pros. ¶ **2** gonflement de l'estomac : [C] Pros., [+C] Pros. ¶ **3** inflammation : [+C] Pros.

inflātŏr, *ōris*, m., **inflātrix**, *īcis*, f., celui, celle qui gonfle, qui donne de l'orgueil : [T] Pros. ‖ qui s'enfle d'orgueil : [T] Poés.

1 **inflātus**, *a*, *um* ¶ **1** part. de *inflo* ¶ **2** adj[t] ***a)*** gonflé : ***inflato collo*** [C] Pros., avec le cou gonflé [en parl. d'un serpent] ; ***bucca inflatior*** [+C] Pros., joue enflée ***b)*** [fig.] gonflé de colère : ***animus*** [C] Pros., coeur gonflé ‖ gonflé = enflé, exalté, enorgueilli : [C] Pros. ‖ ***inflatior*** [C] Pros., plein de lui-même ***c)*** [rhét.] [C] Pros.

2 **inflātŭs**, *ūs*, m., action de souffler dans, insufflation, souffle : [C] Pros. ‖ inspiration : [C] Pros.

inflectō, *ĭs*, *ĕre*, *flexī*, *flexum*, tr. ¶ **1** courber, plier, infléchir : ***cum ferrum se inflexisset*** [C] Pros., le fer s'étant courbé ‖ faire tourner, faire dévier : ***oculos alicujus*** [C] Pros., attirer les regards ¶ **2** [fig.] ***a) jus civile*** [C] Pros., faire plier (changer) le droit civil ; ***orationem*** [C] Pros., changer le caractère de l'éloquence ***b)*** [C] Pros. ; ***vox inflexa*** [C] Pros., intonation plaintive ***c)*** fléchir, émouvoir : [C] Poés. ***d)*** [gram.] marquer de l'accent circonflexe : [T] Pros.

inflētus, *a*, *um*, non pleuré : [C] Poés.

inflexĭbĭlis, *e*, [pr. et fig.] raide, inflexible : [+C] Pros.

inflexĭo, *ōnis*, f., action de plier : [C] Pros.

1 **inflexus**, *a*, *um*, part. de *inflecto*

2 **inflexŭs**, *ūs*, m. ¶ **1** détour, tournant : [+C] Poés. ¶ **2** inflexion : [+C] Pros.

1 **inflictus**, *a*, *um*, part. de *infligo*

2 **inflictŭs**, abl. *ū*, m., choc, rencontre : [T] Pros.

inflīgō, *ĭs*, *ĕre*, *flīxī*, *flictum*, tr. ¶ **1** heurter contre : ***alicui securim*** [C] Pros., frapper qqn de la hache ‖ infliger une blessure, assener un coup, ***alicui***, à qqn : [C] Pros. ‖ [fig.] ***aliquid in aliquem*** [C] Pros., lancer un trait plaisant contre qqn ¶ **2** infliger qqch. à qqn = faire subir : ***alicui turpitudinem*** [C] Pros., imprimer une flétrissure à qqn

inflō, *ās*, *āre*, *āvī*, *ātum*, tr. ¶ **1** souffler dans : ***aquam in os*** [-C] Pros., insuffler de l'eau dans la bouche ; ***tibias*** [C] Pros., souffler dans une flûte ; ***calamos*** [C] Poés., souffler dans des chalumeaux ‖ [abs[t]] [C] Pros. ¶ **2** faire entendre un son : ***sonum inflare*** [C] Pros., donner une note, un son au moyen de la flûte ¶ **3** gonfler : ***utrem*** [C] Poés., gonfler une outre ; ***inflatae vesiculae*** [C] Pros., vésicules gonflées ; ***buccas*** [C] Poés., gonfler les joues : [C] Poés., Pros. ‖ ***ventrem*** [C] Pros. ; ***(corpus)*** [+C] Pros., donner des ballonnements ‖ hausser le ton : ***aliquid extenuatur, inflatur*** [C] Pros., on abaisse, on élève le ton [dans la prononciation] ; ***inflata verba*** [C] Pros., mots prononcés avec emphase ¶ **4** [fig.] ***a)*** inspirer : [C] Pros. ***b)*** enfler, augmenter : [C] Pros. ; ***spem alicujus*** [C] Pros., enfler les espérances de qqn ***c)*** exalter : [C] Pros. ‖ ➡ *1 inflatus*

inflŭō, *ĭs*, *ĕre*, *fluxī*, *fluxum*, intr. ¶ **1** couler dans, se jeter dans : ***in Pontum*** [C] Pros., se jeter dans le Pont-Euxin ; [acc. seul] ¶ **2** faire invasion : [C] Pros. ¶ **3** s'insinuer dans, pénétrer dans : ***in aures contionis*** [C] Pros., s'insinuer dans les oreilles de l'assemblée ; ***in animos*** [C] Pros., s'insinuer dans les esprits ¶ **4** affluer, arriver en foule : ***influentia negotia*** [+C] Pros., les affaires qui arrivent en foule

influxĭo, *ōnis*, f., passage dans, descente dans : [T] Pros.

infŏdĭō, *ĭs*, *ĕre*, *fodī*, *fossum*, tr. ¶ **1** creuser : [+C] Pros. ¶ **2** enterrer : [-C] Pros., [C] Poés., Pros. ; ***aliquid in terram*** [C] Pros., enfouir qqch. dans la terre ‖ [fig.] insérer dans [avec dat.] ; faire entrer dans [avec dat.] : [+C] Poés.

infoecundus, ➡ *infecundus*

informātĭo, *ōnis*, f., idée, conception : [C] Pros. ‖ représentation d'une idée par l'image d'un mot : [C] Pros. ‖ explication d'un mot, du sens d'un mot par l'étymologie : [C] Pros.

informātus, *a*, *um*, part. de *informo*

informīdābĭlis, *e*, qui n'est pas redoutable : [+T] Poés.

informīdātus, *a*, *um*, non redouté : [+C] Poés.

informis, *e* ¶ **1** non façonné, brut : [C] Pros., [+C] Pros. ¶ **2** mal formé, difforme, hideux, horrible : [C] Poés. ‖ [fig.] ***informes hiemes*** [C] Poés., les hivers affreux ; ***informis exitus*** [+C] Pros., fin affreuse ‖ ***-ior*** [+C] Pros.

informĭtĕr, adv. (*informis*), sans forme : [T] Pros.

informō, *ās*, *āre*, *āvī*, *ātum*, tr. ¶ **1** façonner, former : [C] Poés., [+C] Poés., Pros. ¶ **2** [fig.] ***a)*** représenter idéalement, décrire : [C] Pros. ***b)*** façonner, disposer, organiser : [C] Pros. ***c)*** former dans l'esprit : [C] Pros. ***d)*** se représenter par la pensée, se faire une idée de : ***deos conjectura*** [C] Pros., se représenter les dieux par conjecture

infŏrō, *ās*, *āre*, -, -, tr., [obsc.] introduire en perçant, percer : [-C] Théât.

infortūnātus, *a*, *um*, malheureux, infortuné : [-C] Théât. ‖ ***-tior*** [C] Pros. [correction] ; ***-issimus*** [+C] Pros.

infortūnĭtās, *ātis*, f., ➡ *infortunium* : [+C] Pros.

infortūnĭum, *ĭi*, n., infortune, malheur, châtiment : [-C] Théât., [C] Pros.

infossus, *a*, *um*, part. de *infodio*

infrā, adv. et prép.

I adv. ¶ **1** au-dessous, en bas, à la partie inférieure : [C] Pros. : ***infra scripsi*** [C] Pros., j'ai transcrit ci-dessous ¶ **2** [fig.] au-dessous [quant au rang] : [C] Pros., [+C] Pros.

II prép. avec acc. ¶ **1** au-dessous de, au bas de : ***infra oppidum*** [C] Pros., au-dessous de la ville [au bas de la hauteur] ‖ [sur le lit de table] [C] Pros. ¶ **2** [fig.] ***a) infra Lycurgum*** [C] Pros., postérieur à Lycurgue ***b)*** [C] Pros. ; ***infra officium alicujus*** [+C] Pros., au-dessous de la tâche de qqn [indigne de qqn]

infractio, *ōnis*, f., action de briser ‖ [fig.] ***animi*** [C] Pros., abattement

1 **infractus**, *a*, *um*, ➡ *infringo*

2 **infractus**, *a*, *um*, non abattu : [T] Pros.

infrăgĭlis, *e*, [fig.] ferme, inébranlable : [C] Poés., [+C] Pros.

infrēgī, parf. de *infringo*

infrĕmō, *ĭs*, *ĕre*, *ŭī*, -, intr., frémir : [C] Poés. ‖ [fig.] gronder : [+C] Poés.

1 **infrēnātus**, *a*, *um*, part. de *infreno*

2 **infrēnātus**, *a*, *um*, qui n'a pas de bride : [C] Pros.

infrendens, *tis*, part. de *infrendeo*

infrendĕō, *ēs*, *ēre*, -, -, intr., grincer ; [avec ou sans *dentibus*] grincer des dents : [C] Poés., Pros. ; ***alicui*** [+C] Poés., grincer des dents contre qqn, s'emporter contre qqn

infrēnis, *is* et **infrēnus**, *a*, *um*, qui n'a pas de frein : [C] Poés. ‖ [fig.] qu'on ne peut maîtriser : [+C] Pros.

infrēnō, *ās*, *āre*, *āvī*, *ātum*, tr. ¶ **1** mettre un frein à, brider : [C] Pros. ‖ ***currus*** [C] Poés., atteler des chars ¶ **2** [fig.] ‖ brider, dompter : [C] Pros.

infrēnus, ➡ *infrenis*

infrĕquens, *tis* ¶ **1** peu nombreux, qui n'est pas en foule : ***exercitus*** [C] Pros., armée amoindrie ; ***copiae infrequentiores*** [C] Pros., des troupes en nombre plus faible ; ***senatus infrequens*** [C] Pros., le sénat n'ayant pas son quorum, n'étant pas en nombre ¶ **2** peu fréquenté, peu peuplé, solitaire : ***infrequentissima urbis*** [pl. n.] [C] Pros., les endroits les plus déserts de la ville ; ***infrequentes causae*** [C] Pros., causes peu suivies [par le public] ¶ **3** qui ne va pas souvent qq. part, peu assidu : [C] Poés. ‖ [avec gén.] ***rei militaris*** [C] Pros., peu exact au service militaire ; [fig.] ***vocum Latinarum*** [+C] Pros., qui est peu familier avec le vocabulaire latin ¶ **4** peu usité, rare : [+C] Pros.

infrĕquentātus, *a*, *um*, peu usité : [T] Pros.

infrĕquentĭa, *ae*, f. ¶ **1** petit nombre, rareté : [C] Pros. ¶ **2** solitude : [+C] Pros.

infrĭātus, *a*, *um*, part. de *infrio*

infrĭcō, *ās*, *āre*, *ŭī*, *cātum* et *ctum*, tr., frotter sur, appliquer en friction (***alicui rei aliquid***) : [+C] Pros.

infrictus, *a*, *um*, part. de *infrico*

infrīgescō, *ĭs*, *ĕre*, *frīxī*, -, intr., se refroidir : [+C] Pros.

infringō, *ĭs, ĕre, frēgī, fractum*, tr. ¶**1** briser : ***infractis hastis*** [C] Pros., en brisant les lances ; ***infractus remus*** [C] Pros., rame brisée [réfraction dans l'eau] ; ***articulos*** [FC] Pros., faire claquer ses doigts ¶**2** [fig.] briser, abattre : ***conatus adversariorum*** [C] Pros., briser les efforts des adversaires ; ***gloriam alicujus*** [C] Pros., abattre la gloire de qqn ; ***infracta tributa*** [FC] Pros., impôts diminués ‖ ***cantus infracti*** [FC] Pros., chants où la voix se brise, maniérés ‖ briser le rythme, la période : [C] Pros. ; [n. pl.] [C] Pros. ‖ abattre, décourager : ***aliquem*** [C] Pros. ; ***animos hostium*** [C] Pros., abattre qqn, décourager les ennemis ; ***infractus animus*** [C] Pros., esprit découragé ; ***oratio infracta*** [C] Pros., ton lamentable

infrĭō, *ās, āre, āvī, ātum*, tr., concasser, délayer : [-C] Pros., [FC] Pros.

infrixī, parf. de *infrigesco*

infrons, *ondis*, qui est sans feuillage : [C] Poés.

infructŭōsē, adv., infructueusement : [T] Pros. ‖ ***-ius*** [T] Pros.

infructŭōsus, *a, um*, infructueux, stérile : [FC] Pros.

infrūnītus, *a, um*, dont on ne jouit pas, insipide, niais : [FC] Pros., [T] Pros.

1 **infūcātus**, *a, um*, fardé : [C] Pros.

2 **infūcātus**, *a, um*, non fardé : [T] Pros.

infūdī, parf. de *infundo*

infūdĭbŭlum, → *infundibulum*

infŭla, *ae*, f. ¶**1** bande, ruban : [C] Pros. ¶**2** bandelette, bandeau sacré ‖ [large bande de laine qui ornait la tête des prêtres des victimes ou que portaient les suppliants] : [C] Pros., Poés. ¶**3** [fig.] ornement sacré : [C] Pros. ‖ objet de respect, de vénération : [FC] Pros. ¶**4** insignes d'une charge : [T] Pros. ¶**5** bandelette [sculptée] : [FC] Poés.

infŭlātus, *a, um*, qui porte un bandeau [de victime] : [FC] Pros. ‖ [fig.] orné du bandeau royal : [T] Poés.

infulcĭō, *īs, īre, fulsī, fultum*, tr. ¶**1** enfoncer (***aliquid alicui***) : [FC] Pros. ¶**2** [fig.] introduire, insérer, ***aliquid alicui rei***, qqch. dans qqch. : [FC] Pros.

infultūra, *ae*, f., support : [T] Pros.

infŭmātis, *e*, → *infimas*

infŭmus, *a, um*, → *infimus*

infundĭbŭlum, *i*, n., entonnoir : [FC] Pros. ‖ trémie [de moulin] : [C] Pros.

infundō, *ĭs, ĕre, fūdī, fūsum*, tr. ¶**1** verser dans, répandre dans : ***aliquid in vas*** [C] Pros., verser qqch. dans un vase : ***vinum cribro*** [FC] Pros., verser du vin sur une passoire ‖ [pass. réfl.] se répandre dans : [C] Pros., [FC] Pros. ¶**2** verser à qqn qqch., faire absorber : ***alicui venenum*** [C] Pros., verser du poison à qqn ¶**3** faire pénétrer dans : ***orationem in aures alicujus*** [C] Pros., verser des paroles dans l'oreille de qqn ; ***vitia in civitatem*** [C] Pros., répandre des vices dans l'État ‖ [pass. réfl.] se glisser dans : [C] Pros. ¶**4** répandre sur : ***nimbum desuper alicui*** [C] Poés., répandre un nuage sur qqn ; [FC] Pros. ; ***infuso igni*** [C] Pros., le feu se propageant ; ***sole infuso*** [C] Poés., le soleil répandant ses rayons ; [poét.] [C] Poés. ‖ [poét.] ***infusus gremio alicujus*** [C] Poés., étendu sur le sein de qqn ; ***collo*** [C] Poés., attaché au cou de qqn ¶**5** arroser, mouiller : ***(olivas) aceto*** [FC] Pros., arroser les olives de vinaigre

infuscātus, *a, um*, part. de *infusco*

infuscō, *ās, āre, āvī, ātum*, tr. ¶**1** rendre brun : [C] Poés., [FC] Pros. ¶**2** [fig.] ***a)*** ***infuscari***, s'obscurcir, s'assourdir, se voiler [en parl. de la voix] : [C] Pros. ***b)*** ternir, tacher, gâter : [C] Pros.

infuscus, *a, um*, noirâtre : [FC] Pros.

infūsŏr, *ōris*, m., celui qui inculque : [T] Poés.

infūsōrĭum, *ĭi*, n., burette : [T] Pros.

infūsus, *a, um*, part. de *infundo*

Ingaevŏnes, *um*, m. pl., peuple germain des bords de la Baltique : [FC] Pros.

Ingauni, *ōrum*, m. pl., peuple ligure sur la côte du golfe de Gênes : [C] Pros. ‖ ***Album Ingaunum***, n., → *Albingaunum* [Albenga] : [C] Pros.

ingĕlābĭlis, → *incongelabilis*

ingĕmesco, → *ingemisco*

ingĕmĭnātus, *a, um*, part. de *ingemino*

ingĕmĭnō, *ās, āre, āvī, ātum* ¶**1** tr., redoubler, répéter, réitérer : [C] Poés. ¶**2** intr., redoubler, s'accroître : [C] Poés. ‖ ***ingeminant plausu*** [C] Poés., ils redoublent d'applaudissements

ingĕmisco, *ĭs, ĕre, gĕmŭī*, - ¶**1** intr., gémir, se lamenter sur, à propos de : [abs[t]] [C] Pros. ; ***in aliqua re*** [C] Pros. ; ***alicui rei*** [C] Pros., [FC] Pros. ‖ pousser une plainte en faisant un effort : [C] Pros. ¶**2** tr. ***a)*** déplorer avec gémissement, déplorer, ***aliquid***, qqch. : [FC] Pros. ; ***ingemiscendus*** [T] Pros., déplorable ***b)*** [avec prop. inf.] : [C] Pros., [FC] Poés.

ingĕmo, *ĭs, ĕre, ŭī, (ĭtum)* ¶**1** intr., gémir sur, ***in aliqua re***, sur qqch. : [C] Pros. ; ***alicui rei*** [C] Poés., Pros. ‖ gémir [en parl. des choses], faire du bruit : [C] Poés. ¶**2** tr., déplorer, gémir sur : [C] Poés., [FC] Poés.

ingĕnĕrātus, *a, um*, part. de *ingenero*

ingĕnĕrō, *ās, āre, āvī, ātum*, tr. ¶**1** faire naître dans : ***amorem in aliquem*** [C] Pros., inspirer dès la naissance un amour pour qqn ¶**2** créer, produire, enfanter : [C] Pros.

ingĕnĭātus, *a, um*, disposé par la nature : [-C] Théât., [FC] Pros. ‖ ***ad aliquid***, à qqch. : [FC] Pros.

Ingĕnicla imago, f., → *Ingeniculus* : [C] Poés.

Ingĕnĭcŭlātus, *i*, m., → *Ingeniculus* : [C] Pros.

ingĕnĭcŭlō, *ās, āre, āvī, ātum*, intr., s'agenouiller : [FC] Pros.

Ingĕnĭcŭlus, *i*, m., l'Agenouillé [constellation] : [C] Poés.

ingĕnĭŏlum, *i*, n., faible talent : [T] Pros.

ingĕnĭōsē, adv., ingénieusement : [C] Pros., [FC] Pros. ‖ ***-issime*** [FC] Pros.

ingĕnĭōsus, *a, um* ¶**1** qui a naturellement toutes les qualités de l'intelligence ***a)*** intelligent : [C] Pros. ‖ d'esprit vif, pénétrant : [opp. *tardus*] [C] Pros. ; [opp. *hebes*] [C] Pros. ‖ ***-osior*** [C] Pros. ; ***-issimus*** [C] Pros. ***b)*** ***ad aliquid*** [C] Poés. ; ***in aliquid*** [C] Poés. ; [ou datif] [C] Poés. ; ***in aliqua re*** [FC] Poés., inventif, ingénieux pour, dans qqch. ***c)*** [en parl. de choses] [plaisanterie intelligente] [C] Pros. ¶**2** naturellement apte à, propre à [en parl. de choses] : [C] Poés.

1 **ingĕnĭtus**, *a, um*, part. de *ingigno*

2 **ingĕnĭtus**, *a, um*, incréé : [T] Poés., Pros.

ingĕnĭum., *ĭi*, n. ¶**1** qualités innées (nature) d'une chose : ***arvorum ingenia*** [C] Poés., nature des terrains ¶**2** dispositions naturelles d'un être humain, tempérament, nature propre, caractère : [-C] Théât., [C] Pros. ; ***ad ingenium redit*** [-C] Théât., il revient à son naturel ¶**3** [surtout] dispositions intellectuelles, intelligence : [C] Pros., [C] Pros., [FC] Pros. ‖ dons naturels, talent naturel [condition de l'éloquence] : [C] Pros. ¶**4** talent, génie : ***ingenium ad fingendum*** [C] Pros., génie pour inventer ; ***ingenium facere alicui*** [C] Poés., donner à qqn de l'esprit ‖ un talent, un génie = un homme de … ; [C] Pros. ‖ pl., des talents, des génies : [C] Pros., [FC] Pros. ¶**5** invention, inspiration : ***alicujus*** [FC] Pros., idée imaginée par qqn ; [C] Poés., [FC] Pros.

ingens, *tis*, d'une grandeur non ordinaire, grand, énorme, démesuré, vaste, immense : ***ingens pecunia*** [C] Pros., somme énorme ; ***campus*** [C] Pros., carrière immense ; ***ingentes imagines*** [C] Pros., images (figurations) gigantesques ; ***ingens clamor*** [C] Pros., cris formidables ‖ ***-tior*** [C] Poés. ‖ [avec gén.] sous le rapport de : [C] Pros., [FC] Pros. ; [ou abl.] [C] Poés., [FC] Pros. ‖ [avec inf.] [FC] Poés.

ingĕnŭē, adv., en homme libre : ***ingenue educatus*** [C] Pros., qui a reçu une éducation libérale ‖ franchement, naïvement, sincèrement ; [C] Pros., [FC] Pros.

ingĕnŭī, parf. de *ingigno*

ingĕnŭĭtās, *ātis*, f., condition d'homme né libre, bonne naissance : [C] Pros., [FC] Pros. ‖ sentiments nobles, loyauté, sincérité : [C] Pros. ‖ pl., [T] Pros.

ingĕnŭus, *a, um* ¶**1** né dans le pays, indigène : [C] Poés., [C] Poés. ‖ inné, naturel, apporté au monde en naissant : [-C] Théât., [C] Poés. ¶**2** né libre [de parents libres], bien né, de bonne famille : [C] Pros. ‖ subst., m., homme libre : [C] Pros. ‖ [subst. f.] femme libre : [-C] Théât. ¶**3** digne d'un homme libre, d'un homme bien né, noble : ***artes ingenuae*** [C] Pros. ; ***ingenua studia*** [C] Pros. ; ***ingenuae disciplinae*** [C] Pros., arts libéraux, occupations libérales, études libérales ‖ [m. pris substᵗ] [C] Pros. ¶ **4** [poét.] faible, délicat : [C] Poés.

ingĕrō, *ĭs*, *ĕre*, ***gessī***, ***gestum***, tr. ¶ **1** jeter : ***saxa in subeuntes*** [C] Pros., jeter des rochers sur les assaillants ; ***pugnos in ventrem*** [-C] Théât., bourrer de coups de poings dans le ventre ‖ ***ignem, verbera*** [+C] Pros., appliquer à qqn la torture du feu, assener des coups ; ***manus capiti*** [+C] Pros., se frapper la tête ‖ ***se ingerere, ingeri***, se porter dans, se jeter, se présenter : ***periclis*** [+C] Poés., se jeter dans les périls ; [T] Pros. ¶ **2** [fig.] ***a)*** lancer contre : ***convicia alicui*** [C] Poés., lancer des invectives contre qqn ; [-C] Théât., [C] Pros. ‖ proférer : [+C] Pros. ***b)*** imposer : ***alicui nomen*** [+C] Pros., imposer un nom à qqn ; ***aliquem*** [C] Pros., imposer qqn [comme juge] ; ***se oculis*** [+C] Pros., s'imposer aux regards (faire étalage de soi) ‖ inculquer : [+C] Pros. ***c)*** mêler dans, introduire : ***praeterita*** [C] Pros., mêler du passé [au présent]

ingestābĭlis, *e*, qui ne peut être porté : [+C] Pros.

ingestus, *a*, *um*, part. de *ingero*

Ingevŏnes, ➨ *Ingaevones*

ingignō, *ĭs*, *ĕre*, ***gĕnŭī***, ***gĕnĭtum***, tr., faire naître dans : [C] Pros. ‖ **ingenitus**, *a*, *um*, inné, naturel : [C] Pros.

inglŏmĕrō, *ās*, *āre*, -, -, tr., agglomérer, amonceler : [+C] Poés.

inglōrĭōsus, *a*, *um*, qui est sans gloire : [+C] Pros.

inglōrĭus, *a*, *um* ¶ **1** sans gloire, obscur : [C] Pros., Poés. ‖ ***non inglorius militiae*** [+C] Pros., qui n'est pas sans gloire militaire ‖ ***inglorium arbitrabatur*** [avec inf.] [+C] Pros., il estimait sans gloire de ¶ **2** non orné, simple : [+C] Poés.

inglŭvĭēs, *ēī*, f. ¶ **1** gésier, jabot des oiseaux : [+C] Pros. ‖ gosier [serpent] : [C] Poés. ‖ estomac : [+C] Pros. ¶ **2** [fig.] voracité, gloutonnerie : [C] Poés., [+C] Pros.

ingrandescō, *ĭs*, *ĕre*, ***grandŭī***, -, intr., croître, grandir : [+C] Pros.

ingrātē, adv. ¶ **1** d'une manière désagréable : [C] Poés. ¶ **2** avec ingratitude, en ingrat : [C] Pros., [+C] Pros. ; [fig.]

ingrātĭa, *ae*, f., abl. ***ingratiis*** ***a)*** [avec gén.] ***alicujus ingratiis*** [-C] Théât., contre le gré de qqn ; ***tuis ingratiis*** [-C] Théât., malgré toi ; [+C] Pros. ***b)*** [advᵗ] ***ingratiis*** [-C] Théât. ; ***ingratis*** [C] Poés., Pros., à regret, à contrecoeur

ingrātĭfĭcus, *a*, *um*, ingrat : [-C] Théât.

ingrātis, ➨ *ingratia*

ingrātus, *a*, *um* ¶ **1** désagréable, déplaisant : [C] Pros., Poés. ¶ **2** ingrat, qui n'a pas de reconnaissance : [C] Pros. ; ***ingratus animus*** [C] Pros., ingratitude ; ***ingratus in aliquem*** [C] Pros., ingrat envers qqn ; ***nihil ingratius*** [C] Pros., rien de plus ingrat ; ***-issimus*** [+C] Pros. ‖ subst. n. ***ingratum***, ingratitude : ***aliquem ingrati postulare*** [C] Pros., accuser qqn d'ingratitude ‖ [poét.] [avec gén.] ***ingratus salutis*** [C] Poés., sans reconnaissance pour le salut obtenu ‖ [fig.] ***ager*** [+C] Poés., sol ingrat ¶ **3** reçu sans reconnaissance, dont il n'est pas su gré : [-C] Théât., [C] Poés., Pros. ¶ **4** insatiable : [C] Poés.

ingrăvātē, adv., sans contrainte, volontiers : [T] Pros.

ingrăvātus, *a*, *um*, part. de *ingravo*

ingrăvescō, *ĭs*, *ĕre*, -, -, intr. ¶ **1** s'alourdir : [C] Pros. ‖ devenir enceinte : [C] Poés. ¶ **2** [fig.] ***a)*** croître, augmenter : [C] Pros. ***b)*** s'aggraver, s'aigrir, s'irriter : [C] Pros., [+C] Pros.

ingrăvĭdātus, *a*, *um*, part. de *ingravido*

ingrăvĭdō, *ās*, *āre*, -, -, tr., surcharger [fig.] : [T] Pros.

ingrăvō, *ās*, *āre*, ***āvī***, ***ātum***, tr. ¶ **1** charger, surcharger : [+C] Poés. ¶ **2** ***a)*** [absᵗ] : [C] Poés. ***b)*** aggraver, aigrir, irriter : [C] Poés. ‖ endurcir son coeur : [T] Pros.

ingrĕdior, *ĕrĭs*, ***gredī***, ***gressus sum***, intr. et tr.
I intr. ¶ **1** aller dans, entrer dans ; [C] Pros. ; ***intra munitiones*** [C] Pros., pénétrer à l'intérieur du retranchement ; ***castris*** [C] Poés., pénétrer dans le camp ¶ **2** [fig.] s'engager dans, aborder : ***in disputationem*** [C] Pros., aborder une discussion ; ***ad dicendum*** [C] Pros., se mettre à parler, aborder l'éloquence ¶ **3** s'avancer, marcher avec gravité (lentement) : [C] Poés., [+C] Pros. ‖ marcher : ***manibus*** [C] Pros., marcher sur les mains ‖ [fig.] ***vestigiis alicujus*** [C] Pros., marcher sur les traces de quelqu'un
II tr. ¶ **1** entrer dans, aborder : ***domum*** [C] Pros., entrer dans une maison ; ***pontem*** [C] Pros., pénétrer sur un pont ; ***viam*** [C] Pros., s'engager sur une route ; ***iter pedibus*** [C] Pros., se mettre en route à pied ; ***mare*** [C] Pros., aborder la mer, s'embarquer ; ***vestigia alicujus*** [C] Pros., suivre les traces de qqn ; ***pericula*** [C] Pros., affronter les dangers ¶ **2** s'engager dans, aborder, commencer : ***disputationem*** [C] Pros. ; ***orationem*** [C] Pros., aborder une discussion, un exposé ; [+C] Pros. ‖ ***magistratum*** [C] Pros., entrer en charge ; [+C] Pros. ‖ [avec inf.] commencer à : ***dicere*** [C] Pros., commencer à parler ; [absᵗ] commencer de parler, prendre la parole : [C] Poés.

ingressio, *ōnis*, f., entrée dans : [C] Pros. ‖ allure : [C] Pros. ‖ entrée en matière : [C] Pros.

1 **ingressus**, *a*, *um*, part. de *ingredior*

2 **ingressŭs**, *ūs*, m. ¶ **1** action d'entrer, entrée : [+C] Pros. ¶ **2** commencement : [+C] Pros. ¶ **3** allure, démarche : [C] Pros. ‖ marche : [C] Pros. ; ***ingressu prohiberi*** [C] Pros., ne pouvoir faire un pas librement

ingrŭentĭa, *ae*, f., approche, imminence : [T] Pros.

ingrŭō, *ĭs*, *ĕre*, ***ŭī***, -, intr., fondre sur, s'élancer contre, tomber violemment sur, attaquer [avec dat. ou *in* acc.] : [C] Poés., Pros. ‖ [absᵗ] : [C] Poés., [+C] Pros.

Inguaeones, ➨ *Ingaevones*

inguĕn, *ĭnis*, n. ¶ **1** aine : [C] Poés. ‖ bas-ventre : [+C] Pros. ¶ **2** les parties génitales : [C] Poés. ¶ **3** tumeur à l'aine : [-C] Poés., [+C] Pros.

ingurgĭtātus, *a*, *um*, part. de *ingurgito*

ingurgĭtō, *ās*, *āre*, ***āvī***, ***ātum***, tr. ¶ **1** engouffrer : [-C] Théât., [+C] Pros. ¶ **2** plonger comme dans un gouffre ***a)*** ***se in flagitia*** [C] Pros., se plonger dans un abîme de débauches ; ***se in alicujus copias*** [C] Pros., se plonger jusqu'au cou dans les richesses de qqn ; [+C] Pros. ***b)*** ***se ingurgitare*** [C] Pros. ; ***ingurgitari*** [+C] Pros., se gorger de vin

ingustātus, *a*, *um*, à quoi on n'a pas goûté : [C] Poés.

ĭnhăbĭlis, *e* ¶ **1** difficile à manier, incommode : [C] Pros., [+C] Pros. ¶ **2** [fig.] peu propre à, impropre à : ***inhabilis studiis*** [+C] Pros., peu propre à l'étude ; ***inhabilis ad parendum*** [+C] Pros., peu disposé à obéir ; ***ad consensum*** [C] Pros., incapable d'une décision en commun

ĭnhăbĭtābĭlis, *e* ¶ **1** inhabitable : [C] Pros. ¶ **2** habitable : [T] Pros.

ĭnhăbĭtātĭo, *ōnis*, f., habitation, demeure, séjour : [T] Pros.

ĭnhăbĭtō, *ās*, *āre*, ***āvī***, ***ātum***, tr., habiter dans, habiter : [+C] Pros.

ĭnhaerēdĭto, ➨ *inheredito*

ĭnhaerĕō, *ēs*, *ēre*, ***haesī***, ***haesum***, intr. ¶ **1** rester attaché, fixé à, tenir à, adhérer à : [avec dat.] [C] Pros. ‖ [avec *ad*] [C] Pros. ‖ [avec *in* abl.] [C] Pros. ‖ [absᵗ] ***lingua inhaeret*** [C] Pros., la langue est attachée [par le filet] ¶ **2** [fig.] tenir à, être inséparable, inhérent : [C] Pros.

ĭnhaerescō, *ĭs*, *ĕre*, ***haesī***, -, intr., [avec *in* abl.] [C] Pros. ; [fig.] [C] Pros.

1 **ĭnhālātus**, *a*, *um*, part. de *inhalo*

2 **ĭnhālātŭs**, abl. *ū*, m., souffle, haleine : [+C] Pros.

ĭnhālō, *ās*, *āre*, ***āvī***, ***ātum***, tr. ***a)*** souffler sur (***rem***, sur qqch.) : [+C] Pros. ***b)*** exhaler une odeur de : ***popinam*** [C] Pros., une odeur de taverne

ĭnhāmō, *ās*, *āre*, -, -, tr., [fig.], prendre à l'hameçon : [T] Pros.

ĭnhērēdĭtō, *ās*, *āre*, -, -, intr., hériter : [T] Pros.

ĭnhĭantĕr, adv., avec avidité : [T] Pros.

ĭnhĭbĕō, *ēs*, *ēre*, ***ŭī***, ***ĭtum***, tr. ¶ **1** retenir, arrêter, ***aliquem***, qqn : [C] Pros. ; ***equos*** [C] Poés., des chevaux ; ***impetum*** [C] Pros., arrêter un élan ¶ **2** [marine] ramer en arrière, à rebours : [C] Pros., [+C] Pros. ; ***retro navem*** [C] Pros., ramener un vaisseau en arrière ; [+C] Poés. ¶ **3** appliquer : ***supplicium alicui*** [C] Pros., infliger un supplice à qqn ; ***imperium*** [-C] Théât., exercer son autorité ; [C] Pros. ; ***imperium in deditos*** [C] Pros., exercer son autorité souveraine sur des peuples rendus à merci

ĭnhĭbĭtĭo, ***ōnis***, f., action de ramer en sens contraire : [C] Pros.

ĭnhĭbĭtus, ***a, um***, part. de *inhibeo*

ĭnhinnĭō, ***īs, īre, -, -***, intr., hennir contre [dat.] : [T] Poés.

ĭnhĭō, ***ās, āre, āvī, ātum*** ¶ **1** intr. ***a)*** être ouvert, béant : [C] Poés. ‖ avoir la gueule ouverte : [C] Poés. ***b)*** avoir la bouche ouverte pour qqch., par avidité [avec dat.] : [C] Pros. ; [fig.] être béant après qqch., aspirer à [dat.] : [+C] Poés., Théât., Pros. ; [avec *in* acc.] [C] Poés. ***c)*** avoir une attention avide : [C] Poés. ‖ [avec dat.] pour qqch. : [+C] Poés. ¶ **2** tr., convoiter avidement qqch. : [-C] Théât.

ĭnhŏnestē, adv., malhonnêtement : [-C] Théât., [C] Pros.

ĭnhŏnestō, ***ās, āre, -, -***, tr., déshonorer : [C] Poés.

ĭnhŏnestus, ***a, um*** ¶ **1** sans honneur (considération), méprisable : [C] Pros. ‖ [écarté des magistratures, privé des honneurs] [C] Pros. ¶ **2** déshonnête, honteux : [C] Pros. ¶ **3** laid, repoussant, hideux : [-C] Théât., [C] Poés. ‖ ***-tior*** [+C] Pros. ; ***-issimus*** [C] Pros.

ĭnhŏnōrātĭo, ***ōnis***, f., déshonneur, flétrissure : [T] Pros.

ĭnhŏnōrātus, ***a, um*** ¶ **1** qui n'a pas exercé de charges, qui est sans honneur : [C] Pros. ¶ **2** qui n'a pas reçu de récompense, de marques d'honneur : [C] Pros. ‖ ***-tior*** [C] Pros. ; ***-issimus*** [C] Pros.

ĭnhŏnōrĭfĭcus, ***a, um***, qui n'accorde pas de considération : [+C] Pros.

ĭnhŏnōrus, ***a, um***, qui est sans honneur : [+C] Pros. ‖ affreux, laid : [+C] Poés.

ĭnhorrĕō, ***ēs, ēre, -, -***, intr. ¶ **1** être hérissé de qqch. : [C] Pros. ¶ **2** se dresser, se hérisser : [+C] Pros.

ĭnhorrescō, ***ĭs, ĕre, horrŭī, -***, intr. ¶ **1** devenir hérissé : [C] Poés. ¶ **2** se dresser, se hérisser : [C] Poés., [+C] Pros. ¶ **3** avoir la peau qui se hérisse, avoir la chair de poule, frissonner, grelotter : [+C] Pros. ‖ [fig.] frissonner de crainte, trembler : [C] Pros., [+C] Pros. ; ***inhorrescit vacuis*** [+C] Pros., il frissonne devant le vide des appartements ¶ **4** [poét.] ***inhorruit aer*** [C] Poés., l'air trembla, s'agita ; [+C] Poés.

ĭnhortŏr, ***ārĭs, ārī, ātus sum***, tr., exhorter, exciter : [+C] Pros. ‖ [passivt] ***inhortatus***, exhorté : [+C] Pros.

ĭnhospĭtālis, ***e***, inhospitalier : [C] Poés., [+C] Pros.

ĭnhospĭtālĭtās, ***ātis***, f., inhospitalité : [C] Pros.

ĭnhospĭtus, ***a, um***, inhospitalier : [C] Poés., Pros. ‖ ***inhospita***, n. pl., contrées inhospitalières : [+C] Poés.

ĭnhūmānē, adv., durement, sans humanité : [-C] Théât., [C] Pros. ‖ ***-nius*** [C] Pros.

ĭnhūmānĭtās, ***ātis***, f. ¶ **1** cruauté, barbarie, inhumanité : [C] Pros. ¶ **2** grossièreté, manque de savoir-vivre : [C] Pros. ‖ caractère difficile : [C] Pros. ‖ désobligeance : [C] Pros. ‖ façon de vivre sordide : [C] Pros.

ĭnhūmānĭtĕr, adv., incivilement, sans politesse : [C] Pros.

ĭnhūmānus, ***a, um*** ¶ **1** inhumain, barbare, cruel : [C] Pros. ¶ **2** morose, de caractère difficile : [C] Pros. ¶ **3** incivil, grossier, sans politesse, sans savoir-vivre : [C] Pros. ‖ barbare, grossier, sans culture : [C] Pros. ¶ **4** surhumain, divin : [+C] Pros.

ĭnhŭmātus, ***a, um***, sans sépulture : [C] Pros., Poés., [+C] Poés.

ĭnhūmĭgō, ***ās, āre, -, -***, tr., humecter : [-C] Théât.

ĭnĭbi, adv. ¶ **1** là [sans mouvt], en ce lieu-là, dans le même endroit : [-C] Pros., [C] Pros. ‖ ***inibi = in*** [et abl. du dém.] : [-C] Théât., [+C] Pros. ¶ **2** [en parl. du temps] ***a)*** là, à l'instant : [+C] Pros. ***b) inibi est aliquid*** [C] Pros., qqch. est là, sous la main = sur le point d'arriver

ĭnĭcĭō, ***ĭs, ĕre, -, -***, ➡ *injicio*

ĭnĭens**, nom. inus., ***ineuntis, part. prés. de *ineo*

ĭnĭgō, ***ĭs, ĕre, ēgī, actum***, tr., faire aller dans, pousser (diriger) vers : [C] Pros.

ĭnĭmīcālis, ***e***, d'ennemi : [T] Pros.

ĭnĭmīcē, adv., en ennemi : [C] Pros. ‖ ***-cius*** [C] Pros. ; ***-issime*** [C] Pros.

ĭnĭmīcĭtĕr, ➡ *inimice* : [+C] Pros.

ĭnĭmīcĭtĭa, ***ae***, f. ¶ **1** inimitié, haine : [C] Pros. ¶ **2** [ordt au pl.] [C] Pros. ‖ ***habere*** [C] Pros. ; ***gerere*** [C] Pros. ; ***exercere cum aliquo*** [C] Pros., entretenir une inimitié avec qqn, être ennemi de qqn ; ***alicui denuntiare*** [C] Pros., se déclarer l'ennemi de quelqu'un

ĭnĭmīcō, ***ās, āre, āvī, ātum***, tr., rendre ennemi : [C] Poés.

ĭnĭmīcŏr, ***ārĭs, ārī, -***, [pass.] être ennemi, hostile : [T] Pros.

ĭnĭmīcus, ***a, um*** ¶ **1** ennemi [particulier], d'ennemi, hostile, opposé : [C] Pros. ‖ [avec gén. ou dat.] [C] Pros. ¶ **2** [poét.] ennemi [de guerre] : [C] Poés. ¶ **3** [en parl. de choses] contraire, funeste : [C] Poés. ¶ **4** subst. m., ennemi : [C] Pros. ; subst. f., ennemie : [C] Pros. ‖ ***-cior*** [C] Pros. ; ***-cissimus*** [C] Pros. ‖ gén. pl. ***inimicum*** [-C] Théât.

ĭnĭmĭtābĭlis, ***e***, inimitable : [+C] Pros.

ĭnintellĕgens, ***entis***, inintelligent : [C] Pros.

ĭninterprĕtātus, ***a, um***, non interprété : [T] Pros.

ĭnīquē, adv., inégalement : [-C] Théât., [C] Pros. ‖ à tort, injustement : [C] Pros. ‖ avec peine, avec impatience : [+C] Pros., [T] Pros. ‖ ***-quius*** [-C] Théât. ; ***-quissime*** [C] Pros., [+C] Pros.

ĭnīquĭtās, ***ātis***, f. ¶ **1** inégalité [terrain] : [C] Pros. ‖ action d'excéder ses forces : [+C] Pros. ¶ **2** condition défavorable, désavantage, difficulté, adversité, malheur : [C] Pros., [+C] Pros. ¶ **3** injustice, iniquité : [C] Pros. ‖ ***vestra iniquitas*** [C] Pros., votre demande peu juste, peu raisonnable

ĭnīquus, ***a, um*** ¶ **1** inégal : ***locus iniquus*** [C] Pros., lieu accidenté ¶ **2** défavorable, incommode : [C] Pros. ; ***iniquo tempore*** [C] Pros., en un moment défavorable ¶ **3** inégal, non calme : [C] Pros. ; ***iniquissimo animo*** [C] Pros., avec le moins de calme, de sérénité ¶ **4** qui n'est pas juste, excessif : ***iniquum pondus*** [C] Poés., poids excessif ; ***sol iniquus*** [C] Poés., soleil trop ardent ¶ **5** injuste, inique : ***iniqua condicio*** [C] Pros., conditions injustes ; ***iniquum est*** [inf.] [C] Pros., il est injuste de ¶ **6** hostile : [C] Pros. ‖ ***iniqui mei*** [C] Pros., mes ennemis ¶ **7** [chrét.] mauvais, impie : [T] Pros.

ĭnĭtĭālis, ***e***, primitif, primordial : [+C] Pros.

ĭnĭtĭāmenta, ***ōrum***, n. pl., initiation : [+C] Pros.

ĭnĭtĭātĭo, ***ōnis***, f., initiation : [+C] Pros.

ĭnĭtĭātus, ***a, um***, part. de *initio*

ĭnĭtĭō, ***ās, āre, āvī, ātum***, tr. ¶ **1** initier [aux mystères] : [C] Pros. ¶ **2** [fig.] initier à, instruire : [+C] Pros.

ĭnĭtĭum, ***ĭī***, n. ¶ **1** commencement, début : ***initio orationis*** [C] Pros., au début du discours ‖ ***initio*** [C] Pros., au début, en commençant ¶ **2** [surtout au pl.] ***a)*** principes, éléments [du monde] : [C] Pros. ***b)*** principes [d'une science] : [C] Pros. ***c)*** principe, origine, fondement : [C] Pros. ***d)*** auspices : [+C] Pros. ***e)*** mystères : [de Cérès] [C] Pros. ; [de Bacchus] [C] Pros. ***f)*** prémices : [T] Pros.

ĭnĭtō, ***ās, āre, -, -***, tr., entrer souvent dans : [-C] Théât.

1 **ĭnĭtus**, ***a, um***, part. de *ineo*

2 **ĭnĭtŭs**, ***ūs***, m., arrivée : [C] Poés. ‖ commencement : [C] Poés. ‖ accouplement : [C] Poés.

ĭnīvī, parf. de *ineo*

injēcī, parf. de *injicio*

injectĭo, ***ōnis***, f., action de jeter sur : ***manus injectio in aliquem, in aliquid*** [+C] Pros., mainmise sur qqn, qqch.

injectō, ***ās, āre, -, -***, tr., jeter sur : [+C] Poés.

1 **injectus**, ***a, um***, part. de *injicio*

2 **injectŭs**, ***ūs***, m., action de jeter sur : [+C] Pros. ; [fig.] [C] Poés.

injĭcĭo, ***ĭs, ĕre, jēcī, jectum***, tr. ¶ **1** jeter dans, sur : ***ignem castris*** [C] Pros., mettre le feu au camp ; ***se in medios hostes*** [C] Pros., se jeter au milieu des ennemis ; [métaph.] s'élancer ; ***in aliquid***, dans qqch. : [C] Pros. ‖ [fig.] inspirer, susciter : ***alicui timorem, amorem*** [C] Pros., inspirer la crainte, l'amour ; ***alicui causam deliberandi*** [C] Pros., fournir à qqn un motif de réflexion ; ***alicui mentem ut audeat*** [C] Pros., donner à qqn l'idée d'oser ; ***tumultum civitati*** [C] Pros., jeter le trouble dans la cité ‖ mentionner, suggérer, insinuer : ***alicui nomen alicujus*** [C] Pros., suggérer à qqn le nom de qqn ; [abst] [C] Pros. ‖ blâmer, reprocher : [+C] Pros. ¶ **2** jeter sur, appliquer sur : ***plagam alicui rei*** [C] Pros., porter un coup à qqch. ; ***alicui catenas*** [C] Pros., charger qqn de chaînes ; ***alicui pallium*** [C] Pros., jeter un manteau sur les épaules de qqn ; ***manum alicui*** [C] Pros., mettre la main sur qqn ; [en part.] mettre la main sur qqn, en signe de possession, de propriété : [C] Pros., [+C] Pros., Poés. ‖ [pour une citation en justice] : [-C] Théât.

**injūcundē [inus.], désagréablement ; *-dius* [C] Pros.

injūcundĭtās, *ātis*, f., manque d'agrément : [C] Pros.

injūcundus, *a*, *um*, désagréable : [C] Pros. ‖ dur, inamical [en paroles] : [+C] Pros.

injūdĭcātus, *a*, *um*, non jugé : [-C] d. [+C] Pros. ‖ non décidé : [+C] Pros.

injŭgātus, *a*, *um*, qui n'a pas été sous le joug : [T] Pros.

injŭgis, *e*, qui n'a pas porté le joug : [T] Pros.

injunctĭo, *ōnis*, f., action d'imposer [une charge] : [T] Pros.

injungō, *ĭs*, *ĕre*, *junxī*, *junctum*, tr. ¶ 1 appliquer dans : ***asses in asseres*** [C] Pros., fixer des planches aux madriers ¶ 2 joindre à, relier à : [C] Pros. ¶ 3 [fig.] ***a)*** infliger, appliquer sur : ***alicui injuriam*** [C] Pros., infliger à qqn une injustice ; ***alicui ignominiam*** [C] Pros., attacher à qqn une flétrissure ***b)*** imposer : ***servitutem alicui*** [C] Pros., imposer à qqn le joug de l'esclavage ; ***alicui ut*** [+C] Pros., donner à qqn la mission de

injūrātus, *a*, *um*, qui n'a pas juré : [C] Pros.

injūrĭa, *ae*, f. ¶ 1 tout acte contraire au droit [injure, injustice, dommage causé] : [C] Pros. ; ***tuae injuriae*** [C] Pros., les injustices que tu as commises ; ***injuriae alicujus in aliquem*** [C] Pros., injustices de qqn à l'égard de qqn ‖ ***per injuriam*** [C] Pros., ou abl. ***injuria*** [C] Pros., injustement ; ***nec injuria*** [C] Pros., et à bon droit ¶ 2 atteinte à l'honneur d'une femme : [-C] Théât., [C] Pros. ¶ 3 violation du droit, tort, dommage : ***actio injuriarum*** [C] Pros., action en dommages ; [-C] Théât. ‖ [fig.] ***oblivionis*** [+C] Pros., les injures de l'oubli, un oubli injurieux ‖ ***injuriam obtinere*** [C] Pros., maintenir une injustice, empêcher la réparation d'un dommage [en soulevant une *intercessio* contre la sentence du juge]

injūrĭē, adv., injustement : [-C] Théât.

injūrĭō, *ās*, *āre*, *-*, *-*, **injūrĭŏr**, *ārĭs*, *ārī*, *-*, dép., faire du tort à, outrager : [T] Pros.

injūrĭōsē, adv., injustement : [C] Pros., [+C] Pros. ‖ *-sius* [C] Pros.

injūrĭōsus, *a*, *um*, plein d'injustice, injuste : [C] Pros. ‖ [fig.] nuisible, funeste : [C] Poés. ‖ *-sior* [C] Pros.

injūrĭus, *a*, *um*, injuste, inique : [-C] Théât., [C] Pros.

injūrus, *a*, *um*, parjure : [-C] Théât.

injussū, abl. m., sans l'ordre de : ***injussu meo*** [C] Pros., sans mon ordre ; ***injussu imperatoris*** [C] Pros., sans l'ordre du général

1 **injussus**, *a*, *um*, qui n'a pas reçu d'ordre, de soi-même : [C] Poés. ‖ [fig.] qui se fait de soi-même, spontané : [C] Poés.

2 *injussŭs, ➡ *injussu*

injustē, adv., injustement : [C] Pros. ‖ *-tissime* : [C] Pros.

injustĭtĭa, *ae*, f., injustice : [C] Pros. ; ***in injustitia esse*** [C] Pros., être injuste ‖ rigueur injuste : [-C] Théât.

injustō, adv., injustement : [T] Pros.

injustus, *a*, *um* ¶ 1 injuste, qui n'agit pas suivant la justice : [C] Pros. ‖ contraire à la justice [en parl. de choses] : [C] Pros. ¶ 2 qui dépasse la mesure légitime, excessif, énorme ; ***injustum onus*** [C] Pros., tâche excessive ‖ ***injustae vires*** [+C] Poés., forces inégales ‖ *-tior* [-C] Théât. ; *-issimus* [C] Pros.

inl-, ➡ *ill-*

inm-, ➡ *imm-*

innābĭlis, *e*, innavigable : [C] Poés.

innascŏr, *ĕrĭs*, *ī*, *nātus sum*, intr. ¶ 1 naître dans : [avec *in* abl.] [C] Pros. ; [avec dat.] [C] Poés. ; [abs[t]] [C] Pros. ¶ 2 [en part.] ***innatus***, né dans, naturel, inné : [avec dat.] [C] Pros. ‖ [avec *in* abl.] [C] Pros. ‖ [abs[t]] [C] Pros.

innătō, *ās*, *āre*, *āvī*, *ātum*, intr. ¶ 1 [avec acc.] [C] Poés., voguer sur ‖ déborder sur [dat.] : [+C] Pros. ‖ flotter sur [avec abl.] : [+C] Poés. ¶ 2 nager pour entrer dans, pénétrer en nageant [avec *in* acc.] : [C] Pros. ¶ 3 [fig.] ***innatans*** [+C] Pros., flottant à la surface = superficiel

1 **innātus**, *a*, *um*, ➡ *innascor*

2 **innātus**, *a*, *um*, incréé : [T] Poés.

innāvĭgābĭlis, *e*, qui n'est pas navigable : [C] Pros.

innectō, *ĭs*, *ĕre*, *nexŭī*, *nexum*, tr. ¶ 1 enlacer, lier, attacher : ***comas*** [C] Poés., nouer les cheveux ; ***tempora sertis*** [C] Poés., enlacer les tempes de guirlandes ‖ attacher sur, nouer sur : ***bracchia collo*** [+C] Poés., nouer ses bras au cou de qqn ; ***innecti cervicibus*** [+C] Pros., s'attacher au cou de qqn ¶ 2 [fig.] ***a)*** entrelacer, joindre ensemble, faire un enchaînement de : [C] Poés. ***b)*** lier à : [+C] Pros.

innervis, *e*, sans énergie : [T] Pros.

innexŭī, parf. de *innecto*

innexus, *a*, *um*, part. de *innecto*

innĭgrō, *ās*, *āre*, *-*, *-*, rendre noir : [T] Pros.

innītor, *ĕrĭs*, *ī*, *nixus sum* (*nīsus sum*), intr. ¶ 1 s'appuyer sur : [avec *in* acc.] [+C] Pros. ; [avec dat.] [C] Poés. ; [avec abl.] [C] Pros. ‖ [avec dat. ou abl., incertain] [C] Pros. ¶ 2 [gram.] ***inniti in bilitteram*** [+C] Pros., se terminer par la lettre b ‖ ***sidus innixum*** [T] Poés., l'astre agenouillé ; ➡ *Engonasi*, *Ingeniculus*

innīxus, *a*, *um*, part. de *innitor*

innō, *ās*, *āre*, *āvī*, *ātum* ¶ 1 intr. ***a)*** nager dans : [C] Pros. ***b)*** surnager, flotter sur, naviguer sur : [avec dat.] [C] Pros., [+C] Pros. ‖ [avec abl.] [+C] Pros. ‖ se déverser sur [en parl. d'une rivière] : [C] Poés. ¶ 2 tr., traverser à la nage : [C] Poés.

innŏcens, *tis* ¶ 1 qui ne fait pas de mal, inoffensif [choses] : [C] Pros., Poés. ¶ 2 qui ne fait pas le mal, qui ne nuit pas, irréprochable, vertueux, probe : [C] Pros. ; ***-tior*** [C] Pros. ; ***-issimus*** [C] Pros. ¶ 3 qui n'est pas coupable, innocent : [C] Pros. ‖ subst. m., un innocent : [C] Pros. ; [au pl.] des innocents : [C] Pros.

innŏcentĕr, adv., sans faire de mal, honnêtement, de manière irréprochable : [+C] Pros. : [+C] Pros. ; ***-issime*** [+C] Pros.

innŏcentĭa, *ae*, f., mœurs irréprochables, intégrité, vertu : [C] Pros. ‖ innocence, non-culpabilité : [C] Pros. ‖ [en part.] désintéressement, intégrité : [C] Pros.

innŏcŭē, adv., sans faire de mal : [+C] Pros. ‖ d'une manière irréprochable : [C] Poés.

innŏcŭus, *a*, *um* ¶ 1 qui ne fait pas de mal, non nuisible : [C] Poés. ‖ inoffensif, innocent : [C] Poés. ¶ 2 qui n'a subi aucun dommage : [C] Poés.

innōdātus, *a*, *um*, part. de *innodo*

innōdō, *ās*, *āre*, *āvī*, *ātum*, tr., attacher solidement, nouer : [T] Pros. ‖ ligoter, entortiller [fig.] : [T] Pros.

innōmĭnābĭlĭs, *e*, qui ne peut être nommé : [+C] Pros.

innŏtātus, *a*, *um*, part. de *innoto*

innōtescō, *ĭs*, *ĕre*, *ŭī*, *-*, intr. ***a)*** devenir connu, se faire connaître : [C] Pros., [+C] Pros. ‖ ***aliqua re***, par qqch. : [C] Poés., [+C] Pros. ***b)*** devenir clair : [T] Pros.

innōtĭtĭa, *ae*, f., ignorance : [C] Pros., [+C] Pros.

innŏtō, *ās*, *āre*, *-*, *-*, tr., marquer, noter : [T] Poés.

innŏvātĭo, *ōnis*, f., renouvellement : [T] Pros.

innoxĭē, adv., vertueusement : [+C] Pros.

innoxĭus, *a*, *um* ¶ 1 qui ne fait pas de mal, inoffensif : [C] Poés. ¶ 2 qui ne fait pas le mal, sans reproche, innocent, probe : [-C] Théât., [C] Pros., [+C] Pros. ‖ ***ab aliquo*** [-C] Théât., sans reproche au regard de qqn ‖ ***criminis*** [C] Pros., innocent sous le rapport du grief, n'ayant pas à se reprocher l'objet de l'accusation ; [+C] Pros. ¶ 3 sans subir de mal, de dommage, intact : [C] Poés., Pros. ‖ ***ab aliqua re*** [+C] Poés., préservé de qqch

innŭba, *ae*, f., qui n'est pas mariée : [C] Poés. ‖ [fig.] ***innuba laurus*** [C] Poés., le laurier toujours vierge [allusion à Daphné]

innūbĭlus, *a*, *um*, [C] Poés., **innūbis**, *e*, [+C] Théât., sans nuages, serein

innūbō, *ĭs*, *ĕre*, *nupsī*, *nuptum*, intr., entrer par mariage [dans une famille] : [C] Pros., Poés. ‖ [fig.] passer ailleurs : [-C] Poés.

innŭbus, *a*, *um*, ➡ *innuba*

innŭmĕrābĭlĭs, *e*, innombrable : [C] Pros.

innŭmĕrābĭlĭtas, *ātis*, f., nombre infini : [C] Pros.

innŭmĕrābĭlĭtĕr, adv., en nombre infini : [C] Poés. : [C] Pros.

innŭmĕrālis, *e*, [C] Poés., innombrable

innŭmĕrus, *a*, *um*, innombrable : [C] Poés., [HC] Pros.

innŭō, *ĭs*, *ĕre*, *ŭī*, *ūtum* ¶ 1 intr., faire signe : ***alicui***, à qqn : [-C] Théât., [HC] Pros. ¶ 2 tr., indiquer : [C] Pros.

innupsī, parf. de *innubo*

innupta, *ae*, f., qui n'est pas mariée : [C] Poés. ; ***innupta Minerva*** [C] Poés., la chaste Minerve ‖ ***innuptae***, pl., vierges, jeunes filles : [C] Poés. ‖ ***innuptae nuptiae*** [C] Pros., union sans mariage

innūtrĭō, *īs*, *īre*, -, -, tr., nourrir, élever dans, sur : [HC] Poés., Pros. ‖ [fig.] pass., se nourrir de : [HC] Pros.

innūtrītus, *a*, *um*, part. de *innutrio*

Īnō, *ūs*, acc. *Īnō*, f., Ino [fille de Cadmus et d'Harmonie, femme d'Athamas, roi de Thèbes] : [C] Pros., Poés.

ĭnobed-, → *inoboed-*

ĭnoblītus, *a*, *um*, qui n'oublie pas : [C] Poés.

ĭnŏboedĭentĕr, adv., sans obéir : [T] Pros.

ĭnŏboedus, *a*, *um*, désobéissant : [T] Pros.

ĭnobrŭtus, *a*, *um*, non englouti : [C] Poés.

ĭnobsĕquens, *tis*, qui n'obéit pas : [HC] Pros. ‖ rétif : [HC] Théât.

ĭnobservābĭlis, *e*, qui ne peut être observé : [C] Poés.

ĭnobservantĭa, *ae*, f., manque d'observation : [HC] Pros. ‖ négligence : [HC] Pros.

ĭnobservātus, *a*, *um*, non observé : [C] Poés., [HC] Pros.

ĭnoccātus, *a*, *um*, part. de *inocco*

ĭnoccĭdŭus, *a*, *um*, qui ne se couche pas : [HC] Poés. ‖ [fig.] ***inoccidui visus*** [HC] Poés., yeux toujours ouverts ; ***ignes*** [T] Pros., feux qui ne s'éteignent pas

ĭnoccō, *ās*, *āre*, *āvī*, *ātum*, tr., herser : [HC] Pros.

ĭnŏcŭlātio, *ōnis*, f., greffe en écusson : [-C] Pros., [HC] Pros.

ĭnŏcŭlō, *ās*, *āre*, *āvī*, *ātum*, tr., greffer en écusson, greffer : [HC] Pros. ‖ [fig.] ***pectoribus*** [T] Pros., greffer dans les coeurs, inculquer ‖ ***inoculatus***, parsemé de : [HC] Pros.

ĭnŏdĭō, *ās*, *āre*, *āvī*, *ātum*, tr., rendre odieux : [T] Pros.

ĭnŏdōrō, *ās*, *āre*, -, -, tr., rendre odorant : [HC] Pros.

ĭnŏdōrus, *a*, *um* ¶ 1 non parfumé : [HC] Poés. ¶ 2 privé de l'odorat : [HC] Pros.

ĭnoffensē, adv., sans heurt : [HC] Pros. ‖ ***-sius*** [HC] Pros.

ĭnoffensus, *a*, *um* ¶ 1 non heurté : [HC] Poés. ‖ non incommodé, sans encombre : [HC] Pros. ‖ non troublé : [C] Poés., [HC] Pros. ¶ 2 sans heurter, sans rencontrer d'obstacle : [C] Poés.

ĭnoffĭcĭōsus, *a*, *um* ¶ 1 qui manque d'égards : [C] Pros. ‖ qui manque à ses devoirs : ***Dei*** [HC] Pros., à l'égard de Dieu ¶ 2 [choses] contraire aux devoirs : ***testamentum inofficiosum*** [C] Pros., testament inofficieux [qui lèse les proches]

ĭnŏlens, *tis*, inodore : [C] Poés.

ĭnŏlescō, *ĭs*, *ĕre*, *olēvī*, *olĭtum* ¶ 1 intr., pousser avec, croître dans, s'enraciner, s'implanter : [avec dat.] [C] Poés., [HC] Pros. ‖ [fig.] se développer dans : [avec dat.] [C] Poés., [HC] Pros. ¶ 2 tr., faire croître dans, implanter : [HC] Pros. ‖ développer : [HC] Pros.

ĭnŏlĭtus, *a*, *um*, part. de *inolesco*

ĭnōmĭnālis, *e*, d'un mauvais présage : [HC] Pros., [T] Pros.

ĭnōmĭnātus, *a*, *um*, sinistre, funeste : [C] Poés.

ĭnŏpācō, *ās*, *āre*, -, -, tr., ombrager : [HC] Pros.

ĭnŏpĕrātio, *ōnis*, f., action d'opérer dans, opération : [T] Pros.

ĭnŏpertus, *a*, *um*, découvert, non couvert : [T] Pros.

ĭnŏpĭa, *ae*, f. ¶ 1 manque, disette, défaut, privation, ***alicujus rei***, de qqch. : [C] Pros. ¶ 2 [abs[t]] absence de ressources, dénuement, disette, besoin, pénurie : [C] Pros. ‖ privation de secours, détresse, abandon : [C] Pros. ‖ abstinence : [-C] Théât. ‖ [rhét.] sécheresse du style : [C] Pros.

ĭnŏpīnābĭlis, *e*, inconcevable : [HC] Pros. ‖ surprenant, paradoxal : [HC] Pros.

ĭnŏpīnans, *tis*, qui ne s'attend pas, pris au dépourvu : [C] Pros.

ĭnŏpīnantĕr, [HC] Pros., **ĭnŏpīnāto**, [C] Pros., , **ĭnŏpīnātē**, [T] Pros., inopinément, à l'improviste

ĭnŏpīnātus, *a*, *um* ¶ 1 inattendu, inopiné : [C] Pros. ‖ ***ex inopinato*** [C] Pros., à l'improviste ¶ 2 qui ne s'y attend pas, pris à l'improviste = ***inopinans*** : [HC] Pros.

ĭnŏpīnus, *a*, *um*, → *inopinatus* ¶ *1* : [C] Poés., [HC] Pros.

ĭnŏpĭōsus, *a*, *um*, → *inops* : [-C] Théât.

ĭnoppĭdātus, *a*, *um*, qui n'a pas de ville : [T] Pros.

ĭnops, *ŏpis* ¶ 1 sans ressources, pauvre : [C] Pros. ; ***aerarium inops*** [C] Pros., trésor épuisé, vide ‖ [fig.] ***lingua inops*** [C] Pros., langue pauvre ; ***(patronus) inops*** [C] Pros., (avocat) à l'éloquence indigente ‖ sans moyens, dépourvu, incapable : [C] Pros. ¶ 2 pauvre sous le rapport de, dépourvu de, dénué de : ***ab amicis*** [C] Pros., dépourvu d'amis ; ***verbis*** [C] Pros., pauvre de vocabulaire ; ***amicorum*** [C] Pros., pauvre d'amis ; ***consilii*** [C] Pros., irrésolu ¶ 3 sans puissance, faible ; [pris subst[t]] le faible : [C] Pros. ; [pl.] les faibles : [C] Pros. ‖ [avec inf.] impuissant à : [C] Poés.

ĭnoptābĭlis, *e*, non souhaitable : [HC] Pros.

ĭnoptātus, *a*, *um*, non souhaité : [C] Pros.

Īnōpus, *i*, m., fleuve de Délos : [HC] Poés.

ĭnōrātus, *a*, *um*, non exposé [par la parole] : ***re inorata*** [C] Pros., sans faire l'exposé de l'affaire

ĭnordĭnātē, [HC] Pros., **ĭnordĭnātim**, [T] Pros., irrégulièrement, sans ordre

ĭnordĭnātio, *ōnis*, f., dérèglement : [T] Pros.

ĭnordĭnātus, *a*, *um*, en débandade, non rangé, en désordre : [C] Pros. ‖ ***inordinatum***, ***i***, n., désordre : [C] Pros., [HC] Pros.

ĭnornātē, adv., sans ornement : [C] Pros. ‖ ***-tius*** ; [HC] Pros.

ĭnornātus, *a*, *um* ¶ 1 sans parure, sans apprêt : [C] Pros., Poés. ¶ 2 [rhét.] sans ornement : [C] Pros. ‖ ***inornata verba*** [C] Poés., style sans figures ¶ 3 non loué, non célébré : [C] Poés.

Īnōus, *a*, *um*, d'Ino : [C] Poés.

ĭnŏvans, *antis*, triomphant : [HC] Pros.

inp-, → *imp-*

inquaesītus, *a*, *um*, non examiné : [-C] Théât.

inquam, *ĭs*, *it*, verbe défect. [après un ou plusieurs mots] dis-je, dis-tu, dit-il ¶ 1 [dans une citation des paroles de qqn] : [C] Pros. ‖ [avec compl. au dat.] : [C] Pros. ¶ 2 [dans une répétition de mots pour insister] ***in foro… in foro, inquam…*** [C] Pros., dans le forum, dis-je… ¶ 3 [pl. *inquiunt*, sens indéfini] dit-on : [C] Pros. ‖ [sg., même sens, avec interlocuteur fictif] : [C] Pros., [HC] Pros. ¶ 4 [pléonastique] : [C] Pros., [HC] Pros. ‖ [répété à court intervalle] : [C] Pros.

1 **inquĕ**, = ***in -que***, et dans

2 **inquĕ**, impér. de *inquam*

1 **inquĭēs**, *ētis*, adj., [rare], agité, qui ne connaît pas le repos : [C] Pros., [HC] Pros.

2 **inquĭēs**, *ētis*, f., [fig.] agitation, trouble : [HC] Pros.

inquĭētātĭo, *ōnis*, f., mouvement, agitation : [C] Pros.

inquĭētātus, *a*, *um*, part. de *inquieto*

inquĭētē, adv., sans repos : [T] Pros. ‖ ***-tius*** [T] Pros.

inquĭētō, *ās*, *āre*, *āvī*, *ātum*, tr., troubler, agiter, inquiéter : [HC] Pros.

inquĭētus, *a*, *um*, troublé, agité : [C] Poés., [HC] Pros. ‖ [fig.] qui s'agite, qui n'a pas de repos, remuant, turbulent : [C] Pros. : [HC] Pros. ‖ ***-tior*** [T] Pros. ; ***-tissimus*** [HC] Pros.

inquĭlīna, *ae*, f., locataire, habitante : [C] Poés.

inquĭlīnātŭs, *ūs*, m., état de locataire : [T] Pros.

inquĭlīnus, *i*, m. ¶ 1 locataire : [C] Pros., [HC] Pros. ‖ [fig.] [injure adressée à Cicéron, comme n'étant pas né à Rome] citoyen de rencontre : [C] Pros. ‖ [en parl. d'élèves qui ne profitent pas des leçons du maître] piliers d'école, pensionnaires : [HC] Pros. ¶ 2 colocataire : [HC] Pros., Poés.

inquĭnāmentum, *i*, n., immondice, ordure : [C] Pros., [HC] Pros.

inquĭnātē, adv., ***loqui*** [C] Pros., parler sans pureté, mal, un langage incorrect

inquĭnātĭo, *ōnis*, f., souillure, action de souiller : [T] Pros.

inquĭnātus, *a, um* ¶**1** part. de *inquino* ¶**2** [adj'] souillé, sale, ignoble : ***ratio inquinatissima*** [C] Pros., mobile le plus ignoble ‖ [rhét.] grossier, vulgaire : [C] Pros. ‖ ***-tior*** [C] Pros.

inquĭnō, *ās, āre, āvī, ātum*, tr. ¶**1** barbouiller [de torchis] : [C] Pros. ; [métaph.] [+C] Pros. ¶**2** gâter, corrompre : [C] Pros. ‖ [fig.] souiller, flétrir, déshonorer : [C] Pros. ; ***se parricidio*** [C] Pros., se souiller d'un parricide ‖ [chrét.] [T] Pros., Poés.

inquīrō, *ĭs, ĕre, quīsīvi, quīsītum*, tr. ¶**1** rechercher, chercher à découvrir : [C] Pros. ¶**2** faire une enquête ***a)*** [droit] ***in aliquem*** [C] Pros., contre, sur qqn ; ***in Siciliam*** [C] Pros., aller enquêter en Sicile ; ***de aliqua re*** [+C] Pros., au sujet de qqch. ; [C] Pros. ***b)*** [en gén.] ***in se nimium*** [C] Pros., s'observer trop scrupuleusement ; ***in aliquam rem*** [C] Pros., se livrer à un examen de qqch

inquīsītē, adv., avec soin, d'une manière approfondie : [+C] Pros. ‖ ***-tius*** [+C] Pros.

inquīsītĭo, *ōnis*, f. ¶**1** faculté de rechercher [phil.] : [C] Pros. ¶**2** recherche, investigation : [+C] Pros. ¶**3** information, enquête : [C] Pros. ; ***candidati*** [C] Pros., contre un candidat ‖ ***inquisitionem in aliquem postulare*** [+C] Pros., demander une enquête contre qqn ; ***inquisitionem dare alicui*** [+C] Pros., donner à qqn le droit d'informer

inquīsītŏr, *ōris*, m. ¶**1** celui qui examine et recherche ; [C] Pros., [+C] Pros. ¶**2** enquêteur, celui qui est chargé d'une information : [C] Pros., [+C] Pros.

1 **inquīsītus**, *a, um*, part. de *inquiro*

2 **inquīsītus**, *a, um*, non examiné, non recherché : [-C] Théât.

inquŏquo, [V▶] *incoquo*

inr-, [V▶] *irr-*

insaeptio (inseptĭo), *ōnis*, f., facette [de polyèdre] : [+C] Pros.

insaeptus, *a, um*, part. de l'inus. **insaepio*, entouré, ceint : [+C] Pros.

insăgittō, *ās, āre, -, -*, tr., viser à coups de flèches : [T] Pros.

insălūber, *bris*, **insălūbris**, *e*, [+C] Pros., malsain, insalubre : [+C] Pros. ‖ ***-brior*** [+C] Pros. ; ***-berrimus*** [+C] Pros.

insălūtātus, *a, um*, non salué : [T] Pros. ‖ avec tmèse : ***inque salutatam*** [C] Poés.

īnsānābĭlis, *e*, incurable, qui ne peut être guéri : [C] Pros., [+C] Pros. ‖ [fig.] irrémédiable, qu'on ne peut améliorer : [C] Pros. ‖ ***-lior*** [C] Pros.

insānē, adv., follement, d'une manière insensée : [-C] Théât. ‖ prodigieusement : [-C] Théât., [C] Pros. ‖ ***-nius*** [C] Poés.

Insāni montes, m., montagne de Sardaigne : [C] Pros., [+C] Pros.

insānĭa, *ae*, f. ¶**1** démence [maladie mentale] : [+C] Pros. ¶**2** déraison, folie, manque de santé, d'équilibre dans l'esprit : [C] Pros. ‖ ***concupiscere aliquid ad insaniam*** [C] Pros., désirer qqch. à en perdre la tête ‖ ***populares insaniae*** [C] Pros., les folies démagogiques (les actes insensés des démagogues) ¶**3** extravagance, excès insensé, folie : ***libidinum*** [C] Pros., passions désordonnées ‖ ***orationis*** [C] Pros., écarts d'une éloquence en délire ‖ folies, dépenses folles : ***villarum*** [C] Pros., pour des villas ¶**4** [= μανία] délire poétique : [C] Poés.

insānĭō, *īs, īre, īvī* et *ĭī, ītum*, intr. ¶**1** être fou, insensé : [+C] Pros. ¶**2** [fig.] avoir perdu la tête, n'être pas dans son bon sens, n'avoir pas de raison : [C] Pros. ‖ agir en fou, être extravagant : [C] Poés. ; ***in libertinas*** [C] Poés., faire des folies pour des affranchies ; ***statuas emendo*** [C] Poés., montrer sa folie en achetant des statues ¶**3** [avec acc. interne] [+C] Pros. ; ***errorem similem*** [C] Poés., être atteint du même égarement ; ***sollemnia*** [C] Pros., avoir une folie commune, ordinaire ; ***seros amores*** [C] Poés., avoir la folie d'aimer sur le tard

insānĭtās, *ātis*, f., mauvais état de santé mentale : [C] Poés., Pros.

insānĭtĕr, [C▶] *insane*

insānum, n. pris adv', follement = extrêmement ; [-C] Théât.

insānus, *a, um* ¶**1** qui a l'esprit en mauvais état, fou, aliéné : [C] Pros., [+C] Poés. ¶**2** insensé, déraisonnable : [C] Pros., Poés. ¶**3** qui rend fou : [+C] Poés. ¶**4** monstrueux, excessif, extravagant : [C] Pros., Poés. ¶**5** qui a le délire prophétique, inspiré : [C] Poés. ‖ ***-nior*** [C] Pros. ; ***-issimus*** [C] Pros.

insăpĭens, [V▶] *insipiens*

insătĭābĭlis, *e* ¶**1** qui ne peut être rassasié, insatiable : [C] Pros. ‖ [avec gén.] ***spectaculi*** [+C] Pros., insatiable d'un spectacle ¶**2** dont on ne peut se rassasier, se lasser : [C] Pros. ; ***-bilior*** [C] Pros.

insătĭābĭlĭtās, *ātis*, f., insatiabilité : [T] Pros.

insătĭābĭlĭtĕr, adv., sans pouvoir être rassasié [fig.] : [C] Poés., [+C] Pros.

insătĭātrix, *trīcis*, f., celle qu'on ne peut rassasier : [+T] Poés.

insătĭātus, *a, um*, insatiable : [+C] Poés., [T] Poés.

insătĭĕtās, *ātis*, f., appétit insatiable : [-C] Théât.

insătŭrābĭlis, *e*, insatiable : [C] Pros.

insătŭrābĭlĭtĕr, adv., sans pouvoir être rassasié : [C] Pros.

insătŭrātus, *a, um*, non rassasié ; [T] Poés.

inscalpo, [V▶] *insculpo*

inscendō, *ĭs, ĕre, ī, scensum* ¶**1** intr., monter sur : [avec *in* acc.] [-C] Théât., [C] Pros. ‖ s'embarquer : [-C] Théât. ¶**2** tr., ***quadrigas*** [-C] Théât., monter sur un quadrige ; ***equum*** [+C] Pros., monter sur un cheval [pass. *inscendi* [+C] Pros., être monté, recevoir un cavalier] ‖ saillir [femelle] : [+C] Pros.

inscensĭo, *ōnis*, f., action de monter sur : [-C] Théât.

1 **inscensus**, *a, um*, part. de *inscendo*

2 **inscensŭs**, abl. *ū*, m., action de saillir : [+C] Pros.

inscĭē, adv., avec ignorance : [+C] Pros.

inscĭens, *tis*, qui ignore : ***insciente me*** [C] Pros., à mon insu : ***insciens feci*** [-C] Théât., j'ai agi sans savoir ‖ pris subst', ignorant, sot : [-C] Théât.

inscĭentĕr, adv., avec ignorance : [C] Pros. ‖ ***-tissime*** [+C] Pros.

inscĭentĭa, *ae*, f., ignorance : [C] Pros. ‖ ***alicujus rei*** [C] Pros., ignorance de qqch. ‖ incapacité : [+C] Pros. ‖ [phil.] le non-savoir [[C▶] *inscitia*] : [C] Pros.

inscindō, *ĭs, ĕre, -, -*, tr., déchirer : [+C] Pros.

inscītē, adv., sans art, grossièrement, gauchement : [C] Pros. ‖ ***-tissime*** [+C] Pros., tout à fait en ignorant

inscītĭa, *ae*, f. ¶**1** inhabileté, incapacité, gaucherie, maladresse, inexpérience : [C] Pros. ‖ ***inscitia temporis*** [C] Pros., méconnaissance de l'à-propos ; ***belli*** [C] Pros., incapacité militaire ¶**2** ignorance, non-connaissance : [+C] Pros.

inscītŭlus, *a, um*, qq. peu maladroit : [-C] Théât.

inscītus, *a, um*, ignorant, gauche, maladroit : [C] Pros. ; [avec inf.] [C] Pros. ‖ ***-issimus*** [-C] Théât.

inscĭus, *a, um* ¶**1** qui ne sait pas, ignorant : [C] Pros. ‖ [avec gén.] [C] Pros. ‖ [avec inf.] [+C] Poés. ‖ [avec interr. indir.] [C] Pros., Poés. ¶**2** inconnu : [+C] Pros.

inscrībō, *ĭs, ĕre, scripsī, scriptum* ¶**1** écrire sur, inscrire : [C] Pros. ; [poét.] [C] Poés. ; [fig.] [C] Pros. ¶**2** assigner, attribuer : [C] Pros. ‖ imputer comme auteur : ***deos sceleri*** [C] Poés., assigner les dieux comme auteurs d'un crime [le leur imputer] ¶**3** mettre une inscription à, intituler : ***statuas*** [C] Pros., mettre une incription à des statues ; ***libros rhetoricos*** [C] Pros., donner à des traités le titre de "traités de rhétorique" ‖ ***aedes mercede*** [-C] Théât., mettre une maison en location ‖ part. n. pl. pris subst', ***inscripta, ōrum***, titres : [+C] Pros. ‖ faire une marque sur, imprimer une trace sur : [C] Poés. ‖ stigmatiser : [+C] Poés.

inscriptĭo, *ōnis*, f., action d'inscrire sur : [C] Pros. ‖ titre d'un livre : [C] Pros. ‖ inscription : [C] Pros. ‖ stigmate : [+C] Pros.

1 **inscriptus**, *a, um*, part. de *inscribo*

2 **inscriptus**, *a, um*, non écrit : [+C] Pros. ‖ non enregistré, non inscrit sur les registres, non déclaré : [-C] Poés., [C] Pros. ‖ non inscrit dans les lois : [+C] Pros.

inscrūtŏr, *āris, ārī, -*, tr., chercher au fond : [T] Pros.

insculpō, *ĭs, ĕre, sculpsī, sculptum*, tr., graver sur : [avec *in* abl.] [C] Pros. ; [avec dat.] [C] Poés., [+C] Pros. ‖ [fig.] graver dans [avec *in* abl.] : [C] Pros.

insculptus, *a, um*, part. de *insculpo*

insĕcābĭlis, *e*, qui ne peut être coupé, indivisible : [+C] Pros. ; ***insecabilia corpora*** [+C] Pros., atomes

insĕce, impér. de *2 inseco*

1 **insĕcō**, *ās, āre, ŭī, sectum*, tr., couper, disséquer : [+C] Pros. ‖ ***dentibus aliquid*** [C] Pros., déchirer qqch. avec les dents ‖ [fig.] mettre en menus morceaux : [C] Pros.

2 **insĕcō (insĕquō)**, *insequĭs, -, -, -*, [arch.], dire, raconter : impér. *insece* [-C] Pros. ; adj. verbal *insecenda* [-C] d. [+C] Pros.

insectantĕr, adv., avec âpreté : [+C] Pros.

insectātĭo, *ōnis*, f. ¶ 1 poursuite, action de poursuivre : [C] Pros. ¶ 2 pl., vives attaques âpres, ***alicujus, alicujus rei***, contre qqn, contre qqch. : [C] Pros., [+C] Pros.

insectātŏr, *ōris*, m., persécuteur : [C] Pros. ‖ censeur infatigable : [+C] Pros.

insectātus, *a, um*, part. de *insector*

insectĭo, *ōnis*, f., récit : [-C] d. [+C] Pros.

insectŏr, *ārĭs, ārī, ātus sum*, tr. ¶ 1 poursuivre sans relâche, être aux trousses de : [C] Pros. ¶ 2 [fig.] ***a)*** presser vivement, s'acharner après : [C] Pros. ***b)*** reprocher : [C] Poés.

insĕcūtĭo, *ōnis*, f., poursuite : [+C] Pros.

insĕcūtŏr, *ōris*, m., celui qui poursuit : [+C] Pros.

insĕcūtus (insĕquūtus), *a, um*, part. de *insequor*

insēdābĭlĭtĕr, adv., sans pouvoir être apaisé : [C] Poés.

insēdī, parf. de *insideo* et *insido*

insĕmĕl, adv., tout d'un coup : [+C] Pros.

insēmĭnātus, *a, um*, part. de *insemino*

insēmĭnō, *ās, āre, āvī, ātum*, tr., semer dans, répandre dans : [+C] Pros. ‖ féconder : [C] Pros. ‖ procréer : [T] Pros.

insĕnescō, *ĭs, ĕre, sĕnŭī, -*, intr., vieillir dans [avec dat.] : [C] Pros. ; ***iisdem negotiis*** [+C] Pros., vieillir dans le même emploi ‖ [fig.] pâlir (blanchir) sur : [+C] Pros.

insensātē, adv., follement : [T] Pros.

insensĭbĭlis, *e* ¶ 1 incompréhensible : [+C] Pros. ¶ 2 insensible, qui ne peut sentir : [T] Pros.

insensĭlis, *e*, imperceptible, insensible : [C] Poés.

insēpărābĭlĭs, *e*, inséparable, indivisible : [+C] Pros. ; *-lior* [T] Pros.

insēpărābĭlĭtās, *ātis*, f., union indissoluble : [T] Pros.

insēpărābĭlĭtĕr, adv., inséparablement : [T] Pros.

inseptus, ➡ *insaeptus*

insĕpultus, *a, um*, non enseveli, sans sépulture : [C] Pros. ; ***insepulta sepultura*** [C] Pros., funérailles indignes, honneurs déshonorants

insĕquentĕr, adv., sans suite, sans liaison : [+C] Pros.

insĕquo, ➡ *inseco 2*

insĕquŏr, *ĕrĭs, ī, sĕcūtus sum (sĕquūtus sum)*, tr. ¶ 1 venir immédiatement après, suivre : [C] Poés. ‖ [fig.] [C] Pros. ; ***insequens annus*** [C] Pros., l'année suivante ; ***nocte insequenti*** [C] Pros., pendant la nuit suivante ; ***nisi vocalis insequebatur*** [C] Pros., si une voyelle ne venait pas ensuite ¶ 2 poursuivre, continuer : [C] Pros. ; ***itaque insequebatur*** [C] Pros., et il poursuivait ainsi son argumentation ‖ [poét. avec inf.] : [C] Poés. ¶ 3 poursuivre, se mettre aux trousses de : ***aliquem gladio*** [C] Pros., poursuivre qqn l'épée à la main ; ***cedentes insecuti*** [C] Pros., s'étant attachés à la poursuite des fuyards ‖ [fig.] harceler : ***aliquem ut*** [C] Pros., poursuivre, harceler qqn pour ; ***aliquem contumelia*** [C] Pros., poursuivre qqn d'outrages ; ***alicujus turpitudinem*** [C] Pros., poursuivre la vie honteuse de quelqu'un

insĕrēnus, *a, um*, qui n'est pas serein : [+C] Poés.

1 **insĕrō**, *ĭs, ĕre, ŭī, sertum*, tr. ¶ 1 mettre dans, insérer, introduire, fourrer : ***collum in laqueum*** [C] Pros., passer son cou dans un lacet, s'étrangler ; ***oculos in curiam*** [C] Pros., jeter les yeux dans la curie ; ***gemmas soleis*** [+C] Pros., enchâsser des pierreries sur des sandales ; [C] Pros. ¶ 2 [fig.] introduire, mêler, intercaler : ***jocos historiae*** [C] Poés., mêler à l'histoire des badinages ; [C] Pros. ; ***nomen famae*** [+C] Pros., faire entrer son nom dans la renommée ; ***se bellis*** [C] Poés., se mêler aux guerres ; [+C] Pros.

2 **insĕro**, *ĭs, ĕre, sēvi, sĭtum*, tr. ¶ 1 semer, planter : [+C] Pros. ¶ 2 introduire par greffe, enter : [C] Pros. ‖ greffer : ***vitem*** [+C] Pros., greffer la vigne ¶ 3 [fig.] ***a)*** greffer : ***in Calatinos insitus*** [C] Pros., incorporé parmi les Calatins ; ***animos corporibus*** [C] Pros., faire l'union intime des âmes et des corps ‖ [abst] ***insitus*** [+C] Pros., un intrus ***b)*** implanter, inculquer : [C] Pros. ; [surtout au part.] ***insitus, a, um***, implanté, inné, naturel : [C] Pros. ; ***insitum est*** [avec inf.] [+C] Pros., il est naturel de

inserpō, *ĭs, ĕre, serpsī, -*, intr., ramper sur, se glisser dans [avec dat.] : [+C] Poés., [T] Pros.

insertātus, *a, um*, part. de *inserto*

insertō, *ās, āre, -, -*, tr., introduire dans [avec dat.] : [C] Poés., [+C] Poés.

insertus, *a, um*, part. de *1 insero*

insĕrŭī, parf. de *1 insero*

inservĭō, *īs, īre, īvī ou ĭī, ītum*, intr. et tr. ¶ 1 être asservi à, donner ses soins à, être au service de, servir ***a)*** [avec dat.] : [C] Pros. ; ***suis commodis*** [C] Pros., être esclave de ses intérêts ; ***honoribus*** [C] Pros., se vouer à la poursuite des magistratures ***b)*** [avec acc.] : [-C] Théât. ¶ 2 être asservi, être vassal : [+C] Pros.

inservō, *ās, āre, -, -*, tr., observer avec soin : [+C] Poés.

insessus, *a, um*, part. de *insideo* et *insido*

insēvī, parf. de *2 insero*

insexit, ➡ *2 inseco*

insībĭlō, *ās, āre, -, -* ¶ 1 intr., siffler [dans] : [C] Poés. ¶ 2 tr., faire pénétrer en sifflant : [+C] Poés.

insiccābĭlis, *e*, qui ne peut être séché : [T] Pros.

insiccātus, *a, um*, non séché : [+C] Poés.

insĭci-, ➡ *isici-*

insĭdĕō, *ēs, ēre, sēdī, sessum*, intr. et tr.

I intr. ¶ 1 être assis sur, dans : ***immani beluae*** [C] Pros., être assis sur un animal monstrueux ¶ 2 [fig.] être installé sur, dans

II tr. ¶ 1 tenir occupé, occuper : ***locum*** [C] Pros., occuper un lieu ¶ 2 habiter : [+C] Pros.

insĭdĭae, *ārum*, f. pl., embuscade, piège, guet-apens : ***in insidiis collocare*** [C] Pros., mettre en embuscade ‖ ***insidias facere (dare)*** [-C] Théât. ; ***facere*** [-C] Théât. ; ***alicui*** [C] Pros. ; ***ponere*** [C] Pros. ; ***parare*** [C] Pros. ; ***tendere*** [C] Pros. ; ***collocare*** [C] Pros. ; ***comparare*** [C] Pros. ; ***struere*** [C] Pros. ; ***componere*** [+C] Pros., dresser, tendre des embûches, des pièges, à qqn ; ***per insidias interfici*** [C] Pros., ***insidiis*** [C] Pros., ***ex insidiis*** [C] Pros., être tué dans une embuscade, dans un guet-apens, traîtreusement ‖ [avec gén. obj.] ***insidiae caedis*** [C] Pros., complot visant au massacre ; ***capitis*** [C] Pros., pièges tendus contre la vie de qqn ‖ embuscade = soldats embusqués : [C] Pros., [+C] Pros.

insĭdĭātŏr, *ōris*, m. ¶ 1 celui qui guette, qui tend des pièges, traître : [C] Pros. ‖ ***viae*** [C] Pros., qqn qui tend des embuscades sur une route ; ***imperii*** [C] Pros., qui guette traîtreusement le pouvoir ¶ 2 homme en embuscade : [C] Pros.

insĭdĭātrix, *īcis*, f., celle qui dresse des embûches, en embuscade : [T] Pros.

insĭdĭātus, *a, um*, part. de *insidior*

insĭdĭŏr, *ārĭs, ārī, ātus sum* ¶ 1 tendre un piège, une embuscade, un guet-apens, des embûches, ***alicui***, à qqn : [C] Pros. ‖ ***in legatis insidiandis*** [C] Pros., en préparant un attentat contre des ambassadeurs ¶ 2 [fig.] être en embuscade, guetter pour surprendre, être à l'affût : [C] Pros. ; ***huic tempori*** [C] Pros., être à l'affût de ce moment-là

insĭdĭōsē, adv., traîtreusement, par fraude : [C] Pros. ; *-sissime* [C] Pros.

insĭdĭōsus, *a, um* ¶ 1 qui dresse des embuscades, traître, perfide : *-sior* [C] Pros. ¶ 2 plein de pièges, perfide, insidieux : [C] Pros.

insīdō, *ĭs, ĕre, sēdī, sessum*, intr. et tr. ¶ 1 s'asseoir sur, se poser sur ***a)*** intr. : [C] Poés. ***b)*** tr. ***locum*** [+C] Poés., s'arrêter dans un lieu ¶ 2 s'installer, prendre position qq. part. ***a)*** intr. ***silvis*** [C] Poés., s'établir dans une forêt ; [C] Pros. ***b)*** tr., ***vias*** [C] Pros., occuper les routes ¶3 [fig.] se fixer, s'attacher, s'enraciner : ***in memoria*** C Pros. ; ***memoriae*** +C Pros., se fixer dans la mémoire ; C Pros.

insignĕ, *is*, n. ¶1 marque, signe, marque distinctive : C Pros. ; ***insigne veri*** C Pros., la marque de la vérité, le critérium de la vérité ‖ ***quod insigne erat*** [avec prop. inf.] C Pros., ce qui était un signe que... ¶2 [en part.] insigne d'une fonction : ***insigne auguratus*** C Pros., l'insigne de l'augurat ; [pl.] ***insignia regia*** C Pros., insignes royaux, emblèmes de la royauté ‖ [milit.] marques distinctives, insignes : C Pros. ¶3 [fig.] ***a) insignia virtutis*** C Pros., les distinctions de la valeur ***b)*** décorations, parure [aux jours de fêtes] : C Pros. ; fig. [en parl. des figures dans le style] : C Pros.

insignĭō, *īs*, *īre*, *īvi* ou *ĭi*, *ītum*, tr. ¶1 mettre une marque, signaler, distinguer : C Poés. ‖ pass., se distinguer, se faire remarquer : +C Pros. ¶2 désigner, signaler : +C Pros. ‖ ➤ *1 insignitus*

insignis, *e*, qui porte une marque distinctive, remarquable, distingué, singulier [en bonne et mauvaise part] : ***insignis vestis*** C Pros., vêtement particulier, distinctif ; ***virtus insignis*** C Pros., vertu singulière ; ***insignis impudentia*** C Pros., insigne impudence ; ***ornatus*** C Pros., parure voyante, qui attire l'oeil ‖ ***-ior*** C Pros. ; ***-issimus*** +C Pros.

insignītē, adv., d'une manière remarquable : C Pros.

insignĭtĕr, adv., d'une manière remarquable, singulière, insigne, extraordinaire : C Pros., +C Pros. ‖ ***insignius*** C Pros.

insignĭtŏr, *ōris*, m., celui qui orne : ***gemmarum*** T Pros., joaillier, lapidaire

1 **insignītus**, *a*, *um* ¶1 part. de *insignio* ¶2 [adj[t]] ***a)*** significatif, qui se distingue nettement : C Pros. ‖ clair : C Pros. ***b)*** remarquable : ***nomen insignitius*** C Pros., nom plus remarquable ; ***insignitior infamia*** +C Pros., plus insigne par son infamie

2 **insignītus**, *a*, *um*, pourvu d'un étendard [rangé autour d'un étendard] : -C Pros.

insĭlĭa, *ĭum*, n. pl., ensouples [d'un métier de tisserand] : C Poés.

insĭlĭō, *īs*, *īre*, *ŭī*, *sultum*, intr. et tr. ¶1 sauter sur (dans), bondir sur (dans) : [avec *in* acc.] ***in equum*** C Pros., sauter à cheval ; ***in phalangas*** C Pros., se jeter à l'intérieur des phalanges ‖ [avec acc.] C Poés., +C Poés. ‖ [avec dat.] C Poés., +C Poés. ¶2 [fig.]

insĭmĭlō, *ās*, *āre*, -, -, ➤ *insimulo*

insĭmŭl, adv., à la fois, en même temps : +C Poés.

insĭmŭlātĭo, *ōnis*, f., accusation : ***criminis*** C Pros., articulation d'un chef d'accusation

insĭmŭlātŏr, *ōris*, m., accusateur : +C Pros.

insĭmŭlō, *ās*, *āre*, *āvī*, *ātum*, tr., accuser faussement, [ou simpl[t]] accuser : ***se peccati*** C Pros., s'accuser d'une faute ; ***aliquem aliquid fecisse*** C Pros., accuser qqn d'avoir fait qqch.

insincērus, *a*, *um*, gâté, vicié : C Poés. ‖ [fig.] de mauvaise qualité : +C Pros.

insĭnŭātĭo, *ōnis*, f., exorde insinuant : C Pros.

insĭnuātus, *a*, *um*, part. de *insinuo*

insĭnŭō, *ās*, *āre*, *āvī*, *ātum*, tr. et intr.

I tr. ¶1 faire entrer dans l'intérieur de, introduire, insinuer : C Poés., Pros. ; ***se inter equitum turmas*** C Pros., se glisser entre les escadrons de cavaliers ; ***insinuari nascentibus*** C Poés., se glisser dans le corps au moment de la naissance ‖ [avec 2 acc.] C Poés. ¶2 [fig.] ***a) aliquem animo alicujus*** +C Pros., insinuer qqn dans les bonnes grâces de qqn ; ***insinuatus Neroni*** +C Pros., s'étant insinué dans la faveur de Néron ***b)*** [surtout réfl.] : ***se insinuare*** C Pros., s'insinuer ; ***se insinuare in familiaritatem alicujus*** C Pros., s'insinuer dans l'intimité de qqn ; ***plebi*** C Pros., s'insinuer dans la faveur du peuple ¶3 expliquer, enseigner : T Pros.

II intr., s'insinuer [pr. et fig.] : ***in forum insinuare*** C Pros., pénétrer dans le forum ; ***insinuat pavor*** C Poés., la peur s'insinue ; ***in consuetudinem alicujus*** C Pros., s'insinuer dans l'intimité de qqn

insĭpĭens, *tis*, déraisonnable : C Pros. ‖ ***-entior*** C Pros. ; ***-tissimus*** +C Pros. ‖ [phil.] ***insipientes*** C Pros., ceux qui ne sont pas en possession de la sagesse [opp. à *sapientes*]

insĭpĭentĕr, adv., sottement : C Pros.

insĭpĭentĭa, *ae*, f., folie, sottise : -C Théât. ‖ absence de la sagesse : C Pros.

1 **insĭpĭō**, *ĭs*, *ĕre*, -, -, intr., n'être pas dans son bon sens : T Pros.

2 **insĭpiō (-sŭpo)**, *ĭs*, *ĕre*, *ŭī*, -, tr., ***insipio*** -C Pros. ‖ ***insipito*** -C Pros. ; ***insipitur*** C Pros.

insisto, *ĭs*, *ĕre*, *stĭti*, -, intr. et tr.

I intr. ¶1 se placer sur, se poser sur : ***firmiter*** C Pros., prendre pied solidement [sur le rivage] ; ***jacentibus*** C Pros., mettre le pied sur les hommes abattus ; ***alternis pedibus*** +C Pros., se poser tantôt sur un pied, tantôt sur un autre ; ***in jugo*** C Pros., se tenir sur le joug ; ***in sinistrum pedem*** +C Pros., se tenir sur le pied gauche ¶2 se mettre aux trousses de : ***hostibus*** C Pros., se mettre aux trousses de l'ennemi ¶3 [fig.] s'attacher à, se donner à : ***in bellum*** C Pros., se donner à la guerre ; ***ad spolia legenda*** C Pros., s'occuper à ramasser les dépouilles ; ***alicui rei*** C Pros., s'occuper à qqch. ; ***perdomandae Campaniae*** +C Pros., s'attacher à soumettre la Campanie ‖ être toujours après qqn, assiéger qqn : C Poés. ¶4 s'arrêter [pr. et fig.] : C Pros. ‖ [rhét., en parl. de l'arrêt de la période] C Pros. ‖ s'arrêter à, sur qqch. (***alicui rei***) : C Pros.

II tr. ¶1 marcher sur, fouler : ***limen*** C Poés., fouler le seuil ‖ ***vestigia*** C Poés., suivre des traces ; ***iter*** C Pros., suivre une route ; [fig.] ***rationem pugnae*** C Pros., suivre une méthode de combat ; -C Théât. ¶2 s'appliquer à, poursuivre la réalisation de : ***munus*** C Pros., poursuivre une tâche ; -C Théât. ‖ [avec inf.] se mettre avec insistance à, s'attacher à : C Pros.

insĭtīcĭus, *a*, *um* ¶1 inséré dans, intercalé : ***somnus*** C Pros., sieste ¶2 enté, hybride : C Pros. ‖ [fig.] étranger : +C Pros.

insĭtĭo, *ōnis*, f. ¶1 greffe, action de greffer, d'enter : -C Pros., C Pros. ¶2 greffon : +C Pros. ‖ époque de la greffe : C Poés.

insĭtīvus, *a*, *um* ¶1 greffé, qui provient de greffe : C Poés. ¶2 [fig.] qui vient d'autrui, de l'étranger : C Pros. ‖ ***heres*** C Pros., héritier adoptif ‖ ***insitivus Gracchus*** C Pros., un faux Gracchus ; ***liberi insitivi*** C Poés., enfants illégitimes

insĭtŏr, *ōris*, m., greffeur : C Poés.

insĭtum, *i*, n., greffon : +C Pros.

insĭtus, *a*, *um*., part. de *2 insero*

insŏcĭābĭlis, *e*, insociable, qu'on ne peut associer à, incompatible [avec dat.] : C Pros., +C Pros. ‖ ***insociabile regnum*** +C Pros., pouvoir qu'on ne peut se partager

insōlābĭlĭtĕr, adv., sans consolation possible : C Pros.

insōlātus, *a*, *um*, part. de *insolo*

insŏlens, *entis* ¶1 inaccoutumé, insolite : ***belli*** C Pros., qui n'a pas l'habitude de la guerre ; ***verbum*** C Pros., mot insolite ¶2 sans mesure, outré, excessif : ***in aliena re*** C Pros., sans mesure parce qu'il s'agit du bien d'autrui ; ***alacritas*** C Pros., allégresse excessive ¶3 effronté, orgueilleux : C Pros.

insŏlentĕr, adv., contrairement à l'habitude, rarement : C Pros., +C Pros. ‖ immodérément : C Pros. ; ***-tius*** C Pros. ‖ insolemment : C Pros. ‖ ***-issime*** +C Pros.

insŏlentĭa, *ae*, f. ¶1 inexpérience, manque d'habitude, ***alicujus rei***, d'une chose : C Pros. ¶2 nouveauté, étrangeté, affectation [dans le style] : C Pros., +C Pros. ¶3 manque de modération [= prodigalité, faste, ou orgueil, arrogance] : C Pros.

insŏlescō, *ĭs*, *ĕre*, -, -, intr., devenir arrogant, insolent : -C d. +C Pros., C Pros., +C Pros.

insŏlĭdus, *a*, *um*, faible : C Poés.

insŏlĭtus, *a*, *um* ¶1 inaccoutumé à : [avec *ad*] C Pros. ‖ [avec gén.] C Pros. ‖ [avec inf.] +C Pros. ‖ [abs[t]] qui n'a pas l'habitude : C Pros. ¶2 dont on n'a pas l'habitude, inusité, insolite, étrange, inouï : C Pros. ‖ ***verbum insolitum*** C Pros., mot insolite ‖ n. pris subst[t], ***insolitum*** +C Pros., chose inusitée ‖ ***insolitum est*** [avec *ut*], il est sans exemple que ; +C Pros. ; [avec prop. inf.]

insōlō, *ās*, *āre*, -, -, tr., exposer au soleil : +C Pros.

insŏlūbĭlis, *e* ¶ **1** indissoluble : [T] Pros. ¶ **2** [fig.] dont on ne peut s'acquitter, sans prix : [+C] Pros. ‖ indubitable, incontestable : [+C] Pros.

insŏlūbĭlĭtās, *ātis*, f., état insoluble : [T] Pros.

insŏlūbĭlĭtĕr, adv., indissolublement : [T] Pros.

insŏlūtus, *a*, *um*, non résolu : [T] Pros.

insomnĭa, *ae*, f., insomnie, privation de sommeil : [+C] Pros. ‖ pl., [C] Pros.

insomnĭōsus, *a*, *um*, privé de sommeil : [-C] Pros.

insomnis, *e*, qui ne dort pas, privé de sommeil : [C] Poés., [+C] Pros. ‖ [choses] [C] Poés., [+C] Poés.

insomnĭum, *ĭi*, n. ¶ **1** songe, rêve : [+C] Pros., [T] Pros. ‖ pl., [C] Poés. ¶ **2** pl., ➡ *insomnia*, insomnie : [C] Poés., [+C] Poés.

insŏnō, *ās*, *āre*, *ŭī*, - ¶ **1** intr., résonner, retentir : [C] Poés. ; ***insonuit flagello*** [C] Poés., il a fait claquer son fouet ‖ tousser [pour dégager la gorge] : [+C] Pros. ¶ **2** tr., faire résonner : ***verbera*** [C] Poés., faire claquer son fouet

insons, *tis* ¶ **1** innocent, non coupable : [C] Poés. ‖ subst. m. : [C] Pros. ‖ [avec gén.] : ***culpae cladis*** [C] Pros., innocent de la responsabilité du désastre ; [-C] Théât. ‖ ***regni crimine*** [C] Pros., innocent du grief d'aspirer au trône ¶ **2** qui ne fait pas de mal, inoffensif : [C] Poés., [+C] Poés.

insŏnus, *a*, *um*, qui ne fait pas de bruit : [T] Pros. ‖ ***insonae litterae*** [+C] Pros., les lettres muettes

insōpītus, *a*, *um*, non endormi : [C] Poés., [+C] Poés. ‖ inextinguible : [T] Pros.

insordescō, *ĭs*, *ĕre*, *sordŭī*, -, intr., devenir sale : [T] Pros. ‖ devenir sombre, horrible : [T] Poés., Pros.

inspargō, *ĭs*, *ĕre*, *sparsī*, *sparsum*, ➡ *inspergo*

inspătĭŏr, *ārĭs*, *ārī*, -, intr., marcher dans : [T] Poés.

inspĕcĭōsus, *a*, *um*, laid : [+C] Pros.

inspectābĭlis, *e*, remarquable, digne d'être vu : [+C] Pros.

inspectĭo, *ōnis*, f., action de regarder : [+C] Pros. ‖ examen, inspection : [+C] Pros. ‖ réflexion, spéculation : [+C] Pros.

inspectō, *ās*, *āre*, *āvī*, *ātum*, tr., examiner : ***aliquid*** [-C] Théât. ‖ ***inspectante praetore*** [C] Pros., sous les yeux du préteur

inspectŏr, *ōris*, m., observateur : [+C] Pros. ‖ inspecteur, examinateur ; [fig.] ***cordis*** [T] Pros., scrutateur des coeurs

1 **inspectus**, *a*, *um*, part. de *inspicio*

2 **inspectŭs**, *ūs*, m., examen, inspection : [C] Pros., [T] Pros. ‖ observation : [+C] Pros.

inspērābĭlis, *e*, qu'on ne peut espérer : [T] Pros.

inspērans [nom. inus.] *tis*, qui n'espère pas, qui ne s'attend pas à : [C] Pros.

inspērātē, [T] Pros., ➡ *insperato*

inspērātō, adv., d'une manière inattendue : [-C] Poés., [+C] Pros. ‖ ***-ratius*** [+C] Pros.

inspērātus, *a*, *um*, inattendu : [C] Pros. ; ***ex insperato*** [C] Pros., contre toute attente ‖ inespéré : [C] Pros. ‖ ***-issimus*** [-C] Théât.

inspergō, *ĭs*, *ĕre*, *spersī*, *spersum*, tr. ¶ **1** répandre sur : [C] Pros. ‖ [avec dat.] ***aliquid alicui rei*** : [+C] Pros. ¶ **2** saupoudrer de : ***aliquid aliqua re*** [-C] Pros.

1 **inspersus**, *a*, *um*, part. de *inspergo*

2 **inspersŭs**, abl. *ū*, m., action de répandre : [+C] Pros.

inspĭcĭō, *ĭs*, *ĕre*, *spexī*, *spectum*, tr. ¶ **1** [absᵗ] regarder dans, plonger ses regards dans [avec *in* acc.] : [-C] Théât. ‖ [avec acc.] regarder, porter ses regards sur : [C] Poés., [+C] Poés. ¶ **2** regarder attentivement, de près : ***leges*** [C] Pros., compulser les recueils de lois ; ***candelabrum*** [C] Pros., regarder de près un candélabre ¶ **3** examiner, inspecter : ***fundum*** [C] Pros., inspecter une terre ¶ **4** [fig.] considérer attentivement, passer en revue : ***aliquem a puero*** [C] Pros., examiner la vie de qqn depuis son enfance

inspīcō, *ās*, *āre*, -, -, tr., rendre pointu [en forme d'épi] : [C] Poés.

inspīrātus, *a*, *um*, part. de *inspiro*

inspīrō, *ās*, *āre*, *āvī*, *ātum* ¶ **1** intr., souffler dans [avec dat.] : [+C] Pros. ‖ [gram.] donner une aspiration à [avec dat.] (*litterae*, à une lettre) : [+C] Pros. ¶ **2** tr. ***a)*** communiquer, insuffler, faire passer dans : ***occultum ignem alicui*** [C] Poés., souffler en qqn une flamme secrète ‖ inspirer [le courage, la pitié, etc.] : [+C] Pros. ***b)*** donner le ton avec un instrument à vent : [+C] Pros. ***c)*** émouvoir, exalter : [+C] Pros.

inspŏlĭātus, *a*, *um*, [pers.] non dépouillé : [+C] Pros. ‖ [chose] non enlevé : [C] Poés.

inspūmō, *ās*, *āre*, -, -, intr., écumer [fig.] : [+C] Pros.

inspŭō, *ĭs*, *ĕre*, *ī*, *ūtum* ¶ **1** intr., cracher sur, contre [avec *in* acc.] : [+C] Pros. ¶ **2** tr.

inspurcō, *ās*, *āre*, *āvī*, -, tr., souiller : [+C] Pros.

inspūtō, *ās*, *āre*, -, -, tr., couvrir de crachats : [-C] Théât.

instăbĭlĭō, *ĭs*, *īre*, -, -, tr., fortifier : [+C] Pros.

instăbĭlĭs, *e* ¶ **1** qui ne se tient pas ferme, chancelant, qui n'a pas une assiette solide, instable, mouvant : [C] Poés., [+C] Pros., Pros. ¶ **2** [fig.] instable, variable, inconstant, changeant : [C] Pros., [+C] Pros.

instăbĭlĭtās, *ātis*, f., mobilité : [T] Pros.

instăbĭlĭtĕr, adv., d'une manière changeante : [T] Pros.

instans, *tis* ¶ **1** part. prés. de *insto* ¶ **2** [adjᵗ] ***a)*** présent : [C] Pros. ‖ [gram.] ***tempus instans*** [+C] Pros., le présent ***b)*** pressant, menaçant : [C] Pros. ; ***-tior*** [+C] Pros.

instantĕr, adv., d'une manière pressante, avec insistance : [+C] Pros. ‖ ***-tius*** [+C] Pros. ; ***-tissime*** [+C] Pros.

instantĭa, *ae*, f. ¶ **1** [fig.] imminence, proximité, présence : [C] Pros., [+C] Pros. ¶ **2** application assidue (constante) : [+C] Pros. ‖ allure pressante [du style], véhémence : [+C] Pros. ‖ demande pressante, instances : [+C] Pros.

Instantĭus, *ĭi*, m., Instantius Rufus, ami de Martial : [+C] Poés.

instăr, n. indécl. ¶ **1** valeur, quantité, grandeur [fig.] : [C] Pros. ¶ **2** [acc. pris advᵗ] de la valeur de, aussi grand (aussi gros) que, à la ressemblance de, à l'instar de, équivalent de : [C] Pros. ‖ [gén.] ***ad instar*** [+C] Pros., à la façon de

instātūrus, *a*, *um*, part. f. de *insto*

instaurātīcĭus dies, m., jour de la reprise des jeux du cirque, [T] Pros.

instaurātĭo, *ōnis*, f., [fig.] renouvellement, reprise : [C] Pros., [+C] Pros.

Instaurātīvi ludi, m., jeux qui recommencent : [C] Pros.

instaurātŏr, *ōris*, m., restaurateur [archit.] : [T] Pros.

instaurātus, *a*, *um*, part. de *instauro*

instaurō, *ās*, *āre*, *āvī*, *ātum*, tr. ¶ **1** renouveler, célébrer de nouveau : [C] Pros. ‖ [en gén.] recommencer, reprendre, renouveler : ***caedem*** [C] Pros., recommencer le carnage ¶ **2** établir solidement, établir, dresser, faire : ***sacrum*** [+C] Pros., offrir un sacrifice ¶ **3** [chrét.] récapituler, résumer : [T] Pros.

insternō, *ĭs*, *ĕre*, *strāvī*, *strātum*, tr. ¶ **1** étendre sur [avec dat.] : [C] Poés. ‖ [poét.] ***sese ignibus*** [+C] Poés., se jeter sur le brasier ¶ **2** couvrir, recouvrir ; ***aliquid aliqua re***, qqch. de qqch. : [C] Poés. ; ***instrati equi*** [C] Pros., chevaux sellés ¶ **3** [poét.] faire en étendant : [C] Poés.

instīgātĭo, *ōnis*, f., action d'émouvoir, d'exciter : [C] Pros.

instīgātŏr, *ōris*, m., celui qui excite, instigateur : [+C] Pros.

instīgātrix, *īcis*, f., instigatrice : [+C] Pros.

instīgātus, *a*, *um*, part. de *instigo*

instīgō, *ās*, *āre*, *āvī*, *ātum*, tr., exciter, stimuler : [-C] Théât. ; ***instigante te*** [C] Pros., à ton instigation ‖ [avec inf.] pousser à : [C] Poés., ou [avec *ut*] [-C] Théât.

instillō, *ās*, *āre*, *āvī*, *ātum*, tr. ¶ **1** instiller, verser goutte à goutte dans [avec dat.] : [C] Pros., Poés. ; [avec *in* acc.] [-C] Pros. ‖ [fig.] introduire dans, insinuer, inculquer : [C] Pros. ¶ **2** dégoutter sur, mouiller : [C] Pros.

instĭmŭlātŏr, *ōris*, m., instigateur : [C] Pros.

instĭmŭlō, *ās*, *āre*, -, -, tr., exciter, stimuler : [C] Poés., [+C] Poés.

instinctŏr, *ōris*, m., instigateur : [+C] Pros., [T] Pros.

1 **instinctus**, *a*, *um*, part. de *instingo*

2 **instinctŭs**, *ūs*, m., instigation, excitation, impulsion : [C] Pros., [+C] Pros. ; ***instinctu divino*** [C] Pros., par une inspiration divine

instingō (-guō), *ĭs, ĕre, stinxī, stinctum*, tr., pousser, exciter : [+C] Pros. ; [part.] ***instinctus*** [C] Pros.

instīpō, *ās, āre, -, -,* tr., serrer : [-C] Pros.

instĭpŭlŏr, *ārĭs, ārī, -,* ➨ *stipulor* : [-C] Théât.

instĭta, *ae*, f. ¶ **1** garniture (volant) d'une robe : [C] Poés. ‖ [fig.] matrone [qui porte une *instita*] : [C] Poés. ¶ **2** bandelette : [+C] Poés. ‖ sangle [de lit] : [+C] Pros.

instĭtī, parf. de *insisto* et de *insto*

instĭtĭo, *ōnis*, f., arrêt, repos : [C] Pros.

instĭtŏr, *ōris*, m., colporteur : [seul] [C] Poés. ; [avec *mercis*] [C] Pros. ‖ [fig.] ***eloquentiae*** [+C] Pros., qui colporte l'éloquence, qui en trafique

instĭtōrĭus, *a, um*, de colporteur, de marchand : [+C] Pros.

instĭtŭō, *ĭs, ĕre, stitŭī, stitūtum*, tr. ¶ **1** placer dans : ***argumenta in pectus*** [-C] Théât., grouper des raisonnements dans son esprit (faire des raisonnements à part soi) ; ****aliquem in animo*** [-C] Théât., installer qqn dans son coeur, dans son affection ¶ **2** mettre sur pied, disposer, ménager, établir : ***remiges ex Provincia*** [C] Pros., lever des rameurs dans la Province ; ***duplicem aciem*** [C] Pros., disposer l'armée sur deux lignes ; ***aliquem heredem*** [C] Pros., instituer qqn héritier ; ***sibi amicos*** [C] Pros., se créer des amis ‖ disposer, construire : [un pont] [C] Pros. ; [des navires] [C] Pros. ; [des tours, des retranchements] [C] Pros. ‖ créer : [T] Pros. ¶ **3** [fig.] ménager, préparer, commencer : ***historiam*** [C] Pros., entreprendre d'écrire l'histoire ; ***certamen*** [C] Pros., engager une bataille (discussion) ; ***perge ut instituisti*** [C] Pros., continue comme tu as commencé ‖ [avec inf.] se mettre en devoir de, entreprendre de : [C] Pros. ¶ **4** établir, instituer, fonder : ***portorium*** [C] Pros., établir un péage ; ***regnum*** [C] Pros., instituer une tyrannie ; ***diem festum*** [C] Pros., établir une fête ; ***ut instituerat*** [C] Pros., comme il en avait établi l'usage ; [+C] Pros. ¶ **5** organiser qqch. qui existe, ordonner, régler : ***civitates*** [C] Pros., organiser les cités, les États ‖ former (dresser) qqn : ***adulescentes*** [C] Pros., former les jeunes gens ; ***oratorem*** [+C] Pros., former un orateur ; ***aliquem ad dicendum*** [C] Pros., dresser, façonner qqn à l'art de parler ‖ [avec inf.] enseigner à : [C] Poés., [+C] Pros.

instĭtūtĭo, *ōnis*, f. ¶ **1** disposition, arrangement : [C] Pros. ¶ **2** formation, instruction, éducation : [C] Pros. ‖ ouvrages de droit élémentaire destinés à l'enseignement : ***Institutiones sive Elementa*** [de Justinien, 533 apr. J.-C.] ***tit.***, Institutions [Institutes] ou Éléments ¶ **3** principe, méthode, système, doctrine : [C] Pros., [+C] Pros.

instĭtūtŏr, *ōris*, m., qui dispose, qui administre : [+C] Pros. ‖ précepteur, maître : [T] Pros. ‖ [chrét.] créateur : [T] Pros.

instĭtūtum, *i*, n. ¶ **1** plan établi, manière d'agir réglée, habitude : [C] Pros. ; ***instituto Caesaris*** [C] Pros., conformément à la manière de faire habituelle de César ‖ ***ex instituto*** [C] Pros., d'après l'usage établi ‖ dessein, plan d'un ouvrage, objet : [C] Pros. ¶ **2** [politique, religion] disposition, organisation, [gén[t] au pl.] ***instituta***, institutions : [C] Pros. ‖ [phil.] idées établies comme fondement, idées préalablement posées ‖ enseignements, principes : [C] Pros.

instĭtūtus, *a, um*, part. de *instituo*

instō, *ās, āre, stĭtī, stātūrus*, intr. et tr.

I intr. ¶ **1** se tenir sur ou au-dessus de : ***saxo in globoso*** [-C] Théât., être debout sur un globe de pierre ; ***jugis*** [C] Poés., se tenir sur les hauteurs ‖ ***vestigiis*** [C] Pros., marcher sur les traces de qqn ¶ **2** serrer de près, presser vivement : ***hosti*** [C] Pros., serrer de près l'ennemi ; [abs[t]] [C] Pros. ‖ [fig.] ***alicui, ut*** [C] Pros., presser vivement qqn de ¶ **3** s'appliquer sans relâche à qqch. : ***operi*** [C] Poés., presser un travail ‖ [avec inf.] mettre de l'insistance à : ***instat poscere*** [C] Pros., il réclame avec insistance ¶ **4** être tout près : [C] Pros. ‖ être imminent : [-C] Théât. ; ***bellum instat*** [C] Pros., la guerre est imminente

II tr. ¶ **1** être sur : ***rectam viam*** [-C] Théât., être dans la bonne voie ¶ **2** serrer de près, poursuivre : ***hostes*** [C] Pros., poursuivre les ennemis ¶ **3** presser l'accomplissement d'une chose : ***currum*** [C] Poés., se hâter de fabriquer un char ¶ **4** être suspendu sur, menacer : [-C] Théât. ¶ **5** dire avec insistance, insister : [-C] Théât., [C] Pros. ‖ [abs[t]] : ***alicui instanti negare aliquid*** [C] Pros., refuser qqch. aux instances de quelqu'un

instrāgŭlum, *i*, n., [-C] Pros., **instrātum**, *i*, n., [-C] Pros., bât, ➨ *stragulum*

1 **instrātus**, *a, um*, non couvert, sans litière : [C] Poés.

2 **instrātus**, *a, um*, part. de *insterno*

instrāvī, parf. de *insterno*

instrēnŭus, *a, um*, nonchalant, mou : [-C] Théât. ‖ qui est sans courage : [+C] Pros.

instrĕpĭtō, *ās, āre, -, -,* intr., bourdonner sur [avec dat.] : [+T] Poés.

instrĕpō, *ĭs, ĕre, ŭī, ĭtum* ¶ **1** intr., faire du bruit, crier, grincer [essieu] : [C] Poés. ¶ **2** tr., faire retentir [des plaintes] : [+C] Pros.

instrictus, *a, um*, part. de *instringo*

instrīdens, *tis*, qui siffle sur : [+C] Poés.

instringō, *ĭs, ĕre, strinxī, strictum*, tr. ¶ **1** [fig.] assujettir : [C] Poés. ¶ **2** stimuler, inciter : [+C] Pros.

instructē** [inus.], adv., avec apprêt : compar. ***-tius [C] Pros.

instructĭo, *ōnis*, f. ¶ **1** action d'adapter : [C] Pros. ¶ **2** action de ranger, disposition : [C] Pros. ¶ **3** construction, bâtisse : [+C] Pros. ¶ **4** [fig.] instruction : [T] Pros. ‖ [chrét.] catéchèse : [T] Pros.

instructŏr, *ōris*, m., ordonnateur : ***convivii*** [C] Pros., d'un repas

instructūra, *ae*, f., [fig.] arrangement [des mots] : [+C] Pros.

1 **instructus**, *a, um* ¶ **1** part. de *instruo* ¶ **2** [adj[t]] ***a)*** pourvu, muni, outillé : ***instructior ab aliqua re*** [C] Pros. ; ***aliqua re*** [C] Pros., mieux pourvu sous le rapport de, mieux pourvu de qqch. ; ***in aliqua re*** [C] Pros., versé dans qqch. (outillé en matière de) ; ***-issimus*** [C] Pros. ; ***vitiis instructior*** [C] Pros., plus garni de vices ***b)*** [choses] muni, pourvu, fourni : [C] Pros.

2 **instructŭs**, abl. *ū*, m., [fig.] bagage, équipement, attirail : [C] Pros.

instrūmentum, *i*, n. ¶ **1** mobilier, ameublement, matériel, outillage : [C] Pros. ; ***venatorium instrumentum*** [+C] Pros., équipage de chasse ‖ ***instrumentum publicum*** [+C] Pros., documents officiels ; ***litis*** [+C] Pros., pièces d'un procès ; ***imperii*** [+C] Pros., archives de l'Empire ¶ **2** [fig.] outillage, ressources, bagage : ***oratoris*** [C] Pros., bagage de l'orateur ; ***instrumenta naturae*** [C] Pros., les dons naturels (l'outillage naturel) ‖ ***instrumenta virtutis*** [C] Pros., les ressources d'énergie ‖ ornement, parure, vêtement : [C] Poés., [+C] Pros. ¶ **3** [chrét.] ce qui sert d'outillage [la Bible] : [+C] Pros.

instrŭō, *ĭs, ĕre, struxī, structum*, tr. ¶ **1** assembler dans, insérer : ***tigna*** [C] Pros., enfoncer des poutres [dans un mur] ¶ **2** élever, bâtir : ***muros*** [C] Pros. ; ***aggerem*** [+C] Pros., élever des murs, une terrasse ¶ **3** dresser, disposer : ***mensas*** [C] Poés., dresser les tables ; ***insidias*** [C] Pros., tendre une embuscade ; [fig.] ***fraudem*** [C] Pros., tendre un piège ¶ **4** [fam.] fourrer : ***alicui aurum*** [-C] Théât., pourvoir qqn de bijoux d'or ¶ **5** munir, outiller, équiper : ***aliquem aliqua re*** [C] Pros., munir qqn de qqch. ; ***socios armis*** [C] Poés., armer ses compagnons ; [C] Pros. ‖ ***domum suam*** [C] Pros., monter sa maison ; ***domus instructa*** [C] Pros., maison bien montée ‖ ***testes*** [C] Pros., documenter (armer) des témoins, préparer leurs dépositions ; ***se ad aliquid*** [C] Pros., s'outiller, se munir en vue de qqch. ; ***causam*** [+C] Pros., armer sa cause, préparer tous ses moyens de défense ‖ informer, instruire : [+C] Pros. ¶ **6** [milit.] disposer, ranger les troupes en ordre de bataille : ***exercitum*** [C] Pros., disposer l'armée en ordre de bataille ‖ [d'où] ***aciem instruere*** [C] Pros., former la ligne de bataille ; ***triplicem aciem*** [C] Pros., former la triple ligne ; ***acie instructa, acie triplici instructa***, en ordre de bataille, en ordre de bataille sur trois lignes : [C] Pros.

instŭdĭōsus, *a, um*, qui n'a pas de goût pour : [+C] Pros.

insuādĭbĭlis, *e*, qu'on ne peut persuader, indocile : [T] Pros.

insuāvis, *e*, qui n'est pas doux, désagréable : [au goût] ; [à l'oreille] [C] Pros. ‖ ***-vior*** [C] Pros. ; ***-issimus*** [C] Pros.

insuāvĭtās, *ātis*, f., [fig.] expression déplaisante : [+C] Pros.

Insŭbĕr, *bris*, adj., insubre : [C] Pros. ‖ **Insŭbres**, *ium (um)*, m. pl., les Insubres [peuple de la Gaule transpadane] : [C] Pros.

insŭbĭdē, adv., étourdiment : +C Pros., T Pros.

insŭbĭdus, *a, um*, étourdi, inconsidéré : +C Pros. ; ***-ior*** +C Pros.

insubjectĭbĭlis, *e*, rebelle : T Pros.

insubjectus, *a, um*, qui n'est pas placé sous : T Poés. ‖ indépendant : T Pros.

Insŭbres, ▶ *Insuber*

insubsĭdĭātus, *a, um*, non secouru : T Pros.

insuccĭdus (insūcĭdus, *a, um*), non humide, sec : T Pros.

insuccō (insūcō, *ās, āre, āvī, ātum*), tr., faire tremper dans : +C Pros.

insūdō, *ās, āre, -, -*, intr., suer sur [avec dat.] : C Poés. ‖ suer, transpirer : +C Pros.

insuēfactus, *a, um*, habitué : C Pros.

insuērat, contr. pour *insueverat* : +C Pros.

insuescō, *ĭs, ĕre, suēvī, suētum* ¶**1** intr., s'accoutumer à : [avec dat.] +C Pros. ‖ [avec inf.] -C Théât., C Pros. ¶**2** tr., accoutumer qqn à qqch., ***aliquem aliqua re*** : C Poés., +C Pros. ‖ [acc. pron. n.] C Poés. ‖ pass. ***insuetus*** C Pros. ; ***insuesci*** +C Pros.

insuētūdo, *ĭnis*, f., manque d'habitude : T Pros.

1 **insuētus**, *a, um* ¶**1** qui n'est pas habitué à : [avec gén.] ***alicujus rei*** : C Pros. ‖ [avec dat.] C Pros. ‖ [avec *ad*] C Pros. ; [avec inf.] C Pros. ¶**2** à quoi on n'est pas habitué, inusité, inaccoutumé, nouveau : C Poés., Pros. ‖ ***insueta*** [acc. pl. n. pris adv[t]] C Poés., d'une manière inusitée

2 **insuētus**, *a, um*, part. de *insuesco* : C Pros.

insufflō, *ās, āre, -, -*, tr., souffler sur ou dans : T Poés.

insŭla, *ae*, f. ¶**1** île : C Pros. ‖ quartier de Syracuse : C Pros. ¶**2** maison isolée [ou plus gén[t]] pâté, îlot de maisons [à usage de location, ▶ *insularius*] : C Pros., +C Pros. ¶**3** [bibl.] [pour tous les rivages lointains] T Pros. ‖ [chrét.] lieu de retraite, monastère : T Pros.

insŭlānus, *a, um*, qui habite un monastère : T Pros. ‖ subst. m., insulaire : C Pros.

insŭlāris, *e*, relatif à une île, d'île : ***poena*** T Pros., déportation dans une île

insŭlārĭus, *ĭi*, m., locataire : +C Pros.

insŭlātus, *a, um*, changé en île : +C Pros.

insŭlĭo, ▶ *insilio*

insŭlōsus, *a, um*, rempli d'îles : T Pros.

insulsē, adv., d'une manière insipide, sottement : C Pros. ‖ ***-sius*** +C Pros. ; ***-sissime*** +C Pros.

insulsĭtās, *ātis*, f., sottise : C Pros. ‖ manque de finesse, de goût : C Pros.

insulsus, *a, um* ¶**1** non salé, insipide : +C Pros. ¶**2** [fig.] sot, niais, dépourvu d'esprit : C Pros. ‖ ***-sior*** T Pros. ; ***-sissimus*** C Poés.

insultābĭlis, *e*, qui est l'objet d'une mauvaise joie : T Pros.

insultantĕr, adv., avec insolence : T Pros.

insultātĭo, *ōnis*, f., [fig.] ***a)*** outrages, insultes : +C Pros. ***b)*** attaque, assaut : +C Pros.

insultātŏr, *ōris*, m., insulteur : T Pros.

insultātōrĭē, adv., outrageusement : T Pros.

insultō, *ās, āre, āvī, ātum*, tr. et intr. ¶**1** sauter sur, dans, contre ***a)*** [avec acc.] frapper des pieds, heurter des pieds : -C Théât., C Poés. ***b)*** [avec dat.] C Poés. ¶**2** [fig.] ***a)*** se démener avec insolence, être insolent : C Poés., Pros. ‖ ***insultans*** C Poés., triomphant ***b)*** braver [avec dat.] : +C Pros. ***c)*** insulter, donner cours à son insolence à l'égard de : [avec dat.] C Pros. ; [avec *in* acc.] C Pros. ; [avec abl.] C Poés. ; [avec acc.] C Pros., +C Pros.

insultūra, *ae*, f., action de sauter sur : -C Théât.

insum, *infŭi, ĭnesse* ¶**1** être dans ou sur : [avec dat.] -C Théât., C Poés. ¶**2** être contenu dans, résider dans, appartenir à : [avec *in* abl.] C Pros. ‖ [avec dat.] : C Pros.

insūmentum, *i*, n., morceau rapporté : T Pros.

insūmō, *ĭs, ĕre, sumpsī, sumptum*, tr. ¶**1** employer à, consacrer à : ***aliquid in aliquem*** C Pros. ; ***in aliquam rem*** C Pros., dépenser qqch. pour qqn, consacrer qqch. à qqch. ‖ ***operam in aliqua re*** +C Pros., consacrer ses soins à qqch., ¶**2** prendre pour soi, assumer : +C Poés.

insŭō, *ĭs, ĕre, sŭī, sūtum*, tr. ¶**1** coudre dans, enfermer dans [en cousant] : ***aliquem in culleum*** C Pros., coudre qqn dans un sac ; ***culleo*** +C Pros. ¶**2** coudre sur, broder : C Poés. ‖ appliquer sur : ***plumbo insuto*** C Poés., avec des applications de plomb, avec des lames de plomb

insŭpĕr, adv. et prép.
I adv. ¶**1** dessus, par-dessus, au-dessus : C Poés., Pros. ‖ de dessus : C Pros., +C Poés. ¶**2** de plus, en outre : -C Théât., C Pros., Poés. ‖ ***insuper habere aliquid*** +C Pros., tenir qqch. pour superflu, dédaigner qqch. ; ***non insuper habere*** [avec inf.] +C Pros., ne pas négliger de
II prép. ¶**1** [avec acc.] dessus, au-dessus : -C Pros., C Pros. ¶**2** [avec abl.] : C Pros. ‖ [fig.] outre : C Poés.

insŭpĕrābĭlis, *e* ¶**1** qu'on ne peut gravir, infranchissable : C Pros. ¶**2** insurmontable, invincible : C Poés. ‖ inévitable : C Poés. ‖ incurable : +C Pros.

insŭpĕrābĭlĭtĕr, adv., d'une manière insurmontable : T Pros.

insurgō, *ĭs, ĕre, surrēxī, surrectum*, intr. ¶**1** se lever, se dresser, se mettre debout : +C Pros. ‖ se dresser pour attaquer : C Poés. ‖ ***insurgere remis*** C Poés., se dresser pour appuyer sur les rames, faire force de rames ‖ [choses] : C Poés. ‖ [collines] C Pros. ; [rocher] C Poés. ; [vent] C Poés. ; [eau] C Poés. ¶**2** [fig.] ***a)*** s'élever, monter, grandir, devenir plus puissant : +C Pros. ***b)*** [écrivain] s'élever, hausser le ton : +C Pros. ***c)*** se dresser, faire des efforts : +C Pros. ‖ contre qqch. [avec dat.] : C Poés. ¶**3** tr., escalader, grimper : +C Pros.

insurrectĭo, *ōnis*, f., attaque : T Pros.

insuspĭcābĭlis, *e*, inattendu : T Pros.

insŭsurrō, *ās, āre, āvī, ātum*, tr., chuchoter à l'oreille ‖ [abs[t]] ***alicui*** C Pros., chuchoter à l'oreille de qqn, ***ad aurem*** C Pros., ***in aures*** C Pros. ‖ [acc.] : ***alicui cantilenam*** C Pros., chuchoter un refrain à l'oreille de qqn

1 **insūtus**, *a, um*, part. de *insuo*

2 **insūtŭs**, abl. *ū*, m., action de coudre dans : +C Pros.

intābescō, *ĭs, ĕre, tabŭī, -*, intr. ¶**1** se fondre, se liquéfier : C Poés. ¶**2** [fig.] se miner, se consumer : C Poés.

intactĭlis, *e*, impalpable : C Poés.

1 **intactus**, *a, um* ¶**1** non touché, intact : C Pros. ‖ sans blessure : C Pros. ‖ ***intacta cervix*** C Poés., cou qui n'a pas encore porté le joug ‖ non tenté, non éprouvé : C Pros. ‖ non traité, neuf : C Poés. ¶**2** [fig.] ***a)*** pur, chaste : C Poés., +C Poés. ***b)*** [avec abl.] préservé de, à l'abri de, épargné par : ***infamia intactus*** C Pros., que le déshonneur n'a pas atteint

2 **intactŭs**, *ūs*, m., intangibilité : C Poés.

intāmĭnātus, *a, um*, non souillé : C Poés.

intantum, = ***in tantum*** ; ▶ *tantus*

1 **intectus**, *a, um*, part. de *intego*

2 **intectus**, *a, um*, non vêtu, nu : +C Pros. ‖ [fig.] franc, sincère : +C Pros.

intĕgellus, *a, um*, peu endommagé : C Pros., Poés.

intĕgĕr, *gra, grum* ¶**1** non touché, qui n'a reçu aucune atteinte, non entamé, intact : C Pros. ; ***integra valetudo*** C Pros., bonne santé ; ***aetate integra*** -C Théât., à la fleur de l'âge ‖ [constructions] ***a) integer aevi*** C Poés., intact sous le rapport de l'âge, à la fleur de l'âge ***b) omnibus rebus*** C Pros., préservé de tout dommage ***c) ab petulantia alicujus*** C Pros., à l'abri de l'agressivité de qqn ; ***a cladibus belli*** C Pros., que n'ont jamais atteint les désastres d'une guerre ; ***a populi suffragiis*** C Pros., qui n'a pas eu d'échec dans une candidature ; ***a conjuratione*** +C Pros., qui ne participe pas à la conjuration ‖ [expressions] : ***in integrum restituere aliquem, aliquid*** C Pros., rétablir qqn, qqch. dans son intégrité, dans son état primitif ‖ ***in integro*** C Pros., [les choses sont] en l'état ; ***de integro*** C Pros., sur nouveaux frais ; ou ***ab integro*** C Pros. ; ou ***ex integro*** +C Pros. ¶**2** [au sens intell. et moral] ***a)*** intact, entier, sans changement : C Pros. ; ***re integra*** C Pros., rien n'étant décidé ; ***integrum est mihi, in integro mihi res est***, la situation est encore intacte pour moi, j'ai les mains libres, les coudées franches : C Pros. ; ***res est in***

integro, les choses sont en l'état à propos de... ***alicui integrum est de aliqua re***, qqn a toute liberté au sujet de qqch. : Pros. ; ***integrum non est alicui*** [avec inf. ou *ut*] Pros., qqn n'est pas libre de ***b)*** sain, raisonnable : ***mentis*** Poés., qui a son bon sens ‖ impartial, sans prévention, sans passion : Pros. ‖ neutre, indifférent, calme : Pros. ‖ qu'on ne peut entamer : ***integrae sententiae*** Pros., pensées solides ‖ pur, intègre : ***nemo integrior*** Pros., personne de plus irréprochable ; ***integerrima vita*** Pros., la vie la plus pure ; ***integer vitae*** Poés., irréprochable dans sa vie

intĕgĭmentum, *i*, ➨ *integumentum*

intĕgō, *ĭs*, *ĕre*, *texī*, *tectum*, tr., couvrir, recouvrir : ***coriis turres*** Pros., revêtir de peaux des tours ‖ protéger : Pros.

intĕgrascō, *ĭs*, *ĕre*, -, -, intr., se renouveler : Théât.

intĕgrātio, *ōnis*, f., renouvellement : Théât. ‖ rétablissement : Pros.

intĕgrātŏr, *ōris*, m., celui qui restaure : Pros.

intĕgrātus, *a*, *um*, part. de *integro*

intĕgrē, adv. ¶ **1** d'une manière intacte, purement, correctement [style] : Pros., Pros. ¶ **2** d'une manière irréprochable : Pros. ‖ avec intégrité, impartialité : Pros. ‖ ***integerrime*** Pros.

intĕgrĭtas, *ātis*, f. ¶ **1** état d'être intact, totalité, intégrité : Pros. ‖ le tout [opposé à *pars*] : Pros. ¶ **2** solidité [de l'esprit], état sain : Pros. ‖ innocence, honnêteté, probité : Pros. ‖ chasteté, vertu : Pros., Pros. ‖ pureté, correction [du langage] : Pros.

intĕgrĭtĕr, adv. [condamné par], ➨ *integre*

intĕgrō, *ās*, *āre*, *āvī*, *ātum* ¶ **1** tr., réparer, remettre en état : Poés., Pros. ¶ **2** renouveler, commencer de nouveau : Pros., Poés. ¶ **3** [fig.] récréer, refaire, délasser : Pros., Pros.

intĕgŭmentum, *i*, n. ¶ **1** couverture, enveloppe, vêtement : Pros. ¶ **2** [fig.] ***a)*** manteau, voile, masque : Pros. ***b)*** armure défensive, bouclier, garde : Théât.

intellectĭo, *ōnis*, f., [rhét.] synecdoque : Pros.

1 **intellectus**, *a*, *um*, part. de *intellego*

2 **intellectŭs**, *ūs*, m. ¶ **1** compréhension, action de comprendre : Pros. ‖ ***intellectum habere*** Pros., être compris ¶ **2** sens, signification : Pros. ¶ **3** faculté de comprendre, intelligence : Pros.

intellĕgens, *tis* ¶ **1** part. de *intellego* ¶ **2** [adj[t]] éclairé, judicieux, connaisseur : Pros. ‖ [pris adv[t]] : ***intellegentes*** Pros., les connaisseurs

intellĕgentĕr, adv., d'une manière intelligente : Pros., Pros. ‖ avec discernement, en connaissance de cause : Pros.

intellĕgentĭa, *ae*, f. ¶ **1** action de discerner, de comprendre : ***rei*** Pros., intelligence (compréhension) de qqch. ‖ [abs[t]] compréhension, compétence, connaissance de cause, goût : Pros. ¶ **2** faculté de comprendre, intelligence, entendement : Pros. ‖ notion, connaissance, idée : Pros. ; pl., Pros.

intellĕgĭbĭlis, *e*, qu'on peut comprendre, qui peut être saisi : Pros. ‖ sensible, qui tombe sous les sens : Pros. ‖ qui est du domaine de la pensée pure, spirituel [opp. à matériel] : Pros. ‖ intelligent, avisé : Pros.

intellĕgō (-ligō), *ĭs*, *ĕre*, *lexī*, *lectum*, tr. ¶ **1** discerner, démêler, s'apercevoir, remarquer, se rendre compte, reconnaître : Pros. ‖ [part. n. à l'abl. absolu] Pros. ‖ ***ex quo intellegitur, ut*** Pros., par quoi l'on voit bien que ¶ **2** comprendre, entendre, saisir : Pros. ; ***linguas, scripta*** Pros., comprendre des langues, des écrits ; ***hoc ex se intellegitur*** Pros., cela se comprend de soi-même ‖ concevoir, se faire une idée de : Pros. ‖ [avec *ab*, d'après] : Pros. ‖ entendre, donner tel ou tel sens à un mot : Pros., Pros. ¶ **3** comprendre, apprécier, sentir : Pros. ‖ se connaître à, être connaisseur : ***multum in aliqua re*** Pros., être connaisseur en qqch. ; ***doctor intellegens*** Pros., un maître qui s'y entend ; ***intellegens, intellegentes*** Pros., un connaisseur, des connaisseurs ¶ **4** comprendre qqn [son caractère] : Pros.

intellĭgo, ➨ *intellego*

Intĕmĕlĭum, *ĭi*, n., ville maritime de Ligurie [auj. Ventimiglia] : Pros. ‖ ***Albium Intemelium*** : ; même ville : Pros. ‖ **-ĭi**, *ōrum*, m. pl., habitants d'Intémélium : Pros.

intĕmĕrandus, *a*, *um*, inviolable : Poés.

intĕmĕrātus, *a*, *um*, non gâté, pur, sans tache : Poés., Pros.

intempĕrans, *tis*, qui n'a pas de mesure, de retenue, immodéré, excessif, désordonné : Pros. ‖ débauché, dissolu : Pros. ‖ ***-tior*** Pros. ; ***-tissimus*** Pros.

intempĕrantĕr, adv., sans retenue, sans mesure, excessivement, immodérément : Pros. ‖ ***-tius*** Pros. ; ***-tissime*** Pros.

intempĕrantĭa, *ae*, f. ¶ **1** intempérie [de l'air] : Pros. ¶ **2** défaut de modération, de retenue, excès : Pros. ; ***libidinum*** Pros., la licence des passions ‖ licence, indiscipline : Pros.

intempĕrantĭēs, *ēi*, f., ➨ *intemperantia* : Pros.

intempĕrātē, adv., sans retenue : Pros. ‖ ***-tius*** Pros., avec trop peu de mesure

intempĕrātus, *a*, *um*, immodéré, excessif : Pros.

intempĕrĭae, *ārum*, f. pl. ¶ **1** intempéries [de l'air] : Pros. ¶ **2** emportements, fureurs : Théât.

intempĕrĭēs, *ēī*, f. ¶ **1** état déréglé, excessif, immodéré de qqch. : ***caeli*** Pros., inclémence de l'atmosphère, intempérie ; ***aquarum*** Pros., excès de pluies ; ***ex verna intemperie*** Pros., à la suite des intempéries du printemps ‖ orage, calamité : Théât. ¶ **2** [fig.] caprices, humeur mal équilibrée : Pros., Pros. ‖ indiscipline, insubordination : Pros.

intempestīvē, adv., d'une manière intempestive, inopportune, mal à propos, à contretemps : Pros. ; ***accedentes*** Pros., les importuns, les fâcheux

intempestīvĭtās, *ātis*, f., inopportunité : Pros.

intempestīvĭtĕr, ➨ *intempestive* : Pros.

intempestīvus, *a*, *um*, qui est hors de saison, déplacé, inopportun, intempestif : Poés., Pros. ‖ ***-tivior*** Pros.

intempestus, *a*, *um* ¶ **1** [temps] défavorable, qui n'est pas propre à l'action, qui ne permet pas de faire qqch. ; [d'où] ***nox intempesta*** Pros., le milieu de la nuit, une nuit profonde ¶ **2** défavorable, malsain : Poés. ‖ orageux : Poés.

intempŏrālis, *e*, éternel : Pros.

intempt-, ➨ *intent-*

intendō, *ĭs*, *ĕre*, *tendī*, *tentum*, tr. ¶ **1** diriger, tourner vers, tendre vers ***a)*** ***tela intendere alicui rei*** Cɪᴄ., diriger des armes contre qqch. ; ***iter intendere in aliquam partem*** Cɪᴄ., diriger sa marche d'un certain côté ; ***aciem intendere in aliquid*** Cɪᴄ., tourner ses regards vers qqch. ; ***animum in aliquid intendere*** Cɪᴄ., tourner son attention vers qqch. ; [d'où] ***aliquem ad aliquid intendere*** Cɪᴄ., tourner l'attention de qqn vers qqch. ; ***in aliquem intentus*** Cɪᴄ., tournant son attention vers qqn ***b)*** [abs[t]] se diriger vers, se tourner vers : ***aliquo intendere*** Cɪᴄ., se diriger qq. part ***c)*** viser, se proposer un objectif : ***eodem intendere*** Cɪᴄ., viser au même but ; ***animo aliquid intendere*** Cɪᴄ., viser qqch., se proposer qqch. ; [avec inf.] ***aliquo ire intendere*** Sᴀʟʟ., se proposer d'aller qq. part ; [avec *ut* et le subj.] même sens : Qᴜɪɴᴛ. ¶ **2** tendre, bander, raidir : ***arcum intendere*** Cɪᴄ., tendre un arc ; ***tabernacula intendere*** Cɪᴄ., tendre des tentes = dresser des tentes ; ***corpus intenditur*** Cɪᴄ., le corps se raidit ; ***se intendere ad firmitatem*** Cɪᴄ., se raidir pour tenir bon ¶ **3** augmenter, donner de l'intensité : ***aliquid intendere*** Tᴀᴄ., accroître qqch. ; ***se intendere*** Cɪᴄ., se développer, s'étendre ‖ [avec prop. inf.] dire avec force, prétendre que : Cɪᴄ. *Fam.*

intĕnĕbrescō, *ĭs*, *ĕre*, intr., s'obscurcir : Pros.

intensē** [inus.] adv., violemment ‖ ***-sius Pros. ; ➨ *intente*

intensĭo, *ōnis*, f., action de tendre, tension : Pros.

intentātĭo, *ōnis*, f., action de diriger contre : Pros.

intentātŏr, *ōris*, m., celui qui ne tente pas : Pros.

1 **intentātus**, *a*, *um*, part. de *intento*

2 **intentātus**, *a*, *um*, non touché, non essayé : Poés., Pros.

intentē, adv., avec tension, avec force, avec attention, avec activité : C Pros., +C Pros. ‖ ***-tius*** C Pros.

intentĭo, *ōnis*, f. ¶ **1** tension, action de tendre, de raidir : C Pros. ¶ **2** application : ***cogitationum*** C Pros., l'application de la pensée, la tension de l'esprit ; ***operis*** +C Pros., application à un travail ‖ attention : +C Pros. ¶ **3** effort vers un but, intention : +C Pros. ‖ volonté : C Pros. ¶ **4** intensité : ***doloris*** +C Pros., intensité de la douleur ‖ extension, augmentation : +C Pros. ¶ **5** [rhét.] ce que soutient le demandeur : ***criminis*** C Pros., thèse de l'accusation ‖ [log.] majeure du syllogisme : +C Pros.

intentō, *ās, āre, āvī, ātum*, tr., tendre vers, diriger contre [pr. et fig.] : ***sicam alicui*** C Pros., diriger un poignard contre qqn ; ***manus in aliquem*** C Pros., tendre ses mains dans la direction de qqn ; ***alicui mortem*** C Poés., mettre la mort sous les yeux de qqn ‖ ***arma Latinis*** C Pros., menacer les Latins de la guerre ‖ ***crimen*** +C Pros., intenter une accusation

1 **intentus**, *a, um* ¶ **1** part. de *intendo* ¶ **2** [adj[t]] ***a)*** énergique, intense, violent : C Pros. ***b)*** tendu, attentif : ***intentis oculis*** C Pros., avec des yeux attentifs ‖ ***aliquo negotio intentus*** C Pros., absorbé par qq. affaire ‖ appliqué à, ***rem, in rem, alicui rei*** : C Pros., +C ***c)*** attentif, vigilant : ***intentissima conquisitio*** C Pros., le recrutement le plus minutieux ; ***intentissima cura*** C Pros., le soin le plus vigilant ‖ sévère, strict : +C Pros.

2 **intentŭs**, *ūs*, m., action de tendre : C Pros.

intĕpĕō, *ēs, ēre, -, -*, intr., être tiède : C Poés. ‖ [fig.] être enflammé [d'amour] : +C Poés.

intĕpescō, *ĭs, ĕre, tepŭī, -*, intr. ¶ **1** devenir tiède : C Poés., +C Pros. ¶ **2** [fig.] se refroidir, se calmer : +C Pros., T Pros.

intĕr

I adv., entre, dans l'entre-deux : +C Poés. ‖ comme préverbe *inter* marque un intervalle dans le temps ou l'espace, mais aussi l'exclusion ou l'élimination : *interdico, interficio, intereo*

II prép. avec acc. ¶ **1** entre, parmi, au milieu de : C Pros. ; ***inter falcarios*** C Pros., au milieu des fabricants de faux = dans la rue des ... ‖ [rare] ***inter ceteram planitiem*** C Pros., dans une région par ailleurs plate ‖ [avec mouv[t]] C Poés., Pros., +C Pros. ¶ **2** [temps] pendant, dans l'espace de : ***inter tot annos*** C Pros., dans le cours de tant d'années ; ***inter noctem*** C Pros., pendant la nuit ; ***inter cenam*** C Pros., pendant le repas ‖ ***inter agendum*** C Poés., tout en menant [les chèvres] ; −C Théât., +C Pros. ; ***inter res agendas*** +C Pros., dans l'exercice de ses fonctions ; C Pros. ¶ **3** [rapports divers] ***a)*** [circonstances] parmi, au milieu de : ***inter has turbas*** C Pros., au milieu de ces troubles ***b)*** [catégorie] parmi, entre : C Pros. ; ***inter omnes excellere*** C Pros., être éminent entre tous ; ***honestissimus inter suos*** C Pros., le plus honorable parmi ses concitoyens ***c)*** [débat, choix] : C Pros. ; [différence] C Pros. ; [*inter* répété] C Pros. ***d)*** [relations, échange, réciprocité] : ***colloquimur inter nos*** C Pros., nous conversons entre nous, ensemble ; ***complexiones atomorum inter se*** C Pros., les réunions d'atomes entre eux ‖ ***inter nos***, entre nous, confidentiellement : C Pros. ***e)*** [expressions] : ***quaestio inter sicarios*** C Pros., chambre d'enquête concernant les assassinats ‖ ***inter manus*** ; → *2 manus* ‖ ***inter paucos disertus*** +C Pros., éloquent comme peu de gens l'ont été ; C Pros. ‖ ***inter alia*** +C Pros., entre autres choses ‖ ***inter haec, inter quae*** = ***interea***, pendant ce temps là, cependant : C Pros., +C Pros. ‖ ***inter moras*** +C Pros., en attendant

intĕraestŭō, *ās, āre, -, -*, intr., avoir de temps en temps des suffocations : +C Pros.

intĕrāmenta, *ōrum*, n. pl., varangues [marine] : C Pros.

Intĕramna, *ae*, f. ¶ **1** ville d'Ombrie [auj. Terni] : C Pros., +C Pros. ¶ **2** ville du Latium, sur le Liris [auj. Teramo] : C Pros.

Intĕramnānus, *a, um*, d'Interamna : C Pros.

Intĕramnās, *ātis*, m. f. n., d'Interamna : C Pros. ‖ **-ātes**, *ĭum*, m. pl., habitants d'Interamna : C Pros.

Intĕramnĭum, *ĭī*, n., → *Interamna* : +C Pros.

intĕrānĕus, *a, um*, intestinal ‖ **-nĕa**, *ōrum*, n. pl., intestins : +C Pros.

intĕrārescō, *ĭs, ĕre, -, -*, intr., se dessécher entièrement : C Pros.

interbĭbō, *ĭs, ĕre, -, -*, tr., boire entièrement : −C Théât.

interbītō, *ĭs, ĕre, -, -*, intr., mourir : −C Théât.

interblandĭens, *entis*, flattant par moments : T Pros.

intercălāris, *e*, intercalé, intercalaire : C Pros.

intercălārĭus, *a, um*, → *intercalaris* : C Pros.

intercălātĭo, *ōnis*, f., intercalation : T Pros.

intercălātus, *a, um*, part. de *intercalo*

intercalcō, *ās, āre, -, -*, tr., fouler aux pieds dans l'intervalle : +C Pros.

intercălō, *ās, āre, āvī, ātum*, tr., [litt[t] publier entre, intercaler par publication] ¶ **1** intercaler [un jour, des jours, un mois] ; [surtout au pass.] : +C Pros., T Pros. ‖ [pass. impers.] : ***pugnare ne intercaletur*** C Pros., lutter pour qu'il n'y ait pas intercalation ¶ **2** différer, remettre : C Pros.

intercăpēdo, *ĭnis*, f., intervalle, interruption, relâche, suspension : C Pros., +C Pros.

intercardĭnātus, *a, um*, à tenons : C Pros.

Intercătĭa, *ae*, f., ville de la Tarraconaise : C Pros., +C Pros.

intercēdō, *ĭs, ĕre, cessī, cessum*, intr. ¶ **1** intervenir contre, s'opposer à [veto] : ***rogationi*** C Pros., s'opposer à un projet de loi ; ***alicui*** C Pros., faire opposition à qqn ; ***non intercedere alicui, quominus*** C Pros., ne pas empêcher par son veto qqn de ... ¶ **2** intervenir pour, s'interposer : C Pros. ‖ répondre pour qqn, se porter caution : ***pro aliquo*** C Pros., cautionner qqn ; ***pro aliquo magnam pecuniam*** C Pros., cautionner qqn pour une grosse somme ¶ **3** se trouver entre, être dans l'intervalle : C Pros. ; ***palus intercedebat*** C Pros., un marais remplissait l'intervalle ‖ exister entre : C Pros. ¶ **4** survenir : C Pros.

interceptĭo, *ōnis*, f., soustraction, vol : C Pros.

interceptŏr, *ōris*, m., celui qui intercepte, qui dérobe, qui soustrait : C Pros., +C Pros.

interceptus, *a, um*, part. de *intercipio*

intercessī, parf. de *intercedo*

intercessĭo, *ōnis*, f. ¶ **1** intervention, comparution : +C Pros. ¶ **2** opposition, intercession : C Pros. ¶ **3** médiation, entremise, intercession : C Pros.

intercessŏr, *ōris*, m. ¶ **1** celui qui s'interpose, qui forme opposition : C Pros. ; ***intercessor legis*** C Pros., opposant à une loi ¶ **2** médiateur, celui qui s'entremet : C Pros. ‖ garant, répondant : +C Pros.

intercessŭs, abl. *ū*, m., entremise, intercession : +C Pros.

1 **intercĭdō**, *ĭs, ĕre, cĭdī, -*, intr. ¶ **1** tomber entre : C Pros. ¶ **2** [fig.] ***a)*** arriver dans l'intervalle, survenir : C Pros. ***b)*** tomber, s'éteindre, se perdre, périr : C Pros. ‖ tomber en désuétude : +C Pros. ***c)*** ***(memoria) intercidere*** C Pros., Poés., disparaître de la mémoire [pendant un intervalle de temps]

2 **intercīdō**, *ĭs, ĕre, cīdī, cīsum*, tr. ¶ **1** couper par le milieu : +C Pros. ‖ ouvrir, fendre : ***interciso monte*** C Pros., en fendant la montagne ‖ couper çà et là, avec des intervalles [des feuilles dans un registre] : +C Pros. ¶ **2** [fig.] ***a)*** morceler, mutiler, hacher [les phrases] : +C Pros. ***b)*** ***dies intercisi*** C Pros., jours entrecoupés [où le matin et le soir sont interdits pour ce qui est de vaquer aux affaires publiques, le milieu de la journée étant seul admis]

Intercīdōna, *ae*, f., déesse qui protégeait les femmes contre les attaques de Sylvain : T Pros.

intercĭnō, *ĭs, ĕre, -, -*, chanter dans l'intervalle de : C Poés.

intercĭpĭō, *ĭs, ĕre, cēpī, ceptum*, tr. ¶ **1** intercepter : ***litteras*** C Pros., intercepter une lettre ‖ prendre, recevoir au passage qqch. qui a une autre destination : C Pros., Poés. ‖ prendre par surprise : C Pros. ¶ **2** enlever, soustraire, dérober : ***aliquid alicui*** C Poés. ; ***aliquid ab aliquo*** C Pros. ¶ **3** enlever avant le temps : ***interceptus veneno*** +C Pros., enlevé par le poison ; ***interceptus*** +C Pros., emporté par la mort avant l'âge ¶ **4** couper, barrer : ***loca opportuna*** C Pros., couper les passages favorables [intercepter les communications] ; C Pros., +C Pros. ‖ interrompre [une conversation] : +C Pros.

intercīsē, adv., d'une manière coupée, en séparant les mots joints d'ordinaire : C Pros. ‖ par fragments : +C Pros. ‖ par syncope : +C Pros.

intercīsĭo, *ōnis*, f., action de couper, coupure : [C] d. [T] Pros.

intercīsus, *a*, *um*, part. de *2 intercido*

interclāmans, *tis*, qui trouble par des clameurs : [T] Pros.

interclūdō, *ĭs*, *ĕre*, *clūsī*, *clūsum*, tr. ¶1 couper, barrer ***a)*** ***fugam*** [C] Pros. [ms. α] ; ***iter*** [C] Pros., couper la fuite, le chemin ‖ [fig.] ***voluptatis aditus*** [C] Pros., fermer les voies d'accès au plaisir ***b)*** ***aliquem***, cerner, envelopper qqn : [C] Pros. ¶2 [avec compl. indir.] ***a)*** ***alicui iter*** [C] Pros., couper le chemin à qqn ; ***alicui omnes aditus ad aliquem*** [C] Pros., fermer à qqn tout accès auprès de qqn ***b)*** ***aliquem aliqua re***, séparer qqn de qqch. : ***frumento aliquem*** [C] Pros., couper à qqn les approvisionnements de blé ¶3 [fig.] ***dolore intercludi quominus*** subj., [C] Pros., être empêché par la douleur de

interclūsĭo, *ōnis*, f., action de boucher : ***animae*** [C] Pros., suffocation ‖ parenthèse : [+C] Pros.

interclūsus, *a*, *um*, part. de *intercludo*

intercŏlumnĭum, *ĭi*, n., entrecolonnement, intervalle séparant des colonnes : [C] Pros.

interculcō, *ās*, *āre*, -, -, [+C] Pros., cf. ▶ *intercalco*

intercurrō, *ĭs*, *ĕre*, *currī* et *cŭcurrī*, *cursum* ¶1 intr. ***a)*** s'interposer : [C] Pros. ; [fig.] [C] Poés. ***b)*** courir pendant un intervalle de temps : [C] Pros. ***c)*** [fig.] se mêler à, survenir dans [avec dat.] : [C] Pros. ¶2 tr., parcourir, traverser : [T] Pros.

intercursō, *ās*, *āre*, -, -, intr. ¶1 courir (se jeter) au milieu : [C] Pros. ¶2 [avec tmèse] ***inter enim cursant*** : [C] Poés.

1 **intercursus**, *a*, *um*, part. de *intercurro*

2 **intercursŭs**, abl. *ū*, m., action de venir à la traverse, intervention : [C] Pros. ‖ apparition par intervalles : [+C] Pros.

intercŭs, *ŭtis*, adj., qui est sous la peau, sous-cutané : ***aqua intercus*** [-C] Théât., [C] Pros., hydropisie ‖ [fig.] intérieur, caché : [+C] Pros.

interdătus, *a*, *um*, distribué, répandu : [C] Poés.

interdīcō, *ĭs*, *ĕre*, *dīxī*, *dictum*, intr. et tr.

I intr. ¶1 interdire : ***alicui aliqua re***, interdire à qqn qqch. : [C] Pros. ; [pass. impers.] [C] Pros. ‖ [avec *ut ne* ou *ne*] interdire [à qqn] de : [C] Pros. ¶2 formuler un interdit [préteur] : [C] Pros. ; ***cum de vi interdicitur*** [pass. impers.] [C] Pros., quand l'interdit est accordé (quand il y a interdit) sur un cas de violence ‖ [avec *ut* ou subj. seul] enjoindre expressément de : [C] Pros.

II tr. ¶1 ***rem alicui***, interdire, défendre qqch. à qqn : [à l'actif] [C] Poés., [+C] Pros. ; [au pass.] ***res interdicitur alicui*** [C] Pros. ¶2 [pers.] ***aliquis interdicitur aliqua re***, qqn est exclu de qqch. : [+C] Pros.

interdictĭo, *ōnis*, f., interdiction, défense : [C] Pros.

interdictum, *i*, n. ¶1 interdiction, défense : [C] Pros. ¶2 interdit [ordres du préteur, publiés dans son édit, interdisant qu'un trouble soit apporté au droit d'autrui ; mesures conservatoires : les interdits possessoires] : [C] Pros.

interdictus, *a*, *um*, part. de *interdico*

interdĭū, adv., pendant le jour, de jour : [-C] Pros., [C] Pros.

interdixī, parf. de *interdico*

interdō, *ās*, *ăre*, -, *ātum*, tr. ¶1 donner par intervalles, répartir : [C] Poés. ; V. ▶ *interdatus* ¶2 [subj. arch.] : ***floccum non interduim*** [-C] Théât., je ne donnerais pas en échange un fétu, je ne m'en soucie pas

interductŭs, abl. *ū*, m., ponctuation : [C] Pros.

interdŭim, V. ▶ *interdo*

interdum, adv., quelquefois, parfois, de temps en temps : [-C] Théât., [C] Pros.

intĕrĕā, adv. ¶1 pendant ce temps, dans l'intervalle : [C] Pros. ; ***interea loci*** [-C] Théât., même sens ‖ ***cum interea*** [C] Pros., cependant que, pendant que ‖ et cependant : [C] Pros., Poés. ¶2 quelquefois : [+C] Poés.

intĕrēmī, parf. de *interimo*

intĕremptŏr, *ōris*, m., meurtrier : [+C] Pros.

intĕremptrix, *īcis*, f., celle qui tue : [T] Pros.

intĕremptus ou **intĕremtus**, *a*, *um*, part. de *interimo*

intĕrĕo, *īs*, *īre*, *ĭī*, *ĭtum*, intr. ¶1 se perdre dans, disparaître dans : [C] Pros. ¶2 périr, disparaître, mourir : [C] Pros. ‖ [avec *ab*] [C] Poés. ; [avec abl.] [C] Pros., périr de, par l'effet de ‖ [au parf. chez les com.] être perdu : ***interii !*** ; je suis perdu ! c'est fait de moi !

intĕrĕquĭtō, *ās*, *āre*, -, - ¶1 intr., aller à cheval au milieu : [C] Pros. ¶2 tr., parcourir à cheval : [C] Pros., [+C] Pros.

intĕrerrō, *ās*, *āre*, -, -, intr., errer parmi : [+C] Pros.

intĕrest, impers., V. ▶ *intersum*

interfārī, ****interfŏr*** [inus.], ***ātŭr***, ***ārī***, ***ātus sum***, cf. ▶ *interdico*, tr. ¶1 interrompre, couper la parole : ***aliquem*** [C] Pros., interrompre qqn ; [+C] Pros. ¶2 dire en interrompant : [C] Poés., Pros.

interfātĭo, *ōnis*, f., interruption [de parole] : [C] Pros., [+C] Pros.

interfātus, *a*, *um*, part. de *interfari*

interfectĭo, *ōnis*, f., meurtre : [C] Pros.

interfectŏr, *ōris*, m., meurtrier, assassin : [C] Pros.

interfectrix, *īcis*, f., celle qui tue : [+C] Pros.

interfĕmĭnĭum, *ĭi*, n., sexe [de la femme] : [+C] Pros.

interfĭcĭō, *ĭs*, *ĕre*, *fēcī*, *fectum*, tr. ¶1 détruire, anéantir : ***messes*** [C] Poés., détruire les plantes, les moissons ¶2 tuer, massacrer : ***aliquem*** [C] Pros. ; ***senatum*** [C] Pros. ; ***exercitus*** [C] Pros., tuer qqn, massacrer le sénat, des armées ; ***se ipsi interficiunt*** [C] Pros., ils se suicident

interfĭō, *fīs*, *fĭĕrī*, -, pass. de *interficio*, être détruit : [-C] Théât., [C] Poés.

interflŭō, *ĭs*, *ĕre*, -, - ¶1 intr., couler entre : [C] Pros. ; [avec dat.] [+C] Pros. ¶2 tr., séparer : [C] Pros., [+C] Pros.

interfŏdĭō, *ĭs*, *ĕre*, *fōdī*, *fossum*, tr., percer entre, crever : [C] Poés.

interfor [inus.] V. ▶ *interfari*

interfringō, *ĭs*, *ĕre*, *frēgi*, *fractum*, tr., briser, rompre : [-C] Pros.

interfŭgĭō, *ĭs*, *ĕre*, -, -, intr., pénétrer entre : [C] Poés.

interfŭī, parf. de *intersum*

interfulgens, *tis*, qui brille entre : [C] Pros.

interfundō, *ĭs*, *ĕre*, *fūdī*, *fūsum*, tr., [pass.] ***interfundi***, couler entre, se répandre dans : ***interfusus*** [C] Poés. ; [poét.] [C] Poés.

interfŭrō, *ĭs*, *ĕre*, -, -, tr., exercer ses fureurs dans : [+C] Poés.

interfūsĭo, *ōnis*, f., épanchement entre : [T] Pros.

interfūsus, *a*, *um*, part. de *interfundo*

interfŭtūrus, *a*, *um*, part. fut. de *intersum*

intergarrītus, *a*, *um*, chuchoté dans l'intervalle : [+C] Pros.

intergressŭs, abl. *ū*, m., intervention : [+C] Pros.

intĕrhĭō, *ās*, *āre*, -, -, intr., s'ouvrir entre : [+C] Pros.

intĕrĭbi, adv., cependant, pendant ce temps : [-C] Théât., [+C] Pros.

intĕrim, adv. ¶1 pendant ce temps-là, dans l'intervalle, cependant : [C] Pros. ‖ en attendant : [C] Pros. ¶2 pendant un moment, pour l'instant : [+C] Pros. ¶3 parfois : [+C] Pros.

intĕrĭmō, *ĭs*, *ĕre*, *ēmī*, ***emptum*** ou ***emtum***, tr., enlever du milieu de, enlever, abolir, détruire, tuer : [C] Poés., Pros. ‖ ***se*** [C] Pros., se tuer ‖ [fig.] tuer, porter un coup mortel à : [-C] Théât., [C] Pros.

intĕrĭŏr, **intĕrĭŭs**, *ōris*, compar. ¶1 plus en dedans : [C] Pros. ‖ intérieur : [C] Pros. ; ***interiore epistola*** [C] Pros., vers le milieu de la lettre ; ***rota*** [C] Poés., la roue intérieure [la plus rapprochée de la borne que l'on contourne] ; [C] Poés. ; ***interior ibat*** [C] Poés., il tenait le haut du pavé [opposé à *exterior*] ; ***interior ictibus*** [C] Pros., en dedans des coups, en deçà de la portée ‖ ***interiores*** ; les habitants de l'intérieur : [C] Pros. ‖ ***interiora*** ; les parties intérieures, l'intérieur : ***aedium*** [C] Pros., d'une maison ; [en part., abst] = les parties internes du corps, intestins : [+C] Pros. ‖ ***interiores nationes*** [C] Pros., nations de l'intérieur ¶2 [fig.] ***a)*** plus rapproché du centre, plus petit [cercle] : [C] Poés. ***b)*** à l'abri de : ***periculo*** [C] Pros., à l'abri du péril ***c)*** plus personnel, qui touche de plus près qqn : [C] Pros. ***d)*** plus étroit, plus intime : ***societas*** [C] Pros., société plus restreinte ; ***litterae interiores*** [C] Pros., correspondance plus intime ; ***interior potentia*** [+C] Pros., puissance plus intime (s'exerçant plus à l'intérieur du palais) ***e)*** qui n'est pas du domaine commun : C Pros.

intĕrĭtĭo, *ōnis*, f., destruction, anéantissement : C Pros.

intĕrĭtŭs, *ūs*, m. ¶**1** [choses] destruction, anéantissement : C Pros. ¶**2** [personnes] mort, meurtre : C Pros. ‖ pl., C Pros.

intĕrĭŭs, compar. ¶**1** n. de *interior* ¶**2** adv., compar. de *intra*, plus en dedans, intérieurement : C Pros.

interjăcĕō, *ēs*, *ēre*, -, -, intr., être placé entre : [abs^t] +C Pros. ‖ [avec dat.] C Pros. ; [fig.] +C Pros. ‖ [avec acc.] C Pros.

interjăcio, → *interjicio*

interjectĭo, *ōnis*, f., intercalation, insertion : C Pros., +C Pros. ‖ parenthèse : +C Pros. ‖ interjection : +C Pros. ‖ intervalle de temps : +C Pros.

1 **interjectus**, *a*, *um*, part. de *interjicio*

2 **interjectŭs**, *ūs*, m., interposition : C Pros. ‖ intervalle de temps : +C Pros.

interjĭcĭō, *ĭs*, *ĕre*, *jēcī*, *jectum*, tr., placer entre, interposer : C Pros. ; ***interjecto mari*** C Pros., ayant une mer comme séparation ; ***interjectus inter...*** C Pros., placé entre ; [avec dat.] ***oculis interjectus*** C Pros., interposé entre les deux yeux

interjunctus, *a*, *um*, part. de *interjungo*

interjungō, *ĭs*, *ĕre*, *junxī*, *junctum*, tr. ¶**1** joindre, unir : C Pros. ¶**2** dételer : +C Poés. ‖ [abs^t] faire halte : +C Pros.

interkalo, → *intercalo* : -C Pros.

interlābor, *lapsus sum*, *lābi* ¶**1** intr., se glisser entre, couler entre : C Poés., +C Poés. ¶**2** tr., traverser en coulant : T Pros.

interlătĕō, *ēs*, *ēre*, -, -, intr., être caché en dedans : +C Pros.

interlĕgō, *ĭs*, *ĕre*, *lēgī*, *lectum*, cueillir (enlever) par intervalles : C Poés. [avec tmèse]

interlīdō, *ĭs*, *ĕre*, *līsi*, *līsum*, tr., supprimer dans l'intervalle : T Pros.

interlĭgō, *ās*, *āre*, -, -, tr., lier ensemble : +C Poés.

interlĭnō, *ĭs*, *ĕre*, *lēvī*, *lĭtum*, tr. ¶**1** enduire entre, mélanger : C Pros. ‖ relier par un enduit : +C Pros. ¶**2** effacer (raturer) par intervalles, çà et là, falsifier par des ratures : C Pros.

interlīsus, *a*, *um*, part. de *interlido*

interlĭtus, *a*, *um*, part. de *interlino*

interlŏcūtĭo, *ōnis*, f., action d'interrompre en parlant, interpellation : +C Pros.

interlŏquŏr, *ĕrĭs*, *ī*, *locūtus sum* ¶**1** intr., couper la parole à qqn [*alicui*], interrompre : -C Théât. ; [abs^t] C Pros. ‖ intervenir dans une discussion : +C Pros. ¶**2** tr., dire qqch. en intervenant, en interrompant : +C Pros.

interlūcĕō, *ēs*, *ēre*, *lūxī*, -, intr. ¶**1** briller à travers : +C Pros. ¶**2** impers., ***nocte interluxit*** C Pros., il y eut un intervalle de jour pendant la nuit ¶**3** [fig.] ***a)*** briller entre, apparaître : C Pros. ***b)*** ***aliquid interlucet inter...*** C Pros., une différence se montre entre... ***c)*** se montrer par intervalles, être clairsemé : C Poés.

interlūdō, *ĭs*, *ĕre*, -, -, intr., jouer (badiner) par intervalles : T Poés.

interlūnis, *e*, avant la nouvelle lune : T Pros.

interlūnĭum, *ĭi*, n., temps de la nouvelle lune, interlunium [astron.] : C Poés., +C Pros.

interlŭō, *ĭs*, *ĕre*, -, -, tr. ¶**1** laver dans l'intervalle : -C Pros. ¶**2** couler entre, baigner de part et d'autre : C Poés., -C Pros.

interlŭvĭēs, *ēi*, f., bras de mer, détroit : T Pros.

intermănĕō, *ēs*, *ēre*, -, -, intr., rester au milieu : +C Poés.

intermenstrŭus, *a*, *um*, qui est entre deux mois : C Pros. ‖ subst. n., → *interlunium* : C Pros.

intermĕō, *ās*, *āre*, -, -, tr., couler entre, traverser : T Pros.

intermestris, *e*, qui est entre deux mois : C Pros. ‖ abl. n., ***intermestri*** -C Pros., entre deux mois

intermĭcō, *ās*, *āre*, *ŭī*, -, briller entre, par intervalles ¶**1** intr., [avec dat.] : T Pros. ¶**2** tr., +C Poés. ‖ [abs^t] +C Poés.

intermĭnābĭlis, *e*, interminable : T Pros.

1 **intermĭnātus**, *a*, *um*, sans bornes, non limité : C Pros.

2 **intermĭnātus**, *a*, *um*, part. de *interminor*

intermĭnŏr, *ārĭs*, *ārī*, *ātus sum* ¶**1** menacer fortement ; ***alicui*** [et prop. inf.] annoncer à qqn avec menaces que : -C Théât. ‖ ***alicui vitam*** -C Théât., menacer la vie de qqn ¶**2** défendre avec force menaces de [avec *ne* subj.] : -C Théât., +C Pros. ‖ [pass.] ***cibus interminatus*** C Poés., nourriture défendue

intermiscĕō, *ĭs*, *ĕre*, *ŭī*, *mixtum*, tr., mêler, mélanger, ***aliquid alicui rei***, qqch. avec qqch. : C Poés., Pros., +C Pros.

intermissĭo, *ōnis*, f., discontinuité, interruption, suspension, relâche : ***officii*** C Pros., interruption dans l'accomplissement de son devoir ; ***eloquentiae*** C Pros., éclipse de l'éloquence ‖ ***verborum*** C Pros., phrase coupée

intermissus, *a*, *um*, part. de *intermitto*

intermittō, *ĭs*, *ĕre*, *mīsī*, *missum*, tr. et intr.

I tr. ¶**1** laisser au milieu, dans l'intervalle : C Pros. ; ***dies intermissus*** C Pros., l'intervalle d'un jour ‖ C Pros. ¶**2** laisser du temps en intervalle : ***noctem, diem*** C Pros., laisser s'écouler une nuit, un jour d'intervalle ; ***nihil*** C Pros., ne laisser aucun intervalle, ne pas discontinuer ; -C Théât., C Pros. ¶**3** mettre de la discontinuité dans un tout, interrompre, suspendre : C Pros. ; ***intermissa moenia*** C Pros., vides, ouvertures dans les remparts ‖ [avec inf.] s'interrompre de, cesser de : C Pros. ¶**4** mettre de l'intervalle entre des objets, espacer, séparer : C Pros., +C Pros.

II intr., admettre de la discontinuité, s'interrompre : ***subeuntes intermittere*** C Pros., s'arrêter de monter ; +C Pros.

intermixtus, *a*, *um*, part. de *intermisceo*

intermŏrĭŏr, *morĕrĭs*, *mŏrī*, *mortŭus sum*, intr., mourir, dépérir, s'éteindre : -C Pros., +C Pros. ‖ part. ***intermortuus, a, um***, mort, disparu, éteint [pr. et fig.] : C Pros., +C Pros.

intermortŭus, *a*, *um*, part. de *intermorior*

intermŏvĕō, *ēs*, *ēre*, -, -, tr., creuser [un sillon] entre : T Pros.

intermundĭa, *ōrum*, n. pl., espaces entre les mondes, intermondes : C Pros.

intermūrālis, *e*, qui est entre des murs : C Pros.

internascŏr, *ĕrĭs*, *ī*, *nātus sum*, naître entre, au milieu, çà et là : C Pros.

internătĭum, *ĭi*, n., → *spina sacra*, le sacrum : +C Pros.

internĕcĭo (-nĭcĭo), *ōnis*, f., massacre, carnage, extermination : C Pros.

internĕcīvē, adv., en exterminant : T Pros.

internĕcīvus (-nĭcīvus), *a*, *um*, qui aboutit au carnage, très meurtrier : C Pros. ‖ ***internecivum bellum*** C Pros., guerre à mort (sans merci)

internĕcō, *ās*, *āre*, *āvī*, *ātum*, tr., faire mourir, détruire : -C Théât., T Pros.

internectō, *ĭs*, *ĕre*, -, -, tr., entrelacer : C Poés. ‖ unir : ***plagam*** +C Poés., réunir les bords d'une plaie

internĭgrans, *tis*, qui est noir entre : +C Poés.

internĭtĕō, *ĭs*, *ēre*, -, -, intr., briller entre, à travers, par places : +C Pros.

internōdĭum, *ĭi*, n. ¶**1** espace entre deux nœuds : +C Pros. ¶**2** partie qui est entre deux jointures [du corps] : C Poés. ‖ [fig.] jambe : +C Poés.

internoscō, *ĭs*, *ĕre*, *nōvi*, *nōtum*, tr., discerner, distinguer, reconnaître : C Pros.

internundĭnum, *i*, n., intervalle entre deux marchés : T Pros. ; ***internundino*** -C Poés., dans l'intervalle entre deux marchés, dans l'espace de huit jours [neuf jours, selon la façon de compter romaine]

internuntĭa, *ae*, f., celle qui porte des messages : C Pros.

internuntĭō, *ās*, *āre*, -, -, tr., discuter par messages réciproques : C Pros.

internuntĭus, *ĭī*, m., messager entre deux parties, intermédiaire, négociateur, parlementaire : C Pros. ‖ [à propos des démons] T Pros.

internupta, *ae*, f., femme remariée ou déjà mariée une fois : [+T] Pros.

internus, *a*, *um* ¶ **1** interne, intérieur : [+C] Pros. ‖ domestique, civil : [C] Pros., [+C] Pros. ¶ **2** subst. n. pl., ***interna*** [+C] Pros., affaires intérieures

intĕrō, *ĭs*, *ĕre*, *trīvī*, *trītum*, tr., broyer dans : [avec *in* acc.] [-C] Pros. ; [avec dat.] ‖ ***intritus***, délayé dans : [C] Pros. ; ***in lacte*** [C] Pros., pain trempé dans l'eau, dans le lait

intĕrordĭnātus, *a*, *um*, disposé, rangé entre : [C] Pros.

intĕrordĭnĭum, *ĭi*, n., espace entre deux rangs d'arbres, allée : [+C] Pros.

interpătĕō, *ēs*, *ēre*, -, -, intr., être ouvert entre : [T] Pros. ‖ s'étendre entre : [T] Pros.

interpĕdiō, *īs*, *īre*, -, -, tr., empêcher : [T] Pros.

interpellātio, *ōnis*, f., interruption, interpellation : [C] Pros. ‖ interruption, obstacle : [C] Pros.

interpellātŏr, *ōris*, m. ¶ **1** celui qui interrompt, interrupteur : [C] Pros. ¶ **2** qui dérange, importun, fâcheux : [C] Pros.

interpellātrix, *īcis*, f., celle qui interpelle, qui réclame : [T] Pros.

interpellātus, part. de *interpello*

interpellō, *ās*, *āre*, *āvī*, *ātum*, tr. ¶ **1** interrompre qqn qui parle : ***aliquem*** [C] Pros. ‖ ***orationem alicujus*** [C] Pros., interrompre le discours de qqn ¶ **2** dire qqch. à titre d'interruption : ***in testimonio alicujus aliquid*** [C] Pros., dire qqch. en interrompant le témoignage de qqn ‖ [avec prop. inf.] [C] Pros. ¶ **3** interrompre qqn au cours d'une action, déranger, troubler : ***in suo jure aliquem*** [C] Pros., interrompre qqn dans l'exercice de son droit ‖ : ***aliquem, ne*** [C] Pros., empêcher par obstruction de ‖ [avec inf.] [C] Poés. ‖ interrompre qqch. : [C] Pros. ¶ **4** s'adresser à qqn, lui faire des propositions : [+C] Pros.

interpensīva, *ōrum*, n. pl., corbeaux [archit.] : [C] Pros.

interplĭcō, *ās*, *āre*, -, -, tr., entrelacer, embarrasser : [+C] Poés.

interpŏlātus, *a*, *um*, part. de *interpolo*

interpŏlis, *e*, [fig.] qui se rajeunit, se renouvelle : [-C] Théât.

interpŏlō, *ās*, *āre*, *āvī*, *ātum*, tr. ; tr. ¶ **1** donner une nouvelle forme, refaire, réparer : [C] Pros. ‖ changer : [-C] Théât. ¶ **2** altérer, falsifier : [T] Pros. ‖ interpoler : [C] Pros.

interpōnō, *ĭs*, *ĕre*, *pŏsŭī*, *pŏsĭtum*, tr. ¶ **1** placer entre, interposer, intercaler : ***pilae interponuntur*** [C] Pros., des piliers sont intercalés ¶ **2** laisser un intervalle de temps : [C] Pros. ; ***nox interposita*** [C] Pros., l'intervalle d'une nuit ‖ ***moram*** [C] Pros., laisser s'écouler un délai, admettre un retard ¶ **3** mettre entre, interposer : ***operam, studium pro aliquo*** [C] Pros., faire intervenir son activité, son zèle pour qqn ; ***interposita causa*** [C] Pros., en faisant intervenir un prétexte ; ***judicium suum*** [C] Pros., faire intervenir son jugement ; ***falsas tabulas*** [C] Pros., faire intervenir de fausses pièces ‖ ***fidem alicui*** [C] Pros., engager sa parole envers qqn ; ***in rem*** [C] Pros., pour une affaire ‖ ***rationes non interpositae*** [C] Pros., des comptes qui ne sont pas interposés (supposés) ¶ **4** ***se interponere***, s'interposer ***a)*** s'entremettre, ***in rem*** [C] Pros., pour une chose ***b)*** faire obstacle à : ***audaciae alicujus*** [C] Pros., s'opposer à l'audace de qqn ; [avec interr. ou négation, suivi de *quominus*] s'opposer à ce que : [C] Pros. ***c)*** se mêler à : ***bello*** [C] Pros., à la guerre

interpŏsĭtĭo, *ōnis*, f., interposition : [C] Pros. ‖ introduction, insertion : [C] Pros., [+C] Pros. ‖ intercalation : [C] Pros. ‖ parenthèse : [+C] Pros.

interpŏsĭtōrĭum, *ĭi*, n., haie, clôture : [T] Pros.

1 **interpŏsĭtus**, *a*, *um*, part. de *interpono*

2 **interpŏsĭtŭs**, abl. *ū*, m., interposition : [C] Pros.

interprĕs, *ĕtis*, m., f. ¶ **1** agent entre deux parties, intermédiaire, médiateur, négociateur : [-C] Théât., [C] Pros. ¶ **2** interprète, celui qui explique : ***juris*** [C] Pros., interprète du droit ‖ traducteur, qui traduit une langue : [C] Pros., Poés. ‖ interprète, truchement : [C] Pros.

interprĕtāmentum, *i*, n., interprétation : [+C] Pros.

interprĕtātĭo, *ōnis*, f. ¶ **1** interprétation, explication ; [C] Pros. ¶ **2** interprétation, traduction : [C] Pros., [+C] Pros. ‖ [rhét.] explication d'une expression par l'expression suivante : [C] Pros. ¶ **3** action de démêler, de décider ; [C] Pros. ; CF. ▶ *interpretor* ➢

interprĕtātĭuncŭla, *ae*, f., courte interprétation : [T] Pros.

interprĕtātus, *a*, *um*, part. de *interpretor*

interprĕtĭum, *ĭi*, n., bénéfice de courtage : [T] Pros.

interprĕtŏr, *āris*, *ārī*, *ātus sum*, tr. ¶ **1** expliquer, interpréter, éclaircir : ***alicui jus*** [C] Pros., expliquer à qqn le droit ; [avec prop. inf.] expliquer que : [C] Pros. ‖ [abs[t]] être un interprète : ***memoriae alicujus*** [-C] Théât., servir d'interprète à la mémoire de qqn [l'aider] ¶ **2** traduire, interpréter : [C] Pros., [+C] Pros. ¶ **3** prendre, (entendre, interpréter) dans tel ou tel sens : [C] Pros. ; ***in mitiorem partem aliquid*** [C] Pros., donner à une chose une interprétation adoucie ; ***aliquid ad salutem*** [C] Pros., interpréter qqch. dans le sens du salut, y voir l'annonce de ... ; ***felicitatem alicujus*** [C] Pros., reconnaître le bonheur de qqn ‖ [avec prop. inf.] entendre que, prétendre que : [C] Pros. ‖ juger : ***consilium ex necessitate*** [C] Pros., juger de l'intention par ce qui est un effet de la nécessité ¶ **4** interpréter, comprendre : ***sententiam alicujus*** [C] Pros., comprendre la pensée de qqn ¶ **5** chercher à démêler, à décider : [C] Pros.

interprĭmō, *is*, *ĕre*, *pressī*, *pressum*, tr., presser (serrer) par le milieu : [-C] Théât. ‖ supprimer : [+C] Pros.

interpunctĭo, *ōnis*, f., séparation [des mots] par des points : [C] Pros.

interpunctum, *i*, n., intervalle pour la respiration, repos, pause : [C] Pros., [+C] Pros.

interpunctus, *a*, *um*, part. de *interpungo*

interpungō, *ĭs*, *ĕre*, *punxī*, *punctum*, tr., ponctuer : [+C] Pros. ‖ ***interpunctus*** [C] Pros., séparé par une pause

interpŭtō, *ās*, *āre*, -, -, tr., émonder, élaguer, éclaircir : [C] Pros., [C] Pros.

interquĭescō, *ĭs*, *ĕre*, *quĭēvī*, *quĭētum*, intr., se reposer par intervalles, cesser pendant un temps, avoir quelque relâche : ***interquiesce*** [-C] Pros., prends un intervalle de repos ; [C] Pros., [+C] Pros.

interregnum, *i*, n., interrègne [temps qui s'écoule entre deux règnes] : [C] Pros. ‖ [sous la République, temps qui s'écoule entre la sortie de charge des consuls et l'élection de leurs successeurs] [C] Pros.

interrex, *ēgis*, m., interroi ***a)*** magistrat patricien qui disposait du droit d'auspice jusqu'à la désignation d'un roi : [C] Pros. ***b)*** [sous la République, jusqu'à l'élection des nouveaux magistrats] [C] Pros.

interrĭgō, *ās*, *āre*, -, -, tr., arroser entre : [T] Poés.

interrĭtus, *a*, *um*, non effrayé, intrépide : [C] Poés., [+C] Pros. ‖ [avec gén.] ***leti*** [C] Poés., qui ne craint pas la mort

interrŏgātio, *ōnis*, f. ¶ **1** question, interrogation, interpellation : [C] Pros. ‖ interrogatoire de témoins : [+C] Pros. ‖ [rhét.] interrogation : [+C] Pros. ¶ **2** raisonnement par interrogation, argument : [C] Pros. ‖ stipulation verbale : [+C] Pros.

interrŏgātĭuncŭla, *ae*, f., petite question : [T] Pros. ‖ petit argument : [C] Pros.

interrŏgātŏr, *ōris*, m., questionneur : [T] Pros.

interrŏgātus, *a*, *um*, part. de *interrogo*

interrŏgō, *ās*, *āre*, *āvī*, *ātum*, tr. ¶ **1** interroger, questionner ***a)*** ***aliquem***, qqn, ***de aliqua re***, sur qqch. : [C] Pros. ; [en part.] ***testem*** [C] Pros., interroger un témoin ***b)*** [avec interrog. indir.] : [C] Pros. : [C] Pros. ***c)*** ***aliquid***, interroger sur qqch. : [C] Pros. ; [en part.] ***interrogare sententias*** [+C] Pros., demander les avis [dans le sénat] ; [C] Pros. ***d)*** [avec 2 acc.] : ***aliquem aliquam rem*** [C] Pros., interroger qqn sur qqch. ; [+C] Pros. ***e)*** [abs[t]] [C] Pros. ‖ [phil.] argumenter en forme de syllogisme : [+C] Pros. ‖ [gram.] ***interrogandi casus*** [+C] Pros., le génitif ¶ **2** poursuivre en justice, accuser : ***aliquem lege*** [C] Pros., poursuivre en vertu d'une loi ‖ [sans *lege* ni *legibus* et avec gén. du grief] : [+C] Pros.

interrumpō, *ĭs*, *ĕre*, *rūpī*, *ruptum*, tr. ¶ **1** mettre en morceaux, briser, détruire : [C] Pros. ‖ ***pontem*** [C] Pros., couper un pont ; ***extremum agmen*** [C] Pros., couper l'arrière-garde ¶ **2** interrompre : ***orationem*** [C] Pros., interrompre un discours ‖ ***voces interruptae*** [C] Pros., sons de voix entrecoupés

interruptē, adv., d'une manière hachée : [C] Pros.

interruptĭo, *ōnis*, f. ¶ **1** interruption, discontinuation : [T] Pros. ¶ **2** réticence [rhét.] : [+C] Pros.

interruptus, *a*, *um*, part. de *interrumpo*

intersaepĭō, *īs*, *īre*, *saepsī*, *saeptum*, tr. ¶ **1** boucher, fermer, obstruer, barrer : [C] Pros. ¶ **2** [fig.] ***iter*** [C] Pros., barrer la route ‖ ***alicui conspectum alicujus rei*** [C] Pros., fermer à qqn la vue de qqch

interscalmĭum, *ĭī*, n., espace entre deux rangs de rameurs : [C] Pros.

interscăpŭlum (**-pĭlĭum**, **-pŭlĭum**), *i*, n., l'entre-deux des épaules : [+C] Pros.

interscindō, *ĭs*, *ĕre*, *scĭdī*, *scissum* ¶ **1** rompre par le milieu, couper : [C] Pros. ‖ ouvrir [les veines] : [+C] Pros. ¶ **2** [fig.] diviser, séparer : [C] Pros. ‖ interrompre : [+C] Pros. ‖ briser : [+C] Pros.

interscrībō, *ĭs*, *ĕre*, *scripsī*, *scriptum*, tr., écrire entre les lignes : [+C] Pros.

intersĕcō, *ās*, *āre*, *ŭī*, *sectum*, tr., couper par le milieu, séparer, diviser : [T] Pros.

intersectĭo, *ōnis*, f., la coupure des denticules [archit.] : [C] Pros.

intersectus, *a*, *um*, part. de *interseco*

intersēmĭnātus, *a*, *um*, semé çà et là : [+C] Pros.

intersēpĭo, V. *intersaepio*

1 **intersĕrō**, *ĭs*, *ĕre*, *sēvī*, *sĭtum*, tr., planter, semer entre : [C] Poés., [+C] Pros.

2 **intersĕrō**, *ĭs*, *ĕre*, *ŭī*, *sertum*, tr., entremêler : [C] Poés.

intersignum, *i*, n., intervention : [+T] Pros.

intersistō, *ĭs*, *ĕre*, *stĭtī*, -, intr., s'arrêter au milieu, s'interrompre : [+C] Pros. ‖ [pass. impers.] : [+C] Pros.

1 **intersĭtus**, *a*, *um*, part. de *1 intersero*

2 **intersĭtus**, *a*, *um*, placé entre : [+C] Pros.

intersŏnō, *ās*, *āre*, -, -, intr., retentir au milieu : [+C] Poés.

interspersus, *a*, *um*, répandu çà et là : [+C] Pros. ‖ parsemé : [+C] Pros.

interspīrātĭo, *ōnis*, f., respiration dans l'intervalle, pause pour respirer : [C] Pros.

interspīrō, *ās*, *āre*, -, -, intr., respirer au travers : [-C] Pros.

interstinctĭo, **interstitio**, *ōnis*, f., différence, nuance : [T] Pros.

interstinctus, *a*, *um*, part. de *interstinguo*

interstinguō, *ĭs*, *ĕre*, *stinxī*, *stinctum*, tr. ¶ **1** éteindre complètement : [C] Poés. ‖ faire périr : [+C] Pros. ¶ **2** parsemer, nuancer [*interstinctus= distinctus*] : [+C] Pros., Poés.

interstĭtĭo, *ōnis*, f., cessation, répit : [+C] Pros. ‖ distinction, différence, V. *interstinctio*

interstitĭum, *ĭī*, n., interstice : [T] Pros.

interstō, *ās*, *āre*, *stĭtī* ou *stĕtī*, -, intr., être placé dans l'intervalle, se trouver entre : [T] Pros.

interstrĕpō, *ĭs*, *ĕre*, -, -, tr., [T] Pros.

interstringō, *ĭs*, *ĕre*, -, -, tr., serrer au milieu : [-C] Théât.

interstrŭō, *ĭs*, *ĕre*, -, -, tr., joindre ensemble, emboîter : [+C] Poés.

intersŭm, *es*, *esse*, *fŭī*, -, intr. ¶ **1** être entre, former un intervalle ***a)*** ***Tiberis inter eos intererat*** Caes., le Tibre était entre eux ***b)*** [fig.] être différent : ***inter hominem et beluam hoc interest quod...*** Cic., entre l'homme et la bête il y a cette différence que... ; ***in his rebus nihil interest*** Cic., entre ces choses il n'y a pas de différence ; [avec interrog. indir.] ***tantum id interest veneritne... an...*** Cic., la seule différence est de savoir s'il est venu... ou si... ; [avec dat.] être différent de : ***stulto intellegens quid interest ?*** Ter., quelle différence d'un intelligent à un sot ? ¶ **2** être parmi, [d'où] être présent, assister, participer : [avec *in* et *abl.*] ***in convivio interesse*** Cic., assister à un banquet ; ***in testamento faciendo interesse*** Cic., assister à la rédaction d'un testament ; [avec dat.] ***crudelitati interesse*** Cic., participer à un acte de cruauté ; ***foederi feriendo interesse*** Cic., participer à la conclusion d'un traité ¶ **3** [impers.] il est de l'intérêt de, il importe ***a)*** [avec gén.] ***alicujus interest***, il est important pour qqn ; ***alicujus rei interest***, il est important pour qqch. ; [avec un possessif à l'abl.] ***mea interest***, il est important pour moi ; [avec *ad*] ***ad aliquid interest***, il est important pour qqch. ***b)*** [avec prop. inf.] il est important que : Cic. ; [avec inf.] ***interest omnium recte facere*** Cic., tout le monde a intérêt à bien faire ; [avec interrog. indir.] ***interest qualis sit...*** Cic., il importe de considérer quel est... ***c)*** ***multum interest*** Cic., il importe beacoup ; ***plus interest*** Cic., il importe davantage ; ***quantum interest*** Cic., combien il importe ; ***tanti interest*** Cic., tellement il importe ; ***hoc interest*** Cic., il importe en cela...

intertexō, *ĭs*, *ĕre*, *ŭī*, *textum*, tr. ¶ **1** entremêler en tissant, par le tissage : [C] Poés., [+C] Pros. ‖ entrelacer : [C] Poés. ¶ **2** assembler, combiner : [T] Pros.

intertignĭum, *ĭī*, n., entrevous, espace entre deux solives : [C] Pros.

intertornō, *ās*, *āre*, -, -, tr., ciseler : [T] Pros.

intertrăho, *ĭs*, *ĕre*, *traxi*, -, tr., enlever, ôter : [-C] Théât.

intertrīgo, *ĭnis*, f., écorchure, excoriation : [-C] Pros., [C] Pros.

intertrīmentum, *i*, n., usure (d'une chose), déchet : [C] Pros. ‖ dommage, perte : [C] Pros.

interturbō, *ās*, *āre*, -, -, tr., troubler [au milieu de, en dérangeant, en interrompant] : [-C] Théât., [T] Pros.

intĕrŭla, *ae*, f., chemise : [+C] Pros.

intĕrŭtrasquĕ, adv., entre les deux, de l'un à l'autre : [C] Poés.

intervăcans, *tis*, laissé vide entre : [+C] Pros.

intervallātus, *a*, *um*, séparé par des intervalles [de temps] : ***intervallata febris*** [+C] Pros., fièvre intermittente ‖ intermédiaire [temps] : [T] Pros.

intervallō, *ās*, *āre*, -, -, tr., séparer par des intervalles : [T] Pros. ; V. *intervallatus*

intervallum, *i*, n. ¶ **1** [litt[t]] espace entre deux pieux ; [d'où] intervalle, espace, distance : [C] Pros. ; ***eodem intervallo*** [C] Pros., l'intervalle étant le même ; ***pari intervallo*** [C] Pros., à égale distance ¶ **2** intervalle de temps : ***litterarum*** [C] Pros., intervalle entre des lettres ‖ pause : ***sine intervallis*** [C] Pros., sans pauses ; ***intervallo dicere*** [C] Pros., dire en faisant une pause ¶ **3** [fig.] différence, distance : [C] Pros. ‖ [musique] intervalle : [C] Pros.

intervellō, *ĭs*, *ĕre*, *vulsī*, *vulsum*, tr., arracher par intervalles, çà et là, par places : [+C] Pros. ; [fig.] [+C] Pros. ‖ élaguer, éclaircir des arbres : [+C] Pros.

intervĕnĭō, *īs*, *īre*, *vēnī*, *ventum*, intr., qqf. tr. ¶ **1** survenir pendant, intervenir : ***querelis alicujus*** [C] Pros., survenir au milieu des plaintes de qqn ; ***orationi*** [C] Pros., au milieu d'un discours ; ***interveniunt equites*** [C] Pros., les cavaliers surviennent ¶ **2** venir en travers, interrompre ‖ tr., [+C] Pros. ¶ **3** intervenir, se mêler à : ***alicui discenti*** [C] Pros., intervenir dans les études de qqn ‖ survenir à qqn : ***res alicui intervenit*** [-C] Théât., il arrive qqch. à qqn ‖ intervenir, faire valoir son autorité entre des parties : ***senatu non interveniente*** [+C] Pros., le sénat n'intervenant pas

intervēnium, *ĭī*, n., vide, interstice : [C] Pros.

interventŏr, *ōris*, m. ¶ **1** survenant, visiteur : [C] Pros. ¶ **2** médiateur [le Christ ou un saint] : [T] Pros.

interventŭs, *ūs*, m. ¶ **1** fait de survenir, arrivée, intervention de qqn, de qqch. : [C] Pros. ¶ **2** caution : [+C] Pros.

interversus, *a*, *um*, part. de *interverto*

intervertō (**-vortō**), *ĭs*, *ĕre*, *vertī* (*vortī*), *versum* (*vorsum*), tr. ¶ **1** donner une autre direction : [C] Pros. ‖ [fig.] pass. ***interverti***, se gâter, dégénérer [en parl. du naturel] : [+C] Pros. ¶ **2** détourner de sa destination : [C] Pros., [+C] Pros. ‖ soustraire : [C] Pros. ‖ escamoter : ***interversa aedilitate*** [C] Pros., en escamotant l'édilité [= sans passer par l'édilité] ¶ **3** dépouiller qqn de qqch. (***aliquem aliqua re***) : [+C] Pros. ‖ escamoter qqch. à qqn (***aliquem, aliqua re***) ; [-C] Théât.

intervĭrĕō, *ēs*, *ēre*, -, -, intr., être vert au milieu de : [+C] Poés.

intervīsō, *ĭs, ĕre, vīsī, vīsum*, tr., aller voir par intervalles, visiter, rendre visite : ▢ Pros. ‖ surveiller (inspecter) secrètement : ▢ Théât.

intervōcālĭtĕr, adv., à haute voix, distinctement : ▢ Pros.

intervŏlĭtō, *ās, āre, -, -*, intr., voltiger entre : ▢ Pros.

intervŏlō, *ās, āre, āvī, ātum* ¶ **1** intr., voler entre : ▢ Pros. ‖ tr., ***auras*** ▢ Poés., fendre les airs ¶ **2** [fig.] ***oculis*** ▢ Poés., flotter devant les yeux

intervŏmō, *ĭs, ĕre, ŭī, ĭtum*, tr., vomir ou répandre parmi : ▢ Poés.

intervulsus, *a, um*, part. de *intervello*

1 **intestābĭlis**, *e*, maudit, infâme, abominable, exécrable : ▢ Pros., Poés., ▢ Pros. ‖ ***-lior*** ▢ Pros.

2 **intestābĭlis**, *e*, eunuque : ▢ Théât.

intestātō, ➡ *intestatus*

intestātus, *a, um* ¶ **1** intestat, qui n'a pas testé : ▢ Pros. ‖ ***intestato*** ▢ Pros. ¶ **2** non confondu par des témoins : ▢ Théât. ¶ **3** [jeu de mots sur *testis*] eunuque : ▢ Théât.

intestīnum, *i*, ▢ Poés. et **-na**, *ōrum*, n. pl., intestins, entrailles : ***ex intestinis laborare*** ▢ Pros., souffrir de la colique ; ***medium intestinum*** ▢ Pros., le mésentère

intestīnus, *a, um*, intérieur : ▢ Pros. ; ***bellum intestinum*** ▢ Pros., guerre civile ‖ ***intestinum opus*** ▢ Pros., ouvrage de marqueterie

intexō, *ĭs, ĕre, ŭī, textum*, tr. ¶ **1** tisser dans, entrelacer, entremêler, mêler : ▢ Poés. ‖ ***viminibus intextis*** ▢ Pros., avec des branches tressées ¶ **2** [fig.] insérer dans : ▢ Pros. ; ***aliquid in causa*** ▢ Pros., faire entrer qqch. dans une plaidoirie ‖ mêler : ***parva magnis*** ▢ Pros., mêler le petit au grand ¶ **3** entrelacer de, entremêler de, broder, brocher : ▢ Pros. ‖ ***hastas foliis*** ▢ Poés., envelopper les thyrses de feuillage ¶ **4** faire en entrelaçant : ▢ Poés.

intextus, *a, um*, part. de *intexo*

Intibili, n., ville de la Tarraconaise : ▢ Pros.

intĭbum (**-ŭbum**, **-ȳbum**), *i*, n., chicorée sauvage : ▢ Théât., ▢ Poés.

intĭmātus, *a, um*, part. de *intimo*

intĭmē, adv. ¶ **1** intérieurement : ▢ Pros. ¶ **2** [fig.] avec intimité, familièrement : ▢ Pros. ‖ cordialement, du fond du coeur : ▢ Pros.

Intĭmĕlĭi, ➡ *Intemelii*

intĭmĭdē [inus.], intrépidement ‖ ***-dius*** ▢ Pros.

intĭmō, *ās, āre, āvī, ātum*, tr. ¶ **1** mettre ou apporter dans : ▢ Pros. ‖ conduire dans : ▢ Pros. ¶ **2** annoncer, publier, faire connaître : ▢ Pros.

1 **intĭmōrātus**, *a, um*, rempli de crainte : ▢ Pros.

2 **intĭmōrātus**, *a, um*, sans crainte : ▢ Pros.

intĭmus, *a, um* ¶ **1** ce qui est le plus en dedans, le plus intérieur, le fond de : ▢ Pros. ; ***intima Macedonia*** ▢ Pros., le coeur de la Macédoine ‖ ***in intimum se conjicere*** ▢ Pros., s'enfoncer à l'intérieur de la maison ‖ ***intima***, n. pl., ***finium*** ▢ Pros., l'intérieur du pays ¶ **2** [fig.] ▢ Pros. ; ***ars intima*** ▢ Pros., le domaine le plus secret de l'art ; ***disputatio*** ▢ Pros., le coeur d'une dissertation ; ***intima alicujus consilia*** ▢ Pros., projets les plus secrets de qqn ‖ intime : ▢ Pros. ; ***alicui*** ▢ Pros., intime de qqn ‖ [pris substᵗ] m. pl., ***mei intimi*** ▢ Pros., mes intimes ; ***intima mea*** n. pl., ▢ Pros., l'intimité de mon âme

intinctĭo, *ōnis*, f., action de mouiller : ▢ Pros.

intinctus, *a, um*, part. de *intingo*

intingō (**-guō**), *ĭs, ĕre, tinxī, tinctum*, tr., tremper dans : [avec *in* abl.] ▢ Pros. ; [avec *in* acc.] ▢ Pros. ‖ imprégner : ▢ Pros.

intĭtŭbantĕr, adv., sans chanceler, sans hésiter : ▢ Pros.

intŏlĕrābĭlis, *e* ¶ **1** intolérable, insupportable : ▢ Pros. ; ***-bilior*** ▢ Pros. ¶ **2** qui ne peut supporter : ▢ Théât.

intŏlĕrābĭlĭtĕr, adv., d'une manière insupportable : ▢ Pros., ▢ Pros.

intŏlĕrandus, *a, um*, intolérable : ▢ Pros. ‖ ***-dum*** [n. adv.], d'une manière insupportable : ▢ Pros.

intŏlĕrans, *tis* ¶ **1** qui ne peut supporter : [avec gén.] ▢ Pros., ▢ Pros. ; ***intolerantissimus laboris*** ▢ Pros., très peu capable de supporter la fatigue ¶ **2** intolérable : ▢ Pros.

intŏlĕrantĕr, adv., d'une manière intolérable, sans mesure : ▢ Pros. ; ***intolerantius insequi*** ▢ Pros., poursuivre de trop près ; ***-issime*** ▢ Pros.

intŏlĕrantĭa, *ae*, f. ¶ **1** insolence, tyrannie insupportable : ▢ Pros. ¶ **2** action de ne pouvoir supporter, impatience, humeur peu endurante : ▢ Pros.

intollō, *ĭs, ĕre, -, -*, tr., pousser [des cris] : ▢ Pros.

intŏnātus, *a, um*, part. de *intono*

intondĕō, *ēs, ēre, -, -*, tr., couper, tondre autour : ▢ Pros.

intŏno, *ās, āre, ŭī, ātum*
I intr. ¶ **1** tonner : ▢ Pros., Poés. ‖ [impers.] ▢ Poés. ¶ **2** faire du bruit, résonner : ▢ Poés., ▢ Poés. ‖ retentir [en parl. de la voix] : ▢ Pros.
II tr. ¶ **1** faire entendre avec fracas, en grondant, crier d'une voix de tonnerre : ▢ Pros., Poés. ¶ **2** faire gronder, faire mugir, faire tomber avec fracas : ▢ Poés.

intonsus, *a, um* ¶ **1** non rasé, non tondu : ▢ Poés., ▢ Pros. ‖ feuillu : ▢ Poés., ▢ Poés. ¶ **2** grossier : ▢ Pros., Poés.

intorquĕō, *ēs, ēre, torsī, tortum*, tr. ¶ **1** tordre en dedans ou de côté, tordre, tourner : ***mentum*** ▢ Pros., tordre le menton ; ***oculos*** ▢ Poés., tourner les yeux sur qqn ‖ pass., ou ***se intorquere*** ▢ Poés., se tordre, s'enrouler ; ▢ Théât. ‖ [fig.] ***intorta oratio*** ▢ Théât., paroles contournées, entortillées ; ***mores intorti*** ▢ Poés., moeurs tordues, de travers = corrompues ¶ **2** faire en tordant : ***rudentes intorti*** ▢ Poés., cordages tordus ¶ **3** brandir, darder, lancer : ▢ Poés.

intortĭo, *ōnis*, f., action de tordre, torsion : ▢ Pros.

intortus, *a, um*, part. de *intorqueo*

intrā
I adv., en dedans, dans l'intérieur : ▢ Pros.
II prép. avec acc., en dedans de, dans l'intérieur de ¶ **1** avant l'expiration de : ▢ Pros. ¶ **2** moins de : ▢ Pros. ¶ **3** [fig.] ***intra modum*** ▢ Pros., en deçà de la mesure [plutôt moins que trop] ; ***intra legem*** ▢ Pros., en deçà des limites fixées par la loi ; ***intra verba*** ▢ Pros., sans dépasser les mots, seulement en paroles ; ***intra famam*** ▢ Pros., au-dessous de la renommée

intrābĭlis, *e*, où l'on peut entrer : ▢ Pros.

intractābĭlis, *e*, intraitable, indomptable : ▢ Poés., ▢ Pros. ‖ qu'on ne peut manier (utiliser) : ▢ Poés. ‖ ***-lior*** ▢ Pros.

intractātus, *a, um*, indompté : ▢ Pros. ‖ non essayé : ▢ Poés.

intractĭo, *ōnis*, f., action de traîner : ▢ Pros.

intrăhō, *ĭs, ĕre, traxī, tractum*, tr., traîner : ▢ Pros. ‖ amener : ▢ Pros.

intrāro, contr. pour *intravero*

intrātus, *a, um*, part. de *2 intro*

intrĕmiscō, *ĭs, ĕre, trĕmŭī, -* ¶ **1** intr., se mettre à trembler : ▢ Pros. ; ***intremuit malus*** ▢ Poés., le mât trembla ¶ **2** tr., redouter : ▢ Poés.

intrĕmō, *ĭs, ĕre, -, -*, intr., trembler, frissonner : ▢ Poés., ▢ Pros. ‖ ***alicui*** ▢ Poés., trembler devant quelqu'un

intrĕpĭdē, adv., intrépidement : ▢ Pros., ▢ Pros.

intrĕpĭdus, *a, um* ¶ **1** courageux, intrépide : ▢ Pros., ▢ Pros. ¶ **2** qui ne donne pas lieu à de l'effroi : ▢ Pros.

intrĕsĕcus, ➡ *intrinsecus*

intrĭbŭō, *ĭs, ĕre, -, -*, tr., payer une contribution : ▢ Pros.

intrīcō, *ās, āre, -, ātum*, tr., embrouiller, empêtrer, embarrasser : ▢ Théât., ▢ d. ▢ Pros.

intrīmentum, *i*, n., assaisonnement : ▢ Pros.

intrinsĕcus, adv. ¶ **1** au-dedans, intérieurement : ▢ Poés., ▢ Pros., Pros. ¶ **2** en allant vers l'intérieur : ▢ Pros.

intrītum, *i*, n., soupe : ▢ Pros.

1 **intrītus**, *a, um*, part. de *intero*

2 **intrītus**, *a, um*, non broyé : ▢ Pros.

intrīvī, parf. de *intero*

1 **intrō**, adv., dedans, à l'intérieur [avec mouv[t]] : -C Poés., C Pros. ‖ [sans mouv[t]] -C Pros., +C Pros.

2 **intrō**, *ās, āre, āvī, ātum*, intr. et tr., entrer dans, pénétrer dans ¶ 1 intr., [avec *in* acc.] : ***in Capitolium*** C Pros., entrer dans le Capitole ; ***in rerum naturam*** C Pros., pénétrer les secrets de la nature ; ***in familiaritatem alicujus*** C Pros., entrer dans l'intimité de qqn ; ***intrare ad*** C Pros., pénétrer jusqu'à ‖ [avec dat.] [poét.] +C Poés. ‖ [abs[t]] comparaître : +C Pros. ¶ 2 tr. ***a) limen*** C Pros., franchir un seuil ; ***pomoerium*** C Pros., franchir l'enceinte sacrée de la ville ; ***terram*** C Pros., sonder les profondeurs de la terre ; ***animos*** +C Pros., pénétrer dans les coeurs ; ***Phoebo intrata*** +C Poés., inspirée d'Apollon ***b)*** attaquer : +C Poés. ***c)*** transpercer : +C Poés.

intrōcēdō, *ĭs, ĕre, -, -*, intr., entrer : +C Pros.

intrōdūcō, *ĭs, ĕre, duxī, ductum*, tr. ¶ 1 conduire dans, amener dans, introduire : C Pros. ‖ [avec *in* acc.] C Pros. ‖ [avec *ad* acc.] +C Pros. ‖ [avec *eo*] C Pros. ¶ 2 [fig.] ***a)*** amener, introduire : C Pros. ***b)*** introduire un sujet ou un personnage : C Pros., +C Pros. ***c)*** [avec prop. inf.] exposer, avancer que : C Pros.

intrōductĭo, *ōnis*, f., action d'introduire, introduction : C Pros.

intrōductŏr, *ōris*, m., [fig.] introducteur, guide : T Pros.

intrōductus, *a, um*, part. de *introduco*

intrŏĕō, *īs, īre, īvi (ĭī), ĭtum*, intr. et tr. ¶ 1 intr., aller dans, entrer : [avec *in* acc.] C Pros. ‖ [avec *ad*] C Pros. ¶ 2 tr., ***curiam, urbem*** +C Pros., entrer dans la curie, dans la ville ; ***domum*** -C Théât., C Pros., entrer dans la maison ; ***Mutinam*** C Pros., à Modène ‖ [pass. impers.] C Pros.

intrōfĕrō, *fers, ferre, tŭlī, lātum*, tr., porter dans : C Pros.

intrōgrĕdĭŏr, *ĕrĭs, gredī, gressus sum*, intr. et tr. ¶ 1 intr., entrer, pénétrer dans : C Poés., +C Pros. ¶ 2 tr., franchir : +C Poés.

intrōgressus, *a, um*, part. de *introgredior*

intrŏĭens, *euntis*, part. de *introeo*

intrŏĭtŭs, *ūs*, m. ¶ 1 action d'entrer, entrée : C Pros. ¶ 2 entrée d'un lieu, accès, avenue : ***ad introitum Ponti*** C Pros., près de l'entrée du Pont-Euxin ‖ entrée, introduction, commencement : C Pros.

intrōlātus, *a, um*, part. de *introfero*

intrōmissus, *a, um*, part. de *intromitto*

intrōmitto, *ĭs, ĕre, mīsī, missum*, tr., faire entrer, introduire, admettre : C Pros., +C Pros. ‖ [fig.] introduire des mots dans une langue : +C Pros. ‖ introduire un exemple : +C Pros.

intrōrēpō, *ĭs, ĕre, -, -*, intr., s'introduire en rampant : +C Pros.

introrsum (-sus) ¶ 1 vers l'intérieur, vers le dedans, en dedans : C Pros. ¶ 2 dans l'intérieur, en dedans [sans mouv[t]] : C Pros., Poés., +C Pros.

intrōrumpō, *ĭs, ĕre, rūpī, ruptum*, intr., se précipiter à l'intérieur, pénétrer de force, entrer brusquement : -C Théât., C Pros., +C Pros.

introspectō, *ās, āre, -, -*, tr., regarder dans : -C Théât.

intrōspĭcĭō, *ĭs, ĕre, spexī, spectum*, tr., regarder dans, à l'intérieur : ***casas*** C Pros., regarder à l'intérieur des demeures

intrōtrūdō (intro trūdō), *ĭs, ĕre, -, -*, tr., introduire de force : -C Pros.

intrōversŭs, → *introrsus* : -C Poés., C Pros., +C Pros.

intrōvŏcātŭs, abl. *ū*, m., introduction : T Pros.

intub-, → *intib-*

intŭĕŏr, *ērĭs, ērī, ĭtus sum*, tr. et qqf. intr. ¶ 1 porter ses regards sur, fixer ses regards sur, regarder attentivement ***a)*** [avec acc.] : ***terram intuens*** -C Théât., les yeux fixés sur le sol ; C Pros. ***b)*** [avec *in* acc.] ***in aliquem*** C Pros., jeter les yeux sur qqn ***c)*** [en parl. de lieux] être tourné vers, regarder : [avec acc.] +C Pros. ¶ 2 [fig.] ***a)*** avoir les regards [la pensée] fixés sur : [avec acc.] C Pros. ‖ considérer attentivement, se représenter par la pensée : C Pros. ***b)*** [avec *in* acc.] C Pros. ***c)*** [avec acc.] contempler avec admiration : C Pros.

intŭĭtŭs, *ūs*, m., coup d'œil, regard, vue : C Pros. ‖ but, intention [surtout à l'abl.] : ***pietatis intuitu*** +T Poés., par bonté

intŭlī, parf. de *infero*

intŭmescō, *ĭs, ĕre, tŭmŭī, -*, intr. ¶ 1 se gonfler, s'enfler : C Poés. ‖ s'élever, se renfler : C Poés., +C Pros. ¶ 2 [fig.] ***a)*** croître, grandir : +C Pros. ***b)*** se gonfler de colère : C Poés. ; ***alicui*** C Poés., contre qqn ***c)*** se gonfler d'orgueil : +C Pros.

intŭmŭlātus, *a, um*, privé de sépulture : C Poés.

inturbātus, *a, um*, non troublé : +C Pros.

inturbĭdus, *a, um*, non troublé, calme, tranquille : +C Pros. ‖ sans passion, sans ambition : +C Pros.

intŭs

I adv. ¶ 1 au-dedans, dedans, intérieurement : C Pros. ‖ [poét.] [avec abl. seul] C Poés., C Poés., Pros. ¶ 2 [avec mouvement] : C Poés., +C Pros. ¶ 3 de dedans, de l'intérieur : -C Théât.

II prép. avec gén. [hellénisme, cf. ἐντός] : +C Pros.

intŭsĭum, *ĭī*, n., → *indusium* : C Pros.

intūtus, *a, um* ¶ 1 non gardé, qui n'est pas en sûreté : C Pros. ¶ 2 peu sûr : +C Pros.

intybum, → *intibum*

ĭnūber, *ĕris*, maigre : +C Pros.

ĭnŭla, *ae*, f., aunée [plante] : C Poés., +C Pros.

ĭnŭlĕus, *i*, m., faon : C Poés. ; → *hinnuleus*

ĭnultus, *a, um* ¶ 1 non vengé, sans vengeance : C Pros. ¶ 2 impuni : C Pros. ‖ [fig.] = impunément, sans dommage : -C Théât., C Poés. ‖ inassouvi : C Pros.

ĭnumbrātus, part. de *inumbro*

ĭnumbrō, *ās, āre, āvī, ātum*, tr. ¶ 1 couvrir d'ombre, mettre dans l'ombre : C Poés., +C Pros. ‖ ombrager : C Poés. ‖ voiler, obscurcir : C Pros. ¶ 2 [fig.] obscurcir, éclipser : +C Pros.

ĭnūmĭgo, → *inhumigo*

ĭnuncō, *ās, āre, āvī, ātum*, tr., saisir avec des crochets, accrocher : +C Pros. ; ***inuncari*** +C Pros., s'accrocher ‖ [fig.] chercher à saisir, agripper : -C Poés.

ĭnunctĭo, *ōnis*, f., application sous forme de liniment : +C Pros.

ĭnunctus, *a, um*, part. de *inungo*

ĭnundātĭo, *ōnis*, f., inondation, débordement : +C Pros.

ĭnundō, *ās, āre, āvī, ātum*, tr. ¶ 1 inonder : ***terram*** C Pros., submerger la terre ‖ [fig., en parl. de la foule] C Poés., +C Pros. ¶ 2 [abs[t]] ***a)*** déborder : C Pros. ***b)*** [avec abl.] déborder de, regorger de : C Poés.

ĭnungĭtō, *ās, āre, -, -*, tr., enduire souvent : -C Pros.

ĭnungo ou **ĭnunguo**, *ĭs, ĕre, unxī, unctum*, tr., enduire, oindre, frotter : +C Pros. ; ***oculos*** C Pros., se bassiner les yeux ; -C Pros., C Pros.

ĭnurbānē, adv., sans élégance, sans esprit : C Pros., +C Pros.

ĭnurbānus, *a, um*, grossier, qui est sans délicatesse, sans élégance, sans esprit : C Pros., Poés., +C Pros.

ĭnurgĕō, *ēs, ēre, -, -*, tr., se lancer contre, poursuivre : C Poés. ‖ [fig.] lancer contre, lancer : +C Pros.

ĭnūrīnō, *ās, āre, -, -*, intr., se plonger dans : +C Pros.

ĭnūrō, *ĭs, ĕre, ussī, ustum*, tr. ¶ 1 brûler sur, graver en brûlant, imprimer par l'action du feu : ***notas*** C Poés., faire des marques au fer rouge [sur les animaux] ; +C Pros. ‖ [fig.] imprimer, attacher : C Pros. ; ***alicui dolorem*** C Pros., causer à qqn une douleur cuisante ¶ 2 ***a)*** empreindre un objet au moyen du feu : ***comas*** +C Pros., friser les cheveux ‖ [fig.] ***aliquid calamistris*** C Pros., passer qqch. aux fers à friser, enjoliver, embellir ***b)*** brûler, détruire par le feu : C Poés., +C Pros.

ĭnūsĭtātē, adv., d'une manière inusitée, contre l'usage : C Pros. ‖ ***-ius*** C Pros. ; ***-tissime*** T Pros.

ĭnūsĭtāto, → *inusitate* : +C Pros.

ĭnūsĭtātus, *a, um*, inusité, inaccoutumé, rare, extraordinaire : C Pros. ‖ ***-tior*** C Pros. ; ***-tissimus*** T Pros.

ĭnusquĕ ou **in usque**, = ***usque in***, jusqu'à : +C Poés.

inustus, *a, um* ¶ 1 part. de *inuro* ¶ 2 non brûlé : +C Poés.

inūtĭlis, *e* ¶**1** inutile, d'aucun secours, sans profit : [C] Pros. ‖ [avec *ad*] inutile pour : [C] Pros. ‖ [avec dat.] [C] Pros. ‖ ***inutile est*** [avec inf.] [C] Pros., il n'est pas utile de ; [avec prop. inf.] [+C] Pros., il n'est pas utile que ¶**2** nuisible, préjudiciable : [C] Pros., [+C] Pros. ¶**3** non capable, invalide : [T] Pros. ‖ ***-lior*** [C] Poés. ; ***-issimus*** [+C] Pros.

ĭnūtĭlĭtās, *ātis*, f. ¶**1** inutilité : [C] Poés. ¶**2** fait d'être nuisible, caractère nuisible de qqch., danger : [C] Pros.

ĭnūtĭlĭtĕr, adv., inutilement : [+C] Pros. ‖ d'une manière nuisible : [C] Pros. ; ***-lius*** [C] Pros.

Ĭnŭus, *i*, m., divinité qui féconde, la même que le Pan des Grecs : [C] Pros., [T] Pros. ‖ ***Castrum Inui*** [C] Poés., ville forte du pays des Rutules

invādo, *ĭs*, *ĕre*, *vāsī*, *vāsum*, intr. et tr.

I intr. ¶**1** faire invasion : ***in urbem*** [C] Pros., faire invasion dans une ville ‖ [abs[t]] [C] Pros. ¶**2** se jeter sur : ***in aliquem cum ferro*** [C] Pros., se jeter sur qqn le fer à la main ; ***in fortunas alicujus*** [C] Pros., se jeter sur les biens de qqn (s'en emparer) ; ***in collum alicujus*** [C] Pros., se jeter au cou de qqn ; ***in philosophiam*** [C] Pros., attaquer la philosophie ‖ [avec dat.] [rare] [C] Pros.

II tr. ¶**1** envahir : ***urbem*** [C] Pros., envahir une ville ‖ poét., = ***ingredi***, entrer dans, parcourir : ***viam*** [C] Poés., prendre une route, s'avancer ; [+C] Pros. ¶**2** assaillir, attaquer : ***agmen hostium*** [C] Pros., attaquer l'armée ennemie ‖ apostropher : [C] Poés., [+C] Pros. ¶**3** [poét.] se jeter dans une chose, l'entreprendre : ***pugnam*** [C] Poés. ; ***Martem*** [C] Poés., commencer un combat, la lutte ; [+C] Pros. ¶**4** se jeter sur, saisir : ***barbam alicujus*** [+C] Pros., se jeter sur la barbe de qqn ; ***consulatum*** [+C] Pros., s'emparer du consulat

invălentĭa, *ae*, f., faiblesse [de complexion] : [+C] Pros.

invălĕō, *ēs*, *ēre*, -, -, intr., être fort : [T] Pros.

invalescō, *ĭs*, *ĕre*, *valŭī*, -, intr., se fortifier, prendre de la force, s'affermir [pr. et fig.] : [+C] Pros. : [+C] Pros. ‖ l'emporter, prévaloir : [T] Pros.

invălĭdē, adv., faiblement : [T] Pros.

invălĭdus, *a*, *um*, faible, débile, impuissant, sans force [pr. et fig.] : [C] Pros., [+C] Pros.

invānescō, *ĭs*, *ĕre*, -, -, intr., devenir vain : [+T] Pros.

invāsī, parf. de *invado*

invāsĭo, *ōnis*, f., [fig.] usurpation : [T] Pros.

invāsus, *a*, *um*, part. de *invado*

invectīcĭus, *a*, *um*, non sincère, affecté : [+C] Pros.

invectĭo, *ōnis*, f., importation : [C] Pros.

invectīvālĭtĕr, adv., avec des invectives : [T] Pros.

invectīvus, *a*, *um*, qui invective : [T] Pros.

invectŏr, *ōris*, m., celui qui importe : [T] Pros.

1 **invectus**, *a*, *um*, part. de *inveho*

2 **invectŭs**, abl. *ū*, m., importation : [C] Pros.

invĕhō, *ĭs*, *ĕre*, *vexī*, *vectum*, tr. ¶**1** transporter dans, V. *veho* : [avec *in* acc.] ***in aerarium pecuniam*** [C] Pros., faire entrer de l'argent dans le trésor public ‖ [avec dat.] ***legiones Oceano*** [+C] Pros., amener les légions à l'Océan ¶**2** [fig.] amener : [C] Pros. ¶**3** ***a)*** [pass.] être transporté = arriver, aller [en bateau, à cheval] : ***in portum invehi*** [C] Pros., entrer dans le port ‖ [avec acc.] [poét.] ***mare invectus*** [C] Poés., porté à la mer ; ***ordines invehi*** [+C] Pros., pénétrer dans les rangs ennemis ***b) se invehere*** [C] Pros., se transporter, se porter en avant : [C] Pros. ***c)*** [pass. intrinsèque] faire une sortie [fig.] : [C] Pros. ; ***in aliquem*** [C] Pros., attaquer qqn [en paroles] ‖ ***multa invehi in aliquem*** [C] Pros., faire une longue sortie contre qqn ***d)*** [part. prés. sens réfléchi] ***in aliquem invehens*** [C] Pros., se livrant à des attaques contre qqn

invendĭbĭlis, *e*, qu'on ne peut vendre, invendable : [-C] Théât.

invĕnĭō, *īs*, *īre*, *vēnī*, *ventum*, tr. ¶**1** venir sur qqch. (qqn), trouver, rencontrer : ***naves paratas*** [C] Pros., trouver les navires prêts ‖ trouver [après recherches] : [C] Pros. ¶**2** [fig.] trouver, acquérir : ***cognomen*** [C] Pros., recevoir un surnom ; ***ab aliqua re nomen*** [C] Pros., tirer son nom d'une chose ¶**3** inventer : [C] Pros. ‖ [invention oratoire] [C] Pros., [+C] Pros. ¶**4** apprendre en s'enquérant, découvrir : [avec prop. inf.] [C] Pros. ¶**5** ***se invenire***, se retrouver, se reconnaître : [+C] Pros. ; [métaph.] [C] Poés.

inventĭo, *ōnis*, f. ¶**1** action de trouver, de découvrir, découverte : [C] Pros. ‖ trouvaille de qqch. = origine : [C] Pros. ¶**2** faculté d'invention, invention : [C] Pros. ‖ [rhét.] l'invention : [C] Pros.

inventĭuncŭla, *ae*, f., petite invention : [+C] Pros.

inventŏr, *ōris*, m., celui qui trouve, qui découvre, inventeur, auteur : [C] Pros. ‖ ***legis*** [C] Pros., auteur d'une loi ; ***Stoicorum*** [C] Pros., fondateur du Stoïcisme

inventrix, *īcis*, f., celle qui trouve, qui invente : [C] Pros. ; ***doctrinarum inventrices (Athenae)*** [C] Pros., (Athènes) mère des sciences

inventum, *i*, n., découverte, invention : [C] Pros.

inventus, *a*, *um*, part. de *invenio*

invĕnustē, adv., sans grâce, sans élégance : [+C] Pros.

invĕnustus, *a*, *um* ¶**1** qui est sans beauté, sans grâce, sans élégance : [C] Pros., Poés. ¶**2** que Vénus ne favorise pas, malheureux, infortuné (en amour) : [-C] Théât.

invĕrēcundē, adv., sans pudeur, impudemment : [+C] Pros. ‖ ***-dius*** [T] Pros.

invĕrēcundĭa, *ae*, f., impudence : [T] Pros.

invĕrēcundus, *a*, *um*, impudent : [C] Pros., [+C] Pros. ; ***inverecundus deus*** [C] Poés., le dieu effronté (Bacchus) ‖ ***-dior*** [+C] Pros. ; ***-dissimus*** [-C] Théât.

invergō, *ĭs*, *ĕre*, -, -, tr., [en parl. d'un liquide] renverser sur, verser sur : [avec *in* acc.] [-C] Théât. ; [avec dat.] [C] Poés.

inversĭo, *ōnis*, f., inversion : ***verborum*** [C] Pros., antiphrase, ironie ‖ allégorie : [+C] Pros. ‖ anastrophe : [+C] Pros.

inversūra, *ae*, f., courbure, coude : [C] Pros.

invertō, *ĭs*, *ĕre*, *ī*, *versum*, tr. ¶**1** retourner, tourner sens dessus dessous, renverser : [C] Pros., Poés. ‖ faire changer de couleur, teindre : [+C] Poés. ¶**2** transposer, changer, intervertir : [C] Pros., [+C] Pros. ‖ prendre (les mots) dans un autre sens [antiphrase] : [C] Pros. ‖ ***inversi mores*** [C] Poés., moeurs perverties, décadence des moeurs

invespĕrascit, *ĕre*, impers., il se fait tard, il commence à faire nuit : [C] Pros.

1 **investīgābĭlis**, *e*, qui peut être découvert : [T] Pros.

2 **investīgābĭlis**, *e*, qu'on ne peut découvrir, insondable : [T] Pros.

investīgātĭo, *ōnis*, f., recherche attentive, investigation : [C] Pros.

investīgātŏr, *ōris*, m., qui recherche, investigateur, scrutateur : [C] Pros.

investīgō, *ās*, *āre*, *āvī*, *ātum*, tr. ¶**1** chercher (suivre) à la piste, à la trace : [C] Pros., [+C] Pros. ¶**2** [fig.] rechercher avec soin, scruter : [C] Pros. ‖ déchiffrer : [+C] Pros.

investĭō, *īs*, *īre*, *īvī*, *ītum*, tr., revêtir, garnir : [-C] Théât. ‖ ***focum*** [+C] Pros., entourer le foyer

investis, *e*, imberbe, impubère : [T] Pros.

investītus, *a*, *um*, part. de *investio*

invĕtĕrascō, *ĭs*, *ĕre*, *veterāvī*, -, intr. ¶**1** devenir ancien, s'enraciner, s'invétérer, s'affermir par le temps : [C] Pros. ‖ s'implanter, s'établir : [C] Pros. ¶**2** [fig.] s'établir, se fixer : [C] Pros. ‖ se fixer dans [avec dat.] : [C] Pros. ‖ [impers.] ***inveteravit*** [C] Pros., il est passé à l'état de coutume, c'est devenu une coutume ; ***inveteravit ut*** [C] Pros., c'est une coutume établie que ¶**3** devenir vieux, s'affaiblir : [+C] Pros., [T] Pros.

invĕtĕrātĭo, *ōnis*, f., maladie invétérée : [C] Pros.

invĕtĕrātus, *a*, *um*, part. de *invetero*

invĕtĕrō, *ās*, *āre*, *āvī*, *ātum* ¶**1** laisser, faire vieillir : [+C] Pros. ¶**2** [pass.] devenir vieux, prendre de l'âge : [C] Pros. ‖ s'enraciner : [C] Pros. ‖ ***inveteratus*** [C] Pros., enraciné, implanté, invétéré, ancien ¶**3** faire tomber en désuétude : [T] Pros.

invĕtĭtus, *a*, *um*, non défendu, permis : [+C] Poés.

invexī, parf. de *inveho*

invĭcĕm, adv. ¶**1** à son tour (par roulement), alternativement : C Pros. ¶**2** réciproquement, mutuellement : ***invicem diligere*** +C Pros., s'aimer mutuellement ¶**3** en retour : +C Pros. ¶**4** [avec prép.] ***pro invicem*** T Pros.

invictē, adv., invinciblement : T Pros.

invictus, *a, um*, non vaincu, invaincu, dont on ne triomphe pas : [avec *ab*] ***invictus a labore*** C Pros., invincible aux fatigues ; ***ab hostibus*** C Pros., dont les ennemis n'ont pu triompher ; C Poés. ‖ [avec abl.] : ***armis*** C Pros., que les armes n'ont pu vaincre ‖ [avec *ad*, relativement à, à l'égard de] : C Pros., Poés. ; [avec *adversus*] C Pros., +C Pros. ; [avec *in* acc.] ; [avec *in* abl.] ; [avec *contra*] ‖ [avec gén.] [poét.] +C Poés. ‖ [abs[t]] C Pros. ‖ ***-issimus*** -C Théât.

1 **invĭdens**, *tis*, part. prés. de *invideo*

2 **invĭdens**, *tis*, qui ne voit pas : +C Pros.

invĭdentĭa, *ae*, f., sentiment de jalousie, d'envie : C Pros., +C Pros.

invĭdĕō, *ēs, ēre, vīdī, vīsum*, intr., qqf. tr. ¶**1** prim[t] tr., regarder d'un œil malveillant et funeste, jeter le mauvais œil : -C Théât., C Poés. ¶**2** intr., être malveillant, vouloir du mal : C Pros. ¶**3** [surtout] porter envie, jalouser : [abs[t]] C Pros. ‖ ***alicui, alicui rei***, envier qqn, qqch. : C Pros. ; ***alicui*** [et acc. de pron. n.] C Pros., envier qqn relativement à qqch. ‖ ***alicui in aliqua re***, envier qqn à propos de qqch. : C Pros. ‖ ***alicui alicujus rei*** C Poés., être chiche de qqch. à l'égard de qqn ‖ ***alicui aliqua re***, envier qqch. à qqn, priver jalousement qqn de qqch. : C Pros., +C Pros. ‖ ***aliqua re*** +C Pros., priver de qqch. ‖ ***invidere quod***, être jaloux de ce que : C Pros. ¶**4** tr., ***alicui aliquam rem (aliquem)***, être jaloux de qqch. (de qqn) par rapport à qqch. (à qqn), envier qqch. (qqn) à qqn : C Poés., Pros., +C Pros. ‖ [avec inf. ou prop. inf.] -C Théât. ; [ou avec *ut, ne*] C Poés., par jalousie (malveillance) ne pas admettre (vouloir) que, refuser que (de), empêcher que ‖ ***invideor*** C Poés., je suis jalousé ; ***invidendus*** C Poés., digne d'envie

invĭdĭa, *ae*, f. ¶**1** malveillance, antipathie, hostilité, haine : C Pros. ; ***alicui invidiam conflare*** C Pros., exciter la haine contre qqn ; ***invidiae esse alicui*** C Pros., valoir la haine à qqn ; ***temporis*** C Pros., la haine d'une époque (manifestée pendant une époque) ‖ récrimination, reproche : +C Pros. ; ***invidiam facere*** +C Théât., adresser des reproches ‖ critique, dénigrement : C Pros. ¶**2** jalousie, envie : C Pros. ; ***invidia adducti*** C Pros., poussés par la jalousie ; ***invidia est*** [avec prop. inf.] C Poés., interdire ; ➡ *invideo* ¶4

invĭdĭōsē, adv. ¶**1** avec malveillance, avec jalousie : C Pros. ¶**2** en excitant la jalousie, en étant mal vu : C Pros. ‖ ***-sius*** +C Pros.

invĭdĭōsus, *a, um* ¶**1** qui envie, qui jalouse, envieux, jaloux : C Pros., Poés. ; ***alicui*** C Poés., jaloux de qqn ¶**2** qui excite l'envie : C Pros., Poés., +C Poés. ¶**3** qui excite la malveillance, la haine, odieux, révoltant : -C Pros., C Pros. ‖ ***ad aliquem*** C Pros., odieux aux yeux de qqn ‖ ***res invidiosa in aliquem*** C Pros., cause de haine contre qqn, qui fait mal voir qqn ‖ ***-sior*** C Pros. ; ***-issimus*** C Pros.

invĭdus, *a, um* ¶**1** envieux, jaloux : C Pros. ; ***alicui*** C Pros., de qqn ‖ subst. m. : C Pros. ; ***mei invidi*** C Pros., mes envieux ; ***laudis*** C Pros., un envieux de la gloire ¶**2** [poét., avec des noms de ch.] C Pros., Poés.

invĭgĭlō, *ās, āre, āvī, ātum*, intr. ¶**1** veiller dans, passer ses veilles (ses nuits) dans : ***malis*** C Poés., passer ses nuits à souffrir ¶**2** consacrer ses veilles à, s'adonner à, veiller à, s'appliquer à [avec dat.] : C Pros., Poés., +C Pros. ; [avec inf.] +C Poés.

invincĭbĭlĭtĕr, adv., invinciblement : +C Pros.

invīnĭus, *a, um*, qui ne boit pas de vin : +C Pros.

invĭŏlābĭlis, *e*, inviolable, invulnérable : C Poés., +C Pros.

invĭŏlābĭlĭtĕr, adv., inviolablement : T Pros.

invĭŏlātē, adv., inviolablement, d'une manière inviolable : C Pros., +C Pros.

invĭŏlātus, *a, um* ¶**1** qui n'est pas violé, pas maltraité, qui est respecté : C Pros. ¶**2** inviolable : C Pros.

inviscĕrātus, part. de *inviscero*

inviscĕrō, *ās, āre, āvī, ātum*, tr., mettre dans les entrailles : T Poés. ‖ enraciner profondément : T Pros.

invīsĭtātus, *a, um*, non vu, inaccoutumé, tout nouveau, extraordinaire : ***magnitudine invisitato*** C Pros., d'une grandeur extraordinaire

1 **invīsō**, *ĭs, ĕre, ī, vīsum*, tr. ¶**1** aller voir, visiter, faire visite : C Pros. ¶**2** voir, regarder : C Poés. ¶**3** [arch., abs[t]] : ***ad aliquem*** -C Théât., aller faire une visite chez qqn

2 **invīso**, abl. sg. de *invisus*

invīsŏr, *ōris*, m., celui qui porte envie, envieux : +C Pros.

1 **invīsus**, *a, um* ¶**1** part. de *invideo* ¶**2** [adj[t]] ***a)*** odieux, haï, détesté : ***alicui*** C Pros., odieux à qqn, détesté de qqn ; ***invisior*** C Pros. ; ***-issimus*** +C Pros. ‖ ***invisus ad aliquem*** C Pros., odieux auprès de, pour qqn ***b)*** [rare] qui hait, malveillant, ennemi : C Poés.

2 **invīsus**, *a, um*, qui n'a pas encore été vu : -C Pros., C Pros. ‖ invisible : C Poés., +C Pros.

invītābĭlis, *e*, qui attire : C d. +C Pros.

invītāmentum, *i*, n. ¶**1** invitation : +C Pros. ¶**2** appât, attrait : C Pros. ‖ ***temeritatis*** C Pros., encouragement à l'audace

invītātĭo, *ōnis*, f., invitation [avec qqn] : C Pros. ‖ invitation, sollicitation à faire une chose : [avec *ad*] C Pros. ; [avec *ut*] C Pros. ; ***vini*** +C Pros., invitation à boire

invītātŏr, *ōris*, m., serviteur chargé de faire les invitations : +C Poés.

invītātōrĭus, *a, um*, d'invitation, qui invite : T Pros.

invītātrix, *īcis*, f., celle qui invite [au fig.] : T Pros.

1 **invītātŭs**, *a, um*, part. de *invito*

2 **invītātŭs**, abl. *ū*, m., invitation : C Pros.

invītē, adv., non volontiers, malgré soi : C Pros., +C Théât. ‖ ***-tius*** C Pros.

invĭtĭābĭlis, *e*, incorruptible : T Poés.

invītō, *ās, āre, āvī, ātum*, tr. ¶**1** inviter : ***aliquem in legationem*** C Pros., prier qqn d'accepter une légation ; ***ad aliquid*** C Pros., inviter à une chose ; [avec inf.] inviter à : C Poés. ‖ [en part.] inviter à table ; [puis] recevoir, traiter : ***ad prandium*** C Pros., inviter à un repas ; ***hospitio*** C Pros. ; ***in hospitium*** C Pros., offrir l'hospitalité ; C Pros. ‖ ***se invitare***, se bien traiter, se régaler : -C Théât., C Pros. ; ***aliquem clavis*** -C Théât., traiter qqn à coups de bâton, le régaler de coups ¶**2** inviter, engager, convier : ***praemiis*** C Pros., engager par l'appât des récompenses ‖ [avec *ut*] engager à : C Pros.

invītus, *a, um* ¶**1** qui agit à contrecœur, contre son gré, à regret : C Pros. ‖ [abl. abs.] : ***me, te... invito***, malgré moi, malgré toi ; ***invita Minerva*** C Pros., malgré Minerve ¶**2** [poét.] involontaire : ***invita ope*** C Poés., par une aide involontaire ; +C Poés.

invĭus, *a, um*, où il n'y a pas de route, inaccessible, inabordable : C Poés., Pros. ‖ impénétrable : C Poés. ‖ ***invia***, n. pl., endroits non frayés, impraticables : C Pros.

invŏcātĭo, *ōnis*, f., action d'invoquer, invocation : +C Pros.

1 **invŏcātus**, *a, um*, part. de *invoco*

2 **invŏcātus**, *a, um* ¶**1** non appelé : C Pros. ¶**2** non invité : -C Théât., C Pros.

3 **invŏcātŭs**, abl. *ū*, m., ***invocatu meo*** +C Pros., sans que je [les] aie appelés

invŏcō, *ās, āre, āvī, ātum*, tr. ¶**1** appeler, invoquer : ***Junonem*** C Pros., invoquer Junon ; ***deos testes*** C Pros., prendre les dieux à témoin, invoquer le témoignage des dieux ‖ appeler au secours : +C Pros. ¶**2** appeler, nommer : +C Pros.

invŏlātŭs, abl. *ū*, m., action de voler vers, vol : C Pros.

involgō, *ās, āre, -, -*, ➡ *invulgo*

invŏlĭtō, *ās, āre, -, -*, intr., voler sur : T Poés. ‖ flotter sur [avec dat.] : C Poés.

involnĕrābĭlis, *e*, ➡ *invulnerabilis*

invŏlō, *ās, āre, āvī, ātum* ¶**1** intr., voler dans ou à, se précipiter sur : [avec *in* et acc.] C Pros. ‖ [avec *ad*] C Pros. ¶**2** tr., attaquer, saisir, prendre possession de : +C Pros. ‖ faire main basse sur qqch. : C Poés.

invŏlŭcer, *cris, cre*, qui ne peut voler : +C Pros.

invŏlūcrĕ, *is*, n., enveloppe, peignoir : [-C] Théât.

invŏlūcrum, *i*, n. ¶ **1** enveloppe, couverture, étui d'un bouclier : [C] Pros. ‖ voile recouvrant un candélabre : [C] Pros. ¶ **2** [fig.] [C] Pros. ; ***simulationum involucra*** [C] Pros., enveloppe (masque) de la dissimulation ¶ **3** bourse, sac d'argent : [T] Pros.

invŏlūmentum, *i*, n., enveloppe : [T] Pros. ‖ pl., langes : [T] Pros.

invŏlūtē, adv., d'une manière obscure [fig.] : [T] Pros.

invŏlūtĭo, *ōnis*, f., enroulement : [C] Pros.

invŏlūtus, *a*, *um* ¶ **1** part. de *involvo* ¶ **2** [adj^t] enveloppé, obscur : [C] Pros., [+C] Pros.

involvō, *ĭs*, *ĕre*, *ī*, *vŏlūtum*, tr. ¶ **1** faire rouler en bas, faire tomber en roulant : [C] Poés. ‖ pass. ***involvi***, rouler : [C] Pros., Poés. ¶ **2** faire rouler sur : ***Ossae Olympum*** [C] Poés., rouler l'Olympe sur l'Ossa ¶ **3** enrouler, envelopper : [C] Pros. ; ***involutum candelabrum*** [C] Pros., candélabre enveloppé (dissimulé sous des voiles) ‖ ***se involvere*** ; effectuer une giration, tourner [en parlant de roues à aubes] : [C] Pros.

involvŭlus, *i*, m., sorte de petit ver (ou de chenille) qui s'enroule sur lui-même : [-C] Théât.

invulgō, *ās*, *āre*, *āvī*, *ātum*, tr., publier, divulguer : [+C] Pros. ‖ ***invulgatum verbum*** [+C] Pros., mot banal

invulnĕrābĭlis, *e*, invulnérable : [+C] Pros.

invulnĕrātus, *a*, *um*, qui n'a reçu aucune blessure : [C] Pros.

1 **īō**, interj., io ! [cri de joie dans les triomphes, dans les fêtes] : [C] Poés., [+C] Pros. ‖ [cri de douleur] ah ! las ! : [C] Poés. ‖ [appellation véhémente] holà, oh ! : [C] Poés.

2 **Īō**, *Īūs*, f., Io [fille d'Inachus, métamorphosée en génisse par Jupiter qui voulait la soustraire à la jalousie de Junon] : [C] Poés.

Ĭōannēs (**Ĭōhannēs**), ▶ *Joannes*

Ĭōb, ▶ *Job*

Ĭŏcasta, *ae* (**Ĭŏcastē**, *ēs*), f., Jocaste [femme de Laïus, roi de Thèbes, mère d'Œdipe] : [+C] Poés.

Ĭōlās, ▶ *Iollas*

Ĭŏlāus, *i*, m., Iolaüs, fils d'Iphiclès, compagnon d'Hercule : [C] Poés.

Ĭōlcŏs (**-us**), *i*, f., Iolcos [ville de Thessalie, patrie de Jason] : [C] Pros. ‖ **-cĭăcus**, *a*, *um*, d'Iolcos : [C] Poés.

Ĭŏlē, *ēs*, f., Iole [fille d'Eurythus, enlevée par Hercule] : [C] Poés., [+C] Poés. ‖ nom d'une esclave : [C] Poés.

Iollās, *ae*, m., un Troyen : [C] Poés. ‖ berger : [C] Poés.

Ĭōn, *ōnis*, m., fils de Xuthus, chef des Hellènes, qui donna son nom à l'Ionie : [C] Pros., [+C] Poés.

Ĭōnĕs, *um*, m. pl., Ioniens, habitants de l'Ionie : [C] Pros.

Ĭōnĭa, *ae*, f., l'Ionie [province maritime d'Asie Mineure] : [C] Pros.

Ĭōnĭcus, *a*, *um*, d'Ionie : [C] Poés. ‖ ***motus Ionici*** [C] Poés., danse ionique ; n. pl. ***Ionica*** [-C] Théât. ‖ ***ionicus a majore, a minore***, ionique majeur, ionique mineur [métrique] ‖ ***genus Ionicum*** [C] Pros., ordre ionique

Ĭōnis, *ĭdis*, f., femme ionienne : [+C] Théât.

Ĭōnĭus, *a*, *um*, ionien : ***Ionium mare*** [C] Pros. ; ***Ionium*** [C] Poés., mer Ionienne

Ĭōpās, *ae*, m., nom d'homme : [C] Poés.

Ĭope, **Ĭoppe**, ▶ *Jope*

Iordānes, ▶ *Jordanes*

Ĭōseph, **Ĭōsēphus**, ▶ *Jos*

ĭōta, n. indécl., iota [lettre de l'alphabet grec] : [C] Pros. ‖ **iota**, *ae*, f.

Īphĭănassa, *ae*, f., autre nom d'Iphigénie : [C] Poés.

Īphĭăs, *ădis*, f., (Évadné) fille d'Iphis : [C] Poés.

Īphĭclus, *i*, m., fils d'Amphitryon et d'Alcmène : [C] Poés.

Īphĭcrătensis, *e*, d'Iphicrate, armé à la manière d'Iphicrate : [C] Pros.

Īphĭgĕnīa, *ae*, f., Iphigénie [fille d'Agamemnon et de Clytemnestre] : [C] Pros., Poés.

Īphĭmĕdīa, *ae*, f., mère des géants Éphialte et Otus : [+C] Poés.

Īphĭnŏē, *ēs*, f., nom de femme : [+C] Poés.

Īphĭnŏus, *i*, m., nom d'un Centaure : [C] Poés.

1 **Īphis**, *ĭdis*, f., fille de Lygdus, élevée sous des vêtements d'homme : [C] Poés.

2 **Īphis**, *is*, m., amant dédaigné d'Anaxarète, se pendit de désespoir : [C] Poés. ‖ un des Argonautes : [+C] Poés.

Īphĭtus, *i*, m., un des Argonautes : [+C] Poés. ‖ un roi d'Élide : [+C] Poés. ‖ nom de guerrier : [C] Poés.

Ippŏcentaurus, ▶ *Hippocentaurus*

ipsĕ, *a*, *um*, gén. *ipsīus* et *ipsĭus*, dat. *ipsi* ¶ **1** même, en personne, lui-même, elle-même, etc. : ***ipse Caesar*** [C] Pros., César lui-même ‖ ***ipse dixit*** [C] Pros., lui-même (le maître, Pythagore) l'a dit ‖ ***ipse quoque*** [C] Pros. ; ***etiam ipse*** [C] Pros. ; ***ipse etiam*** [C] Pros., lui-même aussi, lui-même de son côté ‖ ***et ipse***, lui aussi, de son côté : [C] Pros. ¶ **2** précisément, justement : [C] Pros. ‖ ***nunc ipsum*** [C] Pros., en ce moment même ; ***tum ipsum*** [C] Pros., juste à ce moment-là ; ***tum ipsum*** [C] Pros., alors même ; ***tum ipsum, cum*** [C] Pros., au moment même où ¶ **3** de soi-même, spontanément : [C] Pros. ¶ **4** par soi-même, à soi seul : [C] Pros. ; [avec *per se*] [C] Pros.

ipsĕmet, lui-même : [-C] Théât., [+C] Pros. ; ***ipsimet*** [C] Pros., nous-mêmes

-īr, ▶ *hir-*

īra, *ae*, f. ¶ **1** colère, courroux : [C] Pros. ‖ ***in aliquem, adversus aliquem*** [C] Pros., colère contre qqn ‖ [gén. obj.] ***ira fugae*** [C] Pros., colère excitée par la fuite ‖ ***irae*** pl., [C] Pros., les manifestations de la colère, la vengeance ¶ **2** motif de colère : [C] Poés. ‖ objet de colère ou de haine : [C] Poés., [+C] Poés. ‖ [en parl. de choses] violence, impétuosité, furie : [+C] Poés.

īrācundē, adv., avec colère : [C] Pros. ‖ ***-dius*** [C] Pros.

īrācundĭa, *ae*, f. ¶ **1** irascibilité, humeur irascible, penchant à la colère : [C] Pros., [+C] Pros. ¶ **2** mouvement de colère, colère : [-C] Théât., [C] Pros. ‖ pl., [C] Pros.

īrācundus, *a*, *um*, irascible, irritable, emporté : [C] Pros., [+C] Pros. ‖ en colère, irrité, furieux : [C] Pros. ‖ ***-dior*** [C] Poés. ; ***-dissimus*** [+C] Pros.

īrascentĭa, *ae*, f., ▶ *iracundia* : [+C] Pros.

īrascŏr, *ĕrĭs*, *ī*, *īrātus sum*, intr., se mettre en colère, s'emporter, contre qqn, qqch. [avec dat.] : [C] Pros. ‖ [avec *in* et acc.] [C] Pros. ‖ [avec acc. de pron. n.] : ***nihil*** [+C] Pros., ne s'irriter en rien ; [-C] Pros., [+C] Pros. ‖ ***pro*** : [+C] Pros. ‖ [abs^t] : [C] Pros., [+C] Pros.

īrātē, adv., avec colère, en colère : [C] Poés. ‖ ***-tius*** [+C] Pros.

īrātus, *a*, *um* ¶ **1** part. de *irascor* ¶ **2** [adj^t] en colère, irrité, indigné : ***alicui*** [C] Pros., contre qqn ; ***de aliqua re*** [C] Pros., au sujet de qqch. ‖ [en parl. de choses] : [C] Poés. ‖ ***iratior*** [C] Pros. ; ***-issimus*** [C] Pros.

ircĭŏla, ▶ *irtiola*

ircus, ▶ *hircus*

īrĕ, inf. de *3 eo*

Iresĭae, *ārum*, f. pl., ville de Thessalie : [C] Pros.

īrī, ▶ *3 eo*

īrĭnus, *a*, *um*, d'iris : [+C] Pros.

1 **Īris**, *is*, *ĭdis*, f., fille de Thaumas et d'Électre et messagère de Junon : [C] Poés.

2 **īris**, *is*, *ĭdis*, f. ***a)*** arc-en-ciel : [+C] Pros. ***b)*** iris [plante] : [+C] Pros.

3 **īris**, acc. ***irim***, hérisson, ▶ *er* : [-C] Théât.

irnea, **irnella**, ▶ *hirn*

īrōnīa, *ae*, f., ironie [socratique et fig. de rhét.] : [C] Pros., [+C] Pros.

Īrŏs, ▶ *Irus*

irp-, **irq-**, ▶ *hirp-*, *hirq-*

irrădĭō, *ās*, *āre*, -, -, tr., projeter ses rayons sur : [+C] Poés.

irrādō, *ĭs*, *ĕre*, -, -, tr., racler sur, dans : [-C] Pros.

1 **irrāsus**, *a*, *um*, part. de *irrado*

2 **irrāsus**, *a*, *um*, non raclé, non poli : [+C] Poés. ‖ non rasé : [-C] Théât.

irrătĭōnābĭlis, *e*, dépourvu de raison, déraisonnable : [T] Pros. ‖ n. pl., les animaux, les brutes : [T] Pros.

irrătĭōnālis, *e*, dépourvu de raison : [+C] Pros. ‖ où la raison n'intervient pas : ***usus*** [+C] Pros., routine

irraucescō, *ĭs*, *ĕre*, ***rausī***, -, intr., s'enrouer : [C] Pros. ; V. *irravio*

irrāvĭō, *īs*, *īre*, ***irrausi***, -, intr., V. *irraucesco*

irrĕcĭtābĭlĭtĕr, adv., ineffablement : [+T] Poés.

irrĕcordābĭlis, *e*, dont on ne peut se souvenir : [T] Pros.

irrĕcūsābĭlis, *e*, inévitable : [T] Pros.

irrĕdux, *ŭcis*, par où l'on ne doit pas revenir : [+C] Poés.

irrĕflexus, *a*, *um*, qui ne se recourbe pas : [T] Pros.

irrĕfūtābĭlis, *e*, qui ne peut être réfuté : [T] Pros.

irrĕfūtātus, *a*, *um*, non réfuté : [T] Pros.

irrĕgressĭbĭlis, *e*, pour qui il n'y a pas de retour ; [fig.] irrémédiable : [T] Pros.

irrĕlĭgātus, *a*, *um*, non lié : [C] Poés.

irrĕlĭgĭōsē, adv., irréligieusement : [+C] Pros. ‖ ***-sius*** [T] Pros.

irrĕlĭgĭōsĭtās, *ātis*, f., impiété : [+C] Pros.

irrĕlĭgĭōsus, *a*, *um*, irréligieux, impie : ***irreligiosum est*** [avec inf.] [C] Pros., [+C] Pros., il est impie de ‖ ***-sior*** [T] Pros.

irrĕmĕābĭlis, *e*, d'où l'on ne peut revenir : [C] Poés.

irrĕmĕdĭābĭlis, *e*, [fig.] implacable : [+C] Pros.

irrĕmissē, adv., sans rémission : [T] Pros.

irrĕmōtus, *a*, *um*, immobile : [T] Poés.

irrĕmūnĕrābĭlis, *e*, dont on ne peut s'acquitter [en parl. d'un bienfait] : [+C] Pros.

irrĕpărābilis, *e*, impossible à recouvrer, irréversible, sans retour : ***irreparabile tempus*** [C] Poés., le temps irrévocable ; [+C] Pros.

irrĕpercussus, *a*, *um*, non réfuté : [+C] Pros.

irrĕpertus, *a*, *um*, non trouvé : [C] Poés., [+C] Théât.

irrēpō (inr-), *ĭs*, *ĕre*, ***repsī***, ***reptum***, intr. et qqf. tr. ¶ **1** intr. ***a)*** ramper dans, sur, vers : [avec *ad*] [+C] Pros. ‖ [avec acc.] [+C] Pros. ‖ [abst] [+C] Pros. ***b)*** [fig.] s'introduire peu à peu, d'une manière imperceptible, se glisser, s'insinuer : [avec *in* acc.] [C] Pros. ‖ [avec dat.] [+C] Pros. ‖ [abst] [+C] Pros. ¶ **2** tr., pénétrer insensiblement : [+C] Pros.

irrĕposcĭbĭlĭs, *e*, qui ne peut être réclamé : [+C] Pros., [T] Pros.

irrĕprĕhensĭbĭlis, *e*, irrépréhensible, irréprochable : [T] Pros.

irrĕprĕhensus, *a*, *um*, irréprochable : [C] Poés.

irreptō, *ās*, *āre*, -, - ¶ **1** intr., se glisser vers ou sur : ***umeris*** [+C] Poés., monter furtivement sur les épaules ¶ **2** tr., s'introduire furtivement dans : [+C] Poés.

irrĕquĭētus, *a*, *um*, qui n'a pas de repos : [C] Poés., [+C] Pros. ‖ sans relâche : [C] Poés.

irrĕquīsītus, *a*, *um*, non recherché : [T] Pros.

irrĕsectus, *a*, *um*, non coupé : [C] Poés.

irrĕsŏlūbĭlis, *e*, qui ne peut être dénoué : [+C] Pros.

irrĕsŏlūtus, *a*, *um*, non relâché, non détaché : [C] Poés. ‖ [fig.] indissoluble : [T] Pros.

irrestinctus, *a*, *um*, non éteint : [+C] Poés.

irrētĭō (inr-), *īs*, *īre*, *īvī* (*ĭī*), *ītum*, tr., envelopper (prendre) dans un filet ‖ [fig.] enlacer, embarrasser, envelopper : [C] Pros. ‖ enlacer, séduire : [C] Pros.

irrētītus, *a*, *um*, part. de *irretio*

irrĕtortus, *a*, *um*, qu'on ne détourne pas : [C] Poés.

irrĕtractābĭlis, *e*, irrévocable : [T] Pros.

irrĕvĕrens, *tis*, irrespectueux, irrévérencieux : [+C] Pros. ‖ ***-tissimus*** [T] Pros.

irrĕvĕrentĭa, *ae*, f., manque de respect, licence, excès : [+C] Pros. ‖ ***studiorum*** [+C] Pros., mépris des études

irrĕvŏcābĭlis, *e* ¶ **1** qu'on ne peut rappeler, irrévocable : [C] Poés., Pros. ¶ **2** [fig.] ***irrevocabilior*** [+C] Pros., plus implacable

irrĕvŏcābĭlĭtĕr, adv., sans pouvoir être retenu : [+C] Pros., [T] Pros.

irrĕvŏcātus, *a*, *um* ¶ **1** sans être invité à recommencer : [C] Pros. ¶ **2** irrévocable : [+C] Poés.

irrīdĕō (inr-), *ēs*, *ēre*, ***rīsī***, ***rīsum*** ¶ **1** intr., se moquer : [C] Pros. ¶ **2** tr., se moquer de, rire de, tourner en ridicule, ***aliquem, aliquid***, qqn, qqch. : [C] Pros.

irrīdĭcŭlē, adv., sans plaisanter : ***non irridicule*** [C] Pros., assez plaisamment

irrīdĭcŭlum (inr-), *i*, n., objet de risée, moquerie : [-C] Théât.

irrĭgātĭo (inr-), *ōnis*, f., irrigation : [C] Pros.

irrĭgātus, *a*, *um*, part. de *irrigo*

irrĭgivus, cf. *irriguus* : [-C] Pros.

irrĭgō (inr-), *ās*, *āre*, *āvī*, *ātum*, tr. ¶ **1** conduire (amener) l'eau dans [avec *in* acc.] : [-C] Pros. ¶ **2** arroser, irriguer : [C] Pros. ‖ [C] Poés. ; ***vino aetatem*** [-C] Théât., arroser de vin sa jeunesse ¶ **3** [fig.] baigner : [C] Poés.

irrĭgŭē, adv., de manière à arroser : [+T] Poés.

irrĭgŭus (inr-), *a*, *um* ¶ **1** approvisionné d'eau, arrosé, irrigué, trempé : [-C] Théât., Pros., [C] Poés. ‖ ***irriguus mero*** [C] Poés., arrosé de vin ¶ **2** qui arrose, qui irrigue : [C] Poés. ‖ [fig.] qui baigne, qui rafraîchit : [+C] Poés.

irrĭo, V. *hirrio*

irrīsi (inr-), parf. de *irrideo*

irrīsĭbĭlis, *e*, ridicule : [T] Pros.

irrīsĭo (inr-), *ōnis*, f., moquerie : [C] Pros. ; [gén. subj.] ***cum inrisione audientium*** [C] Pros., en s'attirant les moqueries des auditeurs ; [gén. obj.] ‖ une dérision, une moquerie : [C] Pros.

irrīsīvē, adv., par dérision : [T] Pros.

irrīsŏr (inr-), *ōris*, m., celui qui se moque, moqueur : [C] Pros., Poés.

1 **irrīsus (inr-)**, *a*, *um*, part. de *irrideo*

2 **irrīsŭs (inr-)**, *ūs*, m., moquerie, raillerie : [C] Pros. ; ***irrisui esse*** [C] Pros., être un objet de moquerie ; [+C] Pros.

irrītābĭlis (inr-), *e* ¶ **1** irritable, susceptible : [C] Pros. ¶ **2** qui irrite : [T] Pros.

irrītābĭlĭtās, *ātis*, f., irritabilité, susceptibilité : [+C] Pros.

irrītāmĕn, *ĭnis*, n., [C] Poés. et **irrītāmentum**, *i*, n., objet qui irrite, stimulant, excitant : [C] Pros., [+C] Pros.

irrītātē, adv., en excitant la colère ‖ ***-tius*** [T] Pros.

irrītātĭo (inr-), *ōnis*, f., action d'irriter, irritation, stimulant, aiguillon : [C] Pros., [+C] Pros.

irrītātŏr, *ōris*, m., **irrītātrix**, *īcis*, f., celui, celle qui irrite, excite : [+C] Pros., [T] Pros.

irrītātus, *a*, *um*, part. de *irrito*

irrītō (inr-), *ās*, *āre*, *āvī*, *ātum*, tr. ¶ **1** exciter, stimuler, provoquer : [C] Pros. ; ***ad bellum*** [C] Pros., exciter à la guerre ‖ ***iracundiam*** [+C] Pros. ; ***iras*** [C] Pros., provoquer la colère ; ***exitium*** [+C] Pros., provoquer la perte de qqn ; ***sibi simultates*** [C] Pros., s'attirer des haines ¶ **2** irriter, indisposer, provoquer : ***aliquem*** [C] Pros., irriter qqn

irrĭtus (inr-), *a*, *um* ¶ **1** non ratifié, non fixé, non décidé, annulé : ***aliquid inritum facere*** [C] Pros., annuler qqch. ¶ **2** vain, inutile, sans effet : ***irrito incepto*** [C] Pros., son entreprise ayant échoué ¶ **3** [pers.] ***a)*** [avec gén.] qui ne réussit pas dans, malheureux dans : ***irritus legationis*** [+C] Pros., sans succès dans son ambassade ***b)*** [abst] qui n'a pas réussi : [+C] Pros. ¶ **4** n. ***irritum*** : [C] Pros. ; ***ad irritum cadere*** [C] Pros. ; ***in irritum*** [+C] Pros., aboutir au néant

irrōbŏrascō, *ĭs*, *ĕre*, ***roborāvī***, -, intr., se fortifier [fig.] : [+C] Pros.

irrŏgātiŏ (inr-), *ōnis*, f., action d'infliger : ***multae*** [C] Pros., une amende ‖ condamnation à payer : [+C] Pros.

irrŏgātus (inr-), *a*, *um*, part. de *irrogo*

irrŏgō (inr-), *ās*, *āre*, *āvī*, *ātum*, tr. ¶ **1** proposer devant le peuple qqch. contre qqn : ***legem alicui*** [C] Pros., proposer une loi contre qqn ; ***alicui multam*** [C] Pros., proposer au peuple de prononcer une amende contre qqn ¶ **2** imposer, infliger : [C] Poés., [+C] Pros. ; ***sibimet mortem*** [+C] Pros., se condamner à la mort

irrōrō (inr-), *ās, āre, āvī, ātum*, tr. et intr. ¶ **1** humecter de rosée, couvrir de rosée ***a)*** tr., [+C] Pros. ***b)*** intr. impers., [+C] Pros. ¶ **2** rendre humide, asperger : ***crinem aquis*** [C] Poés., mouiller d'eau ses cheveux ‖ ***oculos lacrimis*** [+C] Poés., baigner ses yeux de larmes ¶ **3** répandre sur [avec dat.] : ***liquores capiti*** [C] Poés., répandre des liquides parfumés sur la tête ; [+C] Poés. ‖ ***oculis quietem*** [+C] Poés., répandre le sommeil sur les yeux ¶ **4** intr., tomber en rosée sur [avec dat.] : [C] Poés. ‖ [absᵗ] verser de la pluie : [C] Poés.

irrŏto, *ās, āre, -, -*, tr., faire rouler sur : [+C] Pros.

irrŭbescō, *ĭs, ĕre, rŭbŭī, -*, intr., rougir, devenir rouge : [+C] Poés.

irructō (inr-), *ās, āre, -, -*, intr., roter : ***alicui in os*** [-C] Théât., roter au nez de quelqu'un

irrūfō, *ās, āre, -, -*, tr., rendre roux : [+C] Pros., [T] Pros.

irrūgĭō, *īs, īre, -, -*, intr., rugir [fig.] : [T] Pros.

irrūgō, *ās, āre, -, -*, tr., rider, couvrir de rides : [+C] Pros. ‖ faire des plis sur, plisser : [+C] Poés.

irrŭmātio, *ōnis*, f., de *irrumo* : [C] Poés.

irrŭmātŏr, *ōris*, m., débauché, vicieux : [C] Poés.

irrŭmō (inr-), *ās, āre, āvī, ātum*, tr., ***aliquem***, mettre dans la bouche de qqn, donner à téter à qqn [sens obsc.] : [C] Poés., [+C] Poés.

irrumpō (inr-), *ĭs, ĕre, rūpī, ruptum*, intr. et tr. ¶ **1** ***a)*** intr., faire irruption dans, se précipiter dans : ***in castra*** [C] Pros., faire irruption dans le camp ; ***in aciem Latinorum*** [C] Pros., s'élancer au milieu des rangs des Latins ‖ [avec dat.] [C] Poés., [+C] Poés. ***b)*** tr., forcer, envahir : ***oppidum*** [C] Pros., forcer une place forte ***c)*** [absᵗ] passer en force, foncer : [C] Pros., [+C] Pros. ***d)*** [réfl.] ***inrumpit se in curiam*** [C] Poés., il s'élance dans la curie ¶ **2** [fig.] ***a)*** intr., ***in alicujus patrimonium*** [C] Pros., envahir le patrimoine de qqn ‖ [avec *ad*] [+C] Pros., s'élever jusqu'à ***b)*** tr., ***mentem*** [+C] Poés., envahir, pénétrer l'esprit ; [+C] Pros.

irrŭo (inr-), *ĭs, ĕre, ī, -*, intr. et qqf. tr. ¶ **1** se précipiter dans, (fondre) sur, contre : ***in mediam aciem*** [C] Pros., foncer au milieu des rangs ; ***in aliquem*** [C] Pros., foncer sur qqn (l'attaquer) ; [+C] Pros. ‖ [avec dat.] [T] Pros. ¶ **2** [fig.] faire invasion dans : ***in alienum locum*** [C] Pros., faire invasion dans un emploi qui n'est pas le sien [en parl. d'un mot métaphorique] ‖ se jeter contre = s'exposer à [avec *in* acc.] : [C] Pros. ‖ se jeter contre, heurter [un écueil] : [C] Pros. ¶ **3** tr. ‖ ***se inruere*** [-C] Théât., se lancer, se ruer dans

irruptĭo (in-), *ōnis*, f., irruption, invasion : ***inruptionem facere*** [-C] Théât., faire irruption ; [C] Pros., [+C] Pros. ‖ ***aquarum*** [+C] Pros., irruption des eaux

1 **irruptus (inr-)**, *a, um*, part. de *irrumpo*

2 **irruptus (inr-)**, *a, um*, non rompu, indissoluble : [C] Poés.

irtĭŏla (hirt-), **ircĭŏla**, *ae*, f., vigne d'Ombrie : [+C] Pros.

Īrus, *i*, m., mendiant d'Ithaque, tué par Ulysse : [C] Poés. ‖ [fig.] un pauvre, un indigent : [C] Poés.

1 **ĭs**, *ĕă, ĭd* ¶ **1** ***a)*** [pronom] il, lui, elle, celui-ci : [-C] Théât., [C] Pros. ***b)*** [adjectif], ce, cet, cette : ***is Sisenna*** [C] Pros., ce Sisenna ‖ [attraction] : ***ebriis servire, ea*** [= *id*] [C] Pros. ; ***ea civitas = eorum c.*** [C] Pros. ; ***is usus = ejus rei usus*** [C] Pros. ; ***ex eo numero = ex eorum numero*** [C] Pros. ¶ **2** [apposition augmentative ou limitative] ***et is, et is quidem, is quidem, isque, neque is***, et encore, et qui plus est ; [C] Pros. ‖ [au n.] et cela : [C] Pros. ; ***atque id*** [C] Pros. ¶ **3** [en corrél. avec un relatif] : ***is qui***, celui qui ‖ [en redoublement] ***a)*** [avec un rel. mis en appos.] [C] Pros. ***b)*** [en accord avec un subst.] ***is homo qui***, l'homme qui, un homme qui : [C] Pros. ***c)*** [remplaçant le relatif] [C] Pros. ***d)*** [explicité par un rel.] [C] Pros. ¶ **4** [en corrélation avec *ut* ou *qui* consec.] tel que : ***non is vir est, ut (qui) sentiat***, il n'est pas un homme tel qu'il comprenne, un homme à comprendre : [C] Pros. ¶ **5** [en corrél. avec *ac*, comme *idem*] [C] Pros. ; dans la même considération que si ¶ **6** [en part., emplois de *id*] ***a)*** [avec gén.] [C] Pros. ; ***id temporis cum*** [C] Pros., à un moment où ; ***id temporis ut*** [C] Pros., à un moment tel que ... ***b)*** [acc. de relation] relativement à cela : ***id gaudeo*** [C] Pros., je me réjouis de cela ; [-C] Théât. ***c)*** ***in eo***, à ce point : ***non est in eo*** [C] Pros., ce n'est pas à ce point ***d)*** ***id est cum*** [-C] Théât., c'est un moment où ***e)*** ***id est***, c'est-à-dire : [C] Pros.

2 **īs**, abl. pl., contraction de *iis, eis*

3 **īs**, 2ᵉ pers. sg. prés. de *3 eo*

Īsāāc (Īsāc), m. indécl., patriarche, fils d'Abraham et père de Jacob : [T] Pros.

Īsāc, [C.] → *Isaac*

Īsaeus, *i*, m., Isée [orateur grec, maître de Démosthène] : [+C] Pros. ‖ orateur contemporain de Pline : [+C] Pros.

īsăgōgē, *ēs*, f., introduction, préliminaire : [+C] Pros.

īsăgōgĭcus, *a, um*, servant d'introduction : [C] d. [+C] Pros.

Īsāiās (Ēs-), *ae*, m., Isaïe [le premier des quatre grands prophètes] : [T] Pros.

Īsāpis, m., rivière d'Ombrie : [+C] Poés.

Īsauri, *ōrum*, m. pl., Isauriens, habitants de l'Isaurie : [C] Pros. ‖ = l'Isaurie : [C] Pros.

Īsaurĭa, *ae*, f., l'Isaurie [province de l'Asie Mineure, entre la Pisidie et la Cilicie] : [T] Pros. ‖ **Īsaurĭcus**, *a, um*, de l'Isaurie : [C] Pros. ‖ Isaurien [surnom de Servilius Vatia, vainqueur de l'Isaurie] : [C] Pros.

1 **Īsaurus**, *i*, m., fleuve du Picénum : [+C] Poés.

2 **Īsaurus**, *a, um*, isaurien : [C] Poés.

Iscarĭōtēs (-thēs), *ae*, m., l'Iscariote [surnom de Judas] : [T] Pros.

ischĭa, *ōrum*, n. pl., hanches : [+C] Pros.

ischĭăcus, *a, um*, atteint de sciatique : [T] Pros.

Ischŏmăchē, *ēs*, f., Ischomaque, ou Hippodamie [femme de Pirithoüs] : [C] Poés.

īsĕlastĭcus, *a, um*, qui concerne une entrée en triomphe : ***iselasticum certamen*** [+C] Pros., combat qui procure [aux athlètes] les honneurs du triomphe ‖ subst. n., pension faite aux athlètes vainqueurs : [+C] Pros.

Īsĭăcus, *a, um*, d'Isis : [C] Poés. ‖ subst. m., prêtre d'Isis : [+C] Pros.

īsĭcĭātus, *a, um*, farci : [+C] Pros.

īsĭcĭŏlum, *i*, n., [C.] → *isicium* : [+C] Pros.

īsĭcĭum (ēs-), [+C] Pros. et **insĭcĭum**, *ĭi*, n., [C] Pros., [T] Pros., quenelle, saucisse

Īsĭdōrus, *i*, m., autres du même nom : [C] Pros., [+C] Pros.

Īsĭgŏnus, *i*, m., écrivain de Nicée : [+C] Pros.

Isĭondenses, *ĭum*, m. pl., peuple de Pisidie : [C] Pros.

Īsis, *is* et *ĭdis* ou *ĭdos*, f., divinité égyptienne : [C] Pros., Poés., [+C] Poés.

Ismăēl, *ēlis*, m., fils d'Abraham et d'Agar : [T] Pros.

Ismăēlītae, *ārum*, m. pl., Ismaélites : [T] Pros. ‖ sg., **-tēs**, [T] Pros.

1 **Ismăra**, *ōrum*, n. pl., ville de Thrace, près du mont Ismarus : [C] Poés.

2 **Ismăra**, *ōrum*, n. pl., [C] Poés., **Ismarus**, *i*, m., [C] Poés., l'Ismarus, montagne de Thrace où séjourna Orphée

Ismărus, [V.] → *2 Ismara*

Ismēnē, *ēs*, f., Ismène [fille d'Œdipe et sœur d'Antigone] : [+C] Poés.

Ismēnĭās, *ae*, m., nom d'un chef des Béotiens : [C] Pros.

Ismēnis, *ĭdis*, f., Thébaine : [C] Poés.

Ismēnĭus, *a, um*, du fleuve Isménus, de Thèbes : [C] Poés.

Ismēnus (-ŏs), *i*, m., l'Isménus [fleuve de Béotie] : [C] Poés.

Ismuc, n. indécl., ville de Numidie : [C] Pros.

Īsŏcrătēs, *is*, m., Isocrate [orateur athénien] : [C] Pros.

Īsŏcrătēus (-tīus), *a, um*, d'Isocrate : [C] Pros.

īsŏdŏmus, *a, um* **(-ŏs, ŏn)**, [maçonnerie] à assises de hauteur égale : [C] Pros.

Ispalenses, [C.] → *Hispalenses*

Isrāēl, m. indécl., **Isrāēl**, *ēlis*, m., nom de Jacob et de ses descendants : [T] Poés.

Isrāēlītae, *ārum*, m. pl., Israélites [la race d'Israël] : [T] Pros. ‖ sg. ***Israelita*** : [T] Pros.

Isrāēlītĭcus, *a, um*, des Israélites : [T] Pros.

Isrāēlītis, *ĭdis*, f., femme israélite ou juive : [T] Pros.

1 **Issa**, *ae*, f., île de l'Adriatique : [C] Pros. ‖ **-aeus**, *a, um*, [C] Pros., **-ensis**, *e*, [C] Pros. et **-aĭcus**, *a, um*, [C] Pros., d'Issa

2 **Issa**, *ae*, f., nom d'une chienne : [+C] Poés.

1 **isse**, **issem**, → *3 eo*

2 **Issē**, *ēs*, f., fille de Macarée, qui fut aimée d'Apollon : [C] Poés.

Issensis, → *1 Issa*

issŭla, *ae*, f., petite maîtresse : [-C] Théât.

Issus, **Issŏs**, *i*, f., Issus [ville de Cilicie], célèbre par la victoire d'Alexandre : [C] Pros.

istāc, adv., par là (où tu es) : [-C] Théât. ‖ ***istac judico*** [-C] Théât., je vote de ton côté (pour toi)

istactĕnus, adv., jusqu'à ce point : [-C] Théât.

istaec, **istanc**, → *1 istic*

Istaevones, *um*, m. pl., peuple des bords du Rhin : [+C] Pros.

istĕ, *ă*, *ŭd*, gén. *īus* et *ĭus*, dat. *ī*, adj.-pron. démonstr. désignant la 2e pers. ou ce qui se rapporte à la 2e pers., celui-là, celle-là, ce, cet : [C] Pros. ; ***ista*** [C] Pros., ces qualités que tu as en partage ; [-C] Théât. ‖ [dans les plaidoiries en parl. de l'adversaire] ***iste***, cet homme-là, cet individu-là ‖ [et en gén. en parl. de gens ou de choses que l'on combat] de cette sorte, de cet acabit : ***isti*** [C] Pros., ces gens-là ; ***iste centurio*** [C] Pros., cette espèce de centurion ‖ [dans Sén. surtout, valeur emphatique et ironique] [+C] Pros. ‖ [référence aux auditeurs] ***iste phaselus*** [C] Poés., ce canot (que vous voyez = ledit canot) ; [C] Pros. ‖ [démonstratif fort] [C] Pros. ‖ au sens de *hic* : ***sub istis oculis*** [+C] Pros., sous mes yeux ; opposé à ***ille*** : [+C] Pros. ; ***iste dies*** [+C] Poés., (le jour d') aujourd'hui

Istĕr, **Histĕr**, *tri*, m., l'Ister, nom du Danube inférieur : [C] Poés.

Isthmĭa, *ōrum*, n. pl., les jeux Isthmiques : [C] Pros.

Isthmĭăcus, **Isthmĭcus**, **Isthmĭus**, *a, um*, isthmique, des jeux Isthmiques : [+C] Poés.

isthmus (-ŏs), *i*, m. ¶ **1** isthme, et surtout l'isthme de Corinthe : [C] Pros. ¶ **2** détroit : [C] Poés.

istī, adv., → *2 istic* : [-C] Théât., [C] Poés., [+C] Pros.

1 **istĭc**, *aec*, *ŏc* ou *ŭc*, pl. n. ***istaec***, même sens que *iste*

2 **istīc**, adv., là (où tu es) : [C] Pros. ‖ [fig.] ***istic sum*** [C] Pros., je suis à ce que tu dis [tout oreilles] ; [-C] Théât., [+C] Pros. ; ***neque istic neque alibi*** [-C] Théât., ni dans la circonstance où tu es, ni dans une autre

1 **istĭcinĕ**, interrog., → *istene* : [-C] Théât.

2 **isticine**, adv. interr., est-ce là ? ; [-C] Théât.

istim, adv., → *istinc* : [C] Pros.

istinc, de là où tu es : [C] Pros. ‖ = ***ex (de) ista re***, de cette chose que tu as : [-C] Théât.

istīusmodi, adv., de cette manière (que tu dis) : [C] Pros.

istō, adv., là où tu es [mouv^t^] : [C] Pros. ‖ [fig.] = ***ad istam rem, in istam rem*** [C] Pros.

1 **istŏc**, n. de *1 istic*

2 **istōc**, adv., → *2 istuc* : [-C] Théât.

istorsum, adv., du côté d'où tu viens [avec mouv^t^] : [-C] Théât.

Istri (Histri), *ōrum*, m. pl., habitants de l'Istrie : [C] Pros.

Istrĭa (Histria), *ae*, f., Istrie [contrée à l'ouest de l'Adriatique] : [C] Pros.

Istrĭāni, *ōrum*, m. pl., → *Istri.* : [+C] Poés.

Istrĭcus, **Histrĭcus**, *a, um*, de l'Istrie : [C] Pros.

Istrus, → *Histrus*

1 **istŭc**, n. de *1 istic*

2 **istūc**, adv., là (où tu es) [avec mouv^t^] : [C] Pros. ‖ = ***ad istam rem*** [C] Pros.

ĭtă, adv. ¶ **1** ainsi, de cette manière, de la sorte, comme cela ***a)*** [renvoyant à ce qui précède] ***quae cum ita sint*** Cic., puisqu'il en est ainsi ; ***id si ita est*** Cic., s'il en est ainsi ; ***ita fit ut...*** Cic., de la sorte il arrive que... ; ***quid ita ?*** Cic., pourquoi en est-il ainsi = pourquoi cela ? ‖ [dans le dialogue] ***ita***, = oui, exactement : ***ita plane*** Cic., c'est cela exactement ; ***prorsus ita*** Cic., même sens ; ***itane ?*** Ter., est-ce ainsi ? = bien vrai ? ***b)*** [annonçant ce qui suit] ***ita censeo...*** Cic., voici ma proposition... ; ***nec vero ita dici potest...*** Cic., et on ne peut pas affirmer ceci, que... ; ***itane ?*** Cic., ce qui va suivre est-il possible ? = comment cela ! ***c)*** [introduisant un exemple] ainsi, c'est ainsi que, par exemple : ***ita, si dicendum erit...*** Cic., par exemple, s'il faut parler... ***d)*** [en conclusion] ainsi, par conséquent : ***ita, quicquid honestum, id utile est*** Cic., par conséquent, tout ce qui est honnête est utile ¶ **2** tellement, à tel point ***a)*** ***non ita diu*** Cic., pas tellement longtemps, guère longtemps ; ***non ita sane vetus*** Cic., pas vraiment vieux à ce point = pas précisément vieux ; ***ita multa meminerunt*** Cic., tant ils se rappellent de choses ; ***non ita necesse arbitror...*** Cic., je ne crois pas bien nécessaire de... ***b)*** [en corrélation avec *ut* consécutif] tant que, à tel point que : ***ita diligenter ut appareat...*** Cic., avec tant de soin qu'il apparaît... ; ***aliquem ita non amare ut...*** Cic., aimer si peu qqn que... ¶ **3** [en corrélation, pour exprimer la comparaison] ***a)*** ***ita..., ut...***, comme, de même que : ***urbs ita est ut dicitur*** Cic., la ville est bien comme on le dit ; ***ita ut audistis*** Cic., comme vous avez entendu ; ***ita ut precamini eveniat !*** Cic., que cela arrive comme vous le demandez dans vos prières = puisse l'événement être conforme à vos prières ! ‖ [plus rarement en corrélation avec *quasi, quomodo, quemadmodum*] même sens ***b)*** ***ut..., ita...***, de même que..., de même... ***c)*** [pour affirmer solennellement] ***ita... ut...***, aussi vrai que : ***ita mihi comprobet ut ego accepi...*** Cic., puisse-t-il m'approuver, aussi vrai que j'ai reçu... ‖ [sans *ut*] ***ita me di ament, honestus est*** Ter., j'en jure par les dieux, il est très bien ¶ **4** [en corrélation, pour annoncer ce qui suit] ***a)*** [avec *ut* consécutif] de telle façon que : ***ita vivunt ut...*** Cic., ils vivent de telle façon que... ‖ dans des conditions telles que : ***consulibus ita missis ut...*** Cic., les consuls étant envoyés avec les ordres suivants, à savoir que... ***b)*** [avec *ut* final] sous la condition que : ***sed ita ut ea res prosit*** Cic., mais sous la condition que cela soit utile ; [avec *ne*], sous la condition que ne... pas

Ītăli, *ōrum*, m. pl., les Italiens : [C] Pros., Poés.

Ītălĭa, *ae*, f., l'Italie [péninsule au sud de l'Europe] : [C] Pros., [+C] Pros.

Ītălĭca, *ae*, f. ¶ **1** ville de la Bétique, fondée par Scipion l'Africain : [C] Pros. ¶ **2** nom donné à la ville de Corfinium pendant la guerre sociale : [+C] Pros. ‖ **-censis**, *e*, d'*Italica* ¶ *1* : [C] Pros., [+C] Pros.

Ītălĭcĭānus, *a, um*, qui concerne l'Italie : [T] Pros.

Ītălĭcus, *a, um*, italique, d'Italie : ***Italicum bellum*** [C] Pros. ; la guerre sociale ‖ [en part.] de la Grande Grèce : ***Italicae mensae*** [C] Pros., repas italiques [à la façon des Sybarites]

Ītălis, *ĭdis*, f., italienne : [C] Poés., [+C] Poés.

1 **Ītălus**, *a, um*, d'Italie : [C] Poés.

2 **Ītălus**, *i*, m. ¶ **1** ancien roi d'Italie, qui lui donna son nom : [C] Poés. ¶ **2** Italien, → *Itali*

ĭtănĕ, → *ita*

ĭtăquĕ ¶ **1** = ***et ita***, et ainsi, et de cette manière : [C] Pros. ¶ **2** conj. ***a)*** donc, aussi, ainsi donc, par conséquent, c'est pourquoi : [C] Pros. ‖ [à la deuxième place] : [C] Pros., [+C] Pros. ‖ [à la troisième place] : [C] Pros. ***b)*** [en part. pour introduire un exemple] ainsi, par exemple : [C] Pros. ; ***itaque adeo*** [-C] Théât., c'est ainsi en particulier ***c)*** ***itaque ergo*** [pléonasme] : [-C] Théât., [C] Pros.

Ĭtĕa, *ae*, f., une des Danaïdes : [+C] Poés.

ĭtem, adv., de même, pareillement : [C] Pros. ; ***item... ut (quemadmodum)*** [C] Pros., de la même façon... que ; ***ut (quemadmodum)... item*** [C] Pros., de même que... pareillement ; ***item quasi*** [-C] Théât., [C] Pros., tout comme si ; [C] Pros. ‖ ***non item*** ; équivaut souvent à notre " non " : [C] Pros. ‖ [pour ajouter à d'autres choses une chose de même espèce] ***et item, itemque, item***, et de même, et en outre, et aussi, et pareillement : [-C] Théât., [C] Pros. ‖ du même genre, de même nature : [C] Pros.

ĭter, *ĭtĭnĕris*, n. ¶ **1** chemin qu'on fait, trajet, voyage : ***dicam in itinere*** Théât., je le dirai chemin faisant ; ***committere se itineri*** Pros., se risquer à un voyage ; ***iter contendere*** Pros., faire en hâte le chemin ; ***in itinere*** Pros., pendant la marche ; ***ex itinere*** Pros., aussitôt après la marche, sans désemparer, sans faire de pause ; ***ex itinere aliquid mittere*** Pros., envoyer qqch. en cours de route ‖ marche, parcours : Pros. ‖ étape : ***itinera componere*** Pros., disposer les étapes ; ***quam maximis itineribus*** Pros., à marches forcées ‖ libre passage : Pros. ¶ **2** [sens concret] = ***via***, chemin, route : ***itineribus deviis*** Pros., par des chemins détournés ; ***pedestria itinera*** Pros., routes de terre ‖ [fig.] Pros. ; ***gloriae*** Pros., le chemin de la gloire

ĭtĕrātĭo, *ōnis*, f. ¶ **1** répétition, redite : Pros., Pros. ¶ **2** second labour, seconde ou nouvelle façon : Pros. ‖ second pressurage [de marc] : Pros.

ĭtĕrātus, *a, um*, part. de *itero*

ĭterdūca, *ae*, f., qui guide en voyage [surnom de Junon à Rome] : Pros.

ĭtĕrō, *ās, āre, āvī, ātum*, tr. ¶ **1** recommencer, reprendre, répéter qqch. : Pros. ‖ renouveler : Pros. ¶ **2** ***agrum*** Pros., donner une seconde façon à la terre ; Pros. ¶ **3** redire, répéter : Théât., Pros., Pros. ‖ [avec prop. inf.] Théât.

ĭtĕrŭm, adv. ¶ **1** pour la seconde fois, derechef : Pros. ; ***semel iterumque*** Pros., à deux reprises ‖ ***iterumque iterumque*** Poés., à diverses reprises, encore et encore ‖ [succession] : Pros. ¶ **2** en retour, de son côté : Pros.

Ĭthăca, *ae* et **Ĭthăcē**, *ēs*, f., Ithaque [île de la mer Ionienne, patrie d'Ulysse] : Pros. ‖ **-censis**, *e*, Pros., d'Ithaque, **-cēsĭus**, *a, um*, Poés. ou **-cus**, *a, um*, Poés., subst. m., ***Ithacus***, le héros d'Ithaque, Ulysse : Poés.

Ĭthōmē, *ēs*, f., montagne et fort de la Messénie : Pros.

ĭtĭdem, adv. ¶ **1** de la même manière, de même, semblablement : Pros. ¶ **2** [en corrél. avec *ut*] de même que : Théât., Poés. ‖ [avec *quasi*] comme si : Théât.

ĭtĭnĕrārĭum, *ĭī*, n., signal du départ : Pros.

ĭtĭnĕrārĭus, *a, um*, de chemin, de route : Pros.

ĭtĭo, *ōnis*, f., action d'aller : Pros. ; ***domum itio*** Pros., ▶ *reditio*, la possibilité d'aller dans sa patrie ‖ pl., allées et venues : Théât.

Ĭtĭus portus, m., port des Morini [auj. Boulogne-sur-Mer] : Pros.

ĭtō, *ās, āre, -, -*, intr., aller fréquemment : Pros.

Ĭtōnaei, *ōrum*, m. pl., habitants d'Itone : Poés.

Ĭtōnē, *ēs*, f., Poés. et **Ĭtōnus**, *ī*, m., Poés., Itone [mont et ville de Béotie où Minerve avait un temple]

Ĭtōnĭa, *ae*, f., Pros., **Ĭtōnĭda**, *ae*, f., surnom de Minerve, (d'Itone)

Ĭtōnus, *ī*, ▶ *Itone*

ĭtum, supin de *3 eo*

ĭtur, pass. impers. de *3 eo*

Ĭtūraeus, *a, um*, d'Iturée [province de la Cœlé-Syrie] : Poés. ‖ pl. *Ituraei*, Ituréens (renommés comme habiles archers) : Pros.

ĭtūrus, *a, um*, part. fut. de *3 eo*

ĭtŭs, *ūs*, m., action de partir, d'aller : Pros., Pros. ‖ action de marcher, marche : Poés.

Ĭtўlus, *ī*, m., fils de Zethus, roi de Thèbes : Poés.

Ĭtўraeus, ▶ *Ituraeus*

Ĭtўs, *ўŏs*, m., fils de Térée et de Progné, changé après sa mort en faisan ou en chardonneret : Poés. ‖ nom de guerrier : Poés.

ĭūgō, *ĭs, ĕre, -, -*, intr., crier [en parl. du milan] : Poés.

Ĭūlēus, *a, um* ¶ **1** d'Iule, fils d'Énée : Poés. ‖ ***Iuleus mons***, le mont Albain [à cause d'Iule, fondateur d'Albe] : Poés. ¶ **2** de César, d'Auguste, d'un César, d'un empereur [surtout de Domitien] : Poés. ‖ du mois de Jules (juillet) : Poés.

Ĭūlis, *ĭdis*, f., ville de l'île de Céos [auj. Zea, dans la mer Égée] : Pros.

Ĭūlus, *ī*, m., Iule ou Ascagne [fils d'Énée et de Créüse, duquel la famille Julia se prétendait issue] : Poés. ‖ pl., Pros.

ĭuscĭămus, ▶ *hyoscyamum*

ix, n., f., indécl., ▶ *x*

Ixămătae, **Exŏmătae**, *ārum*, m. pl., peuple scythe : Poés., Pros. ; ▶ *Jaxamatae*

Ixīōn, *ŏnis*, m., roi des Lapithes, condamné par Jupiter à être attaché à une roue tournant sans fin : Poés. ‖ **-nīdēs**, *ae*, m., Poés., fils d'Ixion, Pirithoüs ‖ **-nĭus**, *a, um*, d'Ixion : Poés.

ixĭŏs, ▶ *ixos*

ixŏs, *ī*, m., sorte de vautour : Pros.

JK

j, f., n., indécl., lettre introduite à la Renaissance (Ramus) pour noter *i* consonne /j/ que les Romains, tout en la connaissant, ne distinguaient pas graphiquement de la voyelle *i* : +C Pros.

Jabolēnus, ▶ *Javolēnus*

jăcĕō, *ēs, ēre, cŭī, cĭtūrus*, intr. ¶**1** être étendu, être couché, être gisant : ***in limine*** C Pros. ; ***alicui ad pedes, ad pedes alicujus*** C Pros. ; ***humi*** C Pros., sur le seuil, aux pieds de qqn, sur le sol ; ***saxo*** C Poés., sur un rocher ‖ être alité : ***te jacente*** C Pros., pendant que tu es alité, malade ‖ être gisant [blessé ou mort] : C Pros., Poés. ‖ séjourner qq. part [avec idée d'abandon] : ***Brundisii*** C Pros., languir à Brindes ‖ s'étendre [géographiquement], être situé : C Pros., Poés. ‖ s'étendre en contrebas : C Pros., +C Pros. ‖ être stagnant, être calme, immobile [eau] : +C Poés. ‖ être gisant, en ruines, en décombres : -C d. C Pros., C Poés. ‖ être traînant [vêtements] : C Poés. ‖ être appesanti, languissant, affaissé [corps, yeux, visage] : C Poés. ¶**2** [fig.] être à terre, être gisant, abattu, démoralisé : C Pros. ; ***in maerore*** C Pros., être abîmé dans la douleur ‖ être abattu, terrassé : C Pros. ‖ rester dans l'obscurité, dans l'oubli, végéter : C Pros. ‖ être écroulé à terre, sans vie, être négligé : ***cum judicia jacebant*** C Pros., quand les tribunaux chômaient ‖ être bas, à bas [prix, valeur] : C Pros. ‖ rester à l'abandon, être oublié : C Pros. ‖ être là à la disposition de tous : C Pros. ‖ être terre à terre, être traînant, languissant [style, ton] : +C Pros. ‖ être endormi, engourdi [tempérament, oreille] : +C Pros.

Jăcĕtāni, *ōrum*, m. pl., peuple du nord de l'Espagne : C Pros.

jăcĭō, *ĭs, ĕre, jēcī, jactum*, tr. ¶**1** jeter : ***lapides, telum*** C Pros., jeter des pierres, un trait ; ***in aliquem scyphum de manu*** C Pros., jeter de sa propre main une coupe à la tête de qqn ; ***fulmen in mare*** C Pros., lancer la foudre dans la mer ; ***se in profundum*** C Pros., se jeter dans l'abîme [de la mer] ‖ jeter les dés : ***talum*** C Pros., jeter un dé ; ***volturios quattuor*** -C Théât., faire le coup des quatre vautours [mauvais coup de dés] ; ▶ *1 alea* ‖ ***ancoras*** C Pros., jeter les ancres ‖ ***scuta*** -C Théât., jeter les boucliers ; ***vestem procul*** C Poés., jeter son vêtement au loin ‖ ***oscula*** +C Pros., envoyer des baisers à qqn ‖ semer, répandre : ***flores*** C Poés., semer des fleurs ; ***semen, semina*** C Poés., jeter les semences, faire les semailles ¶**2** [fig.] jeter, lancer : ***contumeliam in aliquem*** C Pros., jeter un outrage à qqn ; ***ridiculum*** C Pros., lancer un trait plaisant ‖ faire entendre, proférer : ***suspicionem*** C Pros., proférer un soupçon ; ***aliquid obscure*** C Pros., donner à entendre vaguement qqch. ; [avec prop. inf.] jeter l'idée que : C Pros. ; [abs[t]] C Pros. ¶**3** jeter, élever, fonder : ***aggerem*** C Pros., construire une terrasse ‖ [fig.] ***fundamenta pacis*** C Pros., jeter les fondements de la paix ¶**4** jeter hors, chasser : T Pros.

Jācōb, Jācōbus, ▶ *Iacob*

jactābundus, *a, um*, qui ballotte : +C Pros. ‖ [fig.] plein de jactance : +C Pros.

jactans, *tis* ¶**1** part. de *jacto* ¶**2** adj. ***a)*** [avec gén.] ***sui*** +C Pros., qui se vante ***b)*** [abs[t]] prétentieux, plein de jactance : +C Pros. ***c)*** [en bonne part] fier, superbe : +C Poés. ‖ ***-antior*** C Poés., +C Pros. ; ***-issimus*** T Pros.

jactantĕr, adv., avec ostentation, vantardise : T Pros., Poés. ‖ ***-ius*** +C Pros.

jactantĭa, *ae*, f., vantardise, étalage, ostentation : +C Pros.

jactātĭo, *ōnis*, f. ¶**1** action de jeter ou de ballotter de-ci, de-là, d'agiter, de remuer, mouvement violent ou fréquent : C Pros. ; ***corporis*** C Pros., mouvements du corps, gestes ‖ agitation : C Pros. ¶**2** ostentation, vantardise, étalage, vanité : C Pros., +C Pros. ‖ action de se faire valoir : C Pros.

jactātŏr, *ōris*, m., celui qui vante, qui fait étalage de : +C Pros. ; [avec inf.] +C Poés.

jactātŭs, *ūs*, m., agitation, remue-ménage, mouvement : C Poés., +C Pros.

jactĭtābundus, *a, um*, vantard : T Pros.

jactĭtō, *ās, āre, āvī, -*, tr., lancer [des paroles] publiquement : C Pros.

jactō, *ās, āre, āvī, ātum*, tr., jeter souvent ou précipitamment

I jeter, lancer ¶**1** ***talos*** +C Pros., jeter les dés ; ***basilicum*** -C Théât., faire le coup royal ‖ jeter loin de soi : -C Théât. ; ***arma*** C Pros., ses armes ‖ semer, répandre : ***semen*** C Pros., faire les semailles ; ***florem*** C Poés., répandre des fleurs ¶**2** [fig.] lancer, proférer : ***minas*** C Pros., lancer des menaces ; ***probra in aliquem*** C Pros., lancer des insultes contre qqn ‖ rejeter [avec mépris] : -C Poés., C Pros.

II jeter de côté et d'autre, ballotter, agiter ¶**1** [pr.] ***cerviculam*** C Pros., hocher la tête ; ***bracchium*** C Pros., balancer le bras ; ***bidentes*** C Poés., manoeuvrer le hoyau ; ***jactari tempestate*** C Pros., être ballotté par la tempête ; ***se jactare*** C Pros., se démener, gesticuler [orateur] ¶**2** [fig.] ***a) jactabatur nummus*** C Pros., la valeur de la monnaie était ballottée, subissait des fluctuations ; ***jactantibus se opinionibus*** C Pros., les idées s'entrechoquant ; ***se jactare*** ou ***jactari in aliqua re*** C Pros., se démener dans qqch. ; ***convicio jactari*** C Pros., être assailli d'invectives ***b)*** agiter, débattre : C Pros. ***c)*** jeter qqch. en avant [à toute occasion ou avec ostentation] : ***peditum nubes*** C Pros., annoncer à grand fracas des nuées de fantassins ‖ ***jactat se de Calidio*** C Pros., il se rengorge (il triomphe) à propos de Calidius ; ***se magnificentissime*** C Pros., se faire valoir pompeusement ‖ [d'où] vanter, tirer vanité de : ***genus*** C Poés., vanter son origine ***d)*** jeter avec mépris, rejeter : -C Théât., Poés., C Pros.

jactūra, *ae*, f. ¶**1** action de jeter par-dessus bord, sacrifice de la cargaison : C Pros. ¶**2** [fig.] sacrifice, perte, dommage : ***alicujus rei jacturam facere*** C Pros., faire (subir) une perte de qqch. ‖ frais, dépenses, sacrifices d'argent : C Pros.

jactŭs, *ūs*, m., action de jeter, de lancer : C Pros., Poés. ‖ coup de dés : C Pros. ‖ ▶ *jactura* : +C Théât. ‖ coup de filet : +C Pros. ‖ émission [de voix] : +C Pros.

jăcŭlābĭlis, *e*, qu'on peut lancer, qu'on lance, de jet : C Poés., +C Poés.

jăcŭlātĭo, *ōnis*, f., action de lancer : +C Pros.

jăcŭlātŏr, *ōris*, m., celui qui lance : C Poés., +C Poés., Pros. ‖ lanceur de javelot : C Pros. ‖ accusateur : +C Poés.

jăcŭlātrix, *īcis*, f., chasseresse [Diane] : C Poés.

jăcŭlō, *ās, āre, -, -*, ▶ *jaculor* : FT Poés.

jăcŭlŏr, *āris, ārī, ātus sum*, tr., lancer, jeter : C Poés., +C Pros. ‖ lancer le javelot : C Pros. ‖ atteindre en lançant, frapper : C Poés. ‖ [fig.] lancer [des paroles], ***in aliquem***, contre qqn : C Poés., Pros., +C Pros.

jăcŭlum, *i*, n., javelot : C Pros. ‖ sorte de filet, épervier : C Poés.

1 **jăcŭlus**, *a, um*, qu'on jette : ***jaculum rete*** -C Théât., filet, épervier

2 **jăcŭlus**, *i*, m., sorte de serpent : +C Poés.

Jahel, f. indécl., femme qui tua le général chananéen Sisara : T Pros.

Jālўsus, ▶ *Ialysus*

jăm, adv., dans ce moment, maintenant, déjà

I [temporel] ¶**1** à l'instant, dès maintenant : ***eloquar jam*** -C Théât., je vais parler à l'instant ; C Pros. ; ***ac jam*** C Pros., et maintenant ‖ ***jam jamque*** C Pros., dans cet instant même ; ***jam jam*** -C Théât., C Pros., dès maintenant ; ***jam... cum*** C Pros., aussitôt que ; ***jam... si*** -C Théât., aussitôt que ¶**2** il y a un

instant : [C] Pros. ¶ **3** dans un instant [avenir], à l'instant : [-C] Théât. ; ***jam audietis*** [C] Pros., vous allez entendre ; ***jam jamque*** [C] Pros., sur l'heure (de façon imminente) ‖ bientôt : [C] Poés. ¶ **4** déjà, jusqu'à maintenant : [C] Pros. ‖ ***jam non*** [C] Pros. ; ***non jam*** [C] Pros., ne ... plus déjà, ne ... plus maintenant, ne ... plus ; ***jam nemo*** [C] Pros., plus personne ¶ **5** déjà : [-C] Théât., [C] Pros. ; ***et jam*** [C] Pros., et même déjà ¶ **6** dorénavant, enfin : ***jam desine*** [-C] Théât., cesse enfin, une bonne fois ; ***aliquando jam*** [C] Pros., enfin une bonne fois ; ***jam tandem*** [C] Pros., enfin ; ***ac jam*** [C] Pros., et enfin ‖ ***jam nunc*** [C] Pros. ; ***jam tum*** [-C] Théât., dès maintenant, dès lors, alors ; ***jam a pueritia*** [C] Pros., dès l'enfance
II [rapports logiques] ¶ **1** [conclusion] dès lors : [C] Pros. ¶ **2** [transitions] maintenant, d'autre part : [C] Pros. ‖ ***jam vero***, et maintenant, j'ajoute : [C] Pros. ‖ [énumérations] maintenant, d'autre part : [C] Pros.

jamdiū, ▶ *1 diu*

jamdūdum (jam dūdum), adv., depuis longtemps, longtemps auparavant : [-C] Théât., [C] Pros. ‖ immédiatement, sans délai : [C] Poés., [+C] Pros.

jamjam (jam jam), ▶ *jam*

jamprīdem (jam prīdem), adv., depuis longtemps : [C] Pros. ‖ voici longtemps : [C] Pros., Poés.

jam tum, ▶ *jam*

Jāna, *ae*, f., ▶ *Diana*, la Lune : [C] Pros., [T] Pros.

Jānālis, *e*, de Janus : [C] Poés.

Jānĭcŭlum, *i*, n., le Janicule [colline de Rome] : [C] Pros., Poés.

Jānĭgĕna, *ae*, m. f., enfant de Janus : [C] Poés.

jānĭtŏr, *ōris*, m., portier [esclave parfois enchaîné, à proximité du chien de garde] : [C] Pros., Poés. ; ***janitor Orci*** et abs[t] ***janitor*** [C] Poés., Cerbère ; ***caeli*** [C] Poés., Janus

jānĭtōs, *ōris*, ▶ *janitor* : [C] Pros.

jānĭtrix, *īcis*, f., portière, esclave chargée d'ouvrir : [-C] Théât.

jānŭa, *ae*, f., porte d'entrée : [C] Pros. ; ***januam claudere*** [C] Pros., fermer la porte ‖ entrée : ***Asiae*** [C] Pros., la porte de l'Asie ‖ [fig.] entrée, accès, chemin : [C] Pros.

Jānŭālis, *e*, de Janus : ***Janualis porta***, une des portes de Rome : [C] Pros., Poés.

Jānŭārĭa, *iōrum*, n. pl., fête des calendes de janvier : [T] Pros.

Jānŭārĭus, *a*, *um*, de janvier : ***Kalendae Januariae*** [C] Pros., calendes de janvier ; ***Januarius (mensis)***, mois de janvier : [C] Pros.

Jānus, *i*, m. ¶ **1** ancien roi d'Italie qui fut divinisé : [T] Pros. ‖ dieu des portes (des passages) représenté avec deux visages [surveillant entrée et sortie, par conséquent dieu également des commencements et présidant au début de chaque année; son temple, placé sur le forum, était ouvert pendant la guerre et fermé pendant la paix] : [C] Poés. ‖ on l'appelait aussi *Geminus* ou *Quirinus* : [+C] Pros., [T] Pros. ¶ **2** le temple de Janus : [C] Pros. ¶ **3** passage couvert, arcade, arche, arc : [C] Pros. ‖ passage sur le forum où les marchands et les changeurs avaient leurs boutiques : [C] Pros. ; ***Janus medius*** [C] Poés., le milieu du Janus [où étaient surtout les banquiers] = la Bourse de Rome ¶ **4** mois de janvier : [C] Poés.

Jānŭspătĕr, m., ▶ *Janus* : [+C] Pros.

Jăphēt (Jăphēth), m. indécl., troisième fils de Noé : [T] Pros.

Jāson, ▶ *Iason*

Jassus, ▶ *Iassus*

Javolēnus, *i*, m., jurisconsulte, sous Trajan et Hadrien : [T] Pros.

Jaxămătae, *ārum*, m. pl., nom d'un peuple près du lac Méotide : [+C] Poés., [T] Pros.

Jĕbūsaei (Gĕb-, Zĕb-), *ōrum*, m. pl., Jébuséens [peuple de Palestine] : [T] Pros. ; sg., ***Jebusaeus*** [T] Pros. ‖ **-iăcus**, *a*, *um*, des Jébuséens : [T] Poés.

jĕcŏrōsus, *a*, *um*, qui a le foie malade : [T] Pros.

jĕcŭr, *cŏris cĭnŏris*, **jŏcŭr**, *jŏcĭnŏris ĕris*, n., foie : [C] Pros. ‖ siège des passions : [C] Pros., [+C] Poés.

jĕcuscŭlum (jŏcus-), *i*, n., petit foie : [C] Pros.

jējentācŭlum (jāj-), *i*, n., ▶ *jentaculum* : [-C] Théât.

jējentō, *ās*, *āre*, *āvī*, -, déjeuner : [-C] Théât.

jējūnātĭo, *ōnis*, f. ¶ **1** jeûne : [T] Pros. ¶ **2** faim, famine : [T] Pros.

jējūnē, adv., avec sécheresse, maigrement, sans développement : [C] Pros., [+C] Pros. : [+C] Pros. ‖ ***jejunius*** [C] Pros.

jējūnĭdĭcus, *a*, *um*, à l'éloquence maigre : [+C] Pros.

jējūnĭōsus, *a*, *um*, qui est à jeun, affamé : ***-sior*** [-C] Théât.

jējūnĭtās, *atis*, f. ¶ **1** grande faim : [-C] Théât. ¶ **2** sécheresse, absence d'humidité : [C] Pros. ‖ [fig.] sécheresse [du style], maigreur : [C] Pros. ‖ sobriété [de pensées, d'expressions; caractère du style simple] : [C] Pros. ‖ [avec gén.] manque de, absence de : [C] Pros.

jējūnĭum, *ĭi*, n., jeûne [en gén.] : [+C] Pros. ‖ jeûne, abstinence [pratique religieuse] : [C] Poés., Pros. ; ***jejunium solvere*** [C] Poés., rompre le jeûne ‖ faim : [C] Poés. ; [poét.] ***jejunia aquae*** [+C] Poés., soif ‖ [fig.] maigreur [d'un animal] : [C] Poés. ‖ stérilité du sol : [+C] Pros.

jējūnō, *ās*, *āre*, -, -, intr. et tr., jeûner, s'abstenir de nourriture : [T] Pros. ‖ [abs.] [T] Pros. ‖ [avec acc.] [T] Pros.

jējūnum intestīnum, n., le jejunum, intestin grêle : [+C] Pros.

jējūnus, *a*, *um* ¶ **1** qui est à jeun, qui n'a rien mangé : [C] Pros. ; ***jejuna plebecula*** [C] Pros., populace affamée ; ***jejuna cupido*** [C] Poés., faim ‖ ***jejunus sonus*** [C] Poés., cris d'un animal affamé ‖ altéré : [C] Poés. ‖ [avec abl.] dépourvu de : [C] Poés. ¶ **2** sec ; [en parl. du sol] maigre, pauvre : [C] Pros., Poés. ‖ [en parl. du style] maigre, aride, décharné : [C] Pros. ‖ borné [en parl. de l'esprit], étroit : [C] Pros. ‖ pauvre d'idées : [C] Pros. ‖ peu abondant, rare : [C] Poés. ‖ stérile, insignifiant, creux, vide : ***jejuna calumnia*** [C] Pros., pauvre chicane ‖ [avec gén.] à jeun sous le rapport de, étranger à, qui ignore : [C] Pros. ‖ ***jejunior*** [C] Pros.

jentācŭlum, *i*, n., le déjeuner, (petit déjeuner) : [-C] Théât., [+C] Pros. ‖ ce qu'on mange au déjeuner : [+C] Poés.

jentō (jantō), *ās*, *āre*, *āvī*, -, intr., déjeuner : [+C] Pros., Poés. ‖ tr., manger au déjeuner : [C] Poés.

Jephtē (Jephthē), m. indécl., juge des Hébreux qui immola sa fille, pour remplir un vœu : [T] Pros.

Jĕrēmĭās, *ae*, m., Jérémie [prophète des Hébreux] : [T] Pros.

Jĕrūs-, **Jĕrŏs-**, ▶ *Hier-*

Jessae (Jesse), ▶ *Iessae*

Jēsūs, ▶ *Iesus*

Jŏanna, *ae*, f., Jeanne [nom de femme] : [T] Pros.

Jōannēs (Jōhannēs), *is*, m., [T] Pros., Jean [nom de différents personnages] ‖ ***Joannes Baptista*** et abs[t] ***Baptista***, m., saint Jean-Baptiste : [T] Pros., Poés. ‖ saint Jean [apôtre et évangéliste] : [T] Poés. ‖ Jean de Giscale [vaincu par Titus] : [+C] Pros.

Jŏās, m. indécl., fils d'Ochozias, petit-fils d'Athalie : [T] Pros.

Jōb, m. indécl., personnage célèbre par ses malheurs et sa résignation : [T] Pros.

jōbēlēus (jūbĭlaeus), *i*, m., [adj[t]] ***annus jubilaeus*** [T] Pros., année jubilaire

jŏca, *ōrum*, n. pl., ▶ *jocus*

jŏcābundus, *a*, *um*, qui folâtre : [+C] Pros. ‖ qui plaisante, qui badine : [T] Pros.

jŏcālĭtĕr, adv., en plaisantant : [T] Pros.

jŏcātĭo, *ōnis*, f., badinage, plaisanterie : [C] Pros.

jŏcātus, *a*, *um*, ▶ *jocor*

jŏcĭnĕrōsus, *a*, *um*, ▶ *jecorosus*

jōcondus, ▶ *jucundus*

jŏcŏr, *āris*, *ārī*, *ātus sum* ¶ **1** intr., plaisanter, badiner : [C] Pros. ¶ **2** tr., dire en plaisantant : [C] Pros. ; [avec prop. inf.] [+C] Pros.

jŏcōsē, adv., en plaisantant, plaisamment : [C] Pros. ; ***jocosius*** [C] Pros.

jŏcōsus, *a*, *um*, plaisant : ***homo*** [C] Pros., homme enjoué ‖ ***res jocosae*** [C] Pros., sujets plaisants ‖ ***jocosum furtum*** [C] Poés., vol fait par badinage, plaisanterie ‖ ***jocosus Nilus*** [C] Poés., le Nil folâtre [= l'Égypte qui mène joyeuse vie]

jŏcŭlāris, *e*, [en parl. de choses] plaisant, drôle, risible : [C] Théât., [C] Pros. ‖ subst. n. pl., ***jocularia***, plaisanteries, railleries : [C] Poés., Pros.

jŏcŭlārĭtĕr, adv., par badinage : [+C] Pros.

jŏcŭlārĭus, *a*, *um*, [V.] *jocularis* : [-C] Théât.

jŏcŭlātŏr, *ōris*, m., rieur, railleur, bon plaisant : [C] Pros.

jŏcŭlŏr, *ārĭs*, *ārī*, -, tr., dire des plaisanteries : ***quaedam joculantes*** [C] Pros., faisant entendre des saillies plaisantes

jŏcŭlus, *i*, m., petite plaisanterie : [-C] Théât. ; ***joculo*** [-C] Théât., en plaisantant ‖ m. pl., jouets : [C] Pros.

jŏcŭr, [V.] *jecur*

jŏcus, *i*, m. ; pl. *joci* m. et *joca* n. ¶ **1** plaisanterie, badinage : [C] Pros. ; ***joca, seria*** [C] Pros., le plaisant, le sérieux ; ***per jocum*** [C] Pros., en plaisantant ; ***joco seriove*** [C] Pros., en plaisantant ou sérieusement ¶ **2** ***joci***, les jeux, les ébats, les amusements : [C] Poés., Pros. ‖ ***Jocus***, le Jeu [personnifié] : [C] Poés.

jŏcuscŭlum, *i*, n., [V.] *jecusculum*

Joēl, m. indécl., fils aîné de Samuel : [T] Pros.

jŏgālis, *e*, [V.] *jugalis* : [-C] Pros.

Jōhannēs, [V.] *Joannes*

Jōiāda, *ae*, m., Joiad (Joad), grand-prêtre, artisan de la perte d'Athalie : [T] Pros.

Jōnās, *ae*, m., un des prophètes : [T] Poés. ‖ **-aeus**, *a*, *um*, de Jonas

Jŏnăthās, *ae*, m., fils de Saül : [T] Poés.

Jŏpē (**Joppē**), *ēs*, f., ville maritime de Judée [auj. Jaffa] ‖ **-ĭcus**, *a*, *um*, de Jopé [ville] ‖ **-pītae**, *ārum*, m. pl., habitants de Jopé : [T] Pros.

Jordānēs (**Jordānis**), *is*, m., le Jourdain [fleuve de Palestine] : [+C] Pros., [T] Pros. ‖ **-ĭcus**, *a*, *um*, [T] Pros., du Jourdain

Jōsēph (**Iōsēph**), m. indécl., époux de la Sainte Vierge : [T] Pros. ‖ Joseph d'Arimathie, qui embauma J.-C. : [T] Pros.

Jŏsŭē, m. indécl., chef des Israélites après Moïse : [T] Pros.

Jŏva, *ae*, f., fille de Jupiter : [C] Pros.

Jŏvĭālis, *e*, de Jupiter : [T] Pros. ; ***Jovialis stella*** [T] Pros., Jupiter [planète]

1 **Jŏvĭānus**, *a*, *um*, de Dioclétien [surnommé Jovius] d'où ***Joviani***, m., les Joviens [soldats de deux légions romaines] : [T] Pros.

2 **Jŏvĭānus**, *i*, m., Jovien [empereur romain, successeur de Julien, 363-364] : [T] Pros.

Jŏvīnus, *i*, m., nom d'homme : [T] Pros.

Jŏvisjurandum, *i*, n., serment par Jupiter : [-C] d. [+C] Pros.

Jŏvis, gén. de *Juppiter*

1 **Jŏvĭus**, *a*, *um*, de Jupiter : [T] Pros.

2 **Jŏvĭus**, *ĭi*, m., surnom de Dioclétien : [T] Pros.

1 **jŭba**, *ae*, f., crinière de cheval et en gén. de tout autre animal : [C] Pros. ‖ crinière [d'un casque], panache : [C] Poés. ‖ chevelure pendante : [+C] Pros. ‖ poils, plumes du cou [d'un chien, d'un coq] : [+C] Poés., Pros. ‖ crête, (collerette ?) [d'un dragon] : [C] Poés., [+C] Poés.

2 **Jŭba**, *ae*, m. ¶ **1** roi de Numidie, du parti de Pompée contre César : [C] Pros., [+C] Pros. ¶ **2** fils du précédent, amené à Rome, auteur d'ouvrages sur l'histoire, la géographie : [+C] Pros.

jŭbar, *ăris*, n., Lucifer [l'étoile du matin (Vénus)] : [-C] d. [C] Pros., [C] Poés. ‖ [poét.] étoile : [C] Poés. ‖ lumière du soleil [en général] : [C] Poés., [+C] Théât. ; [du soleil couchant] [+C] Théât. ‖ lumière de la lune : [+C] Théât., Pros. ‖ [fig.] éclat, majesté, gloire : [+C] Théât., Poés.

jŭbātus, *a*, *um*, qui a une crête [en parl. d'un serpent] : [-C] Théât., [C] Pros. ‖ ***jubata stella*** [C] Pros., comète chevelue

jŭbĕdum, [V.] *dum*

jŭbĕō, *ēs*, *ēre*, *jussi*, *jussum*, marque le désir ou la volonté qu'une chose se fasse

I [désir] inviter à, engager à : [C] Pros. ; ***jubeo Chremetem*** [s.-ent. *salvere*] [-C] Théât., je salue Chrémès ; [C] Pros.

II [volonté] ¶ **1** ordonner, commander, faire [avec inf.] : [+C] Poés. ***a)*** [avec prop. inf.] [C] Pros. ‖ [pass. pers.] [C] Pros. ***b)*** [avec inf. seul, le sujet étant indéterminé ou facile à suppléer] [C] Pros. ***c)*** [avec *ut*] ordonner que : [C] Pros. ‖ ***alicui, ut*** [+C] Pros., ordonner à qqn de ‖ [double constr.] [-C] Théât. ‖ [avec *ne*] [C] Pros. ***d)*** [avec subj. seul] ***jube veniat*** [-C] Théât., commande qu'il vienne ‖ [avec acc. d'anticipation] [-C] Théât. ‖ [avec double constr., prop. inf. et subj.] [C] Pros. ‖ [avec dat. de la pers.] [+C] Pros. ***e)*** [avec acc. de la pers. et acc. n. d'un pron.] [C] Pros. ‖ [passif] [C] Pros. ¶ **2** prescrire, ordonner [médecine] : [-C] Théât., [C] Pros., [+C] Pros. ¶ **3** [officiel[t]] ordonner ***a)*** [avec prop. inf.] [C] Pros. ***b)*** [avec acc.] [C] Pros. ; ***rogationem*** [C] Pros., adopter un projet de loi ; ***aliquem regem*** [C] Pros., élire, faire qqn roi ; ***alicui provinciam Numidiam*** [C] Pros., faire donner à qqn la Numidie comme province ***c)*** [abs[t]] [C] Pros.

jūbĭlaeus, [V.] *jobeleus*

jūbĭlātĭo, *ōnis*, f., cris, vacarme : [+C] Pros. ; chants joyeux

jūbĭlātŭs, *ūs*, m., [V.] *jubilatio* : [+C] Pros.

jūbĭlō, *ās*, *āre*, *āvī*, *ātum* ¶ **1** tr., appeler, crier après [en parlant des gens de la campagne] : [C] Pros. ¶ **2** intr., pousser des cris de joie : ***Deo*** [T] Pros., en l'honneur de Dieu

jūbĭlum, *i*, n., [V.] *jubilatio* et **jūbĭla**, *ōrum*, n. pl., [+C] Poés.

jūcundē, adv., agréablement, d'une façon charmante : [C] Pros., [+C] Pros. ‖ ***-dius*** [C] Pros. ‖ ***-dissime*** [C] Pros.

jūcundĭtās, *ātis*, f., charme, agrément, joie, plaisir : [C] Pros. ‖ enjouement : [C] Pros. ‖ pl., manifestations aimables, gentillesses : [C] Pros.

jūcundŏr, *āris*, *ārī*, -, pass. ou dép., se réjouir : [T] Pros. ; ***jucundans*** [T] Pros., [+T] Pros.

jūcundus, *a*, *um*, plaisant, agréable, qui charme [surt. en parl. de choses] : [C] Pros. ‖ [pers.] [C] Pros. ‖ ***-dior*** [C] Pros., [+C] Poés. ‖ ***-dissimus*** [-C] Théât., [C] Pros.

Jūda, *ae*, m., fils de Jacob, chef d'une des douze tribus d'Israël : [T] Pros.

Jūdaea, *ae*, f., la Judée : [+C] Pros. ‖ [subst[t] m. pl.] les Juifs : [C] Pros., Poés., [+C] Pros. ‖ ***Judaea***, f., femme juive : [+C] Poés.

Jūdăĭcē, adv., en juif : [T] Pros. ‖ en hébreu [langue] : [T] Pros.

Jūdăĭcus (**Judaeĭcus**), *a*, *um*, qui concerne les Juifs, judaïque : [C] Pros., [+C] Pros., Poés. ; ***Judaicus panis*** [+C] Pros., pain azyme

jūdăizō, *ās*, *āre*, -, -, intr., judaïser, suivre la loi judaïque : [T] Pros. et **judaeĭdĭo**

Jūdās, *ae*, m., saint Jude, apôtre : [T] Pros.

jūdex, *ĭcis*, m., juge : [C] Pros. ; ***judicem dare*** [C] Pros., désigner un juge [en parl. du préteur] ; ***judicem dicere*** [C] Pros., choisir un juge [en gén.] ; ***judicem ferre alicui*** [C] Pros., proposer qqn comme juge à qqn (lui demander de l'agréer) ; ***apud judices*** [C] Pros., devant les juges ; ***judicem sedere in aliquem*** [C] Pros., siéger comme juge dans une affaire concernant qqn ‖ juge, arbitre en toute matière : [C] Pros., Poés. ‖ [en part.] ***judex Phrygius*** [C] Poés., le juge phrygien (Pâris) ‖ [bibl.] juge [chef militaire hébreu] : [T] Pros.

jūdĭcātĭo, *ōnis*, f. ¶ **1** action de juger, d'enquêter, délibération : [C] Pros. ‖ point à juger : [C] Pros. ¶ **2** jugement, opinion : [C] Pros.

jūdĭcātō, adv., avec réflexion, mûrement : [+C] Pros.

jūdĭcātōrĭum, *ĭi*, n., faculté de juger, raison : [T] Pros.

jūdĭcātrix, *īcis*, f., celle qui juge : [+C] Pros.

jūdĭcātum, *i*, n., question jugée, décision, jugement, autorité : [C] Pros. ‖ ***solvere*** [C] Pros. ou ***facere*** [+C] Pros., se soumettre au jugement, payer la dette

jūdĭcātŭs, *ūs*, m., fonctions, office de juge : [C] Pros.

jūdĭcĭālis, *e*, relatif aux jugements, judiciaire : [C] Pros.

jūdĭcĭālĭtĕr, adv., [fig.] en juge : [T] Pros.

jūdĭcĭārĭus, *a*, *um*, judiciaire, relatif aux tribunaux : [C] Pros., [+C] Pros.

jūdĭcĭŏlum, *i*, n., faible jugement, faibles lumières : [T] Pros.

jūdĭcĭum, *ii*, n.

I [droit] ¶ **1** action judiciaire, procès : ***hereditatis*** [C] Pros. ; ***ambitus*** [C] Pros., procès sur une question d'héritage, de brigue ; ***de aliqua re*** [C] Pros., action judiciaire au sujet de

qqch. ; ***privatum*** [C] Pros., procès privé [entre particuliers, sur des intérêts privés] ; ***publicum*** [C] Pros., procès public [crimes contre particuliers ou contre l'État] ; ***judicium dare in aliquem*** [C] Pros., accorder une action judiciaire contre qqn [autorisation donnée par le préteur de poursuivre qqn] ; ***accipere*** [C] Pros., accepter l'action judiciaire ; ***exercere*** [C] Pros., diriger les débats ; ***constituere*** [C] Pros., instituer, constituer une action judiciaire ; ***committere*** [C] Pros., l'engager ; ***in judicium vocare*** [C] Pros., appeler en justice ; ***in judicium venire*** [C] Pros., venir devant le tribunal ; ***habere*** [C] Pros., avoir un procès ; ***cum judicia fiebant*** [C] Pros., quand les tribunaux fonctionnaient régulièrement ‖ ***judicia*** [+C] Pros., plaidoiries ‖ lieu où se rend la justice, tribunal : [C] Pros. ¶**2** jugement, sentence, décision, arrêt : ***judicia populi*** [C] Pros., jugements prononcés par le peuple lui-même ; ***judiciis indignus*** [C] Pros., indigne de juger, de remplir les fonctions de juge ; ***judicium facere de aliqua re*** [C] Pros., rendre un arrêt sur qqch., juger une affaire ; ***habere*** [C] Pros., remplir les fonctions de juge
II [langue générale] ¶**1** jugement, opinion : ***populare*** [C] Pros., jugement de la foule ; ***judicium facere de aliquo*** [C] Pros., porter un jugement sur qqn ¶**2** faculté de juger, jugement, discernement, goût : [C] Pros. ; ***firmum, intellegens*** [C] Pros., goût sûr, éclairé ‖ réflexion : ***judicio*** [C] Pros., avec réflexion ; ***sine judicio*** [C] Pros., sans réflexion

jūdĭcō, ***ās, āre, āvī, ātum***, tr.
I [langue technique] ¶**1** appliquer (déclarer) le droit, juger, faire l'office de juge [par oppos. à *jus dicere* : énoncer la règle de droit applicable au litige, fonction du magistrat, préteur, et non du juge] : [C] Pros. ¶**2** rendre un jugement, prononcer un arrêt : [C] Pros. ; ***ob judicandum accipere*** [C] Pros., vendre son suffrage ‖ juger : ***rem*** [C] Pros., juger une affaire ; ***aliquem hostem*** [C] Pros., déclarer qqn ennemi public ; ***innocens judicatur*** [C] Pros., il est jugé (reconnu) innocent ‖ [avec prop. inf.] déclarer par un jugement que, reconnaître par une sentence que : [C] Pros. ; [pass. pers.] [C] Pros. ‖ ***res judicatae*** [C] Pros., choses jugées ; ***aliquem judicatum ducere*** [C] Pros., emmener en prison un homme jugé (condamné) ¶**3** [en parl. du magistrat] se prononcer sur la peine à requérir devant le peuple, requérir : ***aliquam multam judicare*** [C] Pros., requérir telle ou telle peine ; ***alicui capitis, pecuniae*** [C] Pros., requérir contre qqn la peine de mort, une amende ; [+C] Pros. ‖ se prononcer sur le chef de culpabilité : ***alicui perduellionem*** [C] Pros. ; ***alicui perduellionis*** [C] Pros., déclarer qqn coupable d'attentat contre l'État ¶**4** condamner : ***judicatus pecuniae*** [C] Pros., condamné pour dette
II [langue commune] ¶**1** juger, décider : [C] Pros. ; ***sibi ipsi*** [C] Pros., décider pour soi-même ¶**2** porter un jugement : ***bene*** [C] Pros., bien juger ; ***de aliquo, de aliqua re aliquid*** [C] Pros., porter tel ou tel jugement sur qqn, sur qqch. ; ***plura*** [C] Pros., porter plus de jugements ‖ juger, apprécier : ***aliquid oculorum sensu*** [C] Pros., juger de qqch. par le sens de la vue ; ***aliquid ex aliqua re*** [C] Pros., juger qqch. d'après qqch. ; [avec interr. indir.] [C] Pros. ‖ regarder comme, penser, être d'avis : ***mortem malum*** [C] Pros., regarder la mort comme un mal ; [avec prop. inf.] [C] Pros. ‖ déclarer, juger publiquement : ***aliquem hostem*** [C] Pros., déclarer qqn ennemi public

Jūdīth, f. indécl., femme de Béthulie qui tua Holopherne : [T] Pros.

jŭga, f., → *jugus*

jŭgābĭlis, *e*, qu'on peut unir : [T] Pros.

jŭgālis, *e*, de joug : ***jumenta jugalia*** [+C] Pros., animaux de trait, attelage ‖ subst. m., ***gemini jugales*** [C] Poés., attelage de deux chevaux ‖ qui a la forme d'un joug : ***jugale os*** [+C] Pros., os jugal, os de la pommette ‖ enroulé sur l'ensouple [du tisserand] : [-C] Pros. ‖ [fig.] conjugal, nuptial, d'hymen : [C] Poés., [+C] Poés. ‖ subst. m. f., époux, épouse : [+T] Poés.

jŭgām-, → *jugum-*

jŭgārĭus, *a, um*, de joug, attelé : [+C] Poés. ‖ subst. m., gardien de boeufs : [+C] Pros. ‖ **Vīcus Jugārĭus**, m., nom d'une rue de Rome : [C] Pros.

Jŭgātīnus, *i*, m. ¶**1** dieu du mariage : [T] Pros. ¶**2** dieu des sommets : [T] Pros.

jŭgātĭo, *ōnis*, f., action de lier la vigne [à un treillage] : [C] Pros.

jŭgātŏr, *ōris*, m., celui qui attelle : [T] Pros.

jūgĕ, adv., → *jugiter* : [T] Poés.

jūgĕrātim, adv., par jugère : [+C] Pros.

jūgĕrum, *i*, n., pl. **jūgĕra**, *um*, jugère, arpent [mesure agraire, rectangle de 28 800 pieds carrés, c.-à-d. 240 pieds de long sur 120 de large = 25,18 ares] : [-C] Pros., [C] Pros., [+C] Poés.

jūgĕs auspĭcĭum, auspice d'attelage : [C] Pros. ; ***jugetis***

jūgis, *e*, qui dure toujours, perpétuel, inépuisable : [-C] Théât., [+C] Pros. ‖ qui coule toujours, (eau) courante, vive, de source : [C] Pros. ; ***ex puteis jugibus*** [C] Pros., de puits jamais taris

jūgĭtĕr, adv., sans interruption : [+C] Pros., [T] Pros.

jūglans nux, **jūglans**, *dis*, f., noix : [C] Pros. ‖ ***juglans arbor*** [T] Pros. et abst

1 **jŭgō**, ***ās, āre, āvī, ātum***, tr., attacher ensemble, joindre, unir à [avec dat.] : ***jugare vineam*** [+C] Pros., lier la vigne [à un treillage] ‖ [fig.] unir : [-C] d. [T] Pros., [C] Pros. ; ***jugata verba*** [C] Pros. ; ***jugata*** [+C] Pros., mots apparentés ‖ [poét.] unir par l'hymen, marier : [C] Poés.

2 **jŭgō**, ***ĭs, ĕre***, -, -, → *iugo*

jŭgōsus, *a, um*, montueux : [C] Poés.

Jŭgŭla, *ae*, f. ¶**1** Orion [constellation] : [C] Pros. ‖ **Jŭgŭlae**, ***ārum***, f. pl., [-C] Théât. ¶**2** [au pl.] deux étoiles du Cancer : [C] Poés.

jŭgŭlātĭo, *ōnis*, f., action d'égorger, massacre : [C] Pros.

jŭgŭlō, ***ās, āre, āvī, ātum***, tr., couper la gorge, égorger, tuer, assassiner : [C] Pros., [+C] Pros. ‖ [fig.] confondre, terrasser, abattre : [C] Pros. ‖ gâter : [+C] Poés.

jŭgŭlum, *i*, n., [C] Pros. et **jŭgŭlus**, *i*, m. ¶**1** m. pl., les clavicules : [+C] Pros. ¶**2** n. pl., creux au-dessus de la clavicule : [C] Pros. ¶**3** m. ou n., gorge : ***jugulum resolvere*** [C] Poés. ; ***perfodere*** [+C] Pros., couper la gorge, égorger ; ***dare*** [C] Pros. ; ***praestare*** [+C] Pros., tendre la gorge ‖ [fig.] ***petere jugulum*** [+C] Pros., viser à la gorge

jŭgum, *i*, n. ¶**1** joug : [C] Pros., Poés. ¶**2** attelage de bêtes de trait : [C] Pros. ‖ couple de chevaux : [C] Poés. ‖ char : [C] Poés. ¶**3** joug symbolique sous lequel défilaient les vaincus : [C] Pros., [+C] Pros. ‖ une constellation [la Balance] : [C] Pros. ‖ ensouple [partie du métier du tisserand] : [C] Poés. ‖ traverse [dans une machine] : [C] Pros. ‖ banc de rameurs : [C] Poés. ‖ crête, sommet d'une montagne : [C] Pros., [+C] Poés. ¶**4** [fig.] liens du mariage : [-C] Théât., [C] Poés. ‖ joug [de l'esclavage] : [C] Pros. ‖ [+C] Pros. ; [fig.] hauteur, cime : [C] Pros.

jŭgumentō, ***ās, āre***, -, -, tr., lier avec des traverses : [C] Pros.

jŭgŭmentum ou **jŭgāmentum**, *i*, n., linteau, traverse : [-C] Pros.

Jŭgurtha, *ae*, m., roi de Numidie, vaincu par Marius : [C] Pros., [+C] Pros. ‖ **-īnus**, *a, um*, de Jugurtha : [C] Pros., Poés.

jŭgus, *a, um*, joint, réuni : [-C] Pros.

Jūlĭa, *ae*, f., nom de plusieurs femmes, nott Julie, fille d'Auguste, qui épousa successivement Marcellus, Agrippa et Tibère, célèbre par ses débordements : [+C] Pros.

Jūlĭăcum, *i*, n., ville de Belgique [auj. Juliers] : [T] Pros.

1 **Jūlĭānus**, *a, um*, de Jules César : [C] Pros. ‖ ***Juliani***, m. pl., soldats ou partisans de César : [+C] Pros.

2 **Jūlĭānus**, *i*, m., nom d'hommes ¶**1** ***Didius Julianus***, empereur romain [193] : [T] Pros. ¶**2** Julien, surnommé l'Apostat, empereur romain [360-363] : [T] Pros. ¶**3** saint Julien, martyr de Brioude : [T] Pros.

Jūlĭŏpŏlis, *is*, f., ‖ **-lītae**, *ārum* et **-lītāni**, *ōrum*, m. pl., [+C] Pros., habitants de Juliopolis [en Bithynie]

1 **Jūlĭus**, *a, um*, de Jules César, de la famille des Jules : ***Julia domus*** [C] Poés., la famille Julia ; ***Julia lex*** [C] Pros., loi Julia ; ***Julia edicta*** [C] Poés., lois juliennes [portées par Auguste] ; ***portus Julius*** [+C] Pros., port de Jules [près de Baïes] ; ***Julia unda*** [C] Poés., les eaux du port de Jules ‖ ***Julius mensis*** et abst ***Julius*** m., [+C] Pros., [+C] Poés., le mois de Jules César [juillet] ; ***Juliae calendae*** [+C] Poés., les calendes de juillet

2 **Jūlĭus**, *ĭi*, m., nom d'une famille romaine, nott *Gaius Julius Caesar*, Jules César, et *Gaius Julius Caesar Octavianus*, Octave, fils adoptif du précédent, qui devint l'empereur Au-

guste [27 av. J.-C.- 14 apr. J.-C.] : [+C] Pros. ‖ le mois de juillet, [V.] *1 Julius*

Jullus, *i*, m., Jules Antoine, fils de Marc Antoine le triumvir : [C] Poés.

jūmentārĭus, *a*, *um*, de bêtes de somme : [+C] Pros.

jūmentum, *i*, n., bête de somme ou de trait [surtout cheval, mulet, âne] : [C] Pros. ; ***jumenta sarcinaria*** [C] Pros., bêtes de somme ‖ voiture, véhicule : [+C] Pros.

juncētum, *i*, n., lieu où il croît du jonc, jonchère : [C] Pros.

juncĕus, *a*, *um*, de jonc : [C] Poés. ‖ [fig.] ***juncea (virgo)*** [-C] Théât., (jeune fille) mince comme un jonc

juncōsus, *a*, *um*, plein de joncs : [C] Poés.

junctim, adv., en étant joint : ***junctim locari*** [+C] Pros., être placés côte à côte ‖ consécutivement, à la suite : [+C] Pros.

junctĭo, *ōnis*, f., union, liaison, cohésion : [C] Pros. ‖ [rhét.] ***verborum*** [C] Pros., la liaison harmonieuse des mots

junctūra, *ae*, f., jointure, joint, assemblage : [C] Poés. ‖ parenté, lien du sang : [C] Poés. ‖ [rhét.] assemblage des mots dans la phrase : [+C] Pros. ‖ alliance [de mots] : [C] Poés.

1 **junctus**, *a*, *um* ¶ **1** part. de *jungo* ¶ **2** [adj[t]] lié, attaché : [C] Pros.

2 **junctŭs**, abl. *ū*, m., union : [C] Pros.

juncula, ▶ *junctura* : [-C] Théât.

juncus, *i*, m., jonc : [C] Poés.

jungō, *ĭs*, *ĕre*, *junxi*, *junctum*, tr. ¶ **1** joindre, lier, unir, assembler, attacher : [C] Pros. ; ***terram ignemque*** [C] Pros., joindre la terre et le feu ; ***dexteras*** [C] Poés., se serrer la main ; ***oscula*** [C] Poés., échanger des baisers ; ***fluvium ponte*** [C] Pros., jeter un pont sur un fleuve ; ***juncto ponte*** [+C] Pros., un pont ayant été jeté ‖ ***tigna inter se*** [C] Pros., joindre entre eux des pilotis ‖ ***ut (opus) aedificio jungatur*** [C] Pros., pour que (l'ouvrage) se joigne à l'édifice ; [C] Poés. ‖ [pris abs[t]] [poét.] opérer une jonction : ***castris*** [C] Poés., faire leur jonction avec le camp ¶ **2** [en part.] ***a)*** atteler : ***tauros*** [C] Poés., atteler des taureaux ; ***equos curru*** [dat.] [C] Poés. ‖ ***juncta vehicula*** [C] Pros., chariots attelés ***b)*** joindre les lèvres d'une blessure, fermer [des plaies] : [+C] Pros., Poés. ***c)*** accoupler : [C] Poés. ***d)*** réunir ensemble [des terres] : [+C] Poés. ; [au pass.] être joint à, contigu à : [C] Poés. ***e)*** unir dans le temps, faire succéder : ***cyathos*** [+C] Poés., faire succéder les coupes sans interruption ; ***laborem*** [+C] Pros., ne pas interrompre un travail ***f)*** [milit.] réunir [des troupes] : ***se jungere*** [C] Pros., opérer sa jonction ***g)*** faire en joignant [au part.] : [C] Pros. ¶ **3** [fig.] ***a)*** ***(eloquentia est) probitate jungenda*** [C] Pros., (l'éloquence) doit s'unir à l'honnêteté ***b)*** [rhét.] ***verba*** [C] Pros., lier les mots dans la phrase [cf. *junctio*] ; ***copulando verba*** [C] Pros., lier les mots en les fondant ensemble ***c)*** faire en joignant, [au part.] ***junctus***, fait d'une union, d'un assemblage : [C] Pros. ***d)*** [gram.] ***juncta verba*** [C] Pros., mots formés par composition

Jūnĭa, *ae*, f., Junie [nom de femme] : [+C] Pros.

Jūnĭānus, *a*, *um*, ▶ *1 Junius* : [C] Pros.

jūnĭor, [V.] *juvenis*

jūnĭpĕrus (-pĭrus), *i*, f., genévrier [arbuste] : [-C] Pros., [C] Poés.

1 **Jūnĭus**, *ĭi*, m., nom de famille rom., not[t], M. et D. Junius Brutus, [V.] *2 Brutus*

2 **Jūnĭus**, *a*, *um*, de Junius : [+C] Pros. ; ***Junia domus*** [C] Pros., la maison Junia

Jūnius mensis, *ii*, m., [C] Pros. et abs[t] **Junius**, *ĭi*, m., [C] Pros., mois de juin

jūnix, *īcis*, f., génisse, jeune vache : [+C] Poés.

Jūno, *ōnis*, f., Junon [sœur et femme de Jupiter] : ***Juno Regina*** [C] Pros., Junon, reine des dieux ; ***Juno Lucina*** [C] Pros., Junon-Lucine, qui présidait à l'enfantement ; ***Juno Inferna*** [C] Poés. ; ***Averna*** [C] Poés. ; ***Infera*** [+C] Poés. ; ***Stygia*** [+C] Poés., la Junon des enfers (Proserpine) ‖ chaque femme avait sa Junon protectrice : [C] Poés., [+C] Pros. ‖ ***urbs Junonis*** [C] Poés., = Argos

Jūnōnālis, *e*, de Junon : [C] Poés.

Jūnōnĭcŏla, *ae*, m. f., qui adore Junon : [C] Poés.

Jūnōnĭgĕna, *ae*, m., fils de Junon [Vulcain] : [C] Poés.

Jūnōnĭus, *a*, *um*, de Junon : [C] Poés. ; ***Junonius ales*** [C] Poés., l'oiseau de Junon [le paon] ; ***custos*** [C] Poés., Argus ; ***Junonius mensis*** [C] Poés., le mois de Junon [juin] : ***Junonia Hebe*** [C] Poés., Hébé, fille de Junon

Juppĭtĕr (Jūpĭtĕr), *Jŏvis*, m., Jupiter [fils de Saturne, roi des dieux et des hommes, dieu du jour] : [C] Pros. ‖ l'air, le ciel : [-C] d. [C] Pros., [C] Poés. ; ***sub Jove*** [C] Poés., en plein air ‖ ***Juppiter Stygius*** [C] Poés., Pluton ‖ la planète Jupiter : [C] Pros., [+C] Poés. ‖ [exclamat.] ***Juppiter*** [-C] Théât., ô Jupiter

Jūra, *ae*, m., le Jura [mont de la Gaule] : [C] Pros. ‖ **-ensis**, *e*, du Jura : [T] Pros.

jūrāmentum, *i*, n., serment : [T] Pros.

jūrātĭo, *ōnis*, f., action de jurer, serment : [T] Pros.

jūrātŏr, *ōris*, m. ¶ **1** celui qui fait un serment : ***falsus jurator*** [T] Pros., parjure ¶ **2** taxateur (répartiteur) assermenté [assistant du censeur] : [-C] Théât., [C] Pros.

jūrātus, *a*, *um* ¶ **1** part. de *juro* ¶ **2** [adj[t]] qui a juré, qui a prêté serment : [C] Pros. ; [cf.] *juror*

jūrĕ, abl. de *1 jus* pris adv[t], justement, à bon droit, à juste titre, avec raison : [C] Pros.

jūrĕ pĕrītus (jūrĕpĕrītus), *i*, m., [V.] *peritus*

jurgātōrĭus, *a*, *um*, querelleur : [T] Pros.

jurgātrix, *īcis*, f., querelleuse : [T] Pros.

jurgĭōsus, *a*, *um*, querelleur : [+C] Pros.

jurgĭum, *ĭi*, n., querelle, dispute, altercation : [-C] Théât., [C] Pros., [+C] Pros.

jurgō, *ās*, *āre*, *āvī*, *ātum* ¶ **1** intr. ‖ être en différend, se disputer, se quereller : ***cum aliquo*** [-C] Théât. ; ***inter se*** [C] Pros. ¶ **2** tr. ***a)*** dire qqch. en réprimandant [*haec*] : [C] Pros. ***b)*** réprimander : ***aliquem*** [C] Poés., qqn

jurgŏr, *ārĭs*, *ārī*, *ātus sum*, intr., plaider : [T] Pros.

jūrĭdĭcĭālis, *e*, relatif à un point de droit : ***juridicialis constitutio, quaestio***, question de droit : [C] Pros.

jurisconsultus, *i*, m., [plutôt en deux mots] jurisconsulte : [C] Pros., [+C] Pros.

jūrisdictĭo, *ōnis*, f. ¶ **1** juridiction, action et droit de rendre la justice [attribution des préteurs urbain et pérégrin] : [C] Pros. ‖ [fig.] autorité, compétence : [+C] Pros. ¶ **2** ressort, juridiction [dans les provinces impériales] : [+C] Pros.

jūrĭsŏnus, *a*, *um*, qui cite souvent les lois : [T] Poés.

jūris pĕrītus (jūrispĕrītus), *i*, m., [V.] *peritus*

jūrō, *ās*, *āre*, *āvī*, *ātum*, intr. et tr.

I intr. ¶ **1** jurer, faire serment : [C] Pros. ; ***per aliquem, per aliquid***, au nom de (par) qqn, qqch. : [C] Pros., Poés. ; ***in verba alicujus*** [C] Pros., jurer suivant la formule donnée par qqn, prêter à qqn le serment qu'il demande ; [fig.] ***in verba magistri*** [C] Pros., prêter serment d'allégeance à un maître ; ***in nomen principis*** [+C] Pros., jurer obéissance au prince ; ***in legem*** [C] Pros., jurer fidélité à une loi, la reconnaître ; ***alicui*** [+C] Pros., s'engager par serment envers qqn ¶ **2** [avec acc. d'objet intér.] ***verissimum jusjurandum*** [C] Pros., faire le serment le plus conforme à la vérité ; [pass.] [+C] Pros. ¶ **3** se conjurer, conspirer : [C] Poés.

II tr. ¶ **1** jurer, affirmer avec serment : ***morbum*** [C] Pros., jurer qu'on est malade ; [+C] Poés. ; ***aliquid in litem*** [C] Pros., affirmer sous serment qqch. devant les juges ; ***quod juratum est*** [C] Pros., ce qui a été juré ; ***jurata*** [C] Pros., les serments ‖ [avec prop. inf.] jurer que : [C] Pros. ‖ [attribut au nom.] [C] Poés. ¶ **2** jurer par qqn (qqch.), attester qqn (qqch.) : ***Jovem lapidem*** [C] Pros., jurer par le Jupiter de pierre, [V.] *lapis* ; [C] Poés. ; ***jurata numina*** [C] Poés., divinités par lesquelles on a juré

jūrŏr, *ātus sum*, ▶ *juro*, [employé seulement au parf. et au part.] [C] Pros.

jūrŭlentus, *a*, *um*, cuit dans son jus : [+C] Pros.

1 **jūs**, *jūris*, n. ¶ **1** le droit : ***jus gentium*** Cic., le droit des gens ; ***jus consuetudinis*** Cic., le droit né de la coutume ; ***jus testamentorum*** Cic., le droit en matière de testaments ; ***de jure alicui respondere*** Cic., donner à qqn une consultation de droit ‖ ***jus suum obtinere*** Cic., garder la jouissance de ses droits ; ***nimium sui juris esse*** Cic., être trop attentif à ses

droits; ***aequissimo jure esse*** Cic., jouir d'une égalité de droits absolue; ***jure*** Cic., à bon droit ‖ ***alicui jus est*** [avec inf.], qqn a le droit de... : Cic.; ***jus est*** [avec prop. inf.], le droit dit que... : Cic.; [avec *ut* et le subj.]: ***jus est belli ut*** Caes., le droit de la guerre veut que... ¶**2** les lois: ***jura divina et humana*** Cic., les lois divines et humaines; ***nova jura condere*** Cic., fonder un nouveau code; ***jura belli conservare*** Cic., respecter les lois de la guerre ¶**3** la justice: ***ad praetorem in jus adire*** Cic., se présenter en justice devant le préteur; ***aliquem in jus rapere*** Hor., traîner qqn en justice ¶**4** le pouvoir, l'autorité: ***in jus dicionemque recipere*** Cic., recevoir sous son pouvoir discrétionnaire et sous sa domination; ***sub jus judiciumque alicujus venire*** Cic., tomber sous le pouvoir et la dépendance de qqn

2 **jus**, *jūris*, n., jus, sauce, brouet: [C] Pros.; ***jus Verrinum*** [C] Pros., jus de porc (et justice de Verrès)

juscellum, *i*, n., sauce: [+T] Poés.

juscŭlentus, *a*, *um*, cuit au jus: [+C] Pros.

juscŭlum, *i*, n., bouillon: [-C] Pros.

jusjūrandum, *i*, n., serment: [C] Pros.; → *jurare, adigere*: ***jusjurandum dare*** [-C] Théât., prêter serment; ***conservare*** [C] Pros., respecter son serment; ***alicui deferre, offerre*** [+C] Pros., déférer à qqn le serment, offrir de s'en rapporter à son serment; ***jurejurando obstringere*** [C] Pros., lier par un serment

jussĭo, *ōnis*, f., ordre, commandement: [T] Pros.

jussōrĭum, *ĭi*, n., ordre, directive: [+T] Pros.

jussum, *ī*, n., ordre, commandement, injonction: ***jussa deorum*** [C] Pros., les ordres des dieux; ***jussis obtemperare*** [C] Pros., obéir aux ordres ‖ [en part.] volontés [du peuple]: [C] Pros.; cf. → *jubeo*

jussŭs, abl. *ū*, m., → *jussum*: ***vestro jussu*** [C] Pros., par votre ordre

justa, *ōrum*, n. pl. de *1 justus* pris subst[t] ¶**1** le dû: [C] Pros.; [+C] Pros. ¶**2** usages requis, formalités requises: [C] Pros.; ***militaria*** [C] Pros., devoirs (exigences) de la vie militaire ‖ [en part.] honneurs, (devoirs) funèbres: [C] Pros.; ***alicui justa facere*** [C] Pros., faire à qqn des funérailles

justē, adv., avec justice, justement, équitablement: [C] Pros. ‖ ***-tius*** [C] Poés.; ***-issime*** [+C] Pros.

justĭfĭcātiō, *ōnis*, f. ¶**1** prescription, ordonnance: [T] Pros. ¶**2** [chrét.] justification: [T] Pros. ¶**3** justice, droiture: [T] Pros.

justĭfĭcō, *ās, āre, āvī, ātum*, justifier, sauver: [T] Pros.

justĭfĭcus, *a*, *um*, qui agit justement, juste: [C] Poés.

Justīna, *ae*, f., Justine [deuxième femme de l'empereur Valentinien Ier]: [T] Pros.

Justīnĭānus, *a*, *um*, de Justin II, empereur d'Orient: [+T] Poés.

Justīnus, *i*, m., Justin II [565-578], neveu de Justinien: [+T] Poés. ‖ Justin, historien latin, abréviateur de Trogue Pompée: [T] Pros. ‖ nom d'un martyr: [T] Pros.

justĭtĭa, f. ¶**1** justice, conformité avec le droit: [C] Pros. ‖ la justice [écrite], le droit, les lois: [+C] Pros. ‖ droiture, sainteté: [T] Pros. ¶**2** sentiment d'équité, de justice, esprit de justice: [C] Pros. ‖ pl., jugements, préceptes: [T] Pros.

justĭtĭum, *ĭi*, n., vacances des tribunaux, arrêt des affaires de justice [ordin[t] dans une calamité publique]: ***justitium edicere*** [C] Pros.; ***indicere*** [C] Pros., fermer les tribunaux; ***remittere*** [C] Pros., rouvrir les tribunaux ‖ suspension des affaires [en gén.]: [+C] Pros. ‖ deuil public: [T] Pros.

justum, *i*, n., → *1 justus, justa*

1 **justus**, *a*, *um* ¶**1** qui observe le droit, juste: ***vir*** [C] Pros., homme juste ¶**2** qui est conforme au droit, juste, équitable: ***justa bella*** [C] Pros.; ***justissima causa*** [C] Pros., guerres justes, cause très juste ‖ ***justum*** [n. pris subst[t]], le juste, la justice: [C] Pros. ¶**3** juste, fondé, légitime: ***justa excusatio*** [C] Pros., excuse légitime; ***causa*** [C] Pros., juste raison ¶**4** équitable, raisonnable: [-C] Théât., [C] Pros. ¶**5** régulier, normal: ***justa eloquentia*** [C] Pros., éloquence régulière, exacte; ***justus exercitus*** [C] Pros., armée régulière, à effectif régulier; ***justa acies*** [C] Pros., disposition normale de l'armée en bataille; ***justo proelio*** [C] Pros., dans un combat en règle; ***justum iter*** [C] Pros., étape normale [de 20 à 25 km par jour] ¶**6** qui convient, qui est bien: [C] Pros. ‖ [avec n. pris subst[t]] ***plus justo*** [C], [+C], plus que de raison, plus qu'il ne convient, trop; ***praeter justum*** [C] Poés., même sens; ***longior justo*** [+C] Pros., trop long; → *justa*

2 **Justus**, *i*, m., saint Just [évêque du 4e s., enterré à Lyon]: [T] Pros.

Jūthungi, *ōrum*, m. pl., Juthunges [peuple germain]: [T] Poés.

Jūturna, *ae*, f., Juturne [sœur de Turnus, devint une divinité des Romains]: [C] Poés., Pros.

jŭvat, impers., → *juvo*

Jŭvĕnālĭa, *ĭum*, n. pl., Juvénalia [fêtes en l'honneur de la jeunesse]: [+C] Pros.

1 **jŭvĕnālis**, *e*, jeune, juvénile, de jeunes gens, digne des jeunes gens: [C] Pros., Poés., [+C] Poés. ‖ ***juvenales ludi*** [+C] Pros., jeux institués par Néron en 59, → *Juvenalia*

2 **Jŭvĕnālis**, *is*, m., Juvénal [poète satirique de Rome]: [+C] Poés. ‖ Flavius Juvénalis, préfet du prétoire sous Septime Sévère: [T] Pros.

jŭvenca, *ae*, f. ¶**1** génisse, jeune vache: [C] Pros., Poés. ¶**2** jeune fille: [C] Poés., [+C] Poés.

jŭvencŭla, *ae*, f., jeune fille: [T] Pros.

jŭvencŭlus, *a*, *um* ¶**1** jeune: [T] Pros. ¶**2** subst. m., jeune homme: [T] Pros. ‖ jeune taureau: [T] Pros.

1 **juvencus**, *a*, *um*, jeune [en parl. d'animaux]: [C] Poés.

2 **juvencus**, *i*, m. ¶**1** jeune taureau: [C] Pros., Poés. ‖ [poét.] peau de boeuf: [+C] Poés. ¶**2** jeune homme, jouvenceau: [C] Poés.

jŭvĕnescō, *ĭs*, *ĕre*(*nŭī*), -, intr. ¶**1** acquérir la force de la jeunesse, grandir: [C] Poés. ¶**2** redevenir jeune, rajeunir [en parl. de l'homme, des animaux et des plantes]: [C] Poés. ‖ [fig.] reprendre de l'éclat, de la vigueur: [+C] Poés.

jŭvĕnīlis, *e* ¶**1** jeune, relatif à la jeunesse: [C] Pros., Poés. ‖ juvénile, plein d'entrain: [C] Poés. ‖ ***juvenilior***; [C] Poés.; ***juvenile*** [n. pris adv[t]]: [+C] Poés. ¶**2** violent, fort: [+C] Poés.

jŭvĕnīlĭtĕr, adv., en jeune homme, comme un jeune homme: [C] Pros., [T] Pros.

1 **jŭvĕnis**, *is*, adj., jeune: [C] Poés.; ***juvenes anni*** [C] Poés., les jeunes années, les années de jeunesse ‖ comp., ***junior***; [C] Pros.; ***juvenior*** [C] Pros., [+C] Pros.

2 **jŭvĕnis**, *is*, m. f., jeune homme, jeune fille, celui ou celle qui est dans la fleur de l'âge: [C] Pros., Poés. ‖ f., [+C] Pros. ‖ la jeunesse, les jeunes gens: [+C] Poés. ‖ **jūnĭōres**, les plus jeunes = les jeunes gens destinés à former l'armée active, de 17 à 45 ans, les citoyens capables de porter les armes [opp. aux *seniores*]: [C] Pros. ‖ [constituant des centuries de vote]: [C] Pros.

jŭvĕnĭtās, *ātis*, f., temps de la jeunesse, jeunesse: [C] Poés.

jŭvĕnix, *īcis*, f., génisse; [par ext.] jeune fille: [-C] Théât.

jŭvĕnŏr, *āris*, *ārī*, -, intr., se comporter en jeune homme: [C] Poés.

jŭventa, *ae*, f. ¶**1** jeunesse, jeune âge: [C] Poés., Pros. ¶**2** ***Juventa***, la Jeunesse [déesse]: [C] Poés.

jŭventās, *ātis*, f. ¶**1** jeunesse, jeune âge [poét.]: [C] Poés. ¶**2** la Jeunesse [déesse]: [C] Pros., Poés.

Jŭventĭus, *ĭi*, m., nom de famille rom. ‖ **-ĭus**, *a*, *um*, de Juventius: [C] Pros.

jŭventūs, *ūtis*, f. ¶**1** jeunesse, jeune âge: [C] Pros. ¶**2** [collectif] les jeunes gens: [-C] Théât., [C] Pros. ‖ [en part.] jeunesse qui porte les armes: [C] Pros.

Jūverna, *ae*, f., → *Hibernia*: [+C] Poés.

jŭvō, *ās*, *āre*, *jūvī*, *jūtum*, tr. ¶**1** aider, seconder, assister, être utile, servir: ***aliquem*** [C] Pros., aider qqn; ***in aliqua re*** [C] Pros., en qqch.; ***hostes frumento*** [C] Pros., ravitailler les ennemis en blé; [C] Poés.; ***dis juvantibus*** [C] Pros., avec l'assistance des dieux ‖ [pass.] [C] Pros., [+C] Pros. ‖ ***juvat***, impers. avec inf., il est utile de: [C] Poés. ¶**2** faire plaisir, ***aliquem***, à qqn: [C] Pros. ‖ [surtout emploi impers.] ***me juvat*** [avec prop. inf.] il me plaît que, je suis charmé que: [C] Pros.; ***juvat*** avec inf.; [sujet s.-ent.]: [C] Poés. ‖ [avec *quod*] [+C] Pros.

juxtā, adv. et prép.

I adv. ¶ **1** tout près : C Pros. ; ***juxta accedere*** C Poés., s'avancer tout près ¶ **2** immédiatement après : +C Pros. ¶ **3** également, autant : C Pros. || [avec *ac, atque*] autant que, de même que : C Pros. ; ***juxta ac si*** C Pros., comme si || [avec dat.] C Pros. || [avec *cum*] -C Théât.

II prép. avec acc. ¶ **1** près de, à côté de : ***juxta murum*** C Pros., près des murs ¶ **2** immédiatement après : C Pros., +C Pros. ¶ **3** [fig.] près de : +C Pros. ¶ **4** conformément à, suivant, d'après : T Pros.

juxtim, C▶ *juxta* ¶ **1** adv., à côté : -C Théât., +C Pros. || de près : C Poés. || à égalité : C Poés. ¶ **2** prép. avec acc., près de : +C Pros.

k, n. ou f. indécl., dixième lettre de l'alphabet latin [prononcée *kā*] ; employée à l'origine devant *a* [*c* devant *e, i,* et *q* devant *o, u*] ; *k,* inutile, est vite sorti d'usage et ne s'est conservé que dans quelques abréviations : ***K. = Kaeso*** ; ***K.*** ou ***Kal. = Kalendae, Calendae,*** ainsi que pour les mots correspondants, outre quelques graphies affectées : ***kaput*** ; ***karus*** ; ***kastra*** ; ***arkarius*** ; ***vikani***

Kaeso, V▶ *Caeso*

kălendae, V▶ *calendae*

kānăba, V▶ *canaba*

kanna, V▶ *canna*

kānus, V▶ *1 canus*

kăput, V▶ *caput*

Karthāgo, V▶ *1 Carthago*

koppa (co-), n. indécl., koppa [lettre grecque, modèle de *q* et conservée seulement comme signe numérique valant 90] : +C Pros.

L

l, n., f., indécl., [abréviation] ***L. = Lucius*** ‖ employé dans la numération, *L* vaut cinquante

Lābān, m. indécl. et **Lābānus**, *i*, m., Laban [père de Lia et de Rachel] : [T] Pros.

lăbans, V. *labo*

lăbărum, *i*, n., labarum [étendard impérial sur lequel Constantin avait fait mettre une croix et les initiales de J.-C.] : [T] Poés.

lăbascō, *ĭs*, *ĕre*, -, -, intr., chanceler : [C] Poés. ‖ [fig.] se laisser ébranler, fléchir : [-C] Théât.

labda, n. indécl., lettre grecque [λ] : [+C] Pros. ‖ **labda**, *ae*, m. (f.), V. *laecasin = irrumator* : [C] Poés.

Labdăcĭdae, *ārum*, m. pl., les Thébains [les Labdacides, la race de Labdacus] : [+C] Poés.

Labdăcus, *i*, m., roi de Thèbes, aïeul d'Œdipe : [+C] Théât. ‖ **-cĭus**, *a*, *um*, des Labdacides, Thébain : ***Labdacius dux*** [+C] Poés., le chef thébain [Étéocle]

lăbĕa, *ae*, f. ¶ **1** lèvre : [-C] Théât., Poés., [+C] Pros. ¶ **2** bord du pressoir : [-C] Pros.

Lăbĕātes, *um* ou *ĭum*, m. pl., peuple d'Illyrie : [C] Pros. ‖ **-ātis**, *ĭdis*, adj. f., des Labéates : ***Labeatis palus*** [C] Pros., lac Labéatien

lābēcŭla, *ae*, f., légère tache (flétrissure) : [C] Pros.

lăbĕfăcĭō, *ĭs*, *ĕre*, *fēcī*, *factum*, faire chanceler, secouer, ébranler : [C] Pros., [+C] Pros. ‖ renverser, ébranler [principes, etc.] : [C] Pros. ‖ détruire, ruiner : [C] Pros.

lăbĕfactātĭo, *ōnis*, f., ébranlement : [+C] Pros.

lăbĕfactātus, *a*, *um*, part. de *labefacto*

lăbĕfactō, *ās*, *āre*, *āvī*, *ātum*, tr. ¶ **1** faire chanceler, faire glisser, renverser : [C] Pros., [+C] Pros. ‖ affaiblir, endommager, ruiner : [C] Poés. ¶ **2** [fig.] secouer renverser, faire crouler, ruiner : [C] Poés., Pros. ‖ ébranler un projet, faire céder : [C] Théât.

lăbĕfactus, *a*, *um*, part. de *labefacio*

lăbĕfīō, *fīs*, *fĭĕrī*, pass. de *labefacio*

1 **lābellum**, *i*, n., petite lèvre [d'enfant] : [C] Pros. ‖ lèvre délicate, lèvre : [C] Poés. ‖ terme d'affection : [-C] Théât.

2 **lābellum**, *i*, n., petit bassin : [-C] Pros., [+C] Pros. ‖ coupe à libations : [C] Pros.

lābens, *tis*, part. de *1 labor*

1 **lăbĕo**, *ōnis*, m., qui a de grosses lèvres, lippu : [T] Pros.

2 **Lăbĕo**, *ōnis*, m., [not^t] Antistius Labéon, célèbre jurisconsulte : [+C] Pros.

lăbĕōsus, *a*, *um*, lippu : [C] Poés.

Lăbĕrĭānus, *a*, *um*, de Labérius [le poète] : [+C] Pros.

Lăbĕrĭus, *ĭi*, m., nom d'une famille romaine [not^t] D. Labérius [célèbre auteur de mimes] : [C] Pros., Poés.

lābēs, *is*, f. ¶ **1** chute, éboulement : ***agri*** [C] Pros., affaissement du sol ; ***terrae*** [C] Pros., éboulement de terre ; ***labem dare*** [C] Poés., s'écrouler ¶ **2** [fig.] effondrement, ruine, destruction : [C] Poés., Pros. ‖ agent destructeur, fléau : [C] Pros. ¶ **3** tache, souillure : [tache d'encre] [C] Pros., Poés. ‖ [fig.] ***animi*** [C] Pros., tache morale

lăbĭa, *ae*, f., V. *labea* lèvre : [+C] Pros.

Lābīcum, *i*, n., ville du Latium, entre Tusculum et Préneste : [+C] Poés., **Lābīci**, *ōrum*, m. pl., [C] Pros. ‖ **-bīci**, *ōrum*, m. pl., habitants de Labicum : [C] Poés., [+C] Poés. ‖ **-bīcānus**, *a*, *um*, de Labicum : [C] Pros., m. pl., habitants de Labicum : [C] Pros. ‖ **-bīcānum**, n., territoire de Labicum : [C] Pros.

lābĭdus, *a*, *um*, glissant : [C] Pros.

Lăbĭēnānus, *a*, *um*, de Labiénus : [C] Pros.

Lăbĭēnus, *i*, m., lieutenant de César : [C] Pros.

lābĭlis, *e*, glissant, instable : [T] Pros. ‖ [fig.] enclin à : [T] Pros. ‖ qui rend glissant : [T] Pros.

lăbĭōsus, V. *labeosus*

lăbĭum, *ĭi*, n., ***ductare aliquem labiis*** [-C] Théât., mener qqn par le bout du nez

lăbō, *ās*, *āre*, *āvī*, *ātum*, intr. ¶ **1** chanceler, vaciller, vouloir tomber : ***signum labat*** [C] Pros., la statue chancelle ; ***littera labat*** [C] Poés., l'écriture tremble ¶ **2** [fig.] menacer ruine, être ébranlé : [C] Pros. ‖ vaciller, n'être pas ferme (stable) : [C] Pros. ; ***labamus*** [C] Pros., nous hésitons

1 **lābŏr**, *bĕris*, *bī*, *lapsus sum*, intr. ¶ **1** glisser, trébucher, tomber : ***anguis lapsus*** [C] Poés., le serpent se glissant ; ***lapsus temone*** [C] Poés., ayant glissé du timon ; [C] Pros. ; ***lapsus in rivo*** [C] Pros., tombé dans un ruisseau ¶ **2** [fig.] ***a)*** glisser, couler : [C] Pros. ***b)*** se laisser aller : ***labor longius*** [C] Pros., je me laisse aller trop loin ; ***ad opinionem labi*** [C] Pros., se laisser aller à une opinion ***c)*** s'en aller, s'écouler : [C] Pros. ; ***labuntur anni*** [C] Poés., les années s'écoulent ; ***labente disciplina*** [C] Pros., la discipline glissant, s'en allant ***d)*** chanceler, menacer de tomber : [C] Pros. ***e)*** trébucher, tomber, se tromper : ***in aliqua re*** [C] Pros., trébucher, défaillir dans qqch., à propos de qqch. ***f)*** [chrét.] déchoir, pécher : [T] Poés.

2 **lăbŏr**, *ōris*, m. ¶ **1** peine qu'on se donne pour faire qqch., fatigue, labeur, travail : [C] Pros. ; ***ex labore se reficere*** [C] Pros., se remettre de ses fatigues ; ***labores Herculis*** [C] Pros., les travaux d'Hercule ; ***labores gerere*** [C] Pros., assumer des labeurs ¶ **2** travail, activité dépensée : [C] Pros. ; ***maximi laboris (legatus)*** [C] Pros., (lieutenant) qui a dépensé la plus grande activité ‖ résistance à la fatigue : ***summi laboris (sunt jumenta)*** [C] Pros., (les bêtes de somme) sont très dures à la fatigue ¶ **3** travail, tâche à accomplir : [C] Pros. ; ***labor forensis*** [C] Pros., le travail du forum ; ***labor imperatorius*** [C] Pros., la tâche du général ¶ **4** travail, résultat de la peine : [C] Pros. ¶ **5** situation pénible, malheur : [C] Pros. ¶ **6** malaise, maladie : ***apium labor*** [+C] Pros., maladie des abeilles ; [-C] Théât. ; ***nervorum*** [C] Pros., maladie des nerfs ‖ douleur physique : [-C] Théât. ‖ chagrin, peine : [-C] Théât.

lăbōrātus, *a*, *um* ¶ **1** part. de *laboro* ¶ **2** [adj^t] rempli de fatigue, laborieux : [+C] Poés.

lăbōrĭfĕr, *ĕra*, *ĕrum*, qui supporte le travail, la peine, laborieux : [C] Poés., [+C] Poés.

lăbōrĭōsē, adv., avec travail, avec peine, laborieusement : [+C] Pros. ; ***-sius*** [C] Pros. ; ***-issime*** [C] Pros. ‖ avec de la souffrance : [C] Poés.

lăbōrĭōsus, *a*, *um* ¶ **1** qui demande du travail, de la peine, laborieux, pénible : [C] Pros. ‖ ***-sior*** [C] Pros. ; ***-issimus*** [C] Pros. ¶ **2** qui se donne au travail, actif, laborieux : [C] Pros. ‖ qui est dans le travail, dans la fatigue, dans la peine : [C] Pros. ‖ qui est dans la souffrance : [C] Pros.

lăbōrō, *ās*, *āre*, *āvī*, *ātum*, intr. et qqf. tr.

I intr. ¶ **1** travailler, prendre de la peine, se donner du mal : [C] Pros. ; ***pro aliquo*** [C] Pros., en faveur de qqn ; ***in aliqua re*** [C] Pros., dans, à qqch. ‖ [avec *ut* subj.] travailler à ce que, prendre de la peine pour que : [C] Pros. [avec *ne*] pour que ne pas : [C] Pros. ‖ [avec inf.] s'occuper de, s'efforcer de : [C] Poés., [+C] Pros. [surtout avec nég.] ne pas s'occuper de : [C] Pros. ‖ [avec prop. inf.] tâcher que : [+C] Pros. ¶ **2** être en peine, s'inquiéter : [C] Pros. ; ***hoc laborant*** [C] Pros., voilà ce qui les met en peine ; ***de aliqua re*** [C] Pros., se mettre en peine de qqch. ; ***de aliquo*** [C] Pros., au sujet de qqn ; ***in aliqua re*** [C] Pros., à propos de qqch. ‖ [avec interrog. ind.] : [C] Pros. ¶ **3** peiner, être dans l'embarras, être en danger : ***ab re frumentaria*** [C] Pros., avoir des difficultés pour l'approvisionnement en blé [pass. impers.] ***ad munitiones laboratur*** [C] Pros., la situation est critique près des retranchements ‖ être dans un malaise, être tourmenté, incommodé : [C] Pros. ; ***morbo aliquo*** [C] Pros., être incommodé de qq. maladie ; ***ex renibus*** [C] Pros., souffrir des reins ; ***ex desiderio*** [C] Pros., souffrir de

l'absence ; ***ex aere alieno*** [C] Pros., être tourmenté par les dettes ; ***sine febri*** [C] Pros., être indisposé sans fièvre ‖ [en parlant des éclipses] : [C] Pros.
II [mise au pass. pers. du tour *laborare id, illud* acc. de l'objet intér.]
III tr. ¶**1** faire par le travail, élaborer ; ***rem***, qqch. : [C] Poés. ; ***laborata Ceres*** [C] Poés., le pain ¶**2** travailler, cultiver : [+C] Pros.

lăbōs, *ōris*, ***Labos*** [C] Poés., la Peine [travail pénible]

lābōsus, *a*, *um*, glissant : [-C] Poés.

Lăbrax, m., nom d'un leno : [-C] Théât.

Labro, *ōnis*, m., port d'Étrurie [auj. Livourne] : [C] Pros.

Lābrŏs, *i*, m., nom de chien : [C] Poés.

lăbrōsus, *a*, *um*, qui a la forme d'une lèvre : [+C] Pros.

1 **lăbrum**, *i*, n. ¶**1** lèvre : [C] Pros. ‖ [+C] Pros. ; ***linere alicui labra*** [+C] Poés., tromper qqn ¶**2** bord, rebord : [C] Pros.

2 **lābrum**, *i*, n., grand vase [en terre, en pierre ou en métal], bassin, cuve, baignoire : [-C] Pros., [C] Pros., [+C] Pros. ‖ ***labra Dianae*** [C] Poés., le bain de Diane

lăbrusca, *ae*, f., lambruche, vigne sauvage : [C] Poés. ‖ [adj[t]] ***uva*** [+C] Pros., raisin sauvage

Lăbulla, *ae*, f., **Lăbullus**, *i*, m., nom de femme, nom d'homme : [+C] Poés.

lăbўrinthēus, *a*, *um*, du labyrinthe : [C] Poés.

lăbўrinthĭcus, *a*, *um*, de labyrinthe, sinueux : [T] Pros. ‖ [fig.] embrouillé, insoluble : [T] Pros.

lăbўrinthus (-thŏs), *i*, m., de Crète, construit par Dédale : [C] Poés. ‖ [fig.] difficulté inextricable : [T] Pros.

lāc, *lactis*, n., lait : [C] Poés., Pros. ‖ ***a lacte cunisque*** [+C] Pros., dès la première enfance ‖ suc laiteux des plantes : [C] Poés. ‖ de couleur laiteuse : [C] Poés.

Lăcaena, *ae*, f., Laconienne, Lacédémonienne : [C] Pros., Poés. ‖ = Hélène : [C] Poés. ‖ = Léda : [+C] Poés. ‖ = Clytemnestre : [+C] Poés.

laccānĭum, *ĭi*, n., plante du pied : [T] Pros.

Lăcĕdaemōn, *mŏnis*, f., Lacédémone, nom. **Lacedaemo**, [C] Pros., abl. **Lacedaemone**, [C] Pros., loc. **Lacedaemoni**, [C] Pros.

Lăcĕdaemŏnius, *a*, *um*, de Lacédémone ‖ subst. m., Lacédémonien : [C] Pros.

lăcĕr, *ĕra*, *ĕrum* ¶**1** mutilé, déchiré, mis en pièces [pr. et fig.] : [C] Poés., Pros., [+C] Pros. ¶**2** qui déchire : [C] Poés.

lăcĕrātĭo, *ōnis*, f., action de déchirer : [C] Pros. ‖ pl., [C] Pros., [+C] Pros.

lăcĕrātus, *a*, *um*, part. de *lacero*

Lăcĕrĭus, *ĭi*, m., nom d'un tribun de la plèbe : [C] Pros.

lăcerna, *ae*, f., lacerne, manteau de grosse étoffe sans manches, souvent muni d'un capuchon et qui se mettait par-dessus la tunique : [C] Pros., Poés., [+C] Pros.

lăcernātus, *a*, *um*, revêtu d'une lacerne : [+C] Pros., Poés.

lăcernŭla, *ae*, f., petite cape : [T] Pros.

lăcĕrō, *ās*, *āre*, *āvī*, *ātum*, tr. ¶**1** mettre en morceaux, déchirer : [C] Pros., Poés. ‖ briser, fracasser [vaisseaux] : [C] Pros., [+C] Pros. ‖ couper, découper : [+C] Pros. ‖ dévaster : [+C] Poés. ¶**2** déchirer [en paroles], railler : [C] Pros., [+C] Pros. ¶**3** déchirer, faire souffrir : [C] Pros. ‖ déchirer [la patrie, l'État] : [C] Pros. ‖ dissiper, mettre en pièces, gaspiller [patrimoine, argent] : [-C] Théât., [C] Pros.

lăcerta, *ae*, f., lézard : [C] Poés. ; [+C] Pros. ‖ variété de maquereau : [C] Pros.

lăcertōsus, *a*, *um*, qui a des muscles, fort, robuste : [C] Pros., Poés., [+C] Pros.

lăcertŭlus, *i*, m., sorte de pâtisserie : [+C] Pros.

lăcertum, *i*, n., V ▶ *1 lacertus* : ***lacerta*** [-C] Théât., les bras

1 **lăcertus**, *i*, m. ; [surtout au pl.], **lăcerti**, les muscles : [+C] Pros. ; [fig.] [C] Pros. ‖ [en part.] muscles de la partie supérieure du bras, biceps : [C] Poés. ‖ [en gén.] bras : [C] Pros., Poés. ; ***excusso lacerto*** [+C] Pros., en secouant fortement le bras (de toute la force de son bras) ‖ [fig.] force du bras, bras puissant, force : [C] Pros. ‖ coup porté par un bras puissant : [+C] Poés.

2 **lăcertus**, *i*, m., lézard : [C] Poés. ‖ maquereau : [+C] Pros., Poés.

lăcessītĭo, *ōnis*, f., attaque : [T] Pros.

lăcessītus, *a*, *um*, part. de *lacesso*

lăcessō, *ĭs*, *ĕre*, *īvī* ou *ĭī*, *ītum*, tr. ¶**1** harceler, exciter, provoquer, irriter, exaspérer : [-C] Théât. ; ***aliquem ferro*** [C] Pros., provoquer qqn par le fer ; ***maledictis*** [C] Pros., par des injures ‖ ***hostes proelio*** [C] Pros., attaquer (assaillir) l'ennemi ; [fig.] [C] Pros. ‖ [poét.] assaillir, frapper : [pr.] [C] Poés., [+C] Pros. ; [fig.] [C] Poés. ‖ harceler, fatiguer [la mer] : [C] Poés. ¶**2** exciter à, stimuler vers, pousser à : ***ad scribendum*** [C] Pros., engager à écrire ‖ provoquer, amener par excitation, allumer : ***sermones*** [C] Pros., provoquer des propos, des racontars ; ***bella*** [C] Poés., provoquer des guerres ; ***pugnam*** [C] Pros., amorcer, entamer la lutte

Lacetānĭa, *ae*, f., Lacétanie [auj. Jaca, en Tarraconaise, au pied des Pyrénées] : [C] Pros. ‖ **-āni**, *ōrum*, m. pl., Lacétains : [C] Pros.

lăchănizō, *ās*, *āre*, -, -, intr., être mou (comme une tige de bette) : [+C] Pros.

Lăchēs, *ētis*, m., général athénien : [C] Pros. ‖ nom de personnage comique : [-C] Théât.

Lăchĕsis, *is*, f., une des trois Parques : [C] Poés., [+C] Poés.

Lăcĭădēs, *ae*, m., habitant de Lacia, bourg de l'Attique : [C] Pros.

1 **lăcĭnĭa**, *ae*, f. ¶**1** pan de vêtement : [-C] Théât. ‖ bout, extrémité : ***aliquid obtinere lacinia*** [C] Pros., tenir qqch. par le bout [= à peine] ¶**2** vêtement [en gén.] : [+C] Pros., [T] Pros. ¶**3** bout, morceau, parcelle ‖ petit groupe : [+C] Pros.

2 **Lăcīnĭa**, *ae*, f., Lacinia [surnom de Junon] : [C] Pros. ; V ▶ *Lacinium*

lăcĭnĭātim, adv., par morceaux : ***laciniatim dispersus*** [+C] Pros., éparpillé

Lăcīnĭum, *ĭi*, n., promontoire Lacinium [à l'entrée du golfe de Tarente, où il y avait un temple de Junon] : [C] Pros. ‖ **-ĭus**, *a*, *um*, de Lacinium : [C] Poés., Pros.

Lăco, **Lăcōn**, *ōnis*, m. ¶**1** lacédémonien, laconien : [C] Pros., Poés. ‖ ***Lacones***, m. pl., les Lacédémoniens : [C] Poés. ‖ = Castor et Pollux, les Dioscures : [+C] Poés. ¶**2** chien de Laconie : [C] Poés.

Lăcōn, V ▶ *Laco*

Lăcōnĭa, **Lăcōnĭca**, *ae*, f., **Lăcōnĭcē**, *ēs*, f., [C] Pros., la Laconie [contrée méridionale du Péloponnèse]

Lăcōnĭcus, *a*, *um*, de Laconie : [C] Poés. ‖ subst. n., ***laconicum***, étuve : [C] Pros.

Lăcōnis, *ĭdis*, f., de Laconie, laconienne : [C] Poés.

lăcrĭma, (arch. **-ŭma**), **lăchrĭma (-chrŭma)**, *ae*, f. ¶**1** larme : ***effundere, profundere*** [C] Pros. ; ***dare*** [C] Poés. ; ***mittere*** [+C] Pros., verser des larmes ; ***lacrumas alicui excutere*** [-C] Théât. ; ***ciere*** [C] Poés. ; ***movere*** [+C] Pros., faire pleurer qqn, arracher des larmes à qqn ¶**2** larme ou goutte de gomme [issue de certaines plantes] : [C] Poés.

lăcrĭmābĭlis, *e* ¶**1** digne d'être pleuré, déplorable, triste : [C] Poés. ‖ lamentable : ***gemitus lacrimabilis*** [C] Poés., un gémissement lugubre ¶**2** qui ressemble à des larmes, qui découle goutte à goutte : [T] Pros.

lăcrĭmābĭlĭtĕr, adv., avec larmes : [T] Pros.

lăcrĭmābundus, *a*, *um*, qui est tout en pleurs : [C] Pros.

lăcrĭmātĭo, *ōnis*, f., pleurs : [T] Pros.

lăcrĭmātus, *a*, *um*, part. de *lacrimo*

lăcrĭmō (-crŭmō), *ās*, *āre*, *āvī*, *ātum* ¶**1** intr., pleurer, verser des larmes : [C] Pros. ‖ [pass. impers.] ***lacrimandum est*** [+C] Pros., il faut pleurer ¶**2** tr., ***lacrimandus***, digne d'être pleuré : [+C] Poés. [mais *id lacrumare* [-C] Théât. = pleurer relativement à cela]

lăcrĭmōsē, adv., en pleurant : [+C] Pros. ‖ ***-sius*** [C] Pros.

lăcrĭmōsus, *a*, *um* ¶**1** qui pleure, larmoyant : [C] Poés. ¶**2** qui provoque les larmes, triste, lamentable : [C] Poés.

lăcrĭmŭla, *ae*, f., pl., [C] Poés.

lăcrŭma, arch. pour *lacrima*

lactans, *tis*, part. prés. de *1-2 lacto*

lactārĭus, *a, um*, qui tète : [C] Pros.

lactātĭo, *ōnis*, f., caresse, flatterie : [T] Pros.

lactens, *tis*, part. de *lacteo* pris subst[t] ***a) lactentes, ium***, f., animaux (victimes) encore à la mamelle : [-C] Pros., [C] Pros. ***b) lactentia, ium***, n. pl., laitage : [+C] Pros.

lacteō, *ēs, ēre, -, -*, intr. ¶ **1** téter, être à la mamelle : [C] Pros., Poés. ¶ **2** être laiteux [plante] : [C] Poés.

lactĕŏlus, *a, um*, qui ressemble à du lait, blanc comme du lait : [C] Poés.

lactes, *ĭum*, f. pl., intestins : [-C] Théât. ‖ laitance des murènes : [+C] Pros.

lactescō, *ĭs, ĕre, -, -*, intr. ¶ **1** se convertir en lait : [C] Pros. ¶ **2** [mét.] nourrir : [T] Pros.

lactĕus, *a, um* ¶ **1** de lait, laiteux : [C] Poés. ‖ gonflé de lait : [C] Poés. ¶ **2** qui tète : [+C] Poés. ¶ **3** laiteux, couleur de lait : [C] Poés., [+C] Poés. ; ***lacteus circulus*** [C] Pros., la Voie lactée [ou] ***lactea via*** [C] Poés. ‖ doux, agréable comme le lait : [+C] Pros.

lactĭcŭlōsus, *i*, m., qui tète encore, non sevré : [+C] Pros.

lactĭnĕus, *a, um*, blanc comme le lait : [+T] Poés.

1 **lactō**, *ās, āre, āvī, ātum* ¶ **1** intr. ***a)*** avoir du lait, allaiter : [C] Poés., [+C] Pros. ***b)*** se composer de lait : ***lactans meta*** [+C] Poés., fromage conique ¶ **2** tr., nourrir de son lait : [T] Pros.

2 **lactō**, *ās, āre, āvī, ātum*, tr., caresser, séduire, leurrer : [-C] Théât.

lactūca, *ae*, f., laitue : [+C] Pros. ‖ ***lactuca marina*** [+C] Pros. [ou]

lactūcŭla, *ae*, f., petite laitue : [+C] Pros.

Lacturnus, *i*, m., dieu des Romains qui veillait sur les blés en lait [sève] : [T] Pros.

lăculla, *ae*, f., fossette : [C] Poés.

lăcullŏr, *ārĭs, ārī, -*, intr., avoir une fossette : [+C] Pros.

lăcūna, *ae*, f. ¶ **1** fossé, creux, trou : [C] Poés. ; ***lacunae salsae***, profondeurs de la mer : [C] Poés. ¶ **2** [en gén.] cavité, crevasse, ouverture : [-C] Pros., [C] Pros. ‖ fossette : [C] Poés. ¶ **3** [fig.] brèche, vide, manque de, défaut : [C] Pros., [+C] Pros.

lăcūnăr, *āris*, n., [C] Pros., [C] Poés., **lăcūnārĭum**, *ĭi*, n., [C] Pros., plafond lambrissé, plafond à caissons, lambris, panneau : ***spectare lacunar*** [+C] Poés., regarder au plafond, être distrait ‖ cadran solaire, ➡ *plinthium* : [C] Pros.

lăcūnō, *ās, āre, āvī, ātum*, tr., couvrir comme d'un lambris [en parlant de coquillages formant une voûte] : [C] Poés.

lăcūnōsus, *a, um*, qui a des creux, inégal : [C] Pros., [+C] Pros.

lăcŭs, *ūs*, m. ¶ **1** réservoir, bassin, cuve : [-C] Pros., [+C] Pros., [C] Pros., Poés. ¶ **2** lac, étang : [C] Pros., Poés. ¶ **3** réservoir d'eau, fontaine, citerne : [C] Poés., Pros. ¶ **4** case pour les grains : [C] Pros. ‖ fosse [aux lions] : [T] Poés.

lăcuscŭlus, *i*, m., petite fosse : [+C] Pros. ‖ compartiment, case : [+C] Pros.

Lăcȳdēs, *is*, m., philosophe académicien, disciple d'Arcésilas : [C] Pros.

Lādās, *ae*, m., célèbre coureur du temps d'Alexandre : [C] Pros., Poés., [+C] Poés., Pros.

Lādōn, *ōnis*, m., fleuve d'Arcadie consacré à Apollon : [C] Poés., [+C] Pros.

Laeca, *ae*, m., M. Porcius L., un des complices de Catilina : [C] Pros.

Laecānĭa, *ae*, f., nom de femme : [+C] Poés.

Laecānĭus, *ĭi*, m., nom d'homme : [T] Poés.

laecasīn, inf., ➡ *labda* aller se faire foutre, aller au diable : [+C] Pros., [+C] Poés.

laedō, *ĭs, ĕre, laesī, laesum*, tr. ¶ **1** blesser, endommager : [-C] Théât., [C] Pros., Poés. ¶ **2** blesser, outrager, offenser : [C] Pros. ‖ ***fidem*** [C] Pros., trahir sa foi ‖ [abs[t]] blesser, faire du tort : [-C] Théât., [C] Pros. ‖ toucher, faire impression sur : [C] Poés.

Laeētānĭa, *ae*, f., Laeétanie [région de Tarraconaise] : [+C] Poés.

Laelaps, *ăpis*, m., nom d'un chien : [C] Poés.

Laelĭa, *ae*, f., nom de femme : [C] Pros., [+C] Pros.

Laelĭānus, *a, um*, de Laelius : [C] Pros.

Laelĭus, *ĭi*, m., nom d'une famille romaine ;[not[t]] C. Laelius, ami du premier Scipion l'Africain : [C] Pros. ‖ le second Laelius, surnommé le Sage (***Sapiens***), ami du Second Africain : [C] Pros. ‖ D. Laelius, pompéien, commandant de la flotte d'Asie : [C] Pros.

laena, *ae*, f., manteau d'hiver [qu'on mettait par-dessus la tunique] : [C] Pros., [+C] Poés.

Laenās, *ātis*, m., surnom de la famille Popilia : [C] Pros. ‖ pl., ***Laenates*** ; [+C] Pros.

Laenĭus, ➡ *Lenius*

laeŏtŏmus, *i*, m., corde d'un arc de cercle, segment : [C] Pros.

Lāerta, *ae*, m., [+C] Théât., [+C] Poés., **Lāertēs**, *ae*, m., Laërte [père d'Ulysse] : [C] Pros., Poés.

Lāertĭădēs, *ae*, m., fils de Laërte [Ulysse] : [C] Poés.

Lāertĭus, *a, um*, de Laërte : [C] Poés.

laesi, parf. de *laedo*

laesĭo, *ōnis*, f., [fig.] sortie de l'orateur contre l'adversaire, charge : [C] Pros.

Laestrȳgŏnes, *um*, m. pl., Lestrygons [ancien peuple anthropophage, qui habitait près de l'Etna] : [+C] Pros. ‖ sg., gén. *Laestrygonis* et acc. *Laestrygona* [C] Poés. ‖ **-ĭus**, *a, um*, des Lestrygons : [C] Poés., [+C] Poés.

laesus, *a, um*, part. de *laedo*

laetābĭlis, *e*, qui cause de la joie, agréable, heureux : [C] Pros., Poés.

laetābundus, *a, um*, tout joyeux : [+C] Pros., [T] Pros.

laetandus, *a, um*, dont il faut se réjouir : [C] Pros.

laetans, *tis*, part. adj. de *laetor*, joyeux : [C] Pros. ‖ riant, agréable : [C] Poés.

laetātĭo, *ōnis*, f., mouvement de joie, joie : [C] Pros.

laetātus, *a, um*, part. de *laetor*

laetē, adv. ¶ **1** avec joie : [C] Pros. ‖ ***-tius*** [C] Pros. ; ***laetissime gaudere*** [+C] Pros., se livrer à des transports de joie ¶ **2** d'une manière enjouée : [+C] Pros. ¶ **3** abondamment, avec fertilité : [+C] Pros.

laetĭfĭcans, *tis*, part. de *laetificor*, pris adj[t], joyeux : [-C] Théât.

laetĭfĭcō, *ās, āre, āvī, ātum*, tr. ¶ **1** réjouir, enchanter : [C] Pros. ¶ **2** rendre abondant, productif, enrichir, fumer (la terre) : [C] Pros.

laetĭfĭcŏr, *ārĭs, ārī, ātus sum*, intr., se réjouir : [-C] Théât.

laetĭfĭcus, *a, um*, qui rend joyeux : [C] Poés. ; ***laetifica referre*** [-C] Théât., apporter d'heureuses nouvelles ‖ qui marque la joie : [+C] Poés.

laetĭtĭa, *ae*, f. ¶ **1** allégresse, joie débordante : [C] Pros. : [+C] Pros. ‖ ***dare alicui laetitiam*** [C] Pros., causer de l'allégresse à qqn ; ***salutis laetitia*** [C] Pros., joie d'être sauvé ¶ **2** beauté, charme, grâce : [+C] Poés. ‖ fertilité : [+C] Pros. ‖ agrément du style : [+C] Pros. ; ➡ *laetus* ¶ *5*

laetĭtūdo, *inis*, f., joie : [-C] Théât.

laetō, *ās, āre, āvī, ātum*, tr. [arch.] réjouir : [-C] Théât., [+C] Pros.

laetŏr, *ārĭs, ārī, ātus sum*, intr. ¶ **1** se réjouir, éprouver de la joie ; ***aliqua re***, de qqch. : [-C] Théât., [C] Pros. ‖ [avec *in* et abl.] [C] Pros. ‖ [avec *de*] [C] Pros. ‖ [avec *ex*] [C] Pros. ‖ [avec *super*] [T] Pros. ‖ [avec prop. inf.] se réjouir de ce que : [C] Pros. [ou avec *quod*] [C] Pros. ‖ [avec acc. des pron. n. *illud, quod*] : [C] Pros. ¶ **2** se réjouir, se plaire, s'acclimater : [+C] Pros.

Laetōrĭa, *ae*, f., nom de femme : [+C] Poés.

Laetōrĭus, *ĭi*, m., nom d'homme : [C] Pros., [+C] Pros., Poés.

laetum, n. pris adv[t], d'une manière gaie : [+C] Poés.

laetus, *a, um*, marque l'abondance, la prospérité ¶ **1** joyeux : [C] Pros. ; ***laetus animi*** [+C] Pros., joyeux [en son coeur] ; ***laeta laborum*** [C] Poés., heureuse de travailler ; [-C] Théât., [C] Poés., [+C] Poés., Pros. ‖ ***laetus vultus*** [C] Pros., visage joyeux ; ***dies laetissimi*** [C] Pros., jours de plus grande joie ; ***laeta, tristia*** [+C] Pros., choses joyeuses, tristes ‖ [appos.] [C] Pros. ¶ **2** qui réjouit, agréable : [C] Pros., [+C] Pros. ¶ **3** favorable, d'heureux augure : ***laetum augurium*** [+C] Pros., heureux augure ; ***laeta exta*** [+C] Pros., entrailles favorables, offrant des présages favorables ; ***laetum est*** [avec inf. ou prop. inf.], c'est un présage favorable que… ¶ **4** riche, abondant, gras, riant : ***laetae segetes*** [C] Pros., Poés., grasses moissons ; [+C] Pros., [C] Pros., Poés. ; ***laeta armenta*** [C] Poés., beaux troupeaux (belles bêtes, grasses) ¶ **5** [rhét.] style fleuri, orné : [C] Pros., [+C] Pros. ; ***loci laetiores*** [+C] Pros., développements plus brillants

laeva, *ae*, f., [V▶] *1 laevus*

laevāmentum, *i*, n., [V▶] *levamentum*

laevātus, *a*, *um*, [V▶] *lev*

laevē, adv., gauchement, mal : [C] Pros.

Laevi, *ōrum*, m. pl., peuplade ligurienne dans la Gaule transpadane : [C] Pros.

Laevĭānus, *a*, *um*, de Lévius : [+C] Pros.

laevĭg-, **laevis**, **laeva**, [V▶] *lev-*

Laevīna, *ae*, f., nom de femme : [+C] Poés.

Laevīnus, *i*, m., surnom romain : [C] Pros., Poés.

Laevĭus, *ĭi*, m., nom d'un ancien poète latin : [+C] Pros.

laevorsum, [+C] Pros., **laevorsŭs**, [T] Pros., vers la gauche, à gauche [avec mouv[t]]

laevŭm, n. pris adv[t], du côté gauche : [C] Poés.

1 **laevus**, *a*, *um* ¶ **1** gauche, du côté gauche : [-C] Théât., [C] Pros., Poés. ‖ subst. f., ***laeva a)*** main gauche : [C] Poés. ***b)*** côté gauche : [C] Poés. ‖ [expr. adv.] ***laeva***, à gauche : [C] Pros. ; ***ad laevam*** [C] Pros. ; ***a laeva*** [C] Pros. ‖ [avec le n.] ***in laevum*** [C] Poés. ‖ pl. n. *laeva*, côté gauche : [C] Poés. ¶ **2** [fig.] ***a)*** maladroit, stupide, aveuglé, sot : [C] Poés. ***b)*** malheureux, hostile, de mauvais présage : [C] Poés., [+C] Poés. ‖ [mais dans la langue des augures] favorable, propice : [C] Poés.

2 **Laevus**, *i*, m., nom d'homme : [C] Pros.

lăgălōpex, *ĕcis*, f., animal exotique (fennec ?) : [+C] Poés.

lăgănum, *i*, sorte de beignet : [C] Poés., [+C] Pros.

lăgēa, *ae*, f., [V▶] *lageos*

lăgēŏs, *i*, f., variété de vigne : [C] Poés., **lăgēa**, *ae*, f., [T] Pros.

Lāgēus, *a*, *um*, de Ptolémée-Lagus, des Lagides, d'Égypte : [+C] Poés.

lăgīta, *ae*, f., petit poisson à écailles : [+C] Pros.

lăgoena (**-gōna**, **-gūna**), *ae*, f., bouteille, pichet, flacon : [-C] Théât., [C] Poés.

lăgōis, *ĭdis*, f., lièvre de mer [poisson] : [C] Poés.

Lăgōn, *ōnis*, m., nom d'enfant : [+C] Poés.

lăgōna, [V▶] *lagoena*

lăgophthalmŏs, *i*, m., lagophtalmie : [+C] Pros.

Lagŏs, *i*, f., ville de la Grande-Phrygie : [C] Pros.

lăguēna, **lăguīna**, **lăgūna**, [V▶] *lagoena*

lăguncŭla, *ae*, f., petite bouteille, carafon : [+C] Pros.

Lāgus, *i*, m., Ptolémée-Lagus, un des capitaines d'Alexandre, chef de la dynastie des Lagides : [+C] Poés. ; ***Lagi flumina*** [+C] Poés., le Nil

Lāĭădēs, *ae*, m., fils de Laïos [Œdipe] : [C] Poés.

lāĭcālis, *e*, de laïque, des laïques, laïque : [+T] Pros.

lāĭcus, *a*, *um*, commun, ordinaire : [T] Pros.

Lāïda, *ae*, f., [V▶] *Lais* : [T] Poés.

Lāis, *ĭdis* ou *ĭdŏs*, deux célèbres courtisanes de Corinthe ***a)*** au temps de la guerre du Péloponnèse : [C] Pros., Poés. ***b)*** contemporaine de Démosthène : [+C] Pros.

Lāĭus (**Lājus**), *i*, m., Laïos, roi de Thèbes, père d'Œdipe : [C] Pros., [+C] Poés.

Lălăgē, *ēs*, f., nom de femme : [C] Poés.

Lālētānĭa, [V▶] *Laeetania*

lălīsĭo, *ōnis*, m., [mot africain] ânon sauvage : [+C] Poés.

lallō, *ās*, *āre*, -, -, intr., chanter *lalla* [pour endormir les enfants] : [+C] Poés., [T] Pros.

lāma, *ae*, f., fondrière, bourbier : [C] Pros.

lambĕrō, *ās*, *āre*, -, -, tr., mordre, ronger, grignoter : [-C] Poés. ‖ [fig.] maltraiter : [-C] Théât.

lambĭō, *īs*, *īre*, *īvī*, -, [V▶] *lambo* : [T] Pros.

lambō, *ĭs*, *ĕre* (rar[t] ***lambī***, ***bĭtum***), tr. ¶ **1** lécher, laper : [C] Pros., Poés. ¶ **2** baigner, laver [fleuve] : [C] Poés. ‖ lécher [feu], effleurer : [C] Poés. ‖ caresser, choyer : [+C] Poés.

lāmella, *ae*, f., petite lame [de métal] : [C] Pros., [+C] Pros.

1 **lāmenta**, *ae*, f., lamentation : [-C] Théât.

2 **lāmenta**, *ōrum*, n. pl., lamentations, gémissements : [C] Pros., Poés.

lāmentābĭlis, *e* ¶ **1** plaintif : [C] Pros., [+C] Poés. ; ***funera lamentabilia*** [C] Pros., funérailles accompagnées de lamentations ¶ **2** déplorable : [C] Poés.

lāmentārĭus, *a*, *um*, qui excite les lamentations : [-C] Théât.

lāmentātĭo, *ōnis*, f., lamentations, gémissements : [C] Pros. ‖ [pl.] [C] Pros. ‖ lamentations de Jérémie : [T] Pros.

lāmentātus, *a*, *um*, part. de *lamentor*

lāmentō, *ās*, *āre*, -, -, [V▶] *lamentor*, ¶ **1** intr., se lamenter : [T] Pros. ¶ **2** tr., pleurer sur : [T] Pros.

lāmentŏr, *ārĭs*, *ārī*, *ātus sum* ¶ **1** intr., pleurer, gémir, se plaindre : [-C] Théât., [C] Pros. ¶ **2** tr., se lamenter sur, déplorer : ***caecitatem*** [C] Pros., déplorer la cécité ‖ [avec prop. inf.] déplorer que : [-C] Théât., [C] Pros. ¶ **3** ***lamentatus*** [au sens pass.] ***a)*** pleuré, déploré : [+C] Poés. ***b)*** qui retentit de lamentations : [+C] Poés. ‖ [pass. impers.] ***lamentatur*** [+C] Pros., on se lamente

1 **lămĭa**, *ae*, f., lamie [sorte de vampire dont on menaçait les enfants] : [C] Poés., [+C] Pros. ‖ bête féroce : [T] Pros. ‖ sorte de démon qui tuait les enfants : [T] Pros.

2 **Lămĭa**, *ae*, m., surnom de la famille Aelia : [C] Pros., Poés. ‖ **-ĭānus**, *a*, *um*, de Lamia : [C] Pros., [+C] Pros.

3 **Lămĭa**, *ae*, f., ville de la Phthiotide : [C] Pros.

lāmĭna (**lammĭna**, **lamna**), *ae*, f. ¶ **1** mince pièce [métal, bois, laine], feuille, plaque, lame : [C] Pros., [+C] Pros. ; ***lamina serrae*** [C] Poés., lame d'une scie ; [+C] Pros. ¶ **2** lame rouge [instrument de supplice] : [C] Pros. ‖ lame = morceau, lingot, pièce [d'or, d'argent] : [C] Poés., [+C] Pros. ‖ lobe de l'oreille : [T] Pros., **lanna**, [V▶] *lanna*

lămĭrus, [V▶] *lamyrus*

lammella, [V▶] *lamella*

lammĭna, **lamna**, [V▶] *lamina*

lampăda, *ae*, f., [V▶] *lampas* : [T] Pros.

Lampadio, *ōnis*, m., nom d'un esclave : [-C] Théât.

Lampădĭum, *ĭi*, n., appellation familière à l'adresse d'une femme : [C] Poés.

Lampădĭus, *ĭi*, m., nom d'homme : [T] Pros.

lampăs, *ădis*, f. ¶ **1** torche, flambeau : [C] Pros., Poés. ‖ flambeau [du mariage] : [-C] Théât. ; [d'où poét.] ***lampade prima*** [+C] Poés., à son premier mariage ¶ **2** lampe : [C] Poés., [+C] Pros. ¶ **3** [fig.] ***a)*** allusion à la course aux flambeaux des Grecs : [C] Pros. ***b)*** splendeur, éclat : [C] Poés. ***c)*** flambeau du jour : [C] Poés. ***d)*** flambeau de la lune : [+C] Poés. ***e)*** espèce de météore, ressemblant à une torche : [+C] Pros., Poés.

Lampēa (**-īa**), *ae*, f., ville d'Arcadie : [+C] Poés.

lampēna, *ae*, f., voiture couverte : [T] Pros.

Lampĕtĭē, *ēs*, f., nymphe, fille du Soleil, sœur de Phaéthon : [C] Poés., [+C] Poés.

Lampīa, [V▶] *Lampea*

Lampon, *ōnis*, m., nom d'un cheval : [+C] Poés.

Lamprĭdĭa, *ae*, f., mère de Pescennius Niger : [T] Pros.

Lamprĭdĭus, *ĭi*, m., orateur latin du 5e siècle : [T] Pros.

Lamprus, *i*, m., célèbre musicien : [C] Pros.

Lampsăcēnus, *a*, *um*, de Lampsaque : [C] Pros., [+C] Pros. ‖ subst. m. pl., habitants de Lampsaque : [C] Pros.

Lampsăcĭus, *a*, *um*, de Lampsaque : [+C] Poés. ; ***Lampsacius versus*** [+C] Poés., vers priapéens [obscènes], priapées

Lampsăcum, *i*, n. ou, **Lampsăcus**, *i*, f., Lampsaque [ville de Mysie, sur l'Hellespont, où Priape était honoré] : C Pros.

lampsăna, V. *lapsana*

Lampsus, *i*, f., ville de Thessalie : C Pros.

Lamptēr, *ēris*, m., nom d'un lieu élevé de la ville de Phocée, où l'on allumait un phare : C Pros.

Lampus, *i*, m., un des chiens d'Actéon : +C Poés. ‖ nom de guerrier : +C Poés.

Lămus, *i*, m., fils d'Hercule et d'Omphale : C Poés. ‖ roi des Lestrygons, fondateur de Formies : C Poés. ‖ nom d'un cheval : +C Poés.

lămўrus, *i*, m., sorte de poisson de mer : C Poés.

lāna, *ae*, f. ¶1 laine : C Pros., Poés. ; ***lanam trahere*** +C Poés., carder la laine ¶2 travail de la laine : C Pros. ‖ pl., C Poés. ¶3 plumes, duvet, cheveux soyeux : +C Poés. ‖ [fig.] flocons de laine = nuages, moutons : C Poés.

lānāris, *e*, lanifère [en parlant des animaux] : ***pecus lanare*** C Pros., troupeau de bêtes à laine

lānārĭus, *a*, *um*, qui a rapport à la laine : [ou] ***radix*** +C Pros., plante servant à dégraisser les laines [saponaire] ‖ subst. m., ouvrier en laine : T Pros.

lānāta, *ae*, f., brebis : +C Poés.

1 **lānātus**, *a*, *um*, couvert de laine, laineux : +C Pros. ; V. *lanata* : ***pelles lanatae*** C Pros., peaux avec leur laine [garniture d'étanchéité autour des pistons de l'orgue hydraulique] ‖ duveteux, couvert de duvet : +C Pros.

2 **Lānātus**, *i*, m., surnom de la gens Menenia : C Pros.

lancĕa, *ae*, f., lance, pique : C Pros., +C Pros. ‖ [fig.] coup de lance = grosse inquiétude : +C Pros.

lancĕārĭus (lancĭārĭus), *ii*, m., lancier : T Pros.

lancĕātus, *a*, *um*, muni d'un fer de lance : T Pros.

lancĕŏla (lancĭŏla), *ae*, f., petite lance, lancette : +C Pros., T Pros.

lances, pl. de *lanx*

Lancĭa, *ae*, f., ville des Asturies : +C Pros.

lancĭārĭus, V. *lancearius*

lancĭcŭla, *ae*, f., petite balance : T Pros.

lancĭnātĭo, *ōnis*, f., action de déchirer : +C Pros.

lancĭnātŏr, *ōris*, m., écorcheur : T Poés.

lancĭnātus, part. de *lancino*

lancĭnō, *ās*, *āre*, *āvī*, *ātum*, tr., mettre en morceaux, déchiqueter : +C Pros.

lancĭŏla, V. *lanceola*

lancŭla, *ae*, f., plateau [de la statère] : C Pros.

landīca, *ae*, f., clitoris : C Pros.

lānĕus, *a*, *um*, laineux, de laine : C Pros., Poés. ‖ doux comme de la laine : +C Poés. ‖ T Pros. ; V. *1 lanatus*

Langia, *ae*, f., source d'Arcadie : +C Poés.

Langŏbardi, *ōrum*, m. pl., les Langobards, Lombards [peuple de la Germanie septentrionale] : +C Pros.

Langōn, *ōnis*, m., V. *Lagon*, +C Poés.

languĕfăcĭō, *ĭs*, *ĕre*, -, -, tr., rendre languissant : C Pros.

languens, *tis*, adj., V. *langueo*

languĕō, *ēs*, *ēre*, -, -, intr. ¶1 être languissant, abattu : C Pros., Poés. ; [poét.] ***languet aequor*** +C Poés., la mer est calme ‖ être faible, abattu : C Poés. ¶2 [fig.] être languissant, nonchalant, languir : C Pros. ‖ ***languens***, indolent, mou, languissant : ***vox languens*** C Pros., ton de voix languissant ; ***languentem commovere*** C Pros., mettre en mouvement un endormi ‖ être malade : T Pros.

languescō, *ĭs*, *ĕre*, *gŭī*, -, intr. ¶1 devenir languissant, s'affaiblir : C Pros. ‖ se faner : C Poés. ‖ s'obscurcir [lune] : +C Pros. ¶2 [fig.] devenir nonchalant, se refroidir, décliner, s'éteindre : C Pros., +C Pros.

languĭdē, adv., nonchalamment, mollement : +C Pros. ; ***-dius*** C Pros. ‖ lâchement, sans courage : ***-dius*** C Pros.

languĭdŭlus, *a*, *um*, un peu fané [en parlant d'une couronne] : C d. +C Pros. ‖ d'une molle douceur : C Poés.

languĭdus, *a*, *um* ¶1 affaibli, languissant : C Pros., Poés. ; ***languidioribus nostris*** C Pros., les nôtres étant trop affaiblis ¶2 mou, paresseux, inactif : C Pros. ‖ lâche, sans énergie : C Pros. ‖ amollissant : ***languidae voluptates*** C Pros., plaisirs énervants

langŭla, *ae*, f., V. *lancula* : C Pros.

languŏr, *ōris*, m. ¶1 faiblesse, abattement, lassitude, langueur : C Pros. ‖ calme [mer] : +C Théât. ¶2 maladie, faiblesse : C Poés., +C Pros., Poés. ¶3 inactivité, paresse, mollesse, tiédeur : C Pros.

lănĭārĭum, *ii*, n., boucherie : C Pros.

lănĭātĭo, *ōnis*, f., action de déchirer : +C Pros.

1 **lănĭātus**, *a*, *um*, part. de *lanio*

2 **lănĭātŭs**, *ūs*, m., action de déchirer, morsures : C Pros., +C Pros., T Pros. ‖ [fig.] déchirements [de l'âme] : +C Pros.

lānĭcĭum, *ii*, n., V. *lanitium*

lănĭēna, *ae*, f., boucherie, étal de boucher : -C Théât., C Poés., Pros. ‖ action de déchirer les chairs, opération chirurgicale : T Poés. ‖ torture, mutilation : T Pros.

lānĭfĭcĭum, *ii*, n., travail de la laine : +C Pros.

lānĭfĭcus, *a*, *um*, qui travaille la laine : C Poés. ; ***lanificae sorores*** +C Poés., les soeurs filandières [les Parques]

lānĭgĕr, *ĕra*, *ĕrum* ¶1 qui porte de la laine : C Poés. ¶2 subst. m., mouton : C Poés. ‖ la constellation du Bélier : C Poés.

lānĭgĕra, *ae*, f., brebis : C Poés., +C Poés.

lănĭō, *ās*, *āre*, *āvī*, *ātum*, tr., mettre en pièces, déchirer, lacérer : C Pros. ‖ [poét.] ***laniatus genas*** C Poés., s'étant lacéré les joues

lănĭōnĭus, *a*, *um*, de boucher, qui sert à écorcher : ***lanionia mensa*** +C Pros., étal (billot) de boucher

lănista, *ae*, m., laniste, maître de gladiateurs : C Pros., +C Poés. ‖ [fig.] ***lanista avium*** +C Pros., celui qui dresse des oiseaux au combat ‖ directeur de combat [celui qui oppose les adversaires l'un à l'autre] : C Pros.

lănistĭcĭus, *a*, *um*, de laniste : +C Pros.

lānĭtĭum, *ii*, n., lainage, toison : C Poés. ‖ pl., troupeaux de bêtes à laine : T Pros.

lănĭus, *ii*, m., boucher : C Pros. ; ***pendere ad lanium*** C Poés., être suspendu à l'étal d'un boucher ‖ victimaire, sacrificateur : -C Théât., C Pros. ‖ [fig.] bourreau : -C Théât.

Lānĭvĭum, V. *Lanuvium*

lanna, *ae*, f., lobe [de l'oreille] : T Pros.

lānōsus, *a*, *um*, laineux, couvert de laine : +C Pros.

lanterna (lāt-), *ae*, f., lanterne : -C Théât., C Pros., +C Poés.

lanternārĭus (lāt-), *ii*, m., esclave qui porte la lanterne ‖ [fig.] esclave, séide : C Pros.

lānūgo, *ĭnis*, f. ¶1 laine, substance laineuse, coton des plantes : C Poés. ¶2 duvet, poil follet, barbe naissante : C Poés. ‖ tendre jeunesse : +C Poés. ‖ copeaux : +C Pros.

lānŭla, *ae*, f., petit flocon de laine : +C Pros.

Lānumvĭum, *ii*, n., V. *Lanuvium*

Lānŭvĭānus, *a*, *um*, V. *Lanuvinus* : T Pros.

Lānŭvīnus (Lānĭv-), *a*, *um*, de Lanuvium : C Pros. ‖ subst. m. pl., habitants de Lanuvium : C Pros. ‖ subst. n., terre (maison de campagne) de Lanuvium : C Pros.

Lānŭvĭum (Lānĭ-), *ii*, n., ville du Latium : C Pros.

lanx, *cis*, f. ¶1 plat, écuelle : C Pros., Poés. ‖ ***per lancem liciumque*** ; V. *licium* ¶2 plateau d'une balance : C Pros., Poés. ‖ [fig.] balance : +C Pros.

Lāŏcŏōn, *ontis*, m., Troyen, prêtre d'Apollon : C Poés., +C Poés.

Lāŏdămīa, *ae*, f., Laodamie [fille d'Acaste, femme de Protésilas] : C Poés., +C Poés.

Lāŏdĭcē, *ēs*, f., fille de Priam, épouse d'Hélicaon : +C Poés. ‖ femme d'Antiochus : +C Pros. ‖ autre du même nom : C Poés.

Lāŏdĭcēa (Laud-), *ae*, f., autres villes du même nom [en Phrygie, en Médie, en Mésopotamie] : C Pros., T Pros. ‖ **-censis**, *e*, de Laodicée : C Pros.

Lāŏdĭcīa, T Pros., V. *Laodicea*

Lāŏmăchē, *ēs*, f., une des Amazones : +C Poés.

Lāŏmĕdōn, *ontis*, m., père de Priam, roi de Troie : C Pros., Poés. ‖ **-ontēus** et **tĭus**, *a*, *um*, C Poés., de Laomédon, troyen

Lāŏmĕdontĭădēs, *ae*, m., fils ou descendant de Laomédon : C Poés. ‖ pl., les Troyens : C Poés.

Lāŏmĕdontĭus, V. *Laomedon*

lăpăthĭum, *ĭi*, n., sorte d'oseille [employée comme laxatif] : C Poés., Pros.

Lăpăthūs, *untis*, f., Lapathonte [forteresse de Thessalie] : C Pros.

lăpătis, *is*, f., navet : T Pros.

lăpĭcīda, *ae*, m., tailleur de pierres, graveur sur pierre, lapicide : C Pros.

lăpĭcīdīnae, *ārum*, f. pl., carrières de pierre : -C Théât., C Pros.

Lapicīni, *ōrum*, m. pl., peuple de Ligurie : C Pros.

lăpĭdārĭus, *a*, *um*, qui a rapport à la pierre, de pierre, à pierre : -C Théât., +C Pros. ; ***lapidariae litterae*** +C Pros., lettres gravées sur la pierre ‖ subst. m., tailleur de pierres, marbrier : +C Pros.

lăpĭdăt, *āre*, *āvĭt*, -, impers., il pleut des pierres : ***imbri lapidavit*** C Pros. ; ***de caelo lapidavit*** C Pros., il y eut des pluies de pierres, des pierres tombèrent du ciel

lăpĭdātio, *ōnis*, f., action de jeter des pierres : C Pros. ; ***lapidationes facere*** C Pros., faire pleuvoir une grêle de pierres ‖ chute (pluie) de pierres : +C Pros.

lăpĭdātŏr, *ōris*, m., celui qui lance des pierres : C Pros. ‖ celui qui lapide : T Pros.

lăpĭdātus, *a*, *um*, part. de *lapido*

Lăpĭdes Ātri, m. pl., lieu près d'Illiturgi : C Pros.

lăpĭdĕus, *a*, *um* ¶ **1** de pierre, en pierre : C Pros. ; ***lapideus imber*** C Pros., pluie de pierres ¶ **2** [fig.] pétrifié : -C Théât. ‖ dur, insensible : -C Théât.

lăpĭdĭcīda, *ae*, m., V. *lapicida* : T Pros.

lăpĭdĭcīn-, V. *lapicidin-*

lăpĭdō, *ās*, *āre*, *āvī*, *ātum* ¶ **1** tr. ***a)*** attaquer à coups de pierres, lapider : +C Pros. ***b)*** recouvrir de pierres : +C Pros. ¶ **2** impers., V. *lapidat*

lăpĭdōsus, *a*, *um* ¶ **1** pierreux, plein de pierres : C Pros., Poés. ¶ **2** pierreux [en parlant des fruits] : C Poés. ‖ dur : ***lapidosus panis*** C Poés., pain dur comme de la pierre ‖ qui durcit les articulations [en parlant de la goutte] : +C Poés.

lăpillus, *i*, m. ¶ **1** petite pierre, petit caillou : C Poés., +C Poés. ; V. *lapis* ¶ **2** pierre précieuse : C Poés., +C Poés. ‖ marbre : C Pros.

lăpĭō, *īs*, *īre*, -, -, tr., pétrifier, faire souffrir : -C Théât.

lăpis, *ĭdis*, m. ¶ **1** pierre : ***lapides jacere*** C Pros., jeter des pierres ; ***lapide percussus*** C Pros., frappé d'une pierre ¶ **2** [emblème de la stupidité] : -C Théât. ‖ [de l'insensibilité] : C Pros., Poés. ‖ [prov.] : -C Théât. ; ***lapidem verberare*** -C Théât., perdre sa peine ‖ C Poés. ; V. *lapillus* ¶ **3** borne, pierre milliaire : C Pros. ; [s.-ent. *lapidem*] ***ad quartum, ad octavum*** +C Pros., à quatre, à huit milles ¶ **4** tribune de pierre [où se tenait le crieur public dans la vente des esclaves] : -C Théât. ; ***de lapide emptus*** C Pros., acheté à la tribune des ventes [= vendu, soudoyé] ¶ **5** borne des propriétés : C Poés. ¶ **6** pierre tumulaire : C Poés. ¶ **7** pierre précieuse : C Poés. ¶ **8** marbre : ***Parius*** C Poés., marbre de Paros ‖ ***albus*** C Poés., table de marbre blanc ¶ **9** ***lapides varii*** C Poés., mosaïque ¶ **10** ***Juppiter lapis***, Jupiter de pierre [pierre que l'on tenait à la main comme un symbole de Jupiter au nom duquel se faisaient les serments] C Pros., +C Pros.

Lăpĭtha, *ae*, f., héroïne, fille d'Apollon, donna son nom aux Lapithes : C Poés.

Lăpĭthae, *ārum*, m. pl., les Lapithes [luttèrent contre les Centaures dans une rixe suscitée par Arès aux noces de Pirithoüs] : C Pros., Poés. ‖ sg., +C Poés.

Lăpĭthaeus, **Lăpĭthēĭus**, *a*, *um*, des Lapithes : C Poés.

Lăpĭthōnĭus, *a*, *um*, V. *Lapithaeus* : +C Poés.

lappa, *ae*, f., bardane [plante] : C Poés.

Laprĭus, *ĭi*, m., surnom de Jupiter : T Pros.

lapsăna (lamps-), *ae*, f., C Pros. ; **lapsănĭum**, *ĭi*, n., sorte de chou sauvage, ravenelle

lapsīnōsus, *a*, *um*, fertile en chutes : T Pros.

lapsĭo, *ōnis*, f., chute [fig.] : C Pros.

lapsō, *ās*, *āre*, -, -, intr., glisser, chanceler, tomber : C Poés., +C Pros. ‖ [fig.] ***verba lapsantia*** +C Pros., paroles qui s'échappent en torrent

1 **lapsus**, *a*, *um* ¶ **1** part. de *1 labor* ¶ **2** ceux qui sont tombés dans le péché : T Pros.

2 **lapsŭs**, *ūs*, m. ¶ **1** tout mouvement de glissement, d'écoulement, de course rapide [en parlant d'étoiles, de fleuves, d'oiseaux, de serpents] : C Poés., Pros. ; ***volucrium lapsus*** C Pros., le vol des oiseaux ; C Poés., Pros. ¶ **2** action de glisser, de trébucher, chute : ***sustinere se a lapsu*** C Pros., s'empêcher de glisser ; ***lapsus terrae*** C Pros., éboulement du sol ¶ **3** [fig.] faux pas, trébuchement, erreur : C Pros. ‖ [chrét.] péché : T Pros.

Lapurdum, *i*, n., ville d'Aquitaine [auj. Bayonne] ‖ **-densis**, *e*, de Lapurdum : T Pros.

lăquĕārĭa, *ĭum*, n. pl., plafond lambrissé [à caissons], lambris : C Poés., +C Pros.

lăquĕātus, *a*, *um*, part. p. de *1 et 2 laqueo*

1 **lăquĕō**, *lăquĕans*, *lăquĕātus*, tr., lambrisser, couvrir d'un plafond avec caissons : C Poés. ‖ ***laqueatus auro*** C Pros., avec un plafond garni d'or ; ***tecta laqueata*** C Pros., toits à plafonds lambrissés

2 **lăquĕō**, *ās*, *āre*, *āvī*, *ātum*, tr., garrotter, lier : C Poés., T Pros.

lăquĕus, *i*, m. ¶ **1** lacet, nœud coulant : C Pros. ¶ **2** ***a)*** lacs, filet, panneau : C Poés., Pros. ‖ [fig., surt. au pl.] filets, pièges : C Pros. ‖ sg., C Pros. ***b)*** liens, chaînes : +C Pros.

Lār, *Lăris*, m. ; pl., arch. **Lases** , gén. pl. *Larum* ; qqf. *Larium* ¶ **1** Lare, Lares, les Lares [divinités protectrices, âmes des ancêtres défunts] ‖ ***Lar familiaris***, le Lare de la famille [dieu du foyer, était l'objet d'un culte dans la maison] : -C Théât. ‖ les Lares étendaient leur protection en dehors de la maison : ***Lares compitales, viales, permarini*** -C Théât., C Pros., +C Pros., dieux tutélaires des carrefours, des rues, des mers ‖ ***Lares praestites*** C Poés., les Lares protecteurs de la cité ¶ **2** [fig.] = foyer, demeure, maison : C Pros. ‖ [en parlant des oiseaux] : C Poés., +C Poés.

Lăra, **Lărunda**, *ae*, f., nymphe du Tibre, mère des Lares, à qui Jupiter enleva la langue à cause de son bavardage (*Lala*, λαλεῖν) : C Poés., Pros.

Larcĭus, *ĭi*, m., nom de famille romaine [not[t] Sp. Larcius [qui seconda la défense de Coclès] : C Pros. ‖ T. Larcius [premier dictateur de Rome] : C Pros.

lardum, *i*, n., lard : C Poés., +C Poés. ‖ pl., C Poés.

Lārentālĭa, *ĭum*, n., Larentalia, fêtes en l'honneur d'Acca Larentia : C Pros., Poés.

Lārentĭa, **Laurentĭa**, *ae*, f., Acca Larentia ou Laurentia [nourrice de Romulus] : C Pros., +C Pros., Poés.

Lārentīna, **Laurentīna**, *ae*, f., V. *Larentia* : C Pros., T Pros.

Lārentīnālĭa, n. pl., V. *Larentalia* : T Pros. ‖ **Lārentīnal**, sg., C Pros.

1 **Lăres**, V. *Lar*

2 **Lăres**, *ĭum*, pl., ville de Numidie : C Pros.

largē, adv., abondamment, amplement, libéralement : C Pros. ‖ ***-gius*** C Pros. ; ***-gissime*** C Pros., +C Pros.

largĭfĭcus, *a*, *um*, abondant : -C Théât., C Poés.

largĭflŭus, *a*, *um*, qui coule abondamment : C Poés.

largĭlŏquus, *a*, *um*, bavard : -C Théât.

largĭŏr, *īrĭs*, *īrī*, *ītus sum*, tr., donner largement [soit beaucoup de choses à beaucoup de pers., soit une seule chose à une seule pers., mais généreusement] ¶ **1** [abs^t] ***ex alieno largiri*** 🄲 Pros., faire des largesses avec le bien d'autrui [*de alieno* 🄲 Pros.] ¶ **2** [avec *ut* subj.] accorder généreusement de : 🄲 Pros.

largĭtās, *ātis*, f., largesse, libéralité : 🄲 Pros. ‖ ***muneris*** 🄲 Pros., magnificence, générosité d'un présent

largĭtĕr, adv., abondamment, copieusement, largement : -🄲 Théât. ‖ [fig.] = beaucoup : ***largiter distare*** 🄲 Poés., différer largement ; ***posse*** 🄲 Pros., avoir beaucoup de puissance ‖ [avec le gén.] beaucoup de : -🄲 Théât.

largĭtĭo, *ōnis*, f., dons abondants, distribution généreuse, libéralité : 🄲 Pros. ; ***largitiones facere*** 🄲 Pros., faire des largesses ‖ largesse [intéressée], corruption : 🄲 Pros. ‖ prodigalité, profusion : +🄲 Pros.

largĭtŏr, *ōris*, m. ¶ **1** celui qui fait des largesses, donneur : 🄲 Pros. ¶ **2** faiseur de largesses (corrupteur) : 🄲 Pros.

1 **largītus**, *a, um*, part. de *largior*, pass.

2 **largītus**, adv., ➡ *large* : -🄲 Théât.

1 **largus**, *a, um* ¶ **1** copieux abondant, considérable : 🄲 Poés., Pros. ‖ [avec gén.] abondant en : -🄲 Théât., 🄲 Poés. ‖ [avec abl.] : -🄲 Théât. ¶ **2** qui donne largement, libéral, large : 🄲 Pros., +🄲 Poés., Pros. ‖ [avec inf.] 🄲 Poés. ‖ ***-ior*** 🄲 Poés., Pros. ‖ ***-issimus*** 🄲 Pros.

2 **Largus**, *i*, m., surnom romain surtout dans la gens *Scribonia* : 🄲 Pros., +🄲 Pros.

lārĭdum, adv., i, n., lard : -🄲 Théât.

lărĭfŭga, *ae*, m., vagabond : +🄲 Pros.

lărignus, *a, um*, de mélèze : 🄲 Pros.

Lārīnās, *ātis*, adj., de Larinum : 🄲 Pros. ‖ subst. m. pl., habitants de Larinum : 🄲 Pros.

Lārīnum, *i*, n., ville sur les confins de l'Apulie chez les Frentani : 🄲 Pros.

Lārīsa (Lārissa), *ae*, f., Larissa [ville de Thessalie, patrie d'Achille] : 🄲 Pros., Poés. ‖ ***Larissa Cremaste*** 🄲 Pros., petite ville de Thessalie ‖ nom de la citadelle d'Argos : 🄲 Pros. ‖ autres villes du même nom : +🄲 Pros.

Lārīsaeus (Lārissaeus), *a, um*, de Larisse [en Thessalie] : 🄲 Poés. ‖ de Larissa [citadelle d'Argos] : +🄲 Poés. ‖ subst. m. pl., habitants de Larissa [en Thessalie] : 🄲 Pros.

Lārīsenses ou **Lārissenses**, *ĭum*, m. pl., habitants de Larisse [en Thessalie] : 🄲 Pros.

Lārissus (Lārisus), *i*, m., fleuve du Péloponnèse : 🄲 Pros.

Lārĭus, *ĭi*, m., lac Larius [dans l'Italie supérieure, auj. lac de Côme] : 🄲 Poés. ‖ **-us**, *a, um*, du lac Larius : 🄲 Poés.

lărix, *ĭcis*, f., larix, mélèze [arbre] : 🄲 Pros., +🄲 Poés.

Lārōnĭa, *ae*, f., nom de femme : +🄲 Poés.

Lārōnĭus, *ĭi*, m., nom de guerrier : +🄲 Poés.

lars, **lar**, *lartis*, m., [mot étr.] lar, chef militaire : 🄲 Pros.

Lartidĭus, *ĭi*, m., nom d'homme : 🄲 Pros.

lārŭa-, diérèse pour *larva-*

Lărunda, ➡ *Lara*

lărus, *i*, m., sorte de mouette : 🅃 Pros.

larva, (arch. **lārŭa**), *ae*, f. ¶ **1** figure de spectre, larve, fantôme : -🄲 Théât., +🄲 Poés. ‖ [injure] -🄲 Théât. ¶ **2** masque [de fantôme ?] : 🄲 Poés. ‖ squelette : +🄲 Pros.

larvālis, *e*, de larve, de spectre : +🄲 Pros.

larvātus (larŭātus), *a, um*, ensorcelé, délirant : -🄲 Théât.

larvĕus, *a, um*, de démon : ***larveus hostis*** +🅃 Poés., le démon

Lās, *ae*, f., ville maritime de Laconie : 🄲 Pros.

lăsănum (-us), *i*, n. (m.), pot de chambre : 🄲 Poés., +🄲 Pros.

lāsarpīcĭum, ➡ *laserpicium*

lascīvans, *tis*, ➡ *lasciviens*, part. prés. de *lascivio* : 🅃 Poés.

lascīvē, adv., en folâtrant, d'une manière pétulante : +🄲 Poés., Pros. ‖ ***lascivius*** 🄲 Pros., 🅃 Poés.

lascīvĭa, *ae*, f. ¶ **1** humeur folâtre, gaieté, enjouement : 🄲 Pros., Poés. ¶ **2** défaut de retenue, licence, dérèglement, lubricité, libertinage, débauche : 🄲 Pros., +🄲 Pros. ¶ **3** [fig.] afféterie, agrément affecté, maniérisme : +🄲 Pros.

lascīvībundus, *a, um*, folâtre : -🄲 Théât.

lascīvĭō, *īs, īre, ĭī, ītum*, intr., folâtrer, badiner, s'ébattre, jouer : 🄲 Pros., +🄲 Pros. ‖ [fig., en parlant du style] : +🄲 Pros.

lascīvō, *ās, āre*, -, -, ➡ *lascivans*

lascīvus, *a, um* ¶ **1** folâtre badin, enjoué, gai : 🄲 Poés. ‖ ***-vior*** 🄲 Poés. ¶ **2** qui en prend à son aise : 🄲 Pros. ‖ pétulant, lascif : 🄲 Pros., Poés., +🄲 Poés. ; ***-issimus*** +🄲 Pros. ¶ **3** [en parlant du style] ***a)*** qui s'ébat, pétulant, badin : +🄲 Pros. ***b)*** maniéré : +🄲 Pros.

lāsĕr (lassĕr), *ĕris*, n., laser [condiment extrait d'une férule, le *silphium*] : +🄲 Pros.

lāsĕrātus, *a, um*, subst. n., sauce au laser : +🄲 Pros.

Lāserpīcĭārĭus mimus, m., le mime du Marchand de silphium : +🄲 Pros.

lāserpīcĭātus, *a, um*, où il entre du laser : +🄲 Pros.

lāserpīcĭfĕr, *ĕra, ĕrum*, qui produit du laserpicium : 🄲 Poés.

lāserpīcĭum, *ĭi*, n., laserpicium, silphium [plante qui donne le laser] : +🄲 Pros.

Lăses, [arch.] ➡ *Lares* : +🄲 Pros. ; [abl. *Lasibus* 🄲 Pros.] ; ➡ *Lar*

lassātus, *a, um*, part. de *lasso*

lassescō, *ĭs, ĕre*, -, -, intr., se lasser, se fatiguer : +🄲 Pros.

lassĭtūdo, *ĭnis*, f., fatigue, lassitude : 🄲 Pros.

lassō, *ās, āre, āvī, ātum* ¶ **1** tr., lasser, fatiguer : 🄲 Poés., +🄲 Pros. ‖ [fig.] lasser par sa constance, par son endurance : +🄲 Poés. ¶ **2** intr., se fatiguer, souffrir de : 🅃 Pros.

lassus, *a, um* ¶ **1** las, harassé, fatigué, épuisé ; ***aliqua re***, par qqch. : 🄲 Pros., +🄲 Pros. ‖ ***ab equo indomito*** 🄲 Poés., fatigué du fait de (par) un cheval indompté ‖ [avec inf.] 🄲 Poés. ¶ **2** [en parlant des choses] épuisé, affaibli : 🄲 Poés., +🄲 Pros.

lastaurus, *i*, m., débauché : +🄲 Pros.

lātē, adv., largement, sur un large espace, avec une large étendue : ***quam latissime*** 🄲 Pros., sur la plus large étendue possible il ordonne que les cavaliers aillent en ordre déployé ‖ [fig.] avec une grande extension, largement, abondamment : 🄲 Pros.

lătĕbra, *ae*, f. ¶ **1** cachette, refuge, abri, retraite [gén^t au pl.] : 🄲 Pros., Poés. ‖ sg., 🄲 Pros. ¶ **2** [fig.] ***a)*** 🄲 Poés., Pros. ; [sg.] 🄲 Pros. ***b)*** subterfuge, prétexte, excuse [au sg.] : 🄲 Pros., Poés.

lătĕbrĭcŏla, *ae*, m., celui qui fréquente les lieux de débauche : -🄲 Théât.

lătĕbrōsē, adv., dans un lieu caché : -🄲 Théât.

lătĕbrōsus, *a, um*, plein de cachettes, retiré, secret : 🄲 Pros.

lătens, *tis* ¶ **1** part. de *lateo* ¶ **2** [adj^t] caché, secret, mystérieux [pr. et fig.] : 🄲 Poés.

lătentĕr, adv., en cachette, en secret, secrètement : 🄲 Pros., Poés.

lăteō, *ēs, ēre, ŭī*, - ¶ **1** intr., être caché, se cacher : 🄲 Pros. ‖ être caché, être en sûreté : 🄲 Pros., +🄲 Pros. ‖ mener une vie tranquille : 🄲 Poés. ¶ **2** [analogue au grec λανθάνειν] être inconnu de [avec acc.] : 🄲 Poés. ¶ **3** [avec dat.] être caché : 🄲 Pros. ¶ **4** [abs^t] être caché, obscur, inconnu : 🄲 Pros., Poés.

lătĕr, *ĕris*, m., brique : 🄲 Pros. ‖ [prov.] ***laterem lavare*** -🄲 Théât. = perdre sa peine

lătĕrālis, *e*, qui tient au côté, des côtés : +🄲 Poés. ; ***lateralis dolor*** -🄲 Poés., la pleurésie

lătĕrāmĕn, *ĭnis*, n., paroi [d'un vase] : 🄲 Poés.

1 **Lătĕrānus**, *i*, m., nom d'une famille romaine, branche des Claudii, des Sextii, des Plautii ;pl., +🄲 Poés., +🄲 Pros. ‖ **-nus**, *a, um*, des Laterani : 🅃 Poés.

2 **Lătĕrānus**, *i*, m., dieu du foyer [foyer en briques] : 🅃 Pros.

1 **lătĕrārĭa**, *ae*, f., briqueterie : +🄲 Pros.

2 **lătĕrārĭa**, *ōrum*, n. pl., pannes [dans la charpente d'une tortue] : 🄲 Pros.

lătercŭlus, (lătĕrĭcŭlus, 🄲 Pros.), *i*, m. ¶ **1** petite brique : +🄲 Pros. ¶ **2** [fig.] sorte de pâtisserie : -🄲 Théât., Pros.

lătĕrĕ, abl. de *later* et de *3 latus*

Lătĕrensis, *is*, m., surnom des Juvencii : [C] Pros.

Lătĕrĭāna pĭra;**Lătĕrĕsĭāna pĭra**, [T] Pros., **Lătĕrĭtāna pĭra**, n. pl., [+C] Pros., sorte de poire

lătĕrīcĭus, *a*, *um*, de brique, en brique : [C] Pros., [+C] Pros. ‖ **lătĕrĭcĭum**, *ĭī*, n., briquetage, maçonnerie de brique : [C] Pros.

Laterĭum, *ĭī*, n., maison de campagne de Q. Cicéron, à Arpinum : [C] Pros.

1 **lătescō**, *ĭs*, *ĕre*, -, -, intr., se cacher : [C] Poés.

2 **lātescō**, *ĭs*, *ĕre*, -, -, intr., s'élargir, grossir : [C] Poés., [+C] Pros.

lătex, *ĭcis*, m., [en gén.] liqueur, liquide : [en parlant de l'eau] [C] Poés., Pros. ‖ [en parlant du vin] [C] Poés. ‖ [de l'absinthe] [C] Poés. [de l'huile] [C] Poés. ‖ f., [-C] Théât.

Lătĭālis, *e*, du Latium, latin : [C] Poés.

Lătĭālĭtĕr, **-rĭtĕr**, [T] Poés., en latin

Lătĭar, *āris*, n., sacrifice à Jupiter Latiaris : [C] Pros., [T] Pros.

Lătĭāris, *e*, du Latium, latin : [C] Poés. ‖ **Lătĭāris Juppiter**, m., Jupiter Latiaris [fêté chaque année par tous les peuples du Latium sur le mont Albain] : [C] Pros., [+C] Poés. ‖ de Juppiter latiaris : [+C] Poés. ; ***Latiare caput***, le mont Albain

lătĭbŭlum, *i*, n., cachette, retraite, repaire : [C] Pros. ‖ [fig.] asile : [C] Pros. ‖ moyen de cacher : [+C] Pros.

lătĭcis, gén. de *latex*

lātĭclāvĭus, *a*, *um* ¶1 garni d'une bande de pourpre : [en parlant d'une serviette] [+C] Pros. ; ***laticlavia tunica*** [+C] Pros., laticlave [large bande de pourpre ornant la tunique, insigne d'une dignité particulière, nott celle de sénateur] ¶2 qui porte le laticlave : [+C] Pros. ‖ subst. m., patricien qui porte le laticlave : [+C] Pros.

lātĭfĭcō, *ās*, *āre*, -, -, tr., élargir : [T] Pros.

lātĭfundĭum, *ĭī*, n., grande propriété territoriale : [+C] Pros.

Lătīnae, *ārum*, f. pl., (s.-ent. ***feriae***), Féries latines : [C] Pros.

Lătīnē, adv. ¶1 en latin : [-C] Théât., [C] Pros. ‖ ***Latine scire*** [C] Pros. ; ***nescire*** [C] Pros., savoir, ne pas savoir le latin ¶2 en bon latin, purement, correctement : [C] Pros.

1 **Lătīnĭensis**, *e*, du Latium : [C] Pros. ‖ subst. m. pl., habitants du Latium : [C] Pros.

2 **Lătīnĭensis**, *is*, m., surnom d'homme : [C] Pros.

lătīnĭtās, *ātis*, f., latinité, langue latine correcte : [C] Pros. ‖ droit latial ou latin : [C] Pros., [+C] Pros.

Lătīnĭus, *ĭī*, m., nom d'homme : [+C] Pros.

1 **Lătīnus**, *a*, *um* ¶1 relatif au Latium, latin : ***Latina lingua*** [C] Pros., la langue latine ‖ n. subst., ***in Latinum convertere*** [C] Pros., traduire en latin ; pl. ***Latina*** [C] Pros., les oeuvres en latin ‖ ***nihil Latinius*** [T] Pros., rien de plus latin (en latin plus correct) ; ***homo Latinissimus*** [T] Pros., qui possède le latin à fond ¶2 **Lătīni**, *ōrum*, m. pl., les Latins : [C] Pros. ‖ ceux qui avaient le *jus Latii* : [C] Pros. ‖ → *Latinae* ‖ [en part. conditions juridiques variées, de droit privé et public] [C] Pros.

2 **Lătīnus**, *i*, m., roi du Latium, dont Énée épousa la fille Lavinie : [C] Poés., Pros.

lātĭo, *ōnis*, f., action de porter [une loi, du secours] : [C] Pros. ‖ ***latio suffragii*** [C] Pros., droit de voter, vote ‖ ***expensi latio*** [+C] Pros., enregistrement d'une somme payée

lātĭpēs, *ĕdis*, m., f., qui a les pieds larges : [T] Poés.

lătĭtābundus, *a*, *um*, qui se tient caché : [T] Pros.

lătĭtans, *tis*, → *latito*

lătĭtātĭo, *ōnis*, f., action de se tenir caché : [+C] Pros.

lătĭtō, *ās*, *āre*, *āvī*, *ātum*, intr. ¶1 être caché, demeurer caché : [C] Pros., Poés. ¶2 se cacher pour ne pas comparaître en justice : [C] Pros.

lātĭtūdo, *ĭnis*, f. ¶1 largeur : [C] Pros. ¶2 ampleur, étendue : [C] Pros. ¶3 [fig.] ***a) verborum*** [C] Pros., prononciation appuyée, accent traînant ***b)*** ampleur du style : [+C] Pros.

Lătĭum, *ĭī*, n., le Latium [contrée d'Italie] : [C] Pros. ‖ [et simplt] ***Latium*** [+C] Pros., le droit latin ou latial

Lătĭus, *a*, *um*, du Latium, latin, → *1 Latinus* : [C] Poés. ‖ romain : [C] Poés.

Latmŏs (-us), *i*, m., le mont Latmus [en Carie, sur lequel Diane venait voir le berger Endymion endormi] : [C] Pros. ‖ **Latmĭus**, *a*, *um*, du mont Latmus : [C] Poés., [+C] Poés.

Latobrĭgi, *ōrum*, m. pl., Latobriges [peuple celtique, voisin des sources du Danube] : [C] Pros.

Lātŏĭdēs (Lēt-), *ae*, m., fils de Latone [Apollon] : [+C] Poés.

Lātŏis (Lēt-), *ĭdis* ou *ĭdos*, adj. f., de Latone : [C] Poés. ‖ subst. f., fille de Latone [Diane] : [C] Poés.

Lātŏĭus (Lēt-), *a*, *um*, de Latone : [C] Poés. ‖ **Lātŏĭus**, m., = Apollon, **Lātŏĭa**, f., = Diane : [C] Poés.

lātŏmĭae (lautŭmĭae), *ārum*, f. pl., latomies ou lautumies [carrières de pierre de Syracuse servant de prison] : [-C] Théât., [C] Pros. ‖ prison à Rome : [C] Pros. ‖ sg., ***lautumia*** : [C] Pros.

lātŏmus, *i*, m., carrier, tailleur de pierres : [T] Pros.

Lātōna, *ae*, f., Latone [mère d'Apollon et de Diane, persécutée par Junon qui envoya contre elle le serpent Python] : [C] Pros., Poés.

Lātōnĭa, *ae*, f., fille de Latone [Diane] : [C] Poés.

Lātōnĭgĕna, *ae*, m., f., enfant de Latone [Apollon, Diane] : [C] Poés., [+C] Théât.

Lātōnĭus, *a*, *um*, de Latone : [C] Poés., [+C] Poés.

lātŏr, *ōris*, m., celui qui propose une loi : [avec *legis*] [C] Pros., [+C] Pros. ; [avec *rogationis*] [C] Pros.

Lātōus, *a*, *um*, → *Latoius* : [C] Poés. ‖ subst. m., Apollon : [C] Poés.

lātrans, *tis*, part. prés. de *1 latro* pris substt, [poét.] chien : [C] Poés.

lātrātŏr, *ōris*, m., celui qui aboie : [C] Poés., [+C] Poés. ‖ [fig.] aboyeur, brailleur : [+C] Pros.

1 **lātrātus**, *a*, *um*, part. de *1 latro*

2 **lātrātŭs**, *ūs*, m., aboiement : [C] Poés. ‖ ***latratus edere*** [C] Poés., aboyer ‖ [fig.] cris [de l'orateur] : [+C] Pros.

Lătreūs, *ĕi* ou *ĕos*, m., nom d'un Centaure : [C] Poés.

latrīa, *ae*, f., culte de latrie, adoration : [T] Pros.

lātrīna, *ae*, f. ¶1 bain : [-C] Poés. ¶2 latrines, lieux d'aisances : [-C] Théât., [+C] Pros. ‖ lieu de débauches : [+C] Pros.

lātrīnum, *i*, n., bain : [-C] Poés.

1 **Lătris**, *is*, f., nom de femme : [C] Poés.

2 **Latris**, *is*, m., nom d'un chef ibérien : [+C] Poés.

1 **lātrō**, *ās*, *āre*, *āvī*, *ātum* ¶1 intr., aboyer : [C] Pros. ; ***alicui latratur*** [C] Poés., on aboie contre qqn ‖ [fig.] brailler, crier : ***latrant, non loquuntur*** [C] Pros., ils aboient (crient), mais ne parlent pas ‖ gronder, retentir : [+C] Poés. ¶2 tr., aboyer après qqn, qqch (*aliquem, aliquid*) : [-C] Théât., [C] Poés., Pros. ‖ demander à grands cris qqch. : [C] Poés. ; ***latrans stomachus*** [C] Poés., l'estomac qui crie (qui réclame) ‖ être aux trousses de qqn, l'attaquer : [C] Poés.

2 **lătro**, *ōnis*, m. ¶1 garde du corps, soldat mercenaire : [-C] Pros., Théât., [C] Pros. ¶2 voleur, bandit, brigand : [C] Pros., Poés. ¶3 pièce du jeu d'échecs : [C] Poés., [+C] Poés.

3 **Lătro**, *ōnis*, m., surnom romain [nott] M. Porcius Latro [rhéteur, ami de Sénèque le Père] : [C] Pros., [+C] Pros.

lătrōcĭnālis, *e*, de brigand : [+C] Pros., [T] Pros.

lătrōcĭnātus, *a*, *um*, part. de *latrocinor*

lătrōcĭnĭum, *ĭī*, n. ¶1 vol à main armée, attaque faite par des brigands, brigandage : [C] Pros. ‖ pl., ***latrocinia*** [+C] Pros., actes de piraterie ¶2 bande de brigands : [C] Pros. ¶3 jeu des latroncules, → *2 latro* ¶3 : [C] Poés.

lătrōcĭnŏr, *ārĭs*, *ārī*, *ātus sum*, intr. ¶1 être au service militaire, servir : [-C] Théât. ¶2 voler à main armée, exercer des brigandages : [C] Pros. ‖ exercer la piraterie : [C] Pros.

Lătrōnĭānus, *a*, *um*, de M. Porcius Latro : [C] Pros.

lătruncŭlārĭa tabula, f., table du jeu des latroncules : [+C] Pros.

lătruncŭlus, *i*, m. ¶1 soldat mercenaire : [T] Pros. ¶2 [ordint] brigand, voleur : [C] Pros. ¶3 pion, pièce du jeu des latroncules [sorte d'échecs] : ***ludere latrunculis*** [C] Pros., jouer aux latroncules, aux échecs ; [C] Poés., [+C] Pros.

lattuca, ▶ *lactuca*

lātūra, *ae*, f., action de porter : [+C] Poés., [T] Pros.

lātūrārĭus, *ĭi*, m., porteur [fig.] : [T] Pros.

1 **lātus**, *a*, *um*, part. de *fero*

2 **lātus**, *a*, *um* ¶ **1** large : ***latum mare*** [C] Pros., large bras de mer ; ***lati fines*** [C] Pros., propriétés étendues, vastes ‖ n. pris subst[t] ***latum***, largeur : [C] Poés. ‖ [poét.] en tenant un large espace = en personnage important : [C] Poés., [+C] Pros. ¶ **2** [fig.] ***a)*** étendu : ***lata gloria*** [+C] Pros., une gloire qui s'étend au loin ***b)*** [prononciation] large, aux sons trop ouverts : [C] Pros. ***c)*** [style] large, abondant, riche : [C] Pros., [+C] Pros.

3 **lătŭs**, *ĕris*, n. ¶ **1** [en parlant d'êtres vivants] ***a)*** côté, flanc : ***latus offendit*** [C] Pros., il s'est blessé au flanc ; ***dolor lateris*** [C] Pros., point de côté, pleurésie ; ***laterum flexio*** [C] Pros., inflexion du buste ; ***ad latus alicujus sedere*** [C] Pros., être assis à côté de qqn ‖ ***latus dare*** [+C] Poés., prêter le flanc, donner prise ; [+C] Pros. ‖ ***alicui latus tegere*** [C] Poés. ; ***claudere*** [+C] Poés. ; ***cingere*** [C] Pros., couvrir le côté de qqn, marcher à sa gauche ‖ flancs [d'un cheval] : [C] Pros. ***b)*** [surtout au pl.] ***latera***, poumons : [C] Pros. ; ***laterum contentio*** [C] Pros., effort des poumons [au sg.] [+C] Pros. ***c)*** [poét.] = corps : [C] Poés. ***d)*** [métaph. pour exprimer l'attachement] ***ab latere tyranni*** [C] Pros., de l'entourage du tyran ; [+C] Pros. ; ***tuum dulce latus*** [+C] Poés., ton compagnon chéri ***e)*** côté (parenté) : [+C] Pros. [en part.] ligne collatérale ¶ **2** [en parlant de lieu] côté : [C] Pros. ‖ flanc [d'une armée] ***a lateribus*** : [C] Pros. ; ***ab utroque latere*** [C] Pros., sur les deux flancs, des deux côtés [avec *ex*] [C] Poés., Pros., [+C] Pros. ‖ côté [d'un angle, d'un triangle] : [+C] Pros.

lātusclāvus, ▶ *clavus*

lătuscŭlum, *i*, n., côté : [C] Poés. ‖ face d'un miroir : [C] Poés.

laudābĭlis, *e*, louable, digne d'éloges [en parlant des pers. et des choses] : [C] Pros., Poés. ‖ ***-lior*** [C] Pros.

laudābĭlĭtĕr, adv., d'une manière louable, honorablement, avec honneur : [C] Pros. ‖ ***-lius*** [+C] Pros.

laudandus, *a*, *um*, ▶ *laudabilis* : ***laudandus laborum*** [+C] Poés., qui mérite l'éloge par ses travaux ‖ subst. n. pl. *laudanda*, belles actions : [+C] Pros.

laudātĭo, *ōnis*, f., discours à la louange, éloge [prononcé], panégyrique : [C] Pros. ; ***laudationes mortuorum*** [C] Pros. ; [abs[t]] ***laudatio*** [C] Pros., éloge (oraison) funèbre ; ***judicialis*** [+C] Pros. ; [et abs[t]] ***laudatio*** [C] Pros., déposition élogieuse en faveur de qqn dans un procès

laudātīvus, *a*, *um*, qui concerne l'éloge [en part.] démonstratif [rhét.] : [+C] Pros. ‖ **laudativa**, *ae*, f. (s.-ent. ***pars***) ; genre démonstratif : [+C] Pros.

laudātŏr, *ōris*, m., celui qui loue, panégyriste, apologiste : [C] Pros., Poés. ‖ celui qui prononce un éloge funèbre : [C] Pros., [+C] Pros. ‖ témoin à décharge, celui qui fait une déposition élogieuse : [C] Pros.

laudātrix, *īcis*, f., celle qui loue : [C] Pros., Poés.

laudātus, *a*, *um* ¶ **1** part. de *laudo* ¶ **2** [adj[t]] loué, estimé, considéré, renommé : [C] Pros. ‖ ***-tissimus*** [C] Poés.

laudĭcēnus, *i*, m., parasite [qui dîne grâce à ses éloges] : [+C] Pros.

Laudĭcĭānus, *a*, *um*, de Laodicée [en Phrygie] : [T] Pros.

laudō, *ās*, *āre*, *āvī*, *ātum*, tr. ¶ **1** louer, approuver, prôner, vanter : [C] Pros. [avec *quod*] louer qqn de ce que, de : [C] Pros. ‖ [avec *cum*] [C] Pros. ‖ [passif avec inf.] [poét.] : [C] Poés. ‖ proclamer heureux, vanter le bonheur de qqn : [C] Poés. ; [avec génitif] [+C] Poés. ‖ [pass.] se vanter, se réjouir : [T] Pros. ¶ **2** [rhét.] vanter, faire valoir [contr. *vituperare*] : [C] Pros. ¶ **3** prononcer un éloge funèbre : [C] Pros. ¶ **4** faire une déposition élogieuse en faveur de qqn : [C] Pros. ¶ **5** citer, nommer : [-C] Théât., [C] Pros.

Laugŏna, *ae*, n., rivière de Germanie qui se jette dans le Rhin : [+T] Poés.

laura, *ae*, f., village : [T] Pros.

laurĕa, *ae*, f. ¶ **1** laurier : [C] Poés., Pros., [+C] Pros. ‖ couronne de laurier : [C] Pros. : [C] Poés. ¶ **2** [fig.] gloire militaire, lauriers du triomphe : [C] Pros., [+C] Pros. ‖ palme, victoire : [+C] Pros.

Laurĕăcum, ▶ *Lauriacum*

laurĕātus, *a*, *um*, orné de laurier : [C] Pros. ; ***laureatae litterae*** [C] Pros. ; ***laureatae*** [+C] Pros., lettre ornée de laurier [d'un général victorieux]

Laurens, *entis*, m., f., n. ¶ **1** des Laurentes : [C] Poés., **Laurentes**, m., Laurentes : [C] Poés. ‖ ***Laurens Castrum*** ; ▶ *Castrum Inui*, ▶ *Inuus* ¶ **2** [par ext.] Romain : [C] Poés., [+C] Poés.

Laurentālĭa, ▶ *Larentalia*

Laurentes Lāvīnātes, m., habitants de Lavinium, Laurentes : [T] Pros.

Laurentĭa, ▶ *Larentia*

Laurentīnus, *a*, *um*, des Laurentes : [+C] Poés., Pros. ‖ **-tīnum**, *i*, n., terre, domaine des Laurentes : [+C] Pros.

Laurentis, *e*, des Laurentes : [-C] Pros.

1 **Laurentĭus**, *a*, *um*, des Laurentes : [C] Poés.

2 **Laurentĭus**, *ĭi*, m., saint Laurent, martyr : [T] Poés.

laurĕŏla, *ae*, f., feuille de laurier, couronne de laurier : [C] Pros. ‖ [fig.] petit triomphe, faible succès : [C] Pros.

Laurĕŏlus, *i*, m., voleur fameux : [+C] Poés., Pros.

Laurētum, [C] Pros., [+C] Pros., **Lōrētum**, *i*, n., nom d'une portion du mont Aventin [plantée de lauriers]

laurĕus, *a*, *um*, de laurier : [C] Pros. ; ***laurea pira*** [+C] Pros., sorte de poire ayant le goût du laurier ‖ en bois de laurier : [-C] Pros.

Laurĭăcum, *i*, n., ville du Norique [auj. Enns] : [T] Pros.

laurĭcŏmus, *a*, *um*, ayant une chevelure (ombragé) de lauriers [en parlant d'une montagne] : [C] Poés.

laurĭfĕr, *ĕra*, *ĕrum*, orné (couronné) de laurier : [+C] Poés.

laurĭgĕr, *ĕra*, *ĕrum*, qui porte du laurier : [C] Poés. ‖ orné (couronné) de laurier : [C] Poés., [+C] Poés.

Lauro, *ōnis*, m., ville de la Tarraconaise : [+C] Pros.

1 **laurus**, *i*, f., laurier : [C] Poés. ‖ couronne de laurier, palme, victoire, triomphe : [C] Pros., [+C] Poés. ; ***Sarmatica laurus*** [+C] Poés., victoire sur les Sarmates

2 **Laurus**, *i*, m., nom d'homme : [+C] Poés.

laus, *laudis*, f., louange, éloge : estime, gloire, honneur, ce qui fait qu'on loue, mérite ¶ **1** [C] Pros. ; ***aliquem laudibus ferre*** [C] Pros., louer qqn ; ***funebres laudes*** [C] Pros., éloges funèbres ¶ **2** [C] Pros. ; ***cum laude*** [C] Pros., honorablement ; ***in laude vivere*** [C] Pros., vivre estimé

Lausus, *i*, m., fils de Numitor : [C] Poés. ‖ fils de Mézence, tué par Énée : [C] Poés.

lautē, adv., soigneusement, élégamment, somptueusement : [C] Pros., [+C] Pros. ‖ excellemment, à merveille : [-C] Théât., [C] Pros. ‖ ***-tius*** [C] Pros. ‖ ***-tissime*** [C] Pros.

lautĭa, *ōrum*, n. pl., objets d'entretien que le sénat allouait avec le logement aux ambassadeurs envoyés à Rome : [C] Pros. ‖ [fig.] présents d'hospitalité : [C] Pros., [+C] Pros.

lautĭtĭa, *ae*, f., **lautĭtĭae**, *ārum*, pl., luxe [surtout de la table], magnificence, somptuosité, faste : [C] Pros., [+C] Pros.

lautĭuscŭlus, *a*, *um*, assez riche, assez élégant [en parlant d'un vêtement] : [+C] Pros.

Lautŭlae (-ŏlae), *ārum*, f. pl., Lautules [emplacement de Rome où se trouvait une source thermale] : [C] Pros. ‖ lieu du Latium, près d'Anxur : [C] Pros.

lautŭmĭae, ▶ *latomiae*

lautus, *a*, *um* [pris adj[t]] ¶ **1** brillant, somptueux, riche : ***lauta supellex*** [C] Pros., mobilier somptueux ¶ **2** distingué, brillant : [C] Pros. ‖ ***-issimus*** [C] Pros., [+C] Pros.

lăvābrum, *i*, n., baignoire : [C] Poés.

lăvācrum, *i*, n. ¶ **1** bain : [+C] Pros. ‖ salle de bains : [+C] Pros. ¶ **2** [fig.] ce qui purifie : ***quotidiana lavacra*** [T] Pros., purifications quotidiennes

lăvandārĭa, *ōrum*, n. pl., linge à laver : [+C] Pros.

lăvātĭo, *ōnis*, f. ¶**1** action de laver, lavage, nettoyage : [C] Pros. ¶**2** bain : [C] Pros. ; ***lavatio calida*** [+C] Pros., bain chaud ¶**3** bain [édifice] : [C] Pros.

lăvātrīna, *ae*, f., salle de bains : [C] Pros. ‖ latrines : [C] Pros.

lăvātus, *a*, *um*, part. de *1 lavo*

Laverna, *ae*, f., Laverne [déesse des voleurs] : [-C] Théât., [C] Pros.

Lăvernālis porta, f., porte Lavernale [porte de Rome près de laquelle se trouvait un autel de Laverne] : [C] Pros.

Lăvernĭum, *ĭi*, n., lieu de la Campanie : [C] Pros.

lāvi, parf. de *2 lavo*

Lăvīcānus, → *Labicanus*

Lāvīnās, → *Laurentes Lavinates*

Lāvīnĭa, *ae*, f., Lavinie [promise à Turnus et donnée pour épouse à Énée] : [C] Poés., Pros.

Lāvīnĭum, *ĭi*, [C] Pros., [C] Poés., **Lāvīnum**, *i*, n., [+C] Poés., ville fondée par Énée dans le Latium [auj. Pratica] ‖ **-nienses**, m. pl., habitants de Lavinium : [C] Pros. ‖ **Lāvīnĭus**, [C] Poés. et **Lāvīnus**, *a*, *um*, de Lavinium : [C] Poés.

1 **lăvō**, *ās*, *āre*, *-*, *ātum* ¶**1** tr. ***a)*** laver, nettoyer : ***manus lava*** [C] Pros., lave-toi les mains ‖ ***lavari***, se baigner : [C] Pros. ***b)*** baigner, arroser [en parlant de rivières] : [+C] Pros. ¶**2** intr., se baigner : [-C] Théât., [C] Pros.

2 **lăvō**, *ĭs*, *ĕre*, *lāvī*, *lautum*, part. *lautus lōtus*, tr. ¶**1** laver, nettoyer : [-C] Pros., Théât. ; ***lautis manibus*** [C] Poés., avec les mains propres ¶**2** baigner [seul^t au part.] : ***lotus*** [C] Pros., s'étant baigné, après son bain ¶**3** baigner, humecter, arroser : [-C] Théât., [C] Poés. ¶**4** [chrét.] baptiser : [T] Pros.

laxāmentum, *i*, n. ¶**1** développement, extension : [+C] Pros. ‖ vaste espace : [C] Pros. ¶**2** relâche, repos, répit : [C] Pros. ‖ relâchement, adoucissement : [C] Pros.

laxātĭo, *ōnis*, f., espace vide [en parlant d'archit.] : [C] Pros.

laxātus, *a*, *um*, part. de *laxo* pris adj^t, relâché, lâche [non serré, non strict], [fig.] [C] Pros.

laxē, adv. ¶**1** spacieusement, avec de l'étendue en tous sens, largement, amplement : [C] Pros. ¶**2** avec de la latitude : ***laxius*** [C] Pros., avec plus de latitude, avec plus de liberté ‖ ***laxe vincire*** [C] Pros., attacher sans serrer ‖ [fig.] largement, librement, sans contrainte : [C] Pros.

laxĭtās, *ātis*, f. ¶**1** étendue en tous sens, large espace, état spacieux : [C] Pros. ; [+C] Pros. ¶**2** [fig.] aisance : [+C] Pros. ‖ relâchement : [T] Pros.

laxō, *ās*, *āre*, *āvī*, *ātum*, tr., qqf. intr. ¶**1** étendre, élargir : ***forum*** [C] Pros., agrandir le forum ; ***manipulos*** [C] Pros., donner de l'extension aux manipules, espacer les files ‖ amincir, atténuer : ***tenebras*** [+C] Poés., éclaircir les ténèbres ; ***aer laxatus*** [+C] Pros., air moins dense ‖ prolonger le temps : [+C] Pros. ¶**2** détendre, relâcher : ***habenas*** [+C] Pros., lâcher les rênes ; ***vincula epistolae*** [C] Pros., desserrer le lien qui ferme une lettre ; ***claustra*** [C] Poés., ouvrir les portes ‖ intr., [+C] Pros. ¶**3** [fig.] ***a)*** relâcher, donner du repos : ***judicum animos*** [C] Pros., détendre l'esprit des juges ‖ pass. *laxatus* avec abl., délivré : ***vinculis, curis*** [C] Pros., délivré des liens, des soucis ***b)*** diminuer : ***alicui laxare aliquid laboris*** [C] Pros., alléger qq. peu le travail (la tâche) de qqn ; ***annonam*** [C] Pros., abaisser le prix du blé ‖ intr., [C] Pros. ‖ [pass.] ***pugna laxata*** [C] Pros., un répit dans le combat ; ***laxatae custodiae*** [C] Pros., un relâchement des postes de garde

laxus, *a*, *um* ¶**1** large, spacieux, vaste, étendu : [C] Poés., Pros. [fig.] [C] Pros. ; ***laxus calceus*** [C] Poés., une chaussure large ‖ [en parlant du temps] [C] Pros., [+C] Pros. ¶**2** détendu, desserré, lâche : ***laxissimae habenae*** [C] Pros., rênes très lâches, flottantes ‖ [fig.] ***laxius imperium*** [C] Pros., un commandement moins sévère, une discipline moins stricte ; ***laxior annona*** [C] Pros., cours (prix) du blé (se relâchant) plus bas

Lazărus, *i*, m., Lazare [qui fut ressuscité par J.-C.] : [T] Pros. ‖ autres du même nom [un pauvre et un riche] : [T] Pros.

1 **lĕa**, *ae*, f., lionne : [C] Poés.

2 **Lēa**, *ae*, f., → *Lia*

1 **lĕaena**, *ae*, f., lionne : [C] Pros., Poés., [+C] Pros.

2 **Lĕaena**, *ae*, f., nom grec de femme : [+C] Pros., [T] Pros.

Lēandĕr (-drus), *dri*, m., Léandre [amant d'Héro] : [C] Poés., [+C] Poés. ‖ **-drĭus**, [+C] Poés. et **-drĭcus**, *a*, *um*, de Léandre

Lĕarchus, *i*, m., Léarque [fils d'Athamas et d'Ino, tué par son père en délire] : [C] Poés. ‖ **-chēus**, *a*, *um*, de Léarque : [C] Poés.

Lĕbădēa, [+C] Poés., **Lĕbădīa**, *ae*, f., Lébadée ou Lébadie [ville de Béotie, auj. Livadia] : [C] Pros., [+C] Pros.

Lĕbĕdŏs (-us), *i*, f., ville d'Ionie : [C] Pros.

lĕbēs, *ētis*, m., bassin recevant l'eau lustrale qu'on versait sur les mains, cuvette : [C] Poés.

lĕbēta, *ae*, f., → *lebes* : [T] Pros.

Lĕbinthŏs (-us), *i*, f., Lebinthe [une des Sporades] : [C] Poés.

Lĕcānĭa, → *Laecania*

Lecca, → *Laeca*

Lĕchaeum, *i*, n., [C] Pros., [C] Poés. et **Lĕchēae (Lĕchīae)**, *ārum*, f. pl., Léchée [petite ville qui servait de port à Corinthe] : [+C] Poés.

lectē, adv., avec choix : ***lectissime*** [C] Pros.

lectīca, *ae*, f., litière, chaise à porteurs : [C] Pros., Poés.

lectīcārĭŏla, *ae*, f., celle qui aime les porteurs [de litière] : [+C] Poés.

lectīcārĭus, *ĭi*, m., porteur de litière : [C] Pros., [+C] Pros. ‖ préposé à la vaisselle : [+C] Pros.

lectīcŭla, *ae*, f., petite litière : [C] Pros. ‖ civière : [C] Pros. ‖ lit de repos : [+C] Pros. ‖ nid : [+C] Pros.

lectīcŭlus, *i*, m., lit de repos : [C] Poés.

lectĭo, *ōnis*, f. ¶**1** action de ramasser, de recueillir, cueillette : [+C] Pros. ¶**2** lecture : [C] Pros., [+C] Pros. ‖ ce qui est lu, texte : [T] Pros. ‖ ***nothas lectiones*** [T] Pros., fausses leçons ¶**3** choix : [C] Pros. ‖ [en part.] ***lectio senatus*** [C] Pros., (choix) recrutement du sénat, établissement de la liste des sénateurs

lectisternĭātŏr, *ōris*, m., celui qui dispose les lits devant la table : [-C] Théât.

lectisternĭum, *ĭi*, n. ¶**1** lectisternium [repas qu'on offrait aux dieux dans certaines solennités] : [C] Pros. ¶**2** [chrét.] festin funèbre, religieux : [T] Pros.

lectĭtō, *ās*, *āre*, *āvī*, *ātum* ¶**1** ramasser, cueillir à diverses reprises : [+C] Pros., [T] Pros. ¶**2** lire souvent : [C] Pros. ; ***lectitati libri*** [+C] Pros., livres lus et relus

lectĭuncŭla, *ae*, f., petite lecture : [C] Pros.

Lectŏn (-um), *i*, n., promontoire de la Troade : [C] Pros.

lectŏr, *ōris*, m., lecteur, qui lit pour soi : [C] Pros. ‖ qui lit à haute voix pour le compte de qqn : [C] Pros. [en part.] dans les lectures publiques : [+C] Pros.

lectŭālis, *e*, de lit, qui fait garder le lit : [T] Pros.

lectŭlus, *i*, m., petit lit, lit [en gén.] : [C] Pros. ‖ lit de repos, d'étude : [C] Pros., Poés., [+C] Pros. ‖ lit de table : [C] Pros. ‖ lit funèbre : [+C] Pros. ‖ lit nuptial : [+C] Poés.

lectŭrĭō, *īs*, *īre*, *-*, *-*, intr., avoir envie de lire : [T] Pros.

1 **lectus**, *a*, *um*, part. de *2 lego* pris adj^t, choisi, de choix, d'élite : ***lectissima verba*** [C] Pros., les termes les mieux choisis ; ***lectissimi viri*** [C] Pros., hommes d'élite ; ***lectior femina*** [C] Pros., femme plus distinguée

2 **lectus**, *i*, m., lit : [-C] Pros., [C] Pros. ‖ lit nuptial : [C] Pros., Poés. ‖ lit de table : [C] Pros. ‖ lit de repos : [+C] Pros. ‖ lit funèbre : [C] Poés., [+C] Pros.

lēcўthus, *i*, f., lécythe, fiole ou flacon à huile : [T] Pros.

Lēda, *ae*, f., [C] Poés. et **Lēdē**, *ēs*, f., [C] Poés., femme de Tyndare, mère de Pollux, Hélène, Castor et Clytemnestre ‖ **Lēdaeus**, *a*, *um*, de Léda : [C] Poés. ‖ de Castor et Pollux : [+C] Poés. ‖ de Sparte : [+C] Poés.

Lēdās, *ae*, m., nom d'homme : [+C] Poés.

Lēdē, → *Leda* ‖ **Lēdēĭus**, *a*, *um*, de Léda : [T] Poés.

Lēdus, *i*, m., rivière de la Narbonnaise [auj. le Lez] : [T] Poés.

lēgālis, *e*, relatif aux lois : [+C] Pros. ; ***legalis pars*** [+C] Pros., [trad. de ἡ νομοθετική de Platon], la partie législative, la législation

lĕgărĭcum, *ĭi*, n., → *legumen* : [C] Pros.

lēgāta, *ae*, f., ambassadrice [fig.] : [C] Pros., Poés.

lēgātārĭus, *a*, *um*, subst. m., légataire, celui à qui on fait un legs : [+C] Pros.

lēgātĭo, *ōnis*, f. ¶ **1** députation, ambassade, légation : [C] Pros. ‖ légation libre : ***legatio libera*** [C] Pros. [ou simpl[t]] ***legatio*** [C] Pros. ‖ ***legatio votiva*** [C] Pros. [ou] ***voti causa*** [C] Pros., légation libre ayant pour objet d'acquitter un voeu, mission votive ¶ **2** les personnes composant l'ambassade : [C] Pros. ¶ **3** fonction de légat, de lieutenant : [C] Pros.

lēgātŏr, *ōris*, m., celui qui lègue, testateur : [+C] Pros.

lēgātōrĭus, *a*, *um*, de légat, de lieutenant : ***legatoria privincia*** [C] Pros., province légatoire, gouvernée par un légat

lēgātum, *i*, n., legs, don par testament [dont l'exécution s'impose à l'héritier testamentaire] : [C] Pros. ; ***legata dare*** [+C] Pros., faire des legs

1 **lēgātus**, *a*, *um*, part. de *1 lego*

2 **lēgātus**, *i*, m., → *1 legatus* ¶ **1** député, ambassadeur : [C] Pros. ¶ **2** délégué dans une fonction, dans une mission, délégué, commissaire : [C] Pros. ‖ [en part.] légat, lieutenant, assesseur d'un général : [C] Pros. ‖ assesseur d'un gouverneur de province : [C] Pros. ‖ [sous les empereurs] gouverneur de province : [+C] Pros. ‖ commandant de légion : [+C] Pros.

1 **lēgĕ**, abl. de *lex*

2 **lĕgĕ**, impér. de *2 lego*

lĕgens, *tis*, part. de *2 lego*, subst. m., lecteur : [C] Poés. ; pl., [C] Pros., [+C] Pros.

lēgi, parf. de *2 lego*

lēgĭfĕr, *ĕra*, *ĕrum*, qui établit des lois : [C] Poés. ‖ subst. m., le législateur [Moïse] : [T] Pros.

lĕgĭo, *ōnis*, f. ¶ **1** légion, corps de troupe [comptant à partir de Marius environ 6000 h., répartis en 10 cohortes ; chaque cohorte comprenant 3 manipules et 6 centuries ; les légions étaient désignées soit par un n° d'ordre, soit par le nom ou de celui qui l'avait levée ou d'une divinité, soit par un surnom] : [C] Pros., [+C] ¶ **2** [poét.] armée : [-C] Théât., [C] Poés. ‖ [fig.] ***legiones parat*** [-C] Théât., il rassemble ses troupes, dresse ses batteries

lĕgĭōnārĭus, *a*, *um*, d'une légion, de légion, légionnaire : [C] Pros.

lēgĭrŭpa, *ae*, [-C] Théât., **lēgĭrŭpĭo**, *ōnis*, m., [-C] Théât., celui qui viole les lois

lēgĭrŭpus, *a*, *um*, qui viole les lois : [T] Poés.

lēgis, gén. sg. de *lex*

lēgislātĭo, *ōnis*, f. [ou en deux mots] législation : [T] Pros.

lēgislātŏr, [+C] Pros. et **lēgumlātŏr**, *ōris*, m., [C] Pros., celui qui propose une loi, législateur

lēgispĕrītus, *i*, m., jurisconsulte : [T] Pros.

lēgĭtĭma, *ōrum*, n. pl., formalités légales : [C] Pros. ‖ préceptes : [T] Pros.

lēgĭtĭmē, adv., conformément aux lois, légalement, légitimement : [C] Pros., [+C] Poés. ‖ convenablement, comme il faut : [+C] Pros.

lēgĭtĭmus, *a*, *um* ¶ **1** fixé, établi par la loi, légal, légitime : [C] Pros., [+C] Pros., Poés. ¶ **2** qui est dans la règle, conforme aux règles, régulier : [C] Pros., Poés.

lĕgĭuncŭla, *ae*, f., petite légion, légion incomplète : [C] Pros.

1 **lēgō**, *ās*, *āre*, *āvī*, *ātum*, tr. ¶ **1** envoyer avec une mission, députer : ***aliquem ad aliquem*** [C] Pros., déléguer qqn à qqn ‖ ***verba ad aliquem*** [+C] Pros., faire tenir des paroles à qqn par voie d'ambassade ¶ **2** nommer (donner) comme lieutenant, comme légat : ***aliquem alicui*** [C] Pros., [C] Pros. ; ***ab aliquo legari*** [C] Pros., recevoir de qqn une lieutenance ¶ **3** laisser par testament, léguer : ***aliquid alicui*** [C] Pros., [C] Pros., [C] Pros.

2 **lĕgō**, *ĭs*, *ĕre*, *lēgī*, *lectum*, tr.
I ¶ **1** ramasser, recueillir : ***nuces*** [C] Pros., ramasser des noix ; ***oleam*** [-C] Pros., faire la récolte des olives ‖ ***alicui ossa*** [+C] Pros., extraire les os à qqn ¶ **2** enrouler, pelotonner : ***fila*** [C] Poés., enrouler les fils, filer ; ***vela*** [C] Poés., carguer les voiles ¶ **3** ramasser en dérobant, enlever, voler ; ***sacra***, ***sacrum***, enlever des objets sacrés [d'où] ***sacrilegus*** : [C] Pros., Poés. ¶ **4** parcourir [un lieu] : ***iter*** [C] Poés., une route ; ***saltus*** [C] Poés., les bois ; ***aequora*** [C] Poés., traverser la mer ; ***alicujus vestigia*** [C] Poés., parcourir les lieux foulés par qqn ; ***tortos orbes*** [C] Poés., faire des détours ‖ raser, effleurer : ***pontum*** [C] Poés., la mer ‖ longer, côtoyer : [C] Pros. ¶ **5** choisir : ***judices*** [C] Pros., choisir des juges ; ***senatum*** [C] Pros., dresser la liste des sénateurs ; ***cives in patres*** [C] Pros., recruter des citoyens pour le sénat, nommer des sénateurs
II [fig.] ¶ **1** recueillir par les oreilles : [-C] Théât. ¶ **2** recueillir par les yeux, passer en revue : [C] Poés. ¶ **3** [surtout] lire : [C] Pros. ‖ [avec prop. inf.] : [C] Pros. ‖ ***legentes, ium***, m. pl., les lecteurs : [C] Pros., [+C] Pros. ¶ **4** lire à haute voix [*alicui* à qqn] : [C] Pros., [+C] Pros.

lĕgŭla, *ae*, f., → *ligula* pavillon de l'oreille : [T] Pros.

lēgŭlēius, *i*, m., procédurier : [C] Pros., [+C] Pros.

lĕgŭlus, *i*, m., celui qui cueille les olives, le raisin : [-C] Pros., [C] Pros.

lĕgūmĕn, *ĭnis*, n., légume [surtout légume à cosse, à gousse], légumineuse : [C] Pros., [+C] Pros.

lĕgūmentum, *i*, n., → *legumen* : [+C] Pros.

lēgumlātĭo, *ōnis*, f., [ou en deux mots] : législation, lois : [T] Pros.

lēgumlātŏr, → *legislator*

Lĕlĕges, *um*, m. pl., peuple de Locride, de Carie, de Thessalie : [C] Poés., [+C] Poés. ‖ **Lĕlĕgēis**, *ĭdis*, f., des Lélèges : [C] Poés. ‖ **Lĕlĕgēĭus**, *a*, *um*, des Lélèges : [C] Poés.

Lĕlex, *ĕgis*, m., nom d'un guerrier : [C] Poés.

Lēmāne, → *Limane*

Lĕmannus (Lĕmānus), *i*, m., lac Léman : [+C] Poés.

lembus, *i*, m., barque légère, canot : [C] Poés., Pros.

lemma, *ătis*, n. ¶ **1** sujet, matière d'un écrit : [+C] Pros. ‖ titre d'un chapitre, d'une épigramme : [+C] Poés. ¶ **2** la majeure (d'un syllogisme) : [+C] Pros.

Lemnĭăcus, *a*, *um*, de Lemnos : [+C] Poés.

Lemnĭăs, *ădis*, f., femme de Lemnos : [C] Poés.

Lemnĭcŏla, *ae*, m., habitant de Lemnos [Vulcain] : [C] Poés.

Lemnĭensis, *e*, de Lemnos : [-C] Théât.

lemniscātus, *a*, *um*, orné de lemnisques : [C] Pros.

lemniscus, *i*, m., lemnisque [ruban attaché aux couronnes, aux palmes des vainqueurs et des suppliants, ou ornant la tête des convives dans un festin] : [-C] Théât., [C] Pros.

Lemnĭus, *a*, *um*, de Lemnos : [C] Pros. ‖ **Lemnius**, m., habitant de Lemnos = Vulcain : [C] Poés., **Lemnii**, m. pl., habitants de Lemnos : [C] Pros.

Lemnŏs (-us), *i*, f., Lemnos [île de la mer Égée, où Vulcain fut élevé] : [C] Pros., Poés.

Lēmōnĭa, *ae*, f., une des tribus de la campagne, chez les Romains : [C] Pros.

Lemōnum, *i*, n., ville de la Gaule Celtique [Poitiers] : [C] Pros.

Lĕmŏvīces, *um*, m. pl., peuple de l'Aquitaine [les Limousins] : [C] Pros., [+T] Pros. ‖ Limoges : [T] Pros.

Lĕmŏvīcīnum, *i*, n., pays des Lémovices [le Limousin] : [+T] Pros.

Lĕmŏvīcīnus, *a*, *um*, limousin : ***Lemovicina urbs*** [+T] Pros., Limoges

Lemovĭi, *ĭōrum*, m., Lémoviens [peuple de la Germanie septentrionale] : [+C] Pros.

lĕmŭres, *um*, m. pl., lémures, âmes des morts, spectres (revenants) : [C] Pros., Poés.

Lĕmūrĭa, *ĭum* et *ĭōrum*, n., Lémuries, fêtes en l'honneur des lémures : [C] Poés.

lēna, *ae*, f., entremetteuse, maquerelle : [-C] Théât., [C] Poés. ‖ qui prostitue : [C] Pros. [chaque espèce s'aime elle-même et se préfère aux espèces voisines] ‖ [fig.] séductrice : [C] Poés.

Lēnaeus, *i*, m. ¶ **1** un des noms de Bacchus : [C] Poés. ¶ **2** grammairien du temps de César : [+C] Pros. ‖ **-us**, *a*, *um*, de Bacchus : [C] Poés. ; ***Lenaei latices*** [C] Poés. ; ***Lenaea dona*** [+C] Poés., le vin ; [C] Poés.

Lēnās, → *Laenas*

lēnātus, *a*, *um*, part. de *1 leno*

lēnĕ, n. pris adv[t], doucement : [C] Poés.

lēnīmĕn, *ĭnis*, n., adoucissement, consolation : [C] Poés.

lēnīmentum, *i*, n., [fig.] soulagement : [+C] Pros.

lēnĭo, *īs, īre, īvi* ou *ĭi, ītum* ¶**1** tr., rendre doux, adoucir, alléger, calmer : [C] Poés. ‖ [fig.] calmer, pacifier : [C] Pros. ¶**2** intr., devenir doux, s'adoucir : [-C] Théât.

lēnĭs, *e* ¶**1** doux [relativement à tous les sens] : [C] Pros. ‖ [en parlant d'une pente] [C] Pros. ‖ [du vent] [C] Pros. ‖ [en parlant du style] [C] Pros., [+C] Pros. ¶**2** modéré, calme : [C] Pros. ¶**3** [avec inf.] qui se laisse facilement aller à : [C] Poés. ‖ ***-nior*** [C] Pros. ; ***-issimus*** [C] Pros.

lēnĭtās, *ātis*, f. ¶**1** douceur, lenteur : [C] Pros. ¶**2** [en parlant du style] [C] Pros.

lēnĭter, adv., doucement : ***arridere*** [C] Pros., sourire doucement ; ***acclivis*** [C] Pros., en pente douce ‖ avec placidité, nonchalance : [C] Pros. ; ***lenius*** [C] Pros. ‖ avec calme, modération : [-C] Théât. ; ***lenissime sentire*** [C] Pros., avoir les sentiments les plus doux ‖ [en parlant du style] : [C] Pros. ; ***lenius*** [C] Pros.

lēnĭtūdo, *ĭnis*, f., douceur, bonté : [C] Pros., [T] Pros. ‖ douceur du style : [-C] d. [C] Pros.

lēnītus, *a, um*, part. de *lenio*

Lenĭum (Lennĭum), *ĭi*, n., ville de Lusitanie : [C] Pros.

Lēnĭus, **Laenĭus**, *ĭi*, m., nom d'homme : [C] Pros.

1 **lēnō**, *ōnis*, m., marchand d'esclaves [femmes], entremetteur, proxénète [personnage ordinaire de la comédie latine] : [C] Pros. ‖ entremetteur, racoleur : [C] Pros.

2 **lēnō**, *ās, āre, -, -* ¶**1** intr., faire le *leno*, être pourvoyeur de femmes : [T] Poés. ¶**2** tr., prostituer : ***lenata puella*** [T] Poés., jeune fille prostituée

lēnōcĭnāmentum, *i*, n., séduction, charme : [T] Pros.

lēnōcĭnĭum, *ĭi*, n. ¶**1** métier d'entremetteur : [+C] Pros. ¶**2** [fig.] charme : [C] Pros., [+C] Pros. ‖ artifice de la toilette, parure recherchée : [C] Pros. ‖ [en parlant du style] moyen de séduction, faux brillant, afféterie, recherche : [+C] Pros.

lēnōcĭnŏr, *ārĭs, ārī, ātus sum*, intr., faire l'entremetteur [d'où] chercher à séduire, faire sa cour à, cajoler [avec dat.] : [C] Pros. ‖ se mettre au service de qqch., aider, favoriser : [+C] Pros.

lēnōnĭus, *a, um*, d'entremetteur, de corrupteur : [-C] Théât.

lens, *lentis*, f., lentille [plante] : [-C] Pros., [C] Poés. ‖ pl., lentilles [graine] : [C] Poés.

lentātus, *a, um*, part. de *2 lento*

lentē, adv., lentement, sans hâte : [C] Pros., Poés. ‖ ***-tius*** [C] Pros. ; ***-issime*** [+C] Pros. ‖ [fig.] avec calme, sans passion, avec indifférence : [C] Pros. ; ***-tius*** [C] Pros. ‖ avec circonspection : [C] Pros.

lentĕcŭla, ▶ *lenticula*

lentĕō, *ēs, ēre, -, -*, intr., se ralentir : [-C] Poés.

lentescō, *ĭs, ĕre, -, -*, intr., devenir collant, visqueux, devenir souple : [C] Poés., [+C] Pros. ‖ [fig.] s'adoucir, se ralentir : [C] Poés.

lentĭcŭla, *ae*, f., lentille [graine] : [+C] Pros. ‖ petit vase à huile [en forme de lentille] : [+C] Pros., [T] Pros. ‖ pl., taches de rousseur : [+C] Pros.

lentĭcŭlāris, *e*, de lentille, lenticulaire : [+C] Pros.

Lentĭenses, *ĭum*, m. pl., peuple germain : [T] Pros.

lentīgĭnōsus, *a, um*, [visage] couvert de lentilles : [+C] Pros.

Lentīnus, *i*, m., nom d'homme : [+C] Poés.

lentiscĭfĕr, *ĕra, ĕrum*, planté de lentisques : [C] Poés.

lentiscum, *i*, n., [+C] Poés. et **lentiscus**, *i*, f., [C] Pros., lentisque [arbre] ‖ bois de lentisque : ***tonsis lentiscis*** [+C] Poés., avec des aiguilles de lentisque [employées comme cure-dents] ‖ huile de lentisque : [C] Pros.

lentĭtūdo, *ĭnis*, f., mollesse, nature flexible : [C] Pros. ‖ [fig.] lenteur : [+C] Pros. ‖ froideur, langueur [du style] : [+C] Pros. ‖ apathie, indifférence : [C] Pros.

1 **Lento**, *ōnis*, m., surnom : Caesennius Lento [partisan d'Antoine] : [C] Pros.

2 **lentō**, *ās, āre, āvī, ātum*, tr., rendre flexible, [d'où] ployer courber : [+C] Poés. ‖ faire plier : [C] Poés. ‖ [fig.] prolonger, faire durer [en parlant du temps] : [+C] Poés. ‖ modérer : [T] Poés.

Lentŭlĭtās, *ātis*, f., la noblesse d'un Lentulus : [C] Pros.

Lentŭlus, *i*, m., nom d'une branche de la *gens Cornelia* ; [not[t]] P. Cornélius Lentulus Sura, complice de Catilina, Lentulus Spinther, consul qui contribua au rappel de Cicéron : [C] Pros.

lentus, *a, um* ¶**1** tenace, visqueux, glutineux : [C] Poés. ¶**2** souple, flexible : ***lenta vitis*** [C] Poés., vigne, flexible ¶**3** tenace, qui dure longtemps : ***lentus amor*** [C] Poés., long amour ; ***tranquillitas lentissima*** [+C] Pros., calme persistant ¶**4** lent, paresseux : ***lentum marmor*** [C] Poés., le miroir immobile de la mer ; ***lentum venenum*** [+C] Pros., poison lent à agir ‖ [avec gén.] ***lentus coepti*** [+C] Poés., lent à entreprendre ; [avec inf.] ***lentus incaluisse*** [+C] Poés., lent à s'échauffer ¶**5** [fig.] lent : ***lentus in dicendo*** [C] Pros., lent dans sa parole, son débit ; ***infitiatores lenti*** [C] Pros., mauvais débiteurs, lents à payer ; ***lentum negotium*** [C] Pros., affaire qui traîne ¶**6** calme, flegmatique, insensible, indifférent : ***lentus existimor*** [C] Pros., je passe pour flegmatique ; ***lentissima pectora*** [C] Poés., coeurs insensibles

lēnullus, [-C] Théât., **lēnŭlus**, *i*, m. ; dim. de *2 leno*

1 **lēnuncŭlus**, *i*, m., dim. de *2 leno* : [-C] Théât.

2 **lēnuncŭlus**, *i*, m., barque : [C] Pros., [T] Pros.

1 **lĕo**, *ōnis*, m., lion : [C] Poés., Pros. ‖ peau de lion : [+C] Poés. ‖ constellation : [C] Pros., [+C] Pros. ‖ gueule-de-lion [plante] : [+C] Pros.

2 **Lĕo**, *ōnis*, m., Léon, empereur [457-474] : [T] Poés.

Lĕōcŏrĭŏn, *ĭi*, n., temple élevé à Athènes en l'honneur des filles de Léos, qui, pour éloigner la famine, s'offrirent en sacrifice aux dieux : [C] Pros.

1 **Lĕōn**, *ontis*, m., roi des Philasiens, du temps de Pythagore : [C] Pros.

2 **Lĕōn**, *ontis*, m., bourg près de Syracuse [auj. Magnisi] : [C] Pros.

Leōnātus, ▶ *Leonnatus*

Lĕōnĭda, *ae*, m., nom d'esclave : [-C] Théât.

Lĕōnĭdās, *ae*, m., roi de Sparte, qui périt aux Thermopyles : [C] Pros. ‖ nom d'un architecte : [C] Pros.

Lĕōnĭdēs, *ae*, m., maître d'Alexandre le Grand : [+C] Pros. ‖ maître du jeune Cicéron à Athènes : [C] Pros.

lĕōnīnus, *a, um*, de lion : [C] Pros.

Lĕonnātus (Lĕōnātus), *i*, m., un des généraux d'Alexandre le Grand : [C] Pros. ‖ un des officiers de Persée : [C] Pros.

Lĕontīni, *ōrum*, m. pl., Léontini [ville de Sicile, auj. Lentini] : [C] Pros. ‖ **-īnus**, *a, um*, de Léontini : [C] Pros. ; subst. m. pl., habitants de Léontini : [C] Pros.

Lĕontĭum, *ĭi*, n., nom d'une courtisane d'Athènes : [C] Pros.

Lĕōtȳchĭdēs, *ae*, m., frère d'Agésilas : [C] Pros.

lĕpesta, *ae*, f., vase, aiguière [pour les temples] : [C] Pros.

Lĕpĭdānus, [C] Pros., **Lĕpĭdĭānus**, *a, um*, [T] Pros., de Lépidus

lĕpĭdē, adv., avec charme, avec grâce, agréablement, joliment : [-C] Théât. ‖ oui, très bien : [-C] Théât. ‖ très bien, parfaitement : [-C] Théât. ‖ ***lepidius*** [-C] Théât. ; ***-issime*** [-C] Théât. ‖ spirituellement, finement : [C] Pros., [+C] Pros.

lĕpĭdĭum, *ĭi*, n., passerage [plante] : [+C] Pros.

1 **lĕpĭdus**, *a, um*, plaisant, agréable, charmant, élégant : [-C] Théât. ; ***lepidum est*** [avec inf.] [-C] Théât., il est charmant de ‖ gracieux, efféminé : [C] Pros. ‖ spirituel, fin : [C] Pros., Poés. ‖ ***-ior*** [-C] Théât. ; ***-issimus*** [-C] Théât.

2 **Lĕpĭdus**, *i*, m., Lépidus [Lépide, branche de la *gens Aemilia*] ; entre autres le collègue d'Octave et d'Antoine dans le triumvirat : [C] Pros.

Lĕpīnus, *i*, m., montagne du Latium : [+C] Pros.

Lĕpontĭi, *ōrum*, m. pl., Lépontiens [peuple celtique des Alpes] : [C] Pros. ‖ **Lĕpontĭcus**, *a, um*, lépontique : [+C] Poés.

lĕpŏrārĭus, *a, um*, subst. m., lévrier : [T] Poés. ‖ subst. n., parc à lièvres, parc [en gén.] : [C] Pros., [+C] Pros.

lĕpŏrīnus, *a, um*, de lièvre : [C] Pros.

lĕpōs, *ōris*, m. ¶**1** grâce, charme, agrément : [-C] Théât., [C] Poés. ; ***leporis causa*** [C] Pros., en vue de l'agrément, de la beauté esthétique [dans une personne] [C] Pros. ‖ [terme d'affection] : [-C] Théât. ¶ **2** esprit, humour, enjouement : [C] Pros. ; [pl.] [C] Pros.

lĕpra, *ae*, f., lèpre : [T] Pros.

Lĕprĕŏn, *i*, n., ville maritime d'Achaïe : [C] Pros.

lĕprōsus, *a*, *um*, [fig.] corrompu : [T] Poés.

Lepta, *ae*, m., nom d'homme : [C] Pros.

Leptis, *is*, f., nom de deux villes maritimes d'Afrique [l'une, *Leptis parva*, dans la Numidie ; l'autre, *Leptis altera* ou *magna*, dans la Tripolitaine] : [C] Pros. ‖ **Leptītānus**, *a*, *um*, de Leptis : [T] Pros. ‖ **Leptītāni**, *ōrum*, m. pl., habitants de Leptis : [C] Pros., [+C] Pros.

lĕpŭs, *ŏris*, m., lièvre : [C] Pros., Poés. ‖ une constellation : [C] Poés., Pros., [+C] Pros.

lĕpusclus, **lĕpuscŭlus**, *i*, m., petit lièvre, levraut : [C] Pros., [+C] Pros.

Lērīnensis, *e*, de Lerinus : [T] Pros.

Lērīnus (Lir-), *i*, f., une des îles de Lérins [Saint-Honorat] : [T] Poés.

Lerna, *ae*, f., [C] Pros., [C] Poés. ; **Lernē**, *ēs*, f., [C] Poés., Lerne [marais de l'Argolide où Hercule tua l'Hydre] ‖ **-naeus**, *a*, *um*, de Lerne : [C] Poés. ‖ argien, grec : [+C] Poés.

lērō, *ās*, *āre*, *āvī*, *-*, [arch.] V.▶ *liro*

Lesbĭa, *ae*, f., Lesbie [nom de femme ; not[t] Lesbie, chantée par Catulle] : [C] Poés.

Lesbĭăcus, *a*, *um*, lesbien, de Lesbos ‖ ***Lesbiacum metrum*** [T] Pros., vers saphique ; ***Lesbiaci libri*** [C] Pros., les livres lesbiens [dialogue de Dicéarque dont la scène se situe à Mytilène]

Lesbĭăs, *ădis*, **Lesbis**, *ĭdis*, f., Lesbienne, femme de Lesbos : [C] Poés. ‖ **Lesbis**, subst. f., la Lesbienne = Sapho : [C] Poés.

Lesbĭus, *a*, *um*, lesbien : ***Lesbius civis*** [C] Poés., citoyen de Lesbos, Alcée ; ***Lesbia vates*** [C] Poés., Sapho ‖ [archit.] lesbique [qualifie *cymatium* et *astragalus*] : [C] Pros. ‖ **Lesbōus**, *a*, *um*, [C] Poés.

Lesbŏnīcus, *i*, m., personnage de Plaute : [-C] Théât.

Lesbŏs, *i*, f., île de la mer Égée : [C] Pros., Poés.

Lesbōus, V.▶ *Lesbius*

Lesbus, *i*, f., C.▶ *Lesbos* : [+C] Pros.

Lēsŏra (Laes-), *ae*, m., le mont Lozère [dans les Cévennes] : [T] Poés.

lessŭs, acc. **um**, m. pl., lamentations [dans les funérailles] : [C] Pros.

Lestrygŏnes, V.▶ *Laestrygones*

Lĕsŭra, *ae*, m., le Léser [rivière de la Belgique] : [T] Poés.

lētābĭlis, *e*, mortel, qui cause la mort : [T] Pros.

lētālĕ, n. pris adv[t], mortellement : [+C] Poés.

lētālis, *e*, mortel, qui cause la mort, meurtrier : [C] Poés., [+C] Pros.

lētātus, *a*, *um*, part. de *leto*

Lēthaeus, *a*, *um*, du Léthé : [C] Poés. ‖ des enfers : [+C] Poés., Pros. ‖ qui donne l'oubli, le sommeil : [C] Poés.

lēthālis, etc., V.▶ *letalis*

lēthargĭcus, *a*, *um*, léthargique ‖ **-cus**, *i*, m., personne en léthargie : [C] Poés.

lēthargus, *i*, m., léthargie : [C] Poés.

Lēthē, *ēs*, f., le Léthé [fleuve des enfers, dont l'eau faisait oublier le passé] : [C] Poés., [+C] Poés.

lēthum, mauv. orth., V.▶ *letum*

lētĭfĕr, *ĕra*, *ĕrum*, qui donne la mort, meurtrier : [C] Poés., [+C] Poés.

lētō, *ās*, *āre*, *āvī*, *ātum*, tr., tuer : [C] Poés.

Lētōis, **Lētōĭus**, C.▶ *Latois*

lētum, *i*, n., la mort, trépas : [-C] Théât., [C] Poés., Pros. ; [arch.] ***leto dati*** [C] Pros., morts, défunts ‖ ruine, destruction : [C] Poés., Pros.

Letus, *i*, m., montagne de Ligurie : [C] Pros., [+C] Pros.

1 **leuca**, **leuga**, *ae*, f., lieue, mesure itinéraire des Gaulois [1500 pieds] : [T] Pros.

2 **Leuca**, *ae*, f., ville de Calabre : [+C] Poés.

1 **Leucădĭa**, *ae*, f., Leucade [île de l'Acarnanie avec un temple d'Apollon] : [C] Pros., Poés.

2 **Leucădĭa**, *ae*, f., Leucadie [nom de femme] : [C] Poés. ‖ titre d'une pièce de Turpilius : [C] Pros.

Leucădĭus, *a*, *um*, de Leucade : [C] Poés. ‖ subst. m., surnom d'Apollon, qui avait un temple à Leucade : [C] Poés. ‖ subst. m. pl., habitants de Leucade : [C] Pros.

Leucas, *ădis*, f., C.▶ *1 Leucadia* : [C] Poés. ‖ promontoire de l'île de Leucade : [C] Poés. ‖ ville de Leucade : [C] Pros.

Leucasĭa, V.▶ *Leucosia*

1 **leucaspis**, *ĭdis*, f., qui porte un bouclier blanc : [C] Pros.

2 **Leucaspis**, *ĭdis*, m., un des compagnons d'Énée : [C] Poés.

Leucātās, *ae*, m., [C] Pros., Poés. et **Leucātēs**, [C] Pros., [C] Poés., promontoire de Leucate, au S. de l'île de Leucade [auj. capo Ducato]

1 **leucē**, *ēs*, f., C.▶ *vitiligo* : [+C] Pros.

2 **Leucē**, *ēs*, f., ville de Laconie : [C] Pros.

Leuci, *ōrum*, m. pl., Leuques [peuple de la Gaule Celtique, pays de Toul] : [C] Pros. ‖ sg., ***Leucus*** : [+C] Poés.

Leucippē, *ēs*, f., épouse d'Ilos, mère de Laomédon : [+C] Poés. ‖ autres femmes du même nom : [+C] Poés.

Leucippis, *ĭdis*, f., fille de Leucippe : [C] Poés. ‖ pl., Phébé et Hilaïra : [C] Poés.

Leucippus, *i*, m., Leucippe [de Messénie, père de Phébé et d'Hilaïra] : [C] Poés. ‖ fils d'Hercule et d'Augé : [+C] Poés. ‖ nom d'un philosophe : [C] Pros.

leucŏĭŏn, *ĭi*, n., violier blanc : [+C] Pros.

Leucōn, *ōnis*, m., nom d'un roi du Pont : [C] Poés. ‖ chien d'Actéon : [C] Poés.

Leucŏnĭcus, *a*, *um*, relatif aux Leucones [peuple de Gaule] : [+C] Poés.

Leucŏnŏē, *ēs*, f., une des filles de Minée : [C] Poés.

leucŏnŏtus, *i*, m., le vent du sud-ouest [qui amène le beau temps] : [C] Pros., [+C] Pros.

Leucŏpĕtra, *ae*, f., promontoire de Rhégium [auj. Capo dell' Armi] : [C] Pros.

leucŏphaeātus, *a*, *um*, qui a un vêtement gris cendré : [+C] Poés.

leucŏphaeus, *a*, *um*, qui est gris cendré : [C] Pros.

Leucŏphrȳna, *ae*, f., Diane Leucophryne [qui avait un temple célèbre chez les Magnésiens] : [+C] Pros., [T] Pros.

Leucŏsĭa, *ae*, f., île de la mer Tyrrhénienne, près de Paestum [auj. Licosia] : [C] Poés.

Leucŏsȳri, *ōrum*, m. pl., ancien nom des habitants de la Cappadoce : [C] Pros., [+C] Pros.

Leucŏthĕa, *ae*, f., [C] Pros., **Leucŏthĕē**, *ēs*, f., [C] Poés., Leucothée [nom d'Ino changée en divinité de la mer, confondue ensuite avec Matuta]

Leucŏthŏē, *ēs*, f., Leucothoé [fille d'Orchame, aimée d'Apollon] : [C] Poés.

leucozōmus, *a*, *um*, à la sauce blanche : [+C] Pros.

Leuctra, *ōrum*, n. pl., [C] Pros. et **Leuctrae**, *ārum*, f. pl., Leuctres [bourg de Béotie célèbre par la victoire d'Épaminondas sur les Spartiates] ‖ **-ĭcus**, *a*, *um*, de Leuctres : [C] Pros.

Leucus, *i*, m., V.▶ *Leuci*

leudus, *i*, m., sorte de chant guerrier : [+T] Poés.

lĕuncŭlus, *i*, m., lionceau : [T] Pros.

Levāci, *ōrum*, m. pl., peuple de la Belgique : [C] Pros.

lĕvāmĕn, *ĭnis*, n., soulagement : [C] Pros., Poés.

lĕvāmentum, *i*, n., soulagement, allégement, consolation, réconfort : [C] Pros. ; ***esse levamento alicui*** [C] Pros., être un soulagement pour qqn ; [+C] Pros.

Lĕvāna, *ae*, f., déesse qui protégeait l'enfant nouveau-né soulevé de terre [acte par lequel le père reconnaissait l'enfant] : [T] Pros.

lĕvātĭo, *-ōnis*, f. ¶**1** soulagement, allégement, adoucissement : Pros. ‖ atténuation : Pros., Pros. ¶**2** action de soulever [un poids] : Pros.

lĕvātŏr, *ōris*, m., voleur : Pros.

1 **lĕvātus**, *a, um*, part. de *2 levo*

2 **lēvātus**, part. de *1 levo* pris adj[t], poli, lisse : ***-tior*** Pros.

lĕvenna, *ae*, m., tête en l'air, homme léger : Pros.

1 **lēvi**, parf. de *lino*

2 **Lēvī**, m. indécl., troisième fils de Jacob : Pros. ‖ surnom de l'apôtre saint Matthieu : Pros.

Leviathan, m. indécl., nom d'un monstre symbolique : Pros.

lĕvĭcŭlus, *a, um*, de peu d'importance, futile : Pros. ‖ un peu vain : Pros.

lĕvĭdensis, *e*, [fig.] ***levidense munusculum*** Pros., mince présent

lĕvĭfĭdus, *a, um*, perfide, trompeur : Théât.

lēvĭgātĭo (laev-), *ōnis*, f., polissage : Pros.

1 **lēvĭgātus (laev-)**, *a, um*, part. de *1 levigo* pris adj[t], ***levigatior*** Pros., plus glissant, plus onctueux

2 **lĕvĭgātus**, *a, um*, de *2 levigo*

1 **lēvĭgō (laev-)**, *ās, āre, āvī, ātum* ¶**1** rendre lisse, rendre uni, polir : Pros. ; ***alvum*** Pros., lâcher le ventre ¶**2** réduire en poudre, pulvériser : Pros.

2 **lĕvĭgō**, *ās, āre, āvī, ātum*, tr., alléger : Pros.

lĕvĭpēs, *ĕdis*, m., f., léger à la course, aux pieds légers : Pros., Poés.

1 **lēvis (laevis)**, *e* ¶**1** lisse, uni : Pros. ‖ ***levia pocula*** Poés., coupes polies, brillantes ‖ [poét.] sans poil, sans barbe : ***levis juventas*** Poés., jeunesse imberbe ; Poés. [d'où] blanc, tendre, délicat : ***leve pectus*** Poés., blanche poitrine ‖ glissant, qui fait glisser : Poés. ¶**2** [rhét.] lisse, bien uni, où il n'y a rien de rugueux : ***oratio levis*** Pros., style qui coule bien ‖ ***-ior*** Poés. ; ***-issimus*** Poés.

2 **lĕvis**, *e*

I [pr.] ¶**1** léger, peu pesant : Poés., Pros. ; ***levis armatura*** Pros., troupes légères ‖ Poés. ; ***levius onus*** Pros., fardeau assez léger ¶**2** léger à la course, rapide, agile : ***ad motus levior*** Pros., plus léger pour se mouvoir ; ***leves venti*** Poés., les vents légers ‖ ***levior discurrere*** Poés., plus prompt à courir çà et là ¶**3** [nuances diverses] ***terra levis*** Poés., terre légère, qui n'est pas grasse ‖ ***levis cibus*** Pros., aliment léger, facile à digérer ; Poés. ‖ ***levis tactus*** Pros., léger contact ‖ ***loca leviora*** Pros., régions où l'air est plus léger, plus vif

II [fig.] ¶**1** léger, de peu d'importance : ***levis auditio*** Pros., un bruit sans consistance ; ***leve proelium*** Pros., escarmouche ; ***leviore de causa*** Pros., pour une cause moins importante ; ***levis dolor*** Pros., douleur légère ; ***levia quaedam*** Pros., des bagatelles ‖ ***in levi habere*** Pros., faire peu de cas de ¶**2** léger, doux : Pros. ; ***levior reprehensio*** Pros., reproche assez léger ; ***leve exsilium*** Pros., léger exil ; Pros. ¶**3** [moral[t]] léger, inconsistant : Théât., Pros. ; ***leves amicitiae*** Pros., amitiés superficielles

lĕvĭsomnus, *a, um*, qui a le sommeil léger : Poés.

lēvīta, ➡ *Levites*

1 **lēvĭtās (laev-)**, *ātis*, f., le poli : Pros. ‖ [méd.] ***intestinorum*** Pros., diarrhée, flux lientérique ‖ [fig.] poli du style : Pros., Pros.

2 **lĕvĭtās**, *ātis*, f. ¶**1** légèreté : Poés., Pros. ‖ mobilité : Poés. ¶**2** légèreté, inconstance, frivolité : Pros., Pros. ‖ faiblesse, futilité d'une opinion : Pros.

lĕvĭtĕr, adv. ¶**1** légèrement : Pros. ; ***levius*** Pros. ¶**2** légèrement, faiblement, peu, à peine : Poés., Pros. ; ***ut levissime dicam*** Pros., pour employer l'expression la plus adoucie ‖ facilement, sans difficulté : Pros.

lēvītēs (lēvīta), *ae*, m., lévite, ministre du temple de Jérusalem : Pros. ‖ diacre : Pros.

lēvītĭcus, *a, um*, des lévites : Pros.

Lēvītis (ĭdis), adj. f., ***gens***, les lévites : Poés.

1 **lēvō (laevō)**, *ās, āre, āvī, ātum*, tr., lisser, unir, polir, aplanir : Poés., Pros. ‖ épiler [par le frottement] : Pros. ‖ [fig.] ***aspera*** Pros., polir les expressions rugueuses

2 **lĕvō**, *ās, āre, āvī, ātum*, tr., alléger ¶**1** alléger, soulager, diminuer : ***annonam*** Pros., diminuer le prix du blé ; ***innocentium calamitatem*** Pros., soulager le malheur des innocents ; ***luctum alicujus*** Pros., alléger la douleur de qqn ; ***alicui metum*** Pros., alléger la crainte que qqn éprouve ¶**2** alléger qqn de qqch. : ***onere aliquem*** Pros., soulager qqn d'un fardeau ‖ débarrasser de, délivrer de : ***opinione aliquem*** Pros., débarrasser qqn d'une opinion fausse ‖ [avec gén.] : ***aliquem laborum*** Théât., délivrer qqn de ses peines ¶**3** soulager, ranimer, réconforter : Pros. ; ***viros auxilio*** Poés., soutenir par son aide les combattants ¶**4** affaiblir, détruire : Pros. ¶**5** soulever, élever en l'air : Pros. ; ***se levare sublimius*** Pros., s'élever plus haut dans les airs ; ***de caespite se levare*** Poés., se lever d'un tertre

lēvŏr (laev-), *ōris*, m., le poli : Poés.

lex, *lēgis*, f. ¶**1** motion faite par un magistrat devant le peuple, proposition de loi, projet de loi : ***legem ferre, rogare***, présenter un projet de loi au peuple : ***promulgare***, l'afficher [avant qu'il ne soit soumis au vote] ; ***perferre***, le faire voter ; ***sciscere, jubere***, l'agréer [en parlant du peuple] ; ***antiquare, repudiare***, le repousser, le rejeter ; ***suadere, dissuadere***, parler pour, contre, le soutenir, le combattre [devant d'assemblée du peuple] ¶**2** projet sanctionné par le peuple (*populus*), ordonnance émanant du peuple, la loi, différente du *plebiscitum*, ➡ Pros. ; ***lex ambitus, de pecuniis repetundis***, loi sur la brigue, sur les concussion : ***lex agraria***, loi agraire ; Pros. ; ***lege agere*** ; ➡ *ago* ; Pros. ; ***lex est ut*** Pros., il y a une loi ordonnant que ; ***lex est ne*** Pros., il y a une loi défendant que ‖ [fig.] loi, règle, précepte : Pros. ; ***leges imponere alicui*** Pros., faire la loi à qqn, le gouverner à sa guise ; ***lex naturae*** Pros., loi naturelle ; ***grammatica lex*** Pros., loi grammaticale ; ***citharae leges*** Pros., les lois du joueur de lyre [poét.] Poés. ¶**3** contrat, convention, condition, pacte [fixé par une formule immuable] : ***lex mancipii*** Pros., contrat de vente ‖ cahier des charges d'une entreprise : Pros. [en part.] ***leges censoriae*** Pros., contrats des censeurs [fixés aux fermiers de l'État] ‖ ***Manilianae leges*** Pros., les formules de Manilius ‖ clause, condition : Pros. ‖ [fig.] ***lex vitae*** ***a)*** condition imposée dès la naissance aux êtres vivants : Pros. ***b)*** règle de conduite : Pros. ¶**4** [chrét.] loi mosaïque : Pros.

lexeis, ➡ *verba* [raillerie à l'adresse d'un grécisant] : Poés., Pros.

lexĭdĭum (-ŏn), *ĭī*, n., petit mot : Pros.

Lexŏvĭī, *ōrum*, m. pl., Lexoviens [peuple de l'Armorique, établis dans le pays de Lisieux] : Pros.

Līa, *ae*, f., Léa [sœur aînée de Rachel] : Pros.

lĭăcŭlum, *i*, n., batte, outil de maçon : Pros.

lībāmĕn, *ĭnis*, n., libation, offrande aux dieux : Poés., Poés. ‖ [en gén.] Poés. ‖ [fig.] prémices : Poés.

lībāmentum, *i*, n. ¶**1** libation, offrande aux dieux dans les sacrifices : Pros. ¶**2** [fig.] prélèvement, extrait : Pros.

1 **Lĭbănus**, *i*, m., le Liban [montagne de Syrie] : Pros.

2 **Lībānus**, *i*, m., nom d'esclave : Théât.

3 **lĭbănus**, *i*, m., encens : Pros.

lībārĭus, *ĭī*, m., marchand de gâteaux, pâtissier : Pros.

Lĭbăs, *ădis*, f., nom de femme : Poés.

lībātĭo, *ōnis*, f., libation : Pros. ‖ offrande, sacrifice : Pros.

lībātŏr, *ōris*, m., celui qui offre en libation : Pros.

lībātōrĭum, *ĭī*, n., libatoire, vase pour les libations : Pros.

lībātus, *a, um*, part. de *1 libo*

lībella, *ae*, f. ¶**1** ***a)*** as [petite pièce de monnaie d'argent] : Pros. ***b)*** petite somme d'argent : Théât., Pros. ‖ ***ex libella*** ; ***ex asse*** Pros. ➡ *1 as* ¶**2** niveau, niveau d'eau : Poés.

lĭbellārĭs, *e*, constitué de livres : ***libellare opus*** Pros., livre, ouvrage

lĭbellĭo, *ōnis*, m., amateur de grimoires [fam.] : [C] Poés. ‖ bouquiniste : [+C] Poés.

lĭbellus, *i*, m., petit livre, opuscule [de toute espèce, soit d'un petit nombre de pages, soit de faible importance] ¶ **1** petit traité : [C] Pros. ‖ [avec idée de mépris] [C] Pros. ¶ **2** recueil de notes, agenda, cahier, journal : [C] Pros. ¶ **3** pétition : [C] Pros., [+C] Pros. ; ***Epaphroditus a libellis*** [+C] Pros., Épaphrodite chargé des requêtes ‖ supplique, placet : [C] Pros. ¶ **4** programme : [C] Pros., [+C] Pros. ¶ **5** affiche, placard : ***libellos proponere*** [C] Pros., exposer des affiches ¶ **6** lettre : [C] Pros. ¶ **7** libelle : [+C] Pros.

lĭbens (lŭbens), *tis*, part.-adj. de *libet* ¶ **1** qui agit volontiers, de bon gré, de bon cœur, avec plaisir, étant content : ***libens agnovit*** [C] Pros., il a reconnu volontiers, il a eu plaisir à reconnaître ; ***libente te*** [C] Pros., avec ton agrément ; ***libentissimis Graecis*** [C] Pros., avec le consentement le plus empressé des Grecs ‖ [dans les Inscr. formule fréq.] ***v. s. l. m.*** = ***votum solvit lubens merito***, il a acquitté son voeu de bon gré, comme de juste : [-C] Théât. ¶ **2** joyeux, content : [-C] Théât. ; [-C] Théât. ; ***lubentior*** [-C] Théât.

lĭbentĕr (lŭb-), volontiers, de bon gré, de bon cœur, avec plaisir, sans répugnance : [C] Pros. ‖ ***libentius*** [C] Pros. ; ***-issime*** [C] Pros.

1 **lĭbentĭa (lŭb-)**, *ae*, f., joie, plaisir : [-C] Théât. ‖ pl., [-C] Théât., [+C] Pros.

2 **Lĭbentĭa (Lŭb-)**, *ae*, f., déesse de la Joie : [-C] Théât.

Lĭbentīna (Lŭl-), f., déesse de la Volupté : [C] Pros.

1 **lībĕr**, *ĕra*, *ĕrum* ¶ **1** [socialement] libre, de condition libre : [C] Pros. ‖ m. pris subst[t], ***liber***, homme libre : [C] Pros. ¶ **2** [en gén.] affranchi de charges ***a)*** [C] Pros. ; ***agri liberi*** [C] Pros., terres exemptes de charges [en part.] ***praedia libera*** [C] Pros., terres franches, sans servitudes ***b)*** libre, non occupé, vacant : [C] Pros. ; ***liber lectulus*** [C] Pros., couche solitaire ; ***liberae aedes*** [C] Pros., maison inhabitée ¶ **3** [fig.] ***a)*** libre de, affranchi de : [C] Pros. ; ***a delictis*** [C] Pros., sans reproche ; ***curā*** [C] Pros., exempt de soucis ; ***laborum*** [C] Poés., débarrassé de ses travaux ‖ [poét.] ***libera vina*** [C] Poés., le vin qui libère ***b)*** libre, sans entraves, indépendant : [C] Pros. ; ***liberum fenus*** [C] Pros., intérêts illimités, usure sans frein ; ***libera custodia*** [C] Pros., une garde à vue [qui laisse la liberté des mouvements] ; [C] Pros. ; ***liberiores litterae*** [C] Pros., une lettre un peu libre : ***liberrime Lolli*** [C] Pros., ô mon cher Lollius, le plus indépendant des hommes ; ***res alicui libera*** [C] Pros., chose libre pour qqn, pour laquelle il a toute liberté ‖ ***liberum est alicui*** [avec inf.], il est loisible à qqn de : [C] Pros. ; [abl. abs. au n.] [+C] Pros.

2 **Lībĕr**, *ĕri*, m., Liber [vieille divinité latine, confondue plus tard avec Bacchus] : [C] Pros. ‖ [fig.] le vin : [-C] Théât., [C] Poés.

3 **lĭbĕr**, *bri*, m.

I liber [partie vivante de l'écorce] : [C] Pros., Poés.

II écrit composé de plusieurs feuilles, livre ¶ **1** livre, ouvrage, traité : [C] Pros. ; ***librum de aliqua re scribere*** [C] Pros., écrire un livre sur qqch. ; ***librum edere*** [C] Pros., publier un livre ¶ **2** [en part. au pl.] ***a)*** division d'un ouvrage, livre : [C] Pros., [+C] Pros. ***b)*** les livres Sibyllins : ***ad libros ire*** [C] Pros. ; ***libros adire*** [C] Pros., consulter les livres Sibyllins ‖ livres auguraux : [C] Pros. ***c)*** recueil : ***litterarum*** [C] Pros., recueil de lettres ¶ **3** toute espèce d'écrit : [lettre] [C] Pros. [rescrit, décret] [+C] Pros. [manuscrit] [+C] Pros.

Lībĕra, *ae*, f., partenaire féminine de Liber : [C] Pros. ‖ identifiée à Proserpine : [C] Pros. ‖ nom prêté à Ariane, compagne de Bacchus : [C] Poés.

Līberālĭa, *ĭum*, n., fêtes de Liber : [C] Pros., Poés., [T] Pros. ‖ ***ludi Liberales*** : [-C] Théât. ; Cf. *ludus* ¶ *1*

līberālis, *e* ¶ **1** relatif à une personne de condition libre : ***causa*** [C] Pros., affaire où la condition d'homme libre est en jeu ¶ **2** [fig.] qui sied à une personne de condition libre ***a)*** [en parlant du physique] noble, gracieux, bienséant : [-C] Théât. ***b)*** [en parlant du moral] noble, honorable, généreux : [-C] Théât. [en part.] libéral, bienfaisant : [C] Pros. ; ***in aliquem*** [C] Pros., envers qqn [avec gén.] ***pecuniae liberalis*** [C] Pros., libéral sous le rapport de l'argent ***c)*** [en parlant de choses] : ***liberalissima studia*** [C] Pros., les plus nobles études ; ***liberale responsum*** [C] Pros., réponse généreuse ; ***liberalior fortuna*** [C] Pros., une condition plus honorable, plus belle

līberālĭtās, *ātis*, f. ¶ **1** bonté, douceur, indulgence : [C] Pros. ‖ affabilité : [C] Pros. ¶ **2** [surtout] libéralité, générosité : [C] Pros. ¶ **3** [sens concret] libéralités, don, présent : [+C] Pros. ‖ pl., [+C] Pros.

līberālĭtĕr, adv., à la manière d'un homme libre ***a)*** courtoisement, amicalement : ***respondere*** [C] Pros., faire une réponse bienveillante ; ***liberalissime*** [C] Pros. ***b)*** noblement, dignement : ***liberaliter vivere*** [C] Pros., avoir une belle existence ; ***liberaliter educatus*** [C] Pros., qui a reçu une éducation libérale ***c)*** généreusement, libéralement, largement, avec munificence : [C] Pros. ; ***liberalius*** [C] Pros.

līberāmentum, *i*, n., délivrance : [T] Pros.

līberātĭo, *ōnis*, f. ¶ **1** délivrance, libération de qqch. : [C] Pros., [+C] Pros. ¶ **2** acquittement en justice ; [pl.] [C] Pros.

līberātŏr, *ōris*, m., [C] Pros. et **līberātrix**, *īcis*, f., celui ou celle qui délivre, libérateur, libératrice : [T] Pros. ‖ ***Liberator***, épithète de Jupiter : [+C] Pros.

līberātus, *a*, *um*, part. de *libero*

līberē, adv. ¶ **1** librement, sans empêchement, franchement, sans crainte, ouvertement : [C] Pros. ‖ ***-rius*** [C] Pros., Poés. ¶ **2** librement, spontanément : [C] Poés.

līberi, *rōrum* (*rum*), m. pl. ¶ **1** enfants [par rapport aux parents et non à l'âge] : ***liberos procreare*** [C] Pros., avoir des enfants ; ***ex aliqua liberos habere*** [C] Pros., avoir des enfants d'une femme ; V. *suscipio* : [+C] Pros. ¶ **2** [en parlant d'un seul enfant] [-C] Théât., [C] Pros. ¶ **3** enfants mâles : [+C] Poés.

Lībĕrĭus, *ĭi*, m., le pape Libère [352-366] : [T] Pros.

lībĕrō, *ās*, *āre*, *āvī*, *ātum*, tr., rendre libre ¶ **1** donner la liberté, affranchir [un esclave] : [-C] Théât., [C] Pros. ‖ délivrer de la royauté : ***patriam*** [C] Pros., donner la liberté à la partie ¶ **2** [en gén.] délivrer, dégager : ***aliquem aliqua re***, délivrer qqn de qqch. : [C] Pros. ‖ ***a Venere se*** [C] Pros., s'affranchir de Vénus ; ***a quartana liberatus*** [C] Pros., délivré de la fièvre quarte ¶ **3** exempter d'impôts : [C] Pros. ‖ libérer qqn [d'une dette] : [C] Pros. ‖ délivrer d'une obligation : ***fidem*** [C] Pros., dégager sa foi, remplir ses engagements ¶ **4** délier : ***promissa*** [C] Pros., délier d'une promesse, relever d'une promesse ; ***obsidionem*** [C] Pros., lever un siège ¶ **5** dégager, absoudre : ***aliquem culpae*** [C] Pros., absoudre qqn d'une faute ; ***voti liberari*** [C] Pros., se dégager, s'acquitter d'un voeu ¶ **6** traverser (passer) librement : ***flumen*** [+C] Poés., traverser un fleuve

līberta, *ae*, f., affranchie [par rapport au maître] : [C] Pros.

1 **lībertās**, *ātis*, f. ¶ **1** [civil[t]] liberté ***a)*** pl., [+C] Pros. ***b)*** usage des droits du citoyen : [C] Pros. ¶ **2** [politiq[t]] liberté [d'un peuple qui n'est soumis ni à la monarchie ni à un autre peuple], indépendance : [C] Pros. ‖ ***in libertate permanere*** [C] Pros., garder l'indépendance ¶ **3** [en gén.] liberté, libre pouvoir : [C] Pros. ; ***vivendi libertas*** [C] Pros. ; ***vitae*** [C] Pros., liberté de la vie, existence indépendante ; ***testamentorum*** [+C] Pros., liberté en matière de testaments [limitée par le droit civil] ; ***verborum*** [+C] Pros., liberté dans l'emploi des mots ‖ indépendance de qqn [conduite et paroles] : [C] Pros. ‖ hardiesse, franc-parler (παρρησία) : [+C] Pros. ¶ **4** [chrét.] libération [des observances de l'ancienne loi ou du péché] : [T] Pros.

2 **Lībertās**, *ātis*, f., déesse de la Liberté : [C] Pros.

lībertīna, *ae*, f., affranchie : [-C] Théât., [C] Poés., [+C] Pros.

1 **lībertīnus**, *a*, *um*, d'affranchi : ***libertinus homo*** [C] Pros., un affranchi [condition sociale] ; ***libertinus miles*** [+C] Pros., soldats recrutés parmi les affranchis

2 **lībertīnus**, *i*, m. ¶ **1** affranchi, esclave qui a reçu la liberté, V. *1 libertinus (homo)* ¶ **2** [au temps d'Appius Claudius] fils d'affranchi : [+C] Pros.

lībertus, *i*, m., → *liberatus* esclave qui a reçu la liberté, affranchi [par rapport au maître] : ***alicujus*** [C] Pros., affranchi de qqn

lĭbet (lŭb-), *ēre*, *bŭĭt*, *bĭtum est* ¶ **1** impers., il plaît, il fait plaisir : ***adde, si libet*** [C] Pros., ajoute, s'il te plaît ; ***cum Metrodoro lubebit*** [C] Pros., quand il plaira à Métrodore ‖ ***mihi, tibi, alicui libitum est*** [avec inf.], j'ai, tu as, qqn a trouvé bon de : [C] Pros. ¶ **2** intr., [avec pron. sg. n. sujet] : [C] Pros. ‖ [except[t] n. pl. sujet] [+C] Pros.

Lībēthra, *ōrum*, n. pl., **Lībēthrŏs**, **-us**, *i*, m., ***nymphae Libethrides*** [C] Poés., les Muses

Lībēthrum, *i*, n., ville de Thessalie : [C] Pros.

Libĭcĭi, m., → *Libui* : [C] Pros.

lĭbīdĭnŏr (lub-), *āris, ārī, ātus sum*, intr., se livrer à la débauche : [+C] Poés., Pros. ‖ être pris d'amour, énamouré : [+C] Pros.

lĭbīdĭnōsē (lŭb-), suivant son bon plaisir, arbitrairement, tyranniquement : [C] Pros.

lĭbīdĭnōsus (lŭb-), *a, um* ¶ **1** qui suit son caprice, sa fantaisie, ses désirs, capricieux, arbitraire, tyrannique, voluptueux, passionné, débauché [en parlant de pers. et de choses] : [C] Pros. ; ***homo libidinosissimus*** [C] Pros., le pire des débauchés ; ***libidinosae sententiae*** [C] Pros., idées voluptueuses ; ***libidinosissimae liberationes*** [C] Pros., les acquittements les plus arbitraires ; ***libidinosior*** [C] Pros. ¶ **2** passionné pour [avec gén.] : [+C] Pros.

lĭbīdo (lŭb-), *ĭnis*, f. ¶ **1** envie, désir : ***voluptatis*** [C] Pros., le désir de la volupté ; ***bonorum futurorum*** [C] Pros., envie des biens à venir ; ***ulciscendi*** [C] Pros., désir de la vengeance ‖ ***est libido*** [avec inf.] = ***libet***, il plaît de : [-C] Théât. ¶ **2** [en part.] désir déréglé, envie effrénée, fantaisie, caprice : [C] Pros. ; ***ad libidinem*** [C] Pros., arbitrairement, suivant le bon plaisir ‖ ***libidines***, les passions, les excès de tout genre : ***libidines comprimere*** [C] Pros., réprimer les excès [luxe] ; [C] Pros. ¶ **3** sensualité, désir amoureux, débauche, dérèglement : [C] Pros.

lĭbĭta, *ōrum*, → *libitus*

Lĭbĭtīna, *ae*, f. ¶ **1** déesse des morts : [+C] Pros. ¶ **2** appareil des funérailles : [C] Pros. ‖ cercueil : [+C] Poés. ‖ administration des pompes funèbres : [+C] Pros. ‖ la Mort [poét.] : [C] Poés., [+C] Poés.

lĭbĭtīnārĭus, *ĭi*, m., entrepreneur de pompes funèbres : [+C] Pros.

lĭbĭtum, *i*, n., → *libitus*

lĭbĭtum est, parf. de *libet*

lĭbĭtus, *a, um*, de *libet* ; subst. n. pl. *libita*, volontés, caprices, fantaisies : [+C] Pros.

1 **lībō**, *ās, āre, āvī, ātum*, tr. ¶ **1** enlever une parcelle d'un objet, détacher de : [C] Pros., Poés. ‖ ***terra libatur*** [C] Poés., la terre perd qqch. d'elle-même ; ***libatis viribus*** [C] Pros., les forces étant entamées ¶ **2** goûter à qqch., manger ou boire un peu de : ***libato jocinere*** [C] Pros., après avoir mangé un peu du foie ; ***cibos*** [C] Poés., goûter à des mets ; ***vinum*** [C] Pros., goûter au vin ; [C] Poés. ‖ [fig.] ***artes*** [+C] Pros., goûter aux sciences ¶ **3** effleurer : ***cibos digitis*** [C] Poés., toucher légèrement les mets de ses doigts ; ***oscula natae*** [C] Poés., effleurer les lèvres de sa fille d'un baiser ‖ ***altaria pateris*** [C] Poés., arroser les autels du vin des patères [dans un sacrifice] ¶ **4** verser, répandre en l'honneur d'un dieu : [C] Poés. ; ***alicui*** [C] Poés., faire des libations à un dieu ‖ [abl. abs. du part. n.] ***libato*** [C] Poés., la libation faite ¶ **5** offrir en libation aux dieux, consacrer : [C] Pros. ; ***diis dapes*** [C] Pros., offrir des mets en libation aux dieux ; [avec abl.]

2 **Lĭbo**, *ōnis*, m., Libon [surnom de la *gens Marcia* et de la *gens Scribonia*] : [C] Pros.

lĭbŏnŏtus, *i*, m., vent du sud-ouest [nommé aussi austro-africus] : [C] Pros.

lībra, *ae*, f. ¶ **1** livre romaine [poids = 324 g] : [C] Pros. ¶ **2** mesure pour les liquides : [+C] Pros. ¶ **3** balance : [C] Pros. ‖ balance utilisée dans l'acte ritualiste : [C] Pros. ‖ niveau : [+C] Pros. ; ***ad libram*** [C] Pros., de niveau ‖ la Balance [astr.] : [C] Poés.

lībrālis, *e*, d'une livre, pesant une livre : [+C] Pros.

lībrāmentum, *i*, n. ¶ **1** contrepoids des machines de guerre, poids : [C] Pros., [+C] Pros. ¶ **2** action de balancer, de mettre de niveau, en équilibre, égalité de niveau, surface plane : [C] Pros., [+C] Pros. ‖ [fig.] égalité : [+C] Pros. ‖ niveau d'une eau en équilibre : [+C] Pros.

1 **lĭbrārĭa**, *ae*, f., boutique de libraire, librairie : [+C] Pros.

2 **lībrārĭa**, *ae*, f., celle qui (pèse) donne la tâche : [+C] Poés.

lĭbrārĭŏlus, *i*, m., copiste : [C] Pros. ‖ écrivassier : [C] Pros.

lĭbrārĭum, *ĭi*, n., cassette à papiers, portefeuille : [C] Pros., [T] Pros.

1 **lībrārĭus**, *a, um*, pesant une livre : [-C] Pros., [+C] Pros.

2 **lĭbrārĭus**, *a, um*, relatif aux livres : ***libraria taberna*** [C] Pros., boutique de libraire ; ***scriptor librarius*** [C] Poés., copiste

3 **lĭbrārĭus**, *ĭi*, m., copiste, scribe, secrétaire : [C] Pros. ‖ libraire : [+C] Pros. ‖ professeur élémentaire : [T] Pros.

lībrātĭo, *ōnis*, f., action de mettre de niveau, nivellement : [C] Pros. ‖ position horizontale : [C] Pros. ‖ mouvement régulier, balancement : [+C] Pros.

lībrātŏr, *ōris*, m. ¶ **1** niveleur, celui qui prend le niveau : [+C] Pros. ¶ **2** celui qui fait jouer les machines de guerre : [+C] Pros.

lībrātus, *a, um*, part. de *libro*

lībrīle, *is*, n. ¶ **1** balance : [+C] Pros. ¶ **2** casse-tête [pierre attachée à un manche] : [C] Pros.

lībrīlis, *e*, ***fundae libriles*** [C] Pros., frondes lançant des projectiles d'une livre

lībrītŏr, *ōris*, m., → *librator* : [+C] Pros.

lībrō, *ās, āre, āvī, ātum*, tr. ¶ **1** peser avec la balance, [d'où] peser [fig.] : [+C] Poés. ¶ **2** mettre de niveau : ***pavimenta*** [-C] Pros., mettre une aire de niveau ; ***aquam*** [C] Pros., déterminer le niveau de l'eau ‖ mettre en équilibre, balancer : [C] Pros., [C] Poés. ¶ **3** balancer, lancer en balançant : [C] Poés. ; ***glans librata*** [C] Pros., le gland (projectile) balancé [par la fronde] ; [C] Poés. ‖ ***corpus in herba*** [C] Poés., marcher sur l'herbe avec précaution, s'avancer en se balançant

Libs, *Lĭbis*, m., de Libye : [T] Poés.

Libŭi Galli, **Libŭi**, *ōrum*, m. pl., peuple de la Gaule transpadane : [C] Pros.

lībum, *i*, n., sorte de gâteau [ordin[t] gâteau sacré] : [-C] Pros., [C] Poés., Pros. ‖ libation, offrande de vin : [T] Pros.

lĭburna, [C] Pros., [C] Poés., [+C] Pros., et **lĭburnĭca**, *ae*, f., [+C] Pros., liburne, navire léger [des Liburniens]

Lĭburni, *ōrum*, m. pl., Liburnes [habitants de la Liburnie] : [C] Poés., Pros.

lĭburnĭca, *ae*, f., → *liburna*

Lĭburnus, *a, um*, de Liburnie, Liburnien : [+C] Poés. ‖ subst. m., porteur, portefaix [ils étaient ordin[t] Liburniens] : [+C] Poés.

Lĭbўa, *ae*, f., [C] Pros., **Lĭbўē**, *ēs*, f., [C] Poés., [+C] Poés., la Libye [partie septentrionale de l'Afrique]

Lĭbўcus, *a, um*, libyen, de Libye : [C] Poés., Pros., [+C] Poés.

Lĭbўē, *ē*, f., → *Libya*

Lĭbўes, *um*, m. pl., Libyens [hab. de la Libye], → *2 Libys* : [C] Pros.

Lĭbўphoenīces, *um*, m. pl., Libyphéniciens [Libyens mélangés aux Phéniciens, habitant le pays de Tunis] : [C] Pros.

1 **Lĭbўs**, *yos*, adj., de Libye : [+C] Poés.

2 **Lĭbўs**, *yos*, m., Libyen : [+C] Théât. ; → *Libyes*

Lĭbyssus, *a, um*, de Libye, Africain : [C] Poés., [+C] Poés. ; ***Libyssa ficus*** [+C] Pros., sorte de figue [d'Afrique]

Lĭbystīnus, *a, um*, de Libye : [C] Poés. ‖ ***Libystinus Apollo*** [T] Pros., Apollon Libystinien [adoré en Sicile, contrée qu'il avait protégée contre les Africains]

Lĭbystis, *ĭdis*, f., de Libye : [C] Poés.

Lĭbўus, *a, um*, Libyen, de Libye : ***Libya terra*** [+C] Pros., la terre libyenne, la Libye

lĭcēbit, fut. de *1 licet*

1 **lĭcens**, *tis*, part.-adj. de *1 licet*, libre, hardi, déréglé, sans frein [en parlant des pers.] : [+C] Pros., [C] Poés., Théât. ‖ [en parlant des choses] [C] Poés., [+C] Poés. ; ***licentior*** [C] Pros.

2 **lĭcens**, *tis*, part. de *liceor*

lĭcentĕr, adv., capricieusement, trop librement, trop hardiment, sans frein : [C] Pros., [+C] Pros. ; ***licentius vivere cum aliquo*** [C] Pros., vivre trop librement avec qqn

lĭcentĭa, *ae*, f. ¶ **1** liberté, permission, faculté, pouvoir [de faire ce que l'on veut] : [C] Pros. ; ***ludendi*** [C] Pros., permission de jouer ; ***verborum*** [C] Pros., liberté dans le choix des mots ; ***poetarum*** [C] Pros., les droits concédés aux poètes ¶ **2** liberté sans contrôle, sans frein, licence : [C] Pros. ; ***alicujus licentia libidoque*** [C] Pros., licence et bon plaisir de qqn ‖ [moral[t]] licence, laisser-aller : [C] Pros., Poés. ‖ ***Licentia*** [C] Pros., la Licence

lĭcentĭōsus, *a, um*, libre, déréglé, licencieux, sans retenue : +C Pros. ‖ *-sior* C Pros.

lĭcĕō**, *et, ēre, cŭit, cĭtum* [seul^t à la 3e pers.] intr. ¶ **1** être à vendre, mis à prix, évalué : -C Théât. ; ***quanti C Pros., être mis à quel prix ¶ **2** mettre en vente, fixer un prix : +C Poés.

lĭcĕŏr, *ērĭs, ērī, cĭtus sum*, tr., offrir un prix, se porter acquéreur ¶ **1** [abs^t] C Pros. ¶ **2** [avec acc.] : ***hortos liceri*** C Pros., se porter acquéreur de jardins par voie d'enchères

Licerĭus, *ĭi*, m., nom d'un évêque d'Arles : +T Pros.

1 **lĭcĕt**, *ēre, cŭit* et *cĭtum est*, intr. et impers.
I intr., être permis [avec pron. n. pour sujet] : C Pros. ‖ [pl. rare] +C Pros.
II impers., il est permis ¶ **1** ***si per te licebit*** C Pros., si tu le permets [fut. d. st. indir.] ***liciturum esset*** C Pros. ‖ ***quoad licet*** C Pros., tant que cela est permis ¶ **2** [avec inf.] ***videre licuit*** C Pros., on aurait pu voir [inf. pass.] C Pros. ‖ [avec prop. inf.] : C Pros. ‖ [avec inf. pass.] C Pros. ‖ [avec subj.] : -C Théât., C Pros. ‖ [avec *ut*] : T Poés.

2 **lĭcĕt**, [employé comme conj. avec subj.] bien que, encore que : C Pros. ‖ [devant des adj. ou des adv.] C Poés., +C Pros.

lĭchănŏs, *i*, m., une des notes de la musique grecque : C Pros.

Lĭchās, *ae*, m., compagnon d'Hercule : C Poés.

lĭchēn, *ēnis*, m., lichen, ‖ maladie de la peau, ▶ *impetigo* : +C Poés.

lĭcĭa, *ōrum*, ▶ *licium*

lĭcĭātōrĭum, *ĭi*, n., ensouple [d'un métier de tisserand] : T Pros.

lĭcĭātus, *a, um*, mis sur le métier, commencé [fig.] : T Pros.

Lĭcĭnĭa, *ae*, f., nom de femme : C Pros. ‖ adj. f., ▶ *Licinius*

1 **Lĭcĭnĭānus**, *a, um*, de Licinius : +C Pros. ; ***Liciniana olea*** +C Pros., sorte d'olive ‖ subst. m. pl., Liciniens [descendants de Caton le Censeur, par Licinia, sa première femme] : +C Pros.

2 **Lĭcĭnĭānus**, *i*, m., nom d'homme : +C Poés.

Lĭcĭnĭus, *ĭi*, m., nom d'une famille romaine où l'on distingue l'orateur C. Licinius Crassus et le triumvir M. Licinius Crassus : C Pros., Poés. ‖ **-ĭus**, *a, um*, de Licinius : C Pros.

Lĭcĭnus, *i*, m., surnom romain : C Poés., +C Poés.

lĭcĭtātĭo, *ōnis*, f., vente aux enchères, licitation : C Pros.

lĭcĭtātŏr, *ōris*, m., enchérisseur : C Pros.

lĭcĭtātus, *a, um*, part. de *licitor*

lĭcĭtŏr, *ārĭs, ārī, ātus sum* ¶ **1** enchérir, surenchérir : -C Théât. ¶ **2** lutter, combattre : -C Pros.

lĭcĭtūrum esset, ▶ *1 licet*, impers.

lĭcĭtus, *a, um*, permis, licite, légitime : C Poés. ; ***licita*** +C Pros., les choses permises

lĭcĭum, *ĭi*, n. ¶ **1** lisse du métier à tisser : C Poés. ; ***tela*** = la chaîne, pl., C Poés., +C Poés. ¶ **2** fil, cordon [en gén.] : C Poés. ¶ **3** petite ceinture, cordelette : ***per lancem liciumque*** +C Pros. [ou] +C Pros.

lictŏr, *ōris*, m., licteur : ***lictores***, les licteurs [appariteurs attachés aux magistrats possédant l'*imperium* ; ils portaient les faisceaux, *fasces*, avec une hache au milieu] : ***primus lictor*** C Pros., le licteur de tête ; ***proximus*** C Pros., le plus rapproché du magistrat

lictōrĭus, *a, um*, de licteur : +C Pros.

lĭcŭi, parf. de *liceo* et de *liqueo*

lĭcŭit, parf. de *1 licet*

Lĭcus, *i*, m., rivière de Vindélicie [auj. le Lech] : +T Poés.

Lĭcymnĭa, *ae*, f., nom de femme : C Poés.

Lĭcymnĭus, *a, um*, de Licymne [ville d'Argolide] : +C Poés.

līdō, *ĭs, ĕre, -, -*, ▶ *laedo* : C Poés.

lĭēn, *ēnis*, m., -C Théât. et **lĭēnis**, *is*, m., +C Pros., la rate

lĭēnōsus, *a, um*, qui a mal à la rate : +C Pros. ‖ [fig.] ***cor lienosum*** -C Théât., coeur gonflé, splénique

lĭgāmĕn, *ĭnis*, n., lien, ruban, cordon : C Poés., +C Pros. ‖ bandage, bande : +C Pros.

lĭgāmentum, *i*, n., bandage, bande [méd.] : +C Pros.

Lĭgārĭus, *ĭi*, m., Q. Ligarius [proconsul d'Afrique, que Cicéron défendit auprès de César] : +C Pros. ‖ **-ĭānus**, *a, um*, qui concerne Ligarius : ***Ligariana (oratio)*** C Pros., discours pour Ligarius

lĭgātŏr, *ōris*, m., celui qui applique les amulettes : +T Pros.

lĭgātus, *a, um*, part. de *1 ligo*

Lĭgauni, *ōrum*, m. pl., peuple de la Narbonnaise : +C Poés.

Ligdus, *i*, m., Crétois, père d'Iphis : C Poés.

Lĭgēa, *ae*, f., nom d'une nymphe : C Poés.

Lĭgella, *ae*, f., nom de femme : +C Poés.

Lĭgĕr, *ĕris*, m., la Loire [fl. de la Gaule] : C Pros., Poés.

Ligĭi (Lygĭi), *ōrum*, m. pl., peuple de Germanie : +C Pros.

lignārĭus, *a, um*, subst. m., charpentier, menuisier : ***inter lignarios*** C Pros., [endroit de Rome] quartier des charpentiers ‖ esclave chargé de porter le bois : T Pros.

lignātĭo, *ōnis*, f., action de faire du bois, approvisionnement en bois : C Pros. ‖ lieu d'où on tire du bois : +C Pros.

lignātŏr, *ōris*, m., celui qui va faire du bois : C Pros.

lignĕus, *a, um*, de bois, en bois : C Pros. ‖ semblable à du bois sec : C Poés.

lignĭcīda, *ae*, m., bûcheron : C Pros.

lignŏr, *ārĭs, ārī, ātus sum*, intr., faire du bois, aller à la provision de bois : C Pros. ‖ ***lignatum ire*** -C Pros., -C Théât., C Pros. [jeu de mots sur *lora* destinés à lier les fagots ou à fouetter]

lignum, *i*, n., bois : -C Pros., C Pros., Poés. ; [prov.] ***in silvam ligna ferre*** C Poés., porter de l'eau à la rivière ‖ bois [de construction] : +C Poés. ‖ planche, tablette : +C Poés. ‖ [poét.] arbre : C Poés. ‖ bâton : T Pros. ‖ [chrét.] le bois de la croix : T Pros.

1 **lĭgō**, *ās, āre, āvī, ātum*, tr., attacher, lier, assembler : C Poés., +C Pros., Poés. ‖ entourer, encercler : C Poés., +C Poés. ‖ unir, joindre : C Poés. ‖ ratifier : C Poés., +C Pros.

2 **lĭgo**, *ōnis*, m., hoyau, houe : -C Pros., C Poés. ‖ [fig.] travail de la terre, agriculture : +C Poés.

lĭgŭla (lingŭla), *ae*, f. ¶ **1** petite langue, parcelle de terre : C Pros. ¶ **2** languette : -C Pros., C Pros. ¶ **3** cuiller : -C Pros., +C Pros., Poés. ¶ **4** petite épée : -C d. +C Pros. ¶ **5** bout aminci [d'un tuyau dans l'orgue hydraulique] : C Pros. ¶ **6** aiguille d'horloge : C Pros. ¶ **7** bec : [du levier] C Pros. ; [de flûte] ¶ **8** arête : +C Pros.

lĭgūmĕn, etc., ▶ *legumen*

1 **Lĭgŭr**, *ŭris*, +C Poés., **Lĭgus**, *ŭris*, m., C Poés., C Pros., Ligure ‖ adj. m. f., de Ligurie : +C Pros.

2 **Lĭgŭr**, *ŭris*, m., surnom dans la *gens Aelia* et la *gens Octavia* : C Pros.

Lĭgŭres, *um*, m. pl., Ligures, habitants de la Ligurie : C Pros. ; ▶ *1 Ligur*

Lĭgŭrĭa, *ae*, f., Ligurie [province maritime de la Cisalpine] : +C Pros.

lĭgūrĭō (lĭgurrĭō), *īs, īre, īvī* ou *ĭī, -*, tr., lécher : C Pros., Poés. ‖ [abs^t] toucher du bout des lèvres : -C Théât. ‖ [fig.] goûter à : C Pros. ‖ convoiter : C Pros.

lĭgūrītĭo (lĭgurr-), *ōnis*, f., gourmandise : C Pros.

lĭgūrītŏr (lĭgurr-), *ōris*, m., un délicat, un gourmand : T Pros.

1 **lĭgŭrĭus**, *ĭi*, m., sorte d'ambre : T Pros.

2 **Lĭgŭrĭus**, *ĭi*, m., nom d'homme : C Pros.

Lĭgurra, *ae*, f., nom de femme : +C Poés.

lĭgurrĭo, ▶ *ligurio*

Lĭgus, *ŭris*, m., ▶ *1 Ligur*

lĭgustĭcum, *i*, n., livèche [plante] : +C Pros.

Lĭgustĭcus, **Lĭgustīnus**, *a, um*, C Pros., de Ligurie, ligure

Lĭgustīnus, *i*, m., nom d'homme : C Pros. ‖ ▶ *Ligusticus*

Lĭgustis, *ĭdis*, Ligurienne : T Pros.

lĭgustrum, *i*, n., troène : C Poés.

Lĭlaea, *ae*, f., ville de Phocide : +C Poés.

līlĭum, *ĭi*, n., lis [plante et fleur] : C Poés. ‖ chevaux de frise [milit.] : C Pros.

Lĭlўbaeum (-ŏn), *i*, n., ville près du promontoire de Lilybée [auj. Marsala] : C Pros. ‖ **-baetānus**, C Pros., , **-baeus**, +C Poés., **-bēĭus**, *a um*, C Poés., de Lilybée

1 **līma**, *ae*, f., lime : -C Théât., +C Pros. ‖ [fig.] travail de la lime, révision, retouche, correction : C Poés., +C Pros.

2 **Līma**, *ae*, f., déesse qui veillait au seuil des portes : T Pros.

Līmāne (Lem-), *is*, n. et **-nis**, f., la Limagne [Auvergne] : +T Pros.

līmārĭus, *a*, *um*, épuratoire : +C Pros.

līmātē, adv., avec travail, avec correction ‖ ***limatius*** [compar.] T Pros.

līmātŭlus, *a*, *um*, finement limé, délicat : C Pros.

līmātus, *a*, *um*, part. de *2 limo* pris adj[t], passé à la lime = poli, châtié : ***limatius ingenium*** +C Pros., esprit plus cultivé ‖ [rhét.] qui supprime toute superfluité dans son style, simple, sobre : C Pros.

līmax, *ācis*, m., f., limace [mollusque] : C Pros. ‖ f., courtisane : -C Théât., C Pros.

limbŏlārĭus, **limbŭlārĭus**, *ĭi*, m., passementier, frangier : -C Théât.

limbus, *i*, m., bordure, lisière, frange : C Poés. ‖ ceinture : +C Poés. ‖ le Zodiaque : C Pros.

līmĕn, *ĭnis*, n., seuil : -C Théât., C Pros. ‖ porte, entrée : C Pros. ‖ maison, habitation : C Pros., Poés. ‖ [fig.] début, commencement [poét.] : C Poés., +C Pros. ‖ fin, achèvement : +C Pros. ‖ [poét.] la barrière [dans un champ de courses] : C Poés.

Līmentīnus, *i*, m., dieu qui veillait au seuil des portes : T Pros.

līmĕs, *ĭtis*, m. ¶**1** sentier, passage entre deux champs : C Pros., +C Pros. ‖ bordure, limite : C Poés., +C Poés. ‖ rempart : +C Pros. ¶**2** [en gén.] sentier, chemin, route : C Pros., Poés. [fig.] C Pros. ‖ sillon, trace : C Poés. ‖ [fig.] limite, frontière : +C Poés.

Limigantes, *um*, m. pl., peuple sarmate, sur les confins de la Pannonie : T Pros.

līmĭgĕnus, *a*, *um*, qui naît dans la vase : T Poés.

līmĭnăris, *e*, relatif au seuil : C Pros.

līmis, *e*, C. *1 limus* : T Pros.

līmĭtānĕus, *a*, *um*, qui garde les frontières : T Pros.

līmĭtāris, *e*, relatif aux limites : ***limitare iter*** C Pros., sentier qui fait limite

līmĭtātĭo, *ōnis*, f., bornage, délimitation : +C Pros.

līmĭtō, *ās*, *āre*, *āvī*, *ātum*, tr., fixer, déterminer : C Pros.

limma, *ătis*, n., demi-ton [mus.] : T Pros.

Limnaea, *ae*, f., Limnée [ville de Thessalie] : C Pros.

Limnaeum, *i*, n., nom d'un port en Acarnanie : C Pros.

Limnātis, *ĭdis*, f., surnom de Diane, protectrice des pêcheurs : +C Pros.

1 **līmō**, *ās*, *āre*, *āvī*, *ātum*, tr. ¶**1** aiguiser, frotter : ***caput cum aliquo*** -C Théât., frotter sa tête contre celle d'un autre, embrasser qqn ¶**2** [fig.] ***a)*** polir, achever, perfectionner, affiner : C Pros. ***b)*** amoindrir, diminuer : C Pros. ; ***se limare ad ...*** C Pros., se restreindre à ...

2 **līmō**, *ās*, *āre*, -, -, couvrir de boue [jeu de mots] : -C Théât.

Līmōnes, *um*, m. pl., divinités : T Pros.

Lĭmōnum (Lem-), *i*, n., ville des Pictons [auj. Poitiers] : C Pros.

līmōsus, *a*, *um*, bourbeux, vaseux, fangeux : C Poés.

limpĭdus, *a*, *um*, clair, transparent, limpide : C Poés., Pros.

limpŏr, V. *2 lymphor*

līmŭlus, *a*, *um*, ***limis (oculis) intueri*** -C Théât. ; C. *limis* d. *1 limus*

1 **līmus**, *a*, *um*, oblique ; ***limis (oculis) adspicere*** -C Théât. ; ***spectare*** -C Théât., regarder de côté, du coin de l'oeil, à la dérobée ; C Poés. ; V. *limis*

2 **līmus**, *i*, m., limon, vase, boue, fange : C Poés., Pros. ‖ dépôt, sédiment : C Poés. ‖ [fig.] boue, souillure : C Poés.

3 **līmus**, *i*, m., sorte de jupe [bordée dans le bas d'une bande de pourpre, à l'usage des victimaires] : C Poés.

līnāmentum, *i*, n., compresse, bande : +C Pros. ‖ pl., charpie : +C Pros. ‖ mèche de lin : +C Pros.

līnārĭus, *ĭi*, m., ouvrier qui travaille le lin : -C Théât.

linctus, *a*, *um*, part. de *lingo*

Lindus (-ŏs), *i*, f., Lindos [ville de l'île de Rhodes] : C Pros.

līnĕa (līnĭa), *ae*, f. ¶**1** fil de lin, cordon, ficelle : ***nectere lineas*** C Pros., tisser des ficelles ; ***linea dives*** +C Poés., riche collier, collier de perles ‖ [d'où] filet : +C Pros. ¶**2** ligne [pour la pêche] : -C Théât., +C Poés. ¶**3** cordeau [pour aligner] : C Pros. ‖ [d'où] alignement perpendiculaire : ***ad lineam ferri*** C Pros., tomber à la verticale ‖ ***rectis lineis*** C Pros., en droite ligne ¶**4** ligne, trait [fait avec une plume, un pinceau] : ***circumcurrens*** +C Pros., circonférence ; ***lineam scribere*** C Pros., tracer une ligne ¶**5** [sens divers] ***a)*** ligne [tracée à la craie, dans le cirque au bout de la carrière, C. *1 creta*] : C Pros. ‖ [fig.] ***transire lineas*** C Pros., dépasser le but, la limite ; -C Théât., +C Pros. ***b)*** ligne de séparation des places au cirque : C Poés. [fig.] +C Pros. ***c)*** traits du visage, C. *lineamenta* : T Pros.

līnĕālis, *e*, de ligne, fait de lignes : T Pros.

līnĕāmentum (līnĭā-), *i*, n., ligne, trait de plume, de craie : C Pros. ‖ pl., linéaments, contours, traits : C Pros. ; ***operum lineamenta*** C Pros., les contours (la ligne) de ces oeuvres d'art ‖ dessin du style : C Pros. ‖ traits [du visage] : C Pros.

līnĕāris, *e*, géométrique : +C Pros. ; ***linearis ratio*** +C Pros., la géométrie

līnĕātĭo, *ōnis*, f., ligne : C Pros.

līnĕātus, *a*, *um*, part. de *lineo*

līnĕō (līnĭō), *ās*, *āre*, *āvī*, *ātum*, tr., aligner : -C Pros., Théât., C Pros. ‖ ***lineatus*** T Pros., bien aligné = tiré à quatre épingles

līnĕŏla, *ae*, f., petite ligne [tracée] : +C Pros.

līnĕus, *a*, *um*, de lin : C Poés. ; ***linea terga*** C Poés., les épaisseurs de toile [du bouclier] ; C Pros.

lingō, *ĭs*, *ĕre*, *linxī*, *linctum*, lécher, sucer : -C Théât., C Poés., T Pros.

Lingŏnes, *um*, m. pl., Lingons [peuple de la Gaule Celtique, habitant le pays de Langres] : C Pros., +C Pros., Poés. ‖ peuple de la Gaule cispadane : C Pros. ‖ **-ŏnĭcus**, *a*, *um*, des Lingons : +C Poés. ‖ **Lingŏnus**, *i*, m., un Lingon : +C Pros., Poés.

lingua, *ae*, f. ¶**1** la langue : C Pros. ; ***lingua haesitare*** C Pros., parler avec difficulté, avoir la langue embarrassée ; ***ejecta lingua*** C Pros., tirant la langue ¶**2** langue, parole, langage : ***linguam continere*** C Pros., tenir sa langue, se taire ¶**3** langue d'un peuple : ***Latina, Graeca*** C Pros. ; ***utraque lingua*** C Poés., les deux langues [grec et latin] ‖ dialecte, idiome : +C Pros. [poét.] ***lingua volucrum*** C Poés., le langage des oiseaux ¶**4** façon de parler : +C Pros. ¶**5** [métaph.] ***a)*** plantes diverses : = ***lingulaca lingua bubula*** -C Pros., buglosse ; ***canina*** +C Pros., cynoglosse ***b)*** langue de terre : C Pros., +C Poés. ***c)*** bec du levier [v. *ligula*] : C Pros.

linguārĭum, *ĭi*, n., amende pour avoir eu la langue trop longue : +C Pros.

linguātus, *a*, *um*, qui a bonne langue, éloquent : T Pros. ‖ parlant [fig.], expressif : T Poés.

linguax, *ācis*, bavard : +C Pros.

1 **lingŭlāca**, *ae*, m. f., femme bavarde : -C Théât., C Poés.

2 **lingŭlāca**, *ae*, f., poisson plat [sole ou limande] : C Pros.

lingŭlus, *i*, m., querelleur : T Poés.

linguōsus, *a*, *um*, grand parleur, bavard : +C Pros., T Pros.

līnĭa, *ae*, f., V. *linea*

līnĭfĭcus, *a*, *um*, qui file du lin : T Pros.

līnĭgĕr, *ĕra*, *ĕrum*, vêtu de lin : ***linigera turba*** C Poés. ; ***grex liniger*** +C Poés., la troupe vêtue de lin, les prêtres d'Isis ; ***linigera juvenca*** C Poés. = Isis

1 **līnĭō**, *ās*, *āre*, -, -, C. *lineo*

2 **lĭnĭō**, *īs, īre, īvī, ītum*, C▸ *lino* : C Pros., +C Pros.

līnĭŏla, V▸ *lineola*

līnĭphĭ-, V▸ *liny*

lĭnītĭo, *ōnis*, f., vernissage, vernis : T Pros.

lĭnītus, *a, um*, part. de *2 linio*

lĭnō, *ĭs, ĕre, līvī* ou *lēvī, lĭtum*, tr., enduire, frotter, oindre ; ***aliqua re***, de qqch. : C Poés. : C Poés., Pros., +C Pros. ‖ couvrir, recouvrir [ce qui est écrit sur les tablettes], effacer : C Poés. ‖ barbouiller, souiller ; ***aliqua re***, de qqch. : C Poés., +C Poés. [fig.] C Pros.

linquō, *ĭs, ĕre, līquī, -* ¶ **1** laisser qqn, qqch. [sur place] : -C Théât. ‖ planter là qqn : C Poés. ‖ laisser derrière soi [en s'en allant] : C Pros., +C Poés. ‖ [fig.] laisser de côté qqch. (ne pas s'occuper de) : C Pros. ‖ [avec deux acc.] ***serpentem seminecem*** C Poés., laisser un serpent à demi mort ‖ [pass. impers.] ***linquitur*** : [avec *ut*] C Poés., il reste que ; [avec inf.] +C Poés., il reste à ¶ **2** abandonner : [sa ville, son pays] C Pros. [qqn] C Pros. ‖ ***linqui animo*** +C Pros. ; ***linqui*** C Poés., s'évanouir

lintĕāmĕn, *ĭnis*, n., linge : +C Pros.

lintĕātus, *a, um*, vêtu de lin, de toile : C Pros., +C Pros.

lintĕo, *ōnis*, m., tisserand : -C Théât.

lintĕŏlum, *i*, n., petite étoffe de toile : -C Théât. ‖ mèche de lampe : T Poés.

lintĕŏlus, *a, um*, de toile : T Poés.

lintĕr (lunter), *tris*, f. (obscur) ; gén. pl. *lintrium*, petite embarcation fluviale : C Pros. ‖ récipient de bois [à l'usage des vignerons], auge à fouler le raisin : -C Pros., C Poés. : C Poés.

Lintern-, V▸ *Lit-*

lintĕum, *i*, n., toile de lin : -C Théât., C Pros. ‖ toile : C Pros. ‖ voile : C Poés. ‖ rideau : +C Poés.

lintĕus, *a, um*, de lin : C Pros. ; ***lintei libri*** C Pros., livres de lin [chronique ancienne de Rome écrite sur lin]

līnum, *i*, n. ¶ **1** lin [plante et tissu] : C Poés., Pros. ¶ **2** fil : C Pros., +C Pros. ‖ ligne pour la pêche : C Poés. ‖ vêtement de lin : C Poés. ‖ voile de navire : +C Théât. ‖ corde, câble : C Poés. ‖ filet [pour la pêche ou la chasse] : C Poés. ‖ cuirasse de toile : +C Poés. ‖ mèche de lampe : T Pros.

Lĭnus (-ŏs), *i*, m., joueur de lyre [maître d'Orphée et d'Hercule qui, un jour, blâmé par son maître, le tua en le frappant de sa lyre] : C Poés. ‖ petit-fils de Crotope, dévoré par des chiens : +C Poés. ‖ autres du même nom : +C Poés., T Pros.

lĭō, *ās, āre, -, -*, tr., écraser, délayer, clarifier : +C Pros.

Lĭpăra, *ae*, f., Lipara [une des îles Éoliennes, auj. Lipari] ‖ pl., **-ae**, C Pros. ‖ **-rē**, *ēs*, f., C Poés., +C Poés. ‖ **Lĭpăraeus**, *a, um*, C Poés. ; **-rensis**, *e*, C Pros., **-rĭtānus**, *a, um*, +C Pros., de Lipari ‖ pl., **-raei**, **-renses**, C Pros., **-rĭtāni**, +C Pros., habitants de Lipari

Lĭpăris, *is*, m., fleuve de Cilicie : C Pros.

lippĭō, *īs, īre, īvī, -*, intr., avoir les yeux chassieux, enflammés : C Pros., +C Pros.

lippĭtūdo, *ĭnis*, f., lippitude, inflammation des yeux, ophthalmie : C Pros.

lippus, *a, um*, chassieux [en parlant des yeux] : -C Théât., +C Poés. ‖ chassieux [en parlant des pers.] : -C Théât., C Pros. ‖ qui a les yeux malades par la débauche : +C Poés. ‖ aveuglé : +C Poés. ‖ [fig.] ***lippa ficus*** +C Poés., figue qui coule [très mûre]

lĭquābĭlis, *e*, susceptible de se fondre : +C Pros., T Poés.

lĭquāmĕn, *ĭnis*, n., liquide, suc : +C Pros. ‖ ▸ *garum*, sauce, jus : +C Pros.

lĭquāmĭnātus, *a, um*, accommodé au garum : +C Pros.

lĭquātus, *a, um*, part. de *liquo*

lĭquĕfăcĭō, *ĭs, ĕre, fēcī, factum*, tr., [fig.] amollir : C Pros., +C Poés.

lĭquĕfactus, *a, um*, part. de *liquefacio*

lĭquĕfīō, *fīs, fĭĕrī, factus sum*, pass. de *liquefacio*, se fondre, se liquéfier : ***glacies liquefacta*** C Pros., glace fondue ‖ [fig.] se miner : C Poés.

lĭquens et **līquens**, *tis*, part. de *liqueo* et de *1 liquor*

lĭquĕō, *ēs, ēre, cŭī (quī), -*, intr. ¶ **1** être liquide : C Pros. ; ***res liquentes*** C Pros., les liquides ¶ **2** être clair, pur, limpide : T Poés. ‖ [fig.] ***ut liqueant omnia*** -C Théât., [je ferai en sorte] que tout s'éclaircisse ; C Pros. ‖ ***liquet***, impers., il est clair, certain, évident, manifeste : [avec prop. inf.] C Pros. ; [avec inf.] -C Théât. ; ***de aliqua re alicui liquet*** -C Théât., une chose est claire pour qqn ; [avec interrog. indir.] +C Pros. ; [formule de droit] ***non liquet***, il y a doute ***liquet***, la cause est entendue [en part., le juge inscrivant *N. L.* (= *non liquet*) sur sa tablette concluait à un plus ample informé] : C Pros., +C Pros.

lĭquescō, *ĭs, ĕre, lĭcŭī, -*, intr. ¶ **1** devenir liquide, se liquéfier, fondre : C Pros., Poés. ‖ devenir clair, limpide : C Pros. ¶ **2** [fig.] s'efféminer : C Pros. ‖ fondre, disparaître, s'évanouir : C Poés., +C Pros.

lĭquet, V▸ *liqueo*

lĭqui, parf. de *linquo* et qqf. de *liqueo*

lĭquĭdĭtās, *ātis*, f., pureté [de l'air] : +C Pros.

lĭquĭdĭuscŭlus, *a, um*, un peu plus pur, plus serein : -C Théât.

lĭquĭdō, adv., avec pureté, sérénité : +C Pros. ‖ clairement, nettement, avec certitude : ***confirmare liquido*** C Pros., affirmer nettement ‖ ***-ius*** C Pros.

lĭquĭdus, *a, um* ¶ **1** liquide fluide, coulant : ***crassus, liquidus*** C Poés., épais, fluide ‖ ***liquidum***, n. pris subst[t] eau : C Poés. ‖ [fig.] (style) coulant : C Pros. ¶ **2** clair, limpide : ***fontes liquidi*** C Poés., sources limpides : ***liquidum lumen*** C Poés., lumière limpide ; ***liquida nox*** C Poés., nuit transparente ; ***vox liquida*** C Poés., voix limpide ‖ [fig., en parlant du style] limpide : C Pros. ¶ **3** calme, serein [en parlant d'un homme, de l'esprit] : -C Théât., C Poés. ¶ **4** clair, certain : ***auspicium liquidum*** -C Théât., présage certain ‖ n. pris subst[t], ***liquidum***, clarté, certitude : C Pros. ; ***ad liquidum redigere aliquid*** +C Pros. ; ***perducere*** +C Pros., tirer qqch. au clair

lĭquō, *ās, āre, āvī, ātum*, tr. ¶ **1** rendre liquide, liquéfier : C Pros., +C Poés. ¶ **2** filtrer, clarifier : C Poés.

1 **līquŏr**, *quĕris, quī, -*, dép., être liquide, couler, fondre, se dissoudre : C Poés. ‖ [fig.] fondre, s'évanouir : -C Théât., C Poés.

2 **lĭquŏr**, *āris, ārī, -*, passif de *liquo*

3 **lĭquŏr**, *ōris*, m., fluidité, liquidité : C Poés., Pros. ‖ fluide, liquide : C Poés., Pros. [en parlant de la mer] C Poés.

līra, *ae*, f., billon, ados, sillon [agric.] : +C Pros.

līrātim, adv., en sillons : +C Pros.

Līrīnus, *i*, f., C▸ *Lerinus* : T Poés. ‖ **-nensis**, *e*, de Lérins [île Saint-Honorat] : T Pros.

Līrĭŏpē, *ēs*, f., nymphe, mère de Narcisse : C Poés.

Līris, *is*, m., rivière entre la Campanie et le Latium [Liri, Garigliano] : C Poés., Pros.

līrō, *ās, āre, āvī, ātum*, tr., labourer en billons [en relief] : C Pros.

līs, *lītis*, f. ¶ **1** différend, querelle, dispute : -C Théât., C Pros. ¶ **2** [droit] débat devant le juge, contestation en justice, procès : -C Théât., C Pros. ; ***privata lis*** C Pros., instance privée ¶ **3** objet du débat, chose réclamée [*res* ou *lis*] : ***orare litem*** C Pros., exposer sa réclamation, présenter sa cause ‖ [d'où, dans les procès de péculat et concussion] amende ou peine réclamée contre l'accusé : C Pros. ; ***in inferendis litibus*** C Pros., dans les réquisitions de peine ; ***in litibus aestimandis*** C Pros., quand il s'agit d'évaluer la peine

Lisinae, *ārum*, f. pl., ville de Thessalie : C Pros.

Lissus, *i*, f., ville de Dalmatie, au sud de Scutari [auj. Lezhë, en Albanie] : C Pros.

lītābĭlis, *e*, qui peut rendre favorable (un sacrifice) : T Pros.

lītāmĕn, *ĭnis*, n., sacrifice, offrande : +C Poés., T Poés.

Lĭtăna, *ae*, f., forêt de la Gaule Cisalpine : C Pros.

lĭtănĭa (lēt-), *ae*, f., prière : T Pros.

lĭtātĭo, *ōnis*, f., sacrifice heureux : -C Théât., C Pros.

lĭtātŏr, *ōris*, m., celui qui expie, médiateur : T Pros.

lĭtātus, *a, um*, part. de *lito*, qui a été offert avec de bons présages, agréé des dieux : [C] Poés. ; ***litato*** [abl. abs. n.] [C] Pros., après avoir obtenu d'heureux présages

lĭtĕra, etc., V. *littera*

Līternum (Lint-), *i*, n., Literne [port de Campanie] : [C] Pros., Poés. ‖ **-us**, *a, um*, de Literne : [C] Pros. ; ***Literna palus*** [+C] Poés., l'étang de Literne [ou] **-īnus**, *a, um* ‖ **Līternum**, [C] Pros., **Līternīnum**, *i*, n., maison de campagne de Literne [du premier Africain] : [C] Pros., [+C] Pros.

Līternus, *i*, m., rivière de Campanie [le Clanis] : [C] Pros.

lĭthostrōtum, *i*, n., pavement en mosaïque : [C] Pros.

1 **lĭthostrōtus**, *a, um*, [C] Pros., de mosaïque

2 **Lĭthostrōtus**, *i*, m., salle pavée en mosaïque (dans le tribunal de Pilate) : [T] Pros.

lĭtĭcĕn, *ĭnis*, m., celui qui joue du *lituus* : [-C] d. [+C] Pros., [C] Pros.

lītĭgātĭo, *ōnis*, f., contestation, débat : [T] Pros.

lītĭgātŏr, *ōris*, m., plaideur : [C] Pros., [+C] Pros.

lītĭgĕr, *ĕra, ĕrum*, qui concerne les procès, les tribunaux : [T] Poés.

lītĭgĭōsus, *a, um* ¶ **1** qui aime les procès, processif, querelleur : [C] Pros. ¶ **2** litigieux : [C] Pros. ‖ où l'on plaide : [C] Poés. ‖ ***litigiosa disputatio*** [C] Pros., discussion vive ‖ ***litigiosior*** [T] Pros.

lītĭgĭum, *ĭi*, n., contestation, querelle, dispute : [-C] Théât.

lītĭgō, *ās, āre, āvī, ātum*, intr., se disputer, se quereller : [-C] Théât., [C] Pros. ‖ être en litige, plaider : [C] Pros., [+C] Pros. ‖ passif impers. ***litigatur*** [+C] Pros., il y a procès, poursuite

lĭtō, *ās, āre, āvī, ātum*, intr. et tr.

I intr. ¶ **1** sacrifier avec de bons présages, obtenir de bons présages pour une entreprise : [C] Pros. ‖ [pass. impers.] [C] Pros. ; ***litatur alicui deo*** [C] Pros., on fait à un dieu un sacrifice avec des présages heureux : [C] Pros. ‖ [avec le dat.] [+C] Pros. ; [abl. abs. n.] [C] Pros. ¶ **2** [fig.] donner satisfaction à : ***publico gaudio*** [+C] Pros., satisfaire à la joie publique ¶ **3** donner de bons présages, annoncer le succès : ***victima litavit*** [+C] Pros., la victime donna de bons présages

II tr. ¶ **1** ***sacra litare***, sacrifier de façon heureuse, avec d'heureux présages : [C] Poés. ; ***sacris litatis*** [C] Poés., le sacrifice ayant été heureux, avec d'heureux présages ‖ [avec dat. de la divinité à qui on offre le sacrifice] : [+C] Poés. ¶ **2** offrir en sacrifice : [+C] Théât. ¶ **3** apaiser par un sacrifice : ***numen hostiis*** [T] Pros., apaiser la divinité en immolant des victimes ‖ faire expier : [C] Pros.

lĭtŏrālis, *e*, du rivage, du littoral : [C] Poés.

lĭtŏrĕus, *a, um*, du littoral : [C] Poés.

littĕra, *ae*, f., caractère d'écriture, lettre : [C] Pros. : ***litteris parcere*** [C] Pros., économiser l'écriture [le papier] ; [-C] Théât., [C] Pros. ‖ manière de former les lettres, écriture de qqn : [C] Pros. ‖ [pl.] lettre, missive, épître : [-C] Théât. ; V. *litterae II* ‖ [poét., au lieu du pl.] lettre, épître : [C] Poés.

littĕrae, *ārum*, f. pl.

I pl. de *littera*, v. ci-dessus

II toute espèce d'écrit ¶ **1** lettre, missive, épître : ***binae litterae*** [C] Pros., deux lettres ; ***dare alicui litteras ad aliquem*** [C] Pros., confier à qqn une lettre pour un destinataire ; ***reddere*** [C] Pros., remettre la lettre au destinataire ; ***remittere*** [C] Pros., envoyer une lettre en réponse ¶ **2** ***publicae*** [C] Pros., écritures publiques, actes officiels [en part.] registre, procès-verbal : [C] Pros. ¶ **3** ouvrage, écrit : [C] Pros. ‖ documents écrits : [C] Pros. ‖ littérature, lettres, production littéraire d'un pays : [C] Pros. ‖ [chrét.] ***litterae sanctae*** [+C] Pros., les Saintes Écritures ¶ **4** lettres, connaissances littéraires et scientifiques, culture : ***litteras nescire*** [C] Pros., être sans lettres [culture] ; [C] Pros. ; ***litterarum scientia*** [C] Pros., la connaissance de la littérature ; [C] Pros.

littĕrālis, *e*, épistolaire : [T] Pros.

littĕrārĭus, *a, um*, relatif à la lecture et à l'écriture : [+C] Pros.

littĕrātē, adv. ¶ **1** en caractères nets, lisibles : [C] Pros. ¶ **2** à la lettre, littéralement : [C] Pros. ¶ **3** en homme instruit, savant : [C] Pros. ‖ ***-tius*** [C] Pros.

littĕrātŏr, *ōris*, m., celui qui enseigne la lecture et l'écriture, professeur de classes élémentaires : [+C] Pros. ‖ grammairien, philologue : [C] Poés. ‖ [en oppos. à *litteratus*] demi-savant : [+C] Pros.

littĕrātōrĭus, *a, um*, subst. f. *litteratoria*, la grammaire : [+C] Pros.

littĕrātrix, *īcis*, f., grammairienne : [+C] Pros.

littĕrātūra, *ae*, f. ¶ **1** écriture : [C] Pros. ‖ alphabet : [+C] Pros. ¶ **2** grammaire, philologie : [+C] Pros. ‖ enseignement élémentaire : [+C] Pros.

littĕrātus, *a, um* ¶ **1** marqué de lettres, portant des caractères : [-C] Théât., [+C] Pros. ¶ **2** instruit, qui a des lettres : [C] Pros. ‖ relatif aux lettres, savant : ***litteratum otium*** [C] Pros., loisir studieux ; ***-tior*** [+C] Pros. ; ***-issimus*** [C] Pros. ‖ subst. m., ***litteratus***, interprète des poètes, critique : [+C] Pros.

littĕrĭo, *ōnis*, m., méchant pédagogue : [T] Pros.

littĕrŭla, *ae*, f. ¶ **1** petite lettre : [C] Pros. ¶ **2** pl., **littĕrŭlae**, petit mot, lettre courte : [C] Pros. ‖ modestes études littéraires : [C] Pros.

littor-, V. *litor-*

littus, V. *1 litus*

Litubium, *ĭi*, n., ville de Ligurie : [C] Pros.

lĭtūra, *ae*, f. ¶ **1** enduit : [+C] Pros. ¶ **2** rature, action de rayer : ***nominis*** [C] Pros., rature d'un nom ‖ rature, ce qui est rayé : ***esse in litura*** [C] Pros., porter des ratures ‖ tache de larmes : [C] Poés. ‖ ride : [+C] Poés.

lĭtūrō, *ās, āre, -, -*, tr., raturer : [T] Pros.

1 **lītŭs**, (et non **littus**, *ŏris*), n., rivage, côte, littoral : [C] Pros. ‖ site sur la plage : [C] Poés. : [+C] Pros. ‖ lieu de débarquement : [+C] Pros. ‖ [rive d'un fleuve] : [C] Pros., Poés. ‖ [d'un lac] : [C] Poés., [+C] Pros.

2 **lĭtus**, *a, um*, part. de *lino*

lĭtŭus, *i*, m., gén. pl. **lituum** ¶ **1** bâton augural : [C] Pros. ¶ **2** trompette [à pavillon courbé, V. *liticen*] : [C] Poés. ‖ signal : [C] Pros. ‖ [fig.] qui donne le signal, promoteur : [C] Pros.

līvēdo, *ĭnis*, f., tache bleue, marque d'un coup : [+C] Pros. ; V. *lividinus*

līvens, *tis*, part. de *liveo*

līvĕō, *ēs, ēre, -, -*, intr., être d'une couleur bleuâtre, livide : [C] Poés. ‖ [fig.] être envieux : [+C] Poés. ; [avec le dat.] envier : [+C] Pros., Poés.

līvescō, *ĭs, ĕre, -, -*, intr., devenir bleuâtre, livide : [C] Poés. ‖ [fig.] devenir jaloux, envieux : [T] Pros.

lĭvī, parf. de *lino* : [+C] Pros.

Līvĭa, *ae*, f., Livie [nom de femme ; not[t] Livie Drusilla, épouse d'Auguste ; Livie ou Livilla, épouse de Drusus, fils de Tibère] : [C] Poés., [+C] Pros. ‖ de Livius Andronicus : [C] Pros.

Līvĭānus, *a, um*, V. *Livius* et *Livia*

līvĭdīnus, *a, um*, tirant sur le bleu, bleuâtre : [+C] Pros.

līvĭdŭlus, *a, um*, un peu livide : [T] Poés. ‖ un peu envieux : [+C] Poés.

līvĭdus, *a, um*, bleuâtre, noirâtre : [C] Poés. ‖ qui provient d'un coup, bleu, livide : [C] Poés. ‖ rendu livide : [+C] Poés. ‖ [fig.] envieux, jaloux : [C] Pros. ‖ ***-dior*** [C] Pros. ; ***-issimus*** [C] Poés.

Līvilla, *ae*, f., fille de Germanicus et d'Agrippine : [+C] Pros.

Līvinēius, *i*, m., nom d'homme : [+C] Pros.

Līvĭus, *ĭi*, m., nom de famille romaine [not[t] Livius Salinator, qui eut comme esclave Livius Andronicus, de Tarente, devenu poète dramatique] : [C] Pros. ‖ Tite-Live, historien célèbre : [+C] Pros. ‖ ***Forum Livii*** ; V. *2 Forum* ‖ **-ĭus**, *a, um*, de Livius : [C] Pros. ; ***Livia arbos*** [+C] Pros., sorte de figuier ‖ **-ĭānus**, [C] Pros.

līvŏr, *ōris*, m., couleur bleu plombé, bleu provenant d'un coup : [-C] Théât., [+C] Pros. ; pl., ***livores*** [+C] Pros., taches livides ‖ [fig.] envie, jalousie, haine : [C] Pros., [+C] Pros.

lixa, *ae*, m., valet d'armée, vivandier : [C] Pros. ‖ appariteur : [+C] Pros.

lixīvĭa, *ae*, f., lessive : [+C] Pros.

lixīvus, *a*, *um*, de lessive : [-C] Pros. ; [subst. n.] ***lixivum*** [+C] Pros., lessive ‖ ***lixivum mustum*** [-C] Pros., mère goutte

lixŭlae, *ārum*, f. pl., gâteaux faits de farine, de fromage et d'eau : [C] Pros.

lŏca, V. *locus*

lŏcālis, *e*, local, du lieu : [T] Pros.

lŏcālĭtĕr, adv., dans le lieu, dans le pays : [T] Pros.

lŏcārĭum, *ĭi*, n., prix d'un emplacement : [C] Pros.

lŏcārĭus, *ĭi*, m., loueur de places [au spectacle] : [+C] Poés.

lŏcātīcĭus, *a*, *um*, donnée à loyer, de louage : [T] Pros.

lŏcātĭo, *ōnis*, f. ¶ **1** disposition, arrangement : [+C] Pros. ¶ **2** loyer, location, louage : [C] Pros., [+C] Pros. ‖ bail, adjudication, contrat de location : [C] Pros. ; [C] Pros. ; V. *conductio, conduco*

lŏcātŏr, *ōris*, m., bailleur [d'un marché] : [C] Pros.

lŏcellus, *i*, m., boîte, écrin : [+C] Pros., Poés.

lŏcĭtō, *ās*, *āre*, -, -, tr., donner à loyer : [-C] Théât.

1 **lŏcō**, *ās*, *āre*, *āvī*, *ātum*, tr. ¶ **1** placer, établir, disposer : ***castra ad Cybistra*** [C] Pros., établir son camp près de Cybistra ; ***vicos locare*** [+C] Pros., établir des villages ‖ ***in matrimonium, nuptiis, nuptum*** [ou simpl[t]] ***locare alicui virginem***, donner une jeune fille en mariage à qqn : [-C] Théât., [C] Pros. ¶ **2** donner à loyer, à ferme [v. *conduco*] : ***agrum, vectigalia*** [C] Pros., affermer un territoire, les impôts ‖ [d'où] ***locatum***, n. pris subst[t], louage, location, bail : [C] Pros. ‖ mettre en adjudication : ***tollendam basim*** [C] Pros., mettre en adjudication l'enlèvement du socle ‖ ***se locare*** [C] Pros., se louer ; [-C] Théât. ‖ placer de l'argent : [-C] Théât. ; ***alicui*** [-C] Théât., prêter à qqn à intérêts

2 **lŏco**, abl. sg. de *locus*

lŏcor, V. *loquor*

Lŏcri, *ōrum*, m. pl. ¶ **1** Locres [ville à l'extrémité méridionale du Bruttium] : [C] Pros. ¶ **2** Locriens, habitants de Locres [dans le Bruttium, surnommés Épizéphyriens] : [C] Pros. ‖ **-enses**, *ium*, m. pl., les Locriens [Bruttium] : [C] Pros.

Lŏcris, *ĭdis*, f., la Locride, partie d'Étolie : [C] Pros. ‖ une Locrienne : [C] Poés.

lŏcŭlāmentum, *i*, n., casier, boîte : [+C] Pros. ‖ alvéoles des ruches : [+C] Pros. ‖ [méc.] châssis [de l'hodomètre] : [C] Pros. ‖ étui [pièce qui ferme le cadre du treuil à l'arrière du fût de la catapulte], Cf. *scamellum, buccula* : [C] Pros.

lŏcŭlātus, [C] Pros., **lŏcŭlōsus**, *a*, *um*, qui est à compartiments, qui a des cases, des cellules

lŏcŭlus, *i*, m. ¶ **1** petit endroit : [-C] Théât. ¶ **2** cercueil : [+C] Pros., [T] Pros. ‖ pl., ***loculi***, boîte à compartiments, cassette : [C] Pros., Poés., [+C] Pros.

lŏcŭplēs, *ētis* ¶ **1** riche en terres, opulent : [C] Pros., [+C] Pros. ¶ **2** [en gén.] fortuné, riche : [C] Pros. ; ***praeda*** [C] Pros., riche de butin ‖ subst. m. un riche : [C] Pros. subst. f. [+C] Poés. ¶ **3** [fig.] ***oratione locuples*** [C] Pros., riche de style [mais pauvre d'idées] ‖ qui peut répondre, solvable : [C] Pros. ; ***locuples auctor (Thucydides)*** [C] Pros., une autorité digne de foi (Thucydide) ; ***testis locuples*** [C] Pros., un témoin sûr ‖ ***-tior*** [C] Pros. ; ***-issimus*** [C] Pros.

lŏcŭplētātĭo, *ōnis*, f., richesse : [T] Pros.

lŏcŭplētātŏr, *ōris*, m., celui qui enrichit : [T] Pros.

lŏcŭplētātus, *a*, *um*, part. de *locupleto*

lŏcŭplētissĭmē [inus. au positif] adv., très richement : [T] Pros. ‖ [fig.] ***-letius*** [+C] Pros.

lŏcŭplētō, *ās*, *āre*, *āvī*, *ātum*, tr., rendre riche, enrichir : [-C] Théât., [C] Pros.

lōcŭplētus, *a*, *um*, Cf. *locuples* : [+T] Poés.

lŏcus, *i*, m. ¶ **1** lieu ***a)*** endroit : ***in locum inferiorem concidere*** Caes., tomber dans un endroit en contrebas ‖ [dans un texte] passage : ***locum vertere*** Cic., traduire un passage ‖ [en part.] ***loca*** n. pl.,pays, contrée, région : ***ea loca incolere*** Caes., habiter ce pays ***b)*** place : ***ad locum venire*** Cic., venir sur place ; ***locum quemdam tenere*** Cic., tenir une certaine place ; ***verbum loco positum*** Cic., mot mis à la bonne place = employé opportunément ; ***in locum anulum invertere*** Cic., remettre un anneau en place ; ***quem habet locum fortitudo ?*** Cic., quelle place le courage tient-il ? ; ***ei rei nihil loci est*** Cic., il n'y a aucune place pour cette chose ; ***locum suspicioni dare*** Cic., donner place au soupçon = donner prise au soupçon ; ***meo loco*** Cic., à ma place ; ***loco dicere*** Cic., parler à son tour ; ***decimo loco*** Cic., en dixième lieu ; ***in hostium loco*** Caes., en lieu et place d'ennemis = comme des ennemis ; ***aliquem hostis loco habere*** Caes., traiter qqn comme un ennemi ***c)*** [en part.] place dans la société, rang, [d'où] naissance, famille : ***summus locus civitatis*** Cic., la plus haute place = le plus haut rang dans la cité ; ***infimo loco*** Cic., de basse naissance ; ***loco nobili natus*** Cic., né d'une famille connue ; ***equestri loco*** Cic., d'une famille de chevaliers ¶ **2** [d'où] ***a)*** point, degré : ***in eum locum ventum est ut ...*** Caes., on en vint à ce point que ... ***b)*** occasion, prétexte : ***alicui rei locum non relinquere*** Cic., ne pas laissser à qqch l'occasion de se produire ; ***non est locus ad tergiversandum*** Cic., il n'y a pas de prétexte pour reculer = il n'y a pas moyen de reculer ¶ **3** point, question, thème : ***locum breuiter tangere*** Cic., aborder brièvement un point ; ***locum tractare*** Cic., traiter une question ; ***philosophiae loci*** Cic., les points traités par la philosophie = les chapitres de la philosophie ; ***grauitatis locis uti*** Cic., utiliser les thèmes du sublime ‖ ***loci communes*** Cic., lieux communs ; ***loci*** [seul] Cic., même sens ¶ **4** [expressions avec sens temporel] ***interea loci*** Pl., pendant ce temps-là ; ***ad id locorum*** Sall., jusqu'à ce moment ; ***postea loci*** Sall., depuis ce moment-là, ensuite

1 **lŏcusta**, *ae* et **lŭcusta**, *ae*, f. ¶ **1** langouste : [+C] Pros. ¶ **2** sauterelle : [C] Pros.

2 **Lōcusta**, *ae*, f., Locuste [célèbre empoisonneuse, complice de Néron] : [+C] Pros., Poés.

lŏcūtĭlis, *e*, éloquent : [+C] Pros.

lŏcūtĭo, *ōnis*, f., action de parler, parole, langage : [C] Pros. ‖ manière de parler, langage : [C] Pros. ‖ prononciation : [+C] Pros. ‖ expression, tournure de style : [+C] Pros. ; [+C] Pros.

Lŏcūtĭus, *ĭi*, m., Aïus Locutius, dieu de la parole : [C] Pros.

lŏcūtŏr, *ōris*, m., celui qui parle : [+C] Pros., [T] Pros. ‖ grand parleur : [+C] Pros.

lŏcūtŭlēius, *i*, m., grand parleur, bavard : [+C] Pros.

1 **lŏcūtus (-quū-)**, part. de *loquor*

2 **lŏcūtŭs**, abl. *ū*, m., action de parler : ***soluto locutu*** [+C] Pros., en prose

lōdix, *īcis*, f., couverture [de lit] : [+C] Poés. ‖ m. [+C] Pros.

lœdŏrĭa, *ae*, f., calomnie : [T] Pros.

lœdus, *i*, m. arch., Cf. *ludus* : [C] Pros.

lŏgēum (-ĭum), *i*, n. ¶ **1** archives : [C] Pros. ¶ **2** Cf. *pulpitum* : [C] Pros.

lŏgĭcum, *i*, n., la logique : [T] Poés.

Lŏgistŏricus, *i*, m., titre d'un ouvrage de Varron : [+C] Pros.

lŏgīum, *ĭi*, n., pectoral, rational [pièce d'étoffe que le grand prêtre des Hébreux portait sur la poitrine et les épaules] : [T] Pros.

Logonpori, V. *Longomp*

lŏgŏs et **lŏgus**, *i*, m. ¶ **1** [pl.] paroles, discours : [-C] Théât. ‖ vains mots, bavardage : [-C] Théât. ‖ bons mots, plaisanteries : [-C] Théât., [C] Pros. ‖ fables : [+C] Pros. ¶ **2** rapport, proportion : [C] Pros.

lŏlĭācĕus, *a*, *um*, d'ivraie : [C] Pros.

lŏlĭārĭus, *a*, *um*, qui appartient à l'ivraie : [+C] Pros.

lŏlĭum, *ĭi*, n., ivraie [plante] : [C] Poés. ‖ ***lolio victitare*** [-C] Théât., se nourrir d'ivraie, [par suite] avoir de mauvais yeux [l'usage de l'ivraie ayant une influence mauvaise sur les yeux]

Lollĭa, *ae*, f., nom de femme : [C] Pros., [+C] Pros.

Lollĭānus, *i*, m., V. *Lollius*

lollīgo (lōlī-), *ĭnis*, f., ***lolligo volitans***, exocet [poisson] : [C] Pros.

Lollĭus, *ĭi*, m., nom d'une famille romaine : [C] Pros., Poés., [+C] Pros. ‖ **-ĭānus**, *a*, *um*, de Lollius : [+C] Pros.

lōmentum, *i*, n., savon, mélange de farine de fève et de riz employé par les Romaines : [+C] Poés.

Londĭnĭum (Lund-), *ĭi*, n., ville de Bretagne [auj. Londres] : [+C] Pros., [T] Pros.

longaevĭtās, *ātis*, f., longévité : [T] Pros.

longaevus, *a*, *um*, d'un grand âge, ancien : [C] Poés., [+C] Poés. ‖ subst. f., une vieille femme : [C] Poés.

longănĭmis, *e*, qui a de la longanimité, patient : [T] Pros.

longănĭmĭtās, *ātis*, f., longanimité : [T] Pros.

longănĭmĭtĕr, adv., patiemment : [T] Pros.

longăo, *ōnis*, m., saucisse : [+C] Pros.

Longārēnus, *i*, m., nom d'homme : [C] Poés.

longăvo, *ōnis*, m., [C] Pros., **-vus**, *i*, m., [T] Pros., saucisse

longē, adv. ¶ **1** en long, en longueur : ***longe lateque*** [C] Pros., en long et en large, sur une vaste étendue ; ***longe gradi*** [C] Poés., faire de grands pas ‖ [mais surtout] loin, au loin [pr. et fig.] : ***longe abesse*** [C] Pros., être éloigné ; ***longe procedere*** [C] Pros., s'avancer loin ‖ [compar. sans infl. sur la constr., c. *amplius*] [C] Pros. ¶ **2** [fig.] longuement, loin, au loin : ***aliquid longius dicere*** [C] Pros., exposer qqch. plus longuement ; ***labi longius*** [C] Pros., se laisser aller trop loin de son sujet ‖ ***paullo longius*** [C] Pros., un peu plus longtemps ¶ **3** grandement, beaucoup [mais avec des adj., adv. ou verbes marquant éloignement, différence, préférence] : ***longe abhorrere, dissentire, praestare, excellere, antecellere, anteponere, longe alius, dissimilis, aliter, secus***, etc. ; [C] Poés. ‖ [devant les superl.] de beaucoup, sans contredit : [C] Pros. ; ***longe eloquentissimus*** [C] Pros., de beaucoup le plus éloquent ‖ [devant les compar.] ***longe melior*** [C] Poés., bien supérieur

longĭlătĕrus, *a*, *um*, qui a de longs côtés : [T] Pros.

longinquē, adv., au loin, à distance : ***-quius*** [+C] Pros. ‖ après un long intervalle : [+C] Pros.

longinquĭtās, *ātis*, f. ¶ **1** longueur, étendue : [+C] Pros. ‖ distance, éloignement : [C] Pros., [+C] Pros. ¶ **2** longueur, durée : [-C] Théât., [C] Pros. ‖ longue période : [C] Pros.

longinquum, adv., longtemps, longuement : [-C] Théât.

longinquus, *a*, *um* ¶ **1** long, étendu : ***oculorum acies*** [+C] Pros., longue portée de la vue ¶ **2** à une grande distance, éloigné, lointain : ***loci longinquiores*** [C] Pros., lieux plus éloignés ; ***longinquae nationes*** [C] Pros., nations éloignées ‖ ***ex longinquo*** [+C] Pros., de loin ‖ n. pl., ***longinqua imperii*** [+C] Pros., les parties éloignées de l'Empire ; ***longinqua commemorare*** [C] Pros., parler de faits qui se passent au loin ¶ **3** vivant éloigné, étranger : [C] Pros. ‖ ***longinqui, propinqui*** [C] Pros., les gens éloignés, les voisins ¶ **4** long, qui dure longtemps : ***longinqui dolores*** [C] Pros., les douleurs longues ; ***longinqua consuetudo*** [C] Pros., rapports de longue durée ; ***longinquiore tempore*** [C] Pros., en un temps plus long ‖ éloigné : [C] Pros., [+C] Pros.

Longīnus, *i*, m., surnom romain, surtout dans la *gens Cassia* : [C] Pros. ‖ nom d'un évêque : [+T] Pros.

longiscō, *ĭs*, *ĕre*, *-*, *-*, inch., intr., s'allonger : [-C] Pros.

longĭtūdo, *ĭnis*, f. ¶ **1** longueur : [C] Pros. ¶ **2** longueur, durée, longue période : [C] Pros., [+C] Pros.

longĭturnĭtās, *ātis*, f., longue durée : [T] Pros.

longĭturnus, *a*, *um*, de longue durée : [T] Pros.

longĭuscŭlē, un peu plus loin, un peu trop loin : [T] Pros.

longĭuscŭlus, *a*, *um*, un peu plus long : [C] Pros.

longō, *ās*, *āre*, *-*, *-*, tr., prolonger [le temps] : [+T] Poés.

Longob-, V. ▶ *Lang-*

Longŭla, *ae*, f., ville des Volsques : [C] Pros.

longŭlē, adv., un peu loin, plutôt loin, assez loin : [-C] Théât., [+C] Pros.

longŭlus, *a*, *um*, assez long, plutôt long : [C] Pros.

longum, n. de *1 longus* pris adv[t], longtemps : [-C] Théât., [C] Poés., [+C] Poés.

Longuntĭca, *ae*, f., ville de la Tarraconaise : [C] Pros.

longŭrĭo, *ōnis*, m., grande perche [en parlant d'un homme] : [C] Poés.

longŭrĭus, *ĭi*, m., longue perche, gaffe : [C] Pros.

1 **longus**, *a*, *um* ¶ **1** long, étendu [espace et temps] : ***longissima epistula*** [C] Pros., la plus longue lettre ; ***longum intervallum*** [C] Pros., un long intervalle ; ***longa aetas*** [C] Pros., longue vie ; ***longa syllaba*** [C] Pros., syllabe longue ; ***littera*** [C] Pros., lettre longue [quantité] ; ***longus versus*** [-C] d. [C] Pros., hexamètre ‖ [en parlant de pers.] : [-C] Théât., [C] Pros., [C] Poés. ‖ [poét.] au loin : [C] Poés. ‖ spacieux, vaste : [C] Poés. ‖ éloigné : [+C] Pros., Poés. ¶ **2** [fig.] qui dure, long, trop long : [C] Pros. ; ***ne longum sit*** [C] Pros., pour abréger ; ***non faciam longius*** [C] Pros., je ne tarderai pas plus longtemps ; ***in longum parare*** [+C] Pros., préparer pour un long temps ; ***ex longo*** [C] Poés., depuis longtemps

2 **Longus**, *i*, m., surnom romain : [+C] Pros. ‖ ***Velius Longus***, grammairien : [+C] Pros.

lŏpăda, *ae*, f. et, **lŏpăs**, *ădis*, f., patelle [coquillage] : [-C] Théât.

lŏquācĭtās, *ātis*, f., bavardage, loquacité, verbosité, prolixité : [C] Pros.

lŏquācĭtĕr, adv., verbeusement : [C] Pros.

lŏquācŭlus, *a*, *um*, un peu bavard : [C] Poés.

lŏquax, *ācis*, bavard, loquace, verbeux : [C] Pros. ‖ [avec gén.] [+C] Pros. ‖ bavard, gazouilleur, babillard : [C] Poés. ‖ ***-cior*** [C] Pros. ; ***-issimus*** [C] Pros.

lŏquēla (-ella), *ae*, f., parole, langage, mots : [-C] Théât., [C] Poés. ‖ langue : ***Graia*** [C] Poés., langue grecque

lŏquens, *tis*, part. de *loquor*

lŏquentĭa, *ae*, f., facilité à parler, faconde : [+C] Pros.

lŏquĭtŏr, *ārĭs*, *ārī*, *ātus sum*, intr., parler beaucoup, abondamment : [-C] Théât., [+C] Pros.

lŏquŏr, *quĕrĭs*, *quī*, *lŏcūtus sum* (*lŏquūtus sum*), intr. et tr.

I intr., parler [dans la conversation, dans la vie ordinaire ; *dicere, orare*, parler en orateur] : [C] Pros. ; ***bene Latine*** [C] Pros., parler le latin purement ; ***de aliquo cum aliquo*** [C] Pros., parler de qqn à qqn ; ***secum*** [C] Pros., s'entretenir avec soi-même ‖ ***male loqui*** [-C] Théât., [C] Pros., mal parler, dire du mal

II tr. ¶ **1** dire : ***pugnantia*** [C] Pros., dire des choses contradictoires ‖ ***loquuntur***, on dit : [C] Pros. ¶ **2** parler sans cesse de, avoir toujours à la bouche : ***Curios, Luscinos*** [C] Pros., ne parler que des Curius, des Luscinus

lōra, *ae*, f., piquette : [-C] Pros., [C] Pros.

Loracīna, *ae*, m., fleuve du Latium : [C] Pros.

lōrāmentum, *i*, n., assemblage [en bois] : [T] Pros.

lōrārĭus, *ii*, m., fouetteur, celui qui donne les étrivières [aux esclaves] : [+C] Pros.

lōrĕola, *ae*, f., C. ▶ *laureola* : [C] Pros.

Lōrētānus Portūs, m., port d'Étrurie : [C] Pros.

lōrētum, V. ▶ *lauretum*

lōrĕus, *a*, *um*, de courroie, fait de courroies : [-C] Pros., Théât.

lōrīca, *ae*, f. ¶ **1** cuirasse : [-C] Théât., [C] Pros. ¶ **2** parapet [en clayonnage ajouté à la palissade] : [C] Pros., [+C] Pros. ‖ barrière, haie, clôture : [+C] Pros., [T] Pros. ‖ [archit.] protection [provisoire ou définitive] : [C] Pros. ; [C] Pros. ; [C] Pros.,

lōrīcātĭo, *ōnis*, f., action de revêtir : ***duplex*** [C] Pros., double plancher

lōrīcātus, *a*, *um*, part. de *lorico*

lōrīcō, *ās*, *āre*, *āvī*, *ātum*, tr., cuirasser, revêtir d'une cuirasse : ***loricatus*** [C] Pros., cuirassé ‖ recouvrir d'un enduit, crépir : [C] Pros.

lōrīcŭla, *ae*, f., petit parapet : [C] Pros.

lōrĭfĭcĭum, *ĭi*, n., assemblage de courroies : [+C] Pros.

lōrĭpēs, *ĕdis*, m. f., qui a les pieds en lanières (en coton), qui ne se tient pas sur ses jambes, aux jambes flageolantes : [-C] Théât., [+C] Poés., Pros.

Lorĭum, *ĭi*, n., villa d'Antonin le Pieux : [T] Pros.

lōrŭlum, *i*, n., licou : [T] Pros.

lōrum, *i*, n., courroie, lanière : [-C] Théât., [C] Pros., [+C] Pros. ‖ cuir [en gén.] : [+C] Poés. ‖ pl., les rênes : [C] Poés., [+C] Poés. ‖ fouet, martinet : [-C] Théât., [C] Pros. ‖ ceinture de Vénus : [+C] Poés. ‖ bulle en cuir [des enfants pauvres] : [+C] Poés. ‖ [prov.] ***lorum in aqua*** [+C] Pros., une lanière de cuir dans l'eau = une chose molle

lōrus, *i*, m., C. ▶ *lorum* : [+C] Pros.

Loryma, *ōrum*, n. pl., ville et port de Carie : [C] Pros.

Lot (Loth), m. indécl., Loth [neveu d'Abraham] : [T] Poés., Pros.

lōtĭo, *ōnis*, f., action de laver, lotion : [C] Pros.

Lōtĭs, *ĭdis*, f., [C] Poés. et **Lōtŏs**, *i*, f., nymphe aimée de Priape et changée en lotus

lōtĭum, *ĭi*, n., urine : [C] Pros.

Lōtŏphăgī, *ōrum* (*ōn*), m. pl., Lotophages : [T] Pros.

lōtŏs (lōtus), *i*, f., micocoulier [arbre] : [C] Poés. ‖ flûte de micocoulier : [C] Poés., [+C] Poés. ¶ **1** mélilot [plante] : [C] Poés. ¶ **2** sorte de jujubier : [C] Poés.

1 **lōtus**, *a*, *um*, part. de *2 lavo*

2 **lōtus**, *i*, f., V. *lotos*

Loxĭās, *ae*, m., surnom d'Apollon : [T] Pros.

loxŏtŏmus, *i*, m., nom d'une droite qui dans l'analemme coupe l'écliptique : [C] Pros.

Lŭa, *ae*, f., déesse qui présidait aux expiations : [C] Pros., [+C] Pros.

lŭbens, **lŭbet**, **lŭbīdo**, V. *lib*

Lŭbentĭa, **Lŭbentīna**, V. *Lib*

Lubĭenses, *ĭum*, m. pl., V. *Lib*

lūbrĭcō, *ās*, *āre*, *āvī*, *ātum*, tr., rendre glissant : [+C] Poés., Pros. ‖ [fig.] rendre vacillant, instable : [T] Poés.

lūbrĭcum, *i*, n. de *lubricus*, lieu lubrifié, glissant : [+C] Pros. ‖ ***lubrico paludum*** [+C] Pros., sur les marécages glissants ‖ [fig.] ***in lubrico versari*** [C] Pros., être sur un terrain glissant (risquer de trébucher) ; ***lubricum aetatis*** [+C] Pros., âge instable

lūbrĭcus, *a*, *um* ¶ **1** glissant : [-C] Théât., [C] Pros., [+C] Poés. ‖ lisse, uni : [+C] Poés. ¶ **2** qui glisse facilement, mobile : [C] Pros., Poés. ¶ **3** [fig.] glissant, incertain, dangereux hasardeux : [C] Pros. ; [avec inf.] [C] Poés. ‖ qui glisse, fuyant : [C] Poés., [+C] Pros. ‖ décevant, trompeur : [C] Poés. ‖ disposé, prêt à [avec inf. pass.] : [+C] Poés. ‖ chancelant, qui trébuche facilement : [+C] Pros. ¶ **4** impudique, lubrique : [T] Poés.

Lubs, V. *Libs*

Lūca, *ae*, f., ville d'Étrurie [auj. Lucques] : [C] Pros.

Lūca bōs, *Lūcae bŏvis*, m. f., éléphant [nommé improprement bœuf de Lucanie par les Romains] : [-C] Théât., [C] Pros., Poés. ‖ [avec tmèse] : [+C] Poés.

Lūcăgus, *i*, m., nom de guerrier : [C] Poés.

Lūcānĭa, *ae*, f., Lucanie [province méridionale d'Italie] : [C] Pros. ‖ **-ānus**, *a*, *um*, de Lucanie : [C] Pros. ‖ **Lūcāni**, *ōrum*, m. pl., les Lucaniens : [C] Pros.

lūcānĭca, *ae*, f., [C] Pros., [+C] Poés., [+C] Pros. ; **lūcānĭcum**, *i*, n., [+C] Poés., [T] Pros. ; **lūcānĭa**, *ōrum*, n. pl., [+C] Pros. ; **lūcāna**, *ae*, f., [C] Pros., saucisse

1 **Lūcānus**, *a*, *um*, V. *Lucania*

2 **Lūcānus**, *i*, m., Lucain [poète latin, du temps de Néron] : [+C] Poés., Pros.

3 **lūcānus**, *a*, *um*, ***ante lucanum (lucanam)*** [T] Pros., avant le jour

lūcar, *āris*, n., salaire des acteurs : [+C] Pros.

Lūcārĭa, *ĭum*, n., les Lucaria [fête des bois sacrés] : [T] Pros.

Lūcās, *ae*, m., saint Luc, évangéliste : [T] Poés.

Luccēia, *ae*, f., nom de femme : [+C] Pros.

Luccēius, *i*, m., ami de Cicéron : [C] Pros.

lūcĕ, abl. de *lux*

Luceium, n., forteresse de Galatie : [C] Pros.

lŭcellum, *i*, n., petit gain, léger profit : [C] Pros., Poés., [+C] Pros.

Lūcensis, *e*, de Luca, ville d'Étrurie : [C] Pros.

lūcĕō, *ēs*, *ēre*, *lūxi*, *-*, intr. ¶ **1** luire, briller, éclairer [en parlant des astres, du jour] : [C] Pros., Poés. ‖ apparaître, naître [le jour] : [+C] Poés., [T] Pros. ‖ impers. *lucet*, il fait jour : [C] Pros. ¶ **2** briller à travers, être visible : [C] Poés., [+C] Poés. ‖ [fig.] être évident, apparent, clair : [C] Pros. ¶ **3** tr., faire luire, faire briller : [-C] Pros., Théât.

Lūceres, *um*, m. pl., Luceres [une des trois tribus établies par Romulus] : [C] Pros., Poés.

Lūcĕrĭa, *ae*, f., Lucérie [ville d'Apulie] : [C] Pros. ‖ **-īnus**, *a*, *um*, de Lucérie : [C] Pros., **-īni**, m. pl., habitants de Lucérie : [C] Pros.

lŭcerna, *ae*, f., lampe : [C] Pros. ‖ travail de nuit : [+C] Poés. ‖ [fig.] guide, maître : [T] Pros.

lŭcernŭla, *ae*, f., petite lampe : [T] Pros.

lūcescō (lūciscō), *ĭs*, *ĕre*, *lūxi*, *-* ¶ **1** intr., commencer à luire : [C] Poés. ‖ commencer à briller : [C] Poés. ¶ **2** impers., ***luciscit*** ; le jour commence : [-C] Théât., [C] Pros.

Lūcĕtĭa, *ae*, f., **Lūcĕtĭus**, *ĭi*, m., surnoms de Junon et de Jupiter : [+C] Pros.

lūcĭdē, adv., clairement, avec lucidité : [C] Pros., [+C] Pros. ‖ ***lucidius*** [+C] Pros. ; ***-issime*** [+C] Pros.

lūcĭdŭm, n. pris adv[t], d'une manière brillante : [C] Poés.

lūcĭdus, *a*, *um* ¶ **1** clair, brillant, éclatant, plein de lumière : [C] Poés., [+C] Pros. ¶ **2** [fig.] plein de lumière, de pureté : [T] Pros. ‖ clair, lumineux, manifeste : [C] Poés., [+C] Pros. ‖ ***-dior*** [+C] Pros. ; ***-issimus*** [C] Pros.

1 **lūcĭfĕr**, *ĕra*, *ĕrum*, qui apporte la lumière, qui donne de la clarté : [C] Pros., Poés. ‖ qui porte un flambeau : [C] Poés. ‖ [fig.] qui produit la lumière [la vérité] : [T] Poés.

2 **Lūcĭfĕr**, *ĕri*, m., planète de Vénus, l'étoile du matin : [C] Pros., Poés. ‖ journée, jour : [C] Poés. ; ***paucis luciferis*** [C] Poés., dans quelques jours

Lūcĭfĕra, *ae*, f., surnom de Diane [la lune] : [C] Pros.

lūcĭfĕrax, *ācis*, très lumineux : [+T] Poés.

lūcĭfŭga, *ae*, m., C. *lucifugus* : [+C] Pros.

lūcĭfŭgus, *a*, *um*, qui fuit le jour, lucifuge : [C] Poés.

Lūcīlĭus, *ĭi*, m., nom d'une famille romaine ; [not[t]] C. Lucilius, chevalier romain, poète satirique : [C] Pros., Poés., [+C] Pros., Poés. ‖ Q. Lucilius Balbus, stoïcien, disciple de Panétius : [C] Pros. ‖ **Lūcīlĭānus**, *a*, *um*, de Lucilius [le poète] : [C] Pros.

Lūcīna, *ae*, f. ¶ **1** Lucine [nom d'Hécate] : [C] Poés. ¶ **2** Lucine, présidant aux accouchements, assimilée, tantôt à Diane : [C] Poés., Pros., tantôt à Junon : [-C] Théât., [C] Poés. ‖ [fig.] l'accouchement lui-même : [C] Poés. ‖ ***Lucinam pati*** [C] Poés., vêler

1 **lūcīnus**, *a*, *um*, qui concerne la naissance : ***lucina hora*** [T] Poés., heure natale

2 **lŭcĭnus**, C. *lychnus*

Lūcĭŏla, *ae*, f., [T] Poés. et **Lūcĭŏlus**, *i*, m., nom de femme, nom d'homme

lūcĭpărens, *tis*, m., f., père ou mère du jour : [T] Poés.

lūcĭsătŏr, *ōris*, m., père de la lumière : [T] Poés.

lūcisco, V. *lucesco*

lūcĭus, *ĭi*, m., brochet [poisson] : [T] Poés.

lŭcrātīvus, *a*, *um*, lucratif, profitable, avantageux : [C] Pros., [+C] Pros.

lŭcrātus, *a*, *um*, part. de *lucror*

Lŭcrētĭa, *ae*, f., Lucrèce [épouse de Tarquin Collatin, célèbre par sa vertu] : [C] Pros., Poés., [+C] Poés. ‖ une Lucrèce [une femme honnête] : [+C] Poés., Pros.

Lŭcrētĭlis, *is*, m., Lucrétile [montagne des Sabins, auj. Monte Gennaro] : [C] Poés.

Lŭcrētĭus, *ĭi*, m., nom d'une famille romaine [not[t]] le père de la fameuse Lucrèce : [C] Pros. ‖ Lucrèce [T. Lucretius Carus, poète latin] : [C] Pros., [+C] Pros.

lŭcrĭcŭpīdo, *ĭnis*, f., soif du gain, cupidité : [+C] Pros.

lŭcrī făcĭo (lŭcrĭfăcĭo), V. *lucrum*

lŭcrĭfĭcābĭlis, *e*, qui apporte du gain [mot forgé] : [-C] Théât.

lŭcrĭfĭcus, *a*, *um*, C. *lucrificabilis* : [-C] Théât.

lŭcrĭfĭo, plutôt **lŭcrī fīo**, V. *lucrum*

lŭcrĭfŭga, *ae*, m., qui fuit le gain : [-C] Théât.

Lŭcrĭī dĭī, m., dieux qui président au gain : [T] Pros.

Lŭcrīnensis, V. *Lucrinus*

Lŭcrīnus lacus, [ou abs[t]] **Lŭcrīnus**, m., le lac Lucrin [dans la Campanie, près de Pouzzoles] : [C] Pros., Poés. ‖ **-nus, *a, um***, du lac Lucrin : [C] Poés. ‖ **Lucrīna**, ***ōrum***, n. pl., huîtres du lac Lucrin : [+C] Poés.

lŭcrĭpes, ***ĕtis***, **lŭcrĭpĕta**, ***ae***, m., âpre au gain, cupide : [-C] Théât.

lŭcrĭus, ***a, um***, qui préside au gain : [T] Pros.

lŭcrŏr, ***ārĭs, ārī, ātus sum***, tr., gagner, avoir comme bénéfice, comme profit : [C] Pros. ‖ [fig.] acquérir, obtenir : [C] Poés., Pros. ‖ gagner, persuader, convertir : [T] Pros. ‖ faire l'économie de, échapper à : [+C] Pros.

lŭcrōsē, adv., ***lucrosius*** [T] Pros.

lŭcrōsus, ***a, um***, lucratif, profitable, avantageux : [C] Poés., [+C] Pros.

lŭcrum, ***i***, n., gain, profit, avantage : [C] Pros. ; ***in lucris ponere*** [C] Pros., compter comme bénéfice ; ***lucrum facere*** [-C] Théât., [C] Pros. ; ***lucra facere*** [C] Pros., faire du bénéfice, faire des bénéfices ; ***lucri facere aliquid*** [-C] Théât., gagner qqch. ; [C] Pros. ; ***de lucro vivere*** [C] Pros., vivre comme par miracle (par un bénéfice inespéré) ; [opposé à *damnum*] ‖ amour du gain, avarice : [+C] Poés., Théât. ‖ fortune, bien : [C] Poés. ‖ [chrét.] [T] Pros.

luctāmĕn, ***ĭnis***, n., effort, lutte : [C] Poés.

luctans, ***tis***, part. prés. de *luctor*

Luctātĭānus, **Luctātĭus**, → *Lut*

luctātĭo, ***ōnis***, f., lutte, combat [pr. et fig.] : [C] Pros., [+C] Pros.

luctātŏr, ***ōris***, m., lutteur : [C] Poés., [+C] Pros.

luctātus, ***a, um***, part. de *luctor*

luctĭfĕr, ***ĕra, ĕrum***, porteur de deuil, malheureux : [+C] Poés., Théât.

luctĭfĭcābĭlis, ***e***, pitoyable : [-C] d. [+C] Poés.

luctĭfĭcus, ***a, um***, qui cause de la peine, du chagrin, triste : [C] Pros., Poés.

luctĭsŏnus, ***a, um***, qui rend un son triste : [C] Poés.

luctō, ***ās, āre, -, -***, → *luctor* : [-C] Pros., Théât., [C] Pros.

luctŏr, ***ārĭs, ārī, ātus sum***, intr., lutter : [-C] Théât., [C] Pros. ‖ lutter, combattre : [C] Pros. ; [C] Poés. ‖ [avec inf.] lutter pour : [C] Poés. ‖ lutter contre : ***cum aliquo*** [C] Pros. ; [avec dat.] [+C] Poés. ; [avec abl.] [+C] Poés., Pros. ‖ [dat. ou abl., incertain] [C] Poés., Pros.

luctŭōsē, adv., d'une façon pitoyable : [C] Pros. ‖ ***-sius*** [C] Pros., d'une manière plus déplorable

luctŭōsus, ***a, um*** ¶ **1** qui cause de la peine, du chagrin, douloureux : [C] Pros. ¶ **2** plongé dans le deuil : [C] Poés. ‖ ***-sior*** [C] Pros ; ***-issimus*** [C] Pros.

luctŭs, ***ūs***, m. ¶ **1** douleur, chagrin, affliction, détresse [qui se manifeste extérieurement, d'ordin. à l'occasion de la mort d'une personne chère] : [C] Pros. ; [avec gén obj.] ***luctus filii*** [C] Pros., douleur au sujet de la mort d'un fils ‖ pl., crises d'affliction : [C] Pros. ¶ **2** les signes extérieurs de la douleur, deuil, appareil funèbre : [C] Pros. [avec gén. obj.] [+C] Pros. ‖ sujet de douleur, source d'affliction : [C] Poés. ‖ ***Luctus***, le dieu de la douleur : [C] Poés.

lūcŭbrātĭo, ***ōnis***, f., travail de nuit : [-C] Pros., [C] Pros. ‖ toute chose faite de nuit : [C] Pros.

lūcŭbrātĭuncŭla, ***ae***, f., courte veillée : [+C] Pros. ‖ pl., opuscules : [+C] Pros.

lūcŭbrātōrĭus, ***a, um***, de veille, qui sert pour veiller : [+C] Pros.

lūcŭbrātus, ***a, um***, part. de *lucubro*

lūcŭbrō, ***ās, āre, āvī, ātum*** ¶ **1** intr., travailler à la lueur de la lampe, de nuit : [C] Pros., [+C] Pros. ¶ **2** tr., faire de nuit : [C] Pros., [+C] Pros.

lūcŭlentē, adv., nettement : [+C] Pros. ‖ splendidement, excellemment : [-C] Théât., [C] Pros.

lūcŭlentĕr, adv., fort bien : [C] Pros.

lūcŭlentĭa, ***ae***, f., pl., [T] Pros.

lūcŭlentus, ***a, um*** ¶ **1** brillant, lumineux : [-C] Théât., [C] Pros. ¶ **2** [fig.] distingué, qui frappe le regard, de bel aspect : [-C] Théât. ‖ qui fait impression, important : [en parlant de fortune] [-C] Théât., [C] Pros. ‖ ***luculenta plaga*** [C] Pros., blessure d'importance, belle blessure [en parlant de discours, de témoignages] qui a de l'autorité, du poids (par la netteté) : ***verba luculentiora*** [C] Pros., paroles plus nettes, plus précises

lŭculla, → *laculla*

Lūcullus, ***i***, m., nom d'une branche de la *gens Licinia* [not[t] L. Licinius Lucullus, célèbre par ses victoires sur Mithridate et par ses richesses] : [C] Pros.

1 **Lŭcŭmo**, (et sync. **Lucmo**), , **Lucmōn**, ***ōnis***, m., Lucumo [allié de Romulus] : [C] Pros. ‖ nom que portait Tarquin l'Ancien avant de s'établir à Rome : [C] Pros. ‖ autre du même nom : [C] Pros.

2 **lŭcŭmo**, ***ōnis***, m., chef de tribu chez les Étrusques : [C] Poés.

lŭcŭmōnĭus, ***ĭi***, m., → *2 lucumo* : [C] Poés.

lŭcuncŭlus, ***i***, m., sorte de pâtisserie délicate, petit gâteau : [-C] Théât., [+C] Poés., Pros.

lŭcuns, ***untis***, m., pâtisserie, gâteau : [C] Poés.

1 **lūcus**, ***i***, m. (arch. **loucos**), → *luceo* bois sacré : [C] Pros., [+C] Pros. ‖ bois [poét.] : [C] Poés.

2 **Lūcus**, ***i***, m., nom de plusieurs villes, not[t] dans la Viennoise [auj. Luc-en-Diois, Drôme] : ***Lucus Augisti*** [+C] Pros., même ville

1 **lŭcusta**, ***ae***, f., → *1 locusta* : [C] Pros.

2 **Lūcusta**, ***ae***, f., → *2 Locusta*

lūdĭa, ***ae***, f., danseuse : [+C] Poés. ‖ femme de gladiateur : [+C] Poés.

lūdĭbrĭōsē, adv., d'une manière insultante, outrageante : [T] Pros.

lūdĭbrĭōsus, ***a, um***, insultant, insolent : [+C] Pros. ‖ dérisoire : [T] Pros. ‖ subst. n. pl., outrages : [T] Pros.

lūdĭbrĭum, ***ĭi***, n. ¶ **1** moquerie, dérision : ***ludibrio habere aliquem*** [-C] Théât., se moquer de qqn ; [C] Pros. ; ***per ludibrium*** [C] Pros., d'une façon ridicule ; ***ludibrium oculorum*** [C] Pros., chose destinée à abuser la vue, à faire illusion ‖ outrage : ***corporum ludibria*** [+C] Pros., outrages faits aux personnes ¶ **2** objet de moquerie, jouet, risée : [C] Pros. ; ***ludibria fortunae*** [C] Pros., jouets de la fortune

lūdĭbundus, ***a, um***, qui joue, folâtre : [-C] Théât., [C] Pros., [+C] Pros. ‖ sans difficulté, sans danger, en se jouant : [C] Pros.

lūdĭcĕr (**-crus**), ***cra, crum***, divertissant, récréatif : [C] Pros., [+C] Pros.

lūdĭcrē, adv., en jouant, en badinant : [-C] Pros., Théât., [+C] Pros.

lūdĭcrum, ***i***, n., jeu public [au cirque ou au théâtre] : [C] Pros., [+C] Pros. ‖ amusement, plaisir : [C] Poés., Pros.

lūdĭcrus, → *ludicer*

lūdĭfĭcābĭlis, ***e***, propre à duper : [-C] Théât.

lūdĭfĭcābundus, ***a, um***, qui dupe, qui mystifie : [T] Pros.

lūdĭfĭcātĭo, ***ōnis***, f., action de se jouer, mystification : [C] Pros.

lūdĭfĭcātŏr, ***ōris***, m., trompeur, celui qui dupe : [-C] Théât.

lūdĭfĭcātōrĭus, ***a, um***, décevant : [T] Pros.

1 **lūdĭfĭcātus**, ***a, um***, part. p. de *ludifico*

2 **ludĭfĭcātus**, ***a, um***, part. de *ludificor*

3 **lūdĭfĭcātŭs**, ***ūs***, m., [seul[t] au dat.] moquerie, risée : [-C] Théât.

lūdĭfĭcō, ***ās, āre, āvī, ātum***, tr., rire de, se jouer de, railler, décevoir : [-C] Théât. ‖ [au pass.] [-C] Théât., [C] Poés., Pros. ‖ [abs[t]] user de détours : [C] Pros.

lūdĭfĭcŏr, ***ārĭs, ārī, ātus sum***, tr., se jouer de, se moquer de, tourner en ridicule, décevoir, tromper : ***aliquem*** [-C] Théât. ; ***aliquam rem*** [C] Pros., se jouer de qqn, de qqch. ; [+C] Pros. [abs[t]] [C] Pros. ‖ esquiver en se jouant, éluder : [C] Pros., [+C] Pros.

lūdĭo, ***ōnis***, → *ludius* : [C] Pros., [+C] Pros.

lūdĭus, ***ĭi***, m., histrion, pantomime, danseur : [-C] Théât., [C] Pros., Poés. ‖ gladiateur : [+C] Poés.

lūdō, ***ĭs, ĕre, lūsī, lūsum***, intr. et tr.

I intr. ¶ **1** jouer : ***tesseris*** [-C] Théât. ; ***aleā*** [C] Pros., jouer aux dés, aux jeux de hasard ; ***pilā*** [C] Pros., jouer à la paume ‖ [acc. de l'objet intér.] ***consimilem ludum*** [-C] Théât., jouer le même jeu ; ***aleam*** [+C] Pros., jouer aux jeux de hasard ; ***proelia latronum*** [C] Poés., jouer aux échecs ¶ **2** folâtrer, s'amuser, s'ébattre : [C]

Pros. ; ***severe ludere*** [C] Pros., plaisanter avec sérieux ; ***alicujus persona*** [C] Pros., plaisanter sous le masque, le couvert de qqn = en faisant parler qqn ; ***armis*** [C] Poés., s'amuser aux armes ; ***versibus*** [C] Poés., s'amuser à faire des vers ‖ ***in numerum*** [C] Poés., s'ébattre en cadence ‖ [ébats amoureux] : [C] Pros., Poés., [+C] Pros.
II tr. ¶**1** employer à s'amuser : ***otium*** [+C] Poés., ses loisirs ¶**2** s'amuser à, faire en s'amusant : ***causam*** [C] Pros., présenter une cause avec agrément, en badinant ; ***carmina pastorum*** [C] Poés., reproduire en s'amusant les chansons des bergers ¶**3** se jouer de, se moquer de, tourner en ridicule : ***aliquem*** [C] Pros., plaisanter qqn, s'égayer sur le compte de qqn ‖ [avec prop. inf.] dire en se moquant que : [C] Pros. ‖ se jouer de, duper, abuser : [C] Poés.

lūdus, *i*, m., arch. **loidos**, ➡ *ludo* ¶**1** jeu, amusement : [C] Pros. ; ***campestris*** [C] Pros., jeux au champ de Mars ; ***militaris*** [C] Pros., jeux militaires ‖ [en part.] ***ludi***, jeux publics : [C] Pros. [appos. du n. pl. qui désigne la fête] [C] Pros., [+C] Pros. ; ***ludis circensibus*** [C] Pros. ; ***ludis Olympiae*** [C] Pros., à la date des jeux du cirque, à la date des jeux à Olympie ¶**2** [fig.] ***a)*** jeu, bagatelle, enfantillage : [C] Pros. ; ***per ludum*** [C] Pros., en se jouant, sans peine ***b)*** badinage, amusement, plaisanterie : ***amoto ludo*** [C] Poés., en écartant la plaisanterie ; [C] Pros. ; ***aliquem, aliquid ludos facere*** [-C] Théât., se jouer de qqn, de qqch. ; ***alicui ludos facere*** [-C] Théât. [ou] ***reddere*** [-C] Théât., jouer des tours à qqn, se jouer de qqn, se moquer de qqn ; ***alicui ludum suggerere*** [C] Pros., jouer un bon tour à qqn ; ***ludos praebere*** [-C] Théât., apprêter à rire, donner la comédie ; ***ludum dare alicui, alicui rei*** [-C] Théât., permettre à qqn, à qqch. de s'ébattre, donner les coudées franches ‖ ***ludus aetatis*** [C] Pros., les plaisirs de la jeunesse ¶**3** école : [C] Pros. ; ***ludum aperire*** [C] Pros., ouvrir une école ; ***ludi magister*** [C] Pros., maître d'école ; [-C] Théât., [C] Pros. ; ***discendi, non lusionis*** [C] Pros., école pour apprendre, non pour jouer ; ***in ludum alicujus mittere aliquem*** [C] Poés., envoyer un enfant à l'école d'un maître

lŭēla, *ae*, f., châtiment, punition : [C] Poés.

lŭella, *ae*, ➡ *luela*

lŭēs, *is*, f. ¶**1** neige fondue : [+C] Pros. ¶**2** peste, maladie contagieuse, épidémie : [C] Poés., [+C] Poés. ‖ calamité malheur public : [+C] Pros. ‖ [terme d'injure] [C] Pros.

Lugdūnum, *i*, n. ¶**1** ville de la Gaule Lyonnaise [Lyon] : [+C] Pros. ‖ **-nensis**, *e*, de Lugdunum : [+C] Pros. ¶**2** ***Lugdunum Clavatum***, ville de Gaule belgique [Laon] : [T] Pros.

lūgens, *tis*, part. de *lugeo* pris adj[t], où l'on pleure : ***lugentes campi*** [C] Poés., le champ des larmes [dans les enfers]

lūgĕō, *ēs, ēre, lūxī, luctum* ¶**1** intr., se lamenter, être dans le deuil [douleur manifestée extérieur[t]] : [C] Pros., [+C] Pros. ¶**2** tr., pleurer, déplorer : ***alicujus mortem*** [C] Pros., pleurer la mort de qqn ; ***rem publicam*** [C] Pros., pleurer l'état des affaires publiques ‖ [avec prop. inf.] déplorer que : [C] Pros. ‖ [pass. pers.] ***lugebere nobis*** [C] Poés., tu auras nos larmes

lūgubrĕ, n. pris adv[t], d'une manière sinistre : [C] Poés.

lūgubrĭa, *ĭum*, n., deuil, vêtements de deuil : [C] Poés., [+C] Pros.

lūgubris, *e*, de deuil : [C] Pros., [+C] Pros., Poés. ‖ qui provoque le deuil, désastreux, sinistre : [C] Poés. ‖ en deuil, triste, plaintif : [C] Poés. ‖ [fig.] d'aspect misérable : [C] Poés.

lūgubrĭtĕr, adv., lugubrement, d'un ton lugubre : [+C] Pros., Poés.

lŭi, parf. de *2 luo*

lŭĭtūrus, *a, um*, ➡ *2 luo*

lūmārĭus, *a, um*, qui concerne les ronces : [C] Pros.

lumbāre, *is*, n., ceinture, caleçon : [T] Pros.

lumbĭfrăgĭum, *ĭi*, n., rupture des reins [mot forgé] : [-C] Théât.

lumbrīcus, *i*, m., ver de terre : [-C] Théât., [+C] Pros. ‖ ver intestinal : [+C] Pros.

lumbŭli, *ōrum*, m. pl., rognons, filet : [+C] Pros.

lumbus, *i*, m., reins, dos, échine : [-C] Théât., [C] Poés., [+C] Pros. ‖ [fig.] [siège du désir amoureux] : [+C] Poés. ‖ [chrét.] procréation, descendance : [T] Pros. ‖ partie inférieure de la vigne, qui porte le fruit : [+C] Pros.

lūmectum, *i*, n., lieu plein de ronces, broussailles : [C] Pros.

lūmĕn, *ĭnis*, n.
I [pr.] ¶**1** lumière : ***solis*** [C] Pros. ; ***lucernae*** [C] Pros., lumière du soleil, d'une lampe ¶**2** flambeau, lampe : ***lumine adposito*** [C] Pros., un flambeau étant placé à côté [poét.] ***sub lumina prima*** [C] Poés., à la tombée de la nuit [quand on commence à allumer les lumières] ‖ feux, fanaux [sur des navires] : [C] Pros. ¶**3** lumière du jour, jour : ***lumine quarto*** [C] Poés., au quatrième jour ‖ [d'où] lumière de la vie, vie : ***lumine adempto*** [C] Poés., la lumière étant ravie ¶**4** lumière des yeux, les yeux : ***luminibus amissis*** [C] Pros., ayant perdu la vue ; ***lumine torvo*** [C] Poés., avec un oeil farouche ; ***lumina flectere*** [C] Poés., tournez les yeux ; ***lumen effossum*** [C] Poés., oeil crevé ; ***fodere lumina alicui*** [C] Poés., crever les yeux à qqn ¶**5** lumière, vue d'une maison : ***lumina*** [C] Pros., les vues d'une maison ; ***alicujus luminibus obstruere*** [C] Pros., boucher la vue de qqn [fig.] [C] Pros. ¶**6** lumière en peinture [opp. aux ombres] : [+C] Pros. ¶**7** jour, ouverture par où passe la lumière : [C] Pros. ‖ [d'où] fente : [+C] Poés. ‖ fenêtre : [C] Pros.
II [fig.] ¶**1** clarté, lumière : [C] Pros. ; ***lumen adferre*** [C] Pros., apporter la lumière, éclairer ¶**2** flambeau, ornement : ***lumina civitatis*** [C] Pros., les flambeaux de la cité, les hommes qui donnent l'éclat à la cité ¶**3** éclat, rayon de qqch. : [C] Pros. ¶**4** [rhét.] ornements [du style] (σχήματα)figures : ***lumina*** [C] Pros. ; ***dicendi lumina*** [C] Pros., ornements du style ; ***verborum*** [C] Pros., figures de mots

lūmĭnāre, *is*, n. ¶**1** qui produit de la lumière, astre : [T] Pros. ¶**2** pl. *luminaria* ***a)*** lumière, lampe : [T] Pros. ***b)*** fenêtre : [-C] Pros., [C] Pros.

lūmĭnātus, *a, um*, part. de *lumino*

lūmĭnō, *ās, āre, āvī, ātum*, tr., éclairer, illuminer : [+C] Pros. ‖ ***male luminatus*** [+C] Pros., qui a une mauvaise vue

lūmĭnōsus, *a, um*, [rhét.] brillant, remarquable : [C] Pros.

1 **lūna**, *ae*, f. ¶**1** lune : [C] Pros. ; ***plena luna*** [C] Pros., pleine lune ; ***luna nova*** [C] Pros., nouvelle lune ; ***tertia, quarta*** [+C] Pros., le troisième, le quatrième jour après la nouvelle lune ; ***luna laborat*** [C] Pros., il y a éclipse de lune ; ***lunae defectus*** [C] Pros., éclipse de lune [*defectiones* [C] Pros.] ; ***luna decrescens*** [+C] Pros., lune en décours ¶**2** la nuit : [C] Poés. ¶**3** cartilages semi-circulaires de la gorge, la gorge : [T] Poés. ¶**4** lunule [croissant sur la chaussure des sénateurs] : [+C] Poés.

2 **Lūna**, *ae*, f., ville maritime d'Étrurie : [C] Pros., [+C] Poés. ; ***Lunae portus*** [C] Pros., le port de Luna [auj. La Spezzia] ‖ **-ensis**, *e*, de Luna : [+C] Poés. ; [pl.] habitants de Luna :

lūnāris, *e*, de la lune, lunaire : [C] Pros., Poés.

lūnātĭcus, *a, um* ¶**1** qui vit dans la lune : [T] Pros. ¶**2** subst. m., un fou : [T] Pros.

lūnātus, *a, um*, ➡ *luno*

Lundĭnĭum, ➡ *Londinium*

lūnō, *ās, āre, āvī, ātum*, tr., courber, ployer en forme de croissant : [C] Poés. ‖ disposer en arc, en demi-lune : [C] Poés. ‖ **lūnātus**, *a, um*, qui a la forme d'un croissant : [C] Poés. ‖ ***lunatum agmen*** [+C] Poés., bataillon armé de boucliers échancrés [Amazones] ‖ orné de la lunule : [+C] Poés.

luntĕr, ➡ *linter*

lūnŭla, *ae*, f., lunule, petit croissant [ornement des femmes] : [-C] Théât., [T] Pros.

Lūnus, *i*, m., Lunus [la lune adorée sous la forme d'un homme] : [T] Pros.

1 **lŭō**, *ĭs, ĕre, -, -*, tr., laver, baigner : [+C] Poés.

2 **lŭō**, *ĭs, ĕre, lŭī, lŭĭtūrus*, tr., délier, ➡ *solvo* [fig.] ¶**1** payer, acquitter : ***aes alienum*** [+C] Pros., payer une dette [une amende] ¶**2** subir un châtiment : [C] Pros. ; ***peccati poenas*** [C] Pros., subir le châtiment d'une faute ¶**3** effacer par une expiation, racheter, expier : ***aliquid voluntaria morte*** [C] Pros., racheter qqch. par une mort volontaire

lŭpa, *ae*, f. ¶**1** louve : [C] Pros., Poés. ¶**2** courtisane, prostituée : [-C] Théât., [C] Pros. ¶**3** nom d'un chien : [+C] Pros.

lŭpānăr, *āris*, n., bordel, lieu de prostitution, lupanar : [-C] Théât., [+C] Pros. ‖ [injure] : [C] Poés.

lŭpānāris, *e*, qui concerne les lieux de débauche : [+C] Pros.

lŭpāta, *ōrum*, n. pl., 🄴 Poés. et **lŭpāti**, *ōrum*, m. pl., [adj[t].-] ***lupata frena*** 🄲 Poés., même sens

lŭpātrĭa, *ae*, f., salope, putain [injure] : 🄴 Pros.

Luperca, *ae*, f., nom d'une ancienne divinité romaine, peut-être la Louve [nourrice de Romulus et Rémus] divinisée, peut-être la même que Acca Larentia : 🄲 Pros., 🅃 Pros.

Lŭpercăl, *ālis*, n., Lupercal [grotte sous le mont Palatin, dédiée à Pan par Évandre, où d'après la légende la louve nourrit Romulus et Rémus] : 🄲 Pros., Poés.

Lŭpercālĭa, *ĭum* ou *ĭōrum*, n., Lupercales [fêtes à Rome en l'honneur de Lupercus ou Pan] : 🄲 Pros. ‖ sg., ***Lupercal ludicrum***, la fête des Lupercales : 🄲 Pros.

Lŭpercālis, *e*, de Lupercus, des Luperques : ***Lupercale sacrum*** 🄴 Pros. ; ➡ *Lupercalia*

Lŭpercus, *i*, m. ¶ **1** Luperque [prêtre de Lupercus ou Pan] : 🄲 Pros., Poés. ¶ **2** nom d'homme : 🄴 Poés.

lŭpi, *ōrum*, m. pl., ➡ *lupata* : 🄲 Poés., 🄴 Poés. ‖ ➡ *1 lupus*

Lūpĭa, *ae*, m., rivière de Germanie affluent du Rhin [auj. la Lippe] : 🄴 Pros.

lŭpillus, *i*, m., petit lupin : 🄰 Théât.

lŭpīnārĭus, *a*, *um*, qui concerne le lupin, à lupins : 🄰 Pros.

lŭpīnum, *i*, n., lupin, ➡ *2 lupinus* : 🄰 Pros.

1 **lŭpīnus**, *a*, *um*, de loup : 🄲 Pros.

2 **lŭpīnus**, *i*, m., lupin : 🄲 Poés., 🄴 Poés. ‖ lupins [dont on se servait comme monnaie d. les comédies] : 🄲 Pros.

lŭpĭō, *īs*, *īre*, -, -, intr., crier [en parlant du milan] : 🅃 Poés.

Lŭpŏdūnum, *i*, n., ville de Germanie, sur les bords du Danube [Ladenburg] : 🅃 Poés.

lŭpŏr, *ārĭs*, *ārī*, -, intr., se prostituer [ou] fréquenter les courtisanes : 🄰 Poés.

lŭpŭla, *ae*, f., petite putain : 🄴 Pros.

1 **lŭpus**, *i*, m. ¶ **1** loup : 🄲 Pros., 🄴 Pros. ; ***lupus in fabula*** 🄲 Pros., comme le loup de la fable [prov., quand on parle du loup, on en voit la queue] ; 🄰 Théât. ¶ **2** espèce de poisson : 🄲 Poés. ‖ mors armé de pointes : 🄲 Poés., 🄴 Poés. ‖ croc, grappin : 🄲 Pros.

2 **Lŭpus**, *i*, m., surnom dans la *gens Rutilia* : 🄲 Pros. ‖ saint Loup, évêque de Troyes : 🅃 Pros.

lurchĭnābundus, *a*, *um*, qui mange gloutonnement : 🄰 d. 🄴 Pros.

1 **lurcō (lurcho)**, *ās*, *āre*, -, -, **lurcŏr (lurchor)**, *ārĭs*, *ārī*, -, tr., s'empiffrer de : 🄰 Poés.

2 **lurco**, *ōnis*, m., goinfre, glouton : 🄰 Théât., Poés., 🄴 Pros.

3 **Lurco**, *ōnis*, m., surnom romain : 🄲 Pros.

lurcŏr, ➡ *1 lurco*

lūrĭdus, *a*, *um* ¶ **1** jaune pâle, blême, livide, plombé : 🄰 Théât., 🄲 Poés., 🄴 Pros. ¶ **2** qui rend livide, pâle : 🄲 Poés., 🄴 Poés.

lūrŏr, *ōris*, m., couleur jaunâtre, teint livide : 🄲 Poés., 🄴 Pros., 🅃 Pros.

Luscĭēnus, *i*, m., nom d'homme : 🄲 Pros.

luscĭnĭa, *ae*, f., rossignol [oiseau] : 🄲 Poés., 🄴 Pros.

luscĭnĭŏla, *ae*, f., petit rossignol : 🄰 Théât., 🄲 Pros.

luscĭnĭus, *ĭi*, m., ➡ *luscinia* : 🄲 Poés., 🄴 Pros.

Luscīnus, *i*, m., surnom romain : 🄲 Pros., 🄴 Pros.

luscĭtĭōsus, *a*, *um*, qui a la vue faible, myope : 🄰 Théât.

Luscĭus, *ĭi*, m., nom d'homme : 🄲 Pros.

luscus, *a*, *um*, borgne : 🄰 Théât., 🄲 Pros., 🄴 Poés. ‖ ***statua lusca*** 🄴 Poés., statue borgne [représentant un borgne]

lūsi, parf. de *ludo*

lūsĭo, *ōnis*, f., jeu, divertissement : 🄲 Pros.

Lūsītānĭa, *ae*, f., la Lusitanie [une des trois grandes provinces de l'Hispanie, auj. le Portugal] : 🄲 Pros. ‖ subst. m. pl., habitants de la Lusitanie, Lusitaniens : 🄲 Pros.

lūsĭtō, *ās*, *āre*, *āvī*, *ātum*, intr., jouer souvent, s'amuser : 🄰 Théât., 🄴 Pros.

1 **lūsĭus**, *a*, *um*, qui aime jouer, joueur : 🄴 Pros.

2 **Lūsius**, *ĭi*, m., fleuve d'Arcadie : 🄲 Pros.

lūsŏr, *ōris*, m. ¶ **1** joueur : 🄲 Poés., 🄴 Pros. ¶ **2** [fig.] écrivain folâtre : 🄲 Poés. ‖ celui qui se joue de qqn, moqueur : 🄰 Théât.

lūsōrĭae, *ārum*, f. pl., navires de plaisance : 🄴 Pros.

lūsōrĭus, *a*, *um*, de joueur, de jeu : 🄴 Pros. ‖ qui sert au divertissement, récréatif : 🄴 Pros. ‖ ce qui est donné par plaisanterie, dérisoire, vain : 🄴 Pros.

lustrālis, *e* ¶ **1** lustral, qui sert à purifier, expiatoire : 🄲 Pros., Poés., 🄴 Poés. ¶ **2** relatif à une période de 5 ans, de lustre, quinquennal : 🄴 Pros.

lustrāmĕn, *ĭnis*, n., objet expiatoire : 🄴 Poés.

lustrātĭo, *ōnis*, f. ¶ **1** lustration, purification par sacrifices : 🄲 Pros. ¶ **2** action de parcourir, parcours : 🄲 Pros.

lustrātŏr, *ōris*, m., celui qui parcourt : 🄴 Pros.

lustrātus, *a*, *um*, part. de *1 lustro* et de *lustror*

lustrĭcus, *a*, *um*, de purification, lustral : 🄴 Pros., 🅃 Pros.

lustrĭfĭcus, *a*, *um*, expiatoire : 🄴 Poés.

lustrĭvăgus, *a*, *um*, errant dans les lieux sauvages : 🅃 Poés.

1 **lustrō**, *ās*, *āre*, *āvī*, *ātum*, tr.

I [pr.] purifier par un sacrifice expiatoire [la victime était conduite autour de l'objet à purifier] : ***coloniam, exercitum*** 🄲 Pros., purifier une colonie, l'armée ; [ou bien on promenait autour de lui des torches, du soufre et on l'aspergeait d'eau] : ***taedis, flamma*** 🄲 Poés., purifier au moyen des torches, de la flamme ‖ ***lustramur Jovi*** 🄲 Poés., nous nous purifions en l'honneur de Jupiter

II [fig.] ¶ **1** tourner autour : ***aliquem choreis*** 🄲 Poés., environner qqn de choeurs, danser autour de qqn ¶ **2** passer en revue [le peuple, une colonie prête à partir, une armée, acte accompagné du sacrifice expiatoire] : 🄲 Pros. ¶ **3** parcourir, faire le tour de, visiter : ***Aegyptum*** 🄲 Pros., parcourir l'Égypte [acc. d'objet intér.] ***cursus perennes*** 🄲 Poés., fournir des courses éternelles ‖ [poét.] parcourir des yeux, examiner : 🄲 Poés. ‖ [métaph.] ***animo*** 🄲 Pros., passer en revue par la pensée ¶ **4** [avec *luce, lumine*] parcourir de sa lumière qqch., répandre sa lumière sur qqch. : 🄲 Poés.

2 **lustro**, *ōnis*, m., coureur de mauvais lieux : 🄰 Théât.

lustrŏr, *ārĭs*, *ārī*, *ātus sum*, intr., courir les mauvais lieux : 🄰 Théât.

1 **lustrum**, *i*, n. ; [d'ordin. au pl. *lustra*] ¶ **1** bourbier : 🄲 Pros. ¶ **2** tanière, repaire, [ou en gén.] lieux sauvages, escarpés : 🄲 Poés. ¶ **3** bouge, mauvais lieu : 🄲 Pros.

2 **lustrum**, *i*, n. ¶ **1** [en gén.] sacrifice expiatoire : 🄲 Pros. ¶ **2** période quinquennale, lustre : 🄲 Pros. ‖ [en part.] bail, fermage [les censeurs affermant les biens de l'État tous les cinq ans] : 🄲 Pros. ‖ spectacles donnés tous les cinq ans : 🄴 Poés. ¶ **3** [= *annuus solis cursus*] révolution annuelle du soleil, année : 🄲 Poés., 🄴 Théât.

1 **lūsus**, *a*, *um*, part. de *ludo*

2 **lūsŭs**, *ūs*, m. ¶ **1** jeu, diverstissement : ***aleae*** 🄴 Pros. ; ***calculorum*** 🄴 Pros., jeu de dés, de dames [ébats des Naïades] 🄲 Poés. [jeux d'enfants] 🄴 Pros. ¶ **2** [fig.] badinage [en vers] : 🄴 Pros. ‖ ébats amoureux : 🄲 Poés. ‖ plaisanterie, bon mot, moquerie : 🄴 Pros.

lŭtāmentum, *i*, n., aire en mortier : 🄰 Pros.

Lŭtātĭus (Luct-), *ĭi*, m., nom de famille romaine [not[t]] Q. Lutatius Catulus, auteur de la *lex Lutatia* : 🄲 Pros.

lŭtātus, *a*, *um*, part. de *luto*

lūtĕŏlus, *a*, *um*, jaunâtre : 🄲 Poés., 🄴 Pros.

lŭtēr, *ēris*, m., baignoire, bassin : 🅃 Pros.

lŭtescō, *ĭs*, *ĕre*, -, -, intr., devenir bourbeux : 🄴 Pros.

Lŭtētĭa (-cĭa), *ae*, f., Lutèce [capitale des Parisiens, dans une île de la Seine, auj. Paris] : 🄲 Pros., 🅃 Pros. ; ***Lutetia Parisiorum*** 🄲 Pros., Lutèce

1 **lŭtĕus**, *a*, *um*, de boue, d'argile : 🄲 Poés. ‖ souillé : 🄴 Poés. ‖ [fig.] sale, vil, méprisable : 🄰 Théât., 🄲 Pros. ‖ ***luteum negotium*** 🄲 Pros., une chose méprisable

2 **lūtĕus**, *a*, *um*, jaune [tirant sur le rouge] : 🄲 Poés. ‖ couleur de feu : 🄴 Poés. ‖ rougeâtre [en parlant de l'Aurore] : 🄲 Poés.

lŭtĭtō, *ās, āre, -, -*, tr., salir de boue [fig.] : -C Théât.

lŭtō, *ās, āre, āvī, ātum*, tr., enduire de boue, d'argile : -C Pros., +C Poés. ‖ enduire, oindre : +C Poés.

lŭtōsus, *a, um*, boueux, bourbeux, limoneux : +C Pros. ‖ couvert de boue : +C Pros.

lŭtra, *ae*, f., loutre : C Pros.

lŭtŭlentus, *a, um*, enduit de boue, boueux : C Pros., Poés. ‖ oint : +C Poés. ‖ sale, fangeux : *-tior* -C Théât. ‖ [style] C Poés.

1 **lŭtum**, *i*, n., boue, limon, fange, vase : C Pros., +C Poés. [fig.] ***in luto haerere*** -C Théât., être embourbé ; ***pro luto esse*** +C Pros., être à vil prix ‖ [terme d'injure] bourbier, ordure : -C Théât., C Pros. ‖ terre de potier, argile : C Poés., +C Poés. ‖ [fig.] limon : +C Poés. ‖ poussière dont s'aspergeaient les gladiateurs : +C Pros.

2 **lūtum**, *i*, n. (obscur), gaude [plante employée en teinturerie, donnant une couleur jaune] : C Poés. ‖ couleur jaune : C Poés.

lux, *lūcis*, f. ¶**1** lumière : ***solis*** C Pros., lumière du Soleil ; ***lychnorum*** C Pros., lumière des lampes ; ***aliquid luce clarius*** C Pros., une chose plus claire que le jour ‖ éclat, clarté, brillant [des pierres précieuses] : C Poés. ¶**2** lumière du jour, jour : ***cum prima luce*** C Pros. ; ***prima luce*** C Pros., à la pointe du jour, au commencement du jour ; ***ante lucem*** C Pros., avant le jour ‖ ***luce, luci*** C Pros., en pleine lumière, pendant le jour ‖ C Pros. ; ***crastina*** C Poés., le jour de demain ¶**3** la lumière du monde (de la vie) : ***in lucem edi*** C Pros., venir au monde ; C Poés., Pros. ¶**4** lumière, vue : C Poés. ; ***lux effossa*** +C Poés., yeux crevés ¶**5** lumière, grand jour : C Pros. ; ***lux forensis*** C Pros., le grand jour de la place publique ¶**6** lumière du salut : C Pros. ‖ aide, secours : C Pros. ¶**7** lumière [comme celle du soleil, centre de l'univers] : C Pros.

luxī, parf. de *luceo* et de *lugeo*

luxō, *ās, āre, āvī, ātum*, tr., luxer, déboîter, disloquer, démettre : -C Pros., +C Pros.

luxŏr, *ārĭs, ārī, -*, intr., vivre dans la mollesse (la débauche) : -C Théât.

luxŭrĭa, *ae* et **-ĭēs**, *ēi*, f. ¶**1** exubérance, excès, surabondance : [dans la végétation] C Pros., Poés. ‖ [poét.] excès d'ardeur, fougue : +C Poés. ¶**2** [fig.] somptuosité, profusion, luxe : C Pros. ‖ intempérance dans l'exercice du pouvoir : C Pros. ‖ vie molle, voluptueuse : -C Théât., C Pros.

luxŭrĭātus, *a, um*, de *luxurior*

luxŭrĭō, *ās, āre, āvī, ātum*, intr. ¶**1** être surabondant, luxuriant, exubérant : [en parlant d'arbres, de plantes] C Poés., +C Pros. ‖ [en parlant d'animaux] être exubérant, plein de fougue : C Poés., +C Poés. ‖ être abondant en qqch. [*aliqua re*], abonder de, être riche de : C Poés. ¶**2** [fig.] ***a)*** [en parlant du style] surabondant : C Pros., +C Pros. ***b)*** s'abandonner à la mollesse, à la volupté, aux excès : C Pros., +C Pros.

luxŭrĭŏr, *āris, ārī, ātus sum*, V. *luxurio* : +C Pros.

luxŭrĭōsē, adv., d'une manière déréglée, sans retenue : -C d. +C Pros. ‖ voluptueusement, dans la mollesse : C Pros. ‖ ***-sius*** C Pros.

luxŭrĭōsus, *a, um* ¶**1** surabondant, luxuriant, exubérant : C Pros., Poés. ¶**2** [fig.] excessif, immodéré : C Pros. ‖ ami du luxe, voluptueux, sensuel : C Pros. ‖ ***-sior*** C Pros. ; ***issimus*** +C Pros.

1 **luxus**, *a, um*, luxé, démis : C Pros.

2 **luxŭs**, *ūs*, m., excès, débauche : C Pros. ‖ splendeur, faste, luxe : C Poés. ; pl., +C Pros.

3 **luxŭs**, *ūs*, m., luxation : -C Pros., +C Pros.

Lўaeus, *i*, m., un des noms de Bacchus : C Poés. ‖ vin : C Poés. ‖ **-us**, *a, um*, de Bacchus : C Poés.

Lўcăbās, *ae*, m., nom d'un Étrusque changé en dauphin : C Poés. ‖ nom d'un Lapithe : C Poés.

Lўcaeus, *i*, m., le Lycée [mont d'Arcadie consacré à Pan] : C Poés. ‖ **-us**, *a, um*, du Lycée : C Poés.

Lўcambēs, *ae*, acc. *am*, m., Lycambès [Thébain, qui avait refusé sa fille Néobulé à Archiloque ; celui-ci, pour se venger, écrivit contre eux des iambes si mordants qu'il les réduisit à se pendre] : C Poés. ‖ **-baeus, -bēus**, *a, um*, de Lycambès : C Poés.

Lўcāōn, *ŏnis*, m., roi d'Arcadie, changé en loup par Jupiter : +C Poés., C Pros., Poés. ‖ petit-fils du précédent, père de Callisto, aussi nommé Arcas : C Poés. ‖ **-ŏnĭus**, *a, um*, de Lycaon : C Poés.

Lўcāŏnes, *um*, m. pl., habitants de la Lycaonie ‖ **-nĭus**, *a, um*, lycaonien : C Poés.

Lўcāŏnĭa, *ae*, f., la Lycaonie, contrée de l'Asie Mineure : C Pros.

Lўcāŏnis, *ĭdis*, f., fille de Lycaon [Callisto] : C Poés.

Lўcaunus, *i*, m., nom d'un guerrier : +C Poés.

Lўcē, *ēs*, f., nom de femme : C Poés.

Lўcētus, *i*, m., nom d'homme : C Poés.

Lўcēum, et mieux **Lўcīum**, *i*, n., le Lycée [célèbre gymnase situé hors d'Athènes sur l'Ilissos et où enseignait Aristote] : C Pros., +C Pros. ‖ lycée édifié par Cicéron dans sa campagne de Tusculum : C Pros. ‖ réplique du lycée par l'empereur Hadrien [à Tibur] : T Pros.

Lўcēus, *i*, m., V. *Lycaeus*

lychnĭcus lapis, m., marbre de Paros : +C Poés.

Lychnĭdus, *i*, f., ville d'Illyrie : C Pros.

lychnŏbĭus, *ĭi*, m., celui qui vit à la clarté des lampes [qui fait de la nuit le jour] : +C Pros.

lychnūchus, *i*, m., lychnuque, lampadaire, chandelier à branches, candélabre, lustre : C Pros., +C Pros.

lychnus, *i*, m., lampe : C Poés., Pros. ; ***pendentes lychni*** C Poés., lustres

Lўcĭa, *ae*, f., la Lycie [province de l'Asie Mineure] : C Poés.

Lўcĭdās, *ae*, m., nom d'un Centaure : C Poés. ‖ nom de berger : C Poés. ‖ nom d'un jeune homme : C Poés.

Lўcisca, *ae*, f., nom de femme : +C Poés. ‖ nom de chienne : C Poés.

Lўciscus, *i*, m., nom d'homme : C Poés.

1 **lўcĭum**, *ĭi*, n., lycium, médicament extrait de certains végétaux : +C Pros.

2 **Lўcīum**, *ĭi*, n., V. *Lyceum*

Lўcĭus, *a, um*, de Lycie, des Lyciens, lycien : C Poés. ; ***Lycius deus*** [et abs[t]] ***Lycius*** m. Apollon lycien : C Poés. ‖ m. pl., Lyciens, habitants de la Lycie : C Pros.

Lўco, *ōnis*, m., Lycon [philosophe péripatéticien] : C Pros. ‖ chef des Achéens dans l'armée de Persée : C Pros.

Lўcŏmēdēs, *is*, m., Lycomède [roi de Scyros] : C Pros., +C Poés.

Lўcŏmēdĭus, *ĭi*, m., un Étrusque : C Poés.

Lўcōnĭdēs, m., nom d'homme : -C Théât.

lўcŏphōs, *ōtis*, m., le crépuscule du matin : T Pros.

Lўcŏphrōn, *ŏnis*, m., poète hellénistique de Chalcis, célèbre par l'obscurité de son style : C Poés., +C Poés.

Lўcŏreūs, *ĕi* ou *ĕos*, m., Lycorée [fils d'Apollon et de la nymphe Corycia] : +C Poés.

Lўcōrĭăs, *ădis*, f., nom d'une Naïade : C Poés., +C Poés.

Lўcōris, *ĭdis*, f., affranchie aimée par le poète Gallus : C Poés.

Lycormās, *ae*, m., rivière d'Étolie : C Poés., +C Poés.

Lўcortās, *ae*, m., chef de la ligue achéenne [père de Polybe] : C Pros.

Lўcōtās, *ae*, m., nom d'un Centaure : C Poés. ‖ nom d'homme : C Poés.

Lўcŏthersēs, *is*, m., roi d'Illyrie, époux d'Agavé : +C Poés.

Lyctus (-tŏs), *i*, f., ville de Crète ‖ **-ctĭus**, *a, um*, de Lyctus : C Poés.

Lўcurgēus, *a, um*, de Lycurgue [législateur] ‖ [fig.] sévère, inflexible : C Pros.

Lўcurgīdēs, *ae*, m., fils de Lycurgue [Ancée, un des Argonautes] : C Poés.

Lўcurgus, *i*, m. ¶**1** Lycurgue [roi de Thessalie, que Bacchus rendit dément pour avoir arraché les vignes] : C Poés., +C Poés. ¶**2** roi de Némée, père d'Archémore : +C Poés. ¶**3** Lycurgue [législateur de Sparte] : C Pros. ¶**4** orateur athénien : C Pros. ¶**5** dernier roi de Lacédémone : C Pros.

Lўcus (-ŏs), *i*, m., roi de Béotie, époux d'Antiope : [C] Poés. ‖ nom d'un Centaure : [C] Poés. ‖ guerrier troyen : [C] Poés. ‖ nom d'homme : [C] Poés. ‖ fleuve du Pont : [C] Poés.

Lȳdē, *ēs*, f., Lydé [femme du poète Antimaque] : [C] Poés. ‖ autre du même nom : [+C] Poés.

Lȳdĭa, *ae*, f., la Lydie [province d'Asie Mineure] : [C] Pros. ‖ [fig.] nom de l'Étrurie : [T] Poés. ‖ nom de femme : [C] Poés.

Lȳdĭus, *a*, *um*, lydien, de Lydie : [C] Poés. ‖ Étrusque : [C] Poés., [+C] Poés. ‖ ***Lydii moduli*** [+C] Pros., modes lydiens

Lȳdus, *a*, *um*, lydien, de Lydie : [C] Pros., Poés., [+C] Poés. ‖ **Lȳdus**, *i*, m., nom d'esclave : [-C] Théât. ‖ **Lȳdi**, m. pl. ¶ **1** les Lydiens : [C] Pros. ¶ **2** les Étrusques : [C] Poés.

Lygdămus, *i*, m., nom d'homme : [C] Poés., [+C] Poés.

lygdŏs, *i*, f., espèce de marbre blanc : [+C] Poés.

Lygdus, ▶ *Ligdus*

Lygii, ▶ *Ligii*

lympha, *ae*, f. (arch. **lumpa**) ¶ **1** eau : [C] Poés. ¶ **2** nymphe des eaux : [C] Poés.

Lymphae, f., ▶ *Nymphae* : [C] Poés., [T] Pros.

lymphātĭcum, *i*, n., délire : [-C] Théât.

lymphātĭcus, *a*, *um*, qui a le délire, fou : ***lymphatici nummi*** [-C] Théât., écus atteints de folie ‖ [en parlant de frayeur] panique : [C] Pros., [+C] Pros.

lymphātĭlis, *e*, de délire, de folie : [+T] Poés.

lymphātus, *a*, *um*, aliéné, égaré : [-C] Théât., [C] Poés. ; ▶ *1 lymphor*

lymphō, *ās*, *āre*, *āvī*, *ātum*, tr., affoler, rendre fou : [+C] Poés.

1 **lymphŏr**, *ārĭs*, *ārī*, *ātus sum*, intr., ***lymphans***, en proie à l'égarement : [+C] Pros. ; ▶ *lymphatus*

2 **lymphŏr (limpŏr)**, *ōris*, m., eau : [-C] Poés.

Lyncestae, *ārum*, m. pl., peuple de Macédoine : [C] Pros. ‖ **-tus**, *a*, *um*, de Lyncestide, canton de la Macédoine : [C] Pros. ‖ **-tĭus amnis**, m., le Lynceste, fleuve de la Lyncestide : [C] Poés.

1 **Lyncēus**, *a*, *um*, de Lyncée : [C] Poés. ‖ à la vue perçante : [C] Pros.

2 **Lynceūs**, *ĕi* ou *ĕos*, m., Lyncée [un des Argonautes, célèbre pour sa vue perçante] : [C] Poés., Pros. ‖ un des fils d'Égyptus sauvé par Hypermnestre, sa femme : [C] Poés. ‖ compagnon d'Énée : [C] Poés.

Lyncīdēs, *ae*, m., descendant de Lyncée : [C] Poés.

Lyncōn montes, m. pl., les monts Lyncon [dans le Pinde] : [C] Pros.

Lyncus, *i*, m., roi de Scythie, qui fut changé en lynx par Cérès : [C] Poés., [+C] Poés. ‖ f., ville de Macédoine : [C] Pros.

lyntĕr, **lyntrārĭus**, ▶ *lint*

lynx, *cis*, acc. pl. *căs*, f., lynx : [C] Poés. ‖ m., [C] Poés.,

lўra, *ae*, f., lyre, instrument à cordes : [C] Poés., [+C] Pros. ‖ chant, poème lyrique : [C] Poés. ‖ poésie : [+C] Poés. ‖ [constellation] la Lyre : [C] Pros., [+C] Pros.

Lyrcēĭus, [+C] Poés., **Lyrcēus**, [C] Poés., **Lyrcīus**, *a*, *um*, [+C] Poés., du Lyrceum (Λύρκειον) [montagne et ville d'Argolide]

Lyrcĭus, *ĭi*, m., nom d'une source [dans le Péloponnèse] : [+C] Poés.

lўrĭcus, *a*, *um*, lyrique, de lyre, relatif à la lyre : [C] Poés. ‖ **-ca**, *ōrum*, n. pl., poésies lyriques : [+C] Pros. ‖ **-ci**, *ōrum*, m. pl., poètes lyriques : [+C] Pros.

lўristēs, *ae*, m., joueur de lyre : [+C] Pros. ‖ poète lyrique : [T] Pros.

lўristrĭa, *ae*, f., joueuse de lyre : [T] Pros.

Lyrnēsis, **Lyrnēsĭus**, ▶ *Lyrnessis*

Lyrnessis, *ĭdis*, f., de Lyrnesse [Briséis] : [C] Poés.

Lyrnessŏs (-us), *i*, f., ville de la Troade, patrie de Briséis aimée d'Achille : [C] Poés. ‖ **-ssĭus**, *a*, *um*, de Lyrnesse : [C] Poés.

Lўsandĕr, *dri*, m., Lysandre [célèbre général lacédémonien] : [C] Pros. ‖ éphore de Lacédémone exilé pour ses prévarications : [C] Pros.

Lўsĭăcus, *a*, *um*, de Lysias : [+C] Pros.

Lўsĭădēs, *ae* ou *is*, m., nom grec : [C] Pros.

Lўsĭās, *ae*, m., orateur athénien : [C] Pros. ‖ autres du même nom : [+C] Pros.

Lўsĭdĭcus, *i*, m., nom d'homme : [C] Pros.

Lўsĭmăchīa, *ae*, f., Lysimachie [ville de la Chersonèse de Thrace] : [C] Pros. ‖ **-chensis**, *e*, de Lysimachie : [C] Pros.

Lўsĭmăchus, *i*, m., Lysimaque [un des généraux d'Alexandre] : [C] Pros. ‖ autres du même nom : [-C] Théât.

Lўsĭnŏē, *ēs*, f., ville de Pisidie : [C] Pros.

Lўsippus, *i*, m., Lysippe [sculpteur, contemporain d'Alexandre le Grand] : [C] Pros.

1 **lўsis**, *is*, f., [archit.] congé [moulure concave] : [C] Pros.

2 **Lȳsis**, *ĭdis*, m., pythagoricien, maître d'Épaminondas : [C] Pros.

3 **Lȳsis**, *is*, m., le Lysis [fleuve d'Ionie] : [C] Pros.

Lўsĭtĕles, *is*, m., nom de personnage comique : [-C] Théât.

Lўsĭthŏē, *ēs*, f., fille de l'Océan : [C] Pros.

Lystra, *ae*, f., ville de Lycaonie : [T] Pros.

Lystrae, *ārum*, f. pl., ▶ *Lystra* : [T] Pros.

lўtra, *ae*, f., ▶ *lutra* : [C] Pros.

M

m, n., f. indécl., ***M*** = 1000 dans la numération

Măcae, ***ārum***, m. pl., peuple d'Afrique, dans le voisinage des Syrtes : [+C] Poés. ‖ V. ▸ *Maces*, sg.

Măcărēis, ***ĭdis***, f., fille de Macarée : [C] Poés.

Măcăreūs, ***ĕi*** ou ***ĕos***, m., Macarée [fils d'Éole] : [C] Poés. ‖ nom d'un Centaure : [C] Poés. ‖ compagnon d'Ulysse qui vint s'établir à Caïète : [C] Poés.

Măcărĭus, ***ĭi***, m., pl. *Macarii*, des saints Macaires : [T] Poés.

Măcātus, ***i***, m., surnom romain : [C] Pros.

Macchăbaei, V. ▸ *Machabaei*

maccis, ***ĭdis***, f., cf. ▸ *Maccius*, condiment fantaisiste : [-C] Théât.

Maccĭus, ***ĭi***, m., cf. ▸ *maccus*, nom de famille de Plaute : [-C] Théât.

maccus, ***i***, m., un niais, un polichinelle, un imbécile : [+C] Pros.

Măcĕdae, V. ▸ *Macetae*

1 **Măcĕdo**, [C] Pros., **Măcĕdōn**, ***ŏnis***, m., [+C] Poés., Macédonien ‖ ***vir Macedo*** [C] Poés., le héros macédonien [Philippe II de Macédoine] ‖ ***Macedonum robur*** [C] Pros., l'élite des Macédoniens

2 **Măcĕdo**, ***ŏnis***, m., nom d'un philosophe : [+C] Pros.

Măcĕdŏnes, ***um***, m. pl., Macédoniens, habitants de la Macédoine : [C] Pros. ‖ ***Macedones Hyrcani*** [+C] Pros., peuple de Lydie

Măcĕdŏnĭa, ***ae***, f., la Macédoine [province septentrionale de la Grèce] : [C] Pros.

Măcĕdŏnĭcus, ***a***, ***um***, de Macédoine : [C] Pros., [+C] Pros. ‖ subst. m., Macédonique [surnom de Caecilius Métellus, vainqueur de la Macédoine] : [+C] Pros.

Măcĕdŏnĭensis, ***e***, [-C] Théât. et **Măcĕdŏnĭus**, **Măcēd-**, [C] Poés.), ***a***, ***um***, de Macédoine : [-C] Théât., [C] Poés.

Măcella, ***ae***, f., ville de Sicile : [C] Pros.

măcellārĭus, ***a***, ***um***, qui a rapport au marché, à la viande : ***macellaria taberna*** [+C] Pros., étal de boucher ‖ subst. m., boucher, charcutier, marchand de comestibles : [C] Pros., [+C] Pros.

Măcellīnus, ***i***, m., le Boucher [surnom donné à l'empereur Macrin à cause de sa cruauté] : [T] Pros.

măcellum, ***i***, n. ¶ **1** marché [surtout des viandes] : [-C] Théât., [C] Pros. ¶ **2** marché, provisions qu'on fait au marché : [C] Poés.

1 **măcellus**, ***a***, ***um***, un peu maigre : [-C] Poés., [C] Pros.

2 **măcellus**, ***i***, m., = ▸ *macellum* : [+C] Poés.

măcĕō, ***ēs***, ***ēre***, -, -, intr., être maigre : [-C] Théât.

Macepracta, f., village de Mésopotamie : [T] Pros.

1 **măcĕr**, ***cra***, ***crum***, maigre : [C] Pros., [+C] Pros. ; ***macerrimus*** [+C] Pros. ; ***macrior*** [C] Pros. ‖ mince [en parl. d'un livre] : [+C] Poés.

2 **Măcĕr**, ***cri***, m., C. Licinius Macer [historien latin sous la République] : [C] Pros. ‖ Aemilius Macer [poète latin né à Vérone] : [C] Poés.

mācĕrātĭo, ***ōnis***, f. ¶ **1** macération, infusion [de la chaux] dans de l'eau : [C] Pros. ¶ **2** putréfaction : [T] Pros.

mācĕrātus, ***a***, ***um***, part. de *macero*

mācĕrescō, ***ĭs***, ***ĕre***, -, -, intr., se détremper : [-C] Pros.

mācĕrĭa, ***ae***, f., [C] Pros., qqf. **mācĕrĭēs**, ***ēi***, f., [C] Pros., mur de clôture [en pierres sèches; primit[t] en une sorte de torchis :]

1 **măcĕrĭēs**, ***ēi***, f., peine, affliction : [-C] Théât.

2 **mācĕrĭēs**, ***ēi***, f., V. ▸ *maceria*

Măcĕrĭo, ***ōnis***, m., surnom romain : [+C] Pros.

mācĕrō, ***ās***, ***āre***, ***āvī***, ***ātum***, tr. ¶ **1** rendre doux, amollir en humectant, faire macérer : [-C] Théât., Pros., [+C] Pros. ¶ **2** ***a)*** affaiblir [le corps], énerver, épuiser : [-C] Théât., [C] Pros., [+C] Pros. ***b)*** consumer, miner, tourmenter [l'esprit] : [-C] Théât., [C] Poés., Pros., [+C] Pros.

Măcēs, ***ae***, acc. ***ēn***, m., V. ▸ *Macae* : [+C] Poés.

măcescō, ***ĭs***, ***ĕre***, -, -, intr., maigrir, devenir maigre : [-C] Théât., [C] Pros. ‖ [en parl. de la terre] s'appauvrir : [+C] Pros.

Măcĕtae, ***ārum*** et ***um***, m. pl., Macédoniens : [+C] Poés.

Māchăbaei, ***ōrum***, m. pl., les Machabées [nom de plus. chefs des Juifs, et aussi des sept frères martyrs sous Antiochus Épiphane] : [T] Pros. ‖ sg., **-aeus**, ***i***, m., Judas Machabée [tué en 160 av. J.-C.] : [T] Pros.

măchaera, ***ae***, f., sabre, coutelas : [-C] Théât., [+C] Pros.

Măchaerĭo, ***ōnis***, m., nom de cuisinier : [-C] Théât.

măchaerĭum, ***ĭi***, n., petit sabre : [-C] Théât.

măchaerŏphŏrus, ***i***, m., soldat armé d'un sabre : [C] Pros.

machăgistīa**, ***ae, f., culte des mages : [T] Pros.

Măchănĭdās, ***ae***, m., tyran de Lacédémone : [C] Pros.

Măchāōn, ***ŏnis***, m., **Machaon**, [fils d'Esculape, médecin des Grecs au siège de Troie] : [C] Poés. ‖ [en gén.] médecin : [+C] Poés. ‖ **-ŏnĭcus** et **-ŏnĭus**, de Machaon, de médecin : [C] Poés., [T] Pros.

Māchărēs, ***is***, m., fils de Mithridate : [C] Pros.

Macharĭus, V. ▸ *Macarius*

Machĭmus, ***i***, m., nom d'un chien d'Actéon : [+C] Poés.

māchĭna, ***ae***, f. ¶ **1** machine, assemblage [ouvrage composé avec art] : [C] Poés. ¶ **2** [en gén.] machine, engin : [C] Pros. ‖ [oppos. à *organum*] [C] Pros. ¶ **3** plateforme [où les esclaves à vendre étaient exposés] : [C] Pros. ‖ échafaud [de maçon, peintre] : [C] Pros. ¶ **4** [fig.] expédient, artifice, machination : [-C] Théât., [C] Pros., [+C] Pros.

māchĭnālis, ***e***, qui a rapport aux machines : ***scientia*** [+C] Pros., la mécanique

māchĭnāmentum, ***i***, n. ¶ **1** machine, instrument : [C] Pros., [+C] Pros. ‖ instrument [de chirurgie] : [+C] Pros. ¶ **2** [fig.] organe des sens : [+C] Pros. ‖ invention, sophisme : [T] Pros.

māchĭnātĭo, ***ōnis***, f. ¶ **1** système mécanique, mécanisme, machine : [C] Pros. ‖ engin [milit.] : [C] Pros. ‖ mécanisme divin [en parlant du Ciel] : [+C] Pros. ¶ **2** intelligence, capacité d'invention, ruse : [C] Pros. ¶ **3** mécanique [partie de l'architecture] : [C] Pros.

māchĭnātŏr, ***ōris***, m. ¶ **1** mécanicien, inventeur ou fabricant d'une machine : [C] Pros., [+C] Pros. ‖ architecte, ingénieur : [+C] Pros. ¶ **2** [fig.] machinateur, artisan de [ord[t] en mauv. part] : [C] Pros., [+C] Pros.

māchĭnātrix, ***īcis***, f., celle qui machine : [+C] Théât.

1 **māchĭnātus**, ***a***, ***um***, part. de *machinor*

2 **māchĭnātŭs**, ***ūs***, m., = ▸ *machinatio* : [+C] Pros., [T] Pros.

māchĭnŏr, ***ārĭs***, ***ārī***, ***ātus sum***, tr. ¶ **1** combiner, imaginer, exécuter [qqch. d'ingénieux] : [C] Poés., Pros. ¶ **2** [fig.] machiner, tramer, ourdir [en mauvaise part] : [-C] Théât., [C] Pros.

māchĭnōsus, ***a***, ***um***, combiné, machiné : [+C] Pros.

Machlyes, ***um***, m. pl., peuple fabuleux d'Afrique : [+C] Pros.

măcĭēs, ***ēi***, f. ¶ **1** maigreur : [C] Pros., Poés. ¶ **2** maigreur, pauvreté, aridité, sécheresse, stérilité ***a)*** du sol : [+C] Pros., [C] Poés., Poés. ***b)*** du style : [+C] Pros.

măcĭlentus, ***a***, ***um***, maigre : [-C] Théât. ; ***-tior*** : [T] Pros.

măcŏr, ***ōris***, m., maigreur : [-C] Théât.

Macra, ***ae***, m., le Macra [fleuve de Ligurie] : [C] Pros., [+C] Poés.

Măcra Cōmē, f., ville de la Thessaliotide : [C] Pros.

măcrescō, *ĭs, ĕre, crŭī*, -, intr., maigrir : ▢ Pros., ▢ Pros. ‖ [fig.] sécher, dépérir : ▢ Pros.

Măcri campi, *ōrum*, m. pl., canton de la Gaule cisalpine : ▢ Pros., ▢ Pros.

măcrĭcŭlus, *a, um*, un peu maigre, maigrichon : ▢ Pros.

Măcrīnus, *i*, m., nom d'homme : ▢ Poés.

Măcris, *ĭdis*, f., île de la mer Égée, voisine de l'Ionie : ▢ Pros.

măcrĭtās, *ātis*, f., finesse [du sable, du sol] : ▢ Pros.

Măcro, *ōnis*, m., nom d'homme : ▢ Pros.

Măcrŏbĭī, *ōrum*, m. pl., **Măcrŏbĭōtae**, *ārum*, m. pl., ▢ Pros., Macrobiens [peuple d'Éthiopie] : ▢ Pros.

Măcrŏbĭus, *ĭī*, m., Macrobe, érudit latin [Ambrosius Theodosius Macrobius, début du 5e s.] : ▢ Poés.

Măcrŏchīr, *īros*, adj. m., Longuemain, surnom d'Artaxerxès Ier : ▢ Pros., ▢ Pros.

măcrŏcollum, *i*, n., papier de grand format : ▢ Pros.

mactăbĭlis, *e*, qui peut causer la mort, mortel : ▢ Poés.

mactātĭo, *ōnis*, f., action d'immoler une victime, sacrifice sanglant : ▢ Pros.

mactātŏr, *ōris*, m., meurtrier : ▢ Théât.

1 **mactātus**, *a, um*, part. de *macto*

2 **mactātŭs**, *ūs*, abl. *ū*, m., ➡ *mactatio* : ▢ Poés.

macte, macti, ➡ *mactus*

mactō, *ās, āre, āvī, ātum*, tr. ¶ 1 honorer ***a)*** [les dieux] : ▢ Pros. ***b)*** [qqn] : ***aliquem honoribus*** ▢ Pros., honorer qqn de magistratures, gratifier de… ***c)*** [en mauvaise part] ➡ *adficio* : ***aliquem malo, infortunio*** ▢ Théât., faire éprouver du mal, du dommage à qqn ‖ punir : ▢ Pros. ¶ 2 sacrifier, immoler [en l'honneur des dieux] : ***Cereri bidentes*** ▢ Poés., sacrifier des brebis à Cérès ; ▢ Pros., ▢ Poés. ‖ [fig.] ***hostiam alicui*** ▢ Pros., sacrifier une victime à qqn ¶ 3 [par ext.] ***a)*** tuer, mettre à mort : ▢ Pros., Poés. ***b)*** ruiner, détruire : ▢ Pros., ▢ Pros.

mactus, *a, um*, [employé ordt au voc. sg., qqf. pl.] glorifié, honoré, adoré ¶ 1 [dans les sacrif.] : ▢ Pros. ¶ 2 [exclam. de souhait, d'encouragement] : ***macte virtute esto, macte virtute este***, aie, ayez bon courage : ▢ Pros. ; pl., ***macti*** ▢ Pros. ‖ [dans les réponses] ***macte virtute*** ▢ Pros., bravo ! à merveille ; ***macte*** [seul] ▢ Pros. ‖ ***macte animo*** ▢ Poés. ; ***animi*** ▢ Poés., sois heureux dans ton coeur, courage ‖ [avec acc. d'exclam.] : ▢ Pros.

1 **măcŭla**, *ae*, f. ¶ 1 tache, marque, point : ▢ Poés., Pros. ¶ 2 maille d'un filet : ▢ Pros., ▢ Pros. ¶ 3 tache, souillure [sur le corps, sur un vêtement, etc.] : ▢ Théât., ▢ Pros., Poés. ‖ [fig.] flétrissure, honte : ▢ Pros.

2 **Măcŭla**, *ae*, m., surnom romain : ▢ Pros.

măcŭlātĭo, *ōnis*, f., tache : ▢ Pros.

măcŭlātus, *a, um*, part. de *maculo*

măcŭlō, *ās, āre, āvī, ātum*, tr. ¶ 1 marquer, tacheter : ▢ Poés. ¶ 2 tacher, souiller : ▢ Poés. ‖ [fig.] flétrir, déshonorer : ▢ Pros. ; ***maculantia verba*** ▢ Pros., mots faisant tache ‖ altérer, corrompre : ▢ Poés.

măcŭlōsus, *a, um* ¶ 1 plein de taches, tacheté, moucheté : ▢ Poés., ▢ Pros. ¶ 2 taché, sali, souillé : ▢ Pros., Poés. ‖ [fig.] flétri : ▢ Pros., ▢ Pros. ‖ ***-sior*** ▢ Pros.

Mădărus, *i*, m., surnom de C. Matius [le chauve] : ▢ Pros.

Madauri, *ōrum*, m. pl., Madaure [ville entre la Numidie et la Gétulie, patrie d'Apulée ; auj. Mdaourouch] : ▢ Pros.

madda, *ae*, f., vêtement militaire : ▢ Pros.

mădĕfăcĭō, *ĭs, ĕre, fēcī, factum*, tr. ¶ 1 humecter, mouiller, arroser : ***rem aliqua re*** ▢ Pros., Poés. ¶ 2 [sujet nom de chose] ▢ Poés.

mădĕfactus, *a, um*, part. de *madefacio*

mădĕfīō, *fīs, fĭĕrī factus sum*, pass. de *madefacio*, être mouillé : ▢ Pros., ▢ Pros.

madeia perimadeia, chant accompagnant le cordax : ▢ Pros.

Madēna, *ae*, f., une région de la Grande Arménie : ▢ Pros.

mădens, *entis*, part.-adj. de *madeo* ¶ 1 humecté, trempé, mouillé : ▢ Pros. ; ***sanguine*** ▢ Pros., trempé de sang ‖ ruisselant de parfums : ▢ Pros. ¶ 2 imprégné de vin, ivre : ▢ Pros. ¶ 3 plein de [avec abl.] : ▢ Poés., Pros.

mădĕō, *ēs, ēre, ŭī*, -, intr. ¶ 1 être mouillé, imprégné : ▢ Pros. ; ***unguento, sanguine*** ▢ Poés., être humide de parfums, de sang ¶ 2 être imprégné [de vin] : ▢ Théât. ‖ [abst] être ivre : ▢ Théât., ▢ Poés. ¶ 3 être amolli par la cuisson, cuire : ▢ Théât., ▢ Poés. ¶ 4 ruisseler de, être plein de, regorger de [avec abl.] : ▢ Poés.

mădescō, *ĭs, ĕre, mădŭī*, -, intr., s'humecter, s'imbiber : ▢ Poés., ▢ Poés. ‖ s'amollir, macérer : ▢ Pros. ‖ s'enivrer : ▢ Pros.

Madĭan, m. indécl., pays de Madian (Arabie) : ▢ Pros. ‖ **-nīta**, *ae*, m., **-nītis**, *ĭdis*, f., de Madian, Madianite : ▢ Pros.

mădĭdātus, *a, um*, part. de *madido*

mădĭdē, adv., de manière à être trempé : [fig.] ***madere*** ▢ Théât., être humecté à fond, être complètement ivre

mădĭdō, *ās, āre, āvī, ātum* ¶ 1 tr., mouiller, humecter : [surtout au pass.] ▢ Pros. ¶ 2 enivrer : ▢ Pros. ¶ 3 intr., ***madidans*** ▢ Pros., mouillé

mădĭdus, *a, um* ¶ 1 humide, mouillé : ▢ Pros., Poés. ‖ parfumé, humide de parfums : ▢ Poés. ‖ teint : ▢ Poés. ‖ ivre : ▢ Théât., ▢ Poés. ¶ 2 tendre, amolli par la cuisson, cuit : ▢ Théât., ▢ Poés. ‖ ramolli, gâté : ▢ Poés. ; [fig.] ¶ 3 [fig.] imbu de, imprégné de [avec abl.] : ▢ Poés.

mădŏr, *ōris*, m., moiteur, humidité : ▢ Pros.

Madŭatēni, *ōrum*, m. pl., peuple de Thrace : ▢ Pros.

mădŭī, parf. de *madeo* et *madesco*

mădulsa, *ae*, f., humectation [= état d'ivresse] : ▢ Théât.

Mădўtŏs (-us), f., ville de la Chersonèse de Thrace : ▢ Pros.

Maeander, ▢ Pros., **-drus**, ▢ Poés. ou **-drŏs**, *i*, m., ▢ Poés. ¶ 1 Méandre [fleuve d'Asie Mineure au cours sinueux] ¶ 2 [fig.] tours, détours : ▢ Pros., ▢ Pros. ; ***dialecticae Maeandri*** ▢ Pros., les méandres de la dialectique ‖ bordure circulaire, bande qui serpente : ▢ Poés.

maeandrātus, *a, um*, sinueux, tortueux : ▢ Poés.

Maeandrĭus, *a, um*, du Méandre : ▢ Poés.

Maecēnās, *ātis*, m., Mécène [descendant d'une noble famille étrusque, chevalier romain, ami d'Auguste, protecteur des Lettres, et en part. de Virgile et d'Horace] : ▢ Poés., ▢ Pros., **-ātĭānus**, *a, um*, de Mécène : ▢ Pros.

Maecĭa trĭbus, f., la tribu Mécia [une des tribus rustiques de Rome] : ▢ Pros.

Maecilĭus, *ĭī*, m., nom d'un tribun de la plèbe : ▢ Pros.

Maecĭus, *ĭī*, m., Mécius Tarpa [critique dramatique du siècle d'Auguste] : ▢ Pros., Poés.

Maedi, *ōrum*, m. pl., Mèdes [peuple de Thrace] : ▢ Pros.

Maedĭca, *ae*, f., pays des Mèdes [en Thrace] : ▢ Pros. ‖ **Maedĭcus**, *a, um*, des Mèdes : ▢ Pros.

Maelĭānus, *a, um*, de Mélius : ▢ Pros. ‖ ***Maeliani, orum***, m. pl., partisans de Mélius : ▢ Pros.

Maelĭus, *ĭī*, m., nom d'une famille romaine, nott Spurius Maelius [chevalier romain qui fut tué parce qu'on l'accusait d'aspirer à la royauté] : ▢ Pros. ‖ autres : ▢ Pros.

maena (mēna), *ae*, f., mendole, petit poisson de mer : ▢ Théât., ▢ Pros., Poés.

Maenăla, *ōrum*, n. pl., ▢ Poés. et **Maenălŏs (-us)**, *i*, m., ▢ Poés., le Ménale [mont d'Arcadie, consacré à Pan]

Maenălŏs (-us), ➡ *Maenala*

maenăs, *ădis*, f. ¶ 1 ménade (bacchante) : ▢ Poés. ‖ pl., ▢ Poés. ¶ 2 prêtresse de Cybèle : ▢ Poés. ‖ prêtresse de Priape : ▢ Poés. ‖ prophétesse [épithète de Cassandre] : ▢ Poés.

Maenĭa cŏlumna, f., colonne Maenia, ➡ *columna* ¶ 1

maenĭānum, *i*, n., balcon, galerie saillante [ordt au pl.] : ▢ Pros., ▢ Pros. ‖ [sg.] galerie, étage : ▢ Pros., ▢ Pros.

Maenĭum ātrĭum, n., le Maenium [probablt une salle de vente, cf. *atria auctionaria*] : ▢ Pros.

Maenĭus, *ĭī*, m., nom d'une famille rom. : ▢ Pros.

Maeōn, *ŏnis*, m., nom d'un Thébain, prêtre d'Apollon : Poés.

Maeŏnĭa, *ae*, f., l'Étrurie : Poés.

Maeŏnĭdēs, *ae*, m. ¶1 de Méonie [en part., le poète de Méonie, Homère] : Poés., Poés. ¶2 Etrusque : Poés. ; ***Maeonidum tellus*** Poés., l'Étrurie

Maeŏnis, *ĭdis*, f., femme de Méonie : Poés. ‖ = Arachné, = Omphale : Poés.

Maeŏnĭus, *a*, *um* ¶1 de Méonie, lydien : Poés. ‖ d'Homère, épique : Poés. ¶2 Étrusque : Poés., Poés.

Maeōtĭcus et **Maeōtĭus**, *a*, *um*, des Méotes ou du Palus-Méotide [Mer d'Azov] : Poés. ‖ **-ca palus** et **-itius lacus**, ▶ *Maeotis*

Maeōtis, *ĭdis* (*ĭdos* qqf. *ĭs*), adj. f., des Méotes, scythique : ***Maeotis hiems*** Poés., l'hiver scythe

Maeōtĭus, ▶ *Maeoticus*

Maera, *ae*, f., nom d'une femme changée en chienne : Poés. ‖ prêtresse de Vénus : Poés.

maerens, *tis*, part. de *maereo* pris adj[t], triste, affligé : Pros. ‖ ***fletus maerens*** Pros., les larmes de l'affliction

maerĕō, *ēs*, *ēre*, -, - ¶1 intr., être chagriné, être triste, s'affliger : Pros. ; ***sedatio maerendi*** Pros., apaisement de l'affliction ; ***suo incommodo*** Pros., s'affliger pour un malheur subi personnellement ¶2 tr., s'affliger sur, déplorer : ***mortem alicujus*** Pros., s'affliger de la mort de qqn ‖ ***talia maerens*** Poés., proférant ces plaintes ‖ [avec prop. inf.] déplorer que : Pros. ¶3 pass. impers., ***maeretur***, on s'afflige : Pros.

maerŏr, *ōris*, m., tristesse, affliction profonde [avec manif. extér.] : Pros. ; ***in maerore esse, jacere***, être affligé profondément, être accablé de tristesse : Théât., Pros. ‖ pl. *maerores* Pros.

Maesesses, *um*, m. pl., Mésesses [peuple espagnol, voisin de Castulo] : Pros.

Maesĭa Silva, f., ▶ *Mesia Silva*

Maesa, *ae*, f., grand-mère d'Héliogabale [Élagabel] : Pros.

maestē, adv., tristement, avec affliction : Pros.

maestĭtĭa, *ae*, f., tristesse, abattement, affliction : Pros. ‖ [fig.] tristesse, rudesse : ***orationis*** Pros., tristesse du style ; ***frigorum*** Pros., rigueur du froid

maestĭtūdo, *ĭnis*, ▶ *maestitia* : Théât.

maestus, *a*, *um* ¶1 abattu, profondément affligé : Pros., Poés. ¶2 sévère, sombre : Poés., Pros. ¶3 qui cause de la tristesse, funèbre, sinistre : Poés.

Maesulĭī, *ōrum*, m. pl., peuple d'Afrique [probabl[t] le même que les Massyli] : Pros.

Maevĭus, *ĭī*, m., nom d'un mauvais poète du temps de Virgile : Poés. ‖ autre du même nom : Pros.

măfors, *tis*, m. et **măforte**, *tis*, n., voile de femme, capeline : Pros.

măga, *ae*, f., magicienne : Poés., Pros.

Magăba, *ae*, m., montagne de Galatie : Pros., Pros.

1 **măgālĭa**, *ĭum*, n. pl., gourbis, cases, huttes de nomades : Poés.

2 **Māgālĭa**, *ĭum*, n., quartier de Carthage : Théât.

Māgantĭa, *ae*, f., Mayence : Poés. ; ▶ *Mogontiacum*

Māgārĭa, *ĭum*, n. pl., ▶ *2 Magalia*

Magdalēnē, *ēs*, f., Marie-Madeleine, sœur de Lazare : Pros.

Magdălus, *i*, m. et, **-um**, *i*, n., ville d'Égypte sur la mer Rouge : Pros.

Măgeddo, f. indécl., ville de Palestine : Pros.

Magetobrĭa (**-briga**), *ae*, f., ville de la Lyonnaise, chez les Séquanes : Pros.

1 **măgīa**, *ae*, f., magie : Pros., Poés.

2 **Magia**, *ae*, f., nom de femme : Pros.

măgĭcus, *a*, *um*, magique, de la magie : Poés. ‖ mystérieux : Poés.

măgĭda, *ae*, f., plateau, plat : Pros. ; ▶ *magis*

măgīra, f., cuisinière : Pros.

măgĭs, adv., plus ¶1 [devant un compar.] : Théât. ‖ ***magis... quam...*** Pros., plus... que... ‖ ***magis... atque...*** Théât., plus... que... ‖ [avec l'abl.] Pros. ; ***magis solito*** Pros., plus que d'ordinaire ¶2 [constr. part.] **a)** ***multo magis***, beaucoup plus ; ***magis etiam*** Pros., plus encore ; ***multo etiam magis*** Pros., et bien plus encore ; ***nihilo magis***, en rien davantage ; ***impendio magis***, beaucoup plus ; ***eo, hoc, tanto magis***, d'autant plus ; Pros. ; ***eoque magis quod*** Pros., et d'autant plus que **b)** ***magis quam... tam magis*** Théât. ; ***quam magis... magis*** Théât., Poés. ; ***quanto mage... tam magis*** Poés., plus... plus ; ***tam magis... quam magis*** Poés., d'autant plus... que **c)** [redoubl[t] avec *cotidie* ou *in dies*] : ***magis magisque*** Pros. ; ***magis et magis*** Pros., tous les jours de plus en plus ‖ Poés. ; ***magis (atque) magis*** Poés. ; ***magis ac magis*** Pros., de plus en plus **d)** ***magis aut minus*** Pros. ; ***magis minusve*** Pros. ; ***magis ac minus*** Pros., plus ou moins ; ***aut minus aut magis*** Pros., ou moins ou plus **e)** ***non magis... quam***, pas plus... que : Pros. ¶3 ▶ *potius*, plutôt : Pros. ; ***magis potius quam*** Théât., bien plutôt que ‖ ***magis volo*** ▶ *malo*, aimer mieux : Théât., Pros. ‖ ***ac magis*** Pros., mais plutôt

măgistĕr, *tri*, m. ¶1 celui qui commande, dirige, conduit, chef, directeur : ***populi*** Pros., ancienne appellation du dictateur ; ***equitum*** Pros., maître de cavalerie [adjoint au dictateur] ; ***morum*** Pros., directeur des moeurs, censeur ; ***sacrorum*** Pros., chef des sacrifices ; ***scripturae, in scriptura*** Pros., directeur d'une société de fermiers [percevant les droits de pâturages] ; ***societatis*** Pros., directeur d'une société ‖ syndic dans une vente : Pros. ‖ ***magister navis*** Pros., commandant de navire [ou pilote] ; ***convivii*** Pros., le roi du festin, président du banquet [qui fixait le nombre des coupes à boire] ¶2 maître qui enseigne : Pros. ; ***dicendi*** Pros., maître d'éloquence ‖ [à propos de Dieu] Pros.

măgistĕrĭum, *ĭī*, n. ¶1 fonction de président, chef, directeur : Pros., Pros. ‖ [en part.] royauté du festin : Pros. ¶2 fonction de maître, de précepteur : Théât. ‖ enseignement, leçons, direction : Théât., Poés., Pros.

măgistĕrō (**-trō**), *ās*, *āre*, -, -, tr., ***vitam militarem*** Pros., donner l'exemple de la vie militaire

măgistra, *ae*, f., maîtresse, directrice : Théât. ‖ [fig.] qui enseigne : Pros., Poés.

măgistrātĭo, *ōnis*, f., enseignement : Pros.

măgistrātŭs, *ūs*, m. ¶1 charge, fonction publique, magistrature : Pros. ; ▶ *peto, ineo, adipiscor, gero, obtineo, 1 do, 1 mando, depono* ¶2 fonctionnaire public, magistrat : Pros. ‖ sg. collectif, = administration : Pros.

măgistrō, *ās*, *āre*, -, -, ▶ *magistero*

Magĭus, *ĭī*, m., nom d'homme : Pros.

magmentārĭus, *a*, *um*, relatif aux offrandes supplémentaires : Pros. ‖ subst., dépôt : Pros.

magmentum, *i*, n., offrande supplémentaire aux dieux, addition à une offrande : Pros., Pros.

Magna Graecia, ▶ *Graecia*

magnănĭmĭtās, *ātis*, f., grandeur d'âme, magnanimité : Pros., Pros.

magnănĭmus, *a*, *um*, magnanime, noble, généreux : [personnes] Pros. ; [choses] Pros.

magnārĭus, *ĭī*, m., marchand en gros : Pros.

magnātes, *um*, m. pl., les grands : Pros.

magnātus, *i*, m., un personnage éminent : Pros.

magnē, adv., grandement : Pros.

Magnentĭus, *ĭī*, m., Germain qui se fit proclamer empereur romain [350-353] : Pros. ‖ **-ĭāni**, m. pl., partisans de Magnence : Pros.

Magnēs, *ētis*, m., de Magnésie : Pros. ‖ **magnēs lapis** [ou abs[t]], **magnēs**, aimant minéral : Pros., Poés.

Magnēsĭa, *ae*, f., Magnésie [contrée orientale de la Thessalie] : [C] Pros. ‖ ville de Carie près du Méandre : [C] Pros. ‖ de Lydie, près du mont Sipyle : [C] Pros.

Magnēsĭus, *a*, *um*, qui est de Magnésie : [C] Poés.

Magnessa, *ae*, f., de Magnésie : [C] Poés.

magnētarchēs, *ae*, m., magnétarque, premier magistrat des Magnètes : [C] Pros.

Magnētes, *um*, m. pl., habitants de la Magnésie ou de Magnésie, ville : [C] Poés., Pros., [+C] Poés.

Magnētis, *ĭdis*, f., de Magnésie : [C] Poés.

magni, gén. de prix, V. *1 magnus*

Magni Campi, m. pl., canton de l'Afrique, près d'Utique : [C] Pros.

magnĭdĭcus, *a*, *um*, emphatique, fanfaron : [-C] Théât., [T] Pros.

magnīfăcĭō [ou plutôt] **magnī făcĭō**, *ĭs*, *ĕre*, -, -, tr., faire grand cas de, [-C] Théât. ; V. *facio*

magnĭfĭcātĭo, *ōnis*, f., action de vanter, d'exalter : [T] Pros.

magnĭfĭcē, adv., noblement, grandement, généreusement, splendidement, somptueusement : [C] Pros. ‖ pompeusement, hautainement : [C] Pros. ‖ ***-ficentius*** [C] Pros. ; ***-ficentissime*** [C] Pros.

magnĭfĭcentĭa, *ae*, f. ¶ **1** noblesse, magnanimité, grandeur d'âme : [C] Pros. ¶ **2** [en parl. de choses] grandeur, splendeur, magnificence : [C] Pros. ‖ [en parl. du style] : [+C] Pros. ‖ [en mauv. part] style pompeux : [-C] Théât., [C] Pros.

magnĭfĭcō, *ās*, *āre*, *āvī*, *ātum*, tr. ¶ **1** faire grand cas de : [-C] Théât. ¶ **2** augmenter, allonger : [T] Pros. ‖ rendre grand, glorieux : [T] Pros.

magnĭfĭcŏr, *ārĭs*, *ārī*, -, intr., s'exalter, se réjouir : [T] Pros.

magnĭfĭcus, *a*, *um*, compar. *magnificentior* ; superl. *magnificentissimus*, qui fait grand

I [pers.] ¶ **1** qui fait de grandes dépenses, fastueux, magnifique : [C] Pros. ; ***elegans, non magnificus*** [C] Pros., de la distinction, sans faste ¶ **2** imposant, qui a grand air, grande allure : [C] Pros. ¶ **3** grand, noble, généreux : [C] Pros.

II [choses] ¶ **1** de grand air, somptueux : ***magnificae villae*** [C] Pros., villas somptueuses ‖ brillant, magnifique : ***magnificentissima aedilitas*** [C] Pros., édilité pleine de magnificence [réjouissances somptueuses données au peuple] ¶ **2** [rhét.] style sublime, pompeux : [C] Pros. ‖ [péjor.] ***magnifica verba*** [-C] Théât., belles paroles, hâbleries [ou fanfaronnades, vanteries] ; [C] Pros., [+C] Pros. ¶ **3** beau, grandiose : ***magnifica vectigalia*** [C] Pros., revenus splendides

magnĭlŏcus, V. *magniloquus*

magnĭlŏquentĭa, *ae*, f. ¶ **1** style sublime, majesté du style : [C] Pros., [+C] Pros. ¶ **2** jactance, grandiloquence : [C] Pros., [+C] Pros.

magnĭlŏquĭum, *ĭī*, n., jactance : [T] Pros.

magnĭlŏquus, *a*, *um* ¶ **1** dont le langage est sublime : [+C] Poés. ¶ **2** emphatique, fanfaron : [+C] Pros., [C] Poés., Poés.

magnĭtās, *ātis*, f., V. *magnitudo* : [-C] Théât.

magnĭtūdo, *dĭnis*, f. ¶ **1** grandeur : ***mundi*** [C] Pros., grandeur de l'univers ; ***fluminis*** [C] Pros., largeur d'un fleuve ; ***ingens corporum*** [C] Pros., stature gigantesque ; ***magnitudines regionum*** [C] Pros., l'étendue des régions ‖ ***aquae magnitudo*** [C] Pros., la hauteur de l'eau [dans un fleuve] ¶ **2** grande quantité, abondance : ***pecuniae, fructuum*** [C] Pros., grande quantité d'argent, de récoltes ¶ **3** force, puissance : ***frigorum*** [C] Pros., rigueur des froids ; ***vocis*** [C] Pros., étendue de la voix ¶ **4** grandeur, importance : ***beneficii*** [C] Pros., grandeur d'un bienfait ; ***causarum*** [C] Pros., importance des causes à plaider ; ***periculi*** [C] Pros., grandeur du péril ; ***odii*** [C] Pros., violence de la haine ¶ **5** élévation, force, noblesse : ***animi*** [C] Pros., grandeur d'âme

magnŏpĕrĕ (**magnō ŏpĕrĕ**), adv. ¶ **1** vivement, avec insistance [avec les verbes signifiant demander, prier, désirer, exhorter, appeler] ‖ grandement, fortement : [avec *mirari*] [C] Pros. ; [*contemnere*] [C] Pros. ; [*providere*] [C] Pros. ¶ **2** [au compar. et superl.] ***majore opere, maximo opere*** : [-C] d. [+C] Pros., [C] Pros., [-C] Théât. ¶ **3** beaucoup, très : ***jucundus*** [C] Pros., très agréable ‖ [surtout avec nég.] pas considérablement, pas beaucoup : [C] Pros.

1 **magnus**, *a*, *um*, compar. *major* ; superl. *maximus* ¶ **1** grand : ***magna domus*** [C] Pros., grande, vaste maison ; ***epistula maxima*** [C] Pros., la plus grande lettre ; ***magnus homo*** [-C] Poés., [C] Pros., homme grand ; [+C] Poés. ; ***oppidum maximum*** [C] Pros., la ville la plus grande ; [+C] Pros. ¶ **2** grand [comme quantité] : [C] Pros. ; ***magna pars***, une grande partie, V. *pars* ‖ abl. et gén. de prix *magno*, *magni* : ***magno emere***, acheter cher ; ***magni aestimare***, estimer beaucoup ¶ **3** grand [comme force, intensité] : ***magna voce*** [C] Pros., à haute voix ‖ n. pris adv[t] : ***magnum clamare*** [-C] Théât., crier fort ; ***maximum exclamare*** [-C] Théât., hurler ; ***majus exclamare*** [C] Pros., crier plus fort ¶ **4** [en part.] ***magnus annus*** [C] Pros., la grande année ¶ **5** [fig.] ***magno natu*** [C] Pros. [ou] ***magnus natu*** [C] Pros., d'un grand âge ; ***natu major*** [C] Pros., plus âgé ‖ ***major alacritas*** [C] Pros., une ardeur plus grande ¶ **6** grand, important [pers. et choses] : ***vir magnus*** [C] Pros., grand homme ; ***magnus homo*** [+C] Poés., grand personnage ; [C] Pros. ‖ difficile : [C] Pros. ¶ **7** grand, noble, généreux : ***magno animo esse***, avoir une grande âme, un grand cœur : ***magnus homo*** [+C] Poés., homme magnanime ‖ [sens péjor.] ***magna verba*** [C] Poés., grands mots, phrases pompeuses ; ***lingua magna*** [C] Poés., langue orgueilleuse ¶ **8** ***maximus*** [marque la supériorité absolue et la perfection, souvent lié à *optimus*] : [C] Pros. ; [à propos de la vente d'un fonds] ***Ludi maximi*** [+C] Pros., les grands Jeux ; ***pontifex maximus*** [C] Pros., le grand pontife

2 **Magnus**, *i*, m., surnom de Pompée : [+C] Poés.

Māgo, *ōnis*, m. ¶ **1** Magon [général carthaginois, frère d'Hannibal] : [C] Pros., [+C] Poés. ¶ **2** Carthaginois, auteur de 28 livres sur l'agriculture : [C] Pros., [+C] Pros.

Magog, m., peuple septentrional, dans les prophéties d'Ézéchiel : [T] Pros.

Māgontĭa, *ae*, f., V. *Mogontiacum* : [+T] Poés.

măgūdărĭs (**măgȳd-**), *is*, acc. *im*, f., sorte de silphium [férule] : [-C] Théât.

Măgulla, *ae*, f., nom de femme : [+C] Poés.

1 **măgus**, *a*, *um*, de magie, magique : [C] Poés., [+C] Théât.

2 **măgus**, *i*, m., mage, prêtre chez les Perses : [C] Pros. ‖ magicien, sorcier : [C] Poés.

3 **Măgus**, *i*, m., nom d'homme : [C] Poés.

măgȳdăris, V. *magudaris*

Măharbăl (**Măherbăl**), *ălis*, m., chef de la cavalerie carthaginoise à Cannes : [C] Pros.

Māia, *ae*, f., Maïa ¶ **1** fille d'Atlas et de Pleioné, mère de Mercure : [C] Pros., Poés. ‖ est aussi une des Pléiades : [C] Poés. : [C] Poés. ¶ **2** cf. V. *1 magnus*, fille de Faunus, divinité romaine incarnant le printemps, dont la fête se célébrait en mai : [T] Pros.

māiālis, V. *majalis*

Māiŭjĕna, **māiūma**, V. *maju*

1 **Māius** et **Mājusdeus**, le grand dieu [Jupiter] : [T] Pros.

2 **Māius**, *a*, *um*, du mois de mai : [C] Pros. ‖ subst. m., mai [le mois] : [C] Pros., Poés.

mājālis, *is*, m., porc châtré : [C] Pros. ; [injure] [C] Pros.

Mājesta, *ae*, f., V. *Maia* ¶ *2* : [T] Pros.

mājestās, *ātis*, f. ¶ **1** grandeur, dignité, majesté [en parl. des dieux] : [C] Pros., [+C] Pros. ‖ [du Dieu chrét.] [+C] Pros. ‖ [des magistrats, des juges] : [C] Pros. ; ***ex majestate esse alicui*** [+C] Pros., être conforme à la majesté de qqn ‖ souveraineté de l'État, du peuple romain : [C] Pros. ; ***crimen majestatis*** [C] Pros., accusation de lèse-majesté ; ***lex majestatis*** [C] Pros., loi concernant le crime d'État, la haute trahison ¶ **2** [fig.] honneur, dignité, majesté [en parl. de pers., du style, d'un lieu] : [C] Pros.

1 **mājŏr**, *ŭs*, *ōris*, compar. de *magnus*, V. *1 magnus*, noter : [C] Pros. ; ***majores natu*** [C] Pros., les aînés ; ***majores***, les ancêtres ; ***more majorum***, d'après la coutume des ancêtres ‖ ***Caesar major*** [+C] Pros., le premier César [Jules César] ‖ ***in majus celebrare*** [C] Pros., vanter en exagérant ; [C] Poés., [+C]

2 **Mājŏr**, m., f., épithète pour distinguer deux pers. ou deux choses portant le même nom : ***Cato Major***, Caton l'Ancien ; ***Armenia Major***, la Grande Arménie

mājōres, *um*, [V.] *1 major*

Mājōrĭānus, *i*, m., Majorien, empereur d'Occident [457-461] : [T] Poés.

mājus, [V.] *1 major* et *2 Maius*

mājuscŭlus, *a*, *um*, un peu plus grand : [C] Pros. ; [avec *quam*] ‖ un peu plus âgé : [avec *quam*] [-C] Théât.

māla, *ae*, f. (ord[t] au pl. **mālae**, *ārum*) ¶ **1** mâchoire supérieure : [C] Poés. ¶ **2** joue : [-C] Théât., [C] Poés.

mālăbathron, [V.] *malobathron*

mălăchē (**mŏlŏ-**), *ēs*, f., mauve [plante] : [C] Pros., [+C] Pros.

mălăcĭa, *ae*, f., bonace, calme plat de la mer : [C] Pros. ‖ [fig.] langueur, apathie : [+C] Pros.

mălăcissō, *ās*, *āre*, -, -, tr., adoucir, apprivoiser : [-C] Théât.

mălăcus, *a*, *um*, doux, moelleux [en parl. d'une étoffe] : [-C] Théât. ‖ [en parl. d'une friction] : [-C] Théât. ‖ [fig.] agréable, voluptueux : [-C] Théât. ‖ flexible, souple : [-C] Théât.

mălagma, *ae*, f., et **mălagma**, *ătis*, n., onguent : [+C] Pros.

mălaxō, *ās*, *āre*, -, -, tr., amollir : [+C] Pros.

Malchīnus, *i*, m., nom d'homme : [C] Poés.

Malchĭo, *ōnis*, m., nom d'un affranchi ignoble : [+C] Poés.

mălĕ, adv. ; compar. *pejus* ; superl. *pessime* ¶ **1** mal, autrement qu'il ne faut : ***male olere*** [C] Pros., avoir une mauvaise odeur ; [V.] *audio*, *habeo* ; ***loqui*** [C] Pros., parler de façon préjudiciable, mal parler ; ***male loqui alicui*** [-C] Théât., parler mal de qqn ; ***pejus existimare*** [C] Pros., avoir plus mauvaise opinion ‖ à tort, injustement : ***male reprehendunt*** [C] Pros., ils ont tort de critiquer ‖ d'une façon qui ne convient pas : [C] Pros. ‖ [presque syn. de *non*] : [C] Poés. ; ***male sanus*** [C] Pros., qui n'a pas sa raison ¶ **2** de façon fâcheuse, malheureuse : ***male est alicui*** [C] Pros., cela va mal pour qqn, il est dans une situation pénible ¶ **3** violemment, fortement [avec adj. et verbes ayant un sens défavorable] : ***male odisse aliquem*** [C] Pros., détester violemment qqn ; ***pejus odisse*** [C] Pros., détester plus ; ***male metuere*** [-C] Théât., craindre fortement ; ***male parvus*** [C] Poés., diablement petit, trop petit

Mălĕa (**Mălēa**), *ae*, f., Malée [promontoire du Péloponnèse] : [C] Poés., Pros.

mălĕdĭcax (**mălĕ dĭcax**), *ācis*, médisant : [-C] Théât., [T] Pros.

mălĕdĭcē, adv., en médisant : [C] Pros.

mălĕdīcens, *tis*, médisant : [-C] Théât. ‖ ***-tior*** [-C] Théât. ; ***-tissimus*** [C] Pros.

mălĕdīcentĭa, *ae*, f., médisance, attaques injurieuses : [+C] Pros.

mălĕdīcō, *is*, *ĕre*, *dīxī*, *dictum*, intr., tenir de mauvais propos, injurier : ***alicui*** [C] Pros., outrager qqn ‖ tr., ***aliquem*** [+C] Pros., réprimander ‖ maudire : [T] Pros.

mălĕdictĭo, *ōnis*, f., médisance : injures : [C] Pros.

mălĕdictĭtō, *ās*, *āre*, -, -, fréq. de *maledico* : [-C] Théât.

mălĕdictum, *i*, n., parole injurieuse, injure, outrage : ***maledicta in aliquem dicere*** [C] Pros., injurier, outrager qqn ; ***in vitam alicujus conjicere*** [C] Pros., lancer des critiques contre la vie de qqn ; ***aliquem maledictis figere*** [C] Pros., déchirer qqn en propos outrageants

mălĕdĭcus, *a*, *um*, médisant : [C] Pros. ‖ compar. et superl., [V.] *maledicens*

mălĕfăbĕr (**mălĕ făbĕr**), *bra*, *brum*, qui machine le mal, pernicieux : [T] Poés.

mălĕfăcĭō, *is*, *ĕre*, *fēcī*, *factum*, intr., faire du tort, nuire (***alicui***, à qqn) : [-C] Théât. ‖ avec acc. du pron. n., [-C] Théât.

mălĕfactŏr, *ōris*, m., homme malfaisant, malfaiteur : [-C] Théât., [T] Pros.

mălĕfactum, *i*, n., [aussi en deux mots], mauvaise action : [-C], [C] Pros.

mălĕfaxit, [aussi en deux mots] = ***male fecerit*** [-C] Théât.

mălĕfĭcē, adv., en faisant du tort à autrui, méchamment : [-C] Théât.

mălĕfĭcĭum, *ĭī*, n. ¶ **1** mauvaise action, méfait, crime : [C] Pros. ; ***suscipere*** [C] Pros. ; ***admittere*** [C] Pros., commettre un méfait, un crime ¶ **2** fraude, tromperie : [-C] Théât., [+C] Pros. ¶ **3** torts, dommages, déprédations : [C] Pros. ¶ **4** sortilège, maléfice : [T] Pros.

mălĕfĭcus, *a*, *um* ¶ **1** malfaisant, méchant, criminel : [C] Pros. ‖ ***-ficentissimus*** [+C] Pros. ¶ **2** nuisible, malfaisant, funeste : [C] Pros., [+C] Pros. ¶ **3** **mălĕfĭcus**, *i*, m., faiseur de tort, malfaisant, criminel : [-C] Théât. ¶ **4** **mălĕfĭcum**, *i*, n., charme, enchantement : [+C] Pros.

mălĕfīdus, *a*, *um* [aussi en deux mots], peu sûr : [T] Pros.

mălĕfortis, *e*, peu solide, faible : [T] Poés.

mălĕlŏquĭum (**mălĭ-**), *ĭī*, n., médisance : [+C] Pros.

mălĕlŏquŏr, *quĕrĭs*, *quī*, -, intr., dire du mal de, injurier [avec dat.] : [-C] Théât.

mălĕlŏquus (**mălĭ-**), *a*, *um*, médisant : [T] Pros.

mălĕnōtus (**mălĕ nōtus**), *a*, *um*, peu connu, obscur : [+C] Poés.

mălĕsuādus, *a*, *um*, qui conseille le mal : [-C] Théât., [C] Poés.

mălĕtractātĭo, *ōnis*, f., traitement indigne : [T] Pros.

Mălĕus, *a*, *um*, du cap Malée : [+C] Pros.

Mălĕventum, *i*, n., ancien nom de Bénévent, [V.] *Beneventum* : [C] Pros.

mălĕvŏlens (**mălĭ-**), malintentionné, malveillant : [-C] Théât. ‖ ***-tissimus*** [C] Pros.

mălĕvŏlentĭa (**mălĭ-**), *ae*, f., malveillance, jalousie, haine : [C] Pros.

mălĕvŏlus (**mălĭ-**), *a*, *um*, mal disposé, envieux, malveillant : [C] Pros. ‖ subst. m., personne malintentionnée, jaloux : [C] Pros. ‖ subst. f., [-C] Théât.

Mālĭăcus sinus, m., golfe Maliaque [entre la Locride et la Thessalie, en face de l'Eubée] : [C] Pros. ‖ **Mālĭus**, *a*, *um*, du golfe Maliaque : [C] Poés. ‖ **Mālĭensis**, *e*, [C] Pros., du golfe Maliaque

mālĭcŏrĭum, *ĭī*, n., écorce de la grenade : [+C] Pros.

Mālĭensis, [V.] *Maliacus*

mālĭfĕr, *ĕra*, *ĕrum*, qui produit des pommes : [C] Poés.

mălĭfĭcus, [V.] *maleficus*

mălignē, adv. ¶ **1** méchamment, avec envie, avec malveillance : [C] Pros. ; ***malignius*** [+C] Pros. ¶ **2** jalousement, chichement, mesquinement : [C] Pros., [+C] Pros. ‖ [fig.] petitement, peu : [+C] Pros.

mălignĭtās, *ātis*, f. ¶ **1** mauvaise disposition, malignité, méchanceté, envie : [C] Pros., [+C] Pros. ¶ **2** malveillance, parcimonie, mesquinerie : [-C] Théât., [C] Pros. ‖ avarice : [C] Pros. ‖ [fig.] stérilité : [+C] Pros.

mălignō, *ās*, *āre*, -, -, tr., préparer, effectuer [qqch.] avec une intention mauvaise : [T] Pros.

mălignŏr, *ārĭs*, *ārī*, *ātus sum*, intr., se comporter méchamment : [T] Pros.

mălignus, *a*, *um* ¶ **1** de nature mauvaise, méchant, perfide, envieux : [C] Poés., [+C] Poés. ‖ ***malignissimus*** [+C] Pros. ‖ [chrét.] subst. m., le Malin, le diable : [T] Pros. ¶ **2** chiche, avaricieux, avare : [-C] Théât., [C] Poés., [+C] Pros. ‖ [en parl. du sol] mauvais, stérile : [C] Poés. ; ***malignior*** [+C] Pros. ‖ petit, chétif, insuffisant, étroit : [C] Poés., [+C] Pros., Poés.

mălĭlŏqu-, [V.] *maleloqu-*

mālim, subj. prés. de *malo*

Mălĭsĭānus, *i*, m., nom d'homme : [+C] Poés.

mălĭtĭa, *ae*, f. ¶ **1** nature mauvaise, méchante, malignité, méchanceté : [C] Pros. ¶ **2** malice, ruse, finesse : [-C] Théât.

Mălĭtĭōsa silva, f., forêt en Sabine : [C] Pros.

mălĭtĭōsē, adv., avec déloyauté, de mauvaise foi : [-C] Théât., [C] Pros. ‖ ***-sius*** [C] Pros.

mălĭtĭōsus, *a*, *um*, méchant, trompeur, fourbe : [C] Pros.

Mālĭus, [V.] *Maliacus sinus*

mălĭvŏl-, [V.] *malev-*

mallĕātŏr, *ōris*, m., celui qui travaille avec le marteau : ***balucis*** [+C] Poés., ouvrier qui bat le minerai

mallĕātus, *a*, *um*, battu au marteau : [+C] Pros.

mallĕŏlāris, *e*, relatif aux boutures : [+C] Pros.

mallĕŏlus, *i*, m. ¶ **1** petit marteau : [+C] Pros. ¶ **2** crossette [de vigne ou d'arbre en gén.] : [+C] Pros. ¶ **3** trait incendiaire [qui renferme des matières combustibles] : [C] Pros.

mallĕus, *i*, m., marteau, maillet : [-C] Théât. ‖ [pour assommer les victimes] : [C] Poés., [+C] Pros.

Mallĭa, *ae*, f., nom de femme : [T] Pros.

Mallĭus, *ĭi*, m., nom d'homme : [C] Pros.

Mallobaudēs, m., nom d'un roi des Francs : [T] Pros.

Malloea, *ae*, f., ville de Thessalie : [C] Pros.

Mallŏs (**Mallus**), *i*, f., ville de Cilicie : [+C] Poés. ‖ **-ōtēs**, *ae*, m., de Mallos : [C] Pros., [+C] Pros.

mallus, *i*, m., fil de laine : [-C] Pros.

mālō, *māvīs*, *malle*, *mālŭī*, -, tr. ¶ **1** aimer mieux, préférer : ***incerta pro certis*** [C] Pros., préférer l'incertain au certain ; [+C] Pros. ; ***multo malo*** [C] Pros., j'aime beaucoup mieux ‖ [avec inf.] : ***servire quam pugnare*** [C] Pros., aimer mieux être esclave que combattre ‖ [avec prop. inf.] : [C] Pros. ; [inf. pass. [C] Pros.] ‖ [avec subj.] : ***malo non roges*** [C] Pros., j'aime mieux que tu ne poses pas de question ‖ [avec *potius*] : [C] Pros. ; [avec *magis*] [C] Pros. ‖ [compl. à l'abl., poét.] : [C] Poés., [+C] Pros. ‖ [avec attribut] [C] Pros. ¶ **2** aimer mieux qqch. pour qqn : [C] Pros. ‖ [abs[t]] être plutôt favorable à : [C] Pros.

mālŏbăthrātus, *a*, *um*, parfumé de malobathrum : [T] Pros.

mālŏbăthrŏn (**-um**), *i*, n., huile, essence de malobathrum : [C] Poés., [+C] Pros.

mālŏgrānātum, *i*, n., grenadier [arbre] : [T] Pros.

mālŏgrānātus, *i*, f., grenadier [arbre] : [T] Pros.

maltha, *ae*, f., [fig.] homme mou, efféminé : [-C] Poés.

Malthīnus, *i*, m., nom d'homme : [C] Poés.

Maltīnus, [V.] *Malthinus*

Mălūgĭnensis, *is*, m., surnom romain : [C] Pros.

1 **mălum**, [pris adv[t] comme interj.] diantre ! diable ! [surtout après des pron. ou adv. interrog.] : [C] Pros.

2 **mălum**, *i*, n. ¶ **1** mal : ***corporis mala*** [C] Pros., maux du corps ; ***majus malum*** [C] Pros., plus grand mal ; ***bona, mala***, les biens, les maux ¶ **2** malheur, calamité : [-C] Théât., [C] Pros. ¶ **3** dureté, rigueur, mauvais traitement : [C] Pros. ; ***malum habere*** [C] Pros., être châtié ¶ **4** maladie : [+C] Pros.

3 **mālum**, *i*, n., pomme : [C] Poés. ‖ [désigne aussi : coing, grenade, pêche, orange, citron]

1 **mălus**, *a*, *um*, compar. *pejor* ; superl. *pessimus* ¶ **1** mauvais : ***malus poeta*** [C] Pros., mauvais poète ; ***mala consuetudo*** [C] Pros., habitude détestable ; ***pessimi cives*** [C] Pros., les plus mauvais citoyens ‖ misérable : [C] Pros. ¶ **2** malheureux, funeste : ***mala pugna*** [C] Pros., combat malheureux, défaite ; ***alicujus malae cogitationes*** [C] Pros., pensées pénibles de qqn ¶ **3** méchant, malin, rusé : ***delituit mala*** [-C] Théât., elle s'est cachée, la friponne ¶ **4** malade : [+C] Pros.

2 **mālus**, *i*, f., pommier : [C] Poés.

3 **mālus**, *i*, m., mât de navire : [C] Pros. ‖ mât [auquel sont fixées les toiles au théâtre] : [C] Poés., Pros. ‖ poutre [ressemblant à un mât] : [C] Pros.

malva, *ae*, f., mauve [plante] : [C] Pros., Poés.

Māmaea, **Māmaeānus**, [V.] *Mamm*

Mambra, *ae*, f. et **Mambrē**, indécl., Mambré [vallée dans la tribu de Juda] : [T] Pros.

Māmercīnus, *i*, m., surnom romain : [C] Pros.

Māmercus, *i*, m., tyran de Catane, vaincu par Timoléon : [C] Pros. ‖ surnom de familles romaines, not[t] de la gens Aemilia : [C] Pros., [+C] Poés.

Māmers, *tis*, m., Mars [en osque] : [C] Pros.

Māmertīnus, *a*, *um*, de Messine : [C] Pros., [+C] Poés. ‖ subst. m. pl., Mamertins, habitants de Messine : [C] Pros. ‖ subst. m., Mamertin, orateur, élevé au consulat par Julien : [T] Pros.

Mămertus, *i*, m., saint Mamert, évêque de Vienne : [T] Pros. ‖ Claudien Mamert, frère du précédent et auteur ecclésiastique : [T] Pros.

Māmĭlĭa lex, loi Mamilia, proposée par le tribun C. Mamilius Limetanus : [C] Pros.

Māmĭlĭus, *ĭi*, m., nom d'une famille romaine : [C] Pros.

mămilla, *ae*, f. ¶ **1** mamelle, sein : [+C] Pros., Poés. ‖ [terme d'affection] mon petit coeur : [-C] Théât. ¶ **2** robinet : [C] Pros.

mămillāre, *is*, n., soutien-gorge, [V.] *strophium* : [+C] Poés.

mămillātus, *a*, *um*, pourvu de mamelles : [T] Pros.

mamma, *ae*, f. ¶ **1** sein, mamelle [en parl. des femmes, des hommes, des animaux] : [C] Pros. ¶ **2** maman [dans le lang. des enfants] : [+C] Poés.

mammĕāta, f., qui a de grosses mamelles : [-C] Théât.

mammĭcŭla, *ae*, f., petite mamelle : [-C] Théât.

mammōna (**-nās**), *ae*, m., argent, richesse, gain : [T] Pros.

mammōnĕus, *a*, *um*, intéressé, qui recherche l'argent : [T] Poés.

mammōsus, *a*, *um*, qui a de grosses mamelles : [C] Pros., [+C] Pros.

mammŭla, *ae*, f., petite mamelle : [C] Pros., [+C] Pros.

māmōna, [V.] *mammona*

Māmŭrĭānus, *i*, m., nom d'homme : [+C] Poés.

Māmŭrĭus, *ĭi*, m., [C] Poés. et **Māmurrĭus**, *ĭi*, [C] Poés., Mamurius Véturius [qui fabriqua les *ancilia*]

Māmurra, *ae*, m., nom d'homme : [C] Pros., Poés., [+C] Pros. ‖ ***Mamurrarum urbs*** [C] Poés., Formies [patrie des Mamurra]

mamzer, [V.] *manzer*

mānābĭlis, *e*, qui pénètre : [C] Poés.

mānāmĕn, *ĭnis*, n., écoulement : [T] Poés.

Mānassē, m. indécl., **Mānassēs**, *ae*, m., Manassé [fils aîné de Joseph] : [T] Pros. ‖ autres du même nom : [T] Pros.

mānātĭo, *ōnis*, f., écoulement : [+C] Pros.

manceps, *cĭpis*, m. ¶ **1** adjudicataire de marchés conclus avec l'État romain : [C] Pros. ¶ **2** entrepreneur de travaux pour l'État : [+C] Pros. ‖ ***operarum*** [+C] Pros., qui prend à gages des manoeuvres ‖ entrepreneur d'applaudissements, chef de claque : [+C] Pros. ‖ qui prend à ferme une dette, qui se charge de la payer, caution : [-C] Théât., [C] Pros. ¶ **3** maître, propriétaire : [+C] Pros.

Mancĭa, *ae*, m., surnom romain : [C] Pros.

Mancīnus, *i*, m., C. Hostilius Mancinus, consul romain : [C] Pros. ‖ **-nĭānus**, *a*, *um*, de Mancinus : [+C] Pros.

mancĭŏla, *ae*, f., [V.] *manicula*, *mancus* petite main, menotte : [+C] Pros.

mancĭpātus, *a*, *um*, part. de *mancipo*

mancĭpi, gén. de *mancipium*

mancĭpĭum (**-cŭpĭum**), *ĭi* ou *i*, n. ¶ **1** mancipation [procédé formaliste d'aliénation d'une chose (vente, donation, remise en gage), ou du droit sur une personne, pour la placer sous la puissance d'autrui ou l'émanciper] : [-C] Théât., [C] Pros. ¶ **2** esclave : [pl.] [C] Pros. ‖ [sg.] [-C] Théât. ‖ [fig.] : [C] Poés.

mancĭpō (**-cŭpō**), *ās*, *āre*, *āvī*, *ātum*, tr. ¶ **1** aliéner, vendre : [-C] Théât., [C] Pros., [+C] Pros. ¶ **2** [chrét.] vouer à, consacrer à : ***mancipare se Deo*** [T] Pros., se consacrer à Dieu

mancŭp-, [V.] *mancip-*

mancus, *a*, *um*, manchot, mutilé, estropié : [C] Pros. : [C] Poés. ‖ [fig.] défectueux, incomplet : [C] Pros.

mandātum, *i*, n. ¶ **1** [en gén.] commission, charge, mandat : [C] Pros. ‖ [surtout au pl.] [C] Pros. ¶ **2** rescrit de l'empereur : [+C] Pros. ‖ ordre secret de l'empereur : [+C] Pros. ¶ **3** [chrét.] commandement de Dieu : [T] Pros.

1 **mandātus**, *a*, *um*, part. de *1 mando*

2 **mandātŭs**, abl. **ū**, m., commission, recommandation : [C] Pros.

Mandēla, *ae*, f., bourg de Sabine : [C] Pros.

Mandi, *ōrum*, m. pl., peuple de l'Inde : [+C] Pros.

mandĭbŭla, *ae*, f., mâchoire : [T] Pros.

1 **mandō**, *ās, āre, āvī, ātum* ¶ **1** confier à qqn la tâche de, donner un mandat de : [C] Pros. ‖ [avec subj. seul] [C] Pros. ‖ ***ad aliquem*** [+C] Pros., faire une recommandation à qqn ¶ **2** confier : ***alicui magistratus*** [C] Pros., confier à qqn des magistratures ; ***aliquid memoriae*** [C] Pros., graver qqch. dans sa mémoire ; ***aliquid monumentis*** [C] Pros., confier à la mémoire, mettre par écrit ; ***historiis*** [C] Pros., consigner dans l'histoire

2 **mandō**, *ĭs, ĕre, mandī, mansum*, tr. ¶ **1** mâcher : [C] Pros., Poés. ¶ **2** manger, dévorer en mâchant : [C] Pros.

3 **mando**, *ōnis*, m., goinfre : [-C] Poés.

Mandŏnĭus, *ĭī*, m., chef espagnol [2e guerre punique] : [C] Pros.

mandra, *ae*, f. ¶ **1** troupe (convoi) de bêtes de somme : [+C] Poés. ¶ **2** rangée de pions dans le jeu des latroncules : [+C] Poés.

mandrăgŏra, *ae*, f., [T] Pros., **-gŏrās**, *ae*, m., mandragore [plante] : [+C] Pros.

Mandri, V. *Mandi*

Mandrŏclēs, *is*, m., nom d'homme : [C] Pros.

Mandūbĭī, *ōrum*, m. pl., Mandubiens [peuple gaulois ayant Alésia pour chef-lieu] : [C] Pros.

1 **mandūcō**, *ās, āre, āvī, ātum*, tr., mâcher : [C] Pros., [+C] Pros. ‖ manger : [+C] Pros.

2 **mandūco**, *ōnis*, m., mangeur : [+C] Pros.

mandūcŏr, *ārĭs, ārī, -*, dép., V. *1 manduco* : [-C] Poés.

mandūcus, *i*, m., mannequin qui avait une tête avec des mâchoires énormes, la bouche ouverte et remuant les dents à grand bruit : [-C] Théât. ‖ personnage de l'atellane : [C] Pros.

Mandurĭa, *ae*, f., ville d'Italie, chez les Salentins : [C] Pros.

1 **mānĕ**, adv. ¶ **1** subst. n. indécl., le matin : ***a mani ad vesperum*** [-C] Théât., du matin jusqu'au soir ; ***multo mane*** [C] Pros., de grand matin ; ***a primo mane*** [+C] Pros., dès le début du matin ; ***mane novum*** [C] Poés., le petit matin ; ***ad ipsum mane*** [C] Poés., jusqu'au matin même ; [+C] Poés. ; ***mane erat*** [C] Poés., c'était le matin ¶ **2** adv., au matin, le matin : [C] Pros. ; ***hodie mane*** [C] Pros., ce matin ; ***cras mane*** [C] Pros., demain matin ; ***tam mane*** [C] Pros., de si bonne heure ; ***bene mane*** [C] Pros., de bon matin

2 **mănē**, impér. de *maneo* et **mănēdum** [arch., V. *dum*], attends, reste : [-C] Théât.

mănendus, *a, um*, adj. verb. de *maneo*, qui doit être attendu : [C] Poés.

mănĕō, *ēs, ēre, mansī, mansum*, intr. et tr.

I intr. ¶ **1** rester : ***domi*** [C] Pros., rester dans ses foyers ‖ [pass. impers.] : ***manetur***, on reste ; ***manendum est***, on doit rester : [C] Pros. ¶ **2** séjourner, s'arrêter : [C] Pros. ¶ **3** persister : [en parl. de pers.] ***in sententia*** [C] Pros., persister dans son opinion ‖ [en parl. de choses] [C] Pros. ‖ [phil.] [C] Pros. ‖ rester acquis, hors de discussion : ***hoc maneat*** [C] Pros., que ce principe demeure acquis ; [avec prop. inf.] [C] Pros. ¶ **4** rester pour qqn, être réservé à qqn : [C] Pros. ¶ **5** habiter : [T] Pros.

II tr. ¶ **1** attendre qqn, qqch. : [-C] Théât. ; ***hostium adventum*** [C] Pros., attendre l'arrivée des ennemis ¶ **2** être réservé à : [C] Poés., Pros.

mānes, *ĭum*, m., [litt^t] les bons ¶ **1** mânes, âmes des morts : ***dii manes*** [C] Pros., les dieux mânes ; [C] Poés. ‖ mânes d'un mort : [C] Poés., Pros., [+C] Poés. ¶ **2** séjour des mânes, les enfers : [C] Poés., [+C] Poés. ‖ châtiments infligés après la mort : [C] Poés., [+C] Poés. ‖ cadavre : [C] Poés., Pros.

mango, *ōnis*, m., marchand d'esclaves : [+C] Pros., Poés. ‖ maquignon, fraudeur : [+C] Pros.

mangōnĭcus, *a, um*, de maquignon : [+C] Pros.

Mānĭa, *ae*, f., divinité romaine, mère des Lares : [C] Pros., [T] Pros. ‖ personne affreuse : [T] Pros.

mănĭbŭla, *ae*, f., V. *manicula*

mănĭca, *ae*, f., [surtout au pl.] ¶ **1** longue manche de tunique couvrant la main : [C] Pros., Poés., [+C] Pros. ¶ **2** gant : [+C] Pros. ¶ **3** fers pour les mains, menottes : [-C] Théât., [C] Pros., Poés. ¶ **4** main de fer, grappin d'abordage : [+C] Poés.

mănĭcātus, *a, um*, qui a des manches : [C] Pros., [+C] Pros.

mănĭcha, *ae*, V. *manica* : [T] Pros.

Mănĭchaei, *ōrum*, m. pl., manichéens, sectateurs de Manès : [T] Poés. ‖ au sg.

mānĭcō, *ās, āre, -, -*, intr., arriver dès le matin : [T] Pros.

mănĭcŭla, *ae*, f., petite main : [-C] Théât., [+C] Pros. ‖ manche (mancheron) de la charrue : [C] Pros.

maniculus, *i*, m., poignée, botte : [+C] Pros.

mănĭfestārĭus (**mănŭf-**), *a, um*, manifeste, avéré : [choses] [-C] Théât., [+C] Pros. ‖ [pers.] [-C] Théât.

mănĭfestātĭo, *ōnis*, f., apparition [surtout à propos du Christ] : [T] Pros.

mănĭfestātus, *a, um*, part. de *2 manifesto*

mănĭfestē, adv., manifestement, avec évidence, clairement : [C] Pros. ‖ ***-tius*** [C] Poés., [+C] Pros. ; ***-tissime*** [+C] Pros.

1 **mănĭfestō** (**mănŭ-**), adv., V. *manifeste* : [C] Pros. ‖ sur le fait : [-C] Théât.

2 **mănĭfestō**, *ās, āre, āvī, ātum*, tr., manifester, montrer, découvrir : [C] Poés.

mănĭfestus (arch. **mănŭf-**), *a, um* ¶ **1** manifeste, palpable, évident : [C] Pros., [+C] Pros. ¶ **2** [en parl. de qqn] pris en flagrant délit : [abs^t] [C] Pros. ‖ [avec gén.] ***a)*** convaincu de : ***sceleris*** [C] Pros., convaincu d'un crime ***b)*** laissant paraître : ***offensionis manifestus*** [+C] Pros., laissant voir son ressentiment ‖ [avec inf.] laissant voir que : [+C] Pros.

Mānīlĭa, *ae*, f., nom de femme : [+C] Poés., Pros.

Mānīlĭānus, *a, um*, de M'. Manilius : [C] Pros.

Mānīlĭus, *ĭī*, m., nom de famille romaine, not^t le tribun de la plèbe qui proposa la loi Manilia : [C] Pros. ‖ adj^t, ***lex Manilia*** [C] Pros., loi Manilia

mănĭōsus, *a, um*, furieux : [T] Pros.

mănĭpl-, V. *mănĭpŭl*

mănĭprĭtĭum, V. *manupretium*

mănĭpŭlāris, (sync. **mănĭplāris**, [C] Poés.), *e* ¶ **1** du manipule : [C] Pros. ‖ subst. m., simple soldat : [C] Pros. [ou] camarade de manipule : [C] Pros. ¶ **2** ***manipularis judex*** [C] Pros., juge pris dans un manipule

mănĭpŭlārĭus, *a, um*, de simple soldat : [+C] Pros.

mănĭpŭlātim, adv., par manipules : [C] Pros., [+C] Pros. ‖ en troupe : [-C] Théât.

mănĭpŭlus, (sync. [poét.] **mănĭplus**, *i*), m. ¶ **1** javelle, poignée, gerbe, botte [herbe, fleurs] : [C] Pros., [+C] Pros., Poés. ¶ **2** manipule [trentième partie de la légion] : [C] Pros., Poés., [+C] Pros. ‖ [fig.] = compagnie, troupe : [-C] Théât.

Mānĭus, *ĭī*, m., prénom romain, abrégé *M'.* : [C] Pros. ‖ bonhomme : [+C] Pros.

Manlĭānus, *a, um*, de Manlius : [C] Pros. ‖ à la façon de Manlius, qui rappelle Manlius : ***Manliana imperia*** ; [C] Pros. = ordres durs, rigoureux, autorité despotique ‖ subst. n. *Manlianum*, nom d'une maison de campagne de Cicéron : [C] Pros.

Manlĭus, *ĭī*, m., nom d'une famille rom., not^t M. Manlius Capitolinus et Manlius Torquatus, V. *2 Capitolinus* et *2 Torquatus* : [C] Pros. ‖ **-lĭus**, *a, um*, de Manlius : [C] Pros.

manna, n. indécl. et **manna**, *ae*, f., manne [des Hébreux] : [T] Pros.

mannŭlus, *i*, m., petit cheval, petit poney : [+C] Pros., Poés.

1 **mannus**, *i*, m., petit cheval, poney : [C] Poés.

2 **Mannus**, *i*, m., nom d'un esclave : [C] Pros. ‖ dieu que les Germains regardaient comme fondateur de leur race : [+C] Pros.

mānō, *ās, āre, āvī, ātum*, intr. et tr.

I intr. ¶ **1** couler, se répandre : [C] Poés., Pros., [+C] Pros. ¶ **2** se répandre, circuler : [C] Pros., Poés. ¶ **3** [fig.] ***a)*** se répandre : [C] Pros.

b) découler : Ⓒ Pros. ***c)*** s'échapper de : ***pleno de pectore*** Ⓒ Poés., s'échapper de l'esprit trop plein [= être rejeté par] **II** tr., faire couler, distiller : Ⓒ Poés. ‖ [fig.] ***mella poetica*** Ⓒ Pros., distiller le miel de la poésie

manser, ➡ *manzer*

mansi, parf. de *maneo*

mansĭo, *ōnis*, f. ¶ **1** action de rester, de demeurer, séjour : Ⓒ Pros. ¶ **2** auberge, gîte d'étape : ⒻⒸ Pros.

mansĭtō, *ās*, *āre*, -, -, intr., se tenir habituellement dans un lieu, habiter : ⒻⒸ Pros.

mansĭuncŭla, *ae*, f., petite chambre, loge : Ⓣ Pros.

mansuēfăcĭō, *ĭs*, *ĕre*, *fēcī*, *factum*, tr., apprivoiser : ⒻⒸ Pros. ‖ [fig.] rendre traitable, adoucir : Ⓒ Pros.

mansuēfactus, *a*, *um*, part. de *mansuefacio*, ➡ *mansuefio*

mansuēfīō, *fīs*, *fĭĕrī*, *factus sum*, pass. de *mansuefacio*, s'apprivoiser : Ⓒ Pros. ‖ [fig.] s'adoucir [en parl. du caractère] ***mansuefactus*** Ⓒ Pros., adouci

mansuēs, *suētis* et *suis*, adj., [arch.] ➡ *mansuetus* : ⒻⒸ Pros.

mansuescō, *ĭs*, *ĕre*, *suēvī*, *suētum* ¶ **1** tr., apprivoiser : Ⓒ Pros. ‖ adoucir : Ⓒ Poés. ¶ **2** intr., s'apprivoiser : ⒻⒸ Pros., Poés. ‖ s'adoucir : Ⓒ Poés.

mansuētē, adv., doucement, avec douceur : Ⓒ Pros. ‖ ***-tius*** ⒻⒸ Pros.

mansuētō, *ās*, *āre*, -, -, tr., adoucir, apaiser : Ⓣ Pros.

mansuētūdo, *ĭnis*, f., douceur, bonté, bienveillance : Ⓒ Pros. ‖ ***mansuetudo tua***, ta bonté [titre donné aux empereurs] : Ⓣ Pros.

mansuētus, *a*, *um* ¶ **1** apprivoisé [en parl d'animaux] : Ⓒ Pros. ¶ **2** doux, traitable, tranquille, calme : Ⓒ Pros., Poés. ‖ ***-tior*** Ⓒ Pros., Poés. ; ***-tissimus*** Ⓒ Pros., ⒻⒸ Pros.

mansuēvi, parf. de *mansuesco*

mansūrus, *a*, *um*, part. fut. de *maneo*

mansus, *a*, *um*, part. de *2 mando* et de *maneo*

mantēlē (**-tīlē**), *is*, n., Ⓒ Pros. et **mantēlĭum**, *ĭi*, n., essuie-mains, serviette : Ⓒ Poés., ⒻⒸ Pros.

mantellum, *i*, n., manteau, voile [fig.] : ⒶⒸ Théât.

mantēlum, *i*, n., serviette : ⒶⒸ Poés. ; ➡ *mantelium*

mantĭca, *ae*, f., bissac : ⒶⒸ Poés., Ⓒ Poés., ⒻⒸ Pros.

mantĭcĭnŏr, ➡ *mantiscinor*

mantĭcŭlārĭus, *ĭi*, m., coupeur de bourses, filou : ⒻⒸ Pros.

mantĭcŭlātŏr, *ōris*, m., coupeur de bourses : ⒶⒸ Théât.

mantĭcŭlō, *ās*, *āre*, -, -, **mantĭcŭlŏr**, *ārĭs*, *ārī*, -, tr., fouiller dans les bourses, voler : ⒶⒸ Théât. ‖ dérober : ⒻⒸ Pros.

mantīl-, ➡ *mantel-*

Mantĭnēa, *ae*, f., Mantinée [ville d'Arcadie, célèbre par la victoire et la mort d'Épaminondas] : Ⓒ Pros.

mantīsa (**-tissa**), *ae*, f., supplément (à payer) : ⒻⒸ Pros.

mantiscĭnŏr, *ārĭs*, *ārī*, -, intr., prophétiser : ⒶⒸ Théât.

1 **mantō**, *ās*, *āre*, -, - ¶ **1** rester, attendre : ⒶⒸ Théât. ¶ **2** tr., attendre qqn : ⒶⒸ Théât.

2 **Mantō**, *ūs*, f., fille du devin Tirésias, mère du devin Mopsus : Ⓒ Poés., ⒻⒸ Poés. ‖ nymphe italienne, mère d'Ocnus : Ⓒ Poés.

Mantŭa, *ae*, f., Mantoue [ville d'Italie, sur le Pô, patrie de Virgile] : Ⓒ Poés., Pros. ‖ **-ānus**, *a*, *um*, de Mantoue, de Virgile : ⒻⒸ Poés., Ⓣ Pros. ; [subst. m.] l'homme de Mantoue, Virgile : Ⓣ Pros.

Manturna, *ae*, f., déesse qui présidait à la durée du mariage : Ⓣ Pros.

mănŭāle, *is*, n., étui de livre : ⒻⒸ Poés.

mănŭālis, *e*, de main, qu'on tient dans la main : ***manuale saxum*** ⒻⒸ Pros., pierre qu'on lance avec la main

1 **mănŭārĭus**, *a*, *um*, ***aes manuarium*** ⒻⒸ Pros., argent gagné au jeu [au maniement des dés]

2 **mănŭārĭus**, *ĭi*, m., voleur : ⒻⒸ Pros.

mănŭātus, *a*, *um*, part. de *manuor*, qui a volé

mănŭbĭae, *ārum*, f. pl. ¶ **1** argent obtenu par la vente du butin, argent du butin : Ⓒ Pros., ⒻⒸ Pros. ‖ [fig.] butin, profit : Ⓒ Pros. ‖ butin, dépouilles : ⒻⒸ Pros. ‖ pillage : ⒻⒸ Pros. ¶ **2** [langue des augures] sg. *manubia*, foudre [l'un des trois foudres tenus par Jupiter] : ⒻⒸ Pros.

mănŭbĭālis, *e*, provenant du butin fait sur l'ennemi : ⒻⒸ Pros.

mănŭbĭārĭus, *a*, *um*, qui sert de butin, qui rapporte du profit : ⒶⒸ Théât.

mănŭbrĭātus, *a*, *um*, qui a un manche, emmanché : Ⓣ Pros.

mănŭbrĭŏlum, *i*, n., petit manche : ⒻⒸ Pros.

mănŭbrĭum, *ĭi*, n., manche, poignée : Ⓒ Pros., ⒻⒸ Pros., Poés., ⒶⒸ Théât. ‖ poignée de robinet : Ⓒ Pros.

mănŭcĭŏlus, *i*, m., petite botte [de paille] : ⒻⒸ Pros.

mănŭcla, *ae*, f., détente [de la catapulte] : Ⓒ Pros.

mănŭcŭlātus, ➡ *manuleatus*

mănūfactĭlis, *e*, fait de main d'homme : Ⓣ Pros.

mănūfactum, *i*, n., œuvre faite de main d'homme : Ⓣ Pros.

mănŭfest-, ➡ *manifest-*

mănŭlĕārĭus, *ĭi*, m., celui qui fait des tuniques à manches : ⒶⒸ Théât.

mănŭlĕātus, *a*, *um*, muni de manches : ⒶⒸ Théât. ‖ vêtu d'une tunique à manches : ⒻⒸ Pros.

mănŭlĕus, *i*, m., manche longue : ⒶⒸ Poés.

mănūmissĭo, *ōnis*, f., remise de peine, pardon : ⒻⒸ Pros.

mānūmissus, *a*, *um*, part. de *manumitto*

mănūmittō (**mănū mittō**), *ĭs*, *ĕre*, *mīsī*, *missum*, tr., affranchir [un esclave], lui donner la liberté : Ⓒ Pros., ⒻⒸ Pros. ‖ *manu* séparé de *mitto* Ⓒ Pros.

mănŭŏr, *ārĭs*, *ārī*, *ātus sum*, tr., voler, dérober : ⒻⒸ Pros.

mănūprĕtĭōsus, *a*, *um*, qui est d'un travail précieux : ⒸⒹ. ⒻⒸ Pros.

mănūprĕtĭum, **mănĭp-**, *ĭi*, n. ou **mănus prĕtĭum**, prix de la main-d'œuvre : ⒶⒸ Théât., Ⓒ Pros. ‖ [fig.] salaire, récompense : Ⓒ Pros., ⒻⒸ Pros.

1 **mānus**, *a*, *um*, [arch.] bon : Ⓒ Pros., Ⓣ Pros.

2 **mănŭs**, *ūs*, f. ¶ **1** main : Ⓒ Pros. ‖ ***manum injicere alicui*** Ⓒ Pros., mettre la main au collet de qqn (l'arrêter) ‖ ***manum adire alicui*** [prov.], berner, tromper qqn (sous couleur de lui procurer un avantage ou du plaisir), ➡ *2 adeo* fin ; ***manum tangere*** ⒻⒸ Pros., tâter le pouls ‖ [fig.] ***manu facere***, faire de sa propre main : ⒻⒸ Pros. ‖ ***dare manus*** ⒶⒸ Théât., tendre les mains, s'avouer vaincu ; Ⓒ Pros. ‖ ***in manus sumere aliquid*** Ⓒ Pros., prendre qqch. en mains ‖ ***in manibus habere aliquid*** Ⓒ Pros., avoir une chose sous la main, la toucher du doigt ‖ ***aliquem in manibus habere*** Ⓒ Pros., dorloter, choyer qqn ‖ ***inter manus esse*** Ⓒ Poés., être sous la main, palpable, manifeste ‖ Ⓒ Pros. ; ***servus a manu*** ⒻⒸ Pros., secrétaire ‖ ***per manus*** Ⓒ Pros., de mains en mains ‖ ***per manus alicujus*** Ⓒ Pros., par les mains, par les soins de qqn ‖ ***per manus*** Ⓒ Pros., par la force ‖ ***sub manum*** ⒻⒸ Pros., aisément ‖ ***manibus aequis*** ⒻⒸ Pros. ; ***aequa manu*** Ⓒ Pros., avec un égal avantage, sans résultat décisif ‖ [chrét.] ***manus ponere super aliquem*** Ⓣ Pros., imposer les mains [en signe de bénédiction ou d'accession à une fonction particulière au sein du peuple de Dieu] ¶ **2** [sens fig. divers] ***a)*** ***manus ferrea*** Ⓒ Pros. [qqf. seul[t]] ***manus*** ⒻⒸ Pros., grappin ***b)*** bras, action : Ⓒ Pros. ‖ force, main armée : ***manum conserere, conferre*** ; ➡ *2 consero, confero* ; Ⓒ Poés. ; ***manu decertare*** Ⓒ Pros., chercher dans la force la solution d'un conflit ***c)*** violence, mêlée, voie de fait : Ⓒ Pros. ; ***venire ad manum*** Ⓒ Pros., en venir aux mains ; ***manus adferre (alicui)*** Ⓒ Pros., porter la main (se livrer à des voies de fait) sur qqn ; [fig.] ⒻⒸ Pros. ***d)*** main de l'artiste : Ⓒ Pros. ‖ [sens péjor.] : ⒻⒸ Pros. ***e)*** main, écriture du scribe : Ⓒ Pros. ‖ écrit autographe [sg. et pl.] ⒻⒸ Pros. ***f)*** coup au jeu de dés : ***manus alicui remittere*** ⒻⒸ Pros., faire abandon de coups gagnés à qqn ***g)*** coup, botte [escrime] : ⒻⒸ Pros. ***h)*** trompe de l'éléphant : Ⓒ Pros. ***i)*** troupe : ***facta manu*** Ⓒ Pros., ayant rassemblé une troupe ; ***fugitivorum*** Ⓒ Pros., troupe d'esclaves fugitifs ‖ poignée d'hommes : Ⓒ Pros. ***j)*** [droit] pouvoir, puissance : Ⓒ Pros. ‖ [en part.] puissance du mari sur

l'épouse, [acquise par un procédé distinct du mariage] [C] Pros. ***k)*** [chrét.] [pour exprimer le moyen] [T] Pros.

manzĕr, ***ĕris***, adj., [fig.] n. pl., ***manzera*** [+T] Poés. bâtards

măpālĭa, ***ĭum***, n. pl. ¶ **1** cabane, hutte : [-C] Pros., [C] Pros., Poés. ‖ sg. ; [avec sens collectif] [+C] Poés. ¶ **2** [fig.] ***a)*** vétilles, sornettes : [+C] Pros. ***b)*** sottises, niaiseries : [+C] Poés.

mappa, ***ae***, f. ¶ **1** serviette, serviette de table : [-C] Pros., [C] Poés., [+C] Poés. ¶ **2** serviette qu'on jetait dans le cirque pour donner le signal des jeux : [+C] Pros., Poés. ; ***mittere mappam*** [+C] Pros., donner le signal des jeux ; ***spectacula mappae*** [+C] Poés., jeux du cirque

mappŭla, ***ae***, f., petite serviette : [T] Pros.

Maracanda, ***ōrum***, n. pl., capitale de la Sogdiane [auj. Samarkand] : [+C] Pros.

Mărăthēnus, ***a, um***, de Marathos : [C] Pros.

Mărăthōn, ***ōnis***, f. ; m., Marathon [bourg et plaine de l'Attique, où Miltiade vainquit les Perses] : [C] Pros. ‖ **-ōnis**, ***ĭdis***, adj. f., de Marathon : [+C] Poés. ‖ **-ōnĭus**, ***a, um***, de Marathon : [C] Pros.

Mărăthōs (-us), ***ĭ***, f., ville de Phénicie : [+C] Pros.

mărăthrītēs, ***ae***, m., vin de fenouil : [+C] Pros.

mărăthrum, ***i***, n., acc. pl. *-ros* [C] Poés.

Mărăthŭs, ***i***, m., nom d'homme : [C] Poés. ‖ affranchi d'Auguste qui avait écrit sa vie : [+C] Pros. ‖ f., ➡ *Marathos*

Maratōcuprēni, ***ōrum***, m. pl., brigands syriens [ainsi nommés de la ville où ils s'étaient retirés] : [T] Pros.

Marcellĭa, ***ōrum***, n. pl., fêtes de Marcellus [célébrées à Syracuse] : [C] Pros.

Marcellĭānus, ***a, um***, de Marcellus : [+C] Pros.

Marcellus, ***i***, m., nom d'une branche de la *gens Claudia* ; not^t ¶ **1** M. Claudius Marcellus qui prit Syracuse : [C] Pros. ¶ **2** le jeune Marcellus, neveu d'Auguste : [C] Poés., [+C] Pros.

marcens, ***entis***, part.-adj., ➡ *marceo*

marcĕō, ***ēs, ēre, -, -***, intr. ¶ **1** être fané, flétri : [+C] Poés. ‖ ***marcens***, fané, flétri : [+C] Poés. ¶ **2** être affaibli, languissant : [C] Poés., Pros. ‖ être engourdi : [+C] Pros. ‖ ***marcens*** [C] Poés., alourdi, engourdi ; [+C] Pros. ; ***marcens pax*** [+C] Pros., paix engourdissante

marcescō, ***ĭs, ĕre, -, -***, intr., s'affaiblir, languir : [+C] Pros. ‖ s'engourdir, s'alourdir : ***marcescere desidia*** [C] Pros., s'engourdir dans l'inaction ; ***otii situ*** [C] Pros., se rouiller dans l'inaction ; [C] Poés.

Marcĭa, ***ae***, f., nom de femme, en part., femme de Caton, ensuite d'Hortensius : [+C] Poés.

Marcĭa Aqua, f., [synonymes] : ***Marcia lympha*** [C] Poés. ; ***Marcius liquor*** [C] Poés. ‖ ***Marcia frigora*** [+C] Poés., la fraîcheur de l'eau Marcia

Marcĭānŏpŏlis, ***is***, f., ville de la Mésie inférieure [auj. Rekà Dévnja] : [T] Pros.

1 **Marcĭānus**, ***a, um***, de Marcius : [C] Pros. ‖ ***Marciana Silva*** [T] Pros., forêt de la Germanie

2 **Marcĭānus**, ***i***, m., nom d'homme : [C] Pros.

marcĭdus, ***a, um*** ¶ **1** fané, flétri : [C] Poés. ‖ pourri : [C] Pros. ¶ **2** faible, languissant : [+C] Théât., Poés. ‖ languissant, langoureux [oeil] : [+C] Pros. ‖ énervé, engourdi : [+C] Pros.

Marcĭlĭus, nom d'homme : [C] Pros.

Marcĭōn, ***ōnis***, m., Marcion [nom d'un écrivain de Smyrne et d'un hérésiarque de Sinope] ‖ **-nensis**, ***e***, de Marcion, **-nīta** et **-nista**, ***ae***, m., de Marcion : [T] Poés.

Marcĭpŏr, ***ŏris***, m., titre d'une satire ménippée de Varron : [C] Poés.

Marcĭus, ***ĭi***, m., nom d'une famille romaine, not^t Ancus Marcius, roi de Rome : [C] Pros. ‖ [au pl.] ***Marcii***, les frères Marcius, devins : [C] Pros. ‖ **-cius**, ***a, um***, de Marcius, ➡ *Marcia aqua* ; ***Marcius saltus*** [C] Pros., défilé dans la Ligurie

Marcŏdŭrum, ***i***, n., ville des Ubiens : [+C] Pros.

Marcolica, ***ae***, f., ville d'Hispanie : [C] Pros.

Marcŏmăni (-manni), ***ōrum***, m. pl., Marcomans, peuple de Germanie : [C] Pros., [+C] Pros.

Marcŏmănĭa (-mannia), ***ae***, f., pays des Marcomans ‖ **-mănĭcus (-mannĭcus)**, ***a, um***, [T] Pros., des Marcomans

Marcŏmēdi, ***ōrum***, m. pl., peuple de l'Arménie : [T] Pros.

marcŏr, ***ōris***, m. ¶ **1** état d'une chose flétrie, pourriture, putréfaction : [+C] Pros. ¶ **2** assoupissement, engourdissement : [+C] Poés., Pros. ‖ abattement, langueur : [+C] Pros.

marcŭlus, ***i***, m., hache, marteau : [+C] Pros., Poés.

1 **Marcus**, ***i***, m., prénom romain, en abrégé *M.* ‖ saint Marc, évangéliste : [+T] Poés.

2 **marcus**, ***i***, m., cépage [vigne] : [+C] Pros.

Mardi, ***ōrum***, m. pl., peuple voisin de l'Hyrcanie : [+C] Pros.

Mardŏchaeus, ***i***, m., Mardochée, oncle d'Esther : [T] Pros.

Mardŏnĭus, ***ĭi***, m., général des Perses, vaincu par Pausanias : [C] Pros., [+C] Pros.

mărĕ, ***is***, n. ¶ **1** la mer : [C], etc. ‖ ***terra marique*** ; ➡ *1 terra* ‖ pl. *maria* [C] Pros. ‖ ***mare Oceanus*** [C] Pros., l'Océan ‖ ***nostrum mare*** [C] Pros., mer Méditerranée ‖ bras de mer : [C] Pros. ¶ **2** eau de mer, eau salée : [C] Poés. ¶ **3** vaste récipient : [T] Pros.

Marēnē, ***ēs***, f., partie de la Thrace : [C] Pros.

Mărĕōtae, ***ārum***, m. pl., habitants de la Libye Maréotis ‖ **-tĭcus**, ***a, um***, de la Maréotide : [C] Poés., [+C] Pros. ‖ d'Égypte : [+C] Poés. [ou] **-tis**, ***ĭdis***, f., [C] Poés., [+C] Poés.

Margānĭa, ***ae***, f., ville d'Asie, près de l'Oxus : [+C] Pros.

margărīta, ***ae***, f. et **-tum**, ***i***, n., perle : [C] Pros., [+C] Pros. ‖ [fig.] une perle, un trésor : [+C] Pros., [T] Pros.

margărītātus, ***a, um***, orné de perles : [+T] Poés.

margărītum, ➡ *margarita*

margĭnō, ***ās, āre, āvī, ātum***, tr., entourer d'une bordure, border : [C] Pros.

margo, ***ĭnis***, m. et f., bord, bordure : [C] Pros., Poés. ‖ borne, frontière : [+C] Pros. ‖ rive : [C] Poés., [+C] Poés. ‖ f., [C] Pros., [+C] Poés.

Margum, ***i***, n., ville de la Mésie supérieure [auj. Passarowitz] : [T] Pros.

Măria, ***ae***, f., nom de femme ; [en part.] mère de Jésus : [T] Poés.

Mărĭandȳnus, ***a, um***, des Mariandynes : [+C] Poés. ‖ subst. m. pl., Mariandynes, peuple de la Bithynie : [+C] Poés.

1 **Mărĭānus**, ***a, um***, de Marius : [C] Pros.

2 **Mărĭānus**, ***i***, m., nom d'homme : [+C] Poés.

mărĭbus, dat. et abl. pl. de *mare* et de *mas*

Mărīca, ***ae***, f., nymphe du Latium, femme de Faunus [avait un bois sacré et un temple à l'embouchure du Liris] : [C] Poés., Pros., [C] Poés., [+C] Pros.

Mărīcās, ***ae***, m., personnage d'Eupolis : [+C] Pros.

Măriccus, ***i***, m., Gaulois qui, sous Vitellius, excita ses compatriotes à la révolte : [+C] Pros.

1 **mărīnus**, ***a, um***, marin, de mer : [C] Pros., Poés.

2 **Mărīnus**, ***i***, nom d'homme : [+C] Poés.

măris, gén. de *mare* et de *mas*

mărisca fīcŭs, f. ou abs^t, **mărisca**, ***ae***, f., marisque, espèce de figue : [-C] Pros., [+C] Pros. ‖ fic de l'anus [maladie] : [+C] Poés.

mărīta, ***ae***, f., femme mariée, épouse : [C] Poés.

mărītālis, ***e***, conjugal, marital, nuptial : [C] Poés., [+C] Pros., Poés.

mărītātus, ***a, um***, part. de *marito*

mărĭtĭmus (-ŭmus), ***a, um***, de mer, marin, maritime : [C] Pros. ; ***maritimi homines*** [C] Pros., habitants des côtes, marins ; ***res maritimae*** [C] Pros., les choses de la mer, la vie maritime ; n. pl., ***maritima*** [C] Pros., les côtes, le littoral

mărītō, ***ās, āre, āvī, ātum***, tr. ¶ **1** donner en mariage, marier : [+C] Pros. ‖ accoupler : ***maritari*** [C] Pros., s'accoupler ; [+C] Pros. ¶ **2** marier, unir [un arbre, un échalas avec la vigne] : [C] Poés., [+C] Pros.

mărĭtŭmus, ➡ *maritimus*

1 **mărītus**, ***a, um*** ¶ **1** de mariage, conjugal, nuptial : [C] Poés. ; ***marita lex*** [C] Poés., loi d'Auguste sur le mariage ¶ **2** uni, marié à la vigne [en parl. des arbres] : [-C] Pros., [C] Poés., [+C] Pros.

2 **mărītus**, *i*, m., mari, époux : [C] Pros., [+C] Pros. ‖ prétendant, fiancé : [C] Poés. ‖ [en parl. des animaux] le mâle : [C] Poés., [+C] Pros.

mărĭum, gén. pl. de *mare*

Mărĭus, *ĭi*, m., nom d'une famille romaine, notᵗ C. Marius [157-86 av. J.-C.], d'Arpinum, vainqueur de Jugurtha et des Cimbres, rival de Sylla : [C] Pros. ‖ **-ĭus**, *a*, *um*, de Marius : [C] Pros.

Marmărĭcus, *a*, *um*, [par ext.] de Libye, d'Afrique : [+C] Poés.

Marmărĭdēs, *ae*, m., habitant de la Marmarique : [C] Poés. ‖ subst. m. pl., **-dae**, *ārum*, Marmarides, habitants de la Marmarique : [+C] Poés.

Marmessus, *i*, f., village de Troade : [C] d. [T] Pros.

marmŏr, *ŏris*, n. ¶ **1** marbre : [C] Pros., [+C] Pros., Poés. ¶ **2** poussière de marbre : [-C] Pros., [+C] Pros. ¶ **3** un marbre, statue : [C] Poés., [+C] Pros. ‖ bâtiment de marbre : [+C] Poés. ‖ borne miliaire : [+C] Poés. ‖ plaque de marbre [sur un meuble] : [+C] Poés. ¶ **4** pierre [en gén.] : [C] Poés. ¶ **5** surface unie de la mer, la mer : [C] Poés.

marmŏrārĭus, *a*, *um*, du marbre ‖ **-rĭus**, *ĭi*, m., marbrier : [C] Pros., [+C] Pros.

marmŏrātĭo, *ōnis*, f., revêtement de marbre : [+C] Pros.

marmŏrātum, *i*, ▶ *marmoro* fin

marmŏrātus, *a*, *um*, part. de *marmoro*

marmŏrĕus, *a*, *um* ¶ **1** de marbre, en marbre : [C] Pros., Poés. ; ***marmorea ars*** [C] Pros., la statuaire ¶ **2** blanc, poli, dur comme le marbre : [C] Poés. ‖ [gelée] qui rend blanc et dur : [C] Poés. ‖ orné de statues : [+C] Poés.

marmŏrō, *ās*, *āre*, *āvī*, *ātum*, tr. ¶ **1** revêtir, incruster de marbre : [+C] Pros. ¶ **2** faire avec de la poussière de marbre : ***tectorium marmoratum*** [ou subst. n. *marmoratum*], enduit fait de poussière de marbre : [C] Pros.

marmur, arch. pour *marmor* : [+C] Pros.

Măro, *ōnis*, m. ¶ **1** surnom de Virgile : [T] Pros. ‖ Virgile [désigné par son surnom] : [+C] Poés. ¶ **2** compagnon de Bacchus : [-C] d. [C] Pros. ‖ **-rōnēus**, *a*, *um*, de Maro, de Virgile : [+C] Poés. ou **-nĭānus**, *a*, *um*, [+C] Poés.

Marobodŭus, *i*, m., roi des Marcomans, élevé à Rome dans sa jeunesse : [+C] Pros.

Mārōjalensis, *e*, de Marojalum [auj. Mareuil, Dordogne] : [+T] Pros.

Mărōnēa (**-īa**), *ae*, f., Maronée ¶ **1** ville de Thrace, renommée pour son vin : [C] Pros. ‖ **-neus**, *a*, *um*, de Maronée : [C] Poés. ¶ **2** ville du Samnium : [C] Pros.

Mărōnēus, *a*, *um*, ▶ *Maro* et *Maronea*

Mărōnīa, ▶ *Maronea*

Mărōnĭānus, *a*, *um*, ▶ *Maro*

Mărōnilla, *ae*, f., nom de femme : [+C] Poés.

Marpēsus (**-ssus**), *i*, m. ¶ **1** **-pēsĭus** ou **-pessĭus**, *a*, *um*, de Marpessos, [poét.] de Paros, de marbre : [C] Poés. ¶ **2** bourg de Troade : [C] d. [T] Pros. ‖ **-pēsĭus**, *a*, *um*, de Marpessos : [C] Poés.

marra, *ae*, f., sorte de houe : [+C] Pros., Poés.

1 **marrŭbĭum** (**-vĭum**), *ĭi*, n., marrube, ballotte fétide [plantes] : [+C] Pros.

2 **Marrŭbĭum** (**-vĭum**), *ii*, n., ville des Marses, près du lac Fucin : [+C] Poés. ‖ **-vĭus**, *a*, *um*, de Marrubium : [C] Poés.

Marrūcīnī, *ōrum*, m. pl., Marrucins [peuple d'Italie] : [C] Pros. ‖ **-us**, *a*, *um*, des Marrucins : [C] Pros., [+C] Poés.

Marrus, *i*, m., fondateur de Marrubium : [+C] Poés.

Mars, *Martis*, m. ¶ **1** dieu de la guerre, père de Romulus et du peuple romain : [C] Pros. ; [donne son nom au premier mois de l'année primitive romaine] [C] Poés. ‖ dieu de la fécondation, du printemps : [C] Poés. ¶ **2** [fig.] ***a)*** guerre, bataille, combat : [C] Poés. : ***Mars apertus*** [C] Poés., combat en rase campagne ; ***Martis vis*** [C] Pros., les violences de la bataille ; [-C] Pros., [C] Pros., Poés. ; ***femineo Marte*** [C] Poés., dans un combat avec une femme ‖ manière de combattre : [C] Pros. ‖ ***suo (nostro, vestro) Marte***, avec ses (nos, vos) propres forces (moyens) : [C] Pros. ‖ [poét.] ***Mars forensis*** [C] Poés., luttes du barreau ***b)*** résultat de la guerre, fortune du combat : [C] Pros. ; ***aequo Marte*** [C], avec des chances égales ; ***verso Marte*** [C] Pros., la fortune du combat ayant tourné ; ***incerto Marte*** [+C] Pros. ; ***ancipiti Marte*** [C] Pros., sans avantage marqué, avec un succès incertain ¶ **3** la planète Mars : [C] Pros., [+C] Pros.

Marsăci (**-săcĭi**), *ōrum*, m. pl., Marsaciens, peuple de Belgique : [+C] Pros.

Marsaeus, *i*, m., nom d'homme : [C] Poés.

Marsarēs, *is* ou *ae*, m., fleuve de Babylonie : [T] Pros.

Marses, ▶ *Marsares*

Marsi, *ōrum*, m. pl., les Marses [peuple du Latium] : [C] Pros., [+C] Pros. ‖ peuple germain : [+C] Pros.

Marsĭcus, *a*, *um*, des Marses : [C] Pros., [+C] Poés.

Marsigni, *ōrum*, m. pl., peuple germain : [+C] Pros.

Marspĭtĕr, *tris*, m., le dieu Mars : [C] Pros., [+C] Pros.

marsūppĭum (**-ūpĭum**, **marsī-**), *ĭi*, n., bourse : [-C] Théât., [C] Poés.

1 **Marsus**, *a*, *um*, des Marses : [C] Pros., Poés.

2 **Marsus**, *i*, m., nom d'un fils de Circé : [+C] Pros. ‖ poète latin du siècle d'Auguste : [C] Poés., [+C] Poés.

Marsȳās et **-sȳa**, *ae*, m. ¶ **1** Marsyas [satyre, célèbre joueur de flûte] : [C] Pros., Poés., [+C] Poés. ‖ statue de Marsyas : [C] Poés., [+C] Poés., Pros. ¶ **2** fleuve de Phrygie : [C] Pros., Poés.

Martha, *ae*, f., sœur de Lazare et de Marie : [T] Pros.

Martĭāles, *ĭum*, m. pl., soldats de la légion de Mars : [C] Pros. ‖ prêtres de Mars : [C] Pros.

1 **Martĭālis**, *e*, de Mars : [C] Pros., Poés., [+C] Pros.

2 **Martĭālis**, *is*, m., Martial [épigrammatiste latin] : [+C] Pros.

Martĭānus, *i*, m., nom du grammairien Capella : [+T] Pros.

Martĭcŏla, *ae*, m., qui adore Mars : [C] Poés.

Martĭgĕna, *ae*, m. f. n., enfant de Mars : [C] Poés. ‖ ***Martigena vulgus*** [+C] Poés., foule guerrière

Martīna, *ae*, f., nom de femme : [+C] Pros.

Martĭus, *a*, *um*, de Mars : ***Martia legio*** [C] Pros., la légion de Mars ; ***lupus Martius*** [C] Poés., le loup consacré à Mars ; ***Martia proles*** [C] Poés., la descendance de Mars [Romulus et Rémus] ‖ guerrier, de guerre, courageux : [C] Poés., [+C] Poés. ‖ de la planète Mars : [C] Pros. ‖ **-tius**, *ii*, m., Mars [mois] : [C] Pros. ‖ ***Idus Martiae, Kalendae Martiae***, ides, calendes de mars

martȳr (**-ŭr**, **-ȳs**), *ȳris*, m. f., martyr, martyre : [T] Poés., Pros.

martȳrĭālis, *e*, de martyr, du martyre : [T] Pros.

martȳrĭum, *ĭi*, n., [chrét.] action de témoigner : [T] Pros. ; [de témoigner sa foi]

Mārūcīni, ▶ *Marru*

Marullīnus (**Măry-**), *i*, m., ancêtre d'Hadrien : [T] Pros.

Mărullus, *i*, m., **Mărulla**, *ae*, f., nom d'homme et de femme : [+C] Pros., Poés.

Marus, *i*, m., fleuve de Germanie : [+C] Pros.

Maryllīnus, ▶ *Marullinus*

mās, *măris*, m., mâle : [C] Pros. ; ***mas vitellus*** [C] Poés., jaune d'oeuf mâle [= devant produire un mâle] ; ***mares oleae*** [C] Poés., olives mâles ‖ [fig.] mâle, viril : ***mares Curii*** [C] Pros., les mâles Curius ; ***mares animi*** [C] Poés., les mâles courages ; ***male mas*** [C] Poés., mou, efféminé ; [+C] Poés.

Măsaesŭli ou **Măsaesȳli**, ▶ *Massaesyli*

mascarpĭo, *ōnis*, m., flagellateur (?) : [+C] Pros.

mascŭlīnē, adv., au masculin : [T] Pros.

mascŭlīnus, *a*, *um*, masculin, de mâle : [C] Poés. ‖ d'homme, digne d'être à l'âge d'homme : [+C] Pros.

mascŭlus, *a*, *um* ¶ **1** mâle, masculin : [C] Pros. ; ***mascula tura*** [C] Poés., encens mâle ‖ subst. m., un mâle : [-C] Théât. ¶ **2** [fig.] ***a)*** [archit.] ***cardo masculus*** [C] Pros., emboîtage mâle ***b)*** mâle, viril, digne d'un mâle : [C] Poés., Pros., [+C] Pros.

Masgăba, *ae*, m., fils de Masinissa : [C] Pros. ‖ autre du même nom : [+C] Pros.

Măsinissa, *ae*, m., roi des Numides : [C] Pros., Poés.

Māso, *ōnis*, m., surnom des Papirii : [C] Pros.

1 **massa**, *ae*, f., masse, amas, tas : [C] Poés. ; [bloc de marbre] ‖ ***lactis coacti*** [C] Poés., fromage ‖ [abst] masse d'or : [C] Poés. ‖ le chaos : [C] Poés.

2 **Massa**, *ae*, m., surnom romain : [C] Pros.

Massaesȳli, *ōrum*, m. pl., Massésyles [peuple de Maurétanie] : [C] Pros.

Massaesȳlii, V. *Massaesyli*

Massăgĕtae, *ārum*, m. pl., Massagètes [peuple scythe] : [C] Pros., Poés.

Massĭcus, *i*, m., **Massica**, *ōrum*, n. pl., [C] Poés., Massique [montagne de Campanie célèbre pour son vin] : [C] Pros. ‖ **Massĭcum vinum** ou **Massĭcum**, *i*, n., vin du Massique : [C] Poés. ; ***Massicus umor*** [C] Poés.

Massĭlia, *ae*, f., ville de la Narbonnaise, Marseille : [C] Pros., [+C] Poés. ‖ **-iensis**, *e*, de Marseille : [-C] Théât. ; m. pl., habitants de Marseille : [C] Pros.

Massĭlītānus, *a*, *um*, de Marseille : [+C] Poés.

Massiva, *ae*, m., prince numide, neveu de Masinissa : [C] Pros.

massŭla, *ae*, f., petit morceau, miette : [+C] Pros.

Massŭrĭus, V. *Masurius*

Massȳli, *ōrum*, m. pl., Massyles [peuple voisin de la Numidie] : [C] Poés., [+C] Poés. ‖ **-lus**, [C] Poés., **-lēus**, [+C] Poés., **-lĭus**, *a*, *um*, [+C] Poés., des Massyles, Massylien

Mastanăbal, *ălis*, m., fils de Masinissa : [C] Pros.

mastīgia, *ae*, m., homme bon pour le fouet = souvent fouetté, vaurien : [-C] Théât.

mastīgō, *ās*, *āre*, -, -, fouetter : [T] Pros.

mastīgŏphŏrus, *i*, m., mastigophore, officier public porteur du fouet : [T] Poés., Pros.

mastix, *igis*, m., fouet, punition : [T] Pros.

mastrūca (-ga), *ae*, f., vêtement de peau des Sardes et des Germains : [-C] Théât., [C] Pros., [+C] Pros.

mastrūcātus, *a*, *um*, qui porte la *mastruca* : [C] Pros.

masturbātor, *ōris*, m., onaniste : [+C] Poés.

masturbŏr, *ārĭs*, *ārī*, *ātus sum*, intr., se masturber : [+C] Poés.

Măsŭrĭus, *ii*, m., Masurius Sabinus [célèbre jurisconsulte] : [+C] Poés., Pros. ‖ **-iānus**, *a*, *um*, de Masurius Sabinus : [+C] Pros.

matăra, [C] Pros. ; **matăris**, [C] Pros., V. *materis*

matauitatau, juron-sigle ?, par Hercule, n. d. D. : [+C] Pros.

mătaxa (met-), *ae*, f., corde : [-C] Poés., [C] Pros.

mătella, *ae*, f., pot [à liquides] : [-C] Pros. ‖ pot de chambre : [+C] Poés., Pros.

mătellĭo, *ōnis*, m., broc, pot à eau : [-C] Pros., [C] Pros.

matĕŏla, *ae*, f., outil pour enfoncer : [-C] Pros.

mātĕr, *tris*, f. ¶ **1** mère : ***pietas in matrem*** [C] Pros., tendre respect pour sa mère ; ***matrem esse de aliquo*** [C] Poés., être rendue mère par qqn ‖ [famil t] bonne mère : [-C] Théât. ‖ [épith. des déesses] : ***Vesta mater*** [C] Poés., auguste Vesta ; [en part.] ***Mater Magna*** [C] Pros. [ou] ***Mater*** [C] Poés., la grande déesse, Cybèle ¶ **2** mère [des animaux] : [C] Pros., Poés. ‖ [souches des arbres] : [C] Poés. ‖ cité mère, patrie : [C] Poés. ‖ métropole : [+C] Pros. ¶ **3** la mère = l'affection maternelle : [C] Poés., [+C] Théât. ‖ la maternité : [+C] Théât. ¶ **4** mère, cause, origine, source : [C] Pros.

mātĕrĭa, *ae*, f. et **mātĕrĭēs**, *ēi*, f. ¶ **1** la matière : ***rerum*** [C] Pros., la matière, le principe des choses ‖ la matière [dont une chose est faite et s'entretient] : [C] Poés. ‖ les choses matérielles : [+C] Pros. ¶ **2** matériaux [pour un travail] : [C] Poés., [+C] Pros. ¶ **3** [en part.] le bois de construction : ***materia caesa*** [C] Pros., bois coupé ‖ bois de la vigne : [C] Pros. ¶ **4** [fig.] ***a)*** matière, sujet, thème : ***ad jocandum*** [C] Pros., matière à plaisanterie ; ***sermonum*** [C] Pros., sujet d'entretiens ***b)*** aliment, occasion, prétexte : [C] Pros. ***c)*** ressources de l'esprit, étoffe, fonds : ***M. Catonis*** [C] Pros., le fonds moral de M. Caton ‖ ***ingentis decoris*** [C] Pros., un fonds de gloire immense ; [C] Pros., Poés. ***d)*** sujet traité, question, exposé : [+C] Pros.

mātĕrĭālis, *e*, matériel, formé de matière : [T] Pros.

mātĕrĭālĭtĕr, adv., essentiellement : [T] Pros.

Mātĕriānus, *i*, m., nom d'homme : [T] Pros.

mātĕrĭārĭus, *a*, *um*, relatif au bois de construction : [+C] Pros. ‖ **-rĭus**, *ĭi*, m., marchand de bois : [-C] Théât.

mātĕrĭātĭo, *ōnis*, f., ouvrage de charpente : [C] Pros.

mātĕrĭātūra, *ae*, f., travail de charpente : [C] Pros.

mātĕrĭātus, *a*, *um*, part. de *materio*

mātĕrĭēs, V. *materia*

Mātĕrīna, *ae*, f., région de l'Ombrie : [C] Pros.

mātĕrīnus, *a*, *um*, dur, qui a de la consistance : [-C] Pros.

mātĕrĭō, *ās*, *āre*, -, *ātum*, tr., construire avec des charpentes : [C] Pros. ; ***male materiatus*** [C] Pros., avec une mauvaise charpente

mātĕriŏr, *ārĭs*, *ārī*, -, intr., aller à la provision de bois [de construction] : [C] Pros.

mătĕris, d., [C] Pros. ou **mătăris**, *is*, f. et **mătăra**, *ae*, f., javelot (gaulois) : [C] Pros.

1 **māternus**, *a*, *um*, maternel, de mère : [C] Pros., Poés.

2 **Māternus**, *i*, m., surnom romain, nott l'orateur Curiatius Maternus : [+C] Pros.

mātertĕra, *ae*, f., tante maternelle : [C] Pros.

măthēmătĭca, *ae* ou **-ē**, *ēs*, f., mathématiques : [+C] Pros. ‖ astrologie : [+C] Pros.

măthēmătĭcus, *a*, *um* ¶ **1** mathématique, qui a rapport aux mathématiques : [C] Pros. ¶ **2** subst. m., mathématicien : [C] Pros. ‖ savant : [C] Pros. ‖ astrologue : [+C] Pros., Poés.

măthēsis, *is* ou *ĕos*, acc. *in* ou *im*, f., astrologie : [T] Pros.

Mătho (Măthon), *ōnis*, m., nom d'homme : [+C] Poés.

mātĭa, V. *mattea*

mātĭānum, *i*, n., espèce de pomme : [+C] Pros.

Mātĭānus, *a*, *um*, de Matius : [+C] Pros.

Matidĭa, *ae*, f., nièce de Trajan, belle-mère d'Hadrien : [T] Pros.

Matĭēnus, *i*, m., nom d'homme : [C] Pros.

Mătīnus, *i*, m., montagne d'Apulie : [+C] Poés. ‖ **-us**, *a*, *um*, du Matinus : [C] Poés.

Matisco, *ōnis*, f., ville des Éduens [Mâcon] : [C] Pros.

Mātĭus, *ii*, m., nom de fam. rom., nott C. Matius, ami de César et de Cicéron : [C] Pros., [+C] Pros.

Mātrālĭa, *ĭum*, n. pl., fête de la déesse Matuta : [C] Pros., Poés.

mātrescō, *ĭs*, *ĕre*, -, -, intr., devenir semblable à sa mère : [-C] Théât.

mātrĭcīda, *ae*, m. f., celui ou celle qui a tué sa mère, parricide : [C] Pros.

mātrĭcīdĭum, *ii*, n., crime d'un parricide, de celui qui tue sa mère : [C] Pros.

mātrīcŭlārĭus, *ĭi*, m., pauvre, inscrit sur les rôles de la paroisse : [+T] Pros.

mātrimēs, V. *matrimus*

mātrĭmōnĭum, *ii*, n. ¶ **1** mariage : ***in matrimonium ire*** [-C] Théât., se marier [en parl. d'une f.] ; ***alicujus matrimonium tenere*** [C] Pros., être la femme de qqn ; ***in matrimonium aliquam ducere*** [C] Pros., épouser une femme ; ***in matrimonium collocare*** [C] Pros. ; ***dare*** [C] Pros., donner en mariage [ou] ***in matrimonio locare*** [C] Pros. ¶ **2** n. pl., femmes mariées : [+C] Pros.

mātrĭmus, *a*, *um*, qui a encore sa mère : [C] Pros., [+C] Pros.

Mātrīnĭa, *ae*, f., nom de femme : [+C] Poés.

mātrix, *īcis*, f., reproductrice, femelle : [C] Pros., [+C] Pros. ‖ utérus, matrice : [C] Pros. ‖ mère souche [en parl. d'arbres] : [+C] Pros.

1 **mātrōna**, *ae*, f., [appliqué à Junon] l'auguste Junon : [C] Poés. ‖ femme [en gén.], épouse [rare] : [C] Poés.

2 **Mātrŏna**, *ae*, m., montagne des Alpes cottiennes : [T] Pros.

3 **Mātrŏna**, *ae*, m. (s.-ent. *fluvius*) et f., Marne [rivière de Gaule] : [C] Pros., [T] Pros. ; f., [T] Poés.

mātrōnālis, *e*, de femme mariée, de femme, de dame : C Pros., +C Pros., Poés.

mātrōnātŭs, *ūs*, m., tenue d'une femme respectable : +C Pros.

mattĕa (-ttĭa), *ae*, f., mets délicat, friandise : C Pros., +C Pros., Poés.

Matthaeus et **-theūs**, *i*, m., saint Matthieu : T Pros.

Mattĭăcus, *a*, *um*, de Mattium [ville des Chattes] : +C Poés., Pros.

Mattĭānus, V. *Matianus*

Mattĭum, *ii*, n., capitale des Chattes : +C Pros.

Mattĭus, *ĭi*, m., poète latin : +C Pros.

1 **mattus** ou **mātus**, *a*, *um*, imbibé, abruti [totalement ivre] : +C Pros.

2 **Mattus**, *i*, m., nom d'homme : +C Poés.

mătŭla, *ae*, f., pot de chambre : -C Théât., C Pros. ‖ = homme niais, cruche : -C Théât.

Mātūra, *ae*, f., nom d'une déesse qui veillait à la maturation des fruits : T Pros.

mātūrascō, *ĭs*, *ĕre*, -, -, intr., mûrir : T Pros.

mātūrātē, adv., promptement : -C Théât.

mātūrātĭo, *ōnis*, f., célérité : C Pros.

mātūrātus, *a*, *um*, part. de *maturo*

mātūrē, adv. ¶**1** en son temps, à point, à propos : C Pros. ¶**2** promptement, de bonne heure, bientôt : C Pros. ; ***maturius*** C Pros. ; ***-urissime*** C Pros. ; ***-urrime*** C Pros. ¶**3** prématurément, trop tôt : C Pros. ‖ v. les trois sens réunis : -C Théât.

mātūrescō, *ĭs*, *ĕre*, *rŭī*, -, intr. ¶**1** devenir mûr, mûrir : C Pros. ¶**2** acquérir le développement convenable : C Pros. ‖ devenir nubile : C Poés. ‖ [fig.] atteindre son plein développement : +C Pros.

mātūrĭtās, *ātis*, f. ¶**1** maturité [moissons, fruits] : C Pros., +C Pros. ¶**2** [fig.] plein développement, perfection : [âge] C Pros. ; [talent] C Pros. ‖ opportunité d'une chose, d'une circonstance : C Pros. ; [pl.] ***temporum maturitates*** C Pros., l'arrivée à point (régulière) des saisons ‖ promptitude : +C Pros.

mātūrō, *ās*, *āre*, *āvī*, *ātum*, tr. et intr.
I tr. ¶**1** faire mûrir, mûrir : ***uva maturata*** C Pros., raisin mûr ‖ [fig.] faire à loisir : C Poés. ¶**2** mener à sa fin, accélérer : ***coepta*** C Pros., hâter l'achèvement d'une entreprise ; ***iter*** C Pros., hâter un départ ; ***alicui mortem*** C Pros., hâter la mort de qqn ‖ [avec inf.] se hâter de : ***maturat venire*** C Pros., il hâte sa venue
II intr. ‖ [fig.] se hâter, se presser : C Pros.

māturrĭmē, **māturrĭmus**, V. *mature*, *maturus*

mātūrus, *a*, *um* ¶**1** mûr : ***poma matura*** C Pros., fruits mûrs ‖ n. pris subst[t] : ***quod maturi erat*** C Pros., ce qu'il y avait de mûr ¶**2** [fig.] mûr, dans le développement voulu : ***maturi soles*** C Poés., des soleils dans leur pleine ardeur ; C Poés., Pros. ‖ mûr, à point : C Pros. ; ***matura mors*** C Pros., mort qui arrive à l'âge normal ¶**3** prompt, hâtif : ***maturae hiemes*** C Pros., hivers hâtifs ; ***matura decessio*** C Pros., prompt retour de province ; ***maturo judicio*** C Pros., par un prompt jugement ; ***supplicium maturius*** C Pros., un supplice plus prompt ; +C Pros. ¶**4** qui a atteint tout son développement : ***maturus aevi*** C Poés., vieux ; ***centurionum maturi*** +C Pros., ceux des centurions qui ont fait leur temps ; ***animi maturus*** C Poés., d'esprit mûri par l'expérience ; +C Pros.

mātus, *a*, *um*, V. *1 mattus*

Mātūta, *ae*, f., déesse du matin, l'Aurore : C Poés., Pros.

mātūtīnum, *i*, n., le matin : +C Pros. ‖ pl.

mātūtīnus, *a*, *um*, du matin, matinal : C Pros., Poés.

Maurētānĭa, *ae*, f., Maurétanie [partie occidentale de l'Afrique] : C Pros., +C Pros.

Mauri, *ōrum*, m. pl., Maures, hab. de la Maurétanie : C Pros. ‖ sg., ***Maurus*** +C Poés. un Maure

Maurīcĭus, *ĭi*, m., saint Maurice : +T Poés.

Maurīcus, *i*, m., nom d'homme : +C Poés.

Maurus, *a*, *um*, de Maurétanie, Africain : C Poés., +C Poés.

Maurūsĭa, *ae*, f., nom de la Maurétanie chez les anciens Grecs : C Pros. ‖ **-ĭăcus**, *a*, *um*, +C Poés., **-ūsĭus**, *a*, *um*, C Poés., de Maurétanie : ***Maurusii*** C Pros., les Maures

Mausōlēum, *i*, n., mausolée, tombeau magnifique : +C Poés., Pros.

Mausōlēus, *a*, *um*, de Mausole : C Poés.

Mausōlus, *i*, m., Mausole [roi de Carie, à qui sa femme, Artémise, fit élever un tombeau compté parmi les sept merveilles du monde] : C Pros., +C Pros.

Māvors, *tis*, m., [arch. et poét.] = Mars, la guerre : C Pros. : C Poés.

māvortis, *is*, m., **-te**, *is*, n., V. *mafors*, *maforte*

Māvortĭus, *a*, *um*, de Mars : ***Mavortia moenia*** C Poés., les murs de Mars, Rome ; ***Mavortia tellus*** C Poés., la terre de Mars, la Thrace ‖ belliqueux, martial : +C Poés. ‖ subst. m., = Méléagre, fils d'Arès (Mars) : C Poés.

Maxentĭus, *ĭi*, m., Maxence [compétiteur de Constantin] : T Pros.

maxilla, *ae*, f., mâchoire inférieure : C Pros., +C Pros., T ‖ joue : T Pros.

maxillāris, *e*, de la mâchoire, maxillaire : +C Pros.

maxĭmē (-ŭmē), adv., superl. de *magis*
I très grandement, très, ou le plus ¶**1** C Pros. ; ***carus maxime*** C Pros., très cher ‖ ***maxime confidere*** C Pros., avoir la plus grande confiance ¶**2** [constructions particulières] ***a) unus maxime, unus omnium maxime***, le plus... de tous : C Pros. ; ***vel maxime*** C Pros., même le plus ***b) quam maxime***, autant que possible, le plus possible : C Pros. ; ***quam maxime possum, potest***, le plus que je peux, qu'il peut : C Pros. ***c) non maxime*** C Pros., pas au plus haut point, pas absolument
II V. *potissimum*, *praecipue* ¶**1** surtout, principalement : C Pros. ; ***et maxime*** C Pros., et surtout ; ***maxime scilicet*** C Pros., surtout évidemment ¶**2** précisément : ***nuper maxime*** C Pros., naguère précisément ; maintenant plus que jamais, maintenant surtout que : C Pros. ; [au passé] ***cum maxime*** C Pros., alors surtout, plus que jamais ¶**3** dans ses lignes générales, essentiellement : C Pros. ¶**4** [d. le dial. pour acquiescer] très bien, parfaitement, volontiers : -C Théât.

Maxĭmĭlĭānus, *i*, m., surnom romain : T Pros.

Maxĭmīna, *ae*, f., nom de femme : +C Poés.

maxĭmĭtās, *ātis*, f., grandeur : C Poés., T Pros.

maxĭmŏpĕrē, V. *magnopere*

1 **maxĭmus**, arch. **maxumus**, superl. de *magnus*, V. *1 magnus*

2 **Maxĭmus**, *i*, m., surnom romain, not[t] de Q. Fabius, surnommé aussi Cunctator ; pl., ***Maximi*** C Pros., les hommes comme Fabius Maximus

Mazăca, *ae*, f., ville de Cappadoce : T Pros. ‖ ou **-ca**, *ōrum*, n. pl., C Pros. ou **-cum**, *i*, n.

Mazăces, *um*, m. pl., peuple de Numidie : +C Pros. ‖ sg. coll., **Mazax**, +C Poés.

Māzăcum, V. *Mazaca*

Mazaei, *ōrum*, m. pl., sg. *Mazaeus*, non d'un guerrier : +C Poés.

Mazagae, *ārum*, f. pl., ville de l'Inde : +C Pros.

Mazara, *ae*, m., nom d'un Syrien : +C Pros.

Mazax, V. *Mazaces*

Mazices, *um*, m. pl., habitants de Mazaca : T Pros.

mazŏnŏmus, *i*, m., plat creux, bassin : C Pros., Poés.

mē, acc. et abl. de *ego*

mĕāmĕt, **mĕaptĕ**, abl., V. *meus*

Mĕandĕr, V. *Maeander*

mĕātŭs, *ūs*, m. ¶**1** action de passer d'un lieu dans un autre, passage, course : C Poés., +C Pros. ‖ [en parl. de la respiration, du souffle] : +C Pros. ¶**2** chemin, passage : +C Poés.

mēcastŏr, par Castor : -C Théât. ; V. *2 Castor*

mēchănēma, *ătis*, m., tour d'adresse : T Pros.

mēchănĭcus, *a*, *um*, mécanique : +C Pros. ‖ **-nĭcus**, *i*, m., mécanicien : +C Pros. ‖ **-nĭca**, *ae*, f., la mécanique : T Pros. ou **-nĭca**, *ōrum*, n., +C Pros.

Mēcĭus, ▶ *Maecius*

mēcum, pour *cum me*, ▶ *1 cum*

med, ▶ *me*, ▶ *ego*

Medaba, f., ville d'Arabie : T Pros.

Mĕdardus, *i*, m., saint Médard : +T Poés.

meddix, *ĭcis*, m., médix, magistrat suprême chez les Osques : -C Pros. ‖ ***meddix tuticus***, médix tutique : C Pros.

Mēdēa, *ae*, f., Médée [fille d'Eétés, fameuse magicienne] : C Pros., Poés. ‖ [titre de tragédie] +C Pros.

Mēdēis, *ĭdis*, f., de Médée : C Poés.

mĕdēla, *ae*, f., médicament, remède : +C Pros. ‖ guérison : T Pros.

mĕdēlĭfer, *ĕra*, *erum*, qui apporte la guérison : +T Poés.

mĕdens, *tis*, part. de *medeor*, m. pris substᵗ, médecin : C Poés.

Mĕdĕōn, *ōnis*, m., ville d'Illyrie : C Pros.

mĕdĕŏr, *ērĭs*, *ērī*, -, intr. et tr. ¶ **1** intr., soigner, traiter (*alicui*, qqn) : C Pros. ‖ [fig.] remédier à, porter remède à, guérir, réparer [avec dat.] : C Pros. ¶ **2** tr., -C Théât. ; ***medendis corporibus*** C Pros., en soignant les corps ; +C Pros. ‖ [pass.] T Pros. ; [pass. impers. C Pros.]

Mēdi, *ōrum*, m. pl., Mèdes, Perses : C Pros., Poés., +C Poés. ‖ **-dus**, *i*, m., un Mède : C Poés.

1 **Mēdĭa**, *ae*, f., Médie [contrée de l'Asie] : C Poés.

2 **Mēdīa**, *ae*, ▶ *Medea*

mĕdĭans, *tis*, part. de *medio*

mĕdĭānus, *a*, *um*, du milieu : C Pros. ‖ **mĕdĭānum**, *i*, le milieu ; pl., ***mediana*** +C Pros., les côtes (des bettes)

mĕdĭastīnus, *i*, m., esclave à tout faire, du dernier rang : C Pros., +C Pros.

mĕdĭātĭo, *ōnis*, f., médiation, entremise : T Pros.

mĕdĭātŏr, *ōris*, m., médiateur : +C Pros. ; [à propos du Christ] T Pros.

mĕdĭātrix, *īcis*, f., [chrét.] médiatrice : T Pros.

1 **mĕdĭca**, *ae*, f., femme médecin : +C Pros.

2 **mēdĭca**, *ae*, f., luzerne [plante] : C Poés.

mĕdĭcābĭlis, *e* ¶ **1** qu'on peut guérir : C Poés., +C Poés. ¶ **2** qui peut donner la guérison : +C Pros., Poés.

mĕdĭcābŭlum, *i*, n., lieu de cure : [pl.] +C Pros.

mĕdĭcāmĕn, *ĭnis*, n. ¶ **1** médicament, remède : C Pros., +C Pros. ‖ [fig.] remède : C Poés., +C Poés. ¶ **2** drogue, ingrédient : +C Pros., Poés. ‖ matière colorante, teinture : +C Poés. ‖ fard, cosmétique : C Poés., +C Pros. ‖ [fig.] moyen artificiel pour améliorer qqch. : +C Pros.

mĕdĭcāmentārĭus, *a*, *um* ¶ **1** relatif aux médicaments : +C Pros. ¶ **2** **-arĭa**, *ae*, f., +T Pros.

mĕdĭcāmentōsus, *a*, *um*, qui soulage, guérit : T Pros.

mĕdĭcāmentum, *i*, n. ¶ **1** médicament, remède, drogue : C Pros. ; ***ad aquam intercutem*** C Pros., remède contre l'hydropisie ‖ onguent : C Pros. ¶ **2** poison, drogue : C Pros. ‖ breuvage magique, philtre : -C Théât., +C Pros. ‖ teinture : +C Pros. ‖ préparation, apprêt : +C Pros. ‖ cosmétique : +C Pros. ¶ **3** [fig.] ***a)*** remède contre qqch., antidote : ***doloris medicamenta*** C Pros., remèdes contre la douleur ***b)*** fard dans le style : C Pros.

mĕdĭcātĭo, *ōnis*, f., emploi d'un remède : +C Pros.

mĕdĭcātŏr, *ōris*, m., médecin : T Poés.

1 **mĕdĭcātus**, *a*, *um* ¶ **1** part. de *medico* et *medicor* ¶ **2** [adjᵗ], ▶ *medico* ¶ *3*, médicinal, propre à guérir, qui a une vertu curative : +C Pros.

2 **mĕdĭcātŭs**, *ūs*, m., composition magique : C Poés.

mĕdĭcīna, *ae*, f. ¶ **1** science de la médecine, médecine, chirurgie : C Pros., +C Pros. ; ***medicinam exercere*** C Pros., exercer la médecine [ou] ***factitare*** +C Pros. ¶ **2** cabinet [de docteur] : -C Théât. ¶ **3** ***a)*** remède, potion : ***medicinam alicui adhibere*** C Pros. [ou] ***facere*** C Pros., donner, faire une potion à qqn ‖ poison : -C Théât. ***b)*** [fig.] remède, soulagement : C Pros. ; ***doloris*** C Pros., remède contre la douleur ; ***consilii*** C Pros., le remède de la persuasion ; [pl.] C Pros. ¶ **4** moyen artificiel pour améliorer qqch. : ***medicina figurae*** C Poés., moyen d'embellir le visage

mĕdĭcīnālis, *e*, ***digitus*** T Pros., le doigt annulaire

mĕdĭcīnālĭtĕr, adv., avec ou par des remèdes : T Pros.

mĕdĭcīnus, *a*, *um*, de médecin : C Pros.

mĕdĭcō, *ās*, *āre*, *āvī*, *ātum*, tr. ¶ **1** soigner, traiter : -C Théât., +C Pros. ¶ **2** traiter [une substance, en l'imprégnant ou en la mélangeant] : ***semina*** C Poés., préparer (chauler) des graines : +C Pros. ‖ teindre : C Poés. ¶ **3** part.-adj., ***medicatus, a, um***, traité, préparé : C Poés., +C Pros. ‖ empoisonné : +C Pros., Poés.

mĕdĭcŏr, *ārĭs*, *ārī*, *ātus sum*, dép. ¶ **1** soigner, traiter [avec dat.] : C Poés. ‖ [avec acc. C Poés.] ¶ **2** [fig.] ***alicui*** -C Théât., guérir qqn

1 **mĕdĭcus**, *a*, *um*, propre à guérir, qui soigne, guérit : C Poés. ‖ magique : +C Poés.

2 **mĕdĭcus**, *i*, m., médecin : -C Théât., C Pros., +C Pros.

3 **Mēdĭcus**, *a*, *um*, de Médie, de Perse : +C Poés.

mĕdĭē, adv., moyennement : +C Pros., T Pros.

mĕdĭĕtās, *ātis*, f., le milieu, centre : C Pros. ‖ nature intermédiaire : T Pros.

mĕdimnum, *i*, n., médimne, [mesure grecque de capacité] : C Pros. ‖ et **-nus**, *i*, m., C Pros.

mĕdĭō, *ās*, *āre*, -, - ¶ **1** tr., partager en deux : +C Pros. ¶ **2** s'interposer : T Pros. ; ▶ *medior*

mĕdĭŏcris, *e* ¶ **1** moyen, de qualité moyenne, de grandeur moyenne, ordinaire [en parl. de pers. et de choses] : C Pros. ¶ **2** faible, médiocre, petit : C Pros. ‖ [litote] ***non mediocris***, qui compte, non commun : C Pros. ¶ **3** [en parl. d'une syllabe] de quantité moyenne, intermédiaire entre la longue et la brève, douteuse : +C Pros.

mĕdĭŏcrĭtās, *ātis*, f. ¶ **1** état moyen, moyenne, juste milieu : C Pros. ; pl., C Pros. ¶ **2** infériorité, médiocrité, insignifiance : C Pros., +C Pros. : +C Pros.

mĕdĭŏcrĭtĕr, adv., moyennement, modérément : C Pros. ‖ avec modération, calmement, tranquillement : C Pros. ; ***mediocrius*** C Pros. ‖ [litote avec *haud*, *non*] grandement, extrêmement, beaucoup : -C Théât., C Pros. : +C Pros.

mĕdĭŏcrĭus, compar. de *mediocriter*

Mĕdĭŏlānum ou **-nĭum**, *i*, n. ¶ **1** Mediolanum, ville de la Gaule transpadane [auj. Milan] : C Pros., +C Pros. ‖ **-nensis**, *e*, de Mediolanum : C Pros. ; pl., C Pros., les habitants de Mediolanum ¶ **2** ville de Gaule sur la Charente [auj. Saintes] : T Pros.

Mĕdĭŏmātrĭci, *ōrum*, m. pl., Mediomatrices [peuple de la Gaule celtique, près de Metz] : C Pros.

Mĕdĭōn, *ōnis*, f., ville d'Acarnanie : C Pros. ‖ **-ōnĭi**, *ōrum*, m. pl., habitants de Médion : C Pros.

mĕdĭŏr, *ārĭs*, *ārī*, *ātus sum*, intr., être au milieu : T Pros.

mĕdĭoxĭmē, adv., modérément : C Poés.

mĕdĭoxĭmus (-xumus), *a*, *um*, intermédiaire : -C Théât.

mĕdĭpontus, *i*, m., sorte de câble : -C Pros. ; ▶ *melip*

mĕdĭtāmĕn, *inis*, n., projet : +C Poés., T Poés.

mĕdĭtāmentum, *i*, n., exercice, préparation : +C Pros. ‖ éléments [enseignés aux enfants] : +C Pros.

mĕdĭtātē, adv., à dessein, de propos délibéré : +C Pros. ‖ avec réflexion, précision : -C Théât.

mĕdĭtātĭo, *ōnis*, f. ¶ **1** réflexion, méditation : ***mali*** C Pros., action de penser à un malheur, la pensée d'un malheur ¶ **2** préparation : ***obeundi muneris*** C Pros., action de se préparer à remplir une mission ; ***mortis*** +C Pros., préparation à la mort, apprentissage de la mort ‖ [en part.] préparation de discours, exercice préparatoire : C Pros.

mĕdĭtātōrĭum, *ii*, n., préparation, prélude : T Pros.

1 **mĕdĭtātus**, *a, um*, part. de *meditor* à sens pass. : [C] Pros. ; [en parl. de pers.] ***probe meditatus*** [-C] Théât., bien instruit, bien dressé

2 **mĕdĭtātŭs**, *ūs*, m., pensée, projet : [+C] Pros.

mĕdĭterrānĕus, *a, um*, qui est au milieu des terres : [C] Pros., [+C] Pros. ‖ subst. n., **mediterraneum**, *i*, l'intérieur des terres ; ou pl., ***mediterranea*** [C] Pros.

mĕdĭtŏr, *ārĭs, ārī, ātus sum*, tr. ¶ **1** méditer, penser à, réfléchir à : [C] Pros. ‖ [abs[t]] ***de aliqua re*** [C] Pros., réfléchir sur qqch. ¶ **2** préparer, méditer qqch., avoir en vue qqch. : ***fugam*** [C] Pros., se préparer à fuir ‖ [abst[t]] ***ad aliquid*** [C] Pros., se préparer à qqch. ¶ **3** préparer, travailler, étudier : ***causam alicujus*** [C] Pros., préparer la défense de qqn ‖ [abst[t]] s'exercer : [-C] Théât., [C] Pros. ; [en part.] faire des exercices oratoires : [C] Pros.

Mĕdĭtrīnālĭa, *ĭum*, n., Meditrinalia, fêtes en l'honneur de Jupiter : [C] Pros.

mĕdĭtullĭum, *ii*, n., milieu, espace intermédiaire : [C] Pros., [+C] Pros.

mĕdĭum, *ĭi*, n. ¶ **1** milieu, centre : ***in medio aedium*** [C] Pros., au milieu de la maison ; ***medium ferire*** [C] Pros., frapper au milieu, tenir le milieu ; ***medium diei*** [C] Pros., le milieu du jour ¶ **2** [sens fig.] ***a)*** milieu, lieu accessible à tous, à la disposition de tous : [-C] Théât., [C] Pros., [+C] Pros. ; ***consulere in medium*** [C] Pros., prendre des mesures dans l'intérêt commun, vouloir le bien commun ***b)*** lieu exposé aux regards de tous : ***rem in medio ponere*** [C] Pros. [ou] ***in medium proferre*** [C] Pros., mettre un fait sous les yeux, exposer une affaire ; [C] Pros. ‖ [en part.] [C] Pros. ; ***in medium vocare*** [C] Pros., soumettre qqch. au jugement public ‖ ***venient in medium*** [C] Pros., ils viendront sous vos yeux [pour témoigner] ; [C] Pros. ; ***recede de medio*** [C] Pros., cède la place, retire-toi ‖ ***aliquid e medio pellere*** [C] Pros. ; ***tollere*** [C] Pros. ; ***de medio removere*** [C] Pros., bannir, écarter, supprimer qqch. ; [-C] Théât., [C] Pros. ¶ **3** moitié : [C] Pros.

mĕdĭus, *a, um* ¶ **1** qui est au milieu, au centre, central : ***media pars*** [C] Pros., le milieu ; [C] Pros., Poés. ¶ **2** qui constitue le milieu d'un objet [p. la constr. compar. *extremus, imus*] : ***in media insula*** [C] Pros., au milieu de l'île ; ***medio in foro*** [C] Pros., au milieu du forum ; ***medium arripere aliquem*** [-C] Théât., saisir qqn par le milieu du corps ; [C] Pros. ‖ ***in media potione*** [C] Pros., pendant même qu'il buvait ; ***inter media argumenta*** [C] Pros., au milieu même de l'argumentation ¶ **3** [en parlant du temps] intermédiaire : [C] Pros. ; ***medius dies*** [C] Pros., un jour d'intervalle ; ***media aetas*** [C] Pros., âge intermédiaire [entre la jeunesse et la vieillesse], âge mûr ; ***medio tempore*** [+C] Pros., dans l'intervalle ‖ ***media aestate*** [C] Pros., au milieu de l'été ¶ **4** [fig.] ***a)*** intermédiaire entre deux extrêmes : [C] Pros. ‖ ***medium officium*** [C] Pros., devoir moyen, devoir commun ***b)*** intermédiaire entre deux partis, entre deux opinions : [C] Pros. ‖ neutre : [C] Pros. ; ***medium se gerere*** [C] Pros., se montrer neutre, ne pas prendre parti ‖ indéterminé, équivoque : ***responsum medium*** [C] Pros., réponse équivoque ; ***media vocabula*** [+C] Pros., termes ambigus ***c)*** moyen : ***eloquentia medius*** [+C] Pros., d'une éloquence moyenne ***d)*** intermédiaire = participant à deux choses contraires : [C] Pros., Poés. ***e)*** intermédiaire, médiateur : [C] Poés. ***f)*** en travers : [C] Poés. ¶ **5** moitié : ***cibus medius*** [C] Pros., la moitié de la nourriture ; [+C] Pros.

mēdĭūs Fĭdĭŭs, que le Ciel (Jupiter), dieu de la *Fides*, me soit en aide [expr. adverbiale] = j'en atteste le Ciel, par (sur) ma foi : [C] Pros.

mēdix, [V▶] *meddix*

Medobrĭga (-brēga), [V▶] *Medubriga*

Mĕdōn, *ontis*, m., un des Centaures : [C] Poés. ‖ fils de Codrus : [+C] Pros.

Mĕdōntĭdae, *ārum*, m. pl., Médontides, descendants de Médon : [+C] Pros.

Mĕdōrēs, *is*, m., nom de guerrier : [+C] Poés.

Mĕdŭāna, *ae*, m., la Mayenne [rivière] : [+C] Poés.

Medubrĭga (Medob-), *ae*, f., ville de Lusitanie : [C] Pros. ‖ **-genses**, *ĭum*, m. pl., habitants de Medubriga : [C] Pros.

Mĕdŭli, *ōrum*, m. pl., Méduliens [peuple d'Aquitaine] ‖ **-lus** et **lĭcus**, *a, um*, des Méduliens : [T] Pros.

mĕdulla, *ae*, f. ¶ **1** moelle [des os] : [C] Pros., Poés. ; pl., [C] Pros. ‖ [en parl. des plantes] : [+C] Pros. ¶ **2** [fig.] moelle = cœur, entrailles : [C] Pros. ‖ la fleur, la moelle d'une chose : ***suadae medulla*** [-C] Pros., la moelle de la persuasion ; [C] Pros., [+C] Pros.

mĕdullāris, *e*, qui pénètre jusqu'à la moelle des os : [+C] Pros.

mĕdullātus, *a, um*, plein de moelle, riche, gras : [T] Pros.

Mĕdulli, *ōrum*, m. pl., Médulles [peuple des bords de l'Isère] : [C] Pros.

Mĕdullĭa, *ae*, f., ville du Latium : [C] Pros.

Mĕdullīna, *ae*, f., nom de femme : [+C] Poés., Pros. ‖ f. de *Medullinus*

Mĕdullīnus, *a, um*, des Méduliens ‖ **-nus**, *i*, m., surnom romain : [C] Pros.

mĕdullĭtus, adv., au fond du cœur, cordialement : [-C] Théât., [T] Pros.

mĕdullō, *ās, āre, -, -*, tr., remplir de moelle : [+C] Pros.

mĕdullōsus, *a, um*, moelleux, rempli de moelle : [+C] Pros.

1 **Mēdullus**, *a, um*, [V▶] *Meduli*

2 **Mĕdullus**, *i*, m., montagne de la Tarraconaise : [+C] Pros.

Mĕdŭlus, [V▶] *Meduli*

Mēdus, *a, um*, de Médie, des Mèdes : [C] Poés. ‖ subst., **Medus**, *i*, m. ¶ **1** [V▶] *Medi* ¶ **2** fleuve de Perse : [+C] Pros. ¶ **3** fils de Médée [sujet d'une tragédie de Pacuvius] : [C] Pros.

Mĕdūsa, *ae*, f., Méduse [une des Gorgones] : [C] Poés., [+C] Poés. ‖ **-saeus**, *a, um*, de Méduse : [C] Poés.

1 **mĕfītis (-phĭtis)**, *is*, f., exhalaison méphitique [sulfureuse] : [venant du sol] [C] Poés. ; [venant du gosier] [+C] Poés. ; [V▶] *1 mephitis*

2 **Mĕfītis (-phĭtis)**, *is*, f., déesse des exhalaisons pestilentielles : [C] Pros., [+C] Pros. ; [V▶] *2 Mephitis*

Mĕgăbazus, *i*, m., [V▶] *Megabyzus*

Mĕgăbocchus (-boccus), *i*, m., complice de Catilina : [C] Pros. ‖ nom donné par Cicéron à Pompée : [C] Pros.

Mĕgăbyzus, *i*, m., nom d'homme : [+C] Pros.

Mĕgădōrus, *i*, m., nom d'un personnage : [-C] Théât.

Mĕgaera, *ae*, f., Mégère [une des Furies] : [C] Poés., [T] Pros.

Mĕgălē, *ēs*, f., surnom de Cybèle, d'où *Megalensis, Megalensia*, [V▶] *Megalensis, Megalensia*

Mĕgălē pŏlis, [V▶] *Megalopolis*

Mĕgălensĭa, [C] Pros. et **-lēsĭa**, *ĭum*, n. pl., [C] Pros., mégalésiennes, fêtes en l'honneur de Cybèle : [C] Poés., Pros., [+C] Pros.

Mĕgălensis (-ēsis), *e*, relatif à Cybèle : [+C] Pros.

Mĕgălēsĭăcus, *a, um*, des mégalésiennes : [+C] Poés.

Mĕgălēsĭus, *a, um*, des mégalésiennes, de Cybèle : [T] Poés.

Mĕgălĭa, *ae*, f., petite île près de Naples : [+C] Poés.

Mĕgălŏbūlus, *i*, m., nom d'homme : [-C] Théât.

mĕgălŏgrăphĭa, *ae*, f., mégalographie [doit s'entendre de la dimension du tableau à personnages plutôt que de son sujet moralement élevé] : [C] Pros.

Mĕgălŏpŏlis, *is*, f., ville d'Arcadie : [C] Pros. et **Mĕgălē pŏlis**, acc. *Megalen polin*, [C] Pros.

Mĕgălŏpŏlītae, *ārum* et **-pŏlītāni**, *ōrum*, m. pl., habitants de Mégalopolis, mégalopolitains : [C] Pros. ‖ **-tānus**, *a, um*, de Mégalopolis : [C] Pros.

Mĕgăpenthēs, *is*, m., fils de Proetus : [+C] Poés.

1 **Mĕgăra**, *ae*, f., Mégare [femme d'Hercule] : [+C] Poés. ‖ m., nom d'un Numantin : [+C] Pros.

2 **Mĕgăra**, *ae*, f., [C] Pros. et **-ăra**, *ōrum*, n. pl., [C] Pros., Mégare ¶ **1** ville de Grèce ¶ **2** ville de Sicile : [C] Pros., [+C] Poés.

Mĕgărēa, *ōrum*, n. pl., Mégare [ville de Sicile] : [C] Poés.

Mĕgărensis, *e*, de Mégare [Grèce] : [+C] Pros.

1 **Mĕgărēus**, *a, um*, de Mégare : [C] Pros.

2 **Mĕgăreūs**, *ĕi* ou *ĕos*, m., Mégarée [fils de Neptune] : [C] Poés., [+C] Poés. ‖ **Mĕgărēĭus**, *a, um*, de Mégarée : [+C] Poés.

Mĕgărĭcus, *a, um*, de Mégare (Grèce) : [C] Pros. ‖ m. pl., les philosophes de Mégare, disciples d'Euclide : [C] Pros.

Mĕgărĭi, *ōrum*, m. pl., Mégariens : [+C] Pros.

Mĕgăris, *idis*, f., ville de Sicile : [C] Pros.

Mĕgărōnīdēs, *ae*, m., personnage de comédie : [-C] Théât.

Mĕgărus, *a, um*, de Mégare [en Sicile] : [C] Poés.

Mĕgās, m., surnom grec : [C] Pros.

Mĕgēs, *ētis*, m., un des prétendants d'Hélène : [+C] Poés. ‖ nom d'un médecin : [+C] Pros.

Mĕgilla, *ae*, f., nom de femme : [C] Poés.

mĕgistānes, *um*, m. pl., les grands, les seigneurs : [+C] Pros.

Mĕgistē, *ēs*, f., ville et port de Lycie : [C] Pros.

Mĕgistō, *ūs*, f., fille de Céteus : [+C] Poés.

mehe, arch. pour *me*, ▶ *ego*

mehercŭlē, **meherclē**, **me hercŭlē**, **mehercŭlēs**, par Hercule, certes, assurément, juron des hommes : [-C] Théât., [C] Pros.

mēiō, *ās, āre, -, -* et **mēiō**, *ĭs, ĕre, -, -*, intr., pisser, uriner : [C] Poés., [+C] Poés. ‖ s'épancher [dans] : [C] Poés. ‖ [en parl. d'un vase] fuir : [+C] Poés.

mĕl, *mellis*, n. ¶**1** miel : [C] Pros. ‖ pl., [C] Poés., [+C] Pros. ¶**2** [fig.] douceur, charme : [C] Pros., [+C] Pros., Poés. ‖ ***melli est (mihi)*** [C] Poés., c'est un vrai miel pour moi ‖ [terme de tendresse] chéri, aimé : [-C] Théât.

Mĕla, *ae*, m., surnom romain : [C] Pros. ‖ fleuve, ▶ *2 Mella*

Mĕlaenis, *ĭdis*, f., personnage de comédie : [-C] Théât.

Melambĭum, *ii*, n., lieu de Thessalie : [C] Pros.

Mĕlampūs, *ŏdis*, m., médecin et devin d'Argos : [C] Pros., Poés., [+C] Poés. ‖ fils d'Atrée : [C] Pros. ‖ nom d'un chien : [C] Poés.

Mĕlanchaetēs, *ae*, m., nom d'un chien : [C] Poés.

mĕlanchŏlĭcus, *a, um*, mélancolique, atrabilaire : [C] Pros.

mĕlander, *i*, m., [C] Pros. et **mĕlandrȳa**, *ōrum*, n. pl., tranches de thon : [+C] Poés.

Mĕlănеūs, *ĕi* ou *ĕos*, m., nom d'un Centaure : [C] Poés. ‖ nom d'un chien : [C] Poés.

Mĕlanīon, ▶ *Milanion*

Mĕlănippē, *ēs* et **-ppa**, *ae*, f., Mélanippe [fille d'Eole] : [C] Pros., [+C] Poés. ‖ [titre d'une trag. d'Accius] : [C] Pros. [et d'Ennius] : [+C] Pros.

Mĕlănippus, *i*, m., nom d'un Thébain : [+C] Poés. ‖ [trag. d'Accius] : [C] Pros.

Mĕlanthēus, *a, um*, de Mélanthus [matelot] : [C] Poés.

Mĕlanthĭo ou **-thĭōn**, *ōnis*, m., nom d'homme : [+C] Poés.

mĕlanthĭum, *ii*, n., nigelle [plante] : [-C] Pros.

Mĕlanthĭus, *ii*, m., berger d'Ulysse : [C] Poés.

Mĕlanthō, *ūs*, f., nymphe, fille de Protée : [C] Poés.

mĕlanthum, ▶ *melanthium*

1 **Mĕlanthus**, *i*, m., le Mélanthe [fleuve] : [C] Poés.

2 **Mĕlanthus**, *i*, m., Mélanthus [matelot changé en dauphin par Bacchus] : [C] Poés. ‖ roi d'Athènes, père de Codrus : [+C] Pros.

mĕlănūrus, *i*, m., sorte de poisson : [C] Poés.

1 **mĕlās**, *ănos*, m., tache noire de la peau : [+C] Pros.

2 **Mĕlās**, acc. *ăna* et *an*, m. ¶**1** fleuve d'Ionie, ▶ *3 Meles* ¶**2** fleuve de Sicile : [C] Poés. ¶**3** fleuve de Thessalie : [C] Pros. ‖ de Béotie : [+C] Pros., Poés. ‖ de Thrace : [C] Pros., Poés.

3 **Mĕlās**, *ănis*, m., fils de Phryxos : [+C] Poés.

melca, *ae*, f., lait aigri avec des épices : [+C] Pros.

Melchisedech, m., roi de Salem : [T] Pros.

melcŭlum, *i*, n., **-cŭlus**, *i*, m., terme de caresse, ▶ *melliculum* : [-C] Théât.

Meldi, *ōrum*, m. pl., peuple de Gaule [auj. Meaux] : [C] Pros. ‖ **-ensis**, *e*, des Meldes, de Meaux : [+T] Pros.

mĕlē, n. pl. de *melos*

Mĕlĕăgĕr et **-grus** ou **grŏs**, *i*, m., Méléagre [qui tua le sanglier suscité par Diane pour ravager Calydon] : [C] Poés., [+C] Poés. ‖ **-grĭus**, [+C] Poés., **-grēus**, *a, um*, [+C] Poés., de Méléagre

Mĕlĕagrĭdes, *um*, f. pl., sœurs de Méléagre : [C] Poés., [+C] Poés.

Mĕlĕăgrĭus, ▶ *Meleager*

1 **mēlēs** ou **mēlis**, *is*, f., martre, blaireau : [C] Pros.

2 **Meles**, *ĭum*, f., ville du Samnium : [C] Pros.

3 **Mĕlēs**, *ētis*, m., fleuve de Smyrne sur les bords duquel Homère, dit-on, naquit : [+C] Poés.

Mĕlĕtē, *ēs*, f., une des quatre Muses primitives : [C] Pros.

Mĕlētēus, *a, um*, ▶ *3 Meles*

Mĕlĕtĭdēs, *ae*, m., nom d'un Athénien : [+C] Pros.

Mĕlĭboea, *ae*, f., ville de Thessalie : [C] Pros. ‖ **-boeensis**, *e* et **-boeus**, *a, um*, de Méliboea : ***Meliboea purpura*** [C] Poés., pourpre de Méliboea [fort estimée]

Mĕlĭboeus, *i*, m., nom de berger : [C] Poés. ‖ adj[t], **-oeus**, *a, um*, ▶ *Meliboea*

1 **mēlĭca**, *ae*, f., sorte de vase : [C] Poés.

2 **mēlĭca**, *ae*, f., poule : [C] Pros.

mĕlĭcēria, *ae*, f., pus de méliceris : [+C] Pros.

Mĕlĭcerta, [C] Poés. (**Mĕlĭcertēs**, [+C] Poés.), *ae*, m., Mélicerte [dieu marin] : [C] Poés.

1 **mĕlĭcus**, *a, um* ¶**1** musical, harmonieux : [C] Poés. ‖ lyrique : [C] Pros. ¶**2** subst. m., poète lyrique : [+C] Pros. ‖ subst. f., mélodie lyrique : [+C] Pros.

2 **Mēlĭcus**, *a, um*, mède, de Médie : [C] Pros., [+C] Pros.

Mĕlĭel, *ēs*, f., fille de l'Océan : [C] Poés.

mĕlĭlōtŏs, *i*, f., acc. *-ton* [C] Poés.

mĕlĭmĕli, n., ▶ *melomeli*

mĕlĭmēlum, *i*, n., [ordin[t] pl.] : [C] Pros., Poés.

mĕlīnum, *i*, n., fard de Mélos : [-C] Théât., [C] Pros.

mĕlĭor, *us, ōris*, compar. de *bonus*, meilleur : [C] Pros. [pour les sens différents, ▶ *bonus*] ‖ ***quaerere melius*** [C] Pros., chercher mieux, être plus exigeant ‖ ***melius est*** [avec inf.] il vaut mieux : [C] Pros. ‖ ***di meliora*** [s.-ent. *dent* ou *velint*] [C] Pros., que les dieux m'en préservent !

mĕlĭphyllum, ▶ *melisphyllum*

mĕlis, ▶ *1 meles*

mĕlisphyllum, *i*, n. et **mĕlissŏphyllŏn**, *i*, n., mélisse [plante] : [C] Poés.

Mĕlissa, *ae*, f., nymphe qui trouva le moyen de recueillir le miel : [+C] Pros. ‖ fille de Melissus qui nourrit Jupiter : [T] Pros.

Mĕlisseūs, *ĕi* ou *ĕos*, m., Mélissée [roi de Crète] : [T] Pros.

mĕlissōn (-ittōn), *ōnos*, f., ruche : [C] Pros.

Mĕlissus, *i*, m., philosophe de Samos : [C] Pros. ‖ grammairien du siècle d'Auguste : [C] Poés., [+C] Pros.

Mĕlĭta, *ae*, **-tē**, *ēs*, f. ¶**1** nom d'une Néréide : [C] Poés. ¶**2** Mélite, île de Malte : [C] Pros. ‖ île de l'Adriatique : [C] Poés. ¶**3** ville d'Ionie : [C] Pros.

Mĕlĭtē, *ēs*, f., ▶ *Melita*

Mĕlĭtēnē, *ēs*, f., ville de Cappadoce : [+C] Pros.

Mĕlĭtensis, *e*, de Mélite [Malte] : [C] Pros. ‖ **-sĭa**, *ĭum*, n., étoffes de Malte : [C] Pros.

mĕlĭtrŏphĭum, *ĭi*, n., ruche : [C] Pros.

mĕlitturgus, *i*, m., celui qui soigne les abeilles, apiculteur : [C] Pros.

mĕlĭum, *ĭi*, n., ▶ *mellum* : [C] Pros.

1 **mĕlĭus** ¶**1** compar. n. de *bonus* ¶**2** adv., compar. de *bene*, mieux, ▶ *bene* ‖ [expr.] [-C] Théât. ; ***di melius*** [+C] Pros., justes dieux ! ‖ [avec verbe s.-ent.] : ***melius Accius*** [C] Pros., Accius s'exprime mieux ; ***di melius*** [+C] Pros., les dieux ont mieux jugé que moi ‖ ▶ *potius* : [+C] Pros.

2 **Mēlĭus**, *a, um*, de l'île de Mélos : [C] Pros.

3 **Mēlĭus**, *ĭi*, m., ▶ *Mael*

mĕlĭuscŭlē, adv., un peu mieux : [C] Pros.

mĕlĭuscŭlus, *a, um*, un peu meilleur, qui est un peu mieux : [-C] Théât., [C] Poés., [+C] Pros. ‖ ***meliusculum est*** [avec inf.] il vaut un peu mieux de : [-C] Théât. ‖ un peu mieux portant : [-C] Théât.

mĕlizōmum, *i*, n., vin miellé : [+C] Pros.

1 **mella**, *ae*, f., eau miellée : [+C] Pros.

2 **Mella**, *ae*, m., rivière d'Italie, près de Brescia : [C] Poés.

mellārĭum, *ii*, n., rucher, ruche d'abeilles : [C] Pros.

mellārĭus, *a, um*, subst. m., celui qui élève des abeilles : [C] Pros.

mellātĭo, *ōnis*, f., récolte du miel : [+C] Pros.

mellĕus, *a, um*, [fig.] doux, suave : [+C] Pros.

mellĭcŭlum, *i*, n., petit miel [terme de tendresse] : [-C] Théât.

mellĭfĕr, *ĕra, ĕrum*, qui produit le miel : [C] Poés.

mellĭfex, *fĭcis*, m., celui qui cultive le miel, apiculteur : [+C] Pros.

mellĭfĭcĭum, *ii*, n., production du miel : [C] Pros., [+C] Pros.

mellĭfĭcō, *ās, āre, -, -*, intr., faire du miel : [T] Poés.

mellĭfĭcus, *a, um*, relatif à la production du miel : [+C] Pros.

mellĭflŭus, *a, um*, doux, suave : [T] Pros.

mellilla, *ae*, f., [terme affectueux] ma petite poupée en sucre : [-C] Théât.

1 **mellīna**, *ae*, f., eau miellée ‖ [fig.] douceur, délice : [-C] Théât.

2 **mellīna**, *ae*, f., sacoche [en peau de blaireau] : [-C] Théât.

mellītŭlus, *a, um*, doux comme le miel, suave : [T] Pros. ‖ ***mea mellitula*** [+C] Pros., ma petite poupée en sucre

mellītus, *a, um*, de miel : [C] Pros., [+C] Pros. ‖ assaisonné de miel : [C] Pros. ‖ doux comme le miel, cher : [C] Pros., Poés. ; ***-tissimus*** [+C] Pros.

Mellodūnum (Metlo-), *i*, n., ville de Gaule [Melun] : [C] Pros. ; [V▶] *Metlosedum*

Mellōna (-nĭa), *ae*, f., déesse qui protégeait les abeilles : [T] Pros.

mellum, *i*, n., collier de chien : [C] Pros. ; [V▶] *melium*

mēlo, *ōnis*, m., melon : [T] Pros.

mēlŏgrăphĭa, *ae*, f., peinture de fruits : [C] Pros.

mēlŏmĕli, n. indécl., sirop de coing : [+C] Pros.

mĕlŏs, n., chant, poème lyrique : [C] Poés. ; pl., ***mele*** [C] Poés.

mēlōta, *ae*, **-lōtē**, *ēs*, **-lōtēs**, *ae*, **-lōtis**, *ĭdis*, peau de brebis servant de vêtement : [T] Pros.

Melpŏmĕnē, *ēs*, f., Melpomène [muse de la tragédie] : [C] Poés., [+C] Poés.

Memacēni, *ōrum*, m. pl., peuple d'Asie : [+C] Pros.

mēmaecylon, [V▶] *mimae*

membrāna, *ae*, f. ¶ **1** membrane : [C] Pros., [+C] Pros. ¶ **2** peau [des serpents] : [C] Poés., [+C] Poés. ¶ **3** parchemin [pour écrire] : [C] Poés., [+C] Pros. ¶ **4** extérieur, surface de qqch. : [C] Poés.

membrānĕus, *a, um*, de parchemin : [+C] Poés.

membrānŭla, *ae*, f., petite membrane : [+C] Pros. ‖ parchemin : [C] Pros.

membrānum, *i*, n., [pl.] parchemins : [+C] Poés.

membrātim, adv. ¶ **1** de membre en membre, membre par membre : [C] Poés. ¶ **2** [fig.] pièce par pièce, point par point, en détail : [C] Pros. ‖ par membres de phrase, en phrases courtes : [C] Pros., [+C] Pros.

membrātūra, *ae*, f., membrure, conformation des membres : [C] Pros.

membrum, *i*, n. ¶ **1** un membre du corps,[et au pl.] les membres du corps : [C] Pros., Poés., [+C] Pros. ‖ ***si membrum rupsit*** [+C] Pros., s'il brise un membre (toute partie du corps ou organe) ¶ **2** [fig.] partie d'un tout, portion, morceau : [C] Pros. ‖ [en parl. de l'État] : [+C] Pros., Poés. ‖ appartement, pièce : [C] Pros., [+C] Pros. ‖ membre de phrase : [C] Pros.

mēmĕt, [V▶] *egomet*

mĕmento [sert d'impér. à *memini*] souviens-toi ! : [-C] Théât., [C] Pros., Poés. ‖ pl., ***mementote***, souvenez-vous ! : [-C] Théât.

mĕmĭnī, *isti, isse* ¶ **1** avoir à l'esprit, à la pensée : [-C] Théât. ¶ **2** se souvenir, se rappeler : ***aliquem, aliquid*** [C] Pros. ; ***alicujus, alicujus rei*** [C] Pros. ; ***de aliquo*** [C] Pros. ‖ [avec interrog. indir.] [-C] Théât., [C] Pros. ‖ [avec *cum*] [C] Pros. ‖ [avec prop. inf.] je me souviens que ; [inf. prés.] [C] Pros. ; [inf. parf.] [C] Pros. ‖ ***memento*** [avec inf.], souviens-toi de : [-C] Théât. ‖ inf. *meminisse*, = faculté du souvenir, mémoire : [C] Poés. ¶ **3** faire mention de, mentionner [avec gén.] : [C] Pros., [+C] Pros. ; [avec *de* et abl.] [C] Pros.

Memmĭădēs, *ae*, m., un descendant de Memmius, de la famille Memmia : [C] Poés.

Memmĭānus, *a, um*, de Memmius : [C] Pros.

Memmĭus, *ĭi*, m., nom des membres d'une famille romaine : [C] Poés.

Memnōn, *ŏnis*, m., Memnon [fils de Tithon et de l'Aurore] : [C] Poés., [+C] Poés., Pros.

Memnŏnĭdes, *um*, f. pl., oiseaux qui sortirent du bûcher de Memnon : [C] Poés.

Memnŏnĭus, *a, um*, d'Orient, mauresque, noir : [C] Poés., [+C] Poés.

1 **mĕmŏr**, *ŏris* ¶ **1** qui a le souvenir (la pensée),***alicujus, alicujus rei***, de qqn, de qqch. : [-C] Théât., [C] Pros. ¶ **2** [en parl. de choses] [C] Pros., Poés. ¶ **3** qui a une bonne mémoire : [C] Pros. ¶ **4** [poét.] qui fait souvenir, qui rappelle : [C] Poés.

2 **Mĕmor**, *ŏris*, m., Scaevus Mémor, poète : [+C] Poés.

mĕmŏrābĭlis, *e* ¶ **1** qu'on peut raconter = vraisemblable : [-C] Théât. ¶ **2** digne d'être raconté : [-C] Théât. ‖ mémorable, fameux, glorieux : [C] Pros. ‖ ***memorabilior*** [C] Pros.

mĕmŏrācŭlum, *i*, n., monument : [+C] Pros.

mĕmŏrādum, allons dis, raconte : [-C] Théât. ; [V▶] *dum I ¶ 2*

mĕmŏrālĭtĕr, adv., en faisant souvenir : [+T] Poés.

mĕmŏrandus, *a, um* ¶ **1** adj. verb. de *memoro* ¶ **2** adj[t], mémorable, glorieux, fameux : [-C] Théât., [C] Poés., [+C] Poés.

mĕmŏrātŏr, *ōris*, m., celui qui parle de, qui rappelle : [C] Poés.

mĕmŏrātrix, *īcis*, f., celle qui rappelle : [+C] Poés.

1 **mĕmŏrātus**, *a, um* ¶ **1** part. de *memoro* ¶ **2** adj[t], célèbre, fameux : [C] Poés. ‖ ***-issimus*** [+C] Pros.

2 **mĕmŏrātŭs**, *ūs*, m., action de rappeler, de raconter : ***lepida memoratui*** [-C] Théât., choses jolies à dire

mĕmordi, parf. de *mordeo*

mĕmŏrĭa, *ae*, f. ¶ **1** mémoire : ***bona*** [C] Pros., bonne mémoire ; ***rerum, verborum*** [C] Pros., mémoire des faits, des mots ; ***ars memoriae*** [C] Pros., système mnémotechnique ; ***memoria tenere aliquid*** [C] Pros. ; ***custodire*** [C] Pros., garder qqch. dans sa mémoire ; ***ex memoria aliquid deponere*** [C] Pros., laisser tomber qqch. de sa mémoire ¶ **2** ressouvenir, souvenir, souvenance : ***alicujus rei memoriam deponere*** [C] Pros., consentir à l'oubli de qqch. ; ***ex memoria exponere*** [C] Pros., exposer de mémoire ; ***aliquid memoriae prodere*** [C] Pros., transmettre qqch. au souvenir ‖ un souvenir, un fait : [C] Pros. ¶ **3** période embrassée par le souvenir, époque : [C] Pros. ; ***patrum memoria*** [C], du temps de leurs pères ; ***nostra memoria*** [C] Pros., de notre temps ; ***hominum memoria*** [C] Pros. [ou] ***post hominum memoriam*** [C] Pros., de mémoire d'hommes ¶ **4** souvenir rapporté, relation : [C] Pros. ; ***memoria annalium*** [C] Pros., souvenir transmis par les annales, la tradition des annales ‖ pl., ***memoriae*** [+C] Pros., monuments historiques, annales ¶ **5** monument consacré au souvenir de qqn : ***memoria beati Cypriani*** [T] Pros., chapelle dédiée au bienheureux Cyprien

mĕmŏrĭāle, *is*, n., monument, souvenir : [T] Pros. ‖ pl., ***memorialia***, mémoires : [T] Pros.

mĕmŏrĭālis, *e*, qui aide la mémoire : [+C] Pros.

mĕmŏrĭŏla, *ae*, f., mémoire : [C] Pros.

mĕmŏrĭtĕr, adv., de mémoire, avec mémoire, avec l'aide seule de la mémoire [sans secours aucun] : [C] Pros., [+C] Pros. ‖ [d'où] avec une bonne mémoire, une mémoire fidèle : [C] Pros.

Mĕmŏrĭus, *ii*, m., nom d'homme : [T] Pros.

mĕmŏrō, ***ās, āre, āvī, ātum***, tr., rappeler, raconter, mentionner,***rem***, une chose : [-C] Théât., [C] Pros. ‖ [abs[t], avec *de*] faire mention de, parler de : [C] Pros. ‖ [avec prop. inf.] rappeler que : [-C] Théât., [C] Pros., [+C] Pros. ; [au pass. pers.] [C] Pros. ; [au pass. impers.] ‖ ***levia memoratu*** [+C] Pros., faits insignifiants à rapporter

Memphis, ***is***, f., capitale de l'Égypte : [C] Pros., Poés. ‖ **-ītēs**, ***ae***, adj. m., de Memphis : [C] Poés. ou **-ītĭcus**, ***a, um***, [C] Poés., [+C] Poés. ou **-ītis**, ***ĭdis***, f., [C] Poés., [+C] Poés.

mēn', apocope pour *me -ne*

1 **mēna**, [V.] *maena*

2 **Mēna**, ***ae***, f., déesse qui présidait aux maladies de femmes : [T] Pros.

3 **Mēna**, ***ae***, m., surnom romain : [C] Pros.

Mĕnaechmi, ***ōrum***, m. pl., les Ménechmes, comédie de Plaute : [C] Pros. ‖ **-us**, ***i***, m., nom d'un personnage : [-C] Théât.

Mĕnaenus, ***a, um***, de Mènes [Sicile] : [C] Pros. ‖ **-i**, ***ōrum***, m. pl., les habitants de Mènes : [C] Pros.

1 **mēnaeus**, ***i***, m., cercle mensuel (dans l'analemme) : [C] Pros.

2 **Mĕnaeus**, ***a, um***, de Mènes [Sicile] : [+C] Poés.

Mĕnalcās, ***ae***, m., nom d'un berger : [C] Poés.

Mĕnălip-, [V.] *Melan-*

Mĕnandĕr, **-drŏs**, **-drus**, ***i***, m., Ménandre ¶**1** [poète comique] : [-C] Théât., [C] Pros. ¶**2** nom d'esclave : [C] Pros. ; d'affranchi : [C] Pros.

Mĕnandrēus, ***a, um***, de Ménandre : [C] Poés. ou **-drĭcus**, ***a, um***

Mĕnăpĭa, ***ae***, f., la Ménapie [contrée de Belgique] : [T] Pros. ‖ **-pĭi**, ***ōrum***, m. pl., Ménapiens : [C] Pros., abl. ***Melanapis***, [+C] Poés.

Mēnas, ***ae***, m., affranchi de Sextus Pompée : [+C] Pros.

menda, ***ae***, f., tache sur le corps, défaut physique : [C] Poés. ‖ faute, erreur [de langage, de copiste] : [+C] Pros.

mendācĭlŏquens, ***entis***, [V.] *mendaciloquus* : [T] Pros.

mendācĭlŏquus, ***a, um***, menteur : ***-loquior*** [-C] Théât.

mendācĭum, ***ii***, n. ¶**1** mensonge, fausseté [en paroles] : [C] Pros. ‖ [en part.] illusion, erreur [des sens] : [C] Pros. ¶**2** fable, fiction : [+C] Pros.

mendācĭuncŭlum, ***i***, n., petit mensonge : [C] Pros.

Mendae, ***ārum***, f. pl., **Mendis**, ***is***, f., Mendes [ville de Macédoine] ‖ **Mendaeum**, ***i***, n., [C] Pros.

mendax, ***ācis***, adj. ¶**1** menteur : [C] Pros. ; m. pris subst[t], [C] Pros. ‖ ***-dacior*** [C] Pros. ; ***-cissimus*** [-C] Théât. ‖ [avec gén.] à propos de qqch. : [-C] Théât. ‖ ***alicui*** [C] Poés. ; ***in aliquem*** [C] Poés., à l'égard de qqn ¶**2** [en parl. de choses] menteur, mensonger, trompeur, faux : [C] Pros., Poés., [+C] Poés.

Mendēs, ***ētis*** et **-dēsĭcus** ou **-dēsĭus**, ***a, um***, de Mendès [ville d'Égypte] : [+C] Pros.

mendīcābŭlum, ***i***, n., mendiant : [-C] Théât., [+C] Pros.

mendīcātĭo, ***ōnis***, f., action de mendier qqch. : [+C] Pros.

mendīcātus, ***a, um***, part. de *mendico*

mendīcē, adv., chichement, pauvrement : [+C] Pros.

mendīcĭmōnĭum, ***ii***, n., [V.] *mendicitas* : [+C] Pros.

mendīcĭtās, ***ātis***, f., mendicité, état d'indigence extrême : [C] Pros.

mendīcō, ***ās, āre, āvī, ātum*** ¶**1** intr., demander l'aumône, mendier : [-C] Théât., [+C] Poés. ‖ ***mendicantes ium***, m. pl., mendiants : [C] Pros. ¶**2** tr., mendier qqch. : [-C] Théât., [+C] Pros. ‖ ***mendicatus panis*** [+C] Poés., pain mendié

mendīcŏr, ***ārĭs, ārī, -***, dép., [V.] *mendico*, intr. : [-C] Théât.

mendīcŭlus, ***a, um***, de pauvre mendiant : [-C] Théât.

mendīcus, ***a, um*** ¶**1** de mendiant, mendiant, indigent : [C] Pros. ; ***-cissimus*** [C] Pros. ‖ [subst[t]] mendiant : [-C] Théât., [C] Pros. ; ***mendici*** [C] Poés., mendiants, quêteurs [prêtres de Cybèle ou d'Isis] ‖ gueux, gredin : [-C] Théât. ¶**2** [fig., en parl. de moyens oratoires] pauvre, misérable, indigent : [C] Pros.

Mendis, [V.] *Mendae*

mendōsē, adv., d'une manière défectueuse : [C] Pros., [+C] Poés. ‖ ***-sissime*** [C] Pros.

mendōsĭtās, ***ātis***, f., défectuosité, fautes, incorrections [dans un ms.] : [T] Pros.

mendōsus, ***a, um*** ¶**1** plein de défauts, de tares [physiquement] : [C] Poés. ¶**2** défectueux, fautif : ***mendosum est*** [C] Pros., c'est une faute ; ***mendosior*** [C] Pros., plus défectueux ‖ défectueux [moral[t]] : [C] Poés. ¶**3** qui fait des fautes : [C] Pros. ¶**4** n. pris adv[t], d'une façon trompeuse, décevante : [+C] Poés.

mendum, ***i***, n., faute, erreur [dans un texte] : [C] Pros. ; [dans la manière d'agir] [C] Pros. ‖ défaut physique : [C] Poés.

mendus, ***a, um***, menteur, mensonger : [T] Pros.

Mĕnĕclēs, ***is***, m., rhéteur d'Alabanda : [C] Pros. ‖ **Mĕnĕclīus**, ***a, um***, de Ménéclès : [C] Pros.

Mĕnĕclīdēs, ***is***, m., nom d'un noble thébain : [C] Pros.

Mĕnĕcrătēs, ***is***, m., général de Persée : [C] Pros. ‖ poète d'Éphèse : [C] Pros.

Mĕnĕdēmus, ***i***, m., Ménédème [philosophe d'Erétrie] : [C] Pros. ‖ rhéteur athénien : [C] Pros. ‖ lieutenant d'Alexandre : [+C] Pros. ‖ autres du même nom : [C] Pros., [+C] Pros. ‖ personnage de Térence : [-C] Théât.

Mĕnĕlāis, ***idis***, f., ville de Macédoine : [C] Pros.

Mĕnĕlāĭus, ***ii***, m., montagne de Grèce : [C] Pros.

Mĕnĕlāus et **-lāŏs**, ***i***, m. ¶**1** Ménélas [époux d'Hélène] : [C] Pros., Poés. ; ***Menelai portus*** [C] Pros., port de Ménélas [Égypte] ‖ **Mĕnĕlāēus**, ***a, um***, de Ménélas : [C] Poés. ¶**2** autre du même nom : [C] Pros.

Mĕnēnĭānus, ***a, um***, [V.] *Menenius*

Mĕnēnius, ***ii***, m. ¶**1** nom d'une famille romaine, not[t] Ménénius Agrippa [qui apaisa le peuple révolté en lui racontant l'apologue "les membres et l'estomac"] : [C] Pros. ‖ autre du même nom : [C] Poés. ¶**2** **-nĭus**, ***a, um***, de Ménénius : [C] Pros. ou **-nĭānus**, ***a, um***, [C] Pros.

Mĕnĕphrōn, ***ōnis***, m., homme qui fut changé en bête féroce : [C] Poés.

Mĕnerva, arch. pour *Minerva* : [+C] Pros.

Mĕnēs, ***ētis***, m. ¶**1** lieutenant d'Alexandre : [+C] Pros. ¶**2** l'inventeur, suivant la légende, des lettres [caractères d'écriture] : [+C] Pros.

Mĕnestheūs, ***ĕi*** ou ***ĕos***, m., fils d'Iphicrate : [C] Pros. ‖ cocher de Diomède : [+C] Poés.

Mēnĭa, **Mēnĭus**, **Mēnĭanus**, [V.] *Maen*

Mĕnippēae satirae, f., satires ménippées [de Varron] : [+C] Pros., [T] Pros.

Mĕnippus, ***i***, m. ¶**1** Ménippe [philosophe cynique] : [C] Pros., [+C] Pros., [T] Pros. ‖ **-ēus**, ***a, um***, de Ménippe : [C] Poés., [T] Pros. ¶**2** orateur de Stratonicée : [C] Pros. ¶**3** général de Philippe : [C] Pros. ‖ député d'Antiochus : [C] Pros.

Mēniscus, ***i***, m., nom d'homme : [C] Pros.

Menismeni, ***ōrum***, m. pl., peuple nomade d'Éthiopie : [+C] Pros.

Mēnius, ***ii***, m., fils de Lycaon foudroyé par Jupiter : [C] Poés.

Mennis, ***is***, f., ville de la Babylonie : [+C] Pros.

Mĕno, [V.] *Menon*

Mēnoba, [V.] *Maen*

Mĕnoeceūs, ***ĕi*** ou ***ĕos***, m., Ménécée [fils de Créon, roi de Thèbes] : [C] Pros., [+C] Poés. ‖ **-cēus**, ***a, um***, de Ménécée : [+C] Poés.

Mĕnoetēs, ***ae***, m., un des compagnons d'Énée : [C] Poés. ‖ Arcadien tué par Turnus : [C] Poés.

Mĕnoetĭădēs, ***ae***, m., fils de Ménétius [Patrocle] : [C] Poés.

Mĕnŏgĕnēs, ***is***, m., nom d'homme : [+C] Pros.

Mĕnōn, ***ōnis***, m. ¶**1** le Ménon [ouvrage de Platon] : [C] Pros. ¶**2** lieutenant de Persée : [C] Pros. ‖ lieutenant d'Alexandre : [+C] Pros.

Mĕnophrus, ***i***, m., [V.] *Menephron* : [+C] Poés.

mens, ***mentis***, f. ¶**1** faculté intellectuelle, intelligence : ***mens animi*** [C] Poés., faculté intellectuelle de l'esprit ; [-C] Théât., [C] Poés., [C] Pros. ‖ raison : [C] Pros. ; ***captus mente*** [C] Pros., qui n'a pas toute sa raison; ***mentem amittere*** C Pros., perdre la raison; +C Pros. ¶**2** [en gén.] esprit, pensée, réflexion: C Pros.; [avec *ut* subj.] -C Théât. ‖ [avec gén.]: ***mihi venit in mentem alicujus rei,*** il me souvient de qqch., il me vient à l'esprit l'idée, le souvenir, la pensée de: C Pros. ¶**3** [en part.] disposition d'esprit: C Pros. ‖ intention: ***ea mente ut*** C Pros., avec l'intention de ¶**4** courage: C Poés., Pros. ¶**5** ***Mens*** C Pros., déesse de la raison

mensa, *ae*, f. ¶**1** table [pour repas]: ***ad mensam consistere*** C Pros., se tenir près de la table ‖ [fig.] nourriture, plats, repas: C Pros.; ***de mensa mittere*** C Pros., renvoyer les plats de la table ‖ invités, hôtes: +C Pros. ¶**2** comptoir, table de banquier: C Poés., Pros. ¶**3** table [dans les temples; où l'on déposait les objets sacrés; table de sacrifice]: C Poés. ‖ [en part.] ***mensae Delphicae*** C Pros., tables delphiques [de luxe]; +C Poés. ¶**4** étal de boucher: +C Pros. ‖ plateforme, où se tenaient les esclaves mis en vente: +C Pros. ‖ table [dans la baliste]: C Pros. ‖ petit autel sur un tombeau: C Pros. ¶**5** [chrét.] la (sainte) table: T Pros.

mensārĭus, *a, um*, relatif au comptoir de banque [d'où] ‖ subst. m. ***a)*** banquier: +C Pros. ***b)*** banquier d'État: C Pros. [en part.] C Pros.

mensĭo, *ōnis*, f., appréciation, mesure: C Pros.

mensis, *is*, m. ¶**1** mois: C Pros. ¶**2** sg., [en parl. de cavales] C Pros.

mensŏr, *ōris*, m., mesureur: C Poés. ‖ arpenteur: C Poés., +C Pros. ‖ architecte: +C Pros. ‖ ingénieur: T Pros.

menstrŭa, *ōrum*, n. pl., menstrues: C Poés., Pros., +C Pros.

menstrŭālis, *e* ¶**1** mensuel: -C Théât. ¶**2** qui a des menstrues, menstruel: +C Pros.

menstrŭātus, *a, um*, taché de menstrues; [fig.] taché, souillé: T Pros.

menstrŭum, V. *menstruus*

menstrŭus, *a, um* ¶**1** de chaque mois, mensuel: C Pros. ‖ V. *menstrua* ¶**2** qui dure un mois: C Pros. ¶**3** subst. n., *menstruum* ***a)*** service mensuel: +C Pros. ***b)*** vivres pour un mois: C Pros. ***c)*** V. *menstrua*

mensŭla, *ae*, f., petite table: -C Théât., +C Pros.

mensŭlārĭus, *ii*, m., banquier, changeur: C Pros.

mensum ¶**1** gén. pl. de *mensis* ¶**2** n. de *mensus*

mensūra, *ae*, f. ¶**1** mesure, mesurage: C Pros., +C Pros. ‖ [fig.] ***aurium*** C Pros., mesure, appréciation de l'oreille ¶**2** mesure (résultat du mesurage), quantité, dimension, capacité, degré: C Pros., +C Poés.; ***se ad mensuram alicujus submittere*** +C Pros., se mettre à la portée de qqn ¶**3** quantité [en métrique]: +C Pros.

mensūrābĭlis, *e*, mesurable: T Poés.

mensūrātus, *a, um*, part. de *mensuro*

mensūrō, *ās, āre, -, -*, tr., [fig.] estimer: +T Poés.

mensus, *a, um*, part. de *metior*

menta (**mentha**), *ae*, f., menthe [herbe]: -C Pros., C Pros., Poés., +C Poés.

mentastrum, *i*, n., menthe sauvage: +C Pros.

mentha, V. *menta*

mentĭens, *tis*, part. de *mentior* pris subst[t], le menteur [argument captieux, cf. ψευδόμενος]: C Pros.

mentīgo, *ĭnis*, f., tac, maladie des agneaux: +C Pros.

mentĭo, *ōnis*, f., action de mentionner, de rappeler, mention: ***tui*** C Pros.; ***civitatis*** C Pros., le fait de parler de toi, de rappeler le titre de citoyen; ***alicujus mentionem facere*** C Pros., faire mention de qqn ‖ proposition, motion: C Pros.; ***alicujus rei mentionem movere*** C Pros., soulever, provoquer une motion

mentĭŏr, *īris, īrī, ītus sum*, intr. et tr.

I intr. ¶**1** mentir, ne pas dire la vérité: ***in (de) re aliqua*** C Pros., à propos de qqch.; ***alicui*** -C Théât., C Pros., mentir à qqn; ***mentior, mentiar nisi***, je suis un menteur, que je sois un menteur si... ne pas: +C Pros. ¶**2** se tromper: ***mentire*** -C Théât., tu dis une chose fausse ¶**3** feindre, imaginer [fictions poétiques]: C Poés. ¶**4** manquer de parole: ***honestius mentietur*** C Pros., il sera plus honorable pour lui de manquer à sa parole

II tr. ¶**1** dire mensongèrement: ***tantam rem*** -C Théât., C Pros., dire un tel mensonge; [avec prop. inf.] C Pros., Poés. ¶**2** promettre faussement [en ne tenant pas parole]: C Poés. ¶**3** abuser, décevoir: C Pros. ¶**4** feindre, controuver: ***auspicium*** C Pros., annoncer de faux auspices ¶**5** imiter, contrefaire: C Poés., +C Poés.

Mentissa, *ae*, f., ville du pays des Orétani: C Pros.

mento, *ōnis*, m., celui dont le menton est saillant: T Pros.

Mentŏr, *ŏris*, m., Mentor ¶**1** ami d'Ulysse dont Minerve prit les traits [suivant une tradition suivie par Fénelon] pour instruire et former Télémaque: C Pros. ¶**2** célèbre ciseleur: C Pros.; [d'où] un Mentor = une coupe ciselée, un vase ciselé: +C Poés.

Mentŏrĕus, *a, um*, de Mentor [ciseleur]: C Poés., +C Poés.

mentŭla, *ae*, f., membre viril: C Poés., +C Poés.

mentum, *i*, n., menton [de l'homme et d'animaux]: C Pros., Poés. ‖ ***triste mentum*** +C Poés., mentagre [dartre pustuleuse du menton] ‖ partie en saillie d'une corniche: C Pros.

Menula, *ae*, m., nom d'homme: C Pros.

mĕō, *ās, āre, āvī, ātum*, intr., aller, passer, circuler [en parl. des pers.]: C Poés., +C Pros. ‖ [en parl. des choses]: C Poés., +C Pros.

mĕoptĕ, V. *meus*

mĕphītĭcus, *a, um*, fétide: T Pros.

1 **mĕphītis**, V. *1 mefitis*

2 **Mĕphītis**, V. *2 Mefitis*

Mēra, V. *Maera*

mĕrācē, adv., sans mélange, purement: ***meracius*** +C Pros.

mĕrācŭlus, *a, um*, assez pur: +C Pros.

mĕrācus, *a, um*, pur, sans mélange: [vin] C Pros.; [ellébore] C Pros. ‖ [fig.] ***meraca libertas*** C Pros., liberté sans mélange ‖ ***-cior*** C Pros.; ***-cissimus*** T Pros.

mercābĭlis, *e*, qui peut être acheté, achetable: C Poés. ou **mercālis**, *e*

mercātĭo, *ōnis*, f., achat ou vente, trafic: +C Pros.

mercātŏr, *ōris*, m., marchand, commerçant: C Pros. ‖ trafiquant de qqch. [avec gén.]: C Pros.

mercātōrĭus, *a, um*, de marchand: -C Théât.

mercātūra, *ae*, f., métier de marchand, négoce: -C Théât., C Pros. ‖ [fig.] achat, trafic, commerce: C Pros.

1 **mercātus**, *a, um*, part. de *mercor*

2 **mercātŭs**, *ūs*, m., commerce, trafic, négoce: C Pros. ‖ place du marché, marché: -C Théât. ‖ marché public, marché, foire: C Pros.

mercēdārĭus, *ii*, m., celui qui donne un salaire: C Pros.

mercēdŭla, *ae*, f., maigre salaire: C Pros., +C Pros. ‖ modeste revenu [d'une terre]: C Pros.

mercēnārĭus (**-nnārĭus**), *a, um*, mercenaire, loué contre argent, payé, loué: C Pros.; ***liberalitas mercennaria*** C Pros., générosité intéressée; ***mercennaria vincla*** C Pros., les liens d'un travail mercenaire [d'un métier payé] ‖ **-nārĭus**, *ii*, m., mercenaire, domestique à gages: C Pros., +C Pros.

1 **mercēs**, *cēdis*, f. ¶**1** salaire, récompense, prix pour qqch.: C Pros. ¶**2** paye, solde, appointements: ***mercede docere*** C Pros., enseigner contre salaire (se faire payer ses leçons); ***una mercede*** C Pros., pour un seul salaire; ***mercede accepta*** C Pros., ayant reçu un salaire ¶**3** intérêt, rapport: ***praediorum*** C Pros., revenu des terres; C Pros., Poés.

2 **merces**, V. *merx*

mercĭmōnĭum, *ĭi*, n., denrée, marchandise: -C Théât., +C Pros.

mercŏr, *ārĭs, ārī, ātus sum*, tr. ¶**1** acheter: ***aliquid ab, de aliquo*** C Pros., acheter qqch. à qqn; ***magno pretio*** C Pros., acheter cher ‖ [fig.] ***aliquid vita*** C Pros., acheter qqch. au prix de sa vie ¶**2** [abs[t]] faire le commerce: -C Théât., C Pros.

Mercŭrĭālis, *e* ¶**1** de Mercure: ***Mercuriale cognomen*** C Poés., titre de favori de Mercure; ***Mercuriales viri*** C Poés., favoris de Mercure [les poètes] ¶**2** subst. f., mercuriale [plante] : [-C] Pros. ‖ **Mercŭrĭales**, ***ĭum***, m. pl., membres du collège des marchands : [C] Pros. ¶**3** de la planète Mercure : [T] Pros.

Mercŭrĭŏlus, ***i***, m., petite statue de Mercure : [+C] Pros.

Mercŭrĭus, ***ĭi***, m., Mercure [messager des dieux, dieu de l'éloquence, des poètes, du commerce] : [C] Pros., Poés. ; [inventeur de la lyre] [C] Poés. ‖ statue de Mercure (Hermès) : [C] Pros. ‖ la planète Mercure : [C] Pros. ‖ ***Mercurii Aqua*** [C] Poés., fontaine de Mercure [sur la voie Appienne] ; ***tumulus Mercurii*** [C] Pros., le Tombeau de Mercure [lieudit près de Carthagène en Tarraconaise] ; ***promunturium Mercurii*** [C] Pros., le promontoire de Mercure [en Zeugitane]

merda, ***ae***, f., fiente, excréments : [C] Poés., [+C] Poés.

merdācĕus, **merdālĕus**, ***a***, ***um***, souillé d'excréments, merdeux : [T] Poés.

mĕrē, adv., purement, sans mélange : [-C] Théât.

1 **mĕrenda**, ***ae***, f., [= *prandium*] repas de midi ; [après midi] [-C] Théât.

2 **Mĕrenda**, ***ae***, m., surnom romain : [C] Pros.

mĕrens, ***tis***, part. prés. de *mereo* ou *mereor* ¶**1** qui mérite, digne : ***increpare merentes*** [C] Pros., blâmer ceux qui le méritent ¶**2** qui rend service : ***bene merens alicui*** [-C] Théât., qui rend de bons services à qqn ‖ ***bene merens*** [-C] Théât., bienfaiteur

mĕrĕō, ***ēs***, ***ēre***, ***ŭī***, ***ĭtum*** et **mĕrĕŏr**, ***ēris***, ***ērī***, ***ĭtus sum***, tr. et intr.

I tr. ¶**1** gagner, mériter : [C] Pros. ; ***laudem mereri*** [C] Pros., mériter des louanges ‖ ***merere ut*** [C] Pros. ; ***mereri ut*** [-C] Théât., [C] Pros., mériter de ‖ [avec inf.] : [C] Poés., [+C] Pros. ‖ [avec prop. inf.] [C] Poés. ¶**2** gagner, toucher [comme paiement] : [-C] Théât., [C] Pros. ¶**3** [mil.] ***mereri, merere stipendia, merere***, toucher la solde militaire, faire son service militaire : [C] Pros. ; ***merere equo*** [C] Pros. ; ***pedibus*** [C] Pros., servir dans la cavalerie, dans l'infanterie ¶**4** [poét.] mériter l'imputation d'une faute, d'un crime : [C] Poés. ; ***ob meritam noxiam*** [-C] Théât., pour une faute justement imputée ; [C] Pros.

II intr., être bien, mal méritant à l'égard de qqn, c.-à-d. rendre un bon, un mauvais service, se comporter bien, mal, envers qqn : [C] Pros. ; ***male de se mereri*** [C] Pros., se maltraiter, se traiter durement ; [-C] Théât., [C] Pros.

mĕrĕtrīcĭē, adv., en courtisane : [-C] Théât.

mĕrĕtrīcĭus, ***a***, ***um***, de courtisane, de femme publique : [-C] Théât., [C] Pros. ‖ **-cĭum**, ***ĭi***, n., métier de courtisane : [+C] Pros.

mĕrĕtrīcŭla, ***ae***, f., petite putain : [C] Pros.

mĕrĕtrix, ***īcis***, f., courtisane, femme publique : [C] Pros., [+C] Pros., Poés. ; ***meretrix mulier*** [-C] Théât., femme vénale

mergae, ***ārum***, f. pl., fourches [pour soulever les gerbes] : [-C] Théât., [+C] Pros. ‖ [plais[t]] ***mergae pugneae*** [-C] Théât., poings servant de fourches

mergĕs, ***ĭtis***, f., botte, gerbe : [C] Poés.

mergō, ***ĭs***, ***ĕre***, ***mersī***, ***mersum***, tr. ; tr. ¶**1** plonger, enfoncer, faire pénétrer dans ‖ ***in aquam, in mari*** [C] Pros., plonger dans l'eau, dans la mer ‖ ***mersurae aquae*** [C] Poés., eaux qui doivent submerger ¶**2** [fig.] ***a)*** engloutir, précipiter dans : ***aliquem malis*** [C] Poés., plonger qqn dans le malheur ; ***mergi (se mergere) in voluptates*** [C] Pros., [+C] Pros., se plonger dans les plaisirs ; [C] Pros. ***b)*** cacher, rendre invisible : [+C] Poés. ; ***mergunt Pelion*** [+C] Poés., ils perdent de vue le Pélion [en naviguant]

mergŭlus, ***i***, m., plongeon [oiseau] : [T] Pros.

mergus, ***i***, m., plongeon [oiseau] : [C] Pros., Poés. ‖ marcotte, provin : [+C] Pros.

mĕrĭbĭbŭlus, ***a***, ***um***, ▶ *merobibus* : [T] Pros.

mĕrīdĭālis, ***e***, du Midi, méridional : [+C] Pros.

mĕrīdĭānus, ***a***, ***um*** ¶**1** de midi, relatif au midi : [C] Pros. ; ***somnus*** [+C] Pros., la méridienne ; ***meridiani*** [+C] Pros., gladiateurs qui combattaient à midi [la matinée était réservée aux bestiaires] ¶**2** du sud, méridional : [C] Pros. ‖ subst. n. pl., ***meridiana***, le Midi, les contrées méridionales : [+C] Pros.

mĕrīdĭātĭo, ***ōnis***, f., méridienne, sieste : [C] Pros.

mĕrīdĭēs, ***ēi***, m. ¶**1** midi : [C] Pros., [+C] Pros. ¶**2** sud : [C] Pros.

mĕrīdĭō, ***ās***, ***āre***, -, -, ▶ *meridior* : [+C] Pros.

mĕrīdĭōnālis, ***e***, situé au midi, méridional : [+C] Pros.

mĕrīdĭŏr, ***āris***, ***ārī***, -, intr., faire la sieste : [C] Poés., [+C] Pros., [T] Pros.

Mērĭŏnēs, ***ae***, m., Mérion [écuyer d'Idoménée] : [C] Poés.

mĕrĭtissĭmo, ▶ *1 merito* et *meritum ¶3*

1 **mĕrĭtō**, adv., avec raison, justement : [C] Pros. ‖ ***-issimo*** [C] Pros.

2 **mĕrĭtō**, ***ās***, ***āre***, ***āvī***, ***ātum***, tr., gagner [un salaire] : [C] Pros. ‖ travailler pour un salaire, être soldat : [+C] Poés.

mĕrĭtōrĭa, ***ōrum***, n. pl., bâtiments, appartements qu'on loue : [+C] Poés.

mĕrĭtōrĭus, ***a***, ***um***, qui procure un gain, qui rapporte un salaire : [+C] Pros. ; ***meritoria salutatio*** [+C] Pros., visite [du matin] intéressée ‖ [en part.] prostitué : [C] Pros.

mĕrĭtum, ***i***, n. ¶**1** gain, salaire : [+C] Pros. ¶**2** service [bon ou mauvais, mais le plus souvent bon], conduite à l'égard de qqn, ▶ *mereo* : [C] Pros. ¶**3** acte (conduite) qui mérite, qui justifie qqch. : [en mauvaise part] ***nullo meo merito*** [C] Pros., sans que j'aie rien fait pour cela ; [en bonne part] ***meritum tuomst*** [-C] Théât., tu l'as bien mérité ; [C] Pros. ¶**4** [tard., à l'abl. avec valeur de prép.] grâce à, à cause de : ***avaritiae merito*** [+C] Pros., à cause de sa cupidité

mĕrĭtus, ***a***, ***um*** ¶**1** part. de *mereor*, qui a mérité, ▶ *mereor* ¶**2** part. de *mereo*, [-C] Théât., [C] Pros. ; ***fama meritissima*** [+C] Pros., renommée très justifiée ; ▶ *mereo*

Mermĕrŏs (-us), ***i***, m., nom d'un Centaure : [C] Poés.

Mĕro, ***ōnis***, m., surnom donné à Tibère (Ti. Claudius Nero) [parce qu'il s'enivrait] : [+C] Pros.

mĕrōbĭbus, ***a***, ***um***, qui aime le vin pur, buveur : [-C] Théât.

Mĕrŏītānus (-tĭcus), ***a***, ***um***, de Méroé : [+C] Poés.

Mĕrŏpē, ***ēs***, f., Mérope [une des Pléiades] : [C] Poés.

1 **mĕrops**, ***ŏpis***, m., guêpier [oiseau] : [C] Poés.

2 **Mĕrops**, ***ŏpis***, m., Mérops [époux de Clymène] : [C] Poés. ‖ roi de l'île de Cos : [+C] Pros.

mers, ***mercis***, f., ▶ *merx*

mersātus, ***a***, ***um***, part. de *merso*

mersi, parf. de *mergo*

mersō, ***ās***, ***āre***, ***āvī***, ***ātum***, tr., plonger à différentes reprises : [C] Poés., [+C] Pros. ‖ [fig.] ***leto mersare*** [C] Poés., plonger dans la mort

mersus, ***a***, ***um***, part. de *mergo*

1 **mĕrŭla**, ***ae***, f., merle [oiseau] : [C] Pros. ‖ poisson de mer inconnu : [C] Poés. ‖ merle [figurine que le mouvement de l'eau fait chanter] : [C] Pros.

2 **Mĕrŭla**, ***ae***, m., surnom romain : [C] Pros. : [+C] Pros.

mĕrum, ***i***, n., vin pur : [-C] Théât., [C] Pros.

mĕrus, ***a***, ***um*** ¶**1** pur, sans mélange : [C] Poés., [+C] Pros. ; ***mero meridie*** [+C] Pros., en plein midi ‖ [poét.] nu, dépouillé : [+C] Poés., [T] Poés. ¶**2** [fig.] ***a)*** seul, unique, rien que : [C] Pros. ; ***meri principes*** [C] Pros., rien que des maîtres, des chefs ***b)*** pur, vrai, sans mélange : [C] Pros., [+C] Pros.

merx, ***mercis***, gén. pl. ***mercium***, f. ¶**1** marchandise : ***merces adventiciae*** [C] Pros., marchandises venant de l'étranger ¶**2** [métaph. en parl. des pers.] : [-C] Théât. ‖ [choses] ***(aetas) mers mala (est)*** [-C] Théât., l'âge est une mauvaise marchandise

mĕsancўlum, ***i***, n., ;**-cula**, ***ae***, f., [+C] Pros., sorte de trait auquel tient une courroie

Mēsāpĭa, etc., ▶ *Messapia*

mĕsauloe, ***ōn***, f. pl., couloir, corridor : [C] Pros.

mĕsē, ***ēs***, f., mèse, note du médium dans la musique grecque : [C] Pros.

Mĕsembrĭa, ***ae***, f., ville de Thrace ‖ **-ĭăcus**, ***a***, ***um***, de Mésembrie : [C] Poés.

Mĕsēnē, ***ēs***, f., île du Tigre : [T] Pros.

Meseūs, *ĕi*, m., fleuve de la Perside : [T] Pros.

Mēsĭa silva, *ae*, f., colline boisée voisine du Tibre : [C] Pros.

mĕsŏchŏrus, *i*, m., coryphée : [+C] Pros.

mĕsŏlăbĭum, *ii*, n., mésolabe [instrument permettant de prendre des moyennes proportionnelles] : [C] Pros.

Mĕsŏmēdēs, *is*, m., poète lyrique : [T] Pros.

Mĕsŏpŏtămĭa, *ae*, f., Mésopotamie [contrée de l'Asie entre le Tigre et l'Euphrate] : [C] Pros. ‖ **-mēni**, m. pl., habitants de la Mésopotamie : [T] Pros.

mēsŏr, *ōris*, m., V. *mensor*

Messāla (Messalla), *ae*, m., surnom dans la famille Valéria : [C] Pros., Poés. : [C] Poés.

Messālīna, *ae*, f. ¶1 Messaline [femme de l'empereur Claude] : [+C] Pros., Poés. ¶2 Messaline Statilie : [+C] Pros.

Messālīnus, *i*, m., surnom romain : [+C] Pros.

Messāna, *ae*, f., Messine [ville grecque de Sicile] : [C] Pros. ; V. *Zancle, Messena*

Messānĭus, V. *Messenius*

Messāpĭa, *ae*, f., Messapie [contrée de l'Italie du Sud-Est] ‖ **-pĭus**, *a*, *um*, messapien : [C] Poés. ‖ **-pĭi**, m. pl., les Messapiens : [C] Pros.

Messāpus, *i*, m., Messapus [fils de Neptune] : [C] Poés.

Messē, *ēs*, f., village de Cythère : [+C] Poés.

Messēis, *ĭdis*, f., fontaine de Thessalie : [+C] Poés.

Messembrĭa, V. *Mesembria*

Messēna, *ae*, f., **Messēnē**, *ēs*, f., Messène [ville du Péloponnèse] : [C] Pros., Poés.

Messēnĭus, *a*, *um*, de Messène : [C] Poés. ‖ ***Messenii***, les Messéniens : [C] Pros.

Messĭa silva, V. *Mesia silva*

Messĭās, *ae*, m., le Messie : [T] Pros.

Messĭdĭus, *ii*, m., nom d'homme : [C] Pros.

Messĭēnus, *i*, m., nom d'homme : [C] Pros.

messĭo, *ōnis*, f., la moisson : [C] Pros.

messis, *is*, f., récolte des produits de la terre, moisson : [C] Pros. : [C] Poés. ‖ récolte [à faire], moisson : [C] Poés. ; [prov.] [C] Poés. ‖ temps de la moisson : [C] Poés.

Messĭus, *ii*, m., nom d'homme : [C] Poés.

messŏr, *ōris*, m., moissonneur : [C] Pros. ‖ [fig.] celui qui recueille des fruits de : [-C] Théât.

messōrĭus, [C] Pros., **-suārius**, *a*, *um*, de moissonneur

messŭi, parf. de *1 meto*

messus, *a*, *um*, part. de *1 meto*

Mestrĭus, *ii*, m., nom d'homme : [+C] Pros.

-mĕt, particule inséparable qui se place à la fin des pron. pers. : ***egomet*** ; ***nosmet***

mēta, *ae*, f. ¶1 pyramide, cône : [C] Pros., [+C] Pros. ¶2 borne [autour de laquelle on tournait dans le cirque] : [C] Poés. ; [fig.] ***ad metas haerere*** [C] Pros., se heurter aux bornes = être endommagé ¶3 ***a)*** toute espèce de but : [C] Poés. ***b)*** extrémité, terme, fin, bout : [C] Poés. ***c) Meta Sudans*** [+C] Pros., la Meta Sudans [fontaine qui ressemblait à la borne du cirque]

Mĕtăbus, *i*, m., chef des Volsques, père de Camille : [C] Poés., [+C] Poés.

mĕtăfŏra, V. *metaphora*

Mĕtalcēs, *ae*, m., un des fils d'Égyptus : [+C] Poés.

mĕtălepsis, *is*, f., métalepse [rhét.] : [+C] Pros.

mĕtallĭfĕr, *ĕra*, *ĕrum*, riche en métaux [or et argent] : [+C] Poés.

Mĕtallīnum, V. *Mete*

mĕtallum, *i*, n., mine, filon : [C] Pros. ; ***instituere metalla*** [C] Pros., ouvrir des mines ; ***damnare in metallum*** [+C] Pros., condamner aux mines [*ad metalla* [+C] Pros.] ‖ la mine : [C] Poés. ‖ toute production minérale : [+C] Poés.

Mĕtămĕlŏs, *i*, m., le Repentir personnifié : [C] Poés.

mĕtămorphōsis, *is*, f., métamorphose, changement de forme : [+C] Poés., Pros.

mĕtăphŏra, *ae*, f., métaphore : [+C] Pros.

mĕtăphrăsis, *is*, f., paraphrase : [C] Pros.

mĕtăplasmus, *i*, m., métaplasme [forme différente de la norme] : [+C] Pros.

Mĕtăpontum, *i*, n., Métaponte [ville de Lucanie] : [C] Pros. ‖ **-tīnus**, *a*, *um*, de Métaponte : [C] Pros. ‖ **-tīni**, *ōrum*, m. pl., les habitants de Métaponte : [C] Pros.

mētārĭus, *a*, *um*, qui borne, qui circonscrit : [T] Pros.

mētātĭo, *ōnis*, f., action de délimiter, de mesurer : [+C] Pros.

mētātŏr, *ōris*, m., celui qui délimite, qui mesure : [C] Pros. ‖ celui qui prépare le logement, la voie : [T] Pros.

mētātōrĭa pagina, *ae*, f., lettre qui sert à préparer le logement : [T] Pros.

mētātūra, *ae*, f., V. *metatio* : [T] Pros.

mētātus, *a*, *um*, part. de *metor*

Mĕtaurus, *i*, m., Métaure ‖ fleuve d'Ombrie : [C] Pros. ‖ **-us**, *a*, *um*, [C] Poés., du Métaure

mĕtaxa, *ae*, f., fil, cordelette : [-C] Poés., [C] Pros. ; V. *mataxa*

Mĕtella, *ae*, f., nom de femme : [C] Pros., Poés.

Mĕtellus, *i*, m., nom d'une branche de la *gens Caecilia* : [C] Pros., [+C] Pros., Poés. ‖ **-llīnus**, *a*, *um*, de Métellus : ***Metellina oratio*** [C] Pros., discours contre Métellus (Nepos)

mĕtĕōrĭa, *ae*, f., distraction, étourderie : [+C] Pros.

Mĕtĕrēa turba, f., peuplade scythe : [C] Poés.

Mēthīōn, *ŏnis*, m., père de Phorbas : [C] Poés.

mĕthŏdĭcē, *ēs*, f., méthode [partie de la grammaire] : [+C] Pros., **mĕthŏdĭcŭs**, *a*, *um*, qui procède d'après une règle, une méthode

mĕthŏdĭum, *ii*, n., artifice, tour plaisant : [+C] Pros.

mĕthŏdus (-dŏs), *i*, f., méthode [méd.] : [C] Pros.

Mēthymna, *ae*, f., Méthymne [ville de Lesbos] : [C] Pros. ‖ **-aeus**, *a*, *um*, de Méthymne : [C] Pros., Poés. ‖ **-ĭăs**, *ădis*, f., de Méthymne : [C] Poés.

mētĭca vītis, V. *mettica vitis*

mĕtĭcŭlōsus (arch. **mĕtŭ-**), *a*, *um* ¶1 craintif, timide : [-C] Théât. ¶2 qui fait peur, effrayant : [-C] Théât.

Mĕtĭlĭus, *ii*, m., nom de famille : [C] Pros.

mētĭŏr, *īrĭs*, *īrī*, *mensus sum*, tr. ¶1 mesurer : [C] Pros. ‖ répartir en mesurant : ***frumentum militibus*** [C] Pros., mesurer du blé aux soldats ¶2 [poét.] mesurer une distance en marchant, en naviguant, parcourir : [C] Poés., [+C] Poés. ¶3 [fig.] mesurer, estimer, juger, évaluer, [avec abl.] ***aliqua re***, qqch. d'après une chose : [C] Pros., [+C] Pros. ; [avec *ex*] [C] Pros. ; [avec *ad*] [+C] Poés. ‖ franchir, traverser, passer par : [C] Poés., [+C] Poés.

Metis, V. *Mettis*

Mĕtiscus, *i*, m., Métisque [cocher de Turnus] : [C] Poés.

mētītŏr, *ōris*, m., V. *mensor* : [+C] Pros.

Mĕtĭus, *ii*, m., nom d'homme : [C] Pros., Poés.

Mĕtlŏsĕdum, V. *Mellodunum*

1 **mĕtō**, *ĭs*, *ĕre*, *messŭi* (rare), *messum* ¶1 intr., faire la moisson, récolter : [C] Pros. ; [prov.] [-C] Théât., [C] Pros. ; ***tibi metis*** [-C] Théât., c'est ton affaire ¶2 tr., cueillir, récolter, moissonner, couper : [C] Poés. ; [fig.] [+C] Poés. ‖ [en part. en parl. des batailles] faucher : [C] Poés. ‖ [poét.] habiter [un pays], cultiver : [+C] Poés.

2 **Mĕto**, **Mĕtōn**, *ōnis*, m., Méton [astronome d'Athènes, inventeur du cycle de 19 ans, appelé nombre d'or] : [C] Pros.

mĕtŏpa, *ae*, f., métope [archit.], intervalle entre les triglyphes : [C] Pros.

Mĕtōpon, V. *Criumetopon*

mĕtōposcŏpŏs, *i*, m., celui qui pratique la métoposcopie, physionomiste : [+C] Pros.

mētŏr, *ārĭs, ārī, ātus sum*, tr. ¶**1** mesurer (arpenter) : [le stade] [+C] Pros. ; [le ciel] [C] Poés. ‖ [poét.] parcourir : [+C] Théât., Poés. ¶**2** délimiter, fixer les limites de : ***agrum*** [C] Pros., partager les terres [en lots] ‖ [en part.] ***castra metari***, mesurer (fixer) l'emplacement d'un camp : [C] Pros. ‖ [sans *castra*] [C] Pros.

mĕtrēta, *ae*, f., métrète [vase pour le vin ou l'huile] : [-C] Pros., [+C] Poés. ‖ mesure de liquides : [-C] Théât., [+C] Pros.

mĕtrĭcus, *a, um*, métrique : [+C] Pros. ‖ subst. m., métricien : [+C] Pros.

Mētrŏdōrus, *i*, m., Métrodore [disciple d'Épicure] : [C] Pros., [+C] Pros. ‖ philosophe de Scepsis, disciple de Carnéade : [C] Pros. ‖ disciple de Démocrite : [C] Pros.

Mētrōnax, *actis*, m., philosophe dont Sénèque suivit les leçons : [+C] Pros.

Mētrŏphănēs, *is*, m., nom d'homme : [+C] Poés.

1 **mētrŏpŏlis**, *is*, f., ville-mère, métropole, capitale d'une province : [T] Pros.

2 **Mētrŏpŏlis**, *is*, f., ville de Thessalie : [C] Pros. ‖ ville de Phrygie et d'Ionie, ▶ *Metropolitae*

mētrŏpŏlīta, *ae*, m., [évêque] métropolitain : [+T] Poés.

Mētrŏpŏlītae, *ārum*, m. pl., habitants de Métropolis ‖ en Thessalie : [C] Pros.

1 **mētrŏpŏlītānus**, *a, um*, de métropole ‖ **-num**, *i*, n., dignité de l'évêque métropolitain : [T] Pros.

2 **Mētrŏpŏlītānus**, *a, um*, de Métropolis [en Phrygie] : [C] Pros.

mĕtrum, *i*, n., mètre, mesure d'un vers : [+C] Pros. ‖ vers : [+C] Pros., [+T] Poés.

Mettensis, *e*, de Metz, messin : [+T] Pros.

mettĭca vītis (ūva), f., cépage : [+C] Pros.

Mettis, *is*, f., capitale des Médiomatrices [Gaule ; auj. Metz] : [+T] Poés. ‖ **-ĭcus**, *a, um*, de Metz : [+T] Poés.

1 **Mettĭus**, *ii*, m., nom d'homme : [C] Pros.

2 **Mettĭus**, *i*, m., Mettius Curtius [général sabin du temps de Romulus] : [C] Pros. ‖ Mettius Fufetius [dictateur d'Albe] : [C] Pros.

mĕtŭcŭlōsus, ▶ *metic*

mĕtŭendus, *a, um*, adj. verb. de *metuo*, redoutable : [C] Pros.

mĕtŭens, *tis*, part.-adj. de *metuo*, qui craint : [C] Poés. ‖ ***-tior*** [+C] Pros.

mētŭla, *ae*, f., petite pyramide : [+C] Pros.

mĕtŭō, *ĭs, ĕre, tŭī, tūtum*, tr. et intr.

I tr., craindre, redouter [*aliquem*, qqn] : [C] Pros. ; ***aliquid***, qqch : [C] Pros. ‖ ***aliquid ab aliquo*** [C] Pros., craindre qqch. de la part de qqn ; ***ex aliquo*** [C] Pros. ‖ ***aliquid alicui*** [C] Pros., craindre qqch. pour qqn ‖ [avec inf.] craindre de : [-C] Théât., [C] Poés., Pros. ‖ [avec *ne*] craindre que : [C] Pros. ; [avec *ne non* ou *ut*] craindre que ne pas : [-C] Théât., [C] Pros.

II intr., ***de aliqua re***, craindre au sujet de qqch., pour qqch. : [C] Pros. ‖ ***ab Hannibale metuens*** [C] Pros., ayant des craintes du côté d'Hannibal ‖ [avec dat.] : ***pueris*** [-C] Théât., craindre pour les enfants ; [C] Poés. ‖ [avec interrog. indir.] attendre avec inquiétude, se demander avec inquiétude : [-C] Théât. ‖ ***non metuo, quin*** [-C] Théât., je ne doute pas que ne

1 **mĕtŭs**, *ūs*, m. ¶**1** crainte, inquiétude, anxiété : ***esse in metu*** [C] Pros., être dans les alarmes ; ***vulnerum*** [C] Pros. ; ***mortis*** [C] Pros., crainte des blessures, de la mort ‖ [avec *ne*] crainte que : [C] Pros. ‖ [avec inf.] : [-C] Théât. ‖ [avec prop. inf.] : [C] Pros. ¶**2** crainte religieuse, effroi religieux : [C] Poés. ¶**3** objet de crainte : [+C] Poés.

2 **Mĕtŭs**, *ūs*, m., la Crainte personnifiée : [C] Pros., Poés.

mĕus, *a, um*, mien, qui est à moi, qui m'appartient, qui me regarde, qui me concerne [emplois et tours particuliers] ¶**1** ***meum est*** [avec inf.], il m'appartient de, c'est mon devoir de, c'est mon droit de ‖ ***non est meum*** [avec inf.] ce n'est pas ma manière de, dans mon caractère de ; [-C] Théât. ; ***non meast simulatio*** [-C] Théât., la feinte n'est pas mon fait ¶**2** ***meus est***, il est à moi, je le tiens, il est pris : [-C] Théât. ¶**3** ***mea tu*** [-C] Théât., ô ma chère ; ***mi homines*** [-C] Théât., hé, braves gens ! ¶**4** n. pris substᵗ, ***meum***, mon bien ; ***mea***, mes biens : [C] Pros. ‖ m., ***mei, orum*** ; les miens, mes parents, mes amis : [C] Pros.

Mēvānās, *ātis*, adj., de Mévanie : [+C] Poés.

Mēvānĭa, *ae*, f., ville d'Ombrie : [C] Pros.

Mēvĭus, ▶ *Maevius*

Mezentĭus, *ii*, m., Mézence [allié de Turnus contre Énée] : [C] Pros., Poés.

1 **mī**, voc. sg. m. de *meus*

2 **mī**, variante atone de *mihi*

mĭa, *ae*, f., une : [C] Poés.

mīca, *ae*, f. ¶**1** parcelle, miette : [C] Poés. ; ***mica salis*** [-C] Pros., grain de sel ; [fig.] [C] Poés., grain d'esprit ‖ pl., particules, corpuscules = *atomi* : [+C] Pros. ¶**2** petite salle à manger : [+C] Poés., Pros.

mĭcans, *tis*, part. de *mico*, adjᵗ, brillant, étincelant : [C] Pros., Poés. ‖ ***-tior*** [T] Poés.

mīcārĭus, *ĭi*, m., ramasse-miettes : [+C] Pros.

Miccŏtrōgus, *i*, m., Ronge-miettes [surnom d'un parasite] : [-C] Théât.

Mīcēlae, *ārum*, m. pl., peuple sarmate : [+C] Poés.

Mīchaeās, *ae*, m., Michée [nom de deux prophètes] : [T] Pros.

Mīchăēl, *ēlis*, m., l'archange saint Michel : [T] Pros.

Mĭcĭo, *ōnis*, m., pers. de comédie : [-C] Théât.

Mĭcipsa, *ae*, m., fils de Masinissa : [C] Pros. ‖ ***-psae***, *ārum*, m. pl., Numides : [+C] Poés.

mĭcō, *ās, āre, ŭī, -*, intr. ¶**1** s'agiter, aller et venir, tressaillir, palpiter ***a) arteriae micant*** [C] Pros., les artères battent ; [C] Poés. ; ***micant digiti*** [C] Poés., les doigts s'agitent convulsivement ***b) micat auribus*** [C] Poés., il a de brusques mouvements d'oreilles [le cheval] ; [C] Poés. ‖ ***micare digitis*** [et d'ordin. *micare* seul] jouer à la mourre : [C] Pros. ; [prov.] [C] Pros. ¶**2** [poét.] pétiller, scintiller, briller, étinceler ‖ ***micat sidus*** [C] Poés., l'astre scintille ; ***micant gladii*** [C] Pros., les épées étincellent ¶**3** jaillir : [+C] Théât., Poés.

Mĭcōn, *ōnis*, m., nom d'homme : [C] Poés.

mictŭrĭō, *īs, īre, -, -*, intr., avoir envie d'uriner : [+C] Poés.

mictўris, *is*, f., ratatouille (?) : [-C] Poés.

mĭcŭi, parf. de *mico*

mīcŭla, *ae*, f., petite miette : [+C] Pros.

Mīcўthus, *i*, m., favori d'Épaminondas : [C] Pros.

Mĭdăcrĭtus, *i*, m., nom d'homme : [+C] Pros.

Midaĭum, *ĭi*, n., ville de Phrygie ‖ **-daeenses**, *ĭum*, m. pl., habitants de Midaïum : [C] Pros.

Mĭdămus, *i*, m., un des fils d'Égyptus : [+C] Poés.

Mĭdās, *ae*, m., Midas [roi de Phrygie] : [C] Poés., Pros.

Mĭdē, *ēs*, f., ville de Béotie : [+C] Poés.

Mĭdĕa, *ae*, f., ville de Lycie : [+C] Poés.

Mīdĭās, *ae*, m., Midias [inventeur de la cuirasse] : [+C] Pros.

mĭgălē, ▶ *mygale*

***migdĭlix**, m., hypocrite (?) : [-C] Théât.

migma, *atis*, n., ▶ *farrago* : [T] Pros.

mĭgrassit, ▶ *migro*

mĭgrātĭo, *ōnis*, f., migration, passage d'un lieu dans un autre : [C] Pros. ‖ [fig., métaphore] : [C] Pros.

mĭgrātus, *a, um*, part. de *migro*

mĭgrō, *ās, āre, āvī, ātum* ¶**1** intr., s'en aller d'un endroit, changer de séjour, partir, émigrer : [-C] Théât., [C] Pros. ; ***a Tarquiniis*** [C] Pros., quitter Tarquinies ; ***ad generum*** [C] Pros., aller s'établir chez le gendre ; ***in caelum*** [C] Pros., s'en aller au ciel ‖ [fig.] ***ex vita*** [C] Pros. ; ***de vita*** [C] Pros., quitter la vie ‖ ***in marmoreum colorem*** [C] Poés., passer à la blancheur du marbre ¶**2** tr., déménager, emporter, transporter : [+C] Pros., [C] Pros., Poés.

mĭhi, dat. de *ego*

mĭhimĕt, dat. de *egomet*

mĭhipte, ▶ *ego*

Mīlănĭōn, *ōnis*, m., mari d'Atalante : [C] Poés.

mīle, V. *mille*

mīlĕs, *ĭtis*, m. ¶ **1** soldat : [C] Pros. ; V. *scribo, conscribo, 2 deligo, conducere* ‖ [sg. collectif] les soldats, l'armée : [C] Pros., Poés., [+C] Prose ; [en part.] infanterie [opposée à cavalerie] ‖ [fig., en parl. d'une nymphe] [C] Poés. ‖ pion [au jeu des latroncules] : [C] Poés. ¶ **2** [chrét.] soldat de la foi, fidèle : [T] Pros. ‖ martyr : [+C] Pros.

Mīlēsĭa, *ae*, f., C. *2 Miletus* : [+C] Pros.

Mīlēsĭae, V. *Milesius*

mīlēsĭmus, V. *millesimus*

Mīlēsĭus, *a, um*, de Milet, Milésien : [C] Pros., Poés. ‖ **Mīlēsĭi**, *ōrum*, m. pl., les habitants de Milet

Mīlētis, *ĭdis* ¶ **1** f., fille de Milétus [Byblis] : [C] Poés. ¶ **2** adj. f., de Milet : [C] Poés.

1 **Mīlētus**, *i*, m., fils d'Apollon, fondateur de Millet : [C] Poés.

2 **Mīlētus**, *i*, f., Milet [ville d'Ionie, célèbre pour ses laines, sa pourpre ; patrie de Thalès, des conteurs licencieux comme Aristide ; donnée comme type du luxe et de la licence] : [C] Pros.

mīlĭa, pl. de *mille*

milĭārĭum, V. *milliarium* et *2 miliarius*

1 **mīlĭārĭus**, V. *1-2 milliarius*

2 **milĭārĭus**, *a, um*, relatif au mil : ***miliariae aves*** [C] Pros., ortolans (qui vivent de mil) ‖ **miliarium**, *ii*, n., vase en forme de mil : [-C] Pros. ; vase [pour l'eau chaude dans les bains] [+C] Pros.

Mīlĭchus, *i*, m., nom d'homme : [+C] Poés.

mĭēs, **mīlĭens**, V. *millies*

Mĭlĭōnĭa, *ae*, f., ville des Marses : [C] Pros.

Milĭōnĭus, *ĭi*, m., nom d'homme : [C] Pros.

mīlĭtāris, *e*, de la guerre, de soldat, militaire, guerrier : ***res militaris*** [C] Pros., art de la guerre ; ***tribunus militaris*** [C] Pros., tribun militaire ; ***homo militaris*** [C] Pros., soldat expérimenté ; ***militaris aetas*** [C] Pros., âge requis pour le service militaire [dix-sept ans] ‖ **mīlĭtāres**, *ĭum*, m. pl., guerriers : [+C] Pros. ‖ ***-ior*** [+C] Pros.

mīlĭtārĭtĕr, adv., militairement, comme les soldats : [C] Pros., [+C] Pros.

mīlĭtārĭus, *a, um*, C. *militaris* : [-C] Théât.

mīlĭtĭa, *ae*, f. ¶ **1** service militaire, métier de soldat : [C] Pros. ; ***militiae disciplina*** [C] Pros., apprentissage de la guerre ; ***militiae magister*** [C] Pros., directeur des opérations militaires ‖ [loc.] ***militiae*** [C] Pros., en temps de guerre ; ***domi militiaeque*** [C] Pros. ; ***et domi et militiae*** [C] Pros. ; ***militiae domique*** [C] Pros., en paix comme en guerre ¶ **2** campagne de guerre : [+C] Pros. ¶ **3** esprit militaire, bravoure, courage : [+C] Pros. ‖ armée : [C] Pros., Poés. ¶ **4** [chrét.] la milice des anges : [T] Pros.

mīlĭtō, *ās, āre, āvī, ātum* ¶ **1** intr., être soldat, faire son service militaire : [C] Pros., [+C] Pros. ¶ **2** [avec acc. de l'objet intérieur] [+C] Pros. ‖ [pass.] [-C] Théât. ; [*a me*] [C] Poés.

mĭlĭum, *ĭi*, n., millet, mil [plante] : [-C] Pros., [C] Pros., Poés.

mīllĕ, n., indécl. au sg., pl. **millia** et mieux **milia**, *ium* ¶ **1** mille ***a) mille passuum*** [C] Pros., un millier de pas ; [abl.] [-C] Théât. ‖ [avec verbe au sg.] [C] Pros. ***b)*** [= un nombre indéfini] [C] Pros., Poés. ¶ **2** ***milia*** [quand il s'agit de plus. milliers] ***a)*** [en apposition] [C] Pros. ***b)*** [avec gén.] [C] Pros. ***c)*** [distributif] [C] Pros. ***d)*** = mille pas, un mille : ***quadringenta milia*** [C] Pros., quatre cents milles

millĕformis, *e*, qui a ou qui prend mille formes : [T] Poés., Pros.

millĕmŏdus, *a, um*, C. *multimodus* : [+T] Poés.

millēnārĭus, *a, um*, millénaire, qui contient mille unités : [C] Pros., [T] Pros.

millēnus, *a, um*, [T] Pros. et **millēni**, *ae, a*, mille chacun, au nombre de mille : [T] Pros.

millēsĭmus, *a, um*, millième : [C] Pros. ; ***millesima usura*** [+C] Pros., intérêt à un pour mille par mois ‖ subst. f., ***millesima*** [+C] Pros., la millième partie ‖ adv., ***millesimum*** [C] Pros., pour la millième fois

millĭa, *ium*, V. *mille*

millĭārĭi, *ōrum*, m. pl., millénaires, secte d'hérétiques : [T] Pros.

millĭārĭum, *ĭi*, n. ¶ **1** un millier : [C] Pros. ¶ **2** borne, colonne, pierre miliaire : [C] Pros.

1 **millĭārĭus**, *a, um*, qui renferme le nombre mille : ***milliaria ala*** [+C] Pros., aile de mille cavaliers ‖ ***milliarius aper*** [+C] Pros., un sanglier de mille livres ‖ ***milliarius clivus*** [C] Pros., pente de mille pas ; [+C] Pros.

2 **millĭārĭus**, *ĭi*, m., millénaire : [T] Pros.

millĭēs (mīlĭēs, mīlĭens), mille fois : [C] Pros. ‖ = nombre indéterminé : [C] Pros.

millĭformis, **millĭmŏdus**, V. *milleformis*

1 **Mĭlo** et **Mĭlōn**, *ōnis*, m., Milon [de Crotone, célèbre athlète] : [C] Pros.

2 **Mĭlo**, *ōnis*, m., T. Annius Milon [meurtrier de Clodius, et défendu par Cicéron] ‖ **-nĭānus**, *a, um*, de T. Annius Milon : [C] Pros. ‖ ***Miloniana***, f., la Milonienne, discours prononcé pour Milon : [C] Pros.

Mīlōnĭus, *ii*, m., nom d'homme : [C] Poés.

Milphĭo, *ōnis*, m., nom d'esclave : [-C] Théât. ‖ **Milphĭdiscus**, , m., petit Milphio : [-C] Théât.

Miltĭădēs, *is* et *i*, m., célèbre général athénien : [C] Pros.

mīlŭīnus, **milŭus**, V. *milvinus, milvus*

Milus, V. *Melos*

milva, *ae*, f., milan femelle [terme injurieux] : [+C] Pros.

milvīnatībĭa, (**mīlŭīnatībĭa**), f. et **milvīna**, *ae*, f., V. *milvinus* fin

milvīnus (mīlŭīnus), *a, um*, [fig.] rapace : [-C] Théât., [C] Pros. ‖ **milvinus pes**, [+C] Pros., sorte de plante ‖ **milvīna**, *ae*, f., appétit vorace : [-C] Théât.

milvus (mīlŭus), *i*, m., milan, oiseau de proie : [-C] Théât., [C] Pros. ; [prov.] [+C] Poés. ‖ milan marin (poisson volant) : [C] Pros. ‖ [fig.] homme rapace, vautour : [-C] Théât. ‖ constellation : [C] Poés.

Milyădes, *um*, f. pl., V. *Milyas*

Milўăs, *ădis*, f., canton de la Lycie : [C] Pros. ‖ **commune Milўădum**, [C] Pros., la communauté des Milyades

mīma, *ae*, f., mime, comédienne : [C] Pros., Poés.

Mĭmallŏnes, *um*, f. pl., les Bacchantes : [+C] Poés. ‖ **-nēus**, *a, um*, des Bacchantes : [+C] Poés.

Mĭmallŏnĭdes, *um*, f. pl., les Bacchantes : [C] Poés.

Mĭmās, *antis*, m., montagne d'Ionie : [C] Poés., [T] Pros. ‖ géant foudroyé par Jupiter : [C] Poés., [+C] Poés. ‖ un des compagnons d'Énée : [C] Poés.

mīmĭambi, *ōrum*, m., mimiambes, mimes en vers iambiques : [+C] Pros.

mīmĭcē, adv., à la manière des mimes : [C] Poés., Pros.

mīmĭcus, *a, um*, de mime, digne d'un mime : [C] Pros., [+C] Pros. ‖ [fig.] = faux, simulé : [+C] Pros.

Mimnermus, *i*, m., Mimnerme [poète contemporain de Solon] : [C] Poés., Pros. ‖ autre du même nom : [C] Poés.

mīmŏgrăphus, *i*, m., mimographe, auteur de mimes : [+C] Pros.

mīmŭla, *ae*, f., **-lus** *i*, m., [T] Pros., dim. péjor. de *mima* et de *mimus* : [C] Pros.

mīmus, *i*, m. ¶ **1** mime, pantomime, acteur de bas étage : [C] Pros., [+C] Pros., Poés. ¶ **2** mime, farce de théâtre : [C] Pros., Poés., [+C] Pros., Poés. ‖ [fig.] farce : [+C] Pros.

mīn, = ***mihine ?*** : [+C] Poés.

1 **mĭna**, *ae*, f., mine d'or [monnaie grecque = 10 mines d'argent, 6ᵉ partie du talent] : [-C] Théât. ‖ mine d'argent [= 100 drachmes] : [-C] Théât., [C] Pros.

2 **mĭna ŏvis**, f., brebis sans laine sous le ventre : [C] Pros. ; [jeu de mots] [-C] Théât.

3 **mĭna**, *ae*, f., V. *minae*

mĭnăcĭae, *ārum*, f. pl., menaces : [-C] Théât.

mĭnācĭtĕr, adv., en menaçant, d'une manière menaçante : [-C] Théât., [C] Pros. ; ***-cius*** [C] Pros.

mĭnae, ***ārum***, f. pl. ¶**1** saillies en surplomb : [C] Poés. ; → *minax* ‖ merlons [*pinnae*] : [T] Pros. ¶**2** menaces : ***mortis, exsilii*** [C] Pros., menaces de mort, d'exil ; ***alicujus*** [C] Pros., menaces de qqn ; ***alicui*** [C] Pros., contre qqn ; ***minas jactare*** [C] Pros., lancer des menaces

mĭnātĭo, ***ōnis***, f., action de menacer, menace : ***minationes*** [C] Pros.

mĭnātōrĭus, ***a, um***, menaçant : [T] Pros.

mĭnax, ***ācis***, menaçant : [C] Pros. ; ***minaces litterae*** [C] Pros., lettre de menaces ‖ [poét.] ***minax scopulus*** [C] Poés., rocher qui menace de sa chute ‖ ***-cior*** [C] Pros. ; ***-issimus*** [+C] Pros.

Mincĭus, ***ii***, m., rivière de la Gaule transpadane [auj. Mincio] : [C] Pros., Poés.

mĭnĕō, ***ēs, ēre, -, -***, intr., faire saillie, avancer : [C] Poés.

mĭnerrĭmus, → *minimus*

Mĭnerva, ***ae***, f., Minerve [identifiée avec Pallas des Grecs, fille de Jupiter] : ***invita Minerva*** [C] Pros., malgré Minerve, malgré les dispositions naturelles ; ***pingui Minerva*** [C] Pros. ; ***crassa Minerva*** [C] Poés., avec le gros bon sens ‖ travail de la laine : [C] Poés. ‖ ***Minervae promunturium*** [C] Pros., promontoire de Minerve [en Campanie]

mĭnervăl, ***ālis***, n., cadeau fait en retour de l'instruction donnée : [C] Pros.

1 **Mĭnervĭum**, ***ĭi***, n., temple de Minerve : [C] Pros., [T] Pros.

2 **Mĭnervĭum**, ***ĭi***, n., ville de Calabre : [C] Pros., [+C] Pros.

Mĭnervĭus, ***a, um***, de Minerve : [T] Pros. ; ***Minervii***, m. pl., les soldats de la légion de Minerve : ***Minervii cives*** [T] Pros., les Athéniens

1 **mĭnĕus**, ***a, um***, → *1 minius* : [+C] Pros.

2 **Mĭnĕus**, → *2 Minius*

mingō, ***ĭs, ĕre, minxī, minctum*** et ***mictum***, intr., uriner : [C] Poés.

mĭnĭācĕus, ***a, um***, de minium, de cinabre : [C] Pros.

mĭnĭātŭlus, ***a, um***, légèrement teinté au minium : [C] Pros.

mĭnĭātus, ***a, um***, part. de *1 minio*

Mĭnĭcĭa, **Mĭnĭcĭanus**, → *Minu*

mĭnĭmē (**-ŭmē**), superl. de *parum*, [sens relatif] le moins ***a)*** [avec des verbes] ***minime displicebat*** [C] Pros., il déplaisait le moins ***b)*** [avec des adj.] [C] Pros. ‖ [sens absolu] très peu, nullement : [C] Pros. ***c)*** [avec adv., rare] [C] Pros. ; ***quam minime indecore*** [C] Pros., avec le moins d'inconvenance possible ***d)*** [dans le dial.] ***minime, minime vero***, non, pas du tout : [C] Pros. ; ***minime gentium*** [-C] Théât., pas le moins du monde ***e)*** pour le moins, à tout le moins : [+C] Pros.

mĭnĭmissĭmus, → *minimus*

1 **mĭnĭmum**, n. de *minimus* pris adv[t], très peu, le moins possible : [C] Pros. ; ***ne minimum quidem*** [C] Pros., pas même si peu que ce soit ‖ [ou] ***minimum*** [C] Pros., [+C] Pros., au moins ‖ ***non minimum*** [C] Pros., principalement

2 **mĭnĭmum**, ***i***, n. pris subst[t], la plus petite quantité, très peu : ***quam minimum temporis*** [C] Pros., le moins de temps possible ; ***minimum virium*** [C] Pros., le moins de force physique ‖ [gén. et abl. de prix] ***aliquid minimi putare*** [C] Pros., regarder qqch. comme de la moindre importance ; ***minimo aestimare*** [C] Pros., estimer à la moindre valeur, au taux le plus faible

mĭnĭmus, ***a, um***, superl. de *parvus*, très petit, minime, ou le plus petit, le moindre, → *parvus* ; [C] Pros. ; ***ex omnibus*** [C] Pros., le moins âgé de tous [sans *natu*] ; [C] Pros. ‖ ***minima de malis*** [C] Pros., entre des maux il faut choisir les moindres

mĭnīnus, ***a, um***, qui coûte une mine : [-C] Théât.

1 **mĭnĭō**, ***ās, āre, āvī, ātum***, tr., ***miniatus, a, um***, enduit de rouge : [C] Pros. ‖ intr., devenir rouge : [+C] Pros.

2 **Mĭnĭo** (**Mŭ-**), ***ōnis***, m., rivière d'Étrurie [Mignone] : [C] Poés., [T] Poés. ‖ confident d'Antiochus le Grand : [C] Pros.

1 **mĭnister**, ***tra, trum***, qui sert, qui aide : [C] Poés.

2 **mĭnister**, ***tri***, m., serviteur, domestique : [C] Poés., Pros. ‖ ministre [d'un dieu] : [C] Pros. ‖ officier en sous-ordre : [C] Pros. ‖ ministre, instrument, agent : [C] Pros. ; [poét.] [C] Poés., Pros. ‖ intermédiaire, agent : [+C] Pros. ‖ prêtre [de Dieu] : [T] Pros. ‖ [à propos des anges] [+C] Pros.

mĭnistĕrium, ***ĭi***, n. ¶**1** fonction de serviteur, service, fonction : [C] Pros., [+C] Pros., Poés. ¶**2** [sens concret] suite [de domestiques], personnel : [C] Pros., [+C] Pros. ‖ ***ministeria***, les différents services ou ministères ou départements établis auprès des empereurs et confiés à des affranchis : ***a rationibus***, comptabilité ; ***a libellis***, requêtes ; ***ab epistulis***, correspondance : [+C] Pros. ¶**3** [chrét.] service de Dieu, ministère : [T] Pros.

ministra, ***ae***, f. ¶**1** servante, femme esclave : [C] Poés. ‖ diaconesse : [+C] Pros. ¶**2** [fig.] aide : [C] Pros. ‖ ministre, instrument, agent : [C] Pros.

mĭnistrātĭo, ***ōnis***, f., service : [C] Pros., [T] Pros.

mĭnistrātŏr, ***ōris***, m., serviteur [en part., qui sert à table] : [C] Pros., [+C] Pros. ‖ celui qui assiste un orateur dans une cause pour lui suggérer des arguments, lui rappeler des faits, assesseur : [C] Pros.

mĭnistrātōrĭus, ***a, um***, relatif au service de table : [+C] Poés.

mĭnistrātrix, ***īcis***, f., celle qui aide, qui seconde : [C] Pros.

mĭnistrātus, ***a, um***, part. de *ministro*

mĭnistrō, ***ās, āre, āvī, ātum***, tr. ¶**1** servir ***a)*** pass. impers. avec dat. : [C] Pros. ***b) aliquem*** [+C] Pros., servir qqn ¶**2** [en part.] servir à table ***a)*** [abs[t]] [-C] Théât., [C] Pros. ***b) aliquem*** [-C] Théât., servir qqn ; ***pocula*** [C] Pros., servir les coupes ; ***ministrare bibere*** [C] Pros., faire le service des boissons, être échanson ¶**3** [en gén.] ***a) jussa*** [C] Poés., exécuter les ordres ***b)*** [surtout] fournir, présenter, mettre au service de, ***aliquid alicui*** : [C] Pros., [+C] Pros., Poés. ‖ [abs[t]] ***sumptibus*** [C] Pros., fournir (satisfaire) aux dépenses ; ***velis*** [C] Poés., fournir aux voiles = satisfaire aux manoeuvres des voiles (servir les voiles ; cf. servir une bouche à feu)

mĭnĭtābundus, ***a, um***, faisant des menaces : [C] Pros., [+C] Pros.

mĭnĭtātĭo, ***ōnis***, f., menace : [T] Poés.

mĭnĭtō, ***ās, āre, -, -***, [arch.] → *minitor* : [-C] Théât.

mĭnĭtŏr, ***ārĭs, ārī, ātus sum***, menacer souvent : ***alicui rem*** [C] Pros., menacer qqn de qch ; ***alicui*** [C] Pros., menacer qqn ; [*rem*, sans dat.] ***bellum minitari*** [+C] Pros., menacer sans cesse de la guerre ; [-C] Théât. ; ***aliqua re alicui*** [C] Pros. ; [avec inf.] [-C] Théât. ; [avec prop. inf.] [C] Pros.

mĭnĭum, ***ĭi***, n., minium, vermillon, cinabre : [C] Pros., Poés.

1 **mĭnĭus**, ***a, um***, couleur de vermillon, d'un rouge vermeil : [+C] Pros.

2 **Mĭnĭus**, ***ii***, m., nom d'une famille campanienne qui conspira contre les Romains : [C] Pros.

mĭnō, ***ās, āre, āvī, ātum***, tr., chasser, pousser devant soi : [+C] Pros., [T] Pros.

Mīnōis, ***ĭdis***, acc. ***ĭdă***, f., fille de Minos [Ariane] : [C] Poés.

Mīnōĭus, ***a, um***, de Minos : [C] Poés., [+C] Poés.

1 **mĭnŏr**, ***ārĭs, ārī, ātus sum*** ¶**1** menacer : ***alicui*** [C] Pros., menacer qqn ‖ ***alicui aliquam rem*** [C] Pros., menacer qqn de qqch. ‖ ***alicui aliqua re*** [C] Pros. ‖ [avec prop. inf.] : [-C] Théât., [C] Pros. ¶**2** [poét.] annoncer en se vantant, promettre hautement : [C] Poés., Pros. ‖ menacer = viser : [C] Poés. ‖ ***ornus minatur*** [C] Poés., l'orne menace (de tomber)

2 **mĭnŏr**, ***ŭs, ōris***, compar. de *parvus*, plus petit, moindre [pr. et fig.] → *parvus* : [C] Pros., Poés. ‖ ***minores*** [C] Pros., les plus jeunes [d'une génération] ; [poét.] les descendants : [C] Poés. ‖ [avec inf. poét.] : [C] Poés., [+C] Poés. ‖ n. pris subst[t] : [C] Pros. ; ***minoris vendere*** [C] Pros., vendre moins cher ; ***aliquid minoris ducere*** [C] Pros., regarder qqch. comme de moindre valeur

3 **Mĭnŏr**, ***ōris***, épithète qui sert à distinguer deux hommes ou deux choses portant le même nom : ***Minor Scipio*** [C] Pros., Scipion le Jeune [Scipion Émilien] ; ***Armenia Minor*** [C] Pros., la Petite Arménie

mĭnōrātĭo, ***ōnis***, f., diminution, amoindrissement : [T] Pros.

Mīnōs, *ōis*, m., Minos [roi de Crète, un des juges des enfers] : [C] Pros., Poés. ; [père d'Ariane] : [C] Poés., [HC] Pros.

Mīnōtaurus, *i*, m., Minotaure [monstre moitié homme, moitié taureau, fils de Pasiphaé ; fut tué par Thésée] : [C] Poés., [HC] Poés. ‖ [plais[t]] [C] Pros.

Mīnōus, *a*, *um*, de Minos : [C] Poés. ‖ de Crète : [C] Poés.

Minturnae, *ārum*, f. pl., Minturnes [ville du Latium] : [C] Pros. ‖ **-ensis**, *e*, de Minturnes : [C] Pros. ‖ **-enses**, *ĭum*, m. pl., les habitants de Minturnes : [HC] Pros.

Mĭnŭcĭa, *ae*, f., nom d'une vestale : [C] Pros.

Mĭnŭcĭus (-tĭus), *ii*, m. ¶ **1** nom d'une famille rom. : [C] Pros., [HC] Poés. ‖ **-cĭus**, *a*, *um*, de Minucius : [C] Pros. ¶ **2** ***Minucius Felix*** [T] Pros., Minucius Félix [apologiste chrétien du 2e s. ap. J.-C.]

mĭnŭm-, → *mĭnĭm-*

mĭnŭō, *ĭs*, *ĕre*, *ŭī*, *ūtum*, tr., diminuer, rendre plus petit, ¶ **1** [au pr., poét.] mettre en pièces, en miettes : ***ramalia, ligna*** [C] Poés., casser en menus morceaux des branches sèches, du bois ¶ **2** [fig.] diminuer ***a)*** amoindrir, réduire : ***sumptus*** [C] Pros., réduire des dépenses ; ***minuitur memoria*** [C] Pros., la mémoire diminue ; ***censuram*** [C] Pros., réduire l'autorité des censeurs ***b)*** affaiblir : ***gloriam alicujus*** [C] Pros., affaiblir la gloire de qqn ; ***majestatem populi*** [C] Pros., porter atteinte à la majesté du peuple ***c)*** chercher à détruire : ***suspicionem, opinionem*** [C] Pros., faire disparaître des soupçons, réfuter une opinion ; ***controversias*** [C] Pros., supprimer les controverses ¶ **3** [abs[t]] : ***minuente aestu*** [C] Pros., quand la marée diminuait ¶ **4** [avec inf.] cesser petit à petit de : [C] Poés.

mĭnūrĭō (mĭnurrĭō), *īs*, *īre*, -, -, intr., gazouiller : [T] Pros.

1 **mĭnŭs**, n. pris subst[t], → *2 minor*

2 **mĭnŭs**, compar. de *parum*, moins ¶ **1** ***minus minusque*** [C] Théât. ; ***minus atque minus*** [C] Poés., de moins en moins ; ***nihil minus*** [C] Pros., pas le moins du monde ¶ **2** ***minus quam***, moins que : [C] Pros. ; ***non minus... quam*** [C] Pros., non moins ... que ‖ [sans *quam*] [C] Pros. ; ***minus dimidium*** [C] Pros., moins de la moitié ‖ [avec abl.] [C] Pros. ¶ **3** [abl. marquant la quantité] ***dimidio minus*** [C] Pros., moitié moins, → *2 minor* ; ***eo minus*** [C] Pros., d'autant moins ; ***multo, paulo minus***, beaucoup moins, un peu moins : [C] Théât., [C] Poés. ¶ **4** moins qu'il ne faut, pas assez, trop peu : ***plus minusve*** [C] Théât., trop ou pas assez ; ***minus diligenter*** [C] Pros., avec insuffisamment de soin ¶ **5** assez peu, médiocrement, guère : [C] Pros. ‖ ***si minus***, sinon, si ... ne pas ; ***sin minus***, sinon, dans le cas contraire : [C] Pros. ‖ ***quo minus***, que ... ne, → *quominus*

3 **mĭnus**, *a*, *um*, → *2 mina ovis*

mĭnuscŭlārĭus, *a*, *um*, moindre, petit ‖ **-lārii**, m., minusculaires, percepteurs de dernier ordre : [T] Pros.

mĭnuscŭlus, *a*, *um*, un peu plus petit, assez petit : [C] Pros.

mĭnūtăl, *ālis*, n., hachis : [HC] Poés., Pros.

mĭnūtātim, adv. ¶ **1** en petits morceaux : [C] Pros. ¶ **2** [fig.] par le menu, morceau par morceau, par degrés : [C] Pros., Poés.

mĭnūtē, adv., en petits morceaux, en parcelles : [C] Pros. ; ***-tissime*** [C] Pros., [HC] Pros. ; [fig.] ***-tius*** [C] Pros. ‖ [fig.] par le menu, → *concise* : [HC] Pros. ‖ [rhét.] de façon mesquine, d'une manière étriquée : [C] Pros. ; ***-tius*** [C] Pros.

mĭnūtĭa, *ae*, f., très petite parcelle, poussière : [HC] Pros. ‖ **-tĭēs**, *ēi*, f., [HC] Pros., [T] Pros.

mĭnūtio, *ōnis*, f., amoindrissement, diminution : [HC] Pros. ; ***capitis minutio = deminutio*** ; → *caput*

Mĭnūtĭus, → *Minucius*

mĭnūtō, *ăs*, *āre*, -, -, tr., briser, mettre en pièces : [T] Pros.

mĭnūtŭlus, *a*, *um*, tout petit : [C] Théât., [T] Pros.

mĭnūtum, *i*, n., petite chose : [HC] Pros. ‖ petite pièce de monnaie : [T] Pros.

mĭnūtus, *a*, *um*, part. de *minuo* pris adj[t] ***a)*** petit, menu : [C] Théât. ; ***litterae minutae*** [C] Pros., petites lettres ; ***-tior*** [C] Poés. ; ***-issimus*** [HC] Pros. ***b)*** [péjor.] ***minuti imperatores*** [C] Pros., généraux de peu d'envergure ***c)*** [rhét.] style haché, coupé : [C] Pros. ; réduit, simple : [C] Pros.

minxi, parf. de *mingo*

Mĭnўae, *ārum*, m. pl., les Minyens, les Argonautes : [C] Poés., [HC] Poés.

Mĭnўās, *ae*, m., roi d'Orchomène : [HC] Poés.

Mĭnўēĭăs, *ădis*, f., fille de Minyas : [C] Poés.

Mĭnўēĭdes, *um*, f. pl., filles de Minyas [changées en chauves-souris pour avoir travaillé pendant les fêtes de Bacchus] : [C] Poés.

Mĭnўēĭus, *a*, *um*, de Minyas : [C] Poés.

Mĭnўus, *a*, *um*, des Minyens : [HC] Poés.

mīrābĭlis, *e*, admirable, merveilleux, étonnant, singulier : [C] Pros. ‖ ***-lior*** [C] Pros. ‖ ***-lissimus*** [HC] Pros. ‖ ***mirabile est quam, quomodo*** [subj.] il est étonnant combien : [C] Pros. ; ***mirabile quantum(=mirum quantum)*** [HC] Poés., étonnament, → *quantum* fin ; ***mirabile dictu !*** [C] Poés., chose étonnante à dire, ô prodige ! ‖ [chrét.] miraculeux : [T] Pros.

mīrābĭlĭtās, *ātis*, f., étrangeté : [T] Pros.

mīrābĭlĭtĕr, adv., admirablement, merveilleusement : [C] Pros. ‖ étonnamment, extraordinairement : [C] Pros. ‖ ***-bilius*** [C] Pros.

mīrābundus, *a*, *um*, qui admire, qui s'étonne : [HC] Pros. ‖ [avec interrog. indir.] se demandant avec étonnement : [C] Pros. ‖ [avec acc.] regardant avec étonnement : [HC] Pros.

mīrācŭla, *ae*, f., femme qui est un prodige de laideur : [C] Théât., [C] Pros.

mīrācŭlōsē, adv., miraculeusement : [T] Pros.

mīrācŭlum, *i*, n., prodige, merveille, chose extraordinaire : [C] Pros. ; ***magnitudinis*** [C] Pros., un prodige de grosseur ; ***miraculo est*** [avec prop. inf.] [C] Pros., c'est un objet d'étonnement que, il semble surprenant que ‖ ***miracula*** [HC] Pros., tours d'adresse ‖ [chrét.] miracle : [T] Pros.

mīrandē, adv., étonnement : [C] Poés.

mīrandus, *a*, *um*, part.-adj. de *miror*, étonnant, merveilleux, prodigieux : [C] Pros. ; ***mirandum in modum*** [C] Pros., d'une façon étonnante

mīrātĭo, *ōnis*, f., admiration, étonnement : ***mirationem facere*** [C] Pros., provoquer l'étonnement

mīrātŏr, *ōris*, m., admirateur : [C] Poés., [HC] Pros.

mīrātrix, *īcis*, f., admiratrice : [HC] Théât., Poés.

mīrātus, *a*, *um*, part. de *miror*

mīrē, adv., étonnamment, prodigieusement : [C] Pros. ; ***mire quam*** [C] Pros., étonnamment ; → *quam*

mīrĭfĭcō, *ās*, *āre*, -, -, tr., faire paraître admirable, glorifier : [T] Pros.

mīrĭfĭcus, *a*, *um*, étonnant, prodigieux, extraordinaire : [pers] [C] Pros. ; [choses] [C] Pros. ‖ ***-ficissimus***, ***-ficentissimus*** : [C] Théât., [T] Pros.

mīrĭmŏdis, adv., étonnamment : [C] Théât.

mīrĭo, *ōnis*, m., prodige de laideur : [C] d. [C] Pros.

mirmillo (murm-), *ōnis*, m., mirmillon, sorte de gladiateur : [C] Pros., [HC] Pros.

mīrō, *ās*, *āre*, -, -, [arch.] → *miror* : [C] Poés.

mīrŏr, *āris*, *ārī*, *ātus sum*, tr. ¶ **1** s'étonner, être surpris : ***inconstantiam alicujus*** [C] Pros., s'étonner de l'inconséquence de qqn ; ***aliquem*** [C] Pros., s'étonner au sujet de qqn ‖ [avec prop. inf.] s'étonner que : [C] Pros. ‖ [avec *quod*] s'étonner de ce que : [subj. [C] Pros. ; indic. [C] Pros.] ‖ [avec interrog. indir.] se demander avec étonnement : [subj.] ***miror cur*** [C] Pros., je me demande avec étonnement pourquoi ‖ [avec *si*] s'étonner si : [C] Pros. ; [avec subj.] s'il arrive que : [C] Pros. ¶ **2** voir avec étonnement, admirer : ***aliquid, aliquem***, admirer qqch., qqn : [C] Pros. ; [avec gén.] [C] Poés. ‖ [intr.] [T] Pros. ¶ **3** [abs[t]] être dans l'étonnement : ***de aliqua re*** [C] Pros., être surpris de qqch

mīrum, *i*, n., merveille, → *mirus*

mīrus, *a*, *um*, étonnant, merveilleux : [C] Pros. ; ***mirus civis*** [C] Pros., un merveilleux citoyen ; ***mirum in modum*** [C] Pros., d'une manière surprenante ‖ [C] Pros. ; ***mirum est, ut*** [HC] Pros., il est étonnant comment ‖ ***quid mirum ... si ?*** ; qu'y a-t-il d'étonnant si ? ; ***non mirum si***, il n'est pas étonnant si : [avec indic.] [C] Pros. ; [avec subj.] s'il arrive que : [C] Pros. ‖ ***mirum ni, nisi ; mira sunt ni, nisi***, il serait étonnant si ... ne ... pas, [c.-à-d.] très probablement, sans doute : -C Théât., C Poés. ‖ ***mirum quin*** -C Théât., c'est une merveille comment ne ... pas, il ne manquerait plus que cela que, évidemment ne ... pas ... ‖ ***non est mirum, ut*** C Pros., il n'est pas étonnant que ‖ [expr. adverbiale] ***mirum quam, mirum quantum***, étonnamment, extraordinairement : C Pros. ; V. *quam II* et *2 quantum*

mis [arch.] ¶ **1** C. *mei*, V. *ego* ¶ **2** C. *meis*, V. *meus*

Mīsăgĕnēs, *is*, m., Misagène [fils de Masinissa] : C Pros.

Mīsargȳrĭdēs (-gŭrĭdēs), *ae*, m., qui méprise l'argent [iron., nom d'un usurier] : -C Théât.

miscellānĕus, *a, um*, mêlé, mélangé : +C Pros. ‖ **-nĕa**, *ōrum*, n. pl., nourriture grossière des gladiateurs : +C Poés.

miscellus, *a, um*, mêlé, mélangé : -C Pros., +C Pros.

miscĕō, *ēs, ēre, miscŭī, mixtum*, tr. ¶ **1** mêler, mélanger : C Poés. ; ***fletum cruori*** C Poés., mêler des larmes au sang qui coule ‖ [fig.] ***animum alicujus cum suo*** C Pros., mêler l'âme de qqn avec la sienne ¶ **2** ***se miscere*** [avec dat.] se mêler à, se joindre à : C Poés., +C Pros. ‖ ***corpus cum aliqua, se alicui*** C Pros., Poés., s'accoupler ¶ **3** [poét.] C Poés. ; ***vulnera*** C Poés., échanger des coups ¶ **4** troubler, confondre, bouleverser : C Pros. ¶ **5** [avec acc. du résultat] ***a)*** former par mélange : ***mulsum alicui*** C Pros., faire pour qqn du vin miellé ; ***pocula*** C Poés., préparer les coupes ***b)*** produire en remuant, en agitant, en troublant : C Pros. ; ***seditiones miscere*** +C Pros., fomenter des révoltes

miscix (mixcix), homme versatile, brouillon : +C Pros.

mĭsellus, *a, um*, pauvre, pauvret : C Pros., Poés. ‖ [en parl. de choses] chétif, misérable : -C Théât., C Poés.

Mīsēna, *ōrum*, n. pl., le cap Misène : C Poés.

Mīsēnum prōmuntŭrĭum, n., le cap Misène : +C Pros. ‖ **Mīsēnum**, *i*, n., C Pros., +C Pros. ; ***promunturium Miseni*** C Pros., +C Pros. ‖ **-nensis**, *e*, du cap Misène : +C Pros.

Mīsēnus, *i*, m. ¶ **1** Misène [trompette venu avec Énée] : C Poés. ¶ **2** le cap Misène : C Poés. ; V. *Misenum* et *Misena*

mĭsĕr, *ĕra, ĕrum* ¶ **1** misérable, malheureux ***a)*** [pers.] : C Pros. ; ***miserrimum habere aliquem aliqua re*** C Pros., tourmenter qqn [moral[t]] par qqch. ‖ ***miser ambitionis*** +C Pros., malheureux à cause de l'ambition ‖ [ironie] -C Théât. ***b)*** malheureux, déplorable, lamentable [choses] : C Pros. ; ***miserum est*** [avec prop. inf.] C Pros., c'est une chose lamentable que ; -C Théât. ; [exclam.] ***miserum !*** C Poés., ô malheur ! ; C Pros. ¶ **2 *a)*** en mauvais état [physiq[t]] : -C Théât. ; [moral[t]] -C Théât. ***b)*** qui souffre d'amour : -C Théât., C Poés. ***c)*** [ironie] : C Poés.

mĭsĕrābĭlĕ, n. pris adv[t], C. *miserabiliter* : C Poés., +C Poés.

mĭsĕrābĭlis, *e*, digne de pitié, triste, déplorable : [en parl. de choses] C Pros. ‖ pathétique : C Pros. ‖ [pers.] C Poés. ‖ ***-lior*** C Pros.

mĭsĕrābĭlĭtĕr, adv., de manière à exciter la compassion : C Pros. ; ***laudare*** C Pros., louer d'une manière pathétique ‖ ***-bilius*** C Pros.

mĭsĕrandus, *a, um*, adj. verb. de *miseror*, digne de pitié [pers.] : C Pros. ‖ déplorable [choses] : C Pros.

mĭsĕrantĕr, adv., en excitant la compassion : +C Pros.

mĭsĕrātĭo, *ōnis*, f. ¶ **1** commisération, pitié, compassion : C Pros., +C Pros. ‖ [chrét.] effets de la miséricorde de Dieu : T Pros. ¶ **2** pathétique [rhét.] : C Pros. ‖ pl., mouvements pathétiques : ***miserationibus uti*** C Pros., se servir de développements pathétiques

mĭsĕrātus, *a, um*, part. de *miseror*

mĭsĕrē, adv., misérablement, d'une manière digne de pitié : C Pros. ‖ d'une façon fâcheuse, excessive : -C Théât., C Poés. ‖ ***-ius*** C Pros. ; ***-errume*** -C Théât.

mĭsĕrĕō, *ēs, ēre, rŭī, rĭtum* ou *rtum*, intr. ¶ **1** avoir pitié, C. *misereor* : -C Pros., C Poés. ¶ **2** pass. impers., ***ut supplicum misereatur*** C Pros., qu'on ait pitié des suppliants ‖ V. *miseret me*

mĭsĕrĕŏr, *ērĭs, ērī, rĭtus* ou *rtus sum*, intr., avoir compassion, pitié de [avec gén.] : C Pros. ; [abs[t]] C Pros. [avec dat. +C Poés.]

mĭsĕrescō, *ĭs, ĕre, -, -*, intr., prendre pitié [avec gén.] : C Poés. ‖ impers., -C Théât.

mĭsĕrĕt (mē), j'ai pitié : -C Théât., C Pros. ‖ **miseretur (mē)** [avec gén.] : -C Théât., C Pros., +C Pros., T Pros. ; ***me ejus miseritumst***, j'ai eu pitié de lui : -C Théât.

mĭsĕrĭa, *ae*, f. ¶ **1** malheur, adversité : C Pros. ; ***in miseria esse*** C Pros., être dans le malheur, être malheureux ¶ **2** inquiétude, souci : C Pros. ; ***in miserias incidere*** C Pros. ; ***in miseriis versari*** C Pros., être exposé aux ennuis ‖ peine, difficulté : +C Pros. ‖ la Misère [personnifiée] : C Pros.

mĭsĕrĭcordĭa, *ae*, f., compassion, pitié : C Pros. ; ***misericordia capi*** C Pros., être touché de compassion ; [avec gén. obj.] ***puerorum*** C Pros., pitié pour les enfants ; [gén. subjectif] ***vulgi*** C Pros., la commisération de la foule

mĭsĕrĭcordĭtĕr, adv., avec compassion : T Pros.

mĭsĕrĭcors, *cordis*, compatissant, sensible à la pitié : C Pros. ; [choses] inspiré par la pitié : C Pros. ‖ ***-dior*** C Pros. ; ***-dissimus*** T Pros.

mĭsĕrĭtĕr, adv., d'une manière touchante : C Poés., +C Pros.

mĭsĕrĭtūdo, *ĭnis*, f., compassion, pitié : -C Théât. ‖ malheur : -C Théât.

mĭsĕrĭtus, *a, um*, part. de *misereor*

mĭsĕrō, *ās, āre, -, -*, [arch.] C. *miseror* : -C Théât.

mĭsĕrŏr, *ārĭs, ārī, ātus sum*, tr., plaindre, déplorer : ***aliquem, aliquid*** -C Théât., C Pros., Poés. ‖ compatir, s'apitoyer : C Poés. ‖ [avec gén.] +C Poés.

mĭsertŏr, *ōris*, m., celui qui a pitié, qui est miséricordieux : +T Poés.

mĭsertus, *a, um*, C. *miseritus*

mīsi, parf. de *mitto*

missĭbĭlis, *e*, C. *missilis*, de jet : ***securis missibilis*** T Pros., hache de jet, francisque

missīcius, *a, um*, soldat libéré : +C Pros.

missĭcŭlō, *ās, āre, -, -*, tr., envoyer très souvent : -C Théât.

missĭle, *is*, n. ¶ **1** toute arme de jet [flèche, javelot] : +C Poés. ; [surtout au pl.] ***missilia*** C Pros., Poés. ¶ **2** **-lĭa**, *ĭum*, n. pl., cadeaux jetés au peuple sur ordre de l'empereur : +C Pros.

missĭlis, qu'on peut lancer : +C Poés. ; ***missile telum*** C Pros. ; ***ferrum*** C Poés., trait, javelot ‖ ***missiles res*** ; C. *missilia*, V. *missile* ¶ *1*

missĭo, *ōnis*, f. ¶ **1** action d'envoyer, envoi : C Pros. ; ***sanguinis*** +C Pros., saignée ¶ **2** libération d'un prisonnier, élargissement : C Pros. ‖ envoi en congé [d'un soldat] : C Pros. ; [congé définitif] C Pros., +C Pros. ‖ fin, achèvement [des jeux] : C Pros. ‖ pardon : +C Pros. ‖ [en parl. des gladiateurs] répit, ajournement (remise) du combat : ***sine missione*** C Pros., sans merci, jusqu'à la mort ; +C Pros., Poés. ; [fig.] +C Pros.

missĭtātus, *a, um*, part. de *missito*

missĭtō, *ās, āre, āvī, ātum*, tr., envoyer fréquemment, à diverses reprises : C Pros.

missŏr, *ōris*, m., celui qui lance [la foudre] : C Poés.

1 **missus**, *a, um*, part. de *mitto*

2 **missŭs**, *ūs*, m. ¶ **1** [seul[t] à l'abl.] action d'envoyer : ***missu Caesaris*** C Pros., (sur l'envoi de) envoyé par César ‖ action de lancer, jet, lancement : C Pros. ‖ lancer [d'un javelot] : C Poés. ¶ **2** action de laisser aller, entrée des chars, des gladiateurs dans le cirque, course, combat : +C Pros.

mistārĭus, **mistĭcius**, V. *mixt*

misti, contr. pour *misisti*, V. *mitto*

mistim, **mistĭo**, V. *mixtim, mixtio*

mistūr-, V. *mixt-*

Mistyllus, *i*, m., surnom d'un cuisinier : +C Poés.

mĭsȳ, *ȳos*, n., sorte de métal : +C Pros.

mītĕ, n. de *mitis* pris adv[t], avec douceur, doucement ‖ ***-tius*** C Poés. ; ***-tissime*** C Pros.

mĭtella, *ae*, f., bande [pour pansement] : +C Pros.

mītescō (mītiscō), *ĭs, ĕre, -, -*, intr. ¶ **1** s'adoucir, mûrir : C Pros., +C Pros. ‖ s'amollir [par la cuisson], devenir tendre : C Poés. ¶ **2** s'adoucir [en parl. de la température] : C Pros., Poés. ‖ [en parl.

d'animaux] s'apprivoiser : [C] Pros. ‖ [en parl. d'une pers.] devenir traitable : [C] Pros.

Mĭthrās, [+C] Poés. et **Mĭthrēs**, [+C] Pros., ***ae***, m. ¶**1** divinité perse bienfaisante souvent assimilée au soleil : [+C] Pros. ¶**2** nom propre du prêtre d'Isis : [+C] Pros.

Mĭthrĭdātēs, ***is***, m., Mithridate [roi du Pont] : [C] Pros. ‖ autres du même nom : [C] Pros., [+C] Pros. ‖ **-tēus**, [C] Poés., **-tĭcus**, [C] Pros., , **-tĭus**, ***a***, ***um***, de Mithridate

Mĭthrĭdātĭos antidotus, f., l'antidote de Mithridate : [+C] Pros.

mītĭfĭcātus, ***a***, ***um***, part. de *mitifico*

mītĭfĭcō, ***ās***, ***āre***, ***āvī***, ***ātum***, tr., attendrir, amollir ; [en parl. de la nourriture] digérer : [C] Pros. ‖ [fig.] adoucir, fléchir qqn : [+C] Pros.

mītĭfĭcus, ***a***, ***um***, doux, paisible : [+C] Poés.

mītĭgātĭo, ***ōnis***, f., action d'adoucir, de calmer : [C] Pros.

mītĭgātus, ***a***, ***um***, part. de *mitigo*

mītĭgō, ***ās***, ***āre***, ***āvī***, ***ātum***, tr. ¶**1** amollir, rendre doux : [C] Pros. ; ***cibum*** [C] Pros., amollir des aliments [par la cuisson] ; ***agros*** [C] Pros., ameublir la terre ¶**2** [fig.] rendre doux, calmer, pacifier, apaiser : [C] Pros., [+C] Pros. ‖ ***invidiam*** [C] Pros., adoucir l'hostilité

Mĭtĭlēnē, [V.] *Mytilene*

mītis, ***e*** ¶**1** doux, mûr [fruits] : [C] Poés. ‖ tendre, fertile [sol] : [C] Poés. ‖ moelleux [vin] : [C] Poés. ‖ calme, tranquille : [en parl. d'un cours d'eau : *mitis* attribut] [C] Poés. ‖ [plais[t]] [-C] Théât. ¶**2** [fig.] doux, aimable, gentil : [C] Pros. ‖ [avec dat.] : ***alicui mitis*** [C] Poés., doux à l'égard de qqn ; ***paenitentiae mitior*** [+C] Pros., plus indulgent à l'égard du repentir ‖ [en parl. des choses] : [C] Pros. ; ***doctrina mitis*** [C] Pros., doctrine philosophique aimable, indulgente ‖ [rhét., en parl. du style] doux, sans âpreté : [C] Pros., [+C] Pros. ; [sans véhémence] [+C] Pros. ; [n. pl.] [C] Pros. ‖ ***-tissimus*** [C] Pros. ‖ [V.] *mite*

mĭtra, ***ae***, f., mitre, turban, coiffure des Orientaux : [C] Pros.

mĭtrātus, ***a***, ***um***, coiffé d'une mitre : [C] Poés.

mittō, ***ĭs***, ***ĕre***, ***mīsī***, ***missum***, tr. ¶**1** envoyer **a)** ***aliquid ad aliquem***, envoyer qqch à qqn ; ***aliquem mittere qui...*** [avec rel. au subj.], envoyer qqn pour qu'il... ; [avec supin] ***aliquid rogatum mittere***, envoyer demander qqch. ‖ ***mittere ad horas***, envoyer s'enquérir de l'heure **b)** [en part.] émettre : ***fumum mittere*** LUCR., émettre de la fumée ; ***uocem mittere*** CIC., émettre = faire entendre sa voix ‖ lancer, jeter : ***pila mittere*** CAES., lancer des traits ; ***aliquem praecipitem ex arce mittere*** OV., précipiter qqn du haut de la citadelle ‖ envoyer en dédicace, dédier : ***librum mittere*** CIC., dédier un livre ¶**2** laisser partir, lâcher **a)** ***aliquem mittere*** TER., CATUL., laisser partir qqn ; ***aliquid mittere*** PL., lâcher qqch. **b)** [en part.] congédier, libérer : ***senatum mittere*** CIC., lever la séance du sénat ; ***legiones mittere*** CIC., libérer des légions ; ***missum facere aliquem*** CIC., congédier qqn, libérer qqn du service militaire, [ou] laisser qqn hors de cause ‖ ***aliquem manu mittere***, affranchir qqn **c)** [fig.] ***timorem mittere*** VIRG., laisser là ses craintes ; ***spem mittere*** HOR., abandonner un espoir ¶**3** laisser de côté, omettre, ne pas parler de : ***mitto haec omnia*** CIC., je laisse de côté tout cela ; ***mitto C. Laelium*** CIC., je ne parle pas de C. Laelius ; ***de aliqua re mittere*** CIC., ne rien dire de qqch. ; [avec inf.] ***quaerere mittere***, omettre de rechercher ; ***missum facere aliquid*** CIC., laisser qqch. de côté, ne pas parler de qqch.

mītŭlus, ***i***, m., moule [coquillage] : [-C] Pros., [C] Poés.

Mĭtўlēnē, [V.] *Mytilene*

Mitys, ***yos***, ***yis***, m., fleuve de Macédoine : [C] Pros.

mĭus, ***a***, ***um***, [arch.] [V.] *meus*

mixtārius, ***ĭi***, m., cratère, vase dans lequel on mélange l'eau avec le vin : [-C] Poés.

mixtē, adv., pêle-mêle : [+T] Pros.

mixtim, adv., en se mélangeant : [C] Poés.

mixtĭo, ***ōnis***, f., mélange = contexture [d'un corps] : [C] Pros.

mixtūra, ***ae***, f., mélange, fusion : [C] Poés. ; [fig.] [+C] Pros. ‖ mixture : [+C] Pros., [T] Pros.

mixtŭs, abl. ***ū***, m., mélange : [+C] Pros.

Mnāsĕās, ***ae***, m., auteur d'un traité sur l'agriculture : [C] Pros., [+C] Pros.

mnāsĭterna, [V.] *nasiterna*

Mnāsўlus, ***i***, m., nom de berger : [C] Poés.

Mnāso (Mnāsōn), ***ōnis***, m., disciple du Christ : [T] Pros.

Mnēmōn, ***ŏnis***, m., surnom d'Artaxerxès II : [C] Pros.

mnēmŏnĭca, ***ōrum***, n. pl., mnémonique, mémoire artificielle : [C] Pros.

Mnēmŏnĭdes, ***um***, f. pl., les Muses : [C] Poés.

Mnēmŏsўnē, ***ēs***, f., Mnémosyne [déesse de la mémoire, mère des Muses] : [C] Pros., Poés.

mnēmŏsўnon (-num), ***i***, n., souvenir, ce qui évoque qqn : [C] Poés.

Mnēsarchus, ***i***, m., père de Pythagore : [+C] Pros. ‖ philosophe stoïcien : [C] Pros.

Mnēsĭgītōn, ***ŏnis***, m., écrivain grec : [+C] Pros.

Mnēsĭlŏchus, ***i***, m., Mnésiloque [nom d'un Acarnanien] : [C] Pros.

Mnēsĭthĕus, ***i***, m., Mnésithée [médecin grec] : [+C] Pros.

mnestēr, ***ēris***, m., poursuivant, prétendant [de Pénélope] : [+C] Poés.

Mnestheūs, ***ĕi*** ou ***ĕos***, m., Mnesthée [un des compagnons d'Énée] : [C] Poés.

Mōăb, m. indécl., fils de Loth : [T] Pros. ‖ **-bītēs**, ***ae***, m., Moabite : [T] Pros.

Mōăbītis, ***ĭdis***, f., femme moabite : [T] Pros. ‖ de la Moabitide [canton de Palestine] : [T] Pros.

mōbĭlis, ***e*** ¶**1** mobile, qui peut être mû [ou] déplacé : [C] Pros. ¶**2** [fig.] **a)** flexible, qui se plie : ***aetas*** [C] Poés., souplesse de l'âge ; ***populus mobilior ad*** [C] Pros., le peuple plus porté à **b)** agile, rapide, prompt : ***mobile agmen*** [+C] Pros., armée aux mouvements rapides ; ***hora mobilis*** [C] Pros., l'heure rapide ; [+C] Pros. **c)** mobile, changeant : [C] Pros.

mōbĭlĭtās, ***ātis***, f. ¶**1** mobilité, facilité à se mouvoir, rapidité : [C] Pros. ¶**2** inconstance, humeur changeante : [C] Pros. ‖ vivacité, promptitude [de l'esprit] : [+C] Pros.

mōbĭlĭtĕr, adv., rapidement, vivement : [C] Pros. ‖ ***-ius*** [C] Poés.

mōbĭlĭtō, ***ās***, ***āre***, ***āvī***, -, tr., rendre mobile : [C] Poés.

Mobsūestĭa, [V.] *Mopsuhestia*

Mōcilla, ***ae***, m., surnom romain : [C] Pros.

mŏdĕrābĭlis, ***e***, modéré, mesuré : [C] Poés.

mŏdĕrāmĕn, ***ĭnis***, n. ¶**1** ce qui sert à diriger, gouvernail : [C] Poés. ¶**2** direction, conduite : [C] Poés. ‖ [fig.] direction des affaires, gouvernement de l'État : [C] Poés.

mŏdĕrāmentum, ***i***, n., ***vocum moderamenta*** [+C] Pros., la prosodie

mŏdĕranter, adv., en dirigeant : [C] Poés.

mŏdĕrātē, adv., modérément, avec modération, avec mesure : [C] Pros. ‖ ***-tius*** [C] Pros. ; ***-tissime*** [C] Pros.

mŏdĕrātim, adv., avec mesure, par degrés : [C] Poés.

mŏdĕrātio, ***ōnis***, f. ¶**1** action de modérer, de tempérer, modération, mesure : [C] Pros. ; ***dicendi*** [C] Pros., mesure dans l'expression ; ***animi tui*** [C] Pros., l'équilibre de ton âme ¶**2** action de diriger, gouvernement : ***mundi*** [C] Pros., gouvernement de l'univers, du monde ; [V.] *moderor*

mŏdĕrātŏr, ***ōris***, m., celui qui modère, qui règle : [C] Pros., Poés., [+C] Poés. ; [V.] *moderor*

mŏdĕrātrix, ***īcis***, f., celle qui modère, qui règle, qui dirige : [-C] Théât., [C] Pros.

mŏdĕrātus, ***a***, ***um***, part. de *modero* et *moderor* pris adj[t], [de *modero*] modéré, mesuré, réglé, sage : [C] Pros. ; ***in aliqua re*** [C] Pros., modéré dans, à propos de qqch. ‖ [en parl. de choses] modérés, qui tient dans de justes limites, dans une juste mesure, raisonnable : [C] Pros. ‖ [en parl. du style] bien rythmé : [C] Pros. ‖ ***-ior*** [C] Pros. ; ***-tissimus*** [C] Pros.

mŏdĕrō, *ās, āre, āvī, ātum*, tr., tenir dans la mesure, modérer, régler : [-C] Théât.

mŏdĕrŏr, *ārĭs, ārī, ātus sum*, tr. et intr. [deux acceptions très voisines]
I tr. ¶ **1** tenir dans la mesure, être maître de, régler, diriger, conduire : ***equum frenis*** [C] Poés., conduire un cheval avec le mors ; [C] Pros. ; [fig.] [C] Pros. ; ***linguam*** [C] Pros., être maître de ses propos ; ***victoriam moderari*** [C] Pros., régler le cours de la victoire, en rester le maître ‖ [abs[t]] : [C] Pros. ¶ **2** imposer une limite à, modérer : ***gaudium*** [+C] Pros., modérer sa joie
II intr., avec dat. ¶ **1** imposer une limite à, apporter un tempérament à, réprimer les excès de : ***linguae*** [-C] Théât., retenir sa langue (se taire) ; ***animo, dictis*** [-C] Théât., mettre un frein à ses sentiments, à ses paroles ; ***alicui*** [C] Pros., tenir la bride à qqn, veiller sur sa conduite ; ***uxoribus*** [C] Pros., tenir la bride aux femmes ¶ **2** régler, diriger : [C] Pros.

mŏdestē, adv., avec modération, discrètement, modestement, modérément : [C] Pros. ‖ ***-ius*** [+C] Pros.

mŏdestĭa, *ae*, f. ¶ **1** ce qui fait qu'on garde la mesure, modération, mesure, conduite modeste, modestie : [C] Pros. ¶ **2** discrétion, sentiment de respect, docilité : [C] Pros. ‖ pudeur, modestie : [-C] d. [C] Pros., [+C] Pros. ¶ **3** vertu, sens de l'honneur, dignité : ***modestiae non parcere*** [C] Pros., faire bon marché de l'honneur ¶ **4** [phil.] sentiment de l'opportunité, sagesse pratique, convenance, bienséance [grec εὐταξία] : [C] Pros. ¶ **5** [en parl. de choses] : ***hiemis*** [+C] Pros., douceur de l'hiver

1 **mŏdestus**, *a, um*, modéré, mesuré, calme, doux, tempéré, honnête, réservé, discret, vertueux, sobre, modeste : [C] Pros. ; ***-tissimus*** [C] Pros. ; ***modestior epistula*** [C] Pros., lettre plus réservée ; [-C] Théât. ‖ qui se tient strictement dans les limites du droit, scrupuleux : [C] Pros.

2 **Mŏdestus**, *i*, m., Julius Modestus [grammairien] : [+C] Poés.

mŏdĭālis, *e*, qui contient la mesure appelée *modius* : [-C] Théât.

mŏdĭcē, adv., en se tenant dans la mesure, avec modération, en gardant le juste milieu : [C] Pros. ‖ avec calme, tranquillement, posément : ***modice ferre*** [C] Pros., supporter patiemment ; ***modice se recipere*** [C] Pros., se retirer en bon ordre ‖ modérément, moyennement : [C] Pros. ; ***modice locuples*** [C] Pros., qui a une fortune moyenne ‖ à l'échelle : [C] Pros.

mŏdĭcĭtās, *ātis*, f., faibles ressources : [+T] Poés.

mŏdĭcum, *i*, n., peu de chose : [+C] Poés.

mŏdĭcus, *a, um*, qui est dans la mesure, modéré : [C] Pros. ; ***modica convivia*** [C] Pros., repas où règne la mesure ; ***modica severitas*** [C] Pros., sévérité raisonnable ; ***modicum (genus) in delectando*** [C] Pros., (style) modéré quand il s'agit de plaire ‖ acc. n. ***modicum***, abl., ***modico***, pris adv[t], peu, un peu : [+C] Pros.

mŏdĭfĭcātio, *onis*, f., disposition mesurée, réglée : [+C] Pros.

mŏdĭfĭcātŏr, *ōris*, m., celui qui règle, qui dirige : [+C] Pros.

mŏdĭfĭcō, *ās, āre, āvī, ātum*, tr., régler, ordonner (suivant une mesure) : ***modificata membra*** [C] Pros., membres de la période distribués suivant une cadence ‖ ***modificata verba*** [C] Pros., mots soumis à une autre règle que la leur = détournés de leur emploi ordinaire ‖ [pass. de sens réfléchi] se régler, se modérer : [+C] Pros.

mŏdĭfĭcŏr, *ārĭs, ārī, ātus sum*, tr., mesurer : [+C] Pros. ‖ [fig.] régler, modérer [avec le dat.] : [+C] Pros.

mŏdĭŏlus, *i*, m., cylindre [d'une pompe] : [C] Pros. ‖ auget [dans une roue pour élever l'eau] : [C] Pros. ‖ moyeu de roue : [C] Pros. ‖ moyeu [des meules du trapète] : [-C] Pros. ‖ sorte de trépan [chirurgie] : [+C] Pros. ‖ barillet [pièce métallique qui supporte la clavette (*cuneolus*) et à travers laquelle passe le ressort dans les machines de jet] : [C] Pros.

mŏdĭus, *ĭī*, m., **mŏdĭum**, *ĭī*, n., [-C] Pros., gén. pl. *mŏdĭōrum* et *ĭum*, *modius* [mesure de capacité servant surtout pour le blé = 16 *sextarii*, 8 75 l.], boisseau : [C] Pros., [+C] Pros. ‖ [fig.] ***modio pleno*** [C] Pros., abondamment, largement

mŏdŏ, adv.
I [restrictif] ¶ **1** seulement, au moins, du moins : ***fac modo ne...*** Cic., fais seulement en sorte de ne pas ... ; ***si modo...*** Cic., si seulement, si du moins ; [avec un rel. suivi de l'indic. ou du subj.] ***qui modo...***, qui du moins ; [sans verbe] ***ratione falsa, modo humana*** Cic., par un moyen controuvé, mais au moins humain ¶ **2** [spécialement avec la négation] ***non modo a) non modo, sed***, non seulement, mais ; ***non modo, sed etiam***, non seulement, mais encore ; ***non modo, verum etiam***, même sens ; [2e terme enchérissant] je ne dis pas ..., mais même : ***non modo videre, sed suspicari*** Cic., je ne dis pas voir, mais même seulement soupçonner ***b) non modo non, sed etiam*** Cic., non seulement ne ... pas, mais encore ; ***non modo non, sed ne... quidem*** Cic., non seulement ne ... pas, mais pas même ; [sans la 2e négation] ***non modo, sed ne quidem*** Cic., même sens ***c)*** [*non modo* dans le 2e terme] ***ne... quidem, non modo***, pas même ..., à plus forte raison ; ***quos clientes nemo habere velit, non modo illorum cliens esse*** Cic., personne ne voudrait les avoir comme clients, à plus forte raison être leur client (= encore moins être leur client) ¶ **3** pourvu que : ***modo*** [seul avec subj.], pourvu que ; ***modo ut***, même sens ; ***modo ne***, pourvu que ne ... pas ; [sans verbe] ***quam plurimis modo dignis*** Cic., au plus grand nombre, pourvu qu'ils en soient dignes ; ***nocentem modo ne nefarium*** Cic., un coupable, pourvu qu'il ne soit pas sacrilège
II [temporel] ¶ **1** à l'instant, il y a un instant, récemment : Cic. ¶ **2** dans l'instant, bientôt, peu après : Cic., Tac. ¶ **3** [tard.] maintenant : Aug. ¶ **4** ***modo... modo...*** Cic., tantôt ..., tantôt ... ; ***modo..., tum...*** Cic., tantôt ..., puis ... ; ***modo..., aliquando..., plerumque...*** Tac., tantôt ..., parfois ..., le plus souvent ...

mŏdŭlābĭlis, *e*, harmonieux, mélodieux : [+C] Poés.

mŏdŭlāmĕn, *ĭnis*, n., cadence, harmonie [du style] : [+C] Pros. ‖ harmonie [des astres] : [T] Pros.

mŏdŭlāmentum, *i*, n., nombre, harmonie [du style] : [+C] Pros.

mŏdŭlātē, adv., avec mesure, mélodieusement : [C] Pros. ‖ ***-latius*** [+C] Pros., [T] Pros.

mŏdŭlātĭo, *ōnis*, f. ¶ **1** action de mesurer, de régler, mesure régulière : [C] Pros., [+C] Pros. ¶ **2** mesure rythmée, modulation, cadence, mélodie : [+C] Pros.

mŏdŭlātŏr, *ōris*, m. ¶ **1** celui qui mesure, qui règle : [+C] Pros. ¶ **2** musicien : [C] Poés.

1 **mŏdŭlātus**, *a, um*, part. de *modulor*, adj[t], cadencé, modulé, mélodieux : [C] Poés. ‖ ***-ior*** [+C] Pros. ; ***-issimus*** [+C] Pros.

2 **mŏdŭlātūs**, abl. *ū*, m., modulation : [+C] Théât.

mŏdŭlŏr, *ārĭs, ārī, ātus sum*, tr. ¶ **1** mesurer, régulariser : [+C] Pros. ¶ **2** soumettre à des lois musicales, à une mesure, à un rythme, à une cadence : ***orationem*** [C] Pros., soumettre le discours à des lois musicales ‖ marquer le rythme, [CI ➔] [C] Pros. ; [C] Pros. ¶ **3 *a)*** moduler des vers, les chanter [avec accompagnement de la lyre] : [C] Pros. ***b)*** les noter musicalement, leur donner une mélodie [sur le chalumeau] : [C] Poés. ***c)*** tirer une mélodie d'un instrument : ***lyram*** [C] Poés., faire vibrer la lyre en accord avec le chant

mŏdŭlus, *i*, m. ¶ **1** mesure : [C] Pros. ; [prov.] [C] Pros. ¶ **2** module [archit.] : [C] Pros. ¶ **3** tuyau d'aqueduc : [+C] Pros. ¶ **4** mouvement réglé, mesure [mus.], mode, mélodie : [+C] Pros.

mŏdus, *i*, m. ¶ **1** mesure [avec quoi on mesure qqch.] : [C] Pros. ¶ **2** mesure, étendue, quantité : ***agri*** [C] Pros., mesure d'un champ ¶ **3** [mus.] mesure : ***percussionum modi*** [C] Pros., mesures battues à intervalles réguliers ; ***extra modum*** [C] Pros., en dehors de la mesure ‖ mélodie, mode : [C] Pros. ‖ cadence générale de la période : [C] Pros. ¶ **4** mesure, juste mesure, limite convenable : [C] Pros. ; ***alicujus rei modum facere*** [C] Pros. ; ***statuere*** [C] Pros. ; ***alicui rei modum constituere*** [C] Pros. ; ***statuere*** [C] Pros., fixer une limite (imposer une mesure) [à qqch.] ; [C] Pros. ; ***modum transire*** [C] Pros., dépasser la mesure ; ***ad quemdam modum*** [+C] Pros., dans une certaine mesure ‖ modération dans le caractère, dans la conduite : [C] Pros. ¶ **5** manière, façon, sorte, genre : [C] Pros. ; ***oratoris modo*** [C] Pros., à la manière d'un ambassadeur ; ***bono modo*** [-C] Pros., d'une bonne manière, honnêtement, sans exagérer ; [C] Pros. ; ***nullo modo*** [C] Pros., d'aucune façon ; ***omni modo*** [C] Pros., de toute façon ; ***miris modis*** [C] Pros., de façon étonnante ; ***isto modo*** [C] Pros., à ta manière ; ***miserandum in modum*** [C] Pros., d'une façon lamentable ; ***in servilem modum*** [C] Pros., comme cela se pratique pour les esclaves ; ***ad hunc modum*** [C] Pros., de cette manière ; ***ad quemdam modum*** [+C] Pros., jusqu'à un certain point ; ***majorem in modum*** [C] Pros. ; ***in majorem modum*** [C] Pros., de façon plus pressante, vivement ; ***vaticinantis in modum*** [C] Pros., à la manière d'un prophète ; ***cujusque modi***, de toute espèce : [C] Pros. ; ***ejusmodi, hujusmodi, illiusmodi, istiusmodi***, de cette façon ¶ **6** [gram.] mode des verbes : [+C] Pros. ; ***fatendi modus*** [+C] Pros., l'indicatif

moecha, *ae*, f., femme adultère, putain : [C] Poés., [+C] Poés.

moechās, *ădis*, f., femme adultère : [C] Poés.

moechĭmōnĭum, *ii*, n., adultère : [+C] Pros.

moechissō, *ās*, *āre*, -, -, tr., → *moechor* : [-C] Théât.

moechŏr, *ārĭs*, *ārī*, *ātus sum*, tr., commettre un adultère, vivre avec une concubine : [C] Poés.

1 **moechus**, *i*, m., homme adultère, débauché : [-C] Théât., [C] Poés., [+C] Poés.

2 **moechus**, *a*, *um*, licencieux, indécent : [T] Poés.

moenĕra, *um*, [arch. pour *munera*] : [C] Poés.

moenĭa, *ĭum*, n. pl., murailles [de ville], murs, remparts, fortifications : [C] Pros., Poés. ‖ [poét.] murs [en gén.], enceinte : [C] Poés. ‖ ville : [C] Pros., Poés. ‖ maison, palais : [C] Poés.

moenĭānum, → *maen*

moenĭmentum, *i*, n., → *muni* : [-C] d. [C] Pros.

moenĭō, *īs*, *īre*, -, -, arch. pour *1 munio*

Moenis, *is*, m., et **-nus**, *i*, m., [+C] Pros., fleuve de Germanie [le Main]

1 **moenus**, *ĕris*, n., → *munus* : [C] Poés.

2 **Moenus**, → *Moenis*

moera, *ae*, f., sort, destin, destinée : [T] Poés.

moerĕō, *ēs*, *ēre*, -, -, → *maereo*

1 **Moerĭs**, *ĭdis*, m., roi de la Palatène, contrée de l'Inde : [+C] Pros.

2 **Moeris**, *is*, m., nom de berger : [C] Poés.

moerŏr, *ōris*, m., → *maeror*

moerus, *i*, m., [arch. pour *murus*] : [C] Pros., [-C] Pros., Poés.

Moesa, → *Maesa*

Moesi, *ōrum*, m. pl., habitants de la Mésie : [+C] Pros.

Moesĭa, *ae*, f., la Mésie [province entre le Danube et la Thrace, auj. la Bulgarie et la Serbie] : [+C] Pros. ‖ au pl., les Mésies [supérieure et inférieure] : [+C] Pros. ‖ **-sĭăcus**, *a*, *um*, de Mésie : [+C] Pros.

moestĭtia, **moestus**, etc., → *maes*

mŏgĭlălus, *i*, m., celui qui a de la difficulté à parler : [T] Pros.

Mōgontĭăcum, *i*, n., ville de Germanie [Mayence] : [+C] Pros., [T] Pros. ‖ **-tĭăcus**, *i*, m. [T] Pros. ; → *Magantia*

1 **mŏla**, *ae*, f. ¶ **1** meule, meule de moulin : ***molam versare*** [+C] Poés., tourner la meule ¶ **2** moulin ; [surt. au pl.], **molae, ārum**, [-C] Théât., [C] Pros. ; ***molae oleariae*** [C] Pros., moulin à olives ; ***trusatiles*** [+C] Pros., moulin à bras ; [C] Poés. ¶ **3** ***mola salsa*** [-C] Théât., [+C] Poés. ; ***mola*** [seul] [C] Pros., farine sacrée [de blé torréfié, mêlée de sel, qu'on répandait sur la tête des victimes] ¶ **4** [méd.] môle, faux germe : [+C] Pros. ¶ **5** mâchoire : [T] Pros.

2 **Mŏla**, gén. arch. *ās*, f., déesse des moulins [plais[t]] : [-C] Théât.

mŏlāris, *e*, de moulin ‖ **-ris**, *is*, m. ***a)*** meule : [C] Poés., [+C] Pros. ***b)*** dent molaire : [+C] Poés.

mŏlārĭus, *a*, *um*, qui tourne la meule : [-C] Pros., [C] Pros.

mŏlendīnārĭus, *a*, *um*, de moulin, de meule : [T] Pros.

1 **mōlēs**, *is*, f. ¶ **1** masse : [C] Pros. ; ***rudis indigestaque*** [C] Poés., masse informe et confuse ¶ **2** levée, jetée, digue, môle : [C] Pros. ¶ **3** appareils de siège, machines de guerre : [C] Poés., Pros. ¶ **4** [fig.] ***a)***, masse, poids, charge : [C] Pros. ; ***moles pugnae*** [C] Pros., l'importance du combat ; [+C] Pros. ; ***fortunae*** [+C] Pros., le faste gênant du rang suprême ; [C] Poés. ***a)*** effort, difficulté, peines : [C] Pros., Poés. ***b)*** embarras, danger : [C] Pros. ***c)*** bouleversement des flots : [C] Poés., [+C] Pros.

2 **Mōles**, f. pl., personnification des efforts du combat, les Moles [filles de Mars] : [+C] Pros.

mŏlestē, adv. ¶ **1** avec peine, avec chagrin : ***moleste ferre*** [avec prop. inf.] [C] Pros., supporter avec peine que ; ***molestissime fero, quod*** [C] Pros., je suis très peiné de ce que ; ***molestius ferre*** [C] Pros., supporter avec plus de peine ¶ **2** d'une manière choquante, désagréable, rebutante : [C] Poés., [+C] Pros.

mŏlestĭa, *ae*, f., chose qui est à charge, ¶ **1** peine, chagrin, inquiétude, désagrément, embarras, gêne, inconvénient : [C] Pros. ; ***molestiam exhibere alicui*** [C] Pros., causer du désagrément à qqn ; ***adspergere alicui*** [C] Pros., causer à qqn un brin d'ennui ¶ **2** [en parl. du style] affectation : [C] Pros.

mŏlestus, *a*, *um* ¶ **1** qui est à charge, pénible, désagréable, fâcheux : [C] Pros. ; ***alicui*** [C] Pros., importun pour qqn [en parl. d'une pers.] ; [C] Pros. ; ***molestum est*** [avec inf.] [C] Pros., il est ennuyeux de ¶ **2** déplaisant, choquant : [C] Pros. ‖ affecté : [C] Pros., [+C] Pros., Poés. ‖ dangereux : [C] Poés. ‖ **-ior** [C] Pros. ; **-issimus** [C] Pros.

mŏlīle, *is*, n., attache de l'âne tournant le meule : [-C] Pros.

mōlīmĕn, *inis*, n., gros effort : [C] Poés., Pros. : ***molimen sceleris*** [C] Poés., efforts pour accomplir un crime ‖ [fig.] ***quanto molimine*** [C] Pros., avec quel air important

mōlīmentum, *i*, n., effort pour réaliser qqch. : [C] Pros., [+C] Pros.

mŏlīna, *ae*, f., moulin : [T] Pros.

mōlĭō, *īs*, *īre*, -, -, tr., bâtir, construire : [+C] Pros.

mōlĭŏr, *īrĭs*, *īrī*, *ītus sum*, tr. ¶ **1** mettre en mouvement, déplacer : [C] Pros. ; ***corpora ex somno*** [C] Pros., s'arracher au sommeil ; ***ancoras*** [C] Pros., lever l'ancre ; ***manibus habenas*** [C] Poés., manier les rênes ; ***in vites bipennem*** [C] Poés., manier la cognée contre les vignes ‖ ***terram*** [C] Poés., remuer la terre ‖ ***portas*** [C] Pros., forcer, enfoncer des portes ; [+C] Pros. ¶ **2** bâtir, construire : [C] Poés. ; [un retranchement] [C] Pros. ¶ **3** [fig.] faire, réaliser : [C] Pros. ¶ **4** entreprendre, préparer, machiner, ourdir : ***alicui calamitatem*** [C] Pros., machiner la perte de qqn ; [+C] Pros. : ***regna*** [C] Pros., se préparer un trône ‖ [avec inf.] [C] Pros. ¶ **5** mettre en mouvement, provoquer [des sentiments] : [C] Pros. ¶ **6** [abs[t]] ***a)*** se remuer, s'occuper : ***in demoliendo signo*** [C] Pros., travailler, s'occuper à desceller une statue ‖ [fig.] ***de occupando regno*** [C] Pros., se livrer à des machinations pour monter sur le trône ***b)*** se mettre en mouvement : [C] Pros., [+C] Pros.

mōlītĭo, *ōnis*, f. ¶ **1** action de remuer, de déplacer : ***agrorum*** [+C] Pros., culture de la terre ; ***valli*** [C] Pros., démolition du retranchement ¶ **2** préparation, mise en œuvre, construction : [C] Pros.

mōlītŏr, *ōris*, m., celui qui construit : ***mundi*** [C] Pros., l'architecte du monde ‖ [fig.] celui qui ourdit, qui trame, artisan de : [+C] Pros.

mōlītrix, *īcis*, f., celle qui machine qqch. : [+C] Pros.

mŏlĭtum, *i*, n., ce qui est moulu, farine : [-C] Théât.

1 **mŏlĭtus**, *a*, *um*, part. de *molo* : ***molita cibaria*** [C] Pros., farine

2 **mōlītus**, *a*, *um*, part. de *molior*

mollescō, *ĭs*, *ĕre*, -, -, intr., devenir mou : [C] Poés. ‖ s'adoucir : [C] Poés. ‖ s'efféminer : [C] Poés., [T] Pros.

mollĭcŭlus, *a*, *um*, tendre, délicat : [-C] Théât., [C] Poés.

mollīmentum, *i*, n., adoucissement, consolation : [+C] Pros.

mollĭō, *īs*, *īre*, *īvī* ou *ĭī*, *ītum*, tr. ¶ **1** rendre souple, flexible, assouplir, amollir : ***artus oleo*** [C] Pros., assouplir les membres en les frottant d'huile ; ***humum foliis*** [C] Poés., atténuer la dureté du sol par un lit de feuillage ; ***glebas*** [C] Poés., ameublir les mottes ; ***agri molliti*** [C] Pros., champs ameublis ¶ **2** [fig.] adoucir, atténuer : ***clivum*** [C] Pros., adoucir une pente ; ***Hannibalem exsultantem*** [C] Pros., amortir la fougue d'Hannibal ; ***translationem*** [C] Pros., adoucir une métaphore ‖ amollir : [C] Pros. ; ***legionem*** [C] Pros., amollir le courage d'une légion ‖ [péjor.] amollir, affaiblir : ***animos*** [C] Pros., briser les énergies ; ***vocem*** [+C] Pros., efféminer la voix

mollĭpēs, *pĕdis*, qui a les pieds nonchalants : [C] Poés.

mollis, *e* ¶ **1** ***a)*** souple, flexible : ***juncus*** [C] Poés., le jonc flexible ; ***molles commissurae*** [C] Pros., articulations souples ***b)*** mou, tendre : ***mollissima cera*** [C] Pros., cire très molle ;

mollia prata C Poés., tendres prairies; ***molles genae*** C Poés., joues délicates ***c)*** doux, non escarpé : C Pros. ***d)*** non âpre, doux : ***mollissima vina*** C Poés., vins sans âpreté ; ***mollior aestas*** C Poés., été plus doux ***e)*** souple, sans raideur : ***signa molliora*** C Pros., statues ayant plus de souplesse ; C Poés., +C Pros. ¶ **2** [fig.] ***a)*** souple, flexible : C Pros. ***b)*** doux, tendre : C Pros. ; ***mollissima corda*** +C Poés., coeurs très tendres, sensibles ***c)*** doux, agréable : C Pros. ; ***molliora referre*** +C Pros., faire un rapport adouci ‖ +C Pros. ; ***translationes mollissimae*** C Pros., les métaphores les moins hardies ***d)*** touchant : ***molles versus*** C Poés., poésie élégiaque ***e)*** mou, sans énergie : ***molles sententiae*** C Pros., décisions molles ; ***mens mollis*** C Pros., raison sans fermeté ‖ efféminé : ***disciplina*** C Pros., secte efféminée ; [substᵗ] ***Cleopatrae molles*** +C Pros., les mignons de Cléopâtre ***f)*** tendre, favorable, propice : C Poés.

mollĭtĕr, adv. ¶ **1** moelleusement, mollement : ***mollissime*** C Pros. ‖ avec souplesse : C Poés. ‖ en pente douce, graduellement : +C Pros. ¶ **2** [fig.] avec douceur, sans âpreté : ***molliter ferre*** C Pros., supporter avec douceur [sans révolte] ‖ voluptueusement : C Pros. ‖ avec faiblesse, sans énergie : ***non molliter ferre*** C Pros., supporter sans faiblir ; ***mollius*** C Pros., avec trop peu d'énergie

mollĭtĭa, *ae*, qqf. **-ĭēs**, *ĭēi*, f. ¶ **1** souplesse, flexibilité : C Pros. ‖ mollesse, état d'une chose encore tendre, qui n'a pas encore toute sa fermeté et sa consistance : C Pros. ¶ **2** [fig.] douceur, sensibilité : C Pros. ‖ flexibilité [des sentiments] : C Pros. ‖ faiblesse de caractère, manque d'énergie : C Pros. ‖ mollesse, vie molle, vie efféminée : C Pros. ‖ moeurs efféminées : +C Pros.

mollĭtūdo, *inis*, f. ¶ **1** souplesse, flexibilité [de la voix] : C Pros. ‖ mollesse, qualité de ce qui est mou [au pr.] : C Pros. ‖ douceur, moelleux [au toucher] : C Pros. ¶ **2** [fig.] la douceur, le poli des manières : C Pros. ‖ douceur, séduction : T Pros.

mollītus, *a*, *um*, part. de *mollio*

mollusca nux, f., et absᵗ **mollusca**, *ae*, f., sorte de noix dont l'écale est tendre : -C d. T Pros.

1 **mŏlō**, *ĭs*, *ĕre*, *ŭī*, *ĭtum*, tr. ¶ **1** [absᵗ] moudre, tourner la meule : -C Théât. ¶ **2** [sens obscène] : +C Pros.

2 **mŏlō**, *ās*, *āre*, -, -, tr., moudre : T Pros.

3 **Mŏlo** ou **Mŏlōn**, *ōnis*, m., Molon [de Rhodes, célèbre professeur de rhétorique] : C Pros., +C Pros.

Moloch, m. indécl., Moloch : T Pros.

mŏlŏchē, *ēs*, f., mauve : +C Pros. ; ➡ *malache*

mŏlŏchĭnārĭus, (**-cĭnārĭus**, -C Théât.), *ii*, m., teinturier [en mauve] : -C Théât.

Mŏlōn, ➡ *3 Molo*

Mŏlorchus, *i*, m., Molorchus [berger de Cléones, près de Némée, qui donna l'hospitalité à Hercule venu pour tuer le lion de Némée] : C Poés., +C Poés. ‖ **-ēus**, *a*, *um*, de Molorchus : C Poés.

Mŏlossi, *ōrum*, m. pl., Molosses, habitants de la Molossie : C Pros. ‖ **-sis**, *ĭdis*, f., C Pros.

Mŏlossĭcus, *a*, *um*, relatif aux Molosses : ***parasiti Molossici*** -C Théât., parasites voraces comme des dogues

Mŏlossis, ➡ *Molossia*

Mŏlossus, *a*, *um*, du pays des Molosses : C Poés. ; ***molossi canes*** C Poés., chiens molosses ‖ **-sus**, *i*, m., chien molosse : C Poés. ‖ molosse, pied de trois longues : +C Pros.

Molpeūs, *ĕi* ou *ĕos*, m., Molpée [guerrier tué par Persée] : C Poés.

mŏlui, parf. de *1 molo*

Mŏlus, *i*, m., père de Mérion : +C Poés.

mōlȳ, *ȳos*, n., moly, espèce d'ail [utilisé contre les enchantements] : C Poés.

mŏlybdis, *ĭdis*, f. ou **-dus**, *i*, m., fil à plomb : +C Poés.

mōmĕn, *ĭnis*, n., action de se mouvoir, mouvement : C Poés. ‖ impulsion : C Poés. ‖ importance : T Pros.

mōmentārĭus, *a*, *um*, instantané : +C Pros.

mōmentum, *i*, n. ¶ **1** mouvement, impulsion : C Pros. ¶ **2** [d'où] influence, poids, importance : C Pros. ‖ ***argumentorum*** C Pros., la valeur des arguments ‖ influence, raison déterminante : C Pros. ¶ **3** espace où se produit un mouvement : C Pros. ; ***momenta currentis (stellae)*** +C Pros., les points successifs de la course ¶ **4** durée d'un mouvement, moment, instant : ***momento, momento temporis*** C Pros., en un instant, en un clin d'oeil ; ***horae momento*** C Poés., Pros., dans l'espace d'une heure ¶ **5** moments, points d'un discours : +C Pros.

mŏmordi, parf. de *mordeo*

Mŏna, *ae*, f., île entre la Bretagne et l'Hibernie [Anglesey] : C Pros.

mŏnăcha, *ae*, f., moniale, religieuse : T Pros.

mŏnăchus, *i*, m., moine, solitaire, anachorète : T Poés.

Mŏnaesēs, *is*, m., roi des Parthes : C Poés.

mŏnarchĭa, *ae*, f., monarchie [gouvernement d'un seul] : T Pros.

mŏnăs, *ădis*, f., monade, unité : T Pros.

mŏnastērĭālis, *e*, de monastère : T Pros.

mŏnastērĭŏlum, *i*, n., petit monastère : T Pros.

mŏnastērĭum, *ii*, n., monastère : T Pros.

mŏnaulŏs (-us), *i*, m., flûte simple : +C Pros., Poés.

mŏnēdŭla, *ae*, f., choucas [oiseau] : C Pros. ‖ terme de caresse : -C Théât.

mŏnĕō, *ēs*, *ēre*, *ŭī*, *ĭtum*, tr. ¶ **1** faire penser à qqch., faire souvenir : ***aliquem de aliqua re*** C Pros., faire songer qqn à qqch. ‖ [avec acc. de pron. n.] : C Pros. ‖ [avec prop. inf.] faire observer que : C Pros. ¶ **2** avertir, engager, exhorter ; [avec *ut* subj.] avertir de, engager à : C Pros. ‖ [avec *ne*] avertir de ne pas : C Pros. ‖ [avec subj. seul] C Pros. ‖ [avec inf.] C Pros. ; [avec inf. pass.] +C Poés. ¶ **3** donner des avertissements, des inspirations, éclairer, instruire : C Poés., Pros. ‖ prédire, annoncer : C Poés.

mŏnēris, *is*, f., navire à un seul rang de rames : C Pros.

1 **Mŏnēta**, *ae*, f., mère des Muses : C Pros. ‖ surnom de Junon, qu'elle reçut pour avoir averti les Romains d'un tremblement de terre : C Pros., Poés.

2 **mŏnēta**, *ae*, f. ¶ **1** hôtel de la monnaie [près du temple de Junon Monéta] : C Pros. ¶ **2** argent monnayé, monnaie : C Poés., +C Poés. ¶ **3** coin, empreinte de la monnaie : +C Poés.

mŏnētālis, *e*, ***monetalis*** C Pros., [par plaisanterie] homme de la monnaie ‖ monnayé : +C Pros.

mŏnētārius, *a*, *um*, de monnaie, relatif à l'argent ‖ **-tārĭus**, *ii*, m., monnayeur, ouvrier qui fabrique la monnaie de l'État : T Pros.

Mŏnĭca, *ae*, f., [mère de saint Augustin] : T Poés. ‖ [mère de saint Augustin] : T Pros.

mŏnīlĕ, *is*, n., collier [plus ordinairᵗ de femme] : C Pros. ‖ pl., bijoux, joyaux : C Poés., +C Poés.

mŏnĭment-, ➡ *monument-*

Monimus, *i*, m., nom d'homme : +C Pros.

mŏnĭtĭo, *ōnis*, f., avertissement, avis, conseil, recommandation : C Pros., +C Pros.

mŏnĭtŏr, *ōris*, m., celui qui rappelle, qui conseille, guide, conseiller : -C Théât., C Pros., +C Pros. ‖ conseiller [droit] : C Pros. ‖ esclave nomenclateur : C Pros. ‖ qui avertit (met en garde), qui remontre, sermonneur : C Poés., +C Pros.

mŏnĭtōrĭus, *a*, *um*, qui donne un avertissement [en parl. de la foudre] : +C Pros.

mŏnĭtum, *i*, n., rappel, avertissement, conseil, avis : C Pros. ‖ prophétie, prédiction, oracle : C Pros., Poés.

1 **mŏnĭtus**, *a*, *um*, part. de *moneo*

2 **mŏnĭtŭs**, *ūs*, m, rappel, conseil, avis : C Poés., +C Poés. ‖ avertissement des dieux, oracles, prophétie : C Pros., +C Pros.

mŏnŏbĭblon (-blion), *i*, n., ouvrage en un volume : T Pros.

mŏnŏbĭblŏs, *i*, m., livre unique : C Poés., +C Poés.

mŏnocnēmos, *i*, m., celui qui n'a qu'une jambe : +C Pros.

mŏnŏcōlŏs (-lus), *i*, m., qui n'a qu'un membre, qu'une jambe : +C Pros.

mŏnocrēpis, m., qui n'a qu'une chaussure, qu'un pied chaussé : +C Poés.

Mŏnoecus, *i*, m., surnom d'Hercule : ***arx Monoeci*** C Poés., +C Poés. ; ***saxa Monoeci*** +C Poés., forteresse de Monoecus [en Ligurie, auj. Monaco] ; +C Pros.

mŏnŏgămus, *i*, m., celui qui ne s'est marié qu'une fois : T Pros.

mŏnŏgrammus, *a*, *um* et **-ŏs**, *-ŏn*, fait simplement de lignes, ébauché, linéaire ‖ [fig.] ***monogrammi dei*** C Pros., ombres de dieux (dieux réduits à des lignes, à des contours) ‖ émacié, décharné : -C Poés.

mŏnŏpŏdĭum, *ĭī*, n., table à un seul pied, guéridon : C Pros.

mŏnŏpōlĭum, *ĭī*, n., monopole, privilège réservé à une seule personne de vendre ou d'acheter une certaine marchandise : +C Pros.

mŏnoptĕrŏs, *ŏn*, monoptère [qualifie un édifice circulaire à colonnade, sans cella] : C Pros.

mŏnŏsyllăbŏn, *i*, n., monosyllabe : +C Pros. ‖ **-lăbus**, *a*, *um*, monosyllabique

mŏnŏtrĭglÿphus, *a*, *um*, monotriglyphe [archit.] : C Pros.

mŏnŏtrŏphus, *i*, m., qui vit seul, solitaire : -C Théât.

mons, *tis*, m., montagne, mont : C Pros. ‖ montagne = masse énorme : -C Théât., C Pros., Poés., +C Poés. ‖ [poét.] toute espèce de proéminence rocheuse : [rivage] C Poés. ; [rocher] C Poés., +C Poés.

monstrābilis, *e*, remarquable, distingué : +C Pros.

monstrātĭo, *ōnis*, f., action de montrer [le chemin] : -C Théât. ‖ indication : C Pros.

monstrātŏr, *ōris*, m., celui qui montre, qui indique : +C Pros. ‖ qui enseigne, propagateur : C Poés.

1 **monstrātus**, *a*, *um*, part. de *monstro*, adj[t], signalé, distingué : +C Pros.

2 **monstrātŭs**, abl. *ū*, m., action de montrer, de désigner : +C Pros.

monstrĭfĕr, *ĕra*, *ĕrum*, qui produit des monstres : +C Poés.

monstrĭfĭcābĭlis, *e*, monstrueux : -C Poés. ; V▶ *mortificabilis*

monstrĭfĭcus, *a*, *um*, surnaturel : +C Poés.

monstrō, *ās*, *āre*, *āvī*, *ātum*, tr. ¶**1** montrer [à qqn son chemin, un objet], indiquer : C Pros., Poés. ¶**2** ***a)*** [fig.] faire voir, faire connaître : C Pros. ; [avec inf.] montrer à faire qqch. : C Poés. ; [avec interrog. indir.] C Poés. ‖ désigner, prescrire : C Poés. ***b)*** indiquer, dénoncer : +C Pros. ***c)*** avertir, conseiller : [abs[t]] ***alicui bene*** -C Théât., donner de bonnes leçons à qqn ‖ ***aliquid*** -C Théât., conseiller qqch. ‖ [avec inf.] conseiller de : C Poés. ; [avec *ut*] -C Théât.

monstrōsĭtās, *ātis*, f., caractère monstrueux, monstruosité : T Pros.

monstrōsu;s, *a*, *um*, f., V▶ *monstruosus* : +C Pros., Poés.

monstrum, *i*, n. ¶**1** fait prodigieux [avertissement des dieux] : C Pros., Poés. ¶**2** tout ce qui sort de la nature, monstre, monstruosité : ***hominis*** -C Théât., monstre d'homme ; C Pros. ‖ pl., actes monstrueux : C Pros. ‖ [en parl. des choses] : C Pros. ; ***monstra narrare*** C Pros., raconter des prodiges, des choses incroyables

monstrŭōsē (**-trōsē**), à la façon d'un prodige : C Pros.

monstrŭōsus, *a*, *um*, monstrueux, bizarre, extraordinaire : C Pros., T Poés. ‖ ***-ior*** +C Pros. ; ***-issimus*** C Pros. ; V▶ *monstrosus*

Montānĭānus, *a*, *um*, caractéristique de l'orateur Votienus Montanus : C Pros.

1 **montānus**, *a*, *um*, relatif à la montagne, de montagne : C Pros., Poés. ; ***loca montana*** C Pros., régions montagneuses ‖ subst. m. pl., les montagnards : C Pros.

2 **Montānus**, *i*, m., surnom romain, not[t] Julius Montanus, poète, ami de Tibère : C Poés. ‖ autre : +C Pros.

montĭcŏla, *ae*, m. f., habitant des montagnes : C Poés.

montĭfĕr, *ĕra*, *ĕrum*, qui porte une montagne : +C Théât.

montis, gén. de *mons*

montĭvăgus, *a*, *um*, qui parcourt les montagnes : C Poés., Pros.

montŭōsus, (**tōsus** C Poés.), *a*, *um*, montagneux, montueux : C Pros.

mŏnŭi, parf. de *moneo*

mŏnŭmentum (**mŏnĭ-**), *i*, n. ¶**1** tout ce qui rappelle qqn. ou qqch., ce qui perpétue le souvenir : C Pros. ¶**2** [en part.] tout monument commémoratif, monument, (stèle, portique) : C Pros. ‖ monument funéraire : C Pros. ¶**3** monuments écrits : C Pros. ‖ marque, signe de reconnaissance : -C Théât.

Mŏnŭnĭus, *ĭī*, m., notable dardanien : C Pros.

Monustē, *ēs*, f., une des Danaïdes : +C Poés.

Mōnÿchus, *i*, m., un des Centaures : C Poés., +C Poés.

Mopsĭī, *ōrum*, m. pl., les Mopsii [famille de Compsa] : C Pros. ‖ **-ĭāni**, *ōrum*, m. pl., Mopsiens, partisans des Mopsii : C Pros.

Mopsĭum, *ĭī*, n., montagne de Thessalie : C Pros.

Mopsŏpĭa, *ae*, f., la Mopsopie [l'Atttique] : +C Théât. ‖ **-us**, *a*, *um*, d'Attique : C Poés.

Mopsū Crēnae, **Mopsūcrēnae**, *ārum*, f. pl., ville de Cappadoce : T Pros.

Mopsū Hestĭa, **Mopsūhestĭa**, **-ūestĭa**, *ae*, f., Mopsueste, ville de Cilicie, la même que Mopsos : C Pros., T Pros.

Mopsus, *i*, m., devin fameux et roi des Argiens : C Pros. ‖ devin de Thessalie, un des Argonautes : C Poés. ‖ nom d'un berger : C Poés.

1 **mŏra**, *ae*, f. ¶**1** délai, retard, retardement : ***ut aliquid esset morae*** C Pros., pour gagner du temps ; ***alicui moram facere*** C Pros., faire attendre un créancier ; ***sine mora*** C Pros., sans retard ; ***inter moras*** +C Pros., sur ces entrefaites, pendant ce temps-là ; -C Théât. ; ***in mora esse alicui*** -C Théât., faire attendre qqn ‖ ***mora est*** [avec inf.] C Poés., ce serait long de ; -C Théât., C Poés. ¶**2** pauses dans le débit oratoire : C Pros. ¶**3** empêchement, obstacle : C Pros. ; ***clipei mora*** C Poés., l'obstacle du bouclier

2 **mŏra**, *ae*, f., more, corps de troupes chez les Lacédémoniens : C Pros.

mōrālis, *e*, relatif aux mœurs : C Pros. ; ***(philosophia) moralis*** +C Pros., philosophie morale, éthique

mōrālĭtās, *ātis*, f., caractère, caractéristique : T Pros.

mŏrāmentum, *i*, n., retard, empêchement : +C Pros.

mŏrātĭo, *ōnis*, f., retard, empêchement : C Pros.

mŏrātŏr, *ōris*, m. ¶**1** celui qui retarde : C Pros. ¶**2** traînard, soldat maraudeur : +C Pros. ¶**3** méchant avocat, avocat subalterne [qui parlait pour laisser aux autres le temps de se reposer] : C Pros.

1 **mŏrātus**, *a*, *um*, part. de *1 moror*

2 **mōrātus**, *a*, *um* ¶**1** qui a telles ou telles mœurs : -C Théât., C Pros. ¶**2** adapté aux mœurs et au caractère d'une personne : ***moratum poema*** C Pros., vers conformes à la nature, naturels ; C Poés.

morbescō, *ĭs*, *ĕre*, -, -, intr., tomber malade : T Poés.

morbĭdus, *a*, *um* ¶**1** malade, maladif : C Pros. ¶**2** malsain : ***morbida vis*** C Poés., le principe infectieux

morbōsus, *a*, *um*, malade, maladif : -C Pros., C Pros. ‖ passionné, fou de : +C Pros.

Morbōvia, *ae*, f., pays de la maladie : +C Pros.

morbus, *i*, m. ¶**1** maladie, désordre physique, malaise général : ***in morbo esse*** C Pros., être malade ; ***in morbum cadere*** C Pros., tomber malade ‖ pl., manifestations (effets) d'une maladie : C Pros. ¶**2** maladie de l'âme, passion : C Pros. ‖ chagrin, peine : -C Théât. ‖ ***Morbus***, la Maladie, divinité, fils de l'Érèbe et de la Nuit : C Pros.

mordācĭtās, *ātis*, f., aptitude à mordre [fig.], paroles mordantes, virulence de langage : T Pros.

mordācĭtĕr, adv., en mordant : T Pros. ‖ compar. ***-cius*** : C Poés.

mordax, *ācis* ¶**1** habitué à mordre, mordant : -C Théât. ‖ pointu, tranchant, mordant, piquant : C Poés. ¶**2** [fig.]

mordant, caustique, satirique : [C] Pros., Poés. ‖ ***mordaces sollicitudines*** [C] Poés., inquiétudes qui rongent

mordĕō, *ēs, ēre, mŏmordī, morsum*, tr. ¶ **1** mordre : [C] Pros. ; ***humum*** [C] Poés., mordre la poussière [en mourant] ¶ **2** mordre dans : ***pabula*** [C] Poés., mordre dans le fourrage ; ***ostrea*** [+C] Poés., mordre dans des huîtres ¶ **3** [métaph.] mordre en paroles, déchirer à belles dents : [-C] Théât. ‖ piquer, chagriner, tourmenter : [-C] Théât., [C] Pros. ; ***morderi conscientia*** [C] Pros., avoir des remords de conscience, être bourrelé par sa conscience

1 **mordĭcŭs**, adv., en mordant, avec les dents : [-C] Théât., [C] Pros. ‖ [fig.] opiniâtrement, obstinément : [C] Pros.

2 **mordĭcus**, *a, um*, qui aime à mordre : [+C] Poés.

mōrē, adv., sottement, bêtement : [-C] Théât.

mōres, *um*, V. ▶ *mos*

mŏrētārĭus, *a, um*, relatif au plat appelé *moretum* : [+C] Pros.

mŏrētum, *i*, n., plat composé d'herbes, d'ail, de fromage et de vin : [C] Poés.

morganegyba, *ae*, f., cadeau fait à la mariée après la nuit de noces : [+T] Pros.

mŏrĭbundus, *a, um*, mourant, moribond : [C] Pros. ‖ mortel, qui provoque la mort : [C] Poés.

mōrĭgĕrō, *ās, āre, -, -*, [-C] Théât., surtout **mōrĭgĕrŏr**, *ārĭs, ārī, ātus sum*, condescendre à, être complaisant pour, essayer de plaire à [avec dat.] : [-C] Théât. ‖ [fig.] ***voluptati aurium*** [C] Pros., flatter l'oreille

mōrĭgĕrus, *a, um*, complaisant, docile, soumis : [-C] Théât., [C] Poés.

Mŏrĭni, *ōrum*, m. pl., les Morins [peuple maritime de la Belgique] : [C] Pros.

mōrĭo, *ōnis*, m., un fou, un bouffon : [+C] Pros., Poés. ‖ monstre, personne contrefaite : [+C] Poés.

mŏrĭŏr, *rĕrĭs, rī, mortŭus sum*, intr. ¶ **1** mourir : ***fame*** [C] Pros., mourir de faim ; ***a latronibus, cruditate*** [C] Pros., mourir sous les coups des voleurs, d'une indigestion ; ***in aliqua re*** [C] Pros., se consumer dans une chose ‖ ***moriar si ...*** [C] Pros., que je meure si ... ¶ **2** [en parl. des plantes] [du jour] [C] Théât. ; [des verges qui se brisent sur le dos du patient] [-C] Théât. ; [du souvenir de qqn] [C] Pros. ; [des bras] [C] Pros. ; [des lois] [C] Pros. ; V. ▶ *mortuus* ‖ part. fut *moriturus*

1 **mōrĭs**, gén. de *mos*

2 **mōrīs**, dat. abl. pl. de *morum*

mŏrĭtūrus, *a, um*, part. fut. de *morior*

mormyr, *ȳris*, f., morme [espèce de pagel, poisson de mer] : [C] Poés.

mōrŏlŏgus, *a, um*, qui dit des extravagances : [-C] Théât.

1 **mŏrŏr**, *ārĭs, ārī, ātus sum*, intr. et tr.

I intr. ¶ **1** s'attarder : [-C] Théât. ‖ [fig.] ***ne multis morer*** [C] Pros., pour ne pas m'attarder beaucoup, pour abréger ; [-C] Théât. ¶ **2** s'arrêter, rester, demeurer : ***Brundisii*** [C] Pros. ; ***in provincia*** [C] Pros., rester à Brindes, dans sa province ; [+C] Pros. ‖ ***morati*** part. pris subst^{t}, gens (soldats) arrêtés, séjournant : [C] Pros.

II tr. ¶ **1** retarder, suspendre, arrêter : ***alicui manum*** [C] Pros., arrêter la main de qqn ‖ [avec inf.] balancer à, hésiter à : [C] Pros. ‖ ***non moror quominus ...*** [C] Pros., je ne mets aucun retard à ce que ... ‖ ***non morari aliquem quin ...*** [-C] Théât., ne pas retarder qqn en l'empêchant de ... ; [C] Pros. ¶ **2** ***aliquem nihil (non) morari***, ne pas retenir qqn, le laisser libre d'aller : [-C] Théât. ‖ [en parl. d'un accusé] : [C] Pros. ¶ **3** ***aliquid nihil (non) morari***, ne pas se soucier de qqch., n'avoir cure de, ne pas tenir à, ne pas faire cas de : [-C] Théât., [C] Pros. ‖ [avec prop. inf.] ***a)*** je ne veux pas : [-C] Théât. ***b)*** je ne m'oppose pas à ce que, je veux bien que : [C] Pros.

2 **mōrŏr**, *ārĭs, ārī, -*, intr., être fou : [+C] Pros.

mōrōsē, adv., avec une humeur chagrine : [C] Pros. ‖ ***-sissime*** [+C] Pros.

mōrōsĭtās, *ātis*, f., morosité, humeur chagrine, morose : [C] Pros. ‖ raffinement, purisme : [+C] Pros.

mōrōsus, *a, um* ¶ **1** morose, dont l'humeur est difficile : [C] Pros., Poés. ‖ difficile, exigeant, maussade : [C] Pros. ; ***-ior*** [+C] Pros. ¶ **2** [en parl. des choses] difficile, pénible : [C] Poés.

Morpheūs, *ĕi* ou *ĕos*, m., Morphée [fils du Sommeil et de la Nuit] : [C] Poés.

mors, *mortis*, f. ¶ **1** mort [naturelle ou violente, ou comme châtiment suprême] : ***mortem obire*** [C] Pros., mourir ; ***adpropinquante morte*** [C] Pros., à l'approche de la mort ; ***tempus mortis*** [C] Pros., le moment de la mort ; ***dies mortis*** [+C] Pros., le jour de la mort ; [C] Pros. ; ***mortem oppetere*** [C] Pros., aller au-devant de la mort ; ***mortem alicui offerre*** [C] Pros., menacer qqn de mort ; ***mors voluntaria*** [C] Pros., mort volontaire ; ***morte multare*** [C] Pros., punir de mort ; ***afficere*** [C] Pros., frapper de mort ; ***morti addicere*** [C] Pros., condamner à mort ‖ [personnif.] [C] Pros. ¶ **2** cadavre : [C] Poés. ; [fig.] [-C] Théât., [C] Pros. ¶ **3** [syn. de meurtrier] [C] Pros. ¶ **4** [chrét.] mort spirituelle [causée par le péché] : [T] Pros.

morsĭcō, *ās, āre, -, -*, tr., mordiller : [+C] Pros. ; ***morsicantes oculi*** [+C] Pros., yeux aguichants

morsĭuncŭla, *ae*, f., petite morsure : [-C] Théât., [+C] Pros.

morsum, *i*, n., morceau enlevé en mordant : [C] Poés.

1 **morsus**, *a, um*, part. de *mordeo*

2 **morsŭs**, *ūs*, m. ¶ **1** morsure : [C] Pros., [+C] ‖ [poét., en parl. d'une agrafe, d'une ancre, de qqch. qui saisit et retient] [C] Poés., [+C] Poés. ¶ **2** goût âpre ou piquant : [+C] Poés. ¶ **3** [fig.] ***rubiginis*** [+C] Poés., la rouille qui ronge ‖ ***doloris*** [C] Pros., la morsure de la douleur ‖ morsure, attaque : [C] Pros. ; [de l'envie] [C] Pros.

Morta, *ae*, f., nom donné à l'une des trois Parques : [-C] d. [+C] Pros.

mortālis, *e* ¶ **1** mortel, sujet à la mort, périssable : [C] Pros. ¶ **2** humain, mortel, des mortels : [C] Pros., Poés. ‖ subst. m. sg., mortel, être humain : [C] Pros. ; pl., [C] Pros. ‖ ***mortalia***, n. pl., les affaires humaines : [C] Poés., [+C] Pros. ‖ [en parl. des choses] périssable : [C] Pros.

mortālĭtās, *ātis*, f., mortalité, condition d'un être mortel, nature mortelle : [C] Pros. ; ***mortalitatem explere*** [+C] Pros., mourir ‖ les mortels, les humains, les hommes, l'homme : [+C] Pros., [T] Pros.

mortārĭum, *ĭī*, n. ¶ **1** mortier, vase à piler : [-C] Théât., Pros. ¶ **2** ustensile dans lequel on fait le mortier, auge : [C] Pros. ‖ ce qui est préparé dans un mortier, drogue, potion : [+C] Poés.

mortĭcinus, *a, um*, crevé, mort [en parl. d'anim.] : [C] Pros. ‖ ***caro morticina*** [+C] Pros., chair morte ‖ [t. d'injure] charogne : [-C] Théât.

mortĭfĕr, *(-fĕrus*, [+C] Pros.), *ĕra, ĕrum*, mortel, qui cause la mort, fatal : [C] Pros.

mortĭfĕrē, adv., mortellement, de manière à causer la mort : [+C] Pros.

mortifĕrus, V. ▶ *mortifer*

mortĭfĭcābĭlis, *e*, qui cause la mort : [-C] Poés. ; V. ▶ *monstrificabilis*

mortĭfĭcātĭo, *ōnis*, f., mort, destruction : [T] Pros.

mortĭfĭcō, *ās, āre, -, -*, tr., mortifier, abaisser : [T] Pros.

mortĭfĭcus, *a, um*, mortel, qui cause la mort : [+C] Pros.

mortŭālĭa, *ĭum*, n. ¶ **1** vêtements de deuil : [-C] Théât. ¶ **2** chants funèbres : [-C] Théât.

mortŭrĭō, *īs, īre, -, -*, intr., avoir envie de mourir : [C] Pros.

mortŭus, *a, um*, part. de *morior*

mŏrŭla, *ae*, f., court délai : [T] Pros.

mōrum, *i*, n., mûre, fruit du mûrier : [C] Poés. ‖ mûre sauvage : [C] Poés.

1 **mōrus**, *a, um*, fou, extravagant : [-C] Théât.

2 **mōrus**, *i*, f., mûrier [arbre] : [C] Poés.

mōs, *mōris*, m. ¶ **1** volonté de qqn, désir, caprice : [-C] Théât. ; ***morem alicui gerere*** [C] Pros., exécuter les volontés de qqn, se plier aux désirs de qqn ¶ **2** usage, coutume : [C] Pros. ; ***perducere aliquid in morem*** [C] Pros., introduire qqch. dans l'usage ; ***more majorum*** [C] Pros. ; ***Gallorum*** [C] Pros., selon la coutume des ancêtres, des Gaulois ; ***more Asiatico*** [C] Pros. ;

nostro more ▢ Pros., suivant l'usage asiatique, suivant nos usages; *more belli* ▢ Pros., d'après les usages de la guerre ¶ **3** genre de vie, mœurs, caractère: ▢ Pros.; *praefectus moribus* ▢ Pros., préfet des moeurs; *antiqui mores* ▢ Pros., les moeurs d'autrefois ‖ moeurs publiques, traditions [morales et surtout religieuses]: ▢ Pros. ¶ **4** [métaph.] *mos caeli* ▢ Poés. ‖ principes, règles, lois: ▢ Poés.; *in morem* ▢ Poés., régulièrement; *sine more* ▢ Poés., contrairement à la règle [ou] sans règle = en se déchaînant

Mŏsa, *ae*, m., Meuse [rivière de la Gaule Belgique]: ▢ Pros., ▢ Pros.

Moschus, *i*, m., rhéteur de Pergame: ▢ Pros.

Mŏsella, *ae*, m. f., Moselle [fleuve de la Gaule]: ▢ Pros. ‖ **-lēus**, *a, um*, de la Moselle: ▢ Pros.

Mōsēs, **Mōy̆sēs**, *is*, m., ▢ Pros., ▢ Poés., Moïse [prophète, législateur et chef des Juifs] ‖ acc. *Moysen* ▢ Pros.

Mōsĭtĭcus, *a, um*, de Moïse: ▢ Poés.

Mostēni, *ōrum*, m. pl., habitants de Mostène [Lydie]: ▢ Pros.

Mŏsŭla, *ae*, m., ▶ *Mosella*: ▢ Pros.

mōtābĭlis, *e*, qui se meut, doué d'un mouvement: ▢ Pros.

mōtăcilla, *ae*, f., hoche-queue [oiseau]: ▢ Pros.

mōtātŏr, *ōris*, m., moteur, celui qui met en mouvement: ▢ Pros.

mōtātus, *a, um*, part. de *moto*

Mŏthōnē, *ēs*, f., ville de Crète: ▢ Théât.

mōtĭo, *ōnis*, f., action de mouvoir, mouvement, impulsion: ▢ Pros. ‖ [phil.] [= ἐνδελέχεια] ▢ Pros. ‖ [méd.] mouvement de fièvre, frisson: ▢ Pros.

mōtĭuncŭla, *ae*, f., léger accès de fièvre: ▢ Pros.

mōtō, *ās, āre*, -, -, tr., mouvoir fréquemment: ▢ Poés.

mōtŏr, *ōris*, m., celui qui remue, qui berce: ▢ Poés.

1 **mōtus**, *a, um*, part. de *moveo*

2 **mōtŭs**, *ūs*, m. ¶ **1** [en gén.] mouvement: ▢ Pros.; *terrae motus* ▢ Pros., tremblement de terre ‖ *corporis* ▢ Pros., mouvement du corps [de l'acteur]; *motus dare* ▢ Pros., exécuter des mouvements ‖ geste, action oratoire: ▢ Pros. ‖ mouvements de la vigne, d'une plante, degrés d'accroissement: ▢ Pros. ¶ **2** [fig.] ***a)*** mouvement de l'âme: *animi* ▢ Pros., mouvement, agitation de l'âme; [en part.] ▢ Pros. ***b)*** mouvement de foule: *servorum* ▢ Pros., des mouvements d'esclaves ***c)*** [rhét.] trope: ▢ Pros. ***d)*** mobiles, motifs: ▢ Pros.

Mŏtyensis, *e*, de Motya [Sicile]: ▢ Pros.

mŏvens, *res moventes* ▢ Pros., choses mobilières, biens meubles [*moventia*]; *voluptas movens* ▢ Pros., le plaisir en mouvement

mŏventĕr, adv., de manière à émouvoir: ▢ Pros.

mŏvĕō, *ēs, ēre, mōvī, mōtum*, tr.
I [pr.] mouvoir, remuer, faire bouger ***a)*** *quae moventur* Cic., les choses qui se meuvent; *movere labra* Quint., remuer les lèvres; *movere crinem* Ov., secouer sa chevelure; *citharam movere* Ov., jouer de la cithare ‖ *movere aciem* Cic., faire faire un mouvement à ses troupes; *movere castra* Caes., lever le camp, décamper; *litteram movere* Cic., déplacer une lettre; *aliquem ex agro movere* Cic., chasser qqn d'une terre ‖ [en part.] *movere membra* Tib., danser; *moveri* Hor., même sens ***b)*** *se movere, moveri*, se déplacer, bouger: *se movere ex urbe* Nep., sortir de la ville; *moveri sedibus* Cic., se déplacer de son lieu de séjour; *gemma movetur* Ov., le bourgeon pousse ‖ [absᵗ] *movere non audere* Cic., ne pas oser faire un mouvement
II [fig.] ¶ **1** faire bouger ***a)*** agiter (des pensées dans son esprit): Virg. ***b)*** pousser: *aliquem ad bellum movere* Cic., pousser qqn à la guerre; *aliquem movere ut...* Cic., pousser qqn à (faire qqch.) ***c)*** écarter: *aliquem de sententia movere* Cic., faire changer qqn d'avis; *moveri quominus...* Caes., être détourné de (faire qqch.) ¶ **2** provoquer, susciter, faire naître: *alicui fletum movere* Cic., provoquer les larmes de qqn; *plausus movere* Cic., provoquer des applaudissements; *discordias movere* Cic., faire naître les discordes; *aliquid movere* Cic., lancer une action ‖ [d'où] entreprendre, commencer: *bellum movere* Cic., commencer les hostilités ¶ **3** émouvoir, influencer: *movere sensus* Cic., frapper les sens; *plebem movere* Cic., faire impression sur le peuple; *aliqua re moveri* Cic., être ému par qqch.; *neutram in partem moveri* Cic., être indifférent ¶ **4** troubler, déranger: *movere omnia* Sall., mettre partout le désordre; *cerebrum movere* Sen., troubler le cerveau; *sententiam movere* Cic., ébranler une opinion

mox, adv. ¶ **1** [avenir] bientôt, dans peu de temps: ▢ Théât., ▢ Pros. ¶ **2** [passé] bientôt après, après, ensuite: ▢ Pros. ‖ [dans une énumération]: ▢ Pros.; [même en parlant de lieux]; [ou quand il s'agit d'évaluation] ‖ *mox ut* ▢ Pros., après que, aussitôt que

Moxŏēnē, *ēs*, f., région de la Grande-Arménie: ▢ Pros.

Mōy̆sēs, ▶ *Moses*

Moysītĭcus, ▶ *Mositicus*

mū, syllabe représentant un son imperceptible, celui des lèvres à peine ouvertes ‖ *mu non facere* ▢ d. ▢ Pros., ne pas faire mu = ne pas dire mot, ne pas desserrer les dents

mucc-, ▶ *muc-*

mūcĕō, *ēs, ēre*, -, -, intr., être moisi, gâté [en parl. du vin]: ▢ Pros.

Mūcĭa, *ae*, f., troisième femme de Pompée: ▢ Pros. ‖ ▶ *1 Mucius*

Mūcĭānus, *a, um* ¶ **1** ▶ *2 Mucius* ¶ *2* ¶ **2** nom d'homme: ▢ Pros.

mūcĭdus, *a, um*, moisi, gâté: ▢ Poés. ‖ morveux: ▢ Théât.

mūcinnĭum, *ĭi*, n., mouchoir: ▢ Pros.

1 **Mūcĭus**, *a, um*, ***Mucia***, n. pl., fêtes établies dans l'Asie Mineure en l'honneur du consul Q. Mucius Scaevola: ▢ Pros.

2 **Mūcĭus**, *ii*, m., nom d'une famille rom.; [notᵗ] ¶ **1** C. Mucius Scaevola [qui pénétra dans la tente de Porsenna pour le tuer]: ▢ Pros., ▢ Pros. ¶ **2** Q. Mucius Scaevola [juriste célèbre, qui fut gouverneur de l'Asie]: ▢ Pros. ¶ **3** Q. Mucius Scaevola [augure, époux de Laelia]: ▢ Pros. ‖ **-iānus**, *a, um*, de Mucius: ▢ Pros.

mūcŏr, *ōris*, m., moisissure: ▢ Pros.

mūcōsus, *a, um*, muqueux, mucilagineux: ▢ Pros.

mūcro, *ōnis*, m. ¶ **1** pointe, extrémité aiguë: ▢ Pros., ▢ Pros., Poés. ¶ **2** épée: ▢ Pros. ¶ **3** ***a)*** [poét.] pointe, extrémité, fin: ▢ Poés. ***b)*** [fig.] tranchant, pointe: *defensionis tuae* ▢ Pros., l'arme qui sert à ta défense; *ingenii* ▢ Pros., vivacité d'esprit

mūcŭlentus, *a, um*, morveux, muqueux: ▢ Poés., Pros.

mūcus, **(muccus**, ▢ Théât.**)**, *i*, m., morve, mucus nasal: ▢ Théât., ▢ Pros.

mufrĭus, *ĭi*, m. (?), imbécile: ▢ Pros.

mūgĭl (-gĭlis), *is*, m., muge, mulet [poisson]: ▢ Poés.

Mugillānus, *i*, m., surnom romain: ▢ Pros.

mūgĭlō, *ās, āre*, -, -, intr., se dit du cri de l'onagre: ▢ Poés.

mūgīnŏr, *āris, ārī*, - ¶ **1** intr., ruminer réfléchir [longtemps, en perdant son temps]: ▢ Pros. ¶ **2** tr., ▢ Pros.; [avec la forme *musinor*]

mūgĭō, *īs, īre, īvī* ou *ĭī, ītum* ¶ **1** intr., mugir, beugler: ▢ Pros., ▢ Poés. ‖ [fig.] mugir, retentir: ▢ Pros., Poés. ¶ **2** tr., crier avec violence, hurler: ▢ Poés.

mūgītŏr, *ōris*, m., celui qui mugit: ▢ Poés.

mūgītŭs, *ūs*, m., mugissement, beuglement: ▢ Poés. ‖ [fig.] mugissement, grondement, bruit fort: ▢ Pros., ▢ Poés.

mūla, *ae*, f., mule: ▢ Pros., ▢ Poés.

mūlāris, *e*, relatif au mulet, de mule: ▢ Pros.

mulcātus, *a, um*, part. de *mulco*

mulcēdo, *ĭnis*, f., charme, douceur: ▢ Pros., ▢ Pros.

mulcĕō, *ēs, ēre, mulsī, mulsum*, tr., palper, toucher légèrement, caresser: ▢ Poés., ▢ Pros. ‖ rendre agréable, doux: ▢ Poés. ‖ [fig.] adoucir, apaiser, charmer: ▢ Poés.; *animos admiratione* ▢ Pros., adoucir les âmes en les captivant

Mulcĭbĕr, *bĕri*, m., un des noms de Vulcain: ▢ Pros., Poés. ‖ [fig.] le feu: ▢ Poés., Pros.

mulcō, *ās, āre, āvī, ātum*, tr., battre, frapper, maltraiter, traiter durement : [-C] Théât., [C] Pros., [+C] Pros. ‖ [en parl. de choses inanimées] détériorer : [C] Pros. ‖ [fig.] ***male mulcati*** [C] Pros., mal en point, échinés ; [-C] Théât.

mulcta, **mulctā-**, → *multa, multa*

mulctō, → *2 multo*

mulctra, *ae*, f., vase à traire : [C] Poés., [+C] Pros. ‖ le lait : [+C] Pros.

mulctrārĭum, *ĭī*, n., vase à traire : [C] Poés.

mulctrum, *i*, n., vase à traire : [C] Poés., [+C] Poés.

mulctūra, *ae*, f., traite : [T] Pros.

1 **mulctus**, *a, um*, part. de *mulgeo*

2 **mulctŭs**, abl. *ū*, m., action de traire : [C] Pros.

mulgĕō, *ēs, ēre, mulxī* ou *mulsī, mulctum* ou *mulsum*, tr., traire : [C] Poés. ; [prov.] ***hircos*** [C] Poés., traire des boucs [tenter l'impossible]

mŭlĭĕbrĭs, *e*, de femme, relatif à une femme : [C] Pros., [+C] Pros. ‖ [contraire de viril] efféminé, de femme : [C] Pros. ‖ féminin [gram.] : [C] Pros. ‖ pl. n., parties sexuelles de la femme : [+C] Pros.

mŭlĭĕbrĭtĕr, adv., en femme, à la manière des femmes : [*mŭlĭjēbrĭtĕr*] [C] Poés. ‖ d'une façon efféminée, mollement : [C] Pros.

mŭlĭĕr, *ĕris*, f., femme [en gén.] : [-C] Théât., [C] Pros., [+C] Poés. ‖ femme mariée : [C] Pros., Poés., [+C] Pros. ‖ femmelette : [-C] Théât.

mŭlĭĕrārĭus, *a, um*, de femme : [C] Pros. ‖ **-rārĭus**, m., celui qui aime les femmes : [C] Poés.

mŭlĭercŭla, *ae*, f., femme, faible femme, femmelette : [C] Pros. ‖ [en parl. des anim.] femelle : [C] Pros. ‖ [péjor.] femme légère : [C] Pros.

mŭlĭĕrōsĭtās, *ātis*, f., passion pour les femmes : [C] Pros.

mŭlĭĕrōsus, *a, um*, qui aime les femmes : [-C] Théât., [C] Pros.

mūlīnus, *a, um*, de mule, de mulet : [C] Pros. ‖ stupide : [+C] Poés.

mūlĭo, *ōnis*, m., celui qui a soin des mulets, muletier, conducteur, loueur de mulets, maquignon : [-C] Théât., [C] Pros. ‖ surnom de Vespasien : [+C] Pros.

mūlĭōnĭus, *a, um*, de muletier : [C] Pros.

mullus, *i*, m., rouget-barbet, surmulet [poisson] : [C] Pros., [+C] Pros.

mulsĕus, *a, um*, miellé, mélangé de miel : [+C] Pros. ‖ doux comme le miel : [+C] Pros.

mulsī, parf. de *mulceo* et de *mulgeo*

mulsum, *i*, n. (s.-ent. ***vinum***), vin miellé (mêlé de miel) : [-C] Théât., [C] Pros.

mulsūra, *ae*, f., action de traire : [+C] Poés.

mulsus, *a, um*, part. de *mulceo* ‖ adj[t], doux : ***mulsa pira*** [+C] Pros., poires douces ‖ [en part.] adouci avec du miel, → *mulsum* ‖ [fig.] ***mulsa dicta*** [-C] Théât., douces paroles ; [terme de tendresse] ***mea mulsa*** [-C] Théât., ma douce, ma chérie

multa, *ae*, f., amende : ***ovium*** [C] Pros., amende en brebis ‖ peine pécuniaire : ***multam alicui dicere*** [C] Pros., infliger une amende à qqn ; ***multam irrogare*** [en parl. des tribuns de la plèbe] [C] Pros., demander une peine d'amende ; ***multa aliquem multare*** [C] Pros., frapper qqn d'une amende ; ***multam committere*** [C] Pros., encourir une amende ; ***multam certare*** [C] Pros., débattre (devant le peuple) le montant de l'amende ‖ [en gén.] condamnation, punition : [-C] Théât., [C] Pros.

multangŭlus, [C] Poés. et **-tĭangŭlus**, *a, um*, qui a plusieurs angles

multātīcĭus, *a, um*, provenant d'une amende : [C] Pros.

multātĭo, *ōnis*, f., amende : [C] Pros.

multātus, *a, um*, part. de *2 multo*

multēsĭmus, *a, um*, un parmi plusieurs, petit, faible : ***multesima pars*** [C] Poés., portion infime

multi, *ae, a*, → *multus*

multĭbĭbus, *a, um*, qui boit beaucoup, grand buveur : [-C] Théât., [T] Pros.

multĭcăvātus, *a, um*, percé de beaucoup de trous : [C] Pros.

multĭcăvus, *a, um*, qui a beaucoup de cavités, d'ouvertures : [C] Poés.

multīcĭus, *a, um*, tissu de fils fins ‖ **-tīcĭa**, n. pl., vêtements fins [d'un tissu léger] : [+C] Poés.

multĭcŏlŏr, *ōris*, m. f., subst. f., robe de plusieurs couleurs : [+C] Pros.

multĭfăcĭō, *ĭs, ĕre, -, -*, tr., faire grand cas de, estimer beaucoup : [-C] Théât. ; → *1 multum*

multĭfărĭam, adv., en beaucoup d'endroits : [-C] d. [+C] Pros., [C] Pros.

multĭfărĭē, adv., de bien des façons : [T] Pros.

multĭfărĭus, *a, um*, de plusieurs sortes, varié : [+C] Pros.

multĭfĭdus, *a, um*, fendu en plusieurs endroits, en plusieurs morceaux : [C] Poés. ‖ partagé en boucles [cheveux] : [T] Pros. ‖ partagé en courants, branches [rivière] : [+C] Poés. ‖ [fig.] varié, à nombreux aspects : [+C] Poés.

multĭfŏrābĭlis, [+C] Pros. et **-rātĭlis**, [+C] Pros., → *multiforus*

multĭformis, *e*, qui a plusieurs formes, varié, changeant [choses et pers.] : [C] Pros., [+C] Pros.

multĭformĭtĕr, adv., de plusieurs manières : [+C] Pros.

multĭfŏrus, *a, um*, qui a plusieurs trous [flûte] : [C] Poés.

multĭgĕnĕris, *e*, [-C] Théât., **-gĕnĕrus**, *a, um*, **-gĕnus**, *a, um*, [C] Poés., de plusieurs sortes

multĭgrūmus, *a, um*, qui a beaucoup de grumeaux = qui se gonfle (se soulève beaucoup) : [+C] Pros.

multĭjŭgis, *e*, [C] et **-jŭgus**, *a, um*, [C] Pros., [+C] Pros., attelé avec plusieurs ‖ [fig.] nombreux, complexe, varié : [C] Pros., [+C] Pros.

multĭlinguis, *e*, adj., aux nombreuses langues : [T] Pros.

multĭlŏquentĭa, *ae*, f., [T] Pros. et **multĭlŏquĭum.**, *ĭī*, n., [-C] Théât., bavardage

multĭlŏquus, *a, um*, bavard : [-C] Théât.

multĭmĕtĕr, *tra, trum*, aux mètres variés : [T] Pros.

multĭmŏdīs, adv., de beaucoup de manières : [-C] Théât., [C] Poés., Pros., [C] Pros.

multĭmŏdus, *a, um*, de plusieurs sortes, varié, divers : [C] Poés., [T] Pros.

multĭnōdus, *a, um*, noueux, qui a beaucoup de nœuds : [+C] Pros., [T] Poés.

multĭnōmĭnis, *e*, qui a beaucoup de noms : [+C] Pros.

multĭnūbus, *a, um*, qui s'est remariée souvent [femme] : [T] Pros.

multĭnummus, *a, um*, coûteux : [C] Pros. ‖ productif : [C] Poés.

multĭplex, *ĭcis* ¶ **1** qui a beaucoup de plis, de détours, de replis : [C] Pros. ; ***domus*** [C] Poés., le labyrinthe ¶ **2** multiple, bien plus nombreux, bien plus grand : ***multiplices fetus*** [C] Pros., de plus nombreuses portées ‖ ***multiplex corona*** [C] Pros., un cercle considérablement accru d'auditeurs ; ***praeda*** [C] Pros., butin bien plus abondant ; ***multiplex quam*** [C] Pros., bien plus grand que ¶ **3** qui a beaucoup d'éléments constitutifs : ***lorica*** [C] Poés., cuirasse aux mailles multiples ‖ [fig.] ***genus orationis*** [C] Pros., style aux multiples aspects ; ***multiplices sermones*** [C] Pros., entretiens de formes multiples (variées) ; ***plausus multiplex*** [C] Pros., applaudissements répétés ¶ **4** [fig., sens moral] ***a)*** contourné, enveloppé, à plusieurs faces : [C] Pros. ***b)*** variable, changeant, ondoyant, divers : [C] Pros.

multĭplĭcābĭlis, *e*, qui se multiplie : [C] Pros.

multĭplĭcātio, *ōnis*, f., multiplication, accroissement, augmentation : [+C] Pros. ‖ [arithm.] multiplication : [C] Pros., [+C] Pros.

multĭplĭcātus, *a, um*, part. de *multiplico*

multĭplĭcĭtās, *ātis*, f., multiplicité : [T] Pros.

multĭplĭcĭtĕr, adv., de plusieurs manières : [+C] Pros.

multĭplĭcō, *ās, āre, āvī, ātum*, tr., multiplier, augmenter, accroître : [C] Pros. ; ***multiplicatus*** [C] Pros. ‖ multiplier [arith.] : [+C] Pros.

multĭplĭcus, *a, um*, composé : [+C] Pros.

multĭpŏtens, *tis*, très puissant : [-C] Théât.

multiscĭus, *a*, *um*, qui sait beaucoup de choses : [+C] Pros.

multĭsīgnis, *e*, couvert d'insignes : [C] Poés.

multĭsŏnōrus, *a*, *um*, **multĭsŏnus**, *a*, *um*, qui rend beaucoup de son, bruyant : [+C] Poés. : [+C] Poés.

multĭtō, *ās*, *āre*, -, -, tr., punir : [-C] d. [+C] Pros.

multĭtūdo, *inis*, f., multitude, grand nombre : [C] Pros. ‖ foule de gens, multitude : [C] Pros. ‖ la foule, le vulgaire : [C] Pros. ‖ [gram.] le pluriel : [C] Pros., [+C] Pros.

multĭvăgus, *a*, *um*, qui erre beaucoup, errant, vagabond : [+C] Théât., Poés.

multĭvĭra, *ae*, f., qui s'est mariée souvent : [+C] Pros.

multĭvĭus, *a*, *um*, qui fait beaucoup de chemin : [+C] Pros.

multĭvŏlus, *a*, *um*, insatiable : [C] Poés., [T] Pros.

1 **multō**, adv., beaucoup, de beaucoup, en quantité : [avec le compar. ou idée compar.] [C] Pros. ; [avec *antepono*] [C] Pros. ; [avec *praesto*] [C] Pros. ‖ [avec le superl.] [C] Pros. ‖ [avec *aliter*] [C] Pros. ; [*secus*] [C] Pros. ; [*infra*] ; [*ante*] [C] Pros. ; [*post*] [C] Pros. ‖ ***multo multoque*** et le compar. = de beaucoup : [+C] Pros.

2 **multō (mulctō)**, *ās*, *āre*, *āvī*, *ātum*, tr., punir : [C] Pros. ‖ [avec abl.] punir de qqch. : ***exsilio, morte*** [C] Pros., punir d'exil, de mort ; ***agris*** [C] Pros., punir par la confiscation des terres ; ***Antiochum Asia*** [C] Pros., punir Antiochus en lui enlevant l'Asie ‖ [avec le dat. de la personne au profit de laquelle est infligée l'amende] [C] Pros.

1 **multum**, *i*, n. de *multus*, pris subst[t], une grande quantité : [C] Pros. ; ***multum temporis*** [C] Pros., un grand laps de temps ‖ [gén. de prix avec *facio*] [V▸] *multifacio* ‖ [V▸] *plus* et *plurimum*

2 **multum**, n. pris adv[t], beaucoup, très [avec un verbe] : [*amare*] [C] Pros. ; [*consulere*] [C] Pros. ; [*dubitare*] [C] Pros. ; [*valere*] [C] Pros. ; [*antecello*] [C] Pros. ; [*supero*] [C] Pros. ; ***multum esse cum aliquo*** [C] Pros., se trouver souvent avec qqn ‖ [avec un adj.] [-C] Théât., [+C] Pros. ; [avec compar.] [-C] Théât., [C] Pros., [+C] Poés. ‖ [avec *infra*] [C] Pros. ; [*post*] [+C] Pros. ; [*ante*] [+C] Pros. ‖ [V▸] *1 multo, plus, plurimum*

multus, *a*, *um* ¶ **1** [au pl.] nombreux, en grand nombre, beaucoup de : [C] Pros. ‖ n. pris subst[t], [V▸] *1 multum* ; ***multa***, beaucoup de choses : [C] Pros. ; [V▸] *3 ne* ‖ m. pris subst[t], ***multi***, beaucoup de gens, la multitude : ***numerari in multis*** [C] Pros., être compté (confondu) dans la foule ; [V▸] *unus ¶ 2* ¶ **2** [au sg.] ***a)*** [poét.] ***multa victima*** [C] Poés., de nombreuses victimes ; ***avis multa*** [C] Poés., beaucoup d'oiseaux ; ***arbor*** [+C] Pros., beaucoup d'arbres ***b)*** abondant, en grande quantité : ***multa carne*** [C] Pros., avec beaucoup de viande ; ***multo labore*** [C] Pros., avec beaucoup de peine ***c)*** [temps] avancé : ***multo die*** [C] Pros., le jour étant bien avancé ; ***ad multam noctem*** [C] Pros., jusqu'à un moment avancé de la nuit ; ***multo mane*** [C] Pros., de grand matin ‖ [poét.] ***multa pax***, paix profonde : [+C] Pros. ***d)*** abondant en paroles, prolixe : [-C] Théât., [C] Pros. ***e)*** actif, qui se prodigue : [C] Pros. ‖ acharné, pressant : [C] Pros.

Mulucha, *ae*, m., fleuve entre la Maurétanie et la Numidie [Moulouya] : [C] Pros. ‖ ville sur les bords de ce fleuve : [+C] Pros.

mūlus, *i*, m., mulet : [C] Pros. ‖ âne, imbécile : [C] Poés. ; [prov.] [C] Poés.

Mulvĭus, *ii*, m., nom d'homme ‖ **-ĭānus**, *a*, *um*, de Mulvius : [C] Pros.

Mulvĭus pons, m., le pont Mulvius à Rome : [C] Pros., [+C] Pros.

mulxi, parf. de *mulgeo*

Mummĭa, *ae*, f., épouse de Galba : [+C] Pros.

Mummĭus, *ĭi*, m., nom de famille rom., not[t] L. Mummius Achaicus, vainqueur de Corinthe : [C] Pros., [+C] Pros.

Mŭnātĭus, *ii*, m., nom de famille rom., not[t] L. Munatius Plancus, lieutenant de César [fondateur de Lyon] : [C] Pros. ‖ le même, correspondant de Cicéron : [C] Pros.

munctĭo, *ōnis*, f., morve : [T] Pros.

Munda, *ae*, f., ville de la Bétique : [C] Pros., [+C] Pros., Poés. ‖ **-ensis**, *e*, de Munda : [+C] Pros.

mundānus, *a*, *um*, du monde, de l'univers : [T] Pros. ‖ de ce monde [terrestre, païen] : [T] Pros. ‖ **-dānus**, *i*, m., un citoyen de l'univers : [C] Pros.

mundātĭo, *ōnis*, f., action de purifier, purification : [T] Pros.

mundātŏr, *ōris*, m., celui qui nettoie : [T] Pros. ‖ [fig.] purificateur : [T] Pros.

mundātōrĭus, *a*, *um*, qui purifie, purgatif : [T] Pros.

mundātus, *a*, *um*, part.-adj. de *mundo*, nettoyé ‖ [fig.] ***-tior*** [T] Pros.

mundē, adv., proprement : [-C] Théât., [+C] Pros. ‖ ***-issime*** [-C] Pros.

mundĭālis, *e*, du monde, terrestre : [T] Pros.

mundĭcĭa, [V▸] *munditia*

mundĭcīna, *ae*, f., dentifrice : [+C] Pros.

mundĭcors, *dis*, dont le cœur est pur : [T] Pros.

mundĭgĕr, qui porte le monde : [T] Poés.

mundĭtĕr, adv., proprement : [-C] Théât. ‖ [fig.] décemment, avec à propos : [+C] Pros.

mundĭtĭa, *ae*, f., propreté : [-C] Théât. ; ***munditias facere*** [-C] Pros., faire le ménage ‖ propreté, netteté, élégance [dans la pers., les vêtements] : [C] Pros., Poés. ‖ raffinement : [-C] Théât., [C] Pros. ‖ [fig.] pureté, élégance [du style] : [C] Pros., [+C] Pros. ‖ pureté morale : [T] Pros.

mundĭtĭēs, *ēi*, f., [V▸] *munditia* ; [C] Poés.

mundō, *ās*, *āre*, *āvī*, *ātum*, tr., nettoyer, purifier [pr. et fig.] : [+C] Pros.

mundulē, adv., proprement : [-C] Théât., [+C] Pros.

mundŭlus, *a*, *um*, propret, élégant : [-C] Théât.

1 **mundus**, *a*, *um*, net, propre [en parl. de choses] : [C] Pros., [ ] Pros. ; ***in mundo esse*** [-C] Théât., être prêt, à la disposition ; ***in mundo habere*** [-C] Théât., avoir à sa disposition ‖ élégant, raffiné [dans sa personne, sa tenue] : [C] Pros. ; [en parl. du style] [ ] Pros. ‖ pur, innocent : [T] Pros. ‖ ***-ior*** [C] Pros. ; ***-issimus*** [+C] Pros.

2 **mundus**, *i*, m., objets de toilette [des femmes], ornements, bijoux, parure : [C] Pros. ‖ [en gén.] instruments, ustensiles : [ ] Pros.

3 **mundus**, *i*, m. ¶ **1** le monde, l'univers : [C] Pros. ; au pl., [C] Pros., les mondes ¶ **2** [en part.] ***a)*** le ciel, le firmament : [C] Poés. ***b)*** la terre habitée, ici-bas, les hommes : [C] Poés., [+C] Pros. ***c)*** la terre, le globe terrestre : [C] Poés. ***d)*** le monde infernal [par euphémisme], les enfers : [C] d. [T] Pros. ***e)*** [chrét.] le monde, le siècle : [T] Pros.

mūnĕrābundus, *a*, *um*, qui fait des présents : [+C] Pros.

mūnĕrārĭus, *a*, *um*, relatif aux gladiateurs : [+C] Pros. ‖ **-rārĭus**, *ĭi*, m. ***a)*** donateur : [T] Pros. ***b)*** qui donne un spectacle de gladiateurs : [C] Pros., [+C] Pros.

mūnĕrātŏr, *ōris*, m., qui donne un spectacle de gladiateur : [+C] Pros.

mūnĕrātus, *a*, *um*, part. de *munero* et de *muneror*

mūnĕrĭgĕrŭlus, *a*, *um*, qui porte des présents : [-C] Théât.

mūnĕrō, *ās*, *āre*, *āvī*, *ātum*, tr. ¶ **1** donner en présent, accorder, ***aliquid alicui*** : [-C] Théât. ¶ **2** récompenser, gratifier : ***aliquem*** [-C] Théât., faire un cadeau à qqn ‖ ***aliquem aliqua re*** [C] Pros., [+C] Pros.

mūnĕrŏr, *ārĭs*, *ārī*, *ātus sum*, tr. ¶ **1** faire des présents : [C] Pros. ¶ **2** donner en présent, accorder : ***aliquid alicui*** [C] Pros. ¶ **3** ***aliquem aliqua re***, gratifier qqn de qqch., faire présent de qqch. à qqn : [C] Pros., Poés.

mungōsus, *a*, *um*, [V▸] *mucosus*

mūnĭa, n. pl., [Cf▸] *immunis*, charges, fonctions, devoirs [officiels ou privés] : [C] Pros., [+C] Pros.

mūnĭceps, *ĭpis*, m. f., citoyen d'une ville municipale [municipe] : [C] Pros., [+C] Pros. ‖ compatriote, concitoyen : [C] Pros.

Mūnĭchĭus, [V▸] *Muny*

mūnĭcĭpālis, *e*, municipal, de municipe, de ville municipale : [C] Pros., [+C] Pros. ‖ provincial, de petite ville : [+C] Poés., [T] Pros.

mūnĭcĭpālĭtĕr, adv., d'une famille municipale : [T] Pros.

mūnĭcĭpātim, adv., de municipe en municipe : [+C] Pros.

mūnĭcĭpātŭs, *ūs*, m., droit de cité [dans le ciel] : [T] Pros.

mūnĭcĭpĭŏlum, *i*, n. : [T] Pros.

mūnĭcĭpis, gén. de *municeps*

mūnĭcĭpĭum, *ĭī*, n., municipe, ville municipale : [C] Pros.

mūnĭfĭcē, adv., généreusement, libéralement : [C] Pros.

mūnĭficens, [inus.] base du compar. et du superl. de *munificus*

mūnĭfĭcentĭa, *ae*, f., munificence, générosité : [C] Pros.

mūnĭfĭcō, *ās, āre, -, -*, tr., gratifier de, ***aliquem aliqua re*** : [C] Poés.

mūnĭfĭcus, *a, um*, libéral, généreux : [C] Pros. || ***-centissimus*** [C] Pros.

mūnīmĕn, *inis*, n., tout ce qui garantit, fortification, rempart, retranchement : [C] Poés.

mūnīmentum, *i*, n., tout ce qui protège, garantit, rempart, moyen de défense : [C] Pros. || fortification, retranchement : [+C] Pros. || [fig.] rempart, défense, protection : [C] Pros., [+C] Pros.

1 **mūnĭō** (arch.), **moenĭō**, *īs, īre, īvī* ou *ĭī, ītum*, tr. ¶**1** faire un travail de terrassement, de maçonnerie : [C] Pros. ¶**2** faire avec un travail de terrassement, de maçonnerie, construire : ***moenia moenire*** [-C] Théât., construire un rempart ; ***castra munire*** [C] Pros., faire un camp retranché ; ***munitis castris*** [C] Pros., le camp retranché étant achevé || ***viam munire*** [C] Pros., construire une route : ***itinera*** [C] Pros., construire des chemins ¶**3** fortifier, garnir de fortifications : ***locum*** [C] Pros., fortifier un lieu ¶**4** [fig.] ***a)*** abriter, protéger : [C] Pros. ***b) se munire ad aliquid*** [C] Pros., se fortifier contre qqch. ; ***se multorum benevolentia*** [C] Pros., se faire un rempart de la bienveillance publique ***c)*** [C] Pros. ; ***accusandi viam alicui*** [C] Pros., préparer à qqn les moyens d'accuser

2 **Munĭo**, V▶ *2 Minio*

mūnis, *e*, remplissant son devoir, obligeant : [-C] Théât.

mūnītē, adv. [inus. au positif] à couvert, à l'abri : [C] Pros.

mūnītĭo, *ōnis*, f., travail de terrassement, ¶**1** travail de fortification : [C] Pros. || fortification, rempart retranchement, murs : [C] Pros. ¶**2** ***viarum*** [C] Pros., construction, réparation de routes || [fig.] action de frayer, de consolider la voie : [C] Pros.

mūnītĭuncŭla, *ae*, f., petite fortification : [T] Pros.

mūnītō, *ās, āre, -, -*, tr., ouvrir [un chemin, au fig.] : [C] Pros.

mūnītŏr, *ōris*, m., celui qui fortifie : [C] Poés. || soldat travaillant à des fortifications, travailleur : [+C] Pros. ; [mineur] [C] Pros.

mūnītus, *a, um*, part.-adj. de *1 munio*, défendu, fortifié, protégé : [C] Pros. || n. pl., rempart : [C] Poés. || ***-ior*** [C] Pros. ; ***-issimus*** [C] Pros.

mūnus (arch. **moenus**), *ĕris*, n. ¶**1** ce dont on a la responsabilité, ce dont on a la charge ***a)*** fonction, tâche, mission : ***geometriae munus tueri*** Cic., remplir les fonctions de professeur de géométrie ; ***omni civium munere fungi*** Cic., remplir toutes les charges du citoyen ; ***in omni munere vitae*** Cic., dans toutes les tâches de l'existence ; ***munera militiae*** Cic., les tâches du service militaire ; ***munus efficere*** Cic., remplir une mission ; ***principium munus est*** [avec inf.] Cic., le rôle des premiers citoyens est de... ***b)*** devoir, obligation : ***alicui munus imponere*** Cic., imposer une obligation à qqn ; ***suprema munera*** Virg., les derniers devoirs ; ***munere fungi*** Virg., s'acquitter d'un devoir ; ***munera mittere*** Virg., même sens ¶**2** don, présent, faveur : ***munera mittere alicui*** Cic., envoyer des présents à qqn ; ***muneri mittere aliquid alicui*** Cic., envoyer qqch. en présent à qqn ; ***deorum munere*** Cic., par une faveur des dieux ¶**3** spectacle public, [en part.] combat (de gladiateurs) : ***magnificum munus dare*** Cic., donner des jeux grandioses ; ***munus Scipionis*** Cic., les jeux donnés par Scipion ; ***gladiatorum munera*** Cic., les combats de gladiateurs

mūnuscŭlum, *i*, n., petit présent : [C] Pros., Poés., [+C] Poés.

Mūnўchĭa, *ae*, f., Munychie [port de l'Attique] : [C] Pros. || **-ĭus**, *a, um*, de Munychie, Athénien : [C] Poés.

Mūraena (-niānus), V▶ *Murena*

mūraenŭla, *ae*, f., petit collier : [T] Pros.

mūrālis, *e*, de mur, de rempart : ***murales falces*** [C] Pros., faux murales [pour saper] ; ***muralis corona*** : [C] Pros., couronne murale ou obsidionale [donnée au soldat qui avait escaladé le premier les murs assiégés] ; [C] Poés., couronne de Cybèle [formée de tours]

1 **Murcĭa**, *ae*, f., épithète de Vénus : [C] Pros. || temple de Murcia : [C] Pros.

2 **Murcĭa**, *ae*, f., C▶ *Murcida* : [T] Pros.

Murcĭda, *ae*, f., la Paresse [divinité] : [T] Pros.

murcĭdus, *a, um*, lâche, paresseux : [T] Pros.

1 **murcus**, *i*, m., mutilé, [d'où] lâche, poltron [qui se coupait le pouce pour ne pas servir] : [T] Pros.

2 **Murcus**, *i*, m., surnom : [C] Pros.

Mūrēna, *ae*, m., surnom dans la gens Licinia, not[t] L. Licinius Muréna [qui fut défendu par Cicéron] : [C] Pros.

mūrēnŭla, V▶ *muraenula*

mūrex, *ĭcis*, m., murex ou pourpre [coquillage dont on tirait la pourpre] : [+C] Poés. || pourpre [couleur] : [C] Poés. || rocher pointu : [C] Poés. || mors armé de pointes : [+C] Poés. || pointes de fer formant chausse-trape : [+C] Pros. : [+C] Pros.

Murgantĭa, *ae*, f., ville de Sicile : [C] Pros. || du Samnium : [C] Pros. || **-tīnus**, *a, um*, de Murgentia [en Sicile] : [C] Pros. || **-tīni**, *ōrum*, m. pl., les habitants de Murgentia : [C] Pros.

mŭrĭa, *ae*, f., saumure : [C] Poés. || eau salée : [+C] Pros. ; ***dura*** [-C] Pros., eau saturée de sel

mŭrĭātĭca, *ōrum*, n. pl., mets confits dans la saumure : [-C] Théât.

mūrĭcĭdus, *a, um*, indolent : [-C] Théât.

mūrĭcis, gén. de *murex*

mūrĭcus, *i*, m., souriceau : [+T] Poés.

mūrīnus, *a, um*, gris souris [couleur] : [C] Poés., [+C] Pros.

murmŭr, *ŭris*, n., bruit sourd ¶**1 *a)*** murmure, bruit confus de voix : [C] Pros., Poés. || supplication, prière à voix basse : [+C] Poés. ***b)*** bourdonnement [d'abeilles] : [C] Poés. ; grondement [du tigre] : [+C] Poés. ; rugissement [du lion] : [+C] Poés. ¶**2** [en parl. des choses] ***maris*** [C] Pros., le murmure de la mer || grondement [du tonnerre] : [C] Poés. ; ***murmur dare*** [C] Poés., produire un grondement || sons rauques [de la trompette] : [C] Poés. || [fig.] rumeurs, bruits : [C] Poés.

murmŭrābundus, *a, um*, qui murmure : [+C] Pros.

murmŭrātĭo, *ōnis*, f., [fig.] murmure, plainte : [+C] Pros.

murmŭrātŏr, *ōris*, m., [fig.] celui qui murmure, qui se plaint : [T] Pros.

murmŭrātus, *a, um*, part. de *murmuro* : [+C] Pros.

murmŭrillum, *i*, n., murmure, mots prononcés à voix basse : [-C] Théât.

murmŭrō, *ās, āre, āvī, ātum* ¶**1** intr., murmurer [pers.] : [-C] Théât., [C] Pros. || [en parl. de pers. mécontentes] [-C] Théât. || [choses] faire entendre un bruit, un murmure, un grondement, un crépitement : [mer] [C] Pros. ; [flots] [C] Poés. ; [flamme] ; [intestins] [-C] Théât. ¶**2** tr., V▶ *murmuratus*

murmŭrŏr, *ārĭs, ārī, ātus sum*, intr., C▶ *murmuro* : [C] Poés., [T] Pros. || tr., murmurer contre : [+C] Pros.

***mŭrŏbatharĭus**, *ĭī*, m., fabricant de parfums : [-C] Théât.

Mūrŏcincta, *ae*, f., maison de campagne dans la Basse Pannonie : [T] Pros.

Murrānus, *i*, m., nom d'un compagnon de Turnus : [C] Poés.

murra (murrha), *ae*, f. ¶**1** murrhe [spath-fluor], matière minérale dont on faisait des vases précieux : [+C] Poés. ¶**2** vase murrhin : [+C] Poés. ¶**3** V▶ *1 myrrha*

murrātus, **(murrhātus)**, V▶ *myrrhatus*

murrĕus (murrhĕus), *a, um* ¶**1** fait avec de la matière murrhine, murrhin : [C] Poés., [+C] Pros. ¶**2** V▶ *myrrheus*

murrĭnus (murrhĭnus), *a, um* ¶**1** ***murrhina, ōrum***, n. pl., vases murrhins : [+C] Poés. ¶**2** V▶ *myrrhinus*

Mursa, *ae*, f., nom de deux villes de la Pannonie [*major* et *minor*] : [T] Pros. || **-sensis** et **-siensis**, *e*, de Mursa ou Mursia : [T] Pros. || **-sīnus**, *a, um*, [T] Pros.

Mursĭa, *ae*, f., C▶ *Mursa (major)* : [T] Pros.

murta, **murtātus**, → *myrta*

mūrus, *i*, m., mur [d'une ville], rempart : [C] Pros., Poés. ‖ mur [de maison], clôture, enceinte : [C] Pros. ‖ remblai, levée, digue : [C] Pros. ‖ tour de bois que porte un éléphant : [+C] Poés. ‖ [fig.] mur, rempart, défense, protection : [C] Pros.

1 **mūs**, *mūris*, m., souris, mulot : [C] Pros. ‖ [terme d'injure] [+C] Pros. ‖ [terme de caresse] [+C] Poés.

2 **Mūs**, *Mūris*, m., surnom romain : [C] Pros.

1 **Mūsa**, *ae*, f. ¶ **1** une des Muses : [C] Pros. ‖ ***Musa crassiore*** [+C] Pros., plus simplement [en un langage plus simple] sans talent [sans génie] ‖ pl., **Mūsae**, les Muses : [C] Pros. ¶ **2** [fig.] chant, poésie, poème : [C] Poés. ‖ pl., études, science : [C] Pros. ; ***Musae mansuetiores*** [C] Pros., Muses [= études] plus tranquilles

2 **Mūsa**, *ae*, m., surnom romain : [+C] Pros.

1 **Mūsaeus**, *a*, *um*, → *Museus*

2 **Mūsaeus**, *i*, m., Musée [poète grec, contemporain d'Orphée] : [C] Pros.

mūsăgĕtēs, *ae*, m., musagète, qui conduit les Muses [épithète d'Apollon et d'Hercule] : [T] Pros.

1 **musca**, *ae*, f., mouche [insecte] : [C] Pros. ‖ [fig.] homme curieux : [-C] Théât. ‖ importun : [-C] Théât.

2 **Musca**, *ae*, m., nom d'homme : [C] Pros.

muscārĭum, *ii*, n., émouchoir, chasse-mouche : [+C] Poés.

muscārĭus, *a*, *um*, ***muscarius clavus*** [C] Pros., clou à tête plate

muscella, *ae*, f., dim. de *mula*, petite mule : [T] Pros.

muscĭdus, *a*, *um*, moussu, couvert de mousse : [T] Pros.

muscĭpŭla, *ae*, f., [-C] Poés., [C] Pros. et **muscĭpŭlum**, *i*, n., [C] Poés., [+C] Pros., [T] Pros., ratière, souricière, piège

muscōsus, *a*, *um*, moussu, couvert de mousse : [C] Poés. ‖ ***-sior*** [C] Pros.

muscŭla, *ae*, f., petite mouche : [T] Pros. ‖ cantharide : [T] Pros.

muscŭlōsus, *a*, *um*, formé de muscles, musculeux : [+C] Pros.

muscŭlus, *i*, m. ¶ **1** dim. de *1 mus*, petite souris : [C] Pros. ¶ **2** moule [coquillage] : [-C] Théât., [+C] Pros. ¶ **3** muscle : [+C] Pros. ¶ **4** sorte de galerie couverte mobile [pour protéger les assaillants] : [C] Pros.

muscus, *i*, m., mousse : [-C] Pros., [C] Pros.

mūsēum, *i*, n., endroit consacré aux Muses, aux études, musée, bibliothèque, académie : [C] Pros., [+C] Pros.

Mūsēus, *a*, *um*, des Muses, mélodieux, harmonieux : [C] Poés. ‖ inspiré par les Muses : [+C] Pros.

1 **mūsĭca**, *ae* et **mūsĭcē**, *ēs*, f., [+C] Pros., la musique : [C] Pros., [+C] Pros. ; ***musicam scire*** [C] Pros., savoir la musique

2 **mūsĭca**, *ōrum*, n. pl., la musique : [C] Pros.

Musĭcāni, *ōrum*, m. pl., peuple des bords de l'Indus : [+C] Pros.

1 **mūsĭcē**, adv., harmonieusement : [-C] Théât.

2 **mūsĭcē**, *ēs*, f., → *1 musica*

1 **mūsĭcus**, *a*, *um* ¶ **1** relatif à la musique : [C] Pros. ¶ **2** relatif à la poésie : [-C] Théât. ‖ relatif à la science : [+C] Pros.

2 **mūsĭcus**, *i*, m., musicien : [C] Pros.

mŭsĭmo (musmo), *ōnis*, m., étalon : [C] Poés.

mūsĭnŏr, → *muginor*

mūsīvum, *i*, n., grotte consacrée aux Muses [dont la voûte est décorée de mosaïque], ouvrage en mosaïque, mosaïque : [T] Pros.

musmo, → *musimo*

Mūsōnĭus, *ĭi*, m., Musonius Rufus [philosophe stoïcien, ami de Pline le J., exilé par Néron] : [+C] Pros. ‖ **-ĭānus**, *a*, *um*, de Musonius : [T] Pros.

mussātĭo, *ōnis*, f., action de se taire : [T] Pros.

mussĭtātĭo, *ōnis*, f., grognement [du chien] : [+C] Pros.

mussĭtātŏr, *ōris*, m., celui qui murmure entre ses dents : [T] Pros.

mussĭtō, *ās*, *āre*, *āvī*, *ātum* ¶ **1** intr., garder pour soi, se taire, garder le silence : [-C] Théât. ¶ **2** tr., dire tout bas, marmonner, murmurer : [-C] Théât., [C] Pros., [T] Pros. ¶ **3** supporter en silence : [-C] Théât.

mussō, *ās*, *āre*, *āvī*, *ātum* ¶ **1** intr., étouffer sa voix, parler entre les dents, murmurer, chuchoter, marmonner : [C] Pros., Poés. ‖ [poét.] bourdonner [en parl. des abeilles] : [C] Poés. ‖ chuchoter [marquer son hésitation] : [+C] Pros. ; [avec inf.] [C] Poés., hésiter à ; [avec interrog. indir.] [C] Poés., ne pas oser dire ¶ **2** tr., garder pour soi, taire : [-C] Théât.

mussŏr, *ārĭs*, *ārī*, *ātus sum*, → *musso* : [C] Poés.

mustācĕum, *i*, n., [+C] Poés., **-cĕus**, *i*, m., [C] gâteau de mariage au vin doux cuit sur du laurier : [-C] Pros., [C] Pros., [+C] Poés.

mustārius, *a*, *um*, relatif au moût : [-C] Pros.

mustēla, *ae*, f., belette, [-C] Théât., [C] Pros. ‖ poisson de mer inconnu : [+C] Pros. ; → *mustella*

mustēlīnus (-tellīnus), *a*, *um*, de belette : [-C] Théât.

mustella, → *mustēla*

mustĕus, *a*, *um*, doux comme du moût : [-C] Pros., [+C] Pros. ‖ frais, nouveau : [+C] Pros.

mustĭcus, *a*, *um*, → *1 mysticus*

mustrĭcŭla, *ae*, f., forme de cordonnier : [-C] Théât.

mustŭlentus, *a*, *um*, abondant en vin doux : [+C] Pros.

mustum, *i*, n., moût, vin doux, non fermenté : [-C] Pros., [C] Poés., Pros. ‖ [fig.] **musta**, *ōrum*, n. pl., vendanges, automne : [C] Poés.

mustus, *i*, m., nouveau : [-C] Pros.

Musulamĭi, *ōrum*, m. pl., peuple de Numidie : [+C] Pros.

Mūta, *ae*, f., déesse [la même que Lara] : [C] Poés., [T] Pros.

mūtābĭlis, *e*, sujet au changement, variable : [C] Pros., Poés. ‖ ***-lior*** [+C] Pros.

mūtābĭlĭtās, *ātis*, f., mutabilité : [C] Poés. ‖ [fig.] mobilité [d'esprit], inconstance : [C] Pros.

mūtātĭo, *ōnis*, f. ¶ **1** action de changer, altération, changement : [C] Pros. ; ***mutationem alicujus rei facere*** [C] Pros., changer qqch. ‖ ***rerum*** [C] Pros., changement dans l'État, révolution ¶ **2** échange, action d'échanger : ***officiorum*** [C] Pros., échange de bons offices ‖ ***ementium*** [+C] Pros., échange des acheteurs ‖ relais de poste : [T] Pros. ‖ [rhét.] hypallage : [+C] Pros.

mūtātŏr, *ōris*, m., celui qui effectue un changement : [+C] Poés. ‖ qui échange : ***mercium mutator*** [T] Pros., négociant ; ***equorum*** [+C] Poés., qui fait la voltige en sautant d'un cheval sur un autre → *desultor*

mūtātōrĭum, *ĭi*, n., sorte de manteau de femme : [T] Pros.

mūtātus, *a*, *um*, part. de *1 muto*

Muthul, m. indécl., fleuve de Numidie, célèbre par la victoire de Métellus sur Jugurtha : [C] Pros.

mŭtĭcus, *a*, *um*, → *mutilus* : [C] Pros.

Mūtĭla, *ae*, f., ville d'Istrie : [C] Pros.

mŭtĭlātus, *a*, *um*, part. de *mutilo*

mŭtĭlō, *ās*, *āre*, *āvī*, *ātum*, tr., mutiler, retrancher, couper : [C] Pros., Poés. ‖ estropier [les mots] : [+C] Pros. ‖ diminuer, amoindrir : [-C] Théât., [C] Pros.

Mŭtĭlum castrum, n., ville d'Ombrie : [C] Pros.

mŭtĭlus, *a*, *um*, mutilé, dont on a coupé ou retranché qqch. : [C] Pros. ; [fig.] ***mutila sentire*** [C] Pros., sentir que des phrases sont tronquées ; ***mutila loqui*** [C] Pros., faire des phrases incomplètes, entrecoupées

Mŭtĭna, *ae*, f., ville de la Gaule transpadane [auj. Modène] : [C] Pros. ‖ **-ensis**, *e*, de Modène : [C] Pros.

Mūtīnus, **Mūtūnus**, *i*, m., le même que Priape : [T] Pros.

mūtĭō, → *muttio*

mūtītĭo, → *muttitio*

mūtĭtō, *ās*, *āre*, -, -, intr., se traiter tour à tour, se régaler réciproquement : [+C] Pros.

Mūtĭus, → *2 Mucius*

1 **mūtō**, *ās*, *āre*, *āvī*, *ātum*, tr. et intr.

I tr. ¶ **1** déplacer : [-C] Théât. ; ***civitate mutari*** [C] Pros., être changé de cité [devenir citoyen d'une autre patrie] ¶ **2** changer, modifier : ***sententiam*** [C] Pros. ; ***consilium*** [C] Pros. ; ***consuetudinem dicendi*** [C] Pros., changer son opinion, sa résolution, ses habitudes de parler [comme orateur] ; ***mentem alicujus*** [C] Pros., modifier les idées de qqn ‖ [C] Pros., [+C] Pros. ; ***mutare ad ...*** [+C] Pros., changer selon ... = adapter à ‖ [pass.] : ***mutari in pejus*** [+C] Pros., se modifier dans un sens plus mauvais, changer en pire ; [C] Pros., Poés. ; ***vinum mutatum*** [C] Poés., vin tourné ; ***mutata verba*** [C] Pros., métonymie ; ***oratio mutata*** [C] Pros., style varié ¶ **3** changer, échanger, remplacer par échange : [C] Pros. ‖ ***vestem mutare*** [C] Pros., prendre des habits de deuil ; ***solum*** [C] Pros., aller en exil ‖ ***rem cum aliqua re*** [C] Poés., changer qqch. en qqch. ; ***rem cum aliquo*** [-C] Théât., échanger qqch. avec qqn ; ***rem pro aliqua re*** [C] Pros., échanger une chose contre une autre ; [C] Poés., Pros. ‖ prendre en échange : [C] Poés. ‖ échange des marchandises [trafic, commerce] : [C] Poés. ; ***mutandi copia*** [C] Pros., faculté de faire des échanges ¶ **4** changer, abandonner, v. ***principem*** [+C] Pros., changer de prince, lui donner un successeur

II intr. ¶ **1** se changer, changer : ***mores mutaverunt*** [C] Pros., les moeurs ont changé ; ***in superbiam mutans*** [+C] Pros., se modifiant dans le sens de l'orgueil, devenant orgueilleux ¶ **2** différer : [C] Pros. ; ***a Menandro mutare*** [+C] Pros., être inférieur à Ménandre

2 **mūto** (**mutto**), *ōnis*, m., pénis : [-C] Poés., [C] Poés.

Muttinēs, *is*, m., nom d'homme : [C] Pros.

mūttĭō, *īs*, *īre*, -, -, intr., produire le son *mu*, grommeler, marmonner : [-C] Théât. ‖ tr., [-C] Théât. ‖ crier, grincer [en parl. d'un gond] : [-C] Théât. ; ➡ *mutio*

muttītĭo, f., action de murmurer : [-C] Théât.

mutto, ➡ *2 muto*

mūtŭārĭus, *a*, *um*, mutuel, réciproque : [+C] Pros.

mūtŭātīcĭus (**-tĭcus**), *a*, *um*, emprunté : [+C] Pros.

mūtŭātĭo, *ōnis*, f., emprunt [d'argent] : [C] Pros. ‖ emprunt [d'une expression] : [C] Pros.

mūtŭātus, *a*, *um*, part. de *mutuor*

mūtŭĭtans, *tis*, qui cherche à emprunter : [-C] Théât.

mūtŭlus, *i*, m., [archit.] corbeau : [C] Pros. ‖ modillon, mutule, console : [C] Pros.

mūtūn-, ➡ *muton-*

Mūtūnus, ➡ *Mutinus*

mūtŭŏr, *ārĭs*, *ārī*, *ātus sum*, tr., emprunter : ***ab Caelio*** [C] Pros., emprunter à Caelius ‖ [autre chose que de l'argent] : [C] Pros., [+C] Pros. ‖ [fig.] emprunter, tirer de, se procurer : [C] Pros. ; ***consilium ab amore*** [C] Pros., prendre conseil de son amour

mūtus, *a*, *um* ¶ **1** muet, privé de la parole : ***mutae pecudes*** [C] Pros., animaux muets, bêtes brutes ‖ ***muta imago*** [C] Pros., image muette ¶ **2** silencieux : ***mutum forum*** [C] Pros., le forum muet ; ***muta solitudo*** [C] Pros., solitude muette ¶ **3** qui ne dit rien [opposé à *loquax*, bavard] : [C] Pros.

Mŭtusca, *ae*, f., ville des Sabins : [C] Poés.

mūtŭum, *i*, n. ¶ **1** ***mutuo***, à titre de prêt : [C] Pros. ¶ **2** réciprocité : ***mutuum fit*** [-C] Théât., il y a réciprocité ; ***mutuum facere cum aliquo*** [-C] Théât., rendre la pareille à qqn ; ***per mutua*** [C] Poés., mutuellement

mūtŭus, *a*, *um* ¶ **1** prêté, emprunté : [C] Pros. ; [C] Pros. ¶ **2** réciproque, mutuel : ***mutua officia*** [C] Pros., services mutuels ; ***voluntas mutua*** [C] Pros., sentiment réciproque ‖ pl. n. pris adv[t], [C] Poés.

Mŭtўcē, *ēs*, f., ville de Sicile : [+C] Poés. ‖ **-censis**, *e*, de Mutycé : [C] Pros.

Myagrus, ➡ *Myia*

1 **Mўcălē**, *ēs*, f., nom de femme : [C] Poés.

2 **Mўcălē**, *ēs*, f., Mycale, montagne d'Ionie : [C] Poés. ‖ **-ensis**, *e*, [+C] Pros.

Mўcălēsŏs, (**-ssos ssus**), *i*, f., ville de Béotie : [+C] Poés. ‖ **-sĭus**, *a*, *um*, de Mycalesse : [+C] Poés.

mўcēmătĭās, *ae*, m., sorte de tremblement de terre : [T] Pros.

Mўcēnae, *ārum*, f. pl., [C] Poés., **Mўcēnē**, *ēs*, f., [+C] Poés., **Mўcēna**, *ae*, f., [C] Poés., Mycènes [ville d'Argolide, résidence d'Agamemnon] ‖ **-naeus**, *a*, *um*, de Mycènes : [C] Poés. ‖ **-nenses**, *ĭum*, m. pl., habitants de Mycènes : [C] Pros.

Mўcēnĭca, *ae*, f., lieu voisin d'Argos : [C] Pros.

Mўcēnis, *ĭdis*, f., de Mycènes [Iphigénie] : [C] Poés., [+C] Poés.

mўcētĭas, *ae*, m., ➡ *mycematias* : [+C] Pros.

Mўcŏnus (**-nŏs**), *i*, f., Mykonos [une des Cyclades] : [C] Poés.

myctēris, f., ➡ *mictyris*

mydrĭăsis, *is*, f., mydriase [maladie] : [+C] Pros.

mўgălē, *ēs*, f., musaraigne : [+C] Pros.

Mygdŏnĭa, *ae*, f., ancien nom de la Bithynie : [T] Pros.

Mygdŏnĭdēs, *ae*, m., fils de Mygdon : [C] Poés.

Mygdŏnis, *ĭdis*, f., de Mygdonie : [C] Poés.

Mygdŏnĭus, *a*, *um*, de Mygdonie [en Phrygie] : [C] Poés.

Mўlae, *ārum*, f. pl., Myles [ville de Sicile, auj. Milazzo], **Mўlē**, *ēs*, f., [+C] Poés. ‖ ville de Thessalie : [C] Pros.

Mўlās, *ae*, acc. *ān*, m., fleuve de Sicile : [C] Pros.

Mўlăsa, *ōrum*, n. pl., ville de Carie ‖ **-sēni**, *ōrum*, m. pl., [C] Pros. ‖ **-senses**, *ĭum*, pl., [C] Pros., habitants de Mylasa ‖ **-seūs**, *ĕi*, m., pl., **Mўlăsīs**, [C] Pros., de Mylasa

Mўlăsēnus, *a*, *um*, de Myles : [T] Poés.

Mўlē, *ēs*, f., ville de Sicile : [+C] Poés. ; ➡ *Mylae*

Myndus (**-dŏs**), *i*, f., Myndos [ville de Carie] : [C] Pros. ‖ **-dĭi**, *ōrum*, m. pl., habitants de Myndos : [C] Pros.

Myonnēsus (**-sŏs**), *i*, f., promontoire et ville d'Ionie : [C] Pros.

mўŏpăro, *ōnis*, acc. pl. *ōnas*, m., myoparon [sorte de navire léger], brigantin : [C] Pros.

mўrăpĭapĭra (**myrrăpĭapĭra**), n., sorte de poires parfumées : [+C] Pros.

mўrīca, *ae* et **-cē**, *ēs*, f., tamaris [arbuste] : [C] Poés.

Mўrīna, *ae*, f., ville d'Éolide, nommée aussi *Sebastopolis* par ses habitants : [C] Pros.

Myrmēcĭdēs, *ae*, m., nom d'un ciseleur : [C] Pros.

myrmēcĭum, *ii*, n., sorte de verrue : [+C] Pros.

Myrmĭdōn, *ŏnis*, m., fils de Jupiter et d'Euryméduse : [C] Poés.

Myrmĭdŏnē, *ēs*, f., une des Danaïdes : [+C] Poés.

Myrmĭdŏnes, *um*, m. pl., Myrmidons [peuple de Thessalie, dont Achille était le roi] : [C] Poés.

myrmill-, ➡ *mirmill-*

Myro (**Mўrōn**), *ōnis*, m., Myron [statuaire] : [C] Pros.

mўrŏbrĕchīs, acc. pl., huiles parfumées : [+C] Pros.

mўrŏn (**mўrum**), *i*, n., parfum : [T] Pros.

Mўrōnĭus, *a*, *um*, de Myron : [C] Pros.

mўrŏpōla, *ae*, m., parfumeur : [-C] Théât.

mўrŏpōlĭum, *ii*, n., boutique de parfumeur : [-C] Théât.

mўrŏthēcĭum, *ii*, n., boîte à parfums : [C] Pros.

1 **myrrha** (**myrra**, **murra**), *ae*, f. ¶ **1** myrrhe [parfum] : [C] Poés. ¶ **2** ➡ *murra*

2 **Myrrha**, *ae*, f., Myrrha [fille de Cinyras, changée en myrrhe] : [C] Poés.

myrrhātus (**murrātus**), *a*, *um*, parfumé de myrrhe : [T] Pros.

myrrhĕus, *a*, *um*, [C] Poés., blond châtain, de couleur de myrrhe : [C] Poés.

myrrhĭnus (**murr-**), *a*, *um*, de myrrhe : [-C] Théât., [T] Pros.

myrta (**murta**), *ae*, f. ¶ **1** baie de myrte : [-C] Pros. ¶ **2** ➡ *myrtus* : [+C] Pros.

myrtācĕus, *a*, *um*, de myrte : [+C] Pros.

Myrtălē, *ēs*, f., nom de femme : [C] Poés.

myrtātum (**mur-**), *i*, n., sorte de farce avec beaucoup de myrte : [C] Pros.

myrtĕŏlus (**mur-**), *a*, *um*, dim. de *myrteus* : [+C] Pros.

myrtētum (mur-), *i*, n., lieu planté de myrtes [employé avec le sens de *myrtus*] : ⊡ Théât., ⊡ Pros., Poés.

myrtĕus (mur-), *a*, *um*, de myrte, fait avec du myrte : ⊡ Poés.

Myrtĭlus, *i*, m., Myrtile [fils de Mercure et de Myrto, conducteur du char d'Œnomaüs] : ⊡ Pros., ⊡ Poés., Théât.

myrtītēs, *ae*, m., vin de myrte [où ont macéré des baies de myrte] : ⊡ Pros.

Myrtōum măre, n., mer de Myrtos [au sud de l'Attique, ainsi nommée de l'île de Myrtos] : ⊡ Poés. ‖ ***Myrtoa aqua*** ⊡ Poés., même sens

myrtum (mur-), *i*, n., baie de myrte : ⊡ Poés.

myrtŭs (mur-), *i* et *ūs*, f., myrte [arbrisseau] : ⊡ Poés.

mȳrum, *i*, n., ▶ *myron*

Mȳs, *y̆os*, m., nom d'un ciseleur : ⊡ Poés., ⊡ Poés.

Myscĕlus, *i*, m., fils d'Alémon : ⊡ Poés.

Mȳsi, *ōrum*, m. pl., Mysiens, habitants de la Mysie : ⊡ Pros.

Mȳsĭa, *ae*, f., la Mysie [province d'Asie Mineure] : ⊡ Pros. ‖ **-sĭus**, ⊡ Pros. et **-sus**, *a*, *um*, ⊡ Poés., de Mysie

mystăgōgus, *i*, m., mystagogue, guide : ⊡ Pros.

mystērĭarchēs, *ae*, m., celui qui préside aux mystères : ⊡ Poés.

mystērĭum, *ĭi*, n., mais plus souv[t], **-ĭa**, *ōrum*, n. pl., mystères, cérémonies secrètes en l'honneur d'une divinité et accessibles seulement à des initiés : ⊡ Pros. ‖ mystère, chose tenue secrète, secret : [pl.] ⊡ Pros. ; [sg.] ⊡ Pros. ‖ [chrét.] mystère : ⊡ Pros.

Mystēs, *ae*, m., nom d'homme : ⊡ Poés.

1 **mystĭcus**, *a*, *um*, mystique, relatif aux mystères : ⊡ Poés., ⊡ Poés.

2 **Mystĭcus**, *i*, m., nom d'un pantomime : ⊡ Pros.

Mȳsus, *a*, *um*, ▶ *Mysia*

mȳthĭcus, *a*, *um*, relatif à la Fable, fabuleux : ⊡ Pros. ‖ subst. m., mythographe : ⊡ Pros.

mȳthistŏrĭa, *ae*, f., récit fabuleux, roman : ⊡ Pros.

Mȳtĭlēnē, *ēs*, f., ⊡ Poés., et **-lēnae**, *ārum*, f. pl., ⊡ Pros., Mytilène [capitale de Lesbos] ‖ **-naeus**, *a*, *um*, ⊡ Pros. et **-nensis**, *e*, ⊡ Pros., de Mytilène ‖ **-naei**, m. pl., les habitants de Mytilène : ⊡ Pros.

mȳtĭlus, ▶ *mitulus*

Mȳūs, *untis*, f., Myonte [ville d'Ionie] : ⊡ Pros.

myxa, *ae*, f., lumignon : ⊡ Poés.

N

n, n., f., indécl., 13e lettre de l'alphabet latin, prononcée *en* (*nn*), ιννε, V. *m* ‖ [abrév.] ***N.* = *Numerius*** et ***nummus***

Naarmalcha, ***ae***, m., un des bras de l'Euphrate : [T] Pros.

Nabalia, ***ae***, m., fleuve de Germanie : [+C] Pros.

Năbăthae (-tae), ***ārum***, m. pl., V. *Nabathaei* : [+C] Théât.

Năbăthaei (-taei), ***ōrum***, m. pl., Nabathéens : [+C] Pros. ‖ **-aeus**, ***a***, ***um***, d'Arabie : [+C] Poés.

Nābis, ***is***, m., tyran de Sparte : [C] Pros.

nablĭa, ***ōrum***, n. pl., [C] Poés., V. *nablum*

nablum, ***i***, n., [pl.] nable, harpe phénicienne : [T] Pros.

Nabuchodonosor, m., indécl., roi de Ninive : [T] Pros.

nacca, ***ae***, m., foulon : [+C] Pros.

naccīnus, ***a***, ***um***, de foulon, de teinturier : [+C] Pros.

Nacolēa (-lĭa), ***ae***, f., ville de Grande-Phrygie : [T] Pros.

naenĭa, ***ae***, f., V. *nenia*

Naevia porta, f., porte Naevia [une des portes de Rome] : [C] Pros.

Naevĭānus, ***a***, ***um***, de Naevius [le poète] : [C] Pros. ‖ **-vĭāna pĭra**, n. pl., variété de poire : [+C] Pros.

1 **naevius**, ***a***, ***um***, qui a des signes, des verrues : [T] Pros.

2 **Naevius**, ***ii***, m., Naevius [ancien poète latin] : [C] Pros. ‖ **-us**, ***a***, ***um***, de Naevius : [C] Pros. ‖ **-via olea**, variété d'olives : [+C] Pros.

naevŏlus, ***i***, m., petite tache sur le corps, petite verrue : [+C] Pros.

naevus, ***i***, m., tache sur le corps, signe naturel, envie, verrue : [C] Pros., Poés. ‖ tache, déshonneur : [T] Pros.

Nagara, ***ae***, f., ville d'Arabie : [T] Pros.

Nahanarvali (Naharvali), ***ōrum***, m. pl., peuple de Germanie : [+C] Pros.

Nāĭădes, **Nāĭdes**, ***um***, f. pl., V. *Nais*

Nāĭcus, ***a***, ***um***, des Naïades : [C] Poés.

Nāīm, f. indécl., ville de Palestine : [T] Pros.

Nāis, ***ĭdis***, [C] Poés., **Nāĭăs**, ***ădis***, f., Naïade [nymphe des fontaines et des fleuves] : [C] Poés. ‖ Hamadryade : [C] Poés. ‖ Néréide : [C] Poés.

Naissus, ***i***, f., ville de la Mésie supérieure : [T] Pros.

nam ¶ **1** [conj. causale] car, en effet ‖ [spécialt pour confirmer] le fait est que, il est vrai que, de fait ‖ [spécialt pour introduire un exemple illustrant ce qui vient d'être dit] ainsi, par exemple, de fait ¶ **2** [simple transition servant à introduire une autre idée] quant à, pour ce qui est de ‖ [souvent aussi avec *quod* de transition] quant à ce fait que ¶ **3** [particule d'affirmation] : ***nam cur?*** Pl., pourquoi donc ? ; ***scis nam?*** Pl., sais-tu donc ?, sais-tu en vérité ?

Namnētes, ***um***, m. pl., peuple de la Gaule Celtique [auj. Nantes] : [C] Pros.

namque, conj. de coord., le fait est que, et de fait, car : [-C] Théât., [C] Pros.

Nāna, ***ae***, f., nymphe, fille du fleuve Sangarius, mère d'Atys : [T] Pros.

nanciscŏr, ***scĕrĭs***, ***scī***, ***nactus sum***, tr., obtenir [par surprise], tomber sur, trouver : [C] Pros. ‖ [par naissance] [C] Pros. ‖ trouver, rencontrer : [C] Pros. ‖ attraper par contagion : [C] Pros. ‖ ***nactus*** ; sens passif : [+C] Pros., [T] Pros.

Nannēiāni, ***ōrum***, m. pl., acquéreurs, à bas prix, des biens d'un certain Nannéius proscrit par Sylla : [C] Pros.

Nannĭēnus, ***i***, m., nom d'homme : [T] Pros.

Nantuātes, ***um***, m. pl., peuple de la haute vallée du Rhône, vers Saint-Maurice : [C] Pros.

nānus, ***i***, m., nain : [C] Poés., [+C] Poés. ‖ cheval nain : [+C] Pros. ‖ sorte de vase bas et large : [C] Pros.

Năpaeae, ***ārum***, f. pl., Napées, nymphes des bois et des vallées : [C] Poés., [+C] Poés.

Năpē, ***ēs***, f., nom de chienne : [C] Poés. ‖ nom d'une esclave : [C] Poés.

naphta, ***ae***, f., [mot égyptien], naphte, pétrole [brut] : [T] Pros., **naphthās**, ***ae***, m.

nāpīna, ***ae***, f., carré de navets : [+C] Pros.

nāpus, ***i***, m., navet : [+C] Pros.

Nār, ***āris***, m., le Nar [rivière de Sabine] : [C] Pros., Poés.

Naraggara, ***ae***, f., ville de Numidie : [C] Pros.

Narbo, ***ōnis***, m., Narbonne [ville de Gaule] : [C] Pros. ‖ **-bo Martius**, [C] Pros. ‖ **-nensis**, ***e***, de Narbonne : [C] Pros.

Narbōna, ***ae***, f., C. *Narbo* : [T] Pros.

1 **narcissus**, ***i***, m., narcisse [fleur] : [C] Poés.

2 **Narcissus**, ***i***, m., Narcisse [fils de Céphise, changé en narcisse] : [C] Poés. ‖ affranchi et favori de Claude : [+C] Pros., Poés.

nardostăchyŏn (-ăcĭum), ***ĭi***, n., épi de nard : [+C] Pros.

nardum, ***i***, n., [C] Poés., **-dus**, ***i***, f., [C] Poés., [parfum] [C] Poés.

nārĭpūtens, ***entis***, m., qui sent mauvais du nez : [T] Poés.

nāris, ***is***, f., , [C] Poés., et surtout **nāres**, ***rium***, f. pl. ¶ **1** narines, nez : [C] Poés., Pros. ‖ [fig.] sagacité, finesse : ***(homo) emunctae naris*** [C] Poés., homme au nez creux, habile à sentir les ridicules ; ***naribus uti*** [C] Pros., se moquer, railler ; ***nares acutae*** [C] Poés., les narines fines = l'esprit critique ¶ **2** orifice [d'un tuyau] : [C] Pros. ‖ orifices [d'une mine] : [C] Pros. ‖ bronches [de four] : [C] Pros. ‖ drains [dans un mur] : [C] Pros.

Narisci, **Naristi**, ***ōrum***, m. pl., peuple de Germanie : [+C] Pros.

Narnĭa, ***ae***, f., ville d'Ombrie : [C] Pros., [+C] Pros. ‖ **-ĭensis**, ***e***, de Narnia : [C] Pros. ; **Narniense**, ***is***, n., [+C] Pros., propriété à Narnia

Narōna, ***ae***, f., ville de Dalmatie : [C] Pros.

narrābĭlis, ***e***, qu'on peut raconter : [C] Poés.

narrātĭo, ***ōnis***, f., action de raconter, narration, récit : [C] Pros. ‖ narration [rhét.] : [C] Pros.

narrātĭuncŭla, ***ae***, f., petit récit, conte, historiette : [+C] Pros.

narrātŏr, ***ōris***, m., narrateur, celui qui raconte : [C] Pros., [+C] Pros.

narrātŭs, ***ūs***, m., narration, récit : [C] Poés.

narrō, ***ās***, ***āre***, ***āvī***, ***ātum***, tr. ¶ **1** raconter, exposer dans un récit, dire : ***alicui aliquid*** [C] Pros., raconter qqch. à qqn ; ***Catonem narrare*** [+C] Pros., raconter l'histoire de Caton ‖ ***alicui de aliqua re*** [C] Pros., faire à qqn le récit de qqch. ; ***de aliquo male*** [C] Pros., donner de mauvaises nouvelles de qqn ‖ ***narratum*** impers. avec prop. inf., [+C] Pros., on raconte que ‖ ***narraris*** [+C] Poés., on parle de toi ; [+C] Pros. ; ***praeter narrata*** [C] Poés., outre ce que tu m'as dit ¶ **2** conter, parler de : [-C] Théât., [C] Pros.

narthēcĭum, ***ĭi***, n., boîte à onguents : [C] Pros., [+C] Poés.

nārus, ***a***, ***um***, V. *gnarus*

Nārўcius, ***a***, ***um***, de Narycie : [C] Poés. ‖ roi de Locres, Lelex : [C] Poés.

Nārўcum, ***i***, n., et **Narycia**, ***ae***, f., [C] Poés., ville locride [patrie d'Ajax, d'où était partie une colonie établie dans le Bruttium en Italie]

Năsămōnes, *um*, m. pl., peuple sauvage d'Afrique : +C Poés. ‖ **-ōnĭus**, +C Poés. et **-ōnĭăcus**, *a*, *um*, C Poés., +C Poés., des Nasamons, Numide ‖ **-ōnĭăs**, *ădis*, adj. f., nasamonienne : +C Poés.

Nasanzus, V▶ *Nazanzus*

nascendus, *a*, *um*, V▶ *nascor* ¶ *1*

nascentĭa, *ae*, f., nativité : C Pros.

nascō, *ĭs*, *ĕre*, -, -, ▶ *nascor* : −C Pros.

nascŏr, *scĕrĭs*, *scī*, *nātus sum*, intr. ¶ **1** naître : C Pros. ‖ ***ex nobis nati*** C Pros., issus de nous ; ***ex serva natus*** C Pros., né d'une esclave ‖ [avec *de*] −C Théât., C Poés. ‖ [avec *ab*] C Poés., +C Pros. ‖ ***post homines natos*** C Pros., depuis qu'il y a des hommes ; ***in miseriam nascimur*** C Pros., nous naissons pour être malheureux ; +C Pros. ¶ **2** [fig.] naître, prendre son origine, provenir : C Pros., +C Pros. ‖ ***ex hoc nascitur, ut*** C Pros., de là il résulte que

1 **nāsīca**, *ae*, adj. m. f., qui a les narines écartées, le nez épaté : T Pros.

2 **Nāsīca**, *ae*, m., surnom dans la famille des Scipions : C Pros. ‖ nom d'homme : C Poés.

Nāsĭdĭēnus, *i*, m., nom d'homme : C Poés.

Nāsĭdĭus, *ii*, m., nom d'une famille romaine, notᵗ L. Nasidius [partisan de Pompée] : C Pros. ‖ **Nāsĭdĭānus**, *a*, *um*, de Nasidius : C Pros.

nāsĭterna (nass-), *ae*, f., nasiterne, sorte d'arrosoir : −C Théât., Pros., C Pros. ; V▶ *mnasiterna*

Nāso, *ōnis*, m., Nason [surnom romain] ‖ Ovide [désigné par son surnom] : C Poés.

Nāsŏs, V▶ *2 Nasus*

nassa (naxa), *ae*, f., nasse de pêcheur : +C Poés. ‖ [fig.] mauvais pas : −C Théât., C Pros.

nassĭter-, V▶ *nasi-*

nasturtĭum (-cĭum), *ĭi*, n., cresson alénois [plante] : C Pros.

nāsum, *i*, n. arch., C▶ *1 nasus* : −C Théât., C Pros.

1 **nāsus**, *i*, m. ¶ **1** nez de l'homme : −C Théât., C Pros. ‖ nez [sens de l'odorat] : C Poés. ‖ [comme siège de la colère] +C Poés. ¶ **2** [fig.] finesse du goût, esprit moqueur, moquerie : ***habere nasum*** +C Poés., avoir le goût difficile ; C Poés. ¶ **3** bec, goulot d'un vase : +C Poés.

2 **Nāsus (Nāsos)**, *i*, f., quartier de Syracuse : C Pros. ‖ ville d'Acarnanie : C Pros.

nāsūtē, adv., avec du flair, adroitement : +C Pros.

nāsūtus, *a*, *um* ¶ **1** qui a un grand nez : C Poés. ¶ **2** qui a du flair, qui a le nez fin, spirituel, mordant, moqueur : +C Poés. ; ***-tior*** +C Poés. ; ***-issimus*** C Pros. ‖ qui a trop de nez, dédaigneux : C Poés.

nāta (gnata), *ae*, f., fille : C Poés.

nătābĭlis, *e*, destiné à flotter : +T Poés.

nătābŭlum, *i*, n., endroit pour nager : +C Pros.

Natal, nom d'un des mimes de Laberius : +C Pros.

nātāles, *ĭum*, m. pl., naissance, origine : +C Pros., Poés. ; ***natalium periti*** +C Pros., tireurs d'horoscopes

nātālĭcĭa, *ae*, f., repas d'anniversaire : C Pros.

nātālĭcĭum, *ĭi*, n., [chrét.] anniversaire (de la mort) d'un saint : T Pros.

nātālĭcĭus, *a*, *um*, relatif à l'heure (au jour) de naissance : C Pros., +C Poés.

1 **nātālis**, *e*, natal, de naissance, d'anniversaire : C Pros. ; ***natale astrum*** C Pros., astre qui préside à la naissance ; C Poés.

2 **nātālis**, *is*, m., (s.-ent. ***dies***), jour de naissance, anniversaire : C Pros. ‖ pl., C Pros., +C Pros. ; V▶ *natales*

3 **Nātālis**, *is*, m., (s.-ent. ***genius***), dieu qui préside à la naissance de chaque homme : C Poés.

4 **Nātālis**, *is*, m., nom d'homme : +C Pros.

nătans, *tis*, f., V▶ *nato* : C Poés.

nătātĭlis, *e*, qui sait nager, aquatique : +C Pros.

nătātio, *ōnis*, f., natation : C Pros., +C Pros. ‖ lieu où l'on peut nager : +C Pros.

nătātŏr, *ōris*, m., nageur : C Pros., Poés.

nătātōria, *ae*, f., endroit où l'on nage, piscine : T Pros.

nătātōrĭus, *a*, *um*, subst. pl. n., endroit où l'on nage, bassin : T Pros.

nătātŭs, *ūs*, m., action de nager, natation : +C Poés.

nătes, *ĭum*, f. pl., fesses : −C Théât., +C Poés. ‖ croupion [de pigeon] : +C Poés. ‖ sg., **nătis**, *is*, C Poés.

nātĭo, *ōnis*, f. ¶ **1** déesse de la Naissance : C Pros. ‖ [en parl. des anim.] race, espèce, sorte : C Pros. ; [en parl. de miel] ‖ génération, descendance : T Pros. ¶ **2** peuplade, nation [partie d'une *gens*, peuple, race] : C Pros., +C Pros. ‖ [ironiqᵗ] secte, race, tribu, gent : −C Théât., C Pros.

nătis, *is*, f., V▶ *nates*

nātīvus, *a*, *um*, qui naît, qui a une naissance : C Pros. ‖ qui a un commencement : C Poés. ‖ reçu en naissant, inné : C Pros. ‖ naturel, non artificiel : C Pros. ‖ ***nativa verba*** C Pros., mots primitifs [gram.]

nătō, *ās*, *āre*, *āvī*, *ātum*, intr. et tr. ¶ **1** nager : ***in Oceano*** C Pros., nager dans l'Océan [plaisᵗ = naviguer] ; ***natat carina*** C Poés., la carène flotte sur les eaux ‖ tr., [poét.] parcourir à la nage : ***freta*** C Poés., traverser la mer à la nage [d'où] **natantes**, *ium*, f., C Poés., poissons ¶ **2** [fig.] nager, voguer, flotter, se répandre çà et là : C Poés., +C Poés. ‖ [métaph.] être flottant, hésitant, incertain : C Pros., +C Pros., Poés. ¶ **3** nager, être rempli d'un liquide, être inondé de : C Pros. ‖ ***cuncta natabant*** +C Poés., tout était inondé ‖ [en parl. des yeux qui nagent, défaillent, flottent chez les mourants] C Poés. ; [chez les gens ivres] C Poés. ; [chez l'orateur] +C Pros.

natrix, *ĭcis*, f. (m.), hydre, serpent d'eau : C Pros. ‖ [fig.] = homme dangereux : +C Pros. ‖ ▶ *penis* : −C Poés.

Natta, *ae*, m., nom d'homme : C Poés.

nātū, abl. de l'inus., ***nātŭs**, *ūs*, m., par la naissance, par l'âge : ***minimus*** C Pros., le plus jeune ; ***grandis natu*** C Pros., avancé en âge ‖ [rare] C Pros.

nātūra, *ae*, f. ¶ **1** le fait de la naissance, nature : −C Théât., C Pros. ¶ **2** nature, état naturel et constitutif d'une chose : ***montis*** C Pros. ; ***loci*** C Pros., nature (configuration) d'une montagne, d'un lieu ; ***natura causarum*** C Pros., la nature, le caractère propre des procès ‖ [*natura* avec gén. forme souvent une sorte de périphrase] C Poés. ¶ **3** [en part., chez l'homme] nature, naturel, tempérament, caractère : C Pros. ‖ voix de la nature, force de la nature, sentiment naturel : ***natura victus*** C Pros., cédant à la force de la nature ; [opposé à *poena*] = conscience naturelle : C Pros. ; ***natura casuque*** C Pros., par l'instinct naturel et le hasard ‖ les dons naturels [d'un hommme, aussi bien physiques qu'intellectuels] : C Pros. ‖ pl., ***naturae*** C Pros., caractères, types ¶ **4** nature, cours des choses, ordre établi par la nature : ***naturae satisfacere*** C Pros., satisfaire à la nature, mourir ; ***naturae concedere*** C Pros., obéir aux lois de la nature, mourir ; ***lex naturae*** C Pros., les lois de la nature ‖ [personnifiée] C Pros. ‖ ordre des choses, possibilité naturelle : C Pros., +C Pros. ¶ **5** la nature, ensemble des êtres et des phénomènes, monde physique, monde sensible : ***rerum natura*** C Poés., la genèse de l'univers ; ***cognitio naturae*** C Pros., l'étude de la nature, la physique ‖ [sens concret] être, élément, objet ; C Pros. ‖ organes de la génération [chez l'homme et la femme] : C Pros. ; [chez les animaux] C Pros.

nātūrābĭlis, *e*, C▶ *naturalis* : +C Pros.

nātūrāle, *is*, n. ***a)*** besoin naturel : T Pros. ***b)*** parties naturelles : +C Pros. ; [surtout au pl.] ***naturalia*** +C Pros.

nātūrālis, *e*, de naissance, naturel [père, fils] : C Pros., +C Pros. ‖ qui appartient à la nature des choses, naturel, inné : C Pros. ; ***naturalis nitor*** C Pros., éclat venant de la nature (non des fards) ; ***naturale principium*** C Pros., exorde naturel (fourni par la nature même de la cause) ; ***aliquid naturale habere*** C Pros., posséder qq. don naturel ‖ conforme aux lois de la nature : ***naturale est ut*** +C Pros., il est naturel que ‖ qui concerne la nature : ***quaestiones naturales*** C Pros., les questions de physique ‖ réel, positif, vrai : T Pros.

nātūrālĭter, adv., naturellement, par nature, conformément à la nature : [C] Pros.

nātūrālĭtus, adv., → *naturaliter* : [+C] Pros., [T] Pros.

1 **nātus (gnātus)**, *a, um*
I part. de *nascor*
II pris adj[t] ¶ **1** formé par la naissance, constitué par la nature : [C] Pros. ‖ ***pro re nata*** [C] Pros., vu l'état des circonstances ; ***e re nata*** [-C] Théât., d'après (dans) l'état des choses ¶ **2** destiné par la naissance à, né pour : ***patriae*** [C] Pros., né pour la patrie ; ***bello latrociniisque*** [C] Pros., né pour la guerre et les brigandages ; ***ad omnia summa*** [C] Pros., né pour toutes les plus grandes choses ‖ [poét., avec inf.] [C] Pros., Poés. ; [avec *in* acc.] [C] Poés. ¶ **3** âgé de : [C] Pros. ; → *1 major, 2 minor, 1 maximus, plus, 2 minus*

2 **nātus (gnātus)**, *i*, m., fils : [au sg.] [poét.] [-C], [C] Poés., Pros. ; [au pl.] [C] Pros. ‖ petits des animaux : [C] Poés.

3 **nātŭs**, *ūs*, m., → *natu*

nauarchus, *i*, m., navarque, capitaine de navire : [C] Pros., [+C] Pros.

Naubŏlĭdēs, *ae*, m., fils de Naubole : [+C] Poés.

Naubŏlus, *i*, m., Naubole [roi de Phocide, père d'Iphitus] : [+C] Poés.

nauci, → *naucum*

nauclērĭcus, *a, um*, de patron de navire : [-C] Théât.

nauclērus, *i*, m., patron de navire : [-C] Théât., [T] Pros.

Naucrătēs, *is*, m., disciple d'Isocrate : [C] Pros., [+C] Pros. ‖ nom d'homme : [-C] Théât.

naucŭla, *ae*, f., sync. de *navicula* : [+C] Pros.

naucŭlŏr, *ārĭs, ārī, -*, aller en barque : [+C] Poés.

naucum (-us), *i*, n. (m.), [employé seul[t] dans certaines expr.] : ***non habere nauci aliquem*** [C] Pros., ne pas faire le moindre cas de qqn ; ***aliquid non nauci facere*** [-C] Théât. ; ***nauci non putare*** [+C] Pros. ; ***nauco ducere*** [-C] Théât., estimer peu, faire fi de ; ***homo non nauci*** [-C] Théât., homme ne valant pas un zeste ; ***nauci non esse*** [-C] Théât., ne pas valoir un zeste

naufrăgātor, *ōris*, m., qui fait naufrage : [T] Pros.

naufrăgĭōsus, *a, um*, orageux, agité : [T] Pros.

naufrăgĭum, *ĭi*, n. ¶ **1** naufrage : ***facere*** [C] Pros., faire naufrage ‖ [poét.] tempête : [C] Poés. ‖ débris d'un naufrage : [+C] Poés. ¶ **2** [fig.] naufrage, ruine, perte, destruction : ***patrimonii*** [C] Pros., la perte d'un patrimoine ; ***tabula ex naufragio*** [C] Pros., une planche de salut ‖ débris d'un naufrage, épaves : [pl.] [C] Pros. ; [sg.] [C] Pros.

naufrăgō, *ās, āre, -, -*, intr., faire naufrage : [+C] Pros., [T] Pros.

naufrăgŏr, *ārĭs, ārī, -*, → *naufrago* : [T] Pros.

naufrăgus, *a, um* ¶ **1** qui a fait naufrage, naufragé : [C] Pros., Poés. ‖ subst. m., naufragé : [C] Pros., [+C] Pros. ; [fig.] qui a tout perdu : [C] Pros. ¶ **2** [poét.] ce qui cause un naufrage : [C] Poés.

Naulŏcha, *ōrum*, n. pl., ville de Sicile : [+C] Poés. ‖ **-chum**, *i*, [+C] Pros.

Naulŏchum, *i*, n., → *Naulocha*

naulum, *i*, n., fret, frais de transport par mer : [+C] Poés. ‖ ***nauli nomine*** [+C] Pros., pour le prix d'un passage

naumăchĭa, *ae*, f., naumachie, représentation d'un combat naval : [+C] Pros. ‖ bassin sur lequel on donne la naumachie : [+C] Pros.

naumăchĭārĭus, *a, um*, celui qui combat dans une naumachie : [+C] Pros.

Naupactŏs (-us), *i*, f., Naupacte [ville d'Étolie à l'entrée du golfe de Corinthe ; anc[t] Lépante] : [C] Pros. ‖ **-tōus**, *a, um*, de Naupacte : [C] Poés.

Naupidămē, *ēs*, f., fille d'Amphidamas, mère d'Augias : [+C] Poés.

Nauplĭădēs, *ae*, m., fils de Nauplius : [C] Poés.

Nauplĭus, *ii*, m., fils de Neptune et roi de l'Eubée : [C] Poés., [+C] Poés.

Nauportus, *i*, f., ville de la Haute Pannonie : [+C] Pros.

nausĕa (qqf. **-ĭa**), *ae*, f., mal de mer : [C] Pros. ‖ nausée, envie de vomir : [+C] Pros. ‖ [fig.] dégoût : [+C] Poés.

nausĕābundus, *a, um*, qui éprouve le mal de mer : [+C] Pros. ‖ qui a des nausées : [+C] Pros.

nausĕātŏr (nausĭā-), *ōris*, m., celui qui a le mal de mer : [+C] Pros.

nausĕō (qqf. **-ĭō**), *ās, āre, āvī, ātum*, intr. ¶ **1** avoir le mal de mer : [C] Pros., [+C] Pros. ‖ avoir des nausées, avoir envie de vomir : [C] Pros. ¶ **2** [fig.] être dégoûté : [C] Pros. ‖ faire le dégoûté : [C] Poés.

nausĕŏla, *ae*, f., petites nausées : [C] Pros.

nausĭa, **nausĭo**, → *nausea*

Nausĭcăa, *ae*, f., [+C] Pros. et **Nausĭcăē**, *ēs*, f., [+C] Poés., Nausicaa [fille d'Alcinoüs, roi des Phéaciens ; accueillit Ulysse naufragé] : [+C] Poés., Pros.

Nausĭphănēs, *is*, m., disciple de Démocrite : [C] Pros.

Nausĭphŏus, *i*, m., fils d'Ulysse et de Circé : [+C] Poés.

Naustathmŏs (-mus), *i*, f., port d'Ionie, près de Phocée : [C] Pros.

nauta, *ae*, m., matelot, nautonier : [C] Pros. ‖ marchand, négociant : [C] Poés.

nautălis, *e*, de matelot : [T] Poés.

nautĕa, *ae*, f., eau de sentine, bain de tannage : [-C] Théât.

Nautēs, *ae*, m., nom d'un prêtre troyen : [C] Poés.

nautĭcus, *a, um*, de matelot, de nautonier, naval, nautique : [C] Pros. ‖ **nautĭci**, *ōrum*, m. pl., marins, équipage d'un navire : [C] Pros.

Nautius, *ii*, m., nom de plusieurs consuls : [C] Pros.

Nāva, *ae*, m., fleuve de Germanie [Nahe] : [+C] Pros.

nāvāle, *is*, n., lieu où l'on garde les vaisseaux à sec : [C] Poés. ‖ **nāvālĭa**, *ĭum*, n. pl., bassin de construction, chantier naval : [C] Pros. ‖ arsenaux [à Rome] : [C] Pros. ‖ matériel naval : [C] Poés., Pros.

nāvālis, *e*, de vaisseau, de navire, naval : ***pugna*** [C] Pros., combat naval ; ***navalis apparatus*** [C] Pros., préparatifs de vaisseaux, recrutement d'une flotte ; ***corona navalis*** [C] Poés., couronne navale ; ***socii navales*** [C] Pros., les marins, les troupes de marine [fournies par les alliés] ; ***navales pedes*** [-C] Théât., les rameurs (pieds des vaisseaux)

nāvē (gnāvē), → *naviter*, avec soin, avec zèle : [C] Pros.

nāvĭcŭla, *ae*, f., dim. de *navis*, petit bateau : [C] Pros.

nāvĭcŭlārĭa, *ae*, f., métier d'armateur, commerce maritime : [C] Pros.

nāvĭcŭlārĭus, *ii*, m., armateur : [C] Pros.

nāvĭcŭlor, → *nauculor*

nāvĭfrăgus, *a, um*, qui brise les vaisseaux, qui fait faire naufrage, orageux : [C] Poés.

nāvĭgābĭlis, *e*, navigable, où l'on peut naviguer : [+C] Pros.

nāvĭgātĭo, *ōnis*, f., navigation, voyage sur mer, [en gén.] par eau : [C] Pros.

nāvĭgātŏr, *ōris*, m., navigateur : [+C] Pros.

nāvĭger, *ĕra, ĕrum*, qui porte des navires : [C] Poés., [+C] Poés.

nāvĭgĭŏlum, *i*, n., dim. de *navigium*, barque : [C] Pros.

nāvĭgĭum, *ĭi*, n., [en gén.] navire, bâtiment, vaisseau : [C] Pros.

nāvĭgō, *ās, āre, āvī, ātum* ¶ **1** intr., naviguer, voyager sur mer [en gén.] par eau : ***Syracusas*** [C] Pros., aller par mer à Syracuse ; ***in portu*** [-C] Théât., naviguer dans le port [être en sûreté] ; [C] Pros. ¶ **2** tr., ***terram*** [C] Pros., naviguer sur terre [en parl. de Xerxès] ; [C] Poés. ‖ [au pass.] [+C] Pros.

nāvis, *is*, f., navire, bâtiment : ***auri navis*** [C] Pros., navire chargé (un chargement) d'or ; ***navem deducere*** [C] Pros., mettre un navire à la mer ; ***subducere*** [C] Pros., mettre un navire à sec sur le rivage ; ***solvere*** [C] Pros., mettre à la voile ; ***navem appellere ad*** [C] Pros., faire aborder à ; ***constrata*** [C] Pros., vaisseau ponté ; ***aperta*** [C] Pros., vaisseau découvert, → *conscendo, egredior, expono* ; ***navem facere*** [C] Pros. ; ***aedificare*** [C] Pros., construire un navire ‖ [fig.] ***rei publicae*** [C] Pros., le vaisseau de l'État ‖ ***Navis (Navis Argolica)*** ; le Navire des Argonautes [signe céleste] : [C] Poés. ‖ côté pile des pièces de monnaie [anciennement Saturne ou Janus au droit, une proue de navire au revers] : [T] Pros. ; [V.] *navium*

nāvĭta, ***ae***, m., [poét.] navigateur, matelot : [C] Pros., Poés.

nāvĭtās (gnāv-), ***ātis***, f., empressement : [C] Pros., [T] Pros.

nāvĭtĕr (gnāv-), avec empressement, zèle : [C] Pros. ‖ de propos délibéré : [C] Pros. ‖ complètement : [C] Poés.

navium, n., [seul^t pl.], revers, côté pile d'une pièce de monnaie : [T] Pros.

Nāvĭus, ***ii***, m., Attus Navius, célèbre augure : [C] Pros.

nāvō, ***ās, āre, āvī, ātum***, tr., faire avec soin, avec zèle : [C] Pros. ; ***operam alicui*** [C] Pros., servir qqn, s'empresser pour qqn ; ***operam*** [+C] Pros., agir vigoureusement ; [C] Pros. ; ***alicui studium*** [C] Pros. ; ***in aliquem benevolentiam*** [C] Pros., témoigner son zèle, sa bienveillance à qqn

nāvus (gnāv-), ***a, um***, diligent, actif, zélé : [C] Pros., [+C] Pros. ‖ ***-ior*** [T] Pros.

naxa, ***ae***, f., [V.] *nassa*

Naxĭca, n. pl., histoire de Naxos : [+C] Pros.

Naxos, Naxus, ***i***, f., Naxos [île de la mer Égée, la plus grande des Cyclades] : [C] Poés. ‖ ville de Sicile : [C] Poés. ‖ **-xĭus**, ***a, um***, de Naxos : ***Naxius ardor*** [+C] Pros., la Couronne d'Ariane [constellation]

Nazanzus, ***i***, f., Nazianze [ville de Cappadoce] : [+T] Poés.

Nazărēnus, ***a, um***, de la ville de Nazareth ‖ de Jésus-Christ, chrétien : [T] Poés. ‖ subst. m., Jésus-Christ : [T] Poés.

Nazărēth, f. indécl., village de Judée : [T] Pros. ‖ **-raeus**, ***a, um***, de Nazareth, Nazaréen : [T] Pros. ‖ **-rēus**, ***a, um***, de Nazareth : [T] Poés.

Nazărĭus, ***ii***, m., saint Nazaire : [+T] Poés.

Nazianzus, [V.] *Nazanzus*

1 **nē**, adv. d'affirmation, assurément : [-C] Théât. ‖ [dans Cicéron, en tête de la prop. et joint à un pron. personnel ou démonstratif] ***ne ego, ne tu, ne ille, ne ista*** : [C] Pros. ‖ joint à *medius fidius* : [C] Pros.

2 **nĕ**, adv. de nég. arch., [=] *non* ; ***nevis = non vis*** [-C] Théât. ; ***nevolt = non volt*** [-C] Théât., [V.] *nolo* ‖ a servi à faire de nombreux composés, [V.] par ex. *neque, nefas, nescio, nequeo, neuter, nihil, nullus, numquam, nemo, non, nefas*

3 **nē**, adv. et conj.

I adv. ¶ **1** [dans une prop. indép. exprimant une défense, un souhait, une supposition] ne ... pas ***a)*** [défense] ***hoc ne feceris*** Cic., ne fais pas cela ; ***ne repugnetis*** Cic., ne résistez pas ‖ [avec impér. dans les textes de lois, ainsi que chez les Com. et les poètes] ***impius ne audeto ...*** Cic., que l'impie n'ait pas l'audace ... ‖ [pour une défense concernant un fait passé] ***ne poposcisses*** Cic., tu n'aurais pas dû demander ***b)*** [souhait, surtout avec *utinam*] ***ne Juppiter sirit ...*** Liv., puisse Jupiter ne pas permettre ... ; ***utinam ne veniat***, pourvu qu'il ne vienne pas ***c)*** [supposition, concession] ***ne fuerit*** Cic., admettons qu'il n'ait pas existé ¶ **2** [dans des subord. introduites par *ut, dum, dummodo, qui* adv. relat., *quo*] ne ... pas ¶ **3** ***ne ... quidem***, pas même, non plus : ***ne in oppidis quidem*** Cic., pas même dans les villes ; ***ne vos quidem*** Cic., vous non plus ‖ [une négation et *ne ... quidem* venant ensuite ne se détruisent pas] ***non praetereundum est ne id quidem*** Cic., il ne faut pas laisser de côté ce fait-là non plus ‖ [emploi particulier avec *non modo*] [V.] *modo*

II conj. avec le subj. ¶ **1** [introduisant une complétive dépendant de verbes marquant la volonté, l'intention, le fait d'empêcher, de refuser, d'éviter, ou de craindre ...] [V.] *impero, rogo, 2 volo, moneo ; impedio, interdico, caveo ; timeo, metuo, vereor* ... ¶ **2** [sens final] pour que ne pas, pour éviter que, pour empêcher que ‖ [avec ellipse du verbe *dicere* ou *loqui*] ***ne multa***, bref ***ne multis***, même sens ¶ **3** ***ita ..., ne***, avec cette condition que ne ... pas

4 **-nĕ**, enclit. interr., est-ce que ? [dans le dialogue apocope de la voyelle] : ***adeon*** [=*adeone*] ; ***vin*** [=*visne*] ; ***satin*** [=*satisne*] ; ***viden*** [=*videsne*] ; ***juben*** [=*jubesne*]

I [interr. simple] ¶ **1** [directe] : [C] Pros., Poés., [-C] Théât. ‖ [interrog. oratoire qui suppose un acquiescement] [C] Pros. ‖ [joint à des interrog.] [C] Poés. ; ***quantane ?*** [C] Poés. ; ***utrisne*** [C] Pros. ; ***ecquandone*** [C] Pros. ‖ [dans les prop. introduites par *ut*] se peut-il que ? : [-C] Théât., [C] Pros. ‖ [dans les prop. inf. exclam.] [C] Pros. ¶ **2** [interr. indir.] si : [C] Pros. ‖ [ellipse du verbe principal] [C] Pros. ‖ [non enclitique, à la place de *num* ou *an*] [+C] Pros.

II [interr. double] ¶ **1** [directe] : [C] Pros. ‖ pour **anne**, [V.] *1 an* ‖ ***ne ... ne*** : [C] Poés. ¶ **2** [interr. indir.] ***a) ne ... an ...***, si ou si ... : [C] Pros. ***b)*** [précédé de *utrum*] [C] Pros. ***c)*** [dans le 2e membre] : ***anne***, ou non, [V.] *1 an* ; ***necne***, ou non : [C] Pros. ***d)*** [*ne* répété, rare] : [C] Pros.

Nĕaera, ***ae***, f., nom de femme : [C] Poés.

Nĕalcē, ***ēs***, f., nom de femme : [T] Poés.

Nĕāpŏlis, ***is***, f. ¶ **1** Naples : [C] Pros. ¶ **2** un des quartiers de Syracuse : [C] Pros. ¶ **3** **-ānum**, ***i***, n., propriété près de Naples : [C] Pros. ‖ **-āni**, ***ōrum***, m. pl., les Napolitains : [C] Pros.

Nĕāpŏlītēs, ***ae***, m., de Naples, Napolitain : [C] d. [T] Pros.

Nĕāpŏlītis, ***ĭdis***, f., de Naples, Napolitaine : [-C] Théât.

Nĕarchus, ***i***, m., Néarque [amiral d'Alexandre] : [+C] Pros. ‖ autres du même nom : [C] Pros., Poés.

nĕbrĭdae, ***ārum***, m. pl., nébrides, prêtres de Cérès : [T] Pros.

Nebridĭus, ***ĭi***, m., nom d'homme : [T] Pros.

nĕbris, acc. sg. ***ĭda***, acc. pl. ***ĭdas***, f., nébride, peau de faon [portée dans les fêtes de Bacchus et de Cérès] : [+C] Poés.

Nebrissa, ***ae***, f., ville de Bétique : [+C] Poés.

Nebrōdēs, ***ae***, m., montagne de Sicile : [+C] Poés.

Nebrŏphŏnus, ***i***, m., nom de chien : [C] Poés.

1 **nĕbŭla**, ***ae***, f. ¶ **1** brouillard, vapeur, brume : [C] Poés. ‖ [poét.] nuage : [C] Poés. ‖ nuage [de poussière, de fumée] : [C] Poés. ‖ substance fine, transparente : [+C] Poés. ¶ **2** [fig.] obscurité, ténèbres : [+C] Poés. ‖ style nuageux : [+C] Poés.

2 **Nĕbŭla**, ***ae***, f., Néphélé, femme d'Athamas : [+C] Poés.

nĕbŭlo, ***ōnis***, m., vaurien, garnement : [-C] Théât., [C] Pros.

nĕbŭlōsĭtās, ***ātis***, f., obscurité : [T] Pros.

nĕbŭlōsus, ***a, um***, exposé aux brouillards : [-C] Pros., [C] Pros. ‖ obscur, difficile à comprendre : [+C] Pros.

1 **nĕc, nĕque**, conjonction, [=] *et non*, et ne ... pas [*nec* devant consonne, *neque* devant voyelle en général] ¶ **1** [lie deux mots, deux prop.] : [C] Pros. ‖ [porte sur un mot seul^t de la seconde prop.] [C] Pros. ; [surtout dans les tours comme] ***nec idcirco minus*** [C] Pros., et ce n'est pas une raison pour que ne ... pas ; ***neque eo magis*** [C] Pros., et ce n'est pas à cause de cela que davantage ; ***neque eo minus*** [C] Pros., ou ***neque eo secius*** [C] Pros., et cela n'empêche pas que ‖ ***nec ullus, nec quisquam*** [au lieu de *et nullus, et nemo*] : [C] Pros., [+C] Pros. ¶ **2** [avec adjonction d'autres particules] ***neque vero, nec vero***, et vraiment ne ... pas, ni non plus, mais non plus : ***neque autem*** [C] Pros., mais (et) non plus ‖ ***nec tamen, neque tamen*** [C] Pros., et pourtant ne ... pas ; ***nec enim, neque enim*** [C] Pros., car, en effet ne ... pas ¶ **3** ***nec (neque) ... non a)*** [pour enchérir sur une affirmation] il n'est pas vrai que ne ... pas : [C] Pros. ***b) nec non*** = et aussi, et : [C] Pros. ; ***nec non et***, même sens, [C] Poés., ou ***nec non etiam*** [C] Pros., [+C] Pros. ***c)*** [*neque* renforcé par *haud* chez les com.] : [-C] Théât. ¶ **4** [suivi d'une parataxe] : [C] Pros. ‖ [portant sur 2 membres reliés par *et*] [C] Pros. ¶ **5** [au lieu de *nihil ... nihil* on a *nihil ... nec*] [C] Pros. ¶ **6** = et qui plus est ne ... pas ([cf.] *et ... quidem*) : [C] Pros. ¶ **7** [rare, au lieu de *ac non*, et non pas] : [C] Pros. ¶ **8** = ***ne ... quidem***, non plus : [C] Pros., [+C] Pros. ¶ **9** [=] *et ne*, [après *ut* ou impér.] : [C] Pros. ‖ [après *ne*] [C] Pros. ¶ **10** [balancements] ***a) nec ... nec, neque ... neque***, ni ... ni ***b)*** [développant une idée négative] : [C] Pros. ***c) neque (nec) ... et***, d'une part ne ... pas ..., d'autre part ... : [C] Pros. ‖ ***et ... neque (nec)***, d'une part ... d'autre part ... ne pas : [C] Pros. ***d) neque (nec) ..., neque (nec) atque (que)*** [soulignant l'affirmation] : [C] Pros.

2 **nec**, adv. arch. de négation, [cf.] *non* : [d. les textes de lois] [C] Pros. ; [V.] *nec opinans, nec opinatus, necne, necdum* ; ***nec procul*** [C] Pros., non loin ‖ [par analogie avec *1 nec, neque*] ***neque*** [-C] Pros. ; ***neque opinans*** [C] Pros.

nĕcassem, pour *necavissem*

nĕcātŏr, ***ōris***, m., meurtrier : [T] Pros.

necdum, nĕquĕdum, et pas encore : [C] Pros. ‖ ***necdum = nondum*** [+C] Pros.

Nĕcepso, *ōnis*, m., **Nĕcepsus**, **Nĕchepsus**, *i*, m., Nechepso [pharaon sous le nom duquel circulait un ouvrage tardif de magie, V.▶ *Petosiris*] : [+C] Pros.

nĕcessārĭa, *ae*, f., parente, alliée : [C] Pros.

nĕcessārĭē, adv., nécessairement, par nécessité, forcément : [C] Pros. ‖ plutôt **nĕcessāriō**, [-C] Théât., [-C] Pros., [C] Pros.

1 **nĕcessārius**, *a*, *um* ¶ **1** inévitable, inéluctable, nécessaire : ***necessaria mors*** [C] Pros., mort naturelle ; ***necessaria conclusio*** [C] Pros., conclusion nécessaire ¶ **2** pressant, urgent, impérieux : [C] Pros. ; ***res necessaria*** [C] Pros., l'urgence, la nécessité ¶ **3** nécessaire, indispensable : [C] Pros. ‖ ***necessarium est, ut*** [C] Pros., il est nécessaire que ; ***necessarium est*** [avec prop. inf.] [C] Pros. ‖ n. pl., ***necessaria*** ***a)*** besoins de l'existence : [C] Pros. ***b)*** les choses nécessaires à la vie, à la subsistance : [+C] Pros. ¶ **4** lié étroitement [par la parenté, l'amitié] : [C] Pros.

2 **nĕcessārius**, *ĭi*, m., parent, allié, ami : [C] Pros. ; [+C] Pros.

nĕcessĕ, n. indécl. [tj. avec *esse* ou *habere*] ¶ **1** inévitable, inéluctable, nécessaire : [C] Pros. ; ***quod necesse fuit*** [C] Pros., ce qui était inévitable ‖ [avec prop. inf.] [C] Pros. ‖ [dat. et inf.] [C] Pros. ‖ [avec *ut* subj.] il arrive forcément, nécessairement que : [C] Pros., [+C] Pros. ; [avec subj. seul] [C] Pros. ¶ **2** indispensable, obligatoire : ***si necesse est*** [C] Pros., si c'est nécessaire ‖ [avec subj. seul] il faut nécessairement que, c'est une obligation de : [C] Pros. ‖ [avec *ut*] [+C] Pros. ‖ [avec prop. inf.] [C] Pros.

necessis, *is*, f., C.▶ *necesse* : [C] Poés.

nĕcessĭtās, *ātis*, f. ¶ **1** nécessité [= l'inéluctable, l'inévitable] : [C] Pros. ; ***necessitati parere*** [C] Pros., obéir à la nécessité ‖ ***necessitas*** [C] Pros., le destin ; ***divina necessitas*** [C] Pros., la volonté inéluctable des dieux ; ***naturae necessitas*** [C] Pros., les lois de la nature ‖ ***extrema*** [C] Pros. ; ***ultima*** [+C] Pros., la nécessité dernière, la mort ¶ **2** besoin impérieux, pressant : ***necessitati subvenire*** [C] Pros., subvenir à la nécessité ‖ pl., ***vitae necessitates*** [C] Pros., les nécessités de l'existence, les besoins du corps ; [+C] Pros. ; ***publicae necessitates*** [C] Pros., les besoins de l'État ¶ **3** obligation impérieuse de faire une chose : [C] Pros. ; ***exeundi necessitas*** [C] Pros., la nécessité de sortir ¶ **4** caractère nécessaire, nécessité [au sens logique] : [C] Pros. ¶ **5** [moral[t]] caractère obligatoire de qqch., force impérieuse : [C] Pros. ¶ **6** [rare au lieu de *necessitudo*] lien de parenté, d'amitié : [C] d. [+C] Pros.

nĕcessĭtūdo, *dĭnis*, f. ¶ **1** [rare au sens de *necessitas* :] ***a)*** nécessité : [C] Pros. ***b)*** besoin impérieux : [C] Pros. ***c)*** obligation impérieuse : [C] Pros., [+C] Pros. ¶ **2** lien étroit [de parenté, d'amitié, de clientèle, de relations entre collègues] : ***necessitudinem conjungere cum aliquo*** [C] Pros., nouer des liens d'amitié avec qqn ‖ ***omnes necessitudines*** [C] Pros., tous les liens, tous les titres possibles de l'amitié ¶ **3** [pl. concret] ***necessitudines***, les parents, la famille : [+C] Pros.

nĕcessō, *ās*, *āre*, -, -, tr., rendre nécessaire : [+T] Poés.

nĕcessum est, n., **nĕcessus est**, m., C.▶ *necesse est*

nechŏn, *i*, n., safran bâtard : [+C] Pros.

neclec-, **necleg-**, V.▶ *negl-*

necnĕ, ou non [2e terme d'une interrog.] : ***lege necne*** [C] Pros., légalement ou non

necnon, **nec non**, **neque non**, V.▶ *1 nec*

nĕcō, *ās*, *āre*, *āvi*, *ātum*, tr., faire périr, tuer [avec ou sans effusion de sang] : [C] Pros. ; ***fame*** [C] Pros., faire mourir de faim ; [par le feu] [C] Pros. ‖ [fig.] corrompre [le naturel] : [+C] Théât.

nĕcŏpīnans (nĕc ŏpīnans), *tis*, qui ne s'attend pas, qui n'est pas sur ses gardes : [C] Pros.

nĕcŏpīnātō, adv., à l'improviste : [C] Pros.

nĕcŏpīnātus, *a*, *um*, inopiné, imprévu, qui se fait à l'improviste : [C] Pros. ‖ n. pl., ***necopinata*** [C] Pros., les événements qui surprennent ‖ ***ex necopinato*** [C] Pros. ▶ *necopinato*

nĕcŏpīnus, *a*, *um*, inopiné, imprévu : [C] Poés., [+C] Poés. ‖ qui ne s'attend pas à, insouciant : [C] Poés.

nĕcrŏmantīa (-tēa), *ae*, f., nécromancie : [T] Pros.

Nectabis, **Necthebis**, *is*, **Nectanabis**, **Nectenebis**, *is ĭdis*, m., Nectabis ou Nectanabis, roi d'Égypte : [C] Pros.

nectăr, *ăris*, n., le nectar : [C] Pros., Poés. ‖ se dit de tout ce qui est doux et agréable : [odeur] [C] Poés. ; [miel] [C] Poés. ; [lait] [C] Poés. ‖ [fig.] ***Pegaseium nectar*** [+C] Poés., le doux chant des Muses

nectărĕus, *a*, *um*, de nectar : [C] Poés. ‖ doux comme du nectar : [+C] Poés.

Nectărĭdus, *i*, m., nom d'homme : [T] Pros.

Nectenebis, **Necthebis**, V.▶ *Nectabis*

nectō, *ĭs*, *ĕre*, *nexŭī* et *nexī*, *nexum*, tr. ¶ **1** lier, attacher, nouer, entrelacer : ***alicui laqueum*** [C] Pros., nouer un lacet au cou de qqn ; ***flores, coronas*** [C] Poés., tresser des fleurs, des couronnes ; ***brachia*** [C] Poés., entrelacer les bras [en dansant] ; [C] Poés. ¶ **2** [au pass.] être enchaîné, emprisonné [pour dettes] : [C] Pros. ; [d'où] ***nexus***, débiteur insolvable, esclave de son créancier jusqu'à sa libération : [C] Pros. ¶ **3** [fig., passif d. Cicéron] ***a)*** être lié à, attaché à : [C] Pros. ***b)*** lier ensemble : [C] Pros., Poés. ; ***nectere moras*** [+C] Pros., mettre retards sur retards, temporiser

nectūra, *ae*, f., pansement : [T] Pros.

nēcŭbi, pour éviter que ... quelque part : [C] Pros. ‖ [pour introd. interr. indir.] [+C] Pros.

nēcundĕ, pour éviter que ... de quelque endroit : [C] Pros.

nēdum, conj. et adv.

I [conj. avec subj.] bien loin que ¶ **1** [après une prop. nég.] [C] Pros. ¶ **2** [après une affirm.] : [C] Pros. ¶ **3** [adjonction de *ut*] ***nedum ut*** [C] Pros., même sens

II adv., à plus forte raison ¶ **1** [après prop. nég.] : [C] Pros. ¶ **2** [après affirm.] : [C] Pros., [+C] Pros. ¶ **3** [en tête de la prop.] je ne dis pas, ce n'est pas seulement : [C] Pros.

nefandum, *i*, n., le mal, le crime : [C] Poés.

nĕfandus, *a*, *um*, impie, abominable, criminel : [C] Pros., Poés.

nĕfans, *tis*, C.▶ *nefandus* : [-C] Poés., [C] Poés.

nĕfārĭē, adv., d'une manière impie, abominable, criminellement : [C] Pros.

nĕfārĭum, *ĭi*, n., crime abominable : [C] Pros.

nĕfārius, *a*, *um*, impie, abominable, criminel : [pers.] [C] Pros. ‖ [choses] [C] Pros.

nĕfās, n. indécl. ¶ **1** ce qui est contraire à la volonté divine, aux lois religieuses, aux lois de la nature, ce qui est impie, sacrilège, injuste, criminel : [C] Pros., Poés. ‖ [C] Pros. ; ***nefas belli*** [+C] Poés., le crime impie de la guerre ‖ [exclam.] ***nefas !*** [C] Poés., ô forfait ! ô impiété ! ô honte ! ; horreur ! : [C] Poés. ¶ **2** [fig.] monstre d'impiété, de cruauté : [C] Poés.

nĕfastum, *i* [n. de *nefastus* pris subst[t]] crime, impiété : [C] Poés.

nĕfastus, *a*, *um*, défendu par la loi divine : [C] Pros. ‖ ***dies nefasti*** [C] Pros., jours néfastes [durant lesquels aucun jugement ne pouvait être rendu] ‖ mauvais, pervers : [-C] Théât. ‖ malheureux, non favorable, funeste, maudit : [C] Poés., [+C] Pros., Pros.

nĕfrendis, *e*, , **nefrens**, *dis*, qui ne peut pas encore broyer les aliments, qui n'a pas encore de dents : [-C] Théât., [C] Pros.

nĕgantia, *ae*, f., négation, proposition négative : [C] Pros.

nĕgantĭnummĭus, *a*, *um*, qui ne veut rien payer : [+C] Pros.

nĕgātĭo, *ōnis*, f., négation, dénégation : [C] Pros.

nĕgātŏr, *ōris*, m., renégat, apostat : [T] Poés.

nĕgātrix, *īcis*, f., celle qui nie : [T] Poés.

nĕgĭtō, *ās*, *āre*, -, -, dire obstinément que ... ne ... pas, nier à différentes reprises [même constr. que *nego*] : [-C] Théât., [C] Poés., Pros.

neglectē [inus.] adv., ***-tius***, avec un certain laisser-aller : [T] Pros.

neglectĭm, adv., avec négligence : [T] Poés.

neglectĭo, *ōnis*, f., action de négliger : [C] Pros.

neglectŏr, *ōris*, m., celui qui néglige : [T] Pros.

1 **neglectus**, *a*, *um*, part. de *neglego*, [adj[t]] négligé, abandonné : [C] Pros. ; ***-issimus*** [+C] Poés.

2 **neglectŭs**, *ūs*, m., négligence : [+C] Pros., dat. ***u***, [-C] Théât.

neglĕgens, *tis*, part.-adj. de *neglego*, négligent, indifférent, insouciant : [C] Pros. ; ***in amicis eligendis*** [C] Pros., qui choisit ses amis à la légère ‖ ***amicorum neglegentior*** [C] Pros., trop peu soucieux de ses amis ‖ [avec inf.] [-C] Théât. ‖ ***neglegentior amictus*** [+C] Pros., tenue un peu négligée

neglĕgentĕr, adv., avec négligence, sans soin : [C] Pros., [+C] Pros. ‖ ***-ius*** [C] Pros. ; ***-issime*** [+C] Pros.

neglĕgentĭa, *ae*, f., négligence, indifférence, insouciance : [C] Pros. ; ***institutorum*** [C] Pros., négligence de (montrée par) nos institutions ; ***epistularum*** [C] Pros., paresse à écrire ; ***caerimoniarum*** [C] Pros., indifférence à l'égard des cérémonies ; [-C] Théât. ‖ indifférence coupable, oubli de ses devoirs : [C] Pros.

neglĕgō, *ĭs*, *ĕre*, *lexī*, *lectum*, tr. ¶ **1** négliger, ne pas s'occuper de : [C] Pros. ‖ [avec inf.] [-C] Théât., [C] Pros. ‖ [absᵗ] [C] Pros. ¶ **2** ne pas se soucier de, ne pas tenir compte de, ne pas faire cas de, être indifférent à, être insouciant de : [C] Pros. ; ***neglege dolorem*** [C] Pros., ne fais aucun cas de la douleur ; ***intercessio neglecta*** [C] Pros., opposition tenue pour non avenue, méprisée ‖ [avec inf.] [C] Pros. ; [avec prop. inf.] [C] Pros. ; [absᵗ] [C] Pros.

neglĭg-, → *negleg-*

nĕgō, *ās*, *āre*, *āvī*, *ātum*, intr. et tr.
I intr. ¶ **1** dire non : [-C] Théât., [C] Pros. ¶ **2** ***alicui*** [C] Pros., répondre non à qqn, opposer un refus à qqn
II tr. ¶ **1** dire, affirmer que ne... pas : [C] Pros. ‖ [suivi de 2 prop. inf., qqf. la première seule dépend de *nego* = *dico non* et la seconde de l'idée affirmative *dico*] [C] Pros. ‖ [suivi de *nec*... *nec*, qui renforce] [C] Pros. ‖ [au pass. pers.] : ***casta (esse) negor*** [C] Poés., on dit que je ne suis pas pure ; [C] Pros. ‖ [pass. impers.] [C] Pros. ¶ **2** nier : ***aiunt quod negabant*** [C] Pros., ils affirment ce qu'ils niaient ; ***facinus*** [C] Pros., nier un crime ‖ ***si fateris, si negas*** [C] Pros., si tu en conviens, si tu nies ¶ **3** refuser : ***aliquid alicui*** [C] Pros., refuser qqch. à qqn ‖ [avec inf.] refuser de faire qqch. : [C] Pros., Poés. ‖ [avec négation et suivi de *quin* et subj.] [C] Pros. ¶ **4** renier, dire qu'on ne connaît pas : [T] Pros.

nĕgōtĭālis, *e*, relatif à l'affaire, au fait [question matérielle dans une cause] : [C] Pros., [+C] Pros.

nĕgōtĭans, *is*, part. pr. de *negotior*, subst. m., homme d'affaires, banquier : [C] Pros. ‖ trafiquant, commerçant : [+C] Pros.

nĕgōtĭātĭo, *ōnis*, f., négoce, commerce en grand, entreprise commerciale : [C] Pros.

nĕgōtĭātŏr, *ōris*, m., négociant, banquier : [C] Pros. ‖ marchand, trafiquant : [+C] Pros.

nĕgōtĭŏlum, *i*, n., dim. de *negotium*, petite affaire : [C] Pros.

nĕgōtĭŏr, *ārĭs*, *ārī*, *ātus sum*, intr., faire le négoce, faire du commerce en grand : [C] Pros. ‖ faire du commerce : [C] Pros. ‖ gagner sa vie grâce au commerce : [T] Pros.

nĕgōtĭōsĭtās, *ātis*, f., accaparement par les affaires : [+C] Pros.

nĕgōtĭōsus, *a*, *um*, qui a beaucoup d'affaires, occupé, absorbé : [-C] Théât., [C] Pros. ‖ qui absorbe, qui donne du travail : [C] Pros. ; ***dies negotiosi*** [+C] Pros., jours non fériés, ouvrables ‖ ***tergum negotiosum*** [-C] Théât., dos qui ne chôme pas ; [+C] Pros.

nĕgōtĭum, *ĭi*, n. ¶ **1** occupation, travail, affaire : [C] Pros., [+C] Pros. ¶ **2** affaire causant de la peine, du souci, de l'embarras : [C] Pros. ; ***nihil est negotii*** [avec inf.] [C] Pros., ce n'est pas une affaire de... ; ***negotium exhibere alicui*** [C] Pros., susciter une affaire à qqn, lui créer des embarras ; ***nullo negotio*** [C] Pros., sans peine ; ***non minore negotio*** [C] Pros., avec non moins de peine ¶ **3** activité politique : [C] Pros. ¶ **4** une affaire particulière, une tâche, un travail : [C] Pros. ; ***suscipere*** [C] Pros. ; ***mandare alicui*** [C] Pros., se charger d'une affaire, d'une mission, confier une affaire à qqn ; ***transigere*** [C] Pros., achever une entreprise ; ***ex negotio emergere*** [C] Pros., se dégager d'une mission ; ***negotium conficere*** [C] Pros., mener à bien une entreprise ¶ **5** [en part.] ***a)*** ***forensia negotia*** [C] Pros., les affaires, les tâches du forum [de l'avocat] ; [C] Pros. ***b)*** affaires commerciales : ***negotium gerere*** [C] Pros., faire des affaires ; ***negotii gerentes*** [C] Pros., hommes d'affaires ***c)*** affaire en justice : [+C] Pros. ***d)*** affaire, chose, objet : [C] Pros., [+C] Pros.

Neith, f. indécl., nom d'une divinité des Egyptiens : [T] Pros.

Nēlēius, *a*, *um*, de Nélée : [C] Poés. ‖ [subst. m.] = Nestor : [C] Poés. ‖ **-ēus**, *a*, *um*, [C] Poés.

Nēleūs, *ĕi* ou *ĕos*, m., Nélée [roi de Pylos, père de Nestor] : [C] Poés., [+C] Poés.

Nēlīdēs, *ae*, m., fils de Nélée : [C] Poés., [+C] Poés.

Nemausus, *i*, f. et **-sum**, *i*, n., ville de Narbonnaise [auj. Nîmes] ‖ **-ses**, *ĭum*, m. pl., habitants de Nîmes : [+C] Pros.

Nembrod, → *Nemrod*

1 **Nĕmĕa**, *ae*, f., [C] Pros. et **Nĕmĕē**, *ēs*, [+C] Poés., Némée [ville et forêt de l'Argolide]

2 **Nĕmĕa**, *ae*, m., fleuve du Péloponnèse : [C] Pros.

3 **Nĕmĕa**, *ōrum*, n. pl., jeux néméens [une des quatre grandes fêtes nationales de la Grèce] : [C] Pros.

Nĕmĕaeus, *a*, *um*, de Némée : ***leo*** [C] Pros., le lion de Némée [étouffé par Hercule] ; [C] Poés. ‖ ***Nemeaeum monstrum*** [+C] Poés., le Lion [signe du Zodiaque] ‖ subst. n. pl., → *3 Nemea*

Nĕmĕsa, *ae*, m., rivière de Belgique [auj. Nims] : [T] Poés.

Nĕmĕsis, *is*, f. ¶ **1** déesse grecque de la justice distributive : [C] Poés. ¶ **2** femme chantée par Tibulle : [C] Poés.

Nĕmestrīnus deus, m., dieu des bois : [T] Pros.

Nĕmĕtes, *um*, m. pl., peuple de Germanie : [C] Pros., [+C] Pros.

Nĕmĕtis, gén. s., m., du Némète (?) [peuple gaulois du Sud-Ouest, confondu avec les Némètes] : [+C] Poés.

Nĕmĕtŏcenna, *ae*, f., ville des Atrébates : [C] Pros.

Nemeturĭcus (Nema-), *a*, *um*, néméturien [v. *Nematuri*] : [+C] Pros.

nēmo, *mĭnis*, m. ; [qqf. f., [-C] Théât.]
I subst. ¶ **1** personne, aucune personne : [C] Pros. ; ***ex consularibus*** [C] Pros., personne parmi les consulaires ; ***nemo non*** [C] Pros., tout le monde sans exception ; ***non nemo*** [C] Pros., qqn, quelques-uns ; [renforcé par *nec*..., *nec*] [C] Pros. ‖ ***nemo est quin*** [C] Pros., il n'est personne qui ne... ¶ **2** personne = homme inexistant, sans valeur : [C] Pros.
II adj., → *nullus* : ***nemo homo*** [C] Pros., aucun homme ; ***vir nemo*** [C] Pros. ; ***nemo opifex*** [C] Pros., aucun homme, aucun ouvrier

nēmōn, pour *nēmō -nĕ*, est-ce que personne : [+C] Poés.

nĕmŏrālis, *e*, de bois, de forêt : [C] Poés. ‖ du bois sacré de Diane à Aricie : [+C] Poés.

1 **nĕmŏrensis**, *e*, → *nemoralis* : [+C] Pros.

2 **Nĕmŏrensis**, *e*, du bois d'Aricie : [C] Poés. ‖ ***Nemorense***, n., maison de campagne d'Aricie : [C] Pros. ‖ ***rex Nemorensis*** [+C] Pros., prêtre chargé du culte de Diane d'Aricie ; → *2 Nemus*

nĕmŏrĭvăgus, *a*, *um*, qui erre dans les bois : [C] Poés.

nĕmŏrōsus, *a*, *um*, couvert de forêts, boisé : [C] Poés., [+C] Pros. ‖ épais [en parl. d'un bois] : [C] Poés.

nempe, adv., [sollicite la reconnaissance d'un fait], c'est un fait n'est-ce pas ?, que : [C] Pros. [d'où une série d'emplois] ***a)*** [dans les interrog.] : [-C] Théât., [C] Pros. ***b)*** [surtout dans les réponses] : [C] Pros. ***c)*** [pour établir un fait indéniable qui servira de base à un raisonnement] : [C] Pros. ‖ [souvent alors en tête du développᵗ] : [C] Pros., [C] Pros., Poés. ; [même suivi de *enim*] [+C] Pros. ‖ [prépare une conclusion] : [C] Pros. ***d)*** [prépare une opposition] [C] Pros. ***e)*** [pour limiter, restreindre] évidemment, naturellement, bien sûr : [C] Pros.

Nemrod, **Nimrod**, **Nembrod**, m. indécl., Nemrod [fondateur de l'empire babylonien] : [T] Pros.

1 **nĕmus**, *ŏris*, n., forêt renfermant des pâturages, bois : [C] Pros., Poés. ‖ bois consacré à une divinité : [C] Poés. ‖ [poét.] arbre : [+C] Poés. ‖ vignoble : [C] Poés.

2 **Nĕmŭs**, *ŏris*, n., bois de Diane, près d'Aricie : [C] Pros.

nēnĭa (nae-), *ae*, f. ; [onomat.] nénie, chant funèbre : [C] Pros. ; [fig.] [-C] Théât. ‖ chant triste : [C] Poés. ‖ chant magique, incantation : [C] Poés. ‖ refrain, chanson enfantine, futilité : [C] Pros., [T] Pros. ‖ **Nēnĭa**, déesse des chants funèbres : [T] Pros.

1 **nĕō**, *ēs*, *ēre*, *ēvī*, *ētum*, tr., filer : [-C] Théât., [C] Poés. ‖ tisser, entrelacer, mêler : [C] Poés.

2 **Nĕo**, *ōnis*, m., nom d'un Béotien du temps de Persée : [C] Pros.

Nĕŏbūlē, *ēs*, f., fille de Lycambès, → *Lycambes* : [C] Poés.

Nĕŏclēs, *is* ou *i*, m., père de Thémistocle : C Pros. ‖ père du platonicien Pamphile : C Pros.

Nĕŏclīdēs, *ae*, m., fils de Néoclès [Thémistocle] : C Poés.

Nĕŏcrētes, *um*, m. pl., nom de certains soldats d'Antiochus (armés comme les Crétois) : C Pros.

Nĕoptŏlĕmus, *i*, m., Néoptolème ou Pyrrhus, fils d'Achille : C Pros., Poés. ‖ général grec : C Pros.

nĕpa, *ae*, m., scorpion [insecte] : C Pros., +C Pros. ‖ le Scorpion [signe céleste] : C Pros. ‖ écrevisse : -C Théât.

Nepe, ▶ *Nepete*

Nĕpĕsīnus, *a*, *um*, de Népé : C Pros. ‖ **-pĕsīni**, m., habitants de Népé : C Pros.

nĕpĕta, *ae*, f., cataire, herbe-aux-chats : +C Pros.

Nĕpĕte, *is*, n., ville d'Étrurie : C Pros. ‖ **Nĕpe**, +C Pros.

Nĕphĕlē, *ēs*, f., Néphélé [femme d'Athamas, mère de Phrixos et d'Hellé] : +C Poés. ; ▶ *2 Nebula* ‖ **-laeus**, *a*, *um*, de Néphélé : +C Poés.

Nĕphĕlēïăs, *ădis*, f., +C Poés., **Nĕphĕlēis**, *ĭdos*, C Poés., f., fille de Néphélé (Hellé)

Nĕphĕris, *is*, f., ville de la Zeugitane : C Pros.

Nephthali, m. indécl., sixième fils de Jacob : T Pros.

1 **nĕpōs**, *ōtis*, m. ¶ **1** petit-fils : ***Pompei ex filia*** C Pros., petit-fils de Pompée par sa mère ; +C Pros. ‖ [en gén., poét.] ***nepotes***, descendants, postérité, neveux : C Poés. ‖ [en parl. des anim. et des plantes] petits, rejetons : +C Pros. ‖ neveu : T Pros. ¶ **2** [fig.] dissipateur, prodigue : C Pros.

2 **Nĕpōs**, *ōtis*, m., nom de famille rom., not[t] Cornélius Népos [historien latin] : +C Pros.

nĕpōtālis, *e*, de prodigue : +C Pros., T Pros.

nĕpōtātŭs, *ūs*, m., dissipation, prodigalité : +C Pros.

nĕpōtŏr, *ārĭs*, *ārī*, -, intr., vivre en prodigue : +C Pros. ‖ [fig.] devenir de la prodigalité : +C Pros.

nĕpōtŭlus, *i*, m., gentil petit-fils : -C Théât.

nepta, *ae*, f., nièce : +T Pros.

neptis, *is*, f., petite-fille : -C Théât., C Pros., +C Pros. ‖ nièce : T Pros.

Neptūnālĭa, *ĭum* ou *iōrum*, n., Neptunalia, fêtes de Neptune : C Pros.

Neptūnĭcŏla, *ae*, m. f., celui (celle) qui vit sur la mer : +C Poés.

Neptūnīnē, *ēs*, f., petite fille de Neptune [Thétis] : C Poés.

Neptūnĭus, *a*, *um*, de Neptune : ***Neptunia Troja*** C Poés., Troie fortifiée par Neptune ; ***Neptunia arva*** C Poés., les champs de Neptune [la mer] ; ***Neptunius dux*** C Poés., le chef, fils de Neptune [Sextus Pompée, qui se prétendait fils de Neptune]

Neptūnus, *i*, m., Neptune [fils de Saturne et d'Ops, dieu de la mer] : C Pros., Poés. ; ***uterque*** C Poés., les deux Neptune [dieu de la mer et des fleuves = des eaux salées et des eaux douces] ‖ [fig.] mer, eau : C Poés.

1 **nēquă** (**nē quă**), ▶ *1 quis*

2 **nēquā** ou **nē quā**, ▶ *2 qua*

nēquăm ¶ **1** adj. indécl. ; compar. *nequior* ; superl. *nequissimus*, qui ne vaut rien, mauvais, de mauvaise qualité : -C Théât. ‖ [personnes] vaurien, qui n'est bon à rien : C Pros. ; ***cohors nequissima*** C Pros., cohorte vile entre toutes ; ***nihil nequius*** C Pros., rien de plus vil, infâme ¶ **2** subst. n. indécl., tort, dommage, mal : ***alicui nequam dare*** -C Théât., jouer un mauvais tour à qqn ‖ débauche : ***nequam facere*** -C Théât., faire la noce

nēquando ou **nē quando**, ▶ *quando*

nēquāquam, adv., pas du tout, en aucune manière, nullement : C Pros.

nĕquĕ, ▶ *1 nec*

nĕquĕdum, ▶ *necdum*

nĕquĕō, *īs*, *īre*, *īvī* ou *ĭī*, *ĭtum*, intr., ne pas pouvoir, n'être pas en état de, n'être pas capable de [avec inf.] : C Pros. ‖ ***nequire quin*** -C Théât., ne pouvoir s'empêcher de ‖ [pass. suiv. de l'inf. pass.] -C Théât., C Pros.

nĕque ŏpīnans, ▶ *necopinans*

nēqui, ▶ *1 quis, 1 qui*

nēquicquam, **nēquidquam**, **nēquīquam**, adv., en vain, inutilement : C Pros. ‖ sans raison, sans but : C Pros. ‖ [exclam.] C Pros. ‖ en toute impunité : -C Théât.

Nequīnum, *i*, n., ancien nom de Narnia : C Pros.

nēquīquam, ▶ *nequicquam*

nēquis, *nēqua*, etc., **nē quis**, ▶ *1 quis*

nĕquisse, **nĕquissem**, de *nequeo*

nēquĭtĕr, adv., d'une manière qui ne vaut rien, indigne, mal : -C Théât., C Pros. ‖ ***nequius*** C Pros., +C Poés.

nēquĭtĭa, *ae*, f., [en parl. des pers.] mauvaise qualité du caractère, des mœurs : +C Pros. ‖ fait de ne rien valoir : C Pros. ***a)*** mollesse, paresse, indolence : C Pros. ***b)*** dérèglement, dissipation, débauche : C Pros., Poés. ***c)*** [sens postérieur] astuce, fourberie : +C Pros., Poés.

nēquĭtĭēs, *ēi*, f., ▶ *nequitia* : C Poés.

nĕquītur, ▶ *nequeo*

nēquō ou **nē quō**, ▶ *2 quo*

Nĕrātius, *ii*, m., Neratius Priscus [jurisconsulte sous Trajan] : T Pros.

Nērēĭdēs (**Nērĕĭdēs**), *um*, f. pl., Néréides [filles de Nérée et de Doris ; nymphes de la mer] : C Poés.

Nērēīnē, *ēs*, f., fille de Nérée, Néréide : C Poés.

Nērēis (**Nērĕĭs**), *ĭdis*, f., une Néréide : C Poés. ‖ Néréis [fille de Priam] : +C Poés.

Nērēius, *a*, *um*, de Nérée : C Poés.

Nērētum, *i*, n., ville de Calabre : C Poés.

Nēreūs, *ĕi* ou *ĕos*, m., Nérée [dieu de la mer] : C Poés. ‖ la mer : C Poés., +C Poés.

Nērĭa, *ae*, f., **Nĕrĭēnē** (**Nerĭēnē**), *ēs*, f., **Nērĭo**, *ēnis*, f., Néria, Nério, Nériène [déesse des Sabins, épouse de Mars] : -C Théât., +C Pros.

Nērīnē, *ēs*, f., Néréide : C Poés.

Nērīnus, *a*, *um*, de Nérée, de la mer : T Poés.

Nērĭo, *ēnis*, ▶ *Neria*

Nērĭs, *ĭdis*, f., forteresse d'Argolide : +C Poés.

Nērĭtos (**-us**), *i*, f., Nérite [île voisine d'Ithaque] : C Poés. ‖ m., montagne d'Ithaque : +C Théât. ‖ **Nērĭtĭus**, *a*, *um*, de Nérite (île) : C Poés. ‖ ***Neritius dux*** C Poés., Ulysse

Nērĭus, *ii*, m., nom d'homme : C Pros.

Nĕro, *ōnis*, m., Néron [surnom dans la *gens* Claudia] ; not[t] ¶ **1** C. Claudius Néron, vainqueur d'Hasdrubal : C Pros. ¶ **2** l'empereur Néron [L. Domitius Ahenobarbus, devenu après son adoption Ti. Claudius Drusus Germanicus ; sur les monuments : Nero Claudius Caesar Augustus Germanicus, 54-68] : +C Pros. ‖ **-nēus**, *a*, *um*, de Néron : +C Pros. ‖ **-nĭānus**, *a*, *um*, C Pros. ‖ **-nĭus**, *a*, *um*, **Neronia**, *ōrum*, n., jeux institués par Néron en son propre honneur et célébrés tous les cinq ans : +C Pros.

Nĕrŏpŏlis, *is*, f., nom que Néron voulut donner à Rome : +C Pros.

Nersae, *ārum*, f. pl., ville des Èques : C Poés.

Nerthus, *i*, f., nom d'une divinité des Germains : +C Pros.

Nertobrĭga, *ae*, f., ville de Celtibérie : +C Pros.

Nerŭlum, *i*, n., ville de Lucanie : C Pros. ‖ **-ōnensis**, *e*, de Nérulum : +C Pros.

Nerva, *ae*, m., surnom des Cocceii, des Silii, not[t] M. Cocceius Nerva [empereur romain, 96-98] : +C Pros.

nervĭa, *ōrum*, n. pl., muscles : C Poés., +C Pros.

nervĭae, *ārum*, f. pl., cordes [en boyau] d'un instrument de musique : C Poés., +C Pros. ‖ [au sg.] T Pros.

nervĭcĕus fūnis, corde de boyau : T Pros.

1 **nervĭcus**, *a*, *um*, qui souffre de la goutte [aux mains], arthritique : C Pros.

2 **Nervĭcus**, *a*, *um*, des Nerviens : [C] Pros.

Nervĭi, *ōrum*, m. pl., Nerviens [peuple de Belgique] : [C] Pros., [+C] Pros.

nervĭum, ▶ *nervia*

Nervŏlāria, *ae*, f., titre d'une comédie perdue de Plaute : [+C] Pros.

nervōsē, adv., [en parl. du style] avec du nerf, de la force : ***-sius*** [C] Pros.

nervōsus, *a*, *um* ¶ **1** qui a beaucoup de muscles, nerveux, musculeux : [C] Poés. ¶ **2** qui a du nerf, de la vigueur [style] : ***nervosior*** [C] Pros.

nervŭlus, *i*, m., pl., nerf, force, vigueur : [C] Pros.

nervum, *i*, n., prison : [T] Pros.

nervus, *i*, m. ¶ **1** tendon, ligament, nerf : [C] Pros. ¶ **2** membre viril : [C] Poés., [+C] Poés. ¶ **3** cordes de boyau [dans la lyre] : [C] Pros. ‖ corde d'un arc : [C] Poés. ‖ ***nervi torti*** [C] Pros., tortis de nerfs [ressorts moteurs des machines de jet] ‖ arc : [+C] Poés. ‖ lanière de cuir : [+C] Pros. ¶ **4** [d'où] fers, prison, cachot : [-C] Théât., [C] Pros. ¶ **5** [fig.] nerf, force : [C] Pros. ‖ énergie, vigueur : [C] Pros. ; [en parl. du style] [C] Pros., Poés. ‖ partie essentielle d'une chose : ***nervi causarum*** [C] Pros., contexture intime des causes ; ***nervi conjurationis*** [C] Pros., les chefs d'une conspiration

Nesactĭum (Nesattĭum), *ii*, n., ville de l'Istrie : [C] Pros.

Nēsaeē, *ēs*, f., nom d'une Néréide : [C] Poés.

nĕsăpius, *a*, *um*, insensé : [+C] Pros.

nescĭens, *tis*, part. prés. de *nescio*, [avec gén.] ***nesciens sui*** [+C] Pros., qui ne se connaît pas, inconscient

nescĭō, *īs*, *īre*, *īvī* ou *ĭī*, *ītum*, tr. ¶ **1** ne pas savoir : ***quod nescio*** [C] Pros., ce que je ne sais pas ‖ [avec interr. indir.] [cf. Cicéron, jamais avec *num*, une fois avec *ne*] [C] Pros. ‖ [avec prop. inf.] [C] Pros. ¶ **2** ne pas connaître, ne pas être en état de : [C] Pros. ; ***Latine*** [C] Pros., ne pas savoir le latin ‖ [avec inf.] : ***irasci nescit*** [C] Pros., il ne sait pas se fâcher ‖ [poét.] ***hiemem non nescire*** [C] Poés., prévoir la tempête ; ***vinum*** [+C] Poés., s'abstenir de vin ¶ **3** [expr. partic.] ***a) nescio an*** ; ▶ *1 an* ; ***nescio an nemo*** [C] Pros. ; ***nescio an nullus*** [C] Pros., peut-être personne, peut-être aucun ***b)*** [expr. adverbiales, à distinguer de l'interr. indir.] ***nescio quomodo, nescio quo pacto***, je ne sais comment, d'une manière indéfinissable : [C] Pros. ; ***nescio unde*** [C] Pros., je ne sais d'où ; ***nescio quando*** [C] Pros., je ne sais quand, à une époque indéfinie ***c) nescio quis, nescio quid*** [joue le rôle de subst.] qqn, qqch. d'indéfinissable, un je-ne-sais-qui, un je-ne-sais-quoi ; ***nescio qui, nescio quod*** [joue le rôle d'adj.] : [C] Pros.

nescītus, *a*, *um*, part. de *nescio*, inconnu : [T] Pros.

nescĭus, *a*, *um* ¶ **1** qui ne sait pas, ignorant [avec gén.] : ***sortis futurae*** [C] Poés., ignorant du sort à venir ; [avec *de*] [C] Poés. ; [avec interrog. indir.] [C] Poés. ; [avec prop. inf.] ne sachant pas que : [C] Poés. ‖ ***non sum nescius***, je n'ignore pas [avec prop. inf. ou interr. indir.] : [C] Pros. ‖ [abs[t]] [C] Pros. ¶ **2** [poét.] qui ne peut pas, qui n'est pas en état de [avec inf.] : ***nescius cedere*** [C] Poés., qui ne sait pas céder, inflexible ; ***vinci nescius*** [C] Poés., qui ignore la défaite ¶ **3** [passif] inconnu, non su : [-C] Théât., [+C] Pros. ‖ ***neque nescium habebat*** [avec prop. inf.] [+C] Pros., il n'ignorait pas que

Nĕsĕbis, ▶ *Nisibis*

Nēsimăchus, *i*, m., père d'Hippomédon : [+C] Poés.

Nēsiōtae, *ārum*, m. pl., peuple de l'île de Céphallénie : [C] Pros.

Nēsis, *ĭdis*, f., petite île près de Pouzzoles : [C] Pros., [+C] Pros.

Nessēus, *a*, *um*, de Nessus : [C] Poés., [+C] Théât.

nessŏtrŏphīum, *ii*, n., emplacement où l'on nourrit les canards : [C] Pros., [+C] Pros.

Nessus, *i*, m., Centaure tué par Hercule : [C] Poés., [+C] Poés. ‖ rivière de Thrace : [C] Pros.

Nestica, *ae*, m., nom d'homme : [T] Pros.

Nestŏr, *ŏris*, m., Nestor [roi de Pylos, un des héros du siège de Troie, renommé pour sa sagesse et son éloquence et qui vécut trois générations d'homme] : [C] Pros. ‖ **-rĕus**, *a*, *um*, de Nestor : [+C] Poés.

nētē, *ēs*, f., nète, la plus haute des cordes de la lyre : [C] Pros.

1 **nētum**, *i*, n., fil : [T] Pros.

2 **Nētum**, *i*, n., ville de Sicile [auj. Noto] : [C] Pros., [+C] Poés. ‖ **Nētīnenses**, *ĭum*, **Nētīni**, *ōrum*, m. pl., habitants de Netum : [C] Pros.

nētūra, *ae*, f., fil, lien : [T] Pros.

neu, ▶ *neve*

Neūri, *ōrum*, m. pl., sg. coll. ***Neurus*** : [+C] Poés.

neurospastŏn, *i*, n., marionnette : [+C] Pros.

nĕŭtĕr, *tra*, *trum* ¶ **1** aucun des deux, ni l'un ni l'autre : ***horum neuter*** [C] Pros., aucun de ces deux hommes ‖ pl. ***neutri*** [C] Pros., ni l'un ni l'autre groupe : [C] Pros. ¶ **2** [en part.] ***a)*** [gram.] ***neutra*** [C] Pros., les noms neutres ; ***genus neutrum*** [+C] Pros., le genre neutre ***b)*** [phil.] ***neutrae res*** ; ***neutra***, choses ni bonnes ni mauvaises, indifférentes : [C] Pros.

neŭtĭquam, adv., en aucune manière, nullement, pas du tout : [C] Pros.

nĕŭtrālis, *e*, neutre, du genre neutre : [+C] Pros.

nĕŭtri, ▶ *neuter*

nĕŭtrō, adv., vers aucun des deux côtés [mouv[t]] : [C] Pros., [+C] Pros.

nĕŭtrŭbi, adv., ni dans l'un ni dans l'autre lieu : [-C] Théât. ‖ ▶ *neutro* : [T] Pros.

nēve, par apocope **neu**, et que ne pas : [C] Pros., Poés. ; [joint à un impér.] [C] Poés.

Nēvius, ▶ *1 Naevius*

Nevirnum (Nevernum), *i*, n., ville des Éduens [auj. Nevers] ‖ **-ensis**, *e*, de Nevers : [↑T] Pros.

Nevita (Nevitta), *ae*, m., barbare qui devint consul sous Julien : [T] Pros.

nex, *nĕcis*, f. ¶ **1** mort violente, meurtre, mise à mort, exécution : [C] Pros. ¶ **2** mort au quotidien (graduelle) : [+C] Pros.

nexi, ▶ *necto*

nexĭbĭlis, *e*, qui s'enchaîne bien : [T] Pros.

nexĭlis, *e*, attaché ensemble, enlacé : [C] Poés.

nexĭo, *ōnis*, f., action d'attacher, de nouer : [T] Pros.

nexŭi, un des parf. de *necto*

nexum, *i*, n. ¶ **1** acte de prêt [primitif, par l'airain et la balance] : ***nexum inibant*** [C] Pros., ils (les pauvres) se précipitaient dans les liens du prêt (d'une dette pour prêt) ‖ [cet acte donnait au créancier un pouvoir d'exécution direct sur le débiteur s'il ne remboursait pas à l'échéance ; pouvoir supprimé vers 320 av. J.-C.] [C] Pros. ¶ **2** [par la suite, *nexum* devint synonyme de tout acte par l'airain et la balance : testament, mancipation, et même vente. cf. *nexus*] : [C] Pros.

nexŭs, *ūs*, m. ¶ **1** enchaînement, entrelacement : ***naturalium causarum*** [+C] Pros., enchaînement de causes naturelles ¶ **2** lien, nœud, étreinte : ***brachiorum*** [+C] Pros., étreinte des bras ‖ [fig.] ***legis*** [+C] Pros., entraves, gênes de la loi ¶ **3** [droit] vente par mancipation (acte par l'airain et la balance : ▶ *nexum* ¶ *2*) : [C] Pros.

nī

I particule de négation [arch.] ¶ **1** ▶ *non* : [-C] Théât., [d'où] *quidni, quippini, nimirum*, voir ces mots ¶ **2** ▶ *3 ne*, [avec impér. ou subj. de volonté] : [-C] Théât. ; ***monere ni*** [C] Poés., recommander de ne pas

II conj., ***= si non***, si ne ... pas : [C] Pros. ‖ ***ni ... nive (= et ou vel ni)*** [-C] Théât. si ne ... pas, et si ne pas ; [-C] Théât.

Nīcaea, *ae*, f., Nicée ¶ **1** [ville de Bithynie] : [C] Pros. ‖ **-aeensis**, *e*, de Nicée [en Bithynie] : [+C] Pros. ‖ m. pl., les habitants de Nicée : [C] Pros. ‖ **-aenus**, *a*, *um* ¶ **2** ville de Locride : [C] Pros. ¶ **3** ville de l'Inde : [+C] Pros. ¶ **4** nom de femme : [C] Pros.

Nicaeus, *i*, m., surnom de Jupiter : [C] Pros.

Nīcandĕr, *dri*, m., Nicandre [écrivain grec de Colophon] : [C] Pros., [T] Pros. ‖ autres du même nom : [C] Pros.

Nīcānŏr, *ŏris*, m., grammairien : [+C] Pros.

nīcātōres, *um*, m. pl., les vainqueurs [nom donné à la garde des rois de Macédoine] : [C] Pros.

Nīcēphŏrĭum (-ŏn), *ĭi*, n., ville de Mésopotamie [sur l'Euphrate] : [+C] Pros. ‖ bois voisin de Pergame avec un temple de Vénus : [C] Pros.

Nīcēphŏrĭus, *ii*, m., fleuve d'Arménie : [+C] Pros.

Nēcēphŏrus, *i*, m., nom d'homme : [C] Pros.

Nīcĕr, *cri*, m., rivière de Germanie [auj. le Neckar] : [T] Poés.

Nīcĕrōs, *ōtis*, m., nom d'un parfumeur : [+C] Poés. ‖ **-ōtĭānus**, *a*, *um*, de Nicéros : [+C] Poés., [T] Poés.

Nīcēsĭus, *ii*, m., nom d'un écrivain latin : [C] Pros.

nīcētērĭa, *ōrum*, n. pl., insignes d'une victoire athlétique : [+C] Poés.

Nīcĭās, *ae*, m., général athénien : [C] Pros. ‖ autre du même nom : [C] Pros.

Nīco (Nīcōn), *ōnis*, m., nom d'un médecin : [C] Pros. ‖ pirate célèbre : [C] Pros. ‖ un habitant de Tarente : [C] Pros.

Nīcŏclēs, *is*, m., tyran de Sicyone : [C] Pros.

Nīcŏdāmus, *i*, m., général des Étoliens : [C] Pros.

Nīcŏmēdēs, *is*, m., Nicomède [fils de Prusias et roi de Bithynie] : [C] Pros. ‖ son fils : [+C] Pros.

Nīcŏmēdīa, *ae*, f., Nicomédie [capitale de la Bithynie] : [T] Pros. ‖ **Nīcŏmēdenses**, *ĭum*, m. pl., habitants de Nicomédie : [+C] Pros.

Nīcŏpŏlis, *is*, f. ¶ **1** ville d'Épire : [+C] Pros. ¶ **2** ville de la Petite Arménie : [C] Pros.

Nīcostrătus, *i*, m., préteur des Achéens : [C] Pros.

nictans, *tis*, part. prés. de *nicto*

nictĭō, *īs*, *īre*, -, -, intr., glapir, japper : [-C] Pros.

nictō, *ās*, *āre*, -, -, intr., faire signe des yeux : [-C] Théât.

nīdāmentum, *i*, n., matériaux pour un nid : [-C] Théât. ‖ nid : [T] Pros.

nīdĭfĭcĭum, *ii*, n., construction d'un nid : [+C] Pros.

nīdĭfĭcō, *ās*, *āre*, -, -, intr., construire son nid, nicher : [+C] Pros.

nīdĭfĭcus, *a*, *um*, [époque] où l'on fait des nids : [+C] Théât.

nīdŏr, *ōris*, m., odeur (vapeur) [qui se dégage d'un objet qui cuit, qui grille ou qui brûle] : [C] Poés., Pros. ; ***galbaneus nidor*** [C] Poés., les vapeurs du galbanum

nīdŭlŏr, *āris*, *ārī*, -, intr., → *nidifico* : [+C] Pros.

nīdŭlus, *i*, m., dim. de *nidus*, petit nid : [C] Pros., [+C] Pros., [T] Pros. ‖ [fig.] : ***nidulus senectutis*** [+C] Pros., petit nid de vieillesse [en parl. d'une villa]

nīdus, *i*, m., nid d'oiseau : [C] Pros., Poés. ‖ [poét.] les jeunes oiseaux dans leur nid, nichée : [C] Poés. ‖ portée de petits cochons : [+C] Pros. ‖ [fig.] case, rayon [de bibliothèque] : [+C] Poés. ‖ ustensile, timbale en forme de nid : [C] Poés.

nĭgellus, *a*, *um*, dim. de *1 niger*, noirâtre : [C] Poés., Pros.

1 **nĭgĕr**, *gra*, *grum* ¶ **1** noir [diff. de *ater*] V→ *ater*, sombre : [C] Pros. ‖ de teint basané : [C] Poés. ‖ ***hederae nigrae*** [C] Poés., le lierre sombre ‖ ***facere candida de nigris*** [ou] [C] Poés., [+C] Poés. ¶ **2** [poét.] sombre = qui assombrit : ***nigerrimus Auster*** [C] Poés., le noir Auster ¶ **3** [fig.] ***a)*** sombre, noir [idée de la mort] : ***nigra hora*** [C] Poés., l'heure noire [de la mort] ***b)*** endeuillé : ***nigra domus*** [+C] Poés., maison funèbre ***c)*** funeste : ***sol niger*** [C] Poés., noir soleil = jour funeste ***d)*** [en parl. du caractère] perfide, à l'âme noire : [C] Pros., Poés.

2 **Nĭgĕr**, *gri*, m., surnom romain : [+C] Pros.

Nĭgĭdĭus, *ii*, m., Nigidius Figulus [philosophe pythagoricien, ami de Cicéron] : [C] Pros., [+C] Pros. ‖ **-ĭānus**, *a*, *um*, de Nigidius Figulus : [+C] Pros.

nĭgrans, *tis*, part. de *nigro*

nĭgrēdo, *ĭnis*, f., le noir, la couleur noire : [+C] Pros.

nĭgrĕō, *ēs*, *ēre*, -, -, intr., être obscur : [-C] Théât.

nĭgrescō, *ĭs*, *ĕre*, *grŭī*, -, intr., devenir noir, noircir : [C] Poés., [+C] Pros.

nĭgrĭcŭlus, *a*, *um*, noirâtre : [C] Pros.

Nĭgrīna, *ae*, f., nom de femme : [+C] Poés.

Nĭgrīnus, *i*, m., surnom romain : [+C] Pros.

nĭgrĭtĭa, *ae*, , **nĭgrĭtĭēs**, *ēi*, [+C] Pros., , **nĭgrĭtūdo**, *ĭnis*, f., le noir, la couleur noire, noirceur

nĭgrō, *ās*, *āre*, *āvī*, *ātum* ¶ **1** intr., être noir : [C] Poés. ¶ **2** tr., rendre noir : [+C] Poés.

nĭgrŏr, *ōris*, m., le noir, la couleur noire, noirceur : [-C] d. [C] Pros., [C] Poés.

nĭgrum, *i*, n., le noir, la couleur noire : [C] Poés.

nĭhĭl et **nīl**, n., indécl. ; V→ *nihilum*

I subst., rien ¶ **1** ***nihil agere*** [C] Pros., ne rien faire ‖ [avec gén.] [C] Pros. ‖ [accord de l'adj.] ***nihil egregium*** [C] Pros., rien de remarquable ; ***nihil aliud*** [C] Pros., rien d'autre ; ***nihil miserabile*** [C] Pros., rien de pathétique ¶ **2** [tours particuliers] ***a)*** [*nihil* renforcé par *nec*… *nec*…] [C] Pros. ; V→ *1 nec* ***b)*** [*nihil* repris par *nec*] [C] Pros. ***c)*** ***nihil est cur, quamobrem, quod***, il n'y a pas de raison pour que, → *cur, quamobrem, quod* ; [C] Pros. ***d)*** ***nihil ad***, rien en comparaison de : [C] Pros. ***e)*** ***nihil non***, tout le possible, tout sans exception : [C] Pros. ‖ ***non nihil***, qqch. : [C] Pros., ou ***haud nihil*** [-C] Théât. ***f)*** ***nihil nisi, nihil aliud nisi***, rien que, rien d'autre que ; ***nihil aliud quam***, même sens [ou adv.] = seulement : [C] Pros. ***g)*** ***si nihil aliud*** [ellipt.], à défaut d'autre chose, faute de mieux : [C] Pros. ***h)*** ***nihil… quin, quominus*** : [C] Pros. ***i)*** ***nihil minus*** [C] Pros., pas du tout, il n'y a rien qui soit moins exact ¶ **3** rien = néant, nullité, zéro : [C] Pros. ‖ ***nihil est***, il n'y a rien, c'est le néant = tu ne dis rien : [C] Pros., Poés. ‖ ***nihil est***, c'est inutile : [-C] Théât.

II adv., en rien, pas du tout : [C] Pros.

nĭhĭldum, rien encore, encore rien : [C] Pros.

nĭhĭlōmĭnus, nihilo minus, en rien moins ‖ [en corrél. avec *si, etsi, quamvis, quamquam*…] pas moins, néanmoins, tout de même : [C] Pros.

nĭhĭlum, *i*, n., → *nihil* rien : [C] Pros. ‖ [expr. partic.] ***a)*** ***nihili***, de rien, sans valeur : ***homo nihili*** [C] Pros., un homme de rien ; [gén. de prix] ***esse nihili*** [-C] Théât., ne rien valoir ; [C] Pros. ***b)*** ***de nihilo***, pour rien, sans raison, sans fondement : [-C] Théât., [C] Pros. ***c)*** ***nihilo*** [devant compar.], en rien : ***nihilo beatior*** [C] Pros., en rien plus heureux, pas plus heureux du tout ; ***nihilo secius*** [C] Pros. ; → *nihilo minus* ; ***nihilo aliter*** [-C] Théât., pas du tout autrement ‖ [abl. de prix] : ***non nihilo aestimare*** [C] Pros., estimer qq. peu, mettre qq. prix à ***d)*** ***nihilum***, adv., en rien, pas du tout : [C] Poés.

nīl, → *nihil* : [C] Pros. [chez les poètes, chez Sénèque, Suétone et Tacite]

Nīleūs, *ĕi* ou *ĕos*, m., Nilée [compagnon de Phinée] : [C] Poés.

Nīlĭăcus, *a*, *um*, du Nil : [+C] Poés. ‖ d'Égypte : ***Niliaca juvenca*** [+C] Poés., Io ou Isis ; ***Niliacum pecus*** [+C] Poés., le boeuf Apis

Nīlĭcŏla, *ae*, m. f., habitant du Nil : [T] Poés.

Nīlĭgĕna, *ae*, m. f., enfant du Nil, Égyptien, Égyptienne : [T] Pros.

Nīlōtēs, *ae*, m., → *Nilicola* : [C] Poés.

Nīlōtĭcus, *a*, *um*, du Nil, égyptien : [+C] Pros., Poés.

Nīlōtis, *ĭdis*, adj. f., du Nil, d'Égypte : [+C] Poés.

1 **Nīlus**, *i*, m., le Nil [fleuve d'Égypte] : [C] Poés., Pros., [+C] Poés. ‖ le dieu Nil : [C] Pros.

2 **nīlus**, *i*, m., aqueduc, canal : [C] Pros.

nimbātus, *a*, *um*, qui ressemble à un nuage c.-à-d. inexistant : [-C] Théât.

nimbĭfĕr, *ĕra*, *ĕrum*, qui porte la pluie : [C] Poés., [T] Poés.

nimbōsus, *a*, *um*, pluvieux, orageux : [C] Poés.

nimbus, *i*, m., pluie d'orage, averse : [C] Poés., Pros. ‖ nuage de pluie : [-C] d. [C] Pros., [-C] Poés. d. [C] Pros., [C] Poés. ‖ nuage enveloppant les dieux : [C] Poés. ‖ [fig.] pluie, grêle [de fumée, de poussière] : [C] Poés. ‖ nuage [de traits] : [C] Pros., [+C] Poés. ‖ [fig.] orage, malheur : [C] Pros.

nĭmĭē, adv., trop, avec excès : [T] Pros.

nĭmĭĕtās, *ātis*, f., hyperbole : [T] Pros. ‖ prolixité : [T] Pros.

nĭmĭō, adv., beaucoup, extrêmement [ordin[t] avec un compar.] : ***nimio mavolo*** [-C] Théât., j'aime infiniment mieux ; ***nimio plus*** [C] Pros., beaucoup plus ; [-C] Théât., [C] Poés., Pros.

nĭmĭŏpĕre, adv., de façon excessive : [C] Pros. ‖ [en deux mots] ***nimio opere*** [C] Pros.

nīmīrum, adv., assurément, certainement : Théât., Pros. ‖ [iron.] sans doute : Poés., Pros., Pros.

nĭmĭs, adv. ¶ **1** trop, plus qu'il ne faut : Pros. ; ***nimis multa*** Pros., trop de choses, de détails ; ***ne quid nimis*** Théât., rien de trop ‖ [avec gén.] Pros., Poés. ‖ ***nimis est*** [avec inf.] c'est trop de : Poés. ‖ ***haud nimis*** Pros. ; ***non nimis*** Pros., pas trop ¶ **2** extrêmement, énormément, beaucoup : Théât., Pros. ‖ ***nimis quam*** Théât., extrêmement ; → *quam II*

1 **nĭmĭum**, *ĭī*, n., trop grande quantité, excès : Pros. ; ***omnia nimia*** Pros., tous les excès

2 **nĭmĭum**, adv. ¶ **1** trop : ***nimium diu*** Pros. ; ***saepe*** Pros., trop longtemps, trop souvent ; ***multi*** Pros., trop nombreux, un trop grand nombre ; ***nimium mirari*** Pros., admirer trop ¶ **2** par trop, excessivement, extrêmement : Pros., Poés. ; ***nimium vellem*** Théât., j'aurais vivement désiré ¶ **3** [expr. adv.] ***nimium quantum***, extrêmement : Pros.

nĭmĭus, *a*, *um*, qui passe la mesure, excessif, ¶ **1** ***nimiae amicitiae*** Pros., amitiés excessives ; ***non est nimium*** [avec prop. inf.] Pros., il n'est pas excessif que ¶ **2** [en parl. des pers.] : Pros. ‖ ***nimius animi*** Pros., trop orgueilleux ; ***sermonis*** Pros., parlant trop ¶ **3** extrêmement, excessivement grand : Théât. ; ***nimia mira*** Théât., des choses par trop prodigieuses ‖ → *nimio* et *2 nimium*

Nimrod, → *Nemrod*

Ninev-, → *Niniv-*

ningĭt (ninguĭt), *ĕre*, *ninxit*, - ¶ **1** impers., il neige : Poés., Pros. ‖ pass., ***ninguitur*** Pros., il neige ¶ **2** tr., Théât., faire tomber comme de la neige ¶ **3** intr., Poés.

ningŏr, *ōris*, m., chute de neige : Pros.

ninguĭdus (-gĭdus), *a*, *um*, couvert de neige, neigeux : Poés. ‖ qui amène la neige : Poés. ‖ qui tombe comme la neige : Poés.

ninguis, *is*, f. arch., → *nix* : Poés.

ninguit, → *ningit*

ningŭlus, *a*, *um*, arch. → *nullus* : Pros.

Ninivē, *ēs*, f., **Niniva**, *ae*, f., Ninive [ville d'Assyrie] : Pros. ‖ **-ītae**, *ārum*, m. pl., habitants de Ninive : Poés., Pros.

ninnĭum, *ĭī*, n. ?, beau cadeau, nanan : Théât.

Ninnĭus, *ĭi*, m., nom d'une famille de Campanie : Pros. ; [d'où] L. Ninnius Quadratus, tribun de la plèbe : Pros.

1 **Nīnus**, *i*, m., premier roi des Assyriens, époux de Sémiramis, qui donna son nom à Ninive : Poés., Pros. ‖ autre nom de Hiérapolis : Pros.

2 **Nīnus (Nīnŏs)**, *i*, f., Ninive : Pros., Poés.

Nĭŏbē, *ēs*, f., Poés. et **Nĭŏba**, *ae*, f., Pros., ¶ **1** Niobé [fille de Tantale et femme d'Amphion] : Poés. ¶ **2** Nioba [fille de Phoronée] : Poés.

Nĭŏbēus, *a*, *um*, de Niobé : Poés. ‖ **-bīdēs**, *ae*, m., fils de Niobé : Poés.

Nīphātēs, *ae*, m., le Niphate ¶ **1** fleuve de la Grande Arménie : Poés. ¶ **2** partie du mont Taurus : Poés.

Nīphē, *ēs*, f., Niphé [nymphe de Diane] : Poés.

Niptra, n. pl., [níptron, eau pour se laver], les Purifications [titre d'une tragédie de Sophocle et de Pacuvius] : Pros., Pros.

Nīreūs, *ĕi* ou *ĕŏs*, m., Nirée [roi de Samos] : Poés.

Nīsa, *ae*, f., nom de femme : Poés.

Nisaeus, → *Niseius* : Poés. ‖ → *Nysaeus* ¶ 1

Nīsēïs, *ĭdis*, f., fille de Nisus [Scylla] : Poés.

Nīsēĭus, *a*, *um*, de Scylla : Poés.

nĭsĭ, conj.

I ¶ **1** si ne ... pas, dans le cas où ne ... pas : Pros. ¶ **2** excepté si, à moins que : Pros.

II excepté, si ce n'est ¶ **1** [en corrél. avec terme négatif] : Pros. ‖ ***nonnisi*** [formant adv.] = seulement [est fréquent chez Quintilien] ¶ **2** [en corrél. avec interr.] Pros. ¶ **3** [tours particuliers] ***a) nisi quod***, excepté ce fait que, excepté que, avec cette réserve que : Pros. ; ***nisi quia*** Théât., avec cette restriction que, mais ***b) nisi si***, exepté si : Pros. ***c) nisi ut***, à moins que : Pros. ¶ **4** [transitions restrictives et général[t] ironiques] ***nisi forte, nisi vero***, qqf. ***nisi*** seulà moins que par hasard : Pros. ‖ [seconde restriction greffée sur la première] Pros.

Nīsĭădes, *um*, f. pl., [poét.] Nisiades = femmes de Mégare [où régna Nisus] : Poés.

Nĭsĭbis, *is*, f. ¶ **1** Nisibe [ville de Mésopotamie] : Pros. ‖ **-bēnus**, *a*, *um*, de Nisibe : Pros. ¶ **2** ville de l'Arie [Afghanistan] : Pros.

Nisuetae, *ārum*, m. pl., peuple de l'Afrique : Pros.

1 **nīsŭs**, *ūs*, m. ¶ **1** action de s'appuyer, ***a)*** [pour se tenir ferme en place] : ***nisu eodem*** Poés., le corps se maintenant dans la même assiette (posture) ***b)*** [pour se déplacer] mouvement fait avec effort : ***sedato nisu*** d. Pros., en marchant avec précaution ; Pros. ; [fig.] Pros. ; [en parl. d'un vol d'oiseaux] pénible, accompli avec efforts : Poés. ¶ **2** effort : Pros. ‖ effort d'accouchement, enfantement : Poés. ; → *nixus*

2 **nīsus**, *i*, m., aigle de mer ; Poés. ; → *3 Nisus*

3 **Nīsus**, *i*, m., père du cinquième Bacchus : Pros. ‖ roi de Mégare, père de Scylla changé en aigle de mer : Poés. ‖ Troyen, ami d'Euryale : Poés.

nītēdŭla, *ae*, f., petite souris, petit mulot : Pros., Pros.

nĭtĕfăcĭō, *ĭs*, *ĕre*, *fēcī*, *factum*, tr., rendre brillant : Pros.

1 **nĭtēla (-ella)**, *ae*, f., ce qui rend brillant : Pros.

2 **nītēla (-ella)**, *ae*, f., → *nitedula* : Poés.

1 **nĭtens**, *tis*, part.-adj. de *niteo*, brillant, éclatant : Poés., Pros. ‖ brillant de santé, gras : Poés. ‖ épanoui, florissant, riant [en parl. de culture] : Poés. ‖ [style] orné, élégant, brillant : Pros. ‖ ***-tior*** Poés.

2 **nītens**, → *1 nitor*

nĭtĕō, *ēs*, *ēre*, *ŭī*, -, intr., reluire, luire, briller [en parl. du ciel, de la lune] Poés. ; ***nitent unguentis*** Pros., ils sont tout luisants de pommades ‖ être florissant, riant [champs] : Poés. ‖ être gras, bien portant : Théât. ‖ être abondant, prospère : Pros. ‖ être brillant, propre [maison] : Théât. ‖ [fig.] briller, paraître brillant, beau : Poés., Poés. ‖ être brillant, net [style] : Pros.

nĭtescō, *ēs*, *ĕre*, -, -, intr., devenir luisant, se mettre à briller, à luire : Poés. ‖ devenir gras, prendre de l'embonpoint : Pros. ‖ [fig.] prendre de l'éclat, se développer, s'améliorer : Pros., Pros.

nītĭbundus, *a*, *um*, qui fait de grands efforts : Pros.

nĭtĭdē, adv., avec éclat : Théât. ‖ splendidement, royalement : Théât.

nĭtĭdĭtās, *ātis*, f., éclat, beauté : Théât.

nĭtĭdĭuscŭlē, adv., un peu proprement, comme il faut : Théât.

nĭtĭdĭuscŭlus, *a*, *um*, quelque peu luisant [de parfums] : Théât.

nĭtĭdō, *ās*, *āre*, -, -, tr., rendre brillant : Pros. ‖ laver : Théât. ; ***nitidari*** Théât., se laver

nĭtĭdus, *a*, *um*, brillant, luisant, resplendissant [maison] Théât. ; [tableau] Pros. ; [soleil] Poés. ; [ivoire] Poés. ‖ gras, engraissé [animaux] : Pros. ‖ brillant, florissant de santé [personnes] : Pros. ‖ beau, élégant, coquet : Théât., Pros. ‖ gras, fertile : [champs] Poés. ; ***-dissimus*** Pros. ‖ [poét.] ***nitidissimus annus*** Poés., année très riche ‖ [style] brillant : Pros. ; ***-dior*** Pros., Pros.

Nitiobroges (-briges, Pros.**)**, *um*, m. pl., peuple de l'Aquitaine, près de la Garonne : Pros., Pros.

1 **nītŏr**, *tĕrĭs*, *tī*, *nīsus* et *nixus sum* [arch. *gnitor*, *gnixus*] intr.

I s'appuyer sur ¶ **1** [pr.] ***hastili*** Pros., s'appuyer sur la hampe d'une lance ; ***muliercula*** Pros., sur l'épaule d'une femme légère ‖ [poét.] ***in hastam*** Poés., sur une lance ¶ **2** [fig.] ***alicujus consilio*** Pros., s'appuyer sur les conseils de qqn ; ***ubi nitere ?*** Pros., sur qui t'appuieras-tu ?

II s'appuyer, se raidir, s'arc-bouter pour faire un mouvement, pour se déplacer ¶ **1** Pros. ; ***nituntur gradibus*** Poés., ils s'efforcent de monter les échelons ; Pros. ; ***in rupes***

Poés., grimper sur des rochers ‖ ***niti corporibus*** [C] Pros., faire des mouvements du corps ‖ faire des efforts pour se relever : [C] Pros., [+C] Pros. ‖ [en parl. de la gravité des corps] : ***deorsum niti*** [C] Poés., tendre vers le bas ¶ **2** [fig.] faire effort ***a)*** [C] Pros., Poés. ; ***ad sollicitandas civitates*** [C] Pros., faire des efforts pour gagner les cités ‖ [avec inf.] s'efforcer de : [C] Pros. ; [avec *ut*] [C] Pros. ; [avec *ne*] [C] Pros., s'efforcer d'empêcher que ***b)*** tendre vers, s'efforcer d'atteindre : ***ad immortalitatem*** [C] Pros., s'efforcer d'atteindre l'immortalité ***c)*** [avec prop. inf.] s'efforcer de démontrer que : [C] Pros.

2 **nĭtŏr**, *ōris*, m. ¶ **1** le fait de luire, éclat, brillant, poli : [C] Poés. ; ***nitores auri*** [+C] Pros., les brillants reflets de l'or ‖ [en part.] éclat du teint : ***naturalis, non fucatus*** [C] Pros., éclat naturel et sans fard ‖ propreté élégante de la personne : [-C] Théât. ¶ **2** extérieur brillant, élégance, beauté : [C] Pros. ¶ **3** [fig.] éclat [du style] : [C] Pros., [+C] Pros. ‖ éclat, magnificence [de la vie] : [+C] Pros. ; [de la race] [C] Poés.

nĭtrātus, *a, um*, mêlé de nitre : [+C] Pros., Poés.

nĭtrōsus, *a, um*, nitreux, qui contient du nitre : [C] Pros.

nĭvālis, *e*, de neige, neigeux : [C] Pros., [+C] Pros. ‖ [fig.] froid : [+C] Poés. ‖ couleur de neige : [C] Poés. ‖ [fig.] pur, candide : [T] Poés.

nĭvārius, *a, um*, relatif à la neige, rempli de neige : [+C] Poés.

nĭvātus, *a, um*, rafraîchi avec de la neige : [+C] Pros.

nĭvĕō, *ēs, ēre*, -, -, intr., être blanc comme la neige : [+T] Poés.

nĭvĕus, *a, um*, de neige, neigeux : ***agger niveus*** [C] Poés., monceau de neige ; [couvert de neige] [C] Poés. ; ***aqua nivea*** [+C] Poés., eau rafraîchie dans de la neige ‖ d'un blanc de neige : [C] Pros., Poés., [+C] Pros. ‖ [fig.] clair, transparent, pur : [eau] [+C] Poés. ‖ vêtu de blanc (en robe neigeuse) : [+C] Poés.

nĭvōsus, *a, um*, abondant en neige, plein de neige : [C] Pros., Poés., [+C] Pros. ‖ qui amène la neige [constellation des Pléiades] : [+C] Poés.

nix, *nĭvis*, f., neige : [C] Pros. ; ***nives*** [C] Pros., les neiges ‖ ***nives*** [C] Poés., les pays froids, le Nord ‖ [fig.] blancheur : ***nives capitis*** [C] Poés., la neige de la chevelure [cheveux blancs]

Nixi, *ōrum*, m. pl., dieux des accouchements [dont les statues en posture agenouillée se trouvaient au Capitole devant la chapelle de Minerve] : [C] Poés.

nixŏr, *āris, ārī*, -, intr., s'appuyer sur : [C] Poés. ‖ [fig.] reposer sur : [C] Poés. ‖ faire effort d'escalade : [C] Poés.

nixŭs, *ūs*, m. [rare, au lieu de *nīsus*], travail (efforts) de l'accouchement, enfantement : [C] Poés. : [C] Poés., [+C] Pros.

nō, *ās, āre, āvī, ātum*, intr., nager : [-C] Théât., [C] Poés. ; ***sine cortice*** [C] Poés., nager sans liège ‖ [poét.] naviguer : [C] Poés. ‖ rouler, être agité [en parl. des flots] : [C] Poés. ‖ voler [en parl. des abeilles] : [C] Poés. ‖ [fig.] flotter [en parl. des yeux d'un homme ivre] : [C] Poés. ‖ part. prés. ***nantes, ium***, f. pl., oiseaux aquatiques : [+C] Pros.

Nōbĭlĭor, *ōris*, m., surnom des *Fulvii* : [C] Pros.

nōbĭlis, *e*, arch. **gnōbĭlis** ¶ **1** [sens primitif] qu'on peut connaître, facile à connaître, connu : [-C] Théât., [+C] Pros. [mss] ¶ **2** [sens dérivé et courant] connu, bien connu, qui a de la notoriété, célèbre, fameux, ***a)*** [en bonne part] ***aedes nobilissimae*** [C] Pros., la plus connue des maisons ***b)*** [en mauvaise part] [C] Pros. ¶ **3** noble, de famille noble, de noble naissance [qui a le *jus imaginum*] : [C] Pros., [+C] Pros. ‖ [subst.] ***nobiles nostri*** [+C] Pros., nos nobles, notre noblesse

nōbĭlĭtās, *ātis*, f. ¶ **1** notoriété, célébrité, renommée : [C] Pros. ¶ **2** noblesse, naissance noble [possession du *jus imaginum*] : [C] Pros. ‖ les nobles, l'aristocratie : [C] Pros. ¶ **3** excellence, supériorité : [C] Pros., Poés. ‖ distinction morale : [+C] Pros.

nōbĭlĭtĕr, adv., ***-lius*** [T] Pros. ; ***-lissime*** [+C] Pros.

nōbĭlĭtō, *ās, āre, āvī, ātum*, tr., faire connaître, rendre fameux (qqn ou qqch.) [en bonne part] [C] Pros. ‖ [en mauvaise part] [-C] Théât., [C] Pros. ‖ mettre en relief, ennoblir : [+C] Pros.

nōbiscum, ➡ *cum nobis*, V. ➡ *1 cum*

nŏcens, *tis*, part.-adj. de *noceo*, nuisible, pernicieux, funeste [pers. et choses] : [C] Pros., [+C] Poés. ; ***-tior*** [C] Poés. ‖ criminel, coupable : [C] Pros. ; ***-tissimus*** [C] Pros. ; [subst. m.] ***nocens***, un coupable : [C] Pros.

nŏcentĕr, adv., de manière à nuire, à faire du mal : [+C] Pros. ‖ d'une manière coupable : [+C] Pros.

nŏcentĭa, *ae*, f., culpabilité, méchanceté : [+C] Pros.

nŏcĕō, *ēs, ēre, ŭī, ĭtum* ¶ **1** intr., nuire, causer du tort, faire du mal : [abst] [C] Pros. ‖ ***alicui*** [C] Pros., faire du tort à qqn ‖ [avec acc. de même racine] : ***noxam nocere***, commettre une faute [formule du fétial] : [C] Pros. ‖ [acc. de pron. n.] ***nocere aliquid, quippiam, nihil***, nuire en qqch., en rien : [C] Pros. ‖ [pass. impers.] : [C] Pros. ‖ [en parl. de choses] être nuisible, funeste : [C] Pros., [+C] Pros. ; [avec dat.] ***frugibus*** [C] Poés., être nuisible aux moissons ¶ **2** [emploi trans. tard.] ***nocere aliquem***, léser qqn : [T] Pros.

nŏcīvē, adv., d'une manière nuisible : [+T] Poés.

nŏcīvus, *a, um*, nuisible, dangereux : [C] Poés.

nocte et **noctū**, abl. pris advt, de nuit, pendant la nuit : [C] Pros.

noctescō, *ĭs, ĕre*, -, -, intr., devenir sombre, s'obscurcir : [+C] Pros.

noctĭcŏla, *ae*, m. f., qui aime la nuit : [T] Poés.

noctĭcŏlŏr, *ōris*, qui est de la couleur de la nuit : [+C] Pros.

noctĭfĕr, *ĕri*, m., l'étoile du soir [Hespérus] : [C] Poés., [+C] Poés.

noctĭlūca, *ae*, f., celle qui luit pendant la nuit [la lune] : [C] Pros., Poés. ‖ lanterne : [C] Poés.

noctĭvăgus, *a, um*, qui erre pendant la nuit : [C] Poés., [+C] Poés.

noctū ¶ **1** anc. abl. de *nox*, ¶ **2** pris advt, V. ➡ *nocte*

noctŭa, *ae*, f., chouette, hibou : [-C] Théât., [C] Pros.

noctŭābundus, *a, um*, qui voyage pendant la nuit : [C] Pros.

noctŭīnus, *a, um*, de hibou, de chouette : [-C] Théât.

noctŭlūcus, *i*, m., qui veille la nuit : [C] Pros.

nocturnālis, *e*, de nuit, nocturne : [T] Pros.

nocturnus, *a, um*, de la nuit, nocturne : [C] Pros. ‖ [poét.] [jouant le rôle d'adv.] qui agit dans les ténèbres, pendant la nuit : [C] Poés. ‖ **Nocturnus**, m., le dieu de la nuit : [-C] Théât.

noctŭvĭgĭlus, *a, um*, qui veille la nuit : [-C] Théât.

nŏcŭus, *a, um*, nuisible, qui fait du mal : [C] Poés.

nōdātĭo, *ōnis*, f., état noueux [d'un arbre] : [C] Pros.

Nōdīnus, *i*, m., fleuve du Latium adoré comme un dieu : [C] Pros., [T] Pros.

nōdō, *ās, āre*, -, *ātum*, tr., nouer, lier, fixer par un nœud : [C] Pros., [C] Poés. ‖ en forme de noeud, tourbillonnant : [+C] Poés.

nōdōsĭtās, *ātis*, f., nodosité, complication : [T] Pros.

nōdōsus, *a, um* ¶ **1** noueux, qui a beaucoup de nœuds : [C] Poés., [+C] Poés. ‖ qui noue les articulations [goutte] : [C] Pros. ¶ **2** [fig.] noueux, compliqué, difficile : [T] Pros. ‖ [en parl. de qqn] retors : [C] Poés. ‖ ***-issimus*** [T] Pros.

Nōdōtus, V. ➡ *Nodutus*

nōdŭlus, *i*, m., dim. de *nodus*, petit noeud : [+C] Pros.

nōdus, *i*, m. ¶ **1** nœud : [C] Pros., Poés. ‖ [poét.] ceinture : [C] Poés. ‖ noeud de cheveux : [+C] Pros. ‖ articulation, jointure, vertèbre : [C] Pros., [+C] Poés. ‖ noeud [des végétaux] : [C] Pros., Poés., [+C] Pros. ‖ plis, replis [des reptiles] : [C] Poés. ‖ étoile entre les Poissons [constellation] : [C] Poés. ‖ ***nodi***, les quatre parties du ciel où commencent les saisons : [C] Poés. ‖ ***nodus anni*** [C] Poés., noeud de l'année, point d'intersection de l'écliptique et de l'équateur ¶ **2** [fig.] ***a)*** nœud, lien : [C] Pros. ***b)*** difficulté, nœud, obstacle : [C] Pros. ; ***pugnae*** [C] Poés., ce qui entrave la victoire ‖ noeud, intrigue [d'une pièce] : [C] Poés.

Nōdŭtĕrensis dea, f., déesse qui présidait au battage du blé : [T] Pros.

Nōdūtis, V. ➡ *Nodutus*

Nōdūtus, *i*, m., dieu qui forme les nœuds dans les chaumes, dieu des moissons : [T] Pros.

Nŏē, m. indécl., patriarche sauvé pendant le déluge : [T] Pros.

Nŏĕmi (Nŏŏ-), f. indécl., **Nŏĕmis**, *is*, f., femme de la tribu de Juda, belle-mère de Ruth : [T] Pros., Poés.

Nŏēmōn, *ŏnis*, m., nom de guerrier : [C] Poés.

noenŭ, **noenum**, arch. pour *non* : [-C] Pros., Théât., [C] Poés.

1 **nŏla**, *ae*, f., cloche, clochette : [T] Poés.

2 **nōla**, *ae*, f., celle qui refuse : [+C] Pros.

3 **Nōla**, *ae*, f., Nole [ville de Campanie] : [C] Pros., [+C] Pros. ‖ **-ānus**, *a, um*, de Nole : [C] Pros., [+C] Poés. ‖ **-ensis**, *e*, [T] Pros.

nōlentĕr, adv., sans le vouloir : [T] Pros.

Noliba, *ae*, f., ville de la Tarraconaise : [C] Pros.

nōlō, *non vīs, nolle, nōlŭī*, - ¶1 ne pas vouloir : [C] Pros. ; ***non nolle*** [C] Pros., vouloir bien, ne pas faire d'objection ; ***me nolente*** [+C] Pros., malgré moi ; ***quod nolim*** [C] Pros., ce que je ne voudrais pas, ce qu'à dieu ne plaise ; ***velim nolim, vellem nollem***, bon gré, mal gré, V.▶ *2 volo* ‖ [avec subj.] : [C] Pros. ‖ [avec prop. inf.] ne pas vouloir que : [C] Pros. ‖ [avec inf.] : ***interpellare nolui*** [C] Pros., je n'ai pas voulu interrompre ; [surtout à l'impér.] ***noli, nolito, nolite***, ne veuille pas, ne veuillez pas [tournure qui équivaut à une défense] : ***noli existimare*** [C] Pros., garde-toi de croire, ne crois pas ; ***nolite existimare*** [C] Pros., ne croyez pas ; [pléon.] [C] Pros. ; [ellipt.] [C] Pros. ¶2 ne pas vouloir du bien à qqn (***alicui***), ne pas être favorable à : [C] Pros.

Nŏmădes, *um*, m. pl., Nomades [peuple errant de Numidie] : [C] Poés.

Nŏmăs, *ădis*, m., [sg. coll.] =▶ *Nomades* : [+C] Poés. ‖ f., femme numide : [C] Poés. ‖ adj. f. (s.-ent. ***terra***) ; la Numidie : [+C] Poés.

nōmĕn, *ĭnis*, n. ¶1 nom, dénomination ***a) alicui nomen imponere***, donner un nom à qqn ; ***appellare aliquem nomine*** Cic., appeler qqn par son nom ; ***mulier Lamia nomine*** Cic., une femme du nom de Lamia ; ***quae voluptatis nomen habent*** Cic., choses qui portent le nom de plaisir ‖ ***nomen dare*** Cic., donner son nom = s'enrôler ; ***nomen edere***, [ou] ***nomen profiteri*** Cic., même sens ‖ ***nomen Romanum*** Cic., le nom romain = la nation romaine ***b)*** titre : ***imperatoris nomen*** Caes., le titre de général en chef ***c)*** [gram.] nom, mot, terme : ***carendi nomen*** Cic., le mot *carere* ¶2 [par ext.] ***a)*** nom [par opp. à la réalité] ***nomen alicujus rei habere*** Cic. *Att.*, n'avoir de qqch. que le nom (= n'avoir qqch. qu'en théorie) ***b)*** renom, célébrité : ***magnum nomen habere*** Cic., avoir un grand renom ***c)*** prétexte : ***honestis nominibus*** Sall., avec de beaux prétextes ¶3 abl. *nomine* [suivi d'un déterminant] ***a)*** au nom de : ***alicujus nomine gratias agere*** Cic., remercier au nom de qqn ***b)*** au nom de = par égard pour, à cause de : ***amicitiae nostrae nomine*** Cic., au nom de notre amitié, par égard pour notre amitié ; ***meo nomine*** Cic., à cause de moi ***c)*** au titre de, sous couleur de, sous prétexte de : ***sub honesto patrum nomine*** Sall., sous le couvert honorable de la défense du sénat ¶4 créance : ***nomen solvere***, payer une dette ; ***nomen persolvere***, [ou] ***nomen dissolvere***, [ou] ***nomen expedire***, même sens

nōmenclātĭo, *ōnis*, f., désignation de qqn par son nom : [C] Pros. ‖ désignation des choses, nomenclature : [+C] Pros.

nōmenclātŏr (-culātŏr), *ōris*, m., nomenclateur [esclave chargé de nommer les citoyens à son maître au fur et à mesure des rencontres et surtout en période électorale] : [C] Pros., [+C] Pros.

nōmencŭlātŏr, *oris*, m., C.▶ *nomenclator* : [+C] Pros.

Nōmentum, *i*, n., ville des Latins : [C] Pros., Poés. ‖ **-ānus**, *a, um*, de Nomentum ‖ subst. m. pl., les habitants de Nomentum : [C] Pros. ‖ m. sg., surnom d'homme : [C] Poés.

nōmĭnālis, *e*, qui concerne le nom : [C] Pros.

nōmĭnātim, adv., nommément, en désignant par le nom : [C] Pros.

nōmĭnātio, *ōnis*, f. ¶1 appellation, dénomination : [C] Pros. ‖ [rhét.] [C] Pros. ¶2 nomination [à une fonction] : [C] Pros. ; ***in locum alicujus*** [C] Pros., pour remplacer qqn ; ***nominatione consulum*** [+C] Pros., sur (d'après) la nomination faite par les consuls ‖ présentation de candidats aux magistratures faite par l'empereur devant le sénat : [+C] Pros.

nōmĭnātīvus, *a, um*, ***n. casus*** et [abs[t]] ***nominativus***, le nominatif : [C] Pros., [+C] Pros.

nōmĭnātŭs, *ūs*, m., nom, appellation : [C] Pros.

nōmĭnĭtō, *ās, āre*, -, -, tr., nommer, désigner par un nom : [C] Poés., [T] Pros.

nōmĭnō, *ās, āre, āvī, ātum*, tr. ¶1 nommer, désigner par un nom : [C] Pros. ¶2 appeler par son nom, prononcer le nom de qqn, de qqch., citer : ***aliquem honoris causa*** [C] Pros., prononcer le nom de qqn pour l'honorer, par respect ‖ mentionner qqn ou qqch., en faire l'objet des propos : [C] Pros. ; ***nominari volunt*** [C] Pros., ils veulent avoir de la notoriété ¶3 proposer pour une fonction, une charge : ***aliquem augurem*** [C] Pros., proposer qqn comme augure [à la cooptation du collège] ‖ nommer, désigner [un magistrat] : [C] Pros. ¶4 donner le nom de qqn = l'accuser : [C] Pros. ¶5 [gram.] ***nominandi casus*** [C] Pros., le nominatif

Nŏmĭo ou **Nŏmĭōn**, *ōnis*, m., surnom d'Apollon : [C] Pros.

nŏmisma, *ătis*, n., pièce de monnaie, monnaie : [C] Pros., [+C] Poés. ‖ jeton [on en remettait dix aux chevaliers à l'entrée du théâtre en échange desquels il leur était servi à boire] : [+C] Poés. ‖ empreinte [d'une pièce] : [T] Poés.

Nŏmĭus (-os), *ii*, m., le Pasteur [surnom d'Apollon] : [C] Pros.

nŏmŏs, *i*, m., air, morceau (de chant) : [+C] Pros.

Nŏmŏthĕtēs, *ae*, m., Le Nomothète [Le Législateur, titre d'une comédie de Ménandre] : [+C] Pros.

nōn, adv. de nég., ne ... pas, ne ... point, non ¶1 [dans une prop. négative se place tj. avant le verbe] ***hoc verum esse non potest***, cela ne peut pas être vrai ¶2 [exceptions] ***a)*** [quand il porte sur un mot partic.] : [C] Pros. ; ***homo non probatissimus*** [C] Pros., homme fort peu considéré ; [-C] Théât., [C] Pros. ‖ [distinguer : *id fieri non potest*, cela ne peut arriver, il est impossible que cela se produise, de *id non fieri potest*, cela peut ne pas arriver, il est possible que cela ne se produise pas] ***b)*** [portant sur l'ensemble de la prop.] il n'est pas vrai que, loin que : [C] Pros. ; [dans les interrog.] [C] Pros. ***c) non ita, non tam***, non pas tellement, pas précisément : [C] Pros. ; ***non tam ... quam*** [C] Pros., moins ... que ; ***non fere quisquam*** [C] Pros., à peu près personne ; ***non modo, non solum, non tantum***, non seulement, V.▶ *modo, 2 solum, 1 tantum* ; ***non quod, non quo*** [avec subj.] non pas que, V.▶ *quod, quo* ; ***non nemo, non numquam, non nihil***, qqs-uns, qqf., qq. peu ; ***nemo non, numquam non, nihil non***, tout le monde, toujours, tout, V.▶ *nemo, numquam, nihil* ***d) ut non***, sans que, V.▶ *ut* ¶3 [anal. à *non dico*] : [C] Pros. ¶4 [dans les interrog. au lieu de *nonne*, l'interrogation étant dans le ton] : [C] Pros. ¶5 [au lieu de *ne* chez les poètes et à l'ép. impériale, dans les défenses] [+C] Pros. ¶6 [dans les réponses] non : ***exheredavitne ? non*** [C] Pros., a-t-il déshérité ? non

1 **nōna**, *ae*, f., ***nona (hora)***, neuvième heure du jour : [C] Pros.

2 **Nōna**, *ae*, f., une des Parques : [+C] Pros.

Nōnācria, *ae*, f. ¶1 C.▶ *Nonacris* : [+C] Pros. ¶2 V.▶ *Nonacrius*

Nōnācrīnus, *a, um*, de Nonacris = d'Arcadie : ***virgo Nonacrina*** [C] Poés., Callisto

Nōnācris, *is*, f., montagne d'Arcadie : [C] Pros.

Nōnācrius, *a, um*, C.▶ *Nonacrinus* : ***Nonacrius heros*** [C] Poés. = Évandre ‖ subst. f., ***Nonacria*** [C] Poés., = Atalante

nōnae, *ārum*, f. pl., les nones [5e jour du mois sauf en mars, mai, juillet, octobre où elles tombaient le 7] : [C] Pros. ; ***nonae Februariae, Decembres, etc.***, nones de février, de décembre, etc.

nōnāgēnārius, *a, um*, âgé, âgée de 90 ans, nonagénaire : [T] Pros.

nōnāgēsĭmus, *a, um*, quatre-vingt-dixième : [C] Pros.

nōnāgĭēs (-ĭens), quatre-vingt-dix fois : [C] Pros.

nōnāgintā, indécl., quatre-vingt-dix : [C] Pros.

nōnālĭa sacra, n., Nonalia [cérémonie religieuse qui avait lieu aux nones] : [C] Pros.

nōnānus, *a, um*, qui fait partie de la 9e légion : [+C] Pros. **nonāni**, m. pl., les soldats de la 9e légion : [+C] Pros.

nōnāria, *ae*, f., femme de la 9e heure, courtisane [parce que les courtisanes ne pouvaient se montrer qu'à partir de la 9e heure] : [+C] Poés.

nondum, adv., pas encore : [C] Pros.

nongentēsĭmus, *a, um*, neuf-centième : [T] Pros.

nongenti, *ae, a*, neuf cents : [C] Pros., [+C] Pros.

nōningenti, *ae, a*, C.▶ *nongenti* : [+C] Pros.

Nōnĭus, *ĭi*, m., M. Nonius Sufféenas [propréteur de Crète et de Cyrène] : [C] Pros.

nonna, *ae*, f., nonne : [T] Pros.

nonnĕ ***a)*** [interr. dir.] est-ce que ne pas ? : [C] Pros. ***b)*** [interr. indir.] si ne pas : [C] Pros.

nonnĭhil, V.▶ *nihil*

nonnĭsi, V.▶ *nisi II ¶ 1*

nonnullus (non nullus), *a, um*, quelque : [C] Pros. ‖ **non nulli**, m. pl., quelques-uns : [C] Pros. ; **non nullae**, f. pl., quelques-unes : [C] Pros. ; **non nulla**, n. pl., plusieurs choses : [C] Pros.

nonnumquam (non numquam), adv., quelquefois, parfois : [C] Pros.

nonnus, *i*, m., moine : [T] Pros.

nonnusquam, adv., dans quelques endroits, dans plusieurs pays : [+C] Pros.

nōnus, *a, um*, neuvième : [C] Pros., Poés. ‖ V.▶ *1 nona*

nōnusdĕcĭmus, *nonadecima*, etc., dix-neuvième : [+C] Pros.

nōnussis, *is*, m., pièce de monnaie qui valait neuf as : [C] Pros.

1 **Nora**, *ae*, f., ville de l'Inde : [+C] Pros.

2 **Nōra**, *ae*, f., ville de Sardaigne [auj. Nora] ‖ **-enses**, *ĭum*, m. pl., habitants de Nora : [C] Pros. ‖ ville de Phrygie : [C] Pros.

Norba, *ae*, f., ville du Latium : [C] Pros. ‖ ville de Lusitanie [auj. Alcantara]

1 **Norbānus**, *a, um*, de Norba : [C] Pros. ‖ **-ni**, *ōrum*, m. pl., habitants de Norba : [C] Pros.

2 **Norbānus**, *i*, m., C. Norbanus [accusé par Sulpicius, défendu par Antoine] : [C] Pros.

Nōrēia, *ae*, f., ville du Norique : [C] Pros.

Nōrensis, *e*, de Nora [en Sardaigne] : [C] Pros. ‖ subst. m. pl., habitants de Nora : [C] Pros.

Nōrĭcum, *i*, n., le Norique [pays entre la Rhétie et la Pannonie, au sud du Danube] : [+C] Pros. ‖ **-cus**, *a, um*, du Norique : [C] Pros., [+C] Pros.

norma, *ae*, f., équerre : [C] Pros. ‖ angle droit : [C] Pros. ‖ [fig.] règle, loi : [C] Pros. ; ***ad normam alicujus sapiens*** [C] Pros., sage à la mesure de qqn, sur le modèle de qqn, selon la formule de qqn

normālis, *e*, fait à l'équerre, avec l'équerre : [C] Poés., [+C] Pros.

normālĭtĕr, adv., en ligne droite : [T] Pros.

normō, *ās, āre, -, ātum*, tr., tracer en équerre, mettre d'équerre : [+C] Pros.

Nortĭa, *ae*, f., Nortia [la Fortune, déesse des Étrusques] : [C] Pros., [+C] Poés. ;

nōs, gén. *nostri, nostrum* ; dat. *nobis*, nous ‖ [souvent = *ego*] : [C] Pros., Poés.

noscentĭa, *ae*, f., C.▶ *notitia* : [T] Pros.

noscĭbĭlis, *e*, qui peut être connu : [T] Pros.

noscĭtābundus, *a, um*, cherchant à reconnaître [qqn] : [+C] Pros.

noscĭtō, *ās, āre, āvī, ātum*, tr., chercher à reconnaître, examiner : [-C] Théât. ‖ reconnaître : [C] Pros., [+C] Pros.

noscō, *is, ĕre, nōvī, nōtum* ¶ **1** apprendre à connaître : [-C] Théât., [C] Pros. ‖ parf. *novi, novisse, nosse*, connaître, savoir : [C] Pros. ; ***bene nosse aliquem*** [C] Pros., bien connaître qqn, à fond [*recte* [C] Pros., connaître bien, vraiment] ; ***linguam*** [C] Pros., connaître une langue ; ***nosti cetera*** [C] Pros., tu sais le reste, la suite ‖ [avec inf., tard.] [+C] Pros., [T] Pros. ‖ part. *notus, a, um*, connu : [C] Pros. ¶ **2** examiner, étudier : ***nosce imaginem*** [-C] Théât., regarde l'empreinte ¶ **3** reconnaître : [-C] Théât., [C] Poés., Pros. ‖ chercher à reconnaître : [+C] Pros. ¶ **4** reconnaître, concevoir, entendre, admettre : [C] Pros.

nosmĕt, etc., nous-mêmes, moi-même : [C] Pros.

nŏsŏcŏmīum, *ii*, n., hôpital : [T] Pros.

nostĕr, *stra, strum*, notre ¶ **1** ***nostra consilia*** [C] Pros., nos projets ; ***amor noster*** [C] Pros., notre affection mutuelle, notre amitié ; n. pl. ***nostra***, nos biens ¶ **2** notre compatriote : ***noster Ennius*** [C] Pros., notre Ennius, notre grand Pompée ; ***nostri***, les nôtres, nos compatriotes, nos soldats ‖ ***hic noster*** [C] Pros., cet orateur dont nous nous occupons actuellement ¶ **3** dans le dialogue : [-C] Théât. ‖ [l'esclave parlant à son maître] ***noster***, mon maître : [-C] Théât. ¶ **4** qui nous convient : ***nostris locis*** [C] Pros., dans des lieux à nous, avantageux pour nous ¶ **5** ***noster***, pronom, C.▶ *ego* : [-C] Théât., [C] Poés.

nostin, C.▶ *nostine, novistine* : [-C] Théât.

Nostĭus, *ii*, m., nom de famille romain : [C] Pros.

nostrās, *ātis*, adj., qui est de notre pays, de nos compatriotes : [C] Pros. ; ***verba nostratia*** [C] Pros., les mots de chez nous, les mots courants

nostri, de *noster*

nostrōrum, V.▶ *nos* et *noster*

nostrum, V.▶ *nos* et *noster*

nŏta, *ae*, f. ¶ **1** signe, marque : [C] Pros. ‖ [fig.] [C] Pros. ; ***notae argumentorum*** [C] Pros., marques distinctives des arguments [qui les font trouver aisément] ; [C] Pros. ‖ trait caractéristique : [C] Pros. ‖ prénom caractéristique : [C] Poés. ¶ **2** marque [d'écriture] ***a) litterarum notae*** [C] Pros., signes d'écriture, lettres [chiffres :] ; [d'où, poét.] écrit, lettre : [C] Poés. ***b)*** caractères conventionnels signes secrets : [+C] Pros. ***c)*** signes sténographiques : [+C] Pros. ***d)*** notes de musique : [+C] Pros. ***e) notae librariorum*** [C] Pros., signes des copistes, signes de ponctuation ¶ **3** **A** [pr.] marque sur le corps ***a)*** signe, tache naturelle : [C] Poés., [+C] Pros. ***b)*** tatouage : [C] Pros. ‖ marque au fer rouge : [+C] Pros. **B** [fig.] tache, flétrissure, honte : [C] Pros. ¶ **4** empreinte de monnaie : [+C] Pros. ¶ **5** étiquette [mise sur les amphores pour rappeler l'année du vin] : [C] Pros. ; [pour noter le cru] [C] Poés. ‖ [d'où] marque, sorte, qualité : [+C] Pros. ¶ **6** annotation, marque, remarque : [C] Pros., [+C] Pros. ¶ **7** note du censeur, blâme [motivé, inscrit à côté du nom] : [C] Pros., [+C] Pros. ¶ **8** signe [fait avec la main, etc.] : [C] Poés.

nŏtābĭlis, *e*, notable, remarquable [en parl. de choses] : [C] Pros., [+C] Pros. ; ***-bilior*** [+C] Pros. ‖ qu'on peut distinguer : [+C] Pros. ‖ désigné, notoire [pers.] : [+C] Pros. ‖ signalé [en mauvaise part] : [+C] Pros.

nŏtābĭlĭtĕr, adv., notablement, d'une manière remarquable : [+C] Pros. ‖ ***-bilius*** [+C] Pros.

nŏtācŭlum, *i*, n., signe, marque : [+C] Pros.

nŏtārĭus, *a, um*, relatif aux caractères de l'alphabet ‖ subst. m., sténographe : [+C] Pros. ‖ secrétaire : [+C] Pros.

nŏtātĭo, *ōnis*, f., action de marquer d'un signe : [C] Pros. ‖ action de noter d'infamie [censeurs] : [C] Pros. ‖ choix, désignation [de juges] : [C] Pros. ‖ action de noter, de relever, remarque, observation : [C] Pros. ; ***temporum*** [C] Pros., chronologie ‖ étymologie : [C] Pros., [+C] Pros. ‖ description d'un caractère : [C] Pros.

nŏtatus, *a, um*, part.-adj. de *noto*, marqué, signalé : [C] Pros. ; ***notatior similitudo*** [C] Pros., ressemblance mieux marquée

nōtescō, *is, ĕre, ŭī, -*, intr., se faire connaître, devenir connu : [C] Poés., [+C] Pros. ‖ ***alicui*** : [+C] Pros. ‖ tr., faire connaître : [T] Pros.

nŏthus, *a, um* ¶ **1** bâtard, illégitime : [+C] Pros. ; ***nothus Sarpedonis*** [C] Poés., fils naturel de Sarpédon ‖ animal issu d'un croisement : [C] Poés., [+C] Pros. ¶ **2** [empr.] ***nothum lumen*** [C] Poés., lumière empruntée ; ***nothum nomen*** [C] Pros., mot grec décliné à la latine, hybride : ***Achilles***

nŏtĭālis, *e*, C.▶ *notius* : [T] Poés.

nōtĭo, *ōnis*, f. ¶ **1** [sens premier] action d'apprendre à connaître, de prendre connaissance : [-C] Théât. ¶ **2** action de connaître d'une chose : [C] Pros. ¶ **3** [en part.] droit d'enquête morale des censeurs : [C] Pros. ¶ **4** action, faculté de connaître (de concevoir) une chose : [C] Pros. ‖ [résultat de cette action] représentation dans l'esprit, notion, idée, conception : ***animi*** [C] Pros., idée que se fait l'esprit, conception de l'esprit ‖ idée, signification d'un mot : [C] Pros.

nōtĭtĭa, *ae*, f. ¶ **1** fait d'être connu, notoriété : [C] Pros., [+C] Pros., Poés. ¶ **2** action de connaître ***a)*** connaissance de qqn : [C] Pros. ‖ commerce avec une femme : [C] Pros. ***b)*** connaissance d'une chose: ***antiquitatis*** [C] Pros., connaissance de l'Antiquité; [+C] Pros. ‖ [en part.] notion, idée: [C] Pros.; ***notitiae rerum*** [= ἔννοιαι, προλήψεις] [C] Pros., notions des choses

nōtĭtĭēs, *ēi*, f., ► *notitia* ¶1: [C] Pros. ‖ ► *notitia* ¶2: [C] Poés.

Notium, *ii*, n., ville d'Ionie: [C] Pros.

nŏtĭus, *a, um*, méridional, austral: [C] Poés., [+C] Pros.

nŏtō, *ās, āre, āvī, ātum*, tr. ¶**1** marquer, faire une marque sur: ***tabellam sanguine*** [C] Pros., marquer une tablette avec du sang ¶**2** tracer des caractères d'écriture: [C] Poés. ‖ [en part.] écrire par abréviation, sténographier: [+C] Pros. ¶**3** [en parl. des censeurs, marquer le nom d'un citoyen coupable d'une note (*subscriptio*) qui rappelle son infamie, sa faute]: [C] Pros. ‖ [d'où, en gén.] blâmer, flétrir: ***ignominia aliquem*** [C] Pros., marquer qqn d'infamie; ***improbitatem alicujus*** [C] Pros., flétrir la malhonnêteté de qqn; ***sic notati, ut*** [C] Pros., tellement flétris que... ¶**4** marquer, faire reconnaître, désigner: [C] Pros. ‖ désigner qqch. d'une manière caractéristique: [C] Pros. ‖ désigner du geste: [+C] Pros. ¶**5** noter, relever: [C] Pros. ‖ [avec prop. inf.] noter que, remarquer que: [C] Pros., [+C] Pros.

Nŏtŏn, acc. de *Notos*, ► *2 Notus*: [+C] Poés.

nōtŏr, *ōris*, m., celui qui connaît une personne, qui en répond, garant: [+C] Pros., Poés.

nōtōrĭa, *ae*, f., information: [+C] Pros.

nōtōrium, *ii*, n., accusation, délation: [T] Pros.

nōtōrĭus, *a, um*, qui notifie, ► *notoria* et *notorium*

Nŏtŏs, ► *2 Notus*

1 **nōtus**, *a, um*, part.-adj. de *nosco*, connu: [C] Pros.; ***notior alicui, -tissimus alicui*** [C] Pros.; ***aliquid notum alicui facere*** [C] Pros., faire connaître qqch. à qqn ‖ [poét. avec gén.] connu pour, à cause de: [C] Poés., [+C] Poés.; [avec inf.] connu pour: [+C] Poés. ‖ m. pl., **nōti** ***a)*** les personnes de connaissance [= qui se connaissent, qui ont entre elles des relations]: [-C] Théât., [C] Pros., Poés. ***b)*** [très rare] personnes qui connaissent [opp. *ignoti*]: [C] Pros.; [sg.] [C] Pros.

2 **Nŏtus (-tŏs)**, *i*, m., Notus [le vent du midi]: [C] Poés. ‖ [poét.] vent: [C] Poés.

nŏvācŭla, *ae*, f., rasoir: [C] Pros., [+C] Pros. ‖ [en gén.] couteau: [+C] Pros. ‖ poignard: [+C] Poés.

Nŏvae, f. pl., Boutiques Neuves [emplacement sur le forum de Rome]: [C] Pros.

nŏvāle, *is*, n., jachère: [+C] Pros. ‖ champ cultivé [poét.]: [C] Poés., [+C] Poés. ‖ les moissons sur pied: [+C] Poés.

1 **nŏvālis**, *e*, qu'on laisse reposer pendant un an, mis en jachère: [C] Pros.

2 **nŏvālis**, *is*, f., jachère: [C] Poés., Pros.

Nŏvāria, *ae*, f., ville des Insubres [auj. Novara = Novare] ‖ **-iensis**, *e*, de Novare: [+C] Pros.

Nŏvātiāni, *ōrum*, m. pl., Novatiens, partisans de Novatius [hérésiarque]: [T] Pros.

Nŏvātilla, *ae*, f., fille de M. Annaeus Novatus, nièce de Sénèque: [+C] Pros.

Nŏvātĭus, *ii*, m., nom d'un hérésiarque: [T] Pros.

nŏvātŏr, *ōris*, m., celui qui renouvelle: [+C] Pros.

nŏvātrix, *īcis*, f., celle qui renouvelle: [C] Poés.

Nŏvātus, *i*, m., L. Annaeus Novatus [frère de Sénèque, appelé L. Junius Gallio après son adoption]: [+C] Pros.

nŏvē, adv., en innovant, d'une manière nouvelle: [-C] Théât., [C] Pros.: [+C] Pros. ‖ **-vissĭmē** ***a)*** dernièrement, tout récemment: [C] Pros., [+C] Pros. ***b)*** finalement, à la fin: [C] Pros., [+C] Pros.

nŏvellō, *ās, āre, -, -*, tr., planter de nouvelles vignes: [+C] Pros.

1 **nŏvellus**, *a, um*, dim. de *novus* ¶**1** nouveau, jeune, récent: [-C] Pros., [C] Pros., Poés. ‖ [poét.] ***novella turba*** [C] Poés., jeune troupe [de petits enfants] ‖ ***novella oppida*** [C] Pros., places nouvellement conquises ¶**2** subst., **novelli**, *ōrum*, m. pl., jeunes gens [= *juvenes, tirones*]: [T] Théât.

2 **Nŏvellus**, *i*, m., [surnom]: [C] Pros.

nŏvem, indécl., neuf: [C] Pros.; ***decem novem*** [C] Pros., dix-neuf; ***usque ad novem*** [C] Pros., jusqu'à neuf

Nŏvembĕr, *bris, brĕ*, adj., du neuvième mois [à l'origine], de novembre: [C] Pros.

Nŏvempŏpŭlāna, *ae*, f., Novempopulanie: [+T] Pros.

nŏvēnārĭus, *a, um*, novénaire, qui se compose de 9 unités: [C] Pros.

nŏvendĭālis, *e*, qui dure neuf jours: [C] Pros. ‖ qui a lieu le neuvième jour: ***novendialis cena*** [+C] Pros., banquet funèbre du neuvième jour

Nŏvensĭdēs, m. pl., les neuf trônants [dieux sabins]: [C] Pros. ‖ **-sĭlēs dīvi**, [C] Pros., [T] Pros.

nŏvēnus, *a, um*, [+C] Poés., d'ordinaire **-vēni**, *ae, a*, pl., comprenant chaque fois neuf: [C] Poés., Pros.

nŏverca, *ae*, f., belle-mère, marâtre: [C] Pros., [+C] Pros., Poés.; [prov.] [-C] Théât. ‖ [fig.] marâtre: [+C] Pros.

nŏvercālis, *e*, de belle-mère, de marâtre: [+C] Poés. ‖ en belle-mère, hostile, malveillant: [C] Pros., [+C] Pros.

nŏvercŏr, *ārĭs, ārī, -*, intr., agir en belle-mère, se montrer dur (*alicui*, à l'égard de qqn): [T] Pros.

Nŏvēsĭum, *ii*, n., ville de Germanie: [+C] Pros., [T] Pros.

Nŏvia, *ae*, f., nom de femme: [C] Pros.

nŏvĭcĭŏlus, *a, um*, quelque peu nouveau: [+C] Pros.

nŏvĭcĭus, *a, um*, nouveau, récent: [-C] Théât., [C] Pros., [+C] Pros. ‖ [en parl. d'esclaves dont la servitude est récente]: [-C] Théât., [C] Pros. ‖ **nŏvĭcii**, *ōrum*, m. pl., [C] Pros., esclaves nouveaux

nŏvĭēs (nŏvĭens), neuf fois: [C] Poés., [+C] Pros.

Nŏvĭŏdūnum, *i*, n., ville des Éduens [Nogent]: [C] Pros. ‖ ville des Suessions: [C] Pros. ‖ ville des Bituriges [Neuvy]: [C] Pros.

nŏvissĭmē, ► *nove*

nŏvissĭmus, ► *novus*

nŏvĭtās, *ātis*, f. ¶**1** nouveauté: [C] Pros. ‖ ***novitates*** [C] Pros., les amitiés nouvelles ‖ [poét.] ***anni*** [C] Poés., la nouvelle saison (le printemps) ¶**2** chose inattendue, inaccoutumée: ***pugnae*** [C] Pros., nouveau genre de combat; [au pl.] ***novitates aquarum*** [+C] Pros., une eau nouvelle; ***novitates*** [+C] Pros., le nouveau, l'inaccoutumé ¶**3** condition de l'*homo novus*, qualité d'homme nouveau: [C] Pros. ¶**4** [chrét.] renouveau (dans la vie), conversion: [T] Pros.

nŏvītĭus, ► *novicius*

Nŏvĭus, *ii*, m. ¶**1** poète comique latin: [C] Pros., [+C] Pros., [T] Pros. ¶**2** nom d'un affranchi: [C] Poés.

nŏvō, *ās, āre, āvī, ātum* ¶**1** renouveler, refaire: [C] Poés., [+C] Poés.; ***ager novatus*** [C] Pros., champ labouré de nouveau ¶**2** inventer, forger: [des mots] [C] Pros., [+C] Pros. ¶**3** changer, innover: [C] Pros. ‖ [en part.] ***res novare*** [C] Pros., faire une révolution; ***novare***, absol[t], même sens: [C] Pros., [+C] Pros. ‖ faire une innovation: [C] Pros.

Nŏvŏcōmenses, *ĭum*, m. pl., habitants de Novocôme [Côme]: [C] Pros.; ► *Comum*

1 **nŏvum**, *i*, n., chose nouvelle, ► *novus*

2 **Nŏvum**, n., ► *Comum*

nŏvus, *a, um*, ***novior*** [C] Pros., [+C] Pros.; ***novissimus*** ¶**1** nouveau, jeune: ***novum vinum*** [C] Pros., vin nouveau, jeune; ***novi milites*** [C] Pros., les jeunes soldats, les nouvelles recrues ‖ [expr. partic.] ***a) res novae***, nouveautés politiques, changement politique, révolution: [C] Pros. ***b) tabulae novae***, nouveaux livres de compte [où sont inscrites les dettes] = réduction ou abolition des dettes: [C] Pros.; [fig.] [+C] Pros., table rase ***c) novus homo, homo novus***, homme nouveau [qui ne descend pas d'une famille noble, et qui, exerçant le premier une magistrature curule, fonde ainsi sa noblesse]: [C] Pros. ***d)*** n. pris subst[t], ***novum***, chose nouvelle; ***aliquid novi***, qqch. de nouveau: [-C] Théât., [C] Pros.; [au pl.] [+C] Pros. ***e)*** m. pl. ***novi***, les écrivains nouveaux, les modernes: [+C] Pros. ¶**2** nouveau, dont on n'a pas l'habitude: [C] Pros. ‖ [poét.] qui n'a pas l'habitude [avec dat.]: ***novus dolori*** [+C] Poés., novice dans la douleur ¶**3** étrange, singulier: ***novum crimen*** [C] Pros., une accusation sans précédent ¶**4** nouveau, qui se renouvelle, varié: [C] Pros. ¶**5** nouveau = autre, second: ***nove Hannibal*** [C] Pros., ô nouvel Hannibal; ***novus Camillus*** [C] Pros., un nouveau Camille ¶**6** superl., ***novissimus, a, um = extremus***, le dernier [emploi entré dans la langue à l'ép. de

Varron] : [C] Pros. ; ***novissimum agmen*** [C] Pros., l'arrière-garde ‖ ***novissima exempla*** [+C] Pros., les derniers châtiments, les dernières rigueurs ; pl. n., ***novissima exspectare*** [+C] Pros., s'attendre au pire ; ***novissima mea*** [T] Pros., ma fin

nox, *noctis*, f. ¶ **1** nuit : ***noctem efficere*** [C] Pros., produire la nuit ; ***media nocte*** [C] Pros., au milieu de la nuit ; ***sub noctem*** [C] Pros., à la tombée de la nuit : [C] Pros. ‖ [personnif.] la Nuit : [C] Pros., Poés. ‖ [divisée en cinq parties d'après Varron d.] : ***prima fax, concubium, nox intempesta, nox media, gallicinium*** ¶ **2** [sens fig.] ***a)*** repos de la nuit, sommeil : [C] Poés. ***b)*** nuit de veilles : ***noctes Atticae***, les nuits Attiques [d'Aulu-Gelle] : [+C] Pros. ***c)*** nuit de débauche : [C] Pros. ***d)*** nuit éternelle : [C] Poés. ‖ nuit des enfers : [+C] Poés. ***e)*** nuit de la cécité : [C] Poés., [+C] Pros. ***f)*** obscurité, ténèbres : [C] Poés., [+C] Pros. ‖ ombre d'un arbre : [+C] Poés. ¶ **3** situation sombre, troublée : [C] Pros.

noxa, *ae*, f. ¶ **1** tort, préjudice, dommage : ***noxae esse alicui*** [C] Pros., causer du dommage à qqn ‖ maladie : [+C] Pros. ¶ **2** tout ce qui fait du tort, délit, faute, crime : ***in noxa esse*** [-C] Théât., [C] Pros., être en faute ; ***noxam merere*** [C] Pros., commettre une faute ; [V▶] *mereo* ; [V▶] *noceo* ; ***noxae damnatus*** [C] Pros., condamné pour un crime ; ***ex noxa comprehendi*** [C] Pros., être pris en faute ‖ [chrét.] péché : [T] Poés. ¶ **3** réparation, châtiment [par l'abandon à la victime de l'esclave ou du fils de famille coupable du délit] : ***alicui noxae dedi*** [C] Pros., être livré à la victime en guise de réparation

noxĭa, *ae*, f. ¶ **1** tort, préjudice, dommage : ***noxiae esse (alicui)*** [C] Pros., causer du tort (à qqn) ¶ **2** faute, délit : [-C] Théât., [C] Pros. ; ***res noxiae est alicui*** [C] Pros., la culpabilité d'une chose est imputable à qqn ; ***noxiam merere*** ; [V▶] *noxam merere*, [V▶] *noxa* ¶ *2*, cf. ***merita noxia*** ; [V▶] *mereo I* ¶ *4*

noxĭālis, *e*, du péché : [T] Poés. ‖ des condamnés : [T] Poés.

noxĭĕtās, *ātis*, f., faute, culpabilité : [+C] Pros.

noxĭōsus, *a*, *um*, nuisible, préjudiciable : [+C] Pros. ; ***-sissimus*** [+C] Pros. ‖ coupable, vicieux : [+C] Pros.

noxĭtūdo, *ĭnis*, f., faute, crime : [-C] Théât.

noxĭus, *a*, *um* ¶ **1** qui nuit, nuisible : [C] Pros. ; ***crimina noxia*** [C] Poés., imputations (calomnies) qui blessent (funestes) ¶ **2** coupable, criminel : [C] Pros. ‖ [avec abl.] ***eodem crimine*** [C] Pros., coupable du même crime ‖ [avec gén.] ***conjurationis*** [+C] Pros., coupable de conspiration ; ***noxior*** [+C] Pros. ‖ ***noxii, ōrum***, m. pl., les coupables, les criminels : [+C] Pros.

Nŭbae, *ārum*, m. pl., Nubiens [peuple d'Éthiopie] : [+C] Poés.

nūbēcŭla, *ae*, f., expression sombre, triste [du visage] : [C] Pros.

nūbēs, *is*, f., nuage, nue, nuée : [C] Pros. ; ***se in nubem indui*** [C] Pros., se former en nuage, se condenser ; ***nubium conflictus*** [C] Pros., entrechoquement de nuages ‖ nuée, essaim, multitude : [de sauterelles] [C] Pros. ; [de soldats] [C] Pros. ; [d'oiseaux] [C] Poés. ; [de traits] [C] Pros. ; nuage, tourbillon [de poussière] : [C] Poés., [+C] Pros. ‖ expression sombre [du visage] ; nuage, voile : [C] Pros., [+C] Poés. ‖ condition obscure, triste : [C] Poés., [+C] Poés. ‖ [fig.] voile, obscurité, nuit : [C] Pros. ‖ nuages [en parl. de la situation politique] : [C] Pros. ‖ orage, tempête [de la guerre] : [C] Poés.

nūbĭfer, *ĕra*, *ĕrum*, qui amène les nuages, orageux : [C] Poés., [+C] Poés.

nūbĭfŭgus, *a*, *um*, qui chasse les nuages : [+C] Pros.

nūbĭgĕna, *ae*, m. f., engendré des nuages : [+C] Poés. ; ***nubigenae clipei*** [+C] Poés., boucliers tombés du ciel ‖ m. pl., les Centaures [fils des nuées] : [C] Poés., [+C] Poés. ; [Phrixos, fils de Néphélé] [+C] Pros.

nūbĭla, [V▶] *nubilum*

nūbĭlārĭum, *ii*, n., hangar [où l'on abrite le blé contre la pluie] : [C] Pros., [+C] Pros.

nūbĭlis, *e*, nubile, en âge d'être mariée : [C] Pros., Poés.

nūbĭlō, *ās*, *āre*, -, -, impers., être couvert de nuages : [actif] ***-at*** [C] Pros. ; [passif] ***-atur*** [-C] Pros.

nūbĭlōsus, *a*, *um*, couvert de nuages, nuageux : [+C] Pros.

nūbĭlum, *i*, n., temps couvert : [+C] Pros. ; [fig.] [+C] Pros. ‖ **-la**, *ōrum*, n. pl., nuages, nuées : [C] Poés., [+C] Pros.

nūbĭlus, *a*, *um* ¶ **1** couvert de nuages, nuageux : [C] Poés. ‖ porteur de nuages [en parl. de vents] : [C] Poés. ‖ sombre, obscur [en parl. du Styx] [C] Poés. ¶ **2** [fig.] troublé, aveuglé [esprit] : [-C] Théât., [+C] Poés. ‖ triste, mélancolique : [C] Poés. ‖ sombre, malheureux : ***nubila tempora*** [C] Poés., temps malheureux ‖ sombre, malveillant (***alicui***, à l'égard de qqn) : [C] Poés.

nūbĭvăgus, *a*, *um*, qui parcourt les nues : [+C] Poés.

nūbō, *ĭs*, *ĕre*, *nupsī*, *nuptum*, tr., couvrir, voiler : [T] Pros. ¶ **1** intr., se voiler [en parl. de la femme], ***alicui***, épouser qqn [litt[t], prendre le voile (*flammeum*) à l'intention de qqn] : [C] Pros., [+C] Poés. ; ***in familiam clarissimam*** [C] Pros., prendre un mari dans une très illustre famille ‖ ***nupta cum aliquo*** [-C] Théât., [C] Pros., unie à qqn par le mariage ‖ se marier [en parl. de l'homme] [par dérision] [+C] Poés. ‖ [en parl. des homosexuels] [+C] Poés. ¶ **2** tr. et pass., épouser, être épousé : [T] Pros.

Nūcĕria, *ae*, f., ville de Campanie : [C] Pros. ‖ **-rīnus**, *a*, *um*, de Nucérie [en Campanie] : [C] Pros. ‖ **-rīni**, *ōrum*, m. pl., les habitants de Nucérie : [en Campanie] [C] Pros. ; [en Ombrie]

nŭcētum, *i*, n., lieu planté de noyers : [+C] Poés.

nŭcĕus, *a*, *um*, qui est en bois de noyer : [-C] Pros.

nŭcĭfrangĭbŭlum, *i*, n., casse-noix : [-C] Théât.

nŭclĕus, *i*, m. ¶ **1** amande de la noix et de fruits à coquille : [prov.] [-C] Théât. ‖ [fig.] ***nucleum amisi*** [-C] Théât., j'ai laissé échapper l'amande, le meilleur ¶ **2** forme [dernière couche de préparation du sol reposant sur le béton, faite d'un mortier de tuileau] : [C] Pros.

Nucrae, *arum*, f. pl., ville du Samnium : [+C] Poés.

Nŭcŭla, *ae*, m., surnom romain : [C] Pros.

nūdātĭo, *ōnis*, f., action de mettre à nu : [T] Pros.

nūdē, adv., simplement, en termes simples : [T] Pros.

nūdĭpĕdālĭa, *ĭum*, n. pl., procession que l'on faisait pieds nus : [+C] Poés.

nūdĭtās, *ātis*, f., état de nudité : [T] Pros.

nūdĭus, c'est maintenant le jour : ***nudius tertius*** [C] Pros., c'est aujourd'hui le 3e jour = il y a deux jours, avant-hier ; ***nudius quintus*** [-C] Théât., voilà le 5e jour = il y a quatre jours ; [C] Pros.

nūdĭustertĭānus (**nūdĭus tertĭānus**), *a*, *um*, qui date de trois jours : [T] Pros.

nūdĭustertĭus, [V▶] *nudius*

nūdō, *ās*, *āre*, *āvī*, *ātum*, tr. ¶ **1** mettre à nu, déshabiller : ***aliquem*** [C] Pros., qqn ; ***se nudare*** [C] Pros., se mettre à nu ‖ [d'où en gén.] débarrasser de ce qui recouvre ***a) gladium*** [C] Pros., dégainer l'épée ; ***murum defensoribus*** [C] Pros., dégarnir un rempart de ses défenseurs ***b)*** laisser sans défense, dégarni de troupes : ***ne castra nudentur*** [C] Pros., pour ne pas laisser le camp sans défense ¶ **2** dépouiller, piller : ***fanum ornamentis*** [C] Pros., dépouiller un temple de ses ornements ; ***agros*** [C] Pros., mettre à sac la campagne ; ***nudata provincia*** [C] Pros., la province mise à nu ¶ **3** dépouiller, priver : ***aliquem praesidio*** [C] Pros., priver qqn d'appui ‖ [surtout au part.] **nudatus**, *a*, *um*, dépouillé de, privé de, dépourvu de : [C] Pros. ¶ **4** mettre à nu, dévoiler : ***defectionem nudabant*** [C] Pros., ils laissaient voir leur défection ; [C] Pros., Poés.

nūdus, *a*, *um*, nu [pr. et fig.] ¶ **1** ***vinctus nudus*** [C] Pros., enchaîné le corps nu ; ***pedibus nudis*** [C] Pros., avec les pieds nus ; [poét.] ***nudus membra*** [C] Poés., ayant les membres nus ‖ vêtu légèrement, en tunique : [C] Poés., Pros. ¶ **2** mis à découvert, découvert : ***nudus ensis*** [C] Poés., épée nue ; ***corpus nudum*** [C] Pros., la partie du corps que ne protège pas le bouclier, le dos ; ***nuda subsellia*** [C] Pros., bancs vides ; ***lapis nudus*** [C] Poés., pierre nue ‖ laissé comme nu, abandonné, sans secours : [C] Pros. ‖ nu, sans ressources, misérable : [C] Pros., Poés., [+C] Poés. ¶ **3** vide de, privé de : [C] Pros. ¶ **4** nu, sans ornement de style : [C] Pros. ‖ mots crus : [+C] Pros. ¶ **5** pur et simple : [C] Pros., [+C] Pros.

nūgācissŭmē, adv., par pure plaisanterie : [-C] Théât.

nūgācĭtas, *ātis*, f., frivolité : [T] Pros.

nūgae, *ārum*, f. pl., bagatelles, riens, sornettes, balivernes : [C] Pros. ; ***nugas !*** [-C] Théât., bagatelles ! chansons ! ‖ vers légers : [C] Poés., [+C] Poés. ‖ un étourdi, homme sans consistance, farceur : [C] Pros.

nūgālis, *e*, [C▶] *nugatorius* : [+C] Pros.

nūgāmenta, *ōrum*, n. pl., babioles, riens : [+C] Pros.

nūgās, m. f. n., indécl., [C▶] *nugax* : [C] Poés.

nūgātŏr, *ōris*, m., diseur de balivernes, radoteur, niais : [-C] Théât., [C] Pros., [+C] Pros. ‖ débauché : [T] Poés.

nūgātōrĭē, adv., d'une manière frivole : [C] Pros.

nūgātōrĭus, *a*, *um*, futile, vain, léger, sans valeur : [C] Pros. ‖ puéril [en parl. d'un exorde] : [C] Pros. ‖ homme futile : [+C] Pros.

nūgātrix, *īcis*, f., femme débauchée, impudique : [T] Poés.

nūgax, *ācis*, plaisantin, farceur : [+C] Pros.

nūgĭgĕrŭlus, *i*, m., colporteur de colifichets : [-C] Théât.

nūgĭpŏlȳlŏquĭdēs, m., grand hâbleur, grand diseur de balivernes : [-C] Théât.

nūgĭvendus, *i*, m., marchand de colifichets : [-C] Théât.

nūgo, *ōnis*, m., [Cf.] *nugator* : [+C] Pros.

nūgŏr, *ārĭs*, *ārī*, *ātus sum*, intr., dire des balivernes, plaisanter : [C] Pros., Poés. ‖ s'amuser à des bagatelles : [C] Pros. ‖ conter des bourdes, se jouer de (*alicui*) : [-C] Théât.

Nuithŏnes, *um*, m. pl., peuple de Germanie : [+C] Pros.

nullātĕnus, adv., nullement, en aucune manière : [T] Pros.

nullĭfĭcō, *ās*, *āre*, *-*, *-*, tr., annihiler, anéantir : [T] Pros.

nullo, [Cf.] *nulla re*, [V.] *nullus*

nullus, *a*, *um*, aucun, nul, ¶**1** [C] Pros. ; ***nullo pacto*** [C] Pros., en aucune manière ; ***nullus alter*** [-C] Théât., pas un autre, pas un second ; [C] Pros. ‖ [au pl., suiv. le contexte] : [C] Pros. ; ***nulli impetus*** [C] Pros., aucune des attaques [qui se produisent couramment contre les h. politiques] ; [C] Pros. ‖ pl. pris subst[t] : [C] Pros. ‖ sg. ***nullus = nemo*** : [-C] Théât., [C] Pros. ‖ ***nullum = non*** [-C] Théât. ; ***= nihil*** [-C] Théât. ; ***nullius = nullius rei*** [C] Poés. ; ***nullo = nulla re*** [+C] Pros. ¶**2** ***= non*** : [C] Pros. ¶**3** non existant : [C] Pros. ¶**4** sans valeur, sans importance : [C] Pros.

nullusdŭm, *nulladum*, *nullumdum*, encore aucun, pas encore un : [C] Pros.

Nulus, *i*, m., montagne de l'Inde : [+C] Pros.

num, adv., sert à interroger, est-ce que par hasard ?
I [int. dir., de forme, équivalant à une nég.] ¶**1** ***num quid vis ?***, veux-tu encore qqch. ? : [-C] Théât., [C] Poés. [formule pour prendre congé, "tu n'as plus rien à me dire ?"] ; ou encore ***num quid me vis ?*** [-C] Théât. ou ***numquid me ?*** [-C] Théât. ‖ ***numquisnam***, est-ce que vraiment qqn ? : [C] Pros. ‖ [V.] *numquid* et *numquidnam* ¶**2** ***numne***, est-ce que par hasard : [C] Pros.
II [interr. indir., avec le subj.] [C] Pros. ; ***quaestio est, num ; rogare, num***, la question est de savoir si, demander si : [C] Pros.

Nŭma, *ae*, m., Numa Pompilius [deuxième roi de Rome] : [C] Pros., Poés.

Nŭmāna, *ae*, f., ville du Picénum : [+C] Poés.

Nŭmantĭa, *ae*, f., Numance [ville de Tarraconaise] : [C] Pros. ‖ **-tīnus**, *a*, *um*, de Numance : [C] Pros. ‖ **-tīni**, *ōrum*, m. pl., les habitants de Numance : [C] Pros., [+C] Poés.

Nŭmānus, *i*, m., nom de guerrier : [C] Poés.

nūmārius, [V.] *numma*

numcŭbi, adv., est-ce que quelque part ? : [C] Pros. ; [fig.] [-C] Théât., [C] Pros.

nŭmella, *ae*, f., numelle, sorte de carcan : [-C] Théât. ‖ licou en cuir : [+C] Pros.

nūmĕn, *ĭnis*, n., mouvement de la tête manifestant la volonté ¶**1** volonté, injonction : ***mentis*** [C] Poés., la volonté de l'esprit ‖ [surtout en parl. des dieux] volonté divine, puissance agissante de la divinité : [C] Pros. ¶**2** la divinité, la majesté divine : [C] Poés. ‖ [sens concret] divinité, dieu, déesse : [C] Poés. ; ***simulacra numinum*** [+C] Pros., les statues des divinités ¶**3** [fig.] ***numen historiae*** [+C] Pros., la puissance divine de l'histoire

nŭmĕrābĭlis, *e*, qu'on peut compter : [C] Poés. ‖ peu nombreux : [C] Poés.

nŭmĕrārĭus, *ii*, m., officier comptable : [T] Pros.

nŭmĕrātĭo, *ōnis*, f., action de compter [de l'argent] : [+C] Pros.

nŭmĕrātŏr, *ōris*, m., celui qui compte : [T] Pros.

nŭmĕrātum, *i*, n., numéraire, argent comptant : [C] Pros. ; ***numerato*** [C] Pros. ‖ [fig.] ***in numerato habere*** [C] Pros., [+C] Pros., avoir tout prêt

nŭmĕrātus, *a*, *um*, part. de *2 numero*, [V.] *2 numero* ¶*2*

Nŭmĕria, *ae*, f., déesse qui présidait aux nombres : [T] Pros.

Nŭmĕrĭānus, *i*, m., de Numérius : [C] Pros.

Nŭmĕrius, *ii*, m., prénom romain : [C] Pros.

1 **nŭmĕrō**, adv. ¶**1** vite, promptement : [-C] Théât., [C] Pros. ¶**2** trop vite, trop tôt : [-C] Théât.

2 **nŭmĕrō**, *ās*, *āre*, *āvī*, *ātum*, tr. ¶**1** compter, dénombrer : [C] Pros. ; ***pecus*** [C] Poés., compter le troupeau ; ***consule, numera (senatum)*** [C] Pros., consulte, fais le compte [invitation adressée au consul, quand un sénateur voulait empêcher une résolution, en pensant qu'il n'y aurait pas le nombre voulu de votants] ¶**2** compter, payer : ***stipendium militibus*** [C] Pros., payer la solde aux soldats ‖ **numeratus**, *a*, *um*, comptant, payé en numéraire, en espèces, effectivement versé : ***pecunia numerata*** [C] Pros., argent comptant ; ***dos numerata*** [C] Pros., dot en numéraire ; [V.] *numeratum* ¶**3** compter = avoir : [C] Poés., [+C] Pros. ¶**4** compter, mettre au nombre de : [C] Pros. ; ***aliquem inter decemviros*** [C] Pros., compter qqn parmi les décemvirs ‖ ***in beneficii parte*** [C] Pros., regarder qqch. comme un bienfait

nŭmĕrōsē, adv. ¶**1** en grand nombre : ***-ius*** [+C] Pros. ; ***-issime*** [+C] Pros. ¶**2** en cadence : [C] Pros., [+C] Pros. ‖ avec nombre, harmonieusement, de façon rythmée : ***cadere*** [C] Pros., se terminer à la façon d'un tout rythmique [par une clausule métrique], avoir une cadence métrique en clausule

nŭmĕrōsĭtās, *ātis*, f., grand nombre, foule, multitude : [T] Pros.

nŭmĕrōsĭtĕr, adv., en mesure, en cadence : [T] Pros.

nŭmĕrōsus, *a*, *um* ¶**1** nombreux, en grand nombre, multiple, varié : ***-sior*** [+C] Pros. ; ***-issimus*** [+C] Pros. ¶**2** [fig.] cadencé, rythmé, nombreux : ***numerosa oratio*** [C] Pros., prose rythmée

nŭmĕrus, *i*, m. ¶**1** nombre, quantité ***a) equites quindecim milia numero*** Caes., des cavaliers au nombre de quinze mille ; ***totidem numero pedites*** Caes., tout autant de fantassins du point de vue du nombre (= le même nombre de fantassins) ; ***aliquid non numero sed pondere judicare*** Cic., apprécier qqch. non pas par le nombre (= par la quantité), mais par la qualité ‖ [d'où] ***magnus numerus frumenti*** Cic., une grande quantité de blé ; ***magnus numerus equitatus*** Caes., un fort contingent de cavalerie ***b)*** [en part.] nombre fixé : ***obsides ad numerum mittere*** Caes., envoyer des otages jusqu'à concurrence d'un nombre fixé ***c)*** au nombre de = dans la catégorie de : ***aliquem in numero deorum reponere*** Cic., mettre qqn au nombre des dieux ; ***hostium numero esse*** Cic., être au nombre des ennemis ; ***ex illo numero = ex illorum numero*** : ***nonulli ex illo numero*** Cic., plusieurs d'entre eux ***d)*** [fig.] au nombre de, = en qualité de : ***obsidum numero*** Caes., en qualité d'otages ; ***in deorum numero*** Cic., à l'égal des dieux ¶**2** élément d'un ensemble, [d'où] caractéristique, aspect : ***aliquid expletum omnibus suis numeris*** Cic., qqch. de parfait dans tous ses éléments ; ***omnes numeri veritatis*** Cic., tous les caractères de la vérité ; ***omnes numeri virtutis*** Cic., tous les aspects de la vertu ¶**3** place dans un ensemble, rang, [d'où] importance : ***in patronorum aliquem numerum pervenire*** Cic., prendre une certaine place (= une certaine importance) parmi les avocats ; ***aliquem numerum obtinere*** Cic., compter quelque peu ; ***(in) aliquo numero esse*** Cic., même sens ‖ ***in numerum digerere*** Virg., disposer en ordre ¶**4** organisation des éléments dans un ensemble ***a)*** [en musique] cadence, mesure : ***in numerum exsultare*** Lucr., bondir en cadence ; ***extra numerum*** Cic., en dehors de la mesure ***b)*** [dans la langue] rythme, nombre : ***in soluta oratione numerum servare*** Cic., observer une forme rythmique dans la prose ***c)*** [à propos du corps] mouvement réglé (des athlètes), botte (de l'escrimeur) : Quint. ; Sen.

Numestrāni, [V.] *Numistro*

1 **Nŭmīcĭus**, *ĭi*, m., [C] Poés. et **-cus**, *i*, m., [C] Pros., rivière du Latium

2 **Nŭmīcĭus**, *ĭi*, m., nom de famille : [C] Pros., [+C] Pros.

Nŭmĭda, *ae*, m., un des officiers d'Auguste : [C] Poés. ‖ [V.] *Numidae*

Nŭmĭdae, *ārum* et *um*, m. pl., Numides [peuple d'Afrique ; cavaliers réputés] : [C] Poés., Pros., [+C] Pros. ; [sg.] [C] Pros.

Nŭmĭdĭa, *ae*, f., la Numidie : [C] Pros., [+C] Pros.

nŭmĭdĭca, *ae*, f., poule numidique [pintade] : [+C] Poés.

Numidicus, *a*, *um*, de Numidie : ***pullus Numidicus*** [+C] Pros., poulet à la numide ; → *numidica, Numidus*

Nŭmĭdus, → *Numidicus*

Nŭmĭsĭāna vītis, f., vigne numisienne (d'un certain Numisius) : [+C] Pros.

Nŭmĭsĭus, *ii*, m., nom de famille romain : [C] Pros., [+C] Pros.

nŭmisma, → *nomisma*

Numistro (-mestro), *ōnis*, f., ville de Lucanie : [C] Pros.

Nŭmĭtŏr, *ōris*, m., roi d'Albe : [C] Pros., Poés., [+C] Poés.

Nŭmĭtōrius, *ĭi*, m., **-tōrĭa**, *ae*, f., nom d'homme, nom de femme : [C] Pros.

Numĭus, *ĭi*, m., → *Nummius*

nummārĭus, *a*, *um*, d'argent monnayé : [C] Pros. ; ***difficultas nummaria*** [C] Pros. ; ***rei nummariae*** [C] Pros., embarras d'argent (de la situation financière) ‖ vénal, vendu : [C] Pros., [+C] Pros.

nummātus, *a*, *um*, qui est muni d'argent, riche : [C] Pros. ‖ ***-tior*** [+C] Pros.

Nummĭus, *ĭi*, nom de famille romain : [C] Pros.

nummosexpalponĭdēs, celui qui extorque de l'argent : [-C] Théât.

nummŏsus, *a*, *um*, → *nummatus* : [+C] Pros.

nummŭlārĭŏlus, *i*, m., petit changeur, méchant banquier : [+C] Poés.

nummŭlārĭus, *a*, *um*, subst. m., changeur, banquier : [+C] Pros., Poés.

nummŭlus, *i*, m., petit écu : [C] Pros.

nummus, *i*, m. ¶ **1** argent monnayé, monnaie, argent : [C] Pros., Poés. ¶ **2** → *1-2 sestertius*, sesterce [gén. pl. *nummum*] : [C] Pros. ¶ **3** petite somme, liard, sou, centime : ***ad nummum*** [C] Pros., à un sou près ; ***nummus sestertius*** [même sens] [+C] Pros. ¶ **4** drachme [monnaie grecque] : [-C] Théât.

numnăm, **numnĕ**, → *num*

numquam, **nunquam**, adv. ¶ **1** jamais : [C] Pros. ‖ ***numquam non***, toujours : [C] Pros. ; ***non numquam***, quelquefois, → *nonnumquam* ¶ **2** pas du tout : [-C] Théât., [C] Poés.

Numquamĕrĭpĭdēs, *ae*, m., à qui on ne reprend jamais : [-C] Théât.

num quando, → *num*

numquī, adv., est-ce que en quelque façon ? : [-C] Théât., [C] Poés., Pros.

numquid, adv., est-ce que en quelque chose ? est-ce que ? : [-C] Théât.

numquid, adv., est-ce que vraiment en quelque chose ? est-ce que vraiment ? : [-C] Théât., [C] Pros.

numquis, → *num*

nūmus, → *nummus*

nunc, adv. ¶ **1** [sens temporel] maintenant, à présent ***a)*** [C] Pros. ; ***nunc demum*** [C] Pros., maintenant seulement ; ***nunc olim*** [C] Poés., [+C] Poés., maintenant ou qq. jour, tôt ou tard ; ***ut nunc est*** [C] Pros., pour le moment ; ***nunc ipsum*** [C] Pros., à présent même, à ce moment précisément ***b)*** [avec verbes au passé, qqf. au fut., transportés par la pensée dans le prés.] [C] Pros. ; [d. le st. indir.] [C] Pros. ‖ [avec fut.] désormais : [C] Poés. ***c) nunc... nunc***, tantôt ... tantôt [non classique] : [C] Pros., [+C] Pros. ¶ **2** [sens logique] ‖ [opposition à une hypothèse] ***nunc, nunc autem, nunc vero***, mais, mais en réalité (grec νῦν δέ) : [C] Pros.

nuncĭam, adv., → *nunc jam*, précisément maintenant : [-C] Théât.

nuncŭbi, → *numcubi*

nuncŭpātim, adv., nommément : [T] Pros.

nuncŭpātio, *ōnis*, f. ¶ **1** appellation, dénomination : [+C] Pros., [T] Pros. ¶ **2** déclaration solennelle, → *nuncupo* ¶ *2a* ‖ désignation solennelle [d'héritier] : [+C] Pros. ‖ prononciation solennelle de voeux : [C] Pros., [+C] Pros.

nuncŭpātor, *ōris*, m., celui qui nomme, qui désigne par un nom : [+C] Pros.

nuncŭpō, *ās*, *āre*, *āvī*, *ātum*, tr. ¶ **1** appeler, dénommer : ***aliquid nomine*** [C] Pros., appeler qqch. d'un nom ‖ invoquer : [-C] Théât. ¶ **2** prononcer, déclarer solennellement ***a)*** désigner (à haute voix) comme héritier : ***nuncupatum testamentum*** [+C] Pros., testament dicté ***b)*** annoncer publiquement : [+C] Pros. ***c)*** prononcer des vœux : [C] Pros.

nuncusquĕ (nunc usquĕ), jusqu'à présent, jusqu'à ce jour : [T] Pros.

1 **Nundĭna**, *ae*, f., déesse qui présidait à la purification des enfants le neuvième jour après la naissance : [T] Pros.

2 **nundĭna**, *ae*, f., → *nundinae* : [T] Pros.

nundĭnae, *ārum*, f. pl. ¶ **1** marché [qui se tenait à Rome tous les neuf jours (= huit), selon la façon de compter romaine] : [C] Pros., [T] Pros. ¶ **2** [en gén.] marché : [C] Pros. ‖ [fig.] marché, commerce, trafic : [C] Pros.

nundĭnālis, *e*, de marché : [-C] Théât.

nundĭnātio, *ōnis*, f., marché, trafic, vente [pr. et fig.] : [C] Pros.

nundĭnātus, *a*, *um*, part. de *nundinor*

nundĭnŏr, *āris*, *ārī*, *ātus sum* ¶ **1** trafiquer, faire un bas trafic : [C] Pros., [T] Pros. ‖ affluer [comme sur un marché] : [C] Pros. ¶ **2** [fig.] trafiquer de, vendre : [C] Pros. ‖ acheter : [C] Pros.

nundĭnum, *i*, n., espace de huit jours, intervalle entre deux marchés : ***inter nundinum*** [C] Poés., dans l'intervalle entre deux marchés ‖ → *trinum nundinum* et *internundinum*

nunqu-, → *numqu-*

nuntĭa, *ae*, f., celle qui annonce, messagère : [C] Pros.

nuntĭātĭo, *ōnis*, f., action d'annoncer, annonce : [C] Pros.

nuntĭātŏr, *ōris*, m., qui annonce : [T] Pros.

nuntiō, *ās*, *āre*, *āvī*, *ātum*, tr. ¶ **1** annoncer, faire savoir, faire connaître : ***alicui rem*** [C] Pros., annoncer qqch. à qqn ‖ [avec *de*] : ***de aliqua re*** [C] Pros., apporter la nouvelle d'une chose ‖ [avec prop. inf.] annoncer que, faire connaître que : [C] Pros. ‖ [pass. impers.] ***nuntiatur, nuntiatum est*** [avec prop. inf.], on annonce, on annonça que : [C] Pros. ; [ou avec *de*] [C] Pros. ; [abl. abs. du part. n.] ***nuntiato***, la nouvelle étant parvenue que : [+C] Pros. ‖ [pass. pers.] [C] Pros. ¶ **2** dire de, signifier, ordonner [avec *ut*] : [C] Pros. ; [avec *ne*] signifier de ne pas : [C] Pros. ; [avec subj. seul] [+C] Pros. ; [avec inf.] [+C] Pros.

1 **nuntĭus**, *a*, *um*, annonciateur, qui fait connaître : [C] Poés. ; ***nuntia fibra*** [C] Poés., la fibre [dans les entrailles de la victime] messagère [des volontés divines] ; [C] Pros. ‖ **nuntĭum**, *ĭi*, n., nouvelle, message : [C] Poés.

2 **nuntĭus**, *ĭi*, m. ¶ **1** messager, courrier, celui qui annonce : ***nuntios mittere*** [C] Pros., envoyer des messagers ¶ **2** nouvelle, chose annoncée : [C] Pros. ¶ **3** [en part.] ***a)*** injonction apportée par message : [C] Pros. ***b) nuntium alicui remittere***, envoyer à qqn une notification de divorce [homme ou femme] : [C] Pros. ; [d'où au fig.] divorcer avec : [C] Pros. ***c)*** [chrét.] envoyé de Dieu, ange : [T] Pros.

nūpĕr, adv., naguère, récemment, il y a quelque temps [intervalle plus long qu'avec *modo*] : [C] Pros. ; [espace de trois ans] [C] Pros. ; [de vingt et un ans] [C] Pros. ; [à propos de la loi Papia] [C] Pros. ‖ tout récemment : [-C] Théât. ‖ récemment, de nos jours : [C] Pros. ‖ un instant auparavant : [C] Poés. ‖ ***-errime*** [C] Pros.

nūpĕrus, *a*, *um*, récent : [-C] Théât.

nupta, *ae*, f., mariée, épouse : [-C] Théât., [C] Pros.

nuptĭae, *ārum*, f. pl., noces, mariage : [-C] Théât., [C] Pros. ‖ commerce charnel : [-C] Théât., [C] Pros.

nuptĭālis, *e*, nuptial, de noces, conjugal : [-C] Théât., [C] Pros., Poés.

nuptĭātŏr, *ōris*, m., celui qui se marie : [T] Pros.

nuptŭla, *ae*, f., jeune mariée : [C] Poés.

nuptŭrĭō, *īs*, *īre*, -, -, intr., avoir envie de se marier : [+C] Poés., Pros.

1 **nuptus**, *a*, *um*, subst. m., ***novus nuptus*** [-C] Théât., nouveau marié [plais[t]]

2 **nuptŭs**, *ūs*, m. ¶**1** ➡ *opertio*, voilage : [C] Pros. ¶**2** noce, mariage : [C] Pros.

Nursĭa, *ae*, f., ville de Sabine : [C] Poés., [+C] Poés. ‖ **-īnus**, *a*, *um*, de Nursia : [+C] Poés., Pros.

Nurtia, ➡ *Nortia*

nŭrŭs, *ūs*, f., belle-fille, bru : [-C] Théât., [C] Pros., Poés. ‖ [poét.] jeune femme : [C] Poés., [+C] Poés.

nusquam, adv., nulle part [sans mouvement] : [C] Pros. ; ***nusquam gentium*** [-C] Théât., nulle part ‖ en aucune occasion : [-C] Théât., [C] Pros. ‖ en aucun endroit [avec verbe de mouvement] : [-C] Théât. ‖ ➡ *ad nullam rem*, à rien : [C] Pros. ‖ ***nusquam esse***, n'être plus, être mort : [C] Poés.

nūtābĭlis, *e*, chancelant : [+C] Pros.

nūtābundus, *a*, *um*, chancelant, vacillant : [+C] Pros.

nūtāmĕn, *ĭnis*, n., balancement : [+C] Poés.

nūtātĭo, *ōnis*, f., balancement, oscillation : [+C] Pros. ‖ [fig.] État chancelant [de l'Empire] : [+C] Pros.

nūtō, *ās*, *āre*, *āvī*, *ātum*, intr. ¶**1** faire signe par un mouvement de tête : [-C] Théât., [+C] Pros. ‖ commander [par un signe de tête] : [-C] Théât. ¶**2** ***a)*** chanceler, vaciller, osciller : [C] Pros., Poés. ***b)*** [fig.] flotter, douter, hésiter : [C] Pros., Poés. ‖ chanceler [dans sa fidélité] : [+C] Pros. ‖ chanceler, plier : [dans la bataille] [+C] Pros.

nūtrīcātĭo, *ōnis*, f., ➡ *nutricatus* : [C] Pros., [+C] Pros.

nūtrīcātŭs, *ūs*, m., action de nourrir : [-C] Théât., [C] Pros. ‖ croissance [des plantes] : [C] Pros.

nūtrīcĭa, *ae*, f., nourrice, celle qui donne la nourriture : [T] Pros.

nūtrīcĭum, *ĭi*, n., soin de nourrir, action d'élever : [C] Poés., [+C] Pros., [T] Pros.

nūtrīcĭus, *a*, *um*, qui nourrit, qui élève : [C] Pros., [+C] Pros. ‖ [subst[t]] ***nutricius regis*** [C] Pros., le gouverneur du roi

nūtrĭcō, *ās*, *āre*, *āvī*, *ātum*, tr., nourrir, élever : [des enfants] [-C] Théât. ; [des animaux] [C] Pros. ; [plantes] [-C] Théât. ‖ [fig.] entretenir, nourrir : [-C] Théât.

nūtrĭcŏr, *ārĭs*, *ārī*, *ātus sum*, dép., ➡ *nutrico*

nūtrīcŭla, *ae*, f., nourrice : [C] Pros., [+C] Pros. ‖ celle qui maintient, entretient : [C] Pros., [+C] Poés.

nūtrīmen, *ĭnis*, n., nourriture : [C] Poés.

nūtrīmentum, *i*, n., [sg. et pl.] [pr. et fig.], nourriture, aliment : [+C] Pros., [C] Poés., Pros. ‖ éducation : [+C] Pros.

nūtrĭō, *īs*, *īre*, *īvī* ou *ĭī*, *ītum*, tr. ¶**1** nourrir [anim. ou plantes] : [C] Poés., [+C] Pros. ¶**2** nourrir, entretenir : ***corpora*** [C] Pros., soigner son corps, sa santé ; ***vires*** [+C] Pros., entretenir les forces ‖ soigner une maladie, un mal : [C] Pros. ¶**3** [fig.] alimenter, entretenir : ***simultates*** [+C] Pros., entretenir des haines ; ***pacem*** [+C] Pros., entretenir la paix ; [C] Poés.

nūtrĭŏr, *īrĭs*, *īrī*, -, ➡ *nutrio*, *nutritor*, [impér.] : [C] Poés.

nūtrītĭa, **nūtrītĭum**, ➡ *nutric*

nūtrītŏr, *ōris*, m., celui qui nourrit, qui élève : [+C] Pros., Poés.

nūtrītōrĭus, *a*, *um*, de nourrisson : [T] Pros. ‖ [fig.] qui nourrit, qui instruit : [T] Pros.

nūtrix, *īcis*, f. ¶**1** nourrice, celle qui allaite, qui nourrit : [C] Pros., Poés. ‖ celle qui entretient [le feu] : [T] Pros. ‖ pl. ***nutrices***, seins, poitrine : [C] Poés. ¶**2** [fig.] nourrice : [C] Pros.

nūtŭs, *ūs*, m. ¶**1** signe de tête, signe : [C] Pros., Poés. ¶**2** tendance [des corps], mouvement de gravitation : [C] Pros. ¶**3** [fig.] signe manifestant la volonté, commandement, volonté : [C] Pros., Poés. ; ***ad nutum*** [C] Pros., au moindre signe

nux, *nŭcis*, f., tout fruit à écale et à amande : [C] Poés., [+C] Pros. ‖ noix : [C] Pros., Poés., [+C] Poés. ; ***nuces relinquere*** [+C] Poés., cesser de jouer aux noix, renoncer aux jeux de l'enfance ‖ noyer : [+C] Poés. ‖ amandier : [C] Poés. ; ➡ *abellana avell*

Nyctēis, *ĭdis*, f., fille de Nyctée (Antiope) : [C] Poés., [+C] Poés.

Nyctĕlĭus, *ĭi*, m., un des noms de Bacchus [dont les mystères se célébraient la nuit] : [C] Poés., [+C] Théât.

Nycteūs, *ĕi* (*ĕŏs*), m., fils de Neptune et père d'Antiope : [C] Poés., [+C] Poés.

nyctĭcŏrax, *ăcis*, m., moyen duc [hibou] : [T] Pros.

Nyctĭmĕnē, *ēs*, f., fille d'Épope, changée en chouette : [C] Poés., [+C] Poés.

nympha, *ae*, f. ¶**1** nymphe, divinité qui habite les bois, la mer, les fontaines : [C] Poés., Pros. ‖ [poét.] eau : [C] Poés. ‖ fontaine : [+C] Poés. ¶**2** épouse, maîtresse : [C] Poés. ‖ jeune femme : [C] Poés.

Nymphaeum (-phēum), *i*, n., cap et port d'Illyrie : [C] Pros.

Nymphaeus, *i*, m., de Mésopotamie : [T] Pros.

nymphē, *ēs*, ➡ *nympha*

Nymphēum, ➡ *Nymphaeum*

Nymphĭdĭus, *ĭi*, m., préfet du prétoire sous Néron : [+C] Pros.

nymphĭgĕna, *ae*, m. f., fils, fille d'une nymphe : [T] Poés.

Nymphĭus, *ĭi*, m., nom d'homme : [C] Pros.

Nymphŏdōrus, *i*, m., nom d'homme : [C] Pros.

1 **Nȳsa**, *ae*, f., nymphe tuée par Bacchus : [C] Pros.

2 **Nȳsa (-ssa)**, *ae*, f., montagne et ville de l'Inde consacrées à Bacchus : [C] Poés., [+C] Pros. ‖ **-aeus**, *a*, *um*, de Nysa [dans l'Inde] : [+C] Poés. ; de Bacchus : [C] Poés. ‖ **-aei**, m. pl., les habitants de Nysa : [C] Pros.

Nȳsaeus, *i*, m. ¶**1** un des fils de Denys l'Ancien : [C] Pros. ¶**2** ➡ *2 Nysa*

Nȳsēis, *ĭdis*, adj. f., de Nysa : [C] Poés.

Nȳseūs, *ĕi* ou *ĕos*, m., un nom de Bacchus : [C] Poés.

Nȳsĭăs, *ădis*, adj. f., de Nysa : [C] Poés.

Nȳsĭgĕna, *ae*, m. f., né à Nysa : [C] Poés.

Nȳsĭus, *a*, *um*, de Nysa ‖ **-ĭus**, *ĭi*, m., Bacchus : [C] Pros.

Nȳsus, *i*, m., nourricier de Bacchus : [+C] Poés.

O

1 **o**, n., f., indécl., 14e lettre de l'alphabet latin, prononcée *ō*

2 **ō**, interj., servant à appeler, à invoquer, exprimant un vœu, la surprise, l'indignation, la joie, la douleur [avec le voc.] C Pros. ‖ [avec nom.] C Pros., -C Pros., Théât., C Poés., +C Poés. ‖ [avec acc.] [le plus souvent] C Pros. ‖ ***o utinam*** C Poés. ; V. *utinam*

Oaenēum, *i*, n., ville d'Illyrie : C Pros.

Ŏărīōn, *ōnis*, m., V. *Orion* : C Poés.

Ŏaxēs (-xis), *is*, m., rivière de Crète [près de la ville d'Oaxus, Oaxys ou Oaxia] : C Poés.

Oaxis, V. *Oaxes*

ŏb, prép. avec acc. ¶ **1** devant [rare] : [avec mouvt] -C Pros., C Pros. ‖ [sans mouvt] -C Théât., C Pros. ¶ **2** pour, à cause de : ***ob eam rem, ob eam causam***, à cause de cela, pour cette raison : C Pros. ; V. *quamobrem* ; ***ob eam scientiam*** C Pros., à cause de cette connaissance ; ***ob amicitiam servatam*** C Pros., pour avoir conservé l'amitié ; ***ob hoc, ob id, ob haec***, à cause de cela : C Pros. ¶ **3** pour, en échange de : ***ob beneficium*** C Pros., en retour d'un bienfait ; -C Théât., C Pros. ‖ [expression] ***ob rem***, en retour d'un résultat réel, avec profit, utilement : -C Théât., C Pros.

ŏbaemŭlŏr, *ārĭs, ārī, -*, tr., provoquer, irriter : T Pros.

ŏbaerārĭus, *ĭī*, m., débiteur insolvable : C Pros.

ŏbaerātus, *a, um*, endetté, obéré : C Pros., +C Pros. ‖ ***-tior*** +C Pros. ‖ **ŏbaerātus**, *i*, m., débiteur : C Pros.

ŏbambŭlātĭo, *ōnis*, f., allées et venues : C Pros.

ŏbambŭlō, *ās, āre, āvī, ātum* ¶ **1** se promener devant, aller devant, aller à l'entour ***a)*** [avec dat.] C Pros., Poés. ***b)*** [avec acc.] C Poés. ¶ **2** intr., aller et venir, errer, rôder : C Pros.

ŏbardescō, *ĭs, ĕre, arsī, -*, intr., briller devant : +C Poés.

ŏbarmō, *ās, āre, āvī, ātum*, tr., armer [avec idée de lutter contre] : C Poés.

ŏbārō, *ās, āre, āvī, ātum*, tr., labourer, retourner la terre : C Pros.

ŏbaudĭō, *īs, īre, ĭī, -* ¶ **1** intr., obéir : +C Pros. ¶ **2** tr., écouter : T Pros.

ŏbaudītŭs, abl. *ū*, m., action de prêter l'oreille, attention : T Pros.

ŏbaurātus, *a, um*, doré : +C Pros.

1 **obba**, *ae*, f., sorte de coupe, de pot pour le vin : C Poés., +C Poés. ‖ coupe avec laquelle on faisait des libations aux morts : +C Pros.

2 **Obba**, *ae*, f., ville d'Afrique, dans le voisinage de Carthage : C Pros.

obbrūtescō, *ĭs, ĕre, tŭī, -*, intr., s'engourdir : C Poés. ; ***obbrutui*** -C Théât., je suis tout interdit

obc-, V. *occ-*

obdō, *ĭs, ĕre, dĭdī, dĭtum*, tr., mettre devant, fermer : ***pessulum ostio*** -C Théât., verrouiller la porte ; ***forem*** -C Théât., fermer la porte ; +C Pros. ; ***ceram auribus*** +C Pros., boucher les oreilles avec de la cire ‖ [poét.] V. *objicio*, offrir, présenter : C Poés.

obdormĭō, *īs, īre, īvī, ītum*, intr., dormir profondément, dormir : +C Pros. ‖ tr., ***obdormivi crapulam*** -C Théât., j'ai cuvé mon vin [corr. *edormivi*]

obdormiscō, *scĭs, scĕre, mīvī, mītum*, intr., s'endormir [pr. et fig.] : C Pros. ; ***obdormivit*** C Pros., +C Pros.

obdūcō, *ĭs, ĕre, dūxī, ductum*, tr. ¶ **1** conduire en face de, pousser en avant : C Pros. ‖ [fig.] ***posterum diem*** C Pros., faire avancer le jour suivant, l'ajouter au précédent ¶ **2** mener devant ou sur : ***fossam*** C Pros., tracer un fossé en avant ; ***obducta veste*** +C Pros., son vêtement étant ramené sur sa bouche ; [fig.] ***callum stomacho*** C Pros., étendre du cal sur l'estomac = endurcir, rendre insensible qqn ; ***callum dolori*** C Pros., émousser la douleur ; ***obducta nocte*** C Pros., la nuit s'étant répandue ¶ **3** recouvrir : C Pros. ; [poét.] voiler : ***frons obducta*** C Poés., front couvert, assombri ; +C Pros. ‖ [fig.] cicatriser : ***dolor obductus*** C Poés., ressentiment assoupi ‖ fermer : ***penetralia obducta*** +C Poés., sanctuaire fermé ¶ **4** tirer à soi, absorber, boire : C Pros., +C Pros. ¶ **5** réfuter : +C Pros.

obductĭo, *ōnis*, f., action de couvrir, de voiler : C Pros., T Pros.

obductō, *ās, āre, -, -*, tr., amener fréquemment : -C Théât.

obductŭs, *ūs*, m., affront, affliction : T Pros.

obdulcescō, *ĭs, ĕre, -, -*, intr., devenir doux : T Pros.

obdulcō, *ās, āre, -, ātum*, tr., rendre doux, édulcorer, adoucir : T Pros.

obdūrescō, *ĭs, ĕre, rŭī, -*, intr., se durcir, devenir dur : -C Pros., C Pros. ‖ [fig.] s'endurcir, devenir insensible : C Pros. ; ***consuetudine obduruimus*** C Pros., nous nous sommes endurcis par l'habitude ; ***ad ista obduruimus*** C Pros., je me suis endurci à cela

obdūrō, *ās, āre, āvī, ātum* ¶ **1** intr., tenir bon, persévérer : -C Théât., C Poés. ; [pass. impers.] ***quare obduretur*** C Pros., qu'on prenne donc patience ¶ **2** tr., rendre insensible : T Pros.

ŏbēd-, V. *oboed-*

ŏbĕō, *īs, īre, īvī ĭī, ĭtum*, intr. et tr.

I intr. ¶ **1** aller vers, devant : C Poés., Pros. ¶ **2** descendre à l'horizon, se coucher [en parl. d'un astre] : C Pros. ¶ **3** s'en aller, périr, mourir : C Poés., Pros. ; ***voluntaria morte*** +C Pros., se donner la mort

II tr. ¶ **1** s'approcher de, atteindre, ***aliquid***, qqch. : C Pros. ¶ **2** visiter, parcourir : ***regiones pedibus*** C Pros., parcourir des régions à pied ; ***fundos*** C Pros., visiter ses propriétés ; ***oculis*** +C Pros., parcourir des yeux ‖ passer en revue : C Pros. ‖ ***cenas*** C Pros., courir les dîners ¶ **3** aller au-devant de qqch., se charger de, s'acquitter de : ***legationem*** C Pros., s'acquitter d'une légation ; ***facinus*** C Pros., accomplir un crime ; ***negotium*** C Pros., s'acquitter d'une tâche ; ***hereditates*** C Pros., recueillir des héritages ‖ ***vadimonium*** C Pros., se rendre à l'assignation ; ***diem*** C Pros., être exact au jour fixé ¶ **4** [en part.] ***diem supremum*** C Pros. ou ***diem*** [seul] +C Pros., mourir ‖ ***mortem obire*** C Pros., mourir ; ***morte obita*** C Pros., après la mort ¶ **5** [poét.] aller autour, entourer : C Poés.

ŏbĕquĭtō, *ās, āre, āvī, ātum* ¶ **1** intr., chevaucher devant ou autour [avec dat.] : C Pros., +C Pros. ¶ **2** tr. T Pros.

ŏberrō, *ās, āre, āvī, ātum* ¶ **1** intr., errer devant ou autour [avec dat.] : +C Pros. ‖ se tromper [de corde, en jouant de la lyre] : C Poés. ¶ **2** tr., parcourir : +C Poés., Pros., T Pros.

ŏbēsĭtās, *ātis*, f., obésité, excès d'embonpoint : +C Pros.

ŏbēsō, *ās, āre, -, -*, tr., engraisser : +C Pros.

ŏbēsus, *a, um* ¶ **1** rongé, maigre : +C Pros. ¶ **2** qui s'est bien nourri, obèse, gras, replet : +C Pros., C Poés., Pros. ; ***fauces obesae*** C Poés., gorge enflée [par l'angine] ‖ [fig.] épais, grossier : C Poés.

ŏbĕundus, *a, um*, adj. verbal de *obeo*

ŏbex, *ĭcis* (***objicis*** de l'ancien nom. **objex*), m. et qqf. f., barre, verrou [placé devant la porte pour la fermer] : C Poés., +C Pros. ‖ [en gén.] barrière, obstacle : C Poés., Pros. ‖ [fig.] empêchement : +C Pros.

obf-, V. *off-*

obg-, V. *ogg-*

ŏbhaerĕō, *ēs, ēre, -, -*, intr., adhérer, être attaché à [avec dat.] : +C Pros.

ŏbhaerescō, *ĭs, ĕre, haesī, -*, intr., s'attacher à [avec dat.] : [+C] Pros. ‖ ***in medio flumine*** [C] Poés., s'arrêter au milieu du fleuve ‖ [fig.] ***alicui*** [+C] Pros., faire corps avec qqn

ŏbhorrescō, *ĭs, ĕre, horrŭī, -*, intr., s'effrayer de : [T] Pros.

ŏbĭcĭo, V. *objicio*

ŏbīrascŏr, *scĕrĭs, scī, īrātus sum*, intr., s'irriter contre [avec dat.] : [+C] Pros. ‖ s'irriter : [+C] Pros. ‖ V. *obiratus*

ŏbīrātĭo, *ōnis*, f., colère, rancune, ressentiment : [C] Pros.

ŏbīrātus, *a, um*, part. de *obirascor*, irrité contre [dat.] : [C] Pros., [+C] Pros.

ŏbĭtĕr, adv., chemin faisant, en passant : [+C] Poés. ‖ en passant, sans insister : [+C] Pros. ‖ à l'instant, aussitôt, tout de suite : [+C] Pros.

ŏbĭtŭs, *ūs*, m. ¶ **1** visite : [-C] Théât., [+C] Pros. ¶ **2** coucher [des astres] : [C] Pros., Poés. ‖ fin, mort, trépas : [C] Pros. ‖ destruction : [en parl. d'armée] [C] Pros. ; [en parl. de choses] [C] Pros.

objăcĕō, *ēs, ēre, ŭī, -*, intr., être situé devant ou auprès : [-C] Théât., [C] Pros., [+C] Pros. ; [avec dat.] [C] Pros.

objectācŭlum, *i*, n., digue, môle : [C] Pros.

objectāmĕn, *ĭnis*, **-mentum**, *i*, n., [+C] Pros., reproche, accusation

objectātĭo, *ōnis*, f., C. *objectamen* : [C] Pros.

objectĭo, *ōnis*, f. ¶ **1** action de mettre devant, d'opposer : [T] Pros. ¶ **2** objection : [T] Pros.

objectō, *ās, āre, āvī, ātum*, tr. ¶ **1** mettre devant, opposer : [C] Poés., [+C] Poés. ¶ **2** exposer [à un danger] : [C] Pros., Poés., [+C] Pros. ‖ [fig.] interposer : ***moras*** [C] Poés., retarder ‖ jeter à la face, objecter, imputer, reprocher, ***aliquid alicui***, qqch. à qqn : [C] Pros. ‖ [avec prop. inf.] reprocher de : [-C] Théât., [C] Pros. ‖ dire par manière de reproche [avec prop. inf.] : [-C] Théât.

objectŭs, *ūs*, m., action de mettre devant, d'opposer, obstacle, barrière : [C] Poés., [+C] Pros. ; ***molium objectus*** [pl.] [+C] Pros., la barrière des digues ‖ objet qui s'offre aux regards, spectacle : [C] Pros.

objex, anal. de *objicio*, V. *obex* : [T] Poés.

objĭcĭō (**ōbĭcĭō**), *ĭs, ĕre, jēcī, jectum*, tr. ¶ **1** jeter devant : ***feris corpus*** [C] Pros., jeter un corps aux bêtes féroces ‖ placer devant, exposer : ***se hostium telis*** [C] Pros., s'exposer aux traits des ennemis ‖ [pass.] se présenter, se montrer : [C] Pros. ¶ **2** placer devant [comme protection, défense], opposer : ***carros pro vallo*** [C] Pros., se faire un rempart des chariots ; ***scutum*** [C] Pros., opposer son bouclier aux coups ¶ **3** [fig.] jeter en avant, exposer : [C] Pros. : [C] Pros. ; ***se objicere in dimicationes*** [C] Pros., s'exposer à des luttes ¶ **4** jeter dans, faire pénétrer dans, inspirer : ***alicui furorem*** [C] Pros., jeter l'égarement dans l'esprit de qqn ; ***rabiem canibus*** [C] Poés., insuffler la rage aux chiens : [C] Pros. ; ***terrorem alicui*** [C] Pros., inspirer de la terreur à qqn ¶ **5** reprocher, objecter : ***alicui ignobilitatem*** [C] Pros., reprocher à qqn une obscure naissance ; [avec prop. inf.] [C] Pros. ; [avec *quod*] [C] Pros. ; ***de aliquo, de aliqua re*** [C] Pros., faire un reproche touchant qqn, qqch. ‖ pl. n. du part. *objecta*, accusations, reproches : [+C] Pros. ¶ **6** proposer : [C] Poés., Pros.

objurgātĭo, *ōnis*, f., reproches, réprimande, blâme : [C] Pros. ‖ pl., [C] Pros., [+C] Pros.

objurgātŏr, *ōris*, m., celui qui fait des reproches, qui blâme, réprimande : [C] Pros. ; ***noster*** [C] Pros., mon censeur

objurgātōrĭus, *a, um*, de reproches, de blâme : [C] Pros., [+C] Pros.

objurgĭtō, *ās, āre, -, -*, : [-C] Théât. ; correction : ***objurigo*** ; V. *objurgo*

objurgō, *ās, āre, āvī, ātum*, tr. ¶ **1** réprimander, gourmander, blâmer, ***aliquem***, qqn : [C] Pros. ; ***aliquem in (de) aliqua re*** [C] Pros., blâmer qqn à propos de qqch. ; ***rem*** [C] Pros., [+C] Pros., blâmer qqch. ‖ ***aliquem quod*** subj., [C] Pros., reprocher à qqn de ; cf. [C] Pros. ¶ **2** chercher à détourner de, ***aliquem ab aliqua re***, qqn de qqch. : [-C] Théât. ‖ punir, châtier : [+C] Pros.

objūrĭgō, *ās, āre, -, -*, primitif de **objurgo**, V. *objurgito*

oblanguescō, *ĭs, ĕre, gŭī, -*, intr., s'alanguir [fig.] : [C] Pros.

oblăquĕō, *ās, āre, -, -*, tr., déchausser des arbres : [+C] Pros. ; V. *ablaqueo*

oblātīcĭus, *a, um*, offert, donné volontairement : [T] Pros.

oblātĭo, *ōnis*, f., sacrifice : [T] Pros.

oblātīvus, *a, um*, qui s'offre de soi-même, volontaire : [T] Pros.

oblātrātĭo, *ōnis*, f., aboiements, injures : [T] Pros.

oblātrātŏr, *ōris*, m., aboyeur [fig.] : [T] Pros.

oblātrātrix, *īcis*, f., celle qui aboie [fig.] : [-C] Théât.

oblātrō, *ās, āre, -, -* ¶ **1** intr., aboyer, se déchaîner, ***alicui***, contre qqn : [+C] Pros. ¶ **2** tr., ***aliquem*** : [+C] Poés.

oblātŭs, *ūs*, m., action d'apporter : [T] Pros.

oblectāmĕn, *ĭnis*, [C] Poés. et **oblectāmentum**, *i*, n., [C] Pros., amusement, divertissement

oblectātĭo, *ōnis*, f., action de distraire, de divertir, amusement, divertissement : [C] Pros. ; ***animi*** [C] Pros., récréation de l'esprit

oblectātŏr, *ōris*, m., celui qui charme, qui divertit, qui amuse : [+C] Pros.

oblectātōrĭus, *a, um*, amusant, divertissant : [+C] Pros.

oblectō, *ās, āre, āvī, ātum*, tr., amuser, récréer : ***aliqua re se*** [C] Pros., se distraire au moyen de qqch., prendre du plaisir à qqch. ; ***se oblectare*** [abs[t]] [C] Pros., se distraire ; [C] Pros. ; ***se cum aliquo*** [C] Pros., prendre du plaisir avec qqn, dans la compagnie de qqn [ou *se aliquo* [-C] Théât.] ; ***in aliqua re se*** [-C] Théât., prendre plaisir à qqch. ‖ charmer, occuper agréablement [le temps] : [+C] Pros.

oblēnĭō, *īs, īre, -, -*, tr., adoucir, calmer [la colère] : [+C] Pros.

oblīcus, *a, um*, V. *obliquus*

oblīdō, *ĭs, ĕre, līsī, līsum*, tr., serrer fortement : [C] Pros., [+C] Pros. ‖ étouffer : [+C] Pros.

oblĭgātĭo, *ōnis*, f. ¶ **1** action de répondre de : ***sententiae, pecuniae pro aliquo*** [C] Pros., action de répondre des opinions, des dettes de qqn ¶ **2** lien, chaîne, dépendance : [T] Pros.

oblĭgātus, *a, um*, part. de *obligo*, adj[t], obligé de qqn (***alicui***) : [C] Pros. ; ***obligatior*** [+C] Pros.

oblĭgō, *ās, āre, āvī, ātum*, tr. ¶ **1** attacher à, contre : ***obligatus corio*** [C] Pros., attaché dans un sac ‖ attacher ensemble, fermer d'un lien [une lettre] [-C] Théât. ; [une bourse] [-C] Théât. ‖ bander une plaie : ***vulnus*** [C] Pros., ou ***aliquem*** [C] Pros., faire un pansement à qqn ¶ **2** [fig.] ***a)*** lier, engager, obliger : ***se nexu*** [C] Pros., se lier par un contrat de vente ; ***aliquem sibi liberalitate*** [C] Pros., s'attacher qqn par sa libéralité ; ***obligatus alicui*** [C] Pros., obligé de qqn ; [C] Pros., Poés. ***b)*** engager, hypothéquer : [C] Pros. ***c)*** lier, enchaîner : [C] Pros. ‖ faire participer à la responsabilité d'une faute : [C] Pros. ‖ ***se obligare scelere (obligari fraude)***, se rendre coupable d'un crime : [C] Pros., [+C] Pros. ; ***se obligare furti*** [+C] Pros., se rendre passible d'une condamnation pour vol

oblīmō, *ās, āre, āvī, ātum*, tr. ¶ **1** couvrir de limon, obstruer avec du limon : [C] Pros., [+C] Pros. ‖ boucher : [C] Poés. ¶ **2** [fig.] brouiller, confondre, obscurcir : [T] Pros. ‖ embourber (son patrimoine), = le mettre dans une situation critique, le dissiper : [C] Poés.

oblĭnĭō, *īs, īre, ĭī, ītum*, tr., enduire, couvrir, souiller : [+C] Pros.

oblĭnō, *ĭs, ĕre, lēvi, lĭtum*, tr. ¶ **1** enduire, oindre : ***cerussa malas*** [-C] Théât., se mettre du blanc sur les joues ; ***obliti unguentis*** [C] Pros., imprégnés de parfums ‖ [sens réfléchi] [+C] Pros. ¶ **2** [en part.] ***a)*** boucher [avec de l'argile, avec de la poix], des tonneaux, une amphore : [+C] Pros. ***b)*** effacer, raturer [l'écriture sur une tablette de cire] : [+C] Pros. ***c)*** [métaph.] [C] Pros. ; ***divitiis oblitus*** [C] Pros., surchargé de richesses ¶ **3** [fig.] ***a)*** imprégner : ***se externis moribus*** [C] Pros., s'imprégner de moeurs exotiques ***b)*** souiller : ***se*** [C] Pros., se salir ; ***oblitus parricidio*** [C] Pros., souillé d'un parricide ***c) os alicui*** [-C] Théât., barbouiller la figure de qqn = le berner, le duper

oblīquātĭo, *ōnis*, f., obliquité : [T] Pros.

oblīquē, adv., obliquement, de biais, d'une manière oblique : [C] Pros. ‖ [fig.] indirectement, d'une manière détournée : [+C] Pros.

oblīquō, *ās, āre, āvī, ātum*, tr. ¶ **1** faire obliquer, faire aller de biais : [C] Poés., [+C] Pros. ; ***sinus in ventum*** [C] Poés., présenter obliquement au vent les plis des voiles, louvoyer ;

crinem +C Pros., ramener ses cheveux en arrière ¶2 [fig.] *preces* +C Poés., prier indirectement ‖ faire dévier, adoucir [le son d'une lettre] : +C Pros.

oblīquum, n. de *obliquus* pris adv^t, de côté, de travers : T Pros.

oblīquus, *a*, *um* ¶1 oblique, allant de côté, de biais : C Pros. ; ***obliquo itinere*** C Pros., par un chemin oblique ; ***obliquo monte*** C Pros., en prenant la montagne de biais ‖ ***ab obliquo*** C Poés. ; ***per obliquum*** C Poés. ; V. *obliquum* ¶2 [fig.] ***a)*** parenté collatérale : +C Poés. ***b)*** ***obliquae orationes*** +C Pros., propos détournés, indirects ***c)*** [gram.] cas obliques : C Pros. ***d)*** ***obliqua allocutio*** +C Pros., style indirect ***e)*** envieux, hostile : +C Pros.

obliscor, arch., V. *obliviscor* : -C Théât.

oblĭtescō, *ĭs*, *ĕre*, *tŭī*, -, intr., se cacher : C Pros., +C Pros.

oblittĕrātĭo, *ōnis*, f., oblitération, oubli : T Pros.

oblittĕrō (-lītĕrō), *ās*, *āre*, *āvī*, *ātum*, tr., faire oublier, effacer du souvenir : C Pros. ‖ abolir : +C Pros.

oblītus, *a*, *um*, part. de *obliviscor* avec sens actif et passif, V. *obliviscor*

oblīvĭālis, *e*, qui produit l'oubli : T Poés.

oblīvĭo, *ōnis*, f., action d'oublier, oubli : ***ab oblivione vindicare*** C Pros., disputer à l'oubli, défendre contre l'oubli ; ***in oblivionem ire*** +C Pros., tomber dans l'oubli ; ***per oblivionen*** +C Pros., par oubli ‖ défaut de mémoire, distraction : +C Pros.

Oblīvĭo amnis, +C Pros. [*aqua oblivionis* T Pros.], le fleuve de l'oubli [Léthé]

Oblīvĭōnis flūmĕn, **flŭvĭus**, fleuve de la Galice [Limia] : +C Pros. ‖ ou **flūmen Oblīvĭo**, C Pros.

oblīvĭōsus, *a*, *um* ¶1 oublieux, qui oublie facilement : C Pros. ¶2 qui produit l'oubli : C Poés.

oblīviscendus, *a*, *um*, adj. verbal de *obliviscor*

oblīviscŏr, *scĕrĭs*, *scī*, *oblītus sum* ¶1 oublier (ne plus penser à) [avec gén.] ***alicujus, alicujus rei*** C Pros., oublier qqn, qqch. ‖ [avec acc. de la chose] ***injurias*** C Pros., oublier les injustices ‖ [acc. de la pers.] -C Théât., C Poés., T Pros. ‖ [avec inf.] oublier de : C Pros. ‖ [avec prop. inf.] oublier que : C Pros. ‖ [avec interrog. indir.] C Pros. ¶2 oublier, perdre de vue : C Pros.

oblīvĭum, *ĭī*, n., oubli [habituellement au pluriel] : C Poés. ‖ sg., +C Pros.

oblīvĭus, *a*, *um*, tombé en désuétude : C Pros.

oblŏcūtŏr, *ōris*, m., interrupteur [qui coupe la parole] : -C Théât.

oblongŭlus, *a*, *um*, dim. de *oblongus*, longuet, assez long : +C Pros.

oblongus, *a*, *um*, allongé, oblong : C Pros., +C Pros. ‖ ***-gior*** C Pros.

oblŏquĭum, *ĭī*, n., pl., T Pros.

oblŏquŏr, *quĕrĭs*, *quī*, *lŏcūtus sum*, intr. ¶1 couper la parole, ***alicui***, à qqn : -C Théât., C Pros. ¶2 [abs^t] parler contre, contredire : C Pros. ‖ injurier : C Poés. ¶3 chanter en accompagnement de [dat.] : C Poés.

oblŏquūtŏr, *ōris*, m., V. *oblocutor*

obluctātio, *ōnis*, f., lutte, combat [au fig.] : T Pros.

obluctŏr, *ārĭs*, *ārī*, *ātus sum*, intr., lutter contre [avec dat.] : ***Fabio*** +C Poés., lutter contre Fabius ; ***adversae harenae*** C Poés., lutter contre le sol qui résiste ; +C Pros., Poés.

oblūdō, *ĭs*, *ĕre*, *lūsī*, *lūsum*, intr., jouer (batifoler) devant : -C Théât. ‖ [fig.] faire illusion, tromper [avec dat.] : T Poés.

oblūrĭdus, *a*, *um*, livide : T Pros.

obmōlĭŏr, *īrĭs*, *īrī*, *ītus sum*, tr., construire devant : C Pros. ; ***saxa*** +C Pros., entasser des pierres en avant ‖ boucher (une brèche) : C Pros.

obmŏvĕō, *ēs*, *ēre*, -, -, tr., offrir [aux dieux] : -C Pros.

obmurmŭrātĭo, *ōnis*, f., murmures : T Pros.

obmurmŭrō, *ās*, *āre*, *āvī*, *ātum*, intr., murmurer contre [avec dat.] : C Poés. ‖ dire entre ses dents : +C Pros.

obmūtescō, *ĭs*, *ĕre*, *tŭī*, -, intr., devenir muet, perdre la voix ou la parole : C Pros. ; [animaux] ‖ garder le silence, rester muet : C Pros., Poés. ‖ [fig.] cesser : C Pros.

obnātus, *a*, *um*, né près de [avec dat.] : C Pros.

obnectō, *ĭs*, *ĕre*, -, -, tr., attacher, lier : -C Théât.

obnexŭs, *ūs*, m., lien [fig.], engagement : T Pros.

obnīsus, *a*, *um*, V. *obnixus*

obnītŏr, *tĕrĭs*, *tī*, *nixus (nīsus) sum*, intr. ¶1 s'appuyer contre, sur [avec dat.] : -C Pros., C Pros. ‖ [avec acc.] C Poés. ¶2 faire effort contre, lutter, résister : C Pros., Poés. ; [avec dat.] C Poés., +C Pros. ‖ [avec inf.] s'efforcer de : +C Pros.

obnixē, adv., avec effort, en s'efforçant : -C Théât.

obnixus (-sus), *a*, *um*, part.-adj. de *obnitor*, ferme, inébranlable, obstiné : C Pros. ‖ [adv^t] ***obnixus premebat*** C Poés., il comprimait fermement

obnoxĭē, adv. ¶1 d'une manière soumise : C Pros. ¶2 de manière coupable : ***nihil obnoxie*** -C Théât., sans qu'il y ait de ma faute

obnoxĭōsē, adv., d'une manière soumise : -C Théât.

obnoxĭōsus, *a*, *um* ¶1 soumis, dépendant : -C Théât. ¶2 préjudiciable : -C Théât.

obnoxĭus, *a*, *um* ¶1 soumis à qqn, redevable à qqn pour une faute ; [d'où] qui mérite une punition de qqn (***alicui***) : -C Théât. ‖ ***pecuniae creditae*** C Pros., responsable pour de l'argent prêté ¶2 lié, (soumis) à une faute, à une chose délictueuse ; [avec dat.] : C Pros. ‖ coupable de : ***turpi facto*** C Poés., coupable d'un acte honteux ¶3 [en gén.] soumis à, dépendant de, ***alicui, alicui rei*** : C Pros. ‖ redevable à, qui a des obligations envers, ***alicui, alicui rei*** : C Poés., Pros. ‖ à la discrétion de, assujetti à, esclave de, ***alicui***, de qqn : C Pros. ; [abs^t] ***obnoxiis inimicis*** C Pros., vos ennemis étant à votre discrétion, à votre merci ; ***pax obnoxia*** C Pros., paix servile, avilissante ; +C Pros. ¶4 exposé à [qqch. de fâcheux, de mauvais], sujet à ; [avec dat.] : ***irae*** +C Pros., sujet à la colère ; ***insidiis*** +C Pros., exposé aux embuscades ; ***infidis consiliis*** +C Pros., susceptible de recevoir des conseils perfides ; [avec *ad*] ; [avec *in* acc.] +C Pros. ‖ ***obnoxium est*** [avec inf.] +C Pros., il est dangereux de

obnūbĭlātĭo, *ōnis*, f., action de couvrir comme d'un nuage [fig.] : T Pros.

obnūbĭlō, *ās*, *āre*, *āvī*, *ātum*, tr., couvrir d'un nuage [fig.] : +C Pros. ; ***animum*** +C Pros., perdre connaissance ; ***obnubilatus*** +C Pros., étourdi, asphyxié

obnūbĭlus, *a*, *um*, -C d., C Pros., enveloppé de ténèbres

obnūbō, *ĭs*, *ĕre*, *nupsi*, *nuptum*, tr., couvrir d'un voile, voiler : C Pros., Poés. ‖ envelopper, entourer : C Pros.

obnuntĭātĭo, *ōnis*, f., annonce de mauvais présage : C Pros. ‖ pl., C Pros. [moyen utilisé pour interrompre le cours d'une assemblée populaire qui tourne mal]

obnuntĭō, *ās*, *āre*, *āvī*, *ātum*, intr., s'opposer à : ***consuli*** C Pros., faire opposition au consul [et empêcher la tenue des comices] ; [pass. impers.] C Pros. ‖ [en gén.] annoncer une mauvaise nouvelle : -C Théât.

ŏboedĭens, *tis*, part.-adj. de *oboedio*, obéissant, soumis : ***rationi*** C Pros., soumis à la raison ; ***ad nova consilia*** C Pros., acceptant de nouveaux desseins ‖ ***-tior*** C Pros. ; ***-tissimus*** C Pros.

ŏboedĭentĕr, adv., en obéissant, avec soumission : C Pros. ‖ ***-tius*** C Pros. ; ***-tissime*** T Pros.

ŏboedĭentĭa, *ae*, f., obéissance, soumission : C Pros. ; ***abjicere oboedientiam*** C Pros., rejeter l'obéissance [fig.]

ŏboedĭō, *īs*, *īre*, *īvī* ou *ĭī*, intr. ¶1 prêter l'oreille [*alicui*, à qqn] = suivre ses avis : C Pros. ¶2 obéir, être soumis : ***magistratibus*** C Pros., obéir aux magistrats ; ***voluptatibus*** C Pros., être esclave du plaisir ; ***alicui ad verba*** C Pros., obéir à qqn à la lettre ; [pass. impers.] C Pros. ‖ [avec acc. de relat.] ***haec omnia*** +C Pros., obéir relativement à tout cela

ŏboedītĭo, *ōnis*, f., V. *oboedientia* : T Pros.

ŏboedītŏr, *ōris*, m., celui qui obéit : T Pros.

ŏbŏleō, *ēs*, *ēre*, *ŭī*, -, intr. et tr., exhaler une odeur : ***alium oboluisti*** -C Théât., tu sens l'ail ; +C Pros. ‖ V. *oleo*

ŏbŏlus, *i*, m., obole, monnaie grecque : [C] Pros. ‖ obole [poids, sixième partie de la drachme] : [+C] Pros.

ŏbŏrĭŏr, ***īrĭs, īrī, ortus sum***, intr., se lever, s'élever, apparaître [devant] : ***tenebrae oboriuntur*** [-C] Théât., les ténèbres se lèvent devant mes yeux, mes yeux se couvrent de ténèbres ; [C] Poés., [C] Pros.

obp-, [V.▶] *opp-*

obrēpō, ***ĭs, ĕre, repsī, reptum*** ¶ **1** intr., ramper vers, se glisser furtivement, s'approcher à pas de loup : [C] Poés., [+C] Pros. ‖ [fig.] [C] Pros. ; [avec *in* acc.] [C] Pros. [ou *ad*] [C] Pros., se glisser dans ‖ surprendre, tromper [avec dat.] : [+C] Pros. ¶ **2** tr., envahir, surprendre : [-C] Théât., [C] Pros.

obreptīvus, ***a, um***, subreptice, furtif : [T] Pros.

obreptō, ***ās, āre, āvī, ātum***, intr., se glisser furtivement, arriver clandestinement : [-C] Théât.

obrētĭō, ***īs, īre, -, -***, tr., envelopper de filets : [C] Poés.

obrĭgescō, ***ĭs, ĕre, rĭgŭī, -***, intr., se durcir : [C] Pros. ‖ se raidir par le froid : [C] Pros. ‖ [fig.] s'endurcir : [+C] Pros.

Obrimās (-ma), ***ae***, m., rivière de la Grande Phrygie, affuent du Méandre : [C] Pros.

obrĭpō, ***ĭs, ĕre, -, -***, intr., [vulg.] [C.▶] *obrepo* : [+T] Poés.

obrōdō, ***ĭs, ĕre, -, -***, tr., ronger autour, grignoter : [-C] Théât.

obrŏgātĭo, ***ōnis***, f., action d'abroger une ancienne loi par une nouvelle : [C] Pros.

obrŏgō, ***ās, āre, āvī, ātum***, intr., présenter une loi qui en détruit une autre : [C] Pros. ‖ s'opposer [à une loi] : [+C] Pros.

obrŭbescō, ***ĭs, ĕre, -, -***, intr., rougir : [T] Pros.

obructans, ***tis***, qui rote à la figure (***alicui***, de qqn) : [+C] Pros.

obrŭō, ***ĭs, ĕre, rŭī, rŭtum***, tr.
I ¶ **1** recouvrir d'un amas, recouvrir : ***se arena*** [C] Pros., se couvrir de sable ; ***ova*** [C] Pros., recouvrir ses oeufs [de terre] ; ***thesaurum*** [C] Pros., enfouir un trésor : [C] Pros. ; ***puppes*** [C] Poés., engloutir des vaisseaux ¶ **2** charger, surcharger : ***se vino*** [C] Pros., se charger de vin ; ***obrutus vino*** [C] Pros., gorgé de vin ‖ [fig.] ***a)*** ensevelir, étouffer : ***aliquem oblivione*** [C] Pros., ensevelir qqn dans l'oubli ***b)*** écraser : [C] Pros. ‖ **obrūta**, ***ōrum***, n. pl., ruines, gravats : [+C] Pros.
II intr., s'effondrer, s'écrouler : [C] Poés.

obrussa, ***ae***, f., épreuve de l'or, essai : ***aurum ad obrussam*** [+C] Pros., or éprouvé à la coupelle, or très pur ‖ [fig.] épreuve, pierre de touche : [C] Pros., [+C] Pros. ; ***ad obrussam exigere*** [+C] Pros., faire passer au creuset = vérifier avec soin

obrŭtesco, [V.▶] *obbrutesco*

obrŭtus, ***a, um***, part. de *obruo*

obryzus, ***a, um***, éprouvé au creuset [or] : [T] Pros.

obs-, [V.▶] *ops-, os-*

obsaepĭō (obsēp-), ***īs, īre, saepsī, saeptum***, tr., fermer devant, barrer, fermer obstruer : [-C] Théât. ; [fig.] ***alicui viam*** [C] Pros., barrer la route à qqn ; ***alicui iter ad magistratus*** [C] Pros., fermer à qqn l'accès aux magistratures ; [+C] Pros.

obsaeptus, ***a, um***, part. de *obsaepio*

obsătŭrō, ***ās, āre, -, -***, tr., rassasier [fig.] : [-C] Théât.

obscaenus, etc., [V.▶] *obscenus*

obscaevō, ***ās, āre, āvī, -***, intr., apporter un mauvais présage, porter malheur à [avec dat.] : [-C] Théât.

Obscē, [V.▶] *Osce*

obscēnē, adv., d'une manière indécente, obscène : [C] Pros. ‖ ***-nius*** [C] Pros. ; ***-nissime*** [T] Pros.

obscēnĭtās, ***ātis***, f. ¶ **1** indécence, obscénité : [C] Pros. ‖ parties viriles : [T] Pros. ¶ **2** mauvais augure : [T] Pros.

obscēnus, ***a, um*** ¶ **1** de mauvais augure, sinistre : [C] Poés., Pros., [C] Pros. ‖ funeste, fatal : [C] Poés. ¶ **2** indécent, obscène : [C] Pros. ; ***-nissimus*** [C] Pros., [C] Pros. ‖ ***obscena***, n. pl., les parties viriles : [C] Poés., [+C] Pros. ; [sg.] [C] Poés. ¶ **3** sale, dégoûtant, hideux, immonde : [C] Poés., [+C] Poés. ‖ ***obscena***, n. pl., les excréments : [+C] Pros. ‖ ***-nior*** [C] Pros.

obscūrātĭo, ***ōnis***, f., obscurcissement, obscurité : [C] Pros. ; ***solis*** [C] Pros., [+C] Pros., éclipse de soleil

obscūrē, adv., obscurément, secrètement, en cachette, à la dérobée : [C] Pros. ‖ en termes obscurs, indistinctement : [C] Pros. ; ***obscurius*** [C] Pros., [+C] Pros. ‖ de naissance obscure : [T] Pros. ‖ ***-rissime*** [C] Pros., [+C] Pros.

obscūrĭdĭcus, ***a, um***, aux paroles obscures, abscons : [-C] Théât.

obscūrĭtas, ***ātis***, f. ¶ **1** obscurité : [+C] Pros. ¶ **2** [fig.] manque de clarté, mystère, obscurité : [C] Pros. ; [pl.] [C] Pros. ‖ condition obscure, rang obscur : [C] Pros. ‖ obscurité [de la naissance] : [+C] Pros.

obscūrō, ***ās, āre, āvī, ātum***, tr. ¶ **1** obscurcir, rendre obscur [un lieu, la lumière du soleil] : [C] Pros. ; [pass.] [C] Pros. ‖ [métaph.] voiler, cacher : [C] Pros. ¶ **2** [fig.] ***a)*** aveugler, obscurcir [l'intelligence] : [-C] Théât. ***b)*** dissimuler, masquer : [C] Pros. ; ***periculi magnitudinem*** [C] Pros., dérober aux regards l'importance du danger ***c)*** exprimer en termes obscurs, envelopper [sa pensée] : [C] Pros., [+C] Pros. ***d)*** prononcer faiblement, indistinctement : [C] Pros., [+C] Pros. ‖ rendre [la voix] sourde : [+C] Pros. ***e)*** [pass.] s'effacer, entrer dans l'ombre, s'obscurcir, disparaître : [C] Pros.

obscūrum, ***i***, n., obscurité : [C] Poés., Pros.

obscūrus, ***a, um*** ¶ **1** sombre, obscur, ténébreux : ***obscurus lucus*** [C] Poés., bois sombre ; ***nox obscura*** [C] Poés., nuit obscure ; [C] Pros. ‖ [V.▶] *obscurum*, n. pris subst[t] ‖ [poét.] ***ibant obscuri*** [C] Poés., ils allaient dans l'obscurité ¶ **2** [fig.] obscur ***a)*** difficile à comprendre : [C] Pros. ***b)*** incertain : ***obscura spes*** [C] Pros., espoir vague ***c)*** inconnu : [C] Pros. ***d)*** caché, secret : ***obscurus homo*** [C] Pros., homme dissimulé ; ***obscurum odium*** [C] Pros., haine cachée

obsĕcrātĭo, ***ōnis***, f., demande instante, supplication : [C] Pros. ‖ obsécration [rhét.] : [C] Pros. ‖ [surtout] supplication [adressée aux dieux, pour les apaiser, ce que n'implique pas la *supplicatio*] : [C] Pros.

obsĕcrātus, ***a, um***, de *obsecro*

obsĕcrō (opsĕcrō), ***ās, āre, āvī, ātum***, tr. ¶ **1** prier instamment, supplier, conjurer (***aliquem***, qqn) : [C] Pros. ‖ ***avec ut, ne***, supplier de, de ne ... pas : [C] Pros. ‖ [avec subj. seul] [C] Pros., [+C] Pros. ¶ **2** [formule entre parenthèses] de grâce, je t'en conjure, au nom du ciel : [-C] Théât., [C] Pros. ¶ **3** [abs[t]] ***abs aliquo*** [-C] Théât., demander une grâce à qqn

obsĕcundō, ***ās, āre, āvī, ātum***, intr., se conformer à, se prêter à, se montrer favorable à [avec dat.] : [-C] Théât., [C] Pros.

obsĕcūtĭo, ***ōnis***, f., soumission, obéissance : [T] Pros.

obsēdī, parf. de *obsideo* et *obsido*

obsēpĭo, [V.▶] *obsaepio*

obseptus, [V.▶] *obsaeptus*

obsĕquēla, ***ae***, f., complaisance, déférence : [T] Poés.

obsĕquens, ***tis***, part.-adj. de *obsequor*, qui se plie aux volontés, aux désirs de qqn (***alicui***) ; obéissant, complaisant : [-C] Théât., [C] Pros. ‖ ***-tior*** [+C] Pros. ; ***-tissimus*** [+C] Pros. ‖ favorable, propice : [-C] Théât.

obsĕquentĕr, adv., par complaisance, condescendance, déférence : [C] Pros., [+C] Pros. ‖ ***-tissime*** [+C] Pros.

obsĕquentĭa, ***ae***, f., complaisance : [C] Pros.

obsĕquĭālis, ***e***, obséquieux : [+T] Poés.

obsĕquĭbĭlis, ***e***, obligeant, serviable : [+C] Pros.

obsĕquĭōsus, ***a, um***, plein de complaisance, de déférence : [-C] Théât.

obsĕquĭum, ***ĭi***, n. ¶ **1** complaisance, condescendance, déférence : [-C] Théât., [C] Pros. ‖ ***erga aliquem*** [C] Pros., [+C] Pros., ou ***in aliquem*** [C] Pros., [+C] Pros., à l'égard de qqn ‖ ***corporis*** [C] Pros., complaisance pour son corps ; ***ventris*** [C] Poés., pour son ventre ‖ [poét., en parl. de choses] [C] Poés. ¶ **2** complaisances coupables : [+C] Pros. ¶ **3** obéissance, soumission : [+C] Pros. ; service domestique [notam. de l'esclave] ‖ service [d'ordonnance, de planton] ***obsequia***, clients, suite, cortège : [T] Pros. ¶ **4** [chrét.] culte : [T] Pros.

obsĕquŏr, ***quĕrĭs, quī, sĕcūtus (sĕquūtus) sum***, intr. ; [avec dat.] céder (déférer) aux volontés (aux désirs) de, condescendre, avoir de la complaisance pour : ***alicui*** [C] Pros. ;

voluntati alicujus C Pros., se plier aux désirs de qqn, faire la volonté de qqn ; ***tempestati*** C Pros., céder à la tempête ; ***fortunae*** C Pros., se prêter à la fortune ; ***animo*** -C Théât., satisfaire ses désirs ‖ [avec acc. pron.] ***id gnato*** -C Théât., céder en cela à son fils ; +C Pros. ‖ [avec *ut*] C Pros.

obsĕquūtĭo, -tor, V. → *obsec*

obsērĭcātus, *a, um*, tout revêtu de soie : T Pros.

1 **obsĕrō**, *ās, āre, āvī, ātum*, tr., verrouiller, fermer : -C Théât., C Pros., +C Pros. ‖ [fig.] ***palatum*** C Poés., clore son palais = garder le silence

2 **obsĕrō**, *ĭs, ĕre, sēvī, sĭtum*, tr. ¶ **1** ensemencer, semer, planter : -C Théât. ; [fig.] -C Théât., C Pros. ¶ **2** part. ***obsitus***, couvert de, rempli de [avec abl.] -C Théât., C Pros., +C Pros., Poés.

observābĭlis, *e*, qu'on peut observer : +C Pros. ‖ remarquable, admirable : +C Pros.

observans, *tis*, part.-adj. de *observo*, qui a de la déférence, de la considération, du respect pour [avec gén.] C Pros. ‖ qui observe, qui obéit : +C Pros.

observantĕr, adv., avec soin, avec attention : T Pros.

observantĭa, *ae*, f. ¶ **1** action de remarquer, d'observer : +C Pros. ¶ **2** observation, respect de [des coutumes, des lois] : +C Pros. ; [chrét.] ‖ considération, égards, déférence : C Pros. ‖ ***in aliquem*** C Pros., à l'égard de qqn

observātē, adv., avec soin : +C Pros.

observātĭo, *ōnis*, f. ¶ **1** observation, remarque : ***siderum*** C Pros., l'observation des astres ‖ observation des faits, des phénomènes : C Pros. ; ***prudentium*** C Pros., observation faite par les savants ¶ **2** attention, scrupule : C Pros. ‖ observation, V. → *observo* ¶ *3* : ***dierum*** +C Pros., décompte des jours [les jours se comptent-ils à partir du milieu de la nuit ou du coucher du soleil ?] ‖ remarques, préceptes : +C Pros. ‖ respect : +C Pros.

observātŏr, *ōris*, m., observateur, celui qui remarque : +C Pros.

observātŭs, *ūs*, m., observation, remarque : C Pros.

observĭtō, *ās, āre, āvī, ātum*, tr., observer soigneusement : C Pros., +C Pros.

observō, *ās, āre, āvī, ātum*, tr. ¶ **1** porter son attention sur, observer : ***alia signa*** C Pros., observer d'autres signes [dans la divination] ; ***occupationem alicujus*** C Pros., guetter, épier le moment où qqn est occupé ; ***sese*** C Pros., s'observer soi-même, ne se passer rien ‖ [absᵗ] observer des phénomènes, faire des observations : ***observando notare*** C Pros., noter (relever) au moyen d'observations ¶ **2** faire attention à, avoir l'œil sur, surveiller : ***januam*** -C Théât. ; ***greges*** C Poés., surveiller (garder) une porte, des troupeaux ‖ [avec *ne* subj.] être attentif à éviter que : C Pros. ; [avec *ut* subj.] veiller à ce que, être attentif à ce que : C Pros., +C Pros. ¶ **3** observer, respecter, se conformer à : ***leges*** C Pros., observer les lois ; ***praeceptum*** C Pros., se conformer à un mot d'ordre ; ***imperium*** C Pros., observer les ordres ; ***ordines*** C Pros., garder ses rangs ‖ avoir des égards, de la déférence pour qqn, respecter, honorer : C Pros. ¶ **4** [chrét.] intr., se garder de, s'abstenir de : T Pros. ‖ ***se observare*** T Pros.

obsĕs, *ĭdis*, m. f., otage [de guerre] : C Pros. ‖ otage, garant, gage, garantie : C Pros. ; ***obsides dare*** [et prop. inf.] C Pros., se porter garant que

obsessĭo, *ōnis*, f., action d'assiéger, siège, blocus : [de villes] C Pros. ; [de temples] C Pros. ‖ occupation [d'une route] : C Pros.

obsessŏr, *ōris*, m. ¶ **1** celui qui occupe un espace : -C Théât., C Poés. ¶ **2** assiégeant : C Pros.

obsībĭlō, *ās, āre, -, -*, tr., faire entendre en sifflant : +C Pros.

obsĭdātŭs, *ūs*, m., condition d'otage : T Pros.

obsĭdĕō, *ēs, ēre, sēdī, sessum*, intr. et tr.

I intr., être assis, installé qq. part : -C Théât.

II tr. ¶ **1** occuper un lieu où l'on s'est installé : C Pros. ¶ **2** assiéger, bloquer, investir : ***Uticam*** C Pros., investir Utique ‖ [fig.] tenir investi, tenir sous sa dépendance, être maître de : C Pros., +C Pros.

obsĭdĭālis, *e*, C Pros., V. → *obsidionalis*

obsĭdĭo, *ōnis*, f., action d'assiéger, siège, blocus : -C Théât., C Pros. ; ***obsidionem tolerare*** +C Pros., subir un siège ; ***in obsidione habere*** C Pros., tenir assiégé ; ***obsidionem omittere*** +C Pros. ; ***solvere*** C Pros., lever un siège ‖ ***liberare obsidionem*** C Pros., faire lever un siège

obsĭdĭōnālis, *e*, de siège : T Pros. ; ***corona*** C Pros., couronne obsidionale [donnée au général qui a fait lever un siège]

obsĭdĭŏr, *ārĭs, ārī, -*, intr., tendre des pièges : ***alicui*** +C Pros.

1 **obsĭdĭum**, *ĭī*, n., moins usité que *obsidio* d'après ¶ **1** siège : -C Théât., C Pros., +C Pros. ‖ danger : -C Théât. ‖ [fig.] piège : +C Pros. ¶ **2** attention, surveillance : +C Pros.

2 **obsĭdĭum**, *ĭī*, n., condition d'otage : +C Pros.

Obsĭdĭus, *ĭī*, m., nom d'homme : +C Pros.

obsīdō, *ĭs, ĕre, sēdī, sessum*, tr., mettre le siège devant, assiéger : C Poés., Pros. ‖ [fig.] occuper, envahir : C Poés.

obsignātĭo, *ōnis*, f., action de sceller (apposer un sceau) : +C Pros.

obsignātŏr, *ōris*, m., celui qui scelle, qui cachette : C Pros. ‖ [en qualité de témoin] qui contre-signe : C Pros.

obsignō, *ās, āre, āvī, ātum*, tr. ¶ **1** fermer d'un sceau, sceller, cacheter : ***epistulam*** C Pros., cacheter une lettre ; ***testamentum simul cum aliquo*** C Pros., sceller un testament en même temps que qqn [comme témoin] ; ***ad obsignandum advocare*** C Pros., appeler des témoins à contresigner un testament ‖ [absᵗ] mettre les scellés : C Pros. ¶ **2** [fig.] imprimer, empreindre : C Poés. ; ***aliquid obsignatum habere*** C Poés., tenir qqch. scellé, empreint dans son esprit

obsĭpō, *ās, āre, -, -*, tr., jeter devant : -C Théât.

obsistō, *ĭs, ĕre, stĭtī, -*, intr. ¶ **1** se placer (se tenir) devant : -C Théât., C Pros. ¶ **2** faire obstacle, faire face, s'opposer, résister [pr. et fig.] : C Pros. ; ***dolori*** C Pros., tenir tête à la douleur ; ***famae alicujus*** C Pros., éclipser la gloire de qqn ‖ [avec *ne*] empêcher (en faisant obstacle), s'opposer à ce que : C Pros., +C Pros. ; [pass. impers.] ***alicui obsisti non potuit quominus*** C Pros., on n'a pu empêcher qqn de ¶ **3** V. → *obstitus*

obsŏlēfăcĭō, *ĭs, ĕre, fēcī, factum*, tr., faire tomber en désuétude : T Pros. ; V. → *obsolefio*

obsŏlēfīō, *fīs, fĭĕrī, factus sum*, pass., s'avilir : C Pros., +C Pros.

obsŏlescō, *ĭs, ĕre, lēvī, -*, intr., tomber en désuétude, sortir de l'usage : C Pros. ‖ [fig.] s'effacer [de la mémoire] : C Pros. ‖ s'affaiblir, perdre de sa force, de sa valeur : C Pros., +C Pros. ‖ V. → *obsoletus*

obsŏlētē, adv., seulᵗ ***obsoletius vestitus*** C Pros., vêtu plus sordidement

obsŏlētō, *ās, āre, āvī, -*, tr., souiller, flétrir, abolir : +C Pros.

obsŏlētus, *a, um*, part.-adj. de *obsolesco* ¶ **1** négligé, usé, délabré : C Pros. ; ***-tior*** C Pros. ; ***homo obsoletus*** C Pros., homme aux vêtements usés, en haillons ‖ passé de mode, obsolète : ***obsoleta verba*** C Pros., mots désuets ¶ **2** commun, vulgaire, banal : C Pros. ; ***obsoletior oratio*** C Pros., style un peu trop banal ¶ **3** souillé, flétri (comme par la vieillesse) : C Poés., +C Théât.

obsŏlĭdō, *ās, āre, -, ātum*, tr., consolider, affermir [employé seulement au part.] : C Pros.

obsōnātŏr (ops-), *ōris*, m., pourvoyeur, qui achète les provisions : -C Théât., +C Pros.

obsonātŭs (ops-), *ūs*, m., achat de provisions : -C Théât.

obsōnĭum, V. → *opsonium*

1 **obsŏnō**, *ās, āre, -, -*, intr., interrompre par un bruit [avec dat.] : -C Théât.

2 **obsōnō (ops-)**, *ās, āre, āvī, ātum*, tr., aller aux provisions, acheter les provisions : -C Théât. ‖ faire bonne chère : -C Théât. ‖ [fig.] ***obsonare famem*** C Pros., faire sa provision d'appétit

obsorbĕō, *ēs, ēre, bŭī, -*, tr., avaler : -C Théât.

obsordescō, *ĭs, ĕre, dŭī, -*, intr., se salir : T Poés. ‖ décliner : T Pros.

obstācŭlum, *i*, n., obstacle, empêchement : +C Pros., T Pros.

1 **obstantĭa**, *ae*, f., [C.→] *obstaculum* : [C] Pros.

2 **obstantĭa**, *ĭum*, n. pl., [C.→] *obstaculum* : [+C] Pros.

obstātūrus, *a*, *um*, [V.→] *obsto*

obsternō, *ĭs*, *ĕre*, -, -, tr., renverser devant : [+C] Pros.

obstĕtrīcĭus, *a*, *um*, d'accoucheuse, de sage-femme : [T] Pros.

obstĕtrīcō, *ās*, *āre*, -, -, intr. et tr., faire l'office de sage-femme, accoucher : [T] Pros. ; [fig.]

obstĕtrix, *īcis*, f., accoucheuse, sage-femme : [-C] Théât., [C] Poés.

obstĭnātē, adv., avec constance, avec obstination, obstinément : [C] Pros. ‖ ***-tius*** [+C] Pros. ; ***-tissime*** [+C] Pros.

obstĭnātĭo, *ōnis*, f., constance, persévérance, fermeté : ***sententiae*** [C] Pros., attachement à [mon] sentiment ; [C] Pros., [+C] Pros.

obstĭnātus, *a*, *um*, part.-adj. de *obstino*, constant, persévérant, opiniâtre, résolu : [avec *ad*] [C] Pros. ; [avec *in* acc.] [T] Pros. ; [avec *adversus*] [C] Pros. ; [*contra*] [+C] Pros. ; [avec inf.] [C] Pros., [+C] Pros. ‖ ***voluntas obstinatior*** [C] Pros., sentiments plus arrêtés ; ***-issimus*** [+C] Pros.

obstĭnō, *ās*, *āre*, *āvī*, *ātum*, tr. ; tr., vouloir d'une volonté obstinée, opiniâtre, ***aliquid***, qqch. : [-C] Théât., [C] Pros. ‖ [abs[t], avec *ad*] être obstiné à : [+C] Pros.

obstīpus, *a*, *um*, incliné [d'un côté ou d'un autre] ; en arrière : ***cervice obstipa*** [+C] Pros., avec la tête inclinée en arrière ‖ penché en avant : ***obstipo capite*** [C] Poés., [+C] Poés., la tête basse ‖ ***obstipum caput*** [C] Pros., la tête inclinée de côté ‖ manquant d'aplomb, de travers : [C] Poés.

obstĭtī, parf. de *obsisto* et de *obsto*

obstĭtrix, [V.→] *obstetrix*

obstĭtus, *a*, *um* ¶ **1** placé en face : [+C] Pros. ¶ **2** [langue des augures] frappé de la foudre : [C] Pros.

obstō, *ās*, *āre*, *stĭtī*, *stātūrus*, intr. ¶ **1** se tenir devant : [-C] Théât. ¶ **2** faire obstacle [pr. et fig.] : [C] Pros. ; ***obstantia silvarum*** [+C] Pros., les obstacles qu'offrent les forêts ; [pass. impers.] ***si non obstatur*** [C] Pros., s'il n'est pas fait obstacle ‖ [avec dat.] être un obstacle à, s'opposer à : [C] Pros. ‖ [avec *ad*] [C] Pros. ; avec *in* acc., [+C] Pros. ‖ [avec *quominus*, *quin*, *ne*] [C] Pros. ‖ [avec *cur*] [-C] Théât.

obstrangŭlātus, *a*, *um*, étouffé [fig.] : [T] Poés.

obstrĕpĕrus, *a*, *um*, qui retentit par-devant : [+C] Pros.

obstrĕpō, *ĭs*, *ĕre*, *strĕpŭī*, *strĕpĭtum*, intr. et tr.
I intr. ¶ **1** faire du bruit devant, retentir devant, [ou] en faisant obstacle : [C] Pros., [+C] Pros. ‖ [avec dat.] : [C] Poés. ¶ **2** faire du bruit contre qqn [pour l'empêcher d'être entendu] : ***adversarius obstrepit*** [+C] Pros., l'adversaire fait du bruit pour couvrir la voix ‖ [avec dat.] ***alicui*** [C] Pros., couvrir la voix de qqn en faisant du bruit ; [pass impers] ***decemviro obstrepitur*** [C] Pros., on couvre par du vacarme la voix du décemvir ¶ **3** [fig.] aller à l'encontre de, faire obstacle, importuner : ***alicui litteris*** [C] Pros., importuner qqn par des lettres ; ***definitioni*** [+C] Pros., combattre une définition
II tr., troubler par des cris : [C] Pros., [+C] Pros.

obstrictē, avec un lien étroit ‖ ***-ius*** [T] Pros.

obstrĭgillātŏr, *ōris*, m., celui qui blâme, censeur : [C] Poés.

obstrĭgillō (**-stringillō**), *ās*, *āre*, -, -, intr., faire obstacle (***alicui***) : [C] Poés. ; [abs[t]] [+C] Pros. ‖ blâmer, censurer : [C] Pros.

obstringō, *ĭs*, *ĕre*, *strinxī*, *strictum*, tr. ¶ **1** lier devant ou sur : ***follem ob gulam alicui*** [-C] Théât., attacher une bourse devant la bouche de qqn ; [+C] Poés. ¶ **2** serrer (fermer) en liant, en attachant : ***laqueo collum*** [-C] Théât., serrer le cou dans un lacet ; ***ventos*** [C] Poés., enchaîner les vents ‖ [fig.] ***a)*** lier, enchaîner : ***legibus obstrictus*** [C] Pros., lié par les lois ; ***beneficio obstrictus*** [C] Pros., lié par un bienfait ; ***aliquem officiis obstringere*** [C] Pros., s'attacher qqn par des services ; ***jurejurando civitatem*** [avec prop. inf.] [C] Pros., faire prendre à la cité sous la foi du serment l'engagement de ; ***aliquem conscientia*** [+C] Pros., se lier qqn par la complicité ***b)*** enlacer dans, impliquer dans : [C] Pros. ; ***aliquem religione*** [C] Pros., impliquer qqn dans un sacrilège ; ***scelere obstrictus*** [C] Pros., chargé d'un crime ***c)*** engager, garantir, assurer : [+C] Pros. ; ***fidem suam alicui*** [+C] Pros., engager sa parole à qqn ***d)*** [avec prop. inf.] garantir que ; [+C] Pros. ‖ [avec gén. du grief] ***obstringi furti*** [+C] Pros., se rendre coupable de vol

obstructĭo, *ōnis*, f., action d'enfermer : [T] Pros. ‖ [fig.] voile, dissimulation : [C] Pros.

obstrūdo, [-C] Théât., [V.→] *obtrudo*

obstrŭō, *ĭs*, *ĕre*, *struxī*, *structum*, tr. ¶ **1** construire devant : [C] Pros. ‖ [abs[t] avec dat.] ***luminibus alicujus*** [C] Pros., construire devant les baies de qqn, masquer les ouvertures d'une maison ¶ **2** fermer, obstruer, boucher : ***portas*** [C] Pros., murer des portes

obstŭpĕfăcĭō, *ĭs*, *ĕre*, *fēcī*, *factum*, tr., [fig.] frapper de stupeur, engourdir, paralyser : [-C] Théât., [C] Pros. ‖ [V.→] *obstupefio*

obstŭpĕfīō, *fīs*, *fĭĕrī*, *factus sum*, pass. ¶ **1** être paralysé, rendu insensible : [+C] Pros. ¶ **2** [fig.] être frappé de stupeur : [C] Pros.

obstŭpescō, *ĭs*, *ĕre*, *stŭpŭī*, -, intr. ¶ **1** devenir immobile, insensible, s'engourdir : [C] Pros. ¶ **2** [fig.] ***a)*** devenir paralysé, se glacer : [-C] Théât. ‖ devenir immobile de stupeur : [C] Pros. ***b)*** être frappé de stupeur, rester interdit : [C] Pros. ; [avec *ad*, relativement à, en considération de] [C] Pros.

obstŭpĭdus, *a*, *um*, stupide, hébété, stupéfait, interdit : [-C] Théât., [+C] Pros.

obsum, *ŏbes*, *obesse*, *obfŭī* ou *offŭī*, intr., faire obstacle, être nuisible, porter préjudice à [avec dat.] : [C] Pros.

obsŭō, *ĭs*, *ĕre*, *ŭī*, *ūtum*, tr., coudre contre : [C] Poés. ‖ boucher, fermer : [C] Poés., [+C] Pros.

obsurdescō, *ĭs*, *ĕre*, -, -, intr., devenir sourd [pr. et fig.] : [C] Pros.

obtaedescit, *ĕre*, intr., impers., on est dégoûté : [-C] Théât.

obtĕgō, *ĭs*, *ĕre*, *tēxī*, *tectum*, tr., recouvrir, protéger : [C] Pros. ‖ [fig.] cacher : [C] Pros., [+C] Pros.

obtempĕrantĕr, adv., avec obéissance, docilement : [T] Poés.

obtempĕrātĭo, *ōnis*, f., obéissance, soumission : ***legibus*** [C] Pros., obéissance aux lois

obtempĕrō (opt-), *ās*, *āre*, *āvī*, *ātum*, intr., se conformer, obtempérer, obéir : ***alicui*** [C] Pros., obéir à qqn ; [avec acc. pron.] [-C] Théât. ; [pass. impers.] [C] Pros.

obtendō, *ĭs*, *ĕre*, *tendī*, *tentum*, tr. ¶ **1** tendre devant, opposer : [C] Poés., [+C] Pros. ‖ [pass.] s'étendre devant [avec dat.] : [en parl. d'un pays] [+C] Pros. ; [en parl. d'une membrane] ¶ **2** [fig.] couvrir, cacher : [C] Pros., [+C] Pros. ‖ prétexter, donner pour prétexte, pour excuse : [+C] Pros. ; ***rationem turpitudini*** [+C] Pros., donner une justification à sa bassesse ‖ ***curis luxum*** [+C] Pros., mettre sur les soucis le voile d'une vie dissipée (dissimuler les soucis sous ...)

obtĕnĕbrescō, *ĭs*, *ĕre*, -, -, intr., s'obscurcir, se voiler [soleil] : [T] Pros.

obtĕnĕbrō, *ās*, *āre*, -, -, tr., couvrir de ténèbres, obscurcir : [T] Pros.

obtensŭs, *ūs*, m., [C.→] *2 obtentus* : [+C] Pros.

obtentĭo, *ōnis*, f., action d'étendre devant : [T] Pros. ‖ [fig.] voile [allégorique] : [T] Pros.

obtentō, *ās*, *āre*, -, -, tr., posséder [fig.] : [C] Pros.

1 **obtentus**, *a*, *um*, part. de *obtendo* et de *obtineo*

2 **obtentŭs**, *ūs*, m. ¶ **1** action de tendre (d'étendre) devant, de couvrir : [C] Poés., [+C] Pros. ¶ **2** [fig.] prétexte, ce qu'on met en avant : [+C] Pros. ‖ voile : [C] Pros., [T] Pros.

obtĕrō (opt-), *ĭs*, *ĕre*, *trīvī*, *trītum*, tr., écraser, broyer : [C] Pros. ‖ [fig.] fouler aux pieds, mépriser : [-C] Théât., [C] Pros. ; ***verbis aliquem obterere*** [C] Pros., écraser qqn de termes méprisants ‖ anéantir, détruire : [C] Pros. ‖ frotter, nettoyer en frottant : [+C] Pros.

obtestātĭo, *ōnis*, f., action de prendre les dieux à témoin, engagement solennel : [C] Pros. ‖ adjuration solennelle : [C] Pros. ‖ prière [aux dieux], supplication : [C] Pros. ‖ [en gén.] prière instante, adjuration : [C] Pros.

obtestātŏr, *ōris*, m., qui jure au nom de : [T] Pros.

obtestŏr, *ārĭs*, *ārī*, *ātus sum*, tr. ¶ **1** attester, prendre à témoin : ***deos*** [+C] Pros., invoquer les dieux ; [C] Pros. ¶ **2** supplier, conjurer : C Pros. ; [avec *ne*] C Pros., conjurer de ne pas ; [avec subj. seul] ***obtestamur, consulatis*** C Pros., nous vous conjurons de veiller aux intérêts de ¶ **3** [avec prop. inf.] affirmer solennellement que, protester que : +C Pros.

obtexō, *ĭs, ĕre, texŭī, textum*, tr., [fig.] couvrir, envelopper : C Poés.

obtĭcentĭa, *ae*, f., silence, réticence [rhét.] : +C Pros.

obtĭcĕō, *ēs, ēre, -, -*, intr., se taire, garder le silence : -C Théât.

obtĭcescō, *ĭs, ĕre, tĭcŭī, -*, intr., ➡ *obticeo*, employé surtout au parf. : -C Théât., C Poés.

obtĭnĕō, *ēs, ēre, tĭnŭī, tentum*, tr. ¶ **1** tenir solidement : -C Théât. ¶ **2** tenir par-devers soi, avoir en pleine possession : C Pros. ; ***regnum, principatum*** C Pros., occuper le trône, avoir la primauté (exercer le principat) ; ***numerum deorum*** C Pros., compter au nombre des dieux ¶ **3** maintenir, conserver : ***pristinam dignitatem*** C Pros., conserver son ancienne dignité ; ***alicujus res gestas*** C Pros., maintenir tout ce qu'a fait qqn ; ***ad vocem obtinendam*** C Pros., pour maintenir, conserver la voix ‖ [en part.] ***causam*** C Pros., gagner une cause ; ***rem*** C Pros., avoir l'avantage ¶ **4** maintenir une opinion, une affirmation, l'établir fermement, la faire triompher : C Pros. ¶ **5** [abs[t]] venir à bout, réussir : ***nec obtinuit*** +C Pros., et il ne réussit pas ‖ [avec *ut*] réussir à faire que : C Pros., +C Pros. ; [avec *ne*] réussir à empêcher que : +C Pros. ; [avec négation et *quin*, ne pouvoir empêcher que] +C Pros. ; [avec inf.] obtenir de ¶ **6** [emploi intr.] se maintenir durer : C Pros.

obtingō, *ĭs, ĕre, tĭgi, -*, tr. et intr. ‖ intr. ¶ **1** arriver, avoir lieu : -C Théât. ¶ **2** échoir, en partage : C Pros., +C Pros.

obtinnĭō, *īs, īre, -, -*, intr., tinter : +C Pros.

obtorpescō, *ĭs, ĕre, pŭī, -*, intr., s'engourdir, devenir insensible : C Pros.

obtorquĕō, *ēs, ēre, torsī, tortum*, tr., tourner, faire tourner : -C Théât., +C Poés. ‖ serrer violemment : ***collo obtorto*** C Pros. ; ***obtorta gula*** C Pros., avec le cou serré, serré au collet ‖ tordre : C Poés.

obtrectātĭo, *ōnis*, f., dénigrement, action de rabaisser, jalousie : C Pros. ; ***laudis*** C Pros., ravalement du mérite d'autrui ‖ esprit de dénigrement : C Pros.

obtrectātŏr, *ōris*, m., détracteur, celui qui dénigre, qui critique : ***laudum mearum*** C Pros., le détracteur de mes mérites ; [avec dat.]

obtrectātŭs, abl. *ū*, m., ➡ *obtrectatio* : +C Pros.

obtrectō, *ās, āre, āvī, ātum*, intr. et tr., dénigrer, rabaisser, critiquer par jalousie [être jaloux de voir qu'un autre a ce qu'on possède soi-même] : ***alicui, alicui rei*** C Pros., dénigrer qqn, qqch. ; [avec l'acc.] ***laudes alicujus*** C Pros., rabaisser la gloire de qqn ; +C Pros. ‖ [abs[t]] C Pros.

obtrītĭo, *ōnis*, f., contrition : T Pros.

obtrūdo (**opt-**, **obst-**), *ĭs, ĕre, trūsī, trūsum*, tr., pousser avec violence : +C Pros. ‖ faire prendre de force, imposer : -C Théât. ; ***optrudere palpum alicui*** -C Théât., faire avaler des compliments à qqn ; T Pros. ‖ avaler gloutonnement, engloutir : -C Théât. ‖ recouvrir : C Poés. ‖ fermer : ***obtrudere os*** T Poés., fermer la bouche [à qqn]

obtrūdŭlentus, ➡ *obstr*

obtruncātĭo, *ōnis*, f., taille [de la vigne] : +C Pros.

obtruncō (**opt-**), *ās, āre, āvī, ātum*, tr., tailler [la vigne] : +C Pros. ‖ massacrer, égorger, tuer : -C Théât., C Pros. Poés., +C Pros.

obtŭĕŏr (**opt-**), *ērĭs, ērī, -*, tr., regarder en face : -C Théât. ‖ apercevoir, voir : -C Théât.

obtundō (**opt-**), *ĭs, ĕre, tŭdī, tūsum tunsum*, tr. ¶ **1** frapper contre, sur [rare] : ***os alicui*** -C Théât., casser la figure de qqn ¶ **2** émousser en frappant [rare] [un trait] C Poés. ¶ **3** [fig.] ***a)*** émousser, affaiblir : ***vocem*** C Pros., enrouer sa voix ; ***(dulcibus cibis) obtusus stomachus*** +C Pros., estomac lassé par des mets de saveur douce ; ***obtusis viribus*** C Poés., nos forces étant émoussées ***b)*** assommer, fatiguer (étourdir) : ***aures*** C Pros., les oreilles ; ***aliquem longis epistulis*** C Pros., fatiguer qqn par de longues lettres ; ***non obtundam diutius*** C Pros., je ne veux pas importuner plus longtemps ; +C Pros. ***c)*** ***mentem, ingenia*** C Pros., émousser l'intelligence, les esprits ‖ émousser (amortir) : ***aegritudinem*** C Pros., le chagrin

obtunsus, *a, um*, ➡ *obtusus*

obtŭŏr, *tŭĕrĭs, tŭī, -*, ➡ *obtueor* : -C Théât.

obtūrātĭo, *ōnis*, f., action de boucher : T Pros.

obtūrātus, *a, um*, ➡ *obturo*

obturbō, *ās, āre, āvī, ātum*, tr., [fig.] mettre en déroute, disperser : +C Pros. ‖ troubler, importuner, assommer : -C Théât., C Pros., +C Pros. ‖ [abs[t]] faire de l'obstruction : +C Pros.

obturgescō, *ĭs, ĕre, tursī, -*, intr., s'enfler, enfler : -C Poés., C Poés.

obtūrō (**opt-**), *ās, āre, āvī, ātum*, tr., boucher, fermer : -C Théât., C Pros. ; ***aures*** C Pros., se boucher les oreilles ‖ [fig.] rassasier : C Poés.

obtūsus (**-tunsus**), *a, um* ¶ **1** part. de *obtundo* ¶ **2** adj[t] ***a)*** émoussé : C Pros. ; ***obtunsa pectora*** C Poés., coeurs émoussés, insensibles ; C Pros. ; ***vox obtusa*** +C Pros., voix assourdie, sourde ***b)*** stupide, obtus, hébété : C Pros., +C Pros.

obtūtŭs, *ūs*, m., action de regarder : ***oculorum*** C Pros., vue ‖ regard, contemplation : C Poés.

ŏbumbrācŭlum, *i*, n., ombre, [fig.] : T Pros.

ŏbumbrātĭo, *ōnis*, f., [fig.] voile : T Pros.

ŏbumbrātrix, *īcis*, f., celle qui couvre de son ombre [fig.] : +C Pros.

ŏbumbrō, *ās, āre, āvī, ātum*, tr., ombrager, couvrir d'ombre : C Poés., +C Pros. ‖ obscurcir : C Poés. ; [fig.] +C Pros. ‖ voiler, dissimuler : C Poés. ‖ couvrir, protéger : C Poés.

ŏbunctus, *a, um*, parfumé, oint : +C Pros.

ŏbuncus, *a, um*, crochu, recourbé : C Poés.

ŏbustus, *a, um*, brûlé à l'extrémité : ***sudes obustae*** C Poés., pieux durcis au feu ‖ brûlé [par la gelée] : C Poés.

obvāgĭō, *īs, īre, -, -*, intr., vagir : -C Théât.

obvallō, *ās, āre, āvī, ātum*, tr., [fig.] ***obvallatus*** C Pros., fortifié

obvallus, *a, um*, entouré par un retranchement [pass.] : -C Théât.

obvārō, *ās, āre, -, -*, intr., faire obstacle, se mettre en travers [dat.] : -C Théât.

obvĕnĭō, *īs, īre, vēnī, ventum*, intr. ¶ **1** venir au-devant de, se présenter à [avec dat.] : C Pros. ¶ **2** échoir à, être dévolu à [dat.] : C Pros. ‖ [langue augurale] arriver à l'encontre, survenir pour faire obstacle : C Pros.

obverbĕrō, *ās, āre, -, -*, tr., frapper fort : +C Pros.

obversŏr, *ārĭs, ārī, ātus sum*, intr., se trouver devant, se montrer, se faire voir [avec dat. ou abs[t]] : C Pros., +C Pros. ‖ [fig.] s'offrir aux regards, à l'esprit : ***ante oculos*** C Pros. ; [abs[t]] C Pros., ***animis*** C Pros.

obvertō (**-vortō**), *ĭs, ĕre, vertī (vortī), versum (vorsum)*, tr. ¶ **1** tourner vers ou contre : [dat.] -C Théât., C Poés. ; [avec *ad*] C Pros. ; [avec *in* acc.] C Pros. ¶ **2** [pass.] se tourner vers : C Poés., +C Pros., tourné vers l'Orient ‖ se touner contre : ***profligatis obversis*** +C Pros., ayant mis en déroute les troupes qui lui étaient opposées ‖ ***obversus ad caedes*** +C Pros., tout occupé au carnage

obvĭăm, adv. ¶ **1** sur le chemin, sur le passage, au-devant, à la rencontre, devant : ***obviam alicui fieri*** C Pros., rencontrer qqn ; ***de obviam itione*** C Pros., sur la question d'aller à la rencontre ¶ **2** [fig.] ***a) obviam esse alicui*** -C Théât., se présenter à qqn, être à sa disposition ***b)*** aller à l'encontre de, s'opposer à : C Pros. ***c)*** obvier à, remédier à : ***infecunditati terrarum*** +C Pros., porter remède à la stérilité des terres

obvĭgĭlō, *ās, āre, -, ātum*, intr., veiller : -C Théât.

obvĭō, *ās, āre, āvī, ātum*, intr., aller au-devant de [evec dat.] : T Pros. ‖ barrer le passage, s'opposer à : T Pros.

obvĭus, *a, um* ¶ **1** qui se trouve sur le passage, qui rencontre, qui va au-devant : C Pros. ; ***obvium alicui fieri*** C Pros., rencontrer qqn ; ***in obvio alicui esse*** C Pros., rencontrer qqn ‖ m. pris subst[t], ***obvius, obvii***, une personne, des personnes que l'on rencontre : [+C] Pros. ¶2 [fig.] ***a)*** qui se présente à proximité, sous la main : [+C] Pros. ‖ ***obvium est*** [avec inf.] il est facile de : [+C] Pros. ***b)*** qui va au-devant, prévenant, affable : [+C] Pros. ; ***obvia comitas*** [+C] Pros., affabilité empressée ***c)*** qui s'offre aux regards : [+C] Pros. ***d)*** exposé à : [C] Poés.

obvŏlūtĭo, *ōnis*, f., enveloppe : [T] Pros.

obvŏlūtus, *a, um*, part. de *obvolvo*

obvolvō, *ĭs, ĕre, volvī, vŏlūtum*, tr., envelopper, couvrir, voiler : [C] Pros. ‖ [fig.] dissimuler, cacher : [C] Poés.

occaecō (ob-), *ās, āre, āvī, ātum*, tr. ¶1 frapper de cécité, aveugler : [+C] Pros. ‖ aveugler = empêcher de voir : [C] Pros. ‖ rendre obscur, cacher (la lumière) : [C] Pros. ‖ recouvrir (de terre) : [C] Pros., [+C] Pros. ¶2 [fig.] rendre obscur, inintelligible : [C] Pros. ‖ [moral[t]] : ***occaecatus cupiditate*** [C] Pros., aveuglé par la passion

occallātus (ob-), *a, um*, rendu insensible, endurci : [+C] Pros.

occallescō (ob-), *ĭs, ĕre, callŭī, -*, intr., devenir calleux, dur : [-C] Théât., [+C] Pros. ‖ [fig.] devenir insensible, s'endurcir : [C] Pros., [+C] Pros.

occănō, *ĭs, ĕre, cănŭī, -*, intr., sonner [de la trompette] : [C] Pros. ‖ sonner [en parl. de la trompette] : [+C] Pros.

occantō, *ās, āre, āvī, ātum*, tr., charmer, jeter un charme, des maléfices sur : [+C] Pros.

occāsĭo, *ōnis*, f., occasion, moment favorable, temps propice : [C] Pros. ; ***occasio praeclara*** [C] Pros. ; ***mirifica*** [C] Pros., occasion superbe, merveilleuse ; ***minor*** [+C] Pros. ; ***summa, minima*** [-C] Théât., [+C] Pros., occasion plus belle, moins belle, la meilleure, la moins bonne ; [C] Pros. ; ***occasionem amittere*** [C] Pros., perdre une occasion : ***praetermittere, dimittere*** [C] Pros., laisser passer, négliger une occasion ; ***occasioni non deesse*** [C] Pros., profiter de l'occasion ; ***occasionem captare*** [C] Pros. ; ***arripere*** [C] Pros. ; ***sumere, amplecti*** [+C] Pros., saisir une occasion ; ***aperire*** [C] Pros., fournir une occasion ; ***occasione data*** [C] Pros., l'occasion étant offerte ; ***per occasionem*** [C] Pros., en profitant de l'occasion ; [+C] Pros. ; ***ex occasione*** [C] Pros., selon l'occasion ; ***ad occasionem aurae*** [+C] Pros., en profitant de l'occasion d'un bon vent ; [C] Pros. ‖ constr., [C] Pros. ‖ [avec *ad*] [C] Pros. ‖ [avec *ut* subj.] [C] Pros. ; ***habere occasionem, ut*** [-C] Théât., avoir l'occasion de ; ***est occasio, ut*** [-C] Théât., [+C] Pros., l'occasion se présente de ‖ [avec inf.] ***occasio adest (est)*** ; l'occasion se présente de : [-C] Théât. ; [à la fois gén. et inf.] [-C] Théât. ‖ [en part.] circonstance favorable, opportunité : ***occasio solitudinis*** [+C] Pros., l'opportunité de la solitude (bonne occasion offerte par la solitude)

occāsĭuncŭla, *ae*, f., petite occasion : [-C] Théât.

1 **occāsus**, *a, um*, ▶ *1 occido*

2 **occāsŭs**, *ūs*, m. ¶1 chute, déclin, coucher des astres : [C] Pros. ; ***solis occasu*** [C] Pros., au coucher du soleil ‖ le couchant [avec ou sans *solis*] : [C] Pros. ¶2 [fig.] chute, ruine, décadence : [C] Pros. ‖ mort : [C] Pros. ¶3 [arch.] occasion : [-C] Pros.

occātĭo, *ōnis*, f., hersage : [C] Pros.

occātŏr, *ōris*, m., celui qui herse, herseur : [+C] Pros. ; [fig.] [-C] Théât.

occātōrĭus, *a, um*, de hersage : [+C] Pros.

occēdō, *ĭs, ĕre, cessī, -*, intr., aller à la rencontre, au-devant de [*alicui obviam* ou *alicui*] : [-C] Théât., [C] Pros.

occensus, *a, um*, brûlé : [-C] Pros.

occentō, *ās, āre, āvī, ātum*, tr., donner une sérénade à : [*aliquem*] [-C] Théât. ‖ ***ostium*** [-C] Théât., faire du vacarme devant une porte ‖ chanter publiquement, devant la porte de qqn, des chansons satiriques [un sortilège maléfique ?] : [C] Pros. ‖ annoncer des malheurs [en parl. des oiseaux de mauvais augure] : [T] Pros.

occeptō, *ās, āre, āvī, -*, tr., commencer : [-C] Théât. ‖ ***occeptassit***, fut. ant. arch. pour *acceptaverit* : [-C] Théât.

occeptus, ▶ *occipio*

Occĭa, *ae*, f., nom d'une vestale : [+C] Pros.

occĭdens, *tis*, part. de *1-2 occido* ‖ subst. m., l'occident : [C] Pros.

occĭdentālis, *e*, occidental de l'occident, du couchant : [+C] Pros.

occīdĭo, *ōnis*, f., massacre, tuerie, carnage : [C] Pros., [+C] Pros. ; [expr. fréquente] ***occidione occidere***, tailler en pièces, anéantir : [C] Pros. ‖ destruction [des abeilles, des arbres] : [+C] Pros.

1 **occĭdō**, *ĭs, ĕre, cĭdī, cāsum*, intr. ¶1 tomber à terre : [-C] Théât., [C] Pros. ¶2 tomber, succomber, périr : [C] Pros., Poés. ‖ [fig.] être perdu, anéanti : [-C] Théât., [C] Pros. ¶3 [en parl. des astres] tomber = se coucher : [C] Pros. ; ***occidente sole*** [C] Pros., au coucher du soleil ‖ [fig.] ***vita occidens*** [C] Pros., la vie à son déclin ‖ [noter le part. *occasus*] ***sol occasus***, le coucher du soleil : [+C] Pros. ; ***ante solem occasum*** [-C] Théât., avant le coucher du soleil ; ***ad solem occasum*** [-C] Théât., jusqu'au coucher du soleil

2 **occīdō**, *ĭs, ĕre, cīdī, cīsum*, tr. ¶1 couper, mettre en morceaux, réduire [la terre] en miettes : [C] Pros. ‖ abattre en frappant : ***aliquem pugnis*** [-C] Théât., assommer qqn de coups de poing ¶2 tuer, faire périr : [C] Pros. ; ***se occidere*** [C] Pros., [+C] Pros., se tuer ; [-C] Théât., [+C] Pros. ¶3 [fig.] ***a)*** tuer = causer la perte de : [-C] Théât., [C] Pros. ***b)*** tuer = assommer, obséder, importuner : [-C] Théât., [C] Poés.

occĭdŭālis, *e*, occidental : [T] Poés.

occĭdŭus, *a, um*, qui se couche : ***sole occiduo*** [+C] Pros., au soleil couchant ; [C] Poés. ‖ du couchant, occidental : [C] Poés., [+C] Poés. ‖ [fig.] à son déclin, qui touche à sa fin, à la mort : [C] Poés.

occillō, *ās, āre, -, -*, tr., [fig.] meurtrir : [-C] Théât.

occĭnō, *ĭs, ĕre, cĕcĭnī* et *cĭnŭī*, intr. ¶1 [*ob*, idée d'hostilité] faire entendre un chant ou un cri de mauvais augure : [C] Pros. ¶2 [*ob*, à l'occasion de] crier, chanter : [+C] Pros. ‖ [en parlant de trompettes] sonner : [T] Pros.

occĭpĭō, *ĭs, ĕre, cēpī, ceptum* ¶1 tr., commencer, entreprendre : [-C] Théât. ; ***magistratum*** [C] Pros., entrer en charge, en fonction ; [+C] Pros. ‖ [avec inf.] [-C] Théât., [C] Pros., [+C] Pros. ¶2 intr., commencer, débuter : ***dolores occipiunt*** [-C] Théât., les douleurs commencent ; [C] Poés., Pros., [+C] Pros.

occĭpĭtĭum, *ĭī*, n., l'occiput, le derrière de la tête : [-C] Théât., [+C] Pros.

occĭpŭt, *ĭtis*, n., ▶ *occipitium* : [+C] Poés.

occīsĭo, *ōnis*, f., assassinat, meurtre : [C] Pros.

occīsŏr, *ōris*, m., meurtrier : [-C] Théât.

occīsus, *a, um*, part. de *2 occido*, ***occisissumus*** [-C] Théât.

occlāmĭtō, *ās, āre, -, -*, intr., crier à la face de qqn, criailler : [-C] Théât. ; [avec prop. inf.] [-C] Théât.

occlūdō, *ĭs, ĕre, clūsī, clūsum*, tr., clore, fermer : [porte] [-C] Théât. ; [taverne] [C] Pros. ‖ mettre sous clef, enfermer : [C] Pros. ‖ [fig.] ***linguam*** [-C] Théât., fermer la bouche, empêcher de parler

occō, *ās, āre, āvī, ātum*, tr., herser, briser les mottes de terre : [-C] Théât., Pros. ; ***segetes*** [C] Pros., herser un champ de blé

occrescō, *ĭs, ĕre, -, -*, intr., croître, grandir : [T] Pros.

occŭbĭtŭs, *ūs*, m., coucher [de soleil] : [T] Pros.

occŭbō, *ās, āre, bŭī, bĭtum*, intr. ¶1 être couché à côté de *alicui*, de qqn : [-C] Théât. ¶2 être couché, être étendu mort, reposer dans la tombe : [C] Poés. ; ***morte*** [C] Pros., mourir

occŭbŭī, parf. de *occubo* et *occumbo*

occŭcurri, ▶ *occurro*

occulcō (ob-), *ās, āre, -, -*, tr., fouler avec les pieds : [-C] Pros. ‖ ***occulcatus*** [C] Pros., piétiné

occŭlō, *ĭs, ĕre, cŭlŭī, cultum*, tr., cacher, dissimuler, céler : [-C] Théât., [C] Pros., Poés. ‖ [abs[t]] ne rien dire, garder le silence : [C] Poés.

occultassīs, ▶ *occulto*

occultātē, adv., en cachette, en secret : ***occultatius*** [T] Pros.

occultātĭo, *ōnis*, f., action de se cacher : [C] Pros. ‖ action de cacher : [C] Pros. ‖ [rhét.] occultation : [C] Pros.

occultātŏr, *ōris*, m., qui cache : [C] Pros.

occultē, adv., en cachette, en secret, secrètement : [C] Pros. ‖ ***-tius*** [C] Pros. ; ***-tissime*** [C] Pros.

occultō, *ās, āre, āvī, ātum*, tr., cacher, dérober aux regards, faire disparaître : ***se in*** [abl.] [C] Pros. ; ***se*** [et abl. instrumental] [C] Pros., se cacher dans ; [C] Pros. ; ***fugam*** [C] Pros., dissimuler sa fuite ; ***stellae occultantur*** C Pros., les étoiles se cachent ; [avec inf.] -C Théât.

occultus, *a, um*, part.-adj. de *occulo* ¶ **1** caché : ***in occultis locis*** -C Théât., dans des lieux cachés ¶ **2** [fig.] caché, secret, occulte : ***occultiores insidiae*** C Pros., pièges plus dissimulés ‖ [attrib. = adv.] ***occultus venit*** C Pros., il vint secrètement ; HC Pros. ¶ **3** [en parl. des pers.] dissimulé : C Pros. ‖ [avec gén.] sous le rapport de : HC Pros. ¶ **4** n. pris subst[t], C Pros. ‖ [fig.] secrets : C Pros. ¶ **5** [expr. adv.] ***ex occulto*** ‖ dans l'ombre, dans le secret : C Pros. ‖ ***in occulto*** C Pros., dans l'ombre, dans un endroit secret ; ***per occultum*** HC Pros., secrètement, sourdement

occumbō, *ĭs, ĕre, cŭbŭī, cŭbĭtum*, tr. et intr. ***a)*** atteindre en tombant : ***mortem*** C Pros. ; ***letum*** -C Pros., trouver la mort ***b)*** succomber, tomber : ***morte*** C Pros., périr, mourir (de mort violente) ; ***morti*** -C Théât., C Poés. ; ***neci*** C Poés. ***c)*** [abs[t]] succomber, périr : -C Pros., C Poés., HC Pros. ; ***ferro occumbere*** C Poés., périr par le fer ; ***alicui*** HC Poés., succomber devant qqn, sous les coups de qqn

occŭpātio, *ōnis*, f. ¶ **1** action d'occuper, prise de possession, occupation : C Pros. ‖ [rhét.] ***ante occupatio***, action de prévenir des objections : C Pros. ¶ **2** ce qui accapare l'activité, occupation : ***in maximis occupationibus*** C Pros., au milieu des occupations les plus importantes ; ***occupatio animi*** C Pros., occupation de l'esprit ‖ occupations que donne une chose : C Pros.

occŭpātus, *a, um*, part.-adj. de *1 occupo*, occupé, qui a de l'occupation : C Pros. ; ▶ *1 occupo* ¶ *2* ‖ ***-tior*** C Pros. ; ***-tissimus*** C Pros.

1 **occŭpō**, *ās, āre, āvī, ātum* ¶ **1** prendre avant tout autre, prendre possession d'avance, occuper le premier, être le premier à s'emparer de ***a)*** [fig.] ***verba occupare*** C Pros., être le premier à employer des mots ; HC Pros. ***b)*** [d'où] prévenir, devancer : C Pros. ‖ [avec inf.] -C Théât., C Pros. ¶ **2** prendre une possession exclusive de, s'emparer de, se rendre maître de ***a)*** C Pros. ; ***regnum, tyrannidem*** C Pros., s'emparer du trône, de la tyrannie ; ***nomen beati*** C Poés., détenir le titre d'homme heureux ***b)*** [fig. au part. parf. passif, *occupatus*], absorbé, accaparé, occupé [avec *in* abl.] : C Pros. ; [abs[t]] C Pros. ‖ [avec abl.] C Pros. ¶ **3** [en part.] ***pecuniam occupare***, prendre à part, prélever de l'argent pour le placer, [d'où] placer de l'argent, ***alicui, apud aliquem***, chez qqn, prêter de l'argent à qqn : C Pros.

2 **occŭpo**, *ōnis*, m., qui fait main basse [pour désigner Mercure, dieu des voleurs] : HC Pros.

occurrō, *ĭs, ĕre, currī, cursum*, intr.

I courir au-devant ¶ **1** aller au-devant, arriver au-devant, rencontrer : ***alicui venienti*** C Pros., aller au-devant de qqn qui vient ¶ **2** se présenter : ***in aliam civitatem*** C Pros., se présenter dans une autre cité ; ***ad concilium, concilio*** C Pros., se présenter à une assemblée ¶ **3** [en parl. de choses] se rencontrer : C Pros. ¶ **4** [fig.] se présenter [surtout à l'esprit, à la pensée] : C Pros. ¶ **5** faire face à, pourvoir à : ***bello*** C Pros., faire face à une guerre ; HC Pros. ‖ obvier à, prévenir : ***satietati aurium*** C Pros., prévenir l'ennui de l'audition

II [idée d'opposition] ¶ **1** aller contre, marcher contre : ***Fabianis legionibus*** C Pros., marcher contre les légions de Fabius ¶ **2** [fig.] s'opposer à, tenir tête à : C Pros. ‖ opposer une objection, une réplique : C Pros. ; ***occurretur*** C Pros., on leur répliquera ; HC Pros.

occursācŭlum, *i*, n., apparition, spectre : HC Pros.

occursātĭo, *ōnis*, f., action d'aller au-devant de qqn, de lui faire des amabilités, prévenances, empressement, soins empressés : C Pros. ‖ pl., C Pros.

occursĭo, *ōnis*, f., action de se présenter (à qqn), rencontre, visite : T Pros. ‖ pl., choc, attaque : HC Pros.

occursō, *ās, āre, āvī, ātum* ¶ **1** intr., aller à la rencontre, s'offrir, se présenter devant : C Pros. ; [avec dat.] C Poés., HC Pros. ‖ attaquer, fondre sur : HC Pros. ‖ faire obstacle à : C Pros. ‖ [fig.] aller au-devant de, obvier à [avec dat.] : HC Pros. ‖ s'offrir à l'esprit, à la pensée, venir à la mémoire [avec ou sans *animo*] : HC Pros. ¶ **2** tr. arch. : -C Théât.

occursōrĭus, *a, um*, de rencontre : ***occursoria potio*** HC Pros., action de boire au début du repas

occursŭs, *ūs*, m., action de venir à la rencontre, de se présenter devant, rencontre : C Pros., HC Pros.

Ōcĕănītis, *ĭdis*, f., fille de l'Océan : C Poés.

Ōcĕănus, *i*, m. ¶ **1** l'Océan [époux de Téthys, dieu de la mer] : C Pros. ‖ l'océan Atlantique : C Pros. ‖ ***mare Oceanus*** C Pros., HC Pros., l'Océan ¶ **2** surnom romain : HC Poés.

ŏcellātus**, *a, um*, qui a de petits yeux ‖ **ŏcellāti**, *ōrum*, m. pl. ***a) petits cailloux qui servent à des jeux d'enfants : HC Pros. ***b)*** pierres précieuses ovales : C Poés.

Ŏcellīna, *ae*, f., nom de femme : HC Pros.

ŏcellus, *i*, m., petit œil, cher œil : C Poés. ‖ [fig.] perle, joyau, bijou : C Pros., Poés. ‖ [terme de tendresse] : -C Théât., HC Pros.

Ŏcĕlum, *i*, n., ville des Alpes cottiennes : C Pros.

ōchra, *ae*, f., ocre, sorte de terre jaune : C Pros.

Ōchus, *i*, m., nom d'un roi de Perse : HC Pros. ‖ fils de Darius Codoman : HC Pros.

ōcĭmum, *i*, n., basilic [plante odoriférante] : HC Pros. ‖ ***ocima cantare*** HC Poés., crier "basilic !" [à vendre]

ōcinum, *i*, n., sorte de fourrage, dragée : -C Pros., C Pros.

ōcĭŏr, *ĭus*, gén.. *ōris*, [comparatif sans positif] plus rapide : C Poés. ‖ [avec inf.] plus prompt à : C Poés.

ōcissĭmē, ▶ *ocius*

ōcissĭmus, ▶ *ocior*

ōcĭtĕr, adv., promptement : HC Pros. ‖ ▶ *ocius, ocissime*

ōcĭus, adv., plus rapidement, plus promptement, plus vite : C Pros. ‖ tôt, rapidement : -C Théât., C Poés. ‖ ***ocissime, -sume*** C Pros.

ŏclĭfĕrius, *a, um*, qui saute aux yeux : HC Pros.

ŏclŏpĕta, animal inconnu [seiche ?] symbolisant le Sagittaire : HC Pros.

Ocnus, *i*, n., Ocnus [fondateur de Mantoue] C Poés. ‖ personnage allégorique, pris pour type de l'indolence : C Poés.

1 **ŏcrĕa**, *ae*, f., jambière [qui couvre la partie antérieure de la jambe] : C Pros., Poés., HC Pros.

2 **Ŏcrĕa**, *ae*, m., surnom romain : C Pros.

ŏcrĕātus, *a, um*, qui porte des guêtres en cuir : C Poés.

Ocrĭcŭlum, *i*, n., ville d'Ombrie [auj. Otricoli] : C Pros. ‖ **-lānus**, *a, um*, d'Ocriculum : C Pros. ‖ subst. m. pl., les habitants d'Ocriculum : C Pros.

Ŏcrĭsĭa, *ae*, f., esclave de Tanaquil, mère de Servius Tullius : T Pros.

octăchordŏs, *ŏn*, adj., octochorde [type de dispositif de l'orgue hydraulique] : C Pros.

octăgōnŏs (**octō-**), *ŏs, ŏn*, octogonal, octogone : C Pros. ‖ [subst.], **octăgōnŏn**, *i*, n., octogone : C Pros.

octangŭlus, *a, um*, qui a huit angles, octogone : HC Pros.

octans, *tis*, m., le huitième, la huitième partie : C Pros.

octăphŏrŏs, *ŏs, ŏn*, à huit porteurs [litière] : ***lectica octaphoros*** C Pros. ‖ subst., **octăphŏrŏn**, *i*, C Pros. (**octō-**, HC Pros.), n., litière à huit porteurs

octăstȳlŏs, *ŏn*, qui a huit colonnes de front : C Pros.

octăteuchus, *a, um*, qui contient les huit premiers livres de la Bible : T Pros.

octāva, *ae*, f., [au pl.] impôt du huitième : C Pros.

Octāvĭa, *ae*, f. ¶ **1** Octavie [sœur d'Auguste] : HC Pros. ¶ **2** fille de Claude : HC Pros. ‖ adj[t], ▶ *Octavius*

Octāvĭus, *ĭi*, m., nom d'une famille romaine : C Pros. ‖ not[t], Octave [plus tard l'empereur Auguste ; *C. Octavius*, devenu après son adoption par César, *C. Julius Caesar (Octavianus)*, puis *C. Julius Caesar Augustus*, 27 av. J.-C.- 14 apr. J.-C.] : HC Poés. ‖ **-vĭus**, *a, um*, d'Octave : HC Pros. ‖ **-vĭānus**, *a, um*, Octavien, d'Octavius : C Pros. ‖ **Octāvĭānus**, *i*, m., surnom donné (après passage par adoption de la *gens Octavia* dans la *gens Julia*) à celui qui sera l'empereur Auguste : C Pros., HC Pros.

octāvum ¶ **1** adv., pour la huitième fois : C Pros. ¶ **2** n. pris subst[t], l'octuple [quantité huit fois plus grande] : C Pros.

octāvus, *a*, *um*, huitième : C Pros. ‖ ***octava***, f., la huitième heure du jour [2 heures de l'après-midi] : +C Poés. ‖ subst. m., +C Pros.

octāvusdĕcĭmus, *octavadecima*, etc., dix-huitième : +C Pros.

octennis, *e*, âgé de huit ans : T Pros.

octennĭum, *ĭi*, n., période de huit ans : T Pros.

octĭēs (-ens), huit fois : C Pros. ‖ pour la huitième fois : T Pros.

octingēnārĭus (-gentēnārĭus), *a*, *um*, de huit cents : C Pros.

octingentēsĭmus, *a*, *um*, huit-centième : C Pros. ; ***octingentesimo (anno)*** +C Pros., la huit centième année

octingenti, *ae*, *a*, au nombre de huit cents : C Pros.

octĭpēs, *ĕdis*, qui a huit pieds : C Poés.

octō, indécl., huit : -C Théât., C Pros.

octōbĕr, *bris*, *bre*, abl. *bri*, du huitième mois de l'année [ancienne], d'octobre : ***Kalendae Octobres*** C Pros., calendes d'octobre ; ***(mensis) October*** +C Pros., le mois d'octobre

octōchordos, V ► *octach*

octōdĕcim, indécl., dix-huit : C Pros.

Octōdūrus, *i*, m., bourg de Narbonnaise, chez les Véragres [auj. Martigny] : C Pros.

octōgēnārĭus, *a*, *um*, âgé de quatre-vingts ans, octogénaire : +C Pros. ‖ de quatre-vingts pouces de circonférence : C Pros.

octōgēni, *ae*, *a*, [distrib.] chaque fois (chacun) quatre-vingts : C Pros.

Octogēsa, *ae*, f., ville de la Tarraconaise, sur l'Èbre : C Pros.

octōgēsĭmus, *a*, *um*, quatre-vingtième : C Pros.

octōgĭēs (-gĭens), adv., quatre-vingts fois : C Pros.

octōginta, indécl., quatre-vingts : C Pros.

octōgōnŏs, V ► *octa*

octōjŭgis, *e*, pl., qui sont huit à la fois, huit de front : C Pros.

Octōlŏphus, V ► *Ottolobus*

octōnārĭus, *a*, *um*, qui renferme huit unités : ***numerus*** C Pros., le nombre huit ; ***versus*** +C Pros., l'octonaire iambique ; ***octonaria fistula*** +C Pros., tuyau de huit pouces de diamètre

octōni, *ae*, *a* ¶ **1** distrib., chaque fois huit, chacun huit : C Pros. ¶ **2** huit : C Poés.

octōphŏrŏn, V ► *octaphoros*

octōtŏpi, *ōrum*, m. pl., huit places différentes occupées par certaines étoiles : C Poés.

octŭāgĭēs, C ► *octogies*

octŭplĭcātus, *a*, *um*, rendu huit fois plus grand : C Pros.

octŭplum, *i*, n., somme [d'argent] octuple : ***damnare aliquem octupli*** C Pros., condamner qqn à la peine de l'octuple ; ***judicium in octuplum*** C Pros., action judiciaire en réclamation de huit fois la somme

octŭplus, *a*, *um*, octuple, multiplié par huit : C Pros.

octussis, *is*, m., somme de huit as : C Poés.

ŏcŭlārĭtĕr, adv., au moyen des yeux : T Pros.

ŏcŭlārĭus, *a*, *um*, oculaire, qui concerne les yeux, des yeux : +C Pros.

ŏcŭlātus, *a*, *um*, pourvu d'yeux, clairvoyant : -C Théât., +C Pros. ‖ [fig.] apparent, visible, qui frappe la vue : -C Théât.

ŏcŭlĕus, *a*, *um*, qui a de bons yeux : -C Théât. ‖ [fig.] perspicace : +C Pros.

ŏcŭlĭcrĕpĭda, *ae*, m., homme à l'œil sonnant sous les coups [mot forgé] : -C Théât.

ŏcŭlissĭmus, *a*, *um*, qu'on aime comme ses yeux : -C Théât.

ŏcŭlō, *ās*, *āre*, -, -, tr., [fig.] éclairer, rendre clairvoyant : +C Pros.

ŏcŭlus, *i*, m., œil ¶ **1** C Pros. ; ***oculum torquere*** C Pros., contourner (faire rouler) un oeil ; -C Théât. ; ***ab oculis alicujus aliquo concedere*** C Pros., se retirer qq. part loin des regards de qqn ; V ► *conjicio, adjicio* ‖ ***in oculis habitare*** C Pros., ne pas cesser de se faire voir ; ***sub oculis omnium*** C Pros., sous les yeux de tous ; ***ante oculos alicui versari*** C Pros., se dérouler devant les yeux de qqn ; ***ante oculos habere aliquid*** +C Pros., avoir qqch. devant les yeux, se représenter qqch. ¶ **2** [fig.] ***a) in oculis aliquem ferre*** C Pros., chérir qqn ***b)*** œil, prunelle des yeux [t. d'estime, d'affection] : C Pros. ***c)*** œil [dans une plante] : C Poés., +C Pros. ‖ tubercule de certaines racines : C Pros., C Pros. ‖ [archit.] ***oculus volutae*** C Pros., oeil de volute

Ōcy̆ălē, *ēs*, f., nom d'une Amazone : +C Poés.

Ōcy̆drŏmē, *ēs*, f., nom d'une chienne d'Actéon : +C Poés.

Ōcy̆drŏmus, *i*, m., nom d'un chien d'Actéon : +C Poés.

ōcy̆mum, V ► *ocimum*

Ōcy̆pŏtē, *ēs*, f., nom d'une chienne d'Actéon : +C Poés.

Ōcy̆rhŏē, *ēs*, f., nom d'une nymphe : C Poés.

ōdărĭum, *ii*, n., chant, chanson : +C Pros.

ōdēum (-īum), *i*, n., petit théâtre, odéon : C Pros., +C Pros.

ōdī, *ōdistī*, *ōdisse*, part. fut. *ōsūrus* ; tr., haïr : ***aliquem*** C Pros., haïr qqn ‖ [abs[t]] C Pros. ‖ [avec inf.] détester faire qqch. : -C Théât., C Pros.

Ŏdĭcē, *ēs*, f., nom d'une des Heures : +C Poés.

ŏdĭō, *īs*, *īre*, -, -, tr., haïr ‖ pass. ***oditur, odiri*** +C Pros.

ŏdĭōsē, adv., d'une manière déplaisante, fatigante : C Pros.

ŏdĭōsĭcus, *a*, *um* [mot forgé], C ► *odiosus* : -C Théât.

ŏdĭōsus, *a*, *um*, odieux, désagréable, importun, déplaisant [pers.] : -C Théât., C Poés., Pros. ‖ [choses] : -C Théât., C Pros. ; ***odiosum est*** [avec inf.] C Pros., il est fâcheux de ‖ ***-sior*** C Pros. ; ***-issimus*** C Poés.

Ŏdītēs, *ae*, m., nom d'un Centaure : C Poés. ‖ guerrier tué aux noces de Persée : C Poés.

1 **ŏdĭum**, *ĭi*, n., haine, aversion [contre qqn, contre qqch., avec gén. ou *in, erga, adversus* et acc.] : ***odium Caepionis*** C Pros., haine contre Caepio ; ***vestri*** C Pros., haine contre vous ; ***in aliquem*** C Pros. ; ***erga aliquem*** C Pros. ‖ [gén. subj.] haine éprouvée par qqn : C Pros. ; ***meum odium*** C Pros., la haine que j'éprouve ‖ ***(in) odio esse alicui*** C Pros. ; ***in odio esse apud aliquem*** C Pros., être un objet de haine pour qqn ; ***odii nihil habet*** C Pros., il n'est pas du tout détesté ; V ► *venio, voco* ‖ [qqf.] importunité, conduite odieuse, manières déplaisantes : -C Théât., C Poés.

2 **ōdīum**, *ii*, n., V ► *odeum*

Odomanti, *ōrum*, m. pl., peuple de Thrace ‖ **-tĭcus**, *a*, *um*, des Odomantes : C Pros.

Ŏdŏnis, *idis*, f., femme de Thrace : +C Poés.

ŏdŏr, *ōris*, m., odeur, senteur, exhalaison [bonne ou mauv.] : C Pros. ‖ parfum, aromate [ordin[t] pl.] C Pros. ; [sg.] -C Théât., C Poés. ‖ [fig.] : C Pros. ; ***odor legum*** C Pros., la bonne odeur des lois [de la légalité] ; ***urbanitatis*** C Pros., parfum d'urbanité

ŏdōrāmĕn, *ĭnis*, n., chose odorante, parfum : T Pros.

ŏdōrātĭo, *ōnis*, f., action de flairer : C Pros.

1 **ŏdōrātus**, *a*, *um*, part.-adj. de *odoro*, odoriférant, parfumé : -C Pros., C Poés. ; ***odoratus dux*** C Poés., le chef du pays des parfums [Assyrie]

2 **ŏdōrātŭs**, *ūs*, m., action de flairer : C Pros. ‖ odorat : C Pros.

ŏdōrĭfĕr, *ĕra*, *ĕrum*, odoriférant, parfumé : C Poés. ‖ ***odorifera gens*** C Poés., les Perses

ŏdōrō, *ās*, *āre*, *āvī*, *ātum*, tr. ¶ **1** parfumer : C Poés., +C Pros. ¶ **2** flairer, sentir : T Pros.

ŏdōrŏr, *ārĭs*, *ārī*, *ātus sum*, tr. ¶ **1** sentir, flairer [un manteau] -C Théât. ; [de la nourriture] C Poés. ¶ **2** [fig.] chercher en flairant, se mettre en quête de : C Pros. ‖ poursuivre, aspirer à : C Pros. ‖ ne faire que flairer une chose = l'effleurer : +C Pros.

ŏdōrus, *a*, *um* ¶ **1** odorant : C Poés. ¶ **2** qui a du flair : C Poés.

Ŏdrŭsae, *ārum*, m. pl., +C Pros. et **Ŏdry̆sae**, *ārum*, m. pl., peuple de Thrace, aux sources de l'Hèbre : C Pros., +C Pros. ‖ **-sĭus**, *a*, *um*, des Odryses, des Thraces : ***rex*** C Poés., Térée [roi de Thrace] ‖ **Ŏdry̆sĭus**, *ii*, m., l'Odryse, Orphée : +C Poés. ‖ m. pl., les Odryses, les Thraces : C Poés.

Ŏdyssēa, *ae*, f., l'Odyssée [poème d'Homère] : Poés. ‖ poème latin de Livius Andronicus : Pros., Pros. ‖ **Ŏdyssēae portus**, Pros., pointe d'Ulysse [au sud de la Sicile]

Oea, *ae*, f., ville d'Afrique, près des Syrtes [auj. Tripoli] : Poés.

Oeāgrus, *gri*, m., Œagre [roi de Thrace, père d'Orphée] : Poés. ‖ **-grĭus**, *a*, *um*, d'OEagre, de Thrace : Poés. ‖ d'Orphée : Poés.

Oebălĭa, *ae*, f., Tarente [colonie de Lacédémone] : Poés.

Oebălĭdēs, *ae*, m., Lacédémonien : ***puer*** Poés., Hyacinthe ‖ [abs[t]] Pollux : Poés. ‖ pl., Castor et Pollux : Poés.

Oebălis, *ĭdis*, f., de Laconie, de Sparte : Poés. ; ***Oebalides matres*** Poés., les Sabines [parce que les Sabins passaient pour descendre des Lacédémoniens]

Oebălus, *i*, m., Œbalus [ancien roi de Laconie] : Poés. ‖ roi des Téléboens, allié de Turnus : Poés. ‖ **-lĭus**, *a*, *um*, de Laconie, de Sparte : ***Oebalia pelex*** Poés., Hélène ; ***Oebalius alumnus*** Poés., Pollux ; ***puer*** Poés., Hyacinthe ‖ des Sabins : Poés. ; ➡ *Oebalis*

Oebăsus, *i*, m., chef des troupes de Colchide : Poés.

Oebreūs, *ĕi*, m., nom de guerrier : Poés.

Oechălĭa, *ae*, f., Œchalie [ville d'Eubée, la même que Chalcis, détruite par Hercule] : Poés. ‖ **-lis**, *ĭdis*, f., femme d'OEchalie : Poés.

Oecleūs, *ĕi* ou *ĕos*, m., Œclée [père d'Amphiaraüs] : Poés. ‖ **Oeclīdēs**, *ae*, m., le fils d'OEclée [Amphiaraüs] : Poés.

oecŏnŏmĭa, *ae*, f., disposition, arrangement, économie [dans une œuvre littéraire] : Pros.

oecŏnŏmĭcus, *a*, *um*, bien ordonné, méthodique : Pros. ‖ subst. m., l'Économique [traité de Xénophon] : Pros., Pros.

oecus (-os), *i*, m., grande salle, salon : Pros.

Oedĭpŏdēs, *ae*, m., ➡ *Oedipus* : Poés.

Oedĭpŏdĭŏnĭdēs, *ae*, m., fils d'Œdipe : Poés. ‖ pl., Étéocle et Polynice : Poés.

Oedĭpūs, *ŏdis*, m., Œdipe [fils de Laïus et de Jocaste, père d'Étéocle et de Polynice] : [gén. *-podis*] Pros. ; [abl. *-pode*] Pros. ‖ pl., ***Oedipodes*** Poés. ‖ **-pŏdĭŏnĭus**, *a*, *um*, d'OEdipe : Poés. ; ***ales*** Poés., le Sphinx

Oensis, *e*, m. pl., habitants d'Œa : Pros.

Oenēis, *ĭdis*, f., fille d'Œnée [Déjanire] : Théât.

Oeneūs, *ĕi* ou *ĕos*, m., Œnée [roi de Calydon, père de Méléagre, de Tydée et de Déjanire] : Pros. ‖ **-ēus**, *a*, *um*, d'OEnée, de Calydon : Poés. ‖ **-ēĭus**, *a*, *um*, d'OEnée : ***heros*** Poés., Tydée

Oeniădae, *ārum*, m. pl., peuple et ville d'Acarnanie : Pros.

Oenīdēs, *ae*, m., fils d'Œnée [Méléagre] : Poés. ‖ petit-fils d'OEnée [Diomède] : Poés.

oenŏchŏŏs, *i*, m., échanson : Poés.

oenŏfĕrus, ➡ *oenophorum*

oenŏgărātus, *a*, *um*, cuit dans l'œnogarum : Pros.

oenŏgărum, *i*, n., œnogarum, sauce composée de garum et de vin : Pros.

Oenŏmăus, *i*, m., Œnomaüs [fils de Mars, roi d'Élide et père d'Hippodamie] : Poés. ‖ titre d'une tragédie d'Accius : Pros.

Oenōnē, *ēs*, f., Œnone [nymphe de Phrygie, aimée de Pâris] : Poés., Pros.

Oenōpē, *ēs*, f., Œnope [fille d'Épopée, aimée de Neptune] : Poés.

oenŏphŏrum, *i*, n., œnophore, vase pour contenir du vin : Poés., Poés.

Oenŏpĭa, *ae*, f., Œnopie [ancien nom de l'île d'Égine] : Poés. ‖ **-pĭus**, *a*, *um*, d'OEnopie, d'Égine : Poés.

Oenŏpĭdēs, *ae*, m., nom d'un mathématicien de Chios : Pros.

Oenŏpĭōn, *ōnis*, m., roi de Chios, père de Mérope : Poés.

oenŏpōlĭum, *ĭi*, n., cabaret : Théât.

Oenōtrus, *i*, m., ancien roi de l'Œnotrie ‖ **-trĭus**, *a*, *um*, œnotrien, italien, romain : Poés. ‖ ou **-trus**, *a*, *um*, Poés.

Oenūs, *untis*, m., rivière de Laconie : Pros.

oestrus, *i*, m., taon [= *asilus*] : Poés. ‖ [fig.] délire prophétique, [ou] poétique : Poés.

oesus, [arch.] ➡ *2 usus* : Pros.

oesȳpum, *i*, n., lanoline [extrait pour remède ou toilette], onguent : Poés.

Oeta, *ae*, f., Pros. ; **-tē**, *ēs*, f., Poés., Poés., le mont OEta [entre la Thessalie et la Doride, sur lequel Hercule se brûla, auj. Kumayta] ‖ **-taeus**, *a*, *um*, de l'OEta : ***Oetaeus (deus)*** Poés., Hercule

1 **ŏfella**, *ae*, f., petit morceau (bouchée) de viande : Poés.

2 **Ofella (Off-)**, *ae*, m., surnom romain : Pros.

Ofellus, *i*, m., nom d'homme : Poés.

offa, *ae*, f., bouchée, boulette, Pros., Poés. ‖ morceau [de viande] : Théât. ‖ [fig.] tumeur [causée par un coup] : Poés. ‖ morceau [de poésie] : Poés.

offātim, par petits morceaux : Théât.

offectĭo, *ōnis*, f., action de teindre, teinture : Pros.

offendĭcŭlum, *i*, n., pierre d'achoppement, obstacle : Pros.

offendō, *ĭs*, *ĕre*, *fendī*, *fensum* ¶ **1** heurter, donner contre **a)** ***aliquem genu offendere*** Pl., heurter qqn du genou ; ***caput ad fornicem offendere*** Quint., donner de la tête contre la voûte ; [intr. avec dat.] ***solido offendere*** Hor., se heurter contre du solide **b)** [par ext.] tomber sur : ***aliquem offendere*** Cic., rencontrer qqn, tomber sur qqn ; ***aliquid offendere*** Cic., trouver qqch., tomber sur qqch. ¶ **2** [fig.] **a)** faire un faux pas, commettre une faute : ***si quid offenderit*** Cic., s'il a commis une faute ; [pass. impers.] ***si paulum modo offensum est*** Cic., s'il y a eu la moindre faute **b)** échouer : ***naves offenderunt*** Caes., les navires subirent un échec ; ***quicquid offendit*** Sen., toute entreprise qui échoue **c)** éprouver un choc, être mécontent : ***in aliquo offendere*** Cic., être mécontent à propos de qqn, avoir qqch. à lui reprocher ; ***quis venit qui offenderet ?*** Cic., est-il qqn qui, venu me voir, ait été mécontent ? ¶ **3** blesser, offenser, choquer **a)** ***nares offendere*** Lucr., blesser l'odorat ; ***aciem oculorum offendere*** Plin., blesser la vue ; ***existimationem alicujus offendere*** Cic., blesser la réputation de qqn ; ***aliquem offendere aliqua re*** Cic., offenser qqn en qqch. **b)** choquer, déplaire : ***apud aliquem offendere*** Cic., susciter le mécontentement de qqn, être mal vu de qqn

offensa, *ae*, f. ¶ **1** pl. ***offensae***, choses qui font qu'on se heurte, achoppements : Pros. ¶ **2** [fig.] **a)** incommodité physique, malaise : Pros. **b)** défaveur, disgrâce : Pros. ; ➡ *offendo* : Poés., Pros. **c)** fait d'être mécontent, choqué, offensé : ***subitae offensae*** Pros., des manifestations subites de mécontentement ; Poés.

offensăcŭlum, *i*, n., ➡ *offendiculum* : Pros.

offensātĭo, *ōnis*, f., action de se heurter, de donner contre, choc, heurt : Pros. ‖ [fig.] ***offensationes memoriae*** Pros., fautes de mémoire

offensātŏr, *ōris*, m., celui qui bronche [au fig.], qui se trompe : Pros.

offensĭbĭlis, *e*, trébuchant : Pros.

offensĭo, *ōnis*, f. ¶ **1** action de se heurter contre : ***pedis*** Pros., action de heurter le pied contre qqch., faux pas ¶ **2** [fig.] **a)** action d'achopper, d'éprouver une incommodité physique, indisposition, malaise : Pros. **b)** action d'achopper, d'éprouver un échec, échec, revers, mésaventure : ***offensiones belli*** Pros., les défaites militaires **c)** le fait de se choquer, d'être blessé, mécontentement, irritation : Pros. ‖ [phil.] ***ad aliquid offensio*** Pros. ou [abs[t]] ***offensiones*** Pros., aversion pour qqch., aversions [opposées aux penchants] **d)** action de déplaire, de choquer : ***aliquid offensionis habere*** Pros., avoir qqch. de choquant ; ***offensio est in aliqua re*** Pros., qqch. choque ; ***offensione aliqua interposita*** Pros., un froissement étant intervenu ‖ [d'où] discrédit, défaveur, mauvaise réputation : ***ad offensionem adversarii*** Pros., pour le discrédit de l'adversaire, pour que l'adversaire soit mal vu ; ***offensio neglegentiae*** C Pros., une mauvaise réputation de négligence ***e)*** [chrét.] scandale, occasion de faute : P Pros.

offensĭuncŭla, *ae*, f., léger mécontentement : C Pros. ‖ léger échec : C Pros.

offensō, *ās*, *āre*, -, - ¶ **1** tr., heurter, choquer : C Poés., Pros. ¶ **2** [fig.] intr., hésiter en parlant, balbutier, rester court : +C Pros.

offensŏr, *ōris*, m., offenseur, celui qui offense : P Pros.

1 **offensus**, *a*, *um* ¶ **1** part. de *offendo* ¶ **2** adj^t ***a)*** offensé, irrité, mécontent, hostile : C Pros. ; ***animus in aliquem offensior*** C Pros., sentiments un peu trop hostiles à l'égard de qqn ***b)*** odieux, détesté : C Pros. ; ***alicui*** C Pros., odieux à qqn, détesté de qqn

2 **offensŭs**, *ūs*, m., action de heurter, heurt, choc : C Poés.

offĕrō, *fers*, *ferre*, *obtŭlī*, *oblātum*, tr. ¶ **1** porter devant, présenter, exposer, offrir, montrer : C Poés. ; ***alicui se offerre*** C Pros., se présenter à qqn, aller au-devant de ‖ [souvent le passif a un sens réfléchi] : C Pros. ‖ montrer en perspective : ***alicui metum offerre*** C Pros., présenter à qqn des sujets de crainte [pour l'avenir] ; C Pros. ¶ **2** [avec nuance d'obstacle, d'opposition] : C Pros. ¶ **3** offrir, exposer : C Pros. ; ***vitam in discrimen*** C Pros., risquer sa vie ; ***se ad mortem (morti)*** C Pros., s'exposer à la mort ‖ offrir (faire une avance) : ***suam operam*** C Pros., offrir son concours ; ***se alicui*** C Pros., offrir ses services à qqn ; ***se offerre aliquid facturum*** +C Pros., s'offrir à faire qqch. ¶ **4** fournir, procurer : ***beneficium alicui*** C Pros., rendre service à qqn ; ***laetitiam*** −C Théât., procurer de la joie ; ***stuprum*** C Pros., faire subir les derniers outrages ; ***mortem hostibus*** C Pros., porter la mort chez les ennemis ; ***mortem patri*** C Pros., donner la mort à son père

offĕrūmentae, *ārum*, f. pl., soudures [plais^t = cicatrices] : −C Théât.

offĭcĭālis, *e*, qui concerne le devoir : P Pros.

offĭcīna, *ae*, f. ¶ **1** atelier, fabrique : C Pros. ; ***publica*** C Pros., ateliers de l'État ‖ poulailler : +C Pros. ¶ **2** [fig.] fabrique, officine, école : ***dicendi*** C Pros. ; ***eloquentiae*** C Pros., atelier d'éloquence ; ***nequitiae*** C Pros., officine de corruption

offĭcīnātŏr, *ōris*, m., artisan, ouvrier : C Pros., +C Pros.

offĭcĭō, *ĭs*, *ĕre*, *fēcī*, *fectum*

I intr. ¶ **1** se mettre devant, faire obstacle [avec dat.] : ***soli*** C Pros., masquer le soleil ; ***alicui apricanti*** C Pros., faire obstacle à qqn qui se chauffe au soleil, intercepter le soleil à qqn ; [d'où, fig.] masquer, éclipser, reléguer dans l'ombre : C Pros. ¶ **2** [fig.] faire obstacle, gêner : C Pros. ; ***consiliis alicujus*** C Pros., gêner les projets de qqn ‖ être nuisible : C Poés. ‖ ***alicui non officere, quominus*** +C Pros., n'être pas pour qqn un obstacle qui empêche que...

II tr. ‖ gêner, entraver [emploi particulier à Lucrèce] : ***officiuntur extra*** C Poés., [les atomes] trouvent sur leur route un obstacle extérieur ; ***offecto lumine*** C Poés., la lumière étant masquée ; ***offecti sensus*** C Poés., les sens momentanément entravés [par le sommeil]

offĭcĭōsē, adv., avec complaisance, officieusement, obligeamment : C Pros. ‖ ***-ius*** C Pros. ; ***-issime*** +C Pros.

offĭcĭōsĭtas, *ātis*, f., complaisance, empressement officieux, obligeance : P Poés.

1 **offĭcĭōsus**, *a*, *um*, officieux, obligeant, serviable : ***officiosior, officiosissimus in aliquem*** C Pros., plus, très serviable à l'égard de qqn ; ***officiosa amicitia*** C Pros., amitié empressée ‖ dictée par le devoir, juste, légitime : C Pros., +C Pros.

2 **offĭcĭōsus**, *i*, m., surnom donné aux gens immoraux : C Pros. ‖ esclave qui garde les vêtements des baigneurs : +C Pros.

offĭcĭum, *ĭī*, n. ¶ **1** service, fonction, devoirs d'une fonction [au titre officiel ou privé] : C Pros. ; ***scribae*** C Pros., les fonctions de secrétaire ‖ [époque impériale] charge, magistrature [comme *munus, honor, magistratus*] +C Pros. ¶ **2** serviabilité, obligeance, civilité, politesse : C Pros. ‖ [d'où] ***officia***, bons offices, marques d'obligeance, services rendus : C Pros. ‖ [en part.] ***a)*** bons offices, devoirs de l'amitié : C Pros. ***b)*** devoirs rendus, acte de présence dans une circonstance déterminée [mariage, funérailles, testament] : +C Pros. ; ***suprema officia*** +C Pros., les derniers devoirs ¶ **3** devoir, obligation morale : C Pros. ‖ [définition stoïcienne] C Pros. ‖ −C Théât. ; ***in officio esse*** C Pros. ; ***officio fungi*** C Pros., accomplir son devoir ‖ [en part.] ***a) officia***, les devoirs particuliers, communs [en oppos. avec le devoir en soi, le bien en soi] : C Pros. ***b)*** sentiment du devoir : C Pros. ***c)*** fidélité au devoir, obéissance : ***in officio esse, manere ; aliquem in officio tenere***, rester dans le devoir, maintenir qqn dans le devoir : C Pros. ; ***ad officium redire*** C Pros., rentrer dans le devoir

offīgō (ob-), *ĭs*, *ĕre*, *fixī*, *fixum*, tr., ficher, attacher à : C Pros., Théât.

offirmātē (ob-), adv., avec opiniâtreté : +C Pros.

offirmātĭo, *ōnis*, f., fermeté, constance : P Pros.

offirmātus, *a*, *um*, part.-adj. de *offirmo*, ferme, résolu : −C Théât. ‖ ***-tior*** C Pros., plus entêté (obstiné)

offirmō (ob-), *ās*, *āre*, *āvī*, *ātum*, tr., affermir, consolider : +C Pros. ‖ [fig.] ***animum suum*** −C Théât., C Poés., +C Pros., affermir son coeur, ou ***se offirmare*** −C Théât. ‖ ***se offirmare*** −C Théât. ; ***offirmare*** [abs^t] −C Théât., se raidir, s'obstiner ‖ [abs^t, avec inf.] persister à, s'obstiner à : −C Théât.

offla, *ae*, f., sync. pour *offula* : ***crucis*** +C Pros., gibier de potence

offlectō (ob-), *ĭs*, *ĕre*, -, -, tr., tourner, détourner : −C Théât.

offōcō, *ās*, *āre*, -, -, tr., serrer [la gorge], suffoquer : +C Pros. ; [fig.] +C Pros.

offŏdĭō, *ĭs*, *ĕre*, -, -, tr., crever [les yeux] : P Pros.

offrēnātus (ob-), *a*, *um*, bridé, dompté, maîtrisé : −C Théât., +C Pros.

offringō (ob-), *ĭs*, *ĕre*, *frēgī*, *fractum*, tr., labourer une deuxième fois : C Pros., +C Pros.

offūcĭa, *ae*, f., fard : −C Théât. ‖ **-ciae**, f. pl., tromperies : −C Théât., +C Pros.

offūco, V▶ *offoco*

offūdī, parf. de *offundo*

offŭla, *ae*, f., petit morceau, boulette [de viande, de pain, de pâte] : C Pros., +C Pros.

offulcĭō, *īs*, *īre*, -, *fultum*, tr., boucher, fermer : +C Pros.

offulgĕō, *ēs*, *ēre*, *fulsī*, -, intr., briller devant, briller aux yeux : C Poés., +C Poés.

offulsī, parf. de *offulgeo*

offundō, *ĭs*, *ĕre*, *fūdī*, *fūsum*, tr. ¶ **1** répandre devant : ***cibum (avibus)*** −C Théât., répandre de la nourriture devant les oiseaux ‖ étendre devant : ***noctem rebus*** C Pros., étendre la nuit sur les objets ¶ **2** voiler, offusquer, éclipser : C Pros.

Ofilĭus (Off-, -fillĭus), *ĭī*, m., nom d'homme, not^t *Aulus Ofillius*, jurisconsulte, ami de César : C Pros. ‖ ***Ofillius Calavinus***, Campanien illustre : C Pros.

oggannĭō (obg-), *īs*, *īre*, *īvī* ou *ĭī*, tr., ressasser, rebattre les oreilles : −C Théât., +C Pros.

oggĕrō (obg-), *ĭs*, *ĕre*, -, -, tr., apporter en quantité [mot de Plaute] : −C Théât. ; ***osculum alicui*** −C Théât., couvrir qqn de baisers

Ŏgulnĭus, *ĭī*, m. et **-nĭa**, *ae*, f., nom d'homme, nom de femme : C Pros., +C Poés.

Ōgȳgēs, *is* ou *i*, m., Ogygès [fondateur de Thèbes, en Béotie] : C Pros. ‖ **-gȳgĭdae**, *ārum*, m. pl., les descendants d'Ogygès, les Thébains : +C Poés. ‖ **-gȳgĭus**, *a*, *um*, d'Ogygès : ***deus*** C Poés., Bacchus ; ***Ogygia chelys*** P Poés., la tortue thébaine [la lyre d'Amphion] ‖ subst. m., V▶ *Ogyges* : P Pros.

Ōgȳgĭa, *ae*, f., une des filles d'Amphion : +C Poés.

ōh, interj., [exprimant les sentiments les plus divers] oh ! ah ! : C Théât.

ōhē, **ŏhē**, interj., [pour appeler ou marquer l'impatience] hé ! holà ! : −C Théât., C Poés., +C Poés.

ŏhŏ (ōh, ōh), interj., oh ! oh ! : −C Théât.

oi, V▶ *oiei*

oiei, interj., [exprimant la douleur et l'effroi] aïe ! : −C Théât.

Oïleūs, *ĕi* ou *ĕos*, m., Oïlée [roi des Locriens, père d'Ajax] : [C] Pros. ‖ Ajax : [+C] Théât.

Oïlĭădēs, *ae*, voc. *Oïlĭădē*, m., le fils d'Oïlée [Ajax] : [+C] Poés.

oinos, *a*, *um*, ▶ *unus*

Olbĭa, *ae*, f., ville de Sardaigne : [C] Pros. ‖ **-iensis**, *e*, d'Olbia [en Sardaigne] : [C] Pros.

Olbĭŏpŏlis, *is*, f., ville de Scythie d'Europe, à l'embouchure du Borysthène ‖ **-līta**, *ae*, m., habitant d'Olbiopolis : [T] Pros.

Olbus, *i*, m., nom de guerrier : [+C] Poés.

Olcădes, *um*, m. pl., les Olcades [peuple de Tarraconaise, au-delà de l'Èbre] : [C] Pros.

Olcĭnĭātes, *um* (**tae**, *ārum*), m. pl., habitants d'Olcinium : [C] Pros.

Olcĭnĭum, *ĭī*, n., ville maritime d'Illyrie : [C] Pros.

ŏlĕa, *ae*, f., olivier [arbre] : [C] Pros. ‖ olive, fruit de l'olivier : [C] Pros.

ŏlĕāgĭna, *ae*, f., olivier : [+T] Poés.

ŏlĕāgĭnĕus, *a*, *um*, d'olivier : [-C] Pros.

ŏlĕāgĭnus, *a*, *um*, d'olivier : [C] Poés., Pros.

ŏlĕāris, *e*, huilé : [+C] Pros.

ŏlĕārĭus, *a*, *um*, relatif à l'huile, d'huile, à huile : ***cella olearia*** [C] Pros., cellier à l'huile ‖ subst. m., fabricant, marchand d'huile : [-C] Théât., [+C] Pros.

Ŏlĕărŏs (**-rus**, **-lĭăros**), *i*, f., une des Cyclades : [C] Poés.

ŏlĕastellus, *i*, m., dim. de *oleaster*, sorte d'olivier sauvage : [+C] Pros.

ŏlĕaster, *tri*, m., olivier sauvage : [C] Poés.

ŏlĕastrum, n., ▶ *oleaster* : [+C] Poés.

ŏlĕātus, *a*, *um*, fait avec de l'huile : [T] Pros.

ŏleitās, ▶ *oletas*

Ōlĕnĭdēs, *ae*, m., fils d'Olénus : [+C] Poés.

Ōlĕnĭē, *ēs*, f., la chèvre Amalthée [constellation] : [C] Poés.

Olennĭus, *ĭī*, m., gouverneur d'un canton de la Germanie sous Tibère : [+C] Pros.

ŏlens, *tis*, part.-adj. de *oleo*,odorant, odoriférant : [C] Poés. ‖ qui sent mauvais, infect, puant : [-C] Théât., [C] Poés. ‖ [fig.] qui sent le moisi : [+C] Pros.

ŏlentĭcētum, *i*, n., lieu immonde : [+C] Pros.

1 **Ōlĕnus** (**-nos**), *i*, f., Olène [ville d'Achaïe où Jupiter fut nourri par la chèvre Amalthée] ‖ **-nĭus**, *a*, *um*, d'Olène, d'Achaïe : [C] Poés. ‖ ville d'Étolie : [+C] Pros., Théât.

2 **Ōlĕnus** (**-nos**), *i*, m., fils de Jupiter, qui fut changé en rocher : [C] Poés.

ŏlĕō, *ēs*, *ēre*, *ŭī*, -, intr. et tr.

I intr. ¶ **1** avoir une odeur : ***ut olet !*** [-C] Théât., quel parfum elle répand ! ; [C] Pros. ‖ [avec abl.] ***sulfure olere*** [C] Poés., sentir le soufre ¶ **2** [fig.]

II tr. ¶ **1** exhaler une odeur de : ***crocum*** [C] Pros., sentir le safran ; ***vina*** [C] Pros., exhaler une odeur de vin ¶ **2** [fig.] annoncer, indiquer : ***malitiam*** [C] Pros., sentir la méchanceté ; [+C] Pros.

ŏlētās, *ātis*, f., récolte des olives : [-C] Pros.

ŏlētō, *ās*, *āre*, *āvī*, -, tr., souiller, infecter : [+C] Pros.

1 **ŏlētum**, *i*, n., plantation d'oliviers : [-C] Pros.

2 **ŏlētum**, *i*, n., excréments : [+C] Poés.

ŏlĕum, *i*, n., huile d'olive, huile [en gén.] : [-C] Pros., [C] Pros., Poés. ‖ [prov.] ***oleo tranquillior*** [-C] Théât., calme comme de l'huile ; [C] Pros., [C] Poés. ‖ [fig., en parl. de l'huile dont se frottaient les athlètes] ***decus olei*** [C] Poés., la gloire de la palestre ; [C] Pros. ‖ [pour désigner symboliquement une qualité, la joie ou la prospérité] [T] Pros.

olfăcĭō, *ĭs*, *ĕre*, *fēcī*, *factum*, tr. ¶ **1** flairer, sentir : [C] Pros. ; [abs[t]] ‖ [fig.] flairer, dénicher : ***nummum*** [C] Pros., flairer, dénicher de l'argent ¶ **2** donner l'odeur de : ***labra (agni) lacte*** [C] Pros., donner aux lèvres (de l'agneau) l'odeur du lait (l'habituer au lait)

olfactārĭus, ▶ *olfactorius*

olfactō, *ās*, *āre*, *āvī*, *ātum*, tr., flairer, sentir : [-C] Théât.

olfactōrĭa, *ae*, f., boîte à parfum : [+C] Pros. ; ▶ *olfactorius*

olfactōrĭus, *a*, *um*, parfumé : [+C] Pros.

Olfīcus, *i*, m., [flacon de parfum] nom d'homme : [+C] Poés.

ŏlĭdĭtās, *ātis*, f., odeur : [T] Pros.

ŏlĭdus, *a*, *um*, qui sent mauvais, infect, puant, fétide : [C] Pros., [+C] Poés., Pros. ; ***-dissimus*** [+C] Pros. ‖ qui a de l'odeur : ***bene*** [+C] Pros., qui a une bonne odeur

ōlim, adv. ¶ **1** [dans le passé] : autrefois, jadis, un jour : [-C] ; [C] Pros. ¶ **2** [futur] : un jour à venir, un jour, qq. jour : [C] Pros. ¶ **3** [emplois particuliers] ***a)*** depuis longtemps : [C] Pros., [+C] Pros. ***b)*** [dans les comparaisons ou expr. proverbiales] de longue date, d'ordinaire : [-C] Théât., [C] Poés.

ŏlīsĕrum, *i*, n., ▶ *olusatrum* : [+C] Pros.

Olisīpo (**-ppo**), *ōnis*, m., ville de Lusitanie, à l'embouchure du Tage [auj. Lisbonne] : [C] Pros.

ŏlĭtŏr (**hŏl-**), *ōris*, m., jardinier, marchand de légumes : [-C] Théât., [C] Pros., [+C] Pros.

ŏlĭtōrĭus (**hŏl-**), *a*, *um*, qui concerne les légumes, de légumes : [C] Pros., [+C] Pros.

ŏlīva, *ae*, f., olivier [arbre] : [C] Pros. ‖ olive [fruit] : [-C] Théât., [+C] Pros. ‖ [poét.] bâton d'olivier : [C] Poés. ‖ branche d'olivier : [C] Poés.

ŏlīvētum, *i*, n., lieu planté d'oliviers : [C] Pros.

ŏlīvĭfĕr, *ĕra*, *ĕrum*, qui produit beaucoup d'olives : [C] Poés. ‖ fait de branches d'olivier : [+C] Poés.

ŏlīvĭtas, *ātis*, f., olivaison, récolte des olives : [C] Poés., [+C] Pros.

ŏlīvĭtŏr, *ōris*, m., celui qui cultive l'olivier : [T] Pros.

ŏlīvum, *i*, n., huile d'olive : [-C] Théât., [C] Poés. ‖ huile pour les athlètes : [C] Poés. ‖ huile parfumée, essence : [C] Poés.

1 **olla**, *ae*, f. ¶ **1** pot, marmite : [-C] Pros., Théât., [C] Pros., [+C] Pros. ¶ **2** urne cinéraire : [T] Théât.

2 **olla**, de *olle* ou *ollus*

ollāris, *e*, gardé dans des pots de terre : [+C] Pros.

olle, [arch.] ▶ *ille* : dat. *olli*, [-C] Pros., [C] Pros., Poés., ▶ *ollus*

olli, de *olle* ou *ollus*

ollĭcŏquus, *a*, *um*, cuit dans la marmite : [C] Pros.

ollis, de *olle* ou *ollus*

Ollĭus, *ĭī*, m., nom d'homme : [+C] Pros.

ollus, *a*, *um*, [arch.] ▶ *ille* : [C] Pros. ; nom. pl. *olli*, [-C] Pros., [C] Poés. ; dat. pl. *ollis*, [-C] Pros., [C] Poés., Pros. ; acc. pl. *ollos* et *olla*, [C] Pros. ; ▶ *olle*

ŏlō, *ĭs*, *ĕre*, -, -, ▶ *oleo*

Ŏlŏfernēs (**-phĕr-**), ▶ *Hol*

ŏlŏgrăphus, ▶ *hol*

1 **ŏlŏr**, *ōris*, m., cygne [oiseau] : [C] Poés.

2 **ŏlŏr**, *ōris*, m., odeur : [C] Pros.

ŏlōrīnus, *a*, *um*, de cygne : [C] Poés.

ŏlŏsērĭcus, ▶ *hol*

Olostrae, *ārum*, m. pl., peuple de l'Inde : [+C] Poés.

Oltis, *is*, m., le Lot [rivière] : [T] Poés.

ŏlŭs (**hŏ-**), *ĕris*, n., légume, herbe potagère : [C] Poés., [+C] Pros. ; ***holus prandere*** [C] Pros., déjeuner de légumes

ŏlŭsātrum (**hol-**), (**ŏlŭs ātrum**), *i*, n., smyrnium, maceron [plante] : [+C] Pros.

ŏluscŭlum (**hol-**), *i*, m., petit légume, légume : [C] Pros., Poés.

Olybrĭus, *ĭī*, m., un des derniers empereurs d'Occident (472) ‖ **-ĭăcus**, *a*, *um*, des Olybrii [nom de famille des 4-5e s.] : [T] Poés.

Olympēni, *ōrum*, m. pl., habitants d'Olympe [ville de Lycie] : [C] Pros.

Ŏlympĭa, *ae*, f., Olympie [lieu dans l'Élide où l'on célébrait les jeux Olympiques] : [C] Pros. ‖ **-pĭus**, *a*, *um*, d'Olympie, olympique, olympien : [-C] Théât., [C] Pros., [+C] Pros. ‖ **-pĭa**, *ōrum*, n. pl., les jeux Olympiques : [C] Pros. ‖ [fig.] **-pĭī**, m. pl., mortels dignes du ciel : [+C] Pros. ‖ **-pĭacus**, [C] Poés., [+C] Pros. ; **-pĭānus** ; **-pĭcus**, *a*, *um*, [C] Poés., olympique

Ŏlympĭădēs, *um*, f. pl., nom des Muses [qui habitent l'Olympe] : [C] Pros.

1 **ŏlympĭăs**, *ădis*, f., olympiade [espace de quatre ans] : [C] Pros. ‖ [poét.] lustre, espace de cinq ans : [C] Poés., [+C] Poés.

2 **Ŏlympĭăs**, *ădis*, f., Olympias [fille de Néoptolème, roi des Molosses, mère d'Alexandre le Grand] : [C] Pros., [+C] Pros.

Ŏlympĭcus, V. → *Olympia*

ŏlympĭēum, *i*, n., temple dédié à Jupiter Olympien : [+C] Pros.

Ŏlympĭo, *ōnis*, m., Olympio [nom d'un pers. de la *Casina* de Plaute] ‖ ambassadeur du roi d'Illyrie à Persée : [C] Pros.

Ŏlympĭŏdōrus, *i*, m., joueur de flûte, maître d'Épaminondas : [C] Pros.

ŏlympĭŏnīcēs, *ae*, m., vainqueur aux jeux Olympiques : [C] Pros. ; ***olympionicarum equarum*** [+C] Pros., des juments victorieuses aux jeux Olympiques

Ŏlympĭum, *ĭi*, n., temple de Jupiter à Olympie : [C] Pros.

Ŏlympĭus, *a*, *um*, V. → *Olympia*

1 **Ŏlympus**, *i*, m. ¶ **1** Olympe [montagne entre la Thessalie et la Macédoine ; séjour des dieux] : [C] Pros., Poés. ‖ [fig.] le ciel : [C] Poés. ¶ **2** montagnes de Bithynie, de Lycie, d'Ionie, de Mysie, de Galatie : [C] Pros. ¶ **3** f., ville maritime de Pamphylie : [C] Pros.

2 **Ŏlympus**, *i*, m., célèbre joueur de flûte, élève de Marsyas : [C] Poés.

Ŏlynthos (-thus), *i*, f., Olynthe [ville de Thrace, détruite par les Athéniens] : [C] Pros. ‖ **-thĭus**, *a*, *um*, d'Olynthe : [+C] Pros. ‖ subst. m. pl., les Olynthiens : [C] Pros. ‖ **-thĭa**, *ae*, f., le territoire d'Olynthe : [C] Pros.

ŏmāsum, *i*, n., tripes de bœuf : [C] Pros. ; ***tentus omaso*** [C] Poés., gonflé, gorgé de tripes

Omber, V. → *Umber*

Ombŏs, *i*, f., ville de la Thébaïde, sur le Nil : [+C] Poés.

Ombrĭa, V. → *Umbria*

1 **ōmĕn**, *ĭnis*, n. ¶ **1** signe [favorable ou défavorable], présage, pronostic : [C] Pros. ; ***omen capere*** [C] Pros., prendre l'augure, chercher (attendre) un présage ; ***accipere*** [C] Pros., accepter l'augure ; [C] Pros., Poés. ¶ **2** souhait : [C] Pros. ¶ **3** prédiction, annonce [ayant la force d'un présage divin] : [-C] Théât. ¶ **4** [en part.] ***prima omina*** = premier mariage [les présages qui sont pris au moment du mariage désignant le mariage lui-même] : [C] Poés.

2 **ōmen**, *ĭnis*, n., → *omentum* : [T] Pros.

ōmentātus, *a*, *um*, enveloppé de graisse : [+C] Pros.

ōmentum, *i*, n. ¶ **1** épiploon, tablier, membrane graisseuse qui enveloppe les intestins : [+C] Pros. ‖ entrailles, intestins : [+C] Poés. ¶ **2** [en gén.] membrane : [T] Pros. ‖ graisse : [+C] Poés.

ōmĭnātŏr, *ōris*, m., celui qui tire des présages : [-C] Théât.

ōmĭnŏr, *ārĭs*, *ārī*, *ātus sum*, tr., présager, augurer : [C] Pros.

ōmĭnōsus, *a*, *um*, qui est de mauvais augure : [+C] Pros.

ŏmissĭo, *ōnis*, f., omission : [T] Pros.

ŏmissus, *a*, *um* ¶ **1** part. de *omitto* ¶ **2** adj[t], négligent, insouciant : [-C] Théât. ; ***omissior*** [-C] Théât.

ŏmittō, *ĭs*, *ĕre*, *mīsī*, *missum*, tr. ¶ **1** laisser aller loin de soi qqch. qu'on tient, qu'on possède, qu'on a sous la main : [-C] Théât. ; ***animam*** [-C] Théât., laisser partir son souffle, se faire tuer ; ***armis omissis*** [C] Pros., ayant lâché leurs armes ‖ ***hostem non omittere*** [C] Pros., ne pas lâcher l'ennemi, ne pas perdre le contact avec lui ¶ **2** [fig.] ***a)*** laisser aller, laisser échapper, renoncer à : [-C] Théât. ; ***tuam iracundiam*** [-C] Théât., laisse de côté ta tristesse, ta colère [cesse de…] ; [C] Pros. ; ***voluptates*** [C] Pros., renoncer aux plaisirs dont on jouit ‖ ***omittamus lugere*** [C] Pros., cessons de gémir ‖ [avec *non* et *quominus, quin*] ne pas manquer de : [+C] Pros. ***b)*** ne pas retenir une chose = n'en pas parler, la passer sous silence : ***ut omittam cetera*** [C] Pros., pour laisser le reste de côté ; [avec interrog. indir.] [C] Pros. ; [avec prop. inf.] [C] Pros. ; [abs[t]] [C] Pros.

omnĭa, *um*, n. pl., V. → *omnis*

omnĭcănus, *a*, *um*, qui chante tout, [ou] partout : [+C] Pros.

omnĭcarpus, *a*, *um*, qui broute tout : [C] Pros.

omnĭcŏlŏr, *ōris*, adj., qui est de toutes les couleurs : [T] Poés.

omnĭcrĕāns, *tis*, qui crée tout : [T] Pros.

omnĭfārĭăm, adv., dans toutes les parties, de tous côtés : [+C] Pros., [T] Pros.

omnĭfĕr, *ĕra*, *ĕrum*, qui produit toutes choses : [C] Poés.

omnĭformis, *e*, de toute forme : [T] Poés.

1 **omnĭgĕnus**, *a*, *um* ¶ **1** de tout genre, de toute forme : [C] Poés., [+C] Pros. ¶ **2** (***omnis, gigno***), qui produit toutes choses : [T] Poés.

2 **omnigenus**, indécl., de tout genre : [C] Poés., [+C] Pros.

omnĭmŏdis, adv., de toute manière : [C] Poés., [+C] Pros.

omnĭmŏdō, adv., de toute façon, de toute manière : [+C] Pros.

omnĭmŏdus, *a*, *um*, qui est de toute sorte, de toute manière : [+C] Pros.

omnīnō, adv. ¶ **1** tout à fait, entièrement [opp. à *magna ex parte*, en grande partie] : [C] Pros. ‖ ***omnino nemo*** [C] Pros., absolument personne ; ***omnino nusquam*** [C] Pros., absolument nulle part ; ***omnino non*** [C] Pros., absolument pas ; ***omnino nullus*** [C] Pros., absolument aucun ; ***omnino numquam*** [C] Pros., absolument jamais ; ***nihil omnino*** [C] Pros., absolument rien ; ***omnino omnia*** [C] Pros., tout en bloc ; [-C] Théât. ¶ **2** en général : [C] Pros. ¶ **3** au total, en tout, [d'où] seulement : [C] Pros. ‖ au total, en dernière analyse, pour tout dire ; [d'où] même simplement, même seulement : [C] Pros. ¶ **4** [sens concessif] pour tout dire, à la vérité : [C] Pros.

omnĭpărens, *tis*, qui produit toutes choses : [C] Poés.

omnĭpătĕr, *tris*, m., père de toutes choses : [T] Poés.

omnĭpollens, *tis*, → *omnipotens* : [T] Poés.

omnĭpŏtens, *tis*, tout-puissant : [-C] Théât., Pros., [C] Poés. ‖ subst. m., Jupiter, le Tout-Puissant : [C] Poés. ‖ ***-tissimus*** [T] Pros.

omnĭpŏtentĕr, adv., par sa toute-puissance, avec la toute-puissance : [T] Pros.

omnĭpŏtentĭa, *ae*, f., toute-puissance : [T] Pros.

omnis, *e*, tout, toute

I idée de nombre ¶ **1** ***a)*** sg. [individuel], tout, chaque : ***omnis regio*** [C] Pros., chaque contrée ; ***omni tempore*** [C] Pros., en tout temps, dans toutes les circonstances ***b)*** pl. [global], [C] Pros. ; ***omnia summa*** [C] Pros., tout ce qu'il y a de plus élevé ; ***extrema omnia*** [C] Pros., les dernières extrémités ; ***alia omnia*** [C] Pros., toutes les autres choses ¶ **2** [pris subst[t]] ***a)*** m. ***omnes***, tous : [C] Pros. ***b)*** n. sg., ***omne, quod eloquimur*** [C] Pros., tout ce que nous énonçons par la parole ; ***ab omni, quod…*** [C] Pros., loin de tout ce qui… ‖ surtout n. pl., ***omnia***, toutes choses, tout : ***omnia facere*** [C] Pros., tout faire, faire tous ses efforts ; ***omnia potius quam*** [C] Pros., tout plutôt que ; ***per omnia*** [+C] Pros., sous tous les rapports ‖ [au gén. et dat.-abl.] ***salus omnium*** [C] Pros., le salut de toutes choses ; ***omnibus conlucere*** [C] Pros., briller pour l'univers entier ; ***in omnibus*** [C] Pros., dans toutes choses ; ***his omnibus*** [C] Pros., à cause de tout cela ‖ [poét., acc. adv.] ***omnia***, en tout : [C] Poés.

II ¶ **1** [idée d'intégrité, d'ensemble] : [C] Pros. ; ***Gallia omnis*** [C] Pros., l'ensemble de la Gaule ; ***omni animo*** [C] Pros., de tout son coeur, de toute son âme ‖ [avec négation] → *nullus* : [T] Pros. ¶ **2** [idée de sorte, d'espèce] : [C] Pros. ; ***omnis fertilitas*** [C] Pros., une fertilité de tout genre [en tous genres de productions] ; ***omnis amoenitas*** [C] Pros., agrément de toute espèce ; ***omnibus precibus*** [C] Pros., par toutes sortes de prières

omnĭtĕnens, *tis*, qui embrasse tout : [T] Pros.

omnĭtŭens, *tis*, qui voit tout : [C] Poés., [+C] Pros., Poés.

omnĭvăgus, *a*, *um*, qui erre partout : [C] Pros.

omnĭvŏlus, *a*, *um*, qui veut tout : [C] Poés.

ŏmoeŏ-, V. → *hom-*

Omole, V. → *Ho*

ōmŏphăgĭa, *ae*, f., action de manger de la chair crue : [T] Pros.

Omphălē, *ēs*, f., Omphale [reine de Lydie, acheta Hercule quand il fut vendu comme esclave ; on a souvent représenté Hercule filant aux pieds d'Omphale] : [-C] Théât., [C] Poés. ‖ **-ăla**, *ae*, [+C] Pros., [T] Pros.

ŏnăgĕr, +C Pros., +C Poés. et **-grus**, C *i*, m. ¶ **1** onagre, âne sauvage : C Pros., +C Pros., Poés. ¶ **2** machine de guerre qui lançait des pierres : T Pros.

ŏnāgŏs, *i*, m., ânier : -C Théât.

Onchae, *ārum*, f. pl., ville de Syrie : +C Pros.

Onchesmītēs, *ae*, m., vent qui souffle d'Onchesmos [port d'Épire] : C Pros.

Onchestĭus, *a*, *um*, d'Onchestos, béotien : C Poés.

Onchestus (-tŏs), *i*, m., rivière de Thessalie : C Pros.

Onchēūs, *ĕi* ou *ĕos*, m., nom de guerrier : +C Poés.

oncō, *ās*, *āre*, -, -, intr., braire : +C Pros.

ŏnĕrārĭa, *ae*, f., vaisseau de transport, cargo : C Pros.

ŏnĕrārĭus, *a*, *um*, de transport : C Pros. ; ***oneraria jumenta*** C Pros., bêtes de somme

ŏnĕrō, *ās*, *āre*, *āvī*, *ātum*, tr. ¶ **1** charger : [des vaisseaux] C Pros. ; [des bêtes de somme] C Pros. ; ***umerum pallio*** -C Théât., charger son épaule d'un manteau ; C Pros. ¶ **2** [fig.] ***a)*** accabler : ***judicem argumentis*** C Pros., accabler le juge sous les preuves ***b)*** couvrir : ***aliquem laudibus*** C Pros., couvrir qqn d'éloges ; ***spe oneratus*** C Pros., comblé d'espérances ***c)*** aggraver, alourdir, accroître [les périls, les soucis] : +C Pros. ***d)*** accabler, attaquer, s'en prendre à : +C Pros. ¶ **3** [poét.] mettre comme charge, charger une chose sur ou dans une autre : ***vina cadis*** C Poés., remplir de vin les jarres ; [sans complément indirect] ***onerare vinum*** +C Pros., faire un chargement de vin [sur le bateau]

ŏnĕrōsus, *a*, *um*, pesant, lourd : C Poés. ‖ [fig.] à charge, pénible : +C Pros. ; ***-sior*** C Poés., +C Pros.

Ŏnēsicrĭtus, *i*, m., Onésicrite [auteur d'une histoire d'Alexandre le Grand] : +C Pros.

Ŏnēsĭmus, *i*, m., Macédonien de la cour de Persée qui s'enfuit à Rome : C Pros. ‖ nom d'un chrétien : T Pros.

ŏnŏcentaurus, *i*, m., ononcentaure [animal fabuleux] : T Pros.

Ŏnŏmarchus, *i*, m., général des armées d'Antigone : C Pros.

Ŏnŏmastus, *i*, m., nom d'un Macédonien : C Pros. ‖ affranchi d'Othon : +C Pros.

ŏnŭs, *ĕris*, n., charge, fardeau ¶ **1** ***onera transportare*** C Pros., transporter des charges [une cargaison] ; C Pros. ; ***onera ferre*** C Pros., porter des fardeaux ¶ **2** fardeau, poids : C Pros. ‖ ***onus*** ou C Poés. ¶ **3** [fig.] ***a)*** chose difficile, pénible : C Pros. ; ***onus sustinere*** C Pros., supporter une charge ; ***onus allevare*** C Pros., alléger un fardeau ; ***aliquem onere levare*** C Pros., soulager qqn d'un fardeau ***b)*** [en part., au pl.] ***onera***, charges, impôts : C Pros. ***c)*** dépenses, frais : ***onera explicare*** +C Pros., faire face aux dépenses

ŏnustō, *ās*, *āre*, -, -, tr., charger ‖ [fig.] accabler : T Pros.

ŏnustus, *a*, *um* ¶ **1** chargé : C Pros., +C Pros. ‖ [avec gén.] +C Pros. ¶ **2** [fig.] ***a)*** rempli de : ***onusti cibo*** C Pros., chargés (gorgés) de nourriture ; ***onusti*** -C Théât., ayant le ventre bien garni ‖ [avec gén.] -C Théât. ***b)*** accablé : ***onustus fustibus*** -C Théât., roué de coups ; ***corpus onustum*** -C Théât., corps chargé d'ans

ŏnÿchintĭnus, ▶ *onychitinus*

ŏnÿchĭnus, *a*, *um*, d'onyx : T Pros. ‖ qui ressemble à l'onyx : +C Pros.

ŏnÿchītĭnus, *a*, *um*, d'onyx : T Pros.

ŏnÿchus, *a*, *um*, ▶ *onychinus*

Ŏnÿtēs, *ae*, m., nom de guerrier : C Poés.

ŏnyx, *ÿchis*, m., vase d'onyx : C Poés.

ŏpācĭtās, *ātis*, f., ombrage, ombre : [des arbres] +C Pros.

ŏpācō, *ās*, *āre*, *āvī*, *ātum*, tr., ombrager, couvrir d'ombre : C Pros.

ŏpācus, *a*, *um*, ombragé, qui est à l'ombre, ombreux : C Pros. ; ***opacum frigus*** C Poés., fraîcheur de l'ombre ‖ qui donne de l'ombre, épais, touffu : ***opaca ilex*** C Poés., chêne épais ‖ obscur, ténébreux, sombre : C Poés. ; ***opaca vetustas*** +C Pros., l'obscure antiquité ‖ ***-cior*** +C Pros. ‖ ***-cissimus*** +C Pros.

***Ŏpālis**, *e*, de la déesse Ops ; [d'où] **Ŏpālĭa**, *ĭum*, n. pl., les Opalia, fêtes de la déesse Ops : C Pros.

Ŏpĕconsīva, ▶ *Opiconsivius*

ŏpella, *ae*, f., petit travail : C Poés., Pros.

ŏpĕra, *ae*, f. ¶ **1** activité, travail, occupation : ***forensis opera*** Cic., activité employée au forum ; ***opera publica*** Cic., activité au service de l'Etat, activité politique ; ***in aliqua re operam ponere*** Cic., mettre de l'activité dans qqch. ; ***multam operam in aliquid conferre*** Cic., consacrer beaucoup de travail à qqch. ; ***multam operam amicis praebere*** Cic., se dépenser beaucoup pour ses amis ; ***operam suam ad aliquid polliceri*** Cic., promettre son concours pour qqch. ; ***operae cotidianae*** Cic., occupations quotidiennes ‖ [en part.] activité au service de qqn, service : ***operam alicui navare*** Cic., servir qqn, s'empresser pour qqn ; ***bonas operas edere*** Sen., rendre d'utiles services ¶ **2** soin apporté à une activité, attention, peine : ***dare operam*** Pl., accorder son attention ; ***alicui rei operam dare*** Cic., s'appliquer à qqch. ; ***alicui operam dare*** Cic., se consacrer à qqn ‖ ***operam dare ut*** [avec subj.] Cic., mettre ses soins à obtenir que ; ***operam dare ne*** Cic., mettre ses soins à éviter que ‖ ***dedita opera*** Plin. *Ep.*, à dessein, de propos délibéré ‖ ***operam perdere*** Cic., perdre sa peine ¶ **3** produit de l'activité, [ou] agent de l'activité ***a)*** actes, faits : ***aliquid opera experiri*** Pl., éprouver qqch. par les faits, par l'expérience ‖ ***opera mea*** Cic., de mon fait, grâce à moi ‖ ***eadem opera*** Pl., du même coup, par la même occasion ***b)*** homme de peine, homme de main : ***operae Clodianae*** Cic., les suppôts de Clodius ; ***operae mercenariae*** Cic., bande de gens à gages, mercenaires ¶ **4** moment favorable pour faire qqch., liberté ou possibilité de faire qqch. [surtout dans des expressions au gén.] ***a)*** ***operae alicui est*** [avec inf.] Pl., Liv., il est possible à qqn de... ***b)*** ***non operae est*** [avec inf.] Liv., ce n'est pas le moment de, [ou] cela ne vaut pas la peine de ***c)*** ***operae pretium est***, ▶ *pretium*

ŏpĕrans, part.-adj. de *operor*

ŏpĕrārĭa, *ae*, f., ouvrière : -C Théât.

ŏpĕrārĭus, *a*, *um*, de travail, de travailleur : ***homo*** C Pros., ouvrier ; ***operarium pecus*** +C Pros., bêtes de somme ‖ subst. m., manoeuvre, ouvrier, homme de peine : -C Pros., C Pros. ; [en parl. d'un mauvais avocat] C Pros. ‖ secrétaire, scribe : C Pros.

ŏpĕrātĭo, *ōnis*, f., [chrét.] l'œuvre chrétienne, la charité : T Pros.

ŏpĕrātŏr, *ōris*, m., travailleur, ouvrier : +C Pros., T Pros. ‖ [chrét.] le Créateur : T Pros.

ŏpercŭlō, *ās*, *āre*, *āvī*, *ātum*, tr., couvrir, mettre un couvercle à : +C Pros.

ŏpercŭlum, *i*, n., couvercle : -C Pros., C Pros. ; [prov.] T Pros., ou T Pros.

ŏpĕrīmentum, *i*, n., ce qui sert à couvrir, à recouvrir, couverture [en gén.] : C Pros. ‖ couvercle : -C Pros. ; ▶ *opermentum*

ŏpĕrĭō, *īs*, *īre*, *pĕrŭī*, *pertum*, tr. ¶ **1** couvrir, recouvrir : C Pros. ; ***nimbo aliquem*** C Pros., couvrir qqn d'un nuage ‖ ensevelir : ***reliquias pugnae*** +C Pros., ensevelir les débris d'un combat ¶ **2** fermer : ***lecticam*** C Pros., une litière ; ***ostium*** -C Théât., une porte ¶ **3** [fig.] cacher, voiler, dissimuler : ***res opertae*** C Pros., choses cachées, secrètes ; ***operire luctum*** +C Pros., dissimuler son deuil ‖ recouvrir de : ***opertus infamia*** +C Pros., couvert d'infamie ; C Pros.

ŏpermentum, *i*, n., ▶ *operimentum* : T Poés.

ŏpĕrŏr, *ārĭs*, *ārī*, *ātus sum* ¶ **1** intr., travailler, s'occuper à [*operatus* ou parf., avec dat.] : ***reipublicae*** C Pros., se consacrer aux affaires publiques ‖ ***scholae operatus*** +C Pros., adonné à l'école, fréquentant l'école ; ***operatus in aliqua re*** C Pros., occupé à qqch. ‖ [en part.] avec ou sans *sacris*, faire un sacrifice : C Pros., +C Pros. ¶ **2** tr., travailler : [*terram*, la terre] T Pros. ‖ pratiquer, exercer : T Pros.

ŏpĕrōsē, adv., avec peine, laborieusement : C Pros. ; ***-ius*** +C Pros.

ŏpĕrōsĭtas, *ātis*, f., excès de travail, de peine, de soin : +C Pros.

ŏpĕrōsus, *a, um* ¶ **1** qui se donne de la peine, laborieux, actif : ***operosa senectus*** [C] Pros., vieillesse active ; [C] Poés. ‖ [poét.] efficace, puissant : [C] Poés. ¶ **2** qui coûte beaucoup de peine, de soin, difficile, pénible : [C] Pros. ; ***operosa carmina*** [C] Poés., des vers laborieux ; ***artes operosae*** [C] Pros., les métiers pénibles [oppos. aux arts libéraux] ; ***operosius sepulcrum*** [C] Pros., tombeau qui demande plus de travail

ŏpertē, adv., à mots couverts : [+C] Pros.

ŏpertĭo, *ōnis*, f., action de couvrir : [C] Pros.

ŏpertō, *ās, āre, -, -*, tr., couvrir : [-C] Pros.

ŏpertōrĭum, *ĭi*, n., couverture [en gén.] : [+C] Pros. ‖ sépulcre, tombeau : [T] Pros.

ŏpertum, *i*, n., part. pris substᵗ, chose cachée, secrète : ***Apollinis operta*** [C] Pros., les réponses mystérieuses, enveloppées d'Apollon ; ***telluris operta*** [C] Poés., les profondeurs mystérieuses de la terre

ŏpertŭs, *ūs*, m., ce qui couvre : [+C] Pros., [T] Pros.

ŏpĕrŭī, parf. de *operio*

ŏpĕrŭla, *ae*, f., petit salaire : [+C] Pros.

ŏpes, *um*, f. pl., [V] *ops*

Ŏpheltēs, *ae*, m., le même qu'Archémore : [+C] Poés. ‖ le père d'Euryale : [C] Poés. ‖ autres du même nom : [C] Poés., [+C] Poés.

Ōphĭās, *ădis*, f., fille des Ophiens [peuple d'Étolie, Ὀφιεῖς], Combé : [C] Poés.

Ŏphĭŏgĕnes, *um*, m. pl., Ophiogènes [peuple fabuleux qu'on place an Asie Mineure, près de l'Hellespont et dans l'île de Chypre] : [+C] Pros.

ŏphĭŏmăchus, *i*, m., sorte de sauterelle qui attaque les serpents : [T] Pros.

Ŏphīōn, *ŏnis*, m. ¶ **1** géant détrôné par Saturne : [T] Pros. ¶ **2** **-nĭus**, *a, um*, d'Ophion, un des compagnons de Cadmus : [+C] Théât. ¶ **3** un des Centaures : [C] Poés.

Ŏphīŏnĭdēs, *ae*, m., Amycus, fils d'Ophion [le Centaure] : [C] Poés.

Ophir, indécl., pays du sud de l'Arabie : [T] Pros.

Ŏphītēs, *ae*, m., Ophite, fils d'Hercule : [+C] Poés.

Ŏphĭūchus, *i*, m., le Serpentaire [constellation] : [C] Poés.

Ŏphĭūsa (**-ussa**), *ae*, f., Ophiuse [ancien nom de Rhodes et de Chypre] ‖ **-ūsĭus**, *a, um*, d'Ophiuse [de Chypre] : [C] Poés.

ŏphthalmĭās, *ae*, m., variété de poisson : [-C] Théât.

ophthalmĭcus, *a, um*, subst. m., oculiste : [+C] Poés.

Ŏpĭcernĭus, *ĭi*, m., un des fondateurs des Bacchanales : [C] Pros.

Ŏpĭconsīva, [V] *Opiconsivius*

Ŏpĭconsīvĭus, *a, um*, d'Ops Consiva : ***Opiconsivia dies*** [C], fête d'Ops Consiva

Ŏpĭcus, *a, um*, des Opiques [Osques, peuple de la Campanie] ‖ [fig.] barbare, grossier, inculte : [+C] Pros., Poés.

ŏpĭfĕr, *ĕra, ĕrum*, secourable : [C] Poés.

ŏpĭfex, *ĭcis*, m. f. ¶ **1** celui ou celle qui fait un ouvrage, créateur, auteur : [C] Pros. ¶ **2** travailleur, ouvrier, artisan : [C] Pros. ‖ [au sens élevé d'artiste] : [C] Pros. ‖ [poét. avec l'inf.] maître dans l'art de : [+C] Poés.

ŏpĭfĭcīna, *ae*, f., [V] *officina* : [-C] Théât.

ŏpĭfĭcĭum, *ĭi*, n., exécution d'un ouvrage, travail : [C] Pros. ‖ création : [T] Pros.

ōpĭlĭo, *ōnis*, m., berger : [-C] Théât., Pros., [+C] Pros. ‖ **ūpĭlĭo**, [C] Poés., [+C] Pros.

Ŏpĭlĭus, [V] *Opillus*

Ŏpillus, *i*, m., Aurélius Opillus [grammairien] : [+C] Pros.

ŏpīmātus, *a, um*, part. de *opimo*, adjᵗ, gras : [T] Poés.

ŏpīmē, adv., grassement, abondamment : [-C] Théât., [C] Pros.

Ŏpīmĭa, *ae*, f., nom d'une vestale : [C] Pros.

ŏpīmĭtās, *atis*, f., abondance : [T] Pros. ‖ pl., richesses : [-C] Théât.

Ŏpīmĭus, *ĭi*, m., nom d'une famille romaine, notᵗ L. Opimius, sous le consulat duquel le vin fut particulièrement réputé, 121 av. J.-C. : [C] Pros. ‖ fut chargé par le sénat en vertu d'un *senatus consultum ultimum* de protéger l'état contre les menées de C. Gracchus : [C] Pros. ‖ **-ĭus**, *a, um*, d'Opimius : [C] Pros. ‖ **-ĭānum**, *i*, n., vin récolté sous le consulat d'Opimius : [+C] Pros., Poés.

ŏpīmō, *ās, āre, āvī, ātum*, tr., engraisser : [+C] Pros. ‖ féconder, fertiliser : [+C] Pros.

ŏpīmus, *a, um* ¶ **1** fécond, fertile, riche [en parl. d'une contrée] : [C] Pros., Poés. ; [fig.] [+C] Pros. ¶ **2** gras, bien nourri : [C] Pros. ‖ [fig.] ***opimus praeda*** [C] Pros., engraissé de butin ¶ **3** copieux, abondant, opulent splendide : [C] Pros. ‖ ***opima*** [avec ou sans *spolia*] [C] Pros., [+C] Pros., dépouilles opimes [remportées par le général qui avait tué de sa propre main le général ennemi] ‖ ***-ior*** [+C] Pros.

ŏpīnābĭlis, *e*, fondé sur l'opinion, conjectural : [C] Pros. ‖ qui est dans l'opinion seulement [opp. à *naturalis*] : [C] Pros.

ŏpīnātio, *ōnis*, f., acte de se former telle ou telle opinion [phil.], conception, opinion, idée : [C] Pros.

ŏpīnātŏr, *ōris*, m., celui qui n'a que des opinions sur les choses, qui présume, qui conjecture : [C] Pros.

1 **ŏpīnātus**, *a, um*, part. de *opinor*, au sens passif, qui est dans l'opinion : [C] Pros. ‖ adjᵗ, illustre, célèbre : [T] Pros. ‖ ***-tissimus*** [T] Pros.

2 **ŏpīnātŭs**, *ūs*, m., opinion : [C] Poés.

ŏpīnĭo, *ōnis*, f. ¶ **1** opinion, conjecture, croyance ***a)*** [C] Pros. ; ***latius opinione*** [C] Pros., sur une plus large étendue qu'on ne le croit ; ***Galliae*** [C] Pros., l'opinion des Gaulois ***b)*** opinion qu'on se fait d'une chose, idée, représentation : ***utilitatis*** [C] Pros., l'opinion qui a cours sur l'utile, l'idée qu'on se fait de l'utile ; ***deorum*** [C] Pros., une idée de la divinité ‖ [avec *de*] [C] Pros. ***c)*** [tournures] : ***ut opinio mea fert*** [C] Pros., selon mon opinion, comme je le crois ; ***esse in aliqua opinione*** [C] Pros., avoir telle ou telle opinion, ou ***alicujus opinionis esse*** [C] Pros. ; ***opinionem alicujus sequi*** [+C] Pros., suivre l'opinon de qqn ; ***opinioni alicujus accedere*** [+C] Pros., se ranger à l'opinion de qqn ***d)*** [avec prop. inf.] ***habere opinionem*** [C] Pros. ; ***alicujus opinio est*** [C] Pros., croire que, qqn croit que ; ***in opinione esse*** [C] Pros., croire que ; ***opinionem adferre alicui*** [C] Pros., donner à qqn l'opinion que ***e)*** [avec *ut* subj.] [C] Pros. ¶ **2** [en part.] ***a)*** bonne opinion : ***opinionem habere de aliquo*** [C] Pros., avoir bonne opinion de qqn ***b)*** réputation : [C] Pros. ‖ [absᵗ] [+C] Pros.

ŏpīnō, *ās, āre, -, -*, tr. et intr., [V] *opinor* : [-C] Théât. ; [V] *1 opinatus*

ŏpīnŏr, *ārĭs, ārī, ātus sum*, tr., avoir telle ou telle opinion, conjecturer : [C] Pros. ; [avec prop. inf.] avoir dans l'idée que, croire que : [C] Pros. ‖ [absᵗ] [C] Pros. ‖ ***aliquid de aliquo*** [C] Pros., avoir telle opinion sur qqn ‖ [entre parenth.] ***opinor*** ; ***ut opinor***, je crois, à ce que je crois, si je ne me trompe : [C] Pros.

***ŏpīnus**, en compos. d. *inopinus, necopinus*

ŏpĭpărē, adv., copieusement, richement, somptueusement : [-C] Théât., [C] Pros.

ŏpĭpărus, *a, um*, copieux, riche, somptueux : [-C] Théât., [+C] Pros. ‖ **-păris**, *e*, [+C] Pros.

1 **Ŏpis**, *is*, f., [V] *2 Ops* : [-C] Théât.

2 **Ōpis**, *is*, f., nymphe, compagne de Diane : [C] Poés. ‖ nom d'une Naïade : [C] Poés. ‖ [V] *2 Ops*

ŏpisthŏdŏmus, *i*, m., opisthodome, l'arrière d'un temple, d'une maison : [+C] Pros.

ŏpisthŏgrăphus, *i*, m., écrit sur le revers de la page : [+C] Pros.

Ŏpĭtĕr, *tris*, m., Opiter Verginius [nom d'un consul] : [C] Pros.

Ŏpĭtergĭum, *ĭi*, n., subst. m. pl., les habitants d'Opitergium : [+C] Pros.

Ŏpĭternĭus, [V] *Opicernius*

ŏpĭtŭlātŏr, *ōris*, secourable : [+C] Pros.

ŏpĭtŭlātŭs, *a, um*, part. de *opitulor*

ŏpĭtŭlō, *ās, āre, -, -*, [V] *opitulor* : [-C] Théât.

ŏpĭtŭlŏr, *ārĭs, ārī, ātus sum*, intr., secourir, porter secours, assister, aider [avec dat.] : [-C] Théât., [C] Pros. ‖ ***non opitulari***

quin, quominus [+C] Pros., ne pas apporter une aide suffisante pour empêcher que

ŏpĭtŭlus, *i*, m., V. *opitulator* : [T] Pros.

ŏpŏbalsămum, *i*, n., suc du baumier, baume : [+C] Pros. ; pl., [+C] Poés.

ŏpŏcarpăthŏn, *i*, n., suc du *carpathum* [ellébore blanc] : [+C] Poés.

ŏpōrīnŏs, d'automne : [+C] Poés.

ŏpōrŏthēca, *ae*, f., fruitier : [C] Pros. ‖ pl., [C] Pros.

ŏportĕt, *tēre*, *tŭĭt*, -, impers., il faut : [C] Pros. ‖ [avec subj. seul] : [C] Pros. ; [avec prop. inf.] : [-C] Théât., [C] Pros. ‖ [avec inf. sans sujet déterminé] : [C] Pros. ‖ [abst] [C] Pros. ; ***secus quam oportet*** [C] Pros., autrement qu'il ne faut ‖ [inf. s.-ent.] [C] Pros. ‖ [tard., avec *ut* subj.] : [T] Pros.

ōportūnus, V. *opportunus*

oppandō, *ĭs*, *ĕre*, *pandī*, *pansum*, tr., étendre devant : [+C] Pros.

oppangō, *ĭs*, *ĕre*, *pēgī*, *pactum*, tr., ficher devant ou contre : [-C] Théât.

oppectō, *ĭs*, *ĕre*, -, -, tr., ôter la chair de l'arête, préparer [poisson] : [-C] Théât.

oppēdō, *ĭs*, *ĕre*, -, -, intr., péter au nez de [avec dat.] [= καταπέρδειν] : [C] Poés.

oppĕrĭŏr, *īrĭs*, *īrī*, *pertus sum* ¶ 1 intr., attendre : [-C] Théât., [C] Pros. ¶ 2 tr., attendre : [-C] Théât., [C] Pros. ‖ attendre que [avec *dum* subj.] [-C] Théât. ; [avec *dum* indic.] [C] Pros. ; [avec *ut* subj.] [-C] Théât., [C] Pros., [+C] Pros.

oppessŭlātus, *a*, *um*, verrouillé : [+C] Pros.

oppĕtō, *ĭs*, *ĕre*, *īvī* ou *ĭī*, tr., aller au-devant de : ***mortem*** [C] Pros., affronter la mort ‖ [abst, sans *mortem*] aller à la mort, trouver la mort : [C] Poés., [+C] Pros.

oppexŭs, *ūs*, m., agencement [des cheveux], coiffure : [+C] Pros.

Oppĭa, *ae*, f., nom de femme : [C] Pros., [+C] Poés. ‖ adjt, V. *Oppius*

Oppĭănĭcus, *i*, m., cognomen de Sta. Abbius : [C] Pros.

Oppĭānus, *i*, m., Oppien [nom d'homme] : [+C] Poés.

oppĭcō, *ās*, *āre*, -, -, tr., enduire de poix, poisser, goudronner : [-C] Pros.

oppĭdānus, *a*, *um*, d'une ville [qui n'est pas Rome], de ville municipale : [C] Pros. ‖ subst. m. pl., les habitants, les citoyens [de toute ville autre que Rome] : [C] Pros.

oppĭdātim, de ville en ville : [+C] Pros.

Oppĭdĭus, *ĭī*, m., nom d'homme : [C] Poés.

oppĭdō, adv., beaucoup, fort : ***paulum oppido*** [C] Pros., tout à fait peu ; ***oppido pauci*** [C] Pros., fort peu nombreux ; V. *quam II* ‖ bien sûr, oui, sans doute [dans le dialogue] : [-C] Théât. ‖ entièrement, tout à fait, absolument : [-C] Théât.

oppĭdŭlum, *i*, n., petite ville : [C] Pros., Poés.

oppĭdum, *i*, n. ¶ 1 ville fortifiée, place forte : [C] Pros. ‖ tout endroit fortifié : [C] Pros. ‖ enceinte de Rome : [C] Pros. ¶ 2 chef-lieu d'un territoire, ville d'un pays [*civitas* = pays, organisation politique] : [C] Pros. ¶ 3 barrières du cirque : [C] Pros.

oppignĕrō, *ās*, *āre*, *āvī*, *ātum*, tr., engager, donner en gage : [C] Pros., [+C] Poés. ‖ [fig.] engager, lier : ***se*** [+C] Pros., se lier

oppīlō, *ās*, *āre*, *āvī*, *ātum*, tr., boucher, obstruer : [-C] Pros., [C] Poés., Pros. ‖ ***oppilatus*** [C] Pros.

oppingō, *ĭs*, *ĕre*, *pēgī*, -, tr., imprimer sur, appliquer : [-C] Théât.

Oppĭus, *ĭī*, m., nom d'une famille romaine : [C] Pros. ‖ **Oppĭus**, *a*, *um*, d'Oppius : ***Oppia lex*** [C] Pros., loi Oppia [contre le luxe des femmes, 215 av. J.-C. ; supprimée vingt ans après] ; [+C] Pros. ; ***Oppius mons*** [C] Pros., un des deux sommets de l'Esquilin

opplĕō, *ēs*, *ēre*, *ēvī*, *ētum*, tr., remplir entièrement : [C] Pros.

opplōrō, *ās*, *āre*, -, -, intr., fatiguer de ses pleurs [avec dat.] : [C] Pros.

oppōnō, *ĭs*, *ĕre*, *pŏsŭī*, *pŏsĭtum*, tr.
I placer devant ¶ 1 ***manum ante oculos*** [C] Poés. ; ***oculis*** [C] Poés., mettre sa main devant les yeux ; [C] Pros. ‖ ***auriculam*** [C] Poés., offrir, présenter, tendre l'oreille ¶ 2 [fig.] exposer : ***ad periculum opponi*** [C] Pros., s'exposer au danger ; ***morti se opponere*** [C] Poés., faire face à, affronter la mort ¶ 3 mettre devant les yeux, proposer : [C] Pros. ¶ 4 offrir comme gage, hypothéquer : [-C] Théât., [+C] Pros.
II [idée d'opposition] contre ¶ 1 [C] Pros. ; ***gallinae se opponunt*** [C] Pros., les poules se mettent devant [font écran contre les rayons du soleil] ; [C] Pros. ¶ 2 [fig.] ***a)*** ***alicui se opponere*** [C] Pros., se dresser contre qqn comme adversaire ***b)*** opposer comme obstacle, comme objection : ***alicui nomen*** [C] Pros., opposer à qqn un nom [comme fin de non recevoir] ; [C] Pros. ; ***quod opponitur*** [C] Pros., une objection ***c)*** [au pass.] être opposé comme contraire : [C] Pros.

opportūnē, à propos, à point, à temps : [-C] Théât., [C] Pros. ‖ ***-issime*** [C] Pros.

opportūnĭtās (ōport-), *ātis*, f., opportunité, condition favorable, convenance : [C] Pros. ; ***locorum*** [C] Pros., le choix heureux des positions ; ***opportunitates loci*** [C] Pros., les avantages de la position ; ***membrorum opportunitas*** [C] Pros., l'heureuse disposition des membres ‖ commodité, avantage : [C] Pros. ‖ utilité publique : [C] Pros.

opportūnus (ōport-), *a*, *um* ¶ 1 convenable, commode, opportun : [C] Pros. ; ***aetas opportunissima*** [C] Pros., l'âge le mieux approprié ‖ [pl. n.] [+C] Pros. ¶ 2 approprié à, bon pour, utile, avantageux : [C] Pros. ¶ 3 propre à, qui se prête à [dat. ou *ad*] : [-C] Théât., [C] Pros.

oppŏsĭtĭo, *ōnis*, f., opposition : [T] Pros.

1 **oppŏsĭtus**, *a*, *um*, part.-adj. de *oppono*, placé devant, opposé [avec dat.] : [C] Pros. ‖ subst. pl. n., propositions, [ou] termes contradictoires : [+C] Pros.

2 **oppŏsĭtŭs**, *ūs*, m., action de mettre devant, d'opposer : [C] Pros. ‖ fait d'être opposé : [C] Pros., [+C] Pros. ‖ [fig.] fait d'opposer, d'objecter : [+C] Pros.

oppressĭo, *ōnis*, f., action de presser : [C] Pros. ‖ destruction, action d'étouffer : [les lois, la liberté] [C] Pros. ‖ oppression, action violente contre qqn, qqch. : [-C] Théât., [C] Pros.

oppressĭuncŭla, *ae*, f., légère pression : [-C] Théât.

oppressŏr, *ōris*, m., destructeur : [C] Pros., [T] Pros.

oppressŭs, abl. *ū*, m., action de presser, de peser sur : [C] Poés.

opprĭmō, *ĭs*, *ĕre*, *pressī*, *pressum*, tr. ¶ 1 presser, retenir : ***flammam in ore*** [-C] d. [C] Pros., comprimer du feu dans sa bouche ; ***taleam pede*** [-C] Pros., appuyer sur une bouture avec le pied ; [C] Pros. ; ***os opprime*** [-C] Théât., ferme ta bouche ‖ [en part.] ***litterae oppressae*** [C] Pros., lettres étouffées, mal articulées, prononcées d'une façon indistincte ‖ ***classis oppressa*** [C] Pros., flotte anéantie ¶ 2 [fig.] ***a)*** recouvrir, tenir couvert (caché) : [C] Pros. ; ***iram*** [C] Pros., dissimuler sa colère ***b)*** étouffer : ***flammam*** [C] Pros., étouffer une flamme ¶ 3 faire pression sur, faire fléchir, accabler : ***onera opprimunt*** [C] Pros., les fardeaux accablent ‖ [fig.] écraser : [C] Pros. ¶ 4 tomber sur, surprendre : [C] Pros. ; ***ne a me opprimantur*** [C] Pros., pour qu'ils ne soient pas pris par moi au dépourvu

oppròbrāmentum, *i*, n., reproche injurieux : [-C] Théât.

opprŏbrātĭo, *ōnis*, f., reproche, réprimande : [+C] Pros.

opprŏbrĭum, *ĭī*, n., opprobre, honte, déshonneur : ***opprobrio est alicui, si*** [C] Pros., c'est une honte pour qqn, si ; [+C] Pros. ‖ [en parl. de pers.] [C] Poés., [+C] Pros. ‖ injure, parole outrageante : [C] Pros.

opprŏbrō (ob-), *ās*, *āre*, -, -, tr., reprocher (***aliquid alicui***) : [-C] Théât., [+C] Pros.

oppugnātĭo, *ōnis*, f., attaque, assaut, siège : [C] Pros. ; ***oppugnatio Gallorum*** [C] Pros., manière de donner l'assaut, méthode de siège des Gaulois

oppugnātŏr, *ōris*, m., celui qui attaque [une ville], assiégeant, assaillant : ***patriae*** [C] Pros., qui assaille sa patrie ; [fig.] [C] Pros.

oppugnātōrĭus, *a*, *um*, qui sert à l'attaque [d'une ville] : [C] Pros.

1 **oppugnō**, *ās*, *āre*, *āvī*, *ātum*, tr. ¶ 1 attaquer [une ville], assaillir, assiéger : [C] Pros. ‖ ***caput alicujus*** [C] Pros., attaquer qqn

à la tête ¶**2** [fig.] attaquer, poursuivre, assaillir, battre en brèche qqn, qqch. : [C] Pros.

2 **oppugnō**, *ās*, *āre*, -, *ātum*, tr., frapper avec le poing : [-C] Théât.

1 **ops**, *ŏpis*, pl. *ŏpes*, *opum* [sg. usité aux gén., acc. et abl.] f. **I** sg. ¶**1** pouvoir, moyen, force : [C] Pros. ‖ [C] Poés. ¶**2** [rare] ***a)*** richesse : [-C] Théât., [C] Pros. ***b)*** puissance, forces militaires : [C] Poés. ¶**3** [surtout] aide, appui, assistance : [C] Pros. ; ***ab aliquo opem petere*** [C] Pros., demander assistance à qqn ; ***opem ferre alicui*** [C] Pros., porter secours à qqn
II pl. ¶**1** moyens, pouvoir : [C] Pros. ¶**2** puissance, influence : [C] Pros. ‖ richesses, somptuosité, luxe : [C] Pros. ‖ forces militaires : [C] Pros.

2 **Ops** (**Ŏpis**, [-C] Théât.), *Opis*, f., déesse Ops, la Terre [identifiée, avec Cybèle] : [C] Pros., Poés.

ops-, [arch.] C. ► *obs-*

Opsĭus, *ĭī*, m., nom d'homme : [+C] Pros.

opsōnĭum (**obs-**), *ĭī*, n., provisions de bouche, victuailles, mets, plat : [-C] Théât., [C] Pros.

optābĭlis, *e*, désirable, souhaitable : [C] Pros. ; ***optabile est alicui*** [avec inf.] [C] Pros., il est souhaitable pour qqn de ; ***optabile est ut*** [subj.] [C] Pros., il est souhaitable que ‖ ***-bilior*** [C] Pros.

optābĭlĭtĕr, adv., d'une manière désirable : [T] Pros. ‖ ***-bilius*** [+C] Pros.

optātĭo, *ōnis*, f., faculté de souhaiter, de faire un vœu : [C] Pros. ‖ [rhét.] optation : [C] Pros.

optātō, adv., selon le désir, à souhait : [-C] Théât., [C] Pros.

optātum, *i*, n., vœu, souhait, désir : [-C] Théât., [C] Pros. ; ***impetrare optatum*** [C] Pros., obtenir la réalisation d'un voeu ; ***praeter optatum meum*** [C] Pros., au-delà de mes voeux

optātus, *a*, *um*, agréable, désiré, souhaité : [-C] Théât., [C] Pros. ; ***optatissimum est*** inf., [C] Pros., le plus souhaitable est de ; [C] Pros. ‖ [avec nom de pers.] [C] Pros. ; ***optatissime frater*** [C] Pros., ô frère si désiré

optĭcē, *ēs*, f., l'optique : [C] Pros.

optĭgo, V. ► *obtego*

optĭmās, *ātis*, adj., formé des meilleurs, de l'aristocratie : [-C] Théât., [C] Pros., [+C] Pros. ‖ subst. m., **optĭmās**, d., [C] Pros., et surtout le pl. **optĭmātes**, *ĭum* ou *um*, [les gens du meilleur parti politique, d'après Cicéron, c.- à.- d. le parti du sénat, conservateur et aristocratique], les aristocrates, les optimates : [C] Pros.

optĭmē (**optŭmē**), superl. de *bene*, très bien, de façon excellente : ***optime omnium*** [C] Pros., mieux que personne, le mieux du monde ‖ [tour ellipt.] : [C] Pros. ‖ [d. les réponses] très bien, parfait : [-C] Théât.

optĭmus (**optŭ-**), *a*, *um*, superl. de *bonus* ¶**1** très bon, le meilleur, excellent, parfait : [C] Pros. ; ***optimus quisque*** [C] Pros., tous les plus honnêtes gens ; ***optima signa*** [C] Pros., magnifiques statues ‖ très bon, très bienfaisant [épithète de Jupiter et de quelques autres divinités] : [C] Pros. ¶**2** [expr.] : [C] Pros. ‖ ***optimum factu est*** ; ***optimum est*** [avec inf.], ce qu'il y a de mieux à faire, le parti le meilleur est de : [C] Pros. ‖ [ellipt] [C] Pros.

optĭnĕo, V. ► *obt*

1 **optĭo**, *ōnis*, f., option, choix, libre volonté : [C] Pros.

2 **optĭo**, *ōnis*, m., option, sous-chef, sous-officier qui servait d'adjudant aux centurions, et était choisi par eux : [C] Pros., [+C] Pros. ‖ aide, assesseur : [-C] Théât.

optīvus, *a*, *um*, qu'on a choisi : [C] Pros.

optō, *ās*, *āre*, *āvī*, *ātum*, tr. ¶**1** examiner avec soin, choisir : ***utrumvis opta*** [-C] Théât., des deux choses, choisis celle que tu préfères ‖ choisir de, prendre le parti de, avoir l'idée de [avec inf.] : [C] Poés. ¶**2** souhaiter [acte réfléchi] ***a)*** [avec *ut* subj.] souhaiter que : [C] Pros. ; ***ut ne*** [C] Pros., souhaiter que ne ... pas ‖ [avec subj. seul] [C] Poés. ‖ [avec inf.] [-C] Théât., [C] Pros., [+C] Pros. ; [avec prop. inf.] [C] Pros. ‖ [abs[t]] [C] Pros. ***b)*** souhaiter qqch. à qqn, ***aliquid alicui*** : [en bonne part] [-C] Théât., [C] Pros., [+C] Pros. ; [en mauv. part] [C] Pros., [+C] Pros.

optŭĕor, V. ► *obt*

optŭmē, **optŭmus**, V. ► *opti*

optundo, V. ► *obt*

optūrāmentum, V. ► *obt*

opturgesco, V. ► *obt*

optutus, V. ► *obt*

ŏpŭlens, *tis*, C. ► *opulentus* : [C] Pros., [+C] Pros.

ŏpŭlentē, [+C] Pros. ; **-lentĕr**, [C] Pros., adv., avec opulence, richement, somptueusement ‖ ***-tius*** : [C] Pros.

ŏpŭlentĭa, *ae*, f., opulence, richesse, magnificence : [C] Pros., Poés. ‖ pl., [-C] Théât., les fortunes, les grandeurs ‖ puissance : [C] Pros., [+C] Pros.

ŏpŭlentĭtās, *ātis*, f., [arch.] C. ► *opulentia* : [-C] Théât.

ŏpŭlentō, *ās*, *āre*, -, -, tr., enrichir : [C] Pros., [+C] Pros.

ŏpŭlentus, *a*, *um* ¶**1** qui a beaucoup de moyens, de ressources, opulent, riche : [C] Pros. ; ***opulenti*** [C] Pros., les riches ; ***opulentus*** [C] Pros., un riche ‖ [avec gén.] riche sous le rapport de : [C] Poés., [+C] Pros. ‖ puissant, influent : [-C] Théât., [C] Pros. ¶**2** [en parl. de choses] somptueux, abondant, magnifique : [-C] Théât., [C] Pros. ; n. pl., ***opulenta*** [+C] Pros., les richesses

ŏpŭlescō, *ĭs*, *ĕre*, -, -, intr., s'enrichir : [+C] Pros.

Opuntĭus, V. ► *3 Opus*

1 **ŏpus**, *ŏpĕris*, n., œuvre, ouvrage, travail ¶**1** [C] Pros. ; ***opus quaerere*** [C] Pros., chercher du travail ‖ travail des abeilles : [C] Pros. ¶**2** travail des champs : ***opus faciam*** [-C] Théât., je travaillerai la terre ; ***opera*** [C] Pros., travaux de la campagne ‖ le travail artistique : [C] Pros. ¶**3** ***a)*** [C] Pros. ; [d'où] ouvrage militaire : [C] Pros. ; [et au pl.] travaux d'art pour un siège : [C] Pros. ***b) publica opera*** [C] Pros., bâtiments publics ***c)*** ouvrage, œuvre [d'un artiste] : ***Corinthia opera*** [C] Pros., les oeuvres (bronzes) de Corinthe ; [d'un écrivain] [C] Pros., [+C] Pros. ¶**4** œuvre, acte [accomplissement d'une chose qui est dans les attributions de] : ***opus censorium*** [C] Pros. ; ***oratorium*** [C] Pros., un acte de censeur, d'orateur ¶**5** [expr.] : ***magno opere*** [C] Pros., avec beaucoup d'effort ; V. ► *magnopere*, *quantopere*, *nimiopere*

2 **ŏpus**, n. indécl. ¶**1** ***a)*** chose nécessaire : [C] Pros. ***b)*** [impers.] ***opus est*** [avec abl.] : ***mihi opus est aliqua re***, j'ai besoin de qqch., ou ***opus est aliqua re***, besoin est de qqch. ; [C] Pros. ‖ ***mature facto*** [C] Pros., il est nécessaire d'agir promptement ‖ [-C] Théât. ; ***jactu*** [-C] Théât. ; ***dictu*** [-C] Théât., il est besoin de prendre, de jeter, de dire ‖ [avec inf.] [C] Pros. ‖ [avec prop. inf.] [C] Pros. ‖ [avec *ut* subj.] [-C] Théât., [+C] Pros. ; [avec subj. seul] [-C] Théât., [+C] Pros. ‖ [avec *ne*] [+C] Pros. ‖ [rare avec gén.] : [-C] Poés., [C] Pros., Poés., [+C] Pros. ¶**2** [qqf.] chose utile : [C] Pros.

3 **Ŏpūs**, *untis*, f., Oponte [capitale des Locriens Épicnémidiens] : [C] Pros. ‖ **-untĭus**, *a*, *um*, d'Oponte : [C] Pros. ‖ **-tĭī**, *ōrum*, m. pl., les habitants d'Oponte : [C] Pros.

ŏpuscŭlum, *i*, n., petit ouvrage : [C] Pros. ‖ opuscule, petit ouvrage [littéraire] : [C] Pros.

oquĭnisco, V. ► *ocq*

1 **ōra**, *ae*, f. ¶**1** bord, extrémité de qqch. : [C] Poés., [-C] Pros., Pros. ‖ bord, rivage, côte : [C] Pros. ‖ région, contrée, pays : [C] Pros., Poés. ‖ zone : [C] Pros. ¶**2** pl. [poét. = *fines*], les contours, ce qui limite, [d'où] ce qui est limité : ***luminis orae*** [-C] Pros., les rives de la lumière [le monde, la vie] ; [C] Poés. ‖ ***orae belli*** [C] Poés., les épisodes de la guerre

2 **ōra**, *ae*, f., amarre qui attache un vaisseau au rivage : [C] Pros., [+C] Pros.

3 **Ŏra** (**Hŏ-**), *ae*, f., ► *Hersilia*, femme de Romulus : [C] Poés.

ōraclum, sync. pour *oraculum* : [-C] Théât., [C] Poés., Pros.

ōrācŭlārĭus, *a*, *um*, qui émet des oracles : [+C] Pros.

ōrācŭlum, *i*, n. ¶**1** oracle, parole (réponse) d'un dieu : [C] Pros. ; ***edere*** [C] Pros., rendre un oracle ; ***quaerere*** [C] Poés. ; ***poscere*** [C] Poés. ; ***consulere*** [C] Poés., consulter un oracle ‖ siège d'un oracle, temple où se rendent les oracles : [C] Pros. ‖ [en gén.] prédiction, prophétie : [C] Pros. ‖ sentence, adage [ayant valeur d'oracle] : [C] Pros. ¶**2** lieu de culte, sanctuaire, oratoire : [T] Pros.

ōrārĭum, *ĭi*, n., mouchoir pour s'essuyer le visage : [T] Pros., Poés.

ōrārĭus, *a*, *um*, relatif aux côtes, côtier : [+C] Pros.

1 **ōrāta**, n. pl., V. ► *1 oratus*

2 **Orāta**, m., surnom dans la famille des Sergius; not[t] C. Sergius Orata : [C] Pros., [+C] Pros.

ōrātĭo, *ōnis*, f. ¶**1** faculté de parler, langage, parole : [C] Pros. ¶**2** propos, paroles : ***re, oratione*** [C] Pros., en fait, en paroles ¶**3** façon de parler, parole, style : [-C] Théât., [C] Pros. ¶**4** propos suivis, exposé oral : [C] Pros. ; ***continens oratio*** [C] Pros., exposé suivi ¶**5** [en parl. de l'orateur] requête, plaidoyer ***a)*** discours : [C] Pros. ***b)*** parole, éloquence : [C] Pros. ***c)*** [rhét.] style : ***genus orationis*** [C] Pros., genre de style ***d)*** prose [oppos. à poésie] : [C] Pros. ; ***soluta oratio*** [C] Pros. ***e)*** [qqf.] la phrase : [C] Pros. ‖ ***partes orationis*** [+C] Pros., parties du discours (espèces de mots) ¶**6** [époque impériale] message de l'empereur [lu devant le sénat par un magistrat : destiné d'abord à être confirmé par un sénatus-consulte, puis source autonome de droit] : [+C] Pros.

ōrātĭuncŭla, *ae*, f., petit discours : [C] Pros.

ōrātŏr, *ōris*, m. ¶**1** orateur : [C] Pros. ‖ traité de Cicéron, l'*Orator* : [C] Pros. ‖ l'orateur par excellence [Cicéron] : [T] Pros. ¶**2** porte-parole, député, envoyé : [-C] Théât., [C] Pros. ‖ [fig.] intercesseur : [-C] Théât.

ōrātōrĭa, *ae*, f. pl., l'art oratoire : [+C] Pros.

ōrātōrĭē, adv., oratoirement, à la manière des orateurs : [C] Pros.

ōrātōrĭus, *a*, *um*, oratoire, d'orateur, qui concerne l'orateur : [C] Pros.

ōrātrix, *īcis*, f., celle qui prie, qui intercède : [-C] Théât. ; ***pacis*** [C] Pros., celle qui demande la paix ‖ V.→ *oratoria* : [+C] Pros.

1 **ōrātus**, *a*, *um*, part. de *oro* ‖ **ōrāta**, n. pl., demandes, prières : [-C] Théât.

2 **ōrātŭs**, *ūs*, m., prière : [C] Pros. ‖ ***-tibus***, abl. pl. : [+T] Poés.

orba, *ae*, f., une orpheline : [-C] Théât., [+C] Pros.

orbātĭo, *ōnis*, f., privation : [+C] Pros.

orbātŏr, *ōris*, m., celui qui prive qqn de ses enfants : [C] Poés.

orbĭcŭlātus, *a*, *um*, orbiculaire, arrondi : ***mala orbiculata*** [C] Pros., [+C] Pros., pommes rondes [les plus appréciées]

orbĭcŭlus, *i*, m., petite roue, roulette, poulie : [-C] Pros., [C] Pros., [+C] Pros.

orbĭfĭcō, *ās*, *āre*, -, -, tr., priver qqn de ses enfants : [-C] Théât.

orbīle, *is*, n., jante [d'une roue] : [C] Pros.

Orbĭlĭus, *ĭi*, m., grammairien de Bénévent, maître détesté d'Horace : [C] Pros., [+C] Pros.

orbis, *is*, m.

I toute espèce de cercle ¶**1** ***in orbem torquere aliquid*** [C] Pros. ; ***curvare*** [C] Poés., courber qqch. en cercle ; [C] Pros. ‖ [en part.] cercle formé par les troupes, formation en cercle [cf. en carré] : ***orbem facere*** [C] Pros. ; ***in orbem consistere*** [C] Pros., former le cercle, se former en cercle, ou [C] Pros. ; ***orbes facere*** [C] Pros., prendre des formations en cercle ; ***in orbem pugnare*** [C] Pros., combattre dans la formation en cercle ¶**2** [fig.] ***a)*** cercle, cours des affaires : [C] Pros. ***b)*** cercle d'une discussion : [C] Pros. ***c)*** cercle de connaissances : ***orbis doctrinae*** [+C] Pros., savoir encyclopédique ***d)*** [rhét.] période : ***orbis verborum*** [C] Pros. ; ***orationis*** [C] Pros., tour bien arrondi de la phrase

II toute surface circulaire ¶**1** disque : [disque du soleil, de la lune] [C] Poés. ‖ ***orbis terrae (terrarum)*** [C] Pros., disque de la terre [d'après les idées anciennes, globe terrestre] ‖ [poét.] ***orbis*** [seul] = terre : [C] Poés. ; région, contrée : [C] Poés., [+C] Poés. ‖ zodiaque : [C] Pros. ‖ ***orbis lacteus*** [C] Pros., la Voie lactée ¶**2** [sens divers] : [plateau de table rond] [C] Poés., [+C] Poés. ; [plaque ronde de mosaïque] [+C] Poés. ; [plateau de balance] [C] Poés. ; [miroir] [+C] Poés. ; [bouclier] [C] Poés. ; [roue] [C] Poés. ; [roue de la Fortune] [C] Poés. ; [orbite de l'oeil] [C] Poés. ; [oeil] [C] Poés. ; [tambourin] [+C] Pros.

orbĭta, *ae*, f., trace d'une roue, ornière : [C] Pros., Poés. ‖ cours, révolution, orbite, carrière : [+C] Pros. ‖ exemple : [+C] Poés.

Orbitanĭum, *ĭi*, n., ville du Samnium : [C] Pros.

orbĭtās, *ātis*, f. ¶**1** perte de ses enfants : [C] Pros. ‖ absence d'enfants : [+C] Pros. ‖ situation d'orphelin : [C] Pros. ¶**2** [en gén.] privation, perte : [de la vue] [C] Pros., [+C] Pros.

orbĭtūdo, *ĭnis*, f., perte de ses enfants : [-C] Théât.

orbĭtus, *a*, *um*, circulaire, orbiculaire : [C] Poés., [T] Pros.

Orbĭus, *ĭi*, m., nom d'homme : [C] Pros.

orbō, *ās*, *āre*, *āvī*, *ātum*, tr. ¶**1** priver qqn de ses enfants : [C] Pros., Poés. ¶**2** [en gén.] priver de [avec abl.] : [C] Pros.

Orbōna, *ae*, f., déesse des orphelins [invoquée contre l'état d'orphelin] : [C] Pros., [T] Pros.

orbs, *orbis*, m., C.→ *orbis*, le monde : [+T] Poés.

orbus, *a*, *um* ¶**1** privé de [d'un membre de la famille, père, mère, enfant] : ***orbus senex*** [C] Pros., vieillard sans enfant ; ***filii orbi*** [C] Pros., fils orphelins ‖ [avec abl.] [-C] Théât. ; [avec gén.] [C] Poés. ; [avec ab] [C] Poés. ‖ [pris subst[t]] ***orbi*** [C] Pros., les orphelins ; V.→ *orba* ¶**2** [fig.] ***orba eloquentia*** [C] Pros., éloquence orpheline ¶**3** [en gén.] privé, dénué ; [avec abl.] privé de : [C] Pros. ; [avec *ab*] [C] Pros. ; [avec gén.] [-C] Théât., [C] Poés. ¶**4** [en part.] aveugle : [+C] Pros.

orca, *ae*, f., jarre, tonne : [C] Pros., Poés. ‖ [en part.] jeu du tonneau : [+C] Poés.

Orcădes, *um*, f. pl., les Orcades [îles au nord des îles Britanniques] : [+C] Poés.

Orchămus, *i*, m., roi d'Assyrie, père de Leucothoé : [C] Poés.

orchăs, *ădis*, f., espèce d'olive : [C] Poés.

orchestra, *ae*, f., orchestre, partie du théâtre affectée aux sénateurs : [C] Pros., [+C] Poés., Pros. ‖ [fig.] le sénat : [+C] Poés.

Orchĭa lex, f., loi Orchia [proposée par le tribun Orchius] : [+C] Poés.

orchĭlus (-lŏs), *i*, m., C.→ *trochilus* : [T] Poés.

orchis, *is*, f., variété d'olive : [+C] Pros.

orchīta (-tēs), *ae* et **-tis**, *is*, f., espèce d'olive : [-C] Pros., [+C] Pros.

Orchivĭus, *ĭi*, m., C. Orchivius, collègue de Cicéron dans la préture : [C] Pros.

Orchŏmĕnos (-nus), *i*, m., Orchomène ¶**1** ville de Béotie : [C] Pros. ‖ **-mĕnĭus**, *a*, *um*, d'Orchomène, **-mĕnĭī**, *ōrum*, m. pl., les Orchoméniens : [C] Pros. ¶**2** ville d'Arcadie : [C] Pros., Poés.

Orchus, *i*, m., C.→ *Orcus* : [-C] d. [+C] Pros.

orcīnĭānus, *a*, *um*, de Pluton, des enfers : [+C] Poés.

orcīnus, *a*, *um*, qui a trait à la mort : ***orcini senatores*** [+C] Pros., ceux qui étaient entrés dans le sénat après la mort de César

orcŭla, *ae*, f., petite jarre : [-C] Pros.

Orcus, *i*, m., divinité infernale [= Pluton grec] : [-C] Théât., [C] Poés., Pros. ‖ la mort : [C] Poés. ; ***Orcum morari*** [C] Poés., tarder à mourir [faire attendre Orcus] ; [C] Pros.

ordĕum, V.→ *hordeum*

ordia prima, C.→ *primordia* : [C] Poés.

ordĭnābĭlis, *e*, rangé, ordonné : [T] Pros.

ordĭnārĭus, *a*, *um* ¶**1** rangé par ordre : [C] Pros., [+C] Pros. ¶**2** conforme à la règle, à l'usage, régulier : ***ordinarius consul*** [C] Pros., consul ordinaire [par oppos. à *suffectus*], qui est entré en charge au commencement de l'année ; ***ordinarium oleum*** [+C] Pros., huile ordinaire [faite de la manière régulière] ; ***consilia ordinaria*** [C] Pros., des mesures normales ; ***ratio ordinaria*** [+C] Pros., le mode régulier (d'exposition) ¶**3** [fig.] supérieur [v. ¶4] : ***ordinaria est*** [+C] Pros., (la philosophie) est la tâche essentielle ; ***(deus) ordinarius*** [+C] Pros., (un dieu) de premier rang [opp. à *de plebe*]

ordĭnātē, en ordre, régulièrement : [C] Pros.

ordĭnātim, en ordre, régulièrement : [C] Pros.

ordĭnātĭo, *ōnis*, f., action de mettre en ordre, ordonnance, disposition, arrangement : [C] Pros., [+C] Pros. ; ***vitae*** [+C] Pros., plan de vie ; ***anni*** [+C] Pros., arrangement (mise en ordre) du calendrier ‖ ***Dei ordinatio***, le plan, l'arrangement de Dieu : [T] Pros. ‖ ordonnance, décret impérial : [+C] Pros. ‖ organisation politique : [+C] Pros. ‖ distribution des charges : [+C] Pros.

ordĭnātŏr, *ōris*, m., celui qui met en ordre, qui règle, ordonnateur : ***litis*** [+C] Pros., celui qui instruit un procès, magistrat instructeur ‖ [chrét.] organisateur, régulateur, celui qui préside à l'ordre des choses [Dieu] : [T] Pros.

ordĭnātus, *a*, *um*, part.-adj. de *ordino*, réglé, régulier : [C] Pros., [+C] Pros. ‖ ***-ior*** [+C] Pros. ; ***-issimus*** [+C] Pros.

ordĭnō, *ās, āre, āvī, ātum*, tr. ¶ **1** mettre en ordre : ***partes orationis*** [C] Pros., ordonner les parties d'un discours ; ***milites*** [C] Pros., répartir en rangs les soldats ; ***copiae ordinatae*** [C] Pros., troupes disposées en ordre ; ***cupiditates*** [+C] Pros., mettre en bataille ses passions, les disposer pour l'assaut ¶ **2** arranger, disposer en ordre régulier : ***cum omnia ordinarentur*** [C] Pros., alors que tout était arrangé ; ***bibliothecas*** [+C] Pros., ranger des bibliothèques ; ***res suas*** [+C] Pros., mettre de l'ordre dans ses affaires ; ***publicas res*** [C] Poés., disposer les événements politiques en un récit ordonné ‖ régler, organiser : ***statum civitatum*** [+C] Pros., régler l'organisation des cités [= leur donner une constitution] ; ***provinciam*** [+C] Pros., organiser une province, y mettre bon ordre

ordĭŏr, *īrĭs, īrī, orsus sum*, tr., commencer, entamer : ***orationem*** [C] Pros., commencer un discours, en composer l'exorde ‖ [avec inf.] commencer à : [C] Pros. ‖ [abs[t]] ***a principio ordiamur*** [C] Pros., commençons par le début ‖ [poét.] commencer à parler : [C] Poés.

ordĭtūra, *ae*, f., arrangement : [T] Poés.

ordo, *ĭnis*, m. ¶ **1** ordre : ***aetatum ordo*** Cic., l'ordre chronologique ; ***verborum ordo*** Cic., l'ordre des mots ; ***rerum ordo*** Cic., l'enchaînement ordonné des faits ; [d'où] ***orationis ordo*** Cic., la bonne ordonnance d'un discours ‖ ***in ordinem adducere*** Cic., mettre en ordre ; ***ex ordine*** Cic., dans l'ordre, à la file, successivement ; ***in ordine*** Virg. ; ***per ordinem*** Quint., même sens ; ***ordine*** Cic., en ordre, point par point, [ou] régulièrement, conformément à la règle ¶ **2** [en part.] ***a)*** ordre, classe sociale [à Rome : sénateurs, chevaliers, plébéiens] : ***ordo senatorius*** Cic., l'ordre sénatorial ; ***ordo*** [seul] Cic., même sens ; ***frequens ordo*** Cic., le sénat en nombre ; ***equester ordo*** Cic., l'ordre équestre ***b)*** [archit.] ordre, style : Vitr. ¶ **3** ligne, rang, rangée : ***directo ordine*** Cic., en ligne droite ; ***ordines arborum*** Cic., rangées d'arbres ; ***ternus ordo remorum*** Virg., triple rang de rames ; [en part.] rangée de gradins au théâtre : Cic. ‖ suite, file de gens : ***comitum ordo*** Juv., une file de compagnons, une escorte ¶ **4** [milit.] ***a)*** rang, file (de soldats) : ***ordine egredi*** Sall., sortir du rang ; ***ordines restituere*** Sall., reformer les rangs ; ***nullo ordine iter facere*** Caes., marcher en désordre ***b)*** centurie : Caes. ***c)*** grade de centurion : ***primi ordines*** Caes., les centurions du plus haut grade

Ordovīces, *um*, m. pl., peuple de Bretagne : [+C] Pros.

Ŏrēădĕs, *um*, f. pl., Oréades, nymphes des montagnes : [C] Poés. ‖ sg., **Ŏrēăs**, [C] Poés.

ōrĕae, *ārum*, f. pl., mors, bride : [-C] Théât.

Ŏrēăs, → *Oreades*

Ŏrĕsĭtrŏphŏs, *i*, m., nom d'un chien d'Actéon : [C] Poés.

Ŏrestae, *ārum*, m. pl., peuple d'Épire, soumis aux Macédoniens : [C] Pros., [+C] Pros.

Ŏrestēs, *ae* ou *is* ou *i*, m., Oreste [fils d'Agamemnon et de Clytemnestre, meurtrier de sa mère, ami de Pylade ; ses aventures tragiques furent mises sur la scène par Eschyle, Sophocle, Euripide] : [C] Pros., Poés. ‖ tragédie d'Euripide : [C] Pros. ‖ **-tēus**, *a, um*, d'Oreste : [C] Poés.

Ŏrestilla, *ae*, f., surnom de femme dans la *gens Aurelia* : [C] Pros.

Ŏrestis, *ĭdis*, f., l'Orestide [province entre l'Épire et la Macédoine] : [C] Pros.

Ōrētāni, *ōrum*, m. pl., peuple de la Celtibérie [capit. Castulo] : [C] Pros.

ŏrexis, *is*, f., appétit : [+C] Poés.

orf-, → *orph-*

Orfĭtus, surnom d'un *Cornelius* : [+C] Pros.

1 **orgănĭcus**, *a, um*, d'instrument, mécanique : [C] Pros.

2 **orgănĭcus**, *i*, m., joueur d'instruments, musicien : [C] Poés.

orgănizō, *ās, āre, -, -*, intr., jouer d'un instrument : [T] Pros.

orgănum, *i*, n. ¶ **1** instrument, machine [en gén.] : [C] Pros., [+C] Pros. ‖ [oppos. à *machina*] [C] Pros. ‖ [fig.] pl., ressorts, moyens : [+C] Pros. ¶ **2** instrument de musique : [+C] Pros. ‖ orgue [instrument de musique] : ***organum hydraulicum*** [+C] Pros., [T] Pros. ‖ tuyau [de l'orgue hydraulique] : [C] Pros. ‖ registre [de musique] : [+C] Pros.

Orgessum, *i*, n., place forte de Macédoine : [C] Pros.

Orgĕtŏrix, *īgis*, m., nom d'un Helvète : [C] Pros.

orgĭa, *ōrum*, n. pl., orgies, mystères de Bacchus : [C] Poés. ‖ objets sacrés (mystérieux) [placés dans les cistes et servant à la célébration des mystères de Bacchus] : [C] Poés., [+C] Théât. ‖ [en gén.] mystères, cérémonies religieuses : [+C] Poés. ‖ [fig.] mystères, secrets : [+C] Pros.

Orgĭagon, *ontis*, m., roitelet galate : [C] Pros.

Orgomanēs, *is*, m., rivière de Bactriane : [T] Pros.

ōria, → *horia*

ōrĭae, → *oreae*

Ŏrīăs, *ădis*, f., chienne d'Actéon : [+C] Poés.

Ŏrībăsŏs, *i*, m., Oribase [chien d'Actéon] : [C] Poés.

ŏrīchalcum, *i*, n. ¶ **1** laiton, cuivre jaune : [C] Pros., Poés. ¶ **2** pl., armes de cuivre : [+C] Poés.

ōrĭcilla, **ōrĭcŭla**, → *auric*

Ōrĭcŏs (**-cus**), f., [C] Poés. et **Ōrĭcum**, *i*, n., [C] Poés., [C] Pros., Oricum [ville d'Épire et port] ‖ **-cĭus**, *a, um*, d'Oricum : [C] Poés. ‖ **-cīni**, *ōrum*, m. pl., les habitants d'Oricum : [C] Pros.

ōrĭcŭlārĭus, → *aur*

ŏrĭens ¶ **1** part. de *orior* ¶ **2** subst. ***a)*** le soleil levant : [C] Poés. ***b)*** l'orient, le levant, l'est : [C] Pros. ‖ pays du levant, l'Orient : [C] Pros., [+C] Pros.

ŏrĭentālis, *e*, oriental, d'orient : [+C] Pros.

Orĭentĭus, *ĭi*, m., poète chrétien [s. Orens d'Auch] : [T] Poés. ‖ un autre : [T] Poés.

ōrĭfĭcĭum, *ĭi*, n., orifice, ouverture : [+C] Pros., [T] Pros.

ōrīga, *ae*, m., → *auriga* : [C] Pros.

ŏrīgănītum vīnum, *i*, n., vin d'origan : [-C] Pros.

ŏrīgănum, *i*, n. (**-nus**, *i*, m.), origan [plante] : [+C] Pros.

Ōrĭgĕnēs, *is*, m., Origène [un des Pères de l'Église] : [T] Pros. ‖ **-nista** (**-nistēs**), *ae*, m., sectateur d'Origène : [T] Pros.

ŏrīgĭnālis, *e*, qui existe dès l'origine, primitif, originel : [+C] Pros., [T] Pros.

ŏrīgĭnālĭtĕr, adv., originairement, primitivement : [T] Pros.

ŏrīgĭnātĭo, *ōnis*, f., étymologie : [+C] Pros.

ŏrīgĭnĭtus, adv., originairement, d'origine : [T] Pros.

1 **ŏrīgo**, *ĭnis*, f. ¶ **1** origine, provenance, naissance ***a)*** [des choses] [C] Pros. ; [d'un peuple] [C] Pros. ; [livre de Caton sur les origines de Rome] [C] Pros. ; ***in sexta Origine*** [+C] Pros., dans le sixième livre des Origines ; [C] Pros. ‖ [gram.] source, provenance : [C] Pros. ‖ étymologie : [C] Pros., [+C] Pros. ***b)*** [de l'homme] ***originem ab aliquo ducere*** [C] Poés. ¶ **2** auteur, père d'une race : [C] Poés., [+C] Pros. ‖ sang, race, famille : [+C] Pros. ‖ métropole : pl., [C] Pros. ¶ **3** [fig.] origine, cause, source, principe [d'un gouvernement, du bien, de l'éloquence] : [C] Pros.

2 **Ōrīgo**, *ĭnis*, f., nom de femme : [C] Poés.

ōrĭŏla, → *horiola*

Ōrīōn, *ŏnis* et *ōnis*, m., Orion [chasseur changé par Diane en une constellation qui porte son nom] : [C] Poés., [+C] Poés.

ŏrĭŏr, *īrĭs, īrī, ortus sum, ŏrĭtūrus*, intr. ¶ **1** se lever ***a)*** sortir du lit : ***consul oriens*** [C] Pros., le consul se levant ‖ se lever [en parl. des astres] : [C] Poés., Pros. ‖ [d'où] ***orta luce*** [C] Pros., après le lever du jour ***b)*** [en parl. d'une plante] : [C] Pros. ¶ **2** [fig.] se lever, naître, tirer son origine ***a)*** tirer sa naissance : [C] Pros. ; ***a Catone ortus*** [C] Pros., descendant de Caton ; ***aliquis a se ortus*** [C] Pros., un homme né de lui-même, dont la noblesse commence à lui-même ‖ [avec *ex*] [-C] Théât., [C] Pros. ***b)*** commencer : [C] Pros. ; ***oratio oriens*** [C] Pros., le début de la phrase

Ōrĭos, → *Orius*

Ōrītae, *ārum*, m. pl., peuple de Gédrosie : [+C] Pros.

Ōrītāni, *ōrum*, m. pl., habitants d'OréumEubée : [C] Pros.

Ōrīthyĭa, *ae*, f., Orithye [fille d'Érechthée, roi d'Athènes, enlevée par Borée, qui la transporta en Thrace] : [C] Pros., Poés.

Ōrīthyĭŏn, *ĭi*, n., montagne d'Idalie [Chypre] : [T] Poés.

ŏrĭtūrus, *a, um*, V. *orior*

1 **ŏrĭundus**, ***a, um***, natif, originaire, issu de, qui tire son origine de [lieux ou personnes] : [avec *ab*] [C] Pros. ; [avec *ex*] [-C] Théât., [C] Pros. ; [avec abl. seul] [-C] Pros., [C] Pros., Poés.

2 **Ŏrĭundus**, ***i***, m., fleuve de l'Illyrie : [C] Pros.

Ōrīus (-ŏs), ***ĭi***, m., nom d'un Lapithe : [C] Poés.

Ormĕnis, ***ĭdis***, f., fille d'Orménius [Astydamie] : [C] Poés.

ormīnum, V. *hor*

Ormisdas, V. *Hor*

Orna (-ās), ***ae***, m., rivière de la Gaule Belgique [l'Orne] : [+T] Poés.

ornāmentum, ***i***, n. ¶ **1** [pl.] appareil, attirail, équipement : [C] Pros. ‖ harnais, collier : [-C] Pros. ‖ armure : [+C] Pros. ‖ costume de théâtre : [-C] Théât. ¶ **2** ornement, parure : ***ornamenta fanorum*** [C] Pros., les ornements des temples ; ***(domus est) ornamento urbi*** [C] Pros. ; ***ornamento urbis*** [C] Pros., (la maison est) un ornement pour la ville, de la ville ‖ [rhét.] ornements du style, figures : [C] Pros. ‖ qualités littéraires, beauté de l'expression : [C] Pros. ‖ [en part.] ornements, insignes [du triomphe, des divers magistrats] : [+C] Pros. ¶ **3** titre honorifique distinction : [C] Pros.

ornātē, d'une manière ornée, avec élégance : [C] Pros. ; ***-tius*** [C] Pros.

ornātĭo, ***ōnis***, f., action d'orner, ornement : [C] Pros.

ornātrix, ***īcis***, f., celle qui habille, femme de chambre, coiffeuse : [C] Poés., [+C] Pros.

1 **ornātus**, ***a, um***, part.-adj. de *orno* ¶ **1** équipé, approvisionné, outillé : [C] Pros. ¶ **2** orné, paré, élégant : [C] Pros. ; ***verba ornatissima*** [C] Pros., les expressions les plus élégantes ; ***ornatus in dicendo*** [C] Pros., orateur à la parole élégante ¶ **3** qui sert de parure : ***ornatior*** [C] Pros., qui donne plus de lustre ¶ **4** honorable, distingué, considéré : ***vir ornatus*** [C] Pros., homme distingué

2 **ornātŭs**, ***ūs***, m. ¶ **1** appareil, outillage, attirail : [-C] Pros. ‖ ***nihil ornati*** [-C] Théât., aucun apprêt ‖ équipement, accoutrement, costume : [-C] Théât., [C] Pros. ¶ **2** ornement, parure : ***ornatus urbis*** [C] Pros., ornement, décoration de la ville ; pl., ***parietum ornatus*** [C] Pros., les ornements des mur ; ***ad ornatum aedilitatis*** [C] Pros., pour embellir, rehausser l'édilité [= les jeux donnés par l'édile] ‖ [rhét.] parure, beauté du style : [C] Pros.

1 **ornĕus**, ***a, um***, d'orne : [+C] Pros.

2 **Ornēus**, ***i***, m., Centaure : [C] Poés.

Orni, ***ōrum***, m. pl., lieu fortifié en Thrace : [C] Pros.

ornīthōn, ***ōnis***, m., volière : [C] Pros., [+C] Pros.

ornō, ***ās, āre, āvī, ātum***, tr. ¶ **1** équiper, outiller, préparer : ***classem*** [C] Pros., équiper une flotte, armer des navires ; ***convivium*** [C] Pros., faire les apprêts d'un festin ; ***provincias, consules*** [C] Pros., munir de tout le nécessaire [subsides, troupes, personnel] les gouverneurs de provinces ; [C] Pros. ¶ **2** orner, parer : ***domum*** [C] Pros., orner une maison ‖ [fig.] embellir, rehausser, honorer : ***aliquem laudibus*** [C] Pros., rehausser qqn par des éloges ; ***seditiones ipsas*** [C] Pros., présenter sous un beau jour les séditions elles-mêmes ; ***ornare aliquem*** [C] Pros., contribuer à l'honneur de qqn [par des louanges, des recommandations]

ornus, ***i***, f., orne, frêne à fleurs : [C] Poés. ‖ bois de lance : [+C] Poés.

Ornȳtus, ***i***, m., nom de guerrier : [C] Poés.

ōrō, ***ās, āre, āvī, ātum***, tr. ¶ **1** parler, dire : [-C] Théât. ‖ [absᵗ] [C] Poés. ¶ **2** parler comme orateur : ***causam*** [C] Pros., plaider une cause ‖ [absᵗ] ***orare pro aliquo*** [C] Pros., plaider pour qqn ; ***ars orandi*** [+C] Pros., art oratoire ; ***orantes*** [+C] Pros., les orateurs ¶ **3** prier, solliciter, implorer : [absᵗ] [C] Pros. ‖ ***aliquem*** [C] Pros., prier qqn ‖ ***rem***, demander qqch. en suppliant, implorer une chose : [C] Pros. : [+C] Pros. ‖ [avec deux acc.] : ***aliquem libertatem*** [+C] Pros., solliciter de qqn la liberté ‖ ***rem ab aliquo*** [C] Poés., solliciter une chose de qqn ‖ [avec *ut, ne* subj.] prier de, prier de ne pas : [C] Pros. ‖ [avec subj. seul] : [C] Pros. ‖ [avec inf.] [C] Poés., [+C] Pros. ‖ ***orare ab aliquo ut***, demander à qqn de : [-C] Théât., [+C] Pros., ou ***cum aliquo, ut*** [-C] Théât. ‖ [alliances fréquentes d. Cicéron] ***rogo atque oro, oro atque obsecro, oro atque obtestor***, prier et supplier, prier et conjurer ‖ [parenth.] ***oro te***, je te prie, de grâce : [C] Pros.

Ŏrŏanda, n. pl., Oroanda [ville de Pisidie] : [C] Pros. ‖ **-denses**, ***ium***, m. pl., habitants d'Oroanda : [C] Pros. ‖ **-dĭcus**, ***a, um***, d'Oroanda : [C] Pros.

Ŏrŏandēs, ***is***, m., nom d'un Crétois : [C] Pros.

Ŏrŏandĭcus, V. *Oroanda*

Ŏrōdēs, ***is***, m., Orode [roi des Parthes, qui fit prisonnier Crassus] ‖ gén. ***Orodi*** [C] Pros. ‖ roi de Colchide : [+C] Pros. ‖ roi d'Albanie [Caucase] : [T] Pros. ‖ nom de guerrier : [C] Poés.

Ōrŏmĕdōn, ***ontis***, m., un des Géants : [C] Poés.

Orongis, acc. ***in***, ville minière d'Espagne : [C] Pros.

Ŏrontēs, ***ae, is*** ou ***i***, m. ¶ **1** **-ēus**, ***a, um***, de l'Oronte : [C] Poés. ¶ **2** chef des Lyciens, un des compagnons d'Énée : [C] Poés.

Ōrōpŏs (-pus), ***i***, f., ville de Béotie, près de l'Attique : [C] Pros.

Orphăĭci, ***ōrum***, m. pl., Orphiques [sectateurs d'Orphée] : [T] Pros.

orphănus, ***i***, m., orphelin : [T] Pros.

Orpheūs, ***ĕi*** ou ***ĕos***, m., Orphée [fils de la Muse Calliope, célèbre joueur de lyre, époux d'Eurydice] : [C] Pros. ‖ **-ēŭs**, ***a, um***, d'Orphée : [C] Poés. ‖ **-ēĭcus**, ***a, um***, d'Orphée, orphique : [T] Pros., **-ĭcus**, ***a, um***, [C] Pros.

Orphĭdĭus, ***ĭi***, m., nom d'homme : [+C] Pros.

Orphnaeus, ***i***, m., un des chevaux du char de Pluton : [T] Pros.

Orphnē, ***ēs***, f., mère d'Ascalaphus : [C] Poés.

orsa, ***ōrum***, n. pl., [poét.] paroles, discours : [C] Poés. ‖ entreprises : [+C] Poés.

orsōrĭus, ***a, um***, qui sert à ourdir [tissage] : [T] Pros.

orsŭs, ***ūs***, m., entreprise, commencement : [C] Pros.

Ortălus, V. *Hort*

Ortānus, V. *Hort*

Ortensĭus, V. *Hort*

Orthānēs, ***is*** **(nus-**, ***i*)**, m., surnom de Bacchus : [+C] Poés.

orthĭus, ***a, um***, élevé, aigu : [+C] Pros.

Orthŏbūla, ***ae***, f., nom de femme : [C] Pros.

orthŏcissŏs (-us), ***i***, f., sorte de lierre : [+C] Pros.

orthŏdoxus, ***a, um***, orthodoxe : [T] Pros.

orthŏgōnĭus, ***a, um***, rectangle, qui est à angles droits : [C] Pros.

orthŏgrăphĭa, ***ae***, f., [archit.] orthographie [tracé en élévation] : [C] Pros. ‖ orthographe : [+C] Pros.

orthopsaltĭcus, ***a, um***, exécuté sur un ton très élevé : [C] Poés.

orthŏpȳgĭum, ***ĭi***, n., croupion : [+C] Poés.

Orhōsĭa, ***ae***, f., ville de Carie : [C] Pros.

orthostăta, ***ae***, m., parement [d'un mur] : [C] Pros. ‖ support vertical [dans une machine] : [C] Pros.

Orthrus, ***i***, m., chien de Géryon : [+C] Poés.

ortīvus, ***a, um***, qui a rapport à la naissance [horoscope] : [C] Poés. ‖ naissant, levant [soleil] : [+C] Pros.

Ortogordomaris, ***i***, m., fleuve voisin du Paropamise, dans l'Asie centrale : [T] Pros.

Ortōna, ***ae***, f., ville maritime du Latium : [C] Pros.

ortŭlānus, V. *hortulanus*

1 **ortus**, ***i***, m., V. *hortus*

2 **ortŭs**, ***ūs***, m. ¶ **1** naissance, origine ***a)*** [d'une chose] [C] Pros. ; [des vignes] [C] Pros. ; [d'êtres vivants] [C] Pros. ***b)*** [de pers.] ***ortu Tusculanus*** [C] Pros., Tusculan de naissance ¶ **2** lever [des astres] : [C] Pros.

Ortȳgĭa, ***ae***, f., Ortygie ¶ **1** autre nom de l'île de Délos : [C] Poés. ¶ **2** île en face de Syracuse : [C] Poés. ¶ **3** forêt voisine d'Éphèse : [+C] Pros. ‖ **-ĭus**, ***a, um***, d'Ortygie, de Délos : [C] Poés.

Ortȳgiē, ***ēs***, f., V. *Ortygia*

ortyx, ***ȳgis***, f., caille [oiseau] : [+C] Poés.

Ōrus, ▶ *Horus*

ŏryx, *ȳgis*, m., gazelle : [+C] Pros.

ŏryza, *ae*, f., riz : [C] Poés., [+C] Pros.

1 **ōs**, *ōris*, n.

I ¶**1** bouche, gueule : [C] Pros. ‖ ***omnibus in ore*** [C] Pros., être dans la bouche de tout le monde, faire l'objet des propos de la foule ; [-C] d. [C] Pros. ; ***in ore (semper) habere aliquid, aliquem***, avoir constamment qqch., qqn à la bouche, citer const[t] qqch., qqn : [C] Pros. ‖ ***uno ore*** [C] Pros., d'une seule voix, unanimement ; ***ore tenus*** [+C] Pros., jusqu'à la bouche seulement, en parole seulement ; [C] Pros. ¶**2** organe de la parole, voix, prononciation : [C] Pros., Poés. ¶**3** entrée, ouverture : [C] Pros. ; ***in ore portus*** [C] Pros., à l'ouverture du port ‖ embouchure : [C] Pros. ‖ source : [C] Poés. ‖ proue de navire : [C] Poés.

II ¶**1** visage, face, figure : [C] Pros. ; ***os Gorgonis*** [C] Pros., la tête de Méduse ; [+C] Pros. ; ***aliquem in os laudare*** [-C] Théât., louer qqn en face ; [C] Pros. ; ***alicui ante os esse*** [C] Pros., être sous les regards de qqn ; ***ante ora conjugum*** [C] Pros., sous les regards des épouses ‖ ***os ducere*** [C] Pros., grimacer ¶**2** [fig.] physionomie, air [en tant qu'expression des sentiments, cf. *frons*] : [C] Pros.

2 **ŏs**, *ossis*, gén. pl. *ossium*, n. ¶**1** os, ossement : [C] Pros. ‖ [poét.] moelle des os = fond de l'être : [C] Poés. ‖ [fig.] ***ossa*** [C] Pros., le squelette [= les dehors, l'apparence] ; ***ossa nudare*** [C] Pros., décharner des os [avoir un style décharné] ¶**2** [la partie la plus intime d'un arbre, d'un fruit] cœur, noyau : [+C] Pros.

osanna, ▶ *hos*

Osca, *ae*, f., ville d'Espagne (Tarraconaise) [auj. Huesca] : [C] Pros. ‖ **-censis**, *e*, d'Osca : [C] Pros. ‖ subst. m. pl., les habitants d'Osca : [C] Pros.

Oscē, adv., dans la langue des Osques : [C] Pros., [+C] Pros.

oscēdo, *ĭnis*, f., bâillements fréquents : [+C] Pros.

oscĕn, *ĭnis*, m., oscène [tout oiseau dont le chant servait de présage] : [C] Pros., Poés.

Oscenses, *ĭum*, m. pl., ▶ *Osca*

Osci, *ōrum*, m. pl., Osques [ancien peuple entre les Volsques et la Campanie] : [C] Pros., Poés. ‖ **Oscus**, *a*, *um*, osque : [C] Pros.

oscillātĭo, *ōnis*, f., action de se balancer : [+C] Pros., Poés.

oscillum, *i*, n., cavité d'où part le germe [du lupin] : [+C] Pros. ‖ oscille [figurine qu'on suspendait aux arbres en offrande à Saturne et à Bacchus] : [C] Poés., [T] Pros.

oscĭtābundus, *a*, *um*, qui bâille souvent : [+C] Pros., [T] Pros.

oscĭtans, *tis*, part.-adj. de *oscito*, indolent, négligent : [C] Pros. ; ***sapientia*** [C] Pros., sagesse paresseuse

oscĭtantĕr, adv., avec nonchalance, négligemment : [C] Pros.

oscĭtātĭo, *ōnis*, f., bâillement [pers.] : [+C] Pros. ‖ nonchalance, indifférence : [+C] Pros., Poés.

oscĭtō, *ās*, *āre*, *āvī*, *ātum*, intr. ¶**1** ouvrir la bouche, bâiller : [C] Poés., Pros., [+C] Pros. ¶**2** être de loisir : [C] Pros. ¶**3** s'ouvrir, s'épanouir [feuilles, fleurs] : [+C] Pros.

oscĭtŏr, *ārĭs*, *ārī*, -, dép., intr., bâiller : [-C] Théât. ‖ demeurer inerte, les bras croisés : [C] Pros.

oscŭlābundus, *a*, *um*, qui couvre de baisers : [+C] Pros. ‖ [avec acc.] [+C] Pros.

oscŭlātĭo, *ōnis*, f., action d'embrasser : [C] Pros.

oscŭlātus, *a*, *um*, part. de *osculor* et de *osculo*

oscŭlō, *ās*, *āre*, *āvī*, *ātum*, tr., donner un baiser : [+C] Pros.

oscŭlŏr, *ārĭs*, *ārī*, *ātus sum*, tr., donner des baisers : [C] Pros. ‖ caresser, choyer : [C] Pros.

oscŭlum, *i*, n. ¶**1** petite bouche : [C] Poés. ¶**2** baiser : [C] Pros. ; ***figere*** [C] Poés., imprimer un baiser ; ***osculum ferre alicui*** [C] Pros., donner un baiser à qqn

Oscus, *a*, *um*, ▶ *Osci*

Osdrŏēna, *ae*, f., l'Osdroène ou Osroène [région de la Mésopotamie] : [T] Pros. ‖ **-ēni**, *ōrum*, m. pl., habitants de l'Osroène : [T] Pros.

Osi, *ōrum*, m. pl., peuple de Germanie : [+C] Pros.

Osĭnĭus, *ĭi*, m., roi de Clusium et allié d'Énée : [C] Poés.

Ōsīris, *is* et *ĭdis*, m., l'une des grandes divinités de l'Égypte : [C] Poés., Pros., [+C] Poés. ‖ nom d'un guerrier rutule : [C] Poés.

Osismi (Oss-), *ōrum*, m. pl., Osismes [peuple de Gaule, à l'ouest de l'Armorique] : [C] Pros.

osmĕn [arch.], ▶ *1 omen* : [C] Pros.

osnāmentum [arch.], ▶ *orna* : [C] Pros.

Ōsōpus, *i*, m., ville des Alpes carniques [auj. Osoppo] : [T] Poés.

ōsŏr, *ōris*, m., celui qui hait : [-C] Théât., [+C] Pros.

ospĕs, ▶ *hospes*

Osphăgus, *i*, m., rivière de Macédoine : [C] Pros.

osprĕŏn, *i*, m., légumineuse : [+C] Pros.

Osquidātes, ▶ *Osci*

Osrŏēnē, ▶ *Osdroena*

Ossa, *ae*, f., le mont Ossa [en Thessalie, séjour des Centaures] : [C] Poés. ; ***Ossan*** [acc. grec] [C] Poés. ‖ **Ossaeus**, *a*, *um*, de l'Ossa : [+C] Poés.

ossĕus, *a*, *um*, osseux : [+C] Poés.

ossĭcŭlum, *i*, n., petit os : [+C] Pros.

ossĭfrăga, *ae*, f., orfraie [oiseau de proie] : [C] Poés.

ossĭfrăgus, *a*, *um*, qui brise les os : [C] Pros.

Ossĭpāgĭna, *ae*, f., déesse qui présidait à la consolidation des os de l'enfant dans le sein de sa mère : [T] Pros.

ossŭclum (-ŭcŭlum), *i*, n., ▶ *ossiculum* ; [+C] Pros.

ostendō, *ĭs*, *ĕre*, *tendī*, *tentum* (postclass. *tensum*), tr. ¶**1** tendre en avant : ***manus*** [-C] Théât., tendre les mains en avant ¶**2** présenter, exhiber, exposer, montrer : [-C] Pros. ; ***Aquiloni glebas*** [C] Poés., exposer les mottes de terre à l'Aquilon ‖ [milit.] [C] Pros. ¶**3** mettre en avant ***a)*** faire voir [comme perspective] : ***spem, metum*** [C] Pros., mettre en avant l'espérance, la crainte ***b)*** opposer : [C] Pros. ***c)*** [avec prop. inf.] montrer que, faire comprendre que, laisser voir que : [C] Pros. ; [avec interrog. indir.] [C] Pros.

ostensĭo, *ōnis*, f., action de montrer : [+C] Pros. ‖ apparition, manifestation : [T] Pros.

ostensŏr, *ōris*, m., celui qui montre : [+C] Pros.

ostentāmĕn, *ĭnis*, n., ostentation : [T] Poés.

ostentānĕus, *a*, *um*, de présage : [+C] Pros.

ostentārĭus, *a*, *um*, subst. m., traité des prodiges : [T] Pros.

ostentātĭo, *ōnis*, f. ¶**1** action de montrer ostensiblement : [+C] Pros. ‖ démonstration militaire : [C] Pros. ¶**2** [fig.] ostentation, étalage, parade : [abs[t]] [C] Pros. ; ***ingenii*** [C] Pros., étalage de son talent ‖ ***ostentationes meae*** [C] Pros., mes démonstrations, mes promesses ‖ parade trompeuse, faux semblant : [C] Pros.

ostentātŏr, *ōris*, m. ¶**1** celui qui étale, qui fait montre de, qui fait parade de : [C] Pros., [+C] Pros. ¶**2** qui attire l'attention sur, qui met sous les yeux : [+C] Pros.

ostentātrix, *īcis*, f., celle qui étale, qui tire vanité de : [+C] Pros.

ostentō, *ās*, *āre*, *āvī*, *ātum*, tr. ¶**1** tendre, présenter avec insistance : [C] Pros. ; ***passum capillum*** [C] Pros., étaler sa chevelure éparse ¶**2** présenter, faire voir ostensiblement : ***spes ostentatur*** [C] Pros., un espoir se montre visiblement ; ***agrum Campanum*** [C] Pros., faire briller devant les yeux le territoire campanien ‖ étaler devant les yeux [comme perspective] : ***caedem, servitutem*** [C] Pros., montrer en perspective le carnage, la servitude ‖ étaler comme preuve, comme témoignage : [C] Pros. ¶**3** faire parade de, étalage de : ***prudentiam*** [C] Pros., faire parade de sa prudence ; ***triumphos, consulatus*** [C] Pros., étaler des triomphes, des consulats ; ***se*** [C] Pros., faire étalage de soi, se mettre en valeur ; ***se in aliqua re*** [C] Pros., se faire valoir par qqch. ¶**4** [avec prop. inf.] faire voir que : [C] Pros. ; [avec interrog. indir.] [+C] Pros.

ostentum, *i*, n., tout ce qui sort de l'ordre habituel et a valeur de signe, prodige : [C] Pros.

ostentŭs, *ūs*, m., action de montrer, d'étaler aux yeux, étalage : ***abjectus ostentui*** [+C] Pros., jeté en spectacle ‖ preuve, signe : ***ostentui esse alicujus rei*** [C] Pros., être une preuve vivante de qqch. ; [+C] Pros. ‖ ***ostentui esse*** [C] Pros., être pour la montre (une feinte)

ostēs, *ae*, m., séisme brutal : [+C] Pros.

Ostĭa, *ae*, f., Ostie [port à l'embouchure du Tibre] : [C] Pros. ‖ **-tĭa**, *ōrum*, n. pl., [C] Pros. ‖ **-ĭensis**, *e*, d'Ostie : [C] Pros.

ostĭārĭa ancilla et abs[t] **ostĭārĭa**, *ae*, f., gardienne, portière : [T] Pros.

ostĭārĭum, *ĭi*, n., impôt mis sur les portes : [C] Pros.

ostĭārĭus, *ĭi*, m., portier, concierge : [C] Pros.

ostĭātim, adv., de porte en porte, de maison en maison : [C] Pros.

ostīgo, *ĭnis*, f., dartre sur le visage : [+C] Pros.

ostĭŏlum, *i*, n., petite porte : [+C] Pros.

ostĭum, *ĭi*, n., entrée, porte [de maison] : [-C] Théât. ; ***rectum ostium*** [-C] Théât., porte de devant ; ***ostium posticum*** [-C] Théât., porte de derrière ; [C] Pros. ‖ embouchure [d'un fleuve] : [C] Pros., Poés. ‖ entrée : [C] Pros. ; ***Oceani*** [C] Pros., entrée de l'Océan [détroit de Gibraltar]

Ostĭum Ōcĕăni, [V ▶] *ostium*

Ostōrĭus, *ĭi*, m., nom d'homme : [+C] Pros.

ostrĕa, *ae*, f., huître : [C] Pros., [C] Pros.

ostrĕātus, *a*, *um*, rendu écailleux, transformé en écailles [plais[t]] : [-C] Théât.

ostrĕōsus (-ĭōs-), *a*, *um*, ***-osior*** [C] Poés.

ostrĕum, *i*, n., [V ▶] *ostrea*, huître : [-C] Poés., [+C] Pros., [C] Poés., Poés.

ostrĭcŏlŏr, *ōris*, de couleur pourpre : [T] Poés.

ostrĭfĕr, *ĕra*, *ĕrum*, abondant en huîtres : [C] Poés.

ostrīnus, *a*, *um*, de pourpre : [C] Poés.

Ostrŏgŏthae, *ārum*, m. pl., ;**Ostrŏgŏthi**, *ōrum*, m. pl., sg., **-thus**, [T] Poés.

ostrum, *i*, n., pourpre [couleur tirée d'un coquillage] : [C] Poés. ‖ étoffe de pourpre : [C] Poés.

Ŏsўris, [V ▶] *Osiris*

Otăcĭlĭus, *ĭi*, m., nom de famille : [C] Pros.

ōtăcusta (-stēs), *ae*, m., espion : [+C] Pros.

Ŏtho, *ōnis*, m., surnom romain, not[t] L. Roscius Othon [tribun de la plèbe, qui fixa la place des chevaliers au théâtre] : [C] Pros. ‖ M. Salvius Othon [qui détrôna Galba et fut vaincu par Vitellius, empereur de janv. à avril 69] : [+C] Poés. ‖ **-nĭānus**, *a*, *um*, d'Othon : [+C] Pros. ‖ subst. m. pl., les soldats d'Othon : [+C] Pros.

Ōthŏs, [V ▶] *Otus*

Othreptē, *ēs*, f., nom d'une Amazone : [+C] Poés.

Ŏthrўădēs, *ae*, m., fils d'Othrys [= Panthus] : [C] Poés. ‖ général lacédémonien, qui, dans un combat contre les Argiens, resta seul vivant : [C] Poés., [+C] Pros.

Ŏthrўs, *ўŏs*, m., l'Othrys [mont de Thessalie] : [C] Poés.

ōtĭābundus, *a*, *um*, qui a beaucoup de loisirs : [T] Pros.

ōtĭŏr, *ārĭs*, *ārī*, *ātus sum*, intr., être de loisir, prendre du repos : [C] Pros., Poés.

ōtĭōse, adv., de loisir : [C] Pros. ‖ sans souci, tranquillement : [-C] Théât. ‖ à loisir, à son aise : [C] Pros.

ōtĭōsĭtas, *ātis*, f., oisiveté : [T] Pros. ‖ loisir ; pl., les manifestations du loisir : [T] Pros.

ōtĭōsus, *a*, *um* ¶ **1** oisif, qui est sans occupation, de loisir : [C] Pros. ‖ ***alicui otiosum est*** [avec inf.] [+C] Pros., qqn a le temps de ¶ **2** [en part.] qui n'est pas pris par les affaires publiques, loin des affaires : [C] Pros. ; ***otiosa senectus*** [C] Pros., une vieillesse libre de son temps ‖ m. pris subst[t], homme éloigné de la politique : [C] Pros. ¶ **3** qui ne participe pas à une affaire, neutre, indifférent : [C] Pros. ¶ **4** calme, paisible, tranquille : [-C] Théât., [C] Pros. ¶ **5** [rhét.] qui prend son temps, qui s'attarde : [+C] Pros. ‖ [en parl. du sytle] lent, languissant : [+C] Pros. ¶ **6** oiseux, inutile, superflu : ***otiosissimae occupationes*** [+C] Pros., occupations les plus oiseuses ‖ oisif, qui ne rapporte rien [en parl. d'argent] : [+C] Pros.

ōtĭum, *ĭi*, n., opp. à *negotium* ¶ **1** loisir, repos, [et en part.] repos loin des affaires, loin de la politique : [C] Pros. ; ***otium cum dignitate*** [C] Pros., retraite des affaires ¶ **2** inaction, oisiveté : ***languescere in otio*** [C] Pros., languir dans le désoeuvrement ; ***otio languere*** [C] Pros., languir du fait de l'inaction ¶ **3** loisir studieux : ***otium litteratum*** [C] Pros., loisir consacré aux lettres ‖ études faites à loisir, études de cabinet : [C] Pros. ; [poét.] ***otia nostra*** [C] Poés., les oeuvres de mon loisir ¶ **4** paix, calme, tranquillité : [C] Pros. ¶ **5** [expr. adv.] ***per otium*** [C] Pros., à loisir, tranquillement

Ŏtrērē, *ēs* (**rēra**, *ae*), f., une des Amazones, mère d'Hippolyte et de Penthésilée : [+C] Poés.

Ŏtreūs, *ĕi*, m., nom d'homme : [+C] Poés.

Otrĭcŭlānus, [V ▶] *Ocricul*

Ottōlōbus, *i*, m., ville de Thessalie : [C] Pros.

Ōtus (-thus, -thŏs), (**Oetus, -ŏs**), *i*, m., nom d'un géant : [+C] Poés., [T] Pros.

ŏvālis, *e*, d'ovation : [+C] Pros.

ŏvātĭo, *ōnis*, f., ovation, petit triomphe [le général victorieux défilait à pied ou à cheval] : [+C] Pros.

1 **ŏvātus**, *a*, *um*, part.-adj. de *ovo*, montré dans l'ovation : [+C] Poés.

2 **ŏvātŭs**, *ūs*, m., cri de victoire : [+C] Poés.

Ovĭa, *ae*, f., nom de femme : [C] Pros.

ŏvĭārĭus, *a*, *um*, de brebis : [+C] Pros. ‖ subst. f., **ŏvĭārĭa**, troupeau de brebis : [C] Pros.

Ŏvĭdĭus, *ĭi*, m. ¶ **1** ***P. Ovidius Naso***, Ovide, de Sulmone, poète latin : [+C] Pros. ¶ **2** Romain, ami de Martial : [+C] Poés. ‖ **-dĭānus**, *a*, *um*, d'Ovide, qui imite Ovide : [C] Pros.

ŏvĭfĕr, *ĕri*, m., mouton sauvage, mouflon [πρόβατον ἄγριον] : [+C] Pros.

ŏvīle, *is*, n., étable à brebis, bergerie : [-C] Pros., [C] Poés. ‖ étable à chèvres : [C] Poés. ‖ emplacement dans le champ de Mars fermé par des barrières, où l'on votait lors des comices : [C] Pros.

ŏvīlis, *e*, de brebis : [+C] Pros.

ŏvīlĭum, *ĭi*, n., [C ▶] *ovile* : [+T] Poés.

ŏvillus, *a*, *um*, de brebis : [-C] Pros., [C] Pros.

Ovīnĭus, *ĭi*, m., nom d'hommes : [C] Pros.

ŏvĭpărus, *a*, *um*, ovipare : [+C] Pros.

ŏvis, *is*, f., brebis : [C] Pros. ‖ laine [de brebis] : [C] Poés. ‖ [fig.] homme simple, imbécile, niais, mouton : [-C] Théât. ‖ [chrét.] les brebis, les fidèles, les ouailles : [T] Pros.

Ovĭus, *ĭi*, m., nom d'homme : [C] Pros.

ŏvō, *ās*, *āre*, -, *ātum*, intr., triompher par ovation, avoir les honneurs de l'ovation : [C] Pros. ‖ [poét.] ***ovantes currus*** [C] Poés., chars de triomphe ; [V ▶] *1 ovatus* ‖ [fig.] triompher, pousser des cris de joie, être triomphant, joyeux, fier : [C] Poés., Pros. ‖ [poét.] [C] Poés. ; ***Africus ovat*** [+C] Poés., l'Africus s'ébat [= fait rage]

ōvum, *i*, n. ¶ **1** œuf : ***ovum parere*** [C] Pros. ; ***edere*** [+C] Pros. ; ***ponere*** [C] Poés. ; ***facere*** [C] Pros., pondre ; ***incubare ova*** [C] Pros., [*ovis* [+C] Pros.], couver ‖ [allusion à l'oeuf de Léda d'où sortirent Castor et Pollux] : [C] Poés. ; ***geminum ovum*** [C] Poés., les deux oeufs de Léda [de l'un sortirent Castor et Pollux, de l'autre Clytemnestre et Hélène] ‖ sept figures oviformes dont on enlevait une à mesure qu'un tour de piste était achevé dans l'arène : [C] Pros. ¶ **2** forme ovale : [+C] Poés.

Oxathrēs, *is*, m., frère de Darius Codoman : [+C] Pros.

Oxĭŏnes, *um*, m. pl., peuple de Germanie : [+C] Pros.

oxizōmus, [V ▶] *oxyz*

Oxŏs, [V ▶] *Oxus*

Oxus (**Oxŏs**), *i*, m., fleuve de Sogdiane, qui se jette dans la mer d'Aral : [+C] Pros.

Oxўartēs, *is*, m., nom d'un Perse, père de Roxane : [+C] Pros.

oxўcŏmīnum, *i*, n., olives *Cominiae* confites dans le vinaigre : [+C] Pros.

Oxydracae, *ārum*, m. pl., peuple de l'Inde : [+C] Pros.

oxўgăla, *ae*, f. et **-la**, *actis*, n., oxygale [sorte de fromage blanc, fait avec du lait caillé] : [+C] Pros.

oxўgărum, *i*, n., oxygarum, garum mêlé de vinaigre : [+C] Poés.

oxўmĕli, *ĭtis* (**-mel**, *mellis*; **oxĭmĕlum**, *i*), n., oxymel, vinaigre miellé : Pros., Pros.

oxўpŏrĭum, *ĭi*, n., médicament digestif : Pros.

oxўpŏrus, *a*, *um*, piquant au goût : Pros. ‖ subst. n., *oxyporium* : Pros.

Oxўrhŏē, *ēs*, f., nom d'une chienne d'Actéon : Poés.

Oxyrynchus, *i*, f., Oxyrhynchos [ville d'Égypte, sur la rive occidentale du Nil] : Pros.

oxyzōmus, *a*, *um*, accommodé à la sauce piquante : Pros.

Ozogardana, *ae*, f., ville de Mésopotamie : Pros.

Ozomĕnē, *ēs*, f., femme de Thaumas, mère des Harpyes : Poés.

P

p, n., f. indécl., abréviation de ***Publius, parte, pater, pedes, pia, pondo, populus, posuerunt, publicus*** ‖ ***P. C. = patres conscripti*** ‖ ***P. M. = pontifex maximus*** ‖ ***P. R. = populus Romanus*** ‖ ***P. S. = pecunia sua***

pābŭlātĭo, *ōnis*, f. ¶ **1** action de paître, pâture : [C] Pros., [+C] Pros. ¶ **2** fourrage, action d'aller au fourrage : [C] Pros.

pābŭlātŏr, *ōris*, m., celui qui va au fourrage, fourrageur : [C] Pros.

pābŭlātōrĭus, *a, um*, de fourrage : [+C] Pros.

pābŭlŏr, *āris, ārī, ātus sum* ¶ **1** intr., prendre sa pâture, manger, se nourrir : [+C] Pros. ‖ chercher des vivres : ***prodimus pabulatum*** [-C] Théât., nous allons chercher notre pâture [pêcher] ‖ fourrager, aller au fourrage : [C] Pros. ¶ **2** tr., fumer [un végétal] : [+C] Pros.

pābŭlum, *i*, n. ¶ **1** pâturage, fourrage : ***pabulum parare*** [C] Pros., préparer le fourrage ; ***secare*** [C] Pros. ; ***supportare*** [C] Pros., couper, transporter le fourrage ; ***pabulo consumpto*** [C] Pros., le fourrage étant épuisé ¶ **2** nourriture, aliment : [C] Poés.

pācālis, *e*, de paix, relatif à la paix : [C] Poés.

Pacārius, *ĭi*, m., nom d'homme : [+C] Pros.

pācātē [inus.], paisiblement, pacifiquement : ***pacatius*** [+C] Pros.

pācātŏr, *ōris*, m., pacificateur : [+C] Pros., Poés.

pācātus, *a, um* ¶ **1** part. de *1 paco* ¶ **2** [adj[t]] en paix, pacifique, paisible : [C] Pros. ; ***in provincia pacatissima*** [C] Pros., dans la plus paisible des provinces ; ***oratio pacatior*** [C] Pros., éloquence trop paisible ‖ n., **pācātum**, *i*, contrée tranquille : [C] Pros., [+C] Pros.

Paccĭus, *ĭi*, m., ami d'Atticus et de Cicéron : [C] Pros. ‖ auteur tragique : [+C] Poés. ‖ **-ānus**, *a, um*, de Paccius : [C] Pros.

Pācensis, *is*, m., nom d'homme : [+C] Pros.

Păchȳnum, *i*, n., **Păchȳnus (-ŏs)**, *i*, m. (f.), [C] Poés. Pachynum [promontoire à l'E. de la Sicile, auj. Capo di Passaro] : [C] Pros., Poés.

Păcĭdēiānus, *i*, m., nom d'un gladiateur célèbre : [-C] Poés., [C] Pros., Poés.

păcĭfĕr, *ĕra, ĕrum*, qui apporte la paix : [C] Poés.

pācĭfĭcātĭo, *ōnis*, f., retour à la paix, accommodement, réconciliation : [C] Pros., [+C] Pros.

pācĭfĭcātŏr, *ōris*, m., pacificateur : [C] Pros.

pācĭfĭcātōrĭus, *a, um*, destiné à traiter de la paix : [C] Pros.

pācĭfĭcātus, *a, um*, part. de *pacifico*

pācĭfĭcē, adv., en paix : [T] Pros.

pācĭfĭcō, *ās, āre, āvī, ātum*, tr., apaiser : [C] Poés., [+C] Poés.

pācĭfĭcŏr, *āris, ārī, ātus sum*, intr., faire la paix : [-C] Théât. ‖ intr., traiter de la paix : ***Jugurtha pacificante*** [C] Pros., quand Jugurtha traitait de la paix ; ***pacificatum venerunt*** [C] Pros., ils vinrent pour négocier la paix

pācĭfĭcus, *a, um*, qui établit la paix : ***pacifica persona*** [C] Pros., rôle de pacificateur ‖ ***pacifica***, n. pl., victimes offertes pour la paix : [T] Pros.

Pacilus, *i*, m., surnom romain dans la famille Furia : [C] Pros.

pācis, gén. de *1 pax*

păciscō, *ĭs, ĕre, -, -*, ➡ *paciscor* : [-C] Poés., Théât.

păciscŏr, *scĕris, scī, pactus sum* ¶ **1** intr., faire un traité, un pacte, une convention, traiter, conclure un arrangement : ***cum aliquo*** [C] Pros., avec qqn ; ***votis ne...*** [C] Poés., obtenir par des voeux une convention qui empêche que... ; [+C] Pros. ¶ **2** tr., stipuler une chose : ***provinciam sibi*** [C] Pros., stipuler pour soi le gouvernement d'une province ; ***vitam ab aliquo*** [C] Pros., obtenir de qqn [dans les conventions] la vie sauve ‖ ***feminam*** [C] Pros., se fiancer, promettre d'épouser une femme ‖ [avec prop. inf.] obtenir par convention que : [C] Pros. ‖ promettre que, prendre l'engagement que : [C] Poés. ¶ **3** [poét.] engager : ***vitam pro laude*** [C] Poés., engager sa vie pour l'honneur, payer l'honneur de sa vie

1 **pācō**, *ās, āre, āvī, ātum*, tr., pacifier [après avoir vaincu, dompté, soumis] : [C] Pros.

2 **păcō**, *ĭs, ĕre, -, -*, [arch.] ➡ *paciscor*, tr., arranger : [C] Pros.

Păcōnĭānus, *i*, m., nom d'homme : [+C] Pros.

Păcōnĭus, *ĭi*, m., nom de famille romain : [C] Pros., [+C] Pros.

Păcŏrus, *i*, m. ¶ **1** fils d'Orode, roi des Parthes, battu par Ventidius Bassus, lieutenant d'Antoine : [C] Pros. ¶ **2** autre roi des Parthes, contemporain de Domitien : [+C] Pros., Poés.

pacta, *ae*, f. pris subst[t], fiancée : [C] Poés., [+C] Poés. ; ➡ *1 pactus*

pactīcĭus, *a, um*, convenu par un pacte : [+C] Pros.

pactĭo, *ōnis*, f. ¶ **1** convention, accord, pacte, traité : ***in pactionibus faciendis*** [C] Pros., dans la rédaction des contrats ; ***pactio provinciae*** [C] Pros., accord sur l'attribution d'une province [échange de province] ; [C] Pros. ; ***per pactionem*** [C] Pros., par une convention, aux termes d'une convention ‖ promesse, engagement : [C] Pros. ‖ trêve : [+C] Pros. ¶ **2** adjudication des impôts publics : [C] Pros. ¶ **3** entente [au sens péjor.] : [C] Pros.

Pactōlus, *i*, m., le Pactole [fleuve de Lydie, qui roule des sables d'or] : [C] Poés. ‖ **Pactōlis**, *ĭdis*, f., du Pactole : [C] Poés.

pactŏr, *ōris*, m., celui qui établit les termes d'une convention, négociateur : ***societatis pactores*** [C] Pros., ceux qui règlent les formules d'alliance

pactum, *i*, n., accommodement, convention, pacte, traité : ***manere in pacto*** [C] Pros., rester dans les termes d'un pacte ; ***pacta servare*** [C] Pros., observer des conventions ‖ [fig.] ***pacto = modo*** : ***quo pacto***, comment ; ***alio pacto***, d'une autre manière : [C] Pros. ; ***nullo pacto*** [C] Pros., d'aucune manière ; ***isto pacto*** [C] Pros., de cette manière [comme toi]

Pactŭmējus, *i*, m., nom d'homme : [C] Poés.

1 **pactus**, *a, um*, [sens passif] convenu, arrêté, stipulé : ***pactum pretium*** [C] Pros., prix convenu ‖ ***filia pacta alicui*** [C] Pros., fille promise en mariage à qqn ‖ [abl. abs. n.] ***pacto inter se, ut...*** [C] Pros., la convention étant faite entre eux que...

2 **pactus**, *a, um*, part. de *pango*

3 **pactus**, *i*, m., fiancé : [+C] Poés.

Pactȳē, *ēs*, f., ville de Thrace, en face de la Propontide [auj. St-Georges] : [C] Pros.

Pācŭlla, *ae*, f., Paculla Minia [Campanienne, prêtresse de Bacchus] : [C] Pros.

Pācŭvĭus, *ĭi*, m., prénom osque ¶ **1** Pacuvius [poète dramatique latin, lié avec Laelius et Scipion Émilien] : [C] Pros. ¶ **2** Pacuvius Calavius [illustre citoyen de Capoue qui conseilla l'alliance avec Hannibal] : [C] Pros. ¶ **3** Pacuvius Ninnius Celer [hôte d'Hannibal à Capoue] [C] Pros. ‖ **-vĭānus**, *a, um*, de Pacuvius [poète] : [C] Pros., [+C] Pros.

Pădaei, *ōrum*, m. pl., Padéens [peuple à l'extrémité de l'Inde, à l'embouchure de l'Indus] ‖ [au sg.], **Padaeus**, [C] Poés.

Pădŭa, *ae*, f., une des bouches du Pô : [C] Poés.

pădūle, *is*, n., marais : [T] Pros.

Pădus, *i*, m., le Pô [fleuve d'Italie qui se jette dans l'Adriatique] : [C] Pros., Poés.

Pădūsa, *ae*, f., bras du Pô qui passe à Ravenne : [C] Poés.

Paeān, *ānis*, m. ¶ **1** Péan [un des noms d'Apollon] : [C] Pros., Poés. ¶ **2** un péan, hymne en l'honneur d'Apollon ou d'un autre dieu : [C] Pros., Poés. ‖ exclamation de joie : [C] Poés. ‖ → *1 paeon*, le péon [métr.] : [C] Pros.

Paeantĭădes, **Paeantĭus**, → *Poe-*

paedăgōga, *ae*, f., gouvernante d'une jeune fille : [T] Pros.

paedăgōgĭānus, *a, um*, instruit dans une école : [T] Pros.

paedăgōgīum, *ĭi*, n., pension, école [pour les esclaves destinés à des fonctions un peu hautes] : [+C] Pros. ‖ élèves du *paedagogium*, pages [jeunes gens au service des aristocrates romains] : [+C] Pros.

paedăgōgō, *ās, āre*, -, -, tr., gouverner, instuire un enfant : [-C] Théât.

paedăgōgus, *i*, m., esclave qui accompagne les enfants, gouverneur d'enfants, précepteur, maître : [-C] Théât., [C] Pros., [+C] Pros. ‖ pédagogue, pédant : [+C] Pros. ‖ guide, conducteur, mentor : [-C] Théât., [+C] Pros.

paedīcātor, *ōris*, m., pédophile : [+C] Pros.

pedīcō (pēd-), *ās, āre*, -, -, tr., sodomiser : [abs[t]] [+C] Poés. ‖ [avec acc.] [C] Poés., [+C] Poés.

paedīco, *ōnis*, m., pédéraste : [+C] Poés.

paedŏr, *ōris*, m. (obscur), saleté, malpropreté, crasse : [-C] d. [C] Pros. ‖ pl., [C] Pros. ‖ mauvaise odeur : [T] Pros.

paegnĭārĭus, *ĭi*, m., gladiateur de parade [qui faisait des démonstrations d'escrime] : [+C] Pros.

Paegnĭum, *ĭi*, n., nom d'un jeune esclave : [-C] Théât.

paelex, → *pellex*

paelĭcātŭs, → *pelicatus*

Paeligni (Pēligni), *ōrum*, m. pl., Péligniens [peuple du Samnium, près de l'Adriatique] : [C] Pros. ‖ **-us**, *a, um*, des Péligniens : [C] Poés., **-ĭānus**, *CIL 6, 8972*

Paemāni, *ōrum*, m. pl., peuple de Belgique, germain d'origine : [C] Pros.

paenĕ (pē-), [placé avant ou après son déterminé] presque : ***paene dicam*** [C] Pros., je dirai presque ; ***paene dixi*** [C] Pros., j'ai failli dire ; ***par paene*** [C] Pros., presque égal

paeninsŭla (pēn-), *ae*, f., péninsule, presqu'île : [C] Pros. : [C] Poés.

paenissĭmē, → *paene*

paenĭtendus, **-nĭtens**, [chrét.] **paenitens**, subst. m., celui qui se repent, pénitent public : [T] Pros.

paenĭtentĕr, adv., avec regret : [+C] Pros.

paenĭtentĭa, *ae*, f., repentir, regret : [C] Pros., [+C] Pros.

paenĭtĕō, *ēs, ēre, ŭī*, -

I tr. ‖ mécontenter, causer du regret, du repentir : [-C] Théât. ‖ [avec pron. n. sujet] [C] Pros. ‖ [abst] [C] Pros.

II ¶ **1** intr., être mécontent, [d'où] avoir du regret, du repentir : ***paenitens*** [C] Pros., qqn qui regrette ; [avec gén.] ***consili*** [C] Pros., se repentant de son projet ; ***si paenitere possint*** [C] Pros., s'ils pouvaient se repentir ; ***paenitens de matrimonio*** [+C] Pros., se repentant de son mariage ; ***paeniturus*** [C] d. [+C] Pros. ‖ ***vis paenitendi*** [C] Pros., force du repentir ‖ [pass. impers.] [C] Pros. ¶ **2** tr. ; [seul[t] dans l'adj. verbal] ***paenitendus***, dont on doit être mécontent, regrettable : [+C] Pros. ¶ **3** [chrét.] faire pénitence : [T] Pros.

paenĭtĕŏr, *ērĭs, ērī*, -, intr., se repentir : [T] Pros.

paenĭtĕt, *ēre, ŭĭt*, impers., ***paenitet aliquem alicujus rei***, qqn n'est pas content de qqch., [d'où] a du regret, du repentir de qqch. : [C] Pros. ‖ [avec inf.] [C] Pros. ‖ [avec prop. inf.] [C] Pros. ; [+C] Pros. ‖ [avec *quod*] n'être pas content de ce que : [C] Pros. ; regretter que : [C] Pros. ‖ [avec interrog. indir.] : [C] Pros.

paenĭtūdo, *ĭnis*, f., repentir, regret : [-C] Théât., [T] Pros.

paenĭtūrus, *a, um*, part. fut. de *paeniteo*

1 **paenŭla (pēn-)**, *ae*, f., pénule, manteau à capuchon [employé pour le voyage] : [C] Pros. ‖ [fig.] couverture : [+C] Poés. ‖ chape d'une machine : [C] Pros.

2 **Paenŭla**, *ae*, m., surnom romain : [C] Pros.

paenŭlātus, *a, um*, enveloppé d'une pénule : [C] Pros., [+C] Pros.

paenultĭmus (pēn-), *a, um*, pénultième, avant-dernier ‖ **paenultima**, *ae*, f., pénultième [syllabe] : [+C] Pros.

paenūrĭa, *ae*, f., → *penuria*

1 **paeōn**, *ōnis*, m., péon [pied composé d'une longue et de trois brèves diversement combinées] : [C] Pros., [+C] Pros.

2 **Paeōn**, *ōnis*, → *Paeones*

Paeŏnes, *um*, m. pl., habitants de la Péonie : [C] Pros., Poés. ‖ sg., ***Paeon*** [C] Pros., un Péonien

Paeŏnĭa, *ae*, f., [ancien nom de l'Émathie] [C] Pros.

paeōnĭcus, *a, um*, [métr.] du pied nommé péon : [+C] Pros.

Paeŏnis, *ĭdis*, f., de Péonie : [C] Poés.

Paeōnĭus, *a, um*, de Péon [dieu de la médecine] ; [donc] médicinal, salutaire : ***Paeoniae herbae*** [C] Poés., herbes médicinales

Paestum, *i*, n., ville de Lucanie, célèbre pour ses roses : [C] Pros., Poés. ‖ **-ānus**, *a, um*, de Paestum : [C] Pros., Poés. ‖ subst. m. pl., habitants de Paestum : [C] Pros.

Paetīlīnus, **Paetīlĭum**, → *Peti-*

Paetina, *ae*, f., Élia Pétina, quatrième femme de Claude : [+C] Pros.

paetŭlus, *a, um*, qui louche un peu : [C] Pros.

1 **paetus**, *a, um*, qui regarde de côté, qui louche un peu [*paeta* était une épithète de Vénus ; allusion à des coups d'œil furtifs, à des regards coulés tendrement] : [C] Poés.

2 **Paetus**, *i*, m., surnom d'un grand nombre de personnages : [C] Pros., Poés., [+C] ‖ Pétus Caecina, époux d'Arria condamné à mort sous Claude : [+C] Poés., Pros.

pāgānālĭa, *ĭum* ou *ĭōrum*, n. pl., paganalia, fêtes d'un village : [C] Pros., [T] Pros.

pāgānĭcus, *a, um*, de village : [C] Pros. ‖ subst. f. (s.-ent. ***pila***), sorte de balle : [+C] Poés.

pāgānus, *a, um* ¶ **1** de village, de la campagne : [C] Poés. ‖ subst. m., paysan, villageois : [C] Pros. ¶ **2** civil, bourgeois [opposé à militaire] : [+C] Pros. **pagani**, *orum*, m. pl., population civile [par oppos. aux soldats] : [+C] Pros.

Păgăsa, *ae*, f., Pagase [ville maritime de Thessalie, où fut construit le vaisseau Argo] : [C] Poés. ‖ pl., **Păgăsae**, *ārum*, f. pl., [+C] Poés.

Păgăsaeus et **Păgăsēĭus**, *a, um*, de Pagase, des Argonautes : ***Pagasaea puppis*** [C] Poés. ; ***Pagaseia puppis*** [+C] Poés., le navire Argo

pāgātim, adv., par villages : [C] Pros.

pāgella, *ae*, f., feuille de papier : [C] Pros.

pāgensis, *is*, m., habitant du pays : [+T] Pros.

pāgĕr, → *phager*

Pagĭda, *ae*, m., rivière d'Afrique [probablement en Numidie] : [+C] Pros.

pāgĭna, *ae*, f. ¶ **1** partie interne du papyrus découpée en feuillets, avec une seule colonne d'écriture par feuillet, feuillet, page : [C] Pros., [+C] Poés. ¶ **2** écrit, ouvrage : [C] Pros., [+C] Poés.

pāgĭnŭla, *ae*, f., petite page : [C] Pros.

pagmentum, *i*, n., assemblage : [C] Pros.

păgrus, *i*, m., → *phager*

1 **pāgus**, *i*, m. ¶ **1** bourg, village : [C] Pros., Poés. : [+C] Pros. ¶ **2** canton, district [en Gaule et Germanie] : [C] Pros.

2 **Pāgus**, *i*, m., [bourg] ***novem Pagi***, m. pl., ville de la Gaule Belgique [auj. Dieuze] : [T] Pros.

pāla, *ae*, f., bêche : [-C] Théât., [C] Pros. ‖ pelle : [-C] Pros. ‖ chaton [de bague] : [C] Pros.

pālābundus, *a, um*, errant : [+C] Pros.

Pălaemōn, *ŏnis*, m., Palémon [fils d'Athamas et de Leucothoé, changé en dieu marin] : [C] Pros., Poés. ‖ Remmius Palémon [grammairien de Vicence, qui vécut à Rome sous Tibère et Claude] : [+C] Pros., Poés. ‖ nom de berger : [C] Poés.

Pălaemŏnĭus, *a, um*, de Palémon : [+C] Poés.

Pălaeno, *ūs*, une des Danaïdes : [+C] Poés.

Păläephársālus, *i*, f., ville de Thessalie, voisine de Pharsale [auj. Farsa] : [C] Pros.

Păläepŏlis, *is*, f., ville de la Campanie, réunie plus tard à Naples : [C] Pros. ‖ **-lītāni**, *ōrum*, m. pl., habitants de Palépolis : [C] Pros.

Pălaestē, *ēs*, f., port de l'Épire : [C] Pros. ‖ **-īnus**, *a*, *um*, de Palaeste : [+C] Poés.

Pălaestīnenses, *ĭum*, m. pl., habitants de la Palestine : [T] Pros.

Pălaestīnus, *a*, *um* ¶ **1** de Palestine : [C] Poés. ‖ **Palaestini**, m. pl., [C] Poés. ; ➨ *Palaestinenses* ¶ **2** ➨ *Palaeste*

pălaestra, *ae*, f. ¶ **1** lieu où l'on pratique la lutte et en gén. tous les exercices du corps, palestre, gymnase : [C] Pros., Poés. ‖ lutte, exercices physiques : [C] Pros. ; ***discere palaestram*** [C] Pros., apprendre la gymnastique ¶ **2** [fig.] école, exercices de rhétorique, exercices de la parole : [C] Pros. ‖ souplesse, grâce, élégance [acquise par les exercices] : [C] Pros. ‖ souplesse, habileté (politique) : [C] Pros.

pălaestrĭca, *ae*, f., la palestrique, la gymnastique : [+C] Pros.

pălaestrĭcōs, adv., à la manière des lutteurs : [-C] Théât.

pălaestrĭcus, *a*, *um*, qui concerne la palestre, palestrique : [-C] Théât. ; ***palaestrici motus*** [C] Pros., les mouvements qui rappellent la palestre ; [+C] Pros. ‖ qui favorise la palestre : [C] Pros. ‖ [+C] Pros. ; ***palaestricus*** [+C] Pros.

Pălaestrĭo, *ōnis*, m., Palestrion [personnage de comédie] : [-C] Théât.

pălaestrīta, *ae*, m., maître de palestre : [C] Pros. ‖ habitué de palestre, athlète, lutteur : [C] Pros., [T] Pros.

pălăm, adv. ¶ **1** adv., ouvertement, devant tous les yeux : [C] Pros. ; ***luce palam*** [C] Pros., de jour, publiquement ‖ manifestement, au grand jour : [-C] Théât., [C] Pros. ; ***palam fieri*** [C] Pros., être divulgué ; [avec prop. inf.] [C] Pros. ; ***palam facere alicui*** [avec interrog. indir.] [C] Pros., dévoiler à qqn, faire savoir ; ***palam ferre*** [avec prop. inf.] [C] Pros., montrer ouvertement que ¶ **2** qqf. prép. avec abl., devant, en présence de : [C] Poés., Pros.

Pălămēdēs, *is*, m., Palamède [déjoua la ruse d'Ulysse feignant la folie avant le siège de Troie, mais plus tard, périt victime des calomnies d'Ulysse ; passait pour avoir inventé le jeu d'échecs, le jeu de dés, etc., et plusieurs lettres de l'alphabet grec, ξ, θ, φ, χ ([+C] Pros.) ; suivant d'autres, la lettre Y également, en regardant voler des grues] : [C] Pros., [+C] Pros. ; ***Palamedis aves*** [+C] Poés., grues [qui inspirèrent à Palamède l'invention de la lettre Y]

pălang-, ➨ *phal-*

pālans, *tis*, ➨ *palor*

Palanteum, ➨ *Pallanteum*

pălāsĕa (plāsĕa), *ae*, f. (?), morceau de la queue d'un bœuf [immolé] : [T] Pros.

pălātha, *ae*, f., gâteau de fruits secs [de figues not[t]] : [T] Pros.

Pălātīnus, *a*, *um* ¶ **1** du mont Palatin : [C] Pros. ; ***Palatini colles*** [C] Poés., le mont Palatin ‖ ***Palatina tribus*** [C] Pros., la tribu Palatine ¶ **2** du palais des Césars : [+C] Pros. ‖ subst. m., officier du palais, chambellan : [+C] Poés.

pālātĭo, *ōnis*, f., action d'enfoncer des pilotis, de piloter : [C] Pros.

Pălātĭum, *ĭi*, n. ¶ **1** le mont Palatin : [C] Pros. ‖ palais [des Césars sur le mont Palatin, à partir d'Auguste] : [C] Poés. ¶ **2** [fig.] palais [en gén.] : ***palatia caeli*** [C] Poés., le palais des dieux ‖ la quatrième région de Rome : [C] Pros.

Pălātŭa, *ae*, f., déesse protectrice du mont Palatin : [C] Pros.

Pălātŭalis flamen, m., flamine attaché au culte de Palatua : [C] Pros.

pălātum, **(-us)**, m., [C] Pros., ***i***, n., voûte de la cavité buccale, palais : [C] Pros., Poés. ; ***obserare palatum*** [C] Poés., se verrouiller le palais = se taire

1 **pālātus**, *a*, *um*, part. de *palo* et de *palor*

2 **pălātus**, *i*, m., ➨ *palatum*

pălē, *ēs*, f., lutte : [+C] Poés., [T] Poés.

1 **pălĕa**, *ae*, f., [propr[t]] balle du blé [p. ext.] paille : [+C] Pros. ; pl., [C] Pros., Poés.

2 **pălĕa**, *ae*, f., barbe, barbillons [du coq] : [C] Pros., [+C] Pros. ‖ fanon [du boeuf] : [C] Pros.

pălĕār, *āris*, n., [-C] Théât., [et ordin[t]] **pălĕārĭa**, *ium*, pl., fanon de boeuf : [C] Poés., [+C] Pros. ‖ premier estomac [des ruminants] : [+C] Poés.

pălĕāris, *e*, de paille : [+T] Poés.

pălĕārĭum, *ĭi*, n., grenier à paille : [+C] Pros.

pălĕātum lŭtum, n., torchis, mortier de terre grasse mêlée de paille : [+C] Pros.

Pālenses, *ĭum*, m. pl., les Paliens, habitants de Palè [ville de Céphallénie] : [C] Pros.

Pălēs, *is*, f., Palès [déesse des bergers et des pâturages] : [C] Poés., [+C] Pros. ‖ m., Palès, dieu des bergers : [T] Pros. ‖ f. pl., les deux Palès [pour le gros et le petit bétail] : [C] Pros.

Păleste, **Pălestīnus**, ➨ *Palaest-*

Pălestrīta, ➨ *palaestrita*

Palfŭrĭus, *ii*, m., nom d'homme : [+C] Poés.

Pălīcānus, *a*, *um*, de Palica, ville de Sicile ‖ subst. m., surnom romain : [C] Pros.

Pălīci, *ōrum*, m. pl., Paliques [frères jumeaux, fils de Jupiter et de Thalie, adorés en Sicile et ayant un temple à Palica] : [C] Poés., [+C] Poés., [T] Pros. ‖ [au sg.] ***Palicus***, un de ces deux frères : [C] Poés.

Pălīlis, *e*, de Palès : [C] Poés. ‖ **Palilia (Parilia**, [C] Pros., [+C] Pros.**)**, ***ium*** ou ***iorum***, n. pl., Palilia, Parilia [fêtes en l'honneur de Palès] : [C] Pros., Poés.

pălimbacchīus pēs, **pălimbacchīus**, *ii*, m., [métr.], palimbacchius, pied de deux longues et une brève : [+C] Pros.

pălimpsestus (-os), m. f., palimpseste, papyrus, ou parchemin qu'on a gratté ou lavé pour y écrire de nouveau : [C] Pros., Poés.

pălinbacchīus, ➨ *palimb-*

pălĭnōdĭa, *ae*, f. ¶ **1** reprise du chant, refrain : [T] Pros. ¶ **2** palinodie, rétractation : ***palinodiam canere*** [T] Pros., chanter la palinodie

Pălĭnūrus, *i*, m. ¶ **1** Palinure [pilote d'Énée, enterré sur un promontoire de Lucanie, auquel il donna son nom] : [C] Poés. ¶ **2** cap Palinure : [C] Pros., Poés.

pălĭtans, *tis*, fréq. de *palans*, vagabondant : [-C] Théât.

pălĭūrus, *i*, f., paliure [arbuste] : [C] Poés.

palla, *ae*, f. ¶ **1** palla, manteau de femme [grande écharpe, mantille] : [-C] Théât., [C] Poés. ¶ **2** manteau d'acteur tragique : [C] Poés. ‖ grande robe [de joueur de lyre] : [C] Pros., Poés. ‖ tenture, tapisserie : [+C] Pros.

pallăca, *ae*, f., concubine : [+C] Pros.

pallăcāna, *ae*, f., ciboulette : [+C] Pros.

Pallacīna, *ae*, f., Pallacine [quartier de Rome] : [C] Pros. ‖ **Pallacīnus**, *a*, *um*, de Pallacine : [C] Pros.

Pallădĭum, *ĭi*, n., Palladium [statue de Pallas protectrice de Troie] : [C] Poés.

Pallădĭus, *a*, *um* ¶ **1** de Pallas : [C] Poés. ; ***Palladia corona*** [C] Poés., couronne d'olivier ; ***Palladii latices*** [C] Poés., huile ; ***Palladiae arces*** [C] Poés., Athènes ¶ **2** docte, savant : ***Palladia Tolosa*** [+C] Poés., Toulouse, chère à Pallas ‖ adroit, habile : [+C] Poés. ‖ agronome latin : [T] Poés.

Pallantēum, *i*, n., Pallantée [ville d'Arcadie fondée par Pallas, aïeul d'Évandre] : [C] Pros. ‖ ville fondée par Évandre sur le mont Palatin, emplacement de la Rome future : [C] Poés.

Pallantēus, *a*, *um*, de Pallantée : [C] Poés.

Pallantĭăs, *ădis*, **Pallantis**, *ĭdis*, f., descendante du Géant Pallas, l'Aurore : [C] Poés.

Pallantis, f., ➨ *Pallantias*

Pallantĭus, *a*, *um*, qui descend de Pallas : ***Pallantius heros*** [C] Poés., Evandre [petit-fils de Pallas]

1 **Pallăs**, *ădis* et *ădos*, f. ¶ **1** Pallas ou Minerve : [C] Poés. ; ***Palladis arbor*** [C] Poés., l'olivier ; ***Palladis ales*** [C] Poés., la

chouette ; ***irata Pallade*** [C] Poés., malgré Minerve ¶**2** C▶ *Palladium* : [C] Poés. ‖ le temple de Vesta [où était conservé le Palladium] : [C] Poés. ¶**3** olivier, olive, huile : [C] Poés. ¶**4** le nombre sept considéré comme vierge parce qu'il est un nombre premier : [T] Pros.

2 **Pallās**, *antis*, m. ¶**1** père d'une certaine Minerve, tué par sa fille : [C] Pros. ¶**2** fils et aïeul de Pandion : [C] Poés. ¶**3** fils et aïeul d'Evandre : [C] Poés. ¶**4** affranchi de Claude : [+C] Pros., Poés.

Pallātīnus, *a, um*, V▶ *Palatinus*

Pallēnaeus, *a, um*, de Pallène, de Macédoine : [+C] Poés.

Pallēnē, *ēs*, f., Pallène [ville de Macédoine sur le golfe Thermaïque] : [C] Poés., [+C] Poés.

Pallēnensis, *e*, de Pallène [ville de Macédoine] : [C] Pros.

pallens, *tis*, part. de *palleo* pris adjt ¶**1** pâle, blême [surtout à propos des enfers] : [C] Poés. ¶**2** pâle, de faible couleur, jaunâtre, verdâtre : [C] Poés. ¶**3** [poét.] qui rend pâle : [C] Poés., [+C] Pros.

pallĕō, *ēs, ēre, ŭī, -*, intr. et tr.
I intr. ¶**1** être pâle : [C] Pros. ‖ ***timore*** [C] Poés., être pâle d'effroi ¶**2** être pâle [de souci, d'ambition] : [C] Poés. ‖ [d'effort au travail] [+C] Pros., Poés. ¶**3** être pâle de crainte, pâlir : ***pueris*** [C] Pros., pâlir (trembler) pour ses enfants ; ***ad omnia fulgura*** [+C] Poés., pâlir à chaque coup de la foudre ¶**4** se décolorer, se ternir : [C] Poés. ¶**5** prendre une teinte pâle : [C] Poés., [+C] Poés. ; V▶ *pallens*
II tr. ¶**1** pâlir sur qqch., étudier avec effort : [+C] Poés. ¶**2** pâlir devant, craindre : [C] Poés. ¶**3** [acc. de qualif.] : [C] Poés.

pallĕŏlātim, V▶ *palliolatim*

pallescō, *ĭs, ĕre, pallŭī, -*, intr., devenir pâle : [+C] Pros. ‖ [de souci, de crainte] [C] Pros. ‖ prendre une couleur pâle : [C] Poés.

pallĭastrum, *i*, n., mauvais manteau : [+C] Pros.

pallĭātus, *a, um*, vêtu d'un pallium : [C] Pros., [+C] Pros. ou

pallĭdŭlus, *a, um*, livide, pâlot : [C] Poés., [+C] Poés.

pallĭdus, *a, um*, pâle, blême : [C] Poés. ‖ pâle d'effroi : [C] Poés. ‖ de couleur pâle, jaunâtre : ***pallidior ficus*** [C] Pros., figue virant au jaune, qui moisit ; ***pallidior buxo*** [C] Poés., plus jaune que le buis ‖ qui rend pâle : [C] Poés., [+C] Poés.

pallĭŏlātim, adv., en pallium : [+C] Pros. ; ***palliolatim amictus*** [-C] Théât., vêtu d'un pallium

pallĭŏlātus, *a, um*, couvert d'un manteau, emmitouflé : [+C] Pros., Poés.

pallĭŏlum, *i*, n. ¶**1** petit pallium, petit manteau, mantille : [-C] Théât., [+C] Poés. ¶**2** manteau douillet [dont on s'enveloppe la tête] : [C] Poés., [+C] Pros.

pallĭum, *ĭī*, n. ¶**1** pallium, manteau grec : [C] Pros., [+C] Pros., Poés. ¶**2** [en gén.] manteau [ou tout vêtement ample de dessus] : [+C] Poés. ¶**3** couverture de lit, couvre-pied : [C] Poés., [+C] Poés., Pros ‖ tenture d'appartement : [T] Poés.

pallŏr, *ōris*, m., pâleur, teint pâle, teint blême : [C] Pros., Poés., [+C] Pros. ‖ [fig.] pâleur [de l'effroi] : [-C] Théât., [C] Poés. ‖ couleur pâle des objets : [C] Poés. ‖ moisissure, moisi : [C] Pros., [+C] Pros. ‖ pl., [C] Poés. ‖ **Pallŏr**, *ōris*, m., la Pâleur [la Peur, divinité] : [C] Pros.

pallŭla, *ae*, f., petit manteau, mantelet : [-C] Théât.

palma, *ae*, f. ¶**1** paume, creux (plat) de la main : [C] Pros. ‖ main entière : [C] Pros. ‖ pale de la rame, rame : [C] Poés. ‖ soufflet : [T] Pros. ¶**2** palmier : [C] Pros. ; ***arbor palmae*** [+C] Pros., palmier ; [d'où] ***a)*** fruit du palmier, datte : [C] Poés. ***b)*** palme, branche [qu'on mettait dans les jarres pour donner bon goût] : [-C] Pros., [+C] Pros. ; [dont on faisait des balais] [C] Poés., [+C] Poés. ‖ [emblème de la victoire] : [C] Pros. ; [d'où] [C] Pros. ; ***alicujus rei alicui palmam deferre*** [C] Pros., décerner à qqn la palme de qqch. (en qqch.) ; ***palmam ferre*** [C] Pros., remporter la palme (la victoire) ; [C] Pros., Poés. [courant en Élide aux jeux Olympiques] ; [+C] Poés. ¶**3** pousse, rejeton, jet. : [C] Pros., [+C] Pros. ‖ [de la vigne] [C] Pros.

1 **palmāris**, *e* ¶**1** de palmier : [T] Pros. ¶**2** qui mérite la palme, palmaire : ***palmaris statua*** [C] Pros., statue merveilleuse ; ***illa palmaria, quod*** [C] Pros., ce qu'il y a de plus merveilleux, c'est que ; ***palmaris dea*** [+C] Pros., la Victoire

2 **palmāris**, *e*, grand d'un palme : [+C] Pros.

palmārĭus, *a, um*, de palmier : [C] Pros. ‖ qui mérite la palme [en parl. d'une chose] : [-C] Théât.

palmāta, f., V▶ *palmatus*

palmătiās, *ae*, m., secousse de tremblement de terre : [+C] Pros.

palmātus, *a, um*, où figurent des palmes : ***palmata tunica*** [C] Pros. ; ***vestis*** [+C] Pros. ; ***toga*** [+C] Poés. ; et [abst] ***palmata*** f., [T] Poés., toge, tunique ornée de palmes [attribut de Jupiter Capitolin et, par suite, des triomphateurs] ; ***palmatus consul*** [T] Pros., consul revêtu de la toge à palmes

palmĕs, *ĭtis*, m. ¶**1** sarment, bois de la vigne : [C] Poés., [+C] Pros., Poés. ‖ vigne : [+C] Poés. ¶**2** [en gén.] branche, rejeton : [+C] Pros., Poés.

palmētum, *i*, n., lieu planté de palmiers, palmeraie : [C] Pros.

palmĕus, *a, um*, de palmier : [C] Pros.

palmĭpĕdālis, *e*, long d'un pied et d'un palme : [C] Pros., [+C] Pros.

palmō, *ās, āre, -, -*, tr., échalasser : [+C] Pros.

palmŏp-, V▶ *palmip-*

palmōsus, *a, um*, abondant en palmiers : [C] Poés.

palmŭla, *ae*, f. ¶**1** paume de la main, main : [C] Poés., [+C] Pros. ‖ rame [proprt, pale de l'aviron] : [C] Poés. ¶**2** datte, fruit du palmier : [C] Pros., [+C] Pros.

palmus, *i*, m. ¶**1** paume [de la main] : [C] Pros. ¶**2** palme, mesure de longueur [4 pouces = 1/4 du pied] : [-C] Pros., [C] Pros.

pālō, *ās, āre, -, -*, tr., échalasser [la vigne] : [+C] Pros.

pālŏr, *āris, ārī, ātus sum*, intr., errer çà et là, s'en aller à la débandade, se disperser : [C] Poés., Pros. ; ***per agros palantur*** [C] Pros., ils se dispersent dans la campagne ; ***palans amnis*** [+C] Pros., fleuve débordé ‖ [fig.] ***palans*** [C] Poés., qui va à l'aventure

palpāmĕn, *ĭnis*, n., C▶ *palpamentum* : [T] Poés.

palpāmentum, *i*, n., caresse, cajolerie : [T] Pros.

palpātĭo, *ōnis*, f., attouchement : [-C] Théât.

palpātŏr, *ōris*, m., qui palpe, qui caresse, flatteur, patelin : [-C] Théât.

palpātus, *a, um*, part. de *1 palpo*

palpĕbra, *ae*, f., [+C] Pros., ordint **palpĕbrae**, *ārum*, f. pl., paupière, paupières : [C] Pros., Poés. ‖ yeux : [T] Pros.

palpĕbrālis, *e*, des paupières, palpébral : [T] Poés.

palpĕbrum, *i*, n., C▶ *palpebra*

palpĭtō, *ās, āre, āvī, ātum*, intr., s'agiter, être agité : [C] Poés. ‖ palpiter, battre [en parl. du coeur] : [C] Pros. ‖ [fig.] ***palpitans animus*** [+C] Pros., coeur en émoi

1 **palpō**, *ās, āre, āvī, ātum*, tr., palper, tâter, toucher : [C] Poés. ‖ [fig.] caresser, flatter : [+C] Pros. ; ***munere aliquem*** [+C] Poés., amadouer qqn par des cadeaux ‖ tâtonner, chercher sa route en tâtonnant : [T] Pros.

2 **palpo**, *ōnis*, m., flatteur : [+C] Poés.

palpŏr, *āris, ārī, ātus sum*, tr. et intr., intr. ; [avec dat.] caresser, flatter, faire sa cour à : [-C] Théât., [C] Poés.

palpum, *i*, n., **palpus**, *i*, m., caresse, flatterie : ***aliquem palpo percutere*** [-C] Théât. ou ***obtrudere palpum alicui*** [-C] Théât., bourrer qqn de flatteries

Pălūda, *ae*, f., épithète de Pallas : [-C] d. [C] Pros.

pălūdāmentum, *i*, n., habit militaire, [ordint] manteau rouge des généraux : [C] Pros.

pălūdātus, *a, um*, vêtu de l'habit militaire, en tenue militaire [en parl. surtout d'un général entrant en campagne] : [C] Pros.

pălūdĭcŏla, *ae*, m. f., qui habite un pays de marais : [T] Pros.

pălūdĭgĕna, *ae*, m. f., né dans les marais : [T] Poés.

pălūdis, gén. de *2 pălus*

pălūdōsus, *a, um*, marécageux : [C] Poés., [+C] Poés.

pālum, *i*, n., C▶ *1 palus* : [C] Poés.

palumba, *ae*, f., V▶ *palumbes* : [+C] Pros.

pălumbēs (-bis), *is*, f. [C] Poés. ; m. [-C] Poés., **palumbus**, *i*, m., [-C] Pros., [+C] Poés., pigeon ramier, palombe : [-C] Théât., [C] Pros. ; [fig.] tourtereau (amant) : [-C] Théât.

Pălumbīnum, *i*, n., ville du Samnium : [C] Pros.

pălumbŭlus, *i*, m., tourtereau [caresse] : [+C] Pros.

1 **pălumbus**, V ▶ *palumbes*

2 **Pălumbus**, *i*, m., nom d'homme : +C Pros.

1 **pālus**, *i*, m., poteau, pieu : ***ad palum adligare*** C Pros., attacher au poteau d'exécution ; ***vulnera pali*** +C Poés., les coups reçus par le poteau [dans cet exercice] ‖ [fig.] ***exerceri ad palum*** +C Pros., s'exercer au poteau, s'aguerrir [en exerçant son âme] ‖ membre viril : C Poés.

2 **pălūs**, *ūdis*, f., marais, étang : C Pros., Poés. ‖ jonc, roseau : +C Poés. ‖ eau du Styx : C Poés.

pălustĕr, +C Pros., *tris*, *tre* ¶**1** marécageux : C Pros. ¶**2** qui vient ou qui vit dans les marais : C Poés.fin;

pammăchĭum (-chum), *ĭī*, n., pancrace, sorte de lutte : +C Poés.

Pammĕnēs, *is* et *i*, m., orateur grec, ami de M. Brutus : C Pros. ‖ astrologue sous Néron : +C Pros.

Pamphăgus, *i*, m., nom de chien : C Poés.

Pamphĭla, *ae*, f., nom de femme : -C Théât.

Pamphĭlus, *i*, m., nom de divers personnages, entre autres ¶**1** Pamphile, disciple de Platon et maître d'Épicure : C Pros. ¶**2** rhéteur grec : C Pros. ¶**3** personnage de comédie dans Térence : -C Théât.

Pamphȳlĭa, *ae*, f., la Pamphylie [région d'Asie Mineure] : C Pros. ‖ **-lĭus**, *a*, *um*, C Pros. ;, **-lĭensis**, *e*, de Pamphylie

pampĭnācĕus, *a*, *um*, de pampre : +C Pros.

pampĭnārĭus, *a*, *um*, qui produit du pampre : +C Pros. ‖ ***pampinarium sarmentum*** +C Pros. ou simpl[t]

pampĭnātĭo, *ōnis*, f., épamprage de la vigne : +C Pros.

pampĭnātŏr, *ōris*, m., celui qui épampre : +C Pros.

pampĭnātus, *a*, *um*, part. de *pampino*

pampĭnĕus, *a*, *um*, de pampre, fait de pampre : C Poés. ‖ couvert de pampre : C Poés. ; ***pampineae ulmi*** +C Poés., vigne mariée aux ormeaux ‖ de vin : C Poés.

pampĭnō, *ās*, *āre*, *āvī*, *ātum*, tr., épamprer la vigne : -C Pros., C Pros., +C Pros. ‖ émonder [en gén.], éclaircir, tailler : +C Pros.

pampĭnōsus, *a*, *um*, qui a beaucoup de pampre, de feuilles : +C Pros.

pampĭnus, *i*, m., bourgeon de la vigne, jeune pousse : +C Pros. ‖ pampre [branche de vigne avec ses feuilles], feuillage [de la vigne] : C Pros., Poés., +C Pros.

Pān, *Pānŏs*, acc. **-na** C, m., Pan [dieu grec (spécialement arcadien); dieu de la vie pastorale; représenté avec les pieds et les cornes d'un bouc; inventeur de la flûte à sept tuyaux, dite flûte de Pan] : C Pros., Poés. ‖ pl., **Panes**, *um*, acc. *as*, (+C Pros.), les Pans, Faunes ou Sylvains : C Poés., +C Pros.

pāna, *ae*, f., C ▶ *panus*

pănăca, *ae*, f., sorte de vase [de terre] pour boire : +C Poés.

pănăcēa, *ae*, f., C Poés., **pănăcēs**, *is*, n., **-cēs**, *is*, m., C Poés. [acc. *-cēn*], **pănax**, *ăcis*, m., +C Pros., opopanax [plante curative]

pănăcēs, *is*, n., V ▶ *panacea*

Pănaetĭus, *ĭī*, m., philosophe stoïcien, de Rhodes, maître et ami de Scipion le second Africain : C Pros., Poés., +C Pros.

Pănaetōlĭcus, *a*, *um*, qui comprend toute l'Étolie : C Pros.

Pănaetōlĭum, *ĭī*, n., assemblée générale des Étoliens : C Pros.

Pānărĕtus, *i*, m., nom d'homme : +C Poés.

pānārĭŏlum, *ĭī*, n., petite corbeille à pain : +C Poés.

pānārĭum, *ĭī*, n., corbeille à pain : C Pros., +C Pros., Poés.

Pănăthēnāĭcus, *i*, m., discours d'Isocrate prononcé aux Panathénées : C Pros.

pănax, *ăcis*, m., V ▶ *panacea*

pancarpĭnĕus (pancarpus), C Poés. ;**-pĭus** et **-pus**, *a*, *um*, composé de toutes sortes de fruits, composite

Panchāĭa, *ae*, f., Panchaïe [partie de l'Arabie Heureuse] : C Poés. ‖ **-chaeus**, C Poés. ;, **-āĭcus**, T Pros. et **-āĭus**, *a*, *um*, C Poés., de Panchaïe, d'Arabie : ***Panchaei ignes*** C Poés., encens (brûlé), fumée d'encens

panchrestārĭus, *ĭī*, m., pâtissier : T Pros.

panchrestus, *a*, *um*, excellent pour tout : ***panchrestum medicamentum*** C Pros., remède universel, panacée

Panchrȳsos, C ▶ *Berenice*

pancrătĭastēs (-ta), *ae*, m., pancratiaste, athlète qui combat au pancrace : +C Pros.

pancrătĭcē, adv., à la manière des athlètes, athlétiquement : -C Théât.

pancrătĭŏn (-ĭum), *ĭī*, n., (παγκράτιον)pancrace, réunion de la lutte et du pugilat : C Poés., +C Pros.

1 **Panda**, *ae*, f., déesse qui montre la route : T Pros., C d. +C Pros.

2 **Panda**, *ae*, m., rivière de la Scythie d'Asie : +C Pros.

Pandāna, *ae*, f., une des portes de l'ancienne Rome : C Pros.

Pandarae, *ārum*, m. pl., peuple de l'Inde : +C Pros.

Pandărus, *i*, m., compagnon d'Énée, tué par Turnus : C Poés. ‖ fils de Lycaon : C Poés.

Pandātārĭa, *ae*, f., île de Pandataria [dans la mer Tyrrhénienne, où furent reléguées Julie, fille d'Auguste, Agrippine, femme de Germanicus, et Octavie, fille de Claude] : C Pros., +C Pros.

Pandātĕrĭa, *ae*, f., C ▶ *Pandataria*

pandātĭo, *ōnis*, f., action de se déjeter, de gauchir [en parl. du bois] : C Pros.

pandātus, *a*, *um*, part. de *1 pando*

pandēmus, *a*, *um*, endémique : T Pros.

pandĭcŭlŏr, *ārĭs*, *ārī*, -, intr., s'étendre [en bâillant], s'allonger : -C Théât.

Pandīōn, *ŏnis*, m., nom de divers personnages, not[t] ¶**1** Pandion [fils d'Erechthée, père de Procné et de Philomèle] : C Poés. ¶**2** fils de Jupiter et de la Lune : +C Poés. ¶**3** le rossignol : C Poés., +C Poés.

Pandīŏnĭus, *a*, *um*, de Pandion : C Poés. ‖ d'Athènes : +C Poés. ‖ ***Pandioniae volucres*** +C Théât., les oiseaux de Pandion [rossignol et hirondelle]

1 **pandō**, *ās*, *āre*, *āvī*, *ātum*, tr. et intr. ¶**1** tr., courber, ployer : +C Pros. ¶**2** intr., se courber : C Pros.

2 **pandō**, *ĭs*, *ĕre*, *pandī*, *pansum* et *passum*, tr. ¶**1** étendre, tendre, déployer : ***velis passis*** C Pros., à voiles déployées ; ***passis manibus*** C Pros. ; ***passis palmis*** C Pros., les mains étendues (ouvertes) ; ***passus capillus*** C Pros., les cheveux épars ; ***aciem pandere*** +C Pros., déployer une armée ¶**2** ouvrir : ***moenia urbis*** C Poés., faire une brèche dans les remparts ; ***rupem ferro*** C Pros., ouvrir une roche avec le fer ; ***tria guttura*** C Poés., ouvrir trois gueules ; ***agros*** C Poés., ouvrir, fendre, labourer les champs ; ***limina*** C Poés., ouvrir les portes ‖ pass. réfl. : C Pros. ¶**3** [fig.] ***a)*** ouvrir : ***viam ad dominationem*** C Pros. ; ***viam fugae*** C Pros., ouvrir le chemin vers (de) la tyrannie, de la fuite ***b)*** découvrir, étaler, publier : C Poés. ¶**4** étaler à l'air : ***uvam in sole*** +C Pros., faire sécher du raisin au soleil ; ***uva passa*** -C Théât., raisin sec ; ***lac passum*** C Poés., lait caillé ; [plais[t]] -C Poés.

Pandōra, *ae*, f., Pandore [nom de la première femme, que Vulcain forma du limon de la terre, et qui fut dotée de toutes les qualités par les autres dieux] : +C Poés. ‖ gén. *Pandoras*

Pandŏsĭa, *ae*, f., Pandosie [ville d'Épire] : C Pros.

Pandrŏsŏs, *i*, f., fille de Cécrops : C Poés.

pandūra, *ae*, f., pandore, luth à trois cordes : C Pros.

1 **pandus**, *a*, *um*, courbé, courbe : ***panda carina*** C Poés., carène recourbée ; -C Pros. ; ***pandum rostrum*** C Poés., hure retroussée [de sanglier] ‖ qui se courbe : ***pandus asellus*** C Poés., âne à l'échine courbée ; ***pandus homo*** +C Pros., homme voûté ‖ gauchi [en parl. du bois] : C Pros.

2 **Pandus**, *i*, m., nom d'homme : +C Pros.

pānĕ, *is*, n., -C Théât., C ▶ *panis*

pănēgȳrĭcus, *a*, *um*, subst. m. ***a) panegyricus***, le panégyrique [d'Isocrate] : C Pros. ***b)*** panégyrique, éloge [en gén.] : +C Pros.

Pănēgўris, *is*, f., nom de femme : [-C] Théât.

pănēgўrista, *ae*, m., panégyriste : [T] Pros.

1 **pānes**, pl. de *panis*

2 **Pānĕs**, m. pl., [V.▶] *Pan*

Pangaea, *ōrum*, n. pl., [C] Poés., **Pangaeus mons**, m., le mont Pangée, entre la Thrace et la Macédoine ‖ **-us**, *a*, *um*, du mont Pangée : [+C] Poés.

pangō, *ĭs*, *ĕre*, *panxī* et *pĕpĭgī* (*pēgī*), *panctum* (*pactum*), tr.
I enfoncer, ficher, fixer : ***clavum*** [C] Pros., enfoncer un clou ‖ ***ramulum*** [+C] Pros., planter un rameau ; [poét.] ***colles*** [C] Poés., planter de vigne des coteaux
II [fig.] établir solidement ¶ **1** composer des œuvres littéraires, écrire : [-C] ; [C] Pros., Poés., [+C] Pros. ; célébrer, chanter, louer : ***pange, lingua*** [+T] Poés., chante, ma langue ¶ **2** [seul^t aux formes du parf. *pepigi*] déterminer, fixer : ***terminos*** [C] Pros. ; ***fines*** [C] Pros., fixer des bornes, des limites ‖ établir, conclure : ***pacem*** [C] Pros. ; ***indutias*** [C] Pros., conclure la paix, une trêve ‖ [avec *ut, ne*, subj.] stipuler que, que ne... pas : [C] Pros. ‖ [avec subj. seul] [+C] Pros. ‖ [avec inf.] s'engager à : [+C] Pros. ¶ **3** [en parl. des fiançailles] promettre : [C] Poés.

Pănhormus, *i*, f., [C] Pros. ou **Pănhormum**, *i*, n., Panorme [ville de Sicile, auj. Palerme] ‖ **Panormus**, port de Samos : [C] Pros. ‖ **-hormĭtānus**, *a*, *um*, de Panorme : [C] Pros.

pānĭcellus, *i*, m., [C▶] *paniculus*

pānīcēus, *a*, *um*, fait de pain ‖ **-cēus**, *i*, m. [jeu de mots obscur, ethnique formé sur *panis*, pain], homme de Pain : [-C] Théât.

pānĭcŭlus, *i*, m., chaume : [-C] Théât.

pānīcum, *i*, n., panic, sorte de millet : [-C] Pros., [C] Pros.

pānĭfĭca, *ae*, f., boulangère : [T] Pros.

pānĭfĭcĭum, *ĭi*, n., fabrication du pain : [C] Pros. ‖ gâteau, galette : [+C] Pros.

Pănĭōnĭum, *ĭi*, n., la réunion de tous les Ioniens ‖ **-ĭus**, *a*, *um*, de toute l'Ionie, panionien : [C] Pros.

pānis, *is*, m., pain : ***panis cibarius*** [C] Pros., pain grossier ; [+C] Poés. ; ***panis secundus*** [C] Pros., pain de seconde qualité, pain bis ‖ nourriture [en gén.] : [T] Pros. ‖ [chrét.] pain rituel ou eucharistique : [T] Pros.

Pāniscus, *i*, m., Sylvain, petit Pan : [C] Pros., [+C] Pros.

pannārĭa, *ōrum*, n. pl., présents en étoffes : [+C] Poés.

1 **pannĭcŭlus**, *i*, m., lambeau d'étoffe, chiffon : [+C] Pros. ; ***panniculus bombycinus*** [+C] Poés., un lambeau de soie [un léger vêtement]

2 **pannĭcŭlus**, [V.▶] *panĭculus*

3 **Pannĭcŭlus**, *i* et **Pannĭcus**, *i*, m., noms d'hommes : [+C] Poés.

Pannŏnĭa, *ae*, f., la Pannonie [contrée de l'Europe entre le Danube et le Norique, auj. la Hongrie] : [C] Poés. ‖ **-ŏnĭcus**, [+C] Pros. ;, **-ŏnĭăcus**, [T] Pros. ;, **-ŏnĭus**, *a*, *um*, [C] Poés., Pannonien, de Pannonie ‖ **-ŏnĭs**, *ĭdis*, f., habitante de la Pannonie : [+C] Poés.

pannōsus, *a*, *um*, de haillons, en haillons, déguenillé : [C] Pros., [+C] Poés. ‖ qui ressemble à des haillons : [+C] Poés. ‖ ridé, rugueux : [+C] Pros., Poés.

pannūcēus (**-ĭus**), *a*, *um* ¶ **1** rapiécé : [+C] Pros. ¶ **2** en haillons : [+C] Poés.

pannŭlus, *i*, m., haillon, guenille, lambeau : [+C] Pros., [T] Pros.

pannum, *i*, n., [T] Pros., [C▶] *pannus*

pannuncŭlus, *i*, m., [C▶] *panniculus*

pannus, *i*, m. ¶ **1** morceau d'étoffe, pièce, lambeau, bande [en gén.] : [C] Poés., [+C] Pros. ‖ [fig.] ***purpureus pannus*** [C] Poés., lambeau de pourpre = un morceau brillant [dans un poème] ¶ **2** haillon, guenille : [-C] Théât., [C] Poés., [+C] Pros., Poés. ¶ **3** serre-tête, bandeau : [+C] Pros. ¶ **4** sac : [+C] Pros.

pannŭvellĭum, *ĭi*, n., navette, dévidoir : [C] Pros.

pannўchismus, *i*, m., veillée de toute la nuit : [T] Pros.

pannўchĭus, *a*, *um*, qui dure toute une nuit : [+C] Pros.

Pănomphaeus, *a*, *um*, invoqué partout [épith. de Jupiter] : [C] Poés.

Pănŏpē, *ēs*, f., ville de Phocide : [C] Poés., [+C] Poés.

Pănŏpeūs, *ĕi* ou *ĕos*, m., nom de guerrier : [C] Poés.

Pănorm-, [V.▶] *Panhor-*

1 **pansa**, *ae*, m., qui marche en écartant les jambes : [-C] Théât.

2 **Pansa**, *ae*, m., surnom romain, not^t C. Vibius Pansa, consul avec Hirtius, et tué à Modène : [C] Pros.

pansus, *a*, *um*, part. de *2 pando*

Pantăgĭās, **Pantăgĭēs**, *ae*, m., rivière près de Syracuse : [C] Poés.

Pantălĕōn, *ontis*, m., noble Étolien, ami du roi Eumène : [C] Pros.

pantă-, [V.▶] *panto-*

Panthĕōn (**-ĕum**), *i*, n., le Panthéon [temple de Rome, consacré à Jupiter] : [T] Pros.

panthēr, *ēris*, m., sorte de filet [pour la chasse] : [C] Pros.

panthēra, *ae*, f., panthère [animal] : [C] Pros., Poés.

panthērīnus, *a*, *um*, [fig.] rusé, artificieux : [-C] Théât.

panthēris, *is*, f., femelle de la panthère : [C] Pros.

Panthĕum, [V.▶] *Pantheon*

Panthĭus, *ĭi*, m., un des fils d'Égyptus : [+C] Poés.

Panthŏĭdēs, *ae*, m., fils de Panthoüs ou Panthus [Euphorbe] : [C] Poés. ‖ Pythagore : [C] Poés.

1 **Panthūs**, voc. *ū*, m., Panthoüs [fils d'Othrys et père d'Euphorbe] : [C] Poés., [+C] Poés.

2 **Panthus**, *i*, m., nom d'homme : [C] Poés.

Pantĭca, *ae*, f., [C▶] *1 Panda* : [T] Pros.

pantices, intestins, panse, abdomen : [-C] Théât., [+C] Poés.

Pantīlĭus, *ĭi*, m., nom d'homme : [C] Poés.

Pantŏlăbus, *i*, m., nom d'un bouffon parasite : [C] Poés.

Pantŏmălus, *i*, m., nom d'esclave scélérat : [T] Théât.

pantŏmīma, *ae*, f., femme qui joue la pantomime : [+C] Pros.

pantŏmīmĭcus, *a*, *um*, qui concerne la pantomime : [+C] Pros.

pantŏmīmus, *i*, m., un pantomime [acteur] : [C] Pros., [+C] Pros. ‖ une pantomime [spectacle de pantomime] : [+C] Pros.

pantŏpōlĭum, *ĭi*, n., épicerie, bazar : [-C] Théât.

Pănurgus, *i*, m., Panurge [nom d'esclave] : [C] Pros.

pānus, *i*, m., fil du tisserand : [-C] Poés.

pānŭvellium, [V.▶] *pannuvellium*

Pānўăsis, *is*, m., vieux poète grec, oncle d'Hérodote : [+C] Pros., [T] Poés.

pāpa, **pāpās**, [+C] Poés., *ae*, m., père nourricier, gouverneur [d'enfants], pédagogue : [+C] Poés.

păpae, interj., [exprime l'admiration] oh oh !, diantre !, peste ! : [-C] Théât., [+C] Poés.

păpārĭum, *ĭi*, n., jouissance [réciproque] : [C] Pros.

pāpās, [V.▶] *papa*

păpāvĕr, *ĕris*, n., pavot : [C] Poés., Pros.

păpāvĕrĕus, *a*, *um*, de pavot : ***papavereae comae*** [C] Poés., couronne de pavots

Păphĭē, *ēs*, f. ¶ **1** Vénus, adorée à Paphos : [+C] Poés. ¶ **2** sorte de laitue, laitue de Paphos : [+C] Pros.

Paphlăgŏnĭa, *ae*, f., la Paphlagonie [région d'Asie Mineure] : [C] Pros. ‖ **-nes**, *um*, m. pl., Paphlagoniens : [-C] Théât. ; **Paphlago**, *ŏnis*, m. sg., Paphlagonien : [C] Pros., [+C] Pros., **-nĭus**, *a*, *um*, des Paphlagoniens, de Paphlagonie

Păphĭus, *a*, *um*, de Paphos, de Vénus : ***Paphiae lampades*** [+C] Poés., l'étoile de Vénus ‖ ***Paphii thyrsi*** [+C] Pros., sorte de laitue ; [V.▶] *Paphie* ¶ **2**

1 **Păphus** (**-ŏs**), *i*, f., Paphos [ville de l'île de Chypre, célèbre par son culte de Vénus] : [C] Pros., Poés.

2 **Păphus**, *i*, m., fils du sculpteur Pygmalion, qui donna son nom à Paphos : [C] Poés., [+C] Poés.

Pāpĭa lex, f., loi Papia : [C] Pros., [+C] Pros.

Pāpĭa, *ae*, f., nom de femme : [C] Pros.

pāpĭlĭo, *ōnis*, m., papillon : [C] Poés.

păpilla, *ae*, f., le bouton du sein, mamelon, tétin, tétine [des animaux] : [+C] Pros. ‖ mamelle, sein : [C] Poés. ‖ bouton de rose : [T] Poés.

păpillātus, *a*, *um*, qui a des boutons [de fleurs], qui est en boutons : [T] Pros., Poés.

Pāpĭlus, *i*, m., surnom romain : [+C] Poés.

Pāpĭnĭānus, *i*, m., Papinien [jurisconsulte, ami de Septime Sévère, mis à mort par Caracalla] : [T] Pros.

Pāpĭnĭus, *ĭi*, m., nom d'une famille de Rome : [+C] Pros. ‖ Stace, poète latin, ▶ *Statius*

Pāpīnus, *i*, m., montagne de la Gaule transpadane : [C] Pros.

Păpīrĭa, ▶ *1 Papirius*

1 **Păpīrĭānus**, *a*, *um*, de Papirius : [C] Pros.

2 **Păpīrĭānus**, *i*, m., nom d'homme : [+C] Poés.

1 **Păpīrĭus**, *a*, *um*, de Papirius : ***tribus*** [C] Pros., [+C] Pros., loi, tribu Papiria

2 **Păpīrĭus**, *ĭi*, m., nom d'une famille romaine : [C] Pros., [+C] Pros.

Pāpĭus, *ĭi*, m., nom de famille : [C] Pros., [+C] Pros.

pāpō (pappō), *ās*, *āre*, -, -, tr., manger : [-C] Théât., [+C] Poés.

pappārĭum, ▶ *paparium*

pappus, *i*, m. ¶ **1** vieillard : [C] Pros. ¶ **2** duvet des chardons : [C] Poés.

păpŭla, *ae*, f., [express.] papule, bouton, pustule : [C] Poés., [+C] Pros.

1 **pāpus**, ▶ *pappus*

2 **Papus**, *i*, m., nom d'homme : [+C] Pros.

păpȳrĭfĕr, *ĕra*, *ĕrum*, fertile en papyrus : [C] Poés.

păpyrĭo, *ōnis*, m., lieu où croît du papyrus : [T] Pros.

păpȳrum, *i*, n., et **păpȳrus**, *i*, f., [+C] Poés. ¶ **1** papyrus, roseau d'Égypte [employé pour maints usages, mais surtout pour la fabrication du papier] : [+C] Poés., Pros. ¶ **2** papier, écrit, manuscrit, livre : [C] Poés., [+C] Poés. ‖ vêtement de papyrus : [+C] Poés.

pār, *păris*

I adj. ¶ **1** égal, pareil : ***par intervallum*** Caes., un intervalle égal ; ***par virtute esse*** Cic., être égal en mérite ; ***in utriusque orationis facultate par esse*** Cic., être d'égale force (= de même niveau) dans les deux langues ; ***pares esse*** Cic., être à égalité (à propos de plusieurs pers.) ‖ [constr.] [avec dat.] ***alicui par*** Cic., égal à qqn ; [avec gén.] ***alicujus par*** Cic., même sens ; [avec *cum*] ***par cum ceteris condicio*** Cic., un sort égal à celui des autres hommes ; [avec *inter se*] ***pares inter se*** Cic., égaux entre eux ; [avec *ac*, *atque*, ou *et*] ***par ac*** Cic., égal à ; [poét., avec inf.] ***cantare pares*** Virg., d'égale force dans le chant ¶ **2** pair : ***par numerus*** Cic., nombre pair ¶ **3** ***par est***, il est approprié, convenable : ***ut par fuit*** Cic., ainsi qu'il convenait ; ***sic par est agere*** Cic., voilà comme il convient d'agir

II pris subs[t] ¶ **1** m., f., le pair, le second élément d'un couple [compagnon, compagne, époux, épouse ...] : Cic., Ov. ¶ **2** n. ***a)*** paire, couple : ***gladiatorum par*** Cic., couple de gladiateurs ***b)*** chose égale : ***par pro pari referre*** Ter., rendre la pareille ; ***par pari respondet*** Pl., l'un vaut l'autre ; ***paria facere*** Sen., faire la balance entre deux comptes [ou] régler un compte ; ***ex pari*** Sen., de pair, sur un pied d'égalité ***c)*** [rhét.] ***paria***, membres de phrase de même longueur

părābĭlis, *e*, qu'on se procure facilement, à bon marché : [C] Pros., Poés., [+C] Pros.

părăbŏla, *ēs*, f., [rhét.] comparaison, similitude : [+C] Pros. ‖ proverbe : [T] Pros.

părăbŏlĭcē, adv., figurément, allégoriquement : [T] Pros.

părăbŏlŏr, *ārĭs*, *ārī*, *ātus sum*, intr., risquer sa vie : [T] Pros.

Părăchĕlōis, *ĭdis*, f., région de l'Athamanie : [C] Pros.

Părăclētus, *i*, m., le Paraclet, le Saint-Esprit (défenseur, protecteur) : [T] Pros.

părăda, *ae*, f., tente dressée sur une barque : [T] Pros.

părădīsĭăcus, *a*, *um*, du paradis, séjour des bienheureux : [+T] Poés.

părădīsĭcŏla, *ae*, m., habitant du paradis [céleste] : [T] Poés.

părădīsus, *i*, m., jardin : [T] Pros. ‖ le paradis terrestre : [T] Pros. ‖ le paradis [céleste] : [+C] Pros.

păraenĕtĭcē, *ēs*, f., parénétique : ***paraenetice pars*** [+C] Pros., partie de la philosophie qui a pour objet les conseils

Păraetăcēnē, *ēs*, f., la Parétacène [région de la Perse] : [+C] Pros.

Păraetŏnĭum (-ĭus), *ĭi*, n. (m.), Parétonium, ville de Marmarique : [C] Poés. ‖ **-nĭus**, *a*, *um*, d'Égypte, d'Afrique : [+C] Poés. ‖ subst. n., blanc parétonien : [C] Pros.

părăgramma, *ātis*, n., faute de copiste : [T] Pros.

Părālīpŏmĕna, *ōn*, pl., les Paralipomènes [partie de l'Ancien Testament, appelée aussi Chroniques] : [T] Pros.

părallēlĕpĭpĕdus, *a*, *um*, reposant sur des plans parallèles : [T] Pros.

părallēlōnĭus ou **-ēus**, *a*, *um*, ▶ *parallelos*

părallēlŏs, *ŏn* et **părallēlus**, *a*, *um*, parallèle : [C] Pros.

Părălus, *ī*, m., héros athénien, dont le nom était porté par une des deux trières de l'État, la galère paralienne : [C] Pros., [+C] Pros.

părălȳtĭcus, *i*, m., paralytique : [+C] Pros.

părămĕsē, *ēs*, f., paramèse, corde ou note voisine de la mèse : [C] Pros.

părănētē, *ēs*, f., paranète, corde ou note voisine de la nète : [C] Pros.

părănymphus, *i*, m., [T] Pros. et **părănympha**, *ae*, f., celui ou celle qui reconduit les mariés, paranymphe [garçon, fille d'honneur]

Părăpămĭs-, ▶ *Parop-*

părăpegma, *ătis*, n., parapegme, calendrier astronomique et météorologique : [C] Pros. [avec gén. pl. insolite *-atorum*]

părăphrăsis, *is*, f., paraphrase : [+C] Pros.

părăphrastēs, *ae*, m., paraphraste [qui paraphrase au lieu de traduire] : [T] Pros.

părapsis, *ĭdis*, f., ▶ *paropsis*

părārĭus, *ĭi*, m., intermédiaire, courtier : [+C] Pros.

părasceŭē, *ēs*, f., veille du sabbat [jour des préparatifs :] [T] Pros.

părăsīta, *ae*, f., femme parasite : [C] Poés.

părăsītastĕr, *tri*, m., misérable parasite : [-C] Théât.

părăsītātĭo, *ōnis*, f., flatterie de parasite : [-C] Théât.

părăsītĭcus, *a*, *um*, de parasite : [-C] Théât.

părăsītŏr, *ārĭs*, *ārī*, -, intr., faire le métier de parasite : [-C] Théât.

părăsītus, *i*, m. ¶ **1** [en bonne part] invité, convive : [C] d. [T] Pros., [+C] Pros. ‖ [fig.] ***Phoebi*** [+C] Poés., commensal de Phoebus, comédien ¶ **2** [surtout en mauvaise part] parasite, écornifleur, pique-assiette : [-C] Théât., [C] Pros.

părastăs, *ădis*, f., montant : ***parastas media*** [C] Pros., montant central [du cadre de la catapulte]

părastăta ou **-tēs**, *ae*, m., ▶ *parastas* : [C] Pros.

părastătĭca, *ae*, f., ▶ *parastas* : [C] Pros.

părastĭchis, *ĭdis*, f., acrostiche : [+C] Pros.

Părastrȳmŏnĭa, *ae*, f., Parastrymonie [vallée du Strymon] : [C] Pros.

părātē, adv., avec préparation, en homme préparé : [C] Pros. ‖ ***paratissime*** [+C] Pros.

părātĭo, *ōnis*, f., apprêt, préparation : [-C] Théât. ‖ essai d'obtenir, aspiration vers qqch. : [C] Pros.

părătrăgoedō, *ās, āre*, -, -, intr., déclamer, s'exprimer à la façon d'un acteur tragique : Théât.

părātūra, *ae*, f., préparation, apprêt : Pros., Pros.

1 **părātus**, *a, um*
I part. de *paro*
II [pris adj[t]], ¶ **1** prêt, à la disposition, sous la main : Pros. ; ***paratissimae voluptates*** Pros., des plaisirs qui sont absolument sous la main ¶ **2** prêt à, préparé à : Pros. ‖ [avec *in* acc.] Pros. ; [avec dat.] Poés., Pros., Pros. ‖ [avec inf.] : Pros. ¶ **3** bien préparé, bien pourvu, bien outillé [pr. et fig.] : Pros. ; ***in jure paratissimus*** Pros., on ne peut mieux préparé en matière de droit ; ***paratus simulatione*** Pros., bien pourvu en art de dissimuler

2 **părātŭs**, *ūs*, m., préparation, apprêt, préparatif : Pros., Pros. ; ***funebris*** Pros., préparatifs funèbres ‖ ornements, vêtements : Poés.

părazōnĭum, *ĭi*, n., ceinturon avec l'épée : Poés.

Parca, *ae*, f., Parque [déesse de la naissance], le Destin : Poés. ‖ pl. *Parcae*, les Parques [Clotho, Lachésis, Atropos] : Pros., Poés. ; [à Rome, *Nona, Decuma, Morta*] Pros.

parcē, adv. ¶ **1** avec économie : Pros. ; ***parce parcus*** Théât., parcimonieusement parcimonieux, de la dernière parcimonie ¶ **2** avec retenue, modérément : Pros., Pros., Poés. ‖ rarement : Poés., Pros. ‖ ***parcius*** Pros. ; ***parcissime*** Pros.

parcĕprōmus, *i*, m., avare, homme dur à ouvrir sa bourse : Théât.

parcĭlŏquĭum, *ĭi*, n., sobriété de paroles : Pros.

parcĭmōnĭa, ➡ *parsimonia*

parcĭtās, *ātis*, f., modération : ***parcitas animadversionum*** Pros., la rareté des châtiments

parcĭtĕr, ➡ *parce*

parcō, *ĭs, ĕre, pĕpercī* (*parsī*) [rare] **parsum**, intr., qqf. tr. ¶ **1** = ne pas dépenser trop, ne pas être prodigue ***a)*** [avec dat.] ***impensae*** Pros., épargner la dépense ; ***sumptu*** Pros., épargner les frais ***b)*** tr., ***pecuniam*** Théât., épargner l'argent ¶ **2** = garder intact, préserver : ***aedificiis*** Pros. ; ***valetudini*** Pros. ; [fig.] ***auribus alicujus*** Pros., épargner les édifices, la santé, les oreilles de qqn ; ***infantibus*** Pros., épargner les enfants ; [pass. impers.] Pros. ¶ **3** = cesser : ***operae*** Pros., ménager ses soins ; ***non parcetur labori*** Pros., on n'épargnera pas sa peine ; ***lamentis*** Pros. ; ***bello*** Poés., cesser de pleurer, de combattre ‖ [avec inf.] regarder à, cesser de, se garder de : Pros., Poés., Pros. ¶ **4** = s'abstenir de : Pros. ; ***contumeliis dicendis*** Pros., regarder à, s'abstenir de proférer des injures ‖ [avec *ab*] : ***ut a caedibus parceretur*** Pros., pour éviter le massacre ‖ [avec abl.] Pros.

parcus, *a, um* ¶ **1** économe, ménager, regardant : ***colonus parcissimus*** Pros., cultivateur le plus économe ‖ [avec gén.] ***pecuniae suae*** Pros., ménager de sa fortune ; ***donandi*** Poés., peu prodigue de dons ‖ [avec abl.] Théât. ‖ [avec *in* abl.] Pros. ‖ [avec inf.] Poés. ¶ **2** [rhét.] sobriété du style : Pros. ¶ **3** [poét.] peu abondant, modéré, petit, faible : ***parcus sal*** Poés., un peu de sel ; ***parcus somnus*** Pros., sommeil modéré ; ***parcior ira*** Poés., colère trop faible

pardălis, *is*, f., panthère : Pros.

Pardălisca, *ae*, f., nom de femme, esclave de comédie : Théât.

pardus, *i*, m., léopard : Poés.

părēās, *ae*, m., serpent : Poés., **-īās**

părectătŏs (-us), ➡ *pareutactos*

Părĕdrus, ➡ *Parhedrus*

părēlĭŏn, ➡ *parhelion*

1 **părens**, *tis*, m., f. ¶ **1** le père ou la mère : ***parens tuus*** Pros., ton père ; Poés., ***parens*** ; au masculin, même pour désigner la mère ‖ pl., les parents [le père et la mère] : Pros. ¶ **2** grand-père, aïeul, [au pl.] ancêtres : Pros., Poés. ‖ [fig.] père, auteur, inventeur : Pros. ‖ [titre respectueux] père, vénérable : Poés. ‖ Jupiter : Poés. ¶ **3** ***parentes***, les parents, les proches : Pros.

2 **pārens**, *tis*, part. de *pareo* ; subst. m., ***parentes, ium*** Pros., les sujets ‖ ***parentior*** Pros., plus obéissant

Părentālĭa, *ĭum*, n. pl., fêtes annuelles en mémoire des morts, Parentalia : Pros.

părentālis, *e* ¶ **1** de père et de mère, des parents : Poés. ¶ **2** qui concerne les parents morts : ***Parentales dies*** Poés. ; ➡ *Parentalia*

părenthĕsis, *is*, f., parenthèse [rhét.] : Pros.

părentĭcīda, *ae*, m., f., parricide : Théât.

părentō, *ās, āre, āvī, ātum*, intr., célébrer une cérémonie funèbre, faire un sacrifice en l'honneur d'un mort : ***parentemus Cethego*** Pros., honorons les cendres de Céthégus ‖ [fig.] apaiser les mânes de qqn, venger [avec dat.] : Pros. ; ***irae parentare*** Pros., satisfaire la colère [par le massacre des ennemis]

pārĕō, *ēs, ēre, ŭī, ĭtum*, intr.
I ¶ **1** apparaître, se montrer : Poés., Pros. ¶ **2** impers., ***paret*** Pros., c'est manifeste, la chose est patente ; ***si paret*** [avec prop. inf.] Pros., s'il se révèle que... ¶ **3** ➡ *appareo*, se rendre aux ordres de qqn, assister des magistrats comme appariteur : Pros.
II ¶ **1** obéir, se soumettre : Pros. ; ***consilio, legibus*** Pros., obéir à un conseil, à des lois ‖ [abs[t]] Pros. ; ***in omnia*** Pros. ; ***ad omnia*** Pros., obéir en tout, pour tout ‖ [acc. de rel.] Pros. ‖ [pass. impers.] ***dicto paretur*** Pros., on obéit à l'ordre ; Pros. ¶ **2** obéir, céder à : ***necessitati*** Pros. ; ***tempori*** Pros., obéir à la nécessité, aux circonstances ; ***iracundiae*** Pros., céder à l'emportement ; ***naturae*** Pros., obéir à la nature ‖ ***promissis*** Poés., se rendre à (accepter) des offres ¶ **3** être soumis à, sous la dépendance de : Pros.

părergŏn, *i*, n., accessoire, ornement : Pros.

păreutactŏs, *a, ŏn*, pubère : Poés. [grande fille]

Părhĕdrus, *i*, m., nom d'homme : Pros.

parhēlĭŏn ou **părēlĭŏn**, *ĭi*, n., [astron.] parhélie : Pros.

părhўpătē, *ēs*, f., corde et note qui est près de l'hypate : Pros.

părĭambus, *i*, m., [métr.] pariambe, pyrrhique [pied de deux brèves] : Pros.

Părĭānus, *a, um*, de Parium : ***Pariana civitas*** Pros. ; ➡ *Parium*

părĭās, *ae*, m., ➡ *pareas*

părĭcīd-, ➡ *parric-*

părĭens, *tis*, part. de *pario*

părĭēs, *ĕtis*, m., mur [de maison], muraille : Pros. ; ***intra parietes*** Pros., dans l'enceinte de la maison, dans l'intimité ‖ clôture [en osier], haie : Poés.

părĭĕtālis herba, ➡ *parietina*

părĭĕtīna, f., pariétaire [plante] : Pros.

părĭĕtĭnae, *ārum*, f. pl., murs délabrés, débris, ruines : Pros. ‖ [fig.] débris : Pros.

Părīlĭa, ➡ *Palilis*

1 **părīlis**, *e*, pareil, semblable, égal : Poés.

2 **Părīlis**, ➡ *Palilis*

părĭlĭtās, *ātis*, f., parité, ressemblance, égalité : Pros.

părĭō, *ĭs, ĕre, pĕpĕrī, partum*, tr. ¶ **1** enfanter, accoucher, mettre bas : Pros. ; ***ovum*** Pros., pondre un oeuf ¶ **2** enfanter, produire : Pros. ‖ ***verba*** Pros., créer des mots ¶ **3** faire naître, engendrer, procurer : ***dolorem, voluptatem*** Pros., engendrer la douleur, le plaisir ; ***sibi laudem*** Pros., se ménager de la gloire ‖ pl. n., **parta**, *ōrum*, Pros., acquisitions ; ***bene parta*** Pros., les choses bien acquises

Părĭon, ➡ *Parium*

1 **păris**, gén. de *par*

2 **Păris**, *ĭdis*, acc. *ĭdem in* ou *im*, m., Pâris ou Alexandre [fils de Priam et d'Hécube ; berger sur le mont Ida, choisi pour juge dans le différend qui s'était élevé entre les déesses, Minerve, Junon, Vénus au sujet de leur beauté, il adjugea la pomme d'or (le prix) à Vénus ; il enleva Hélène, femme de Ménélas, roi de

Sparte et provoqua ainsi la guerre de Troie] : [C] Pros. ‖ [fig.] Pâris, un homme qui ravit la femme d'un autre : [C] Pros. ‖ nom d'un histrion, d'un libraire : [+C] Pros., Poés.

Părīsĭăcus, *a, um*, de Lutèce, de Paris : [+T] Poés.

Părīsĭī, *ōrum*, m. pl. ¶ **1** Parisiens [peuple de la Gaule, capitale Lutèce] : [C] Pros. ¶ **2** la capitale elle-même : [T] Pros.

părĭtās, *ātis*, f., ressemblance, parité : [T] Pros.

părĭtĕr, adv. ¶ **1** au même degré, également, semblablement, de même ***a)*** [abs[t]] [-C] Théât., [C] Pros. ***b)*** [avec des particules diverses] ***pariter ac*** ou ***pariter atque*** [C] Pros., [-C] Théât., Poés. ; ***pariter et*** [+C] Pros. ; ***pariter ut*** [-C] Théât., de la même manière que, de même que, comme, autant que ; ***pariter ac si*** [C] Pros., comme si ; [avec dat. ou abl. ?] [C] Pros. ¶ **2** ensemble, à la fois, en même temps ***a)*** [abs[t]] [C] Pros. ***b)*** [avec *cum*] ***cum luna pariter*** [C] Pros., en même temps que la lune ***c)*** [avec dat. ou abl.] [+C] Poés., [T] Pros.

părĭtō, *ās, āre, -, -*, intr., se préparer à, se disposer à : [avec inf.] [-C] Théât. ; [avec *ut*] [-C] Théât.

pārĭtŏr, *ōris*, m., garde, satellite : [T] Pros.

1 **părĭtūrus**, *a, um*, part. fut. de *pario*

2 **pārĭtūrus**, *a, um*, part. fut. de *pareo*

Părĭum, *ĭī*, n., ville de Mysie, sur la côte sud de la Propontide : [C] Pros., [+C] Poés. ‖ ▶ *Parianus*

Părĭus, *a, um*, de Paros : [C] Pros., Poés. ‖ subst. m. pl., habitants de Paros : [C] Pros.

1 **parma**, *ae*, f., petit bouclier rond, parma : [-C] Pros., [C] Pros. ‖ le gladiateur thrace [qui était armé d'une parma] : [+C] Poés. ‖ bouclier [en gén.] : [+C] Poés. ‖ soupape d'un soufflet : [T] Poés.

2 **Parma**, *ae*, f., Parme [ville de la Gaule transpadane, renommée pour ses laines] : [C] Pros. ‖ **-ensis**, *e*, [C] Pros., de Parme ‖ **Parmenses**, *ium*, m. pl., [C] Pros., habitants de Parme

parmātus, *a, um*, armé d'une parma : [C] Pros.

Parmĕnĭdēs, *is*, m., Parménide [philosophe grec natif d'Élée] : [C] Pros.

Parmĕnĭo (-ĭōn), *ōnis*, m., Parménion [un des généraux d'Alexandre] : [+C] Pros. ‖ député du roi des Illyriens : [C] Pros.

Parmensis, ▶ *2 Parma*

parmŭla, *ae*, f., petit bouclier rond, petite parma : [C] Poés.

parmŭlārĭus, *ĭī*, m., partisan des gladiateurs armés d'une parma : [+C] Pros.

Parnassēus (Parnāsēus), *a, um*, [T] Poés., ▶ *Parnassius*

Parnassis (Parnāsis), *ĭdis*, f., du Parnasse : [C] Poés.

Parnassĭus (Parnāsĭus), *a, um*, du Parnasse, des Muses : [C] Poés.

Parnassus (Parnāsus), [C] Poés., **Parnassŏs (Par-Parnāsŏs)**, *i*, m., [+C] Poés., le Parnasse [montagne de la Phocide, à deux cimes, séjour d'Apollon et des Muses]

Parnēs, *ēthis*, m., le Parnès [mont de l'Attique] : [+C] Poés.

1 **parō**, *ās, āre, āvī, ātum*, tr. ¶ **1** préparer, apprêter, arranger : ***testudines*** [C] Pros., préparer des tortues ; ***bellum*** [C] Pros., préparer la guerre [= se préparer à la guerre] ; ***regnum*** [C] Pros., se préparer à régner = aspirer au trône (à la tyrannie) ; ***se parare ad discendum*** [C] Pros., se disposer à apprendre ; ***se ad proelium*** [C] Pros., se préparer au combat ‖ [avec inf.] [C] Pros. ‖ [avec *ut* subj.] [C] Pros. ‖ [avec *ne*] [-C] Théât., disposer les choses pour éviter que ‖ [abs[t]] faire des préparatifs : [C] Pros. ; ***ad iter parare*** [C] Pros., se préparer à partir ¶ **2** procurer, ménager, faire avoir ; ***alicui aliquid***, qqch. à qqn : [-C] Théât. ‖ [souvent sans *sibi*] se procurer, acquérir : [C] Pros. ; ***a finitimis equos*** [C] Pros., se fournir de chevaux chez les peuples limitrophes

2 **părō**, *ās, āre, -, ātum*, tr. ¶ **1** mettre de pair, mettre sur la même ligne : [-C] Théât. ¶ **2** ***se cum collega*** [C] Pros., s'accommoder, s'arranger avec son collègue

3 **păro**, *ōnis*, m., barque : [+C] Pros.

părobsis, ▶ *paropsis*

părŏchĭa, *ae*, f., ▶ *paroecia*

părŏchus, *i*, m., fournisseur des magistrats en voyage : [C] Pros., [C] Pros., Poés. ‖ le maître de la maison, l'amphitryon : [C] Poés.

păroecĭa, *ae*, f., diocèse : [T] Pros. ‖ paroisse : [T] Pros. ‖ [concr.] église : [T] Pros.

părōnўchĭum, *ĭī*, n., envie [autour d'un ongle], panaris : [+C] Pros.

Părŏpămĭsădae (Părăp-), *ārum*, m. pl., [+C] Pros., **Păropanĭsădae**, *ārum*, [T] Pros., m., peuple voisin du Paropanisus

Părŏpanĭsus (Părăp-), *i*, m., le Paropanisus [Hindû-Kûsh] : [+C] Pros.

păropsis et **părapsis**, *ĭdis*, f., plat long : [+C] Poés., Pros.

păroptus, *a, um*, légèrement rôti : [+C] Pros.

Părōrēa, **Parōrēia**, *ae*, f., région de Thrace : [C] Pros.

Părŏs, [C] Poés., **Părus**, *i*, f., [C] Pros., Paros [une des Cyclades, célèbre par ses marbres]

părōtĭda, *ae*, f., ▶ *parotis*

părōtis, *ĭdis*, f., console [archit.] : [C] Pros.

parra, *ae*, f., nom d'un oiseau de mauvais augure [engoulevent] : [-C] Théât., [C] Poés., [T] Poés.

Parrhăsis, *ĭdis*, f., d'Arcadie : ***Parrhasis ursa*** [C] Poés. ou ***Arctos*** [C] Poés., l'ourse arcadienne = la Grande Ourse ; ***Parrhasides stellae*** [C] Poés., la Grande Ourse ‖ subst. f., la Parrhasienne, l'Arcadienne = Callisto : [C] Poés.

1 **Parrhăsĭus**, *a, um*, de Parrhasie, d'Arcadie, Arcadien : [C] Poés. ‖ du mont Palatin [où s'était établi l'Arcadien Évandre] : [+C] Poés.

2 **Parrhăsĭus**, *ĭī*, m., peintre célèbre d'Éphèse : [C] Poés. ‖ pl., [C] Pros.

parrĭcīda (pārĭc-), *ae*, m., parricide : [C] Pros. ‖ meurtrier d'un de ses parents : [C] Pros. ‖ meurtrier d'un concitoyen, assassin : [C] Pros. ‖ celui qui fait la guerre à sa patrie, traître : [C] Pros. ‖ sacrilège : [C] Pros. ‖ [adj[t]] ***parricida nex*** [T] Pros., parricide

parrĭcīdālis, *c* (***parricida***), de parricide, parricide : ***parricidale bellum*** [+C] Pros., guerre civile

parrĭcīdātŭs, *ūs*, m., parricide [crime] : [+C] Pros.

parrĭcīdĭum, *ĭī*, n. ¶ **1** parricide : [C] Pros. ¶ **2** meurtre d'un parent ou d'un proche : ***parricidium fraternum*** [C] Pros., fratricide ¶ **3** attentat contre la patrie, trahison, haute trahison : [C] Pros. ¶ **4** meurtre d'un concitoyen : [C] Pros. ¶ **5** nom donné aux Ides de mars, jour du meurtre de César : [+C] Pros.

parrus, *i*, m., ▶ *parra* : [T] Poés.

pars, *partis*, f. ¶ **1** partie, part, portion : ***pars fluminis*** Caes., la partie d'un fleuve ; ***pars urbis*** Cic., une partie de la ville, un quartier ; ***vitae partes*** Cic., les moments de l'existence ; ***orientis partes*** Cic., les régions de l'Orient ; ***ex aliqua re partem habere*** Cic., avoir une partie de qqch. ‖ ***tertia pars*** Caes., le tiers ; ***quarta pars*** Caes., le quart ; ***duae partes alicujus rei*** Cic., les 2/3 de qqch. ; ***tres partes*** Caes., les 3/4 ¶ **2** [expressions] ***a) pars ..., pars ...*** Liv., les uns ..., les autres ... ***b) parte ..., parte ...*** Plin. ; Ov., en partie ..., en partie ... ; ***magna parte*** Liv., en grande partie ; ***nulla parte*** Quint., aucunement ***c) omnibus partibus*** Cic., à tous égards ***d) a parte***, du côté de : ***a parte heredum*** Cic., du côté des héritiers ; ***a parte accusatoris*** Sen., du côté de l'accusation ***e) ex parte*** Cic., en partie, pour une part ; ***aliqua ex parte*** Cic., quelque peu ; ***maxima ex parte*** Cic., pour la plus grande part ; ***ex altera parte*** Cic., de l'autre côté, par ailleurs ; ***qua ex parte ?*** Cic., de quel côté, sur quel point ? ***f) in parte*** Quint., en partie ***g) pro mea parte*** Cic., pour ma part ***h)*** [acc. de rel.] ***magnam partem*** Cic., en grande partie ; ***bonam partem*** Lucr., pour une bonne part ***i) in aliquam partem***, dans tel ou tel sens : ***in utramque partem disputare*** Cic., discuter dans les deux sens = examiner le pour et le contre ; ***in bonam partem aliquid accipere*** Cic., prendre qqch. en bonne part ¶ **3** [en part.] ***a)*** genre, espèce : ***ea parte belli*** Liv., dans ce genre de combat ; ***qua parte copiarum*** Liv., avec cette espèce de troupes ***b)*** [pl.] parts (dans les bénéfices), intérêt (dans une entreprise) : ***alicui dare partes*** Cic., donner des parts à qqn = l'intéresser (dans une affaire)

c) parti, cause : ***advocati partis adversae*** QUINT., les avocats de la partie adverse ; ***in altera parte esse*** CIC., être du parti opposé ‖ [au pl.] ***civis bonarum partium*** CIC., un citoyen du bon parti ***d)*** [pl.] rôle : ***primas partes agere*** TER., jouer le premier rôle ; ***partes accusatoris*** CIC., rôle d'accusateur ; ***transactis meis partibus*** CIC., mon rôle étant achevé

Parsagăda, ***ōrum***, n. pl., V.▸ *Pasargadae* : [+C] Pros.

parsī, parf. de *parco*

parsĭmōnĭa, ***ae***, f. ¶**1** épargne, économie : [C] Pros., [+C] Pros. ¶**2** pl., épargnes, économies : [-C] Théât. ‖ jeûnes, privations : [T] Poés. ¶**3** [fig.] sobriété [d'un orateur] : [C] Pros.

parsūrus, V.▸ *parco*

parta, ***ae***, f., celle qui a enfanté : [+C] Pros.

Parthāōn, ***ŏnis***, m., Parthaon [fils de Mars (Arès) et père d'Œnée, roi de Calydon en Étolie] : [-C] Théât., [C] Poés. ‖ **-ŏnĭdēs, ae**, m., fils ou descendant de Parthaon [Méléagre] : [+C] Poés. ‖ **-ŏnĭus, *a, um***, de Parthaon : [C] Poés. ; [par ext.] d'Étolie : [+C] Poés.

Parthĕnĭānus, ***a, um***, de Parthénius : [+C] Poés.

parthĕnĭcē, ***ēs***, f., fleur des vierges, camomille : [C] Poés.

1 **Parthĕnĭus**, ***a, um***, du mont Parthénius : [C] Poés. ‖ ***Parthenium mare*** [T] Pros., mer Parthénienne [N-E de la Méditerranée]

2 **Parthĕnĭus**, ***ĭi***, m., le Parthénius [mont d'Arcadie] : [C] Pros.

3 **Parthĕnĭus**, ***ĭi***, m., un des compagnons d'Énée : [C] Poés. ‖ poète et grammairien, maître de Virgile : [+C] Pros., [T] Pros. ‖ valet de chambre de Domitien : [+C] Pros., Poés.

Parthĕnōn, ***ōnis***, m., portique de la villa de Pomponius Atticus : [C] Pros.

Parthĕnŏpaeus, ***i***, m., Parthénopée [roi d'Arcadie, fils de Méléagre et d'Atalante, un des sept chefs qui assiégèrent Thèbes et périrent devant cette ville] : [C] Poés., [+C] Poés.

Parthĕnŏpē, ***ēs***, f., une des Sirènes qui, lorsque Ulysse leur eut échappé, se précipitèrent dans la mer, son corps fut rejeté sur la côte à l'endroit où plus tard fut bâtie la ville de Naples, qui prit son nom : [C] Poés.

Parthĕnŏpēĭus, ***a, um***, de Parthénope [ou Naples] : [C] Poés.

Parthĕnŏpŏlis, ***is***, f., ville de la Mésie inférieure : [T] Pros.

Parthi, ***ōrum***, m. pl., les Parthes [peuple de Perse, réputé pour ses cavaliers et ses archers] ; [par ext.] les Perses : [C] Pros., Poés.

Parthĭa, ***ae***, f., la Parthie, pays des Parthes ; [par ext.] la Perse : [+C] Poés.

Parthĭcus, ***a, um***, des Parthes, des Perses : [C] Pros.

Parthīnus, ***a, um***, parthinien [peuple d'Illyrie, près de Dyrrachium] : [+C] Pros. ‖ subst. m. pl., ***Parthini*** [C] Pros., Parthiniens

Parthis, ***ĭdis***, f., [C] Poés., C.▸ *Parthia*

Parthum, ***i***, n., V.▸ *Parthinus*

Parthus, ***a, um***, des Parthes, des Perses : [C] Pros., Poés. ‖ V.▸ *Parthi*

partĭārĭō, adv., par moitié, en partageant : [-C] Pros.

partĭbĭlis, ***e***, C.▸ *partilis*

partĭceps, ***ĭpis***, participant, qui a une part de, qui partage [avec gén.] : [C] Pros. ‖ ***esse alicui participem alicujus rei*** [+C] Pros., être pour qqn participant à qqch. = participer avec qqn à qqch. ‖ subst. m., associé, compagnon, camarade : [-C] Théât. ; ***meus particeps*** [-C] Théât., celui qui partage avec moi ; [C] Pros.

partĭcĭpālis, ***e***, [gram.] qui est au participe : [C] Pros., [+C] Pros.

partĭcĭpātĭo, ***ōnis***, f., participation, partage : [T] Pros.

1 **partĭcĭpātus**, ***a, um***, part. de *participo*

2 **partĭcĭpātŭs**, ***ūs***, m., partage, participation : [T] Pros.

partĭcĭpĭālĭs, ***e***, qui est au participe : ***participialia verba*** [+C] Pros., participes

partĭcĭpĭum, ***ĭi***, n., participe [gram.] : [C] Pros., [+C] Pros.

partĭcĭpō, ***ās, āre, āvī, ātum***, tr. ¶**1** ***a)*** faire participer : ***aliquem aliqua re*** [-C] Théât. ; ***alicujus rei*** [-C] Théât., faire participer qqn à qqch. ; [avec interrog. indir.] faire connaître : [-C] Théât. ‖ [pass.] être admis au partage, être mis en participation : [C] Pros. ***b)*** partager, mettre en commun, répartir : ***rem cum aliquo*** [C] Pros., partager une chose avec qqn ¶**2** avoir sa part de, participer à : [-C] Théât. ‖ ***ad participandas voluptates*** [+C] Pros., pour participer aux plaisirs

partĭcŭla, ***ae***, f., petite partie, parcelle, particule : [C] Pros. ‖ [rhét.] les incises [petits membres dont se compose une phrase, une période] : [+C] Pros. ‖ [gram.] particule : [+C] Pros.

partĭcŭlātim, adv., par morceaux, en détail : ***excarnificare aliquem particulatim*** [+C] Pros., mettre en pièces le corps de qqn ; [fig.] [C] Pros. ‖ en particulier : [C] Pros.

partĭlis, ***e***, divisible : [T] Pros. ‖ [fig.] particulier : ***partilia fata*** [T] Pros., la destinée de chacun

partĭlĭtĕr, adv., séparément, partiellement : [T] Pros.

partim, anc. acc. de *pars*, pris adv[t] ¶**1** en partie : [C] Pros. ; ***partim ex illis*** [C] Pros., une partie d'entre eux ‖ ***partim*** [seul] [C] Pros. ¶**2** [en balancement avec *alii*] les uns... une partie (d'autres) : [C] Pros.

1 **partĭo**, ***ōnis***, f., accouchement : [-C] Théât. ‖ ponte : [C] Pros.

2 **partĭō**, ***īs, īre, īvī ĭī, ītum***, tr. ¶**1** diviser en parties : [C] Poés. ¶**2** partager, répartir, distribuer : [-C] Théât., [C] Pros., [+C] Pros. ¶**3** ***aliquem in suspicionem*** [-C] Théât., englober qqn dans un soupçon [le soupçonner aussi]

partĭŏr, ***īrĭs, īrī, ītus sum***, tr. ¶**1** diviser en parties : [C] Pros. ¶**2** partager, répartir : ***aliquid cum aliquo*** [C] Pros., partager qqch. avec qqn ; V.▸ *2 partio*

partītē, adv., méthodiquement [en divisant clairement] : [C] Pros.

partītĭo, ***ōnis***, f., partage, division, répartition : [C] Pros. ‖ classification : [C] Pros. ‖ [rhét.] la division : [C] Pros., [+C] Pros. ; ***Partitiones oratoriae***, Divisions de l'art oratoire [titre d'un ouvrage de Cicéron] ‖ [phil.] énumération des parties : [C] Pros., [+C] Pros.

partĭtūdo, ***ĭnis***, f., accouchement : [-C] Théât.

partītus, ***a, um***, part. de *2 partio* et de *partior*

partor, V.▸ *postpartor*

1 **partum**, n. de *1 partus, a, um*

2 **partum**, gén. pl. arch. de *pars*

partūra, ***ae***, f., action de mettre bas : [C] Pros.

partŭrĭō, ***īs, īre, īvī, -*** ¶**1** intr., être sur le point d'accoucher [pr. et fig.] : [-C] Théât., [C] Poés. ; ***parturiunt montes*** [C] Poés., les montagnes sont en travail ; [+C] Pros. ‖ [fig.] souffrir, éprouver des souffrances, des inquiétudes : [C] Pros. ¶**2** tr., porter dans son sein, couver : [C] Pros. ‖ enfanter, produire : [C] Poés.

partŭrītĭo, ***ōnis***, f., enfantement : [T] Pros.

1 **partus**, ***a, um***, part. de *pario*

2 **partŭs**, ***ūs***, m. ¶**1** enfantement, accouchement : [C] Pros. ¶**2** action de procréer [hommes] : [C] Pros. ¶**3** fruit de l'enfantement, enfants : [C] Pros. ‖ petits, portée : [C] Pros. ‖ productions des plantes : [C] Pros.

părum, adv. ¶**1** trop peu, pas assez [avec ou sans gén.] : ***leporis parum*** [C] Pros., trop peu de grâce ; ***non parum humanitatis*** [C] Pros., suffisamment de qualités humaines ; ***parum constans*** [C] Pros., manquant de constance ; ***parum multi*** [C] Pros., trop peu nombreux ; ***non parum saepe*** [C] Pros., assez souvent ‖ [-C] Théât., [C] Pros. ; ***parum est, ut*** subj., [+C] Pros., il ne suffit pas que ; [C] Pros., [C] Poés. ; [avec prop. inf.] [C] Pros. ‖ ***parum habere*** [avec inf.], ne pas se contenter de : [C] Pros. ¶**2** guère : [+C] Pros.

părumpĕr, adv., pour un instant, momentanément : [C] Pros. ‖ en peu de temps, vite : [-C] Pros.

Părus, ***i***, f., V.▸ *Paros*

parvē, adv., peu : [C] Pros.

parvi, gén., V.▸ *parvum*

parvīpendō, ***ĭs, ĕre, -, -***, tr., faire peu de cas de, mépriser : [T] Pros.

parvĭtās, ***ātis***, f., petitesse : ***parvitas vinculorum*** [C] Pros., ténuité des liens ; pl., [+C] Pros. ‖ [fig.] ***mea parvitas*** [+C] Pros., mon humble personne ‖ faible importance, futilité : [+C] Pros.

parvō, abl., V.▸ *parvum*

parvŭlum, n. de *parvulus*, pris adv[t], très peu : [+C] Pros.

parvŭlus, *a*, *um*, très petit : [C] Pros., Poés. ‖ tout jeune : ***a parvulo*** [en parl. d'un seul] [-C] Théât. ; ***a parvulis*** [en parl. de plusieurs] [C] Pros., dès l'enfance

parvum, *i*, n. de *parvus* pris subst^{t} ¶ **1** nom. presque inus. : ***parvum sanguinis*** [+C] Poés., un peu de sang ¶ **2** [très employé au gén. et abl. dans une série d'expr.] ***parvi facere, aestimare, ducere, pendere***, estimer peu, v. ces verbes ; ***parvi esse*** [C] Pros., avoir peu de valeur ; ***parvi refert*** [C] Pros., il importe peu ‖ ***parvo contentus*** [C] Pros., content de peu ; ***consequi aliquid parvo*** [C] Pros., obtenir qqch. à peu de frais ; ***parvo vendere*** [C] Pros., vendre à bas prix, bon marché ; ***assuescere parvo*** [+C] Pros., s'habituer à vivre de peu ‖ [dev. un compar.] [rare] ***parvo plures*** [C] Pros., un peu plus nombreux ; [+C] Pros.

parvus, *a*, *um* ¶ **1** petit : [C] Pros. ; ***parvi pisciculi*** [C] Pros., petit fretin ¶ **2** [au point de vue du temps] ***in parvo tempore*** [C] Poés., en peu de temps ; ***parva vita*** [+C] Poés., courte vie ; ***parva mora*** [C] Pros., court délai ¶ **3** [nombre, quantité] ***parvae copiae*** [C] Pros., faibles troupes ; ***parva pecunia*** [C] Pros., petite somme d'argent ¶ **4** [valeur] [C] Pros. ; ***beneficium non parvum*** [C] Pros., bienfait d'importance ; ***commoda parva*** [C] Pros., petits avantages ‖ [qualité] [C] Pros. ; ***parvo labore*** [C] Pros., avec peu de peine, sans grand travail ¶ **5** [âge] [C] Pros. ‖ [m. pl. pris subst^{t}] ***parvi***, les petits : [C] Pros. ‖ [expr. adv.] ***a parvo*** [en parl. d'un seul] ***a parvis*** [en parl. de plusieurs] dès l'enfance : [C] Pros. ¶ **6** [rang, condition, importance] [C] Poés., Pros.

Păsargădae, *ārum*, f. pl., [V. ▶] *Parsagada*

pascālis, *e*, qu'on fait paître, qui paît : [-C] Poés.

pascĕŏlus, *i*, m., bourse de cuir : [-C] Poés., Théât.

Pascha, *ae*, f., **Pascha**, *ătis*, n. ¶ **1** pl., ***Pascharum dies*** [T] Pros., le jour de Pâques ¶ **2** l'agneau pascal [que les Juifs mangeaient pour célébrer la Pâque] : [T] Pros. ‖ [fig.] [en parl. de J.-C.] [T] Pros.

pascō, *ĭs*, *ĕre*, *pāvī*, *pastum*, tr. ¶ **1** faire paître, mener paître : [C] Pros., Poés. ‖ [d'où] faire l'élevage : ***beluas*** [C] Pros., faire l'élevage des animaux ; [abs^{t}] [C] Pros. ¶ **2** [poét.] donner qqch. en pâture : [C] Poés. ¶ **3** nourrir, entretenir, alimenter : ***olusculis aliquem*** [C] Pros., faire manger à qqn (repaître qqn) de simples légumes ; ***aliquem rapinis*** [C] Pros., nourrir qqn de rapines ¶ **4** [fig.] ***a)*** nourrir, développer, faire croître : ***barbam*** [C] Poés. ; ***crinem*** [C] Poés., laisser pousser sa barbe, ses cheveux ; ***nummos alienos*** [C] Pros., nourrir l'argent d'autrui, faire fructifier les capitaux d'autrui [par les intérêts qu'on paie] ; ***spes inanes*** [C] Poés., nourrir de vains espoirs ; [C] Pros. ***b)*** repaître, réjouir : ***oculos aliqua re*** [C] Pros., repaître ses yeux de qqch. [ou] ***in aliqua re*** [C] Pros. ‖ [pass.] se repaître : ***scelere pascuntur*** [C] Pros., ils se repaissent de crimes ¶ **5** [poét.] paître, brouter : [C] Poés. ; [avec acc.] [C] Poés.

pascŏr, *scĕrĭs*, *scī*, *pastus sum*, tr. ¶ **1** paître, brouter, manger : [abs^{t}] [C] Poés. ; [avec acc.] [C] Poés. ¶ **2** manger [en parl. des poulets qui servent aux augures] : [C] Pros.

pascŭa, *ae*, f., pâturage : [+C] Pros.

pascŭālis, *e*, [T] Pros., [C. ▶] *pascalis*

pascŭum, *i*, n., et ordin^{t} **pascŭa**, *ōrum*, pl., pâturage, pacage : [C] Pros.

pascŭus, *a*, *um*, propre au pâturage : [C] Pros.

Pāsĭcompsa, *ae*, f., nom de courtisane : [-C] Théât.

Pāsĭphăa, *ae*, f., [C] Pros., **Pasiphăē**, *ēs*, f., Pasiphaé [fille du Soleil, femme de Minos, mère de Phèdre, d'Ariane, du Minotaure] : [C] Pros., Poés.

Pāsĭphăēĭa, *ae*, f., fille de Pasiphaé [Phèdre] : [C] Poés.

Pāsĭtĕlēs, *is*, m., Pasitélès [nom de deux sculpteurs] : [C] Pros.

Pāsĭthĕa, *ae* et **Pāsĭthĕē**, *ēs*, f., Pasithée [une des trois Grâces] : [C] Poés., [+C] Pros.

Pāsĭtigris, *ĭdis* ou *is*, m., fleuve de Perse, dans la Susiane : [+C] Pros.

passa ūva, [V. ▶] *2 pando* ¶ *4* et *passum*

passar, m., [T] Pros., [C. ▶] *1 passer*

Passărīnus, [V. ▶] *Passerinus*

Passărōn, *ōnis*, f., ville d'Épire, chez les Molosses : [C] Pros.

1 **passĕr**, *ĕris*, m. ¶ **1** passereau, moineau : [C] Pros. ‖ terme de tendresse : [-C] Théât. ‖ ***passer marinus*** [-C] Théât., autruche ¶ **2** carrelet [poisson de mer] : [C] Poés.

2 **Passĕr**, *ĕris*, m., surnom romain : [C] Pros.

3 **Passĕr**, *is*, m., fleuve d'Étrurie : ***fluctus Passeris*** [+C] Poés., les flots du Passer

passercŭla, *ae*, f., petit moineau [t. de tendresse] : [+C] Pros.

passercŭlus, *i*, m., moineau : [C] Pros. ‖ [terme de tendresse, cf. "mon petit poulet"] : [-C] Théât.

Passĕrīnus, *i*, m., nom d'un cheval de course, vainqueur au Cirque : [+C] Poés.

passĭbĭlis, *e*, passible, passif [phil.] : [T] Pros.

passĭbĭlĭtās, *ātis*, f., passibilité, passivité : [T] Pros.

Passĭēnus, *i*, m., nom d'homme : [C] Pros., [+C] Pros.

passim, adv. ¶ **1** en se déployant en tous sens, à l'aventure, de tous côtés, partout, de toutes parts [avec idée de mouv^{t}, question *quo*] : [C] Pros. ; ***passim carpere*** [C] Pros., aller cueillir de tous côtés, prendre partout ¶ **2** [sans mouv^{t}] [C] Pros., [+C] Pros. ‖ pêle-mêle, sans distinction, indistinctement : [C] Pros., Poés.

passĭo, *ōnis*, f. ¶ **1** passion de J.-C. : [T] Pros. ¶ **2** affection de l'âme, passion : [T] Pros. ¶ **3** accident, perturbation dans la nature : [+C] Pros.

passĭtō, *ās*, *āre*, -, -, intr., crier [en parl. de l'étourneau] : [+C] Pros.

passīvē, adv., confusément, sans ordre : [+C] Pros.

passīvĭtās, *ātis*, f., le fait d'être répandu : [+C] Pros.

1 **passīvus**, *a*, *um*, confus : [+C] Pros.

2 **passīvus**, *a*, *um*, susceptible de passion : [T] Pros.

passum, *i*, n., vin de raisins séchés au soleil : [C] Poés., [+C] Pros.

1 **passus**, *a*, *um*, part. de *2 pando* et de *patior*

2 **passŭs**, *ūs*, m. ¶ **1** pas : ***perpauculis passibus*** [C] Pros., en quelques pas ; [en parl. de deux pers.] ***conjunctis passibus*** [C] Poés., marcher côte à côte ; ***passu anili*** [C] Poés., d'un pas sénile ‖ trace des pas : [C] Poés. ¶ **2** pas [mesure itinéraire = le double pas (*gradus*) = 5 pieds romains ou 1,479 mètre] : [C] Pros. ; ***mille passus***, un mille romain ou 1 479 m.

pastālis, *e*, [V. ▶] *pascalis*

pastĭcus, *a*, *um*, qui commence à paître : [+C] Pros.

pastillus, *i*, m., tablette, pastille, pilule : [+C] Pros. ‖ pastille [parfumée pour l'haleine] : [C] Poés., [+C] Poés.

pastĭnātio, *ōnis*, f., action de défoncer le sol, travail à la houe : [+C] Pros. ‖ terre remuée à la houe : [+C] Pros.

pastĭnātŏr, *ōris*, m., celui qui travaille avec la houe : [+C] Pros.

pastĭnātus, *a*, *um*, part. de *pastino* ‖ **pastĭnātum**, n., sol remué à la houe : [+C] Pros.

pastĭnō, *ās*, *āre*, *āvī*, *ātum*, tr., défoncer, travailler à la houe : [+C] Pros.

pastĭnum, *i*, n., plantoir fourchu, croc, houe : [+C] Pros.

pastĭo, *ōnis*, f. ¶ **1** élevage (action d'élever) des bestiaux, des poules, des abeilles : [C] Pros., [+C] Pros. ¶ **2** pâturage, pacage : [C] Pros.

pastŏphŏri, *rōrum* ou *rum*, m. pl., pastophores [prêtres qui portaient dans des châsses les images des dieux] : [+C] Pros.

1 **pastŏr**, *ōris*, m., celui qui fait paître des brebis, berger, pâtre, pasteur : [C] Pros., Poés. ‖ gardien [de paons, de poules] : [C] Pros., [+C] Pros. ‖ [fig.] pasteur : [+C] Pros.

2 **Pastŏr**, *ōris*, m., nom d'homme : [+C] Poés.

pastōrālis, *e*, de berger, pastoral, champêtre : [C] Pros. ‖ ***pastoralis Apollo*** [+C] Poés., Apollon qui a la garde des troupeaux (qui les protège)

pastōrālĭtĕr, adv., en pasteur [spirituel] : [+T] Poés.

pastōrĭcĭus, **pastōrĭus**, *a*, *um*, [C] Poés., de berger, pastoral : [C] Pros., Poés. ‖ ***pastoria sacra*** [C] Poés. ; [C. ▶] *Palilis*

pastum, sup. de *pasco*

1 **pastus**, *a*, *um* ¶ **1** part. de *pasco* ¶ **2** part. de *pascor*

2 **pastŭs**, *ūs*, m. ¶ **1** pâture : [C] Pros. ‖ nourriture des animaux : [C] Pros. ; [pl.] [C] Pros. ‖ alimentation végétale de l'homme : [C] Poés. ¶ **2** [fig.] nourriture : [C] Pros.

pătăgĭārĭus, *ĭi*, m., frangier : [-C] Théât.

pătăgĭātus, *a*, *um*, frangé, orné de franges : [-C] Théât.

pătăgĭum, *ĭi*, n., bande, frange : [-C] Théât., [+C] Pros.

pătăgus, *i*, m., sorte de maladie : [-C] d. [T] Pros.

Pătălē, *ēs*, f., ville dans l'île de Patalène ‖ **-la**, *ae* ‖ **-lĭus**, [+C] Pros. et **-lītānus**, *a*, *um*, de Patala, de Patalène

Pătăra, *ōrum*, n. pl., Patara [ville de Lycie, célèbre par un oracle d'Apollon] : [C] Pros. ‖ **-aeus**, *a*, *um*, **-ĭcus**, *a*, *um*, de Patara : [C] Poés. ‖ **-āni**, *ōrum*, m. pl., habitants de Patara : [C] Pros. ‖ **-eūs**, **ĕos**, *ĕi*, m., Pataréen, surnom d'Apollon [adoré à Patara] : [C] Poés.

pătărăcĭna, n. pl., grandes coupes (?) : [+C] Pros.

pătăvīnĭtās, *ātis*, f., patavinité [qualification péjorative du style abondant de Tite-Live, par opposition à l'*urbanitas*] : [+C] Pros.

Pătăvīnus, *a*, *um*, de Patavium, Padouan : [+C] Poés. ‖ ***Patavina volumina*** [T] Poés., l'histoire romaine de Tite-Live ‖ **Pătăvīni**, *ōrum*, m. pl., habitants de Patavium : [C] Pros.

Pătăvĭum, *ĭi*, n., ville de Vénétie, patrie de Tite-Live [auj. Padoue] : [C] Pros.

pătĕfăcĭō, *ĭs*, *ĕre*, *fēcī*, *factum*, tr. ¶ **1** découvrir, ouvrir : ***iter*** [C] Pros., ouvrir un chemin ; ***aures assentatoribus*** [C] Pros., ouvrir (prêter) l'oreille aux flatteurs ; [pass.] ***patefieri*** [C] Pros., être ouvert ‖ ***vias*** [C] Pros., frayer des routes ¶ **2** [fig.] dévoiler, montrer, découvrir, mettre au jour : ***odium suum in aliquem*** [C] Pros., dévoiler sa haine contre qqn ; ***veritas patefacta*** [C] Pros., vérité dévoilée

pătĕfactĭo, *ōnis*, f., [fig.] action de dévoiler, de faire connaître : [C] Pros.

pătĕfactus, *a*, *um*, part. de *patefacio*

pătĕfīō, *fīs*, *fĭĕrī*, *factus sum*, pass. de *patefacio*

Pătēla (**Pătell-**), **Pătelāna**, *ae*, f., déesse qui présidait à la sortie du blé de l'épi : [T] Pros.

pătella, *ae*, f. ¶ **1** patelle, petit plat servant aux sacrifices : [C] Pros. ‖ plat, assiette : [C] Pros. ; V. *operculum* ¶ **2** rotule : [+C] Pros. ¶ **3** préparation culinaire, V. *patina 2* : [+C] Pros.

pătellārĭī dĭī, m., dieux à qui on offre des mets dans des patelles [dieux Lares] : [-C] Théât.

pătens, *tis* ¶ **1** part. de *pateo* ¶ **2** [adj[t]] découvert, ouvert : [C] Pros. ; ***patentior*** [C] Pros. ‖ évident, manifeste : [C] Poés.

pătentĕr, adv., ***patentius***, plus manifestement : [C] Pros.

pătĕō, *ēs*, *ēre*, *ŭī*, -, intr. ¶ **1** être ouvert : ***valvae patent*** [C] Pros., les portes sont ouvertes ¶ **2** être praticable, accessible : [C] Pros. ; ***semitae non patent*** [C] Pros., les sentiers ne sont pas ouverts, praticables ¶ **3** être à la disposition : [C] Pros. ¶ **4** être découvert, donner prise à : [C] Pros., [+C] Pros. ¶ **5** être devant les yeux, visible : [C] Pros. ‖ [fig.] être clair, évident, patent : [C] Pros. ; [d'où] ***patet*** [avec prop. inf.], il est évident que : [C] Pros., [+C] Pros. ¶ **6** s'étendre : [C] Pros. ‖ [fig.] s'étendre sur un large terrain : [C] Pros. ; ***latissime patere*** [C] Pros., avoir la plus grande étendue, embrasser le plus de questions ‖ avoir le champ libre : [C] Pros.

pătĕr, *tris*, m., père ¶ **1** ***pater familias, familiae*** ***a)*** père de famille, maître de maison : [C] Pros. ***b)*** bon bourgeois, premier citoyen venu : [C] Pros. ¶ **2** ***patres*** ***a)*** les pères : [C] Pros. ***b)*** les sénateurs : [C] Pros. ; V. *conscripti* ***c)*** patriciens [orig[t] descendants des chefs de famille qui constituaient le sénat de Romulus, [C] Pros.] : [C] Pros. ¶ **3** [en parl. des dieux] ***a)*** ***pater*** ; désigne Jupiter, le père des dieux et des hommes : [C] Poés. ***b)*** [épithète de vénération] auguste, divin : ***Bacche pater*** [C] Poés., ô vénéré Bacchus ***c)*** divinité, dieu : ***Gradivus pater*** [C] Poés., dieu Mars ; ***pater Lemnius*** [C] Poés., dieu de Lemnos [Vulcain] ‖ [en parl. des hommes] vénérable : ***pater Aeneas*** [C] Poés., le noble Énée ; [en gén., épithète de vénération] [C] Pros. ‖ ***pater patriae***, père de la patrie [titre d'honneur] : [C] Pros. ; ***pater senatus*** [+C] Pros., père du sénat ; [C] Poés. ***d)*** [chrét.] Dieu, comme créateur ou comme père du Christ : [T] Pros. ¶ **4** père, fondateur : ***pater Stoicorum*** [C] Pros., fondateur du stoïcisme [Zénon] ; ***eloquentiae*** [C] Pros., père de l'éloquence ‖ ***pater cenae*** [C] Poés., l'amphitryon ¶ **5** père = vieillard : [C] Poés. ¶ **6** ***pater patratus***, chef des fétiaux : [C] Pros.

pătĕra, *ae*, f., patère, coupe évasée en usage dans les sacrifices : [C] Pros., Poés.

Pătercŭlus, *i*, m., surnom latin, V. *Velleius*

pătĕrfămĭlĭās, V. *pater* ¶ *1*

pătĕrnē, adv., paternellement : [T] Pros.

Pătĕrnĭānus, *i*, m., nom d'homme : [T] Pros.

Pătĕrnīnus, *i*, m., nom d'homme : [T] Pros.

pătĕrnĭtās, *ātis*, f., paternité : [T] Pros.

1 **pătĕrnus**, *a*, *um* ¶ **1** paternel, qui appartient au père : ***praedia paterna*** [C] Pros., terres paternelles ; ***paterna gloria*** [C] Pros. ; ***paternum genus*** [C] Pros., gloire appartenant au père, famille du côté paternel ; ***regnum paternum*** [C] Pros., royaume paternel ¶ **2** [poét.] des pères, des aïeux : [C] Poés.

2 **Pătĕrnus**, *i*, m., nom d'homme : [+C] Poés.

pătescō, *ĭs*, *ĕre*, *pătŭī*, -, intr., s'ouvrir : [C] Poés. ‖ s'étendre, se développer : [C] Pros., [+C] Pros. ‖ [fig.] se dévoiler, se découvrir, se montrer à nu : [C] Poés.

păthētĭcē, adv., pathétiquement : [T] Pros.

păthētĭcus, *a*, *um*, pathétique : [T] Pros.

păthĭcus, *i*, m., pédéraste passif, giton : [C] Poés. ‖ superlatif, ***pathicissimus*** : [+C] Poés.

păthŏs, n., passion, impression vive, émotion : [T] Pros.

pătĭbĭlis, *e* ¶ **1** supportable, tolérable : [C] Pros. ¶ **2** [phil.] sensible, doué de sensibilité : [C] Pros. ‖ subst. n., le sensible : [T] Pros.

pătĭbŭlātus, *a*, *um*, attaché au patibule : [-C] Théât.

pătĭbŭlum, *i*, n. ¶ **1** perche servant à guider les sarments d'une vigne : [-C] Pros. ¶ **2** barre pour étendre les bras d'un condamné, traverse d'une croix : [-C] Théât., [C] Pros.

pătĭens, *tis*, part. de *patior*, [adj[t]] ***a)*** qui supporte [avec gén.] : [C] Pros. ***b)*** [fig.] endurant : [C] Pros. ; ***patientissimus*** [C] Pros.

pătĭentĕr, adv., patiemment, avec patience, avec endurance : [C] Pros. ‖ ***patientius*** [C] Pros. ; ***-issime*** [+C] Pros.

pătĭentĭa, *ae*, f. ¶ **1** action de supporter, d'endurer : [C] Pros. ‖ ***patientia turpitudinis*** [C] Pros., acceptation sans révolte de la honte ¶ **2** faculté de supporter, patience, longanimité : [C] Pros. ¶ **3** ***a)*** aptitude à tout supporter, endurance [en bonne part] : [C] Pros. ***b)*** [en mauvaise part] soumission, servilité : [+C] Pros.

1 **pătĭna**, *ae*, f. ¶ **1** plat creux, cassole [pour faire cuire des aliments] : [C] Pros., Poés. ¶ **2** potée, préparation culinaire : [+C] Pros.

2 **Pătĭna**, *ae*, m., nom d'homme : [C] Pros.

pătĭnārĭus, *a*, *um*, de plat creux : ***struices patinariae*** [-C] Théât., piles de plats ; ***piscis patinarius*** [-C] Théât., poisson bouilli, à la sauce ‖ [fig.] gourmand [qui aime les bons plats] : [+C] Pros.

pătĭō, *ĭs*, *ĕre*, -, -, [arch.] V. *patior* : [-C] Théât. ; [impér. *patiunto*] [C] Pros.

pătĭŏr, *tĕrĭs*, *tī*, *passus sum*, tr. ¶ **1** souffrir = supporter, endurer : ***belli injurias*** [C] Pros. : ***servitutem*** [C] Pros., supporter les injustices de la guerre, la servitude [= se laisser ravager par la guerre, se laisser tenir en esclavage] ; [C] Pros. ¶ **2** [avec idée de patience, de résignation, de constance] : [C] Pros. ¶ **3** souffrir = subir, être victime, être atteint par : ***cladem*** [+C] Pros., subir un désastre ; ***mortem pati*** [+C] Pros., être atteint par la mort ; ***infamiam*** [+C] Pros., encourir une flétrissure ; ***poenam*** [+C] Pros., subir une peine ‖ ***foeda ab aliquo*** [C] Pros., subir de qqn un traitement atroce ¶ **4** [poét.] se tenir avec persévérance dans tel ou tel état : [C] Poés., [+C] Poés. ¶ **5** souffrir, admettre, permettre [avec prop. inf.] : [C] Pros. ‖ [avec *ut* subj.] [C] Pros. ‖ ***non possum pati quin*** [-C] Théât., je ne puis m'empêcher de ‖ [nom de choses sujet] : [C] Pros. ¶ **6** [gram.] ***patiendi modus*** [+C] Pros., le passif

patisco, [arch.] V. *patesco*

Patiscus, *i*, m., nom d'homme : [C] Pros.

pătĭunto, V. *patio*

pătŏr, *ōris*, m., ouverture : [+C] Pros.

Pătrae, *ārum*, f. pl., ville d'Achaïe, sur le golfe de Corinthe [auj. Patras] : [C] Pros. ‖ **-ensis**, *e*, de Patras : [C] Pros.

pătrātĭo, *ōnis*, f., accomplissement, exécution : [+C] Pros.

pătrātŏr, *ōris*, m., celui qui exécute, exécuteur, auteur : [+C] Pros.

pătrātus, *a, um*, part. de *1 patro*, → *pater*, fin

pătrĭa, *ae*, f., patrie, pays natal, sol natal : [-C] Théât., [C] Pros. ‖ patrie adoptive, seconde patrie : [C] Pros., Poés. ‖ ***major patria*** [+C] Pros., la mère patrie, métropole [opp. aux colonies] ‖ [poét., en parl. de choses] pays d'origine : [C] Poés. ‖ famille, race : [T] Pros.

pătrĭcē, adv., à la façon d'un maître de maison : [-C] Théât.

pătrĭcĭātŭs, *ūs*, m., patriciat, qualité de patricien : [+C] Pros.

pătrĭcīda, m., [C] Pros., [T] Poés., → *parricida*

pătrĭcĭī, *ōrum*, m. pl., patriciens : [C] Pros. ; ***exire e patriciis*** [C] Pros., devenir plébéien [passer par adoption d'une famille patricienne dans une famille plébéienne] ‖ [au sg.] un patricien : [C] Pros. ‖ patrice [titre d'honneur à partir de Constantin] : [T] Poés.

Pătrĭcŏlēs, [-C] d. [C] Pros. ; → *Patroclus*

pătrĭcĭus, *a, um*, de patricien : [-C] Théât., [C] Pros. ‖ subst. m., → *patricii*

pătrĭcus cāsus, m., [gram.] le génitif : [T] Pros.

pătrĭē, adv., paternellement : [+C] Pros.

pătrĭmēs, sg. ; pl., → *patrimus*

pătrĭmōnĭŏlum, *i*, n., petit patrimoine : [T] Pros.

pătrĭmōnĭum, *ĭi*, n., patrimoine, bien de famille : [C] Pros.

pătrĭmus, adj. m., qui a encore son père : [C] Pros., [+C] Pros.

pătrissō, *ās, āre, -, -*, intr., agir en père : [-C] Théât.

pătrītus, *a, um*, du père, paternel : [C] Poés., Pros.

pătrĭus, *a, um* ¶**1** qui concerne le père [en tant que chef de famille], paternel : ***patria potestas*** [C] Pros., autorité paternelle ; ***patrius amor*** [C] Pros., amour paternel ¶**2** qui concerne les pères, transmis de père en fils : ***mos patrius*** [C] Pros., les moeurs des pères ; ***patrium sepulchrum*** [C] Poés., le tombeau de la famille ; ***patrius sermo*** [C] Pros., la langue maternelle ; ***carmen patrium*** [+C] Pros., chant national ‖ n. pris subst^t, ***patrium***, nom patronymique : [+C] Pros. ‖ ***patrius casus*** [+C] Pros., le génitif ; → *patricus casus*

1 **patrō**, *ās, āre, āvī, ātum*, tr., accomplir, exécuter, effectuer, achever : ***jusjurandum*** [C] Pros., prononcer le serment en qualité de *pater patratus* ; ***promissa*** [C] Pros., remplir une promesse ; ***bellum*** [C] Pros., achever une guerre ; ***facinus*** [C] Pros., perpétrer un crime ; ***pacem*** [C] Pros., conclure la paix ; ***jussa*** [+C] Pros., exécuter des ordres ; ***patrata caede*** [+C] Pros., le massacre étant consommé ‖ [sens obs.] ***coitum*** [T] Poés. ; abs^t ***patrans ocellus*** [+C] Poés., l'oeil alangui de jouissance

2 **Pătro**, → *Patron*

Pătrŏbās, *ae*, m., nom d'homme : [+C] Poés.

Pătrŏbĭus, *ĭi*, nom d'homme : [+C] Pros.

pătrōcĭnātus, *a, um*, part. de *patrocinor*

pătrōcĭnĭum, *ĭi*, n., défense [en justice] : [C] Pros. ; ***patrocinium Siciliense*** [C] Pros., la défense des Siciliens ‖ secours, appui : [C] Pros. ‖ [fig.] défense, excuse : [C] Pros.

pătrōcĭnŏr, *āris, ārī, ātus sum*, intr., défendre, protéger, prendre sous sa protection [avec dat.] : [-C] Théât., [+C] Pros.

Pătrŏclēs, *is*, m., nom d'un rhéteur : [+C] Pros. ‖ officier de Persée : [C] Pros.

Pătrŏclĭānus, *a, um*, de Patroclès [personnage inconnu] : [+C] Poés.

Pătrŏclus, *i*, m. ¶**1** Patrocle [tué devant Troie par Hector et vengé par Achille] : [C] Poés., [+C] Poés. ¶**2** → *Patroclianus*

Pătrōn, *ōnis*, m. ¶**1** philosophe épicurien ami de Cicéron : [C] Pros. ¶**2** compagnon d'Énée : [C] Poés.

pătrōna, *ae*, f., protectrice : [-C] Théât. ‖ [fig.] avocate : [-C] Théât. ‖ l'ancienne maîtresse d'un affranchi : [+C] Pros. ; → *patronus* ¶*3*

pătrōnus, *i*, m. ¶**1** patron [opposé à client], protecteur des plébéiens : [C] Pros. ¶**2** avocat, défenseur [en justice] : [C] Pros. ‖ [fig.] défenseur, protecteur, appui : ***patronus justitiae*** [C] Pros., défenseur de la justice ; [-C] Théât. ¶**3** ancien maître d'un affranchi : [C] Pros., [+C] Pros.

pătrŭēlis, *is*, m. f., cousin germain [du côté du père] ; cousine germaine : [C] Pros. ‖ adj., de cousin germain : [C] Poés.

1 **pătrŭus**, *i*, m., oncle paternel : [C] Pros., Poés. ‖ [fig.] oncle qui fait la morale [d'où] censeur sévère, grondeur : [C] Pros., Poés., [+C] Poés.

2 **pătrŭus**, *a, um*, d'oncle paternel : [C] Poés. ‖ [fig.] sévère, grondeur : [C] Poés.

Pătulcĭānus, *a, um*, de Patulcius [nom d'un débiteur de Cic.] : [C] Pros.

Pătulcĭus, *ĭi*, m., surnom de Janus [dont le temple était ouvert pendant la guerre] : [C] Poés., [T] Pros. ‖ nom d'un débiteur de Cicéron, → *Patulcianus*

pătŭlus, *a, um* ¶**1** ouvert, qui a une large ouverture : [C] Pros. ; ***patula pina*** [C] Pros., coquille évasée ‖ [fig.] ***patulae aures*** [C] Pros., oreilles bien ouvertes, attentives ¶**2** largement déployé, étalé : [C] Pros., Poés. ‖ [fig.] ouvert à tous, banal : [C] Poés.

pauci, *ōrum*, m. pl., pris subst^t, un petit nombre seulement, quelques-uns : [C] Pros. ; ***nimis pauci*** [C] Pros., trop peu nombreux ; ***pauciores*** [C] Pros. ; ***paucissimi*** [C] Pros. ; ***pauci de nostris*** [C] Pros., quelques-uns des nôtres [avec *ex* [C] Pros.] ‖ **pauca**, *ōrum*, n. pl. pris subst^t, peu de choses : [-C] Théât. ; ***pauca respondere*** [C] Poés., répondre quelques mots ; [C] Pros. ; ***pauciora*** [C] Pros.

paucĭlŏquĭum, *ĭi*, n., sobriété de paroles, laconisme : [-C] Théât.

paucĭōres, **paucissĭmi**, → *pauci*

paucĭtās, *ātis*, f., petit nombre : [C] Pros. ; ***paucitas loci*** [C] Pros., peu d'espace

paucŭli, *ae, a*, qui sont en très petit nombre, très peu nombreux : [-C] Théât., [C] Pros. ‖ [rare au sg.] : ***post pauculum tempus*** [+C] Pros., très peu de temps après

paucus, *a, um* ¶**1** [sg. rare] peu nombreux : ***foramine pauco*** [C] Poés., avec peu de trous ‖ peu abondant : [C] Pros., [+C] Pros. ¶**2** [pl. surtout] : ***pauci dies*** [C] Pros., quelques jours seulement ; ***causae paucae*** [C] Pros., quelques causes, un petit nombre de causes seulement ‖ ***pauciores*** [C] Pros., moins nombreux ; ***quam paucissimis verbis*** [C] Pros., avec le moins de mots possible ‖ → *pauci*

Paula (Paulla), *ae*, f., nom de femme : [+C] Poés.

paulātim (paull-), peu à peu, insensiblement : [C] Pros.

Paulĭānus (Paull-), *a, um*, de Paul-Émile : [+C] Pros.

Paulīna (Pauli-), *ae*, f., Lollia Paulina, femme de Caligula : [+C] Pros. ‖ Pompéia Paulina, femme de Sénèque : [+C] Pros.

Paulīnus (Paull-), *i*, m., surnom, not^t Pompeius Paulinus, général des armées romaines en Germanie, sous Néron : [+C] Pros. ‖ C. Suetonius Paulinius, → *Suetonius* ‖ Valerius Paulinus, général sous Vespasien : [+C] Pros.

paŭlispĕr (paull-), adv., un peu de temps, un petit moment, qq. temps : [-C] Théât., [C] Pros. ‖ ***paulisper dum*** [C] Pros., un petit moment pendant que... ; ***paulisper donec*** [C] Pros.

Paulla, → *Paula*

Paullus, → *2 Paulus*

paulō (paullō), [abl. pris adv.] un peu [avec un compar.] : ***liberius paulo*** [C] Pros., un peu plus librement ‖ [avec *ante, post*] : [C] Pros. ; → *ante, post* ‖ [avec les verbes ou expr. marquant la supériorité, *antecedere, excellere, praestare*] ‖ [sans idée de compar.] [-C] Théât., [C] Pros.

paulŭlātim, adv., peu à peu, insensiblement : [+C] Pros.

paulŭlō, adv., quelque peu [devant un compar.] [-C] Théât.

paulŭlum (paull-), adv. ¶**1** n. pris susbst^t, une très petite quantité, très peu de : [-C] Théât., [C] Pros. ¶**2** adv., très peu, quelque peu : [-C] Théât., [C] Pros.

paulŭlus (paull-), *a, um*, qui est en très petite quantité : ***paulula pecunia*** [-C] Théât., un tout petit peu d'argent ; ***paululi homines*** [C] Pros., des hommes en tout petit nombre ; ***paulula via*** [C] Pros., court chemin, faible distance

paulum (paull-) ¶**1** pris subst^t, un peu, une petite quantité : [C] Pros. ¶**2** [adv^t] un peu : ***paulum requiescere*** [C] Pros., se reposer un peu ; ***paulum recreare*** [C] Pros., réconforter un peu ‖ ***post paulum*** [C] Pros., un peu après ; ***paulum supra*** [C] Pros., un peu au-dessus ; ***paulum minus*** [C] Pros., un peu moins

1 **paulus (paull-)**, *a, um*, qui est en petite quantité, peu considérable, petit, faible : ***paulo sumptu*** [-C] Théât., à peu de frais ; ***paulum aliquid addere*** [C] Pros., faire une petite addition

2 **Paulus (Paull-)**, *i*, m., surnom romain, surtout dans la *gens Aemilia*, notᵗ Paul-Émile, tué à la bataille de Cannes et son fils, vainqueur de Persée : [C] Pros. ‖ s. Paul : [T] Pros.

paupĕr, *ĕris*, m., f., n., pauvre, qui possède peu [différent de *inops, egenus, egens*] : [-C] Théât., [C] Pros. ; [poét.] [C] Poés. ‖ [avec gén.] [poét.] ***pauper aquae*** [C] Poés., pauvre en eau ‖ ***pauperes*** [C] Pros., les pauvres ‖ [chrét.] humble, soumis à Dieu : [T] Pros.

paupĕra, → **pauperus*

paupĕrātus, *a, um*, part. de *paupero*

paupercŭlus, *a, um*, petit pauvre, miséreux : [-C] Théât., [C] Pros.

paupĕrĭēs, *ēi*, f., pauvreté : [-C] Théât., [C] Poés.

paupĕrō, *ās, āre, -, ātum*, tr., appauvrir : [-C] Théât. ‖ frustrer, dépouiller : ***pauperare aliquem aliqua re*** [-C] Théât., [C] Poés., dépouiller qqn de qqch

paupertās, *ātis*, f. ¶ 1 pauvreté [sens plus faible que *egestas, inopia*], gêne : [C] Pros., [+C] Pros., Poés. ¶ 2 → *egestas, inopia*, indigence, misère : [C] Pros. ‖ [fig., en parl. de la langue] : [+C] Pros. ‖ pl., [+C] Pros.

paupertīnus, *a, um*, de pauvre, mesquin : ***paupertina cenula*** [+C] Pros., pauvre petit dîner [en parl. d'une personne] ; [+C] Pros. ‖ [fig.] pauvre, chétif : ***paupertinum ingenium*** [T] Pros., pauvre talent

***paupĕrus**, *a, um*, → *pauper* : [+C] Pros.

pausa, **(paussa)**, *ae*, f., cessation, arrêt, pause, trêve : [C] Pros. ; ***paussam facere*** [-C] Théât., s'arrêter ; [-C] Poés., [C] Poés. ‖ station [en parl. d'une procession] : [T] Pros.

Pausănĭās, *ae*, m., fils de Cléombrote, général des Lacédémoniens : [C] Pros. ‖ chef des habitants de Phères : [C] Pros. ‖ préteur des Épirotes : [C] Pros.

pausārĭus, *ĭī*, m., chef des rameurs : [+C] Pros.

pausātĭo, *ōnis*, f., pause, arrêt : ***pausatio spiritus*** [T] Pros., action de reprendre haleine

pausātus, *a, um*, part. de *pauso*

pausĕa (pōs-), **-sĭa**, *ae*, f. (?), variété d'olive : [-C] Pros., [C] Pros., [+C] Pros.

Pausĭās, *ae*, m., peintre grec de Sicyone ‖ **-ĭăcus**, *a, um*, de Pausias : [C] Poés.

pausillātum, [-C] Théât., → *pauxillatim*

pausillisper, → *pauxillisper*

pausillŭlum, [-C] Théât., → *pauxillulum*

pausillus, → *pauxillus*

Pausistrătus, *i*, m., préteur des Rhodiens : [C] Pros.

pausō, *ās, āre, -, -*, intr., cesser, s'arrêter : [T] Pros.

pauxillātim (paus-), peu à peu : [-C] Théât.

pauxillisper (paus-), en très peu de temps : [-C] Théât.

pauxillō, [abl. pris advᵗ] très peu : ***pauxillo prius*** [-C] Théât., très peu auparavant ; [+C] Pros.

pauxillŭlum (paus-) ¶ 1 n. pris substᵗ, un tout petit peu : [-C] Théât. ¶ 2 adv., [T] Pros.

pauxillŭlus (paus-), *a, um*, qui est en très petite quantité : ***pauxillula fames*** [-C] Théât., une toute petite faim ‖ [fig.] ***pauxillulae admonitiones*** [+C] Pros., quelques petits avertissements ‖ → *pauxillulum*

pauxillum, adv., très peu, un peu ¶ 1 subst., n., [-C] Théât. ¶ 2 adv., [-C] Théât.

pauxillus, *a, um*, très petit : [-C] Théât., [C] Poés.

Păventĭa, *ae*, f., déesse de la peur [comme *Pavor*] : [T] Pros.

păvĕō, *ēs, ēre, pāvī, -* ¶ 1 intr., être troublé (interdit, saisi) par un sentiment violent : [C] Pros., Poés., [-C] Théât. ; ***pavens accurrit*** [C] Pros., il accourt éperdu ‖ [surtout] avoir peur : [-C] Théât. ; ***mihi paveo*** [-C] Théât., j'ai peur pour moi ; [+C] Pros. ¶ 2 tr., craindre, redouter ; ***aliquem***, qqn : [C] Poés., Pros. ‖ ***tristiorem casum*** [+C] Pros., craindre un malheur plus triste ‖ ***pavet laedere*** [C] Poés., il craint d'offenser ; [+C] Pros.

păvescō, *ĭs, ĕre, -, -* ¶ 1 intr., s'effrayer : ***omni strepitu*** [C] Pros., s'effrayer au moindre bruit ; ***ad ejusmodi tactum*** [+C] Pros., s'effrayer à ce contact ¶ 2 tr., craindre, redouter : [+C] Pros., Poés.

pāvi, parf. de *pasco* et de *paveo*

păvībundus, *a, um*, plein d'effroi : [T] Pros.

păvīcŭla, *ae*, f., dame, instrument pour aplanir : [-C] Pros., [+C] Pros.

păvĭdē, adv., avec frayeur, en tremblant : [C] Poés., Pros., [+C] Pros.

păvĭdum, n. pris advᵗ, avec crainte, timidement : [C] Poés.

păvĭdus, *a, um* ¶ 1 dans le saisissement, éperdu ; [surtout] saisi d'effroi : [-C] Théât. ; ***pavida ex somno*** [C] Pros., glacée d'effroi dans ce brusque arrachement au sommeil ‖ effrayé, tremblant : [C] Poés. ‖ craintif, peureux, timide : [C] Poés., Pros., [+C] Pros. ‖ effrayé de qqch. : [avec gén.] ***nandi pavidus*** [+C] Pros., qui craint de se jeter à l'eau ; ***offensionum non pavidus*** [+C] Pros., sans crainte des rancunes ; [avec *ad*, relativement à] [+C] Pros. ; [avec inf.] [+C] Poés. ‖ ***pavidus, ne*** [C] Pros., craignant que ¶ 2 qui marque l'effroi : ***pavidum murmur*** [+C] Poés., murmure d'effroi ; ***fuga pavida*** [+C] Poés., fuite éperdue ¶ 3 qui glace, qui paralyse : [C] Poés. ‖ qui effraie : ***lucus pavidus*** [+C] Poés., bois sacré qui inspire l'effroi ‖ ***pavidissimus*** [+C] Poés.

păvīmentātus, *a, um*, pavé, dallé : [C] Pros.

pavīmentō, *ās, āre, -, -*, tr., aplanir [en battant], damer, niveler, égaliser ; [fig.] battre, abattre : [T] Pros.

pāvīmentum, *i*, n. ¶ 1 aire en terre battue, [puis en gén.] plancher, parquet, carreau, dallage : [-C] Pros., [C] Pros., Poés. ¶ 2 couverture d'un toit : [C] Pros.

păvĭō, *īs, īre, īvī, ītum*, tr., battre [la terre], damer, aplanir, niveler : [-C] Pros., [C] Pros. ‖ [en gén.] battre, frapper : [C] Poés., Pros.

păvĭtātĭo, *ōnis*, f., frayeur : [+C] Pros.

păvĭtō, *ās, āre, āvī, -* ¶ 1 intr., être effrayé : ***prosequitur pavitans*** [C] Poés., il poursuit en tremblant ‖ avoir le frisson : [-C] Théât. ¶ 2 tr., craindre : [C] Poés.

păvītus, *a, um*, part. de *pavio*

1 **pāvo**, *ōnis*, m., paon [oiseau] : [C] Pros. ‖ f., ***pavo femina*** [+C] Pros., la femelle du paon, paonne

2 **Pāvo**, *ōnis*, m., surnom romain [Fircellius Pavo] : [C] Pros.

pāvōnīnus, *a, um*, de paon : [C] Pros., [+C] Pros. ‖ de queue de paon : [+C] Poés.

1 **păvŏr**, *ōris*, m. ¶ 1 émotion qui trouble, qui saisit, qui peut faire perdre le sang-froid [en parl. de courses de chars ou de régates] : [C] Poés., [+C] Poés. ¶ 2 [surtout] effroi, épouvante, crainte : [-C] Théât., [C] Pros. ; ***pavorem deponere*** [C] Poés., se rassurer ; ***pavorem injicere*** [C] Pros., effrayer ‖ [au pl.] [+C] Poés., Pros.

2 **Păvŏr**, *ōris*, m., la Peur, divinité consacrée par Tullus Hostilius : [C] Pros.

pāvus, *i*, m., paon : [-C] Pros., [C] d. [+C] Pros.

1 **pax**, *pācis*, f. ¶ 1 paix [après une guerre] : ***in pace, in bello*** [C] Pros. ; ***pace belloque ; pace ac belo*** [C] Pros., en paix, en guerre ; ***pace*** [seul] [C] Pros., en paix ; ***summa in pace*** [C] Pros., dans la paix la plus profonde ‖ paix [avec qqn] : ***cum aliquo*** [C] Pros. ; [avec gén.] [C] Pros. ‖ ***pacem habere*** [C] Pros., avoir la paix ; ***pacem facere*** [C] Pros. ; ***conficere*** [C] Pros. ; ***componere*** [C] Pros. ; ***jungere cum aliquo*** [C] Pros., faire la paix, régler la paix, conclure la paix avec qqn ; → *pango II* ¶ 2 : ***dare*** [C] Pros., accorder la paix ¶ 2 [fig.] tranquillité, calme ***a)*** [de la mer, des flots] [C] Poés., [+C] Poés. ; [des vents] [C] Poés. ***b)*** [de l'âme] [C] Pros. ; sérénité du visage : [C] Poés. ***c)*** [en parl. des dieux] bienveillance, faveur, assistance : [C] Pros. ***d)*** [expr.] ***tua pace*** [-C] Théât., [C] Pros., avec ta permission ***e)*** ***pax Romana*** [+C] Pros., la paix romaine, paix de l'empire romain [ou la domination paisible de Rome] ***f)*** [chrét.] réconciliation avec Dieu, salut : [T] Pros.

2 **Pax**, *ācis*, f., déesse de la paix : [C] Poés., Pros.

3 **Pax**, *ācis*, m., nom d'esclave : [-C] Théât.

4 **pax**, interj., chut ! assez ! : [-C] Théât.

Paxaea, *ae*, f., nom de femme : [+C] Pros.

paxillus, *i*, m., pieu, étançon : +C Pros.

peccāmĕn, *ĭnis*, n., péché : T Poés.

peccans, *tis*, subst. m., coupable : C Pros., +C Pros.

peccātĭo, *ōnis*, f., faute : +C Pros.

peccātŏr, *ōris*, m., pécheur : T Pros.

peccātum, *i*, n., faute, action coupable, crime : C Pros., Poés. ‖ faute, erreur : C Pros. ‖ [chrét.] faute envers Dieu, péché : T Pros.

peccātŭs, abl. *ū*, m., faute : C Pros., +C Pros.

peccō, *ās*, *āre*, *āvī*, *ātum*, intr., trébucher
I intr. ¶ **1** commettre une faute, faillir, faire mal : C Pros. ; ***si quid in te*** [acc.] ***peccavi*** C Pros., si j'ai eu qq. tort envers toi ; ***peccare in aliquo*** C Pros. ; ***erga aliquem*** -C Théât., avoir des torts envers qqn ‖ [chrét., envers Dieu] T Pros. ¶ **2** être fautif, défectueux, pécher : [avec *in* abl.] ***in gestu*** C Pros., faire une faute dans la mimique ; [avec abl. seul] +C Pros. ‖ ***ne equus peccet*** C Pros., de peur que le cheval ne bronche, ne trébuche ‖ pass. impers., C Pros.
II [avec acc. de l'objet intér.] se tromper en qqch. : -C Théât. ; [avec pron. n.] ***multa alia*** C Pros., commettre beaucoup d'autres erreurs

pĕcĭŏlus (pĕtĭŏlus), *i*, m., petit pied : +C Pros. ‖ queue des fruits, pétiole, pédoncule : +C Pros.

pĕcŏra, pl. de *1 pecus*

pĕcŏrōsus, *a*, *um*, abondant en bétail, riche en troupeaux : C Poés.

pecten, *ĭnis*, m. ¶ **1** peigne : -C Théât., +C Pros. ¶ **2** peigne [dans le tissage] : C Poés. ‖ [fig.] = l'art de peigner : ***pecten Niliacum*** +C Poés., le tissage égyptien ¶ **3** râteau : C Poés., +C Pros. ¶ **4** plectre [de lyre] : C Poés., +C Poés. ‖ [fig.] lyre : +C Poés. ‖ chant : C Poés. ¶ **5** peigne de mer : C Poés. ¶ **6** poils sur le pubis : +C Poés. ‖ les os pubis : +C Pros. ¶ **7** [fig.] disposition en forme de peigne : C Poés. ‖ danse où les danseurs s'entrecroisent : +C Poés.

pectĭnātim, adv., en forme de peigne : C Pros.

pectĭnātus, *a*, *um* ¶ **1** part. de *pectino* ¶ **2** disposé en forme de peigne : C Pros.

pectĭnō, *ās*, *āre*, *āvī*, *ātum*, tr., peigner : +C Pros.

pectĭtus, *a*, *um*, part. de *pecto*

pectō, *ĭs*, *ĕre*, *pexī*, *pexum* et ***pectĭtum***, tr. ¶ **1** peigner : C Poés. ¶ **2** peigner, carder : +C Pros. ¶ **3** nettoyer, défricher [la terre] : +C Pros. ‖ [fig.] ***pectere fusti*** -C Théât. ; ***pugnis*** -C Théât., rosser, donner une correction

pectŏrāle, *is*, n., cuirasse : C Pros.

pectŏrālis, *e*, pectoral, de la poitrine : +C Pros. ‖ qui couvre la poitrine : ***pectoralis tunicula*** T Pros., tunique courte ; ***pectoralis fascia*** T Pros., soutien-gorge

pectŏrōsus, *a*, *um*, qui a une large poitrine : +C Pros.

pectuncŭlus, *i*, m., petit peigne de mer, sorte de coquillage : C Pros., +C Pros.

pectŭs, *ŏris*, n. ¶ **1** poitrine [de l'homme et des animaux] : C Poés., +C Pros. ‖ [pl. poét. en parl. d'une pers.] : C Poés. ¶ **2** [fig.] ***a)*** cœur : C Pros. ; ***pectore puro*** C Poés., à cause de la pureté de mon coeur ; +C Pros. ***b)*** siege de l'intelligence, de la pensée : ***alicui ad pectus advolare*** C Pros., se présenter à la pensée de qqn ; +C Pros.

pectuscŭlum, *i*, n., poitrine délicate : T Pros.

pĕcu, abl. *pĕcū*, n., bétail, troupeau : -C Théât. ‖ [employé surtout au pl.], **pĕcŭa**, *ŭum*, dat.-abl. *ŭbus*, -C Pros., C Poés., Pros.

1 **pĕcŭārĭa**, *ae*, f. ¶ **1** troupeaux, bestiaux : C Pros. ¶ **2** l'élevage des troupeaux : ***pecuariam facere*** +C Pros., élever des troupeaux

2 **pĕcŭārĭa**, *ōrum*, n. pl., troupeaux : C Poés.

pĕcŭārĭus, *a*, *um*, de troupeaux, de bestiaux : ***pecuaria res*** C Pros., troupeaux ‖ subst. m., propriétaire de troupeaux, éleveur : C Pros. ‖ fermier des pâturages publics : C Pros.

pĕcŭda, n. pl., ▶ *2 pecus*

pĕcŭdes, *um*, pl. de *2 pecus*

pĕcŭīnus, *a*, *um*, de bétail : -C Pros. ‖ de bête, de brute : +C Pros.

pĕcūlātŏr, *ōris*, m., concussionnaire : C Pros., +C Pros.

pĕcūlātŭs, *ūs*, m., péculat, malversation : ***peculatum facere*** C Pros., se rendre coupable de péculat ; ***peculatus damnari*** C Pros., être condamné pour péculat

pĕcūlĭāris, *e*, propre, qui appartient en propre, personnel : ***peculiarem aliquam (ovem) habere*** -C Théât., avoir à soi une brebis ; C Pros. ; ***hoc mihi peculiare fuerit*** [avec inf.] C Pros., j'aurai cet avantage en propre de… ‖ particulier, spécial : ***peculiare edictum*** C Pros., un édit spécial, fait pour la circonstance ‖ singulier, extraordinaire : +C Pros.

pĕcūlĭārĭtĕr, adv., particulièrement, spécialement : +C Pros.

pĕcūlĭātus, *a*, *um*, qui a du bien : +C Pros.

pĕcūlĭō, *ās*, *āre*, -, -, tr., gratifier d'un pécule : -C Théât.

pĕcūlĭŏlum, *i*, n., petit pécule : +C Pros.

pĕcūlĭōsus, *a*, *um*, qui possède un riche pécule : -C Théât.

pĕcūlĭum, *ĭī*, n., pécule [masse de biens laissé par le *pater* ou le maître à la disposition du fils ou de l'esclave ; la propriété du pécule est toujours au patron ou au maître] : -C Théât., C Pros., Poés. ‖ [en gén.] argent amassé sou par sou, avoir économisé : C Poés. ‖ argent, espèces : +C Pros. ‖ argent, bourse : -C Théât. ‖ [fig.] petit cadeau : +C Pros.

pĕcūlŏr, *ārĭs*, *ārī*, *ātus sum*, tr., se rendre coupable de péculat : ***peculari rempublicam*** +C Pros., piller l'État, être concussionnaire

1 **pĕcūnĭa**, *ae*, f. ¶ **1** [primt] avoir en bétail, fortune qui résulte du bétail : C Pros. ; [d'où, en gén.] fortune, richesse : C Pros. ; ***pecuniam facere*** C Pros., amasser de la fortune ¶ **2** argent : ***pecunia numerata*** C Pros. ; ***praesens*** -C Théât., C Pros., argent comptant ; ▶ *repraesento* : C Pros. ; ***dare pecuniam alicui*** C Pros., donner de l'argent à qqn ; ▶ *conficio, accipio* : ***pecuniam dissolvere*** C Pros., payer une somme due ‖ [pl. pour insister sur le détail] des sommes d'argent : C Pros. ‖ ***pecunia publica***, l'argent du trésor public : C Pros.

2 **Pĕcūnĭa**, *ae*, f., la déesse de l'argent : T Pros.

pĕcūnĭārĭus, *a*, *um*, d'argent, pécuniaire : ***res pecuniaria*** C Pros., affaire d'argent

Pĕcūnĭŏla, *ae*, m., surnom d'un certain P. Aurélius : +C Pros.

pĕcūnĭōsus, *a*, *um*, riche en bétail : C Pros. ‖ [en gén.] riche : C Pros. ‖ lucratif : +C Poés. ‖ ***pecuniosior*** +C Pros. ; ***-issimus*** C Pros.

1 **pĕcŭs**, *ŏris*, n. ¶ **1** [en gén.] troupeau, bétail : C Pros., +C Pros. ; ***pecus setigerum*** C Poés., troupeau de porcs ‖ ***pecus majus*** C Pros., gros bétail ¶ **2** [en part.] ***a)*** menu bétail, brebis, moutons, qqf. chèvres : ***balatus pecorum*** C Poés., les bêlements des brebis ***b)*** [en parl. de phoques] : C Poés. ; [en parl. d'abeilles] ***mediocre pecus*** +C Pros., un petit nombre d'essaims ***c)*** qqf. une seule bête : C Poés. ¶ **3** troupe [d'hommes], troupeau : C Poés., Pros.

2 **pĕcŭs**, *ŭdis*, f. ¶ **1** bête, tête de bétail, animal (domestique) : C Pros. ; ***pecudes ferae*** C Pros., animaux domestiques à l'état sauvage [*ferae pecudes* C Poés., bêtes sauvages et domestiques] ¶ **2** tête de petit bétail, mouton, brebis : ***balantum pecudes*** C Poés., les brebis ; ***pecus Helles*** C Poés., le bélier d'Hellé [à la toison d'or] ¶ **3** [fig.] brute, bête, sot, homme stupide : C Pros.

pĕdālĕ, *is*, n., chaussure : +C Pros.

pĕdālis, *e* ¶ **1** d'un pied, de la grandeur d'un pied : -C Pros., C Pros. ¶ **2** adapté au pied : +C Pros. ; ▶ *pedale*

pĕdāmĕn, *ĭnis*, n., **pĕdāmentum**, *i*, n., échalas : C Pros., +C Pros.

pĕdānĕus, *a*, *um*, ***pedanei (senatores)*** [au lieu de *pedarii*] : +C Pros.

Pĕdānĭus, *ĭī*, m., nom de différents personnages : C Pros., +C Pros.

Pĕdānus, *a*, *um*, de Pédum [ville d'Italie, près de Préneste] : C Pros. ‖ subst. m. pl., habitants de Pédum : C Pros. ‖ **Pĕdānum**, n., maison de campagne située à Pédum : C Pros.

pĕdārĭus, *a*, *um*, ***pedarii (senatores)*** C Pros., +C Pros., sénateurs pédaires [qui, n'ayant pas exercé de magistrature curule, n'ont que le droit de voter, *pedibus in sententian ire*] ; [sg.] ***pedari sententia*** +C Pros., le vote d'un pédaire

Pēdăsum, *i*, n. et **Pēdăsa**, *ōrum*, n. pl., [C] Pros., ville de Carie

1 **pĕdātus**, *a*, *um*, qui a des pieds : ***male pedatus*** [+C] Pros., qui a les pieds contrefaits ‖ [métr.] cadencé ; [C] Poés.

2 **pĕdātus**, *a*, *um*, part. de *1 pedo*

3 **pĕdātŭs**, abl. *ū*, m., approche [de l'ennemi], attaque, choc : [-C] Théât.

pēdēma, [V]➤ *pytisma*

pĕdĕplānus, *a*, *um*, de plaine : [T] Pros.

1 **pĕdĕs**, *ĭtis*, m. ¶1 piéton, qui va à pied : [C] Pros. ¶2 fantassin : [C] Pros. ; [surt. au pl.] les fantassins, l'infanterie : [C] Pros. ; [sg. coll., même sens] [C] Pros., [+C] Pros. ¶3 les plébéiens [oppos. aux chevaliers] : [C] Pros., Poés. ; [sg.] [-C] Théât. ¶4 troupes de terre [oppos. à la flotte] : [+C] Pros. ‖ vélite, [V]➤ *veles*

2 **pĕdēs**, *um*, pl. de *pes*

3 **pĕdēs**, *um*, pl. de *2 pedis*

pĕdestĕr, *tris*, *tre* ¶1 qui est à pied, pédestre : ***statua pedestris*** [C] Pros., une statue en pied ¶2 de fantassin, d'infanterie : [C] Pros. ; ***pedestre scutum*** [C] Pros., bouclier de fantassin ¶3 de terre, qui se fait par terre, qui est à terre : [C] Pros. ; ***pedestria itinera*** [C] Pros., routes par terre [opposées à *navigatio*] ¶4 écrit en prose, qui est en prose : [C] Poés., [+C] Pros. ‖ qui ressemble à de la prose, prosaïque : [C] Poés.

pĕdĕtemptim, adv., en marchant avec précaution : [-C] Théât. ‖ [fig.] lentement, peu à peu, avec précaution : [C] Pros. ‖ ***pedetemptius*** [+C] Pros.

Pĕdĭātĭa, *ae*, f., Julius Pediatius, nommé ironiquement Pédiatia : [C] Poés.

pĕdĭca, *ae*, f. ¶1 lien aux pieds : [-C] Théât., [C] Pros. ¶2 lacets, lacs, piège : [C] Poés. ‖ [fig.] liens, fers, chaînes, pièges : [+C] Pros.

pĕdĭcĭnus, *i*, m., pied du pressoir : [-C] Pros.

pēdĭcŭlāris, *e*, **pēdĭcŭlārĭus**, *a*, *um*, de pou : ***herba pedicularis*** [+C] Pros. [ou]

pēdĭcŭlōsus, *a*, *um*, pouilleux, dévoré par la vermine : [+C] Poés.

1 **pĕdĭcŭlus**, *i*, m., pédoncule : [-C] Pros., [+C] Pros.

2 **pēdĭcŭlus**, *i*, m., pou : [+C] Pros.

pēdīcum, *i*, n., pédérastie : [-C] Poés.

1 **pĕdis**, gén. de *pes*

2 **pēdis**, *is*, m., pou : [C] Pros.

pĕdĭsĕqua, *ae*, f., suivante, esclave qui accompagne : [-C] Théât. ‖ [fig.] compagne, suivante : [C] Pros.

pĕdĭsĕquus (-secus), *i*, m., esclave qui accompagne, suivant, valet de pied, laquais [pr. et fig.] : [-C] Théât., [C] Pros. ‖ [fig.] imitateur : [+C] Pros.

pĕdĭtastellus, *i*, m., misérable fantassin : [-C] Théât.

1 **pĕdĭtātŭs**, *ūs*, m., infanterie : [C] ‖ pl., [C] Pros.

2 **pĕdĭtātus**, *a*, *um*, composé d'infanterie, d'infanterie : [+C] Pros.

pĕdĭtes, pl. de *1 pedes*

pēdĭtum, *i*, n., pet, vent : [C] Poés.

Pĕdĭus, *ĭi*, m., nom de famille, not[t] Q. Pédius, héritier avec Auguste des biens de César : [C] Pros. ‖ Pédius Blaesus, chassé du sénat par Néron : [+C] Pros. ‖ [adj[t]] ***Pedia lex*** [+C] Pros., la loi Pédia

1 **pĕdō**, *ās*, *āre*, *-*, *ātum*, tr., échalasser : [+C] Pros.

2 **pēdō**, *ĭs*, *ĕre*, *pĕpēdī*, *pēdĭtum*, intr., péter : [C] Poés., [+C] Poés.

3 **Pĕdo**, *ōnis*, m. ¶1 Albinovanus Pédo, poète latin du siècle d'Auguste : [+C] Pros. ¶2 surnom romain : [C] Pros.

Pēdūcaeus, *i*, m., nom de famille rom. : [C] Pros. ‖ **-caeus**, *a*, *um*, de Peducaeus : [C] Pros. ‖ **-caenus**, *a*, *um*, [C] Pros.

pĕdŭcŭl-, [V]➤ *pedic-*

1 **pĕdum**, *i*, n., houlette : [C] Poés.

2 **Pĕdum**, *i*, n., ville du Latium : [C] Pros. ; [V]➤ *Pedanus*

pĕduncŭlus, [V]➤ *1 pediculus*

Pēgae, *ārum*, f. pl., [V]➤ *Pege* : [C] Poés.

Pēgăsēĭus, **Pēgăsēus**, *a*, *um*, de Pégase : ***Pegaseium melos*** [+C] Poés., doux chant des Muses ; ***Pegaseus gradus*** [+C] Théât., course rapide ; [V]➤ *Pegasus*

Pēgăsis, *ĭdis*, adj. f., de Pégase : [C] Poés., [+C] Poés. ‖ subst. f., Naïade : [C] Poés. ‖ pl., les Muses : [C] Poés.

Pēgăsĭus, *i*, m., nom d'un évêque de Poitiers : [T] Pros.

Pēgăsus (-ŏs), *i*, m. ¶1 Pégase [cheval ailé, né du sang de Méduse, qui, d'un coup de pied, fit jaillir la fontaine Hippocrène consacrée aux Muses (*fons caballinus* [+C] Poés.)] : [C] Poés. ‖ [fig.] Pégase, messager rapide : [C] Pros. ‖ Pégase [constellation] : [+C] Pros. ¶2 nom d'un jurisconsulte romain, consul sous Vespasien : [+C] Poés.

Pēgē, *ēs*, f., source de Bithynie, près du mont Arganthus : [C] Poés.

pēgi, [V]➤ *pango*

pegma, *ătis*, n., échafaud [pour un théâtre], machine de théâtre, décor : [+C] Pros., Poés. ‖ corps ou rayons de bibliothèque : [C] Pros.

pegmăris, *e*, qui combat sur le théâtre : [+C] Pros. ; [V]➤ *paegniarius*

pegn-, [V]➤ *paegn-*

pējĕrātĭuncŭla, *ae*, f., petit parjure : [-C] Théât.

pējĕrātus, *a*, *um*, part. de *pejero*, [serment] violé par un parjure : [C] Poés. ‖ (dieu) offensé par un parjure : [C] Poés.

pējĕrō, *ās*, *āre*, *āvī*, *ātum*, intr. et tr.

I intr. ¶1 se parjurer : [C] Pros. ; ***bellum pejerans*** [+C] Poés., guerre parjure, faite au mépris des serments ¶2 jurer faussement, faire un faux serment : [C] Poés. ¶3 mentir : [-C] Théât.

II tr., attester par un faux serment : [+C] Poés. ‖ [V]➤ *pejeratus*

pējŏr, *us*, adj. ; compar. de *1 malus*, pire

pējūrus, [V]➤ *perjurus*

pējŭs, compar. de *male*

Pĕlāgĭa, *ae*, f., Pélagie, mère de s. Yrieix (Arède) : [T] Pros.

Pĕlāgĭānus, *a*, *um*, Pélagien, de Pélage : [T] Pros.

pĕlăgĭcus, *a*, *um*, de la haute mer : [+C] Pros.

pĕlăgĭus, *a*, *um*, de la haute mer : [C] Pros. ‖ de mer, marin : [C] Poés.

Pĕlăgo (Pĕlăgōn), *ōnis*, m., nom d'homme : [C] Poés., [+C] Pros.

Pĕlăgŏnes, *um*, m. pl., habitants de la Pélagonie : [C] Pros. ‖ **-ŏnĭa**, *ae*, f., la Pélagonie, [partie septentrionale de la Macédoine] : [C] Pros. ‖ ville de ce pays : [C] Pros.

pĕlăgus, *i*, n., la haute mer, la pleine mer, la mer : [C] Poés. ‖ eaux débordées d'une rivière : [C] Poés. ‖ [fig.] profusion, débordement : [C] Pros.

pēlămis, *ĭdis*, **pēlămȳs**, *ȳdis*, f., jeune thon [qui n'a pas un an] : [+C] Poés.

Pĕlasgi, *ōrum*, m. pl., [poét.] les Grecs : [C] Poés.

Pĕlasgĭăs, *ădis*, adj. f., grecque : [C] Poés.

Pĕlasgis, *ĭdis*, f., de la Pélasgie, de Lesbos [= Sapho] : [C] Poés.

Pĕlasgus, *a*, *um*, des Grecs, grec : [C] Poés.

pĕlĕcīnŏn, *i*, n., sorte de cadran solaire : [C] Pros.

Pēlēĭus, *a*, *um*, de Pélée : [+C] Poés. ‖ d'Achille : [+C] Poés.

Pĕlethrŏnĭus, *ĭi*, m., roi des Lapithes, inventeur du mors des chevaux : [+C] Pros. ‖ **-ĭus**, *a*, *um*, péléthronien [région de Thessalie habitée par les Lapithes], de Thessalie, thessalien : [C] Poés., [+C] Poés.

Pēleūs, *ĕi* ou *ĕos*, m., Pélée [fils d'Éaque, époux de Thétis et père d'Achille] : [C] Pros., Poés.

pēlex, *ĭcis*, f., [V]➤ *pellex* : [C] Pros.

Pēlĭa, *ae*, m., [V]➤ *3 Pelias* : [+C] Théât.

Pēlĭăcus, *a*, *um*, du mont Pélion : [C] Poés.

1 **Pēlĭăs**, *ădis*, f., du mont Pélion [en parl. du navire Argo fait avec le bois du mont Pélion] : [+C] Poés. ‖ ***Pelias hasta*** [C] Poés., lance d'Achille [dont le bois venait du Pélion]

2 **Pēlĭās**, *ae*, m., Pélias [roi de Thessalie, que ses filles firent mourir en voulant le rajeunir, d'après le conseil de Médée] : -C Théât., C Pros.

3 **Pēlĭăs**, *ădis*, f., fille de Pélias ; pl., **Pēlĭădes**, *um*, C Poés.

pēlĭcātŭs, *ūs*, m., concubinage : C Pros.

pēlĭcŭla, V. *pellicula*

Pēlīdēs, *ae*, m., fils de Pélée [Achille] : C Poés.

Pēligni, V. *Paeligni*

Pēlignus, *i*, m., courtisan de l'empereur Claude : +C Pros.

Pēlĭŏn, *ĭi*, n., Pélion [montagne de Thessalie, voisine de l'Ossa et de l'Olympe] : C Poés.

Pēlĭus, *mons*, m., C Pros., V. *Pelion* ‖ **-us**, *a*, *um*, du mont Pélion : C Poés.

Pella, *ae*, f., ville de Macédoine, capitale de Philippe et ville natale d'Alexandre : C Pros. ‖ **Pellē**, *ēs*, f. ‖ **Pellae**, *ārum*, f. pl.

pellācĭa, *ae*, f., tromperie, perfidie, pièges : C Poés. ‖ luxure : T Pros.

Pellaeus, *a*, *um*, de Pella, macédonien : ***Pellaeus juvenis*** +C Poés., Alexandre ‖ d'Alexandrie, [par ext.] d'Égypte : C Poés., +C Poés.

pellax, *ācis*, fourbe, trompeur, perfide : C Poés. ‖ séducteur : T Pros.

pellectĭo, *ōnis*, f., lecture complète : C Pros.

pellectus, *a*, *um*, part. de *pellicio* et de *pellego*

pellĕgo, V. *perlego*

Pellēnē, *ēs*, f., ville d'Achaïe, sur le golfe de Corinthe : C Pros. ‖ **-ensis**, *e*, de Pellène : C Pros.

pellĕsŭīna, *ae*, f., boutique de fourreur [forme rejetée par Varron] : C Pros.

pellex (**pēl-**, **paelex**), *ĭcis*, f. ¶**1** rivale [d'une femme marié] : C Pros. ¶**2** homme prostitué, favori, mignon : +C Pros., Poés.

pellexī, parf. de *pellicio*

pellĭārĭa, *ae*, f., boutique de fourreur : C Pros. ; V. *pellesuina*

pellĭcĭō (**perl-**), *ĭs*, *ĕre*, *lexī*, *lectum*, tr. ¶**1** attirer insidieusement, séduire, gagner, enjôler : -C Théât., C Pros. ; ***mulierem pellexit ad se*** C Pros., il séduisit cette femme ; ***pellicere in fraudem*** C Poés., faire tomber dans le piège ¶**2** [fig.] obtenir par adresse, capter : C Pros. ¶**3** attirer [en gén.] : [en parl. de l'aimant] C Poés.

pellĭcis, gén. de *pellex*

pellĭcŭī, parf. de *pellicio*

pellĭcŭla, *ae*, f., petite peau : C Pros. ‖ [fig.] ***pelliculam curare*** C Poés., prendre soin de sa petite personne ; [prov.] +C Poés.

pellĭcŭlō, *ās*, *āre*, -, -, tr., +C Pros., couvrir de peau

Pellīnaeum, *i*, n., ville de Thessalie : C Pros.

pellĭo, *ōnis*, m., peaussier, pelletier, fourreur, : -C Théât.

pellis, *is*, f. ¶**1** peau : ***pellis caprina*** C Pros., peau de chèvre ‖ peau [sur quoi se coucher ou pour se couvrir], fourrure : C Poés., +C Pros. ¶**2** peau [tannée], cuir : C Poés. ‖ cordon de soulier : C Poés. ¶**3** tente du soldat [recouverte de peaux] : ***sub pellibus*** C Pros., sous la tente ¶**4** parchemin : +C Poés. ¶**5** [fig.] ***a)*** enveloppe, extérieur, dehors : C Poés., Pros., +C Poés. ***b)*** condition : C Poés.

pellītus, *a*, *um*, couvert de peau, vêtu de fourrure : ***pelliti testes*** C Pros., témoins venus de Sardaigne [cf. *pelliti Sardi* C Pros.] ; ***pellitae oves*** C Pros., C Poés., brebis qu'on recouvrait de peaux [pour préserver la toison]

pellō, *ĭs*, *ĕre*, *pĕpŭlī*, *pulsum*, tr. ¶**1** mettre en mouvement, remuer, donner une impulsion : C Poés. ; ***nervos (fidium)*** C Pros., faire vibrer les cordes de la lyre ; ***classicam*** C Poés., faire vibrer (résonner) la trompette ; C Pros. ¶**2** [fig.] ***a)*** remuer l'âme, émouvoir, faire impression : C Pros. ***b)*** mettre en branle, mettre en avant, lancer : C Pros. ¶**3** pousser, [d'où] heurter : ***fores*** -C Théât., heurter une porte, frapper à une porte ; ***terram pede*** C Poés., heurter du pied la terre, la fouler en dansant ¶**4** repousser, chasser : ***foro*** C Pros. ; ***civitate*** C Pros. ; ***e foro*** C Pros. ; ***ex Galliae finibus*** C Pros., chasser du forum, de la cité, du territoire de la Gaule ; ***de eo pelli*** [*eo* n.] C Pros., être délogé de cette idée ; [avec *ab*] repousser, écarter de (empêcher de pénétrer) : C Pros., -C Théât., Poés. ‖ [en part.] repousser, mettre en fuite [l'ennemi] : C Pros. ‖ mettre en déroute, battre, défaire : C Pros. ; [métaph.] -C Théât. ‖ [fig.] chasser, bannir, éloigner : ***maestitiam ex animis*** C Pros., chasser des âmes la tristesse ; ***vino curas*** C Poés., avec le vin chasser les soucis

Pellōnĭa, *ae*, f., déesse qui envoyait la fuite aux ennemis : T Pros.

pellūcĕō (**perlūcĕō**), *ēs*, *ēre*, *lūxī*, -, intr. ¶**1** être transparent, diaphane : ***perlucens aether*** C Pros., l'éther transparent ‖ [fig.] ***pellucens oratio*** C Pros., style limpide ‖ être baigné de lumière : +C Théât. ¶**2** paraître à travers : ***Cretice, perluces*** +C Poés., Créticus, on te voit par transparence (à travers le vêtement) ‖ [fig.] se montrer, se manifester : C Pros. ; ***pellucens ruina*** +C Poés., ruine imminente

pellūcĭdĭtās, *ātis*, f., transparence : C Pros.

pellūcĭdŭlus, *a*, *um*, de la plus délicate transparence : C Poés.

pellūcĭdus ou **perlūcĭdus**, *a*, *um* ¶**1** transparent, diaphane : C Pros. ‖ qui porte un vêtement transparent : +C Pros. ‖ [fig.] ***perlucidior vitro*** C Poés., [l'indiscrétion] plus transparente que le cristal ¶**2** qui brille à travers : ***perlucida stella*** C Pros., étoile qui projette au loin son éclat

Pĕlŏpēa, *ae*, f., titre d'une tragédie : +C Poés.

Pĕlŏpēĭăs, *ădis*, f., C Poés. et **Pĕlŏpēis**, *ĭdis*, f., C Poés., de Pélops, de l'Argolide

Pĕlŏpēĭus, C Poés., +C Poés., **Pĕlŏpēus**, *a*, *um*, C Poés., de Pélops, de l'Argolide

Pĕlŏpĭdae, *ārum*, m. pl., les Pélopides, la race de Pélops : C Pros.

Pĕlŏpĭdās, *ae*, m., célèbre général des Thébains : C Pros.

Pĕlŏpīus, *a*, *um*, +C Théât., V. *Pelopeius*

Pĕlŏponnēsus (**-os**), *i*, f., le Péloponnèse [presqu'île de la Grèce, auj. la Morée] : C Pros. ‖ **-nēsĭus**, **-nēsĭăcus**, *a*, *um*, C Pros., du Péloponnèse ‖ et **-nēsĭi**, **-nēsĭăci**, *ōrum* et **-nenses**, *ĭum*, m. pl., Péloponnésiens, habitants du Péloponnèse : C Pros., +C Pros.

Pĕlops, *ŏpis*, m. ¶**1** fils de Tantale [dont les membres furent servis par son père dans un festin qu'il offrait aux dieux ; Jupiter lui rendit la vie] : C Pros., Poés. ¶**2** fils de Lycurgue, tyran de Sparte : C Pros. ‖ nom d'un Byzantin : C Pros.

Pĕlōrĭăs, *ădis*, f., C Poés. et **Pĕlōris**, *ĭdis*, f., C Pros.,, Pélore [ville de Sicile, avec un promontoire de ce nom]

pĕlōris, *ĭdis*, f., palourde : C Poés., +C Pros.

Pĕlōrus, *i*, m., +C Poés., **Pĕlōrŏs**, *i*, m., C Poés., **Pĕlōrum**, *i*, n., Pélore [promontoire à l'est de la Sicile]

pelta, *ae*, f., pelte, petit bouclier en forme de croissant [primitivement de cuir et porté par les Thraces, les Amazones] : C Pros., Poés.

peltastae, *ārum*, m. pl., peltastes, soldats armés de peltes : C Pros.

peltātus, *a*, *um*, armé de pelte : ***peltatae puellae*** C Poés., les Amazones

peltĭfĕr, *ĕra*, *ĕrum*, V. *peltatus* : +C Poés.

Pēlūsĭăcus, C Poés., **-ānus**, *a*, *um*, +C Pros., de Péluse

Pēlūsĭōta, +C Pros. et **-ōtes**, *ae*, m., habitant de Péluse

Pēlūsĭum, *ĭi*, n., Péluse [ville maritime de la Basse-Égypte] : C Pros. ‖ **-ĭus**, *a*, *um*, de Péluse : C Poés., +C Poés.

pelvis, *is*, f., bassin [de métal], chaudron : -C Pros., +C Poés.

pēmĭnōsus (**paem-**), *a*, *um*, qui se fend, qui se crevasse : C Pros.

pemma, *ătis*, n., sorte de gâteau : C Poés.

pĕnārius, *a*, *um*, où l'on range les vivres : ***cella penaria*** C Pros., garde-manger, office

pĕnātes, *tĭum*, m. ¶**1** pénates, dieux pénates [dieux de la maison et de l'État] : [ordint avec *dii*, ou *di*] C Pros. ; [sans *dii*] C

Pros., Poés. ¶ **2** demeure, maison, : C Pros.; ***penates conducti*** +C Poés., appartement loué ‖ temple : +C Poés. ‖ [fig., en parl. des cellules des abeilles] : C Poés.

pĕnātĭgĕr, *ĕra, ĕrum*, qui emporte ses pénates : C Poés.

pendens, *tis* ¶ **1** part. de *pendeo* et *pendo* ¶ **2** [de *pendeo*] [adj[t]] ‖ pendant, → *pendeo*

pendĕō, *ēs, ēre, pĕpendī, -*, int.
I [pr.] être suspendu ¶ **1** être suspendu à : ***ab humero*** C Pros., être suspendu à l'épaule ; [avec *ex*] C Pros. ; [avec *in* abl.] C Pros. ‖ [avec abl. seul] C Poés. ; [avec *de*] C Poés. ¶ **2** être exposé [en vente] : +C Pros. ¶ **3** être suspendu au montant de la porte pour être battu [esclaves] : -C Théât. ¶ **4** être suspendu en l'air : ***dum nubila pendent*** C Poés., tant que les nuages sont hauts ; ***in aere pennis*** C Poés., planer dans les airs [oiseau] ¶ **5** être pendant, flasque : ***pendentes genae*** +C Poés., joues flasques ; C Poés.
II [fig.] ¶ **1** être suspendu à : ***narrantis ab ore*** C Poés., être suspendu aux lèvres du narrateur ; ***vultu*** +C Pros., être suspendu au visage de l'orateur [ne pas le perdre de vue] ; +C Pros. ¶ **2** dépendre de, tenir à, reposer sur : C Pros. ; ***ex comitiis pendes*** C Pros., les comices sont tout pour toi ‖ [avec *ab*] C Poés., +C Poés. ¶ **3** être suspendu, interrompu : C Poés. ¶ **4** être en suspens, être indécis, incertain : -C Théât., C Pros. ; ***pendere animo*** -C Théât., être indécis ; [poét.] C Poés. ‖ être dans l'anxiété : ***animi pendere*** C Pros. ; [avec interrog. indir.] se demander avec anxiété : C Pros. ; ***de aliquo*** C Pros., être anxieux au sujet de qqn ; [au pl.] ***pendemus animis*** C Pros., nous sommes dans l'anxiété

pendīgo, *ĭnis*, f., la carcasse d'une statue : T Pros.

pendō, *ĭs, ĕre, pĕpendī, pensum*, tr. et intr.
I tr. ¶ **1** [fig.] peser, apprécier : ***res, non verba*** C Pros., s'attacher aux idées, non aux mots ; ***aliquid aliqua re (ex aliqua re)*** C Pros., apprécier qqch. d'après une chose ‖ [avec gén.] estimer : ***aliquid, aliquem parvi*** C Pros. ; ***nihili*** -C Théât. ; ***magni*** C Poés., +C Pros. ; ***minoris*** -C Théât., faire peu de cas, aucun cas, grand cas, moins de cas de qqn, de qqch. ; ***non flocci pendere*** -C Théât., ne faire absolument aucun cas ; → *pensus* ¶ **2** peser le métal pour payer, [d'où] payer : ***ingentem pecuniam alicui*** C Pros., payer une énorme somme à qqn ¶ **3** [fig.] payer, acquitter ***a) poenas temeritatis*** C Pros., être puni de son imprudence ; ***supplicium*** C Pros., subir un supplice en punition ***b)*** expier : ***culpam, crimina*** +C Poés., expier une faute, des crimes ***c) pendere grates*** +C Poés., rendre grâces, témoigner sa reconnaissance
II intr., être pesant, peser : C Poés., Pros.

pendŭlus, *a, um*, pendant, qui pend : C Poés. ‖ qui va en pente, incliné : +C Poés., Pros. ‖ [fig.] qui est en suspens : C Pros.

pĕnĕ, adv., → *paene*

Pēnēis, *ĭdis*, f., du Pénée : ***Nympha Peneis*** C Poés., Daphné, fille du Pénée

Pēnēĭus, *a, um*, du Pénée : C Poés. ‖ subst. f., fille du Pénée [Daphné] : C Poés.

Pēnĕleūs, *ĕi* ou *ĕos*, m., un des prétendants d'Hélène : +C Poés.

Pēnĕlŏpa, *ae*, f. ¶ **1** épouse de Mercure, mère de Pan : C Pros. ¶ **2** → *Penelope* : -C Théât., C Poés.

Pēnĕlŏpē, *ēs*, f., Pénélope [fille d'Icarius, femme d'Ulysse, et mère de Télémaque] : C Pros., Poés., +C Pros. ‖ [fig.] épouse vertueuse : +C Poés.

Pēnĕlŏpēus, *a, um*, de Pénélope : C Poés.

Pēnēŏs, → *Peneus*

pĕnĕris, → *penus*

pĕnĕs, prép. avec acc., en la possession de, entre les mains de [pr. et fig.] : C Pros., C Pros., Poés. ‖ dans : +C Pros.

Pĕnestĭa, *ae*, f., la Pénestie [partie de l'Illyrie grecque] : C Pros. ; ***Penestiana terra*** C Pros., même sens ‖ **Pĕnestae**, *ārum*, m. pl., habitants de la Pénestie : C Pros.

pĕnĕtrābĭlis, *e* ¶ **1** qui peut être pénétré, percé : C Poés., +C Pros. ‖ où l'on peut pénétrer, accessible : +C Poés. ¶ **2** qui pénètre, qui entre : C Poés. ‖ ***penetrabilior*** T Pros.

pĕnĕtrăl, *ālis*, n., → *penetrale* : T Pros.

pĕnĕtrālĕ, *ālis*, n., C Pros., ordin[t] **pĕnĕtrālĭa**, *ĭum*, pl. ¶ **1** l'endroit le plus retiré, l'intérieur, le fond : [d'une maison] C Poés. ; [d'une ville] C Pros. ; [d'un pays] +C Pros. ; ***e liquidis penetralibus*** +C Poés., du fond de son humide séjour ‖ sanctuaire : C Poés., +C Poés. ‖ les Pénates : +C Poés. ¶ **2** [fig.] le fond, les mystères, les secrets : +C Pros. ; ***eloquentiae penetralia*** +C Pros., le sanctuaire de l'éloquence ; ***penetralia cordis*** T Poés., le fond du coeur

pĕnĕtrālis, *e* ¶ **1** placé dans l'endroit le plus retiré d'une maison, intérieur, secret, retiré : C Pros., Poés. ; [en parl. des fourmis] ***penetralia tecta*** C Poés., le fond de leur séjour, leur souterrain, leur magasin ¶ **2** pénétrant, perçant : C Poés. ; ***penetralior*** C Poés.

pĕnĕtrālĭtĕr, adv., intérieurement : +T Poés.

pĕnĕtrātĭo, *ōnis*, f., action de percer, piqûre : +C Pros.

pĕnĕtrātŏr, *ōris*, m., celui qui pénètre dans : T Poés.

pĕnĕtrātus, *a, um*, part. de *penetro*

pĕnĕtrō, *ās, āre, āvī, ātum*, tr. et intr.
I tr. ¶ **1** faire entrer, porter à l'intérieur : -C Théât. ; [d'où] ***se penetrare***, se porter à l'intérieur, pénétrer : -C Théât., +C Pros. ‖ ***in fugam se penetrare*** -C Théât., se mettre à fuir, se plonger dans la fuite ‖ [d'où le part.] ***penetratus***, qui s'est porté à l'intérieur, qui a pénétré : C Poés. ¶ **2** entrer à l'intérieur de, pénétrer dans : ***aures*** C Poés., pénétrer dans les oreilles ; ***Illyricos sinus*** C Poés., dans le golfe d'Illyrie ‖ [pass.] être pénétré : C Poés., +C Pros.
II intr., pénétrer [pr. et fig.] : ***in caelum*** C Pros. ; ***in animos*** C Pros., pénétrer dans le ciel, dans les âmes ; ***sub terras*** C Pros., s'enfoncer sous terre ; ***ad eorum urbes*** C Pros., pénétrer jusqu'à leurs villes

Pēnēus (Pēnēŏs), *i*, m., le Pénée [fleuve de Thessalie] : C Pros., Poés. ‖ Pénée [dieu de ce fleuve, père de Cyrène et de Daphné] : +C Poés. ‖ **-ēus**, *a, um*, du Pénée : C Poés. ; → *Peneius*

pēnĭcillum, *i*, n., **pēnĭcillus**, *i*, m. ¶ **1** pinceau : C Pros. ‖ [fig.] = la manière, le style, la touche [de l'écrivain] : C Pros. ¶ **2** charpie : +C Pros. ¶ **3** éponge : +C Pros.

pēnĭcŭlāmentum, *i*, n., queue : T Pros. ‖ pointe [de vêtement], queue : -C Pros.

1 **pēnĭcŭlus**, *i*, m., petite queue terminée par une touffe de poils ; [d'où] brosse, plumeau : -C Théât.

2 **Pēnĭcŭlus**, *i*, m., nom de parasite : -C Théât.

pēninsŭla, → *paeninsula*

Penīnus, → *Penninus*

pēnis, *is*, m., queue des quadrupèdes : C Pros. ‖ brosse à peindre : -C Théât. ‖ membre viril : C Pros., Poés., +C Poés.

pēnissĭmē (paen-), → *paene*

pĕnĭtē, C Poés., → *1 penitus*

1 **pĕnĭtŭs**, adv. ¶ **1** profondément, jusqu'au fond, [ou] du fond, du plus profond : C Pros. ‖ profondément, à fond : C Pros. ; ***penitus intellegere*** C Pros., comprendre à fond ¶ **2** entièrement, tout à fait, totalement : C Pros. ; ***penitus crudelior*** C Poés., de beaucoup plus cruel ‖ ***penitissime*** T Pros.

2 **pĕnĭtus**, *a, um*, qui est au fond, intérieur, profond, enfoncé : ***ex penitis faucibus*** -C Théât., du fond de la gorge ; ***penitissimus*** +C Pros., le plus au fond, le plus reculé ; -C Théât.

3 **pēnītus**, *a, um*, muni d'une queue : ***penita offa*** T Pros., longe de porc avec la queue

penna, *ae*, f. ¶ **1** penne, grosse plume des oiseaux, plume [en gén.] : C Pros., -C Théât., Poés. ¶ **2** aile : -C Théât., C Pros., Poés. ‖ aile [d'insecte] : C Poés. ; [sg. collectif] C Poés. ‖ [poét.] vol de présage : C Poés., +C Poés. ¶ **3** flèche : +C Poés.

pennātus, *a, um*, qui a des ailes : C Poés.

pennĭfĕr, *ĕra, ĕrum*, emplumé, empenné : T Poés.

pennĭgĕr, *ĕra, ĕrum*, empenné : +C Poés. ‖ → *pinniger*

pennĭgĕrō (pinn-), *ās, āre, -, -*, intr., prendre des ailes : T Pros.

Pennīnus (Pēnī-, Poenī-), *a, um*, ***Penninae Alpes*** +C Pros. ; ***Pennina juga*** +C, les Alpes Pennines [du Saint-Bernard au

Saint-Gothard]; ***Penninus mons*** [+C] Pros.; ***Penninus*** [seul] [C] Pros., Alpes Pennines

pennĭpēs, V. *pinnipes*

pennĭpŏtentes, *um*, adj. pl., aux ailes puissantes : [C] Poés. ‖ f. pl., oiseaux : [C] Poés.

pennŭla, *ae*, f., petite aile : [+T] Poés. ; V. *pinnula*

Pennus, *i*, m., surnom romain : [C] Pros., [+C] Pros.

pĕnŏris, ancien gén. de *penus*

pensābĭlis, *e*, réparable : [T] Pros.

pensātĭo, *ōnis*, f., compensation : [+C] Pros. ‖ [fig.] examen : [T] Pros.

pensātus, *a*, *um*, part. de *penso*

pensē, adv., V. *pensius*

pensĭcŭlātē, adv., avec un examen attentif : [+C] Pros.

pensĭcŭlō, *ās*, *āre*, -, -, tr., peser attentivement [fig.], examiner, contrôler : [+C] Pros.

pensĭlis, *e* ¶ **1** qui pend, pendant, suspendu : [-C] Théât. ; ***pensilis uva*** [C] Poés., raisin sec (qu'on a suspendu) ; [-C] Théât. ‖ ***pensilia***, n. pl., fruits pendus, séchés : [C] Pros. ¶ **2** bâti sur voûte (sur piliers), suspendu : [+C] Pros. ; ***pensiles horti*** [+C] Pros., jardins suspendus

pensĭo, *ōnis*, f., pesée : [C] Pros. ‖ paiement [à certaines époques] : ***prima pensio*** [C] Pros., le premier versement ‖ paiement du loyer, loyer : [+C] Pros. ‖ impôt, imposition : [T] Pros. ‖ indemnité : [+C] Pros.

pensiŏr, *ĭus*, compar., V. *pensus*

pensĭtātŏr, *ōris*, m., celui qui pèse : ***verborum pensitator*** [+C] Pros., puriste

pensĭtō, *ās*, *āre*, *āvī*, *ātum*, tr. ¶ **1** peser exactement : [+C] Pros. ¶ **2** peser, examiner : [C] Pros., [+C] Pros. ; [avec interrog. indir.] [+C] Pros. ‖ [part. n. abl. abs.] [+C] Pros. ‖ [qqf.] comparer : [+C] Pros. ¶ **3** payer : ***vectigalia*** [C] Pros., payer les impôts

pensĭuncŭla, *ae*, f., petit paiement : [+C] Pros.

pensĭŭs, adv., compar. de l'inus. **pense*, avec plus de soin : [T] Pros.

pensō, *ās*, *āre*, *āvī*, *ātum*, tr. ¶ **1** peser : [C] Pros. ¶ **2** peser, apprécier : ***ex factis amicos*** [C] Pros., juger les amis aux actes ‖ examiner : ***consilium*** [C] Pros., peser un conseil ‖ évaluer, comparer : [C] Pros. ¶ **3** contre-balancer, payer : ***auro pensanda*** [+C] Pros., des objets échangeables contre de l'or, objets précieux ‖ compenser : [+C] Pros., Poés., [C] Pros. ; ***iter*** [+C] Poés., abréger la route ¶ **4** échanger, compenser : ***laetitiam maerore*** [+C] Pros., égaler la joie par la douleur ‖ acheter : ***vitam auro*** [+C] Poés., acheter la vie de qqn au poids de l'or ‖ racheter, expier : ***nece pudorem*** [C] Poés., racheter par la mort sa vertu outragée

pensŏr, *ōris*, m., celui qui pèse [fig.] : [T] Pros.

pensum, *i*, n. ¶ **1** le poids de laine que l'esclave devait filer par jour : [C] Poés. ‖ [d'où] tâche quotidienne [de la fileuse] : ***pensum facere*** [-C] Théât., filer la laine chaque jour ; [C] Poés. ‖ [poét., en parl. des Parques] : [+C] Théât. ¶ **2** [fig.] tâche, fonction, devoir : [C] Pros. ‖ ***pensi esse, habere*** ; V. *pensus*

pensūra, *ae*, f., pesée : [C] Pros.

pensus, *a*, *um*, part.-adj de *pendo*, qui a du poids, de la valeur, précieux : [-C] Théât., [+C] Pros. ; ***nihil pensi habere*** [C] Pros., n'avoir rien de pesé, de réfléchi = n'avoir aucun scrupule ; [avec *quin*] [+C] Pros., ne se faire aucun scrupule de ‖ ***nihil pensi habeo*** ou ***mihi nihil pensi est*** [avec interr. indir.], même sens : [-C] Théât., [C] Pros. ‖ [avec inf.] : [C] Pros. ‖ [avec gén. de prix] ***pensi non habere (ducere)***, ne pas estimer au prix d'une chose ayant du poids, de la valeur, = ne pas faire cas de : [+C] Pros.

pentăcontarchus, *i*, m., pentacontarque, commandant de cinquante soldats : [T] Pros.

pentădōrŏs, *ŏn*, long de cinq palmes : [C] Pros.

pentăfarmăcum, V. *pentaph-*

pentămĕtĕr, *tra*, *trum*, [métr.] pentamètre, qui a cinq pieds : ***pentameter*** [seul] [+C] Pros., le [vers] pentamètre (élégiaque)

pentăpharmăcum, *i*, n., sorte de mets composé de cinq éléments : [T] Pros.

pentaspastŏs, *ŏn*, adj., [palan] à cinq poulies : [C] Pros.

Pentĕlensis, *e*, du mont Pentélique, en Attique : [C] Pros.

Pentĕlĭcus, *a*, *um*, C. *Pentelensis* : [C] Pros.

pentērēs (-is), *is*, f., galère à cinq rangs de rameurs : [C] Pros.

pentĕthrŏnĭcus, *a*, *um*, à cinq trônes [mot forgé] : [-C] Théât.

Penthĕsĭlēa, *ae*, f., Penthésilée [reine des Amazones, tuée par Achille au siège de Troie] : [C] Poés.

Pentheūs, *ĕi* ou *ĕos*, m., Penthée [fils d'Echion et d'Agavé, roi de Thèbes, déchiré par les Bacchantes] : [C] Pros., Poés. ‖ **-thēĭus**, *a*, *um*, [T] Poés., et, **-thēus**, *a*, *um*, [+C] Poés., de Penthée ‖ **-thĭăcus**, *a*, *um*, déchiré comme Penthée : [+C] Pros.

Penthīdēs, *ae*, m., petit-fils de Penthée : [C] Poés.

Pentri, *ōrum*, m. pl., peuple du Samnium : [C] Pros.

pēnultĭmus, V. *paenultimus*

pĕnum, *i*, n., V. *penus*

pēnūrĭa (paen-), *ae*, f., manque de vivres, disette ‖ [ordin[t] avec gén.] ***edendi*** [C] Poés. ; ***cibi*** [C] Poés., manque de nourriture ‖ [en gén.] manque : [C] Poés. ; ***aquarum*** [C] Pros., manque d'eau ; ***imperatorum*** [C] Pros., disette de généraux

pĕnŭs, *i* et *ūs*, m. f., **pĕnŭs**, *ŏris*, **pĕnum**, *i*, n., provisions de bouche, comestibles : [-C] Théât., [C] Poés., Pros. ‖ garde-manger : [+C] Poés.

Pĕpărēthŏs (-thus), *i*, f., petite île de la mer Égée : [C] Pros.

pĕpēdī, parf. de *2 pedo*

pĕpendi, parf. de *pendeo* et de *pendo*

pĕpercī, parf. de *parco*

pĕpĕrī, parf. de *pario*

pĕpĭgī, parf. de *pango*

pĕplum, *i*, n., **pĕplus**, *i*, m., péplum [vêtement primitif des femmes grecques (péplos) ; en particulier, vêtement de Pallas Athéna, lequel était promené à travers la ville dans les Panathénées] : [-C] Théât., [C] Poés. ‖ tout vêtement de dessus un peu ample : [C] Poés.

Peptēĭdes, V. *Pimpleis*

pepsis, *is*, f., digestion : [C] Pros.

pĕpŭlī, parf. de *pello*

1 **pĕr**, prép. avec acc. ¶ **1** [local] ***a)*** à travers : ***per aliquid***, à travers qqch. ; ***per forum*** Cic., à travers le forum ‖ [d'où] ***per manus*** Caes., de mains en mains ; ***per omnes ire*** Liv., passer par tous, se transmettre à tous successivement ***b)*** le long de, devant : ***per ora incedere*** Sall., passer devant les yeux ***c)*** par-dessus : ***per munitiones se dejicere*** Caes., se jeter par-dessus les retranchements ; ***per corpora transire*** Caes., passer par-dessus les cadavres ¶ **2** [temporel] pendant, durant : ***per decem dies*** Cic., pendant dix jours ; ***per triennium*** Cic., pendant trois ans ‖ [avec un distr.] ***per singulos dies*** Suet., tous les jours, chaque jour ¶ **3** [instrumental] ***a)*** par le moyen de, par l'entremise de, par suite de : ***per aliquem confici*** Cic., être réalisé par l'entremise de qqn ; ***per manus*** Caes., à l'aide des mains ; ***per imprudentiam*** Cic., par imprudence ; ***per vim et metum*** Cic., par la violence et en inspirant la crainte ; ***per seditionem militum*** Liv., par suite de la révolte des soldats ‖ [d'où, tard., avec pass.] par : ***per aliquid salvari*** Vulg., être sauvé par qqch. ***b)*** [manière] ***per ridiculum*** Cic., en plaisantant ; ***per neglegentiam*** Cic., avec négligence, négligemment ; ***per summum dedecus vitam amittere*** Cic., mourir dans le plus grand déshonneur ‖ ***per causam*** Caes., sous prétexte que ; ***per speciem*** Liv., même sens ¶ **4** [dans les supplications] au nom de : ***per deos !*** Cic., au nom des dieux ! ; ***per liberos vestros*** Cic., au nom de vos enfants

2 **per-**, préfixe marquant l'accomplissement : l'achèvement de l'action ou la traversée pour les verbes *perficio*, *perago*, avec parfois un mauvais résultat *perdo*, *pereo*, *perimo*, *perverto*, l'intensité pour les adjectifs et les adverbes *perfacilis*, *perquam*, avec parfois séparation des deux éléments *per mihi gratum* [C] Pros.

pēra, *ae*, f., sacoche, musette : [+C] Poés., Pros.

pĕrabsurdus, *a*, *um*, très absurde : [C] Pros.

pĕraccēdō, *ĭs*, *ĕre*, -, -, intr., arriver jusqu'à : [+T] Pros.

pĕraccommŏdātus, *a*, *um*, tout à fait convenable [avec tmèse] : [C] Pros.

pĕrācĕr, *cris*, *cre*, très aigre ; [fig.] très vif, très pénétrant : ***peracre judicium*** [C] Pros., goût très fin

pĕrăcerbus, *a*, *um*, très aigre : [C] Pros. ‖ [fig.] très désagréable : [+C] Pros.

pĕrăcescō, *ĭs*, *ĕre*, *ăcŭī*, -, intr., s'aigrir entièrement [fig.], s'irriter : [-C] Théât. ‖ parf., ***peracui*** : [-C] Théât.

pĕractĭo, *ōnis*, f., achèvement, fin, terme : [C] Pros.

pĕractus, *a*, *um*, part. de *perago*

pĕrăcūtē [fig.], très ingénieusement, très finement : [C] Pros.

pĕrăcūtus, *a*, *um*, très pointu : [+C] Poés. ‖ [fig.] très aigu, très perçant [en parl. de la voix] : [C] Pros. ‖ fort ingénieux : [C] Pros. ‖ très subtil : [C] Pros.

pĕrădŭlescens, *tis*, m., [C] Pros. et **-centŭlus**, *i*, m., [C] Pros., tout adolescent, tout jeune homme

pĕradpŏsĭtus, V. *perappositus*

Pĕraea, *ae*, f., la Pérée [province maritime de la Carie] : [C] Pros. ‖ colonie de Mytilène : [C] Pros.

pĕraedĭfĭcātus, *a*, *um*, entièrement bâti : [+C] Pros.

pĕraequātus, *a*, *um*, part. de *peraequo*

pĕraequē, adv., exactement de même : [C] Pros.

pĕraequō, *ās*, *āre*, *āvī*, *ātum*, tr., égaliser, niveler : [+C] Pros. ‖ distribuer régulièrement : ***peraequati dentes*** [C] Pros., dents distribuées régulièrement [sur une roue d'engrenage]

pĕrăgĭtātus, *a*, *um*, part. de *peragito*

pĕrăgĭtō, *ās*, *āre*, *āvī*, *ātum*, tr. ¶ **1** remuer en tout sens : [+C] Pros. ‖ [fig.] exciter : [+C] Pros. ¶ **2** harceler sans répit (l'ennemi) : [C] Pros.

pĕrăgō, *ĭs*, *ĕre*, *ēgī*, *actum*, tr. ¶ **1** pousser à travers, percer de part en part [poét.] : ***latus ense*** [C] Poés., percer le flanc de son épée ¶ **2** pourchasser sans répit [rare] : [+C] Pros. ‖ ***humum*** [C] Poés., remuer la terre ¶ **3** accomplir entièrement, mener jusqu'au bout : ***inceptum*** [C] Poés., exécuter un projet ; ***cursum*** [C] Poés., achever une course ; ***aetatem, vitam*** [C] Poés., achever son existence ; ***dona*** [C] Poés., distribuer entièrement les présents ‖ ***fabulam*** [C] Pros., jouer une pièce jusqu'au bout ; ***comitia*** [C] Pros., tenir les comices jusqu'au bout ; ***concilium*** [C] Pros., tenir une assemblée [de bout en bout] ; ***consulatum*** [C] Pros., exercer jusqu'au bout le consulat ¶ **4** [droit] poursuivre jusqu'au bout : ***reum*** [C] Pros., poursuivre l'accusation de qqn jusqu'au jugement ; [+C] Pros., [+C] Pros. ; ***accusationem*** [+C] Pros., poursuivre une accusation jusqu'au jugement ¶ **5** parcourir : ***duodena signa*** [C] Poés., parcourir les douze signes du zodiaque [en parl. du soleil] ‖ exposer par la parole, énoncer entièrement : [C] Pros. ; [fig.]

pĕrăgrantĕr, adv., en passant : [T] Pros.

pĕrăgrātio, *ōnis*, f., action de parcourir : [C] Pros.

pĕrăgrātus, *a*, *um*, part. de *peragro*

pĕrăgrō, *ās*, *āre*, *āvī*, *ātum* ¶ **1** tr., parcourir, visiter successivement : [C] Pros. ¶ **2** intr., [fig.] ***per animos*** [C] Pros., pénétrer dans les coeurs

pĕralbus, *a*, *um*, d'une extrême blancheur : [+C] Pros.

pĕrămans, *tis*, très attaché à (***alicujus***, à qqn) : [C] Pros.

pĕrămantĕr, adv., très affectueusement : [C] Pros.

pĕrămārus, *a*, *um*, plein d'amertume [fig.] : [+T] Pros.

pĕrambŭlō, *ās*, *āre*, *āvī*, *ātum*, tr., parcourir, traverser [pr. et fig.] : [C] Pros., [-C] Théât., Poés. ‖ [pass.] [T] Poés. ‖ visiter successivement [des malades] : [+C] Pros.

pĕrămīcē, adv., très amicalement : [C] Pros.

pĕrămoenus, *a*, *um*, très agréable, riant, charmant : [+C] Pros.

pĕramplus, *a*, *um*, de très grandes proportions : [C] Pros. ‖ très vaste : [+C] Pros.

pĕranceps, *cĭpĭtis*, adj., très douteux : [T] Pros.

pĕrangustē, adv., d'une manière très resserrée, très étroite : [C] Pros.

pĕrangustus, *a*, *um*, très resserré, très étroit : [C] Pros.

Pĕranna, V. *Perenna*

pĕrannō, *ās*, *āre*, *āvī*, -, intr., C. *perenno* : [+C] Pros.

pĕrantiquus, *a*, *um*, très ancien : [C] Pros.

pĕrappŏsĭtus, *a*, *um*, tout à fait approprié à (***alicui***) : [C] Pros.

pĕrărātus, *a*, *um*, part. de *peraro*

pĕrardŭus, *a*, *um*, très difficile : [C] Pros.

pĕrārescō, *ĭs*, *ĕre*, *ārŭī*, -, intr., devenir tout à fait sec, se dessécher entièrement : [C] Pros., [+C] Pros. ‖ parf., ***perarui*** : [+C] Pros.

pĕrargūtus, *a*, *um*, qui a un son très aigu : [+C] Pros. ‖ [fig.] très spirituel, très fin : [C] Pros.

pĕrārĭdus, *a*, *um*, très sec, tout à fait desséché : [-C] Pros., [+C] Pros.

pĕrarmō, *ās*, *āre*, *āvī*, *ātum*, tr., armer [complètement] : [T] Poés. ; ***perarmatus exercitus*** [+C] Pros., troupes bien armées

pĕrărō, *ās*, *āre*, *āvī*, *ātum*, tr. ¶ **1** sillonner [de rides] : [C] Poés. ; ***pontum*** [+C] Théât., fendre les flots ¶ **2** tracer [avec le style], écrire : [C] Poés. ¶ **3** gratter, blesser : [T] Pros.

pĕraspĕr, *ĕra*, *ĕrum*, très rude au toucher : [+C] Pros.

pĕrastūtŭlus, *a*, *um*, tout à fait rusé, madré : [+C] Pros.

pĕrattentē, adv., avec beaucoup d'attention : [C] Pros.

pĕrattentus, *a*, *um*, très attentif : [C] Pros.

pĕrattĭcus, *a*, *um*, tout à fait attique, plein d'élégance : [+C] Pros.

pērātus, *i*, m., homme muni d'une besace [mot forgé] : [-C] Théât.

perbacchŏr, *ārĭs*, *ārī*, *ātus sum*, intr., faire des orgies : [C] Pros.

perbāsĭō, *ās*, *āre*, -, -, tr., dévorer de baisers : [+C] Pros.

perbĕātus, *a*, *um*, très heureux : [C] Pros.

perbellē, adv., parfaitement bien, fort joliment : [C] Pros.

perbĕnĕ, adv., très bien, parfaitement : [-C] Théât., [C] Pros.

perbĕnĕvŏlus, *a*, *um*, très bien intentionné pour, qui veut beaucoup de bien à (***alicui***) : [C] Pros.

perbĕnignē, adv., avec beaucoup de bonté : [-C] Théât. ‖ [avec tmèse] ***per mihi benigne*** [C] Pros.

Perbĭbĕsĭa, *ae*, f., le pays où l'on boit bien, Picolerie [mot forgé, C. *Peredia*] : [C] Théât.

perbĭbō, *ĭs*, *ĕre*, *bĭbi*, -, tr., boire entièrement, absorber, s'imbiber, s'imprégner de : [-C] Pros., [+C] Pros. ‖ [fig.] [-C] Théât. ; ***rabiem nutricis*** [C] Poés., s'imbiber [avec le lait] de la rage de sa nourrice ‖ se pénétrer de, être imbu : [+C] Pros.

perbītō, *ĭs*, *ĕre*, -, -, intr. ; intr. ¶ **1** [sens premier C. *pereo*] s'en aller tout à fait, disparaître : [-C] Théât. [plaisanterie] ¶ **2** périr : [-C] Théât.

perblandē, adv., très amicalement : [T] Pros.

perblandus, *a*, *um*, très affable, très avenant : [C] Pros. ; ***perblanda oratio*** [C] Pros., paroles pleines d'affabilité

perbŏnus, *a*, *um*, très bon, excellent : [-C] Théât., [C] Pros.

perbrĕvi, adv., ***perbrevi postea*** [C] Pros., très peu de temps après

perbrĕvis, *e*, très court, très bref [en parl. du temps] : [C] Pros. ‖ très concis : [C] Pros. ‖ [avec tmèse] ***per mihi brevis*** [C] Pros.

perbrĕvĭtĕr, adv., très succinctement : [C] Pros.

percalcō, *ās*, *āre*, -, -, tr., fouler : [T] Pros.

percălĕfăcĭō, *ĭs*, *ĕre*, -, -, tr., échauffer fortement : [C] Pros. ‖ [au pass.] ***percalefieri*** [C] Pros., s'échauffer fortement ; ***percalefactus*** [C] Poés.

percălĕfactus, part. de *percalefacio*

percălescō, *ĭs*, *ĕre*, *călŭī*, -, intr., s'échauffer fortement ‖ parf., ***percalui*** : [C] Poés.

percalfactus, → *percalefactus* → *percalefacio* : [+C] Pros.

percallescō, *ĭs, ĕre, callŭī*, - ¶ **1** intr., s'endurcir [fig.] : [C] Pros. ‖ se former solidement [par l'expérience] : [C] Pros. ¶ **2** tr., savoir à fond, posséder parfaitement : [+C] Pros.

percandĕfăcĭō, *ĭs, ĕre*, -, -, tr., échauffer fortement, embraser : [C] Pros.

percārus, *a, um*, très cher, très coûteux : [-C] Théât. ‖ [fig.] très cher, très aimé : [C] Pros., [+C] Pros.

percautus, *a, um*, très circonspect : [C] Pros.

percĕlĕbrātus, *a, um*, part. de *percelebro*

percĕlĕbrō, *ās, āre, āvī, ātum*, tr. ¶ **1** répandre, rendre fréquent : [T] Pros. ¶ **2** répandre par la parole : ***percelebrari*** [C] Pros., être dans toutes les bouches

percĕlĕr, *ĕris, ĕre*, très prompt : [C] Pros.

percĕlĕrĭtĕr, adv., très rapidement : [C] Pros.

percellō, *ĭs, ĕre, cŭlī, culsum*, tr. ¶ **1** culbuter, renverser, abattre, terrasser : [-C] Théât. ¶ **2** frapper, heurter : ***alicui genu femur*** [C] Pros., heurter du genou la cuisse de qqn ‖ [fig.] secouer, ébranler, bouleverser : [C] Pros. ‖ pousser à : [+C] Pros.

Percennĭus, *ĭī*, m., nom d'homme : [+C] Pros.

percensĕō, *ēs, ēre, ŭī*, -, tr., faire le dénombrement complet de, passer en revue complètement : [C] Pros., [+C] Pros. ‖ examiner successivement, parcourir [pr. et fig.] : [C] Pros. ‖ ***Thessaliam*** [C] Pros., parcourir la Thessalie

percensĭo, *ōnis*, f., énumération, revue : [+C] Pros.

percēpī, parf. de *percipio*

perceptĭo, *ōnis*, f. ¶ **1** action de recueillir, récolte : [C] Pros. ¶ **2** [phil.] connaissance [κατάληψις] : [C] Pros.

perceptus, *a, um*, n. pl., ***percepta*** ; → *percipio* ¶ *6*

percīdō, *ĭs, ĕre, cīdī, cīsum*, tr. ¶ **1** taillader complètement : ***os*** [+C] Pros., balafrer la figure [de coups], casser la figure ¶ **2** transpercer [sens obsc.] : [+C] Poés. ‖ → *irrumo* : [+C] Poés. ; ***os*** [-C] Théât.

percĭĕō, *ēs, ēre*, -, *ĭtum* et **percĭō**, *īs, īre, ĭī* ou *īvī, ĭtum* ¶ **1** tr., ébranler, remuer fortement : [C] Poés. ‖ [fig.] → *percitus* ¶ **2** insulter : [-C] Théât.

percingō, *ĭs, ĕre*, -, -, → *praecingo* : [C] Poés., [+C] Pros.

percĭō, *īs, īre*, -, -, → *percieo*

percĭpĭō, *ĭs, ĕre, cēpī, ceptum*, tr. ¶ **1** s'emparer de, se saisir de : [-C] Théât. ¶ **2** prendre [sur soi] : ***in se*** [C] Poés., recueillir en soi ¶ **3** recueillir, recevoir : ***fructus*** [C] Pros., recueillir les fruits ; ***officii praemia*** [C] Pros., recevoir la récompense du devoir accompli ¶ **4** percevoir, éprouver : [C] Pros. ; ***voluptates, dolores*** [C] Pros., éprouver des plaisirs, des douleurs ‖ recueillir, écouter, apprendre : [C] Pros. ¶ **5** recueillir par l'intelligence, se pénétrer de : [C] Pros. ¶ **6** [phil.] connaître avec certitude : [C] Pros. ; → *perceptio* ‖ ***artis percepta*** [C] Pros., connaissances certaines et fondamentales d'une science, bases scientifiques ; ***pro percepto liquere alicui*** [+C] Pros., avoir pour qqn la valeur d'une vérité incontestable

percīsus, *a, um*, part. de *percido*

percĭtātus, *a, um*, part. de *percito*

percĭtō, *ās, āre*, -, -, tr., émouvoir fortement : [-C] Théât.

percĭtus, *a, um*, part.-adj. de *percio*, mû fortement, agité, excité : [-C] Théât., [C] Pros. ‖ fougueux, emporté [en parl. du caractère] : [C] Pros.

percīvīlis, *e*, très bienveillant, plein de bonté : [+C] Pros.

perclāmō, *ās, āre*, -, -, tr., crier fort [qqch.] : [-C] Théât.

percoctus, *a, um*, part. de *percoquo*

percōlātĭo, *ōnis*, f., filtration : [C] Pros.

percōlātus, *a, um*, part. de *1 percolo*

1 **percōlō**, *ās, āre, āvī, ātum*, tr., filtrer, passer : [-C] Pros., [C] Poés., [+C] Pros. ‖ [fig.] digérer : [+C] Pros.

2 **percŏlō**, *ĭs, ĕre, cŏlŭī, cultum*, tr. ¶ **1** cultiver à fond : [+C] Pros. ¶ **2** [fig.] ***a)*** mettre la dernière main à, terminer : [+C] Pros. ***b)*** entourer d'égards, honorer : [-C] Théât., [+C] Pros. ***c)*** orner, parer : [+C] Pros. ***d)*** pratiquer, cultiver : [+C] Pros.

percŏlŏpō, *ās, āre*, -, -, tr., bourrer de coups : [+C] Pros.

percōmis, *e*, très aimable [en parl. des pers.] : [C] Pros.

percommŏdē, adv., fort à propos, très opportunément : [C] Pros.

percommŏdus, *a, um*, tout à fait commode, avantageux : [C] Pros.

perconfirmō, *ās, āre*, -, -, tr., consolider, raffermir : [T] Pros.

perconfrĭcātĭo, *ōnis*, f., froissement, dispute : [T] Pros.

percōnŏr, *āris, ārī*, -, tr., mener à fin une entreprise : [+C] Pros.

perconsūmō, *ĭs, ĕre*, -, -, tr., consumer entièrement : [T] Pros.

percontātĭo, *ōnis*, f., action de s'informer, question : [C] Pros. ; [rhét.] [C] Pros.

percontātor, *ōris*, m., questionneur : [-C] Théât., [C] Pros.

percontātus, *a, um*, part. de *percontor*

percontĕrrĕō, *ēs, ēre*, -, -, tr., frapper de terreur : [T] Pros.

percontō (-cunctō), *ās, āre, āvī, ātum*, → *percontor* : [+C] Pros. ‖ au passif, être interrogé : [+C] Pros.

percontŏr (-cunctŏr), *āris, ārī, ātus sum*, tr., s'enquérir, interroger, questionner ¶ **1** [abs[t]] poser des questions : [C] Pros. ¶ **2** ***a) aliquem*** [-C] Théât. ; ***aliquem de aliqua re*** [C] Pros., questionner qqn sur qqch. ; ***aliquid*** [C] Pros., s'informer de qqch. ***b) aliquem aliquid*** [-C] Théât., [C] Pros., [+C] Pros. ***c) ab aliquo*** [C] Pros. ***d) ex aliquo*** [avec interrog. indir.] [C] Pros. ; ***aliquem ex aliquo*** [-C] Théât., s'informer de qqch., de qqn auprès de qqn ***e) aliquem*** [avec interrog. indir.] [-C] Théât., [C] Pros., [+C] Pros.

percontŭmax, *ācis*, adj., très opiniâtre : [-C] Théât.

percōpĭōsē, adv., très abondamment : [T] Pros.

percōpĭōsus, *a, um*, très abondant [en parl. d'un écrivain] : [+C] Pros.

percŏquō, *ĭs, ĕre, coxī, coctum*, tr., faire cuire entièrement : [-C] Théât. ‖ échauffer [un liquide] : [C] Poés. ‖ mûrir complètement : [+C] Pros. ‖ ***percoctus*** [C] Poés., (teint) cuit, basané

Percōtē, *ēs*, f., ville de Troade ‖ **-tĭus (-sĭus)**, *a, um*, de Percoté : [+C] Poés.

percrassus, *a, um*, très épais, très visqueux : [+C] Pros.

percrēbrescō (-bescō), *ĭs, ĕre, brŭī (bŭī)*, -, intr., se répandre partout, se divulguer : [C] Pros. ; ***res percrebruit*** [C] Pros., le bruit s'accrédita ‖ devenir fréquent, commun : [+C] Pros.

percrĕpō, *ās, āre, ŭī, ĭtum* ¶ **1** intr., retentir tout entier de [abl.] : [C] Pros. ¶ **2** tr., chanter, célébrer : [-C] Poés.

percrescō, *ĭs, ĕre*, -, -, intr., grossir, prendre de l'embonpoint : [T] Pros.

percrŭcĭō, *ās, āre*, -, -, tr., tourmenter cruellement [fig.] : [-C] Théât.

percrūdus, *a, um*, entièrement vert [en parl. d'un fruit] : [+C] Pros. ‖ cru [en parl. du cuir], brut, non préparé : [C] Pros.

percŭcurri, → *percurro*

percŭlī, parf. de *percello*

perculsus, *a, um*, part. de *percello*

percultŏr, *ōris*, m., celui qui a de grands égards pour : [T] Pros.

percultus, *a, um*, part. de *2 percolo*

percunct-, → *percont-*

percŭpĭdus, *a, um*, très attaché à qqn [avec gén.] : [C] Pros.

percŭpĭō, *ĭs, ĕre*, -, -, tr., désirer ardemment : [-C] Théât.

percūrātus, *a, um*, part. de *percuro*

percūrĭōsus, *a, um*, très vigilant, qui a l'œil à tout, très curieux : [C] Pros.

percūrō, *ās, āre, āvī, ātum*, tr., guérir complètement : [C] Pros., [+C] Pros.

percurrō, *ĭs, ĕre, cŭcurrī* ou *currī, cursum*, intr. et tr. **I** intr. ¶ **1** courir à travers : ***per mare*** [C] Poés., courir à travers la mer ; [fig.] [C] Pros. ‖ ***per temonem*** [C] Pros., courir sur le timon ¶ **2** courir d'un point jusqu'à un autre : ***percurro ad forum*** [-C] Théât., je cours jusqu'à la place

II tr., parcourir [pr. et fig.] : ***agrum Picenum*** [C] Pros., parcourir le Picénum ‖ exposer successivement : [C] Pros. ; [pass. impers.] [C] Pros. ‖ parcourir [des yeux, par la pensée, en lisant] : [C] Pros., Poés.

percursātĭō, *ōnis*, f., action de parcourir : [avec gén.] ***Italiae*** [C] Pros., tournée en Italie ; [abs[t]] [C] Pros.

percursĭō, *ōnis*, f., action de parcourir [fig.], revue rapide : [C] Pros. ; [rhét.] narration rapide [ἐπιτροχασμός] : [C] Pros.

percursō, *ās*, *āre*, *-*, *-*, intr., courir çà et là : [C] Pros. ‖ tr., parcourir : [+C] Pros.

percursus, *a*, *um*, part. de *percurro*

percussī, parf. de *percutio*

percussĭō, *ōnis*, f. ¶ **1** action de frapper, coup : [C] Pros. ; ***digitorum percussione*** [C] Pros., en faisant claquer ses doigts ; ***capitis percussiones*** [C] Pros., les coups sur la tête ¶ **2** temps frappé [mus. et métr.], battement : [C] Pros.

percussŏr, *ōris*, m., assassin, sicaire : [C] Pros., [+C] Pros.

percussūra, *ae*, f., action de frapper, coup, contusion : [T] Pros.

1 **percussus**, *a*, *um*, part. de *percutio*

2 **percussŭs**, *ūs*, m., action de frapper, coup, choc : [C] Poés., [+C] Pros. ; [fig.] [+C] Pros.

percŭtĭō, *ĭs*, *ĕre*, *cussī*, *cussum*, tr.
I pénétrer en frappant, percer : ***pectus percussum*** [C] Pros., la poitrine fut percée ; ***vena percutitur*** [+C] Pros., on perce une veine
II frapper ¶ **1** ***percussus lapide*** [C] Pros., frappé d'une pierre ; ***pede terram*** [C] Pros., frapper du pied la terre [battre la mesure] ; ***percussus de caelo*** [C] Pros., frappé de la foudre ‖ [poét.] : ***percussae pectora*** [C] Poés., s'étant frappé la poitrine ¶ **2** [avec idée de tuer] : ***aliquem securi*** [C] Pros., frapper qqn de la hache [exécution capitale] ; ***fulmine percussus*** [C] Pros., tué par la foudre ‖ [employé seul] assassiner : [+C] Pros. ¶ **3** [sens divers] ***a)*** frapper [monnaie] : ***nummum*** [+C] Pros., frapper une pièce de monnaie ; [fig.] [+C] Pros. ***b)*** frapper [les cordes de la lyre] : [C] Poés., [+C] Poés. ***c)*** passer les fils dans le peigne [tissage] : [+C] Poés. ¶ **4** [fig.] ***a)*** [-C] Théât. ; ***non percussit locum*** [C] Pros., il n'a pas frappé le bon endroit ***b)*** frapper vivement, émouvoir, affecter : [C] Pros. ; ***me percussisti*** [C] Pros., tu m'as donné (porté) un coup, tu as fait impression sur moi ; ***percussus*** [C] Pros., ému, alarmé ***c)*** berner, duper (***aliquem***, qqn) : [-C] Théât., [C] Pros. ***d)*** [chrét.] châtier : [T] Pros.

perdĕcōrus, *a*, *um*, très beau : [+C] Pros.

perdēlīrus, *a*, *um*, extravagant : [C] Poés.

perdensus, *a*, *um*, très dense, très condensé : [+C] Pros.

perdepsō, *ĭs*, *ĕre*, *ŭī*, *-*, tr., pétrir à fond, malaxer [sens obscène] : [C] Poés.

Perdicca, *ae*, m., [+C] Pros. et **Perdiccās**, *ae*, m., Perdiccas, nom de plusieurs rois de Macédoine : [+C] Pros. ; [au gén.] [C] Pros.

perdīcis, gén. de *1 perdix*

perdĭdī, parf. de *perdo*

perdĭdĭcī, parf. de *perdisco*

perdiffĭcĭlis, *e*, très difficile : [C] Pros. ; ***perdifficillimus*** [C] Pros.

perdiffĭcĭlĭtĕr, adv., très difficilement : [C] Pros.

perdignus, *a*, *um*, très digne : [C] Pros.

perdīlĭgens, *tis*, très consciencieux : [C] Pros.

perdīlĭgenter, adv., avec beaucoup d'exactitude : [C] Pros.

perdiscō, *ĭs*, *ĕre*, *dĭdĭcī*, *-*, tr., apprendre à fond : [C] Pros. ‖ [au parf.] savoir parfaitement : [avec inf.] [C] Pros. ; [avec prop. inf.] [-C] Théât.

perdĭsertē, adv., très éloquemment : [C] Pros.

perdĭtē, adv., en homme perdu, d'une manière infâme : [C] Pros. ‖ éperdument, démesurément : [-C] Théât., [+C] Pros.

perdĭtim, adv., éperdument : [-C] Théât.

perdĭtĭō, *ōnis*, f., perdition : [T] Pros.

perdĭtŏr, *ōris*, m., destructeur, fléau, peste : [C] Pros. ‖ celui qui perd, corrupteur : [T] Pros.

perdĭtus, *a*, *um* ¶ **1** part. de *perdo* ¶ **2** [pris adj[t]] ***a)*** perdu, dans un état désespéré, malheureux : [C] Pros. ; ***aere alieno*** [C] Pros., perdu de dettes ; ***res perditae*** [C] Pros., affaires désespérées ***b)*** immodéré, excessif : ***amor perditus*** [C] Poés., amour éperdu ; ***in puella perditus*** [C] Poés., éperdument amoureux d'une jeune fille ***c)*** [fig.] d'un état moral désespéré, dépravé, perdu : ***vita perditissima*** [C] Pros., une vie absolument dépravée ; ***perdita nequitia*** [C] Pros., perversité sans fond

perdĭū, adv., pendant très longtemps : [C] Pros.

perdĭus, *a*, *um*, qui passe tout le jour : [+C] Pros.

perdĭŭturnus, *a*, *um*, qui dure très longtemps : [C] Pros.

perdīvĕs, *ĭtis*, très riche : [C] Pros.

1 **perdix**, *īcis*, f., perdrix [oiseau] : [+C] Poés.

2 **Perdix**, *īcis*, m., jeune Athénien changé en perdrix par Minerve : [C] Poés.

perdō, *ĭs*, *ĕre*, *dĭdī*, *dĭtum*, tr. ¶ **1** détruire, ruiner, anéantir : [C] Pros. ‖ perdre, employer inutilement : ***tempus, operam*** [C] Pros., perdre son temps, sa peine ‖ perdre au moral, corrompre : [-C] Théât. ‖ causer la perte, la ruine, le malheur : [C] Pros. ; [formule d'exécration] [C] Pros. ¶ **2** faire une perte [irréparable, définitive] : ***liberos*** [C] Pros., perdre ses enfants ; ***memoriam*** [C] Pros., perdre la mémoire ‖ [en part.] perdre au jeu : [C] Pros.

perdŏcĕō, *ēs*, *ēre*, *dŏcŭī*, *doctum*, tr., enseigner (instruire) à fond : [-C] Théât., [C] Pros., Poés.

perdoctē, adv., très savamment, à fond : [-C] Théât.

perdoctus, *a*, *um*, part.-adj. de *perdoceo*, très instruit, très savant : [C] Pros. ‖ très bien dressé, parfaitement stylé : [-C] Théât.

perdŏlātus, *a*, *um*, part. de *perdolo*

perdŏlĕt, *ēre*, *ŭĭt* ou *ĭtum est*, impers., ▶ *doleo* : ***tandem perdoluit*** [-C] Théât., enfin la douleur s'est fait sentir, cela cuit ‖ [fig.] [+C] Pros.

perdŏlescō, *ĭs*, *ĕre*, *dŏlŭī*, *-*, intr., ressentir une vive douleur [parf. seul usité] : [avec prop. inf.] [C] Pros.

perdŏlō, *ās*, *āre*, *-*, *ātum*, tr., travailler à fond avec la dolabre, façonner proprement : [C] Pros.

perdŏmĭtŏr, *ōris*, m., vainqueur de : [T] Poés.

perdŏmĭtus, *a*, *um*, part. de *perdomo*

perdŏmō, *ās*, *āre*, *ŭī*, *ĭtum*, tr., dompter complètement, subjuguer, soumettre, réduire : [C] Pros. ‖ [fig., en parl. de la farine] : [+C] Pros. ‖ ameublir [un terrain] : [+C] Pros.

perdormiscō, *ĭs*, *ĕre*, *-*, *-*, intr., dormir sans arrêt : [-C] Théât.

perdūcō, *ĭs*, *ĕre*, *dūxī*, *ductum*, tr. ¶ **1** conduire d'un point à un autre, jusqu'à un but, à destination : ***aliquem ad Caesarem*** [C] Pros., amener qqn à César ; ***legionem in Allobroges*** [C] Pros., amener une légion chez les Allobroges ‖ conduire une femme à qqn : [C] Pros., Poés., [+C] Pros. ‖ [C] Pros. ; ***aquam*** [+C] Pros., faire des conduites d'eau ¶ **2** [fig.] ***a)*** prolonger, poursuivre : [C] Pros. ***b)*** faire parvenir à : ***aliquem ad amplissimos honores*** [C] Pros., faire arriver qqn aux plus hautes charges ***c)*** amener à : ***aliquid ad exitum*** [C] Pros., mener qqch. à son terme ; ***eo rem ut*** [C] Pros., amener les choses à un point que ; ***aliquem ad suam sententiam*** [C] Pros., amener qqn à son sentiment [ou] ***in suam sententiam*** [C] Pros. ; ***perduci ut*** [-C] Théât., être amené à ¶ **3** conduire par-dessus, recouvrir : ***odore corpus*** [C] Poés., envelopper le corps d'un parfum ¶ **4** tirer à soi, absorber, boire : [+C] Pros.

perductĭō, *ōnis*, f., conduite [d'eau] : [C] Pros.

perductō, *ās*, *āre*, *-*, *-*, tr., faire aller quelqu'un [avec le sens de duper] : [-C] Théât.

perductŏr, *ōris*, m., conducteur, guide [avec allusion au sens suivant] : [-C] Théât. ‖ corrupteur, suborneur : [C] Pros., [T] Pros.

perductus, *a*, *um*, part. de *perduco*

perdūdum, adv., depuis longtemps : [-C] Théât.

perdŭellĭō, *ōnis*, f. ¶ **1** pl., ▶ *perduellis*, ennemi public : [C] Pros., [T] Pros. ¶ **2** crime de haute trahison : [C] Pros. ; ***perduellionis alicui judicare*** [C] Pros., juger (déclarer) qqn coupable de haute trahison

perdŭellis, *is*, m., celui avec qui on est en guerre, ennemi public, [=] *hostis* : [-C] Théât., [C] Pros. ‖ ennemi régulier : [C] Pros.

perdulcis, *e*, très doux : [C] Poés.

perdūrō, *ās, āre, āvī, ātum* ¶ **1** tr., rendre très dur, endurcir : [T] Poés. ¶ **2** intr., durer longtemps, subsister : [-C] Théât., [+C] Pros.

perduxī, parf. de *perduco*

Pĕrĕdĭa, *ae*, f., le pays où l'on mange beaucoup, Goinfrerie [mot forgé, [cl.] *Perbibesia*] : [-C] Théât.

1 **pĕrĕdō**, *ĭs, ĕre, ēdī, ēsum*, tr., dévorer : [T] Poés. ‖ [avec nom de choses pour sujet] ronger, consumer : [C] Poés.

2 **pĕrēdō**, *ĭs, ĕre, -, -*, tr., achever de composer, produire : [T] Pros.

pĕrefflō, *ās, āre, -, -*, tr., exhaler entièrement : [+C] Pros.

pĕrefflŭō, *ĭs, ĕre, -, -*, intr., [fig.] s'écouler, s'échapper : [T] Pros.

pĕrĕgĕr, *gris*, adj., subst. m., voyageur : [+T] Poés.

pĕrēgī, parf. de *perago*

pĕrĕgrē, adv., dans un pays étranger, à l'étranger [question *ubi*] : [C] Pros., [+C] Pros. ‖ [question *unde*] de l'étranger, du dehors : [-C] Théât., [C] Pros. ; ***a peregre*** [C] Pros. ‖ [question *quo*] (aller) à l'étranger : [-C] Théât., [C] Poés., [+C] Pros.

pĕrēgrĕgĭus, *a, um*, très remarquable, très beau : [+C] Pros.

pĕrĕgrī, adv., en pays étranger [sans mouvement] : [-C] Théât. ; [V.] *peregre*

pĕrĕgrīnābundus, *a, um*, aimant à voyager en pays étranger : [C] Pros.

pĕrĕgrīnātĭo, *ōnis*, f., voyage à l'étranger, séjour à l'étranger : [C] Pros. ‖ pl., [C] Pros. ‖ [en parl. d'anim.] migration : [C] Pros.

pĕrĕgrīnātŏr, *ōris*, m., grand voyageur, amateur de voyages : [C] Pros.

pĕrĕgrīnātus, *a, um*, part. de *peregrinor*

pĕrĕgrīnĭtās, *ātis*, f., pérégrinité, condition d'étranger [pérégrin] : ***peregrinitatis reus*** [+C] Pros., accusé d'être étranger = d'usurper la qualité de citoyen ‖ le goût étranger, c.-à-d. provincial : [C] Pros. ‖ accent étranger : [+C] Pros.

pĕrĕgrīnŏr, *ārĭs, ārī, ātus sum*, intr. ¶ **1** voyager à l'étranger, en pays étranger : [C] Pros. ‖ [fig.] ***nobiscum peregrinantur*** [C] Pros., elles [les belles-lettres] nous accompagnent en voyage ; [C] Pros. ¶ **2** être en pays étranger, séjourner à l'étranger : [C] Pros. ¶ **3** [chrét.] s'éloigner de : ***peregrinamur a Domino*** [T] Pros., nous nous éloignons de Dieu ‖ vivre en exil (sur terre), être expatrié : [T] Pros.

pĕrĕgrīnus, *a, um* ¶ **1** de l'étranger, étranger : ***peregrinus homo*** [-C] Théât. ou ***peregrinus*** subst., [C] Pros., un étranger ; ***peregrina mors*** [C] Pros., mort à l'étranger ; ***peregrini amores*** [C] Poés., amour pour des étrangères ; ***peregrinus terror*** [C] Pros., peur inspirée par l'étranger ; ***peregrinum otium*** [+C] Pros., les loisirs d'un étranger ¶ **2** étranger, pérégrin [par oppos. à citoyen, c.-à.-d. ce qui relève des provinciaux et des peuples indépendants de Rome] ***a)*** subst., [C] Pros. ***b)*** adj., qui concerne les étrangers : ***provincia*** ou ***jurisdictio peregrina*** [C] Pros. ou ***sors inter peregrinos*** [C] Pros., fonctions du préteur pérégrin, qui rend la justice dans les procès où figurent des étrangers ¶ **3** [fig.] étranger [dans une chose], novice : [C] Pros.

pĕrĕgris, [V.] *pereger*

pĕrēlĕgans, *tis*, très distingué, de très bon goût : [C] Pros.

pĕrēlĕgantĕr, adv., dans un style très châtié : [C] Pros.

pĕrēlixō, *ās, āre, -, -*, tr., faire bouillir longtemps : [+C] Pros.

pĕrēlŏquens, *tis*, très éloquent : [C] Pros.

pĕrēmī, parf. de *perimo*

pĕremnĕ, *is*, n. ; [et surtout pl.], **pĕremnĭa**, *ĭum*, auspices pris avant d'effectuer le passage d'un fleuve : [C] Pros.

pĕremnĭtās, [V.] *perennitas*

pĕremptālĭs, *e*, qui détruit ; [en part.] ***peremptalia fulmina***, coup de foudre qui détruit le présage menaçant d'un coup de foudre antérieur : [+C] Pros.

pĕremptĭo (-emt-), *ōnis*, f., destruction : [T] Pros.

pĕremptŏr (-emt-), *ōris*, m., meurtrier : [+C] Théât., Pros.

pĕremptōrĭus, *a, um*, meurtrier, mortel : [+C] Pros.

pĕremptus (-emt-), *a, um*, part. de *perimo*

pĕrendĭē, adv., après-demain : [-C] Théât., [C] Pros.

pĕrendĭnus, *a, um*, du surlendemain : [C] Pros. ; ***perendino die*** [C] Pros., le surlendemain ; ***in perendinum*** [-C] Théât., pour après-demain [dans deux jours] ; [+C] Pros.

Pĕrenna, *ae*, f., Anna Pérenna, déesse des Romains : [C] Poés.

pĕrennĕ, n. pris adv[t], durant l'année : [+C] Pros.

pĕrennis, *e*, qui dure, solide, durable : ***vinum perenne*** [+C] Pros., vin de garde, qui se conserve ; ***perennis fons*** [C] Pros., source qui ne tarit pas ; [C] Pros., Poés. ‖ [fig.] ***perennis animus*** [C] Pros., sentiment inaltérable ; ***perennis loquacitas*** [C] Pros., babil intarissable ; ***perennis inimicus*** [C] Pros., éternel ennemi

pĕrennĭservus, *i*, m., esclave à perpétuité [mot forgé] : [-C] Théât.

pĕrennĭtās, *ātis*, f., durée continue, perpétuité : ***fontium perennitates*** [C] Pros., abondance intarissable des sources ; [+C] Pros. ‖ [titre donné aux grands personnages] votre Éternité : [T] Pros.

pĕrennō, *ās, āre, āvī, ātum*, intr. ¶ **1** durer un an : [T] Pros. ; [V.] *peranno* ¶ **2** durer longtemps, être de longue durée : [C] Poés., [+C] Pros.

pērentĭcīda, *ae*, f., qui tue un porteur de bourse [mot forgé sur *peratus*, par anal. avec *parenticida*] : [-C] Théât.

pĕrĕō, *īs, īre, ĭī (īvī), ĭtum*, intr.

I s'en aller tout à fait, disparaître ***a) e patria*** [-C] Théât., disparaître de sa patrie ***b) pereunt imbres*** [C] Poés., les pluies se perdent

II ¶ **1** périr, être détruit, anéanti : ***aedes perierunt*** [-C] Théât., la maison est anéantie ; [C] Pros. ; [noter cet emploi de l'adj. verbal] [-C] Théât. ‖ [fig.] être perdu, employé inutilement : ***opera periit*** [C] Pros., la peine est perdue ‖ s'éteindre [en parl. d'actions judiciaires] : [C] Pros. ¶ **2** périr, perdre la vie : [C] Pros. ; ***fame*** [C] Pros. ; ***naufragio*** [C] Pros., périr par la faim, dans un naufrage ; ***a morbo*** [C] Pros., mourir de maladie ; ***ab aliquo*** [C] Poés., succomber du fait de qqn ‖ [poét.] dépérir : ***amore*** [C] Poés., se consumer d'amour ; ***aliquā*** [C] Poés., se consumer pour une femme ; [avec acc.] [-C] Théât. ¶ **3** être perdu, être dans une position désespérée : [C] Pros. ‖ [chez les Com.] ***perii !*** [-C] Théât., je suis perdu ! c'est fait de moi ! ‖ ***peream si, nisi*** [C] Poés., que je meure si, si ne ... pas

pĕrĕquĭtō, *ās, āre, āvī, ātum* ¶ **1** intr. ***a)*** aller à cheval de côté et d'autre, voltiger : [C] Pros. ***b)*** traverser à cheval : ***per agmen hostium*** [C] Pros., percer au galop la colonne des ennemis ¶ **2** tr. ‖ ***aciem*** [C] Pros., parcourir à cheval les rangs de l'armée

pĕrerrātus, *a, um*, part. de *pererro*

pĕrerrō, *ās, āre, āvī, ātum*, tr., errer à travers : [C] Poés. ‖ parcourir [en tous sens, successivement] : [C] Poés. ; ***reges*** [+C] Pros., visiter successivement tous les rois ‖ [fig.] ***luminibus*** [C] Poés., parcourir du regard

pĕrērŭdītus, *a, um*, très instruit : [C] Pros.

pĕrēsus, *a, um*, part. de *1 peredo*

pĕrĕundus, *a, um*, [V.] *pereo II ¶ 1*

pĕrĕuntis, gén. de *periens*, lui-même part. prés. de *pereo*

pĕrexcaecō, *ās āre, -, -*, tr., aveugler : [T] Pros.

pĕrexcelsus, *a, um*, très élevé (au-dessus des environs) : [C] Pros.

pĕrexĭgŭē, adv., très chichement : [C] Pros.

pĕrexĭgŭus, *a, um*, très exigu, très étroit, très restreint : [C] Pros. ; ***perexigua dies*** [C] Pros., délai très court ; ***perexiguum argentum*** [C] Pros., argenterie très réduite

pĕrexīlis, *e*, très mince, très grêle : [+C] Pros.

pĕrexoptātus, *a, um*, très désiré : [avec tmèse] [+C] Pros.

pĕrexpĕdĭo, *īs, īre, -, -*, tr., célébrer, achever : [+T] Pros.

pĕrexpendō, *ĭs, ĕre, -, -*, tr., dépenser, consumer : [+T] Pros.

pĕrexpĕdītus, *a, um*, très peu embarrassé, très dégagé : C Pros.

pĕrexplĭcātus, *a, um*, exécuté entièrement : T Poés.

pĕrexsiccātus, *a, um*, entièrement desséché : T Pros.

pĕrexspectō, *ās, āre, -, -*, tr., attendre jusqu'au bout : +T Pros.

perfăbrĭcō, *ās, āre, āvī, -*, tr., duper (refaire) complètement qqn : -C Théât.

perfăcētē, adv., d'une manière très plaisante : ***dicta*** C Pros., mots très spirituels

perfăcētus, *a, um*, très plaisant, très spirituel, plein de sel : [pers.] C Pros. ; [choses] C Pros.

perfăcĭlĕ, adv., très facilement : C Pros. ‖ très volontiers : -C Théât.

perfăcĭlis, *e*, très facile, très aisé : C Pros. ; ***perfacilis cognitu*** C Pros., très facile à apprendre ‖ très complaisant : ***in audiendo*** C Pros., auditeur très complaisant

perfămĭlĭāris, *e*, très lié avec, très ami, intime (***alicui***) : C Pros. ‖ subst. m., ami intime : C Pros.

perfēcī, parf. de *perficio*

perfectē, adv., complètement, parfaitement : C Pros. ‖ ***-tius*** +C Pros. ; ***-tissime*** +C Pros.

perfectĭo, *ōnis*, f., complet achèvement : C Pros. ‖ perfection : C Pros. ‖ [au pl.] C Pros.

perfectŏr, *ōris*, m., celui qui fait complètement, qui parachève : -C Théât., C Pros.

perfectrix, *īcis*, f., celle qui fait complètement, auteur de : C d. T Pros.

1 **perfectus**, *a, um* ¶ **1** part. de *perficio* ¶ **2** [pris adj^{t}] parfait, accompli ***a) orator perfectus*** C Pros., orateur parfait ; ***perfectissimus*** C Pros., le plus parfait ***b) perfecta signa*** C Pros., statues parfaites ; ***valvae perfectiores*** C Pros., des portes d'un travail plus achevé ***c)*** [gram.] ***perfectum*** C Pros., le parfait ***d)*** [chrét.] parfait [spirituellement] : T Pros.

2 **perfectŭs**, *ūs*, m., pl., effets : C Pros.

perfĕrens, *tis*, part.-adj. de *perfero* : ***injuriarum*** C Pros., supportant patiemment les injustices

perfĕrentĭa, *ae*, f., courage à supporter : T Pros.

perfĕrō, *fers, ferre, tŭlī, lātum*, tr. ¶ **1** porter d'un point à un autre, jusqu'à un but : ***ad aliquem alicujus mandata*** C Pros., porter les ordres de qqn à qqn ; C Pros., Poés. ‖ C Pros. ¶ **2** porter jusqu'au bout [une tâche, une mission] : C Pros. ‖ accomplir : ***jussa*** C Poés., exécuter des ordres ‖ faire passer [une loi] : ***rogationem, legem*** C Pros., faire passer une proposition de loi, une loi ¶ **3** supporter jusqu'au bout, sans discontinuer : C Pros. ; ***dolores*** C Pros., supporter continuellement des chagrins ‖ [avec prop. inf.] supporter que : C Poés., +C Pros.

perfĕrus, *a, um*, très sauvage : C Pros.

perfervĕfīō (**perfervē fīō**), *fis, fĭĕrī, -*, devenir très chaud : C Pros.

1 **perfĭca**, *ae*, f., qui achève : C Poés.

2 **Perfĭca**, *ae*, f., déesse de la procréation : T Pros.

perfĭcĭō, *ĭs, ĕre, fēcī, fectum*, tr. ¶ **1** faire complètement, achever, accomplir : ***opere perfecto*** C Pros., le travail étant achevé ; ***conata perficere*** C Pros., mener une entreprise à bonne fin ; ***scelus*** C Pros., perpétrer un crime, consommer un crime ; ***cogitata*** C Pros., exécuter un projet ‖ ***centum annos*** C Pros., accomplir (vivre) cent ans ¶ **2** faire complètement, de manière parfaite : ***oratorem*** C Pros., former un orateur complet ¶ **3** [avec *ut, ut non* subj.] obtenir ce résultat que, aboutir à ce que (à ce que... ne... pas) : C Pros. ; [avec *ne*] réussir à empêcher que : C Pros. ; [avec *quominus*] C Pros. ‖ [part. n. abl. absolu] C Pros. ; V. *1 perfectus*

perfĭdē, adv., perfidement, traîtreusement : C Pros., +C Pros.

perfĭdēlis, *e*, très sûr, tout à fait digne de confiance : C Pros.

perfīdens, *tis*, très confiant : T Pros.

perfĭdĭa, *ae*, f., perfidie, mauvaise foi : C Pros., +C Pros. ‖ pl., -C Théât., +C Pros.

perfĭdĭōsē, adv., perfidement : -C Théât., C Pros. ‖ ***-sius*** +C Pros.

perfĭdĭōsus, *a, um*, d'un caractère perfide, déloyal : C Pros. ‖ perfide [en parl. de choses] : -C Théât., C Pros. ‖ ***-issimus*** C Pros.

perfĭdum, n. pris adv^{t}, perfidement : C Poés.

perfĭdus, *a, um*, perfide, sans foi [en parl. de pers.] : C Pros. ‖ [fig. en parl. de choses] perfide, trompeur : C Poés. ; ***perfida via*** C Poés., chemin dangereux ‖ ***-issimus*** T Pros.

perfīgō, *ĭs, ĕre, -, fixum*, transpercer : C Poés. ; V. *perfixus*

perfixus, *a, um*, part. de *perfigo*, percé, transpercé : C Poés.

perflābĭlis, *e*, pénétrable à l'air, exposé à l'air : C Pros., T Pros., +C

perflāgĭtĭōsus, *a, um*, très déshonorant, infâme : C Pros.

perflāmĕn, *ĭnis*, n., souffle : T Poés.

1 **perflātus**, *a, um*, part. de *perflo*

2 **perflātŭs**, *ūs*, m. ¶ **1** action de souffler à travers : C Pros. ¶ **2** courant d'air : +C Pros. ; pl., +C Pros.

perflētus, *a, um*, noyé de larmes : +C Pros.

perflō, *ās, āre, āvī, ātum* ¶ **1** intr. ***a)*** souffler en tous sens : +C Pros. ***b)*** souffler jusqu'à un point : +C Pros. ¶ **2** tr. ***a)*** souffler à travers : C Poés. ; [pass.] ***perflari***, être traversé par l'air : C Pros. ***b)*** souffler sur l'étendue de, sur la surface de : C Poés. ; ***perflari*** C Pros., être exposé à l'air ***c)*** répandre au loin en soufflant : +C Poés.

perfluctŭō, *ās, āre, -, -*, tr., flotter à travers, grouiller dans : C Poés.

perflŭō, *ĭs, ĕre, fluxī, fluxum*, intr. ¶ **1** couler à travers [avec *per*] : C Poés. ‖ [avec *in* acc.] couler dans : C Poés. ¶ **2** ***sudore*** +C Pros., être inondé de sueur ¶ **3** être ample, traîner, tomber [en parl. d'un vêtement] : +C Pros. ¶ **4** laisser échapper les secrets, ne rien garder, être indiscret [m. à m., "fuir comme un vase"] : -C Théât.

perflŭus, *a, um*, mou, efféminé : +C Pros.

perfŏdĭō, *ĭs, ĕre, fōdī, fossum*, tr., percer d'outre en outre : C Pros. ‖ percer, blesser : C Poés. ‖ creuser : C Pros. ‖ ***dentes*** +C Pros., se curer les dents

perfŏrācŭlum, *i*, n., foret, vrille, tarière : T Pros.

perfŏrātus, *a, um*, part. de *perforo*

performīdŏlōsus, *a, um*, très craintif : T Pros.

performō, *ās, āre, -, -*, tr., former entièrement : +C Pros.

perfŏrō, *ās, āre, āvī, ātum*, tr., percer, trouer, perforer : C Pros. ‖ pratiquer en trouant [une route, une ouverture] : C Pros. ‖ ouvrir une vue à travers : C Pros. ; percer [sens priapr.] ‖ [fig.] percer [de ses rayons], pénétrer dans : +C Poés.

perfortĭtĕr, adv., très bravement : -C Théât.

perfossĭo, *ōnis*, f., action de percer, percement : T Pros.

perfossŏr, *ōris*, m., celui qui perce [les murailles pour voler] : -C Théât., +C Pros.

perfossus, *a, um*, part. de *perfodio*

perfractus, *a, um*, part. de *perfringo*

perfrēgī, parf. de *perfringo*

perfrĕmō, *ĭs, ĕre, ŭī, -*, intr., frémir violemment : -C Théât.

perfrĕquens, *tis*, très fréquenté : C Pros.

perfrĭcātus, *a, um*, part. de *perfrico*

perfrĭcō, *ās, āre, āvī, ātum* ou *frictum*, tr. ¶ **1** frotter complètement, frictionner : -C Pros., +C Pros. ; ***ipse se perfricare*** +C Pros., se masser soi-même ‖ ***caput*** C Pros., se gratter la tête [en signe d'embarras] ‖ [fig.] ***perfricare os*** C Pros. ; ***frontem*** +C Poés. ¶ **2** oindre, frotter de : ***sale contrito*** +C Pros., frotter avec du sel fin

perfrictĭuncŭla, *ae*, f., léger frisson : +C Pros.

perfrictus, *a um*, part. de *perfrico*

perfrĭcŭī, parf. de *perfrico*

perfrīgĕfăcĭō, *ĭs, ĕre, -, -*, tr., glacer [le cœur] : -C Théât.

perfrīgescō, *ĭs, ĕre, frīxī*, -, intr., prendre froid, se refroidir : C Pros., +C Pros., Poés.

perfrīgĭdus, *a, um*, très froid : C Pros.

perfringō, *ĭs, ĕre, frēgī, fractum*, tr. ¶1 briser entièrement, mettre en pièces, rompre : C Pros. ; ***muros*** +C Pros., saper les murailles ‖ ***hostium phalangem*** C Pros., rompre, disloquer la phalange des ennemis ‖ [fig.] renverser, abattre, détruire : ***decreta senatus*** C Pros., briser les décrets du sénat ¶2 se frayer un chemin par la force, enfoncer : ***munitiones*** C Pros., percer les retranchements ; ***domos*** +C Pros., forcer les maisons ‖ [fig.] ***animos*** C Pros., pénétrer de force dans les âmes (les forcer) ; [abst] C Pros.

perfrĭō, *ās, āre*, -, -, tr., concasser, piler : +C Pros.

perfrixī, parf. de *perfrigesco*

perfructus, *a, um*, part. de *perfruor*

perfrŭŏr, *ĕrĭs, ī, fructus sum*, intr., jouir complètement, sans interruption [avec abl.] : C Pros. ‖ [adj. verbal] ***ad perfruendas voluptates*** C Pros., pour jouir des plaisirs continuellement

perfūdī, parf. de *perfundo*

perfŭga, *ae*, m., déserteur, transfuge : C Pros. ‖ fugitif : +C Pros.

perfŭgĭō, *ĭs, ĕre, fūgī*, -, intr. ¶1 se réfugier vers : ***ad aliquem*** C Pros. ; ***Corinthum*** C Pros., se réfugier près de qqn, à Corinthe ; [en parl. d'esclaves fugitifs] C Pros. ¶2 déserter : ***a Pompeio ad Caesarem*** C Pros., déserter le camp de Pompée pour celui de César ‖ passer au parti de qqn [*ad aliquem*] : C Pros. ¶3 [fig.] recourir à : +C Pros. ; ***in fidem Aetolorum*** C Pros., se mettre sous la protection des Étoliens

perfŭgĭum, *ĭī*, n., refuge, asile, abri [pr. et fig.] : C Pros. ; ***bonorum*** C Pros., refuge des (pour les) gens de bien

perfunctĭo, *ōnis*, f., exercice [d'une charge] : C Pros. ‖ accomplissement [de travaux] : C Pros. ‖ passion : +C Pros.

perfunctōrĭē, adv., pour s'acquitter rapidement d'une tâche = légèrement, négligemment : ***non perfunctorie verberare*** +C Pros., ne pas frapper de main morte

perfunctus, part. de *perfungor*

perfundō, *ĭs, ĕre, fūdī, fūsum*, tr., verser sur, répandre sur ¶1 arroser, mouiller, tremper : ***aliquem lacrimis*** C Poés., baigner qqn de larmes ; ***aqua perfundi ab aliquo*** C Pros., être arrosé d'eau par qqn ‖ teindre : C Poés. ‖ saupoudrer, recouvrir : ***pulvere perfusus*** C Poés., souillé de poussière ‖ ***sole perfundi*** +C Pros., être baigné, inondé de soleil ¶2 verser dans : ***aliquid in vas*** +C Pros., verser un liquide dans un vase ¶3 [fig.] ***a)*** teindre superficiellement : +C Pros. ***b)*** parcourir : C Pros. ***c)*** baigner : ***aliquem voluptatibus*** C Pros., inonder qqn de plaisirs

perfungŏr, *gĕrĭs, gī, functus sum*, intr. qqf. tr. ¶1 s'acquitter entièrement [avec abl.] : ***munere*** C Pros., accomplir une mission ; ***rebus amplissimis*** C Pros., s'acquitter entièrement des tâches les plus importantes ¶2 [au parf. et part.] être passé par, être arrivé au bout de : C Pros. ; ***vita perfunctus*** C Poés., ayant achevé son existence ‖ [tr., avec acc.] : C Poés. ‖ [abst] C Pros., ***perfunctus a febri*** C Pros., qui en a fini du côté de (avec) la fièvre ¶3 [part. à sens passif] : C Pros.

perfŭrō, *ĭs, ĕre*, -, -, intr., être transporté de fureur : C Poés. ‖ tr., exercer sa fureur sur : +C Poés.

perfūsĭo, *ōnis*, f., action de mouiller, de baigner : +C Pros., T Pros.

perfūsōrĭus, *a, um*, qui ne fait qu'humecter, superficiel : +C Pros. ‖ vague, imprécis : +C Pros.

perfūsus, *a, um*, part. de *perfundo*

Perga, *ae*, f., ville de Pamphylie : C Pros.

Pergăma, *ōrum*, n. pl., +C Théât., **-mum**, *i*, n., +C Théât., **-mus**, *i*, f., +C Poés., **-mŏs**, f., +C Poés. ¶1 Pergame [forteresse de Troie] ; [par ext.] Troie, ▶ *Troja* : C Poés. ¶2 ***Lavinia Pergama*** n. pl., +C Poés., Lavinium [ville du Latium] ‖ **-mĕus**, *a, um*, de Pergame : C Poés. ; ***Pergameus*** +C Poés., romain

Pergămĕus, ▶ *Pergama* et *Pergamum*

Pergămis, *ĭdis*, f., ville d'Épire : C Pros.

Pergămŏs, *i*, f., ▶ *Pergama*

Pergămum, *i*, n. ¶1 ▶ *Pergama* ¶2 ville de la Grande Mysie, qui fut capitale du royaume de Pergame et résidence des rois Attale : C Pros. ‖ **-mēnus**, *a, um*, de Pergame : C Pros. ; **-mēni**, m. pl., habitants de Pergame ; C Pros. ‖ **-mĕus**, *a, um*, +C Poés., de Pergame ¶3 ville de Crète [fondée par Énée] : +C Pros.

Pergămus, f., ▶ *Pergama*

pergaudĕō, *ēs, ēre*, -, -, intr., se réjouir fort : C Pros.

pergĭn, pour *pergisne*, ▶ *pergo*

perglīscō, *ĭs, ĕre*, -, -, intr., engraisser : +C Pros.

pergnārus, *a, um*, qui connaît parfaitement [avec gén.] : +C Pros.

pergō, *ĭs, ĕre, perrēxī, perrectum*, tr. ¶1 diriger jusqu'au bout, mener à son terme, poursuivre jusqu'à achèvement : ***iter*** C Pros., accomplir le trajet entièrement ; -C Théât. ; +C Pros. ¶2 [avec inf.] continuer de, persister à : C Pros. ‖ [idée d'examen successif] C Poés. ‖ [idée de promptitude sans arrêt] ***perge linquere*** C Poés., hâte-toi de laisser ; -C Théât. ‖ [verbe de parole] C Pros. ¶3 [abst] aller plus loin, continuer d'aller : ***eadem via*** C Pros., continuer par la même route ; ***in Macedoniam ad aliquem*** C Pros., continuer sa route vers la Macédoine pour rejoindre qqn ‖ aller directement [sans désemparer] : ***ad castra pergunt*** C Pros., ils se dirigent droit sur le camp ‖ [fig.] ***pergamus ad reliqua*** C Pros., allons droit à ce qui reste [à exposer] = continuons sans digression ; ***perge de Caesare*** C Pros., continue (ton exposé) sur César ; ***perge, ut instituisti*** C Pros., continue comme tu as commencé ‖ [poét.] ***pergite, Pierides*** C Poés., allez de l'avant, Muses ‖ [avec noms de chose sujet] C Pros. ; [pass. impers.] T Pros.

pergraecŏr, *ārĭs, ārī, ātus sum*, intr., vivre tout à fait à la grecque = faire bombance : -C Théât.

pergrandescō, *ĭs, ĕre*, -, -, intr., devenir gros : -C Théât.

pergrandis, *e*, très grand : C Pros. ; ***natu*** C Pros., très âgé ‖ très considérable : -C Théât., C Pros.

pergrăphĭcus, *a, um*, achevé, tout à fait réussi [comme copie de l'original] : -C Théât.

pergrātus, *a, um*, très agréable : C Pros. ; [avec tmèse] C Pros.

pergrăvis, *e*, très lourd : [fig.] ***testis*** C Pros., témoin d'un très grand poids ‖ très important : -C Théât.

pergrăvĭtĕr, adv., très gravement, très fortement : C Pros.

pergŭla, *ae*, f., [en gén.] construction en saillie (en avancée) [prolongeant une maison, un mur], encorbellement, balcon : [atelier de peintre] ; [boutique, échoppe] ; [tonnelle, berceau de vigne formant promenoir] +C Pros. ; [cabane] +C Pros. ; [observatoire d'astronome] +C Pros. ; [école, officine] +C Pros., Poés. ; [réduit de courtisane] -C Théât., C Poés.

pergŭlānus, *a, um*, en forme de berceau [en parl. de vigne] : +C Pros.

Pergus, *i*, m., lac de Sicile, près d'Enna : C Poés.

pĕrhaurĭō, *īs, īre, hausī, haustum*, tr., vider tout à fait : +C Pros. ‖ recueillir tout du long : -C Théât.

pĕrhaustus, *a, um*, part. de *perhaurio*

pĕrhĭbĕō, *ēs, ēre, ŭī, ĭtum*, tr. ¶1 présenter, fournir [qqn comme mandataire] : C Pros. ‖ ***exemplum*** +C Pros. ; ***testimonium*** C Pros., fournir un exemple, un témoignage ¶2 rapporter, raconter : ***ut Graji perhibent*** C Poés., comme le rapportent les Grecs ; -C Théât. ‖ ***perhibent*** [avec prop. inf.] C Poés., on rapporte que ; -C Théât. ‖ [pass. pers.] -C Théât., C Pros. ‖ [en part.] mettre en avant, citer, nommer : C Pros. ; [avec deux acc.] -C Pros., C Pros. ; [pass. pers.] -C Pros.

pĕrhĭĕmō, *ās, āre*, -, -, intr., passer tout l'hiver : +C Pros.

pĕrhīlum, adv., très peu : C Poés.

pĕrhŏnestus, *a, um*, très honnête, très juste : T Pros.

pĕrhŏnōrĭfĭcē, adv., d'une manière très honorable : C Pros.

pĕrhŏnōrĭfĭcus, *a, um*, très honorable : C Pros. ‖ plein d'égards pour qqn (***in aliquem***) : C Pros.

pĕrhorrĕō, *ēs, ēre*, -, -, tr., frissonner devant qqch., redouter : T Pros.

pĕrhorrescō, *ĭs, ĕre, horrŭī*, - ¶ **1** intr., frissonner [de tout le corps] : [C] Pros., Poés. ¶ **2** tr., avoir en horreur, abhorrer, redouter : [C] Pros.

pĕrhorrĭdus, *a, um*, affreux, horrible : [C] Pros.

pĕrhūmānĭtĕr, adv., avec beaucoup d'obligeance : [C] Pros.

pĕrhūmānus, *a, um*, plein d'obligeance, très aimable : [C] Pros.

pĕrhŭmĭlis, *e*, de très petite taille, rabougri : [T] Pros.

Pĕrĭălŏgŏs, *i*, m., le Très Inintelligent (père) [titre d'un ouvrage d'Orbilius, contre les parents d'élèves] : [+C] Pros.

Pĕrĭandĕr, (**-drus**, [+C] Poés.), ***dri***, m., Périandre [roi de Corinthe, l'un des Sept Sages de la Grèce] : [+C] Pros.

pĕrĭbŏlus, *i*, m., péribole, galerie extérieure : [T] Pros.

Pĕrĭbōmĭus, *ĭi*, m., nom d'homme : [+C] Poés.

Pĕrĭclēs, *is*, m., homme d'État athénien : [C] Pros.

pĕrīclĭtābundus, *a, um*, qui essaie : ***rem*** [+C] Pros., qui essaie qqch. ; ***sui*** [+C] Pros., qui essaie ses forces

pĕrīclĭtātĭo, *ōnis*, f., épreuve, expérience : [C] Pros.

pĕrīclĭtŏr, *ārĭs, ārī, ātus sum*, intr. et tr.
I intr., [c. κινδυνεύω] ¶ **1** faire un essai : [C] Pros. ¶ **2** être en danger : [C] Pros. ‖ [avec abl.] sous le rapport de qqch. : ***aliqua re*** [C] Pros. ; [avec gén.] [+C] Pros. ‖ [avec inf.] ***perdere aliquid, rumpi*** [+C] Pros., risquer de perdre qqch., d'être brisé ‖ [droit] [+C] Pros.
II tr. ¶ **1** faire l'essai de, éprouver : ***belli Fortunam*** [C] Pros., éprouver la Fortune de la guerre ‖ [part. à sens pass.] ***periclitatis moribus*** [C] Pros., après épreuve faite du caractère ‖ [avec interrog. indir.] [C] Pros. ¶ **2** mettre en danger, risquer : [C] Pros.

Pĕrĭclўmĕnus, *i*, m., Périclymène [fils de Nélée, frère de Nestor] : [C] Poés.

pĕrīcŭlōsē, adv., dangereusement, avec danger, risque, péril : [C] Pros. ; ***dico*** [C] Pros., je ne parle qu'en tremblant ‖ ***-losius*** [C] Pros. ; ***-issime*** [+C] Pros.

pĕrīcŭlōsus, *a, um*, dangereux, périlleux ***a)*** [pers.] ***in nosmetipsos periculosi*** [C] Pros., dangereux pour moi-même ***b)*** [choses] ***mare periculosum*** [C] Pros., mer dangereuse ; ***periculosus morbus*** [C] Pros. ; ***periculosum vulnus*** [C] Pros., maladie, blessure dangereuse ; ***alicui*** [C] Pros., dangereux pour qqn ; ***periculosissimus locus*** [C] Pros., endroit [d'un discours] très épineux ‖ ***-sior*** [+C] Pros. ‖ [abl. n. abs.] [+C] Pros.

pĕrīcŭlum, *i*, n. ¶ **1** essai, expérience, épreuve : ***alicujus rei periculum facere*** [C] Pros., faire l'essai de qqch. ; ***alicujus*** [C] Pros., faire l'épreuve de qqn ‖ [en part.] ***in isto periculo*** [C] Pros., dans cet essai littéraire ¶ **2** danger, péril, risque : ***in periculum vocari*** [C] Pros., être exposé au danger ; ***meo periculo*** [C] Pros., à mes risques et périls ; ***amicorum pericula*** [C] Pros., dangers courus par les amis ; ***caedis*** [C] Pros. ; ***ignis*** [C] Pros. ; ***mortis, servitutis*** [C] Pros., danger de meurtre, du feu, de la mort, de l'esclavage ; ***vincendi*** [+C] Pros., risque (chance) de l'emporter ; ***ad periculum Caesaris*** [C] Pros., pour menacer César ‖ ***periculum est, ne*** [C] Pros., il y a danger que, il est à craindre que ¶ **3** [en part., cf. κίνδυνος] danger couru en justice, procès : [C] Pros. ¶ **4** protocole, procès-verbal de la condamnation : [C] Pros.

pĕrĭdōnĕus, *a, um*, très propre à : [avec dat.] [C] Pros. ; [avec *ad*] [C] Pros. ‖ [avec *qui* subj.] [+C] Pros.

Pĕrĭēgēsis, *is*, f., Périégèse [titre d'ouvrage], description de la terre : [T]

pĕrĕro, [V.] *pejero*

Pĕrĭlāus, *i*, m., nom d'un Macédonien : [+C] Pros.

Pĕrilla, *ae*, f., nom de femme : [C] Poés.

Pĕrillĭus, *ĭi*, m., nom d'homme : [C] Poés.

Pĕrillus, *i*, m., Athénien qui inventa pour Phalaris le fameux taureau d'airain, le tyran en fit l'essai sur l'inventeur lui-même : [C] Poés. ‖ **-lēus**, *a, um*, de Périllos : [C] Poés.

pĕrillustris, *e* ***a)*** mis en pleine lumière : [C] Pros. ***b)*** très considéré, très honoré : [C] Pros.

pĕrĭmăchĭa, *ae*, f., préparatifs de lutte : [T] Pros.

pĕrimbēcillus, *a, um*, très faible : [C] Pros.

Pĕrĭmēdēus, *a, um*, de Périmède [nom d'une magicienne dans Théocrite] : [C] Poés.

Pĕrĭmēlē, *ēs*, f., fille d'Hippodamas, changée en île : [C] Poés.

pĕrĭmĕtrŏs, *i*, f., périmètre, circonférence, pourtour : [C] Pros., [+C] Pros.

pĕrĭmō, *ĭs, ĕre, ēmī, emptum* ou *emtum*, tr. ¶ **1** détruire, anéantir [le sentiment, un projet] : [C] Pros. ¶ **2** [poét.] tuer, faire périr, faire mourir : [C] Poés., Pros.

pĕrimpĕdītus, *a, um*, impraticable [en parl. d'un lieu], très difficile : [C] Pros.

pĕrĭnānis, *e*, entièrement vide : [+C] Poés.

pĕrincertus, *a, um*, très incertain : [C] Pros.

pĕrincommodē, adv., tout à fait à contre-temps, très malheureusement : [C] Pros.

pĕrincommŏdus, *a, um*, très incommode : [C] Pros.

pĕrinconsĕquens, *tis*, très absurde [en parl. d'une chose] : [avec tmèse] ***per autem inconsequens*** [+C] Pros.

pĕrindĕ, adv. ¶ **1** pareillement, de la même manière : [C] Pros. ¶ **2** ***perinde ut*** [C] Pros. ; ***perinde ac (atque)*** [C] Pros., de la même manière que ; ***perinde ac si*** [C] Pros. ; ***perinde quasi*** [C] Pros., de même que si, comme si ; ***perinde tamquam*** [C] Pros., comme si ; ***perinde quam*** [+C] Pros., autant que ; ***perinde quam si*** [+C] Pros., autant que si ‖ ***perinde ac = perinde ac si*** [C] Pros. ‖ ***haud perinde*** [+C] Pros., insuffisamment ; [C] Pros.

pĕrindignē, adv., en s'indignant beaucoup : [+C] Pros.

pĕrindignus, *a, um*, tout à fait indigne : [T] Pros.

pĕrindulgens, *tis*, indulgent à l'excès, très faible : [C] Pros.

pĕrinfāmis, *e*, très décrié, perdu de réputation : [+C] Pros. ; [avec gén. de cause] [+C] Pros.

pĕrinfirmus, *a, um*, très faible : [+C] Pros.

pĕringĕnĭōsus, *a, um*, très doué naturellement : [C] Pros.

pĕringrātus, *a, um*, très ingrat : [+C] Pros.

pĕrĭnīquus, *a, um*, très injuste : [C] Pros. ‖ ***periniquo animo*** [C] Pros., d'un coeur très mécontent, à grand regret

pĕrĭnsignis, *e*, évident [en mauvaise part], très marquant : [C] Pros.

pĕrinstringō, *ĭs, ĕre*, -, -, tr., serrer fortement : [T] Pros.

pĕrintĕgĕr, *gra, grum*, irréprochable [dans ses mœurs] : [+C] Pros.

pĕrinterfĭcĭō, *ĭs, ĕre*, -, -, tr., faire périr : [T] Pros.

Pĕrinthus (**-ŏs**), *i*, f., Périnthe [ville de Thrace] : [C] Pros. ‖ **-ĭus**, *a, um*, de Périnthe ‖ ***Perinthia***, f., la Périnthienne, comédie de Ménandre : [-C] Théât.

pĕrĭnungō, *ĭs, ĕre*, -, -, tr., oindre entièrement : [C] Pros.

pĕrinvălĭdus, *a, um*, très faible : [+C] Pros.

pĕrinvīsus, *a, um*, très odieux (à) [dat.] : [C] Pros.

pĕrinvītus, *a, um*, tout à fait malgré soi : [C] Pros.

pĕrĭŏcha, *ae*, f., sommaire [titre] : [C] Pros.

pĕrĭŏdus, *i*, f., période [rhét.] : [C] Pros. ; [+C] Pros.

pĕrĭor**, seul[t] ***peritus sum, tr., éprouver : [-C] Théât.

Pĕrĭpătētĭci, *ōrum*, m. pl., péripatéticiens, disciples d'Aristote : [C] Pros. ‖ **-tĭcus**, *a, um*, des péripatéticiens : [+C] Pros.

pĕrĭpĕtasma, *ătis*, n., tapisserie, tapis, tenture : [C] Pros. ‖ abl. pl. *peripetasmatis* [C] Pros.

Pĕrĭphănēs, *is*, m., personnage de comédie : [-C] Théât.

Pĕrĭphās, *antis*, m., roi de l'Attique : [C] Poés. ‖ un des chefs grecs au siège de Troie : [C] Poés. ‖ un des Lapithes : [C] Poés.

pĕrĭphrăsis, *is*, f., périphrase : [+C] Pros.

pĕrĭplūs, *i*, m., périple, circumnavigation : [+C] Pros.

pĕriptĕrŏs, *ŏn*, périptère [temple rectangulaire à péristyle avec une seule rangée de colonnes] : [C] Pros.

pĕrīrātus, *a, um*, très irrité (***alicui***, contre qqn) : [-C] Théât., [C] Pros.

pĕriscĕlis, *ĭdis*, f., périscélide, bracelet de la jambe que les femmes portaient au-dessus de la cheville : [C] Pros., [+C] Pros.

pĕrisse, V▶ *pereo*

pĕristăsis, *is.*, f., sujet, argument : +C Pros.

pĕristŏlum, *i*, n., ceinture : T Pros.

pĕristŏmĭum, *ĭi*, n., ouverture pour la tête (dans un vêtement) : T Pros.

pĕristrōma, *ătis*, n., couverture, garniture de lit : -C Théât. ‖ abl. pl. *peristromatis* C Pros.

pĕristȳlĭum, *ĭi*, n., V▶ *peristylum* : C Pros., +C Pros.

pĕristȳlum, *i*, n., péristyle : C Pros.

pĕrītē, adv., en connaisseur, habilement, avec art : C Pros. ‖ ***-tius*** C Pros. ; ***-tissime*** C Pros.

Pērĭthŏus, V▶ *Pirithous*

pĕrītĭa, *ae*, f., connaissance [acquise par l'expérience], expérience : C Pros. ‖ science, habileté, talent : +C Pros. ; ***futurorum*** +C Pros., science de l'avenir

pĕrĭtrētŏs (-ŏn), *i*, péritrète [montant horizontal de la catapulte ou de la baliste, dans lequel sont percés les trous des ressorts] : C Pros.

pĕrītus, *a*, *um*, qui sait par expérience, qui s'y connaît, qui a la pratique, expérimenté, connaisseur : C Pros. ‖ [avec gén.] C Pros. ; ***juris peritissimus*** C Pros., le meilleur juriste ; ***definiendi peritus*** C Pros., qui se connaît en définitions ‖ [avec abl.] C Pros. ; ***peritus bello*** +C Pros., rompu à l'art de la guerre ‖ ***de aliqua re*** ou ***in aliqua re***, au courant de qqch. : C Pros., Poés. ‖ [avec inf.] habile à, qui sait : C Poés., +C Pros. ‖ [avec prop. inf.] sachant par expérience que : +C Pros.

Perĭus, *ĭi*, m., un des fils d'Égyptus : +C Poés.

perjĕr-, V▶ *pejer-*

perjūcundē, adv., très agréablement : C Pros. ; ***(is) fuit perjucunde*** C Pros., il s'est montré très aimable

perjūcundus, *a*, *um*, très agréable : C Pros. ‖ [avec tmèse] ***perquejucunda*** C Pros.

perjūrĭōsus, *a*, *um*, parjure [par habitude] : -C Théât.

perjūrĭum, *ĭi*, n., parjure : C Pros.

perjūro, V▶ *pejero* : C Pros.

perjūrus, *a*, *um*, parjure, menteur, imposteur : C Pros. ; ***perjura fides*** C Poés., perfidie, mauvaise foi ‖ ***-ior*** -C Théât. ; ***-issimus*** C Pros.

perlābŏr, *ĕrĭs*, *lābī*, *lapsus sum* ¶ **1** intr., glisser à travers, dans : [avec *per*] C Poés. ‖ glisser (arriver) jusqu'à [avec *ad*] : C Poés., Pros. ¶ **2** tr., traverser : C Poés. ‖ glisser à la surface de : C Poés.

perlăbōrō, *ās*, *āre*, -, -, intr., [chrét.] lutter fort : T Pros.

perlaetus, *a*, *um*, très joyeux : C Pros.

perlapsus, *a*, *um*, part. de *perlabor*

perlātē, adv., très loin : C Pros.

perlătĕō, *ēs*, *ēre*, *ŭī*, -, intr., rester caché constamment : C Poés.

perlātĭo, *ōnis*, f., transport : +C Pros. ‖ [fig.] action de supporter, résignation à : T Pros.

perlātŏr, *ōris*, m., porteur [de lettres], messager : T Pros.

perlātus, *a*, *um*, part. de *perfero*

perlĕcēbra, *ae*, f., amorce, appât, séduction : -C Théât.

perlectus (pell-), *a*, *um*, part. de *perlego*

perlĕgō (pell-), *ĭs*, *ĕre*, *lēgī*, *lectum*, tr. ¶ **1** parcourir des yeux, passer en revue : C Poés. ¶ **2** lire en entier, lire jusqu'au bout : C Pros. ‖ lire jusqu'au bout à haute voix : -C Théât.

perlĕpĭdē, adv., très joliment : -C Théât.

perlēvī, parf. de *perlino*

perlĕvis, *e*, très léger, très faible : C Pros.

perlĕvĭtĕr, adv., très légèrement, très faiblement : C Pros.

perlexī, parf. de *perlicio*

perlĭbens (-lŭbens), *tis*, part.-adj., qui fait très volontiers : -C Théât. ‖ ***me perlubente*** C Pros., à mon grand plaisir

perlĭbentĕr (-lŭ-), adv., très volontiers : C Pros.

perlībĕrālis, *e*, de très bon ton, très distingué : -C Théât.

perlībĕrālĭter, adv., très généreusement, très obligeamment : C Pros.

perlĭbĕt (-lŭbĕt), *ēre*, *ŭĭt*, -, intr., [suivi de l'infin.] il est très agréable [de] : -C Théât.

perlībrātĭo, *ōnis*, f., établissement du niveau [des eaux] : C Pros.

perlībrō, *ās*, *āre*, *āvī*, *ātum*, tr. ¶ **1** niveler tout à fait, égaliser : +C Pros. ; ***planities perlibrata*** +C Pros., plaine de niveau ‖ établir correctement le niveau : C Pros. ¶ **2** brandir : +C Poés.

perlĭcĭo, V▶ *pellicio*

perlīmō, *ās*, *āre*, -, -, tr., limer = aiguiser [la vue] : C Pros.

perlĭnĭō, *īs*, *īre*, -, - et **perlĭnō**, *ĭs*, *ĕre*, *lēvī*, *lĭtum*, tr., enduire entièrement, frotter de : +C Pros. ; V▶ *lino*

perlĭquĭdus, *a*, *um*, très liquide : +C Pros.

perlĭtō, *ās*, *āre*, *āvī*, *ātum*, intr., faire un sacrifice agréable aux dieux, obtenir des présages favorables : C Pros. ‖ [pass. impers.] C Pros. ‖ tr., +C Pros.

perlittĕrātus, *a*, *um*, très instruit : T Pros.

perlĭtus, *a*, *um*, part. de *perlino*

perlongē, adv., très loin : -C Théât.

perlonginquus, *a*, *um*, de très longue durée : -C Théât.

perlongus, *a*, *um*, très long : C Pros. ‖ [fig.] de très longue durée : -C Théât.

perlŭb-, V▶ *perlib-*

perlŭc-, V▶ *pell-*

perluctŭōsus, *a*, *um*, très affligeant, très déplorable : C Pros.

perlŭō, *ĭs*, *ĕre*, *lŭī*, *lūtum*, tr., humecter à fond : +C Pros. ‖ laver, rincer, nettoyer : C Poés. ‖ ***perlui***, se baigner : C Pros., Poés.

perlustrātus, *a*, *um*, part. de *perlustro*

perlustrō, *ās*, *āre*, *āvī*, *ātum*, tr. ¶ **1** parcourir, explorer : C Pros. ‖ [fig.] examiner avec soin, passer en revue : ***animo*** C Pros., passer en revue par la pensée, réfléchir à ; ***oculis*** C Pros., parcourir du regard ¶ **2** purifier : +C Pros.

perlūtus, *a*, *um*, part. de *perluo*

permăcĕr, *cra*, *crum*, très maigre : +C Pros.

permācĕrō, *ās*, *āre*, -, -, tr., faire macérer entièrement : C Pros.

permădĕfăcĭō, *ĭs*, *ĕre*, -, -, tr., inonder [fig.] : -C Théât.

permădescō, *ĭs*, *ĕre*, *dŭī*, -, intr., devenir tout à fait humide ; [au parf.] être entièrement trempé : +C Pros. ‖ [fig.] ***deliciis*** +C Pros., nager dans les délices ‖ s'amollir : +C Pros.

permagni, [gén. de prix de *permagnus*] très cher : [avec tmèse] C Pros. ‖ [avec *interest*] il importe grandement : C Pros.

permagnĭfĭcus, *a*, *um*, très splendide : T Pros.

permagnō, adv., très cher, à un prix très élevé : [avec *aestimare, vendere*] C Pros.

permagnus, *a*, *um*, très grand, très considérable, très important : C Pros. ; ***permagnum est*** [avec prop. inf.] C Pros., il est très beau que ‖ V▶ *permagni, permagno*

permānantĕr, adv., en se répandant : C Poés.

permānascō, *ĭs*, *ĕre*, -, -, intr., parvenir jusqu'à [en parl. d'une rumeur] : [avec *ad*] -C Théât.

permănens, *entis*, part.-adj. de *permaneo*, permanent : ***vox*** C Pros., voix dont le ton se maintient sans défaillance [égale]

permănĕō, *ēs*, *ēre*, *mansī*, *mansum*, intr. ¶ **1** demeurer jusqu'au bout (d'un bout à l'autre), rester de façon persistante : C Pros. ; [avec gén. de qualité comme attribut] +C Pros. ¶ **2** rester, persister, persévérer : ***in voluntate*** C Pros., persister dans une résolution ; ***in officio*** C Pros., rester dans le devoir

permānō, *ās*, *āre*, *āvī*, *ātum*, intr. ¶ **1** couler à travers, s'insinuer, circuler : [avec *in* abl.] C Poés. ; [avec *per*] C Poés. ; [avec acc. dépendant de *per*] C Poés. ¶ **2** pénétrer dans, parvenir à, se répandre dans : [avec *in* acc.] [C] Pros. ; [avec *ad*] [C] Pros. ‖ s'ébruiter, transpirer : [-C] Théât.

permansī, parf. de *permaneo*

permansĭo, *ōnis*, f., action de séjourner, séjour : [C] Pros. ‖ [fig.] persistance : [C] Pros.

permansŏr, *ōris*, m., qui demeure avec : [T] Pros.

permarcĕō, *ēs, ēre, -, -,* intr., être affaibli : [-C] Pros.

permărīni, m. pl., qui protègent sur mer : [C] Pros., [+C] Pros.

permātūrescō, *ĭs, ĕre, rŭī, -,* intr., [employé au parfait], parvenir à une entière maturité : [C] Poés., [+C] Pros.

permātūrō, *ās, āre, āvī, -,* intr., parvenir à une entière maturité : [+C] Poés.

permātūrus, *a, um*, parfaitement mûr : [+C] Pros.

permĕātŏr, *ōris*, m., celui qui pénètre : [+C] Pros.

permĕātus, *a, um*, part. de *permeo*

permĕdĭŏcris, *e*, très moyen : [C] Pros.

permĕdĭtātus, *a, um*, bien endoctriné : [-C] Théât.

permĕdĭus, *a, um*, qui se trouve bien au milieu : [+T] Poés.

permensus, *a, um*, part. de *permetior*, [passif] mesuré : [+C] Pros. ‖ [fig.] traversé, parcouru : [+C] Pros.

permĕō, *ās, āre, āvī, ātum* ¶ **1** intr., aller jusqu'au bout, pénétrer jusqu'à (dans) : [avec *sub* acc.] ; [avec *in* acc.] [+C] Pros. ‖ continuer, aller de l'avant : [+C] Pros. ¶ **2** tr., traverser : [C] Poés., [+C] Poés. ; [pass.] [T] Pros.

permĕrĕō, *ēs, ēre, ŭī, -,* intr., faire son service militaire jusqu'au bout : [+C] Poés.

Permessĭs, *ĭdis*, f., source du Permesse [consacrée aux Muses] : [+C] Poés.

Permessus, *i*, m., le Permesse [fleuve de Béotie sortant de l'Hélicon dont la source était consacrée aux Muses] : [C] Poés.

permētĭŏr, *īrĭs, īrī, mensus sum*, tr., mesurer entièrement : [C] Pros. ‖ [fig.] parcourir : [-C] Théât., [C] Poés. ‖ ▶ *permensus*

permĕtō, *ĭs, ĕre, -, -,* tr., moissonner complètement : [T] Pros.

permingō, *ĭs, ĕre, minxī, -,* tr., inonder d'urine, compisser : [-C] Poés. ‖ ▶ *stupro* : [C] Poés.

permīrandus, *a, um*, [avec tmèse] [+C] Pros.

permīrus, *a, um*, très étonnant : [C] Pros. ‖ [avec tmèse] ***per mihi mirum*** [C] Pros.

permiscĕō, *ēs, ēre, miscŭī, mixtum* ou *mistum*, tr. ¶ **1** mêler, mélanger : [avec *cum*] [C] Pros. ; [avec dat.] [C] Pros. ; [poét.] ***alicui totum ensem*** [+C] Poés., enfoncer son épée tout entière dans le corps de qqn ¶ **2** troubler, bouleverser : [C] Pros.

permīsī, parf. de *permitto*

permissĭo, *ōnis*, f. ¶ **1** action de livrer à la discrétion, reddition : [C] Pros. ¶ **2** permission : [C] Pros. ¶ **3** concession [rhét.] : [C] Pros., [+C] Pros.

permissum, *i*, n., permission : [C] Pros.

1 **permissus**, *a, um*, part. de *permitto*

2 **permissŭs**, abl. *ū*, m., permission : [C] Pros.

permĭtĭālis, *e*, mortel, fatal : [C] Poés.

permĭtĭēs, *ēī*, f., ruine : [-C] Théât.

permītis, *e*, très doux : [+C] Pros.

permittō, *ĭs, ĕre, mīsī, missum*, tr. ¶ **1** lancer d'un point à un autre, jusqu'à un but : ***longius tela*** [C] Pros., faire porter plus loin les traits ; ***saxum in hostem*** [C] Poés., lancer un rocher sur l'ennemi ¶ **2** ***a)*** faire aller jusqu'à un but : [C] Pros. ; ***se permittere in aliquem*** [C] Pros., se lancer [à cheval] contre qqn ***b)*** laisser aller : ***habenas equo*** [C] Poés., lâcher la bride à un cheval ; [fig.] [C] Pros. ¶ **3** remettre, abandonner, confier : ***alicui imperium*** [C] Pros., remettre à qqn le commandement en chef ; [abs[t]] donner les pleins pouvoirs, s'en remettre à : [C] Pros. ‖ abandonner, sacrifier : [C] Pros. ¶ **4** laisser libre, permettre : [C] Pros. ‖ ***alicui aliquid facere*** [C] Pros., permettre à qqn de faire qqch. ; ***transire permittitur*** [+C] Pros., il est permis de passer ‖ ***alicui permittere, ut*** [C] Pros., permettre à qqn de ; ***permisso, ut*** [+C] Pros., la permission étant donnée de ; [C] Pros. ‖ [avec subj.] ***agant permittit*** [C] Pros., il permet qu'ils fassent

permixtē, adv., confusément, pêle-mêle [fig.] : [C] Pros., **permixtim**, [C] Pros., [T] Poés.

permixtĭo, *ōnis*, f., mixtion, mélange : [C] Pros. ‖ [fig.] bouleversement, confusion : [C] Pros., [T] Pros.

permixtus, *a, um*, part. de *permisceo*, mêlé, mélangé, confondu : [C] Poés.

permŏdestus, *a, um*, très modéré, très réservé, très modeste : [C] Pros., [+C] Pros.

permŏdĭcē, adv., très peu, très légèrement : [+C] Pros.

permŏdĭcus, *a, um*, très mesuré, très peu étendu : [+C] Pros.

permŏlestē, adv., avec le plus grand déplaisir : [C] Pros.

permŏlestus, *a, um*, très pénible, insupportable : [C] Pros.

permŏlō, *ĭs, ĕre, -, -,* tr., [fig.] mettre à mal : [C] Poés.

permonstrō, *ās, āre, -, -,* tr., montrer : [T] Pros.

permōtĭo, *ōnis*, f. ¶ **1** excitation, émotion : [C] Pros. ; ***permotionis causa*** [C] Pros., pour émouvoir fortement ¶ **2** trouble de l'âme, émotion, sentiment, passion : [C] Pros. ; ***animi permotiones*** [pl.] [C] Pros., les passions

permōtus, *a, um*, part. de *permoveo*

permŏvĕō, *ēs, ēre, mōvī, mōtum*, tr. ¶ **1** agiter (remuer) fortement : [la terre] [+C] Pros. ; [les flots] [C] Poés. ¶ **2** [fig.] émouvoir, ébranler, toucher : [C] Pros. ; ***aliquem pollicitationibus*** [C] Pros., ébranler qqn par des promesses ; ***permoveri labore*** [C] Pros., (être ébranlé) se laisser abattre par les fatigues ; ***non permovere aliquem quominus*** [C] Pros., ne pas avoir sur qqn une action qui l'empêche de ‖ ***permoveri mente*** [C] Pros., avoir l'esprit agité, transporté ‖ exciter, susciter [une passion, un sentiment : haine, pitié, colère] : [+C] Pros.

permulcĕō, *ēs, ēre, mulsī, mulsum* et *mulctum*, tr. ¶ **1** caresser : [C] Poés., Pros. ‖ toucher légèrement : ***flatu*** [C] Pros., caresser de son souffle [en parl. du vent] ¶ **2** [fig.] flatter, charmer : ***aures*** [C] Pros., charmer l'oreille ; ***aliquem*** [C] Pros., charmer qqn ‖ apaiser, calmer, adoucir : ***animos*** [C] Pros., apaiser les esprits ; ***iram*** [C] Pros., apaiser la colère de qqn

permulsus, *a, um*, part. de *permulceo*

permultō, adv., extrêmement [devant un compar.] : [C] Pros.

permultum, adv. ¶ **1** pris adv[t], extrêmement, très fort, beaucoup : [C] Pros. ¶ **2** pris subst[t], une très grande quantité : [-C] Théât., [C] Pros.

permultus, *a, um* ¶ **1** ▶ *permultum* ¶ **2** en très grand nombre, beaucoup de : [C] Pros. ‖ ***permulti*** [C] Pros., un très grand nombre de personnes ; ***permulta*** [C] Pros., un très grand nombre de choses, de faits

permundō, *ās, āre, -, -,* tr., nettoyer parfaitement : [T] Pros.

permundus, *a, um*, très propre : [C] Pros.

permūnĭō, *īs, īre, īvī, ītum*, tr., achever de fortifier : [C] Pros. ‖ fortifier solidement : [+C] Pros.

permūtābĭlis, *e*, qui peut être changé : [T] Pros.

permūtātim, adv., réciproquement : [T] Pros.

permūtātĭo, *ōnis*, f. ¶ **1** changement, modification : [C] Pros. ¶ **2** permutation [de pers.] : [+C] Poés. ‖ échange, troc : [C] Pros., [+C] Pros. ; [pl.] [C] Pros. ‖ opération par lettre de change : [C] Pros. ‖ permutation [rhét.] : [C] Pros.

permūtātus, *a, um*, part. de *permuto*

permūtō, *ās, āre, āvī, ātum*, tr. ¶ **1** échanger : ***galeam*** [C] Poés., faire l'échange de son casque ; ***aliquid aliqua re*** [C] Poés., échanger qqch. contre qqch. ; ***captivos*** [C] Pros., échanger ou racheter les captifs ¶ **2** payer par lettres de change : ***quod tecum permutavi*** [C] Pros., ce que je t'ai emprunté par lettre de change [contre ma signature] ; [C] Pros.

perna, *ae*, f., cuisse [avec la jambe] : [-C] Pros. ‖ jambon : [C] Poés.

pernĕcessārĭus, *a, um* ¶ **1** très nécessaire : [C] Pros. ¶ **2** intime ami, très intime : [adj.] [C] Pros. ; [subst.] [C] Pros.

pernĕcesse est, impers., il est très nécessaire : [C] Pros.

pernĕglĕgens, *tis*, très négligent : [T] Pros.

pernĕgō, *ās, āre, āvī, ātum*, tr. ¶ **1** nier absolument : [-C] Théât., [C] Pros. ¶ **2** refuser absolument ; [abs[t]] persister dans un refus : C Pros. ; [pass. impers.] ***pernegatur*** C Pros., on refuse absolument ‖ ***rem alicui*** +C Pros., refuser obstinément qqch. à qqn

pernĕō, *ēs, ēre, ēvī, ētum*, tr., achever de filer, filer jusqu'au bout [fig. en parl. des Parques] : +C Poés.

pernĭcĭābĭlis, *e*, pernicieux, funeste : C Pros., +C Pros.

pernĭcĭēs, *ēī*, f. ¶**1** destruction, ruine, perte : C Pros. ; ***incumbere ad perniciem alicujus*** C Pros., s'acharner à la perte de qqn ; cf. ▶ *mea, tua pernicies* : C Pros. ¶**2** cause de ruine, fléau : C Pros.

pernĭcĭōsē, adv., pernicieusement, d'une manière funeste : C Pros. ‖ ***-sius*** C Pros.

pernĭcĭōsus, *a, um*, pernicieux, funeste, dangereux : C Pros. ‖ ***-ciosior*** C Pros. ; ***-issimus*** C Pros.

pernīcis, gén. de *pernix*

pernīcĭtās, *ātis*, f., agilité et souplesse des membres [que la vieillesse enlève] ; vitesse, légèreté : C Pros.

pernīcĭtĕr, adv., avec agilité, légèrement : -C Théât., C Poés., Pros.

pernĭgĕr, *nĭgra, nĭgrum*, très noir : -C Théât.

pernĭmĭum, adv., beaucoup trop : -C Théât.

pernĭtĭēs, V. ▶ *pernicies*

pernix, *īcis*, agile, rapide, vif, léger : [à propos de pers.] -C Théât. [cf. "bon pied, bon oeil"] ; ***pernicibus plantis*** C Poés., d'un pied léger ; C Pros. ; ***jacet pernix*** C Poés., il repose son corps agile ; C Poés. ; ***impiger Apulus*** C Poés., l'Apulien actif ‖ [en parl. de choses] ***pernice chorea*** C Poés., dans une ronde agile ; ***saltu pernici*** C Poés., d'un bond léger ; [fig.] +C Pros. ‖ ***pernix relinquere*** C Poés., prompt à délaisser

pernōbĭlis, *e*, très connu [en parl. d'une inscription] : C Pros.

pernoctātĭo, *ōnis*, f., action de passer la nuit : T Pros.

pernoctō, *ās, āre, āvī, ātum*, intr., passer la nuit : C Pros. ‖ [acc. d'objet intér.] ***noctem perpetim*** -C Théât., passer la nuit sans discontinuer

pernōnĭdēs, *ae*, m., fils de jambon [mot forgé] : -C Théât.

pernoscō, *ĭs, ĕre, nōvī, -*, tr., reconnaître parfaitement, [ou] apprendre à fond, approfondir : C Pros.

pernōtescō, *ĭs, ĕre, tŭī, -*, intr., devenir connu, devenir de notoriété publique : +C Pros.

pernōtus, *a, um*, adj., très connu : +C Pros.

pernox, *octis*, qui dure toute la nuit [seul[t] au nom. et abl.] : C Pros.

pernŭmĕrō, *ās, āre, āvī, ātum*, tr., compter entièrement : -C Théât., C Pros.

1 **pēro**, *ōnis*, m., bottine : C Poés. : +C Poés.

2 **Pērō**, *ūs*, f., fille de Nélée et sœur de Nestor : C Poés.

pĕrobrĭgescō, *ĭs, ĕre, -, -*, intr., se raidir, mourir : T Pros.

pĕrobscūrus, *a, um*, très obscur [fig.] : C Pros.

pĕrōdī, *ōdistī, odisse*, tr., détester : C Poés. ; V. ▶ *perosus*

pĕrŏdĭōsus, *a, um*, très fâcheux, très désagréable : C Pros.

pĕroffĭcĭōsē, adv., avec beaucoup d'égards : C Pros.

pĕrŏlĕō, *ēs, ēre, ēvī, -*, intr., répandre une odeur infecte : C Poés.

pērōnātus, *a, um*, chaussé de bottines : +C Poés.

pĕrŏpācus, *a, um*, très obscur : T Pros.

pĕropportūnē, adv., fort à propos, fort à point : C Pros.

pĕropportūnus, *a, um*, qui se présente fort à propos, très opportun : C Pros.

pĕroptātō, adv., fort à souhait : C Pros.

pĕrŏpus est, il est absolument nécessaire [avec inf.] : -C Théât.

pĕrōrātĭo, *ōnis*, f., péroraison [rhét.] ***a)*** le dernier discours prononcé dans une cause comportant plusieurs plaidoiries : C Pros. ***b)*** dernière partie (conclusion) d'un discours : C Pros.

pĕrōrātus, *a, um*, part. de *peroro*

pĕrōrīga (praeō-, prōr-), *ae*, m., palefrenier : C Pros.

pĕrornatus, *a, um*, très orné : C Pros.

pĕrornō, *ās, āre, āvī, ātum*, tr., rehausser beaucoup, être un grand ornement pour : +C Pros.

pĕrōrō, *ās, āre, āvī, ātum*, tr. ¶**1** exposer de bout en bout par la parole, plaider entièrement : C Pros. ‖ [pass. impers.] C Pros. ¶**2** ***a)*** achever un exposé, conclure, terminer : ***totum crimen*** C Pros., achever l'exposé de tout un chef d'accusation ‖ dire pour finir : C Pros. ***b)*** terminer, conclure un discours, faire la péroraison d'un discours : [abs[t]] C Pros. ; [pass. impers.] C Pros. ***c)*** faire le dernier discours [V. ▶ *peroratio*], plaider le dernier (en manière de péroraison) : C Pros.

pĕroscŭlŏr, *āris, ārī, -*, tr., couvrir de baisers : +C Poés.

pĕrōsē, adv., d'une manière odieuse : +C Pros.

pĕrōsus, *a, um*, qui hait fort, qui abhorre, qui déteste [avec acc.] : C Poés., Pros., +C Pros.

perpācō, *ās, āre, āvī, ātum*, tr., pacifier entièrement : +C Pros.

perpălaestrĭcōs, en homme [en lutteur] très exercé, très habilement : -C Théât.

perpallĭdus, *a, um*, très pâle : +C Pros.

perparcē, adv., avec une extrême parcimonie, très chichement : -C Théât. ; V. ▶ *pernimium*

perparvŭlus, *a, um*, tout petit : C Pros.

perparvus, *a, um*, très petit : C Pros.

perpascō, *ĭs, ĕre, -, -*, intr., paître : C Pros.

perpastus, *a, um*, part. d'un verbe *perpascor*, "se repaître (de), dévorer" ‖ bien repu, gras : C Poés.

perpătĕō, *ēs, ēre, -, -*, intr., être entièrement ouvert : T Pros.

perpauci, *ae, a* ¶**1** adj., très peu nombreux : -C Théât., C Pros. ¶**2** subst. m., ***perpauci*** C Pros., très peu de gens ‖ subst. n., ***perpauca*** C Pros., très peu de choses ‖ sg., ***perpauca gens*** T Pros. ‖ ***perpaucissimi*** +C Pros.

perpaucŭli, *ae, a*, très peu nombreux : C Pros.

perpaulum, adv. ¶**1** subst. n., une très petite quantité : C Pros. ¶**2** adv., très peu : C Pros.

perpaupĕr, *ĕris*, très pauvre : C Pros.

perpauxillum, adv., un tout petit peu : -C Théât.

perpăvĕfăcĭō, *ĭs, ĕre, -, -*, tr., remplir de terreur : -C Théât.

perpĕdĭō, *īs, īre, -, -*, V. ▶ *praepedio* : -C Théât.

perpellō, *ĭs, ĕre, pŭlī, pulsum*, tr. [fig.] ***a)*** ébranler, émouvoir profondément : C Pros. ***b)*** décider à, déterminer à : ***ad rem*** C Pros., décider à qqch. ; ***aliquem ut, ne*** C Pros., décider qqn à, à ne pas ‖ [avec inf.] +C Pros. ‖ [abs[t]] décider, déterminer : -C Théât.

perpendĭcŭlum, *i*, n., fil à plomb : ***ad perpendiculum*** C Pros., suivant le fil à plomb, dans une direction verticale

perpendō, *ĭs, ĕre, pendī, pensum*, tr., peser soigneusement : +C Pros. ‖ [fig.] peser attentivement, apprécier, évaluer : C Pros.

Perpenna, *ae*, m., nom d'homme : C Pros., +C Pros.

perpensātĭo, *ōnis*, f., examen attentif, appréciation : +C Pros.

perpensē, adv., ***-sius*** T Pros.

perpensō, *ās, āre, -, -*, tr., peser, considérer attentivement : T Pros.

perpensus, *a, um*, part. de *perpendo*

perpĕrăm, adv., de travers, mal, faussement : -C Théât., C Pros. ‖ par mégarde, par erreur : -C Théât., C Pros.

Perperna, *ae*, nom d'homme : C Pros.

perpĕrō, *ās, āre, -, -*, intr., fanfaronner, se vanter : T Pros.

perpĕs, *ĕtis*, ininterrompu, continuel, perpétuel : -C Théât., T Poés.

perpessīcĭus, *a, um*, qui a l'habitude de supporter, patient : +C Pros.

perpessĭo, *ōnis*, f., action d'endurer [qqch.] ; courage à endurer, fermeté : C Pros., +C Pros.

perpessŏr, *ōris*, m., celui qui endure : T Pros.

perpessus, *a, um*, part. de *perpetior*

perpĕtim, adv., sans discontinuer : [-C] Théât.

perpĕtĭŏr, *tĕrĭs, tī, pessus sum*, tr. ¶ **1** endurer jusqu'au bout, supporter sans trêve, souffrir avec patience : [C] Pros. ; ***perpetiendus*** [C] Pros. ‖ [avec inf.] ***memorare*** [C] Poés., avoir la force de raconter ‖ [avec prop. inf.] supporter patiemment que : [-C] Théât., [C] Poés. ; [avec *ut*] ¶ **2** comporter, admettre : [+C] Pros.

perpĕtītus, *a, um* [part. de l'inus. **perpeto*], passé [à une autre forme, à un autre état] : [+C] Pros.

perpĕtrātĭo, *ōnis*, f., exécution, accomplissement : [T] Pros.

perpĕtrātŏr, *ōris*, m., coupable de, auteur de : [T] Pros.

perpĕtrātus, *a, um*, part. de *perpetro*

perpĕtrō, *ās, āre, āvī, ātum*, tr., faire entièrement, achever, exécuter, accomplir, consommer : [-C] Théât., [C] Pros. ; ***perpetrato bello*** [C] Pros., la guerre achevée, terminée ; ***promissa*** [+C] Pros., remplir, tenir sa promesse ; ***ut*** [+C] Pros., obtenir que ; ***ne*** [+C] Pros., empêcher que ; [avec inf.] réussir à : [-C] Théât.

perpĕtŭālis, *e*, général, universel : [+C] Pros.

perpĕtŭārĭus, *a, um*, qui n'a pas de cesse : [+C] Poés.

perpĕtŭātus, *a, um*, part. de *2 perpetuo*

perpĕtŭē, adv., d'une manière continue, sans interruption : [-C] Théât.

perpĕtŭĭtas, *ātis*, f., continuité : ***umbrosae perpetuitates*** [C] Pros., étendues ombragées continues ; ***perpetuitas temporis*** [C] Pros., durée continue ; ***in perpetuitate dicendi*** [C] Pros., dans toute la durée d'un discours ; ***ad perpetuitatem*** [C] Pros., pour toujours, à jamais

1 **perpĕtŭō**, adv., sans interruption, sans discontinuer, continuellement : [C] Pros. ‖ ***perpetuo perire*** [-C] Théât., être perdu sans rémission

2 **perpĕtŭō**, *ās, āre, āvī, ātum*, tr., faire continuer sans interruption, ne pas interrompre, rendre continu : ***verba*** [C] Pros., débiter des mots sans interruption ; ***judicum potestatem*** [C] Pros., maintenir de façon inébranlable le pouvoir des juges

perpĕtŭum, adv., à jamais : [+C] Poés.

1 **perpĕtŭus**, *a, um* ¶ **1** continu, sans interruption, sans solution de continuité : ***perpetuae paludes*** [C] Pros., marais ininterrompus ; ***perpetua societas*** [C] Pros., alliance ininterrompue ; ***quaestiones perpetuae*** [C] Pros., tribunaux criminels permanents ‖ ***in perpetuum*** [C] Pros., pour toujours, à jamais ¶ **2** qui dure toujours, d'un caractère éternel : [C] Pros. ; ***quaestio perpetua*** [C] Pros., une question qui se pose toujours ‖ ***perpetua fulmina*** [+C] Pros., foudres perpétuelles = ayant une valeur de présage ininterrompue pour toute la vie

2 **Perpetŭus**, *i*, m., saint Perpétue [évêque de Tours] : [T] Pros.

perplăcĕō, *ēs, ēre, ŭī, -*, intr., plaire beaucoup : [-C] Théât., [C] Pros.

perplexabilis, *e*, embrouillé, entortillé : [-C] Théât.

perplexābĭlĭtĕr, adv., de manière à rendre perplexe : [-C] Théât.

perplexē, adv., avec des détours : ***-ius*** [T] Poés. ‖ [fig.] d'une manière ambiguë, équivoque, entortillée : [-C] Théât., [C] Pros., [+C] Pros.

perplexim, adv., d'une manière entortillée, ambiguë : [-C] Théât.

perplexĭtas, *ātis*, f., [fig.] ambiguïté, obscurité : [T] Pros.

perplexŏr, *ārĭs, ārī, -*, intr., embrouiller : [-C] Théât.

perplexus, *a, um* ¶ **1** enchevêtré, entrelacé, confondu : [C] Poés. ‖ sinueux, tortueux : [C] Poés. ¶ **2** [fig.] embrouillé, obscur : [-C] Théât., [C] Pros. ‖ ***-xior*** [C] Pros.

perplĭcātus, *a, um*, enlacé ‖ [avec tmèse] ***perque plicatis*** [C] Poés.

perplŭō, *ĭs, ĕre, -, -*

I intr. ¶ **1** pleuvoir à travers ‖ impers., ***perpluit*** [-C] Pros., la pluie passe, pénètre ¶ **2** laisser passer la pluie à travers : [-C] Théât., [+C] Pros. ‖ [fig.] s'échapper, se perdre : [-C] Théât.

II tr. ¶ **1** mouiller, arroser, asperger : [+C] Pros. ¶ **2** faire pleuvoir à travers ou dans : [-C] Théât.

perpŏlĭō, *īs, īre, īvī, ītum*, tr. ¶ **1** polir entièrement : [+C] Pros. ¶ **2** donner le fini à, traiter d'une manière achevée : [C] Pros.

perpŏlītē [inus.] ***-tissime*** [C] Pros., avec le fini de la perfection

perpŏlītĭo, *ōnis*, f., le dernier poli, le fini : [C] Pros.

perpŏlītus, *a, um*, part. de *perpolio*

perpŏpŭlātus, *a, um*, part. de *perpopulor*

perpŏpŭlŏr, *ārĭs, ārī, ātus sum*, tr., ravager, dévaster entièrement : [C] Pros. ‖ [part. au sens pass.] ***perpopulato agro*** [C] Pros., le territoire ayant été entièrement ravagé

perpossĭdĕō, *ēs, ēs, -, -*, tr., obtenir entièrement : [T] Pros.

perpōtātĭo, *ōnis*, f., action de boire sans interruption, beuverie : ***perpotationes*** [C] Pros.

perpōtō, *ās, āre, āvī, ātum* ¶ **1** tr., boire entièrement : [C] Poés. ¶ **2** intr., boire sans interruption [avec excès] : [-C] Théât., [C] Pros.

perpressus, *a, um*, part. de *perprimo*

perprĭmō, *ĭs, ĕre, pressī, pressum*, tr., presser continuellement ‖ [fig.] ***cubilia*** [C] Poés., s'attacher à son gîte ‖ faire sortir en pressant : [+C] Pros. ‖ serrer de près, presser vivement [sens érotique] [C] Poés.

perprŏpinquus, *a, um* ¶ **1** très prochain : [-C] d. [C] Pros. ¶ **2** [subst^{t}] très proche parent : [C] Pros.

perprospĕr, *ĕra, ĕrum*, très heureux : [+C] Pros.

perprūriscō, *ĭs, ĕre, -, -*, intr., éprouver une vive démangeaison : [-C] Théât., [+C] Pros.

perpugnax, *ācis*, m., disputeur obstiné : [C] Pros.

perpulchĕr, *chra, chrum*, très beau : [-C] Théât.

perpŭlī, parf. de *perpello*

perpurgō, *ās, āre, āvī, ātum*, tr. ¶ **1** purger entièrement : [-C] Pros., [C] Pros. ¶ **2** [fig.] éclaircir [une question], tirer au clair, traiter à fond : [C] Pros. ‖ apurer des comptes : [C] Pros.

perpūrus, *a, um*, très propre, bien nettoyé : [C] Pros.

perpŭsillus, *a, um*, très petit : [C] Pros. ‖ n. pris adv^{t}, très peu : [C] Pros.

perpŭtō, *ās, āre, -, -*, tr., éplucher, expliquer complètement : [-C] Théât.

perquadrātus, *a, um*, parfaitement carré : [C] Pros.

perquam, adv., tout à fait [employé le plus souvent avec adj. ou adv.] : ***perquam optandus*** [C] Pros. ; ***perquam puerilis*** [C] Pros. ; ***perquam breviter*** [C] Pros., tout à fait désirable, enfantin, brièvement ‖ [avec verbe] [+C] Pros. ‖ [avec tmèse] ***per pol quam paucos*** [-C] Théât., bien peu, par Pollux

perquĭescō, *ĭs, ĕre, -, -*, intr., se reposer : [+C] Pros.

perquīrō, *ĭs, ĕre, quīsīvī, quīsītum*, tr., rechercher avec soin, chercher partout : [C] Pros. ‖ s'informer avec soin, s'enquérir partout, demander : [C] Pros.

perquīsītē [inus.], en approfondissant ‖ ***-tius*** [C] Pros.

perquīsītŏr, *ōris*, m., celui qui recherche : [-C] Théât., [T] Pros.

perquīsītus, *a, um*, part. de *perquiro*

Perranthēs (-this), *is*, m., montagne voisine d'Ambracie : [C] Pros.

perrārō, adv., très rarement : [C] Pros.

perrārus, *a, um*, très rare : [C] Pros.

perrĕcondĭtus, *a, um*, très caché, très mystérieux : [C] Pros.

perrectĭo, *ōnis*, f., prolongement : [T] Pros.

perrectus, *a, um*, part. de *pergo*

perrēpō, *ĭs, ĕre, repsī, reptum* ¶ **1** intr., ramper vers, se traîner vers : [+C] Pros. ¶ **2** tr., se traîner sur : [C] Poés.

perreptō, *ās, āre, āvī, ātum*, tr., se traîner à travers, se glisser dans, parcourir en se faufilant : [-C] Théât.

perrexī, parf. de *pergo*

Perrhaebi, *ōrum*, m. pl., Perrhébiens, habitants de la Perrhébie : [C] Pros.

Perrhaebĭa, *ae*, f., la Perrhébie [région] : [C] Pros. ‖ **-bus**, *a, um*, de la Perrhébie : [C] Poés.

perrīdĭcŭlē, adv., de façon très plaisante, très spirituelle : [C] Pros.

perrīdĭcŭlus, *a, um*, qui prête fort à rire, très ridicule : [C] Pros.

perrōdō, *ĭs, ĕre, rōsī, -*, tr., ronger entièrement : [+C] Pros.

perrŏgātĭo, *ōnis*, f., action de faire passer une loi : [C] Pros.

perrŏgō, *ās, āre, āvī, ātum*, tr. ¶**1** demander d'un bout à l'autre : ***sententias*** [C] Pros., recueillir tous les suffrages ; [+C] Pros. ¶**2** ***legem*** [+C] Pros., faire passer une loi

perrumpō, *ĭs, ĕre, rūpī, ruptum*, tr. ¶**1** briser entièrement, fracasser : ***rates*** [C] Pros., fracasser les navires ‖ ***leges*** [C] Pros., ruiner les lois ¶**2** passer de force à travers : ***paludem*** [C] Pros., forcer le passage d'un marais ; ***perruptus hostis*** [+C] Pros., l'ennemi enfoncé ‖ [fig.] ***periculum*** [C] Pros. ; ***quaestiones*** [C] Pros., passer à travers un procès, à travers les enquêtes ‖ [abs[t]] percer, faire une trouée : [C] Pros. ; [pass. impers.] [C] Pros.

perruptus, *a, um*, part. de *perrumpo*

1 **Persa**, *ae*, m. ¶**1** un Perse [surnom d'un personnage de Plaute] : [-C] Théât. ¶**2** nom de chien : [C] Pros.

2 **Persa**, *ae*, f., nymphe, mère de Persès, de Circé, d'Aeétès et de Pasiphaé : [+C] Poés.

Persae, *ārum*, m. pl., les Perses [peuple de l'Asie occidentale] [C] Pros. ‖ [poét.] les Parthes : [C] Poés.

persaepĕ, adv., très souvent : [C] Pros. ‖ [avec tmèse] ***per pol saepe*** [-C] Théât.

Persaepolis, V. *Persepolis*

Persaeus, *i*, m., Persée [de Citium, philosophe, disciple de Zénon] : [C] Pros.

Persagadae, V. *Pasargadae*

persalsē, adv., très spirituellement : [C] Pros.

persalsus, *a, um*, très piquant, très spirituel : [C] Pros.

persălūtātĭo, *ōnis*, f., salutations à la ronde [action de saluer tout le monde] : [C] Pros.

persălūtō, *ās, āre, āvī, ātum*, tr., saluer sans exception : [C] Pros., [+C] Pros.

persanctē, adv., très religieusement, très saintement : [-C] Théât., [+C] Pros.

persānus, *a, um*, très sain : [-C] Pros.

persăpĭens, *tis*, très sage : [C] Pros.

persăpĭentĕr, adv., très sagement : [C] Pros.

perscĭentĕr, adv., très savamment : [C] Pros.

perscindō, *ĭs, ĕre, scĭdī, scissum*, tr., déchirer (fendre) d'un bout à l'autre, ouvrir : [C] Poés., Pros.

perscissus, *a, um*, part. de *perscindo*

perscītus, *a, um*, très joli : [avec tmèse] ***per ecastor scitus*** [-C] Théât. ‖ très ingénieux, très fin : [avec tmèse] [C] Pros.

perscrībō, *ĭs, ĕre, scrīpsī, scriptum*, tr. ¶**1** écrire tout du long, en détail, exactement : [C] Pros. ‖ [C] Pros. ; [avec prop. inf.] [C] Pros. ‖ [en part.] écrire en toutes lettres (sans abréviation) : [+C] Pros. ¶**2** reproduire par écrit, consigner : [C] Pros. ‖ consigner sur un procès-verbal : [C] Pros. ‖ ***alicui orationem alicujus*** [C] Pros., envoyer à qqn la copie du discours de qqn ¶**3** [en part.] porter sur le livre de comptes, passer écriture de, inscrire : [C] Pros. ‖ payer par un ordre [un billet à ordre], ***ab aliquo***, sur qqn : [C] Pros.

perscriptĭo, *ōnis*, f. ¶**1** écritures, livre de comptes [s'emploie surtout au pluriel] : [C] Pros. ¶**2** ordonnance de paiement, mandat, billet à ordre : [C] Pros. ; [sg.] [C] Pros. ¶**3** procès-verbal, protocole : [C] Pros.

perscriptŏr, *ōris*, m., celui qui transcrit, qui passe écriture de : [C] Pros.

perscriptus, *a, um*, part. de *perscribo*

perscrūtātĭo, *ōnis*, f., action de scruter avec soin, investigations, recherches : [+C] Pros.

perscrūtātus, *a, um*, part., V. *perscrutor*

perscrūtō, *ās, āre, āvī, ātum*, V. *perscrutor* : [-C] Théât.

perscrūtŏr, *āris, ārī, ātus sum*, tr. ¶**1** fouiller, visiter avec attention : [C] Pros. ¶**2** [fig.] scruter, approfondir, sonder : [C] Pros.

persculptus, *a, um*, parfaitement sculpté : [+T] Poés.

1 **Persĕa**, acc. de *Perseus*

2 **Persēa**, f. de *Persēus*

persĕcō, *ās, āre, sĕcŭī, sectum*, tr. ¶**1** couper, disséquer : [C] Pros. ¶**2** trancher, retrancher : [C] Pros. ¶**3** ouvrir [un abcès] : [+C] Pros. ‖ [fig.] fendre, percer [l'air] : [C] Pros. ¶**4** [abs[t]] retrancher (sur un prix), rabattre : [C] Pros.

persectŏr, *āris, ārī, ātus sum*, tr. ¶**1** poursuivre sans relâche : [C] Poés. ¶**2** rechercher avec soin : [-C] Théât., [C] Poés.

persĕcūtĭo, *ōnis*, f., [fig.] poursuite judiciaire : [C] Pros. ‖ poursuite [d'une entreprise] : [+C] Pros.

persĕcūtŏr, *ōris*, m., persécuteur (des chrétiens) : [T] Pros.

persĕcūtus (**-quū-**), *a, um*, part. de *persequor*

persĕdĕō, *ēs, ēre, sēdī, -*, intr. ¶**1** rester assis : ***in equo*** [C] Pros., rester à cheval ; [+C] Pros. ; ***apud philosophum*** [+C] Pros., fréquenter l'école d'un philosophe ¶**2** V. *persideo* et *persido*

persēdi, parf. de *persedeo* et de *persido*

persegnis, *e*, très languissant, très mou : [C] Pros.

Persēĭa, *ae*, f., fille de Persès [Hécate] : [+C] Poés.

Persēis, *ĭdis*, f. ¶**1** V. *2 Persa* : [C] Pros., [+C] Poés. ¶**2** Hécate, fille de Persès : [+C] Poés. ‖ adj. f., d'Hécate : [C] Poés. ¶**3** la Perséide, poème sur Persée : [C] Poés. ¶**4** ville de Péonie : [C] Pros.

Persēius, *a, um* ¶**1** de la nymphe Persa : ***Perseia proles*** [+C] Poés. = Aeétès ¶**2** de Persée : [C] Poés.

persĕnescō, *ĭs, ĕre, nŭī, -*, intr., [employé au parf.], devenir très vieux : [T] Pros.

persĕnex, *sĕnis*, très vieux : [+C] Pros.

persĕnīlis, *e*, de vieillard : [T] Pros.

persentĭō, *īs, īre, sensī, -*, tr. ¶**1** ressentir, sentir profondément : [C] Poés. ¶**2** s'apercevoir de, remarquer : [C] Poés., [+C] Pros.

persentiscō, *ĭs, ĕre, -, -*, tr. ¶**1** [abs[t]] percevoir une sensation profondément : [C] Poés. ¶**2** s'apercevoir, remarquer : [-C] Théât. ; [avec prop. inf.] [-C] Théât.

persĕnŭī, parf. de *persenesco*

Persĕphŏnē, *ēs*, f., nom grec de Proserpine : [C] Poés. ‖ [fig.] = la Mort : [C] Poés.

Persĕpŏlis, *is*, f., capitale de la Perside : [+C] Pros.

persĕquax, *ācis*, acharné à poursuivre : [T] Pros.

persĕquens, *tis*, part. prés. de *persequor*, [adj[t]] ***inimicitiarum persequentissimus*** [C] Pros., acharné à poursuivre ses ennemis

persĕquŏr, *quĕrĭs, quī, sĕcūtus sum* ou *sĕquūtus sum*, tr. ¶**1** suivre obstinément, de bout en bout : [C] Pros. ; ***aliquem ipsius vestigiis*** [C] Pros., suivre qqn pas à pas ‖ ***omnes solitudines*** [C] Pros., ne parcourir que des endroits déserts ; ***omnes vias*** [C] Pros., suivre tous les chemins, tenter tous les moyens ¶**2** poursuivre : ***fugientes*** [C] Pros., poursuivre les fuyards ; ***bello civitatem*** [C] Pros., faire la guerre à outrance à un peuple [fig.] ***a)*** venger : ***mortem alicujus*** [C] Pros., venger la mort de qqn ***b)*** poursuivre en justice : [C] Pros. ; [d'où] [C] Pros. ¶**3** [fig.] s'attacher à, être sectateur de : [C] Pros. ; ***laudem cupidissime*** [C] Pros., poursuivre passionnément la gloire ¶**4** suivre qqn jusqu'à l'atteindre : [C] Pros. [fig.] ***a)*** mener à bonne fin, accomplir : [C] Pros. ***b)*** faire rentrer [de l'argent], encaisser : [C] Pros. ¶**5** parcourir par écrit, exposer, raconter : [C] Pros. ; ***ceteros*** [C] Pros., citer tous les autres à la suite ¶**6** explorer : ***persecutus putamen*** [+C] Pros., ayant exploré la coquille [de l'oeuf]

persĕquū-, V. *persecu-*

1 **persĕrō**, *ĭs, ĕre, sĕrŭī, -*, tr., faire passer au travers, insérer : [C] Pros.

2 **persĕrō**, *ĭs, ĕre, sēvī, -*, tr., semer : [T] Poés.

1 **Persēs**, ***ae***, m. ¶**1** fils de Persée et d'Andromède, fondateur de la nation perse : [+C] Poés., Pros. ¶**2** fils du Soleil et de la nymphe Persa, père d'Hécate : [+C] Poés. ¶**3** Persée [fils de Philippe, roi de Macédoine, vaincu par Paul-Émile] : [C] Pros. ‖ gén. *Persi* [+C] Pros. ; dat. *-si* [C] Pros. ; abl. *-se* [C] Pros. ; acc. *-ea* [C] Pros.

2 **Persēs**, ***ae***, m., de Perse, Perse : [C] Pros. ; → *1 Persa*

Perseŭs, ***ĕi*** ou ***ĕos***, acc. *ĕum* ou *ĕa* ; m. ¶**1** Persée [fils de Jupiter et de Danaé, qui coupa la tête à Méduse] : [C] Poés. ¶**2** → *1 Perses*, roi de Macédoine : [C] Pros. ‖ → *Persaeus* ¶**3** Persée [constellation] : [C] Pros. ‖ **-sēus**, ***a***, ***um***, de Persée : [C] Poés., [+C] Poés. ‖ → *Perseius*

persĕvērans, ***tis***, part.-adj. de *persevero*, qui persévère, persévérant : [C] Pros. ‖ qui se tient attaché à : ***-tissimus*** [avec gén.] [+C] Pros. ‖ ***valetudo perseverans*** [+C] Pros., mauvaise santé persistante

persĕvērantĕr, adv., avec persévérance, avec persistance, avec acharnement : [C] Pros. ‖ ***-tius*** [C] Pros. ; ***-issime*** [+C] Pros.

persĕvērantĭa, ***ae***, f., persévérance, constance, persistance : [C] Pros.

persĕvērātus, → *persevero*

persĕvērō, ***ās***, ***āre***, ***āvī***, ***ātum***, intr. et tr.
I intr. ¶**1** persévérer, persister : ***in sententia*** [C] Pros. ; ***in errore*** [C] Pros., persévérer dans une opinion, dans son erreur ‖ [pass. impers.] [C] Pros. ‖ ***tremor perseverabat*** [+C] Pros., le tremblement persistait ¶**2** continuer une action : [C] Pros., [+C] Pros.
II tr. ¶**1** continuer, poursuivre : ***id, quod...*** [C] Pros., continuer ce que... ¶**2** [avec prop. inf.] persister à soutenir que : [C] Pros. ‖ [avec inf.] continuer à, ne pas cesser de : [C] Pros. ‖ [avec *ut*] : [C] Pros.

persĕvērus, ***a***, ***um***, très sévère : [+C] Pros.

persēvī, parf. de *2 persero*

Persĭa, ***ae***, f., la Perse [province de l'Asie] : [-C] Théât. ‖ **-ĭcus**, ***a***, ***um***, de la Perse : ***portus*** [-C] Théât., un des ports de l'Euripe [où mouilla la flotte des Perses] ‖ ***Persica malus*** [T] Pros., pêcher ‖ **persĭcus**, ***i***, f., pêcher : [+C] Pros.

Persĭānae Ăquae, f. pl., source près de Carthage : [+C] Pros.

Persĭānus, ***a***, ***um***, → *Persius*

persĭbus, ***a***, ***um***, très fin, très spirituel : [-C] Théât., [C] Pros.

persiccātus, ***a***, ***um***, très bien séché : [+C] Pros.

persiccus, ***a***, ***um***, très sec : [+C] Pros.

Persĭca, ***ōrum***, [n. pl. pris subst[t]] histoire des Perses : [C] Pros.

1 **Persĭcē**, adv., à la manière des Perses : ***loqui*** [+C] Pros., parler le perse

2 **Persĭcē**, **portĭcus**, f., portique de Sparte [orné des dépouilles des Perses] : [C] Pros.

persĭcum, ***i***, n., pêche, → *Persia*

1 **persĭcus**, ***i***, f., pêcher, → *Persia*

2 **Persĭcus**, ***a***, ***um***, → *Persia*

persĭdĕō, ***ēs***, ***ēre***, -, -, intr., être assis, séjourner : [+C] Pros. ; [fig.]

persīdō, ***ĭs***, ***ĕre***, ***sēdī***, -, intr., s'asseoir qq. part, s'arrêter, se déposer, se fixer : [C] Poés. ; [avec *in* acc.] [C] Poés.

persignō, ***ās***, ***āre***, -, -, tr., tenir note ou registre de, enregistrer : [C] Pros.

persĭmĭlis, ***e***, fort ressemblant, tout à fait semblable : [avec gén.] [C] Pros. ; [avec dat.] [C] Poés.

persimplex, ***ĭcis***, très simple, très frugal : [+C] Pros.

Persis, ***ĭdis*** et ***ĭdŏs*** ¶**1** adj. f., de la Perse : [C] Poés. ¶**2** subst. f., la Perse : [C] Poés.

persistō, ***ĭs***, ***ĕre***, ***stĭtī***, -, intr., persister : [C] Pros. ‖ [souvent au parf.] → *persto*

Persĭus, ***ĭi***, m. ¶**1** nom d'orateur : [C] Pros. ¶**2** Perse [poète satirique, époque de Néron] : [+C] Pros. ‖ **-ĭānus**, ***a***, ***um***, du poète Perse : [T] Pros.

persŏlĭdō, ***ās***, ***āre***, -, -, tr., durcir, congeler : [+C] Poés.

porsolla, ***ae***, f., petit masque, caricature : [-C] Théât.

persŏlūtus, ***a***, ***um***, part. de *persolvo*

persolvō, ***ĭs***, ***ĕre***, ***solvī***, ***sŏlūtum***, tr. ¶**1** payer entièrement, acquitter : ***stipendium militibus*** [C] Pros., payer la solde aux soldats ; ***pecuniam ab aliquo*** [C] Pros., payer intégralement une somme en tirant sur qqn ¶**2** [fig.] s'acquitter de : [C] Pros. ; ***gratiam diis*** [C] Pros., payer aux dieux une dette de reconnaissance ; ***officium*** [C] Pros., s'acquitter d'un devoir ‖ ***poenas (alicui)*** [C] Pros., subir un châtiment en expiation, pour donner satisfaction à qqn ¶**3** résoudre un problème : [C] Pros.

persŏna, ***ae***, f. ¶**1** masque de l'acteur : [C] Pros., [+C] Pros. ¶**2** rôle, caractère [dans une pièce de théâtre] : ***parasiti*** [-C] Théât., le rôle du parasite ; ***persona de mimo*** [C] Pros., personnage de mime ¶**3** [fig.] rôle, caractère, personnage : ***personam tenere*** [C] Pros. ; ***tueri*** [C] Pros., jouer, tenir un rôle ¶**4** caractère, individualité, personnalité : [C] Pros. ¶**5** [gram.] personne : [C] Pros.

persōnālĭtĕr, adv., personnellement : [T] Pros. ‖ personnellement [gram.] : [+C] Pros.

persōnāta, ***ae***, f., bardane [plante] : [+C] Pros.

persōnātus, ***a***, ***um***, masqué : [C] Pros. ; ***personata felicitas*** [+C] Pros., bonheur déguisé, trompeur ; ***personatus pater*** [C] Poés., père de comédie

persŏnō, ***ās***, ***āre***, ***nŭī***, ***nĭtum***, intr. et tr.
I intr. ¶**1** résonner de toute part, retentir : [C] Pros. ¶**2** faire du bruit, retentir
II tr. ¶**1** faire retentir : ***regiam gemitu*** [+C] Pros., faire retentir le palais de gémissements ; [C] Poés. ¶**2** crier à voix retentissante que [avec prop. inf.] : [C] Pros. ¶**3** ***classicum*** [+C] Pros., faire retentir la trompette, donner le signal du combat

persŏnus, ***a***, ***um***, qui résonne, qui retentit : [+C] Pros., Poés.

perspectē, adv., avec finesse, en connaisseur : [-C] Théât.

perspectĭo, ***ōnis***, f., connaissance approfondie : [T] Pros.

perspectō, ***ās***, ***āre***, ***āvī***, ***ātum***, tr. ¶**1** examiner attentivement : [-C] Théât. ¶**2** regarder jusqu'à la fin : [+C] Pros.

perspectus, ***a***, ***um***, part.-adj. de *perspicio* [fig.] ***a)*** examiné à fond, sondé, approfondi, médité : [C] Pros. ***b)*** reconnu, éprouvé, manifeste : [C] Pros. ‖ ***perspectum est alicui*** [avec prop. inf.] [C] Pros., il est manifeste pour qqn que

perspĕcŭlŏr, ***āris***, ***ārī***, ***ātus sum***, tr., observer à fond : [+C] Pros.

perspergō, ***ĭs***, ***ĕre***, -, -, tr. ¶**1** arroser complètement : [+C] Pros. ¶**2** [fig.] assaisonner (saupoudrer) : [C] Pros.

perspexī, parf. de *perspicio*

perspĭcābĭlis, ***e***, qui se voit de loin, remarquable : [T] Pros.

perspĭcācē, adv., avec perspicacité : [-C] Théât.

perspĭcācĭtās, ***ātis***, f., perspicacité, pénétration : [T] Pros.

perspĭcācĭtĕr, adv., avec clairvoyance, perspicacité : [T] Pros. ‖ ***-cius*** [T] Pros.

perspĭcāx, ***ācis***, qui a la vue perçante : ***-cacior*** [+C] Pros. ‖ [fig.] clairvoyant, pénétrant : [C] Pros.

perspĭcĭbĭlis, ***e***, très visible, frappant : [C] Pros.

perspĭcĭentĭa, ***ae***, f., vue claire [fig.], parfaite connaissance : [C] Pros.

perspĭcĭō, ***ĭs***, ***ĕre***, ***spexī***, ***spectum***, tr. ¶**1** regarder à travers, voir dans : [C] Pros. ¶**2** regarder attentivement, examiner soigneusement : ***urbis situm*** [C] Pros., examiner (reconnaître) la position d'une ville ¶**3** voir pleinement, reconnaître clairement : ***alicujus virtutem*** [C] Pros., reconnaître de façon manifeste le courage de qqn ‖ [avec prop. inf.] voir clairement que : [C] Pros. ; [pass. pers.] [C] Pros. ; [pass. impers.] [C] Pros. ‖ [avec interrog. indir.] [C] Pros.

perspĭcŭē, adv., très nettement, très clairement : [C] Pros. ‖ évidemment : [C] Pros.

perspĭcŭĭtās, ***ātis***, f. ¶**1** [fig.] clarté [de style] : [+C] Pros. ¶**2** [phil.] évidence : [C] Pros.

perspĭcŭus, ***a***, ***um*** ¶**1** transparent, diaphane : [C] Poés., [+C] Poés. ‖ visible par transparence : ***perspicua*** [+C] Pros., (femme) dont le corps est visible à travers les vêtements ¶**2** [fig.] clair, évident, net : [C] Pros.

perspīrō, ***ās***, ***āre***, -, -, intr., respirer partout : [-C] Pros.

perspissō, adv., très lentement : [-C] Théât.

persternō, *ĭs, ĕre, strāvī, strātum*, tr., paver entièrement : [C] Pros.

perstillō, *ās, āre, -, -*, intr., suinter, dégoutter : [T] Pros.

perstĭmulō, *ās, āre, -, -*, tr., exciter sans cesse, exaspérer : [+C] Pros.

perstĭti, parf. de *persisto* et de *persto*

perstō, *ās, āre, stĭtī, stātūrus*, intr. ¶ **1** se tenir en place, rester debout : [C] Pros. ¶ **2** subsister, demeurer : [C] Poés. ¶ **3** rester, persister : ***in sententia, in pravitate*** [C] Pros., persister dans une opinion, dans la perversité ; [pass. impers.] ***si perstaretur in bello*** [+C] Pros., si l'on s'obstinait à faire la guerre ‖ [C] Poés. ; ***perstitit Narcissus*** [+C] Pros., Narcisse s'obstina ¶ **4** [avec inf.] persister à : [C] Pros., Poés., [+C] Pros.

perstrātus, *a, um*, part. de *persterno*

perstrĕpō, *ĭs, ĕre, pŭī, -* ¶ **1** intr., retentir : [+C] Poés. ‖ faire du vacarme : [-C] Théât. ¶ **2** tr., faire retentir ; [pass.] [+C] Pros.

perstrictus, *a, um*, part. de *perstringo*

perstrīdō, *ĭs, ĕre, -, -*, tr., siffler à travers : [C] Poés.

perstringō, *ĭs, ĕre, strinxī, strictum*, tr.
I ¶ **1** resserrer : ***vitem*** [-C] Pros., resserrer la vigne, ne pas lui donner trop de développement ¶ **2** [fig.] ***aures*** [C] Poés., crisper, assourdir les oreilles ; [C] Pros.
II effleurer ¶ **1** ***solum aratro*** [C] Pros., effleurer le sol du soc de la charrue ¶ **2** [fig.] ***a)*** toucher légèrement, piquer : [C] Pros. ; ***asperioribus facetiis*** [C] Pros., piquer par des plaisanteries un peu vives ‖ critiquer légèrement : [+C] Pros. ***b)*** raconter en peu de mots, effleurer : ***atrocitatem criminis*** [C] Pros., passer légèrement sur un chef d'accusation odieux

perstructus, *a, um*, part. de *perstruo*

perstrŭō, *ĭs, ĕre, -, -*, tr., bâtir entièrement : [C] Pros.

perstŭdĭōsē, adv., avec beaucoup de zèle : [C] Pros.

perstŭdĭōsus, *a, um, **alicujus rei***, ayant un goût très vif pour qqch : [C] Pros.

persuādĕō, *ēs, ēre, suāsī, suāsum*, persuader
I [sens hortatif] décider à faire qqch. ¶ **1** [rare] ***aliquem*** [+C] Pros. ; [part. pass.] ***persuasi*** [C] Pros., complètement décidés ‖ [avec inf.] [C] Poés. ¶ **2** [*alicui* et acc. de pron. n.] persuader à qqn qqch., le déterminer à qqch. : [C] Pros. ‖ [abs^t] ***persuadere alicui*** [C] Pros., persuader qqn ‖ [avec *ut, ne* subj.] persuader de, de ne pas (***alicui***, à qqn) : [C] Pros. ; [pass. impers.] [C] Pros. ‖ [avec subj. seul] [C] Pros. ‖ [avec inf.] [C] Pros., [+C] Pros. ‖ [pass. impers.] ***persuasum est alicui*** [avec inf.] on a persuadé qqn de : [-C] Théât., [C] Pros. ; [avec prop. inf.] [+C] Pros.
II persuader, convaincre ¶ **1** [abs^t] [C] Pros. ¶ **2** [part.] ***persuasus***, persuadé : [C] Pros., [+C] Pros. ¶ **3** [avec acc. de pron. n.] [C] Pros. ; [avec dat.] [*alicui*, à qqn] [C] Pros. ‖ [pass. du part.] : [C] Pros. ‖ [pass. n.] ***persuasum est mihi***, c'est à l'état de chose persuadée pour moi, je suis décidé [ou] ***persuasum habeo*** [+C] Pros. : [C] Pros. ; ***persuasissimum habeo*** [+C] Pros., je suis absolument persuadé ¶ **4** [avec *de*] produire la conviction sur une chose : [C] Pros. ¶ **5** [avec prop. inf.] [C] Pros. ‖ [pass. impers.] [C] Pros., (avec ***nobis*** [C] Pros., nous devons être bien persuadés que ...) ; [C] Pros. ‖ [noter *ut* conséc.-explicatif rattaché à *hoc*] : [C] Pros.

persuāsĭbĭlis, *e*, propre à persuader, persuasif : [+C] Pros.

persuāsĭbĭlĭtĕr, adv., d'une manière persuasive : [+C] Pros.

persuāsĭō, *ōnis*, f. ¶ **1** persuasion, action de persuader : [C] Pros. ¶ **2** persuasion, conviction, croyance : [+C] Pros. ; ***plenus persuasionis*** [avec prop. inf.] [+C] Pros., bien convaincu que

persuastrix, **(-sitrix)**, *īcis*, f., celle qui persuade, qui séduit : [-C] Théât.

1 **persuāsus**, *a, um*, ▶ *persuadeo*

2 **persuāsŭs**, abl. *ū*, m., instigation : [C] d. [+C] Pros.

persubtīlis, *e*, très subtil : [C] Poés. ‖ très ingénieux : [C] Pros.

persultātŏr, *ōris*, m., qui court partout sur [avec gén.] : [T] Pros.

persultō, *ās, āre, āvī, ātum* ¶ **1** ***a)*** intr., sauter, bondir : [C] Pros., [+C] Pros. ‖ [fig.] prendre ses ébats, se promener à son aise [dans le territoire ennemi] : [C] Pros. ***b)*** tr., sauter à travers, bondir dans : [C] Poés. ; [fig.] ***Italiam*** [+C] Pros., fouler l'Italie en tous sens ¶ **2** ***a)*** intr., retentir : [T] Poés. ***b)*** tr., faire retentir, dire avec orgueil : [T] Poés.

persupplĕō, *ēs, ēre, -, -*, accomplir jusqu'au bout sa charge : [T] Pros.

pertaedescō, *ĭs, ĕre, taedŭī, -* ¶ **1** intr., se dégoûter : [+C] Pros. ¶ **2** [avec sujet indéterminé] [-C] Pros.

pertaedĕt, *ēre, taesum est*, impers., [ordin^t au parf.] s'ennuyer fort, être très dégoûté de, se lasser de [avec acc. du sujet logique et compl. au gén.] : [-C] Théât., [C] Pros., [C] Poés.

pertaesus, *a, um*, dégoûté de, las de : [avec gén.] [+C] Pros. ; [avec acc.] [+C] Pros.

pertangō, *ĭs, ĕre, -, -*, tr., arroser : [+C] Pros.

pertĕgō, *ĭs, ĕre, tēxī, tectum*, tr., mettre un toit à : [-C] Théât., [C] Pros. ‖ recouvrir : [C] Pros. ‖ [fig.] recouvrir : [-C] Théât.

pertempto, ▶ *pertento*

pertendō, *ĭs, ĕre, -, -* ¶ **1** tr., achever : [-C] Théât. ¶ **2** intr., se diriger vers : [C] Pros., [+C] Pros. ‖ persister, s'efforcer avec opiniâtreté : [C] Pros., Poés.

pertentō, *ās, āre, āvī, ātum*, tr. ¶ **1** essayer, tenter, éprouver : [C] Pros., [+C] Pros. ¶ **2** éprouver, affecter : [C] Poés. ‖ pénétrer dans, envahir : [C] Poés.

pertĕnŭis, *e*, [fig.] très petit, très faible, très léger : [C] Pros.

pertĕrĕbrō, *ās, āre, āvī, ātum*, tr., percer d'outre en outre, transpercer, perforer : [C] Pros.

pertergĕō, *ēs, ēre, tersī, tersum*, tr., essuyer parfaitement : [C] Poés., [+C] Pros. ‖ [fig.] effleurer : [C] Poés.

pertĕrō, *ĭs, ĕre, -, trītum*, tr., broyer entièrement, concasser : [+C] Pros.

pertĕrrĕfăcĭō, *ĭs, ĕre, -, -*, ▶ *perterreo* : [-C] Théât. ; ***perterrefactus*** [T] Pros., épouvanté

perterrĕō, *ēs, ēre, ŭī, ĭtum*, tr., glacer d'épouvante, épouvanter : [C] Pros. ; ***perterritus*** [C] Pros.

perterrĭcrĕpus, *a, um*, qui fait un bruit effroyable : [C] Poés.

perterrĭtus, *a, um*, part. de *perterreo*

perterrŭī, parf. de *perterreo*

pertersī, parf. de *pertergeo*

pertexō, *ĭs, ĕre, texŭī, textum*, tr. ¶ **1** ▶ *pertextus* ¶ **2** achever, développer entièrement : [C] Poés. ; ***locum*** [C] Pros., développer un point

pertextus, *a, um*, part. de *pertexo*, tissé entièrement : [+C] Pros.

pertĭca, *ae*, f., perche, gaule : [-C] Théât., [C] Pros. ‖ perche d'arpenteur : [C] Poés., [+C] Pros.

pertĭcālis, *e*, dont on fait des perches : [+C] Pros.

pertĭcātus, *a, um*, fixé à une perche : [+C] Poés.

pertĭmĕō, *ēs, ēre, -, -*, tr., redouter beaucoup : [T] Pros.

pertimescō, *ĭs, ĕre, mŭī, -* ¶ **1** tr., craindre fortement, redouter : ***famam inconstantiae*** [C] Pros., craindre de passer pour un incohérent ¶ **2** intr., ***de se*** [C] Pros., trembler pour soi-même ‖ [avec *ne*] craindre que : [C] Pros. ‖ [avec interrog. indir.] [C] Pros.

pertĭnācĭa, *ae*, f., opiniâtreté : [C] Pros. ‖ obstination, entêtement : [C] Pros. ; ***pertinacia desistere*** [C] Pros., céder

pertĭnācĭtĕr, adv., avec ténacité, avec persistance : [+C] Pros. ‖ opiniâtrement, obstinément : [+C] Pros. ‖ [C] Pros. ; ***-issime*** [+C] Pros.

pertĭnax, *ācis* ¶ **1** qui tient bien, qui ne lâche pas prise : [C] Poés. ; ***pertinax pater*** [-C] Théât., père serré, avare ¶ **2** qui tient bon, qui dure longtemps : ***pertinax certamen*** [C] Pros., combat acharné ; [poét.] ***pertinax ludere*** [C] Poés., acharné à jouer ; ***justitiae*** [+C] Pros., très attaché à la justice ¶ **3** opiniâtre, obstiné, entêté : [C] Pros. ; [avec *ad*] [C] Pros. ‖ ferme, persévérant, constant : [C] Pros. ‖ ***-cior*** [C] Pros. ; ***-issimus*** [C] Pros.

pertĭnens, part. de *pertineo*

pertĭnĕō, *ēs, ēre, tĭnŭī, -*, intr. ¶ **1** s'étendre jusqu'à, aboutir à : [C] Pros. ¶ **2** revenir à, appartenir à : [C] Pros. ‖ être relatif à, concerner : [C] Pros. ; ***nam quod ad populum pertinet*** [C] Pros., pour ce qui concerne le peuple ; [+C] Pros. ¶ **3** tendre à, viser à : [C] Pros., [+C] Pros., Poés. ¶ **4** [impers.] il est important : [C] Pros. ‖ [avec interrog. indir.] : [C] Pros. ‖ [avec ut] [C] Pros.

pertingō, *ĭs, ĕre, -, -*, tr. ¶ **1** tr., atteindre [fig.], finir par obtenir : [T] Poés. ¶ **2** intr., [C] Pros.

pertolĕrō, *ās, āre, āvī, ātum*, tr., endurer jusqu'à la fin : [-C] Théât., [C] Poés.

pertŏnō, *ās, āre, nŭī, -*, proclamer fortement : [T] Pros. ‖ tonner contre : [T] Pros.

pertorquĕō, *ēs, ēre, -, -*, tr. ¶ **1** faire grimacer : [C] Poés. ¶ **2** lancer, donner libre cours à : [-C] Théât.

pertractātē, adv., d'une manière rebattue, commune : [-C] Théât.

pertractātĭo, *ōnis*, f. ¶ **1** maniement, administration : ***rerum publicarum*** [C] Pros., le maniement des affaires publiques ‖ étude assidue : [C] Pros. ¶ **2** action de sonder une plaie : [+C] Pros.

pertractātus, *a, um*, part. de *pertracto*

pertractō (qqf. **-trectō**), *ās, āre, āvī, ātum*, tr., palper, manier : [C] Pros. ‖ [fig.] explorer attentivement : [C] Pros. ‖ étudier à fond, approfondir : [C] Pros., [+C] Pros. ‖ [en parl. de l'orateur] manier [les sentiments, les pensées, les coeurs ; c.-à-d. agir, influer sur l'auditoire] : [C] Pros.

pertractus, *a, um*, part. de *pertraho*

pertrăhō, *ĭs, ĕre, traxī, tractum*, tr. ¶ **1** tirer jusqu'à un point déterminé : ***aliquem in castra*** [C] Pros., traîner qqn au camp ; ***ratem ad ripam*** [C] Pros., entraîner un radeau vers la rive ‖ traduire [devant le juge] : [C] Poés. ¶ **2** attirer vers ou dans : [C] Pros.

pertransĕō, *ĭs, īre, īvī (ĭī), ĭtum* ¶ **1** intr., passer outre, aller au-delà : [T] Pros. ‖ [fig.] s'écouler [en parl. du temps] : [T] Pros. ‖ se passer, cesser : [T] Pros. ¶ **2** tr., passer, traverser : [T] Pros.

pertransmittō, *ĭs, ĕre, -, -*, intr., passer à travers : [T] Pros.

pertraxī, parf. de *pertraho*

pertrecto, ➡ *pertracto*

pertrīcōsus, très embrouillé : [+C] Poés.

pertristis, *e*, très sinistre : [C] Pros. ‖ très sévère : [C] Pros.

pertrītus, *a, um*, part.-adj. de *pertero*, écrasé : [+C] Pros. ‖ [fig.] rebattu, banal, usé : [C] Pros., [+C] Pros.

pertrux, *ŭcis*, très cruel : [+C] Pros.

pertŭdī, parf. de *pertundo*

pertŭlī, parf. de *perfero*

pertŭmultŭōsē, adv., dans un grand désordre, très confusément : [C] Pros.

Pertunda, *ae*, f., nom d'une déesse romaine : [T] Pros.

pertundō, *ĭs, ĕre, tŭdī, tūsum*, tr., percer d'outre en outre, transpercer [qqn] : [-C] Pros. ‖ perforer : [-C] Pros. ‖ creuser : [C] Poés. ‖ percer : ***cruminam*** [-C] Théât., faire un trou à la bourse ; ***pertusum dolium*** [-C] Théât., tonneau percé ; [C] Poés. ; [poét.] [+C] Poés.

perturbātē, adv., confusément, pêle-mêle : [C] Pros., [+C] Pros.

perturbātĭo, *ōnis*, f. ¶ **1** trouble, désordre, perturbation : [dans le ciel] [C] Pros. ; [dans les esprits] [C] Pros. ¶ **2** émotion, passion [avec ou sans *animi, animorum*] : [C] Pros.

perturbātŏr, *ōris*, m. et **-trix**, *cis*, f., perturbateur, perturbatrice : [C] Pros.

perturbātus, *a, um* ¶ **1** part. de *perturbo* ¶ **2** [pris adj[t]] ***a)*** troublé : [+C] Pros. ; [fig.] ***visa perturbatiora*** [C] Pros., visions plus troublées, plus confuses ***b)*** bouleversé, dans l'agitation : ***perturbatiore animo*** [C] Pros., avec un esprit trop troublé, manquant de calme

perturbō, *ās, āre, āvī, ātum*, tr. ¶ **1** troubler à fond, mettre en un profond désordre, bouleverser : ***contiones*** [C] Pros. ; ***aciem*** [C] Pros., jeter le désordre dans les assemblées, dans les rangs de l'armée ; ***aetatum ordinem*** [C] Pros., renverser l'ordre chronologique ¶ **2** troubler moralement, remuer profondément : [C] Pros.

perturpis, *e*, très honteux, très déshonorant : [C] Pros.

pertūsus (**-tussus**), *a, um*, part. de *pertundo*

pērŭla, *ae*, f., petite besace : [+C] Pros.

pĕrunctus, *a, um*, part. de *perungo*

pĕrungō (**pĕrunguō**, [-C] Pros.), *ĭs, ĕre, unxī, unctum*, tr., enduire entièrement : [C] Pros. ‖ barbouiller : [C] Poés.

pĕrurbānē, adv., avec beaucoup d'esprit : [T] Pros.

pĕrurbānus, *a, um*, plein de goût : [C] Pros. ‖ très spirituel : [C] Pros. ‖ ***hi perurbani*** [C] Pros., ces beaux esprits

pĕrurgĕō, *ēs, ēre, ursī, -*, tr., presser vivement, harceler : [+C] Pros.

pĕrūrō, *ĭs, ĕre, ussī, ustum*, tr. ¶ **1** brûler entièrement, consumer : [C] Poés., Pros. ‖ brûler [en parlant du soleil] : ***Garamans perustus*** [+C] Poés., le Garamante hâlé ‖ brûler [en parl. de fièvre, de soif] : [+C] Pros. ‖ [en parlant d'un objet] [+C] Poés. ‖ brûler, saisir [en parl. de la gelée, du froid] : [-C] Pros., [+C] Pros. ; ***vulnera*** [+C] Pros., irriter les plaies ¶ **2** [fig.] enflammer, embraser [d'amour, de désir] : [C] Poés. ; ***gloria perustus*** [C] Pros., enflammé du désir de la gloire ‖ irriter, indigner : [C] Poés., [+C] Pros.

Pĕrŭsĭa, *ae*, f., Pérouse [ville d'Étrurie entre le lac Trasimène et le Tibre] : [C] Pros. ‖ **-sīnus**, *a, um*, de Pérouse : [C] Poés., Pros. ‖ subst. m. pl., habitants de Pérouse : [C] Pros. ‖ subst. n.„ ***Perusinum***, territoire de Pérouse : [+C] Pros.

pĕrustus, *a, um*, part. de *peruro*

pĕrūtĭlis, *e*, très utile : [C] Pros.

pervādō, *ĭs, ĕre, vāsī, vāsum*, intr. et tr.

I intr., s'avancer à travers, se faire jour, pénétrer jusqu'à : ***per iniqua loca*** [C] Pros. ; ***usque ad vallum*** [C] Pros., se faire jour à travers les difficultés du terrain, s'avancer jusqu'au retranchement

II tr., envahir, pénétrer : ***Thessaliam*** [C] Pros., envahir la Thessalie ; [C] Pros., [+C] Pros.

pervăgābĭlis, *e*, qui erre çà et là : [T] Pros.

pervăgātus, *a, um*, part.-adj. de *pervagor*, très connu, répandu, commun, banal, rebattu : [C] Pros. ‖ général : [C] Pros. ‖ ***-tissimus*** [C] Pros.

pervăgŏr, *ārĭs, ārī, ātus sum*, intr. ¶ **1** aller çà et là, errer : [C] Pros. ‖ [fig.] se répandre, s'étendre : [en parl. d'une nouvelle] [C] Pros. ‖ = devenir banal : [C] Pros. ¶ **2** tr. ***a)*** parcourir en tous sens (en errant çà et là) : [C] Pros. ***b)*** envahir : ***mentes*** [C] Pros., envahir l'esprit ; [+C] Pros.

pervăgus, *a, um*, errant, vagabond : [C] Poés.

pervălĭdus, *a, um*, très fort, très vigoureux : [T] Pros.

pervărĭē, adv., d'une manière très variée : [C] Pros.

pervāsī, parf. de *pervado*

pervastō, *ās, āre, āvī, ātum*, tr., ravager entièrement, dévaster : [C] Pros., [+C] Pros.

pervāsus, *a, um*, part. de *pervado*

pervectŏr, *ōris*, m., porteur, messager : [T] Pros.

pervectus, *a, um*, part. de *perveho*

pervĕhō, *ĭs, ĕre, vēxī, vectum*, tr., transporter jusqu'à un point déterminé : [C] Pros. ‖ [pass. à sens réfléchi] se transporter, aller, (à cheval, en voiture, par eau, par terre) : [C] Pros. ; ***pervehi in portum*** [C] Pros., entrer dans le port, aborder

pervĕlim, **pervelle**, **pervellem**, ➡ *2 pervolo*

pervellō, *ĭs, ĕre, vellī, -*, tr. ¶ **1** tirer en tous sens, pincer : [-C] Théât. ; ***aurem*** [C] Poés., tirer l'oreille ; ➡ *auris* ¶ **2** [fig.] tirailler, harceler : [C] Pros. ‖ exciter, stimuler, réveiller : [C] Poés., [+C] Pros. ‖ secouer, maltraiter [qq. chose] : [C] Pros.

pervĕnĭō, *īs, īre, vēnī, ventum*, intr. ¶ **1** arriver d'un point à un autre, arriver jusqu'à un but, parvenir à [pr. et fig.] : ***in locum*** [C] Pros. ; ***ad portam*** [C] Pros. ; ***ad aliquem*** [C] Pros., parvenir dans un lieu, à une porte, à qqn (entre les mains de qqn) ‖ ***ad primos comoedos*** [C] Pros., atteindre au rang des premiers comédiens ; ***in senatum*** [C] Pros., parvenir au sénat ¶ **2** arriver dans (à) tel ou tel état : ***in maximam invidiam*** [C] Pros., devenir l'objet de la haine la plus violente ; ***in magnum timorem, ne*** [C] Pros., en venir à une grande crainte que ; ***ad summam desperationem*** [C] Pros., en venir au plus complet désespoir ‖ ***ad manus pervenitur*** [C] Pros., on en vient aux mains ¶**3** revenir en partage à qqn : [C] Pros.

pervēnŏr, *ārĭs, ārī, -*, tr., [fig.] parcourir en chassant, en quêtant : ***totam urbem*** [-C] Théât., battre toute la ville

perventŏr, *ōris*, m., celui qui approfondit : [T] Pros.

pervĕnustus, *a, um*, très avenant [en parl. d'une personne] : [T] Pros.

perversē, arch. **-vorsē**, de travers : [+C] Pros. ‖ tout de travers, d'une manière vicieuse : ***perverse dicere*** [C] Pros., mal parler ; ***erras pervorse*** [-C] Théât., tu te trompes du tout au tout ‖ ***-ius*** [+C] Pros.

perversĭo, *ōnis*, f., [rhét.] renversement [de construction] : [C] Pros.

perversĭtās, *ātis*, f. ¶**1** extravagance, absurdité : [C] Pros. ¶**2** renversement [fig.] : ***morum*** [+C] Pros., corruption des moeurs, dérèglement, dépravation

perversus (-vorsus), *a, um* ¶**1** part. de *perverto* ¶**2** [pris adj^t] ***a)*** tourné sens dessus dessous, renversé : ***perversissimi oculi*** [C] Pros., yeux chavirés ***b)*** [fig.] de travers, défectueux, appliqué à contretemps : [C] Pros. ‖ perverti, vicieux : [C] Pros. ; [n. pris subst^t] ***in perversum sollers*** [+C] Pros., qui a le génie du mal

pervertō (-vortō), *ĭs, ĕre, vertī (vortī), versum (vorsum)*, tr. ¶**1** mettre sens dessus dessous, bouleverser, renverser de fond en comble : ***arbusta, tecta*** [C] Pros., bouleverser les arbres, les maisons [fig.] ***a) alicujus leges*** [C] Pros., bouleverser les lois de qqn ***b) perverso numine*** [C] Poés., en tournant en sens opposé la volonté des dieux, à l'encontre de… ¶**2** [fig.] renverser, abattre : [C] Pros. ‖ ruiner, anéantir : ***omnia jura*** [C] Pros., détruire tous les droits

pervespĕrī, adv., très tard dans la soirée : [C] Pros.

pervestīgātĭo, *ōnis*, f., recherche approfondie : [C] Pros.

pervestīgō, *ās, āre, āvī, ātum*, tr., suivre à la piste [comme des chiens], ***aliquid***, qqch. : [C] Pros. ‖ [fig.] rechercher avec soin, explorer, scruter : [C] Pros. ; [avec interrog. indir.] [-C] Théât., [C] Pros.

pervĕtus, *ĕris*, très ancien, très vieux : [C] Pros. ; ***pervetus oppidum*** [C] Pros., ville très ancienne ‖ [en parl. d'une pers.] qui a vécu il y a très longtemps : [C] Pros.

pervĕtustus, *a, um*, très ancien [en parl. de mots] : [C] Pros.

pervĭam, adv., de manière accessible : [-C] Théât.

pervĭātĭcum, *ī*, n., frais de voyage, argent pour le voyage : [+C] Pros.

pervĭcācĭa, *ae*, f. ¶**1** obstination, opiniâtreté [en mauv. part] : [C] Pros. ¶**2** acharnement, fermeté, constance : [-C] Théât. ; [+C] Pros.

pervĭcācĭtĕr, adv., ***-cacius*** [C] Pros., [+C] Pros.

pervĭcax, *ācis* ¶**1** obstiné, opiniâtre : [-C] Théât., [C] Poés., [+C] Pros. ¶**2** [en bonne part] ferme, persistant : [-C] Théât. ; [avec gén.] ***recti*** [+C] Pros., obstiné dans le bien

pervīcī, parf. de *pervinco*

pervictus, *a, um*, part. de *pervinco*

pervĭdĕō, *ēs, ēre, vīdī, -*, tr. ¶**1** voir d'un bout à l'autre, complètement : [C] Poés. ; [fig.] [C] Poés. ‖ inspecter : [C] Poés. ¶**2** voir clairement, distinguer nettement : [C] Pros., [+C] Pros. ‖ [fig.] [C] Pros. ; [avec prop. inf.] [C] Pros.

pervĭgĕō, *ēs, ēre, gŭī, -*, intr., être puissant, florissant : [+C] Pros.

pervĭgil, *ĭlis*, éveillé toute la nuit, qui ne dort pas, qui veille : [C] Poés. ; ***popina*** [+C] Poés., taverne ouverte toute la nuit

pervĭgĭlātĭo, *ōnis*, f., pieuses veillées, veilles religieuses : [C] Pros.

pervĭgĭlātus, ▶ *pervigilo*

pervĭgĭlĭum, *ĭī*, n., veillée prolongée : [+C] Pros. ‖ culte nocturne, pieuse veillée : [C] Pros., [+C] Pros. ; ***Pervigilium Veneris***, la Veillée de Vénus [titre d'un petit poème d'auteur inconnu]

pervĭgĭlō, *ās, āre, āvī, ātum*, intr., veiller d'un bout à l'autre, passer la nuit en veillant [employé avec acc. de l'objet intérieur] : ***tres noctes*** [-C] Théât., passer trois nuits sans dormir ; [C] Pros., [C] Poés. ‖ [abs^t] [C] Pros., Poés. ‖ [poét.] [C] Poés. ; ***sollicitas moras*** [C] Poés., être tenu toute la nuit dans une attente inquiète ‖ tr., veiller attentivement sur : [+T] Poés.

pervīlis, *e*, qui est à très bas prix, très bon marché : [C] Pros.

pervincō, *ĭs, ĕre, vīcī, victum*, tr. ¶**1** [abs^t] vaincre complètement : [+C] Pros. ‖ [fig.] ***pervicit Cato*** [C] Pros., Caton l'emporta complètement ¶**2** surpasser, venir à bout de qqn, qqch. : [-C] Théât., [C] Poés., Pros. ¶**3** finir par amener (décider) qqn à : ***pervincere Rhodios ut*** [C] Pros., finir par décider les Rhodiens à ; ***non pervincere aliquem, quin*** [+C] Pros., ne pas pouvoir obtenir de qqn que ne… pas ‖ [abs^t] ***pervincere ut***, parvenir à, réussir à, aboutir à : [C] Pros. ¶**4** prouver victorieusement, ***rem***, qqch. : [C] Poés.

pervīsō, *ĭs, ĕre, -, -*, tr., voir distinctement : [C] Poés.

pervĭum, *ĭī*, n., passage : [C] Pros., [+C] Pros.

pervĭus, *a, um* ¶**1** qu'on peut traverser, accessible, ouvert, praticable : ***transitiones perviae*** [C] Pros., les passages ouverts ‖ [avec dat.] [C] Poés. ; [fig.] [+C] Pros. ¶**2** [poét.] qui traverse, qui se fraie un passage : [+C] Poés.

pervīvō, *ĭs, ĕre, vīxī, victum*, intr., continuer à vivre : [-C] Théât.

pervolgo, ▶ *pervulgo*

pervŏlĭtantĭa, *ae*, f., mouvement continu : [C] Pros.

pervŏlĭtō, *ās, āre, āvī, -* ¶**1** intr., voler à travers : [avec *per*] [C] Poés. ¶**2** tr., parcourir en volant, parcourir rapidement : [C] Poés., Pros.

1 **pervŏlō**, *ās, āre, āvī, ātum* ¶**1** intr., voler à travers, [C] Poés. ‖ voler jusqu'à : [C] Pros. ¶**2** tr., parcourir en volant, traverser rapidement : [C] Pros., Poés., [+C] Poés.

2 **pervŏlō**, *vīs, velle, vŏlŭī, -*, tr., désirer vivement, avoir un vif désir : [avec inf.] ***pervelim*** [C] Pros., je désirerais vivement ; [avec prop. inf.] [-C] Théât., [C] Pros. ‖ [avec subj.] [C] Pros.

pervŏlūtō, *ās, āre, -, -*, tr., feuilleter (lire) assidûment : [C] Pros.

pervŏlūtus, *a, um*, part. de *pervolvo*

pervolvō, *ĭs, ĕre, volvī, vŏlūtum*, tr. ¶**1** rouler : ***aliquem in luto*** [-C] Théât., rouler qqn dans la boue ; [fig.] [C] Pros. ¶**2** feuilleter, lire : [C] Poés.

pervors-, ▶ *pervers-*

pervulgātē, adv., selon l'usage ordinaire : [+C] Pros.

pervulgātus, *a, um*, part.-adj. de *pervulgo*, commun, ordinaire, banal : [C] Pros. ; ***-tior*** [+C] Pros. ; ***-tissimus*** [C] Pros.

pervulgō, (arch. **-volgō**), *ās, āre, āvī, ātum*, tr. ¶**1** répandre partout, divulguer, publier : [C] Pros. ‖ offrir à tous, prodiguer : [C] Pros. ‖ ***se omnibus*** [C] Pros., se prostituer, se livrer à tous ¶**2** fréquenter, parcourir souvent : [-C] Théât., [C] Poés.

pēs, *pĕdis*, m.

I ¶**1** [en parl. des h. et des animaux] : pied, patte, serre ¶**2** [expr. diverses] : ***pedem ferre*** [C] Poés., porter ses pas, aller, venir ; [C] Pros. ; ***in pedes se conjicere*** [-C] Théât., prendre la fuite, jouer des jambes ‖ ***pedibus***, à pied : [C] Pros., [d'où] par voie de terre : [C] Pros., à gué : [C] Pros. ‖ ***ad pedes alicujus*** ou ***alicui accidere, procidere, jacere, se abjicere, se projicere, se prosternere***, tomber, être étendu, se jeter, se prosterner aux pieds de qqn [v. ces verbes] ‖ ***servus a pedibus*** [C] Pros., esclave qui fait les courses ; ***sub pedibus alicujus relinquere aliquid*** [C] Pros., laisser qqch. sous les pieds de qqn = sous la domination de qqn ‖ ***sub pedibus esse, jacere***, être foulé aux pieds, être méprisé : [C] Poés. ‖ [milit.] ***pedem conferre*** [C] Pros., engager le corps à corps ; ***pedem referre*** [C] Pros., lâcher pied, reculer ; ***ad pedes desilire*** [C] Pros., sauter à bas de cheval ; ***pedibus merere*** [C] Pros., servir dans l'infanterie ‖ ***tollere pedes*** [C] Pros. [= *ad concubitum*] ¶**3** [fig.] ***a)*** pied d'une table : [C] Poés. ***b)*** [en parl. de l'eau] : ***liquido pede*** [C] Poés., d'un cours limpide ; ***crepante pede*** [C] Poés., d'un pied bruyant, d'une allure bruyante

II [sens partic.] ¶**1** pied [mesure = 0,296 m = 4 palmes = 16 pouces (*digitus*)] : [C] Pros. ¶**2** [métr.] pied : [C] Pros., Poés. ‖ mètre, vers : [C] Poés. ¶**3** écoute [deux cordages attachés l'un à gauche, l'autre à droite au coin de la voile pour la tendre d'un côté ou de l'autre] : ***pedem facere*** [C] Poés., manoeuvrer une écoute ;

pedibus aequis [C] Pros.; ***pede aequo*** [C] Poés., avec la voile également tendue, à pleine voile ¶**4** tige d'un fruit : [+C] Pros. ‖ ***pes milvi (milvinus)*** [+C] Pros., tige de plante appelée batis ‖ ***pedes betacei*** [C] Pros., pieds de bette

Pescennĭus, *ĭi*, m. ¶**1** un ami de Cicéron : [C] Pros. ¶**2** Pescennius Niger [empereur romain tué en 194 par Septime Sévère, son compétiteur] : [T] Pros. ‖ [au pl.] parents du précédent mis à mort par Septime Sévère : [T] Pros. ‖ **-nĭānus**, *a, um*, de Pescennius [Niger] : [T] Pros.

pessĭmē [arch.] **pessŭmē**, superl. de *male*

pessĭmō, *ās, āre, -, -*, maltraiter : [T] Pros.

pessĭmus, adv., **pessŭmus**, *a, um*, superl. de *1 malus*, [n. pris subst[t]] ***in pessimis*** [C] Pros., dans une situation très mauvaise

Pessĭnūs, *untis*, f., Pessinonte [vile de Galatie, célèbre par un temple de Cybèle] : [C] Pros. ‖ **Pessĭnuntĭca**, f., surnom de Cybèle : [+C] Pros. ‖ **-nuntĭus**, *a, um*, de Pessinonte : [C] Pros., [+C] Pros.

pessŭlus, *i*, m., verrou : ***pessulum ostio obdere*** ou [-C] Théât. ‖ [au pl. d. Plaute] [parce qu'il y a deux verrous, un au-dessus, un au bas de la porte, s'engageant dans les deux *limina*] : [-C] Théât.

pessum, adv. ¶**1** au fond : ***abire*** [-C] Théât., s'en aller au fond [de la mer] ; [C] Poés. ¶**2** [fig.] ***a) pessum ire*** [+C] Pros., aller à sa ruine, à sa perte ; ***sidere*** [+C] Pros., s'écrouler ***b) pessum dare*** ; → *pessumdo* ; [fig.] ***aliquem pessum premere*** [-C] Théât., écraser qqn, l'anéantir

pessumdătus, *a, um*, part. de *pessumdo*

pessumdō, **pessundō**, **pessum dō**, *dās, dăre, dĕdī, dătum*, tr. ¶**1** couler bas, submerger : [+C] Poés. ¶**2** [fig.] perdre, ruiner : [C] Pros., [+C] Pros.

pestĭfĕr, *ĕra, ĕrum*, qui apporte la ruine, désastreux, fatal : ***res pestiferae*** et n. pl., ***pestifera*** [C] Pros., les choses funestes ‖ pestilentiel, empesté : [C] Pros., [+C] Pros., Poés.

pestĭfĕrē, adv., d'une manière désastreuse : [C] Pros.

pestĭfĕrō, *ās, āre, -, -*, tr., [fig.] empoisonner : [T] Pros.

pestĭlens, *tis* ¶**1** pestilentiel, empesté, insalubre, malsain : [C] Pros. ¶**2** [fig.] pernicieux, funeste : ***-tior*** [C] Pros.

pestĭlentĭa, *ae*, f. ¶**1** peste, épidémie, maladie contagieuse, contagion : [C] Pros. ¶**2** insalubrité : ***pestilentiae possessores*** [C] Pros., propriétaires de domaines malsains ‖ [fig.] venin, virulence, peste : [C] Poés.

pestĭlentus, *a, um*, [+C] Pros. et **pestĭlis**, *e*, [T] Pros., pestilentiel, empesté

pestĭlĭtas, *ātis*, f., peste, pestilence : [C] Poés.

pestis, *is*, f. ¶**1** maladie contagieuse, épidémie, peste : [C] Pros. ‖ fléau : [C] Pros. ¶**2** [fig.] ruine, destruction : [C] Pros. ‖ [en parl. des pers. ou des choses funestes], fléau : [C] Pros.

Pĕta, *ae*, f., déesse qui présidait aux demandes : [T] Pros.

pĕtācĭus, [adv. au compar.] plus avidement : [T] Poés.

pĕtăsātus, *a, um*, coiffé d'un pétase : [C] Pros., [+C] Pros.

pĕtăso (-sĭo), *ōnis*, m., épaule, jambonneau : [C] Pros., [+C] Poés.

1 **pĕtăsuncŭlus**, *i*, m., jambonneau : [+C] Poés.

2 **pĕtăsuncŭlus**, *i*, m., petit pétase : [T] Pros.

pĕtăsus, *i*, m., pétase [coiffure de Mercure, chapeau à grands bords et à coiffe basse dont se servaient les gens de la campagne et les voyageurs] : [-C] Théât., [T] Pros.

pĕtauristēs (-ta), *ae*, m., acrobate ‖ **-tārius**, *ĭi*, m. : [+C] Pros.

pĕtaurum, *i*, n., tremplin, bascule des acrobates : [+C] Poés.

Pĕtēlĭa (-tīlĭa), *ae* ¶**1** ville du Bruttium, fondée par Philoctète : [C] Pros. ¶**2** ville de Lucanie : [+C] Pros. ‖ **-tēlīnus**, *a, um*, de Pételie [dans le Bruttium] : [+C] Pros. ‖ subst. m. pl., les Pételiens : [C] Pros.

Pĕtēlīnus lūcus, lieudit près de Rome, à l'extérieur de la porte Flumentane : [C] Pros.

Pĕtellĭa, → *Petelia*

pĕtessō, *ĭs, ĕre, -, -*, tr., demander avec insistance, rechercher avidement : [C] Pros., Poés.

Pĕtĭcus, *i*, m., Sulpicius Péticus, consul en 361 av. J.-C. : [C] Pros.

Pĕtīlĭa, **Pĕtīlīnus**, → *Petelia*

Pĕtīlius, → *Petillius*

Pĕtīllĭus, *ĭi*, m., nom de famille romaine : [C] Pros. ‖ not[t] les deux tribuns qui accusèrent le premier Scipion l'Africain : [C] Pros. ‖ **-us**, *a, um*, de Pétillius : [C] Pros. ‖ **-ānus**, *a, um*, de Pétilius [un inconnu] : [+C] Poés.

pĕtĭŏlus, → *peciolus*

Pĕtitarus, *i*, m., rivière d'Étolie : [C] Pros.

pĕtītĭo, *ōnis*, f. ¶**1** attaque, assaut, botte : [C] Pros. ¶**2** demande, requête : [+C] Pros. ¶**3** candidature, action de briguer : ***petitio nostra*** [C] Pros., ma candidature ; ***consulatus*** [C] Pros., candidature au consulat ¶**4** demande en justice, réclamation [en droit privé] : [C] Pros., [+C] Pros. ‖ droit de réclamation : [C] Pros.

pĕtītŏr, *ōris*, m., celui qui demande, demandeur, postulant : [+C] Pros. ‖ candidat, celui qui brigue, compétiteur : [C] Pros., Poés., [+C] Pros. ‖ demandeur en justice [procès civils] : [C] Pros.

pĕtītum, *i*, n., demande : [C] Poés.

pĕtītŭrĭō, *īs, īre, -, -*, intr., avoir envie de briguer une charge, de se porter candidat : [C] Pros.

1 **pĕtītus**, *a, um*, part. de *peto*

2 **pĕtītŭs**, *ūs*, m. ¶**1** action de gagner, d'aller vers : [C] Poés. ¶**2** demande : [+C] Pros.

pĕtō, *ĭs, ĕre, pĕtīvī* ou *pĕtĭī, pĕtītum*, tr. ¶**1** chercher ***a)*** chercher à atteindre : ***loca calidiora petere*** Cic., chercher à gagner des pays plus chauds ; ***naves petere*** Nep., chercher à rejoindre les navires ; ***aliquem supplex petere*** Virg., aborder qqn en suppliant ‖ ***petere fugam*** Caes., prendre la fuite ; ***iter terra petere*** Cic., prendre la voie de terre ‖ [poét.] ***mons petit astra*** Ov., la montagne monte vers les astres ***b)*** [en part.] attaquer, viser : ***aliquem aliqua re petere*** Liv., attaquer qqn avec qqch. ; ***aliquem bello petere*** Virg., faire la guerre à qqn ; ***aliquem fraude petere*** Liv., tendre des pièges à qqn ‖ ***caput petere*** Cic., viser à la tête ***c)*** chercher à obtenir : ***fuga salutem petere*** Cic., chercher son salut dans la fuite ; ***victoriam ex aliquo petere*** Liv., chercher la victoire sur qqn ; ***a litteris oblivionem petere*** Cic., chercher l'oubli dans les études littéraires ; ***eloquentiae principatum petere*** Cic., aspirer au premier rang dans l'éloquence ***d)*** [en part.] briguer (une magistrature) : ***consulatum petere*** Cic., briguer le consulat ¶**2** demander ***a) aliquid ab aliquo petere*** Cic., demander qqch. à qqn ; ***aliquid alicui petere*** Cic., demander qqch. pour qqn ; ***ab aliquo pro aliquo petere*** Cic., intercéder auprès de qqn en faveur de qqn ; ***ab aliquo petere ut*** Cic., demander à qqn que ; ***ab aliquo petere ne*** Cic., demander à qqn que ne… pas ; [avec prop. inf.] demander que : Suet. ‖ [avec sujet de chose] réclamer : ***quantum res petet*** Cic., autant que la chose le réclamera ***b)*** [en part.] être demandeur (en justice), réclamer : ***te petere oporteret*** Cic., c'est à toi qu'il conviendrait d'être demandeur ; ***alienos fundos petere*** Cic., réclamer (en justice) les propriétés d'autrui ¶**3** faire venir de, tirer de : ***exempla ex aliqua re petere*** Cic., tirer des exemples de qqch. ; ***prooemium alte petitum*** Cic., préambule tiré de loin

pĕtŏr, *ĕrĭs, ī, -*, dép., tr., obtenir : [T] Pros.

pĕtōrĭtum (-torr-), *i*, n., pétoritum, chariot suspendu : [C] Pros., [+C] Pros.

Pĕtōsīris, *ĭdis*, m., un Pétosiris, un astrologue : [+C] Poés.

1 **pĕtra**, *ae*, f., roche, roc, rocher : [+C] Pros. ‖ [symbole de solidité] [T] Pros.

2 **Pĕtra**, *ae*, f., nom de plusieurs villes bâties sur des rochers ‖ ville de Piérie : [C] Pros. ‖ ville de Médie : [C] Pros. ‖ colline près de Dyrrachium : [C] Pros.

3 **Pĕtra**, *ae*, m., surnom romain : [+C] Pros.

Pĕtrăītēs (Tetra-), *is*, m., célèbre gladiateur : [+C] Pros.

Pĕtrēius, *i*, m., lieutenant du consul Antonius [défit Catilina à Pistoia, plus tard lieutenant de Pompée en Espagne, fut vaincu par César à Thapsus et se donna la mort] : [C] Pros. ‖ **-iānus**, *a, um*, de Pétréius : [C] Pros.

Pĕtrēus, *a, um*, de pierre [ou] de s. Pierre : [T] Pros.

Pĕtrīni, *ōrum*, m. pl., habitants de Pétra [en Sicile] : [C] Pros.

Pĕtrīnum, *i*, n., maison de campagne de Pétrinum [bourgade près de Sinuessa] : [C] Pros.

pĕtrīnus, *a, um*, de pierre : [T] Pros.

1 **pĕtro**, *ōnis*, m., agneau [coriace, Cf. → *1 petra*] : [-C] Théât.

2 **Pĕtro**, *ōnis*, m., surnom ‖ Petro, aïeul de Vespasien : [+C] Pros.

Pĕtrŏcŏrĭi, *ōrum*, m. pl., peuple d'Aquitaine [dans le Périgord] : [C] Pros.

Pĕtrōnĭa, *ae*, f., première femme de Vitellius : [+C] Pros.

Pĕtrōnĭus, *ĭi*, m., nom de famille, not[t] T. Petronius [favori de Néron ; soupçonné d'avoir pris part au complot de Pison, fut arrêté et forcé de s'ouvrir les veines] : [+C] Pros.

Pĕtrus, *i*, m., saint Pierre, surnommé Céphas, le premier des Apôtres, appelé primitivement Simon : [T] Pros.

pĕtŭlans, *tis*, toujours prêt à attaquer, effronté, impudent : [en parl. des pers.] [C] Pros. ‖ [en parl. de choses] [C] Pros. ; [en parl. d'animaux] pétulant : [+C] Pros. ‖ ***-tior*** [T] Pros. ; ***-tisimus*** [+C] Pros.

pĕtŭlantĕr, adv., impudemment, effrontément : [C] Pros. ‖ ***-tius*** [C] Pros. ; ***-tissime*** [C] Pros.

Pĕtŭlantes, *ĭum*, m. pl., corps d'auxiliaires dans les armées impériales : [T] Pros.

pĕtŭlantĭa, *ae*, f., propension à attaquer ¶ **1** insolence, impudence, effronterie : [C] Pros. ¶ **2** étourderie, légèreté : [-C] Théât., [+C] Pros. ¶ **3** [en parl. des anim.] fougue, pétulance : [+C] Pros. ‖ [fig.] ***morbi*** [+C] Pros., violence de la maladie

pĕtulcus, *a, um*, qui frappe de ses cornes, qui cosse : [C] Poés.

Peucē, *ēs*, f. ¶ **1** île à l'une des bouches de l'Ister [Danube] : [+C] Poés. ¶ **2** nymphe aimée du Danube : [+C] Poés.

peucĕdănum (-ŏn), *i*, peucedanum, queue-de-pourceau [plante] : [+C] Pros.

Peucēni (-cīni), *ōrum*, m. pl., habitants des bouches de l'Ister : [+C] Pros.

Peucestēs, *is*, m. ¶ **1** Macédonien qui sauva la vie d'Alexandre : [+C] Pros. ¶ **2** gouverneur de l'Égypte avec Aeschylus : [+C] Pros.

Peucĕtĭa, *ae*, f., la Peucétie [partie de l'Apulie] ‖ **-tĭus**, *a, um*, de la Peucétie : [C] Poés.

Peucīni, → *Peuceni*

Peucŏlāus, *i*, m., nom d'un Macédonien : [+C] Pros.

pexātus, *a, um*, qui porte un vêtement neuf : [+C] Pros., Poés.

pexī, parf. de *pecto*

pexŭi, → *pecto*

pexus, *a, um*, part.-adj. de *pecto*, neuf [en parl. d'un vêtement], bien peigné, qui a son poil, qui n'est pas râpé : [C] Pros., [+C] Poés. ‖ velu, cotonneux [en parl. d'une feuille] : [+C] Pros.

Phăcēlīna, → *Facelina*

Phacĭum, *ĭi*, n., ville de Thessalie : [C] Pros.

Phacus, *i*, m., place forte près de Pella, en Macédoine : [C] Pros.

Phaeāces, *um*, m. pl., Phéaciens [peuple mythique, habitant l'île de Schérie (Corfou ?) ; dont le roi Alcinoüs donna l'hospitalité à Ulysse, puis le fit reconduire à Ithaque ; peuple de marins, mais ami du luxe] : [C] Pros., Poés. ‖ sg. *Phaeax, ācis*, un Phéacien [au fig., celui qui aime les délices de la vie] : [C] Pros. ‖ **-cĭus**, [C] Poés. et **-cus**, *a, um*, [C] Poés., Phéacien

Phaeācis, *ĭdis*, f., la Phéacienne [titre d'un poème] : [C] Poés.

Phaeax, → *Phaeaces*

Phaeca, *ae*, f., ville de Thessalie : [C] Pros.

phaecăsĭa, *ae*, f., → *phaecasium* : [+C] Pros.

phaecăsĭātus, *a, um*, chaussé de phécases : [+C] Pros.

phaecăsĭum, *ĭi*, n., phécase [chaussure blanche des prêtres à Athènes] : [+C] Pros.

Phaedĭmus, *i*, m., Phédime [un des fils d'Amphion et de Niobé] : [C] Poés.

Phaedo (-dōn), *ōnis*, m., le Phédon [titre d'un dialogue de Platon] : [C] Pros., [+C] Pros.

Phaedra, *ae*, f., Phèdre [fille de Minos et de Pasiphaé, femme de Thésée] : [C] Poés.

Phaedrĭa, *ae*, m., nom d'un personnage de comédie : [-C] Théât.

Phaedrus, *dri*, m. ¶ **1** un des disciples de Socrate dont Platon prit le nom comme titre d'un dialogue [le Phèdre] : [C] Pros. ¶ **2** philosophe épicurien : [C] Pros. ¶ **3** Phèdre [fabuliste] : [C] Poés., [T] Poés.

Phaenĕās, *ae*, m., stratège des Étoliens : [C] Pros.

phaenŏmĕnŏn, *i*, n., pl., phénomène astronomique : [T] Pros.

Phaeŏcŏmēs, *ae*, m., nom d'un Centaure : [C] Poés.

Phaestum, *i*, n., ville de Crète ‖ **-tĭus**, *a, um*, de Phaestos : [C] Poés. ‖ **-tĭăs**, *ădis*, adj. f., de Phaestos : [C] Poés.

Phăĕthōn, *ontis*, m., Phaéthon [fils du Soleil et de Clymène, voulut conduire le char de son père mais, ne sachant le diriger, il embrasa la terre et fut foudroyé par Jupiter] : [C] Pros. ‖ le soleil : [C] Poés. ‖ **-tēus**, *a, um*, de Phaéthon : [C] Poés. ‖ **-tĭus**, *a, um*, de Phaéthon, du soleil : [+C] Poés. ‖ **-tĭăs**, *ădis*, adj. f., de Phaéthon : [C] Poés. ‖ **-tis**, *ĭdis* ***a)*** de Phaéthon : [T] Poés. ***b)*** d'ambre jaune : [+C] Poés.

Phăĕthontĭădĕs, *um*, f. pl., les sœurs de Phaéthon [changées en aulnes ou en peupliers] : [C] Poés.

Phăĕthūsa, *ae*, f., Phaéthuse [une des sœurs de Phaéthon] : [C] Poés.

Phăĕtōn, → *Phaethon*

phăgĕr, *gri*, m., pagre, pageal, pageot [poisson] : [C] Poés. ; → *pager, pagrus*

Phăgīta, *ae*, m., surnom romain : [+C] Pros.

phăgo, *ōnis*, m., gros mangeur : [C] Poés.

phagrus, → *phager*

Phălăcrīnē, *ēs*, f., bourg des Sabins, patrie de Vespasien : [+C] Pros.

Phălăcrus, *i*, m., nom d'homme : [C] Pros.

phălae, → *falae*

Phălaecus, *i*, m., tyran des Phocéens ‖ **Phălaecēus**, *a, um*, de Phalécus : [C] Poés.

phălangae, *ārum*, f. pl., rouleaux de bois pour le déplacement des vaisseaux : [C] Pros. ‖ leviers [en bois], perches : [C] Pros. ‖ bâtons : [+C] Pros.

phălangārĭus (pal-), *ĭi*, m. ¶ **1** portefaix : [C] Pros. ¶ **2** → *phalangites*

phălangītēs (-ta), *ae*, m., phalangite, soldat d'une phalange : [C] Pros.

Phalanna, *ae*, f., ville de la Macédoine : [C] Pros. ‖ **-aeus**, *a, um*, de Phalanna : [C] Pros.

Phălanthum, *i*, n., poét. pour *Tarentum* : [+C] Poés. ; → *Phalantus*

Phălantus, *i*, m., Phalante [chef de la colonie lacédémonienne qui vint s'établir à Tarente] : [C] Poés. ‖ **-tēus**, *a, um*, de Phalante, de Tarente : [+C] Poés. ; ou, **-tīnus**, *a, um*, [+C] Poés.

phălanx, *angis*, f. ¶ **1** phalange [grecque] : [C] Pros. ‖ phalange [macédonienne] : [C] Pros., [+C] Pros. : [C] Pros. ‖ formation de combat des Gaulois et des Germains : [C] Pros. ¶ **2** [en gén.] troupe, bataillon, armée : [C] Poés. ¶ **3** [fig.] foule, grand nombre : [T] Poés.

Phălăra, *ōrum*, n. pl., ville de la Phthiotide : [C] Pros.

phălārĭca, → *falarica*

1 **phălāris**, f., → *phaleris*

2 **Phălăris**, *ĭdis*, acc. ***idem*** ou ***im***, m., tyran d'Agrigente, célèbre par sa cruauté : [C] Pros. ; → *Perillus*

Phălăsarna, *ae*, f., ville de Crète ‖ **-ēus**, *a, um*, de Phalasarna : [C] Pros.

Phălēra, *ōrum*, n. pl., [d'où] **Phalēreūs**, *ĕi* et *ĕos*, acc. *ĕa*, m. (sans f. ni n.), de Phalère : [C] Pros. ; → *Demetrius* ‖ **Phălērĭcus**, *a, um*, [C] Pros., ***descendere in Phalericum (portum)*** [C] Pros., descendre au port de Phalère

phălĕrae, *ārum*, f. pl. ¶ **1** phalères [plaques de métal brillant servant soit de décoration militaire, soit d'ornement pour les chevaux] ¶ **2** ornement de femme : [+C] Pros. ¶ **3** [fig.] clinquant : ***ad populum phaleras*** [+C] Poés., clinquant bon pour le peuple ‖ ornement [en bonne part], richesse, éclat : ***phalerae loquendi*** [T] Pros., éclat du style

phălĕrātus, *a, um* ¶ **1** orné de phalères [en parl. des hommes et des chevaux] : [C] Pros., [+C] Pros. ¶ **2** [fig.] orné, fleuri [en parl. du style] : ***phalerata dicta*** [-C] Théât., paroles dorées, belles paroles

Phălēreūs, *ei*, ▶ *Phalera*

Phălērĭcus, *a, um*, ▶ *Phalera*

phălēris (-lāris), *ĭdis*, f., foulque [espèce de poule d'eau] : [+C] Pros.

Phălērus, *i*, m., nom d'un Argonaute : [+C] Poés.

phallus, *i*, m., phallus : [T] Pros.

Phălōrĭa, *ae*, f., ville de Thessalie : [C] Pros.

Phāmĕa, *ae*, m., nom d'homme : [C] Pros.

Phănae, *ārum*, f. pl., port et promontoire de l'île de Chios, célèbre par ses vins : [C] Pros. ‖ **-aeus**, *a, um*, de Phanées, phanéen : [C] Poés.

Phănēs, *ētis*, m., nom d'une divinité égyptienne : [T] Pros.

Phāniscus, *i*, m., nom d'un jeune esclave : [-C] Théât.

Phānĭum, *ĭi*, n., nom grec de femme : [-C] Théât.

Phānŏcrătēs, *ae*, m., nom d'homme : [-C] Théât.

Phanŏtē, *ēs*, f., place forte de l'Épire, la même que Panope : [C] Pros.

Phanŏtēa, *ae*, f., ville de Phocide : [C] Pros.

phantăsĭa, *ae*, f., vision, imagination, rêve, songe : [T] Pros. ‖ idée, pensée, conception : [C] Pros. ‖ ***phantasia, non homo*** [+C] Pros., un rêve, pas un homme (le rêve fait homme)

phantasma, *ătis*, n., être imaginaire, fantôme, spectre : [+C] Pros. ‖ idée, représentation par l'imagination : [T] Pros.

Phantăsŏs, *i*, m., fils du Sommeil : [C] Poés.

phantastĭcus, *a, um*, imaginaire, irréel ‖ **-ticum**, *i*, n., fantôme, double : [T] Pros.

1 **Phăōn**, *ōnis*, m., Phaon [jeune homme de Lesbos, aimé de Sapho] : [C] Poés.

2 **Phāōn**, *ontis*, m., Phaon [affranchi de Néron] : [+C] Pros.

1 **Phărae**, *ārum*, f. pl., ▶ *Pharaeus*

2 **Phārae**, ▶ *Pherae ¶ 2*

Phăraeus, *a, um*, de Pharae : [+C] Poés.

Phăran, indécl., montagne et ville entre l'Égypte et l'Arabie : [T] Pros.

phăranx, *angis*, m., ravin : [T] Pros.

Phărăo (-ōn), *ōnis*, m., Pharaon [roi d'Égypte, qui poursuivit les Hébreux fuyant sous la conduite de Moïse, et périt englouti dans la mer Rouge] : [T] Pros.

Pharasmanēs, *is*, m., Pharasmane [roi d'Ibérie (Caucase), sous Tibère, et père de Rhadamiste] : [+C] Pros.

Pharathōn, *ōnis*, f., ville de Palestine : [T] Pros. ‖ **-nītes**, *ae*, m., habitant de Pharathon : [T] Pros.

phărĕtra, *ae*, f., carquois : [C] Poés. ‖ espèce de cadran solaire ayant la forme d'un carquois : [C] Pros.

phărĕtrātus, *a, um*, qui porte un carquois : [C] Poés. ; ***pharetrata Persis*** [C] Poés., la Perse [pays des Parthes] armée de l'arc ; ***pharetrata Virgo*** [C] Poés., Diane ; [+C] Poés., Sémiramis ; ***pharetratus puer*** [C] Poés., Cupidon, l'Amour

phărĕtrĭgĕr, *ĕra, ĕrum*, ▶ *pharetratus* : ***rex*** [+C] Poés., le roi de Perse [Xerxès]

Phărĭăcus, *a, um*, de Pharos, d'Égypte : [+C] Pros.

Phāris, *is*, f., ville de Messénie : [+C] Poés.

Phărĭsaei, *ōrum*, m. pl., Pharisiens [secte chez les Juifs] ; [m. sg.] ***Pharisaeus***, un Pharisien : [T] Pros.

Phărius, *a, um*, ▶ *1 Pharos*

pharmăcŏpōla, *ae*, m., pharmacien, apothicaire, droguiste : [-C] d. [+C] Pros., [C] Pros., Poés.

pharmăcus, *i*, m., magicien, empoisonneur : [+C] Pros.

Pharmăcūsa (-ssa), *ae*, f., île voisine de l'île de Crète : [+C] Pros.

Pharnăbazus, *i*, m., Pharnabaze [officier de Darius] : [C] Pros.

1 **Pharnăcēs**, *is*, m., petit-fils du précédent [fils du grand Mithridate, fut vaincu par César] : [C] Pros. ‖ un esclave de Cicéron : [C] Pros.

2 **Pharnaces**, *um*, m. pl., peuple fabuleux d'Égypte : [+C] Pros.

1 **Phărŏs (-rus)**, *i*, f. ; [m. [+C] Pros., [+C] Poés.] ¶ **1** le phare [de Pharos] : [C] Pros., [+C] Poés. ‖ l'Égypte : [+C] Poés. ¶ **2** phare [en gén.], fanal : [+C] Pros. ‖ **-rĭus**, *a, um*, de Pharos : [+C] Poés. ; ***Pharia juvenca*** [C] Poés., Io ; [+C] Poés., Isis ; ***Pharia conjux*** [C] Poés., Cléopâtre ; ***turba*** [C] Poés., adorateurs d'Isis ; ***Pharius piscis*** [C] Poés., le crocodile ; ***Pharii dolores*** [+C] Poés., les lamentations des femmes égyptiennes [aux fêtes d'Isis, sur la perte d'Osiris]

2 **phărŏs**, *i*, m., f., phare, ▶ *1 Pharos ¶ 1*

Pharsālĭa, *ae*, f., le territoire de Pharsale : [C] Poés. ‖ ***Pharsalia nostra*** [+C] Poés., notre Pharsale [la bataille gagnée par César et chantée par Lucain]

Pharsālus (-lŏs), *i*, f., Pharsale [ville de Thessalie, où Pompée fut vaincu par César] : [C] Pros., [+C] Poés. ‖ **-lĭcus**, *a, um*, de Pharsale : [C] Pros. et **-lĭus**, *a, um*, [C] Pros.

Phărus ¶ **1** f., ▶ *1 Pharos* ¶ **2** m., nom de guerrier : [C] Poés.

Phăsēlis, *ĭdis*, f. ¶ **1** port de Lycie : [C] Pros. ¶ **2** **-lītae**, *ārum*, m. pl., habitants de Phasélis [en Lycie] : [C] Pros.

phăsēlus (-ŏs), *i*, m., f. ¶ **1** felouque [vaisseau de forme effilée, plus ou moins important] : [C] Pros., Poés. ¶ **2** dolique [plante] ▶ *faselus* : [C] Poés.

phăsĕŏlus, i, m., dolique [légumineuse] : [C] Pros., [+C] Pros.

Phāsĭăcus, *a, um*, ▶ *1 Phasis*

phāsĭāna (fās-), *ae*, f., faisan, ▶ *1 Phasis*

phāsĭānus (fās-), *i*, m., faisan, ▶ *1 Phasis*

Phāsĭăs, *ădis*, f., femme du Phase = Médée : [C] Poés.

1 **Phāsis**, *is* ou *ĭdis*, m., le Phase [rivière] : [C] Poés., [+C] Pros. ‖ **-sis**, *ĭdis*, adj. f., du Phase : ***Phasides volucres*** [+C] Poés., faisans ‖ subst. m. et f., faisan : [+C] Pros. ‖ **-sĭăcus**, *a, um*, du Phase, de la Colchide, de Médée : [C] Poés.

2 **Phāsis**, *is*, m., nom d'homme : [+C] Poés.

3 **Phāsis**, *ĭdis*, f., femme du Phase = Médée : [C] Poés. ; ▶ *Phasias*

Phasma, *ătis*, n., le Fantôme [titre d'une pièce de Ménandre] : [-C] Théât. ‖ [mime du mimographe Catulle] : [+C] Poés.

Phatūrītēs nŏmŏs, m., ***terra Phatures*** [T] Pros., la terre de Phature

Phēgēa, *ae*, f., Phégée [fille de Priam] : [+C] Poés.

Phēgeūs, *ĕi* ou *ĕos*, m., Phégée [roi d'une partie de la Thessalie] : [+C] Poés. ‖ **-gēĭus**, *a, um*, de Phégée : [C] Poés.

Phēgis, *ĭdis*, f., fille de Phégée [Alphésibée] : [C] Poés.

phellŏs, *i*, m., tambour de clepsydre [en liège] : [C] Pros.

Phēmĭus, *ĭi*, m., célèbre musicien à Ithaque : [C] Poés.

Phēmŏnŏē, *ēs*, f., nom d'une Pythie : [+C] Poés.

Phĕnĕŏs, *i*, m., Phénée [ville et lac d'Arcadie] : [C] Pros., Poés. ‖ **Phĕnĕātae**, *ārum*, m. pl., habitants de Phénée : [C] Pros.

Phĕrae, *ārum*, f. pl. ¶ **1** Phères [ville de Thessalie, résidence d'Admète] : [C] Pros. ¶ **2** ville de Messénie : [C] Pros. ‖ **-raeus**, *a, um*, de Phères, de Thessalie, d'Admète : ***Pheraei campi*** [+C] Poés., la Thessalie ‖ subst. m. pl., habitants de Phères : [C] Pros. ‖ **Phĕraeus**, *i*, m., Alexandre, tyran de Phères : [C] Poés.

Phĕrĕclēus, *a, um*, de Phéréclus [charpentier qui construisit le vaisseau de Pâris] : [C] Poés.

Phĕrĕcrătēs, *is*, m., vieillard de Phthie, introduit par Dicéarque dans un de ses dialogues : [C] Pros.

phĕrĕcrătīum metrum, n., vers phérécratien [– – – ⏑ ⏑ – ⏑] : [T] Pros.

Phĕrĕcȳdēs, *is*, m., Phérécyde ¶ **1** philosophe de Syros, maître de Pythagore : [C] Pros. ¶ **2** historien antérieur à Hérodote : [C] Pros. ‖ **-dēus**, *a*, *um*, de Phérécyde : [C] Pros.

Phĕrēs, *ētis*, m., Phérès ¶ **1** fils de Crétée, qui bâtit la ville de Phères en Thessalie, V. *Pheretiades* ¶ **2** nom de guerrier : [C] Poés.

Phĕrētĭădēs, *ae*, m., fils de Phérès [Admète] : [C] Poés. ‖ pl., **-dae**, *ārum*, m. pl., les Napolitains : [+C] Poés.

Phĕrētus, *i*, m., fils de Jason et de Médée, tué par sa mère : [+C] Poés.

Phĕrezaeus, *i*, m., Périzzite [peuple de Chanaan] [T] Pros.

Phĕrīnĭum, *ĭi*, n., place forte de Thessalie : [C] Pros.

Phĕrūsa, *ae*, f., nom d'une des Heures : [+C] Poés.

phĭăla, *ae*, f., coupe peu profonde et évasée [en métal] : [+C] Poés. ‖ encensoir : [T] Pros.

Phĭălē, *ēs*, f., une des nymphes de Diane : [C] Poés.

Phīdĭās, *ae*, m., le plus célèbre des sculpteurs grecs : [C] Pros. ‖ **-ĭăcus**, *a*, *um*, de Phidias : [+C] Poés.

Phīdippĭdēs, *is*, m., nom d'un fameux coureur : [+C] Pros.

Phīdippus, *i*, m., Phidippe ¶ **1** un des prétendants d'Hélène : [+C] Poés. ¶ **2** nom d'un médecin : [C] Pros. ‖ nom de personnage comique : [-C] Théât.

phĭdītĭa, *ōrum*, n. pl., V. *philitia*

Phīdōn, *ōnis*, m., descendant d'Hercule, inventeur de poids et mesures : [+C] Pros.

Phīdȳlē, *ēs*, f., nom de femme : [C] Poés.

Phigellus, *i*, m., nom d'homme : [T] Pros.

Phĭla, *ae*, f., ville de Macédoine : [C] Pros.

Phĭlădelphēni, *ōrum*, m. pl., habitants de Philadelphie [ville de Lydie] : [+C] Pros.

Phĭlădelphīa, *ae*, f., ville de Lydie : [T] Pros.

Phĭlădelphus, *i*, m., porté aussi par d'autres personnages : [C] Pros.

Phĭlae, *ārum*, f. pl., Philae, Philé [petite île de Haute-Égypte, avec une ville du même nom] : [+C] Pros.

Phĭlaeni, *ōrum*, m. pl., deux frères carthaginois qui se dévouèrent pour leur patrie : [C] Pros.

Phĭlaenis, *ĭdis*, f., nom de femme : [+C] Poés.

Phĭlaenĭum, *ĭi*, n., Philénie, nom de courtisane : [-C] Théât.

Phĭlaenus, *i*, m., nom d'homme : [+C] Poés.

Phĭlammōn, *ōnis*, m., fils d'Apollon, poète et musicien : [C] Poés.

Phĭlargȳrus, *i*, m., nom d'homme : [C] Pros.

Phĭlĕa, *ae*, f., une des filles de Danaüs : [+C] Poés.

Phĭlĕās, *ae*, m., géographe grec : [T] Pros. ‖ ambassadeur tarentin envoyé à Rome : [C] Pros.

phĭlēma, *ătis*, n., baiser : [C] Poés.

Phĭlēmătĭum, *ĭi*, n., nom de courtisane : [-C] Théât.

Phĭlēmĕnus, *i*, m., Tarentin, qui livra sa patrie à Hannibal : [C] Pros.

Phĭlēmo (-mōn), *ōnis*, m. ¶ **1** Philémon [mari de Baucis] : [C] Poés. ¶ **2** poète grec de la nouvelle comédie : [-C] Théât., [+C] Pros.

Phĭlĕrōs, *ōtis*, m., nom d'homme : [+C] Poés.

Phĭlĕtaerus, *i*, m., frère d'Eumène : [C] Pros.

Phĭlētās, *ae*, m., poète grec, contemporain d'Alexandre : [C] Poés., [+C] Pros. ‖ **-aeus**, *a*, *um*, de Philétas : [C] Poés.

Phĭlētus (-tŏs), *i*, m., nom d'homme : [C] Poés., [+C] Poés.

Phĭlippa, *ae*, f., nom de femme : [-C] Théât.

phĭlippēi nummi, et abs[t] **phĭlippēi**, *ōrum*, m. pl., V. *1 philippi* : [C] Pros. ‖ V. *Philippus*

Phīlippensis, *e*, V. *2 Philippi*

Philippēus, *a*, *um*, V. *Philippus* et *2 Philippi*

1 **phĭlippi**, *ōrum*, m. pl. (s.-ent. ***nummi***), philippes, monnaie [d'or] à l'effigie de Philippe II : [-C] Théât., [C] Pros.

2 **Phĭlippi**, *ōrum*, m. pl., Philippes [ville de Macédoine, où Brutus et Cassius furent vaincus par Antoine et Octave] : [C] Pros. ‖ **-pēus**, *a*, *um*, de Philippes : ***Philippei campi*** [+C] Pros., les plaines de Philippes ; [+C] Pros. ‖ **-pensis**, *e*, [+C] Pros.

Philippĭcus, *a*, *um*, V. *Philippus* et *2 Philippi*

Phĭlippidēs, *ae* ou *is*, m., poète comique d'Athènes : [+C] Pros.

Phĭlippŏpŏlis, *is*, f., ville de Thrace : [C] Pros.

Phĭlippus, *i*, m. ¶ **1** Philippe [nom de plusieurs rois de Macédoine; not[t] Philippe II, le père d'Alexandre le Grand] : [C] Pros. ‖ Philippe V [vaincu par les Romains à Cynoscéphales en 197 av. J.-C.] : [C] Pros. ¶ **2** V. *1 philippi* ‖ **-ēus**, *a*, *um*, [C] Poés., de Philippe, V. *Philippei* dans l'article *2 Philippi* ‖ **-ĭcus**, *a*, *um*, de Philippe : ***Philippicae orationes*** [C] Pros., les Philippiques [discours de Démosthène contre Philippe] ‖ **Philippica**, *ae*, f. (s.-ent. ***oratio***, une Philippique [discours de Cicéron contre Antoine]) : [+C] Poés. ; ***Philippicae*** [T] Pros., les Philippiques [de Cicéron]

Phĭlistaei, *ōrum*, m. pl., V. *Philistini* ‖ sg., ***Philistaeus*** : [T] Pros.

Philistiim (-thiim), m. pl. indécl., V. *Philistaei* : [T] Pros.

Phĭlistīni, *ōrum*, m. pl., les Philistins, peuple de Palestine [ennemis des Hébreux] : [T] Pros.

Phĭlistĭo (-ĭōn), *ōnis*, m. ¶ **1** lieutenant d'Épicyde [tué à Syracuse] : [C] Pros. ¶ **2** nom d'un mimographe : [+C] Poés.

Phĭlistus, *i*, m., historien de Syracuse : [C] Pros.

phĭlītĭa, *ōrum*, n. pl., repas publics chez les Lacédémoniens : [C] Pros.

Phillȳrĭdēs, V. *Philyrides*

Phĭlo (-lōn), *ōnis*, m. ¶ **1** architecte et orateur athénien, du temps de Démétrius de Phalère : [C] Pros. ¶ **2** Philon de Larissa, philosophe grec de l'Académie, dont Cicéron suivit les leçons : [C] Pros. ‖ médecin grec, de Tarsos : [+C] Pros.

Phĭlŏchŏrus, *i*, m., nom d'un historien grec : [+C] Pros.

Phĭlŏclēs, *is*, m., général athénien dans la guerre du Péloponnèse : [C] Pros. ‖ lieutenant de Philippe : [C] Pros.

Phĭlŏcōmăsĭum, *ĭi*, n., Philocomasie, nom grec de femme : [-C] Théât.

Phĭlŏcrătēs, *is*, n. ¶ **1** nom d'homme : [-C] Théât. ¶ **2** chef de la députation rhodienne : [C] Pros.

Phĭloctētēs (-ta), *ae*, m., Philoctète [héritier de l'arc et des flèches d'Hercule, abandonné dans l'île de Lemnos à cause d'une blessure fétide] : [C] Pros. ‖ **-taeus**, *a*, *um*, de Philoctète : [C] Pros.

Phĭlŏdāmus, *i*, m., nom de personnage de comédie : [-C] Théât.

Phĭlŏdēmus, *i*, m. ¶ **1** philosophe épicurien du temps de Cicéron : [C] Pros. ¶ **2** général argien qui livra un fort de Syracuse aux Romains : [C] Pros.

Phĭlŏdōrus, *i*, m., nom d'homme : [C] Pros.

Phĭlŏgĕnēs, *i*, m., nom d'homme : [C] Pros.

Phĭlŏgŏnus, *i*, m., nom d'homme : [C] Pros.

philograecus, *a*, *um*, amateur de grec : [C] Pros.

Phĭlŏlăchēs, *ētis*, m., personnage de comédie : [-C] Théât.

Phĭlŏlāus, *i*, m., de Crotone, philosophe pythagoricien : [C] Pros.

phĭlŏlŏgĭa, *ae*, f. ¶ **1** amour des lettres, application aux études : [C] Pros. ¶ **2** philologie, commentaire, explication des textes littéraires : [+C] Pros.

phĭlŏlŏgus, *a*, *um*, littéraire : [C] Pros. ‖ subst. m., un lettré, un érudit, un savant : [C] Pros., [+C] Pros. ‖ un savant [qui donne les éclaircissements historiques] : [+C] Pros.

Phĭlŏmēdēs, *ae* ou *is*, m., nom d'homme : [C] Pros.

Phĭlŏmēla, *ae*, f., Philomèle [fille de Pandion, enlevée par Térée, son beau-frère, fut changée en rossignol ou en hirondelle] : [C] Poés. ‖ [poét.] = rossignol : [C] Poés.

Phĭlŏmēlĭum, *ĭi*, n., ville de la Grande Phrygie : [C] Pros. ‖ **-ĭenses**, *ĭum*, m. pl., habitants de Philomélium : [C] Pros.

Phĭlŏmēlus, *i*, m., nom d'homme : [+C] Poés.

Phĭlŏmūsus, *i*, m., nom d'homme : [+C] Poés.

Phĭlon, → *Philo*

Phĭlŏpătŏr, *ŏris*, m., qui aime son père [surnom de Ptolémée IV, roi d'Égypte] : [+C] Pros. ‖ nom d'un roi de Cilicie : [+C] Pros.

Phĭlŏpoemēn, *ĕnis*, m., stratège de la confédération achéenne : [C] Pros.

Phĭlŏpŏlĕmus, *i*, m., nom d'homme : [-C] Théât.

Phĭlŏrōmaeus, *i*, m., ami des Romains : [C] Pros.

Phĭlŏsītus, *i*, m., nom d'homme : [+C] Pros.

phĭlŏsŏpha, *ae*, f., une philosophe : [C] Pros.

phĭlŏsŏphastĕr, *tri*, m., prétendu philosophe : [T] Pros.

phĭlŏsŏphĭa, *ae*, f., philosophie : [C] Pros. ‖ [au pl.] doctrines ou écoles philosophiques : [C] Pros.

phĭlŏsŏphĭcē, adv., philosophiquement, en philosophe : [T] Pros.

phĭlŏsŏphŏr, *ārĭs*, *ārī*, *ātus sum*, intr., parler philosophie, être philosophe, agir en philosophe : [-C] Théât., [C] Pros. ‖ [pass. impers.] [-C] Théât.

phĭlŏsŏphūmĕnŏs, *ŏn*, philosophique : [C] Pros.

1 **phĭlŏsŏphus**, *i*, m., philosophe : [C] Pros.

2 **phĭlŏsŏphus**, *a*, *um*, de philosophe : [C] Pros.

Phĭlostĕphănus, *i*, m., nom d'un écrivain, ami de Callimaque : [+C] Pros.

phĭlostorgus, *i*, m., rempli de tendresse [pour les siens] : [+C] Pros.

Phĭlostrătus, *i*, m., chef des Épirotes : [C] Pros. ‖ nom d'homme : [+C] Poés.

Phĭlōtās, *ae*, m., un des généraux d'Alexandre le Grand : [+C] Pros. ‖ autre du même nom : [C] Pros.

phĭlŏtechĭnus, *a*, *um*, d'art, relatif aux arts : [T] Pros.

Phĭlŏtīmus, *i*, m., affranchi de Cicéron : [C] Pros.

Phĭlōtis, *is*, f., nom de courtisane : [-C] Théât.

Phĭlōtĭum, *ĭi*, n., nom de courtisane : [-C] Théât. ; → *Philotis*

Phĭloxĕnus, *i*, m., Philoxène [surnom romain] : [C] Pros. ‖ nom d'un personnage de comédie : [-C] Théât.

Philtĕrā, *ae*, f., nom de femme : [-C] Théât.

Philto, *ōnis*, m., vieillard de comédie : [-C] Théât.

philtrum, *i*, n., philtre amoureux, breuvage magique [destiné à provoquer l'amour] : [C] Poés., [+C] Poés.

Phĭlus, *i*, m., surnom dans la *gens Furia*, not[t] L. Furius Philus [ami de Laelius et de Scipion, interlocuteur du *de Republica*] : [C] Pros.

1 **phĭlўra (-lŭra)**, *ae*, f., seconde écorce du tilleul : [C] Poés.

2 **Phĭlўra**, *ae*, f., nymphe, fille de l'Océan et mère de Chiron, changée en tilleul : [+C] Poés. ‖ **-rēĭus**, *a*, *um*, de Philyre : [C] Poés.

Phĭlўrĭdēs, *ae*, m., fils de Philyre [Chiron] : [C] Poés.

Phimēs, *is*, m., surnom d'homme : [C] Pros.

phīmus, *i*, m., cornet à dés : [C] Poés.

Phīneūs, *ĕi* ou *ĕos*, m., Phinée ¶ **1** roi de Thrace, que les dieux rendirent aveugle : [C] Poés. ‖ [par ext. au pl.] des aveugles : [+C] Poés. ¶ **2** frère de Céphée, roi d'Arcadie qui fut pétrifié par Persée : [C] Poés. ‖ **-nēĭus** et **-nēus**, *a*, *um*, de Phinée : [C] Poés.

Phīnīdes, *ae*, m., fils de Phinée : [C] Poés.

1 **Phintĭa**, *ae*, f., ville de Sicile : [C] Pros.

2 **Phintĭa (-ās)**, *ae*, m., célèbre par son amitié pour Damon : [C] Pros., [+C] Pros.

Phisadĭē, *ēs*, f., sœur de Pirithoüs : [+C] Poés.

Phīsōn, *ŏnis*, m. et qqf. **-ŏnus**, *i*, m., un des quatre grands fleuves du paradis terrestre : [T] Pros.

phlĕbŏtŏmō, *ās*, *āre*, -, -, tr., phlébotomiser, saigner : [T] Pros.

Phlĕgĕthōn, *ontis*, m., fleuve des enfers qui roule des flammes : [C] Poés. ‖ **-tēus**, *a*, *um*, du Phlégéthon : [T] Pros.

Phlĕgĕthontis, *ĭdis*, f., du Phlégéthon : [C] Poés.

Phlĕgōn, *ontis*, m., un des chevaux du Soleil : [C] Poés. ‖ nom d'un disciple des apôtres : [T] Pros.

Phlĕgra, *ae*, f., ville de Macédoine [postérieurement Pallène] où la fable place le combat des Géants contre les dieux ‖ **-graeus**, *a*, *um*, de Phlégra : [C] Poés. ; ***Phlegraei campi*** [C] Poés., les champs Phlégréens [site de cette bataille] ‖ d'un canton de la Campanie, près de Pouzzoles : [C] Poés. ‖ subst. m., → *Phlegraeos*

Phlĕgraeŏs (-graeus), *i*, m., nom d'un Centaure : [C] Poés.

Phlaegўae, *ārum*, m. pl., peuplade de pillards en Thessalie : [C] Poés.

Phlĕgўās, *ae*, m., fils de Mars, roi des Lapithes, qu'un rocher menace éternellement dans les enfers : [C] Poés.

phlēmĭna, → *flemina*

Phlīās, *antis*, m., fils de Bacchus, un des Argonautes : [+C] Poés.

Phlīūs, *untis*, m., Phlionte [ville d'Achaïe, près de Sicyone] : [C] Pros. [acc. *Phliunta*] ‖ **-ntĭi**, *ōrum*, m. pl., habitants de Phlionte : [C] Pros. ‖ **-lāsĭus**, *a*, *um*, de Phlionte : [C] Pros. ‖ **-āsĭi**, *ōrum*, m. pl., habitants de Phlionte : [C] Pros.

Phlŏgis, *ĭdis*, f., nom de femme : [+C] Poés.

Phlŏgĭus, *ĭi*, m., nom de guerrier : [+C] Poés.

Phŏbētŏr, *ŏris*, m., un des enfants de Morphée : [C] Poés.

1 **phōca**, *ae*, **-cē**, *ēs*, f., phoque, veau marin : [C] Poés.

2 **Phōca**, *ae*, m., petit-fils de Céphise, changé en phoque : [C] Poés.

Phōcaea, *ae*, f., Phocée [ville maritime d'Ionie, d'où partit la colonie qui fonda Massilia, Marseille] : [C] Pros.

Phōcaeenses, *ĭum*, m. pl., Phocéens, habitants de Phocée : [C] Pros., **Phōcaei**, *ōrum*, m. pl., [C] Poés.

Phōcăĭcus, *a*, *um* ¶ **1** de Phocée : [C] Poés. ‖ de Marseille : [+C] Poés. ; ***Phocaicae emporiae*** [+C] Poés., comptoirs phocéens [Ampurias, ville de Tarraconaise, fondée par les Marseillais] ¶ **2** de Phocide : [C] Poés., [+C] Poés.

Phōcāis, *ĭdis*, f., Phocéenne, de Marseille : [+C] Poés.

phōcē, → *1 phoca*

Phōcenses, *ĭum*, m. pl., habitants de la Phocide : [C] Pros.

Phōcēus, *a*, *um*, de Phocide : [C] Poés. ; ***juvenis*** [C] Poés. = Pylade [fils du roi de Phocide]

Phōcĭi, *ĭōrum*, m. pl., Phocéens, habitants de la Phocide : [C] Pros.

Phōcĭōn, *ōnis*, m., illustre citoyen d'Athènes [4e s. av. J.-C.] : [C] Pros.

Phōcĭs, *ĭdis*, f. ¶ **1** la Phocide [partie de la Grèce, entre la Béotie et l'Étolie] : [C] Pros. ¶ **2** Phocée : [+C] Poés. ¶ **3** Massilia : [T] Poés. ‖ → *Phoceus*

Phōcus, *i*, m., fils d'Éaque, tué par son frère Pélée : [C] Poés.

Phoebās, *ădis*, f., prêtresse d'Apollon, prophétesse : [C] Poés., [+C] Poés.

Phoebē, *ēs*, f. ¶ **1** Phoebé ou Phébé, sœur de Phébus, Diane ou la Lune : [C] Poés. ; [poét.] = la lune : [C] Poés. ¶ **2** nom d'une fille de Léda : [C] Poés. ¶ **3** fille de Leucippe : [C] Poés.

Phoebēĭūs, *a*, *um*, m., → *1 Phoebus*

Phoebēum, *i*, n., lieu voisin de Sparte [consacré à Phébus] : [C] Pros.

Phoebidās, *ae*, m., nom d'un général lacédémonien : [C] Pros.

Phoebĭgĕna, *ae*, m., enfant d'Apollon [Esculape] : [C] Poés.

1 **Phoebus**, *i*, m., Phébus, Apollon : [C] Poés. ‖ le soleil : [C] Poés. ‖ **-bēus**, *a*, *um*, de Phébus, d'Apollon : ***Phoebea virgo*** [C] Poés., Daphné ‖ ***Phoebea ars*** [C] Poés., la médecine ; ***Phoebea lampas*** [C] Poés., le soleil ‖ **-bēĭus**, *a*, *um*, de Phébus, d'Apollon : ***Phoebeia ales*** [+C] Poés., l'oiseau d'Apollon [la corneille]

2 **Phoebus**, *i*, m., nom d'un affranchi de Néron : [+C] Pros. ‖ autre du même nom : [+C] Poés.

Phoenīca, *ae*, f., → *Phoenice* : [C] Pros.

Phoenīcē, *ēs*, f. ¶ **1** la Phénicie [contrée sur le littoral de la Syrie] : [C] Pros. ¶ **2** ville d'Épire : [C] Pros.

Phoenīces, *um*, m. pl. ¶1 les Phéniciens, habitants de Phénicie [fondateurs de Carthage] : [C] Pros. ‖ sg., ***Phoenix*** [+C] Pros., = Cadmus ¶2 les Carthaginois : [+C] Poés. ‖ sg., ***Phoenix*** [+C] Poés.

Phoenīcĭum, *ĭi*, n., nom de femme : [-C] Théât.

Phoenīcĭus, ▶ *Phoenice*

phoenīcoptĕrus, *i*, m., flamant [oiseau] : [+C] Pros.

Phoenīcūs, *untis*, f., port d'Ionie : [C] Pros. ‖ port de Lycie : [C] Pros.

Phoenissus, *a*, *um*, phénicien, carthaginois [employé gén^t au f.] : ***Phoenissa Dido*** [C] Poés., la Phénicienne Didon [originaire de Tyr] ‖ [rar^t n. pl.] ***agmina Phoenissa*** [+C] Poés., bataillons carthaginois ‖ subst. f., **Phoenissa** ‖ Carthage : [+C] Poés.

1 **phoenix**, *īcis*, m., phénix [oiseau fabuleux] : [C] Poés., [+C] Pros.

2 **Phoenix**, *īcis*, m. ¶1 Phénix [fils d'Agénor et frère de Cadmus, donna son nom à la Phénicie] : [+C] Poés. ¶2 fils d'Amyntor et gouverneur d'Achille, qu'il suivit au siège de Troie : [C] Pros., Poés. ¶3 ▶ *Phoenices*

Phŏlŏē, *ēs*, f., Pholoé ¶1 montagne de Thessalie, habitée par les Centaures : [+C] Poés. ¶2 montagne d'Arcadie : [C] Poés. ‖ **-ētĭcus**, *a*, *um*, du mont Pholoé : [T] Poés.

Phŏlus, *i*, m., nom d'un Centaure : [C] Poés.

phōnascus, *i*, m. ¶1 maître de déclamation : [+C] Pros. ¶2 celui qui entonne, coryphée : [T] Pros.

phōnēma, *ătis*, n., voix, paroles : [+C] Pros.

Phŏnŏlĕnĭdēs, *ae*, m., nom d'un Centaure [fils de Phonolénus] : [C] Poés.

Phorbās, *antis*, m., père de Tiphys : [+C] Poés. ‖ fils de Priam, tué par Ménélas : [C] Poés. ‖ différents personnages : [C] Poés.

Phorcis, *ĭdis* ou *ĭdos*, f. ¶1 fille de Phorcus [Méduse] : [C] Poés. ¶2 ***sorores Phorcides*** [C] Poés., les soeurs Grées [qui n'avaient qu'un oeil et une dent à elles trois]

Phorcus, *i*, m., Phorcus ou Phorcys [fils de Neptune, père des Gorgones, changé en un dieu marin] : [C] Poés., [+C] Poés.

Phorcyn, ▶ *Phorcus*

Phorcȳnis, *ĭdos*, f., ▶ *Phorcis* : [C] Poés., [+C] Poés.

Phorcys, ▶ *Phorcus*

Phormĭo, *ōnis*, m. ¶1 Phormion [général athénien dans la guerre du Péloponnèse] : [+C] Pros. ¶2 philosophe péripatéticien du temps d'Hannibal : [C] Pros. ¶3 nom de parasite et titre d'une comédie de Térence : [-C] Théât.

Phŏrōneūs, *ĕi* ou *ĕos*, m., roi d'Argos fils d'Inachus et frère d'Io : [+C] Poés., Pros. ‖ **-nēus**, *a*, *um*, de Phoronée, d'Argos : [+C] Poés.

Phŏrōnis, *ĭdis* ou *ĭdis*, f. ¶1 fille d'Inachus [Io ou Isis] : [C] Poés. ¶2 adj., du Phoronée [fleuve d'Argolide dont Phoronée était le dieu] : [-C] Théât.

Phosphŏrus, *i*, m., l'étoile du matin : [+C] Poés.

Phōtīnus, *i*, m., saint Photin [appelé commun^t saint Pothin], martyr à Lyon : [+T] Pros.

Phrăātēs, *ae*, m., Phraate, roi des Parthes : [C] Poés., [+C] Pros.

phrăsis, *is* acc. **-in**, f., diction, élocution, style : [+C] Pros.

phrĕnēsis, *is*, f., frénésie, délire frénétique : [+C] Pros., Poés.

phrĕnētĭcus, *a*, *um*, frénétique : [C] Pros.

phrĕnītis, *ĭdis*, acc. *-im*, f., ▶ *phrenesis* : [+C] Pros.

Phrixus, *i*, m., Phrixos, fils d'Athamas, qui, menacé de mort, s'enfuit avec sa sœur Hellé (noyée dans l'Hellespont) jusqu'en Colchide sur un bélier d'or dont la peau est la Toison d'or : [C] Poés. ; ***Phrixi litora*** [+C] Poés., les rives de l'Hellespont ; ***Phrixi semita*** [+C] Poés., l'Hellespont ‖ **-xēus**, *a*, *um*, de Phrixos : ***maritus*** [+C] Poés., bélier ; ***agnus*** [+C] Poés., le Bélier [constellation] ; ***Phrixeus pontus*** [+C] Poés. ; ***Phrixeum mare*** [+C] Théât. ; ***Phrixeum aequor*** [+C] Poés., l'Hellespont ; ***Phrixea vellera*** [C] Poés., la Toison d'or ‖ **-xĭānus**, ▶ *Phryxianus*

Phrŏnēsĭum, *ĭi*, n., nom de femme : [-C] Théât.

Phrontis, *ĭdis*, m., fils de Phrixus : [+C] Poés.

Phrȳges, *um*, m. pl., les Phrygiens, habitants de la Phrygie, les Troyens : [C] Pros. ‖ [au sg.] ▶ *Phryx 1*

Phrȳgĭa, *ae*, f., Troie : [C] Poés. ‖ **Phrȳgĭus**, *a*, *um*, de Phrygie, des Phrygiens, Phrygien, de Troie, des Troyens : [C] Pros. ; ***Phrygia mater*** [C] Poés., Cybèle ; ***Phrygius minister*** [+C] Poés., Ganymède ; ***Phrygius judex*** ; ▶ *judex* : ***Phrygium aes*** [+C] Poés., cymbales ; ***Phrygii modi*** [C] Poés., le mode phrygien [mus.] ; ***Phrygiae vestes*** [C] Poés., étoffes brochées d'or ; ***Phrygiae columnae*** [C] Poés., colonnes en marbre phrygien ‖ **Phrygiae**, *ārum*, f. pl., Phrygiennes, Troyennes : [C] Poés.

phrȳgĭo, *ōnis*, m., brodeur : [-C] Théât.

Phrȳgĭus amnis, m., rivière de la Petite Phrygie : [C] Pros.

Phrȳna, *ae*, f., ▶ *Phryne* : [T] Pros.

Phrȳnē, *ēs*, f. ¶1 Phryné [courtisane d'Athènes, célèbre par sa beauté] : [C] Poés., [+C] Pros. ¶2 courtisane de Rome : [C] Poés. ¶3 entremetteuse : [C] Poés.

Phryx, *ȳgis*, m. ¶1 Phrygien, né en Phrygie : [C] Pros., Poés. ‖ = Galle, prêtre de Cybèle : [C] Poés. ‖ = Marsyas : [+C] Poés. ¶2 adj., de Phrygie, phrygien : [+C] Poés.

Phryxēus, ▶ *Phrixeus*, ▶ *Phrixus*

Phryxĭānus, *a*, *um*, ***Phryxianae (vestes)***, f. pl., vêtements faits de cette laine : [+C] Pros.

Phryxŏnĭdes nymphae, f., nymphes qui nourrirent Jupiter enfant : [+C] Pros.

Phryxus, ▶ *Phrixus*

Phthās, m., nom égyptien de Vulcain : [C] Pros.

Phthīa, *ae* (*ēs*), f., Phthie [ville de Thessalie, patrie d'Achille] : [C] Poés.

Phthīōtae, *ārum*, m. pl., sg., **Phthīōta**, *ae*, m., [C] Pros.

Phthīōtĭcus, *a*, *um*, de Phthie ou de la Phthiotide : [C] Poés.

phthĭsis, *is*, f., phtisie [maladie] : [+C] Pros.

phthĭsiscens, *tis*, tuberculeux, phtisique : [T] Pros.

Phthīus, *a*, *um*, ▶ *Phthioticus* : [C] Poés.

phȳ, **fȳ**, **phī**, **fī**, interj., [exprime l'admiration] ah !, oh, oh !, oh là là !, peste ! : [-C] Théât.

Phȳācēs, *ae*, m., nom d'un chef des Gètes : [C] Poés.

Phȳcūs, *untis*, m., Phyconte [promontoire de Cyrénaïque] : [+C] Poés.

Phȳlăca, *ae*, f., prison, geôle : [-C] Théât.

Phȳlăcē, *ēs*, f. ¶1 ville de Molossie [Épire] : [C] Pros. ¶2 **-ēis**, *ĭdis*, adj. f., de Phylacé : [C] Poés. [subst. f.] = Laodamie [née à Phylacé] : [+C] Poés. ‖ **-ēĭus**, *a*, *um*, de Phylacé : ***Phylaceia conjux*** [C] Poés., = Laodamie

Phȳlăcĭdēs, ▶ *Phyllacides*

Phȳlăcus, *i*, m., fondateur de Phylacé : [+C] Poés.

phȳlarchus, *i*, m., phylarque, chef de tribu : [C] Pros.

Phȳlē, *ēs*, f., bourg de l'Attique : [C] Pros.

Phyllăcĭdēs (poét pour **Phylă-**), *ae*, m., descendant de Phylacus, Protésilas : [C] Poés.

Phyllēĭus, *a*, *um*, de Phyllos : [C] Poés.

Phylleūs, *ĕi* ou *ĕos*, m., nom de guerrier : [+C] Poés.

Phyllis, *ĭdis*, f. ¶1 fille de Lycurgue, roi de Thrace, fut changée en amandier : [+C] Poés. ; pl., ***Phyllides*** [+C] Poés., des Phyllis ¶2 autres du même nom : [C] Poés.

Phyllĭus, *ĭi*, m., nom d'un Béotien, ami de Cycnus : [C] Poés.

Phyllŏdŏcē, *ēs*, f., Phyllodocé [une des Néréides] : [C] Poés.

Phyllŏs, *i*, f., canton d'Arcadie : [+C] Poés.

phȳma, *ătis*, n., espèce de furoncle : [+C] Pros.

phynōn, *ōnis*, m., sorte de collyre : [+C] Pros.

phȳsētēr, *ēris*, m., baleine, souffleur, cachalot : [+C] Théât.

1 **phȳsĭca**, *ae*, f., la physique, les sciences naturelles : [C] Pros.

2 **physĭca**, *ōrum*, n. pl., ▶ *1 physica* : [C] Pros.

phȳsĭcē, adv., en physicien : [C] Pros.

phўsĭcus, *a*, *um*, physique, naturel, des sciences naturelles : [C] Pros. ‖ **physĭcus**, *i*, m., physicien, naturaliste : [C] Pros.

phўsĭognōmōn, *ŏnis*, m., physionomiste : [C] Pros.

phўsĭŏlŏgĭa, *ae*, f., les sciences naturelles, la physique : [C] Pros.

phўsĭŏlŏgĭcus, *a*, *um*, physique, naturel : [+C] Pros., [T] Pros.

pĭābĭlis, *e*, qui peut être expié : [C] Poés.

pĭāclum, *i*, n., sync. pour *piaculum* : [T] Poés.

pĭācŭlāris, *e*, piaculaire, expiatoire : [C] Pros.

pĭācŭlō, *ās*, *āre*, -, -, tr., apaiser [par un sacrifice expiatoire] : [-C] Pros.

pĭācŭlum, *i*, n. ¶ **1** sacrifice expiatoire, moyen d'expiation, expiation : [C] Pros. ‖ peine expiatoire, châtiment, vengeance : [C] Pros. ¶ **2** ce qui mérite expiation, impiété, sacrilège, chose indigne, abomination, crime, forfait : [C] Pros. ; ***piaculum est*** [avec prop. inf.] [-C] Théât., c'est une chose abominable que ; ***sine piaculo*** [+C] Pros., sans crime

pĭāmĕn, *ĭnis*, n., expiation, sacrifice expiatoire : [C] Poés.

pĭātŏr, *ōris*, m., prêtre qui fait des cérémonies expiatoires : [+C] Pros.

pĭātus, *a*, *um*, part. de *pio*

pīca, *ae*, f., pie : [C] Poés. ‖ bavard : [+C] Pros.

Pīcānus, *i*, m., montagne d'Apulie : [+C] Poés.

pĭcāria, *ae*, f., fabrique (fonderie) de poix : [C] Pros.

pĭcātus, *a*, *um* ¶ **1** part. de *pico* ¶ **2** ayant goût de poix : [+C] Pros., Poés.

pĭcĕ, abl. de *1 pix*

pĭcĕa, *ae*, f., épicéa : [C] Poés.

Picens, *tis*, [V] *Picenum*

Pīcentĭa, *ae*, f., ville de Campanie : [+C] Poés.

Pīcēnum, *i*, n., le Picénum [région d'Italie, sur la mer Adriatique] : [C] Pros. ‖ **-cēnus**, *a*, *um*, du Picénum : ***ager*** [C] Pros., le Picénum ‖ **-cens**, *tis*, du Picénum : ***Picens ager*** [C] Pros., le Picénum ‖ subst. m., un Picentin : [+C] Poés. ‖ **-centes**, *ĭum*, m. pl., les habitants du Picénum, les Picentins : [C] Pros. ‖ **-centīnus**, *a*, *um*, des Picentins : [+C] Poés.

pĭcĕus, *a*, *um*, de poix : [C] Poés. ‖ noir [comme la poix], sombre, obscur, ténébreux : [C] Poés. ; ***piceae oves*** [+C] Poés., brebis noires

pĭcō, *ās*, *āre*, *āvī*, *ātum*, tr., poisser, enduire de poix, boucher avec de la poix : [-C] Pros., [+C] Pros. ; [V] *picatus*

Pictāvi, *ōrum*, m. pl., peuple d'Aquitaine [habitant le Poitou] : [T] Pros.

Picti, *ōrum*, m. pl., les Pictes [peuple de Calédonie, auj. l'Écosse] : [T] Pros.

pictĭlis, *e*, brodé : [+C] Pros.

Pictŏnes, *um*, m. pl., les mêmes que *Pictavi* [Pictons] : [C] Pros., [+C] Poés.

1 **pictŏr**, *ōris*, m., peintre : [C] Pros.

2 **Pictŏr**, *ōris*, m., surnom romain, dans la famille des Fabius : [C] Pros.

pictūra, *ae*, f. ¶ **1** la peinture : [C] Pros. ¶ **2** peinture, ouvrage de peinture, tableau, sujet représenté : ***textilis*** [C] Pros., tapisserie ¶ **3** action de farder, enluminure : [-C] Théât. ‖ [fig.] peinture, tableau, description : [C] Pros.

pictūrātus, *a*, *um*, nuancé de diverses couleurs, émaillé, diapré : [+C] Poés. ‖ brodé : [C] Poés.

pictus, *a*, *um* ¶ **1** part. de *pingo* ¶ **2** [pris adj[t]] ***a)*** [en parl. du style ou d'un orateur] coloré, orné : [C] Pros. ***b)*** qui n'existe qu'en peinture, sans fondement : [C] Poés.

1 **pīcus**, *i*, m., pic, pivert [oiseau] : [-C] Théât.

2 **Pīcus**, *i*, m., roi du Latium, fils de Saturne, changé en pivert par Circé : [C] Poés.

pĭē, adv., avec les sentiments d'un homme *pius*, pieusement, religieusement : [C] Pros. ‖ conformément aux sentiments naturels [en bon fils, en bonne mère] [C] Pros. ‖ avec affection, par tendresse : [C] Pros. ‖ ***-issime*** [+C] Pros.

Pĭentĭus, *ĭi*, m., nom de deux évêques : [+T] Pros.

Pīĕrĭa, *ae*, f. ¶ **1** la Piérie [région de Macédoine] : [C] Pros. ¶ **2** contrée et ville de Syrie : [C] Pros.

Pīĕrĭdes, *um*, f. pl., les Piérides ¶ **1** filles de Piérus [changées en pies par les Muses] : [C] Poés. ¶ **2** les Muses : [C] Pros.

Pīĕris, *ĭdis*, f., une Muse : [C] Poés.

Pīĕrus (-ŏs), *i*, m. ¶ **1** Piérus [père des Muses] : [C] Pros. ¶ **2** père des Piérides, changées en pies : [C] Poés. ‖ **-rĭus**, *a*, *um*, des Muses : ***Pierius grex*** [+C] Poés., le choeur des Muses ; ***Pieria tuba*** [+C] Poés., la trompette héroïque ; ***Pieria corona*** [+C] Poés., la couronne du Parnasse [le laurier] ; ***Pierius dies*** [+C] Poés., jour consacré aux Muses, à l'étude ‖ subst. f. pl., **Pīĕrĭae**, les Muses : [C] Pros. ¶ **3** le mont Piérus [consacré aux Muses, aux confins de la Thessalie et de la Macédoine] d'où **Pīĕrĭus**, *a*, *um*, du mont Piérus : [C] Poés.

1 **pĭĕtās**, *ātis*, f., sentiment qui fait reconnaître et accomplir tous les devoirs envers les dieux, les parents, la patrie [trad. variable, suivant l'objet] ; [envers les dieux] piété : [C] Pros. ; [envers les parents] piété, pieuse affection : [C] Pros. ; [envers la patrie] amour de la patrie, patriotisme : [C] Pros. ; [en gén.] amour respectueux, tendresse [envers = *adversus, erga, in* acc.] : ***tua pietas*** [-C] Théât., ton affection [paternelle] ; ***pietas gnati*** [-C] Théât., affection filiale ; ***alicui pietatem praestare*** [C] Pros., montrer son affection à qqn ‖ [en part.] équité divine, justice divine : [C] Poés. ; [chrét.] ‖ sympathie, bonté, bienveillance : [+C] Pros. ‖ charité : [T] Pros.

2 **Pĭĕtās**, *ātis*, f., Piété [déesse] : [C] Pros.

pĭĕtātĭcultrix, *īcis*, f., qui a de la piété filiale : [+C] Pros.

pĭgendus, *a*, *um*, [V] *piget*

pĭgĕr, *gra*, *grum* ¶ **1** qui répugne à, paresseux, indolent : [C] Pros., [+C] Pros. ‖ ***in labore militari*** [C] Pros., indolent face aux épreuves de la vie ‖ [avec gén.] [poét.] ***militiae*** [C] Pros., sans entrain pour le service militaire ; [+C] Poés. ‖ [avec inf.] qui répugne à : [C] Poés. ¶ **2** [fig.] ***a)*** ***mare pigrum*** [+C] Pros., mer dormante ; ***pigrum bellum*** [C] Poés., guerre qui traîne ***b)*** ***piger campus*** [C] Poés., campagne inerte, stérile ***c)*** inerte, engourdi = qui engourdit : [C] Poés. ***d)*** renfrogné : [+C] Poés. ‖ ***pigrior*** [C] Pros., [+C] Pros.

pĭgĕt, *ēre*, *pĭgŭit* ou *pĭgĭtum est*

I [arch.] causer du mécontentement, chagriner, contrarier [avec pron. n. sujet] : ***illud quod piget*** [-C] Théât., ce qui contrarie ‖ ***verba pigenda*** [C] Poés., des paroles qui causeront du regret

II impers., être mécontent, contrarié, ennuyé : [acc. de la pers. et gén. de la chose] [C] Pros. ; [acc. avec pron. n.] ***quod nos post pigeat*** [-C] Théât., [qqch.] de nature à nous contrarier par la suite ‖ [avec inf.] [-C] Théât., [C] Pros., [+C] Pros. ; ***fateri pigebat*** [C] Pros., il en coûtait d'avouer... ; avec prop. inf., v. [+C] Pros. ‖ [abs[t]] ***ad pigendum induci*** [C] Pros., être amené au mécontentement

pigmentārĭus, *ĭi*, m., marchand de couleurs, de parfums : [C] Pros.

pigmentātus, *a*, *um*, teint, parfumé : [T] Poés.

pigmentum, *i*, n., et ordin[t] **-ta**, *ōrum*, n. pl. ¶ **1** couleur pour peindre : [C] Pros. ¶ **2** fard : [-C] Théât. ¶ **3** [fig.] couleurs [du style], ornements, fleurs : [C] Pros. ‖ fard clinquant, faux brillant : [C] Pros.

pignĕrārĭus (pignŏr-), *ĭi*, m., celui qui prend les gages : [T] Pros.

pignĕrātŏr (pignŏr-), *ōris*, m., celui qui prend des gages, qui reçoit des hypothèques : [C] Pros.

pignĕrātus, *a*, *um*, part. de *pignero*

pĭgnĕrō (pignŏrō), *ās*, *āre*, *āvī*, *ātum*, tr. ¶ **1** engager, donner en gage : [+C] Poés. ¶ **2** attacher par un bienfait, obliger : [+C] Pros. ; ***se cenae alicujus*** [+C] Pros., s'engager à dîner chez qqn

pignĕrŏr, *ārĭs*, *ārī*, *ātus sum*, tr., prendre en gage, s'assurer en nantissement : [C] Pros. ; [fig.] ***pignerari aliquid omen*** [C] Poés., accepter qqch. comme une promesse du ciel

pignŏriscăpĭo, *ōnis*, f., prise de gage : [C] d. [+C] Pros.

pignŭs, *ŏris* et *ĕris*, n. ¶ **1** gage, nantissement : [-C] Théât. ; ***pignori accipere*** [+C] Pros., recevoir en gage ; ***pignera capere*** [C] Pros. ; ***pignora auferre*** [C] Pros., s'assurer des gages, prendre hypothèque, exiger un cautionnement ¶ **2** [en part.] ***a)*** gage, otage : C Pros. ***b)*** garantie d'une gageure, enjeu : ***pignore certare cum aliquo*** C Poés., lutter avec qqn en mettant un enjeu ; ***pignus ponere*** C Poés., poser son enjeu ***c)*** [poét.] gages de tendresse [= enfants, parents, amis], objets chéris : C Poés., Pros., +C Pros. ¶ **3** [fig.] garantie : C Pros.

pĭgrē, adv., avec paresse : +C Pros. ‖ lentement : +C Pros.

pĭgrēdo, *ĭnis*, f., paresse : T Pros.

pĭgrĕō, *ēs*, *ēre*, -, intr., être paresseux, être lent à [avec inf.] : -C Pros.

pĭgrescō, *ĭs*, *ĕre*, -, -, intr., ralentir : +C Pros.

pĭgrĭtĭa, *ae*, f., paresse : C Pros. ‖ [fig.] paresse de l'estomac : +C Pros. ‖ loisir, repos honorable : +C Poés.

pĭgrĭtĭēs, *ēi*, f., [seul^t à l'acc. sg.], lenteur : C Pros.

pĭgrō, *ās*, *āre*, *āvī*, -, intr., C. *1 pigror*, laisser traîner, tarder : -C Théât., C Poés.

1 **pĭgrŏr**, *ārĭs*, *ārī*, -, intr., [avec inf.] être lent à, tarder à : C Pros.

2 **pĭgrŏr**, *ōris*, m., paresse : -C Poés.

pĭgŭit, parf. de *piget*

1 **pīla**, *ae*, f., mortier : -C Pros. ‖ auge à foulon : -C Pros.

2 **pīla**, *ae*, f., pilier, colonne : ***pontis*** C Pros., pile d'un pont ‖ [en part.] colonnes des portiques où les libraires étalaient leurs livres : C Poés. ‖ monument funéraire : +C Poés.

3 **pĭla**, *ae*, f. ¶ **1** balle : ***studium pilae*** C Pros., amour du jeu de balle ‖ [prov.] ***claudus pilam*** C Pros., boiteux qui veut lancer la balle [= incapable] ¶ **2** ***pilae Mattiacae*** +C Poés., savonnettes de Mattium [Wiesbaden] ‖ petite boule de vote des juges : C Poés. ‖ ***Nursinae pilae*** +C Poés., navets ronds [de Nursie]

pīlānus, *i*, m., soldat armé du pilum [triaire] : C Pros., Poés.

pĭlāris, *e*, relatif à la balle [à jouer] : ***lusio*** +C Poés., jeu de balle ou de paume

pĭlārĭus, *ĭi*, m., escamoteur, faiseur de tours, prestidigitateur : +C Pros.

pilatēs, *ae*, m., pierre blanche : -C Pros.

pīlātim, adv., sur piliers : C Pros.

1 **pĭlātus**, *a*, *um*, part. de *1 pilo*

2 **pīlātus**, *a*, *um*, part. de *2 pilo*

3 **pīlātus**, *a*, *um*, armé du javelot : C Poés.

4 **Pīlātus**, *i*, m., Ponce Pilate [gouverneur de la Judée, qui accepta de supplicier de J.-C.] : T Pros.

pīlĕ-, V. *pille-*

pīlens, *tis*, m., C. *pilentum* : +T Poés.

pīlentum, *i*, n., char [d'origine gauloise], voiture pour les dames romaines : C Poés., Pros.

pīlĕŏlus (pill-), *i*, m., dim. de *pileus* : C Pros. ‖ **-ŏlum**, *i*, n., T Pros.

pīlĕus, *i*, V. *pilleus*

Pīlia, *ae*, f., femme d'Atticus : C Pros.

pĭlicrĕpus, *i*, m., joueur de balle : +C Pros.

pillĕātus (pīl-), *a*, *um*, part.-adj. d'un verbe *pileo*, "coiffer du *pileus* = affranchir", coiffé du *pileus* : C Pros. ; ***pilleata plebs*** +C Pros., le peuple coiffé du *pileus* [en signe d'affranchissement] ; ***pileati servi*** +C Pros., esclaves qu'on exposait en vente coiffés du *pileus* pour indiquer qu'on ne répondait pas d'eux ; ***pileati fratres*** C Poés., Castor et Pollux

pillĕus (pīlĕus), *i*, m. ¶ **1** piléus [sorte de bonnet phrygien en laine, dont on coiffait les esclaves qu'on affranchissait] : -C Théât., C Pros. ‖ [porté par un citoyen comme signe de liberté, p. ex. aux Saturnales, dans les festins, dans les fêtes] : +C Pros., Poés. ¶ **2** [fig.] bonnet d'affranchi, [d'où] affranchissement, liberté : C Pros., +C Pros., Poés.

1 **pĭlō**, *ās*, *āre*, -, - ¶ **1** intr., se couvrir de poils : -C Théât. ¶ **2** tr., épiler : +C Poés.

2 **pīlō**, *ās*, *āre*, -, *ātum*, tr., piller, voler, dépouiller : T Pros.

pĭlōsus, *a*, *um*, couvert de poils, poilu, velu : C Pros.

pilpĭtō, *ās*, *āre*, -, -, intr., cri [souris] : +C Pros.

1 **pīlum**, *i*, n., pilon : -C Pros.

2 **pīlum**, *i*, n., pilum, javelot [des soldats romains] : C Pros. ‖ [fig.] ***pilum injicere alicui*** -C Théât., lancer une pique à qqn ‖ [en part.] ***muralia pila*** C Pros. ; ***pila muralia*** C Pros., javelots de siège

Pīlumnus, *i*, m., dieu protecteur des nouveau-nés : T Pros. ‖ trisaïeul de Turnus : C Poés.

1 **pĭlus**, *i*, m., poil : C Pros. ‖ [fig.] un cheveu, un rien : C Pros. ; ***non facere aliquid pili*** C Poés., ne faire aucun cas de qqch

2 **pīlus**, *i*, m., compagnie des pilaires ou triaires [armés de javelots] : C Pros. ‖ V. *primipilus*

Pimplēa, *ae*, f. ¶ **1** source de la Piérie, qui était consacrée aux Muses : +C Poés. ¶ **2** Muse : C Poés.

Pimplēis, *ĭdis*, f. ¶ **1** Muse : C Pros. ¶ **2** poésies, vers : +C Poés.

Pimplēus, *a*, *um*, de Pimpla, des Muses : C Poés. ‖ f., Muse : C Poés.

Pimplĭădĕs, *um*, f. pl., C. *Pimpleides*, V. *Pimpleis* : T Poés.

pīna (pinna), *ae*, f., pinne marine [coquillage] : C Pros.

Pĭnăcĭum, *ĭi*, n., nom d'un jeune esclave : -C Théât.

pĭnăcŏthēca, *ae*, f., pinacothèque, galerie de tableaux, musée : C Pros. ‖ **-thēcē**, *ēs*., C Pros.

Pīnārĭi, *ōrum*, m. pl., ancienne famille du Latium, consacrée au culte d'Hercule : C Pros., T Pros. ‖ **-rĭus**, *a*, *um*, des Pinarii : C Poés.

pincerna, *ae*, m., échanson : T Pros.

pincernŏr, *ārĭs*, *ārī*, -, intr., être échanson : +T Poés.

Pindărus, *i*, m. ¶ **1** Pindare [le prince des poètes lyriques de la Grèce, né à Thèbes, en Béotie] : C Pros. ‖ **-rĕus**, **-rĭcus**, *a*, *um*, de Pindare, pindarique, lyrique : C Pros., Poés. ¶ **2** nom d'esclave : C Pros. ¶ **3** autre personne : +C Pros.

Pindĕnissus, *i*, f., place forte de Cilicie : C Pros. ‖ **-ītae**, *ārum*, m. pl., habitants de Pindénissus : C Pros.

Pindŏs (-dus), *i*, m., le Pinde [montagne de Thessalie, consacrée à Apollon et aux Muses] : C Poés.

pīnĕa, *ae*, f., pomme de pin : +C Pros.

pīnētum, *i*, n., forêt de pins, pinède : C Poés.

pīnĕus, *a*, *um*, de pin : ***ligna pinea*** T Pros., pins ; ***pinea nux*** -C Pros., pomme de pin ; ***pineus ardor*** C Poés., feu de bois de pin ; ***pinea moles*** C Poés. ; ***pinea texta*** C Poés. ; ***pinea compages*** +C Poés., vaisseau, navire [ordin^t en bois de pin]

pingō, *ĭs*, *ĕre*, *pinxī*, *pictum*, tr. ¶ **1** peindre, représenter par le pinceau : ***aliquem*** C Pros. ou ***speciem alicujus*** C Pros. ou ***simulacrum alicujus*** C Pros., faire le portrait de qqn ; ***tabulas*** C Pros., faire des tableaux ¶ **2** [avec ou sans *acu*] peindre à l'aiguille, broder : C Poés., Pros. ; ***picti reges*** +C Poés., rois vêtus d'habits brodés, couverts de broderies ¶ **3** peindre, barbouiller de, couvrir de : C Poés. ; ***palloribus omnia*** C Poés., couvrir toutes choses de teintes pâles ¶ **4** embellir : C Pros. ¶ **5** [rhét.] peindre, rehausser de belles couleurs : ***verba*** C Pros., donner du coloris aux mots [employer les figures de mots]

pingue, *is*, n., graisse, embonpoint : C Poés.

pinguēdo, *ĭnis*, f., graisse, matière grasse : +T Pros.

pinguescō, *ĭs*, *ĕre*, -, -, intr. ¶ **1** engraisser, devenir gras : +C Pros. ‖ [en parl. de la terre, des végétaux] : C Poés. ¶ **2** croître en violence, augmenter : +C Poés.

pinguĭārĭus, *ĭi*, m., qui aime la graisse, l'embonpoint : +C Poés.

pinguĭcŭlus, *a*, *um*, grassouillet, potelé : +C Pros.

pinguĭfĭcō, *ās*, *āre*, -, -, tr., [pass.] s'engraisser, devenir fertile : T Pros.

pinguis, *e* ¶ **1** gras, bien nourri : C Pros. ; ***pinguissimus haedulus*** +C Poés., chevreau bien gras ¶ **2** gras, graisseux : ***pingue olivum*** C Poés., huile grasse ; ***pingues arae*** C Poés., autels graissés par le sang des victimes ¶ **3** gras, fertile, riche : C Poés. ; ***pingues horti*** C Poés., les fertiles jardins ; ***fimus*** C Poés., riche engrais ¶ **4** épais, dense : ***caelum pingue*** C Pros., air épais ; ***pinguis toga*** +C Pros., toge épaisse ¶ **5** [fig.] ***a)*** épais, lourd, grossier : C Pros. ; ***pingue ingenium*** C Poés., esprit épais ; ***pingue munus*** C Pros., hommage grossier ***b)*** dans le bien-être, confortable : ***secessus pinguis*** [+C] Pros., confortable retraite

pinguĭtĕr, adv., grassement [en parl. du sol] : [+C] Pros.

pinguĭtĭa, *ae* et **-tĭēs**, *ēi*, f., graisse : [+C] Pros., [T] Pros.

pinguĭtūdo, *ĭnis*, f. ¶ **1** graisse, embonpoint : [-C], [C] Pros. ¶ **2** [fig.] prononciation lourde, trop appuyée : [+C] Pros.

pīnĭfer, *ĕra*, *ĕrum*, qui produit des pins, chargé ou planté de pins : [C] Poés.

pīnĭger, *ĕra*, *ĕrum*, ➡ *pinifer* : [C] Poés.

1 **pinna**, *ae*, f. ¶ **1** ➡ *penna* ***a)*** plume : [C] Pros., [+C] Pros. ***b)*** aile : [C] Pros. ***c)*** [poét.] vol de présage : [C] Poés. ***d)*** [poét.] flèche : [C] Poés. ¶ **2** merlon, panneau plein entre deux créneaux : [C] Pros. ¶ **3** aube ou aileron [d'une roue de moulin] : [C] Pros. ‖ touche [d'orgue hydraulique] : [C] Pros.

2 **pinna**, ➡ *pina*

pinnātus, *a*, *um*, qui a des ailes : [C] Pros.

Pinnēs, *is*, m., roi d'Illyrie : [C] Pros.

pinnĭgĕr, *ĕra*, *ĕrum*, ➡ *penniger* : [-C] Théât., [C] Poés., Pros.

pinnĭgĕrō, *ās*, *āre*, -, -, intr., voler : [T] Pros.

pinnĭpes, *ĕdis*, qui a des plumes aux pieds : [C] Poés.

pinnĭrăpus, *i*, m., pinnirape, qui cherche à enlever l'aigrette du casque de son adversaire [gladiateur samnite, portant à son casque une aigrette] : [+C] Poés.

pinnŭla, *ae*, f., petite plume : [+C] Pros. ‖ petite aile : [-C] Théât., [C] Pros.

pinnus, *a*, *um*, pointu : [+C] Pros.

pīnŏphy̆lax, *ăcis*, m., et **pinŏtērēs**, *ae*, m., pinnotère, petit crabe qui se loge dans la pinne marine : [C] Pros.

pinsātĭo, *ōnis*, f., action de battre pour tasser : [C] Pros.

pinsātus, *a*, *um*, part. de *1 pinso*

pinsĭtō, *ās*, *āre*, -, -, tr., bien broyer : [-C] Théât.

pinsĭtus, *a*, *um*, part.de *2 pinso*

1 **pinsō** (**pīsō**), *ās*, *āre*, -, *ātum*, tr., piler : [C] Pros., ([C] Pros.)

2 **pinsō** (qqf. **pīsō**), *ĭs*, *ĕre*, *pinsŭī* et *pinsī*, *pinsum* *pinsĭtum* et *pistum*, tr., battre, frapper : [-C] Théât., [C] Pros., [+C] Poés.

pinsus, *a*, *um*, part. de *2 pinso*

Pinthia, *ae*, m., roi de Syracuse : [-C] Théât.

pīnŭla, ➡ *pinnula*

pīnus, *ūs* et *i*, f. ¶ **1** pin [arbre] : [C] Poés. ¶ **2** [fig.] ***flagrans*** [C] Poés., torche enflammée ‖ navire, vaisseau : [C] Poés. ‖ rame, aviron : [+C] Poés. ‖ lance : [+C] Poés. ‖ couronne de pin : [C] Poés. ‖ forêt de pins : [+C] Poés.

pinxī, parf. de *pingo*

pĭō, *ās*, *āre*, *āvī*, *ātum*, tr. ¶ **1** offrir des sacrifices expiatoires, apaiser par des sacrifices, rendre propice : [C] Poés., Pros. ¶ **2** honorer : [-C] Théât., [C] Poés. ¶ **3** purifier expier : [C] Pros. ‖ ***fulmen*** [C] Poés., conjurer les présages donnés par la foudre ‖ effacer, venger, punir : [C] Poés., [+C] Poés. ¶ **4** [fig.] purifier qqn, le rendre sain, le ramener au bon sens : [-C] Théât.

pīpātŭs, abl. *ū*, m., piaulement : [C] Pros.

pĭpĕr, *ĕris*, n., poivre : [C] Pros., [+C] Pros. ‖ [fig.] dynamisme, pétulence : ***piper non homo*** [+C] Pros., c'était le poivre fait homme [il ne tenait pas en place] ‖ mordant, causticité : [T]

pĭpĕrātum, *i*, n., composition où il entre du poivre, mets poivré, poivrade : [+C] Pros.

pĭpĕrātus, *a*, *um*, poivré : [+C] Pros. ‖ [fig.] piquant, mordant, caustique : [T] Pros.

pīpĭlō, *ās*, *āre*, -, -, intr., gazouiller, caqueter : [C] Poés.

pĭpinna, *ae*, f., = ***parva mentula*** : [+C] Poés.

pīpĭō, *īs*, *īre*, -, -, intr., piauler : [+C] Pros.

pīpizo, *ōnis*, m., petit de la grue : [T] Pros.

Pīplēus, ➡ *Pimplēus*

pīpō, *ās*, *āre*, -, -, intr., piauler, glousser [en parl. de la poule] : [C] Poés.

pīpŭlum, *i*, n. (**-us**, *i*, m.) ¶ **1** criaillerie (piaulement) : ***pipulo aliquem differre*** [-C] Théât., clabauder contre qqn ¶ **2** vagissement : [+C] Pros.

Pīraea, *ōrum*, n. pl., ➡ *Piraeus* : [C] Poés.

Pīraeeūs, *ĕi* (*ĕos*), acc. *ĕum* et *ĕa* [cette dernière forme (grecque) jugée moins bonne par Cicéron] m., plutôt **Pīraeus**, *i*, n. (m.), [-C] Théât., [C] Pros., le Pirée, port d'Athènes ‖ **-aeus**, *a*, *um*, du Pirée : [C] Poés.

pīrămis, ➡ *pyramis*

pīrāta, *ae*, m., pirate : [C] Pros.

pīrātērĭum, *ĭī*, n., troupe de brigands : [T] Pros. ‖ lieu de tentation ou d'épreuve : [T] Pros.

pīrātĭcus, *a*, *um*, de pirate : ***piraticum bellum*** [C] Pros., la guerre contre les pirates ‖ **-tĭca**, *ae*, f., métier de pirate, piraterie : ***piraticam facere*** [C] Pros., exercer la piraterie, écumer les mers

Pīrēna, *ae*, [-C] Théât. et **-rēnē**, *ēs*, f., Pirène [fontaine de Corinthe, consacrée aux Muses] : [+C] Poés. ‖ **-nis**, *ĭdis*, f., de la fontaine de Pirène, de Corinthe : [C] Poés.

Pirenaeus, *a*, *um*, ➡ *Pyrenaeus*

pĭretrum, ➡ *pyrethrum*

Pirisabora, *ae*, f., ville de Babylonie : [T] Pros.

Pīrĭthŏus, *i*, m., Pirithoüs [fils d'Ixion, ami de Thésée, descendit avec lui aux enfers pour enlever Proserpine] : [C] Poés.

pĭrum, *i*, n., poire [fruit] : [-C] Pros., [C] Poés., [+C] Pros.

pĭrus, *i*, f., poirier [arbre] : [-C] Pros., [C] Poés.

Pīrustae, *ārum*, m. pl., peuple d'Illyrie : [C] Pros.

Pīsa, *ae*, f., Pise [ville d'Élide, non loin d'Olympie] : [C] Poés. ‖ **-saeus**, *a*, *um*, de Pise [en Élide] : [C] Poés. ‖ olympique : [+C] Poés.

Pisae, *ārum*, f. pl., ville d'Étrurie : [C] Poés., Pros. ‖ **-sānus**, *a*, *um*, de Pise [en Étrurie] : [C] Pros. ‖ **-āni**, *ōrum*, m. pl., habitants de Pise : [C] Pros.

Pīsandĕr (**-drŏs** ou **-us**), *dri*, m. ¶ **1** Pisandre [poète épique de Rhodes] : [+C] Pros. ¶ **2** un des prétendants de Pénélope : [C] Poés. ¶ **3** un Athénien : [C] Pros. ¶ **4** un Lacédémonien : [C] Pros.

pīsātĭo, *ōnis*, f., action de tasser, de battre la terre [al. *spissatio*] : [+C] Pros.

pīsātus, *a*, *um*, part. de *1 piso*

Pĭsaurum, *i*, n., Pisaurum [ville du Picénum, auj. Pesaro] : [C] Pros. ‖ **-rensis**, *e*, de Pisaurum : [C] Pros.

Pĭsaurus, *i*, m., rivière du Picénum : [C] Poés.

piscārĭus, *a*, *um*, de poisson : ***forum piscarium*** [-C] Théât., marché au poisson

piscātŏr, *ōris*, m. ¶ **1** pêcheur : [C] Pros. ¶ **2** marchand de poisson : [-C] Théât.

piscātōrĭus, *a*, *um*, de pêcheur : [C] Pros.

piscātum, *i*, n., plat de poisson : [T] Pros.

piscātŭs, *ūs*, m. ¶ **1** pêche, action de pêcher : [-C] Théât. ¶ **2** pêche, produit de la pêche : [-C] Théât., [C] Pros.

piscĭcăpus, *i*, m., pêcheur ‖ ***piscĭceps**, *ĭpis*, m. [inus.] : [C] Pros.

piscĭcŭlus, *i*, m., petit poisson : [-C] Théât., [C] Pros.

piscīna, *ae*, f. ¶ **1** vivier : [-C] Théât., [C] Pros. ¶ **2** piscine, bassin : ***piscina publica*** [C] Pros., bassin public ‖ piscine privée : [+C] Pros. ‖ mare, abreuvoir : [+C] Pros.

piscīnārĭus, *ĭī*, m., qui a des viviers : [C] Pros.

piscīnensis, *is*, m., baigneur : [C] Poés.

piscīnŭla (**-nilla**), *ae*, f., petit vivier, petit bassin : [C] Pros.

piscis, *is*, m., poisson : [C] Pros. ; ***piscis femina*** [C] Poés., poisson femelle ‖ pl., les Poissons [signe du zodiaque] : [C] Poés. ; [sg.] [C] Poés.

piscŏr, *ārĭs*, *ārī*, *ātus sum*, intr., pêcher : [C] Pros. ; ***in aere*** [-C] Théât., pêcher en l'air, perdre son temps

piscōsus, *a*, *um*, poissonneux : [C] Poés.

piscŭlentus, *a*, *um*, poissonneux : [-C] Théât. ‖ subst. n., médicament préparé avec des poissons : [+C] Pros.

Pīsēnŏr, *ŏris*, m., nom d'homme : [C] Poés.

Pīsīdae, *ārum*, m. pl., habitants de la Pisidie : [C] Pros. ‖ [au sg.] [C] Pros.

Pīsīdĭa, *ae*, f., Pisidie [contrée de l'Asie Mineure, près de la Pamphylie] : [C] Pros.

Pīsistrătĭdae, *ārum*, m. pl., les fils de Pisistrate [Hipparque et Hippias] : [C] Pros.

Pīsistrătus, *i*, m. ¶ **1** Pisistrate [fils d'Hipparque, tyran d'Athènes] : [C] Pros. ¶ **2** chef béotien : [C] Pros.

1 **pīsō**, *ās, āre, -, -* et **pīsō**, *ĭs, ĕre, -, -*, → *1-2 pinso*

2 **Pīso**, *ōnis*, m., surnom dans la *Calpurnia*, not[t] Pison, surnommé Frugi, consul, orateur : [C] Pros. ‖ C. Calpurnius Piso, accusé de concussion par les Allobroges, défendu par Cicéron : [C] Pros. ‖ pl., ***Pisones*** [C] Poés. ‖ **-nĭānus**, *a, um*, de Pison : [+C] Pros.

pistĭcus, *a, um*, pur, non falsifié : [T] Pros.

pistillum, *i*, n., **-llus**, *i*, m., pilon : [-C] Théât., [+C] Pros.

Pistŏclērus, *i*, m., nom d'un personnage de comédie : [-C] Théât.

pistŏr, *ōris*, m. ¶ **1** celui qui pile le grain dans un mortier : [-C] Théât. ¶ **2** boulanger, pâtissier : [C] Pros. ‖ épithète de Jupiter [qui inspira aux Romains assiégés dans le Capitole l'idée de jeter des pains aux Gaulois] : [C] Poés.

Pistōrĭum, *ĭi*, n., ville d'Étrurie [auj. Pistóia] ‖ **-ĭensis**, *e*, de Pistorium : [C] Pros. ; [jeu de mots sur *pistor*] [-C] Théât.

pistōrĭus, *a, um*, de boulanger, de pâtissier : [+C] Pros.

pistrĭgĕr, *ĕra, ĕrum*, qui a une queue de poisson : [T] Pros.

pistrīna, *ae*, f., boutique de boulanger ou de pâtissier : [C] Pros.

pistrīnālis, *e*, nourri dans une boulangerie : [+C] Pros.

pistrīnensis, *e*, de moulin, qui tourne la meule : [+C] Pros.

pistrīnum, *i*, n. ¶ **1** moulin : [-C] Théât., [C] Pros. ¶ **2** boulangerie, ***pistrinum exercere*** [+C] Pros., être boulanger

pistris, *is*, f., → *pristis*, baleine : [+C] Poés. ; → *2 pistrix*

1 **pistrix**, *īcis*, f., celle qui fait le pain, boulangère : [-C] Poés., [C] Pros.

2 **pistrix**, *īcis*, f., poisson-scie, ou baleine : [C] Poés. ‖ la Baleine [constellation] : [C] Poés.

pistus, *a, um*, part. de *2 pinso*

Pisuētae, *ārum.*, m. pl., habitants de Pisua [ville de Carie] : [C] Pros.

pĭthēcĭum, *ĭi*, n., guenon [fig.] : [-C] Théât.

pitheūs, *ĕi* ou *ĕos*, m., sorte de comète ‖ **-thĭās**, *ae*, m., [+C] Pros., **-thus**, *i*, m., [+C] Pros.

Pīthŏlāus, *i*, m., nom d'homme : [+C] Pros.

Pīthŏlĕo (-lĕōn), *ontis*, m., Pitholéon [mauvais poète de Rhodes] : [C] Poés.

pītisso, → *pytisso*

pittăcĭum, *ĭi*, n., morceau de cuir ou de parchemin, étiquette d'un vase : [+C] Pros. ‖ emplâtre : [+C] Pros. ‖ pièce [sur un vêtement ou une chaussure] : [T] Pros.

Pittăcus (-ŏs), *i*, m., Pittacos de Mytilène, un des sept sages de la Grèce : [C] Pros., [+C] Poés.

Pittheūs, *ĕi* ou *ĕos*, m., Pitthée [roi de Trézène] : [C] Poés. ‖ **-thēĭus (-thēus)**, *a, um*, de Pitthée, de Trézène : [C] Poés. ‖ **-thēis**, *ĭdos*, f., de Pitthée : [C] Poés.

Pitŭānĭus, *ĭi*, m., nom d'homme : [+C] Pros.

pītŭīta, *ae*, f. ¶ **1** mucus, coryza : [-C] Pros., [C] Pros. ; ***nasi*** [C] Poés., morve ¶ **2** pus, humeur, sanie : [+C] Pros. ¶ **3** pépie [maladie des oiseaux] : [+C] Pros.

pītŭītōsus, *a, um*, pituiteux : [C] Pros.

Pĭtўūssae, *ārum*, f. pl., [au sg.] [C] Pros.

1 **pĭus**, *a, um* ¶ **1** qui reconnaît et remplit ses devoirs envers les dieux, les parents, la patrie [trad. diverses suivant le contexte] ***a)*** [envers les dieux] pieux : [C] Pros. ; [m. pris subst[t]] ***pii***, les gens pieux, les justes, les bienheureux aux Enfers : [C] Pros. ‖ [choses servant au culte] pieux, sacré : ***far pium*** [C] Poés., épeautre sacré ; [C] Pros. ***b)*** [envers les parents, la patrie] pieusement affectueux, ayant une tendresse respectueuse, affectionné, dévoué : ***pius in parentes*** [C] Pros., ayant de la piété filiale [ou qqf. *pius* seul [C] Pros.] ; ***pius dolor*** [C] Pros., une pieuse douleur [causée par la situation d'un ami] ; ***pius metus*** [C] Poés., pieuses alarmes, tendre sollicitude [d'une épouse] ¶ **2** conforme à la piété [en gén.], juste : [C] Pros. ¶ **3** [poét.] tendre, bienveillant : ***pia testa*** [C] Poés., affectueuse amphore

2 **Pĭus**, *ĭi*, m., surnom, en part. du premier empereur Antonin : [T] Pros.

1 **pix**, *pĭcis*, f., poix : [C] Pros., Poés.

2 **pix**, *pĭcĭs* acc. pl. *pĭcīs*, m., sphinx, griffon : [-C] Théât.

plācābĭlis, *e* ¶ **1** qui se laisse fléchir, qu'on peut apaiser, accessible : [C] Pros. ; ***ad preces*** [C] Pros., accessible aux prières ‖ [poét.] doux, bon, clément : [C] Poés. ¶ **2** propre à apaiser, capable d'apaiser, propitiatoire : [-C] Théât. ; ***-lior*** [T] Pros.

plācābĭlĭtās, *ātis*, f., clémence, disposition à se laisser fléchir : [C] Pros.

plācābĭlĭtĕr, adv., d'une manière propre à fléchir : [+C] Pros.

plācāmĕn, *ĭnis*, n., moyen d'apaiser : [+C] Pros. ‖ ***-mina***, n. pl., victimes expiatoires : [+C] Poés.

plācāmentum, *i*, n., → *placamen* ; [pl.] [+C] Pros.

plācātē, adv., avec calme : [C] Pros. ‖ ***-tius*** [C] Pros.

plācātio, *ōnis*, f., action d'apaiser, de fléchir : [C] Pros.

plācātŏr, *ōris*, m., celui qui apaise : [T] Pros.

plācātus, *a, um*, part.-adj. de *placo* ¶ **1** apaisé, adouci, bienveillant : [C] Pros. ¶ **2** calme, paisible, tranquille : [C] Pros. ; ***placatissima quies*** [C] Pros., un repos si profond

plăcendus, *a, um*, → *placeo*

plăcens, *tis*, part. de *placeo*, plaisant, qui agrée : [C] Pros. ‖ aimé, chéri : [C] Poés.

plăcenta, *ae*, f., galette, gâteau : [-C] Pros., [C] Poés. ‖ gâteau sacré : [+C] Poés.

1 **plăcentĭa**, *ae*, f., désir de plaire : [+C] Pros.

2 **Plăcentĭa**, *ae*, f., ville d'Italie, sur le Pô [auj. Plaisance] : [C] Pros. ‖ **-tīnus**, *a, um*, de Plaisance : [C] Pros. ‖ **-tīni**, *ōrum*, m. pl., les habitants de Plaisance : [C] Pros.

plăcĕō, *ēs, ēre, ŭī, ĭtum*, intr. ¶ **1** plaire, être agréable, agréer : [C] Pros. ; ***sibi placere*** [C] Pros., être satisfait de soi ‖ parf. dép. : [-C] Théât. ¶ **2** ***a)*** paraître bon à qqn, agréer : [C] Pros. ; ***ut placet Stoicis*** [C] Pros., comme est l'opinion des stoïciens, selon la doctrine stoïcienne ; ***non placet*** [C] Pros., ce n'est pas mon avis ***b) placet alicui rem facere, rem fieri, ut res fiat***, qqn trouve bon, est d'avis, décide de faire une chose, qu'une chose soit faite : [C] Pros. ; [avec subj. seul] [+C] Pros. ‖ [en part. pour les décrets du sénat] [avec *ut*] [C] Pros. ; ***placuit, ut*** [C] Pros., on [le sénat] décida de... ; [qqf. aussi proposition d'un sénateur] [C] Pros., (cf. ***decerno*** [C] Pros.) ; [avec prop. inf.] [C] Pros. ; [avec subj. seul] [C] Pros. ; [avec prop. inf. et subj. seul] [C] Pros. ***c) si dis placet***, s'il plaît aux dieux, que les dieux me pardonnent : [-C] Théât., [C] Pros.

plăcescō (-cessō), *ĭs, ĕre, -, -*, intr., plaire : [T] Poés.

plăcĭda, *ae*, f., embarcation légère : [+C] Pros.

plăcĭdē, adv., avec douceur, avec bonté : [C] Pros. ‖ d'une allure calme, paisible : [C] Pros. ; [fig.] [C] Pros. ‖ sans bruit, doucement : [-C] Théât. ‖ avec calme, avec sang-froid, sans murmurer : [C] Pros. ‖ ***-dius*** [C] Pros. ; ***-issime*** [T] Pros.

Plăcĭdīna, *ae*, f., nom de femme : [+T] Poés.

plăcĭdĭtas, *ātis*, f., humeur douce, douceur de caractère : [C] Pros., [+C] Pros.

plăcĭdus, *a, um*, doux, calme, paisible : [-C] Théât., [C] Pros., [C] Pros. ; ***placidissima pax*** [C] Pros., le calme le plus profond ; [C] Poés.

plăcĭta, → *placitum*

plăcĭtō, *ās, āre, -, -*, intr., fréq. de *placeo*, plaire beaucoup : [-C] Théât.

plăcĭtum, *i*, n., ce qui plaît, désir, agrément, souhait : [C] Poés. ‖ [ordin[t] au pl.] préceptes [d'agriculture] ; [phil.] dogme, principe fondamental : [+C] Pros.

plăcĭtūrus, *a, um*, part. fut. de *placeo*

plăcĭtus, *a*, *um*, part.-adj. de *placeo*, qui a plu, qui plaît, agréable : [C] Pros., Poés., [+C] Pros.

plācō, *ās*, *āre*, *āvī*, *ātum*, tr., apaiser, calmer, adoucir : ***animos*** [C] Pros. ; ***plebem muneribus*** [C] Pros. ; ***iras*** [C] Pros., apaiser les esprits, la plèbe par des jeux, les colères ; ***ventos*** [C] Poés. ; ***aequora*** [C] Poés., calmer les vents, la mer ; ***sitim*** [+C] Poés., apaiser la soif ‖ ***aliquem alicui*** [C] Pros., gagner la faveur de qqn à l'égard de qqn

plăcŏr, *ōris*, m., contentement, paix, apaisement : [T] Pros.

plăcŭī, parf. de *placeo*

Plaetōrĭus, *ĭi*, m., nom de différents personnages : [C] Pros. ‖ **-ānus**, *a*, *um*, de Plétorius : [C] Pros. ‖ **-tōrĭa lex**, [C] Pros., loi Plétoria [portée par le tribun Plétorius, vers 200 av. J.-C., sur la protection des mineurs de 14 à 25 ans]

1 **plāga**, *ae*, f., coup, blessure [pr. et fig.] : [+C] Pros. ; ***plagis confectus*** [C] Pros., roué, déchiré de coups ; ***mortifera*** [C] Pros., coup mortel ; ***alicui*** ou ***alicui rei plagam imponere*** [C] Pros. ; ***injicere*** [C] Pros. ; ***infligere*** [C] Pros., porter un coup à qqn, à qqch ; ***plagam accipere*** [C] Pros., recevoir un coup, une blessure

2 **plăga**, *ae*, f., étendue, région : [-C] d. [C] Pros., [C] Pros., Poés. ; ***quattuor plagae*** [C] Poés., les quatre zones ‖ canton : [C] Pros.

3 **plăga**, *ae*, f., filet, piège [pr. et fig.] : [au sg.] [C] Pros. ; [mais surtout au pl.] [C] Pros.

plăgĭārĭus, *ĭi*, m., plagiaire, celui qui vole les esclaves d'autrui, [ou] qui achète ou qui vend comme esclave une personne libre : [C] Pros., [+C] Pros. ‖ [fig.] plagiaire [en parl. d'un auteur] : [+C] Poés.

plăgĭātŏr, *ōris*, m., V. *plagiarius* [au pr.] : [T] Pros.

plāgĭgĕr, *ĕra*, *ĕrum* et **-gĕrŭlus**, *a*, *um*, [litt[t]] porte-coups, [fam.] encaisseur de coups, souffre-douleur : [-C] Théât.

plāgĭoxypus, *i*, m., celui qui bat souvent : [C] Pros.

plāgĭpătĭda, *ae*, m., souffre-coups, tête à claques : [-C] Théât.

plāgō, *ās*, *āre*, *āvī*, *ātum*, tr., frapper, battre : [T] Pros.

plāgōsus, *a*, *um* ¶ **1** qui aime à frapper, brutal : [C] Pros. ¶ **2** couvert de plaies ou de cicatrices : [+C] Pros.

plăgŭla, *ae*, f., couverture de lit : [-C] Théât. ‖ rideau de lit ou de litière : [+C] Pros. ‖ tapisserie, tapis, étoffe : [C] Pros. ‖ pan, côté [d'une tunique] : [C] Pros.

Plāgŭlēius, *i*, m., nom d'homme : [C] Pros.

plăgūsĭa, *ae*, f., coquillage inconnu : [-C] Théât.

plāna, *ae*, f., [techn.] plane, doloire : [T] Pros.

Planasĭa, *ae*, f., l'île de Planasie, entre la Corse et l'Étrurie [auj. Pianosa] : [+C] Pros.

plānātus, *a*, *um*, part. de *plano*

Plancīna, *ae*, f., nom de femme : [+C] Pros.

Plancĭus, *ĭi*, m. ¶ **1** nom de famille rom., not[t] Cn. Plancius, défendu par Cicéron : [C] Pros. ¶ **2** nom d'un Varus : [+C] Pros.

planctŭs, *ūs*, m., action de frapper avec bruit, coup, battement : [+C] Poés. ‖ action de se frapper dans la douleur : [+C] Pros. ‖ [fig.] lamentations, bruyante douleur : [+C] Pros.

plānē, adv. ¶ **1** d'aplomb : [-C] Théât. ¶ **2** d'une façon unie, clairement : ***loqui*** [C] Pros., parler clairement ; ***planius, planissime*** [C] Pros., plus clairement, très clairement ¶ **3** complètement, entièrement, exactement : [C] Pros. ; ***plane perisse*** [C] Pros., être tout à fait perdu ; ***non plane*** [C] Pros., pas entièrement, pas tout à fait ; ***plane orator*** [C] Pros., orateur accompli ‖ [dans les réponses] exactement, parfaitement : [-C] Théât. ‖ sans doute, soit [concessif] : [+C] Pros.

Plănēsĭum, *ĭi*, n., nom de femme : [-C] Théât.

plănētae, *ārum*, m. pl., les planètes : [+C] Pros.

plănētārĭus, *ĭi*, m., astrologue : [T] Pros.

plănētēs, *um*, m. pl., V. *planetae* : [+C] Pros.

plănētĭcus, *a*, *um*, errant : ***planetica sidera*** [T] Pros., planètes

plangō, *ĭs*, *ĕre*, *planxī*, *planctum*, tr. ¶ **1** frapper : [C] Poés. ‖ ***avis plangitur*** [C] Poés., l'oiseau se frappe de ses ailes = bat des ailes ¶ **2** [en part., signe de douleur, d'exaltation] : ***pectora*** [C] Poés., se frapper la poitrine ; ***lacertos*** [C] Poés., se frapper les bras ‖ [pass.] se frapper : [C] Poés. ¶ **3** ***a)*** [abs[t]] se livrer aux transports de la douleur, se lamenter : ***planxere Dryades*** [C] Poés., les Dryades se lamentèrent ***b)*** tr., pleurer qqch., qqn : [C] Poés., [+C] Poés. ; [au pass.] [+C] Pros., Poés.

plangŏr, *ōris*, m., action de frapper, battements, coups : [C] Poés. ‖ coups que l'on se donne dans la douleur, lamentations bruyantes, gémissements : [C] Pros., Poés.

plānĭlŏquus, *a*, *um*, qui s'exprime clairement : [-C] Théât.

plānĭpēs, *ĕdis*, m., sorte d'acteur bouffon [qui n'a ni le *soccus*, ni le *cothurnus*] : [+C] Poés., Pros.

plānĭtās, *ātis*, f., netteté, clarté [rhét.] : [+C] Pros.

plānĭtĭa, *ae*, f., surface plane, plaine, pays plat : [C] Pros. ‖ surtout, **plānĭtĭēs**, *ēi*, f., même sens : [C] Poés., Pros.

plānĭtūdo, *ĭnis*, f., surface plane : [T] Pros.

plānō, *ās*, *āre*, *āvī*, *ātum*, tr., aplanir : [+T] Poés.

1 **planta**, *ae*, f., plante du pied, pied : [C] Poés. ; ***planta duci*** [+C] Poés., être traîné par le talon ; ***planta assequi*** [+C] Poés., atteindre à la course ; ***exsurgere in plantas*** [+C] Pros., se hausser sur la pointe des pieds

2 **planta**, *ae*, f. ¶ **1** plant, pousse, rejeton, bouture, talon : [-C] Pros., [C] Pros. ¶ **2** plante, légume : [+C] Poés.

plantārĭa, *ĭum*, n. pl. ¶ **1** jeunes plants, rejetons, boutures : [C] Poés. ‖ plantes, légumes : [+C] Poés. ‖ [fig.] végétation : [+C] Poés. ¶ **2** ailerons [attachés aux pieds de Mercure], talonnières : [+C] Poés.

plantāris, qui tient aux pieds : [+C] Poés. ; V. *plantaria*

plantārĭum, *ĭi*, n., V. *plantaria*

plantātĭo, *ōnis*, f., [fig.] plante, fruits : [T] Pros.

plantātus, part. de *planto*

plantō, *ās*, *āre*, *āvī*, *ātum*, tr., [fig.] former : [T] Pros.

1 **plānus**, *a*, *um* ¶ **1** plan, de surface plane, plat, uni, égal : ***planum litus*** [C] Pros., rivage uni ; ***carinae planiores*** [C] Pros., carènes plus plates ; ***planissimus locus*** [C] Pros., lieu très plat ; ***planae manus*** [+C] Pros., mains à plat, le plat de la main [oppos. à *cavae*, creux de la main] ‖ [n. pris subst[t]] terrain plat : ***in planum deducere*** [C] Pros., faire descendre dans la plaine ‖ [fig.] ***in plano*** [+C] Pros., au ras du sol = dans la vie ordinaire ¶ **2** [fig.] ***a)*** sans aspérités, facile, aisé : ***plana via*** [C] Pros., route unie, facile ***b)*** clair, net : ***narrationes planae*** [C] Pros., narrations claires ; ***planum facere*** [avec prop. inf.] [C] Pros., montrer clairement que ; ***planum fac*** [C] Pros., fais la preuve

2 **plănus**, *i*, m., vagabond : [+C] Pros. ‖ charlatan, saltimbanque : [C] Pros.

planxī, parf. de *plango*

plāsēa, V. *palasea*

plasma, *ătis*, n., la créature [l'homme formé du limon de la terre] : [T] Poés. ‖ modulation efféminée : [+C] Pros.

plasmābĭlis, *e*, façonné, pétri : [+T] Poés.

plasmātĭo, *ōnis*, f., création, confection : [T] Pros.

plasmō, *ās*, *āre*, *āvī*, *ātum*, tr., former [l'homme], façonner, créer : [T] Poés.

plassō, *ās*, *āre*, -, -, tr., confectionner : [+C] Pros.

plastēs, *ae*, m., celui qui travaille l'argile, modeleur, sculpteur : [C] Pros. ; [pl.] [+C] Pros.

plastĭcus, *a*, *um*, relatif au modelage : ***ratio plastica*** [C] Pros., la plastique

Plătaeae, *ārum*, f. pl., Platées [ville de Béotie, célèbre par la victoire remportée par Pausanias sur les Perses] : [C] Pros. ‖ **-tāĭcus**, *a*, *um*, de Platées : [C] Pros. ‖ **-taeenses**, *ĭum*, m. pl., habitants de Platées, Platéens : [C] Pros.

plătălĕa, *ae*, f., spatule, stercoraire [oiseau] : [C] Pros.

plătănīnus, *a*, *um*, de platane : [+C] Pros.

plătănōn, *ōnis*, m., lieu planté de platanes : [C] Pros., [+C] Pros.

plătănus, *i*, f., platane : [C] Pros.

plătĕa, *ae*, f., grande rue, espace ouvert, avenue, rue large : [-C] Théât., [C] Pros.

Plătĕae (-tĭae), *ārum*, f. pl., V. *Plataeae*

Plătiae, V. *Plateae*

1 **Plătō**, *ōnis*, m. ¶ **1** Platon [célèbre philosophe grec, disciple de Socrate] : C Pros. ¶ **2** autre du même nom : C Pros. ‖ **-nĭcus**, *a*, *um*, de Platon, platonique : C Pros., +C Pros. ‖ **-nĭci**, *ōrum*, m. pl., les Platoniciens : C Pros.

2 **plătō**, *ōnis*, m., daim : +C Pros. ; ➡ *1 platon*

1 **plătōn**, *ōnis*, m., daim : +C Pros. ; ➡ *2 plato*

2 **Plătōn**, ➡ *1 Plato*

Platŏr, *ōris*, m., père de Gentius, roi d'Illyrie : C Pros.

plaudō (plōdō), *ĭs*, *ĕre*, *sī*, *sum*, intr. et tr.

I intr. ¶ **1** battre, frapper : ***alis*** C Poés., battre des ailes ; ***pedibus choreas*** [acc. qualif.] C Poés., scander des choeurs en frappant du pied ¶ **2** [en part.] battre des mains, applaudir : C Pros. ; [à la fin des pièces] ***vos plaudite*** C Poés., vous autres (spectateurs), applaudissez ‖ approuver (***alicui, alicui rei***, qqn, qqch.) : C Poés., Pros.

II tr. ¶ **1** frapper : ***pectora manu*** C Poés., frapper la poitrine de la main ¶ **2** ***plausis alis*** C Poés., en battant des ailes, les ailes s'entrechoquant

plausī, parf. de *plaudo*

plausĭbĭlis, *e*, digne d'être approuvé ou applaudi, louable : C Pros., +C Pros.

plausĭbĭlĭter, adv., ***-lius*** T Pros.

plausŏr, *ōris*, m., celui qui applaudit, applaudisseur, claqueur : C Pros., +C Pros.

plaustellum (plos-), *i*, n., petit chariot : C Pros.

plaustra, *ae*, f., ➡ *plaustrum*, le Chariot [constellation] : T Poés.

plaustrārĭus (plos-), *a*, *um*, de trait [qui concerne les chariots] : -C Pros. ‖ subst. m.

plaustrum, **(plos-**, -C, C**)**, *i*, n., chariot, charrette, voiture : C Pros. ; [prov.] ***plaustrum perculi*** -C Théât., j'ai renversé mon chariot [je suis perdu] ‖ le Chariot [constellation] : C Poés.

1 **plausus**, *a*, *um*, part. de *plaudo*

2 **plausŭs**, *ūs*, m. ¶ **1** bruit produit en frappant, battement [des ailes, des pieds] : -C Théât., Pros., C Poés. ¶ **2** battement des mains, applaudissement [sg. ou pl.] : C Pros. ‖ [fig.] applaudissement, approbation : C Pros. ; ***plausum captare*** C Pros., rechercher les applaudissements

Plautĭa, *ae*, f., Plautia Urgulanilla, troisième femme de Claude : +C Pros.

Plautīnŏtătus, *a*, *um*, tout à fait digne de Plaute : +C Pros.

Plautīnus, *a*, *um*, ➡ *1 Plautus*

Plautĭus (Plōt-), *ĭi*, m., nom de famille rom. : C Pros., +C Pros. ‖ **-tĭus**, *a*, *um*, ***Plautia lex*** C Pros., loi Plautia ; +C Pros. ‖ **-iānus**, *a*, *um*, de Plautius : C Pros., +C Pros.

1 **Plautus**, *i*, m., Plaute [*T. Maccius*, célèbre poète comique latin] : -C Théât., C Pros., Poés. ‖ **-tīnus**, *a*, *um*, de Plaute, plautinien : C Pros., Poés. ; ***Plautinissimi versus*** +C Pros., vers tout à fait dignes de Plaute

2 **plautus**, *a*, *um*, ***plautae murenae*** +C Pros., murènes flottantes ; ➡ *fluta*

Plavis, *is*, m., fleuve des Vénètes [auj. Piave] : +T Poés.

plēcēbŭla, *ae*, f., populace, menu peuple : T Pros.

plēbēius (-jus), *a*, *um*, plébéien, du peuple, de la plèbe, non patricien : C Pros. ‖ [fig.] du commun : C Pros. ; ***plebeius sermo*** C Pros., langage courant, commun

plēbēs, *ĕi* et *ī*, f., [ancienne forme pour *plebs* C Pros. ; gén. *-i* C Pros. ; *-ei* C Pros. ; dat. *-ei* C Pros.] ‖ ➡ *plebs*

plēbĭcŏla, *ae*, m., flatteur du peuple, courtisan de la plèbe : C Pros.

plēbis, gén. de *plebs*

plēbiscītum, *i*, n., ➡ *scitum*

plebs, *bis*, f. ¶ **1** la plèbe, les plébéiens [oppos. aux patriciens] : C Pros. ¶ **2** [rare] le bas peuple, le menu peuple, les classes inférieures : C Pros., Poés., +C Poés. ; ***superum*** [gén. pl.] C Poés., les demi-dieux ‖ [en parl. des abeilles] foule, essaim : pl., +C Pros. ¶ **3** [chrét.] les fidèles [en gén.], les laïcs : T Pros.

plecta, *ae*, f., entrelacs, guirlande [archit.] : T Pros.

plectĭbĭlis, *e*, punissable : T Pros.

plectĭlis, *e*, enlacé, tressé : -C Théât. ‖ [fig.] entortillé, captieux : T Poés.

1 **plectō**, *ĭs*, *ĕre*, -, -, tr., [au passif chez les classiques] ***tergo plecti*** C Poés., recevoir les étrivières ‖ [fig.] ***neglegentia plecti*** C Pros., être puni de sa négligence ; ***culpa plectitur*** C Pros., la faute est punie ‖ être blâmé : C Pros. ‖ éprouver un dommage, souffrir [en parl. des choses] : C Poés.

2 **plectō**, *ĭs*, *ĕre*, *plexī*, et *plexŭī* T Pros., *plexum*, tr. ¶ **1** courber : ***se plectere*** C Poés., se tourner ¶ **2** rouler [ses cheveux], friser : T Pros. ‖ entrelacer, tresser : C Poés.

plectrĭcănus, *a*, *um*, qui résonne sous le plectre : T Poés.

plectrĭpŏtens, *tis*, maître du plectre, qui marque la mesure : T Pros.

plectrum, *i*, n. ¶ **1** plectre, petite baguette d'ivoire pour toucher les cordes de la lyre : C Pros. ‖ [par ext.] lyre, luth : C Poés. ‖ [fig.] poésie lyrique : C Poés. ¶ **2** gouvernail : +C Poés.

Plĕcūsa, *ae*, f., nom de femme : +C Poés.

Plēĭădes (Plīă-), *um*, f. pl., les Pléiades [sept filles d'Atlas et de Pléioné, changées en constellation] : C Poés., +C Poés. ‖ [constellation apportant le mauvais temps et la pluie] : +C Poés. ‖ [méton.] orage, tempête : +C Poés. ‖ sg., **Plēĭăs, Plīăs**, C Poés.

Plēĭŏnē, *ēs*, f. ¶ **1** Pléioné [nymphe fille de l'Océan et de Téthys, femme d'Atlas et mère des Pléiades] : C Poés. ; ***Pleiones nepos*** C Poés. = Mercure ¶ **2** les Pléiades [constellation] : +C Poés.

Plēmĭnĭus, *ĭi*, m., nom d'une famille romaine : C Pros.

Plemmȳrĭum (Plēmȳ-), *ĭi*, n., promontoire voisin de Syracuse : C Poés.

plēnē, adv., [fig.] pleinement, complètement, tout à fait, absolument [rare] : C Pros. ‖ ***-nius*** C Poés. ; ***-issime*** +C Pros.

plēnĭlūnĭum, *ĭi*, n., pleine lune : +C Pros.

plēnĭtās, *ātis*, f., saturation complète : C Pros. ‖ abondance, plénitude : C Pros. ‖ pl., C Pros.

plēnĭtūdo, *ĭnis*, f., grosseur : +C Pros. ‖ ce qui remplit : T Pros. ‖ [fig.] plénitude, son plein : C Pros.

plēnus, *a*, *um* ¶ **1** plein [avec gén.] : C Pros. ; ***plenus officii*** C Pros., plein de serviabilité ‖ [avec abl.] C Pros. ‖ [sans compl.] C Pros. ; ***plenissimis velis*** C Pros., toutes voiles dehors ; ***plena manu*** C Pros., à pleines mains ‖ [n. pris subst[t]] ***plenum*** C Pros., le plein ; [fig.] ***plenum, inane*** C Pros., le plein, le vide [dans le rythme] ¶ **2** ***a)*** f., pleine, enceinte : C Pros., Poés. ***b)*** rassasié : C Pros. ***c)*** épais, gros, corpulent : C Pros., +C Pros., Poés. ‖ abondant [style] : ***jejunior, plenior*** C Pros., [orateur] plus sec, plus abondant (plus riche) ***d)*** entier, complet : ***annus plenus*** C Pros., année complète ; ***plena gaudia*** C Pros., joies complètes ; ***orator plenus*** C Pros., orateur accompli ***e)*** plein comme son : ***vox plenior*** C Pros., voix plus pleine, plus sonore ***f)*** garni, abondamment pourvu : ***plenus decessit*** C Pros., il s'en alla les mains pleines, chargé de dépouilles ‖ riche, abondant : C Pros. ***g)*** complet, substantiel : ***pleniores cibi*** +C Pros., aliments plus riches ; ***plenius vinum*** +C Pros., vin plus corsé

plērăque, adv., ➡ *plerumque* : +C Pros.

plērīquĕ, *aequĕ*, *ăquĕ*, ➡ *plerusque*

plērumquĕ, adv. ¶ **1** adv., la plupart du temps, ordinairement, généralement : C Pros. ‖ souvent : +C Pros. ¶ **2** subst., ➡ *plerusque I*

plērus (ploerus), *a*, *um*, ➡ *plerusque* : -C Pros., Théât., C Pros.

plērusquĕ, *răquĕ*, *rumquĕ*

I [rare au sg.] la plus grande partie de : ***juventus pleraque*** C Pros., la plus grande partie de la jeunesse ‖ n. pris subst[t], ***plerumque noctis*** C Pros., la plus grande partie de la nuit

II pl., ***plerique, aeque, aque*** ¶ **1** la plupart, le plus grand nombre ***a) plerique Belgae*** C Pros., la plupart des Belges ***b) plerique Poenorum*** C Pros., la plupart des Carthaginois ***c)*** C Pros. ; ***quod plerisque contingit*** C Pros., ce qui arrive à la plupart des hommes ¶ **2** très nombreux, en très grand nombre : C Pros.

Plestīna, *ae*, f., ville des Marses : C Pros.

Plētōrĭus, ➡ *Plaetorius*

Pleumoxĭi, *ōrum*, m. pl., peuple belge : C Pros.

pleurĭsis, *is*, f., pleurésie : T Poés. ; V. *pleuritis*

pleurītis, *ĭdis*, f., pleurésie [maladie] : C Pros.

Pleurōn, *ōnis*, f., ville d'Étolie ‖ **-nĭus**, *a*, *um*, de Pleuron : C Poés.

plexi et **plexŭi**, parf. de *2 plecto*

plexĭlis, *e*, entrelacé : +C Pros.

plexus, *a*, *um*, part. de *2 plecto*

Plīădes, V. *Pleiades*

Plīăs, *ădis*, f., V. *Pleiades*

plĭcātrix, *īcis*, f., celle qui plie les vêtements : -C Théât.

plĭcātūra, *ae*, f., action de plier : +C Pros.

plĭcātus, *a*, *um*, part. de *plico*

plĭcō, *ās*, *āre*, -, *ātum*, tr., plier, replier : C Poés. ‖ enrouler [un papyrus] : +C Pros.

Plīnĭus, *ĭi*, m. ¶1 Pline l'Ancien (*C. Plinius Secundus Major*) ; mort lors de l'éruption du Vésuve en 79 apr. J.-C. : +C Pros. ¶2 Pline le Jeune (*C. Plinius Caecilius Secundus Junior*), neveu du précédent, dont il nous reste des lettres et le Panégyrique de Trajan : +C Poés.

plinthis, *ĭdis*, f., [archit.] plinthe [dans la base d'une colonne ionique] : C Pros. ‖ [méc.] plinthe [dans la base d'une catapulte] : C Pros. ‖ règle d'obturation [dans l'orgue hydraulique] : C Pros. ; V. *plinthus*

plinthĭum, *ĭi*, n., table de cadran solaire : C Pros.

plinthus, *i*, f., [archit.] plinthe [dans la base d'une colonne ionique ou toscane] : C Pros. ‖ abaque [dans un chapiteau dorique ou toscan] : C Pros. ; V. *plinthis*

plīpĭō, *ās*, *āre*, -, -, intr., crier [en parl. de l'autour] : +C Pros.

Plisthĕnēs, *is*, m., fils de Thyeste, tué par Atrée : +C Poés. ‖ **-nĭcus**, *a*, *um*, d'Agamemnon [fils de Plisthène] : C Poés.

Plistica, *ae*, f., ville du Samnium : C Pros.

Plistŏnīcēs, *ae*, m., surnom du grammairien Apion : +C Pros.

Plitendum, *i*, n., ville de Grande-Phrygie : C Pros.

Plŏcĭum, *ĭi*, n., titre d'une comédie de Cécilius, traduite de Ménandre : +C Pros.

plōdo, V. *plaudo*

ploera, V. *plura*

plōrābĭlis, *e*, larmoyant, plaintif : +C Poés.

plōrābundus, *a*, *um*, tout éploré : -C Théât.

plōrātĭo, *ōnis*, f., pleurs, larmes : T Pros.

plōrātŏr, *ōris*, m., celui qui pleure, pleureur : +C Poés.

1 **plōrātus**, *a*, *um*, part. de *ploro*

2 **plōrātŭs**, *ūs*, m., cris de douleur, lamentations : sg., C Pros. ‖ pl., C Pros.

plōrō, *ās*, *āre*, *āvī*, *ātum*, intr. et tr.

I intr. ‖ crier en pleurant, se lamenter, pleurer en gémissant : +C Pros., C Pros., Poés.

II tr., déplorer : ***raptum juvenem*** C Poés., pleurer le jeune homme enlevé par la mort ‖ [avec inf.] gémir de : -C Théât. ‖ [avec prop. inf.] déplorer que : C Pros.

plōsŏr, *ōris*, m., V. *plausor* : T Pros.

plostellum, **plostrarius**, V. *plaust-*

plostrum, V. *plaustrum*

Plōtĭānus, V. *Plautianus*, V. *Plautius*

Plōtīna, *ae*, f., femme de Trajan : T Pros.

Plōtīnus, *i*, m., Plotin [philosophe célèbre de l'école néo-platonicienne] : T Pros.

Plōtĭus, *ĭi*, m. ¶1 V. *Plautius* ¶2 ***Plotius Firmus***, préfet du prétoire : +C Pros. ‖ ***Plotius Gryphus***, préteur : +C Pros.

plōtus, V. *2 plautus*

ploxĕnum, *i*, n., +C Pros., **ploxĭnum**, C Poés., coffre de voiture

plŭĭt, *ĕre*, *plŭĭt*, arch. *plūvĭt*, -

I impers. intr. ¶1 pleuvoir : C Pros. ‖ [avec abl.] ***sanguine*** C Pros., pleuvoir du sang ¶2 [avec acc. qualif.] [leçon des mss] ***lapides pluit*** C Pros., il tombe une pluie de pierres

II pers. ¶1 intr. ***a) caelum pluit*** T Pros., la pluie tombe du ciel ‖ [pass.] ***pluitur*** +C Pros., il pleut ***b)*** [fig.] tomber comme la pluie : C Poés., +C Poés. ¶2 tr., faire pleuvoir : +C Poés.

plūma, *ae*, f. ¶1 plume : C Pros. ; ***plumae versicolores*** C Pros., plumage nuancé ; ***in pluma dormire*** +C Poés., dormir sur la plume ; C Pros. ‖ [fig. = un rien] -C Théât. ¶2 [fig.] ***a)*** première barbe : C Poés. ***b)*** pl., écailles d'une cotte d'armes, d'une cuirasse : +C Poés., C Poés., Pros., d.

plūmālis, *e*, emplumé : T Poés.

plūmārĭus, *a*, *um*, de broderie : ***plumaria ars*** T Pros., art du brodeur, broderie ‖ subst. m., brodeur en or [brocart] : C Pros.

plūmātĭlis, *e*, brodé : -C Théât.

plūmātus, *a*, *um*, part. de *plumo*

plumbārĭus, *a*, *um*, de plomb, de plombier : ***artifex plumbarius*** C Pros., plombier ‖ subst. m.,

plumbātus, *a*, *um*, de plomb, qui est en plomb : +C Pros.

plumbĕa, *ae*, f., balle de plomb : T Pros.

plumbĕum, *i*, n., vase de plomb : +C Poés.

plumbĕus, *a*, *um* ¶1 de plomb, qui est en plomb : C Poés. ; ***plumbei ictus*** T Poés., coups de martinet garni de plomb ‖ ***plumbeus gladius*** C Pros., glaive de plomb [sabre de bois] ¶2 de mauvais aloi, de mauvaise qualité : +C Poés. ¶3 [fig.] lourd, accablant, pesant : -C Théât., C Poés. ‖ stupide, lourdaud : ***plumbeus in aliqua re*** C Pros., être fermé à qqch

plumbō, *ās*, *āre*, *āvī*, *ātum*, tr., sceller au plomb, souder : -C Pros.

plumbum, *i*, n., plomb [métal] : -C Pros. ; ***album*** C Pros., étain ‖ balle de plomb [lancée par la fronde] : C Poés. ‖ martinet garni de plomb : T Poés. ‖ tuyau de plomb : C Pros.

plūmĕus, *a*, *um*, de plumes, de duvet : C Pros. ; [fig.] T Poés. ‖ léger comme la plume : +C Poés.

plūmĭger, *ĕra*, *ĕrum*, emplumé, de plumes : ***plumigera series*** T Poés., la gent emplumée

plūmĭpēs, *ĕdis*, qui a les pieds garnis de plumes : C Poés.

plūmō, *ās*, *āre*, *āvī*, *ātum* ¶1 intr., se couvrir de plumes : +C Pros. ¶2 tr., couvrir de plumes : ***in avem se plumare*** +C Pros., se changer en oiseau, part. pass. *plumatus*

plūmōsus, *a*, *um*, emplumé, d'oiseaux : C Poés.

plūmŭla, *ae*, f., petite plume, duvet : +C Pros.

plŭo, V. *pluit*

plūrālis, *e*, pluriel [gram.] : +C Pros. ‖ subst. m., le pluriel : +C Pros. ; ***pluralia*** n. pl., +C Pros., noms au pluriel

plūrālĭtās, *ātis*, f., la pluralité : T Pros.

plūrālĭtĕr, adv., au pluriel : +C Pros.

plūrātīvus, *a*, *um*, V. *pluralis* : ***plurativo numero*** +C Pros., au pluriel ‖ subst. n., le pluriel : +C Pros.

plūre, V. *plus*

plūres, n. *plūra*, pl. de *plus* ¶1 plus nombreux, en plus grand nombre [sens compar.] : C Pros. ; ***aliquis unus pluresve*** C Pros., un ou plus ; ***ne plura*** C Pros., pour n'en pas dire davantage, bref ‖ ***se ad plures penetrare*** -C Théât., aller rejoindre le plus grand nombre, aller chez les morts ¶2 un assez grand nombre, un trop grand nombre : C Pros. ; ***plures consulatus*** C Pros., trop de consulats ¶3 [au sens de *complures*] plusieurs : C Pros.

***plūrĭēs**, adv., plusieurs fois : C Pros.

plūrĭfārĭăm, adv., en différents endroits : +C Pros. ‖ de plusieurs manières : +C Pros.

plūrĭfārĭus, *a*, *um*, varié, multiple : T Pros.

plūrĭformis, *e*, différent, varié, +C Pros.

plūrĭmi, gén., V. *plurimum*

plūrĭmum, adv. ¶1 n. de *plurimus*, pris subst[t] ***a)*** une très grande quantité, [ou] la plus grande quantité [avec gén.] : ***gravitatis*** C Pros., beaucoup de gravité ***b)*** [gén. de prix] :

plurimi esse Pros., avoir le plus de prix ; ***plurimi facere*** Pros., estimer le plus **c)** [abl.] ***quam plurimo vendere*** Pros., vendre le plus cher possible ¶ **2** [pris adv[t]] le plus, beaucoup : ***quam plurimum scribere*** Pros., écrire le plus possible ; Pros. ; ***posse*** Pros., avoir le plus de pouvoir ; ***facere*** Pros., réussir très bien ‖ → *plerumque* : Théât.

plūrĭmus, *a*, *um*, superl. de *plus*, [servant à *multus*] [rare au sg.] le plus grand nombre ou très grand nombre, le plus ou très nombreux ¶ **1** [sg.] ***plurimo sudore*** Pros., avec la plus grande peine ‖ [poét.] ***plurimus oleaster*** Poés., très grand nombre d'oliviers sauvages ; ***plurima cervix*** Poés., l'encolure très épaisse ¶ **2** [pl.] Pros. ¶ **3** [au lieu du compar.] Pros.

plūris, → *plus*

plūs, *plūris*, n. ; compar. de *multus*
I [pris subst[t]] ¶ **1** plus, une plus grande quantité : ***plus debere alicui*** Pros., devoir davantage à qqn ; ***quod plus est*** Pros., ce qui est mieux ‖ [avec gén.] : Pros. ; Pros. ¶ **2** [gén. de prix] : ***pluris esse*** Pros. ; ***emere*** Pros. ; ***vendere*** Pros. ; ***facere*** Pros. ; ***habere*** Pros. ; ***aestimare*** Pros. ; ***ducere*** Pros. ; ***putare*** Pros., coûter plus, acheter, vendre plus cher, estimer plus, mettre à plus haut prix
II pris adv[t] : ***plus valere*** Pros. ; ***prodesse, nocere*** Pros., avoir plus d'influence, être plus utile, plus nuisible ; ***plus aequo*** Pros., plus que de raison ‖ ***plus quam semel*** Pros., plus d'une fois ‖ [sans *quam*] Pros. ‖ ***plus quam*** ; marquant un degré excessif : Pros., Poés. ‖ ***non plus quam*** Pros., aussi peu... que ; ***non plus ac*** Poés., pas plus que ‖ ***plus minus*** Pros., environ ; Pros. ‖ [devant un adjectif] ***plus humilis*** Pros., plus humble

pluscŭlŭm ¶ **1** n. pris adv[t], un peu plus : Théât. ‖ un peu trop : Pros. ¶ **2** subst. n., un peu plus de : ***negotii*** Pros., un peu plus de travail ‖ ***plusculum quam*** Pros., un peu plus que

pluscŭlus, *a*, *um*, qui est en quantité un peu plus grande, un peu plus de : ***pluscula supellex*** Théât., un peu plus de mobilier ‖ pl., Pros. ‖ → *plusculum*

plusscĭus, *a*, *um*, qui sait plus : Pros.

Plūtarchus, *i*, m., Plutarque [célèbre écrivain grec, de Chéronée, contemporain de Trajan] : Pros.

plŭtĕum, *i*, n., [archit.] podium [mur-support] : Pros. ‖ [méc.] parapet de protection [sur des machines de guerre] : Pros. ; → *pluteus*

plŭtĕus, *i*, m. ¶ **1** [milit.] ***a)*** panneau, abri [monté sur roues], mantelet : Pros. ; [fig.] Théât. ***b)*** panneau [fixe, ajouté comme revêtement au parapet] : Pros. ¶ **2** tablette, étagère : Poés. ¶ **3** pupitre : Poés. ¶ **4** panneaux à la tête des lits : Poés. ‖ dos ou dossier [d'un lit de table] : Pros. ; [par ext.] lit de table : Poés. ¶ **5** [archit.] balustrade [entre deux colonnes], murette, chancel : Pros. ; → *pluteum*

Plūto (-tōn), *ōnis*, m., Pluton [fils de Saturne et d'Ops, frère de Jupiter et de Neptune, dieu des Enfers] : Pros., Poés. ‖ **-tōnĭus**, *a*, *um*, de Pluton : Poés. ‖ **-tōnĭa**, *ōrum*, n. pl., région empestée de l'Asie : Pros.

plūtŏr, *ōris*, m., celui qui fait pleuvoir : Pros.

Plūtus, *i*, m., Plutus [dieu de la richesse] : Poés.

plŭvĭa, *ae*, f., pluie : Pros., Poés.

plŭvĭālis, *e*, pluvieux : Poés. ‖ de pluie, pluvial : Pros. ‖ produit par la pluie : Poés.

plŭvĭus, *a*, *um*, de pluie, pluvial : Pros. : Pros. ‖ ***arcus pluvius*** Poés., l'arc-en-ciel ‖ qui fait pleuvoir [épithète de Jupiter] : Poés.

pneumătĭcus, *a*, *um*, relatif à l'air : ***pneumaticae res*** Pros., la pneumatique ; ***pneumatica ratio*** Pros.

pnīgeūs, *ĕos*, m., étouffoir [d'orgue hydraulique] : Pros.

Pnytagŏrās, *ae*, m., roi de Chypre, allié d'Alexandre le Grand : Pros.

pŏa, *ae*, f., produit pour laver : Pros.

pōblĭcus, → *publicus*

Poblĭlĭa tribus, → *Publilia tribus*

pōcillātŏr, *ōris*, m., échanson : Pros.

pōcillum, *i*, n., petite coupe, petite tasse : Pros., Pros.

pōcŭlentus, *a*, *um*, qui concerne la boisson : Pros.

pōcŭlum, *i*, n., coupe : Théât., Pros. ‖ ***in poculis*** Pros., la coupe en main ‖ breuvage : Poés. ‖ breuvage enchanté, philtre : Poés. ‖ breuvage empoisonné [poison] : Pros.

pŏdăgra, *ae*, f., goutte aux pieds, podagre : Pros.

pŏdăgrĭcus, *a*, *um*, goutteux : Pros.

pŏdăgrōsus, *a*, *um*, goutteux : Théât.

Pŏdălīrĭus, *ĭi*, m., fils d'Esculape, célèbre médecin : Poés. ‖ un des compagnons d'Énée : Poés.

Pŏdarcē, *ēs*, f., une des Harpyes : Poés.

Pŏdarcēs, *is*, m., fils d'Iphiclus : Poés.

Pŏdasĭmus, *i*, m., un des fils d'Égyptus : Poés.

pōdex, *ĭcis*, m., le derrière, l'anus : Poés., Poés.

pŏdĭum, *ĭi*, n. ¶ **1** le podium [mur très épais formant une plate-forme autour de l'arène de l'amphithéâtre, et sur lequel se trouvaient plusieurs rangs de sièges, places d'honneur] : Pros., Poés. ¶ **2** panneau d'appui, console, cordon saillant [archit.] : Pros., Pros.

Poeās, *antis*, m., Thessalien de Mélibée, père de Philoctète : Poés. ‖ **-antĭus**, *a*, *um*, de Poeas : Poés. ‖ subst. m., Philoctète : Poés. ‖ **-tĭădēs**, *ae*, m., fils de Poeas [Philoctète] : Poés.

Poecĭlē, *ēs*, f. ¶ **1** le Pécile [portique d'Athènes, orné de peintures diverses] : Pros. ¶ **2** portique bâti à Tibur par Hadrien : Pros.

pŏēma, *ătis*, n. ¶ **1** poème, ouvrage en vers : ***componere*** Pros. ; ***condere*** Pros. ; ***facere*** Pros. ; ***pangere*** Pros. ; ***scribere*** Pros., composer un poème, écrire ou faire des vers ¶ **2** [en gén.] poésie [oppos. à prose] : [sg.] Pros. ; [pl.] Pros.

pŏēmătĭum, *ĭi*, n., petit poème, petite pièce de vers : Pros.

poena, *ae*, f., rançon destinée à racheter un meurtre, [d'où] compensation, réparation, vengeance, punition, châtiment, peine : ***poenam constituere*** Pros., fixer l'amende, les dommages et intérêts ; ***alicujus poenas persequi*** Pros., venger qqn ; ***innocentium poenae*** Pros., réparation due à des innocents, châtiment qu'ils exigent ; ***poenas dare alicui*** Pros., subir un châtiment qui donne satisfaction à qqn, qui venge qqn ; ***dare*** Pros. ; ***luere*** Pros. ; ***expendere*** Pros., payer de sa tête ‖ ***ambitus*** Pros. ; ***falsarum litterarum*** Pros., châtiment, peine pour brigue, pour falsification de registres ; ***poenam habere ab aliquo*** Pros. ; ***aliquem poena multare*** Pros., punir qqn

poenālĭtĕr, adv. ¶ **1** par punition : Pros. ¶ **2** d'une manière qui mérite punition : Pros.

poenārĭus, *a*, *um*, pénal : Pros.

Poeni, *ōrum*, m. pl., les Carthaginois : Pros. ; [au sg.] ***Poenus*** [Hannibal] Pros. ; [sens collectif = les Carth.] Pros. ‖ **-nus**, *a*, *um*, de Carthage, des Carthaginois, africain : Poés. ; ***Poenior*** Théât., plus carthaginois ‖ **Poenĭcus**, Pros., → *Punicus*

Poenĭcē, adv., en langue punique : Pros.

Poenĭcĕus, *a*, *um*, → *1 Puniceus* : Poés.

Poenīnae Alpes, **Poenīna juga**, **Poenīnus mons**, orth. qui dériverait de *Poenus*, par allusion au passage d'Hannibal : Pros., Pros. ; → *Penn*

poenĭō, *īs*, *īre*, -, -, → *punio*

Poenĭor, compar., → *Poeni*

poenĭtĕo, etc., → *paeniteo*

poenītĭo, → *punitio*

poenītus, → *punitus*

Poenĭus, *ĭi*, m., nom d'homme : Pros.

poenō, *ās*, *āre*, -, -, tr., punir : Pros.

Poenŭlus, *i*, m., le jeune Carthaginois [titre d'une comédie de Plaute] ‖ [iron.] petit Phénicien [à propos du stoïcien Zénon] : Pros.

Poenus, → *Poeni*

pŏēsis, *is*, acc. *-in*, f., la poésie : Pros. ‖ oeuvre poétique, ouvrage en vers : Pros., Poés. ‖ [voir la définition donnée par

Lucilius d. et par Varron d. (composition poétique complexe, diff. de *poema*]

pŏēta, *ae*, m., poète : [C] Pros. ‖ fabricant, artisan, faiseur : [-C] Théât.

Poetelius lūcus, bois sacré près de Rome : [C] Pros. ; Cf. ➤ *Petelinus lucus*

pŏētĭca, *ae*, f., poésie [travail du poète] : [C] Pros. ‖ **-tĭcē**, *ēs*, f., [C] Pros., [+C] Pros.

pŏētĭcē, adv., poétiquement, en poète : [C] Pros., [+C] Pros.

pŏētĭcus, *a*, *um*, poétique : [-C] d. [+C] Pros., [C] Pros. ; ***poetici dii*** [C] Pros., les dieux des poètes

Poetilius, V. ➤ *Petillius*

Poetnēum, *i*, n., place forte d'Athamanie : [C] Pros.

pŏētō, *ās*, *āre*, -, -, faire des vers, versifier : [+C] Pros.

Poetovĭo, *ōnis*, f., ville de Pannonie [auj. Ptuj] : [+C] Pros. ‖ **-tobio**, [T] Pros.

pŏētrĭa, *ae*, f., poétesse : [C] Pros., Poés.

pŏētris, *ĭdis*, f., poétesse, femme poète : [+C] Poés.

pōgōnĭās, *ae*, m., comète barbue : [+C] Pros.

pŏl, interj., par Pollux [formule de serment] : [-C] Théât., Pros., [C] Pros.

Pŏlĕās, *ae*, m., nom d'homme : [C] Pros.

Pŏlĕmo (-mōn), *ōnis*, m. ¶ **1** Polémon, philosophe athénien, disciple de Xénocrate : [C] Pros. ¶ **2** roi du Pont : [+C] Pros. ¶ **3** amiral de la flotte d'Alexandre : [+C] Pros. ¶ **4** **-mōnēus**, *a*, *um*, de Polémon [le philosophe] : [C] Pros. ‖ **-mōnĭăcus**, *a*, *um*, de Polémon [le roi] : [T] Pros. ; ***Pontus*** [T] Pros., partie orientale du Pont-Euxin [de Polémon ou de Polémonium]

Pŏlĕmŏcrătēs, *is*, m., nom d'homme grec : [C] Pros.

pŏlenta, *ae*, f., polenta, bouillie de farine d'orge : [C] Poés. ; farine d'orge : [-C] Pros., [+C] Pros. ‖ pâtée pour les oies : [T] Théât. ‖ **-ta**, *ōrum*, n. pl., même sens : [T] Pros.

pŏlentācĭus, *a*, *um*, de farine d'orge : [+C] Pros.

pŏlentārĭus, *a*, *um*, de *polenta* : [-C] Théât.

Pōlentĭa, V. ➤ *Pollentia*

pŏlīmĕn, *ĭnis*, n. ¶ **1** testicule : [T] Pros. ¶ **2** poli, brillant : [+C] Pros.

pŏlĭō, *īs*, *īre*, *īvī*, *ītum*, tr. ¶ **1** rendre uni, égaliser, aplanir : [C] Pros. [funèbres] ‖ mettre un enduit, crépir, recouvrir de stuc : [+C] Pros. ‖ polir [les métaux, les pierres], fourbir, donner le poli à, rendre brillant : [C] Pros. ‖ donner à un champ la dernière façon, cultiver avec soin : [-C] Pros., [C] Pros. ¶ **2** [fig.] polir, limer, châtier, orner : [C] Pros.

Pŏlĭorcētēs, *ae*, m., Démétrius Poliorcète [preneur de villes], roi de Macédoine : [+C] Pros.

pŏlītē, adv., avec du fini, du poli, avec élégance : [C] Pros. ‖ ***politius limare*** [C] Pros., donner une forme plus polie, plus châtiée

Pŏlītēs, *ae*, m., un des fils de Priam, tué par Pyrrhus : [C] Poés.

pŏlītīa, *ae*, f., la République [de Platon] : [C] Pros.

pŏlītĭcus, *a*, *um*, politique, relatif au gouvernement : [C] Pros. ‖ d'un homme d'État : [T] Pros.

pŏlītĭo, *ōnis*, f., action de polir, polissage : [C] Pros. ‖ crépi : [C] Pros. ‖ convention particulière avec un ouvrier agricole, lui assurant une part de la récolte [entre la société et le louage de services] : [-C] Pros.

pŏlītŏr, *ōris*, m., ***agri*** [-C] Pros., ouvrier agricole lié par la convention de *politio*, V. ➤ politio

Politōrĭum, *ĭi*, n., ville du Latium : [C] Pros.

pŏlītūra, *ae*, f., action d'égaliser, polissage, poli : [C] Pros. ; [fig.] [+C] Pros.

pŏlītus, *a*, *um*, part.-adj. de *polio*, poli, lisse, fourbi, brillant ‖ [fig.] orné avec élégance [en parl. d'une habitation] : [C] Pros., Poés. ‖ poli [par l'instruction] : [C] Poés. ; ***humanitate politiores*** [C] Pros., plus affiné par la culture ; ***politior humanitas*** [C] Pros., culture un peu raffinée ‖ [en parl. du style] poli, limé, châtié, raffiné : [C] Pros. ‖ ***politissima arte*** [C] Pros., avec un art achevé

Polla, *ae*, f., Valéria Polla, femme de D. Brutus : [C] Pros. ‖ Argentaria Polla, femme de Lucain : [+C] Poés.

pollĕn, *ĭnis*, n., **pollis**, *ĭnis*, m. f. ¶ **1** fleur de farine, farine fine : [-C] Pros. ‖ poussière de farine : [-C] Théât. ¶ **2** poudre très fine : [+C] Pros.

pollens, *tis*, part.-adj. de *polleo*, puissant : [-C] Théât., [C] Pros. ; ***pollens cuncta*** [-C] Théât., tout-puissant ‖ [avec inf.] capable de : [+C] Poés.

1 **pollentĭa**, *ae*, f., puissance, supériorité : [-C] Théât.

2 **Pollentĭa**, *ae*, f., la Supériorité [divinité] : [C] Pros.

3 **Pollentĭa**, *ae*, f., ville de Ligurie : [C] Pros.

pollĕō, *ēs*, *ēre*, -, -, intr. ¶ **1** avoir beaucoup de pouvoir, être très puissant : [C] Pros. ; ***armis pollere*** [+C] Pros., avoir la puissance guerrière ; [C] Pros. ¶ **2** être riche de : [+C] Pros.

1 **pollex**, *ĭcis*, m. ¶ **1** pouce : [C] Pros. ; ***digitus pollex*** [C] Pros. ; ***pollice utroque laudare*** [C] Pros., louer, approuver sans restriction [les Romains appuyaient le pouce sur l'index en signe d'approbation] ; ***pollice verso*** [+C] Poés., avec le pouce renversé, tourné vers le sol [désapprobation ; en part., refus de gracier le gladiateur vaincu] ; ***infesto pollice*** [+C] Pros., avec un geste désapprobateur ‖ pouce du pied, gros orteil : [+C] Pros. ‖ [comme mesure] ***digitus pollex = digitus***, pouce [1,8 cm] : [-C] Pros., [C] Pros. ¶ **2** sarment taillé court au-dessus du premier œil : [+C] Pros.

2 **Pollex**, *ĭcis*, m., nom d'un esclave de Cicéron : [C] Pros. ; [jeu de mots] [C] Pros.

Pollĭa trĭbŭs, f., une des tribus rustiques de Rome : [C] Pros.

pollĭcĕŏr, *ērĭs*, *ērī*, *cĭtus sum*, tr. ¶ **1** proposer, offrir, promettre : [C] Pros. ; ***alicui praesidium suum*** [C] Pros., promettre son appui à qqn ; ***alicui maria montesque*** [C] Pros., promettre à qqn monts et merveilles ¶ **2** [avec inf.] [C] Pros. ‖ [avec prop. inf. et inf. fut.] [C] Pros. ; [inf. prés. rare] [-C] Théât., [C] Pros. ‖ [avec *ut*] [avec subj. seul] [C] Pros. ‖ [droit] V. ➤ *pollicitatio*

pollĭcĭtātĭo, *ōnis*, f., offre, proposition, promesse [sg rare] : [-C] Théât. ‖ pl., [C] Pros.

pollĭcĭtātŏr, *ōris*, m., **-tātrix**, *īcis*, f., celui, celle qui promet : [+C] Pros.

pollĭcĭtŏr, *ārĭs*, *ārī*, *ātus sum*, tr. et intr., promettre beaucoup, souvent : [-C] Théât., [C] Pros.

pollĭcĭtum, *i*, n., promesse : [C] Poés., [+C] Pros.

pollĭcĭtus, *a*, *um*, part. de *polliceor*, [sens pass.]

pollĭnārĭus, *a*, *um*, qui concerne la fleur de farine : [-C] Théât.

pollinctŏr, *ōris*, m., ensevelisseur, croque mort : [+C] Poés.

pollingō, *ĭs*, *ĕre*, *linxī*, *linctum*, tr., embaumer et ensevelir un mort : [-C] Théât.

1 **pollĭo**, *ōnis*, V. ➤ *polio*

2 **Pollĭo**, *ōnis*, m., surnom romain, not[t] Asinius Pollion, ami d'Auguste : [C] Poés.

pollis, V. ➤ *pollen*

pollūcĕō, *ēs*, *ēre*, *lūxī*, *luctum*, tr. ¶ **1** offrir en sacrifice, offrir : [-C] Pros., Théât. ¶ **2** servir [sur table] : [-C] Théât. ‖ régaler : ***virgis polluctus*** [-C] Théât., régalé de coups de verges ‖ [fig.] faire participer à : [T] Pros.

Pollūcēs, arch. pour *Pollux* : [-C] Théât.

pollūcĭbĭlis, *e*, digne d'être offert aux dieux, splendide, somptueux : [T] Pros.

pollūcĭbĭlĭtĕr, adv., splendidement : [-C] Théât.

polluctum, *i*, n., sacrifice, banquet sacré : [C] Pros. ‖ portion de victime réservée au peuple : [-C] Théât.

polluctūra, *ae*, f., repas splendide : [-C] Théât.

polluctus, *a*, *um*, part. de *polluceo*

pollŭō, *ĭs*, *ĕre*, *lŭī*, *lūtum*, tr. ¶ **1** mouiller [de manière à salir], [d'où] salir, souiller : [C] Poés., [+C] Pros. ¶ **2** [fig.] profaner, souiller : [C] Pros. ‖ ***Jovem*** [C] Poés., insulter Jupiter ; ***polluta pax*** [C] Poés., paix violée ; ***polluere famam*** [C] Poés., ternir la réputation, entacher l'honneur ; ***jura*** [C] Pros., violer les lois ¶ **3** séduire [une femme], déshonorer, attenter à l'honneur de : [+C] Pros., Poés.

pollūtus, *a, um*, part. de *polluo*, [adj[t]] [fig.] souillé, vicieux, impur : C Pros. ‖ *-tior* +C Poés. ; *-tissimus* +C Pros.

Pollux, *ūcis*, m., fils de Léda, frère de Castor : C Pros. ‖ → *Polluces, edepol*

polluxī, parf. de *polluceo*

pōlŭlus (poll-), arch. pour *paululus* : −C Pros.

1 **pŏlus**, *i*, m. ¶ **1** pôle [du monde] : C Poés. ‖ le Nord : C Poés. ‖ l'étoile polaire : C Pros. ¶ **2** le ciel : −C Théât., C Poés.

2 **Pōlus**, *i*, m., nom d'un célèbre acteur grec : +C Pros.

Polusca, *ae*, f., ville des Volsques : C Pros.

polvīnar, **polvis**, → *pulv-*

Pŏlўaenus, *i*, m., Polyen [géomètre, ami d'Épicure] : C Pros. ‖ sénateur de Syracuse : C Pros.

pŏlўandrĭŏn, *ĭi*, n., cimetière : T Pros.

Pŏlўărātus, *i*, m., chef des Rhodiens : C Pros.

Pŏlўē, *ēs*, f., une des filles de Danaos : +C Poés.

Pŏlўbētēs (-boetēs), *ae*, m., nom d'homme : C Poés.

Pŏlўbĭus, *ĭi*, m., Polybe [historien grec, ami de Scipion Émilien] : C Pros. ‖ affranchi de Claude : +C Pros.

Pŏlўbus, *i*, m., Polybe [roi de Corinthe, qui recueillit et éleva Œdipe] : +C Poés. ‖ un des prétendants de Pénélope : C Poés.

Pŏlўcharmus, *i*, m., nom d'homme : +C Poés.

Pŏlўclītus, *i*, m., Polyclète [de Sicyone, célèbre sculpteur] : C Pros., +C Poés. ‖ [au pl.] [par emphase] des Polyclètes : C Pros. ‖ nom d'un affranchi de Néron : +C Pros. ‖ **-tēus**, *a, um*, de Polyclète : +C Poés.

Pŏlўcrătēs, *is*, m., Polycrate [tyran de Samos] : C Pros. ‖ acc. *-en* +C Pros.

Pŏlўcrătĭa, *ae*, f., femme d'Aratus, stratège de la ligue achéenne : C Pros.

Pŏlўdaemōn, *ŏnis*, m., nom de guerrier : C Poés.

Pŏlўdămās, *antis*, m. ¶ **1** Polydamas [prince troyen, ami d'Hector, fut tué par Ajax] : C Poés. ¶ **2** fameux athlète thessalien : +C Pros. ¶ **3** lieutenant d'Alexandre : +C Pros. ‖ **-antēus**, *a, um*, de Polydamas : +C Poés.

Pŏlўdectēs, *ae*, m., roi de l'île de Sériphos, fut changé en rocher : +C Poés. ; [voc. *-ta*] C Poés.

Pŏlўdectŏr, *ŏris*, m., un des fils d'Égyptus : +C Poés.

Pŏlўdōra, *ae*, f., une des Amazones : +C Poés.

Pŏlўdōrus, *i*, m., Polydore [dernier fils de Priam, tué par Polymnestor] : C Poés., Pros. ‖ **-rēus**, *a, um*, de Polydore : C Poés.

Pŏlygnōtus, *i*, m., Polygnote [de Thasos, peintre et statuaire] : C Pros.

pŏlўgōnĭus, *a, um*, qui a beaucoup d'angles, polygone : C Pros.

Pŏlўhistŏr, *ŏris*, m., l'Érudit [surnom de Cornélius Alexander, grammairien grec] : +C Pros.

Pŏlўhymnĭa, *ae*, f., Polymnie [muse de la lyrique chorale] : C Poés.

Pŏlyĭdus, *i*, m., augure de Corinthe : C Pros.

Pŏlўmăchaerŏplăgĭdēs, *ae*, m., nom burlesque forgé [= lardé de coups d'épée] : −C Théât.

Pŏlўmestor (-mnes-), *ŏris*, m., Polymnestor [roi de Thrace, meurtrier de Polydore] : C Poés.

pŏlўmĭtārĭus, *a, um*, damassé : T Pros. ‖ ***polymitarius artifex***, m., ouvrier en tissus damassés : +T Poés. ‖ ***polymitarii***, subst. pl. : T Pros.

pŏlўmĭtus, *a, um*, damassé : +C Pros.

Pŏlymnĭa, *ae*, f., → *Polyhymnia* : T Poés.

Pŏlymnĭus, *i*, m., père d'Épaminondas : C Pros.

pŏlўmyxŏs lŭcerna, f., lampe à plusieurs becs ou à plusieurs branches : +C Poés. ; → *myxa*

Pŏlўpēmōn, *ŏnis*, m., père de Procuste : C Poés.

Pŏlўperchōn, *ontis*, m., général d'Alexandre le Grand : C Pros.

pŏlўphăgus, *i*, m., gros mangeur, goinfre : +C Pros.

Pŏlўphēmus (-mŏs), *i*, m. ¶ **1** Polyphème [géant, fils de Neptune, un des Cyclopes] : C Pros., Poés. ¶ **2** un des Argonautes : +C Poés.

Pŏlўphontēs, *ae*, m., Polyphonte [roi de Messénie, tua le fils de Cresphonte, et épousa Mérope, mère de sa victime] : +C Poés.

Pŏlўplūsĭus, *a, um*, très riche [nom forgé par Plaute] : −C Théât.

Pŏlўpoetēs, *ae*, m., fils de Pirithoüs, un des prétendants d'Hélène : +C Poés.

pŏlўpōsus, *a, um*, affligé d'un polype : +C Poés.

pŏlўptўcha, *ōrum*, n. pl., → *diptycha*

pōlўpus, *i*, m. ¶ **1** poulpe, pieuvre [mollusque] : −C Théât. ‖ [fig.] homme rapace : −C Théât. ¶ **2** polype [dans le nez] : C Poés., +C Pros.

pŏlўspastŏn, *i*, n., palan : C Pros.

Pŏlўtīmētus, *i*, m., rivière de Sogdiane : +C Pros.

Pŏlўtīmus, *i*, m., nom d'homme : +C Poés.

Pŏlyxĕna, *ae*, f., Polyxène [fille de Priam, immolée sur le tombeau d'Achille] : C Poés., +C Poés. ‖ **-nĭus**, *a, um*, de Polyxène : C Poés.

Pŏlyxō, *ūs*, f. ¶ **1** une des Hyades : +C Poés. ¶ **2** prêtresse d'Apollon à Lemnos : +C Poés.

pōmārĭum, *ĭi*, n., verger : C Pros.

pōmārĭus, *a, um*, de verger : ***pomarium seminarium*** −C Pros., pépinière d'arbres fruitiers ‖ subst. m., marchand de fruits, fruitier : C Poés.

pōmātĭo, *ōnis*, f., récolte des fruits [ὀπωρισμός] : T Pros.

pōmĕrīdĭānus, *a, um*, → *postmeridianus*

pōmĕrīdĭem, après-midi : +C Pros.

pōmĕrĭum, → *pomoerium*

Pōmētĭa, *ae*, f., ville des Volsques : ***Suessa Pometia*** C Pros., la même ‖ **Pōmētii**, *ōrum*, m. pl., habitants de Pométia : C Poés. ‖ **-tīnus**, *a, um*, de Pométia : C Pros.

pōmoerĭum (pōmē-), *ĭi*, n. ¶ **1** pomérium [ligne sacrée entre les domaines civil et militaire, située à l'intérieur des murs d'une ville, et marquée par un espace consacré qu'il n'était permis ni de bâtir, ni d'habiter] : C Pros., +C Pros. ¶ **2** [fig.] limites, bornes : T Pros.

Pomoetia, → *Pometia*

Pōmōna, *ae*, f., Pomone [déesse des fruits] : C Pros.

pōmōnālis flāmĕn, m., flamine de Pomone : C Pros.

pōmōsus, *a, um*, abondant en fruits : C Poés.

pompa, *ae*, f. ¶ **1** procession [dans les solennités publiques, aux funérailles] : C Pros., Poés. ‖ procession [dans les jeux du cirque, où l'on portait les images des dieux] : C Pros., +C Pros., Poés. ‖ cortège du triomphateur : +C Poés. ¶ **2** [en gén.] cortège, suite : ***lictorum meorum*** C Pros., le cortège de mes licteurs ‖ ***pecuniae*** +C Pros., longue file de richesses ¶ **3** apparat, pompe : ***rhetorum pompa*** C Pros., pompe des rhéteurs, grands mots à la façon des rhéteurs, déclamation ; +C Pros. ‖ parade : C Pros.

pompātĭcus, *a, um*, qui forme un cortège : +C Pros.

Pompēia, *ae*, f., Pompéia [fille du Grand Pompée, femme de Sylla Faustus] : C Pros. ‖ femme divorcée de Jules César : +C Pros. ‖ femme de Vatinius : C Pros. ‖ Pompéia Macrina, mise à mort par Tibère : +C Pros. ‖ Pompéia Paulina, femme de Sénèque le philosophe : +C Pros.

Pompēiānus, → *Pompeii* et *2 Pompeius*

Pompēii, *ōrum*, m. pl., Pompéi [ville maritime de Campanie, ensevelie par le Vésuve en 79 apr. J.-C.] : +C Pros. ‖ **-iānum**, *i*, n., maison de Pompéi [appartenant à Cicéron] : C Pros. ‖ **-iāni**, *ōrum*, m. pl., habitants de Pompéi : C Pros.

Pompēiŏpŏlis, f., ville de Cilicie : +C Pros.

1 **pompeius**, *a, um*, qui emporte le mal [bouc émissaire] : T Pros.

2 **Pompēius**, *i*, m., nom d'une *gens*, not[t] Cn. Pompée [surnommé le Grand (*Magnus*), rival de César, vaincu à Pharsale et

assassiné en Égypte] : C ‖ **-ius**, *a, um*, de Pompée : C Pros. ‖ **-iānus**, *a, um*, de Pompée, du parti de Pompée : C Pros., FC Poés. ‖ **-iāni**, *ōrum*, m. pl., les soldats du parti de Pompée, les Pompéiens : C Pros., FC Pros. ; [sg.] FC Pros.

Pompĭlĭus, *ĭi*, m., nom de famille rom., not[t] Numa [le second roi de Rome] : C Poés., Pros. ‖ **-lĭus**, *a, um*, de Pompilius, des Pompilius, de la famille Pompilia : C Poés. ‖ ou **-lĭānus**, T Pros.

Pompillus, *i*, m., nom d'un poète latin : FC Poés.

pompĭlus, *i*, m., pilote [poisson de mer] : C Poés.

Pompōnĭa, *ae*, f., mère de Scipion l'Africain : FC Poés. ‖ soeur d'Atticus et femme de Q. Cicéron : C Pros. ‖ ***Graecina*** FC Pros., dame romaine sous Claude

Pompōnĭus, *ĭi*, m., poète de Bologne, auteur d'atellanes, contemporain de Lucrèce : FC Pros. ‖ Pomponius Atticus, ami de Cicéron : C Pros. ‖ Pomponius Secundus, poète tragique, sous Claude : FC Pros. ‖ **-ĭānus**, *a, um*, Pomponien : C Pros.

pompōsē, adv., pompeusement : T Pros.

pompōsus, *a, um*, grave, mesuré [en parl. du pas] : T Pros.

Pomptīnus (Pomt-, Pont-), *a, um*, Pontin (d'une région du Latium) : ***Pomptinus ager*** C Pros., le territoire Pontin ; ***Pomptina summa*** C Pros., la partie haute du pays Pontin

Pomptīnum, *i*, n., territoire Pontin : C Pros.

Pompulla, *ae*, f., nom de femme : FC Poés.

Pomtīnus, ▶ *Pomptinus*

pōmum, *i*, n. ¶1 fruit [à pépin ou à noyau ; figue, datte, noix] : C Pros., Poés. ¶2 arbre fruitier : -C Pros., C Poés.

pōmus, *i*, f., arbre fruitier : C Poés.

pōmuscŭlum, *i*, n., petit fruit : T Poés.

pondĕrātĭo, *ōnis*, f., marque de pesage [sur le fléau de la statène] : C Pros.

pondĕrātus, *a, um*, part. de *pondero*, [adj[t]] ***ponderatior*** ‖ plus important : T Pros.

pondĕris, gén. de *pondus*

pondĕrō, *ās, āre, āvī, ātum*, tr., [fig.] mesurer, estimer, apprécier, juger : ***aliquid ex aliqua re*** C Pros., apprécier qqch. d'après qqch

pondĕrōsus, *a, um*, pesant, lourd : -C Théât., C Pros. ‖ [fig.] ***ponderosa epistula*** C Pros., une longue lettre (très chargée) ‖ grave : ***ponderosa vox*** FC Pros., mot profond

pondō, abl. de l'inus. **pondus, i*, m. ¶1 en poids : C Pros. ; ***libra pondo*** C Pros., une livre en poids ¶2 (s.-ent. ***libra***) ***pondo***, inv., livre : -C Théât., C Pros.

pondŭs, *ĕris*, n. ¶1 poids [pour balance] : C Pros. ; ***pondera iniqua*** C Pros., faux poids ‖ [en part.] poids d'une livre [rare] : C Pros., FC Poés. ¶2 poids [en gén.] : C Pros. ; [pl. poét.] ***pondera*** C Poés. ¶3 pesanteur : C Pros. ; [qqf. pl.] ***pondera*** C Poés. ¶4 corps pesant : C Pros. ¶5 quantité, masse : C Pros. ¶6 poids, influences, autorité, importance : C Pros. ‖ force [des mots, des pensées] : C Pros., Poés. ¶7 [poét.] constance [caractère] : C Poés.

ponduscŭlum, *i*, n., faible poids : FC Pros.

pōnĕ, adv. ¶1 adv., en arrière, par-derrière : C Pros., -C Pros. ¶2 prép. acc., derrière : C Pros.

pōnō, *ĭs, ĕre, pŏsŭī, pŏsĭtum*, tr. ¶1 poser, placer, installer ***a)*** [à propos de choses concrètes] ***in fundo pedem ponere*** Cic., poser le pied dans une propriété ; ***coronam in caput alicujus ponere*** Gell., poser une couronne sur la tête de qqn ; ***alicubi praesidium ponere*** Caes., placer un détachement qq part ; ***urbem in montibus ponere*** Cic., installer, établir une ville sur des monts ; ***alicui custodem ponere*** Caes., placer un gardien auprès de qqn ; ***pecuniam in fundo ponere*** Cic., placer de l'argent en biens-fonds ; ***ordine vites ponere*** Virg., placer des ceps de vigne en ligne = aligner des ceps de vigne ‖ ***aliquid ante rem aliquam ponere*** Sall., placer une chose avant une autre = préférer une chose à une autre ‖ [poét.] poser, étendre sur le lit funèbre : Virg. ; ***terra ponere*** Virg., ensevelir ***b)*** [à propos d'abstractions] placer devant les yeux, présenter, exposer, établir : ***argumentum ponere*** Cic., présenter un argument ; ***alicujus rei exempla ponere*** Cic., présenter = donner des exemples de qqch. ; ***ut ante exposui*** Cic., comme je l'ai exposé auparavant ; ***hoc posito*** Cic., ce point une fois établi ; [avec prop. inf.] poser, établir que : Cic. ***c)*** [en part.] poser sur la table = servir : ***eadem omnibus ponere*** Plin., servir les mêmes plats à tout le monde ‖ [ou] poser sur la table = poser comme enjeu : ***pocula ponere*** Virg., poser des coupes comme enjeu ¶2 mettre dans : ***beate vivere in voluptate ponere*** Cic., mettre le fait de vivre heureux (= le bonheur) dans le plaisir ; ***spem in aliquo ponere*** Cic., mettre son espoir dans qqn ; ***mortem in malis ponere*** Cic., mettre la mort parmi les maux = considérer la mort comme un mal ; ***aliquid in fraude ponere*** Cic., mettre qqch. au rang des crimes ; ***curam in laude colligenda ponere*** Cic., mettre ses soins à recueillir des éloges ; ***diem totum in aliqua re ponere*** Cic., mettre toute une journée à (faire) qqch., passer toute une journée à qqch. ¶3 déposer : ***tabulas in aerario*** Caes., déposer des tablettes aux archives ; ***candelabrum in Capitolio ponere*** Cic., déposer (en offrande) un candélabre au Capitole ‖ déposer, quitter : ***arma ponere*** Caes., déposer les armes ; ***tunicam ponere*** Cic., déposer sa tunique ‖ ***dolorem ponere*** Cic., déposer son chagrin = cesser d'avoir du chagrin ; ***personam amici ponere*** Cic., déposer le personnage de l'ami = cesser d'être l'ami

pons, *tis*, m. ¶1 pont : C Pros., FC Pros. ; ***pontem interscindere*** C Pros. ; ***rescindere*** C Pros. ; ***rumpere*** FC Pros. ; ***interrumpere*** -C Théât. ; ***solvere*** FC Pros. ; ***dissolvere*** C Pros., couper un pont ¶2 pont volant [pour les sièges] : FC Pros. ‖ pont, planche pour communiquer d'un navire au rivage : C Poés., Pros. ‖ étages des tours : C Poés. ‖ pont de communication entre les tours : C Poés. ‖ pont sur lequel passaient les électeurs pour aller voter : C Pros.

Pons Campānus, m., le pont Campanien [dans le canton de Falerne] : C Poés.

1 **Pontĭa**, *ae*, f., **-tĭae**, *ārum*, f. pl., île et groupe d'îles en face du Latium, non loin du cap Circei : C Pros. ‖ **-iāni**, *ōrum*, m. pl., habitants de Pontia [Ponza] : C Pros.

2 **Pontĭa**, *ae*, f., nom de femme : FC Poés.

pontĭcŭlus, *i*, m., petit pont : C Pros.

Pontĭcum măre, n., le Pont-Euxin : C Pros. ; ▶ *2 Pontus*

1 **Pontĭcus**, *a, um*, ▶ *2 Pontus*

2 **Pontĭcus**, *i*, m., Ponticus [auteur d'un poème sur la guerre de Thèbes] : C Poés.

pontĭfex, *ĭcis*, m. ¶1 pontife : ***collegium pontificum*** C Pros., le collège des pontifes [prêtres surtout chargés de la jurisprudence religieuse] ; ***pontifex maximus*** C Pros., le grand pontife [président du collège des pontifes] ‖ ***pontifices minores*** C Pros., aides des pontifes, secrétaires des pontifes ¶2 prêtre chrétien, évêque, prélat : T Poés.

pontĭfĭcālis, *e*, de pontife, des pontifes, pontifical : C Pros. ‖ du grand pontife : C Poés.

pontĭfĭcātŭs, *ūs*, m., pontificat, dignité de pontife : C Pros. ‖ épiscopat : T Pros.

pontĭfĭcĭum, *ĭi*, n., [en gén.] droit, pouvoir, ressort : FC Pros.

1 **pontĭfĭcĭus**, *a, um*, de pontife, des pontifes : -C Pros. ; ***pontificium jus*** C Pros., le droit pontifical ; ***pontificii libri*** C Pros. ou ***pontificii*** [seul] C Pros., livres des pontifes

2 **Pontĭfĭcĭus**, *ĭi*, m., nom d'un tribun de la plèbe : C Pros.

Pontĭlĭānus, *i*, m., nom d'homme : FC Poés.

Pontīna, **-tīnus**, **-nĭus**, ▶ *Pompt-*

pontis, gén. de *pons*

Pontĭus, *ĭi*, m. ¶1 Pontius Hérennius [général des Samnites, qui fit passer les Romains sous le joug aux Fourches Caudines] : C Pros. ¶2 L. Pontius Aquila [un des meurtriers de César] : FC Pros. ; ***Aquila*** [seul] C Pros. ¶3 Ponce Pilate : FC Pros. ; ▶ *4 Pilatus*

pontĭvăgus, *a, um*, qui erre sur la mer : T Poés.

ponto, *ōnis*, m., bateau de transport [gaulois] : C Pros.

1 **pontus**, *i*, m. [poét.] ¶1 la haute mer, la mer : -C Pros., C Poés. ‖ ***maris pontus*** C Poés., [cf. πόντος ἁλός d'Homère], l'immensité de la mer sans fond ¶2 [en part.] vague énorme : C Poés.

2 **Pontus**, *i*, m. ¶ **1** la mer Noire, le Pont-Euxin : Pros. ¶ **2** le Pont [contrée avoisinant la mer Noire] : Pros., Poés. ¶ **3** le Pont [contrée au N.-E. de l'Asie Mineure, royaume de Mithridate, devenue province romaine] : Pros., Poés. ‖ **-ĭcus**, *a*, *um*, du Pont-Euxin, du Pont [contrée] : ***Ponticus serpens*** Poés., le dragon gardien de la Toison d'or ‖ **Pontĭcum**, *i*, n., la mer Noire : Pros. ‖ formes grecques : ***Pontĭcos*** [nom.] ; ***Pontĭcon*** [acc.] ; Poés.

pŏpa, *ae*, m., victimaire : Pros. ‖ [adj[t]] ***popa venter*** Poés., le ventre gros d'un sacrificateur

pŏpănum, *i*, n., sorte de gâteau [pour offrande] : Poés.

pŏpellus, *i*, m., menu peuple, populace : Pros., Poés.

Pŏpĭlĭa (-llĭa), *ae*, f., nom de femme : Pros.

Pŏpĭlĭus (-llĭus), *ĭi*, m., nom de famille rom. ; [not[t]] P. Popillius [consul en 132 av. J.-C.] ; C. Popilius Lénas [tribun militaire, qui tua Cicéron] : Pros. ‖ **-lĭus (-llĭus)**, *a*, *um*, de Popilius : Pros.

pŏpīna, *ae*, f., taverne, cabaret : Théât., Pros. ‖ orgie de taverne : Pros.

pŏpīnālis, *e*, de taverne : Pros.

pŏpīnātŏr, *ōris*, m., pilier de cabaret : Pros.

pŏpīno, *ōnis*, m., c. le précédent : Poés., Pros.

pŏplĕs, *ĭtis*, m. ¶ **1** jarret : Pros., Poés., Pros. ¶ **2** genou : ***duplicato poplite*** Poés., en pliant le genou ; ***contento poplite*** Poés., le genou tendu ; Pros.

poplĭcĭtus, arch. pour *publicitus*

Pŏplĭcŏla, ▶ *Publicola*

pŏposcī, parf. de *posco*

Poppaea, *ae*, f. ¶ **1** Poppaea Sabina [condamnée à mort, sous Claude, pour adultère] : Pros. ¶ **2** Poppée [seconde femme de Néron, mourut victime de sa brutalité] : Pros. ‖ **-ānus**, *a*, *um*, de Poppée : ***Poppaeana*** n. pl., Poés., les produits de Poppée [pour adoucir la peau]

Poppaeus, *i*, m., nom d'homme : Pros.

poppysma, *ătis*, n., claquement de langue apotropaïque : Poés. ; [pour détourner la foudre]

pŏpŭlābĭlis, *e*, qui peut être ravagé : Poés.

pŏpŭlābundus, *a*, *um*, ravageur, dévastateur : Pros.

pŏpŭlārĭa, *ĭum*, n. pl., place des plébéiens dans l'amphithéâtre : Pros.

pŏpŭlāris, *e*

I ¶ **1** qui a trait au peuple, qui émane du peuple, fait pour le peuple : ***admiratio*** Pros., admiration populaire ; ***populares leges*** Pros., lois des nations ; ***popularis dictio*** Pros., éloquence faite pour le peuple ; ***popularia munera*** Pros., jeux donnés au peuple ; ***res publica*** Pros., gouvernement démocratique ¶ **2** aimé du peuple, agréable au peuple : ***consul popularis*** Pros., consul populaire ; ***nihil popularius*** Pros., rien de plus populaire ¶ **3** dévoué au peuple : ***consul popularis*** Pros., consul dévoué au peuple ‖ [subst[t]] ***populares*** Pros., partisans du peuple

II ¶ **1** qui est du pays, indigène : ***flumina popularia*** Poés., les fleuves du pays ; ***oliva popularis*** Poés., l'olivier indigène ¶ **2** du même pays, compatriote : Poés. ‖ [subst[t]] ***tuus popularis*** Pros., ton compatriote ; ***mea popularis*** Théât., ma compatriote ¶ **3** partenaire, associé, compagnon : Pros. ‖ ***populares sceleris*** Pros. ; ***conjurationis*** Pros., les complices du crime, de la conjuration

pŏpŭlārĭtās, *ātis*, f. ¶ **1** effort pour plaire au peuple, recherche de la popularité, de la faveur du peuple : Pros. ¶ **2** lien qui unit les compatriotes : Théât.

pŏpŭlārĭter, adv. ¶ **1** à la manière du peuple, communément : Pros. ‖ en langage commun, pour la foule : Pros. ¶ **2** de manière à gagner la faveur populaire, en démagogue : Pros. ‖ par action démagogique, séditieuse : Pros.

pŏpŭlātĭo, *ōnis*, f. ¶ **1** action de ravager, ravages [des troupes] ; déprédation, dégât : Pros. ¶ **2** butin, dépouilles : ***pleni populationum*** Pros., chargés de butin

pŏpŭlātŏr, *ōris*, m., ravageur, dévastateur : Pros., Poés., Poés.

pŏpŭlātrix, *īcis*, f., celle qui ravage : Poés. ; ***populatrix apis*** Poés., l'abeille qui butine

1 **pŏpŭlātus**, *a*, *um*, part. de *populor*

2 **pŏpŭlātŭs**, abl. *ū*, m., ravage, dévastation : Pros.

pōpŭlĕus, *a*, *um*, de peuplier : Poés.

pōpŭlĭfĕr, *ĕra*, *ĕrum*, qui abonde en peupliers : Poés.

Pŏpŭlĭfŭgĭa (Pŏplĭ-), *ōrum*, n. pl., Populifugia, fête en mémoire d'une fuite du peuple : Pros., Pros.

pŏpŭli scītum (pŏpŭliscītum), *i*, n., décret du peuple : Pros.

pōpulnĕus, *a*, *um*, de peuplier : Pros. ‖ **-lnus**, Théât.

pŏpŭlō, *ās*, *āre*, *āvī*, *ātum*, tr. ¶ **1** ravager, dévaster, porter le ravage dans : Poés. ‖ [pass.] ***populata provincia*** Pros., province ravagée ; ***populari*** Pros. ¶ **2** [fig.] détruire, dépeupler : Théât. ; ***Achivos*** Poés., décimer les Grecs ‖ ▶ *populor*

1 **Pŏpŭlōnĭa**, *ae*, f., qui protège du pillage, surnom de Junon : ; Pros.

2 **Pŏpŭlōnĭa**, *ae*, f., ville maritime d'Étrurie [près de Piombino] : Poés. ‖ **-nĭenses**, *ĭum*, m. pl., habitants de Populonia : Pros.

Pŏpŭlōnĭi, *ōrum*, m. pl., ▶ *2 Populonia* : Pros.

pŏpŭlŏr, *ārĭs*, *ārī*, *ātus sum*, tr., saccager, ravager : Pros. ‖ détruire, ruiner : Poés., Poés. ‖ sens pass., ▶ *populo*

pŏpŭlōsĭtas, *ātis*, f., grand nombre, foule : Pros.

pŏpŭlōsus, *a*, *um*, nombreux : Pros.

1 **pŏpŭlus**, *i*, m. ¶ **1** peuple [habitants d'un État constitué ou d'une ville] : Pros. ; ***populus Romanus, Syracusanus***, le peuple romain, syracusain : Pros. ¶ **2** [à Rome] le peuple [opp. au sénat] : ***senatus populusque Romanus***, le sénat et le peuple romain [= les deux organes essentiels de l'État ; abrév. *S. P. Q. R.*] ‖ le peuple [= ensemble des citoyens de tout ordre opposé à *plebs*, plèbe, comme le tout à la partie] : Pros. ‖ [rar[t]] plèbe, populace ; ***plebs*** : Poés. ¶ **3** les gens, le monde : Théât., Poés. ‖ le public : Théât., Pros. ; ***populo vacare*** Pros., ne pas avoir de public, de spectateurs ‖ [*aliquis*] ***aliquis ex (de) populo*** Pros., qqn de la foule, le premier venu ; ▶ *unus* ¶ *2* ¶ **4** [rare] canton, région : Pros. ‖ ***populus*** Poés., le public = le dehors [opposé à] ***Lar***, le dedans de la maison

2 **pōpŭlus**, *i*, f., peuplier : Poés.

por-, [préf. entrant en compos. de verbes], en avant : ***porrigo***, ***portendo*** ; [avec assimil.] : ***polliceor***

1 **porca**, *ae*, f., truie : Pros. ; ***porca contracta*** Pros., obligation encourue de sacrifier une truie [comme expiation] ‖ porcelet : Poés., Pros.

2 **porca**, *ae*, f. ¶ **1** ados, billon [partie proéminente du sillon] : Pros., Pros. ¶ **2** sorte de mesure agraire en Espagne : Pros.

porcella, *ae*, f., jeune truie : Théât.

porcellīnus, *a*, *um*, de cochon de lait : Pros.

porcellus, *i*, m., petit porc, porcelet : Pros. ‖ marcassin : Poés.

porcĕō, *ēs*, *ēre*, -, -, tr., éloigner : Théât., Poés. ‖ [fig.] empêcher : Poés.

porcētra, *ae*, f., truie qui n'a mis bas qu'une fois : Pros.

Porcĭa, *ae*, f., sœur de Caton d'Utique, femme de Domitius Ahénobarbus : Pros.

Porcĭa lex, f., la loi Porcia [de Porcius, tribun de la plèbe] : Pros. ‖ ***Porcius***, adj.

1 **porcīna**, *ae*, f., chair de porc, charcuterie : Théât.

2 **Porcīna**, *ae*, m., surnom d'Aemilius Lepidus, orateur : Pros.

porcīnārĭus, *ĭi*, m., charcutier : Théât.

porcīnus, *a*, *um*, de porc : Théât.

Porcĭus, *ĭi*, m., nom de famille romain, not[t] M. Porcius Cato [dit le Censeur, ou l'Ancien, *Major*] : Pros. ‖ Caton le Jeune ou Caton d'Utique [contemporain de Cicéron, qui se tua à Utique] :

[+C] Poés. ‖ **-cĭus**, *a, um*, de Porcius : ***Porcia basilica*** [C] Pros., la basilique de M. Porcius Caton (l'Ancien)

porcŭlaena, *ae*, f., petite truie [fig., en parl. d'une femme] : [-C] Théât.

porcŭlātĭo, *ōnis*, f., élevage des porcs : [C] Pros.

porcŭlātŏr, *ōris*, m., éleveur de porcs : [C] Pros.

porcŭlus, *i*, m. ¶ **1** petit cochon, cochon de lait, porcelet : [-C] Théât., [+C] Pros. ¶ **2** crochet pour arrêter le câble du pressoir : [-C] Pros.

porcus, *i*, m. ¶ **1** goret, porc, cochon, pourceau : [C] Pros. ; ***porcus femina*** [C] Pros., truie ‖ ***porcus Trojanus*** [T] Pros., porc farci [allusion au cheval de Troie] ¶ **2** parties sexuelles d'une fille nubile : [C] Pros. ¶ **3** ***caput porci*** [T] Pros., formation de combat [en coin]

pŏrisma, *ătis*, n., corollaire : [T] Pros.

Porĭus, *ĭi*, nom d'homme : [+C] Pros.

porphўrētĭcus, *a, um*, de couleur pourpre : ***porphyreticum marmor*** [+C] Pros., porphyre ‖ de porphyre : [T] Pros.

Porphўrĭo (**-ĭōn**), *ōnis*, m. ¶ **1** Porphyrion [un des Géants] : [C] Poés. ¶ **2** nom d'un cocher : [+C] Poés.

porrectē [inus],**-tĭus**, plus loin, au-delà : [T] Pros.

porrectĭo, *ōnis*, f. ¶ **1** allongement : [C] Pros. ¶ **2** ligne droite : [C] Pros. ¶ **3** mouvement en avant [d'une poutre bélière] : [C] Pros.

1 **porrectus**, *a, um*, part. de *porricio*

2 **porrectus**, *a, um* ¶ **1** part. de *2 porrigo* ¶ **2** [pris adj[t]] ***a)*** large, étendu : ***porrectior acies*** [+C] Pros., ligne de bataille plus étendue ‖ rectiligne : [C] Pros. ‖ [fig.] ***porrectior frons*** [-C] Théât., front déridé ‖ [subst. n.] ***porrectum*** [C] Pros., ligne droite ***b)*** [gram.] allongé, long [syllabe] : [+C] Pros.

porrexī, parf. de *2 porrigo*

porrĭcĭō, *ĭs*, *ĕre*, -, ***rectum***, tr., [jeter en avant] offrir en sacrifice : [-C] Théât., [C] Poés., Pros.

1 **porrīgo**, *ĭnis*, f., teigne : [C] Poés., [+C] Pros.

2 **porrĭgō**, *ĭs*, *ĕre*, ***rēxī***, ***rectum***, tr. ¶ **1** diriger en avant, étendre : ***manum*** [C] Pros., étendre la main ; ***manus in caelum*** [C] Pros. ; ***bracchia caelo*** [C] Poés., étendre ses mains, ses bras vers le ciel ¶ **2** étendre, étirer, allonger : ***membra*** [C] Pros., étendre ses membres ; ***aciem latius*** [C] Pros., donner plus d'extension à sa ligne de bataille ¶ **3** [poét.] ***a)*** étendre à terre : ***hostem*** [C] Pros., étendre un ennemi sur le sol [d'où] ***porrectus***, étendu, couché : [-C] Théât. ***b) se porrigere***, s'étendre : [C] Poés. ¶ **4** tendre, présenter, offrir : ***dextram alicui*** [C] Pros., tendre la main à qqn ; ***gladium*** [C] Pros., tendre une épée ‖ [fig.] ***praesidium alicui*** [C] Pros., offrir une protection à qqn

Porrĭma, V. *Antevorta* ou *Prorsa*, probablement autre nom de Carmenta [déesse de la naissance, en tant que présidant aux accouchements] cf. *Postverta* : [C] Poés.

porrīna, *ae*, f., planche [carré] de poireaux : [-C] Pros., [T] Pros.

porrixō, *ās*, *āre*, -, -, tr., étendre : [+C] Pros.

porrō, adv. ¶ **1** [sens local] : en avant, plus loin, au loin : [C] Pros. ; ***ire*** [C] Pros., aller en avant ¶ **2** [temporel] ***a)*** [rare] au loin dans le passé : [C] Poés. ***b)*** plus loin, plus tard, à l'avenir : [-C] Théât., [C] Pros. ¶ **3** [rapports logiques] ***a)*** en continuant [à la suite] : [C] Pros. ‖ de proche en proche : [C] Pros. ‖ ***perge porro*** [C] Pros., continue plus avant ***b)*** [dans une énumér.] en plus, en outre : [C] Pros. ; [presque synonyme de "enfin"] [C] Pros. ; [analogue à *autem*] d'autre part : [C] Pros. ; ***porro autem*** [C] Pros., en outre d'autre part ‖ [dans une gradation] d'ailleurs, au surplus, allons plus loin : [C] Pros. ; ***age porro*** [C] Pros., eh bien ! soit, continuons ‖ or : [C] Pros.

porrum, *i*, n., **porrus**, *i*, m., [au pl. toujours], **porri**, *ōrum*, m. pl., poireau [plante potagère] : [+C] Pros., Poés.

Porsĕna (**-sēna**, **-sīna**, **-senna**, **-sinna**), *ae*, m., roi de Clusium [Étrurie], fit la guerre à Rome pour rétablir les Tarquins : [C] Pros., Poés.

porta, *ae*, f. ¶ **1** porte [de ville, de camp, de temple, de maison, d'appartement] : [C] Pros. ; ***per portam irrumpere*** [C] Pros., faire irruption par la porte ¶ **2** ouverture, issue [pour les vents] : [C] Poés. ‖ défilé, gorge, pas, V. *Portae* ‖ ***solis portae*** [T] Pros., les portes du soleil [les tropiques du Cancer et du Capricorne] ‖ ***portae jecoris*** [C] Pros., la veine porte ‖ [fig.] voie, moyen : [C] Poés.

Portae, *ārum*, f. pl., sert souvent à désigner un défilé, cf. *2 pylae* : [C] Pros., [+C] Poés.

portābĭlis, *e*, supportable : [T] Pros.

portārĭus, *ĭi*, m., portier : [T] Pros.

portātĭo, *ōnis*, f., port, transport : [C] Pros.

portātus, *a, um*, part. de *porto*

portendō, *ĭs*, *ĕre*, ***tendī***, ***tentum***, tr., présager, annoncer, pronostiquer, prédire [t. religieux] : [C] Pros.

portentĭfĭcus, *a, um*, miraculeux : [C] Poés. ‖ monstrueux : [T] Pros.

portentōsus, *a, um*, qui tient du prodige, merveilleux, prodigieux, monstrueux : [C] Pros., [+C] Pros. ‖ ***-issimus*** [+C] Pros.

portentum, *i*, n. ¶ **1** présage [venant de qqch. de prodigieux], pronostic, prodige, signe miraculeux : [C] Pros. ¶ **2** monstruosité, miracle, merveille : [C] Pros. ‖ monstre : [C] Pros. ¶ **3** [fig.] ***a)*** fait monstrueux, prodigieux : [C] Pros. ***b)*** [en parl. de pers.] [C] Pros. ; V. *exporto*

portentŭōsus, *a, um*, V. *portentosus* : [+C] Pros.

portentus, *a, um*, part. de *portendo*

porthmeūs (**Porthmeūs**), *ĕi*, acc. *ĕa* m., nocher, le Nocher [Charon] : [+C] Poés., Pros.

portĭcŭla, *ae*, f., petit portique : [C] Pros.

portĭcŭs, *ūs*, f. ¶ **1** portique, galerie (passage couvert) à colonnes : [C] Pros. ‖ [en part.] portique [où se trouvait le tribunal du préteur] : [C] Pros. ¶ **2** le portique [dernières places de l'amphithéâtre] : [+C] Poés. ¶ **3** le Portique, la doctrine des stoïciens, la secte de Zénon : [C] Pros., Poés. ‖ [poét.] l'entrée d'une tente : [-C] d. [C] Pros. ¶ **4** galerie couverte [pour la guerre de siège] : [C] Pros. ‖ [en gén.] toit, auvent, abri : [+C] Pros.

portĭo, *ōnis*, f. ¶ **1** ***pro sua portione*** [+C] Pros. ; ***pro virili portione*** [+C] Pros., pour sa part ¶ **2** proportion, rapport : [+C] Pros. ; ***hac portione*** [+C] Pros. ; ***eadem portione*** [+C] Pros., dans cette, dans la même proportion [ou] ***portionem habere alicujus rei*** [+C] Pros., proportionner (qqch.) à qqch. ‖ ***pro portione ac*** [C] Pros., dans la même proportion que

portiscŭlus, *i*, m., bâton avec lequel le chef des rameurs marquait le rythme : [-C] Pros. ; [fig.] [-C] Théât.

1 **portĭtŏr**, *ōris*, m., receveur du péage, douanier d'un port : [-C] Théât., [C] Pros.

2 **portĭtŏr**, *ōris*, m. ¶ **1** batelier : [+C] Pros. ‖ le nocher des enfers : [C] Poés. ‖ celui qui transporte par eau [en parl. du bélier de Phrixos] : [+C] Pros., Poés. ¶ **2** porteur : [+C] Poés. ‖ messager [porteur de lettres] : [T] Pros.

portō, *ās*, *āre*, *āvī*, *ātum*, tr. ¶ **1** porter, transporter [à dos d'hommes, d'animaux, sur chariots, sur bateaux] : [C] Pros. ¶ **2** [fig.] [au lieu de *ferre*] ***auxilium portare*** [C] Pros., porter des secours ; ***spes secum*** [C] Pros., porter avec soi des espérances ; ***ad aliquem nuntium*** [C] Pros., porter une nouvelle à qqn ; ***alicui aliquam fallaciam*** [-C] Théât., jouer un mauvais tour à qqn

portōrĭum, *ĭi*, n., péage d'un port, droit d'entrée et de sortie (douane) : [C] Pros. ‖ péage [en gén.], droits : ***portorium circumvectionis*** [C] Pros., la taxe de circulation des marchandises

portŭla, *ae*, f., petite porte : [C] Pros.

portŭlāca, *ae*, f., pourpier [plante] : [+C] Pros.

Portūnālĭa, *ĭum*, n., Portunalia, fêtes en l'honneur de Portunus : [C] Pros.

Portūnus, *i*, m., dieu des ports [d'après, dieu des portes, *portarum*] : [C] Pros., Poés.

portŭōsus, *a, um*, qui a beaucoup de ports : [C] Pros. ‖ qui trouve un port : [C] Pros. ‖ ***-sior*** [C] Pros.

portŭs, *ūs*, m., [sens premier] ouverture, passage, cf. *angiportus* ¶ **1** port : ***portu solvere*** [C] Pros., mettre à la voile, appareiller ; ***portum tenere*** [C] Pros., toucher à un port ; ***in portu esse*** [C] Pros. [ou] ***navigare*** [-C] Théât., être au port, hors d'affaire, hors de danger ‖ [fig.] asile, refuge, retraite : [C] Pros. ¶ **2** [poét.] bouches [d'un fleuve] : [C] Poés.

Pōrus, *i*, m., roi indien, vaincu par Alexandre le Grand : [+C] Pros.

porxi, parf. de *porceo* ou sync. de *porrexi*

posca, *ae*, f., oxycrat [= ὀξύκρατον, mélange d'eau et de vinaigre] : [-C] Théât., [+C] Pros.

poscaenĭum, *ĭi*, n., ▶ *postscaenium*

poscĭnummĭus, *a*, *um*, qui demande de l'argent, intéressé, vénal : [+C] Pros.

poscō, *ĭs*, *ĕre*, *pŏposcī*, *-*, tr. ¶ **1** demander, réclamer, exiger, revendiquer [comme un droit ou une chose due :] [C] Pros. ‖ [avec deux acc.] [C] Pros. ; [poét. au pass.] [C] Poés. ‖ [en part.] *posci*, être réclamé pour chanter : [C] Poés. ; ***Palilia poscor*** [C] Poés., on réclame de moi que je chante la fête des Palilies ‖ [avec *ab*] ***ab aliquo munus*** [C] Pros., réclamer à qqn une tâche ‖ [avec *ut*] [+C] Pros. ‖ [avec prop. inf.] [poét.] [C] Poés. ¶ **2** réclamer qqn en justice : ***poscere aliquem*** [C] Pros., réclamer la mise en accusation de qqn ¶ **3** [poét.] réclamer, appeler : [-C] Théât., [C] Poés. ‖ réclamer, mettre en vente à un prix : [-C] Théât. ¶ **4** demander : ***quaestionem*** [C] Pros., demander un thème de discussion ; ***aliquem causam disserendi*** [C] Pros., demander à qqn un sujet de discussion ‖ demander en mariage : [-C] Théât.

pōsĕa, **pōsĭa**, ▶ *pausea*

Pŏsīdēs, *ĭs*, m., affranchi de Claude : [+C] Pros.

Pŏsīdēum, *i*, n., promontoire de Macédoine, dans la Pallène : [C] Pros.

Pŏsīdōnĭus, *ĭi*, m., philosophe stoïcien qui professa à Rhodes : [C] Pros.

pōsĭo, ▶ *1 pusio*

pŏsĭtĭo, *ōnis*, f. ¶ **1** action de mettre en place, de planter, de greffer : [+C] Pros. ‖ [fig.] ***nominis pro nomine*** [+C] Pros., emploi d'un nom pour un autre (métonymie) ¶ **2** position, situation, place : [+C] Pros. ; ***caeli*** [+C] Pros., le climat ; ***syllabae*** [+C] Pros., position [métr.] ‖ [fig.] ***mentis*** [+C] Pros., disposition d'esprit ‖ pl., les circonstances : [+C] Pros. ¶ **3** thèse, sujet de déclamation : [+C] Pros. ¶ **4** abaissement de la voix [dans la prononciation], temps faible : [+C] Pros. ‖ [gram.] désinence, terminaison : [+C] Pros.

pŏsĭtīvus, *a*, *um* ¶ **1** conventionnel, accidentel : [+C] Pros. ¶ **2** [gram.] **positivum**, *i*, n., un substantif : [T] Pros.

pŏsĭtŏr, *ōris*, m., fondateur : [C] Poés.

pŏsĭtūra, *ae*, f., position, disposition, arrangement : [C] Poés., [+C] Pros. ‖ ***verborum*** [+C] Pros., disposition des mots

1 **pŏsĭtus**, *a*, *um*, part. de *pono*

2 **pŏsĭtŭs**, *ūs*, m., position, situation, place : [+C] Pros. ‖ position [d'un lieu] : [C] Poés. ‖ arrangement, ajustement : [C] Poés.

posmĕrīdĭānus, ▶ *postm-*

possēdi, parf. de *possideo* et *possido*

possessĭo, *ōnis*, f. ¶ **1** (***possideo***), jouissance, possession [toujours distincte de la propriété ; droit de posséder et, également, objet possédé] : [C] Pros. ; ***esse in possessione*** [C] Pros., posséder ‖ [au pl.] possessions, biens, fortune : [C] Pros. ¶ **2** (***possido***) ; prise de possession, occupation : [C] Pros., [+C] Pros. ; ***in possessionem mittere*** [C] Pros., envoyer en possession (= pour la prise de possession)

possessĭuncŭla, *ae*, f., petite propriété, petit bien : [C] Pros.

possessīvus, *a*, *um*, possessif [gram.], qui marque la possession : [+C] Pros.

possessŏr, *ōris*, m., possesseur : [C] Pros. ‖ défendeur [droit] : [+C] Pros. ‖ [fig.] maître, souverain de : [+C] Pros.

1 **possessus**, *a*, *um*, part. de *possideo* et *possido*

2 **possessŭs**, abl. *ū*, m., propriété : [+C] Pros.

possestrix, *īcis*, f., celle qui possède : [-C] Théât.

possĭbĭlis, *e*, possible : [+C] Pros.

possĭbĭlĭtās, *ātis*, f., pouvoir, possibilité : [T] Pros. ; ***pro possibilitate*** [T] Pros., selon son pouvoir, ses moyens

possĭdĕō, *ēs*, *ēre*, *sēdī*, *sessum*, tr., avoir en sa possession, être possesseur, posséder : ***partem agri*** [C] Pros., posséder une partie du territoire ‖ [absᵗ] [C] Pros. ; ***possidere ab aliquo*** [C] Pros., être possesseur à la place d'un autre, avoir acquis la possession sur un autre

possīdō, *ĭs*, *ĕre*, *sēdī*, *sessum*, tr. ¶ **1** prendre possession de, se rendre maître de : ***bona alicujus*** [C] Pros., prendre possession des biens de qqn ¶ **2** s'emparer de : ***agros armis*** [C] Pros., s'emparer de territoires par les armes

possum, *potes*, *posse*, *pŏtŭī*, *-* ¶ **1** pouvoir, être capable de ***a)*** [avec inf.] [C] Pros. ; ***non possum facere quin*** [C] Pros., je ne peux m'empêcher de [ou] ***non possum quin*** [C] Pros. ***b) fieri potest ut***, il peut arriver que, ▶ *fieri* : ***potest, ut*** [-C] Théât., il se peut que ‖ ***non potest*** [-C] Théât., c'est impossible ; ***quantum potest*** [-C] Théât., autant que possible ; ***ut potest*** [C] Pros., dans la mesure du possible ; ***si posset*** [C] Pros., si c'était possible ***c)*** [parenthèses] [C] Pros. ; ***quod potes*** [C] Pros., autant que tu peux ***d)*** [avec superl.] ***ut diligentissime potui*** [C] Pros., le plus consciencieusement que j'ai pu ***e)*** [sens conditionnel] [C] Pros. ; ***possum persequi*** [C] Pros., je pourrais énumérer ; ***dici non potest*** [C] Pros. ; ***non dici potest*** [C] Pros., on ne saurait dire ¶ **2** avoir du pouvoir, de l'influence, de l'efficacité [avec pron. n. comme complément] : [C] Pros.

post, adv. et prép.

I adv. ¶ **1** [sens local] en arrière, derrière : [C] Pros. ¶ **2** [temporel] après, ensuite : [C] Pros. ; ***multis post annis*** [C] Pros., plusieurs années après ; ***biennio post*** [C] Pros., deux ans après ; ***paulo post*** [C] Pros. ; ***post paulo*** [C] Pros., peu après ; ***aliquanto post*** [C] Pros. ; ***post aliquanto*** [C] Pros., passablement plus tard

II prép. acc. ¶ **1** [sens local] derrière : ***post urbem*** [C] Pros., derrière la ville ‖ [fig.] [classement] : ***post hunc*** [C] Pros., après lui ; ***aliquid post rem ducere*** [C] Pros., mettre une chose après une autre ¶ **2** [temporel] après, depuis : [C] Pros. ; ***post Hirtium conventum*** [C] Pros., après une visite à Hirtius ; ***post illud bellum*** [C] Pros., depuis cette guerre ; ***post urbem conditam*** [C] Pros., depuis la fondation de la ville ; ***post homines natos*** [C] Pros., depuis qu'il y a des hommes ‖ ***post omnia*** [C] Pros., après tout cela, pour finir

postĕ, arch. pour *post* ou *postea* : [-C] Théât.

postĕā, adv., ensuite, après, puis : [C] Pros. ; ***postea loci*** [C] Pros., = ***postea*** ; [C] Pros. ; ***postea aliquanto*** [C] Pros., à quelque temps de là ‖ et puis, en outre : [-C] Théât.

postĕāquam, conj., après que ‖ [avec parf. indic.] [C] Pros. ‖ [avec imparf. indic.] [C] Pros. ; [avec pqp. indic.] [C] Pros. ‖ [avec indic. prés.] [C] Pros. ; [prés. hist.] [C] Pros. ‖ ***postea vero quam*** [C] Pros. ; ***postea autem quam*** [C] Pros.

postĕō, *īs*, *īre*, *-*, *-*, intr., venir en second lieu (après qqn) : [T] Pros.

poster, ▶ **posterus*

postergānĕus, *a*, *um*, qui est par-derrière : [T] Pros.

postĕri, *ōrum*, ▶ **posterus*

1 **postĕrĭŏr**, *ŭs*, *ōris*, compar. de **posterus* [en parl. de deux] ¶ **1** subst. n. pl. *posteriora*, le dos : [T] Pros. ¶ **2** le dernier [oppos. à *prior*, *superior*] : [C] Pros. ‖ qui vient en second lieu, postérieur : [C] Pros. ‖ [avec *quam*] plus en arrière que, postérieur à : [C] Pros., [+C] Pros. ¶ **3** [fig.] plus au-dessous, inférieur : [C] Pros.

2 **Postĕrĭor**, *ōris*, m., le second en parl. de deux : ***Posterior Africanus*** [+C] Pros., le second Africain [Scipion-Émilien] ; [+C] Pros.

postĕrĭtās, *ātis*, f. ¶ **1** le temps qui vient ensuite, l'avenir : [C] Pros. ¶ **2** le temps qui vient après la mort et les gens de cette époque-là, avenir, postérité : [C] Pros. ; ***immemor posteritas*** [C] Pros., postérité oublieuse

postĕrĭŭs, n. de *1 posterior* pris advᵗ, plus tard : [C] Pros.

postĕrŭla, *ae*, f., porte de derrière, voie indirecte : [T] Pros.

postĕrus** [inus.], *a*, *um*, qui est après, suivant : [C] Pros. ; ***postera saecula [C] Pros., les siècles à venir ; ***in posterum*** [C] Pros., pour l'avenir, pour la suite ‖ **postĕri**, *ōrum*, m. pl., les descendants : ***horum posteri*** [C] Pros. ; ***nostri*** [C] Pros., leurs, nos descendants ‖ ***posterum*** n. et ***postera*** pl., une suite, des suites : [C] Pros.

postfactus, *a*, *um*, fait après : [+C] Pros.

postfĕrō, *fers*, *ferre*, -, -, tr., placer après, mettre au second rang, estimer moins : ***libertati opes*** [C] Pros., sacrifier ses intérêts à la liberté ; [+C] Pros.

postfŭtūrus (post fŭtūrus), *a*, *um*, qui viendra après, futur ‖ ***postfuturi***, m. pl., ceux qui doivent naître, qui ne sont pas encore nés : [C] Pros. ‖ ***postfuturum***, n., l'avenir : [+C] Pros.

postgĕnĭtus, *a*, *um*, ***postgeniti***, m. pl.,les descendants, la postérité : [C] Poés.

posthăbĕō, *ēs*, *ēre*, *ŭī*, *ĭtum*, tr., placer en seconde ligne, estimer moins : [C] Pros.

posthāc, adv., désormais, dorénavant, à l'avenir : [-C] Théât., [C] Pros. ‖ [dans le passé, rare et non classique] dès lors : [-C] Théât., [+C] Pros.

posthaec (post haec), ensuite, après cela : [+C] Pros.

Posthŭm-, posthŭm-, V. → *Postum-*

postĭbi, adv., ensuite : [-C] Théât.

postīca, *ae*, f., porte de derrière : [+C] Pros.

postīcĭus, *a*, *um*, C. → *posticus*

postīcŭla, *ae*, f., petite porte de derrière : [+C] Pros.

postīcŭlum, *i*, n., petite chambre de derrière : [-C] Théât.

postīcum, *i*, n., l'arrière [d'un édifice] : [C] Pros. ‖ colonnade postérieure : [C] Pros. ‖ porte de derrière : [C] Pros.

postīcus, *a*, *um*, de derrière : [C] Pros. ; V. → *ostium*, V. → *posticum* : ***postica sanna*** [+C] Poés., grimace faite derrière le dos ‖ tourné vers le couchant, V. → *anticus* : [C] Pros.

postid, adv., après cela, ensuite : [-C] Théât. [ou] ***postid locorum*** [-C] Théât.

postĭdĕā, adv., ensuite : [-C] Théât. ; ***postidea loci*** [-C] Théât., même sens

postĭlēna, *ae*, f., croupière : [-C] Théât.

postĭlĭo, *ōnis*, f., revendication par une divinité d'un sacrifice qui lui est dû ; [d'où] satisfaction, expiation : [C] Pros.

postillā, adv., → *postea* : [-C] Théât.

postillāc, adv., ensuite : [-C] Théât.

postis, *is*, m. ¶ **1** jambage de porte : [C] Pros., Poés. ; ***postem tenere*** [C] Pros., avoir la main sur le jambage de la porte [dans une dédicace de temple] ‖ poteau : [C] Pros. ¶ **2** pl., porte : [C] Poés. ‖ [fig.] l'organe de la vision, la vue : [C] Poés.

postlātus, *a*, *um*, part. de *postfero*

postlīmĭnĭum, *ĭi*, n. ¶ **1** retour dans sa patrie [après la captivité chez l'ennemi] : [C] Pros. ¶ **2** [fig.] ***postliminio mortis*** [+C] Pros., par le fait de revenir de la mort = par un retour à la vie

postmĕrīdĭānus (posm-), qui a lieu l'après-midi : [C] Pros. ; ***postmeridianum tempus*** [C] Pros., l'après-midi ‖ ***posm-*** [C] Pros.

postmŏdŏ, adv., bientôt après, dans la suite, par la suite, un jour : [C] Pros., Poés.

postmŏdum, adv., C. → *postmodo* : [C] Pros., [+C] Pros.

postmoerĭum, *ĭi*, n., V. → *pomoerium*

postpartŏr, *ōris*, m., acquéreur ou propriétaire futur : [-C] Théât.

postpōnō, *ĭs*, *ĕre*, *pŏsŭī*, *pŏsĭtum*, tr., placer après = en seconde ligne, mettre au-dessous de, faire moins de cas de : [C] Pros. ‖ ***aliquid alicui rei*** [C] Pros., sacrifier qqch. à qqch

postprincĭpĭa, *ōrum*, n. pl., suite, résultat : [C] d. [+C] Pros.

postpŭtō, *ās*, *āre*, -, -, tr., mettre en seconde ligne : [-C] Théât.

postquăm (posquam, [-C] Théât.), conj., après que : [avec parf. indic.] [C] Pros. ; ***postquam probarunt*** [C] Pros., après qu'ils eurent approuvé ‖ [avec imparf. indic.] = comme : [C] Pros. ‖ [avec pqp. indic.] [C] Pros. ; [*post* séparé de *quam*] [C] Pros. ; [pqp. = imparf. de durée] [C] Pros. ‖ [avec parf. et imparf. à la fois] [C] Pros. ‖ [avec prés. historique] [-C] Théât., [C] Pros. ‖ [avec indic. prés.] [-C] Théât., [C] Pros. ‖ [avec subj.] [C] Pros., [+C] Pros.

postrēmĭtās, *ātis*, f., extrémité : [T] Pros.

postrēmō, adv., enfin, après tout, en définitive : [-C] Théât., [C] Pros. ‖ enfin [dans une énumération], en dernier lieu : [C] Pros.

postrēmum, adv., pour la dernière fois : [C] Pros.

postrēmus, *a*, *um*, superl. de *posterus* ¶ **1** le plus en arrière, le dernier [de plusieurs] : [C] Pros. ; ***in postremis*** [C] Pros., parmi les derniers ; ***postrema acies*** [C] Pros., l'arrière, la queue de l'armée ‖ n., ***in postremo vitae*** [+C] Pros., à la fin de la vie ; ***ad postrema cantus*** [+C] Pros., à la fin du chant ; ***hoc non in postremis*** [C] Pros., ceci n'est pas au dernier plan ‖ ***ad postremum*** [C] Pros., à la fin ¶ **2** [fig.] le dernier : ***homines postremi*** [C] Pros., les derniers des hommes

postrīdĭē, adv., le lendemain : [C] Pros. ; ***mane postridie*** [C] Pros., le lendemain matin ; ***postridie quam discessi*** [C] Pros., le lendemain de mon départ

postrīdŭānus, *a*, *um*, du lendemain : [T] Pros.

postrīdŭo, adv., → *postridie* : [-C] Théât.

postscaenĭum, *ĭi*, n., postscénium, le derrière de la scène, les coulisses

postscrībō, *ĭs*, *ĕre*, *scrīpsī*, -, tr., écrire après ou à la suite de [avec dat.] : [+C] Pros.

postsignāni, *ōrum*, m. pl., postsignaires [soldats placés derrière les enseignes] : [T] Pros.

postŭlātīcĭus, *a*, *um*, réclamé [par le peuple, en parl. de gladiateurs] : [+C] Pros.

postŭlātĭo, *ōnis*, f. ¶ **1** demande, sollicitation, requête : [C] Pros. ; ***concedere postulationi alicujus*** [C] Pros., accéder au désir de qqn ¶ **2** réclamation, plainte : [-C] Théât. ¶ **3** demande d'autorisation de poursuite, poursuite en justice : [C] Pros., [+C] Pros.

postŭlātŏr, *ōris*, m., celui qui réclame justice, plaignant : [+C] Pros.

postŭlātōrĭa fulgŭra, n. pl., foudres qui demandent un sacrifice expiatoire : [+C] Pros.

postŭlātum, *i*, n., demande, prétention : [C] Pros. ; [d'ordin. au pl.] [C] Pros.

1 **postŭlātus**, *a*, *um*, part. de *postulo*

2 **postŭlātŭs**, abl. *ū*, m., demande en justice, plainte : [C] Pros.

postŭlō, *ās*, *āre*, *āvī*, *ātum*, tr. ¶ **1** demander (souhaiter) : [C] Pros. ; ***quidvis ab amico*** [C] Pros., demander n'importe quoi à un ami ; [C] Pros. ; ***aliquem advocatum*** [+C] Pros., demander qqn comme avocat ‖ [abs^t] ***de aliqua re postulare*** [C] Pros., faire une demande au sujet de qqch. ; ***ab aliquo de aliqua re*** [C] Pros., faire une demande à qqn sur qqch. ‖ [avec deux acc.] [C] Pros. ‖ [avec *ut*] demander que : [C] Pros. ; [avec *ne* et *ut ne*] que ne pas : [C] Pros. ‖ [avec subj. seul] [C] Pros., [+C] Pros. ‖ [avec inf. ou prop. inf.] demander de, à, vouloir, aspirer à, prétendre : [-C] Théât., [C] Pros., [+C] Pros. ; [passif] [C] Pros. ¶ **2** demander en justice ***a)*** poursuivre (***aliquem***, qqn) : [C] Pros. ; ***de ambitu*** [C] Pros. ; ***de pecuniis repetundis*** [C] Pros., poursuivre qqn pour brigue, pour concussion [ou] ***repetundarum*** [+C] Pros. [ou] ***repetundis*** [+C] Pros. ***b)*** demander [au préteur] : ***arbitrum*** [C] Pros., demander constitution d'arbitre ; ***exceptionem*** [C] Pros., demander l'introduction d'une exception dans la formule

Postumĭa, *ae*, f., nom d'une Vestale : [C] Pros. ‖ femme de Serv. Sulpicius : [C] Pros.

Postŭmilla, *ae*, f., nom de femme : [+C] Poés.

Postŭmius, *ĭi*, nom d'une famille rom., not^t le dictateur A. Postumius Tubertus : [C] Pros. ‖ **-mĭus**, *a*, *um*, de Postumius : ***via Postumia*** [+C] Pros., voie Postumia [près de Vérone] ‖ ou **-mĭānus**, *a*, *um*, [C] Pros.

postŭmō, *ās*, *āre*, -, -, intr., être postérieur à (***alicui***) : [+C] Pros.

1 **postŭmus**, *a*, *um* ¶ **1** le dernier : ***postuma proles*** [C] Poés., le dernier rejeton ; [+C] Pros. ; ***postuma spes*** [+C] Pros., le dernier espoir ¶ **2** posthume, né après la mort du père : [C] Pros.

2 **postŭmus**, *i*, m., enfant posthume : [C] Pros.

3 **Postŭmus**, *i*, m., surnom romain : [C] Pros., [+C] Poés.

Postverta (-vorta), *ae*, f., probablement autre nom de Carmenta, déesse de la naissance Cf. → *Anteverta*, *Porrima*, *Prorsa*, en tant que présidant aux accouchements difficiles : [T] Pros.

pŏsŭī, parf. de *pono*

pōtācŭlum, *i*, n., → *potatio* : [+C] Pros.

Pŏtămīdes, *um*, f. pl., nymphes des fleuves : [+C] Poés.

Pŏtămo, *ōnis*, m., nom d'homme : [C] Pros.

pōtātĭo, *ōnis*, f., action de boire [du vin]; [familᵗ] beuverie, débauche, orgie : [-C] Théât., [C] Pros.

pōtātŏr, *ōris*, m., buveur [de vin], ivrogne : [-C] Théât.

pōtātūrus, *a*, *um*, part. fut. de *poto*

1 **pōtātus**, *a*, *um*, part. de *poto*

2 **pōtātŭs**, *ūs*, m., action de boire [du vin] : [+C] Pros.

pŏtĕ, → *potis*

pŏtens, *tis* ¶ **1** qui peut, puissant, influent : [C] Pros., [+C] Pros. ‖ [C] Pros. ; ***potentissima argumenta*** [+C] Pros., arguments très forts, très puissants ‖ [pris substᵗ] ***potentes***, les puissants : [C] Pros. ¶ **2** maître, souverain : ***potens mei*** [+C] Pros., maître de moi-même ; [C] Pros., [+C] Pros., Poés. ; ***irae potens*** [+C] Pros., qui maîtrise sa colère ; ***alicujus rei aliquem potentem facere*** [C] Pros., rendre qqn maître de qqch., lui en assurer la libre disposition ‖ [poét.] qui est en possession de : [-C] Théât. ; ***voti*** [C] Poés., qui a son voeu exaucé ; ***jussi*** [C] Poés., ayant réalisé la chose ordonnée, exécuté l'ordre ¶ **3** capable de : ***regni*** [C] Pros., capable de régner ; [+C] Pros.

pŏtentātŭs, *ūs*, m., puissance politique souveraine, souveraineté : [C] Pros. ‖ primauté : [C] Pros. ‖ hégémonie d'un peuple : [C] Pros.

pŏtentĕr, adv., puissamment, avec force, avec efficacité : [+C] Pros. ‖ selon ses forces : [C] Poés. ‖ ***-tius*** [C] Poés.

1 **pŏtentĭa**, *ae*, f. ¶ **1** puissance ***a)*** force, action [du soleil, de la beauté, d'une maladie] : [C] Poés. ***b)*** efficacité, vertu [d'une plante] : [C] Poés. ; [d'une eau] ***c)*** puissance [de la vue] : [+C] Pros. ¶ **2** puissance [politique], pouvoir, autorité, crédit, influence : [C] Pros. ; ***rerum*** [C] Poés., l'empire suprême, du monde ‖ [chrét.] [à propos de Dieu] puissance : [T] Pros.

2 **Pŏtentĭa**, *ae*, f., ville maritime du Picénum : [C] Pros.

pŏtentĭālĭtĕr, adv., puissamment, beaucoup : [T] Pros.

Pŏtentĭus, *ĭi*, m., nom d'homme : [T] Pros.

Pŏtĕŏli, → *Puteoli*

pŏtērĭum (-ŏn), *ĭi*, n., coupe (à boire) : [-C] Théât.

potes, **potest**, → *possum*

pŏtestās, *ātis*, f. ¶ **1** [en gén.] puissance, pouvoir ***a)*** ***alicujus***, de qqn : [C] Pros. ‖ ***in potestatem alicujus esse*** [C] Pros., être au pouvoir de qqn ; ***in potestatem aliquem habere*** [C] Pros., avoir qqn en son pouvoir ‖ ***per potestatem aliquid auferre*** [C] Pros., emporter qqch. en usant de son pouvoir ***b)*** ***alicujus rei***, pouvoir sur qqch. : [C] Pros. ***c)*** pouvoir, propriété (vertu) d'une chose : ***potestates herbarum*** [C] Poés., les vertus des plantes ‖ signification, valeur d'un mot : [C] Pros., [+C] Pros. ‖ [phil. c. δύναμις] propriété, faculté particulière d'une substance ou d'un être, ensemble de leurs propriétés ou facultés caractéristiques : [C] Poés. ¶ **2** puissance d'un magistrat [telle qu'elle découle du pouvoir spécifique appartenant à chacun], possibilité d'action : ***potestas praetoria*** [C] Pros., le pouvoir d'un préteur ; ***sacrosancta*** [C] Pros., la puissance inviolable [tribuns de la plèbe et édiles plébéiens] ; [C] Pros. ‖ [C] Pros. ; ***imperia, potestates*** [C] Pros., les commandants militaires, les autorités civiles [gouverneurs de province] ¶ **3** pouvoir, faculté, possibilité, occasion de faire qqch. : [C] Pros. ‖ ***potestas est*** [avec inf.], il est possible de : [C] Poés., Pros.

Pŏthīnus, *i*, m., Pothin [eunuque de Ptolémée, qui tua Pompée] : [C] Pros., [+C] Poés.

Pŏtĭdānĭa, *ae*, f., ville d'Étolie : [C] Pros.

pŏtĭendus (-ĭundus), *a*, *um*, adj. verb. de *1 potior*

pōtĭlis, *e*, potable : [C] Poés.

pŏtin', pour *potisne* : [-C] Théât. ; → *potis*

Pōtīna, *ae*, f., déesse qui présidait à la boisson de l'enfant : [T] Pros.

1 **pŏtĭō**, *īs*, *īre*, *īvī*, *ītum*, tr., [arch.], mettre en possession de [en bonne et en mauvaise part] : ***aliquem servitutis*** [-C] Théât., réduire qqn en esclavage ‖ ***potitum esse*** [-C] Théât., être tombé aux mains des ennemis

2 **pōtĭo**, *ōnis*, f. ¶ **1** action de boire : ***in media potione*** [C] Pros., pendant qu'il buvait ; [+C] Pros. ¶ **2** boisson, breuvage : [C] Pros. ‖ breuvage médicinal, médecine, potion, drogue : [+C] Pros. ‖ breuvage empoisonné : [C] Pros. ‖ philtre, breuvage magique : [C] Poés.

pōtĭōnō, *ās*, *āre*, -, *ātum*, tr., administrer un breuvage à (***aliquem aliqua re***) : [+C] Pros.

1 **pŏtĭŏr**, *īrīs*, *īrī*, *ītus sum*, tr. et intr. ¶ **1** prendre en son pouvoir, se rendre maître de, s'emparer de ***a)*** tr., [arch. et tard.] [-C] Théât., [C] Pros., [+C] Pros. ; [mais emploi courant de l'adj. verbal] [C] Pros. ***b)*** intr. ; [avec abl.] : ***imperio*** [C] Pros., s'emparer du pouvoir ‖ [avec gén.] [C] Pros. ‖ [absᵗ] : [C] Pros. ¶ **2** être en possession de, être maître de ***a)*** tr. [arch.] ***patria commoda*** [-C] Théât., posséder tous les bonheurs d'un père ; ***gaudia*** [-C] Théât., avoir toutes les joies ***b)*** intr. ; [avec abl.] ***voluptatibus*** [C] Pros., avoir des plaisirs à sa disposition ; ***oppido*** [C] Pros., être maître de la ville ‖ [absᵗ] ***qui potiuntur*** [C] Pros., ceux qui sont les plus forts, les maîtres, les autorités

2 **pŏtĭor**, *ĭus*, *ōris*, compar. de *potis* ¶ **1** meilleur, préférable : [C] Pros. ¶ **2** de plus de prix, plus estimable, supérieur : [C] Pros.

pŏtĭs, *ĕ*, adj., qui peut, puissant : [C] Pros. ‖ [d'ordin. indécl. et joint à *est* ou *sunt*, qq. soient le genre et le nombre du sujet] ¶ **1** ***potis est = potest*** [avec sujet n.] [C] Poés. ; [suj. f.] [C] Poés. ; ***potis sunt = possunt*** [-C] Pros., Théât. ; ***potis sint*** [C] Pros. ‖ ***potis*** [seul] ***= potest*** : [-C] Pros., Théât., [C] Poés. ‖ ***= potes*** : [-C] Théât. ¶ **2** [interrog.] ***potin es ? = potesne ?*** ; peux-tu ? : [-C] Théât. ; [+C] Pros. ; ***potin ut***, subj., est-il possible que ... ? : [-C] Théât. ¶ **3** ***pote est = potest*** ‖ ***pote*** ; seul ***a)*** → *potest*, [avec sujet m.] [-C] Pros., [C] Pros., Poés. ***b)*** → *potest*, il est possible : [C] Poés. ; ***quantum pote*** [C] Pros., autant que possible ; ***non pote minoris*** [C] Pros., impossible à plus bas prix

pŏtissĭmum, adv., principalement, par-dessus tout, de préférence : [C] Pros.

pŏtissĭmus, *a*, *um*, superl. de *potis*, le principal, le plus important, l'essentiel : ***potissimi libertorum*** [+C] Pros., les principaux affranchis ; ***potissima causa*** [+C] Pros., la raison la plus importante

Pŏtītĭi, *ōrum*, m. pl., nom d'une ancienne famille du Latium, consacrée au culte d'Hercule ainsi que les *Pinarii* : [C] Pros.

Pŏtītĭus, *ĭi*, m., le chef de la famille des Potitius : [C] Poés. ‖ **-tĭus**, *a*, *um*, de Potitius : [C] Pros.

pōtĭtō, *ās*, *āre*, -, -, tr., boire souvent, boire ordinairement : [-C] Théât.

pŏtītŏr, *ōris*, m., celui qui se rend maître [de] : [+C] Pros.

1 **pŏtītus**, *a*, *um*, part. de *1 potio* et *1 potior*

2 **Pŏtītus**, *i*, m., surnom romain : [C] Pros.

pōtĭuncŭla, *ae*, f., gorgée : [+C] Pros. ; ***potiunculae*** [+C] Pros., petits coups [en buvant]

pŏtĭŭs, adv., plutôt, de préférence ¶ **1** ***ac potius*** [C] Pros. ; ***et potius*** [C] Pros., mais plutôt ‖ ***vel potius*** [C] Pros., ou plutôt ‖ ***ac non potius*** [C] Pros. ; ***et non potius*** [C] Pros., et non plutôt ‖ ***sed potius*** [C] Pros. ; ***seu potius*** [C] Pros., mais plutôt, ou bien plutôt ¶ **2** [avec *quam*] ***a)*** ***potius ... quam*** [C] Pros. [ou] ***potiusquam*** [C] Pros., plutôt que [jouant le rôle de conj. avec subj.] ***b)*** [simple comparaison] [C] Pros. ; [pléon. avec *malle*] [C] Pros. ; [inversion] [C] Pros. ***c)*** qqf. *potius quam ut* subj., [C] Pros. ***d)*** ellipse de *potius*, → *quam*

pŏtīvī, parf. de *1 potio*

Potnĭae, *ārum*, f. pl., ville de Béotie, voisine de Thèbes ‖ **-ĭădes**, *um*, f. pl., qui sont de Potniae : [C] Poés.

pōtō, *ās*, *āre*, *āvī*, *ātum*, tr. ¶ **1** boire : ***vinum*** [-C] Théât., boire du vin ‖ [pass. impers.] [C] Pros. ¶ **2** [absᵗ] boire, s'abreuver : ***si potare velit*** [C] Pros., s'il voulait boire ; [C] Poés. ¶ **3** donner à boire à qqn : [T] Pros.

pōtŏr, *ōris*, m. [poét.] ¶ **1** buveur [d'eau] : [C] Pros. ‖ ***Rhodani potores*** [C] Poés., riverains (buveurs) du Rhône ¶ **2** buveur [de vin] : [C] Poés. ‖ soiffard, ivrogne : [C] Pros., Poés.

pōtrix, *īcis*, f., buveuse (ivrognesse) : [C] Poés.

Pōtŭa, *ae*, f., → *Potina* : [T] Pros.

pŏtŭī, parf. de *possum*

pōtŭlentus, *a, um* ¶ **1** bon à boire : Pros. ‖ **-tum**, *i*, n., ce qui se boit : Pros. ¶ **2** qui a beaucoup bu, ivre : Pros.

pōtum, supin de *bibo*

1 **pōtus**, *a, um* ¶ **1** part. parf. de *bibo* ¶ **2** qui a bu, ivre : Pros.

2 **pōtŭs**, *ūs*, m. ¶ **1** action de boire : Pros. ; ***aliquid potui dare*** Pros., donner qqch. à boire ¶ **2** boisson, breuvage : Pros.

prae
I adv. ¶ **1** à l'avant, en avant, devant : ***i, prae, abi prae***, va devant, va-t'en devant : Théât. ¶ **2** [en compos.] ***prae quam*** ou ***praequam, prae ut (praeut)***, en comparaison de ce qui, de ce que, eu égard à : Théât.
II prép., abl. ¶ **1** à l'avant de, devant, en avant : ***prae se agere*** Pros., pousser devant soi ; ***prae se pugionem ferre*** Pros., brandir un poignard ‖ [fig.] ***prae se ferre***, montrer ostensiblement, étaler, produire au grand jour : Pros. ; ***prae se gerere*** Pros. ; ***prae se declarare*** Poés., même sens ¶ **2** au regard de, en comparaison de : Pros. ‖ ***prae ceteris*** Pros., plus que le reste ¶ **3** en raison de [dans les phrases négatives ou de sens négatif] : Pros.

praeăcŭō, *ĭs, ĕre, -, cūtum*, tr., rendre pointu par le bout, tailler en pointe : Pros.

praeăcūtus, *a, um*, pointu par le bout, qui se termine en pointe : Pros.

praealtus, *a, um*, très profond : Pros., Pros.

praebĕō, *ēs, ēre, ŭī, ĭtum*, tr. ¶ **1** présenter, porter en avant, tendre : ***collum*** Poés., tendre le cou ; ***os ad contumeliam*** Pros., offrir son visage (s'exposer) aux affronts ¶ **2** [fig.] ***a)*** montrer, faire voir : ***speciem pugnantium*** Pros., présenter l'apparence de combattants ‖ [surtout avec attribut] ***se praebere***, se montrer tel ou tel ; ***se severum*** Pros., se montrer sévère ‖ [sans *se*] Théât. ***b)*** présenter, offrir, fournir : ***alicui panem*** Pros., fournir du pain à qqn ; ***materiam seditionis*** Pros., fournir l'occasion d'une sédition ; ***sponsalia*** Pros., offrir un repas de fiançailles ***c)*** faire naître, causer : ***opinionem timoris*** Pros., donner l'impression de la crainte ; ***alicui metum*** Pros., causer de la crainte à qqn ***d)*** [poét., avec inf.] offrir, permettre : Poés.

praebĭa, *ōrum*, n. pl., amulettes : Pros.

praebĭbō, *ĭs, ĕre, bĭbī, -*, tr., boire à la santé (***alicui***, de qqn) ; Pros.

praebĭta, n. pl., ▶ *praebitus*

praebĭtĭo, *ōnis*, f., action d'héberger : Poés.

praebĭtŏr, *ōris*, m., fournisseur, pourvoyeur : Pros.

praebĭtus, *a, um*, part. de *praebeo* ‖ **-ta**, *ōrum*, n. pl., fourniture des choses nécessaires à la vie, l'entretien : Pros.

praebŭī, parf. de *praebeo*

praecălĭdus, *a, um*, très chaud, très bouillant : Pros.

praecalvus, *a, um*, chauve [par-devant ou de bonne heure, ou entièrement] : Pros.

praecantō, *ās, āre, āvī, ātum*, tr., enchanter préventivement : Pros.

praecantŏr, ▶ *praecentor*

praecantrix (-centrix), *īcis*, f., celle qui fait des enchantements préventifs : Théât.

praecānus, *a, um*, blanchi (qui a les cheveux blancs) avant l'âge : Pros.

praecautus, *a, um*, part. de *praecaveo*

praecăvĕō, *ēs, ēre, cāvī, cautum* ¶ **1** tr., empêcher par des mesures préventives : Théât. ; Pros. ; ***ad praecavenda venena*** Pros., pour se garantir du poison ¶ **2** intr., se tenir sur ses gardes, se garder de, prendre ses précautions : Pros. ‖ [avec *ne*] prendre des mesures pour empêcher que : Pros. ‖ ***sibi*** Théât., pourvoir à sa sûreté

praecĕcĭnī, parf. de *praecino*

praecēdō, *ĭs, ĕre, cessī, cessum* ¶ **1** tr., marcher devant, précéder, devancer : Poés., Pros., Pros. ‖ [fig.] l'emporter sur, être supérieur à : Pros. ¶ **2** intr., précéder, ouvrir la marche : Pros., Pros., Poés. ‖ l'emporter sur [avec dat.] Théât.

praecĕlĕr, *ĕris, ĕre*, très prompt, très rapide : Poés.

praecĕlĕrō, *ās, āre, -, -* ¶ **1** tr., devancer en toute hâte : Poés. ¶ **2** intr., faire grande hâte : Poés.

praecellens, *tis*, part.-adj. de *praecello*, éminent, qui excelle, distingué, rare, extraordinaire : Pros. ‖ ***-tissimus*** Pros.

praecellentĭa, *ae*, f., supériorité, excellence : Pros.

praecellĕō, *ēs, ēre, -, -*, intr., ▶ *praecello* : Théât.

praecellō, *ĭs, ĕre, -, -* ¶ **1** intr., exceller, être supérieur : Poés., Pros., Pros. ‖ [avec dat.] ***genti*** Pros., être à la tête d'une nation (commander à) ¶ **2** tr., surpasser : Pros.

praecelsus, *a, um*, très élevé, très haut : Poés.

praecentĭo, *ōnis*, f., prélude : Pros.

praecentō, *ās, āre, -, -*, intr., réciter une formule magique préventive [*alicui*, à qqn] : Pros.

praecentŏr, *ōris*, m., celui qui entonne, celui qui dirige les chants : Pros.

praecentrix, ▶ *praecantrix*

praecēpī, parf. de *praecipio*

praeceps, *cĭpĭtis*
I adj. ¶ **1** la tête en avant, la tête la première : ***aliquem praecipitem dejicere*** Pros., jeter qqn en bas la tête la première ¶ **2** précipité, brutal : Pros. ‖ [fig.] qui se précipite, rapide : ***praeceps Anio*** Poés., l'Anio impétueux ; ***praeceps profectio*** Pros., départ précipité ¶ **3** penché, [ou] qui se penche vers : Pros. ‖ [fig.] Pros. ; ***ad flagitia*** Pros., porté aux turpitudes ¶ **4** en déclivité, en pente raide, escarpé : ***locus praeceps*** Pros., terrain en pente raide ‖ [d'où] dangereux, critique : Poés. ¶ **5** [fig.] précipité, emporté violemment : Pros. ; [d'où] ***a)*** précipité à l'abîme : Pros. ***b)*** qui se précipite tête baissée, aveugle, inconsidéré : Pros.
II n. pris subst[t], précipice, abîme [pr. et fig.] : ***in praeceps dare*** Pros. ; ***agere*** Pros., pousser à l'abîme ; Poés. ; ***in praecipitia deducere*** Pros., mener à des précipices
III adv., au fond, dans l'abîme : ***aliquem praeceps trahere*** Pros., entraîner qqn dans sa chute ; ***praeceps eunt*** Pros., ils se précipitent dans les profondeurs ; ***praeceps dare*** Pros., mener à l'abîme, à la ruine

praeceptĭo, *ōnis*, f. ¶ **1** préciput [droit] : Pros. ¶ **2** idée qu'on s'est formée, opinion acquise : Pros. ¶ **3** action de donner des préceptes, enseignement : ***alicujus rei*** Pros., enseignement de qqch. ; ***Stoicorum*** Pros., enseignement, doctrine des stoïciens

praeceptīvus, *a, um*, qui enseigne, didactique : Pros.

praeceptŏr, *ōris*, m. ***a)*** celui qui donne un ordre, qui commande : Pros. ***b)*** celui qui enseigne, maître : Pros. ; ***fortitudinis*** Pros., professeur d'énergie

praeceptrix, *īcis*, f., celle qui enseigne, maîtresse : Pros. ; ***sapientia praeceptrice*** Pros., à l'école de la sagesse

praeceptum, *i*, n., précepte, leçon, règle : Pros. ‖ ordre, commandement, avis, instruction, prescription, recommandation : Pros. ; ***praeceptis Caesaris*** Pros., suivant les injonctions de César

praeceptus, *a, um*, part. de *praecipio*

praecerpō, *ĭs, ĕre, psī, ptum*, tr. ¶ **1** cueillir avant le temps : Poés. ¶ **2** arracher en avant, prélever en arrachant, arracher : Poés. ‖ [fig.] extraire, faire des extraits de : Pros. ¶ **3** cueillir avant : Pros. ¶ **4** déflorer, flétrir : Pros.

praecerptus, *a, um*, part. de *praecerpo*

praecessī, parf. de *praecedo*

praecessĭo, *ōnis*, f., action de précéder : Pros.

praecessŏr, *ōris*, m., supérieur hiérarchique : Pros.

Praecĭānus, *a, um*, ***Praecianum vinum***, vin précien [récolté près de la mer Adriatique] : Pros.

praecīdānĕus, *a, um*, précidané, préalablement immolé [en parl. de victimes] : [avec les moissons] Pros. ; [avec le sacrifice] Pros. ‖ ***feriae praecidaneae*** Pros., féries précidanées (préalables)

praecīdō, *ĭs, ĕre, cīdī, cīsum*, tr. ¶ **1** couper par-devant, couper, trancher, tailler : ***praecidere ancoras*** Pros., couper les amarres (les câbles des ancres) ; ***manum alicui*** Pros. ;

alicujus caput [C] Pros., couper la main, la tête de qqn ‖ V▶ *praecisus* ¶3 ¶2 couper court : [+C] Pros. ‖ ***brevi praecidam*** [C] Pros., tranchons d'un mot ; ***praecide*** [C] Pros., abrège ¶3 couper, retrancher, ôter : ***alicui spem*** [C] Pros. ; ***alicui libertatem vivendi*** [C] Pros., retrancher à qqn l'espoir, la liberté de vivre ¶4 [abs^{t}] trancher par un refus : [C] Pros. ¶5 couper, séparer en tranches : ***cotem novacula*** [C] Pros., couper une pierre avec un rasoir ‖ [fig.] ***amicitias*** [C] Pros., trancher les amitiés dans le vif

praecinctĭo, *ōnis*, f., précinction, pourtour [large allée servant de palier dans les amphithéâtres et les théâtres] : [C] Pros. ‖ petite plate-forme [à mi-côte] qui fait le tour d'une montagne : [C] Pros.

praecinctūra, *ae*, f., préceinte [de câbles autour d'une poutre bélière] : [C] Pros. ‖ manière de se ceindre, de porter la toge : [T] Pros.

1 **praecinctus**, *a*, *um*, part. de *praecingo*

2 **praecinctŭs**, *ūs*, m., manière de se ceindre : [T] Pros.

praecingō, *ĭs*, *ĕre*, *cinxī*, *cinctum*, tr. ¶1 ceindre [le corps] : [-C] Théât., [C] Poés. ; ***male praecinctus*** [+C] Pros., qui serre mal la ceinture de sa tunique ; [C] Poés. ¶2 entourer : [C] Poés., [+C] Poés. ; ***praecinctus portu*** [-C] Pros., ceint d'un port ‖ couvrir, revêtir : [+C] Pros.

praecĭnō, *ĭs*, *ĕre*, *cĕcĭnī* ou *cĭnŭī*, - ¶1 intr., résonner devant [en parl. d'un instrument], jouer [d'un instrument] devant, à ou pour : [C] Pros. ‖ prononcer une incantation préventive : [C] Poés. ¶2 tr., entonner [un chant funèbre] : [+C] Poés. ‖ prédire : [C] Pros., Poés.

precinxī, parf. de *praecingo*

praecĭpĭō, *ĭs*, *ĕre*, *cēpī*, *ceptum*, tr. ¶1 prendre avant, prendre le premier : [C] Poés., Pros. ; ***mons praeceptus*** [C] d. [+C] Pros., mont occupé d'avance ; [C] Pros. ; ***aliquantum viae*** [C] Pros. ; ***aliquantum temporis*** [C] Pros., prendre un peu d'avance ; ***tempore praecepto*** [C] Pros., à cause de l'avance obtenue (de la priorité) dans le temps ‖ [droit] obtenir par préciput dans un héritage : [+C] Pros. ; [abs^{t}] [+C] Pros. ¶2 [fig.] ***gaudia*** [C] Pros., se réjouir par avance ; ***animo victoriam*** [C] Pros., se figurer d'avance la victoire ; ***cogitatione futura*** [C] Pros., prévoir ce qui arrivera ‖ ***praecipere*** ; seul = prévoir : [C] Pros. ¶3 recommander, conseiller, donner des instructions, des conseils, prescrire : ***alicui tempestatum rationem*** [C] Pros., instruire qqn de la prévision des tempêtes ‖ [avec inf.] [C] Pros. ‖ [avec *ut*] [C] Pros. ; [avec *ne*] recommander de ne pas : [C] Pros. ‖ [avec subj. seul] [C] Pros. ‖ [avec prop. inf. au pass.] ***sarcinas incendi*** [+C] Pros., prescrire d'incendier les bagages ‖ [abs^{t}] ***ut mihi praecepisti*** [C] Pros., comme tu me l'as recommandé ¶4 donner des leçons, des préceptes, enseigner : [C] Pros. ‖ [abs^{t}] ***de eloquentia*** [C] Pros., donner des leçons d'éloquence ; ***praecipiens quidam*** [C] Pros., qqn qui enseigne**praeci-**
praecipientes, *ium*, subst. m. pl., les maîtres ; [+C] Pros.

praecĭpĭtans, *tis*, V▶ *praecipito*

praecĭpĭtanter, adv., précipitamment : [C] Poés.

praecĭpĭtantĭa, *ae*, f., C▶ *praecipitatio* : [+C] Pros.

praecĭpĭtātim, adv., C▶ *praecipitanter* : [C] Poés.

praecĭpĭtātĭo, *ōnis*, f., chute : [C] Pros., [+C] Pros.

1 **praecĭpĭtātus**, *a*, *um*, part. de *praecipito*

2 **praecĭpĭtātŭs**, *ūs*, m., action de précipiter : [C] Poés.

praecĭpĭtis, gén. de *praeceps*

praecĭpĭtĭum, *ii*, n., précipice, abîme : [+C] Pros.

praecĭpĭtō, *ās*, *āre*, *āvī*, *ātum*, tr. et intr.
I tr. ¶1 précipiter : ***se e Leucata*** [C] Pros. ; ***se in flumen*** [C] Pros., se précipiter du promontoire de Leucade (dans la mer), se précipiter dans le fleuve ; ***muro*** [C] Pros., précipiter du haut du mur ‖ pass. *praecipitari*, se précipiter : [C] Pros., Poés. ‖ jeter dans le vide : [C] Pros. ¶2 faire retomber, abaisser, courber [la vigne, une plante] : [-C] Pros., [+C] Pros. ¶3 jeter à bas, ruiner : ***spem*** [C] Poés., jeter à bas des espérances ‖ [pass.] être abaissé, mené à sa fin : ***nox praecipitata*** [C] Poés., nuit qui touche à sa fin ¶4 précipiter, hâter : ***obitum*** [C] Poés., précipiter son coucher [astres] ; [C] Pros. ‖ jeter au loin, écarter : ***omnes moras*** [C] Poés., supprimer tous les délais, les retards ‖ emporter : [C] Poés. ‖ [avec inf.] presser de, pousser vivement à : [C] Poés., [+C] Poés.
II intr. ¶1 tomber, se précipiter : [C] Pros. ; ***praecipitantem impellere*** [C] Pros., pousser celui qui tombe ¶2 tirer à sa fin : [C] Poés. ; ***sol praecipitans*** [C] Pros., le soleil à son déclin ¶3 [fig.] tomber, aller à sa ruine : [C] Pros. ; ***ad exitium praecipitare*** [C] Pros., se perdre dans l'abîme ‖ dégringoler, tomber, faire une chute = se tromper : [C] Pros. ‖ aller donner dans, tomber dans : ***in insidias*** [C] Pros., donner aveuglément dans une embuscade

praecĭpŭē, adv., avant tout le reste, au premier chef, surtout, principalement, en particulier : [C] Pros.

praecĭpŭum, *i*, n., [droit] préciput : [+C] Pros.

praecĭpŭus, *a*, *um* ¶1 particulier, spécial : [C] Pros. ; ***jus praecipuum*** [C] Pros., privilège ¶2 particulier, devançant tout le reste, supérieur : [C] Pros. ‖ ***praecipuus philosophorum*** [+C] Pros., au premier rang des philosophes ; ***praecipui amicorum*** [+C] Pros., principaux amis ; ***praecipuus cui*** [avec subj.] [+C] Pros., le premier à qui ... [pris susbt^{t}] ***a) praecipui*** [+C] Pros., les premiers ***b)*** [gén. n.] ***nihil praecipui*** [C] Pros., aucune supériorité ***c)*** **praecipua**, *ōrum*, n. pl., les principales choses, le principal : ***praecipua rerum*** [+C] Pros., l'essentiel des affaires, les affaires les plus importantes ‖ [phil.] les choses préférables [avantages extérieurs qui, sans être proprement des biens, sont des choses estimables pour les stoïciens] : [C] Pros.

praecīsē, adv. ¶1 en peu de mots, brièvement : [C] Pros. ¶2 de façon tranchante, catégorique : ***negare*** [C] Pros., refuser catégoriquement

praecīsĭo, *ōnis*, f. ¶1 action de couper, de retrancher : [+C] Pros. ‖ [fig.] séparation brutale : [T] Pros. ¶2 section, face taillée : [C] Pros. ¶3 [rhét.] réticence, aposiopèse : [C] Pros.

praecīsum, *i*, n., quartier de viande : [-C] Théât., Poés.

praecīsūra, *ae*, f., pl., épluchures [d'asperges] : [+C] Pros.

praecīsus, *a*, *um*, part.-adj. de *praecido* ¶1 coupé de, séparé de : ***Italiā*** [C] Poés., séparé de l'Italie ¶2 à pic, abrupt, escarpé : [C] Pros., Poés., [+C] Pros. ¶3 châtré : [m. pris subst^{t}] ***praecisi*** [+C] Pros., eunuques ¶4 [rhét.] coupé, abrégé : [+C] Pros. ‖ tronqué : [C] Pros.

praecĭus, V▶ *preciae vites*

praeclārē, adv. ¶1 très clairement, très nettement : [C] Pros. ¶2 excellemment, remarquablement, supérieurement, à merveille : [C] Pros. ; ***praeclare si*** [C] Pros., c'est merveille, si ... ‖ ***praeclarius*** [C] Pros. ; ***-issime*** [C] Pros.

praeclārĭtās, *ātis*, f., grande gloire, illustration : [T] Pros.

praeclarus, *a*, *um* ¶1 très clair, lumineux, brillant, étincelant : [C] Poés., Pros., [+C] Poés. ¶2 [fig.] brillant, remarquable, supérieur, excellent : [C] Pros. ; ***praeclara causa*** [C] Pros., une bien belle cause ; ***praeclarum consilium*** [C] Pros., un brillant conseil, des conseillers éminents ; ***praeclarus imperator*** [C] Pros., brillant général ; ***res praeclarissimae*** [C] Pros., les plus belles actions ; ***sceleribus praeclarus*** [C] Pros., fameux, célèbre par ses crimes ; ***eloquentiae*** [+C] Pros., remarquable sous le rapport de l'éloquence ; ***in philosophia*** [C] Pros., philosophe illustre

praeclāvĭum, *ii*, n., partie de la toge qui précède le laticlave : [-C] Théât.

praeclūdō, *ĭs*, *ĕre*, *clūsī*, *clūsum*, tr., fermer [devant qqn, à qqn], barrer, boucher, obstruer : [C] Pros. ‖ [fig.] fermer, interdire, empêcher : [C] Pros., [+C] Pros. ; ***vocem alicui*** [C] Pros., fermer la bouche à qqn ; ***negotiatores praeclusit*** [+C] Pros., il ferma la boutique des marchands

praeclŭĕō, *ēs*, *ēre*, -, -, intr., être très célèbre : ***praecluens potestas*** [T] Poés., haute puissance

praeclūsĭo, *nis*, f., réglage du débit, robinet : [C] Pros.

praeclūsus, *a*, *um*, part. de *praecludo*

praeco, *ōnis*, m., crieur public, héraut : [C] Pros. ; ***per praeconem vendere*** [C] Pros., vendre à l'encan, à la criée ‖ panégyriste, chantre : [C] Pros.

praecŏcis, gén. de *praecox*

praecōgĭtō, *ās*, *āre*, *āvī*, *ātum*, tr., penser d'avance à : [+C] Pros. ‖ préméditer : ***praecogitatum facinus*** [C] Pros., forfait prémédité

praecognoscō, *ĭs*, *ĕre*, -, -, tr., connaître d'avance : [+C] Pros.

praecŏlō, *ĭs, ĕre, cŏlŭī, cultum*, tr., cultiver, préparer par avance [fig.] : [C] Pros. ‖ courtiser par avance : [+C] Pros.

praecommŏvĕō, *ēs, ēre, -, -*, tr., émouvoir fortement, toucher : [+C] Théât.

praecompŏsĭtus, *a, um*, composé d'avance [en parl. du visage] : [C] Poés.

praeconcinnātus, *a, um*, arrangé d'avance [fig.], médité : [+C] Pros.

praecondĭō, *īs, īre, -, -*, tr., assaisonner d'avance, faire mariner : [+C] Pros.

praecōnĭum, *ĭī*, n. ¶ **1** office de crieur public : ***facere*** [C] Pros., être crieur ¶ **2** [fig.] publication, annonce, proclamation : [C] Pros., [T] Pros. ‖ éloge, louange apologie, panégyrique : [C] Pros.

praecōnĭus, *a, um*, de crieur : [C] Pros.

praeconsūmō, *ĭs, ĕre, -, sumptum*, tr., épuiser d'avance [fig.] : [C] Poés.

praecontrectō, *ās, āre, -, -*, tr., toucher, palper d'avance : ***videndo*** [C] Poés., dévorer du regard

praecordĭa, *ōrum*, n. pl. ¶ **1** diaphragme [anatomie] : [C] Pros. ¶ **2** viscères, entrailles : [C] Pros., [+C] Pros., Poés. ¶ **3** [poét.] poitrine, sein : [C] Poés., Pros. ‖ [fig.] coeur, esprit, sentiments : [C] Poés.

praecorrumpō, *ĭs, ĕre, -, -*, tr., corrompre d'avance, gagner, séduire : [C] Poés.

praecox, *ŏquis* et *ŏcis*, [fig.] qui vient avant le temps, hâtif, prématuré, précoce : [+C] Pros.

praecŭcurri, l'un des parf. de *praecurro*

praecultus, *a, um* ¶ **1** prédisposé, préparé : [C] Pros. ¶ **2** très paré : [+C] Poés. ‖ très orné [en parl. du style], fleuri : [+C] Pros.

praecŭpĭdus, *a, um*, passionné pour, très avide de : [+C] Pros.

praecurrō, *ĭs, ĕre, currī* ou *cŭcurrī, cursum* ¶ **1** intr., courir devant, aller en avant promptement : [C] Pros. ‖ [fig.] précéder, devancer : [C] Pros. ‖ ***alicui*** [C] Pros., l'emporter sur qqn, le surpasser ¶ **2** tr., précéder [pr. et fig.], devancer, prévenir : [C] Pros. ‖ surpasser, l'emporter sur : [C] Pros., [+C] Pros. ‖ [fig.] **quasi praecurrentia**, *ium*, n. pl., en qq. sorte les avant-coureurs = les antécédents [rhét.] : [C] Pros.

praecursātŏr, *ōris*, m., éclaireur : [T] Pros.

praecursĭo, *ōnis*, f. ¶ **1** action de devancer, de précéder : [C] Pros. ¶ **2** préparation : [C] Pros. ‖ premier engagement, escarmouche : [+C] Pros.

praecursŏr, *ōris*, m. ¶ **1** celui qui court devant, qui précède : [+C] Pros. ¶ **2** éclaireur : [C] Pros. ‖ [fig.] fourrier, émissaire, agent : [C] Pros.

praecursōrĭus, *a, um*, envoyé en avant, qui précède : [+C] Pros., [T] Pros.

praecursus, *a, um*, part. de *praecurro*

praecŭtĭō, *ĭs, ĕre, cussī, cussum*, tr., secouer devant soi, agiter : [C] Poés.

praeda, *ae*, f. ¶ **1** proie [de guerre], butin, dépouilles : [C] Pros. ; ***praedam facere*** [C] Pros., faire du butin ‖ [en gén.] butin, vol, rapine : ***praedas facere*** [C] Pros., faire du butin ¶ **2** ***a)*** proie, prise faite à la chasse ou à la pêche : [-C] Théât., [C] Poés., [+C] Poés. ‖ [fig.] proie, prise : [-C] Théât., [C] Poés. ***b)*** proie, pâture des animaux : [C] Poés. ***c)*** gain, profit : [C] Pros., Poés.

praedābundus, *a, um*, qui exerce le pillage : [C] Pros.

praedamnatĭo, *ōnis*, f., condamnation anticipée : [+C] Pros.

praedamnō, *ās, āre, āvī, ātum*, tr., condamner préalablement, d'avance : [C] Pros., [+C] Pros. ‖ ***praedamnata spes*** [C] Pros., espoir auquel on a d'avance renoncé

praedātīcĭus, *a, um*, provenant du butin : [+C] Pros.

praedātĭo, *ōnis*, f., pillage, brigandage : [+C] Pros. ‖ piraterie : [+C] Pros.

praedātŏr, *ōris*, subst. et adj. m. ¶ **1** pillard, voleur, brigand : [C] Pros. ¶ **2** chasseur : [+C] Poés. ‖ [fig.] ravisseur, séducteur, corrupteur : [+C] Pros. ‖ homme avide, rapace : [C] Poés.

praedātōrĭus, *a, um*, de pillards : [C] Pros. ‖ de pirate : [-C] Théât., [C] Pros.

praedātrix, *īcis*, f., celle qui dérobe, qui ravit : [+C] Poés. ‖ [adj[1]] rapace : [T] Pros.

praedātus, *a, um*, part. de *1 praedo* et *praedor*

praedēcessŏr, *ōris*, m., prédécesseur : [T] Pros.

praedēfīnĭō, *īs, īre, -, -*, tr., fixer à l'avance : [T] Pros.

praedēlassō, *ās, āre, -, -*, tr., amortir, briser [la fureur] : [C] Poés.

praedemno, ▶ *praedamno*

praedēs, ▶ *1 praes*

praedestĭnō, *ās, āre, āvī, ātum*, tr., réserver par avance, destiner : [C] Pros. ‖ procurer par avance : [+C] Pros. ‖ [chrét.] prédestiner au salut : [T] Pros.

praedĭātŏr, *ōris*, m., acquéreur de fermes vendues à la criée, adjudicataire : [C] Pros.

praedĭātōrĭus, *a, um*, relatif aux acquéreurs (***praediato-praediatores***) : ***praediatorium jus*** [C] Pros., droit des acquéreurs, des adjudicataires

praedĭātus, *a, um*, riche en biens-fonds : [+C] Pros.

praedĭcābĭlis, *e*, qui mérite d'être publié, vanté : [C] Pros.

praedĭcāmenta, *ōrum*, n. pl., [log.] prédicaments, catégories : [T] Pros.

praedĭcātĭo, *ōnis*, f., action de crier [en public], publication, proclamation : [C] Pros. ¶ **1** action de vanter, apologie : [C] Pros. ¶ **2** prédiction, horoscope : [T] Pros. ¶ **3** prédication : [T] Pros.

praedĭcātŏr, *ōris*, m. ¶ **1** crieur public, héraut : [+C] Pros. ¶ **2** prôneur : [C] Pros.

praedĭcātus, *a, um*, part. de *1 praedico*

1 **praedĭcō**, *ās, āre, āvī, ātum*, tr. ¶ **1** dire à la face du public, proclamer, publier [en parl. du *praeco*, crieur public] : [C] Pros. ‖ dire devant tout le monde : ***ut praedicas*** [C] Pros., comme tu le dis publiquement ; ***injuriam praedicat*** [C] Pros., il signale hautement l'injustice ‖ [avec prop. inf.] publier que, proclamer que : [C] Pros. ; ***de aliquo sic praedicare*** [avec prop. inf.] [C] Pros., proclamer à propos de qqn que ; [C] Pros. ¶ **2** vanter, célébrer, prôner : ***virtutem alicujus*** [C] Pros., célébrer les mérites de qqn ‖ [avec attribut] [C] Pros. ¶ **3** [chrét.] prêcher, annoncer l'Évangile : [T] Pros.

2 **praedĭcō**, *ĭs, ĕre, dīxī, dictum*, tr. ¶ **1** dire d'avance, dire préalablement, commencer par dire : [-C] Théât., [C] Pros. ‖ [d'où] **praedictus**, *a, um*, mentionné précédemment, précité : [+C] Pros. ¶ **2** prédire : ***multo ante aliquid*** [C] Pros., prédire qqch. longtemps à l'avance ‖ [avec prop. inf.] prédire que : [C] Pros. ¶ **3** fixer d'avance ***a)*** fixer, déterminer : ***praedicta die*** [+C] Pros., à un jour fixé d'avance ***b)*** [avec *ut, ne*] notifier, signifier, enjoindre que, que ne pas : [C] Pros. ; ***praedicere, ne*** [C] Pros., ordonner de ne pas ‖ part. n. abl. abs., ***praedicto, ne ...*** [+C] Pros., avec cette stipulation (sous la condition) que ne ... pas

praedictĭo, *ōnis*, f. ¶ **1** action de prédire : [C] Pros. ¶ **2** prédiction (chose prédite) : [C] Pros. ¶ **3** action de dire d'avance, énonciation préalable : [+C] Pros.

praedictum, *i*, n. ¶ **1** chose arrêtée, convention : ***velut ex praedicto*** [C] Pros., comme de concert ¶ **2** prédiction : [C] Pros. ¶ **3** ordre, commandement : [C] Pros.

praedictus, *a, um*, part. de *2 praedico*

praedĭdĭcī, parf. de *praedisco*

praedĭŏlum, *i*, n., petite propriété, petit bien : [C] Pros.

praedīrus, *a, um*, très cruel, horrible, affreux : [T] Pros.

praedis, gén. de *1 praes*

praediscō, *ĭs, ĕre, dĭdĭcī, -*, tr., apprendre à l'avance, savoir d'avance : [C] Pros.

praedispŏsĭtus, *a, um*, disposé préalablement (à l'avance) : [C] Pros.

praedĭtus, *a, um* ¶ **1** [avec abl.] muni devant soi, portant devant soi, ayant, pourvu de : [-C] Théât., [C] Poés. ; ***miseria praeditus*** [C] Pros., montrant sa misère ; ***parvo metu*** [C] Pros., n'ayant guère de crainte ‖ gratifié de, doté de, pourvu de, doué de : [C] Pros. ¶ **2** préposé à [avec dat.] : [+C] Pros.

praedĭum, *ĭi*, n., propriété, bien de campagne, biens-fonds, domaine : [C] Pros.

praedīvēs, *ĭtis*, très opulent, très riche : [C] Pros., [+C] Pros., Poés.

praedīvīnō, *ās*, *āre*, *āvī*, *-*, tr., pressentir, prévoir, deviner : [C] Pros.

praedixī, parf. de *2 praedico*

1 **praedō**, *ās*, *āre*, *-*, *-*, V. → *praedor*, [au pass.] [-C] Théât., [+C] Pros. ; V. → *praedor* ‖ [sens actif] piller : [T] Pros.

2 **praedo**, *ōnis*, m. ¶ **1** faiseur de butin, auteur de razzias, pillard, pirate, corsaire : [C] Pros. ‖ pilleur, voleur : ***religionum*** [C] Pros., pilleur d'objets religieux ¶ **2** [fig.] : [en parl. du frelon] [+C] Pros. ; [de l'épervier] [+C] Poés.

praedŏcĕō, *ēs*, *ēre*, *-*, ***doctum***, tr., instruire d'avance : [C] Pros.

praedŏmō, *ās*, *āre*, ***mŭī***, *-*, tr., surmonter d'avance [fig.] : [+C] Pros.

praedŏr, *ārĭs*, *ārī*, *ātus sum* ¶ **1** intr., faire du butin, se livrer au pillage : [C] Pros. ‖ ***de bonis alicujus*** [C] Pros. ; ***ex hereditate alicujus*** [C] Pros. ; ***in bonis alicujus*** [C] Pros., se livrer au pillage sur les biens, sur l'héritage de qqn ; ***ex alterius inscitia*** [C] Pros., faire sa proie de l'ignorance d'autrui ¶ **2** tr., piller, voler : ***socios*** [+C] Pros., piller les alliés

praedūcō, *ĭs*, *ĕre*, ***dūxī***, ***ductum***, tr., tirer devant, mener en face de : [C] Pros.

praeductōrĭus, *a*, *um*, qui sert à guider : [-C] Pros.

praeductus, *a*, *um*, part. de *praeduco*

praedulcĕ, n. pris adv^{t}, d'une manière très douce, avec beaucoup de douceur : [+C] Poés.

praedulcis, *e*, [fig.] très doux, très agréable : [C] Poés. ; ***praedulcia*** n. pl., [+C] Pros., l'afféterie

praedūrātus, *a*, *um*, part. de *praeduro*

praedūrō, *ās*, *āre*, *āvī*, *ātum*, [fig.] endurcir : [T] Poés.

praedūrus, *a*, *um* ¶ **1** très dur : [+C] Pros. ¶ **2** dur, endurci, résistant, vigoureux : [C] Poés. ¶ **3** [fig.] ***praedurus labor*** [+C] Poés., travail très pénible ‖ ***praedura verba*** [+C] Pros., mots très durs à l'oreille ‖ ***os praedurum*** [+C] Pros., front très impudent

praeduxī, parf. de *praeduco*

praeēlĭgō, *ĭs*, *ĕre*, *-*, *-*, tr., préférer : [T] Pros.

praeēmĭnĕō (**praem-**), *ēs*, *ēre*, *-*, *-* ¶ **1** intr., être élevé au-dessus, être proéminent : [C] Pros., [T] Pros. ¶ **2** tr., [fig.] dépasser : ***ceteros*** [+C] Pros., l'emporter sur tous les autres

praeĕō, *īs*, *īre*, *īvī* ou *ĭī*, *ĭtum*, intr. et tr.
I intr. ¶ **1** aller devant, précéder [dat.] : [C] Pros. ; ***praeeunte carina*** [C] Poés., la carène passant devant ¶ **2** [fig.] guider : ***natura praeeunte*** [C] Pros., la nature servant de guide
II tr. ¶ **1** précéder [pr. et fig.] : ***aliquem*** [+C] Pros., marcher devant qqn ; ***famam sui*** [+C] Pros., devancer le bruit de son approche ¶ **2** dire le premier à qqn une formule qu'il répétera : ***alicui verba*** [C] Pros., dicter une formule à qqn ; ***sacramentum*** [+C] Pros., dicter le serment ‖ ***verbis praeire aliquid*** [-C] Théât., dicter qqch. en formule ‖ [abs^{t}] ***praeire alicui*** [C] Pros. ou ¶ **3** [d'où en gén.] dicter : [C] Pros. ‖ prescrire, dicter des instructions : [C] Pros., [+C] Pros.

praeesse, inf. de *praesum*

praeĕuntis, gén. de *praeiens*

praefāmĕn, *ĭnis*, n., préface : [T] Pros.

praefandus, *a*, *um*, adj. verbal de *praefor*, qu'on doit s'excuser de nommer, grossier, obscène : [+C] Pros. ‖ **-da**, *ōrum*, n. pl., expressions grossières : [+C] Pros.

praefārī, V. → *praefor*

praefascĭnē, adv., V. → *praefiscini*

praefātĭo, *ōnis*, f. ¶ **1** action de parler d'abord de : [+C] Pros. ¶ **2** ce qui se dit d'abord ***a)*** formule préliminaire : [C] Pros. ***b)*** préambule, avant-propos, exorde, préface : [+C] Pros.

praefātĭuncŭla, *ae*, f., petite préface : [T] Pros.

praefato, impér. fut. de *praefor*, invoque d'abord : [-C] Pros.

praefātum, *i*, n., préface : [T] Pros.

praefēcī, parf. de *praeficio*

praefectĭānus, *a*, *um*, du préfet du prétoire : [T] Pros.

praefectĭo, *ōnis*, f., action de mettre à la tête : [C] Pros.

praefectōrĭus vĭr et **-rius** [seul], *ĭi*, m., ancien préfet ou ex-préfet du prétoire : [T] Pros.

praefectūra, *ae*, f. ¶ **1** charge de directeur, de préposé à la direction, administration, gouvernement, commandement : ***villae*** [C] Pros., intendance d'une métairie ; ***morum*** [+C] Pros., surveillance des moeurs [charge du censeur] ; ***equitum*** [C] Pros. ; ***alarum*** [+C] Pros., commandement de la cavalerie ; ***Urbis*** [+C] Pros., fonction de préfet de la ville ¶ **2** dignité de préfet [place conférée par le gouverneur d'une province, génér^{t} à des chevaliers, et d'une importance moindre que la *legatio* et la questure] : [C] Pros. ‖ [sous l'Empire] administration d'une province : [+C] Pros. ¶ **3** ***a)*** préfecture, ville italienne administrée par un préfet envoyé de Rome : [C] Pros. ***b)*** territoire d'une préfecture, district, province : [+C] Pros.

1 **praefectus**, *a*, *um*, part. de *praeficio*

2 **praefectus**, *i*, m., homme qui est à la tête d'une chose, gouverneur, intendant, administrateur, chef : ***villae*** [C] Pros., intendant d'une métairie ; ***moribus*** [C] Pros. ; ***morum*** [C] Pros., préposé à la surveillance des moeurs (censeur) ; ***libidinum alicujus*** [C] Pros., ministre des débauches de qqn ; ***aerarii, aerario*** [+C] Pros., intendant du trésor ; ***annonae*** [+C] Pros., préfet de l'annone ‖ ***classis*** [C] Pros., commandant d'une flotte, amiral ; ***equitum*** [C] Pros. ou ***praefectus*** [seul] [C] Pros., préfet de la cavalerie, chef de la cavalerie ; ***navis*** [+C] Pros., capitaine de vaisseau ; ***fabrum*** [C] Pros., commandant du Génie ; ***praetorii*** [+C] Pros. ou ***Urbi, Urbis*** [C], [+C] Pros., préfet de Rome ‖ [sous l'Empire] gouverneur de province : ***Aegypti*** [+C] Pros., gouverneur de l'Égypte

praefĕrō, *fers*, *ferre*, *tŭlī*, *lātum*, tr. ¶ **1** porter en avant, porter devant : [C] Pros. ; ***alicui facem*** [C] Pros., porter une torche devant qqn ¶ **2** pass. *praeferri*, se porter en avant, devant : [C] Pros. ¶ **3** [fig.] porter en avant ***a)*** présenter, offrir : ***lumen menti alicujus*** [C] Pros., présenter une lumière à l'esprit de qqn, éclairer l'intelligence de qqn ***b)*** montrer, faire voir, manifester : ***avaritiam*** [C] Pros., étaler sa cupidité ; [+C] Pros. ¶ **4** [fig.] porter avant ***a)*** préférer, ***aliquem alicui*** [C] Pros., préférer un tel à un tel ; ***pecuniam amicitiae*** [C] Pros., mettre l'argent avant l'amitié ; ***se praeferre alicui*** [C] Pros., se mettre avant qqn, vouloir le surpasser ‖ [avec inf.] [C] Pros. ***b)*** avancer : ***diem triumphi*** [C] Pros., avancer le jour du triomphe

praefĕrox, *ōcis*, très farouche [de caractère] : [C] Pros., [+C] Pros. ‖ plein d'arrogance : [+C] Pros.

praeferrātus, *a*, *um*, ferré, garni de fer : [-C] Pros. ‖ chargé de chaînes : [-C] Théât.

praefertĭlis, *e*, très fertile : [T] Poés.

praefervĭdus, *a*, *um*, très chaud, torride : [+C] Pros. ‖ [fig.] très violent, bouillant : ***praefervida ira*** [C] Pros., colère furieuse

praefestīnō, *ās*, *āre*, *āvī*, *ātum* ¶ **1** intr., se presser vivement [avec inf.] : [-C] Théât., [C] Pros. ¶ **2** tr., ***sinum*** [+C] Pros., traverser rapidement un golfe

praefĭca, *ae*, f., pleureuse [louée pour les funérailles] : [C] Pros. ‖ ***mulier praefica*** [+C] Pros., même sens

praefĭcĭō, *ĭs*, *ĕre*, *fēcī*, *fectum*, tr., préposer, mettre à la tête de, établir comme chef (***aliquem alicui rei***) : [C] Pros. ; ***legionibus*** [C] Pros., mettre à la tête des légions ; ***aliquem bello gerendo*** [C] Pros., confier la direction de la guerre à qqn ; ***in exercitu aliquem*** [C] Pros., donner à qqn un commandement dans l'armée

praefīdens, *tis*, qui a une très grande confiance : ***sibi*** [C] Pros., qui a trop de confiance en soi-même, présomptueux

praefīgō, *ĭs*, *ĕre*, *fīxī*, *fīxum*, tr. ¶ **1** ficher (planter, enfoncer) au bout (par-devant) : [C] Pros., [+C] Pros. ‖ attacher (fixer) au bout ou en avant : [C] Pros., Poés. ‖ [poét.] placer devant : [+C] Poés. ; V. → *theta* ¶ **2** garnir en avant : [C] Poés. ‖ [surtout au part. *praefixus*] muni à l'extrémité : [C] Pros. ¶ **3** percer, transpercer : [C] Poés.

praefĭgūrātĭo, *ōnis*, f., action de désigner par une figure, de prédire par allégories : [T] Pros.

praefĭgūrō, *ās*, *āre*, *āvī*, *ātum*, tr., représenter d'avance, figurer par avance [fig.] : [T] Pros.

praefīnĭō, *īs, īre, īvī (ĭī)*, -, tr., déterminer d'avance, fixer par avance : C Pros. ; ***successori diem*** C Pros., fixer d'avance un jour au successeur ; [avec prop. inf.] prescrire que ‖ [abl. n. du part.] ***praefinito*** -C Théât., suivant une limite fixée préalablement

praefīnītus, *a, um*, part. de *praefinio*

praefiscĭnī (-nē), adv., en éloignant les maléfices, sans porter malheur, soit dit sans offenser, sans choquer : -C Théât., +C Pros.

praefixus, *a, um*, part. de *praefigo*

praeflētus, V. *perfletus*

praeflōrātus, *a, um*, part. de *praefloro*

praeflōrō, *ās, āre, āvī, ātum*, tr., [fig.] faner avant le temps, ternir, amoindrir : C Pros., +C Pros.

praeflŭō, *ĭs, ĕre*, -, - ¶ **1** intr., couler par-devant : C Pros., +C Pros. ¶ **2** tr., couler devant, arroser : C Poés., +C Pros.

praefōcō, *ās, āre, āvī, ātum*, tr., obstruer, boucher : C Poés. ‖ étouffer, étrangler : T Pros.

praefŏdĭō, *ĭs, ĕre, fōdī, fossum*, tr., creuser devant : C Poés. ‖ enfouir auparavant : C Poés.

praefŏr, *fārī, praefātus sum*, tr. ¶ **1** dire avant [relig.] : -C Pros., C Pros. ; ***Jovem vino*** -C Pros., C Poés. ¶ **2** dire en commençant : C Pros. ‖ [avec prop. inf.] commencer par dire que : C Pros., +C Pros. ‖ dire comme préface : C Pros. ¶ **3** dire d'avance préalablement : ***honorem*** C Pros., dire d'avance "sauf votre respect", s'excuser ; ***veniam*** +C Pros., dire d'avance "avec votre permission" ‖ prédire : C Poés.

praeformātus, *a, um*, part. de *praeformo*

praeformīdō, *ās, āre, āvī, ātum*, tr., appréhender [d'avance] : +C Pros.

praeformō, *ās, āre, āvī, ātum*, tr. ¶ **1** former (façonner) d'avance : +C Pros. ¶ **2** former préalablement : ***litteras infantibus*** +C Pros., faire aux enfants des modèles d'écriture ‖ tracer, esquisser [un plan de discours] : +C Pros.

praefossus, *a, um*, part. de *praefodio*

praefractē, adv., inflexiblement, avec obstination, opiniâtreté : C Pros. ‖ **-tius**, +C Pros.

praefractus, *a, um*, part.-adj. de *praefringo* ‖ ***-tior*** C Pros., brisé avant la fin, tronqué [en parl. de l'écrivain et de sa phrase] ‖ opiniâtre, obstiné, sévère, inflexible : +C Pros.

praefrīgĭdus, *a, um*, très froid : C Poés.

praefringō, *ĭs, ĕre, frēgī, fractum*, tr., briser par le bout, briser : -C Pros., C Pros.

praefŭī, parf. de *praesum*

praefulcĭō, *īs, īre, fulsī, fultum*, tr. ¶ **1** étayer, appuyer : T Poés. ¶ **2** mettre comme appui à : ***aliquem negotiis suis*** -C Théât., faire peser sur qqn le soin de ses affaires ; ***praefulcior miseriis*** -C Théât., je croule sous les maux

praefulgĕō, *ēs, ēre, fulsī*, -, intr., briller en avant : C Poés., +C Pros. ‖ [fig.] briller en vedette, se faire remarquer : +C Pros.

praefulgŭrat ¶ **1** intr. [n'est usité qu'à la 3ᵉ pers.], briller [comme l'éclair], étinceler : +C Poés. ¶ **2** tr., remplir de clarté, éclairer, illuminer : +C Poés.

praefulsi, parf. de *praefulcio* et *praefulgeo*

praefultus, *a, um*, part. de *praefulcio*

praefurnĭum, *ĭī*, n., bouche de four : -C Pros. ‖ chambre de chauffe [dans les bains] : C Pros.

praefŭrō, *ĭs, ĕre*, -, -, intr., être en furie : +C Poés.

praefuscus, *a, um*, très brun, très noir [al. *perfuscus*] : C Poés.

praegaudĕō, *ēs, ēre*, -, -, intr., se réjouir extrêmement de : +C Poés.

praegĕlĭdus, *a, um*, très froid, glacial : C Pros.

praegĕrō, *ĭs, ĕre*, -, *gestum*, tr., porter devant, présenter à : +C Pros.

praegestĭō, *īs, īre*, -, -, intr., désirer vivement [avec inf.] : C Pros., Poés.

praegnans, *tis*, qui est près de produire : ***praegnans uxor*** C Pros., femme enceinte ‖ enflé, gonflé, plein, rempli : ***praegnans cucurbita*** +C Pros., la gourde au ventre arrondi ‖ [fig.] ***plagae praegnantes*** -C Théât., coups qui feront des petits [qui seront suivis de beaucoup d'autres]

praegnās, *ātis*, V. *praegnans* : -C Théât., C Pros.

praegnātĭo, *ōnis*, f., grossesse : +C Pros. ‖ gestation : C Pros. ‖ production [des arbres] : C Pros.

praegrăcĭlis, *e*, très grêle, très fluet : +C Pros.

praegrădō, *ās, āre*, -, -, tr., devancer, précéder : -C Théât.

praegrandis, *e*, très grand, démesuré, énorme, colossal : -C Théât. ‖ ***praegrandis senex*** +C Poés., le vieillard qui surpasse tous les autres (sublime), = Aristophane

praegrăvĭdus, *a, um*, très lourd : +C Poés.

praegrăvis, *e* ¶ **1** très lourd : C Pros., Poés. ‖ alourdi, chargé de : +C Pros. ¶ **2** [fig.] pesant, pénible, incommode : +C Pros. ; ***praegraves delatores*** +C Pros., délateurs insupportables ; ***alicui praegravis*** +C Pros., à charge pour qqn

praegrăvō, *ās, āre, āvī, ātum* ¶ **1** tr., surcharger : C Pros. ‖ [fig.] éclipser, écraser : C Pros. ¶ **2** intr., être prépondérant ***a)*** avoir trop de poids : ***praegravantes aures*** +C Pros., oreilles trop pesantes = pendantes ***b)*** l'emporter : +C Pros.

praegrĕdĭŏr, *dĕrĭs, dī, gressus sum* ¶ **1** intr., marcher devant, précéder, devancer [abs[t]] : C Pros. ; ***gregi*** C Pros., marcher à la tête du troupeau ¶ **2** tr., ***aliquem*** : C Pros., +C Pros. ‖ dépasser : C Pros. ‖ [fig.] surpasser : C Pros.

praegressĭo, *ōnis*, f., action de précéder : C Pros.

1 **praegressus**, *a, um*, part. de *praegredior*

2 **praegressŭs**, *ūs*, m., action de précéder : ***rerum praegressus*** C Pros., les faits qui précèdent les choses, les antécédents des choses ; T Pros.

praegŭbernans, *tis*, qui va devant pour guider : T Pros.

praegustātŏr, *ōris*, m., esclave chargé de goûter préalablement les plats [dégustateur] : +C Pros. ‖ [fig.] celui qui a les prémices de : C Pros.

praegustō, *ās, āre, āvī, ātum*, tr., goûter le premier ou préalablement : +C Poés. ‖ prendre à l'avance [un antidote] : +C Poés.

praehendo, V. *prehendo*

praehĭbĕō, *ēs, ēre, ŭī, ĭtum*, tr., fournir, administrer, donner : ***alicui cibum, vestem*** -C Théât., fournir des aliments, des vêtements ; ***verba*** -C Théât., parler

praeĭens, *euntis*, part. de *praeeo*, v. ce mot

praeisti, 2ᵉ pers. sg. indic. parf. de *praeeo*

praejăcĕō, *ēs, ēre, ŭī*, -, tr., ***castra*** +C Pros., s'étendre devant le camp

praejăcĭō, *ĭs, ĕre*, -, *jactum*, tr., jeter en avant : +C Pros.

praejactō, *ās, āre, āvī, ātum*, tr., dire ou débiter avec jactance : C Pros.

1 **praejectus**, *a, um*, part. de *praejacio*

2 **Praejectus**, *i*, m., saint du 7ᵉ s., V. *3 Projectus*

praejūdĭcātum, *i*, n., chose jugée d'avance : C Pros. ‖ [fig.] préjugé, prévention : C Pros.

praejūdĭcātus, *a, um*, part.-adj. de *praejudico*, préjugé : ***praejudicata opinio*** C Pros., opinion toute faite ‖ de qui on préjuge bien : ***praejudicatissimus vir*** T Poés., homme sur qui l'on fonde les plus hautes espérances

praejūdĭcĭālis, *e*, préjudiciel, provisoire, préparatoire : T Pros.

praejūdĭcĭum, *ĭī*, n. ¶ **1** jugement préalable, décision antérieure : C Pros. ¶ **2** action de préjuger, de présumer : C Pros. ‖ précédent : +C Pros. ¶ **3** préjudice : +C Pros.

praejūdĭcō, *ās, āre, āvī, ātum*, tr., juger préalablement, en premier ressort : C Pros.

praejŭvō, *ās, āre, jūvī*, -, tr., aider auparavant : +C Pros.

praelābŏr, *ĕrĭs, lābī, lapsus sum*, tr. ¶ **1** glisser devant, passer rapidement devant ou le long de, raser : C Poés. ‖

couler devant, baigner : [+C] Poés. ‖ [fig.] s'écouler, s'enfuir [en parl. du temps] : [+C] Pros. ¶**2** se glisser devant, chercher à arriver le premier : [+C] Pros.

praelambō, *ĭs, ĕre*, -, -, tr., déguster (goûter) auparavant : [C] Poés. ‖ [fig.] baigner, arroser : [T] Poés.

praelapsus, *a, um*, part. de *praelabor*

praelargus, *a, um*, [fig.] ***animae praelargus*** [+C] Poés., qui a beaucoup de souffle

praelātĭo, *ōnis*, f., action de préférer, préférence, choix : [+C] Pros.

praelautus, *a, um*, fastueux : [+C] Pros.

praelăvō, *ĭs, ĕre*, -, -, tr., laver auparavant : [+C] Pros.

praelectĭo, *ōnis*, f., explications préalables [d'un maître] : [+C] Pros.

praelectŏr, *ōris*, m., maître qui explique en lisant : [+C] Pros.

praelectus, *a, um*, part. de *praelego*

praelĕgō, *ĭs, ĕre, lēgī, lectum*, tr. ¶**1** choisir d'avance : [+C] Pros. ‖ côtoyer, longer : [+C] Pros. ¶**2** lire [le premier] en expliquant, expliquer [un auteur] : [+C] Pros.

praelĕvō, *ās, āre*, -, -, tr., lever d'abord ou auparavant : [T] Pros.

praelĭā-, ▶ *proel-*

praelībĕr, *ĕra, ĕrum*, entièrement libre : [T] Poés.

praelībō, *ās, āre*, -, -, tr., déguster, goûter avant : [+C] Poés. ‖ [fig.] parcourir [des yeux], examiner : [+C] Poés.

praelĭcentĕr, adv., avec une très grande liberté : [+C] Pros.

praelĭgānĕum vinum, n., vin provenant de raisins cueillis trop tôt : [-C] Pros.

praelĭgō, *ās, āre, āvī, ātum*, tr. ¶**1** lier par-devant ou par-dessus : [C] Pros. ‖ lier autour : [+C] Pros. ¶**2** couvrir, envelopper, bander : [C] Pros., [+C] Pros. ; [fig.] ***praeligatum pectus*** [-C] Théât., coeur endurci [blindé]

praelĭnō, *ĭs, ĕre*, -, *lĭtum*, tr., enduire par-devant : [+C] Pros.

praelĭor, **praelĭum**, ▶ *proel-*

praelŏcūtĭo, *ōnis*, f., le fait de parler avant : [C] Pros.

praelongus, *a, um*, très long : [C] Pros. ; [en parl. d'un homme] [+C] Pros. ‖ [fig.] prolixe : [+C] Pros.

praelŏquŏr, *quĕrĭs, quī, lŏcūtus (lŏquūtus) sum* ¶**1** intr., parler le premier : [-C] Théât., [+C] Pros. ‖ faire un préambule : [+C] Pros. ¶**2** tr., dire en préambule : [+C] Pros.

praelūcĕō, *ēs, ēre, lūxī*, - ¶**1** intr. ***a)*** intr., luire devant : [+C] Poés. ‖ porter une lumière devant : [+C] Pros. ; ***alicui*** [+C] Poés., éclairer qqn ***b)*** briller davantage, surpasser en éclat : [C] Pros. ¶**2** tr., faire briller en avant [fig.] : [C] Pros.

praelūdō, *ĭs, ĕre, lūsī, lūsum* ¶**1** [fig.] préluder à [avec dat.] : [+C] Pros. ¶**2** tr., ***pugnam*** [T] Poés., préluder au combat ‖ faire en manière de prélude : ***aliquid alicui rei*** [+C] Poés., écrire une préface à qqch

praelūsī, parf. de *praeludo*

praelūsĭo, *ōnis*, f., prélude [à un combat] : [+C] Pros. ; ▶ *prolusio*

praelustris, *e*, très lumineux, très brillant : [C] Poés.

praeluxī, parf. de *praeluceo*

praemandāta, *ōrum*, n. pl., mandat d'arrêt : [C] Pros.

1 **praemandō**, *ās, āre, āvī, ātum*, tr., commander, procurer d'avance : [-C] Théât. ‖ recommander d'avance qqn : [-C] Théât.

2 **praemandō**, *ĭs, ĕre*, -, -, tr., mâcher auparavant ‖ [fig.] expliquer en détail : [+C] Pros.

praemātūrē, adv., prématurément, trop tôt : [-C] Théât., [+C] Pros.

praemātūrus, *a, um*, précoce, hâtif : [+C] Pros. ‖ [fig.] prématuré : [+C] Pros.

praemĕdĭcātus, *a, um*, qui a pris un remède préventif : [C] Poés.

praemĕdĭtātĭo, *ōnis*, f., action de méditer d'avance sur, prévision : [C] Pros.

praemĕdĭtŏr, *ārĭs, ārī, ātus sum*, tr., méditer d'avance, se préparer par la réflexion ; [avec prop. inf.] songer d'avance que : [C] Pros. ; [avec interrog. indir.] [C] Pros. ‖ [avec *ante*] concerter d'avance : [C] Pros. ‖ [abs[t]] préluder [sur la lyre] : [+C] Pros.

praemĕmŏr, *ŏris*, qui se souvient bien : [T] Poés.

praemercŏr, *ārĭs, ārī, ātus sum*, tr., acheter auparavant : [-C] Théât.

praemergō, *ĭs, ĕre*, -, *mersum*, tr., plonger auparavant : [C] Poés.

praemĕtŭentĕr, avec une grande appréhension : [C] Poés.

praemĕtŭō, *ĭs, ĕre*, -, -, tr., craindre d'avance, appréhender : ***suis*** [C] Pros., craindre d'avance pour les siens ‖ ***praemetuens doli*** [C] Poés., soupçonnant un piège

praemĭātrix, *īcis*, f., celle qui récompense : [T] Pros.

praemĭcō, *ās, āre*, -, -, intr., briller devant, resplendir : [C] Pros., [T] Poés.

praemĭnĕo, ▶ *praeemineo*

praemĭnistĕr, *tri*, m., ministre [de], serviteur : [T] Pros.

praemĭnistra, *ae*, f., servante [d'une déesse] : [T] Pros. ‖ [fig.] ministre, instrument : [+C] Pros.

praemĭnistrātĭo, *ōnis*, f., service anticipé : [T] Pros.

praemĭnistrō, *ās, āre*, -, - ¶**1** intr., être près de qqn pour le servir, être serviteur [avec dat.] : [+C] Pros. ¶**2** tr., procurer d'avance : [+C] Pros.

praemĭnŏr, *ārĭs, ārī, ātus sum*, [même constr. que *minor*], menacer d'avance : [+C] Pros.

praemĭō, *ās, āre*, -, -, tr., récompenser : [T] Pros.

praemĭŏr, *ārĭs, ārī*, -, tr., stipuler un gain : [+C] Pros.

praemīsī, parf. de *praemitto*

praemissus, *a, um*, part. de *praemitto*

praemistus, ▶ *praemixtus*

praemitto, *ĭs, ĕre, mīsī, missum*, tr., envoyer devant ou préalablement : [C] Pros. ‖ [avec prop. inf.] annoncer d'avance que : [C] Pros. ‖ [fig.] ***praemissa voce*** [+C] Pros., après avoir prononcé cette parole

praemĭum, *ĭī*, n., ce qu'on prend avant les autres ¶**1** prérogative, avantage, faveur : ***praemia vitae*** [C] Poés., les avantages de la vie ; ***legis praemio*** [C] Pros., par le bénéfice de la loi ; ***praemia*** [C] Poés., Pros., privilèges ¶**2** récompense : ***virtutis*** [C] Pros., récompense décernée à la vertu ; ***praemia dare alicui pro aliqua re*** [C] Pros., accorder à qqn des récompenses pour qqch. ¶**3** prélèvement, butin : ***praemia pugnae*** [C] Poés., dépouilles du combat ‖ butin à la chasse : [C] Poés.

praemixtus, *a, um*, mélangé auparavant : [+C] Pros.

praemŏdĕrans, *tis*, qui règle préalablement : [+C] Pros.

praemŏdŭlātus, *a, um*, qui a réglé d'avance [son geste] : [+C] Pros.

praemŏdŭm, adv., outre mesure : [-C] d. [+C] Pros.

praemoenĭo, ▶ *praemunio*

praemŏlestĭa, *ae*, f., chagrin anticipé [mot forgé] : [C] Pros.

praemōlĭŏr, *īrĭs, īrī*, -, tr., disposer, préalablement : [C] Pros.

praemollĭō, *īs, īre*, -, *ītum*, tr., adoucir d'avance : [+C] Pros.

praemollis, *e*, [fig.] très doux, très agréable : [+C] Pros.

praemollītus, *a, um*, part. de *praemollio*

praemŏnĕō, *ēs, ēre, ŭī, ĭtum*, tr. ¶**1** annoncer d'avance, avertir auparavant, prévenir : ***aliquem ut*** [C] Pros., avertir qqn de ; [avec subj. seul] [+C] Pros. ; ***de re*** [C] Pros., avertir d'une chose ¶**2** prédire, présager : [C] Poés.

praemŏnĭtŏr, *ōris*, m., celui qui avertit, qui prévient : [+C] Pros.

1 **praemŏnĭtus**, *a, um*, part. de *praemoneo*, n., ***praemonitum***, avertissement : [+C] Pros.

2 **praemŏnĭtŭs**, *ūs*, m., avertissement [préalable] : [C] Poés.

praemonstrātĭo, *ōnis*, f., indication antérieure : [T] Pros.

praemonstrātŏr, *ōris*, m., guide : [-C] Théât.

praemonstrō, *ās, āre, āvī, ātum*, tr., montrer d'avance : [-C] Théât. ; ***viam*** [C] Poés., montrer la route ‖ annoncer, présager : [C] Pros.

praemŏnŭī, parf. de *praemoneo*

praemordĕō, *ēs, ēre, mordī, morsum*, tr., mordre par le bout, mordre : [+C] Poés., Pros. ‖ [fig.] rogner, retrancher : [+C] Poés.

praemŏrĭŏr, *rĕrĭs, mŏrī, mortŭus sum*, mourir prématurément : [C] Poés. ‖ [fig.] se perdre, baisser : ***visus praemoritur*** [+C] Pros., la vue se perd, baisse

praemorsus, part. de *praemordeo*

praemortŭus, *a, um*, part.-adj. de *praemorior*, déjà mort : [C] Poés. ‖ [fig.] épuisé, éteint : [C] Pros.

praemostrō, *ās, āre, -, -*, ▶ *praemonstro* : [-C] Théât.

praemulcĕō, *ēs, ēre, -, mulsum*, tr., ***praemulsis antiis*** [+C] Pros., les cheveux sur le front ayant été arrangés devant

praemūnĭō (-moenĭō), *īs, īre, īvī, ītum*, tr., fortifier d'avance [un lieu] : [C] Pros., [+C] Pros. ‖ [fig.] prémunir, protéger : [C] Pros., [+C] Pros. ‖ [abst] [avec *ante*] [C] Pros., prévenir des attaques ‖ mettre en avant en guise de défense : [C] Pros. ‖ ***praemuniri*** [avec dat.] être mis en avant de qqch. : [C] Pros.

praemūnītĭo, *ōnis*, f., préparation, précaution oratoire : [C] Pros.

praemūnītus, *a, um*, part. de *praemunio*

praenarrō, *ās, āre, -, -*, tr., raconter auparavant : [-C] Théât.

praenătō, *ās, āre, -, -*, tr., couler le long de, baigner : [C] Poés.

praenāvĭgō, *ās, āre, āvī, ātum* ¶ **1** intr., naviguer devant : [+C] Pros. ¶ **2** [fig.] ***praenavigamus vitam*** [+C] Pros., nous avons côtoyé la vie ‖ **praenavigantes**, *ium*, m., les navigateurs qui passent : [+C] Pros.

Praenestĕ, *is*, n., Préneste, ville du Latium [auj. Palestrina] : [C] Pros., Poés. ‖ **-īnus**, *a, um*, de Préneste : [C] Pros. ‖ subst. m. pl., habitants de Préneste : [C] Pros.

Praenestīna nux, f., ▶ *avellana* : [-C] Pros.

praenĭmis, beaucoup trop, par trop : [+C] Pros.

praenĭtĕō, *ēs, ēre, ŭī, -*, intr., ***alicui*** [C] Poés., l'emporter sur qqn

praenōbĭlis, *e*, très célèbre : [T] Poés. ‖ très renommé pour, très efficace : [+C] Pros. ‖ ***-lior*** [+C] Pros.

praenōmĕn, *ĭnis*, n., prénom : [C] Pros. ‖ titre : ***praenomen imperatoris*** [+C] Pros., titre d'empereur

praenoscō, *ĭs, ĕre, nōvī, nōtum*, tr., connaître par avance, apprendre d'avance : [C] Pros., [+C] Pros.

praenŏtātus, *a, um*, part. de *praenoto*

praenōtĭo, *ōnis*, f., connaissance anticipée (πρόληψις) : [C] Pros.

praenŏtō, *ās, āre, āvī, ātum*, tr. ¶ **1** marquer en avant, faire une marque à, noter : [+C] Pros. ‖ marquer en tête, intituler : [T] Pros. ¶ **2** noter, prendre note : [+C] Pros.

praenūbĭlus, *a, um*, très obscur, très sombre : [C] Poés.

praenuncŭpō, *ās, āre, -, -*, tr., nommer d'avance : [T] Poés.

praenuntĭa, *ae*, f., celle qui annonce, qui présage : [C] Pros., Poés.

praenuntĭātŏr, *ōris*, m., qui prédit, prophète : [T] Pros.

praenuntĭātrix, *īcis*, f., celle qui annonce d'avance : [T] Poés.

praenuntĭō, *ās, āre, āvī, ātum*, tr., annoncer d'avance, prévenir de, prédire : [C] Pros.

1 **praenuntĭus**, *a, um*, qui annonce, qui présage : [+C] Pros.

2 **praenuntĭus**, *ĭī*, m., précurseur, avant-coureur : [C] Poés. ‖ celui qui annonce, messager : [C] Poés.

praeobtūrans, *tis*, qui bouche par-devant : [C] Pros.

praeoccŭpātĭo, *ōnis*, f., occupation préalable [d'un lieu] : [C] Pros.

praeoccŭpātus, *a, um*, part. de *praeoccupo*

praeoccŭpō, *ās, āre, āvī, ātum*, tr., occuper le premier, s'emparer auparavant de : [C] Pros. ‖ [fig.] envahir : [C] Pros. ; ***praeoccupati animi*** [C] Pros., esprits gagnés par avance ‖ prévenir, prendre l'initiative : [C] Pros. ‖ [avec inf.] se hâter de faire qqch. avant qqn : [C] Pros. ‖ pléon. avec *ante* : [C] Pros.

praeŏlĕō, *ēs, ēre, -, -*, intr., exhaler de loin une odeur : [+C] Pros.

praeŏlō, *ĭs, ĕre, -, -*, ▶ *praeoleo* : [-C] Théât.

praeoptō, *ās, āre, āvī, ātum*, tr., préférer, choisir, de préférence : [C] Pros. ; ***illos quam vos*** [C] Pros., les préférer à vous autres ; ***pugnare*** [C] Pros., préférer combattre ‖ [avec prop. inf.] [-C] Théât. [avec *ut* [-C] Théât.]

praeordĭnō, *ās, āre, āvī, ātum*, tr., prédestiner : [T] Pros.

praeostendō, *ĭs, ĕre, tendī, tensum*, tr., montrer (indiquer) par avance : [T] Pros.

praepandō, *ĭs, ĕre, -, -*, tr., [fig.] communiquer en répandant [la lumière] ***alicui***, à qqn : [C] Poés. ‖ annoncer, indiquer, révéler : [C] Poés.

praepărātĭo, *ōnis*, f., préparation : [C] Pros. ‖ [rhét.] [+C] Pros.

praepărātō, ▶ *praeparo* fin

1 **praepărātus**, *a, um*, part. de *praeparo*, [adjt] préparé, disposé, prêt : [C] Pros. ; ***ex praeparato*** ; ▶ *praeparo* fin

2 **praepărātŭs**, *ūs*, m., préparatifs, apprêts : [+C] Pros.

praepărō, *ās, āre, āvī, ātum*, tr., ménager d'avance, apprêter d'avance, préparer : [C] Pros. ; ***non praeparatis auribus*** [C] Pros., les auditeurs n'étant pas préparés ; ***praeparato otio*** [C] Pros., avec un loisir assuré, ménagé d'avance ‖ ***ex praeparato*** [C] Pros., grâce à des mesures prises d'avance ; [en gén.] ***praeparato, ex praeparato*** [pris advt] = après préparation : [+C] Pros.

praepĕdīmentum, *i*, n., empêchement, obstacle : [-C] Théât., [T] Pros.

praepĕdĭō, *īs, īre, īvī* et *ĭī, -*, tr., embarrasser, entraver, faire obstacle à : [-C] Théât., [C] Pros. ; ***praepeditus premere*** [+C] Pros., empêché d'écraser

praepĕdītus, *a, um*, part. de *praepedio*

praependĕō, *ēs, ēre, -, -*, intr., pendre en avant, être suspendu par-devant : [C] Pros., Poés., [+C] Poés.

1 **praepĕs**, *ĕtis*, adj. ¶ **1** qui vole en avant, rapidement, rapide : [-C] Pros., [C] Poés. ‖ rapide, prompt, ailé : [-C] Pros., [C] Poés. ¶ **2** dont le vol est d'heureux présage : [C] Pros., Poés. ‖ [fig.] heureux, favorable : [-C] Pros., [+C] Pros.

2 **praepĕs**, *ĕtis* ¶ **1** f., oiseau [de proie] : ***Jovis*** [C] Poés., l'oiseau de Jupiter [l'aigle] ¶ **2** m., celui qui a des ailes, qui vole [homme ou animal ailé] : [+C] Poés. ; ***praepes Medusaeus*** [C] Poés., cheval ailé né du sang de Méduse (Pégase)

praepĕtō, *ĭs, ĕre, -, -*, tr., désirer : [C] Poés.

praepignĕrātus, *a, um*, engagé ou lié d'avance [fig.] : [T] Pros.

1 **praepĭlātus**, *a, um*, arrondi par le bout [en parl. des javelots, des lances] : [C] Pros.

2 **praepīlātus**, *a, um*, lancé : [T] Pros.

praepinguis, *e*, très gras [en parl. du sol] : [C] Poés. ‖ [fig.] ***vox praepinguis*** [+C] Pros., voix empâtée

praepollens, *tis*, part.-adj. de *praepolleo*, très puissant : [C] Pros. ‖ ***-tior*** [T] Pros.

praepollĕō, *ēs, ēre, ŭī, -*, intr., être très puissant, être supérieur, l'emporter : [+C] Pros.

praepondĕrātus, *a, um*, part. de *praepondero*

praepondĕrō, *ās, āre, āvī, ātum* ¶ **1** intr., être plus pesant, [d'où] s'infléchir : [+C] Pros. ‖ [fig.] être prépondérant, l'emporter, avoir l'avantage : [+C] Pros. ‖ faire pencher la balance, incliner vers (***in*** acc.) : [+C] Pros. ¶ **2** tr., surpasser en poids : ***praeponderari honestate*** [C] Pros., peser moins que l'honnête = valoir moins

praepōnō, *ĭs, ĕre, pŏsŭī, pŏsĭtum*, tr. ¶ **1** placer (mettre) devant : ***pauca praeponam*** [C] Pros., je ferai d'abord quelques observations ; [C] Pros., Poés. ¶ **2** mettre à la tête de, préposer : ***aliquem bello praedonum*** [C] Pros. ; ***provinciae*** [C] Pros., préposer qqn à la direction de la guerre contre les pirates, à l'administration d'une province ; ***exercitui prae-***

positus [C] Pros., mis à la tête de l'armée ¶ **3** [fig.] placer avant, préférer : [C] Pros. ‖ n. pl., [C] Pros. ; V. *praecipuus*

praeportō, ***ās, āre, āvī, ātum***, tr., porter devant soi, être armé de : [C] Poés.

praepŏsĭta, ***ae***, f., abbesse [celle qui est à la tête d'un couvent] : [T] Pros.

praepŏsĭtĭo, ***ōnis***, f., action de mettre avant : [C] Pros. ‖ préposition [gram.] : [C] Pros. ‖ préfixation : [+C] Pros. ‖ état préférable : [C] Pros.

1 **praepŏsĭtus**, ***a, um***, n. pl.,*praeposita*, V. *praepono*

2 **praepŏsĭtus**, ***i***, m., chef, commandant, officier : [+C] Pros. ; ***Illyrico, Dalmatiae*** [dat.] [+C] Pros., gouverneur de l'Illyrie, de la Dalmatie ‖ intendant, préposé : [+C] Pros. ‖ [dans l'Église] [T] Pros.

praepossum, ***potui, posse***, intr., avoir le dessus, l'emporter : [+C] Pros.

praepostĕrē, adv., en intervertissant l'ordre, au rebours : [C] Pros. ‖ hors de sa place : [+C] Pros. ‖ maladroitement, mal : [+C] Pros.

praepostĕrĭtās, ***ātis***, f., ordre interverti ou renversé : [T] Pros.

praepostĕrus, ***a, um***, renversé, interverti : ***praepostera consilia*** [C] Pros., réflexions placées comme la charrue avant les boeufs, à contretemps ; ***praepostera gratulatio*** [C] Pros., félicitations intempestives ‖ ***praeposterus homo*** [C] Pros., homme qui fait tout à rebours, maladroit

praepŏsŭī, parf. de *praepono*

praepŏtens, ***tis***, très puissant [pers.] : [C] Pros. ‖ **-tentes**, ***ĭum***, m., les puissants, les grands, les riches : [C] Pros. ‖ [en parl. de choses] [C] Pros., [+C] Pros.

praepŏtentĭa, ***ae***, f., toute-puissance : [+C] Pros.

praepŏtŭī, parf. de *praepossum*

praeprŏpĕrē, adv., en trop grande hâte, précipitamment : [C] Pros., [+C] Pros.

praeprŏpĕrus, ***a, um***, très prompt, précipité, trop rapide : [C] Pros. ‖ irréfléchi : ***praeproperum ingenium*** [C] Pros., esprit trop précipité

praepūtĭum, ***ĭi***, n., prépuce : [+C] Poés. ‖ [fig.] impureté : [T] Pros.

praequam, V. *prae*

praequestus, ***a, um***, qui s'est plaint auparavant : [C] Poés.

praerădĭō, ***ās, āre, -, -***, tr., éclipser, effacer [par son éclat] : [C] Poés.

praerancĭdus, ***a, um***, très choquant, très désagréable : [+C] Pros.

praerăpĭdus, ***a, um***, très rapide, très léger : [C] Pros. ‖ [fig.] très impatient, très ardent : [+C] Pros.

praereptŏr, ***ōris***, m., usurpateur [fig.] : [T] Pros.

praereptus, ***a, um***, part. de *praeripio*

praerigesco [inus.], V. *praerigui*

praerĭgĭdus, ***a, um***, très rigide, très austère : [T] Pros.

praerĭgŭi, parf. de l'inus. **praerigesco* intr., devenir entièrement raide [de froid] : [+C] Pros.

praerīpĭa, ***ōrum***, n. pl., rives : [+C] Pros.

praerĭpĭō, ***ĭs, ĕre, rĭpŭī, reptum***, tr. ¶ **1** enlever devant la figure de qqn (sous son nez) : [-C] Théât. ‖ ravir : ***alicui laudem*** [C] Pros., ravir la gloire à qqn ¶ **2** enlever avant ***a)*** enlever avant le temps, prématurément : [C] Pros. ***b)*** saisir le premier : ***oscula*** [C] Poés., être le premier à prendre des baisers ; ***hostium consilia*** [C] Pros., devancer (déjouer) les projets de l'ennemi

praerōdō, ***ĭs, ĕre, -, rōsum***, tr., ronger par-devant, par le bout : [-C] Théât., [+C] Pros. ‖ ronger au bout, en partie, grignoter : [C] Poés.

praerŏgantĭa, ***ae***, f., droit, prétention : [T] Pros.

praerŏgātĭo, ***ōnis***, f., choix antérieur, préalable : [C] Pros.

praerŏgātīva, ***ae***, f. ¶ **1** V. *praerogativus* ¶ **2** choix préalable : [C] Pros. ‖ gage, témoignage, indice, pronostic, présomption : [C] Pros., [+C] Pros.

praerŏgātīvus, ***a, um***, qui vote le premier : ***praerogativa centuria*** ; et abs[t], **praerŏgātīva**, ***ae***, f., la centurie prérogative [qui vote la première] : [C] Pros. ‖ **-tīva**, n. pl., les premiers suffrages : [C] Pros.

praerōsus, ***a, um***, part. de *praerodo*

praerumpō, ***ĭs, ĕre, rūpī, ruptum***, tr., rompre par-devant : [C] Pros.

praeruptum, ***i***, n., précipice : [T] Pros.

praeruptus, ***a, um***, part.-adj. de *praerumpo* ¶ **1** taillé à pic, escarpé, abrupt : [C] Pros., [+C] Pros. ¶ **2** [fig.] ***a)*** [pers.] fougueux, emporté, violent : [+C] Pros. ***b)*** [choses] ***praerupta audacia*** [C] Pros., témérité aveugle ; V. *proruptus* ‖ ***-tior*** [+C] Pros. ; ***-tissimus*** [C] Pros.

1 **praes**, ***aedis***, m., [répondant pour une opération avec l'État], garant, caution : ***praedem esse pro aliquo*** [C] Pros., répondre pour qqn, donner à qqn sa garantie ‖ [fig.] = gage, bien du répondant : [C] Pros.

2 **praes**, adv., V. *1 praesto* : [-C] Théât.

praesaep-, V. *praesep-*

praesāgātus, ***a, um***, annoncé d'avance : [T] Pros.

praesāgĭō, ***īs, īre, īvī*** ou ***ĭī***, tr., deviner, prévoir, augurer : [C] Pros.

praesāgĭŏr, ***īrĭs, īrī, -***, V. *praesagio* : [-C] Théât.

praesāgītĭo, ***ōnis***, f., pressentiment : [C] Pros. ; ***divina*** [C] Pros., les avis de mon génie [c'est Socrate qui parle]

praesāgĭum, ***ĭi***, n., connaissance anticipée, prévision, pressentiment : [+C] Pros. ‖ présage : [+C] Pros. ‖ prédiction, oracle : [C] Poés.

praesāgus, ***a, um*** ¶ **1** qui devine, qui pressent, qui prévoit : [C] Poés. ; ***praesaga ars*** [+C] Poés., connaissance de l'avenir ¶ **2** qui présage [en parl. des choses], qui annonce, prophétique : [C] Poés.

praescătens, ***tis***, tout rempli de [fig.] [avec gén.] : [+C] Pros.

1 **praescĭō**, ***īs, īre, īvī, ītum***, tr., savoir d'avance ‖ inf. parf., ***praescisse*** : [-C] Théât., [+C] Pros.

2 **praescĭo**, ***ōnis***, m., celui qui pressent, qui sait d'avance : [T] Pros.

praesciscō, ***ĭs, ĕre, scīvī, -***, tr., chercher à savoir d'avance, deviner prévoir, pressentir : [C] Poés. ‖ décider d'avance : [C] Pros.

praescītĭo, ***ōnis***, f., connaissance de l'avenir, prévision : [T] Pros.

praescītus, ***a, um***, part. de *1 praescio*

praescĭus, ***a, um***, instruit par avance : [+C] Pros. ‖ qui prévoit, qui pressent : [C] Poés. ‖ qui prédit, prophétique : [+C] Poés.

praescrībō, ***ĭs, ĕre, scripsī, scriptum***, tr. ¶ **1** écrire en tête, mettre en titre : ***in litteris nomen*** [C] Pros., inscrire un nom en tête de ses lettres ; ***nomen libro*** [+C] Pros., mettre un nom en tête d'un livre ¶ **2** mentionner d'avance, indiquer préalablement : [C] Pros. ¶ **3** mettre en avant [comme prétexte, comme garant] : ***aliquem*** [+C] Pros., mettre qqn en avant ‖ [droit] : ***alicui*** [+C] Pros., opposer à qqn une exception, faire opposition ¶ **4** prescrire : ***jura civibus*** [C] Pros., donner des prescriptions de droit à ses concitoyens ; ***alicui curationem valetudinis*** [C] Pros., prescrire à qqn les moyens de se guérir ‖ [avec interrog. indir.] [C] Pros. ‖ [avec *ut, ne*], prescrire de, de ne pas : [C] Pros. ‖ [avec prop. inf.] prescrire que : [C] Pros.

praescriptĭo, ***ōnis***, f. ¶ **1** titre, intitulé, préface : [C] Pros. ¶ **2** prescription, précepte, règle : [C] Pros. ¶ **3** allégation, prétexte, excuse : [C] Pros. ‖ échappatoire, argutie : [+C] Pros. ¶ **4** objection préalable, déclinatoire, fin de non-recevoir : [+C] Pros. ‖ [fig.] échappatoire, argutie : [+C] Pros.

praescriptum, ***i***, n. ¶ **1** modèle d'écriture : [+C] Pros. ¶ **2** [fig.] précepte, ordre, injonction, instruction : [C] Pros. ; ***ad praescriptum*** [C] Pros., d'après les ordres ; ***intra praescriptum*** [C] Poés., dans les limites tracées, assignées

praescriptus, ***a, um***, part. de *praescribo*

praesĕca (**praesĭca**), ***ae***, f., mot forgé pour expliquer *brassica* : [C] Pros.

praesĕcātus, ***a, um***, part. de *praeseco*

praesĕcō, *ās, āre, cŭī, secātum* et ***sectum***, tr., couper [par le bout], rogner : [C] Pros., Poés.

praesectus, *a, um*, part. de *praeseco*

praesēdī, parf. de *praesideo*

praesegmĕn, *ĭnis*, n., rognure, parcelle : [-C] Théât., [+C] Pros.

praesēmĭnātĭo, *ōnis*, f., embryon : [C] Pros.

praesēmĭnō, *ās, āre, -, ātum*, tr., [fig.] poser les fondements de, préparer : [T] Pros.

praesens, *entis* ¶ **1** présent, qui est là personnellement : ***praesentis alicujus laus*** [C] Pros., éloge de qqn qui est présent ; ***laudare praesentem*** [C] Pros., louer une personne présente, louer qqn en face ; ***quo praesente*** [C] Pros., en sa présence ‖ [fig.] ***praesens sermo*** [C] Pros., entretien de vive voix ¶ **2** présent, actuel : ***res praesentes*** [C] Pros., les événements présents, le présent ; ***praesens tempus*** [C] Pros., temps présent ; ***in praesens tempus*** [C] Pros., pour le présent ‖ ***in praesenti*** [C] Pros., maintenant, pour le moment [ou] ***in praesens*** [C] Pros., [+C] Pros. [ou] ***ad praesens*** [+C] Pros. ‖ n. pl., **praesentia**, *ium* ***a)*** circonstances présentes, situation présente : [+C] Pros. ***b)*** le présent : [C] Pros. ¶ **3** immédiat, sous les yeux : ***praesens poena*** [C] Pros., punition immédiate ; ***pecunia praesens*** [C] Pros., argent comptant ; ***praesentiores fructus*** [C] Pros., avantages plus immédiats ‖ pressant : [C] Pros., [+C] Pros. ¶ **4** qui agit immédiatement, efficace : ***praesens auxilium*** [C] Pros., secours efficace ‖ [poét. avec inf.] [C] Poés. ‖ [en parl. des dieux] propice, favorable : [C] Pros. ¶ **5** [surtout avec *animus*] maître de soi, ferme, imperturbable, intrépide : [C] Pros. ; ***animus praesens*** [-C] Théât., présence d'esprit, sang-froid ; [+C] Pros. ; ***animo praesentissimo*** [C] Pros., avec la plus grande intrépidité

praesensĭo, *ōnis*, f. ¶ **1** notion primitive, idée innée, (grec πρόληψις) : [C] Pros. ¶ **2** pressentiment, divination : [C] Pros.

praesensus, *a, um*, part. de *praesentio*

praesentānĕus, *a, um*, qui opère instantanément : ***praesentaneum venenum*** [+C] Pros., poison violent

praesentārĭē, adv., présentement : [T] Pros.

praesentārĭus, *a, um* ¶ **1** qu'on a à sa disposition : ***praesentarium argentum*** [-C] Théât., argent comptant ¶ **2** qui agit sur-le-champ : ***praesentarium venenum*** [+C] Pros., poison qui agit immédiatement

praesentātus, *a, um*, part. de *praesento*

praesentĭa, *ae*, f. ¶ **1** présence : [C] Pros. ; ***alicujus rei praesentia*** [C] Pros., la présence de qqch. ‖ ***animi*** [C] Pros., présence d'esprit, sang-froid, intrépidité ‖ ***in praesentia***, pour le moment, dans le moment présent : [C] Pros. ¶ **2** efficacité, puissance : ***veri*** [C] Poés., la force de la vérité

praesentĭō, *īs, īre, sensī, sensum*, tr., pressentir, prévoir, se douter de : [-C] Théât., [C] Pros. ; ***multo ante*** [+C] Pros., pressentir longtemps à l'avance ‖ [phil.] avoir une idée innée (anticipée) de qqch. (πρόληψις) : ***deum esse*** [C] Pros., avoir l'idée innée de l'existence de Dieu ‖ impers. passif, [C] Pros.

praesentō, *ās, āre, -, -*, tr., présenter, rendre présent : [+C] Pros. ; ***se praesentare*** ; ***praesentari*** [+C] Pros., se présenter, apparaître

praesēpĕ (-saepĕ), *is*, n., **praesēpēs (-saepēs)**, *is*, f., **praesēpis (-saepis)**, *is*, f., **praesēpĭum (-sae--saepĭum)**, *ĭī*, n. ¶ **1** parc pour les bestiaux ; [ordint] étable, écurie : [C] Pros., Poés. ‖ crèche, mangeoire : [C] Pros. ¶ **2** [fig.] lieu où l'on mange, maison où l'on dîne, table : [C] Pros. ‖ habitation, logis [surt. au pl.] : [-C] Théât. ‖ ruche : [C] Poés. ‖ mauvais lieu, taverne : [C] Pros.

praesēpĭārĭum, *ĭī*, n., lambris : [T] Pros.

praesēpĭō (-saepĭō), *īs, īre, psī, ptum*, tr., clôturer (fermer) en avant, obstruer, barricader : [C] Pros.

praesēpis (-pĭum), ▶ *praesepe*

praeseptum, *i*, n., enclos : [T] Pros.

praeseptus, *a, um*, part. de *praesepio*

praesĕpultus, *a, um*, [fig.] à demi mort : [T] Pros.

praesertim, adv., surtout, entre autres choses, notamment [sert à détacher une condition, une circonstance, un considérant causal ou concessif] : [C] Pros. ‖ ***praesertim cum*** indic., [C] Pros., surtout au moment où ; ***praesertim cum*** subj., [C] Pros., étant donné surtout que, vu que surtout ‖ ***praesertim cum*** subj., [C] Pros., quoique surtout, quand même notamment ; [C] Pros. ‖ ***cum praesertim*** subj., [C] Pros., surtout étant donné que ; ***cum praesertim*** subj., [C] Pros., quand bien même ‖ ***praesertim quoniam*** [C] Pros., surtout puisque ‖ ***praesertim si*** [C] Pros., surtout si

praeservĭō, *īs, īre, -, -*, intr., servir qqn [c. esclave] ***alicui*** : [-C] Théât. ‖ [fig.] ***-viens***, assujetti à : [+C] Pros.

praesĕs, *ĭdis*, m., f. ¶ **1** celui ou celle qui est à la tête, qui préside, chef : ***praeses belli*** [C] Poés., déesse de la guerre ; ***provinciae*** [+C] Pros., gouverneur de province ¶ **2** celui qui est en avant, protecteur, gardien : [C] Pros. ; ***libertatis*** [C] Pros., champion de la liberté

praesĭca, *ae*, f., ▶ *praeseca*

praesiccus, *a, um*, déjà séché, entièrement cicatrisé : [T] Poés.

praesĭco, ▶ *praeseco*

praesĭdālis, *e*, de gouverneur de province : [T] Pros. ; ***vir*** [T] Pros., ancien gouverneur

praesĭdārĭus, ▶ *praesidiarius*

praesĭdātŭs, *ūs*, m., action de présider à, de protéger [en parl. d'un dieu] : [T] Pros.

praesīdens, *entis*, m., celui qui a la préséance, gouverneur [de province] : [+C] Pros.

praesĭdeō, *ēs, ēre, sēdī, -*, intr. et tr.
I intr. ¶ **1** être assis devant, en avant : [+C] Pros. ¶ **2** [fig.] veiller sur, protéger : ***urbi*** [C] Pros. ; ***libertati communi*** [C] Pros., protéger la ville, la liberté commune ‖ présider à, avoir la préseance [la direction, le commandement] : ***urbanis rebus*** [C] Pros., diriger les affaires de Rome ; [abst] [C] Pros. ; ***in senatu*** [+C] Pros., avoir la présidence au sénat
II tr. ¶ **1** protéger : ***agros*** [C] Pros., protéger les territoires ¶ **2** commander, diriger : ***Pannoniam*** [+C] Pros. ; ***exercitum*** [+C] Pros., commander la Pannonie, l'armée

praesĭdĭālis, *e*, ▶ *praesidalis*

1 **praesĭdĭārĭus**, *a, um*, placé comme garde, pour protéger : ***praesidiarii milites*** [C] Pros., les soldats de la garnison ‖ mis en réserve, réservé : [+C] Pros.

2 **praesĭdĭārĭus**, de gouverneur : [T] Pros.

praesĭdĭātŭs, m., ▶ *praesidatus*

praesĭdĭum, *ĭī*, n. ¶ **1** protection, défense, secours : ***praesidio esse alicui*** [C] Pros., servir de défense, de protection, de sauvegarde à qqn ¶ **2** garde, escorte : [C] Pros. ‖ escorte militaire, détachement d'escorte : [C] Pros. ¶ **3** détachement, garnison, poste : [C] Pros. ; ***praesidium ponere*** [C] Pros. ; ***collocare*** [C] Pros., établir un poste, installer une garnison ¶ **4** lieu défendu par une garnison, gardé par un poste, poste : [C] Pros. ‖ camp, quartiers d'une armée, lignes : ***in praesidiis esse*** [C] Pros., être dans le camp, dans les lignes ¶ **5** [fig.] ce qui garde, protège, défend : [C] Pros.

praesīgnāni, ▶ *antesignanus, postsignani*

praesignĭfĭcātĭo, *ōnis*, f., figure, allégorie : [T] Pros.

praesignĭfĭcō, *ās, āre, -, -*, tr., faire connaître à l'avance : [C] Pros.

praesignis, *e*, très remarquable : [C] Poés.

praesŏlĭdus, *a, um*, très solide, très dur : [+T] Poés.

praesŏnō, *ās, āre, nŭī, -* ¶ **1** intr., résonner d'abord : [C] Poés. ; ▶ *persono* ¶ **2** tr., résonner mieux que, surpasser : [+C] Poés.

praespargō, *ĭs, ĕre, -, -*, tr., répandre devant : [C] Poés.

praespĕcŭlātus, *a, um*, préalablement examiné : [T] Pros.

praestābĭlis, *e*, excellent, remarquable, distingué [choses] : [C] Pros. ‖ avantageux : [C] Pros. ; ***praestabilius est*** [avec prop. inf.] [C] Pros., il est plus avantageux de

Praestāna, *ae*, f., déesse qui donnait à qqn la supériorité sur les autres : [T] Pros.

praestans, *tis*, part.-adj. de *2 praesto* [en parl. des pers. et des choses] qui excelle, qui l'emporte, supérieur, remarquable, distingué, éminent : [C] Pros. ; ***praestantissima gloria*** [C] Pros., une gloire éminente ; ***vita praestantior*** [C] Pros., vie plus belle ; [avec gén.] ***animi*** [C] Poés., d'un courage remarquable ; [+C] Pros. ; [poét.] ***praestantior ciere*** [C] Poés., incomparable pour soulever ...

praestantĭa, *ae*, f., supériorité [des pers. et des ch.] : [C] Pros.

praestat, impers., ▶ *2 praesto*

praestātĭo, *ōnis*, m., [fig.] garantie : ***ad praestationem scribere*** [+C] Pros., garantir ce qu'on écrit

praestātūrus, *a*, *um*, part. fut. de *2 praesto*

praesternō, *ĭs*, *ĕre*, *-*, *-*, tr. ¶ **1** étendre devant, joncher : [-C] Théât., [+C] Poés. ¶ **2** [fig.] préparer le terrain : [+C] Pros.

praestĕs, *ĭtis*, m. f., défenseur, gardien, protecteur : ***praestites Lares*** [C] Poés., les Lares tutélaires

praestīgĭa, *ae*, f., jonglerie : [+C] Pros. ; ▶ *praestigiae*

praestīgĭae, *ārum*, f. pl., fantasmagories, illusions : ***nubium*** [+C] Pros., figures fantastiques des nuages ‖ prestiges, jongleries, tours de passe-passe, artifices, détours : [-C] Théât., [C] Pros. ; ***verborum*** [C] Pros., jongleries de mots

praestīgĭātŏr, *ōris*, m., escamoteur : [+C] Pros. ‖ [fig.] charlatan, imposteur : [-C] Théât.

praestīgĭātrix, *īcis*, f., trompeuse : [-C] Théât.

praestīgĭōsus, *a*, *um*, qui fait illusion, trompeur : [+C] Pros., [T] Pros.

praestīgĭum, *ĭī*, n., charlatanisme, imposture : [T] Pros.

praestĭnātus, *a*, *um*, part. de *praestino*

praestĭnō, *ās*, *āre*, *āvī*, *ātum*, tr., fixer le prix à l'avance, acheter : [-C] Théât., [+C] Pros.

praestĭtes lares, ▶ *praestes*

praestĭtī, parf. de *2 praesto*

praestĭtŭō, *ĭs*, *ĕre*, *tŭī*, *tūtum*, tr., fixer d'avance, déterminer, assigner : [C] Pros.

praestĭtūtus, *a*, *um*, part. de *praestituo*

1 **praestō**, adv., [presque tj. joint à *esse*] ¶ **1** sous la main, là (ici) présent : [C] Pros. ; ***praesto adest*** [-C] Théât., le voici présent ‖ [sans *esse*] [-C] Théât. ¶ **2** à la disposition : ***praesto esse alicui*** [C] Pros., être à la disposition de qqn

2 **praestō**, *ās*, *āre*, *stĭtī*, *stātum* ¶ **1** être préférable, être supérieur ***a)*** être préférable à = l'emporter sur : [avec dat.] ***aliis plurimum praestare*** Cic., être bien supérieur aux autres ; ***alicui aliqua re praestare*** Cic., l'emporter sur qqn en qqch. ; [postclass. avec acc.] ***ceteros virtute praestare*** Liv., être supérieur aux autres en courage ***b)*** [absᵗ] être préférable = exceller : ***in aliqua re praestare*** Cic., exceller en qqch. ; ***petulantia maxume praestare*** Sall., se distinguer surtout par son impudence ***c)*** [avec inf.] être préférable = valoir mieux, [d'où] ***praestat***, il vaut mieux [ou] il vaudrait mieux : ***mori milies praestitit quam haec pati*** Cic., mourir mille fois aurait été préférable plutôt que supporter cela = il aurait mieux valu mourir mille fois plutôt que supporter cela ¶ **2** assumer, prendre sur soi, [d'où] se porter garant ***a)*** ***periculum judicii praestare*** Cic., prendre sur soi les risques d'un procès ; ***culpam praestare*** Cic., prendre une faute sur soi, en assumer la responsabilité ; ***emptori damnum praestare*** Cic., assumer le dommage vis-à-vis d'un acheteur = garantir à un acheteur tout dommage éventuel ; ***nihil alicui a vi praestare*** Cic., ne rien garantir à qqn du côté de la violence ; ***pacem ab aliquo praestare*** Liv., garantir la paix du côté de qqn, du fait de qqn ***b)*** [avec attribut de l'objet] ***socios salvos praestare*** Cic., garantir le salut des alliés ; ***mare tutum praestare*** Cic., assurer la sécurité de la mer ; [avec prop. inf.] garantir que : Cic. ¶ **3** procurer, fournir, [d'où] montrer, faire preuve de, [et] accomplir, faire ***a)*** procurer, fournir : ***alicui pecuniam praestare*** Suet., fournir de l'argent à qqn ; ***terris nomen praestare*** Luc., donner son nom au pays ***b)*** montrer, faire preuve de : ***virtutem praestare*** Cic., faire preuve de courage ; ***pietatem alicui praestare*** Cic., témoigner son affection à qqn ; ***fidem alicui praestare*** Cic., tenir parole à qqn ‖ ***se praestare*** [avec attribut de l'objet], se montrer tel ou tel : ***fidelem se praestare*** Cic., se montrer loyal ***c)*** accomplir, faire : ***suum munus praestare*** Cic., remplir son office ; ***vicem praestare*** Sall., tenir lieu de ‖ [avec *ut*] faire que : Liv., Plin. *Pan.* ; [avec *ne*] faire que ne pas

praestōlātĭo, *ōnis*, f., attente : [T] Pros.

praestōlō, *ās*, *āre*, *-*, *-*, ▶ *praestolor* : [-C] Théât., [+C] Pros.

praestōlŏr, *ārĭs*, *ārī*, *ātus sum*, intr. et tr., attendre : ***alicui*** [C] Pros. ; ***aliquem*** [-C] Théât., attendre qqn ; ***hujus adventum*** [C] Pros., attendre son arrivée [avec gén.]

praestrictus, *a*, *um*, part. de *praestringo*

praestringō, *ĭs*, *ĕre*, *strinxī*, *strictum*, tr. ¶ **1** serrer en avant : [+C] Pros. ¶ **2** effleurer : [+C] Pros. ¶ **3** émousser : [C] Pros., [+C] Pros. ; ***oculos*** [C] Pros., éblouir, aveugler

praestrŭō, *ĭs*, *ĕre*, *struxī*, *structum*, tr. ¶ **1** élever auparavant, construire d'abord : [+C] Pros. ‖ [fig.] fonder ou établir d'abord : ***fidem sibi*** [C] Pros., commencer par gagner la confiance ‖ préparer, disposer par avance : [+C] Pros. ‖ établir d'avance (une démonstration) : [+C] Pros. ‖ se proposer de, projeter : [T] Pros. ¶ **2** construire devant, obstruer, boucher : [C] Poés.

praestus, *a*, *um*, dévoué, disponible : [T] Pros.

praesūdō, *ās*, *āre*, *-*, *-*, intr., être très humide : [T] Pros. ‖ [fig.] suer d'avance, se donner de la peine, s'exercer : [+C] Poés.

praesŭl, *ŭlis*, m., le chef des danseurs, dans les jeux publics : [C] Pros.

praesulsus, *a*, *um*, très salé : [+C] Pros.

praesultātŏr, *ōris*, m., le chef des danseurs [dans les jeux] : [C] Pros.

praesultō, *ās*, *āre*, *-*, *-*, intr., sauter devant ; [fig.] se pavaner devant [dat.] : [C] Pros.

praesultŏr, *ōris*, m., ▶ *praesultator* : [+C] Pros.

praesŭm, *es*, *esse*, *fŭī*, *-*, intr., être en avant, être à la tête [avec dat.] : ***oppido*** [C] Pros., commander une place ; ***classi*** [C] Pros. ; ***exercitui*** [C] Pros., commander une flotte, l'armée ; ***navi aedificandae*** [C] Pros., présider à la construction d'un navire ‖ [absᵗ] ***praeesse in provincia*** [C] Pros., être gouverneur dans une province ‖ ***alicujus temeritati*** [C] Pros., guider, diriger, inspirer la conduite téméraire de qqn ‖ [poét.] protéger : [C] Poés. ; ▶ *praesens*

praesūmō, *ĭs*, *ĕre*, *sumpsī*, *sumptum*, tr. ¶ **1** prendre avant, d'avance : [+C] Pros. ‖ [fig.] ***alicujus officia*** [+C] Pros., remplir d'avance les devoirs de qqn ¶ **2** prendre d'avance, [d'où] enlever, annuler, supprimer : [+C] Pros. ¶ **3** se représenter d'avance, conjecturer, présumer : ***fortunam utriusque*** [+C] Pros., pressentir la destinée de l'un et de l'autre ; [C] Poés. ; ***praesumptum habere*** [avec prop. inf.] [+C] Pros., se dire d'avance que ¶ **4** être fier, trop présumer de : [T] Pros.

praesumptĭo, *ōnis*, f. ¶ **1** anticipation, conception anticipée : [+C] Pros. ¶ **2** [phil.] notion première, élémentaire, prénotion [grec πρόληψις] : [+C] Pros. ‖ préjugé : [+C] Pros. ¶ **3** hardiesse, assurance : [+C] Pros. ‖ présomption, témérité : [T] Pros. ¶ **4** anticipation [rhét.] : [+C] Pros.

praesumptĭōsē (-ŭōse), présomptueusement : [T] Pros.

praesumptĭōsus (-ŭōsus), *a*, *um*, présomptueux : [T] Pros.

praesumptŏr, *ōris*, m., un présomptueux, audacieux : [T] Pros.

praesumptŭōs-, ▶ *praesumptios-*

praesŭō, *ĭs*, *ĕre*, *-*, *sūtum*, tr., coudre par-devant, recouvrir : [C] Poés.

praesurgō, *ĭs*, *ĕre*, *surrēxī*, *-*, intr., se lever avant [en parl. du soleil] : [T] Poés.

praesūtus, *a*, *um*, part. de *praesuo*

praetectus, *a*, *um*, part. de *praetego*

praetĕgō, *ĭs*, *ĕre*, *texī*, *tectum*, tr., couvrir par-devant ; [fig.] abriter : [+C] Pros. ‖ voiler, dissimuler : [T] Pros.

praetempto, ▶ *praetento*

praetendō, *ĭs*, *ĕre*, *tendī*, *tentum*, tr. ¶ **1** tendre devant : ***saepem segeti*** [C] Poés., étendre une haie devant la moisson ; ***vestem ocellis*** [C] Poés., étendre sa robe devant ses yeux ¶ **2** tendre devant soi : ***ramum olivae*** [C] Poés., tendre un rameau d'olivier ¶ **3** [fig.] ***a)*** mettre en avant, ***aliquid alicui rei***, qqch. comme excuse à qqch. : [C] Pros. ‖ [avec prop. inf.] alléguer que, prétexter que : [+C] Pros. ***b)*** faire voir = faire briller aux yeux [comme une promesse] : [C] Poés. ***c)*** camper devant, protéger : [T] Pros.

praetensus, *a, um*, ▶ *praetentus* : [T] Poés.

praetentātus, *a, um*, part. de *praetento*

praetentō (-temptō), *ās, āre, āvī, ātum*, tr. ¶ **1** tendre ou étendre en avant, allonger ; [fig.] [+C] Poés. ¶ **2** tâter par-devant, explorer en tâtant : ***iter*** [C] Poés., tâter son chemin ‖ sonder, essayer, éprouver : ***vires*** [C] Poés., faire l'essai de ses forces ; ***misericordiam*** [+C] Pros., s'adresser à la pitié ; ***chordas*** [C] Poés., préluder sur la lyre

praetentūra, *ae*, f., garnison sur la frontière, poste avancé : [T] Pros. ‖ partie du camp comprise entre la *via principalis* et la *porta praetoria* : [+C] Pros.

praetentus, *a, um*, part. de *praetendo*

praetĕnŭis, *e*, [fig.] très faible, minime [en parl. du son] : [+C] Pros.

praetĕpescō, *ĭs, ĕre, tĕpŭī, -*, intr., s'échauffer d'avance : [C] Poés.

praetĕr

I adv. [idée de passer devant, donc de passer] ¶ **1** [au sens pr. ne se trouve qu'en compos.] ▶ *praetereo, praeterfluo* ¶ **2** [fig.] ▶ *praeterquam*, excepté, exception faite : [C] Pros. ‖ joint à des particules : ***praeter si*** [C] Pros., excepté si ; ***praeter quod*** [+C] Pros., excepté que ; ▶ *praeterpropter, praeterquam*

II prép. acc. ¶ **1** devant, le long de : ***praeter pedes*** [-C] Théât., devant les pieds ; [C] Pros. ; ***praeter oculos alicujus aliquid ferre*** [C] Pros., faire passer qqch. devant les yeux de qqn ¶ **2** au-delà de, contre : ***praeter naturam*** [C] Pros., au-delà de ce que comporte la nature ; ***praeter opinionem*** [C] Pros. ; ***spem*** [C] Pros., contre toute attente, contre toute espérance ; ***praeter modum*** [C] Pros., d'une façon démesurée ¶ **3** au-delà de, plus que : ***praeter ceteros aliquid alicui imponere*** [C] Pros., imposer qqch. à qqn plus qu'aux autres ; ***praeter alios*** [C] Pros., plus qu'aux autres ¶ **4** excepté : [C] Pros. ‖ ***nihil praeter plorare*** [C] Poés., rien que les pleurs ¶ **5** indépendamment de, outre : ***ut praeter se denos adducerent*** [C] Pros., d'amener en plus d'eux-mêmes dix personnes chacun ; ***praeter pecunias imperatas*** [C] Pros., outre les sommes imposées

praetĕrăgō, *ĭs, ĕre, -, actum*, tr., faire passer outre : [C] Pros.

praeterbītō, *ĭs, ĕre, -*, tr., passer outre : [abs[t]] [-C] Théât. ; [avec acc.] [-C] Théât.

praetercurro, **praetercursus**, *a, um*, qu'on a traversé en courant : [T] Pros.

praeterdūcō, *ĭs, ĕre, -, -*, tr., conduire au-delà : [-C] Théât.

praetĕrĕā, adv., en outre, outre cela, de plus, en sus : [-C] Théât., [C] Pros. ‖ après cela, dès lors, désormais : [C] Poés.

praetĕrĕō, *īs, īre, iī (īvī), ĭtum*

I intr. ‖ passer au-delà, passer devant : [-C] Théât. ; ***praeteriens judicat*** [C] Pros., en passant, il juge ; [C] Poés.

II tr. ¶ **1** passer devant, le long de : ***hortos*** [C] Pros., passer devant des jardins ; [C] Poés. ‖ dépasser [à la course] : [C] Poés. ‖ [fig.] surpasser : [C] Pros., Poés., [+C] Poés. ¶ **2** [fig. au part.] **praeteritus**, *a, um*, écoulé, passé : ***praeteritum tempus*** [C] Pros., le temps écoulé ; ***praeteriti viri*** [C] Poés., les trépassés, les gens d'autrefois ‖ [gram.] ***praeteritum tempus*** ou ***praeteritum*** [seul] [+C] Pros., le prétérit, le parfait ‖ ***in praeteritum*** [+C] Pros., pour le passé ‖ pl. n., ***praeterita, orum***, le passé : [C] Pros. ¶ **3** ***me (te) non praeterit*** [avec prop. inf.], il ne m'échappe pas, il ne t'échappe pas que, je sais bien, tu sais bien que : [C] Pros. ‖ [avec interrog. indir.] [C] Pros. ¶ **4** omettre, laisser de côté : [-C] Théât., [C] Pros. ‖ [en part.] passer sous silence, ne pas mentionner : [C] Pros. ; ***praetereo quod*** [C] Pros., je laisse de côté ce fait que ; [pass. impers.] [C] Pros. ‖ ***octo praeteritis*** [C] Pros., huit étant omis (sur la liste des sénateurs) ¶ **5** négliger de faire une chose : [C] Pros. ‖ [avec inf.] [-C] Théât., [+C] Pros. ‖ [avec *quin*] ***praeterire non potui, quin*** [C] d. [C] Pros., je n'ai pu négliger de ¶ **6** omettre qqn [dans une élection, dans une distribution], ne pas faire cas de : [C] Pros.

praetĕrĕquĭtans, *tis*, qui s'avance à cheval : [C] Pros.

praetĕrĕundus, *a, um*, adj. verbal de *praetereo*

praeterfĕrŏr, *ferrĭs, ferrī, lātus sum*, pass., se porter au-delà de [avec acc.] : [C] Pros., Poés.

praeterflŭō, *ĭs, ĕre, -, -* ¶ **1** ***a)*** intr., couler auprès : [C] Pros. ***b)*** tr., baigner : [C] Pros. ¶ **2** intr., [fig.] couler au-delà, s'échapper, se perdre : [C] Pros.

praetergrĕdĭŏr, *dĕrĭs, dī, gressus sum*, tr., dépasser : [C] Pros. ‖ [abs[t]] passer outre [avec *propter*] : [C] Pros.

praetĕrhāc, adv., désormais, dorénavant, encore : [-C] Théât.

praetĕrĭens, *euntis*, part. de *praetereo*, v. ce mot

praetĕrinquīrō, *ĭs, ĕre, -, -*, intr., s'informer en plus, faire une nouvelle enquête : [T] Pros.

praetĕrĭtĭo, *ōnis*, f., action de passer [en parl. du temps] : [T] Pros.

praetĕrĭtus, part. de *praetereo*

praeterlābŏr, *bĕrĭs, bī, lapsus sum*, tr. ¶ **1** côtoyer : [C] Poés. ‖ [abst[t]] couler auprès : [+C] Pros. ¶ **2** [fig.] échapper : [C] Pros.

praeterlambō, *ĭs, ĕre, -, -*, tr., baigner [en parlant d'un cours d'eau] : [T] Pros.

praeterlātus, ▶ *praeterferor*

praeterlŭens, *tis*, qui baigne [en parl. d'une rivière] : [+C] Pros.

praetermĕō, *ās, āre, -, -* ¶ **1** intr., passer outre ou devant : [tmèse] ***praeterque meantes*** [C] Poés., et les passants ¶ **2** tr., couler le long de, baigner, arroser : [+C] Pros., [T] Pros.

praetermissĭo, *ōnis*, f. ¶ **1** action d'omettre, omission : [C] Pros. ¶ **2** action de négliger : ***aedilitatis*** [C] Pros., le fait de se dispenser de briguer l'édilité

praetermissus, *a, um*, part. de *praetermitto*

praetermittō, *ĭs, ĕre, mīsī, missum*, tr. ¶ **1** laisser passer [pr. et fig.] : ***neminem*** [C] Pros. ; ***nullum diem*** [C] Pros., ne laisser passer personne, aucun jour ¶ **2** laisser de côté, négliger : ***nullum officium*** [C] Pros., ne négliger aucun devoir ; ***voluptates*** [C] Pros., laisser de côté les plaisirs ‖ [avec inf.] omettre de, négliger de : [C] Pros. ‖ ***nihil praetermittere quin*** [C] Pros., ne rien négliger pour que, mettre tout en oeuvre pour que, ou avec ; ***quominus*** [C] Pros. ¶ **3** omettre, passer sous silence, passer : [C] Pros. ‖ [abs[t]] ***de aliqua re praetermittendum non putavi*** [+C] Pros., sur tel point je n'ai pas cru devoir omettre ¶ **4** laisser passer, fermer les yeux : [-C] Théât., [C] Poés. ¶ **5** [poét.] faire passer au-delà, transporter : [+C] Poés.

praetermonstrans, *tis*, indiquant : [+C] Pros.

praeternāvĭgō, *ās, āre, -, -* ¶ **1** intr., passer outre en naviguant : [+C] Pros. ¶ **2** tr., dépasser, passer [en naviguant], doubler : [+C] Pros.

praetĕrō, *ĭs, ĕre, trīvī, trītum*, tr., user, limer par-devant : [-C] Théât.

praeterpropter, adv., approximativement, tant bien que mal : [-C] Théât., [C] d. [+C] Pros.

praeterquam, adv. ¶ **1** excepté : [C] Pros. ¶ **2** en plus, en outre : [C] Pros. ¶ **3** ***praeterquam quod a)*** si ce n'est que, excepté que : [C] Pros. ***b)*** outre que : [C] Pros.

praetersum, *esse*, intr., être étranger à, ne pas s'intéresser à [dat.] : [+C] Pros.

praetervectĭo, *ōnis*, f., traversée : [C] Pros.

praetervectus, *a, um*, part. de *praetervehor*

praetervĕhens, *tis*, part. de *praetervehor* intr., s'avançant au-delà : ***equo*** [C] Pros., en passant à cheval ‖ [avec acc.] traversant : [+C] Pros.

praetervĕhŏr, *ĕrĭs, vĕhī, vectus sum*, tr. ¶ **1** naviguer devant, passer outre en naviguant [abs[t]] : [C] Pros. ‖ [avec acc.] ***a)*** passer devant, côtoyer : [C] Pros. ***b)*** passer, dépasser, doubler : [C] Pros., Poés. ‖ dépasser [à pied] : [+C] Pros. ¶ **2** [fig.] passer outre : ***locum silentio*** [C] Pros., passer un point sous silence ; ***aures*** [C] Pros., ne faire qu'effleurer les oreilles

praetervŏlō, *ās, āre, āvī, ātum*, tr., voler au-delà de ¶ **1** franchir à tire d'aile, traverser rapidement : [abs[t]] [+C] Pros. ; [avec acc.] [C] Poés., [+C] Poés. ¶ **2** [fig.] passer inaperçu, échapper à, n'être pas remarqué de : [C] Pros. ; ***praetervolat numerus*** [C] Pros., le rythme passe inaperçu

praetexō, *ĭs, ĕre, texŭī, textum*, tr. ¶**1** border : [C] Poés., Pros. ; ***toga praetexta*** ; ▶ *praetexta* ¶**2** [fig.] mettre en tête : ***postibus praetexi*** [+C] Pros., être placé devant l'entrée des temples [statues] ; [C] Poés. ¶**3** border de, garnir en avant de, pourvoir de, munir de : [C] Pros. ¶**4** alléguer comme excuse, prétexter : ***cupiditatem triumphi*** [C] Pros., prétexter le désir du triomphe ‖ [avec prop. inf.] prétexter que : [+C] Pros.

praetexta, *ae*, f. ¶**1** (s.-ent. ***toga***), la prétexte, la toge prétexte [toge blanche, bordée d'une bande de pourpre, portée par les enfants jusqu'à seize ans et par les principaux magistrats dans les cérémonies publiques] : [C] Pros. ¶**2** (s.-ent. ***fabula***) ; tragédie à sujet romain [dans laquelle les acteurs portaient la prétexte] : [C] Poés.

1 **praetextātus**, *a, um* ¶**1** vêtu de la prétexte [toge des enfants], encore enfant, dans l'adolescence : [C] Pros. ; ***praetextata aetas*** [+C] Pros., l'enfance, l'adolescence ; ***praetextata amicitia*** [+C] Poés., amitié d'enfance ‖ **praetextatus**, *i*, m., adolescent [jusqu'à seize ans] : [C] Pros., [+C] Poés. ¶**2** [fig.] licencieux, obscène : ***praetextata verba*** [+C] Pros., paroles libres ; ***praetextati mores*** [+C] Poés., moeurs dissolues

2 **Praetextātus**, *i*, m., Prétextat, nom d'homme : [T] Pros.

praetextum, *i*, n. ¶**1** ornement : [+C] Pros. ¶**2** prétexte : [+C] Pros.

1 **praetextus**, *a, um*, part. de *praetexo* ‖ [adj[t]] vêtu de la robe prétexte : [C] Poés.

2 **praetextŭs**, *ūs*, m. ¶**1** action de mettre devant, [fig.] prétexte : ***sub praetextu*** [+C] Pros., sous couleur ; [C] Pros. ¶**2** éclat, représentation : [+C] Pros. ; ▶ *praetextum*

praetĭmĕō, *ēs, ēre, ŭī, -*, tr., craindre d'avance : [-C] Théât., [+C] Pros.

praetingō, *ĭs, ĕre, -, tinctum*, tr., tremper auparavant : ***praetinctus*** [C] Poés.

praetondĕō, *ēs, ēre, tŏtondī, -*, tr., couper (tailler) par-devant : [+C] Pros.

praetŏr, *ōris*, m. ¶**1** celui qui marche en tête, chef [ou plutôt] celui qui prononce le premier la formule à répéter ; ***qui praeit verba*** ; ▶ *praeeo II ¶2* ***a)*** préteur, magistrat suprême à Capoue : [C] Pros. ***b)*** [à Rome, primit[t]] chef suprême surtout au titre militaire : [C] Pros. [les mots préteur, consul sont employés concurremment pour désigner les mêmes magistrats] ***praetor maximus*** [C] Pros., le dictateur ***c)*** général, chef d'armée [chez les étrangers] : [C] Pros. ***d)*** [sous Aug.] ***praetores aerarii*** [+C] Pros., intendants du trésor public ¶**2** [qqf.] ***praetor = proconsul*** [C] Pros. ‖ ***praetor primus*** [C] Pros., le préteur élu le premier [dans les comices centuriates, titre d'honneur]

praetōria, *ae*, f., cohorte prétorienne : [T] Pros.

1 **praetōrĭānus**, *a, um*, prétorien, de la garde prétorienne : [+C] Pros. ; **praetoriani**, *ōrum*, les prétoriens, la garde prétorienne : [+C] Pros.

2 **praetōrĭānus**, *a, um*, de juge : ***praetorianis pretiis*** [T] Pros., avec ses revenus de juge

praetōrĭcĭus, *a, um*, de préteur : [+C] Poés.

praetōrĭŏlum, *i*, n., prétoriole, chambre du capitaine de vaisseau : [T] Pros.

praetōrĭum, *ĭī*, n. ¶**1** tente du général et endroit du camp où est la tente du général : [C] Pros. ‖ conseil du général, conseil de guerre : [C] Pros. ¶**2** pl., ***praetoria*** [+C] Poés., palais [du prince] ‖ cellule de la reine [des abeilles] : [C] Poés. ¶**3** palais du préteur [dans une province] : [C] Pros. ¶**4** milice ou garde prétorienne, les prétoriens : [+C] Pros. ¶**5** maison de plaisance, villa : [+C] Pros., Poés.

praetōrĭus, *a, um* ¶**1** de préteur, du préteur : ***praetoria potestas*** [C] Pros., la préture ; ***praetorium jus*** [C] Pros., le droit prétorien [forme des édits du préteur] ; ***praetoria comitia*** [C] Pros., comices pour l'élection des préteurs ‖ subst. m., ***praetorius*** ; celui qui a été préteur, ex-préteur : [C] Pros. ¶**2** du préteur = du gouverneur de province (propréteur) : [C] Pros. ¶**3** de chef, de commandant, de général : ***praetoria porta*** [C] Pros., porte prétorienne [porte du camp située en face de la tente du général] ; ***praetoria cohors*** [C] Pros., la cohorte prétorienne, attachée au général en chef ; ***praetoria navis*** [C] Pros., le vaisseau-amiral ; ***praetorium imperium*** [C] Pros., le commandement en chef

praetorquĕō, *ēs, ēre, -, tortus*, tr., tordre auparavant ou par-devant : [-C] Théât., [+C] Pros.

praetorrĭdus, *a, um*, brûlant : [+C] Poés.

praetortus, *a, um*, part. de *praetorqueo*

praetractō, *ās, āre, -, -*, tr., examiner d'abord, préalablement : [+C] Pros.

praetrĕpĭdans, *tis*, très agité [fig.] : [C] Poés.

praetrĕpĭdus, *a, um*, très agité, tout tremblant : [+C] Poés., Pros.

praetrītus, *a, um*, part. de *praetero*, [adj[t]] complètement usé, effacé : [T] Pros.

praetrīvī, parf. de *praetero*

praetruncō, *ās, āre, -, -*, tr., couper [par le bout], rogner : [-C] Théât.

praetŭlī, parf. de *praefero*

praetūra, *ae*, f., préture, charge de préteur : [C] Pros.

Praetūtĭānus ager, m., territoire prétutien, dans le Picénum, près d'Ancône : [C] Pros.

praeumbrans, *tis*, qui offusque, qui efface, qui éclipse : [+C] Pros.

praeūrō, *ĭs, ĕre, ussī, ustum*, tr., [employé surtout au part. *praeustus*] brûlé par le bout : [C] Pros.

praeŭt, ▶ *prae*

praevălens, *tis*, très vigoureux, très robuste : [+C] Pros.

praevălĕō, *ēs, ēre, ŭī, -*, intr., valoir plus, prévaloir : ***apud aliquem*** [+C] Pros., l'emporter auprès de qqn, avoir plus d'influence ; ***auctoritate*** [+C] Pros. ; ***gratia*** [+C] Pros., avoir plus d'autorité, plus de crédit

praevălescō, *ĭs, ĕre, -, -*, intr., devenir vigoureux [en parl. d'un arbre] : [+C] Pros.

praevălĭdus, *a, um*, très fort, très vigoureux, très robuste : [C] Pros., [+C] Pros. ‖ [fig.] ***praevalidae urbes*** [C] Pros., villes très fortes ‖ fort, redoutable : [+C] Pros. ; ***praevalida vitia*** [+C] Pros., vices très forts ‖ puissant, considérable, considéré : [+C] Pros. ‖ très fertile : [C] Poés.

praevallō, *ās, āre, -, -*, tr., palissader, retrancher : [C] Pros.

praevārĭcātĭo, *ōnis*, f., prévarication, intelligence avec la partie adverse, collusion : [C] Pros., [+C] Pros. ‖ [chrét.] faute, péché : [T] Pros.

praevārĭcātŏr, *ōris*, m. ¶**1** prévaricateur : [C] Pros. ‖ [avec gén.] ***praevaricator Catilinae*** [C] Pros., faux accusateur de Catilina (accusateur d'intelligence avec l'accusé, accusateur pour la galerie) ¶**2** [chrét.] traître à la loi, à la foi : [T] Pros.

praevārĭcō, *ās, āre, -, -*, ▶ *praevaricor*, transgresser, violer : [T] Pros.

praevārĭcŏr, *ārĭs, ārī, ātus sum* ¶**1** [fig.] prévariquer [en parl d'un juge ou d'un avocat], être de connivence avec la partie adverse : [C] Pros. ; [avec dat.] ***accusationi*** [C] Pros., être de connivence avec l'accusation ¶**2** [chrét.] tr., transgresser, trahir : [T] Pros.

praevārus, *a, um*, très irrégulier : [C] Pros.

praevĕhŏr, *ĕrĭs, vĕhī, vectus sum* ¶**1** intr., prendre les devants (à cheval) : [C] Poés., Pros. ‖ se porter en avant (à cheval) : [C] Pros. ‖ [fig. en parl. du style] [+C] Pros. ¶**2** tr., passer devant, dépasser : [+C] Pros. ; ***sic praevecti*** [+C] Pros., les bateaux s'étant ainsi dépassés (croisés) ‖ passer le long : [+C] Pros.

praevēlō, *ās, āre, -, -*, tr., voiler par devant : [T] Pros.

praevēlox, *ōcis*, [fig.] ***praevelox memoria*** [+C] Pros., mémoire très prompte

praevĕnĭō, *īs, īre, vēnī, ventum* ¶**1** intr., prendre les devants : [C] Pros. ¶**2** tr., [fig.] prévenir, devancer : [C] Pros., [+C] Pros. ; [pass.] [C] Pros. ‖ l'emporter sur, surpasser : [+C] Pros. ‖ [avec tmèse] [C] Poés.

praeventōres, *um*, pl., éclaireurs, soldats d'avant-garde : [T] Pros.

praeventus, *a, um*, part. de *praevenio*

praeverbĭum, *ĭi*, n., préposition, particule prépositive, préfixe : Pros., Pros.

praeverrō, *ĭs*, *ĕre*, -, -, tr., balayer auparavant : Poés.

praeversus, *a*, *um*, part. de *praeverto*

praevertō (**-vortō**), *ĭs*, *ĕre*, *vertī* (*vortī*), *versum* (*vorsum*), tr. ¶1 faire passer avant : Pros. ‖ pass., ***praeverti*** ; être mis devant, passer devant : Pros. ‖ préférer (***rem rei***, une chose à une autre) : Théât., Pros. ¶2 devancer : Poés. ‖ se saisir d'avance : ***animos amore*** Poés., occuper d'avance le coeur par l'amour, mettre d'avance un amour au coeur ; ***poculum*** Théât., prendre le premier la coupe ¶3 prévenir, aller au-devant de [avec dat.] : Pros. ‖ [avec acc.] Pros., Poés. ‖ [abs[t]] Pros. ¶4 au sens réfléchi, *praevertor* : Pros.

praevertŏr (**-vortŏr**), *tĕrĭs*, *tī*, -, pass. de *praeverto*
I tr. [mêmes sens que *praeverto*] faire passer avant : Pros. ‖ devancer : Poés. ‖ prévenir, aller au-devant de, réduire à néant : Théât.
II sens réfléchi, se tourner d'abord vers [employé seul[t] aux formes du présent] ; [avec dat.] ***rei***, vers une chose : Théât. [avec *ad*] ***a) ad Armenios*** Pros., se rendre d'abord en Arménie ***b)*** s'occuper d'abord de : Pros. ‖ [avec *in* acc.] se rendre d'abord dans : Pros. ‖ ***illuc praevertamur*** Poés., passons d'abord à cet autre fait

praevĕtĭtus, *a*, *um*, absolument défendu : Poés.

praevĭātrix, *īcis*, f., qui montre le chemin : Poés.

praevĭdentĭa, *ae*, f., *1 providentia* : Pros.

praevĭdĕō, *ēs*, *ēre*, *vīdī*, *vīsum*, tr. ¶1 voir auparavant, apercevoir d'avance : Poés. ¶2 [fig.] prévoir : Pros., Pros. ¶3 *provideo* : Pros.

praevincĭō, *īs*, *īre*, *vinxī*, *vinctum*, tr., lier, enchaîner, [fig.] asservir : Pros.

praevinctus, *a*, *um*, part. de *praevincio*

praevīsus, *a*, *um*, part. de *praevideo*

praevĭtĭō, *ās*, *āre*, -, *ātum*, tr., corrompre d'avance, empoisonner [des eaux] : Poés.

praevĭus, *a*, *um*, qui précède, qui va devant, guide : Poés. ; ***Aurorae*** , précurseur de l'Aurore

praevŏlō, *ās*, *āre*, *āvī*, -, intr., voler devant : Pros., Pros.

praevorto, *praeverto*

Praexaspēs (**Pre-**), *is*, m., nom d'un courtisan de Cambyse : Pros.

Pragmătĭca, *ōrum*, n. pl., titre d'un ouvrage d'Accius : Pros.

pragmătĭcus, *a*, *um* ¶1 relatif aux affaires politiques, intéressant la politique : Pros. ¶2 habile, expérimenté en matière de droit : Pros. ; [d'où le subst.] Pros.

prandĕō, *ēs*, *ēre*, *prandī*, *pransum* ¶1 intr., déjeuner, faire le repas du matin : Théât., Pros. ¶2 tr., manger à son déjeuner, déjeuner de ou avec : Poés., Pros. ; *pransus*

prandĭum, *ĭi*, n., déjeuner [vers midi, repas composé en gén. de poisson, de légumes et fruits ; *jentaculum*, petit déjeuner ; *cena*, repas principal] : ***ad prandium invitare*** Pros., inviter à déjeuner ; ***prandium alicui videre*** Pros., faire préparer le déjeuner pour qqn ‖ repas [en gén.] Poés. ‖ repas d'animaux : Théât., Pros.

pransĭtō, *ās*, *āre*, *āvī*, *ātum* ¶1 intr., déjeuner ordinairement : Pros. ‖ ***pransitatur*** Pros., on déjeune ¶2 tr., manger à déjeuner : Théât. ‖ manger [dans un repas] : Pros.

pransŏr, *ōris*, m., celui qui déjeune en ville, invité, convive : Théât.

pransōrĭus, *a*, *um*, qui sert pour le déjeuner : Pros.

pransus, *a*, *um*, ayant déjeuné, qui a déjeuné : Poés. ; ***pransus potus*** Pros., ayant bien mangé et bien bu ; d. Pros., Pros.

Prāsĭae, *ārum*, f. pl., nom d'un dème de l'Attique : Pros.

Prasĭi, *ōrum*, m. pl., peuple de l'Inde, sur le Gange : Pros.

prăsĭnātus, *a*, *um*, habillé de vert : Pros.

1 **prăsĭnus**, *a*, *um*, ***prasina factio*** Pros., la faction des Verts ; *2 prasinus*

2 **Prăsĭnus**, *i*, m., qui appartient à la faction des Verts [écuyer ou cocher vêtu de vert] : Poés. ‖ **-nĭānus**, *a*, *um*, partisan de la faction des Verts : Pros.

Prasutagus, *i*, m., Prasutage, nom d'un roi breton : Pros.

prātens, *entis*, vert comme un pré : Pros.

prātensis, *e*, de pré, qui naît dans les prés : Poés.

prātŭlum, *i*, n., dim. de *pratum*, petit pré, pelouse : Pros.

prātum, *i*, n., pré, prairie : Pros. ‖ [poét.] herbe, gazon : Théât., Poés. ‖ [poét.] ***Neptunia prata*** Poés., la plaine liquide

prāvē, adv., de travers : Pros. ‖ [fig.] de travers, mal, défectueusement : Pros. ; ***prave pudens*** Poés., tenu par une fausse honte ‖ ***prave facundus*** Pros., d'une éloquence funeste ‖ ***-issime*** Pros.

prāvĭtās, *ātis*, f., forme tordue, difformité, irrégularité : Pros. ‖ [fig.] défaut, vice : [dans l'action oratoire] Pros. ; [défaut de jugement, déraison, erreur] Pros. ; ***pravitas consilii*** Pros., l'absurdité du plan ; ***mentis*** Pros., dépravation intellectuelle ; ***animi*** Pros., mauvaise disposition d'esprit [= sentiments hostiles] ‖ [moral[t]] ***pravitas***, ce qui est mal [rare] : Pros.

prāvus, *a*, *um* ¶1 tordu, qui est de travers, difforme : ***membra prava*** Pros., membres difformes ¶2 [fig.] de travers, défectueux, irrégulier, mauvais : Pros. ‖ [moral[t]] mauvais : ***pravi impulsores*** Pros., mauvais conseillers ; n. pl., ***honesta, prava*** Pros., le bien, le mal ‖ [poét. avec gén. du point de vue] mauvais, de travers sous le rapport de : Poés.

praxis, *is*, f., ***habere praxim*** Pros., faire ses preuves

Praxĭtĕlēs, *is*, m., Praxitèle [sculpteur grec du 4e av. J.-C.] : Pros. ‖ **-līus**, *a*, *um*, de Praxitèle : Pros.

Praxō, *ūs* ou *ōnis*, f., nom d'une grande dame de Delphes : Pros.

prĕcans, *tis*, part. de *precor*

prĕcantĕr, adv., en priant, par des prières : Poés.

prĕcārĭō, adv. ¶1 avec prière, avec insistance : Théât., Pros. ¶2 précairement, d'une manière précaire : ***praeesse*** Pros., n'avoir qu'une autorité précaire ; ***precario studere*** Pros., se donner à l'étude précairement

prĕcārĭus, *a*, *um*, obtenu par prière ‖ donné par complaisance : Pros. ‖ précaire, mal assuré, passager : ***precarium imperium*** Pros., pouvoir précaire ; ***inter precaria*** Pros., parmi les choses éphémères

prĕcātĭo, *ōnis*, f., action de prier, prière : Pros.

prĕcātīvus, *a*, *um*, de prière : ***precativa pax*** Pros., paix obtenue par prière

prĕcātŏr, *ōris*, m., celui qui prie qqn, qui implore, intercesseur : Théât.

prĕcātrix, *īcis*, f., celle qui intercède : Poés.

prĕcātŭs, *ūs*, m., action de prier, prière : Poés.

prĕces, *um*, f. pl., prières, supplications, instances : Pros. ‖ voeux, souhaits [de nouvelle année] : Poés. ‖ prières aux dieux : Pros. ‖ imprécations : Pros.

prēcĭae vītes (**praec-**), f. pl., sorte de vigne hâtive : Poés.

1 **Prēcĭānus** (**-tĭā-**), *a*, *um*, *Praecianus*

2 **Precianus**, *i*, m., nom d'homme : Pros.

prĕcŏr, *ārĭs*, *ārī*, *ātus sum*, tr. ¶1 prier, supplier ***a)*** un dieu, qqn : ***Jovem, deos*** Pros., prier Jupiter, les dieux ; ***pro aliquo*** Pros., pour qqn ***b) aliquid***, demander qqch. en priant : Pros. ; ***aliquid alicui*** Pros., demander qqch. dans ses prières pour qqn [ou] ***pro aliquo*** Pros. ***c)*** [avec deux acc.] ***quod precarer deos*** Pros., chose que j'aurais demandée aux dieux ***d)*** Pros. ; ***precari ab indigno*** Pros., prier un indigne ***e)*** [avec *ut*] demander en priant que : Pros., Pros. ‖ [avec *ne*] supplier de ne pas : Poés., Pros. ‖ ***non precari quominus*** Pros., ne pas chercher par ses supplications à éviter que ***f)*** [avec prop. inf.] demander en priant que : Poés., Pros. ***g)*** [abs[t]] ***verba precantia*** Poés., paroles suppliantes ; ***dare aliquid alicui precanti*** Pros., accorder qqch. aux prières de qqn ‖ [intercalé] ***precor*** = je t'en prie, je vous en prie :

Poés. ¶**2** souhaiter : ***reditum*** [C] Pros., souhaiter le retour de qqn ; ***alicui mala, mortem*** [C] Pros., souhaiter à qqn du mal, la mort ; ***male precari*** [C] Pros., souhaiter du mal

prĕhendō (prendō), *ĭs, ĕre, dī, sum*, tr. ¶**1** saisir, prendre : ***aliquem manu*** [C] Pros., saisir qqn par la main ; ***alicujus manum*** [C] Pros., saisir la main de qqn ¶**2** prendre qqn à part : [-C] Théât., [C] Pros. ¶**3** surprendre, prendre sur le fait : [+C] Pros. ; [avec gén.] ***aliquem mendaci*** [-C] Théât., surprendre qqn à mentir ; [avec *in* abl.] [+C] Pros. ‖ ***prensus*** [avec inf.] [+C] Pros., surpris à faire qqch. ¶**4** se saisir de qqn, opérer l'arrestation de qqn : [C] Pros. ¶**5** occuper, prendre possession d'un lieu : [C] Pros., Poés. ¶**6** atteindre : ***oras Italiae*** [C] Poés., atteindre le rivage de l'Italie

prĕhensĭo (prensio), *ōnis*, f., prise de corps : ***prensionem habere*** [C] d. [+C] Pros., avoir le droit d'arrêter

prĕhensō (prensō), *ās, āre, āvī, ātum*, tr., chercher à saisir [mouvements répétés] : [C] Poés. ; ***genua*** [+C] Pros., embrasser les genoux [en implorant] ‖ [fig.] prendre par le bras pour solliciter, solliciter, presser, implorer : [C] Pros. ‖ [d'où] ***prensare***, briguer une charge, solliciter les suffrages : [C] Pros.

prĕhensus (pren-), *a, um*, part. de *prehendo*

Prelĭus lăcŭs (Pri-), m., lac d'Étrurie [auj. lac de Castiglione] : [C] Pros.

prēlum, *i*, n., pressoir [machine] ou levier presseur [poutre du pressoir] : [-C] Pros., [C] Pros., Poés. ‖ presse [qui comprime les étoffes] : [+C] Poés.

Prēma, *ae*, f., déesse de l'union conjugale : [T] Pros.

prĕmō, *ĭs, ĕre, pressī, pressum* ¶**1** serrer, presser, comprimer ***a)*** ***angues manu premere*** Virg., serrer dans ses mains des serpents (= étouffer des serpents) ; ***laqueo collum premere*** Hor., serrer le cou avec un lacet = étrangler ; ***aliquid ore premere*** Ov., presser qqch. entre ses lèvres ; [fig.] ***necessitate premi*** Cic., être pressé par la necessité ; ***aere alieno premi*** Caes., être pressé par les dettes ***b)*** serrer de près : ***litus premere*** Hor., raser le rivage ; ***aliquem premere*** Caes., serrer qqn de près (en le poursuivant) ; [fig.] ***aliquem premere*** Cic., harceler qqn (dans un débat) ‖ [d'où] s'attacher à, ne pas quitter, insister sur : ***forum premere*** Cic., ne pas quitter le forum ; ***argumentum premere*** Cic., insister sur un argument ***c)*** resserrer, réduire : ***umbram falce premere*** Virg., réduire les ombrages avec la serpe ; ***haec quae dilatantur ab aliis premere*** Cic., resserrer les idées que d'autres développent ***d)*** comprimer, écraser : ***onere armorum premi*** Caes., être appesanti par le fardeau des armes ; ***mero premi*** Prop., être accablé par le vin ; ***dicione populos premere*** Virg., faire peser sa domination sur les peuples ; ***iram premere*** Tac., comprimer sa colère ; ***curam sub corde premere*** Virg., comprimer son trouble au fond de son coeur ‖ [d'où] arrêter (un écoulement, un processus) : ***sanguinem premere*** Tac., arrêter le sang (d'une blessure) ; ***vestigia premere*** Virg., suspendre sa marche ; ***vocem premere*** Virg., cesser de parler ¶**2** abaisser, rabaisser, enfoncer ***a)*** ***currum premere*** Ov., abaisser son char (vers la terre, à propos de Phaéton) ; ***mundus premitur*** Virg., le ciel s'abaisse ‖ [fig.] ***tumentia premere*** Quint., abaisser (= simplifier) des expressions trop ambitieuses ; ***aliquem premere*** Liv., rabaisser, dénigrer qqn ‖ [d'où] terrasser, abattre : ***paucos premere*** Tac., abattre qqs hommes ***b)*** enfoncer, planter : ***vestigium leviter pressum*** Cic., une trace de pas légèrement enfoncée = une empreinte de pas faiblement marquée ; ***dentes in aliqua re premere*** Ov., enfoncer ses dents dans qqch. ; ***vomer premere*** Virg., enfoncer le soc (dans la terre) ‖ [d'où] creuser : ***sulcum premere*** Virg., creuser un sillon ; ***cavernae in altitudinem pressae*** Curt., cavernes creusées profondément ¶**3** couvrir, recouvrir ***a)*** ***fronde crinem premere*** Virg., couvrir ses cheveux de feuillage ; ***aliquid terra premere*** Hor., recouvrir qqch. de terre ; ***ossa premere*** Ov., ensevelir ***b)*** [en part.] ***humum premere*** Ov., couvrir le sol (de son corps) = s'étendre sur le sol ; ***torum premere*** Ov., être assis sur un siège

prendō, *ĭs, ĕre, -, -,* → *prehendo*

prensātĭō, *ōnis*, f., efforts pour atteindre, [fig.] démarche de candidature : [C] Pros.

prensĭo, → *prehensio*

prensĭtō, *ās, āre, -, -*, tr., saisir ou toucher fréquemment : [T] Pros.

prenso, → *prehenso*

prensus, → *prehensus*

presbўtĕr, *ĕri*, m., ancien [dignitaire] : [T] Pros.

presbўtĕrātŭs, *ūs*, m., prêtrise, sacerdoce : [T] Pros.

presbўtĕrium, *ti*, n., l'ordre des prêtres, la prêtrise : [T] Pros.

pressē, adv. ¶**1** en serrant, en pressant [dans une foule] : [+C] Pros. ¶**2** [fig.] ***presse loqui*** [C] Pros., bien prononcer, bien articuler ‖ d'une façon serrée = dans un style précis : ***definire*** [C] Pros., définir avec précision ; ***pressius*** [C] Pros., avec plus de précision

pressī, parf. de *premo*

pressim, adv., en serrant fortement : [+C] Pros.

pressĭo, *ōnis*, f., pression, pesanteur, poids : [C] Pros. ‖ point d'appui [d'un levier] : [C] Pros. ‖ treuil ou moufle : [C] Pros.

pressō, *ās, āre, -, -*, tr., presser, serrer : ***ubera*** [C] Poés., presser le pis, traire

pressōrĭum, *ĭi*, n., presse, pressoir : [T] Pros.

pressōrĭus, *a, um*, qui sert à presser, dépendant du pressoir : [+C] Pros.

pressŭlē, adv., en pressant, en appuyant un peu : [+C] Pros. ; ***lacinia adhaerens*** [+C] Pros., vêtement qui serre étroitement

pressŭlus, *a, um*, un peu aplati : [+C] Pros.

pressūra, *ae*, f., action de presser, pression : [+C] Pros. ‖ pression [exercée sur un liquide] : [+C] Pros. ‖ jus exprimé : [+C] Poés. ‖ presse [de la foule], cohue : [+C] Pros. ‖ fardeau, poids, charge : [+C] Pros. ‖ [fig.] tribulation, malheur, affliction : [T] Pros.

1 **pressus**, *a, um* ¶**1** part. de *premo* ¶**2** [pris adj[t]] ***a)*** comprimé : ***presso gradu*** [C] Pros., d'une marche lente ; ***presso pede*** [C] Pros. ‖ [fig.] ***pressa voce*** [C] Pros., d'une voix étouffée ; ***pressi modi*** [C] Pros., mélodie lente ‖ ***color pressior*** [+C] Pros., couleur plus étouffée, plus sombre ***b)*** [style] serré, précis : ***oratio pressior*** [C] Pros., style plus dense, plus concis ‖ bien articulé [prononciation] : [C] Pros.

2 **pressŭs**, *ūs*, m. ¶**1** action de presser, pression : ***ponderum*** [C] Pros., la pression des fardeaux ¶**2** action de serrer : ***oris*** [C] Pros., pression des lèvres, articulation

prestēr, *ēris*, m. ¶**1** météore igné, colonne ou tourbillon de feu : [C] Poés. ¶**2** espèce de serpent dont la morsure causait une soif brûlante : [+C] Poés.

prĕtĭōsē, adv., richement, magnifiquement : [C] Pros. ‖ ***-sius*** [+C] Pros.

prĕtĭōsĭtās, *ātis*, f., grande valeur, haut prix : [+C] Pros., [T] Pros.

prĕtĭōsus, *a, um* ¶**1** précieux, qui a du prix : ***res pretiosae*** [C] Pros., objets précieux ; ***equus pretiosus*** [C] Pros., cheval de prix ; ***-sissimus*** [C] Pros. ¶**2** qui coûte cher : ***pretiosi odores*** [+C] Pros., parfums coûteux ¶**3** [rare] qui paie cher : ***pretiosus emptor*** [C] Poés., acheteur généreux (fastueux) ‖ ***-ior*** [C] Poés.

prĕtĭum, *ĭi*, n. ¶**1** valeur d'une chose, prix : ***pretium constituere*** [C] Pros. ; ***pacisci*** [C] Pros., fixer un prix, convenir d'un prix ; ***pretii magni, parvi esse***, être d'un grand, d'un faible prix : ***majoris*** [C] Pros., être d'un plus grand prix ; ***pretium habere*** [C] Pros. ; ***in pretio esse*** [C] Pros., être à un prix élevé, avoir du prix ¶**2** argent : [-C] Théât. ; ***pretio aliquid mercari*** [C] Pros., acheter qqch. à prix d'argent ; [C] Pros., Poés. ‖ [en part.] rançon : [C] Pros., [+C] Pros. ¶**3** prix, valeur ; [expr.] ***operae pretium est*** [avec inf.], il vaut la peine de : [-C] Théât., [C] Pros., [+C] Pros. ‖ ***(alicui) pretium est*** [avec inf.], il est utile de, il paraît utile à qqn de : [+C] Pros. ¶**4** récompense, salaire : [C] Pros., [-C] Théât., Poés.

prex [inus.], gén. ***prĕcis***, dat. ***prĕci*** [-C] Théât., f., prière : ***per precem*** [-C] Théât. ; ***prece*** [C] Poés., au moyen de prières, en priant ; ***cum magna prece*** [C] Pros., en priant vivement (sur le ton de la prière) ‖ prière aux dieux : [C] Poés. ‖ → *preces*

Prĭămus, *i*, m., Priam [fils de Laomédon, roi de Troie] : [C] Poés. ‖ fils de Politès et petit-fils du roi Priam, suivit Énée en Italie : [C] Poés. ‖ **-mēĭus**, *a, um*, de Priam : [C] Poés. ; ***Priameia virgo*** [C] Poés.,

Cassandre ; ***Priameius hospes*** [C] Poés., Pâris [fils de Priam] ‖ **-mēis**, *ĭdis*, f., fille de Priam [Cassandre] : [C] Poés. ‖ **-mĭdēs**, *ae*, m., fils de Priam : [C] Poés. ‖ Pâris : [C] Poés. ‖ pl., **-dae**, [C] Poés.

Prĭāpīus, → *Priapus*

Prĭāpus (-os), *i*, m., Priape [fils de Bacchus et d'Aphrodite, né à Lampsaque, dieu des jardins, représentant la vigueur génératrice] : [C] Poés. ‖ ***vitreus*** [+C] Poés., coupe en forme de Priape ‖ [fig.] un Priape [un débauché] : [C] Poés.

Priatĭcus campus, m., plaine de Thrace, près de Maronée : [C] Pros.

prīdem, adv., il y a déjà quelque temps : [-C] Théât., [C] Pros. ; ***non ita pridem*** [C] Pros., il n'y a pas si longtemps ; ***quam pridem*** [C] Pros., depuis combien de temps

prīdĭānus, *a*, *um*, de la veille : [+C] Pros.

prīdĭē, adv., la veille : ***pridie vesperi*** [C] Pros., la veille au soir [ou] [C] Pros., ***pridie Kalendas, Nonas, Idus, Compitalia, Quinquatrus***, la veille des calendes, des nones, des ides, etc. ; [C] Pros. ; ***pridie quam veni*** [C] Pros., la veille de mon arrivée

Prĭēnē (-na), *ēs (ae)*, f., Priène [ville d'Ionie, patrie de Bias] : [C] Pros. ‖ **-nenses**, *ĭum*, m. pl., les habitants de Priène : [+C] Pros.

Prilius lacus, → *Prelius lacus*

prīma, n. pl., → *1 primus*

prīmae, f. pl., → *1 primus*

prīmaevus, *a*, *um*, qui est du premier âge : [C] Poés.

prīmāni, *ōrum*, m. pl., soldats de la première légion : [+C] Pros.

prīmārĭus, *a*, *um*, le premier [en rang], du premier rang : ***primarius parasitus*** [-C] Théât., parasite de premier ordre ; [C] Pros.

prīmās, *ātis*, m. f., qui est au premier rang : [+C] Pros.

prīmātŭs, *ūs*, m., supériorité [en parl. des choses] : [C] Pros.

prīmē, adv., en première ligne, éminemment : [-C] Théât.

prīmĭgĕnĭus, *a*, *um*, primitif, originaire, premier de son espèce : [C] Pros. ; ***primigenii Phryges*** [+C] Pros., les Phrygiens qui prétendent être les premiers hommes ; [gram.] ***primigenia verba*** [C] Pros., mots primitifs, prototypes ‖ **Prīmĭgĕnĭa**, *ae*, f., originelle [épithète de la Fortune] : [C] Pros. ‖ ***primigenia rerum*** [T] Pros., la Nature

prīmĭgĕnus, *a*, *um*, le premier [en date] : [C] Poés.

prīmĭpīlāris, *is*, m. ¶ **1** centurion primipile : [+C] Pros. ¶ **2** ancien primipile : [+C] Pros. ¶ **3** évêque [chef spirituel] : [T] Pros.

prīmĭpīlus, *i*, m., primipile, centurion primipile [commandant la première centurie du premier manipule de la première cohorte, le plus haut grade des centurions] : [C] Pros.

prīmĭtĭae, *ārum*, f. pl. ¶ **1** prémices, offrande des premiers produits : [C] Poés. ‖ ***primitiae metallorum*** [+C] Pros., les prémices des mines = des métaux vierges ¶ **2** débuts, commencement : ***miserae primitiae*** [C] Poés., malheureux débuts ; ***primitiae lacrimarum*** [+C] Poés., premières larmes

prīmĭtŏr, *ārĭs*, *ārī*, -, intr., offrir des prémices à : [T] Pros.

prīmĭtīvō, *ās*, *āre*, -, -, tr., conférer le droit d'aînesse : [T] Pros.

prīmĭtīvus, *a*, *um*, premier [en date], premier-né : [+C] Pros., [T] Poés.

prīmĭtŭs, adv., au commencement, primitivement, originairement, : [-C] Poés., [C] Poés. ; ***primitus cum*** [C] Pros., dès que

primnēsĭus, → *prymnesius*

prīmō, adv., sur le premier moment, au commencement, d'abord : [C] Pros. ‖ en commençant : [C] Pros.

prīmōgĕnĭtŏr, *ōris*, m., ancêtre : [T] Pros.

prīmōgĕnĭtus, *a*, *um*, premier-né, aîné : [T] Pros. ‖ ***primogenita***, n. pl., droit d'aînesse : [T] Pros.

prīmōgĕnĭus, → *primigenius*

prīmŏplastus, *a*, *um*, formé, créé le premier : [T] Poés.

prīmordĭālĭtĕr, adv., primordialement, originairement : [T] Pros.

prīmordĭum, *ĭi*, n., [C] Pros., [+C] Pros., [ordin' pl.], **-dĭa**, *ōrum*, n. pl., origine, commencement : ***primordia Romae*** [C] Poés., les débuts de Rome ; ***primordia rerum*** [C] Pros., les principes des choses ; ***primordia dicendi*** [+C] Pros., l'exorde ‖ avènement [d'un prince] : [+C] Pros. ‖ molécules, éléments, principes : [+C] Pros. ; ***ordia prima*** [C] Poés.

prīmōris**, *e*, ***prīmŏr**, adj. ¶ **1** le premier, la première : ***primores imbres [C] Pros., les premières pluies ; ***primores dentes*** [+C] Pros., les dents de lait ; [fig.] ***primores feminae*** [+C] Pros., dames du premier rang, grandes dames ‖ **primores**, *um*, m. pl., les premiers, qui sont au premier rang [pr. et fig.] : ***inter primores dimicare*** [+C] Pros., combattre aux premiers rangs ; [C] Pros. ; ***primores civitatis*** [C] Pros. ; ***primores*** [seul] [C] Pros., [+C] Pros., les premiers de la cité, les principaux citoyens, les grands ¶ **2** la première partie de, l'extrémité de : ***primoribus labris*** [C] Pros., du bout des lèvres ; ***digitulis primoribus*** [-C] Théât., avec le bout des doigts ; [C] Poés. ; ***in primore libro*** [+C] Pros., au commencement du livre ; ***primori in acie*** [+C] Pros., en première ligne ; [-C] Pros.

prīmōtĭcus, *a*, *um*, précoce : [+C] Pros.

prīmōtinus, *a*, *um*, hâtif, précoce : [+C] Pros.

prīmŭlum, adv., au tout début, pour commencer, tout d'abord : [-C] Théât.

prīmŭlus, *a*, *um*, ***primulo diluculo*** [-C] Théât., tout à fait au point du jour

prīmum, adv. ¶ **1** premièrement, d'abord, en premier lieu : [C] Pros. ; ***primum omnium*** [C] Pros., avant tout ‖ [en parl. de deux faits] [suivi de *deinde*] [C] Pros. ; [suivi de *tum*] [C] Pros. ; [de *iterum*] [C] Pros. ‖ ***ut primum*** [C] Pros. ; ***ubi primum*** [C] Pros. ; ***simul ac primum*** [C] Pros. ; ***cum primum*** [C] Pros., dès que, aussitôt que ; ***quam primum*** ; → *quam* ¶ **2** pour la première fois : [C] Pros.

prīmumdum, adv., → *primum*, d'abord : [-C] Théât. ; ***primumdum omnium*** [-C] Théât. ; ***omnium primumdum*** [-C] Théât., avant tout

1 **prīmus**, *a*, *um* [superl. correspondant au compar. *prior*]

I ¶ **1** le plus en avant, le plus avancé, le premier [entre plusieurs, au point de vue du lieu, de la chronologie, du classement] : ***primus inter, primus ex*** [C] Pros., le premier parmi ‖ [attribut] [C] Pros. ‖ ***in primis pugnare*** [C] Pros. ; ***stare*** [C] Pros., combattre, se tenir dans les premiers, aux premiers rangs ; ***primi*** [C] Pros., les premiers, ceux qui sont le plus en avant ‖ [avec *quisque*] [C] Pros. ¶ **2** **prīma**, *ōrum*, n. pl. ***a)*** le premier rang : [C] Pros. ***b)*** les éléments, atomes : [C] Poés. ***c)*** ***prima naturae*** [C] Pros. ou ***prima naturalia*** [C] Pros., [= πρῶτα κατὰ φύσιν des stoïciens] les impulsions premières de la nature humaine [et, par ext., les biens qui y correspondent] ***d)*** ***in primis, cum primis*** ; → *imprimis, cumprimis* ¶ **3** le plus important, le principal : ***primus civitatis*** [C] Pros., le premier de la cité ; ***primus homo*** [C] Pros., homme du premier rang, citoyen le plus important ‖ ***primae partes*** ou ***primae*** ; seul, le premier rôle : [C] Pros. ; ***primas deferre*** [C] Pros. ; ***dare*** [C] Pros. ; ***concedere*** [C] Pros. ; ***ferre*** [C] Pros., accorder, attribuer, concéder le premier rang, obtenir le premier rang

II ¶ **1** la première partie de, le devant, la partie antérieure de : ***prima ora*** [C] Poés., la partie antérieure de la bouche ; ***in prima provincia*** [C] Pros., à l'entrée de la province ¶ **2** le commencement de : ***prima luce, prima nocte***, au commencement du jour, de la nuit : [C] Pros. ; ***primo vere*** [C] Pros., au début du printemps ¶ **3** [d'où] ***a)*** ***prima*** [n. pl.], les commencements : [C] Pros. ***b)*** ***a primo*** [C] Pros., dès le commencement ; ***a primo ad extremum*** [C] Pros., du début à la fin ***c)*** ***in primo*** [C] Pros., au commencement [ou] en première ligne ***d)*** [milit.] ***in primum succedere*** [C] Pros., monter en première ligne ***e)*** → *primo*

2 **Prīmus**, *i*, m., surnom chez les Cornelii, les Antonii : [+C] Pros.

1 **princeps**, *cĭpis*, adj. et subst., qui occupe la première place ¶ **1** le premier : [C] Pros. ‖ [attribut] [C] Pros. ‖ [avec des subst. de choses] [C] Pros., [+C] Pros. ‖ [droit] auteur, promoteur [d'une loi] : [C] Pros. ¶ **2** le plus important, la tête : ***princeps Academiae*** [C] Pros. ; ***Graeciae*** [C] Pros., le chef de l'Académie, le principal citoyen de la Grèce ; ***legationis*** [C] Pros., le chef de l'ambassade ; ***princeps juventutis*** [C] Pros., le prince de la jeunesse [romaine] ¶ **3** qui est en tête, qui guide, dirige, conseille : [C] Pros. ; ***ad salutem*** [C] Pros. ; ***ad omnia pericula*** [C] Pros., un guide pour mener au salut, pour affronter tous les périls ¶ **4** [sens particuliers] ***a)*** ***princeps senatus*** [C] Pros., le prince du sénat [le premier inscrit sur la liste du sénat par les censeurs ou par un des censeurs tiré au sort à cet effet ; il opine le premier] ***b)*** ***princeps***, à partir d'Auguste, désigne l'empereur, le prince,

car Auguste avait concentré tout les pouvoirs civils entre ses mains : Pros. **c)** ***principes juventutis*** ; à l'époque républicaine signifiait l'élite de la jeunesse, la fleur de la noblesse : Pros. ; à partir d'Auguste, titre donné aux princes de la maison impériale mis à la tête des escadrons de chevaliers : Pros. ¶**5** [milit.] **a)** ***principes***, soldats de première ligne au temps de la la phalange, puis, dans la disposition en manipules, en seconde ligne après les *hastati* et devant les *triarii* : Pros. **b)** ***princeps*** Pros., un manipule de *principes* ; Pros. **c)** un centurion des *principes* : ***princeps prior*** Pros., le centurion de la première centurie des *principes*, cf. ***primus princeps*** Pros., centurion du premier manipule

2 **Princeps**, *ĭpis*, m., nom d'homme : Poés.

1 **princĭpālis**, *e* ¶**1** originaire, primitif, naturel : ***principales causae*** Pros., les causes premières ¶**2** principal, fondamental, capital, supérieur : ***quaestio*** Pros., question principale ¶**3** qui a trait au prince, à l'empereur, impérial : ***principales curae*** Pros., les soins du gouvernement ; ***fortuna principalis*** Pros., la fortune du prince ¶**4** relatif au quartier général dans le camp : ***porta principalis*** Pros., la porte principale [à droite et à gauche] ; ***via principalis*** Pros., la voie principale [longeant les tentes de l'état-major] ¶**5** subst. n., **principale**, faculté directrice de l'âme l'hégémonique [τό ἡγεμονικόν] : Pros. ‖ [autres applications] Pros.

2 **princĭpālis**, *is*, m., le premier personnage d'une ville : Pros.

princĭpālĭtĕr, adv., en prince, d'une manière digne d'un prince : Pros.

princĭpātŏr, *ōris*, m., auteur, origine : Pros.

princĭpātŭs, *ūs*, m. ¶**1** [rare] commencement, origine : Pros. ¶**2** premier rang, primauté, prééminence : Pros. ‖ [entre nations] suprématie, hégémonie : Pros., (***obtinere*** Pros., avoir la suprématie sur toute la Gaule ; ***eloquentiae*** Pros., le premier rang dans l'éloquence ; ***sententiae*** Pros., priorité de vote ou dans l'exposé de son opinion) ¶**3** [phil.] principe dominant [τὸ ἡγεμονικόν], prééminent : Pros. ¶**4** [sous l'Empire] principat, dignité impériale ou exercice du pouvoir impérial : Pros.

princĭpes, ▶ *1 princeps*

princĭpĭa, *ōrum*, n. pl., ▶ *principium*

princĭpĭālis, *e*, primitif, originaire : Poés.

princĭpĭum, *ĭī*, n. ¶**1** commencement : Pros. ‖ ***principio*** Pros., en premier lieu, tout d'abord ; ***a principio*** Pros., dès le début, en commençant ‖ [en part.] début d'un ouvrage, entrée en matière d'un discours, exorde : Pros., Pros. ¶**2** ce qui commence : Pros. ¶**3** fondement, origine : ***urbis*** Pros., origine d'une ville ‖ **princĭpĭa**, *ōrum*, n. pl., les éléments, les principes : ***rerum*** Pros., les éléments dont tout est formé ; ***naturae*** Pros., penchants naturels impulsions naturelles ; ***juris*** Pros., les principes fondamentaux du droit ¶**4** [milit.] **princĭpĭa**, *ōrum* **a)** première ligne, front d'une armée : Théât., Pros. **b)** quartier général dans le camp : Pros., Pros.

princĭpŏr, *ārĭs*, *ārī*, -, intr., régner sur, dominer : Pros. ‖ dominer : Pros.

prīnīnus, *a*, *um*, en rouvre : Pros.

Prīōn, *ŏnis*, acc. *Prīōnă*, m., Prion, prince des Gètes, tué par Jason : Poés.

1 **prĭŏr**, *ōris*, n., ***prĭŭs*** [compar. dont *1 primus* est le superl.] ¶**1** le plus en avant [en parl. de deux] : ***prioribus pedibus*** Pros., avec les pattes de devant ‖ [avec *quam*] plus en avant que : Pros., Pros. ¶**2** le premier de deux, précédent, antérieur : Pros. ; ***priore nocte*** Pros., la nuit précédente ; ***prioribus comitiis*** Pros., dans les comices précédents ‖ [attribut] ***prior occupavit*** Pros., il occupa le premier ‖ [subst[t]] **priores**, *um*, les prédécesseurs, les devanciers, les ancêtres : Poés., Pros. ¶**3** [fig.] supérieur, plus remarquable : Pros.

2 **Prĭŏr**, *ōris*, m., le premier de deux l'ancien : ***Dionysius prior*** Pros., Denys l'Ancien

prĭorsum (-sŭs), adv., en avant : Pros.

priscē, adv., sévèrement comme les anciens, à l'antique : Pros.

Priscilla, *ae*, f., nom de femme : Poés.

1 **priscus**, *a*, *um*, très ancien, des premiers temps, vieux, antique [implique l'idée de qqch. d'oublié, qu'on ne retrouve plus] ¶**1** [pers.] ***prisci viri*** Pros., les hommes des premiers âges (d'un autre âge) ou ***prisci*** [abs[t]] Pros., Poés. ¶**2** [choses] suranné : Pros. ‖ du temps passé : Poés. ‖ [avec idée de sévérité] Poés.

2 **Priscus**, *i*, m., l'Ancien [surnom rom.] ; not[t] : ***Tarquinius Priscus*** Pros., ou ; ***Priscus Tarquinius*** Pros. ; ***Tarquin*** ; l'Ancien ‖ ▶ *Helvidius*

pristĭgĕr, ▶ *pistriger*

1 **pristĭnus**, *a*, *um* ¶**1** d'auparavant, d'autrefois, précédent, primitif : Pros. ¶**2** qui a précédé immédiatement : ***pristini diei*** Pros., du jour précédent, de la veille ; Pros. ¶**3** ▶ *1 priscus* : ***pristini mores*** Théât., les moeurs de l'ancien temps ; ▶ *1 priscus*

2 **pristīnus**, *a*, *um*, de la baleine : Pros.

pristis, *is*, f. ¶**1** poisson-scie, ou baleine : Poés. ¶**2** petit navire rapide : Pros. ‖ nom d'un navire : Poés. ; ▶ *pistris*

prĭus, adv. ¶**1** plus tôt, auparavant : Pros. ‖ [en parl. de deux] Pros. ‖ ***prius... quam*** ; ▶ *priusquam* ¶**2** [poét.] autrefois, jadis, anciennement : Poés.

prĭusquam (prius... quam), conj. ¶**1** avant que, avant le moment où : [avec parf. indic.] Pros. ; [avec pqp. indic.] Pros. ; [avec prés. indic.] Pros. ‖ [avec subj.] **a)** en attendant que [idée future ou éventuelle] : Pros. **b)** sans que préalablement : Pros. ‖ [inversion] Poés. ¶**2** ▶ *potius quam*, plutôt que de : Pros.

prīvantia, *ĭum*, n. pl., [gram.] privatifs : Pros.

prīvātim, adv. ¶**1** en particulier, dans son particulier, comme particulier, en son propre nom : Pros. ; ***privatim, publice*** Pros., à titre privé, à titre officiel ; Pros. ¶**2** chez soi : ***privatim se tenere*** Pros., rester chez soi ‖ à part, séparément, particulièrement : Pros.

prīvātĭo, *ōnis*, f., suppression, absence [d'une chose] : Pros.

prīvātīvus, *a*, *um*, [gram.] privatif : Pros.

prīvātus, *a*, *um*, part. de *privo* ¶**1** [adj[t]] privé, particulier, propre, individuel : ***privato consilio*** Pros., par une mesure d'ordre privé (de sa propre initiative) ; ***ex privato*** Pros., en prenant sur ses deniers ; ***in privato*** Pros., dans le privé ; ***in privatum vendere*** Pros., vendre à des particuliers (pour l'usage privé) ; ***privatus vir*** Pros., simple particulier ; ***vita privata*** Pros., vie privée ; ***aedificia privata*** Pros., édifices privés [appartenant à des particuliers] ; ***in causis privatis*** Pros., dans les procès civils ¶**2** [subst[t]], **prīvātus**, *i*, m., simple particulier, simple citoyen : Théât., Pros.

Prīvernum, *i*, n., Priverne [ville des Volsques, auj. Piperno] : Poés., Pros. ‖ **-nās**, *ātis*, m. f. n., de Priverne : ***fundus*** Pros., domaine de Priverne ; ***de senatu Privernate*** Pros., sur le sénat de Priverne ; ***in Privernati*** Pros., dans le domaine de Priverne ‖ **-nātes**, *ĭum*, m. pl., les Privernates, habitants de Priverne : Pros.

prīvigna, *ae*, f., fille d'un premier lit, belle-fille : Pros.

1 **prīvignus**, *a*, *um*, de beau-fils ‖ [fig.] ***privigna proles*** Pros., rejeton étranger [en parl. des plantes]

2 **prīvignus**, *i*, m., fils d'un premier lit, beau-fils : Pros.

prīvĭlēgĭum, *ĭī*, n. ¶**1** loi exceptionnelle [qui concerne spécialement un particulier, et faite contre lui] : Pros. ¶**2** privilège, faveur : Pros.

prīvō, *ās*, *āre*, *āvī*, *ātum*, tr., mettre à part ¶**1** écarter de, ôter de [avec abl.] : ***privari injuria*** Pros., n'être pas atteint par l'injustice ; ***cum privamur dolore*** Pros., quand nous sommes hors de portée de la douleur ¶**2** dépouiller, priver : ***somno*** Pros., empêcher de dormir ; ***se oculis*** Pros., se crever les yeux ; ***aliquem vita*** Pros., arracher la vie à qqn ; ***exsilio*** Pros., enlever à qqn la ressource de l'exil ‖ [avec gén.] Théât. ; [passif avec acc. de la chose]

1 **prīvus**, *a*, *um* ¶**1** particulier, propre, isolé, spécial : Pros. ; ***privae voces*** Pros., termes spéciaux ¶**2** ▶ *singuli* : Pros. **a)** chaque, chacun : Poés. ; ***in dies privos*** Poés., de jour en jour **b)** [distributif] Pros.

2 **prīvus**, *a, um*, privé de, dénué de [avec gén.] : [C] Pros., [+C] Pros.

1 **prō**

I prép. abl. ¶ **1** en avant de, devant : [C] Pros. ¶ **2** du haut de et en avant : ***pro templis*** [C] Pros., sur les degrés des temples ; ***pro tribunali*** [C] Pros., du haut du tribunal ‖ sur le devant, devant : ***pro contione*** [C] Pros., devant l'assemblée ; [+C] Pros. ; ***pro consilio*** [C] Pros., devant le conseil ¶ **3** pour, en faveur de : ***pro aliquo (aliqua re)*** [C] Pros., pour qqn (qqch.) ¶ **4** pour, à la place de, au lieu de : [C] Pros. ; ***pro consule*** [C] Pros. ; ***pro quaestore*** [C] Pros., en qualité de proconsul, de proquesteur ; ➡ *proconsul, propraetor* : [C] Pros. ¶ **5** pour = comme [identité] : ***pro occiso relictus*** [C] Pros., laissé pour mort ; ***pro perfuga*** [C] Pros., comme transfuge [en jouant le rôle de transfuge] ; ***aliquid pro certo ponere*** [C] Pros., avancer qqch. comme certain ; ***pro explorato, pro re comperta habere*** [v. ces mots] ¶ **6** pour, en retour de : ***aliquid pro carmine dare*** [C] Pros., donner qqch. pour un poème ¶ **7** en proportion de : ***pro hostium numero*** [C] Pros., proportionnellement au nombre des ennemis ; ***agere pro viribus*** [C] Pros., agir dans la mesure de ses forces ; ***pro se quisque*** [C] Pros., chacun pour sa part ‖ ***pro eo ac*** [C] Pros., en proportion de ce que, dans la mesure où ; ***pro eo ac si*** [C] Pros., dans la même proportion que si, comme si ; ***pro eo, quantum*** [C] Pros., en proportion de ce qui... ¶ **8** en raison de, en vertu de : ***pro tua prudentia*** [C] Pros., en raison de ta sagesse ; ***pro suffragio*** [C] Pros., en vertu du vote, par l'effet du vote

II en composition ***a)*** en avant, avant : ***procedo, profero, prodeo, proavus*** ***b)*** pour : ***prosum*** ***c)*** à la place de : ***proconsul*** ***d)*** en proportion : ***proquam, prout***

2 **prō**, moins bon **prōh**, interj., oh !, ah ! ¶ **1** [avec voc.] [-C] Théât., [C] Pros. ¶ **2** [acc.] ***pro deum hominumque fidem !*** [C] Pros., que les dieux et les hommes m'assistent ! ; ➡ *1 fides* ‖ [avec ellipse de *fidem*] : [-C] Théât. ¶ **3** [seul] hélas ! : [C] Pros., [C] Poés., [+C] Pros.

prŏāgŏrus, *i*, m., proagore, premier magistrat de Catane [en Sicile] : [C] Pros.

prŏauctŏr, *ōris*, m., le premier auteur, souche : [+C] Pros.

prŏăvĭa, *ae*, f., bisaïeule, mère de l'aïeul ou de l'aïeule : [+C] Pros.

prŏăvītus, *a, um*, relatif au bisaïeul, aux ancêtres, de ses pères, héréditaire : [C] Poés.

prŏăvus, *i*, m., bisaïeul : [C] Pros. ‖ [en gén.] ancêtre : [C] Pros. ‖ pl., les ancêtres, les pères : [+C] Poés. ‖ ***proavum***, gén. pl., [+C] Poés.

prŏba, *ae*, f., épreuve, essai : [T] Pros.

prŏbābĭlis, *e* ¶ **1** probable, vraisemblable : ***ratio*** [C] Pros., raison plausible ; ***probabilia sequi*** [C] Pros., suivre les (s'en tenir aux) probabilités ¶ **2** digne d'approbation, louable, recommandable, estimable : ***orator*** [C] Pros., orateur estimable ; ***ingenium probabile*** [C] Pros., talent honorable ‖ ***-lior*** [C] Pros.

prŏbābĭlĭtas, *ātis*, f., vraisemblance, probabilité : [C] Pros.

prŏbābĭlĭtĕr, adv. ¶ **1** avec vraisemblance, probabilité : [C] Pros. ¶ **2** de manière à mériter l'approbation, bien, honorablement : [+C] Pros. ‖ ***-lius*** [C] Pros.

prŏbăta, *ōrum*, n. pl., brebis, menu bétail : [+C] Pros.

prŏbătĭcus, *a, um*, relatif aux troupeaux : ***probatica piscina*** [T] Pros., bassin où l'on purifiait les victimes destinées au sacrifice

prŏbātĭo, *ōnis*, f. ¶ **1** épreuve, essai, examen : [C] Pros. ¶ **2** approbation, assentiment : [C] Pros. ¶ **3** adhésion de l'esprit à la vraisemblance, probabilité [phil.] : [C] Pros. ¶ **4** preuve, argumentation : [+C] Pros. ‖ [rhét.] la confirmation : [+C] Pros.

prŏbātŏr, *ōris*, m., approbateur, celui qui approuve, qui loue : [C] Pros.

prŏbātus, *a, um*, part. de *probo*, [adj[t]] ¶ **1** approuvé, estimé, excellent : ***probatissima femina*** [C] Pros., femme très considérée ; ***probatissimi*** [C] Pros., les plus estimés ¶ **2** agréable, bienvenu (***alicui***, pour qqn) : [C] Pros. ; ***-tior*** [C] Pros. ; ***tissimus*** [C] Pros.

prŏbē, adv., bien, fort bien : ***judicare*** [C] Pros., juger sainement ; ***nosse*** [C] Pros., connaître parfaitement ; ***de Mario, probe*** [C] Pros., à propos de Marius, parfait ; ***percutere*** [-C] Théât., rosser de la belle manière ‖ [dans le dialogue] : ***probe*** [-C] Théât., bien ! fort bien ! ; ***-issime*** [-C] Théât., à merveille !

prŏbĕr, *bra, brum*, [arch.] ➡ *probrosus* : [+C] Pros.

prŏbĭtās, *ātis*, f., bonne qualité morale, honnêteté, loyauté, droiture, intégrité, honneur : [C] Pros.

prōbītō, *ĭs, ĕre, -, -*, intr., aller en avant : [-C] Théât.

prŏblēma, *ătis*, n., problème, question à résoudre : [C] Pros., [+C] Pros.

prŏbō, *ās, āre, āvī, ātum*, tr. ¶ **1** faire l'essai, éprouver, vérifier : [C] Pros. ¶ **2** reconnaître, agréer, trouver bon, approuver : ***probata re*** [C] Pros., la proposition étant approuvée ‖ [avec attrib.] ***aliquem imperatorem*** [C] Pros., agréer qqn comme général en chef ‖ priser, applaudir à : ***virtutem alicujus*** [C] Pros., apprécier le mérite de qqn ; ***probandus*** [C] Pros., qui mérite les applaudissements ‖ [avec inf.] trouver bon de : [C] Pros. ¶ **3** faire agréer, faire approuver (***aliquid alicui***, qqch. à qqn) : [C] Pros. ‖ ***se probare alicui*** [C] Pros., se faire approuver de qqn [obtenir le suffrage de qqn, se faire estimer de qqn] ¶ **4** rendre croyable, faire accepter, prouver : ***crimen*** [C] Pros., accréditer une accusation ‖ [C] Pros. ; ***aliquem pro aliquo probare*** [C] Pros., faire reconnaître [passer] qqn pour un autre ; [-C] Théât. ‖ [abs[t]] ***alicui de aliqua re*** [C] Pros., donner à qqn la croyance d'une chose ‖ ***(alicui) probare*** [avec prop. inf.] prouver (à qqn) que : [C] Pros. ‖ [rhét., un des trois offices de l'orateur] prouver, convaincre : [C] Pros. ‖ [avec *ut* subj.] : [C] Pros.

prŏboscis, *ĭdis*, f., museau, mufle : [C] Poés. ‖ trompe [d'éléphant] : [+C] Pros.

prŏbrōsē, adv., ignominieusement, injurieusement : [+C] Pros.

prŏbrōsus, *a, um* ¶ **1** infâme, déshonoré : ***probrosa femina*** [+C] Pros., femme perdue ¶ **2** [choses] infamant, déshonorant : [C] Pros. ; ***probrosa carmina*** [+C] Pros., vers satiriques, injurieux, diffamatoires

prŏbrum, *i*, n. ¶ **1** action honteuse (infamante), turpitude : [C] Pros. ‖ [en part.] adultère, inceste : [-C] Théât., [C] Pros. ¶ **2** honte, déshonneur, opprobre, infamie : [C] Pros. ¶ **3** insulte, injures, outrages : ***probris vexare*** [C] Pros., accabler d'outrages

1 **prŏbus**, *a, um* ¶ **1** de bon aloi, de bonne qualité, bon : ***probum navigium*** [C] Pros., un bon bateau ; ***probum argentum*** [C] Pros., argent de bon aloi ; ***probum ingenium*** [C] Pros., un bon naturel ¶ **2** [fig. moral[t]] bon, probe, honnête, vertueux, intègre, loyal : [C] Pros. ; [C] Pros. ‖ vertueux, chaste : [-C] Théât., [C] Pros. ‖ ***probior*** [C] Pros. ; ***probissimus*** [+C] Pros.

2 **Prŏbus**, *i*, m., surnom d'homme : [+C] Pros.

Prŏca, *ae*, m., ➡ *Procas* : [C] Pros., Poés.

prŏcācĭtās, *ātis*, f., audace [en mauvaise part], hardiesse, effronterie, insolence : [C] Pros. ‖ lasciveté, lubricité, sensualité : [+C] Pros.

prŏcācĭtĕr, adv., avec hardiesse, audacieusement, effrontément, insolemment : [+C] Pros. ‖ ***-ius*** [C] Pros., [+C] Pros. ; ***-issime*** [+C] Pros.

prōcantātŏr, *ōris*, m., magicien : [T] Pros.

Prŏcās, *ae*, m., roi d'Albe, grand-père de Romulus et de Rémus : [C] Poés. ‖ ➡ *Proca*

prŏcātĭo, *ōnis*, f., demande en mariage : [+C] Pros.

prŏcax, *ācis*, qui demande effrontément, effronté, impudent : ***procacior*** [-C] Théât., [C] Pros. ; ***in lacessendo*** [C] Pros., agresseur insolent ; ***otii*** [+C] Pros., sans frein dans la vie privée ; ***moribus*** [+C] Pros., d'un caractère impudent ‖ ***Auster*** [C] Poés., vent déchaîné ‖ ***-cior*** [+C] Poés. ; ***-issimus*** [+C] Pros.

prōcēdō, *ĭs, ĕre, cessī, cessum* ¶ **1** aller en avant, s'avancer : ***extra munitiones*** [C] Pros., s'avancer hors du retranchement ; ***in medium*** [C] Pros., s'avancer au dehors, en public ; ***e tabernaculo in solem*** [C] Pros., sortir d'une tente pour aller au soleil ; ***castris*** [C] Poés., sortir du camp ; [C] Pros. ‖ [fig.] s'avancer, se présenter : [C] Pros. ¶ **2** [fig.] s'avancer : ***dies procedens*** [C] Pros., le jour s'avançant ; ***si aetate processerit*** [C] Pros., s'il avance en âge ‖ continuer, se prolonger : ***stationes procedunt*** [C] Pros., le service de garde continue ; ***alicui stipendia procedunt*** [C] Pros., les années de service marchent (comptent) pour qqn ¶ **3** aller en avant, faire des progrès : ***honoribus longius*** [C] Pros., aller plus avant dans la carrière des magistratures ; ***in virtute multum*** [C] Pros., faire de grands progrès dans la vertu ¶ **4** avoir telle ou telle issue, tel ou tel succès : [C] Pros. ‖ [abs[t]] ***si bene processit*** [C] Pros., si les choses ont bien marché ‖ [en part.] avoir un bon succès, réussir : [C] Pros., [C] Pros., [+C] Pros.

prŏcella, *ae*, f. ¶ **1** orage, bourrasque, ouragan : [-C] Théât., [C] Pros., Poés. ¶ **2** [fig.] ***procellae invidiarum*** [C] Pros., les orages de la haine ; ***seditionum procellae*** [C] Pros., les orages de la sédition

prōcellō, *ĭs*, *ĕre*, *culī* et *culsī*, -, tr., porter en avant : ***se*** [-C] Théât., se jeter en avant, s'allonger

prŏcellōsē, adv., à la façon d'une tempête : [T] Pros.

prŏcellōsus, *a*, *um*, orageux : [C] Pros., [+C] Pros. ‖ qui amène des orages, orageux : [C] Poés.

prŏcĕr, [V.] → *proceres*

prōcērē [inus.] adv., en longueur, avec étendue ‖ compar., ***-rius*** [C] Pros., trop en avant

prŏcĕrēs, *um*, m. pl., personnages éminents, les premiers citoyens, les nobles, les grands : [C] Pros., [+C] Poés. ‖ les maîtres [dans un art] : ***sapientiae*** [+C] Pros., les maîtres en sagesse ‖ [rar[t] au sg.] ***agnosco procerem*** [+C] Poés., je te reconnais pour noble

prōcērĭtās, *ātis*, f. ¶ **1** allongement, longueur, forme allongée : [C] Pros. ¶ **2** haute taille : [C] Pros., [+C] Pros. ‖ hauteur, taille [des végétaux] : [C] Pros., [+C] Pros. ¶ **3** [gram.] longueur [d'une syllabe] : [C] Pros.

prōcērŭlus, *a*, *um*, un peu allongé : [+C] Pros.

prōcērus, *a*, *um*, allongé, long, haut, grand : ***procerum collum*** [C] Pros., cou long ; ***procerum corpus*** [+C] Pros., taille élevée ; ***procero rostro*** [C] Pros., avec un bec allongé ; ***procerissimae populi*** [C] Pros., très hauts peupliers ‖ [métr.] long : [C] Pros.

prōcessī, parf. de *procedo*

prōcessio, *ōnis*, f., action de s'avancer, d'aller en avant : [C] Pros. ‖ procession : [T] Pros.

prōcessŏr, *ōris*, m., devancier : [T] Pros.

1 **prōcessus**, *a*, *um*, [V.] → *procedo*

2 **prōcessŭs**, *ūs*, m. ¶ **1** action de s'avancer, progression, progrès : [au pr.] ***in processu*** [+C] Pros., dans sa marche en avant, en suivant son cours [fleuve] ; [fig.] ***processus efficere*** [C] Pros., faire des progrès ¶ **2** progrès heureux, succès : [+C] Pros.

Prŏchŏrus, *i*, m., nom d'un martyr d'Antioche : [T] Pros.

Prŏchȳta, *ae* (**-tē**, *ēs*, [C] Poés.), f., Prochyta [petite île dans le golfe de Naples, auj. Procida] : [C] Poés.

prōcĭdō, *ĭs*, *ĕre*, *cĭdī*, -, intr., tomber en avant, s'écrouler : [C] Pros. ; ***ad pedes alicujus*** [C] Poés., se jeter aux pieds de qqn ‖ [en parl. des organes] tomber, se déplacer : [+C] Pros.

Prŏcĭlĭus, *ĭi*, m., nom d'homme : [C] Pros.

Prŏcilla, *ae*, f., mère d'Agricola : [+C] Pros.

1 **procinctus**, *a*, *um*, qui est tout prêt : [+C] Pros.

2 **prōcinctŭs**, *ūs*, m., [seulement à l'acc. et à l'abl.] ¶ **1** tenue du soldat équipé et prêt à combattre : ***in procinctu habere*** [+C] Pros., tenir sous les armes, tenir en état d'alerte ; ***testamentum in procinctu*** [C] Pros., testament fait sur le champ de bataille ¶ **2** expédition [militaire] : [T] Pros. ‖ combat, engagement : [T] Pros. ¶ **3** [fig.] ***in procinctu habere*** [+C] Pros., avoir sous la main, tenir prêt

prōcingo, *ĕre*, [V.] → *1 procinctus*

prōclāmātŏr, *ōris*, m., criailleur, criard : [C] Pros.

prōclāmō, *ās*, *āre*, *āvī*, *ātum*, intr., crier fortement, pousser de grands cris : [C] Pros. ‖ [avec prop. inf.] crier que : [C] Pros. ‖ protester, réclamer à haute voix : [C] Pros.

Prŏclēs, *is*, m., roi de Lacédémone : [C] Pros.

prōclīnātĭo, *ōnis*, f., creux, pente, déclivité : [C] Pros.

prōclīnō, *ās*, *āre*, *āvī*, *ātum*, tr., faire pencher en avant, incliner : [C] Poés. ‖ [fig.] ***res proclinata*** [C] Pros., affaire qui penche vers son dénouement, d., [C] Pros.

1 **prōclīvĕ**, n. pris adv[t], [C] Poés. et **proclīvī**, adv., en pente, en descendant [d'où] très vite : [C] Pros. ‖ ***labi proclivius*** [C] Pros., avoir une cadence trop précipitée

2 **prōclīvĕ**, *is*, n., [V.] → *proclivis*

prōclīvis, *e* ¶ **1** penchant, qui penche, incliné : ***proclive solum*** [C] Pros., terrain en pente ‖ n., ***proclive*** [C] Pros., [+C] Pros., pente ¶ **2** [fig.] ***a)*** prédisposé, sujet à, enclin : [C] Pros. ; ***ad perturbationes*** [C] Pros., sujet à des passions ; ***sceleri*** [+C] Poés., enclin au crime ***b)*** facile, aisé à faire : [C] Pros. ; ***res proclivior alicui*** [C] Pros., chose plus facile pour qqn ; ***in proclivi esse alicui*** [-C] Théât., être facile pour qqn ; ***alicui est proclive*** [avec inf.] [C] Pros., il est facile pour qqn de ; [C] Pros.

prōclīvĭtās, *ātis*, f., pente, descente : [C] Pros. ‖ tendance, disposition, penchant naturel [surtout en mauvaise part] : [C] Pros.

prōclīvĭtĕr, adv., [rar[t] au positif] facilement : [+C] Pros. ‖ ***-clivius*** ; [V.] → *1 proclive*

Procnē (**-gnē**), *ēs*, f., Procné [fille de Pandion, changée en hirondelle] : [C] Poés. ‖ [poét.] une hirondelle : [C] Poés.

prŏcō, *ās*, *āre*, -, -, tr., demander : [C] Pros. ‖ [V.] → *procor*

prŏcoetōn, *ōnis*, m., antichambre : [+C] Pros.

Prŏconnēsus (**-sos**), *i*, f., île de la Propontide ‖ **-nensis**, *e*, de Proconèse et **-nēsius**, *a*, *um*, [+C] Pros.

prōconsŭl, *ŭlis*, m., proconsul [magistrat qui gouverne une province au sortir du consulat, ou délégué dans cette charge] : [C] Pros. ‖ proconsul [gouverneur d'une province proconsulaire, sous les empereurs] : [+C] Pros.

prōconsŭlāris, *e*, de proconsul, proconsulaire : [+C] Pros. ; ***proconsularis imago*** [C] Pros., fantôme de consulat [tribunat consulaire]

prōconsŭlātŭs, *ūs*, m., proconsulat : [+C] Pros.

Prŏcŏpĭus, *ĭi*, m., Procope [usurpateur à Constantinople, sous Valens] : [T] Pros.

prŏcŏr, *āris*, *ārī*, -, tr., [C] → *proco* : [+C] Pros.

prōcrastĭnātĭo, *ōnis*, f., ajournement, remise, délai : [C] Pros.

prōcrastĭnō, *ās*, *āre*, -, -, tr., ***rem*** [C] Pros., remettre une affaire au lendemain ‖ [abs[t]] remettre au lendemain : [C] Pros.

prōcrĕātĭo, *ōnis*, f., procréation : [C] Pros. ‖ progéniture : [C] Pros. ‖ production, fruit : [T] Pros.

prōcrĕātŏr, *ōris*, m., créateur : ***mundi*** [C] Pros., le créateur du monde ; ***procreatores*** [C] Pros., les parents

prōcrĕātrix, *īcis*, f., mère [fig.] : [C] Pros.

prōcrĕō, *ās*, *āre*, *āvī*, *ātum*, tr., procréer, engendrer, produire : [C] Pros. ‖ produire, créer : [C] Poés. ‖ [fig.] causer, faire naître, déterminer, produire : [C] Pros., [T] Pros.

prōcrescō, *ĭs*, *ĕre*, -, -, intr., croître, grandir : [C] Poés. ‖ [fig.] s'accroître, augmenter : [C] Poés.

Prŏcris, *is* ou *ĭdis*, f., fille d'Érechthée, tuée par mégarde à la chasse par Céphale, son époux : [C] Poés.

Prŏcrustēs, *ae*, m., Procruste ou Procuste, brigand de l'Attique, tué par Thésée : [C] Poés., [+C] Pros.

prōcŭbō, *ās*, *āre*, -, -, intr., [fig.] se projeter [en parl. de l'ombre], s'étendre : [C] Poés. ; [V.] → *procumbo*

prōcŭbŭī, parf. de *procumbo*

prōcŭcurri, un des parf. de *procurro*

prōcūdō, *ĭs*, *ĕre*, *cūdī*, *cūsum*, tr. ¶ **1** travailler au marteau, forger : ***enses*** [C] Poés., forger des épées ¶ **2** [fig.] ***a)*** former, produire, engendrer : [C] Poés. ***b)*** façonner : ***linguam*** [C] Pros., façonner, aiguiser sa langue ***c)*** forger, inventer : [-C] Théât., [C] Poés.

prŏcul, adv., loin

I ¶ **1** au loin [mouv[t]] : [C] Pros. ‖ [fig.] [C] Pros. ; ***procul errare*** [C] Pros., errer au loin, faire une grande erreur ¶ **2** de loin : [C] Pros. ¶ **3** dans un endroit lointain, au loin [sans mouv[t]] : [C] Pros. ‖ [fig.] ***aliquid procul habere*** [+C] Pros., tenir qqch. loin de soi

II constr. ¶ **1** [avec *a*, *ab*] [pr. et fig.] [C] Pros. ¶ **2** [avec abl.] [pr. et fig.] ***patria procul*** [-C] d. [C] Pros., loin de la patrie ; [C] Poés., Pros., [+C] Pros. ; ***procul negotiis*** [C] Poés., loin des affaires ; ***procul dubio*** [C] Pros., sans aucun doute ¶ **3** [C] Pros. [ou] [C] Pros.

Prōcŭla, *ae*, f., nom de la femme du poète Codrus : [+C] Poés.

prōculcātĭo, *ōnis*, f., [fig.] renversement : [+C] Pros.

prōculcātŏr, *ōris*, m., guide, éclaireur : [P] Pros.

prōculcātus, *a, um*, part. de *proculco*

prōculcō, *ās, āre, āvī, ātum*, tr., fouler avec les pieds, piétiner, écraser : [C] Pros., [+C] Pros., Poés. ‖ fouler aux pieds, mépriser, dédaigner : [+C] Pros.

Prŏcŭlēĭa, *ae*, f., nom de femme : [+C] Poés.

Prōcŭlēiānus, *i*, [V▶] *Proculus*

Prŏcŭlēius, *i*, m., nom d'homme : [C] Poés.

Prŏcŭlīna, *ae*, f., nom de femme : [+C] Poés.

Prŏcŭlus, *i*, m., Proculus Julius, qui, après la mort de Romulus, affirma qu'il lui était apparu sur la colline, appelée plus tard le mont Quirinal : [C] Pros.

prōcumbō, *ĭs, ĕre, cŭbŭī, cŭbĭtum*, intr. ¶ **1** se pencher en avant [rameurs] : [C] Poés. ‖ [C] Pros. ; ***planities procumbit*** [+C] Pros., une plaine s'étend en pente ¶ **2** se prosterner : ***ad pedes alicui*** [C] Pros., se prosterner aux pieds de qqn ‖ se coucher à terre : [C] Pros. ¶ **3** tomber à terre : [C] Pros. ; ***dextra alicujus procumbere*** [C] Poés., tomber sous les coups de qqn ‖ tomber, succomber : [+C] Pros. ‖ [en parl. de maison] s'écrouler : [C] Poés., [+C] Pros. ¶ **4** [fig.] tomber dans, s'abaisser à : ***in voluptates*** [+C] Pros., se vautrer dans les plaisirs

prōcŭpīdo, *īnis*, f., amour anticipé : [+C] Pros.

prōcūrātĭo, *ōnis*, f. ¶ **1** action d'administrer, de régir, administration, direction gestion : [C] Pros. ; ***annonae*** [C] Pros., charge de l'approvisionnement en blé ¶ **2** soin, souci de : [+C] Pros. ¶ **3** cérémonie expiatoire, expiation : [C] Pros., [+C] Pros.

prōcūrātĭuncŭla, *ae*, f., petit emploi : [+C] Pros.

prōcūrātŏr (prŏ-), *ōris*, m. ¶ **1** celui qui a soin pour un autre, qui administre, administrateur, intendant, mandataire : [C] Pros. ¶ **2** procurateur [gouverneur ou administrateur d'une province, fonctionnaire chargé des revenus de l'empire, de rang équestre] : [+C] Pros.

prōcūrātrix, *īcis*, f., celle qui a soin de, surveillante [fig.] : [C] Pros.

prōcūrātus, *a, um*, part. de *procuro*

prōcūrō, *ās, āre, āvī, ātum*, tr. ¶ **1** donner ses soins à, s'occuper de : ***sacrificia publica*** [C] Pros., s'occuper des sacrifices publics ; ***sacra*** [C] Pros., s'occuper du culte ; ***pueros*** [-C] Théât., donner ses soins aux enfants ; ***corpus*** [C] Poés., soigner son corps, réparer ses forces ¶ **2** s'occuper de [à la place d'un autre] : ***negotia alicujus*** [C] Pros., être l'homme d'affaires de qqn ; ***hereditatem*** [C] Pros., s'occuper pour qqn d'un héritage ‖ [abs[t]] ‖ ***procurare in Hispania*** [+C] Pros., être procurateur en Espagne ¶ **3** faire un sacrifice de purification et d'expiation à la suite d'un prodige, expier, conjurer : ***monstra*** [C] Pros., détourner l'effet des prodiges ‖ [abs[t]] [+C] Pros. ‖ [impers.] ***procuratum est*** [C] Pros., on fit des sacrifices expiatoires

prōcurrō, *ĭs, ĕre, cŭcurrī* et *currī, cursum*, intr. ¶ **1** courir en avant : ***infestis pilis*** [C] Pros., s'élancer au pas de course avec les javelots tournés contre l'ennemi ; ***ad repellendum hostem*** [C] Pros., s'élancer au dehors pour repousser l'ennemi ‖ [fig.] courir plus loin : [C] Pros. ‖ [fig.] ***procurrens pecunia*** [+C] Pros., l'argent accourant, affluant ¶ **2** [en parl. de lieux] s'avancer, faire saillie : [C] Poés.

prōcursātĭo, *ōnis*, f., combat d'avant-garde, escarmouche : [C] Pros.

prōcursātōres, *um*, m. pl., soldats d'avant-garde, troupe qui escarmouche : [C] Pros.

prōcursĭo, *ōnis*, f., action de s'avancer, pas faits en avant : [+C] Pros. ‖ [fig.] digression : [+C] Pros.

prōcursō, *ās, āre, -, -*, intr., courir en avant [pour attaquer], escarmoucher : [C] Pros.

prōcursŏr, *ōris*, m., éclaireur : [P] Pros.

prōcursŭs, *ūs*, m. ¶ **1** course en avant [d'une armée], marche rapide, vive attaque : [C] Pros. ‖ course [en gén.] : [+C] Poés. ¶ **2** [fig.] explosion [de colère] : [+C] Pros. ‖ manifestation [de la vertu] : [+C] Pros.

prōcurvō, *ās, āre, -, -*, tr., courber en avant : [+C] Poés.

prōcurvus, *a, um*, courbé, recourbé : [C] Poés.

prŏcus, *i*, m., celui qui recherche une femme en mariage, prétendant, amant : [C] Pros., Poés.

Prŏcustes, [V▶] *Procrustes*

Prŏcyŏn, *ōnis*, m., nom d'une constellation, autrement dite *Antecanis* : [C] Pros.

prōdactus, *a, um*, part. de *prodigo*

prōdĕambŭlō, *ās, āre, -, -*, intr., sortir pour se promener : [-C] Théât.

prōdĕfăcĭō, *ĭs, ĕre, -, -*, intr., être utile : [P] Pros.

prōdēgī, parf. de *prodigo*

prōdĕō, *īs, īre, ĭī, ĭtum*, intr. ¶ **1** s'avancer : ***in publicum*** [C] Pros., paraître en public, sortir en public ; ***in proelium*** [C] Pros., marcher au combat ; ***ad colloquium*** [C] Pros., s'avancer pour (se rendre) à une entrevue ; ***alicui obviam*** [C] Pros., se porter à la rencontre de qqn ; ***ex portu*** [C] Pros., s'avancer hors (sortir) du port ‖ se présenter [comme témoin] : [C] Pros. ¶ **2** [plantes] sortir, pousser, lever : [C] Pros., Poés. ¶ **3** s'avancer, faire saillie : [C] Poés. ¶ **4** [fig.] ***a)*** s'avancer, aller de l'avant, progresser : [C] Pros. ; ***extra modum*** [C] Pros., dépasser la mesure ***b)*** se montrer, se produire : [C] Pros., Poés.

prōdesse, *prōdest*, inf. de *1 prosum*

prōdīcō, *ĭs, ĕre, dīxī, dictum*, tr., ***diem prodicere***, fixer plus loin une date, (un terme, un délai)ajourner, différer [*in* acc., "à, jusqu'à"] : [C] Pros.

prōdictus, *a, um*, part. de *prodico*

Prŏdĭcus, *i*, m., philosophe de l'île de Cos : [C] Pros. ‖ **-cīus**, *a, um*, de Prodicos : [C] Pros.

prōdĭdī, parf. de *prodo*

prōdĭens, *euntis*, [V▶] *prodeo*

prōdĭgē, adv., avec prodigalité, en prodigue : [C] Pros.

prōdĭgentĭa, *ae*, f., prodigalité, profusion : [+C] Pros.

prōdĭgiālis, *e* ¶ **1** qui détourne les mauvais présages, protecteur : [-C] Théât. ¶ **2** qui tient du prodige, prodigieux, merveilleux : [P] Pros. ‖ **-āle**, adv., d'une manière merveilleuse : [+C] Poés.

prōdĭgiālĭtĕr, adv., d'une manière prodigieuse, par des prodiges : [C] Poés., [+C] Pros.

prōdĭgiōsus, *a, um*, prodigieux, qui tient du prodige, surnaturel ou contraire à la nature : [C] Poés. ‖ monstrueux : [+C] Pros. ‖ prodigieux, inouï : [+C] Poés.

prōdĭgĭtās, *ātis*, f., prodigalité, profusion : [-C] Poés.

prōdĭgĭum, *ĭi*, n., prodige, événement prodigieux, événement surnaturel, miracle : [C] Pros. ; [V▶] *procuro* ‖ [fig.] fléau, monstre [en parl. de Catilina] : [C] Pros. ‖ monstre, être monstrueux : [C] Poés.

prōdĭgō, *ĭs, ĕre, ēgī, actum*, tr. ¶ **1** pousser devant soi, faire aller : [C] Pros. ¶ **2** dépenser avec profusion, prodiguer, dissiper : [-C] Théât., [C] Pros., [+C] Pros.

prōdĭgus, *a, um* ¶ **1** qui prodigue, qui gaspille, prodigue : [C] Pros., [+C] Poés. ‖ [avec gén.] prodigue de : [-C] Théât., [C] Poés. ¶ **2** qui produit en abondance : ***tellus prodiga*** [C] Poés., terre prodigue de ses biens ¶ **3** [fig.] prodigue : [C] Poés. ‖ [avec *in* acc.] [+C] Pros. ‖ [*in* abl.] [C] Pros.

prōdĭī, parf. de *prodeo*

1 **prōdĭtĭo**, *ōnis*, f. ¶ **1** révélation, dénonciation : ***arcanorum*** [+C] Pros., révélation des secrets ¶ **2** trahison [abs[t]] : [C] Pros. ‖ [avec gén. obj.] ***amicitiarum proditiones*** [C] Pros., trahisons envers les amis ; ***patriae proditiones*** [C] Pros., trahisons envers la patrie ; [gén. subj.] ***consulum proditio*** [C] Pros., la trahison des consuls

2 **prōdĭtĭo**, *ōnis*, f., approche, apparition : [P] Pros.

prōdĭtŏr, *ōris*, m. ¶ **1** celui qui révèle : [C] Poés. ¶ **2** celui qui trahit, traître : [C] Pros. ; ***patriae*** [C] Pros., celui qui trahit sa patrie ; ***disciplinae*** [C] Pros., qui trahit la discipline

prōdĭtōrĭus, *a, um*, de traître : [P] Pros.

prōdĭtrix, *īcis*, f. ¶ **1** celle qui révèle, révélatrice : [P] Poés. ¶ **2** celle qui trahit [qqn] : [P] Pros.

prōdĭtus, *a, um*, part. de *prodo*

prōdō, *ĭs, ĕre, dĭdī, dĭtum*, tr.
I placer en avant ¶**1** faire sortir : ***vina cado*** [C] Poés., tirer du vin d'une jarre ¶**2** présenter au jour, produire ***a) perniciosum exemplum*** [C] Pros., donner un mauvais exemple ***b)*** publier, proclamer : ***flaminem*** [C] Pros., proclamer (nommer) un flamine ¶**3** dévoiler, révéler : ***conscios*** [C] Pros., dévoiler ses complices ; ***crimen vultu*** [C] Poés., trahir son crime par sa physionomie ¶**4** trahir, livrer par trahison : ***aliquem*** [C] Pros. ; ***causam alicujus*** [C] Pros., trahir qqn, la cause de qqn ; ***classem praedonibus*** [C] Pros., livrer la flotte aux pirates ‖ abandonner, exposer, mettre en péril, compromettre : [C] Pros. ‖ [fig.] ***prodere decretum*** [C] Pros., trahir un dogme philosophique
II faire passer à autrui ¶**1** transmettre, propager : [C] Poés. ¶**2** transmettre, léguer : [C] Pros. ; ***ad posteritatem*** [C] Pros., transmettre à la postérité ¶**3** transmettre par écrit ou par la parole ‖ ***aliquid memoriae*** [C] Pros., transmettre qqch. à la mémoire, à la postérité

prōdŏcĕō, *ēs, ēre, -, -*, tr., enseigner publiquement : [C] Pros.

prōdormĭō, *īs, īre, īvī* ou *ĭī, -*, intr., dormir longtemps : [+C] Pros.

prŏdrŏmus, *i*, m., celui qui court devant ‖ vent du nord-nord-est qui souffle huit jours avant la canicule : [C] Pros.

prōdūcō, *ĭs, ĕre, dūxī, ductum*, tr.
I conduire en avant ¶**1** faire avancer, faire sortir : ***pro castris copias*** [C] Pros., amener les troupes devant le camp ; ***exercitum in aciem*** [C] Pros., faire avancer l'armée en ligne de bataille ; ***producta legione*** [C] Pros., la légion ayant été amenée hors du camp [et mise en ligne] ¶**2** mener en avant, produire : [C] Pros. ; ***in contionem*** [C] Pros., produire qqn dans l'assemblée du peuple ; ***testes*** [C] Pros., produire des témoins [ou] ***producere aliquem*** [C] Pros., produire qqn comme témoin ; ***ad necem*** [C] Pros., conduire au supplice ‖ [en parl. des tribuns de la plèbe qui introduisent les magistrats devant l'assemblée du peuple] ***producere in contionem*** [ou] ***producere*** seul : [C] Pros. ¶**3** présenter, exposer ***a)*** produire sur la scène : [C] Pros., [+C] Pros. ***b)*** exposer un esclave pour le vendre, mettre en vente un esclave : [-C] Théât. ***c)*** dévoiler : ***aliquid ad aliquem*** [+C] Poés., porter qqch. devant qqn, à la connaissance de qqn ¶**4** mener en avant, conduire ***a) aliquem rus*** [-C] Théât., conduire qqn à la campagne ***b) funera alicujus*** [C] Poés., conduire les funérailles de qqn ; [+C] Poés. ***c)*** amener à, déterminer à : [C] Pros. ***d)*** [poét.] mener devant : ***malo moram*** [-C] Théât., opposer un retard à un malheur [retarder...] ; ***nubila menti*** [+C] Poés., étendre un nuage devant l'esprit ; [au pr.] ***scamnum lecto*** [C] Poés., porter un escabeau devant un lit
II mener plus loin en avant ¶**1** entraîner : [C] Pros. ¶**2** étendre, allonger ***a) pelles dentibus*** [+C] Poés., allonger des morceaux de cuir avec ses dents ; ***supercilium*** [+C] Poés., allonger les sourcils [avec du noir] ***b)*** [gram.] : [C] Pros. ; ***syllabam producere*** [+C] Pros., prononcer une syllabe comme longue ; [C] Poés. ***c)*** prolonger : [C] Pros. ; ***alicujus vitam longius*** [C] Pros., faire vivre qqn plus longtemps, lui attribuer une existence plus longue ***d)*** amener à sa fin : [-C] Théât. ***e)*** différer : ***rem in hiemem*** [C] Pros., ajourner l'affaire jusqu'à l'hiver ***f)*** ajourner, amuser (***aliquem aliqua re***, qqn par qqch.) : [C] Pros. ¶**3** faire pousser ***a)*** procréer : [-C] Théât., Poés., [+C] Pros. ; [fig.] [C] Pros. ***b)*** développer, faire grandir : [un arbre] [C] Poés. ; [une descendance] [C] Poés. ‖ élever un enfant, faire l'éducation d'un enfant : [C] Pros., [+C] Pros. ***c)*** [fig.] faire avancer, pousser, élever : ***aliquem pro ejus dignitate*** [C] Pros., pousser qqn en raison de son mérite

prōductē, adv., en allongeant [dans la prononciation] : ***producte dicitur*** [C] Pros., (la voyelle) se prononce longue ‖ ***-tius*** [+C] Pros.

prōductĭlis, *e*, étiré, battu [en parl. d'un métal] : [T] Pros.

prōductĭo, *ōnis*, f., allongement, prolongation : [C] Pros. ‖ allongement [dans la prononciation] : [C] Pros.

prōductus, *a, um*
I part. de *produco*
II pris adj[t] ¶**1** étendu, allongé, long : [C] Poés., [+C] Pros. ‖ ***producta syllaba*** [C] Pros., syllabe allongée ‖ ***productiora alia*** [C] Pros., d'autres choses [phrases] trop étendues ‖ ***productum nomen*** [C] Pros., mot formé par allongement ¶**2** n. pl. pris subst[t], ***producta*** [= προηγμένα] [C] Pros., [+C] Pros., les choses préférables [biens extérieurs qui, sans être le souverain bien, le seul qu'on doive rechercher, sont pourtant des choses préférables, morale stoïcienne]

prōduxī, parf. de *produco*

prŏēgmĕna, *ōrum*, n. pl., V. *productus ¶2* : [C] Pros.

proelĭāris, *e*, de combat, de bataille rangée : [-C] Théât. ; ***proeliaris dea*** [+C] Pros., la déesse des combats [Bellone]

proelĭātŏr, *ōris*, m., combattant, guerrier : [+C] Pros. ‖ [adj[t]] [+C] Pros.

proelĭō, *ās, āre, -, -*, intr., C. *proelior*, [-C] Théât.

proelĭŏr, *ārĭs, ārī, ātus sum*, intr., combattre, livrer bataille : [C] Pros. ‖ [fig.] lutter, batailler : [C] Pros.

proelĭum, *ĭī*, n., combat, bataille : ***obire*** [C] Poés. ; ***facere*** [C] Pros. ; ***committere cum aliquo*** [C] Pros. ; ***sumere*** [+C] Pros., livrer bataille, engager le combat, en venir aux mains avec qqn, combattre ; ***proelio dimicare cum aliquo*** [C] Pros., livrer bataille à qqn ; V. *decerto* ‖ [en parl. des animaux] : [C] Poés. ; [des vents] [C] Poés. ‖ [poét.] combattants, guerriers : [C] Poés., [+C] Poés. ‖ [fig.] combat, lutte : [C] Pros. ; [en poésie érotique] [C] Poés.

Proetĭdes, *um*, f. pl., les trois filles de Proitos, qui, frappées de démence par Junon, se croyaient changées en génisses : [C] Poés.

Proetus, *i*, m., frère d'Acrisius, changé en pierre par Persée : [C] Poés.

prŏfānātŏr, *ōris*, m., profanateur : [T] Poés.

prŏfānātus, *a, um*, part. de *1-2 profano*

prŏfānē, adv., d'une manière impie, avec profanation : [T] Pros.

1 **prŏfānō**, *ās, āre, āvī, ātum*, tr., consacrer dans un sacrifice, offrir aux dieux : [-C] Pros.

2 **prŏfānō**, *ās, āre, āvī, ātum*, tr. ¶**1** rendre à l'usage profane [une chose, une pers. qui a été auparavant consacrée], désacraliser : [C] Pros., [T] Pros. ¶**2** profaner, souiller : [+C] Pros. ‖ violer [un secret] : [+C] Pros.

prŏfānus, *a, um* ¶**1** en avant de l'enceinte consacrée (***pro fano***), [d'où] profane, qui n'est pas consacré, ou qui n'est plus sacré : [C] Pros. ; ***profanum aliquid facere*** [C] Pros., donner à un objet un caractère profane, le dépouiller de son caractère sacré ‖ [en parl. des personnes] [C] Poés. ¶**2** impie, sacrilège, criminel : [C] Poés. ¶**3** non initié, ignorant : [avec gén.] [T] Pros. ; [avec *a, ab*] [T] Pros. ¶**4** sinistre, de mauvais augure : ***profanus bubo*** [C] Poés., le hibou de mauvais augure

prŏfātum, *i*, n., maxime, sentence, précepte : [+C] Pros.

1 **prŏfātus**, *a, um*, part. de *profor*

2 **prŏfātŭs**, abl. *ū*, m., action de parler, débit, paroles : [+C] Poés., Pros.

prŏfēcī, parf. de *proficio*

prŏfectĭo, *ōnis*, f., départ : [C] Pros. ‖ [fig.] source, origine : [C] Pros.

prŏfectō, adv., assurément, certainement, vraiment [point de vue de celui qui parle] : [C] Pros.

1 **prŏfectūrus**, *a, um*, part. fut. de *proficiscor*

2 **prōfectūrus**, *a, um*, part. fut. de *proficio*

1 **prŏfectus**, *a, um*, part. de *proficiscor*

2 **prŏfectus**, *a, um*, V. *proficio*

3 **prōfectŭs**, *ūs*, m., avancement, progrès : [+C] Pros. ‖ succès, profit : [C] Poés.

prōfĕrō, *fers, ferre, tŭlī, lātum*, tr.
I porter en avant, présenter ¶**1** [C] Pros. ; ***nummos ex arca*** [C] Pros., donner de l'argent tiré de sa caisse ‖ faire voir : [C] Pros. ¶**2** produire au jour, mettre devant les yeux ***a)*** citer : ***multos nominatim*** [C] Pros., citer beaucoup de personnes par leurs noms ; ***sua in aliquem officia*** [C] Pros., citer ses bons offices à l'égard de qqn ; ***alicui Fabricios auctores*** [C] Pros., citer à qqn les Fabricius comme modèles ; ***vinolentiam alicujus*** [C] Pros., parler de l'ivrognerie de qqn ***b)*** dévoiler, révéler, porter à la connaissance du public : [C] Pros. ; ***rem in medium*** [C] Pros., exposer une chose publiquement [au grand jour] ***c)*** faire paraître, porter à la connaissance [une invention] : [C] Pros.
II porter plus loin en avant ¶**1** faire avancer : [C] Pros. ; ***signa*** [C] Pros., faire avancer les enseignes, se mettre en marche ;

castra [C] Pros., déplacer le camp en avant ; *arma* [C] Pros., porter ses armes en avant, attaquer ‖ *gradum, pedem, passus*, porter ses pas en avant : [-C] Théât., [C] Poés. ¶2 porter plus en avant, étendre : *munitiones* [C] Pros., porter plus en avant les retranchements [les avancer] ; *fines officiorum* [C] Pros., reculer les limites du devoir ¶3 différer, ajourner : *auctionem* [C] Pros., différer une vente publique ; *aliquid in diem posterum* [C] Pros., remettre qqch. au lendemain ; *rebus prolatis* [-C] Théât., [C] Pros., les affaires étant suspendues ; [+C] Pros. ‖ *fata parentis* [C] Poés., retarder la mort de son père

prŏfessē, adv., sans détours, ouvertement : [+C] Pros.

prŏfessĭo, *ōnis*, f. ¶1 déclaration, manifestation : *opinionis* [+C] Pros., expression de sa pensée ; *pietatis* [+C] Pros., témoignage de piété filiale ¶2 déclaration publique, officielle [de sa fortune, de son domicile] : [C] Pros. ¶3 action de faire profession de : *bene dicendi* [C] Pros., l'enseignement de l'éloquence ; [+C] Pros. ‖ profession, état, métier : [+C] Pros.

prŏfessŏr, *ōris*, m. ¶1 celui qui fait profession de, qui s'adonne à, qui cultive : *sapientiae* [+C] Pros., philosophe ¶2 professeur de, maître de : [+C] Pros. ‖ [abs[t]] professeur : [+C] Pros.

prŏfessōrĭus, *a, um*, de professeur, de rhéteur : [+C] Pros.

prŏfessus, *a, um*, part. de *profiteor*, passiv[t]

prŏfestus, *a, um* ¶1 non férié : *profestus dies* [C] Pros., jour ouvrable ; *profestae luces* [C] Poés., même sens ¶2 profane, non initié, non cultivé : [+C] Pros.

prōfĭcĭō, *ĭs, ĕre, fēcī, fectum*, intr. ¶1 avancer : [C] Pros. ¶2 faire des progrès, obtenir des résultats : [C] Pros. ‖ [pass. impers.] : [C] Pros. ¶3 être utile : [C] Pros.

prŏfĭciscō, *ĭs, ĕre, -, -* [arch.], [-C] Théât. ; ➡ *proficiscor*

prŏfĭciscŏr, *scĕrĭs, scī, fectus sum*, intr. ¶1 se mettre en marche, se mettre en route, partir, s'en aller : *ab urbe* [C] Pros. ; *ex castris* [C] Pros. ; *de Formiano* [C] Pros. ; *domo* [C] Pros., partir de la ville, du camp, de la villa de Formies, de sa patrie ; *ab aliquo* [C] Pros., quitter qqn ‖ *ad dormiendum* [C] Pros., partir se coucher [ou] *ad somnum* [C] Pros. ; *pabulatum frumentatumque* [C] Pros., partir au fourrage et au blé ; *subsidio alicui* [C] Pros., partir au secours de qqn ‖ [avec inf.] *proficiscitur visere* [+C] Pros., il part. visiter ; [-C] Théât. ¶2 [fig.] ***a)*** venir de, émaner de, dériver de : [C] Pros. ***b)*** partir de, commencer par : *a philosophia profectus* [C] Pros., ayant débuté par la philosophie ***c)*** passer à, en venir à : [C] Pros.

prŏfĭtĕŏr, *ērĭs, ērī, fessus sum*, tr. ¶1 déclarer ouvertement, reconnaître hautement [abs[t]] : [C] Pros. ‖ [avec prop. inf.] déclarer que : [C] Pros. ¶2 [en part.] ***a)*** [avec *se* et attribut] se donner comme : *grammaticum se professus* [C] Pros., s'étant donné comme maître de grammaire ‖ [avec prop. inf.] se faire fort de, se piquer de : [C] Pros. ***b)*** [avec acc.] faire profession de : *philosophiam* [C] Pros., professer la philosophie ; [abs[t]] *qui profitentur* [+C] Pros., les professeurs ; une règle de foi, ***c)*** produire : *indicium profiteri* [C] Pros., faire des révélations ; [+C] Pros. ¶3 offrir, proposer : *operam ad aliquid* [C] Pros., offrir ses services pour qqch. ; *se ad aliquid adjutorem* [C] Pros., proposer son aide pour qqch. ; *profitetur se venturum* [C] Pros., il s'engage à venir ‖ promettre, faire espérer : *magna* [C] Poés., promettre de grandes choses ¶4 déclarer devant un magistrat : [C] Pros. ‖ [en part.] *profiteri nomen* [C] Pros. ou *profiteri* [seul] [C] Pros., faire une déclaration officielle de candidature [à l'obtention d'une charge, du droit de cité]

1 **prōflātus**, *a, um*, part. de *proflo*

2 **prōflātŭs**, abl. *ū*, m., souffle, vent : [+C] Pros. ‖ ronflement : [+C] Poés.

prōflictus, *a, um*, part. de *2 profligo*

prōflīgātŏr, *ōris*, m., dissipateur, prodigue : [+C] Pros.

prōflīgātus, *a, um* ¶1 part. de *1 profligo* ¶2 [pris adj[t]] ***a)*** perdu moralement, avili, dépravé, corrompu : [C] Pros. ***b)*** avancé : *profligatae aetatis* [+C] Pros., d'un âge avancé ; *in profligato esse* [+C] Pros., toucher à sa fin

1 **prōflīgō**, *ās, āre, āvī, ātum*, tr. ¶1 abattre, renverser, terrasser : [C] Pros. ‖ *rem publicam* [C] Pros., causer la ruine de l'État ¶2 [fig.] porter un coup décisif à une chose, en décider l'issue, rendre sa fin imminente : [C] Pros. ; *proelia profligare* [+C] Pros., mener les combats au point décisif

2 **prōflīgō**, *ĭs, ĕre, -, flictus*, tr., abattre, ruiner : *proflictae res* [+C] Pros., affaires ruinées

prōflō, *ās, āre, āvī, ātum*, tr. ¶1 exhaler : *flammas* [C] Poés., exhaler des flammes ¶2 gonfler par le souffle : [+C] Pros.

prōflŭens, *tis*, part.-adj. de *profluo* ¶1 qui coule : *amnis* [C] Pros. ; *aqua* [C] Pros., eau courante ‖ *profluens* [f. pris subst[t]], cours d'eau, eau courante, rivière : [C] Pros. ¶2 [fig., rhét.] au cours rapide : [C] Pros. ‖ au cours ininterrompu : [C] Pros.

prōflŭentĕr, adv., [fig.] abondamment : [C] Pros. ‖ *profluentius exsequi* [+C] Pros., exposer avec un plus grand flot de paroles

prōflŭentĭa, *ae*, f., flux [de paroles] : [C] Pros.

prōflŭō, *ĭs, ĕre, fluxī, fluxum*, intr., couler en avant, découler, s'écouler : [C] Pros. ; *ad mare* [C] Pros., s'écouler vers la mer ; *profluit humor* [C] Poés., l'eau coule [court]

prōflŭus, *a, um*, qui coule abondamment : [T] Pros.

proflŭvĭum, *ĭi*, n., écoulement, flux : [C] Poés. ‖ diarrhée : [+C] Pros. ‖ menstrues : [+C] Pros.

prōfluxī, parf. de *profluo*

prōfluxŭs, *ūs*, m., flux de sang : [T] Pros.

prŏfŏr [inus.], *ārĭs, ārī, ātus sum*, tr., présenter, relater, exposer : [-C] d. [C] Pros. ‖ dire : [C] Poés. ‖ prédire : *diem* [-C] d. [+C] Pros., prédire un jour ; [abs[t]] [C] Poés.

prōfŏre, inf. fut. de *1 prosum*

profringō, *ĭs, ĕre, -, -*, tr., briser, fendre, labourer : [+C] Poés.

prōfŭga, *ae*, m., ➡ *profugus* : [+C] Pros.

prŏfŭgĭō, *ĭs, ĕre, fūgī, fŭgĭtum* ¶1 intr., s'enfuir, s'échapper, se sauver : *domo* [C] Pros., s'enfuir de sa patrie ; *ex oppido* [C] Pros., de la ville ; *in exsilium* [C] Pros., en exil ‖ *ad Brutum* [C] Pros., se réfugier auprès de Brutus ¶2 tr., fuir, éviter : *conspectum civium* [+C] Pros., fuir la vue de ses concitoyens ‖ abandonner : [C] Poés., [+C] Pros.

prŏfŭgus, *a, um* ¶1 fugitif, qui s'est enfui : *domo* [C] Pros. ; *e proelio* [+C] Pros., ayant fui sa patrie, s'étant échappé du combat ‖ [avec gén.] *regni* [+C] Pros., qui s'est enfui de son royaume ‖ *profugi vagabantur* [C] Pros., ils erraient fugitifs ¶2 errant, vagabond : [C] Poés. ¶3 chassé ***a)*** mis en fuite : *profugi discedunt* [C] Pros., ils s'éloignent en fuyant ***b)*** exilé, banni : *patria profugus* [C] Pros., exilé de sa patrie ‖ **prŏfŭgus**, *i*, m., un exilé, un proscrit : [C] Poés.

prōfŭī, parf. de *1 prosum*

prŏfundĭtās, *ātis*, f., profondeur : [T] Pros. ‖ [fig.] étendue, grandeur : [T] Pros.

prŏfundō, *ĭs, ĕre, fūdī, fūsum*, tr. ¶1 répandre, épancher, verser : *vim lacrimarum* [C] Pros., verser un torrent de larmes ; *lacrimas oculis* [C] Poés., verser des larmes ; *sanguinem pro patria* [C] Pros., verser son sang pour la patrie ¶2 [poét.] détendre, étendre : [C] Poés. ; *cadunt profusae (aves)* [C] Poés., (les oiseaux) tombent inertes ¶3 faire sortir : [C] Poés. ; *clamorem* [C] Pros., pousser un cri ; *profundenda voce* [C] Pros., en poussant un cri ; *animam* [C] Pros., donner sa vie ; *ignes* [C] Poés., répandre des feux ¶4 répandre, donner à profusion, donner sans compter : [C] Pros. ‖ prodiguer, dissiper : *patrimonia profuderunt* [C] Pros., ils ont dissipé leur patrimoine ; *pecunias in rem* [C] Pros., prodiguer l'argent pour une chose ¶5 [fig.] ***a)*** déployer, exposer une chose, s'étendre, s'expliquer sur un sujet : [C] Pros. ‖ *se in questus profundere* [C] Pros., se répandre en plaintes ; *se totum in aliquem* [C] Pros., se livrer tout entier à qqn, s'épancher avec lui ***b)*** *verba ventis* [C] Poés., jeter des paroles aux vents ‖ gaspiller, dépenser en pure perte : [C] Pros.

prŏfundum, *i*, n. de *profundus*, pris subst[t] ¶1 profondeur : *maris* [+C] Pros., de la mer ‖ *esse in profundo* [C] Pros., être au fond [de l'eau] ; [fig.] [C] Pros. [en part.] ***a)*** les profondeurs de la mer, abîme : [C] Pros. ***b)*** la mer : [C] Poés. ¶2 hauteur : [C] Poés. ¶3 [fig.] abîme [de malheurs, de hontes] : [+C] Pros.

prŏfundus, *a, um* ¶1 profond : *mare profundum* [C] Pros., mer profonde ; *profundissimus gurges* [C] Pros., gouffre sans fond ‖ qui est au fond, sous la terre : *profundi manes* [C] Poés., les mânes souterrains ; ***profundus Juppiter*** [+C] Poés., = Pluton ; ***profunda Juno*** [T] Pros., Proserpine ¶ **2** [poét.] ***a)*** dense, épais : [C] Poés. ; ***silvae profundae*** [C] Poés., les forêts profondes ***b)*** élevé : ***caelum profundum*** [C] Poés., les profondeurs, les hauteurs du ciel ¶ **3** [fig.] ***a)*** sans fond, sans bornes : ***profundae libidines*** [C] Pros., le gouffre des passions ; ***profunda avaritia*** [C] Pros., cupidité insatiable ; ***profunda gula*** [+C] Pros., gueule insatiable = gloutonnerie, voracité ***b) profunda scientia*** [T] Pros., science profonde ; ***profundus somnus*** [+C] Pros., sommeil profond

prŏfūsē, adv. ¶ **1** en se répandant, sans ordre, pêle-mêle : [C] Pros. ¶ **2** abondamment, d'une manière prolixe : [+C] Pros. ‖ sans retenue : [C] Pros. ¶ **3** avec prodigalité, profusément : [+C] Pros. ; ***profusissime*** [+C] Pros., avec la plus grande prodigalité

prŏfūsĭo, *ōnis*, f. ¶ **1** épanchement, écoulement : [+C] Pros. ¶ **2** [en part.] = libation : [T] Pros. ¶ **3** profusion, prodigalité : [C] Pros., [+C] Pros.

prŏfūsus, *a, um*
I part. de *profundo*
II [pris adj[t]] ¶ **1** qui s'étend, étendu : [C] Pros. ¶ **2** [fig.] ***a)*** débordant, excessif, sans frein : [C] Pros. ‖ prodigué, qui se déploie avec profusion : ***profusi sumptus*** [C] Pros., dépenses démesurées ; ***profusae epulae*** [C] Pros., la profusion dans les repas ***b)*** prodigue, large : [+C] Poés. ***c)*** prodigue, dissipateur, gaspilleur : [C] Pros. ; ***sui profusus*** [C] Pros., prodigue de son bien ; ***profusissimus*** [+C] Pros.

prōfŭtūrus, part. fut. de *1 prosum*

prōgemmans, *tis*, qui commence à bourgeonner : [+C] Pros.

prŏgĕnĕr, *ĕri*, m., le mari de la petite-fille [par rapport à l'aïeul] : [+C] Pros.

prōgĕnĕrātūra, *ae*, f., procréation : [T] Pros.

prōgĕnĕrō, *ās, āre, -, -*, tr., engendrer, créer : [C] Pros., Poés., [+C] Pros.

prōgĕnĭēs, *ēi*, f. ¶ **1** race, souche, famille : [C] Pros. ¶ **2** progéniture, lignée, descendance, enfants : [C] Pros. ; ***liberorum*** [C] Pros., les enfants ¶ **3** fils, fille : [C] Poés. ‖ petits [d'animaux] : [C] Poés. ‖ rejetons [de la vigne] : [+C] Pros.

prōgĕnĭtŏr, *ōris*, m., aïeul, ancêtre : [-C] Théât., [C] Pros., Poés.

prōgĕnĭtus, part. de *progigno*

progĕnŭī, parf. de *progigno*

prōgermĭnō, *ās, āre, -, -*, intr., commencer à pousser, bourgeonner : [+C] Pros.

prōgĕrō, *ĭs, ĕre, gessī, gestum*, tr. ¶ **1** porter par devant ou en avant : [+C] Pros. ¶ **2** porter dehors, emporter : [+C] Pros.

prōgestō, *ās, āre, -, -*, tr., porter par-devant ou en avant : [+C] Pros.

prōgignō, *ĭs, ĕre, gĕnŭī, gĕnĭtum*, tr., engendrer, créer, mettre au monde : [-C] Théât., [C] Pros. ‖ produire : [-C] Théât., [C] Poés., Pros.

prognārĭtĕr, adv., exactement, avec précision : [-C] Pros., Théât.

prognātus, *a, um*, issu de, descendant de : [avec abl.] [-C] Théât., [C] Poés. ‖ né [en parl. des végétaux], produit, venu : [C] Poés. ‖ **prognātus**, *i*, m., descendant : ***ex Cimbris*** [C] Pros. ; ***Tantalo*** [-C] d. [C] Pros., descendant des Cimbres, de Tantale ; [avec *ab*] [C] Pros.

Prognē, *ēs*, f., V. *Procne*

Prognis, *ĭdis*, f., V. *Procris* : [C] Poés.

prognostĭcus, *a, um*, de pronostic ‖ **prognostĭca**, *ōrum*, n. pl., pronostics : [C] Pros., [+C] Pros. ‖ titre d'un ouvrage d'Aratos : [C] Pros.

prōgrĕdĭŏr, *dĕrĭs, dī, gressus sum* ¶ **1** aller en avant, s'avancer : [C] Pros. ; ***ex domo*** [C] Pros., sortir de la maison ; ***in locum iniquum*** [C] Pros., s'avancer dans un terrain défavorable ¶ **2** [fig.] ***a)*** avancer dans un exposé, aller plus loin : [C] Pros. ; ***longius progredi*** [C] Pros., aller plus loin, dire un mot de plus ***b)*** faire des progrès : ***in virtute*** [C] Pros., dans la vertu ***c)*** [C] Pros. ; ***progredientibus aetatibus*** [C] Pros., avec le progrès de l'âge

prōgressĭo, *ōnis*, f. ¶ **1** progrès, accroissement : ***progressiones*** [C] Pros., les progrès, les développements ; ***progressio discendi*** [C] Pros., progrès des études ¶ **2** [rhét.] progression, gradation : [C] Pros.

prōgressŭs, *ūs*, m. ¶ **1** marche en avant : [C] Pros. ; [fig.] [C] Pros. ‖ pl., [C] Pros. ‖ avancement, progression [d'une roue dentée] : [C] Pros. ‖ mouvement en avant [d'une poutre bélière] : [C] Pros. ¶ **2** avancée [en parlant de la jetée d'un port] : [C] Pros. ¶ **3** [fig.] ***a) primo progressu*** [C] Pros., dès les premiers pas, dès le début ***b) rerum progressus*** [C] Pros., le développement des choses ***c)*** accroissement : ***aetatis*** [C] Pros., le progrès de l'âge ‖ progrès : [C] Pros.

prŏgymnastes, *ae*, m., moniteur, entraîneur de gymnastique : [+C] Pros.

prōh, interj., V. *2 pro*

prŏhĭbĕō, *ēs, ēre, ŭī, ĭtum*, tenir éloigné ¶ **1** écarter, éloigner, détourner, empêcher ***a)*** [C] Pros. ; ***exercitum itinere*** [C] Pros., empêcher l'armée de faire route ***b)*** [arch. et poét.] [acc. de pron. n. et acc. de la personne] [-C] Théât., [C] Pros. ***c) parentes alicui*** [-C] Théât., tenir ses parents éloignés pour qqn = lui cacher ses parents, l'empêcher de les trouver ; ***aditum alicui*** [C] Pros., empêcher l'accès à qqn ; [+C] Poés. ***d)*** [avec *ut*, contesté] ***ne, quominus, quin*** [avec subj.] empêcher que : ***dii prohibeant ut*** [C] Pros., puissent les dieux empêcher que ; ***se prohibitum esse quominus*** [C] Pros., [il disait] qu'il avait été empêché de ; [C] Pros. ; ***non prohiberi quin*** [C] Pros., ne pas être empêché de ; [sans nég.] [+C] Pros. ***e)*** [avec inf.] ***aliquem exire...*** [C] Pros., empêcher qqn de sortir ‖ [avec inf. pass.] [C] Pros. ***f)*** [avec acc. seul] [C] Pros. ‖ [n. pl.] ***prohibita***, les choses interdites : [+C] Pros. ***g)*** [abs[t]] empêcher, interdire, prohiber : [C] Pros. ¶ **2** préserver : [C] Pros. ‖ ***tenuiores injuria*** [C] Pros., préserver les plus faibles de l'injustice ‖ [-C] Théât.

prŏhĭbĭtĭo, *ōnis*, f., interdiction, défense : [C], [+C] Pros.

prŏhĭbĭtŏr, *ōris*, m., celui qui éloigne, qui écarte, qui empêche : [+C] Pros., [T] Pros.

prŏhĭbĭtus, *a, um*, part. de *prohibeo*

prŏhĭbŭī, parf. de *prohibeo*

prŏhinc, adv., donc : [+C] Pros.

prōĭcĭo, forme usuelle des inscr. et des mss pour *projicio*

prŏin, adv., V. *proinde* ; [comptant pour une syllabe] [-C] Théât. ‖ [dissyl.] [C] Poés.

prŏinde, adv. ¶ **1** ainsi donc, par conséquent [surtout suivi de subj. ou impér.] : [C] Pros. ¶ **2** dans la même proportion [que], de même [que] [avec *ac* ou *atque*] : [-C] Théât., [C] Pros. ‖ ***proinde ac si***, comme si : [C] Pros. ‖ [avec *quam*] ***: proinde... quam*** [+C] Pros., autant que ; [-C] Théât. ; ***non proinde... quam*** [+C] Pros., moins... que ‖ [avec *ut*] de même que, selon que : [-C] Théât., [C] Pros. ; ***ut... proinde*** [-C] Théât., [C] Poés. ‖ [avec *quasi*] de même que si, comme si : [-C] Théât., [C] Pros.

prōjēcī, parf. de *projicio*

prōjectātus, V. *projecto*

prōjectĭcĭus, *a, um*, exposé, abandonné : [-C] Théât. ‖ rejeté, chassé : [T] Pros.

prōjectĭo, *ōnis*, f., action d'avancer, d'allonger, d'étendre, allongement : [C] Pros.

prōjectō, *ās, āre, -, -*, tr. ¶ **1** blâmer : [-C] Théât. ¶ **2** exposer [au danger] : [T] Pros.

prōjectūra, *ae*, f., [archit. et méc.] avancée, saillie : [C] Pros.

1 **prōjectus**, *a, um*
I part. de *projicio*
II [adj[t]] ¶ **1** qui se lance en avant, proéminent, saillant ***a) ventre projectiore*** [+C] Pros., avec un ventre trop proéminent ; [C] Pros. ***b)*** débordant, qui s'étale impudemment, forcené, sans mesure, effréné : [C] Pros. ¶ **2** lancé vers, porté sans mesure à : [C] Pros., [+C] Pros. ¶ **3** qui s'abaisse, qui s'avilit : [C] Pros., [+C] Pros. ¶ **4** abattu : ***vultus projectus*** [+C] Pros., visage abattu

2 **prōjectŭs**, abl. *ū*, m, action de s'étendre, extension : [C] Poés.

3 **Prōjectus**, *i*, m., nom d'homme : [T] Pros. ; V. *2 Praejectus*

prōjĭcĭō, *ĭs, ĕre, jēcī, jectum* ¶ **1** jeter en avant, projeter : ***crates*** [C] Pros., jeter en avant des fascines [dans le fossé] ; ***glebas in ignem*** [C] Pros., jeter des mottes [de suif] dans le feu ; [C] Pros. ; ***brachium projectum*** [C] Pros., le bras jeté en avant, projeté ; ***se ad pedes alicujus*** [C] Pros., se jeter aux pieds de qqn ; ***projecti ad terram*** [C] Pros., prosternés à terre ; ***se ex navi*** [C] Pros., se jeter hors du navire ‖ [fig.] ***se in judicium*** [C] Pros., se jeter en avant dans un procès [comme témoin] ‖ jeter à terre, déposer : ***tela manu*** [C] Poés., jeter ses armes loin de soi ; [en part.] ***arma*** [C] Pros., jeter bas les armes, se rendre ‖ [archit.] ***projicere*** intr., [-C] d. [+C] Pros. et ***projici*** pass., [C] Pros., faire saillie ¶ **2** jeter au-dehors, expulser : [C] Pros. ‖ exiler, bannir : [+C] Pros. ¶ **3** [fig.] ***a)*** jeter loin de soi, rejeter, abandonner : ***patriam virtutem*** [C] Pros., rejeter les vertus de ses pères ; ***animam*** [C] Poés., jeter loin de soi la vie, se donner la mort ; [+C] Poés. ‖ ***aliquem*** [C] Pros., abandonner qqn (le livrer à la merci ...) ***b) se in fletus*** [C] Pros., s'abandonner aux larmes ***c)*** rejeter = ajourner : [+C] Pros.

prōlābŏr, ***bĕrĭs, bī, lapsus sum***, intr. ¶ **1** glisser (se glisser) en avant : [C] Pros. ¶ **2** glisser en bas, tomber en glissant : ***ex equo*** [C] Pros., glisser de son cheval à terre ‖ s'écrouler, tomber en ruine : [C] Pros., Poés. ¶ **3** [fig.] ***a)*** se laisser aller à, se laisser entraîner à : ***ad orationem*** [C] Pros., se laisser entraîner à un exposé ; ***in misericordiam*** [C] Pros., à la pitié ; ***huc... ut*** [C] Pros., se laisser aller à tel point que ; ***longius... quam*** [C] Pros., se laisser aller plus loin que, faire une digression plus longue que ***b)*** tomber de : [C] Pros. ***c)*** tomber, se tromper, faillir : [C] Pros. ***d)*** tomber, s'affaisser, se perdre : [C] Pros.

prōlapsĭo, ***ōnis***, f. ¶ **1** glissade, faux pas : [C] Pros. ‖ écroulement : [+C] Pros. ¶ **2** [fig.] erreur, faute : [T] Pros.

1 **prōlapsus**, ***a, um***, part. de *prolabor*

2 **prōlapsŭs**, ***ūs***, m., V. *prolapsio* : [T] Pros.

prōlātātus, ***a, um***, part. de *prolato*

prōlātĭo, ***ōnis***, f. ¶ **1** action de porter en avant, présentation, mention, citation : [C] Pros. ¶ **2** agrandissement : ***finium*** [C] Pros., de territoire ¶ **3** remise, ajournement : [C] Pros. ‖ [abs[t]] [-C] Théât., [+C] Pros. ¶ **4** [chrét.] action de proférer [à propos du Verbe proféré par Dieu] : [+C] Pros.

prōlātō, ***ās, āre, āvī, ātum***, tr. ¶ **1** étendre, agrandir : [C] Poés., [+C] Pros. ‖ prolonger : [+C] Pros. ¶ **2** ajourner, différer : [C] Pros., [+C] Pros.

prōlātus, ***a, um***, part. de *profero*

prōlectātus, ***a, um***, part. de *prolecto*

prōlectō, ***ās, āre, āvī, ātum***, tr. ¶ **1** attirer, allécher, séduire : [C] Pros., Poés. ‖ charmer : [C] Pros. ¶ **2** provoquer, harceler : [-C] Théât.

prōlĕgŏmĕnē lex, f., loi précédée d'un préambule : [+C] Pros.

prōlēs, ***is***, f., race, lignée, enfants, famille, postérité [arch. et poét. d'après Cicéron] : [C] Pros., Poés. ; ***Ausonia*** [C] Poés., les enfants de l'Ausonie ‖ [en parl. d'un enfant] ***Bacchi*** [C] Poés., le fils de Bacchus [Priape] ‖ petits [d'animaux] : [C] Poés. ‖ [en parl. des plantes] fruits : [C] Poés. ‖ pl. [très rare] : [+C] Pros. ‖ [fig.] jeunes gens, jeunes hommes : [C] Pros. ‖ pl., les testicules : [T] Pros.

1 **prōlētārĭus**, ***ĭī***, m., prolétaire [citoyen pauvre, des dernières classes] : [C] Pros.

2 **prōlētārĭus**, ***a, um***, du bas peuple, trivial : [-C] Théât.

prōlĭcĭō, ***ĭs, ĕre, -, -***, tr., attirer, allécher, séduire, : [-C] Théât., [C] Poés., [+C] Pros.

prōlĭquātus, ***a, um***, qui coule, fluide : [+C] Pros.

prōlixē, adv., largement, abondamment : [C] Pros. ‖ avec empressement : [C] Pros. ; ***prolixius accipere*** [-C] Théât., recevoir [à table] plus largement

prōlixĭtās, ***ātis***, f., longueur, étendue : [T] Pros. ‖ prolixité : [T] Pros.

prōlixĭtūdo, ***ĭnis***, f., longueur : [-C] Théât.

prōlixō, ***ās, āre, -, -***, tr., allonger : [+C] Pros.

prōlixum, adv., longuement, sans fin : [+C] Pros.

prōlixus, ***a, um***, qui s'épanche en avant ¶ **1** allongé, long : [C] Pros., [+C] Pros. ; ***-xior*** [C] Pros. ¶ **2** [fig.] prolixe, diffus : [T] Pros. ‖ de sens étendu, large, général : [+C] Pros. ¶ **3** d'un cours heureux, favorable [en parl. des circonstances] : [-C] d. [+C] Pros., [C] Pros. ‖ coulant, obligeant, bienveillant : [C] Pros. ; ***-xior*** [C] Pros.

prōlŏcūtus, ***a, um***, part. de *proloquor*

prōlŏgūmĕnē lex, V. *prolegomene lex*

prŏlŏgus, ***i***, m. et arch. **prō-**, prologue [d'une pièce de théâtre] : [-C] Théât., [+C] Pros. ‖ acteur qui débite le prologue : [-C] Théât. ‖ prologue [d'une loi] : [+C] Pros.

prōlongō, ***ās, āre, āvī, ātum***, tr., prolonger, allonger : [T] Pros.

prōlŏquĭum, ***ĭī***, n., proposition, idée [énoncée] : [C] d. [+C] Pros.

prōlŏquŏr, ***quĕrĭs, quī, cūtus sum*** ¶ **1** intr., parler fort : [-C] Théât., [C] Pros. ¶ **2** tr., exposer à haute voix : [-C] Théât., [C] Pros. ; [avec prop. inf.] [C] Pros. ‖ prédire : [C] Poés.

prōlŏquūtus, V. *prolocutus*

prōlŭbĭum, ***ĭī***, n., fantaisie, désir, caprice : [-C] Théât., [+C] Pros. ‖ plaisir : [+C] Pros.

prōlūdĭum, ***ĭī***, n., prélude : [T] Pros.

prōlūdō, ***ĭs, ĕre, lūsī, lūsum***, intr., s'exercer par avance, s'essayer, préluder : ***ad pugnam*** [C] Poés., préluder au combat ; [abs[t], même sens] [C] Poés., [+C] Pros. ‖ orgie : ***jurgia proludunt*** [+C] Poés., il y a des invectives comme prélude ; [pass. impers.] [+C] Pros.

prōlŭō, ***ĭs, ĕre, lŭī, lūtum***, tr. ¶ **1** baigner, arroser : [C] Poés. ‖ [en buvant] : [C] Poés. ‖ ***cloacam*** [-C] Théât., se rincer les entrailles ‖ inonder : [+C] Pros. ¶ **2** emporter [en inondant], entraîner dans son cours : [C] Poés. ‖ balayer, emporter : [C] Pros., Poés. ‖ [fig.] dissiper [son argent] : [+C] Pros.

prōlūsī, parf. de *proludo*

prōlūsĭo, ***ōnis***, f., préparation au combat, prélude : [C] Pros.

prōlūtus, ***a, um***, part. de *proluo*

prōlŭvĭēs, ***ēi***, f., inondation, débordement : [C] Pros. ; ***alvi*** [C] Poés., flux de ventre, déjections

prōlŭvĭo, ***ōnis***, f., inondation : [+C] Pros.

prōlŭvĭum, ***ĭī***, n., déjections : [+C] Pros.

prōmăgistrātū, V. *1 pro, magistratus*

prōmărīnus, V. *permarini*

prŏmēcēs, ***is***, allongé en avant : [T] Pros.

prōmĕdĭtŏr, ***ārĭs, ārī, -***, tr., méditer d'avance : [+T] Poés.

prŏmĕlĕtō, ***ās, āre, -, -***, tr., préparer à l'avance : [T] Pros.

prōmercālis, ***e***, mis en vente, à vendre : [+C] Pros.

prōmĕrĕō, ***ēs, ēre, ŭī, ĭtum*** et **prōmĕrĕŏr**, ***ērĭs, ērī, ĭtus sum*** ¶ **1** tr., gagner, mériter : [-C] Théât. ; ***quae promeres*** [-C] Théât., ce que tu mérites ; [C] Poés. ; ***deorum indulgentiam*** [+C] Pros., mériter la faveur des dieux ; [avec *ut* subj.] mériter que : [-C] Théât., [C] Pros. ‖ [part. pass. au n.] ***bene promerita, male promerita*** ; V. *promeritum* ‖ ***socios*** [+C] Pros., gagner, se concilier les alliés ¶ **2** intr., être bien, mal méritant à l'égard de qqn, c.-à-d. rendre de bons, de mauvais services, se comporter bien ou mal à l'égard de qqn : [-C] Théât., [C] Pros. ‖ [avec acc. de rel.] [C] Poés.

prōmĕrĭtum, ***i***, n. ¶ **1** bon service, bienfait : ***bene promerita*** [C] Poés., bienfaits ; ***promeritum in aliquem***, service, bienfait à l'égard de qqn : [C] Pros. ¶ **2** mauvais service, mauvais procédé à l'égard de qqn : ***male promerita*** [-C] Théât., offenses ‖ faute : [C] Pros.

prōmĕrĭtus, ***a, um***, part. de *promereo*

Prŏmētheūs [trisyll.] ***ĕī (ĕŏs)***, m., Prométhée [fils de Japet, frère d'Épiméthée, père de Deucalion, fit l'homme d'argile et l'anima avec le feu du ciel qu'il avait dérobé ; en punition il fut attaché sur le Caucase où un vautour lui rongeait le foie ; il fut délivré par Hercule] : [C] Pros. ‖ [poét.] un habile potier : [+C] Poés. ‖ **-ēus**, ***a, um***, de Prométhée : ***Promethea juga*** [C] Poés., le Caucase

Prŏmēthĭădēs, ***ae***, m., fils de Prométhée (Deucalion) : [C] Poés.

prōmĭcō, ***ās, āre, -, -*** ¶ **1** intr., sortir, paraître, croître, pousser : [+C] Pros. ¶ **2** tr., ***orationem*** [-C] Théât., lancer des paroles

prōmĭnens, ***tis***, part.-adj. de *promineo*, qui s'avance, se projette, saillant ‖ **prōmĭnens**, ***tis***, n., saillie, éminence : [+C] Pros.

prōmĭnentĭa, ***ae***, f., saillie, avancée : [C] Pros.

prōmĭnĕō, ***ēs, ēre, mĭnŭī, -***, intr. ¶ **1** être saillant, proéminent : ***collis prominens*** [C] Pros., colline en surplomb ‖

faire saillie, s'avancer, déborder en avant : ***in pontum*** [C] Poés., faire saillie dans la mer ‖ ***Algido*** [C] Poés., se dresser sur l'Algide [chaîne de mont.] ; mais ***ore*** [C] Poés., émerger du visage [au-dessus du sol] ; [C] Pros. ¶ **2** [fig.] ***in posteritatem prominere*** [C] Pros., se prolonger dans la postérité

prōmĭnō, ***ās, āre***, -, -, tr., pousser devant soi : [+C] Pros.

prōmĭnŭlus, ***a, um***, faisant un peu saillie : [+C] Pros.

prōmiscam, adv., en commun : [-C] Théât.

prōmiscĕō, ***ēs, ēre***, -, -, tr., mêler avant : [+C] Pros.

promiscŭē, adv., en commun, indistinctement, pêle-mêle : [C] Pros.

prōmiscus, ***a, um***, C. → *promiscuus* : [C] Poés., Pros., [+C] Pros.

prōmiscŭus, ***a, um*** ¶ **1** mêlé, indistinct, commun : ***conubia promiscua*** [C] Pros., mariages sans distinction d'ordres [entre patriciens et plébéiens] ; [C] Pros. ; ***in promiscuo esse*** [C] Pros., être le partage de tous indistinctement ; ***in promiscuo spectare*** [C] Pros., assister au spectacle pêle-mêle avec la foule ¶ **2** confondu, indifférent : [C] Pros., [+C] Pros. ‖ ***promiscua opinatio*** [+C] Pros., opinion commune, répandue ¶ **3** [gram.] ***promiscua nomina*** [+C] Pros., noms indistincts pour le sexe [ἐπίκοινα], dont le genre n'a rien à voir avec le sexe désigné, épicènes [*aquila, mus*]

prōmīsī, parf. de *promitto*

prōmissĕ, inf. parf., V. → *promitto*

prōmissĭo, ***ōnis***, f., promesse : [C] Pros. ‖ [rhét.] : [C] Pros.

prōmissŏr, ***ōris***, m., prometteur : [C] Poés., [+C] Pros.

prōmissum, ***i***, n., promesse : [C] Pros. ; ***absolvere*** [C] Pros. ; ***facere*** [C] Pros. ; ***servare*** [C] Pros. ; ***stare*** [C] Pros. ; ***promissis manere*** [C] Poés. ; ***promissa dare*** [C] Poés., tenir, accomplir, acquitter, remplir sa promesse ; remplir ses engagements, demeurer fidèle à sa parole

1 **promissus**, ***a, um***, part. de *promitto*, [adj[t]] qu'on a laissé pousser, qui pend, long : [C] Pros.

2 **prōmissŭs**, abl. ***ū***, m., promesse : [C] Poés.

prōmittō, ***ĭs, ĕre, mīsī, missum***

I pr. ‖ laisser aller en avant : ***capillum, barbam*** [C] Pros., laisser croître les cheveux, la barbe ; ***ramos*** [+C] Pros., laisser pousser les rameaux

II [fig.] ¶ **1** assurer, prédire [rare] : [C] Pros. ¶ **2** ***a) aliquid (alicui)***, qqch. (à qqn) : [C] Pros. ; ***se ultorem*** [C] Poés., s'engager à être le vengeur ‖ ***aliquid promittere de se*** [C] Poés., promettre qqch. en s'engageant personnellement ; ***aliquid a se*** [C] Pros., promettre qqch. de soi-même, de sa propre initiative ‖ ***aliquid de aliqua re*** [C] Pros., promettre qqch. en se fondant sur qqch. ***b)*** [avec inf.] [-C] Théât. ***c)*** [avec prop. inf., d'ordin. inf. fut. actif] [C] Pros. ; [inf. prés.] [-C] Théât. ; [les deux constr. à la fois] [+C] Pros. ; [inf. prés. pass.] [C] Pros. ***d)*** [abs[t]] faire des promesses : [C] Pros. ; [pass. impers.] ***cui promissum est*** [C] Pros., celui à qui on a fait une promesse ; [en part.] ***ad aliquem promittere*** [C] Pros., promettre d'aller chez qqn ; [-C] Théât., [-C] Théât.

prōmō, ***ĭs, ĕre, prompsī, promptum***, tr. ¶ **1** tirer, retirer, faire sortir : ***alicui pecuniam ex aerario*** [C] Pros., tirer de l'argent du trésor public pour qqn ; ***medicamenta de narthecio*** [C] Pros., tirer des médicaments de leur boîte ; ***vina dolio*** [C] Poés., tirer du vin de la jarre ; ***cavo robore se*** [C] Poés., s'extraire du bois creux [du cheval] ¶ **2** [fig.] ***a)*** tirer de : [C] Pros. ***b)*** produire au jour : ***consilia*** [C] Pros., donner des conseils ; ***justitiam*** [+C] Pros., faire éclater la justice ***c)*** exprimer par la parole, l'écriture, dévoiler, publier : [C] Pros., [+C] Pros. ; [avec prop. inf.] exposer que : [+C] Pros.

Prŏmŏlus, ***i***, m., nom de guerrier : [C] Poés.

prōmŏnĕō, ***ēs, ēre***, -, -, tr., V. → *praemoneo* : [C] Pros.

prōmontōrium (**-tŏrium**, **-tŭrium**), V. → *promunturium*

prŏmoscĭda et **prŏmoscis**, V. → *proboscis*

prōmōtus, ***a, um*** ¶ **1** part. de *promoveo* ¶ **2** [adj[t]] avancé : ***promota nocte*** [+C] Pros., la nuit étant avancée ‖ pl. n., ***promota*** ; pris subst[t], C. → *producta* : [C] Pros.

prōmŏvĕō, ***ēs, ēre, mōvī, mōtum***, tr. ¶ **1** pousser en avant, faire avancer : ***turrim, machinationes*** [C] Pros., faire avancer une tour, des machines ; ***castra*** [C] Pros., avancer son camp, s'avancer avec son armée ; ***calculum*** [+C] Pros., pousser un pion ¶ **2** étendre, agrandir : ***imperium*** [C] Poés., étendre la domination ¶ **3** [méd.] ***promoveri***, se déplacer : [+C] Pros. ¶ **4** [fig.] ***a)*** faire monter en grade : [+C] Pros. ***b)*** développer : [C] Poés. ***c)*** faire sortir : ***arcana loco*** [C] Poés., faire sortir les secrets de leur cachette ***d)*** reculer, ajourner : [-C] Théât. ***e)*** [avec *nihil, aliquid, parum*] avancer, faire des progrès : [-C] Théât., [+C] Pros.

prompsī, parf. de *promo*

promptāle, ***is***, n., lieu de dépôt : [T] Pros.

promptē, adv., vite, avec empressement : [+C] Pros. ; ***-tissime*** [+C] Pros. ‖ avec facilité, aisément : [+C] Poés. ‖ nettement : ***promptius*** [C] Pros., plus clairement

promptō, ***ās, āre***, -, -, tr., puiser souvent, dépenser sans réserve, sans compter : [-C] Théât.

promptŭārĭum, ***ĭī***, n., armoire, crédence : [+C] Pros. ‖ [fig.] magasin : [T] Pros.

promptŭārĭus, ***a, um***, où l'on range, où l'on conserve : [office] [-C] Pros. ; [en parl. d'une prison] [-C] Théât.

promptŭlus, ***a, um***, qui a qq. facilité à : [T] Pros.

1 **promptus**, ***a, um***

I part. de *promo*

II [pris adj[t]] ¶ **1** mis au grand jour, visible, manifeste : [C] Pros. ¶ **2** qui est sous la main, prêt, apprêté, disponible [en parl. de choses] : [C] Pros. ; ***prompta audacia*** [C] Pros., audace toute prête ‖ facile, à la portée de tout le monde, commode : [C] Pros. ; ***promptum est*** [avec inf.], il est facile de : [C] Poés., [+C] Pros. ¶ **3** [en parl. de pers.] prêt, disposé, dispos, résolu : ***promptus homo*** [C] Pros., homme actif ; ***lingua promptus*** [C] Pros., résolu en paroles ; ***promptus animi*** [+C] Pros., résolu de caractère ; ***promptiores pro patria*** [C] Pros., plus dévoués à la patrie ‖ [avec *ad*] prêt à disposé à, prompt à : [C] Pros. ; ***ad vim promptus*** [C] Pros., prêt à la violence ‖ [avec *in* acc.] ***promptus in pavorem*** [+C] Pros., prompt à s'alarmer ; ***promptior in spem*** [+C] Pros., plus porté à l'espoir ‖ [avec dat.] ***promptus seditioni*** [+C] Pros., porté à la révolte ; [C] Pros. ‖ [avec gén.] sous le rapport de : [+C] Pros. ‖ [avec inf.] [poét.] ***promptus pati*** [+C] Poés., prêt à supporter

2 **promptŭs**, abl. ***ū***, m., [seul[t] dans l'expr. *in promptu*] ¶ **1** ***in promptu esse***, être sous les yeux, visible : [C] Pros. ; ***in promptu ponere*** [C] Pros., mettre sous les yeux, montrer ; ***habere*** [C] Pros., mettre en évidence ¶ **2** ***in promptu esse alicui*** [C] Pros., être sous la main de qqn, à sa disposition, tout prêt ¶ **3** ***est in promptu*** [C] Pros., la chose est à la portée de tout le monde ‖ ***in promptu est*** [avec inf.], il est facile de : [C] Poés.

prōmulcĕō, ***ēs, ēre***, -, -, V. → *promulsus*

prōmulgātĭo, ***ōnis***, f., affichage officiel, publication : [C] Pros.

prōmulgō, ***ās, āre, āvī, ātum***, tr., afficher, publier : ***legem*** [C] Pros., afficher, publier un projet de loi ‖ [abs[t]] publier une proposition de loi (***de aliqua re***, à propos de qqch.) : [C] Pros.

prōmulsĭdārĕ, ***is***, n., plat dans lequel on sert une entrée : [+C] Pros.

prōmulsis, ***ĭdis***, f., entrée, plat d'entrée : [C] Pros. ‖ [fig.] avant-goût : [+C] Pros.

prōmulsus, ***a, um***, caressé par-devant : [+C] Pros.

prōmuntŭrĭum, ***ĭī***, n. ¶ **1** partie avancée d'une chaîne de montagnes, promontoire : [C] Pros. ¶ **2** partie avancée dans la mer, promontoire : [C] Pros.

prōmus, ***i***, m., chef d'office, maître d'hôtel, cellérier, sommelier : [-C] Théât., [C] Poés. ‖ [fig.] bibliothécaire : [+C] Pros.

prōmūtŭus, ***a, um***, perçu d'avance, par anticipation : [C] Pros.

Prōnaea, ***ae***, m., petite rivière de la Belgique [le Pruyn] : [T] Poés.

prŏnāŏs (**-nāus**), ***ī***, m., pronaos, vestibule d'un temple, parvis : [C] Pros.

prōnătō, ***ās, āre***, -, -, intr., s'avancer en nageant : [+C] Pros.

prōnātus, ***a, um***, part. de *prono*

prōnē, adv., en étant penché en avant : [C] Pros.

prōnectō, *ĭs, ĕre, -, -*, tr., étirer en filant : ⊞ Poés.

prŏnĕpōs, *ōtis*, m., arrière-petit-fils : ⊡ Pros., Poés.

prŏneptis, *is*, f., arrière-petite-fille : ⊞ Poés.

prōnis, *e*, penché, incliné, ➤ *pronus* : ⊡ Poés.

prōnō, *ās, āre, āvī, ātum*, tr., incliner en avant, faire pencher : ⊡ Pros.

Prŏnoea, *ae*, f., la Providence : ⊡ Pros.

prōnōmĕn, *ĭnis*, n., pronom : ⊡ Pros., ⊞ Pros.

prōnōmĭnātĭo, *ōnis*, f., antonomase [rhét.] : ⊡ Pros.

prōnŭba, *ae*, f., celle qui accompagne et assiste la mariée : ***Juno*** ⊡ Poés., Junon qui préside à l'hymen ‖ [par ironie] ⊡ Poés. [à propos de Bellone]

1 **prōnŭbus**, *i*, m., paranymphe, jeune garçon qui assiste le marié : ⊡ Poés.

2 **prōnŭbus**, *a, um*, d'hymen, nuptial : ⊞ Pros.

prōnuntĭātĭo, *ōnis*, f. ¶**1** publication, déclaration annonce : ⊡ Pros. ‖ arrêt, sentence [du juge] : ⊡ Pros. ‖ proclamation d'un crieur public : ⊞ Pros. ¶**2** déclamation, débit d'acteur, d'orateur : ⊡ Pros., ⊞ Pros. ‖ expression, langage : ⊞ Pros. ‖ [log.] proposition : ⊡ Pros.

prōnuntĭātŏr, *ōris*, m., [fig.] celui qui raconte, narrateur : ⊡ Pros.

pronuntĭātum, *i*, n., proposition [énonciative] : ⊡ Pros.

1 **prōnuntĭātus**, *a, um*, part. de *pronuntio*

2 **prōnuntĭātŭs**, abl. *ū*, m., prononciation, accentuation : ⊞ Pros.

prōnuntĭō, *ās, āre, āvī, ātum*, tr.
I ¶**1** annoncer ouvertement, à haute voix, raconter, exposer : ⊡ Pros. ¶**2** porter à la connaissance du public, exposer dans un écrit : ⊡ Pros.
II ¶**1** proclamer, publier [par héraut] : ⊡ Pros. ; [polit.] ***aliquem praetorem*** ⊡ Pros., proclamer qqn élu comme préteur ‖ [avec *ut* subj.] publier l'ordre de : ⊡ Pros. ; [avec *ne*] l'ordre de ne pas..., la défense de : ⊡ Pros. ‖ [avec prop. inf.] publier que, porter à l'ordre de l'armée que : ⊡ Pros. ¶**2** prononcer [un arrêt, une sentence] : ⊡ Pros. ; [avec prop. inf.] ⊡ Pros. ; [pass. pers.] ⊡ Pros. ¶**3** [polit.] ***sententiam alicujus*** ⊡ Pros., exposer, proposer au vote du sénat l'avis de qqn [en parl. du consul] ¶**4** promettre publiquement : ⊡ Pros., ⊞ Pros. ¶**5** déclamer, débiter à haute voix : ⊡ Pros. ¶**6** prononcer une lettre, un mot : ⊞ Pros.

prōnūpĕr, adv., tout récemment : ⊟ Théât.

prōnŭrŭs, *ūs*, f., femme du petits-fils : ⊡ Poés.

prōnus, *a, um* ¶**1** penché en avant : ⊡ Poés., Pros. ‖ ⊡ Pros. ; ***pronus currus*** ⊡ Poés., le char qui s'incline en avant, qui s'enfonce ; ⊡ Pros. ¶**2** en pente, incliné : ***prona via*** ⊡ Poés., chemin en pente ; ***per pronum ire*** ⊞ Pros., descendre une pente ; ***in prono*** ⊡ Pros., sur un terrain en pente ; n. pl., ***prona montis*** ⊞ Pros., pentes d'une montagne ‖ ***pronus amnis*** ⊡ Poés., rivière dont le cours est en pente, au cours rapide ‖ ⊡ Pros. ; ***pronior orienti*** ⊞ Pros., plus incliné vers l'orient ¶**3** [astre] qui descend à l'horizon, qui décline : ⊡ Poés. ‖ [temps] ***pronus annus*** ⊡ Poés., le déclin de l'année [l'automne] ; ***proni menses*** ⊡ Poés., les mois qui fuient ¶**4** [fig.] ***a)*** incliné vers, porté vers, enclin à [avec *ad*] : ⊡ Pros., ⊞ Pros. ‖ [avec *in* acc.] ⊡ Pros., ⊞ Pros. ‖ [avec dat.] : ⊞ Pros. ‖ [avec gén.] ⊞ Poés. ***b)*** bien disposé, bienveillant, favorable : ***pronis auribus*** ⊞ Pros., avec des oreilles favorables ; ***pronus in aliquem*** ⊞ Pros. ; ***alicui*** ⊞ Pros., bien disposé pour qqn ***c)*** facile, aisé : ⊡ Pros., ⊞ Pros. ; ***pronum est*** [avec inf.], il est facile de : ⊞ Pros., Poés.

prŏoemĭŏr, *ārĭs, ārī, -*, intr., faire un exorde : ⊡ Pros.

prŏoemĭum, *ĭi*, n. ¶**1** prélude : ⊡ Pros. ¶**2** préface, introduction, préambule : ⊡ Pros. ‖ exorde : ⊞ Pros. ‖ principe, commencement, origine : ⊞ Poés.

prŏpāgātĭo, *ōnis*, f. ¶**1** action de provigner, provignement : ⊡ Pros. ‖ propagation : ⊡ Pros. ¶**2** [fig.] extension, agrandissement, prolongation : ***finium*** ⊡ Pros., agrandissement du territoire ; ***vitae*** ⊡ Pros., prolongation de la vie

prŏpāgātŏr, *ōris*, m. ¶**1** celui qui multiplie : ⊞ Pros. ¶**2** celui qui fait proroger [une magistrature] : ⊡ Pros.

prŏpāgātus, *a, um*, part. de *1 propago*

prŏpāgēs, *is*, f., [fig.] rejeton, race, lignée : ⊟ Théât.

prŏpagmen, *ĭnis*, n., prolongation : ⊟ Pros.

1 **prŏpāgō**, *ās, āre, āvī, ātum*, tr. ¶**1** propager par bouture, provigner : ⊟ Pros. ‖ [fig.] propager, perpétuer : ⊡ Pros. ¶**2** agrandir, étendre : ***fines imperii*** ⊡ Pros., élargir les frontières de son empire ¶**3** étendre, prolonger, faire durer : ***vitam*** ⊡ Pros., prolonger son existence, la soutenir

2 **prŏpāgo**, *ĭnis*, f. ¶**1** provin, marcotte, bouture : ⊡ Pros. ‖ rejeton, pousse : ⊡ Poés., ⊞ Pros. ¶**2** [fig.] rejeton, lignée, race : ⊡ Poés., ⊞ Pros.

prōpălam, adv., au grand jour, ostensiblement, publiquement : ⊟ Théât., ⊡ Pros., ⊞ Pros. ; ***propalam fieri*** ⊟ Théât., se divulguer

prōpălō, *ās, āre, āvī, ātum*, tr., rendre public, publier, divulger : ⊡ Pros.

prōpansus (-passus), *a, um*, déployé, étendu : ⊞ Pros.

prōpătŭlō, et ordin^t **in prōpătŭlo**, en plein air, en public, à découvert, au vu de tout le monde : ***in propatulo aedium*** ⊡ Pros., dans la cour d'une maison ; ***in propatulo esse*** ⊞ Pros., être offert aux yeux de tous

prōpătŭlus, *a, um*, découvert : ⊡ Pros.

prŏpĕ, adv., ***propius*** ; ***proxime***
I adv. ¶**1** [lieu] près, auprès : ⊡ Pros. ; ***propr a Sicilia*** ⊡ Pros., près de la Sicile ; ***propius a terra*** ⊡ Pros., plus près de la terre ¶**2** [temps] : ⊟ Théât. [ou] ***prope adest ut*** ⊟ Théât. ¶**3** presque, à peu près : ⊡ Pros. ‖ ***prope est ut*** ⊡ Pros., il s'en est fallu de peu que ; il s'en faut de peu que ; ➤ *propius*
II prép. acc. : ***prope oppidum*** ⊡ Pros., près de la ville ; ***prope me*** ⊡ Pros., près de moi

prŏpĕdĭem (prŏpĕ dĭem), adv., au premier jour, bientôt, sous peu : ⊡ Pros.

prōpellō, *ĭs, ĕre, pŭlī, pulsum*, tr. ¶**1** pousser en avant, faire avancer : ***oves in pabulum*** ⊡ Pros., mener paître les brebis ‖ [fig.] ***aliquem*** ⊡ Pros., pousser qqn en avant ; ***ad voluntariam mortem*** ⊞ Pros., pousser au suicide ¶**2** repousser, chasser : ***hostes*** ⊡ Pros., culbuter les ennemis ; ***a castris*** ⊡ Pros., repousser du camp les ennemis ; ***crates*** ⊡ Pros., abattre les claies ‖ [fig.] ***famem*** ⊡ Poés., chasser la faim ; ***periculum vitae ab aliquo*** ⊡ Pros., écarter de qqn le danger de mort

prŏpĕmŏdum, adv., presque, à peu près : ⊡ Pros.

prŏpemptĭcŏn (-tĭcum), *i*, n., adieu [en vers], discours d'adieu : ⊡ Poés.

prōpendĕō, *ēs, ēre, pendī, pensum*, intr. ¶**1** être penché en avant : ⊞ Pros. ¶**2** descendre [plateau d'une balance], pencher : ⊡ Pros. ‖ être plus pesant, l'emporter : ⊡ Pros. ¶**3** [fig.] pencher, avoir une propension : ⊡ Pros. ; ***in aliquem*** ⊡ Pros.

prōpendō, *ĭs, ĕre, -, -*, intr., peser, être pesant : ⊟ Théât.

prōpendŭlus, *a, um*, qui pend en avant : ⊞ Pros.

prōpensē, adv., ***propensius*** ⊡ Pros.

prōpensĭo, *ōnis*, f., penchant : ⊡ Pros.

prōpensus, *a, um* ¶**1** part. de *propendeo* ¶**2** [adj^t] ***a)*** prépondérant, lourd, important : ⊟ Théât., ⊡ Pros. ***b)*** incliné vers, porté à : ***ad misericordiam*** ⊡ Pros., porté à la pitié ; ***in alteram partem*** ⊡ Pros., incliné de l'autre côté, vers l'autre parti ***c)*** qui incline vers, qui se rapproche de : ⊡ Pros. ‖ ***propensissimus*** ⊡ Pros.

prŏpĕrans, *tis*, part.-adj. de *propero*, qui se hâte, prompt, rapide : ⊡ Pros.

prŏpĕrantĕr, ➤ *propere* ***-tius*** ⊡ Pros.

prŏpĕrantĭa, *ae*, f., hâte, diligence : ⊡ Pros. ‖ précipitation : ⊞ Pros.

prŏpĕrātĭo, *ōnis*, ➤ *properantia* : ⊡ Pros.

prŏpĕrātō, adv., ➤ *propere* : ⊞ Pros.

prŏpĕrātus, *a, um*, part. de *propero*, [adj^t] fait à la hâte, rapide, accéléré : ⊡ Poés. ; ➤ *propero*

prŏpĕrē, adv., à la hâte, vite, avec diligence, avec empressement : ⊟ Théât., ⊡ Pros.

prŏpĕrĭpēs, *ĕdis*, aux pieds légers [agiles] : C Poés.

prŏpĕrō, *ās, āre, āvī, ātum*, tr. et intr.
I tr., hâter, presser, accélérer : ***vascula*** -C Théât., préparer vite la vaisselle ; ***iter*** C Pros., presser sa marche ; ***mortem*** C Poés., hâter sa mort ; ***opus*** C Pros., se donner vite à une tâche ; ***deditionem*** +C Pros., se hâter de capituler ; ***naves properatae*** +C Pros., les navires furent faits hâtivement
II intr., se hâter, se dépêcher, faire diligence : ***in Italiam, Romam*** C Pros., se rendre en hâte en Italie, à Rome ; ***ad praedam, ad gloriam*** C Pros., se hâter vers le butin, vers la gloire ‖ [avec inf.] : ***pervenire properat*** C Pros., il se hâte d'arriver ; C Poés. ‖ [avec prop inf.] C Poés. ‖ [avec *ut*] se hâter de : C Pros. ‖ [avec sup.] ***adjutum properatis*** C Pros., vous vous hâtez de seconder

Prŏpertĭus, *ĭī*, m., surnom rom., not^{t} Properce, poète élégiaque latin : +C Pros.

prŏpĕrus, *a, um*, prompt, rapide, pressé, empressé : C Poés., +C Pros. ‖ [avec inf.] ***clarescere*** +C Pros., impatient de s'illustrer ‖ [avec gén.] ***vindictae*** +C Pros., avide de vengeance

prōpexus, *a, um*, peigné en avant, qui pend, pendant, long : C Poés.

prŏphēta (-tēs), *ae*, m., prêtre d'un temple, d'une divinité : +C Pros., T Pros. ‖ prophète : T Pros.

prŏphētālis, *e*, de prophète, des prophètes, prophétique : T Pros.

prŏphētātĭo, *ōnis*, f., prophétie : T Pros.

prŏphētīa, *ae*, f., prophétie : T Pros.

prŏphētĭcus, *a, um*, prophétique, qui prophétise, prophète : T Pros.

prŏphētizō, *ās, āre, -, -*, tr., prophétiser : T Pros.

prŏpīn, interj., n. indécl., apéritif : +C Pros., Poés.

prŏpīnātĭo, *ōnis*, f., provocation (invitation) à boire, défi de buveurs : +C Pros.

prŏpīnātŏr, *ōris*, m., celui qui invite à boire, qui incite à la débauche : T Pros.

prŏpīnō, *ās, āre, āvī, ātum*, tr. ¶ **1** boire le premier, boire avant qqn et lui présenter la coupe entamée : -C Théât. ; ***tibi propino*** -C Théât., je bois à ta santé ; C Pros. ¶ **2** offrir à boire : -C Théât., +C Poés. ¶ **3** offrir, livrer : -C Théât.

prŏpinquē, adv., proche, près : -C Théât.

prŏpinquĭtās, *ātis*, f., proximité, voisinage : C Pros. ; pl., C Pros. ‖ [fig.] parenté, alliance : C Pros. ; pl., C Pros.

prŏpinquō, *ās, āre, āvī, ātum* ¶ **1** intr., s'approcher, approcher [avec dat.] : ***scopulo, ripae*** C Poés., s'approcher du rocher, de la rive ; +C Pros. ‖ [avec acc.] [cf. ▶ *prope*] ***amnem*** C Pros. ; ***campos*** +C Pros., approcher du fleuve, des plaines ¶ **2** tr., faire venir près, rendre prochain, hâter : ***augurium*** C Poés., hâter l'accomplissement de l'augure ; +C Poés.

prŏpinquus, *a, um* ¶ **1** rapproché, voisin : C Pros. ; ***exsilium propinquius*** C Poés., un exil plus rapproché ; C Pros. ‖ ***ex propinquo*** C Pros., de près ; ***in propinquo esse*** C Pros., être proche ¶ **2** proche, prochain, peu éloigné : ***propinqua mors*** C Pros., mort prochaine ‖ voisin, approchant, analogue : C Pros., +C Pros. ‖ proche par la parenté : ***alicui genere propinquus*** C Pros., proche de qqn par le sang ‖ [pris subst^{t}] : ***propinquus, propinqua***, parent, parente : C Pros. ; ***propinqui*** C Pros., les proches, les parents, (mais ***propinqui*** C Pros., les voisins)

prŏpĭor, *prŏpĭus*, adj. ; compar. de *propinquus* outre *propinquior* ¶ **1** plus rapproché, plus proche, plus voisin : [avec dat.] ***propior patriae*** C Poés., plus proche de la patrie ; [avec acc.] ***propior montem*** C Pros., plus près de la montagne ; [avec *ab*] ***ab igne propior*** +C Pros., plus près du feu ‖ n., ***propiora fluminis*** +C Pros., les points du fleuve plus rapprochés ¶ **2** plus rapproché, plus récent : ***propior epistula*** C Pros., la dernière lettre ; ***veniunt ad propiora*** C Pros., ils viennent à des faits plus rapprochés ; C Poés. ‖ plus près par la parenté : ***alicui*** C Pros., plus proche parent de qqn ‖ qui se rapproche davantage : C Pros., +C Pros. ‖ qui touche de plus près : C Pros. ‖ plus porté vers : C Poés.

prŏpĭtĭābĭlis, *e*, qui peut être fléchi, clément ; [avec *prō* long] T Poés.

prŏpĭtĭātĭo, *ōnis*, f., sacrifice propitiatoire : T Pros. ‖ miséricorde, pardon (de Dieu) : T Pros. ‖ rançon : T Pros.

prŏpĭtĭātŏr, *ōris*, m., intercesseur : T Pros.

1 **prŏpĭtĭātus**, *a, um*, part. de *propitio*

2 **prŏpĭtĭātŭs**, *ūs*, m., propitiation : T Pros.

prŏpĭtĭō, *ās, āre, āvī, ātum*, tr. ¶ **1** rendre propice, favorable, fléchir par un sacrifice, offrir un sacrifice expiatoire à : -C Théât., +C Pros. ¶ **2** [pass.] être apaisé, pardonner à : T Pros. ‖ être pardonné [chose] : T Pros.

prŏpĭtĭus, *a, um*, propice [surtout en parl. des dieux], favorable, bienveillant : -C Pros., Théât., C Pros. ‖ ***propitia voluntas*** C Pros., disposition favorable

prŏpĭŭs, compar. de *prope* ¶ **1** adv., ***propius ad aliquid accedere*** C Pros., se rapprocher de qqch. ; ***propius a terris*** C Pros., plus près des terres ‖ ***propius inspicere*** +C Pros., regarder de plus près, avec plus de soin, d'attention ¶ **2** prép. ***a)*** acc., ***propius aliquem, aliquid accedere*** C Pros., se rapprocher de qqn, de qqch. ; ***propius urbem*** C Pros., plus près de la ville ***b)*** dat., C Pros., Poés.

prognīgēum (-ŏn), *i*, n., étuve [de bains] : C Pros., +C Pros.

Prōpoetĭdes, *um*, f. pl., jeunes filles d'Amathonte qui méprisèrent Vénus et furent changées en rochers : C Poés.

1 **prŏpōla**, *ae*, m., boutiquier, détaillant, revendeur, brocanteur : -C Théât., C Pros.

2 **prŏpōla**, *ae*, f., boutique de brocanteur : [avec *prō* long] T Poés.

prŏpŏlis, *is*, f., propolis, matière résineuse dont les abeilles se servent pour clore leur ruche : C Pros., +C Pros.

prōpollŭō, *ĭs, ĕre, -, -*, tr., souiller en continuant : +C Pros.

prōpōnō, *ĭs, ĕre, pŏsŭī, pŏsĭtum* ¶ **1** placer devant les yeux, exposer, présenter : ***vexillum*** C Pros., hisser, arborer l'étendard [signal du combat] ; ***rem venalem*** C Pros., exposer une chose en vente ‖ afficher : C Pros. ¶ **2** [fig.] ***a)*** ***sibi proponere aliquem, aliquid*** C Pros., se représenter qqn, qqch. par la pensée ; ***sibi aliquem ad imitandum*** C Pros., se proposer qqn comme modèle ; ***morte proposita*** C Pros., ayant la mort en perspective ‖ ***animo aliquid*** C Pros. ***b)*** mettre en avant, faire voir, exposer : ***rem gestam*** C Pros., faire l'exposé des événements ‖ exposer que [avec prop. inf.] : C Pros. ‖ [abs^{t}] C Pros. ***c)*** annoncer : C Pros. ***d)*** offrir, proposer : ***praemium*** C Pros., offrir une récompense ; +C Pros. ; ***improbis poenam*** C Pros., menacer les méchants d'un châtiment ; ***remedia morbo*** C Pros., appliquer des remèdes à une maladie ***e)*** proposer une question, un sujet de discussion : C Pros. ***f)*** se proposer qqch. [dessein, projet] : ***aliquid animo*** C Pros. ; ***sibi proponere, ut*** C Pros., se proposer de ‖ ***mihi est propositum*** [avec inf. (ou *ut*)] C Pros., mon dessein est de ‖ C Pros. ; ***propositum consilium*** C Pros. ; ***proposita sententia*** C Pros., projet arrêté, idée arrêtée ***g)*** établir une proposition [majeure d'un syllogisme] : C Pros.

Prŏpontis, *ĭdis*, f., la Propontide [mer entre la mer Égée et le Pont-Euxin ; mer de Marmara] : C Pros., +C Pros. ‖ **-tĭăcus**, *a, um*, de la Propontide : C Poés.

prōporrō, adv., de plus, en outre : C Poés.

prōportĭo, *ōnis*, f., rapport, analogie [trad. du grec ἀναλογία] : C Pros., +C Pros., T Pros.

prōportĭōnālis, *e*, proportionné, proportionnel : T Pros.

prōportĭōnālĭtās, *ātis*, f., proportionnalité : T Pros.

prōportĭōnālĭtĕr, adv., proportionnellement : T Pros.

prōpŏsĭtĭo, *ōnis*, f. ¶ **1** action de mettre sous les yeux, présentation, représentation : C Pros. ¶ **2** majeure [d'un syllogisme] : C Pros. ¶ **3** proposition [partie d'un discours] ; exposé du sujet, thème : C Pros., +C Pros. ¶ **4** proposition, phrase : +C Pros.

prōpŏsĭtum, *i*, n. ¶ **1** plan, dessein : ***propositum adsequi*** C Pros., atteindre son but ; ***tenere*** C Pros., persévérer dans son dessein ; ***peragere*** C Pros., mettre à exécution sa résolution ¶ **2** objet, sujet traité, thème : C Pros. ‖ proposition générale [θέσις] : C Pros. ¶ **3** majeure d'un syllogisme : C Pros., +C Pros.

prōpŏsĭtus, *a, um*, part. de *propono*

prōpŏsŭī, parf. de *propono*

prō praetōre, ◻ Pros., **prōpraetŏr**, *ōris*, m., ◻ Pros., propréteur [préteur sorti de charge et gouverneur d'une province]

prŏprĭātim, adv., d'une manière propre : ◻ Pros.

prŏprĭē, adv. ¶ **1** particulièrement, en particulier : ◻ Pros. ¶ **2** proprement, spécialement, personnellement : ◻ Pros. ¶ **3** en termes propres : ◻ Pros. ; ***proprie magis*** ◻ Pros., en termes plus appropriés

prŏprĭĕtās, *ātis*, f. ¶ **1** propriété, caractère propre : ◻ Pros. ‖ caractère spécifique : ◻ Pros. ¶ **2** [fig.] propriété des termes : ◻ Pros.

proprĭum, *ĭī*, n., propriété : ◻ Pros. ; ***de proprio vivere*** ◻ Poés., vivre de son bien

proprĭus, *a*, *um* ¶ **1** qui appartient en propre, qu'on ne partage pas avec d'autres : ◻ Pros. ¶ **2** propre, spécial, caractéristique : ◻ Pros. ‖ qui concerne en particulier, spécialement : ◻ Pros. ¶ **3** ***verbum proprium*** ◻ Pros., mot propre ¶ **4** qui appartient constamment en propre = durable, stable, permanent : ◻ Pros. ¶ **5** [à la place de l'adj. possessif réfl.] ◻ Pros.

proptĕr
I adv., à côté, auprès, à proximité : ◻ Pros.
II prép. acc. ¶ **1** à côté de, près de : ◻ Pros. ¶ **2** à cause de : ***propter metum*** ◻ Pros., par crainte ; ***propter me*** ◻ Pros., à cause de moi ‖ ***propter hoc*** ◻ Pros. ; ***propter quod*** ◻ Pros. ; ***quae propter*** ◻ Pros., à cause de cela ‖ ***propter*** ; postposé : ***quem propter*** ◻ Pros., à cause de qui ¶ **3** en vue de, pour : ◻ Pros.

proptĕrĕā, adv., à cause de cela ¶ **1** [renvoyant à ce qui précède] : ◻ Théât. ; [renforcé par *id*, relativement à cela] ◻ Théât. ; ***et propterea*** ◻ Pros., et à cause de cela ; ***nec, si ..., propterea*** ◻ Pros., et si ..., il ne s'ensuit pas que ¶ **2** [en corrélation] ***a) propterea ... quod, quia***, par cela que, parce que : ◻ Pros., ◻ Pros. ; parce que ***b) propterea ... ut*** ◻ Pros., pour que, afin que

prŏpŭdĭōsus, *a*, *um*, qui est sans pudeur, éhonté, infâme : ◻ Théât., ◻ Pros. ‖ obscène : ◻ Pros.

prŏpŭdĭum, *ĭī*, n., infâme [injure] : ◻ Théât., ◻ Pros.

prōpugnācŭlum, *i*, n. ¶ **1** ouvrage de défense, retranchement, rempart, fortification : ◻ Poés., ◻ Pros. ¶ **2** [en gén.] tout moyen de défense [en parl. d'un vaisseau] : ◻ Pros.

prōpugnātĭo, *ōnis*, f., action de défendre, défense : ◻ Pros. ; ***propugnationem pro aliqua re suscipere*** ◻ Pros., assumer la défense de qqch

prōpugnātŏr, *ōris*, m., celui qui défend en combattant, défenseur, combattant : ◻ Pros. ‖ [fig.] défenseur, protecteur, champion : ◻ Pros.

prōpugnātus, *a*, *um*, part. de *propugno*

prōpugnō, *ās*, *āre*, *āvī*, *ātum*
I intr. ¶ **1** combattre pour écarter, pour protéger : ***ex silvis*** ◻ Pros., combattre de l'intérieur des bois [en lançant des projectiles] ; ***ex turribus*** ◻ Pros., combattre du haut des tours ; ; [en parl. des animaux] ***pro suo partu*** ◻ Pros., lutter pour défendre leurs petits ¶ **2** [fig.] combattre pour, être le défenseur, le champion de : [*pro aliqua re*] ◻ Pros. ‖ [*alicui, alicui rei*, pour qqn, pour qqch.] ◻ Pros., ◻ Pros.
II tr., défendre (***aliquam rem***, qqch.) : ◻ Pros. ; ***propugnatus*** ◻ Pros.

prōpŭlī, parf. de *propello*

prōpulsātĭo, *ōnis*, f., action de repousser [un danger] : ◻ Pros.

prōpulsātor, *ōris*, m., celui qui éloigne [fig.], préservateur : ◻ Pros. ‖ défenseur : ◻ Pros.

prōpulsō, *ās*, *āre*, *āvī*, *ātum*, tr., repousser, écarter : ◻ Pros. ‖ [fig.] repousser, écarter, éloigner, se garantir de, se préserver de : ***frigus, famem*** ◻ Pros., se défendre contre le froid, la faim ; ***bellum*** ◻ Pros., écarter une guerre ; ***periculum*** ◻ Pros., conjurer un péril ‖ ***ab aliquo injurias*** ◻ Pros., écarter de qqn les injustices, préserver qqn contre les injustices

prōpulsŏr, *ōris*, m., celui qui fait marcher devant soi : ◻ Poés.

1 **propulsus**, *a*, *um*, part. de *propello*

2 **prōpulsŭs**, abl. *ū*, m., pression : ◻ Pros.

prōpurgō, *ās*, *āre*, -, -, tr., purifier préalablement : ◻ Pros.

Prŏpūs, *ŏdis*, m., nom d'une étoile qui se trouve devant les pieds des Gémeaux : ◻ Poés.

Prŏpўlaeŏn, *i*, n., **-laea**, *ōrum*, n. pl., les Propylées, portique de l'Acropole [à Athènes] : ◻ Pros.

prō quaestōrĕ, m., proquesteur : ◻ Pros. ; pl., ◻ Pros. ; [abrév.]

prōquăm (prō quăm), selon que, à proportion que, dans la mesure où : ◻ Poés.

prōquĭrītō, *ās*, *āre*, -, *ātum*, tr., proclamer : ◻ Pros., ◻ Pros.

prōra, *ae*, f., proue, avant d'un vaisseau : ◻ Pros. ‖ [poét.] nef, navire, vaisseau : ◻ Poés.

prōrēpō, *ĭs*, *ĕre*, *repsi*, *reptum*, intr., s'avancer en rampant ou en se traînant, ramper : ◻ Poés. ‖ [en parl. des choses] pousser, s'étendre, apparaître : ◻ Pros. ‖ se répandre lentement, suinter : ◻ Pros.

prōrēta, *ae*, m., homme de proue, second : ◻ Théât.

prōreūs, *ei* ou *ĕos*, m., ➡ *proreta* : ◻ Poés.

prōrĭpĭō, *ĭs*, *ĕre*, *rĭpŭī*, *reptum*, tr., traîner dehors, entraîner : ◻ Pros. ‖ ***se ex curia domum*** ◻ Pros., se précipiter hors du sénat chez soi ; [fig.] ◻ Pros. ‖ [abs[t], au sens réfl.] : ◻ Poés.

prōrĭpĭum, *ĭī*, n., promontoire : ◻ Pros.

prōris, *is*, f., ➡ *prora* : ◻ Théât.

prōrītātŏr, *ōris*, m., querelleur : ◻ Pros.

prōrītō, *ās*, *āre*, *āvī*, -, tr., attirer, engager, inviter : ◻ Pros.

prōrŏgātĭo, *ōnis*, f., prolongation, prorogation, remise, ajournement, délai : ◻ Pros.

prōrŏgātīvus, *a*, *um*, dont l'effet peut être retardé : ◻ Pros.

prōrŏgātus, *a*, *um*, part. de *prorogo*

prōrōgō, *ās*, *āre*, *āvī*, *ātum*, tr., prolonger : ***imperium alicui*** ◻ Pros., prolonger les pouvoirs de qqn ; ***provinciam*** ◻ Pros., proroger le gouvernement d'une province ; ***aliquid temporis*** ◻ Pros., imposer une prorogation ‖ ***dies ad solvendum*** ◻ Pros., accorder un délai de paiement ; ◻ Théât. ‖ ***vitae spatium*** ◻ Pros., prolonger les délais, la durée de la vie ; ***famam alicujus*** ◻ Pros., étendre la renommée de qqn

Prorsa, *ae*, f., déesse qui présidait aux accouchements : ◻ d. ◻ Pros.

prorsum, [arch.] **prōsum**, ◻ Théât., adv. ¶ **1** en avant : ***prorsum ire*** ◻ Théât., aller en avant ¶ **2** directement, tout droit : ◻ Théât. ‖ [fig.] tout franc, carrément, purement et simplement : ◻ Théât. ‖ tout à fait, absolument : ***prorsum nihil*** ◻ Théât., absolument rien ; ◻ Pros.

1 **prorsus**, [arch.] **prōsus**, ◻ Théât., adv. ¶ **1** tourné en avant, en avant : ◻ Théât., ◻ Poés. ; [fig.] ◻ Pros. ‖ tout droit : ◻ Théât., ◻ Pros. ¶ **2** tout à fait, absolument : ◻ Pros. ; ***prorsus omnes*** ◻ Pros., absolument tout le monde ; ***adfatim prorsus*** ◻ Pros., tout à fait amplement ; ***prorsus valde*** ◻ Pros., vraiment beaucoup ; ***prorsus opportunus*** ◻ Pros., tout à fait favorable ¶ **3** en un mot : ◻ Pros.

2 **prorsus**, *a*, *um*, [fig.] prosaïque : ◻ Pros.

prōrumpō, *ĭs*, *ĕre*, *rūpī*, *ruptum* ¶ **1** tr., faire sortir avec violence : ◻ Poés. ‖ ***se prorumpere*** ◻ Pros., se précipiter [ou] ◻ Poés. ; ***mare proruptum*** ◻ Poés., mer déchaînée ‖ [fig.] ***prorupta audacia*** ◻ Pros., une audace effrénée ¶ **2** intr., [pr. et fig.] s'élancer, se précipiter : ◻ Pros., Poés., ◻ Pros. ‖ ***lacrimae prorumpunt*** ◻ Pros., les larmes jaillissent ; ***incendium proruperat*** ◻ Pros., l'incendie avait éclaté ; ***nihil prorupit*** ◻ Pros., rien ne perça au-dehors ; ◻ Pros. ; ***in scelera*** ◻ Pros. ; ***ad minas*** ◻ Pros., se précipiter dans le crime, éclater en menaces ; ***ad quod prorupit reus*** ◻ Pros., à cette accusation, l'inculpé éclata en reproches

prōrŭō, *ĭs*, *ĕre*, *rŭī*, *rŭtum* ¶ **1** intr. ***a)*** se précipiter : ◻ Pros. ; ***in hostem*** ◻ Pros., fondre sur l'ennemi ***b)*** s'écrouler : ◻ Pros. ¶ **2** tr. ***a)*** pousser hors de : ***foras se*** ◻ Théât., se précipiter au-dehors ; ◻ Théât. ***b)*** abattre, renverser : ***munitionibus prorutis*** ◻ Pros., les fortifications étant abattues ; ***vallum in fossas*** ◻ Pros., renverser la palissade dans les fossés ; ◻ Pros.

prōrūpī, parf. de *prorumpo*

prōruptŏr, *ōris*, m., celui qui fait irruption : ◻ Pros.

prōruptus, *a, um*, part. de *prorumpo*

prōrŭtus, *a, um*, part. de *proruo*

prōsa, *ae*, f., la prose : [+C] Pros.

prōsaepĭum, *ĭi*, n., vestibule : [T] Pros.

prōsăĭcus, *a, um*, écrit en prose : [+T] Poés. ‖ subst. m., prosateur : [+T] Poés.

prōsāpĭa, *ae*, f., [arch.] lignage, lignée, longue suite d'ancêtres, race : [-C] Théât., [C] Pros. ‖ [fig.] famille, grand nombre : [T] Poés.

prōsārĭus, *a, um*, de prose : [T] Pros.

prōsătus, *a, um*, part. de *2 prosero*

proscēnĭum (-caenĭum), *ĭi*, n., proscénium, le devant de la scène : [-C] Théât., [C] Poés.

proschŏlus (-ŏs), *i*, m., sous-maître [maître d'étude] : [T] Pros.

proscindō, *ĭs, ĕre, scĭdī, scissum*, tr. ¶ **1** déchirer en avant, fendre en avant ***a)*** fendre devant soi la terre, labourer [premier labour] : [C] Pros., Poés. ; ***proscisso aequore*** [C] Poés., le sol étant ouvert par le premier labour ; [fig.] [+C] Poés. ***b)*** fendre un arbre : [+C] Poés. ***c)*** fendre les flots : [C] Poés. ¶ **2** [fig.] déchirer, diffamer : [C] Poés., [+C] Pros.

proscissĭo, *ōnis*, f., premier labour : [+C] Pros.

proscissum, *i*, n., sillon du premier labour : [+C] Pros.

proscissus, *a, um*, part. de *proscindo*

proscrībō, *ĭs, ĕre, scrīpsī, scriptum*, tr. ¶ **1** publier par une affiche, afficher : ***non proscripta die*** [C] Pros., sans avoir affiché le jour ; ***proscribere venationem*** [C] Pros., annoncer par affiches le spectacle d'une chasse ‖ [avec prop. inf.] annoncer par voie d'affiches que : [C] Pros. ‖ [en gén.] publier, annoncer : [+C] Pros. ¶ **2** [en part.] ***a)*** afficher qqch. pour une vente, mettre en vente : [C] Pros. ***b)*** annoncer par affiches la confiscation et la vente des biens de qqn : [C] Pros. ; ***vicinos*** [C] Pros., confisquer les biens de ses voisins ; ***possessiones proscriptae*** [C] Pros., biens confisqués ***c)*** mettre sur les listes de proscriptions, proscrire : [C] Pros. ; ▶ *2 proscriptus*, un proscrit

proscriptĭo, *ōnis*, f., affichage pour une vente : ***bonorum*** [C] Pros., affichage pour la vente des biens ‖ proscription [comportant exil et confiscation des biens par affichage de la liste des condamnés] : [C] Pros. ; ***capitis mei*** [C] Pros., proscription de ma tête (de ma personne)

proscriptŏr, *ōris*, m., qui aime à proscrire : [+C] Pros.

proscriptŭrĭō, *īs, īre, -, -*, intr., désirer proscrire : [C] Pros.

1 **proscriptus**, *a, um*, part. de *proscribo*

2 **proscriptus**, *i*, m., proscrit, ▶ *proscribo* : [C] Pros.

proscultō, *ās, āre, -, -*, tr., épier : [T] Pros.

proscultŏr, *ārĭs, ārī, -*, ▶ *prosculto* : [T] Pros.

prōsĕcō (arch. **-sĭcō**), *ās, āre, ŭī, sectum*, tr. ¶ **1** couper, découper [les entrailles des victimes] : [-C] Théât., Pros., [C] Pros., [+C] Pros. ‖ offrir en sacrifice, sacrifier : [+C] Pros. ¶ **2** [en gén.] couper : [+C] Pros. ‖ fendre, ouvrir, labourer : [+C] Pros.

prōsĕcrō, *ās, āre, -, -*, intr., sacrifier : [T] Pros.

prōsecta, *ōrum*, n. pl. (s.-ent. ***exta***), entrailles [coupées] de la victime : [C] Poés., [+C] Poés.

1 **prosectus**, *a, um*, part. de *proseco*

2 **prōsectŭs**, abl. *ū*, m., coupure, entaille, incision : [+C] Pros.

prōsĕcŭī, parf. de *proseco*

prōsĕcūtĭo, *ōnis*, f., action d'accompagner, de faire escorte : [T] Pros.

prōsĕcūtŏr, *ōris*, m., celui qui accompagne, qui fait la conduite : [T] Pros.

prōsĕcūtus, *a, um*, part. de *prosequor*

prōsĕda, *ae*, f., une prostituée : [-C] Théât.

Prŏsĕlēnŏs, *i*, f., nom de femme : [+C] Pros.

prŏsĕlȳtus, *a, um*, prosélyte [qui passe du paganisme au judaïsme] : [T] Pros.

prōsēmĭnō, *ās, āre, āvī, ātum*, tr., semer, disséminer : [C] Pros., [T] Pros. ‖ [fig.] faire naître, créer, engendrer : [C] Pros.

prōsentĭō, *īs, īre, sensī, -*, tr., pressentir, avoir un soupçon : [-C] Théât.

prōsĕquŏr, *quĕrĭs, quī, sĕcūtus (sĕquūtus) sum*, tr. ¶ **1** accompagner, reconduire qqn en cortège : ***Dianam*** [C] Pros., faire escorte à Diane ‖ [en parl. d'une seule pers.] : [C] Pros. ‖ [en part.] accompagner un mort, un convoi funèbre : [C] Pros., Poés. ; ***se prosequi*** [+C] Pros., assister à ses propres funérailles ¶ **2** [idée d'hostilité] suivre sans désemparer, poursuivre : ***hostem*** [C] Pros., poursuivre l'ennemi ‖ [sans hostilité] poursuivre, continuer : [C] Poés. ¶ **3** [en gén.] accompagner, escorter : [C] Pros. ; [fig.] [C] Pros., Poés. ¶ **4** poursuivre (accompagner) qqn de cris, de manifestations diverses : [C] Pros. ¶ **5** [fig.] accompagner qqn de qqch. = l'honorer de, l'entourer de : ***aliquem honorificis verbis*** [C] Pros., [m. à m.] donner à qqn l'escorte de paroles de civilité = adresser à qqn des compliments ; ***aliquem officiis*** [C] Pros., entourer qqn de bons offices ; ***aliquem venia prosequi*** [C] Poés., faire à qqn un accueil favorable ¶ **6** s'attacher à décrire, à exposer qqch. : ***pascua versu*** [C] Poés., s'attacher à décrire en vers les pâturages ; [+C] Pros.

1 **prōsĕrō**, *ĭs, ĕre, sĕrŭī, sertum* ?, tr., faire sortir, faire paraître, montrer : [+C] Poés., [T] Poés.

2 **prōsĕrō**, *ĭs, ĕre, sēvī, sătum*, tr., produire, faire pousser : [+C] Poés. ‖ [fig.] faire naître, créer : [+C] Pros.

Prŏserpĭna, *ae*, f., Proserpine [fille de Cérès et de Jupiter, enlevée par Pluton] : [C] Pros., Poés.

prōserpō, *ĭs, ĕre, -, -*, intr. ¶ **1** s'avancer en rampant, se traîner : [-C] Théât., [C] Pros. ¶ **2** sortir lentement [en parl. des plantes], lever : [T] Pros. ¶ **3** [fig.] s'étendre, se propager : [T] Pros.

prŏseucha, *ae*, f., synagogue : [+C] Poés.

prōsĭālīzō, *ās, āre, -, -*, cracher sur : [T] Pros.

prōsĭcĭes, *ēi*, f., et **prōsĭcĭum**, *ĭi*, n., ▶ *prosecta*

prōsĭco, ▶ *proseco*

prōsĭlĭō, *īs, īre, sĭlŭī* [plus rar[t]] *īvī, ĭī*, intr. ¶ **1** sauter en avant, se jeter en sautant, se lancer, se précipiter : ***ex tabernaculo, ab sede*** [C] Pros., bondir de sa tente, de son siège ; ***puppe*** [+C] Poés., sauter d'un navire ; ***temere prosiluerunt*** [C] Pros., ils s'élancèrent en avant inconsidérément ; ***in contionem*** [C] Pros., s'élancer à l'assemblée ‖ [poét.] ***natura prosiliet*** [C] Poés., la nature s'ébattra [comme un cheval en liberté] ¶ **2** [fig.] ***a)*** jaillir : [-C] Théât. ; ***sanguis prosilit*** [C] Poés., le sang jaillit ; ***scintilla*** [C] Poés., une étincelle jaillit ***b)*** pousser, croître : [+C] Pros. ***c)*** s'avancer en saillie : [+C] Pros.

prōsistens, *tis*, saillant, proéminent, qui déborde : [+C] Pros.

proslambănŏmĕnŏs, *i*, m., la note la plus grave de la gamme des Grecs (ajoutée à l'ancien système) : [C] Pros.

prŏsŏcĕr, *ĕri*, m., père du beau-père, grand-père de la femme : [C] Poés.

prŏsōdĭa, *ae*, f., accent tonique, quantité des syllabes : [C] d. [+C] Pros.

prŏsōpŏpoeĭa, *ae*, f., [rhét.] prosopopée : [+C] Pros. ‖ discours supposé, prêté à un personnage : [+C] Pros.

prospectē, adv., après mûre réflexion, en connaissance de cause : [+C] Pros.

prospectō, *ās, āre, āvī, ātuum*, tr. ¶ **1** regarder en avant, devant soi : ***ex tectis*** [C] Pros., regarder du haut des toits ; ***proelium*** [C] Pros., regarder, contempler le combat ‖ voir au loin, voir de loin : [C] Pros., Poés. ‖ regarder autour de soi : [-C] Théât. ¶ **2** regarder [orientation], être tourné vers, avoir vue sur : [+C] Pros. ¶ **3** regarder en avant [avec idée d'attendre, d'épier] : [C] Pros. ; [fig.] [C] Pros.

prospectŏr, *ōris*, m., celui qui pourvoit : [+C] Pros.

1 **prospectus**, *a, um*, part. de *prospicio*

2 **prospectŭs**, *ūs*, m. ¶ **1** action de regarder en avant, au loin, vue, perspective : [C] Pros. ; ***maris*** [C] Pros., vue sur la mer ‖ pl., [+C] Pros. ¶ **2** fait de se voir de loin : ***in prospectu esse*** [C] Pros., être visible au loin ‖ [d'où] aspect : ***pulcherrimo prospectu*** [C] Pros., [portique] du plus bel aspect ¶ **3** action de voir loin, portée de la vue : [C] Pros. ¶ **4** [fig.] ***alicujus rei prospectum habere*** [+C] Pros., envisager une chose, en tenir compte

prospĕcŭlŏr, *ārĭs, ārī, ātus sum* ¶ **1** intr., épier au loin, regarder au loin : C Pros. ‖ explorer, faire une reconnaissance : ***prospeculatum mittere*** C Pros., envoyer en reconnaissance ¶ **2** tr., épier, guetter : C Pros.

prospĕr, V→ *prosperus*

prospĕrātus, *a, um*, part. de *prospero*

prospĕrē, adv., avec bonheur, heureusement, à souhait : ***evenire, procedere*** C Pros. ; ***cadere*** +C Pros., réussir [en parl. des choses], bien tourner, bien aboutir ‖ favorablement : +C Pros. ‖ ***-errime*** +C Pros.

prospĕrĭtās, *ātis*, f., prospérité, bonheur : C Pros. ; ***valetudinis*** C Pros., santé excellente ‖ pl., C Pros.

prospĕrō, *ās, āre, āvī, ātuum*, tr., rendre heureux, faire réussir (***rem alicui***) : C Pros., +C Pros. ‖ rendre propice : T Poés. ‖ [abs[t]] obtenir le succès : ***amico*** -C Théât., rendre un ami heureux ‖ [pass.] réussir, prospérer : -C Poés., +C Pros., T Pros.

prospĕrus, *a, um*, qui répond aux espérances, heureux, prospère : C Pros. ; ***prosperae res*** C Pros., la prospérité ; +C Pros. ; ***prosperius fatum*** C Poés., destin plus favorable ; +C Pros. ‖ n. pl., ***prospera***, les circonstances heureuses, prospérité : +C Pros. ‖ [attrib. rempl. un adv.] C Pros.

prospexī, parf. de *prospicio*

prospĭca, *ae*, f. (***prospicio***), celle qui pourvoit : -C Théât.

prospĭcĭentĕr, adv., prudemment, avec sagesse : +C Pros.

prospĭcĭentĭa, *ae*, f., prévoyance, circonspection, précaution : C Pros.

prospĭcĭō, *ĭs, ĕre, spexī, spectum*
I intr. ¶ **1** regarder au loin, en avant : -C Théât., C Pros. ; [fig.] C Pros. ¶ **2** être aux aguets : C Pros. ¶ **3** [fig.] avoir l'œil, faire attention, être attentif, veiller à, pourvoir à : ***prospiciam mihi*** -C Théât., je vais penser à moi ; ***prospicite patriae*** C Pros., songez à la patrie ; [avec *ut* subj.] veiller à ce que, avoir soin que : C Pros. ; [avec *ne*] que ne pas éviter de : C Pros.
II tr. ¶ **1** discerner, (apercevoir, voir) qqch. au loin, devant soi : C Poés., C Pros., +C Poés. ‖ regarder au loin, épier : C Pros. ¶ **2** jeter un coup d'œil de loin sur qqch. : C Pros., +C Pros. ; [fig.] ***prospicere vitam*** +C Pros., entrevoir la vie [en parl. d'un enfant qui meurt] ¶ **3** avoir vue sur [orientation], regarder : C Pros. ¶ **4** [fig.] ***a)*** avoir devant les yeux : +C Pros. ***b)*** prévoir : C Pros. ; ***multo ante*** C Pros., longtemps à l'avance ***c)*** avoir l'œil à, s'occuper de, préparer : C Pros., +C Pros.

prospĭcŭē, adv., avec prévoyance, prévenance : +C Pros.

prospĭcus, *a, um*, qui regarde en avant : -C Théât.

prospĭcŭus, *a, um* ¶ **1** élevé [qu'on aperçoit de loin ou qui domine] : +C Poés. ¶ **2** qui voit dans l'avenir : +C Pros.

prospīrō, *ās, āre, -, -*, intr., souffler au-dehors : +C Pros.

prostans, *tis*, V→ *prosto*

prostăs, *ădis*, f., vestibule, portique : C Pros.

prosternō, *ĭs, ĕre, strāvī, strātum*, tr. ¶ **1** coucher en avant, jeter bas, renverser, terrasser : ***aliquem*** -C Théât., étendre qqn à terre ; ***humi corpus*** +C Pros., ou ; ***se prosternere*** C Pros., se prosterner à terre ; C Poés. ‖ ***hostem*** C Pros., terrasser les ennemis ‖ prostituer (***alicui***, à qqn) : +C Pros. ¶ **2** [fig.] abattre, ruiner : C Pros. ; ***jacet prostratus*** C Pros., il reste par terre abattu

prostĭbĭlis, *e*, prostitué : -C Théât.

prostĭbula, *ae*, f., V→ *prostibulum* : +C Pros.

prostĭbŭlum, *i*, n., prostituée, courtisane : -C Théât. ‖ prostitué : T Pros.

prostĭtī, parf. de *prosto* ; [et peut-être de]

prostĭtŭō, *ĭs, ĕre, stĭtŭī, stĭtūtum*, tr., placer devant, en avant, exposer aux yeux : -C Théât., T Pros. ‖ prostituer : C Poés. ; ***pudicitiam suam*** +C Pros., se prostituer ‖ [fig.] déshonorer, salir, prostituer : -C d. +C Pros. ; ***vocem*** C Poés., prostituer son éloquence

prostĭtūtĭo, *ōnis*, f., prostitution : T Pros. ‖ profanation : +C Pros.

prostĭtūtus, *a, um*, part.-adj. de *prostituo*, prostitué : +C Poés. ‖ subst. f., prostituée, courtisane, femme publique : +C Pros. ‖ [fig.] ***prostituti sermones*** T Pros., discours obscènes ‖ ***-issimus*** +C Pros.

prostō, *ās, āre, stĭtī, -*, intr. ¶ **1** se tenir exposé aux regard[s] du public, se mettre en vue : -C Théât. ‖ être exposé en vente [en] parl. d'un livre] : C Pros. ‖ se prostituer : C Pros., +C Poés. ‖ [fig.] êtr[e] prostitué, profané [en parl. de la voix d'un crieur public] : [C] Pros., Poés. ¶ **2** avancer, faire saillie : C Poés.

prostrātus, *a, um*, part. de *prosterno*

prostrāvī, parf. de *prosterno*

prostrō, *ās, āre, -, -*, tr., renverser : T Poés.

prostȳlŏs, *ŏn*, adj., prostyle, qui a des colonnes par-devant : C Pros.

prōsŭbĭgō, *ĭs, ĕre, -, -*, tr. ¶ **1** façonner d'avance, forger [la] foudre] : +C Poés. ¶ **2** remuer devant soi (le sol) avec le pied[,] gratter le sol du pied : C Poés. ‖ fouler aux pieds : T Poés.

prōsŭlĭo, V→ *prosilio*

1 **prōsum**, *prōdes, prōdesse, prōfuī, -*, intr., être utile : C Pros. ‖ [avec dat.] C Pros. ; ***prodesse omnibus*** C Pros., être utile [à] tous ; ***ad rem aliquam alicui prodesse*** C Pros., être utile à qq[n] pour (en vue de) qqch. ; +C Pros.

2 **prōsum**, adv., V→ *prorsum*

prŏsūmĭa, *ae*, f. (?), petit navire de reconnaissance, pa[trouilleur] trouilleur : +C Pros.

Prosumnus, *i*, m., nom d'un ancien héros latin : T Pros.

1 **prōsus**, *a, um*, → *2 prorsus* (au sens littéral), tourné e[n] ligne droite, direct : T Poés. ‖ ***prosa oratio*** +C Pros., la prose

2 **prōsŭs**, adv., V→ *1 prorsus*

Prŏsymna, *ae* (**-nē**, *ēs*), f., ville d'Argolide, où Junon éta[it] particulièrement honorée : +C Poés.

Prōtădĭus, *ĭī*, m., nom d'homme : T Poés.

Prōtăgŏrās, *ae*, m., sophiste d'Abdère, chassé par le[s] Athéniens pour son impiété : C Pros. ‖ **-rīōn**, *ĭī*, n., une maxim[e] de Protagoras : +C Pros.

Prōtarchus, *i*, m., nom d'un médecin : +C Pros.

prōtectŏr, *ōris*, m., garde du corps, satellite : T Pros. ‖ pro[tecteur] tecteur, défenseur : +C Pros.

prōtectus, *a, um*, part. de *protego*

prōtĕgō, *ĭs, ĕre, texī, tectum*, tr. ¶ **1** couvrir devant, e[n] avant, abriter : ***rates cratibus*** C Pros., garnir des radeaux ave[c] des claies ; ***aliquem scutis*** C Pros., abriter qqn avec leur[s] boucliers ; [poét.] C Poés. ‖ faire un avant-toit : C Pros. ¶ **2** [fig.] garantir, protéger : C Pros. ‖ [rare] cacher, dissimuler : +C Pros. ¶ **3** [poét.] écarter, protéger contre : +C Poés.

prōtēlō, *ās, āre, āvī, ātum*, tr., éloigner, repousser, chasser : -C Théât.

prōtēlum, *i*, n. ; [seulement à l'abl. sg. et pl.] [d'après, "je[t] continu de traits" ; d'après, ἔξαμπρον, "longe"] ¶ **1** attache de[s] bœufs : C Poés. ¶ **2** [fig.] continuité : C Poés. ; ***quasi protelo*** [C] Poés. ; ***protelo*** C Poés., tout d'un trait, sans débrider

prōtĕnam, V→ *protinam*

prōtendō, *ĭs, ĕre, tendī, tentum* et *tensum*, tr. ¶ **1** tendre en avant, étendre, allonger : ***brachia in mare*** C Poés., tendre les bras vers la mer ; ***hastas*** C Poés., tendre les lances en avant, en arrêt ; +C Pros. ; ***cervicem*** +C Pros., tenir le cou tendu ¶ **2** [fig.] étendre, allonger [dans la prononciation] : +C Pros.

prōtĕnis, → *protinus* : -C Théât.

Prōtēnŏr, *ŏris*, m., guerrier : C Poés.

prōtensĭo, *ōnis*, f., action d'étendre [la main] : T Pros.

prōtentō, *ās, āre, -, -*, tr., éprouver : T Poés.

prōtĕnus, V→ *protinus*

prōtermĭnō, *ās, āre, -, -*, tr., reculer les frontières : +C Pros., T Pros.

prōtĕrō, *ĭs, ĕre, trīvī, trītum*, tr. ¶ **1** écraser, broyer [le] grain] : +C Pros. ‖ fouler aux pieds : -C Théât., C Pros. ‖ ***agmina curru*** C Poés., écraser des bataillons sous son char ¶ **2** [fig.] ***a)*** ***aciem hostium*** +C Pros., écraser l'armée ennemie ; C Poés. ***b)***

aliquem [C] Pros., écraser, fouler aux pieds qqn ***c)*** ***protritus***, rebattu, usé par un fréquent usage : [+C] Pros. ; ***oratio protrita*** [+C] Pros., style banal

prōterrĕō, *ēs*, *ēre*, *ŭī*, *ĭtum*, tr., chasser devant soi en effrayant, mettre en fuite : [-C] Théât., [C] Pros., Poés. ‖ ***proterritus*** ; effrayé, chassé : [C] Pros. ‖ effrayé : [C] Pros.

prŏtervē, adv., effrontément, impudemment, sans retenue : [-C] Théât., [C] Pros. ‖ hardiment [en bonne part] : [-C] Théât. ‖ ***-vius*** [C] Poés. ; ***-issime*** [T] Pros.

prŏtervĭa, *ae*, f., pétulance, audace, effronterie, insolence : [T] Poés.

prŏtervĭtās, *ātis*, f., impudence, audace, effronterie : [-C] Théât., [C] Pros.

prŏtervus, *a*, *um* ¶**1** [poét.] violent, véhément : ***venti protervi*** [C] Poés., vents impétueux ¶**2** audacieux, sans mesure, impudent, effronté, libertin, lascif [pers. et choses] : [C] Pros.

Prōtĕsĭlāŏdămīa, *ae*, f., nom d'une tragédie de Laevius, Protésilas et Laodamie : [+C] Pros.

Prōtĕsĭlāus, *i*, m., Protésilas [fils d'Iphiclus, mari de Laodamie, tué au moment où il débarquait le premier sur le rivage troyen] : [C] Poés. ‖ **-āēus**, *a*, *um*, de Protésilas : [C] Poés.

prōtestātĭo, *ōnis*, f., [log.] protestation, assurance : [T] Pros.

prōtestŏr, *ārĭs*, *ārī*, *ātus sum*, tr., [fig.] attester, témoigner : [T] Pros.

Prōteūs (dissyl.)*ĕi* ou *ĕos*, m., Protée [dieu marin, sachant l'avenir, mais se dérobant aux consultations par mille métamorphoses] : [C] Poés. ‖ [fig.] un protée, un homme versatile : [C] Pros.

prōtexī, parf. de *protego*

Prŏthĕōn, *ōnis*, m., un des fils d'Égyptus : [+C] Poés.

Prŏthŏēnŏr, *ŏris*, m., ▶ *Protenor*

Prŏthŏŭs (-ŏŏs), *i*, m., Prothoos [roi de Thessalie, héros au siège de Troie] : [+C] Poés.

prŏthȳmē, adv., de bon cœur : [-C] Théât.

prŏthȳmĭa, *ae*, f., bonnes dispositions, amabilité, prévenances : [-C] Théât.

prŏthȳrum, *i*, n. ¶**1** vestibule : [C] Pros. ¶**2** [pl.] porche, porte d'entrée : [C] Pros.

prŏtĭnăm (prŏtĕnăm), ▶ *protinus* : [-C] Théât., [C] Pros.

prōtĭnŭs (prōtĕnŭs), adv. ¶**1** tout droit en avant, droit devant soi : [C] Poés. ; ***pergere protinus*** [C] Pros., marcher droit devant soi ‖ [fig.] d'emblée, sans ambages : [C] Pros. ¶**2** tout droit sans s'arrêter, en continuant d'avancer : [C] Pros. ; [fig.] [C] Poés. ‖ chemin faisant, au cours de la marche : [C] Pros. ¶**3** [différents rapports] ***a)*** [sens local] en continuant : [+C] Pros. ***b)*** [temps ou succession] sans interruption : [C] Poés. ‖ immédiatement après, aussitôt, sans désemparer : [C] Pros. ; ***protinus ut*** [C] Poés., [+C] Pros., aussitôt que ***c)*** [log.] ***continuo*** [avec nég.] : ***non protinus*** [+C] Pros., il ne s'ensuit pas que

Prōtō, *ūs*, f., une des Néréides : [+C] Poés.

Prōtŏdămās, *antis*, m., un des fils de Priam : [+C] Poés.

Prōtŏgĕnēs, *is*, m., Protogène [célèbre peintre grec, de Rhodes] : [C] Pros.

Prōtŏgĕnīa, *ae*, f., fille de Deucalion et de Pyrrha : [+C] Poés.

prōtollō, *ĭs*, *ĕre*, -, -, tr., porter en avant, tendre, étendre : [-C] Théât. ‖ [fig.] différer, remettre : [-C] Théât., [+C] Pros. ‖ [pass.] s'élever, monter [voix] : [T] Pros.

prōtŏmysta, *ae*, m., premier pontife d'un culte secret ; [fig.] maître : [T] Pros.

prōtŏnō, *ās*, *āre*, -, -, intr., tonner auparavant [fig.] : [+C] Poés.

prōtŏplasma, *ătis*, n., le premier homme : [+T] Poés.

prōtŏpraxĭa, *ae*, f., créance privilégiée : [+C] Pros.

prōtŏtŏmus caulis, **prōtŏtŏmus**, *i*, m., brocoli, espèce de chou : [+C] Poés.

prōtractĭo, *ōnis*, f., prolongement [d'une ligne] : [T] Pros.

prōtractus, *a*, *um*, part. de *protraho*

prōtrăhō, *ĭs*, *ĕre*, *traxī*, *tractum*, tr. ¶**1** tirer en avant, faire sortir, traîner hors de : ***protrahi in convivium*** [C] Pros. ; ***ad operas mercennarias*** [C] Pros., être traîné dans un banquet devant des manoeuvres salariés (une populace mercenaire) ; ***protractus e tentorio*** [+C] Pros., arraché de sa tente ¶**2** [fig.] ***a)*** ***aliquid in lucem*** [C] Poés., tirer, faire sortir qqch. au grand jour ***b)*** produire au jour, révéler, dévoiler : [C] Pros. ***c)*** ***ad paupertatem protractus*** [-C] Théât., réduit à la misère ; [C] Poés. ***d)*** traîner en longueur, prolonger : [+C] Pros. ‖ ajourner, différer : [+C] Pros. ‖ [abs[t]] prolonger sa vie : [+C] Pros.

prōtrīmenta, *ōrum*, n. pl., sorte de ragoût épais : [+C] Pros.

prōtrītus, *a*, *um*, part. de *protero*

prōtrīvī, parf. de *protero*

prŏtrŏpŏn (-pum), *i*, n., vin de mère-goutte [non pressé] : [C] Pros.

prōtrūdō, *ĭs*, *ĕre*, *trūsī*, *trūsum*, tr. ¶**1** pousser (lancer) en avant, donner l'impulsion : [C] Poés., Pros. ‖ chasser : [-C] Théât. ¶**2** [fig.] différer, remettre : [C] Pros.

prōtŭlī, parf. de *profero*

prōtŭmĭdus, *a*, *um*, renflé, bombé : [+C] Pros.

prōturbō, *ās*, *āre*, *āvī*, *ātum*, tr. ¶**1** chasser devant soi en bousculant, repousser [en désordre], chasser : [C] Pros., Poés., [+C] Pros. ‖ [poét.] ***silvas*** [C] Poés., dévaster des forêts ¶**2** pousser [un soupir] : [+C] Poés.

prŏŭt, conj., selon que, dans la mesure où : [C] Pros.

prōvectĭo, *ōnis*, f., action de faire avancer, avancement, promotion : [T] Pros.

1 **prōvectus**, *a*, *um* ¶**1** part. de *proveho* ¶**2** [adj[t]] ***a)*** avancé [âge] : ***aetate provectus*** [C] Pros., avancé en âge ; ***provecta aetate*** [C] Pros., d'un âge avancé ***b)*** ***provecta nox*** [+C] Pros., nuit avancée

2 **prōvectŭs**, *ūs*, m. ¶**1** action de faire avancer, progresser : [T] Pros. ‖ action d'élever aux dignités : [T] Pros. ¶**2** avancement, accroissement : [T] Pros.

prōvĕhō, *ĭs*, *ĕre*, *vēxī*, *vectum*, tr. ¶**1** transporter en avant, mener en avant : [-C] Théât., [C] Poés. ‖ pass., ***provehi*** ; se transporter en avant, s'avancer [surtout en bateau] : [C] Pros., Poés. ; ***provectus equo*** [C] Pros., s'étant avancé à cheval ¶**2** [fig.] ***a)*** pousser en avant, faire avancer, entraîner : [C] Pros. ‖ [pass.] [C] Poés., Pros. ***b)*** faire monter, élever, faire progresser : [C] Pros. ; ***aliquem ad summos honores*** [C] Pros., faire monter qqn aux plus hautes charges ; ***in consulatus*** [+C] Pros., élever aux consulats ; ***aliquem provehere*** [+C] Pros., faire avancer qqn ‖ [pass. réfl.] s'élever, faire des progrès : [+C] Pros. ***c)*** [en part., au part.], avancé, ▶ *1 provectus*

prōvendō, *ĭs*, *ĕre*, -, -, tr., vendre au loin : [-C] Théât.

prōvĕnĭō, *īs*, *īre*, *vēnī*, *ventum*, intr. ¶**1** venir en avant, s'avancer : ***in scaenam*** [-C] Théât., paraître sur la scène ‖ [fig.] se montrer : [-C] Théât. ¶**2** [idée de production] naître, éclore, pousser, croître : [C] Pros. ; ***(gregalia poma) si provenere maturius*** [+C] Pros., (fruits ordinaires) s'ils murissent avant la saison ‖ [poét., en parl. de la terre] être fécond, produire : [+C] Pros. ¶**3** [fig.] ***a)*** se produire, avoir lieu : ***alicui provenit ostentum*** [+C] Pros., un présage s'est produit pour qqn ***b)*** avoir une issue bonne ou mauvaise : [+C] Pros. ***c)*** [en parl. de pers.] réussir bien ou mal : [-C] Théât. ***d)*** avoir une heureuse issue, tourner bien : [+C] Pros.

prōventum, *i*, n., résultat [bon ou mauvais] : [T] Poés.

prōventūrus, *a*, *um*, part. fut. de *provenio*

prōventŭs, *ūs*, m. ¶**1** production, récolte [avec idée d'abondance, le plus souv.] : [C] Poés. ‖ [fig.] abondance : ***poetarum*** [+C] Pros., abondance de poètes ¶**2** résultat, issue : ***pugnae*** [C] Pros., issue du combat ‖ [en part.] succès, réussite : [C] Pros., [+C] Pros.

prōverbĭālis, *e*, proverbial : [+C] Pros.

prōverbĭālĭter, adv., proverbialement : [T] Pros.

prōverbĭum, *ĭī*, n., proverbe, dicton : [C] Pros. ; ***in proverbium venire*** [C] Pros., passer à l'état de proverbe ; ***ut in proverbio est*** [C] Pros., ce qui est passé en proverbe chez les Grecs, comme dit le proverbe

prōvexī, parf. de *proveho*

prōvĭdens, *tis*, part.-adj. de *provideo*, prévoyant, prudent, sage : C Pros. ‖ [en parl. des choses] sûr : C Pros. ‖ ***-issimus*** +C Pros.

prōvĭdentĕr, adv., en prévoyant, prudemment, sagement : C Pros. ‖ ***-tissime*** C Pros.

1 **prōvĭdentĭa**, *ae*, f. ¶ **1** prévision, connaissance de l'avenir : C Pros. ¶ **2** prévoyance : ***deorum*** C Pros., la prévoyance divine, la providence ; +C Pros.

2 **Prōvĭdentĭa**, *ae*, f., la Providence, déesse chez les Grecs et les Romains : T Pros. ‖ la Providence = Dieu : +C Pros.

prōvĭdĕō, *ēs*, *ēre*, *vīdī*, *vīsum*, tr. ¶ **1** voir en avant, devant : C Pros. ; ***navis provisa*** +C Pros., navire qu'on voit devant soi, navire en vue ‖ voir le premier, être le premier à apercevoir (***aliquem***, qqn) : C Pros. ¶ **2** prévoir : C Pros. ; ***mala ante provisa*** C Pros., maux prévus à l'avance ; [avec prop. inf.] prévoir que : C Pros. ¶ **3** organiser d'avance, pourvoir à ***a)*** ***rem frumentariam*** C Pros., organiser d'avance l'approvisionnement en blé ***b)*** [abst] se pourvoir, être prévoyant, prendre des précautions : C Pros. ; ***in posterum*** C Pros., se pourvoir pour l'avenir ‖ [avec dat.] : ***saluti alicujus*** C Pros., pourvoir au salut de qqn ‖ [avec *ut*] veiller à ce que : C Pros. ; [avec *ne, ut ne*] prendre ses dispositions pour empêcher que, pourvoir à ce que ne pas : C Pros. ‖ [abl. n. du part. pris abst] ***proviso*** +C Pros., la chose étant préméditée, avec calcul

prōvĭdus, *a*, *um* ¶ **1** qui prévoit : ***rerum futurarum*** C Pros., qui prévoit l'avenir ¶ **2** qui voit en avant, prévoyant, prudent : C Pros. ‖ +C Pros. ¶ **3** [avec gén.] qui pourvoit à : ***utilitatum*** C Pros., qui veille aux intérêts

1 **prōvincĭa**, *ae*, f. ¶ **1** [en gén.] sphère d'activité, département, domaine d'attributions, mission déterminée, charge, fonction : -C Théât., C Pros. ¶ **2** [en part., t. officiel] ***a)*** province = cercle des attributions d'un magistrat, compétence, département : C Pros. ; C Pros. ; ***classis*** C Pros., un tel a comme attribution la direction de la guerre, le commandement de la flotte ***b)*** gouvernement d'une province romaine : ***annua*** C Pros., gouvernement d'une durée d'un an ; ***consularis*** C Pros., province consulaire = gouvernement confié à un proconsul ; ***praetoria*** C Pros., province prétorienne = gouvernement confié à un propréteur ***c)*** province = le pays lui-même, la circonscription territoriale : C Pros. ; ***Asia provincia*** C Pros. ; ***provincia Gallia*** C Pros., la province d'Asie, de Gaule

2 **Prōvincĭa**, *ae*, f., la Province, c-à-d. une partie de la Narbonnaise [la Provence] : C Pros.

prōvincĭālis, *e* ¶ **1** de province, des provinces : C Pros. ¶ **2** de gouverneur [ou] de gouvernement d'une province : C Pros. ; ***abstinentia provincialis*** C Pros., désintéressement montré dans le gouvernement d'une province ‖ subst. m., provincial, habitant d'une province [au sens latin de l'expression] : C Pros., +C Pros.

prōvincĭātim, adv., par province : +C Pros.

Prōvindēmĭātŏr, *ōris*, m., étoile dans la constellation de la Vierge : C Pros.

prōvīsĭo, *ōnis*, f. ¶ **1** action de prévoir, prévision : C Pros. ‖ ***posteri temporis*** C Pros., prévision de l'avenir ¶ **2** action de pourvoir à, précautions, prévoyance : C Pros.

1 **prōvīsō**, adv., → *provideo*

2 **prōvīsō**, *ĭs*, *ĕre*, -, - [seult au prés. et au fut.] ¶ **1** intr., s'avancer pour voir, pour s'informer : -C Théât. ¶ **2** tr., ***aliquem***, s'avancer pour voir si qqn vient : -C Théât.

prōvīsŏr, *ōris*, m. ¶ **1** celui qui prévoit : +C Pros. ¶ **2** celui qui pourvoit à : C Poés. ¶ **3** pourvoyeur : T Pros.

1 **prōvīsus**, *a*, *um*, part. de *provideo*

2 **prōvīsŭs**, abl. *ū*, m. ¶ **1** action de voir à distance : +C Pros. ¶ **2** prévision : +C Pros. ¶ **3** action de pourvoir : +C Pros. ; ***deum*** +C Pros., Providence, prévoyance divine ; ***rei frumentariae*** +C Pros., approvisionnement en blé

prōvīvō, *vixisse*, intr., continuer de vivre, prolonger sa vie : ***provixisse*** +C Pros.

prōvŏcābŭlum, *i*, n., pronom : C Pros.

prōvŏcātĭo, *ōnis*, f. ¶ **1** provocation, défi : +C Pros. ¶ **2** appel, droit d'appel : C Pros. ¶ **3** encouragement à : T Pros.

prōvŏcātŏr, *ōris*, m., sorte de gladiateur : C Pros.

prōvŏcātōrĭus, *a*, *um*, de défi : +C Pros.

prōvŏcātrix, *īcis*, f., celle qui provoque : T Pros.

prōvŏcātus, *a*, *um*, part. de *provoco*

prōvŏcō, *ās*, *āre*, *āvī*, *ātum*, tr. ¶ **1** appeler dehors, mander dehors, faire venir : -C Théât., C Poés. ; [avec sup.] ***aliquem cantatum*** -C Théât., appeler qqn pour faire de la musique ¶ **2** appeler à, exciter, provoquer : ***aliquem ad pugnam*** C Pros., provoquer qqn au combat ; ***ad hilaritatem*** +C Pros., faire rire ; C Pros., +C Pros. ; ***beneficio provocatus*** C Pros., prévenu par un bienfait ¶ **3** faire naître, produire : ***officia comitate*** +C Pros., provoquer le zèle par son affabilité ; ***bella*** +C Pros., provoquer des guerres ¶ **4** défier, le disputer à : +C Pros. ; ***aliquem virtute*** +C Pros., rivaliser de vertu avec qqn ¶ **5** [droit] en appeler, faire un appel : ***ad populum*** C Pros., en appeler au peuple ; ***ad Catonem*** C Pros., en appeler à Caton ‖ [abst] ***provoco*** C Pros., en appelle au peuple

prōvolgo, → *provulgo*

prōvŏlō, *ās*, *āre*, *āvī*, *ātum*, intr., [fig.] s'élancer (voler) en avant : C Pros., +C Pros. ; ***in primum provolant*** C Pros., ils s'élancent au premier rang ‖ [poét. en parl. du tonnerre] : C Poés.

prōvŏlūtus, *a*, *um*, part. de *provolvo*

prōvolvō, *ĭs*, *ĕre*, *volvī*, *vŏlūtum*, tr. ¶ **1** rouler en avant, faire rouler devant soi, culbuter : -C Théât., C Poés., Pros., +C Pros. ¶ **2** ***se provolvere alicui ad pedes*** C Pros., se jeter (se rouler) aux pieds de qqn ; ***ad genua alicujus provolvi*** C Pros., se jeter aux genoux de qqn ; ***genibus provolutus*** +C Pros., s'étant jeté aux genoux de ¶ **3** [fig.] [pass. moy.] ***a)*** s'humilier, s'abaisser : +C Pros. ***b)*** s'écrouler : ***fortunis provolvi*** +C Pros., voir crouler sa fortune, être ruiné

prōvŏmō, *ĭs*, *ĕre*, -, -, tr., vomir [fig.] = projeter : C Poés.

prōvulgātus, *a*, *um*, part. de *provulgo*

prōvulgō (**-volgō**), *ās*, *āre*, *āvī*, *ātum*, tr., divulguer, rendre public, publier : +C Pros.

prox, interj., sauf votre respect : -C Théât.

proxĕnēta (**-tēs**), *ae*, m., celui qui s'entremet pour un marché, courtier : +C Pros., Poés.

Proxĕnus, *i*, m., nom d'homme : C Pros.

prōxĭmātus, *a*, *um*, part. de *2 proximo*

proxĭmē (**-xŭmē**), adv. et prép. ; superl. de *prope*

I adv. ¶ **1** [temps] le plus récemment, tout dernièrement : C Pros. ¶ **2** [rang] immédiatement après : C Pros. ¶ **3** [fig.] ***a)*** [avec *atque*] C Pros. ***b)*** le plus exactement, avec le plus de précision : +C Pros.

II prép. acc. ¶ **1** [lieu] ***quam proxime hostem*** C Pros., le plus près possible de l'ennemi ‖ [dat. par influence de l'adj. *proximus*] C Pros. ¶ **2** [fig.] ***proxime abstinentiam*** +C Pros., aussitôt après la diète

proxĭmi, loc., → *proximus* ¶ *2*

proxĭmĭtās, *ātis*, f. ¶ **1** proximité, voisinage : C Pros. ¶ **2** [fig.] affinité : +C Pros. ‖ ressemblance : C Poés. ‖ union, assemblage : +C Pros.

1 **proxĭmō**, adv., → *proxime* : C Pros.

2 **proxĭmō** (**-xŭmō**), *ās*, *āre*, -, -, intr. et tr., [avec acc.] +C Pros. ‖ [abst] ***luce proximante*** +C Pros., à l'approche du jour

proxĭmus (**-ŭmus**), *a*, *um*, superl. de *propinquus* ¶ **1** [lieu] le plus proche, très proche, le plus voisin, très voisin : ***proxima oppida*** C Pros., les villes les plus proches ‖ ***ab aliqua re*** C Pros., le plus près de qqch. ‖ [avec acc.] ***proximus mare*** C Pros., le plus près de la mer ‖ ***e proximo, de proximo*** -C Théât., du voisinage ; ***in proximo*** -C Théât., dans le voisinage ¶ **2** [temps] ***a)*** [passé] C Pros. ***b)*** [avenir] ***petitione proxima*** C Pros., dans la plus prochaine candidature ; ***triduo proximo*** C Pros., dans les trois jours qui suivent immédiatement ; [locatif] ***die proximi*** +C Pros., au jour le plus prochain ¶ **3** [rang, succession, classement] ***alicui proximus*** C Pros., le plus près de qqn [par le mérite] ; ***cognatione proximus*** C Pros., le plus proche parent ; +C Pros. ‖ **proxĭmi**, *ōrum*, m. pl., les plus proches, ceux qui touchent de plus près qqn [parents ou amis] : C Pros.

prūdens, *tis* ¶ **1** qui prévoit, qui sait d'avance, qui agit en connaissance de cause : C Pros. ¶ **2** qui connaît, au courant, compétent : C Pros. ; ***in jure civili*** C Pros., compétent en matière de droit civil ‖ [avec gén.] ***belli*** C Pros., rompu à l'art de la guerre ; ***rei militaris*** C Pros., qui a la science des choses militaires ; ***locorum*** C Pros., ayant la connaissance du pays ‖ [avec inf.] C Poés. ; [avec prop. inf.] sachant bien que : +C Pros. ¶ **3** prudent, réfléchi, sagace, avisé : C Pros. ; ***in disserendo prudentissimi*** C Pros., très habiles dans la dialectique ‖ [avec gén. du point de vue] C Pros. ‖ ***ad consilia prudens*** C Pros., sage dans les entreprises ‖ ***consilium prudens*** C Pros., parti prudent

prūdentĕr, adv., avec science, avec sagacité, avec prudence, avec clairvoyance : C Pros. ‖ ***-tius*** +C Pros. ; ***-tissime*** C Pros.

prūdentĭa, *ae*, f. ¶ **1** prévoyance, prévision : ***futurorum*** C Pros., prévoyance de l'avenir ¶ **2** connaissance pratique, compétence : ***juris publici*** C Pros., connaissance du droit public ; ***in ea prudentia*** C Pros., dans cette branche de connaissances ¶ **3** sagesse, savoir-faire, sagacité, prudence : ***in constituendis civitatibus*** C Pros., sagesse pour établir la constitution des villes [clairvoyance politique] ‖ [phil.] la prudence [discernement des choses bonnes, mauvaises, indifférentes] : C Pros. ‖ [rhét.] connaissances pratiques : C Pros. ‖ sûreté de goût qui vient de l'habitude acquise : C Pros.

Prūdentĭus, *ĭi*, m., Prudence [poète chrétien du 4ᵉ s.] : T Pros.

prūdĭtās, *ātis*, f., ➡ *prudentia* : C Poés.

prŭīna, *ae*, f. ¶ **1** frimas, gelée blanche : C Poés., Pros. ‖ pl., C Pros., Poés. ¶ **2** neige : C Poés. ‖ hiver : C Poés.

prŭīnōsus, *a*, *um*, couvert de givre : C Poés. ‖ glacé : C Poés. ‖ glacial, qui laisse passer le froid : +C Pros.

prūna, *ae*, f., charbon ardent, braise : -C Pros., C Poés.

prūnellum, *i*, n., petite prune : +T Poés.

prūnĭcĭus (-cĕus), *a*, *um*, en bois de prunier : C Poés.

prūnŭlum, *i*, n., petite prune : +C Pros.

prūnum, *i*, n., prune [fruit] : -C Pros., C Poés. ‖ prunelle : C Poés.

prūnus, *i*, f., prunier : C Poés., +C Pros.

prūrīgo, *ĭnis*, f., démangeaison : +C Pros. ‖ prurit lascif : +C Poés.

prūrĭō, *īs*, *īre*, -, -, intr. ¶ **1** éprouver une démangeaison : +C Poés. ¶ **2** [fig.] ***a) dentes pruriunt*** -C Théât., les dents me démangent [présage de coups à venir], il y a des coups dans l'air ***b)*** être transporté d'envie, griller d'envie : +C Poés.

Prūsa, *ae*, f., Pruse [ville de Bithynie, auj. Brousse] ‖ **-senses**, *ĭum*, m. pl., habitants de Pruse : +C Pros.

1 **Prūsĭăs**, *ădis*, f., ➡ *Prusa* ‖ **-sĭensis**, *e*, habitant de Pruse : +C Pros.

2 **Prūsĭās**, *ae*, m., Prusias [roi de Bithynie, chez lequel Hannibal se réfugia et s'empoisonna] : C Pros. ‖ **-ăcus**, *a*, *um*, de Prusias : +C Poés. ‖ **-ădēs**, *ae*, m., descendant de Prusias : C Poés.

prymnēsĭus, *a*, *um*, relatif à la poupe : ***palus*** -C Poés., piquet auquel on attache la poupe du navire ; ➡ *tonsilla*

prўtănēum, *i*, n., prytanée, résidence des prytanes : C Pros.

1 **prўtănis**, *is*, m., prytane : +C Pros. ‖ premier magistrat de Rhodes : C Pros.

2 **Prўtănis**, *is*, m., nom de guerrier : C Poés.

psallentĭum, *ĭi*, n., chant (de psaumes) : +T Pros.

psallō, *ĭs*, *ăre*, *psallī*, -, intr. ¶ **1** jouer de la cithare, chanter en s'accompagnant de la cithare : C Pros., Poés., +C Pros. ¶ **2** chanter des psaumes, psalmodier : T Pros.

psalmĭcĕn, *ĭnis*, m., celui qui chante des psaumes, qui psalmodie : T Pros.

psalmōdĭa, *ae*, f., psalmodie : T Pros.

psalmus, *i*, m., chant [avec accompagnement du psaltérion], psaume : T Pros.

psaltātrix, *īcis*, f., harpiste : T Pros.

psaltērĭum, *ĭi*, n. ¶ **1** psaltérion, sorte de cithare : C Pros., +C Pros. ¶ **2** psautier : T Pros.

psaltēs, *ae*, m., joueur de cithare, chanteur, musicien : +C Pros.

psaltrĭa, *ae*, f., joueuse de cithare, chanteuse, musicienne : -C Théât., C Pros.

Psămăthē, *ēs*, f. ¶ **1** fille de Crotope, aimée d'Apollon : C Poés. ¶ **2** Néréide, mère de Phorcus : C Poés.

1 **psĕcăs**, *ădis*, f., esclave faisant l'office de coiffeuse : +C Poés.

2 **Psĕcas**, *ădis*, f., une des nymphes de Diane : C Poés.

psēphisma, *ătis*, n., décret du peuple [chez les Grecs] : C Pros.

pseudīsŏdŏmus (-mŏs), *a*, *um* (*ŏn*), [maçonnerie] à assises de hauteur inégale, mais avec un rythme d'alternance régulier : C Pros.

pseudo-, [préf. marquant une altération ou une fraude] ➡ *Pseudolus*

Pseudŏcăto, *ōnis*, m., un petit Caton, un Caton au petit pied [en bonne part] : C Pros.

Pseudŏdămăsippus, *i*, m., faux Damasippe [faux philosophe] : C Pros.

pseudŏdĭăcŏnus, *i*, m., faux diacre : T Pros.

pseudŏdiptĕrŏs, *ŏn*, adj., pseudodiptère [temple rectangulaire à péristyle avec une seule rangée de colonnes et ménageant un large espace entre la cella et la colonnade] : C Pros. ; ➡ *dipteros*

pseudŏfŏrum, *i*, n., ➡ *pseudothyrum* : +T Poés.

Pseudŏlus, *i*, m., le Trompeur, titre d'une comédie de Plaute : C Pros.

pseudŏmĕnos, *i*, m., le menteur [nom d'un sophisme] : C Pros. ; ➡ *mentiens*

pseudŏmŏnăchus, *i*, m., faux moine : T Pros.

pseudŏpĕriptĕrus, *a*, *um*, pseudopériptère [à colonnes engagées] : C Pros.

Pseudŏphĭlippus, *i*, m., le faux Philippe [Andriseus, contre lequel les Romains intervinrent pendant la 3ᵉ guerre de Macédoine] : C Pros.

pseudŏphŏrum, *i*, n., ➡ *pseudoforum*

pseudŏthўrum, *i*, n., fausse porte, porte de derrière : T Pros. ‖ [fig.] échappatoire, moyen détourné : C Pros.

pseudŏurbānus, *a*, *um*, qui copie la ville : C Pros.

Pseudŭlus, *i*, m., ➡ *Pseudolus*

psīla, *ae*, f., tapis n'ayant de poil que d'un côté : -C Poés.

psīlŏcĭthărista (-ēs), *ae*, m., joueur de cithare qui ne chante pas en jouant : +C Pros.

psīlōthrum, *i*, n., pâte épilatoire : C Pros., +C Poés.

psĭthĭa (psy-) et **psĭthĭa vitis**, f., sorte de vigne et de raisin [propre à faire le *passum* : C Poés.] : C Poés., +C Pros. ‖ **-thĭae**, *ārum*, raisins psithiens : +C Poés.

psittăcus, *i*, m., perroquet : +C Pros.

Psōphis, *īdis*, f., ville d'Arcadie ‖ **-īdĭus**, *a*, *um*, de Psophis : +C Pros.

Psŏphŏdĕēs, *is*, m., le Peureux [titre d'une comédie de Ménandre] : +C Pros.

Psўchē, *ēs*, f., Psyché [jeune fille aimée par l'Amour] : +C Pros.

psўchŏmantīum, *ĭi*, n., lieu où l'on évoque les âmes : C Pros. ‖ évocation des âmes : C Pros.

psўchrŏlūta (-tēs), *ae*, m., qui prend des bains froids : +C Pros.

Psylli, *ōrum*, m. pl., Psylles [peuple de Libye qui charmait les serpents et guérissait de leur morsure] : +C Pros.

Psyllus, *i*, m., roi qui donna son nom aux Psylles : +C Pros.

psythĭa, ➡ *psithia*

-ptĕ, [partic. qui s'ajoute aux adj. possessifs (surt. à l'abl. sg.) et qqf. aux pronoms] ***meapte*** -C Théât. ; ***suopte*** C Pros. ; ***suapte*** C Pros. ; ***nostrapte*** -C Théât. ; ***suumpte*** -C Théât. ; ***mepte*** -C Théât.

Ptĕlĕŏn, *i*, n., ➡ *Pteleum*

Ptĕlĕŏs, *i*, f., ➡ *Pteleum* : +C Poés.

Ptĕlĕum, *i*, n., ville maritime de Thessalie : C Pros.

Ptĕrĕla, *ae*, m., roi des Téléboens : -C Théât.

Ptĕrĕlās, *ae*, m. ¶ **1** roi des Taphiens : C Poés. ¶ **2** un des chiens d'Actéon : C Poés.

ptĕrōma, *ătis*, n., portique périphérique [d'un temple] : [C] Pros.

ptĕrўgĭum, *ĭī*, n., excroissance qui se forme sur la cornée de l'œil : [+C] Pros.

ptĕrўgōma, *ătis*, n., [méc.] arête [pièce triangulaire qui sert à former la glissière de la baliste] : [C] Pros.

ptĭsăna, *ae*, f. ¶ **1** orge mondé : [+C] Pros., Poés. ¶ **2** tisane d'orge : [C] Poés.

ptĭsănārĭum, *ĭī*, n., ***oryzae*** [C] Poés., tisane de riz

Ptŏlĕmaeēum, *i*, n., sépulture des Ptolémées : [+C] Pros.

Ptŏlĕmaeum gymnăsĭum, nom d'un gymnase d'Athènes : [C] Pros.

Ptŏlĕmaeus, *i*, m., Ptolémée ¶ **1** fils de Lagus, un des généraux d'Alexandre, qui devint roi d'Égypte : [+C] Pros. ¶ **2** nom de ses descendants : [C] Pros. ; ***Ptolemaei*** pl., [+C] Poés., les Ptolémées ¶ **3** fils de Juba : [+C] Pros. ¶ **4** nom d'un astrologue : [+C] Pros. ¶ **5** **-maeus**, *a, um*, [C] Pros., **Ptolomeicus**, *a, um*, de Ptolémée

Ptŏlĕmāis, *ĭdis*, subst. f. ***a)*** fille d'un Ptolémée [Cléopâtre] : [+C] Poés. ***b)*** Ptolémaïs [ville d'Égypte] : [C] Pros.

Ptŏlĕmŏcrătĭa, *ae*, f., nom de femme : [-C] Théât.

pūbens, *tis*, adj., [fig.] ***pubentes herbae*** [C] Poés., herbes couvertes de duvet ‖ ***pubentes rosae*** [+C] Poés., roses fraîches écloses

pūbertās, *ātis*, f. ¶ **1** puberté : [+C] Pros. ¶ **2** signe de la puberté, poils, barbe : [C] Pros. ‖ virilité : [+C] Pros. ‖ jeunes gens : [+C] Pros.

1 **pūbēs** (**pūbĕr**), *ĕris*, adj., pubère, adulte : [C] Pros. ; ***ad puberem aetatem*** [C] Pros., jusqu'à l'âge de la puberté ‖ ***puberes*** [C] Pros., les jeunes gens pubères ‖ [plantes] : ***puberibus foliis*** [C] Poés., avec des feuilles couvertes de duvet

2 **pūbēs**, *is*, f. ¶ **1** signe de la virilité, poils : [+C] Pros. ¶ **2** aine, pubis : [C] Poés. ¶ **3** jeunesse, jeunes gens : [C] Pros., Poés. ‖ gens, peuple, foule : [-C] Théât., [C] Poés.

pūbescō, *ĭs, ĕre, bŭī*, -, intr. ¶ **1** se couvrir de poils follets, devenir pubère : [C] Poés. ‖ entrer dans l'adolescence : [C] Pros. ¶ **2** pousser, se développer [plantes] : [C] Pros.

pūbis, *is*, f., → *2 pubes* : [T] Poés.

Pūblĭānus, *a, um*, de Publius : [C] Pros.

1 **pūblĭcānus**, *a, um*, ***publicana muliercula***, [C] Pros., misérable femme fermière d'impôts

2 **pūblĭcānus**, *i*, m., publicain, fermier de l'État, fermier d'un impôt public : [C] Pros.

pūblĭcātĭo, *ōnis*, f., confiscation, vente à l'encan : [C] Pros.

pūblĭcātŏr, *ōris*, m., [T] Pros. ; **pūblĭcātrix**, *īcis*, f., [T] Pros., celui, celle qui divulgue

pūblĭcātus, *a, um*, part. de *publico*

pūblĭcē ¶ **1** au nom de l'État, ou pour l'État, officiellement : ***aliquem publice laudare*** [C] Pros., faire officiellement l'éloge de qqn ‖ aux frais de l'État : ***publice efferri*** [C] Pros., être enterré aux frais de l'État ‖ par une décision officielle : [C] Pros. ¶ **2** publiquement ***a)*** en s'adressant au public : [+C] Pros. ***b)*** ouvertement, devant tout le monde : ***publice recitare*** [+C] Pros., faire une lecture publique

Pūblĭcĭānus, *a, um*, de Publicius : [C] Pros.

pūblĭcĭtŭs, adv. ¶ **1** au nom de l'État, ou pour l'État : [-C] Poés., [+C] Pros., Théât. ¶ **2** publiquement : [+C] Pros.

Pūblĭcĭus, *ĭī*, m., nom de famille romaine ‖ [adj^t] ***clivus Publicius*** [C] Pros., nom d'une rue en pente de Rome

pūblĭcō, *ās, āre, āvī, ātum* ¶ **1** adjuger à l'État, faire propriété de l'État, confisquer au profit de l'État : ***agrum*** [C] Pros., confisquer un territoire ¶ **2** rendre public ***a)*** mettre à la disposition du public : ***Aventinum*** [C] Pros., laisser le mont Aventin au peuple, permettre d'y habiter ; ***bibliothecas*** [+C] Pros., ouvrir des bibliothèques publiques ; ***pudicitiam*** [+C] Pros., se prostituer ***b)*** montrer au public : ***se*** [+C] Pros., se donner en spectacle ***c)*** exposer en public, en étalage [des livres] : [+C] Pros. ***d)*** publier [un livre] : [+C] Pros. ***e)*** déshonorer (en montrant) : [T] Pros.

Pūblĭcŏla ou **Poplĭcŏla**, *ae*, m., [ami du peuple], surnom de P. Valérius qui fut consul avec le premier Brutus, en succédant à Tarquin Collatin après l'abdication de celui-ci : [C] Pros.

pūblĭcum, *i*, n. ¶ **1** domaine public, propriété de l'État : [C] Pros. ¶ **2** trésor public, caisse de l'État : [C] Pros. ; ***in publicum redigere*** [C] Pros., verser au trésor public ; ***in publicum redempti*** [C] Pros., [esclaves] rachetés à titre public ; ***de publico convivari*** [C] Pros., festoyer aux frais de l'État ‖ revenus publics : ***publico frui*** [C] Pros., percevoir les droits publics ; ***publicum habere*** [-C] Théât., être fermier public ; [+C] Pros. ; [fig.] [+C] Pros. ; ***publica conducere*** [C] Pros., affermer les revenus de l'État ; ***societates publicorum*** [C] Pros., les sociétés des fermiers de l'État ‖ entrepôt public : [C] Pros. ¶ **3** intérêt public, la chose publique, l'État : ***in publicum consulere*** [+C] Pros., songer au bien public ¶ **4** archives publiques : [C] Pros. ¶ **5** public, foule : [C] Pros. ; ***aliquid in publicum referre*** [C] Pros., rapporter qqch. et l'exposer en public ; ***carere publico*** [C] Pros., ne pas paraître en public ‖ lieu public : ***in publico esse*** [C] Pros., rester dehors, dans un lieu public, hors de chez soi

pūblĭcus, *a, um* ¶ **1** qui concerne le peuple, qui appartient à l'État, qui relève de l'État, officiel, public : ***publica bona*** [C] Pros., biens de l'État, domaines publics ; ***publica magnificentia*** [C] Pros., magnificence officielle ; ***tabulae publicae*** [C] Pros. ou ***publicae litterae*** [C] Pros., registres officiels, publics ; [-C], [C] Pros. ; ***bono publico*** [C] Pros., avec (pour) le bien de l'État ; ***pessimo publico*** [C] Pros., pour le plus grand mal de l'État ; ***egregium publicum*** [+C] Pros., l'honneur du peuple romain ; [C] Pros. ‖ ***judicia publica*** [C] Pros., instances judiciaires d'intérêt public ; ***in causis publicis*** [C] Pros., dans les causes criminelles ¶ **2** de propriété publique, d'un usage public : ***loca publica*** [C] Pros., endroits publics ; ***publica commoda*** [C] Pros., avantages dont jouissent tous les citoyens ¶ **3** commun à tous : ***verba publica*** [C] Pros., les mots de tout le monde ; ***publicus usus*** [C] Pros., l'usage de chacun, de tout le monde ; [C] Poés. ‖ **publica**, *ae*, f., femme publique : [+C] Pros. ¶ **4** [poét.] ordinaire, banal, rebattu : [C] Poés., [+C] Poés.

Pūblĭlĭa trĭbŭs, f., tribu Publilia : [C] Pros. ‖ **Pūblĭlĭa**, seconde femme de Cicéron : [C] Pros.

Pūblĭlĭus, *ĭī*, m., nom de famille rom. ‖ Publilius Syrus, auteur de mimes : [C] Pros., [+C] Pros.

Pūblĭpōr, *ōris*, m., = ***Publii puer***, esclave de Publius : [+C] Pros.

Pūblĭus, *ĭī*, m., prénom romain, en abrégé *P.*

pūbuī, parf. de *pubesco*

pŭdĕfactus, *a, um*, rendu honteux : [+C] Pros.

pŭdenda, *ōrum*, n. pl., parties honteuses : [+C] Pros., [T] Pros.

pŭdendus, *a, um*, dont on doit rougir, honteux, infamant : [C] Poés. ; ***pudenda dictu*** [+C] Pros., des choses honteuses à dire ‖ → *pudenda*

pŭdens, *tis*, part.-adj. de *pudeo*, qui a de la pudeur, modeste, réservé, discret : ***homo*** [C] Pros., homme délicat ; ***pudentes*** [C] Pros., les gens qui ont de l'honneur ‖ ***pudens exitus*** [C] Pros., une issue, une fin honorable ‖ ***-tior*** [C] Pros. ; ***-tissimus*** [C] Pros.

pŭdentĕr, adv., avec pudeur, réserve, retenue, discrétion : [C] Pros. ‖ ***-tius*** [C] Pros. ; ***-tissime*** [C] Pros.

pŭdĕō, *ēs, ēre, dŭī, dĭtum*

I intr., avoir honte : ***pudeo*** [-C] Théât., j'ai honte ; ***ad pudendum induci*** [C] Pros., être amené à un sentiment de honte ‖ ***pudentes*** [C] Pros., des gens d'honneur

II causer de la honte ¶ **1** tr. et pers., ***non te haec pudent ?*** [-C] Théât., [+C] Poés., cela ne te fait pas honte ? ; ***cum id (eos) pudet*** [C] Pros., quand cela (leur) fait honte ¶ **2** impers. ; [acc. de la pers. qui éprouve de la honte, gén. de l'objet qui cause de la honte] ***aliquem pudet alicujus rei*** [m. à m.] cela fait honte à qqn à cause de qqch. , qqn a honte de qqch. : [C] Pros. ‖ ***quod pudet dicere*** [C] Pros., ce que l'on a honte de dire ‖ [avec prop. inf.] [-C] Théât., [+C] Pros. ‖ ***pudet dictu*** [+C] Pros., on a honte de le dire ‖ [parf. dép.] ***puditum est*** au lieu de ***puduit*** : [-C] Théât., [C] Pros. ‖ ***pudendum est*** [avec prop. inf.] [C] Pros., on doit avoir honte de voir que

pŭdescit, *ĕre*, impers., → *pudet*, commencer à avoir honte : [T] Poés.

pŭdĕt, → *pudeo*

pŭdĭbundus, *a, um* ¶**1** qui éprouve de la honte, de la confusion : Poés. ‖ ***ora pudibunda*** Poés., visage couvert de honte ; Poés. ¶**2** honteux, infâme : Poés.

pŭdīcē, adv., pudiquement, avec honneur, vertueusement : Théât. ‖ ***pudicius*** Théât., Pros.

pŭdīcĭtĭa, *ae*, f., pudicité, chasteté, pudeur : Théât. ; ***pudicitiam expugnare*** Pros. ; ***eripere*** Pros., attenter à la vertu, à la pudeur ; ***pudor pudicitiaque, pudor et pudicitia***, l'honneur (la moralité) et la pudeur [la pureté des moeurs] : Pros. ‖ ***Pudicitia***, déesse de la Pudeur : Pros.

pŭdīcus, *a, um*, pudique, chaste, timide, vertueux, modeste : Pros., Poés. ‖ ***-cior*** Poés. ‖ ***-cissimus*** Pros.

pŭdŏr, *ōris*, m. ¶**1** sentiment de pudeur, honte, réserve, retenue, délicatesse, timidité : Théât., Pros. ‖ ***famae*** Pros., la honte d'une mauvaise réputation ; ***paupertatis*** Pros., la honte d'être pauvre (crainte de ...) ; ***detrectandi certaminis*** Pros., la honte de refuser le combat ‖ ***pudor est*** [avec inf.] → *pudet* : Poés. ; ***pudori est*** Poés., j'ai honte de ¶**2** sentiment moral, moralité, honneur : Pros. ; ***pudor et pudicitia*** ; → *pudicitia* ¶**3** honneur, point d'honneur : Pros. ; ***aliquid pudore ferre*** Pros., supporter qqch. par respect humain ¶**4** [poét.] pudeur → *pudicitia* : Poés. ¶**5** honte, déshonneur, opprobre : ***vulgare alicujus pudorem*** Poés., divulguer la honte de qqn ; ***pudori esse alicui*** Pros., être un objet de honte pour qqn ; ***pro pudor !*** Poés., ô honte ! ; Pros.

pŭdōrātus, *a, um*, chaste, pudique : Pros.

pŭdōrĭcŏlŏr, *ōris*, ayant le rouge de la pudeur, rose : Pros.

pŭdŭit, parf. de *pudet*

pŭella, *ae*, f. ¶**1** jeune fille : Pros., Poés. ‖ bien-aimée, maîtresse : Poés. ‖ jeune chienne, jeune chatte : Poés. ¶**2** jeune femme : Poés., Pros.

pŭellāris, *e*, de jeune fille, tendre, délicat, innocent : Pros.

pŭellārĭtĕr, adv., en jeune fille, innocemment : Pros.

pŭellārĭus, *ĭī*, m., qui aime les jeunes garçons : Pros.

pŭellascō, *ĭs, ĕre, -, -*, intr., devenir efféminé : Poés.

pŭellŭla, *ae*, f., fillette : Théât., Poés.

pŭellus, *i*, m., jeune enfant, petit enfant, petit garçon : Pros., Poés.

pŭĕr, *ĕri*, m. ¶**1** enfant [garçon ou fille] : Pros. ‖ ***a puero*** Pros. ; [ou avec verbe au pl.] ***a pueris*** Pros., dès l'enfance ; ***ex pueris excedere*** Pros., sortir de l'enfance ¶**2** enfant, fils : ***puer tuus*** Poés., ton fils [Cupidon] ; ***Latonae puer*** Poés., fils de Latone ¶**3** garçon = célibataire : Poés. ‖ [fam.] : ***puer*** Théât., mon garçon ¶**4** esclave, serviteur : Pros. ‖ page : ***pueri regii*** Pros., pages royaux [à la cour de Persée] ; Pros.

pŭĕrascō, *ĭs, ĕre, -, -*, intr., arriver à l'âge de l'enfance : Pros.

pŭercŭlus, *i*, m., tout petit enfant : Pros.

pŭĕrīlis, *e* ¶**1** enfantin, de l'enfance : ***aetas puerilis*** Pros., enfance ; ***delectatio*** Pros., plaisirs enfantins ; ***regnum puerile*** Pros., règne d'un enfant ¶**2** [fig.] puéril, irréfléchi : ***puerili consilio*** Pros., avec une tactique d'enfants ; ***puerile est*** Théât., c'est un enfantillage ‖ compar. n., ***puerilius*** Poés.

pŭĕrīlĭtās, *ātis*, f. ¶**1** enfance : Pros. ¶**2** puérilité : Pros.

pŭĕrīlĭtĕr, adv., à la manière des enfants : Pros. ‖ puérilement, sans sérieuse réflexion : Pros., Pros.

pŭĕrĭtĭa, *ae*, f. ¶**1** enfance [âge jusqu'à 17 ans] : Pros. ; ***a pueritia*** Pros., dès l'enfance ¶**2** [fig.] pl., les années d'enfance, les commencements : Pros.

pŭerpĕra, *ae*, f., accouchée, femme en couches, jeune mère, mère : Théât., Poés.

pŭerpĕrĭum, *ĭi*, n. ¶**1** accouchement, enfantement : Théât., Pros. ; [fig.] enfantement [de la terre] : Pros. ¶**2** enfant : Pros.

pŭerpĕrus, *a, um*, d'accouchement, d'enfantement : ***puerpera uxor*** Pros., épouse en couches ; ***puerpera verba*** Poés., formules d'accouchement (favorisant l'accouchement)

pūga, *ae*, f., fesse : Poés. ; pl.

pŭgĭl, *ĭlis*, m., pugiliste, boxeur : Pros. ‖ ***os pugilis*** Pros., tête de boxeur

pŭgĭlātŏr (-ill-), *ōris*, m., → *pugil* : Pros.

pŭgĭlātōrĭus, → *pugill-*

pŭgĭlātŭs, *ūs*, m., pugilat : Théât.

pŭgĭlĭcē, adv., en pugiliste : Théât.

pŭgĭlis, *is*, m., → *pugil* : Poés. ; → *pugillaria*

pŭgillāres, *ĭum*, m. pl., tablettes [à écrire] : Pros., **-lāres cērae**, f. pl., Poés.

pŭgillārĭa, *ĭum*, n., → *pugillares* : Poés., Pros.

pŭgillāris, *e*, gros comme le poing : Poés.

1 **pŭgillātŏr**, *ōris*, m., porteur de tablettes (de lettres), courrier : Pros.

2 **pŭgillātŏr**, → *pugilator*

pŭgillātōrĭus, *a, um*, de pugiliste : ***follis*** Théât., punching-ball

pŭgillātŭs, *ūs*, → *pugilatus*

pŭgillor, → *pugilor*

pŭgillum, *i*, n., main de fer (pour la torture) : Pros.

pŭgillus, *i*, m., le contenu de la main fermée, poignée : Pros.

pŭgĭlŏr (pŭgillŏr), *ārĭs, ārī, -*, intr., s'exercer au pugilat : Pros. ‖ frapper avec les pieds de devant [en parl. d'un cheval] : Pros.

pūgĭo, *ōnis*, m., poignard : Pros., Pros. ‖ symbole d'un droit de vie et de mort : Pros. ‖ [fig.] ***plumbeus pugio*** Pros., poignard de plomb [argument sans portée]

pūgĭuncŭlus, *i*, m., petit poignard : Pros.

pugna, *ae*, f. ¶**1** combat à coups de poings, pugilat : Pros. ‖ combat, action de se battre, engagement : Pros. ‖ combat singulier : Pros. ¶**2** combat, bataille : ***pugna Cannensis*** Pros., bataille de Cannes ; ***navalis ad Tenedum*** Pros., bataille navale de Ténédos ; ***equestris*** Pros., combat de cavalerie ; → *committo, 2 consero, 1 pugno* ‖ [aux jeux] tournoi : Poés. ‖ bataille = l'ordre de bataille : Pros. ; ***pugnam mutare*** Pros., changer l'ordre de bataille, faire volte-face ¶**3** [fig.] ***a)*** bataille, lutte, discussion : Pros. ***b)*** porter un coup, jouer un mauvais tour : ***aliquid pugnae edere*** Théât., jouer un mauvais tour ; ***pugnam aliquam dare*** Théât., jeter le trouble

pugnācĭtās, *ātis*, f., ardeur au combat, combativité : Pros. ‖ [fig.] ***argumentorum*** Pros., agressivité de l'argumentation

pugnācĭtĕr, adv., d'une manière combative, avec acharnement : Pros. ; ***pugnacius dicere aliquid*** Pros., dire qqch. avec plus d'agressivité

pugnācŭlum, *i*, n., → *propugnaculum* : Théât., Pros.

pugnans, *tis*, part. de *1 pugno*, ***pugnantes***, m. pl., les combattants : Pros., Pros. ‖ ***pugnantia***, n. pl. ***a)*** → *contraria*, antithèses : Pros. ***b)*** choses contradictoires : Pros.

pugnātŏr, *ōris*, m., combattant : Pros., Pros.

pugnātōrius, *a, um*, qui sert aux combats : ***pugnatoria arma*** Pros., armes de combat

pugnātrix, *īcis*, f., guerrière : Pros. ‖ une combattante : Poés.

pugnātus, *a, um*, part. de *1 pugno*

pugnax, *ācis* ¶**1** belliqueux, ardent à la lutte, combatif : Pros. ; ***gentes pugnacissimae*** Pros., nations les plus belliqueuses ‖ [avec inf.] acharné à : Poés. ‖ [fig.] belliqueux : ***oratio pugnacior*** Pros., style trop polémique ¶**2** acharné, luttant âprement : Pros.

pugnĕus, *a, um*, de poing : Théât.

1 **pugnō**, *ās, āre, āvī, ātum*, intr., combattre à coups de poing ¶**1** combattre, se battre [combats singuliers ou combats d'armées] : ***eminus, cominus*** ; combattre de loin, de près, → *eminus, cominus* : ***ex equo*** Pros., combattre à cheval ‖ [avec *cum*] Pros. ‖ [avec *contra*] Pros. ‖ [avec *in* acc.] : Pros., Pros. ‖ [avec *adversus*] Pros. ‖ ***pro aliquo*** Pros. ; ***pro aliqua***

re [C] Pros. ‖ [pass. impers.] ***pugnatur*** [C] Pros., on combat ¶**2** [avec acc. d'objet intér.] [-C] Poés. ; ***proelium pugnare*** [C] Pros. : [C] Poés. ‖ [au pass.] [C] Pros. ¶**3** [fig.] être en lutte (en désaccord) : [C] Pros. ; ***tecum pugnas*** [C] Pros., tu es en contradiction avec toi-même ‖ [avec prop. inf.] lutter pour l'opinion que, soutenir en bataillant que : [C] Pros. ‖ [avec interrog. indir.] batailler avec qqn sur la question de savoir : [C] Pros. ‖ [poét., avec dat.] lutter contre, résister à : [C] Poés. ¶**4** [en part.] être en contradiction : [C] Pros. ; → *pugnans* : [C] Pros. ¶**5** ***pugnare ut***, lutter, faire effort pour obtenir que : [C] Pros. ; [avec *ne*], pour empêcher que : [C] Pros. ; [ou qqf. avec *quominus*] [C] Poés. ‖ [avec inf.] lutter pour : [C] Poés., [+C] Poés.

2 **Pugno**, *ōnis*, m., un des fils d'Égyptus : [+C] Poés.

pugnus, *i*, m. ¶**1** poing : ***pugnum facere*** [C] Pros., serrer (faire) le poing ; ***pugnis certare*** [C] Pros., combattre à coups de poing ; → *impingo, ingero* ‖ [poét.] ***pugno victus*** [C] Poés., vaincu dans un pugilat ¶**2** [mesure] poignée : [-C] Pros., [+C] Pros.

pulcellus, → *1 pulchellus*

pulcer, → *1 pulcher*

1 **pulchellus (pulcellus)**, *a, um*, joli, tout charmant : [C] Pros. ‖ [iron.] mignon : [C] Pros.

2 **Pulchellus**, *i*, m., surnom donné par Cic. à Clodius, au lieu de *Pulcher* : [C] Pros.

1 **pulcher**, *chra, chrum* ¶**1** beau : [C] Pros. ; ***urbs pulcherrima*** [C] Pros., ville belle entre toutes ; ***pulcherrime rerum*** [C] Poés., ô toi le plus beau de tous les objets ¶**2** [fig.] beau, glorieux, noble : ***pulcherrimum factum*** [C] Pros., l'acte le plus beau ‖ [poét.] [avec gén. de cause] [+C] Poés. ‖ ***pulchrum est*** [avec inf.], il est beau de : [C] Pros., [+C] Poés., Pros. ; ***pulcherrimum judicare*** [avec inf.] [C] Pros., juger très beau que

2 **Pulchĕr**, *chri*, m., surnom romain : [C] Pros. ‖ ***Pulchri promunturium*** [C] Pros., cap au nord de Carthage [auj. Cap Farina]

Pulchra, *ae*, f., surnom féminin : [+C] Pros.

pulchrē (pulcrē), de belle façon, bien, joliment, à merveille : ***dicere*** [C] Pros. ; ***asseverare*** [C] Pros. ; → *lito* ; ***mihi pulchre est*** [C] Pros., je me porte à merveille ; → *procedo* ; ***pulcre ut simus*** [-C] Théât., pour que nous fassions bombance ; [C] Poés. ‖ [pour acquiescer] : ***pulchre !*** [-C] Théât., à merveille ! ; [C] Poés. ‖ [iron.] ***peribis pulcre*** [-C] Théât., tu seras bel et bien perdu ; ***pulchre sobrius*** [-C] Théât., d'une belle sobriété

pulchrĭtūdo (pulcr-), *ĭnis*, f. ¶**1** beauté [d'une pers.] : [C] Pros. ‖ ***maris*** [C] Pros., beauté de la mer ; ***urbis*** [C] Pros., d'une ville ¶**2** ***oratoris perfecti*** [C] Pros., la beauté parfaite de l'orateur idéal ; ***virtutis*** [C] Pros., la beauté de la vertu ; ***verborum*** [+C] Pros., beauté de l'expression

pūlēium (-lējum), *i*, n., pouliot [plante aromatique, du genre des menthes] : [C] Pros., [+C] Pros. ‖ [fig.] odeur agréable, douceur : [C] Pros. ; → *ruta*

pŭlenta, → *polenta*

pūlex, *ĭcis*, m., puce : [-C] Théât. ‖ puceron : [+C] Pros.

pūlĭcōsus, *a, um*, couvert de puces : [+C] Pros.

pullārĭus, *a, um*, [subst.] **pullarius**, *ĭi*, m., pullaire, celui qui a la garde des poulets sacrés : [C] Pros.

pullātĭo, *ōnis*, f., couvaison : [+C] Pros.

pullātus, *a, um*, vêtu de deuil : [+C] Poés., [T] Pros. ‖ vêtu d'une toge brune = du bas peuple : [+C] Pros., d'où **pullāti**, *ōrum*, m. pl., [+C] Pros., populace, lie du peuple

pullēiācĕus, *a, um*, noir, sombre : [+C] Pros.

pullĭtĭēs, *ēi*, f., couvée, nichée : [C] Pros. ‖ essaim : [+C] Pros.

pullĭtra, *ae*, f., poulette : [C] Pros.

pullō, *ās, āre*, -, -, intr., pousser, germer : [+C] Poés.

pullulascō, *ĭs, ĕre*, -, -, intr., pousser : [+C] Pros. ‖ [fig.] croître : [T] Poés.

pullŭlō, *ās, āre, āvī, ātum* ¶**1** intr., avoir des rejetons, pulluler [plantes ou animaux] : [C] Poés. ‖ [fig.] se multiplier, se répandre : [C] Pros., [+C] Pros. ¶**2** tr., faire produire en abondance : [+C] Pros., [T] Pros.

1 **pullŭlus**, *i*, m., tout petit animal ; [terme de caresse] petit mignon : [+C] Pros.

2 **pullŭlus**, *a, um*, noirâtre, brunâtre : [+C] Pros.

pullum, *i*, n., le sombre, la couleur sombre : [C] Poés. ‖ pl., les couleurs [vêtements] sombres : [C] Poés.

1 **pullus**, *a, um* ¶**1** tout petit : [-C] Théât., [T] Pros. ¶**2** [surtout subst.], **pullus**, *i*, m. ***a)*** petit d'un animal : [C] Pros. ; [plais[t]] [C] Pros. ***b)*** [en part.] poulet : [C] Poés., [+C] Pros. ‖ ***pulli***, poulets sacrés (servant à la divination) : [C] Pros. ***c)*** [terme de caresse] poulet, mignon : [C] Poés., [+C] Pros. ***d)*** jeune pousse, rejeton : [-C] Pros.

2 **pullus**, *a, um*, propret, sans tache : [C] Poés.

3 **pullus**, *a, um*, noir, brun, sombre : [-C] Pros., [C] Pros., Poés. ‖ ***pulla toga*** [C] Pros., toge sombre, de deuil ‖ ***tunica pulla*** [C] Pros., tunique sombre des petites gens = vêtement négligé ; ***sermo pullus*** [C] Pros., langue vulgaire

pulmentārĭum, *ĭi*, n., ce qui sert de *pulmentum*, ce qui se mange comme accompagnement d'un autre mets, fricot : [-C] Pros., [C] Pros., [+C] Pros.

pulmentum, *i*, n., plat de viande, fricot, ragoût : [-C] Théât. ‖ portion : [C] Poés.

pulmo, *ōnis*, m., poumon : [C] Pros. ‖ ***pulmones*** [C] Pros., ailes, lobes du poumon

pulmōnārius, *a, um*, pulmonaire : [+C] Pros.

pulmōnĕus, *a, um*, de poumon : [-C] Théât.

pulpa, *ae*, f., chair, viande : [-C] Pros., [+C] Pros., Poés. ‖ [fig.] ***pulpa scelerata*** [+C] Poés., chair [= les hommes, l'humanité] criminelle

pulpāmen, *mĭnis*, n., → *pulpamentum* : [C] Pros.

pulpāmentum, *i*, n., plat de viande, accompagnement du pain, ragoût : [C] Pros.

pulpĭtō, *ās, āre*, -, -, tr., planchéier : [T] Pros.

pulpĭtum, *i*, n., tréteau, estrade : [C] Pros., [+C] Pros. ‖ la scène, les planches : [C] Pros., Poés., [+C] Poés.

pulpō, *ās, āre*, -, -, intr., crier comme le vautour : [+C] Pros.

pulpōsus, *a, um*, charnu : [+C] Pros.

puls, *pultis*, f., bouillie de farine [nourriture des premiers Romains avant l'usage du pain] : [C] Pros. ‖ [nourriture des pauvres] : [+C] Poés. ‖ [employée dans les sacrifices] [+C] Pros. ‖ pâtée des poulets sacrés : [C] Pros.

pulsābŭlum, *i*, n., plectre : [+C] Pros.

pulsātio, *ōnis*, f., action de frapper, choc, heurt : [-C] Théât., [C] Pros. ‖ ***Alexandrinorum*** [C] Pros., voies de fait sur les Alexandrins

pulsātŏr, *ōris*, m., celui qui frappe (à la porte) : [T] Pros. ‖ ***citharae*** [+C] Poés., joueur de cithare

pulsātus, *a, um*, part. de *pulso*

pulsĭo, *ōnis*, f., action de repousser : [T] Pros.

pulsō, *ās, āre, āvī, ātum*, tr. ¶**1** bousculer, heurter : ***pulsari, agitari*** [C] Pros., être bousculé, remué en tous sens ‖ se livrer à des voies de fait sur qqn, maltraiter : [C] Pros. ¶**2** pousser violemment, avec force : [C] Poés. [fig.] secouer, agiter : [C] Poés. ¶**3** frapper : ***ostia*** [C] Poés., frapper à la porte ; [abs[t]] [-C] Théât. ‖ ***humum pede*** [C] Poés., frapper du pied le sol [en dansant] ‖ ***ariete muros*** [C] Poés., battre les murs avec le bélier ¶**4** [fig.] accuser : [+C] Poés.

1 **pulsus**, *a, um*, part. de *pello*

2 **pulsŭs**, *ūs*, m. ¶**1** impulsion, ébranlement : [C] Pros. ; ***pulsus remorum*** [C] Pros., l'impulsion des rames ¶**2** heurt, choc : ***pulsus venarum*** [+C] Pros., le pouls ; ***remorum*** [C] Pros., le battement des rames ; ***lyrae*** [C] Poés., action de faire vibrer les cordes d'une lyre ‖ ***pedum*** [C] Poés., piétinement ¶**3** [fig.] ***imaginum*** [C] Pros., impression produite par les images des objets sur l'esprit [théorie d'Épicure]

pultārĭus, *ĭi*, m., sorte de pot [pot à cuire la bouillie *puls*, et en gén., récipient à usages divers] : [+C] Pros. ‖ vase pour conserver le raisin : [+C] Pros. ‖ vase pour le moût : [+C] Pros. ‖ employé pour les ventouses : [+C] Pros.

pultātĭo, *ōnis*, f., coup à la porte : [-C] Théât.

pultĭcŭla, *ae*, f., bouillie ; pl., [T] Pros. ‖ pâtée : [+C] Pros.

pultĭfăgus, → *pultiph-*

pultĭphăgōnĭdēs, *ae*, m., mangeur de bouillie : [-C] Théât. ou **pultĭphăgus**, *i*, m., [-C] Théât. [ces deux mots désignent plais[t] les Romains]

pultis, gén. de *puls*

1 **pultō**, *ās*, *āre*, -, -, tr., frapper, heurter : ***fores*** [-C] Théât., frapper à la porte

2 **Pulto**, *ōnis*, m., surnom romain : [+C] Pros.

pulvĕrātĭo, *ōnis*, f., action de briser les mottes de terre au pied de la vigne : [+C] Pros.

pulvĕrĕus, *a*, *um*, de poussière, de poudre : ***pulverea nubes*** [C] Poés., nuage de poussière ; ***pulverea farina*** [C] Poés., farine fine ‖ poudreux, couvert de poussière : [C] Poés., [+C] Poés.

pulvĕris, gén. de *pulvis*

pulvĕrō, *ās*, *āre*, *āvī*, *ātum*, tr. et intr. ¶ **1** tr. ‖ pulvériser : [+C] Poés. ¶ **2** intr., être couvert de poussière : [-C] d. [+C] Pros.

pulvĕrŭlentus, *a*, *um* ¶ **1** couvert de poussière, poussiéreux : [C] Pros., Poés. ¶ **2** [fig.] obtenu à grand-peine : [C] Poés.

pulvillus, *i*, m., coussinet : [C] Poés.

Pulvīllus, *i*, m., surnom romain : [C] Pros.

pulvīnar (**polv-**), *āris*, n. ¶ **1** coussin de lit sur lequel on plaçait les statues des dieux pour un festin [un *lectisternium*] ; lit de parade : [C] Pros., Poés. ¶ **2** lit des déesses, des impératrices : [C] Poés. ‖ loge impériale au cirque : [+C] Pros. ‖ [plais[t]] lit = mouillage pour un navire : [-C] Théât.

pulvīnāris, *e*, d'oreiller, de lit : [+C] Pros.

pulvīnārĭum, *ĭi*, n., C.▶ *pulvinar* : [C] Pros. ; V.▶ *pulvinar*

pulvīnātus, *a*, *um*, ***pulvinatae columnae*** [C] Pros., colonnes avec chapiteaux à balustre

pulvīnŭlus, *i*, m., petit amas de terre : [+C] Pros.

pulvīnus, *i*, m. (obscur) ¶ **1** coussin, oreiller : [C] Pros. ¶ **2** [fig.] tout ce qui est en forme de coussin [par ex.] planche ***a)*** plate-bande, massif : [C] Pros., [+C] Pros. ***b)*** plateforme [dans un port] : [C] Pros. ***c)*** balustre [élément reliant les volutes du chapiteau ionique] : [C] Pros. ***d)*** banc [dans une piscine] : [C] Pros. ***e)*** [méc.] partie du système de pointage de la catapulte : [C] Pros.

pulvis, *ĕris*, m., qqf. f. ¶ **1** poussière : [C] Pros. ‖ poussière, sable où les mathématiciens traçaient leurs figures : [C] Pros. ; [d'où] [C] Pros. ‖ ***Puteolanus pulvis*** [+C] Pros., sable de Pouzzoles, pouzzolane [produisant une sorte de mortier] ¶ **2** [poét.] terre : ***pulvis coctus*** [+C] Poés., brique ; ***pulvis Etrusca*** [C] Poés., poussière, terre d'Étrurie ¶ **3** [en part.] poussière de la piste, du cirque : ***Olympicus*** [C] Poés., la poussière Olympique ‖ [fig.] piste, carrière : [+C] Poés. ‖ [poét.] ***sine pulvere*** [C] Pros., [la palme] sans effort, sans peine ¶ **4** [métaph.] la poussière que l'on trouve dans la rue, sur les routes, dans la vie en plein air et que ne connaît pas l'homme renfermé dans son cabinet : [C] Pros. ; ***forensis pulvis*** [+C] Pros., la poussière du forum, les luttes du forum ‖ [chrét.] [symbole de douleur, de néant] : [T] Pros.

pulviscŭlus, *i*, m., poudre, poussière fine : [+C] Pros. ‖ [pour les mathématiques] [+C] Pros. ; V.▶ *pulvis*

Pūlўdămās, C.▶ *Polydamas* : [C] Poés.

pūmex, *ĭcis*, m. ¶ **1** pierre ponce : [-C] Théât., [C] Pros. ¶ **2** [poét.] toute pierre poreuse, roche creuse : [C] Poés. ‖ roche érodée : [C] Poés.

pūmĭcātus, *a*, *um*, part. de *pumico*

pūmĭcĕus, *a*, *um*, de pierre ponce : [C] Poés. ‖ ***pumicei oculi*** [-C] Théât., yeux secs comme la pierre ponce

pūmĭcō, *ās*, *āre*, *āvī*, *ātum*, tr., polir à la pierre ponce : [+C] Poés. ‖ ***homo pumicatus*** [+C] Pros., homme soigneusement épilé

pūmĭlĕus, *a*, *um*, nain, C.▶ *pumilus* : [+C] Pros.

pūmĭlĭo, *ōnis*, m., nain : [+C] Pros., Poés. ‖ f., naine : [C] Poés. ‖ [en parl. d'anim. et de pl.] : [+C] Pros.

pūmĭlus, *i*, m., nain : [+C] Pros. ‖ [adj[t]] ***pumilior*** [+C] Pros.

punctim, adv., en pointant, d'estoc : [C] Pros.

punctĭo, *ōnis*, f., action de piquer, pointe, élancement [méd.] : [+C] Pros.

punctŭlum, *i*, n., petite piqûre : [+C] Pros.

punctum, *i*, n. ¶ **1** stigmate [au fer rouge] : [+C] Pros. ¶ **2** petit trou fait par une piqûre, piqûre : [+C] Poés. ¶ **3** ouverture dans une conduite d'eau, et la quantité d'eau qui s'en écoule : [+C] Pros. ¶ **4** petite coupure : [C] Pros. ¶ **5** point mathématique : [C] Pros. ; [d'où] point, espace infime : [C] Pros. ¶ **6** [en parl. du temps] ***punctum temporis*** [C] Pros., pendant un instant ; ***ad punctum temporis*** [C] Pros. et ***puncto temporis*** [C] Pros., en un clin d'oeil ; pl., [C] Pros. ‖ [abs[t]] un instant : [+C] Pros. ; ***puncto*** [+C] Pros., en un instant ¶ **7** vote, suffrage [m. à m., "point mis à côté de chaque nom par les scrutateurs au dépouillement"] : [C] Pros., Poés. ¶ **8** graduation [sur le fléau de la statère] : ***certo puncto*** [-C] Théât., sur le point juste ; [C] Pros. ¶ **9** point, coup de dés : [+C] Pros.

1 **punctus**, *a*, *um*, part. de *pungo*, [adj[t]] formant un point : ***puncto tempore*** [C] Poés., en un instant

2 **punctŭs**, *ūs*, m., piqûre : [+C] Pros.

pungō, *ĭs*, *ĕre*, *pŭpŭgī*, *punctum*, tr. ¶ **1** piquer : ***aliquem*** [C] Pros., piquer qqn ‖ faire en piquant : [C] Pros. ‖ piquer = percer : [C] Poés. ‖ piquer [saveur piquante] : ***sensum*** [C] Poés., piquer le goût (le palais) ; [abs[t]] ¶ **2** [fig.] tourmenter, faire souffrir, poindre : [C] Pros. ‖ harceler : [C] Pros.

pūnĭcans, *tis*, rouge : [+C] Pros.

Pūnĭcānus, *a*, *um*, carthaginois : ***Punicani lectuli*** [C] Pros., lits carthaginois (bancs de bois)

Pūnĭcē, adv., à la manière des Carthaginois, en langue punique, en carthaginois : [-C] Théât.

1 **Pūnĭcĕus**, *a*, *um*, carthaginois : [C] Poés.

2 **pūnĭcĕus**, *a*, *um*, rouge [de sang], pourpre, pourpré : [-C] Théât., [C] Poés. ‖ jaune-orange [en parl. du crocus] : [C] Poés.

Pūnĭcus (**Poe-**), *a*, *um* ¶ **1** des Carthaginois, de Carthage : [C] Poés. ; ***litterae Punicae*** [C] Pros., caractères puniques ; ***Punica bella*** [C] Pros., les guerres puniques ; ***Punica fides*** [C] Pros., la foi punique [mauvaise foi] ; ***Punica ars*** [C] Pros., stratagème familier aux Carthaginois ; ***Punica arbos*** [+C] Pros., grenadier ¶ **2** [poét.] rouge : [C] Poés.

pūnĭō (**poenĭō**), *īs*, *īre*, *īvī* ou *ĭī*, *ītum*, tr. ¶ **1** punir, châtier : ***aliquem*** [C] Pros., punir qqn ; ***facinus, peccata*** [C] Pros., punir un crime, des fautes ‖ ***in puniendo*** [C] Pros., quand on punit ¶ **2** venger : [C] Pros. ; ***dolorem*** [C] Pros., venger une offense (le ressentiment d'une offense)

pūnĭŏr (**poenĭŏr**), *īrĭs*, *īrī*, *ītus sum*, tr., mêmes emplois que *punio*

pūnītĭo, *ōnis*, f., punition : [+C] Pros.

pūnītŏr, *ōris*, m., celui qui punit : [+C] Pros. ‖ vengeur : ***doloris sui*** [C] Pros., de son ressentiment

pūnītus, *a*, *um*, part. de *punio*

punxi, un des parf. de *pungo*

pūpa, *ae*, f., petite fille : [+C] Poés. ‖ poupée : [C] Poés., [+C] Poés.

pūpilla, *ae*, f. ¶ **1** petite fille, pupille, mineure : [C] Pros. ¶ **2** pupille [de l'œil] : [C] Poés.

pūpillāris, *e*, pupillaire, de pupille, de mineur [droit] : [C] Pros., [+C] Pros.

pūpillō, *ās*, *āre*, -, -, intr., crier comme un paon : [+C] Pros.

pūpillus, *i*, m., pupille, mineur : [C] Pros.

Pūpīnĭa, *ae*, f., la région pupinienne, au sud de Rome : [C] Pros., [+C] Pros. ‖ **Pūpīnĭensis**, *e*, ***ager***, [C] Pros., territoire pupinien

Pūpĭus, *ĭi*, m., nom d'une famille romaine : [C] Pros. ‖ ***Pupia lex***, loi Pupia, portée par le tribun Pupius : [C] Pros.

puppis, *is*, f., poupe, arrière d'un bateau : [C] Pros. ‖ navire, vaisseau : [C] Poés. ‖ [fig.] le Navire (Argo) [constellation] : [C] Poés.

pŭpŭgī, parf. de *pungo*

pūpŭla, *ae*, f. ¶ **1** petite fille : ***mea pupula*** [+C] Pros., ma mignonne ¶ **2** pupille [de l'œil] : [C] Pros. ‖ oeil : [+C] Pros.

pūpŭlus, *i*, m., petit garçon : [C] Poés., [+C] Pros. ‖ poupée, figurine : [T] Pros.

pūpus, *i*, m., petit garçon, bébé : [C] Poés., [+C] Pros.

pūrē, adv. ¶ **1** proprement, purement : [C] Pros. ; ***quam purissime*** [-C] Pros., de la manière la plus nette possible ; [C] Poés. ¶ **2** [fig.] ***a)*** vertueusement, purement, de manière irréprochable : [C] Pros. ***b)*** purement, correctement [langage] : [C] Pros. ; ***purissime*** [+C] Pros. ***c)*** clairement, nettement : [+C] Pros. ‖ [sens moral avec prolepse] de manière à rendre clair, serein : [C] Pros.

purgāmĕn, *ĭnis*, n. ¶**1** ordure, immondices : [C] Poés. ¶**2** purification, expiation : [C] Poés. ¶**3** pureté, propreté : [T] Poés.

purgāmentum, *i*, n. ¶**1** immondices : [C] Pros., [+C] Pros. ; ***purgamenta oris*** [+C] Pros., crachats ‖ [injure] ordure : [+C] Pros. ¶**2** purification, expiation, sacrifice expiatoire : [+C] Pros.

purgātĭō, *ōnis*, f. ¶**1** nettoyage, curage : [+C] Pros. ‖ purgation : [-C] Pros., [C] Pros. ¶**2** [fig.] excuse, justification : [-C] Théât., [C] Pros. ‖ expiation : [T] Pros.

purgātŏr, *ōris*, m. ¶**1** celui qui nettoie : [fig.] ***ferarum*** [+C] Pros., destructeur des monstres [Hercule] ¶**2** qui purifie : ***animae*** [T] Pros., qui purifie l'âme

purgātōrĭum, *ĭi*, n., purification : [T] Pros.

purgātōrĭus, *a*, *um* ¶**1** purgatif : [T] Pros. ¶**2** [fig.] qui purifie : [T] Pros.

purgātus, *a*, *um* ¶**1** part. de *purgo* ¶**2** [pris adj[t]], ***a)*** nettoyé, purifié : [+C] Poés. ; ***purgata auris*** [C] Pros., oreille bien nettoyée, bien prête à écouter ***b)*** pur : ***purgatiora vota*** [T] Pros., voeux plus purs

purgō, *ās*, *āre*, *āvī*, *ātum*, tr. ¶**1** nettoyer : [C] Pros. ; ***oleam a foliis*** [-C] Pros., débarrasser l'olive des feuilles ; ***proprios ungues*** [C] Pros., se faire soi-même les ongles ¶**2** [méd.] ***a)*** débarrasser : ***purgatus morbi*** [C] Poés., débarrassé d'une maladie ***b)*** purger : ***ad purgandum*** [C] Pros., pour purger ; [poét.] ***purgor bilem*** [C] Poés., je me purge la bile ¶**3** [fig.] ***a)*** nettoyer, débarrasser : ***purga urbem*** [C] Pros., purge, débarrasse la ville ; ***rationes purgare*** [+C] Pros., apurer des comptes ***b)*** faire évacuer, faire disparaître, chasser : ***metum doloris*** [+C] Pros., chasser la crainte de la douleur ¶**4** ***a)*** justifier, disculper : ***aliquem de aliqua re*** [C] Pros., justifier qqn au sujet de qqch. ; ***alicui se*** [C] Pros., se justifier aux yeux de qqn ‖ ***aliquem crimine*** [+C] Pros., justifier qqn d'une accusation ; [C] Pros. ; ***se adversus aliquid*** [+C] Pros., se justifier à l'égard de qqch. ‖ [abs[t]] : ***non purgat*** [C] Pros., il n'apporte pas de justification ‖ ***se purgare quod*** [C] Pros., se justifier de ce que ‖ [avec prop. inf.] alléguer comme excuse que : [C] Pros. ***b)*** [acc. de la chose dont on disculpe] : ***crimina*** [C] Pros., balayer des accusations [en disculper l'accusé] ; ***facinus*** [+C] Pros., se justifier d'un crime ; [C] Pros. ***c)*** démontrer pour se justifier : ***innocentiam*** [C] Pros., pour se justifier, prouver son innocence ***d)*** purger d'un crime, d'une faute, purifier : [C] Poés. ‖ expier, racheter : [C] Pros. ***e)*** [chrét.] absoudre de, pardonner : [T] Pros.

Purgŏpŏlīnīcēs, ▶ *Pyrgo-*

pūrĭfĭcātĭo, *ōnis*, f., purification : [+C] Poés.

pūrĭfĭcō, *ās*, *āre*, -, -, tr. ¶**1** nettoyer : [+C] Pros. ¶**2** [fig.] purifier : [+C] Pros.

pūrĭfĭcus, *a*, *um*, qui purifie : [T] Pros.

pūrĭtĭa, *ae*, f., netteté, pureté : [C] Poés.

purpŭra, *ae*, f. ¶**1** la pourpre [couleur] : [C] Poés. ¶**2** la pourpre [vêtement] : [C] Pros. ‖ ornement de pourpre, insigne des hautes magistratures ou de la royauté : [C] Pros., [C] Poés. ; ***septima purpura*** [+C] Pros., septième consulat ‖ couverture de pourpre : [+C] Pros. ‖ [poét.] = porphyre : [+C] Poés.

purpŭrans, *tis*, de couleur pourpre : [T] Pros.

purpŭrārĭa, *ae*, f., marchande de pourpre : [T] Pros.

purpŭrascō, *ĭs*, *ĕre*, -, -, intr., devenir pourpre : [C] Pros.

purpŭrātus, *a*, *um* ¶**1** vêtu de pourpre : [-C] Théât. ¶**2** m. pris subst[t], homme vêtu de pourpre, gens de la maison du roi : [C] Pros. ‖ haut dignitaire : [C] Pros. ‖ courtisan : [+C] Pros. ‖ [plais[t]] premier ministre : [C] Pros.

purpŭrĕus, *a*, *um* ¶**1** de pourpre [toutes les nuances de la pourpre] : [C] Pros. ¶**2** vêtu de pourpre : [C] Poés. ‖ ***purpureus pennis*** [C] Poés., de pourpre par l'aigrette de son casque = ayant une aigrette de pourpre ¶**3** brillant, beau : [C] Poés.

Purpŭrĭo, *ōnis*, m., surnom : [C] Pros.

purpŭrissātus, *a*, *um*, fardé de rouge [joues] : [-C] Théât., [C] Pros. ‖ [fig.] teint en rouge : ***purpurissati fasti*** [T] Pros., fastes consulaires

purpŭrissum, *i*, n., fard rouge : [-C] Théât.

purpŭrō, *ās*, *āre*, -, - ¶**1** tr., rendre pourpre, rendre sombre : [+C] Pros. ‖ embellir, orner : [+C] Pros. ¶**2** intr., être pourpré, être resplendissant : [+C] Pros.

Purrhus, ▶ *Pyrrhus*

pūrŭlentĭa, *ae*, f., pus : [T] Pros.

pūrŭlentus, *a*, *um*, purulent : [-C] Pros., [+C] Pros.

pūrus, *a*, *um* ¶**1** sans tache, sans souillure, propre, net, pur : ***aqua purior*** [C] Pros., eau plus pure ; [fig.] [C] Pros. ; ***purissima mella*** [C] Poés., le miel le plus pur ¶**2** clair, pur, serein [en parl. de l'air, du ciel, du soleil] : [C] Poés. ‖ n. pris subst[t], ***per purum*** [C] Poés., dans l'air pur [ou dans un ciel sans nuages] ¶**3** pur, sans éléments étrangers ***a) hasta pura*** [C] Poés., lance sans fer [donnée primitiv[t] comme récompense aux braves : [+C] Pros.] ; ***pura vestis*** [C] Poés., toge toute blanche ; ***toga pura***, même sens, ▶ *toga* : ***pura parma*** [C] Poés., bouclier sans emblème ; ***purum argentum*** [C] Pros., argenterie unie [sans ciselure] ***b) purus campus*** [C] Poés., plaine libre, à découvert, dégarnie [sans maisons ni arbres] ; [C] Poés. ¶**4** ***a) animus purus*** [C] Pros., âme pure, sans tache ; ***(homo) purior*** [C] Pros., (un homme) plus irréprochable ‖ [C] Pros. ; ***sceleris purus*** [C] Poés. ; ***vitio*** [C] Poés., pur de tout crime, de tout défaut ‖ [t. relig.] ***locus purus*** [C] Pros., lieu sans souillure, pur ; ***familia pura*** [C] Pros., famille qui a accompli les rites funèbres prescrits par la religion, donc irréprochable du point de vue religieux ; ***dies puri*** [C] Poés., jours dégagés de tout deuil, de toute obligation funèbre [après l'expiation des Parentalia], jours purifiés ; [poét.] ***arbor pura*** [C] Poés., arbre qui purifie ***b)*** sans mélange : [C] Pros. ‖ sans ornements : [C] Pros. ‖ ***purum judicium*** [C] Pros., arrêt simple [sans l'addition d'une exception]

pūs, *pūris*, n., pus, humeur : [+C] Pros. ; pl. ‖ [injure] ordure : [C] Poés.

pūsa, *ae*, f., petite fille : [C] Pros.

Pūsilla, *ae*, f., surnom féminin : [C] Poés.

pŭsillănĭmis, *e*, pusillanime : [T] Pros.

pūsillănĭmĭtās, *ātis*, f., pusillanimité : [T] Pros.

pŭsillănĭmŭs, *a*, *um*, pusillanime : [T] Pros.

pŭsillum, *i*, n. de *pusillus*, un peu de : [C] Pros. ‖ ***pusillum***, adv., un peu, légèrement : [+C] Pros.

pŭsillus, *a*, *um*, tout petit [de taille] : [C] Pros. ‖ ***pusilla epistula*** [C] Pros., un bout de lettre ; ***Roma*** [C] Pros., une petite Rome, en miniature ‖ [fig.] [C] Pros. ; ***pusillus animus*** [C] Pros., esprit mesquin, petit esprit ; [C] Poés., esprit limité

1 **pūsĭo**, *ōnis*, m., petit garçon, bambin : [C] Pros.

2 **Pūsĭo**, *ōnis*, m., surnom donné ironiquement à un homme de haute taille : [+C] Pros.

pūsĭōla, *ae*, f., toute petite fille : [T] Poés.

pustŭla, *ae*, f. ¶**1** pustule, ampoule : [+C] Pros. ¶**2** bulle, bouillon [produit par effervescence] : [C] Pros. ¶**3** bulles produites dans la fusion de l'argent, [d'où] argent pur : [+C] Poés.

pustŭlātus, *a*, *um*, purifié au feu, pur [en parl. de l'argent = qui a eu des bulles dans la fusion] : [+C] Poés., Pros.

pustŭlōsus, *a*, *um*, pustuleux, couvert de pustules : [+C] Pros.

pūsŭla, *ae*, f., ▶ *pustula* : [+C] Pros. ‖ érysipèle : [+C] Pros.

pūsŭlōsus, *a*, *um*, pustuleux : [+C] Pros.

pūsus, *i*, m., petit garçon : [C] Pros.

1 **pŭtă**, **ut pŭtă**, impér. de *puto* pris adv[t], par exemple, ▶ *puto*

2 **Pŭta**, *ae*, f., déesse qui présidait à la taille des arbres : [T] Pros.

pŭtāmen, *ĭnis*, n., ce que l'on élague ou retranche [comme inutile] : [de n'importe quel objet] ; [coquille de noix] [C] Pros. ; [cosse de fève] ; [coquille d'oeuf, d'huître] ; [écailles]

pŭtātĭo, *ōnis*, f. ¶**1** élagage, émondage, taille : [C] Pros. ¶**2** supputation : [T] Pros.

pŭtātŏr, *ōris*, m., élagueur : [C] Pros.

pŭtātus, *a*, *um*, part. de *puto*

pŭtĕāl, *ālis*, n. ¶**1** margelle : [C] Pros. ¶**2** putéal [balustrade entourant un lieu frappé par la foudre : en part. le putéal de Libon à l'est du forum, où se tenaient les banquiers, les usuriers, les marchands] : [C] Pros., Poés., [+C] Poés. ‖ un putéal, peut-être distinct du précédent, marquait l'endroit où avaient été enfouis le caillou et le rasoir de l'augure Attius Navius : [C] Pros.

pŭtĕālis, *e*, de puits : [C] Poés., [+C] Pros.

pŭtĕānus, *a*, *um*, → *putealis* : [+C] Pros.

pūtĕō, *ēs*, *ēre*, *ŭī*, -, intr., être pourri, gâté, corrompu, puer : [C] Pros. ; ***mero*** [C] Pros., puer le vin

Pŭtĕŏli, *ōrum*, m. pl., Putéoles [Pouzzoles, ville maritime de la Campanie, près de Naples] : [C] Pros. ‖ **-ānus**, *a*, *um*, de Pouzzoles : [C] Pros. ; ***Puteolanus pulvis*** [+C] Pros., pouzzolane ‖ **-ānum**, *i*, n., maison de campagne de Pouzzoles : [C] Pros. ‖ **-āni**, *ōrum*, m. pl., habitants de Pouzzoles : [C] Pros.

pūtĕr, **pūtris**, *putris,e* ¶ 1 pourri, gâté, corrompu, fétide : [C] Pros., Poés. ‖ délabré, en ruines : [C] Pros. ¶ 2 désagrégé : ***glaeba putris*** [C] Poés., terre désagrégée ; ***putre solum*** [C] Poés., sol friable ‖ [fig.] flasque : [C] Poés. ; ***putres oculi*** [C] Poés., yeux mourants, langoureux ; ***in Venerem putris*** [+C] Poés., s'abandonnant aux plaisirs dissolvants de Vénus

pūtescō, **pūtiscō**, *ĭs*, *ĕre*, *tŭī*, -, intr., se corrompre, tomber en pourriture : [-C] Pros., [C] Pros. : [C] Pros.

pŭtĕus, *i*, m. ¶ 1 trou, fosse : [C] Pros., Poés. ‖ cheminée : [C] Pros. ¶ 2 puits : [C] Pros. ; ***putei juges*** [C] Pros., puits d'eau vive

Pŭtĭcŭli, *ōrum*, m. pl., lieu-dit de Rome : [C] Pros.

Pŭtĭcŭlae, *ārum*, f. pl., → *Puticuli*, lieu-dit de Rome : [C] Pros.

pŭtĭcŭlus, *i*, m., tombe à puits : [C] Pros.

pūtĭdē, adv., avec affectation : [C] Pros. ; ***putidius*** [C] Pros.

pūtĭdĭuscŭlus, *a*, *um*, qq. peu importun : [C] Pros.

pūtĭdŭlus, *a*, *um*, affecté : [+C] Poés.

pūtĭdus, *a*, *um* ¶ 1 pourri, gâté, puant, fétide : [C] Pros. ‖ ***putidius cerebrum*** [C] Poés., cerveau plus abîmé ‖ ***homo putide*** [-C] Théât., ô homme décrépit [vieux débris] ; [C] Poés. ; ***putidissimus*** [+C] Pros. ¶ 2 qui sent l'affectation, affecté : [C] Pros. ; ***putidissimus*** [+C] Pros.

pŭtillus, *i*, m., → *pusus*, → *pusillus* : [-C] Théât., [C] Poés.

pūtisco, → *putesco*

pŭtō, *ās*, *āre*, *āvī*, *ātum*, tr. ¶ 1 nettoyer, rendre propre : [C] Pros. ‖ élaguer, émonder, tailler : [-C] Pros., [C] Poés. ‖ [fig.] mettre au net, apurer : ***rationem cum aliquo***, apurer un compte avec qqn : [-C] Pros., [C] Pros., [+C] Pros. ¶ 2 supputer, compter : [-C] Pros. ¶ 3 **a)** supputer, évaluer, estimer : ***aliquid denariis quadringentis*** [C] Pros., estimer qqch. quatre cents deniers ‖ ***magni*** [C] Pros. ; ***pluris*** [C] Pros. ; ***nihili*** [C] Pros., estimer beaucoup, davantage, comme rien **b)** estimer, considérer : ***aliquem pro nihilo*** [C] Pros., ne faire aucun cas de qqn ; ***aliquem in hominum numero*** [C] Pros., compter qqn au nombre des hommes ‖ [avec deux acc.] ***aliquem civem*** [C] Pros., considérer qqn comme citoyen ‖ [au pass.] [C] Pros. **c)** peser, réfléchir à : ***dum haec puto*** [-C] Théât., pendant que je réfléchis à cela ‖ [abst] ***non putaram*** [C] Pros., je n'y avais pas pensé ; [+C] Pros. ¶ 4 estimer, penser, croire : ***citius quam putavissent*** [C] Pros., plus vite qu'ils ne l'auraient cru ; ***putare deos (esse)*** [C] Pros., croire à l'existence des dieux ‖ [avec prop. inf.] [C] Pros. ; [ellipse de *esse*] [C] Pros. ‖ [passif pers.] [C] Pros. ‖ [en incise.] ***puto***, je pense, comme je pense : [C] Pros. ; ***ut puto*** [C] Pros. ¶ 5 imaginer, supposer : [C] Pros. ‖ [d'où l'emploi de l'impératif *puta*, entre parenthèses, comme un véritable adverbe] par exemple, par suppositon : [C] Poés. ‖ ***ut puta*** ; même sens : [+C] Pros.

pūtŏr, *ōris*, m., puanteur, mauvaise odeur : [-C] Pros., [C] Pros., Poés. ‖ pl., [T] Pros.

pŭtrēdo, *ĭnis*, f., putréfaction, corruption, gangrène : [+C] Pros., [T] Pros. ‖ pl., [T] Poés.

pŭtrēdŭlus, *a*, *um*, gâté [voix] : [T] Pros.

pŭtrĕfacĭō, *ĭs*, *ĕre*, *fēcī*, *factum*, tr., pourrir, gâter, corrompre : [+C] Pros. ‖ dissoudre : [C] Pros. ‖ pass., → *putrefio*

pŭtrĕfīō, *fīs*, *fĭĕrī*, *factus*, pass. de *putrefacio*, ***putrefactus*** [C] Pros., Poés.

pŭtrĕō, *ēs*, *ēre*, *ŭī*, -, intr., être pourri ; [fig.] être en ruine [par l'âge] : [-C] Théât.

pŭtrescō, *ĭs*, *ĕre*, *trŭī*, -, intr., se gâter, se corrompre, se putréfier, pourrir : [C] Pros., Poés. ‖ s'amollir, devenir friable [sol] : [+C] Pros. ‖ [fig.] tomber dans le mépris : [T] Pros.

putrĭdŭlus, → *putre-*

putrĭdus, *a*, *um*, gâté, carié : [C] Pros. ‖ flétri par l'âge : [C] Poés.

putris, → *puter*

pŭtus, *a*, *um*, pur, propre : [C] Pros. ; [d'ordin. *purus putus* ensemble] [+C] Pros. ‖ ***putus*** ; seul : [C] Pros.

pycnostȳlŏs, *ŏn*, pycnostyle [temple avec des colonnes très rapprochées] : [C] Pros.

pycta (**-tēs**), *ae*, m., athlète qui s'exerce au pugilat : [C] Pros., [+C] Pros. ‖ [fig.] combattant [en parl. d'un coq] : [+C] Pros.

Pydna, *ae*, f., ville maritime de Macédoine [victoire des Romains sur Persée] : [C] Pros. ‖ **-naei**, *ōrum*, m. pl., habitants de Pydna : [C] Pros.

pȳĕlus, *i*, m., baignoire : [-C] Théât.

pȳgargŏs (**-gus**), *i*, m., espèce de gazelle : [+C] Poés.

Pygĕla, *ae*, f., ville d'Ionie ‖ **-la**, *ōrum*, n. pl., [C] Pros.

pȳgēsĭăcus, *a*, *um*, relatif aux fesses : [+C] Pros.

Pygmaei, *ōrum*, m. pl., les Pygmées [peuple fabuleux de nains, qui était en guerre avec les grues] : [+C] Pros. ‖ **-aeus**, *a*, *um*, de Pygmées : [C] Poés. ; ***virgo pygmaea*** [+C] Poés., une naine

Pygmălĭōn, *ōnis*, m. ¶ 1 frère de Didon, meurtrier de Sichée, son beau-frère : [C] Poés. ¶ 2 sculpteur épris d'une statue qu'il avait faite : [C] Poés. ‖ **-ōnēus**, *a*, *um*, de Pygmalion, tyrien, carthaginois : [+C] Poés.

Pȳlădēs, *ae* (qqf. ***is*** [+C] Poés.), m. ¶ 1 Pylade [fils de Strophios, fidèle ami d'Oreste] : [C] Pros. ‖ [fig.] un Pylade, un ami fidèle : [+C] Poés. ¶ 2 célèbre pantomime sous Auguste : [+C] Pros. ‖ **-dēus**, *a*, *um*, de Pylade : ***Pyladea amicitia*** [C] Pros., amitié à la façon de Pylade = éprouvée

1 **Pȳlae**, *ārum*, f. pl. ¶ 1 les Thermopyles : [C] Pros. ¶ 2 **-lăĭcus**, *a*, *um*, des Thermopyles : [C] Pros.

2 **pȳlae**, *ārum*, f. pl., portes [d'un pays], gorges, défilés, pas : [C] Pros., [+C] Pros.

Pȳlaemĕnēs, *is*, m., roi de Paphlagonie : [C] Pros.

Pȳlăĭcus, *a*, *um*, → *1 Pylae*

Pȳlēnē, *ēs*, f., Pylène [ville d'Étolie] : [+C] Poés.

Pȳlŏs (**-lus**), *i*, f., ville de Messénie, patrie de Nestor : [C] Pros., Poés. ‖ **-lĭus**, *a*, *um*, de Pylos, de Nestor : [C] Poés. ‖ subst. m. sg., = Nestor : [C] Poés.

1 **pȳra**, *ae*, f., bûcher : [C] Poés.

2 **Pȳra**, *ae*, f., nom d'un lieu du mont Œta, où Hercule fit élever son bûcher : [C] Pros.

Pȳracmōn, *ŏnis*, m., un des Cyclopes ouvriers de Vulcain : [C] Poés.

Pȳracmŏs, *i*, m., un des Centaures : [C] Poés.

Pȳrămēus, → *Pyramus*

pȳrămis, *ĭdis*, f., pyramide : [C] Pros.

Pȳrămus, *i*, m. ¶ 1 Pyrame [jeune Babylonien, amant de Thisbé] : [C] Poés. ¶ 2 le Pyrame [fleuve de Cilicie] : [C] Pros., [+C] Pros.

Pȳranthē, *ēs* et **-this**, *ĭdis*, f., noms de deux filles de Danaos : [+C] Poés.

Pȳrēnaeus, → *Pyrene*

Pȳrēnē, *ēs*, f., **Pȳr-**, [C] Poés. ¶ 1 une des cinquante filles de Danaos : [+C] Poés. ¶ 2 fille de Bébryx, aimée d'Hercule, qui donna son nom aux Pyrénées où elle fut ensevelie : [+C] Poés. [d'où] **a)** ***Pyrene*** = montagne des Pyrénées : [C] Poés., [+C] Poés. **b)** = Espagne : [+C] Poés. ‖ **Pȳrēnaeus**, *a*, *um* (**Pȳ-**, [+C] Poés.), pyrénéen **c)** ***Pyrenaei montes*** [C] Pros. ; ***Pyrenaei saltus*** [C] Pros. ; ***Pyrenaeus mons*** [+C] Poés. ; ***saltus Pyrenaeus*** [C] Pros. ; ***Pyrenaeus saltus*** [C] Pros. ; ***Pyrenaeus*** [C] Pros., les monts Pyrénées ; ***Pyrenaei promunturium*** [C] Pros., le cap pyrénéen [à l'est, Cap de Creus] **d)** ***Pyrenaeae nives*** [+C] Poés., neiges pyrénéennes

1 **Pȳrēnĕus**, *a*, *um*, → *Pyrenaeus* : [T] Poés.

2 **Pȳrēnĕūs**, *ĕi* et *ĕos*, m., Pyrénée [roi de Daulis, tombé du haut d'une tour en voulant poursuivre les Muses] : [C] Poés.

pўrĕthrum (-ŏn), *i*, n., pyrèthre [plante] : [C] Poés. ; V▸ *piretrum*

Pўrētus, *i*, m., nom d'un Centaure : [C] Poés.

Pyrgi, *ōrum*, m. pl., ville d'Étrurie : [C] Pros., Poés. ‖ **-ensis**, *e*, de Pyrgi : [C] Pros.

Pyrgō, *ūs*, f., nourrice des enfants de Priam : [C] Poés.

Pyrgŏpŏlīnīcēs, *is*, m., nom comique de soldat : [-C] Théât.

1 **pyrgus**, *i*, m., petite tour avec des étages à travers lesquels dégringolaient les dés ; [par ext.] cornet, V▸ *phimus* : [T] Pros.

2 **Pyrgus**, *i*, m., ville forte de l'Élide : [C] Pros.

Pўriphlĕgĕthōn, *ontis*, m., Pyriphlégéthon [fleuve des Enfers] : [C] Pros.

Pyrnus, *i*, m., nom de guerrier : [+C] Poés.

Pўrōdēs, *ae*, m., celui qui, le premier, tira le feu d'un caillou : [+C] Pros.

Pўrŏīs et **Pўrŏeis**, *entis*, m., un des chevaux du Soleil : [C] Poés., [+C] Poés.

pўrōpus, *i*, m., pyrope, alliage de cuivre et d'or : [C] Poés.

1 **Pyrrha**, *ae*, f. ¶1 femme de Deucalion : [C] Poés. ¶2 nom d'Achille portant des vêtements de femme à Scyros : [+C] Poés. ‖ **-rhaeus**, *a*, *um*, de Pyrrha (et Deucalion) : [+C] Poés.

2 **Pyrrha**, *ae*, f., nom de plusieurs villes, not[t] dans l'île de Lesbos ‖ **Pyrrhĭăs**, *ădis*, adj. f., de Pyrrha : [C] Poés.

Pyrrhaeus, V▸ *1-2 Pyrrha*

Pyrrhē, *ēs*, C▸ *1 Pyrrha* : [+C] Théât.

Pyrrhēum, *i*, n., quartier de la ville d'Ambracie : [C] Pros.

Pyrrhĭa, *ae*, f., nom de femme : [C] Pros.

1 **Pyrrhĭăs**, *ădis*, V▸ *2 Pyrrha*

2 **Pyrrhĭās**, *ae*, m., stratège des Étoliens : [C] Pros.

pyrrhĭcha, *ae* et **-chē**, *-ēs*, f., pyrrhique [danse guerrière des Lacédémoniens] : [+C] Pros.

pyrrhĭchĭus, *ĭi*, m., [métr.] pyrrhique, pied de deux brèves : [+C] Pros. ‖ [adj[t]] composé de pieds pyrrhiques : [+C] Pros.

pyrrhĭcus, *a*, *um*, de pyrrhique [danse] : ***ars pyrrhica*** [T] Pros., la pyrrhique

1 **Pyrrho**, *ōnis*, m., Pyrrhon, [d'Élis, philosophe, disciple d'Anaxarque et chef de l'école sceptique] : [C] Pros. ‖ **-ōnēi**, *ōrum*, m. pl., Pyrrhoniens, disciples de Pyrrhon : [C] Pros. ‖ **-ōnĭi**, *ōrum*, m. pl., [+C] Pros.

2 **pyrrhŏ-**, V▸ *pyro-*

Pyrrhus, *i*, m. ¶1 Pyrrhus ou Néoptolème [fils d'Achille et de Déidamie, tué par Oreste] : [C] Poés. ¶2 Pyrrhus [roi d'Épire, fameux par son expédition contre les Romains] : [C] Pros. ‖ ***Pyrrhi Castra***, nom de lieu [en Élide et en Laconie] : [C] Pros.

pyrrĭ-, V▸ *pyrrh-*

Pўthăgŏrās, *ae*, m., Pythagore [de Samos, célèbre philosophe qui enseigna à Crotone] : [C] Pros. ; ***littera Pythagorae*** ; la lettre de Pythagore = Y [représentant les deux routes ouvertes devant un mortel, celle du vice et celle de la vertu] : [+C] Poés., [T] Pros. ‖ **-rēus (-rīus)**, *a*, *um*, de Pythagore, pythagoricien : [C] Pros. ‖ **-rēi (-rīi)**, *ōrum*, m. pl., pythagoriciens, disciples de Pythagore : [C] Pros. ‖ **-rĭcus**, *a*, *um.*, [C] Pros.

pўthăgŏrissō, *ās*, *āre*, -, -, intr., pythagoriser, penser comme Pythagore : [+C] Pros.

Pўthărātus, *i*, m., archonte d'Athènes [lors de la mort d'Épicure] : [C] Pros.

pўthaula (-lēs), *ae*, m. ¶1 pythaule [joueur de flûte qui jouait le combat d'Apollon Pythien contre le serpent Python] : [+C] Poés. ¶2 joueur de flûte : [+C] Pros.

1 **Pўthĭa**, *ae*, f., la Pythie (Pythonisse), prêtresse d'Apollon : [C] Pros.

2 **Pўthĭa**, *ōrum*, n. pl., jeux pythiques : [C] Poés.

1 **Pўthĭăs**, *ădis*, f., nom d'une servante : [-C] Théât., [C] Poés.

2 **Pўthĭās**, *ae*, m., V▸ *2 Phintia*

Pўthĭcus, *a*, *um*, pythique, pythien, d'Apollon : [C] Pros.

Pўthĭōn, *ōnis*, m., de Rhodes, auteur d'un traité d'agriculture : [C] Pros.

Pўthĭum, *ĭi*, n., ville de Macédoine : [C] Pros.

1 **Pўthĭus**, *a*, *um*, de Pytho, de Delphes, pythien, pythique, d'Apollon Pythien : [C] Pros., Poés., [+C] Poés.

2 **Pўthĭus**, *ĭi*, m., Apollon Pythien : [+C] Pros.

1 **Pўtho**, *ōnis*, m., nom d'homme : [C] Pros.

2 **Pўthō**, *ūs*, f., ancien nom de la région de Phocide où était Delphes, puis nom de la ville elle-même, célèbre par l'oracle d'Apollon : [C] Poés., [+C] Poés.

1 **Pўthōn**, *ōnis*, m., serpent énorme tué par Apollon, d'où les jeux Pythiques : [C] Poés. ‖ Delphes [oracle, ville] : [C] Poés., [+C] Poés.

2 **pўthōn**, *ōnis*, m., esprit prophétique : [T] Pros. ‖ adj., [T] Pros. ‖ devin : [T] Pros.

pўthōnissa, *ae*, f., pythonisse, devineresse : [T] Pros.

Pўthus, *i*, m., nom d'homme : [+C] Pros.

pўtisma, *ătis*, n., crachement, crachat : [C] Pros., [+C] Poés.

pўtissō, *ās*, *āre*, -, -, intr., cracher après dégustation : [-C] Théât.

pyxăgăthŏs (-us), *i*, m., athlète habile au pugilat : [+C] Poés.

pyxĭdĭcŭla, *ae*, f., toute petite boîte : [+C] Pros.

pyxĭnum, *i*, n., sorte de collyre : [+C] Pros.

pyxis, *ĭdis*, f., petite boîte, coffret : [C] Pros., [+C] Pros.

Q

q, n., f., indécl., seizième lettre de l'alphabet latin, prononcée *qū* ; correspondant au *coppa* grec : [+C] Pros. ; employée d'abord devant *o* et *u*, puis réservée à la notation de la labio-vélaire sourde dans le digramme *qu* ‖ [abrév.] ***Q. = Quintus*** ; ***Q. = que*** dans la formule ***S. P. Q. R. = senatus populusque Romanus*** ; ***Q. S. S. S. = quae supra scripta sunt***

1 **quă**, ▶ *1 quis*

2 **quā**, adv. ¶**1** rel. ***a)*** par où : [C] Pros. ; [avec subj. final] [-C] Théât. ; [avec subj. consée.] [C] Pros. ***b)*** par le côté que, en tant que : [C] Pros., [+C] Pros. ***c)*** par le moyen que : ***qua datur*** [C] Poés., par les moyens par lesquels c'est possible, par les moyens qui s'offrent ***d)*** comme : [+C] Pros. ¶**2** [interr.] ***a)*** [dir.] par quel moyen ?, comment ? : [C] Pros. ***b)*** [indir.] par où : [C] Pros. ‖ comment : [-C] Théât., [C] Poés. ¶**3** [indéf.] ***a)*** par qq. moyen : [C] Pros. ***b) qua... qua***, d'un côté... de l'autre, tant... que, à la fois, et... et : [-C] Théât., [C] Pros.

quācumquĕ (-cunquĕ) ¶**1** [rel.] par quelque endroit que : [C] Pros. ‖ de quelque côté que : [C] Pros. ¶**2** [indéf.] par n'importe quel moyen : [C] Poés.

quādam, adv., ▶ *quadamtenus*

quādāmtĕnŭs, adv., jusqu'à un certain point : [avec tmèse] [C] Pros. ‖ [fig.] dans une certaine mesure : [+C] Pros.

Quādi, *ōrum*, m. pl., les Quades [ancien peuple de Germanie, sur les rives du Danube dans la Moravie] : [+C] Pros.

1 **quădra**, *ae*, f. ¶**1** carré, forme carrée : ***in quadram*** [+C] Pros., en carré ¶**2** [archit.] plinthe [élément du podium d'un temple] : [C] Pros. ‖ listel, filet [sur une base ou un chapiteau de colonne] : [C] Pros. ‖ [méc.] ***quadra posterior*** [C] Pros., plat arrière [face plate arrière des montants de la chèvre] ‖ morceau carré, quartier : [de pain] [C] Poés., Pros., [+C] Pros. ; [de fromage] [+C] Poés.

2 **Quădra**, *ae*, m., surnom romain : [+C] Pros.

quădrāgēnārĭus, *a, um* ¶**1** qui contient quarante : ***quadragenarium dolium*** [-C] Pros., jarre de quarante urnes ; ***quadragenaria fistula*** [C] Pros., tuyau de quarante pouces ¶**2** qui a quarante ans, quadragénaire : [+C] Pros. ‖ subst. m., un quadragénaire : [T] Pros. ¶**3** de quarante jours : ***quadragenarium jejunium*** [+T] Pros., un jeûne de quarante jours

quădrāgēni, *ae, a*, distr. pl., quarante chacun, chaque fois quarante : [C] Pros.

quădrāgēsĭma, *ae*, f. ¶**1** la quarantième partie : [+C] Pros. ¶**2** impôt du quarantième : [+C] Pros. ¶**3** [chrét.] espace de quarante jours, carême : [T] Pros. ; [pl.]

quădrāgēsĭmus, *a, um*, quarantième : ***quadragesimo post die*** [C] Pros., le quarantième jour après

quădrāgĭens (-giēs), quarante fois : [C] Pros.

quădrāgintā, pl. indécl., quarante : [C] Pros.

quădrangŭlus, *a, um*, ▶ *quadriang-* : [C] Poés.

quădrans, *antis*, gén. pl. *antum*, m. ¶**1** la quatrième partie, le quart : ***heres ex quadrante*** [+C] Pros., héritier pour un quart de la succession ¶**2** [pièce de monnaie] quart d'as, = trois *unciae* : ***quadrante lavari*** [C] Poés., prendre un bain pour un quart d'as ; [+C] Pros., Poés. ¶**3** [comme mesure] ***a)*** quart d'arpent : [+C] Pros. ***b)*** quart de livre : [+C] Poés., Pros. ***c)*** quart du sextarius = trois cyathes : [C] Pros., [+C] Poés. ***d)*** quart d'un pied : [+C] Pros.

quădrantăl, *ālis*, n. ¶**1** cube : [+C] Pros. ¶**2** mesure pour les liquides, = *amphora* [8 conges = 26,26 l] : [-C] Pros., Théât.

quădrantārĭus, *a, um* ¶**1** d'un quart, du quart : ***tabulae quadrantariae*** [C] Pros., tables (= lois) réduisant les dettes d'un quart ¶**2** qui coûte le quart d'un as : [+C] Pros. ; ***quadrantaria permutatio*** [C] Pros., échange d'un quart d'as [entre Clodia et le baigneur] ; ***quadrantaria Clytaemnestra*** [+C] Pros., Clytemnestre au quart d'as = courtisane de bas étage [en parl. de Clodia]

quădrātārĭus, *a, um*, lapicide : [T] Pros.

quădrātē, adv., carrément : [C] Poés.

Quădrātilla, *ae*, f., nom romain de femme : [+C] Pros.

quădrātĭo, *ōnis*, f., un carré : [C] Pros.

quădrātum, *i*, n. ¶**1** un carré : [C] Pros. ¶**2** [astron.] quadrat : [C] Pros.

1 **quădrātus**, *a, um* ¶**1** carré : ***turris quadrata*** [C] Poés., tour carrée ; [C] Pros. ; ***quadratum saxum*** [C] Pros., pierre de taille ; ***quadratum agmen*** ; ▶ *agmen* ; ***quadrata littera*** [+C] Pros., lettre capitale ; ***quadratus numerus*** [+C] Pros., nombre carré ; ***versus*** [+C] Pros., vers de huit pieds, octonaire [quatre mètres] ; ***quadrata Roma*** [-C] Pros., ancienne Rome bâtie en forme de carré ¶**2** bien proportionné, moyen [en parl. de la taille] : [+C] Pros. ¶**3** [fig.] bien équarri = bien arrondi [en parl. de la phrase] : [+C] Pros.

2 **Quădrātus**, *i*, m., surnom romain : [C] Pros.

Quădrĭburgĭum, *ĭi*, n., ville des Bataves [auj. Qualburg] : [T] Pros.

quădrĭdens, *tis*, qui a quatre dents (quatre pointes) : [-C] Pros.

quădrĭdŭānus (quătrĭd-), de quatre jours : [T] Pros.

quădrĭdŭum, *i*, n., espace de quatre jours : [-C] Théât., Pros., [C] Pros.

quădrĭennĭum, *ĭi*, n., espace de quatre ans : [C] Pros.

quădrĭfārĭam, adv., en quatre parts : [C] Pros. ; [fig.] de quatre manières

quădrĭfārĭē, adv., de quatre manières : [T] Pros.

quădrĭfĭdus, *a, um*, fendu en quatre : [C] Poés.

quădrĭflŭus, *a, um*, partagé en quatre cours d'eau : [T] Poés.

quădrĭflŭvĭum, *ĭi*, n., division en quatre parties : [C] Pros.

quădrĭfŏris, *e*, qui a quatre ouvertures : [C] Pros.

quădrĭfrons, *tis*, qui a quatre fronts, quatre visages [Janus] : [T] Pros.

quădrīga, *ae*, f., [C] Poés., [+C] Pros., [+C] Poés., ▶ *quadrigae*

quădrīgae, *ārum*, f. pl. ¶**1** attelage à quatre : [d'ânes] [C] Pros. ; [de chameaux] [+C] Pros. ‖ [surtout de chevaux] [C] Pros. ‖ [en part.] attelage conduisant les chars de course aux jeux : ***currus quadrigarum*** [C] Pros., char à quatre chevaux ; ***quadrigas agitare*** [+C] Pros., conduire (diriger) des attelages à quatre chevaux ‖ coursiers de l'aurore : [C] Poés. ¶**2** le char lui-même, quadrige : ***armatae, falcatae*** [C] Pros., quadriges armés, munis de faux ; [C] Poés., [+C] Pros. ¶**3** [fig.] ***quadrigae poeticae*** [C] Pros., le quadrige de la poésie

1 **quădrīgārĭus**, *a, um* ¶**1** de quadrige : [+C] Pros. ¶**2** subst. m., cocher de quadrige : [C] Pros., [+C] Pros.

2 **Quădrīgārĭus**, *ĭi*, m., Q. Claudius Quadrigarius, ancien historien latin : [+C] Pros.

quădrīgātus, *a, um*, qui porte l'empreinte d'un quadrige : [C] Pros.

quădrīgŭla, *ae*, f., et **-lae**, *ārum*, [C] Pros., petit quadrige

quădrĭjŭges ĕqui, m., quadrige : [C] Poés. ; ***quadrijuges currus*** [+C] Pros., même sens

quădrĭjŭgus, *a, um*, attelé de quatre chevaux : [-C] Théât., [C] Poés. ‖ **quădrĭjŭgi**, *ōrum*, m. pl., quadrige : [C] Poés.

quădrĭlībris, *e*, du poids de quatre livres : [-C] Théât.

quădrĭmestris, *e*, de quatre mois : [+C] Pros. ‖ âgé de quatre mois : [C] Pros.

quădrīmus, *a, um*, âgé de quatre ans : Pros. ; ***quadrimum merum*** Poés., vin de quatre ans

quădringēnārĭus, *a, um*, qui contient quatre cents : Pros.

quădringēni, *ae, a*, distr. pl., quatre cents chacun, chaque fois : Pros.

quădringentēsĭmus, *a, um*, quatre-centième : Pros.

quadringenti, *ae, a*, pl., quatre cents : Pros.

quădringentĭēs (-ĭens), quatre cents fois : Pros.

quădrīni, *ae, a*, distr. pl., chacun quatre, chaque fois quatre : Pros.

quădrĭpartītĭo, *ōnis*, f., partage en quatre : Pros.

quădrĭpartītō, adv., en quatre parts : Pros.

quădrĭpartītus, *a, um*, → *quadripertitus*

quădrĭpĕdālis, *e*, qui mesure quatre pieds : Pros.

quădrĭpĕdus, **quădrĭpēs**, → *quadrupedus*

quădrĭpertītus, *a, um*, partagé en quatre : Pros., Pros.

quădripl-, → *quadrupl-*

quădrĭrēmis, *is*, f., quadrirème [vaisseau à quatre rangs de rames] : Pros.

quădrĭvĭum (quădrŭ-), *ĭi*, n. ¶ **1** lieu où quatre chemins aboutissent, carrefour : Poés., Poés. ¶ **2** [fig.] réunion des quatre parties de la science mathématique [arith., géom., mus., astron.] : Pros.

quădrō, *ās, āre, āvī, ātum* ¶ **1** tr. ***a)*** équarrir : Pros. ***b)*** faire le carré, compléter de manière à former le carré ; [d'où] parfaire : ***orationem*** Pros., parfaire la phrase ; ***acervum*** Pros., parfaire un tas ¶ **2** intr. ***a)*** [abs[t]] former un tout harmonieux, équilibré : Pros. ***b)*** cadrer, se rapporter parfaitement ; ***in aliquem***, à qqn : Pros. ***c)*** impers., ***non sane quadrat*** Pros., cela ne cadre pas bien ***d)*** cadrer, être exact [en parl. d'une somme] : Pros.

quădrum, *i*, n. ¶ **1** un carré : Pros. ¶ **2** [fig.] ***in quadrum redigere*** Pros., donner une forme symétrique, arrondir

quădrŭpĕdans, *tis*, adj., qui va sur quatre pieds, qui galope : Théât., Poés. ‖ subst. m., cheval : Poés.

quădrŭpĕdus, *a, um*, → *quadrupes* ; ***quadrupedo gradu*** Pros., en marchant à quatre pattes ‖ qui galope : Pros.

quădrŭpēs, *ĕdis* ¶ **1** qui va sur quatre pieds, qui galope : Pros., Pros. ¶ **2** qui a quatre pieds, appuyé sur ses pieds et ses mains ; [fam.] qui est à quatre pattes : Poés., Pros. ; ***aliquem quadrupedem constringere*** Théât., lier qqn par les quatre pattes (= pieds et mains) ¶ **3** subst. ***a)*** m., quadrupède : Pros. ***b)*** f., Pros., Théât., Poés. ***c)*** n. pl., ***quadrupedia*** : Pros.

quădrŭplātŏr, *ōris*, m. ¶ **1** celui qui multiplie par quatre, qui amplifie : Pros. ¶ **2** ***a)*** celui qui perçoit les impôts moyennant un quart de remise : Pros. ***b)*** quadruplateur, délateur qui recevait le quart des biens de l'accusé : Pros.

quădrŭplex, *ĭcis*, quadruple : Théât., Pros. ; ***judicium*** Pros. ; → *centumvir* ‖ [poét.] quatre : Poés. ‖ subst. n., le quadruple : Pros.

quădrŭplĭcō, *ās, āre, āvī, ātum*, tr., quadrupler : Théât.

quădrŭplŏr, *ārĭs, ārī*, -, intr., faire le métier de délateur : Théât. ; → *quadruplator*

quădrŭplum, *i*, n., le quadruple : ***quadrupli condemnare*** Pros., condamner à payer quatre fois la valeur ; Pros.

quădrŭplus, *a, um*, quadruple : Pros.

quădrus, *a, um*, carré : ***quadrus lapis*** Pros., pierre de taille

quădrŭus, *a, um*, [fig.] quadruple : Poés.

quădrŭv-, → *quadriv-*

quae, → *1 qui, 1 quis*

quaerĭtō, *ās, āre, āvī, ātum*, tr. ¶ **1** chercher avec ardeur, longuement : ***aliquem*** Théât., être à la recherche de qqn ¶ **2** chercher à obtenir qqch. ; ***ab aliquo***, de qqn : Théât. ‖ trouver avec peine, se procurer péniblement : ***lana victum*** Théât., gagner sa vie par le travail de la laine ¶ **3** demander, questionner : Théât.

quaerō (arch. **quairo**), *ĭs, ĕre, quaesīvī (ĭī), quaesītum*, tr. ¶ **1** chercher (à trouver, à obtenir) : ***aliquid quaerere***, chercher qqch. ***aliquem quaerere***, chercher qqn ; ***cibum quaerere*** Cic., chercher sa nourriture ; ***rem mercaturis faciundis quaerere*** Cic., chercher la fortune en faisant du commerce ; ***fugam quaerere*** Cic., chercher les moyens de fuir ; ***liberos quaerere*** Suet., chercher à avoir des enfants ; ***in natura summum bonum quaerere*** Cic., chercher le souverain bien dans la nature ; ***crimen in aliquem quaerere*** Cic., chercher un grief contre qqn ; [avec inf.] chercher à, désirer : Hor., Sen., Tac. ‖ [avec sujet de chose] réclamer : [à propos de plantes] ***humidum locum quaerere*** Varr., réclamer un terrain humide ¶ **2** chercher à savoir, demander : ***aliquid ab aliquo quaerere***, demander qqch. à qqn ; ***aliquid de aliquo quaerere***, même sens ; ***aliquid ex aliquo quaerere***, même sens ; [avec interrog. indir.] ***quaerere num*** Cic., demander si ; ***quaerere an*** Plin., Tac., même sens ; ***quaerere utrum..., an...*** Cic., demander si..., ou si ; ***quaerere quot...*** Cic., demander combien... ‖ [expr.] ***si quaeris*** Cic., si tu veux le savoir = pour tout dire, pour dire la vérité ¶ **3** chercher = faire une étude, faire une enquête ***a)*** ***oratorem quaerere*** Cic., chercher ce qu'est l'orateur ; ***de aliqua re quaerere*** Cic., étudier une question ; ***res multum quaesita*** Cic., une question longuement débattue ***b)*** [en part. en justice] instruire, informer : ***rem quaerere*** Cic., enquêter sur une affaire, informer une affaire ; ***de re quaerere*** Cic., même sens ‖ ***de servo in dominum quaerere*** Cic., mettre un esclave à la question à propos de son maître

quaesisse, **-sissem**, contr. pour *quaesiisse, -siissem*, → *quaero, quaeso*

quaesītĭo, *ōnis*, f., recherche : Pros. ‖ question, torture : Pros.

quaesītor, *ōris*, m. ¶ **1** celui qui cherche : Pros. ‖ celui qui fait une enquête, une instruction criminelle [président d'une chambre d'enquête permanente, *quaestio perpetua*, à défaut d'un préteur] : Pros. ¶ **2** chercheur [en parl. des sceptiques] : Pros.

quaesītum, *i*, n. ¶ **1** demande, question : Poés. ¶ **2** ce qu'on a amassé, acquis : Poés.

1 **quaesītus**, *a, um* ¶ **1** part. de *quaero* ¶ **2** [adj[t]] ***a)*** recherché, affecté : Pros. ***b)*** recherché, raffiné, rare : ***epulae quaesitissumae*** d. Pros., plats très recherchés ; ***leges quaesitiores*** Pros., lois plus raffinées

2 **quaesītŭs**, abl. *ū*, m., recherche : Pros.

quaesīvī, parf. de *quaero* et *quaeso*

quaesō, *ĭs, ĕre, sīvī* ou *ĭī*, -, tr., demander : Poés. ‖ [d. la langue class. employé d'ordinaire à la 1re pers. du sg.] demander que, prier de [avec *ut* subj.] : Pros., Pros. ; [avec *ne*] Pros. ; [avec subj. seul] Théât., Pros. ‖ [abs[t], en incise] ***quaeso, quaesumus***, je t'en prie, je vous en prie, de grâce, nous vous en prions : Pros. ‖ [sorte d'interj.] ***quaeso***, je te le demande, voyons : Pros.

quaestĭcŭlus, *i*, m., petit gain : Pros.

quaestĭo, *ōnis*, f. ¶ **1** recherche : ***esse in quaestione alicui*** Théât., être cherché par qqn ¶ **2** interrogatoire : ***captivorum*** Pros., interrogatoire des captifs ¶ **3** ***a)*** question, enquête : Pros. ; ***quaestionem proponere*** Pros., mettre une question sur le tapis ***b)*** question, problème, thème : ***infinita*** Pros., question indéfinie, d'ordre général ‖ point de discussion : Pros. ¶ **4** enquête judiciaire, information : Pros. ; ***habere*** Pros., faire l'enquête ; ***in aliquem ferre*** Pros., intenter une accusation contre qqn ‖ ***quaestiones perpetuae***, chambres d'enquête permanentes [connaissant chacune d'un *crimen* particulier et présidées par un préteur ou à défaut par un *quaesitor*] : Pros., ou ***quaestioni praeesse*** Pros. ¶ **5** question, torture : Pros. ; ***quaestionem habere ex aliquo*** Pros., soumettre qqn à la question

quaestĭuncŭla, *ae*, f., petite question : Pros.

quaestŏr, *ōris*, m., questeur [magistrat romain] ¶ **1** [primit[t]] fonctionnaires chargés de gérer les deniers publics (gardiens du trésor, *quaestores aerarii*) et de diriger les enquêtes sur les homicides (*quaestores parricidii*) : [C] Pros. ¶**2** [sous la République : à Rome, ils ont la garde du trésor public et tiennent la caisse de l'État ; ils accompagnent le gouverneur de province pour l'administration financière et peuvent le suppléer] ‖ [sous l'Empire : les deux *quaestores Caesaris* représentent l'empereur au sénat] : [FC] Pros.

quaestōrĭum, *ĭī*, n., résidence du questeur en province : [C] Pros. ‖ tente du questeur : [C] Pros.

quaestōrĭus, *a, um*, de questeur : ***quaestoria aetas*** [C] Pros., âge de la questure [après Sylla, 30 ans] ; ***porta quaestoria*** [C] Pros., porte du camp voisine de la tente du questeur [mais *quaestorium forum* dans Tite-Live n'est dû qu'à une mauv. ponctuation ; lire *quaestorium, forum*] ; ***quaestorius legatus*** [C] Pros., légat tenant la place d'un questeur ‖ m. pris subst^t, **quaestōrĭus**, *ĭī*, ancien questeur : [C] Pros.

quaestŭārĭus, *a, um*, qui se vend ; [d'où] **quaestuaria**, *ae*, f., prostituée : [FC] Pros. ‖ ouvrière salariée : [T] Pros.

quaestŭōsē, adv., [seul^t au compar. *quaestuosius* et au superl. *quaestuosissime* [FC] Pros.] avec du bénéfice, avantageusement

quaestŭōsus, *a, um* ¶**1** lucratif, avantageux : [C] Pros. ; ***quaestuosissima officina*** [C] Pros., atelier des plus lucratifs ; ***benignitas quaestuosior*** [C] Pros., indulgence plus profitable ; ***alicui*** [C] Pros., avantageux pour qqn ¶**2** qui cherche le gain : ***homo*** [C] Pros., homme âpre au gain ¶**3** qui gagne beaucoup, qui s'enrichit, riche : [FC] Pros.

quaestūra, *ae*, f., questeur [charge, fonction de questeur] : [C] Pros. [▶ *quaestus*]

quaestŭs, *ūs*, m. ¶**1** recherche : [FC] Pros. ¶**2** acquisition, gain, bénéfice : [C] Pros. ; ***quaestum facere ex aliqua re*** [C] Pros. ; ***in aliqua re*** [C] Pros., tirer un profit de qqch. ; [C] Pros. ; ***in quaestu esse*** [FC] Pros., rapporter, procurer du bénéfice ‖ ***meretricius*** [C] Pros., trafic (métier) de courtisane ; [A] Théât., [C] Pros., [FC] Pros. ; [sans *corpore*] [A] Théât.

quaesŭmus, ▶ *quaeso*

quālĭbĕt (-lŭbĕt), adv. ¶**1** par qq. endroit que ce soit, partout : [A] Théât., [FC] Pros. ¶**2** par tous les moyens : [C] Poés.

quālis, *e* ¶**1** interr. dir. et indir., quel, quelle, de quelle sorte, de quelle espèce, de quelle nature : [C] Pros. ¶**2** rel. [avec *talis* exprimé ou s.-ent.] tel que : [C] Pros. ‖ [poét.] [avec le sens d'un adv.] ainsi, pareillement : [C] Poés. ¶**3** exclam., quel ! : [C] Pros. ¶**4** indéf. [phil., cf. ποῖος] ayant telle ou telle qualité : [FC] Pros. ; ***qualia*** [C] Pros., les qualités

quālĭscumquĕ, *quālĕcumquĕ* ¶**1** [rel.] quel (quelle)... que, de quelque nature que : [C] Pros. ¶**2** [indéf.] n'importe quel, quel qu'il soit, quelconque : [C] Pros.

quālislĭbĕt, *quālĕlĭbĕt*, indéf., n'importe quel, tel qu'on voudra : [C] Pros.

quālisnam, *quālĕnam*, interr., de quelle sorte donc : [FC] Pros.

quālĭtās, *ātis*, f., qualité, manière d'être (ποιότης) : [C] Pros. ‖ ***caeli*** [FC] Pros., la nature du climat ‖ mode [des verbes] : [FC] Pros. ‖ la nature [de Dieu], ses qualités : [FC] Pros.

quālĭtĕr ¶**1** interr., de quelle manière : [FC] Pros., Poés. ¶**2** rel., ainsi que, comme : [C] Poés. ¶**3** que [avec indic. ou subj. au lieu de prop. inf.] : [T] Pros.

quālĭtercumquĕ ¶**1** rel., de qq. manière que : [FC] Pros. ¶**2** indéf., de n'importe qu'elle manière, de qq. manière que ce soit : [FC] Pros.

quālĭtĕr quālĭter, ▶ *qualiter*

quālŭbet, ▶ *qualibet*

quālum, *i*, n., [A] Pros., [FC] Pros. et **quālus**, *i*, m., [A] Pros., [C] Poés., corbeille, panier

quam, adv.

I [interr.-exclamatif] ¶**1** combien, à quel point, à quel degré : [C] Pros. ; ***quam non multi*** [C] Pros., combien peu nombreux ; [très éloigné de l'adj.] [C] Pros. ‖ ***quam magnus*** ▶ *quantus*, combien grand : [C] Pros., [FC] Pros., Poés. ¶**2** combien peu [sans adj. ni adv.] : [C] Pros.

II [en corrél.] ¶**1** [avec *tam*] ***tam... quam***, autant... que... : ***non tam... quam*** [C] Pros., non pas tant... que, moins... que ; ▶ *quot* ‖ [ellipse de *tam*] [C] Pros. ‖ [A] Théât. ; [sans *tam*] ***quam potuit*** [FC] Pros., autant qu'il a pu ‖ [avec superl.] [C] Pros. ; ***quam maxime poterit*** [C] Pros., le plus qu'il pourra ‖ [surtout sans *possum*] ***quam saepissime*** [C] Pros., le plus souvent possible ; ***quam primum*** [C] Pros., le plus tôt possible ; ***quam plurimis prodesse*** [C] Pros., être utile au plus grand nombre possible ‖ [A] Théât. ; [ellipse de *tam*] [C] Poés., Pros., [A] Pros., [C] Pros. ‖ ***quam = tam*** [plus une partic. de coordination] : [C] Poés. ¶**2** [avec *sic*] [C] Poés. ¶**3** [avec compar. ou l'expression d'une idée comparative] ***magis quam***, plus que ; ***potius quam***, plutôt que : [C] Pros. ; ***plus quam quantum*** [C] Pros., plus que la quantité que ; ***plures quam quot*** [C] Pros., plus que le nombre qui ‖ ***libentius quam verius*** [C] Pros., avec plus d'empressement que de vérité ‖ ***quam*** non exprimé ; ▶ *amplius, 1 minus, plus, 1 major, 2 minor* ‖ ***major quam ut, quam qui*** [avec subj.], trop grand pour, ▶ *ut, 1 qui* ‖ [idée comparative non exprimée] [FC] Pros. ¶**4** [avec *aeque, alius, aliter, alibi, contra, secus, supra, ultra, dissimilis, diversus, tantus, tanti, tanto*, v. ces mots] ¶**5** [avec des noms de nombre et des noms multiplicatifs] ***dimidium quam quod acceperat*** [C] Pros., la moitié de ce qu'il avait reçu ; ▶ *multiplex* ¶**6** [expr. temporelles *postridie quam, postero die quam* ; v. ces mots] ***post diem sextum quam***, six jours après que, ▶ *post* ; ***die vicensimo quam*** [C] Pros., vingt jours après que ¶**7** ***quam*** [devant des adv. ou adj. ; aucune corrél. s.-ent.] ***quam familiariter*** [A] Théât., tout à fait familièrement ; [C] Pros. ; ***quam magni aestimare*** [C] Pros., mettre au plus haut prix ; ***quam multa*** [C] Pros., de très nombreuses choses ¶**8** [phrase nominale avec les adv. *mire, admodum, nimis, sane, valde, oppido* suivis de *quam*] ***mire quam*** [C] Pros., étonnamment ; ***admodum quam saevus*** [A] Théât., tout à fait brutal ; ▶ *sane, valde, oppido, nimis*

quāmdĕ, arch., ▶ *quam* : [A] Pros., [C] Poés.

quamdĭū (quandĭū) ¶**1** adv. interr., depuis combien de temps ? : [A] Théât. ; pendant combien de temps ? : [C] Pros. ¶**2** rel., aussi longtemps que : [C] Pros. ; [avec tmèse] ***quam voluit diu*** [C] Pros., aussi longtemps qu'il a voulu ¶**3** chaque fois que : [T] Pros.

quamdĭūcumquĕ (-cunquĕ), rel. indéf., qq. longtemps que : [T] Pros.

quamdūdum, adv. interr., depuis combien de temps ? : [A] Théât., [C] Pros.

quamlĭbĕt (-lŭbĕt) ¶**1** adv., autant qu'on veut, qu'on voudra, à loisir, à discrétion : [C] Poés., [FC] Pros. ¶**2** conj., à qq. degré que : ***quamlibet custodiatur*** [FC] Pros., [la feinte] avec qq. soin qu'on la dissimule ; [FC] Pros.

quammaxĭmē, ▶ *quam*

quam multi, ▶ *quam II ¶1*

quămŏbrem ou **quăm ŏb rem** ¶**1** [interr.] pourquoi ? : [C] Pros. ¶**2** [rel.] [A] Théât., [C] Pros. ¶**3** [coordination] c'est pourquoi : [C] Pros.

quam plūrĭmi, etc., ▶ *quam*

quam prīdem, depuis combien de temps, ▶ *pridem*

quam prīmum, adv., aussitôt que possible, ▶ *quam*

quamquăm (quanq-), **(quam quam)**, à qq. degré que, de qq. quantité que, ▶ *ut ut*

I [conj.] quoique, bien que [avec indécl.] : [C] Pros. ‖ [avec subj. potentiel] [C] Pros. ‖ [avec le subj. de concession] ***quamquam putem*** [C] Pros., à qq. degré que je croie, quoique je croie ‖ devant un part. ou un adj., [C] Pros.

II [coordination] mais, du reste, d'ailleurs : [C] Pros. ‖ [avec prop. inf. dans st. indir.] [C] Pros., [FC] Pros.

quamvīs

I [adv.] ¶**1** autant que tu veux, autant qu'on voudra : [C] Pros. ‖ [avec superl.] [C] Pros., [FC] Pros. ¶**2** [avec idée concessive, devant un adj.] je veux bien, il est vrai, je vous l'accorde : [C] Pros.

II [conj.] ¶**1** [avec subj.] à qq. degré que : [A] Théât., [C] Pros. ‖ quoique : [C] Pros. ¶**2** [avec indic.] quoique : [C] Pros., Poés., [FC] Pros.

quānăm, par quel endroit donc, par où donc : [C] Pros.

quandĭū, ▶ *quamdiu*

quando, adv. et conj.

I [adv.] ¶**1** [interrog.] quand, à quelle époque ***a)*** [dir.] : [C] Pros. ***b)*** [indir.] : [C] Pros. ; ***nescio quando*** [C] Pros., à je ne sais quel moment ¶**2** [indéf.] ▶ *aliquando*, parfois [après *num, ne, si*] : [C] Pros.

II [conj.] ¶1 [avec indic.] *a)* [temporelle] quand : C Pros. *b)* [causale] puisque : -C Théât., C Pros. ¶2 [avec subj., opposition] alors que : +C Pros.

quandōcumquĕ (-cunquĕ) ¶1 [conj.] à qq. moment que, toutes les fois que : C Pros. ¶2 [adv.] à n'importe quel moment, un jour ou l'autre : C Poés. ; [avec tmèse] C Poés.

1 **quandōquĕ**
I [adv.] ¶1 qq. jour, un jour → *aliquando* : C Pros., +C Pros. ¶2 parfois : +C Pros.
II [conj.] ¶1 [temporelle] → *quandocumque* : C Pros., Poés. ¶2 [causale avec indic.] du moment que, attendu que, puisque : C Pros.

2 **quandōquĕ**, = ***et quando*** : C Poés.

quandŏquĭdem, conj., puisque : C Pros.

quanquam, V. → *quamquam*

quantī [gén. de prix] V. → *1 quantum*

quantillus, *a*, *um*, exclam., combien petit : -C Théât. ‖ interr. dir., -C Théât. ; interr. indir., -C Théât.

quantĭtās, *ptis*, f., quantité : C Pros., +C Pros.

quantō, abl. de *quantum* pris advt, [employé avec les compar. ou expr. impliquant comparaison, supériorité] ¶1 [interr.-exclam.] combien : C Pros. ¶2 [rel., en corrél. avec *tanto* ou *tantum* exprimé ou s.-ent.] autant… que : C Pros. ‖ [avec compar.] C Pros. ‖ [rare] C Pros. ‖ [rare] +C Pros. ; [tour inverse *tanto* et compar., *quanto* sans compar.] +C Pros. ‖ ***quanto magis*** ; combien plus, à plus forte raison : +C Pros., T Pros.

quantōcĭŭs (quanto ocius), au plus vite : T Pros.

quantŏpĕrĕ (quantō ŏpĕrĕ), adv. ¶1 interr., combien : C Pros. ¶2 rel. : C Pros.

quantŭlum, *i*, n. de *quantulus* ¶1 [interr.] quelle petite quantité, combien peu *a)* [dir.] C Pros. *b)* [indir.] C Pros. ¶2 [rel., en corrél. avec *tantulum* exprimé ou s.-ent.] aussi peu que : C Pros. ¶3 indéf., ***quantulum quantulum*** +C Pros., si peu que ce soit, tant soit peu

quantŭlus, *a*, *um* ¶1 interr., combien petit : C Pros. ¶2 rel. [en corrél. avec *tantulus* exprimé ou s.-ent.], aussi petit que : +C Pros.

quantŭluscumquĕ (-cunquĕ), *ăcumquĕ*, *umcumquĕ* ¶1 [rel.] qq. petit que, si petit que [avec indic.] : C Pros. ‖ n. pris advt, si peu que : ***quantulumcumque dicebamus*** C Pros., si faible que soit notre talent oratoire ¶2 [indéf. n. pris advt] en quantité si faible que ce soit : +C Pros.

1 **quantum** [n. de *quantus* pris substt] ¶1 [interr.-exclam.] quelle quantité combien : C Pros. ; [interr. indir.] C Pros. ‖ ***quanti***, à quel prix : C Pros. ¶2 [rel., en corrél. avec *tantum* exprimé ou s.-ent.] une aussi grande quantité que, autant que : C Pros. ‖ [avec nuance conséc.] C Pros. ‖ [en incise] C Pros. ‖ [gén. de prix] C Pros.

2 **quantum** [pris advt] ¶1 [interr.] combien : C Pros. ¶2 [rel., en corrél. avec *tantum* exprimé ou s.-ent.] autant que : C Pros., ou ***quantum potes*** C Pros. ‖ ***quantum … tantum***, autant… autant : C Pros. ‖ [phrase nominale avec les adj. n. *mirum, immane, nimium, immensum* : "étonnante est la quantité dont… " ; cf. → *quam II ¶7*] C Pros. ; ***nimium quantum*** C Pros., extraordinairement ; V. → *immanis* ‖ ***in quantum***, dans la mesure où, autant que : C Poés., +C Pros.

quantumcumquĕ, V. → *quantuscumque*

quantumvīs ¶1 [adv.] autant que tu voudras, qu'on voudra : +C Pros. ¶2 [conj. = *quamvis*] qq. que, à qq. degré que : C Pros.

quantus, *a*, *um* ¶1 [interr.-exclam.] quel [grandeur] ; combien grand : C Pros. ‖ [par modestie] → *quantulus*, combien petit : C Pros. ¶2 [rel., en corrél. avec *tantus* exprimé ou s.-ent.] m. à m. tel en grandeur [V. → *tantus*], aussi grand que : C Pros. ‖ [en parenth.] -C Théât. ‖ [en tête de phrase] C Poés. ‖ ***quantus quantus = quantuscumque*** : -C Théât. ‖ pl. *quanti* = *quot* ‖ combien nombreux, combien : T Pros.

quantuscumquĕ, *ăcumquĕ*, *umcumquĕ* ¶1 [rel.] quel… que en grandeur, qq. grand que, si grand que : C Pros. ‖ → *quantuluscumque* [formule de modestie] : C Pros. ‖ n. *quantumcumque* pris advt, dans toute la mesure où : C Pros. ¶2 [indéf.] de n'importe quelle grandeur (quel qu'il soit en grandeur, qq. grand ou qq. peu grand qu'il soit) : C Pros.

quantuslĭbĕt, *ălĭbĕt*, *umlĭbĕt*, aussi grand qu'on voudra, de n'importe quelle grandeur : C Pros. ‖ n. *quantumlibet*, autant qu'on voudra : C Pros., +C Pros.

quantus quantus, V. → *quantus* ; ***quanti quanti*** ; V. → *1 quantum*

quantusvīs, *ăvīs*, *umvīs*, aussi grand qu'on voudra : C Pros. ‖ [gén. de prix] C Pros. ‖ V. → *quantumvis*

quāproptĕr ¶1 adv. *a)* interr. dir., pourquoi : -C Théât. ‖ interr. indir. : [avec indic.] -C Théât. ; [avec subj.] -C Théât. *b)* [rel.] -C Théât. ¶2 conj. de coord., c'est pourquoi : -C Théât., C Pros. ‖ [tmèse] -C Théât.

quāquā, adv. ¶1 [rel.] par quelque endroit que : -C Théât. ‖ ***quaqua tangit*** -C Théât., partout où il touche ¶2 [indéf.] dans n'importe quel sens, V. → *quaquaversus*

quāquāversus, adv., de tous côtés : +C Pros.

quāquĕ, adv., V. → *usque quaque*

quārē, adv. ¶1 [interr.] *a)* par quoi ?, par quel moyen ? : -C Théât. *b)* pourquoi ?, pour quelle raison ? : -C Théât., C Pros. ‖ [indir.] C Pros. ¶2 [rel.] *a)* par quoi : C Pros. *b)* pourquoi : C Pros. ¶3 [coord.] c'est pourquoi : C Pros.

quarta, *ae*, f., le quart : +C Pros.

quartădĕcĭmāni (dĕcŭ-), *ōrum*, m. pl., soldats de la 14e légion : +C Pros.

quartāna febris et abst **quartāna**, *ae*, f., fièvre quarte : C Pros.

quartāni, *ōrum*, m. pl., soldats de la 4e légion : +C Pros.

quartānus, *a*, *um*, du quatrième jour, V. → *quartana febris*

quartārĭus, *ĭi*, m., un quart, mesure pour les solides et les liquides [le quart du *sextarius*] : -C Pros., C Pros.

quarte, V. → *quartus*

quartĭceps, *cĭpis*, quatrième : C Pros.

Quartilla, *ae*, f., nom de femme : +C Pros.

quartō, adv. ¶1 en quatrième lieu : C d. +C Pros. ¶2 pour la quatrième fois : C Poés.

1 **quartum**, *i*, n., le quart : +C Pros.

2 **quartum**, adv., pour la quatrième fois : C Pros., +C Pros.

quartus, *a*, *um*, quatrième : C Pros. ; ***quartus ab Arcesila*** C Pros., le troisième après Arcésilas ; ***quartus pater*** C Poés., trisaïeul ; ***die quarto*** +C Pros., il y a quatre jours [dans le passé]

quartusdĕcĭmus (quartus decimus), *a*, *um*, quatorzième : C Pros., +C Pros.

quăsĭ ¶1 [conj.] comme si *a)* [subj.] C Pros. ; sous prétexte que : +C Pros. ‖ [en corrél. avec *sic, ita, perinde, proinde, itidem*] -C Théât., C Pros. ‖ comme, dans la pensée que : T Pros. *b)* [avec part.] C Pros. *c)* → *ut* [marquant la comparaison], comme : C Pros. ¶2 [adv.] *a)* [atténuation] en qq. sorte, pour ainsi dire : C Pros. *b)* environ : -C Théât., C Pros.

quăsillāria, *ae*, f., fileuse : +C Pros.

quăsillum, *i*, n., corbeille à laine : C Pros., Poés.

quăsillus, *i*, m., corbeille [en gén.] : -C Pros. ; V. → *quasillum*

quassābĭlis, *e*, qui peut être ébranlé : +C Poés.

quassābŭlum, *i*, n., V. → *pulsabulum* : +C Pros.

quassātĭo, *ōnis*, f., action de secouer, secousse, ébranlement : C Pros., +C Pros. ‖ percussion, coups : T Pros.

quassātĭpennae, f., qui secouent les ailes : C Poés.

quassātus, *a*, *um*, part. de *quasso*

quassō, *ās*, *āre*, *āvī*, *ātum* ¶1 tr. *a)* secouer, agiter fortement : -C Pros. ; ***caput*** C Poés., secouer la tête ; ***hastam*** C Poés., brandir une lance *b)* frapper violemment, ébranler, battre en brèche, endommager : C Poés. *c)* [fig.] ébranler, affaiblir : C Pros. ‖ troubler, jeter dans la confusion : +C Poés. ¶2 intr., branler, trembler : ***capitibus quassantibus*** -C Théât., avec le chef branlant ; C Poés.

1 **quassus**, *a*, *um* ¶1 part. de *quatio* ¶2 adjt, fracassé, mis en pièces : -C Théât., C Poés., Pros. ‖ [fig.] brisé, tremblant [voix] : +C

Pros.; ***quassa (littera) quodammodo*** [+C] Pros., lettre au son en qq. sorte brisé; [+C] Théât.

quassŭs, abl. *ū*, m., secousse: [-C] d. [C] Pros.

quătĕfăcĭō, *ĭs, ĕre, fēcī, factum*, tr., ébranler [fig.]: [C] Pros.

quātĕnŭs, adv. ¶ **1** jusqu'à quel point, à quel degré [seul[t] dans l'interrog. indir.]: [C] Pros. ¶ **2** dans la mesure où, en tant que: [C] Pros. ¶ **3** jusqu'à quand, combien de temps?: [C] Pros. ¶ **4** conj. causale, puisque [avec indic.]: [C] Poés., [+C] Pros.

quătĕr, adv. ¶ **1** quatre fois: [C] Pros., Poés.; ***quater decies*** [C] Pros., quatorze fois; [C] Poés. ¶ **2** pour la quatrième fois: [T] Pros.

quătergĕmĭnus, *a, um*, quadruple: [T] Pros.

quăternārĭus, *a, um*, qui a quatre pieds en tous sens: [+C] Pros.

quăterni, *ae, a*, distr. pl., quatre chacun, quatre chaque fois: [C] Pros., Poés.; ***quaternae centesimae*** [C] Pros., intérêt de quatre pour cent (par mois) ‖ quatre à la fois: [C] Pros.

quăternĭo, *ōnis*, m., section de quatre soldats: [T] Pros. ‖ cahier de quatre feuillets de quatre pages [une de nos feuilles in-8°]: [+T] Poés.

quăternus, *a, um*, sg. du distr., ***quaterni***: [+C] Poés.

quătĭō, *ĭs, ĕre, -, quassum*, tr. ¶ **1** ***a)*** secouer, agiter: [les ailes] [C] Poés.; [la tête] [C] Pros.; [des cymbales] [C] Poés.; [des chaînes] [C] Poés., [+C] Pros. ***b)*** frapper, ébranler [le sol]: [C] Poés. ‖ ***muros arietibus*** [C] Pros., battre les murs à coups de bélier ***c)*** bousculer, chasser: [C] Pros.; ***aliquem foras*** [-C] Théât., jeter qqn dehors ***d)*** brandir: ***securim*** [C] Poés., brandir une hache; ***scuta*** [+C] Pros., agiter les boucliers ¶ **2** [fig.] ébranler, agiter, émouvoir, troubler: [C] Pros.; ***mentem*** [C] Poés., troubler l'esprit; ***oppida bello*** [C] Poés., ébranler les villes en guerroyant; [+C] Pros.

quătrĭdŭānus, *a, um*, qui date de quatre jours: [T] Pros.

quătrĭdŭŭm, → *quadri*

quătrīni, → *quadrini*

quattŭŏr (**quătŭŏr**), indécl., quatre: [C]

quattŭordĕcim, indécl., quatorze: [C] ‖ ***quattuordecim ordines***, les quatorze banquettes des chevaliers [au théâtre] [d'où]: [C] Pros.; [le mot *ordines* n'étant pas exprimé] [+C] Pros.; ***in quattuordecim deducere aliquem*** [+C] Pros., amener qqn aux quatorze bancs [au rang de chevalier]

quattŭorvĭri, *ōrum*, m. pl., sénateurs des villes municipales et des colonies: [C] Pros.

quāvīs, adv., dans n'importe quelle direction: [C] Poés.

-quĕ, conj. copulative enclitique, et ¶ **1** [emploi] ***a) senatus populusque Romanus***, le sénat et le peuple romains; ***terra marique***, sur terre et sur mer; ***jus fasque***, le droit humain et divin; ***jus vitae necisque***, droit de vie et de mort ‖ ***domi bellique***, en paix comme en guerre; ***longe lateque***, au loin et au large; ***ferro ignique***, par le fer et le feu ‖ [lie le dernier d'une série de termes juxtaposés] [C] Pros. ***b)*** [le second terme est comme une apposition au premier] [C] Pros. ‖ et en particulier: [C] Pros. ‖ et d'une manière générale: [C] Pros. ‖ et alors, et par suite: [C] Pros. ‖ et même: ***deni duodenique*** [C] Pros., par dix et même par douze ‖ [opposition à une négation] et (au contraire): [C] Pros. ‖ et aussi, et pareillement, → surtout *itemque*: [C] Pros.; ***vicissimque*** [C] Pros., et pareillement en retour ‖ [liaison en tête d'une phrase] [C] Pros. ¶ **2** [place] en gén. pas après *ab, ob, sub, apud, a, ad* mais ***exque*** [C] Pros. ou ***ex omnique genere***; ***inque*** ou ***in lituraque***; ***deque*** ou ***de provinciaque***; ***perque*** ou ***per vimque*** ‖ ***contraque, infraque, extraque, sineque*** ‖ en gén. pas après *sic, tunc, nunc, huc, illuc* mais [rare] ***hucque*** [+C] Pros.; ***tuncque*** [+C] Pros. ‖ ***inprimisque, cum primisque***, et surtout; ***quam primumque***, et aussitôt que possible ‖ [C] Pros.; ***tamque*** [C] Pros. ¶ **3** [venant après d'autres copules] [C] Pros. ¶ **4** ***que... et*** au lieu de ***et... et***: [-C] Théât., [C] Pros., Poés.

quĕentia, *ae*, f., pouvoir, faculté: [+C] Pros.

queis et **quīs**, arch., → *quibus*: [C] Poés.

quĕmadmŏdum (**quĕm ăd mŏdum**), adv. ¶ **1** [interr.] comment: [dir.] [C] Pros. ‖ [indir.] [C] Pros. ¶ **2** [rel.] ***a)*** comme, de même que: [C] Pros. ***b)*** [en corrél. avec *sic, item, eodem modo, adaeque*] [C] Pros. ***c)*** [en tête, pour introduire des exemples] ainsi, par exemple: [+C] Pros.

quĕō, *īs, īre, īvī* et *ĭī, ĭtum*, pouvoir, être en état de [employé surtout avec une nég.]: [avec inf.] [-C] Théât., [C] Pros., Poés., [C]; [+C] Pros. ‖ [pass. avec inf. pass.] [-C] Théât.

Quercens, *tis*, m., nom d'homme: [C] Poés.

quercĕra, → *querquera*

quercētum, *i*, n., → *querquetum*: [C] Poés.

quercĕus, *a, um*, de chêne: [+C] Pros.

quercŭs, *ūs*, f. ¶ **1** chêne [arbre]: [C] Pros., Poés. ¶ **2** [poét.] le vaisseau Argo: [+C] Poés. ‖ javeline: [+C] Poés. ‖ couronne en feuilles de chêne: [C] Poés., [+C] Poés. ‖ gland: [+C] Poés.

quĕrēla (**-ella**), *ae*, f. ¶ **1** plainte, lamentation: [C] Pros. ‖ chant plaintif: [C] Poés. ¶ **2** plainte, doléances, réclamations: [C] Pros.; ***querela temporum*** [C] Pros., plaintes sur les circonstances; ***civitatis querelae*** [C] Pros., plaintes de la cité ‖ [avec prop. inf.] [+C] Pros. ‖ [avec *quod* subj.] plainte de ce que: [C] Pros. ¶ **3** plainte en justice: [+C] Pros. ¶ **4** [fig.] affection, maladie: [+C] Pros.

quĕrella, → *querela*

quĕrĭbundus, *a, um*, plaintif: [C] Pros. ‖ qui se plaint: [+C] Poés.

quĕrĭmōnia, *ae*, f. ¶ **1** plainte, lamentation: [+C] Pros. ¶ **2** plainte, doléances, réclamation: ***alicujus*** [C] Pros., plaintes de qqn; ***de aliqua re*** [C] Pros., plainte au sujet de qqch.

quĕrĭmōnĭum, *ĭi*, n., → *querimonia*: [+T] Poés.

quĕrĭtŏr, *āris, ārī, -*, intr., se plaindre beaucoup: [+C] Pros.

quernĕus, [-C] Pros., [+C] Pros. et **quernus**, [C] Poés., *a, um*, de chêne

quĕrŏlus, → *querulus*: [T] Théât.

quĕrŏr, *rĕrīs, rī, questus sum*, tr., se plaindre ¶ **1** [avec acc.] ***suum fatum*** [C] Pros., se plaindre de sa destinée ‖ [avec *de*] [C] Pros. ‖ [avec prop. inf.] [C] Pros.; [avec *quod*] [C] Pros., se plaindre de ce que ‖ ***cum aliquo*** [C] Pros.; ***apud aliquem*** [C] Pros., se plaindre à qqn, auprès de qqn; ***cum aliquo, quod*** [C] Pros., se plaindre à qqn de ¶ **2** faire entendre des plaintes, des sons plaintifs: [C] Poés. ¶ **3** se plaindre en justice: [+C] Pros.

querquēdŭla, *ae*, f., onomat., sarcelle: [C] Pros.

querquĕra fĕbris et abs[t] **querquĕra**, f., [expr.] fièvre avec frisson: [-C] Poés., [+C] Pros., [T] Pros.

querquĕrus, → *querquera*

querquētŭlānus, *a, um*, qui appartient aux forêts de chênes ‖ **Querquētŭlānus**, *i*, m., autre nom du mont Caelius, à Rome: [+C] Pros.

querquētum, *i*, n., chênaie, forêt de chênes: [C] Pros., Poés.

quĕrŭlus, *a, um* ¶ **1** plaintif, gémissant, criard [en parl. du ton, d'un son]: [cigale] [C] Poés.; [chèvre] [+C] Poés.; [voix] [C] Poés.; [flûte] [C] Poés.; [trompette] [C] Poés.; [gémissement] [C] Poés. ¶ **2** qui se plaint, grincheux, maussade, morose: [C] Poés.

quescumque, → *quĭc*

quesdam, pl., → *quidam*: [-C] Théât.

questĭo, *ōnis*, f., [rhét.] plainte, pathétique: [C] Pros.; ***questiones*** [C] Pros., passages pathétiques

1 **questus**, *a, um*, part. de *queror*

2 **questŭs**, *ūs*, m., plainte, plaintes, gémissements ¶ **1** reproche: [+C] Poés. ¶ **2** chant plaintif [du rossignol]: [C] Poés.

1 **quī**, *quae, quŏd*, relatif, interrogatif, indéfini

I [rel.] qui, lequel, laquelle [ayant un antécédent exprimé ou sous-ent., avec lequel il s'accorde en genre et en nombre, et prenant d'autre part le cas voulu par le verbe de la prop. qu'il introduit et qui s'appelle prop. rel.]

A [sens, selon le mode de la prop. rel.] ¶ **1** [+ indic., expression du fait dépouillé de toute nuance] ***viri duo venerunt, qui me rogaverunt...***, deux hommes sont venus, qui m'ont demandé... ¶ **2** [+ subj.] ***a)*** [nuance consécutive] de telle sorte que: ***domus est quae nulli mearum cedat*** Cic., c'est une maison telle qu'elle ne le cède à aucune des miennes; ***is es qui nescias*** Cic., tu es homme à ignorer...; ***nemo est tam aversus a Musis qui non patiatur...*** Cic., personne n'est hostile aux Muses au point de ne pas souffrir... (= personne n'est assez hostile aux Muses pour ne pas souffrir...); ***sunt***

qui..., il y a des gens pour..., des gens capables de... ‖ [consécutive restrictive] qui du moins : ***nemo, qui aliquo esset in numero...*** CIC., aucune personne, du moins qui comptât quelque peu... ***b)*** [nuance finale] : afin que, pour que : ***illum delegistis, quem praeponeretis...*** CIC., vous l'avez choisi pour le mettre à la tête de... ***c)*** [nuance causale] du moment que, vu que, parce que, puisque : ***Antiochus, qui animo puerili esset*** CIC., Antiochus, parce qu'il avait l'âme d'un enfant... ***d)*** [nuance concessive adversative] quoique, qui pourtant : ***egomet, qui sero Graecas litteras attigissem...*** CIC., moi-même, bien que j'eusse abordé tard les lettres grecques...

B [constructions particulières] ¶**1** [par rapport à l'antécédent] ***a)*** [antécédent constitué d'une proposition entière] ***cum eis venerat, quod saepe fiebat*** CIC., il était venu avec eux, ce qui arrivait souvent ; ***quod sciam*** CIC., que je sache ***b)*** [particularités d'accord] : [accord selon le sens] ***illa furia qui...*** [au lieu de *quae*] CIC., cette furie (= Clodius), qui... ‖ [accord avec l'attribut et non avec l'antécédent] : ***animal quem vocamus hominem*** [*quem* au lieu de *quod*] CIC., l'être vivant que nous appelons homme ***c)*** [répétition ou enclave de l'antécédent dans la relative] : ***dies instat, quo die*** CAES., le jour approche, jour où... ; ***praemissis essedariis, quo genere uti consuerant*** CAES., ayant envoyé en avant les essédaires, genre de combattants qu'ils employaient couramment ¶**2** [constructions particulières du rel. dans la prop. rel.] ***a)*** [rel. compl. du compar.] ***simulacrum quo nihil vidi pulchrius*** CIC., une statue en comparaison de laquelle je n'ai rien vu de plus beau = une statue plus belle que tout ce que j'ai vu ***b)*** [quand deux prop. rel. sont coordonnées, répétition du rel. ou reprise par un anaphorique] ***omnes qui..., et quos...*** CIC., tous ceux qui ..., et que... ; [plus rarement] ***omnes qui..., et eos...*** CIC., même sens ¶**3** [rel. de liaison] qui = ***is enim, is autem, et is***

II [interr. avec valeur adj. et subs[t]. sauf le n. *quod* qui est toujours adj.] qui, quel : ***qui Cherea ?*** TER., quel Chaeréa ? ; ***qui esset ignorabas*** CIC., tu ignorais ce qu'il était

III [indéf.] quelque, quelqu'un [après *si, num, ne* ; avec valeur adj. et subs[t]., sauf le n. *quod*, qui est toujours adj.] ***vereor ne qui sit qui...*** CIC., je crains qu'il n'y ait qqn pour... ; ***si qui cantet*** CIC., si qqn chantait...

2 **quī**, adv. ¶**1** [interr.] en quoi, par quoi, comment ***a)*** [interr. dir.] ***qui fit ut...?*** CIC., comment se fait-il que...? ; ***qui potest...?*** CIC., comment est-il possible...? ***b)*** [interr. indir.] ***quaerere qui...*** CIC., demander comment... ¶**2** [rel.] par quoi, grâce à quoi, au moyen de quoi ***a)*** [+ indic.] ***multa qui conjecturam hanc facio*** TER., beaucoup de choses, grâce à quoi (= grâce auxquelles) je fais cette conjecture ***b)*** [+ subj., avec nuances] ***non armis opus est, qui sua tuentur*** LUCR., ils n'ont pas besoin d'armes avec quoi (= pour) protéger leurs biens ¶**3** [indéf.] en quelque façon, d'une façon ou d'une autre [avec *quippe, ecastor, hercle, edepol, ut*...] : PL., TER. ; [en part. dans les souhaits] ***qui te di perduint !*** PL., puissent d'une façon ou d'une autre les dieux causer ta perte !

quĭă, n. pl. de *1 quis*, conj., parce que [mode normal indic. ; souvent en corrél. avec *eo, hoc, ideo, idcirco, ob id, propterea, ea re*] par cela, à cause de cela, pour cela, par cette raison que : [C] Pros. ‖ ***ex eo quia*** [C] Pros., de (par) cette raison que, ou ***inde quia*** [C] Pros. ‖ [subj. du st. indir.] [C] Pros. ‖ ***non quia*** subj., non pas que [pure hypoth.] : [C] Pros., Poés. [ou] non pas avec l'idée que : [C] Pros. ‖ [arch.] ***quia enim*** [-C] Théât.

quĭănăm, adv., pourquoi ? : [-C] Pros., [C] Poés.

quĭănĕ, adv., est-ce parce que ?, la raison serait-elle que ? : [-C] Théât., [C] Poés.

quībo, fut. de *queo*

quibuscum, [V.] *1 cum*

quicquam, **quicquid**, [V.] *quisquam, quisquis*

quīcumquĕ (**-cunquĕ**), ***quaec-***, ***quodc-*** ¶**1** [rel.] quel... que : [C] Pros. ¶**2** [indéf.] n'importe quel : ***quorumcumque generum*** [C] Pros., de n'importe quels genres ; ***quamcumque in partem*** [C] Pros., dans n'importe quel sens

quīcumvīs, adv., = ***cum quivis***, avec n'importe quoi : [-C] Théât.

1 **quĭd**, n. de *1 quis* ¶**1** [interr. dir. ou indir.] ***a)*** quelle chose, quoi : [indir.] [C] Pros. ‖ [dir.] [-C] Théât., [C] Pros. ‖ ***in quid ?*** [+C] Pros., en vue de quoi ? pourquoi ? ‖ [C] Pros. ; [V.] *alius* ‖ ***quid dico ?*** ; qu'est-ce que je dis là ? [formule de correction] : [C] Pros. ‖ [C] Pros. ***nescio quid*** ; [V.] *nescio* ***b) quid ?***, eh quoi ? [formule oratoir de transition] : [C] Pros. ‖ [énumération pressante] [-C] Théât., [C] Pros ***c) quid, si...*** [indic. ou subj.], et si ... : [-C] Théât., [C] Pros., [+C] Pros. ***d)*** ***quid est quod... ?*** [locution] [avec indic.] que signifie ce fai que... ? [C] Pros. ; [avec subj.] quelle raison y a-t-il pour que... ? [Pros. ¶**2** [indéf.] quelque chose [d'ordin. après *si, nisi, ne, cum* [C] Pros. ; ***cum quid evenerit*** [C] Pros., quand il sera arrivé qqch ¶**3** [rel.] [V.] *1 quis*

2 **quĭd** [n. de *1 quis* pris adv[t]] pourquoi [interr. dir. et indir.] [Théât., [C] Pros. ; [V.] *quidni* ; [C] Pros.

quīdam, ***quaedam***, ***quoddam*** pron., ***quiddam*** adj. certain, un certain [qqn ou qqch. de précis, de bien déterminé mais qu'on ne désigne pas plus clairement] ¶**1** adj., [C] Pros. ***furor quidam*** [C] Pros., une sorte de, une forme de folie ¶2 subst., [C] Pros. ¶**3** pl., = quelques, plusieurs : [C] Pros.

quĭdem, particule qui renforce une affirmation ¶**1** [préparan une oppos.] certes, c'est vrai ..., mais [et alors le plus souven joint à un pron., quoique portant sur un autre mot] : [C] Pros. ¶**2** [introduisant une limitation, opposition] le certain, c'est que, mais du moins, du moins : [C] Pros. ‖ [renforcé par *certe*] du moins, en tout cas : [C] Pros. ‖ [C] Pros. ; [V.] *si quidem* ‖ [fréquen pour introduire sous forme restrictive des exemples partic. dans un exposé général] ***Cretum quidem leges...*** [C] Pros., en tout cas les lois de Crète ... ‖ [en part.] ***et... quidem, et is... quidem, ac... quidem***, et qui plus est, et il y a mieux, et encore : [C] Pros ¶**3** ***ne... quidem*** ; [V.] *3 ne I ¶1*

quidnam, [V.] *quisnam*

quidnī (**quid nī**), pourquoi ne ... pas ? : [C] Pros. ‖ ***quidni ?*** [C] Pros., pourquoi pas ? ‖ [tmèse] [-C] Théât. ‖ ***quidni non permittam*** [+C] Pros., pourquoi le permettrais-je ? comment ne m'y opposerais-je pas ?

quidpĭăm, **quidquăm**, [V.] *quispiam, quisquam*

quidque, [V.] *quisque*

quidquid (**quicquid**), n. de *quisquis* ¶**1** [rel.] quelque chose que, quoi que : [C] Pros. ; ***quicquid erit*** [C] Pros., tout ce qui se présentera ‖ [acc. de rel.] ***quidquid progredior*** [C] Pros., à chaque pas que je fais en avant, à mesure que j'avance ; [C] Poés. ¶**2** [indéf.] n'importe quoi : [C] Pros., [-C] Théât., Poés., Pros., [-C] Pros

quīdum, adv., comment donc ? : [-C] Théât.

quīdvis, n. de *quivis*, quoi que ce soit, n'importe quoi : [C] Pros., [V.] *quivis*

1 **quĭēs**, ***ētis***, f. ¶**1** repos : ***senectutis*** [C] Pros., repos de la vieillesse ; ***quietem capere*** [C] Pros., se reposer ¶**2** [en part.] ***a)*** vie calme en politique, neutralité : [C] Pros., [+C] Pros. ***b)*** tranquillité, paix : [C] Pros., [+C] Pros. ***c)*** calme, silence : [+C] Pros. ; [fig.] ***d)*** repos, sommeil : ***ire ad quietem*** [C] Pros. ; ***quieti se tradere*** [C] Pros., aller se coucher, se livrer au repos ; ***secundum quietem*** [C] Pros., au cours du repos ; pl., [C] Pros. ‖ ***dira quies*** [+C] Pros., sommeil affreux, troublé par des cauchemars ***e)*** sommeil de la mort : [C] Poés. ***f)*** pl., ***quietes*** [C] Poés., lieux de repos, gîtes

2 **quĭēs**, ***ētis***, adj., [V.] *quietus*, calme, paisible : [-C]

3 **Quĭēs**, ***ētis***, f., le Repos [divinité] : [C] Pros.

quĭescō, ***ĭs***, ***ĕre***, ***quĭēvī***, ***quĭētum***, intr. ¶**1** se reposer : [C] Pros. ¶**2** [en part.] ***a)*** reposer, dormir : [-C] Théât., [C] Pros. ‖ [fig.] ***ager quievit*** [C] Pros., le champ s'est reposé ***b)*** se tenir tranquille : [C] Pros. ‖ [polit.] rester neutre : [C] Pros. ***c)*** garder le silence, se tenir coi : [C] Pros. ***d)*** [phil.] faire halte [dans un raisonnement] : [C] Pros. ***e)*** rester tranquille, rester en paix : [C] Pros. ‖ ne pas combattre : [C] Pros. ***f)*** être tranquille, = ne pas être inquiété, troublé : ***quiescere a suppliciis*** [C] Pros., être tranquille du côté des actes de vengeance... ; [pass. impers.] [-C] Théât. ***g)*** se tenir tranquille, s'arrêter, cesser : [C] Poés., [+C] Pros. ‖ [avec inf.] cesser de : [-C] Théât. ‖ s'abstenir de : [+C] Pros. ***h)*** ne pas s'inquiéter, se tenir en repos, avoir l'esprit calme : [-C] Théât.

quĭētē, adv., tranquillement, paisiblement : [C] Pros. ‖ ***-tius*** [C] Pros. ; ***-tissime*** [C] Pros.

quĭētūrus, part. fut. de *quiesco*

quĭētus, ***a***, ***um*** ¶**1** qui est en repos, qui jouit du repos, qui est dans le calme, qui n'est pas troublé : [C] Pros. ¶**2** paisible, tranquille, qui ne s'agite pas : ***quietus esto*** [-C] Théât., ne t'inquiète pas ; ***homo quietissimus*** [C] Pros., homme des plus paisibles ; ***sermo quietus*** [C] Pros., langage posé, calme ; ***quieta Gallia*** [C] Pros., la Gaule se tenant tranquille ¶ **3** [en part.] ***a)*** qui se tient tranquille [polit^t] : [C] Pros. ‖ [milit.] [C] Pros. ***b)*** paisible, sans ambition, qui se tient dans le repos : [+C] Pros. ¶ **4** n. pris subst^t : ***quieta movere*** [C] Pros., troubler la tranquillité ; ***nihil quieti*** [C] Pros., rien de calme ¶ **5** au repos = endormi : [+C] Pros. ‖ ***quieti*** [T] Poés., les morts

quīī, parf. de *queo*

quīlĭbĕt (-lŭbĕt), ***quaelĭbĕt***, ***quodlĭbĕt*** adj. et ***quidlĭbĕt*** pron., indéfini, celui qu'on voudra, n'importe lequel, quelconque : ***qualibet navigatione*** [C] Pros., en faisant voile n'importe comment ; ***quemlibet sequere*** [C] Pros., suis qui tu voudras ; ***nomen quodlibet*** [C] Poés., le nom que tu voudras ; ***fiat quidlibet*** [C] Pros., advienne que pourra ‖ ***quilubet*** [C] Pros., le premier venu

quīn ¶ **1** comment ne pas ?, pourquoi ne pas ? : [dans une prop. interr.] ***quin aspicis?*** Ter., pourquoi ne regardes-tu pas ? ¶ **2** [d'où, avec simple valeur de renforcement] ***a)*** allons, eh bien : [dans un prop. interr.] ***quin tu aspicis ... ?*** Cic., allons, regarde toi-même ; [avec impér.] ***quin aspice*** Pl., Cic., même sens ***b)*** [en gén., pour renforcer une affirmation] il y a mieux, bien plus : ***non rejicio ..., quin cupio ...*** Cic. *Fam.* je ne rejette pas ..., bien plus je désire ... ; ***quin etiam***, même sens ¶ **3** [conj. avec subj.] ***a)*** [après les verbes d'empêchement employés avec une négation ou avec une interrogation] ***non impedire quin ...*** Cic., ne pas empêcher que ... ‖ [d'où] ***quid causae est quin ... ?*** Ter., quelle raison y a-t-il pour empêcher que ... ? ***b)*** [après les verbes de doute, d'ignorance employés avec une négation ou avec une interrogation] ***non dubitare quin ...*** Cic., ne pas douter que ... ; ***quis ignorat quin ...*** Cic., qui ignore que ... ? ***c) quin = ut non*** [sens consécutif après une principale généralement négative] ***nemo est quin ...***, il n'y a personne qui ne ; ***nihil est quin ...***, il n'y a rien qui ne ... ; ***quis est quin ... ?***, y a-t-il qqn pour ne pas ... ? ‖ sans que : ***nullum tempus intercessit quin ...*** Caes., il ne se passa pas un moment sans que ... ***d) non quin*** [+ subj.] Cic., non que ne ... pas : ***non quin ipse dissentiam*** Cic., non que je ne sois pas moi-même d'un avis différent

quīnam, ***quaenam***, ***quodnam***, adj. et pron. interr., [***quodnam*** tj. adj.] qui donc, quel donc : [-C] Théât. ‖ [en parl. de deux] [C] Pros.

quīnārĭus, *a*, *um*, quinaire, de cinq : [T] Pros. ‖ subst. m., pièce de monnaie valant cinq as : [C] Pros.

quinctīlis, ► *quintilis*

Quinctĭus, *ĭi*, m., nom d'une famille rom., not^t L. Quinctius Cincinnatus : [C] Pros. ‖ T. Quinctius Flamininus, vainqueur de Philippe V, roi de Macédoine : [C] Pros. ‖ adj., **-tĭānus**, *a*, *um*, de Quinctius Cincinnatus : [C] Pros. ‖ et **-tĭus**, *a*, *um*, [C] Pros.

quinctus, *a*, *um*, arch. pour *quintus* : [-C] Théât.

quincunx, *uncis*, m. et qqf. adj. ¶ **1** les cinq douzièmes d'un tout, cinq onces : [C] Poés. ‖ cinq douzièmes du setier : [+C] Poés. ‖ les cinq douzièmes d'un jugère : [+C] Pros. ‖ [poids] cinq onces : [+C] Pros. ‖ cinq douzièmes d'un héritage : [+C] Pros. ‖ intérêt à 5 pour cent [par an] : [+C] Poés. ¶ **2** quinconce : [C] Pros.

quincŭpĕdal, ► *quinquepedal*

quincŭplĭcĭtĕr, adv., cinq fois [autant] : [T] Pros. ; ► *quinquiplex*

quincŭplĭcō, *ās*, *āre*, -, -, tr., quintupler : [T] Pros.

quincŭplus, *a*, *um*, quintuple : [T] Pros.

quindĕcĭēs (-cĭens), quinze fois : [C] Pros.

quindĕcim, indécl., quinze : [C] Pros.

quindĕcimprīmi, *ōrum*, m. pl., les quinze premiers [de Marseille] : [C] Pros.

quindĕcimvir, *ĭri*, m., un des quindécimvirs : [+C] Pros. ; ► *quindecimviri*

quindĕcimvĭrālis, *e*, quindécimviral : [+C] Pros.

quindĕcimvĭri, *um* et *ōrum*, m. pl. ¶ **1** quindécimvirs [magistrats préposés à la garde des livres sibyllins et à la surveillance du culte de Cybèle] : [+C] Pros. ¶ **2** commission de quinze membres [pour un but spécial] : [+C] Pros.

quindēni, *ae*, *a*, quinze chacun : [C] Pros. ‖ [au sg.] ***quindenus*** [T] Poés.

quīnĕ, ***quaenĕ***, ***quodnĕ***, interr., est-ce celui qui, celle qui, ce qui ? : [-C] Théât., [C] Poés. ‖ noter : ***quine putetis*** [C] Poés. ; = ***iine qui***, êtes-vous gens à croire [subj. conséc.]

quīn ĕtĭam, ► *quin*

quingēnārĭus, *a*, *um*, de cinq cents chacun : [+C] Pros.

quingēni, *ae*, *a* ¶ **1** distr. pl., cinq cents chacun, cinq cents chaque fois : [C] Pros. ¶ **2** cinq cents : [+C] Pros.

quingentēni, *ae*, *a*, ► *quingeni* : [T] Pros. ‖ sg., ***quingentenus*** [T] Pros.

quingentēsĭmus, *a*, *um*, cinq centième : [C] Pros.

quingenti, *ae*, *a*, pl., cinq cents : [C] Pros. ‖ grand nombre indéterminé [cf. en fr. " mille "] : [-C] Théât., [C] Poés.

quingentĭēs (-tĭens), adv., cinq cents fois : [+C] Pros.

quīni, *ae*, *a* ¶ **1** [distr. pl.] cinq chaque fois, cinq chacun : [C] Pros. ; [dans une multiplication] [-C] Théât., [C] Poés. ¶ **2** cinq : [C] Poés. ‖ sg. *quīnus, a, um* [rare] : [-C] Théât.

quīnīdēni, *quinae denae*, ► *quindeni*, quinze chacun : [C] Pros., [+C] Pros.

quīnimmo, ► *quin*

quīnīvīcēni, **quīni vīcēni**, *quinaevicenae*, etc., chacun vingt-cinq : [C] Pros.

quinquāgēnārĭus, *a*, *um*, de cinquante : ***grex*** [C] Pros., troupeau de cinquante têtes ; ***quinquagenaria fistula*** [C] Pros., tuyau de cinquante pouces [orifice] ; ***quinquagenarius homo*** [+C] Pros., quinquagénaire ; ***quinquagenarium dolium*** [-C] Pros., jarre de cinquante hémines

quinquāgēni, *ae*, *a* ¶ **1** [distr. pl.] cinquante chacun : [C] Pros. ¶ **2** cinquante : [C] Poés., [+C] Poés.

quinquāgēsĭēs, cinquante fois : [-C] Théât.

quinquāgēsĭmus, *a*, *um*, cinquantième : [C] Pros. ‖ **quinquāgēsĭma**, *ae*, f., impôt du cinquantième : [C] Pros.

quinquāgĭēs (-ĭens), adv., cinquante fois : [+C] Pros.

quinquāgintā, indécl., cinquante : [C] Pros.

Quinquātres, *ĭum*, m. pl., **Quinquātrĭa**, *ĭum*, n. pl., [+C] Pros., ► *Quinquatrus*

Quinquātrūs, *ŭum*, *ĭbus*, f. pl., Quinquatries ¶ **1** grandes Quinquatries [fêtes en l'honneur de Minerve, qui avaient lieu cinq jours après les ides de mars] : [C] Pros., Poés. ¶ **2** ***Quinquatrus minusculae*** [C] Pros. ; ***minores*** [C] Poés., petites Quinquatries [cinq jours après les ides de juin]

1 **quinquĕ**, indécl., cinq : [C] ; ***quinque ter*** [C] Poés., quinze

2 **quinquĕ**, pour *et quin* : [-C] Théât.

Quinquĕgentĭāni, *ōrum*, m. pl., peuple de la Maurétanie, qui ravagea le pays sous Dioclétien : [T] Pros. ‖ ou **Quinquĕgentĭānae nātĭōnes**, [T] Pros.

quinquĕlībrālis, *e*, qui pèse cinq livres : [+C] Pros.

quinquennālis, *e* ¶ **1** quinquennal, qui a lieu tous les cinq ans : [C] Pros. ¶ **2** qui dure cinq ans : [C] Pros. ; ***magistratus*** [+C] Pros., magistrature quinquennale ‖ subst. m., quinquennal, sorte de censeur dans les municipes et dans les colonies : [T] Pros. ‖ chef ou président de différents collèges : [+C] Pros.

quinquennis, *e* ¶ **1** âgé de cinq ans : [-C] Théât., [+C] Pros. ; ***quinquenne vinum*** [C] Poés., vin de cinq ans ¶ **2** [poét.] quinquennal : [C] Poés. ‖ **quinquennĭa**, n. pl., fêtes quinquennales : [+C] Poés.

quinquennĭum, *ĭi*, n., espace de cinq ans, lustre : [C] Pros.

quinquĕpĕdăl, *ālis*, n., règle ou perche de cinq pieds : [+C] Poés.

quinquĕpertītus, *a*, *um*, divisé en cinq parties : [C] Pros.

quinquĕplĭco, ► *quinqui*

quinquĕplum, ► *quinqui*

quinquĕprīmi (quinquĕ prīmi), m., les cinq premiers dignitaires [d'un municipe] : [C] Pros.

quinquĕrēmis, *is*, f., quinquérème, vaisseau à cinq rangs de rames : [C] Pros. ‖ adj., ***quinqueremis navis*** [C] Pros., même sens

quinquĕvir, *i*, m., un quinquévir : C Pros., Poés. ‖ [employé surtout au pl.], **quinquĕvĭri**, *ōrum* ¶**1** commission de cinq magistrats chargés de différentes fonctions administratives : [partage des terres] C Pros. ; [liquidation des dettes] ***quinqueviri mensarii*** C Pros. ; [réfection des murs et des tours] C Pros. ; [adjoints aux *triumviri capitales*, pour une garde nocturne contre les incendies] C Pros. ¶**2** [sous l'Empire] commission affectée à la réduction des dépenses : +C Pros.

quinquĕvĭrātŭs, *ūs*, m., quinquévirat : C Pros.

quinquĭēs (-ĭens), cinq fois : C Pros.

quinquĭfĭdus, *a*, *um*, fendu en cinq : +T Poés.

quinquĭplex, *ĭcis*, adj., plié en cinq : ***cera*** +C Poés., tablette [à écrire] à cinq feuilles

quinquĭplĭcō, *ās*, *āre*, -, -, tr., quintupler : +C Pros.

Quinta, *ae*, f., prénom de femme : C Pros.

quintădĕcŭmāni (-dĕcĭmāni), *ōrum*, m. pl., soldats de la quinzième légion : +C Pros.

quintāna, *ae*, f., voie quintane [rue transversale du camp romain, derrière le *praetorium*, dans laquelle se tenait le marché :] : C Pros. ‖ [d'où] marché : +C Pros.

quintānus, *a*, *um*, qui est de cinq en cinq : ***quintanae nonae*** C Pros., nones qui tombent le cinq du mois ‖ **quintāni**, *ōrum*, m. pl., soldats de la 5e légion : +C Pros.

quintārĭus, *a*, *um*, de cinq [sur six] : C Pros.

quintĭceps, *cĭpis*, m. f., cinquième : C Pros.

Quintĭlĭānus, *i*, m., Quintilien [rhéteur célèbre, né en Espagne, tint école publique à Rome] : +C Pros., Poés.

Quintīlis (Quinct-), *is*, m., [seul ou avec *mensis*] le mois de juillet [le 5e de l'ancienne année romaine] : C Pros. ‖ adj., de juillet : ***nonae Quintiles*** C Pros., les nones de juillet

Quintĭlĭus (Quinct-), *ĭi*, m., nombreux personnages de la *gens Quintilia*, notᵗ Quintilius Varus de Crémone, ami d'Horace : C Poés. ‖ Quintilius Varus, proconsul, anéanti avec son armée en Germanie : +C Pros.

Quintilla, *ae*, f., nom de femme : C Poés.

Quintĭpŏr, *ŏris*, m., esclave de Quintus : C Poés.

Quintĭus, *ĭi*, m., ▶ *Quinctius*

quintō, adv., pour la cinquième fois : C Pros.

quintum, adv., pour la cinquième fois : C Pros.

quintŭplex, ▶ *quinquiplex*

1 **quintus**, *a*, *um*, cinquième : C

2 **Quintus**, *i*, m., prénom romain : C Pros. [abrév. *Q*]

quintusdĕcĭmus, *tadecima*, quinzième : C Pros.

quīpĭam, adv. indéf., en quelque manière : -C Théât.

quippĕ, adv., [primitᵗ] pourquoi donc ? ¶**1** certainement, bien sûr, oui certes : C Pros. ‖ [ironie] C Poés., Pros. ¶**2** de fait, le fait est que : -C Théât., C Poés., Pros., +C Pros. ‖ [analogue à *nam*, *enim*] car, en effet : -C Théât., C Pros. ‖ [joint à *enim*] ***quippe etenim*** C Poés., et en effet ¶**3** [joint aux conj. marquant la cause] ***quippe quando*** -C Théât., puisque ‖ [surtout avec *cum*] subj., ▶ *2 cum* ¶**4** [joint aux rel.] ***a) quippe qui*** [avec indic.] : -C Théât., C Pros. ***b)*** [avec subj., constr. la plus ordinaire] C Pros. ***c)*** [chez Plaute et Térence, à *quippe* se joint parfois *qui*, adv. indéf., et *quippe qui* a le même sens que *quippe*] -C Théât. ¶**5** [avec part.] ***quippe reputans*** C Pros., car il songeait

quippĕnī, ▶ *quippini*

quippĭam, ▶ *quispiam*

quippīnī, adv., pourquoi non ? [et par suite] oui : -C Théât., +C Pros.

quīquī, abl. arch. de *quisquis*, adv., de qq. manière que, à qq. prix que : -C Théât.

quīre, **quīrem**, ▶ *queo*

Quĭrīnālĭa, *ĭum* ou *ĭōrum*, n., Quirinalia, fêtes en l'honneur de Romulus (Quirinus) : C Pros.

Quĭrīnālis, *e*, de Quirinus : C Pros. ; ou C Pros. ‖ ***flamen Quirinalis*** C Pros., flamine de Quirinus

Quĭrīnĭāna māla, n., sorte de pommes [de Quirinus] : C Pros., C Pros.

Quĭrīnĭus, *ĭi*, m., nom d'homme : +C Pros. ‖ Sulpicius Quirinius, qui fit le recensement de la Judée, l'année de la naissance de J.-C. : T Pros.

Quĭrīnus, *ĭ*, m. ¶**1** Quirinus [divinité archaïque, associée à Jupiter et à Mars en triade] : C Pros. ¶**2** nom de Romulus après sa mort : -C Pros., C Pros., Poés. ¶**3** surnom de Janus : +C Pros. ¶**4** [poét.] Auguste : C Poés. ¶**5** Antoine : C Poés. ‖ adj., **-rīnus**, *a*, *um*, C Poés., le Quirinal, ▶ *Quirinalis*

1 **quĭrīs**, *is*, f., pique, lance : C Poés. ; ▶ *1 curis*

2 **Quĭrīs**, *ītis*, m., citoyen romain, simple particulier : C Pros., Poés., +C Poés. ; ▶ *Quirites*

quĭrītātĭo, *ōnis*, f., action de crier au secours, cris de détresse ou d'effroi : C Pros. ‖ **quĭrītātŭs**, *ūs*, m., Quirinus : +C Pros.

Quĭrītes, *ĭum* et *um*, m. pl. ¶**1** Sabins fondus dans la population romaine : C Poés., +C Pros., Pros. ; [anc. formules fréquentes] C Pros. ; [appos.] +C Pros., T Pros., (cf. ***Quirites Romani*** C Pros.) ¶**2** épithète adressée par César aux soldats à titre de reproche, civils pèlerins : +C Pros. ¶**3** [poét.] ***parvi Quirites*** C Poés., jeunes citoyens [en parl. d'abeilles]

quĭrītō, *ās*, *āre*, -, *ātum* ¶**1** intr., appeler, invoquer les citoyens, crier au secours, appeler à son aide : C Pros. ¶**2** tr. ‖ déplorer qqch. : +C Pros.

quĭrītŏr, *āris*, *ārī*, -, ▶ *quirito*

quirquir, adv. arch., partout où : C Pros.

1 **quĭs**, *quae* (arch. ***quis***), ***quid*** ¶**1** [pron. interr. dir. et indir.] qui ? ***a)*** [pron.] -C Théât., C Pros. ‖ [qqf. exclam.] C Pros. ***b)*** [adj.] ***quis senator... ?*** C Pros., quel sénateur... ? ¶**2** [pron. indéf.] f. *qua* ; n. pl. *qua*, quelqu'un ***a) dixerit quis*** C Pros., dirait qqn ***b)*** [après *si*, *nisi*, *ne*, *cum*, *num*] C Pros. ; ***cum quis*** C Pros. ; ***etiamsi quis*** C Pros. ; ***sive quis deus*** C Pros., soit quelque dieu ¶**3** [rel. généralement indéterminé] -C Théât. : -C Pros.

2 **quīs**, dat.-abl. pl. arch. de *1 qui*

quisnam, *quaenam*, *quidnam* ¶**1** [pron. interr.] qui donc : C Pros. ¶**2** [indéf. après *num*] ***numquisnam*** C Pros. ; ***numquidnam*** C Pros., est-ce que qqn, est-ce que qqch

quispĭam, *quaepĭam*, *quodpĭam* adj., *quidpĭam* et *quippĭam* pron. [indéf.] quelque, quelqu'un, quelque, quelqu'un, quelque chose : C Pros. ; ***si alius quispiam*** C Pros., si qqn d'autre ; ***quaepiam cohors*** C Pros., qqune des cohortes ‖ ***quippiam nocere*** C Pros., nuire en qqch.

quisquăm, *quaequăm* (arch. ***quisquam***), *quidquam* ou *quicquam* [indéf.] quelque, quelqu'un, quelque chose : C Pros. ; ***nec quisquam, nec quidquam***, et personne, et rien ; ***nec quisquam unus*** C Pros., et pas un seul ; [avec notion négative] ***quisquam unus*** C Pros., une seule personne

quisquĕ, *quaequĕ*, *quodquĕ* et subsᵗ *quidquĕ* ¶**1** chaque, chacun [appliqué à une totalité dont on considère les éléments un à un] ***a)*** [avec un réfléchi] ***pro se quisque***, chacun de son côté, chacun pour son compte ; ***sua quemque fraus vexat*** Cic., chacun est tourmenté par son propre crime ; ***in civitates quemque suas dimisit*** Liv., il les renvoya chacun dans leurs pays respectifs ***b)*** [avec un superlatif] ***nobilissimus quisque***, chaque personne la plus noble = tous les plus nobles ; ***in optimis quibusque*** Cic., chez les meilleurs ***c)*** [avec un ordinal] ***quinto quoque anno*** Cic., chaque cinquième année = tous les cinq ans ; ***tertio quoque verbo*** Cic., tous les trois mots ‖ [expr.] ***primum quidque*** Cic., chaque élément l'un après l'autre ; ***primo quoque tempore*** Cic., à la première occasion, dès que possible ***d) quotusquisque***, ▶ *quotus* ¶**2** [sens voisin de *quilibet*] quelconque, n'importe quel : ***quaque de causa*** Caes., pour une raison quelconque, pour un motif ou pour un autre ; ***consilia cujusque modi*** Caes., dispositions prises d'une manière ou d'une autre

quisquĭlĭa, *ōrum*, n. pl., ▶ *quisquiliae* : +C Pros.

quisquĭlĭae, *ārum*, f. pl., débris, rognures, déchets, rebut : [fig.] C Pros.

quisquis [adj. ou pron.] ***quidquid*** ou ***quicquid*** [pron.] ¶ **1** [rel.] quelque... que, qui que ce soit qui : C Pros. ‖ V▶ *quidquid*, V▶ *cuicui modi* ¶ **2** [indéf.] n'importe quel, quelconque : ***quoquo modo*** C Pros., de n'importe quelle manière ; V▶ *quidquid*

quīssĕ, **quissem**, **quĭtus**, **quīvi**, V▶ *queo*

quīvīs, ***quaevīs***, ***quodvīs*** adj. et ***quidvīs*** pron., n'importe quel, quiconque, quelconque : C Pros. ‖ ***quidvis perpeti*** C Pros., tout supporter ; ***quidvis anni*** -C Pros., en n'importe quelle saison

quīviscumquĕ, *quaeviscumquĕ*, *quodvisc-*, ▶ *quivis* : C Poés., +C Poés.

1 **quō**, abl. de *1 quid* : C Pros.

2 **quō**, abl. de *quod* ¶ **1** [en tête de phrase = *et ea re,ea re autem*] à cause de cela, de ce fait ¶ **2** [conj.] ***a)*** [exprimant la comparaison] ***eo... quo...*** ou ***hoc... quo...*** [surtout avec un compar.] d'autant... que... : ***si eo beatior quisque sit, quo sit plenior...*** Cic., si l'on était d'autant plus heureux qu'on serait plus abondamment pourvu... ‖ ***quo..., eo...*** ou ***quo..., hoc...***, plus..., plus... : ***id quo studiosius absconditur, eo magis eminet*** Cic., ce secret, plus il est caché soigneusement, plus il ressort = plus on s'attache à le cacher, plus il ressort ***b)*** [exprimant le but, avec subj., en corrél. ou non avec *eo*] pour que par là : ***id eo scripsi, quo plus auctoritatis haberem*** Cic., j'ai écrit cela pour avoir par là plus d'influence ; ***omnia facit quo propositum adsequatur*** Cic., il fait tout pour atteindre son but ‖ ***non quo..., sed ut...***, non que..., mais pour que... ***c)*** [exprimant la cause, tour négatif avec subj., en corrél. ou non avec *eo*] ***non quo***, non parce que, non que : ***id non eo dico quo mihi veniat in mentem...*** Cic., je ne dis pas cela parce qu'il me viendrait à l'esprit... = si je dis cela, ce n'est pas qu'il me viendrait à l'esprit... ‖ ***non quo..., sed quia...***, non que..., mais parce que...

3 **quō**, [adv. de lieu] [mouvement] où ¶ **1** [interr. dir. ou indir.] ***a) quo confugient?*** Cic., où se réfugieront-ils ? ; ***non video quo confugere possint***, je ne vois pas où ils peuvent se réfugier ‖ [fig.] ***quo amentiae progressi sunt?*** Cic., à quel degré de folie sont-ils parvenus ? ***b) quo = ad quam rem*** : ***quo haec spectat oratio?*** Cic., à quoi tendent ces propos ? ¶ **2** [indéf.] vers quelque endroit, quelque part : ***si quo proficisceris*** Cic., si tu t'en vas quelque part ¶ **3** [rel.] ***locus quo aditus non erat*** Caes., un lieu où il n'y avait pas d'accès, un lieu inaccessible ‖ [s'appliquant à des personnes = *ad quos*] : Caes., Cic.

quŏăd, adv., interrog. et rel. ¶ **1** jusqu'où, jusqu'à quel point, jusqu'au point où : C Pros. ‖ ***quoad ejus*** C Pros. ▶ *quod ejus*, V▶ *1 qui* ¶ **2** [temps] ***a)*** jusqu'à quand, tant que : -C Théât. ‖ ***quoad vixit*** C Pros., autant qu'il a vécu ***b)*** jusqu'à ce que : C Pros.

quŏădusquĕ, jusqu'à ce que : T Pros.

quōcircā, adv., c'est pourquoi, en conséquence : C Pros. ; [tmèse] C Poés.

quōcum, ▶ *cum quo*

quōcumquĕ ¶ **1** [adv. rel.] en quelque lieu que, partout où [mouvᵗ] : C Pros. ¶ **2** [indéf.] de n'importe quel côté : C Poés.

1 **quŏd** [acc. n. du rel. pris advᵗ (acc. de relation)] ¶ **1** [devant une conj.] cela étant, or, mais, d'autre part, par ailleurs : ***quod si***, que si, or si, si par ailleurs... ; [même chose pour *quod nisi, quod etsi, quod quin, quod quoniam, quod utinam*] ¶ **2** [en tête de phrase] là-dessus, à ce propos, sur ce point, c'est pourquoi : ***quod nescio an...*** Cic., sur ce point j'ignore si... ¶ **3** relativement à quoi, à cause de quoi, par quoi : ***quid fecerat quod voluistis...?*** Cic., qu'avait-il fait relativement à quoi vous avez voulu = qu'avait-il fait pour que vous ayez voulu... ? ; ***est quod te volo secreto*** Pl., il y a une raison pour laquelle je veux t'entretenir en secret ; ***quod veni eloquar*** Ter., je raconterai le motif de ma venue ; ***quid est quod...?***, quelle raison y a-t-il pour que... ? ‖ [avec subj. conséc.] ***est quod...***, il y a une raison pour que..., il y lieu de... ; ***nihil est quod...***, il n'y a pas de raison pour que... ; ***nihil habere quod...***, n'avoir aucune raison de...

2 **quŏd**, conj. ¶ **1** parce que [souvent en corrél. avec des adv. ou des loc. adv., V▶ *eo, ideo, idcirco, propterea*, " pour cela ", " à cause de cela "] ***non profectus est, quod impediebatur*** Cic., il ne partit pas, parce qu'il en était empêché ‖ [avec le subj. du st. indir. quand on rapporte la pensée de qqn] ***non profectus est, quod impediretur*** Cic., il ne partit pas, parce que, disait-il, il en était empêché = sous prétexte qu'il en était empêché ¶ **2** [conj. introduisant une prop. complétive] ***a)*** [après certains verbes ou loc. verb.] ***alicui gratias agere quod...***, remercier qqn de ce que ; ***bene facere quod...***, faire bien en ce que... [avec subj. de st. ind.] ***laudare quod***, louer de ce que ***vituperare quod***, blâmer de ce que ***b)*** [complétive sujet, ou attribut, ou apposée] ***huc accedit quod...***, à cela s'ajoute que... ; ***illud me movet quod...*** Cic., ce qui m'émeut, c'est que... ; ***oblivisci recentium injuriarum, quod...*** Caes., oublier les récentes injures, à savoir le fait que... ; ***in hoc omnis est error, quod...*** Cic., toute l'erreur réside dans le fait que... ‖ [expr.] ***jamdiu est quod...*** Pl., il y a longtemps que... ; ***non temere est quod...*** Pl., ce n'est pas par hasard que... ***c)*** [exprimant une relation] quant au fait que, relativement au fait que : ***quod vero admiratus es*** Cic., quant à ton étonnement... [en tête d'une phrase] ‖ ***tertius est dies quod...*** Plin. *Ep.*, ce jour est le troisième relativement au fait que... = il y a trois jours que... ***d)*** [vulg., au lieu d'une prop. inf.] ***scire quod, dicere quod*** ; Petr., Tert. ¶ **3** [expr.] ***tantum quod***, à ceci près que : ***tantum quod non nominat*** Cic., à ceci près qu'il ne nomme pas... ‖ à peine, tout juste : ***tantum quod veneram, cum...*** Cic., à peine étais-je arrivé que..., j'étais tout juste arrivé, quand...

3 **quŏd**, graphie tardive de *quot*

quōdammŏdō (quōdam mŏdō), en quelque sorte, en quelque façon : C Pros.

quodnăm, n. de *quisnam*

quodquŏd, graphie tardive de *quotquot*

Quodsĕmĕlarrĭpĭdēs, m., nom burlesque forgé par -C Théât. ; suivi de ***Numquameripides***, ce qu'il a une fois attrapidès jamais ensuite tu ne le rattrapidès

quoī, arch. ▶ *cui*

quōiās (quōiātis), ▶ *cujas* : -C Théât.

1 **quōius**, *a*, *um*, [arch.], ▶ *2 cujus* : -C Théât.

2 **quōius**, [gén. arch.], ▶ *1 cujus*

quōlĭbĕt, adv., [mouvᵗ] n'importe où, où l'on voudra : C Poés., +C Pros.

quŏm, V▶ *2 cum*, [conj.]

quōmĭnus, [empl. comme conj.] ¶ **1** [après verbes d'empêchement] ; V▶ *impedio, teneo, recuso, deterreo*, empêcher que (de), refuser de ‖ [idée d'empêchᵗ] ***excipiuntur tabulae, quominus*** C Pros., les registres sont l'objet d'une exception empêchant que ; V▶ *sto, perficio, 1 mora, 1 moror* ¶ **2** pour que... ne pas, pour empêcher que : C Pros.

quōmŏdō, adv. ¶ **1** [interr.] de quelle manière, comment : [dir.] C Pros. ; [indir.] C Pros. ¶ **2** [rel.] ***a)*** de la manière dont, comme : C Pros. ***b)*** [en corrél. avec *sic, ita*] C Pros. ; ***quomodo... sic*** ou ***ita*** C Pros., de même que... de même

quōmŏdŏcumquĕ (-cunquĕ), adv. ¶ **1** [rel.] de qq. manière que : C Pros. ¶ **2** [indéf.] de toute manière : -C Théât., +C Pros.

quōmŏdŏlĭbĕt, de qq. manière que : T Pros.

quōmŏdŏnam, adv., comment donc ? : C Pros.

quōnam, adv. interr. dir. et indir., où donc [avec mouvᵗ] : C Pros.

quondam, adv. ¶ **1** à un certain moment [Cf▶ *quidam*], à une époque déterminée, un jour : C Pros. ‖ parfois, à certain moment : C Pros., Poés. ¶ **2** autrefois, jadis : C Pros. ¶ **3** [dans l'avenir] parfois : C Poés. ‖ un jour : C Poés.

quŏnĭam, conj. ¶ **1** après que : -C Théât. ¶ **2** puisque, parce que [indic.] : C ‖ [subj. du st. indir.] C Pros.

quōpĭam, adv., quelque part [mouvᵗ] : -C Théât.

quōquam, adv., quelque part [mouvement] : -C Théât., C Pros. ‖ = ***in aliquam rem*** : C Poés.

1 **quŏquĕ**, adv., [jamais en tête d'une phrase ; mis après le mot qu'il souligne] aussi : ***Helvetii quoque*** C Pros., les Helvètes aussi ‖ ***ne id quoque*** +C Pros., pas même cela ; = ***ne id quidem*** C Pros., +C Pros.

2 **quōquĕ**, abl. de *quisque*

3 **quōquĕ**, ➡ *et quo*

quōquĕversŭs (-versum), V ➡ *quoquov* : C Pros.

quōquō, adv., en qq. lieu que [mouv^t], de qq. côté que : -C Théât., C Pros. ; ***quoquo gentium*** -C Théât. ; ***quoquo terrarum*** -C Théât., en qq. endroit du monde que

quōquōmŏdo (quōquō mŏdo), adv. ¶ **1** [rel. de prix] de qq. manière que : C Pros. ¶ **2** [indéf.] de n'importe quelle manière, d'une manière quelconque : C Pros. ; V ➡ *quisquis*

quōquōversŭs (-versŭm, -vorsŭm), adv., dans toutes les directions, de tous côtés [mouv^t] : C Pros. ; V ➡ *quoqueversus* ‖ dans tous les sens : -C Pros., C Pros.

quorsŭm (-sŭs), adv. ; [interr. dir. et indir.] ¶ **1** dans quelle direction, de quel côté, où : -C Théât. ¶ **2** [fig.] ***a)*** vers quoi, vers quel but : ***quorsus istuc ?*** -C Théât., C Pros., où veux-tu en venir ? ***b)*** à quel résultat (aboutissement) : C Pros.

quŏt, pron. indécl. ¶ **1** [interr.-exclam. dir. ou interr. indir.] combien [nombre] : C Pros. ¶ **2** [rel., en corrél. avec *tot* exprimé ou s.-ent.] aussi nombreux que, autant que : C Pros. ¶ **3** [indéf.] tout, chaque : ***quot mensibus*** -C Pros., tous les mois ; V ➡ *quotannis* ; ***quot annos*** C Pros., tous les ans

quŏtannīs, adv., tous les ans : C Pros.

quotcălendīs, adv., à chaque retour des calendes : -C Théât.

quotcumquĕ, pron. rel. indécl., quel que soit le nombre que : C Pros.

quŏtēni, *ae*, *a*, [interr. distr.] combien nombreux [respectivement] : C Pros.

quŏtīdĭānō, adv., C ➡ *quotidie* ; orth. ***cottidiano*** -C Théât. ; ***cotidiano*** C Pros.

quŏtīdĭānus, *a*, *um*, quotidien, de tous les jours, journalier : C ‖ [fig.] familier, habituel, commun : -C Théât., C Pros.

quŏtīdĭē, adv., tous les jours, chaque jour : C

quŏtĭens (quŏtĭēs), adv. ¶ **1** interr. dir. et indir., combien de fois : C Pros. ¶ **2** rel. ; [en corrél. avec *totiens (toties)* exprimé ou s.-ent.] toutes les fois que : C Pros. ‖ [dans la langue, à partir de Sénèque le rhéteur, on constate souvent après *quotiens* le subj. éventuel] +C Pros.

quŏtienscumquē, adv., toutes les fois que : C Pros.

quŏtĭensquĕ, adv., toutes les fois que : +C Pros.

quotlĭbĕt, indécl., aussi nombreux qu'on voudra : +C Pros.

quotquŏt ¶ **1** [pron. rel. indécl.] en quelque nombre que : C Pros., Poés. ¶ **2** [indéf.] tout, chaque : ***quotquot annis*** C Pros., tous les ans : ***quotquot mensibus*** C Pros., tous les mois

quŏtŭmus, *a*, *um*, C ➡ *quotus* : -C Théât.

quŏtus, *a*, *um*, adj. interr. dir. et indir., en quel nombre : C Pros., Poés. ‖ V ➡ *quotusquisque*

quŏtuscumquĕ, *ăcumquĕ*, en qq. nombre que, en si petit nombre que ce soit que : C Poés.

quŏtusquisquĕ (quŏtus quisque), *ăquaequĕ*, *umquidquĕ*, combien peu [interr. dir., qqf. indir.] C Pros., +C Pros. ‖ [indir.] +C Pros.

quŏusquĕ, adv., [interr. dir. et indir.] ¶ **1** jusqu'où, jusqu'à quel point : +C Pros. ¶ **2** jusqu'à quand ?, jusques à quand ? : C Pros. ¶ **3** jusqu'au moment où [avec indic.] : T Pros. ‖ jusqu'à ce que [avec subj.] : T Pros.

quōvīs, adv., où tu voudras, n'importe où [mouv^t] : -C Théât. ; ***quovis gentium*** -C Théât., n'importe où, au diable

quum (quom), faux archaïsme : -C Théât. ; V ➡ *2 cum*, [conj.]

R

r, n., f. indécl., dix-septième lettre de l'alphabet latin, d'abord écrite *P* comme en grec et en étrusque, et prononcée *(e)r* : [-C] Poés. ; ***canina littera*** [+C] Poés. ‖ [abréviation] souvent ***R. = Romanus*** : ***S. P. Q. R. = senatus populusque Romanus,*** le sénat et le peuple romain ; ***R. = Rufus*** ; ***R. P. = res publica***

Rā, indécl., ▶ *Rha*

rabbī, indécl., maître, docteur : [T] Pros.

rabbōnī, indécl., maître : [T] Pros.

răbĭdē, adv., avec fureur, avec rage : [C] Pros.

răbĭdus, *a, um* ¶**1** furieux, enragé : [C] Poés., [+C] Pros. ‖ [poét.] ***ora rabida*** [C] Poés., la bouche écumante de la Sibylle en délire ; ***fame rabida*** [C] Poés., avec une faim qui le fait écumer [Cerbère] ¶**2** [fig.] en fureur, forcené : [+C] Pros.

Răbĭēnus, *i*, m., nom donné à l'orateur Labiénus par dérision : [C] Pros.

răbĭēs, *ei*, f. ¶**1** rage [maladie] : [C] Pros., [+C] Pros. ¶**2** [fig.] transport furieux, rage, fureur : [C] Pros. ‖ délire de la Sibylle : [C] Poés. ‖ [C] Pros. ; ***ventorum*** [C] Poés., la rage des vents ; ***ventris*** [C] Poés., les transports furieux de la faim

răbiō, *ĭs, ĕre, -, -*, intr., être furieux, emporté, violent : [C] Poés., Pros., [+C] Pros.

răbĭōsē, adv., avec fureur : [C] Pros.

răbĭōsŭlus, *a, um*, un peu furieux : [C] Pros.

răbĭōsus, *a, um* ¶**1** enragé : [chien] [C] Pros. ‖ atteint de frénésie : [-C] Théât. ¶**2** [fig.] plein de rage, furieux, emporté : [C] Pros. : [+C] Pros.

Răbīrĭus, *ĭī*, m., nom de famille rom., not[t] C. Rabirius Postumus et C. Rabirius, défendus par Cicéron : [C] Pros. ‖ C. Rabirius, poète contemporain de Virgile : [C] Poés., [+C] Pros. ‖ **-rĭānus**, *a, um*, de Rabirius : [C] Pros.

1 **răbō**, *ĭs, ĕre, -, -*, ▶ *rabio*

2 **răbo**, *ōnis*, m., arrhes : [-C] Théât.

Rabocentus, *i*, m., nom d'un chef des Besses : [C] Pros.

răbŭla, *ae*, m., orateur frénétique, mauvais avocat [m. à m. "aboyeur, braillard"] : ***rabula de foro*** [C] Pros., braillard de place publique

Răbŭlēius, *i*, m., nom d'un décemvir : [C] Pros.

raca, m. indécl., idiot, débile : [T] Pros.

raccō, *ās, āre, -, -*, ▶ *ranco* : [T] Poés.

răcēmārĭus, *a, um*, qui porte des grappes : [+C] Pros.

răcēmātĭō, *ōnis*, f., action de grappiller ; [fig.] de ramasser ce qui a échappé : [+C] Pros.

răcēmĭfĕr, *ĕra, ĕrum*, qui porte des grappes de raisin : [C] Poés. ; ***racemifer Bacchus*** [C] Poés., Bacchus couronné de grappes

răcēmō, *ās, āre, -, -*, tr., grappiller : [T] Pros.

răcēmŏr, *ārĭs, ārī, ātus sum*, tr., [fig.] glaner sur les traces d'un auteur : [C] Pros.

răcēmus, *i*, m., grappe de raisin, raisin : [C] Poés. ‖ vin : [C] Poés.

Răchēl, f. indécl., nom de plusieurs femmes juives [entre autres, Rachel, fille de Laban, femme de Jacob] : [T] Pros.

Răcīlĭa, *ae*, f., femme de Cincinnatus : [C] Pros.

Răcīlĭus, *ĭī*, m., nom d'un tribun de la plèbe, contemporain de Cicéron : [C] Pros.

rădĭans, *tis*, part.-adj. de *radio*, rayonnant, radieux : [C] Poés. ‖ [fig.] brillant : [+C] Poés.

rădĭātĭlis, *e*, rayonnant, lumineux : [+T] Poés.

rădĭātĭō, *ōnis*, f., pl. [T] Pros.

rădĭātus, *a, um* ¶**1** muni de rais, de rayons [roue] : [C] Pros. ¶**2** muni de rayons lumineux, rayonnant : [C] Pros., Poés. ‖ ***radiata corona*** [+C] Pros., avec une couronne radiée ¶**3** irradié : [+C] Poés.

rādīcātus, *a, um*, part. de *radicor*

rādīcescō, *ĭs, ĕre, -, -*, intr., prendre racine : [+C] Pros.

rādīcĭtŭs, adv., jusqu'à la racine, avec la racine : [-C] Pros., [C] Pros., [+C] Pros. ‖ [fig.] radicalement, à fond : [C] Pros.

rādīcō, *ās, āre, āvī, -*, intr., ▶ *radicor* : [fig.] [T] Pros.

rādīcŏr, *ārĭs, ārī, ātus sum*, intr., prendre racine, pousser des racines, s'enraciner : [+C] Pros. ‖ ***radicatus*** [+C] Pros., enraciné ; [fig.] [T] Pros.

rādīcŭla, *ae*, f. ¶**1** petite racine, radicule : [C] Pros. ¶**2** radis : [+C] Pros.

rădĭō, *ās, āre, āvī, ātum* ¶**1** intr. ***a)*** envoyer des rayons, rayonner : [C] Poés. ***b)*** [fig.] briller, étinceler : [+C] Poés. ¶**2** tr., émettre des rayons lumineux vers, voir [en esprit] : Aug. *Conf. 10, 34, 52*

rădĭŏlus, *i*, m., petit rayon, faible rayon : [du soleil] [T] Pros. ‖ sorte d'olive : [+C] Pros.

rădĭōsus, *a, um*, rayonnant : [-C] Théât.

rădĭŏr, *ārĭs, ārī, ātus sum*, dép., intr., rayonner de : [C] Poés., [+C] Pros., [T] Pros., Poés.

rădĭus, *ĭī*, m.

I ¶**1** baguette, piquet : [C] Pros. ¶**2** baguette du géomètre : [C] Pros. ; ▶ *pulvis* ¶**3** rayon de roue : [C] Poés., [+C] Pros. ‖ rayon du cercle : [C] Pros. ¶**4** navette de tisserand : [C] Poés. ¶**5** [zoologie] ¶**6** [botanique] espèce d'olive longue : [C] Poés. ¶**7** [anatomie] le radius : [+C] Pros.

II [fig.] ¶**1** rayon projeté par un objet lumineux : [C] Pros. ¶**2** rayons de la foudre : [C] Poés. ¶**3** rayons d'une couronne : [C] Poés.

rādix, *īcis*, f. ¶**1** racine : [C] Pros. ; ***radices agere*** [C] Pros., pousser des racines ‖ au sg. : [C] Poés., Pros. ‖ [en part.] ***radix (Syriaca),*** raifort : [C] Poés., [+C] Pros. ¶**2** [fig.] ***a)*** au sg., [C] Pros. ***b)*** racine, base : [de la langue] [C] Pros., Poés. ; [des plumes] [C] Poés. ; [d'un rocher] [C] Poés. ***c)*** racine = fondement, source, origine : [C] Pros.

rādō, *ĭs, ĕre, rāsī, rāsum*, tr. ¶**1** raser [la tête, les sourcils, etc.] : [C] Pros. ‖ [une pers.] [+C] Pros. ¶**2** raboter, polir : [C] Poés. ‖ racler, enlever l'écorce : [C] Poés. ‖ balayer, nettoyer un parquet : [C] Poés. ‖ ratisser, gratter le sol : [C] Poés. ‖ [fig.] rafler l'argent : [+C] Poés. ‖ gratter, rayer un nom : [+C] Pros. ‖ égratigner les joues : [C] Pros. ‖ gratter, déchirer la gorge : [C] Poés. ‖ [fig.] écorcher les oreilles : [+C] Pros. ¶**3** toucher en passant, effleurer, côtoyer : [C] Poés.

rādŭla, *ae*, f., racloir : [+C] Pros.

Raecĭus, *ĭī*, m., nom d'homme : [C] Pros.

raeda (rēda), *ae*, f., chariot [à quatre roues] : [C] Pros., Poés.

raedārĭus (rēd-), *a, um*, de chariot : ***raedariae mulae*** [C] Pros., mules d'attelage ‖ **raedārĭus**, *ĭī*, m. ‖ conducteur de chariot, cocher : [C] Pros.

Raeti (-tĭa, -tĭcus), ▶ *Rhaeti*

răgādes, **răgădĕa**, ▶ *rha*

Ragēs, f. indécl., ville de Médie : [T] Pros.

Rālla, *ae*, m., surnom romain, dans la famille Marcia : [C] Pros.

rallus, *a, um*, à trame claire, à poils ras : ***ralla tunica*** [-C] Théât., tunique légère

rāmālĕ, *is*, n., rameaux secs, ramée, fagot : [+C] Poés. ‖ surt. au pl., ***ramalia*** : [C] Poés., [+C] Pros.

rāmenta, *ae*, f., ▶ *ramentum* [-C] Théât.

rāmentum, *i*, n., raclure, parcelle : ***ramenta ferri*** Poés., limaille de fer ; ***ramenta ligni*** et abs[t] ***ramenta*** Pros., copeaux ; [fig.] Théât.

rāmĕus, *a*, *um*, de branches [sèches] : Poés.

rāmex, *ĭcis*, m. ¶1 bâton : Pros. ¶2 pl., (branches) vaisseaux pulmonaires, poumon : Théât., Poés. ¶3 hernie, varicocèle : Pros.

Ramises, m., V. *Rhamses*

Ramnes, V. *Rhamnes*

rāmōsus, *a*, *um* ¶1 branchu, qui a beaucoup de rameaux : Poés. ¶2 [fig.] qui a plusieurs branches, semblable à un branchage : Poés. ; ***ramosa hydra*** Poés., l'hydre aux cent têtes ; ***ramosa compita*** Poés., les carrefours où s'embranchent les chemins [du vice et de la vertu]

rāmŭlus, *i*, m., petite branche, tige : Pros., Pros.

rāmus, *i*, m. ¶1 rameau, branche : Pros., Poés. ‖ [poét.] ***rami*** = les fruits des branches : Poés. ; [en parl. de l'encens] ¶2 [fig.] ***a)*** ramure d'un cerf : Pros. ***b)*** branche servant de massue : Poés. ***c)*** ramification [d'une chaîne de montagne] [bras d'un fleuve] Pros. ; [branche généalogique] Poés. ***d)*** [les branches de la lettre grecque Y, considérées par Pythagore de Samos comme les deux sentiers, vice et vertu, où arrive l'adolescence, d'où] ***Samii rami*** Poés., les branches samiennes, les deux sentiers, l'embranchement

rāmusculus, *i*, m., petite branche : Pros.

rāna, *ae*, f. ¶1 grenouille : Poés. ; [annonçant la pluie] Pros. ¶2 la baudroie, diable de mer, lotte : ***rana marina*** Pros., même sens

ranceō, *ēs*, *ēre*, -, -, intr., rancir ; seul[t] ***rancens*** : Poés.

rancescō, *ĭs*, *ĕre*, -, -, intr., rancir, devenir rance : Pros.

rancĭdē, adv., d'une manière aigre : Pros.

rancĭdŭlus, *a*, *um*, un peu rance : Poés.

rancĭdus, *a*, *um* ¶1 rance, qui sent le rance : Poés. ‖ putréfié, infect, fétide : Poés. ¶2 ***-dior*** Poés.

rancō, *ās*, *āre*, -, -, intr., feuler [en parl. du cri du tigre] : Pros. ; V. *racco*

rancŏr, *ōris*, m., [fig.] rancune, rancœur : Pros.

rānŭla, *ae*, f., petite grenouille : Pros.

rānuncŭlus, *i*, m., petite grenouille : Pros. ‖ [par plaisanterie, en parlant d'un habitant d'un lieu marécageux] : Pros.

rāpa, *ae*, f., V. *rapum* : Pros.

rāpācĭa, V. *rapicius*

răpācĭda (-dēs), *ae*, m., fils (descendant) de voleur [mot forgé] : Théât.

răpācĭtās, *ātis*, f., rapacité, penchant au vol : Pros.

răpācĭtĕr, adv., avec rapacité : Pros.

1 **răpax**, *pācis* ¶1 qui entraîne avec [pr. et fig.], qui emporte, ravisseur ; [en parl. de pers.] pillard, voleur : Pros. ; [de loups] Poés. ; [du vent] Poés. ; [d'un fleuve] Poés. ; [du feu] Poés. ¶2 [avec le gén.] qui s'empare de : Pros., Pros.

2 **Răpax**, *ācis*, adj., la Rapace [surnom d'une légion] : Pros. ; d'où ***Rapaces*** Pros., les soldats de cette légion

Răphāēl, *ēlis*, m., Raphaël [ange envoyé par Dieu pour conduire Tobie] : Pros.

Raphăna, *ae*, f., V. *Rha*

răphănus, *i*, m., raifort, radis noir : Pros., Poés.

rāpĭcĭus, *a*, *um*, de raifort : Pros.

răpĭdē, adv., rapidement : Pros. ‖ [fig.] en entraînant avec soi, avec une force torrentielle : Pros. ‖ ***-dius*** Pros.

răpĭdĭtās, *ātis*, f., rapidité d'un courant, violence : Pros.

răpĭdus, *a*, *um* ¶1 [poét.] qui entraîne, qui emporte : Poés. ‖ qui emporte tout comme une proie, dévorant : ***rapidus aestus*** Poés., la chaleur dévorante ¶2 qui s'élance rapidement, rapide, violent, impétueux, précipité, prompt : ***rapidissimum flumen*** Pros., fleuve très rapide ; Poés. ; ***rapidum venenum*** Pros., poison violent, qui agit rapidement ‖ [fig.] ***rapida oratio*** Pros., exposé trop rapide, sans temps d'arrêt ; ***rapidus in consiliis*** Pros., prompt à décider

1 **răpīna**, *ae*, f., rapine, vol, pillage [surt. au pl.] : Pros. ‖ [sg. marquant plutôt l'action] vol accompagné de violence [à la différence du *furtum* ordinaire ; sanctionné par l'action *vi bonorum raptorum*, l'action des biens ravis par violence] : Pros.

2 **rāpīna**, *ae*, f., rave : Pros. ‖ champ de raves : Pros.

răpīnātĭo, *ōnis*, f., rapine : Pros.

răpīnātŏr, *ōris*, m., voleur : Poés.

răpĭō, *ĭs*, *ĕre*, *răpŭī*, *raptum*, tr. ¶1 entraîner, emporter, emporter [précipitamment, violemment] : Théât., Pros., Poés. ; ***se ad caedem rapere*** Pros., se précipiter au massacre ‖ [fig.] Pros. ; ***in invidiam aliquem rapere*** Pros., entraîner qqn dans le discrédit ; ***commoda aliorum ad se*** Pros., s'approprier les avantages d'autrui ¶2 enlever de force ou par surprise, ravir, soustraire, voler, piller : Pros. ; ***agunt, rapiunt*** Pros., on emmène, on pille ; V. *ago* et *fero* ‖ s'emparer vivement : Pros. ‖ [en parl. de la mort] emporter brutalement : Poés. ‖ [fig.] ***oscula*** Poés., ravir des baisers ; ***illicitas voluptates*** Pros., voler des plaisirs criminels ; ***dominationem*** Pros., s'emparer de la domination ‖ *corripio* : Pros. ¶3 se saisir vivement de, prendre rapidement : Poés. ; [poét.] Poés. ; ***colorem rapere*** Poés., prendre rapidement une couleur ‖ [fig.] ***occasionem*** Poés., se saisir de l'occasion ; ***limis rapere*** Poés., voir vivement du coin de l'oeil ; V. *1 limus* ; Pros. ‖ ***gressus, cursus*** Poés., précipiter ses pas, sa course

răpistĕr, *tri*, m., V. *rapinator* : Poés.

rāpistrum, *i*, n., rave sauvage [plante] : Pros.

răpo, *ōnis*, m., V. *raptor* : Poés.

rapsō, *ās*, *āre*, -, *ātum*, V. *rapto* : Pros., Pros.

raptātus, *a*, *um*, part. de *rapto*

raptē, adv., vivement, rapidement : Poés.

raptim, adv., à la hâte, précipitamment : Pros., Pros.

raptĭo, *ōnis*, f., enlèvement [d'une femme], rapt : Théât., Pros.

raptō, *ās*, *āre*, *āvī*, *ātum*, tr. ¶1 entraîner, emporter [avec violence, rapidité] : d. Pros., Poés. ; ***raptata conjux*** Pros., l'épouse emmenée de force ; Pros. ¶2 piller, dévaster : Pros.

raptŏr, *ōris*, m., ravisseur, voleur [pr. et fig.] : ***pueri*** Théât., ravisseur d'un enfant ; ***raptores orbis*** Pros., pilleurs de l'univers ; ***raptores lupi*** Poés., loups ravisseurs ; ***raptor spiritus*** Pros., assassin ‖ qui attire : ***ferri*** Pros., qui attire le fer (aimant)

raptum, *i*, n., [usité à l'abl.] vol, rapine : ***rapto vivere*** Pros. ou ***ex rapto*** Poés., vivre de rapine ; ***rapto gaudere*** Pros., se plaire au pillage

1 **raptus**, *a*, *um*, part. de *rapio*

2 **raptŭs**, *ūs*, m., enlèvement, rapt : [de Proserpine] Pros. ; [de Ganymède] Pros. ‖ vol, rapine : Pros.

răpŭī, parf. de *rapio*

rāpŭlum, *i*, n., petite rave : Poés.

rāpum, *i*, n. ¶1 rave, navet : Pros., Pros. ¶2 tubercule : Pros. ; V. *rapa*

rārē, adv., d'une manière peu dense, peu serrée : Pros. ‖ rarement : Théât.

rārēfăcĭō, *ĭs*, *ĕre*, *fēcī*, *factum*, tr., raréfier : Poés. ‖ au pass., ***rarefio***, ***rarefactus*** : Poés.

rārentĕr, V. *raro* : Pros. ; [emploi arch.] Pros.

rārescō, *ĭs*, *ĕre*, -, -, intr., se raréfier, devenir moins dense, moins épais : Poés. ‖ s'éclaircir, se dépeupler : Poés. ‖ devenir moins serré : ***colles rarescunt*** Pros., les collines s'espacent ; Poés. ‖ s'affaiblir : ***sonitus rarescit*** Poés., le son s'affaiblit

rārĭpĭlus, *a*, *um*, au poil rare : Pros.

rārĭtās, *ātis*, f. ¶1 porosité : Pros. ‖ ***raritates*** Pros., cavités ¶2 rareté, faible nombre : Pros. ; ***lavandi*** Pros., rareté des bains ‖ rareté, caractère exceptionnel : ***raritates*** Pros., des raretés

rārĭtūdo, *ĭnis*, f., fait d'avoir des cavités [de n'être pas compact] : [C] Pros. ‖ fait d'être meuble, légèreté d'une terre : [+C] Pros.

rārō, adv., d'une façon clairsemée, rarement, par-ci, par-là : [C] Pros. ; ***rarius*** [C] Pros. ; ***rarissime*** [+C] Pros.

rārus, *a*, *um* ¶ **1** peu serré, peu dense, qui a des jours dans sa contexture : ***retia rara*** [C] Poés., filets à larges mailles ; ***terra rara*** [C] Poés., terre légère ; ***textura rara*** [C] Poés., tissu léger ; ***rariores silvae*** [+C] Pros., clairières des bois ¶ **2** espacé, clairsemé, distant, disséminé : ***raris in locis*** [C] Pros., dans des endroits disséminés sur la terre ; [C] Poés. ; ***arbores rarae*** [C] Pros., arbres clairsemés ; ***rarus capillus*** [+C] Pros., cheveux rares ; [C] Pros., [+C] Pros. ¶ **3** peu nombreux, rare : [C] Pros. ¶ **4** peu fréquent : ***rarus obtrectator*** [+C] Pros., détracteur qui se voit rarement ; ***rarus egressu*** [+C] Pros., qui sort rarement ; ***rarum est, ut*** subj., [+C] Pros., il arrive rarement que ‖ [emploi attribut] ***rarus adibat*** [C] Poés., il pénétrait rarement ¶ **5** [poét.] rare, remarquable, exceptionnel : ***rara avis*** [C] Poés., oiseau rare [le paon] ; [C] Poés.

rāsī, parf. de *rado*

rāsĭlis, *e* ¶ **1** qu'on peut polir : [C] Poés. ¶ **2** rendu poli, poli (sans relief) : ***rasile argentum*** [+C] Pros., argenterie unie [qui n'est pas travaillée en relief] ; ***rasiles calathi*** [C] Poés., corbeille lisse

Răsīna, *ae*, m., cours d'eau : [+C] Poés.

răsis, *is*, f., sorte de poix brute : [+C] Pros.

rāsĭtō, *ās*, *āre*, *āvī*, -, tr., raser souvent : [+C] Pros.

rastellus, *i*, m., petit hoyau : [C] Pros., [+C] Pros.

rastĕr, *tri*, m. et ordin^t **-tri**, *ōrum*, m. pl., instrument à deux ou plusieurs dents pour briser les mottes, hoyau, croc, râteau : [-C] Pros., [C] Pros., Poés., Théât.

rastrum, *i*, n., ➡ *raster* : [sg.] [C] Poés. ; [pl.] [C] Poés.

rāsūra, *ae*, f., action de gratter, de racler : [+C] Pros.

1 **rāsus**, *a*, *um*, part. de *rado*

2 **rāsŭs**, *ūs*, m., action de racler : [C] Pros.

rătārĭa, sorte d'embarcation à fond plat : [+C] Pros.

rătĭo, *ōnis*, f. ¶ **1** calcul, compte ***a)*** calcul : ***rationem ducere*** Cic., calculer ; ***digitis rationem computare*** Pl., compter sur ses doigts ; ***ratione inita*** Caes., le calcul fait (= tout compte fait) ; ***vix ratio iniri potest*** Caes., il est à peine possible de calculer... ; ***alicujus rei ratio***, le calcul de qqch. = l'évaluation de qqch. : ***periculi sui rationes*** Cic., le calcul des risques ; ***pro ratione pecuniae*** Cic., vu le calcul (= l'évaluation) de la somme ***b)*** compte : ***rationem alicujus rei habere*** Cic., tenir le compte de qqch. : ***rationem alicujus rei reddere*** Cic., rendre compte de qqch. ; ***rationes conficere*** Cic., arrêter des comptes ; ***ab aliquo rationem reposcere*** Caes., réclamer des comptes à qqn ; ***ratio acceptorum et datorum*** Cic., le compte de ce qui a été reçu et de ce qui a été donné ; ***rationem et numerum habere*** Cic., avoir le compte et le chiffre exacts ***c)*** [fig.] ***rationem cum aliquo contrahere*** Cic., engager un compte (= une affaire) avec qqn ; ***alicui cum aliquo ratio est*** Cic., qqn est en compte (= en relation d'affaires ou d'intérêt) avec qqn d'autre ; [d'où] ***rationes alicujus*** Cic., les intérêts de qqn ‖ ***rationem alicujus rei habere*** Cic., tenir compte de qqch. ; ***propter rationem alicujus rei*** Cic., compte tenu de qqch., [d'où] ***ad alicujus rei rationem*** Cic., par rapport à qqch. ; ***ad meam rationem*** Cic., par rapport à moi ¶ **2** méthode, procédé, modalités, régime ***a)*** méthode, procédé : ***rationes suscipere*** Cic., adopter une méthode, un plan ; ***rationes bellandi*** Caes., des méthodes de combat ; ***ratio est ut...*** Cic., la méthode est de... ; ***inita ratio est ut...*** Cic., on inaugura une nouvelle méthode, à savoir... ; ***ratio rogandi*** Cic., le procédé de l'interrogation ; ***ratio disserendi*** Cic., le système de l'argumentation, l'art d'argumenter ***b)*** [d'où, par affaiblissement] manière, moyen : ***eadem ratione*** Cic., de la même manière ; ***omni ratione*** Caes., par tous les moyens ; ***honestis rationibus*** Cic., par des moyens honorables ‖ [et, par renforcement] système, théorie, doctrine : ***Epicuri ratio*** Cic., la théorie d'Epicure ; ***rei militaris ratio*** Caes., les règles théoriques de l'art militaire ; ***ratio atque usus belli*** Caes., la théorie et la pratique de la guerre ; ***ratio Latine loquendi*** Cic., la théorie du bon latin ***c)*** modalités, régime, organisation interne : ***alicujus rei rationes*** Cic., les modalités de qqch. ; ***ratio comitiorum*** Cic., le régime des comices ; ***judiciorum ratio*** Cic., l'organisation des tribunaux ; ***civitatum rationes*** Cic., les régimes politiques ; ***rerum ratio*** Cic., l'économie des faits ; ***verborum ratio*** Cic., l'économie des mots, l'organisation des mots ; ***ratio totius belli*** Cic., le plan (la disposition, l'économie) de toute une guerre ; ***temporum ratio*** Cic., l'état des circonstances ¶ **3** raison, raisonnement : ***homo rationis particeps est*** Cic., l'homme a en partage la raison ; ***recta ratio*** Cic., droite raison ; ***nulla ratio est*** [avec inf.] Cic., il n'est pas du tout raisonnable de... ; ***ratione facere*** Cic., agir selon la raison = agir judicieusement ; ***ratione et numero moveri*** Cic., être en mouvement selon la raison et l'harmonie = avoir un mouvement rationnel et harmonieux ‖ raisonnement : ***rationem concludere*** Cic., conclure un raisonnement ; ***aliquid rationibus confirmare*** Cic., prouver qqch. par des raisonnements ‖ raison = explication : ***ratio alicujus rei*** Cic., la raison (= l'explication) de qqch. ; ***alicujus rei rationem adferre*** Cic., donner une explication de qqch. ¶ **4** domaine, champ, sphère, cadre : ***alicujus rei rationem attingere*** Cic., toucher (= concerner) le domaine de qqch. ; ***in dissimili ratione*** Cic., dans une autre sphère, dans un ordre de choses différent ; ***in eam rationem loqui*** Cic., parler dans cet ordre d'idées, dans ce sens

rătĭōcĭnātĭo, *ōnis*, f. ¶ **1** raisonnement, calcul raisonné, réflexion : [C] Pros. ¶ **2** syllogisme : [C] Pros. ¶ **3** sorte de subjection [rhét.] : [C] Pros. ¶ **4** théorie [en architecture] : [C] Pros. ¶ **5** mécanisme, système : [C] Pros.

rătĭōcĭnātīvus, *a*, *um*, où l'on emploie le raisonnement : [C] Pros. : [+C] Pros.

rătĭōcĭnātŏr, *ōris*, m., calculateur : [C] Pros. ‖ [péjor.] raisonneur : [T] Pros.

rătĭōcĭnĭum, *ĭī*, n., calcul, évaluation : [+C] Pros.

rătĭōcĭnŏr, *āris*, *ārī*, *ātus sum* ¶ **1** calculer : [C] Pros. ; ***de pecunia*** [C] Pros., faire des calculs d'argent ¶ **2** [fig.] raisonner : [C] Pros. ; ***parum*** [C] Pros., raisonner insuffisamment ‖ [avec interrog. indir.] calculer, examiner : [-C] Théât., [C] Pros. ‖ conclure par raisonnement : [avec interrog. indir.] [C] Pros. ; [avec prop. inf.] [C] Pros.

rătĭōnābĭlis, *e*, raisonnable, doué de raison : [+C] Pros. ‖ spirituel, mystique : [T] Pros.

rătĭōnābĭlĭtās, *ātis*, f., faculté de raisonner : [+C] Pros.

rătĭōnābĭlĭtĕr, adv., raisonnablement : [+C] Pros., [T] Pros.

rătĭōnāle, *is*, n., rational [ornement du grand prêtre des juifs] : [T] Pros.

rătĭōnālis, *e* ¶ **1** raisonnable, doué de raison : [+C] Pros. ¶ **2** où l'on emploie le raisonnement : ***rationalis philosophia*** [+C] Pros., la logique, la dialectique ; ***medicina*** [+C] Pros., médecine théorique ¶ **3** [rhét.] fondé sur le raisonnement, sur le syllogisme : [+C] Pros.

rătĭōnālĭtĕr, adv., raisonnablement, par la raison : [+C] Pros.

rătĭōnārĭum, *ĭī*, n., statistique, état, bilan [de qqch.] : [+C] Pros.

rătis, *ĭs*, f. ¶ **1** radeau : [C] Pros., [+C] Pros. ‖ pont volant : [C] Pros. ¶ **2** [poét.] bateau, navire, vaisseau : [-C] Pros., [C] Poés. ‖ barque [de Charon] : [C] Poés.

rătītus, *a*, *um*, [pièce de monnaie] qui porte l'effigie d'un navire : [-C] Poés., [C] Pros.

rătĭuncŭla, *ae*, f. ¶ **1** petit compte : [-C] Théât. ¶ **2** faible raisonnement : [C] Pros. ‖ pl., petits arguments, subtilités : [C] Pros.

rătō, adv., ➡ *ratus* ¶ *2c*

rătus, *a*, *um* ¶ **1** part. de *reor*, ayant pensé, pensant, croyant, ➡ *reor* ¶ **2** [au sens pass.] ***a)*** compté, calculé : ***pro rata parte***, selon une partie calculée = dans des rapports déterminés, en proportion, à proportion : [C] Pros., ***pro rata*** [C] Pros., même sens ***b)*** fixé, réglé, invariable, constant : [C] Pros. ***c)*** ratifié, valable : ***leges ratae*** [C] Pros., lois ratifiées ; ***conclusiones ratae*** [C] Pros., conclusions péremptoires ; [C] Pros., Poés. ; ***ratum facere*** [C] Pros., ratifier [ce qu'on va faire], être de bon présage

raucĭdŭlus, *a*, *um*, un peu enroué : [T] Pros.

raucĭō, *īs*, *īre*, *rausī*, *rausum*, intr., s'enrouer : [-C] Poés.

raucĭsŏnus, *a*, *um*, qui a un son rauque : C Poés.

raucus, *a*, *um* ¶ **1** enroué : -C Théât., C Pros. ¶ **2** au cri rauque : [corneilles] C Poés. ; [cigales] C Poés. ‖ au son rauque : [trompette] C Poés. ; ***raucus Hadria*** C Poés., l'Adriatique aux grondements rauques ; ***rauca tussis*** C Poés., toux rauque, caverneuse

Raudĭus campus, +C Pros. et **Raudĭi campi**, m., +C Pros., plaine de l'Italie supérieure, près du Pô, où Marius défit les Cimbres

raudus (**rōdus**), *ĕris*, n., [en part.] morceau de cuivre brut, lingot non travaillé : C Pros. ; ***raudera*** +C Pros. ; n. pl., **rūdĕra**, *um*, C Pros., lingots de cuivre servant de monnaie ‖ pierre brute : -C Théât.

Rauduscŭla porta (**-lāna**, **Rod-**, **Rud-**), f., une des portes de Rome : C Pros.

rauduscŭlum, *i*, n., [fig.] petite dette : C Pros.

Raurăci, *ōrum*, m. pl., les Rauraques [peuple voisin de l'Helvétie] : C Pros.

rausī, parf. de *raucio*

rausūrus, *a*, *um*, part. fut. de *raucio*

rāvastellus, **rāvistellus**, *a*, *um*, qui grisonne : -C Théât.

Răvenna, *ae*, Ravenne [ville de la Gaule cispadane, sur l'Adriatique] : C Pros. ‖ **-nnas**, *ātis*, adj., de Ravenne : C Pros.

rāvĭdus, *a*, *um*, grisâtre : +C Pros.

Răvilla, *ae*, m., surnom rom. : +C Pros.

rāvĭō, *īs*, *īre*, *-*, *-*, intr., s'enrouer en criant : -C Théât.

răvis, *is*, f., enrouement : -C Théât.

rāvistellus, V▸ *ravastellus*

răvŭlus, *a*, *um*, un peu enroué : T Pros.

1 **rāvus**, *a*, *um*, gris [tirant sur le jaune] : C Pros., Poés.

2 **rāvus**, *a*, *um*, enroué, rauque : T Pros.

1 **rĕ-**, **rĕd-**, particule formant des mots composés, ***re-*** devant les cons. : ***reduco, rebello*** ‖ ***red-*** devant les voy. : ***redeo, redigo***, aussi ***reddo*** ; assimilé dans ***relliquiae, relligio, reccido***

2 **rē**, abl. de *res*, ***re vera*** ; V▸ *res II* ¶ *1*

rĕa, *ae*, f., accusée : C Pros. ; V▸ *reus*

rĕaedĭfĭcō, *ās*, *āre*, *-*, *-*, tr., rebâtir : T Pros.

rĕapsĕ, ▸ *re ipsa*, réellement, en effet, au fond : C Pros.

Rĕātĕ, *is*, n., ville des Sabins [auj. Rieti] ‖ **-tīnus**, *a*, *um*, de Réate : C Pros. ‖ **Rĕātīni**, *ōrum*, m. pl., habitants de Réate : C Pros.

rĕātŭs, *ūs*, m., [employé pour la première fois par Messala d'après Quintilien] ¶ **1** imputation, reproche : T Pros. ¶ **2** vêtement (tenue) d'accusé : +C Pros. ‖ faute, péché : T Poés.

Rĕbecca, *ae*, f., femme d'Isaac : T Pros.

rĕbellātĭo, *ōnis*, f., révolte : +C Pros.

rĕbellātrix, *īcis*, f., celle qui se révolte, rebelle : C Pros.

rĕbellātus, *a*, *um*, part. de *rebello*

rĕbellĭō, *ōnis*, f., reprise des hostilités, rébellion, révolte : ***rebellionem facere*** C Pros., renouveler la guerre, reprendre les hostilités, se soulever

rĕbellis, *e* ¶ **1** qui recommence la guerre, rebelle, qui se révolte, qui se soulève : C Poés., +C Pros. ‖ subst. m. pl., les rebelles : +C Pros. ¶ **2** [fig.] rebelle, indocile : C Poés.

rĕbellō, *ās*, *āre*, *āvī*, *ātum*, intr., reprendre les armes, reprendre les hostilités, se révolter, se soulever : C Pros. ‖ [fig.] se révolter, résister, être rebelle : +C Théât.

Rĕbĭlus, *i*, m., surnom : +C Pros.

rĕbītō, *ĭs*, *ĕre*, *-*, *-*, intr., revenir : -C Théât.

rĕbŏō, *ās*, *āre*, *-*, *-* ¶ **1** intr., répondre par un mugissement : +C Poés. ‖ [fig.] retentir [en écho] : C Poés. ¶ **2** tr., faire retentir en écho : C Poés.

rĕbullĭō, *īs*, *īre*, *īvī* ou *ĭī*, *-* ¶ **1** intr., rebouillir : +C Pros. ¶ **2** tr., rejeter en bouillant : +C Pros. ‖ rejeter, rendre : +C Pros.

rĕburrĭum, *ĭī*, n., calvitie du devant de la tête : T Pros.

rĕcalcĭtrō, *ās*, *āre*, *āvī*, *ātum*, intr., regimber [fig.] : C Poés. ‖ [avec dat.] faire opposition à : T Pros.

rĕcalcō, *ās*, *āre*, *-*, *-*, tr., fouler de nouveau avec les pieds : +C Pros.

rĕcălĕfăcĭo, C▸ *recalfacio*

rĕcălĕfactus, *a*, *um*, part. de *recalefacio*

rĕcălĕō, *ēs*, *ēre*, *-*, *-*, intr., être échauffé de nouveau, réchauffé : C Poés. ‖ [fig.] être toujours vivace [à l'oreille, dans le coeur] : T Pros.

rĕcălescō, *ĭs*, *ĕre*, *călŭī*, *-*, intr., se réchauffer : C Pros. ; [fig.] +C Pros.

rĕcalfăcĭō, *ĭs*, *ĕre*, *fēcī*, *-*, tr., réchauffer : C Poés. ; [fig.] C Poés.

rĕcalvastĕr, *tri*, m., un peu chauve sur le devant : T Pros.

rĕcalvātĭo, *ōnis*, f., calvitie par-devant : T Pros.

rĕcalvus, *a*, *um*, chauve par-devant : -C Théât.

rĕcandescō, *ĭs*, *ĕre*, *candŭī*, *-*, intr. ¶ **1** devenir blanc, blanchir : C Poés. ¶ **2** redevenir chaud, brûlant : C Poés. ; [fig.] C Poés.

rĕcantō, *ās*, *āre*, *-*, *-*, tr., répéter [écho] : +C Poés. ‖ ***recantatus*** ***a)*** rétracté désavoué : C Poés. ***b)*** éloigné par des enchantements : C Poés.

rĕcăpĭtŭlātĭo, *ōnis*, f., récapitulation : T Pros.

rĕcāsūrus, part. fut. de *1 recido*

rĕcăvus, *a*, *um*, creux, concave : T Poés.

rĕcēdō, *ĭs*, *ĕre*, *cessī*, *cessum*, intr. ¶ **1** s'éloigner par une marche en arrière, rétrograder, se retirer : ***ex loco*** C Pros. ; ***e Gallia, a Mutina*** C Pros. ; ***de medio*** C Pros., se retirer d'un lieu, de la Gaule, des environs de Modène, du public ‖ [en part., pour se coucher] : C Poés., +C Pros. ¶ **2** [métaph.] ***a)*** C Pros. ; ***anni recedentes*** C Poés., les années en s'éloignant ***b)*** C Poés. ; ***zotheca recedit*** +C Pros., un cabinet occupe un enfoncement ¶ **3** s'éloigner, s'en aller : C Poés. ; ***(nomen hostis) a peregrino recessit*** C Pros., (le mot *hostis*) s'est éloigné de son sens d'"étranger", a perdu son sens d'"étranger" ‖ [en part.] s'éloigner de la foule pour se retirer qq. part, faire retraite : C Poés. ¶ **4** [fig.] ***ab officio recedere*** C Pros., s'écarter du devoir ; ***ab armis*** C Pros., déposer les armes ; ***a natura*** C Pros., s'écarter de la nature ; ***a vita*** C Pros., se retirer de la vie [se faire mourir]

recellō, *ĭs*, *ĕre*, *-*, *-* ¶ **1** intr., rebondir en arrière, se ramener en arrière : C Poés., Pros. ¶ **2** tr., retirer en arrière : +C Pros.

1 **rĕcens**, *tis* ¶ **1** frais, jeune, récent, nouveau [poisson] -C Théât. ; [mottes de gazon] C Pros. ; [fleurs] C Poés. ; ***vinum*** +C Pros., vin nouveau ‖ ***hi recentiores*** C Pros., ces philosophes plus récents, modernes ; n. pl., ***recentia***, faits récents : C Pros. ; ***recenti negotio*** C Pros. ou ***recenti re*** C Pros., sur le fait, à l'instant ; -C Théât. ‖ [avec *ab*] qui vient juste à la suite de : C Poés., Pros. ‖ [avec *ex*] juste au sortir de : C Pros. ‖ [avec abl.] ***a)*** juste après : +C Pros. ; ***recens praetura*** +C Pros., sortant à peine de la préture ***b)*** [avec *in* abl.] : ***recentes in dolore*** +C Pros., étant tout récemment dans la douleur, sous le coup d'une douleur récente ***c)*** [sans *in*] +C Pros. ; ***stipendiis recentes*** +C Pros., gens recevant une solde depuis peu ¶ **2** [fig.] qui n'est pas fatigué, frais, dispos : C Pros.

2 **rĕcens**, n. pris adv†, récemment : -C Théât., C Poés., Pros.

rĕcensĕō, *ēs*, *ēre*, *censŭī*, *censum*, (tard. **censītum**), tr. ¶ **1** recenser, passer en revue : C Pros. ¶ **2** [fig.] passer en revue par la pensée : C Poés. ‖ faire l'examen critique d'un écrit : +C Pros. ‖ considérer [avec prolepse et interr. indir.] : +C Pros.

rĕcensĭo, *ōnis*, f., dénombrement, recensement : C Pros., +C Pros.

rĕcensītus (**-census**), *a*, *um*, part. de *recenseo*

rĕcensŭs, *ūs*, m., C▸ *recensio*

rĕcento, V▸ *recanto*

rĕcentŏr, *āris*, *ārī*, *-*, intr., être renouvelé, renaître : +C Pros.

Recentorĭcus ăgĕr, m., nom d'un canton de la Sicile : C Pros.

rĕcēpī, parf. de *recipio*

rĕceptācŭlum, *i*, n. ¶ **1** réceptacle, magasin : [C] Pros. ; ***Nili*** [+C] Pros., la décharge du Nil ; ***aquae*** [C] Pros., réservoir, bassin ¶ **2** refuge, asile : [C] Pros.

rĕceptātĭo, *ōnis*, f., action de reprendre [haleine] : [T] Pros.

rĕceptātŏr, *ōris*, m., réceptacle [en parl. d'un lieu] : [+C] Pros.

rĕceptĭbĭlis, *e*, recouvrable : [T] Pros.

rĕceptīcĭus, *a*, *um*, ***servus recepticius*** [-C] d. [+C] Pros., esclave réservé par la femme mariée

rĕceptĭo, *ōnis*, f., action de recevoir : [-C] Théât.

rĕceptō, *ās*, *āre*, *āvī*, *ātum*, tr. ¶ **1** retirer : [C] Poés. ‖ reprendre : [C] Poés. ¶ **2** recevoir (qqn), donner retraite à : [-C] Théât., [C] Pros., [+C] Pros. ; ***se*** [-C] Théât., [C] Poés., se retirer [qq. part] ; ***litus se receptat*** [+C] Poés., le rivage se retire, s'enfonce

rĕceptŏr, *ōris*, m. ¶ **1** recéleur : [C] Pros., [+C] Pros. ¶ **2** libérateur : [T] Poés.

rĕceptōrĭum, *ĭi*, n., asile, refuge : [T] Pros.

rĕceptrix, *īcis*, f., recéleuse : [C] Pros.

rĕceptum, *i*, n., engagement, promesse : [C] Pros.

1 **rĕceptus**, *a*, *um*, part. de *recipio*

2 **rĕceptŭs**, *ūs*, m., action de se retirer ¶ **1** [milit.] retraite : ***receptui canere*** [C] Pros., sonner la retraite ‖ retraite, refuge, asile : [C] Pros. ¶ **2** [en parl. de la respiration] : [+C] Pros.

rĕcesse, **rĕcessem**, arch. pour *recessisse, recessissem*, V. *recedo*

rĕcessī, parf. de *recedo*

rĕcessĭm, adv., en reculant, à reculons : [-C] Théât.

rĕcessĭo, *ōnis*, f., action de s'éloigner : [C] Pros.

1 **rĕcessus**, *a*, *um*, part.-adj. de *recedo* : ***recessior scena*** [C] Pros., scène plus profonde

2 **rĕcessŭs**, *ūs*, m. ¶ **1** action de se retirer, de s'éloigner : [C] Pros. ‖ ***fretorum recessus*** [C] Pros., le reflux de la mer ¶ **2** endroit retiré, retraite : [C] Pros., [+C] Pros. ‖ enfoncement : [C] Poés. ¶ **3** [fig.] ***a)*** mouvement de retraite : [C] Pros. ***b)*** mouvement de rétraction : [C] Pros. ***c)*** arrière-plan dans une peinture : [C] Pros. ***d)*** fond, recoins de l'âme, replis secrets : [C] Pros., [+C] Pros.

rĕchămus, *i*, m., chape [de poulie] : [C] Pros.

rĕcharmĭdō, *ās*, *āre*, -, -, tr., ***se***, cesser d'être Charmidès, se décharmidiser [mot forgé] : [-C] Théât. ; V. *charmidor*

rĕcĭdīvus, *a*, *um*, qui retombe = qui récidive, qui revient, renaissant : [+C] Pros. ; [poét.] ***recidiva Pergama*** [C] Poés., une nouvelle Troie

1 **rĕcĭdō**, *ĭs*, *ĕre*, *reccĭdī* et *rĕcĭdī*, *rĕcāsum*, intr. ¶ **1** retomber : [C] Pros. ¶ **2** [fig.] ‖ ***in morbum*** [C] Pros., retomber dans une maladie ; ***ne recidam*** [C] Pros., pour éviter une rechute [maladie] ; [C] Pros. ¶ **3** tomber dans, passer à, en venir à : [C] Pros. ‖ tomber dans telle ou telle époque, coïncider avec : [C] Pros. ‖ tomber en partage : ***recidere ad paucos*** [-C] Théât., devenir le privilège de quelques-uns

2 **rĕcīdō**, *ĭs*, *ĕre*, *cīdī*, *cīsum*, tr. ¶ **1** ôter en coupant, trancher, rogner : ***vepres*** [-C] Pros., raser les buissons ; ***pollicem alicui*** [+C] Pros., trancher le pouce à qqn ; [C] Poés. ¶ **2** [fig.] retrancher, rogner : ***inanem loquacitatem*** [+C] Pros., retrancher un vain bavardage ; [C] Pros., [+C] Pros. ; ***aliquid priscum ad morem*** [+C] Pros., réduire qqch. aux proportions de l'ancien usage

rĕcinctus, *a*, *um*, part. de *recingo*

rĕcingō, *ĭs*, *ĕre*, *cinxī*, *cinctum*, tr. ¶ **1** dénouer : ***zonam*** [C] Poés., dénouer une ceinture ; ***in veste recincta*** [C] Poés., avec la robe dénouée ‖ ***recingor*** [C] Poés., je dénoue ma ceinture ; [poét.] [C] Poés. ; ***recingitur ferrum*** [+C] Poés., il se débarrasse de son épée ¶ **2** ceindre de nouveau : ***recingi*** [T] Pros., ceindre de nouveau ses armes

rĕcĭnō, *ĭs*, *ĕre*, -, - ¶ **1** intr., sonner de nouveau, résonner avec insistance : ***parra recinens*** [C] Poés., l'oiseau de mauvais augure aux cris répétés ¶ **2** tr., faire retentir en retour : [C] Poés. ‖ chanter en réplique [comme en écho] : [C] Poés. ‖ répéter en écho, en refrain : [C] Pros. ¶ **3** se désavouer, chanter la palinodie : [+C] Pros.

rĕcĭpĕr-, V. *recuper-*

rĕcĭpĭo, *ĭs*, *ĕre*, *cēpī*, *ceptum*, tr. ¶ **1** retirer ***a) ensem recipere*** Virg., retirer son épée (enfoncée dans la poitrine de qqn) ; [fig.] ***pecuniam ex aliqua re recipere*** Cic., retirer de l'argent de qqch. ***b) se recipere***, se retirer, revenir : ***e Sicilia se recipere*** Cic., revenir de Sicile ; [fig.] ***ad frugem bonam se recipere*** Cic., revenir à de bons principes, rentrer dans le droit chemin ; [milit.] battre en retraite : ***se in castra recipere*** Caes., se replier dans le camp ; ***se ex castris in oppidum recipere*** Caes., se replier du camp dans la ville ; [sans le réfléchi, à l'adj. verb. ou au gér.] ***si quo erat recipiendum*** Caes., s'il fallait se replier qq. part ; ***signo recipiendo dato*** Caes., le signal de la retraite ayant été donné ¶ **2** reprendre, recouvrer ***a) oppidum recipere*** Cic., reprendre une ville ; ***libertatem recipere*** Cic., recouvrer la liberté ; [fig.] ***animam recipere*** Ter., reprendre son souffle, sa respiration ; ***spiritum recipere*** Quint., même sens ; ***animum recipere*** Liv., reprendre courage ; ***animum ab aliqua re recipere*** Liv., se remettre de qqch. ***b) se recipere***, se reprendre, se ressaisir : ***se ex fuga recipere*** Caes., se ressaisir après une fuite ; ***ex timore se recipere*** Caes., se remettre d'une frayeur ¶ **3** recevoir ***a) ferrum recipere*** Cic., recevoir le fer = le coup mortel ; ***aliquem recipere*** Cic., recevoir qqn ; ***aliquem tecto recipere*** Caes., recevoir qqn sous son toit ; ***aliquem in familiaritatem recipere*** Cic., recevoir qqn dans son intimité ; ***aliquem in civitatem recipere*** Cic., recevoir qqn au rang des citoyens = accorder le droit de cité à qqn ***b)*** [en part.] recevoir la soumission de : ***civitatem recipere*** Caes., recevoir la soumission d'un peuple ; [d'où] s'emparer de : ***armis rem publicam recipere*** Cic., s'emparer par les armes du gouvernement ***c)*** recevoir = accepter, accueillir, admettre : ***officium recipere*** Cic., accepter une tâche ; ***causam recipere*** Cic., accepter de se charger d'une cause ; ***assentationem recipere*** Cic., accueillir la flatterie ; ***fabulas recipere*** Cic., admettre des fables ; ***non recipere ut*** Sen., ne pas admettre que ; [avec sujet de choses] donner lieu à : ***quae res aliquem casum reciperet*** Caes., initiative qui aurait donné lieu à quelque heureux événement ; ***plures casus res recipere poterat*** Caes., l'affaire pouvait donner lieu à plusieurs accidents ***d)*** [par ext.] se charger de, s'engager à : ***aliquid ad se recipere*** Pl., se charger de qqch. ; ***aliquid pro aliquo recipere*** Cic., s'engager à qqch. pour qqn ; ***alicui recipere*** [avec inf. fut.] Cic., promettre à qqn de, [ou] que

rĕcĭprŏcātĭo, *ōnis*, f., mouvement alternatif ou réciproque, action de rétrograder : ***errantium siderum*** [+C] Pros., retour des planètes à leur point de départ ‖ [fig.] retour : ***talionum*** [+C] Pros., la peine du talion

rĕcĭprŏcātus, *a*, *um*, part. de *reciproco*

rĕcĭprŏcē, adv., en refluant : [C] Pros.

rĕcĭprŏcō, *ās*, *āre*, *āvī*, *ātum* ¶ **1** tr., ramener en arrière de nouveau, faire aller et venir : ***animam*** [C] Pros., faire les mouvements de la respiration ; ***telum*** [+C] Pros., balancer un javelot ; ***in motu reciprocando*** [C] Pros., dans le mouvement alternatif des flots ‖ [fig.] ***ista reciprocantur*** [C] Pros., ces propositions sont réciproques ‖ renouveler : [+C] Pros. ¶ **2** intr., avoir un mouvement alternatif, avoir un flux et un reflux : [C] Pros., [+C] Pros.

rĕcĭprŏcus, *a*, *um*, qui revient au point de départ : [C] Pros. ‖ ***reciproca argumenta*** [+C] Pros., arguments qui se retournent contre celui qui les emploie

rĕcīsus, *a*, *um*, part. de *2 recido* ‖ adjt, diminué, écourté, abrégé : [+C] Pros.

rĕcĭtātĭo, *ōnis*, f. ¶ **1** action de lire à haute voix, lecture : [C] Pros. ¶ **2** lecture [faite par un auteur], lecture publique : [+C] Pros.

rĕcĭtātŏr, *ōris*, m. ¶ **1** lecteur [de documents judiciaires dans les procès] : [C] Pros. ¶ **2** lecteur, auteur qui lit publiquement ses ouvrages : [+C] Pros.

rĕcĭtātus, *a*, *um*, part. de *recito*

rĕcĭtō, *ās*, *āre*, *āvī*, *ātum*, tr. ¶ **1** lire à haute voix [une loi, un acte, une lettre], produire, citer : [-C] Théât., [C] Pros. ; ***ex codice*** [C] Pros., lire sur le registre ; ***de tabulis publicis*** [C] Pros., lire sur les registres officiels ; [invitation de l'avocat au greffier] ***recita testimonium*** [C] Pros., lis le témoignage ; ***recitentur foedera*** [C] Pros., qu'on fasse lecture du texte du traité ; ***in recitando senatu*** [C] Pros., en lisant la liste des sénateurs ¶ **2** prononcer [une formule] : [+C] Pros. ¶3 lire [son propre ouvrage] en public, faire une lecture publique : [C] Poés., Pros., [+C] Pros. ¶4 réciter [en gén.], dire de mémoire : [+C] Pros., Poés. ‖ réciter [prières] : [T] Pros.

rĕclāmātĭo, *ōnis*, f., acclamation : [C] Pros. ‖ désapprobation manifestée par des cris : [+C] Pros.

rĕclāmĭtō, *ās, āre, -, -*, intr., crier contre ‖ [fig.] se récrier contre, protester contre [avec dat.] : [C] Pros.

rĕclāmō, *ās, āre, āvī, ātum* ¶1 intr., crier contre, se récrier contre, protester hautement : [C] Pros. ‖ ***alicui rei***, contre qqch. : [C] Pros. ‖ ***alicui***, contre qqn : [+C] Pros. ‖ [avec *ne* subj.] protester pour empêcher que : [C] Pros. ‖ [avec prop. inf.] protester que : [+C] Pros. ¶2 tr., [poét.], appeler à plusieurs reprises, à haute voix : [+C] Poés.

rĕclangens, *tis*, qui retentit : [T] Pros.

rĕclīnātĭo, *ōnis*, f., action de pencher, inclinaison : [T] Pros.

rĕclīnātōrĭum, *ĭī*, n., reposoir : [T] Pros.

rĕclīnātus, *a, um*, part. de *reclino*, [V.] *reclinis*

rĕclīnis, *e*, penché [en arrière ou de côté], appuyé sur, couché : ***in gramine*** [+C] Poés., couché sur l'herbe ; [étendu sur le lit de table] [+C] Pros.

rĕclīnō, *ās, āre, āvī, ātum*, tr., pencher en arrière, incliner en arrière : ***huc se reclinare*** [C] Pros., s'incliner (s'appuyer) là-dessus ; ***paulum reclinatae*** [C] Pros., légèrement inclinées en arrière ‖ ***scuta*** [C] Poés., déposer à terre les boucliers : ***in gramine reclinatus*** [C] Poés., étendu sur l'herbe

rĕclīnus, *a, um*, , [C.] *reclinis* : [+T] Poés.

rĕclūdō, *ĭs, ĕre, clūsī, clūsum*, tr. ¶1 ouvrir ***a)*** [abst[t]] ouvrir la porte : [-C] Théât. ***b) fores*** [C] Poés. ; ***portas*** [C] Poés., ouvrir une porte, des portes ***c) pectora*** [C] Poés., ouvrir la poitrine des victimes ; ***humum*** [+C] Pros., ouvrir le sol ***d) ensem*** [C] Poés., mettre l'épée à nu ; ***fontes*** [C] Poés., mettre à jour des sources ¶2 [fig.] ***a)*** [C] Poés. ; ***sterilitas recluditur*** [+C] Pros., la stérilité voit ses barrières s'ouvrir [pour disparaître] ***b)*** [+C] Pros. ; ***operta recludere*** [C] Pros., mettre au jour les pensées secrètes ; [+C] Pros. ¶3 fermer : [T] Pros.

rĕclūsus, *a, um*, part. de *recludo*

rĕcoctus, *a, um*, part. de *recoquo*

rĕcōgĭtātĭo, *ōnis*, f., ressouvenir : [T] Pros.

rĕcōgĭtō, *ās, āre, āvī, -*, intr., repasser dans son esprit : [-C] Théât. ‖ ***de aliqua re*** [C] Pros., réfléchir à nouveau sur qqch. ‖ tr.,penser, penser à, songer : [+C] Pros.

rĕcognĭtĭo, *ōnis*, f. ¶1 revue, examen, inspection : [C] Pros., [+C] Pros. ¶2 reconnaissance : [+C] Pros.

rĕcognĭtus, *a, um*, part. de *recognosco*

rĕcognoscō, *ĭs, ĕre, nōvī, nĭtum*, tr. ¶1 reconnaître, retrouver : [C] Pros. ‖ repasser dans son esprit, rappeler à sa mémoire : [C] Pros. ¶2 passer en revue, inspecter : [C] Pros. ‖ faire un examen critique d'un ouvrage, reviser : [C] Pros., [+C] Pros. ‖ apprendre que (en lisant) : [avec prop. inf.] [T] Pros.

rĕcollectus, *a, um*, part. de *recolligo*

rĕcollĭgō, *ĭs, ĕre, lēgi, lectum*, tr. ¶1 rassembler, réunir : [+C] Pros. ; ***stolam*** [+C] Pros., retrousser sa robe ¶2 ressaisir, reprendre [pr. et fig.] : ***primos annos*** [C] Poés., retrouver ses premières années ; ***se*** [C] Poés., se ressaisir, reprendre courage ‖ ramener (à de bons sentiments) : [C] Pros.

rĕcŏlō, *ĭs, ĕre, cŏlŭī, cultum*, tr. ¶1 cultiver de nouveau : ***terram, metalla*** [C] Pros., reprendre la culture de la terre, l'exploitation des mines ¶2 visiter de nouveau : [C] Poés. ¶3 [fig.] ***a)*** pratiquer de nouveau : ***artes*** [C] Pros. ; ***studia*** [C] Pros., reprendre des études ***b)*** exercer de nouveau l'esprit : [+C] Pros. ***c)*** restaurer, (la gloire, etc.) : [C] Pros., [+C] Pros. ; ***imagines*** [+C] Pros., restaurer les honneurs des statues ***d)*** repasser dans son esprit : [C] Pros. ***e)*** passer en revue : [C] Poés.

rĕcommentŏr, *ārĭs, ārī, ātus sum*, tr., se rappeler : [-C] Théât.

rĕcommĭnĭscŏr, *scĕrĭs, scī, -*, intr., se ressouvenir : [-C] Théât.

rĕcompōnō, *ĭs, ĕre, -, -*, tr., remettre, raccommoder, réduire : [C] Poés., [+C] Pros.

rĕcompŏsĭtus, *a, um*, part. de *recompono*

rĕconcĭlĭātĭo, *ōnis*, f. ¶1 rétablissement : [C] Pros. ¶2 réconciliation, raccommodement : [C] Pros. ; ***gratiae*** [C] Pros., même sens

rĕconcĭlĭātŏr, *ōris*, m., celui qui rétablit : [C] Pros. ‖ qui réconcilie : [+C] Pros.

rĕconcĭlĭātus, *a, um*, part. de *reconcilio*

rĕconcĭlĭō, *ās, āre, āvī, ātum*, tr. ¶1 remettre en état, rétablir : [C] Pros. ; ***reconciliata gratia*** [C] Pros., réconciliation ; ***gratiam cum fratre*** [C] Pros., reprendre les bonnes relations avec son frère ; ***concordiam, amicitiam*** [C] Pros., rétablir l'harmonie, l'amitié ; ***pacem*** [C] Pros., rétablir la paix ¶2 ramener ***a) aliquem domum*** [-C] Théât., ramener qqn au logis ***b)*** [fig.] réconcilier : ***inimicos in gratiam*** [C] Pros., ramener des ennemis à des sentiments amicaux

rĕconcinnō, *ās, āre, -, -*, tr., raccommoder, réparer : [-C] Théât., [C] Pros.

rĕcondĭdī, parf. de *recondo*

rĕcondĭtŏr, *ōris*, m., qui garde tout (pour soi) : [T] Pros.

rĕcondĭtus, *a, um*

I part. de *recondo*

II adj[t] ¶1 enfoncé, caché, reculé, secret : ***locus reconditus*** [C] Pros., endroit profondément caché ‖ ***recondita***, pl. n., les parties secrètes, les endroits réservés, sanctuaires : [C] Pros. ¶2 peu accessible, fermé : ***poema reconditum*** [C] Pros., la poésie fermée aux profanes ‖ profond, abstrait : [C] Pros. ; ***reconditiora desidero*** [C] Pros., j'attends des considérations plus profondes ¶3 [caractère] fermé, peu expansif : [C] Pros.

rĕcondō, *ĭs, ĕre, dĭdī, dĭtum*, tr. ¶1 replacer, remettre à la place primitivement occupée : ***gladium in vaginam*** [C] Pros., remettre l'épée au fourreau ; [+C] Pros. ¶2 placer en arrière, mettre en réserve, mettre de côté, ranger : [+C] Pros. ‖ ***se in locum, ex quo*** [+C] Pros., se retirer en un lieu d'où ; ***se*** [+C] Pros., se retirer à l'écart ¶3 placer loin des regards, cacher, dissimuler [d. Cicéron seul[t] le part. *reconditus* [C] Pros.] ***voluptates recondere*** [+C] Pros., cacher des plaisirs ‖ [poét.] cacher, enfouir : ***ensem in pulmone*** [C] Poés. ; ***gladium lateri*** [C] Poés., plonger son épée dans le poumon, dans le flanc

rĕconflō, *ās, āre, -, -*, tr., reforger ‖ [fig.] réparer, rétablir : [C] Poés.

reconmentor, [V.] *recommentor*

rĕcŏquō, *ĭs, ĕre, coxī, coctum*, tr., faire recuire : ***Peliam*** [C] Pros., Pélias [pour le rajeunir] ; ***lana recocta*** [+C] Pros., laine recuite [dans la teinture] ‖ reforger : [C] Poés. ‖ [fig.] ***se*** [+C] Pros., se retremper

rĕcordātĭo, *ōnis*, f., opération du souvenir, acte de se souvenir : [C] Pros. ; [différent de *commemoratio*, "action de faire souvenir"] ‖ [abs[t]] souvenir : ***acerba recordatio*** [C] Pros., souvenir cruel ; pl., [C] Pros.

rĕcordātus, *a, um*, part. de *recordor* et de *recordo*

rĕcordō, *ās, āre, āvī, ātum*, tr., faire ressouvenir, rappeler au souvenir : [C] Pros.

rĕcordŏr, *ārĭs, ārī, ātus sum*, tr. ¶1 rappeler à sa pensée, se rappeler ***a) rem***, se rappeler une chose : [C] Pros. ; qqf. ***secum recordari rem*** même sens : [C] Pros. ‖ [rare] : ***recordari principem*** [+C] Pros., se rappeler le prince ***b)*** [avec prop. inf.] se rappeler que : [C] Pros. ; [avec inf. prés.] [C] Pros. ***c)*** [avec interr. indir.] : [C] Pros. ***d)*** [pris intr[t]] se souvenir ; ***de aliquo***, se souvenir de qqn : [C] Pros. ; ***de aliqua re***, de qqch. : [C] Pros. ‖ [avec gén., rare ou tard.] [C] Pros., [T] Pros. ***e)*** [abs[t]] ***ut recordor*** [C] Pros., comme je m'en souviens ¶2 se représenter par la pensée une chose passée : [C] Pros. ‖ une chose à venir : [C] Poés. ‖ part. passif, **recordatus**, *a, um*, qu'on se rappelle : [T] Pros.

rĕcorrĭgō, *ĭs, ĕre, rēxī, rectum*, tr., redresser : [+C] Pros. ‖ corriger, réformer : [+C] Pros.

rĕcoxī, parf. de *recoquo*

rĕcrastĭnō, *ās, āre, -, -*, tr., remettre au lendemain : [+C] Pros.

rĕcrĕatus, *a, um*, part. de *recreo*

rĕcrēmentum, *i*, n., déchets, ordure : ***plumbi*** [+C] Pros., crasse de plomb ‖ excréments : [+C] Pros.

rĕcrĕmō, *ās, āre, -, -*, tr., brûler de nouveau : [+T] Poés.

rĕcrĕō, *ās, āre, āvī, ātum*, tr. ¶ **1** produire de nouveau : [C] Poés. ¶ **2** faire revivre, rétablir, réparer, refaire : ***adflictos animos*** [C] Pros., ranimer les courages abattus ‖ ***recreari animi*** [+C] Pros., se remettre [en son âme]

rĕcrĕpō, *ās, āre, -, -*, intr., résonner : [C] Poés.

rĕcrescō, *ĭs, ĕre, crēvī, crētum*, intr., croître de nouveau, repousser, renaître : [C] Poés., Pros.

rĕcrūdescō, *ĭs, ĕre, crūdŭī, -*, intr., [litt[t] redevenir saignant] se raviver : [C] Pros., [+C] Pros. ‖ [fig.] se ranimer : [combat] [C] Pros.

rectā, adv., tout droit, en droite ligne : [C] Pros.

rectē, adv. ¶ **1** droit, en ligne droite : [-C] Pros., [C] Pros., [+C] Pros. ¶ **2** [fig.] ***a)*** d'une façon droite, convenable, bien, justement [moralement, intellectuellement] : [C] Pros. ; ***rectissime judicas*** [C] Pros., ton avis est parfaitement juste ; ***rectissime concludere*** [C] Pros., formuler une conclusion très juste ; ***et recte*** [C] Pros., et à bon droit, et avec raison ***b)*** à bon droit = en toute sécurité, sans avoir rien à craindre : ***recte committere aliquid alicui*** [C] Pros., confier à juste titre [en toute sécurité] qqch. à qqn ; [C] Pros. ***c)*** bien [en parl. de la santé] : [C] Pros. ***d)*** [approbation dans le dialogue] bien, très bien, bravo, parfait : [-C] Théât. ‖ c'est bien [pour remercier] : [-C] Théât. ‖ [pour esquiver une réponse] : ***recte, mater*** [-C] Théât., tout va bien, ma mère

Rectīna, *ae*, f., nom de femme : [+C] Pros.

rectĭo, *ōnis*, f., action de gérer, administration, gouvernement : [C] Pros.

rectŏr, *ōris*, m., celui qui régit, qui gouverne, guide, chef, maître : [C] Pros. ; ***navium rectores*** [C] Pros., pilotes ; ***rector elephanti*** [C] Pros., cornac ; ***divum*** [C] Poés., le souverain des dieux ; ***pelagi*** [C] Poés., le maître de la mer, Neptune ‖ gouverneur, précepteur, tuteur : [+C] Pros. ‖ gouverneur d'une province : [+C] Pros. ‖ juge : [T] Poés.

rectrix, *īcis*, f., directrice, maîtresse, reine : [+C] Pros.

rectum, *i*, n. de *rectus* pris subst[t] ¶ **1** chose en ligne droite : ***in rectum*** [C] Poés., suivant la ligne droite ; [+C] Poés. ‖ pris adv[t], ***deorsum rectum*** [C] Poés., de haut en bas en ligne droite, verticalement ¶ **2** [fig.] ***a)*** le régulier : [+C] Pros. ***b)*** le bien, le correct, le droit, le juste : [C] Pros.

rectus, *a, um* ¶ **1** droit [horizontalement ou verticalement], en ligne droite : [-C] Théât. : ***via rectissima*** [C] Pros., la route le plus droite ; ***recta regio*** [C] Poés., la direction en ligne droite ; ***recto itinere*** [C] Pros., par une marche directe, tout droit ; ***rectis lineis*** [C] Pros., en lignes droites [horizontales] ; [C] Pros. ‖ ***recta saxa*** [C] Pros., rochers à pic ; ***homines recti*** [C] Poés., des hommes de belle prestance ‖ [anat.] ***intestinum rectum*** [+C] Pros., rectum ¶ **2** [fig.] ***a)*** droit, régulier, conforme à la règle, bien : [C] Pros., [+C] Pros. ; ***recta cena*** [+C] Poés., Pros., repas dans les règles, parfait ; [C] Pros. ***b)*** qui va droit au fait, sans ornements ni développements de style : [C] Pros. ‖ simple, non entortillé, non maniéré : [C] Pros. ***c)*** bon, raisonnable : [C] Pros. ***d)*** droit moralement [en parl. des personnes] : [C] Pros. ***e)*** droit, juste, conforme au bien : [C] Pros.

rĕcŭbātōrĭum, *ĭi*, n., support ; ***pedum*** [+T] Poés., escabeau

rĕcŭbĭtŭs, *ūs*, m., lit [pour se mettre à table] : [T] Pros.

rĕcŭbō, *ās, āre, -, -*, intr., être couché sur le dos, être couché, être étendu : [C] Poés., Pros.

rĕcŭbŭī, parf. de *recumbo*

rĕcŭla, *ae*, f., petit avoir, faibles biens, faibles ressources : [-C] Théât.

rĕcultus, *a, um*, part. de *recolo*

rĕcumbō, *ĭs, ĕre, cŭbŭī, -*, intr. ¶ **1** se coucher en arrière, se coucher : [C] Pros. ; ***in herba*** [C] Pros., se coucher dans l'herbe ¶ **2** [en part.] s'étendre sur le lit de festin, s'attabler : [C] Pros., [+C] Pros. ¶ **3** [fig.] [en parl. de choses] s'affaisser, s'écrouler : [C] Poés. ‖ [en parl de champs] s'étendre, s'allonger : [+C] Poés.

rĕcŭpĕrātĭo (rĕcĭ-), *ōnis*, f., recouvrement : [C] Pros.

rĕcŭpĕrātŏr, *ōris*, m. ¶ **1** celui qui recouvre, qui reprend : [+C] Pros. ¶ **2** récupérateur, juge dans différentes affaires où il s'agit de restitution, d'indemnité, de recouvrement des impôts : [C] Pros. ¶ **3** celui qui réconforte : [T] Pros.

rĕcŭpĕrātōrĭus, *a, um*, relatif aux récupérateurs, des récupérateurs : [C] Pros.

rĕcŭpĕrātus, *a, um*, part. de *recupero*

rĕcŭpĕrō (arch. **rĕcĭpĕrō**), *ās, āre, āvī, ātum*, tr. ¶ **1** recouvrer, reprendre, rentrer en possession de : [C] Pros. ; ***aliquid ex urbe hostium*** [C] Pros. ; ***aliquid ab aliquo*** [C] Pros., reprendre qqch. à une ville ennemie, qqch. à qqn ; ***jus suum*** [C] Pros., retrouver l'exercice de ses droits ¶ **2** regagner, ramener à soi : [C] Pros. ‖ ***se quiete reciperare*** [C] Pros., se refaire, se remettre par le repos ¶ **3** [chrét.] sauver : [T] Pros. ‖ soulager, aider : [T] Pros.

rĕcūrō, *ās, āre, āvī, ātum*, tr., rétablir, remettre en bon état : [C] Poés., [+C] Pros.

rĕcurrō, *ĭs, ĕre, currī, cursum*, intr., courir en arrière ¶ **1** revenir en courant, revenir vite : ***ad me*** [C] Pros., revenir vers moi en toute hâte ¶ **2** revenir dans sa course, dans son cours : [en parl. de la lune] [C] Pros. ; [du soleil] [C] Poés. ‖ [fig.] ***recurrentes per annos*** [C] Pros., au retour de chaque année ; [+C] Pros. ¶ **3** [fig.] revenir : [C] Pros. ‖ ***memoriae*** [+C] Pros., revenir à la mémoire ‖ avoir recours ; ***ad rem***, à qqch. : [+C] Pros.

rĕcursō, *ās, āre, -, -*, intr., courir en arrière, s'éloigner rapidement : [C] Poés. ‖ courir de nouveau : [-C] Théât. ‖ [fig.] revenir souvent : [C] Poés., [IC] Pros.

rĕcursŭs, *ūs*, m. ¶ **1** retour en courant, course en arrière : [C] Poés. ‖ possibilité de revenir, retour : [C] Pros. ¶ **2** [fig.] retour : [+C] Pros.

rĕcurvō, *ās, āre, -, ātum*, tr., recourber : [C] Poés., [+C] Pros.

rĕcurvus, *a, um*, recourbé, crochu : [C] Poés. : [C] Poés. ; ***recurva aera*** [C] Poés., hameçons

rĕcūsātĭo, *ōnis*, f. ¶ **1** récusation, refus : [C] Pros. ; ***sine recusatione*** [C] Pros., sans balancer ‖ [fig.] nausée, dégoût : [+C] Pros. ¶ **2** [droit] protestation, réclamation : [C] Pros. ‖ défense : [C] Pros.

rĕcūsātus, *a, um*, part. de *recuso*

rĕcūsō, *ās, āre, āvī, ātum*, tr. ¶ **1** repousser, décliner, refuser ***a)*** [C] Pros. ; ***periculum*** [C] Pros., refuser le danger ***b)*** [avec *de*] opposer un refus au sujet de, s'opposer, à protester contre : ***de stipendio*** [C] Pros., refuser un tribut ***c)*** [avec *ne* subj.] refuser de : [C] Pros. ***d) non recusare quin***, ne pas s'opposer à ce que : [C] Pros. ; ou ***non recusare quominus*** [C] Pros. ***e) non recusare*** [avec inf.], ne pas refuser de : [C] Pros. ; [sans nég.] ***recusare*** [avec inf.], refuser de : [+C] Pros., [C] Poés., Pros. ***f)*** [avec prop. inf.] s'opposer à ce que : [+C] Pros. ¶ **2** [justice] repousser une accusation : [+C] Pros. ‖ opposer une réclamation : [-C] Théât. ‖ opposer une objection, une protestation : [C] Pros.

rĕcussus, *a, um*, part. de *recutio*

rĕcŭtĭō, *ĭs, ĕre, cussī, cussum*, tr., repousser [fig.] : [+C] Poés., [T] Pros. ‖ faire rebondir : ***utero recusso*** [C] Poés., les flancs [du cheval de bois] étant ébranlés (en retour)

rĕcŭtītus, *a, um*, ulcéré, écorché, déchiré : [+C] Poés. ‖ circoncis : [+C] Poés. ; [méton. = juif, des Juifs] [+C] Poés.

rēda, ▶ *raeda*

rĕdactĭo, *ōnis*, f., réduction [en t. d'arithm.] : [T] Pros.

rĕdactus, *a, um*, part. de *redigo*

rĕdambŭlō, *ās, āre, -, -*, intr., revenir après la promenade : [-C] Théât.

rĕdămō, *ās, āre, -, -*, tr., répondre à l'amour de : [C] Pros.

rĕdamptrŭō (-amptrŭō -andrŭō), *ās, āre, -, -*, intr., sauter (danser) après le *praesul* [pour faire la contrepartie dans les fêtes des Saliens] : [-C] Théât., Poés.

rĕdardescō, *ĭs, ĕre, -, -*, intr., s'enflammer de nouveau : [C] Poés.

rĕdargŭō, *ĭs, ĕre, gŭī, gūtum*, tr. ¶ **1** montrer [à l'encontre, en réplique] la fausseté, l'erreur de, réfuter (***aliquem, aliquid***, qqn, qqch.) : [C] Pros. ; ***contraria*** [C] Pros., détruire les arguments de l'adversaire ‖ [abs[t]] [C] Pros. ¶ **2** dénoncer en retour, en réplique, ▶ *arguo* ¶ *2* : [C] Pros. ‖ démontrer à titre de réfutation : [avec prop. inf.] [+C] Pros. ¶ **3** convaincre de : [avec gén.] [T] Pros. ; [avec abl.] ; [avec prop. inf.]

rĕdargūtĭo, *ōnis*, f., réplique : [T] Pros.

rĕdauspĭcō, *ās, āre*, -, -, tr., augurer le contraire : [-C] Théât.

reddĭdī, parf. de *reddo*

reddĭtĭo, *ōnis*, f., action de rendre : [T] Pros. ‖ [rhét.] apodose : [+C] Pros. ‖ récompense : [T] Pros. ‖ châtiment, sanction : [T] Pros.

reddĭtŏr, *ōris*, m., celui qui rend, qui paie : [T] Pros.

1 **redditus**, part. de *reddo*

2 **reddĭtŭs**, *ūs*, m., V▶ *reditus*

reddō, *ĭs, ĕre, dĭdī, dĭtum*, tr. ¶**1** rendre, restituer : ***beneficium reddere*** Cic., rendre un bienfait ; ***libertatem reddere*** Cic., rendre la liberté ; ***captivos reddere*** Caes., rendre des prisonniers ; ***aliquem patriae reddere*** Cic., rendre qqn à sa patrie ‖ ***reddi***, se rendre dans, rentrer dans : ***tenebris reddi*** Virg., rentrer dans les ténèbres ; ***se reddere***, même sens : ***se reddere convivio*** Liv., reprendre sa place au banquet ¶**2** [par ext.] ***a)*** rendre = faire devenir, amener d'un état à un autre : ***tutiorem vitam reddere*** Cic., rendre la vie plus sûre ; ***homines ex feris mites reddere*** Cic., de sauvages qu'ils étaient, rendre les hommes doux ***b)*** rendre = produire, faire sortir : ***alium sonum reddere*** Quint., rendre un son différent ; ***sanguinem reddere*** Plin. *Ep.*, rendre, vomir du sang ‖ [d'où] reproduire, imiter : ***odorem reddere*** Plin., reproduire une odeur ***c)*** rendre = traduire, exprimer : ***aliquid Latine reddere*** Cic., rendre qqch. en latin ; ***aliquid fideliter reddere*** Quint., rendre une idée fidèlement ‖ [d'où] exposer, rapporter : ***causas alicujus rei reddere*** Quint., exposer les causes de qqch. ***d)*** rendre = renvoyer, répliquer : ***reddere voces*** Virg., répondre ‖ [à propos de l'écho, ou de reflets lumineux] Hor., Ov. ¶**3** accorder, donner, transmettre ***a)*** donner ce qu'on a promis, s'acquitter de : ***praemia reddere*** Virg., accorder des récompenses ; ***votum reddere*** Cic., s'acquitter d'un voeu ; ***poenas reddere*** Sall., s'acquitter d'une peine = subir une punition ; ***alicui gratiam reddere*** Sall., manifester à qqn sa reconnaissance ***b)*** donner ce qu'on a reçu à une autre personne, remettre, transmettre : ***alicui epistulam reddere*** Cic., remettre une lettre à qqn ***c)*** accorder en retour d'une demande [en part. à propos du magistrat à qui on demande la justice] ***judicium reddere*** Ter., Caes., Quint., Tac., rendre un jugement ; ***jus reddere*** Tac., rendre la justice

reddūco, V▶ *reduco*

rĕdēgī, parf. de *redigo*

rĕdēmī, parf. de *redimo*

rĕdemptĭo, *ōnis*, f. ¶**1** prise à ferme ou à bail, adjudication : [C] Pros. ¶**2** action de racheter = de délivrer de, V▶ *redimo* ¶*2* : [C] Pros. ¶**3** rachat, rançon : [C] Pros., [+C] Pros. ¶**4** la Rédemption : [T] Pros.

rĕdemptō, *ās, āre*, -, -, racheter : [+C] Pros.

rĕdemptŏr, *ōris*, m. ¶**1** entrepreneur de travaux publics, de fournitures, celui qui prend à ferme [des recettes publiques], adjudicataire, soumissionnaire ; [C] Pros. ¶**2** celui qui rachète (de la servitude) ; [+C] Pros. ¶**3** [chrét.] libérateur, sauveur : [en parlant de Dieu] [T] Pros. ; [de Moïse] [T] Pros. ; [de Jésus-Christ] [T] Pros.

rĕdemptrix, *īcis*, f., celle qui rachète : [T] Poés.

rĕdemptūra, *ae*, f., adjudication ou entreprise de travaux publics : [C] Pros.

rĕdemptus (**rĕdemtus**, *a, um*), part. de *redimo*

rĕdĕō, *īs, īre, ĭi*, rar[t] *īvi* [+C] Pros., *ĭtum*, intr.
I [avec valeur du préfixe] ¶**1** revenir : ***ex provincia*** [C] Pros., revenir de sa province ; ***a foro domum*** [-C] Théât. ; ***de foro domum*** [C] Pros., revenir du forum chez soi ; ***a cena*** [-C] Théât., revenir d'un dîner ; ***a Caesare*** [C] Pros., revenir d'auprès de César ; ***Caria*** [-C] Théât. ; ***rure*** [-C] Théât. ; ***opsonatu*** [-C] Théât., revenir de Carie, de la campagne, de faire les provisions ; [C] Poés. ‖ ***Romam*** [C] Pros., revenir à Rome ; ***in viam*** [C] Pros., revenir dans le bon chemin ; [-C] Théât. ; ***ad suos*** [C] Pros., revenir vers les siens ‖ [pass. impers.] ***dum rediri posset*** [C] Pros., jusqu'à ce qu'on pût revenir ; ***reditum est*** [C] Pros., on revint ‖ [acc. d'objet intér.] ***redite viam*** [C] Pros., refaites le chemin, revenez ¶**2** [fig.] ***a)*** [C] Pros. ; ***redire in gratiam cum aliquo*** [C] Pros., se réconcilier avec qqn : [C] Pros. ; ***in memoriam mortuorum*** [C] Pros., se rappeler les morts ; [-C] Théât. ; ***ad ingenium*** [-C] Théât., revenir à son caractère, à son naturel ; [C] Pros. ; ***ad se*** [C] Pros., redevenir soi-même (mais [-C] Théât., Liv., revenir à soi, reprendre ses esprits) ; ***ad sanitatem*** [C] Pros., revenir à la raison ; ***in veram faciem*** [C] Poés., reprendre sa vraie figure ; ***in juvenem*** [C] Poés., redevenir jeune homme ***b)*** [dans un exposé] [C] Pros., Poés., [-C] Théât., [C] Pros. ; ***redeo ad propositum*** [+C] Pros., je reviens à mon propos, à mon objet ¶**3** venir en retour, revenir comme bénéfice, rapporter : [-C] Théât., [C] Pros.
II aller à un autre endroit ¶**1** passer d'un état à un autre, en venir à : [-C] Théât., [C] Pros. ¶**2** revenir à, échoir à, appartenir à : [C] Pros.

rĕdĕuntis, gén. de *rediens*

rĕdhālō, *ās, āre*, -, -, tr., exhaler : [C] Poés.

rĕdhĭbĕō, *ēs, ēre, bŭī, bĭtum*, tr. ¶**1** faire reprendre une chose vendue, rendre : [-C] Théât., [C] Pros. ¶**2** reprendre une chose vendue : [-C] Théât.

rĕdhĭbĭtus, *a, um*, part. de *redhibeo*

rĕdhostĭō, *īs, īre*, -, -, tr., rendre la pareille [surtout un bienfait] : [-C] Théât.

rĕdī, impér. de *redeo*

rĕdīcō, *ĭs, ĕre*, -, -, tr., redire, répéter : [T] Pros.

rĕdĭens, part. prés. de *redeo*

rĕdĭgō, *ĭs, ĕre, ēgī, actum*, tr.
I [valeur du préf. *red-*, "en retour"] ¶**1** pousser pour faire revenir, ramener, faire rentrer : ***tauros in gregem*** [C] Pros., faire revenir les taureaux dans le troupeau ‖ [fig.] [C] Pros. ; ***in memoriam nostram*** [avec prop. inf.] [C] Pros., rappeler à notre souvenir que ¶**2** ramener à un état inférieur, réduire à qqch. de moindre : ***ad facilia ex difficillimis*** [C] Pros., ramener à la facilité ces choses très difficiles (les rendre faciles) ; ***ad nihilum redigi*** [C] Poés., être anéanti ; ***ad internecionem redigi*** [C] Pros., être exterminé ¶**3** faire rentrer [de l'argent], retirer : ***pecuniam ex bonis alicujus*** [C] Pros., retirer de l'argent des biens de qqn ‖ ***in aerarium redigi*** [C] Pros., être versé au trésor ‖ [en part.] ***pecuniam redigere*** [C] Poés., faire rentrer [récupérer] son argent
II amener dans un autre état, amener à, réduire à : ***aliquem, aliquid in suam potestatem*** [C] Pros., soumettre qqn, qqch. à sa puissance ; ***in potestatem alicujus*** [C] Pros., à la puissance de qqn ; ***aliquem in servitutem*** [C] Pros., réduire qqn en servitude ; ***Arvernos in provinciam*** [C] Pros., réduire le pays des Arvernes en province romaine ; [+C] Pros. ‖ ***aliquem ad inopiam*** [-C] Théât., réduire qqn à la misère ; ***aliquem eo, ut*** [-C] Théât., amener qqn à un point tel que, ou ***redigere aliquem, ut*** [-C] Théât.

rĕdĭī, parf. de *redeo*

rĕdĭmīcŭlum, *i*, n., bandeau de front, cordon, bandelette, bande, ruban : [C] Pros., Poés., [+C] Poés. ‖ [fig.] lien : [-C] Théât.

rĕdĭmĭō, *īs, īre, ĭī, ītum*, tr., ceindre [ordin[t] la tête], couronner, orner : [C] Poés. ; ***sertis redimiri*** [C] Pros., être ceint de guirlandes, couronné de fleurs ; ***redimitus coronis*** [C] Pros., ceint de couronnes ; [poét.] [C] Poés. ; [fig.] [T] Pros. ‖ entourer : [C] Poés.

rĕdĭmītus, *a, um*, part. de *redimio*

rĕdĭmō, *ĭs, ĕre, ēmī, emptum* (*emtum*), tr. ¶**1** racheter [une chose vendue] : [C] Pros. ¶**2** [en part.] ‖ racheter [un captif], délivrer, affranchir : ***aliquem a praedonibus*** [C] Pros., racheter qqn aux pirates ; ***redimi e servitute*** [C] Pros., être racheté de l'esclavage ‖ ***pecunia se a judicibus*** [C] Pros., se tirer des mains des juges [se tirer d'une condamnation] à prix d'argent, acheter son acquittement ; ***se a Gallis auro*** [C] Pros., payer son rachat aux Gaulois à prix d'or ¶**3** prendre à ferme : [C] Pros. ¶**4** acheter en retour de qqch., acheter, obtenir : [C] Pros. ‖ ***litem*** [C] Pros., terminer son procès par un arrangement, une transaction

rĕdintĕgrātĭo, *ōnis*, f., renouvellement, rétablissement : [T] Pros. ‖ répétition de mot : [C] Pros.

rĕdintĕgrō, *ās, āre, āvī, ātum*, tr., recommencer : [le combat] [C] Pros. ‖ renouveler, rétablir, restaurer : ***redintegratis viribus*** [C] Pros., ayant repris des forces ; ***memoriam*** [C] Pros., rafraîchir le souvenir

rĕdĭpiscŏr, *scĕrĭs, scī*, -, tr., recouvrer : [-C] Théât.

rĕdiscō, *ĭs, ĕre*, -, -, tr., apprendre de nouveau : [+T] Poés.

rĕdĭtĭo, *ōnis*, f., retour : -C Théât., C Pros. ; [construit avec acc. de la question *quo*, comme le verbe *redeo*] C Pros.

rĕdĭtum, **rĕdĭtūrus**, V▶ *redeo*

rĕdĭtŭs, *ūs*, m. ¶ **1** retour [pr. et fig.] : C Pros. ‖ ***in gratiam cum aliquo*** C Pros., réconciliation avec qqn ; ***ad propositum*** C Pros., retour à son sujet, à son propos ¶ **2** revenu : [sg.] C Pros., +C Pros. ‖ [pl.] C Pros.

rĕdīvī, V▶ *redeo*

rĕdĭvĭa, **rĕdĭvĭōsus**, V▶ *reduv*

rĕdĭvīvus, *a*, *um* ¶ **1** restauré, rechampi ; [fig.] C Pros. ‖ utilisé de nouveau [en parl. de vieux matériaux] : C Pros. ‖ [n. sg. et pl. pris subst[t]] vieux matériaux : C Pros. ‖ renouvelé, qui recommence : [guerre] T Pros. ¶ **2** [sous l'influence de *redeo* et de *vivus*] qui revit, ressuscité : ***redivivus Christus*** T Poés., le Christ ressuscité

rēdo, *ōnis*, m., lamproie [poisson sans arêtes] : T Poés.

rĕdŏlĕō, *ēs*, *ēre*, *ŭī*, *-*, intr. et tr., exhaler une odeur [pr. et fig.] ¶ **1** intr. : ***redolent murrae*** C Poés., la myrrhe répand son parfum ; C Poés., Pros. ¶ **2** tr., ***vinum redolere*** C Pros., sentir le vin ; ***antiquitatem*** C Pros., avoir un parfum d'antiquité, sentir le vieux

rĕdŏmĭtus, *a*, *um*, ramené à la raison : C Pros.

Rēdŏnes (Rh-, Rie-), *um*, m. pl., peuple de l'Armorique : C Pros. ‖ **-ŏnensis**, *e*, de Rennes : +T Pros. ‖ **-ŏnĭcus**, *a*, *um*, des Rédons : +T Pros.

rĕdōnō, *ās*, *āre*, *āvī*, *-*, tr. ¶ **1** gratifier de nouveau ; ***aliqua re aliquem*** : C Poés. ¶ **2** faire l'abandon ; ***aliquid alicui***, de qqch. à qqn : C Poés.

rĕdormĭō, *īs*, *īre*, *-*, *-*, intr., redormir : +C Pros.

rĕdŭcis, gén. de *redux*

rĕdūcō, *ĭs*, *ĕre*, *dūxī*, *ductum*, tr. ¶ **1** ramener ***a)*** [choses] C Pros. ***b)*** [pers.] ***aliquem de exsilio*** C Pros., faire revenir qqn d'exil ; ***ab exsilio*** +C Pros. ; ***ad aliquem*** C Pros., ramener auprès de qqn, à qqn ; ***reduci in carcerem*** C Pros., être ramené en prison ; ***regem reducere*** C Pros., remettre un roi sur le trône ‖ ***reductus***, ramené d'exil : C Pros. ***c)*** [poét.] ramener le soleil, le jour, la nuit, l'été : C Poés. ¶ **2** [en part.] ramener qqn, le reconduire : C Pros., +C Pros. ¶ **3** [milit.] ramener (rappeler) des troupes : C Pros. ; ***exercitum in castra*** C Pros. ; ***ex Britannia*** C Pros., ramener son armée de Bretagne ; ***copias a munitionibus*** C Pros., ramener les troupes des retranchements [de l'assaut des retranchements] ¶ **4** [fig.] ***aliquem in gratiam, in gratiam cum aliquo*** C Pros., réconcilier qqn, qqn avec qqn ; ***aliquem ad officium*** C Pros., ramener qqn au devoir ; ***in memoriam*** [avec interrog. indir.] C Pros., rappeler ; ***in memoriam alicujus rei*** +C Pros., rappeler qqch. ‖ ramener, rétablir, restaurer : +C Pros. ‖ ramener [dans le bon chemin] : -C Théât. ¶ **5** amener à un autre état, amener à, réduire à : ***in formam*** C Poés., amener à une certaine forme

rĕductĭo, *ōnis*, f., action de ramener : C Pros.

rĕductō, *ās*, *āre*, *-*, *-*, tr., ramener : T Pros.

rĕductŏr, *ōris*, m., celui qui ramène : C Pros. ‖ [fig.] qui rétablit, qui restaure : +C Pros.

rĕductus, *a*, *um* ¶ **1** part. de *reduco* ¶ **2** adj[t], ***a)*** [en parl. d'un lieu] retiré, à l'écart : C Poés. ‖ [en peinture] en retrait, en recul : +C Pros. ***b)*** pl. n. ***reducta*** C Pros., choses mises à l'écart = à rejeter, non désirables [ἀποπροηγμένα des philosophes stoïciens]

rĕdulcĕrō, *ās*, *āre*, *āvī*, *ātum*, tr., ulcérer de nouveau : +C Pros. ‖ [fig.] ***redulceratus dolor*** +C Pros., douleur ravivée

rĕduncus, *a*, *um*, crochu : C Poés.

rĕdundantĕr, adv., avec redondance, diffusion : +C Pros.

rĕdundantĭa, *ae*, f. ¶ **1** le trop-plein, excès : C Pros. ¶ **2** [fig.] redondance du style : C Pros. ‖ grande abondance [de] : +C Pros.

rĕdundātĭo, *ōnis*, f. ¶ **1** le trop-plein, engorgement ; ***stomachi*** +C Pros., mal de coeur ¶ **2** révolution [des astres], marche rétrograde : C Pros.

rĕdundātus, *a*, *um*, part. de *redundo*

rĕdundō, *ās*, *āre*, *āvī*, *ātum*, intr. ¶ **1** déborder : C Pros., Poés. ‖ [poét.] ***redundatus = redundans*** C Poés., débordant ; = ***undans*** C Poés., ondoyant, agité ¶ **2** [avec abl.] être inondé de, ruisseler de : C Pros. ¶ **3** [fig.] ***a)*** être débordant, exubérant, surabondant [en parl. d'orateur ou de style] : C Pros., +C Pros. ; [poét. avec acc.] prononcer des paroles bouillonnantes : +C Poés. ***b)*** déborder, rejaillir, retomber sur : ***in aliquem*** C Pros., rejaillir sur qqn ***c)*** déborder, être en excédent : C Pros. ‖ être de reste : C Pros. ***d)*** sortir à flots : C Pros. ; [métaph.] C Pros. ***e)*** être en excès : C Pros. ***f)*** [avec abl.] abonder en, regorger de : C Pros.

rĕdūrescō, *ĭs*, *ĕre*, *-*, *-*, intr., redevenir dur, se durcir : C Pros.

rĕdux, *ŭcis*, adj. m. f. ¶ **1** qui est de retour, revenu : -C Théât., C Pros. ; ***navi reduce*** C Pros., le navire étant ramené au port ¶ **2** [poét.] qui ramène, qui fait revenir : +C Pros., C Poés., Poés.

rĕduxī, parf. de *reduco*

rĕexĭnānĭō, *īs*, *īre*, *-*, *-*, tr., vider, verser : +C Pros.

rĕexspectō, *ās*, *āre*, *-*, *-*, tr., attendre de nouveau : T Pros.

rĕfēcī, parf. de *reficio*

rĕfectĭo, *ōnis*, f. ¶ **1** réparation [d'édifice] : C Pros., +C Pros. ¶ **2** [fig.] action de se refaire, réconfort, délassement, repos : +C Pros. ‖ action de se rétablir (recouvrer la santé) : +C Pros.

rĕfectŏr, *ōris*, m., restaurateur [de monument] : +C Pros.

1 **rĕfectus**, *a*, *um*, part. de *reficio*

2 **rĕfectŭs**, *ūs*, m., action de se restaurer [par des aliments] : +C Pros.

rĕfellō, *ĭs*, *ĕre*, *fellī*, *-*, tr., réfuter, démentir : ***aliquem*** C Pros. ; ***eorum instituta*** C Pros., réfuter leurs principes

rĕfercĭō, *īs*, *īre*, *fersī*, *fertum*, tr. ¶ **1** bourrer, remplir entièrement, combler [pr. et fig.] : C Pros. ¶ **2** [fig.] entasser, accumuler : C Pros.

rĕfĕrĭō, *īs*, *īre*, *-*, *-*, tr. ¶ **1** frapper à son tour, rendre un coup : -C Théât., +C Pros. ¶ **2** [poét.] refléter, réfléchir : C Poés.

rĕfĕro, *fers*, *ferre*, *rĕtŭlī* et *rettŭlī*, *rĕlātum*, tr. ¶ **1** rapporter ***a)*** ***aliquid in aliquem locum referre***, rapporter qqch. qq. part ; ***aliquem Romam referre***, ramener qqn à Rome ‖ ***se referre*** Cic., revenir ; [avec sujet de choses] revenir, rétrograder : ***sol se refert*** Cic., le soleil rétrograde ; ***referri***, même sens : Cic., Virg. ‖ [milit.] ***pedem referre*** Cic., Liv., reculer, lâcher pied ; ***gradum referre*** Liv., même sens ***b)*** rapporter = raconter : ***sermones ad aliquem referre*** Cic., rapporter des propos à qqn ; ***factum referre*** Liv., rapporter un acte ; ***de aliqua re ad aliquem referre*** Cic., faire part à qqn d'une chose ‖ [avec prop. inf.] rapporter, raconter que : Suet., Ov. ***c)*** rapporter = faire un rapport (en part. à propos d'une assemblée délibérante), soumettre à l'ordre du jour, mettre en délibération : ***ad senatum de aliqua re referre*** Cic., porter une question à l'ordre du jour du sénat ; ***rem ad senatum referre*** Cic., saisir d'une question le sénat ‖ [d'où, en gén.] soumettre (une question à qqn) : ***rem ad aliquem referre*** Cic., consulter qqn sur qqch. ***d)*** rapporter une chose à une autre : ***omnia ad voluptatem referre*** Cic., rapporter tout au plaisir = faire du plaisir la mesure de tout ; ***aliquid ad amicitiam referre*** Cic., rapporter qqch. à l'amitié = juger qqch. d'après l'amitié ; ***omnia ad igneam vim referre*** Cic., ramener tout au principe du feu = voir dans le feu le principe de toutes choses ¶ **2** renvoyer, reporter : ***sonum referre*** Cic., renvoyer un son ; ***gratiam referre*** Cic., témoigner (en retour) sa reconnaissance ‖ ***aliquid alicui referre*** Cic., Virg., répliquer qqch. à qqn ‖ ***animum ad aliquem referre*** Cic., reporter sa pensée sur qqn ; ***in aliquam rem aspectum referre*** Cic., reporter ses regards vers qqch. ; ***culpam in aliquem referre*** Curt., reporter la responsabilité sur qqn ¶ **3** reproduire, renouveler : ***mores parentum referre*** Lucr., reproduire les moeurs de ses parents ; ***mysteria referre*** Cic., recommencer la célébration des mystères ; [poét.] ***mente referre*** Ov., faire revivre dans son esprit, se rappeler ; ***secum referre*** Ov. ; ***referre*** [seul] Ov., même sens ¶ **4** apporter, porter, mettre ***a)*** ***aliquid in publicum referre*** Caes., apporter qqch. en public ; ***aliquid ad aliquem referre*** Caes., apporter qqch. à qqn ; ***ad aerarium rationes referre*** Cic., apporter = remettre ses comptes au trésor ‖ ***aliquid in tabulas referre*** Cic., porter qqch. sur des registres ; [abs[t]] consigner sur un procès verbal : Cic. ***b)*** ***aliquem in deorum numero referre*** Cic., mettre qqn au nombre des dieux; ***aliquem in reos referre*** Cic., mettre qqn au nombre des accusés; ***aliquid in labores Herculis referre*** Cic., mettre qqch. au nombre des travaux d'Hercule

rēfert, *ferre, tŭlĭt*, -, intr. et impers.
I intr., être important, importer, intéresser ¶ **1** [avec sujet pron. n.] ‖ [constr. diverses]: [abs^{t}] [C] Pros.; [avec prop. inf.] [C] Pros. ‖ [avec *ut*] [-C] Théât. ¶ **2** [avec sujet subst.]: [C] Poés., [+C] Pros.
II impers., il importe ¶ **1** ***si mea refert*** [-C] Théât., s'il m'importe; ***nil refert*** [-C] Théât., il n'importe en rien; ***si quid refert*** [-C] Théât., s'il importe en qqch.; [C] Pros.; ***tamquam referret*** [+C] Pros., comme s'il importait, comme si cela avait de l'importance ‖ [avec *ad*] [C] Pros. ¶ **2** [avec interrog. indir.] [C] Pros. ¶ **3** avec inf. [ellipse du sujet indéterm.]: ***non refert videre*** [C] Pros., il n'importe pas qu'on voie ‖ [avec prop. inf.] [C] Pros.

rĕfertus, *a, um*, part.-adj. de *refercio*, plein, rempli ¶ **1** [avec abl.] ***a)*** [noms de choses] [C] Pros. ***b)*** [pers.] [C] Pros. ¶ **2** [avec gén.] ***a)*** [pers.] [C] Pros. ***b)*** [choses] [C] Pros. ¶ **3** [abs^{t}] ***domus referta*** [C] Pros., maison abondamment garnie [où tout se trouve en abondance, riche, opulente]

rĕfervens, *tis*, brûlant [fig.]: ***refervens falsum crimen*** [C] Pros., une calomnie toute brûlante

rĕfervescō, *ĭs, ĕre*, -, -, intr., s'échauffer fortement, bouillonner: [C] Pros.

rĕfībŭlō, *ās, āre*, -, -, tr., déboucler, rendre libre: [+C] Poés.

rĕfĭcĭō, *ĭs, ĕre, fēcī, fectum*, tr. ¶ **1** refaire, réparer, restaurer [des murs, une maison, un temple, des navires]: [C] Pros. ‖ refaire, reconstituer [des troupes, une armée]: [C] Pros.; ***semper refice*** [C] Poés., renouvelle toujours [le bétail] ‖ [fig.] refaire (physiq^{t} ou moral^{t}), rétablir, redonner des forces à: ***aliquem*** [C] Pros., rendre la santé à qqn; ***equos*** [C] Pros., refaire les chevaux; ***exercitum ex labore*** [C] Pros., remettre l'armée de ses fatigues; ***se reficere ex labore*** [C] Pros., se refaire de ses fatigues; ***refecta spe*** [C] Pros., l'espoir s'étant ranimé; ***reficere ab aliqua re*** au lieu de ***ex aliqua re***: [C] Pros. ‖ pass. réfléchi, ***refici***, se remettre, se refaire: [C] Pros., [+C] Pros. ¶ **2** faire de nouveau: ***arma, tela*** [C] Pros., fabriquer de nouveau (remettre en état) des armes défensives et offensives ‖ renommer, réélire [des tribuns, un consul]: [C] Pros. ¶ **3** retirer [un revenu, un bénéfice, une somme de]: [C] Pros.

rĕfīgō, *ĭs, ĕre, fīxī, fīxum*, tr. ¶ **1** desceller, déclouer, arracher, enlever: [C] Pros., Poés.; ***cruce se*** [+C] Pros., se détacher de la croix ¶ **2** [fig.] ***leges*** [C] Pros., abolir, abroger des lois

rĕfĭgūrō, *ās, āre*, -, -, tr., façonner de nouveau: [T] Pros.

rĕfingō, *ĭs, ĕre*, -, -, tr., façonner de nouveau, refaire: [C] Poés. ‖ [fig.] ***se laetiorem*** [+C] Pros., retrouver sa gaité

rĕfixus, *a, um*, part. de *refigo*

rĕflāgĭtō, *ās, āre*, -, -, tr., redemander instamment: [C] Poés.

1 **rĕflātus**, *a, um*, part. de *reflo*

2 **rĕflātŭs**, *ūs*, m., vent contraire: [C] Pros. ‖ souffle qui revient: [T] Pros.

rĕflectō, *ĭs, ĕre, flexī, flexum*, tr. ¶ **1** tourner en arrière, retourner [la tête, les yeux]: [C] Poés.; ***pedem*** [C] Poés., rétrograder; ***reflexa cervice*** [C] Poés., ayant renversé en arrière le cou de son adversaire ‖ [pass. réfléchi]: [C] Poés. ¶ **2** [fig.] ramener, retourner, détourner: [-C] Théât., [C] Pros. ¶ **3** intr., [C] Poés.

rĕflexĭo, *ōnis*, f., action de tourner en arrière, de retourner: [T] Pros.

1 **rĕflexus**, *a, um*, part. de *reflecto*

2 **rĕflexŭs**, *ūs*, m., golfe, anse, enfoncement: [+C] Pros.

rĕflō, *ās, āre, āvī, ātum* ¶ **1** intr., souffler en sens contraire, être contraire [en parl. du vent]: [C] Pros. ‖ [fig.] ***cum fortuna reflavit*** [C] Pros., quand la fortune est devenue contraire ¶ **2** tr. ***a)*** expirer [opposé à aspirer]: [C] Poés. ***b)*** gonfler: [+C] Pros. ‖ animer, faire revivre: [+T] Poés.

rĕflōrescō, *ĭs, ĕre, flōrŭī*, -, intr., refleurir [pr. et fig.]: [+C] Poés.

rĕflŭāmĕn, *ĭnis*, n., débordement: [+T] Poés.

rĕflŭō, *ĭs, ĕre*, -, -, intr., couler en sens contraire, refluer, se retirer: [C] Poés.

rĕflŭus, *a, um* ¶ **1** qui reflue: [C] Poés. ¶ **2** que la mer baigne et découvre alternativement: [+C] Pros.

rĕfōcĭlō (-**llō**), *ās, āre, āvī, ātum*, tr., réconforter, rétablir, remettre, guérir: [T] Pros.

rĕfŏdĭō, *ĭs, ĕre, fōdī, fossum*, tr., mettre à nu en creusant: [+C] Pros. ‖ déterrer, arracher: [+C] Pros.

rĕformātĭo, *ōnis*, f. ¶ **1** métamorphose: [+C] Pros. ¶ **2** [fig.] réforme [des mœurs]: [+C] Pros.

rĕformātŏr, *ōris*, m., réformateur, qui renouvelle: [+C] Pros.

rĕformātus, *a, um*, part. de *reformo*

rĕformīdātĭo, *ōnis*, f., appréhension: [C] Pros.

rĕformīdō, *ās, āre, āvī, ātum*, tr., reculer de crainte devant qqn, qqch., craindre, redouter, appréhender: [C] Pros. ‖ [avec inf.] ***dicere reformidat*** [C] Pros., il craint de dire

rĕformō, *ās, āre, āvī, ātum*, tr. ¶ **1** rendre à sa première forme, refaire: [C] Poés. ¶ **2** rétablir, restaurer: [+C] Pros. ¶ **3** [fig.] réformer, améliorer, corriger: [+C] Pros. ¶ **4** transformer: [+C] Pros. ¶ **5** restituer: [T] Pros.

rĕfossus, *a, um*, part. de *refodio*

rĕfōtus, *a, um*, part. de *refoveo*

rĕfŏvĕō, *ēs, ēre, fōvī, fōtum*, tr. ¶ **1** réchauffer: [les membres] [+C] Pros.; [le corps] [C] Poés. ¶ **2** ranimer: [un feu] [C] Poés. ‖ refaire [les forces]: [+C] Pros. ¶ **3** [fig.] ***disciplinam castrorum*** [+C] Pros., rétablir la discipline des camps; ***reliquias partium*** [+C] Pros., ranimer les restes d'un parti

rĕfractārĭŏlus, *a, um*, un peu chicaneur (querelleur): [C] Pros.

rĕfractārĭus, *a, um*, casseur d'assiettes, querelleur: [+C] Pros.

rĕfractus, *a, um*, part. de *refringo*

rĕfraen-, V▶ *refren-*

rĕfrāgŏr, *ārĭs, ārī, ātus sum*, intr. ¶ **1** voter contre, être d'avis contraire, s'opposer à combattre [avec dat.]: [nom de chose sujet] [C] Pros.; [nom de pers. sujet] [C] Pros. ¶ **2** [fig.] être opposé à, être incompatible avec, répugner à: [+C] Pros.; [abs^{t}] [+C] Pros.

rĕfrēgī, parf. de *refringo*

rĕfrēnātĭo, *ōnis*, f., action de réfréner, répression: [+C] Pros.

rĕfrēnō, *ās, āre, āvī, ātum*, tr. ¶ **1** arrêter par le frein [des chevaux]: [+C] Pros. ¶ **2** [fig.] réfréner, dompter, maîtriser [qqn, qqch.]: [C] Pros., Poés.; ***a reditu aliquem*** [C] Pros., barrer le chemin du retour à qqn; ***adolescentes a gloria*** [C] Pros., réfréner l'élan des jeunes vers la gloire

rĕfrĭcātūrus, part. fut. de *refrico*

rĕfrĭcō, *ās, āre, frĭcŭī, frĭcātūrus*, tr., frotter, gratter de nouveau ¶ **1** irriter par le frottement: ***vulnus, cicatricem*** [C] Pros., rouvrir une blessure, une plaie ¶ **2** [fig.] renouveler, réveiller, raviver: ***memoriam, dolorem*** [C] Pros., raviver un souvenir, une douleur

rĕfrīgĕrātĭo, *ōnis*, f., rafraîchissement, fraîcheur: [C] Pros.

rĕfrīgĕrātus, *a, um*, part. de *refrigero*

rĕfrīgĕrĭum, *ĭī*, n., rafraîchissement: [T] Pros. ‖ [fig.] soulagement, réconfort: [+C] Pros.

rĕfrīgĕrō, *ās, āre, āvī, ātum*, tr. ¶ **1** refroidir: [C] Pros. ‖ rafraîchir: [C] Poés.; [pass. à sens réfléchi] ***refrigerari*** [C] Pros., se rafraîchir ‖ pl. n., ***refrigerantia*** [+C] Pros., substances rafraîchissantes ¶ **2** [fig.] refroidir [enlever le zèle, l'ardeur]: [C] Pros. ‖ affaiblir, diminuer l'intérêt de: [+C] Pros.

refrīgescō, *ĭs, ĕre, frīxī*, -, intr. ¶ **1** se refroidir, se rafraîchir: [-C] Pros., [C] Poés. ¶ **2** [fig.] se refroidir, perdre de son intérêt, diminuer, tiédir, se ralentir: [-C] Théât., [C] Pros.; ***Scaurus refrixerat*** [C] Pros., Scaurus a perdu de sa faveur [refroidissement à l'égard de Scaurus]

refringō, *ĭs, ĕre, frēgī, fractum*, tr. ¶ **1** briser, enfoncer [portes, barrières]: [C] Pros. ‖ déchirer, lacérer [vêtement]: [C] Poés. ‖ casser, arracher en brisant: [C] Poés. ¶ **2** [fig.] ***vim fluminis*** [C] Pros., briser le courant du fleuve; ***impotentem dominationem*** [C] Pros., abattre une domination tyrannique ‖ ***verba*** [+C] Poés., écorcher, estropier les mots

rĕfrixī, parf. de *refrigesco*

rĕfrondescō, *ĭs, ĕre, -, -*, intr., se couvrir d'un nouveau feuillage : [T] Poés.

rĕfūdī, parf. de *refundo*

rĕfŭga, *ae*, m., apostat : [T] Pros. ‖ rebelle : [T] Pros.

rĕfŭgĭō, *ĭs, ĕre, fūgī, -*

I intr. ¶ **1** fuir en arrière, reculer en fuyant, s'enfuir : ***ex castris in montem*** [C] Pros., s'enfuir du camp sur une montagne ; ***acie*** [C] Pros., s'enfuir du champ de bataille ¶ **2** chercher un refuge : ***ad legatos*** [C] Pros. ; ***in arcem majorem*** [C] Pros., se réfugier près des ambassadeurs, dans la plus grande citadelle ¶ **3** [fig.] s'écarter de : [C] Pros. ‖ [absᵗ] ***refugit animus*** [C] Pros., mon esprit éprouve de la répugnance

II tr., éviter, fuir, ***aliquem, aliquam rem***, qqn, qqch. : [C] Pros. ‖ [poét. avec inf.] refuser de : [C] Poés.

rĕfŭgĭum, *ĭi*, n., refuge, asile [pr. et fig.] : [C] Pros. : [C] Pros.

rĕfŭgus, *a, um* ¶ **1** fuyard, fugitif : [+C] Pros. ‖ subst. m. pl., ***refugi*** [+C] Pros., les fuyards ¶ **2** qui fuit, qui échappe, qui se dérobe : ***refugi fluctus*** [+C] Poés., le reflux ; [+C] Pros.

rĕfulgentĭa, *ae*, f., éclat : [+C] Pros.

rĕfulgĕō, *ēs, ēre, fulsī, -*, intr. ¶ **1** renvoyer un éclat, resplendir, briller : [C] Poés., Pros. ¶ **2** [fig.] briller en face de (à l'encontre) : [C] Poés. ‖ resplendir : [C] Poés.

rĕfundō, *ĭs, ĕre, fūdī, fūsum*, tr. ¶ **1** renverser, répandre de nouveau : [C] Pros., Poés. ¶ **2** refouler, rejeter : ***ponto refuso*** [C] Poés., la mer étant refoulée ; ***refusus Oceanus*** [C] Poés., l'Océan que refoulent les rivages ; ***refunditur alga*** [C] Poés., l'algue est repoussée [avec le flot] ¶ **3** [fig.] rendre, restituer : [+C] Pros. ¶ **4** pass. réfléchi, ***refundi***, se répandre ; [poét.] s'étendre : [+C] Poés.

rĕfūsē, adv. [inus.] de manière à rendre meuble ‖ ***-sius*** [+C] Pros.

rēfūsĭo, *ōnis*, f., action de rejeter, épanchement : [T] Pros.

rĕfūsōrĭae littĕrae, f. pl., lettre de remise de peine : [T] Pros.

rĕfūsus, *a, um*, part. de *refundo*

rĕfūtātĭo, *ōnis*, f., réfutation : [C] Pros., [+C] Pros.

rĕfūtātŏr, *ōris*, m., celui qui réfute : [T] Pros.

rĕfūtātŭs, abl. *ū*, m., réfutation : [C] Poés.

rĕfūtō, *ās, āre, āvī, ātum*, tr. ¶ **1** refouler, repousser [pr. et fig.] : ***nationes bello*** [C] Pros., refouler des nations en guerroyant ¶ **2** réfuter : [C] Pros. ‖ [poét., avec prop. inf.] refuser d'admettre que : [C] Poés.

rēgāles, *ĭum*, m. pl., fils de rois, princes royaux, famille royale : [T] Pros.

rēgālĭŏlus, *i*, m., roitelet [oiseau] : [+C] Pros.

1 **rēgālis**, *e* ¶ **1** royal, de roi : [C] Pros. ; ***regale nomen*** [C] Pros., le nom de roi ; [-C] Théât., [C] Pros. ; ***regalia fulmina*** [+C] Pros., foudres qui présagent la royauté ¶ **2** royal, digne d'un roi : [C] Pros. ; ***regale donum*** [C] Pros., présent royal

2 **Rēgālis**, *is*, m., nom d'un évêque de Venise : [+T] Pros.

rēgālĭtĕr, adv., royalement, en roi : [C] Pros. ‖ en despote : [C] Poés.

rĕgĕlātus, *a, um*, part. de *regelo*

rĕgĕlō, *ās, are, āvī, ātum*, tr., faire dégeler, réchauffer : [+C] Pros. ‖ ***regelari*** [+C] Pros., se réchauffer

rĕgĕmō, *ĭs, ĕre, -, -*, intr., répondre par un gémissement : [+C] Poés.

rĕgĕnĕrātĭo, *ōnis*, f., résurrection : [T] Pros. ‖ [fig.] régénération [par le baptême] : [T] Pros.

rĕgĕnĕrō, *ās, āre, āvī, ātum*, tr., reproduire [en soi], faire revivre : [son grand-père, son père] [+C] Pros. ‖ [en parl. de plantes, d'arbres] reproduire [certains détails, certains défauts] : [+C] Pros. ‖ régénérer [spirituellement] : [T] Pros.

rĕgens, *tis*, V. *rego*

rĕgĕrō, *ĭs, ĕre, gessī, gestum*, tr. ¶ **1** porter en arrière, emporter, enlever : [C] Pros. ‖ porter de nouveau, reporter : [C] Poés. ‖ introduire en retour, en remplacement : [+C] Pros. ¶ **2** [fig.] renvoyer : ***convicia*** [C] Poés., renvoyer des injures, riposter par des injures ; ***invidiam in aliquem*** [+C] Pros., faire retomber le discrédit sur qqn ¶ **3** porter ailleurs, [d'où] reporter, transcrire, consigner : ***aliquid in commentarios*** [+C] Pros., transcrire qqch. dans ses cahiers de notes

rĕgestum, *i*, n., terre enlevée : [+C] Pros.

rĕgestus, *a, um*, part. de *regero*

1 **rēgĭa**, *ae*, f. ¶ **1** résidence royale, palais : [C] Pros. ¶ **2** tente royale dans un camp : [C] Pros., [+C] Pros. ¶ **3** la cour, le trône [= la famille royale ou la royauté] : [C] Pros., [+C] Pros. ¶ **4** capitale : [C] Pros., Poés. ¶ **5** basilique : [+C] Pros. ¶ **6** puissance royale, royauté : [+C] Pros. ; [fig.] [+C] Poés. ¶ **7** V. *2 Regia*

2 **Rēgĭa**, *ae*, f., la Regia [ancien palais de Numa, sur la voie Sacrée, près du temple de Vesta, devenu plus tard la résidence du Pontifex Maximus] : [C] Pros., Poés.

rĕgĭbĭlis, *e*, docile : [T] Pros.

rēgiē, adv. ¶ **1** à la façon d'un roi, royalement, magnifiquement : [-C] Théât., [C] Pros. ¶ **2** à la manière d'un maître absolu, d'un despote : [C] Pros.

1 **Rēgĭensis**, *e*, V. *1 Regium*

2 **Rēgĭensis**, *e*, de Regium [dans le Bruttium, auj. Regio Calabria] ‖ **Rēgĭenses**, *ĭum*, m. pl., habitants de Regium : [C] Pros.

rēgĭfĭcē, adv., royalement, magnifiquement : [-C] Théât., [+C] Poés.

rēgĭfĭcus, *a, um*, royal, magnifique : [C] Poés., [+C] Poés.

rĕgignō, *ĭs, ĕre, -, -*, tr., reproduire : [C] Poés.

Rēgillānus, *i*, m., surnom d'Appius Claudius : [+C] Pros.

Rēgillensis, m., surnom de Postumius [qui vainquit les Latins près du lac Régille] : [C] Pros.

Rēgillum, *i*, n., Régille [ville de la Sabine, près de Cures] : [C] Pros. ; ***Regilli lacus*** [+C] Pros. ; V. *3 Regillus*

1 **rēgillus**, *ā, um*, à fils droits (verticaux) : ***regilla tunica*** [C] Poés. ; ***inducula*** [-C] Théât., [jeu de mots avec *regillus*, de *regius*], tunique droite

2 **Rēgillus**, *i*, m., le lac Régille [dans le Latium] : [C] Pros. ‖ **lacus Rēgillus**, [C] Pros.

3 **Rēgillus**, *i*, m., surnom, dans la famille des Aemilius : [C] Pros.

rĕgĭmĕn, *ĭnis*, n. ¶ **1** direction : ***navis*** [+C] Pros., direction d'un navire ‖ [poét.] gouvernail : [C] Poés. ¶ **2** [fig.] direction, conduite, gouvernement, administration : [C] Poés., Pros., [+C] Pros. ‖ [en part.] direction de l'État, gouvernement : [-C] Pros., [+C] Pros. ‖ [sens concret] directeur : [+C] Pros.

rĕgĭmentum, *i*, n., cf. *regimen* : [T] Pros.

rēgīna, *ae*, f. ¶ **1** reine : [en parl. de Cléopâtre] [C] Pros., Poés., [+C] Pros. ; [de Didon] [C] Poés. ‖ [fig.] ***regina Pecunia*** [C] Pros., le roi argent, l'argent roi ¶ **2** en parl. des déesses : [de Junon] [C] Pros., Poés. ; [de Vénus] [C] Poés. ; [de Calliope] [C] Poés. ¶ **3** fille de roi, princesse : [C] Poés. ; ***virgines reginae*** [+C] Pros., les princesses royales ¶ **4** grande dame : [-C] Théât.

1 **Rēgīnus**, *a, um*, de Regium [Bruttium] : [C] Pros. ‖ **-ni**, *ōrum*, m. pl., habitants de Regium : [C] Pros.

2 **Rēgīnus**, *i*, m., surnom romain : [C] Pros.

rĕgĭo, *ōnis*, f. ¶ **1** direction : ***recta regione*** [C] Pros., en ligne droite ; ***ex diversis regionibus*** [C] Pros., en venant de directions opposées ‖ expression adverbiale : ***e regione*** : ***a)*** en droite ligne : ***e regione moveri*** [C] Pros., avoir un mouvement rectiligne ; [C] Poés. ***b)*** vis-à-vis, du côté opposé, à l'opposite [avec gén. ou dat.] : ***e regione solis*** [C] Pros., vis-à-vis du soleil ; ***e regione nobis*** [C] Pros., à l'opposite de nous, aux antipodes ¶ **2** ligne ***a)*** limite frontière [surt. au pl.] : [C] Pros. ; [sg.] [C] Pros. ***b)*** lignes imaginaires tracées dans le ciel au moyen du bâton augural, zones : [C] Pros. ¶ **3** zone, région ***a)*** ***in regione pestilenti*** [C] Pros., dans une région malsaine ‖ [fig.] sphère, domaine, champ : [-C] Théât., [C] Pros. ***b)*** région, contrée, territoire, pays : [C] Pros. ***c)*** [en part.] quartier, canton [divisions de la ville de Rome] : [+C] Pros. ***d)*** campagne, plaine : [T] Pros.

Rēgĭŏn, V. *2 Regium* : [C] Poés.

rĕgĭōnālĭtĕr, adv., par régions : [+C] Pros.

rĕgĭōnātim, adv., par contrée : [C] Pros. ‖ par quartier : [+C] Pros.

1 **rĕgis**, 2ᵉ pers. indic. prés. de *rego*

2 **rēgis**, gén. de *1 rex*

1 **Rēgĭum**, *ĭi*, n., ville de la Gaule cispadane, sur la voie Émilienne [Reggio Emilia] appelée aussi ***Regium Lepidum*** Pros.

2 **Rēgĭum**, *ĭi*, n., ville du Bruttium [Reggio Calabria] : Pros. ; ▸ *1 Reginus, 2 Regiensis*

rēgĭus, *a, um* ¶ **1** de roi, du roi, royal : ***genus regium*** Pros., race royale ; ***regia potestas*** Pros., puissance royale, royauté ; ***regium munus*** Pros., cadeau d'un roi ; ***regii anni*** Pros., la période monarchique [à Rome] ; ***bellum regium*** Pros., guerre contre des rois [Mithridate et Tigrane] ¶ **2** despotique, tyrannique : ***regia dominatio*** Pros., domination despotique ¶ **3** royal, digne d'un roi, princier, magnifique : Poés. ¶ **4** épithète de plantes, d'arbres : Pros. ‖ ***regius morbus*** Poés., Pros., la jaunisse ¶ **5** m. pl., ***regii a)*** les troupes du roi : Pros. ***b)*** les satrapes : Pros. ¶ **6** impérial : Pros.

rĕglūtĭnō, *ās, āre, -, -,* tr. ¶ **1** décoller : Poés. ¶ **2** recoller : Poés.

regnandus, *a, um*, ▸ *regno II*

regnātŏr, *ōris*, m., maître, souverain, roi, monarque : Théât. ; ***deorum*** Théât., souverain des dieux ; Poés. ‖ [fig.] ***agelli*** Poés., qui règne sur un petit champ ; [avec dat.] Poés.

regnātrix, *īcis*, adj. f., [famille] régnante, impériale : Pros.

regnātus, *a, um*, ▸ *regno II*

regnō, *ās, āre, āvī, ātum*

I intr. ¶ **1** régner, être roi : Pros. ; ***in Asia regnare*** Pros., occuper le trône en Asie ; ***omnibus oppidis*** Pros., faire fonction de roi dans toutes les villes ; Pros. ‖ [pass. impers.] Poés., Pros. ¶ **2** exercer le pouvoir absolu, dominer à la façon d'un roi : Pros.

II tr. [seul^t au pass.] : Poés. ‖ ***Gotones regnantur*** Pros., les Gotons ont des rois

regnum, *i*, n. ¶ **1** autorité royale, royauté, monarchie, le trône : Pros. ; ***regnum obtinere*** Pros., occuper le trône ¶ **2** [en gén.] souveraineté, autorité toute-puissante : Pros. ; ***regna vini*** Poés., la royauté du vin [ἀρχιποσία, exercée par le συμποσίαρχος, le roi du festin] ‖ ***in regno voluptatis*** Pros., dans l'empire du plaisir, là où le plaisir règne en maître : Pros. ¶ **3** [en mauv. part chez les Romains de l'époque républicaine] ***regnum appetere*** Pros., aspirer à la royauté ‖ despotisme, tyrannie : Pros. ; ***regnum judiciorum*** Pros., empire sur les tribunaux ¶ **4** royaume, états d'un roi : Pros. ‖ [fig.] domaine, empire, royaume : Pros., Poés. ‖ ***regna = reges*** Poés. ‖ [chrét.] le royaume [de Dieu] : Pros.

rĕgō, *ĭs, ĕre, rēxī, rectum*, tr. ¶ **1** diriger, guider, mener : ***beluam*** Pros. ; ***equum*** Pros., diriger une bête, un cheval ; Poés. ‖ [en part.] ***fines regere***, fixer, tracer des limites : Pros. ¶ **2** [fig.] ***a)*** diriger, conduire, gouverner, régler : ***domum*** Pros., diriger une maison ; ***bella*** Pros., avoir la direction des guerres ; ***animi motus*** Pros., régler les mouvements de l'âme ; ***juvenem*** Pros., diriger un jeune homme ; ***rem publicam*** Pros., diriger les affaires publiques ; ***civitates*** Pros., gouverner les cités ***b)*** [abs^t] commander, exercer le pouvoir : Pros. ; ***Tiberio regente*** Pros., sous le gouvernement de Tibère ***c)*** diriger dans la bonne voie, guider : Pros., Pros.

rĕgrĕdĭō, *ĭs, ĕre, -, -,* ▸ *regredior* : ***gradum*** [acc. obj. intér.] Théât., revenir sur ses pas

rĕgrĕdĭŏr, *dĕrĭs, dī, gressus sum*, intr., rétrograder, revenir : Pros.

rĕgressĭo, *ōnis*, f., retour : Pros. ‖ [rhét.] régression : Pros.

1 **rĕgressus**, *a, um*, part. de *regredior*

2 **rĕgressŭs**, *ūs*, m. ¶ **1** marche rétrograde, retour : Pros., Pros. ¶ **2** [fig.] ***a)*** faculté, moyen de revenir : Pros., Pros. ***b)*** recours (***ad aliquem***, à qqn) : Pros.

rēgŭla, *ae*, f. ¶ **1** règle servant à mettre droit, à mettre d'équerre : Pros. ‖ [fig.] règle, étalon [servant à juger, à corriger] : Pros. ; ***ad regulam aliquid dirigere*** Pros., conformer qqch. à une règle, à un étalon ¶ **2** bâton droit, barre, latte : Pros. ‖ tige de piston dans une pompe : Pros. ‖ [archit.] réglette [baguette horizontale sous le triglyphe sous laquelle se placent les gouttes] : Pros. ‖ barrière de départ [course] : Poés.

rēgŭlārĭtĕr, adv., selon la règle : Pros.

1 **rēgŭlus**, *i*, m. ¶ **1** roi enfant, jeune roi, jeune prince : Pros. ¶ **2** roi d'un petit état, roitelet, petit prince : Pros. ¶ **3** le roi des abeilles : Pros.

2 **Rēgŭlus**, *i*, m., surnom rom., not^t ¶ **1** M. Atilius Regulus, consul, fait prisonnier et mis à mort à Carthage : Pros., Pros. ¶ **2** L. Livineius Regulus, lieut^t de César dans la guerre d'Afrique : Pros.

rĕgustō, *ās, āre, āvī, ātum*, tr., regoûter : Pros. ; ***regustatum salinum*** Poés., salière où l'on se sert souvent ‖ [fig.] savourer de nouveau, relire avec délices : Pros.

rĕgȳrō, *ās, āre, āvī, -*, intr., revenir [après un circuit] : Pros.

rĕhālō, *ās, āre, -, -,* ▸ *redhalo*

rēĭcĭo, ▸ *rejicio*

rēĭcŭlus, **rējĭcŭlus**, *a, um*, qui est de rebut : Pros., Pros. ‖ ***reiculus dies*** Pros., jour perdu [qui ne compte pas]

rĕintegr-, ▸ *rĕdint*

rĕinvītō, *ās, āre, -, -,* tr., réinviter : Pros.

re ipsa, ▸ *res*

rĕĭtĕrō, *ās, āre, -, -,* tr., réitérer : Pros.

rējēcī, parf. de *rejicio*

rējectānĕa, *ōrum*, n. pl., [phil. stoïcienne] choses à rejeter, non désirables : Pros.

rējectĭo, *ōnis*, f., [fig.] ***a)*** rejet : Pros. ***b)*** récusation : Pros. ***c)*** action de rejeter sur, d'imputer à un autre : Pros.

rējectō, *ās, āre, āvī, -*, tr., renvoyer [le son], répercuter : Poés. ‖ rejeter, repousser : Poés. ‖ rejeter, vomir : Pros.

1 **rējectus**, *a, um*, part. de *rejicio*, pl. n., ***rejecta*** Pros., les choses que l'on rejette [phil. stoïcienne, ἀποπροηγμένα] ; ▸ *rejectanea*

2 **rējectŭs**, *ūs*, m., arrière-pont [d'un navire] : Pros.

rējĭcĭō (**rēĭcĭō**), *ĭs, ĕre, jēcī, jectum*, tr. ¶ **1** rejeter ***a)*** jeter en retour : ***tela in hostes*** Pros., riposter en jetant des traits contre les ennemis ***b)*** jeter en arrière : ***paenulam*** Pros., jeter en arrière son manteau ; ***togam ab humero*** Pros., rejeter de son épaule le pan de sa toge ; ***scutum*** Pros., rejeter son bouclier derrière son dos [pour se protéger dans la fuite] ‖ ***membra fatigata*** Pros., laisser tomber en arrière ses membres fatigués ; ***se rejicere in aliquem*** Théât., se laisser tomber dans les bras de qqn ‖ rejeter, placer en arrière : Pros. ***c)*** rejeter, repousser, écarter : ***a se*** Poés. ; ***e gremio suo*** Poés., écarter de soi, de son sein ; ***involucris rejectis*** Pros., les voiles étant rejetés ‖ [milit.] : ***hostes in urbem*** Pros., rejeter les ennemis dans la ville, f., Pros. ¶ **2** [fig.] ***a)*** rejeter, repousser, éloigner : Pros. ***b)*** rejeter, ne pas admettre, ne pas tolérer : Pros. ***c)*** récuser : Pros. ¶ **3** [fig.] envoyer ailleurs ***a) rem ad aliquem***, renvoyer une affaire à qqn, s'en décharger sur lui : Pros. ‖ ***aliquem ad aliquem***, renvoyer qqn à qqn, l'adresser à un autre : Pros. ***b)*** remettre, différer : Pros.

rējĭcŭlus, ▸ *reiculus*

rĕlābŏr, *bĕrĭs, bī, lapsus sum*, intr. ¶ **1** couler en arrière, refluer : Poés., Pros. ‖ tomber en arrière, s'affaisser en arrière : Poés. ¶ **2** [fig.] retomber dans, revenir à : Pros., Poés.

rĕlanguescō, *ĭs, ĕre, gŭī, -*, intr. ; [usité souvent au parf.] s'affaisser [mourant] : Poés. ‖ s'affaiblir : Pros., Poés. ‖ se calmer : [en parl. d'une pers.] Pros. ; [en parl. du vent] Pros. ; pâlir [étoile]

rĕlapsus, *a, um*, part. de *relabor*

rĕlātĭo, *ōnis*, f. ¶ **1** action de porter à nouveau : [de porter à tout instant la plume dans l'encrier] Pros. ¶ **2** [fig.] ***a) criminis*** Pros., renvoyer l'accusation dont on est l'objet contre une autre, en part. contre l'accusateur ***b) gratiae*** Pros., témoignage de reconnaissance ***c)*** rapport d'un magistrat au sénat, mise à l'ordre du jour : Pros. ; ***de aliqua re*** Pros., rapport sur une affaire ; ***relationem in aliquid postulare*** Pros., demander la mise en délibération pour une chose (d'une chose) ; ***relationem egredi*** Pros., sortir de l'ordre du jour proposé (de la question débattue) ***d)*** relation, narration : Pros. ***e)*** [rhét.] ***relatio contrariorum*** Pros., rapprochement de contraires, antithèse ‖ épanaphore [répétition] : [+C] Pros. ***f)*** ***relatio ad aliquid*** [+C] Pros., rapport, relation à qqch

rĕlātīvē, adv., relativement : [T] Pros.

rĕlātīvus, *a*, *um*, relatif (à) : [T] Pros.

rĕlātŏr, *ōris*, m., narrateur : [T] Pros.

1 **rĕlātus**, *a*, *um*, part. de *refero*

2 **rĕlātŭs**, *ūs*, m. ¶ **1** rapport officiel, mise en délibération : [+C] Pros. ¶ **2** relation, narration, récit : [+C] Pros.

rĕlaxātĭo, *ōnis*, f., détente, relâche, repos : [C] Pros.

rĕlaxātus, *a*, *um*, part. de *relaxo*

rĕlaxō, *ās*, *āre*, *āvī*, *ātum*, tr. ¶ **1** desserrer, relâcher : [des liens] [C] Poés. ; [le ventre] [C] Pros. ‖ ameublir la terre : [C] Pros. ‖ dilater des pores : [C] Poés. ¶ **2** [fig.] ***a)*** détendre, épanouir : [le visage] [+C] Pros. ***b)*** desserrer, relâcher [les liens de la sévérité] : [C] Pros. ***c)*** détendre, reposer [l'esprit] : [C] Pros. ; ***ex aliqua re*** [C] Pros., de qqch. ***d)*** relâcher = diminuer, rabattre : ***aliquid a contentionibus*** [C] Pros., rabattre qqch. des efforts, de l'ardeur ‖ [abs^{t}] faire relâche : [C] Pros. ‖ ***relaxari*** [C] Pros., être dans un moment de relâche ***e)*** ***se relaxare aliqua re*** ou ***ab aliqua re***, se dégager d'une chose, s'en affranchir : [C] Pros.

rĕlectus, *a*, *um*, part. de *2 relego*

rĕlēgātĭo, *ōnis*, f., exil dans un lieu désigné, rélégation : [C] Pros.

rĕlēgātus, *a*, *um*, part. de *1 relego*

1 **rĕlēgō**, *ās*, *āre*, *āvī*, *ātum*, tr. ¶ **1** éloigner d'un lieu, écarter, éloigner, reléguer : ***filium ab hominibus*** [C] Pros., reléguer son fils loin du monde ; [poét.] [C] Pros. ‖ [offic^{t}] frapper de rélégation [exil dans un lieu déterminé pour une certaine durée, sans *deminutio capitis*] : [C] Poés., Pros. ¶ **2** [fig.] ***a)*** écarter, renvoyer au loin, bannir : ***ambitione relegata*** [C] Poés., ayant banni tout désir de faire ma cour [toute partialité] ; [+C] Pros., Poés. ***b)*** renvoyer à un auteur : ***ad aliquem*** [+C] Pros. ***c)*** rejeter sur, faire retomber sur, imputer à : ***in aliquem*** [+C] Pros., rejeter sur qqn

2 **rĕlĕgō**, *ĭs*, *ĕre*, *lēgī*, *lectum*, tr. ¶ **1** recueillir de nouveau, rassembler de nouveau : ***filo relecto*** [C] Poés., le fil étant remis en peloton ¶ **2** parcourir de nouveau, repasser par un lieu : [C] Poés., [+C] Poés. ¶ **3** repasser par la lecture, relire : [C] Pros. ‖ repasser par la pensée, repasser en revue : [C] Pros. ‖ repasser par la parole : [C] Poés.

rĕlentescō, *ĭs*, *ĕre*, -, -, intr., se ralentir, languir : [C] Poés.

rĕlĕvātĭo, *ōnis*, f., allégement : [+C] Pros.

rĕlĕvātus, part. de *relevo*

rĕlēvī, parf. de *relino*

rĕlĕvō, *ās*, *āre*, *āvī*, *ātum*, tr. ¶ **1** soulever : [C] Poés. ‖ [fig.] ***caput*** [+C] Pros., relever la tête = reposer le cerveau, délasser l'esprit ¶ **2** alléger, décharger : [C] Pros. ; ***relevari catena*** [C] Poés., être allégé d'une chaîne ¶ **3** [fig.] ***a)*** ***casum*** [C] Pros., soulager le malheur ; ***morbum*** [C] Pros., soulager une maladie ***b)*** ***aliquem*** [C] Pros., soulager, réconforter qqn ; ***metu relevari*** [C] Pros., être soulagé d'une crainte

rĕlīcĭnus, *a*, *um*, dont les cheveux sont plantés en arrière : [+C] Pros. ; ***relicina frons*** [+C] Pros., front découvert, haut

rĕlictĭo, *ōnis*, f. ¶ **1** abandon, délaissement : [C] Pros. ¶ **2** séparation [d'une chose] : ***argenti vivi*** [C] Pros., la séparation du vif argent

rĕlictŏr, *ōris*, m., **rĕlictrix**, *īcis*, f., celui, celle qui abandonne : [T] Pros.

1 **rĕlictus**, *a*, *um*, part. de *relinquo*

2 **rĕlictŭs**, *ūs*, m., ➡ *relictio* : ***relictui esse*** [C] Pros., être laissé à l'abandon

rĕlĭcŭus, *a*, *um*, ➡ *reliquus* : [-C] Théât., [C] Poés., Pros.

rĕlīdō, *ĭs*, *ĕre*, *līsī*, *līsum*, tr., frapper : [T] Poés.

rĕlĭgāmen, *ĭnis*, n., lien : [T] Poés.

rĕlĭgātĭo, *ōnis*, f., action de lier [la vigne] : [C] Pros.

rĕlĭgātus, *a*, *um*, part. de *religo*

rĕlĭgens, *entis*, qui observe scrupuleusement le culte des dieux : [+C] Pros.

rĕlĭgĭo, *ōnis*, f. ¶ **1** scrupule ***a)*** [en gén.] ***religionem adhibere*** Cic., faire preuve de scrupule, montrer du scrupule ; ***nimia religio*** Cic., un excès de scrupule ; ***judicum religiones*** Cic., les scrupules des juges ; ***officii religio*** Cic., le scrupule à remplir un devoir = l'observation scrupuleuse d'un devoir ; ***res in religionem alicui venit*** Cic., une chose inspire du scrupule à qqn ; ***alicui religio non est quominus...*** Cic., qqn ne se fait pas un scrupule (= un cas de conscience) de... ‖ [en part. dans le domaine rhét., par allusion à l'attention exigeante en matière de style] scrupule = délicatesse de goût : ***Atheniensium religio*** Cic., la délicatesse de goût des Athéniens (à propos du style attique) ***b)*** [en part. dans des contextes où il est question de dieux, de prêtres...] scrupule religieux, crainte religieuse : ***religione teneri*** Cic., être retenu par un scrupule religieux ; ***aliquid religioni habere*** Cic., avoir un scrupule religieux à propos de qqch. ; ***alicui religionem adferre*** Cic., inspirer à qqn une crainte religieuse ¶ **2** religion ***a)*** croyance religieuse : ***prava religio*** Liv., fausse croyance religieuse, superstition ; ***res religione omnium consecrata*** Cic., chose consacrée par les croyances religieuses de tous les peuples ; ***pro religionibus suis bellum suscipere*** Cic., soutenir des guerres pour défendre ses convictions religieuses ***b)*** pratique religieuse, culte : ***natio dedita religionibus*** Caes., nation adonnée aux pratiques religieuses ; ***religiones publicas tueri*** Cic., observer les pratiques religieuses officielles ; ***religiones colere*** Cic., se livrer aux pratiques du culte ; ***religionibus agere*** Cic., agir conformément aux pratiques du culte ; ***religiones instituere*** Liv., établir un culte ; ***deorum religio*** Cic., le culte des dieux ¶ **3** caractère sacré (de qqch.), engagement sacré, interdit religieux ***a)*** caractère sacré (de qqch.) : ***sacrarii religio*** Cic., le caractère sacré d'un sanctuaire ; ***jusjurandi religio*** Cic., le caractère sacré du serment ; ***religionem amittere*** Cic., perdre son caractère sacré ‖ [d'où] objet sacré, objet de culte : ***religio aut machina belli ?*** Virg., (était-ce) une offrande religieuse ou une machine de guerre ? ; ***religionum praedo*** Cic., pilleur d'objets religieux ***b)*** engagement sacré : ***religione obligari*** Cic., être lié par un engagement sacré ; ***aliquem religione solvere*** Cic., délier qqn d'un engagement sacré ; ***publicae religiones foederum*** Cic., engagements officiels à l'occasion des traités ***c)*** interdit religieux : ***aliquid religione omni liberare*** Cic., dégager qqch. de tout interdit religieux ‖ [d'où] impiété : ***aliquem religione obstringere*** Cic., impliquer qqn dans une impiété ; ***religione rem publicam exsolvere*** Liv., débarrasser l'Etat d'une impiété ; ***particeps summae religionis*** Cic., complice du pire sacrilège

rĕlĭgĭōsē, adv. ¶ **1** scrupuleusement, consciencieusement : [C] Pros. ¶ **2** pieusement : [C] Pros. ; ***-ius*** [+C] Pros. ; ***-issime*** [C] Pros. ¶ **3** avec un caractère de consécration religieuse : [C] Pros.

rĕlĭgĭōsĭtās, *ātis*, f., piété : [+C] Pros.

rĕlĭgĭōsus, *a*, *um* ¶ **1** [en gén.] qui est d'une attention scrupuleuse, scrupuleux : ***testis*** [C] Pros., témoin scrupuleux ; ***aures religiosae*** [C] Pros., oreilles d'une délicatesse scrupuleuse ¶ **2** [en part.] qui est d'une attention scrupuleuse à l'égard du culte des dieux, religieux, pieux : [C] Pros. ‖ [chrét.] scrupuleux envers Dieu : [+C] Pros. ‖ subst. m. pl., adorateurs : [+C] Pros. ¶ **3** qui a des scrupules religieux, des craintes religieuses : ***civitas religiosa*** [C] Pros., le peuple animé de scrupules religieux ‖ [sens péjor.] superstitieux : [-C] Théât. ¶ **4** vénérable, respecté : [C] Pros. ; ***religiosissimum fanum*** [C] Pros., sanctuaire vénéré entre tous ‖ consacré par un mauvais présage, frappé d'interdiction : [C] Pros. ‖ ***religiosum est*** [avec inf.] [C] Pros., il est contraire à la religion de, c'est une impiété de

rĕlĭgō, *ās*, *āre*, *āvī*, *ātum*, tr. ¶ **1** lier en arrière (par derrière), lier, attacher : ***ad currum religatus*** [C] Pros., attaché à un char ; ***trabes axibus*** [C] Pros., relier les poutres avec des planches ¶ **2** délier : [C] Poés.

rĕlĭnō, *ĭs*, *ĕre*, *lēvī*, *lĭtum*, tr., ôter l'enduit, ouvrir, décacheter : [-C] Théât. ; ***mella*** [C] Poés., ôter le miel des rayons

rĕlinquō, *ĭs*, *ĕre*, *līquī*, *lictum*, tr. ¶ **1** laisser en arrière, laisser [ne pas emmener] : ***aliquem castris praesidio*** [C] Pros., laisser qqn à la garde du camp ‖ [fig.] ***aculeos in animis*** [C] Pros., laisser l'aiguillon dans l'âme des auditeurs ¶ **2** laisser [en héritage] : [C] Pros. ‖ laisser derrière soi [après sa mort] : [C]

Pros.; ***nullam memoriam*** C Pros., ne laisser aucun souvenir de soi ¶ **3** laisser de reste : ***alicui nullum granum*** C Pros., ne pas laisser un grain à qqn ‖ C Pros.; ***relinquitur, ut*** subj., C Pros., il reste que ‖ laisser, abandonner : ***urbem direptioni*** C Pros., abandonner une ville au pillage ‖ accorder, permettre : ***aliquid in aliorum spe*** C Pros., laisser espérer qqch. à d'autres ; ***spatium ad cognoscendum*** C Pros., laisser du temps pour faire une enquête ‖ [avec prop. inf.] laisser, permettre : C Poés. ¶ **4** laisser dans tel ou tel état : ***integram rem*** C Pros., laisser une affaire intacte ; ***Morinos pacatos*** C Pros., laisser les Morins pacifiés ¶ **5** quitter qqn ou qqch., abandonner : ***domum propinquosque*** C Pros., laisser son foyer et ses proches ‖ [en parl. d'un auditoire] abandonner délaisser, planter là [le lecteur, l'orateur] : C Pros. ‖ [en parl. de navires] laisser à sec : C Pros. ¶ **6** délaisser, négliger : C Pros.; ***relictae possessiones*** C Pros., propriétés abandonnées ; ***pro relicto habere*** [avec inf.] C Pros., considérer comme une chose démodée (négligeable) de ‖ laisser de côté, ne pas faire état de : C Pros. ‖ fermer l'oeil sur : C Pros. ‖ [poét., avec inf.] renoncer à : C Poés.

rĕlĭqua, n. pl., ▶ *reliquum*

1 **rĕlĭquī**, de *reliquus*

2 **rĕlīquī**, parf. de *relinquo*

rĕlĭquĭae, *ārum*, f. pl., ce qui reste ¶ **1** reste ou restes : ***gladiatoriae familiae*** C Pros., les restes d'une troupe de gladiateurs ; ***pugnae*** C Pros., les survivants du combat ; ***caedis*** C Pros., les survivants du massacre ; ***cibi*** C Pros., les résidus de la nourriture ‖ [abs[t]] déjections, excréments : +C Pros. ‖ débris, reliefs d'un repas : -C Théât., +C Pros.; [jeu de mots] C Pros. ‖ restes d'un mort, cendres : C Pros., +C Pros. ‖ [chrét.] reliques : T Pros. ¶ **2** [fig.] ***pristinae fortunae*** C Pros., les débris d'une ancienne fortune ; ***belli*** C Pros., les restes d'une guerre

rĕlĭquĭārĭum, *ĭi*, n., héritage [fig.], reste : T Pros.

rĕlĭquum (-quom, -cuom, -cum), *i*, n. de *reliquus* pris subst[t] ¶ **1** reste, restant : ***reliqui summa*** C Pros., le total du reste ; ***relicum noctis*** C Pros., le reste de la nuit ; ***de reliquo*** C Pros., sur le reste, quant au reste ; ***in reliquum*** C Pros., pour l'avenir, à l'avenir ‖ ***reliquum est, ut*** subj., il reste que, il reste à : C Pros.; [subj. sans *ut*] C Pros.; [avec inf.] C Pros. ¶ **2** [en part., au pl.] ce qui reste à payer, reliquat, arrérages : C Pros. ‖ [sg. très rare] [jeu de mots] ***relicuom*** -C Théât.

rĕlĭquus (rĕlĭcŭus), *a, um* ¶ **1** qui reste, restant : C Pros.; ***aliquid (alicui) reliquum facere*** C Pros., laisser qqch. (à qqn), ▶ *reliquum* ; C Pros. ‖ [en parl. du temps qui reste à venir] futur : ***reliqua gloria*** C Pros., une gloire à venir ; ***in reliquum tempus*** C Pros., à l'avenir ; [de même] ***in reliquum*** C Pros. ¶ **2** le reste d'une chose : C Pros.; ***relicuus populus*** C Pros., le reste du peuple ; ***reliqua Aegyptus*** C Pros., le reste de l'Égypte ; ***quod reliquum est*** C Pros., pour ce qui est du reste ; ***de reliquo*** C Pros., même sens ‖ ***reliqui reges*** C Pros., les autres rois ‖ ***reliqui*** C Pros., les autres ; ***reliqui omnes*** C Pros.; ***omnes reliqui*** C Pros., tous les autres ; n. pl., ***reliqua*** C Pros., le reste des choses, le reste ; ***reliqua vaticinationis*** C Pros., le reste de la prédiction ; [adv[t]] ***reliqua*** C Pros., quant au reste

rĕlīsus, *a, um*, part. de *relido*

rellātus, poét. pour *1 relatus*, ▶ *refero*

rellĭg-, relliq-, ▶ *relig-, reliq-*

rĕloquus, *a, um*, qui donne une réponse [oracle] : C Pros.

rĕlūcĕō, *ēs, ēre, lūxī*, -, intr., briller en retour, renvoyer de la lumière : C Pros.

rĕlūcescō, *ĭs, ĕre, lūxī*, -, intr., recommencer à luire, à briller : C Poés., +C Pros. ‖ impers. ***paulum reluxit*** +C Pros., une faible lueur réapparut

rĕluctans, part. prés. de *reluctor*

rĕluctātus, *a, um*, part. de *relucto* et *reluctor*

rĕluctō, *ās, āre*, -, *ātus*, ▶ *reluctor* : +C Pros. ‖ part., ***reluctatus*** [sens passif] : T Pros.

rĕluctŏr, *ārĭs, ārī, ātus sum*, intr., lutter contre, opposer de la résistance, se débattre : C Poés., +C Pros.

rĕlūdō, *ĭs, ĕre*, -, -, intr., relancer la balle, riposter : C Poés. ‖ renvoyer [des plaisanteries] : C Pros.

rĕlūmĭnō, *ās, āre*, -, -, tr., rendre la lumière ou la vue à : +C Pros.

rĕluxī, parf. de *reluceo* et *relucesco*

rĕmăcrescō, *ĭs, ĕre, crŭī*, -, intr., maigrir de nouveau : +C Pros.

rĕmălĕdīcō, *ĭs, ĕre*, -, -, intr., renvoyer des injures, rendre injure pour injure : +C Pros., T Pros.

1 **rĕmandō**, *ās, āre*, -, -, tr., notifier en réponse : T Pros.

2 **rĕmandō**, *ĭs, ĕre*, -, -, tr., remâcher, ruminer [pr. et fig.] : +C Pros.

rĕmănĕō, *ēs, ēre, mansī, mansum*, intr. ¶ **1** s'arrêter, demeurer, séjourner : C Pros. ¶ **2** rester, subsister, durer : C Pros. ‖ [avec un attribut] : C Pros.

rĕmānō, *ās, āre*, -, -, intr., refluer : C Poés.

rĕmansī, parf. de *remaneo*

rĕmansĭo, *ōnis*, f., action de séjourner, séjour : C Pros.

rĕmĕābĭlis, *e*, qui revient : ***remeabile saxum*** +C Poés., pierre [de Sisyphe] qui retombe toujours ; ***e tumulo*** T Poés., qui sort du tombeau

rĕmĕācŭlum, *i*, n., retour : +C Pros.

rĕmĕdĭābĭlis, *e*, guérissable : +C Pros.

rĕmĕdĭālis, *e*, qui guérit, salutaire : T Pros.

rĕmĕdĭŏr, *ārĭs, ārī*, -, intr., guérir (***alicui***) : T Pros.

rĕmĕdĭum, *ĭi*, n. ¶ **1** remède, médicament : C Pros.; ***vulneris*** C Pros., remède pour une blessure ; +C Pros.; ***ad fauces*** +C Pros., pour la gorge ¶ **2** [fig.] remède, expédient : ***alicujus rei*** -C Théât., remède contre qqch. ; C Pros.; ***alicui rei*** C Pros., chercher, trouver un remède pour, contre qqch. ‖ ***remedio esse alicui rei***, servir de remède à qqch. : C Pros.

rĕmĕlīgo, *ĭnis*, f., lambine : -C Théât.

rĕmĕmŏrātĭo, *ōnis*, f., commémoration : T Pros.

rĕmĕmŏrŏr, *ārĭs, ārī, ātus sum*, pass., tr., se rappeler : T Pros. ‖ [avec *quia*] T Pros.

Rēmensis, *e*, des Rémois, de Reims : +T Pros.

rĕmensus, *a, um*, part. de *remetior*

rĕmĕō, *ās, āre, āvī, ātum*, intr., retourner, revenir : ***remeabo intro*** -C Théât., je vais rentrer [à la maison] ; ***aer remeat*** C Pros., l'air revient ; +C Pros. ‖ [poét.] ***patrias urbes*** C Poés., revenir dans sa patrie ; +C Poés. ‖ [avec acc. d'objet intér.] ***aevum peractum*** C Poés., parcourir de nouveau les années accomplies, recommencer sa vie

rĕmergō, *ĭs, ĕre*, -, -, intr., replonger : T Pros.

rĕmētĭŏr, *īrĭs, īrī, mensus sum*, tr. ¶ **1** mesurer de nouveau : ***astra*** C Poés., observer de nouveau les astres ‖ parcourir de nouveau : +C Poés. ‖ [passif] C Poés.; ***pelago remenso*** C Poés., la mer étant parcourue de nouveau ¶ **2** [fig.] repasser dans son esprit : +C Pros. ‖ passer de nouveau en revue, raconter de nouveau : +C Pros. ¶ **3** [plais[t]] +C Pros.

rēmex, *ĭgis*, m., rameur : C Pros. ‖ [collectif] rameurs : C Poés., Pros. ‖ ***uno remige*** +C Théât., avec un seul et même rameur [Charon]

Rēmi, *ōrum*, m. pl., les Rèmes [peuple de la Gaule Belgique] : C Pros. ‖ la capitale des Rèmes [auj. Reims] : T Pros.

rēmĭgātĭo, *ōnis*, f., action de ramer, manœuvre à la rame : C Pros.

rēmĭgĭum, *ĭi*, n. ¶ **1** rang de rames, rames : -C Théât., C Poés.; [prov.] -C Théât. ¶ **2** manœuvre des rames, marche à la rame, navigation : C Pros. ¶ **3** rameurs, matelots, équipage : C Poés., Pros., +C Pros. ¶ **4** [fig.] ***remigio alarum*** C Poés., par le mouvement des ailes

rēmĭgō, *ās, āre, āvī, ātum* ¶ **1** intr., ramer : C Pros. ¶ **2** tr., conduire en ramant : T Pros.

rĕmĭgrō, *ās, āre, āvī, ātum*, intr., revenir habiter : [avec *in* acc.] C Pros.; [abs[t]] C Pros. ‖ [fig.] revenir : -C Théât.; ***ad justitiam*** C Pros., revenir à la justice (rentrer dans la légalité)

rĕmĭniscentĭa, *ae*, f., réminiscence, ressouvenir : T Pros.

rĕmĭniscŏr, *scĕrĭs, scī, -*, intr. et tr. ¶ **1** intr., rappeler à son souvenir, faire acte de souvenir [*recordari*, "se souvenir"] : [C] Pros. ‖ [avec gén.] se ressouvenir de : [C] Pros. ¶ **2** tr. ***a)*** se rappeler qqch. : [C] Pros., Poés. ‖ [avec prop. inf.] [C] Poés. ‖ [avec interr. indir.] [C] Pros. ***b)*** imaginer par réminiscence : [C] Pros., [+C] Pros.

rēmĭpēs, *ĕdis*, m., f., qui avance au moyen de rames : [T] Poés.

rĕmiscĕō, *ēs, ēre, ŭī, mixtum* et *mistum*, tr., remêler : [+C] Pros. ‖ [fig.] mêler, mélanger [à diverses reprises, complètement] : [C] Poés., [+C] Pros.

rĕmīsī, parf. de *remitto*

rĕmissārĭus, *a, um*, qui desserre, qui donne du jeu [barre] : [-C] Pros.

rĕmissē, adv., avec du relâchement, d'une façon libre, non rigoureuse : [C] Pros. ‖ doucement, sans véhémence, d'une manière apaisée, sans âpreté : [C] Pros. ‖ ***remissius*** [C] Pros., sans trop d'application

rĕmissĭo, *ōnis*, f. ¶ **1** action de renvoyer, renvoi : [C] Pros. ‖ [fig.] réflexion [de la lumière] : [C] Pros. ¶ **2** action de détendre, de relâcher ***a) superciliorum*** [C] Pros., défroncement des sourcils ; ***vocis*** [C] Pros., abaissement de la voix ***b)*** [fig.] [C] Pros. ; ***remissio usus*** [C] Pros., relâchement des relations, relations moins suivies ; ***morbi*** [C] Pros., affaiblissement du mal ; ***poenae*** [C] Pros., adoucissement de la peine ‖ ***remissio animi*** [C] Pros., délassement, détente de l'esprit ; [sans *animi*] [C] Pros., [+C] Pros. ¶ **3** abandon, remise : [d'une peine] [+C] Pros. ‖ ***tributi in triennium*** [+C] Pros., remise d'impôts pour trois ans ; ***post magnas remissiones*** [+C] Pros., après de grandes remises [de fermages]

rĕmissus, *a, um* ¶ **1** part. de *remitto* ¶ **2** adj[t], relâché, détendu ***a)*** adouci : ***remissior ventus*** [C] Pros., vent plus calme ; ***remissiora frigora*** [C] Pros., froids plus atténués, moins vifs ***b)*** [en bonne part] doux, indulgent : [C] Pros. ‖ calme, tranquille, paisible : [C] Pros. ‖ qui a de l'abandon, de l'enjouement : [C] Pros., [+C] Pros. ***c)*** [en mauv. part] mou, apathique, sans énergie, indolent, indifférent : [C] Pros. ***d)*** abaissé [prix] : ***remissior aestimatio*** [C] Pros., évaluation plus basse ‖ ***remississimus*** [+C] Pros.

rĕmistus, part. de *remisceo*

rĕmittō, *ĭs, ĕre, mīsī, missum*, tr. ¶ **1** renvoyer ***a) aliquem domum*** CAES., renvoyer qqn chez lui ; ***aliquem ad aliquem remittere*** CIC., renvoyer qqn à qqn ; [à propos de l'écho] renvoyer un son, des paroles : VIRG., HOR., OV. ***b)*** renvoyer = envoyer en retour : ***litteras alicui remittere*** CAES., écrire une lettre en réponse à qqn ; ***telum remittere*** SALL., renvoyer un trait (à l'ennemi) ; ***nuntium remittere*** CIC., → 2 nuntius ***c)*** renvoyer loin de soi, rejeter : ***opinionem remittere animo*** CIC., rejeter une opinion loin de son esprit ¶ **2** relâcher, détendre ***a) habenas remittere*** CIC., lâcher les rênes ; ***vincla remittere*** OV., relâcher des liens ; ***bracchia remittere*** VIRG., laisser détendre ses bras (= ralentir le mouvement de ses bras) ; ***remittere animum*** CIC., calmer, détendre l'esprit ; ***remittere animos a certamine*** LIV., refroidir l'ardeur des combattants ***b)*** [intr.] se calmer : ***ventus remittit*** CAES., le vent a une accalmie ; ***dolores remittunt*** TER., CIC., les douleurs se calment ‖ ***se remittere***, même sens : ***furor se remisit*** OV., son égarement se calma ‖ [avec sujet de personnes] se détendre, se donner du loisir : NEP. ; ***remitti*** PLIN. *Ep.*, même sens ¶ **3** abandonner, renoncer à ***a) aliquid remittere*** CIC., abandonner qqch., renoncer à qqch. ; ***aliquid de aliqua re*** [ou] ***aliquid alicujus rei***, abandonner un peu de qqch. : ***aliquid de severitate remittere*** CIC., abandonner un peu de sa sévérité ; [avec inf.] renoncer à : TER., SALL. ***b)*** faire remise de : ***multam remittere*** CIC., faire remise d'une amende ; ***stipendium remittere*** CAES., faire remise d'une contribution de guerre ; ***poenam alicui remittere*** LIV., faire remise d'un châtiment à qqn ; ***de summa remittere*** CIC., faire une remise sur une somme totale ‖ [chrét.] remettre (les péchés) : VULG. ***c)*** [d'où] concéder, permettre : ***alicui aliquid remittere*** CIC., concéder, permettre qqch. à qqn ; ***alicui remittere ut*** CIC., concéder à qqn de ; [avec inf.] permettre de : OV.

rēmĭvăgus, *a, um*, qui va au moyen de la rame : [C] Poés.

rĕmixtus, *a, um*, part. de *remisceo*

Remmĭa lex, f., loi Remmia [de Remmius, sur les accusations non fondées] : [C] Pros.

Remmĭus, *ĭi*, m., nom d'une fam. rom. : [+C] Pros. ‖ Remmius Palémon, grammairien : [+C] Pros. ; → *Palaemon*

rĕmōlĭŏr, *īrĭs, īrī, ītus sum*, tr. ¶ **1** déplacer (écarter loin de soi) : [C] Poés. ‖ enfoncer, briser : [+C] Poés. ¶ **2** soulever de nouveau : ***arma*** [+C] Poés., reprendre les armes ‖ [sens passif] → *remolitus*

rĕmōlītus, *a, um*, part. de *remolior* ‖ [passiv[t]] bouleversé, démoli : [+C] Théât.

rĕmollescō, *ĭs, ĕre, -, -*, intr. ¶ **1** se ramollir : [C] Poés. ¶ **2** [fig.] s'amollir, s'énerver : [C] Pros. ‖ s'apaiser, s'adoucir : [C] Poés.

rĕmollĭō, *īs, īre, -, ītum*, tr. ¶ **1** [fig.] amollir : [+C] Pros. ¶ **2** amollir, énerver : [C] Poés. ‖ adoucir, fléchir : [+C] Pros.

Remōn (Remmon), f., ville de Judée : [T] Pros.

rĕmŏnĕō, *ēs, ēre, -, -*, tr., avertir de nouveau : [+C] Pros.

1 **rĕmŏra**, *ae*, f., retard, obstacle : [-C] Théât.

2 **Rĕmŏra**, *ae*, f., nom proposé pour désigner Rome (la ville de Rémus) : [-C] Pros., [C] Pros.

rĕmōram, contr. pour *removeram*, → *removeo*

rĕmŏrāmĕn, *ĭnis*, n., retard, empêchement : [C] Poés.

rĕmŏrātus, *a, um*, part. de *remoror*

rĕmordĕō, *ēs, ēre, -, morsum*, [fig.] mordre à son tour : [C] Poés. ‖ ronger en retour [le coeur], mordre de nouveau : ***peccata remordent*** [C] Poés., le remords de la faute ronge [l'âme] ; [C] Poés.

rĕmŏrŏr, *ārĭs, ārī, ātus sum* ¶ **1** intr., s'arrêter, rester, séjourner : [-C] Théât., [C] Poés., Pros. ¶ **2** tr., retarder, arrêter, retenir, empêcher : [C] Pros. ‖ [avec *quominus* subj.] empêcher de : [C] Pros.

rĕmōtē** [inus.] compar., ***remotius [C] Pros., plus au loin ; ***remotissime*** [T] Pros.

rĕmōtĭo, *ōnis*, f. ¶ **1** action d'éloigner, d'écarter : [C] Pros. ¶ **2** [fig.] ***criminis*** [C] Pros., action de faire retomber sur autrui une accusation

rĕmōtus, *a, um* ¶ **1** part. de *removeo* ¶ **2** adj[t] ***a)*** éloigné, retiré, écarté, situé à l'écart : [C] Pros. ; ***remotius antrum*** [C] Poés., une grotte un peu à l'écart ‖ ***remotus ab oculis*** [C] Pros., éloigné des regards ; ***oculis*** [+C] Pros. ‖ ***in remoto*** [+C] Pros., au loin ***b)*** [fig.] éloigné de qqch., qui s'écarte de : [C] Pros. ; ***a culpa remotus*** [C] Pros., exempt de faute ; ***remotus a dialecticis*** [C] Pros., étranger à la dialectique ***c)*** [phil.] n. pl., ***remota = rejecta***, choses, biens que l'on rejette [doctrine stoïcienne] : [C] Pros.

rĕmŏvĕō, *ēs, ēre, mōvī, mōtum*, tr., écarter, éloigner : ***aliquid ex conspectu, ex oratione*** [C] Pros., écarter qqch. de la vue, d'un discours ; ***aliquid de medio*** [C] Pros., faire disparaître qqch. ; ***aliquid ab oculis*** [C] Pros., éloigner qqch. des regards ; ***aliquem quaestura*** [+C] Pros., priver qqn de la questure, ôter à qqn la questure ‖ ***se ab omni negotio*** [C] Pros., s'éloigner complètement des affaires ; ***se ab amicitia alicujus*** [C] Pros., rompre avec qqn ‖ ***minis removeri*** [C] Pros., être détourné [de son intention] par les menaces ‖ ***remoto joco*** [C] Pros., plaisanterie à part

Rempha (Rempham), idole des israélites : [T] Pros.

rĕmūgĭō, *īs, īre, -, -*, intr. ¶ **1** répondre par des mugissements : [C] Poés. ¶ **2** [fig.] ***a)*** gronder en retour : ***(Sibylla) antroque remugit*** [C] Poés., [voilà en quels termes la Sibylle...] et elle répond en mugissant dans son antre ***b)*** retentir, résonner : [C] Poés.

rĕmulcĕō, *ēs, ēre, mulsī, mulsum*, tr. ¶ **1** caresser : [+C] Pros. ‖ apaiser, calmer : [+C] Poés. ‖ charmer : [+C] Pros. ¶ **2** replier, ramener : [C] Poés., [+C] Pros.

rĕmulcum, *i*, n., [le nom. est inusité] corde pour haler, câble pour remorquer : ***remulco abstrahere*** [C] Pros. ; ***adducere*** [C] Pros. ; ***trahere*** [C] Pros., remorquer

rĕmulsus, *a, um*, part. de *remulceo*

Rĕmŭlus, *i*, m. ¶ **1** roi d'Albe, foudroyé pour avoir voulu imiter la foudre : [C] Poés. ¶ **2** nom de guerrier : [C] Poés.

rĕmūnĕrātĭō, *ōnis*, f., rémunération, récompense, reconnaissance : C Pros.

rĕmūnĕrātŏr, *ōris*, m., rémunérateur : +C Pros.

rĕmūnĕrātus, *a, um*, part. de *remuneror* ‖ sens pass.

rĕmūnĕrŏr, *ārĭs, ārī, ātus sum*, tr., donner un présent en retour, témoigner sa reconnaissance, récompenser, rémunérer : ***aliquem*** C Pros., payer qqn de retour ; ***aliquem simillimo munere*** C Pros., offrir en retour à qqn un présent tout semblable ; ***aliquem magno praemio*** C Pros., payer qqn d'une grande récompense ; ***officiis alicujus beneficia*** C Pros., payer de bons offices les services de qqn ; ***sophisma*** +C Pros., payer de retour un sophisme, y répliquer

Rĕmūrĭa, n. pl., V. *Lemuria* d'après C Poés.

rĕmurmŭrō, *ās, āre, āvī, ātum* ¶ **1** intr., répondre par un murmure, murmurer, retentir : C Poés. ¶ **2** tr., répéter, redire tout bas : +C Poés. ‖ murmurer une objection, un reproche : +C Pros.

1 **rēmus**, *i*, m., rame, aviron : ***pulsus remorum*** C Pros., impulsion, action des rames ; ***remis contendere*** C Pros., faire force de rames ; ***remis insurgere*** C Poés., peser sur les rames ; +C Pros. ‖ [prov.] ***velis remisque*** C Pros., à force de voiles et de rames, ou ***ventis remis*** C Pros., avec les vents et les rames [= par tous les moyens possibles] ‖ [fig.] ***dialecticorum remis*** C Pros., avec les rames de la dialectique ‖ [poét.] ***remi alarum*** C Poés. ; ***pennarum*** +C Poés., les ailes

2 **Rēmus**, *i*, m., un Rème [Gaule Belgique] : C Pros. ; pl., les Rèmes : C Pros.

3 **Rĕmus**, *i*, m., frère de Romulus : C Pros. ‖ ***Remi nepotes*** C Poés., les Romains

***rēn**, *rēnis*, m., sg. inus., V. *renes*

rĕnarrō, *ās, āre, -, -*, tr., faire le récit [à nouveau] de, raconter une seconde fois : C Poés.

rĕnascŏr, *scĕrĭs, scī, nātus sum*, intr. ¶ **1** renaître : C Pros. ; [avec *de*] C Poés. ; [avec *ex*] ¶ **2** [fig.] ***bellum renatum*** C Pros., guerre rallumée ; ***vocabula renascentur*** C Poés., des mots renaîtront ; C Pros. ¶ **3** [chrét.] être régénéré [par le baptême] : T Pros.

rĕnătātus, part. de *renato*

rĕnătō, *ās, āre, -, -*, intr., tr., ***renatatus*** T Pros., retraversé à la nage

rĕnātus, *a, um*, part. de *renascor*

rĕnāvĭgō, *ās, āre, āvī, -* ¶ **1** intr., revenir par mer à : C Pros. ¶ **2** tr., retraverser [un fleuve] : +C Théât.

rĕnĕō, *ēs, ēre, -, -*, tr., filer de nouveau [parce que ce qui était filé est défait] : C Poés.

rēnes, *um* et qqf. *ĭum*, m. pl. ¶ **1** reins : C Pros. ¶ **2** lombes, dos : T Pros.

rĕnīdĕō, *ēs, ēre, -, -*, intr. ¶ **1** renvoyer des rayons, reluire, briller : ***auro renidere*** C Poés., avoir l'éclat de l'or ¶ **2** [fig.] rayonner, être épanoui, être riant : ***homo renidens*** C Pros., l'homme souriant ; ***renidens Scaevinus*** +C Pros., Scaevinus avec un sourire entendu ; ***ore renidenti*** C Poés., avec un visage riant ‖ [acc. adv.] +C Pros. ‖ [avec inf.] C Poés.

rĕnīdescō, *ĭs, ĕre, -, -*, intr., commencer à briller, briller [en retour] : C Poés.

rĕnīsŭs, *ūs*, m., résistance : +C Pros.

rĕnītŏr, *tĕrĭs, tī, nīsus sum*, intr., faire effort contre, résister, s'opposer : C Pros., +C Pros.

rĕnīxus, V. *renisus*

1 **rĕnō**, *ās, āre, -, -*, intr., surnager : C Poés.

2 **rēno**, *ōnis*, m., casaque de fourrure [portée par les Gaulois et les Germains] : C Pros., T Pros.

rĕnōdātus, *a, um*, part. de *renodo*

rĕnōdō, *ās, āre, -, ātum*, tr., dénouer ; C Poés. ; [poét.] ***renodata pharetris*** +C Poés., débarrassée de son carquois

rĕnŏvāmen, *ĭnis*, n., métamorphose : C Poés.

rĕnŏvātĭō, *ōnis*, f., renouvellement [pr. et fig.] : C Pros. ‖ cumul des intérêts : C Pros.

rĕnŏvātus, *a, um*, part. de *renovo*

rĕnŏvellō, *ās, āre, -, -*, tr., renouveler : +C Pros.

rĕnŏvō, *ās, āre, āvī, ātum*, tr. ¶ **1** renouveler : C Poés., Pros. ; ***templum*** C Pros., rétablir un temple ¶ **2** [fig.] ***a)*** renouveler, reprendre, recommencer : C Pros. ‖ faire reparaître : ***molestiam*** C Pros. ; ***memoriam rei*** C Pros., renouveler un chagrin, faire revivre le souvenir de qqch. ***b)*** reprendre, répéter [une chose dite] : C Pros. ‖ [avec *ut*] C Pros. ***c)*** renouveler, rafraîchir, remettre en état : ***corpora animosque*** C Pros., renouveler les forces physiques et morales ; ***se novis copiis*** C Pros., se refaire grâce à de nouvelles troupes

rĕnūdō, *ās, āre, āvī, ātum*, tr., mettre à nu, à découvert : +C Pros.

rĕnŭī, parf. de *renuo*

rĕnŭmĕrō, *ās, āre, āvī, ātum*, tr., compter, payer [en retour], rembourser : -C Théât.

rēnuncŭli, *ōrum*, m. pl., rognons : T Pros.

rĕnuntĭātĭō, *ōnis*, f., déclaration, annonce, publication : C Pros. ‖ proclamation [solennelle du candidat élu, ou du vote du projet de loi, faite par le magistrat qui préside les comices] : C Pros.

rĕnuntĭātus, *a, um*, part. de *renuntio*

rĕnuntĭō, *ās, āre, āvī, ātum*, tr.

I ¶ **1** annoncer en retour, rapporter, annoncer : C Pros. ¶ **2** [offic[t]] ***aliquid ad senatum*** C Pros. ; ***in concilium*** C Pros., rapporter qqch. au sénat, à l'assemblée ; ***legationem*** C Pros., rendre compte de sa mission ‖ [en part.] proclamer le nom du candidat élu [v. *renuntiatio*] : ***aliquem consulem*** C Pros. ; ***aliquem praetorem*** C Pros., proclamer qqn consul, préteur ¶ **3** annoncer publiquement : C Pros. ‖ [fig.] proclamer : C Pros. ¶ **4** ***sibi renuntiare***, se dire à soi-même : +C Pros.

II renvoyer, renoncer à ***a) ad aliquem*** -C Théât., se dédire d'une acceptation à dîner chez qqn (faire savoir à qqn qu'on se dégage de la promesse faite de dîner chez lui) ; ***alicui*** +C Pros., donner contre-ordre à qqn ; [pass. impers.] C Pros. ; [abs[t]] dénoncer un contrat : C Pros. ‖ abandonner la partie [p. ex., d. une lutte] : +C Pros. ***b) alicui hospitium*** C Pros., annoncer à qqn une rupture des liens d'hospitalité ; ***decisionem tutoribus*** C Pros., annoncer aux tuteurs qu'on renonce à l'accommodement ; V. *repudium* ***c) civilibus officiis*** +C Pros., renoncer aux affaires juridiques ‖ [chrét.] renoncer [au monde, au péché, au diable] : +C Pros., T Pros.

rĕnuntĭus, *ĭī*, m., second messager : -C Théât.

rĕnŭō, *ĭs, ĕre, nŭī, -* ¶ **1** intr., faire un signe négatif, ne pas consentir : C Pros., +C Pros. ; [avec dat.] C Pros., +C Pros. ¶ **2** tr., refuser : C Pros. ‖ prohiber, défendre : C Pros.

Rēnus, V. *Rhenus*

rĕnūtō, *ās, āre, -, -*, intr., refuser : C Poés.

rĕnūtŭs, *ūs*, m., refus : +C Pros.

rĕŏr, *rērĭs, rērī, rătus sum*, tr., [primitiv[t]] compter, calculer, [d'où ord[t]] penser, croire ***a)*** [avec prop. inf.] C Pros. ***b)*** [avec un attribut à l'acc.] C Pros. ***c)*** [parenthèse] ***reor*** C Pros., je pense ; ***ut potius reor*** C Poés., comme c'est plutôt mon idée ; ***ut rebare*** C Poés., comme tu le pensais ; V. *ratus*

rĕpāgŭla, *ōrum*, n. pl., barres de clôture, ¶ **1** barre de fermeture [de portes à deux battants] : C Pros. ‖ barrière : C Poés., +C Poés. ¶ **2** [fig.] barrière : C Pros. ¶ **3** sg., ***repagulum*** T Pros., barrière

rĕpandĭrostrus, *a, um*, qui a le museau retroussé : -C d. +C Pros.

rĕpandō, *ĭs, ĕre, -, -*, tr., ouvrir : +C Pros.

rĕpandus, *a, um*, retroussé : -C Poés. ; ***repandi calceoli*** C Pros., souliers à pointes relevées ‖ épanoui [en parl. d'un lys] : T Pros.

rĕpangō, *ĭs, ĕre, -, -*, tr., mettre en terre, enfouir : +C Pros.

rĕpărābĭlis, *e*, qu'on peut acquérir de nouveau : +C Pros., Poés. ‖ réparable : C Poés. ‖ qui reproduit [écho] : +C Poés. ‖ toujours prêt : T Pros.

rĕpărātĭō, *ōnis*, f., rétablissement, renouvellement : T Poés.

rĕpărātŏr, *ōris*, m., réparateur, restaurateur [surnom de Janus] : +C Poés.

rĕpărātus, *a, um*, part. de *reparo*

rĕparcō, *ĭs*, *ĕre*, *-*, *-*, intr., être chiche de, s'abstenir : [C] Poés. ; V. *reperco*

rĕpărō, *ās*, *āre*, *āvī*, *ātum*, tr. ¶ **1** préparer de nouveau : ***bellum*** [C] Pros., préparer de nouveau la guerre ‖ remettre en état : ***exercitum*** [C] Pros., remettre sur pied une armée, la reconstituer ; ***tribuniciam potestatem*** [C] Pros., restaurer, faire revivre la puissance tribunicienne ‖ réparer, retrouver, rétablir : [C] Pros. ‖ rafraîchir, refaire rendre des forces à : [C] Poés., [+C] Pros. ¶ **2** acquérir à la place, en retour, en échange : [C] Poés. ¶ **3** [pass.] renaître, être ressuscité : [+C] Pros.

rĕpastĭnātĭo, *ōnis*, f., binage, seconde façon donnée à la terre, second labour : [C] Pros.

rĕpastĭnō, *ās*, *āre*, *āvī*, *ātum*, tr., remuer de nouveau avec la houe, biner, [ou simplt] défoncer un terrain, défricher : [C] Pros.

rĕpectō, *ĭs*, *ĕre*, *-*, *pexum*, tr., peigner de nouveau : [C] Poés., [+C] Poés.

rĕpĕdābĭlis, *e*, qui recule : [+T] Poés.

rĕpĕdō, *ās*, *āre*, *āvī*, *ātum*, intr., [avec acc. d'objet intér.] ***gradum a...*** [-C] Théât., s'éloigner de ...

rĕpellō, *ĭs*, *ĕre*, *reppŭlī* (*rĕpŭlī*), *rĕpulsum*, tr., repousser, écarter, refouler : [-C] Théât. ; ***hostes a castris*** [C] Pros., chasser les ennemis loin du camp ; ***aliquem a consulatu*** [C] Pros., écarter qqn du consulat ; ***dolorem a se*** [C] Pros., chasser loin de soi la douleur ‖ ***aliquem foribus*** [C] Poés., éloigner qqn de la porte ‖ repousser un point d'appui pour s'élever dans les airs : [C] Poés. ‖ renvoyer, faire rebondir : [C] Poés.

rĕpendō, *ĭs*, *ĕre*, *pendī*, *pensum*, tr. ¶ **1** contrepeser, contrebalancer : [C] Poés. ¶ **2** payer en échange : [C] Pros. ¶ **3** [fig.] contrebalancer, compenser : [C] Poés., [+C] Pros. ‖ acheter en échange : ***incolumitatem turpitudine*** [+C] Pros., payer son salut de la honte ‖ payer en échange, donner comme compensation : [C] Poés. ‖ payer en retour [ce qui est dû] : [+C] Pros.

1 **rĕpens**, *tis* ¶ **1** subit, imprévu, soudain : [C] Pros. ‖ advt, soudainement : [C] Poés. ¶ **2** récent : [+C] Pros.

2 **rēpens**, *tis*, part. de *repo*

rĕpensō, *ās*, *āre*, *āvī*, *ātum*, tr., compenser : ***merita meritis*** [+C] Pros., rendre service pour service ‖ ***caput auro*** [+C] Pros., payer une tête son poids d'or

rĕpensus, *a*, *um*, part. de *rependo*

rĕpentĕ, adv., tout à coup, soudainement, soudain : [-C] Théât., [C] Pros.

rĕpentīnō, adv., C. *repente* : [-C] Théât., [C] Pros., [+C] Pros.

rĕpentīnus, *a*, *um*, subit, imprévu, soudain : [C] Pros. ‖ ***de repentino***, soudainement : [+C] Pros.

rĕperco, V. *reparco* : [-C] Théât.

rĕpercussĭo, *ōnis*, f., réflexion de la lumière : [+C] Pros.

1 **rĕpercussus**, *a*, *um*, part. de *repercutio*

2 **rĕpercussŭs**, *ūs*, m., action de repousser, de renvoyer : [+C] Pros. ‖ répercussion de la voix : [+C] Pros.

rĕpercŭtĭō, *ĭs*, *ĕre*, *cussī*, *cussum*, tr. ¶ **1** repousser par un choc, refouler : [+C] Pros. ‖ [fig.] rendre un coup [riposter à une attaque] : [+C] Pros. ¶ **2** au pass. ***a)*** être renvoyé, répercuté : ***repercussae voces*** [+C] Pros., les cris répercutés ; [poét.] ***repercussae valles*** [C] Pros., l'écho des vallées ***b)*** être réfléchi, réverbéré, reflété : [C] Poés. ; ***repercusso Phoebo*** [C] Poés., à Phoebus [le soleil] réfléchi [dont les rayons sont réfléchis] ; [poét.] ***aere repercusso*** [C] Poés., l'airain renvoyant l'image

rĕpĕrĭō, *īs*, *īre*, *reppĕrī* et *rĕpĕrī*, *repertum*, tr. ¶ **1** retrouver : ***parentes*** [-C] Théât., retrouver ses parents ; [C] Pros. ‖ découvrir, dénicher : [-C] Théât., [C] Pros. ¶ **2** trouver après recherche, découvrir, se procurer : [C] Pros. ‖ [avec interrog. indir.] : [C] Pros. ‖ [avec deux acc.] : [-C] Théât., [C] Pros. ‖ [avec prop. inf.] : [C] Pros. ¶ **3** trouver du nouveau, imaginer : [-C] Théât., [C] Pros. ‖ pl. n., ***reperta***, découvertes, inventions : [C] Poés.

rĕperta, *ōrum*, V. *reperio*, fin

rĕpertīcius, *a*, *um*, trouvé, recueilli sur la voie publique [enfant] : [C] Pros.

rĕpertŏr, *ōris*, m., inventeur, auteur : [C] Poés., Pros., [+C] Pros. ; ***hominum rerumque*** [C] Poés., créateur des hommes et des choses ; ***perfidiae*** [C] Pros., artisan de ruses ; [en parlant de Dieu] [T] Poés.

rĕpertrix, *īcis*, f., inventrice : [+C] Pros.

1 **rĕpertus**, *a*, *um*, part. de *reperio*

2 **rĕpertŭs**, *ūs*, m., action de retrouver : [+C] Pros. ‖ action de trouver, invention : [+C] Pros.

rĕpĕtentĭa, *ae*, f., acte du ressouvenir : [C] Poés., [T] Pros.

rĕpĕtītĭo, *ōnis*, f., répétition, redite : [C] Pros., [+C] Pros.

rĕpĕtītŏr, *ōris*, m., celui qui réclame : [C] Poés.

rĕpĕtītus, *a*, *um*, part. de *repeto*

rĕpĕtō, *ĭs*, *ĕre*, *īvī* ou *ĭī*, *ītum*, tr. ¶ **1** aller rechercher, chercher à atteindre de nouveau ***a)*** aller rechercher : ***aliquem repetere*** Ter., aller rechercher qqn ; ***impedimenta repetere*** Caes., aller rechercher ses bagages ***b)*** regagner (un lieu) : ***urbem repetere*** Virg., regagner la ville ; ***praesepia repetere*** Virg., rentrer à l'étable ; ***pugnam repetere*** Liv., retourner au combat ***c)*** attaquer de nouveau : ***bis repetere*** Quint., reprendre deux fois l'offensive ¶ **2** [d'où] réclamer, revendiquer : ***in judicio suas res repetere*** Cic., réclamer ses biens en justice ; ***promissa repetere*** Cic., réclamer l'exécution d'une promesse ; ***ab aliquo poenas vi repetere*** Cic., vouloir tirer de vive force un châtiment de qqn ; ***civitatem in libertatem repetere*** Liv., réclamer une cité pour (la rendre à) la liberté = vouloir rendre une cité à la liberté ¶ **3** aller chercher par la pensée ***a)*** évoquer : ***memoriam alicujus rei repetere*** Cic., évoquer le souvenir de qqch. ; ***aliquid animo repetere*** Virg., se rappeler qqch. ; [avec prop. inf.] se rappeler que : Plin. *Ep.* ***b)*** aller chercher en arrière, remonter : ***altius aliquid repetere*** Cic., aller chercher qqch. plus haut = remonter plus haut pour raconter qqch. ; [abst] ***repetere ab Erechtheo*** Cic., remonter à Erechthée ‖ [d'où] faire partir de, tirer de : ***stirpem juris a natura repetere*** Cic., faire partir de la nature l'origine du droit ; ***fabulae ab ultima antiquitate repetitae*** Cic., récits tirés de la plus haute antiquité ¶ **4** recommencer, reprendre, revenir à ou sur : ***studia repetere*** Cic., reprendre des études ; ***vetera consilia repetere*** Cic., revenir à d'anciens projets ; ***praetermissa repetere*** Cic., revenir sur des questions omises ; [avec inf.] se remettre à faire qqch. : Lucr.

rĕpĕtundae pecuniae, concussion, réclamations sur des sommes indûment enlevées : [C] Pros.

rĕpexus, *a*, *um*, part. de *repecto*

rĕpigratus, *a*, *um*, part. de *repigro*

rĕpĭgrō, *ās*, *āre*, *-*, *ātum*, tr., ralentir, diminuer : [+C] Pros.

rĕpingō, *ĭs*, *ĕre*, *-*, *-*, tr., recolorer : [+T] Poés. ‖ [fig.] tracer, figurer : [+T] Poés.

rĕplantō, *ās*, *āre*, *āvī*, *ātum*, tr., replanter : [T] Pros.

replaudō, *ĭs*, *ĕre*, *-*, *-*, tr., frapper à coups redoublés : [+C] Pros.

rĕplĕō, *ēs*, *ēre*, *plēvī*, *plētum*, tr. ¶ **1** emplir de nouveau, remplir : ***exhaustas domos*** [C] Pros., remplir les maisons vidées ; ***scrobes repletae*** [C] Poés., trous comblés ¶ **2** [pr. et fig.] compléter, parfaire : ***consumpta*** [C] Pros., réparer les pertes ; ***exercitum*** [C] Pros., remettre son armée au complet ‖ ***quod deest*** [C] Poés., suppléer ce qui manque ¶ **3** remplir : [C] Pros. ; ***corpora carne*** [C] Poés., se rassasier de chair ; ***montes gemitu*** [C] Poés., remplir les monts de gémissements ¶ **4** part., **repletus**, *a*, *um* ***a)*** plein, rempli : ***repleti amnes*** [C] Poés., les fleuves remplis [de cadavres] ***b)*** [avec abl.] plein de : [C] Poés., [+C] Pros. ; ***trepido terrore*** [C] Poés., tremblant de peur ; [C] Pros. ***c)*** [avec gén.] : [C] Pros.

rĕplētus, *a*, *um*, V. *repleo* ¶ 4

rĕplĭcābĭlis, *e*, digne d'être répété : [+T] Poés.

rĕplĭcātĭo, *ōnis*, f. ¶ **1** retour sur soi-même, révolution [céleste] : [C] Pros. ¶ **2** répétition : [T] Pros.

rĕplĭcātus, *a*, *um*, part. de *replico*

rĕplĭcō, *ās*, *āre*, *āvī*, *ātum*, tr.

I plier en arrière ¶ **1** replier, recourber : [-C] Pros. ; ***labra*** [+C] Pros., retrousser les lèvres ; [fig.] [+C] Pros. ¶ **2** renvoyer, refléter [les rayons] : [+C] Pros.

II déplier, déployer ***a)*** dérouler le manuscrit d'un auteur = lire : [T] Pros. ***b)*** [fig.] parcourir : ***memoriam temporum*** [C] Pros. ; ***annalium memoriam*** [C] Pros., parcourir, compulser l'histoire ***c)*** faire apparaître en se déroulant : [C] Pros. ***d)*** dérouler dans son esprit, repasser : [+C] Pros.

rĕplictus, ***a, um***, sync. de *replicatus*

rĕplum, ***i***, n., châssis [d'un panneau] : [C] Pros. ‖ [méc.] partie du tiroir de la baliste : [C] Pros.

rĕplumbō, ***ās, āre***, -, -, tr., dessouder : [+C] Pros.

rĕplŭō, ***ĭs, ĕre***, -, -, intr., pleuvoir à l'encontre, riposter par de la pluie : [C] Pros.

rēpō, ***ĭs, ĕre, repsī, reptum***, intr. ¶ **1** ramper [êtres vivants] : [C] Poés., Pros. ¶ **2** marcher difficilement, se traîner, faire ses premiers pas : [+C] Pros. ‖ marcher lentement : [C] Poés. ‖ ***aqua repit*** [+C] Pros., l'eau s'infiltre ; ***ignis repit*** [C] Poés., le feu s'insinue

rĕpŏlĭō, ***īs, īre***, -, -, tr., nettoyer de nouveau [du grain] : [+C] Pros.

rĕpondĕrō, ***ās, āre***, -, -, tr., rendre l'équivalent de [fig.], payer en retour, rendre : [T] Pros.

rĕpōnō, ***ĭs, ĕre, pŏsŭī, pŏsĭtum***, tr. ¶ **1** poser, déposer, mettre de côté ***a)*** poser, placer, mettre : ***in aliqua re caput reponere*** CIC., poser sa tête sur qqch. ; ***spem omnem in aliqua re reponere*** CAES., placer tout son espoir dans qqch. ; ***in deorum numero aliquem reponere*** CIC., mettre qqn au nombre des dieux ‖ ***aliquem pro aliquo reponere*** CIC., mettre une personne à la place d'une autre ; [d'où] mettre à la place : ***aliquid delere et aliam rem reponere*** CIC., effacer qqch. et mettre autre chose à la place ***b)*** déposer : ***membra toro reponere*** VIRG., déposer un cadavre sur le lit funèbre ; ***caestus reponere*** VIRG., déposer ses gantelets ***c)*** mettre de côté, mettre en réserve : ***fructus reponere*** CIC., mettre de côté les récoltes ; ***aliquid in hiemem reponere*** QUINT., mettre qqch. en réserve pour l'hiver ; ***scripta reponere*** QUINT., laisser reposer un ouvrage qu'on a écrit ; ***odium reponere*** TAC., réserver, renfermer sa haine ¶ **2** remettre à sa place ***a) suo loco lapidem reponere*** CIC., remettre une pierre à sa place ; ***pecuniam in thesauros reponere*** LIV., remettre l'argent au trésor ; ***aliquem in sceptra reponere*** VIRG., remettre qqn sur le trône ; ***aliquid in memoriam reponere*** QUINT., remettre qqch. en mémoire ***b)*** [en part.] remettre à sa place = ramener en arrière : ***cervicem reponere*** QUINT., renverser la tête en arrière ; ***crura reponere*** VIRG., ramener ses jambes en arrière ***c)*** remettre en état, restaurer : ***ruptos vetustate pontes reponere*** TAC., remettre en état des ponts rompus par le temps ***d)*** [d'où] rendre : ***alicui idem reponere*** CIC. *Fam.*, rendre à qqn la pareille ; ***injuriam reponere*** SEN., rendre une injustice

rĕporrĭgō, ***ĭs, ĕre***, -, -, tr., présenter de nouveau : [+C] Pros.

rĕportātus, ***a, um***, p. de *reporto*

rĕportō, ***ās, āre, āvī, ātum***, tr. ¶ **1** reporter, transporter en revenant, ramener : [C] Pros. ‖ rapporter avec soi : [C] Pros. ¶ **2** [poét.] rapporter une nouvelle, une réponse : [C] Poés. ‖ [avec prop. inf.] [C] Poés.

1 **rĕposcō**, ***ĭs, ĕre***, -, -, tr., réclamer ***a) aliquid ab aliquo*** [C] Pros., réclamer qqch. à qqn ***b)*** [avec deux acc.] : [C] Pros. ‖ [pass.] [+C] Pros. ***c)*** [en part.] ***ab aliquo poenas*** [C] Poés., punir qqn

2 **rĕposco**, ***ōnis***, m., celui qui réclame : [T] Pros.

rĕpŏsĭtōrĭum, ***ĭī***, n., surtout de table, plateau : [+C] Pros.

rĕpŏsĭtus (poét. **rĕpostus**), ***a, um*** ¶ **1** part. de *repono* ¶ **2** adj[t] ***a)*** écarté, éloigné, placé dans un lieu retiré : [C] Poés. ***b)*** subst. n., **repositum**, ***i***, chose mise en réserve : ***ex reposito fundere*** [+C] Pros., tirer d'une réserve

rĕpostŏr, ***ōris***, m., restaurateur [de temples] : [C] Poés.

rĕpŏsŭī, parf. de *repono*

rĕpōtĭa, ***ōrum***, n. pl. ¶ **1** fait de se remettre à boire après le repas : [+C] Pros. ¶ **2** ***a)*** nouveau festin [le lendemain de la noce] : [C] Pros. ***b)*** lendemain de noces : [C] Poés., [+C] Pros.

rĕpōtĭālis, ***e***, qui concerne la fête du lendemain : [-C] Théât.

reppĕrī, parf. de *reperio*

reppĕrĭō, V. → *reperio*

reppŭlī, parf. de *repello*

rĕpraesentātĭo, ***ōnis***, f. ¶ **1** action de mettre sous les yeux, représentation : [+C] Pros. ‖ hypotypose : [+C] Pros. ¶ **2** paiement en argent comptant : [C] Pros.

rĕpraesentātus, ***a, um***, part. de *repraesento*

rĕpraesentō, ***ās, āre, āvī, ātum***, tr. ¶ **1** rendre présent, mettre devant les yeux : [C] Pros., [+C] Pros. ‖ reproduire par la parole, répéter : [+C] Pros. ‖ reproduire, être l'image de : [C] Pros., [+C] Pros. ‖ ***se*** [+C] Pros., être présent ¶ **2** rendre effectif, faire sur-le-champ : [C] Pros., [+C] Pros. ‖ ***medicinam*** [C] Pros., appliquer immédiatement un remède ; ***improbitatem suam*** [C] Pros., faire éclater sans délai ses mauvais desseins ‖ ***repraesentata judicia*** [+C] Pros., actions judiciaires brusques, faites sans préparation ¶ **3** payer sans délai, payer comptant : [+C] Pros. ; ***pecuniam ab aliquo*** [C] Pros., payer une somme sur-le-champ par délégation sur qqn (faire payer par qqn)

rĕprĕhendō (**rĕprendō**), ***ĭs, ĕre, prendī, prensum***, tr. ¶ **1** saisir et empêcher d'avancer, retenir, arrêter : [-C] Théât., [C] Pros. ‖ [métaph.] mettre la main sur qqch. qu'on a laissé échapper : [-C] Théât., [C] Pros. ¶ **2** reprendre, blâmer, critiquer (***aliquem, aliquid***) : [C] Pros. ‖ ***aliquid in aliquo*** [C] Pros., reprendre qqch. dans qqn ; ***aliquem in eo, quod dicat*** [C] Pros., critiquer qqn ‖ [rhét.] réfuter : [C] Pros.

rĕprĕhensĭbĭlis, ***e***, répréhensible : [T] Pros.

rĕprĕhensĭo, ***ōnis***, f. ¶ **1** reprise [de qqch. d'omis] : [C] Pros. ¶ **2** blâme, critique : ***doctorum*** [C] Pros., la critique faite par des gens compétents (éclairés) ; ***vitae*** [C] Pros., critique de la vie ; ***reprehensionis aliquid habere*** [C] Pros., être l'objet de qq. critique ‖ ce qui est blâmé, défaut : [+C] Pros. ‖ [rhét.] réfutation : [C] Pros.

rĕprĕhensō, ***ās, āre***, -, -, tr., retenir sans se lasser : [C] Pros.

rĕprĕhensŏr, ***ōris***, m., censeur, critique : [C] Pros.

rĕprĕhensus, **rĕprensus**, ***a, um***, part. de *reprehendo*

rĕprendo, V. → *reprehendo*

rĕpressē** [inus.], compar., ***repressius [+C] Pros., avec plus de retenue

rĕpressī, parf. de *reprimo*

rĕpressŏr, ***ōris***, m., celui qui réprime : [C] Pros.

rĕpressus, ***a, um***, part. de *reprimo*

rĕprĭmō, ***ĭs, ĕre, pressī, pressum***, tr. ¶ **1** faire reculer en pressant, refouler, empêcher d'avancer, arrêter : [C] Pros. ; ***repressus, non oppressus*** [C] Pros., [ennemi] refoulé, non écrasé ¶ **2** [fig.] refouler, réprimer, contenir, arrêter : ***animi incitationem*** [C] Pros., réprimer l'ardeur de qqn ; ***fugam*** [C] Pros., arrêter la fuite ; ***conatus alicujus*** [C] Pros., réprimer les efforts de qqn ; ***se reprimere*** [-C] Théât. [ou abs[t]] ***reprimere*** [C] Pros., se contenir, s'arrêter de parler ; ***vix reprimor, quin*** [-C] Théât., j'ai peine à me retenir de ‖ ***itinera*** [C] Pros., diminuer les étapes, ralentir sa marche

rĕprŏbātĭo, ***ōnis***, f., réprobation : [+C] Pros.

rĕprōmissĭo, ***ōnis***, f., promesse [par stipulation, renforçant une obligation préexistante] : [C] Pros. ‖ [chrét.] promesse de rédemption, de vie éternelle. ; [T] Pros.

rĕprōmittō, ***ĭs, ĕre, mīsī, missum***, tr. ¶ **1** promettre par stipulation [pour renforcer une obligation préexistante] : [-C] Théât., [C] Pros. ¶ **2** [chrét.] promettre [le salut, l'éternité] : [T] Poés.

rĕprŏpĭtĭō, ***ās, āre***, -, -, tr., expier : [T] Pros.

repsī, parf. de *repo*

reptābundus, ***a, um***, qui se traîne, en se traînant : [+C] Pros.

reptātĭo, ***ōnis***, f., action de se traîner : [+C] Pros.

reptātus, ***a, um***, part. de *repto*, sur quoi l'on a rampé : [+C] Poés.

reptĭlis, ***e***, rampant : [T] Pros. ‖ subst. n., ***reptile***, reptile : [T] Pros.

reptō, ***ās, āre, āvī, ātum***, intr., ramper : [+C] Pros. ‖ se traîner, marcher lentement ou difficilement : [-C] d. [+C] Pros., [C] Pros. ‖ tr., parcourir en rampant, V. → *reptatus*

rĕpūbescō, ***ĭs, ĕre***, -, -, intr., rajeunir : [+C] Pros.

rĕpŭdĭātĭo, *ōnis*, f., action de rejeter, rejet, refus : [C] Pros.

rĕpŭdĭō, *ās, āre, āvī, ātum*, tr. ¶**1** repousser, ***aliquem***, qqn : [C] Pros. ‖ repousser, rejeter qqch. : ***legem*** [C] Pros., repousser une loi ¶**2** [en parl. des fiancés ou des mariés] repousser, répudier : [+C] Pros.

rĕpŭdĭōsus, *a, um*, qui mérite d'être rejeté, indigne : [-C] Théât.

rĕpŭdĭum, *ĭī*, n., rejet d'un mariage ou d'une alliance, répudiation, séparation, divorce : [-C] Théât., [+C] Pros. ; ***dicere*** [+C] Pros., signifier le divorce à sa femme ‖ renonciation à [avec gén.] : [+C] Pros.

rĕpŭĕrascō, *ĭs, ĕre, -, -*, intr., redevenir enfant [pr. et fig.] : [C] Pros.

rĕpugnans, part. prés. de *repugno*

rĕpugnantĕr, adv., à contre-cœur, de mauvaise grâce : [C] Pros.

1 **rĕpugnantĭa**, *ae*, f., désaccord, antipathie, opposition, incompatibilité : [C] Pros.

2 **rĕpugnantĭa**, *ĭum*, n. pl., ▶ *repugno* fin

rĕpugnātĭo, *ōnis*, f., résistance, opposition : [+C] Pros.

rĕpugnātōrĭus, *a, um*, [milit.] qui sert à défendre, de défense : [C] Pros.

rĕpugnō, *ās, āre, āvī, ātum*, intr. ¶**1** opposer de la résistance, résister : [C] Pros. ¶**2** [avec dat.] lutter contre : ***naturae*** [C] Pros., lutter contre la nature ‖ se défendre contre : [C] Pros. ‖ [poét. avec *ne*] s'opposer à ce que : [C] Poés. ‖ ***non repugnare quominus*** [C] Pros., ne pas s'opposer à ce que ; [avec inf.] [C] Poés. ; [avec prop. inf.] [C] Poés. ¶**3** être opposé par sa nature à qqch., être incompatible avec qqch. (***alicui rei***) : [C] Pros. ‖ ***haec inter se repugnant*** [C] Pros., ces choses sont contradictoires, incompatibles ‖ n. pl., **repugnantia**, *ium*, choses contradictoires : [C] Pros.

rĕpŭlī, parf. de *repello*

rĕpullescō, *ĭs, ĕre, -, -*, intr., ▶ *repullulo* : [+C] Pros.

rĕpullulō, *ās, āre, -, -*, intr., se propager, repousser ‖ [avec inf.] recommencer de : [T] Pros.

rĕpulsa, *ae*, f. ¶**1** échec [d'une candidature] : [C] Pros. ‖ ***repulsam ferre*** [C] Pros., subir une échec ¶**2** refus, fin de non-recevoir, échec : [C] Pros., Poés., [+C] Pros.

rĕpulsans, *tis*, part. de *repulso*

rĕpulsō, *ās, āre, -, -*, répercuter : [C] Poés. ‖ rejeter obstinément : [C] Poés.

rĕpulsōrius, *a, um*, propre à repousser, de défense : [T] Pros.

1 **rĕpulsus**, *a, um*, part. de *repello* ‖ adj[t], écarté, éloigné : [avec *ab*] [C] Poés.

2 **rĕpulsŭs**, *ūs*, m., réverbération : [C] Poés. ‖ répercussion : [C] Pros.

rĕpungō, *ĭs, ĕre, -, -*, tr., piquer à son tour : [C] Pros.

rĕpurgātus, *a, um*, part. de *repurgo*

rĕpurgō, *ās, āre, āvī, ātum*, tr. ¶**1** nettoyer : [C] Pros., [+C] Pros. ¶**2** enlever, ôter en nettoyant : [C] Poés. ¶**3** réfuter : [+C] Pros.

rĕpŭtātĭo, *ōnis*, f., réflexion, examen, considération : [+C] Pros.

rĕpŭtō, *ās, āre, āvī, ātum*, tr. ¶**1** supputer, calculer, prendre en compte, imputer : [C] Pros., [+C] Pros. ¶**2** examiner, méditer, réfléchir : [-C] Théât., [C] Pros. ‖ [avec prop. inf.] songer que, se dire que : [C] Pros. ; [avec interrog. indir.] [C] Pros. ‖ [avec *secum*] [-C] Théât., [C] Pros., [+C] Pros. ; [avec *cum animo*] [C] Pros. ; [*animo*] [C] Pros., même sens ¶**3** considérer, estimer comme : [T] Pros.

rĕquĭēs, *quĭētis*, f. ¶**1** relâche d'un travail, d'une fatigue, repos : ***curarum*** [C] Pros., relâche, trêve des soucis ; ***intervalla requietis*** [C] Pros., intervalles de repos ¶**2** [poét.] ▶ *1 quies* : [C] Poés. ¶**3** confiance : ***habere requiem in aliquo*** [T] Pros., avoir confiance en qqn [se reposer sur quelqu'un] ¶**4** repos éternel : [T] Pros.

rĕquĭescō, *ĭs, ĕre, quĭēvī, quĭētum*, intr., prendre du repos, se reposer [pr. et fig.] : [C] Pros. ; ***in alicujus sermone*** [C] Pros., se délasser en écoutant qqn ; ***in alicujus spe*** [C] Pros., se reposer sur qqn, compter sur qqn ‖ reposer [en parlant des morts] : [T] Pros.

rĕquĭētus, *a, um*, reposé : [C] Pros., Poés. ; ***terra requietior*** [+C] Pros., terre plus reposée

rĕquīrĭtō, *ās, āre, -, -*, tr., rechercher minutieusement, s'enquérir curieusement de : [-C] Théât.

rĕquīrō, *ĭs, ĕre, quīsīvī, quīsītum*, tr. ¶**1** rechercher, être à la recherche de, être en quête de (***aliquem, aliquid***, qqn, qqch.) : ***Varum requirebat*** [C] Pros., il recherchait Varus ; ***libros*** [C] Pros., être en quête de livres ‖ être en quête d'une réponse, d'une solution à une question, demander, s'informer : ***recte requiris*** [C] Pros., ta question est judicieuse ; ***ex aliquo aliquid*** [C] Pros., demander qqch. à qqn ; [avec interr. indir.] [C] Pros. ¶**2** rechercher, réclamer [une chose dont on a l'habitude et qui manque] : [C] Pros. ‖ [d'où] regretter l'absence de, désirer qqch. qui manque : [C] Pros. ‖ réclamer, avoir besoin de : [C] Pros.

rĕquīsītio, *ōnis*, f., recherche : [+C] Pros.

rĕquīsītus, *a, um* ¶**1** part. de *requiro* ¶**2** n. pl., ***requisita*** ***a)*** besoins : [C] d. [+C] Pros. ***b) ad requisita respondere*** [+C] Pros., être aux ordres de qqn

rērĕ, ▶ *rēris*, 2e pers. sg. indic. prés. de *reor*

rēs, *rĕī*, f. ¶**1** chose, fait ***a)*** chose : ***rerum divinarum et humanarum scientia*** Cic., la connaissance des choses divines et humaines ; ***est gloria solida quaedam res*** Cic., la gloire est une chose solide ; ***quoquo modo res se habet*** Cic., de quelque façon que la chose se présente, quoi qu'il en soit ; ***quarum rerum nihil*** Caes., rien de tout cela ***b)*** fait, événement, circonstance : ***res urbanae*** Cic., les faits de la vie civile ; ***res populi Romani*** Liv., les faits = l'histoire du peuple romain ; ***ut ipsa res declaravit*** Cic., comme l'événement lui-même l'a montré ; ***pro tempore et pro re***, selon le temps et les circonstances ; ***in secundissimis rebus*** Cic., dans les circonstances les plus favorables, quand tout va pour le mieux ***c)*** fait, réalité [par opp. aux paroles] : ***rem sectari, non verba*** Cic., s'attacher à la réalité (= au fond des choses), non aux mots ; ***de re magis quam de verbis laborare*** Cic., se préoccuper plus du fond que de la forme ; ***re vera*** Cic., en fait, en réalité ¶**2** affaire ***a) res seriae*** Cic., affaires sérieuses ; ***suarum rerum esse*** Liv., s'occuper de ses affaires ; ***ad rem redeamus*** Cic., revenons à notre affaire ; ***rem agitare*** Cic., traiter une affaire, une question ; ***nihil ad rem*** Cic., cela ne se rapporte en rien à l'affaire, ce n'est pas la question, peu importe ; ***quid ad rem ?*** Cic., quel rapport avec l'affaire ? = qu'importe ? ; ***hac de re*** Cic., sur cette question, sur ce point ***b)*** affaire judiciaire, litige : ***res capitalis*** Cic., affaire capitale ; ***rem cognoscere*** Cic., instruire une affaire ***c)*** affaire, relation d'affaires : ***re cum aliquo conjungi*** Cic., avoir avec qqn des relations d'affaires ; ***res alicui est cum aliquo*** Cic., qqn a affaire à qqn ¶**3** bien, patrimoine, fortune : ***rem augere*** Cic., augmenter son patrimoine ; ***rem mercaturis faciundis quaerere*** Cic., chercher la fortune en faisant du commerce ¶**4** [expr.] ***a)*** intérêt, avantage, utilité : ***in rem esse alicui*** [ou *alicujus*] Pl., Ter., être conforme à l'intérêt de qqn ; ***in rem est*** [+ inf.] Sall., il est utile de ; ***non ab re est*** [+ inf.] Liv., il n'est pas sans intérêt de ***b)*** cause, raison : ***qua de re ?*** Cic., pour quel motif ?, pourquoi ? ; ***ea re quod*** Cic., par cette raison que ***c) res publica*** [ou *res* seul], administration des affaires publiques, vie politique : ***in media re publica versari*** Cic., se mêler entièrement à la vie politique ‖ gouvernement, forme de gouvernement : ***rem publicam tenere*** Cic., être maître du gouvernement ; ***tria genera rerum publicarum*** Cic., trois types de gouvernement ‖ Etat : ***rem publicam componere*** Cic., former un Etat ; ***res Romana*** Cic., l'Etat romain

rĕsăcro, ▶ *resecro* : [C] Pros.

rĕsaevĭō, *īs, īre, -, -*, intr., faire rage de nouveau [fig.] : [C] Poés.

rĕsălūtātĭo, *ōnis*, f., salut rendu : [+C] Pros.

rĕsălūtō, *ās, āre, āvī, ātum*, tr., rendre son salut à, saluer en retour (***aliquem***) : [C] Pros., [+C] Poés.

rĕsalvō, *ās, āre, -, -*, tr., sauver une seconde fois : [T] Pros.

rĕsānescō, *ĭs, ĕre, sānŭī, -*, intr., revenir à la raison, redevenir sensé : [C] Poés., [T] Pros.

rĕsānō, *ās, āre, -, -*, tr., [fig.] corriger, réformer : P Pros.

rĕsarcĭō, *īs, īre, sarsī, sartum*, tr. ¶1 raccommoder : -C Théât., +C Pros. ¶2 [fig.] réparer [un dommage] : C Pros., +C Pros.

rĕsarsi, **rĕsartum**, ➡ *resarcio*

rescindō, *ĭs, ĕre, scĭdī, scissum*, tr. ¶1 séparer en déchirant ou en coupant, couper, déchirer, ouvrir : C Pros., Poés. ‖ rompre : ***pontem*** C Pros., un pont ¶2 [fig.] détruire, annuler, casser, abolir : ***acta Caesaris*** C Pros., les actes de César

rescĭō, *īs, īre, īvī (ĭī), ītum*, tr., savoir qqch. de caché, d'inattendu : +C Pros. ‖ au parf., -C d. +C Pros., -C Théât., C Pros.

resciscō, *ĭs, ĕre, -, -*, tr., venir à savoir : -C Théât. ‖ utilise le parf. de *rescio*

rescissus, *a, um*, part. de *rescindo*

rescrībō, *ĭs, ĕre, scrīpsī, scriptum*, tr. ¶1 écrire en retour, en réponse ***a) alicujus litteris*** C Pros. ou ***ad litteras alicujus*** C Pros., écrire en réponse à une lettre de qqn ***b)*** écrire (composer) en réplique (***alicui, alicui rei***, à qqn, à qqch.) : +C Pros. ***c)*** [offic^t^ en parl. des empereurs] répondre (par un rescrit) : +C Pros. ¶2 écrire de nouveau, recomposer, refaire [un ouvrage] : +C Pros. ‖ inscrire de nouveau enrôler de nouveau : C Pros. ¶3 reporter par écrit sur un registre ***a)*** faire porter en compte [chez le banquier soit au crédit soit au débit de qqn] : -C Théât. ; ***reliqua rescribamus*** C Pros., portons le reste à mon débit ***b)*** reporter sur une liste : ***ad equum rescribere*** C Pros., faire passer dans le corps des chevaliers [jeu de mots avec cavaliers]

rescriptum, *i*, n., rescrit, réponse [par écrit] du prince : +C Pros.

rescriptus, *a, um*, part. de *rescribo*

rescŭla, *ae*, f., ➡ *recula* : +C Pros.

resculpō, *ĭs, ĕre, sculpsī, -*, tr., retracer, reproduire [fig.] : T Poés.

rĕsĕcis, gén. de *resex*

rĕsĕcō, *ās, āre, sĕcŭī, sectum*, tr., enlever en coupant, couper, tailler, rogner : C Pros. ‖ [fig.] retrancher, supprimer : C Pros., Poés.

rĕsĕcrō (**rĕsacrō**), *ās, āre, āvī, ātum*, tr. ¶1 relever qqn d'une interdiction, retirer les imprécations prononcées contre qqn : C Pros. ¶2 prier de nouveau : -C Théât.

rĕsectĭo, *ōnis*, f., taille [de la vigne] : +C Pros.

rĕsectus, *a, um*, part. de *reseco*

rĕsĕcūtus, *a, um*, part. de *resequor*

rĕsēdī, parf. de *resideo* et de *resido*

rĕsēmĭnō, *ās, āre, -, -*, tr., [fig.] reproduire : C Poés.

rĕsĕquŏr, *quĕrĭs, quī, sĕcūtus sum*, tr., répondre immédiatement (***aliquem***, qqn) : C Poés.

1 **rĕsĕrātus**, *a, um*, part. de *1 resero*

2 **rĕsĕrātŭs**, abl. *ū*, m., action d'ouvrir : T Pros.

1 **rĕsĕrō**, *ās, āre, āvī, ātum*, tr. ¶1 ouvrir [une porte, une maison] : C Poés., Pros., +C Pros. ¶2 [fig.] ***a)*** rendre accessible : C Pros. ***b)*** dévoiler : C Poés., +C Poés. ***c)*** commencer : ***annum*** C Poés., ouvrir l'année ; +C Pros. ***d)*** raconter, publier : T Pros.

2 **rĕsĕrō**, *ĭs, ĕre, sēvī, -*, tr., ensemencer de nouveau, replanter : C Pros.

rĕservātus, *a, um*, part. de *reservo*

rĕservō, *ās, āre, āvī, ātum*, tr. ¶1 mettre de côté, réserver : ***aliquid, aliquem ad aliquam rem*** C Pros., réserver qqch., qqn en vue de qqch. ; ***aliquid in aliud tempus*** C Pros., réserver qqch. pour un autre moment ; ***aliquid alicui*** C Pros., réserver qqch. à qqn ¶2 conserver, sauver : C Pros., +C Pros.

rĕsĕs, *ĭdis*, adj., qui reste, qui séjourne : C Pros. ; ***reses aqua*** C Pros., eau stagnante ‖ oisif, inactif [*reses = ignavus*] : C Pros., Poés. ; ***resides animi*** C Poés., sentiments apaisés

rĕsēvī, parf. de *2 resero*

rĕsex, *ĕcis*, m., ➡ *1 pollex* ¶2, courson, rameau taillé : +C Pros.

rĕsībĭlō, *ās, āre, -, -*, intr., siffler en réponse : T Poés.

rĕsĭco, ➡ *reseco* : -C Pros.

rĕsĭdĕō, *ēs, ēre, sēdī, sessum*

I intr. ¶1 rester assis, séjourner, rester : ***in re publica*** C Pros., subsister dans l'État ; C Poés. ¶2 [fig.] rester, demeurer, subsister : C Pros.

II tr., chômer une fête : -C Théât., C Pros.

rĕsĭdis, gén. de *reses*

rĕsīdō, *ĭs, ĕre, sēdī, sessum*, intr. ¶1 s'asseoir [en cessant un état de mouv^t^ ou de station verticale] : C Pros. ‖ s'arrêter [cesser de marcher, de voyager] : C Pros. ; ***in villa*** C Pros., s'arrêter dans une villa ; ***mediis aedibus*** C Poés., au milieu de la maison ¶2 s'abaisser, s'affaisser ***a)*** [montagnes] C Pros. ; [flots] C Poés. ; [flammes] +C Pros. ; [vents] C Poés., +C Pros. ***b)*** [fig.] se calmer : C Pros.

rĕsĭdŭum, *i*, n., reste, restant [pr. et fig.] : C Pros., +C Pros. ‖ pl., ***residua*** +C Pros.

rĕsĭdŭus, *a, um* ¶1 qui reste en arrière, qui subsiste encore : C Pros. ; ***residui nobilium*** +C Pros., ce qui reste de nobles ‖ ***residuae pecuniae*** C Pros., sommes qui restent à payer, reliquat ¶2 inactif, oisif : -C Théât.

rĕsignātus, part. de *resigno*

rĕsignō, *ās, āre, āvī, ātum*, tr. ¶1 rompre le sceau de, ouvrir [une lettre, un testament] : C Pros. ‖ [fig.] découvrir, dévoiler : C Poés., +C Poés. ¶2 [fig.] ***a)*** ôter toute garantie à, rompre, annuler : C Pros. ***b)*** dégager de : C Poés. ¶3 ➡ *rescribo*, faire le report d'un compte à l'autre ; [d'où] rendre ce qu'on a reçu : C Poés., Pros.

rĕsĭlĭō, *īs, īre, sĭlŭī, sultum*, intr. ¶1 sauter en arrière, revenir en sautant : C Poés., +C Pros. ‖ rebondir, rejaillir : C Poés. ; [fig.] C Pros. ¶2 se retirer sur soi-même, se replier, se réduire, se raccourcir : C Poés. ¶3 [fig.] se reculer vivement ; ***ab aliqua re***, loin de qqch. : +C Pros.

rĕsīmus, *a, um*, retroussé : C Pros., +C Pros., Poés.

rēsīna, *ae*, f., résine : -C Pros.

rēsīnātus, *a, um* ¶1 mélangé de résine : +C Poés. ¶2 épilé au moyen de la résine : +C Poés.

rēsīnōsus, *a, um*, mélangé de résine : +C Pros.

rēsīnŭla, *ae*, f., ***resinula Panchaica*** T Pros., encens

rĕsĭpĭō, *ĭs, ĕre, -, -*, tr., avoir la saveur de, le goût de, le parfum de : ***ferrum, picem*** C Pros., avoir le goût du fer, de la poix

rĕsĭpiscentĭa, *ae*, f., résipiscence : T Pros.

rĕsĭpiscō, *ĭs, ĕre, sĭpŭī* ou *sipĭī* ou *sipīvi, -*, intr., reprendre ses sens [pr. et fig.], revenir à soi, se remettre : -C Théât., C Pros. ‖ [chrét.] venir à résipiscence, revenir à la sagesse, se repentir : +C Pros.

rĕsistō, *ĭs, ĕre, restĭtī, -*, intr. ¶1 s'arrêter, ne pas avancer davantage : ***resiste*** -C Théât., arrête-toi ; C Pros. ‖ [fig.] ***in hoc resisto*** C Pros., je m'arrête ici, je m'en tiens là ‖ [en part.] se tenir ferme [ne plus glisser], retrouver son aplomb : C Pros. ¶2 se tenir en faisant face ***a)*** [milit.] tenir tête, résister : C Pros. ; ***alicui*** C Pros., tenir tête à qqn ‖ [pass. impers.] : C Pros. ***b)*** [en gén.] opposer de la résistance (***alicui, alicui rei***, à qqn, à qqch.) : ***alicui rei publicae causa*** C Pros., tenir tête à qqn dans l'intérêt de l'État ; ***dolori*** C Pros., résister à la douleur ‖ [pass. impers.] : C Pros. ‖ [abs^t^] : C Pros. ; [pass. impers.] C Pros. ‖ [avec *ne* subj.] s'opposer à ce que : C Pros. ***c)*** [en parl. de choses] résister : C Pros., +C Pros.

rĕsŏlūbĭlis, *e*, qui peut être désagrégé : T Poés.

rĕsŏlūtĭo, *ōnis*, f. ¶1 action de dénouer : +C Pros. ‖ [fig.] action de résoudre, réfutation : +C Pros. ¶2 désagrégation : T Pros. ¶3 état de relâchement [des organes] : +C Pros. ‖ paralysie des nerfs : +C Pros. ; [des yeux] +C Pros. ¶4 mort : T Pros.

rĕsŏlūtus, *a, um* ¶1 part. de *resolvo* ¶2 adj^t^ ***a)*** amolli : ***resolutior*** +C Poés., plus mou ***b)*** sans frein, sans retenue : +C Poés.

rĕsolvō, *ĭs, ĕre, solvī, sŏlūtum* ¶1 dénouer, délier : ***equos*** C Poés., dételer des chevaux ; ***virginem catenis*** C Poés., débarrasser la jeune fille de ses chaînes ; [poét.] C Poés. ¶2 [d'où] ***a)*** ouvrir : ***litteras*** C Pros., ouvrir une lettre ; C Poés. ; ***venas*** +C Pros., s'ouvrir les veines ; C Poés. ‖ ***muros ariete*** +C

Poés., ouvrir, forcer les murs avec le bélier ***b)*** résoudre, désagréger, dissoudre : ***aurum*** C Poés., dissoudre l'or ; ***tenebras*** C Poés., dissiper les ténèbres ***c)*** s'acquitter de, payer : -C Théât., Pros. ***d)*** détendre [les nerfs, les membres] : C Poés. ¶ **3** [fig.] ***a)*** dissiper : [les soucis] C Poés. ; [la tristesse] ***b)*** résoudre, débrouiller, démêler : [une équivoque] +C Pros. ; ***dolos tecti*** C Poés., débrouiller les pièges du labyrinthe ‖ éclaircir, expliquer : C Poés. ‖ résoudre des objections, les réfuter : +C Pros. ***c)*** libérer, dégager,(***aliquem***, qqn) : C Poés. ; ***amore resolutus*** C Poés., dégagé des liens de l'amour ; +C Poés. ***d)*** détruire les liens de, relâcher : ***disciplinam militarem*** +C Pros., relâcher la discipline militaire ‖ rompre, briser : ***jura pudoris*** C Poés., les lois de la pudeur ; ***onera commerciorum*** +C Pros., supprimer les charges du commerce

rĕsŏnābĭlis, *e*, qui renvoie les sons : C Poés.

rĕsŏnantĭa, *ae*, f., écho : C Pros.

rĕsŏnō, *ās*, *āre*, *sŏnŭī* et *sŏnāvī*, *-*, intr. et tr.
I intr. ¶ **1** renvoyer les sons, résonner : C Pros., Poés. ‖ [impers.] C Pros. ¶ **2** faire entendre des sons, retentir : C Pros., Poés.
II tr. ¶ **1** répéter en écho : C Poés. ¶ **2** faire retentir : ***lucos cantu*** C Poés., faire retentir les bois de ses chants ‖ [fig.] exprimer [une idée], se faire l'écho de [la pensée d'un autre] : T Pros.

rĕsŏnus, *a*, *um*, qui renvoie un son, retentissant : +C Poés. ‖ qui produit un son, bruyant : C Poés.

rĕsorbĕō, *ēs*, *ēre*, *-*, *-*, tr., avaler de nouveau, ravaler : C Poés. ‖ aspirer de nouveau : C Poés., +C Pros. ‖ ***mare resorberi*** +C Pros. ; ***mare in se resorberi*** +C Pros., la mer s'absorber en elle-même, se retirer [reflux] ‖ ***fletum*** +C Poés., dévorer ses larmes

rĕsordĕō, *ēs*, *ēre*, *-*, *-*, intr., → *sordeo* : T Poés.

respectĭo, *ōnis*, f., examen : T Pros.

respectō, *ās*, *āre*, *āvī*, *ātum*, intr. et tr. ¶ **1** intr. ***a)*** regarder derrière soi : -C Théât., C Pros. ; ***respectans ad tribunal*** C Pros., se retournant vers le tribunal ‖ [fig.] ***respectantes*** C Pros., avec un regard en arrière ***b)*** être dans l'attente : C Poés. ; ***respectare, dum*** C Poés., attendre que ¶ **2** tr., C Pros. ‖ avoir en vue : ***funera respectans*** C Poés., ayant la vision de ses funérailles ; [fig.] prendre en considération, se préoccuper de : C Poés.

1 **respectus**, *a*, *um*, part. de *respicio*

2 **respectŭs**, *ūs*, m. ¶ **1** action de regarder en arrière : ***sine respectu*** C Pros., sans regarder en arrière ¶ **2** considération, égard : C Pros. ‖ ***respectu alicujus rei*** C Pros., en considération de qqch., par égard pour qqch. ¶ **3** possibilité de regarder vers qqn ou qqch., c'est-à-dire de compter sur qqn ou qqch., recours, refuge : C Pros.

1 **respergo**, *ĭnis*, f., action de mouiller : T Poés.

2 **respergō**, *ĭs*, *ĕre*, *spersī*, *spersum*, tr., faire rejaillir un liquide sur, éclabousser : C Pros. ‖ [poét.] ***lumine terras*** C Poés., T Pros., inonder la terre de lumière ‖ [fig.] ***probro respergi*** +C Pros., être entaché d'opprobre

respersĭo, *ōnis*, f., action de répandre sur : [vin et parfums sur un tombeau] C Pros. ; ***pigmentorum*** C Pros., action de jeter au hasard des couleurs [sur un tableau]

respersus, *a*, *um*, part. de 2 *respergo*

respĭcĭō, *ĭs*, *ĕre*, *spexī*, *spectum* ¶ **1** [intr.] regarder en arrière, regarder derrière soi, tourner la tête (se retourner) pour regarder : C Pros. ; ***ad aliquem, ad aliquid*** -C Théât., C Pros., tourner la tête du côté de qqn, tourner les yeux du côté de qqch. ‖ [fig.] ***a)*** tourner son attention : +C Pros. ***b)*** [en parl. de choses] regarder, concerner : C Pros. ¶ **2** tr. ***a)*** ***respiciens Caesarem*** C Pros., se retournant vers César ‖ [avec prop. inf.] voir en tournant les yeux que : C Poés. ***b)*** [fig.] avoir égard à, prendre en considération (***aliquem, aliquid***, qqn, qqch.) : C Pros. ; ***se respicere*** C Pros., songer à soi ‖ [en part.] avoir l'oeil sur qqn, le protéger : -C Théât. ‖ songer à, envisager : C Pros.

respīrāmen, *ĭnis*, n., canal de la respiration, trachée-artère : C Poés.

respīrāmentum, *i*, n., relâche, répit : T Pros.

respīrātĭo, *ōnis*, f. ¶ **1** respiration : C Pros. ‖ pause (pour reprendre haleine) : C Pros., +C Pros. ¶ **2** exhalation, évaporation : C Pros.

respīrātŭs, *ūs*, m., respiration : C Pros., +C Pros.

respīrō, *ās*, *āre*, *āvī*, *ātum*, tr. ¶ **1** renvoyer en soufflant, exhaler : ***animam*** C Pros., renvoyer l'air ‖ ***malignum aera*** +C Poés., exhaler un air vicié ¶ **2** [abs[t]] ***a)*** respirer : C Pros. ***b)*** reprendre haleine : C Pros. ; [poét., en parl. des vents] C Poés. ***c)*** [fig.] respirer = se reposer, se remettre : C Pros. ; [impers.] ***ita respiratum*** C Pros., ainsi on respira, on eut du répit ‖ ***a metu*** C Pros., se remettre de la crainte

resplendĕō, *ēs*, *ēre*, *splendŭī*, *-*, intr., renvoyer la clarté, resplendir, reluire : C Poés., +C Pros.

respondĕō, *ēs*, *ēre*, *spondī*, *sponsum*, tr.
I garantir en revanche, assurer de son côté : -C Théât.
II répondre ¶ **1** faire une réponse [oral[t] ou par écrit] ***alicui***, à qqn,***alicui rei***, à qqch. : C Pros. ; ***ad rem***, à qqch. : C Pros. ; ***adversus aliquem, adversus aliquid*** : C Pros. ‖ [avec pron. n.] C Pros. ‖ [avec prop. inf.] répondre que : -C Théât., C Pros. ; [avec idée d'ordre *ut* subj.] C Pros. ‖ [suivi du style direct] C Pros. ‖ [supin] : C Pros. ¶ **2** [droit] : ***jus respondere*** C Pros., donner des consultations de droit ‖ [abs[t]] : ***de jure alicui*** C Pros., donner à qqn des consultations de droit ¶ **3** réponse d'un oracle : C Pros. ¶ **4** répondre à un appel : C d. +C Pros., C Pros. ‖ répondre à une citation en justice : C Pros. ¶ **5** répondre à, être digne de, égal à, à la hauteur de : ***honoribus majorum*** C Pros., s'élever aussi haut que ses ancêtres dans les magistratures ‖ cadrer avec, être proportionné à, faire le pendant à : C Pros. ‖ [avec *ad*] C Pros. ¶ **6** [en parl. d'objets reflétés] se refléter : ***in aqua*** C Poés., dans l'eau ¶ **7** répondre [au cultivateur en parl. de champs], produire : +C Pros.

responsĭo, *ōnis*, f., réponse : C Pros. ‖ [rhét.] C Pros.

responsĭtō, *ās*, *āre*, *āvī*, *ātum*, tr., donner des consultations de droit : C Pros., +C Pros.

responsō, *ās*, *āre*, *āvī*, *ātum*, intr. ¶ **1** répondre ***a)*** quand qqn frappe à la porte : -C Théât. ***b)*** répliquer, résister, tenir tête à qqn : -C Théât. ‖ [métaph.] répondre [écho] : C Poés., +C Poés. ¶ **2** [fig.] ***a)*** répondre à, satisfaire à [dat.] : -C Théât. ***b)*** tenir tête à, braver : ***cupidinibus*** C Poés., tenir tête aux passions ‖ [les deux sens à la fois] C Poés.

responsŏr, *ōris*, m., celui qui peut donner une réponse : -C Théât.

responsum, *i*, n., réponse : C Pros. ‖ [d'un oracle, des haruspices] : C Pros. ‖ [d'un jurisconsulte] consultation : C Pros.

1 **responsus**, part. de *respondeo*

2 **responsūs**, *ūs*, m., proportion, rapport, symétrie : C Pros.

respūblĭca, *reipublicae*, → *res* ¶ *4c*

respŭō, *ĭs*, *ĕre*, *spŭī*, *-*, tr. ¶ **1** recracher, rejeter par la bouche : C Pros. ‖ [en gén.] rejeter : ***ferrum ab se*** C Poés., repousser le fer loin de soi ¶ **2** [fig.] rejeter, repousser : ***condicionem*** C Pros., rejeter une proposition ; ***aliquem auribus*** C Pros., refuser avec mépris d'entendre qqn ‖ [adj. avec gén.] +C Pros.

restagnō, *ās*, *āre*, *-*, *-*, intr., déborder, inonder : C Pros., Poés. ‖ être inondé, former une nappe d'eau : C Pros., +C Poés.

restans, part. prés. de *resto*

restaurō, *ās*, *āre*, *āvī*, *ātum*, tr., rebâtir, réparer, refaire : +C Pros.

restĭbĭlĭō, *īs*, *īre*, *-*, *-*, tr., rétablir, remettre en état : -C Théât.

restĭbĭlis, *e*, qui est cultivé tous les ans : -C Pros., C Pros. ; ***restibile vinetum*** +C Pros., vigne cultivée [et qui produit tous les ans] ‖ subst. n., terre qui produit tous les ans : +C Pros.

restĭcŭla, *ae*, f., cordelette, corde : -C Pros., C Pros.

restillō, *ās*, *āre*, *āvī*, *ātum*, intr., revenir en coulant goutte à goutte [en parl. d'un métal] : T Poés.

restinctĭo, *ōnis*, f., étanchement [soif] : C Pros.

restinctus, *a*, *um*, part. de *restinguo*

restinguō, *sĭs*, *ĕre*, *stinxī*, *stinctum*, tr. ¶ **1** éteindre : ***ignem*** C Pros., le feu ; ***aggerem*** C Pros., l'incendie de la terrasse ‖ [fig.] ***sitim*** C Pros., éteindre la soif ¶ **2** [fig.] ***a)*** éteindre, adoucir, apaiser : ***cupiditates (eloquentiā)*** C Pros., éteindre les passions (au moyen de l'éloquence) ; ***ceterorum studia*** C Pros., éteindre le zèle des autres ***b)*** anéantir, détruire : C Pros.

restĭo, *ōnis*, m., cordier : Pros. ; [plais^t] Théât., être cordier = être fustigé avec des cordes ‖ titre d'un mime de Labérius : Pros.

restĭpŭlātĭo, *ōnis*, f., restipulation [demande de contre-garantie] : Pros.

restĭpŭlŏr, *ārĭs*, *ārī*, -, tr., stipuler de façon réciproque : Pros.

restis, *is*, acc. *im* et *em*, abl. *e*, f. ¶ **1** corde : Pros. ; ***restim ductare*** Théât., tenir la corde en tête, conduire la danse ¶ **2** queue [d'ail, d'oignon] : Poés.

restĭtī, parf. de *resisto* et de *resto*

restĭtō, *ās*, *āre*, -, -, s'arrêter [à plusieurs reprises] : Théât. ‖ faire des essais de résistance : Pros.

restĭtŭō, *ĭs*, *ĕre*, *tŭī*, *tūtum*, tr. ¶ **1** remettre à sa place primitive, replacer : [une statue, un arbre] Pros., Poés. ¶ **2** remettre debout, remettre en son état primitif : ***Capitolium*** Pros., relever, restaurer le Capitole ‖ remettre en son état normal : ***quaedam depravata*** Pros., remettre en état des défectuosités physiques ‖ [fig.] rétablir : ***rem cunctando*** d. Pros., rétablir la situation en temporisant ; Pros. ; ***tribuniciam potestatem*** Pros., rétablir la puissance tribunicienne ; ***aliquem condemnatum*** Pros. ; ***aliquem in integrum*** Pros., rétablir dans ses droits un homme condamné ; Pros. ; ***aliquem in suam dignitatem*** Pros., rétablir qqn dans sa dignité ‖ ***proelium*** Pros., rétablir le combat ‖ ***judicia*** Pros., redresser, casser des jugements ; ***damma*** Pros., réparer des pertes ; ***vim factam*** Pros., réparer les violences faites ¶ **3** restituer, rendre : ***aliquid alicui*** Pros., qqch. à qqn ; ***alicui aliquem*** Pros., rendre qqn à qqn ; Théât. ; ***aliquem, aliquid ad aliquem*** Pros., rendre qqn, qqch. à qqn ; ***se alicui*** Pros., rendre à qqn son amitié

restĭtūtĭo, *ōnis*, f. ¶ **1** rétablissement, réparation, restauration : Pros. ¶ **2** rétablissement [d'un condamné dans sa situation primitive] : Pros. ‖ rappel [d'un exilé] : Pros.

restĭtūtŏr, *ōris*, m., restaurateur d'édifices : Pros. ‖ celui qui rétablit : ***salutis*** Pros., sauveur ; Pros.

1 **restĭtūtus**, *a*, *um*, part. de *restituo*

2 **Restĭtūtus**, *i*, m., surnom romain : Pros.

restō, *ās*, *āre*, *stĭtī*, -, intr. ¶ **1** s'arrêter : Théât., Pros. ‖ [fig.] persister : Poés. ¶ **2** s'opposer, opposer de la résistance, résister : Pros. ; ***alicui*** Pros., à qqn ¶ **3** rester, subsister, être de reste : Pros. ‖ ***restat, ut*** Pros., il reste que ‖ [avec inf., poét.] : Théât., Pros., Poés. ; [avec prop. inf.] Poés. ‖ [en parl. de l'avenir] : ***quod restat*** Pros., pour ce qui reste, pour l'avenir, désormais ; Poés. ; [avec prop. inf.] Poés.

restrictē, adv., avec ménagement, retenue, réserve : Pros. ; ***-tissime*** Pros. ‖ strictement, rigoureusement : Pros.

restrictim, adv., exactement, rigoureusement : Théât.

restrictus, *a*, *um* ¶ **1** part. de *restringo* ¶ **2** adj^t ***a)*** étroit, resserré : Pros. ‖ court, ramassé : Pros. ***b)*** modeste, réservé : Pros. ***c)*** serré, économe : Pros. ***d)*** rigoureux, sévère : Pros.

restringō, *ĭs*, *ĕre*, *strinxī*, *strictum*, tr.

I ¶ **1** serrer, attacher, en ramenant en arrière : Poés. ‖ ramener en arrière : ***laevam*** Pros., la main gauche ¶ **2** [fig.] ramener (ramasser) en serrant ***a)*** attacher : Pros. ***b)*** serrer : Pros. ***c)*** resserrer, restreindre : ***liberalitatem, sumptus*** Pros., restreindre la générosité, les dépenses

II desserrer, ouvrir : Pros. ‖ ***dentes*** Théât., (découvrir) montrer les dents ‖ [poét.] ***rabie restricta (minantur)*** Poés., [les babines] retroussées par la rage (lancent une menace)

restringuo, ➡ *restringo* : Pros.

restruō, *ĭs*, *ĕre*, -, -, tr., réédifier : Pros.

rĕsūdō, *ās*, *āre*, -, - ¶ **1** intr., renvoyer de la sueur, dégager de l'humidité : Pros. ¶ **2** tr., rendre, évacuer : Poés.

rĕsulcō, *ās*, *āre*, -, -, tr., labourer de nouveau : Poés.

rĕsultō, *ās*, *āre*, *āvī*, *ātum*, intr. et tr.

I intr. ¶ **1** sauter en arrière, rebondir, rejaillir : Poés., Pros. ‖ rebondir, revenir en écho : Poés. ‖ [poét.] retentir, faire écho : Poés. ; [avec acc. intér.] ***sonum*** Pros., répercuter un son ¶ **2** [fig.] ***a)*** être sautillant, saccadé [style] : Pros. ; [prononciation] Pros. ***b)*** regimber contre : Pros.

II tr., faire retentir, louer par des chants : Poés.

rĕsūmō, *ĭs*, *ĕre*, *sumpsī*, *sumptum*, tr. ¶ **1** prendre de nouveau, reprendre, ressaisir : ***librum in manus*** Pros., reprendre un livre en mains ; ***praetextas*** Pros., remettre les toges prétextes ‖ recouvrer : ***vires, somnum*** Poés., Pros., les forces, le sommeil ¶ **2** recommencer, renouveler : ***pugnam, hostilia*** Pros. ; ***militiam*** Pros., recommencer le combat, les hostilités, reprendre du service militaire

rĕsumptus, *a*, *um*, part. de *resumo*

rĕsŭō, *ĭs*, *ĕre*, -, *sūtum*, tr., découdre : Pros.

rĕsŭpīnātus, *a*, *um*, part. de *resupino* ‖ adj^t, recourbé, infléchi : Pros. ‖ ***pali resupinati*** Pros., pieux plantés obliquement

rĕsŭpīnō, *ās*, *āre*, *āvī*, *ātum*, tr. ¶ **1** faire pencher en arrière : Théât., Pros. ; ***aliquam*** Poés., culbuter une femme ; ***nares*** Pros., renverser, retrousser le nez ¶ **2** [fig.] ***a)*** ***se resupinare*** Pros., se renverser en arrière, redresser fièrement la tête ***b)*** bouleverser, détruire : Théât.

rĕsŭpīnus, *a*, *um* ¶ **1** penché en arrière, qui se renverse ou renversé : d. Pros., Poés. ; ***resupinus*** Pros., ayant la tête en arrière ‖ [en parl. du débit oratoire] : Pros. ¶ **2** [fig.] ***a)*** qui se tient renversé, fier, hautain : Poés., Pros. ***b)*** qui se tient couché, mou, efféminé : Pros.

rĕsurgō, *ĭs*, *ĕre*, *surrēxī*, *surrectum*, intr. ¶ **1** se relever : Poés., Pros. ‖ [en parl. de choses] : Poés., Pros. ¶ **2** [fig.] se relever, se rétablir, se ranimer, reprendre de la force, sa puissance : Poés., Pros., Pros. ‖ [chrét.] ressusciter : Pros.

rĕsurrectĭo, *ōnis*, f., résurrection : Pros.

rĕsurrectūrus, *a*, *um*, part. fut. de *resurgo*

rĕsuscĭtō, *ās*, *āre*, *āvī*, *ātum*, tr., réveiller, rallumer [la colère] : Poés. ‖ relever, reconstruire : Pros. ‖ ressusciter [qqn] : Poés.

rĕsūtus, *a*, *um*, part. de *resuo*

rētae, *ārum*, f. pl., toute végétation qui encombre le lit d'une rivière : Pros.

rĕtălĭō, *ās*, *āre*, -, -, tr., traiter selon la loi du talion : Pros.

rĕtardātĭo, *ōnis*, f., retardement, retard, délai : Pros.

rĕtardātus, *a*, *um*, part. de *retardo*

rĕtardō, *ās*, *āre*, *āvī*, *ātum*, tr. ¶ **1** retarder, arrêter : Pros., Poés. ‖ [abs^t] ***retardando*** Pros., en étant en retard, en restant en arrière ¶ **2** [fig.] arrêter, réprimer, paralyser : Pros. ‖ ***aliquem a scribendo*** Pros., empêcher qqn d'écrire ; ***non retardare aliquem, quominus*** Pros., ne pas empêcher qqn de

rĕtaxō, *ās*, *āre*, -, -, tr., censurer à son tour : Pros.

rēte, *is*, abl. *e*, gén. pl. *rētium*, n., rets, filet : Pros.

rĕtectus, *a*, *um*, part. de *retego*

rĕtĕgō, *ĭs*, *ĕre*, *texī*, *tectum*, tr. ¶ **1** découvrir, ouvrir, dévoiler, mettre à nu : Pros., Poés., Pros. ; ***retectus*** Poés., découvert [non protégé du bouclier] ‖ [en parl. du soleil qui, de sa lumière, dégage le monde du voile de la nuit] : Poés. ¶ **2** [fig.] dévoiler, révéler : Poés., Pros.

rētĕjăclŏr, *ārĭs*, *ārī*, -, intr., donner un coup de filet, [fig.] saisir, comprendre : Pros.

rĕtempto, etc., ➡ *2 retento*

rĕtendō, *ĭs*, *ĕre*, *tendī*, *tensum*, tr., détendre : Poés. ‖ [fig.] détendre, relâcher : Pros.

Rĕtēno, *ōnis*, m., fleuve de l'Italie supérieure : Poés.

rĕtensus, part. de *retendo*

rĕtentātrix, *īcis*, adj. f., qui retient : Pros.

rĕtentātus, *a*, *um*, part. de *2 retento*

rĕtentĭo, *ōnis*, f. ¶ **1** action de retenir : Pros. ‖ action de suspendre : Pros. ¶ **2** maintien : Pros.

1 **rĕtentō**, *ās*, *āre*, *āvī*, *ātum*, tr., retenir, contenir, arrêter : Théât., Pros., Pros. ; ***frena*** Poés., serrer le frein ; ***caelum a***

terris [C] Poés., maintenir le ciel distant de la terre ‖ [fig.] maîtriser, contenir : [+C] Poés. ‖ préserver, conserver : [C] Pros.

2 **rĕtentō (-temptō)**, *ās, āre, āvī, ātum*, tr., toucher de nouveau [les cordes de la lyre] : [C] Poés. ‖ essayer de nouveau, tenter une seconde fois : [C] Poés. ; [avec inf.] [C] Poés. ‖ [fig.] revenir sur [qqch.], repasser [dans son esprit] : [+C] Pros. ‖ reprendre, ressaisir [pr. et fig.] : [+C] Poés.

rĕtentŏr, *ōris*, m., celui qui retient (qui étreint) : [+C] Pros.

rĕtentūra, *ae*, f., troisième division d'un camp située entre la *Via quintana* et la *Porta decumana* : [+C] Pros.

rĕtentus, *a, um*, part. de *retendo* et de *retineo*

rĕtergĕō, *ēs, ēre, tersī, -*, tr., nettoyer : [T] Pros.

rĕtĕrō, *ĭs, ĕre, -, trītum*, tr., user ou enlever par le frottement : [-C] Théât. ; V. *retritus*

rĕtexī, parf. de *retego*

rĕtexō, *ĭs, ĕre, texŭī, textum*, tr.
I ¶ **1** défaire un tissu, détisser : [C] Pros., Poés., [+C] Poés. ‖ [poét.] décomposer, désagréger : [C] Poés. ¶ **2** [fig.] prendre le contrepied de : [C] Pros., [+C] Pros. ; ***orationem*** [C] Pros. ; ***dicta*** [C] Pros., revenir sur ce qu'on a dit ; ***scripta*** [C] Poés., défaire ce qu'on a écrit, corriger
II tisser de nouveau ; [fig.] refaire, recommencer : [C] Poés. ‖ raconter de nouveau : [+C] Pros.

rĕtextus, *a, um*, part. de *retexo*

1 **rētĭa**, pl. de *rete*

2 **rētĭa**, *ae*, f., filet : [-C] Théât., [T] Pros.

rētĭăcŭlum, *i*, n., grillage, grille : [T] Pros. ; V. *reticulum*

rētĭārĭus, *ĭi*, m., rétiaire [gladiateur armé d'un trident et d'un filet] : [+C] Pros.

rĕtĭcentĭa, *ae*, f. ¶ **1** action de garder une chose par-devers soi, de la taire, silence : [-C] Théât., [C] Pros. ¶ **2** [rhét.] réticence, aposiopèse : [C] Pros., [+C] Pros.

rĕtĭcĕō, *ēs, ēre, ŭī, -*, tr. ¶ **1** garder une chose par-devers soi en se taisant, se taire sur, taire : [C] Pros. ¶ **2** [abs[t]] garder le silence : ***de Chelidone reticuit*** [C] Pros., à propos de Chélidon, il a gardé le silence ‖ [avec dat.] ***alicui*** [C] Pros., se taire devant qqn, ne pas répondre à qqn ; [C] Poés., [+C] Pros.

rētĭcŭlātus, *a, um*, fait en forme de réseau, croisé, réticulaire : ***reticulata fenestra*** [C] Pros., fenêtre grillagée

rētĭcŭlum, *i*, n. ¶ **1** filet à petites mailles, réseau : [+C] Pros. ¶ **2** sac à mailles, sachet, filoche : [C] Pros., Poés., [+C] Poés. ¶ **3** résille, réseau, coiffe à réseau : [+C] Pros., Poés. ¶ **4** membrane qui enveloppe [le foie] : [T] Pros.

rētĭcŭlus, *i*, m., V. *reticulum* : [C] Pros.

Rētĭcus, V. *Rhaetia*

Retina, *ae*, f., bourg de Campanie près d'Herculanum : [+C] Pros.

rĕtĭnāclum, sync. de *retinaculum* : [T] Poés.

rĕtĭnācŭlum, *i*, n., toute espèce de lien, attache, corde, bride, rênes, amarres, cordage : [-C] Pros., [C] Pros., Poés. ‖ [fig.] lien : [+C] Pros.

rĕtĭnax, *ācis*, qui retient, qui captive : [T] Pros.

rĕtĭnens, *tis*, part.-adj. de *retineo*, qui conserve, attaché à : [C] Pros. ‖ ***-tissimus*** [+C] Pros.

rĕtĭnentĭa, *ae*, f., souvenir : [C] Poés.

rĕtĭnĕō, *ēs, ēre, tĭnŭī, tentum*, tr. ¶ **1** retenir, arrêter : [-C] Théât., [C] Pros. ; ***tempestate retentus*** [C] Pros., retenu, bloqué par le mauvais temps ‖ retenir, maintenir : [C] Pros. ; ***mulierem per vim*** [-C] Théât., retenir chez soi une femme de force ; ***retenta nave*** [C] Pros., le navire étant maintenu ‖ retenir, garder : [C] Pros. ; ***oppidum*** [C] Pros., conserver la place, en rester maître ¶ **2** [fig.] **a)** retenir, arrêter : [C] Pros. ‖ maintenir : ***libertas retenta*** [C] Pros., la liberté maintenue ‖ garder, conserver : [C] Pros. ; ***rem, amicos*** [C] Pros., conserver son patrimoine, ses amis ; ***aliquid memoria*** [C] Pros., ou ***memoriam alicujus rei*** [C] Pros., conserver le souvenir de qqch. ; ***id retinebatur, ne*** [C] Pros., on s'attachait à ce principe, empêcher que ; ***retinere*** [+C] Pros., se rappeler **b)** contenir, maintenir dans des bornes : [C] Pros., Poés. ; ***aliquem in officio*** [C] Pros., retenir qqn dans le devoir ; [-C] Théât., [C] Pros., [C] Pros.

rĕtinnĭō, *īs, īre, -, -*, intr., tinter en retour, résonner : [C] Pros. ; V. *1 resono I ¶ 2*

rĕtĭnŭī, parf. de *retineo*

rētĭŏlum, *i*, n., petit filet : [+C] Pros.

rētĭum, gén. pl. de *rete*

rētō, *ās, āre, -, -*, tr., dégager le lit d'une rivière : [+C] Pros.

rĕtŏnō, *ās, āre, -, -*, intr., retentir : [C] Poés.

rĕtorquĕō, *ēs, ēre, torsī, tortum*, tr. ¶ **1** tourner en arrière : ***oculos*** [C] Pros., tourner les yeux en arrière ; ***manibus retortis*** [C] Pros., les mains liées derrière le dos ; [C] Poés. ; ***crinem*** [+C] Poés., friser les cheveux ; ***retortis undis*** [C] Poés., ses eaux étant rejetées, refoulées ‖ [pass. de sens réfléchi] : [C] Pros. ¶ **2** [fig.] ***animum ad praeterita*** [+C] Pros., se reporter au passé ; ***argumentum*** [+C] Pros., rétorquer un argument ‖ ***mentem*** [C] Poés., retourner (changer) ses dispositions d'esprit ‖ ***sermones retorti*** [+C] Pros., propos contournés

rĕtorrescō, *ĭs, ĕre, -, -*, intr., se dessécher, griller : [+C] Pros.

rĕtorrĭdus, *a, um*, brûlé par le soleil, desséché, ridé, recroquevillé : [en parl. de branches d'arbre] [+C] Pros. ; [en parl. de la main brûlée de Mucius Scévola] [+C] Pros. ; [en parl. de prairies] [C] Pros. ‖ [fig.] vieux [rabougri, ratatiné] : [+C] Pros. ‖ [en parl. d'un rat] endurci : [C] Poés.

rĕtorsī, parf. de *retorqueo*

rĕtortus, *a, um*, part. de *retorqueo*

rĕtractātĭo, *ōnis*, f. ¶ **1** retour sur qqch. : ***alicujus*** [+C] Pros., rappel du souvenir de qqn ¶ **2** remaniement de ce qu'on a dit, retouche, correction : ***sine retractatione*** [C] Pros., sans un remaniement des doctrines ¶ **3** résistance : [C] Pros.

1 **rĕtractātus**, *a, um*, part.-adj. de *retracto*, revu, corrigé : ***-tius*** [C] Pros.

2 **rĕtractātŭs**, *ūs*, m., nouvel examen, recherche : [+C] Pros.

rĕtractĭo, *ōnis*, f., raccourcissement : [T] Pros. ‖ [archit.] giron [dessus de la marche d'un escalier] : [C] Pros. ‖ [fig.] hésitation : [T] Pros. ; V. *retractatio ¶ 3*

rĕtractō (rĕtrectō), *ās, āre, āvī, ātum*, tr.
I ¶ **1** remanier, reprendre en mains : ***ferrum, arma*** [C] Poés., Pros., reprendre le glaive, les armes ; ***agrum*** [+C] Pros., travailler de nouveau un champ ¶ **2** [fig.] traiter de nouveau : ***locum orationis*** [C] Pros., un point du discours ‖ revenir sur un sujet : [C] Pros. ‖ pratiquer de nouveau : [C] Pros. ‖ retoucher, réviser : [+C] Pros. ‖ manier de nouveau, employer de nouveau ; [C] Poés. ‖ renouveler : ***gaudium*** [+C] Pros., sa joie ‖ repasser dans son esprit : [C] Poés.
II chercher à tirer en arrière ¶ **1** ***dicta*** [C] Poés., retirer sa parole ¶ **2** [abs[t]] ne pas vouloir avancer, être récalcitrant : [C] Pros. ; ***nullo retractante*** [C] Pros., personne ne montrant de résistance ; [C] Poés. ; ***retractans*** [+C] Pros., rétif ¶ **3** rabaisser : [+C] Pros.

rĕtractus, *a, um* ¶ **1** part. de *retraho* ¶ **2** adj[t], retiré, éloigné, enfoncé, à l'écart : [C] Pros., [+C] Pros.

rĕtrăhō, *ĭs, ĕre, traxī, tractum*, tr.
I tirer en arrière ¶ **1** faire revenir en arrière : [C] Pros. ; ***Hannibalem in Africam*** [C] Pros., forcer Hannibal à rentrer en Afrique ; ***se*** [C] Pros., se retirer en arrière ; ***manum*** [C] Pros., retirer la main ; ***pedem*** [C] Poés., faire reculer ‖ ***aliquem*** [C] Pros., ramener qqn [qui s'est enfui] ; ***ex fuga retractus*** [C] Pros., rattrapé dans sa fuite ¶ **2** [fig.] écarter, éloigner, retirer : [C] Pros., [+C] Pros. ‖ ramener, réduire [d'un nombre à un autre] : [+C] Pros. ; ***aliquid*** [C] Pros., faire une réduction ‖ tirer en arrière, retenir, ne pas donner libre cours à : [+C] Pros.
II tirer de nouveau ¶ **1** traîner de nouveau, amener de nouveau à : [+C] Pros. ¶ **2** ramener au jour, faire revivre [de vieilles créances] : [+C] Pros.

rĕtranseō, *īs, īre, -, -*, intr., repasser : [T] Pros.

rĕtrārĭus, *a, um*, tourné en sens contraire : [T] Pros.

rĕtrecto, V. *retracto*

rĕtrĭbŭō, *ĭs, ĕre, trĭbŭī, trĭbūtum*, tr. ¶ **1** donner en échange, en retour : [C] Pros. ¶ **2** rendre, restituer : [C] Poés., Pros. ¶ **3** [fig.] payer de retour : [T] Pros. ‖ rendre ce qui est dû [récompenser ou punir] : [T] Pros.

rĕtrĭbūtĭo, *ōnis*, f., récompense, rétribution : [+C] Pros. ‖ action de rendre (la pareille) : [T] Pros.

rĕtrĭbūtus, part. de *retribuo*

rĕtrīmēntum, *i*, n., dépôt, sédiment, résidu : [C] Pros. ‖ excrément, excrétion : [C] Poés., [T] Pros.

rĕtrītus, *a, um*, part. de *retero* ‖ usé par le frottement : ***retritis pilis*** [+C] Pros., les poils étant poncés [détruits par la pierre ponce]

rĕtrō
I adv. ¶ **1** par-derrière, derrière [avec ou sans idée de mouv^t^] : [C] Poés. ; ***ingredi retro*** [C] Pros., marcher à reculons ; ***agere*** [+C] Pros., faire reculer ¶ **2** [fig.] ***a)*** en reculant, en remontant dans le passé : [C] Pros., Poés. ***b)*** en arrière : ***ponere*** [C] Pros., placer en arrière, rejeter, dédaigner ‖ en sens contraire : [C] Pros. ; ***retro vivere*** [+C] Pros., vivre au rebours des autres
II prép. avec acc., derrière : [+C] Pros., [T] Pros.

rĕtrŏăgō (rĕtrō ăgō), *ĭs, ĕre, ēgī, actum*, tr. ¶ **1** rejeter en arrière : [les cheveux] [+C] Pros. ‖ [fig.] refouler [la colère] : [+C] Pros. ¶ **2** faire rétrograder, annuler : [des honneurs] [+C] Pros. ‖ intervertir : [+C] Pros. ; ***retroactus dactylus*** [+C] Pros., dactyle retourné = anapeste

rĕtrōcēdō (rĕtrō cēdō), *ĭs, ĕre, cessī, -*, intr., reculer, rétrograder, rebrousser chemin : [C] Pros.

rĕtrōcessŭs, *ūs*, m., mouvement rétrograde, mouvement en arrière : [+C] Pros.

rĕtrōdo, → *retro I* ¶ *2* fin

rĕtrōdūcō (rĕtrō dūcō), *ĭs, ĕre, dūxī, ductum*, tr., ramener : [C] Pros.

rĕtrŏēgī, parf. de *retroago*

rĕtrŏĕō (rĕtrō ĕō), *īs, īre, -, -*, intr., rétrograder : [+C] Pros.

rĕtrōflectō (rĕtrō flectō), *ĭs, ĕre, flexī, flexum*, tr., fléchir, plier en arrière : [+C] Pros.

rĕtrōgrădis, *e*, rétrograde : [+C] Pros.

rĕtrōgrădus, *a, um*, rétrograde : [+C] Pros.

rĕtrōgressŭs, *ūs*, m., mouvement rétrograde : [T] Pros.

rĕtrōpendŭlus, *a, um*, qui pend par-derrière : [+C] Pros.

rĕtrorsŭm (rĕtrorsŭs), adv. ¶ **1** dans une direction rétrograde, en arrière : [C] Pros., Poés. ¶ **2** [fig.] réciproquement, en sens inverse : [C] Pros., [+C] Pros.

1 **rĕtrorsus**, *a, um*, [temps] : ***retrosior*** [+C] Pros., plus ancien

2 **rĕtrorsŭs**, adv., → *retrorsum*

rĕtrōsĭor, → *1 retrorsus*

rĕtrospĭcĭens, *tis*, qui voit derrière soi : [C] Pros.

rĕtrōversum, adv., à reculons ‖ **-versus**, en sens inverse : [+C] Pros.

rĕtrōversus, *a, um*, tourné en arrière : [C] Poés. ‖ renversé, inverse : [T]

rĕtrūdō, *ĭs, ĕre, -, trūsum*, tr., pousser en arrière, faire reculer : [-C] Théât.

rĕtrūsus, *a, um*, poussé à l'écart, relégué : [C] Pros. ‖ enfermé, enfoui : [C] Pros. ‖ dissimulé : [C] Pros.

rettŭlī, parf. de *refero*

rĕtŭdī, parf. de *retundo*

rĕtŭlī, parf. de *refero*

rĕtŭlit, parf. de *refert*

rĕtundō, *ĭs, ĕre, rettŭdī* et *rĕtŭdī, -*, tr. ¶ **1** rabattre une pointe, un tranchant, émousser : [C] Pros. ¶ **2** rabattre, réprimer : ***impetum erumpentium*** [C] Pros., briser la brusque sortie des assiégés

rĕtunsus, *a, um*, → *retundo*

rĕtūrō, *ās, āre, -, -*, tr., ouvrir : ***verbis aures*** [C] Poés., ouvrir les oreilles par des propos ‖ déboucher : [T] Pros.

rĕtūsus (rĕtunsus), *a, um*, part. de *retundo* ‖ adj^t^, émoussé, obtus, dépourvu de pénétration : [C] Pros. ‖ ***-sior*** [T] Pros.

Reudigni, *ōrum*, m. pl., peuple de Germanie : [+C] Pros.

reuma, etc., → *rheum*

rĕus, *i*, m., **rĕa**, *ae*, f. ¶ **1** partie en cause dans un procès [demandeur ou défendeur] : [C] Pros. ¶ **2** [en gén.] accusé [opposé à *petitor*, "demandeur"] : [C] Pros. ; ***avaritiae*** [C] Pros., accusé de cupidité ; ***de vi*** [C] Pros. ; ***de ambitu*** [C] Pros., accusé de violence, de brigue ; ***reum facere aliquem*** [C] Pros., accuser qqn ; ***reum fieri*** [C] Pros., être mis en accusation ‖ [métaph.] ***fortunae reus*** [C] Pros., accusé d'un mauvais succès ¶ **3** [fig.] [C] Pros. ; ***voti reus*** [C] Poés., débiteur d'un voeu, lié par un voeu ; [T] Pros. ¶ **4** [chrét.] condamné : [T] Pros. ‖ coupable : [+C] Pros.

rĕvălescō, *ĭs, ĕre, vălŭī, -*, intr., revenir à la santé : [C] Poés., [+C] Pros. ‖ [fig.] reprendre des forces, se relever, se rétablir : [+C] Pros.

rĕvĕhō, *ĭs, ĕre, vexī, vectum*, tr. ¶ **1** ramener par moyen de transport [voiture, bête de somme, navire] : [C] Pros. ‖ [pass.] revenir [par transport] : [C] Pros., Poés. ¶ **2** [fig.] ramener avec soi : [+C] Pros. ‖ [pass.] revenir : [C] Pros.

rĕvēlātĭo, *ōnis*, f. ¶ **1** action de découvrir, laisser voir : [T] Pros. ¶ **2** [fig.] [chrét.] révélation : [T] Pros.

rĕvēlātus, *a, um*, part. de *revelo*

rĕvellō, *ĭs, ĕre, vellī, vulsum*, tr. ¶ **1** arracher, ôter de force : ***crucem*** [C] Pros., arracher une croix ; ***tela de corpore*** [C] Pros., arracher des traits du corps ‖ [avec *a, ab*] [C] Poés. ; [avec *e, ex*] [C] Poés. ; [avec abl. seul] [C] Poés. ¶ **2** [fig.] arracher : [C] Pros. ‖ détruire, effacer : [C] Pros.

rĕvēlō, *ās, āre, āvī, ātum*, tr., dévoiler, découvrir, mettre à nu : [C] Poés., [+C] Pros. ‖ [fig.] révéler : [+C] Pros.

rĕvĕnĭō, *īs, īre, vēnī, ventum*, intr., revenir : [C] Pros., [+C] Pros.

rĕventŭs, *ūs*, m., retour : [T] Pros.

rēvērā ou **rē vērā**, réellement, en effet, → *res* : [C] Pros.

rĕverbĕrō, *ās, āre, -, -*, tr., repousser, refouler, faire rebondir : [C] Pros., [+C] Pros. ‖ réfléchir des rayons : [+C] Pros.

rĕvĕrendus, *a, um*, part.-adj. de *revereor*, vénérable : [C] Poés., [+C] Poés., Pros.

rĕvĕrens, *tis*, part.-adj. ¶ **1** respectueux : ***erga aliquem*** [+C] Pros., à l'égard de qqn ; ***reverentior senatus*** [+C] Pros., plus respectueux du sénat ; ***reverentissimus mei*** [+C] Pros., très respectueux à mon égard ‖ modeste, pudique : [C] Poés. ¶ **2** respectable, vénérable : [+C] Pros.

rĕvĕrentĕr, adv., avec déférence, respectueusement : [+C] Pros. ‖ ***-tius*** [+C] Pros. ; ***-tissime*** [+C] Pros.

rĕvĕrentĭa, *ae*, f. ¶ **1** crainte [provenant de la défiance, la réserve, la discrétion] : ***discendi*** [+C] Pros., crainte d'apprendre [une science trop vaste] ; ***poscendi*** [C] Poés., pudeur de demander ¶ **2** crainte respectueuse, respect, déférence : ***adversus homines*** [C] Pros., respect à l'égard des hommes ; ***judicum*** [+C] Pros., déférence à l'égard des juges ; ***sacramenti*** [+C] Pros., respect à l'égard du serment ; [+C] Poés. ; ***reverentia vestra*** [+C] Pros., la déférence que je vous dois ‖ ***Reverentia***, divinité, mère de la Majesté : [C] Poés. ‖ ***vestra Reverentia*** [T] Pros., votre Révérence ‖ honte, confusion : [T] Pros.

rĕvĕrĕŏr, *ērĭs, ērī, vĕrĭtus sum*, tr. ¶ **1** craindre [avec idée de respect] : [-C] Théât. ‖ appréhender : [C] Pros. ‖ ***non revereri quominus*** [subj.] [-C] Théât., ne pas craindre que ¶ **2** respecter, révérer, avoir du respect, de la déférence, des égards pour : [C] Pros., [+C] Pros. ; ***fortunam alicujus*** [+C] Pros., avoir des égards pour le sort de qqn ‖ être couvert de honte : [T] Pros.

rĕvergō, *ĭs, ĕre, -, -*, intr., se tourner en fin de compte vers, tourner à : [T] Pros.

rĕvĕrĭtus, *a, um*, part. de *revereor*

rĕverrō (rĕvorrō), *ĭs, ĕre, -, -*, tr., balayer de nouveau [fig.], éparpiller de nouveau (dissiper) : [-C] Théât.

rĕversĭo, *ōnis*, f. ¶ **1** action de rebrousser chemin, de faire demi-tour : [C] Pros. ¶ **2** réapparition : ***febrium*** [C] Pros., retour des fièvres ¶ **3** [rhét.] anastrophe [ex. *mecum* pour *cum me*] : [+C] Pros.

rĕversō, *ās, āre, -, -*, tr., retourner en sens contraire : [T] Pros.

rĕversus, *a, um*, part. de *reverto*

rĕvertĭcŭlum, *i*, n., retour : [+C] Pros.

rĕvertō (revortō), *ĭs, ĕre, vertī (vortī), versum (vorsum)*, **rĕvertor (rĕvortor)**, *tĕrĭs, tī, versus*

sum (***vorsus sum***), intr. ¶**1** retourner sur ses pas, rebrousser chemin, revenir : ***ex itinere*** C Pros., retourner au cours d'un voyage ; ***a foro*** -C Théât., revenir du forum ; ***ab exsilio*** +C Pros., d'exil ; C Pros. ¶**2** [fig.] ***a) ad sanitatem*** C Pros., revenir à la raison ; ***ad pristinum animum*** C Pros., revenir à ses premiers sentiments ; ***ad propositum*** C Pros., revenir à son sujet ***b)*** revenir à = appartenir à : C Pros. ***c)*** se reporter à, s'adresser à [à titre de renseignement] : C Pros.

rĕvexī, parf. de *reveho*

rĕvĭbrātĭo, *ōnis*, f., +C Pros. et **rĕvĭbrātŭs**, *ūs*, m., reflet, réverbération

rĕvictūrus, *a*, *um*, part. fut. , de *revivo*

rĕvictus, *a*, *um*, part. de *revinco*

rĕvĭdĕō, *ēs*, *ēre*, -, -, intr., revenir pour voir : -C Théât.

rĕvīlescō, *ĭs*, *ĕre*, -, -, intr., perdre sa valeur : +C Pros.

rĕvīmentum, *i*, n., repli, courbe : +C Pros.

rĕvinciō, *īs*, *īre*, *vinxī*, *vinctum*, tr. ¶**1** lier, attacher par-derrière : C Poés. ¶**2** lier fortement : C Pros. ‖ [avec *ex*] C Poés. ; [avec *de*] C Poés., attacher à ‖ ***latus ense*** C Poés., ceindre une épée ¶**3** [poét.] ***alicujus mentem amore*** C Poés., enchaîner le coeur de qqn par les liens de l'amour ¶**4** détacher : +C Pros.

rĕvincō, *ĭs*, *ĕre*, *vīcī*, *victum*, tr. ¶**1** vaincre à son tour : C Poés. ¶**2** [fig.] ***a)*** réfuter, confondre : C Poés., Pros. ***b)*** convaincre : +C Pros.

rĕvinctus, *a*, *um*, part. de *revincio*

rĕvĭrescō, *ĭs*, *ĕre*, *vĭrŭī*, -, intr. ¶**1** redevenir vert, reverdir : +C Pros. ¶**2** [fig.] ***a)*** rajeunir : C Poés. ***b)*** reprendre des forces, se ranimer, se relever : C Pros., +C Pros.

rĕvīsĭo, *ōnis*, f., révision : T Pros.

rĕvīsō, *ĭs*, *ĕre*, *vīsī*, *vīsum* ¶**1** intr., revenir pour voir : ***ad aliquem*** -C Théât., revenir chez qqn pour le voir ; C Poés. ; ***furor revisit*** C Poés., le délire revient ¶**2** tr., revisiter, revenir voir : C Pros., Poés. ‖ ***stagna revisunt*** C Poés., ils retournent aux marécages

rĕvīvesco, V. *rĕvīvisco*

rĕvīviscō (**-vescō**), *ĭs*, *ĕre*, *vīxī*, -, intr., revivre, revenir à la vie : C Pros.

rĕvīvō, *ĭs*, *ĕre*, -, -, intr., revivre : +C Théât.

rĕvŏcābĭlis, *e*, qu'on peut faire revenir [avec négation] : C Poés., +C Poés. ‖ sur quoi l'on peut revenir : +C Pros.

rĕvŏcāmen, *ĭnis*, n., action de détourner, de dissuader : C Poés.

rĕvŏcātĭo, *ōnis*, f. ¶**1** rappel : ***a bello*** C Pros., la démobilisation ‖ action de s'éloigner : C Pros. ‖ [fig.] ***ad contemplandas voluptates*** C Pros., le rappel à la contemplation des plaisirs ¶**2** [rhét.] reprise d'un mot [pour insister] : C Pros., +C Pros.

rĕvŏcātus, *a*, *um*, part. de *revoco*

rĕvŏcō, *ās*, *āre*, *āvī*, *ātum*, tr.

I rappeler, faire revenir ¶**1** -C Théât. ; ***aliquem ex itinere*** C Pros., faire rebrousser chemin à qqn ; ***revocatus de exsilio*** C Pros., rappelé d'exil ; ***in Italiam revocari*** C Pros., être rappelé en Italie ¶**2** [milit.] rappeler, faire rétrograder, faire replier : C Pros. ; ***ab opere milites*** C Pros., rappeler, retirer les soldats du travail des fortifications ¶**3** [fig.] ramener : ***pedem ab alto*** C Poés., revenir de la mer ; ***gradum*** C Poés., revenir sur ses pas ; ***deficientem capillum*** +C Pros., ramener sur le front des cheveux clairsemés ¶**4** rappeler un acteur sur la scène : C Pros. ‖ [en part.] demander la reprise d'une tirade : C Pros. ¶**5** [poét.] rappeler de la mort, ramener à la vie : C Poés. ¶**6** [fig.] ***a)*** ramener, rétablir, faire revivre : ***studia intermissa*** C Pros., reprendre des études interrompues ; ***priscos mores*** C Pros., rétablir les anciennes moeurs ; ***vires*** C Pros., recouvrer les forces ***b)*** ramener, retenir : C Pros. ***c)*** ramener en arrière, retirer, dégager : C Pros. ; ***aliquem a consuetudine*** C Pros., détourner qqn d'une habitude ***d)*** détourner de et ramener à : ***aliquem a scelere ad humanitatem*** C Pros., ramener qqn d'intentions criminelles à des sentiments d'humanité ; ***animos ad mansuetudinem*** C Pros., ramener les âmes à la douceur ; ***se ad pristina studia*** C Pros., revenir à ses anciennes études ; ***se ad se*** C Pros., revenir à soi, se reprendre ***e)*** ramener en arrière, reprendre, retirer, rétracter : ***promissum*** +C Pros., revenir sur une promesse ; C Poés., +C Pros.

II appeler de nouveau ¶**1** à voter : C Pros. ¶**2** inviter de nouveau : +C Pros. ¶**3** citer de nouveau en justice : C Pros. ¶**4** convoquer de nouveau à paraître devant une assemblée : C Pros.

III appeler à son tour ¶**1** appeler de son côté, inviter à son tour : C Pros. ¶**2** [droit] provoquer à son tour l'adversaire à une descente sur les lieux : C Pros.

IV ¶**1** [cf. *refero*] ramener à, faire rentrer dans, rapporter à : ***omnia ad artem*** C Pros., ramener tout à une technique ¶**2** faire venir à : ***rem ad manus*** C Pros., en venir à la violence ¶**3** ramener à = juger d'après : ***ad veritatem rationem*** C Pros., confronter la théorie à la réalité ¶**4** renvoyer à, adresser à : C Pros.

rĕvŏlō, *ās*, *āre*, *āvī*, *ātum*, intr., revenir en volant, revoler : C Pros., Poés.

rĕvols-, V. *rĕvuls*

rĕvŏlūbĭlis, *e*, qui roule en arrière : C Poés., +C Poés. ‖ [fig., avec nég.] = irrévocable : C Poés.

rĕvŏlūtĭo, *ōnis*, f., révolution, retour : T Pros.

rĕvŏlūtus, *a*, *um*, part. de *revolvo*

rĕvolvō, *ĭs*, *ĕre*, *volvī*, *vŏlūtum*, tr. ¶**1** rouler en arrière, faire reculer en roulant : +C Pros. ; ***iter*** C Poés., refaire un trajet [en sens inverse] ; [poét.] ***revolutus arena*** C Poés., renversé sur le sable ‖ [pass. réfléchi] C Poés. ‖ [en parl. du temps] ***revoluta saecula*** C Poés., les siècles déroulés ; ***dies revoluta*** C Poés., le jour revenu ¶**2** ***a)*** dérouler un manuscrit, feuilleter, consulter un livre : C Pros. ***b)*** dérouler de nouveau, relire : C Pros., +C Pros. ¶**3** [fig.] ***a)*** ramener : ***in eadem aliquem*** +C Pros., ramener qqn aux mêmes choses ; C Pros. ***b)*** [surtout au pass. réfléchi] revenir [par la pensée, par la parole] : C Pros. ; ***ad alicujus sententiam revolvi*** C Pros., revenir à l'opinion de qqn ‖ en revenir à, en venir à : C Pros. ***c)*** rappeler, dérouler, raconter : C Poés. ‖ ***secum*** +C Pros., repasser dans son esprit ; [sans *secum*] C Poés., +C Pros.

rĕvŏmō, *ĭs*, *ĕre*, *vŏmŭī*, -, tr., revomir, rejeter : C Poés.

rĕvor-, V. *rever-*

rĕvulsus, *a*, *um*, part. de *revello*

1 **rex**, *rēgis*, m. ¶**1** roi, souverain, monarque : C Pros. ; ***regem deligere*** C Pros. ; ***creare*** C Pros. ; ***constituere*** C Pros., choisir, élire, établir un roi ‖ [nom odieux pendant la République, synon. de tyran, maître absolu, despote] C Pros. ¶**2** [relig.] ***rex sacrorum, sacrificiorum, sacrificus, sacrificulus*** ; V. *sacrificulus* ; ***rex Nemorensis*** +C Pros., roi du bois de Nemi [prêtre de Diane Aricine] ¶**3** [en part.] le roi de Perse, le grand roi : C Pros. ‖ le roi des Parthes : +C Pros. ¶**4** le roi des dieux et des hommes, Jupiter : C Pros., Poés. ‖ ***aquarum*** C Poés., le roi des eaux, Neptune, ou ***aequoreus*** C Poés. ‖ ***umbrarum*** C Poés. ; ***silentum*** C Poés. ; ***infernus*** C Poés. ; ***Stygius*** C Poés., le roi des ombres, des enfers, Pluton ¶**5** [en gén.] souverain, chef, maître : [en parl. d'Énée] C Poés. ‖ protecteur, patron [des parasites] : -C Théât. ‖ [poét.] ***reges***, les riches, les nababs : C Poés., Pros. ‖ ***rex mensae*** T Pros. [= βασιλεύς, συμποσίαρχος] le roi du festin ¶**6** ***reges*** C Pros., le roi et la reine, le couple royal ‖ la famille royale : C Pros. ‖ les princes du sang ou les fils du roi : C Pros. ‖ empereur : T Pros.

2 **Rex**, *Rēgis*, m., surnom de la gens Marcia : C Pros., C Poés.

rexī, parf. de *rego*

Rha, m. indécl., le Rha [grand fleuve de Sarmatie, qui se jette dans la mer Caspienne, auj. la Volga] : T Pros.

rhabdŏs, *i*, m., météore en forme de bâton : +C Pros.

Rhacōtēs, *ae* (**-cōtis**, *is*), f., ancien nom d'Alexandrie, ville d'Égypte : +C Pros.

Rhădămanthus (**-thŏs**), *i*, m., Rhadamanthe [fils de Jupiter et d'Europe, un des juges des enfers] : C Pros., Poés.

Rhădămas, *antis*, m., nom d'homme : -C Théât.

Rhădămistus (**Răd-**), *i*, m., Rhadamiste [roi d'Arménie, fils de Phraate] : +C Pros.

rhădĭnē, *ēs*, f., femme délicate, maigre : C Poés.

Rhaeti (Rae-), *ōrum*, m. pl., les Rhètes (Rètes), habitants de la Rhétie : [+C] Pros.

Rhaetĭa (Rae-), *ae*, f., la Rhétie [contrée des Alpes orientales, entre le Rhin et le Danube, pays des Grisons] : [+C] Pros. ‖ **-tĭcus**, *a, um*, des Rhètes, de la Rhétie : ***Rhaeticae Alpes*** [+C] Pros., les Alpes rhétiques ; [C] Poés. ‖ **-tĭus**, [C] Pros., **-tus**, [C] Poés., rhétique

Rhamnenses (Ram-), *ĭum*, [C] Pros., **Rammes**, *ĭum*, [C] Pros., [C] Poés., m. pl., les *Ramnenses* ou *Ramnes* [l'une des trois tribus primitives]

Rhamnēs, *ētis*, m., nom de guerrier : [C] Poés.

Rhamnūsĭa virgo, f., ▶ *Rhamnusis* : [C] Poés.

Rhamnūsis, *ĭdis*, f., Némésis [la Némésis de Rhamnonte] : [C] Poés.

Rhamnūsĭus, *a, um*, de Rhamnonte : [C] Pros.

Rhamsēs, *is*, m., ancien roi d'Égypte : [+C] Pros.

Rhănis, *ĭdis*, f., une des nymphes de Diane : [C] Poés.

rhapsōdĭa, *ae*, f., rapsodie, chant d'un poème homérique : [C] Pros.

Rhascy̆pŏlis, *is*, m., roi de Thrace du temps de César : [C] Poés.

1 **Rhĕa**, *ae*, f., Rhéa, Ops, Cybèle [fille du Ciel et de la Terre, femme de Saturne, mère des dieux] : [C] Poés.

2 **Rhĕa**, *ae*, f., Rhéa Silvia ou Ilia, mère de Romulus et de Rémus : [C] Pros., [+C] Pros.

rhēctae, *ārum*, m. pl., sorte de tremblement de terre : [+C] Pros.

rhēda (rēd-, raed-), *ae*, f., chariot [à quatre roues] : [C] Pros. ‖ char, voiture [de voyage], carrosse : [C] Pros., Poés. ; ***meritoria*** [+C] Pros., voiture de louage

1 **rhēdārĭus (rēd-, raed-)**, *a, um*, de chariot : [C] Pros.

2 **rhēdārĭus**, *ĭi*, m., cocher : [C] Pros.

Rhēdŏnes, ▶ *Redones*

Rhēg-, ▶ *Reg-*

Rhēmi, ▶ *Remi*

Rhemmĭus, ▶ *Remm*

Rhēnānus, *a, um*, ▶ *Rhenus*

Rhēni, *ōrum*, m. pl., peuples riverains du Rhin, les Rhénans : [C] Poés.

Rhēnĭgĕna, *ae*, m. et f., né sur les bords du Rhin : [+C] Poés.

rhēno, mauvaise orth. de *2 reno*

Rhēnum flūmĕn, n., le Rhin : [C] Poés.

Rhēnus, *i*, m., le Rhin [grand fleuve entre la Gaule et la Germanie] : [C] Pros. ‖ **-nānus**, *a, um*, du Rhin, rhénan : [T] Pros.

Rhescuporis, roi de Thrace : [+C] Pros.

Rhēsus, *i*, m., roi de Thrace, tué par Ulysse et Diomède : [C] Pros.

Rhētēnŏr, *ŏris*, m., un des compagnons de Diomède : [C] Poés.

rhētŏr, *ŏris*, m., orateur : [C] Pros. ‖ rhéteur : [C] Pros.

rhētŏrĭca, *ae*, f., rhétorique : [C] Pros. ‖ **rhētŏrĭcē**, *ēs*, f., [C] Pros.

rhētŏrĭcē ¶ **1** adv., en orateur : [C] Pros. ¶ **2** ▶ *rhetorica*

rhētŏrĭcōtĕrŏs, m., [compar. grec de *rhetoricus*] qui est plus habile rhéteur, plus beau parleur : [-C] Poés., [C] Pros.

rhētŏrĭcus, *a, um*, qui concerne la rhétorique : ***rhetorico modo*** [C] Pros., à la façon des rhéteurs ; ***rhetorici doctores*** [C] Pros., les maîtres de rhétorique, les rhéteurs ‖ ***rhetorici*** [+C] Pros., les livres de rhétorique de Cicéron ‖ ***rhetorica***, n. pl., les préceptes de rhétorique : [C] Pros.

rhētŏrĭscus, *i*, m., apprenti rhéteur : [+C] Pros.

rhētra, *ae*, f., loi [de Lycurgue] : [T] Pros.

rheuma, *ătis*, n., catarrhe : [T] Pros. ; [fig.] [T] Pros.

Rhĭānus, *i*, m., poète crétois du temps des Ptolémées : [+C] Pros.

Rhidagus, *i*, m., rivière des Parthes : [+C] Pros.

rhīnĭŏn, *ĭi*, n., rhinion [sorte de collyre] : [+C] Pros.

rhīnŏcĕrōs, *ōtis*, m., rhinocéros : [+C] Pros. ‖ vase en corne de rhinocéros : [C] Poés.

rhīnŏcĕrōtĭcus, *a, um*, de rhinocéros : ***rhinocerotica naris*** [T] Poés., raillerie perçante

Rhīnŏcŏlūra, *ae*, f., ville d'Égypte, sur les confins de la Palestine : [C] Pros.

Rhinthōn (-tōn), *ōnis*, m., poète comique grec, de Tarente : [C] Pros.

Rhĭŏn (Rhĭum), *ĭi*, n., promontoire et ville d'Achaïe : [C] Pros.

Rhīpaei (Rīpaei, Rīphaei ou **Rhīphaei)**, m. pl., ***montes***, les monts Riphées en Scythie ‖ **-us**, *a, um*, des monts Riphées : [C] Poés.

Rhīpeūs (-pheūs), *ei* ou *eos*, m., nom d'un Centaure : [C] Poés. ‖ nom d'un guerrier : [C] Poés.

Rhĭum, ▶ *Rhion*

Rhīzo, *ōnis*, f., ville d'Illyrie : [C] Pros. ‖ **-ōnītae**, *ārum*, m. pl., habitants de Rhizo : [C] Pros.

rhō, n. indécl., rho [lettre de l'alphabet grec = *r*] : [C] Pros.

Rhŏda, *ae*, f., ville de Tarraconaise [auj. Rosas] : [C] Pros.

Rhŏdănus, *i*, m., le Rhône [grand fleuve de la Gaule, qui se jette dans la Méditerranée] : [C] Pros. ‖ **-nītis**, *ĭdis*, adj. f., du Rhône : [T] Pros.

Rhŏdănūsĭa, *ae*, f., autre nom de Lugdunum [Lyon] : [T] Pros.

Rhŏdĭus, *a, um*, ▶ *Rhodos*

Rhŏdo, *ōnis*, m., nom d'homme : [C] Pros.

1 **Rhŏdŏpē**, *ēs*, f., le Rhodope [montagne de Thrace] : [C] Poés. ‖ **-pēĭus**, *a, um*, du Rhodope : [C] Poés. ; ***Rhodopeius vates*** [C] Poés., Orphée ; ***Rhodopeia conjux*** [+C] Poés., Proené ‖ **-pēus**, *a, um*, [+C] Poés.

2 **Rhŏdŏpē**, *ēs*, f., nymphe de l'Océan, fille de la mer : [+C] Poés. ‖ nom de femme : [+C] Poés.

Rhŏdŏpēĭus et **-pēus**, *a, um*, ▶ *1 Rhodope*

Rhŏdŏs (-dus), *i*, f., Rhodes [île et ville de la mer Égée, célèbre par son école de rhéteurs et par son colosse] : [C] Pros. ‖ **-dĭus**, *a, um*, de Rhodes : [C] Poés., Pros., [+C] Pros. ; **-dĭi**, *ōrum*, m. pl., les Rhodiens : [C] Pros. ‖ **-ĭăcus**, *a, um* ‖ **-ĭensis**, *e*, [+C] Pros., Rhodien

Rhoduntia, *ae*, f., sommet du mont Oeta : [C] Pros.

Rhoecus, *i*, m., Rhécus, Centaure, ▶ *Rhoetus* : [+C] Poés.

Rhoemetalces, *ae*, m., roi de Thrace : [+C] Pros.

Rhoetēĭus, ▶ *Rhoeteum*

Rhoetēum, *i*, n., ville sur le promontoire Rhétée : [C] Pros. ; ▶ *Rhoetion* ‖ **-tēĭus**, [+C] Poés., **-tēus**, *a, um*, rhétéen, troyen ; [C] Poés. ; n. pl., ***Rhoeteius ductor*** [C] Poés., Énée

1 **Rhoetēus**, ▶ *Rhoeteum*

2 **Rhoeteūs**, *ĕi* ou *ĕos*, m., nom de guerrier : [C] Poés.

Rhoetĭŏn, *ĭi*, n., ▶ *Rhoeteum*, le Rhétée [là était le tombeau d'Ajax] : [+C] Poés.

Rhoetus, *i*, m., un des Géants : [C] Poés. ‖ un des Centaures : [C] Poés., [+C] Poés. ‖ roi des Marrubiens : [C] Poés. ‖ ▶ *Rhoecus*

rhombus (-ŏs), *i*, m. ¶ **1** roue magique actionnée par des fils : [C] Poés. ¶ **2** turbot [poisson de mer] : [C] Poés.

rhomphaea (rom-), ▶ *romphaea*

rhomphaeālis, *e*, de romphée : [T] Poés.

rhonchĭsŏnus, *a, um*, qui ronfle : [T] Poés.

rhonchō (ron-), *ās, āre, -, -*, intr., ronfler : [T] Pros.

rhonchus, *i*, m., ronflement : [+C] Poés. ‖ ricanement, moquerie : [+C] Poés. ‖ coassement : [+C] Pros.

Rhōsŏs (-us), *i*, f., ville de Syrie ‖ **-ĭcus**, *a, um*, [C] Pros. ‖ **Rhōsii montes**, m. pl., montagnes de Rhosos

Rhoxanē, ▶ *Roxane*

Rhoxŏlāni (Ro-), *ōrum*, m. pl., Roxolans [peuple de la Sarmatie d'Europe, entre le Tanaïs et le Borysthène] : [+C] Pros.

Rhuncus, *i*, m., nom d'un Géant, probablement le même que Rhoecus : [-C] Poés.

rhūs, acc. ***rhūn***, abl. ***rhū***, n. et f., sumac [arbuste dont les fruits, confits, sont comestibles] ***rhus Syriacum (Syriaca)***, sumac de Syrie : +C Pros. ; V. ▶ *rosmarinus*

rhypōdēs, ***is***, n., sorte d'emplâtre [formé d'ingrédients sales] : +C Pros.

rhythmĭcus, ***a***, ***um***, qui concerne le rythme, rythmique, mesuré, cadencé ‖ **rythmĭci**, ***ōrum***, m. pl., les techniciens du rythme : C Pros., +C Pros.

rhythmus, ***i***, m., [rhét.] nombre, cadence : +C Pros. [*numerus* d. Cicéron]

rhy̆tĭum, ***ĭi***, n., rhyton [vase à boire en forme de corne] : +C Poés.

rīca, ***ae***, f., sorte de voile carré, bordé de franges recouvrant la tête des femmes pendant qu'elles offrent un sacrifice : C Pros. ; [porté par la femme du flamine] +C Pros. ; [servant de déguisement] +C Pros. ; V. ▶ *ricinium*

rīcīna mĭtra, f., C. ▶ *ricinium* : C Poés.

rīcīnĭātus, ***a***, ***um***, couvert du ricinium : T Pros.

rīcīnĭum, ***ĭi***, n., pièce d'étoffe double qui se portait sur la tête, avec une moitié rejetée en arrière : C Pros. ; [utilisée dans les funérailles] C Pros.

1 **rĭcĭnus**, ***i***, m., tique [insecte] : -C Pros., C ; [prov.] +C Pros.

2 **rīcĭnus**, ***a***, ***um***, ayant une *rica* : C Poés.

rictō, ***ās***, ***āre***, -, -, intr., glapir [en parl. du léopard] : T Pros.

rictum, ***i***, n., C. ▶ *rictus* : C Poés., Pros.

rictŭs, ***ūs***, m., ouverture de la bouche, bouche ouverte [surtout pour rire] : C Poés., +C Pros. ‖ [en parl. des animaux] gueule béante, bord de la gueule : C Poés.

Ridagnus, ***i***, m., rivière de Parthie : +C Pros.

rīdĕō, ***ēs***, ***ēre***, ***rīsī***, ***rīsum***, intr. et tr.

I intr. ¶ **1** rire : C Pros. ; ***in aliqua re*** C Pros., à propos de qqch. ‖ ***(γέλωτα σαρδάνιον)*** [acc. d'objet intér.] C Pros., rire d'un rire sardonique, rire jaune ¶ **2** rire amicalement, sourire ; [poét.] ***alicui, ad aliquem***, à qqn : C Poés. ‖ [fig.] C Poés. ; ***cum tempestas ridebat*** C Poés., dans la riante saison ‖ [poét.] être joyeux, triomphant : C Poés.

II tr. ¶ **1** rire de qqch., de qqn : ***neque me rident*** -C Théât., et je ne les fais pas rire ; C Pros. ; [avec prop. inf.] rire de ce que : +C Poés. ‖ [pass.] ***si riderentur*** C Pros., si [ces prétendus Attiques] faisaient rire [différent de *derideri*, "être objet de moquerie"] ; C Pros. ¶ **2** se moquer de : ***aliquem*** C Pros., se rire de qqn ; ***rem*** C Pros., se moquer de qqch. ‖ [avec prop. inf.] C Pros. ‖ [pass.] C Poés., +C Pros.

rīdĭbundus, ***a***, ***um***, tout réjoui, avec la mine épanouie : -C Théât., +C Pros.

rĭdĭca, ***ae***, f., échalas, piquet : -C Pros.

rīdĭcŭlārĭus, ***a***, ***um*** [touj. pris subst[t]] m., un bouffon : -C Pros. ‖ n. pl., ***ridicularia***, plaisanteries, bouffonneries : -C Théât.

rīdĭcŭlē, adv., plaisamment : C Pros.

rīdĭcŭlum, ***i***, n., ce qui fait rire, mot plaisant, plaisanterie, bouffonnerie : C Pros. ; ***per ridiculum*** C Pros., en plaisantant ; pl., C Pros.

rīdĭcŭlus, ***a***, ***um*** ¶ **1** [en bonne part] qui fait rire, plaisant, drôle : C Pros. ‖ [abs[t]] ***ridiculum !*** -C Théât., plaisanterie ! tu veux rire ! ‖ [poét. avec inf.] C Poés. ‖ m. pris subst[t], bouffon : -C Théât. ¶ **2** [en mauv. part] ridicule, absurde, extravagant : C Pros. ; ***ridiculum est*** [avec prop. inf.] C Pros., il est risible, comique que... ; [avec inf.] C Pros., il est ridicule de

rĭēn, C. ▶ *ren*

rĭgātĭo, ***ōnis***, f., arrosage : +C Pros.

1 **rĭgātus**, ***a***, ***um***, part. de *rigo*

2 **rĭgātŭs**, abl. ***ū***, m., action d'arroser : +T Poés.

rĭgens, ***tis***, part.-adj. de *rigeo*

rĭgĕō, ***ēs***, ***ēre***, -, -, intr., être raide, raidi, durci : ***frigore*** C Pros., par le froid ‖ ***summa (scopuli) riget*** C Poés., la partie supérieure (du rocher) reste solide ‖ [fig.] être impassible, insensible : +C Poés.

rĭgescō, ***ĭs***, ***ĕre***, ***gŭī***, -, intr., se raidir, se durcir : C Poés. ‖ se hérisser [cheveux] : C Poés.

rĭgĭdē, adv., en se durcissant, solidement : C Pros. ‖ [fig.] ***rigidius*** +C Pros., plus fermement, plus sévèrement ; C Poés. ‖ ***mittere*** +C Pros., lancer fort

rĭgĭdĭtās, ***ātis***, f., rigidité, inflexibilité [du bois] : C Pros.

rĭgĭdō, ***ās***, ***āre***, -, -, tr., rendre raide, durcir, raidir : +C Pros.

rĭgĭdus, ***a***, ***um*** ¶ **1** raide, dur : C Pros., Poés. ‖ [surtout par le froid] C Poés. ‖ qui se tient raide, tendu, rigide : ***rigida cervice*** C Pros., avec la nuque raide ; +C Pros. ; ***rigidae columnae*** C Poés., colonnes rigides ‖ ***rigida***, f. pris subst[t] = ***rigida mentula*** : C Poés. ; V. ▶ *mentula* ‖ qui a de la raideur, qui manque de souplesse : ***rigidiora signa*** C Pros., statues ayant trop de raideur ¶ **2** [fig.] dur, rigide, sévère, inflexible : C Pros. : +C Pros. ‖ dur au travail, endurci : +C Poés. ‖ rude, farouche, insensible : C Poés.

rĭgō, ***ās***, ***āre***, ***āvī***, ***ātum***, tr. ¶ **1** faire couler en dirigeant, diriger [eau ; sang dans les veines] : C Pros. ¶ **2** arroser, baigner : C Poés., Pros. ‖ ***lacrimis ora alicujus*** C Poés., baigner de larmes le visage de qqn ‖ [fig.] baigner, imprégner : C Poés., Pros.

Rigŏdūlum, ***i***, n., ville de Belgique, sur la Moselle : +C Pros.

Rigomagum, ***i***, n., ville de Belgique, sur le Rhin [auj. Remagen] : T Pros.

rĭgŏr, ***ōris***, m. ¶ **1** raideur, dureté, rigidité : C Poés. ‖ [en part.] raideur causée par le froid : C Poés. ; [d'où] froid, gelée, frimas : C Poés., Pros., +C Pros. ¶ **2** [fig.] rigueur, sévérité, inflexibilité : +C Pros. ‖ rigueur, fixité de l'accent : +C Pros.

rĭgŭī, parf. de *rigesco*

rĭgŭus, ***a***, ***um*** ¶ **1** qui arrose, qui baigne : C Poés. ¶ **2** baigné, arrosé : C Poés.

rīma, ***ae***, f., fente, fissure, fêlure, crevasse : C Pros., Poés. ; ***rimas agere*** C Pros., ou ***ducere*** C Poés., ***facere*** C Poés., se fendre, se lézarder ; ***rimas explere*** C Pros., remplir les vides ‖ [poét.] ***ignea rima*** C Poés., un zigzag de feu, un sillon de lumière [éclair] ‖ [plais[t]] -C Théât.

rīmābundus, ***a***, ***um***, qui recherche avec soin : +C Pros.

rīmātor, ***ōris***, m., celui qui fait des recherches : T Pros.

rīmātus, ***a***, ***um***, part. de *rimor* et de *rimo*

rīmō, ***ās***, ***āre***, -, -, C. ▶ *rimor* : -C Théât. ‖ ***rimatus*** [avec sens passif] : T Pros.

rīmŏr, ***āris***, ***ārī***, ***ātus sum***, tr. ¶ **1** fendre, ouvrir : C Poés. ‖ fouiller, explorer : C Poés., +C Pros., Poés. ¶ **2** [fig.] fouiller, scruter, sonder, rechercher : C Pros., +C Pros.

rīmōsus, ***a***, ***um***, qui a des fentes, lézardé, crevassé : C Poés., +C Poés. ; ***rimosior*** +C Pros., plus spongieux ‖ [fig.] ***rimosa auris*** C Poés., oreille fissurée, qui ne garde rien [d'un h. qui ne sait pas se taire]

ringŏr, ***ĕris***, ***gī***, -, intr., [fig.] enrager, ronger son frein, être furieux : -C Théât., C Pros., +C Pros.

rīnŏcĕrōs, V. ▶ *rhinoceros*

rīpa, ***ae***, f., rive : C Pros. ‖ rivage, côte : C Poés.

Rĭpaei, ***ōrum***, m. pl., V. ▶ *Rhipaei*

Rīpensis, m., f., voisin des rives [du Danube] : +T Pros.

Riphaei, V. ▶ *Rhipaei*

Rīpheūs, ***ei***, m., nom d'un guerrier : C Poés.

rīpŭla, ***ae***, f., petite rive : C Pros.

riscus, ***i***, m., panier d'osier recouvert de cuir, malle : -C Théât.

rīsī, parf. de *rideo*

rīsĭo, ***ōnis***, f., action de rire : ***quot risiones*** -C Théât., que de rires !

rīsŏr, ***ōris***, m., un plaisant, un bouffon : C Poés.

1 **rīsus**, ***a***, ***um***, part. de *rideo*

2 **rīsŭs**, ***ūs***, m., rire ¶ **1** ***movere risum alicui*** C Pros. ; ***alicujus*** +C Pros., faire rire qqn ; ***risus excitare*** C Pros. ; ***captare*** C Pros., provoquer, chercher à provoquer les rires ; ***risui esse alicui*** C Pros., faire rire qqn, être la risée de qqn ; ***risum tenere*** C Pros., se retenir de rire ¶ **2** objet du rire : C Poés.

3 **Rīsŭs**, ***ūs***, m., le Rire, divinité de Thessalie : +C Pros.

rītĕ, adv. ¶ **1** selon les rites, selon les coutumes religieuses : [C] Pros., Poés. ¶ **2** [fig.] ***a)*** selon les formes, selon les règles : [+C] Pros. ***b)*** bien, comme il faut : [C] Poés. ‖ avec raison, à juste titre : [C] Pros. ‖ [en parl. des dieux] agir bien pour ceux qui les supplient = favorablement : [C] Poés. ***c)*** selon l'usage, de la manière habituelle : [C] Poés.

rītŭāles libri, m., livres traitant des rites : [C] Pros.

rītŭālĭtĕr, adv., selon les rites : [T] Pros.

rītŭs, *ūs*, m. ¶ **1** rite, cérémonie religieuse : [C] Pros. ¶ **2** [en gén.] usage, coutume : [C] Pros., Poés., [+C] Pros. ‖ ***ritu*** avec gén., à la manière de : ***pecudum ritu*** [C] Pros., à la façon des bêtes ; ***latronum ritu*** [C] Pros., à la manière des brigands, comme les brigands ; ***cantherino ritu*** [-C] Théât., à la manière des chevaux ; [C] Poés.

rīvālis, *e* ¶ **1** de ruisseau : [+C] Pros. ‖ m. pl. pris substᵗ : ***rivales*** [+C] Pros., riverains ¶ **2** m., **rivalis**, *is*, rival en amour : ***Phaedriae*** [-C] Théât., rival de Phaedria ; [C] Pros.

rīvālĭtās, *ātis*, f., rivalité [entre deux femmes :] [allég.] [+C] Pros. ‖ rivalité [en amour], jalousie : [C] Pros.

rīvātim, adv., par des ruisseaux : [T] Pros.

rīvīnus, *i*, m., rival : [-C] Théât.

rīvŭlus, *i*, m., petit ruisseau, filet d'eau : [T] Poés.

rīvus, *i*, m. ¶ **1** ruisseau, petit cours d'eau : [C] Pros., Poés. ¶ **2** conduite d'eau, canal d'irrigation : [C] Poés., Pros. ‖ tranchée : [+C] Pros. ¶ **3** [fig.] ruisseau : [d'argent et d'or] [C] Poés. ; [de sang] [C] Poés. ; [de larmes] [C] Poés. ; [torrent de feu]

rixa, *ae*, f., dispute, différend, contestation, rixe : [C] Pros. ‖ pl., [C] Poés., [+C] Pros. ‖ lutte, combat : [+C] Pros.

rīxātŏr, *ōris*, m., querelleur, chicaneur : [+C] Pros.

rixātōrĭus, *a*, *um*, litigieux : [+C] Pros.

rixō, *ās*, *āre*, -, -, intr., → *rixor* : [C] Poés.

rixŏr, *āris*, *ārī*, *ātus sum*, intr. ¶ **1** se quereller, avoir une rixe : [C] Pros., [+C] Pros. ¶ **2** [fig.] lutter, être en lutte : [+C] Pros. ‖ résister, opposer de la résistance : [C] Pros.

rixōsus, *a*, *um*, querelleur, batailleur : [+C] Pros.

rŏbĕus, → *rubeus*

rŏbĭdus, → *rubidus*

Rōbīgālĭa, *ĭum*, n. pl., fêtes en l'honneur de Robigo ou Robigus : [C] Pros.

rōbīgĭnō, *ās*, *āre*, -, -, intr., se rouiller : [+C] Pros.

rōbīgĭnōsus, *a*, *um*, rouillé : [-C] Théât. ‖ [fig.] envieux : [+C] Poés.

1 **rōbīgo**, *ĭnis*, f. ¶ **1** rouille [métaux] : [C] Poés., [+C] Pros. ¶ **2** tartre des dents : [C] Poés. ¶ **3** rouille du blé, nielle : [C] Pros. ¶ **4** [fig.] ***a)*** rouille, inaction : [C] Poés. ***b)*** rouille de l'âme, mauvaises habitudes : [+C] Pros. ***c)*** rouille des dents = malignité, envie : [+C] Poés.

2 **Rōbīgo**, *ĭnis*, f. et **Rōbīgus**, *i*, m., divinité [déesse ou dieu] qu'on invoquait pour préserver les céréales de la nielle (*robigo*) : f., [C] Poés. ; m., [C] Pros., [+C] Pros.

rŏbĭus, → *rubeus*

rōbŏrārĭum, *ĭi*, n., enclos de palissade : [+C] Pros.

rōbŏrātus, *a*, *um*, part. de *roboro*

rōbŏrĕus, *a*, *um*, de chêne : [+C] Pros.

rōbŏrō, *ās*, *āre*, *āvī*, *ātum*, tr., fortifier, rendre robuste, affermir, consolider : [C] Poés., [+C] Pros.

rōbŭr (**rōbŏr**, [C] Poés.), *ŏris*, n. ¶ **1** [poét.] l'olivier : [C] Poés. ¶ **2** cœur de chêne, chêne [bois] : [C] Pros., Poés. ‖ objets en chêne : [banc] ***in robore accumbere*** [C] Pros., s'asseoir sur le chêne, à même le chêne [pour manger] ; [lance] [C] Poés. ; [bois de la charrue] [C] Poés. ‖ cachot d'une prison : [C] Pros., [+C] Pros. ‖ instrument de torture : [C] Poés. ¶ **3** [fig.] ***a)*** dureté, solidité, force de résistance : [du fer] [C] Poés. : [de la pierre] [C] Poés. ; [des navires] [C] Pros. ; [d'une personne] [C] Pros. ***b)*** force, résistance, vigueur [au moral] : [C] Pros. ; ***oratorium robur*** [+C] Pros., la vigueur oratoire ***c)*** [la partie la plus solide d'une chose] cœur, noyau, élite : [C] Pros. ; ***robur legionum*** [C] Pros., l'élite constituée par les légions ; ***quod fuit roboris*** [C] Pros., ce qu'il y avait de plus solide [dans l'armée], l'élite ; [C] Pros. ; ***robora virorum*** [C] Pros., l'élite des combattants ***d)*** ***robus*** [+C] Pros., sorte de blé d'élite [lourd et brillant]

rōburnĕus, *a*, *um*, de chêne : [+C] Pros.

1 **rōbus**, *a*, *um*, roux : [+C] Poés.

2 **rōbus**, *ŏris*, n., forme arch. de *robur*

rōbustē, adv., fortement, solidement : ***-tius*** [T] Pros.

rōbustĕus, *a*, *um*, de chêne : [C] Pros.

rōbustus, *a*, *um* ¶ **1** de rouvre, de chêne : [-C] Pros., [C] Pros. ¶ **2** solide [comme le chêne], dur, fort, résistant ‖ [en parl. de pers.] fort, vigoureux, robuste : [C] Pros. ; ***aetate robustior*** [C] Pros., tenant de l'âge plus de force ; ***robustissima juventus*** [+C] Pros., jeunes gens très robustes

Rodienses, → *Rho*

rōdō, *is*, *ĕre*, *rōsī*, *rōsum*, tr. ¶ **1** ronger : [C] Pros., Poés. ¶ **2** [en parl. de l'eau, de la rouille, etc.] ronger, miner, user : [C] Poés. ¶ **3** [fig.] ‖ déchirer qqn, le mettre en pièces, médire de lui : [C] Pros., Poés., [+C] Poés.

rōdus, **rōduscŭlum**, → *raud*

Roemus, *i*, m., fleuve de Perse : [T] Pros.

rŏgālis, *e*, de bûcher : [C] Poés. ‖ mis sur le bûcher : [T] Pros.

rŏgātīcĭus, *a*, *um*, obtenu par prière, emprunté : [+C] Pros.

rŏgātĭo, *ōnis*, f. ¶ **1** action de demander, demande, question [rare] : [C] Pros. ‖ [rhét.] interrogation [ἐρώτησις] : [C] Pros., [+C] Pros. ¶ **2** demande adressée au peuple au sujet d'une loi à voter, proposition, projet de loi : ***rogationem ferre*** [C] Pros., présenter un projet de loi ; ***promulgare rogationem*** [C] Pros., publier une proposition de loi ; → *suadeo, suasor, dissuasor, lator* ; [C] Pros. [v. formule de la *rogatio* [+C] Pros.] ¶ **3** [rare] prière, sollicitation, requête : [C] Pros., [+C] Pros. ‖ [chrét.] supplications, processions en prières [pl.] : [T] Pros.

rŏgātĭuncŭla, *ae*, f. ¶ **1** petite question : [C] Pros. ¶ **2** projet de loi peu important : [C] Pros.

rŏgātŏr, *ōris*, m. ¶ **1** celui qui propose une loi au peuple : [-C] Poés. ‖ auteur d'une proposition : [C] Pros. ¶ **2** celui qui recueillait les voix du peuple dans les comices : ***primus*** [C] Pros., celui qui recueillait le premier les suffrages, c.-à-d. dans la première centurie appelée à voter [= *rogator primae centuriae*] ; ***rogator comitiorum*** [C] Pros., président des comices ¶ **3** mendiant : [+C] Poés.

rŏgātum, *i*, n., question : [C] Pros.

1 **rŏgātus**, *a*, *um*, part. de *rogo*

2 **rŏgātŭs**, abl. *ū*, m., demande, sollicitation, prière : [C] Pros.

rŏgĭtātĭo, *ōnis*, f., proposition de loi : [-C] Théât.

rŏgĭtō, *ās*, *āre*, *āvī*, *ātum*, tr., demander avec insistance, interroger de façon pressante : [-C] Théât., [C] Pros.

rŏgō, *ās*, *āre*, *āvī*, *ātum*, tr.

I interroger, questionner ¶ **1** ***a)*** [avec interrog. indir.] ***rogare, num*** [C] Pros., demander si ***b)*** ***aliquem*** : [-C] Théât. ; ***Stoicos roga*** [C] Pros., interroge les stoïciens ***c)*** [acc. n. des pron.] [-C] Théât., [C] Pros. ***d)*** ***aliquem*** et acc. n. des pron. : [-C] Théât., [C] Pros. ¶ **2** [officᵗ] ***a)*** ***rogare aliquem sententiam*** [C] Pros., demander à qqn son avis ; ***sententiam rogari*** [C] Pros., se voir demander son avis, être consulté ***b)*** ***rogare populum*** [C] Pros., consulter le peuple sur une loi, lui faire une proposition de loi ; ou ***rogare legem*** [C] Pros., et au pass., [+C] Pros. ; [C] Pros. ; [pass. impers.] ***rogari, ut*** [C] Pros., [ils disent] qu'un projet de loi demande que ***c)*** [C] Pros., ou ***plebem*** [C] Pros., demander au peuple qu'il désigne un magistrat ‖ [sans *populum* ni *plebem*] [C] Pros. ***d)*** [milit.] [C] Pros. ***e)*** [droit] demander à qqn s'il veut consentir à une stipulation : [-C] Théât.

II chercher à obtenir en priant, prier, solliciter, faire une requête ¶ **1** ***a)*** [rare] ***aliquid ab aliquo*** [-C] Théât., [C] Pros., demander qqch. à qqn, solliciter qqch. de qqn ***b)*** ***aliquem*** et acc. n. des pron. : [C] Pros. ‖ [poét., avec deux acc.] ***otium divos*** [C] Poés., demander aux dieux le repos ***c)*** ***aliquid*** : [C] Pros. ***d)*** ***aliquem***, solliciter qqn : ***de aliqua re*** [C] Pros., pour qqch. ; ***ambiuntur, rogantur*** [C] Pros., on va les trouver, on sollicite leurs suffrages ***e)*** ***rogare ut, ne***, subj., demander que, que ne pas : [C] Pros. ; [subj. seul] [-C] Théât., [C] Pros. ***f)*** ***rogare aliquem (illud, hoc... aliquem) ut, ne***, demander à qqn de, de ne pas : [C] Pros. ***g)*** [avec inf.] [C] Poés. ; [avec prop. inf.] ¶ **2** prier qqn de, inviter qqn à [venir faire visite] : [C] Pros. ‖ ***aliquem ad rem, in rem***, inviter (prier) qqn à qqch. : [+C] Pros. ‖ [chrét.] prier Dieu : [T] Poés.

rŏgum, *i*, n., C.▸ *rogus* : [-C] Théât.

rŏgus, *i*, m., bûcher [funèbre] : [C] Pros. ; ***in rogum imponere*** [C] Pros., mettre sur le bûcher ; ***in rogum inscendere*** [C] Pros., monter sur le bûcher ; ***in rogum illatus*** [C] Pros. ; ***rogo illatus*** [+C] Pros., mis sur le bûcher ; ***rogum exstruere*** [C] Pros., dresser un bûcher ‖ tombeau : [C] Poés.

Rōma, *ae*, f., Rome [ville d'Italie, capitale de l'Empire romain] : [C] Pros. ‖ **-ānus**, *a*, *um*, de Rome, romain : ***Romani ludi*** [C] Pros., jeux romains [fête annuelle commençant le 4 septembre] ; ***Romano more*** [opposé à *Graeco, Punico*] [C] Pros., à la romaine, franchement, nettement ‖ **Rōmāni**, *ōrum*, m. pl., les Romains ; ***Romanus*** [collect.] [C] Pros. = les Romains ; ***Romana*** [C] Pros., une Romaine ‖ **-nĭcus**, *a*, *um*, [-C] Pros. ; **-nĭensis**, *e*, [-C] Pros. ; **-nensis**, [C] Pros., romain

Rōmāna, *ae*, f., V.▸ *Roma*

Rōmānē, adv., en [vrai] Romain : [+C] Pros.

Rōmāni, *ōrum*, m. pl., V.▸ *Roma*

Rōmānĭa, *ae*, f., le pays romain [opposé aux barbares] : [+T] Poés.

Rōmānŭla porta, f., une des portes de Rome : [C] Pros.

Rōmānus, *a*, *um*, V.▸ *Roma* ‖ s. Romain, martyr : [T] Poés.

Rōmĕchĭum, *ĭi*, n., ville maritime de la Grande-Grèce : [C] Poés.

Rōmĭlĭa ou **Rōmŭlĭa tribus**, f., tribu romaine [en Étrurie] : [C] Pros.

Rōmĭlĭus, *ĭi*, m., nom d'un consul qui fut nommé décemvir : [C] Pros. ‖ centurion sous Galba : [+C] Pros.

romphaea, *ae*, f., romphée [longue épée ou lance thrace dont le large fer a deux tranchants] : [T] Pros.

Rōmŭlaris, *e*, V.▸ *Romulus*

Rōmŭlĕa, *ae*, f., ville d'Italie, dans le Samnium : [C] Pros.

Rōmŭlĭa, V.▸ *Romilia*

Rōmŭlĭdae, *ārum* et *um*, m. pl., descendants de Romulus, les Romains : [C] Poés.

Rōmŭlĭus, V.▸ *Romilius*

Rōmŭlus, *i*, m. ¶ **1** fils de Mars et d'Ilia [Rhéa Sylvia] frère jumeau de Rémus, fut avec lui fondateur de Rome, puis premier roi des Romains, ayant tué de sa main Acron, roi des Caeniniens, remporta les premières "dépouilles opimes", fut mis après sa mort au rang des dieux et assimilé à Quirinus : [C] Pros. ‖ **-lĕus**, *a*, *um*, de Romulus, des Romains, romain : [C] Poés. ; ou **-lus**, *a*, *um*, [C] Poés. ; ou **-lāris**, *e*, [T] Pros. ¶ **2** Romulus Salvius, roi d'Albe : [C] Pros.

ronch-, V.▸ *rhonch-*

ronco, V.▸ *runco*

rōrans, *tis*, part. prés. de *roro*

rōrārĭi, *ōrum*, m. pl., soldats armés à la légère, vélites, voltigeurs : [C] Pros. ‖ sg. *rorarius*, [-C] Poés.

rōrātĭo, *ōnis*, f., chute de la rosée : [C] Pros., [+C] Pros.

rōrātus, *a*, *um*, part. de *roro*

rōrĭdus, *a*, *um*, couvert de rosée : [C] Poés., [+C] Pros.

rōrĭfĕr, *fĕra*, *fĕrum*, qui répand la rosée : [C] Poés.

rōrĭflŭus, *a*, *um*, C.▸ *rorifer* : [T] Poés.

rōrō, *ās*, *āre*, *āvī*, *ātum*, intr. et tr.

I intr. ¶ **1** répandre la rosée : [C] Poés. ‖ [impers.] ***rorat***, il fait de la rosée, la rosée tombe : [+C] Pros. ¶ **2** [fig.] ***a)*** être humecté, ruisseler, dégoutter de : ***rorantes comae*** [C] Poés., cheveux ruisselants ***b)*** tomber goutte à goutte : ***lacrimae rorantes*** [C] Poés., larmes tombant goutte à goutte ‖ [impers.] ***rorat*** [C] Pros., il bruine, il tombe de petites gouttes

II tr. ¶ **1** couvrir de rosée : ***rorata tellus*** [C] Poés., terre humide de rosée ¶ **2** [fig.] ***a)*** humecter, arroser : ***ora lacrimis*** [C] Poés., baigner de larmes son visage ; [+C] Poés. ***b)*** faire tomber goutte à goutte : ***aquae roratae*** [C] Poés., eaux répandues goutte à goutte ‖ [abs[t]] ***pocula rorantia*** [C] Pros., coupes répandant le vin goutte à goutte ; ***rorans juvenis*** [C] Poés., le Verseau [constell.]

rōrŭlentus, *a*, *um*, humide de rosée : [-C] Théât., Pros. ‖ subst. n., **rorulentum**, *i*, pays couvert de rosée

1 **rōs**, *rōris*, m. ¶ **1** rosée : [C] Poés., Pros. ‖ pl., [C] Pros. ¶ **2** [fig.] ***a)*** [en parl. de tout liquide qui dégoutte] : [eau] [C] Poés. ; ***rores pluvii*** [C] Poés., les bruines ‖ [larmes] [C] Poés. ‖ [parfums] [C] Poés. ***b)*** ***ros marinus*** ou ***rosmarinus***, le romarin : [C] Poés., [+C] Pros. ; ou ***ros maris*** [C] Poés. ; ou simpl[t] ***ros*** [C] Poés.

2 **rōs**, n., C.▸ *rhus* : [+C] Pros.

rŏsa, *ae*, f. ¶ **1** rose [fleur] : [C] Pros. ‖ [sens collect.] = les roses : ***in rosa*** [C] Pros., parmi les roses ¶ **2** [fig.] ***a)*** [terme de caresse] : [-C] Théât. ***b)*** huile rosat : [+C] Pros. ¶ **3** rosier : [C] Poés. ; pl., [C] Poés.

rŏsans, *antis*, couleur de rose : [T] Poés.

rŏsārĭum, *ĭi*, n., champ de roses, roseraie : [C] Poés., [+C] Pros.

rŏsārĭus, *a*, *um*, de roses : [+C] Pros.

Roscĭa lex, f., loi Roscia, V.▸ *Roscius* : [C] Pros.

roscĭdus, *a*, *um* ¶ **1** couvert de rosée : [C] Pros., Poés. ‖ ***roscida dea*** [C] Poés., l'Aurore ; ***roscida luna*** [C] Poés., la lune chargée de rosée, qui répand la rosée ‖ n. pl., ***roscida caespitum*** [+C] Pros., gazon humide de rosée ¶ **2** [poét.] humecté, mouillé, baigné : [C] Poés., [+C] Poés.

Roscĭus, *ĭi*, m., nom d'une famille rom., not[t] L. Roscius Othon, auteur de la loi qui réglait les places au théâtre : [C] Pros. ‖ Q. Roscius, célèbre comédien, ami de Cicéron qui plaida pour lui : [C] Pros. ‖ Sext. Roscius d'Amérie, défendu par Cicéron : [C] Pros. ‖ L. Roscius, lieutenant de César : [C] Pros. ‖ **-ĭānus**, *a*, *um*, de Roscius : [C] Pros.

Rōsĕa, *ae*, f., canton des Sabins : [C] Pros. ‖ **-ĕānus**, *a*, *um*, de Roséa : [C] Pros. ‖ ou **-ĕus**, *a*, *um*, [C] Poés.

Rōsellāna, V.▸ *Rusellana*

rŏsētum, *i*, n., rosier : [C] Poés. ‖ roseraie : [C] Pros.

1 **rŏsĕus**, *a*, *um* ¶ **1** de rose, garni de roses : [+C] Théât., [T] Pros. ¶ **2** de la couleur de rose, rose, rosé, vermeil, purpurin : ***roseus Phoebus*** [C] Poés., le vermeil Phébus ; ***rosea aurora*** [C] Poés., l'aurore aux doigts de rose ‖ [en parl. du teint, des joues, des lèvres] : [C] Poés.

2 **Rōsĕus**, *a*, *um*, V.▸ *Rosea*

rōsī, parf. de *rodo*

Rōsĭa, *ae*, f., C.▸ *Rosea*

rōsĭdus, *a*, *um*, C.▸ *roscidus* : [C] Poés.

rōsĭo, *ōnis*, f., tranchées, douleurs d'entrailles, coliques : [+C] Pros.

rosmărīnus, *rorismarini*, m., romarin [arbuste] : [C] Poés., [+C] Pros. ; V.▸ *1 ros*

rostellum, *i*, n., petit bec : [+C] Pros.

rostra, *ōrum*, n. pl. ¶ **1** les rostres, la tribune aux harangues [ornée des éperons de navires pris à l'ennemi] : ***in rostra escendere*** [C] Pros., monter à la tribune ; ***de rostris descendere*** [C] Pros., descendre de la tribune ¶ **2** ***rostra*** = le forum : [C] Poés. ‖ ***rostra movere*** [+C] Poés., entraîner la tribune [= l'assemblée du peuple]

rostrālis, *e*, des rostres, rostral : [T] Pros.

rostrātus, *a*, *um* ¶ **1** recourbé en forme de bec : [+C] Pros. ¶ **2** garni d'un éperon [navire] : [C] Pros., [+C] Pros. ; ***columna rostrata*** [C] Pros., colonne rostrale [colonne garnie des éperons de navires pris sur l'ennemi lors de la victoire de Duilius dans la première guerre punique] ; [C] Poés., [+C] Pros.

rostrum, *i*, n. ¶ **1** bec d'oiseau : [C] Pros. ‖ groin des porcs : [C] Pros., Poés. ‖ museau, mufle, gueule [du chien, du loup] : [C] Poés. ; [en parl. d'une pers., injure ou plaisanterie] [-C] Théât., [+C] Pros. ‖ trompe d'abeille : [C] Poés. ¶ **2** [fig., objets ayant cette forme] ***a)*** éperon de navire : [C] Pros. ; ***trifidum*** [+C] Poés., éperon à trois pointes ; [C] Poés. ; [d'où] ***rostra*** ; V.▸ *rostra* ‖ éperon de bélier [machine] : [C] Pros. ***b)*** pointe d'une serpette : [+C] Pros.

rŏsŭlentus, *a*, *um*, émaillé de roses : [T] Poés.

1 **rōsus**, *a*, *um*, part. de *rodo*

2 **rōsŭs**, *ūs*, m., C.▸ *rosio*

rŏta, *ae*, f. ¶ **1** roue : [C] Poés., Pros. ‖ [de machine] : [-C] Pros., [C] Poés. ¶ **2** [en part.] ***a)*** roue de potier : [C] Poés., [+C] Pros. ***b)*** roue [instrument de supplice] ***in rotam escendere*** C Pros., monter sur la roue ; +C Pros. ‖ la roue d'Ixion : C Poés. ***c)*** rouleau : C Pros., +C Pros. ***d)*** roue pour élever l'eau : C Pros. ¶**3** [fig.] ***a)*** char : C Poés. ; ***rotae impares*** C Poés., roues inégales du char de Thalie [distique élégiaque] ***b)*** disque du soleil : C Poés. ¶**4** roue [symbole de l'instabilité] : ***fortunae*** C Pros., la roue de la fortune

rŏtābĭlis, *e*, qui peut être mû circulairement : T Pros.

rŏtābŭlum, *i*, n., V▸ *rutabulum*

rŏtālis, *e*, qui a des roues, à roues : T Pros.

rŏtātĭlis, *e*, circulaire : T Pros. ‖ [fig.] rapide [en parl. du trochée] : T Poés.

rŏtātim, adv., en rond, en tournant : +C Pros.

rŏtātĭo, *ōnis*, f., action de mouvoir en rond, de faire tourner, rotation : C Pros.

rŏtātŏr, *ōris*, m., celui qui fait tourner (pirouetter) : +C Poés.

1 **rŏtātus**, *a*, *um*, part. de *roto*

2 **rŏtātŭs**, *ūs*, m., action de faire tourner : +C Poés., T Poés.

Rŏthus, *i*, m., nom de guerrier : +C Poés.

rŏtō, *ās*, *āre*, *āvī*, *ātum* ¶**1** tr., mouvoir circulairement, faire tourner : C Poés. ‖ faire tournoyer : C Pros., Poés. ‖ faire rouler : +C Pros. ; [fig.] +C Pros. ‖ [pass. sens réfl.] se mouvoir en rond, tourner, tournoyer : C Poés., +C Poés. ; [fig.] ***rotato sermone*** +C Poés., en périodes qui s'arrondissent ¶**2** intr., ***saxa rotantia*** C Poés., rochers qui roulent ‖ faire la roue [paon] : +C Pros.

Rōtŏmăgensis, *e*, V▸ *Rotomagus*

Rōtŏmăgi, *ōrum*, m. pl., C▸ *Rotomagus* : T Pros.

Rōtŏmăgus, *i*, f., ville de la Gaule Lyonnaise, sur la Seine [auj. Rouen] : +T Pros. ‖ **-gensis**, *e*, de Rotomagus : +T Poés.

rŏtŭla, *ae*, f., petite roue : -C Théât., +C Pros.

rŏtŭlus, *i*, m., C▸ *rotula* : +C Poés.

rŏtundātĭo, *ōnis*, f., cercle, circonférence : C Pros. ‖ rotondité : C Pros. ‖ rotation : C Pros.

rŏtundātus, *a*, *um*, part. de *rotundo*

rŏtundē, adv., en rond : ***-dissime*** +C Pros. ‖ [fig.] d'une manière arrondie, élégamment : C Pros.

rŏtundĭtās, *ātis*, f., cercle, circonférence, rondeur : C Pros. ‖ [fig.] construction périodique des phrases [style arrondi] : T Pros.

rŏtundō, *ās*, *āre*, *āvī*, *ātum*, tr., former en rond, arrondir : C Pros. ‖ [fig.] arrondir [une somme], compléter : C Pros. ‖ arrondir, polir [le style] : T Pros.

rŏtundus, *a*, *um* ¶**1** qui a la forme d'une roue, rond : C Poés., Pros. ; ***nihil rotundius*** C Pros., rien de plus rond ; ***rotundissimus*** +C Pros., le plus rond ; ***toga rotunda*** +C Pros., toge bien arrondie, qui tombe bien ¶**2** [fig.] ***a)*** arrondi : C Poés., +C Pros. ***b)*** [en parl. du style] arrondi, poli, dont tous les éléments sont bien équilibrés : C Pros., Poés., +C Pros.

Rōxānē (**Rhox-**), *ēs*, f., Roxane [femme d'Alexandre le Grand] : +C Pros.

Roxolāni, V▸ *Rhox*

rŭbĕfăcĭō, *ĭs*, *ĕre*, *fēcī*, *factum*, tr., rendre rouge, rougir : C Poés.

rŭbellĭāna, *ae*, f., espèce de vigne [dont les sarments sont rouges] : +C Pros. ; V▸ *rubellus*

rŭbellĭo, *ōnis*, f., rouget [poisson de mer] : +C Pros.

Rŭbellĭus, *ĭi*, m., nom d'homme : +C Pros.

rŭbellus, *a*, *um*, tirant sur le rouge : +C Poés. ; ***rubellae vineae*** ; V▸ *rubelliana* ‖ subst. n., vin clairet, vin rosé : +C Poés.

rŭbens, *tis*, part.-adj. de *rubeo* ¶**1** rouge : C Poés. ‖ [poét.] ***ver rubens*** C Poés., le printemps diapré ¶**2** [fig.] rouge, rougissant de pudeur, de modestie : C Poés., +C Poés.

rŭbĕō, *ēs*, *ēre*, *ŭī*, -, intr. ¶**1** être rouge : C Poés. ¶**2** [fig.] être rouge de pudeur, de honte : C Pros.

1 **rŭber**, *bra*, *brum*, rouge : C Poés. ; ***ruberrimus*** +C Pros. ‖ ***leges rubrae*** +C Poés., les lois aux titres rouges

2 **Rŭber**, *bra*, *brum*, épithète ***a) Rubrum mare*** C Pros. ou ***Rubra aequora*** C Poés. ou ***mare Rubrum*** C Pros., +C Pros., la mer Rouge, la mer des Indes, le golfe Persique ***b) Saxa Rubra*** C Pros., +C Pros., bourg d'Étrurie, près de la Crémère

rŭbescō, *ĭs*, *ĕre*, *bŭī*, -, intr. ¶**1** devenir rouge, rougir : C Poés. ¶**2** rougir [honte, timidité] : +C Pros.

rŭbēta, *ae*, f., grenouille de buisson [crapaud venimeux] : +C Poés.

rŭbētum, *i*, n., lieu couvert de ronces, roncier : C Poés.

rŭbĕus, *a*, *um*, roux, roussâtre : C Pros. ; ***virga rubea***, cornouiller sanguin : C Poés.

Rŭbi, *ōrum*, m. pl., ville d'Apulie [auj. Ruvo] : C Poés.

rŭbĭa, *ae*, f., garance [plante tinctoriale rouge] : C Pros.

1 **rŭbĭcō**, *ās*, *āre*, -, -, tr., faire rougir : +T Poés.

2 **Rŭbĭco** et qqf. **-cōn**, +C Poés., *ōnis*, m., le Rubicon [petite rivière qui formait la limite entre la Gaule Cisalpine et l'Italie; il était interdit à tout général romain d'entrer en armes en Italie ; César le franchit donnant ainsi le signal de la guerre civile] : C Pros.

rŭbĭcundŭlus, *a*, *um*, tout rouge : +C Poés.

rŭbĭcundus, *a*, *um*, rouge : ***rubicunda Ceres*** C Poés., moisson dorée ‖ rougeaud, rubicond : -C Théât. ‖ ***-dior*** +C Pros.

rŭbĭdus, *a*, *um*, adj., rouge-brun : ***rubidus panis*** -C Théât. ‖ rubicond : +C Pros.

1 **Rūbīg-**, V▸ *Robig-*

2 **rūbīg-**, V▸ *robig-*

rŭbĭlis, *e*, adj., rouge [espèce de poire] : T Pros.

rŭbŏr, *ōris*, m. ¶**1** rougeur, couleur rouge : C Pros. ‖ pourpre : C Poés. ‖ [en parl. du visage] : C Pros., Poés. ‖ [plais[t]] : ***in ruborem dare aliquem*** -C Théât., rendre rouge le corps de qqn [par des coups] ¶**2** [fig.] ***a)*** réserve, pudeur, délicatesse : C Pros. ***b)*** rougeur de la honte, honte, ignominie, déshonneur : ***ruborem afferre alicui*** C Pros., être une source de honte pour qqn ; ***rubor est (alicui)*** [avec inf.] C Poés., c'est une honte de ***c)*** honte, confusion : ***aliquid alicui rubori est*** C Pros., qqch. remplit qqn de confusion, le fait rougir ; C Poés., +C Pros.

Rŭbrae, *ārum*, f. pl., C▸ *Rubra saxa*, V▸ *2 Ruber* : +C Poés.

rŭbrīca, *ae*, f. ¶**1** ocre rouge : +C Pros. ¶**2** rubrique, céruse calcinée rouge : C Poés. ‖ rouge, fard : -C Théât. ‖ couleur rouge ; [d'où] ‖ recueil des lois où les titres de chapitres étaient inscrits en rouge : +C Pros.

rŭbrīcātus, *a*, *um*, rougi : +C Pros.

rŭbrīcōsus, *a*, *um*, d'argile rouge, ferrugineux : -C Pros., +C Pros.

Rŭbrĭus, *ĭi*, m., nom de fam. rom. : C Pros.

Rŭbrum mare, n., V▸ *2 Ruber*

rŭbŭī, parf. de *rubeo* et de *rubesco*

rŭbus, *i*, m., ronce : C Pros., Poés. ‖ framboise : C Poés. ‖ le buisson ardent [vu par Moïse] : T Poés., Pros.

ructābundus, *a*, *um*, qui rote sans cesse : +C Pros.

ructāmĕn, *ĭnis*, n., T Poés. et **rūctatĭo**, *ōnis*, f., V▸ *ructus*

ructātŏr, *ōris*, m., celui qui exhale des mots ; [fig.], qui prêche : T Pros.

ructātrix, *īcis*, adj. f., qui provoque des renvois : +C Poés.

ructō, *ās*, *āre*, *āvī*, *ātum* ¶**1** intr., roter, avoir des renvois : C Pros. ¶**2** tr. ***a) glandem*** +C Poés., avoir des éructations de gland ***b)*** rejeter [renvoyer] dans une éructation : +C Poés. ***c) Tiberim*** T Pros., parler latin [litt[t] éructer le Tibre]

ructŏr, *āris*, *ārī*, -, C▸ *ructo* ‖ tr., ***aves ructari*** C Pros., avoir des éructations d'oiseaux [servis aux repas] ‖ [fig.] ***versus*** C Poés., cracher des vers

ructŭātĭo, *ōnis*, f., ▸ *ructus* : T Pros.

ructŭōsus, *a*, *um*, entrecoupé de renvois : +C Pros.

ructŭs, *ūs*, m., rot, renvoi : C Pros.

rūdectus, *a*, *um*, pierreux : -C Pros.

1 **rŭdens**, *tis*, part. de *rudo*

2 **rŭdens**, *tis*, m., cordage [de navire], câble : [C] Pros. ; ***laxare rudentes*** [C] Poés., mettre à la voile (lâcher les écoutes) ‖ navire : [+C] Poés.

rūdĕra, pl. de *2 rudus*

rūdĕrārĭum crībrum, n., claie à tamiser : [+C] Pros.

rūdĕrātĭo, *ōnis*, f., bétonnage, pavage en blocage, blocaille : [C] Pros.

rŭdĭārĭus, *ĭi*, m., gladiateur libéré : [+C] Pros.

rŭdĭcŭla, *ae*, f., spatule [cuiller] : [-C] Pros.

rŭdīmentum, *i*, n., apprentissage, débuts, essais : [C] Poés., Pros.

Rŭdīnus, *a*, *um*, de Rudies, épith. d'Ennius : [C] Pros.

1 **rŭdis**, *e* ¶ **1** qui n'est pas travaillé, brut : [terre] [C] Pros., Poés. ; [pierre] [+C] Pros. ; [marbre] [+C] Pros. ; [laine] [C] Poés. ‖ n. pl., ***rudia*** [+C] Pros., les objets bruts ‖ [poét.] nouveau, jeune, neuf : [+C] Poés. ¶ **2** [fig.] qui n'est pas dégrossi, inculte, grossier, ignorant : [C] Pros. ‖ [avec gén.] : ***rei militaris*** [C] Pros., ignorant tout de l'art militaire ‖ [avec *in* abl.] : [C] Pros. ; ***in disserendo*** [C] Pros., étranger à l'art d'argumenter ‖ [avec abl. seul] : [C] Poés., [+C] Poés., Pros. ‖ [avec *ad*] [C] Pros., Poés., [+C] Pros. ‖ [avec dat.] : [+C] Poés. ‖ [avec inf.] [+C] Poés.

2 **rŭdis**, *is*, f., baguette ¶ **1** baguette [dont se servaient les soldats et les gladiateurs dans leurs exercices ; fleuret] : [C] Pros., [+C] Pros. ‖ baguette d'honneur [donnée au gladiateur mis en congé, son temps fini] : ***rudem accipere*** [C] Pros., recevoir son congé, être licencié ¶ **2** spatule [cuiller] : [-C] Pros.

rŭdĭtās, *ātis*, f., impéritie : [+C] Pros.

rŭdītŭs, *ūs*, m., braiment [de l'âne] : [+C] Pros.

rŭdō, *ĭs*, *ĕre*, *īvī*, *ītum*, intr., braire : [C] Poés. ‖ rugir : [C] Poés. ‖ crier fortement [en parl. de l'homme], hurler : [C] Poés. ‖ faire du bruit : ***prora rudens*** [C] Poés., proue qui crie

rŭdŏr, *ōris*, m., retentissement, fracas : [+C] Pros.

1 **rūdus**, ► *raudus*

2 **rūdus**, *ĕris*, n., gravois, plâtras, déblais, décombres : [+C] Pros. ‖ béton : [C] Pros. ‖ marne, terre grasse : [+C] Pros. ; ► *rudera*

Ruduscŭlāna, ► *Rauduscula*

rūduscŭlum, ► *raud*

Rūfa, *ae*, f., nom de femme : [C] Poés.

Rūfilla, *ae*, f., nom de femme : [+C] Pros.

Rūfillus, *i*, m., nom d'homme : [C] Poés.

Rūfīna, *ae*, f., nom de femme : [+C] Poés.

Rūfīnus, *i*, m., nom d'homme ‖ commandant dans les Gaules, ayant soutenu la révolte de Vindex, fut mis à mort par Vitellius : [+C] Pros.

Rūfĭo, *ōnis*, m., nom d'homme : [C] Pros.

Rūfĭus, *ĭi*, m., nom d'homme : [T] Poés.

Rŭfrae, *ārum*, f. pl., ville de Campanie : [C] Poés.

Rŭfrī mācĕrĭae, ville de Campanie, près de Nole : [-C] Pros.

Rufrĭum, *ĭi*, n., ville du Samnium : [C] Pros.

rūfŭli, *ōrum*, m. pl., tribuns militaires créés par les consuls et non par le peuple : [C] Pros.

1 **rūfus**, *a*, *um*, rougeâtre, roux : [+C] Pros. ‖ rouge [de cheveux], roux, rousseau : [-C] Théât.

2 **Rūfus**, *i*, m., surnom romain, not[t] M. Minucius Rufus, maître de la cavalerie sous Fabius Maximus : [C] Pros. ‖ surnom d'autres Minucius : [C] Pros. ‖ M. Caelius Rufus, correspondant de Cicéron ([C] Pros.), défendu dans le *Pro Caelio* : [C] Pros. ‖ Quinte-Curce [*Q. Curtius Rufus*], auteur d'une histoire d'Alexandre : [+C] Pros.

1 **rūga**, *ae*, f. ¶ **1** ride [du visage] ord[t] pl. : [C] Pros., Poés. ‖ sg., [C] Poés. ¶ **2** plis dans les vêtements : [+C] Pros., [T] Pros.

2 **Rūga**, *ae*, m., surnom du consul Sp. Carvilius : [+C] Pros.

rūgātus, *a*, *um*, part. de *rugo*

Rŭgi, *ōrum*, m. pl., ► *Rugii* ‖ au sg., ***Rugus*** [T] Poés.

Rŭgĭi, *ōrum*, m. pl., Ruges [peuple germain des bords de la Baltique, voisin de l'île nommée auj. Rügen] : [+C] Pros.

rŭgĭō, *īs*, *īre*, *īvī* (*ĭī*), -, intr., rugir [lion] : [T] Pros. ‖ braire [âne] : [T] Pros. ‖ [fig.] ***rugiens venter*** [T] Pros., ventre qui gronde [affamé]

rŭgītŭs, *ūs*, m., [fig.] ***intestinorum*** [T] Pros., borborygme

rūgō, *ās*, *āre*, *āvī*, *ātum* ¶ **1** tr., rider : ***rugatus***, ridé : [T] Pros. ¶ **2** intr., se froncer, faire des plis : [-C] Théât.

rūgōsus, *a*, *um*, ridé [en parl. de la peau] : [C] Poés. ‖ [poét.] ***rugosa senecta*** [C] Poés., la vieillesse ridée ‖ ridé [en parl. des choses], plissé, rugueux : [+C] Pros. ‖ qui ride : [+C] Poés. ‖ ***-sior*** [+C] Poés.

rŭīna, *ae*, f. ¶ **1** chute, écroulement : ***grandinis*** [C] Poés., la grêle qui tombe ; [C] Poés., Pros. ; ***ruinam dant*** [C] Poés., ils s'écroulent l'un sur l'autre ; ***ruinas facere*** [C] Poés., s'écrouler, crouler, s'effondrer ¶ **2** [en part.] écroulement, éboulement, effondrement de bâtiments : [C] Pros. ‖ pl., [-C] Théât., [C] Poés. ¶ **3** [fig.] ***a)*** écroulement, effondrement, ruine : ***ruinas facere*** [C] Poés., s'effondrer ; ***ruinas edere*** [C] Pros., causer des ruines, exercer des ravages ***b)*** catastrophe, désastre, destruction, ruine : [C] Pros. ; ***Cannensis*** [C] Pros., désastre de Cannes ¶ **4** ce qui reste après l'écroulement, ruines, décombres : pl., [C] Pros. ¶ **5** [poét.] ce qui tombe : ***caeli ruina*** [C] Poés., l'effondrement du ciel [en pluies torrentielles]

rŭīnōsus, *a*, *um*, ruineux, qui menace ruine : [C] Pros. ‖ ruiné, écroulé : [C] Poés.

rŭĭtūrus, *a*, *um*, part. f. de *ruo*

Rullĭānus, *i*, m., surnom de Q. Fabius, qui fut appelé Maximus : [C] Pros.

Rullus, *i*, m., surnom rom., not[t] P. Servilius Rullus contre lequel Cicéron prononça ses discours sur la loi agraire : [C] Pros.

rūma, *ae*, f., œsophage ou premier estomac [des ruminants] : [C] Pros.

rŭmex, *ĭcis*, espèce de dard : [-C] Poés., [+C] Pros.

Rūmĭa et **Rūmīna**, *ae*, f., déesse qui présidait à l'allaitement des enfants : [C] Pros., [T] Pros.

rūmĭfĭcō, *ās*, *āre*, -, -, tr., divulguer : [-C] Théât.

rūmĭgĕrŭlus, *a*, *um*, colporteur de nouvelles, nouvelliste, bavard : [T] Pros.

rūmĭgō, *ās*, *āre*, -, -, tr., ruminer : [+C] Pros.

Rūmīna, ► *Rumia*

rūmĭna fīcus, f., le figuier ruminal [sous lequel furent allaités Romulus et Rémus] : [C] Poés.

rūmĭnālis, *e*, ***Ruminalis ficus*** ou ***arbor*** ; ► *rumina ficus* : [C] Pros.

rūmĭnātĭo, *ōnis*, f., réflexion, méditation : [C] Pros.

rūmĭnātŏr, *ōris*, m., ruminant : [T] Pros.

rūmĭnō, *ās*, *āre*, -, -, intr., tr., [C] Poés.

rūmĭnŏr, *ārĭs*, *ārī*, -, ► *rumino* ‖ [fig.] ruminer, méditer : [+C] Pros., [T] Pros.

Rūmĭnus, *i*, m., nourricier [épith. de Jupiter] : [T] Pros.

rūmŏr, *ōris*, m. ¶ **1** bruits vagues, bruit qui court, rumeur, nouvelles sans certitude garantie : [C] Pros. ; ***incerti rumores*** [C] Pros., bruits sans consistance ‖ ***rumor est*** [avec prop. inf.] [C] Pros., on dit que, le bruit court que ‖ [avec *de*] ***de aliquo, de aliqua re***, bruits concernant qqn, qqch. : [C] Pros. ; [avec gén.] [C] Pros., [+C] Pros. ¶ **2** propos colportés, opinion courante : ***rumor multitudinis*** [C] Pros., propos, opinion de la foule ‖ renommée : [C] Pros. ‖ mauvais propos, malveillance publique : [C] Pros., [+C] Pros. ‖ ***secundo rumore***, au milieu des propos favorables, avec l'approbation générale : [C] Pros., Poés.

rumpĭa, *ae*, f., ► *romphaea* : [-C] d. [+C] Pros., [C] Pros.

rumpō, *ĭs*, *ĕre*, *rūpī*, *ruptum*, tr. ¶ **1** rompre, briser, casser : [des chaînes] [C] Pros. ; [un pont] [C] Pros. ‖ déchirer : [des vêtements] [C] Poés. ; [la nue] [+C] Pros. ‖ fendre, séparer, ouvrir : [une montagne] [+C] Poés. ; ***alicui praecordia ferro*** [C] Poés., percer d'un fer le coeur de qqn ‖ ***aliquem ambulando*** [-C] Théât., faire crever qqn à force de promenades ¶ **2** ***a)*** ***se rumpere***, se faire éclater, se faire crever [en parl. de la grenouille] : [C] Poés. ***b)*** se tuer à faire une chose : [-C] Théât. ‖ [pass. réfléchi] ***rumpi*** [C] Poés., éclater, crever ; ***rumperis*** [C] Poés., tu éclates [de colère] ; [avec prop. inf.] [+C] Pros. ¶ **3** rompre, enfoncer [des rangs de soldats, une ligne de bataille] : [C] Poés., Pros. ¶ **4** faire en brisant

a) pratiquer, frayer, ouvrir [une route, un passage] : [C] Poés., Pros. ***b)*** faire jaillir [une source] : [C] Poés. ; ***se rumpere*** [C] Poés., s'élancer, jaillir impétueusement, ou ***rumpi*** [C] Poés. ¶ **5** faire sortir un son de la bouche, faire sortir (entendre) une parole, des mots, des plaintes : [C] Poés., [+C] Pros. ¶ **6** [fig.] ***a)*** rompre, briser, détruire : [des traités] [C] Pros. ‖ annuler un testament : [C] Pros. ‖ rompre un mariage : [C] Poés. ‖ ***imperium*** [+C] Pros., annihiler le commandement, rompre les liens de l'obéissance ; ***sacramenti religionem*** [C] Pros., trahir la religion du serment ***b)*** interrompre, couper court à : ***visum*** [C] Pros. ; ***somnum*** [C] Poés., interrompre une vision, le sommeil ; ***sacra*** [C] Poés., un sacrifice ; ***moras*** [C] Poés., [+C] Pros., couper court aux délais, se hâter

rumpŏtĭnētum, ***i***, n., plantation de vigne enlacée à des arbres : [+C] Pros.

rumpŏtĭnus, ***a***, ***um***, qui sert à porter la vigne enlacée : [+C] Pros.

rumpus, ***i***, m., sarment entrelacé dans plusieurs arbres [cf. ▶ *tradux*] : [C] Pros.

rūmuscŭlus, ***i***, m., menus bruits, propos insignifiants, cancans : [C] Pros.

rūna, ***ae***, f., rune [caractère de l'écriture germanique] : [+T] Poés.

rūnātus, ***a***, ***um***, armé d'une runa : [-C] Pros.

runcātĭo, ***ōnis***, f., sarclage : [+C] Pros. ‖ sarclure : [+C] Pros.

runcātŏr, ***ōris***, m., sarcleur : [+C] Pros.

1 **runcĭna**, ***ae***, f., rabot : [C] Pros.

2 **Runcĭna**, ***ae***, f., déesse qui préside au sarclage : [T] Pros.

runcĭnō, ***ās***, ***āre***, -, -, tr., raboter : [T] Pros.

runcō, ***ās***, ***āre***, -, -, tr., sarcler, désherber : [-C] Pros., [C] Pros. ‖ [fig.] épiler : [+C] Poés.

rŭō, ***ĭs***, ***ĕre***, ***rŭī***, ***rŭtum***, part. fut. ***rŭitūrus***

I intr.

A se précipiter, se ruer, s'élancer ¶ **1** ***a)*** [en parl. des pers. et des anim.] [C] Pros., [+C] Pros. ***b)*** [cours d'eau] [C] Poés., [+C] Pros. ***c)*** [paroles de la Sibylle] [C] Poés. ***d)*** [la nuit, le jour] [C] Poés. ¶ **2** [fig.] ***a)*** ***ad interitum voluntarium*** [C] Pros., courir volontairement à la mort ; [C] Pros., Poés. ‖ [poét. avec inf.] se précipiter pour : [C] Poés., [+C] Poés. ‖ [pass. impers.] ***in fata ruitur*** [C] Pros., on court à son destin ***b)*** courir à l'aveuglette, se précipiter trop, se hâter inconsidérément, agir avec précipitation : [C] Pros., [+C] Pros.

B ¶ **1** tomber, s'écrouler, crouler, se renverser ***a)*** [en parl. de personnes] : [C] Poés. ***b)*** [bâtiments] : [-C] Théât., [C] Poés., Pros. ¶ **2** [fig.] tomber, s'écrouler, s'effondrer : [C] Pros., Poés., [+C] Pros.

II tr. ¶ **1** précipiter ***a)*** bousculer, pousser violemment : [C] Poés. ; ***cinerem*** [C] Poés., remuer des cendres ; ***ceteros*** [-C] Théât., bousculer les autres ; ***intus harenam*** [C] Poés., précipiter le sable vers l'intérieur ***b)*** [avec *ex* ou *ab*] lancer hors de, faire sortir violemment ou brusquement de : [C] Poés. ***c)*** bouleverser, fouiller, creuser, cf. ▶ *eruo*, V. ▶ *ruta caesa* ***d)*** ***se ruere***, se précipiter : [+C] Pros. ¶ **2** faire tomber, faire crouler, renverser : [-C] Théât., [C] Poés. ; ***naves*** [C] Poés., faire couler des navires ‖ ***se ruere*** [+C] Pros., s'écrouler, fondre

rūpēs, ***is***, f., paroi de rocher : [C] Pros. ; ***rupes cava*** [C] Poés., crevasse, ravin ‖ défilé avec paroi rocheuse : [C] Pros. ‖ précipice : [C] Pros.

rūpī, parf. de *rumpo*

rŭpĭco, ***ōnis***, m., homme grossier, lourdaud : [+C] Pros.

Rŭpĭlĭa lex, f., loi Rupilia : [C] Pros.

Rŭpĭlĭus, ***ĭi***, m., nom d'une *gens* rom., not[t] P. Rupilius, consul, qui fit rendre une loi en faveur de la Sicile : [C] Pros. ‖ A. Rupilius, médecin : [C] Pros. ‖ P. Rupilius Rex, préteur de Préneste, proscrit par les triumvirs : [C] Poés.

rūpīna, ***ae***, f., sol rocailleux, rochers, falaise : [+C] Pros.

ruptŏr, ***ōris***, m., celui qui rompt [fig.], qui trouble, violateur : [C] Pros., [+C] Pros.

ruptūra, ***ae***, f., rupture, fracture : [+C] Pros.

ruptus, ***a***, ***um***, part. de *rumpo*

rūrālis, ***e***, des champs, de la campagne, champêtre, rustique, rural : [T] Pros. ‖ qui protège les champs : [T] Poés.

rūrātĭo, ***ōnis***, f., agriculture : [+C] Pros.

rūrestris, ***e***, agreste, grossier : [+C] Pros.

rūri, V. ▶ *rus*

Rūrĭcĭus, ***ĭi***, m., s. Rurice, évêque de Limoges : [T] Pros. ‖ autres du même nom : [T] Pros., [+T] Poés.

rūrĭcŏla, ***ae***, m. f., qui cultive les champs : [C] Poés. ; ***ruricolae dentes*** [+C] Poés., le hoyau ‖ n. [rare], ***ruricola aratrum*** [C] Poés., charrue qui cultive la terre ‖ subst. m., laboureur, cultivateur, paysan, campagnard, villageois : [+C] Pros.

rūrĭcŏlāris, ***e***, campagnard, des champs : [+T] Poés.

rūrĭgĕna, ***ae***, m. f., né aux champs, habitant de la campagne : [C] Poés.

Rūrīna (Rūsīna), ***ae***, f., nom d'une déesse de la campagne, chez les Romains : [T] Pros.

rūrō, ***ās***, ***āre***, -, -, [-C] Théât., **rūrŏr**, ***ārĭs***, ***ārī***, -, intr., [C] Poés., vivre à la campagne

rursŭs, **rursŭm**, arch. **rūsum**, **russum**, adv. ¶ **1** en arrière, en revenant sur ses pas : ***rursus revorti*** [-C] Théât., revenir ; ***rursus prorsum*** [-C] Théât., en arrière et en avant, en reculant, en avançant ¶ **2** [fig.] ***a)*** en revanche, inversement, en retour : [C] Pros. ; ***et rursum*** [C] Pros., et en revanche ; ***rursus autem*** [C] Pros., et par contre ***b)*** derechef, une seconde fois : [C] Pros.

rūs, ***rūris***, n. ¶ **1** campagne propriété rurale : [C] Pros., Poés. ‖ la campagne, les champs [opp. à la ville] : [C] Pros. ‖ loc. *ruri*, ***ruri habitare*** [C] Pros., habiter la campagne ; ***rure esse*** [-C] Théât., rester à la campagne ; [C] Pros. ; [avec un qualif.] ***rure paterno*** [C] Pros., dans la propriété paternelle ‖ ***rure redire*** [C] Pros., revenir de la campagne ‖ ***rus ire*** [-C] Théât., aller à la campagne ¶ **2** [fig.] la campagne = rusticité, grossièreté : [-C] Théât., [C] Pros.

Rusca, ***ae***, m., M. Pinarius Rusca, tribun de la plèbe : [C] Pros.

ruscārĭus, ***a***, ***um***, qui sert à enlever les broussailles : [-C] Pros., [C] Pros.

ruscĕus, ***a***, ***um***, rouge [couleur de la baie] : [-C] Pros.

Ruscĭno, ***ōnis***, m., ville de la Narbonnaise [qui a donné son nom au Roussillon] : [C] Pros.

Ruscĭus, ***ĭi***, m., nom d'homme : [+C] Pros.

ruscŭlum, ***i***, n., petite maison de campagne : [+C] Pros.

ruscum, ***i***, n., **ruscus**, ***i***, f., [+C] Pros., fragon épineux, petit-houx : [C] Poés.

Rusellāna, f., ***colonia***, Ruselles, ville d'Étrurie [auj. Roselle] ‖ **-āni**, ***ōrum***, m. pl., habitants de Ruselles : [C] Pros.

Rūsīna, V. ▶ *Rurina* : [T] Pros.

Rūso, ***ōnis***, m., surnom romain : [C] Poés.

Rūsŏr, ***ōris***, m., divinité qui préside au retour périodique des choses : [C] d. [T] Pros.

ruspō, ***ās***, ***āre***, -, -, **ruspŏr**, ***ārĭs***, ***ārī***, -, [-C] Théât., [+C] Pros., tr., fouiller, scruter

russātus, ***a***, ***um***, qui a une tunique rouge foncé : ***russatus auriga*** [+C] Pros., cocher de la faction des rouges

Russell-, V. ▶ *Rusell-*

russĕŏlus, ***a***, ***um***, rougeâtre : [T] Poés.

russescō, ***ĭs***, ***ĕre***, -, -, intr., rougir, devenir rouge foncé : [-C] Pros.

russĕus, ***a***, ***um***, rouge foncé : [+C] Pros.

russus, ***a***, ***um***, rouge, roux : [C] Poés.

rustĭcānus, ***a***, ***um***, de campagne, rustique : ***rusticanus homo*** [C] Pros., campagnard, paysan ; ***vita rusticana*** [C] Pros., vie à la campagne ; ***rusticanum tugurium*** [T] Pros., hutte de paysan ‖ subst., **rusticani**, ***ōrum***, m. pl., gens de la campagne, paysans : [T] Pros.

rustĭcātĭo, ***ōnis***, f., séjour à la campagne, vie des champs : pl., [C] Pros. ‖ travaux des champs : [+C] Pros.

rustĭcē, adv., en paysan, en campagnard : [C] Pros. ‖ [fig.] grossièrement, maladroitement, gauchement : [C] Pros. ‖ ***-cius*** [C] Poés.

rustĭcellus, ***a***, ***um***, un peu rustique : [C] d. [+C] Pros.

Rustĭcĭāna, ***ae***, f., nom de femme : [T] Pros.

rustĭcĭtās, *ātis*, f., les choses de la campagne ; [en bonne part] les mœurs de la campagne : +C Pros. ‖ [en mauv. part] rusticité, grossièreté : +C Pros. ‖ gaucherie, façons campagnardes, accent campagnard : +C Pros.

rustĭcŏr, *āris, ārī, -*, intr. ¶ **1** rester, vivre à la campagne : C Pros. ¶ **2** travailler dans les champs : +C Pros. ¶ **3** s'exprimer en rustre, incorrectement : T Pros.

1 **rustĭcŭlus**, *i*, m., un campagnard, un paysan : C Pros.

2 **rustĭcŭlus**, *a, um*, assez rustique, grossier : +C Poés.

1 **rustĭcus**, *a, um* ¶ **1** relatif à la campagne, de la campagne, V. *rus* : ***praedia rustica*** C Pros., propriétés rurales ; ***res rusticae*** C Pros., agriculture ; ***vita rustica*** C Pros., vie de la campagne, à la campagne [opp. à *vita agrestis*, "vie des champs", "vie paysanne"] ; C Pros. ¶ **2** subst. m., ***rusticus*** ; homme qui vit à la campagne, campagnard : C Pros. ¶ **3** qui rappelle la campagne ***a)*** [en bonne part] rustique, simple, naïf : C Pros. : +C Poés. ; ***titulus rusticior*** +C Pros., titre plus simple, plus modeste ***b)*** [surt. en mauv. part] grossier, balourd, gauche : C Pros., Poés. ***c)*** novice, gauche : C Poés.

2 **Rustĭcus**, *i*, m., Q. Junius Arulénus Rusticus, stoïcien, que Domitien fit périr : +C Pros.

rusum, **russum**, V. *rursum*

rūsus, *a, um*, V. *russus* : +C Pros.

rūta, *ae*, f., rue [plante d'un goût âcre] : C Pros., +C Pros. ‖ [fig.] = amertume : C Pros.

rūta caesa, n. pl., [proprt, d'après] les objets, soit extraits du sol (*ruta*), soit coupés sur le sol (*caesa*), que le vendeur se réserve ; [d'où] objets quelconques exceptés de la vente : C Pros.

rŭtābŭlum, *i*, n., pelle à feu, fourgon, râble [de boulanger, raclette à long manche] : -C Pros. ‖ raclette [de bois] : +C Pros. ‖ membre viril : -C Théât.

rŭtellum, *i*, m., racloir : -C Poés.

Rŭtēni, *ōrum*, m. pl., peuple et ville d'Aquitaine [auj. Rodez] : C Pros.

Rūth, f. indécl., femme moabite, épouse de Booz : T Pros.

Rŭthēni, V. *Ruteni*

Rŭtĭla, *ae*, f., nom de femme : +C Poés.

rŭtĭlātus, *a, um*, roux : [cheveux] C Pros.

Rŭtĭlĭa, *ae*, f., nom de femme : +C Pros.

Rŭtĭlĭānus, *a, um*, V. *Rutilius*

Rŭtĭlĭus, *ĭi*, m., nom d'une famille rom., nott P. Rutilius Rufus, orateur, juriste, historien : C Pros. ‖ P. Rutilius Lupus, rhéteur du siècle d'Auguste : +C Pros. ‖ Rutilius Namatianus, poète latin sous Honorius : T Poés., Théât.

rŭtĭlō, *ās, āre, āvī, ātum* ¶ **1** tr., rendre [les cheveux] roux, teindre en rouge : +C Pros. ¶ **2** intr., briller [comme l'or], être éclatant : C Poés.

rŭtĭlus, *a, um*, qui est d'un rouge ardent [cheveux] : C Poés. ‖ éclatant [comme l'or, le feu], ardent [couleur], brillant : C Pros., Poés. ; ***rutila pellis*** +C Poés., la Toison d'or

rŭtrum, *i*, n., instrument pour enlever le sable, pelle : -C Pros., C Pros., Poés.

1 **rŭtŭba**, *ae*, f., confusion, bouleversement : C Poés.

2 **Rŭtŭba**, *ae*, m., m., nom d'un gladiateur : C Poés.

rūtŭla, *ae*, f., rue [plante] : C Pros.

Rŭtŭli, *ōrum*, m. pl. ¶ **1** les Rutules, ancien peuple du Latium dont la capitale était Ardée : C Pros. ‖ au sg., C Poés. ¶ **2** habitants de Sagonte, fondée par des Ardéates : +C Poés. ‖ **-lus**, *a, um*, des Rutules : C Poés.

rŭtundus, V. *rotundus* : C Poés., -C Pros., Pros.

Rŭtŭpīnus, *a, um*, de Rutupiae, port de Bretagne [célèbre pour ses huîtres, auj. Richborough] : +C Poés.

rythmĭcus, **rythmus**, V. *rhythmicus*.

S

s, f., n. indécl., dix-huitième lettre de l'alphabet latin : [+C] Pros. ; prononcée ĕs ‖ [abrév.] ***S.*** = ***Sextus***, prénom ; ***Sp.*** = ***Spurius***, prénom ; ***S.*** = ***semissis*** ; ***S. C.*** = ***senatus consultum*** ; ***S. P.*** = ***sua pecunia*** ; ***S. P. Q. R.*** = ***senatus populusque Romanus*** ; ***S. D.*** = ***salutem dicit*** ; [V.] *2 salus* ; ***S. T. T. L.*** = ***sit tibi terra levis*** ; ***S. V. B. E. E. Q. V.*** = ***si vales bene est ego quoque valeo***, si tu vas bien, tant mieux, moi aussi je vais bien

Săbaea, *ae*, f., la Sabée [partie de l'Arabie Heureuse] : [C] Poés.

Săbaei, *ōrum*, m. pl., Sabéens, habitants de la Sabée : [C] Poés.

Săbaeus, *a*, *um*, de Saba, d'Arabie : [C] Poés. ‖ d'encens : [+C] Pros., Poés. ‖ de myrrhe : [+C] Poés.

săbāia, *ae*, f., espèce de bière [boisson] : [T] Pros.

săbāiārĭus, *ĭi*, m., buveur de bière : [T] Pros.

săbănum, *i*, n., linge, serviette : [+C] Pros.

sabaoth, f. pl. indécl., [mot hébreu], les armées célestes : [T] Poés. ; ***Dominus Sabaoth***, le Seigneur des armées : [T] Pros.

Sabarcae, [V.] *Sabracae*

sābāth, indécl., onzième mois de l'année hébraïque [janvier-février] : [T] Pros.

Sābātīnus et **-tĭus**, *a*, *um*, de Sabate [en Étrurie] : [+C] Pros. ; ***Sabatina tribus*** [C] Pros., tribu Sabatine ; ***Sabatia stagna*** [+C] Poés., lac Sabate ‖ subst. m. pl., **Sabatini**, *ōrum*, habitants de Sabate : [C] Pros.

Sabatĭus, [V.] *Sabatinus*

Sabaudus, [V.] *Sapaudus*

Săbāzĭa (Săvādĭa), *ōrum*, n. pl., Sabazia [fêtes en l'honneur de Sabazios] : [C] Pros., [T] Pros.

Săbazĭus (-sĭus), *ĭi*, m. ¶**1** Sabazios [dieu phrygien assimilé à Dionysos] : [C] Pros. ¶**2** surnom de Jupiter en Crète et en Phrygie : [+C] Pros.

sabbătārĭus, *a*, *um*, du sabbat : [T] Pros. ‖ subst. m. pl., les Juifs : [+C] Poés.

sabbătismus, *i*, m., observation du sabbat : [T] Pros.

sabbătizō, *ās*, *āre*, -, -, intr., observer le sabbat : [T] Pros.

sabbătum, *i*, n., et ordin[t] **sabbăta**, *ōrum*, n. pl., sabbat : [+C] Pros. ; ***una sabbati*** [T] Pros., le lendemain du sabbat, le dimanche ‖ ***sabbata***, fêtes [en gén.] des Juifs : [+C] Poés. ‖ repos, sabbat [jour de repos chez les Hébreux et consacré au culte] : [T] Pros.

Sabbŭra, *ae*, m., nom d'un lieutenant de Juba : [+C] Poés.

Săbella, *ae*, f., nom de femme : [+C] Poés.

Săbelli, *ōrum*, m. pl., Sabelli [nom collectif des Sabins, Osques et Samnites], Sabins : [C] Poés., [+C] Pros. ; sg., **Săbellus** [C] Pros., le Sabin = Horace propriétaire d'un bien dans la Sabine

Săbellĭcus, *a*, *um*, des Sabelli, des Sabins : [C] Poés.

Săbellĭus, *ĭi*, m., nom d'un hérésiarque : [T] Poés.

1 **Săbellus**, *a*, *um*, des Sabelli, des Sabins : [C] Pros., Poés. ; [V.] *Sabelli* ‖ [fig.] sobre, frugal : [+C] Poés.

2 **Săbellus**, *i*, m., nom d'homme : [+C] Poés.

Săbĭdĭus, *ĭi*, m., nom d'homme : [+C] Poés., **Săbĭdĭa**, *ae*, f., nom de femme

1 **săbīna**, *ae*, f., sabine [plante] : [-C] Pros., [C] Poés.

2 **Săbīna**, *ae*, f., surnom de Poppée : [+C] Pros. ‖ Julia Sabina Augusta, femme d'Hadrien : [T] Pros.

Săbīnae, *ārum*, f. pl., les Sabines : [C] Pros.

Săbīnē, adv., à la manière des Sabins, en langue sabine : [C] Pros.

Săbīneius, *i*, m., nom d'homme : [+C] Poés.

săbīnum, *i*, n., vin de Sabine [piquette] : [C] Poés.

1 **Săbīnus**, *a*, *um*, des Sabins, sabin : [C] Pros.

2 **Săbīnus**, *i*, m., nom propre romain, not[t] Q. Titurius Sabinus lieutenant de César en Gaule : [C] Pros. ‖ Aulus Sabinus, poète latin : [C] Poés. ‖ Flavius Sabinus, frère de l'empereur Vespasien : [+C] Pros. ‖ nom d'un esclave : [C] Pros.

Săbis, *is*, m., fleuve de Belgique [la Sambre] : [C] Pros.

săblo, [V.] *sabulo* : [+T] Poés.

Sabracae, *ārum*, m. pl., peuple de l'Inde : [+C] Pros.

Sābrăta (-tha), f. sg. ou n. pl., ville d'Afrique, près de Leptis ‖ **-tensis**, *e*, [+C] Pros.

Sabrīna, *ae*, m., fleuve de Bretagne [Severn] : [+C] Pros.

săbūcum (samb-), *i*, n. et **săbūcus**, *i*, f., sureau [n. = "baie" ; f. = "arbre"] : [+C] Pros.

săbŭlo, *ōnis*, m., gros sable, gravier : [+C] Pros. ; [V.] *sablo*

săbŭlōnōsus, *a*, *um*, contenant des graviers : [C] Pros.

săbŭlōsus, *a*, *um*, sablonneux : [C] Pros.

1 **săburra**, *ae*, f., lest [de navire] : [C] Pros., Poés.

2 **Saburra**, [V.] *Sabbura* : [C] Pros.

săburrālis, *e*, qui sert de lest : [C] Pros.

săburrātus, *a*, *um*, lesté : [fig.] [-C] Théât.

săburrō, *ās*, *āre*, -, -, tr., [fig.] exhaler : [+T] Poés.

Sābus, *i*, m., éponyme des Sabins : [+C] Poés. ‖ nom d'un roi de l'Inde : [+C] Pros.

Săcae, *ārum*, m. pl., les Saces [nation scythique] : [C] Poés.

saccāria, *ae*, f., profession de porteur de sacs : [+C] Pros.

saccārĭus, *a*, *um*, de sac : ***saccaria navis*** [+C] Pros., navire chargé de sacs [de farine]

saccātus, *a*, *um*, part. de *sacco*, filtré : [+C] Pros. ‖ ***saccatus humor*** m. et ***saccatum*** n., urine : [C] Poés., [T] Pros.

saccellus, *i*, m., bourse, sacoche : [+C] Pros.

saccĭbuccis, *e*, joufflu : [C] Pros.

saccīnus, *a*, *um*, en toile à sac : [T] Pros.

saccĭpērio, *ōnis*, m., ; **-pērĭum**, *i*, n., sacoche : [-C] Théât.

saccō, *ās*, *āre*, *āvī*, *ātum*, tr., filtrer : [+C] Poés.

saccŭlus, *i*, m., petit sac : [+C] Pros. ‖ [pour filtrer le vin] [-C] Poés., [C] Pros. ‖ bourse : [C] Poés.

saccus, *i*, m. ¶**1** sac : [C] Pros. ; ***nummorum*** [C] Poés. ou ***saccus*** [seul] [C] Poés., sac plein d'écus ‖ sac à filtrer : ***nivarius*** [+C] Poés., filtre pour l'eau de neige ‖ besace : ***ad saccum ire*** [-C] Théât., aller prendre la besace, aller mendier ¶**2** vêtement de crin grossier : ***accingimini saccis*** [T] Pros., revêtez des sacs

săcellum, *i*, n., petite enceinte consacrée, avec un autel, petit sanctuaire [sans toit] : [C] Pros.

săcellus, *i*, m., [V.] *saccellus* : [+C] Pros.

1 **săcĕr**, *cra*, *crum* ¶**1** consacré à une divinité, sacré : [C] Pros. ; ***jus sacrum*** [+C] Pros., le droit sacré [qui concerne le culte religieux] ; ***sacra arma*** [C] Pros., armes sacrées [consacrées au dieu] ; ***luces sacrae*** [C] Poés., jours fériés ; ***laurus sacra*** [C] Poés., laurier sacré [consacré à Apollon] ; ***vates sacer*** [C] Poés., poète sacré [protégé d'Apollon, de Bacchus et des Muses] ‖ [avec gén.] [C] Pros. ‖ [avec dat.] [C] Poés. ¶**2** [fig.] saint, sacré, vénéré, auguste : [+C] Poés. ¶**3** dévoué à un dieu [dans les imprécations] : [C] Pros. ‖ [fig.] maudit, exécrable : [-C] Théât. ; ***homo sacerrimus*** [-C] Théât., le plus infâme des hommes ; [C] Poés. ¶**4** rituel : [+C] Pros.

2 **Săcĕr**, *cra*, *crum*, épithète : ***mons Sacer*** [C] Pros. ; ***sacer mons*** [C] Pros., le mont Sacré [près de Rome, où la plèbe fit retraite] ‖

Sacra via C Pros. ; *via Sacra* +C Poés., la voie Sacrée [rue de Rome] ou *Sacer clivus* C Poés.

1 **săcerdōs**, *ōtis*, m., prêtre : C Pros., Poés. ; *sacerdotes viri* +C Pros., prêtres ‖ f., prêtresse : C Pros. ‖ [fig.] ministre [de] : C Pros. ‖ [Juifs] prêtre : T Pros. ; *summus sacerdos* T Pros., le grand prêtre ‖ [chrét.] prêtre : T Pros.

2 **Săcerdōs**, *ōtis*, m., surnom romain, not[t] dans la *gens Licinia* : C Pros.

săcerdōtālis, *e*, de prêtre, sacerdotal : +C Pros., T Pros. ‖ d'évêque, épiscopal : *sacerdotalis sedes* T Pros., le siège épiscopal

săcerdōtālĭtĕr, adv., en prêtre : +T Pros.

săcerdōtĭum, *ĭī*, n., sacerdoce : C Pros. ‖ dignité d'augure : +C Pros. ‖ [chrét.] sacerdoce [du Christ] : T Pros.

săcerdōtŭla, *ae*, f., jeune prêtresse : C Pros.

Săcēs, *ae*, m., ▶ *Sacae* ‖ nom de guerrier : C Poés.

sācōma, *ătis*, n., contrepoids : C Pros.

săcra, n. pl., ▶ *sacrum*

săcrāmentum, *i*, n. ¶**1** enjeu [consigné entre les mains des Pontifes par les parties qui plaidaient (procédure *per sacramentum*); l'enjeu du perdant était employé au service des dieux : ; ou acquis au trésor public C Pros.] : C Pros. ; *injustum* C Pros., juger la revendication (la prétention) juste, injuste ¶**2** serment militaire : C Pros. ; *alicui* +C Pros., prêter le serment à qqn ; C Pros., +C Pros. ; *sacramento dicere* C Pros., s'engager par serment [parler suivant la formule du serment] ; C Pros. ¶**3** [en gén.] serment : C Poés., +C Pros. ¶**4** [chrét.] ***a)*** mystère, secret [en gén.] : T Pros. ***b)*** mystère, fête solennelle : T Pros. ¶**5** signe sacré : T Pros. ¶**6** religion : +C Pros.

Săcrāni, *ōrum*, m. pl., peuple du Latium ‖ **-nus**, *a*, *um*, C Poés., Sacrane

săcrārĭum, *ĭī*, n. ¶**1** endroit où sont les objets sacrés, chapelle, sanctuaire : C Pros. ¶**2** [fig.] réduit secret, sanctuaire : C Pros., +C Pros.

săcrātĭo, *ōnis*, f., consécration : T Pros.

săcrātus, *a*, *um* ¶**1** part. de *sacro* ¶**2** [adj[t]] ***a)*** consacré, sanctifié, saint : *dies sacratior* +C Poés., jour plus sacré ***b)*** auguste, sacré, vénérable : C Poés. ***c)*** *lex sacrata* ; ▶ *sacro* ¶4

sacrem porcum, acc. m., porc nouveau-né [victime pure] : *sacres porci* -C Théât., C Pros.

săcrĭcŏla, *ae*, m., prêtre [subalterne] : +C Pros., T Pros.

săcrĭfĕr, *ĕra*, *ĕrum*, qui porte les choses sacrées : C Poés.

săcrĭfĭcālis, *e*, qui concerne les sacrifices : +C Pros.

săcrĭfĭcātĭo, *ōnis*, f., cérémonies [du culte], sacrifices, culte : C Pros.

1 **săcrĭfĭcātus**, *a*, *um*, part. de *sacrifico* et de *sacrificor*

2 **săcrĭfĭcātŭs**, *ūs*, m., action de sacrifier : *sacrificatui* +C Pros.

săcrĭfĭcĭŏlus, *i*, m., ▶ *sacrificulus* : C Pros.

săcrĭfĭcĭum, *ĭī*, n., sacrifice : *facere* C Pros. ; *procurare* C Pros., accomplir un sacrifice, veiller à l'accomplissement d'un sacrifice ‖ [chrét.] le sacrifice eucharistique, la messe [avec ou sans déterm.] : T Pros.

săcrĭfĭcō, *ās*, *āre*, *āvī*, *ātum* ¶**1** intr., offrir un sacrifice : C Pros. ‖ [pass. impers.] C Pros. ¶**2** tr., offrir en sacrifice : *suem* C Poés., offrir en sacrifice une truie

săcrĭfĭcŏr, *ārĭs*, *ārī*, -, dép., ▶ *sacrifico* : C Pros., Poés., C Pros., +C Pros.

săcrĭfĭcŭlus, *i*, m., C Pros. ou **săcrĭfĭcĭŏlus**, *i*, m., C Pros., prêtre [subalterne] chargé des sacrifices ‖ *rex* C Pros., roi des sacrifices [chargé de certains sacrifices faits auparavant par les rois] ; *vates* C Pros., prêtre sacrificateur

săcrĭfĭcus, *a*, *um*, qui sacrifie : *sacrifica securis* C Poés., la hache du sacrifice ‖ qui a rapport aux sacrifices, de sacrifice : C Poés. ‖ *Ancus sacrificus* C Poés., Ancus attentif aux sacrifices, aux pratiques religieuses

săcrĭlĕgē, adv., de façon sacrilège : +C Pros.

săcrĭlĕgĭum, *ĭī*, n. ¶**1** sacrilège, vol dans un temple : C Pros. +C Pros. ¶**2** sacrilège, profanation, impiété : +C Pros. ; *sacrilegi[o] damnare aliquem* C Pros., condamner qqn pour profanation [des mystères] ¶**3** impiété : +C Pros. ‖ idolâtrie : T Pros.

săcrĭlĕgus, *a*, *um* ¶**1** qui dérobe des objets sacrés : C Pros. ¶**2** sacrilège, impie, profanateur : *sacrilegae manus* C Poés., mains sacrilèges ‖ [injure chez les com.] bandit, scélérat : -C Théât. ‖ superl., *sacrilegissumus* -C Théât.

Săcrĭportŭs, *ūs*, m. ¶**1** bourg du Latium, près de Préneste : C Pros., +C Pros., Poés. ¶**2** ville sur le golfe de Tarente : C Pros.

săcrō, *ās*, *āre*, *āvī*, *ātum*, tr. ¶**1** consacrer à une divinité : C Pros. ; *aras* C Poés., consacrer des autels ‖ *Jovi donum* +C Pros., consacrer un don à Jupiter ; C Pros. ¶**2** dévouer à une divinité [comme malédiction] : *alicujus caput Jovi* C Pros., dévouer la tête de qqn à Jupiter ¶**3** consacrer (dédier) à qqn qqch. : C Poés. ¶**4** consacrer, rendre sacré, sanctifier par la consécration : C Pros. ; *lex sacrata*, loi sacrée, qu'on ne peut pas violer sans être maudit (*sacer*) : C Pros. ¶**5** [poét.] consacrer, immortaliser : C Pros., Poés.

săcrōsanctus, *a*, *um* ¶**1** déclaré inviolable, sacré [sanctionné par la *sacratio*, la malédiction, du coupable] : C Pros. ; *sacrosancta potestas* C Pros., la puissance sacrée des tribuns ¶**2** auguste, sacré : +C Pros.

Sacrŏvir, *ĭri*, m., noble Gaulois : +C Pros. ‖ **-vĭrĭānus**, *a*, *um*, de Sacrovir : +C Pros.

săcrum, *i*, n. ¶**1** objet sacré, objet de culte : C Pros., Poés. ; ▶ *commoveo* ‖ temple : -C Théât. ¶**2** acte religieux : *Graeco sacro* C Pros., d'après le rite grec ; *sacrum est* ou *in sacro est* [avec inf.], c'est un acte religieux que de ... ‖ sacrifice : C Pros. ‖ cérémonies religieuses, culte : *sacra Cereris, Orphica* C Pros., le culte [les mystères] de Cérès, le culte orphique ‖ sacrifices domestiques, culte domestique : C Pros. ; *sacra nuptialia* +C Pros., cérémonie du mariage ‖ avantages obtenus sans peine ¶**3** [fig.] ***a)*** *caelestia sacra* C Poés., le culte divin [des Muses], la poésie ; +C Poés. ***b)*** caractère sacré : +C Pros. ‖ mystères : +C Pros. ‖ **sacra**, *orum*, n. pl., [chrét.] sacrifice, cultes ou rites païens : T Pros. ‖ rites [juifs] : T Pros.

Sădăla ou **Sădălēs**, *ae*, m. ¶**1** Sadale roi de Thrace : C Pros. ¶**2** un des fils de Cotys, roi de Thrace : C Pros.

Saddūcaei, *ōrum*, m. pl., Sadducéens, secte parmi les Juifs ‖ **-us**, *a*, *um*, des Sadducéens : T Pros.

saeclum, ▶ *saeculum*

saecŭlāris, *e* ¶**1** séculaire : *saeculares ludi* +C Pros. ou *saeculares* [seu] +C Pros., jeux séculaires, célébrés tous les cent ans ; [d'où le *carmen saeculare* d'Horace] ¶**2** du siècle, séculier, profane : T Pros.

saecŭlum (sync. **saeclum**) ou **sēcŭlum**, *i*, n. ¶**1** génération, race : C Poés. ¶**2** durée d'une génération humaine [33 ans, 4 mois] : C Pros. ¶**3** âge, génération, époque, siècle : C Pros. ‖ *saecula aurea* C Poés. ; *saeculum aureum* +C Pros., âge d'or ‖ [fig.] esprit du siècle, mode de l'époque : +C Pros. ¶**4** siècle, espace de cent ans : C Pros., Poés. ‖ pl., longue durée, siècles : C Pros., +C Pros. ; ▶ *3 eo* ¶*2*, ‖ sg., C Poés., +C Pros. ¶**5** [chrét.] ***a)*** le monde, la vie du monde : T Poés. ***b)*** le monde, la vie présente, les choses du temps, le siècle [opp. à l'éternité] : T Pros.

saepĕ, adv., souvent, fréquemment : *nimium saepe* C Pros., trop souvent ‖ compar., *saepius*, superl., *saepissime* : C Pros.

saepĕnŭmĕro (**saepĕ nŭmĕro**), souvent, nombre de fois : C ‖ *saepiusnumero* +C Pros., plus souvent

saepes (**sēpēs**), *is*, f., haie, enceinte, clôture : C Pros., Poés.

saepĭcŭla (**sēp-**), *ae*, f., petite haie : +C Pros.

saepĭcŭlē (**saepĭuscŭlē**), assez souvent : -C Théât., +C Pros.

saepīmĕn, *mĭnis*, +C Pros., **saepīmentum**, *i*, C Pros., n., clôture

Saepīnum, *i*, n., ville du Samnium : C Pros.

saepĭō (**sēpĭō**), *īs*, *īre*, *saepsī*, *saeptum*, tr. ¶**1** entourer d'une haie, enclore, entourer : C Pros. ; *urbem moenibus* C Pros., entourer une ville de remparts ‖ fermer : *aditus fori* C Pros., fermer les avenues du forum ¶**2** [fig.] ***a)***

enclore, enfermer : ***aliquid memoria*** [C] Pros., enfermer qqch. dans sa mémoire ***b)*** entourer, protéger : [C] Pros.

saepĭuscŭlē, → *saepicule*

saepta, *ōrum*, n. pl., → *saeptum*

saeptĭo (sep-), *ōnis*, f., clôture : [C] Pros.

saeptum (sep-), *i*, n., clôture, barrière, enceinte : [C] Pros. ‖ en part. ***a) saepta***, *ōrum*, n. pl., enclos de vote, où les citoyens étaient enfermés par centuries et d'où ils sortaient pour voter un à un : [C] Poés., Pros. ***b) saeptum (transversum)*** [+C] Pros., diaphragme

saeptŭs (sep-), *a*, *um*, part. de *saepio*

saeta (sēta), *ae*, f., soie de porc, de sanglier, poils du bouc, crinière de cheval : [C] Poés., Pros. ‖ poils rudes d'un homme : [C] Poés. ‖ ligne de pêcheur : [+C] Poés.

Saetăbis, *is*, f., ville de Tarraconaise ‖ **-bus**, *a*, *um*, de Sétabis : [C] Poés.

Saetĭgĕr (sēt-), *ĕra*, *ĕrum*, hérissé de soies : [C] Poés. ‖ m., **saetiger**, sanglier : [C] Poés.

saetosus (sēt-), *a*, *um* ***a)*** → *saetiger* : [C] Poés. ***b)*** couvert de poils : [C] Poés. ; ***saetosa verbera*** [C] Poés., lanière en peau velue

saetŭlă (sēt-), *ae*, f., petite soie : [T] Pros.

saevē, adv., cruellement : [+C] Pros. ‖ ***saevius*** [C] Poés. ; ***saevissime*** [+C] Pros.

saevĭdĭcus, *a*, *um*, au langage violent : [-C] Théât.

saevĭō, *īs*, *īre*, *ĭī*, *ītum*, intr. ¶ **1** être en fureur, en furie, en rage [en parl. des animaux] : [C] Poés., [+C] Pros. ‖ pousser des cris de fureur : [C] Poés. ¶ **2** [en parl. de l'homme] se démener, faire rage : [-C] Théât. ; ***ne saevi*** [C] Poés., reste calme ; ***saeviens turba*** [C] Pros., foule emportée par la fureur ‖ ***in aliquem saevire*** [C] Pros., user de rigueur, sévir contre qqn ; ***alicui*** [C] Poés. ‖ [avec inf.] s'acharner avec fureur à : [C] Poés. ‖ [pass. impers.] [+C] Pros. ‖ [fig.] [C] Poés. ; ***saevit ira*** [C] Poés., la colère est déchaînée

saevis, *e*, → *saevus* : [T] Pros.

saevĭtās, *ātis*, f., cruauté : [T] Poés.

saevĭtĕr, adv., avec rigueur : [-C] Théât.

saevĭtĭa, *ae*, f., rigueur, dureté, cruauté : [C] Pros. ‖ [fig.] fureur [des choses], violence : ***saevitia hiemis*** [+C] Pros., rigueur de l'hiver ; ***amoris*** [+C] Pros., amour furieux ; ***annonae*** [+C] Pros., cherté du blé

saevĭtĭēs, *ēi*, f., → *saevitia* : [+C] Pros.

saevus, *a*, *um*, adj. ¶ **1** en fureur, en rage [en parl. des anim.] : [C] Poés. ; ***saevior leaena*** [C] Poés., lionne plus furieuse ¶ **2** [en parl. des h.] furieux, sauvage, cruel, inhumain, barbare : [C] Pros. ‖ [poét. avec inf.] [C] Pros. ‖ [fig.] ***saevum mare*** [C] Pros., mer furieuse ; ***saevo vento*** [C] Pros., avec un vent furieux ; ***saevi dolores*** [C] Poés., cruels ressentiments ‖ pl. n., ***saeva*** [+C] Pros., événements fâcheux (pénibles)

sāga, *ae*, f., magicienne, sorcière : [C] Poés., Pros.

săgācĭtās, *ātis*, f. ¶ **1** finesse de l'odorat : [chez les chiens] [C] Pros. ‖ finesse, délicatesse [de nos sens] : [+C] Pros. ¶ **2** [fig.] sagacité, pénétration : [C] Pros., [+C] Pros.

săgācĭtĕr, adv., avec l'odorat subtil : [+C] Pros. ; ***sagacius*** [C] Pros. ‖ [fig.] avec pénétration, avec sagacité : [C] Pros. ‖ ***sagacissime*** [C] Pros.

Sagalassēnus ăgĕr, m., district de Pisidie : [C] Pros.

Săgăna, *ae*, f., nom de femme : [C] Poés.

Sagănis, *is*, [T] Pros., **Saganŏs**, *i*, m., fleuve de Carmanie

Săgărīnus, *i*, m., nom d'homme : [-C] Théât.

Săgăris, *is*, m. ¶ **1** fleuve de Phrygie, le même que *Sangarius* : [C] Poés. ¶ **2** nom d'homme : [C] Poés.

Săgărītis, *ĭdis*, f., du fleuve Sagaris : [C] Poés.

Săgărius, → *Sangarius*

săgātus, *a*, *um*, vêtu d'un sayon : [C] Pros., [+C] Poés.

săgax, *ācis* ¶ **1** qui a l'odorat subtil : [C] Pros. ‖ qui a l'oreille subtile ou fine, vigilant : ***sagacior*** [C] Poés. ¶ **2** [fig.] qui a de la sagacité, sagace, pénétrant : [C] Pros. ; ***ad suspicandum sagacissimus*** [C] Pros., très pénétrant pour deviner ; [poét., avec gén.] [C] Poés. ; [dat.] [+C] Pros. ; [avec inf.] [C] Poés.

săgēna, *ae*, f., seine [sorte de filet de pêcheur] : [C] Poés. ‖ [fig.] filet, piège : [T] Pros.

Saggarĭus, → *Sangarius*

săgīna, *ae*, f. ¶ **1** engraissement [des animaux, surtout des volailles] : [C] Pros., [+C] Pros. ¶ **2** ventre (bedaine) : [-C] Théât. ¶ **3** régime qui sert à engraisser, nourriture substantielle [en part. à l'usage des gladiateurs] : [C] Poés., [+C] Pros. ‖ bonne chère, bombance : [-C] Théât., [C] Pros. ‖ [fig.] ***sagina dicendi*** [+C] Pros., la nourriture fortifiante de l'éloquence

săgīnārĭum, *ĭī*, n., mue [cage où l'on engraisse les volailles] : [C] Pros.

săgīnātus, *a*, *um*, part. de *sagino* ‖ [adj[t]] engraissé, gras ; ***saginatior*** [T] Pros.

săgīnō, *ās*, *āre*, *āvī*, *ātum*, tr., engraisser [les animaux] : [+C] Pros.

sāgĭō, *īs*, *īre*, -, -, intr., avoir du flair, sentir finement : [C] Pros.

1 **săgitta**, *ae*, f. ¶ **1** flèche : [C] Pros., Poés. ; ***sagittae Veneris*** [C] Poés., les flèches (les traits) de l'Amour (Vénus) ¶ **2** bout pointu d'un bourgeon ou d'une crossette : [+C] Pros. ¶ **3** la Flèche [constellation] : [C] Poés.

2 **Săgitta**, *ae*, m., surnom : [+C] Pros.

săgittārĭus, *ĭī*, m. ¶ **1** archer : [C] Pros. ¶ **2** le Sagittaire [constellation] : [C] Poés., [+C] Poés.

săgittĭfĕr, *ĕra*, *ĕrum* ¶ **1** armé de flèches : [C] Poés. ‖ subst. m., le Sagittaire : [C] Poés., [T] Poés. ¶ **2** qui contient des flèches : [C] Poés., [+C] Poés.

Săgittĭgĕr, *ĕri*, m., le Sagittaire : [T] Poés.

Săgittĭpŏtens, *tis*, m., le Sagittaire : [C] Poés.

săgittō, *ās*, *āre*, *āvī*, *ātum*, intr., lancer des flèches : [+C] Pros.

săgittŭla, *ae*, f., petite flèche, fléchette : [+C] Pros.

sagmĕn, *ĭnis*, n., brin d'herbe sacrée, herbes sacrées : [C] Pros.

Sagra, *ae*, m. ou f., rivière du Bruttium [auj. la Sagra] entre le pays des Locriens et celui des Crotoniates, célèbre par la victoire des Locriens sur les Crotoniates plus nombreux : [C] Pros.

săgŭlāris, *e*, **săgŭlārĭus**, *a*, *um*, de sayon : [+C] Pros.

săgŭlātus, *a*, *um*, vêtu d'un sayon : [+C] Pros.

săgŭlum, *i*, n., sayon [surtout du général] : [C] Pros., Poés.

săgum, *i*, n., sayon, saie ¶ **1** sorte de manteau des Germains : [+C] Pros. ¶ **2** vêtement des esclaves : [-C] Pros., [+C] Pros. ¶ **3** sayon, casaque militaire [des Romains], habit de guerre : ***saga sumere*** [C] Pros., prendre les armes ; ***esse in sagis*** [C] Pros., être sous les armes ; ***ire ad saga*** [C] Pros., courir aux armes ; ***saga ponere*** [C] Pros., déposer les armes ; [en parl. d'une seule pers.] ***sagum sumere*** [C] Pros., endosser l'habit de guerre ¶ **4** gros drap, couverture : [+C] Pros. ; → *2 sagus*

Săguntum, *i*, n., [C] Pros., **Saguntus**, *i*, f., [C] Pros., [+C] Poés., **Saguntos**, [+C] Poés., Sagonte, ville de la Tarraconaise ‖ **-tīnus**, *a*, *um*, de Sagonte : [C] Pros., **Saguntīni**, *ōrum*, m. pl., Sagontins, habitants de Sagonte : [C] Pros. ; ou **Săguntii**, gén. **ium**, [C] Pros.

1 **sāgus**, *a*, *um*, qui présage, prophétique : [+C] Poés.

2 **săgus**, *i*, m., → *sagum* : [-C] Pros., [C] Poés.

Săis, *is*, f., ville d'Égypte, dans le Delta ‖ **Săītae**, *ārum*, m. pl., habitants de Saïs : [C] Pros.

sāl, *sălis*, m. ¶ **1** sel : [C] Pros. ‖ pl., ***sales***, grains de sel, sel : [C] Pros., [+C] Pros. ¶ **2** [métaph.] ‖ [poét.] onde salée, la mer : [C] Poés. ; pl., [C] Poés., [+C] Poés. ¶ **3** [fig.] ***a)*** sel, esprit piquant, finesse caustique : [C] Pros. ‖ pl., plaisanteries, bons mots : [C] Pros., Poés., [+C] Pros. ***b)*** finesse d'esprit, intelligence : [-C] Théât. ***c)*** bon goût : [C] Pros. ***d)*** [chrét.] saveur, élite : [T] Pros. ‖ conservation : ***pactum salis*** [T] Pros., un pacte perpétuel

sălă cattăbĭa, *ae*, f., soupe froide au fromage et au pain, gaspacho : [+C] Pros.

Sălācĭa, *ae*, f., Salacia, déesse de la mer : [C] Pros. ‖ la mer : [-C] Théât.

sălăco, *ōnis*, m., vaniteux, glorieux : [C] Pros.

Salaeca, *ae*, f., ville d'Afrique : [C] Pros.

Sălămīnĭăcus, *a*, *um*, → *Salaminius* : [+C] Poés.

Sălămīnĭus, *a*, *um*, de Salamine [Attique] : [C] Pros. ‖ subst. m. pl., habitants de Salamine [ville de Chypre] : [C] Pros.

Sălămis, *īnis*, f., Salamine ¶ **1** île du golfe Saronique, en face d'Éleusis [célèbre par la victoire de Thémistocle sur les Perses]; ville principale de l'île : [C] Pros. ¶ **2** ville de l'île de Chypre : [C] Pros.

Sălānus, *i*, m., un ami d'Ovide : [C] Poés.

Sălāpĭa, *ae*, f., ville d'Apulie [auj. Salpi] : [C] Pros. ; → *Salpia*, *Salpinus*

Sălăpītāni, *ōrum*, → *Salpini* : [C] Pros.

sălăpitta, *ae*, f., gifle [retentissante] : [T] Pros.

sălăputtĭum, *ĭi*, n., bout d'homme, nabot : [C] Poés.

sălăr, *ăris*, m., truite saumonée : [T] Poés.

sălārĭum, *ĭi*, n., émoluments, traitement, gages, salaire : [+C] Pros.

sălārĭus, *a*, *um*, de sel : [C] Pros. ‖ subst. m., marchand de salaisons : [+C] Poés.

Salassi, *ōrum*, m. pl., peuple au pied des Alpes Pennines [auj. Val d'Aoste] : [C] Pros.

sălax, *ācis*, lascif, lubrique : [C] Pros., Poés. ‖ [poét.] aphrodisiaque : [C] Poés. ; ***herba salax*** [C] Poés., roquette ‖ ***-issimus*** [+C] Pros.

sălĕbra, *ae*, f., [rare] ordin^t **sălĕbrae**, *ārum*, f. pl., aspérités du sol : [C] Pros., [+C] Pros. ‖ [fig.] ***haeret in salebra*** [C] Pros., il [le discours] est bloqué par un obstacle ‖ aspérités [du style] : [C] Pros. ‖ difficultés : [C] Pros. ‖ [+C] Pros.

sălĕbrātim, adv., tumultueusement : [T] Pros.

sălĕbrĭtās, *ātis*, f., aspérités du sol : [+C] Pros.

sălĕbrōsus, *a*, *um*, raboteux, rocailleux : [+C] Pros. ‖ [fig.] embarrassé, pénible : [+C] Pros., Poés. ‖ ***salebrosissimus*** [T] Poés.

Sālēiānus, *i*, m., nom d'homme : [+C] Poés.

Sălēius, *i*, m., Saléius Bassus, poète latin : [+C] Poés., Pros.

Sălentīni (Sall-), *ōrum*, m. pl., Salentins [peuple de Calabre] : [C] Pros. ‖ **-īnus**, *a*, *um*, des Salentins : [-C] Pros., [C] Poés.

Sălernum, *i*, n., Salerne, ancienne capitale du Picénum : ***Salerni castrum*** [C] Pros., même sens ‖ **-nĭtānus**, *a*, *um*, de Salerne : [+C] Pros.

săles, → *sal*

salgăma, *ōrum*, n. pl., conserves [de fruits, de légumes] : [+C] Pros.

salgămārĭus, *ĭi*, m., marchand de conserves : [+C] Pros. ‖ titre d'un ouvrage de C. Matius : [+C] Pros.

Salganĕa, n. pl. (ou acc. m.), ville de Béotie : [C] Pros.

Sălĭa, *ae*, m., la Seille [affluent de la Moselle] : [+T] Poés.

Sălĭāris, *e*, des [prêtres] Saliens : [C] Pros. ‖ [fig.] à la façon des Saliens : ***saltus saliaris*** [+C] Pros., pas des Saliens ; ***saliares dapes*** [C] Poés., festins splendides ; [C] Pros.

sălĭātŭs, *ūs*, m., dignité de prêtre salien : [C] Pros.

sălĭcis, gén. de *salix*

sălictārĭus, *ĭi*, m., celui qui a soin des saules : [-C] Pros.

sălictŏr, *ōris*, m., sauteur : [T] Poés.

sălictum, *i*, n., saussaie, lieu planté de saules : [-C] Pros., [C] Pros. ‖ saule : [C] Poés.

sălĭens, *tis*, part. de *2 salio*, subst. m. pl., **sălĭentes**, *ĭum* (s.-ent. ***fontes***), eaux jaillissantes : [C] Pros., [+C] Pros.

sălĭfŏdīna, *ae*, f., mine de sel, saline : [C] Pros.

sălĭgnĕus, *a*, *um*, de saule : [-C] Pros., [+C] Pros. ; **sălignus**, *a*, *um*, [-C] Pros., [C] Poés. ‖ ***salignus***, d'osier : [C] Poés.

Sălĭi, *ōrum*, m. pl. ¶ **1** Saliens, prêtres de Mars, → *ancile* : [C] Pros., Poés. ; [prêtres d'Hercule] [C] Poés. ; au sg., **Sălĭus**, *ĭi*, m. ¶ **2** les Francs Saliens, peuplade germanique : [T] Pros.

sălillum, *i*, n., petite salière : [C] Poés.

1 **sălīnae**, *ārum*, f. pl., salines : [C] Pros. ‖ [fig.] mine de bons mots : [C] Pros.

2 **Sălīnae**, *ārum*, f. pl., les Salines [quartier de Rome] : [C] Pros.

1 **sălīnātŏr**, *ōris*, m., saunier : [T] Pros.

2 **Sălīnātŏr**, *ōris*, m., surnom romain : [C] Pros.

sălīnum, *i*, n., salière : [-C] Théât., [C] Poés.

1 **sălĭō**, *īs*, *īre*, *ĭī*, *ītum*, [+C] Pros., [T] Pros., → *sallio*

2 **sălĭō**, *īs*, *īre*, *sălŭī*, *saltum* ¶ **1** intr., sauter, bondir : [-C] Théât., [C] Pros. ‖ [en parl. de ch.] ***aqua saliens*** [+C] Pros., eau courante, ruisselante ; [C] Poés. ‖ [en parl. du coeur, du pouls] palpiter, tressaillir, battre : [-C] Théât., [C] Poés. ¶ **2** tr., saillir : [C] Pros., Poés.

sălĭpŏtens, *entis*, roi de la mer [épithète de Neptune] : [-C] Théât.

Sălĭsubsĭli, *ōrum*, m. pl., Saliens dansants : [C] Poés.

sălĭtō, *ās*, *āre*, -, -, intr., sautiller : [C] Pros.

sălītūra, [+C] Pros., → *sallitura*

sălĭunca, *ae*, f., valériane celtique [plante] : [C] Poés.

sălīva, *ae*, f., salive : [C] Poés., [+C] Pros. ‖ ***salivae*** pl., même sens : [C] Poés., [+C] Pros. ‖ [fig.] ***salivam movere*** [+C] Pros., faire venir l'eau à la bouche [donner envie] ; ***saliva mercurialis*** [+C] Poés., l'eau que Mercure fait venir à la bouche [désir du gain] ‖ saveur [qui excite la salive] : [C] Poés.

sălīvātum, *i*, n., médicament pour faire saliver : [+C] Pros.

sălīvō, *ās*, *āre*, -, -, tr., faire saliver : [+C] Pros.

sălīvōsus, *a*, *um*, baveux : [+C] Pros.

sălix, *ĭcis*, f., saule : [C] Poés., [+C] Pros. ‖ baguette de saule ou d'osier : [T] Poés.

Sallentīni, → *Salentini*

salliō, *īs*, *īre*, *ĭī*, *ītum*, tr., [-C] Pros., **sallō**, *ĭs*, *ĕre*, -, -, [C] Pros., saler

sallītūra, *ae*, f., salage : [+C] Pros.

sallītus, *a*, *um*, part. de *sallio*

sallo, → *sallio*

Sallustĭānus, *a*, *um*, de Salluste : [+C] Pros. ‖ subst. m., [+C] Pros., admirateur de Salluste, sallustien

Sallustĭus, *ĭi*, m., Salluste [historien latin] : [+C] Pros. ‖ autres du même nom : [C] Pros., Poés.

Sallŭvĭi (Săl-), *ōrum*, **Sălyes (Sall-)**, *um*, **Sălyi (Sall-)**, *ōrum*, m. pl., Salluviens, Sallyens [peuple ligure, établi dans la Narbonnaise, entre Marseille et les Alpes] : [C] Pros.

Salmăcĭdēs, *ae*, m., Salmacide, homme efféminé : [-C] Théât.

salmăcĭdus, *a*, *um*, saumâtre : [+C] Pros.

Salmăcis, *ĭdis*, f., nymphe et fontaine de Carie [aux eaux amollissantes] : [C] Poés., [+C] Poés.

salmo, *ōnis*, m., saumon [poisson] : [T] Poés.

Salmōna, *ae*, m., la Salm [affluent de la Moselle] : [T] Poés.

Salmonē, *ēs*, f., Salmonée [promontoire de Crète] : [T] Pros.

Salmōneūs, *ĕi* ou *ĕos*, m., Salmonée [fils d'Éole, foudroyé par Jupiter] : [C] Poés.

Salmōnis, *ĭdis*, f., fille de Salmonée (Tyro) : [C] Poés.

1 **sālo**, → *sallo*

2 **Sălo**, *ōnis*, m., rivière de Celtibérie, affluent de l'Èbre : [+C] Poés.

Sălŏmōn, *ōnis*, m., Salomon [fils de David, troisième roi des Juifs] : [T] Pros. ‖ **-ōnĭăcus**, [T] Pros., [+T] Poés. et **-ōnĭus**, *a*, *um*, [T] Pros., de Salomon

Sălōnĭānus, *i*, m., nom d'homme [fils ou descendant de Salonius] : [+C] Pros.

Sălōnīna, *ae*, f., nom de femme : [+C] Pros.

Sălōnītānus, *a*, *um*, de Salone : [T] Pros.

Sălōnĭus, *ĭi*, m., Salonius, client de Caton le Censeur : [+C] Pros.

salpa, *ae*, f., saupe [poisson] : [C] Poés.

Salpĭa, [C] Pros., → *Salapia*

Salpīnās, adj., ▶ *Sappinas*

Salpīnus, *a, um*, de Salapia : [C] Pros., [+C] Poés.

salsāmĕn, *ĭnis*, n., viande salée : [T] Pros.

salsāmentārĭus, *a, um*, de salaison : [+C] Pros. ‖ subst. m., marchand de salaisons, marchand de marée : [C] Pros.

salsāmentum, *ī*, n. ¶**1** salaison, poisson salé : [-C] Théât., Pros., [C] Pros., [+C] Pros. ¶**2** saumure : [C] Pros.

salsāre, *is*, n., saucière : [+C] Pros.

salsē, adv., avec sel, avec esprit : [C] Pros. ; ***-issime*** [C] Pros.

salsĭpŏtens, m., roi des mers [épithète de Neptune] : [-C] Théât.

salsĭpŏtis, *e*, [T] Poés., ▶ *salsipotens*

salsĭtūdo, *ĭnis*, f., salure, goût de sel : [C] Pros.

salsĭuscŭlus, *a, um*, un peu salé : [T] Pros.

salsūgo, *ĭnis*, f., eau salée, eau de mer : [C] Pros.

Salsum flūmĕn, n., ***flumen Salsum*** [C] Pros., Rio Guadajoz [rivière de Bétique]

salsūra, *ae*, f., salaison : [+C] Pros. ; [sens concret] [C] Pros. ‖ [fig.] aigreur, mauvaise humeur : [-C] Théât.

salsus, *a, um*, part.-adj. de *sallo* ¶**1** salé : ***salsiores cibi*** [+C] Pros., aliments plus salés ; [épith. de la mer] ***vada salsa*** [C] Poés., l'onde amère (salée) ¶**2** piquant, spirituel, qui a du sel : ***salsiores sales*** [C] Pros., plaisanteries ayant plus de sel ‖ pl. n., ***salsa*** [C] Pros., traits piquants

saltābundus, *a, um*, dansant : [+C] Pros.

saltātim, adv., en sautant : [+C] Pros. ; ▶ *saltuatim*

saltātio, *ōnis*, f., danse : [C] Pros., [+C] Pros.

saltātŏr, *ōris*, m., danseur : [C] Pros.

saltātōrĭē, adv., en sautillant : [+C] Pros.

saltātōrĭus, *a, um*, de danse : ***saltatorius orbis*** [C] Pros., ronde ; [T] Pros.

saltātrix, *īcis*, f., danseuse, mime, pantomime : [C] Pros.

1 **saltātus**, *a, um*, part. de *salto*

2 **saltātŭs**, *ūs*, m., [employé aux deux abl.] danse : [C] Pros., Poés.

saltĕmsaltim, adv., à tout le moins [à défaut d'autre chose], au moins, du moins : [C] Pros. ‖ [C] Pros. ; ***vix saltem*** [+C] Pros., à peine seulement, à peine même

saltim, ▶ *saltem*

saltĭtō, *ās, āre, -, -*, fréq. de *salto*, danser beaucoup, avec ardeur : [T] Pros.

saltō, *ās, āre, āvī, ātum*, tr. et intr., tr., exprimer (traduire, représenter) par la danse, par la pantomime : ***tragoediam*** [+C] Pros., jouer une tragédie en pantomime ; ***aliquam puellam*** [C] Poés., représenter (mimer) une jeune fille ; ***Turnum Vergilii*** [+C] Pros., mimer le Turnus de Virgile ; ***saltare Cyclopa*** [C] Poés., mimer le Cyclope ; ***pyrrhicham*** [+C] Pros., danser la pyrrhique ‖ [pass.] [C] Poés., [+C] Pros. ‖ [acc. objet intér.] ***saltare staticulum*** [-C] Théât.

saltŭārĭus, *ĭi*, m., garde forestier, garde champêtre : [+C] Pros.

saltŭātim, adv., en sautant, avec des sauts et des bonds ; [T] Pros. ; ***saltuatim scribere*** [+C] Pros., écrire [l'histoire] d'une manière saccadée (morcelée)

saltŭōsus, *a, um*, boisé : [C] Pros.

1 **saltŭs**, *ūs*, m., saut, bond : [C] Pros., [+C] Pros., Poés.

2 **saltŭs**, *ūs*, m. ¶**1** région de bois et de pacages : ***silvestres saltus*** [C] Pros., pâturages boisés ; ***floriferis in saltibus*** [C] Poés., dans les pâturages fleuris ¶**2** [cette même région dans la montagne] défilé, gorge, passage, pas : ***saltus Pyrenaei*** [C] Pros. [ou] ***saltus Pyrenaeus*** [C] Pros., gorges des Pyrénées ; ***saltus Thermopylarum*** [C] Pros., défilé des Thermopyles ¶**3** [mesure agraire contenant quatre centuries ou 800 jugères] : [C] Pros. ¶**4** [fig.] ***a)*** [métaph. plais.] [-C] Théât. ***b)*** ***saltus damni*** [-C] Théât., situation épineuse

sălūbĕr, [C] Pros., [C] Poés., **sălūbris**, [C] Pros., *bris, bre* ¶**1** utile à la santé, salutaire, sain, salubre : [C] Pros. ; ***salubrior*** [C] Pros. ; ***saluberrimus*** [C] Pros. ‖ [fig.] salutaire, avantageux, favorable : [C] Pros. ¶**2** sain, bien portant : [C] Pros. ‖ [chrét.] salutaire, qui procure le salut éternel : [T] Pros.

sălūbrĭtās, *ātis*, f. ¶**1** salubrité : [C] Pros. ‖ [fig.] moyens d'assurer la santé, conseils d'hygiène : [C] Pros. ¶**2** état de santé, bon état du corps : [+C] Pros., pl. ; [+C] Pros. ‖ [fig.] bonne santé = pureté du style : [C] Pros.

sălūbrĭtĕr, adv. ¶**1** d'une manière salutaire, qui assure la santé, sainement : ***salubrius*** [C] Pros. ¶**2** [fig.] dans de bonnes conditions, dans des conditions avantageuses : [C] Pros., [+C] Pros.

sălum, *ī*, n. ¶**1** pleine mer, haute mer : [C] Pros. ‖ mer : [C] Poés. ‖ agitation de la mer, roulis : [C] Pros. ‖ agitation des flots dans un fleuve : [+C] Poés. ¶**2** ***mentis salum*** [+C] Pros., agitation de l'esprit

1 **sălūs**, *ūtis*, f. ¶**1** bon état physique, santé : [-C] Pros., [C] Pros. ¶**2** salut, conservation : ***civitatium*** [C] Pros., le salut des États ; ***saluti esse alicui*** [C] Pros., sauver qqn ; ***salutem dare*** [C] Pros., assurer le salut [ou] ***ferre*** [C] Pros. [ou] ***afferre*** [C] Pros., apporter le salut ‖ moyen de salut : [C] Pros. ; ***una est salus*** [avec inf.] [C] Pros., il n'y a qu'une seule ressource, c'est de... ‖ salut d'un citoyen, conservation des droits de citoyen, situation civile : [C] Pros. ‖ bon état moral, santé morale, perfectionnement : [C] Pros. ¶**3** action de saluer, salut, compliments : [C] Pros. ‖ [titre des lettres] : ***Cicero Attico sal.***, Cicéron à Atticus salut ; ***M. Cicero s. d. C. Curioni***, M. Cicéron adresse son salut à C. Curion ; ***Cicero Paeto s. d.***, Cicéron à Paetus salut ; ***Tullius Tironi s.***, Tullius (Cicéron) à Tiron salut ; ***s. d. m. = salutem dicit multam, s. d. p. = salutem dicit plurimam*** ; REND=":">[C] Pros.

2 **Salūs**, *ūtis*, f., le Salut [divinité] : [-C] Théât., [C] Pros.

Sālust-, ▶ *Sallust-*

1 **sălūtāris**, *e*, qui concerne le salut (la conservation), salutaire, utile, avantageux, favorable : [choses] [C] Pros. ; ***salutares litterae*** [C] Pros., lettre réconfortante, qui rend la vie ; ***oratio salutaris*** [C] Pros., discours sauveur ; ***officia salutaria*** [+C] Pros., obligations vitales ; [pers.] [C] Pros. ‖ ***ad aliquid*** [C] Pros., heureux, bon pour qqch. ‖ [en part.] ***salutaris littera*** [C] Pros., la lettre heureuse [qui absout : *a*, abrév. de *absolvo*] ; ***digitus*** [+C] Pros., l'index [que les spectateurs levaient en l'air pour indiquer qu'ils faisaient grâce au gladiateur vaincu]

2 **Sălūtāris**, *is*, m., f., épithète : ***Collis Salutaris*** [C] Pros., un des quatre sommets du Quirinal ‖ épith. de Jupiter : [C] Pros.

sălūtārĭtĕr, adv., salutairement, utilement, avantageusement : [C] Pros.

sălūtātĭo, *ōnis*, f. ¶**1** salutation, salut : [C] Pros., [+C] Pros. ¶**2** [en part.] salutation qu'on fait à qqn chez lui, hommages, visite : [C] Pros. ‖ hommages présentés aux empereurs : [+C] Pros. ‖ le fait d'être sauvé, salut : [T] Pros.

sălūtātŏr, *ōris*, adj. m., qui salue : [+C] Poés. ‖ subst., celui qui vient saluer, client, courtisan : [C] Pros., [+C] Pros.

sălūtātrix, *īcis*, adj. f., qui salue : [+C] Poés. ; ***charta salutatrix*** [+C] Poés., lettre

sălūtātus, *a, um*, part. de *saluto*

sălūtĭfĕr, *ĕra, ĕrum*, salutaire : [C] Poés., [+C] Poés. ‖ salubre : [+C] Poés.

sălūtĭgĕr, *ĕra, ĕrum*, salutaire : [T] ‖ ▶ *salutigerulus* : [+C] Pros.

sălūtĭgĕrŭlus, *a, um*, chargé de saluer : [-C] Théât.

Sălūtĭo (Salvitto), *ōnis*, m., surnom d'un Scipion : [+C] Pros.

sălūtis, gén. de *2 salus*

sălūtō, *ās, āre, āvī, ātum*, tr. ¶**1** saluer qqn, lui faire ses compliments, lui adresser un salut : [C] Pros. ‖ ***aliquem Caesarem*** [C] Pros., saluer qqn du nom de César ; ***aliquem imperatorem*** [+C] Pros., saluer qqn empereur ‖ ***deos*** [C] Pros., rendre ses devoirs aux dieux ¶**2** venir saluer qqn chez lui, venir lui présenter ses hommages, lui rendre visite : [C] Pros. ‖ [pass.] recevoir des visites d'hommages : [C] Pros. ‖ faire sa cour aux empereurs : [+C] Pros. ¶**3** [en part.] ***a)*** saluer les visiteurs= recevoir des visites : [C] Pros. ***b)*** dire adieu [rare] : [-C] Théât., [+C] Poés. ‖ sauver, défendre : ***amicum salutare*** [T] Pros.

Salūvii, ▶ *Salluvii*

salvātĭo, *ōnis*, f., action de sauver, salut : [T] Pros.

salvātŏr, *ōris*, m., [chrét.] le Sauveur [le Christ] : [T] Pros., Poés.

1 **salvē**, impér. de *salveo*, salut ! bonjour ! je te salue : [-C] Théât. ‖ [à plusieurs] ***salvete***, je vous salue ‖ ***vale salve*** [C] Pros. ; ***vale***

atque salve -C Théât., adieu et porte-toi bien ‖ salut [à un mort] : C Poés.

2 **salvē**, adv., en bonne santé, en bon état : -C Théât., C Pros., +C Pros.

salveō, *ēs*, *ēre*, -, -, intr., [défectif], être en bonne santé, se porter bien [employé pour saluer qqn] ***a)*** [à l'impér.] V▸ *1 salve, salveto* ***b)*** ***te salvere jubeo***, je t'envoie le bonjour ; C Pros. ‖ ***jubere aliquem salvere***, saluer qqn après un éternuement : +C Pros.

salvēto, impér. fut. de *salveo*, V▸ *1 salve* : -C Théât. ; ***multum salveto*** -C Théât., mille fois bonjour

Salvĭa, *ae*, f., nom de femme : +C Pros.

salvĭfĭcō, *ās*, *āre*, -, -, tr., sauver : T Pros.

Salvĭus, *ĭi*, m., nom d'homme : +C Pros. ‖ nom de famille de l'empereur Othon [69] : +C Pros.

salvō, *ās*, *āre*, -, - ***a)*** [chrét.] sauver, procurer le salut éternel : T Pros. ***b)*** maintenir, conserver : T Pros.

salvus, *a*, *um*, adj. ¶ **1** bien portant, en bonne santé, en bon état, bien conservé, sauf : [en parl. de pers.] -C Pros., C Pros. ; ***salvus revertor*** C Pros., je reviens en parfait état ; ***ne sim salvus, si*** C Pros., que je meure si ‖ [choses] C Pros. ; ***salva epistola*** C Pros., lettre saine et sauve ; ***salvis auspiciis*** C Pros., sans violer les auspices ; ***salva lege*** C Pros., sans violer la loi ; ***salvo officio*** C Pros., sans manquer au devoir ; ***salva conscientia*** +C Pros., en conscience ¶ **2** [formules] ***salvus sum*** -C Théât., je suis sauvé, je respire ; C Pros. ; V▸ *2 salve* ‖ ***salvus sis*** -C Théât. ; ***salve***, salut à toi ‖ [chrét.] sauvé : T Pros.

sam, arch. pour *suam* et *eam* : -C Pros. ; V▸ *2 sum*

Samaei, *ōrum*, m. pl., habitants de Samé : C Pros. ; V▸ *Same*

sămăra, V▸ *samera*

Sămărīa, *ae*, f., Samarie [contrée et ville de Palestine] ‖ **-ītae**, *ārum*, m. pl., Samaritains : +C Pros. ; sg., **Sămărītēs**, *ae*, m., un Samaritain ‖ **-ītis**, *ĭdis*, f., Samaritaine : +C Poés. ‖ **-ītānus**, **-ītĭcus**, *a*, *um*, de Samarie, samaritain ‖ **-ītāni**, m., les Samaritains : T Pros.

Sămărŏbrīva, *ae*, f., Samarobriva [ville de la Gaule Belgique, auj. Amiens] : C Pros.

sambūca, *ae*, f. ¶ **1** sambuque, espèce de harpe : +C Poés., T Pros. ¶ **2** V▸ *sambucistria* : -C Théât., T Pros. ¶ **3** [méc.] sambuque [machine de guerre servant à l'escalade, placée sur des navires de guerre ou des tours mobiles] : C Pros.

sambūcistrĭa, *ae*, f., joueuse de sambuque : C Pros.

Sămē, *ēs*, f., Samé [ancien nom de Céphallénie] : C Poés. ‖ ville et port de Céphallénie : C Pros.

sāmentum, *i*, n., touffe de la peau de la victime placée sur l'*apex* du flamine : +C Pros.

sămĕra (-ăra), *ae*, f., semence d'orme : +C Pros.

sămĭŏlus, *a*, *um*, qui est en terre [de Samos] : -C Théât.

Sămīrămis, V▸ *Semiramis*

Sămĭus, *a*, *um*, de Samos ; ***Samius senex*** et subst. m., ***Samius***, le vieillard de Samos [Pythagore] : C Poés., +C Poés. ‖ ***Samia testa*** C Poés., et ***Samia*** n. pl., C Pros., vaisselle en terre de Samos, poterie de Samos ‖ m. pl., **Sămĭi**, habitants de Samos : C Pros.

Sammōnĭcus, *i*, m., Sérénus Sammonicus, médecin célèbre sous Caracalla : T Pros.

Sammulla, *ae*, f., nom de femme : +C Pros.

Samnis, **Samnītis**, **Samnītes**, V▸ *Samnium*

Samnĭum, *ĭi*, n., le Samnium [contrée d'Italie] : C Pros. ‖ **-nīs (-nītis)**, *ītis*, adj., du Samnium, Samnite : C Pros. ‖ subst. m. sg., C Pros., Samnite ‖ **-nītes**, *ĭum*, m. pl., Samnites : C Pros. ; [en part. désigne des gladiateurs] C Pros., +C Pros. ‖ acc. pl. *Samnitas*, +C Pros. ‖ **-nītĭcus**, *a*, *um*, des Samnites : +C Pros.

Sămŏs (-us), *i*, f., Samos ¶ **1** île et ville de la mer Égée : C Pros., Poés. ¶ **2** V▸ *Same* : C Poés. ¶ **3** V▸ *Samothracia* : C Poés.

Sămŏsăta, *ōrum*, n. pl., **Sămŏsăta**, *ae*, f., T Pros., Samosate [ville de Syrie, auj. Samsat]

Sămŏthrāca, *ae*, f., C Pros. et **-ācē**, *ēs*, f., C Pros., V▸ *Samothracia*

Sămŏthrāces dĭi C Pros., abs[t], **Samothraces**, *um*, m. pl., les dieux Cabires [adorés dans les mystères de Samothrace] : +C Poés.

Sămŏthrācĭa, *ae*, f., Samothrace [île et ville de la mer Égée] : C Pros., Poés. ‖ **-cĭus**, T Pros., **-cĭcus**, *a*, *um*, **-cus**, *a*, *um*, +C Poés., de Samothrace

sampsa, *ae*, f., pulpe d'olives triturée et conservée, tourteau d'olives : +C Pros.

Sampsĭcĕrămus, *i*, m., petit roi d'un district de la Syrie : C Pros.

sampsūchum (samsacum), *i*, n., +C Pros., **samsūchus**, *i*, f., marjolaine [plante odoriférante] : +C Pros.

samsa, V▸ *sampsa*

Samsōn, m. indécl. et **Samsōn**, *ōnis*, Samson [un des juges d'Israël, renommé pour sa force prodigieuse] : T Pros.

Sămŭēl, *ēlis*, m., Samuel [juge et prophète d'Israël] : T Pros.

Samūla, *ae*, f., nom de femme : +C Pros.

sānābĭlis, *e*, guérissable : C Pros. ‖ salutaire : T Pros. ‖ ***sanabilior*** +C Pros.

Sānātes, *um* ou *ĭum*, m. pl., peuple voisin de Rome : +C Pros.

sānātĭo, *ōnis*, f., guérison : C Pros.

sānātŏr, *ōris*, m., [chrét.] sauveur : T Pros.

sānātus, *a*, *um*, part. de *sano*

Sancĭa, *ae*, f., nom de femme : +C Pros.

sancĭō, *īs*, *īre*, *sanxī*, *sanctum*, tr. ¶ **1** ratifier [une loi], décider par une loi : C Pros. ¶ **2** ordonner par une loi, munir de la sanction d'une loi : C Pros. ; ***lege sancire, ut*** C Pros., prescrire par une loi que ; ***edicto, ne*** C Pros., interdire par un édit de ; ***lex sancit, ne*** C Pros., la loi interdit que ‖ [avec prop. inf.] C Pros. ‖ [en gén.] sanctionner, agréer, ratifier qqch. : C Pros. ; ***aliquem augurem*** C Pros., agréer qqn comme augure ¶ **3** interdire ; ***aliquam rem aliqua re***, qqch. sous peine de qqch., punir qqch. de qqch. : C Pros.

sanctē, adv. ¶ **1** d'une façon sacrée, inviolable, avec une garantie sacrée : C Pros. ¶ **2** religieusement, saintement : ***sancte jurare*** -C Théât., faire un serment sacré ; C Pros. ‖ scrupuleusement, loyalement, consciencieusement, religieusement, fidèlement : ***aliquid sanctissime observare*** C Pros., observer qqch. religieusement ; ***sanctius*** C Pros. ‖ avec honneur, honnêtement : ***sanctissime se gerere*** C Pros., se comporter de la façon la plus irréprochable ; +C Pros.

sanctĭfĭcātĭo, *ōnis*, f., sanctification : T Pros.

sanctĭfĭcātŏr, *ōris*, m., sanctificateur : T Pros.

sanctĭfĭcātus, *a*, *um*, part. de *sanctifico*

sanctĭfĭcō, *ās*, *āre*, -, -, tr., consacrer, offrir en sacrifice : T Pros. ‖ prêcher, administrer saintement : ***evangelium*** T Pros., prêcher l'évangile

sanctĭmōnĭa, *ae*, f., sainteté des dieux : C Pros. ‖ pureté, vertu, probité : C Pros.

1 **sanctĭo**, *ōnis*, f., sanction : C Pros. ‖ peine, punition : C Pros.

2 **Sanctĭo**, *ōnis*, f., ville de Germanie, chez les *Rauraci* [auj. Seckingen] : T Pros.

sanctĭtās, *ātis*, f., caractère sacré, inviolabilité : C Pros. ‖ probité, droiture, intégrité : C Pros. ‖ pureté : C Pros.

sanctĭtūdo, *ĭnis*, f., sainteté, caractère sacré : C Pros., +C Pros.

sanctŏr, *ōris*, m., celui qui établit : +C Pros.

sanctŭārĭum, *ĭi*, n., [chrét.] sanctuaire : T Pros. ‖ le temple de Jérusalem : T Pros.

sanctus, *a*, *um*

I part. de *sancio*

II [adj[t]] ¶ **1** pourvu d'une sanction, sacré, inviolable [en parl. des choses et des pers.] : ***officium sanctum*** C Pros., un devoir sacré ; ***in aerario sanctiore*** C Pros., dans la partie la plus secrète des archives ; ***alicui aliquis sanctus est*** C Pros., la personne de qqn est sacrée pour qqn ; ***sanctum habere aliquem*** C Pros., tenir la personne de qqn pour sacrée ¶ **2** saint, sacré, auguste [en parl. des divinités, des temples] : C Poés. ; C Pros. ; ***sancti ignes*** C Poés., les feux sacrés [des sacrifices] ;

; [en parlant du sénat] [C] Pros. ; [d'Auguste, puis des empereurs] [C] Poés., [+C] Pros. ‖ vénérable, pur, vertueux, intègre, irréprochable : [C] Pros. ; ***homo sanctissimus*** [C] Pros., le plus probe des hommes [en lui] une perfidie plus que punique, aucune franchise, aucune probité ¶**3** [chrét.] ***a)*** saint, sacré, pur, consacré à Dieu : [T] Pros. ; ***vasa sancta*** [T] Pros., vases sacrés ***b)*** subst. m., un saint : ***sanctus Dei*** [T] Pros., le saint de Dieu [le Christ] ***c)*** subst. n., ***sanctum sanctorum*** [T] Pros., le saint des saints

Sancus, *i*, m., l'Hercule des Sabins : [C] Pros., Poés. ; V.▶ *Semo*

Sandălĭārĭus, (s.-ent. ***vicus***), rue des Sandales [à Rome] : [+C] Pros. ‖ épithète d'Apollon [dans la même rue] : [+C] Pros.

sandălĭgĕrŭla, *ae*, f., esclave portant les sandales : [-C] Théât.

sandălĭum, *ĭi*, n., sandale, sorte de chaussure de femme : [-C] Théât.

sandăpĭla, *ae*, f., cercueil, bière [des pauvres] : [+C] Poés., Pros.

sandăpĭlārĭus, *ĭi*, m., croque-mort, fossoyeur : [T] Pros.

sandărăca (-cha), *ae*, f., sandaraque, réalgar [bisulfure naturel d'arsenic, de couleur rouge vif] : [C] Pros. ‖ sandaraque, rouge de plomb [minium, oxyde salin de plomb, pigment rouge orangé obtenu par calcination de la céruse] : [C] Pros. ; V.▶ *erithace*

sandyx, *ȳcis* (**sandix**, *ĭcis*), m., f., couleur vermeille : [C] Poés.

sānē, adv. ¶**1** d'une façon saine, raisonnable : [-C] Théât., [C] Poés. ¶**2** vraiment, réellement : [C] Pros. ‖ [dans les réponses] oui vraiment, sans doute, assurément : [-C] Théât., [C] Pros. ‖ [dans les concessions] je veux bien : [C] Pros. ‖ [avec impér.] ***i sane, abi sane***, va seulement, va-t'en seulement : [-C] Théât. ; ***age sane*** [C] Pros., allons donc ¶**3** tout à fait, absolument, pleinement : [C] Pros. ‖ ***sane quam*** [avec adj. ou verbe], complètement, absolument : [C] Pros. ; ***sane bene*** [C] Pros., tout à fait bien

sānescō, *ĭs*, *ĕre*, -, -, intr., guérir : [+C] Pros.

Sanga, *ae*, m., nom d'esclave : [-C] Théât.

Sangărĭus, *ĭi*, m., [C] Pros. ; **Săgĭărĭus**, *ĭi*, m., ; **Săgărĭus**, *ĭi*, m., ; **Săgăris**, *is*, m., [C] Poés., fleuve de Phrygie ‖ **-us**, *a*, *um*, du Sangarius, phrygien : ***Sangarius puer*** [+C] Poés. ▶ Attis

sanguălis, V.▶ *sanqualis*

sanguĭnālis, *e*, de sang : ***herba sanguinalis*** [+C] Pros., renouée [plante]

sanguĭnārĭus, *a*, *um*, [fig.] sanguinaire : [C] Pros., [+C] Pros.

sanguĭnĕus, *a*, *um*, de sang : [C] Pros., Poés. ‖ sanglant, ensanglanté, teint de sang : [C] Poés. ‖ qui verse le sang, sanguinaire, cruel : [C] Poés. ‖ couleur de sang : [C] Poés.

sanguĭnō, *ās*, *āre*, -, - ¶**1** [fig.] ***sanguinans eloquentia*** [+C] Pros., éloquence saignante, meurtrière ‖ être de la couleur du sang : [+C] Pros. ¶**2** tr., battre jusqu'au sang : [T] Pros.

sanguĭnŏlentus (-nŭlentus), *a*, *um* ¶**1** de la teinte du sang : [C] Poés. ¶**2** ensanglanté, sanglant, couvert de sang : [pers.] [C] Poés., [+C] Pros. ; [objets] [C] Poés., [+C] Pros. ‖ qui a coûté du sang : [C] Pros. ‖ [fig.] ***littera sanguinolenta*** [C] Poés., lettre sanglante [qui déchire qqn] ; ***sanguinulentae centesimae*** [+C] Pros., usure impitoyable

sanguĭs, *ĭnis*, m. ¶**1** sang : [C] Pros. ; ***sanguinem (alicujus) haurire*** [C] Pros., faire couler, répandre le sang [de qqn] jusqu'à épuisement ; [C] Pros. ; ***supprimere*** [+C] Pros., arrêter (étancher) le sang ; ***sanguinem mittere*** [C] Pros., pratiquer une saignée ; [fig.] [C] Pros. ; V.▶ *effundo, 2 fundo, profundo* ¶**2** [fig.] ***a)*** force vitale, vigueur, sang, vie : [en parl. de l'État] [C] Pros. ‖ [en parl. du trésor public] [C] Pros. ***b)*** origine, descendance, race, parenté : ***sanguine conjuncti*** [C] Pros., unis par les liens du sang ; ***ne societur sanguis*** [C] Pros., pour que les sangs ne se mêlent pas ‖ [sens concret, poét.] rejeton, descendant : [C] Poés., Pros. ***c)*** [poét.] = jus, suc : [+C] Poés.

sanguĭsūga, *ae*, f., sangsue : [+C] Pros.

sănĭēs, *ēi*, f. ¶**1** sang corrompu, sanie, pus, humeur : [C] Poés., [+C] Pros. ‖ venin, bave du serpent : [C] Poés. ¶**2** toute espèce de liquide visqueux : [marc de l'olive] ; [humeur distillée par les araignées] ; [saumure, garum] [C] Poés.

sănĭōsus, *a*, *um*, couvert de sanie : [+C] Pros.

sānĭtās, *ātis*, f. ¶**1** santé [du corps et de l'esprit] : [C] Pros. ¶**2** raison, bon sens : ***ad sanitatem reducere*** [C] Pros. ; ***se convertere*** [C] Pros. ; ***redire*** [C] Pros. ; ***reverti*** [C] Pros., ramener à la raison, revenir à la raison ; [+C] Pros. ¶**3** [rhét.] santé du style = pureté, correction, bon goût : [C] Pros. ‖ ***victoriae*** [+C] Pros., solidité de la victoire

sānĭtĕr, adv., raisonnablement : [-C] Théât.

sanna, *ae*, f., grimace : [+C] Poés. ‖ moquerie : [+C] Poés.

1 **sannĭo**, *ōnis*, m., bouffon, faiseur de grimaces, clown : [C] Pros.

2 **Sannĭo**, *ōnis*, m., Sannion [esclave] : [-C] Théât.

sānō, *ās*, *āre*, *āvī*, *ātum*, tr. ¶**1** guérir [qqn, une maladie] : [C] Pros. ¶**2** réparer, remédier à : [C] Pros. ‖ remettre en bon état : [C] Pros.

sanquālis, *is*, f., gypaète barbu [oiseau consacré à Sancus] : [C] Pros.

Sanquīnĭus, *ĭi*, m., nom d'homme : [+C] Pros.

sansa, V.▶ *sampsa*

Santŏnes, *um*, m. pl., les Santons [peuple d'Aquitaine, en Saintonge] : [C] Pros. ; **-ŏnĭcus**, *a*, *um*, des Santons ou de leur ville : [+C] Poés. ‖ ***urbs Santonica*** [+T] Pros., Saintes ‖ **Santŏnĭca herba**, *ae*, f., santonine [plante] ‖ **Santŏnĭcum (-us)**, *i*, n. (m.), santonine

Santŏni, *ōrum*, m. pl., V.▶ *Santones* : [C] Pros. ‖ gén. pl., ***Santonum*** [C] Pros.

Santŏnĭcus, *a*, *um*, V.▶ *Santones*

Santŏnus, V.▶ *Santoni*

Santra, *ae*, m., poète et grammairien : [+C] Poés., Pros.

sānus, *a*, *um* ¶**1** sain, en bon état, bien portant [au phys. et au moral] : [C] Pros., Poés. ; ***sanus ab illis (vitiis)*** [C] Poés., exempt de ces vices-là ; ***aliquem sanum facere*** [C] Pros., rendre qqn à la santé ; [en parl. d'une blessure qui se ferme, qui se cicatrise] ***ad sanum coire*** [C] Poés., se guérir ‖ [en parl. de l'État] : [C] Pros. ¶**2** [fig.] ***a)*** d'intelligence saine, raisonnable, sensé, sage : [C] Pros. ; ***sanus mentis*** [-C] Théât., sain d'esprit ; ***male sanus*** [C] Pros., ayant le cerveau dérangé, mal en point ; ***saniores*** [C] Pros., plus sages ; ***sana mente*** [C] Pros., raisonnablement ; ***sanissimus*** [C] Pros., ayant tout son bon sens ; [poét.] ***b)*** [en parl. du style] sain, pur, de bon goût, naturel : [C] Pros., [+C] Pros.

sanxī, parf. de *sancio*

săpa, *ae*, f., vin cuit [jusqu'à réduction de la moitié (Varron) ou des deux tiers (Pline)] : [-C] Pros., [+C] Poés.

Săpaei, *ōrum*, m. pl., peuple de Thrace : [C] Poés.

Săpaudĭa, *ae*, f., région de la Gaule [Savoie] : [T] Pros.

Săpaudus, *i*, m., nom d'un évêque d'Arles : [T] Pros.

sāperda, *ae*, m., petit poisson salé [coracin, petit castagneau = poisson misérable, sans valeur] : [+C] Poés. ; [fig.] [C] Poés.

Săphărus, *i*, m., nom africain : [+C] Poés.

sāphīrus, V.▶ *sapphirus*

Sāpho, V.▶ *Sappho*

Sāphōn, *ōnis*, f., ville de Palestine : [T] Pros.

săpĭdē [inus.] ***sapidissime***, de la façon la plus savoureuse : [+C] Pros.

săpĭdus, *a*, *um*, sapide, qui a du goût, de la saveur : ***-dior*** [+C] Pros. ; ***-dissimus*** [+C] Pros.

săpĭens, *entis*, part.-adj. ¶**1** intelligent, sage, raisonnable, prudent : [C] Pros., [+C] Pros. ; ***sapiens sententiis*** [C] Pros., sage de pensées ‖ ***sapiens excusatio*** [C] Pros., justification raisonnable ‖ pris subst[t], l'homme sage, raisonnable : [C] Poés., Pros. ¶**2** sage [σοφός] adj. et subst. : [C] Pros. ; ***sapientium praecepta*** [C] Pros., les préceptes des sages ‖ les Sept Sages de la Grèce : [C] Pros. ; V.▶ *septem*

săpĭentĕr, adv., sagement, judicieusement, raisonnablement : [C] Pros.

săpĭentĭa, *ae*, f. ¶**1** intelligence, jugement, bon sens, prudence : [C] Pros. ¶**2** sagesse [= σοφία] : [C] Pros. [il disait qu'à son avis Apollon l'avait appelé le plus sage des hommes] parce que la sagesse par excellence consiste à ne pas croire qu'on sait ce qu'on ne sait pas ‖ [avec gén.] ***ceterarum rerum*** [C] Pros., sagesse sur tout le reste, à tous les autres points de vue ‖ pl., [C] Pros. ¶ **3** science, savoir [en général, avec idée de sagesse, de prudence habile] : [en part.] philosophie : [C] Pros. ‖ [avecgén.] ***constituendae civitatis*** [C] Pros., la science politique ¶ **4** [chrét.] [péj.] la sagesse [des hommes, du siècle] : [T] Pros. ‖ la sagesse [de Dieu] : [T] Pros.

săpientĭpŏtens, *tis*, très sage : [-C] Pros.

sāpīnĕa, *ae*, f., partie inférieure du sapin [bois de travail] : [C] Pros. ; → *sapinus*

sāpīnĕus (-ĭus) ou **sapp-**, *a*, *um*, de sapin : [+C] Pros.

Sapīnĭa trĭbŭs, f., district de l'Ombrie près de la rivière *Sapis* : [C] Pros.

sāpīnus (sapp-), *i*, f., sorte de sapin : [C] Pros. ‖ partie inférieure du sapin, sans noeuds : [C] Pros.

săpiō, *ĭs*, *ĕre*, *iī*, -, intr. et tr.

I intr. avec parfois acc. de l'objet intérieur ¶ **1** avoir du goût : [C] Pros. ¶ **2** sentir, exhaler une odeur : ***crocum*** [C] Pros., sentir le safran

II

A intr. avec parfois acc. de l'objet intérieur ¶ **1** avoir du goût, sentir par le sens du goût : [C] Pros. ¶ **2** [fig.] avoir de l'intelligence, du jugement : [-C] Théât., [C] Pros. ; ***hi sapient*** [C] Pros., ceux-ci sauront apprécier ; ***nihil sapere*** [C] Pros., être sans intelligence, être niais ; ***si sapis*** [-C] Théât., si tu es sage, avisé ; ***recta*** [C] Pros., avoir des vues justes, juger sainement

B tr., se connaître en qqch., connaître, comprendre, savoir : [-C] Théât., [C] Pros.

săplūtus, *a*, *um*, adj., très riche, plein aux as, rupin : [+C] Pros.

1 **săpŏr**, *ōris*, m., goût, saveur caractéristique d'une chose : [C] Pros. ‖ [fig.] ***vernaculus*** [C] Pros., saveur de terroir [en parl. de plaisanteries] ; [+C] Pros. ¶ **1** odeur, parfum : [C] Poés. ¶ **2** goût, action de goûter : [C] Poés.

2 **Sapŏr**, *ōris*, m., nom de plusieurs rois de Perse : [T] Pros.

săpōrātus, *a*, *um*, part.-adj. d'un verbe *saporo*, rendu savoureux, assaisonné : ***saporati cibi*** [T] Pros., ragoûts

săpōrus, *a*, *um*, savoureux : [T] Poés., Pros.

Sapphĭcus, *a*, *um*, de Sapho : ***Sapphica Musa*** [C] Poés., Sapho ;

sapphīrătus, *a*, *um*, de saphir : ***sapphirati lapilli***, saphirs : [T] Pros.

sapphīrus, *i*, f., saphir [pierre précieuse] : [T] Pros.

Sapphō, *ūs*, f., Sapho [poétesse de Lesbos] : [C] Pros., Poés.

Sappinātes, *ĭum*, m. pl., peuple d'Étrurie [près de Volsinies] : [C] Pros. ‖ adj., **Sappinās**, *ātis*, des Sappinates : [C] Pros.

Sapriportis, *is*, f., ville de la côte de Lucanie : [C] Pros.

sāprŏphăgō, *ĭs*, *ĕre*, -, -, manger des aliments pourris : [+C] Poés.

sapsa [arch.] → *ipsa* : [-C] Pros.

1 **Sāra (Sārai)**, *ae*, f., Sara, femme d'Abraham : [T] Pros.

2 **Sāra**, *ae*, m., la Sarre [affluent de la Moselle] : [+T] Poés.

sărăballum, *i*, n., vêtement oriental [sorte de pantalon] : [T] Pros.

Sărăcēni, *ōrum*, m. pl., Saracènes [peuple d'Arabie Heureuse] : [T] Pros.

Saramanna, *ae*, f., ville d'Hyrcanie : [T] Pros.

Sārānus, → *Sarranus*

1 **sărāpis**, *is*, f., sorte de tunique persane, mêlée de blanc : [-C] Théât.

2 **Sărāpis**, → *Serapis*

Sarapta, → *Sarepta*

Sărāvus, *i*, → *2 Sara* : [T] Poés.

sarcīmĕn, *ĭnis*, n., couture, raccommodage : [+C] Pros.

sarcĭna, *ae*, f., bagage, paquet ; d'ord. au pl., **sarcĭnae**, *ārum*, bagages personnels des soldats [on les rassemblait en un seul endroit sous la garde d'un détachement, avant d'engager le combat] : [C] Pros. ; ***sub sarcinis*** [C] Pros., soldat chargés de leur bagage ‖ [fig.] charge, fardeau : [C] Poés. ‖ vêtements, affaires, meubles : [+C] Pros., Poés.

sarcĭnālĭa jūmenta, → *sarcinaria jumenta* : [T] Pros.

sarcĭnārĭa jūmenta, n., bêtes de somme [qui portent le matériel de guerre] : [C] Pros.

sarcĭnātŏr, *ōris*, m., raccommodeur : [-C] Théât.

sarcĭnātus, *a*, *um*, chargé de bagages : [-C] Théât.

sarcĭnōsus, *a*, *um*, chargé [lourdement] : [+C] Pros.

sarcĭnŭla, *ae*, f., léger bagage, baluchon : [+C] Pros. ‖ pl., [+C] Pros. ; ***collige sarcinulas*** [+C] Poés., fais ton paquet ‖ trousseau d'une jeune fille : [+C] Poés.

sarcĭō, *īs*, *īre*, *sarsī*, *sartum*, tr., raccommoder, ravauder, rapiécer, réparer : [-C] Pros., [C] Poés. ‖ [fig.] ***infamiam*** [C] Pros., réparer une perte de l'honneur ; ***detrimentum*** [C] Pros., réparer un dommage ‖ → *sartus*

sarcŏfăg-, → *sarcophag-*

sarcŏphăgō, *ās*, *āre*, -, -, tr., mettre dans un sarcophage ‖ [fig.] enfermer : [+T] Poés.

sarcŏphăgus, *i*, m., sarcophage, tombeau : [+C] Poés.

sarcŭlō, *ās*, *āre*, *āvī*, *ātum*, tr., ***sarculatus*** [T] Poés.

sarcŭlum, *i*, n., [-C] Pros., [+C] Pros. et **sarculus**, *i*, m., sarcloir ‖ hoyau, houe : [C] Poés.

Sarda, *ae*, f., femme sarde : [C] Pros.

Sardănăpālus (-pallus), *i*, m., Sardanapale [dernier roi du premier empire d'Assyrie, célèbre par sa vie luxueuse ; assiégé dans Ninive et sur le point d'être pris, il se fit brûler sur un bûcher avec son sérail et ses trésors] : [C] Pros. ‖ [fig.] un homme voluptueux : [+C] Poés. ‖ **-līcus**, *a*, *um*, de Sardanapale : [T] Pros.

Sardi, *ōrum*, m. pl., Sardes, habitants de la Sardaigne : [C] Pros.

Sardĭānus, *a*, *um*, subst. m. pl., habitants de Sardes : [C] Pros.

sardīna, *ae*, f., sardine : [+C] Pros.

Sardĭnĭa, *ae*, f., la Sardaigne [île de la Méditerranée] : [C] Pros. ‖ **-ĭānus**, *a*, *um* et **-iensis**, *e*, [C] Pros., de Sardaigne

sardĭnus lapis, → *sardius lapis* : [T] Pros.

Sardīs, *ĭum*, acc. *dīs*, [-C] Théât., [C] Pros., f. pl., Sardes [capitale de la Lydie] : [C] Pros.

sardĭus lăpĭs, m., sardoine : [T] Pros. ou ***sardius*** seul [T] Pros.

sardō, *ās*, *āre*, -, -, intr., comprendre : [C] Pros.

sardŏnĭa herba, *ae*, f., renoncule sarde [scélérate] : [C] Poés.

sārdŏnȳcha, *ae*, f., [+T] Poés. et **lăpĭs sardŏnȳchus**, [T] Pros., → *sardonyx*

sardŏnȳchātus, *a*, *um*, orné de sardoines : [+C] Poés.

sardŏnyx, *ychis*, m., f., sardoine [pierre précieuse] : [+C] Poés.

Sardōus, *a*, *um*, de Sardaigne : [C] Poés. ; ***Sardous caespes*** [T] Poés., minerai de fer de Sardaigne

Sardus, *a*, *um*, de Sardaigne, sarde : [C] Poés. ; ***Sardum mel*** [C] Poés., miel amer

Sarē, *ēs*, f., petite ville de Thrace : [C] Pros.

Sarentīni, *ōrum*, m. pl., → *Salen*

Sarepta, *ae*, f., ville de Phénicie ‖ **-tensis**, *e*, de Sarepta : [T] Pros. et **-tānus**, *a*, *um*, [T] Poés.

1 **sărĭo**, *ōnis*, m., truite saumonée : [T] Poés.

2 **sărĭo**, → *sarrio*

Sarĭolēnus, *i*, m., nom d'homme : [+C] Pros.

sarisa (-ssa), *ae*, f., sarissa, lance macédonienne : [C] Pros., [+C] Pros. ‖ ***Sarisae***, les Macédoniens : [+C] Poés.

sărīsŏphŏrus (-risso-), *i*, m., sarissophore : [C] Pros., [+C] Pros.

sărīt-, → *sarrit-*

Sarmătae, *ārum*, m. pl., au sg., **sarmata**, *ae*, m : [+C] Poés.

Sarmătĭcē, adv., à la manière des Sarmates : ***Sarmatice loqui*** [C] Poés., parler le sarmate

Sarmătĭcus, *a*, *um*, des Sarmates : ***Sarmatica laurus*** [+C] Poés., victoire [de Domitien] sur les Sarmates ‖ [fig.] ***Sarmatica***

hiems [+C] Poés., hiver rigoureux ; ***Sarmaticum mare*** [C] Poés., le Pont-Euxin

Sarmătis, *ĭdis*, adj., f., de Sarmatie : [C] Poés.

sarmĕn, *ĭnis*, → *sarmentum* : [-C] Théât.

Sarmentārĭi, *ĭōrum*, m. pl., surnom donné aux chrétiens brûlés sur le bûcher : [+C] Pros.

sarmentĭcĭus, *a*, *um*, de sarment : [+C] Pros.

Sarmentĭus, *ĭi*, **Sarmentus**, *i*, m., [C] Poés., noms d'hommes

sarmentum, *i*, n., sarment : [C] Pros. ‖ pl., sarments secs, fagots de sarment, 8 fascines : [-C] Pros., [C] Pros.

Sarnus, *i*, m., rivière de Campanie [auj. Sarno] : [C] Poés.

Sarŏs, *i*, m., → *Sarus*

Sarpēdōn, *ŏnis*, m., Sarpédon [fils de Jupiter] : [C] Pros. ‖ promontoire de Cilicie : [C] Pros.

sarpĭcŭla, → *1 scirpiculus* ?

1 **Sarra**, *ae*, f., ancien nom de Tyr en Phénicie : [+C] Pros.

2 **Sarra**, → *2 Sara*

Sarracēni, → *Saraceni*

sarrācum, *i*, n., chariot : [C] Pros. ; → *serracum*

Sarrānus, *a*, *um*, de Tyr, Tyrien, Phénicien : [C] Poés., [+C] Poés. ‖ Carthaginois : [+C] Poés. ‖ de couleur pourpre : [+C] Pros.

Sarrastes, *um*, m. pl., peuple de Campanie : [C] Poés., [+C] Poés.

sarrĭō (sărĭō), *īs*, *īre*, *ĭī* et *ŭī*, *ītum*, sarcler : [C] Pros. ; ***sarire saxum*** [+C] Poés., perdre sa peine [sarcler le roc]

sarrītĭo, *ōnis*, f., sarclage : [+C] Pros.

sarrītŏr, *ōris*, m., sarcleur : [+C] Pros. ‖ celui qui herse : [C] Pros.

sarrītōrĭus, *a*, *um*, qui concerne le sarclage : [+C] Pros.

sarrītūra, *ae*, f., sarclage : [+C] Pros.

sarrītus, *a*, *um*, part.de *sarrio*

sarsī, parf. de *sarcio*

Sarsĭna, **Sassĭna**, *ae*, f., Sarsina [ville d'Ombrie, patrie de Plaute] : [+C] Poés. ‖ **-nās**, *ātis*, m., f., n., de Sarsina : [+C] Poés.

sarsōrĭus, *a*, *um*, de mosaïque : [+T] Pros.

Sarsūra, *ae*, f., ville d'Afrique : [C] Pros.

sartāgo, *ĭnis*, f., poêle à frire : [+C] Poés. ‖ [fig.] ***sartago loquendi*** [+C] Poés., langage de poêlons [phrases ronflantes] ; [T] Pros.

1 **sartŏr**, *ōris*, m., celui qui raccommode : [T] Pros.

2 **sartŏr**, *ōris*, m., sarcleur : [-C] Théât.

sartūra, *ae*, f., raccommodage, réparation : [+C] Pros.

sartus, *a*, *um*, dans l'expr. ***sartus et tectus*** ou plus souv. ***sartus tectus***, réparé et couvert [en parl. d'un édifice], c.-à-d. en bon état d'entretien : [C] Pros. ‖ pl. n. pris subst[t], ***sarta tecta***, bon état, bon entretien : [C] Pros.

Sarus, *i*, m., fleuve de Cappadoce : [C] Pros.

Saserna, *ae*, m., nom d'homme : [C] Pros.

Sāsōnis insŭla, f., [abs[t]] **Sāsōn**, *ōnis*, f. même sens : [+C] Poés.

Sassŭla, *ae*, f., ville du Latium, près de Tibur : [C] Pros.

săt (sate), → *sătis*, assez ; [avec gén.] assez de : [-C] Théât. ‖ [attribut] : [C] Pros. ; ***sat habeo*** [-C] Théât., je tiens pour suffisant, je suis content ; ***sat est*** [avec inf.], il suffit de ; [avec prop. inf.] ; il suffit que : [-C] Théât., [C] Pros. ‖ ***sat scio*** [-C] Théât., je sais bien ; [C] Poés. ; ***sat bonus*** [C] Pros., assez bon ; ***sat diu*** [-C] Théât., assez longtemps ; → *satagito*, *satago*

săta, *ōrum*, n. pl., terres ensemencées, moissons, récoltes : [C] Poés., Pros. ‖ [en gén.] plantes : [+C] Pros.

sătaccĭpĭō, *ĭs*, *ĕre*, -, -, → *satis accipio*

sătăgĭtō, *ās*, *āre*, -, -, intr., ***alicujus rei*** [-C] Théât., avoir assez à faire avec qqch. ‖ ***satis agito*** [-C] Théât., même sens

sătăgĭus, *a*, *um*, qui se crée des tourments : [+C] Pros.

sătăgo, → *satis ago*

sătăn, m. indécl. et **sătănās**, *ae*, m., Satan, le diable : [+C] Pros.

sătarĭus, *a*, *um*, à planter : [-C] Pros.

sătĕ, voc. sg. de *1 sătus*, → *3 sero*

sătēgī, parf. de *satago*

sătellĕs, *ĭtis*, m. ¶ **1** m., garde [d'un prince], garde du corps, satellite, soldat ; pl., la garde, l'escorte : [-C] Théât., [C] Pros., Poés. ; ***satellites regii*** [C] Pros., les courtisans, la cour ¶ **2** [fig.] (m., f.) ; compagnon ou compagne, escorte, serviteur : [C] Pros. ‖ défenseur, champion : [C] Pros. ‖ ministre [de], auxiliaire, complice : [C] Pros.

Satellĭus, *ĭi*, m., nom d'homme : [+C] Pros.

sătĭantĕr, adv., jusqu'à satiété : [+C] Pros.

sătĭās, *ātis*, f., [ordin[t] au nom.] satiété [pr. et fig.] : [-C] Théât., [C] Poés. ; ***ad satiatem*** [C] Poés., en surabondance

sătĭātē, adv., jusqu'à satiété : [T] Pros.

sătĭātus, *a*, *um*, part. de *1 satio*

Sătīcŭla, *ae*, f., ville du Samnium : [C] Pros. ‖ **-ānus**, de Saticula : [C] Pros. ; m. pl.,habitants de Saticula : [C] Pros.

Sătīcŭlus, *i*, m., Saticule, habitant de Saticula : [C] Poés.

sătĭĕtās, *ātis*, f. ¶ **1** suffisance, quantité suffisante : [-C] Théât., [C] Pros., [+C] Pros. ¶ **2** rassasiement, satiété, dégoût, ennui : [C] Pros. ; ***ad satietatem*** [C] Pros., jusqu'à satiété ; ***mei satietas*** [C] Pros., sentiment de lassitude inspiré par ma personne ; ***aurium*** [C] Pros., la lassitude éprouvée par les oreilles

sătillum, adv., une quantité suffisante de [avec gén.] : [-C] Théât.

sătin', → *satis -ne*, est-ce que ... assez ? : [-C] Théât., [C] Pros.

sătĭnĕ, → *satin'* : [-C] Théât.

1 **sătĭō**, *ās*, *āre*, *āvī*, *ātum*, tr. ¶ **1** rassasier, satisfaire, assouvir, apaiser : [C] Pros., Poés. ; ***satiati agni*** [C] Poés., les agneaux rassasiés ‖ pourvoir abondamment, saturer : [C] Poés. ¶ **2** [fig.] ***a)*** ***animum*** [C] Pros., rassasier son âme ; ***aviditatem legendi*** [C] Pros., assouvir sa passion de lecture ; ***populum libertate*** [C] Pros., rassasier le peuple de liberté ***b)*** fatiguer, lasser, dégoûter : [C] Pros. ; ***satiatus aratro*** [C] Poés., fatigué de la charrue ; [poét. avec gén.] : ***caedis*** [C] Poés., fatigué de tuer ; [+C] Poés.

2 **sătĭo**, *ōnis*, f., action de semer, de planter, semailles, plantation : [C] Pros., [-C] Pros., Poés. ‖ pl., champs ensemencés : [C] Pros.

sătĭra, → *satura*

Sătĭrĭcŏn, mauvaise orthographe de ***Satyricon*** ; → *Satyricon*

sătĭrĭcus, *a*, *um*, satirique : [T] Pros. ‖ subst. m., [T] Pros.

sătĭrŏgrăphus, *a*, *um*, adj., satirique : [T] Pros. ‖ subst. m., écrivain satirique : [T] Pros.

sătis, adv., assez, suffisamment ¶ **1** ***satis superque*** [C] Pros., assez et au-delà [plus] ‖ [avec gén.] assez de : [C] Pros. ‖ [attribut] : [C] Pros. ; ***satis est, si*** [C] Pros., il suffit que ; ***satis est, ut*** [C] Pros., il suffit que ; ***satis est, ut*** [C] Pros., il y a assez ... pour que ... ‖ ***satis habeo*** avec inf.,je me contente de, il me suffit de : [C] Pros. ; ***satis habeo si*** [C] Pros., [+C] Pros., il me suffit que ; ***satis habere quod*** [C] Pros., tenir pour suffisant le fait que ; ***satis puto***, avec inf., [+C] Pros. → *satis habeo* ¶ **2** ***a)*** de manière suffisante, assez bien, bien : ***satis ostendere*** [C] Pros., montrer assez, bien faire voir ; ***satis constat***, c'est un fait bien établi, → *constat* ***b)*** de manière suffisante, passablement : ***satis bonus*** [C] Pros., suffisamment bon ; ***satis bene*** [C] Pros., passablement ***c)*** → *satis ago, satis accipio, satis do, satisfacio* ‖ → *sat, satius*

sătĭs accĭpĭō, *ĭs*, *ĕre*, -, -, tr., recevoir caution, garantie, ***ab aliquo*** [C] Pros., de qqn ; [-C] Pros.

sătĭs ăgĭto, → *satagito*

sătĭs ăgō, **sătăgō**, *ĭs*, *ĕre*, *ēgī*, *actum*, intr., [-C] Théât., je me suis donné du mal : [+C] Pros. ; [pass. impers.] ***agitur satis*** [C] Pros., on peine ‖ ***satagere*** [+C] Pros., se démener, s'agiter, s'évertuer ‖ ***satagentibus occurrere*** [C] Pros., porter secours aux troupes en péril [en difficulté] ‖ [rare] ***sat agit*** [-C] Théât., il donne satisfaction ‖ [avec inf.] s'efforcer de, tâcher de : [T] Pros.

sătisdătĭo, *ōnis*, f., action de donner caution : [C] Pros.

sătisdătō, abl. n. pris adv[t], par caution, en donnant caution : [C] Pros.

sătisdător, *ōris*, m., caution, garant : P Pros.

sătisdō (sătis dō), *dās, dăre, dĕdī, dătum*, intr., donner une garantie suffisante, donner une caution,*alicui*, à qqn : ***damni infecti*** C Pros., pour tout dommage éventuel ‖ [pass. impers.] C Pros. ‖ [avec prop. inf.] C Pros.

sătisfăcĭō, *ĭs, ĕre, fēcī, factum*, intr. ¶ **1** satisfaire à, s'acquitter de, exécuter : [avec dat.] ***alicui honesta petenti*** C Pros., donner satisfaction à une demande honorable ; ***officio*** C Pros., satisfaire à son devoir ; [pass. impers.] ***satisfacitur*** C Poés., on satisfait ‖ ***in aliqua re*** C Pros., satisfaire aux exigences (réussir) dans qqch. ¶ **2** [en part.] satisfaire un créancier [soit en le payant soit en fournissant caution] : ***alicui*** C Pros., s'acquitter à l'égard de qqn ¶ **3** donner satisfaction à qqn, lui faire agréer des excuses, des explications, une justification : C Pros. ‖ ***de injuriis*** C Pros., donner satisfaction pour les injustices commises, [ou] ***injuriarum*** C Pros. ‖ donner satisfaction en expiant : +C Poés.

sătisfactĭo, *ōnis*, f. ¶ **1** excuse, justification, disculpation, amende honorable : ***alicujus satisfactionem accipere*** C Pros., accepter la justification de qqn ¶ **2** satisfaction, réparation : +C Pros.

sătisfactum, ► *satisfit*

sătisfīt, *fĭĕrī, factum est*, pass. de *satisfacio* employé seul[t] c. impers. : C Pros.

sătis hăbĕō, ► *satis ¶ 1* fin

sătĭŭs, compar., préférable, plus à propos : ***satius est*** avec inf., C Pros., il est préférable de, il vaut mieux ; avec prop. inf., C Pros., il vaut mieux que

sătīvus, *a, um*, semé, qui vient de semis, cultivé : C d. +C Pros.

sătō, *ās, āre, āvī, -*, (fréq. de *sero 3*), tr., semer [habituellement] : T Pros.

sătŏr, *ōris*, m., planteur : C Pros., +C Pros. ‖ créateur, auteur, père : C Poés. ‖ semeur, auteur, artisan : -C Théât., C Pros., +C Poés.

sătōrĭus, *a, um*, qui concerne les semailles : +C Pros.

sătrăpa, ► *satrapes* : -C Théât., +C Pros.

sătrăpēa, *ae*, f., satrapie [province gouvernée par un satrape] : +C Pros.

Sătrăpēnē, *ēs*, f., la Satrapène [région d'Asie Mineure] : +C Pros.

sătrăpēs, *ae*, m., satrape, gouverneur de province chez les Perses : C Pros., +C Pros. ‖ gén., ***satrapis*** C Pros.

sătraps, *ăpis*, ► *satrapes* : T Poés.

Sătrĭcum, *i*, n., ville du Latium : C Pros. ‖ **-cāni**, *ōrum*, m. pl., habitants de Satricum : P Pros.

Sătrĭcus, *i*, m., nom de guerrier : +C Poés.

sătullō, *ās, āre, -, -*, tr., rassasier : C Poés.

sătullus, *a, um*, assez rassasié : C Pros.

sătur, *ŭra, ŭrum* ¶ **1** rassasié : C Pros., Poés. ‖ rassasié de [avec gén.] : -C Théât., C Pros. ; ***saturior lactis*** +C Pros., plus rassasié de lait ; [avec abl. poét.] -C Théât., C Poés. ‖ engraissé, gras : +C Poés. ¶ **2** [fig.] ***a)*** [couleur] saturé, chargé, foncé : C Poés., +C Pros. ***b)*** riche, abondant, fertile : C Poés., +C Pros. ***c)*** [rhét.] pl. n., ***satura*** C Pros., sujets riches, matière féconde

sătŭra, *ae*, f. ¶ **1** ***per saturam*** = pêle-mêle : C Pros. ¶ **2** forme de poésie ‖ sorte de farce, satire dramatique : C Pros.

Sătŭrae pălus, marais de Satura [faisant partie des marais Pontins] : C Poés.

sătŭrātus, *a, um*, part. de *saturo*

1 **sătŭrēia**, *ae*, f., sarriette [plante aphrodisiaque] : +C Pros.

2 **sătŭrēia**, *ōrum*, n. pl., orchidées [aphrodisiaques] : C Poés., +C Poés.

Sătŭrēium, *i*, n., ville d'Apulie ‖ **Sătŭrēiānus**, *a, um*, de Satureium : C Poés.

Sătŭrĭo, *ōnis*, m., nom de parasite : -C Théât.

sătŭrĭtās, *ātis*, f., rassasiement : -C Théât. ; [fig.] ***ad saturitatem*** -C Théât., jusqu'à satiété ‖ abondance : C Pros.

Sătŭrĭus, *ĭi*, m., nom d'homme : C Pros.

Sāturnālĭa, *ĭum*, n., Saturnales, fêtes en l'honneur de Saturne [à partir du 17 décembre ; jours de réjouissances, de liberté absolue, où l'on échange des cadeaux et où not[t] les esclaves sont traités sur le pied d'égalité par les maîtres] : C Pros.

Sāturnālĭcĭus, *a, um*, des Saturnales : +C Poés.

Sāturnālis, *e*, de Saturne : ***Saturnale festum*** T Saturnales

Sāturnĭa, *ae*, f. ¶ **1** ancienne ville fondée par Saturne au sommet du mont Capitolin ; C Poés., Pros. ¶ **2** ville d'Étrurie : C Pros. ¶ **3** la fille de Saturne [Junon] : C Poés.

Sāturnĭgĕna, *ae*, m., le fils de Saturne [Jupiter] : T Poés.

Sāturnīnus, *i*, m. ¶ **1** surnom de différents personnages, not[t] le tribun L. Appuleius Saturninus qui fit exiler le censeur Q. Metellus : C Pros. ‖ L. Antonius Saturninus, qui conspira contre Domitien : +C Poés. ¶ **2** saint Saturnin (Sernin) évêque de Toulouse et martyr : T Pros.

Sāturnĭus, *a, um*, de Saturne : ***Saturnia arva*** C Poés., le Latium ; ***Saturnia tellus*** C Poés., l'Italie ; ***Saturnia Juno*** C Poés., Junon, fille de Saturne ; ***Saturnius mons*** C Pros., le Capitole ‖ ***Saturnia virgo*** C Poés., la fille de Saturne [Vesta] ; ***Saturnia stella*** C Pros., Saturne [planète] ; ***Saturnia regna*** C Poés., l'âge d'or ‖ ***Saturnius numerus*** C Pros., vers saturnien ‖ subst. m., **Sāturnĭus**, *ĭī*, fils de Saturne [Jupiter, Pluton] : C Poés.

Sāturnus, *i*, m., Saturne [fils d'Uranus et de Vesta, père de Jupiter, de Junon, de Pluton, de Neptune ..., régna sur le Latium] : C Poés. ‖ dieu du temps : C Pros. ‖ ***Saturni dies*** C Poés., le sabbat ‖ Saturne [planète] : C Poés.

sătŭrō, *ās, āre, āvī, ātum*, tr. ¶ **1** rassasier, repaître, nourrir : C Pros., Poés. ; [métaph.] C Pros. ‖ remplir de, pourvoir abondamment de, saturer : C Poés. ¶ **2** [fig.] ***a)*** C Pros. ; ***crudelitatem*** C Pros., assouvir sa cruauté ‖ [poét.] ***saturata dolorem*** C Poés., (Junon) ayant satisfait son ressentiment ***b)*** rassasier jusqu'à lassitude : ***vitae aliquem*** -C Théât., dégoûter qqn de la vie

1 **sătus**, *a, um*, part. de *3 sero*

2 **sătŭs**, *ūs*, m. ¶ **1** action de semer ou de planter : -C Pros., C Pros. ¶ **2** [fig.] ***a)*** production, génération, paternité, race, souche : C Pros. ***b)*** pl., semences : C Pros.

Sătўrĭcōn, gén. pl., (s.-ent. ***libri***), les Satiriques [titre du roman de Pétrone] : +C Pros. ; ► *Satiricon*

Sătўrĭcus, *a, um*, ► *satiricus*

Sătўriscus, *i*, m., petit Satyre : C Pros.

sătўrŏgrăphus, ► *satirographus*

1 **Sătўrus**, *i*, m. ¶ **1** Satyre compagnon de Bacchus, avec les oreilles, la queue, les pieds de chèvre, plus tard, génie rustique, confondu avec les Faunes : C Poés., Pros. ‖ drame satirique [où jouaient des Satyres] : C Poés. ¶ **2** sorte de singe : +C Pros.

2 **Sătўrus**, *i*, m., nom d'homme : C Pros.

saucaptis, *ĭdis*, f., assaisonnement de fantaisie : -C Théât. ; ► *secaptis*

saucĭātĭo, *ōnis*, f., action de blesser, blessure : C Pros.

saucĭātus, *a, um*, part. de *saucio*

saucĭō, *ās, āre, āvī, ātum*, tr. ¶ **1** blesser, déchirer : C Pros. ‖ frapper d'un coup mortel : C Pros. ¶ **2** déchirer, ouvrir la terre : C Poés., +C Pros. ¶ **3** [fig.] léser, endommager : -C Théât.

saucĭus, *a, um* ¶ **1** blessé : C Pros. ¶ **2** [fig.] ***a)*** atteint, endommagé, maltraité : C Poés. ‖ [avec gén. de cause] +C Pros. ***b)*** atteint [moral[t]] : -C Poés., C Pros. ***c)*** blessé = aigri : C Pros.

Sauconna, *ae*, f., la Saône : T Pros. ; ► *Arar*

saucus, *i*, f., sureau : +T Pros.

Saufēia, *ae*, f., +C Poés., **Saufēius**, *i*, m., C Pros., nom de femme, nom d'homme

Săūl, *ūlis*, m., **Săūl**, indécl., Saül [premier roi des Hébreux] : T Pros.

Saulus, *i*, m., Saül, premier nom de saint Paul, apôtre : T Pros., Poés.

Sauracte, C Pros., ► *Soracte*

Saurĕa, *ae*, m., nom d'esclave : -C Théât.

saurex, → *sorex*

Saurŏmacēs, *ae*, m., roi d'Ibérie [Caucase] : [T] Pros.

Saurŏmătae, *ārum*, m., → *Sarmatae* : [C] Poés. ‖ sg. *Sauromata* ‖ ***Sauromates***, roi du Bosphore Cimmérien : [C] Poés., [+C] Pros.

saurus (sōrus), *i*, m., saurel, espèce de maquereau [poisson de mer] : [+C] Pros.

savanum, → *sabanum*

sāvĭātĭo, → *suav*

sāvillum, *i*, n., gâteau où il entre du fromage et du miel : [-C] Pros. ; → *suavillum*

sāvĭor, **sāvĭum**, → *suav*

Savo, *ōnis*, f., ville de Ligurie [auj. Savone] : [C] Pros.

Saxa, *ae*, m., surnom de Decidius [partisan de César] : [C] Pros.

Saxa rŭbra, n. pl., → *2 Ruber*

saxātĭlis, *e*, qui se tient dans les pierres [pigeons] : [C] Pros. ; ***saxatiles pisces*** [+C] Pros., poissons de roche

Saxētānum, *i*, n., Sexi [ville de Bétique] ‖ **-ētānus**, *a*, *um*, [+C] Poés., de Sexi

saxētum, *i*, n., lieu pierreux : [C] Pros.

saxĕus, *a*, *um* ¶ **1** de rocher, de pierre : [C] Poés. ; ***saxeus scopulus*** [C] Poés., écueil ; ***saxea umbra*** [C] Poés., l'ombre d'un rocher ¶ **2** qui a des rochers : ***Anien saxeus*** [+C] Poés., l'Anio qui coule sur des rochers [en cascades] ¶ **3** [fig.] dur [comme la pierre], dur, insensible : [+C] Pros.

saxĭfĕr, *ĕra*, *ĕrum*, qui porte des pierres : ***saxifera habena*** [+C] Poés., fronde

saxĭfĭcus, *a*, *um*, qui pétrifie : [C] Poés., [+C] Poés.

saxĭfrăgus, *a*, *um*, qui brise les rochers : [C] Pros.

saxĭgĕnus, *a*, *um*, né d'une pierre : [T] Poés.

Saxŏnes, *um*, m. pl., Saxons [peuple du nord de la Germanie] : [T] Pros.

Saxŏnĭa, *ae*, f., le pays des Saxons [la Saxe] : [+T] Poés.

saxōsus, *a*, *um*, pierreux : [+C] Pros. ; pl. n. ***saxosum sonans*** [C] Poés., qui coule avec bruit sur des rochers

Saxŭla, *ae*, m., surnom romain : [C] Pros.

saxŭlum, *i*, n., petit rocher : [C] Pros.

saxum, *i*, n. ¶ **1** pierre brute, rocher, roche, roc : [C] Poés., Pros. ‖ **Saxum**, la roche sacrée [sur l'Aventin, d'où Rémus avait consulté les auspices] : [C] Pros., Poés. ‖ roche Tarpéienne : [C] Pros., Poés., [+C] Pros. ‖ roche crayeuse ‖ ***saxa*** [C] Poés., terrains rocheux ; [+C] Poés. ‖ bloc de pierre, de marbre : [C] Pros. ‖ pierre à affûter : [+C] Pros. ‖ couteau sacrificiel : [C] Pros. ; ***inter sacrum saxumque*** [-C] Théât., entre la victime et le couteau (entre l'enclume et le marteau) ¶ **2** grosse pierre, rocher, pierre : [C] Pros. ‖ sg. collectif : [C] Pros. ‖ [poét.] mur de pierre : [C] Poés. ‖ enceinte de pierre : [C] Poés.

saxŭōsus, *a*, *um*, → *saxosus*

scăbellum (-billum), *i*, n. ¶ **1** escabeau, tabouret : [C] Pros., [+C] Pros. ¶ **2** instrument de musique composé d'une semelle de bois dans laquelle était insérée une lame vibrante et que le joueur de flûte fait résonner par intervalles : [C] Pros., [+C] Pros.

scăbĕr, *bra*, *brum* ¶ **1** rude [au toucher], raboteux, rugueux, inégal, hérissé : [C] Poés. ¶ **2** couvert de malpropreté, de crasse, sale, malpropre : [C] Pros., [+C] Pros. ¶ **3** galeux : [+C] Pros. ¶ **4** [fig.] rude, dur : [T] Pros.

scăbĭēs, *ēi*, f. ¶ **1** aspérité, rugosité : [C] Poés. ¶ **2** gale : [-C] Pros., [C] Poés., [+C] Pros. ¶ **3** [fig.] démangeaison, vif désir, envie : [C] Pros., [+C] Poés. ‖ démangeaison agréable, séduction : [C] Pros.

scăbillum, [C] Pros., → *scabellum ¶ 1*

scăbĭōsus, *a*, *um*, galeux : [+C] Pros., Poés.

scăbĭtūdo, *inis*, f., lèpre : [fig.] [+C] Pros.

scăbō, *ĭs*, *ĕre*, *scābī*, -, tr., gratter : ***caput*** [C] Poés., se gratter la tête

scăbrātus, *a*, *um*, coupé inégalement : [+C] Pros.

scăbrēdo, *ĭnis*, f., rouille : [+T] Poés.

scăbrĕō, *ēs*, *ēre*, -, -, intr., être hérissé : [-C] Théât.

scăbrēs, *is*, f., malpropreté : [C] Poés.

scăbrĭdus, *a*, *um*, rude [à l'oreille], dur, rocailleux : [+T] Poés.

scăbrĭtĭa, *ae*, **scăbrĭtĭēs**, *ēi*, f., gale : [+C] Pros.

scăbrōsus, *a*, *um*, sale : [T] Poés.

Scaea porta, *ae*, f., **Scaeae portae**, pl., la porte Scée à Troie : [C] Poés.

scaena (scēna), *ae*, f. ¶ **1** scène [d'un théâtre], théâtre : ***esse in scaena*** [-C] Théât., être en scène ; [C] Pros., [C] Pros., Poés. ¶ **2** [poét.] lieu ombragé [comme une tente], berceau de verdure : [C] Poés. ¶ **3** [fig.] ***a)*** scène publique, théâtre public, scène du monde : [en parl. de l'assemblée du peuple] [C] Pros. ; [de la vie publique] [C] Pros., Poés. ***b)*** écoles de rhétorique, théâtre de l'éloquence : [+C] Pros. ***c)*** mise en scène, comédie, intrigue [pour se jouer de qqn] : [+C] Pros.

scaenārĭus, *ĭi*, adj. m., de théâtre, qui travaille pour la scène : [T] Pros.

scaenātĭcus, *a*, *um*, [C] Poés. et **scaenātĭlis**, *e*, [C] Poés., scénique, théâtral

scaenĭcē, adv., comme sur la scène : [+C] Pros.

scaenĭcus, *a*, *um*, de la scène, de théâtre : [C] Pros. ; ***scaenici ludi*** [C] Pros., jeux scéniques, représentations théâtrales ‖ m., ***scaenicus*** [C] Pros., [+C] Pros., acteur, comédien ; pl., [C] Pros. ‖ [fig.] qui étale une vaine pompe : ***rex scaenicus*** [+C] Pros., véritable roi de théâtre [fantoche]

scaenŏgrăphĭa, *ae*, f., [archit.] scénographie [dessin en perspective] : [C] Pros.

scaenŏpēgĭa (scēn-), *ae*, f., fête des tabernacles [chez les Juifs] : [T] Pros.

scaeptrum, → *sceptrum*

1 **scaeva**, *ae*, f., présage, augure : [-C] Théât., [C] Pros.

2 **Scaeva**, *ae*, m. ¶ **1** surnom romain : not[t] Junius Brutus Scaeva, consul : [C] Pros. ‖ Cassius centurion de César : [C] Pros. ¶ **2** ami d'Horace : [C] Pros. ‖ autres personnages du même nom : [C] Poés.

Scaevīnus, *i*, m., nom d'homme : [+C] Poés.

scaevĭtās, *ātis*, f. ¶ **1** gaucherie, maladresse : [+C] Pros. ¶ **2** malheur : [+C] Pros.

Scaevŏla, *ae*, m., surnom dans la *gens Mucia*, not[t] P. Mucius Scévola [Romain qui, venu pour tuer Porséna dans son camp, frappa un secrétaire, fut arrêté et, comme pour punir sa main droite de sa maladresse, la plaça sur un brasier ardent et la laissa brûler ; d'où son surnom de *scaevola*, "gaucher"] : [C] Pros. ‖ P. Mucius Scévola, consul en 133 av. J.-C., célèbre jurisconsulte et orateur : [C] Pros. ‖ son fils Q. Mucius Scévola, le grand pontife, consul en 95 : [C] Pros. ‖ Q. Mucius Scévola, l'augure, consul en 117 : [C] Pros.

scaevus, *a*, *um*, [fig.] maladroit : [C] Pros., [+C] Pros. ‖ [choses] sinistre, malheureux : ***scaevissimus*** [+C] Pros.

scāla, *ae*, f., échelle, → *scalae* : [+C] Pros.

scālae, *ārum*, f. pl. ¶ **1** échelle : [C] Pros. ¶ **2** degrés [d'escalier] : [+C] Poés. ‖ escalier : [C] Pros. ‖ étage : [+C] Poés. ; → *scala*

scālāre, *is*, n., ordin[t] **scālārĭa**, n. pl., escalier, degrés : [C] Pros.

scālāris, *e*, de degrés, d'escalier : [C] Pros.

Scaldis, *is*, m., l'Escaut [fleuve de Belgique] : [C] Pros. ‖ ***Scaldis pons*** ; → *Pons*

scălēnŏs, *ŏn*, adj., [math.] inégal, scalène : [T] Pros.

scalmus, *i*, m., tolet [cheville qui retient l'aviron] : [C] Pros. ‖ aviron, rame : [C] Pros.

scalpellum, *i*, n., scalpel, lancette, bistouri : [C] Pros. ‖ canif : [T] Pros.

scalpellus, *i*, m., → *scalpellum* : [+C] Pros.

scalpĕr, *pri*, m., → *scalprum* : [+C] Pros.

scalpō, *ĭs*, *ĕre*, *scalpsī*, *scalptum* ¶ **1** gratter : [+C] Poés. ¶ **2** creuser : [C] Poés. ‖ graver, tailler, sculpter : [C] Poés., [C] Pros. ‖ composer [des discours] : [+T] Pros. ¶ **3** [fig.] chatouiller : [+C] Poés.

scalprātum ferrāmentum, n., serpe : [+C] Pros.

scalprum, *i*, n., outil tranchant [serpette, burin, tranchet, scalpel ou canif suivant le contexte] : [-C] Pros., [C] Pros., Poés., [+C] Pros.

scalpsī, parf. de *scalpo*

scalptŏr, *ōris*, m., graveur (sculpteur) sur bois, sur pierre : [+C] Pros.

scalptōrĭum, *ĭi*, n., instrument pour se gratter : [+C] Poés.

scalptūra, *ae*, f., action de graver, glyptique, gravure : [+C] Pros. ‖ [sens concret] gravure sculpture : [C] Pros.

scalptus, *a, um*, part. de *scalpo*

scalpurrĭō, *īs, īre, -, -*, tr., gratter : [-C] Théât.

Scămandĕr, *dri*, m. ¶ **1** le Scamandre [rivière de la plaine de Troie] : [C] Poés. ¶ **2** nom d'un affranchi : [C] Pros.

Scămandrĭus, *a, um*, du Scamandre : [-C] Théât.

scambus, *a, um*, cagneux : [+C] Pros.

scămellum (-illum), *i*, n., [méc.] banc [pièce qui ferme le cadre du treuil à l'arrière du fût de la catapulte : *buccula loculamentum*] : [C] Pros.

scămillus, *i*, m., [archit.] ***scamilli inpares*** [C] Pros., petites banquettes de hauteur inégale [procédé permettant d'obtenir le renflement du stylobate d'un temple]

scamma, *ătis*, n., espace sablé pour les exercices des athlètes : [T] Pros.

scammōnĕa, [C] Pros. ou **scammōnĭa**, *ae*, f., et **scammōnĕum (-ĭum)**, *ĭi*, n., [-C] Pros., scammonée [plante]

scamnellum, **scamnŭlum**, *i*, n., [C.→] *scamellum*

scamnum, *i*, n. ¶ **1** escabeau, marchepied : [C] Pros. ¶ **2** banc : [C] Poés. ; [bancs des chevaliers au théâtre] [+C] Poés. ‖ trône : [-C] Pros. ¶ **3** banquette de terre [espace de terre entre deux fosses] : [+C] Pros. ‖ espace de 50 à 80 pieds de large : [+C] Pros.

scāmōnĭa, **-mōnium**, [V.→] *scamm*

scamsilis, [V.→] *scansilis*

scandălizō, *ās, āre, āvī, ātum*, tr., heurter, choquer, irriter : [T] Pros.

scandălum, *i*, n., pierre d'achoppement : [T] Poés.

Scandĭānus, [C.→] *Scantianus*, [V.→] *Scantius* : [+C] Pros.

scandō, *ĭs, ĕre, scandī, scansum*, intr. et tr. ¶ **1** intr., monter : ***in aggerem*** [C] Pros., monter sur le rempart ; [+C] Pros. ¶ **2** tr., escalader : ***malos*** [C] Pros. ; ***muros*** [C] Pros., escalader les mâts, les murs ; ***Capitolium*** [C] Pros., monter au Capitole ; ***naves*** [C] Poés., monter sur les bâteaux

scandŭla, *ae*, f., bardeau, petite planche pour couvrir un toit [surt. au pl.] : [C] Pros.

scandular-, [V.→] *scindular-*

scansīlis, *e*, [fig.] qui va par degrés, graduel : [+C] Pros.

scansio, *ōnis*, f., action de monter : [C] Pros. ‖ [fig.] ***scansiones sonorum*** [C] Pros., échelle ascendante des sons, gamme

scansōrĭus, *a, um*, destiné à faire monter : [C] Pros.

Scantĭa, *ae*, f., nom de femme : [C] Pros.

Scantĭa silva, f., forêt de la Campanie : [C] Pros. ‖ **-tiae Aquae**, sources voisines de cette forêt

Scantīnĭus, *ĭi*, m., nom d'homme ‖ **-tīnĭa lex, Scantīnĭa**, f., loi Scantinia [portée par le tribun Scantinius] : [C] Pros., [+C] Pros.

Scantĭus, *ii*, m., nom de famille ‖ **-ānus**, *a, um*, de Scantius : [-C] Pros., [C] Pros.

1 **scăpha**, *ae*, f., esquif, canot, barque : [-C] Théât., [C] Pros., Poés.

2 **Scapha**, *ae*, f., nom d'une vieille courtisane [qui a beaucoup navigué] : [-C] Théât.

scăphē, *ēs*, f., cadran solaire concave : [C] Pros.

scăphĭum, *ii*, n., vase [récipient en forme de nacelle] : [C] Poés. ‖ coupe : [C] Pros. ‖ vase de nuit, bassin : [+C] Poés.

scăpĭum, [V.→] *scaphium* : [C] Poés.

scapres, [V.→] *scabres*

Scaptensŭla, *ae*, f., ville de Thrace : [C] Poés.

Scaptĭa, *ae*, f., ancienne ville du Latium ‖ **-us**, *a, um*, de Scaptia : ***Scaptia tribus*** [C] Pros., la tribu Scaptia [à Rome] ‖ **-ĭensis**, *e*, de la tribu Scaptia : [+C] Pros.

Scaptĭus, *ĭi*, m., nom d'homme : [C] Pros.

1 **scăpŭla**, [C.→] *scapulae* : [T] Pros.

2 **Scăpŭla**, *ae*, m., surnom romain : [C] Pros. ‖ **-ānus**, *a, um*, de Scapula : [C] Pros.

scăpŭlae, *arum*, f. pl. ¶ **1** épaules : [C] Poés., [+C] Pros. ‖ dos : [-C] Théât. ; ***scapulas perdidi*** [-C] Théât., j'ai mis mon dos à mal [je l'ai exposé aux coups] ¶ **2** [fig.] hanche, montant [d'une machine de soulèvement] : [C] Pros.

scāpus, *i*, m., tige [de plante] : [+C] Pros. ‖ fût [de colonne] : [C] Pros. ‖ montant [de porte] : [C] Pros. ‖ limon [d'escalier] : [C] Pros. ‖ fléau [de balance], verge [de peson] : [C] Pros. ‖ [méc.] pièce rectiligne [montant de baliste ou de tortue] : [C] Pros. ‖ ensouple de tisserand : [C] Poés. ‖ cylindre sur lequel on roulait les manuscrits : [C] Poés. ‖ [=→] *membrum virile* : [T] Pros.

scăra, [V.→] *eschara*

Scardus, [V.→] *Scordus* : [C] Pros.

scărīfātĭo, *ōnis*, f., scarification : [+C] Pros.

scărīph-, [V.→] *scarif-*

Scarphē, *ēs*, f., [+C] Théât., [C.→] *Scarphea*

Scarphēa (Scarphīa), *ae*, f., ville de Locride : [C] Pros.

Scarpōna (Scarponna), *ae*, f., localité de Belgique [auj. Dieulouard] : [T] Pros.

scărus, *i*, m., scare [poisson de mer] : [C] Poés.

scătĕbra, *ae*, f., jaillissement ; pl. [poét.], eau jaillissante, cascade : [C] Poés.

scătĕō, *ēs, ēre, -, -*, [-C] Théât., **scătō**, *ĭs, ĕre, -, -*, [C] Poés., intr., sourdre, jaillir ‖ [fig.] être abondant, fourmiller, pulluler : [C] Poés. ‖ regorger de, fourmiller de : [avec abl.] [C] Pros., Poés. ; [avec gén.] [C] Poés. ‖ [fig.] ***scatere verbis*** [+C] Pros., abonder en paroles, être intarissable ‖ [acc. de pron. n.] [-C] Théât.

Scātīnĭa, **Scātīnĭus**, [V.→] *Scant*

scătūrex, **scăturrex** ou **scătūrix**, *ĭgis*, f., source abondante : [C] Poés.

scătūrīgĭnōsus, *a, um*, abondant en sources : [+C] Pros.

scătūrīgo (scăturrīgo), *ĭnis*, f., source, eau qui sourd : [C] Pros. ‖ [fig.] grande quantité, torrent : [+C] Pros., [T] Pros.

scătūrĭō (scăturrĭō, [+C] Pros.), *īs, īre, īvī, -*, intens. de *scateo*, intr., [C.→] *scateo*, [+C] Pros.

scătūrĭx, [V.→] *scaturex*

1 **scaurus**, *a, um*, pied-bot : [C] Poés.

2 **Scaurus**, *i*, m., surnom romain dans les familles Aemilia et Aurelia ‖ not[t] M. Aemilius Scaurus, qui accusé de concussion fut défendu par Cicéron : [C] Pros.

scazōn, *ōntis*, m., [métr.] scazon [trimètre iambique dont le dernier pied est un trochée ou un spondée] : [+C] Pros., Poés.

scĕlĕrātē, adv., criminellement, méchamment : [C] Pros. ‖ ***-tissime*** [C] Pros. ; ***-tius*** [T] Pros.

scĕlĕrātus, *a, um*, part.-adj. de *scelero* ¶ **1** souillé d'un crime, meurtrier : ***terra scelerata*** [C] Poés., terre criminelle ‖ ***sceleratus vicus*** [C] Pros., rue Scélérate, rue du Crime [où la fille de Servius passa sur le cadavre de son père] ; ***sceleratus campus*** [C] Pros., le champ scélérat [où l'on enterrait vivantes les vestales coupables] ; ***scelerata sedes*** [C] Poés., ***sceleratum limen*** [C] Poés., séjour du crime [où les coupables sont châtiés dans les enfers] ¶ **2** criminel, impie, infâme : [C] Pros. ; ***hasta sceleratior*** [C] Pros., lance plus criminelle [vente publique des biens par Sylla], [V.→] 1 hasta ¶ 2 ; ***homo sceleratissimus*** [C] Pros., le plus scélérat des hommes ¶ **3** ***scelerata porta***, porte maudite ou porte Carmentale [par laquelle les 306 Fabius sortirent pour leur fatale expédition] : [+C] Pros. ; ***scelerata castra*** [+C] Pros., camp maudit [où mourut Drusus, père de Claude]

scĕlĕrō, *ās, āre, -, ātum*, tr., souiller [par un crime], profaner, polluer : [C] Poés. ‖ rendre nuisible : [+C] Poés.

scĕlĕrōsus, *a, um*, criminel [pers. et ch.] : [-C] Théât., [C] Poés.

scĕlĕrus, *a, um*, abominable : [-C] Théât. ‖ différent de [-C] Théât.

scĕlestē, adv., criminellement : [C] Pros.

scĕlestus, *a*, *um*, scélérat, criminel [pers. et ch.], impie, sacrilège, affreux, horrible : [C] Pros. ‖ funeste, malheureux, maudit : [-C] Théât. ‖ pris subst[t] d. la langue comique, coquin, fourbe, bandit : [-C] Théât. ; ***scelestissume !*** [-C] Théât., maître coquin ! ‖ ***scelestior*** [-C] Théât., [C] Pros.

scĕlĕtus, *i*, m., corps desséché, momie : [+C] Pros.

scĕlus, *ĕris*, n. ¶**1** crime, forfait, attentat : [C] Pros. ; → *concipio, suscipio* ; ***facere*** [C] Pros., commettre un crime ; ***in aliquem scelus edere*** [C] Pros., perpétrer un crime contre qqn ; ***divinum, humanum*** [C] Pros., crime contre les dieux, contre les hommes ; [avec gén.] [C] Pros. ¶**2** esprit de crime, scélératesse, intentions criminelles : [C] Pros. ¶**3** malheur, calamité : [-C] Théât. ¶**4** [personnif.] crime incarné, scélérat, brigand : [C] Pros. ‖ [injure fréquente chez les comiques] vaurien, scélérat : [-C] Théât. ; [avec pron. m.] ***is scelus*** [-C] Théât., ce scélérat

scēna, → *scaena*

scēnalis, **-nārius**, **-nĭcus**, → *scaen*

scēnŏfactōrĭa ars, f., art de faire des tentes : [T] Pros.

scēnŏgrăphĭa, *ae*, f., [archit.] sciographie, coupe en perspective : [T] Pros.

scēnŏpēgĭa, *ae*, f., fête des tabernacles [chez les Juifs] : [T] Pros.

Scēparnĭo, *ōnis*, m., nom d'esclave : [-C] Théât.

Scēpsis, *is*, f., ville de Mysie ‖ **-ĭus**, *a*, *um*, de Scepsis : [C] Pros. ‖ abs[t], **Scepsĭus**, m., Métrodore [de Scepsis] : [C] Poés.

scēptŏs, *i*, m., tempête, ouragan : [+C] Pros.

scēptrĭfĕr, [C] Poés., [+C] Théât., **scēptrĭgĕr**, [+C] Poés., *ĕra*, *ĕrum*, qui porte le sceptre

scēptrum (scaeptrum), *i*, n., sceptre : [C] Pros., [+C] Pros. ; [fig.] ***sceptra paedagogorum*** [+C] Poés., le sceptre des maîtres d'école [la férule] ‖ [fig.] trône, royaume, royauté : [C] Poés. ‖ le sceptre = la suprématie : [C] Poés.

sceptūchus, *i*, m., porte-sceptre, roi [en Orient] : [+C] Pros.

Scerdilaedus, *i*, m., nom d'un roi d'Illyrie : [C] Pros.

Scētānus, *i*, m., nom d'homme : [C] Poés.

schĕdĭos (-ĭus), *a*, *um*, fait à la hâte, bâclé, **schĕdium**, n., vers improvisés, impromptu : [+C] Pros., [T] Pros.

1 **schēma**, *ae*, f., [-C] Théât., aspect, mine, accoutrement

2 **schēma**, *ătis*, n., attitude, accoutrement : [-C] Théât. ‖ figure, schéma : [C] Pros. ‖ figure [de rhétorique] : [+C] Pros.

schēmătismus, *i*, m., expression figurée : [+C] Pros.

schĭda, → *scida*

schĭdĭae, *ārum*, f. pl., copeaux : [C] Pros.

schīnŏs (schīnus), *i*, f., lentisque [arbrisseau] : [T] Pros.

Schoenēïs, [C] Poés., **Schoenis**, *ĭdis*, [T] Poés., f., la fille de Schénée, roi d'Arcadie [Atalante] ‖ ***Schoeneia virgo*** et abs[t] ***Schoeneia***, f., Atalante : [C] Poés.

schoenĭcŭla, *ae*, f., courtisane de bas étage [parfumée au schoenus] : [-C] d. [C] Pros.

schoenŏbătēs, *ae*, m., funambule : [+C] Poés.

schoenum, *i*, n., [+C] Pros., → *schoenus*

schoenus, *i*, m., jonc : [C] Pros. ; [+C] Pros. ‖ parfum à bas prix extrait du jonc : [-C] Théât.

schoinŭanthos, → *schoen*

schŏla, *ae*, f. ¶**1** loisir consacré à l'étude, leçon, cours, conférence : [C] Pros. ; ***scholae de aliqua re*** [C] Pros., conférences, entretiens sur une question ; ***alicui scholam aliquam explicare*** [C] Pros., faire une leçon à qqn ¶**2** lieu où l'on enseigne, école : [C] Pros. ‖ ***philosophorum scholae*** [C] Pros., les écoles, les sectes philosophiques ¶**3** salle d'attente dans les bains : [C] Pros. ‖ ***scholae bestiarum*** [+C] Pros., amphithéâtre

schŏlāris, *e*, d'école : [T] Pros.

schŏlastĭca, *ōrum*, n. pl., déclamations : [+C] Pros.

1 **schŏlastĭcus**, *a*, *um*, d'école : [+C] Pros.

2 **schŏlastĭcus**, *i*, m. ¶**1** déclamateur, rhéteur : [+C] Pros. ¶**2** étudiant, écolier : [+C] Pros.

schŏlĭcus, *a*, *um*, d'école : [C] Poés., [+C] Pros.

scĭăg-, **scĭăm-**, → *scio-*

Scĭāpŏdes, *um*, m. pl., Sciapodes, habitants fabuleux de la Libye ayant des pieds énormes et qui s'abritaient du soleil en tenant une jambe en l'air : [+C] Pros.

Scĭăthus (-os), *i*, f., petite île de la mer Égée : [C] Pros., [+C] Poés.

scĭda, *ae*, f., feuillet, page : [C] Pros., [+C] Pros.

scĭdī, parf. de *scindo*

scĭens, *tis* ¶**1** part. prés. de *scio*, sachant, en connaissance de cause : ***offendit sciens aliquem*** [C] Pros., il a offensé qqn sciemment ¶**2** [adj[t]] qui sait, instruit, habile : [C] Pros. ‖ [avec gén.] ***sciens locorum*** [C] Pros., ayant la connaissance des lieux ‖ [avec inf.] : [C] Poés., [+C] Pros. ‖ pris subst[t], un connaisseur : [C] Pros.

scĭentĕr, adv. ¶**1** avec du savoir : [C] Pros. ¶**2** avec à propos, sagement, judicieusement, adroitement : [C] Pros. ‖ ***scientius***, ***scientissime*** : [C] Pros.

scĭentĭa, *ae*, f. ¶**1** connaissance : [C] Pros. ; ***alicujus*** [C] Pros., les connaissances de qqn ; ***futurorum malorum*** [C] Pros., la connaissance des maux à venir ¶**2** connaissance scientifique, savoir théorique, science : [C] Pros. ; ***dialecticorum*** [C] Pros. ; ***juris*** [C] Pros. ; ***rei militaris*** [C] Pros., la science des dialecticiens, du droit, de l'art militaire ‖ spéculation [opp. *actio*] : [C] Pros. ‖ [phil.] la connaissance : [C] Pros.

scĭentĭŏla, *ae*, f., connaissance superficielle : [T] Pros.

scĭī, parf. de *scio*

scīlĭcĕt, adv. ¶**1** [avec prop. inf., arch.] on peut aisément se rendre compte que, il va de soi que, il va sans dire que : [-C] Théât., [C] Poés., Pros. ¶**2** [adv., formant parenthèse] il va de soi, bien entendu, cela s'entend, naturellement : [-C] Théât., [C] Pros. ‖ [préparant une oppos.] évidemment, bien sûr ... mais : [C] Pros. ¶**3** [dans une réponse] évidemment, naturellement : [-C] Théât. ¶**4** [ironiq[t]] sans doute, apparemment : [C] Pros. ¶**5** à savoir, savoir : [+C] Pros.

scillītēs, *ae*, m., n., assaisonné de scille : ***scillites vinum*** [+C] Pros.

scillītĭcus, *a*, *um*, de scille : [+C] Pros.

scimpŏdĭum (-ŏn), *ĭi*, n., lit de repos : [+C] Pros.

scindō, *ĭs*, *ĕre*, *scĭdī*, *scissum*, tr. ¶**1** déchirer, fendre : ***epistulam*** [C] Pros. ; ***vestem*** [C] Pros., déchirer une lettre, lacérer un vêtement ; ***quercum cuneis*** [C] Poés., fendre un chêne avec des coins ; ***solum*** [C] Poés., fendre le sol ; ***freta ictu*** [C] Poés., fendre la mer du battement des rames ; ***agmen*** [+C] Pros., fendre la colonne [des soldats] ; ***scindit se nubes*** [C] Poés., le nuage se déchire ‖ arracher : ***comam*** [-C] d. [C] Pros. ; ***crines*** [C] Poés., s'arracher les cheveux ; ***vallum*** [C] Pros., arracher la palissade, détruire le retranchement ‖ [prov.] ***alicui paenulam*** [C] Pros., déchirer le manteau de qqn = l'importuner de sollicitations ¶**2** couper, trancher, découper [les mets] : [+C] Pros., Poés. ¶**3** séparer, diviser : [+C] Pros. ‖ pass. réfl., ***scindi***, se diviser, se partager : [C] Poés. ; [C] Poés. ¶**4** [fig.] ***a) aliquem curae scindunt*** [C] Poés., les inquiétudes déchirent qqn ***b)*** [C] Poés., [+C] Pros. ; ***scidit se studium*** [+C] Pros., l'étude se subdivisa ; [C] Poés. ***c) necessitudines*** [+C] Pros., déchirer des liens de parenté ***d) dolorem*** [C] Pros., rouvrir une blessure, renouveler une douleur ***e) Pergamum*** [-C] Théât., détruire Pergame

scindŭla, → *scandŭla*

scindŭlāris (scandŭ-), *e*, de bardeaux : [+C] Pros.

scĭnĭphes (-ĭfes), *um*, m. pl., punaises : [+C] Pros. ‖ moustiques : [T] Pros.

scintilla, *ae*, f., étincelle : [C] Poés., [+C] Pros.

scintillō, *ās*, *āre*, *āvī*, -, intr., avoir une lueur [scintillante] : [C] Poés.

scĭō, *īs*, *īre*, *īvī* et *ĭī*, *ītum*, tr. ¶**1** savoir ***a)*** [avec acc.] : [-C] Théât., [C] Pros. ‖ ***quod sciam*** [C] Pros., autant que je sache ‖ ***ab aliquo omnia scire*** [C] Pros., savoir tout par qqn ***b)*** [avec prop. inf.] savoir que : [C] Pros. ; savoir par soi-même que [oppos. à *accipere* apprendre] : [C] Pros. ; ***scito***, sache que, tu sauras que : [C] Pros. ; ***scitote*** [C] Pros., sachez que ; ***scire licet*** [→ *scilicet*], il est clair que : C Poés., Pros. ; [pass. impers.] C Pros. ***c)*** [avec interr. indécl.] C Pros. ‖ ***haud scio an, nescio an*** ; V.▶ *1 an* ‖ [expr. elliptique] -C Théât. ***d)*** [absᵗ] : -C Théât. ; ***ut scitis*** C Pros., comme vous le savez ; -C Théât., C Pros. ‖ [avec *de*] ***de omnibus, de Sulla*** C Pros., avoir connaissance de tous, de Sylla ***e) non scire*** au lieu de ***nescire*** : C Pros. ¶ **2** savoir = avoir une connaissance théorique, scientifique, technique, exacte de qqch., être instruit dans qqch. ***a) omnes linguas*** -C Théât., posséder toutes les langues ; ***litteras*** C Pros., savoir, connaître ses lettres [lire et écrire] ; C Pros. ***b)*** [avec inf.] ***aliqua re uti scire*** C Pros., savoir se servir de qqch. ¶ **3** [absᵗ] ***Graece*** C Pros. ; ***optime Graece*** C Pros. ; ***Latine*** C Pros., savoir le grec, très bien le grec, savoir le latin ; ***fidibus*** -C Théât., savoir jouer de la lyre [Cf.▶ discere, docere fidibus] ‖ [avec *de*] ***de legibus instituendis*** C Pros., être versé dans l'art d'établir des lois ¶ **4** connaître qqn : T Pros. ¶ **5** connaître, sentir, éprouver : T Pros. ¶ **6** connaître, avoir commerce avec : T Pros. ; V.▶ *sciens, 1 scitus*

scĭŏlus, *i*, m., demi-savant : T Pros.

Scĭŏmăchĭa, *ae*, f., combat avec une ombre (contre un ennemi chimérique) [titre d'une satire ménippée de Varron, en grec]

Scīpĭădas, C Poés., **Scīpĭădēs**, *ae*, m., Scipion, V.▶ *2 Scipio* ‖ pl., ***Scipiadae*** ; les Scipions : +C Poés.

1 **scīpĭo**, *ōnis*, m., bâton : -C Théât., C Poés. ‖ bâton d'ivoire, bâton triomphal : C Pros.

2 **Scīpĭo**, *ōnis*, m., Scipion [surnom d'une branche illustre de la famille Cornelia] ; notᵗ : ***P. Cornelius Scipio Africanus major***, Scipion, le premier Africain : C Pros. ; ***P. Cornelius Scipio Aemilianus Africanus minor*** : Scipion, le second Africain : C Pros. ‖ ***Scipio Asiaticus***, Scipion l'Asiatique, frère du premier Africain : C Pros. ‖ Scipion Nasica, cousin du premier Africain : C Pros.

Scirātae, *ārum*, m. pl., peuple légendaire de l'Inde : +C Pros.

Scirītae, V.▶ *Sciratae*

Scīrōn, *ōnis*, m., brigand tué par Thésée : C Poés.

scirpĕa (sirp-), *ae*, f., panier : C Pros., Poés., T Pros.

scirpĕus (sirp-), *a*, *um*, de jonc : -C Théât.

1 **scirpĭcŭlus (sirp-)**, *a*, *um*, qui concerne le jonc : -C Pros., C Pros.

2 **scirpĭcŭlus (sirp-)**, *i*, m., panier : C Pros., Poés.

scirpō (sirpō), *ās*, *āre*, -, *ātum*, tr., lier [avec du jonc], attacher : C Pros. ; ***scirpatus*** C Poés. ‖ tresser : C Pros.

scirpŭla vītis, **ūva**, *ae*, f., sorte de vigne : +C Pros.

scirpus (sirp-), *i*, m., jonc : -C Théât. ‖ énigme : +C Pros.

scirrhŏs (-rros, scīros), *i*, m., squirre, tumeur : +C Pros.

sciscĭtātĭo, *ōnis*, f., information, enquête : +C Pros.

sciscĭtātŏr, *ōris*, m., celui qui s'informe, qui s'enquiert : +C Poés. ‖ celui qui fait des recherches : T Pros.

sciscĭtātus, *a*, *um*, part. de *sciscitor* sens pass., V.▶ *sciscito*

sciscĭtō, *ās*, *āre*, -, *ātum*, tr., pass., ***sciscitatus*** T Pros.

sciscĭtŏr, *ārĭs*, *ārī*, *ātus sum*, fréq. de *scisco*, tr., questionner sur, s'informer de ***a)*** [avec acc.] : ***ex aliquo Epicuri sententiam*** C Pros., s'informer auprès de qqn de l'opinion d'Épicure ***b)*** [avec interrog. indir.] C Pros. ; ***ab aliquo, cur…*** C Pros., demander à qqn pourquoi … ***c)*** [absᵗ] ***de aliqua re*** C Pros., s'informer de qqch. ***d) deos*** C Pros., consulter les dieux ‖ ***aliquem*** +C Pros., questionner qqn

sciscō, *ĭs*, *ĕre*, *scīvī*, *scītum*, tr.

I chercher à savoir, s'informer, s'enquérir : -C Théât.

II ¶ **1** [officᵗ] ***a)*** [en parl. du peuple] agréer, décider, arrêter : C Pros. ‖ ***sciscere, ut*** C Pros., décider que ; [avec *ne*] +C Pros. ; [avec prop. inf.] +C Poés. ***b)*** agréer [en parl. d'un particulier] : ***legem*** C Pros., voter pour une loi ¶ **2** apprendre, venir à savoir : -C Théât.

scissĭlis, *e*, fissile, qui se partage en lames : +C Pros. ; ***scissile alumen*** +C Pros., alun scaïole

scissim, adv., en s'ouvrant : T Poés.

scissĭo, *ōnis*, f., coupure, division : T Pros.

scissōr, *ōris*, m., celui qui découpe [les viandes], écuyer tranchant : +C Pros.

scissūra, *ae*, f., déchirure, égratignure : +C Pros. ‖ [fig.] division, scission : T Poés. ‖ fissure, crevasse, fente : T Pros.

scissus, *a*, *um*, part. de *scindo*

scītāmenta, *ōrum*, n. pl., friandises : -C Théât., +C Pros. ‖ [fig.] ornements du style : +C Pros.

scītātĭo, *ōnis*, f., enquête, recherche : T Pros.

scītātŏr, *ōris*, m. ; adv., chercheur, scrutateur : T Pros.

scītē, adv., en homme qui sait, habilement, artistement, finement : C Pros. ‖ ***scitius*** +C Pros. ; ***-tissime*** -C Théât.

scīto ¶ **1** dat.-abl. de *scitum* et de *1-2 scitus* ¶ **2** impér. de *scio*

scītŏr, *ārĭs*, *ārī*, *ātus sum*, tr., s'informer, interroger : ***causam alicujus rei*** C Poés., demander la raison d'une chose ; ***ex aliquo*** C Pros. ; ***ab aliquo*** C Poés., demander à qqn, interroger qqn ; ***oracula*** C Poés., consulter un oracle

scītŭlē, adv., élégamment, bien : +C Pros.

scītŭlus, *a*, *um*, joli, mignon, charmant : -C Théât. ‖ subst., ***scituli*** T Pros., jeunes élégants

scītum, *i*, n., décision : ***plebis scitum*** C Pros. ; ***plebei scitum*** C Pros. ; ***scitum plebis*** C Pros., décision de la plèbe, plébiscite [*populi scitum* C Pros. au lieu de *plebis* quand il s'agit de pays étrangers] ; ***scita = plebis scita*** C Pros. ‖ ***scitum facere, ut*** C Pros., proposer un décret comportant que ‖ [phil.] dogme, principe fondamental : +C Pros. ‖ maxime, axiome, principe, opinion : T Pros.

1 **scītus**, *a*, *um*, part. de *scio*

2 **scītus**, *a*, *um*, part.-adj. de *scisco* ¶ **1** expérimenté, avisé, fin, adroit : -C Théât., C Pros., +C Pros. ; ***scitior*** -C Théât. ¶ **2** [choses] fin, spirituel : ***oratio scitissuma*** -C Théât., propos entre tous spirituel ; ***scitus sermo*** C Pros., style beau ; ***scitum est*** [avec inf.] C Pros., il est habile de ¶ **3** beau, élégant, joli, gentil, mignon : -C Théât., +C Pros. ¶ **4** ***scita vox*** +C Pros., voix exercée, aux inflexions appropriées

3 **scītŭs**, abl. *ū*, m., Cf.▶ *scitum* : ***plebi scitu*** C Pros., par un plébiscite

scĭus, *a*, *um*, qui agit sciemment : T Pros.

scīvī, parf. de *scio* et de *scisco*

sclingō, *ĭs*, *ĕre*, -, -, crier [en parl. des oies] : +C Pros.

scloppus (stl-), *i*, m., glop [bruit qu'on fait en ouvrant brusquement la bouche après avoir gonflé les joues] : +C Poés.

scŏbīna, *ae*, f., râpe, lime : C Pros.

scŏbis, *is*, f., râpure, raclure, copeau, limaille : +C Pros. ‖ sciure : C Poés., +C Poés.

Scŏdra, *ae*, f., ville d'Illyrie [auj. Scutari] : C Pros. ‖ subst. m. pl., habitants de Scodra : C Pros.

Scodrus, V.▶ *Scordus*

scŏla, etc., V.▶ *schola*

scŏlăcĭum, *ĭi*, m., ville du Bruttium [auj. Squillace] : +C Pros.

scŏlĭus, *ĭi*, m., Cf.▶ *amphibrachus*

scŏlŏpax, *ăcis*, m., bécasse [oiseau] : T Poés.

Scōlŏs ou **Scōlus**, *i*, m., petite ville de Béotie : +C Poés.

scombĕr, *bri*, m., maquereau [poisson] : C Poés.

scomma, *ătis*, n., raillerie, mot piquant, sarcasme : T Pros.

scōpa, *ae*, f. ¶ **1** balai : T Pros. ; V.▶ *scopae* ¶ **2** millefeuille [plante]

scōpae, *ārum*, f. pl. ¶ **1** brins, brindilles : -C Pros. ¶ **2** balai : -C Théât., C Poés., +C Pros. ; ***scopas dissolvere*** C Pros., [prov.] défaire les brins d'un balai, faire une chose inutile ; [fig.] ***scopae solutae*** C Pros., balai défait = loque, homme bon à rien

Scŏpās, *ae*, m. ¶ **1** célèbre sculpteur : C Pros. ¶ **2** vainqueur chanté par Simonide : C Pros.

scōpĕus, V.▶ *2 scopus* : C Pros.

Scopinās, *ae*, m., architecte de Syracuse : C Pros.

scōpĭo, *ōnis*, m., rafle, grappe du raisin sans les grains : -C Pros., +C Pros.

1 **scōpō**, *ās*, *āre*, -, -, tr., balayer : [T] Pros.

2 **scŏpō**, *ĭs*, *ĕre*, -, -, tr., réfléchir, méditer : [T] Pros.

scōpŭla, *ae*, f., [+C] Pros., **scōpŭlae**, *ārum*, f. pl., petit balai, balayette : [-C] Pros., [+C] Pros.

scŏpŭlōsus, *a*, *um* ¶ **1** de rocher, de roc, rocheux : [+C] Poés. ; pl. n. ¶ **2** semé d'écueils : [C] Pros. ; [fig.] épineux, difficile : [C] Pros.

scŏpŭlus, *i*, m. ¶ **1** rocher, roc, roche : [C] Poés. ; ***scopulis surdior*** [C] Poés., plus insensible que les rochers ; [-C] Pros. ; [fig.] [C] Poés. ‖ quartier de roc, grosse pierre : [+C] Poés. ¶ **2** écueil : [C] Pros., Poés. ‖ [en parl. d'une pers.] destructeur, fléau : [C] Pros.

1 **scŏpus**, *i*, m., but (cible) : [+C] Pros.

2 **scōpus**, V. *scopio* : [C] Pros.

scordălĭa, *ae*, f., querelle, dispute : [+C] Pros.

scordălus, *i*, m., querelleur : [+C] Pros.

scordiscārĭus, *ĭi*, m., peaussier, pelletier, fourreur : [T] Pros.

Scordisci, *ōrum*, m. pl., peuple d'Illyrie : [C] Pros.

Scordus, **Scardus**, **Scodrus**, *i*, m., montagne d'Illyrie : [C] Pros.

scŏrisco, V. *corusco*

scorpĭo, *ōnis*, m. ¶ **1** le Scorpion [constellation] : [+C] Pros. ¶ **2** machine de jet ***a)*** petite catapulte [lanceur de flèches à torsion et à deux bras] : [C] Pros. ***b)*** lanceur de pierres à un seul bras [= *onager*] : [T] Pros. ***c)*** projectile lancé par le scorpion, V. *scorpio* ¶ *2a* : [C] Pros.

scorpĭŏs (-ĭus), *ĭi*, m. ¶ **1** scorpion [insecte] : [C] Poés. ‖ le Scorpion [constellation] : [C] Poés. ¶ **2** scorpion de mer, rascasse [poisson] : [C] Poés. ¶ **3** scorpion [arme individuelle = fouet à pointes de fer ?] : [+C] Pros.

scorpĭus, V. *scorpios*

Scorpus, *i*, m., nom d'homme : [+C] Poés.

scortātio, *ōnis*, f., fréquentation des courtisanes, débauche : [T] Pros.

scortātŏr, *ōris*, m., homme débauché, coureur : [-C] Théât., [C] Poés.

scortātŭs, *ūs*, m., fréquentation des courtisanes, débauche, libertinage : [+C] Pros.

1 **scortĕa**, *ae*, f., manteau de peau : [+C] Pros. ; [+C] Poés.

2 **scortĕa**, *ōrum*, n. pl., objets fabriqués avec de la peau, objets en cuir : [C] Pros.

scortĕus, *a*, *um* ¶ **1** de cuir, de peau : [C] Pros., Poés., [+C] Pros. ¶ **2** flasque, avachi : [+C] Pros.

scortīnus, *a*, *um*, de cuir, en cuir : [+C] Pros.

scortŏr, *ārĭs*, *ārī*, -, intr., fréquenter les courtisanes, être débauché : [-C] Théât.

scortum, *i*, n., courtisane, prostituée, femme publique : [-C] Théât., [C] Pros. ‖ un prostitué : [C] Pros.

scŏrusc-, V. *cŏrusc*

Scōti, *ōrum*, m. pl., les Scots [habitants de la Calédonie, Écossais]. [T] Pros.

scŏtĭa, *ae*, f., [archit.] scotie : [moulure en creux dans la base attique = trochilus] [C] Pros. ; [rainure incisée à proximité du bec d'une corniche dans un temple] [C] Pros.

Scŏtīnŏs (-us), *a*, *um*, le Ténébreux [surnom d'Héraclite] : [C] Pros., [+C] Pros.

Scŏtussa (Scŏtūsa), *ae*, f., ville de Pélasgiotide : [C] Pros. ‖ **-aeus**, *a*, *um*, de Scotussa : [C] Pros. ; [subst. m. pl.]

scratta (-apta), **scrātĭa**, **scrattĭa**, *ae*, f., épithète d'une prostituée : [-C] d. [C] Pros.

scrĕātor, *ōris*, m., celui qui crache : [-C] Théât.

scrĕātŭs, *ūs*, m., crachement, expectoration : [-C] Théât.

scrĕō, *ās*, *āre*, -, -, intr., cracher, expectorer : [-C] Théât.

scrība, *ae*, m. ¶ **1** scribe, greffier : [C] Pros. ¶ **2** secrétaire : [C] Pros. ¶ **3** pl., les scribes, docteurs de la loi chez les Juifs : [T] Pros.

scrībātŭs, *ūs*, m., l'ensemble des scribes : [T] Pros.

scrīblīta, **scrībĭlīta**, *ae*, f., tourte au fromage : [-C] Théât., [+C] Pros.

scrīblītārĭus, *ĭi*, m., pâtissier : [-C] Théât.

scrībō, *ĭs*, *ĕre*, *scrīpsī*, *scriptum*, tr. ¶ **1** tracer, marquer avec le style, écrire : ***lineam*** [C] Pros., tracer une ligne ; [+C] Pros. ‖ ***alicui stigmata*** [+C] Pros., stigmatiser qqn ¶ **2** ***a)*** mettre par écrit, composer, écrire : ***historiam*** [C] Pros., écrire un ouvrage historique ; ***laudationem mortis*** [C] Pros., écrire, composer un éloge de la mort ; ***multa praeclare*** [C] Pros., composer beaucoup d'écrits remarquables ; ***librum*** [C] Pros. ; ***litteras ad aliquem*** [C] Pros., composer un livre, écrire une lettre à qqn ***b)*** [offic[t]] rédiger, établir [des lois, un sénatusconsulte] : [C] Pros. ; [un testament, un traité] [C] Pros. ‖ [en part.] ***scribendo adesse*** [C] Pros. ; ***ad scribendum esse*** [C] Pros., assister à la rédaction d'un sénatusconsulte ‖ [d'où] ***scribere***, employer tels ou tels termes dans un acte : [C] Pros. ; ***quod scriptum est*** [C] Pros., la lettre d'un acte ***c)*** rédiger [des discours déjà prononcés] : [C] Pros. ***d)*** écrire = décrire, raconter : ***rem versibus*** [-C] d. [C] Pros., raconter les faits en vers, traiter un sujet en vers ; ***res gestas alicujus*** [C] Poés., écrire les exploits de qqn ; ***bellum*** [C] Pros., raconter une guerre ; [C] Poés. ***e)*** [avec prop. inf.] écrire que, mentionner que, raconter que : [C] Pros. ‖ [pass.] [C] Pros. ***f)*** [abs[t]] écrire, composer, faire des ouvrages : [C] Pros. ; ***Tarentinis scribere*** [C] Pros., écrire pour les gens de Tarente ¶ **3** [dans la correspondance] faire savoir par écrit, écrire ***a)*** ***scribes ad me*** [C] Pros., tu m'écriras ; ***scripsi ad Lamiam*** [C] Pros., j'ai écrit à Lamia ; ***ut scribis*** [C] Pros., comme tu me le dis dans ta lettre ***b)*** [avec prop. inf.] : [C] Pros. ***c)*** [avec idée d'ordre, de conseil, subj. seul ou *ut* et subj.] : [C] Pros. ; [C] Pros. ; [avec inf.] [+C] Pros. ¶ **4** [en part.] ***a)*** inscrire, enrôler des soldats : [C] Pros. ***b)*** mentionner qqn dans son testament, instituer qqn comme héritier : ***aliquem heredem*** [C] Pros. ; ***aliquem secundum heredem*** [C] Pros., instituer qqn héritier, héritier en second ***c)*** inscrire sur le livre de comptes : ***nummos*** [-C] Théât., signer une traitefaire un billet [de reconnaissance d'une dette] ; [C] Poés.

Scrībōnia, *ae*, f., fille de Scribonius, femme d'Auguste : [+C] Pros.

Scrībōnĭānus, *i*, m., nom d'homme : [+C] Pros.

Scrībōnĭus, *ĭi*, m., nom de famille romaine, not[t] C. Scribonius Curio, correspondant de Cicéron : [C] Pros. ‖ Scribonius Libo, ancien historien latin : [C] Pros.

scribtūra, V. *scriptura*

scrīnĭŏlum, *i*, n., [fig.] trésor : [T] Pros.

scrīnĭum, *ĭi*, n., coffret, cassette [boîte cylindrique où l'on rangeait les livres, les papiers, les lettres] : [C] Pros., [+C] Pros., Poés. ‖ coffret de toilette : [+C] Pros.

scriptĭlis, *e*, qui peut être écrit : [T] Pros.

scriptĭo, *ōnis*, f. ¶ **1** action d'écrire : [C] Pros. ¶ **2** travail de rédaction, de composition, travail écrit : [C] Pros. ¶ **3** exposition écrite, rédaction : [C] Pros. ¶ **4** termes employés, la lettre [opp. à l'esprit] : [C] Pros. ¶ **5** billet, reconnaissance de dette : [C] Poés.

scriptĭtō, *ās*, *āre*, *āvī*, *ātum*, tr., composer souvent : ***orationes multis*** [C] Pros., écrire souvent des discours pour maints orateurs

scriptŏr, *ōris*, m. ¶ **1** secrétaire : [C] Pros. ‖ ***librarius*** [C] Poés., copiste ¶ **2** écrivain, auteur : [C] Pros. ‖ [avec gén.] : [C] Pros. ; ***scriptor artis*** [C] Pros., auteur de traité ; ***legum*** [C] Pros., législateur ; ***rerum scriptor*** [C] Pros., historien ‖ celui qui rédige : ***scriptoris voluntas*** [C] Pros., la volonté du rédacteur [d'une loi], de l'auteur

scriptōrĭus, *a*, *um*, qui sert à écrire : [+C] Pros.

scriptŭlum, *i*, n., petite ligne [sur le damier] : [C] Poés.

scriptum, *i*, n. ¶ **1** ligne [dans l'expr. *duodecim scripta*, les douze lignes, sorte de jeu de trictrac avec douze lignes formant des cases, sur lesquelles on déplace les jetons ou *calculi*] : [C] Pros., [+C] Pros. ¶ **2** écrit [en gén.] : ***de aliqua re scriptum relinquere*** [C] Pros., laisser des ouvrages écrits sur qqch. ; ***scriptis aliquid mandare*** [C] Pros., rédiger qqch. ; ***sine scripto*** [C] Pros., sans note écrite ; ***de scripto*** [C] Pros., en lisant, manuscrit en main ¶ **3** [en part.] ***a)*** le texte, la lettre [de la loi] : [C] Pros. ‖ le texte écrit [opp. à l'équité] : [C] Pros. ***b)*** rédaction d'une loi : [C] Pros.

scriptūra, *ae*, f. ¶**1** action de tracer des caractères, écriture : [+C] Poés., Pros. ¶**2** ce qui est tracé, ligne : ***malarum*** [+C] Pros., le dessin des joues ¶**3** rédaction, travail de composition, exercice écrit : [C] Pros. ‖ composition écrite : ***per scripturam amplecti*** [C] Pros. ; ***scriptura persequi*** [C] Pros., rédiger par écrit ‖ manière d'écrire, style : [-C] Théât., [+C] Pros. ‖ action d'écrire, de faire le métier d'auteur : [-C] Théât. ¶**4** ouvrage, écrit : [-C] Théât., [+C] Pros. ¶**5** teneur, texte [d'un testament] : [C] Pros., [+C] Pros. ‖ texte de loi : [+C] Pros. ¶**6** droits perçus pour les pâturages, impôt sur les pâturages : [-C] Théât., [C] Pros. ‖ [chrét.] l'Écriture, la Bible, l'Ancien Testament [pl.] : [T] Pros. ‖ registre, table généalogique : [T] Pros.

scriptūrārĭus, *a*, *um*, m. pris subst[t], percepteur des droits de pâturage : [-C] Poés.

scriptŭrĭō, *īs*, *īre*, -, -, intr., avoir envie d'écrire : [T] Pros.

1 **scriptus**, *a*, *um*, part. de *scribo*

2 **scriptŭs**, *ūs*, m., fonction de greffier, de secrétaire : [+C] Pros.

scrīpŭlum (scrūp-), *i*, n., scrupule ***a)*** 24e partie de l'once, 288e partie de l'as [1, 137 g.] : [C] Pros., [+C] Pros. ***b)*** 288e partie du jugère : [C] Pros., [+C] Pros. ***c)*** la 24e partie d'une heure : [+C] Pros.

scrŏbĭcŭlus, *i*, m., petite fosse : [+C] Pros.

scrŏbis, *is*, m., f., trou, fosse : m., [C] Pros., [+C] Pros. ‖ f., [C] Poés., [+C] Pros. ‖ sexe de la femme : [T] Pros.

1 **scrōfa**, *ae*, f., truie : [C] Pros., [+C] Pros.

2 **Scrōfa**, *ae*, m., surnom romain : [C] Pros.

scrōfĭpascus, *i*, m., porcher : [-C] Théât.

scrōtum, *i*, n., scrotum [t. d'anatomie] : [+C] Pros.

scrūpĕa (scrupp-), *ae*, f., ➡ *scrupulus* : [-C] Théât.

scrūpĕda, *ae*, m. f., qui marche avec peine : [-C] d. [+C] Pros. ; [C] Pros.

scrūpĕus, *a*, *um*, rocailleux, âpre : [-C] Théât., [C] Poés. ‖ semé d'écueils : [+C] Théât.

scrūpĭpĕda, ➡ *scrupeda*

scruplōsus, ➡ *scrupulosus* : [C] Pros.

scrūpōsus, *a*, *um*, rocailleux, âpre : [-C] Théât., [+C] Poés. ‖ pierreux : [+C] Pros. ‖ [fig.] rude, difficile : [C] Poés.

scrūpŭlārĭs, **scrūpŭlātim**, ➡ *scripul*

scrūpŭlōsē, adv., minutieusement, scrupuleusement : [+C] Pros. ‖ *-issime* [+C] Pros.

scrūpŭlōsĭtās, *ātis*, f., exactitude minutieuse : [+C] Pros.

scrūpŭlōsus, *a*, *um* ¶**1** rocailleux, âpre : [-C] Théât., [C] Pros. ¶**2** [fig.] minutieux, vétilleux, scrupuleux : [+C] Pros. ; *-issimus* [+C] Pros.

scrūpŭlum, *i*, n., ➡ *scripulum*

scrūpŭlus, *i*, m. ¶**1** [fig.] sentiment d'inquiétude, embarras, souci, scrupule : [-C] Théât., [C] Pros. ; ***scrupulum injicere alicui*** [C] Pros., inspirer à qqn des inquiétudes ¶**2** recherches subtiles, vétilles : [+C] Pros.

scrūpus, *i*, m. ¶**1** pierre pointue : [+C] Pros. ¶**2** [fig.] anxiété, souci, inquiétude : [C] Pros.

1 **scrūta**, *ōrum*, n. pl., vieilles nippes, défroque : [-C] Poés., [C] Pros., [+C] Pros.

2 **scrŭta**, *ae*, f., pour *scutra* : [T] Pros.

scrūtans, *-tis*, part. de *scrutor* ‖ ***scrutantissimus*** [avec le gén.] [T] Pros., très attentif à

scrūtārĭa, *ae*, f., [+C] Pros., **scrūtārium**, *ii*, n., commerce de fripier, friperie

scrūtārĭus, *ii*, m., fripier : [-C] Poés.

scrūtātĭo, *ōnis*, f., action de scruter, recherche minutieuse : [+C] Pros. ; [fig.] [+C] Pros.

scrūtātŏr, *ōris*, m., celui qui fouille [qqn] : [+C] Pros. ‖ celui qui fouille [un lieu], qui recherche : [+C] Poés. ‖ [fig.] celui qui scrute : [+C] Poés.

scrūtātus, *a*, *um*, part. de *scrutor*

scrūtĭnĭum, *ii*, n., action de fouiller, de visiter : [+C] Pros.

scrūtĭnō, *ās*, *āre*, -, -, tr., fouiller [fig.], scruter : [T] Pros.

scrūtŏr, *ārĭs*, *ārī*, *ātus sum*, tr. ¶**1** fouiller, visiter, explorer : ***domos, naves*** [C] Pros., fouiller les maisons, les navires ¶**2** rechercher : ***mentes deum*** [C] Poés., rechercher les volontés des dieux [dans les entrailles des victimes] ; ***arcanum alicujus*** [C] Pros., chercher à pénétrer les secrets de qqn ; [+C] ‖ ***scrutans***, avec interr. indir., cherchant à savoir : [+C] Pros.

Scudĭlo, *ōnis*, m., nom d'homme : [T] Pros.

sculna, *ae*, m., f., ➡ *sequester* : [T] Pros.

sculpō, *ĭs*, *ĕre*, *sculpsī*, *sculptum*, tr., sculpter : [C] Pros. ; ***sculpere ebur*** [C] Poés., travailler l'ivoire ‖ [fig.] graver [dans l'esprit] : [+C] Pros.

sculpōnĕae, *ārum*, f. pl., galoches (à semelles de bois) : [-C] Théât. ; [-C] Pros.

sculpōnĕātus, *a*, *um*, chaussé de sabots : [C] Poés.

sculpsī, parf. de *sculpo*

sculptĭlis, *e*, sculpté, ciselé : [C] Poés., [T] Poés. ‖ **sculptĭle**, *is*, n., statue, idole : [T] Pros.

sculptūra, *ae*, f., travail de sculpture : [C] Pros. ‖ gravure sur pierre : [+C] Pros. ‖ bas-relief : [T] Pros.

sculptūrāta ars, f., sculpture : [+T] Poés.

sculptus, *a*, *um*, part. de *sculpo*

scurra, *ae*, m. ¶**1** bel esprit, plaisantin, gandin : [-C] Théât., [C] Pros. ¶**2** bouffon : [C] Pros. ; ***scurra Atticus*** [C] Pros., le bouffon d'Athènes [surnom donné par Zénon à Socrate]

scurrīlis, *e*, de bouffon, qui sent le bouffon : [C] Pros. ‖ facétieux, divertissant : [+C] Pros.

scurrīlĭtās, *ātis*, f., bouffonnerie : [+C] Pros.

scurrīlĭtĕr, adv., à la manière d'un bouffon : [+C] Pros.

scurrŏr, *ārĭs*, *ārī*, -, intr., faire le flatteur, flagorner : [C] Pros.

scūta, *ae*, f., écuelle : [-C] Poés.

scūtālĕ, *is*, n., poche de la fronde : [C] Pros.

scūtārĭus, *a*, *um* ¶**1** subst. m., fabricant de boucliers : [-C] Théât. ¶**2** ***scutarii***, m. pl., scutaires [soldats formant la garde des empereurs] : [T] Pros.

scūtātus, *a*, *um*, muni d'un bouclier : [C] Pros., Poés. ‖ ***scutati***, m. pl., soldats armés de boucliers : [C] Pros.

scŭtella, *ae*, f., petite coupe : [C] Pros.

scŭtĭca, *ae*, f., martinet, fouet à lanières de cuir, étrivières : [C] Poés., [+C] Pros.

scūtĭgĕrŭlus, *i*, m., qui porte le bouclier de son maître, écuyer : [-C] Théât.

scŭtra, *ae*, f., écuelle : [-C] Théât., Pros. ‖ chaudron : [T] Pros.

scŭtriscum, *i*, n. : [-C] Pros.

1 **scŭtŭla**, *ae* ¶**1** plat [en forme de losange], écuelle : [+C] Poés., Pros. ¶**2** carreau [en losange, pour carrelage] : [C] Pros. ¶**3** carré d'étoffe : [-C] Théât. ¶**4** losange [pièce du cadre de la baliste en forme de losange] : [C] Pros.

2 **scŭtŭla**, *ae*, f., rouleau [pour transporter les fardeaux] : [C] Pros. ‖ levier [de treuil] : [C] Pros.

scŭtŭlātus, *a*, *um*, qui est en forme de losange, à mailles, **scŭtŭlāta**, n. pl., vêtements à carreaux : [+C] Poés.

scūtŭlum, *i*, n., petit bouclier : [C] Pros. ‖ [fig.] ***scutula operta*** [+C] Pros., les omoplates ‖ petit écusson, médaillon [ornement] : [T] Pros.

scūtum, *i*, n., bouclier [ovale et convexe, puis long et creux, c. une tuile faîtière] : [C] Pros. ‖ [fig.] = défense : [C] Pros.

Scydrothemis, *is*, m., nom d'un roi de Sinope : [+C] Pros.

scўfus, ➡ *scyphus*

Scўlăcēum, *i*, n., promontoire de Scylacée, dans la Calabre : [C] Poés.

Scўlax, *ăcis*, m., astronome : [C] Pros.

Scylla, *ae*, f. ¶**1** fille de Phorcus, changée en monstre marin, écueil dans la mer de Sicile : [C] Poés., Pros. ¶**2** fille de Nisus, roi de Mégare, changée en aigrette : [C] Poés.

Scyllaeum, *i*, n., ville et promontoire de l'Argolide : [C] Pros.

Scyllaeus, *a*, *um* ¶**1** de Scylla, de la mer de Sicile : [C] Poés., Pros. ¶**2** de Scylla, de Mégare : [+C] Poés.

scymnŏs (-us), *i*, m., petit [d'un animal] : ***scymni leonum*** [C] Poés., lionceaux

scynĭphes, [V.] *sciniphes* : [T] Pros.

scўphus, *i*, m., vase à boire, coupe : [C] Pros., Poés. ; ***inter scyphos*** [C] Pros., à table ‖ calice de chandelier : [T] Pros.

Scўrēis, *ĭdis*, f., de Scyros : [+C] Poés.

Scўrĭăs, *ădis*, f., femme de Scyros : ***Scyrias puella*** [C] Poés. = Déidamie

Scўrĭus, *a*, *um*, de Scyros : [C] Poés. ; ***Scyrius juvenis*** [+C] Théât., Pyrrhus [fils d'Achille] ; ***Scyria pubes*** [C] Poés., soldats de Pyrrhus

Scўrŏs, [C] Poés., **Scўrus**, *i*, f., [C] Pros., Scyros, île de la mer Égée

scўtăla, *ae*, **scўtălē**, *ēs*, f., scytale [bâton] ¶**1** une bande de cuir était enroulée obliquement sur un bâton cylindrique, on écrivait dessus en long, la bande déroulée était illisible pour quiconque n'avait pas un bâton semblable au premier sur lequel il pût enrouler la bande : [+C] Pros. ¶**2** sorte de serpent : [+C] Poés. ; [V.] *2 scutula*

Scўthae, *ārum*, m. pl., sg., **Scytha**, [+C] Poés. et **Scythēs**, *ae*, m., un Scythe : [C] Pros. ; adj. m., de Scythie : [+C] Théât., Poés. ‖ ***Pontus Scytha*** [+C] Poés., le Pont-Euxin

Scўthĭa, *ae*, f., Scythie [vaste contrée au nord du monde connu des anciens] : [C] Pros.

Scўthĭcus, *a*, *um*, de Scythie, des Scythes, scythique : [C] Pros. ; ***Scythica Diana*** [C] Poés., Diane de Tauride

Scўthis, *ĭdis*, f., femme scythe : [C] Poés.

Scўthissa, *ae*, f., femme scythe : [C] Pros.

Scўthŏlătrōnĭa, *ae*, f., pays des mercenaires scythes [mot burlesque] : [-C] Théât.

Scўthŏpŏlis, *is*, f., ville de Palestine [auj. Besan] ‖ **-ītae**, *ārum*, m. pl., [T] Pros., **-ītāni**, *ōrum*, habitants de Scythopolis

1 **sē**, arch. **sēd**, prép. arch. ¶**1** [avec abl.] sans : ***se fraude esto*** [C] Pros., qu'il soit exempt de faute = il n'y aura pas délit ¶**2** [en compos.] ***a)*** sans : ***securus***, sans souci ; ***sedulo***, sans tromperie, sans faire du tort ***b)*** à part : ***sepono*** ; ***seditio*** ***c)*** éloignement : ***secedo***

2 **sē-** [en compos.], [V.] *semi*, demi : ***selibra***, ***semodius***

3 **sē-** [en compos.], [V.] *sex* : ***semestris***, ***sejugis***

sēbācĭum, *ĭī*, n., chandelle de suif : [+C] Pros.

Sĕbādĭus, [T] Pros., [V.] *Sabazius*

sēbālis, *e*, de suif : [T] Pros.

Sēbastĭānus, *i*, m., Sébastien, nom d'homme : [T] Pros., Poés.

Sĕbazĭa, **Sĕbazĭus**, [V.] *Sab*

Sēbēthis, *ĭdis*, f., du Sébéthos : [+C] Pros. ‖ fille du Sébéthos : [C] Poés.

Sēbēthŏs (-us), *i*, m., fleuve de Campanie qui se jette dans le golfe de Naples : [+C] Poés.

sēbō (sēvō), *ās*, *āre*, -, -, tr., suifer, enduire de suif : [+C] Pros.

Sēbōsus, *i*, m., surnom romain : [C] Pros.

sēbum (sēvum, saevum), *i*, n., suif [graisse animale fondue] : [C] Pros., [+C] Pros.

sēcaptis, [V.] *saucaptis*

sēcēdō, *ĭs*, *ĕre*, *cessī*, *cessum*, intr. ¶**1** aller à part, s'écarter, s'éloigner : ***secedant improbi*** [C] Pros., que les mauvais s'écartent ‖ [choses] être éloigné : [C] Poés., [+C] Pros. ¶**2** aller à l'écart, se retirer : [C] Pros. ; [abs[t]] ***secessisse*** [+C] Pros., vivre dans la retraite ‖ [en part.] faire sécession [en parl. du peuple] : ***in Sacrum montem*** [C] Pros., se retirer sur le mont Sacré ¶**3** [fig.] ‖ se séparer de qqn [opinion] : [+C] Pros.

sĕcēna, *ae*, f., instrument tranchant : [-C] Théât.

sēcernō, *ĭs*, *ĕre*, *crēvī*, *crētum*, tr. ¶**1** séparer, mettre à part : ***se a bonis*** [C] Pros., se séparer des bons ; ***aliquem e grege imperatorum*** [C] Pros., séparer qqn de la foule des généraux ; [+C] Pros. ; ***aliquem populo*** [C] Poés., séparer qqn du peuple ¶**2** [fig.] ***a)*** mettre à part : [C] Pros. ***b)*** distinguer : [C] Pros. ; ***justum iniquo*** [C] Poés., distinguer le juste de l'injuste ***c)*** rejeter, éliminer : [C] Pros. ; [V.] *secretus*

sēcessī, parf. de *secedo*

sēcessĭo, *ōnis*, f. ¶**1** action de se séparer, de s'éloigner : [C] Pros. ‖ de se retirer à l'écart : [C] Pros. ¶**2** sécession, retraite du peuple [au mont Sacré] : [C] Pros. ‖ séparation politique : [C] Pros.

sēcessŭs, *ūs*, m. ¶**1** séparation : [+C] Pros. ¶**2** retraite, isolement : [C] Poés., [+C] Pros. ¶**3** endroit retiré, enfoncement : [C] Poés., [+C] Pros. ‖ pl., [+C] Pros. ¶**4** lieux d'aisance, latrines : [T] Pros.

sēcĭŭs, [V.] *setius*

sēclūdō, *ĭs*, *ĕre*, *clūsī*, *clūsum*, tr. ¶**1** enfermer à part : [C] Pros. ‖ isoler, séparer : [C] Pros. ‖ ***aquula seclusa*** [C] Pros., filet d'eau capté ; ***nemus seclusum*** [C] Poés., bois isolé, solitaire ¶**2** séparer de : [C] Pros. ¶**3** [fig.] mettre à part, bannir : [C] Poés.

sēclum, [V.] *saeculum*

sēclūsōrĭum, *ĭī*, n., volière : [C] Pros.

sēclūsus, *a*, *um*, part. de *secludo*

sĕcō, *ās*, *āre*, *sĕcŭī*, *sectum*, part. fut. *sĕcātūrus* ; tr. ¶**1** couper, découper, mettre en tranches, en morceaux : [C] Pros., [+C] Pros. ; ***pabulum*** [C] Pros., couper le fourrage ; ***alicui collum*** [C] Pros., couper la tête à qqn ‖ découper [à table] : [+C] Pros., Poés. ¶**2** couper, amputer [opération chirurgicale] : [C] Pros. ; ***Marius cum secaretur*** [C] Pros., Marius subissant une opération [des varices] ‖ [en part.] mutiler, châtrer : [+C] Poés. ¶**3** entamer, déchirer, écorcher : [-C] Théât., [C] Poés. ; ***sectus flagellis*** [C] Poés., déchiré de coups de fouet ; ***podagra secari*** [+C] Poés., être déchiré, tourmenté par la goutte ; [C] Poés. ‖ [fig.] déchirer [dans des écrits] : [+C] Poés. ¶**4** fendre, couper ***a)*** = passer à travers, fendre la mer, l'air : [C] Poés. ‖ [poét.] ***viam secare*** [C] Poés., se frayer un chemin ; [+C] Pros. ‖ ***medium agmen*** [C] Poés., fendre le milieu des troupes ***b)*** = séparer, diviser : [C] Poés., [+C] Pros. ; ***sectus orbis*** [C] Poés., une partie du monde ¶**5** [fig.] ***a)*** diviser, partager, morceler : [C] Pros., [+C] Pros. ***b)*** trancher [un différend] : [C] Pros., Poés. ***c)*** ***spem secare*** [C] Poés., s'ouvrir, se ménager une espérance, poursuivre une espérance

Secontia, [V.] *Segontia*

sēcrētārĭum, *ĭī*, n. ¶**1** lieu retiré : [+C] Pros. ¶**2** [chrét.] salle où délibèrent les évêques, les prêtres : [✝] Pros.

sēcrētē, adv., **sēcrētim**, [T] Pros., à part, à l'écart

sēcrētĭo, *ōnis*, f., séparation : [C] Pros.

sēcrētō, adv., à part, à l'écart : [-C] Théât., [C] Pros. ; ***secretius*** [+C] Pros., plus particulièrement ‖ en secret, sans témoins : [C] Pros. ‖ entre soi : [C] Pros. ‖ ***secretius*** [+C] Pros., avec plus de discrétion, sans bruit

sēcrētum, *i*, n. de *secretus* ¶**1** lieu écarté, retraite, solitude : [+C] Pros. ‖ pl., [C] Poés., [+C] Pros. ; ***secretiora Germaniae*** [+C] Pros., parties plus secrètes de la Germanie ‖ ***in secreto*** [C] Pros., à l'écart, sans témoins ; [+C] Pros. ¶**2** audience secrète, particulière : [+C] Pros. ‖ secret, pensées, paroles secrètes : [+C] Pros. ‖ mystères [culte] : [C] Poés., [T] Pros. ‖ papiers secrets : [+C] Pros.

sēcrētus, *a*, *um* ¶**1** part. de *secerno* ¶**2** adj[t] ***a)*** séparé, à part, particulier, spécial, distinct : [C] Pros., Poés. ***b)*** placé à l'écart, solitaire, isolé, retiré, reculé : [C] Poés., [+C] Pros. ; ***secretissimus*** [+C] Pros. ‖ ***secreta studia*** [+C] Pros., études faites isolément ***c)*** caché, secret : [C] Pros., [+C] Pros. ‖ [poét.] ***secreta auris*** [C] Poés., oreille qui reçoit les secrets [les confidences] ; [+C] Poés. ‖ sans être vu : [C] Poés. ***d)*** rare, peu commun : [+C] Pros. ***e)*** privé de [avec abl.] [C] Poés. ; [avec gén.] [C] Poés.

sēcrēvī, parf. de *secerno*

secta, *ae*, f. ¶**1** ligne de conduite, principes, manière de vivre : [C] Pros., [+C] Pros. ¶**2** ligne de conduite politique, parti : [C] Pros. ; ***sectam alicujus secuti*** [C] Pros., les partisans de qqn ¶**3** secte, école philosophique : [C] Pros., [+C] Pros. ‖ école : [droit] ; [méd.] [+C] Pros. ‖ doctrine religieuse : [T] Pros. ¶**4** bande de brigands : [+C] Pros.

sectăcŭla, *ae*, f., suite, lignée : [+C] Pros.

sectārĭus, *a*, *um*, coupé, châtré : [-C] Théât.

sectātŏr, *ōris*, m. ¶**1** qui accompagne : ***sectatores*** [C] Pros., cortège qui accompagne le candidat, escorte, suite de clients ‖ [en part.] celui qui accompagnait un magistrat dans sa province : [C] Pros., [+C] Pros. ‖ visiteur assidu : [+C] Pros. ¶ **2** sectateur, disciple, tenant d'une doctrine : [+C] Pros. ‖ ***epularum*** [T] Pros., parasite ‖ successeur : [+C] Pros.

sectātus, *a, um*, part. de *1 sector*

sectĭlis, *e* ¶ **1** coupé, fendu, taillé : [C] Pros., [+C] Pros. ¶ **2** susceptible d'être coupé, sécable : [+C] Poés.

sectĭo, *ōnis*, f. ¶ **1** action de couper, coupure, amputation : [C] Pros. ‖ mutilation, castration : [+C] Pros. ¶ **2** vente à l'encan [par lots] : [C] Pros. ‖ objets vendus, butin : [C] Pros. ¶ **3** [géom.] ***in infinitum*** [+C] Pros., division à l'infini ¶ **4** opération chirurgicale : [T] Pros.

sectĭus, [V▸] *setius*

sectīvus, *a, um*, à couper : ***sectivum porrum*** [+C] Pros., poireau à couper [perpétuel]

1 **sectŏr**, *ārĭs, ārī, ātus sum*, tr. ¶ **1** suivre (accompagner) partout, escorter : [C] Pros., Poés., [-C] Théât. ‖ [avec idée d'hostilité] [C] Pros. ‖ visiter souvent, fréquenter un lieu : [+C] Pros. ¶ **2** poursuivre un animal, faire la chasse à : ***apros*** [C] Poés., poursuivre des sangliers ‖ [fig.] [C] Pros., [+C] Pros. ; ***praecepta salubria*** [+C] Pros., rechercher des préceptes utiles ; [C] Poés. ; ***sectari, ut*** [+C] Pros., chercher à, viser à

2 **sectŏr**, *ōris*, m. ¶ **1** celui qui tranche : ***collorum*** [C] Pros., qui coupe les gorges, assassin ; ***feni*** [+C] Pros., faucheur ; ***zonarius*** [-C] Théât., coupeur de bourses ¶ **2** acheteur (à l'encan) de biens confisqués : [C] Pros., [+C] Pros. ¶ **3** [fig.] ***favoris*** [+C] Poés., qui met en vente ses faveurs [ses suffrages] ¶ **4** bourreau : [T] Poés.

sectūra, *ae*, f. ¶ **1** coupure, action de couper : [C] Pros. ¶ **2** carrière (de pierre) : [C] Pros.

sectus, *a, um*, part. de *seco*

sēcŭbĭtō, *ās, āre, -, -*, intr., faire lit à part : [-C] Poés.

sēcŭbĭtŭs, *ūs*, m., action de coucher à part : [C] Poés. ‖ chasteté : [C] Poés.

sēcŭbō, *ās, āre, bŭī, bĭtum*, intr. ¶ **1** coucher seul ou seule, faire lit à part, rester chaste : [C] Poés. ‖ découcher : [C] Pros. ¶ **2** vivre retiré : [C] Poés. ; ***in angulo secubans*** [+C] Pros., qui se tient dans un coin

sĕcŭī, parf. de *seco*

sĕcŭla, *ae*, f., faucille : [C] Pros.

sēcŭlāris, **sēcŭlum**, etc., [V▸] *saec*

sēcum, [V▸] *1 cum*

Sĕcunda, *ae*, f., nom de femme : [C] Pros.

sĕcundae, *ārum*, f. pl., [méd.] secondines, arrière-faix : [+C] Pros. ‖ [V▸] *1 secundus*

sĕcundāni, *ōrum*, m. pl., soldats de la deuxième légion : [C] Pros., [+C] Pros.

sĕcundānus, *a, um*, [V▸] *secundani*

sĕcundārĭus, *a, um*, secondaire : [C] Pros. ‖ de seconde qualité : [+C] Pros. ; ***secundarius panis*** [+C] Pros., pain de ménage

Sĕcundilla, *ae*, f., nom de femme : [+C] Pros.

Sĕcundīnus, *i*, m., nom d'homme : [T] Pros.

1 **sĕcundō**, adv. ¶ **1** en second lieu, en seconde ligne : [C] Pros. ¶ **2** pour la seconde fois : [C] Pros., [T] Pros.

2 **sĕcundō**, *ās, āre, āvī, -*, tr., favoriser, rendre heureux, seconder : [C] Poés. ; ***secundante vento*** [+C] Pros., avec un vent favorable

sĕcundum, adv. et prép.

I adv. ‖ en suivant, derrière : ***ire secundum*** [-C] Théât., marcher par-derrière, suivre

II prép., acc. ¶ **1** après, derrière : ***nos secundum*** [-C] Théât., derrière nous ¶ **2** le long de : ***secundum mare*** [C] Pros., le long de la mer ¶ **3** immédiatement après, après : ***secundum vindemiam*** [-C] Pros., après la vendange ; [C] Pros., [C] Pros. ; ***secundum quietem*** [C] Pros., après l'assoupissement = pendant le sommeil ¶ **4** selon, suivant, d'après, conformément à : [C] Pros., [+C] Pros. ; ***secundum legem*** [C] Pros., d'après la loi ; [+C] Pros. ‖ [droit] conformément aux conclusions de, en faveur de, à l'avantage de, pour : [C] Pros.

1 **sĕcundus**, *a, um* ¶ **1** qui suit, suivant : ***secundo lumine*** [-C] d. [C] Pros., le jour suivant, le lendemain ¶ **2** qui vient après, second : [C] Pros. ; ***secunda mensa*** [C] Pros., second service, le dessert ; ***secundus heres*** [C] Pros., héritier en seconde ligne, par défaut ‖ **sĕcundae**, *ārum*, f. pl. ***a)*** [V▸] *secundae* ***b)*** s.-ent. ***partes***, second rôle, rôle secondaire : [C] Pros., Poés., [+C] Pros. ¶ **3** second par rapport à qqn, à qqch. : ***secundus a rege*** [C] Pros., le premier après le roi ‖ [pour la valeur] [C] Pros., [C] Poés., [+C] Pros. ; [abs[t]] secondaire, d'ordre inférieur : ***panis secundus*** [C] Pros., pain de deuxième qualité ¶ **4** ***a)*** qui suit = allant dans le même sens : ***secundo flumine*** [C] Pros., le fleuve allant dans le même sens = en suivant le cours du fleuve ‖ [d'où] favorable : [C] Pros. ; ***secundis ventis*** [C] Pros., avec des vents favorables ; ***secundissimo vento*** [C] Pros., avec un vent favorable au plus haut point ; ***secundo sole*** [+C] Pros., quand le soleil est favorable, en concordance avec le cours du soleil ; [C] Poés. ***b)*** [fig.] propice, favorable : ***secundo populo*** [C] Pros., avec l'assentiment du peuple ‖ heureux, prospère : ***in secundissimis rebus*** [C] Pros., quand les affaires ont le cours le plus favorable ; ***secundissima proelia*** [C] Pros., combats si heureux tout, manifestement, a tourné au mieux pour nous, au plus mal pour eux ‖ n. pl., **sĕcunda**, bonheur, prospérité, événements favorables : [C] Poés., Pros., [+C] Pros.

2 **Sĕcundus**, *i*, m., surnom des deux Pline, [V▸] *Plinius* ‖ surnom d'un orateur sous Titus, Julius Secundus : [+C] Pros.

sēcūrē, adv. ¶ **1** sans se faire de souci, tranquillement : [+C] Pros. ; ***securius*** [+C] Pros. ¶ **2** en sécurité : [+C] Pros.

sēcūrĭclātus, *a, um*, assemblé en queue d'aronde : [C] Pros.

sēcūrĭcŭla, *ae*, f. ¶ **1** hachette : [-C] Théât., [+C] Poés. ¶ **2** queue-d'aronde : [C] Pros.

sēcūrĭfĕr, [C] Poés. et **sēcūrĭgĕr**, *ĕra, ĕrum*, qui porte une hache : [C] Poés.

sĕcūris, *is*, f. ¶ **1** hache, cognée : [-C] Pros., [C] Poés. ; ***securi ferire*** [C] Pros., frapper de la hache, décapiter ; ***securi percussus*** [C] Pros., décapité ; [C] Pros., Poés. ; ***securis Tenedia*** [C] Pros., la hache ténédienne [le roi Ténès, dans l'île de Ténédos, avait établi que tout adultère serait décapité et son fils lui-même subit le châtiment] ¶ **2** [fig.] ***a)*** coup de hache : [C] Pros. ***b)*** les haches des faisceaux [symbole de l'autorité, d'où] puissance, domination : [C] Pros., Poés. ‖ au sg., [C] Poés.

sēcūrĭtās, *ātis* ¶ **1** exemption de soucis, tranquillité de l'âme : [C] Pros. ; pl., ***mortis*** [+C] Pros., quiétude devant la mort ‖ [en mauv. part] insouciance, indifférence : [+C] Pros. ¶ **2** sûreté, sécurité : [+C] Pros. ; ***publica*** [+C] Pros., la sécurité publique

sēcūrus, *a, um* ¶ **1** ***a)*** exempt de soucis, sans inquiétude, sans trouble, tranquille, calme : ***securus proficiscitur*** [C] Pros., il part sans inquiétude ; ***securior ab Samnitibus*** [C] Pros., assez tranquille du côté des Samnites ‖ [avec gén. poét.] [C] Poés., [C] Pros., [+C] Pros. ; [C] Poés. ‖ [avec interrog. indir.] [C] Pros. ‖ ***non securus ne*** [subj.] [C] Pros., craignant que ***b)*** [choses] ***secura quies*** [C] Poés., sommeil sans trouble, paisible ; ***securum holus*** [C] Poés., légume [repas] paisible, exempt de tout tracas ; [+C] Pros. ‖ [poét.] ***securi latices*** [C] Poés., des eaux qui apportent la quiétude [Léthé] ¶ **2** exempt de danger, où l'on n'a rien à craindre, sûr, en sécurité [choses] : ***locus securus*** [C] Pros., lieu sûr ; ***domus secura*** [+C] Pros., maison où l'on est en sûreté ; ***materia securior*** [+C] Pros., sujet moins dangereux ‖ n. pl., **sēcūra**, [+C] Pros., la sécurité ‖ ***securissimus*** [T] Pros. ‖ sûr de [*de*] : [T] Pros.

1 **sĕcŭs**, adv. ¶ **1** autrement : [C] Pros., [+C] Pros. ‖ ***haud secus*** [C] Poés., pareillement, ainsi, de la même manière ‖ [avec gén.] [+C] Pros. ¶ **2** [construction] ***a)*** [sans nég.] ***secus quam*** [-C] Théât., autrement que ; [C] Pros. ou avec ***atque*** [C] Pros. ***b)*** [avec nég.] ***non secus ac (atque)***, non autrement que : [C] Pros. ; ***non secus ac si***, comme si : [-C] Théât., [C] Pros. ‖ ***non*** ou ***haud secus quam*** : [-C] Théât., [C] Pros. ***c)*** [poét., pour introduire une comparaison] ***non secus ac (atque)***, pareillement, ainsi, de même : [C] Poés. ¶ **3** autrement qu'il ne faut, mal : ***secus existimare de aliquo*** [C] Pros., avoir une mauvaise opinion de qqn ; ***secus facere in aliquem*** [C] Pros., mal agir à l'égard de qqn ; ***aliquid secus loqui de aliquo*** [+C] Pros., tenir de méchants propos sur qqn ; [C] Pros. ¶ **4** [V▸] *setius*

2 **sĕcŭs**, prép. avec acc., [▸] *secundum* : ***secus mare*** [-C] d. [T] Pros., le long de, au bord de la mer ‖ [en compos.] [V▸] *altrinsecus, circumsecus, extrinsecus, intrinsecus, utrimquesecus*

3 **sĕcŭs**, n. indécl., ➡ *sexus*, sexe [employé en gén. à l'acc. de relation] : Pros., Pros. ‖ nom., Pros.

sĕcūtŏr, *ōris*, m. ¶**1** un suivant, un surveillant : Pros. ¶**2** le poursuivant [gladiateur qui combattait avec le rétiaire] : Pros., Poés. et

sĕcūtŭlēius, *a*, *um*, qui court après, coureur : Pros.

sĕcūtus, *a*, *um*, part. de *sequor*

1 **sēd**, ➡ *1 se*

2 **sĕd (set)**, conj., mais ¶**1** [après une nég.] ***non... sed***, ne pas... mais : Pros. ‖ [tours] ***a) non solum (non modo, non tantum)... sed (sed etiam)***, non seulement... mais (mais encore) ***b) non modo non... sed (sed etiam, sed ne... quidem)***, non seulement ne... pas... mais, (mais encore, mais pas même) ***c) non modo... sed ne... quidem***, non seulement ne... pas, mais pas même ¶**2** [après un tour positif, enchérissement] Théât. ‖ [en gén.] ***sed etiam*** = mais aussi, mais en plus : Pros. ¶**3** [restriction, réserve] (oui), mais ***a) sed*** ou ***sed tamen*** après ***fortasse***, peut-être... mais (mais pourtant) : Pros. ***b) sed rursus*** Pros., mais en revanche ; ***sed certe*** Pros., mais le certain, c'est que ***c)*** mais, quoi qu'il en soit, dans tous les cas : Pros. ou avec ***tamen*** : ***sed tamen*** Pros., mais, laissons cela, passons ***d)*** [deux réserves successives] Pros. ¶**4** [très souvent pour couper court à un développ[t] et passer à un autre ordre d'idées] Pros. ; ***sed haec hactenus***, mais en voilà assez sur ce point, ➡ *hactenus* ; Pros. ‖ [ou pour revenir à un développ[t] interrompu] Pros. ; [après une parenthèse] : Pros. ‖ [ou simpl[t] pour introduire brusquement un nouveau développ[t]] Théât., Pros. ‖ [une remarque incidente] mais j'ajoute que, or : Poés.

sēdāmĕn, *ĭnis*, n., adoucissement : Théât.

sēdātē, adv., avec calme : ***sedate ferre aliquid*** Pros., supporter qqch. avec calme ‖ d'une façon paisible : ***sedate labi*** Pros., avoir une allure calme ; ***sedatius*** Pros.

sēdātĭo, *ōnis*, f., action d'apaiser, de calmer : Pros. ‖ calme : Pros. ; pl., Pros., les états de calme, de tranquillité de l'âme

sēdātŏr, *ōris*, m., celui qui apaise : Pros.

sēdātus, *a*, *um* ¶**1** part. de *sedo* ¶**2** [adj[t]] calme, paisible : Pros. ; ***sedatiore animo*** Pros., avec plus de calme ; ***sedato gradu*** Pros., sans hâte ‖ ***in numeris sedatior*** Pros., plus modéré dans l'usage du nombre oratoire ‖ ***sedatissimus*** Pros.

Sĕdĕciās, *ae*, m., nom de différents personnages du peuple juif : Pros.

sēdĕcim (sex-), indécl. ; adv., seize : Pros.

sēdĕcŭla, *ae*, f., petit siège : Pros.

Sedelaucum, Pros., **Sidoloucum**, *i*, n., ville de la Gaule Lyonnaise [auj. Saulieu]

sĕdĕnim, ➡ *enim*

sĕdens, ➡ *sedeo*

sĕdentārĭus, *a*, *um* ¶**1** à quoi on travaille assis : Pros. ¶**2** qui travaille assis : Théât.

sĕdĕō, *ēs*, *ēre*, *sēdī*, *sessum*

I intr. ¶**1** être assis : Théât., Pros. ; ***in sella, in solio*** Pros., être assis sur un siège, sur un trône ‖ ***sella curuli*** Pros., être assis sur la chaise curule [*in sella curuli* Pros.] ‖ ***in equo*** Pros., être à cheval ‖ être perché [oiseau] : Poés. ¶**2** siéger [en parl. de magistrats, de juges] : Pros. ‖ [assesseurs des juges] : Pros. ¶**3** séjourner, demeurer, se tenir : ***Corcyrae*** Pros., séjourner à Corcyre ; ***in villa totos dies*** Pros., rester dans une villa des journées entières ‖ demeurer oisif, inactif, être dans l'inaction, tarder : Pros. ‖ [en parl. de choses] Pros. ; ***depressa sedere*** Poés., rester enfoncés [corps pesants], rester dans le bas ; Poés. ‖ s'apaiser, se calmer : ***sedere minae*** Poés., les menaces se calmèrent ¶**4** être arrêté, demeurer fixé [choses] : ***librata (glans) cum sederit*** Pros., vu que le projectile n'a pas bougé (dans la poche de la fronde) au cours du tournoiement ; Pros., Poés. ‖ être enfoncé : Poés. ‖ Poés., Pros. ; ***sedet*** [avec inf.] Poés., la résolution est ferme de.

II tr.

sēdēs, *is*, f. ¶**1** siège [chaise, banc, trône] : Pros. ¶**2** séjour, siège, habitation, domicile, résidence : sg., Pros. ‖ pl., [en parl. de plus. pers. ou d'un peuple] : Pros. ; [en parl. d'une pers.] Pros. ¶**3** [choses] siège, position, terrain, assiette, fondement, théâtre : Pros. ; ***belli sedes*** Pros., théâtre de la guerre ‖ ***sedes orationis*** Pros., le point d'arrêt [de repos] de la phrase

Sēdētāni, m. pl., peuple d'Espagne : Pros. ‖ **Sēdētānus**, *a*, *um*, de Sédeta (ou Édéta) : Pros.

sēdĭcŭlum, *i*, n., siège : Pros.

Sēdĭgĭtus, *i*, m., Volcatius Sedigitus, poète romain : Pros.

sĕdīlĕ, *is*, n. ¶**1** siège, banc : Poés., Pros. ; pl., Poés., Pros. ‖ sièges au théâtre : Poés., Pros. ¶**2** [fig.] action de s'asseoir, repos sur un siège : Pros.

sēdĭtĭo, *ōnis*, f. ¶**1** action d'aller à part, désunion, division, discorde : Théât., Pros., Pros., Poés. ¶**2** [polit. ou milit.] sédition, soulèvement, révolte : Pros. ; ***seditionem concitare*** Pros., exciter une révolte [provoquer un soulèvement] ; Pros. ¶**3** [fig.] ***maris*** Poés., la révolte de la mer ; ***intestina corporis*** Pros., dissension à l'intérieur du corps [apologue des membres et de l'estomac]

sēdĭtĭōsē, adv., séditieusement : Pros. ; ***-sius*** Pros. ; ***-issime*** Pros.

sēdĭtĭōsus, *a*, *um* ¶**1** séditieux, factieux : Pros. ; ***-sissimus*** Pros. ‖ ***contiones seditiosae*** Pros., assemblées séditieuses ; ***seditiosa oratio*** Pros., discours factieux ¶**2** exposé aux troubles : ***seditiosa vita*** Pros., vie pleine de troubles

sēdō, *ās*, *āre*, *āvī*, *ātum*

I tr. ¶**1** faire asseoir, rasseoir : ***pulverem*** Poés., abattre la poussière ¶**2** faire tenir en repos, calmer, apaiser : ***mare, flammam*** Pros., maîtriser la mer, des flammes ; ***tempestas sedatur*** Pros., la tempête tombe, se calme ‖ [fig.] ***sitim*** Poés., apaiser la soif ; ***lassitudinem*** Pros., faire tomber la fatigue ; ***bellum sedatur*** Pros., la guerre s'apaise ; ***pugna sedatur*** Pros., le combat cesse ; ***discordias*** Pros., apaiser des discordes ; ***infamiam judiciorum*** Pros., faire tomber (cesser) le discrédit des tribunaux ; ***mentes*** Pros., calmer les esprits ; ***appetitus omnes*** Pros., calmer tous les penchants

II intr., ***sedare = sedari***, s'apaiser : Pros.

Sedochezi, *ōrum*, m. pl., peuplade scythe de Colchide : Pros.

Sedratyra, *ae*, f., ville de Gédrosie : Pros.

sēdūcō, *ĭs*, *ĕre*, *dūxī*, *dūctum*, tr. ¶**1** emmener à part, à l'écart : ***aliquem*** Pros., prendre qqn à part [lui parler en particulier] ; Pros. ‖ ***ocellos*** Poés., tourner ses jolis yeux ailleurs ‖ tirer à part vers soi, tirer à soi : Pros. ¶**2** séparer ***a)*** séparer, diviser, partager [en parl. de lieux] : Poés., Poés. ***b)*** [chrét.] séduire, corrompre, détourner du droit chemin : Pros.

sēductĭbĭlis, **sēductĭlis**, *e*, facile à séduire : Pros.

sēductĭo, *ōnis*, f. ¶**1** action de prendre à part : Pros. ¶**2** séparation : Pros. ¶**3** séduction, corruption : Pros.

sēductŏr, *ōris*, m., séducteur : Pros. ‖ [démon] Pros.

sēductōrĭus, *a*, *um*, propre à séduire, séducteur : Pros.

sēductus, *a*, *um* ¶**1** part. de *seduco* ¶**2** [adj[t]] ***a)*** à l'écart : ***paulum seductior*** Poés., un peu plus à l'écart ***b)*** vivant retiré, dans la retraite : Pros. ‖ ***in seducto*** Pros., dans la retraite, la solitude ***c)*** éloigné [en parl. de lieux] : Poés.

sēdŭlē, adv., avec empressement : Pros.

sēdŭlĭtās, *ātis*, f., empressement, assiduité, application : ***mali poetae*** Pros., l'empressement d'un mauvais poète ; ***officiosa sedulitas*** Pros., l'assiduité à rendre ses devoirs

Sēdŭlĭus, *ĭi*, m., nom d'homme : Pros. ‖ poète chrétien sous Théodose : Poés.

sēdŭlō, adv., franchement (sans tromperie), consciencieusement, avec application, avec empressement, avec zèle, de tout cœur : Théât., Pros.

sēdŭlus, *a*, *um*, empressé, diligent, zélé, appliqué : Pros. ; ***spectator sedulus*** Pros., le spectateur appliqué, attentif [qui se donne de tout coeur au spectacle]

sĕdum, *i*, n., joubarbe, orpin [plante] : Pros.

Sedūni, *ōrum*, m. pl., habitants de Sédunum [Sion, dans le Valais] : [C] Pros.

Sedusii, *ōrum*, m. pl., peuple de Germanie : [C] Pros.

sēdūxī, parf. de *seduco*

sĕgĕs, *ĕtis*, f. ¶**1** champ ***a)*** champ non ensemencé : [-C] Pros., [C] Pros., Poés. ***b)*** champ ensemencé : [-C] Poés., [C] Pros. ¶**2** ***a)*** le champ de céréales, les céréales sur pied, moisson : [C] Pros. ***b)*** [en gén.] ce qui pousse dans un champ, production d'un champ : [C] Poés., Pros.

1 **Sĕgesta**, *ae*, f., Ségeste, ville de Sicile : [C] Pros. ‖ **-ānus**, *a, um*, de Ségeste : [C] Pros. ‖ **-ānum**, *i*, n., territoire de Ségeste : [C] Pros. ‖ **-āni**, *ōrum*, m. pl., les Ségestains : [C] Pros.

2 **Sĕgesta** et **Sĕgĕtĭa**, *ae*, f., [T] Pros., déesse de la moisson

Segestēs, *ae*, m., nom d'un chef germain : [+C] Pros.

Segestĭca, *ae*, f., ville de Tarraconaise : [C] Pros.

sĕgestra, *ae*, f., → *segestre*

sĕgestre (tĕg-), *is*, surtout pl., **sĕgestrĭa (tĕg-)**, *ĭum*, n., natte, couverture de paille tressée : [-C] Poés., [C] Pros.

Sĕgĕtĭa, *ae*, f., → *2 Segesta*

Segimerus, *i*, m., frère de Ségestès : [+C] Pros.

Segimundus, *i*, m., fils de Ségestès : [+C] Pros.

Segisama, *ae*, f., [+C] Pros., **Segesamo**, *ōnis*, f., ville de Tarraconaise [auj. Sasamon]

segmĕn, *ĭnis*, n., rognure : [+C] Pros. ‖ fissure : [C] Pros.

segmentātus, *a, um*, orné de bandes de pourpre ou d'or, chamarré : [+C] Poés. ‖ [fig.] orné, enrichi : [T] Pros.

segmentum, *i*, n., [fig.] segment, bande : [T] Poés. ‖ chamarrure : [C] Poés. ; ***aurea segmenta*** [+C] Pros., galons d'or ‖ vêtement chamarré : [+C] Poés.

segnĕ, adv., lentement, mollement : [T] Pros.

Segni, *ōrum*, m. pl., peuple de Belgique : [C] Pros.

segnĭpēs, *ĕdis*, qui marche lentement : [+C] Poés.

segnis, *e*, lent, indolent, nonchalant, inactif, paresseux, apathique : [C] Poés. ; ***segniores incitare*** [C] Pros., stimuler les gens trop apathiques ; ***segnior*** [C] Pros., manquant un peu de zèle ; ***segnior ad respondendum*** [C] Pros., moins prompt à la réplique ; ***segnis in pericula*** [+C] Pros., hésitant devant le danger ; [C] Poés., [+C] Pros. ; ***segnis solvere*** [C] Poés., lent à dénouer ‖ ***segnis militia*** [C] Pros., service militaire nonchalant, mou

segnĭtās, *ātis*, f., → *segnitia* : [-C] Théât., [C] Pros.

segnĭtĕr, adv., avec lenteur, avec paresse, avec indolence, nonchalamment : [C] Pros., [+C] Pros. ; ***nihilo segnius*** [C] Pros., avec non moins d'activité, d'énergie

segnĭtĭa, *ae*, f., lenteur, indolence, nonchalance, paresse, apathie : [-C] Théât., [C] Pros. ; ***segnitia maris*** [+C] Pros., le calme de la mer

segnĭtĭēs, *ēi*, f., → *segnitia* : [-C] Théât., [C] Poés.

Sĕgŏdūnum, *i*, n., ville d'Aquitaine [Rodez] : [C] Pros.

Sĕgontĭa, **Sĕguntĭa**, **Săguntĭa**, *ae*, f., ville de Tarraconaise [auj. Sigiienza] : [C] Pros.

Segontĭāci, *ōrum*, m. pl., peuple de Bretagne : [C] Pros.

Sĕgŏvax, *actis*, m., roi d'une partie de la Bretagne : [C] Pros.

Sĕgŏvĕsus, *i*, m., chef gaulois : [C] Pros.

Sĕgŏvĭa, *ae*, f., ville de Bétique : [C] Pros.

sēgrĕgātim, adv., à part, séparément : [T] Poés.

sēgrĕgātus, *a, um*, part. p. de *segrego*

sēgrĕgis, gén. de *segrex*

sēgrĕgō, *ās, āre, āvī, ātum*, tr. ¶**1** séparer du troupeau : [T] Poés. ¶**2** mettre à part, mettre à l'écart, séparer, isoler, éloigner : [C] Pros. ; ***aliquem ab aliquo*** [-C] Théât., écarter qqn de qqn ; [C] Pros. ; ***aliquem e senatu*** [-C] Théât., mettre qqn hors d'un sénat [de buveurs] ; ***pugnam eorum*** [C] Pros., diviser l'attaque des adversaires [les avoir séparément comme adversaires] ; ***a vita fera*** [C] Pros., éloigner de la vie sauvage ‖ ***sermonem*** [-C] Théât., mettre de côté ses paroles [se taire]

sēgrex, *ĕgis*, adj., séparé [des autres], placé à part, isolé, à l'écart : [+C] Pros. ‖ différent, divers : [T] Poés.

Segulĭus, *ĭi*, m., nom d'homme : [C] Pros.

Seguntĭa, → *Segontia*

Sĕgūsĭāvi, *ōrum*, m. pl., peuple de la Gaule Lyonnaise : [C] Pros.

Sĕgūsĭo, *ōnis*, f., ville d'Italie transpadane [auj. Suse] : [T] Pros.

Segūsĭum, *ii*, n., → *Segusio* : [+T] Pros.

Sēia, *ae*, f., déesse qui présidait aux semailles : [T] Pros.

seipsum, → *se ipsum*

Sēius (Sējus), *i*, m., nom d'homme : [C] Pros., [+C] Pros. ‖ **-iānus (-jānus)**, *a, um* de Séjus : [C] Pros. ‖ → *Sejanus*

Sējānus, *i*, m., Séjan, favori de Tibère : [+C] Pros. ‖ **-nĭānus**, *a, um*, de Séjan : [+C] Pros.

sējŭgātus, *a, um*, part. de *sejugo*

sējŭgis (sexjŭgis), *e*, attelé de six chevaux : [+C] Pros. ‖ **sējŭges**, m. pl., attelage de six chevaux : [C] Pros.

sējŭgō, *ās, āre, -, ātum*, tr., ***sejugatus ab*** [C] Pros., séparé de

sējunctim, adv., séparément : [C] Poés.

sējunctĭo, *ōnis*, f., action de séparer, séparation : [C] Pros. ‖ désunion : [+C] Pros.

sējunctus, *a, um*, part. de *sejungo*

sējungō, *ĭs, ĕre, junxī, junctum*, tr. ¶**1** disjoindre, désunir : [C] Poés. ‖ séparer de : [avec *ab*] [C] Pros. ‖ [avec *ex*] [C] Pros. ‖ [avec abl.] [C] Poés., [+C] Poés. ¶**2** [fig.] distinguer, mettre à part : ***liberalitatem ab ambitu*** [C] Pros., distinguer la libéralité de la brigue

sēlās, n. indécl., sorte de météore igné : [+C] Pros.

Selē, *ēs*, f., ville de Perse : [T] Pros.

sēlectĭo, *ōnis*, f., choix, triage : [C] Pros.

sēlectŏr, *ōris*, m., celui qui fait un choix : [T] Pros.

sēlectus, *a, um*, part. de *seligo*

sēlēgī, parf. de *seligo*

Sĕlēnē, *ēs*, f., fille d'Antiochus : [C] Pros. ‖ fille de Marc Antoine : [+C] Pros.

Sĕlēnĭum, *ĭi*, n., nom de femme : [-C] Théât.

Sĕlēnūsĭus, → *Selinusius*

Selepītāni, *ōrum*, m. pl., peuple d'Illyrie : [C] Pros.

Sĕleucensis, *e*, de Séleucie [des Parthes] : [+C] Pros. ‖ subst. m. pl. ‖ habitants de Séleucie [des Parthes] : [+C] Pros.

Sĕleucĭānus, *a, um*, de Séleucie : [C] Pros.

Sĕleucus, *i*, m. ¶**1** nom d'un mathématicien, confident de Vespasien : [+C] Pros. ¶**2** nom d'un musicien : [+C] Poés. ¶**3** nom d'un esclave : [C] Pros.

sēlībra, *ae*, f., demi-livre : [-C] Pros., [C] Pros.

sēlĭgō, *ĭs, ĕre, lēgī, lectum*, tr., choisir et mettre à part, trier : [C] Pros. ; ***selectae sententiae*** [C] Pros., maximes choisies ‖ ***selecti judices*** [C] Pros., juges choisis [par le préteur et inscrits sur *l'album judicum*] ‖ ***dii selecti***, les grandes divinités [vingt selon Varron] : [T] Pros.

Sĕlīnūs, *untis*, f., m., Sélinonte ¶**1** f., ville de Sicile : [C] Poés., [+C] Poés. ¶**2** m., ville et fleuve de Cilicie : [C] Pros., [+C] Poés.

Sĕlīnūsĭus, *a, um*, de Sélinonte : [C] Pros.

sĕlĭquastrum, *i*, n., siège élevé : [C] Pros.

sella, *ae*, f. ¶**1** siège, chaise : [C] Pros. ¶**2** [en part.] ***a)*** siège des petits artisans, ***sellularii***, qui travaillaient assis : [C] Pros. ***b)*** siège du professeur : [C] Pros. ***c)*** chaise curule : [C] Pros. ***d)*** chaise à porteurs : [+C] Pros., Poés. ***e)*** chaise percée : [C] Pros. ***f)*** siège de cocher : [C] Poés. ***g)*** attelage : [T] Pros. ***h)*** selle [de cheval] : [T] Pros.

sellārĭa, *ae*, f., [pl.] cabinet, boudoir, salon : [+C] Pros.

sellārĭŏlus, *a, um*, de débauche : [+C] Poés.

sellārĭus, *ĭi*, m., débauché : [+C] Pros.

Sellasĭa, *ae*, f., ville de Laconie : [C] Pros.

Sellē, *ēs*, f., ville de Lucanie : [+C] Poés.

Selli (Selloe), m. pl., Selles [anciens habitants de Dodone] : [+C] Poés.

sellĭfĕr, *ĕra*, *ĕrum*, qui porte une selle, sellé : [T] Poés.

sellisternĭum, *ĭi*, n., sellisterne [repas sacré offert aux déesses, dont les statues étaient placées sur des sièges] : [+C] Pros.

sellŭla, *ae*, f., petit siège : ***arcuata sellula*** [T] Pros., chaise demi-circulaire ‖ petite chaise [à porteurs] : [+C] Pros.

sellŭlārĭus, *a*, *um*, de profession sédentaire : [+C] Pros. ‖ ***sellularii artifices*** [+C] Pros., et abs[t], ***sellularii***, m. pl., ouvriers qui travaillent assis

Sēlymbrĭa, *ae*, f., ville de Thrace : [C] Pros.

Sēm, m. indécl., Sem, un des fils de Noé : [T] Pros.

sēmădăpertus, **sĕmambustus**, **semănĭmis**, [V.] *semia*

sembella, *ae*, f., sorte de monnaie d'argent : [C] Pros.

sĕmĕl, adv., une fois ¶**1** une fois, une seule fois : ***plus quam semel*** [C] Pros., plus d'une fois ; ***semel iterumque*** [C] Pros., à plusieurs reprises ¶**2** une fois pour toutes, une bonne fois, en une fois : [C] Pros. ¶**3** une première fois : [C] Pros. ¶**4** [avec des conjonctions] ***ut semel*** [C] Pros. ; ***cum semel*** [C] Pros., une fois que ; ***quoniam semel*** [C] Pros., puisque (du moment que) une bonne fois

Sĕmĕlē, *ēs*, qqf. aux cas obl. **Sĕmĕla**, *ae*, f., Sémélé [fille de Cadmos, mère de Bacchus] : [C] Poés., Pros. ‖ **-ēus**, [+C] Poés. ou **-ēius**, *a*, *um*, [C] Poés., de Sémélé [épith. de Bacchus]

sēmĕn, *ĭnis*, n. ¶**1** semence, graine : [C] Pros. ¶**2** semence des animaux : [C] Poés., [+C] Pros. ¶**3** [poét.] pl., semences, éléments, atomes, particules : [C] Poés. ¶**4** espèce de blé : [+C] Pros. ¶**5** jeune plant : [C] Poés., Pros. ¶**6** race, souche, sang : [C] Pros. ‖ [poét.] postérité, descendance, rejeton : [C] Poés. ¶**7** [fig.] semence, germe = origine, principe, source, cause : [C] Pros.

sēmentis, *is*, acc. *im* et *em*, f. ¶**1** ensemencement, semailles : ***sementes facere*** [C] Pros., ensemencer ; [fig.] [C] Pros. ¶**2** époque des semailles : [+C] Pros. ¶**3** semence, semis : [+C] Pros. ¶**4** semailles sortant de terre, blé en herbe : [C] Poés.

sēmentīvus, *a*, *um*, relatif aux semailles : [C] Pros., Poés. ‖ ***sementiva pira*** [-C] Pros., [C] Pros., poires d'automne [tardives] ‖ [chrét., fig.] qui sème [en parlant de la prédication évangélique] : [+T] Poés.

sēmermis, [V.] *semiermis*

sēmessus, [V.] *semesus*

1 **sēmestris**, *e*, d'un demi-mois, de quinze jours : [+C] Pros.

2 **sēmestris**, *e*, d'une durée de six mois : ***regnum semenstre*** [C] Pros., règne de six mois

sēmestrĭum, *ĭi*, n., demi-mois, quinzaine : [+C] Pros.

sēmēsus, *a*, *um*, à demi mangé, demi rongé : [C] Poés. ; ***semesa obsonia*** [+C] Pros., mets entamés, restes de table, rogatons

sēmĕt, acc. et abl. de *sui -met*, soi-même

sēmĕtĕr, *tra*, *trum*, irrégulier, asymétrique : [T] Poés.

sēmi-, préfixe, demi, semi-

sēmiădăpertus (sēmăd-), *a*, *um*, à demi ouvert : [C] Poés.

sēmiădŏpertŭlus, *a*, *um*, mi-clos : [+C] Pros.

sēmiăgrestis, *e*, à demi rustique : [T] Pros.

sēmĭambustus (sēmambustus), *a*, *um*, à demi brûlé : [+C] Pros., Poés.

sēmĭămictus, *a*, *um*, à moitié vêtu : [+C] Pros.

sēmĭampŭtātus, *a*, *um*, à demi coupé : [+C] Pros.

sēmĭănĭmis [en poés.] **(sēmănĭmis)**, *e*, [C] Poés. et **sēmĭănĭmus** [en poés.] **(sēmănĭmus)**, *a*, *um*, [C] Poés., [C] Pros., à demi mort

sēmĭăpertus, *a*, *um*, à demi ouvert : [C] Pros.

sēmĭātrātus, *a*, *um*, à moitié vêtu de deuil : [C] Poés.

sēmĭaxĭus (sēmaxĭus), *a*, *um*, placé sur une moitié de roue [pour être roué] : [+C] Pros.

sēmĭbarbărus, *a*, *um*, à demi barbare : [+C] Pros.

sēmĭbōs, *ŏvis*, m., f., qui est à moitié bœuf : [C] Poés.

sēmĭcănālĭcŭlus, *i*, m., , [archit.] demi-canal [les deux "demi-glyphes" creusés sur les côtés du triglyphe, [Cf.] *canaliculus*] : [C] Pros.

sēmĭcānus, *a*, *um*, à moitié blanc : [+C] Pros.

sēmĭcăpĕr, *pri*, m., homme qui est à moitié bouc [en parl. des Satyres] : [C] Poés.

sēmĭcinctĭum, *ĭi*, n., ceinture étroite, cordon [pour ceinture] : [+C] Poés., Pros.

sēmĭcĭrcŭlātus, [+C] Pros., **sēmĭcircŭlus**, *a*, *um*, [+C] Pros., demi circulaire

sēmĭcircŭlus, *i*, m., demi-cercle : [+C] Pros.

sēmĭclausus (-clūsus), *a*, *um*, à demi clos : [+C] Pros.

sēmĭcoctus, *a*, *um*, à moitié cuit : [+C] Pros.

sēmĭcombustus, *a*, *um*, à demi consumé : [T] Pros.

sēmĭconfectus, *a*, *um*, à moitié formé : [T] Pros.

sēmĭconspĭcŭus, *a*, *um*, visible à moitié : [+C] Pros.

sēmĭcrĕmātus, *a*, *um*, [+C] Poés., **sēmĭcrĕmus**, *a*, *um*, [C] Poés., à demi brûlé

sēmĭcrūdus, *a*, *um*, à moitié cru : [+C] Pros. ‖ qui n'a digéré qu'à moitié : [+C] Poés.

sēmĭcŭbĭtālis, *e*, d'une demi-coudée : [C] Pros.

Sēmĭcūpa, *ae*, m., surnom populaire [demi-tonneau] : [T] Pros.

sēmĭdĕa, *ae*, f., demi-déesse : [C] Poés.

sēmĭdĕus, m., demi-dieu : [C] Poés. ; ***semideum*** [gén. pl.] ***pecus*** [+C] Poés., les Pans, Faunes ; ***semidei reges*** [+C] Poés., les Argonautes ; ***semideus canis*** [+C] Poés., Anubis

sēmĭdigĭtālis, *e*, d'un demi-doigt : [C] Pros.

sēmĭdoctus, *a*, *um*, à demi savant : [C] Pros.

sēmĭermis (sēmermis), *e*, [C] Pros., **sēmĭermus**, *a*, *um*, [+C] Pros., qui est à moitié armé, armé à demi

sēmĭēsus, [V.] *semesus*

sēmĭfactus, *a*, *um*, à moitié fait, inachevé : [+C] Pros.

sēmĭfălārĭca, *ae*, f., demi-falarique : [+C] Pros. ; [V.] *falarica*

sēmĭfastīgĭum, *ĭi*, n., moitié du faîte d'une maison : [C] Pros.

sēmĭfĕr, *ĕra*, *ĕrum* ¶**1** qui est moitié homme et moitié animal : [C] Poés. ; ***semiferum pectus*** [C] Poés., poitrine d'un être monstrueux [d'un Triton] ‖ **semifer**, *i*, m., être monstrueux : [C] Poés. ; [Centaure] [C] Poés. ¶**2** à demi barbare : [+C] Poés.

sēmĭformis, *e*, formé à demi : [+C] Pros. ; [+C] Pros.

sēmĭfultus, *a*, *um*, à moitié appuyé : [+C] Poés.

sēmĭfūmans, *tis*, [fig.] dont il reste encore qqch. : [T] Pros.

sēmĭfūnĭum, *ĭi*, n., petite corde, ficelle : [-C] Pros.

Sēmĭgaetūlus, *a*, *um*, à moitié Gétule : [+C] Pros.

Sēmĭgermānus, *a*, *um*, à moitié Germain : [C] Pros.

Sēmĭgrăecē, adv., moitié à la grecque : [-C] Poés.

Sēmĭgraecŭlus, *a*, *um*, [T] Pros. [V.] *Semigraecus*

Sēmĭgraecus, *a*, *um* [C] Pros., à demi grec

sēmĭgravis, *e*, à moitié appesanti : [C] Pros.

sēmĭgrō, *ās*, *āre*, -, -, intr., se séparer de, quitter [qqn pour aller vivre ailleurs] [avec *ab*] : [C] Pros.

sēmĭhĭans, *tis*, entrouvert : [C] Poés.

sēmĭhĭulcus (sēmulcus), *a*, *um*, entrouvert : [+C] Pros., [T] Pros.

sēmĭhŏmo, *ĭnis*, m. ¶**1** qui est à moitié homme [et à moitié bête], qui a une tête d'homme : [C] Poés., [+C] Pros. ¶**2** à demi sauvage : [+C] Poés.

sēmĭhōra, *ae*, f., demi-heure : [C] Pros., [+C] Pros.

sēmĭintĕgĕr, *gra*, *grum*, à peu près conservé : [T] Pros.

sēmĭjūgĕrum, *i*, n., demi-jugère : [+C] Pros.

sēmĭlăcĕr, *ĕra*, *ĕrum*, à moitié déchiré : [C] Poés.

sēmĭlătĕr, *ĕris*, m., **sēmĭlătĕrĭum**, *ĭi*, n., demi-brique : [C] Pros.

sēmĭlautus, *a*, *um*, à demi lavé : [C] Poés.

sēmĭlībĕr, *ĕra, ĕrum*, à moitié libre : [C] Pros.

sēmĭlixa, *ae*, m., mi-valet [mi-goujat] : [C] Pros.

sēmĭlixŭlae, *ārum*, f. pl., sorte de petits gâteaux : [C] Pros. ; V. *lixulae*

sēmĭlōtus, V. *semilautus*

sēmĭmădĭdus, *a, um*, à demi trempé, assez humecté : [+C] Pros.

sēmĭmărīnus, *a, um*, qui est à moitié poisson : [C] Poés.

sēmĭmās, *ăris*, adj. et subst. m. ¶ 1 qui est à moitié mâle et à moitié femelle, androgyne, hermaphrodite : [C] Poés., Pros. ¶ 2 eunuque : [C] Poés. ; ***semimas ovis*** [C] Poés., mouton ; ***semimares capi*** [+C] Pros., les coqs châtrés [sont appelés] chapons

Sēmĭmēdus, *i*, m., à moitié Mède : [+C] Pros.

sēmĭmĕtŏpĭa, *ōrum*, n. pl., demi-métopes [archit.] : [C] Pros.

sēmĭmortŭus, *a, um*, à demi mort, plus mort que vif, moribond : [C] Poés.

sēmĭnālis, *e* ¶ 1 destiné à être semé : [+C] Pros., **sēmĭnālĭa**, n. pl., terres ensemencées, moissons ¶ 2 qui porte en germe : [T] Pros.

sēmĭnārĭum, *ĭi*, n., pépinière : [-C] Pros. ‖ [fig.] [C] Pros. ‖ source, principe, origine, cause : [C] Pros. ; ***seminarium rixarum*** [T] Pros., germes de discorde

sēmĭnārĭus, *a, um*, relatif aux semences : [-C] Pros.

sēmĭnātĭo, *ōnis*, f., procréation, reproduction : [C] Pros.

sēmĭnātŏr, *ōris*, m., semeur : [C] Pros.

sēmĭnātus, *a, um*, part. de *semino*

sēmĭnex, *nĕcis*, adj., à demi mort, tué à demi, qui respire encore : [C] Pros., Poés. ; ***semineces artus*** [C] Poés., membres encore palpitants ; [+C] Poés.

sēmĭnis, gén. de *semen*

sēmĭnĭum, *ĭi*, n. ¶ 1 semence : [-C] Théât. ¶ 2 race [d'animaux] : [C] Pros., Poés.

sēmĭnĭverbĭus, *ĭi*, m., discoureur, beau parleur : [T] Pros.

sēmĭnō, *ās, āre, āvī, ātum*, tr., semer : [+C] Pros. ‖ produire : [C] Poés. ‖ procréer, engendrer : [+C] Pros. ‖ [fig.] disséminer, propager, répandre : [T] Pros.

sēmĭnūdus, *a, um*, à moitié vêtu, presque nu : [C] Pros. ‖ [fig.] presque désarmé : [C] Pros. ‖ peu orné : [+C] Pros.

Sēmĭnŭmĭda, *ae*, m., à moitié Numide : [+C] Pros.

sēmĭobrŭtus, *a, um*, à demi enfoui : [+C] Pros.

sēmĭorbis, *is*, m., demi-cercle : [+C] Pros.

sēmĭpāgānus, *a, um*, à moitié paysan : [+C] Poés.

sēmĭpătens, *tis*, à moitié ouvert : [T] Pros.

sēmĭpĕdālĭs, *e*, **sēmĭpĕdānĕus**, *a, um*, [+C] Pros., d'un demi-pied

sēmĭperfectus, *a, um*, inachevé : [+C] Pros. ‖ [fig.] incomplet, imparfait : [+C] Pros.

sēmĭpĕrītus, *a, um*, habile à demi : [+C] Pros.

Sēmĭpersa, *ae*, m., à moitié Perse : [+C] Pros.

sēmĭpēs, *ĕdis*, m., demi-pied [mesure] : [-C] Pros., [C] Pros. ‖ demi-pied [métr.] : [+C] Pros. ‖ estropié [qui a une jambe coupée] : [T] Poés.

sēmĭphălārĭca, V. *semifalarica*

sēmĭpiscīna, *ae*, f., petit réservoir : [C] Pros.

Sēmĭplăcentīnus, *i*, m., demi-Placentin [originaire de Plaisance du côté de sa mère] : [C] Pros.

sēmĭplēnē, adv., à demi, incomplètement : [T] Pros.

sēmĭplēnus, *a, um*, à moitié plein : [C] Pros.

sēmĭplētus, *a, um*, à demi rempli : [C] Pros.

sēmĭpullātus, *a, um*, à moitié vêtu de noir : [T] Pros.

sēmĭpŭtātus, *a, um*, à moitié taillé (arbre) : [C] Poés.

Sĕmīrămĭs, *is* et *ĭdis*, f., femme de Ninus, reine des Assyriens, embellit Babylone, la dota not[t] de quais couverts, de jardins magnifiques et l'entoura de murs si larges que deux chariots pouvaient y passer de front : [C] Poés., [+C] Pros. ‖ [fig.] homme sans énergie : [C] Pros. ‖ **-ĭus**, *a, um*, de Sémiramis, de Babylone : [C] Poés., [+C] Poés.

sēmĭrāsus, *a, um*, à demi rasé [signe des esclaves fugitifs repris] : [C] Poés., [+C] Pros.

sēmĭrĕductus, *a, um*, à demi ramené en arrière : [C] Poés.

sēmĭrĕfectus, *a, um*, à demi réparé : [C] Poés.

sēmĭrōsus, *a, um*, à moitié rongé, écorné : [T] Pros.

sēmĭrŏtundus, *a, um*, à demi circulaire : [+C] Pros.

sēmĭrŭtus, *a, um*, à demi écroulé [ruiné] : [C] Pros., [+C] Pros.

sēmis, *issis*
I adj., demi : [+C] Pros.
II subst. m. ¶ 1 ***a)*** demi-as : [C] Pros. ***b)*** demi-arpent : [C] Pros. ***c)*** demi-pied : [+C] Pros. ***d)*** le nombre trois chez les mathém. [*sex* étant le *numerus perfectus*] : [C] Pros. ¶ 2 ***usura semissium*** [+C] Pros. ; ***semisses usurarum*** [+C] Pros., intérêts de un demi pour cent par mois = six pour cent par an ; [C] Pros.

sēmĭsaucĭus, *a, um*, à demi blessé ‖ [fig.] ***semisaucia voluntas*** [T] Pros., volonté à moitié entamée [fléchissante]

sēmĭsĕpultus, *a, um*, à moitié enfoui : [C] Poés.

sēmĭsermo, *ōnis*, m., jargon, langage à demi barbare : [T] Pros.

sēmĭsomnis, *e*, [+C] Pros., **sēmĭsomnus**, *a, um*, à moitié endormi, assoupi : [C] Pros. ; ***semisomnus sopor*** [+C] Pros., demi-sommeil

sēmĭsŏnans, *tis*, qui sonne à demi : [+C] Pros.

sēmĭsōpītus, *a, um*, [+C] Pros., **sēmĭsŏpōrus**, *a, um*, légèrement assoupi : [T] Poés.

sēmissis, gén. de *semis*

sēmistertĭus, primitif de ***sestertius*** : [C] Pros.

sēmĭsŭpīnus, *a, um*, à demi renversé : [C] Poés.

sēmĭta, *ae*, f., sentier, petit chemin de traverse : [C] Pros. ‖ ruelle : [C] Pros. ‖ [fig.] chemin détourné, sentier : [C] Pros. ‖ [chrét.] voie : [T] Pros. ‖ précepte, commandement : [T] Pros. ‖ règle de vie : [T] Pros.

sēmĭtactus, *a, um*, à moitié enduit : [+C] Poés.

sēmĭtārĭus, *a, um*, de ruelle, qui se tient dans les ruelles : [C] Poés.

sēmĭtātus, *a, um*, sillonné [d'huile, d'essence sur la tête] : [+C] Poés.

sēmĭtectus, *a, um*, à moitié vêtu ou couvert, à moitié nu : [+C] Pros., [T] Pros.

sēmĭtŏnĭum, *ĭi*, n., demi-ton : [T] Pros.

sēmĭtrĕpĭdus, *a, um*, presque tremblant : [+C] Pros.

sēmĭtrītus, *a, um*, à demi broyé : [+C] Pros.

sēmĭulcus, V. *semihiulcus*

sēmĭuncĭa, **-cĭālis**, V. *semunc*

sēmĭustŭlātus (sēmustŭlătus), *a, um*, à demi brûlé : [C] Pros.

sēmĭustŭlō, *ās, āre, -, -*, tr., brûler à demi : [+C] Pros.

sēmĭustus (sēmustus), *a, um*, à demi brûlé : [C] Poés. ; ***semusta fax*** [C] Poés., flambeau à moitié consumé

sēmĭvĭētus, *a, um*, à demi fané, ridé [raisin] : [+C] Pros.

sēmĭvĭr, *ĭri*, adj. et subst. m., qui est moitié homme et moitié animal [Centaure] : [C] Poés. ‖ eunuque : [+C] Poés. ‖ [fig.] efféminé, amolli par les délices : ***semivir comitatus*** [C] Poés., cortège efféminé ‖ un débauché : [C] Pros.

sēmĭvīvus, *a, um*, à moitié mort : [C] Pros.

sēmĭvŏcālis, *e*, qui n'a qu'à moitié la voix articulée [en parl. des bœufs] : [C] Pros. ‖ subst. f. pl., **semivocales**, *ium*, [+C] Pros., semi-voyelles [gram.]

sēmĭvŏcus, *a, um*, prononcé à demi-voix : [T] Pros.

sēmĭvŏlŭcĕr, *cris, cre*, à moitié oiseau : [T] Pros.

sēmĭzōnārĭus, *ĭi*, m., fabricant de ceinturons : [-C] Théât.

Semnŏnes, *um*, m., Semnons [peuple faisant partie des Suèbes] : [+C] Pros.

semnōs, adv., emphatiquement : -C Poés., T Pros.

Sēmo, *ōnis*, m., Sémo Sancus, dieu sabin : C Pros., Poés.

sēmŏdĭālis, *e*, d'un demi-modius : -C Pros.

sēmŏdĭus, *ĭi*, m., demi-modius, demi-boisseau : +C Pros. ‖ demi-muid : -C Pros.

Sēmōnĭa, *ae*, f., déesse des moissons chez les Romains : T Pros.

sēmōtus, *a*, *um* ¶ **1** part. de *semoveo* ¶ **2** [adjᵗ] éloigné, retiré, à l'écart : [avec *ab*] C Pros. ‖ ***semota dictio*** +C Pros., entretien confidentiel

sēmŏvĕō, *ēs*, *ēre*, *mōvī*, *mōtum*, tr., écarter, éloigner [pr. et fig.], ***ab aliquo, ab aliqua re***, de qqn, de qqch. : C Pros.

sempĕr, adv., une fois pour toutes, toujours, tout le temps, de tout temps, sans cesse : C ‖ ***semper... non*** C Poés. ▸ *numquam*, jamais

sempervīvus, *a*, *um*, éternel : T Poés.

sempĭternē, adv., toujours, éternellement : -C Théât.

sempĭternō, adv., C Pros., **sempĭternum**, -C Théât., toujours

sempĭternus, *a*, *um*, adj., qui dure toujours, éternel, perpétuel, sempiternel : C Pros.

Semprōnĭa, *ae*, f., nom de femme : C Pros. ‖ [adjᵗ] V▸ *2 Sempronius*

Semprōnĭānus, *a*, *um*, de Sempronius : C Pros. ; C Pros.

1 **Semprōnĭus**, *ĭi*, m., nom d'une *gens* plébéienne comprenant de nombreuses familles, les *Gracchi*, les *Atratini*, les *Blaesi*, les *Longi*, les *Tuditani* : C Pros., +C ‖ ***Sempronius Asellio***, nom d'un auteur latin : +C Pros.

2 **Semprōnĭus**, *a*, *um*, de Sempronius : ***Sempronia lex*** C Pros., loi Sempronia

sĕmŭl, V▸ *simul*

sēmuncĭa, *ae*, f. ¶ **1** demi-once, vingt-quatrième partie d'un as : C Pros. ¶ **2** vingt-quatrième partie ***a)*** d'un arpent : +C Pros. ***b)*** d'une livre : C Pros. ; C Pros. ¶ **3** [en gén.] vingt-quatrième partie : C Pros. ¶ **4** [fig.] = faible partie, parcelle : +C Poés. ¶ **5** sorte de panier pour la récolte des fruits : -C Pros.

sēmuncĭārĭus, *a*, *um*, d'une demi-once : ***semunciarium fenus*** C Pros., intérêt d'un vingt-quatrième par an

Sēmŭrĭum, *ĭi*, n., localité voisine de Rome, où était un temple d'Apollon : C Pros.

sēmust-, V▸ *semiust-*

1 **Sēna**, *ae*, f., Séna [ville d'Ombrie] : C Pros.

2 **Sēna**, *ae*, m., fleuve d'Ombrie : +C Poés.

sĕnācŭlum, *i*, n., salle de séances pour le sénat : C Pros.

sĕnāpi, V▸ *sinapi*

sēnārĭŏlus, *i*, m., petit sénaire [épitaphe en trimètres] : C Pros.

sēnārĭus, *a*, *um*, composé de six : T Pros. ‖ ***senarius versus***, ***senarius***, *ii*, m., vers sénaire, composé de six iambes : C Pros., +C Pros.

sĕnātŏr, *ōris*, m., sénateur : C Pros. ‖ membre d'un sénat en pays étranger : C Pros. ‖ noble, grand personnage : +T Pros.

sĕnātōrĭus, *a*, *um*, sénatorial, de sénateur : C Pros. ‖ m. pris substᵗ, un sénateur : C Pros. ‖ de la noblesse : T Pros.

sĕnātŭs, *ūs*, m. ¶ **1** le conseil des anciens, le sénat : C Pros. ; V▸ *auctoritas*, *1 princeps*, *censeo*, *moveo* ¶ **2** réunion du sénat : ***in senatum venire*** C Pros., venir au sénat ; ***accedere*** C Pros., se rendre au sénat ; ***senatum habere*** C Pros. ; ***mittere***, ***dimittere*** C Pros., tenir une réunion du sénat, lever la séance ; ***alicui datur senatus*** C Pros., le sénat donne audience à qqn ‖ [d. Suétone] ***agere senatum*** [au lieu de *vocare, convocare, cogere*], réunir le sénat ¶ **3** places réservées aux sénateurs au théâtre : +C Pros. ¶ **4** [fig., chez les com.] grand conseil : -C Théât. ‖ [fig.] élite : T Pros. ‖ assemblée vénérable : [les élus] ; [les pères, les moines] T Pros.

sĕnātusconsultum, *i*, n., sénatus-consulte, décret du sénat [notᵗ recommandation à un magistrat, à caractère contraignant, sauf s'il est frappé par le veto d'un magistrat ; ravalé alors à une simple *auctoritas*, sans autre autorité que morale] : C Pros. ; [sous l'Empire, a force de loi] ; en abrégé *S. C.* ‖ ***senatusconsultum facere*** C Pros., provoquer un sénatusconsulte ; V▸ *consultum*

Sĕnĕca, *ae*, m., nom de famille de la *gens Annaea* ; notᵗ ¶ **1** Sénèque [philosophe, précepteur de Néron] : +C Pros. ¶ **2** son père, dit le Rhéteur, né à Cordoue : +C Pros.

1 **sĕnĕcĭo**, *ōnis*, m., vieillard : -C Théât.

2 **Sĕnĕcĭo**, *ōnis*, m., nom d'homme : +C Pros. ; V▸ *1 senecio*

sĕnecta, *ae*, f., vieillesse : -C Pros., Théât., C Poés., Pros., +C Pros. ‖ vieillard : +C Poés.

1 **sĕnectus**, *a*, *um*, vieux : ***senecta aetas*** -C Théât., C Poés., vieillesse ; ***membra senecta*** C Poés., membres décrépits ; ***senecto corpore*** C Pros., avec un corps vieilli ‖ V▸ *senecta*

2 **sĕnectūs**, *ūtis*, f., vieillesse : C Pros. ‖ [fig.] C Pros. ; [= maturité] C Pros. ‖ désuétude : +C Pros.

Sĕnĕmūris, *is*, m., roi d'Égypte : T Pros.

Sēnensis, *e*, de Séna [Ombrie] : C Pros.

sĕnĕō, *ēs*, *ēre*, -, -, intr., être vieux : -C Théât., C Poés. ‖ [fig.] être sans force : -C Théât.

Senepos, V▸ *Senemuris*

sĕnescō, *ĭs*, *ĕre*, *sĕnŭī*, -, intr. ¶ **1** vieillir [pers. et choses] : C Pros. ¶ **2** [fig.] ***a)*** ***inani studio*** +C Pros., blanchir [pâlir] sur un vain travail ; C Pros. ***b)*** s'affaiblir : ***famā*** C Pros., être sur le déclin de sa renommée ‖ ***otio*** C Pros., languir dans l'inaction ***c)*** ***luna senescens*** C Pros., la lune décroissante ; ***consilia senescunt*** C Pros., les projets languissent, s'éteignent

sĕnex, *sĕnis* ¶ **1** adj. avec compar., ***senior***, ***senius***, vieux : C Pros. ; ***corpora seniora*** +C Pros., corps plus vieux ; ***seniores patrum*** C Pros., les plus vieux des sénateurs ‖ ***senior oratio*** C Pros., discours ayant plus de maturité ¶ **2** subst. m., vieillard : C Pros. ; ***comici senes*** C Pros., vieillards de comédie [qui figurent dans les comédies] ‖ f., vieille femme : C Poés. ; +C Poés. ‖ [en part.] ***seniores*** opp. à ***juniores***, soldats de réserve ; [d'après la constitution de Servius Tullius, pour les comices électoraux, les hommes à partir de 45 ans étaient classés dans les centuries des plus âgés] : C Pros., +C Pros. ‖ [en gén.] ***seniores***, les vieillards : ***centuriae seniorum = seniores*** C Poés., Pros. ; V▸ *senior*

sēni, *ae*, *a*, gén. ***um***, distr. de *sex* ¶ **1** chacun six : C Pros. ; ***senis horis*** C Pros., toutes les six heures ¶ **2** ▸ *sex* : ***seni pedes*** C Poés., l'hexamètre ; ***seni ictus*** C Poés., six temps forts [sénaire]

Sēnĭa, *ae*, f., nom de femme : +C Poés.

Senĭae balneae, *ārum*, f. pl., bains publics à Rome : C Pros.

Seniauchus, *i*, m., nom d'homme : T Pros.

sĕnĭcŭlus, *i*, m., petit vieux : +C Pros.

sēnīdēni, ▸ *seni deni*, chacun seize : C Pros.

sĕnīlis, *e*, de vieillard : C Pros.

sĕnīlĭtĕr, adv., à la manière des vieillards : +C Pros.

sēnĭo, *ōnis*, m., le six [coup de dés] : +C Pros., Poés.

sĕnĭŏr, *ōris*, compar. de *senex*, les anciens, les membres du sénat juif : T Pros. ‖ chef de la communauté chrétienne : +C Pros. ‖ seigneur : +T Pros. ; V▸ *senex*

sĕnĭōsus, *a*, *um*, d'un grand âge : -C Pros.

sēnĭpēs, *ĕdis*, m., de six pieds, sénaire : T Poés.

sĕnĭum, *ĭi*, n. ¶ **1** grand âge, sénilité : C Pros. ‖ [fig.] déclin, décrépitude, épuisement : ***lunae*** +C Pros., décours de la lune ; C Pros. ¶ **2** [fig.] ***a)*** caractère morose, gravité maussade [propre aux vieillards] : C Pros. ***b)*** chagrin, douleur : C Pros. ***c)*** [injure, avec un pron. m.] vieux, décrépit : -C Théât.

sĕnĭus, *ĭi*, m., vieillard, vieux : C Pros.

Sennaar, indécl., ancien nom de la Babylonie : T Pros.

Sennăchĕrib, m. indécl., roi d'Assyrie : T Pros.

Sĕnŏnes, *um*, m. pl. ¶ **1** Sénons [peuple de la Gaule Lyonnaise, habitant le pays de Sens] : C Pros. ‖ [sg.] ***Seno*** : C Pros. ¶ **2** Sénons [peuple gaulois établi dans la Gaule Cisalpine] : C Pros.

Sĕnŏnĭa, *ae*, f., le pays du Sénonais : T Pros.

Sĕnŏnĭcus, *a*, *um*, adj., des Sénons : +C Pros.

sensa, *ōrum*, n. pl., sentiments, pensées : [C] Pros., [+C] Pros. ; ***sensa mentis*** [C] Pros., même sens

sensātē, adv., sensément : [T] Pros.

sensātus, *a*, *um*, subst. m., homme sage : [T] Pros.

sensī, parf. de *sentio*

sensĭbĭlis, *e*, sensible, qui tombe sous les sens : [C] Poés., [+C] Pros. ; ***sensibilis auditui*** [C] Pros., appréciable à l'oreille

sensĭbĭlĭtĕr, adv., par les sens, matériellement : [T] Pros.

sensĭcŭlus, *i*, m., courte pensée : [+C] Pros.

sensĭfĕr, *ĕra*, *ĕrum*, qui donne une sensation : [C] Poés.

sensĭfĭcātŏr, *ōris*, m., celui qui donne le sentiment : [T] Pros.

sensĭfĭcus, *a*, *um*, qui produit les sentiments : [T] Pros.

sensĭlis, *e*, sensible, qui tombe sous les sens, tangible, matériel : [C] Poés.

sensim, adv., insensiblement, sans qu'on s'en aperçoive, peu à peu, graduellement, lentement : [-C] Théât., [C] Pros. ‖ ***sensim queri*** [C] Poés., se plaindre modérément

sensŭālis, *e*, intellectuel, qui parle à l'intelligence : [T] Poés.

1 **sensus**, *a*, *um*, part. de *sentio*, V. → *sensa*, pl. n.

2 **sensŭs**, *ūs*, m. ¶ **1** faculté de percevoir, sens, sensibilité : ***res subjectae sensibus*** Cic., choses qui sont exposées à nos sens ; ***sensus oculorum***, [ou] ***sensus videndi*** Cic., sens de la vue ; ***movere sensum*** Lucr., agir sur la faculté de percevoir, sur la sensibilité ¶ **2** ce que l'on éprouve, sensation, sentiment : ***voluptatis sensum capere*** Cic., éprouver une sensation de plaisir ; ***sensus amoris*** Cic., un sentiment d'amour ; ***sensus humanitatis*** Cic., un sentiment d'humanité ; ***sine sensu senescere*** Cic., vieillir sans en avoir le sentiment, sans s'en rendre compte ; ***vultus qui sensus animi indicant*** Cic., les jeux de physionomie qui révèlent les sentiments ‖ [d'où] sentiment = manière de voir, manière de penser, disposition d'esprit : ***communes hominum sensus*** Cic., les sentiments communs à tous les hommes ; ***sensus communis*** Cic., la manière de penser ordinaire ; ***vulgaris sensus*** Cic., la façon de penser de la foule ; ***civium sensus erga aliquem*** Cic., les dispositions des citoyens à l'égard de qqn ; ***de suo sensu judicare*** Cic., juger d'après son sentiment ¶ **3** pensée, idée : ***salvo poetae sensu*** Quint., en respectant la pensée du poète ; ***dicta circa eumdem sensum*** Sen., des paroles qui touchent en gros à la même idée ‖ [d'où, rhét.] période, phrase : ***verbo sensum cludere*** Quint., terminer une phrase par un verbe

sententĭa, *ae*, f. ¶ **1** opinion, idée, avis ***a) de aliqua re certam sententiam habere*** Cic., avoir une opinion précise sur qqch. ; ***sententiam dicere*** Cic., donner son avis ; ***mea sententia*** Cic., à mon avis ; ***ex animi mei sententia*** Sall., en toute sincérité ; ***ex senatus sententia*** Cic., d'après l'avis du sénat ; ***in sententiam alicujus ire*** Liv., se ranger à l'avis de qqn ‖ [en part. à propos des juges] sentence : ***sententiam ferre*** Cic., prononcer sa sentence ‖ [dans le domaine polit.] suffrage, vote : ***de aliqua re sententiam ferre*** Cic., voter sur qqch. ***b)*** [avec idée de volonté, de désir] ***sententia est*** [avec inf.] Cic., l'opinion est de, on se propose de ; ***ex mea sententia*** Cic. *Fam.*, à mon idée = selon mes voeux ¶ **2** [rhét.] pensée exprimée ***a) sapientibus sententiis ornata oratio*** Cic., un discours paré de sages pensées ; ***sententiae disputationis*** Cic., les idées développées dans une discussion ***b)*** sentence, maxime : Cic. ‖ trait : Quint., Sen., Tac. ***c)*** période, phrase : Cic., Quint. ¶ **3** sens, signification : ***alicujus scripti sententia*** Cic., le sens d'un texte ; ***verbum in eadem sententia positum*** Cic., un mot pris dans le même sens ; ***id habet hanc sententiam...*** Cic., cela veut dire que... ; ***in eam sententiam multa dicere*** Cic., dire beaucoup de choses en ce sens

sententĭŏla, *ae*, f., petite maxime [sentence] : [C] Pros., [+C] Pros. ‖ pointe : [+C] Pros.

sententĭōsē, adv., avec une grande richesse d'idées, de pensées : [C] Pros. ‖ de façon sentencieuse : [C] Pros.

sententĭōsus, *a*, *um*, riche d'idées, de pensées : [C] Pros.

Sentĭa, *ae*, f., déesse des bonnes pensées : [T] Pros.

sentĭcētum, *i*, n., lieu plein d'épines, roncier : [-C] Théât., [+C] Pros.

sentĭcōsus, *a*, *um*, [fig.] acerbe, épineux : [-C] Théât., [+C] Pros.

sentīna, *ae*, f., sentine, fond de la cale : [C] Pros., [+C] Pros. ‖ [fig.] bas-fond, lie, rebut : [C] Pros.

Sentīnās, *ātis*, m., f., n., de Sentinum [ville de l'Ombrie] : [C] Pros.

Sentīnus, *i*, m., dieu qui donnait la pensée à l'enfant près de naître : [C] d. [T] Pros.

sentĭō, *īs*, *īre*, *sensī*, *sensum*, tr.

I percevoir par les sens ¶ **1** sentir ***a)*** [abst] : [C] Pros. ; ***perpetuo sentimus*** [C] Poés., nos sens sont toujours en activité ***b)*** [avec acc.] ***voluptatem, dolorem*** [C] Pros. ; ***suavitatem cibi*** [C] Pros., sentir le plaisir, la douleur, la saveur d'un mets ‖ [-C] Théât. ; [langue augurale] [C] Pros. ***c)*** [avec inf. ou prop. inf.] ***sentire sonare*** [C] Poés., percevoir les sons ; [C] Poés., Pros. ¶ **2** percevoir les effets d'une chose, être affecté par qqch., éprouver : [C] Pros. ; ***famem sentire*** [C] Pros., [+C] Pros., sentir la faim ; [-C] Théât., [C] Pros. ‖ [C] Poés. ; ***(amnis) cum sensit aestatem*** [+C] Pros., un fleuve, lorsqu'il a subi l'influence de l'été

II percevoir par l'intelligence ¶ **1** sentir, se rendre compte ***a)*** [abst] [C] Pros., Poés. ‖ ***de profectione hostium*** [C] Pros., s'apercevoir du départ des ennemis ***b)*** [avec acc.] ***quod quidem senserim*** [C] Pros., du moins pour ce dont j'ai pu m'apercevoir [pour autant que je sache] ; ***plus sentire*** [C] Pros., se rendre mieux compte, avoir plus de perspicacité ***c)*** [avec interrog. indir.] [C] Pros. ***d)*** [avec prop. inf.] [C] Pros. ***e)*** [poét., pass. pers.] [C] Poés., [T] Pros. ¶ **2** avoir dans l'esprit, penser : [abst] [C] Pros. ; ***recte sentire*** [C] Pros., avoir des pensées justes ‖ [avec acc.] ***dicam quod sentio*** [C] Pros., je dirai ce que je pense ; ***quod animo sentiebat*** [C] Pros., le sentiment qu'il éprouvait ¶ **3** juger, avoir telle opinion : [C] Pros. ; ***cum aliquo*** [C] Pros., partager les opinions (les sentiments) de qqn ; ***ab aliquo seorsum*** [-C] Théât., avoir une opinion différente de qqn [C] Pros. ‖ ***vera de aliqua re*** [C] Pros., avoir des sentiments vrais sur qqch. ‖ [avec prop. inf.] être d'avis que, penser que : [C] Pros. ‖ ***aliquem bonum civem*** [C] Pros., juger qqn un bon citoyen = en avoir le sentiment ‖ [avec *ut*] avoir l'idée = l'intention que : [C] Pros. ‖ [avec le subj. sans *ut*] être d'avis que : [C] Pros. ¶ **4** [polit.] exprimer un avis, voter : [C] Pros., [+C] Pros.

sentis, *is*, m. ; f., d'ordin. au pl., ronces, buissons épineux : [C] Pros., Poés. ‖ sg., [+C] Pros. ‖ [plaist] griffes, mains crochues : [-C] Théât.

sentiscō, *ĭs*, *ĕre*, -, -, intr., commencer à sentir, à percevoir : [C] Poés.

Sentĭus, *ĭi*, m., nom d'une famille romaine : [C] Pros., [+C] Pros.

sentix, *īcis*, f., cf. → *sentis*, ronce : [T] Poés.

sentus, *a*, *um*, épineux, buissonneux : [T] Poés. ‖ hérissé : [C] Poés. ‖ [pers.] hérissé, hirsute : [-C] Théât.

sĕnŭī, parf. de *senesco*

sĕorsum et **sĕorsus** ¶ **1** adv., séparément, à part [pr. et fig.] : [C] Pros. ¶ **2** prép. avec abl., indépendamment de, sans : [C] Poés.

sĕorsus, *a*, *um*, pris à part, séparé : [+C] Pros.

sēpār, *ăris*, séparé, à part, distinct : [+C] Poés.

sēpărābĭlis, *e*, séparable : [C] Pros.

sēpărābĭlĭtĕr, adv., séparément : [T] Pros.

sēpărātē, seult au compar., ***separatius*** [C] Pros., à part, plus spécialement

sēpărātim, adv., séparément, à part, isolément : [C] Pros. ‖ ***separatim ab***, à part de, d'une manière distincte de : [C] Pros. ‖ ***separatim*** [C] Pros., d'une manière indépendante de la cause [c.-à.-d., de telle sorte que les paroles puissent s'appliquer partout cf. → separatum exordium [C] Pros.], en thèse générale

sēpărātĭo, *ōnis*, f. ¶ **1** séparation : [C] Pros. ¶ **2** chose mise à part dans un sacrifice : [T] Pros.

sēpărātŏr, *ōris*, m. et **sēpărātrix**, *īcis*, f. ¶ **1** qui sépare : [T] Pros. ¶ **2** celui qui est à part, étranger : [T] Pros.

1 **sēpărātus**, *a*, *um*, part. de *separo* ‖ [adjt] ‖ à part, distinct : [C] Pros.

2 **sēpărātŭs**, *ūs*, m., séparation : [+C] Pros.

sēpărō, *ās, āre, āvī, ātum*, tr., mettre à part, séparer [pr. et fig.] : [C] Pros. ; ***separata utilitate*** [C] Pros., indépendamment de tout intérêt ‖ [avec *ab*] séparer de, distinguer de : [C] Pros. ; ***se ab Aetolis*** [C] Pros., se séparer des Étoliens ‖ [avec *ex*] [C] Pros. ‖ [avec abl. seul] [C] Poés., [+C] Poés.

sĕpĕlībĭlis, *e*, [fig.] qu'on peut ensevelir (cacher) : [-C] Théât.

sĕpĕlĭō, *īs, īre, īvī* et *ĭī*, ***sĕpultum***, tr. ¶ **1** ensevelir : [C] Pros. ¶ **2** [fig.] ***a)*** enterrer, faire disparaître : ***dolorem*** [C] Pros., ensevelir sa douleur ; ***salutem in aeternum*** [C] Poés., ensevelir pour l'éternité l'existence des êtres ; ***sepultus sum*** [-C] Théât., je suis mort et enterré ***b)*** [C] Poés. ; [en part.] ***custode sepulto*** [C] Poés., le gardien étant endormi ; ***sepulta inertia*** [C] Poés., paresse endormie

1 **sēpēs**, *ĕdis*, qui a six pieds : [+C] Pros.

2 **sēpēs**, *is*, ▶ *saepes*

sēpĭa, *ae*, f., seiche [mollusque] : [C] Pros. ‖ encre : [+C] Poés.

sepicula, **sepim-**, ▶ *saep*

Sēpīnum, ▶ *Saepinum*

sēpĭo, ▶ *saepio*

sēpis, gén. de *1 sepes* et de *seps*

Sēplăsĭa, *ae*, f., [C] Pros., **Sēplăsĭa**, *ōrum*, n. pl., place de Capoue où se vendaient des parfums

sēplăsĭum, *ĭī*, n., séplase, parfum qui se vendait sur la place de Capoue : [+C] Pros.

sēpōnō, *ĭs, ĕre, pŏsŭī, pŏsĭtum*, tr. ¶ **1** placer à part, mettre à l'écart : [C] Pros. ; ***pecuniam seponere*** [C] Pros., mettre de l'argent en réserve ; ***seponi*** [+C] Pros., se tenir à l'écart ¶ **2** réserver [pour un usage déterminé] : [C] Pros. ; ***aliquid senectuti*** [+C] Pros., réserver une tâche pour sa vieillesse ¶ **3** séparer : ***rem ab re*** [C] Pros., séparer une chose d'une autre ; ***rem re*** [C] Poés., distinguer une chose d'une autre ¶ **4** éloigner, exclure : ***a domo sua*** [+C] Pros., exclure de sa maison ; ***curas*** [C] Poés., bannir les soucis ‖ reléguer, exiler : [+C] Pros.

sēpŏsĭtus, *a, um* ¶ **1** part. de *sepono* ¶ **2** [adj[t]] mis à part, choisi, d'élite : [C] Poés., [+C] Poés. ‖ éloigné, écarté : [C] Poés.

Seppĭus, *ĭī*, m., prénom osque : [C] Pros.

1 **seps**, *sēpis*, acc. ***sepa***, m. et f., seps, lézard (serpent ?) venimeux : [+C] Poés.

2 **seps**, ▶ *saepes*

sepsi, parf. de *sepio*, ▶ *saepio*

septa, *ōrum*, n. pl., ▶ *saeptum*

septăs, *ădis*, f., le nombre sept : [T] Pros.

septātus, *a, um*, ▶ *saep*

septem, indécl., sept : [C] Pros. ‖ ***unus e septem*** [C] Pros., un des Sept Sages [de la Grèce] ; ***sapientissimus in septem*** [C] Pros., le plus sage parmi les sept ‖ ***septem stellae*** [+C] Théât., = ***septentriones***

Septem Ăquae, f., lac près de Réate : [C] Pros.

Septembĕr, *bris*, m., septembre : [C] Pros. ‖ [adj[t]] ***mense Septembri*** [C] Pros., au mois de septembre ; ***Kalendis Septembribus*** [C] Pros., aux calendes de septembre ; ***Septembribus horis*** [C] Pros., au mois de septembre

septemdĕcim (septen-), indécl., dix-sept : [C] Pros., [+C] Pros.

septemflŭus, *a, um*, qui a sept embouchures [Nil] : [C] Poés.

septemgĕmĭnus, *a, um*, au nombre de sept, septuple : [C] Poés.

septempĕdālis, *e*, haut de sept pieds : [-C] Théât.

septemplex, *ĭcis*, adj., septuple : ***clipeus*** [C] Poés., bouclier recouvert de sept peaux ‖ ▶ *septemfluus* : [C] Poés.

septemplĭcĭtĕr, adv., au septuple : [T] Pros.

septemtr-, ▶ *septent-*

septemvĭr, *i*, m. ¶ **1** un septemvir : [C] Pros., **-vĭri**, *um* [pl.], septemvirs [commission de sept membres chargés du partage des terres] : [C] Pros. ¶ **2** les septemvirs épulons, ▶ *2 epulo* ¶ *1* : sg., ***septemvir epulonum*** [+C] Pros., un septemvir des épulons ; pl., ***septemviri*** [seul] [+C] Pros.

septemvĭrālis, *e*, septemviral, de septemvir : [C] Pros. ; pl., ***septemvirales*** [C] Pros., anciens septemvirs

septemvĭrātŭs, *ūs*, m., septemvirat, dignité de septemvir : [C] Pros.

septemzōdĭum, ▶ *Septizonium* : [T] Pros.

septēnārĭus, *a, um*, septénaire, composé de sept ; m. pl., ***septenarii*** [C] Pros., des vers septénaires

septēni, *ae, a*, distrib. de *septem*, chacun sept : [C] Pros. ; [gén.] [C] Pros. ‖ ▶ *septem* : [C] Poés. ‖ sg. ***us, a, um, septenus Ister*** [+C] Poés., l'Ister [Danube] aux sept bouches

septennis, ▶ *septuennis*

septennĭum, *ĭī*, n., espace de sept ans : [T] Poés.

septentrĭo (septem-), *ōnis*, m., ordin[t], **septentriōnes**, *um*, m. pl. ¶ **1** les sept étoiles de la Grande ou Petite Ourse, ▶ *triones* : [C] Pros. [avec tmèse : *septem subjecta Trioni* [C] Poés.] ¶ **2** le septentrion, vent du nord : [C] Pros. ‖ le septentrion, les contrées septentrionales : [C] Pros.

septentrĭōnārĭus, *a, um*, septentrional, qui vient du nord : [+C] Pros.

septēnus, ▶ *septeni*

septĕresmos, ▶ *septiremis*

1 **Septĭcĭānus**, *a, um*, d'un certain Septicius ; ***libra Septiciana***, la livre septicienne [valant 8 onces et demie, au lieu de 12] : [+C] Poés.

2 **Septĭcĭānus**, *i*, m., nom d'homme : [+C] Poés.

Septĭcĭus, *ĭī*, m., nom d'homme : [C] Pros.

septĭcollis, *e*, qui a sept collines : [T] Poés.

septĭēs, **septĭens**, adv., sept fois : [C] Pros. ‖ pour la septième fois : [T] Pros.

septĭflŭus, *a, um*, qui a sept bras [fleuve] : [+C] Pros.

septĭfŏris, *e*, qui a sept trous [ouvertures] : [T] Pros.

septĭmāni, *ōrum*, m. pl., soldats de la 7e légion : [+C] Pros.

septĭmānus, *a, um*, relatif au nombre sept : ***nonae septimanae*** [C] Pros., nones qui tombent le sept du mois ‖ de sept mois : [T] Pros. ; ▶ *septimani*

Septĭmātrūs (Septem-), *ŭum*, f. pl., Septimatrus, fêtes du 7e jour après les ides : [C] Pros.

Septĭmĭa, **Septŭmĭa**, *ae*, f., nom de femme : [C] Pros.

Septĭmillus, *i*, m. : ***Septimille*** [voc.] [C] Poés., mon petit Septimius

Septĭmĭus (-tŭmĭus), *ĭī*, m., nom d'une famille romaine : [C] Pros., [+C] Pros. ‖ un poète lyrique et tragique : [C] Pros. ‖ Septime Sévère, empereur romain [193-211] : [T] Pros.

Septĭmontĭālis, *e*, qui concerne la fête du Septimontium : [+C] Pros.

Septĭmontĭum, *ĭī*, n. ¶ **1** enceinte des sept collines constituant Rome : [C] Pros. ¶ **2** fête des sept collines [en commémoration des sept collines englobées dans la ville] : [C] Pros.

Septĭmŭlēius, *i*, m., meurtrier de C. Gracchus : [C] Pros.

septĭmŭm, n. pris adv[t], pour la septième fois : [C] Pros.

septĭmus (-ŭmus), *a, um*, septième : [C] Pros. ‖ [arch., locatif] ***die septumei*** [-C] Théât., au septième jour ; [+C] Pros.

septĭmus dĕcĭmus, ▶ *septimus*

septingēnārĭus, *a, um*, au nombre de sept cents : [C] Pros.

septingentēni, *ae, a*, chacun sept cents : [T] Pros.

septingentēsĭmus, *a, um*, sept centième : [C] Pros.

septingenti, *ae, a*, sept cents : [C] Pros. ; ***septingenta*** [+C] Poés., sept cent mille sesterces

septĭo, ▶ *saeptio*

septĭpēs, *ĕdis*, haut de sept pieds : [T] Pros., Poés.

septĭrēmis, adj. f., qui a sept rangs de rames : [+C] Pros.

Septizōnium, *ĭī*, n., Septizonium [monument construit à Rome par Titus] : [+C] Pros. ‖ autre monument élevé par Septime Sévère près du Grand Cirque : [T] Pros.

septŭāgēnārĭus, *a, um*, qui contient soixante-dix : ***septuagenaria fistula*** [+C] Pros., tuyau qui a soixante-dix pouces de diamètre

septŭāgēni, *ae, a*, distr., soixante-dix chacun ‖ **septŭāgēnīquīni**, *ae, a*, de soixante-quinze [doigts chacun] : [+C] Pros.

septŭāgēsĭmus (-gens-), *a, um*, soixante-dixième : [C] Pros.

septŭāgĭēs, adv., soixante-dix fois : [+C] Pros.

septŭāgintā, indécl., soixante-dix : [C] Pros. ‖ ***septuaginta interpretes***, les Septante [traducteurs de la Bible en grec] : [T] Pros.

septŭennis, *e*, âgé de sept ans : [-C] Théât.

septum, ▶ *saeptum*

septŭmānus, ▶ *septimanus*

Septŭmĭa, **-mĭus**, ▶ *Septi*

septŭmus, ▶ *septimus*

septunx, *uncis*, m., poids de sept onces : [C] Pros. ‖ sept cyathes [pour les liquides] : [+C] Poés. ‖ les 7/12 du jugère : [+C] Pros.

septŭplum, *i*, n., le septuple : [T] Pros. ‖ adv., au septuple : [T] Pros.

septus, ▶ *saeptus*

septussis, *is*, m., sept as d'après [C] Pros.

sĕpulcrālis, *e*, sépulcral : [C] Poés.

sĕpulcrētum, *i*, n., lieu de sépulture, cimetière : [C] Poés.

sĕpulcrum (sĕpulchrum), *i*, n. ¶**1** tombe, sépulcre, tombeau : [C] Pros. ‖ tertre : [C] Poés. ‖ emplacement du bûcher, bûcher : [-C] Théât., [C] Poés. ¶**2** monument funéraire, pierre tombale avec son inscription funéraire : ***sepulcra legere*** [C] Pros., lire les inscriptions funéraires ¶**3** [poét.] = les morts : [C] Poés.

sĕpultŏr, *ōris*, m., celui qui ensevelit : [T] Pros.

sĕpultūra, *ae*, f. ¶**1** derniers devoirs, sépulture : [C] Pros. ; ***aliquem sepultura adficere*** [C] Pros., [C] Pros., ensevelir qqn ¶**2** tombeau : [T] Pros.

sĕpultus, *a, um*, part. de *sepelio*

Sepyra, *ae*, f., bourg de Cilicie : [C] Pros.

sĕquācĭtās, *ātis*, f., habileté à suivre : [T] Pros. ‖ docilité : [T] Pros.

sĕquācĭtĕr, adv., conséquemment : [T] Pros.

Sēquăna, *ae*, m., la Seine [Gaule] : [C] Pros. ; ***flumen Sequana*** [C] Pros.

Sēquăni, *ōrum*, m. pl., Séquanes [Bourgogne et Franche-Comté] : [C] Pros. ; [C] Pros.

Sēquănĭcus, **Sēquănus**, *a, um*, séquane : [+C] Poés.

sĕquax, *ācis* ¶**1** qui suit facilement ou promptement : ***capreae sequaces*** [C] Poés., les chevreuils acharnés [à brouter les vignes] ; ***flammae sequaces*** [C] Poés., les flammes acharnées [à la poursuite rapide] ; ***sequaces undae*** [C] Poés., les flots pressés ; ***fumi sequaces*** [C] Poés., fumée qui pénètre partout ; ***hederae sequaces*** [+C] Poés., le lierre grimpant ; [C] Poés. ‖ [fig.] ***mores sequaces*** [C] Poés., le caractère qui s'attache à chaque homme ; ***curae*** [C] Poés., soucis tenaces ‖ m. pris subst^{t} : ***Bacchi sequax*** [C] Poés., un sectateur de Bacchus ¶**2** docile, obéissant, souple, flexible : [+C] Pros. ¶**3** subst. m., sectateur : [C] Poés.

sĕquēla (-ella), *ae*, f., suite, conséquence : [+C] Pros.

sĕquens, *tis*, part.-adj. de *sequor*, [adj^{t}] suivant, qui suit : ***sequenti nocte*** [+C] Pros., la nuit suivante

sĕquentĭa, *ae*, f., suite, succession : [T] Pros.

1 **sĕquestĕr**, *tra, trum*, **sequestĕr**, *tris, tre* ¶**1** qui intervient, médiateur : ***pace sequestra*** [C] Poés., la paix étant intervenue ¶**2** subst. n. *sequestrum*, qqf. *sequestre*, dans les expr., ***sequestro ponere, dare***, remettre en dépôt, en séquestre : [-C] Théât., [+C] Pros.

2 **sĕquestĕr**, *tris*, [C] Pros., ou *tri*, [-C] Théât., m. ¶**1** intermédiaire, entremetteur [recevant de l'argent à charge de le distribuer pour acheter les juges, les électeurs] : [C] Pros. ¶**2** médiateur : [+C] Pros. ¶**3** dépositaire [d'argent ou d'objets contestés] : [-C] Théât. ; [+C] Pros.

sĕquestra, *ae*, f., médiatrice : [+C] Poés. ‖ entremetteuse : [+C] Pros.

sĕquestrātŏr, *ōris*, m. [fig.] qui empêche : [T] Pros.

sĕquestrātus, *a, um*, part. de *2 sequestro*

1 **sequestrō**, ▶ *1 sequester*

2 **sĕquestrō**, *ās, āre, āvī, ātum*, tr., séparer, éloigner : [T] Pros.

sĕquestrum, ▶ *1 sequester*

sĕquĭor, *ĭŭs*, adj. compar., moins bon, inférieur, de moindre qualité : [+C] Pros.

sĕquĭus, adv., ▶ *secius*

sĕquŏr, *quĕrĭs, quī, sĕcūtus (sĕquūtus) sum*, tr. ¶**1** suivre **a)** ***aliquem sequi***, suivre qqn **b)** suivre = se conformer à : ***sententiam alicujus sequi*** Caes., suivre l'avis de qqn ; ***factum alicujus sequi*** Caes., suivre la conduite (= l'exemple) de qqn ; ***naturam ducem sequi*** Cic., suivre la nature comme guide **c)** suivre = se produire après, arriver à la suite de : ***et quae sequuntur*** Cic., et ce qui suit, et le reste ; ***secutum est bellum*** Cic., vint ensuite la guerre, la guerre suivit ; ***sequitur*** + prop. interr. indir., suit (vient ensuite) la question de savoir... : ***deinde sequitur quibus jus sit...*** Cic., puis vient la question de savoir qui a le droit... **d)** suivre comme conséquence, s'ensuivre logiquement : ***sequuntur largitionem rapinae*** Cic., à la suite de la prodigalité viennent les rapines ; [avec prop. inf.] ***sequitur deos nihil ignorare*** Cic., il s'ensuit que les dieux n'ignorent rien ; [avec *ut* et le subj.], même sens ¶**2** [par ext.] **a)** suivre qqn = échoir en partage à qqn, revenir à qqn : ***urbes captae Aetolos sequuntur*** Liv., les villes prises reviennent aux Etoliens **b)** [spécialement avec sujet de chose] suivre = suivre de soi-même, venir naturellement : ***ramus sequitur*** Virg., le rameau cède de lui-même (= se laisse cueillir) ; ***numerus secutus est*** Cic., le rythme est venu naturellement ¶**3** poursuivre, [d'où] chercher à atteindre **a)** ***hostes sequi*** Caes., poursuivre les ennemis ; ***finis sequendi*** Caes., la fin de la poursuite **b)** chercher à atteindre : ***aliquem locum sequi*** Caes., Virg., chercher à gagner un lieu, se diriger vers un lieu ; ***platani umbram sequi*** Cic., rechercher l'ombre d'un platane ; ***praemia sequi*** Cic., chercher des récompenses ; ***probabilia sequi*** Cic., chercher à atteindre la vraisemblance

1 **Sēr**, *Sēris*, m., [+C] Théât. ; **Sēres**, *um*, pl., [C] Poés., les Sères [peuple d'Asie centrale] : ***commercium Serum*** [+C] Pros., le commerce avec les Sères [c.-à.-d. de la soie] ; ▶ *sericum*

2 **Ser.**, abrév. de *Servius*

1 **sĕra**, *ae*, f., barre pour fermer une porte : [C] Pros. ‖ [par ext.] serrure, verrou : [C] Poés., [+C] Pros.

2 **sērā**, n. pl. pris adv^{t}, tardivement, tard : [C] Poés.

3 **Sera**, *ae*, f., capitale des Sères : [T] Pros.

Sērānus, ▶ *2 Serranus*

Sĕrāpēum (Sĕrāpīum), *ĭī*, n., temple de Sérapis : [+C] Pros.

sĕrăphim (sĕrăphīn), n. pl. indécl., les Séraphins : [T] Poés.

Sĕrāpĭcus (-pĭăcus), *a, um*, digne des fêtes de Sérapis : [+C] Pros.

Sĕrāpĭōn, *ōnis*, m., Sérapion ¶**1** surnom d'un Scipion : [+C] Pros. ¶**2** Égyptien, gouverneur de l'île de Chypre : [C] Pros. ¶**3** médecin d'Alexandrie : [+C] Pros. ¶**4** esclave d'Atticus : [C] Pros.

Sĕrāpis (Săr-), *is* ou *ĭdis*, m., Sérapis [divinité égyptienne adoptée dans le monde gréco-romain] : [C] Pros.

Sĕrāpīum, ▶ *Serapeum*

sĕrārĭus, *a, um*, nourri au petit-lait : [-C] Pros.

Sĕrēnātŏr, *ōris*, m., qui rend l'air serein [épith. de Jupiter] : [+C] Pros.

sĕrēnātus, *a, um*, part. de *sereno*

sĕrēnē [inus.], avec sérénité : [fig.] ***serenius*** [T] Pros.

Sĕrēnĭānus, *i*, m., favori de Vibius Gallus, frère de Julien : [T] Pros.

sĕrēnĭfĕr, *ĕra, ĕrum*, qui amène la sérénité : [T] Poés.

sĕrēnĭflŭus, serein : [T] Poés.

sĕrēnĭgĕr, *ĕra, ĕrum*, ▶ *serenifer* : [T] Poés.

sĕrēnĭtās, *ātis*, f. ¶ 1 sérénité : ***caeli*** Pros., du ciel ¶ 2 [fig.] calme : Pros., Pros.

sĕrēnō, *ās, āre, āvī, ātum*, tr. ¶ 1 rendre serein, rasséréner : Poés. ‖ [poét.] ***luce serenanti*** Pros., dans une lumière sereine ‖ [impers.] ***serenat*** Pros., le temps est serein ¶ 2 [poét.] ***spem fronte*** Poés., montrer sur son front un espoir serein ¶ 3 rouvrir [les yeux], rendre la vue à : Poés.

sĕrēnum, *i*, n. ¶ 1 temps serein : ***sereno*** Pros., par un temps serein ‖ pl., ***serena*** Poés., temps serein ; ***serena caeli*** Poés., les espaces sereins du ciel ¶ 2 [fig.] sérénité : Poés.

1 **sĕrēnus**, *a, um* ¶ 1 serein, pur, sans nuages : ***caelo sereno*** Pros., par un ciel serein ; ***serenior*** Poés. ‖ ***vox serena*** Poés., voix pure ¶ 2 [fig.] serein, calme, paisible : Pros., Poés. ; ***rebus serenis*** Poés., dans le bonheur

2 **Sĕrēnus**, *i*, m., surnom d'homme ¶ 1 Annaeus Sérénus, parent de Sénèque : Pros. ¶ 2 ▶ *Sammonicus*

Sēres, ▶ *1 Ser*

sĕrescō, *ĭs, ĕre, -, -*, intr., sécher, devenir sec : Poés.

Sĕrestus, *i*, m., nom de guerrier : Poés.

Sergestus, *i*, m., un des compagnons d'Énée : Poés.

Sergĭa, *ae*, f., nom de femme : Pros. ‖ adj. f., de Sergius : ***Sergia tribus*** Pros., tribu Sergia ; ***Sergia olea*** Pros., sorte d'olive [de Sergius]

sergĭāna olea, f., espèce d'olive [de Sergius] : Pros., Pros.

Sergĭŏlus, *i*, m., nom d'homme : Poés.

Sergĭus, *ĭi*, m., nom d'une *gens*, notᵗ *L. Sergius Catilina* ; Pros. ; *C. Sergius Orata* ; Pros.

1 **sērĭa**, *ae*, f., jarre, cruche : Théât., Pros., Poés.

2 **sērĭa**, n. pl., ▶ *2 serius*

sērĭcātus, *a, um*, vêtu de soie : Pros.

sērĭcĕus, *a, um*, de soie : Pros.

serĭcula, *ae*, f., ▶ *securicula*

sērĭcum, *i*, n., la soie : Pros. ‖ n. pl., ***serica***, étoffes ou vêtements de soie : Poés., Poés.

Sērĭcus, *a, um*, des Sères ‖ de soie : Poés.

sĕrĭēs, acc. *em*, abl. *ē*, f. ¶ 1 file, suite rangée, enchaînement [d'objets qui se tiennent] : Poés., Pros. ‖ [fig.] Pros. ; ***artis*** Pros., enchaînement des préceptes de la rhétorique ; [absᵗ] Pros., Poés., Pros. ¶ 2 lignée des descendants, descendance : Poés.

sĕrīlĭa, *ĭum*, n. pl., cordes de jonc : Théât.

sērĭō, adv., sérieusement : Théât., Pros., Pros.

sērĭŏla, *ae*, f., petite jarre : Poés.

Sĕrīphŏs (-us), *i*, f., une des Cyclades : Pros. ; ‖ **-ĭus**, *a, um*, de Sériphos : Pros., Pros.

sĕris, *ĭdis*, f., endive, chicorée des jardins : Pros.

sērĭsăpĭa, *ae*, f., sagesse tardive [jeu de mots avec des biscuits secs, *xerophagiae*] : Pros.

sērĭtās, *ātis*, f., retard, arrivée tardive : Pros.

1 **sērĭus**, compar. de *1 sero*

2 **sērĭus**, *a, um*, adj. ¶ 1 sérieux [en parl. de choses] : Pros., Poés. ‖ **sērĭum**, *ĭi*, n., surtout **sērĭa**, *ōrum*, n. pl., les choses sérieuses : ***aliquid in serium convertere*** Théât., prendre qqch. au sérieux ; Pros. ; ***joca, seria*** Pros., les choses plaisantes et les choses sérieuses ¶ 2 [pers.] : Théât.

sermo, *ōnis*, m. ¶ 1 paroles échangées entre plusieurs personnes, entretien, conversation : Pros. ; ***sermonem cum aliquo conferre*** Pros., s'entretenir avec qqn [ou] ***habere*** Pros. ; ***sermonem serere*** ; ▶ *2 sero* ; Pros. ; ***alicui sermo est cum aliquo*** Pros., qqn a une conversation avec qqn ‖ [en part.] propos [surtout malveillants] : ***sermo vulgi*** Pros., les propos de la foule ; ***dare sermonem alicui*** Pros., donner prise aux propos de qqn ; ***in sermonem incidere*** Pros. ; ***venire*** Pros., faire parler de soi ; pl., ***sermones hominum*** Pros., les critiques de la foule ; ***de aliquo habere*** Pros., tenir des propos sur qqn ‖ [avec prop. inf.] Pros. ¶ 2 conversation littéraire, dialogue, discussion : Pros. ; ***in sermonem ingredi*** Pros., entrer dans la discussion, commencer à disserter ¶ 3 langage familier, ton de la conversation : Pros., Poés. ‖ [Horace appelle *sermones* ses *Epistulae* et ses *Satirae*] : Pros. ¶ 4 manière de s'exprimer ***a)*** style : Pros. ***b)*** langue, idiome : Pros. ; ***Latinus sermo*** Pros., la langue latine ; ***usitatus*** Pros., langue usuelle ***c)*** mot : Pros. ¶ 5 volonté : Pros. ¶ 6 le Verbe, la Parole proférée, la Parole créatrice : Poés.

sermōcĭnantĕr, adv., en causant : Pros.

sermōcĭnātĭo, *ōnis*, f., entretien, conversation : Pros. ‖ [rhét.] dialogisme : Pros.

sermōcĭnātrix, *īcis*, f., une bavarde : Pros. ‖ adjᵗ [en parl. d'une partie de la rhét.] = προσομιλητική, qui concerne les entretiens de la vie courante : Pros.

sermōcĭnŏr, *ārĭs, ārī, ātus sum*, intr., converser, s'entretenir, causer [*cum aliquo*] Pros. ‖ [absᵗ] Pros., Pros.

sermōnŏr, *ārĭs, ārī, -*, ▶ *sermocinor* : Pros.

sermuncŭlus, *i*, m., petit discours [écrit] : Pros. ‖ racontars, cancans : Pros.

1 **sērō**, adv. ¶ 1 tard : Pros. ‖ ***serius*** Pros. ; ***serissime*** Pros. ¶ 2 trop tard : Théât., Pros. ou ***serius*** Pros. ; ***nimis sero*** Pros., vraiment trop tard

2 **sĕrō**, *ĭs, ĕre, (sĕrŭī), sertum*, tr., entrelacer, tresser ¶ 1 [au pr., seulᵗ le part. *sertus, a, um*] ***lorica serta*** Pros., cuirasse faite d'un entrelacement de maillons, cotte de mailles ‖ ▶ *sertum* ¶ 2 [fig.] joindre, enchaîner, unir, attacher : Pros. ; ***bella ex bellis*** Pros., faire succéder une guerre à une autre ; ***colloquia cum aliquo*** Pros., nouer des entretiens avec qqn ; ***sermonem*** Théât., Pros., Pros., enchaîner des propos, tenir des propos ; ***fabulam*** Pros., bâtir, composer un récit ; ***serere negotium*** Théât., créer une suite d'embarras

3 **sĕrō**, *ĭs, ĕre, sēvī, sătum*, tr. ¶ 1 planter, semer : Pros. ; ▶ *sata* ¶ 2 ensemencer : ***jugera aliquot*** Pros., ensemencer un certain nombre d'arpents ¶ 3 [métaphᵗ, en parl. d'hommes] procréer : Pros. ‖ [poét.] : ***satus Anchisā*** [abl.] Poés., fils d'Anchise ; ***de aliquo*** Poés., issu de qqn ¶ 4 [fig.] semer, répandre, engendrer, faire naître : Pros. ; ***mores*** Pros., implanter des moeurs ; ***volnera*** Poés., semer des blessures ; ***discordias*** Pros., semer des discordes

4 **sĕrō**, *ās, āre, āvī, ātum*, tr., ouvrir : Pros.

Sērōnātus, *i*, m., Séronat [= né tard, ▶ *diutinus*], nom d'homme : Pros.

sērōtĭnus, *a, um* ¶ 1 [pers.] qui agit tard : Pros. ¶ 2 tardif, qui vient tard : Pros.

serpens, *tis*, f., m. ¶ 1 serpent, dragon : Pros. ¶ 2 le Dragon [constell.] : Pros. ¶ 3 ver [du corps humain] : Pros. ¶ 4 le serpent, le diable : Pros.

serpentĭgĕna, *ae*, m., né d'un serpent : Poés.

serpentīnus, *a, um*, de serpent : Pros. ‖ du serpent, du diable, fallacieux, rusé, diabolique : Pros.

serpentĭpēs, *ĕdis*, dont les pieds sont des serpents : Poés.

serpĕrastra, *ōrum*, n. pl., éclisses, attelles [pour maintenir droites les jambes des enfants] : Pros. ‖ [fig., en parl. d'officiers] Pros.

serpill-, ▶ *serpyl-*

serpĭō, *ĭs, ĕre, -, -*, ▶ *serpo* : Pros.

serpō, *ĭs, ĕre, serpsī, -*, intr. ¶ 1 ramper : Pros. ‖ [plantes] Pros. ; [feu] Poés., Pros. ‖ [mét., en parl. de l'écrivain] : Poés. ¶ 2 [fig.] se glisser, avancer lentement, se répandre insensiblement, gagner de proche en proche : Pros.

serps, ▶ *serpens* : Poés.

serpullum (-yllum, -illum), *i*, n., serpolet [plante] : Pros., Pros., Poés.

serpyllĭfĕr, *ĕra, ĕrum*, qui produit du serpolet : Pros.

serpyllum, ▶ *serpullum*

serra, *ae*, f. ¶ 1 scie : Pros., Poés. ‖ [prov.] ***serram cum aliquo ducere*** Pros., échanger des mots avec qqn ¶ 2 [fig.] ‖ = soit manœuvre militaire semblable au va-et-vient de la scie, soit ordre de bataille en forme de scie : Pros.

serrācum, ▶ *sarracum* : Pros., Pros., Poés.

1 **serrānus**, ▶ *sarranus*

2 **Serrānus**, *i*, m. ¶ **1** surnom d'Atilius Regulus : Pros., Poés. ¶ **2** nom de guerrier : Poés.

serrātim, adv., en dents de scie : Pros.

serrātōrĭus, *a*, *um*, qui sert à scier : Pros.

serrātus, *a*, *um*, en forme de scie, dentelé : ***morsus serratus*** Pros., morsure qui rappelle celle de la scie ‖ ***serrati***, m. pl. (s.-ent. ***nummi***), pièces dentelées : Pros.

Serrĭum (Serrhĕum, Serrhĭŏn), *i*, n., place forte sur cette montagne : Pros.

serrō, *ās*, *āre*, *āvī*, -, tr., scier : Pros.

serrŭla, *ae*, f., petite scie : Pros., Pros.

serta, *ae*, f., ▶ *sertum* : Poés.

serta campanica, et abs^t **serta**, *ae*, f., mélilot [plante] : Pros.

Sertōrĭus, *ĭi*, m., général romain, partisan de Marius, se rendit dans sa province d'Espagne quand Sylla fut maître de l'Italie, il se constitua un véritable royaume indépendant, résista longtemps aux généraux romains, fut assassiné en 72 par son lieutenant Perpenna : Pros. ‖ **-ĭānus**, *a*, *um*, de Sertorius : Pros.

sertum, *i*, n., ordin^t **serta**, *ōrum*, n. pl., guirlandes, tresses, couronnes : Pros., Poés.

sertus, *a*, *um*, part. de *2 sero*

1 **sĕrum**, *i*, n., petit-lait : Poés. ‖ [en gén.] liquide séreux : Poés.

2 **sērum**, *i*, n. de *serus* ; [pris subst^t] soirée : Pros. ; ***sero diei*** Pros., le jour étant avancé ; ***in serum noctis*** Pros., jusqu'à une heure tardive de la nuit ‖ [adv^t] tard : Poés.

sērus, *a*, *um* ¶ **1** qui a lieu tardivement, tardif : ***sera gratulatio*** Pros., félicitations tardives ‖ ***serus redeas*** Poés., puisses-tu retourner tard [au ciel] ; Poés. ‖ ***seri studiorum*** Poés., gens qui apprennent sur le tard ¶ **2** qui a de la durée : ***sera ulmus*** Poés., ormeau déjà grand ¶ **3** trop tardif, trop retardé : Pros., Pros. ‖ ***venis serus*** Poés., tu viens trop tard

serva, *ae*, f., une esclave : Théât., Poés., Pros.

servābĭlis, *e*, qui peut être sauvé : Poés.

Servaeus, *i*, m., nom d'homme : Pros.

servans, *tis*, part. de *servo*, [adj^t] qui observe : ***servantissimus aequi*** Poés., le plus strict observateur de l'équité

servātĭo, *ōnis*, f., observation d'une règle : Pros.

servātŏr, *ōris*, m. ¶ **1** observateur, guetteur : Poés. ¶ **2** sauveur, libérateur, conservateur : Pros. ‖ [chrét.] le Sauveur : Pros. ¶ **3** observateur, qui se conforme à [avec gén.] : Poés.

servātrix, *īcis*, f. de *servator* : Théât., Pros., Poés.

servātus, *a*, *um*, part. de *servo*

Servīlĭa, *ae*, f., nom de femme : Pros.

Servīlĭānus, *a*, *um*, de Servilius : Pros.

servīlĭcŏla, ▶ *servulicola*

Servīlĭo, *ōnis*, m., nom d'homme : Poés.

servīlis, *e*, d'esclave, qui appartient aux esclaves : ***in servilem modum*** Pros., comme à l'égard d'un esclave ; ***servili tumultu*** Pros., lors du soulèvement des esclaves ; ***bellum servile*** Pros., la guerre des esclaves ; ***servilis vestis*** Pros., vêtement d'esclave ; ***servile jugum*** Pros., le joug de la servitude ; ***munus servile*** Pros., fonction d'esclave ‖ ***servilia fingere*** Pros., imaginer des flatteries serviles

servīlĭtĕr, adv., à la manière des esclaves, servilement : Pros.

1 **Servīlĭus**, *ĭi*, m., nom d'une famille romaine ; not^t ***C. Servilius Ahala***, qui tua Spurius Mélius : Pros. ; ***C.*** et ***P. Servilius Casca***, meurtriers de César : Pros.

2 **Servīlĭus**, *a*, *um*, de Servilius : Pros. ; ***lacus*** Pros., lac Servilius [réservoir voisin du forum à Rome]

servĭō, *īs*, *īre*, *īvī (ĭī)*, *ītum*, intr. ¶ **1** être esclave, vivre dans la servitude : Pros. ‖ ***alicui*** Pros., être esclave de qqn, être asservi à qqn ; ***apud aliquem*** Pros., être esclave chez qqn ‖ [acc. objet intér.] : ***servitutem servire*** Pros., être dans la condition d'esclave ; ***servitutem servire alicui*** Théât., être l'esclave de qqn ¶ **2** [en parl. de choses] ¶ **3** [fig.] ***a)*** être sous la dépendance de, être esclave de, être soumis à [avec dat.] : ***cupiditatibus*** Pros., être esclave des passions ; ***alicui*** Pros., se faire l'esclave de qqn ***b)*** se mettre au service de, être dévoué à [avec dat.] : Pros. ; ***commodis alicujus*** Pros., se dévouer aux intérêts de qqn ; ***populo*** Pros., servir la cause du peuple ‖ [pass. impers.] Pros. ¶ **4** adorer, servir : ***servierunt sculptilibus*** Pros., ils honorèrent leurs idoles ‖ servir [Dieu] : Pros.

servītĭo, *ōnis*, f., servitude : Pros.

servĭtĭum, *ĭi*, n. ¶ **1** servitude, condition d'esclave, esclavage : Théât., Pros. ¶ **2** [sens collect.] la gent esclave, les esclaves : sg., Pros. ‖ pl., ***servitia concitat*** Pros., il soulève les esclaves ¶ **3** charge, office, service : Pros.

servĭtrīcĭus, *a*, *um*, relatif aux esclaves, d'esclaves : Théât.

servĭtūs, *ūtis*, f. ¶ **1** condition d'esclave, servitude : Pros. ¶ **2** servitude politique, sujétion, asservissement : Pros. ¶ **3** [fig.] ***a)*** servitude, sujétion, état de dépendance : ***officii*** Pros., obligations imposées par des services reçus ***b)*** servitude réelle [grevant un immeuble] ou personnelle [usufruit] : Pros. ¶ **4** [poét.] ▶ *servitium* : Poés. ¶ **5** service [de Dieu], culte : ***servitus Dei*** Pros.

Servĭus, *ĭi*, m., prénom dans la famille des Sulpicius [*Ser.*] : Pros. ‖ Servius Tullius, sixième roi de Rome : Pros. ‖ Servius Maurus Honoratus, grammairien de la fin du 4e s. apr. J.-C., commentateur de Virgile : Pros.

servō, *ās*, *āre*, *āvī*, *ātum*, tr. ¶ **1** faire attention à, être attentif à, observer : ***serva !*** Pl., Hor., fais attention ! ; ***aliquem servare*** Pl., avoir l'oeil sur qqn ; ***aliquid servare*** Pl., avoir l'oeil sur qqch. ; ***sidera servare*** Virg., observer les astres ; ***vigilias servare*** Liv., monter la garde ; [abs^t.], veiller, être de garde, de surveillance ‖ ***servare ut*** Liv., veiller à ce que ; ***servare ne*** Liv., veiller à ce que ne pas ¶ **2** maintenir, préserver, réserver ***a)*** maintenir, garder, conserver : ***ordines servare*** Caes., garder ses rangs ; ***promissa servare*** Cic., tenir ses promesses ; ***fidem servare*** Caes., observer ses engagements ; ***pacem cum aliquo servare*** Cic., conserver la paix avec qqn ‖ [poét.] garder un lieu = ne pas le quitter, y demeurer : Hor., Virg. ***b)*** sauver, préserver : ***se servare*** Caes., sauver sa vie ; ***aliquid ex flamma servare*** Cic., sauver qqch. des flammes ; ***rem publicam discessu suo servare*** Cic., sauver l'Etat par son départ ; ***aliquid alicui servare*** Cic., préserver qqch. pour qqn ; ***aliquid ab aliquo servare*** Plin., préserver qqch. de qqn ***c)*** réserver : ***se temporibus aliis servare*** Cic., se réserver pour d'autres circonstances

servŏlĭcŏla, ▶ *servulicola*

servŏlus, ▶ *servulus*

servŭla, *ae*, f., une misérable esclave : Pros.

servŭlĭcŏla, *ae*, f., qui hante les esclaves de bas étage : Théât.

servŭlus (-ŏlus), *i*, m., petit esclave, jeune esclave : Théât., Pros.

1 **servus**, *a*, *um*, d'esclave, esclave, asservi : Pros. ; ***servum pecus*** Pros., troupeau servile ‖ [droit] ***praedia serva*** Pros., terres grevées de servitudes

2 **servus**, *i*, m., esclave : Théât., Pros. ‖ [fig.] ***cupiditatum*** Pros., esclave des passions ‖ serviteur de Dieu, fidèle adorateur de Dieu : Pros.

sēsămum (sī-), *i*, n., sésame [plante] : Pros. ; ***sesamum silvestre***, ricin

sescĕnāris, *e*, terme rituel appliqué à un bœuf de sacrifice d'un an et demi : Pros.

sescēn-, **sescent-**, ▶ *sexc-*

sescenti, *ae*, *a*, six cents : Théât., Pros. ‖ = un très grand nombre, mille : Théât., Pros. ; ▶ *sexcenti*

sescla, *ae*, f., ▶ *sextula* : Poés.

Sescŭl-, ▶ *Sesquiul-*

sescŭplex, **sesquĭplex**, *ĭcis*, qui contient une fois et demie : Pros., Pros.

sescŭplus, *a, um*, ▶ *sescuplex* ‖ subst. n., ***sescuplum***, une fois et demie : [+C] Pros.

sēsē, acc. et abl. de *sui*

sĕsĕlī, n., ;**sīsĕlĕum**, *i*, n., et **sĕsĕlis**, *is*, f., tordyle [plante ombellifère] : [C] Pros.

Sĕsōsis, *ĭdis*, m., Sesostris [célèbre roi d'Égypte] : [+C] Pros.

sesqualtĕr, *ĕra, ĕrum*, ▶ *sesquialter* : [T] Pros.

sesque-, ▶ *sesqui*

sesquĭ, adv. [employé surtout en compos.], dans un rapport sesquialtère, un demi en plus : [C] Pros.

sesquĭaltĕr, *ĕra, ĕrum*, sesquialtère : [C] Pros. ; ***sesquialter numerus*** [C] Pros., nombre sesquialtère, qui en contient un autre une fois et demie

sesquĭcullĕāris, *e*, qui contient un *culleus* et demi : [+C] Pros.

sesquĭcўăthus, *i*, m., un cyathe et demi : [+C] Pros.

sesquĭdĭgĭtālis, *e*, d'un doigt et demi : [C] Pros.

sesquĭdĭgĭtus, *i*, m., un doigt [un pouce] et demi : [C] Pros.

sesquĭhōra, *ae*, f., une heure et demie : [+C] Pros.

sesquĭlībra, *ae*, f., une livre et demie : [-C] Pros., [+C] Pros.

sesquĭmensis, *is*, m., un mois et demi : [C] Pros.

sesquĭmŏdĭus, *ĭi*, m., un modius et demi : [C] Pros.

sesquĭoctāvus, *a, um*, qui contient une fois et un huitième [ou 9/8] : [C] Pros.

sesquĭŏpĕra, *ae*, f., ▶ *sesquiopus* : [+C] Pros.

sesquĭŏpus, *ĕris*, n., une journée et demie de travail : [-C] Théât.

sesquĭpĕdālĭs, *e*, d'un pied et demi : [-C] Pros., [C] Pros. ‖ [fig.] d'une longueur démesurée : [C] Poés.

sesquĭpēs, *ĕdis*, m., un pied et demi : [C] Pros., [+C] Pros.

sesquĭplāga, *ae*, f., [mot forgé] une blessure et demie : [+C] Pros.

sesquĭplĭcārĭus, *ĭi*, m., soldat qui reçoit une ration et demie : [+C] Pros.

sesquĭplus, ▶ *sescuplus*

sesquĭquartus, *a, um*, qui contient une fois et un quart [= 5/4] : [T] Pros.

sesquĭquintus, *a, um*, égal à 6/5 : [T] Pros.

sesquĭsĕnex, *sĕnis*, m. f., archivieux [vieux une fois et demie] : [C] Pros.

sesquĭsextus, *a, um*, qui contient une fois et un sixième [= 7/6] : [T] Pros.

sesquĭtertĭus, *a, um*, qui contient une fois et un tiers [= 4/3] : [C] Pros.

sessĭbŭlum, *i*, n., siège : [-C] Théât.

sessĭlis, *e*, sur quoi l'on peut s'asseoir : [C] Poés. ‖ qui peut se tenir bien assis, à large base : [+C] Poés.

sessĭmōnĭum, *ĭi*, n., résidence, séjour : [C] Pros.

sessĭo, *ōnis*, f. ¶ **1** action de s'asseoir : [C] Pros. ¶ **2** siège : [C] Pros. ¶ **3** pause, halte : [C] Pros.

sessĭtō, *ās, āre, āvī, -*, intr., être assis habituellement : [C] Pros.

sessĭuncŭla, *ae*, f., petit cercle [de personnes] : [C] Pros.

sessŏr, *ōris*, m. ¶ **1** spectateur [au théâtre] : [C] Pros. ¶ **2** cavalier : [+C] Pros. ¶ **3** habitant : [C] Pros.

sessōrĭum, *ĭi*, n., séjour, domicile : [+C] Pros.

sessŭs, *ūs*, m., [seulement au dat. sg.] action de s'asseoir : [+C] Pros.

sestans, ▶ *sextans*

sestertĭārĭus, *a, um*, [fig.] de peu de valeur [d'un sesterce] : [+C] Pros.

sestertĭŏlus, *i*, m., **sestertĭŏlum**, *i*, n., un petit sesterce : [+C] Poés.

sestertĭum, *ĭi*, n. ¶ **1** ▶ *2 sestertius* ¶ **2** [mesure] deux pieds et demi : [+C] Pros.

1 **sestertĭus**, *a, um*, qui contient deux et demi ¶ **1** ***sestertius nummus***, sesterce ; gén. pl., ***sestertium nummum*** [C] Pros. ; ▶ *2 sestertius* ¶ **2** [fig.] de faible valeur : [C] Pros., [+C] Pros.

2 **sestertĭus**, *ĭi*, m., sesterce, monnaie d'argent valant deux as et demi ou le quart du denier, en abrégé II et S (*emis*), devenu HS ¶ **1** [de 1 à 1000 la forme *sestertius* est d'usage] ***quattuor, centum, mille sestertii***, quatre, cent, mille sesterces ¶ **2** [à partir de 1000] ***a)*** gén. pl. *sestertium*, ***bina milia sestertium*** [rar[t] *sestertiorum*], 2000 sesterces ***b) sestertium*** n'étant plus senti comme génitif a été pris comme un subst. n., = 1000 sesterces ; d'où ***tria, septem, trecenta sestertia***, 3000, 7000, 300 000 sesterces, et plus souvent avec les distributifs ¶ **3** [les millions sont désignés de deux façons] ***a) decies, vicies, tricies centena milia sestertium***, 10 fois, 20 fois, 30 fois 100 000 sesterces, = 1, 2, 3 millions de sesterces ***b)*** suppression de *centena* avec *sestertium*, se déclinant tj au sg. et signifiant, 100 000 sesterces : [C] Pros., [+C] Pros. ¶ **4** [abréviations] ***HS XX*** = 20 sesterces ; ***HS*** ***X̅X̅*** = 20 000 sesterces ; ***HS XX_left_and_right_bar;*** = 2 000 000 de sesterces

Sestĭăcus, *a, um*, de Sestos : [+C] Poés.

Sestiānus, ▶ *Sextianus*

Sestĭăs, *ădis*, f., héroïne de Sestos [Héro] : [+C] Poés.

Sestis, *ĭdis*, f., ▶ *Sestias* : [C] Poés.

Sestĭus, ▶ *2 Sextius*

Sestus, *a, um*, de Sestos : [C] Poés.

set, ▶ *2 sed*

seta, ▶ *saeta*

Sētab-, ▶ *Saetab-*

Sĕth, m. indécl., Seth, troisième fils d'Adam : [T] Pros.

Sētĭa, *ae*, f., bourg du Latium [auj. Sezze], renommé pour ses vins : [C] Pros., [+C] Poés.

sētĭgĕr, ▶ *saetiger*

sētim, n. [mot hébreu], bois de sétim : [T] Pros.

Sētīnus, *a, um*, de Sétia [Latium] : [C] Pros. ‖ **Setini**, *ōrum*, m. pl., habitants de Sétia : [C] Pros. ‖ ***Setinum***, n., vin de Sétia : [+C] Poés.

sētĭus (**sēcĭŭs**, **sēquĭŭs**), adv., compar. ¶ **1** moins : ***quo setius = quo minus*** [-C] Théât., [C] Pros., Poés. ; ***nihilo setius*** [C] Pros., néanmoins ; ***neque eo setius*** [C] Pros., et pas moins pour cela ¶ **2** moins bien, moins bon : [-C] Théât., [C] Pros. ; ***de aliquo sequius loqui*** [+C] Pros., parler mal de qqn ‖ ***sequius ac*** [+C] Pros., autrement que, moins bien que

sētōsus, ▶ *saetosus*

sētŭla, ▶ *saetula*

seu, conj., ▶ *sive* ¶ **1** ou si : [-C] Théât. ¶ **2** ***seu... seu***, soit que... soit que : [C] Pros. [ou] [C] Poés., Pros. [ou] [C] Poés. [ou] [C] Poés. ¶ **3** ou [après une partic. interrog.] ▶ *1 an* : [C] Poés. ¶ **4** ***seu quis alius = vel si quis alius*** : [C] Pros.

Seuthēs, *ae*, m., roi de Thrace : [C] Pros.

sēvăcĭi, **sēvālis**, ▶ *seb*

sēvĕhŏr, *hĕrĭs, hī, vectus sum*, intr., [fig.] s'en aller loin de : [C] Poés.

sĕvērē, adv., sévèrement, gravement, rigoureusement, durement : [C] Pros. ‖ ***severius*** [C] Pros. ; ***severissime*** [C] Pros.

Sĕvērĭānus, *a, um*, de Sévère (Septime) : [T] Pros.

sĕvērĭtās, *ātis*, f., sévérité, austérité, gravité, sérieux ; ***ad severitatem factus*** [C] Pros., fait pour une vie sérieuse ‖ sévérité [dans le style, dans les jugements littéraires] : [+C] Pros. ‖ rigueur, dureté : [C] Pros.

sĕvērĭtĕr, ▶ *severe* : [+C] Pros.

sĕvērĭtūdo, *ĭnis*, f., sévérité : [-C] Théât., [+C] Pros.

sĕvērum, n. pris adv[t], d'une manière sévère : [T] Poés.

1 **sĕvērus**, *a, um* ¶ **1** sévère, grave, sérieux, austère : [C] Pros. ¶ **2** dur, rigoureux : [C] Pros., [+C] Pros. ¶ **3** [choses] ***a) judicia severa*** [C] Pros., jugements sévères, rigoureux ***b) severior, severissimus*** [C] Pros.

2 **Sĕvērus**, *i*, m., surnom romain : [+C] Pros. ; ▶ *Septimius*

Sĕvērus mons, m., mont Sévère [Sabine] : [C] Poés.

sēvī, parf. de *3 sero*

sēvĭr (sex vĭr), *ĭri*, m., sévir, membre d'un collège de six personnes : [+C] Pros.

sēvĭrātus (sexvĭrātŭs), *ūs*, m., sévirat : [+C] Pros.

sēvo, V. *sebo*

sēvŏcātus, *a*, *um*, part. de *sevoco*

sēvŏcō, *ās*, *āre*, *āvī*, *ātum*, tr. ¶**1** appeler à part, tirer à l'écart, prendre à part : [C] Pros. ¶**2** [fig.] détacher, séparer ; ***ab aliqua re***, de qqch. : [C] Pros. ‖ ***ab aliquo***, de qqn : [-C] Théât., [C] Pros.

sēvōsus, **sēvum**, V. *seb*

sex, indécl., six : [C] Pros. ‖ ***sex, septem***, six ou sept : [C] Pros.

sexāgēnārius, *a*, *um*, qui contient soixante : ***sexagenaria fistula*** [+C] Pros., tuyau qui a 60 pouces de diamètre ‖ sexagénaire : [+C] Pros. ; ***major sexagenario*** [T] Pros., qui a plus de soixante ans ; Cf. *pons*

sexāgēni, *ae*, *a*, distr. pl., chacun soixante : [C] Pros. ‖ soixante chaque fois [= par an] : [C] Pros. ‖ **sexāgēnus**, *a*, *um*, qui rapporte soixante pour cent : [T] Pros. ‖ [terre] qui rapporte soixante pour un : [T] Pros.

sexāgēnī quīni, *ae*, *a*, distr. pl., qui sont soixante-cinq : [+C] Pros.

sexāgēsĭmus, *a*, *um*, soixantième : [C] Pros.

sexāgĭēs (-ens), soixante fois : [C] Pros.

sexāgintā, indécl, soixante : [C] Pros. ‖ [fig.] nombre indéfini : [+C] Poés.

sexangŭlus, *a*, *um*, hexagonal : [C] Poés.

Sexātrūs, *ŭum*, f. pl., Sexatrus, fête qui a lieu le sixième jour des ides : [C] Pros.

sexcēnārĭus, *a*, *um*, composé de six cents : [C] Pros.

sexcēni, [C] Pros., **sexcentēni**, *ae*, *a*, distr., six cents chacun ou chaque fois : [+C] Pros.

sexcenti, V. *sescenti*

sexcentĭēs (-ens), adv., six cents fois : [C] Pros., [+C] Pros.

sexcentŏplāgus, *i*, m., qui reçoit des volées de six cents coups [mot forgé] : [-C] Théât.

sexcuplus, V. *sescuplus*

sexdĕcim, V. *sedecim*

sexennis, *e*, âgé de six ans : [-C] Théât. ; ***sexenni die*** [C] Pros., dans un délai de six ans

sexennĭum, *ĭi*, n., espace de six ans : [C] Pros.

sexĭēs (-ens), adv., six fois : [C] Pros.

sexjŭgis, V. *sejugis*

sexpertita dīvīsĭo, [C] Pros., division en six

sexprīmi, *ōrum*, m. pl., les six premiers, bureau des six greffiers du questeur : [C] Pros.

sextădĕcĭmāni, *ōrum*, m. pl., soldats de la 16e légion [*sexta decima legio*] : [+C] Pros.

sextans, *tis*, m. ¶**1** sextant, 1/6 de l'as : [C] Pros. ¶**2** un sixième ***a)*** d'une somme : ***in sextante heres*** [C] Pros., héritier pour un sixième ***b)*** d'un arpent : [C] Pros., [+C] Pros. ***c)*** du sextarius = deux cyathes : [+C] Pros., Poés. ¶**3** le sixième du nombre parfait [six] = l'unité : [C] Pros.

sextantālis, *e*, long d'un sixième de pied : [C] Pros.

sextārĭus, *ĭi*, m., setier, 1/6 du conge [mesure liquide = 0, 547 l] : [-C] Pros., [C] Pros., Poés.

Sextĭa, *ae*, f., nom de femme : [+C] Pros.

Sextĭānus, *a*, *um*, de Sextius : [C] Poés.

sextĭceps, m. f., sixième [Cf. *1 princeps*] : [C] Pros.

Sextĭlĭa, *ae*, f., mère de Vitellius : [+C] Pros.

Sextĭlĭānus, *a*, *um*, de Sextilius : ***Sextiliana pira*** [T] Pros., variété de poires [de Sextilius] ‖ subst. m., nom d'homme : [+C] Poés.

sextīlis, *is*, m., août [primitivement le 6e mois de l'année romaine] : [C] Pros.

Sextillus, *i*, m., nom d'homme : [+C] Poés.

1 **Sextĭus**, *a*, *um*, de Sextius : [C] Pros. ; ***aquae Sextiae*** ; V. *Aquae*

2 **Sextĭus**, *ĭi*, m., nom d'une famille romaine : [C] Pros.

sextŭla, *ae*, f., sextule, le 1/6 de l'once, le 1/72 de l'as : [C] Pros. ‖ le 1/72 du jugère : [+C] Pros. ‖ le 1/72 d'un tout : [C] Pros.

sextum, n. pris advt, pour la sixième fois : [-C] d. [+C] Pros., [C] Pros.

1 **sextus**, *a*, *um*, adj. ordinal, sixième : [C] Pros., Poés. ‖ ***hora sexta*** [C] Pros., la sixième heure [midi] ‖ ***sextus casus*** [C] Pros., [+C] Pros., l'ablatif [avec une préposition] ; V. *septimus*

2 **Sextus**, *i*, m., prénom romain [abrév. V. *Sex.*] ; nott Sextus Roscius Amerinus : [C] Pros. ‖ Sextus Pompeius : [C] Pros.

sextus dĕcĭmus, *a*, *um*, seizième : [C] Pros., [+C] Pros.

sexŭs, *ūs*, m., sexe : [C] Pros.

sexvir, etc., V. *sevir*, etc.

sfaera, V. *sphaera*

sfondĭlus, V. *spondylus*

sfongĭa, **sfungĭa**, V. *1 spongia*

sfongĭō, V. *sfongizo* : [+C] Pros.

sfongizō, *ās*, *āre*, -, -, tr., éponger, nettoyer : [+C] Pros.

sī, arch. **seī**, conj., si ¶**1** [conditionnel avec indic. ou subj.] si, quand, toutes les fois que, même si ***a)*** [C] Pros. ; ***persequar, si potero*** [C] Pros., je poursuivrai, si je peux ; ***accommodabo, si potuero*** [C] Pros., j'adapterai, si je peux ***b)*** [C] Pros. ; ***si minus*** [C] Pros., sinon ***c)*** [C] Pros. ; ***ita ... si*** [C] Pros., sous cette condition que ¶**2** [restrictif] si seulement, si du moins, V. *modo, forte* ‖ tours elliptiques : [C] Pros. ; ***si nihil aliud*** [C] Pros., à défaut d'autre chose ; V. *alius* ¶**3** ➡ *si quidem* : [C] Pros. ; V. *siquidem* ¶**4** ***si quis*** ➡ *1 qui I*, [rel.] : [C] Pros. ; ***si quid*** : [C] Pros. ; ***si quem*** : [-C] Théât., [C] Pros. ¶**5** [explicatif] : [C] Pros. ¶**6** [= *etiam si*] [C] Pros. ¶**7** [avec subj.] pour le cas où, dans l'hypothèse que, avec l'idée que : [C] Pros. ‖ surtout après les verbes qui signifient "attendre", "essayer", "faire effort", V. *exspecto, experior, conor* ‖ si [interr. indir.] : [C] Poés. ; [T] Pros. ¶**8** est-ce que ? [interr. dir] : ***si licet*** [T] Pros., est-il permis ? ; ***si justum est*** [T] Pros., est-il juste ? ¶**9** souhait : ***o si*** [subj.] ; ah ! si, oh ! si seulement : [C] Poés. ‖ V. *siquidem*

Siagrĭus, V. *Syagrius*

Sibăris, V. *Sybaris*

sĭbi, dat. de *sui*

sībĭla, *ōrum*, V. *1 sibilus*

sībĭlātĭō, *ōnis*, f., sifflement : [T] Pros.

sībĭlō, *ās*, *āre*, -, - ¶**1** intr., siffler, produire un sifflement : [C] Pros., Poés. ¶**2** tr., siffler qqn, ***aliquem*** : [C] Pros., Poés.

1 **sībĭlus**, *a*, *um*, adj., sifflant : [C] Poés. ‖ pl. n., **sībĭla**, *ōrum*, sifflements : [C] Poés.

2 **sībĭlus**, *i*, m., sifflement : [C] Poés., Pros. ‖ sifflets, huées : ***sibilum metuere*** [C] Pros., craindre les sifflets ; ***sibilis explodi*** [C] Pros., être chassé par des sifflets ‖ pl. n., ***sibila*** ; V. *1 sibilus*

sĭbimĕt, dat. de *sui -met* : [T] Pros.

sĭbĭna (sўb-, sĭbўna), *ae*, f., sorte de lance : [-C] Pros.

Sĭbulla, *ae*, f., Cf. *Sibylla* : [+C] Pros.

Sibuzātes, *um* ou *ĭum*, m. pl., peuple d'Aquitaine : [C] Pros.

Sĭbylla, *ae*, f., [sens premier] femme qui a le don de prophétie, ¶**1** nom appliqué à plusieurs prophétesses en qui les Anciens reconnaissaient une inspiration divine et la vertu de rendre des oracles, nott la Sibylle de Marpessos en Asie Mineure, près de l'Ida, la Sibylle d'Érythrée en Ionie ‖ pour les Romains il y avait la Sibylle de Tibur ([C] Poés.) ; mais c'était celle de Cumes, prêtresse d'Apollon, qui constituait le grand oracle national : [C] Poés. ‖ sous le nom de la Sibylle circulaient des prédictions fort obscures, les vers sibyllins, à Rome depuis Tarquin l'Ancien, il y en avait un recueil, les livres sibyllins, déposé au Capitole, et à sa garde était préposé un collège spécial de prêtres, d'abord des *duumviri*, puis des *decemviri*, enfin des *quindecemviri* : [C] Pros., [+C] Pros., [T] Pros. ¶**2** [emploi familier] une Sibylle = une devineresse : [-C] Théât.

sĭbyllīnus, *a*, *um*, sibyllin : [C] Pros. ‖ [abst] ***in sibyllinis***, (s.-ent. ***libris***) : [C] Pros., dans les livres sibyllins, V. *Sibylla*

sībyna, [V.] *sibina*

sīc, arch. **seic**, adv., ainsi, de cette manière, ¶ **1** [renvoyant à ce qui précède] ainsi, c'est ainsi, voilà comment : [C] Pros. ‖ [en incise] [C] Pros. ‖ [en réponse] ***sic*** [-C] Théât., c'est cela, oui ‖ par conséquent : [C] Pros. ‖ dans ces conditions : [C] Pros. ¶ **2** [annonçant ce qui suit] [C] Pros. ‖ [ellipse] [C] Pros. ‖ [réponse] [-C] Théât. ¶ **3** [dém.] ***processi sic*** [-C] Théât., je me présente ainsi, dans cet accoutrement que vous voyez ‖ ***sic dedero*** [-C] Théât., voilà à quoi il faut s'attendre de moi ; [C] Pros. ¶ **4** [en corrélation] ***a) sic... ut*** [C] Pros., de même que, comme ; ***ut... sic*** [C] Pros., de même que ...,de même, ou [C] Pros., ou [C] Pros., ou [C] Pros., ou [C] Pros. ‖ [+C] Pros., ou ***sic... quam*** [C] Poés. ***b) ut quisque*** [superl.]... ***sic*** [superl.] [C] Pros., plus ... plus, [V.] *ut* ***c)*** [C] Pros., ou [C] Pros. ***d) sic... ut***, subj., de telle sorte que, à tel point que : [C] Pros. ; [*sic ut* rapprochés] [C] Pros. ‖ [restrictif] ***sic tamen ut*** [C] Pros., mais de telle façon pourtant que ***e) sic... si***, à condition que : [C] Pros. ¶ **5** [avec le subj. optatif] qu'à cette condition ‖ [avec le fut.] [-C] Théât. ¶ **6** comme cela, purement et simplement, sans plus : [C] Pros. ¶ **7** [fam.] comme ci, comme ça : [C] Pros.

sīca, *ae*, f., poignard : [C] Pros. ‖ [fig.] ***sicae*** [C] Pros., les poignards = les assassinats

Sĭcambri (Sugambri), *ōrum*, m. pl., Sicambres [peuple de Germanie, habitant les bords du Rhin, la Westphalie] : [C] Pros. ‖ f., ***Sicambra*** [C] Poés., une femme Sicambre ‖ adj. f., ***Sugambra cohors*** [+C] Pros., cohorte de Sicambres

Sĭcāni, *ōrum*, m. pl., Sicaniens [peuple de Sicile], Siciliens : [C] Poés. ‖ ancien peuple du Latium, sur le Tibre : [C] Poés.

Sĭcănĭa, *ae*, f., la Sicile : [C] Poés.

Sĭcănis, *ĭdis*, f., de Sicile : [C] Poés.

Sĭcănĭus, [C] Poés., **Sĭcānus**, [C] Poés., *a*, *um* (**Sĭcănus**, [C] Poés.), de Sicile

sīcārĭus, *ĭi*, m., sicaire, assassin, tueur : [C] Pros. ; ***quaestio inter sicarios*** [C] Pros., chambre d'enquête concernant les assassinats ; ***inter sicarios defendere*** [C] Pros., plaider dans une affaire d'assassinat

1 **Sicca**, *ae*, m., nom d'homme : [C] Pros.

2 **Sicca**, *ae*, f., ville de Numidie [auj. Le Kef, Tunisie] : [C] Pros. ‖ **-enses**, *ĭum*, m. pl., habitants de Sicca : [C] Pros.

siccānĕa, n. pl., endroits secs : [+C] Pros.

siccānĕus, [+C] Pros., **siccānus**, *a*, *um*, d'une nature sèche, sec

siccātus, *a*, *um*, part. de *sicco*

siccē, adv., en lieu sec : [+C] Pros. ‖ [fig.] [C] Pros. ; [V.] *siccitas* ¶ 2 et 3

siccĭfĭcus, *a*, *um*, desséchant : [T] Pros.

siccĭtās, *ātis*, f. ¶ **1** sécheresse, état de sécheresse, siccité : ***siccitates paludum*** [C] Pros., dessèchement des marais ‖ temps de sécheresse : [C] Pros. ¶ **2** complexion sèche du corps, état dispos, sain [d'une pers. sobre] : [C] Pros. ¶ **3** [rhét.] sécheresse du style [style simple, sans ornements] : [C] Pros.

siccō, *ās*, *āre*, *āvī*, *ātum*, tr. ¶ **1** rendre sec, faire sécher : [C] Poés. ‖ ***paludes*** [C] Pros., dessécher les marais ¶ **2** assécher, épuiser, vider complètement : [C] Poés. ¶ **3** intr., sécher, se dessécher : [T] Pros. ¶ **4** impers., ***siccat*** [-C] Pros., il fait sec ¶ **5** momifier : [T] Pros.

siccŏcŭlus, *a*, *um*, qui a l'œil sec : [-C] Théât.

siccum, *i*, n., lieu sec : [C] Poés. ; ***in sicco*** [C] Poés., au sec = sur le rivage, sur la terre ferme ‖ pl. n., ***sicca*** [+C] Pros., lieux secs = la terre ferme

siccus, *a*, *um* ¶ **1** sec, sans humidité : [C] Poés. ‖ [avec gén.] [+C] Poés. ‖ ***signa sicca*** [C] Poés., constellations qui ne se plongent pas dans la mer [qui restent sur notre horizon] ‖ sec [température] : [C] Poés. ¶ **2** sec [en parl. de la complexion du corps], ferme, sain : [C] Poés. ‖ [fig., en parl. du style] [C] Pros., [+C] Pros. ‖ [qqf. en mauv. part] [+C] Pros. ¶ **3** [fig.] ***a)*** sec, altéré : [-C] Théât., [C] Poés. ***b)*** qui n'a pas bu, à jeun : [C] Pros., Poés., [+C] Pros. ***c)*** sec, froid, indifférent : [C] Poés., [+C] Poés. ‖ ***siccior*** [C] Poés. ; ***siccissimus*** [+C] Pros.

Sīcĕlis, *ĭdis*, f., de Sicile : [C] Poés.

sīcĕra, *ae*, f., boisson enivrante : [T] Pros.

Sīcha, *ae*, m., nom propre carthaginois : [+C] Poés.

Sĭchaeus, **Sī-**, *i*, m., Sichée [époux de Didon, reine de Carthage] : [C] Poés.

Sĭchēm, m. indécl., ville de Judée, la même que Neapolis : [T] Pros.

Sĭcĭlĭa, *ae*, f., la Sicile : [-C] Théât., [C] Pros.

sĭcĭlĭcissĭtō, *ās*, *āre*, -, -, intr., avoir l'accent sicilien : [-C] Théât.

sīcīlĭcŭla, *ae*, f., sorte de petit poignard : [-C] Théât.

sīcīlĭcus, *i*, m., le 1/48 du jugère : [+C] Pros.

Sĭcĭlĭensis, *e*, de Sicile, Sicilien : [C] Pros.

sīcīlīmentum, *i*, n., herbe laissée par les faucheurs : [-C] Pros.

sīcīlĭō, *īs*, *īre*, -, -, tr., faucher avec la faucille : [C] Pros., [+C] Pros.

sīcīlis, *is*, f., [arme] [-C] Pros., [+C] Pros.

Sicimina, *ae*, m., montagne de la Gaule Cisalpine : [C] Pros.

sīcĭnĕ, **sīcin**, est-ce ainsi que ? : [-C] Théât., [C] Pros.

Sicĭnĭus, *ĭi*, m., nom d'un tribun de la plèbe : [C] Pros.

sicinnista, *ae*, m., sicinniste, danseur du *sicinnium* : [-C] d. [+C] Pros.

sĭcinnĭum, *ĭi*, n., sorte de danse dans le drame satyrique : [+C] Pros.

sĭcĭum, [V.] *isicium*

siclus, *i*, m., sicle, shekel [poids et monnaie des Hébreux] : [T] Pros.

Sĭcŏris, *is*, m., le Sicoris [rivière de Tarraconaise, auj. Segre] : [C] Pros.

sīcŭbi, adv., = ***si alicubi***, si qq. part : [C] Pros.

sīcŭla, *ae*, f., petit poignard : [C] Poés.

Sĭcŭli, *ōrum*, m. pl. ¶ **1** Sicules [peuple légendaire de la Ligurie et du Latium] : [C] Pros. ¶ **2** les Siciliens : [C] Pros. ‖ gén. pl., ***Siculum*** [C] Poés. ‖ sg., ***Siculus***, un Sicilien : [-C] Théât., [C] Pros.

1 **Sĭcŭlus**, *a*, *um*, de Sicile, Sicilien : [C] Poés. ; ***Siculus pastor*** [C] Poés., le berger de Sicile [Théocrite ?] ; ***tyrannus*** [C] Poés., Phalaris ; ***Sicula conjux*** [+C] Poés., Proserpine ; ***Sicula virgo*** [+C] Poés., une Sirène ‖ subst. m., [V.] *Siculi*

2 **Sĭcŭlus**, *i*, m., chef ligure qui conduisit les Sicules en Sicile : [+C] Poés.

sīcundĕ, adv., = ***si alicunde***, si de qq. part : [C] Pros.

sīcŭt, **sīcŭtī**, adv., de même que, comme ¶ **1** ***a)*** [avec un verbe] : [C] Pros. ‖ en corrél. : [C] Pros., ou [C] Pros., ou [-C] Théât. ***b)*** [sans verbe] [C] Pros. ‖ [en corrél. avec *ita*] [+C] Pros. ; [avec *sic*] [C] Pros. ¶ **2** [parenth., confirmation] [C] Pros. ; ***sicut feci*** [C] Pros., comme je l'ai fait d'ailleurs ¶ **3** [introd. une comparaison] comme, pour ainsi dire, en qq. sorte : [C] Pros. ¶ **4** [introd. un exemple] comme, par exemple : [C] Pros., [+C] Pros. ¶ **5** ***sicut eram, erat***, comme j'étais, comme il était ‖ dans la tenue, dans la position, dans l'état où : [C] Poés., [+C] Pros. ¶ **6** ***sicuti*** = ***sicuti si*** [avec subj.], comme si : [C] Pros. ‖ [avec supin, rare] [C] Pros. ¶ **7** aussi vrai que = d'autant que vraiment : [-C] Théât.

Sĭcyōn, *ōnis*, f. ; [m. [C] Pros.] Sicyone ‖ ancienne ville d'Achaïe, [riche en oliviers, patrie d'Aratos] : [C] Pros., Poés.

Sĭcyōnius, *a*, *um*, de Sicyone : ***Sicyonii calcei*** [C] Pros. ; ***Sicyonia*** n. pl., [-C] Poés., [C] Poés., chaussures de Sicyone [élégantes] ‖ ***Sicyonii***, m. pl., Sicyoniens, habitants de Sicyone : [C] Pros.

Sīda, *ae*, f., [C] Pros., **Sīdē**, *ēs*, f., ville maritime de Pamphylie

sīdĕrālis, *e*, qui concerne les astres, sidéral : [+C] Pros.

sīdĕrĕus, *a*, *um* ¶ **1** étoilé : [C] Poés. ‖ relatif aux astres, des astres : ***siderei ignes*** [C] Poés., les astres ¶ **2** relatif au soleil, du soleil : [C] Poés., [+C] Poés. ¶ **3** [poét.] divin : [+C] Poés. ‖ brillant, étincelant : [C] Poés. ‖ d'une beauté divine : [+C] Poés.

sīdĕris, gén. de *sidus*

Sīdētae, *ārum*, m. pl., habitants de Sida : [C] Pros.

Sĭdĭcīnus, *a*, *um*, de Sidicinum [ville de Campanie] : [C] Poés., Pros. ‖ **Sidicini**, *ōrum*, m. pl., habitants de Sidicinum : [C] Pros.

1 **sīdō**, *ĭs*, *ĕre*, *sīdī* et *sēdī*, *sessum*, intr. ¶ **1** s'asseoir, se poser, se percher : ***sessum ire*** [C] Pros., aller s'asseoir ; [C] Poés. ¶ **2** [navires] toucher le fond, s'échouer : [C] Pros., [+C] Pros. ¶ **3** s'affaisser, crouler : [C] Poés., [+C] Poés. ¶ **4** se fixer, prendre pied : [+C] Poés.

2 **Sido**, *ōnis*, m., roi des Suèves : [+C] Pros.

Sidoloucus, V. *Sedelaucum*

1 **Sīdōn**, *ōnis*, m., fils aîné de Chanaan, qui fonda Sidon : [T] Pros.

2 **Sīdōn**, *ōnis* et *ŏnis*, f., Sidon [ville de Phénicie] et [par ext.] Tyr : [C] Pros., Poés., [+C] Poés. ‖ [méton.] pourpre : [+C] Poés.

Sīdŏnis (-ōnis), *ĭdis*, f., de Sidon, de Tyr : [C] Poés. ; ***Sidonis concha*** [C] Poés. ; pourpre de Tyr ‖ subst. f., = Europe, Didon et sa soeur Anne [originaires de Sidon] : [C] Poés.

1 **Sīdōnĭus (-ŏnĭus)**, *a*, *um* ¶ **1** de Sidon, de Tyr, de Phénicie : [C] Poés. ‖ ***Sidonii, ōrum***, m., habitants de Sidon, Tyriens : [C] Pros. ‖ ***Sidonium ostrum*** [C] Pros., pourpre ; ***Sidonia chlamys*** [C] Poés. ; ***vestis*** [C] Poés., chlamyde de pourpre, robe de pourpre ¶ **2** de Thèbes [en Béotie, fondée par le Tyrien Cadmus] : [C] Poés., [+C] Poés. ‖ des Carthaginois [originaires de Tyr] : [+C] Poés.

2 **Sīdŏnĭus**, *ĭi*, m., Sidoine Apollinaire, évêque de Clermont, poète chrétien : [PT] Pros.

sīdus, *ĕris*, n. ¶ **1** étoile [dans un groupe] ou groupe d'étoiles, constellation ; [puis] étoile isolée : [C] Pros. ‖ [influence sur la destinée] ***sidera natalicia*** [C] Pros., les astres qui ont présidé à la naissance ; ***sidus Julium*** [C] Poés., l'astre des Jules = la fortune des Césars ¶ **2** [fig.] ***a)*** pl., les astres, le ciel : [C] Poés. ***b)*** pl., la nuit : [C] Poés., [+C] Poés. ***c)*** éclat, beauté, ornement : [C] Poés., [+C] Pros. ***d)*** saison, époque : [C] Poés., [+C] Pros. ‖ climat, ciel, contrée : [+C] Pros., Poés. ‖ état atmosphérique, tempête : [C] Poés.

sīfĭlus, *a*, *um*, V. *2 sibilus*

sīfō, **sīfōn**, V. *sipho*

sifuncŭlus, V. *siphunculus*

Sigambri, V. *Sicambri*

Sīgēĭus, V. *Sigeus*

Sīgēum, *i*, n., Sigée [de Troade, où se trouvait le tombeau d'Achille] : [C] Pros.

Sīgēus, [C] Poés. et **-ēĭus**, *a*, *um*, [C] Poés., de Sigée, Troyen ; ***Sigei campi*** [C] Poés., la plaine de Troie ‖ Romain : [+C] Poés.

1 **Sĭgillārĭa**, *ĭum* (*ĭōrum*), n. pl. ¶ **1** Sigillaires [fête qui suivait les Saturnales] : [T] Pros. ¶ **2** **sĭgillārĭa**, sigillaires, statuettes, cadeaux envoyés pendant les Sigillaires : [+C] Pros.

2 **Sĭgillārĭa**, *ĭōrum*, n. pl., un des faubourgs de Rome : [+C] Pros. ‖ abl. *-iis* [+C] Pros. ; *-ibus*

sĭgillārĭcĭus, *a*, *um*, n. pl., cadeau de statuettes : [T] Pros. ; V. *1 Sigillaria*

sĭgillārĭum, *ĭi*, n., figurine, V. *1 Sigillaria ¶ 2*

sĭgillātus, *a*, *um*, orné de figurines, de reliefs, ciselé : [C] Pros. ‖ façonné en statue [en parl. du sel] : [T] Poés.

sĭgillĭŏlum, *i*, n., figurine, statuette : [T] Pros.

sĭgillum, *i*, n. ¶ **1** petite figure, figurine, statuette : [C] Pros., [+C] Pros. ‖ pl., [C] Pros. ¶ **2** empreinte d'un cachet : [C] Pros. ‖ cachet, sceau : [C] Pros. ¶ **3** signe, marque : [PT] Poés.

Sigimērus, *i*, m., V. *Segimerus* : [+C] Pros.

sigma, *ătis*, n., lettre grecque valant s : [-C] Poés. ‖ objet ayant la forme d'un sigma majuscule C, donc d'un demi-cercle : [d'où] ; lit de table demi-circulaire : [+C] Poés. ‖ siège de bain semi-circulaire : [T] Pros.

signācŭlum, *i*, n., marque distinctive : [+C] Pros. ‖ sceau, cachet : [+C] Pros. ‖ partie de l'anneau où est gravé le cachet : [T] Pros. ‖ signe de la croix (fait sur le front au baptême) : [T] Poés. ‖ [chrét.] sceau, cachet, preuve : [T] Pros. ‖ signes visibles [dans la célébration des mystères] : [T] Pros.

signātē, adv., d'une manière expressive, clairement : [+C] Pros., [T] Pros. ‖ ***signatius*** [T] Pros.

signātŏr, *ōris*, m., celui qui scelle un acte pour en garantir l'authenticité, signataire [surtout de testaments] : [C] Pros. ; ***falsi signatores*** [C] Pros., faussaires ‖ témoin : [+C] Poés.

signātōrĭus, *a*, *um*, qui sert à sceller : [+C] Pros.

signātus, *a*, *um* ¶ **1** part. de *signo* ¶ **2** [adj[t]]

Signĭa, *ae*, f., ville des Volsques : [C] Pros. ‖ **-īnus**, *a*, *um*, de Signia : [+C] Poés., **Signīnum**, maçonnerie de Signia [mortier à tuileaux, fait d'un mélange de chaux, d'eau, de sable et de tuiles écrasées] : [C] Pros., **Signīni**, *ōrum*, m. pl., habitants de Signia : [C] Pros.

1 **signĭfer**, *ĕra*, *ĕrum* ¶ **1** portant le pavillon [poupe d'un navire] : [+C] Poés. ¶ **2** parsemé d'astres, étoilé : [C] Poés. ‖ ***orbis signifer*** [C] Pros. [ou] ***signifer*** [seul] [+C] Pros., le Zodiaque

2 **signĭfer**, *ĕri*, m., porte-enseigne : [C] Pros. ‖ [fig.] chef, guide : [C] Pros.

signĭfex, *ĭcis*, m., statuaire : [T] Pros.

signĭfĭcābĭlis, *e*, ayant un sens : [C] Pros.

signĭfĭcans, *tis* ¶ **1** part. de *significo* ¶ **2** [adj[t]] qui exprime bien, expressif : [+C] Pros. ‖ ***-tior*** [+C] Pros. ; ***-tissimus*** [+C] Pros.

signĭfĭcantĕr, adv., d'une manière expressive, significative : [+C] Pros. ‖ ***-tius*** [C] Pros., [+C] Pros.

signĭfĭcantĭa, *ae*, f., force d'expression, valeur expressive : [+C] Pros. ‖ signification : [T] Pros.

signĭfĭcātĭo, *ōnis*, f. ¶ **1** action d'indiquer, de signaler, indication, annonce, signal : [C] Pros. ; ***ex significatione Gallorum*** [C] Pros., d'après l'indication que fournissaient les Gaulois ; ***significatio victoriae*** [C] Pros., annonce de la victoire ; ***virtutis*** [C] Pros., manifestation de la vertu ; [+C] Pros. ¶ **2** [en part.] ***a)*** marque d'approbation, signe d'assentiment, manifestation favorable : [C] Pros. ***b)*** action de faire entendre, allusion : ***significatione aliquem appellare*** [C] Pros., nommer (désigner) qqn par allusion ‖ [rhét.] l'emphase : [C] Pros., [+C] Pros. ***c)*** signification d'un mot, sens, acception : [C] Pros., [+C] Pros.

signĭfĭcātīvē, adv., de manière à faire comprendre : [T] Pros.

signĭfĭcātīvus, *a*, *um*, qui a la propriété de faire comprendre, significatif : [T] Pros.

1 **signĭfĭcātus**, *a*, *um*, part. de *significo*

2 **signĭfĭcātŭs**, *ūs*, m. ¶ **1** signification, sens : [+C] Pros. ¶ **2** dénomination : [T] Pros.

signĭfĭcō, *ās*, *āre*, *āvī*, *ātum*, tr. ¶ **1** indiquer [par signe], faire connaître, faire comprendre, montrer, donner à entendre : ***deditionem*** [C] Pros., faire entendre qu'on se rend ; ***silentium*** [C] Pros., faire comprendre [par des gestes, des cris] que c'est le moment de faire silence, réclamer le silence ; [C] Pros. ‖ [avec prop. inf.] [C] Pros. ‖ [avec interrog. indir.] [C] Pros. ‖ [avec *ut* subj.] demander par signe que : [C] Pros. ‖ [en part.] désigner, faire allusion à (***aliquem***, à qqn) : ***Zenonem significabat*** [C] Pros., il faisait allusion à Zénon ‖ [abs[t]] faire des signes, donner des indications : [C] Pros. ‖ ***de fuga*** [C] Pros., donner des indications annonçant leur fuite ¶ **2** annoncer, présager : [C] Pros., Poés., [+C] Pros. ¶ **3** signifier, vouloir dire, avoir tel, tel sens : [C] Pros.

Signīnum, **-nus**, V. *Signia*

signĭtĕnens, *tis*, étoilé : [-C] Théât., [C] Pros.

signō, *ās*, *āre*, *āvī*, *ātum*, tr. ¶ **1** marquer d'un signe, marquer, caractériser, distinguer ***a)*** ***campum*** [C] Poés., marquer un champ par un signe distinctif, par des bornes ; ***moenia aratro*** [C] Poés., marquer (tracer) les remparts au moyen de la charrue ; [C] Pros., Poés. ***b)*** mettre à la façon d'une marque (d'une empreinte), imprimer, graver, tracer : [C] Poés. ; ***nomina saxo*** [C] Poés., graver des noms sur la pierre ; ***signari in animis*** [C] Pros., être gravé dans les esprits ¶ **2** marquer d'une empreinte ***a)*** marquer d'un sceau, sceller : ***signatus libellus*** [C] Pros., billet scellé, cacheté ‖ [fig.] établir, arrêter : ***jura signata*** [+C] Poés., contrats conclus ‖ sceller, fermer : [+C] Poés. ***b)*** [monnaies] ***argentum signatum*** [C] Pros., argent frappé ***c)*** [fig.] [C] Poés. ; ***responsum signare*** [+C] Pros., faire une réponse en bonne et due forme ¶ **3** signaler, désigner, indiquer : ***verbis, appellatione aliquid*** [+C] Pros., désigner qqch. par des mots, par une appellation ; ***differentiam*** [+C] Pros., marquer une différence [de sens] ¶ **4** remarquer, distinguer : [C] Poés. ¶ **5** marquer, prouver, attester : [T] Pros.

signum, *i*, n., signe ¶ **1** [signe qui indique, qui annonce, qui prouve] ***a)*** marque, trace, empreinte : ***pedum signa*** Ov., traces des pas ; ***pecori signum imprimere*** Virg., marquer un troupeau ; ***signa timoris mittere*** Caes., donner des signes de frayeur ***b)*** symptôme, présage : ***morborum signa*** Virg., symptômes de maladies ; ***signum esse ad salutem*** Ter., être un symptôme de guérison ; ***signa mortis*** Sen., présages de mort *c)* indice, preuve : ***hoc signum est*** [+ prop. inf.] TER., NEP., c'est une preuve que ; ***id est signi*** CIC., même sens ¶ **2** [signe pour se faire voir, se faire reconnaître] ***a)*** signal : ***signum tuba dare*** CAES., donner le signal avec la trompette ; ***proelii committendi signum dare*** CAES., donner le signal d'engager le combat ; [d'où] ***signum dare ut*** [+ subj.], donner la consigne de, ordonner de ‖ [en part.] signal = cloche : GREG.-TUR. ***b)*** mot d'ordre : ***signum petere*** SEN., demander le mot d'ordre ; ***signum Felicitatis dare*** B.-AFR., donner comme mot d'ordre *"Felicitas"* ***c)*** enseigne, drapeau, étendard : ***ab signis discedere*** CAES., quitter les enseignes, fuir ; ***ferre signa*** CAES., emporter les enseignes = se mettre en route ; ***signa conferre*** CAES., réunir, regrouper les enseignes, [ou, s'il s'agit de les mettre en contact avec celles de l'ennemi] engager le combat ; [d'où] ***collatis signis*** CIC., en bataille rangée ¶ **3** [signe = représentation de qqch.] ***a)*** signe (du zodiaque) : ***signum leonis*** CIC., le signe du lion ; [d'où] constellation, astre : ***caelo diffundere signa*** HOR., répandre les constellations au travers du ciel ***b)*** statue : ***marmoreum signum*** CIC., statue de marbre ; ***ex aere signum*** CIC., statue de bronze ***c)*** portrait : ***signum pictum*** PL., figure peinte, portrait ; ***vestis signis ingentibus*** LUCR., vêtement rehaussé d'énormes figures (brodées) ***d)*** sceau, cachet : ***integris signis*** CIC., avec les cachets intacts ; ***sub signo aliquid habere*** CIC., tenir qqch. scellé, cacheté

sīl, *is*, n., ocre jaune : [C] Pros.

Sīla, *ae*, f., forêt du Bruttium : [C] Pros., Poés.

sīlācĕus, *a*, *um*, adj., d'ocre jaune : [C] Pros.

Sīlāna, *ae*, f. ¶ **1** ville de Thessalie : [C] Pros. ¶ **2** nom de femme : [+C] Pros.

Sīlānĭo (-ĭōn), *ōnis*, m., nom d'un sculpteur athénien : [C] Pros.

1 **sīlānus**, *i*, m., fontaine [dont la bouche représente un silène] : [C] Poés., [+C] Pros. ; ▶ *Silenus*

2 **Sīlānus**, *i*, m., surnom dans la famille Junia : [C] Pros.

Sĭlărus, *i*, m., rivière de Lucanie [auj. le Silaro] : [C] Poés.

Sīlās, *ae*, m., apôtre, compagnon de saint Paul : [T] Pros.

Sīlēnē, *ēs*, f., une Silène : [C] Poés.

sĭlens, *tis* ¶ **1** part. de *sileo* ¶ **2** [adj[t]] silencieux : ***silenti nocte*** [C] Pros., dans le silence de la nuit ‖ **silentes**, gén. poét. ***um***, m. pl., les ombres, les mânes : [C] Poés. ‖ ***silens sarmentum*** [+C] Pros., le sarment qui sommeille [où la sève ne circule pas encore] ; ***silenti luna*** [-C] Pros., [+C] Pros., la lune n'apparaissant pas

sĭlentĕr, adv., silencieusement : [T] Pros.

sĭlentĭōsus, *a*, *um*, silencieux : [+C] Pros.

sĭlentĭum, *ĭī*, n. ¶ **1** silence : [C] Pros. ; ***silentium facere*** [C] Pros., faire faire silence ; ***significare*** [C] Pros., donner le signal du silence ; ***a silentio vindicare*** [C] Pros., arracher au silence, à l'obscurité, à l'oubli ‖ abl., ***silentio***, en silence : [C] Pros. ; ***praeterire silentio aliquid*** [C] Pros., passer sous silence qqch. ‖ ***silentio noctis*** [C] Pros., dans le silence de la nuit ‖ [poét. pl.] ***silentia noctis*** [C] Poés., le silence de la nuit ¶ **2** [l. augurale] absence de toute perturbation lors de la prise des auspices : [C] Pros. ¶ **3** [fig.] silence, repos, inaction, oisiveté : ***silentium judiciorum*** [C] Pros., le silence des tribunaux

sĭlentus, *a*, *um*, silencieux : [+C] Pros.

Sīlēnus, *i*, m. ¶ **1** Silène [père nourricier de Bacchus] : [C] Pros., Poés. ‖ pl., ***Sileni***, les Silènes [génies des forêts, voisins des Satyres, mais ayant les oreilles velues avec des pieds de cheval] : [C] Poés. ¶ **2** historien grec : [C] Pros.

sĭlĕō, *ēs*, *ēre*, *ŭī*, -, tr. et intr. ¶ **1** intr., se taire, garder le silence : ***silete*** [-C] Théât., restez silencieux ; ***de nobis silent*** [C] Pros., ils se taisent sur notre compte ; [pass. impers.] ***silebitur de furtis*** [C] Pros., on fera le silence sur les vols ‖ ***silet aequor*** [C] Poés., les flots se taisent ‖ [fig.] être en repos, chômer : [C] Pros., [+C] Pros. ‖ [avec inf., rare] [C] Pros. ¶ **2** tr., ***omnia silere*** [C] Pros., taire tout ; ***neque te silebo*** [C] Poés., et je ne te passerai pas sous silence ; ***res siletur*** [C] Pros., on tait la chose, on n'en parle pas ‖ **silenda**, *orum*, n. pl., choses qu'on doit taire, mystères : [C] Pros. ‖ secrets : [+C] Pros.

1 **sĭler**, *ĕris*, n., espèce de saule : [C] Poés.

2 **Sĭler**, *ĕris*, ▶ *Silarus* : [+C] Poés., Pros.

sĭlescō, *ĭs*, *ĕre*, -, -, intr., devenir silencieux : [C] Poés. ‖ devenir calme : [-C] Théât.

sĭlex, *ĭcis*, m., f. ¶ **1** silex, caillou : [C] Pros. ; ***lapides silices*** [C] Pros., pierres de silex ; ***saxo silice*** [C] Pros., avec une pierre de silex ‖ roc : [C] Poés. ‖ pierre : [C] Pros. ‖ [fig.] ***natus silice*** [C] Pros., né d'un rocher, avec un coeur de pierre ¶ **2** [poét.] roc, roche : [C] Poés.

Sīlĭānus, *a*, *um*, de Silius : [C] Pros.

sĭlĭca, ▶ *siliqua*

sĭlĭcārĭus, *ĭi*, m., paveur : [+C] Pros.

sĭlĭcernĭum, *ĭi*, n. ¶ **1** sorte de saucisse : [T] Pros. ¶ **2** [injure] cadavre ambulant : [-C] Théât.

sĭlĭcĕus, *a*, *um*, de silex : [-C] Pros., [C] Pros. ‖ [fig.] subst. n., ***siliceum***, nature de silex : [+C] Pros.

sĭlĭcis, gén. de *silex*

1 **sĭlĭcŭla**, *ae*, f., silicule, petite silique : [C] Pros.

2 **sĭlĭcŭla**, *ōrum*, n. pl., moulures : [C] Pros.

sĭlĭgĭnĕus, *a*, *um*, du plus pur froment : ***siliginea farina*** [-C] Pros., fleur de farine ‖ de fleur de farine : [+C] Pros.

sĭlīgo, *ĭnis*, f., froment de première qualité, gruau : [-C] Pros., [C] Pros., [+C] Pros. ‖ fleur de farine : [+C] Poés.

sĭlĭqua, *ae*, f. ¶ **1** silique, cosse : [C] Poés. ‖ **sĭlĭquae**, *ārum*, f. pl., légumes à cosse, plantes légumineuses : [C] Pros., [+C] Poés. ¶ **2** ***siliqua Graeca*** [+C] Pros. ¶ **3** fenugrec [plante] : [+C] Pros.

sĭlĭquastrensis, *e*, de la grosseur d'une cosse de siliquastrum : [T] Poés.

sīlis, gén. de *sil*

Sĭlĭus, *ĭi*, m., nom de famille romaine, not[t] P. Silius, propréteur de Bithynie : [C] Pros. ‖ autre du même nom : [C] Pros. ‖ Silius Italicus, auteur d'une épopée sur la deuxième guerre punique : [+C] Pros.

sillŏgrăphus, *i*, m., sillographe, auteur de silles [σίλλοι, sortes de parodies ou de satires] : [T] Pros.

sillўbus, *i*, m., ▶ *sittybos*

1 **sīlo**, *ōnis*, m., camard : [C] Poés.

2 **Sīlo**, f. indécl., ville de Judée : [T] Pros.

Sīlōa, *ae*, f., [T] Poés., **Sīlōē**, indécl., fontaine de Palestine, dans la Samarie : [T] Pros.

silphĭum (silpium [-C] Pros.), *ĭi*, n., silphium [férule de Cyrénaïque qui produit un condiment, le laser] : [+C] Pros. ; ▶ *sirpe* et *laserpicium*

Silpĭa, *ae*, f., ville de Tarraconaise : [C] Pros.

sĭlŭa, diérèse (trisyl.) de *silva*

sĭlŭī, parf. de *sileo*

Silŭres, *um*, m. pl., peuple de Bretagne [Galles du S.-E.] : [+C] Pros.

1 **sīlus**, *a*, *um*, camus, camard : [C] Pros.

2 **Sīlus**, *i*, m., surnom dans la *gens Sergia* : [C] Pros., [+C] Pros.

silva (mieux que **sylva**), *ae*, f. ¶ **1** forêt, bois : [C] Pros. ¶ **2** parc, bosquet : sg., [C] Pros. ‖ pl., ***inter silvas Academi*** [C] Pros., dans les bosquets d'Académos ¶ **3** pl., arbres, arbustes, plantes : [C] Poés., [+C] Poés. ‖ sg. [en parl. d'un arbre] : [+C] Poés. ¶ **4** [fig.] ***a)*** grande quantité, abondante matière : [C] Pros. ‖ [poét.] forêt de traits : [C] Poés., [+C] Poés. ; [forêt de cheveux] [+C] Poés. ***b)*** brouillon, esquisse : [+C] Pros.

Silvanectae (-nectes), *ārum (um)*, m. pl., peuple de Belgique [région de Senlis] ‖ **-ensis**, *e*, des Silvanectes : [+T] Pros.

Silvānus, *i*, m. ¶ **1** Silvain [dieu des forêts] : [C] Poés., Pros. ; pl., les Silvains [divinités des forêts] : [C] Poés. ¶ **2** surnom donné à Mars : [-C] Pros. ¶ **3** surnom de plusieurs Plotius : [+C] Pros.

silvātĭcus, *a*, *um*, de bûcheron : [-C] Pros. ‖ sauvage [en parl. des végétaux] : [C] Pros.

silvescō, *ĭs*, *ĕre*, -, - ¶ **1** intr., pousser trop de bois : [C] Pros., [+C] Pros. ‖ [fig.] ***silvescentes crines*** [T] Pros., forêt de cheveux ¶ **2** [fig.] s'étendre, se développer avec exubérance : [T] Pros.

Silvestĕr, *tri*, m., nom de plusieurs papes : [+T] Pros.

silvestris (qqf. **silvester**, [+C] Pros.), *is*, *e* ¶**1** de forêt, couvert de forêts, boisé : [C] Pros. ‖ pl. n., ***silvestria*** [C] Pros., endroits boisés ¶**2** qui vit dans les forêts, appartenant aux forêts, sauvage : ***silvestris belua*** [C] Pros., bête des forêts ; ***silvestris umbra*** [C] Poés., ombre des forêts ; ***Musa*** [C] Poés., la Muse des forêts ¶**3** sauvage [animaux plantes] : ***arbor silvestris*** [C] Poés., arbre sauvage

Silvĭa (Sylvĭa), *ae*, f., fille de Tyrrhénus : [C] Poés. ‖ Rhéa Silvia [ou Ilia] : [C] Pros., [+C] Pros.

silvĭcŏla, *ae*, m. f., qui habite les forêts : [C] Poés. ; ***silvicolae viri*** [C] Poés., les Faunes ‖ brahmane : [+C] Pros.

silvĭcultrix, *īcis*, adj. f., qui habite les forêts : [C] Poés.

silvĭfrăgus, *a*, *um*, qui brise les arbres [vent] : [C] Poés.

Silvĭus (Sylvĭus), *ĭi*, m., fils d'Énée : [C] Poés. ‖ fils d'Ascagne, deuxième roi d'Albe : [C] Pros. ‖ ensuite le nom de Silvius est donné à tous les rois d'Albe : [C] Pros.

silvōsus, *a*, *um*, boisé : [C] Pros.

silvŭla, *ae*, f., bosquet : [+C] Pros. ‖ pl., silves : [T] Poés. ; → *silva*

sīma, *ae*, f., [archit.] doucine, gueule droite : [C] Pros.

Sīmălĭo, *ōnis*, m., nom d'homme : [-C] Théât.

sīmātus, *a*, *um*, → *simus* : [T] Poés.

Simbrŭīnus, **Simbrŭvīnus**, *a*, *um*, du Simbruvium : [+C] Pros.

Simbrŭvĭum, *ĭi*, n., lac chez les Éques, formé par l'Anio : [+C] Poés.

Sĭmĕōn, *ōnis*, m., fils de Jacob : [T] Pros. ‖ autre personnage du même nom : [T] Pros.

sīmĭa, *ae*, f., singe : [C] Pros. ‖ [fig.] imitateur : [+C] Pros. ; → *simius*

sĭmĭla, *ae*, f., fleur de farine : [+C] Pros., Poés.

sĭmĭlāgĭnĕus, *a*, *um*, de fleur de farine : [T] Pros.

sĭmĭlāgo, *ĭnis*, → *simila* : [+C] Pros.

sĭmĭlātĭo, *ōnis*, → *simulatio*, ressemblance : [T] Pros.

sĭmĭlĕ, *is*, n. de *1 similis*, pris subst^t ¶**1** chose semblable, analogue, analogie, comparaison : [C] Pros., [+C] Pros. ; ***similia*** [C] Pros., faits semblables, exemples analogues ¶**2** ressemblance : [+C] Pros.

1 **sĭmĭlis**, *e*, semblable, ressemblant, pareil ¶**1** [C] Pros. ; ***in simili causa*** [C] Pros., dans une cause semblable ; ***simili ratione*** [C] Pros., d'une manière semblable, pareillement ¶**2** [constr.] ***a)*** [avec gén.] [C] Pros. ***b)*** avec dat. [rare] : ***alicui*** [C] Pros., semblable à qqn ***c)*** [à la fois gén. et dat.] [C] Pros., Poés. ***d)*** ***homines inter se similes*** [C] Pros., hommes semblables entre eux ***e)*** [avec *ac (atque)*] le même que : [-C] Théât., [C] Pros. ‖ [avec *et*] [C] Pros. ***f)*** [avec *ut, tamquam*] ***similis ut si*** [C] Pros. ; ***tamquam si*** [C] Pros., le même que si ***g)*** [avec *cum*] semblable par rapport à : [+C] Pros. ‖ [avec *in* acc.] [+C] Pros. : [+C] Pros.

2 **Sĭmĭlis**, *is*, m., nom d'homme : [T] Pros.

sĭmĭlĭtās, *ātis*, f., ressemblance : [T] Pros.

sĭmĭlĭtĕr, adv., semblablement, pareillement : [C] Pros. ‖ ***similiter ac (atque)*** [C] Pros., de la même manière que ; ***similiter ac si*** [C] Pros. ; ***et si*** [C] Pros. ; ***ut si*** [C] Pros., comme si ‖ ***similius*** [C] Poés. ; ***simillime*** [C] Pros.

sĭmĭlĭtūdo, *ĭnis*, f. ¶**1** ressemblance, analogie, similitude : [C] Pros. ; ***similitudo servitutis*** [C] Pros., ressemblance avec la servitude ‖ pl., ***similitudines*** [C] Pros., cas semblables, faits analogues ¶**2** représentation, portrait, image ressemblante : [C] Pros., [+C] Pros. ‖ statue, figure : [T] Pros. ‖ [fig.] image mentale [dans la mémoire] : [T] Pros. ¶**3** comparaison, rapprochement : [C] Pros. ‖ [rhét.] la similitude, l'analogie : [C] Pros. ; ***propter similitudinem*** [C] Pros., par analogie ‖ exemple, comparaison, parabole : [péjor.] ***posuisti nos in similitudinem gentibus*** [T] Pros., tu as fait de nous la fable des païens ¶**4** monotonie : [C] Pros.

sīmĭŏlus, *i*, m., petit singe : [C] Pros.

sĭmītū, adv., en même temps, à la fois : [-C] Théât. ; ***simitu cum aliquo*** [-C] Théât., en même temps que qqn

sīmĭus, *ĭi*, m., singe : [C] Poés., [+C] Poés. ‖ [fig.] singe, imitateur servile : [C] Pros., Poés.

simma, *ătis*, n., → *sigma*

1 **sīmō**, *ās*, *āre*, *āvī*, *ātum*, tr., aplatir [le nez] : [-C] Poés. ‖ retailler, redresser en rognant : [C] Pros.

2 **Sĭmo**, *ōnis*, m., personnage de comédie : [-C] Théât., [C] Poés.

3 **Sĭmo**, *ōnis*, m., un chef juif : [+C] Pros.

Sĭmŏīs, *entis* ou *entos*, m., le Simoïs [rivière de la campagne de Troie] : [C] Poés.

Sĭmōn (Sīmōn, *ōnis*), m., nom de plus. pers. juifs ‖ ***Simon Petrus***, saint Pierre : [T] Pros. ‖ Simon le Cyrénéen, disciple de J.-C. : [T] Pros. ‖ Simon le lépreux reçut chez lui J.-C. : [T] Pros. ‖ Simon le zélote, apôtre et martyr : [T] Pros. ‖ ***Simon magus***, Simon le magicien : [T] Pros.

Sīmōnĭdēs, *is*, m., Simonide [poète lyrique grec, né à Céos] : [C] Pros., [+C] Pros. ‖ **-ēus**, *a*, *um*, de Simonide : [C] Poés.

1 **simplex**, *ĭcis* ¶**1** simple : [C] Pros. ; ***simplex officium*** [C] Pros. ; ***simplex judicium*** [C] Pros., devoir, jugement simple = tout uni, sans complication ¶**2** seul, isolé, un : [C] Pros., Poés. ; ***simplici ordine*** [C] Pros., sur une file, un à un ¶**3** naturel, non artificiel : [C] Pros. ¶**4** [moral^t] simple, sans détour, ingénu, naïf : [C] Pros. ‖ ***simplicior*** [C] Poés., [+C] Pros. ; ***simplicissimus*** [+C] Pros.

2 **Simplex**, *ĭcis*, m., surnom d'homme : [+C] Pros.

simplĭcĭtās, *ātis*, f. ¶**1** simplicité = substance simple : [C] Poés. ¶**2** [moral^t] ingénuité, droiture, franchise : [C] Pros. ‖ candeur, naïveté : [C] Pros.

simplĭcĭter, adv. ¶**1** simplement, isolément, séparément : [C] Pros. ‖ purement et simplement, tout bonnement : [C] Pros. ¶**2** sans apprêt, sans ornement : [C] Pros. ‖ d'une manière facile à comprendre, sans détour : [C] Pros. ¶**3** avec franchise, ingénument, sans détour : [+C] Pros. ‖ ***simplicius*** [+C] Pros. ; ***simplicissime*** [+C] Pros.

simplus, *a*, *um*, adj., simple, un, unique : [T] Poés. ‖ **simplum**, n., l'unité : [C] Pros. ; ***simplum solvere*** [-C] Théât., payer seulement la somme due ‖ **simpla**, f., la somme (la valeur) toute simple, telle quelle : [C] Pros.

simpŭlum, *i*, n., puisette, cassotte [godet à long manche utilisé pour les libations] : [C] Pros.

simpŭvĭum, *ĭi*, n., → *simpulum* : [C] Pros., Poés., [+C] Poés., [T] Pros.

sĭmŭl arch. **sĕmŏl**

I adv. ¶**1** dans le même temps, en même temps, ensemble : [C] Pros. ¶**2** [constr.] ***a)*** ***simul cum aliquo, aliqua re***, en même temps que qqn, que qqch. : [C] Pros. ***b)*** ***simul et***, en même temps que : [C] Pros., ou [C] Pros., [+C] Pros. ***c)*** ***simul*** développé par ***et… et*** : [C] Pros. ***d)*** ***et simul*** [C] Pros. ; ***simulque*** [C] Pros., et en même temps ***e)*** ***simul etiam*** [C] Pros., en même temps encore ‖ ***simul et***, un même temps aussi : [C] Pros.

II prép. avec abl. [poét.], en même temps que : ***simul his*** [C] Poés., en même temps qu'eux

III conj. ¶**1** ***simul ac, simul atque***, aussitôt que, dès que : [C] Pros., ou ***simul ut*** [C] Pros., ou ***simul et*** [C] Pros. ¶**2** ***simul*** [seul], aussitôt que : [C] Pros., ou [C] Pros., [+C] Pros.

sĭmŭlac, **sĭmŭlatque**, → *simul*

sĭmŭlācrum, *i*, n. ¶**1** représentation figurée de qqch. : [C] Pros. ; ***oppidorum*** [C] Pros., reproductions de villes ; [d'où] image, portrait, effigie, statue : [C] Pros. ; ***litterarum simulacra*** [+C] Pros., tracé, figuration des lettres ‖ [en part.] mannequins d'osier [dans lesquels on enfermait des hommes vivants, et que l'on brûlait en l'honneur des dieux] : [C] Pros. ¶**2** [fig.] ***a)*** fantôme, ombre, spectre : [C] Poés. ***b)*** [phil.] image, simulacre des objets [= εἴδωλον] : [C] Poés. ***c)*** [mnémotechnie] représentation matérielle des idées : [C] Pros. ***d)*** portrait moral : [C] Pros. ***e)*** simulacre, apparence : [C] Pros. ; ***simulacra virtutis*** [C] Pros., des apparences de vertu ; ***belli simulacra*** [C] Poés., simulacres de la guerre, image de la guerre

sĭmŭlāmen, *ĭnis*, n., imitation, représentation : [C] Poés.

sĭmŭlāmentum, *i*, n., artifice, stratagème : [+C] Pros.

1 **sĭmŭlans**, *tis*, part. de *simulo*, adj^t avec gén. : ***vocum simulantior*** [C] Poés., meilleur imitateur de la voix

2 **Sĭmŭlans**, *tis*, m., titre d'une comédie d'Afranius : [C] Pros.

sĭmŭlantĕr, adv., → *simulate* : [+C] Pros.

sĭmŭlātē, adv., d'une manière simulée, par feinte : [C] Pros.

sĭmŭlātĭlis, *e*, simulé : [T] Poés.

sĭmŭlātĭo, *ōnis*, f. ¶ **1** simulation, faux-semblant, feinte : [C] Pros. ¶ **2** [avec gén.] : ***insaniae*** [C] Pros., feinte démence, folie simulée ‖ ***Fausti simulatione*** [C] Pros., en prétextant Faustus ; ***per simulationem amicitiae*** [C] Pros. ; ***cum simulatione timoris*** [C] Pros., en feignant l'amitié, la crainte

sĭmŭlātŏr, *ōris*, m. ¶ **1** celui qui représente, qui copie, imitateur : [C] Poés. ¶ **2** celui qui feint, qui simule : [C] Pros., [+C] Pros. ‖ ***segnitiae*** [+C] Pros., feignant l'indolence ; [C] Pros.

sĭmŭlātrix, *īcis*, f., celle qui transforme, qui métamorphose [Circé] : [+C] Poés.

sĭmŭlātus, *a*, *um*, part. de *simulo*

sĭmŭlō, *ās*, *āre*, *āvī*, *ātum*, tr. ¶ **1** rendre semblable : [C] Pros. ‖ [d'où] reproduire, copier, imiter : ***aliquid imitatione simulatum*** [C] Pros., qqch. reproduit par imitation ; ***simulare Catonem*** [C] Pros., copier Caton ; [avec prop. inf.] [C] Poés. ¶ **2** simuler, feindre ; ***aliquid*** ; qqch. : [C] Pros. ; ***aegrum*** [C] Pros., faire le malade ‖ [avec prop. inf.] ***simulat se proficisci*** [C] Pros., il feint de partir ‖ [avec inf., poét.] ***simulat abire*** [C] Poés., il feint de partir ‖ ***simulare quasi*** [-C] Théât., faire comme si, faire semblant de ‖ [absᵗ] user de feinte, feindre : [C] Pros.

sĭmultās, *ātis*, f. ¶ **1** rivalité, compétition : ***in simultate esse cum aliquo*** [C] Pros., être en contestation avec qqn ¶ **2** sg., inimitié, haine : ***simultatem deponere*** [C] Pros., renoncer à son inimitié ‖ pl., [C] Pros. ; ***simultates exercere cum aliquo*** [C] Pros., être en mauvais termes avec qqn ¶ **3** lutte, combat : [+C] Poés.

sĭmulter, ▶ *similiter* : [-C] Théât.

1 **sīmŭlus**, *a*, *um*, un peu camus : [C] Poés.

2 **Sīmŭlus**, *i*, m., nom d'homme : [-C] Théât.

sīmus, *a*, *um*, camard, camus : [C] Poés. ‖ aplati : [+C] Pros. ; ▶ *sima*

sīn, conj., mais si, si au contraire ¶ **1** ***si... sin*** [C] Pros., si ..., si au contraire ; ou [-C] Théât. [ou] ***sin autem*** [C] Pros. ‖ [elliptᵗ] ***sin aliter***, ***sin minus***, ***sin secus*** ou qqf. ***sin*** ou ***sin autem***, dans le cas contraire : [C] Pros. ¶ **2** [sans être précédé de *si*, *nisi*] ***sin*** [C] Pros. ; ***sin autem*** [C] Pros., si au contraire

Sīnā, **Sīnāī**, m. indécl., le mont Sinaï : [T] Pros.

sĭnāpĭ, n. indécl., ; **sĭnāpe**, [+C] Pros. ; **sĕnāpis**, f., [-C] Théât. ou **sĭnāpis**, f., [+C] Pros., moutarde [plante] et sa graine

sincērē, adv. ¶ **1** de façon nette, sans altération : [-C] Théât. ¶ **2** franchement, sincèrement, loyalement : [C] Pros. ‖ ***-rius*** [+C] Pros.

sincērĭtĕr, ▶ *sincere* : [+C] Pros.

sincērus, *a*, *um* ¶ **1** pur, intact, naturel, non altéré, non corrompu, non fardé : [C] Pros. ; ***sincerus populus*** [+C] Pros., peuple sans mélange, de race pure ¶ **2** [fig.] ***a)*** [rhét.] style probe [qui ne dissimule pas, qui rend l'idée directement] : [C] Pros. ***b)*** ***sincerum judicium*** [C] Pros., goût sûr ***c)*** [C] Pros. ; ***sincera fide*** [C] Pros., sincèrement, avec une parfaite bonne foi

sincĭpĭtāmentum, *i*, n., la moitié de la tête [d'un animal] : [-C] Théât.

sincĭput, *ĭtis*, n., demi-tête, la moitié de la tête : [+C] Poés. ‖ tête, cervelle : [T] Poés. ; [fig.] [-C] Théât.

sincĭpŭtāmentum, ▶ *sincipitamentum*

Sindēs, *ae* ou *is*, m., le Sind [nom indien de l'Indus] : [+C] Pros.

Sindi, *ōrum*, m. pl., peuple scythe, sur les bords du Palus-Méotide : [+C] Poés.

Sindĭcus, ▶ *Sinda*

sindōn, *ōnis*, f. ¶ **1** fin tissu, mousseline, vêtement de mousseline : [+C] Poés. ¶ **2** linceul : [T] Pros.

Sindŏnes, ▶ *Sinda*

Sindos, *i*, f., ville de Pisidie ‖ **-dĭcus**, *a*, *um* et **-densis**, *e*, [C] Pros., de Sinda

1 **sĭnĕ**, prép. abl., sans : [C] Pros. ‖ [après son rég., poét.] : ***flamma sine*** [C] Poés., sans feu

2 **sĭnĕ**, impér. de *sino*

sĭnĕdum, permets seulement : [-C] Théât.

singillātim, **singŭlātim**, adv., isolément, un à un, individuellement : [-C] Théât., [C] Poés., Pros. ‖ en détail, un à un : [+C] Pros.

singŭlāres, *ĭum*, m. pl., corps d'élite de cavalerie, gardes du corps : [+C] Pros.

1 **singŭlāris**, *e* ¶ **1** unique, seul, isolé, solitaire : ***homo*** [C] Pros., homme isolé, marchant isolément ¶ **2** qui se rapporte à un seul : ***imperium singulare*** [C] Pros., autocratie ; ***odium*** [C] Pros., haine particulière, personnelle ‖ [gram.] singulier : ***singularis numerus*** [+C] Pros., le singulier ; [C] Pros., [+C] Pros. ; ***in singulari*** [C] Pros., [+C] Pros., au singulier ¶ **3** unique (en son genre), singulier, exceptionnel, extraordinaire, rare : [C] Pros.

2 **singŭlāris**, *is*, m., pris substᵗ, ▶ *singulares*

singŭlārĭtās, *ātis*, f. ¶ **1** unité : [de la divinité] [T] Pros. ; [de la Trinité] ¶ **2** [gram.]

singŭlārĭtĕr, adv. ¶ **1** individuellement, isolément : [C] Poés. ‖ [gram.] au singulier : [+C] Pros. ¶ **2** extraordinairement, singulièrement : [C] Pros., [+C] Pros.

singŭlārĭus, *a*, *um* ¶ **1** isolé, unique, particulier : ***catenae singulariae*** [-C] Théât., chaînes simples [à un seul tour, légères, oppos. *majores*] ou individuelles [en supposant qu'au début les deux esclaves sont attachés ensemble] ; ***litterae singulariae*** [+C] Pros., abréviations ¶ **2** extraordinaire : [+C] Pros.

singŭlātim, adv., ▶ *singillatim* : [-C] Pros.

singŭli, *ae*, *a*, pl., un par un, ¶ **1** [distrib.] chacun un : [C] Pros. ‖ ***in singulos annos*** [C] Pros., pour chaque année ; ***in dies singulos*** [C] Pros., de jour en jour ¶ **2** chacun en particulier, un à un, un seul : [C] Pros. ; ***ne agam de singulis*** [C] Pros., pour ne pas entrer dans le détail ¶ **3** un individu, une personnalité : [+C] Pros. ¶ **4** isolé, seul : [+C] Pros.

singultātus, *a*, *um*, part. de *singulto*

singultim, adv., d'une façon entrecoupée, par saccades : [C] Poés.

singultĭō, *īs*, *īre*, -, -, intr. ¶ **1** avoir des hoquets : [+C] Pros. ‖ glousser : [+C] Pros. ¶ **2** [fig.] palpiter de plaisir : [+C] Poés.

singultō, *ās*, *āre*, -, - ¶ **1** intr. ***a)*** avoir des hoquets : [+C] Pros. ***b)*** râler : [C] Poés., [+C] Poés. ***c)*** ***verba singultantia*** [+C] Poés., paroles entrecoupées, saccadées ¶ **2** tr., rendre avec des hoquets, en râlant : [C] Poés., [+C] Poés. ‖ entrecouper [de sanglots] : [C] Poés.

singultŭs, *ūs*, m. ¶ **1** hoquet [en gén.], soubresaut : [+C] Pros. ‖ [en part.] hoquet des personnes qui pleurent, sanglot : [C] Pros., Poés. ‖ pl., [C] Poés. ¶ **2** râle, hoquet : [C] Poés., [+C] Pros. ¶ **3** gloussement : [+C] Pros. ¶ **4** [fig.] gargouillement de l'eau : [+C] Pros.

Sĭnis, *is*, m., brigand tué par Thésée : [C] Poés.

sĭnistĕr, *tra*, *trum* ¶ **1** gauche, qui est du côté gauche : [C] Pros. ; ▶ *sinistra (manus)* ‖ ***sinistri*** [C] Pros., les soldats de l'aile gauche ‖ ***a sinistro*** [+C] Pros., [en partant] de gauche ; ***in sinistrum*** [+C] Pros., [en allant] à gauche, sur la gauche ¶ **2** [fig.] ***a)*** gauche, maladroit, mal tourné, de travers : ***mores sinistri*** [C] Poés., caractère malheureux ; [+C] Pros. ***b)*** malheureux, fâcheux, sinistre : [C] Poés. ; ***sinister rumor*** [+C] Pros., bruits fâcheux ‖ [avec gén.] ***fidei sinister*** [+C] Poés., funeste sous le rapport de la loyauté, perfide ‖ [n. pris substᵗ] ***studiosa sinistri*** [C] Poés. [femme] éprise du mal ¶ **3** [t. religieux] ***a)*** [chez les Romains] à gauche = de bon présage, favorable, heureux : [-C] Théât., [C] Pros., Poés., [+C] Pros. ***b)*** [chez les Grecs] de mauvais présage : [C] Poés. ¶ **4** [moralᵗ] qui s'égare : [T] Poés. ‖ méchant, mauvais : [T] Poés.

sĭnistĕrĭtās, *ātis*, f., maladresse : [+C] Pros.

sĭnistra, *ae*, f. ¶ **1** main gauche : [C] Pros. ‖ main gauche [faite pour le vol] : [C] Poés. ; [d'où, en parl. de deux voleurs] [C] Poés. ‖ main gauche [pour la parade, portant le bouclier] : [+C] Pros. ¶ **2** [locutions] : ***a sinistra*** [C] Pros., du côté gauche ; ***sub sinistra*** [C] Pros., vers la gauche

sĭnistrē, adv., mal, de travers : [C] Poés., [+C] Pros.

Sĭnistrorsum, [C] Poés. et **sĭnistrorsus**, [C] Pros., [+C] Pros., vers la gauche, du côté gauche, à gauche

sĭnistrōversus, ▶ *sinistrorsum* : [T] Pros.

Sinnacēs, *is*, m., nom d'homme : [+C] Pros.

Sinnĭus, *ĭi*, m., nom d'homme ; [en part.] Sinnius Capito, grammairien : [+C] Pros. ‖ **-ĭānus**, *a*, *um*, de Sinnius : [+C] Pros.

sĭnō, *ĭs*, *ĕre*, *sīvī*, *sĭtum*, tr., poser [sens premier conservé dans le part. *situs*, *a*, *um* et dans *pono* = **posino*] [d'où] laisser

¶ **1** laisser libre de, permettre ***a)*** [avec prop. inf.] [C] Pros. ‖ [au pass.] : [C] Pros. ***b)*** [avec subj.] ***sine sciam*** [C] Pros., permets que je sache, laisse-moi savoir ; [-C] Théât., [C] Pros., Poés. ***c)*** [avec *ut*] [-C] Théât. ; [+C] Pros. ***d)*** [avec acc.] [C] Poés. ‖ ***sine me*** [-C] Théât., laisse-moi tranquille ***e)*** [abs[t]] ***sinentibus nobis*** [+C] Pros., avec notre agrément ¶ **2** [en part.] ***a)*** [dans la convers.] ***sine*** [-C] Théât., laisse-moi faire ***b) sine veniat*** [-C] Théât., qu'il vienne seulement ! [ou] ***sine modo*** [-C] Théât. ***c) sine*** [-C] Théât., laisse faire, c'est bon ***d)*** [souhaits] [-C] Théât., [C] Pros.

Sĭnōn, *ōnis*, m., Grec qui conseilla aux Troyens de faire entrer dans leur ville le cheval de bois : [C] Poés.

1 **Sĭnōpē**, *ēs*, [C] Pros. ou **Sĭnōpa**, *ae*, f., [C] Pros., Sinope [ville et port de Paphlagonie, patrie de Diogène]

2 **Sĭnōpē**, *ēs*, f., nom grec de Sinuessa : [C] Pros.

Sĭnōpensis, *e*, de Sinope ; subst. m. pl., habitants de Sinope : [C] Pros.

Sĭnōpeūs, *ĕi* (*ēi*), acc. pl. ***as***, [-C] Théât., **Sĭnōpĭcus**, *a*, *um*, de Sinope : ***Sinopeus Cynicus*** [C] Poés., le Cynique de Sinope= Diogène ; ***Sinopicum minium*** [+C] Pros., rouge de Sinope [sorte d'ocre]

Sintĭcē, *ēs*, f., contrée de la Macédoine : [C] Pros. ‖ **Sintii**, m. pl., habitants de la Sintique : [C] Pros.

Sintŭla, *ae*, m., nom d'homme : [T] Pros.

sinŭāmĕn, *ĭnis*, n., courbure, sinuosité : [T] Poés.

sĭnŭātus, *a*, *um*, part. de *sinuo*

Sĭnŭessa, *ae*, f., ville-frontière du Latium : [C] Pros. ‖ **-ānus**, *a*, *um*, de Sinuessa : [C] Pros.

sīnum, *i*, n., arch. **sīnus**, *i*, m., [-C] Théât., jatte : [C] Pros., Poés.

sĭnŭō, *ās*, *āre*, *āvī*, *ātum*, tr., rendre courbe, rendre sinueux, courber : [C] Poés. ; ***arcum*** [C] Poés., bander un arc ; ***orbes*** [+C] Pros., former des cercles ‖ ***sinuari in arcus*** [C] Poés., se plier en arc ; [+C] Pros. ; ***in Chattos sinuari*** [+C] Pros., former une courbe jusque chez les Chattes ‖ creuser en formant une sinuosité : [+C] Pros.

sĭnŭōsē, adv., d'une manière sinueuse ‖ [fig.] ***sinuosius*** [+C] Pros., d'une manière plus détournée

sĭnŭōsus, *a*, *um*, courbé, recourbé, sinueux : [C] Poés. ‖ [fig.] avec des digressions, contourné, compliqué : [+C] Pros. ‖ [poét.] ***sinuoso in pectore*** [+C] Poés., dans les replis (au fond) du coeur

1 **sīnus**, *i*, m., → *sinum*

2 **sĭnŭs**, *ūs*, m. ¶ **1** courbure, sinuosité, pli : [C] Pros., Poés. ‖ plis de la voile [que le vent fait disparaître en la gonflant] : [C] Poés. ¶ **2** ***a)*** concavité, creux : [C] Pros. ***b)*** golfe, anse, baie : [C] Pros. ‖ ***sinus montium*** [+C] Pros., la cuvette formée par les montagnes ¶ **3** [en part.] le pli de la toge [quand, ayant passé derrière l'épaule droite, elle remonte sur l'épaule gauche pour pendre le long du dos, elle forme en travers sur la poitrine un large pli] ***a)*** [il servait de bourse] : [C] Poés., [+C] Pros. ***b)*** pli d'autres vêtements : [C] Poés. ‖ [p. ext.] vêtements : [C] Poés. ***c)*** [fig.] sein, poitrine : [C] Pros. ; ***esse in sinu*** [C] Pros., être dans le coeur, dans l'affection de qqn ; ***in sinu gaudere*** [C] Pros., se réjouir intérieurement ; [+C] Pros. ***d) in sinu urbis*** [C] Pros., au sein, au coeur de la ville ‖ ***in sinu Abrahae*** [T] Pros., dans le sein d'Abraham

Sīōn, f. indécl., montagne de Jérusalem : [T] Poés. ‖ Jérusalem : [T] Pros.

sīpărĭum, *ĭī*, n. ¶ **1** rideau [manœuvré entre les scènes, tandis que l'*aulaeum* ne l'était qu'au début ou à la fin de la pièce] : [+C] Pros. ‖ [fig.] ***post siparium*** [C] Pros., en cachette [derrière le rideau, dans la coulisse] ¶ **2** style comique, comédie : [+C] Pros., [+C] Poés. ¶ **3** rideau garantissant du soleil le tribunal : [+C] Pros.

sīpărum, [+C] Pros., [-C] Théât., **sīphărum**, [C] Pros., *i*, n. ¶ **1** → *supparum*, petite voile de perroquet ¶ **2** **siphara**, *ōrum*, n. pl., morceaux d'étoffe carrée des *vexilla* et des *cantabra* : [+C] Pros.

sīpho, *ōnis*, m. ¶ **1** siphon [grec διαβήτης] : [+C] Pros. ¶ **2** pompe à incendie : [+C] Pros. ¶ **3** petit tube : [+C] Pros. ¶ **4** jet [d'un liquide] : [+C] Poés.

sīphuncŭlus, *i*, m., petit tuyau : [+C] Pros.

sĭpō, *ās*, *āre*, -, -, → *supo*

sĭpŏlindrum, *i*, n., sorte d'aromate : [-C] Théât.

Sīpontum (**-puntum**), *i*, n., ville d'Apulie [Siponto] : [C] Pros. ‖ **-īnus**, *a*, *um*, de Siponte : [C] Pros.

sīpuncŭlus, → *siphunculus* : [+C] Pros.

Sīpūs, *untis*, f., → *Sipontum* : [+C] Poés.

Sĭpy̆lus, *i*, m. ¶ **1** nom d'un fils de Niobé : [C] Poés. ¶ **2** le mont Sipyle, en Lydie [où est adorée la Magna Mater] : [C] Pros. ‖ **-ēus**, [+C] Poés. ‖ **-ēĭus**, *a*, *um* et **-ēnŏs**, *ē*, *ŏn*, du Sipyle

1 **sīquā**, **sī quā**, → *1 quis*

2 **sīquā**, **sī quā**, adv., si par qq. côté, → *2 quā*

sīquando, **sī quando**, → *quando*

1 **sīqui**, **sī qui**, → *1 qui*

2 **sīquī**, **sī quī**, adv., si de qq. manière, → *2 qui*

sīquĭdĕm (**sī quĭdĕm**), conj., si vraiment : [C] Pros. ‖ oui, si, au moins si : [C] Pros. ‖ puisque : [C] Pros.

sīquis ou **sī quis**, → *1 quis*

sīquō, **sī quō**, adv., → *2 quo*

Siraci, *ōrum*, m. pl., peuple de Sarmatie : [+C] Pros.

Sirae, *ārum*, f. pl., ville de Thrace : [C] Pros.

sirbēnus, *a*, *um*, qui bredouille : [+C] Pros.

sircĭtŭla, *ae*, f., sorte de raisin : [+C] Pros.

sīremps [peu net = *similis res ipsa* ?], indécl., absolument semblable : [-C] Pros.

sīrempsĕ, indécl., → *siremps* : [-C] Théât.

Sīrēn, *ēnis*, f. ¶ **1** Sirène [d'après la tradition de l'Odyssée, les Sirènes sont des divinités de la mer qui, à l'entrée du détroit de Sicile, attiraient à elles par leurs chants d'un attrait irrésistible les navigateurs passant dans leurs parages et les entraînaient à la mort ; on les représente avec un corps d'oiseau et une tête de femme] : [+C] Poés. ; d'ordin. pl. : [C] Pros. ; ***Sirenum scopuli*** [C] Poés., rochers des Sirènes [près de Caprée] ¶ **2** [fig.] Sirène = qui chante agréablement : [+C] Pros., Poés.

Sīrēna, *ae*, f., → *Siren* : [T] Pros.

Sīrēnaeus (**-ēus**), *a*, *um*, des Sirènes : [T] Pros.

Sīrēnĭus, *a*, *um*, des Sirènes : [+C] Pros.

Sīrĭăcus, *a*, *um*, de Sirius, de la canicule : [T] Poés.

sīrinx, → *1 syrinx*

Sīrius, *ĭī*, m., Sirius [une des étoiles de la canicule], la canicule : [C] Poés., [+C] Pros. ‖ **Sirius**, *a*, *um*, de Sirius : [C] Poés., [+C] Pros.

Sirmĭo, *ōnis*, f., péninsule du lac Bénacus où Catulle avait une propriété : [C] Poés.

Sirmĭum, *ĭī*, n., ville de Pannonie [auj. Sremska-Mitrovica] : [T] Poés.

Sīro, *ōnis*, m., Siron [philosophe épicurien, ami de Cicéron et maître de Virgile] : [C] Pros.

sīrŏmastēs, *ae*, m., bâton muni d'un crochet dont se servent les douaniers pour sonder les tas de blé : [T] Pros.

sirpĕ, *is*, n., → *laser* [condiment] : [-C] Théât.

sirpĕa, **sirpĭa**, → *scirpea*

sirpĭcĭum, *ĭī*, n., gomme silphium : [-C] Pros.

sirpĭcŭlus, → *scirpiculus*

Sirpĭcus, *i*, m., nom d'homme : [+C] Pros.

sirpō, *ās*, *āre*, -, -, → *scirpo*

sirpus, → *scirpus*

sīrus, *i*, m., silo à grain : [C] Pros.

1 **sīs**, = ***si vis***, si tu veux, s'il te plaît, de grâce : [-C] Théât., [C] Pros.

2 **sīs**, subj. prés. de *1 sum*

Sisăpo, *ōnis*, f., ville de Bétique : [C] Pros.

Siscĭa, *ae*, f., ville de Pannonie : [+C] Pros.

Sīsenna, *ae*, m., surnom romain, not[t] L. Cornélius Sisenna, orateur et historien, contemporain de Cicéron : [C] Pros. ‖ autres du même nom : [C] Poés., [+C] Pros.

Sīsennus, *i*, m., nom d'homme : [+T] Poés.

sīsĕr, *ĕris*, n., panais [plante à racine comestible] : [+C] Pros.

sĭsĕra, *ae*, f., → *siser* : C Pros.

Sīsichthōn, *ŏnis*, m., surnom de Neptune : T Pros.

sistō, *ĭs*, *ĕre*, *stĕtī* (*stiti*), *stătum*, tr. et intr. ¶ **1** placer, se placer ***a)*** [tr.] ***aliquid sistere in aliquo loco*** Virg., Tac., placer qqch. qq. part ***b)*** [intr.] se placer, se tenir, se mettre : ***in ore sistere*** Pl., se tenir sur la tête = être renversé la tête la première ; ***in aggere sistere*** Tac., se poster sur un remblai ***c)*** [en part. dans le domaine juridique] ***se sistere***, [ou] ***sisti***, se présenter (au jour dit) = comparaître : ***promittere aliquem sisti*** Cic., s'engager à faire comparaître qqn ; ***sistere*** [seul] même sens : Cic. ¶ **2** arrêter, s'arrêter ***a)*** [tr.] ***fugam sistere*** Liv., arrêter la fuite ; ***gradum sistere*** Virg., arrêter sa marche ; ***lacrimas sistere*** Ov., arrêter ses larmes, cesser de pleurer ; ***aquam fluviis sistere*** Virg., suspendre le cours des fleuves ***b)*** [intr.] s'arrêter : ***sistunt amnes*** Virg., les fleuves s'arrêtent ; ***se sistere*** Virg., s'arrêter ¶ **3** consolider, tenir bon ***a)*** [tr.] raffermir, consolider : ***dentes mobiles sistere*** Plin., raffermir les dents qui branlent ; ***rem Romanam sistere*** Virg., raffermir l'existence de l'État romain ***b)*** [intr.] tenir bon, se maintenir : ***res publica sistere non potest*** Liv., la république ne saurait se maintenir ; [pass. impers.] ***non sisti potest*** Pl., on ne peut plus tenir, cela ne peut plus continuer ‖ [d'où] résister : ***alicui sistere*** Tac., résister à qqn

sistrātus, *a*, *um*, qui porte un sistre : ***sistrata turba*** +C Poés., les prêtres d'Isis

sistrĭfĕr, *ĕra*, *ĕrum*, qui porte le sistre : T Poés.

sistrum, *i*, n., sistre [sorte de crécelle métallique utilisée dans le culte d'Isis] : C Poés.

sĭsurna, **sĭsўra**, *ae*, f., fourrure grossière, peau garnie de son poil : T Pros.

Sisygambis, *is*, f., nom de la mère et de la femme de Darius Codoman : +C Pros.

sĭsymbrĭum, *ĭi*, n., menthe sauvage : C Poés.

Sīsўphēĭus, *ae*, *um*, → *Sisyphius* : T Poés.

Sīsўphĭdēs, *ae*, m., fils de Sisyphe [Ulysse] : C Poés.

Sīsўphĭus, *a*, *um*, de Sisyphe : C Poés. ‖ de Corinthe : +C Poés.

Sīsўphus (-ŏs), *i*, m., Sisyphe [fils d'Éole, fondateur de Corinthe, célèbre pour sa ruse, puni aux Enfers] : C Pros., Poés.

sītarcĭa (-chia), *ae*, f., provisions, vivres : +C Pros.

sĭtella, *ae*, f., urne [de scrutin] : C Pros.

Sīthōn, *ŏnis*, m., nom d'un hermaphrodite : C Poés.

Sīthŏnes, *um*, m. pl., → *Sithonii* ‖ adj., des Thraces : C Poés.

Sīthŏnĭi, *ōrum*, m. pl., les Thraces : C Poés.

Sīthŏnis, *ĭdis*, f., de Thrace : C Poés. ‖ subst. f., une femme de Thrace : C Poés.

Sīthŏnĭus, *a*, *um*, de Thrace : C Poés.

sĭtĭcen, *ĭnis*, m., trompette qui joue aux funérailles : +C Pros.

sĭtīcŭlōsus, *a*, *um*, desséché : [chaux] C Pros. ‖ aride [sol] : C Poés. ‖ altéré : T Pros.

sĭtĭens, *entis*, → *sitio*

sĭtĭentĕr, adv., avidement, ardemment : C Pros., T Pros.

Sĭtĭfi, n. indécl., **Sĭtĭfis**, *is*, f., colonie romaine en Maurétanie [auj. Sétif] : T Pros. ‖ **-ensis**, *e*, de Sétif, sitifien

sĭtĭō, *īs*, *īre*, *īvī* ou *ĭī*, *ītum* ¶ **1** intr., avoir soif ***a)*** ***sitio*** -C Théât., j'ai soif ; ***sitiens*** C Pros., ayant soif ‖ ***aeris*** T Pros., avoir soif (besoin) d'air ***b)*** = avoir besoin d'eau, être à sec : ***agri sitiunt*** C Pros., les champs sont altérés ¶ **2** tr., avoir soif de, désirer boire ***a)*** ***Tagum*** +C Poés., avoir soif des eaux du Tage ; C Poés. ***b)*** [fig.] ***nostrum sanguinem*** C Pros., avoir soif de notre sang ; ***honores*** C Pros., avoir soif d'honneurs ‖ [d'où le part.] ***sitiens***, avide : ***sitientes aures*** C Pros., oreilles avides ; [avec le gén.] C Pros. ‖ [chrét.] avoir soif de : T Pros. ; [pass. impers.] ***sititur*** T Pros., on a soif

sĭtis, *is*, f. ¶ **1** soif : ***sitim depellere*** C Pros., ***explere*** C Pros., chasser la soif, étancher sa soif ; ***quaerere*** C Pros., chercher à avoir soif ‖ [poét.] = manque d'eau : C Poés. ¶ **2** [fig.] ***a)*** ***cupiditatis sitis*** C Pros., la soif, l'avidité du désir ***b)*** ***libertatis*** C Pros., la soif de la liberté

sĭtītŏr, *ōris*, m., qui a soif de, avide de : +C Poés., Pros.

Sitŏnes, *um*, m. pl., peuple de Germanie : +C Pros.

Sittĭus, *ĭi*, m., nom d'homme : C Pros. ‖ **Sittĭānus**, *a*, *um*, de Sittius : C Pros.

sittўbŏs (sillў-), *i*, m., étiquette de parchemin portant les titres et auteurs des livres : C Pros.

sĭtŭla, *ae*, f., seau : -C Théât. ‖ urne [de vote] : -C Théât.

sĭtŭlus, *i*, m., seau : -C Pros., C Pros.

sĭtūrus, *a*, *um*, part. fut. de *sino*

1 **sĭtus**, *a*, *um* ¶ **1** placé, posé : C Pros. ‖ établi : ***juxta siti*** C Pros., les voisins ; +C Pros., +C Pros. ¶ **2** situé : C Pros. ¶ **3** [en parl. des morts] placé dans la tombe, enseveli : -C, C Pros. ‖ [d'où les épitaphes] ***hic situs est***, ci-gît ; ***hic siti sunt***, ici reposent ¶ **4** bâti, élevé, dressé : +C Pros. ¶ **5** [fig.] ‖ ***aliquid situm est in aliquo*** C Pros., qqch. repose sur qqn, dépend de qqn, est en son pouvoir

2 **sĭtŭs**, *ūs*, m. ¶ **1** position, situation [d'une ville, d'un camp] : C Pros. ‖ place, disposition des membres dans le corps humain : C Pros. ‖ pl., ***situs oppidorum*** C Pros., situation des places fortes ¶ **2** situation prolongée [d'où] ***a)*** état d'abandon, de délaissement, jachère [champs] : C Poés. ***b)*** moisissure, rouille, pourriture, détérioration : +C Pros. ; ***verborum situs*** +C Pros., rouille des mots = mots surannés, tombés en désuétude ; C Pros. ***c)*** saleté corporelle, malpropreté : C Pros., Poés. ***d)*** inaction, oisiveté : C Pros., Poés.

sīvĕ, **seu**, arch. **seive**, conj. ¶ **1** ou si : ***si... sive*** C Pros., si... ou si ¶ **2** ***sive... sive***, soit que... soit que ***a)*** [avec un verbe dans chaque membre] C Pros. ***b)*** [avec un verbe commun] C Pros. ‖ ***sive... seu ; seu... sive*** ; → *seu* ¶ **3** ***sive... an*** +C Pros., soit... soit plutôt ¶ **4** = ou : ***sive etiam*** C Pros., ou même ; ***sive adeo*** C Pros., ***sive potius*** C Pros., ou pour mieux dire

sīvī, parf. de *sino*

smărăgdĭnĕus, *a*, *um*, d'émeraude : FT Poés.

smărăgdĭnus, *a*, *um*, d'émeraude : T Pros. ‖ **smărăgdĭnum**, *i*, n., sorte d'emplâtre [vert] : +C Pros.

smărăgdus, *i*, m. et f., émeraude : C Poés., +C Pros.

smăris, *ĭdis*, f., picarel [petit poisson de mer au goût mauvais] : C Poés.

smegma, *ătis*, n., dat. et abl. pl. *smegmatis*

smigma, → *smegma* : T Pros.

Smīlax, *ăcis*, f., jeune fille qui fut changée en liseron : C Poés.

1 **Sminthēus (Zmintheēus)**, *a*, *um*, de Sminthée, d'Apollon : +C Théât.

2 **Sminthеūs**, *ĕi* ou *ĕos*, m., Sminthée, surnom d'Apollon : C Poés.

Sminthĭus, *a*, *um*, de Sminthe [ville de Troade] : T Pros.

1 **Smyrna (Zmy-)**, *ae*, f., Smyrna, la même que Myrrha, sujet d'un poème d'Helvius Cinna : C Poés.

2 **Smyrna (Zmy-)**, *ae*, f. ¶ **1** Smyrne en Ionie [une des villes qui prétendaient avoir donné le jour à Homère] : C Pros. ¶ **2** d'Homère, [et par ext.] héroïque, épique : +C Poés. ‖ **Smyrnaei**, m. pl., les habitants de Smyrne : C Pros.

3 **smyrna (smurna)**, *ae*, f., myrrhe : C Poés. ; → *1 myrrha*

sŏbŏles, **sŏbŏlesco**, → *sub*

sōbrĭē, adv., sobrement : C Pros. ‖ avec sang-froid, avec prudence : -C Théât.

sōbrĭĕfactus, *a*, *um*, rendu sage : +C Pros.

sŏbrĭĕtās, *ātis*, f. ¶ **1** tempérance dans l'usage du vin : +C Pros. ‖ prudence : T Pros. ¶ **2** [fig.] modération, sagesse : T Pros.

sōbrīna, *ae*, f., cousine issue de germaine : +C Pros.

sōbrīnus, *i*, m., cousin issu de germain : C Pros.

sōbrĭus, *a*, *um* ¶ **1** qui n'a pas bu, à jeun : C Pros. ‖ ***sobria pocula*** C Poés., coupes sobres [de vin mêlé d'eau] ; ***sobrii convictus*** +C Pros., banquets sans excès ¶ **2** sobre, frugal, tempérant : C Pros., Poés. ¶ **3** modéré, réservé, rassis : C Pros. ; ***sobrii oratores*** C Pros., orateurs méthodiques ; +C Pros.

Socanda, *ae*, f., ville maritime d'Hyrcanie : T Pros.

soccātus, *a, um*, chaussé de brodequins : [+C] Pros.

soccellus, *i*, **soccŭlus**, *i*, m., [+C] Pros., ▶ *soccus*

soccĭfĕr, *ĕra, ĕrum*, comique [celui qui porte le brodequin des acteurs comiques] : [T] Poés.

soccĭtō, *ās, āre*, -, -, intr., crier [en parlant de la grive] : [+C] Pros.

soccŭlus, *i*, m., ▶ *soccellus*

soccus, *i*, m., socque, chausson, espèce de pantoufle : [C] Pros. ‖ portée dans la maison par les femmes, portée par un homme, marque un caractère efféminé : [+C] Pros. ‖ c'était la chaussure propre aux comédiens : [C] Pros., Poés. ‖ [par extens.] genre comique, comédie : [+C] Pros.

sŏcĕr, *ĕri*, m., beau-père : [C] Pros.

sŏcĕrus, *i*, m., ▶ *socer* : [-C] Théât.

sŏcĭa, *ae*, f., compagne : [C] Pros. ; ▶ *1 socius*

sŏcĭābĭlis, *e*, uni : [C] Pros. ‖ sociable : [+C] Pros.

sŏcĭāle bellum, la guerre sociale [que Rome soutint contre ses alliés italiens qui réclamaient le droit de cité] : [C] Pros., [+C] Pros., Poés.

sŏcĭālis, *e* ¶ **1** fait pour la société, sociable, social : ***(homo) sociale animal*** [+C] Pros., (l'homme) animal sociable ; ***res socialis*** [+C] Pros., acte social [qui intéresse la société] ¶ **2** qui concerne les alliés, d'allié : ***lex socialis*** [C] Pros., loi qui concerne les alliés ; ***socialis exercitus*** [C] Pros., les troupes des alliés, ▶ *sociale bellum* ; ***socialia*** [+C] Pros., les affaires des alliés ¶ **3** nuptial, conjugal : [C] Poés.

sŏcĭālĭtās, *ātis*, f., compagnie, entourage : [+C] Pros.

sŏcĭālĭtĕr, adv., en bon compagnon : [C] Poés. ‖ en partageant avec d'autres : [T] Pros.

sŏcĭātrix, *īcis*, f., celle qui unit : [+C] Poés.

sŏcĭātus, *a, um*, part. de *socio*

sŏcĭĕtās, *ātis*, f. ¶ **1** association, réunion, communauté, société : ***hominum inter ipsos*** [C] Pros., la société humaine ; ***societas vitae*** [C] Pros., la vie sociale ¶ **2** association commerciale, industrielle, société, compagnie : [C] Pros. ‖ société fermière, compagnie des fermiers publics : [C] Pros. ¶ **3** union politique, alliance : [C] Pros.

sŏcĭō, *ās, āre, āvī, ātum*, tr. et intr., tr. ¶ **1** faire partager, mettre en commun : ***suum regnum cum aliquo*** [C] Pros., partager son trône avec qqn ; ***sociatus labor*** [C] Poés., travail commun ¶ **2** former en association, associer, mettre ensemble : [C] Pros. ‖ joindre, unir : [C] Pros. ; ***se alicui vinclo jugali*** [C] Poés., s'unir à qqn par le lien conjugal

sŏcĭŏfraudus, *a, um*, qui trompe son associé : [-C] Théât.

1 **socĭus**, *a, um*, adj. ¶ **1** associé, en commun : [C] Poés., Pros. ; ***nocte socia*** [C] Pros., avec la complicité de la nuit ¶ **2** allié : ***urbs socia*** [C] Pros., ville alliée

2 **sŏcĭus**, *ĭi*, subst. m. ¶ **1** compagnon, associé : ***socius regni*** [C] Pros., associé au trône ; ***culpae*** [C] Pros., qui prend sa part d'une faute ; ***alicui rei*** [C] Poés., associé à qqch. ‖ [poét.] ***generis*** ou ***sanguinis*** [C] Poés., ayant en commun la race, le sang (parent) ; ***tori*** [C] Poés., le lit (époux) ‖ associé [le corps avec l'âme] : [T] Poés. ¶ **2** associé [dans une affaire commerciale] : [C] Pros. ‖ ***socii*** [C] Pros., membres d'une société fermière, publicains ‖ ***pro socio damnari*** [C] Pros., être condamné pour fraude envers un associé ¶ **3** allié : [C] Pros. [ou] [C] Pros.

sŏcordĭa, *ae*, f. ¶ **1** défaut d'intelligence, stupidité : [+C] Pros. ¶ **2** défaut de cœur, d'énergie, insouciance, indolence, lâcheté : [C] Pros.

sŏcordĭtĕr, inus., ***socordius***, avec plus de nonchalance, de négligence : [C] Pros., [+C] Pros.

sŏcors, *dis* ¶ **1** qui manque d'intelligence, qui est d'esprit borné, stupide : [C] Pros., [+C] Pros. ¶ **2** qui manque de cœur, d'énergie, insouciant, indolent, apathique : [C] Pros., [+C] Pros. ‖ [avec gén.] ***futuri*** [+C] Pros., insouciant de l'avenir ; [-C] Théât. ‖ ***socordior*** [T] Pros. ; ***-issimus*** [+C] Pros.

Sōcrătēs, *is*, m. ¶ **1** Socrate [philosophe athénien] : [C] Pros. ¶ **2** pl., [+C] Pros. ‖ **Sōcrătĭcus**, *a, um*, de Socrate, socratique : [C] Poés., Pros. ; **Sōcrătĭci**, m. pl., les disciples de Socrate : [C] Pros.

Sōcrătĭōn, *ōnis*, m., nom d'homme : [C] Poés.

sŏcrŭālis, *e*, de belle-mère : [T] Pros.

sŏcrŭs, *ūs*, f., belle-mère : [C] Pros., Poés.

sŏdālĭcĭum, *ĭi*, n. ¶ **1** camaraderie : [C] Poés., [+C] Pros. ¶ **2** repas de corporation : [C] Pros. ¶ **3** club politique, société secrète : [C] Pros.

sŏdālĭcĭus, *a, um*, de corporation : [T] Pros.

1 **sŏdālis**, *is*, adj. m. f., de compagnon, de camarade : [C] Poés. ‖ compagnon : [C] Poés.

2 **sŏdālis**, *is*, subst. m. ¶ **1** camarade, compagnon : [C] Pros. ¶ **2** membre d'une corporation, d'un collège, d'une confrérie : [C] Pros. ; ***sodales Augustales*** [+C] Pros., la confrérie des Augustales [prêtres consacrés au culte de la *gens Julia*] ; ***sodales Titii*** [C] Pros., [observateurs des auspices] ¶ **3** compagnon de club politique [en mauv. part] ; acolyte : [-C] Théât., [C] Pros.

sŏdālĭtās, *ātis*, f. ¶ **1** camaraderie : [C] Pros., [+C] Pros. ¶ **2** corporation, confrérie, collège : [C] Pros. ¶ **3** réunion de camarades, cercle : [C] Pros. ¶ **4** club politique, association secrète : [C] Pros.

sŏdālĭti-, ▶ *sodalici-*

sōdēs, s'il te plaît, de grâce : [-C] Théât., [C] Pros., Poés.

Sŏdŏma, *ōrum*, n. pl., [+C] Pros., [T] Pros. ; **Sŏdŏma**, *ae*, f., [T] Pros. ; **Sŏdŏmum**, *i*, n., Sodome [ville de Palestine détruite par le feu du ciel]

Sŏdŏmīta, adj. m. f., de Sodome, sodomite : [T] Poés. ‖ **Sŏdŏmītae**, *ārum*, subst. m. pl., habitants de Sodome : [T] Poés.

sŏfistēs, ▶ *sophistes*

Sogdĭāna regio, f., la Sogdiane [région de Perse] : [+C] Pros. ‖ **-āni**, *ōrum*, m. pl., habitants de la Sogdiane, Sogdiens : [+C] Pros.

Sohaemus, *i*, m., roi des Ituréens : [+C] Pros.

1 **sōl**, *sōlis*, m. ¶ **1** soleil : ***in sole ambulare*** [C] Pros., se promener au soleil ; ***sol oriens, occidens***, soleil levant, couchant, ▶ *orior, 1 occido* ‖ [poét.] jour, journée : [C] Poés. ¶ **2** [fig.] ***a)*** la lumière du soleil, le plein jour, la vie publique : [C] Pros. ***b)*** = grand homme (un astre) : [C] Pros., Poés. ¶ **3** âge : [T] Poés.

2 **Sōl**, *Sōlis*, m., le Soleil [divinité] : [C] Pros. ‖ ***Solis fons*** [+C] Pros., source dans la Marmarique

sōlācĭŏlum, *i*, n., léger soulagement : [C] Poés.

sōlācĭum, *ĭi*, n., soulagement, adoucissement : [C] Pros. ‖ consolation : [C] Pros. ; ***alicui solacia dare*** [C] Pros., donner des consolations à qqn ‖ troupe de secours : [T] Pros.

sōlāmĕn, *ĭnis*, n., consolation, soulagement : [C] Poés.

sōlānum, *i*, n., sorte de morelle [plante] : [+C] Pros.

sōlānus, *i*, m., vent d'est : [C] Pros.

sōlāris, *e*, du soleil, solaire : [C] Poés., [+C] Pros. ; ***solaris herba*** [+C] Pros., tournesol

sōlārĭum, *ĭi*, n. ¶ **1** cadran solaire : [-C] d. [+C] Pros., [C] Pros. ‖ à Rome, sur le forum, se trouvait un cadran solaire qui était un point de réunion : ***ad solarium versari*** [C] Pros., fréquenter les environs du cadran solaire ¶ **2** clepsydre : [C] Pros. ¶ **3** [endroit exposé au soleil] terrasse, balcon : [-C] Théât., [+C] Pros.

sōlārĭus, *a, um*, solaire : [+C] Pros.

sōlātĭŏlum, **sōlātĭum**, ▶ *solac*

sōlātŏr, *ōris*, m., consolateur : [C] Poés.

1 **sōlātus**, *a, um*, part. de *solor*

2 **sōlātus**, *a, um*, part. de *1 solo*

Solcinĭum, *ĭi*, n., ville de Germanie [auj. Schwetzingen] : [T] Pros.

soldūrĭi, *ōrum*, m. pl., soldures, féaux, dévoués [compagnons dévoués à un chef jusqu'à la mort] : [C] Pros.

sŏlĕa, *ae*, f. ¶ **1** sandale : [+C] Pros. ; ***soleas poscere*** [C] Poés., demander ses sandales [le repas fini] ; [-C] Théât. ¶ **2** entraves : [C] Pros. ¶ **3** garniture du sabot [d'une bête de somme] : [+C] Pros. ¶ **4** pressoir : [+C] Pros.

sŏlĕāris, *e*, qui a la forme d'une sandale : [T] Pros.

sŏlĕārĭus, *ĭi*, m., fabricant de sandales : [-C] Théât.

sŏlĕātus, *a, um*, chaussé de sandales [en public, signe de relâchement] : [C] Pros., [+C] Pros.

sōlemn-, → *soll-*

sōlennis, etc., → *sollemnis*

sŏlens, *tis*, → *soleo*

Sŏlensis, *e*, → *4 Soli*

Solentini, → *Soluntini*, → *2 Solus*

sŏlĕō, *ēs, ēre, ĭtus sum*, intr. ¶ **1** avoir coutume, être habitué ***a)*** avec inf. : [C] Pros. ***b)*** **sŏlens**, *tis*, qui a l'habitude, habitué : [-C] Théât. ¶ **2** avoir commerce ; ***cum aliquo***, avec qqn : [-C] Théât., [C] Poés.

sōlers, etc., → *soll*

Sŏleūs, *ĕi* ou *ĕos*, → *4 Soli*

1 **sōli**, gén. de *1 solum*

2 **sōli**, dat. de *sol*

3 **sōli**, dat. de *1 solus* ‖ ancien gén. du même

4 **Sŏli** (**Sŏloe**), *ōrum*, m. pl., Soles ‖ ville maritime de Cilicie, patrie de Chrysippe, de Ménandre, d'Aratos : [C] Pros. ‖ **Sŏlensis**, *e*, de Soles ; **-ses**, *ium*, m. pl., habitants de Soles : [C] Pros. ‖ **Sŏleūs**, *ĕi*, m., de Soles : [C] Pros.

sŏlĭăr, *āris*, n., coussin, tapis qu'on étend sur le solium : [C] Poés.

sŏlĭārĭus, → *solearius*

sōlĭcĭt-, → *soll-*

sŏlĭdāmĕn, *ĭnis*, n., fondement : [T] Poés.

sŏlĭdātĭo, *ōnis*, f., consolidation : [C] Pros.

sŏlĭdātrix, *īcis*, f., celle qui rend solide : [T] Pros.

sŏlĭdātus, *a, um*, part. de *solido*

sŏlĭdē, adv. ¶ **1** solidement : [+C] Pros. ¶ **2** d'une seule pièce : [+C] Pros. ¶ **3** [fig.] fortement, beaucoup, complètement : [-C] Théât.

sŏlĭdescō, *ĭs, ĕre, -, -*, intr., devenir massif : [C] Pros.

sŏlĭdĭtās, *ātis*, f. ¶ **1** qualité de ce qui est massif, dense, compact : [C] Pros. ¶ **2** solidité, dureté, fermeté : [C] Pros.

sŏlĭdō, *ās, āre, āvī, ātum*, tr., rendre solide, consolider, affermir, donner de la consistance, durcir : [C] Poés., [+C] Pros.

1 **sŏlĭdum**, n. adverbial, fortement : [+C] Pros.

2 **sŏlĭdum**, *i*, n. pris subst[t] ¶ **1** le solide : [C] Pros. ; ***solida*** [C] Pros., les solides ‖ ***solido procedere*** [C] Pros., avancer sur un terrain solide ; ***per solidum*** [+C] Pros., sur une base solide ; [fig.] ***in solido*** [C] Poés., sur du solide = en lieu sûr ¶ **2** totalité d'une somme : [C] Pros., Poés., [+C] Pros.

sŏlĭdus, *a, um* ¶ **1** dense, solide, massif, compact, consistant : ***solida corpora*** [C] Pros., corps tout d'une masse, indivisibles [atomes] ; ***paries solidus*** [C] Pros., mur plein ; [C] Poés. ¶ **2** entier, complet : ***usura solida*** [C] Pros., intérêts entiers ; ***solidum stipendium*** [C] Pros., solde entière [de l'année] ¶ **3** [fig.] ***a)*** solide, réel : [C] Pros. ; ***suavitas solida*** [C] Pros., une douceur ayant de la consistance [pleine de fermeté] ***b)*** ferme, inébranlable : ***mens solida*** [C] Poés., esprit que rien n'entame ***c)*** [rhét.] style plein, ferme, de bon aloi : [C] Pros. ‖ ***solidior*** [+C] Pros. ; ***-issimus*** [C] Poés.

sōlĭfĕr, *ĕra, ĕrum*, oriental [qui apporte le soleil] : [+C] Théât.

sōlĭferrĕum, → *solliferreum*

Sōlĭgĕna, *ae*, m., Fils du Soleil : [+C] Poés.

sōlisfŭga, *ae*, f., tarentule : [T] Pros.

sōlistĭmum, **-tŭmum**, **sollistĭmum tripŭdĭum**, *ĭi*, n., augure favorable [tiré de ce que les oiseaux sacrés laissaient tomber des grains à terre en mangeant] : [C] Pros.

sōlistĭtĭum, etc., → *solstitium*

solitānaecochlĕae (**solitannae**), f. pl., sorte d'escargots [d'Afrique] : [C] Pros.

sōlĭtārĭus, *a, um* ¶ **1** isolé, solitaire : ***virtus solitaria*** [C] Pros., la vertu solitaire ; ***homo solitarius*** [C] Pros., homme vivant isolé ¶ **2** unique en son genre, seul : [T] Pros. ¶ **3** subst. m., solitaire, anachorète : [T] Pros.

sōlĭtās, *ātis*, f., solitude, isolement : [-C] Théât., [+C] Pros.

sōlĭtātim, adv., solitairement : [+C] Pros.

sōlĭtō, *ās, āre, āvī, -*, intr., avoir l'habitude : [+C] Pros.

sōlĭtūdo, *ĭnis*, f. ¶ **1** solitude : [C] Pros. ; ***in aliqua desertissima solitudine*** [C] Pros., dans quelque solitude absolument déserte ; ***vastae solitudines*** [C] Pros., déserts immenses ¶ **2** solitude de qqn, état d'abandon, vie isolée sans protection : [C] Pros. ¶ **3** absence, manque : ***magistratuum*** [C] Pros., manque de magistrats

sŏlĭtum, *i*, n. pris subst[t], chose habituelle : ***praeter solitum*** [C] Poés. ; ***super solitum*** [+C] Pros. ; ***ultra solitum*** [+C] Pros. ; ***plus solito*** [C] Pros. ; ***magis solito*** [C] Pros., plus que d'ordinaire ; ***solito formosior*** [C] Poés., plus beau qu'à l'ordinaire

sŏlĭtus, *a, um* ¶ **1** part. de *soleo*, qui a l'habitude ¶ **2** adj[t], habituel, ordinaire : [C] Poés., [+C] Pros.

sŏlĭum, *ĭi*, n. ¶ **1** siège, trône : [C] Pros. ‖ [en part.] fauteuil [du père de famille, du patron, du jurisconsulte] : [C] Pros. ‖ [fig.] trône = royauté : [C] Poés., Pros., [+C] Pros. ¶ **2** cuve ‖ = baignoire : [C] Poés., Pros., [+C] Pros. ¶ **3** sarcophage, cercueil : [+C] Pros.

sōlĭvăgus, *a, um* ¶ **1** qui erre en solitaire : [C] Pros. ¶ **2** isolé, solitaire : [C] Pros.

sollemne, *is*, n. de *sollemnis* ¶ **1** solennité, fête (cérémonie) solennelle : [C] Pros. ‖ pl., ***sollemnia*** [C] Pros., [+C] Pros. ¶ **2** habitude, usage : [C] Pros. ‖ pl., [C] Pros. ; [+C] Pros. ; ***insanire sollemnia*** [C] Pros., avoir une folie ordinaire ‖ → *sollemnis*

sollemnis (mieux que **sollennis**, **solemnis**), *e* ¶ **1** qui revient régulièrement, solennel, consacré : [C] Pros. ¶ **2** habituel, ordinaire, commun : [C] Poés., Pros. ; ***sollemne est*** avec inf., [C] Pros., [+C] Pros., c'est une habitude de ¶ **3** ***-issimus*** [+C] Pros.

sollemnĭtās, *ātis*, f., solennité, fête solennelle : [+C] Pros.

sollemnĭtĕr, adv., solennellement : [C] Pros. ‖ selon le rite, selon la coutume : [+C] Pros.

sollemnĭtus, → *sollemniter* : [-C] Théât.

sollemnizō, *ās, āre, -, -*, tr., solenniser : [T] Pros.

sollers (mieux que **sōlers**), *tis*, adj. ¶ **1** tout à fait industrieux, habile, adroit : [-C] Théât., [C] Pros. ; ***sollertior*** [C] Pros. ; ***sollertissimus*** [C] Pros. ‖ ***sollers ponere*** [C] Poés., habile à représenter ... ; [avec gén.] ***lyrae sollers*** [C] Poés., qui a la science de la lyre ; ***cunctandi*** [+C] Poés., qui sait temporiser ¶ **2** [en parl. de choses] ingénieux, intelligent, habile : [C] Pros. ‖ ***fundus sollertissimus*** [-C] Pros., propriété la plus productive

sollertĕr (mieux que **sōlerter**), adv., adroitement, habilement, ingénieusement : [C] Pros. ; ***sollertius*** [C] Pros. ; ***-issime*** [C] Pros.

sollertĭa (mieux que **sōlertĭa**), *ae*, f., industrie, adresse, habileté, savoir-faire, ingéniosité : [C] Pros. ; ***oblectatio sollertiae*** [C] Pros., le plaisir de l'invention ‖ ***judicandi*** [C] Pros., habileté à juger

sollĭcĭtātĭo, *ōnis*, f. ¶ **1** souci : [-C] Théât. ¶ **2** sollicitation, instigation : [C] Pros.

sollĭcĭtātŏr, *ōris*, m., séducteur : [C] Pros.

sollĭcĭtātus, *a, um*, part. de *sollicito*

sollĭcĭtē, adv. ¶ **1** avec inquiétude : [+C] Pros. ¶ **2** avec soin, avec précaution, avec sollicitude : [+C] Pros. ‖ ***sollicitius*** [+C] Pros. ; ***-issime*** [+C] Pros.

sollĭcĭtō, *ās, āre, āvī, ātum*, tr. ¶ **1** remuer totalement, agiter fortement, remuer, agiter, ébranler : ***tellurem*** [C] Poés., remuer à fond la terre ; ***remis freta*** [C] Poés., battre les flots avec les rames ; ***spicula dextra*** [C] Poés., secouer, ébranler le dard avec sa main droite ¶ **2** troubler, inquiéter, tourmenter ***a)*** ***stomachum*** [C] Poés., troubler l'estomac ***b)*** ***de aliqua re sollicitari*** [C] Pros., s'inquiéter de qqch. ‖ intr., être en souci, se soucier de : [T] Pros. ¶ **3** exciter, provoquer, soulever : [C] Pros. ‖ [avec *ad*] exciter à, provoquer à : [C] Pros. ‖ [avec *ut*] engager vivement à, presser de : [C] Pros. ; [avec *ne*] [C] Poés., engager à ne pas ‖ [poét. avec inf.] exciter à : [C] Poés. ¶ **4** solliciter, attirer : ***oculos*** [+C] Pros., attirer les regards ‖ solliciter, chercher à gagner, à séduire : [C] Poés.

sollĭcĭtūdo, *ĭnis*, f., inquiétude, sollicitude, souci : [C] Pros. ; ***struere sollicitudinem alicui*** [C] Pros., créer des inquiétudes à qqn ; avec prop. inf., ***alicui sollicitudo inest*** [C] Pros., qqn appréhende que ‖ pl., [C] Pros., Poés.

sollĭcĭtus, *a, um* ¶**1** entièrement remué, agité ***a)*** sans cesse remué : ***sollicitus motus*** [C] Poés., mouvement sans repos ***b) mare sollicitum*** [C] Poés., mer agitée ; ***sollicita ratis*** [C] Poés., navire ballotté ¶**2** plein d'anxiété, de souci, troublé, inquiet, alarmé, agité : [C] Pros. ; ***sollicitum habere aliquem*** [C] Pros., tenir qqn dans l'inquiétude, donner de l'inquiétude à qqn ‖ ***de aliqua re*** [C] Pros., inquiet de, au sujet de qqch. ; ***pro aliquo*** [C] Pros., pour qqn ‖ ***sollicitus futuri*** [+C] Pros., inquiet de l'avenir ‖ [avec *ex*] [+C] Pros., à la suite de ‖ [avec *ne*] [C] Pros. ‖ [avec interrog. indir.] [C] Pros. ¶**3** [animaux] : ***sollicitus lepus*** [C] Poés., le lièvre inquiet, craintif ¶**4** [choses] : [C] Pros. ; ***sollicita exspectatio*** [C] Pros., attente inquiète ‖ ***sollicitior*** [+C] Pros. ; ***-issimus*** [+C] Pros.

sollĭferrĕum, *i*, n., javelot tout de fer : [C] Pros., [+C] Pros.

sollistĭmum, ▶ *solistimum*

Sollĭus, *ĭi*, m., un des prénoms de Sidoine Apollinaire : [+T] Pros.

sollus, *a, um*, adj. arch., ▶ *totus*, entier, intact : [-C] Poés.

1 **sōlō**, *ās, āre, āvī, ātum*, dépeupler, désoler : ***urbes populis*** [+C] Poés., dépeupler les villes de leurs habitants ; ***domos*** [+C] Poés., rendre les maisons désertes

2 **Sŏlo**, *ōnis*, m., ▶ *Solon*

Sŏloe, *ōrum*, ▶ *4 Soli*

sŏloecismus, *i*, m., solécisme : [C] Pros., [+C] Pros.

sŏloecus, *a, um*, qui pèche contre la langue : [n. pl.] [C] Pros. ; [n. sg.] [+C] Pros.

Sŏlŏm-, ▶ *Salom-*

Sŏlōn, **Sŏlo**, *ōnis*, m., Solon ¶**1** législateur d'Athènes [lois de Solon, constitution de Solon], un des Sept Sages de la Grèce : [C] Pros. ¶**2** chef de garnison de Pydna : [C] Pros.

Solonĭum, *ĭi*, n., secteur du territoire de Lanuvium : [C] Pros. ‖ **Solonĭus ager**, même sens : [C] Pros.

sōlŏr, *ārĭs, ārī, ātus sum*, tr. ¶**1** réconforter, fortifier : [C] Théât., [C] Pros., Poés., [+C] Pros. ‖ dédommager : [+C] Pros. ¶**2** consoler : [C] Poés. ¶**3** adoucir, soulager, calmer : ***famem*** [C] Poés., apaiser sa faim ; ***laborem cantu*** [C] Poés., adoucir la fatigue par des chants ; ***lacrimas*** [C] Poés., chercher à sécher des larmes ; ***cladem*** [+C] Pros., adoucir un désastre

Solovettĭus, *ĭi*, m., chef gaulois : [C] Pros.

solstĭtĭālis, *e* ¶**1** du solstice d'été, solsticial : ***dies*** [C] Pros., le jour le plus long de l'année ; ***orbis*** [C] Pros., le tropique du Cancer ¶**2** = de l'été, de la plus grande chaleur : [C] Pros. ; ***morbus*** [-C] Théât., fièvre du plein été ‖ = du soleil, solaire, annuel : [C] Pros.

solstĭtĭum, *ĭi*, n. ¶**1** solstice : [-C] Pros. ; ***brumale, hibernum*** [+C] Pros., solstice d'hiver ¶**2** [en part.] solstice d'été : [C] Pros. ‖ = été, chaleurs de l'été : [C] Poés., Pros.

sŏlūbĭlis, *e*, qui se dissout, se désagrège : [T] Pros.

1 **sŏlum**, *i*, n. ¶**1** la partie la plus basse d'un objet, base, fondement, fond : ***fossae*** [C] Pros., le fond d'un fossé ; ***stagni*** [C] Poés., le fond d'un étang ‖ [poét.] support : ***cereale solum*** [C] Poés., table faite d'un gâteau ‖ le support des navires, la mer : [C] Poés. ¶**2** plante des pieds : [humains] [C] Pros., Poés. ; [chiens] [C] Pros. ‖ semelle : [-C] Théât. ¶**3** base (surface) de la terre, aire, sol : ***sola marmorea*** [C] Pros., des aires, des dallages de marbre ; ***agri solum*** [C] Pros., le sol des champs ; ***solum incultum*** [C] Pros., sol inculte ; ***solo aequare***, ▶ *aequo* ; [+C] Pros. ¶**4** sol = pays, contrée : [C] Pros. ; ***in Mamertinorum solo*** [C] Pros., sur le sol de Messine

2 **sōlum**, adv. ¶**1** seulement, uniquement : [C] Pros. ¶**2** ***non solum ... sed*** ou ***verum etiam***, non seulement ... mais encore ; [C] Pros. ‖ ou ***non solum ... sed***, non seulement ... mais : [C] Pros., ▶ *ne ... quidem* ; [C] Pros.

1 **sōlus**, *a, um*, adj. ¶**1** seul, unique : [C] Pros. ¶**2** isolé, délaissé : [-C] Théât., [C] Pros. ¶**3** solitaire, désert [où il n'y a pas d'hommes] : ***in locis solis*** [C] Pros., dans des lieux déserts ; [poét.] [C] Poés.

2 **Sŏlūs**, *untis*, f., Solus [ville de Sicile] ‖ **-untīni**, *ōrum*, m. pl., habitants de Solus : [C] Pros. ; sg., [C] Pros.

sŏlūtē, adv. ¶**1** en se résolvant : [C] Poés. ¶**2** d'une manière dégagée, avec aisance : ***facile soluteque*** [C] Pros., avec facilité et aisance ‖ librement, sans entraves : [C] Pros. ¶**3** d'une manière lâche, relâchée, négligée : ***solute agere*** [C] Pros., plaider avec détachement ‖ ***solutius*** [+C] Pros.

sŏlūtĭlis, *e*, qui peut se défaire : [+C] Pros.

sŏlūtĭo, *ōnis*, f. ¶**1** dissolution, désagrégation : [C] Pros. ‖ état de celui qui est libre, non marié [oppos. à *alligatio*] : [T] Pros. ¶**2** dégagement, aisance : ***linguae*** [C] Pros., langue déliée ¶**3** paiement, acquittement : [C] Pros. ¶**4** solution, explication : [+C] Pros.

sŏlūtus, *a, um*
I part. de *solvo*
II adj[t] ¶**1** sans liens, libre, non enchaîné : [C] Pros. ¶**2** disjoint, de contexture relâchée : ***solutior terra*** [+C] Pros., terre plus meuble ; ***aer solutior*** [C] Pros., air moins dense, plus volatil ¶**3** [fig.] ***a)*** dégagé, libre, sans entraves : [C] Pros. ; ***soluti a cupiditatibus*** [C] Pros., dégagés des passions ; [C] Poés. ‖ [avec gén.] ***operum soluti*** [C] Poés., libres de toute tâche ‖ ***soluta praedia*** [C] Pros., terres dégagées de toute servitude ‖ ***solutum est*** [avec inf.], on est libre de : [+C] Pros. ***b)*** qui a de l'aisance, de la facilité : ***solutissimus in dicendo*** [C] Pros., ayant une très grande aisance de parole ***c)*** dégagé des liens du rythme : [C] Pros. ; n. pl., ***soluta*** [C] Pros., un style lâche ; ***soluta oratio*** [C] Pros., la prose ; ***verba soluta*** [C] Pros., mots sans l'entrave du rythme ***d)*** sans bride, sans retenue : ***soluta praetura*** [C] Pros., une préture sans frein ***e)*** relâché, négligent, insouciant : [C] Pros. ; ***solutior cura*** [C] Pros., soin qui se relâche davantage [plus grande négligence] ; [C] Pros. ‖ sans énergie : ***lenitas solutior*** [C] Pros., indulgence trop molle ; [+C] Pros.

solvō, *ĭs, ĕre, solvī, sŏlūtum*, tr. ¶**1** dénouer, détacher, dégager ***a) crinem solvere*** Ov., dénouer la chevelure ; ***nodum solvere*** Curt., défaire un noeud ; ***vinctos solvere*** Cic., détacher des gens enchaînés ; ***fasciculum solvere*** Cic., défaire, ouvrir un paquet ; ***funem solvere*** Ov., détacher un câble ; ***naves solvere*** Caes., détacher des navires = appareiller ; [d'où, abs[t]] mettre à la voile : Caes. ; ***e portu solvere*** Cic., sortir du port ; ***Alexandrea solvere*** Cic., faire voile depuis Alexandrie ‖ [fig.] ***ambiguitatem solvere*** Quint., dénouer (= éclaircir) une équivoque ***b)*** [par ext., dans un sens positif] dégager, délivrer : ***aliquem scelere solvere*** Cic., dégager qqn d'un crime (= absoudre) ; ***aliquem opere solvere*** Cic., débarrasser qqn d'un travail ; ***aliquem lege solvere*** Virg., affranchir qqn d'une loi ; ***aliquem obsidione solvere*** Cic., délivrer qqn d'un siège ; ***aliquem omni cura solvere*** Cic., délivrer qqn de tout souci ; ***corpora somnus solvit*** Virg., le sommeil délivre (= détend) les corps ; ***in somnos solvi*** Virg., se laisser aller au sommeil, sombrer dans le sommeil ***c)*** [par ext., dans un sens négatif] relâcher, énerver, amollir : ***disciplinam solvere*** Liv., relâcher la discipline ; ***aliquem deliciis solvere*** Quint., amollir qqn par une vie de douceurs ; ***in Venerem corpora solvere*** Virg., épuiser son corps dans l'amour ¶**2** désagréger, dissoudre, rompre ***a)*** désagréger, dissoudre : ***viscera solvuntur*** Virg., les entrailles se décomposent ; ***solvere nivem*** Ov., faire fondre la neige ; [fig.] ***curam metumque solvere*** Hor., dissiper les soucis et les craintes ‖ [en part.] résoudre une difficulté : Quint. ***b)*** rompre : ***ordines solvere*** Liv., rompre les rangs ; ***morem solvere*** Liv., rompre une coutume ; ***leges solvere*** Curt., détruire les lois ; ***obsidionem solvere*** Liv., rompre (= faire lever) un siège ; ***pontem solvere*** Curt., Tac., couper un pont ; ***amicos solvere*** Prop., désunir des amis ; ***versus solvere*** Quint., rompre les vers (pour les mettre en prose) ¶**3** payer, acquitter : ***pecuniam solvere*** Cic., payer une somme d'argent ; ***pecunias solvere*** Cic., payer ses dettes ; [abs[t]] ***solvere alicui*** Cic., payer qqn ; ***solvendo non esse*** Cic., ne pas être solvable ‖ [en gén.] ***promissum solvere*** Val.-Max., acquitter une promesse ; ***vota solvere*** Cic., acquitter des voeux ; ***fidem solvere*** Ter., tenir sa parole ; [d'où] ***praemia solvere*** Cic., donner les récompenses promises ; ***justa solvere*** Cic., rendre les honneurs funèbres ; ***suprema alicui solvere*** Tac., rendre à qqn les derniers devoirs ‖ [en part. à propos de peine] ***poenam solvere*** Cic., subir un châtiment ; ***capite solvere*** Sall., payer de sa tête = être puni de mort

Sŏlўma, *ōrum*, n. pl., [+C] Poés., **Sŏlўma**, *ae*, f., Jérusalem ‖ **Sŏlўmus**, *a, um*, de Jérusalem : [+C] Poés. ; ▶ *Hierosolyma*

Sŏlўmi, *ōrum*, m. pl., habitants de Jérusalem : [+C] Pros.

1 **Sŏlȳmus**, → *Solyma*

2 **Sŏlȳmus**, *i*, m., un des compagnons d'Énée, qui fonda une colonie à Sulmone : C Poés.

Sōmĕna, *ae*, m., Somme [fleuve de Belgique] : +T Poés.

somnĭātŏr, *ōris*, m., rêveur, visionnaire : C Pros. ‖ celui qui voit en songe, interprète des songes : T Pros.

somnĭcŭlŏr, *ārĭs*, *ārī*, -, intr., somnoler : T Théât.

somnīcŭlōsē, adv., nonchalamment : -C Théât.

somnīcŭlōsus, *a*, *um*, dormeur adonné au sommeil : +C Poés. ‖ endormi, engourdi : C Pros., +C Pros.

somnĭfĕr, *ĕra*, *ĕrum*, assoupissant, somnifère, narcotique : ***(Mercurii) virga somnifera*** C Poés., la baguette (de Mercure) qui répand le sommeil ‖ qui cause un engourdissement mortel : C Poés., +C Poés.

somnĭō, *ās*, *āre*, *āvī*, *ātum*, intr. et tr. ¶ **1** intr., rêver, avoir un songe : ***de aliqua re*** C Pros., rêver de qqch. ‖ ***somniantes philosophi*** C Pros., philosophes rêvants, songe-creux ‖ [avec acc. de l'objet intérieur] -C Théât. ¶ **2** tr., voir en rêve : ***ovum*** C Pros., rêver d'un oeuf ; +C Pros. ; [avec prop. inf.] rêver que : C Pros. ‖ [fig.] ***Trojanum somniabam*** C Pros., je rêvais que c'était la villa de Troie [en Italie]

somnĭum, *ĭī*, n. ¶ **1** songe, rêve : C Pros. ‖ les Songes [pl. personnifié] : C Pros., Poés. ¶ **2** = chimère, extravagance : C Pros. ‖ ***somnia !*** -C Théât., rêveries ! chansons ! ; ***somnium !*** -C Théât., tu rêves !

somnŏlentĭa (-ŭlentĭa), *ae*, f., somnolence : T Pros.

somnŏlentus (-ŭlentus), *a*, *um*, assoupi : +C Pros.

somnurnus, *a*, *um*, paru en songe : C Poés.

somnus, *i*, m. ¶ **1** sommeil : ***somnum capere*** C Pros., dormir ; ***somno se dare*** C Pros., se livrer au sommeil ; ***ducere somnos*** C Poés., prolonger son sommeil ; ***somnos ducere*** C Poés. ou ***somnum*** +C Poés. ; ***facere*** C Poés., amener le sommeil ; ***per somnum*** C Pros. [et surtout] ***in somnis*** C Pros., pendant le sommeil, en songe ; ***artior somnus*** C Pros., un sommeil plus profond ‖ le Sommeil [divinité] : C Poés. ¶ **2** [fig.] ***a)*** = inaction, paresse, oisiveté : C Pros., +C Pros. ***b)*** = la nuit : C Poés.

sōna, → *zona*

sŏnābĭlis, *e*, sonore, retentissant : C Poés.

sŏnans, *tis* ¶ **1** part. de *sono* ¶ **2** adjᵗ, retentissant, sonore : C Poés., +C Pros. ; ***verba sonantiora*** C Pros., mots plus sonores ; +C Pros. ‖ ***litterae sonantes*** +C Pros., voyelles

sŏnax, *ācis*, retentissant, bruyant, sonore : +C Pros.

sŏnĭgĕr, *ĕra*, *ĕrum*, bruyant, sonore : T Pros.

sŏnĭpēs, *ĕdis*, subst. m., cheval, coursier : C Poés.

sŏnĭtŭs, *ūs*, m., retentissement, son, bruit, fracas : ***remorum*** C Pros., bruit des rames ; ***sonitum dare*** C Poés., faire entendre un bruit ; ***reddere*** C Pros. ‖ ***nostri sonitus*** C Pros., mes éclats d'éloquence

sŏnĭvĭus, *a*, *um*, qui fait du bruit [l. des augures] : C Pros.

sŏnō, *ās*, *āre*, *sonui*, *sŏnĭtum*, adv.

I intr. ¶ **1** rendre un son, sonner, retentir, résonner : ***graviter, acute*** C Pros., rendre un son grave, aigu ; ***tympana sonuerunt*** C Pros., les tambourins résonnèrent ; C Poés. ¶ **2** renvoyer un son, retentir : C Pros. ¶ **3** [avec l'acc. de l'objet intérieur] avoir tel accent [prononciation] : C Pros., Poés.

II tr. ¶ **1** ***a)*** émettre par des sons, faire entendre : C Pros. ; ***evoe sonare*** C Poés., crier évoé ! ; [absᵗ] C Pros. ***b)*** [poét.] faire entendre avec éclat, faire sonner, vanter : C Poés. ***c)*** chanter, célébrer : C Poés. ; ***sonandus eris*** C Poés., tu devras être chanté ¶ **2** [sens des mots] faire entendre, signifier : C Pros. ; ***unum sonare*** C Pros., avoir le même sens

sŏnŏr, *ōris*, m., retentissement, son, bruit : C Poés., +C Pros.

sŏnōrē, adv., d'une manière sonore : +C Pros.

sŏnōrus, *a*, *um*, retentissant, sonore : C Poés.

sons, *sontis*, adj., coupable, criminel : C Poés. ‖ [subst.] ***sons***, m., un coupable : C Pros.

Sontĭātes, *um*, m. pl., peuple d'Aquitaine : C Pros.

sontĭcus, *a*, *um*, dangereux, sérieux : ***morbus sonticus*** +C Pros., maladie sérieuse, qui fournit une excuse légitime [= épilepsie] ‖ ***sontica causa*** -C Théât., C Poés., raison de maladie, cause grave, excuse valable

sŏnus, *i*, m. ¶ **1** son, retentissement, bruit : ***tubae*** C Pros., le son de la trompette ; ***soni vocis*** C Pros. ; ***nervorum*** C Pros., les sons de la voix, des cordes de la lyre ¶ **2** ***a)*** accent [prononciation] : C Pros. [*ora sono discordia signare* C Poés. → *signo* ¶ *4*] ***b)*** ***sonus vocis*** C Pros., bonne sonorité de la voix ¶ **3** [fig.] sonorité, éclat du style : +C Pros. ‖ ton, caractère propre : C Pros.

Sōpătĕr, *tri*, m., nom d'un grand nombre de personnages, notᵗ deux victimes de Verrès : C Pros.

1 **sŏphĭa**, *ae*, f. ¶ **1** la sagesse : -C Pros., +C Poés., +C Pros. ¶ **2** [chrét.] la Sagesse divine [identifiée avec le Logos] : T Poés.

2 **Sŏphĭa**, *ae*, f., Sophie, femme de l'empereur Justin II : +T Poés. ‖ **Sŏphĭānus**, *a*, *um*, de Sophie, sophien [palais à Constantinople] : +T Poés.

sŏphisma, *ătis*, n., sophisme : +C Pros.

sŏphismătĭum (-ĭŏn), *ĭī*, n., petit sophisme : +C Pros.

sŏphistēs, C Pros., **sophista**, +C Pros., *ae*, m. ¶ **1** sophiste : C Pros. ; ***in Sophiste*** +C Pros., dans le Sophiste [ouvrage de Platon] ¶ **2** rhéteur : +T Poés.

sŏphistĭcē, *ēs*, f., art du sophisme, chicane : +C Pros.

sŏphistĭcus, *a*, *um*, sophistique, captieux : +C Pros.

Sŏphŏclēs, *is* (et *i*, +C Pros.), m., Sophocle, poète tragique grec : C Pros., +C Pros. ‖ **-ēus**, *a*, *um*, de Sophocle : C Pros.

Sŏphoclĭdisca, *ae*, f., nom de servante : -C Théât.

Sŏphŏnība, *ae*, f., Sophonisbe [fille d'Hasdrubal Gisgon et femme de Syphax] : C Pros.

1 **sŏphos (-us)**, *i*, m., sage : +C Poés.

2 **sŏphōs**, adv., bravo ! : +C Pros. ‖ subst. n., un bravo : +C Poés.

Sōphrōn, *ŏnis*, n., Sophron [auteur de mimes] : C Pros., +C Pros.

Sōphrŏna, *ae*, f., personnage de nourrice : -C Théât.

Sōphrŏniscus, *i*, m., statuaire, père de Socrate : +C Pros.

Sōphrŏsȳnē, *ēs*, f., fille de Denys l'Ancien : C Pros.

sŏphum, *i*, n., langage élevé : ***cothurnato sopho*** +T Poés., dans le ton de la tragédie, avec le pathos tragique

1 **sŏphus**, → *1 sophos* : C Poés.

2 **Sŏphus**, *i*, m., surnom romain [le Sage] : C Pros.

1 **sōpĭō**, *īs*, *īre*, *īvī* ou *ĭī*, *ītum*, tr. ¶ **1** assoupir, endormir : ***aliquem*** C Pros., assoupir qqn ; ***sopitum corpus*** C Pros., le corps endormi ; ***sopita quies*** C Pros., engourdissement du sommeil ‖ [poét.] = faire périr : +C Poés. ‖ ***leto sopitus*** C Poés., endormi dans la mort ¶ **2** [fig.] ***sopiti ignes*** C Poés., feu assoupi ‖ ***sopita virtus*** C Pros., la vertu endormie ; C Poés.

2 **sōpĭo**, *ōnis*, m., pénis : C Poés.

sōpītĭo, → *2 sopio* : +C Pros.

sōpītus, *a*, *um*, part. de *1 sopio*

Sōpŏlis, *is*, m., peintre du temps de Cicéron : C Pros.

1 **sŏpŏr**, *ōris*, m. ¶ **1** sommeil profond, sommeil : -C Théât., C Pros., Poés. ‖ sommeil de la mort : -C Théât., C Poés. ¶ **2** [fig.] ***a)*** torpeur, engourdissement : +C Pros. ***b)*** torpeur morale : +C Pros. ***c)*** narcotique, breuvage soporifique : C Pros., +C Pros. ***d)*** tempe [siège du sommeil] : +C Poés.

2 **Sŏpŏr**, *ōris*, m., Sommeil [divinité] : C Poés.

sŏpōrātus, *a*, *um* ¶ **1** part. de *soporo* ¶ **2** adjᵗ ***a)*** endormi, engourdi : C Poés., +C Poés. ***b)*** qui a une vertu soporifique, somnifère : C Poés.

sŏpōrĭfer, *ĕra*, *ĕrum*, soporifique, somnifère : C Poés.

sŏpōrō, *ās*, *āre*, *āvī*, *ātum*, tr. ¶ **1** assoupir, endormir : +C Pros. ¶ **2** ***soporatus dolor*** +C Pros., douleur assoupie ¶ **3** [intr.] ***soporans***, endormi : +T Poés. ¶ **4** v. sens particul. du part. *soporatus* ¶ *2b*

sŏpōrus, *a*, *um* ¶ **1** qui apporte le sommeil : C Poés., +C Poés. ¶ **2** assoupi : +C Poés.

Sōra, *ae*, f., ville du Latium : [C] Pros. ‖ **-nus**, *a*, *um*, de Sora : [C] Pros.

Sōractē, *is*, n., le Soracte [mont des Falisques consacré à Apollon] : [C] Poés. ; [C] Poés. ‖ **-tīnus**, *a*, *um*, du Soracte : [C] Pros.

sōrăcus, *i*, m. et **sōrăcum**, *i*, n., coffre [pour mettre les costumes des comédiens] : [-C] Théât.

1 **Sōrānus**, *a*, *um*, ➡ *Sora*

2 **Sōrānus**, *i*, m., ***Barea Soranus*** [+C] Pros., mis à mort sous Néron

Sŏrax, *ctis*, m., ➡ *Soracte* : [+C] Pros.

sorbĕō, *ēs*, *ēre*, *ŭī* (*ĭtum*, mais sans ex.), tr. ¶**1** avaler, gober, humer : [-C] Théât., [+C] Pros. ¶**2** absorber, engloutir : [C] Poés. ‖ ***odia alicujus*** [C] Pros., avaler (=supporter) la haine de qqn, [fig.] absorber [par l'intelligence], comprendre

sorbĭlis, *e*, qu'on peut avaler : [+C] Pros.

sorbillō, *ās*, *āre*, -, -, tr., avaler à petites gorgées, à petits coups, siroter : [-C] Théât., [+C] Pros. ‖ [fig.] ***sorbillantibus saviis*** [+C] Pros., avec des baisers gourmands

sorbĭlō, adv., par gorgées ; [fig.] par morceaux, par bribes : [-C] Théât.

sorbĭtĭo, *ōnis*, f. ¶**1** absorption : [C] Poés. ¶**2** breuvage, tisane, potion : [-C] Pros., [+C] Pros. ‖ bouillie, pâtée : [C] Poés., [+C] Pros.

sorbō, *ĭs*, *ĕre*, *sorpsī*, *sorptum*, ➡ *sorbeo* : [+C] Pros.

sorbsi, ➡ *sorpsi*

sorbŭī, parf. de *sorbeo*

sorbum, *i*, n., sorbe, fruit du sorbier : [-C] Pros., [C] Poés.

sordĕō, *ēs*, *ēre*, *ŭī*, -, intr. ¶**1** être sale, malpropre : [-C] Théât., [+C] Pros. ‖ [impers.] avoir de la chassie : [-C] Théât. ¶**2** [fig.] ***a)*** être misérable, sans valeur : [-C] Théât., [+C] Pros. ‖ ***sordentia verba*** [+C] Pros., mots grossiers ***b)*** ***alicui sordere***, être méprisable pour qqn : [C] Pros., Poés., [+C] Pros.

sordēs, *is*, f. ; [rare au sg.] [C] Pros. [surtout au pl.], **sordēs**, *ĭum*, f. pl., ordure, saleté, crasse : [sg.] [C] Poés. ; [des ongles] [C] Poés. ‖ cérumen [des oreilles] : [C] Pros. ; [sg.] [C] Pros. ‖ chassie : [-C] Théât. ‖ souillure sur les tablettes de vote : [C] Pros. ¶**1** habits négligés [de deuil], deuil : [C] Pros. ¶**2** personne sale, ignoble : [C] Pros. ‖ crasse, lie du peuple : [C] Pros. ¶**3** [fig.] bassesse de condition : [C] Pros. ‖ bassesse, trivialité du style : [C] Pros., [+C] Pros. ¶**4** crasse, avarice sordide, lésinerie : [C] Pros. ‖ [sg.] [C] Pros., [+C] Pros. ‖ bassesse d'âme, vilenie, fange : [C] Pros. ¶**5** [fig.] objet abominable, idole honteuse : [T] Pros.

sordescō, *ēs*, *ēre*, *dŭī*, -, intr., devenir sale, se salir : [C] Pros. ‖ [champ] se couvrir de mauvaises herbes : [+C] Pros.

1 **sordĭdātus**, *a*, *um* ¶**1** vêtu salement, sale, d'une tenue négligée : [-C] Théât., [C] Pros. ¶**2** en vêtements de deuil : [C] Pros. ¶**3** [fig.] ***sordidatissima conscientia*** [T] Pros., conscience très sale

2 **sordĭdātus**, *a*, *um*, part. de *sordido*

sordĭdē, adv., [fig.] de basse condition : ***sordidius*** [+C] Pros. ‖ d'un style bas, trivial : [-C] Théât., [C] Pros., [+C] Pros. ‖ sordidement, mesquinement : [C] Pros., [+C] Pros.

sordĭdō, *ās*, *āre*, *āvī*, *ātum*, tr. ¶**1** salir, souiller : [T] Poés. ¶**2** [chrét.] salir, souiller [moralement], abaisser, avilir : [T] Pros. ¶**3** corrompre [le langage] : [T] Pros. ¶**4** [pass.] être en deuil, vêtu de deuil : [T] Pros.

sordĭdŭlus, *a*, *um*, un peu sale : [+C] Poés. ‖ [fig.] passablement vil : [-C] Théât.

sordĭdus, *a*, *um* ¶**1** sale, crasseux, malpropre : [C] Poés., Pros. ¶**2** [fig.] bas, insignifiant, infime, méprisable : [C] Pros. ; ***villula sordida*** [C] Pros., petite villa mesquine ‖ bas, trivial [style] : [+C] Pros. ; ***sordidiores artes*** [C] Pros., arts moins nobles [manuels] ¶**3** bas, vil, ignoble : [C] Pros. ; ***sordidi quaestus*** [C] Pros., gains vils ‖ crasseux, avare, sordide : [C] Poés., [+C] Pros. ‖ de qualité inférieure : ***sordidus panis*** [+C] Pros., pain bis

sordĭtūdo, *ĭnis*, f., saleté : [-C] Théât.

sordŭī, parf. de *sordeo*

sōrex, *ĭcis*, m., souris : [-C] Théât., [C] Pros.

sōrĭcīnus, *a*, *um*, adj., de souris : [-C] Théât.

sōrītēs, *ae*, m., sorite [sorte d'argument] : [C] Pros.

sŏrŏr, *ōris*, f. ¶**1** sœur : ***doctae sorores*** [C] Poés., les doctes soeurs [les Muses appelées aussi *novem sorores* [C] Poés., "les neuf soeurs"] ; ***sorores tres*** [C] Poés., les trois soeurs [les Parques] ; ***vipereae sorores*** [C] Poés., les soeurs à la chevelure de serpents [les Furies] ¶**2** cousine : [C] Poés. ¶**3** amie, compagne : [C] Poés. ¶**4** [chrét.] sœur : [T] Pros. ¶**5** [en parl. de choses semblables] ***a)*** main gauche par rapport à la main droite : [-C] Théât. ***b)*** boucles de cheveux : [C] Poés.

sŏrorcŭla, *ae*, f., chère sœur, petite sœur : [-C] Théât.

sŏrōrĭcīda, *ae*, m., meurtrier de sa sœur : [C] Pros.

sŏrōrĭō, *ās*, *āre*, -, -, intr., grandir ensemble [comme des sœurs, en parl. des seins, *papillae*] : [-C] Théât.

sŏrōrĭus, *a*, *um*, de sœur : [-C] Théât., [C] Pros.

sorpsī, parf. de *sorbo*

sors, *tis*, f. ¶**1** sort [objet qu'on mettait dans une urne pour tirer au sort : caillou, tablette, lamelle, baguette portant des inscriptions] : [C] Pros. ; ***sors ducitur*** [C] Pros., on tire au sort ; ***sors alicujus exit*** [C] Pros. ; ***excidit*** [C] Pros., le nom de qqn sort de l'urne ‖ [en part. tablettes de bois portant des réponses et déposées dans les temples ; leur diminution de volume *(sortes attenuatae* ou *extenuatae)* était interprétée comme un mauvais présage] : [C] Pros. ¶**2** tirage au sort, sort : [C] Pros. ; ***extra sortem*** [C] Pros., sans tirage au sort ; ***excipere aliquid sorti*** [C] Poés., exclure qqch. du tirage au sort [➡ exsors [C] Poés.] ¶**3** le résultat du tirage ***a)*** oracle, prophétie [portés sur les tablettes qu'un enfant mêlait et dans lesquelles il effectuait le tirage] : [C] Pros., Poés. ***b)*** charge attribuée par le sort : [C] Pros. ‖ [en part., vers ou phrases d'écrivains inscrits comme oracles sur des tablettes et tirés au sort] : [T] Pros. ¶**4** sort, destin, destinée, lot : [C] Poés., Pros. ‖ [d'où] condition, rang : [C] Pros., [+C] Pros. ; ***sors feminea*** [C] Poés., le sexe féminin ‖ lot, partage : [C] Pros. ¶**5** capital prêté à intérêts : [-C] Théât., [C] Pros.

sorsum, ➡ *seorsum*

sortĭcŭla, *ae*, f., bulletin de vote : [+C] Pros.

sortĭgĕr, *ĕra*, *ĕrum*, qui rend des oracles : [+C] Poés.

sortĭlĕgus, *a*, *um*, prophétique : [C] Poés. ‖ subst. m., devin : [C] Pros.

sortĭō, *īs*, *īre*, *īvī*, *ītum*, [arch.] ➡ *sortior* : [-C] Théât. ‖ tr., partager : [-C] Théât. ‖ part., **sortītus**, *a*, *um*

sortĭŏr, *īrīs*, *īrī*, *ītus sum* ¶**1** intr., tirer au sort : [C] Pros. ¶**2** tr. ***a)*** fixer par le sort : ***provincias*** [C] Pros., tirer les provinces au sort ; [avec interrog. indir.] [C] Pros. ***b)*** obtenir par le sort : [C] Pros., [+C] Pros., Poés. ***c)*** [en gén.] obtenir du sort, de la destinée : [C] Pros., Poés., [+C] Pros. ***d)*** choisir : [C] Poés. ***e)*** répartir : [C] Poés.

sortis, gén. de *sors*

sortītĭo, *ōnis*, f., tirage au sort : [C] Pros.

sortītō, adv., après tirage au sort, par le sort : [C] Pros. ‖ par la destinée : [-C] Théât., [C] Poés.

sortītŏr, *ōris*, m., celui qui tire les noms de l'urne : [+C] Théât.

1 **sortītus**, *a*, *um*, ➡ *sortior*

2 **sortītŭs**, *ūs*, m. ¶**1** tirage au sort : [-C] Théât., [C] Pros., Poés. ¶**2** tablette de vote : [+C] Poés. ‖ lot, destinée : [+C] Poés.

sōrȳ, *ĕos*, n., sory, sulfate de cuivre : [+C] Pros.

sōs, arch. pour *suos* et pour *eos*

Sōsăgŏrās, *ae*, m., nom d'un médecin : [+C] Pros.

1 **Sōsĭa**, *ae*, m., Sosie, esclave de comédie : [-C] Théât.

2 **Sōsĭa**, *ae*, f., nom de femme : [+C] Pros.

Sōsĭānus, *a*, *um*, ➡ *Sosius*

Sōsĭbĭānus, *i*, m., nom d'homme : [+C] Poés.

Sōsĭbĭus, *ĭi*, m., précepteur de Britannicus : [+C] Pros.

Sōsĭclēs, *is*, m., nom d'homme : [-C] Théât.

Sōsĭlās, *ae*, m., Rhodien, ami des Romains : [C] Pros.

Sōsĭlus, *i*, m., historien grec, qui avait écrit la vie d'Hannibal : [C] Pros.

Sōsippus, *i*, m., nom d'homme : [C] Pros.

Sōsis, *is*, m., nom d'homme : [C] Pros.

Sōsĭthĕus, *i*, m., nom d'un esclave, lecteur de Cicéron : C Pros. ‖ autre pers. : C Pros.

Sōsĭus, *ĭi*, m., nom d'homme : C Pros. ; **Sosĭi**, m. pl., les Sosies [libraires célèbres sous Auguste] : C Poés.

sospĕs, *pĭtis*, adj., sauvé, échappé au danger : -C Théât., C Poés., +C Pros. ‖ favorable, propice : -C Théât., C Poés.

Sospĭta, *ae*, f., protectrice, libératrice [épith. de Junon] : C Pros.

sospĭtālis, *e*, sauveur, tutélaire, protecteur : -C Théât.

sospĭtās, *ātis*, f., action de sauver : T Pros. ‖ salut, guérison, délivrance : T Pros.

sospĭtātŏr, *ōris*, m., **-trix**, *īcis*, f., sauveur, libératrice : +C Pros. ‖ [chrét.] le Sauveur : T Pros.

sospĭtō, *ās*, *āre*, -, -, tr., conserver sain et sauf, sauver, protéger : -C Théât., C Poés., Pros.

Sostrătus, *i*, m., chirurgien célèbre : +C Pros.

Sōsus, *i*, m., titre d'un ouvrage d'Antiochus : C Pros.

Sōtădēs, *is*, m., poète de Crète, inventeur d'une sorte de vers : +C Poés. ‖ **-ēus**, *a*, *um*, de Sotade, sotadéen : +C Pros. ‖ **-ĭcus**, *a*, *um*, +C Pros. ‖ subst. m. pl., **Sōtădĭci**, vers sotadéens : +C Pros.

Sōtās (**-ēs**), *ae*, m., médecin : +C Poés.

Sōtēr, *ēris*, m., sauveur, ¶**1** surnom de Jupiter : C Pros. ¶**2** surnom de Ptolémée Ier, roi d'Égypte : +C Pros.

sōtērĭa, *ōrum*, n. pl., présents pour féliciter d'un retour à la santé, cadeaux de convalescence : +C Poés. ‖ titre d'une poésie adressée comme cadeau de convalescence : +C Poés.

Sōtērĭcus, *i*, m., nom d'homme : C Pros., +C Pros.

Sotīmus, *i*, m., nom d'homme : C Pros.

Soza, *ae*, f., ville des Dandares : +C Pros.

spādīcum, *i*, n., spadice, inflorescence du palmier : T Pros.

spādix, *īcis*, m. ¶**1** → *spadicum* : +C Pros. ¶**2** sorte de lyre : +C Pros.

spādix equus, m., cheval bai-brun : C Poés.

spădo, *ōnis*, m., eunuque : C Pros., +C Pros. ‖ cheval hongre : ***spadones surculi*** +C Pros., rejetons stériles

spaera, → *sphaera*

spaerīta, *ae*, f., gâteau [en forme de boule] : -C Pros.

Spānus, → *Hisp* : T Pros.

Spărax, m., nom d'esclave : -C Théât.

1 **spargo**, *ĭnis*, f., aspersion : +T Poés.

2 **spargō**, *ĭs*, *ĕre*, *sparsī*, *sparsum*, tr. ¶**1** jeter çà et là, répandre, éparpiller, semer : ***semen*** C Pros., répandre la semence ; ***aliquid in (supra) rem*** -C Pros., répandre qqch. sur une chose ; C Pros. ; ***pedibus arenam*** C Poés., faire voler la poussière sous ses pieds ; ***sparsus silebo*** +C Théât., je me laisserai déchiqueter en silence ; ***tela*** C Poés., faire voler les traits ; ***spargere*** [seul] +C Pros. ‖ répandre un liquide : C Poés. ¶**2** disperser, disséminer : C Poés., Pros. ; ***sparsi per vias*** C Pros., disséminés le long des routes ; +C Pros. ‖ ***se in fugam spargere*** C Pros., s'éparpiller en fuyant ; C Poés. ‖ [fig.] jeter au vent, dissiper : [ses biens] C Pros. ; [le temps] +C Pros. ¶**3** parsemer, joncher ; ***aliquid aliqua re*** : -C Pros., C Poés. ; ***virgulta fimo*** C Poés., couvrir les rejetons de fumier ; [fig.] C Pros. ‖ arroser : ***saxa sanguine*** -C d. C Pros., arroser, éclabousser de sang les rochers ; C Poés. ; ***genas lacrimis*** C Poés., inonder les joues de larmes ; [abs^t^] ***qui spargunt*** C Pros., ceux qui arrosent ; -C d. +C Pros. ¶**4** [fig.] ***a)*** C Pros. ; ***nomen per urbes*** C Poés., répandre un nom à travers les villes ***b)*** répandre un bruit, colporter : ***voces in vulgum*** C Poés., semer des propos dans la foule ; +C Pros.

sparsim, adv., çà et là : +C Pros.

sparsĭo, *ōnis*, f., aspersion [de parfums dans le cirque et dans le théâtre] : +C Pros. ‖ distribution [de présents au théâtre] faite à la volée : +C Poés.

sparsus, *a*, *um*, part. de *2 spargo*

Sparta, *ae*, f., C Pros. et **Spartē**, *ēs*, f., Sparte, Lacédémone : C Poés.

Spartăcus, *i*, m., esclave condamné à la gladiature servile qui soutint contre les Romains une guerre : C Pros., Poés. ‖ [épith. donnée à Antoine] : C Pros.

Spartānus, *a*, *um*, de Sparte : C Poés., Pros. ‖ subst. m., Spartiate : -C Théât., C Pros., +C Pros.

spartĕŏlus, *i*, m., pompier [muni de cordes de sparte] : +C Pros.

spartĕus, *a*, *um*, fait de sparte : -C Pros., Théât., +C Pros. ‖ subst., **spartĕa**, *ae*, f., semelle de sparte : +C Pros.

Sparti (**-toe**), *ōrum*, m. pl., les Spartes [guerriers nés tout armés des dents du dragon semées par Cadmus] : C Pros., +C Poés.

Spartĭăcus, → *Spartiaticus* : +C Pros.

Spartĭānus, *i*, m., Spartien, un des auteurs supposés de l'Histoire Auguste : T Pros.

Spartĭātae, *ārum*, m. pl., Spartiates, habitants de Sparte : C Pros. ‖ **-tēs**, *ae*, m., -C Théât.

Spartĭātĭcus, *a*, *um*, -C Théât., **Spartĭcus**, *a*, *um*, de Sparte

spartum (**-ŏn**), *i*, n., corde en sparte : -C Pros.

spărŭlus, *i*, m., sparaillon [poisson de mer] : C Poés., +C Poés.

spărum, *i*, n., → *1 sparus* : -C Poés.

1 **spărus**, *i*, m., petit javelot, dard : C Pros., Poés. ; → *sparum*

2 **spărus**, *i*, m., spare, brème de mer [poisson] : +C Pros.

Spătălē, *ēs*, f., nom de femme : +C Poés.

spătălŏcĭnaedus, *i*, m., un délicieux mignon : +C Pros.

spătha, *ae*, f. ¶**1** battoir [dont les anciens tisserands se servaient pour battre la trame au lieu de la peigner] : +C Pros. ¶**2** spatule : +C Pros. ¶**3** épée longue, sorte de latte : +C Pros.

spăthălĭum (**-ŏn**), *ĭi*, n., spathe [du palmier] : +C Poés.

spăthŭla (**spatu-**), *ae*, f. ¶**1** branche de palmier : T Pros. ¶**2** ***spatula porcina***, palette de porc : +C Pros.

spătĭātus, part. de *spatior*

spătĭō, *ās*, *āre*, -, -, intr., errer, circuler : +T Poés. ; → *spatior*

spătĭŏr, *ārĭs*, *ārī*, *ātus sum*, intr. ¶**1** aller de côté et d'autre, de long en large, aller et venir, se promener : C Pros., Poés. ¶**2** marcher, s'avancer : C Poés., +C Pros. ¶**3** s'étendre : C Poés., +C Pros.

spătĭōsē, adv., au large : +C Pros. ‖ ***spatiosius*** C Poés., dans un espace plus vaste, un temps plus long

spătĭōsĭtās, *ātis*, f., espacement : T Pros.

spătĭōsus, *a*, *um*, spacieux, étendu, vaste : C Poés., +C Pros. ; [fig.] +C Pros. ‖ [en parl. du temps] : C Poés. ‖ ***spatiosior*** C Poés. ; ***-issimus*** +C Pros.

spătĭum, *ĭi*, n. ¶**1** champ de courses, carrière, arène : -C Pros., C Pros., Poés. ‖ ***spatia*** C Poés., tours de piste ; [sg.] +C Pros. [fig.] C Pros. ¶**2** étendue, distance, espace : C Pros. ; ***tanto spatio*** C Pros., à une distance si grande [ou] ***ab tanto spatio*** C Pros. ; ***aequo spatio*** C Pros., à égale distance ¶**3** lieu de promenade, place : ***communia spatia*** C Pros., places publiques ; ***Academiae spatia*** C Pros., les promenades [les jardins] de l'Académie ; C Pros. ‖ tour de promenade, promenade : C Pros. ¶**4** espace : C Poés., Pros. ‖ grandeur, étendue, dimensions : C Poés., +C Poés. ¶**5** durée, laps de temps : C Pros. ; ***spatia temporis*** C Pros., les intervalles du temps [les moments de la durée] ; C Pros. ; ***in brevi spatio*** -C Théât., en un instant ; C Poés., +C Pros. ; ***brevi spatio*** C Pros. ; ***hoc spatio*** C Pros., pendant cet intervalle de temps ; +C Pros. ; ***tam longo spatio*** C Pros., pendant une si longue durée ¶**6** temps, délai, répit : C Pros. ; ***pila conjiciendi*** C Pros., donner à qqn le temps d'écrire, de lancer les javelots ¶**7** [métr.] temps, mesure : C Pros., +C Pros.

spatula, *ae*, → *spathula*

spătŭlē, *ēs*, f., débauche : C Poés.

spēca, → *spica* : C Pros.

spĕcĭālis, *e*, spécial, particulier : +C Pros. ‖ ***specialis***, m., ami particulier, intime : T Pros.

spĕcĭālĭtĕr, adv., en particulier, spécialement, notamment : +C Pros.

spĕcĭēs, *ēi*, f. ¶**1** regard, vue : ***speciem quo vertimus*** Lucr., là où nous portons nos regards ; ***species acuta*** Vitr., vue pénétrante ; ***prima specie*** Cic., au premier coup d'oeil, à première vue ¶**2** aspect extérieur, air ***a)*** ***humana species et figura*** Cic., l'aspect et la conformation de l'homme ; ***hospitis speciem non effugere*** Cic., garder l'air, l'aspect extérieur d'un étranger ; ***species oris*** Liv., air du visage, mine ; ***ager una specie*** Sall., champ d'aspect uniforme ; ***specie*** Cic., du point de vue de l'aspect, extérieurement ; ***ad speciem*** Cic., même sens ; ***in speciem*** Caes., même sens ‖ [d'où] spectacle : ***flebilis species*** Cic., un spectacle lamentable ***b)*** [d'où, positivement] bel aspect, éclat, lustre : ***species caeli*** Cic., l'éclat du ciel ; ***species dignitasque populi Romani*** Cic., l'éclat et la majesté du peuple romain ; ***praebere speciem triumpho*** Liv., donner de l'éclat à un triomphe ; ***quamdam in dicendo speciem adhibere*** Cic., donner un certain éclat à sa parole ***c)*** [et, négativement] apparence, semblant, illusion : ***speciem pugnantium praebere*** Caes., avoir l'apparence de combattants ; ***speciem boni viri prae se ferre*** Cic., donner l'impression d'un homme de bien ; ***summa species arborum stantium*** Caes., l'illusion parfaite d'arbres se tenant debout ; ***praeclara classis in speciem*** Cic., magnifique flotte en apparence ; ***in speciem simplicitatis*** Tac., sous un air de franchise ; ***per speciem auxilii ferendi*** Liv., sous couleur de porter secours ; ***ad speciem*** Caes., pour faire illusion ; ***in speciem*** Caes., même sens ; ***specie..., reapse*** Cic., en apparence..., en réalité ‖ [d'où] apparition, fantôme : ***nocturnae species*** Liv., apparitions nocturnes ; ***species Homeri*** Lucr., l'ombre d'Homère ¶**3** forme d'un objet, type, [d'où] représentation, espèce ***a)*** forme : ***navium species inusitata*** Caes., une forme de navires inusitée ; ***in speciem montis*** Ov., en forme de montagne ; [par ext.] ***species civitatis*** Cic., forme, type de gouvernement ***b)*** représentation qu'on se fait d'une chose, idée : ***species voluptatis*** Cic., l'idée du plaisir ; ***doloris speciem non ferre*** Cic., ne pas supporter l'idée de la douleur ***c)*** catégorie, espèce (d'un genre) : ***genere idem, specie differt*** Cic., identique en genre, il diffère du point de vue de l'espèce ; ***species adulandi*** Tac., espèce, sorte de flatterie ; [droit] cas d'espèce, cas particulier : Plin. ; [tard.] objet matériel, chose : Aug.

spĕcillum, *i*, n., sonde : [C] Pros., [+C] Pros.

spĕcĭmen, *ĭnis*, n. ¶**1** preuve, indice, exemple, échantillon : [C] Pros. ; ***Solis specimen*** [C] Poés., image [symbole, emblème] du Soleil ¶**2** exemplaire, modèle, idéal, type : [C] Pros.

spĕcĭō (spĭcĭō), *ĭs, ĕre, spexī, spectum*, tr., regarder [arch.] : [-C] Théât., [C] Pros.

spĕcĭōsē, adv. ¶**1** avec un aspect brillant, magnifiquement : ***speciosius*** [C] Pros., plus magnifiquement ¶**2** avec grâce, élégance : [C] Pros. ; [fig.] [+C] Pros. ; ***speciosissime*** [+C] Pros.

spĕcĭōsĭtās, *ātis*, f., beauté, bel aspect : [T] Pros.

spĕcĭōsus, *a, um* ¶**1** de bel aspect, d'extérieur brillant : [C] Pros. ; ***speciosa femina*** [+C] Pros., belle femme ¶**2** [fig.] [C] Pros. ; ***speciosum ministerium*** [C] Pros., fonctions brillantes ; [+C] Pros. ; ***speciosa vocabula*** [C] Pros., mots expressifs ‖ spécieux : [C] Pros. ; pl. n., ***speciosa dictu*** [C] Pros., des paroles spécieuses, de beaux prétextes

speclar-, ▶ *specular-*

spectābĭlis, *e* ¶**1** visible, qui est en vue : [C] Poés. ¶**2** remarquable, brillant : [C] Poés., [+C] Pros.

spectācŭlum, *i*, n. ¶**1** spectacle, vue, aspect : [C] Pros. ; ***rerum caelestium*** [C] Pros., spectacle des choses célestes ; ***alicui spectaculum praebere*** [C] Pros., offrir un spectacle à qqn ¶**2** spectacle [au cirque, théâtre, etc.] : [C] Pros. ¶**3** pl., ***spectacula a)*** places au cirque, au théâtre : [C] Pros. ; ***ex omnibus spectaculis*** [C] Pros., de toutes les places des gradins ; ***spectacula ruunt*** [-C] Théât., les gradins s'écroulent ***b)*** théâtre, amphithéâtre : [+C] Pros. ¶**4** merveille à voir : [C] Pros., [+C] Pros.

spectāmĕn, *ĭnis*, n. ¶**1** preuve, indice : [-C] Théât. ¶**2** spectacle : [+C] Pros.

spectātē, adv., d'une manière remarquable [usité seul[t] au superl.] : ***spectatissime*** [T] Pros.

spectātĭo, *ōnis*, f. ¶**1** action de regarder, vue : [C] Pros. ¶**2** examen : ***pecuniae*** [C] Pros., vérification de l'argent ¶**3** [fig.] considération, égard : [+C] Pros.

spectātīvus, *a, um*, spéculatif : [+C] Pros.

spectātor, *ōris*, m. ¶**1** qui a l'habitude de regarder, d'observer, observateur, contemplateur : ***caeli siderumque*** [C] Pros., observateur du ciel et des astres ¶**2** spectateur, témoin : ***Leuctricae calamitatis*** [C] Pros., témoin du désastre de Leuctres ¶**3** spectateur [au théâtre] : [-C] Théât., [C] Pros. ¶**4** appréciateur, critique : [-C] Théât., [C] Pros.

spectātrix, *īcis*, f., spectatrice : [C] Poés., [+C] Pros. ‖ juge : [T] Pros.

1 **spectātus**, *a, um* ¶**1** part. de *specto* ¶**2** adj[t] ***a)*** éprouvé, à l'épreuve : [C] Pros. ; ***spectatissimus*** [C] Pros. ; ***mihi spectatum est*** [avec prop. inf.] [C] Pros., c'est pour moi un fait reconnu que ***b)*** estimé, considéré, en vue : ***spectatissimus vir*** [C] Pros., homme très considéré

2 **Spectātus**, *i*, m., nom d'homme : [T] Pros.

spectĭo, *ōnis*, f., action d'observer [les auspices] : [C] Pros.

spectō, *ās, āre, āvī, ātum*, tr. et intr. ¶**1** regarder, observer, contempler ***a)*** tr. ; [avec acc.] [-C] Théât., [C] Pros. ***b)*** intr., ***spectantibus omnibus*** [C] Pros., sous les regards de tous ; ***alte spectare*** [C] Pros., regarder en haut ; ***ad me specta*** [-C] Théât., regarde de mon côté ; ***in aliquem*** [C] Pros., avoir les yeux sur qqn ¶**2** regarder un spectacle ***a)*** tr., ***Megalesia*** [C] Pros., regarder les jeux Mégalésiens ; [-C] Théât., [C] Poés. ‖ [avec prop.inf.] voir : [-C] Théât. ***b)*** intr., [-C] Théât. ¶**3** considérer, faire attention à : [-C] Théât. ‖ tenir compte de : ***rem, non verba*** [C] Pros., considérer les idées, non les mots ¶**4** éprouver, faire l'essai de : [C] Poés. ‖ apprécier, juger : [C] Pros., Poés. ¶**5** avoir en vue, viser à ***a)*** tr., ***magna*** [C] Pros., se proposer un but élevé ; ***fugam*** [C] Pros., avoir en vue la fuite ***b)*** intr., ***ad imperatorias laudes*** [C] Pros., aspirer aux lauriers de grand capitaine ; ***alte*** [C] Pros., viser haut ; ***spectare ut*** [C] Pros., viser à ¶**6** [en parl. de choses] tendre à, avoir en vue ***a)*** tr., [C] Pros. ***b)*** intr., [C] Pros. ‖ avoir trait à, se rapporter à : [C] Pros. ¶**7** [lieux] regarder, donner sur, avoir vue sur ***a)*** tr., [C] Pros., [+C] Pros. ***b)*** intr., [C] Pros. ; ***in septentrionem*** [C] Pros., regarder le nord

spectrum, *i*, n., [phil.] pl., ▶ *simulacra*, ▶ *simulacrum* ¶*2b*, spectres, simulacres [émis par les objets] : [C] Pros.

spectŭs, *ūs*, m., air, aspect : [-C] Théât.

1 **spĕcŭla**, *ae*, f. ¶**1** lieu d'observation, hauteur : [C] Pros. ¶**2** ***a)*** ***in speculis esse*** [C] Pros., être en observation, être aux aguets ***b)*** [poét.] lieu élevé, montagne : [C] Poés.

2 **spēcŭla**, *ae*, f., faible espérance, lueur d'espoir : [-C] Théât., [C] Pros.

spĕcŭlābĭlis, *e*, placé en vue : [+C] Poés.

spĕcŭlābundus, *a, um*, qui est aux aguets : [+C] Pros. ‖ [avec acc.] qui observe : [+C] Pros.

spĕcŭlāmĕn, *ĭnis*, n., vue : [T] Poés.

spĕcŭlārĭa, *ĭum* ou *ĭōrum*, n. pl., plaques transparentes [servant de vitres ▶ *specularis*] : [+C] Pros.

spĕcŭlāris, *e*, de miroir : [+C] Pros.

spĕcŭlārĭtĕr, adv., visiblement : [+T] Poés.

spĕcŭlātĭo, *ōnis*, f. ¶**1** espionnage : [T] Pros. ; [par ext.] rapport d'un espion ¶**2** contemplation : [T] Pros. ¶**3** [chrét.] poste d'observation : [T] Pros. ‖ [à propos de Sion] [T] Pros.

spĕcŭlātŏr, *ōris*, m. ¶**1** observateur, espion : [C] Pros. ‖ [milit.] pl., éclaireurs : [C] Pros. ‖ messager, courrier, garde du corps auprès du général : [+C] Pros. ‖ garde : [+C] Pros. ¶**2** observateur [des phénomènes] : [C] Pros., [+C] Pros.

spĕcŭlātōrĭus, *a, um*, d'observation, d'éclaireur : ***speculatoria navigia*** [C] Pros., croiseurs, bâtiments servant d'éclaireurs ; f. pl., ***speculatoriae*** [s.-ent. *naves*] [C] Pros., navires d'observation ; ***speculatoria caliga*** [+C] Pros., chaussure d'éclaireur ; subst. f., ***speculatoria***

spĕcŭlātrix, *īcis*, f., observatrice : [C] Pros. ‖ [fig.] qui a vue sur : [+C] Poés.

spĕcŭlātus, *a, um*, part. de *speculor*

spĕcŭlŏr, *ārĭs, ārī, ātus sum* ¶**1** tr., observer, guetter, épier, surveiller, espionner : [C] Pros. ‖ [avec interrog. indir.] [-C]

Théât., [C] Pros. ‖ abs^t, espionner : [C] Pros. ‖ voir, contempler : [T] Poés. ¶ **2** intr., être en surveillance d'en haut, observer d'en haut : [C] Poés.

spĕcŭlum, *i*, n. ¶ **1** miroir : [-C] Théât., [C] Pros. ¶ **2** [fig.] = reproduction, fidèle, image : [C] Pros. ¶ **3** lumière : [T] Poés. ‖ vue [de Lazare ressuscité] : [T] Poés.

spĕcŭs, *ūs*, m. ¶ **1** grotte, caverne, antre : [-C] Théât., [C] Pros. ¶ **2** conduite d'eau : [C] Pros. ¶ **3** souterrain : [C] Poés., Pros., [+C] Pros. ¶ **4** puits de mine, mine : [C] Pros. ¶ **5** [fig.] cavité, creux : [C] Poés.

1 **spēlaeum**, *i*, n., tanière, repaire : [C] Poés. ‖ caverne : [T] Poés.

2 **Spēlaeum**, *i*, n., lieu près de Pella : [C] Pros.

1 **spēlunca**, *ae*, f., caverne, antre, grotte : [C] Pros. ‖ [métaph.] repaire : [T] Pros.

2 **Spēlunca**, *ae*, f., nom d'une maison de campagne de Tibère : [+C] Pros.

Spendŏphŏrus, *i*, m., nom d'homme : [+C] Poés.

spērābĭlis, *e*, qu'on peut espérer : [-C] Théât.

spērātŏr, *ōris*, m., celui qui espère : [T] Pros.

spērātus, *a*, *um*, part. de *spero*

Sperchēis, *ĭdis*, adj. f., du Sperchios : [C] Poés.

Sperchēŏs (-chēus, -chīŏs, -chīus), *i*, m., le Sperchios [fleuve de Thessalie] : [C] Poés., Pros., [+C] Poés.

Sperchīae, *ārum*, f. pl., ville de Thessalie : [C] Pros.

Sperchīōnĭdēs, *ae*, m., riverain du Sperchios : [C] Poés.

Sperchīus, ➜ *Spercheos*

spēres, ancien nom. et acc. pl. de *1 spes*

spergō, *ĭs*, *ĕre*, -, -, ➜ *2 spargo* : [+C] Pros.

spernax, *ācis*, qui méprise [avec gén.] : [+C] Poés. ‖ méprisant, dédaigneux : [T] Pros.

spernō, *ĭs*, *ĕre*, *sprēvī*, *sprētum*, tr. ¶ **1** écarter, éloigner : ***se a malis*** [-C] Théât., se tenir loin du mal ¶ **2** [fig.] repousser, rejeter, dédaigner : [C] Pros. ‖ [avec gén.] ***morum spernendus*** [+C] Pros., méprisable pour son caractère ‖ [avec inf.] dédaigner de : [C] Poés.

spernŏr, *ārĭs*, *ārī*, -, tr., mépriser : [+C] Poés.

spērō, *ās*, *āre*, *āvī*, *ātum*, tr., attendre, s'attendre à
I [qqch. de favorable] espérer ¶ **1** abs^t : ***bene sperare*** [C] Pros., avoir bon espoir ; ***bene ex aliquo*** [C] Pros., avoir bon espoir de qqn ; ***ab aliquo*** [C] Pros., avoir de l'espoir du côté de qqn ; ***ut spero*** [C] Pros. ; ***quemadmodum spero*** [C] Pros., comme je l'espère ¶ **2** [avec acc.] espérer, attendre : ***victoriam*** [C] Pros., espérer la victoire ; ***praemia ab aliquo*** [C] Pros., espérer des récompenses de qqn ; ***plurimum ab aliquo*** [C] Pros., attendre le plus de qqn ; ***sibi aliquid*** [C] Pros., espérer pour soi qqch. ; ***omnia ex victoria*** [C] Pros., espérer tout de la victoire ‖ ***sperata gloria*** [C] Pros., gloire exemptée ¶ **3** avec prop. inf. ***a)*** [surtout à l'inf. futur] [C] Pros. ; ***spero fore ut*** [C] Pros., j'espère qu'il arrivera que [j'espère que] ***b)*** [inf. prés.] [-C] Théât., [C] Pros. ‖ croire : [C] Pros. ; [avec *posse*] : [C] Pros. ***c)*** [avec inf. parf.] [C] Pros. ***d) sperare ut*** [C] Pros., espérer que
II [qqch. de fâcheux] attendre, appréhender, s'attendre à : ***id quod non spero*** [C] Pros., ce que je n'appréhende pas ; [C] Poés. ‖ [avec prop. inf.] : [C] Pros.

1 **spēs**, *spĕī*, f., attente
I [d'une chose favorable] espérance, espoir ¶ **1** ***bona spes*** [C] Pros., le bon espoir ; ***ad spem alicujus rei*** [C] Pros., dans l'espoir de qqch., en prévision de ; ***praeter spem*** [C] Pros., contre son espoir ; ***praeter spem omnium*** [C] Pros., contre l'espérance générale [contre toute espérance] ; [C] Pros. ¶ **2** [constr.] ***in aliqua re, in aliquo spem collocare*** [C] Pros., fonder une espérance sur qqch., sur qqn ; ***in aliquo, in aliqua re spem habere*** [C] Pros., avoir espoir en qqn, en qqch. ; ***de aliquo spem habere*** [C] Pros., concevoir des espérances au sujet de qqn ; ***in spe esse*** [C] Pros., avoir de l'espoir ; ***in spem alicujus rei venire*** [C] Pros. [ou] ***de aliqua re*** [C] Pros., en venir à espérer, se prendre à espérer qqch. ; ***spes aliquem fefellit de aliqua re*** [C] Pros., qqn est déçu dans ses espérances touchant qqch. ‖ [avec prop. inf.] [C] Pros. ‖ ***spem afferre, ut*** [C] Pros., laisser espérer que ; [-C] Théât., [+C] Pros. ¶ **3** [en part.] espoir d'héritage : [C] Poés. ; ***spes secunda*** [+C] Pros., espoir d'hériter en seconde ligne ¶ **4** espoir, objet de l'espoir : [C] Poés. ; ***spe potitur*** [C] Poés., il est au comble de ses voeux ‖ [caresse] : [-C] Théât.
II attente, perspective : [C] Pros. ; [C] Pros.

2 **Spēs**, *ĕī*, f., l'Espérance [divinité] : [C] Pros.

Speusippus, *i*, m., Speusippe [d'Athènes, philosophe académicien] : [C] Pros.

spexī, parf. de *specio*

sphaera, (**spaera**, [-C]), *ae*, f. ¶ **1** sphère, globe : [C] Pros. ‖ boule, boulette : [-C] Pros. ¶ **2** sphère céleste [représentant le ciel] : [C] Pros. ¶ **3** sphère de révolution des planètes : [C] Pros. ¶ **4** corps céleste : [T] Pros.

sphaerālis, *e*, sphérique : [T] Pros.

sphaerĭcus, *a*, *um*, circulaire : [T] Pros. ‖ subst. f. *sphaerica*, science relative à la sphère céleste, mécanique céleste : [T] Pros.

sphaerĭŏn, *ĭī*, n., globule, pilule : [+C] Pros.

sphaerista, *ae*, m., joueur de paume : [T] Pros.

sphaeristērĭum, *ĭī*, n., salle de jeu de paume : [+C] Pros. ‖ jeu de paume : [T] Pros.

sphaerīta, ➜ *spaerita*

sphaerŏīdēs, *ĕs*, adj., sphéroïde, sphérique : [C] Pros.

sphaerŏmăchĭa, *ae*, f., le jeu de paume : [+C] Pros.

sphaerŭla, *ae*, f., boule, bouton [ornement de métal] : [T] Pros.

Sphaerus, *i*, m., nom d'un philosophe stoïcien : [C] Pros.

sphēniscŏs, *i*, m., petit coin [pour fendre] : [T] Pros.

sphinga, *ae*, ➜ *sphinx* : [T] Pros.

sphinx, *gis*, f., sphinx ‖ [de Thèbes ; corps de lion, tête de femme et des ailes ; proposait des énigmes] : [-C] Théât., [+C] Poés., Théât.

sphondyl-, ➜ *spond-*

sphongĭa, ➜ *1 spongia*

sphrāgis, *īdis*, f., sorte de siccatif : [+C] Pros.

sphrāgītis, *ĭdis*, f., stigmate : [T] Poés.

spīca, *ae*, f. ¶ **1** pointe, [d'où] épi : [C] Pros. ¶ **2** tête [d'autres plantes], gousse : ***alii*** [+C] Pros., tête d'ail ; [-C] Pros., [C] Poés. ¶ **3** [fig.] ***a)*** l'Épi [étoile de la constellation de la Vierge] : [+C] Pros. ***b) testacea*** [C] Pros., briquette disposée en épi, en arête de poisson

spīcĕus, *a*, *um*, d'épi : [C] Poés.

spīcĭfĕr, *ĕra*, *ĕrum*, qui porte des épis : [C] Poés. ‖ qui produit des épis, fertile [en grain] : [+C] Poés.

spīcĭlĕgĭum, *ĭī*, n., glanage : [C] Pros.

Spicilĭus, *ĭī*, m., nom d'un gladiateur : [+C] Pros.

spĭcĭō, *ĭs*, *ĕre*, -, -, ➜ *specio*

spīcŭlātŏr, *ōris*, m., satellite, garde du corps : [T] Pros. ‖ bourreau : [T] Pros.

spīcŭlum, *i*, n. ¶ **1** dard : [de l'abeille] [C] Poés. ; [du scorpion] [C] Poés. ¶ **2** pointe d'un trait : [C] Pros. ; [d'une flèche] [C] Poés. ¶ **3** dard, javelot : [C] Pros., Poés. ‖ flèche : [C] Poés. ¶ **4** [fig.] rayons du soleil : [T] Poés.

spīcum, *i*, n., [C] Pros., **spīcus**, *i*, m., épi

spīna, *ae*, f. ¶ **1** épine : [C] Poés. ; [+C] Pros. ‖ ***solstitialis*** [+C] Pros. [ou] ‖ [fig.] = difficultés, subtilités : ***disserendi spinae*** [C] Pros., les épines de la dialectique ‖ = soucis : [C] Pros. ‖ défauts : [C] Pros. ¶ **2** épines, piquants d'animaux : [C] Pros. ‖ épine dorsale : [C] Poés., [+C] Pros. ‖ [poét.] le dos : [C] Poés. ‖ ***sacra spina*** [+C] Pros., os sacrum ‖ arête de poisson : [C] d. [+C] Pros. ¶ **3** queue : [T] Pros.

spīnālis, *e*, de l'épine [dorsale] : ***spinalis medulla*** [T] Pros., moelle épinière

spīnētum, *i*, n., [seul^t au pl.] buisson d'épines : [C] Poés., [+C] Pros.

spīnĕus, *a*, *um*, d'épine [bois] : [C] Poés.

Spīnĭensis, *e*, m., dieu invoqué contre les épines : [T] Pros.

spīnĭfĕr, *ĕra*, *ĕrum*, ➜ *spiniger* : [T] Poés.

spīnĭgĕr, *ĕra*, *ĕrum*, épineux : [C] Poés., [T] Poés.

Spīno, *ōnis*, m., nom d'un fleuve voisin de Rome, honoré comme une divinité : [C] Pros.

spīnōsŭlus, *a*, *um*, dim. de *spinosus*, [fig.] un peu subtil (captieux) : [T] Pros.

spīnōsus, *a*, *um* ¶ **1** couvert d'épines, épineux : [C] Pros. ¶ **2** [fig.] ***a)*** piquant, cuisant : [C] Poés. ***b)*** pointu, subtil : [C] Pros. ; ***haec spinosiora*** [C] Pros., ces subtilités trop grandes

spinter, V. *1 spinther*

Spinthărus, *i*, m., affranchi de Cicéron : [C] Pros.

1 **spinthēr (-tēr)**, *ēris*, n., spinther [bracelet que les femmes portaient en haut du bras gauche] : [-C] Théât.

2 **Spinthēr**, *ēris*, m., surnom romain : [+C] Pros.

spintrĭa, *ae*, m., f., débauché, pédéraste : [+C] Pros.

spinturnīcĭum, *ĭi*, n., [fig.] oiseau de malheur [injure] : [-C] Théât.

spīnŭla, *ae*, f., petite épine : [T] Pros. ‖ petite épine dorsale : [+C] Pros.

spīnus, *i*, f., prunellier, épine noire : [C] Poés.

Spīō, *ūs*, f., nom d'une Néréide : [C] Poés.

spĭōnĭa, *ae*, f., sorte de vigne : [+C] Pros.

spĭōnĭcus, *a*, *um*, de la vigne *spionia* : [+C] Pros.

spīra, *ae*, f. ¶ **1** spirale, nœuds des serpents, anneaux, replis : [C] Poés. ¶ **2** base [de colonne] : [C] Pros. ‖ moulures de base [d'un podium de temple] : [C] Pros. ‖ pâtisserie en spirale : [-C] Pros. ‖ câble : [-C] Théât. ‖ natte, tresse de cheveux : [+C] Poés. ‖ cordon pour attacher le chapeau : [+C] Poés. ‖ mouvement en spirale : [-C] Pros.

spīrābĭlis, *e* ¶ **1** respirable, aérien : [C] Pros. ‖ ***lumen spirabile*** [C] Poés., le jour que nous respirons ¶ **2** [type de machine] pneumatique : [C] Pros.

spīrācŭlum, *i*, n. ¶ **1** soupirail, ouverture : [C] Poés. ¶ **2** souffle : [T] Pros.

spīrāmen, *ĭnis*, n. ¶ **1** ouverture par où passe l'air, fosse nasale, narines : [-C] Pros., [+C] Poés. ‖ conduit souterrain : [+C] Poés. ¶ **2** souffle, haleine : [+C] Poés., [T] Pros. ¶ **3** [chrét.] souffle mystique, inspiration [de Dieu, de la grâce, du Saint-Esprit] : [T] Pros.

spīrāmentum, *i*, n. ¶ **1** canal, conduit, pore, soupirail : [C] Poés. ‖ ***spiramenta animae*** [C] Poés., les poumons ‖ bouche d'aération : [C] Pros. ¶ **2** [fig.] ***a)*** circulation d'air : [C] Pros. ‖ exhalaison : [C] Pros. ***b)*** temps de respirer, pause : [+C] Pros. ; [T] Pros.

spīrans, V. *spiro*

Spīrĭdĭōn, *ōnis*, m., nom d'homme : [+C] Pros.

spīrĭtālis, *e* ¶ **1** propre à la respiration : ***spiritalis arteria*** [T] Pros., la trachée-artère ‖ pneumatique : [C] Pros. ‖ [fig.] spirituel, immatériel : [+C] Pros. ¶ **2** [chrét.] spirituel, de l'esprit, de l'âme : [T] Pros. ¶ **3** qui est un effet du Saint-Esprit : [T] Pros.

spīrĭtŭālis, V. *spiritalis*

spīrĭtŭs, *ūs*, m. ¶ **1** air : ***spiritum haurire*** Cic., respirer ; ***spiritum ducere*** Cic., même sens ; ***spiritus diffunditur per arterias*** Cic., l'air se répand dans les artères ¶ **2** souffle ***a)*** [de l'air, du vent] ***spiritus Austri*** Enn., le souffle de l'Auster ‖ [d'où] exhalaison, odeur : Lucr. ***b)*** respiration, haleine : ***spiritum intercludere*** Liv., couper la respiration ; ***aer spiritu ducitur*** Cic., l'air est amené par la respiration (= est aspiré) ; ***uno spiritu*** Cic., d'une seule haleine ‖ [poét.] soupir : Hor., Prop. ***c)*** souffle = vie : ***alicujus postremus spiritus*** Cic., le dernier souffle de qqn ; ***spiritum reddere*** Vell., rendre l'âme ; ***de spiritu decertare*** Cic., défendre sa vie ***d)*** souffle = inspiration : ***divino quodam spiritu inflari*** Cic., être pénétré d'une sorte de souffle divin ¶ **3** suffisance, arrogance, orgueil : ***quo spiritu !*** Cic., avec quel orgueil... ! ; ***tantos sibi spiritus sumere ut...*** Caes., concevoir un tel orgueil que... ; ***tribunicii spiritus*** Cic., morgue tribunitienne ¶ **4** disposition d'esprit, sentiment, esprit ***a) hostiles spiritus gerere*** Liv., nourrir des sentiments hostiles ; ***avidus spiritus*** Hor., sentiment d'avidité ***b)*** [poét.] esprit, âme : Ov., Tac. ***c)*** [chrét.] esprit [principe de vie inspiré par Dieu] : Vulg. ; le Saint-Esprit : Vulg. ‖ esprit [être surnaturel] : Aug.

spīrō, *ās*, *āre*, *āvī*, *ātum*
I intr. ¶ **1** souffler : ***spirantia flabra*** [C] Poés., les vents qui soufflent ¶ **2** bouillonner : [C] Poés. ¶ **3** respirer, vivre : [C] Poés., Pros. ; ***spirans*** [C] Pros., vivant ; ***spirantia exta*** [C] Poés., entrailles palpitantes ‖ [fig.] [C] Pros., [C] Poés. ; ***spirantia signa*** [C] Poés., statues qui semblent respirer ; [C] Pros. ¶ **4** [poét.] ***a)*** avoir le souffle poétique, être inspiré : [C] Poés. ; [avec acc. n. adverbial] ***tragicum spirare*** [C] Pros., avoir le souffle tragique ***b)*** exhaler une odeur : ***graviter*** [C] Poés., avoir une odeur forte ; [+C] Poés. ***c)*** avoir une émission, un timbre [en parl. de lettres] : [+C] Pros.
II tr. ¶ **1** [poét.] souffler, émettre en soufflant : [C] Poés. ‖ exhaler une odeur : [C] Poés. ; ***pinguia Poppaeana*** [+C] Poés., exhaler l'odeur de la pommade Poppée ‖ [fig.] ***mendacia*** [+C] Poés., exhaler des mensonges ¶ **2** [fig.] respirer ***a)*** aspirer à, être avide de : ***bellum*** [C] Poés. ; ***Martem*** [C] Pros., respirer la guerre, les combats ; ***majora*** [+C] Pros., avoir des visées plus hautes ***b)*** donner des signes de, manifester, annoncer : ***tribunatum*** [C] Pros., respirer le tribunat = être tribun dans l'âme ; ***mollem quietem*** [C] Poés., donner les signes d'un doux repos ¶ **3** insuffler : [T] Pros.

spīrŭla, *ae*, f., sorte de gâteau : [T] Pros.

spissāmentum, *i*, n., bouchon, tampon : [+C] Pros.

spissātĭo, *ōnis*, f., compression : [+C] Pros. ; V. *pisatio*

spissātus, *a*, *um*, part. de *1 spisso*

spissē, adv. ¶ **1** d'une manière serrée, en tassant : ***spissius*** [+C] Pros. ¶ **2** d'une façon lente : [C] Pros. ‖ d'une façon intense : [+C] Pros.

spissescō, *ĭs*, *ĕre*, -, -, intr., se condenser, s'épaissir : [C] Poés., [+C] Pros.

spissĭgrădus, *a*, *um*, à la marche lente : ***-issimus*** [-C] Théât.

spissĭtas, *ātis*, f., densité : [C] Pros.

spissĭtūdo, *ĭnis*, f., condensation : [+C] Pros.

1 **spissō**, *ās*, *āre*, *āvī*, *ātum*, tr. ¶ **1** rendre épais (compact), épaissir, condenser, coaguler : [C] Poés., [+C] Pros. ¶ **2** [fig.] presser = ne pas laisser d'intervalle, faire souvent, sans arrêt : [+C] Pros.

2 **spissō**, adv., lentement : [-C] Théât. ; V. *perspisso*

spissus, *a*, *um* ¶ **1** serré, dense, compact, dru : [C] Poés., Pros. ; ***spissius semen*** [+C] Pros., semence plus drue ‖ ***spissae*** [s.-ent. *vestes*] [+C] Pros., robes épaisses ¶ **2** [fig.] ***a)*** lent, qui va lentement, qui avance péniblement, laborieux : [C] Pros. ***b)*** pressé = accumulé, entassé, en grand nombre : [+C] Pros.

spĭthăma, *ae*, f., V. *palmus*, palme, empan [mesure d'une demi-coudée] : [+C] Pros.

Spithami, *ōrum*, m. pl., peuple de l'Inde : [+C] Pros.

splēn, *splēnis*, m., rate : [+C] Pros., Poés.

splendentĭa, *ae*, f., splendeur, éclat : [T] Pros.

splendĕō, *ēs*, *ēre*, -, -, intr., briller, étinceler, être éclatant : [C] Poés., Pros. ; ***claro colore*** [C] Poés., briller d'une vive couleur

splendescō, *ĭs*, *ĕre*, *dŭī*, -, intr., devenir brillant, prendre de l'éclat : [C] Poés.

splendĭcō, *ās*, *āre*, -, -, intr., briller : [+C] Pros.

splendĭdē, adv., d'une façon brillante, avec éclat, magnifiquement, splendidement [pr. et fig.] : [C] Pros. ; ***splendidius*** [C] Pros. ; ***splendidissime natus*** [+C] Pros., de la plus brillante naissance

splendĭdō, *ās*, *āre*, -, -, tr., rendre brillant : [+C] Pros.

splendĭdus, *a*, *um* ¶ **1** brillant, éclatant, resplendissant : [C] Poés. ; ***splendidissimus candor*** [C] Pros., la plus éclatante blancheur ; [C] Poés. ¶ **2** [fig.] ***a) splendida nomina*** [C] Pros., noms à la belle sonorité ***b)*** de brillante apparence, spécieux : [C] Poés., Pros.

splendŏr, *ōris*, m. ¶ **1** l'éclat, le brillant, le poli éclatant : [-C] Théât., [C] Poés. ‖ pl., [+C] Pros. ¶ **2** [fig.] splendeur, magnificence : [C] Pros. ‖ considération, lustre, gloire : [C] Pros. ; ***splendor equester*** [C] Pros., la brillante distinction de l'ordre équestre ‖ ***verborum*** [C] Pros., éclat des mots, pompe du style

splendŭī, parf. de *splendesco* : [T] Pros.

splēnĭātus, *a*, *um*, couvert d'un emplâtre : [+C] Poés.

splēnĭŏn (-ĭum), *ĭi*, n., compresse, bandeau : [+C] Poés., Pros.

Spōlētĭum, *ĭi* **(-tum**, *i*), n., Spolète [ville d'Ombrie] : [C] Pros., [+C] Pros. ‖ **-tīnus**, *a*, *um*, de Spolète : [C] Pros., **Spōlētīni**, *ōrum*, m. pl., les habitants de Spolète : [C] Pros. ; subst. n. pl., ***Spoletina***, vins de Spolète : [+C] Poés.

spŏlĭārĭum, *ĭī*, n., spoliaire, endroit où l'on dépouillait les gladiateurs tués : [+C] Pros. ‖ [fig.] morgue : [C] Pros.

spŏlĭātĭo, *ōnis*, f., pillage, spoliation : [C] Pros. ; [fig.] vol : [C] Pros.

spŏlĭātŏr, *ōris*, m., spoliateur : [C] Pros.

spŏlĭātrix, *īcis*, f., spoliatrice : [C] Pros.

spŏlĭātus, *a*, *um* ¶ **1** part. de *spolio* ¶ **2** adj[t] : [C] Pros.

spŏlĭō, *ās*, *āre*, *āvī*, *ātum*, tr. ¶ **1** dépouiller [du vêtement], déshabiller : [C] Pros. ¶ **2** dépouiller, déposséder ; ***aliquem aliqua re*** [C] Pros., dépouiller qqn de qqch. ‖ dévaliser : ***fana*** [C] Pros., dépouiller, dévaliser les temples ; ***hospitium spoliatum*** [C] Pros., l'hospitalité dépouillée (=un hôte dépouillé) ¶ **3** prendre comme dépouille, ravir : ***dignitatem*** [C] Pros., ravir l'honneur de qqn

spŏlĭum, *ĭī*, n. ¶ **1** dépouille d'un animal : [C] Poés. ‖ toison : [C] Poés. ‖ peau d'un serpent qui mue : [C] Poés. ¶ **2** ordin[t] au pl., dépouille guerrière, butin : [C] Pros. ; ***opima spolia*** [C] Pros., dépouilles opimes ; ***classium*** [C] Pros., dépouilles des vaisseaux, éperons ‖ sg., [C] Poés., Pros., [+C] Pros.

sponda, *ae*, f., bois de lit : [C] Poés. ‖ lit : [C] Poés. ‖ lit de mort, bière : [+C] Poés.

spondaeus, V. *spondeus*

spondaulĭum, *ĭī*, n., déclamation avec accompagnement de flûte : [C] Pros.

spondĕō, *ēs*, *ēre*, *spŏpondī*, *sponsum*, tr. ¶ **1** [droit] ***a)*** promettre à titre de caution, garantir la dette d'autrui : ***pro aliquo spondere*** [C] Pros., se porter caution pour qqn ***b)*** [au nom de l'État] [C] Pros. ; ***pacem*** [C] Pros., s'engager à faire la paix ; [avec prop. inf.] prendre l'engagement que : [C] Pros. ***c)*** [mariage] [-C] Théât., [+C] Pros. ¶ **2** [en gén.] promettre sur l'honneur, assurer, garantir ***a)*** [avec acc.] ***praemia*** [C] Pros., prendre l'engagement de donner des récompenses ***b)*** [avec prop. inf. et inf. fut.] [C] Pros. ***c)*** [inf. prés.] donner l'assurance que : [C] Pros. ¶ **3** vouer, dédier : [T] Pros.

spondēum, *i*, n., vase servant aux libations : [+C] Pros.

spondēus (**-īus**), *i*, m., spondée [pied métrique formé de deux longues] : [C] Pros.

spondĭlus, V. *spondylus*

spondŭlus, V. *spondylus*

spondȳlus (**sph-**, **sf-**, **-ŭlus**, **-ĭlus**), *i*, m. ¶ **1** huître épineuse : [+C] Pros. ¶ **2** cardon, artichaut : [+C] Pros.

spongĕ-, V. *spongĭ*

1 **spongĭa** (**-ĕa**), *ae*, f. ¶ **1** éponge : [C] Pros. ¶ **2** [fig.] ***a)*** plastron, cotte de mailles des gladiateurs : [C] Pros. ***b)*** racine d'asperge : [+C] Pros. ***c)*** pierre ponce : [C] Pros.

2 **Spongĭa**, *ae*, m., surnom romain : [C] Pros.

spongĭō, V. *sfongio*

spongĭŏla (**spongĕŏla**), *ae*, f., racine d'asperge : [+C] Pros.

spongĭōsus (**-gĕōsus**), *a*, *um*, spongieux, poreux : [+C] Pros.

spongizō, V. *sfongizo*

spons, V. *sponte* et *spontis*

sponsa, *ae*, f., fiancée : [-C] Théât., [C] Poés.

sponsālĭcĭus, *a*, *um*, de fiançailles : [T] Pros.

sponsālis, *e*, de fiançailles : [C] Pros. ‖ **sponsālĭa**, *ĭum* ou *ĭōrum*, [+C] Pros., n. pl. ***a)*** fiançailles : [C] Pros., [+C] Pros. ***b)*** fête de fiançailles, repas de noces : [C] Pros.

sponsĭo, *ōnis*, f. ¶ **1** engagement oral et solennel, promesse, assurance, garantie : [C] Pros. ¶ **2** promesse réciproque, engagement réciproque : [C] Pros. [ou] [C] Pros. ; ***sponsionem vincere*** [C] Pros., gagner la somme stipulée [par l'adversaire] [ou] ***sponsione vincere*** [C] Pros., gagner dans la stipulation qu'on a faite soi-même ¶ **3** somme stipulée : [C] Pros.

sponsŏr, *ōris*, m., répondant, caution : [C] Pros. ‖ ***promissorum alicujus*** [C] Pros., garant des promesses de qqn ‖ garante [épithète de Vénus] : [C] Poés.

sponsum, *i*, n. ¶ **1** chose promise, engagement : [C] Pros., Poés. ¶ **2** V. *sponsio* : ***ex sponso agere*** [C] Pros., intenter une action en vertu d'un engagement pris

1 **sponsus**, *a*, *um*, part. de *spondeo*

2 **sponsus**, *i*, m., fiancé : [C] Pros. ‖ ***sponsi Penelopae*** [C] Pros., les prétendants de Pénélope ‖ [chrét.] époux [dans la parabole des dix vierges] : [T] Pros.

3 **sponsŭs**, *ūs*, m., promesse, engagement : [C] Pros. ; ***ex sponsu agere*** [C] Pros., intenter une action en vertu d'un engagement pris

spontālis, *e*, spontané : [+C] Pros.

spontālĭter, [T] Pros., adv., V. *spontanee*

spontānĕē, adv., spontanément, volontairement : [T] Pros.

spontānĕus, *a*, *um*, spontané, volontaire : [T] Pros.

spontĕ, adv., abl. de l'inus. **spons*, f. ¶ **1** d'après la volonté, ***alicujus***, de qqn : [+C] Pros. ‖ [avec une prép.] : [C] Pros. ¶ **2** [tour classique] : ***mea, tua, sua sponte a)*** spontanément, volontairement, de mon, de ton, de son propre mouvement : [C] Pros. ‖ [sans adj. possessif] [C] Poés. ; ***sponte properant*** [C] Poés., ils se hâtent de leur propre mouvement ; [+C] Pros. ***b)*** par soi-même, par ses seules forces, sans appui : [C] Pros. ***c)*** par soi-même, de sa propre nature, naturellement : [C] Pros.

spontis, gén. de l'inus. **spons*, f., volonté : [C] Pros., [+C] Pros.

spŏpondī, parf. de *spondeo*

sporta, *ae*, f., panier, corbeille : [-C] Pros., [+C] Pros.

sportella, *ae*, f., sportelle, petite corbeille ; [en part.] sorte de repas froid [déposé dans un petit panier] : [C] Pros.

sportŭla, *ae*, f. ¶ **1** petit panier : [-C] Théât. ¶ **2** c'est dans des paniers de cette sorte que les patrons distribuaient des présents, en nature ou en argent, à leurs clients, sportule : [+C] Poés., Pros. ¶ **3** largesses, libéralités, cadeaux : [+C] Pros.

Spŏrus, *i*, m., nom d'homme : [+C] Pros.

sprērunt, contr. pour *spreverunt*, V. *sperno*

sprētĭo, *ōnis*, f., mépris, dédain : [C] Pros.

sprētŏr, *ōris*, m., celui qui méprise, contempteur : [C] Poés.

1 **sprētus**, *a*, *um*, part. de *sperno*

2 **sprētŭs**, *ūs*, m., mépris : [+C] Pros., [T] Pros.

sprērunt, parf. de *sperno*

spūma, *ae*, f., écume, bave : [C] Pros., Poés. ; ***(in ore) spumas agere*** [C] Poés., [C] Pros., écumer, avoir l'écume à la bouche ‖ ***caustica*** [+C] Poés. [ou] ***Batava*** [+C] Poés., savon caustique [avec lequel les Germains se teignaient les cheveux en rouge]

spūmābundus, *a*, *um*, écumant : [+C] Pros.

spūmans, *tis*, part. de *spumo*

1 **spūmātus**, *a*, *um*, part. de *spumo*

2 **spūmātŭs**, *ūs*, m., écume, bave [d'un serpent] : [+C] Poés.

spūmescō, *ĭs*, *ĕre*, -, -, intr., devenir écumeux : [C] Poés.

spūmĕus, *a*, *um*, écumant, écumeux : [C] Poés.

spūmĭdus, *a*, *um*, écumeux : [+C] Pros.

spūmĭfĕr, *ĕra*, *ĕrum*, écumeux : [C] Poés.

spūmĭgĕr, *ĕra*, *ĕrum*, V. *spumifer* : [C] Poés.

spūmō, *ās*, *āre*, *āvī*, *ātum* ¶ **1** intr. ***a)*** écumer, jeter de l'écume, mousser : ***spumans aper*** [C] Poés., sanglier écumant ; ***spumat sale*** [-C] d. [+C] Pros., la mer écume ; [C] Poés. ‖ ***terra spumat*** [+C] Pros., la terre écume, est en effervescence ***b)*** [fig.] écumer de colère : [+C] Pros., [T] Pros. ¶ **2** tr. ***a)*** couvrir d'écume ; ***spumatus, a, um*** [C] Pros., couvert d'écume ***b)*** jeter en écume, exhaler en écume ; [fig.] [C] Pros. ***c)*** prononcer [les oracles] l'écume à la bouche : [T] Poés.

spūmōsus, *a*, *um*, écumant, écumeux : [C] Poés.

spŭō, *ĭs*, *ĕre*, *spŭī*, *spūtum*, tr., rejeter en crachant, cracher : [C] Poés.

spurcāmĕn, *ĭnis*, n., ordure : [T] Poés.

spurcātus, *a*, *um*, part. de *spurco* pris adj[t], ***spurcatissimus*** [C] Pros., très sale

spurcē, adv., salement : [+C] Pros. ; [fig.] [C] Pros. ; ***-cissime*** [C] Pros.

spurcĭdĭcus, *a*, *um*, ordurier : [-C] Théât.

spurcĭfĭcus, *a*, *um*, qui fait des choses malpropres : [-C] Théât.

spurcĭtĭa, *ae*, f., impureté légale : [T] Pros.

spurcō, *ās, āre, āvī, ātum*, tr., salir, souiller : [-C] Théât., [C] Poés.

spurcus, *a, um*, adj. ¶ 1 sale, malpropre, immonde : [C] Poés. ; ***spurcior*** [+C] Pros. ‖ ***spurcissima tempestas*** [C] Pros., le temps le plus affreux ; [+C] Pros. ¶ 2 [fig.] [C] Pros. ; ***spurcior*** [C] Pros.

Spurinna, *ae*, m., surnom de plusieurs Romains : [C] Pros.=[+C] Pros.

Spŭrīnus, *i*, m., surnom de Q. Petilius : [C] Pros.

spŭrĭum, *ĭi*, n., [fig.] sorte d'animal marin [porcelaine ?] : [+C] Pros.

Spŭrĭus, *ĭi*, m., prénom romain [abrégé *Sp.*] : [C] Pros.

spūtātĭlĭcus, *a, um*, digne d'être conspué : [C] Pros.

spūtātŏr, *ōris*, m., cracheur : [-C] Théât.

spūtō, *ās, āre, -, -*, tr., cracher : [-C] Théât., [C] Poés. ‖ éloigner un mal en crachant : [-C] Théât.

spūtum, *i*, n., crachat : [C] Poés. ‖ léger enduit, couche légère : [+C] Poés.

spūtŭs, *ūs*, m., crachat : [T] Pros.

squālĕō, *ēs, ēre, -, -*, intr. ¶ 1 être rude, hérissé, âpre : ***squalentes conchae*** [C] Poés., coquilles couvertes d'aspérités ¶ 2 être sale, négligé, malpropre : [C] Poés. ; ***squalens barba*** [C] Poés., barbe inculte ‖ en friche, aride : [C] Poés. ; ***squalens litus*** [+C] Pros., rivage aride [sablonneux] ¶ 3 [fig.] porter des vêtements sombres [de deuil] : ***squalent municipia*** [C] Pros., les municipes sont en deuil

squālēs, *is*, f., → *squalor* : [-C] Théât., [C] Poés.

squālĭdē, adv., [fig.] ***squalidius*** [C] Pros., d'un style plus négligé

squālĭdĭtās, *ātis*, f., [fig.] négligence, désordre : [T] Pros.

squālĭdus, *a, um* ¶ 1 âpre, hérissé, rugueux : [C] Poés. ¶ 2 sale, malpropre, négligé : [-C] Théât., [C] Pros. ‖ inculte, aride : [C] Poés., [+C] Pros. ‖ en vêtements négligés, de deuil : [C] Poés., [+C] Pros.

squālĭtās, *ātis*, f., [-C] Poés., [-C] Théât., **squālĭtūdo**, *ĭnis*, f., [-C] Théât., → *squalor*

squālŏr, *ōris*, m. ¶ 1 âpreté, état rugueux (hérissé), aspérité : [C] Poés. ; [fig.] [+C] Pros. ¶ 2 saleté, malpropreté, crasse : [C] Pros., [+C] Pros. ‖ état négligé, inculte, désolé : [+C] Pros. ¶ 3 [fig.] état négligé des vêtements = deuil : [C] Pros.

squālus, *a, um*, adj., sale : [-C] Théât.

squāma, *ae*, f. ¶ 1 écaille : [C] Pros. ‖ = poisson : [+C] Poés. ¶ 2 maille de cuirasse : [C] Poés. ¶ 3 [fig.] rudesse [du gaulois] : [T] Pros.

squāmātus, *a, um*, couvert d'écailles : [+C] Pros.

squāmĕus, *a, um*, écailleux, couvert d'écailles : [C] Poés.

squāmĭfĕr, *ĕra, ĕrum*, [+C] Poés., **squāmĭger**, *ĕra, ĕrum*, [C] Poés., → *squameus* ‖ **squāmĭgĕri**, *um*, m. pl., poissons : [C] Poés.

squamma, etc., → *squama*

squāmōsus (-ossus), *a, um*, → *squameus* : [-C] Théât., [C] Poés. ‖ [poét.] âpre, rude, raboteux : [+C] Poés.

squāmŭla, *ae*, f., petite écaille : [+C] Pros.

squarrōsus, *a, um*, couvert de boutons : [-C] Poés.

squilla, *ae*, f., squille [sorte de crustacé] : [C] Pros., Poés.

st, interj., chut ! paix ! silence ! ; [C] Pros.

Stăbĕrĭus, *ĭi*, m., nom d'un grammairien latin : [+C] Pros.

Stăbĭae, *ārum*, f. pl., Stabies, ville de Campanie ‖ **-ĭānus**, *a, um*, de Stabies : [+C] Pros. ‖ subst. n., **Stăbĭānum**, *i* ‖ maison de Stabies : [C] Pros.

stăbĭlīmĕn, *ĭnis*, n., → *stabilimentum* : [-C] Théât.

stăbĭlīmentum, *i*, n., appui, soutien : [-C] Théât., [+C] Pros.

stăbĭlĭō, *īs, īre, īvī, ītum*, tr. ¶ 1 faire se tenir solidement, maintenir solide, affermir : [C] Poés., Pros. ¶ 2 [fig.] soutenir, étayer, appuyer, consolider : [C] Pros.

stăbĭlis, *e* ¶ 1 propre à la station droite, où l'on peut se tenir droit : [C] Pros. ; ***locus stabilis*** [C] Pros., lieu ferme [où l'on peut marcher] ‖ qui se tient ferme, solide : ***per stabilem ratem*** [C] Pros., sur le radeau solide, ferme ; ***stabili gradu*** [C] Pros., de pied ferme, en se tenant solidement ; [+C] Pros. ; ***stabilis pugna*** [C] Pros., combat de pied ferme ; [C] Pros. ¶ 2 [fig.] ferme, solide, inébranlable, durable : [C] Pros. ; ***stabilis sententia*** [C] Pros., opinion ferme ‖ ***spondei*** [C] Poés., les spondées lourds ; [+C] Pros. ‖ ***quaestus stabilissimus*** [-C] Pros., gain le plus assuré ‖ ***stabile est*** [avec prop. inf.] [-C] Théât., c'est une chose arrêtée que

stăbĭlĭtās, *ātis*, f., stabilité, solidité, fermeté, fixité, consistance : [C] Pros.

stăbĭlĭtĕr, adv., solidement, fermement : [C] Pros. ‖ ***ius*** [+C] Pros.

stăbĭlītŏr, *ōris*, m., appui, soutien : [+C] Pros.

stăbĭlītus, *a, um*, part. p. de *stabilio*

stăbŭlārĭa, *ae*, f., adj., [T] Pros.

stăbŭlārĭus, *ĭi*, m. ¶ 1 palefrenier : [+C] Pros. ¶ 2 aubergiste, logeur : [+C] Pros.

stăbŭlātĭo, *ōnis*, f., séjour dans l'étable : [+C] Pros. ‖ demeure [humaine] : [+C] Pros.

stăbŭlātus, *a, um*, part. de *stabulor* et de *stabulo*

stăbŭlō, *ās, āre, -, -* ¶ 1 tr., garder dans une étable : [C] Pros. ¶ 2 intr., être à l'étable, habiter, séjourner : [C] Poés.

stăbŭlŏr, *ārĭs, ārī, ātus sum*, intr., avoir son étable, habiter, séjourner : [C] Pros., [+C] Pros., Poés.

stăbŭlum, *i*, n. ¶ 1 lieu où l'on séjourne, séjour, gîte, demeure : [-C] Théât. ¶ 2 [en part.] étable, écurie, parc, bergerie : [C] Pros., [+C] Pros., Poés. ‖ ***stabula pastorum*** [C] Pros., les burons des bergers ‖ poulailler : [+C] Pros. ‖ vivier : [+C] Pros. ‖ ruche : [C] Poés. ¶ 3 auberge, hôtellerie : [+C] Pros., Poés. ‖ lieu de débauche, mauvais lieu, bouge : [-C] Théât., [C] Pros. ‖ [injure] étable, repaire : [-C] Théât., [+C] Pros.

stacta, *ae*, f., stacté, essence de myrrhe, myrrhe : [-C] Théât., [C] Poés. ‖ **stactē**, *ēs*, f., [-C] Théât.

stădĭātus, *a, um*, muni d'un stade : [C] Pros.

stădĭum, *ĭi*, n. ¶ 1 stade [mesure : 125 pas ou 625 pieds, le huitième du mille = 185 m] : [C] Pros. ¶ 2 le stade [course] : ***stadium currere*** [C] Pros., faire la course du stade ; [fig.] piste, stade : [C] Pros.

stădĭus, *ĭi*, m. seul[t] au pl., stades [mesure] : [T] Pros.

Stăgīra, *ōrum*, n. pl., Stagire [en Macédoine, patrie d'Aristote] ‖ **-rītēs**, *ae*, m., le Stagirite, Aristote : [C] Pros. ; ***Stagerites*** [C] Pros.

stagnans, part. de *stagno*

stagnātus, *a, um*, part. de *stagno*

stagnĕus, *a, um*, → *stanneus*

stagnīnus, *a, um*, semblable à l'eau dormante : [+C] Pros.

stagnō, *ās, āre, āvī, ātum* ¶ 1 intr., être stagnant, former une nappe stagnante : [C] Poés., [+C] Pros. ¶ 2 être couvert d'une nappe stagnante, être inondé, submergé : [C] Poés., [+C] Poés. ¶ 3 tr. ***a)*** rendre stagnant, immobiliser : [+C] Poés. ***b)*** inonder, submerger : [C] Poés., [+C] Pros.

stagnōsus, *a, um*, couvert d'eau, inondé : [+C] Poés. ; pl. n., ***stagnosa*** [T] Pros., lieux marécageux

stagnum, *i*, n., eau stagnante, nappe d'eau, bassin : [C] Poés., Pros. ‖ lac, étang : [C] Poés.

Stăiēnus, *i*, m., C. Aelius Staienus Paetus [juge dans le procès d'Oppianicus, avait été acheté et s'étant chargé à son tour d'acheter des collègues en nombre suffisant, s'était approprié l'argent qu'on lui avait remis à cet effet] : [C] Pros. ‖ **Staieni**, *ōrum*, m. pl., des Staienus = des avocats véreux : [C] Pros.

Stāius, *i*, m., nom d'homme : [C] Pros., [+C] Pros.

stălagmĭum, *ĭi*, n., pendant d'oreilles : [-C] Théât.

Stalagmus, *i*, m., nom d'esclave : [-C] Théât.

stāmĕn, *ĭnis*, n. ¶ 1 chaîne [du métier vertical des tisserands anciens] : [C] Pros., Poés. ¶ 2 fil d'une quenouille : [C] Poés. ‖ fil des Parques : [C] Poés. ‖ destinée : [+C] Poés. ¶ 3 toute espèce de fils, fil d'Ariane : [C] Poés. ‖ corde d'instrument : [C] Poés. ‖ bandelette sacrée : [C] Poés., [+C] Poés.

stāmĭnārĭa, *ae*, f., fileuse : [+C] Pros.

stāmĭnātus, *a, um*, contenu dans une cruche : ***staminatas (potiones) duxi*** [+C] Pros., j'ai vidé force cruchons

stāmĭnĕus, *a, um*, garni de fil : [C] Poés.

stannĕus, *a, um*, d'étain : [+C] Pros.

stannum, → *stagnum*

stans, *tis*, part. de *sto*

Stăphўla, *ae*, f., nom de femme : [-C] Théât.

Stăphўlus, *i*, m., fils de Bacchus et d'Ariane : [+C] Pros.

Stāsĕās, *ae*, m., philosophe péripatéticien de Naples : [C] Pros.

Stāsĭmus, *i*, m., nom d'esclave : [-C] Théât.

Stāta mātĕr, f., Vesta [déesse] : [C] Pros.

Stătānus, **Stătŭlīnus**, *i*, m., dieu qui présidait aux premiers pas de l'enfance : [T] Pros.

stătārĭus, *a, um* ¶**1** qui reste en place : ***statarius miles*** [C] Pros., soldat qui combat en ligne, en gardant son rang ¶**2** [fig.] ***statarius orator*** [C] Pros., orateur posé, dont l'action oratoire est calme ; [-C] Théât., **stătārĭi**, *ōrum*, m. pl., acteurs d'une stataria : [C] Pros.

Statellae, **Statelli**, → *Statiellae, Statielli*

stătēr, *ēris*, m., statère, monnaie juive de 4 drachmes : [T] Pros.

stătēra, *ae*, f. ¶**1** statère, balance romaine : [C] Pros., Poés. ¶**2** joug : [+C] Poés.

Stătĭānus, *i*, m., nom d'homme : [+C] Pros.

stătĭcŭlus, *i*, m., danse sur place, danse noble : [-C] Théât.

Statiellae (Statellae), *ārum*, f. pl., ville de Ligurie ‖ **-lās**, *ātis*, adj., de Statielles : [C] Pros. ‖ **-lātes**, *ĭum*, m. pl., [C] Pros. et **-lenses**, *ĭum*, m. pl., habitants de Statielles ‖ **-li**, *ōrum*, m. pl., [C] Pros.

Stătīlĭa, *ae*, f., Statilia Messalina [femme de Néron] : [+C] Pros.

Stătĭlīnus, → *Statulinus*, → *Statanus*

Stătīlĭus, *ĭi*, m., nom de famille romaine, not[t] L. Statilius, complice de Catilina : [C] Pros. ‖ nom d'un augure : [C] Pros.

stătim, adv. ¶**1** de pied ferme, sur place, sans reculer : [-C] Théât. ‖ d'une façon stable, constamment : [-C] Théât. ¶**2** sur-le-champ, aussitôt : [C] Pros. ‖ ***statim ut*** [C] Pros. [ou] ***ut ... statim*** [C] Pros. ; ***statim ... simul ac*** [C] Pros., aussitôt que ‖ [noter] ***statim quod*** [C] Pros., aussitôt que ‖ [log.] ***non statim*** [+C] Pros., il ne s'ensuit pas que

Stătīnae, *ārum*, f. pl., source dans l'île de Pithécuse : [+C] Poés.

stătĭo, *ōnis*, f. ¶**1** position permanente, état d'immobilité : ***in statione manere*** [C] Poés., rester immobile ‖ [fig.] règle, principe : [C] Pros. ¶**2** station, lieu de séjournement, résidence : [C] Pros., Poés. ; ***stationes*** [+C] Pros., les lieux de stationnement ; ***stationes*** [+C] Pros., cercles, réunions ‖ [poét.] emplacement, place, position : [C] Poés. ¶**3** station navale, mouillage, rade : [C] Pros., Poés. ¶**4** poste militaire : [C] Pros. ; ***in statione esse*** [C] Pros., être de garde ; ***cohors in statione*** [C] Pros., cohorte de garde ; ***in stationem succedere*** [C] Pros., prendre son tour de garde, remplacer la garde ; ***statione relicta*** [C] Poés., ayant quitté son poste ¶**5** les hommes de garde, poste, garde, sentinelles, détachement : [C] Pros.

stătĭōnārĭus, *a, um*, qui est de garde : [+C] Pros.

Stătius, *ĭi*, m. ¶**1** Caecilius Statius [poète comique] : [C] Pros. ¶**2** Stace [auteur des Silves, de la Thébaïde] : [+C] Poés. ¶**3** un proconsul : [C] Pros. ¶**4** un esclave de Cicéron : [C] Pros.

stătīva, *ōrum*, n. pl., campement fixe, campement, quartiers : [C] Pros., [+C] Pros.

stătīvus, *a, um*, qui reste en place, qui séjourne, stationnaire : ***praesidium stativum*** [C] Pros., poste militaire ; ***stativa castra*** [C] Pros. ; → *stativa*

Statōnes, *um*, m. pl., ***in Statoniensi*** [C] Pros., sur le territoire de Statonia, habitant de Statonia [Étrurie] ‖ **-enses**, *ĭum*, m. pl.

1 **Stătŏr**, *ōris*, m., surnom de Jupiter [qui arrête les fuyards] : [C] Pros., Poés.

2 **stătŏr**, *ōris*, m., esclave public qui faisait l'office de planton, ordonnance, planton : [C] Pros.

Stătōrĭus, *ĭi*, m., nom d'homme : [C] Pros.

stătŭa, *ae*, f., statue : [C] Pros. ; ***statuam ponere*** [C] Pros. ; ***statuere*** [C] Pros., placer, dresser une statue ; [fig.] [C] Pros.

stătŭārĭus, *ĭi*, m., statuaire, sculpteur : [+C] Pros.

Stătulīnus, → *Statanus*

stătūmĕn, *ĭnis*, n. ¶**1** échalas : [+C] Pros. ¶**2** varangue [marine] : [C] Pros. ¶**3** fondement (fondation) en pierres : [C] Pros.

stătūmĭnātĭo, *ōnis*, f., action d'établir une fondation : [C] Pros.

stătūmĭnō, *ās, āre, -, -*, tr., faire une fondation : [C] Pros.

stătuncŭlum, *i*, n., statuette, figurine : [+C] Pros.

stătŭō, *ĭs, ĕre, ŭī, ūtum*, tr. ¶**1** ***a)*** établir, poser, placer, mettre dans une position déterminée : [-C] Théât. ; ***statue signum*** [C] Pros., plante l'enseigne ; ***tigna statuere*** [C] Pros., placer des pilotis ; ***crateres statuere*** [C] Poés., mettre des cratères sur la table ; ***captivos in medio*** [C] Pros., placer les captifs au milieu ; ***bovem ante aram*** [C] Pros., placer une génisse devant l'autel ; ***aliquem ante oculos*** [C] Pros., placer, mettre qqn devant les yeux ***b)*** élever, ériger, dresser, mettre debout : ***tabernacula, statuam*** [C] Pros., dresser des tentes, une statue ; ***tropaeum*** [C] Pros., élever un trophée ‖ ***statuar tumulo*** [+C] Pros., je serai dressé (ma statue se dressera) sur tombeau ; [C] Poés. ¶**2** [fig.] établir : ***exemplum in aliquo*** [C] Pros., instituer un exemple dans la personne de qqn ; ***exemplum in aliquem*** [C] Pros., faire un exemple de qqn ; ***documentum statuere*** [C] Pros., faire un exemple ; ***aliquem arbitrum alicujus rei*** [C] Pros., faire qqn arbitre d'une chose ¶**3** décider, fixer, déterminer ***a)*** [C] Pros. ; ***modum alicui rei*** [C] Pros., fixer une limite à qqch. [ou] ***alicujus rei*** [C] Pros. ; ***condicionem, legem alicui*** [C] Pros., fixer des conditions, une loi à qqn ; ***diem alicui, alicui rei*** [C] Pros., assigner un jour [fixer une date] à qqn, à qqch. ; ***statuto tempore*** [+C] Pros., à l'époque fixée ***b)*** [avec interrog. indir.] [C] Pros. ¶**4** poser en principe, être d'avis, juger, estimer ***a)*** [avec deux acc.] ***aliquem hostem*** [C] Pros., juger qqn un ennemi ***b)*** [avec prop. inf.] [C] Pros. ***c)*** [C] Pros. ; ***ut Manilius statuebat*** [C] Pros., comme c'était l'avis de Manilius ¶**5** décider, arrêter, résoudre ***a)*** [avec inf.] [C] Pros. ***b)*** [avec *ut, ne*] [C] Pros. ***c)*** décider, décréter, statuer : ***aliquid gravius in aliquem*** [C] Pros., prendre une mesure particulièrement sévère contre qqn ; ***aliquid de aliquo*** [C] Pros. [ou abs[t]] ***de aliquo statuere*** [C] Pros., prendre une décision sur qqn ‖ ***de se statuere*** [+C] Pros., décider pour soi, se donner la mort ¶**6** garder, conserver inviolé : [T] Pros.

stătūra, *ae*, f., stature, taille : [C] Pros. ‖ hauteur d'une plante : [+C] Pros.

stătūrōsus, *a, um*, gigantesque : [T] Pros.

stătūrus, *a, um*, part. fut. de *sto*

1 **stătus**, *a, um*, part. de *sisto* ‖ adj[t], fixé, fixe, périodique : [C] Pros.

2 **stătŭs**, *ūs*, m. ¶**1** action de se tenir, posture, attitude, pose : [C] Pros. ; ***signi*** [C] Pros., l'attitude d'une statue ‖ taille, stature : [+C] Poés., Pros. ¶**2** position du combattant : ***statum alicujus conturbare*** [+C] Pros., bousculer son adversaire ; [C] Pros. ¶**3** [fig.] ***a)*** état, position, situation : ***vitae*** [C] Pros., situation sociale ; ***amplus status*** [C] Pros., situation considérable, haut rang ; ***rei publicae*** [C] Pros., l'état des affaires publiques ***b)*** forme de gouvernement : ***optimatium*** [C] Pros., le régime de l'aristocratie, gouvernement aristocratique ; ***rei publicae*** [C] Pros., la forme du gouvernement [ou] ***civitatis*** [C] Pros. ***c)*** bon état, stabilité, assiette solide : [C] Pros. ***d)*** [rhét., =στάσις], position [que prend l'orateur pour repousser l'attaque de l'adversaire] : [C] Pros. ‖ ***status causae*** ou ***status*** seul → *constitutio*, position de la question, point du débat, genre de cause, nature propre de la cause : [+C] Pros. ***e)*** [gram.] mode du verbe : [+C] Pros.

stătūtĭo, *ōnis*, f., mise en place [d'une poutre] : [C] Pros.

stătūtum, *i*, n., décret, statut : [T] Pros.

stătūtus, *a, um*, part. de *statuo*

stĕ, → *iste*

stĕfănĭum, → *steph.*

stēga, *ae*, f., pont [de navire], tillac : [-C] Théât.

stēla, *ae*, f., cippe, colonne funéraire : [+C] Pros.

stēlĭo, *ōnis*, m., stellion, sorte de lézard : [C] Poés. ‖ [fig.] fourbe [cf. *versipellis*] : [+C] Pros. ; v. *1 stellio*

1 **stella**, *ae*, f. ¶ **1** étoile : [C] Pros. ; ***stellae errantes*** [C] Pros., planètes ; ***stella comans*** [C] Poés., comète ‖ étoile filante : [C] Poés., [+C] Pros. ‖ planète : [C] Poés. ¶ **2** étoile [figurée sur un vêtement] : [+C] Pros. ¶ **3** astérisque [pour signaler un passage ajouté] : [T] Pros.

2 **Stella**, *ae*, m., L. Arruntius Stella [poète sous Trajan] : [+C] Poés.

stellans, *tis*, part. de *stello* ‖ adj[t], garni (parsemé) d'étoiles : [C] Poés. ‖ étincelant : [C] Poés. ‖ [fig.] ***frons stellans*** [+C] Poés., front constellé, qui est comme couvert d'étoiles

stellāris, *e*, d'étoile, d'astre : [T] Pros.

Stellātīna trĭbŭs, f., tribu Stellatina : [C] Pros.

Stellātis campus (āgĕr), m., canton de Stella, en Campanie : [C] Pros.

stellātus, *a*, *um* ¶ **1** étoilé, parsemé d'étoiles : [C] Pros., [+C] Poés. ¶ **2** [fig.] aux cent yeux [Argus] : [C] Poés. ‖ étincelant : [C] Poés.

stellĭfĕr, *ĕra*, *ĕrum*, étoilé : [C] Pros.

stellĭgĕr, *ĕra*, *ĕrum*, qui porte des astres, étoilé : [C] Poés., [+C] Poés.

stellĭmĭcans, *tis*, brillant d'étoiles : [C] Poés.

1 **stellĭo**, v. *stelio*

2 **Stellĭo**, *ōnis*, m., surnom romain : [C] Pros.

stellō, *ās*, *āre*, -, *ātum*, intr., v. *stellans*

stellŭla, *ae*, f., astérisque : [T] Pros.

stellŭmĭcans, v. *stellimicans*

stemma, *ătis*, n. ¶ **1** guirlande qui reliait entre eux les noms des ancêtres : [+C] Pros. ‖ [d'où] arbre généalogique, tableau généalogique : [+C] Pros., Poés. ‖ [fig.] = antique origine : [+C] Poés. ¶ **2** figure, symbole : [T] Poés.

Stĕna, *ōrum*, n. pl., nom d'un défilé : [C] Pros.

Stenĭus, v. *Sthenius*

Stentŏr, *ŏris*, m., Stentor [héros de l'Iliade dont la voix, selon Homère, était aussi puissante que celle de 50 hommes criant à la fois] : [+C] Poés. ‖ **-rĕus**, *a*, *um*, de Stentor : [T] Pros.

Stĕphănĭo, *ōnis*, m., nom d'homme : [+C] Pros.

Stĕphănĭum, *ĭī*, nom d'une servante : [-C] Théât. ‖ **Stĕphănĭscĭdĭum**, *ĭī*, n., ma petite Stephanium : [-C] Théât.

Stĕphănus (Stĕf-), *i*, m., saint Étienne, premier martyr : [T] Poés.

stercĕr-, v. *stercor-*

Stercēs, *is*, v. *Sterculius* : [T] Pros.

stercĭlīnum, *i*, n., v. *sterculinum* : [-C] Pros.

stercŏrārĭus, **(stercĕ-**, [-C] Pros.**)**, *a*, *um*, qui concerne le fumier ou les excréments : [-C] Pros., [C] Pros.

stercŏrātĭo, *ōnis*, f., action de fumer, fumage des terres : [C] Pros.

stercŏrātus, *a*, *um*, fumé ‖ ***-issimus*** [+C] Pros.

stercŏrĕus, *a*, *um*, [fig.] immonde [injure] : [-C] Théât.

stercŏris, gén. de *stercus*

stercŏrō, **(stercĕ-**, [-C] Pros.**)**, *ās*, *āre*, *āvī*, *ātum*, tr. ¶ **1** fumer [les terres] : [C] Pros. ¶ **2** vider, curer : ***stercorata colluvies*** [+C] Pros., vidange

stercŏrōsus, *a*, *um*, bien fumé : [+C] Pros. ‖ fangeux, vaseux, sale : [+C] Pros. ‖ ***-issimus*** [-C] Pros.

stercŭlīnum, *i*, n., tas de fumier, fosse à fumier : [-C] Pros. ; ***e sterculino effosse*** [voc.] [-C] Théât., déterré d'un tas de fumier ! ‖ [fig.] ordure ! fumier ! [injure] : [-C] Théât.

Stercŭlĭus, *ĭī*, m., surnom de Saturne [inventeur de la fumure] : [T] Pros.

Stercŭlus, *i*, m., dieu de la fumure : [+C] Pros., [T] Poés.

stercŭs, *ŏris*, n., excrément, fiente, fumier : [-C], [C] Pros., [+C] Pros. ‖ [injure] fumier !, ordure ! : [C] Pros.

stĕrĕŏbăta (-ēs), *ae*, m., [archit.] stéréobate, soubassement : [C] Pros.

stērigmŏs, *i*, m., station d'une planète [astron.] : [+C] Pros.

stĕrĭlĭcŭla, *ae*, f., vulve d'une jeune truie : [+C] Pros.

stĕrĭlis, *e*, adj. ¶ **1** infécond, stérile : [C] Poés. ‖ [poét.] qui rend stérile : [C] Poés. ‖ [avec gén.] [avec abl.] [C] Poés. ¶ **2** [fig.] qui ne rapporte rien ***a)*** ***sterilis epistula*** [+C] Pros., lettre que n'accompagne aucun cadeau ***b)*** [C] Pros. ; ***pax*** [+C] Pros., paix stérile ; ***amor*** [C] Poés., amour vain, non payé de retour ‖ [avec gén.] [+C] Pros. ; [avec abl.] [+C] Pros.

stĕrĭlĭtās, *ātis*, f. ¶ **1** stérilité, infécondité : [C] Pros. ¶ **2** famine, disette : [T] Pros.

stĕrĭlĭter, adv., sans rien produire : [T] Pros.

sternax, *ăcis*, adj., qui terrasse, qui renverse [son cavalier] : [C] Poés. ‖ qui se prosterne : [T] Pros.

sternō, *ĭs*, *ĕre*, *strāvī*, *strātum*, tr.

I étendre sur le sol ¶ **1** répandre, étendre : ***vellus in solo*** [C] Poés., étendre une peau sur le sol ; ***virgas*** [C] Poés., étendre des branches sur le sol ; ***stratis in herbis*** [C] Poés., sur un lit d'herbes ; [C] Poés. ‖ [C] Pros. ; ***se somno*** [C] Poés., s'étendre pour dormir [ou] ***sterni*** [C] Poés. ; [surtout au part. *stratus*, *a*, *um*] ***humi strati*** [C] Pros., étendus à terre ; ***stratus ad pedes alicui*** [C] Pros., prosterné aux pieds de qqn ¶ **2** abattre sur le sol, terrasser, renverser : ***proximos*** [C] Pros., renverser les plus proches ; ***aliquem caede*** [C] Poés. ; ***leto*** [C] Poés. ; ***morte*** [C] Poés., étendre mort qqn, abattre d'un coup mortel, faire mordre à qqn la poussière ; [C] Pros. ¶ **3** aplanir, niveler : ***aequora*** [C] Poés., aplanir les flots ‖ ***viam*** [C] Poés., faire une route unie ; [+C] Pros. ‖ [fig.] calmer, apaiser : [+C] Pros.

II recouvrir, joncher ¶ **1** garnir de pierres, paver : [C] Pros. ; ***vias silice*** [C] Pros., paver des routes ; ***emporium lapide*** [C] Pros., daller le marché ‖ [d'où] ***sternere*** [abs[t]], paver : ***via strata*** [C] Pros., route pavée ¶ **2** seller, harnacher des chevaux : [C] Pros. ¶ **3** [en gén.] couvrir, joncher : [C] Poés. ; ***solum telis*** [C] Poés., joncher le sol de traits ; [C] Pros., Poés. ¶ **4** [métaph.] adresser [ses prières, étant prosterné] : [+C] Pros.

sternūmentum, *i*, n., éternuement : [C] Pros.

sternŭō, *ĭs*, *ĕre*, *nŭī*, - ¶ **1** pétiller [lampe] : [C] Poés. ¶ **2** tr., accorder en éternuant : [C] Poés.

sternūtāmentum, *i*, n., éternuement : [+C] Pros.

sternūtātĭo, *ōnis*, f., éternuement : [+C] Pros.

sternūtō, *ās*, *āre*, *āvī*, -, intr., éternuer souvent : [+C] Pros.

Stĕrŏpē, *ēs*, f., fille d'Atlas, aimée de Mars, changée en une des Pléiades : [C] Poés. ‖ l'une des cavales du Soleil : [+C] Poés.

Stĕrŏpēs, *ae*, m., un des Cyclopes : [C] Poés. ‖ **-es**, *is*, [+C] Poés.

sterquĭlīnium (-num), v. *sterculinum* : [+C] Pros., Poés.

Stertĭnĭus, *ĭī*, m. ¶ **1** nom d'un proconsul en Espagne : [C] Pros. ¶ **2** philosophe stoïcien au siècle d'Auguste : [C] Poés. ‖ **-ĭus**, *a*, *um*, de Stertinius : [C] Pros.

stertō, *ĭs*, *ĕre*, -, -, intr., ronfler ou dormir en ronflant = dormir profondément : [C] Pros.

Stēsĭchŏrus, *i*, m., Stésichore, poète lyrique de Sicile : [C] Pros.

stĕti, parf. de *sto* et de *sisto*

Sthĕnĕboea, *ae*, f., Sthénébée [femme de Proetos, éprise de son beau-fils, Bellérophon] : [+C] Poés. ‖ **-boeius**, *a*, *um*, de Sthénébée : [T] Poés.

Sthĕnĕlus, *i*, m. ¶ **1** fils de Capanée, un des chefs grecs au siège de Troie, compagnon de Diomède : [C] Poés. ¶ **2** fils de Persée et d'Andromède, père d'Eurysthée : [+C] Poés. ¶ **3** roi de Ligurie, père de Cycnus, changé en cygne : [C] Poés. ‖ **-lēĭus**, *a*, *um*, de Sthénélus : [C] Poés. ; ***hostis*** [C] Poés., Eurysthée ‖ **-lēïs**, *ĭdis*, f., de Sthénélus : [C] Poés.

Sthĕnĭus, *ĭī*, m., nom d'homme : [C] Pros.

Sthĕnō (Sthenno), *ūs*, f., une des filles de Phorcys, sœur de Méduse : [+C] Poés.

stĭbădĭum, *ĭī*, n., lit semi-circulaire [de table] : [+C] Pros.

stĭbi, *is*, n., v. *stibium* : [+C] Pros.

stĭbĭnus, *a*, *um*, d'antimoine : [T] Pros.

stĭbĭum, *ĭī*, n., cosmétique noir tiré de l'antimoine, pour teindre les sourcils, les cils : [T] Pros.

Stĭchus, *i*, m., personnage qui donne son nom à une comédie de Plaute : [-C] Théât.

Stictē, *ēs*, f., nom d'une chienne d'Actéon : [C] Poés., [+C] Poés.

stĭcŭla, *ae*, f. ?, variété de vigne : [+C] Pros.

stigma, *ătis*, n. ¶**1** stigmate, marque faite au fer rouge [châtiment d'esclave] : ***stigmata alicui inscribere*** [+C] Pros. ; ***scribere*** [+C] Pros., marquer qqn ¶**2** flétrissure, marque d'infamie : [+C] Pros., Poés. ‖ coupure, balafre : [+C] Poés. ¶**3** [chez les Hébreux] incisions sur la peau [en signe de deuil] : [T] Pros.

stigmătĭās, *ae*, m., esclave stigmatisé (marqué) : [C] Pros. ‖ titre d'une comédie de Naevius : [C] Pros.

stigmō, *ās*, *āre*, *āvī*, *-*, tr., marquer [au fer rouge] : [T] Poés.

stigmōsus, *a*, *um*, marqué [au fer rouge] : [+C] Pros.

Stilbo, ▶ *Stilpo* : [+C] Pros.

Stilbōn, *ōnis*, m., un des chiens d'Actéon : [+C] Poés.

stīlĭcĭdĭum, *ĭi*, n., ▶ *stillicidium* : [C] Poés.

stilla, *ae*, f., goutte : [C] Pros. ‖ [fig.] une goutte, une petite quantité : [+C] Poés.

stillans, *tis*, part. de *stillo*

stillārĭum, *ĭi*, n., pot-de-vin : [+C] Pros.

stillātim, adv., goutte à goutte, par gouttes : [C] Pros.

stillātus, *a*, *um*, part. de *stillo*

stillĭcĭdĭum, *ĭi*, n. ¶**1** eau qui tombe goutte à goutte : [C] Pros., Poés. ¶**2** eaux de pluie, eaux du toit, de gouttière : [C] Pros.

stillō, *ās*, *āre*, *āvī*, *ātum*, intr. et tr.

I intr. ¶**1** tomber goutte à goutte : [C] Pros., Poés. ‖ [fig.] [en parlant des mots d'un discours] [+C] Pros. ¶**2** être dégouttant de : [avec abl.] [C] Poés. ‖ [sans compl.] [C] Poés., Pros.

II tr., faire couler goutte à goutte : [C] Poés. ‖ pass., **stillatus**, *a*, *um*, tombé goutte à goutte : [C] Poés. ‖ [fig.] ***aliquid in aurem*** [+C] Poés., instiller, glisser qqch. dans l'oreille

stĭlō, *ās*, *āre*, *āvī*, *-*, intr., pousser une tige : [+C] Pros.

Stilpo (**Stilpon**, **Stilbo**, **Stilbon**), *ōnis*, m., philosophe de Mégare : [C] Pros., [+C] Pros.

stĭlus (non **stȳlus**), *i*, m., tout objet en forme de tige pointue, ¶**1** pieu : ***stili caeci*** [C] Pros., pieux dissimulés ‖ instrument d'agriculture : [+C] Pros. ‖ tige de plante : [+C] Pros. ‖ [méc.] pivot, cheville : [C] Pros. ¶**2** style, poinçon pour écrire : ***stilum prendere*** [C] Pros., prendre son style, sa plume ; [jeu de mots avec instr. d'agriculture] [C] Pros. ¶**3** [fig.] ***a)*** travail du poinçon, de la plume, c-à-d. de la composition : [C] Pros. ***b)*** manière, style : [+C] Pros. ***c)*** œuvre littéraire : [+C] Pros. ‖ bulletin de vote : [+C] Pros. ‖ langue : ***Graecus stilus*** [T] Pros., langue grecque

Stĭmĭchōn, *ōnis*, m., nom de berger : [C] Poés.

Stĭmŭla, *ae*, f., nom d'une divinité des Romains : [C] Poés., [T] Pros.

stimŭlātĭo, *ōnis*, f., action d'aiguillonner ; [fig.] aiguillon, stimulant : [+C] Pros.

stĭmŭlātrix, *īcis*, f., instigatrice : [-C] Théât.

stĭmŭlātus, *a*, *um*, part. de *stimulo*

stĭmŭlĕus, *a*, *um*, d'aiguillon : [-C] Théât.

stĭmŭlō, *ās*, *āre*, *āvī*, *ātum*, tr. ¶**1** piquer de l'aiguillon : [+C] Poés., Pros. ¶**2** [fig.] ***a)*** aiguillonner, tourmenter : [C] Pros. ***b)*** stimuler, exciter : ***aliquem, animum*** [C] Pros., exciter qqn, l'âme de qqn ; ***in aliquem*** [C] Pros., exciter contre qqn ; ***stimulare aliquem, ut*** [C] Pros., exciter qqn à ; ***stimulari ne*** [+C] Pros., être poussé à éviter de ‖ [poét.] [avec inf.] [C] Poés., [+C] Poés. ‖ [abslt] ***stimulante fame*** [C] Poés., sous l'aiguillon de la faim ; [+C] Pros.

stĭmŭlus, *i*, m. ¶**1** aiguillon [pour exciter les bêtes] : [C] Poés. ; ***aliquem fodere stimulo*** [-C] Théât. ; ***stimulis*** [C] Pros., donner à qqn des coups d'aiguillon [forme de supplice] ¶**2** [fig.] ***a)*** = tourment, piqûre : [C] Poés., Pros. ***b)*** = stimulant, excitation, encouragement : [C] Pros. ; ***stimulos admovere alicui*** [C] Pros., stimuler qqn ¶**3** sorte de chausse-trape : [C] Pros.

stinguō, *ĭs*, *ĕre*, *-*, *-*, tr., éteindre : [C] Poés.

stīpātĭo, *ōnis*, f., affluence autour de qqn, cohue, rassemblement : [C] Pros., [+C] Pros. ; [fig.] [+C] Pros.

stīpātŏr, *ōris*, m., celui qui fait cortège, qui escorte : [C] Pros. ; ***stipatores corporis*** [C] Pros., gardes du corps, satellites

stīpātus, *a*, *um*, part. de *stipo*, adjt, ***stipatissimus*** [T] Pros., très entouré

stīpendĭālis, *e*, relatif à un tribut : [T] Pros.

stīpendĭārĭus, *a*, *um* ¶**1** soumis à un tribut, tributaire, qui paie une contribution en argent : [C] Pros. ‖ **stipendiarii**, *ōrum*, m. pl., les tributaires [versant une contribution en argent] : [C] Pros. ; sg., [C] Pros. ¶**2** qui est à la solde, stipendié : [C] Pros., [+C] Pros.

stīpendĭum, *ĭi*, n.

I ¶**1** impôt, tribut, contribution [en argent] : ***stipendium pendere*** [C] Pros. ; ***capere*** [C] Pros. ; ***imponere*** [C] Pros., payer, tirer, imposer une contribution de guerre ¶**2** [poét.] réparation, rançon : [C] Poés.

II solde militaire ¶**1** solde, paie : ***stipendium numerare militibus*** [C] Pros. ou ***persolvere*** [C] Pros., payer la solde aux soldats ¶**2** [surt. au pl.] service militaire : ***stipendia merere*** [C] Pros. ou ***facere*** [C] Pros., faire son service militaire, servir ; ***emereri*** [C] Pros., achever son temps de service ; ▶ *emereo*, *emeritus* ¶**3** année de solde, campagne : ***in singulis stipendiis*** [-C] Théât., à chaque campagne ; [C] Pros. ; ***secundo stipendio*** [+C] Pros., à la seconde campagne ; [C] Pros., [+C] Pros. ¶**4** [fig.] ***vitae stipendia*** [+C] Pros., les obligations de la vie

stīpĕs, *ĭtis*, m. ¶**1** tronc, souche : [C] Poés. ‖ [injure] bûche, = imbécile : [-C] Théât., [C] Pros. ‖ [poét.] arbre : [C] Poés. ‖ branche d'arbre : [+C] Poés. ¶**2** pieu : [C] Pros. ‖ bâton : [C] Poés. ‖ poteau : [+C] Pros. ‖ instrument de torture [chevalet] : [T] Poés. ‖ le tronc, le bois [de la croix] : [T] Poés. ‖ idole de bois : [T] Poés.

Stiphelus, ▶ *Styphelus*

stīpō, *ās*, *āre*, *āvī*, *ātum*, tr. et intr., tr. ¶**1** mettre dru, mettre serré, entasser, [surtout au part. *stipatus*] : ***asses stipare*** [C] Pros., mettre les pièces en pile ; [C] Pros. ; [C] Poés. ¶**2** mettre serré autour, entourer de façon compacte : ***senatum armatis*** [C] Pros., investir le sénat d'hommes armés ‖ escorter, faire cortège à : [C] Pros., Poés.

stips, *stĭpis*, f. ¶**1** petite pièce de monnaie, obole : [C] Pros. ; ***stipem cogere*** [C] Pros., ramasser les offrandes, faire la quête ; ***stipem tollere*** [C] Pros., supprimer les quêtes ; [+C] Pros. ‖ pl. *stipes* [+C] Pros. ¶**2** [fig.] argent, gain, profit : [C] Poés., [+C] Pros. ‖ cotisation : [+C] Pros.

stĭpŭla, *ae*, f., tige des céréales, chaume, paille : [C] Poés., Pros. ‖ [séparée du grain] : [C] Pros., Poés. ‖ chalumeau, pipeau : [C] Poés. ‖ tige des fèves : [C] Poés. ‖ [fig.] ***flamma de stipula*** [C] Poés., feu de paille

stĭpŭlātĭo, *ōnis*, f., stipulation, obligation verbale [promesse faite solennellement par le débiteur en réponse à l'interrogation posée par le créancier] : [C] Pros.

stĭpŭlātĭuncŭla, *ae*, f., stipulation insignifiante : [C] Pros.

stĭpŭlātŏr, *ōris*, m., celui qui se fait faire une promesse solennelle, une obligation : [+C] Pros.

stĭpŭlātus, *a*, *um*, part. de *stipulor*, [sens pass.] ▶ *stipulor*

stĭpŭlŏr, *āris*, *ārī*, *ātus sum*, tr. ¶**1** se faire promettre verbalement et solennellement, exiger un engagement formel [par oppos. à *promittere* "s'engager par une promesse verbale"] : [C] Pros. ¶**2** part., ***stipulatus***, à sens pass. : [C] Pros.

stīrĭa, *ae*, f., goutte congelée : [C] Poés. ‖ roupie : [+C] Poés.

stirpĭtŭs, adv., [fig.] radicalement : [C] Pros.

stirps, *stirpis*, f. ¶**1** souche, racine : [C] Pros. ¶**2** [surt. au pl.] plantes : [C] Pros. ‖ rejeton, surgeon : [-C] Pros., [C] Poés., [+C] Pros. ¶**3** [fig.] ***a)*** souche, origine, race, famille, sang : [C] Pros. ; [C] Pros. ‖ rejeton, lignée, progéniture, descendants : [C] Poés., Pros., [+C] Pros. ***b)*** racine, origine, principe, source, fondement : ***superstitionis stirpes*** [C] Pros., les racines de la superstition ; [C] Pros. ; [C] Pros.

stīva, *ae*, f., manche de charrue : [C] Pros.

stlāta, ▶ *stlatta*

stlātārĭus (**-ttārius-**), *a*, *um*, apporté par bateau, c.-à-dire cher : [+C] Poés. ‖ n. pl., étoffes précieuses : [-C] Pros.

stlatta, *ae*, f., navire marchand, [puis] brigantin : [+C] Pros.

stlembus, *a*, *um*, lent, qui va lentement : [-C] Poés.

stlīs, *ītis*, f. arch., ➡ *lis* d'après [C] Pros., [HC] Pros.

stlŏcus, ➡ *locus* : [HC] Pros.

stlŏppus, *i*, m., ➡ *scloppus*

stō, *stās*, *stāre*, *stĕtī*, *stătum*, *stătūrus*, intr. ¶1 se tenir, se tenir debout, se tenir immobile ***a)*** se tenir : ***in aliquo loco stare*** Liv., se tenir dans un lieu ; [d'où] stationner, séjourner : Cic. ; [à propos de bateaux] se tenir à l'ancre, au mouillage : Liv. ***b)*** se tenir debout, se dresser : ***stant, non sedent*** Pl., ils sont debout, pas assis ; ***ad januam stare*** Cic., être debout à la porte ; ***stans loqui*** Cic., parler debout ; ***statua quae Delphis stabat*** Cic., une statue qui se dressait à Delphes ; ***steterunt comae*** Virg., les cheveux se tinrent dressés, hérissés ‖ se tenir debout = se maintenir, ne pas s'effondrer : ***disciplina res Romana stetit*** Liv., c'est par la discipline que Rome s'est maintenue ; ***praeter spem muri stabant*** Liv., contre toute attente les murailles restaient debout ; ***stare animo*** Cic., Hor., être inébranlable, [ou] avoir toute sa raison ; [d'où] tenir bon, faire bonne contenance [dans le combat] : Cic., Caes., Liv. ***c)*** se tenir immobile : ***ea quae stant*** Cic., les objets immobiles ; ***stantes oculi*** Ov., yeux fixes ; ***stantibus aquis*** Ov., les flots étant calmes ; ***metu stare*** Val.-Max., être figé de crainte ; ***hasta stetit toro*** Ov., le javelot s'arrêta dans le lit ; [fig.] ***intra praeturam stare*** Tac., s'arrêter à la préture, ne pas dépasser la préture ¶2 se tenir ferme (à qqch.), être arrêté, fixé ***a)*** [avec sujet de pers.] ***stare in consiliis*** Cic., être constant dans ses desseins ; ***stare in fide*** Cic., être fidèle à sa parole ; ***stare in eo quod judicatum sit*** Cic., s'en tenir à ce qui a été jugé ; [avec abl. seul] se tenir fermement à, être fidèle à : ***promissis stare*** Cic., être fidèle aux promesses ; ***decreto non stare*** Caes., ne pas rester soumis à une décision ; ***alicujus judicio stare*** Cic., se tenir à l'avis de qqn ; [impers.] ***eo consilio stabitur*** Liv., on s'en tiendra à cet avis ***b)*** [avec sujet de choses] être établi, arrêté, fixé : ***stat sua cuique dies*** Virg., à chacun son jour est fixé ; ***stat sententia*** Ter., la décision est prise ; ***alicui sententia stetit pergere*** Liv., qqn prit la décision ferme de continuer ; [impers.] ***stat*** [avec inf.], c'est une chose arrêtée, décidée : ***mihi stat desinere...*** Nep., je suis résolu à cesser... ¶3 se tenir = être [avec diverses circonstances] ***a)*** être à tel ou tel prix, coûter : ***gratis stare*** Cic., être gratuit ; ***haud parvo stare*** Virg., coûter cher ; ***centum talentis alicui stare*** Liv., coûter cent talents à qqn ; ***multo sanguine stare*** Liv., coûter beaucoup de sang (= causer de lourdes pertes en vies humaines) ***b)*** être aux côtés de qqn, être du parti de qqn : ***cum aliquo stare*** Cic., être avec qqn, pour qqn ; ***ab aliquo stare*** Cic., même sens ; ***ab aliquo contra aliquem stare*** Cic., soutenir le parti de qqn contre qqn ***c)*** être fait de, consister en [avec abl.] : ***stat pulvere caelum*** Virg., le ciel est fait de poussière = le ciel est obscurci de poussière ; ***nive stare*** Hor., être fait de neige = n'être que neige, être couvert de neige ***d)*** être soumis à, être dépendant de [surtout avec *per* + acc. et *quin* ou *quominus*] : ***per aliquem stat quominus*** Caes., Liv., il dépend de qqn d'empêcher que ; ***per aliquem non stat quin*** Liv., il ne dépend pas de qqn que...

Stŏbi, *ōrum*, m. pl., ville de Péonie [au nord de la Macédoine] : [C] Pros.

Stōĭcē, adv., à la façon des Stoïciens : [C] Pros.

Stōĭcĭda, *ae*, m., disciple des Stoïciens : [HC] Poés.

Stōĭcus, *a*, *um*, des Stoïciens, stoïcien : ***Stoicum est*** [avec prop. inf.] [C] Pros., c'est un principe des Stoïciens que... ‖ subst. m., un Stoïcien : [C] Pros. ‖ **Stōĭca**, *ōrum*, n. pl., la philosophie des Stoïciens : [C] Pros.

1 **stŏla**, *ae*, f. ¶1 longue robe, stola [pour hommes et femmes] : [C] Théât., [C] Poés. ¶2 [en part.] robe des matrones romaines : [C] Pros., Poés. ‖ [fig.] femme de haut rang, dame de qualité : [HC] Poés. ‖ robe des prêtres d'Isis : [HC] Pros. ‖ des joueurs de flûte à la fête de Minerve : [C] Poés. ‖ vêtement [d'apparat] : [T] Pros.

2 **Stŏla**, *ae*, m., surnom romain : [C] Pros.

stŏlātus, *a*, *um*, vêtu de la stola : [C] Pros. ; ***stolatae*** f. pl., [HC] Pros., matrones ‖ ***stolatus pudor*** [HC] Poés., pudeur de grande dame ‖ ***stolatus Ulixes*** [HC] Pros., Ulysse en jupon

stŏlĭdē, adv., sottement, stupidement : [C] Pros., [HC] Pros. ‖ ***stolidius*** [T] Pros.

stŏlĭdĭtās, *ātis*, f., sottise, stupidité : [HC] Pros.

stŏlĭdus, *a*, *um*, adj., lourd, grossier, sot, stupide, niais ***a)*** [pers.] [C] Pros., [C] Théât., [C] Pros., [C] Poés. ; ***stolidior*** [C] Pros. ; ***stolidissimus*** [C] Pros. ***b)*** [choses] [C] Théât. ; ***stolidae vires*** [C] Pros., force brutale ; ***stolida fiducia*** [C] Pros., confiance aveugle ‖ [fig.] inerte : [C] Pros.

1 **stŏlo**, *ōnis*, m., surgeon, rejet, gourmand : [C] Pros.

2 **Stŏlo**, *ōnis*, m., surnom dans la *gens Licinia* : [C] Pros.

stŏmăchābundus, *a*, *um*, furieux, irrité : [HC] Pros.

stŏmăchātus, *a*, *um*, part. de *stomachor*

stŏmăchĭcus, *i*, m., celui qui souffre de l'estomac : [HC] Pros.

stŏmăchŏr, *ārĭs*, *ārī*, *ātus sum*, intr. ¶1 avoir de l'aigreur = s'irriter, se formaliser, prendre mal les choses : [C] Pros. ‖ ***stomachari cum aliquo*** [C] Pros., se chamailler avec qqn ¶2 [avec acc. pron. n.] ***omnia*** [C] Pros. ; ***aliquid*** [HC] Pros., se formaliser de tout, de qqch. ; [C] Théât. ‖ [acc. intér.] [HC] Pros.

stŏmăchōsē, adv., avec humeur : ***stomachosius*** [C] Pros., avec un peu d'humeur

stŏmăchōsus, *a*, *um*, qui a de l'humeur, qui témoigne de l'irritation : [C] Pros. ‖ ***stomachosiores litterae*** [C] Pros., lettre trahissant un peu de mauvaise humeur

stŏmăchus, *i*, m. ¶1 œsophage : [C] Pros., [HC] Pros. ¶2 estomac : [C] Pros., Poés. ¶3 [fig.] ***a)*** goût : [C] Pros., [HC] Pros. ***b)*** ***bonus stomachus*** [HC] Pros., bonne digestion = bonne humeur ; [C] d. [HC] Pros. ***c)*** mauvaise humeur, mécontentement, irritation : ***stomachum movere alicui*** [C] Pros. [ou] ***facere*** [C] Pros., donner de l'humeur à qqn ; ***erumpere stomachum in aliquem*** [C] Pros., décharger sa bile sur qqn ; [C] Pros., Poés.

stŏmis, *ĭdis*, f., embouchure du joueur de flûte : [HC] Poés.

stŏrĕa (-ĭa), *ae*, f., natte [de jonc ou de corde] : [C] Pros.

stŏrĭa, ➡ *storea*

Străbax, *ăcis*, m., nom d'esclave : [C] Théât.

1 **străbo**, *ōnis*, m., louche, affligé de strabisme : [C] Pros., Poés. ‖ [fig.] envieux, jaloux : [C] Poés.

2 **Străbo**, *ōnis*, m., Strabon, surnom romain : [C] Pros.

străbōnus, *a*, *um*, ➡ *strabus* : [HC] Pros.

străbus, *a*, *um*, adj., louche, aux yeux divergents : [C] Poés.

strāges, *is*, f. ¶1 jonchée, monceau : ***armorum*** [C] Pros., amas d'armes ; ***boum hominumque*** [C] Pros., masse de cadavres [de boeufs et d'hommes] ; [C] Pros. ‖ [C] Poés. ; ***stragem facere*** [C] Pros., ravager [dévaster] ; [C] Pros. ‖ débris, ruines : ***muri*** [C] Pros., décombres d'un mur écroulé ; [HC] Pros., [HC] Pros. ¶2 massacre, carnage : ***stragem ciere*** [C] Poés. ; ***strages facere*** [C] Pros. [ou] ***edere*** [C] Pros., provoquer un carnage, faire, exercer des ravages

strāgŭla, *ae*, f., couverture : [HC] Pros. ‖ linceul : [HC] Pros.

strāgŭlāta vestis, f., couverture : [T] Pros.

strāgŭlum, *i*, n., tapis, couverture : [C] Pros., [HC] Pros. ‖ couverture de lit : [C] Pros. ‖ linceul : [HC] Pros. ‖ housse : [HC] Poés.

strāgŭlus, *a*, *um*, qu'on étend : ***stragula vestis*** [C] Pros., tapis, couverture, [d'où] ***stragula*** ; ➡ *stragula*, *stragulum*

strāmĕn, *ĭnis*, n., ce qu'on étend à terre, lit de paille, d'herbe, de feuillage, litière : [C] Poés. ; pl., [C] Poés.

strāmentārĭus, *a*, *um*, relatif au chaume, à la paille [faucille] : [C] Pros.

strāmentĭcĭus, *a*, *um*, couvert de chaume : [C] Pros. ‖ fait de paille : [HC] Pros.

strāmentŏr, *ārĭs*, *ārī*, -, intr., fourrager : [HC] Poés.

strāmentum, *i*, n. ¶1 ce qu'on répand sur le sol, [surtout] paille, chaume, litière [pl.] : [C] Pros., Théât., [C] Poés. ¶2 couverture, housse, bât : [C] Pros., [HC] Pros.

strāmĭnĕus, *a*, *um*, fait de paille, couvert de chaume : [C] Poés.

strangŭlātŏr, *ōris*, m., **-trix**, *īcis*, f., celui, celle qui étrangle : [T] Pros., Poés.

strangŭlātus, *a*, *um*, part. de *strangulo*

strangŭlō, *ās, āre, āvī, ātum*, tr. ¶ **1** étrangler : [C] Pros., [+C] Pros. ‖ suffoquer, étouffer : [+C] Pros. ; ***strangulari*** [+C] Pros., être étouffé ‖ ***sata*** [+C] Pros., étouffer les moissons ¶ **2** [fig.] ***strangulat dolor*** [C] Poés., la douleur suffoque

strangūrĭa, *ae*, f., strangurie, rétention d'urine : [C] Pros.

strāta, *ae*, f., chemin pavé, grande route : [T] Pros. ; ➡ *stratum*

strătēgēma, *ătis*, n., stratagème, ruse de guerre : [+C] Pros. ‖ [en gén.] stratagème, ruse : [C] Pros. ‖ abl. pl. *-tis* [+C] Pros.

strătēgus, *i*, m., général d'armée : [-C] Théât. ‖ [fig.] président [d'un banquet] : [-C] Théât.

Strătĭē, *ēs*, f., ville d'Arcadie : [+C] Poés.

Strătĭī, *ōrum*, m., habitants de Stratos [en Étolie] : [C] Pros.

strătĭōtĭcus, *a, um*, militaire, de soldat : [-C] Théât. ; ***stratioticus homo*** [-C] Théât., homme de guerre

Strătippoclēs, *is*, m., nom de jeune homme : [-C] Théât.

Strătĭus, *ĭī*, m., médecin du roi Eumène : [C] Pros.

Străto (-tōn), *ōnis*, m. ¶ **1** philosophe péripatéticien de Lampsaque : [C] Pros. ¶ **2** esclave médecin : [C] Pros.

Stratoburgus, *i*, m., ➡ *Argentoratus* [auj. Strasbourg] : [+T] Pros. ‖ [H. N. S. E. S. P. F. H. L.]

Strătŏclēs, *is*, m., nom d'un comédien célèbre : [+C] Pros., Poés.

Strătōn, ➡ *Strato*

Strătŏnīcēa, *ae*, f., Stratonicée [ville de Carie] : [C] Pros.

Strătŏnīcensis, *e*, de Stratonicée : [C] Pros. ‖ subst. m. pl., habitants de Stratonicée : [+C] Pros.

Strătŏnīcēum, *i*, n., nom d'un temple dédié à Vénus Stratonicis : [C] Pros.

Strătŏnīceūs, *ĕi* ou *ĕos*, adj. m., originaire de Stratonicée [en Carie] : [C] Pros.

Strătŏnīcis, *ĭdis*, f., surnom de Vénus à Smyrne : [+C] Pros.

Strătŏnīcus, *i*, m., nom d'homme : [-C] Théât.

Strătōnĭdās, *ae*, m., nom grec : [C] Pros.

Strătŏphănēs, *is*, m., nom de personnage comique : [-C] Théât.

strātŏr, *ōris*, m. ¶ **1** écuyer : [T] Pros. ¶ **2** celui qui dispose, qui range : [T] Pros.

strātōrĭum, *ĭī*, n., lit de repos : [T] Pros.

Stratos (-tus), *i*, f., ville d'Acarnanie : [C] Pros.

strātum, *i*, n., **strāta**, *ōrum*, n. pl. ¶ **1** couverture de lit : [C] Poés., [+C] Pros. ¶ **2** lit, couche : [C] Poés., Pros. ; pl., [C] Poés. ¶ **3** housse, selle, bât : [C] Poés., Pros., [+C] Pros. ; [prov.] [+C] Pros. ¶ **4** pavage : [C] Poés. ¶ **5** plate-forme [dans une machine de siège] : [C] Pros.

strātūra, *ae*, f., pavement : [+C] Pros.

1 **strātus**, *a, um*, part. de *sterno*

2 **strātŭs**, *ūs*, m. ¶ **1** action d'étendre, de répandre : [C] Pros. ¶ **2** couverture, tapis : [+C] Pros.

strāvī, parf. de *sterno*

strēbŭla căro, f., [T] Pros., **strēbŭla**, *ōrum*, n. pl., chair des cuisses des victimes ‖ **strībŭla**, [C] Pros.

strēna, *ae*, f. ¶ **1** pronostic, présage, signe : [-C] Théât. ; ***bona strena*** [-C] Théât., bon présage ¶ **2** présent qu'on fait un jour de fête pour servir de bon présage, étrenne : [+C] Pros.

Strēnĭa, *ae*, f., déesse qui présidait à la bonne santé : [C] Pros., [T] Pros.

Strēnŭa, ➡ *Strenia* : [T] Pros.

strēnŭē, adv., vivement, diligemment, activement : [C] Pros.

strēnŭĭtās, *ātis*, f., activité, diligence, entrain : [C] Pros., Poés.

strēnuus, *a, um*, adj. ¶ **1** diligent, actif, agissant, vif, empressé : [-C] Pros., [C] Pros. ‖ [avec gén.] ***militiae*** [+C] Pros., soldat actif ¶ **2** remuant, turbulent : [+C] Pros. ¶ **3** [choses] [-C] d. [+C] Pros. ; ***strenua facie*** [-C] Théât., avec une figure décidée ; ***strenua inertia*** [C] Pros., agitation stérile ‖ ***strenuior*** [-C] Poés., Théât. ; ***-uissimus*** [-C] Pros., [C] Pros.

strĕpĭtō, *ās, āre, -, -*, intr., faire grand bruit : [C] Poés. ‖ retentir : [+C] Poés.

strĕpĭtŭs, *ūs*, m. ¶ **1** bruit, vacarme, tumulte [foule] : [C] Pros. ‖ manifestations bruyantes [approbation ou blâme] : [C] Pros. ‖ pl., [C] Pros. ¶ **2** [bruits divers] : ***fluminum*** [C] Pros., murmure des eaux courantes ; ***rotarum*** [C] Pros., fracas des roues ‖ craquement, grincement des portes : [C] Poés. ‖ pet : [+C] Pros. ‖ [poét.] son de la lyre : [C] Pros., Poés.

strĕpō, *ĭs, ĕre, pŭī, pĭtum*, intr. et tr. ¶ **1** intr. ***a)*** faire du bruit [toute sorte de bruits] : [C] Pros., [+C] Pros. ‖ ***fluvii strepunt*** [C] Poés., les fleuves grondent ; ***litui*** [C] Poés., les clairons sonnent ***b)*** résonner, retentir : [C] Poés., Pros. ¶ **2** tr., remplir de bruit, faire retentir : [+C] Pros.

strĭa, *ae*, f., sillon : [C] Pros. ‖ cannelure : [C] Pros.

strĭātūra, *ae*, f., striure, cannelure : [C] Pros.

strĭātus, *a, um*, part. de *strio*

strĭbĭlīgo et **strĭblīgo**, *ĭnis*, f., solécisme : [+C] Pros., [T] Pros.

strĭblīta, ➡ *scriblita*

strĭbŭla, ➡ *strebula*

strictē, adv., étroitement : ***strictissime*** [+C] Pros.

strictim, adv. ¶ **1** à ras [tondre] : [-C] Théât. ¶ **2** [fig.] en effleurant légèrement, rapidement : [C] Pros. ; ***strictim aspicere*** [C] Pros., jeter un coup d'oeil, effleurer du regard

strictĭvellae (-villae), **strittivillae**, f. pl., [femmes] qui s'épilent : [+C] Pros.

strictīvus, *a, um*, cueilli [en parl. des olives] : [-C] Pros.

strictŏr, *ōris*, m., qui fait la cueillette [des olives] : [-C] Pros.

strictūra, *ae*, f., masse de métal travaillée à la forge : [C] Poés. ‖ barre de fer : [-C] Poés.

strictus, *a, um* ¶ **1** part. de *stringo* ¶ **2** adj[t] ***a)*** serré, étroit : ***strictissima janua*** [C] Poés., porte très étroite ***b)*** de style serré, concis : [+C] Pros. ***c)*** sévère, rigoureux, strict : [C] Poés., [+C] Poés.

strīdĕo, *ēs, ēre, -, -*, **strīdō**, *ĭs, ĕre, strīdī, -*, intr., produire un bruit aigu, perçant, strident : [grillon] ; [flûte] [C] Poés. ; ***horrendum stridens*** [C] Poés., [l'hydre de Lerne] poussant d'affreux sifflements ; ***serra stridens*** [C] Poés., scie grinçante ; ***mare stridit*** [C] Poés., la mer gronde ; ***stridentia plaustra*** [C] Poés., les chariots qui grincent ; [+C] Poés. ‖ bourdonner [abeilles] : [C] Poés. ‖ grincer [des dents contre qqch.] : [T] Pros.

strīdŏr, *ōris*, m., son aigu, perçant, strident : sifflement [des serpents] [C] Poés. ; [des cordages] [C] Poés. ; [du vent] [-C] d. [C] Pros. ‖ barrissement [des éléphants] [C] Pros. ‖ grincement : [de la scie] [C] Pros. ; [d'une porte] [C] Poés. ‖ grincement [de dents] : [T] Pros.

strīdŭlus, *a, um*, qui rend un son aigu, strident, perçant, sifflant, grinçant : [C] Poés., [+C] Pros.

1 **strĭga**, *ae*, f., rangée d'herbes coupées : [+C] Pros. ‖ allée entre les tentes où l'on pansait les chevaux : [+C] Pros.

2 **strĭga**, *ae*, f., sorcière [dont on effraie les enfants] : [+C] Pros.

strĭges, *um*, pl. de *strix*

strĭgĭlēcŭla, *ae*, f., petit strigile : [+C] Pros.

strĭgĭlis, *is*, f. ¶ **1** strigile [sorte d'étrille pour nettoyer la peau après le bain] : [C] Pros., Poés., [+C] Pros. ¶ **2** sonde [pour les oreilles] : [+C] Pros. ¶ **3** [archit.] listel [dégagé par le creux des cannelures sur une colonne] : [C] Pros.

strĭgis, gén. de *strix*

strigmentum, *i*, n. ¶ **1** raclure : [+C] Pros. ¶ **2** saleté de la peau, crasse : [+C] Pros.

strĭgō, *ās, āre, -, -*, intr., faire halte, se reposer [en labourant] [fig.] [+C] Pros.

strĭgōsus, *a, um*, efflanqué, maigre : [+C] Pros. ; ***equi strigosiores*** [C] Pros., chevaux plus maigres ; [+C] Pros.

stringō, *ĭs, ĕre, strinxī, strictum*, tr. ¶ **1** étreindre, serrer, resserrer, lier : [C] Pros., [+C] Pros., Poés. ‖ [style] resserrer : [+C] Pros. ‖ pincer, serrer le coeur : [C] Poés. ‖ blesser, offenser : [C] Poés. ¶ **2** pincer, couper, arracher, cueillir : [C] Pros. ; ***frondes stringere*** [C] Poés., cueillir du feuillage ; ***oleam*** [-C] Pros., cueillir les olives ; [C] Pros., Poés. ; ***arbores*** [+C] Pros., pincer, rogner des arbres ‖ [fig.] ***rem ingluvie*** [C] Poés., rogner son patrimoine par sa gloutonnerie ¶ **3** serrer l'extrémité de, toucher légèrement, effleurer, raser : ***cautes*** [C] Poés., effleurer les rochers ; ***undas*** [C] Poés., raser les flots ‖ [lieux] toucher à : [+C] Pros. ¶ **4**

tirer, dégainer [l'épée] : C Pros. ; ***strictus ensis*** C Poés., épée nue ‖ [fig.] ***stricta manus*** C Poés., main nue = toute prête au combat, tout armée

stringŏr, *ōris*, m., saisissement, élancement [douloureux] : C Poés.

strĭō, *ās*, *āre*, *āvī*, *ātum*, tr., faire des cannelures : C Pros. ‖ **strĭātus**, *a*, *um*, cannelé, strié : -C Théât., +C Pros. ‖ ridé [front] : +C Pros.

* **strĭtăvus**, **stritt-**, (= **tritavus** -C Théât.), *i*, m.

strittabilla, *ae*, f., femme à la démarche chancelante : C Pros.

strittĭvillae, V. *strictivellae*

strittō, *ās*, *āre*, -, -, intr., se tenir difficilement sur ses jambes : C Pros.

strix, *strĭgis*, f., strige [oiseau qui passait chez les Anciens pour sucer le sang des enfants], vampire : -C Théât., C Poés. ‖ sorcière : +C Poés.

Strŏbīlus, *i*, m., nom d'esclave : -C Théât.

Strōmăteūs, *ĕi*, m., Mélanges [titre d'un ouvrage de Césellius, grammairien, et d'Origène] : T Pros.

strŏpha, *ae*, f. ¶**1** strophe [partie chantée par le chœur évoluant de droite à gauche ; opp. à *antistrophe*] : T Pros. ¶**2** [surtout au pl.] détour, ruse, artifice : +C Pros., Poés.

Strŏphădes, *um*, f. pl., les Strophades [deux îles de la mer Ionienne, séjour des Harpies] : C Poés.

strŏphĭārĭus, *ĭi*, m., fabricant de strophiums : -C Théât.

strŏphĭum, *ĭi*, n., strophium ¶**1** soutien-gorge [bande qui soutenait la poitrine des femmes] : C Poés., Pros. ¶**2** corde, attache : +C Pros.

Strŏphĭus, *ĭi*, m., roi de Phocide, père de Pylade : C Poés.

strŏphus, *i*, m., → *struppus*, estrope d'aviron : C Pros.

stroppus, V. *struppus*

structē, adv., d'une manière ornée : +C Pros.

structĭlis, *e* ¶**1** qui sert à la construction : +C Poés. ¶**2** maçonné : C Pros., +C Pros.

structĭo, *ōnis*, f., construction [d'une maison] : +T Pros.

structŏr, *ōris*, m. ¶**1** constructeur, architecte, maçon : C Pros. ¶**2** [fig.] esclave ordonnateur d'un banquet, maître d'hôtel : +C Poés.

structōrĭus, *a*, *um*, de constructeur : +C Pros.

structūra, *ae*, f. ¶**1** arrangement, disposition : [des os] C Pros. ‖ [des pierres] +C Pros. ¶**2** construction, maçonnerie : ***parietum*** C Pros., l'appareil des murs ‖ bâtiment, construction [sens concret] : C Pros. ¶**3** [rhét.] arrangement des mots [dans la phrase pour produire un rythme] : C Pros.

1 **structus**, *a*, *um*, part. de *struo*

2 **structŭs**, *ūs*, m., amoncellement, tas : T Pros.

strŭēs, *is*, f. ¶**1** amas, monceau, tas : C Pros. ‖ ***rogi*** +C Pros., amoncellement formant le bûcher ¶**2** gâteaux sacrés : -C Pros., C Poés.

strŭix, *īcis*, f., → *strues* : -C Théât. ‖ [fig.] ***malorum*** -C Théât., amas de maux

1 **strūma**, *ae*, f., scrofules, écrouelles : C Pros., +C Pros.

2 **Strūma**, *ae*, m., surnom romain : C Poés.

strūmōsus, *a*, *um*, qui a les écrouelles, scrofuleux : +C Pros., Poés.

strŭō, *ĭs*, *ĕre*, *struxī*, *structum*, tr. ¶**1** disposer par couches, assembler, arranger : ***lateres*** C Pros., assembler des briques ; ***montes ad sidera*** C Poés., entasser des montagnes jusqu'aux astres ; ***ordine penum*** C Poés., disposer les mets en ordre sur la table ‖ [poét.] ***altaria donis*** C Poés., charger d'offrandes les autels ‖ fermer, boucher : T Pros. ¶**2** disposer avec ordre, ranger : ***copias*** C Pros., mettre ses troupes en ordre de bataille ‖ [fig.] ***verba*** C Pros., structurer les mots ; [abs[t]] C Pros. ¶**3** édifier en disposant par couches, construire, bâtir, élever, ériger, dresser : ***fornacem*** -C Pros., construire un four ; ***pyras*** C Poés., élever des bûchers ; C Pros. ‖ ***convivia*** +C Pros., dresser des festins ¶**4** [fig.] tramer, préparer, machiner : ***insidias*** C Pros., tendre des pièges ; ***odium in aliquem*** C Pros., provoquer des sentiments de haine contre qqn ; ***mortem alicui*** +C Pros., machiner la mort de qqn ‖ ***sibi sollicitudinem*** C Pros., se forger des inquiétudes

struppus (**strop-**), *i*, m., courroie [qui attache le bâton de la chaise à porteur] : +C Pros.

strūthĭŏcămēlus ou **strūthŏc-**, *i*, m., f., autruche : +C Pros.

strūthŏpŏdes, *um*, m. f. pl., qui ont de tout petits pieds : +C Pros.

struxī, parf. de *struo*

Strȳmo (**-ōn**), *ŏnis* et *ŏnos*, m., le Strymon [fleuve de Thrace] : C Pros., Poés. ‖ [par ext.] la Thrace : +C Poés. ‖ **-nis**, *ĭdis*, f., du Strymon, de Thrace, amazone : C Poés. ‖ **-nĭus**, *a*, *um*, du Strymon, de Thrace : C Poés. ‖ septentrional : C Poés.

Stuberra, *ae*, f., ville de Macédoine : C Pros. ‖ **-aeus**, *a*, *um*, de Stuberra : C Pros.

stŭdĕō, *ēs*, *ēre*, *dŭī*, -

I intr. ¶**1** s'appliquer à, s'attacher à, rechercher ***a)*** [avec dat.] ***agriculturae*** C Pros., s'appliquer à l'agriculture ; ***novis rebus*** C Pros., suspect de menées révolutionnaires ; ***patrimonio augendo*** C Pros., s'attacher à augmenter son patrimoine ‖ ***litteris*** C Pros., étudier la littérature ***b)*** [acc. n. des pron.] ***unum*** C Pros., avoir un seul but ; ***id*** -C Théât., C Pros., avoir cela en vue ; [rar[t] acc. d'un nom de chose] ***has res*** -C Théât., avoir du goût pour ces sortes d'aventures ***c) in aliquam rem*** +C Pros., s'appliquer à qqch. ; ***in aliqua re*** -C d. +C Pros. ***d)*** [avec inf. ou prop. inf.] désirer, souhaiter de, aspirer à : ***scire studeo*** C Pros., je désire savoir ; -C Théât., C Pros. ***e)*** [avec *ut*] -C Pros., Théât., (comparer -C Théât., C Pros.) ¶**2** s'intéresser à qqn, le soutenir, le favoriser : ***Scauro studet*** C Pros., il est pour Scaurus ‖ [abs[t]] ***neque studere neque odisse*** C Pros., ne montrer ni partialité ni hostilité ¶**3** étudier, s'instruire : +C Pros.

II tr., [méd.] soigner : +T Pros.

stŭdĭŏlum, *i*, n., petite étude, petit écrit : +C Pros.

stŭdĭōsē, adv., avec application, avec empressement, avec ardeur : C Pros. ; ***studiosius aliquem commendare*** C Pros., recommander qqn plus chaudement ; ***studiosissime*** C Pros. ‖ avec passion : C Pros.

stŭdĭōsus, *a*, *um* ¶**1** appliqué à, attaché à, qui a du goût pour ***a)*** [avec gén.] C Pros. ***b)*** [avec dat.] -C Théât. ‖ [avec *ad*] C Pros. ***c)*** [avec *in* abl.] C Pros. ***d)*** [abs[t]] C Pros. ; ***studiosi*** C Pros., ceux qui s'intéressent, les amateurs ¶**2** qui s'intéresse à qqn, attaché à, dévoué à, partisan, ami, admirateur : C Pros. ‖ [pris subst[t]] ***studiosi***, m. pl., admirateurs, partisans de qqn, de qqch. : C Pros. ¶**3** appliqué à l'étude, studieux : C Pros., +C Pros. ‖ ***studiosa disputatio*** +C Pros., discussion savante, d'érudits

stŭdĭum, *ĭi*, n. ¶**1** application zélée, empressée à une chose, zèle, ardeur, goût, passion ***a)*** [abs[t]] C Pros. ***b)*** [avec gén.] C Pros. ; ***discendi*** C Pros., passion d'apprendre ¶**2** zèle pour qqn, dévouement, affection, attachement : C Pros. ‖ ***alicujus studio incensus*** C Pros., brûlant de sympathie pour qqn ; ***studium erga aliquem*** C Pros. ; ***in aliquem*** C Pros., dévouement à l'égard de qqn ‖ esprit de parti, partialité : C Pros. ‖ ***studia*** C Pros., sentiments manifestés ¶**3** application à l'étude, étude : C Pros. ‖ étude, branche de connaissances : ***studia exercere*** C Pros., se livrer aux études [ou] ***se dare studiis*** C Pros. ; C Pros.

stultē, adv., sottement, follement : C Pros. ; ***stultius*** C Pros. ; ***-tissime*** C Pros.

stultĭlŏquentĭa, *ae*, f., -C Théât., **stultĭlŏquĭum**, *ĭi*, n., -C Théât., sot langage

stultĭlŏquus, *a*, *um*, qui dit des sottises : -C Théât.

stultĭtĭa, *ae*, f., sottise, déraison, niaiserie, folie : -C Théât., C Pros. ‖ pl., ***stultitiae*** C Pros., les sottises ‖ [chez les comiques] folie de jeunesse : -C Théât. ‖ folle tentative, action indigne : T Pros.

stultĭvĭdus, *a*, *um*, qui a la berlue : -C Théât.

stultus, *a*, *um*, sot, qui n'a point de raison, insensé, fou : C Pros. ; ***stulta arrogantia*** C Pros., folle présomption ‖ ***stultior*** -C Théât., C Pros. ; ***stultissimus*** C Pros.

stūpa, V. *stuppa*

stŭpĕfăcĭō, *ĭs*, *ĕre*, *fēcī*, *factum*, tr., étourdir, paralyser : C Pros.

stŭpĕfīō, *fīs, fĭĕrī, factus sum*, être interdit, stupéfié, étonné : ***stupefactus*** [C] Pros., Poés.

stŭpendus, *a, um*, étonnant, merveilleux : [+C] Pros.

stŭpens, part. de *stupeo*, adj[t], stupéfait, interdit : ***stupentibus similes*** [+C] Pros., semblables à des gens frappés de stupeur

stŭpĕō, *ēs, ēre, ŭī, -*
I intr., être engourdi, demeurer immobile, être interdit, demeurer stupide, être frappé de stupeur : [C] Pros. ; [avec gén., poét.] ***stupere animi*** [C] Pros., avoir l'esprit engourdi, paralysé, cf. ***animus stupet*** [-C] Théât. ‖ ***exspectatione stupere*** [C] Pros., être figé dans l'attente ; ***novitate*** [+C] Pros., être paralysé par la nouveauté ; ***aere*** [C] Poés., rester béant devant des vases d'airain ; ***in titulis*** [C] Poés., être ébloui par les inscriptions honorifiques ; ***stupet in Turno*** [C] Poés., il contemple Turnus avec étonnement ‖ ***ad supervacua*** [+C] Pros., être en extase devant des superfluités ; ***ad auditas voces*** [C] Poés., rester immobile en entendant ces paroles ‖ [choses] [C] Poés., [+C] Poés., Pros.
II tr., regarder avec étonnement, s'extasier sur : [C] Poés., [+C] Poés. ‖ [avec prop. inf.] voir avec étonnement que : [C] Poés.

stŭpescō, *ĭs, ĕre, -, -*, intr., s'étonner : [C] Pros. ‖ devenir agacé [en parlant des dents de ceux qui ont mangé des fruits verts] : [T] Pros.

stūpĕus, ▶ *stuppeus*

stŭpĭdĭtās, *ātis*, f., stupidité : [C] Pros.

stŭpĭdus, *a, um* ¶ **1** étourdi, stupéfait, interdit : [-C] Théât. ‖ immobile, en extase : [C] Pros. ; ***studio stupidus*** [-C] Théât., fasciné ¶ **2** stupide, sot, niais : [C] Pros., [+C] Poés. ; ***stupidissimus*** [C] Poés.

stŭpŏr, *ōris*, m. ¶ **1** engourdissement, saisissement, paralysie, état d'insensibilité : [C] Pros. ‖ stupeur : [C] Pros. ¶ **2** stupidité : [C] Pros. ¶ **3** ravissement d'esprit, extase : [T] Pros.

stuppa, *ae*, f., filasse, étoupe [fibres externes grossières du chanvre ou du lin] : [C] Poés., Pros. ‖ mèche de cierge : [T] Poés.

stuppĕus (stūp-), *a, um*, de lin, d'étoupe : [C] Poés.

stŭprātĭo, *ōnis*, f., action de souiller : [T] Pros.

stŭprātŏr, *ōris*, m., séducteur, corrupteur : [+C] Pros.

stŭprātus, *a, um*, part. de *stupro*

stŭprō, *ās, āre, āvī, ātum*, tr. ¶ **1** souiller, polluer : [C] Pros. ¶ **2** attenter à l'honneur de, déshonorer, faire violence à : [-C] Théât., [C] Pros., [+C] Pros.

stŭprōsē, adv., honteusement : [+T] Pros.

stŭprōsus, *a, um*, débauché : [+C] Pros.

stŭprum, *i*, n., attentat à la pudeur, violence, action de déshonorer, viol : ***stuprum inferre*** [dat.] [C] Pros., violer une femme ‖ relations coupables : [-C] ; [C] Pros. ‖ adultère : [C] Poés. ‖ accouplement [animaux] : [+C] Pros.

stŭpŭī, parf. de *stupeo*

sturnus, *i*, m., étourneau [oiseau] : [+C] Poés.

Stўgĭus, ▶ *Styx.*

stўlŏbăta (-tēs), *ae*, m., stylobate [archit.] : [C] Pros. ‖ gén. *-tis* [C] Pros.

stўlus, *i*, m., ▶ *stilus*

Stymphāla, *ōrum*, n. pl., ▶ *Stymphalos* : [C] Poés.

Stymphālĭcus, ▶ *Stymphalos*

Stymphālis, *ĭdis*, f., de Stymphale : [C] Poés. ‖ **-ides aves**, [+C] Poés. **(-idae)** [et abs[t]] **-ides**, *um*, f. pl., [+C] Poés., oiseaux du lac Stymphale [ayant des plumes d'airain, exterminés par Hercule]

Stymphālos (-us), m., **Stymphālum**, *i*, n., Stymphale [ville et lac d'Arcadie] : [+C] Poés. ‖ **-lĭcus**, *a, um*, de Stymphale : [-C] Théât. ‖ **-lĭus**, *a, um*, [C] Poés. ‖ ▶ aussi *Stymphalis*

Stўphĕlus, *i*, m., nom d'un Centaure : [C] Poés.

Styx, *ўgis* et *ўgŏs*, f., le Styx ¶ **1** fontaine d'Arcadie, dont l'eau était mortelle : [+C] Pros. ¶ **2** fleuve des enfers, par qui juraient les dieux : [C] Pros., Poés. ‖ les enfers : [C] Poés. ‖ **-ўgĭus**, *a, um*, du Styx, des enfers : [C] Poés. ‖ fatal, pernicieux, funeste : [C] Poés.

Suāda, *ae*, f., déesse de la Persuasion : [-C] Pros., [C] Pros.

suādēla, *ae*, f., persuasion, talent de persuasion : [-C] Théât. ‖ déesse de la Persuasion : [C] Pros.

suādenter, adv., d'une manière persuasive : [T] Pros.

suādĕō, *ēs, ēre, suāsī, suāsum* ¶ **1** intr., conseiller, donner un conseil : ***faciam, ut suades*** [C] Pros., je suivrai ton conseil ; ***alicui*** [C] Pros., conseiller qqn ‖ ***autumno suadente*** [C] Poés., sur le conseil [à l'invitation] de l'automne ¶ **2** tr. ***a)*** ***pacem*** [C] Pros., conseiller la paix ; [en part.] ***legem*** [C] Pros., parler en faveur d'une loi, soutenir, appuyer une loi ; ***rogationem*** [C] Pros., appuyer un projet de loi ***b)*** [pron. n.] ***quod tibi suadeo*** [-C] Théât., ce que je te conseille ; [C] Pros., Poés. ; ***quod suadetur*** [-C] Théât., ce qu'on conseille ***c)*** [avec inf.] conseiller de, engager à : ***alicui… elaborare*** [C] Pros., conseiller à qqn de travailler… ‖ [avec constr. transitive] [-C] Théât., [C] Poés., [T] Pros. ***d)*** [avec *ut*] [C] Pros. ; ***alicui, ut*** [-C] Théât., [C] Pros., conseiller à qqn de ; ***alicui, ne*** [+C] Pros., conseiller à qqn de ne pas ; [C] Pros. ***e)*** [subj. seul] [-C] Théât. ; ***capias suadeo*** [C] Pros., je te conseille de prendre ***f)*** [avec prop. inf.] persuader que : [C] Pros.

suādĭbĭlis, *e*, qui persuade : [T] Pros. ‖ qui se laisse persuader : [T] Pros.

suādus, *a, um*, invitant, insinuant, persuasif : [+C] Poés. ; ▶ *Suada*

Suardŏnes, *um*, m. pl., peuple de Germanie : [+C] Pros.

suāsī, parf. de *suadeo*

suāsĭo, *ōnis*, f., action de conseiller : [+C] Pros. ‖ ***legis*** [C] Pros., appui donné à une loi, discours en faveur d'une loi ‖ [rhét.] ***suasiones*** [C] Pros., discours du genre délibératif

suāsŏr, *ōris*, m., celui qui conseille, conseiller : [C] Pros. ‖ celui qui appuie une loi : [C] Pros.

suāsōrĭus, *a, um*, qui conseille, qui tend à persuader : [+C] Pros. ‖ subst., **suāsōrĭa**, *ae*, f., suasoire, discours pour conseiller [sorte de déclamation où le rhéteur visait à persuader un personnage historique ou mythologique de prendre un parti déterminé] : [+C] Pros.

sŭāsum, *i*, n., tache [faite sur un vêtement blanc par une goutte d'eau mêlée de suie] : [-C] Théât.

1 **suāsus**, *a, um*, part. de *suadeo*

2 **suāsŭs**, *ūs*, m., conseil : [-C] Théât.

suāvĕ, n. pris adv[t], agréablement : [C] Poés.

suāvĕŏlens (suāvĕ ŏlens), à l'odeur suave : [C] Poés.

suāvĕŏlentĭa, *ae*, f., parfum [fig.] : [T] Pros.

suāvĭātĭo (sāvĭātĭo), *ōnis*, f., baiser tendre : [-C] Théât., [+C] Pros.

suāvĭātus (sāv-), *a, um*, part. de *suavio* et de *suavior*

suāvĭdĭcus, *a, um*, aux sons doux (harmonieux) : [C] Poés.

suāvillum, ▶ *savillum*

suāvĭlŏquens, *tis*, qui parle agréablement = aux doux accents, harmonieux, mélodieux : [-C] Pros., [C] Poés. [Aulu-Gelle cite, en le désapprouvant, un passage où Sénèque blâme l'expression *suaviloquens jucunditas* employée par Cicéron à l'imitation d'Ennius]

suāvĭlŏquentĭa, *ae*, f., douceur de langage : [-C] d. [C] Pros.

suāvĭō (sāvĭō), *ās, āre, -, -*, ▶ *suavior*

suāvĭolum (sāv-), *i*, n., baiser tendre : [C] Poés.

suāvĭor (sāvĭŏr), *āris, ārī, ātus sum*, tr., embrasser, baiser : [C] Pros.

suāvis, *e*, doux, agréable ***a)*** [aux sens] : [odeur] [C] Pros. ; [couleur] [C] Pros. ; [mets] [C] Pros. ; [voix] [C] Pros. ***b)*** [à l'esprit, à l'âme] ***suavissima epistula*** [C] Pros., lettre très agréable ; ***suavis oratio*** [C] Pros., style agréable ‖ ***suave est*** [avec inf.] [C] Poés., il est doux de ; [-C] Théât.

suāvĭsāvĭātĭo, *ōnis*, f., action de donner de tendres baisers : [-C] Théât.

suāvĭsŏnus, *a, um*, au doux son : [-C] Théât.

suāvĭtās, *ātis*, f., douceur, qualité agréable, suavité ***a)*** [aliments] [C] Pros. ‖ moelleux du vin : [C] Pros. ; [parfum] [C] Pros. ; [teint agréable] [C] Pros. ‖ douceur du timbre de la voix : [C] Pros. ‖ ***suavitates*** [C] Pros., douceurs, jouissances ***b)*** [pour l'esprit, l'âme] douceur, charme, agrément : [C] Pros. ; ***alicujus eximia suavitas*** [C] Pros., l'exquise amabilité de qqn ; [pl.] [C] Pros.

suāvĭtĕr, adv., d'une façon douce, agréable [pour les sens et l'esprit] : [C] Pros. ; ***suavissime legere*** [+C] Pros., lire de façon très agréable

suāvĭtūdo, *ĭnis*, f., douceur, charme, agrément : [C] Pros. ‖ [terme d'affection] [-C] Théât.

suāvĭum (sāvĭum), *ĭī*, n. ¶**1** lèvres tendues pour le baiser : [-C] Théât., [+C] Pros. ¶**2** [fig.] ***meum savium*** [-C] Théât., mon amour

sŭb, prép. avec abl. et acc.
I [avec abl.] ¶**1** [local] ***a)*** sous : ***sub terra habitare*** Cic., habiter sous terre ; ***sub pellibus hiemare*** Caes., passer l'hiver sous des tentes ; ***sub armis*** Caes., sous les armes ; ***sub jugo*** Liv., sous le joug ; ***sub oculis alicujus*** Caes., sous les yeux de qqn ; ***sub sarcinis*** Caes., sous = avec ses bagages ; ***sub ictu teli*** Liv., sous le coup d'un trait = à portée de trait ‖ [par ext.] ***sub alicujus dicione esse*** Caes., être sous la domination de qqn ; ***sub specie alicujus rei*** Liv., sous l'apparence de qqch. ; ***sub nomine pacis bellum latet*** Cic., sous le nom de paix se cache la guerre ; ***sub mortis poena*** Suet., sous peine de mort ; ***sub lege ne...*** Suet., sous la condition de ne pas ... ‖ [expr.] ***sub hasta vendere***, mettre à l'encan ***b)*** au bas de, au pied de : ***sub monte*** Caes., au pied d'une montagne ; ***sub moenibus*** Cic., au pied des remparts ***c)*** au fond de : ***sub pectore*** Virg., au fond du coeur ¶**2** [temporel] au moment de : ***sub bruma*** Caes., au moment du solstice d'hiver ; ***sub Domitiano*** Tac., sous Domitien
II [avec acc.] ¶**1** [local] ***a)*** sous [avec mouv[t]] : ***sub terras ire*** Virg., aller sous terre ; ***sub jugum mittere*** Caes., envoyer sous le joug ‖ [par ext.] ***sub alicujus imperium cadere*** Cic., tomber sous l'autorité de qqn ; ***sub judicium alicujus cadere*** Cic., tomber sous = être exposé au jugement de qqn ; ***quae sub sensus subjecta sunt*** Cic., ce qui tombe sous les sens ***b)*** au pied de [avec mouv[t]] : ***sub montem succedere*** Caes., s'avancer au pied de la montagne ¶**2** [temporel] ***a)*** vers, près de : ***sub noctem*** Caes., à l'approche de la nuit ; ***sub dies festos*** Cic., à proximité des fêtes ; ***sub galli cantum*** Hor., vers l'heure où le coq chante ***b)*** immédiatement après : ***sub eas litteras...*** Cic., aussitôt après cette lettre...

sŭbabsurdē, adv., d'une manière un peu absurde : [C] Pros.

sŭbabsurdus, *a*, *um*, un peu absurde, un peu étrange, un peu inepte : [C] Pros. ‖ n. pl., ***subabsurda dicere*** [C] Pros., dire de feintes naïvetés

sŭbaccūsō, *ās*, *āre*, *-*, *-*, tr., accuser avec modération : [C] Pros.

sŭbăcĭdus, *a*, *um*, aigrelet : [C] Pros.

sŭbactĭo, *ŏnis*, f. ¶**1** broiement, trituration : [C] Pros., [T] Pros. ¶**2** [fig.] préparation, formation de l'esprit : [C] Pros.

sŭbactus, *a*, *um*, part. de *subigo*

sŭbadmŏvĕō, *ēs*, *ēre*, *-*, *-*, tr., approcher discrètement : [+C] Pros.

sŭbadrŏganter, adv., avec un peu de présomption : [C] Pros.

sŭbadsentĭens, ***subadsentientibus humeris*** [+C] Pros., avec un léger mouvement d'assentiment des épaules

sŭbaerātus, *a*, *um*, ayant du cuivre par-dessous : [+C] Poés.

sŭbăgĭto, → *subigito*

sŭbăgrestis, *e*, un peu agreste, un peu éloigné de l'urbanité, des habitudes de la ville : [C] Pros.

sŭbālāris, *e*, qui est sous les ailes ‖ **sūbālāres**, *ĭum*, f. pl., plumes qui se trouvent sous les ailes : [T] Pros. ‖ qu'on peut porter (cacher) sous l'aisselle : ***subalaris telum*** [C] Pros., un poignard

sŭbalbĭcans, *tis*, → *subalbidus* : [C] Pros.

sŭbalbĭdus, *a*, *um*, blanchâtre : [+C] Pros.

sŭbalbus, *a*, *um*, blanchâtre : [C] Pros.

sŭbămārē, adv., avec quelque amertume : [C] Pros.

sŭbămārus, *a*, *um*, un peu amer : [C] Pros. ‖ ***subamarum***, n. pris adv[t], avec quelque amertume : [T] Pros.

sŭbăpĕrĭō, *īs*, *īre*, *-*, *-*, tr., ouvrir en dessous, fendre : [+C] Pros., [T] Pros.

sŭbăquĭlus, *a*, *um*, un peu brun [couleur de l'aigle] : [-C] Théât.

sŭbārescō, *ĭs*, *ĕre*, *-*, *-*, intr., se dessécher quelque peu : [C] Pros.

sŭbargūtŭlus, *a*, *um*, assez fin (spirituel) : [+C] Pros.

sŭbarrŏgantĕr, → *subadr*

sŭbaspĕr, *ĕra*, *ĕrum*, un peu rugueux : [+C] Pros.

sŭbassentĭens, *tis*, → *subads*

sŭbassō, *ās*, *āre*, *-*, *ātum*, tr., faire rôtir légèrement : [+C] Pros.

sŭbaudĭō, *īs*, *īre*, *-*, *ītum*, tr., entendre à peine : [+C] Pros.

sŭbaudītus, *a*, *um*, part. de *subaudio*

sŭbaurātus, *a*, *um*, doré légèrement : [+C] Pros.

sŭbauscultō, *ās*, *āre*, *-*, *-*, tr., écouter furtivement, surprendre en écoutant : [-C] Théât., [C] Pros.

sŭbaustērus, *a*, *um*, un peu rude, un peu âpre [vin] : [+C] Pros.

subbalbē, adv., en bégayant un peu : [T] Pros.

Subballĭo, *ōnis*, m., sous-Ballion [esclave qui sert Ballion] : [-C] Théât.

subbăsĭlĭcānus, *i*, m., un habitué (un promeneur, flâneur) des basiliques : [-C] Théât.

subbĭbō, *ĭs*, *ĕre*, *-*, *-*, tr., boire un peu : [+C] Pros.

subblandĭŏr, *īrĭs*, *īrī*, *-*, intr., flatter un peu, caresser doucement, cajoler, ***alicui***, qqn : [-C] Théât.

subcaerŭlĕus, *a*, *um*, bleuâtre : [+C] Pros.

subcăvus, *a*, *um*, adj., creusé intérieurement, creux : [-C] Pros. ‖ souterrain : [C] Poés.

subcēnō, *ās*, *āre*, *-*, *-*, tr., dîner après : [+C] Pros.

subcentīvus, → *succ*

1 **subcentŭrĭo**, *are*, → *succ*

2 **subcentŭrĭo**, *ōnis*, m., sous-centurion, remplaçant du centurion : [C] Pros.

subcernō (succer-), *ĭs*, *ĕre*, *crēvī*, *crētum*, tr., passer au crible, au tamis, tamiser : [-C] Pros. ; [plais[t]] [-C] Théât.

subcĭnĕrĭcĭus, *a*, *um*, cuit sous la cendre : [T] Pros.

subcing-, → *succing-*

subcīsīvus, → *subsicivus*

subclāmo, → *succ*

subcontŭmēlĭōsē, adv., un peu ignominieusement : [C] Pros.

subcrĕpo, **subcresco**, → *succ*

subcrētus, part. de *subcerno*

subcrispus, *a*, *um*, un peu crépu : [C] Pros.

subcrŏtillus, *a*, *um*, → *succr*

subcrūdus, *a*, *um*, peu cuit, un peu cru : [-C] Pros. ‖ non mûr [un abcès] : [+C] Pros.

subcrŭentus, *a*, *um*, un peu ensanglanté : [+C] Pros.

subcŭb-, **subcūd-**, → *succ-*

subcultrō, *ās*, *āre*, *-*, *-*, tr., hacher : [+C] Pros.

subcumbo, → *succ*

subcŭnĕātus, *a*, *um*, calé en dessous par des coins : [C] Pros.

subcurvus, *a*, *um*, un peu courbé : [T] Pros.

subcustos, *ōdis*, m., sous-gardien : [-C] Théât.

subcŭtĭo, → *succ*

subdĕalbō, *ās*, *āre*, *-*, *-*, tr., blanchir légèrement : [C] Poés.

subdēbĭlis, *e*, un peu faible : [+C] Pros.

subdebilitatus, *a*, *um*, un peu paralysé [fig.], découragé : [C] Pros.

subdēfĭcĭō, *ĭs*, *ĕre*, *-*, *-*, intr., s'affaiblir, défaillir : [+C] Pros.

subdescendō, *ĭs*, *ĕre*, *scendi*, *scensum*, intr., descendre [du ciel, par l'incarnation] : [+T] Pros.

subdĭdī, parf. de *subdo*

subdiffĭcĭlis, *e*, un peu difficile : [C] Pros.

subdiffīdō, *ĭs, ĕre, -, -*, intr., se défier un peu : [C] Pros.

subdĭtīvus, *a, um* ¶ **1** supposé [enfant], substitué, faux : [-C] Théât., [C] Pros., [+C] Pros. ‖ **Subditivus**, *i*, m., titre d'une pièce de Caecilius : [+C] Pros. ¶ **2** caché : [T] Pros.

subdĭtĭo, *ōnis*, f., soumission : [T] Pros.

subdĭtus, *a, um*, part. de *subdo*, → *subdo* ¶ *3* ‖ adj., soumis, humble : [T] Pros.

subdiu, [-C] Théât., de jour

subdīvālis, *e*, qui est en plein air : [T] Pros.

subdīvĭdō, *ĭs, ĕre, -, -*, tr., subdiviser : [T] Pros.

subdīvīsĭo, *ōnis*, f., subdivision : [T] Pros.

subdō, *ĭs, ĕre, dĭdī, dĭtum*, tr. ¶ **1** mettre sous, placer dessous, poser sous : ***ignem*** [-C] Pros., mettre du feu dessous ; [C] Pros. ; ***pugionem pulvino*** [+C] Pros., mettre des fourches sous les ceps, un poignard sous son chevet ; ***calcaria equo*** [C] Pros., piquer des deux son cheval ¶ **2** [fig.] ***a) ingenis stimulos*** [C] Poés., stimuler les esprits ; ***alicui spiritus*** [C] Pros., inspirer de l'orgueil à qqn ; [+C] Pros. ***b)*** soumettre, assujettir : [C] Poés., [+C] Pros. ***c)*** exposer à : [+C] Pros. ¶ **3** mettre en remplacement ***a) aliquem in locum alicujus*** [C] Pros., mettre qqn à la place de qqn, le substituer à qqn, cf., [C] Pros., [+C] Pros. ***b)*** mettre faussement à la place, supposer : ***reos*** [+C] Pros., supposer des coupables, substituer des coupables supposés ; ***testamentum*** [+C] Pros., supposer un testament ‖ [d'où] **subditus**, ***a, um***, enfant supposé : [-C] Théât., [C] Pros.

subdŏcĕō, *ēs, ēre, -, -* ¶ **1** tr., ***aliquem***, >instruire qqn à la place d'un maître : [C] Pros. ¶ **2** intr., ***alicui***, suppléer qqn dans son enseignement : [T] Pros.

subdŏlē, adv., artificieusement, avec ruse : [-C] Théât., [C] Pros.

subdŏlus, *a, um*, astucieux, fourbe, artificieux : [-C] Théât., [C] Pros., [+C] Pros. ‖ ***subdola oratio*** [C] Pros., paroles artificieuses ; [C] Poés.

subdŏmō, *ās, āre, -, -*, tr., soumettre : [-C] Théât.

subdŭbĭtō, *ās, āre, -, -*, intr., douter un peu : [C] Pros.

subduc, impér. de *subduco*

subdūcō, *ĭs, ĕre, duxī, ductum*, tr.

I tirer de bas en haut ¶ **1** soulever : ***subducere sursum*** [-C] Théât., amener en haut ; ***cataractam funibus*** [C] Pros., soulever la herse avec des câbles ; ***subductis tunicis*** [C] Poés., les tuniques retroussées ; ***supercilia*** [+C] Pros., relever, froncer les sourcils ¶ **2** amener les vaisseaux sur le rivage : ***naves in aridum*** [C] Pros., amener les vaisseaux au sec sur le rivage ; ***subductis navibus*** [C] Pros., les navires étant tirés sur le rivage ; [-C] Théât., [C] Pros.

II tirer de dessous ¶ **1** retirer de dessous, retirer, soustraire : ***ignem*** [-C] Pros., retirer le feu de dessous ; [C] Pros. ; ***capiti ensem*** [C] Poés., retirer une épée de la tête de qqn ‖ ***cibum athletae*** [C] Pros., retirer la nourriture à un athlète ; ***rerum fundamenta*** [C] Pros., saper les fondements des choses ¶ **2** retirer, emmener : [C] Pros. ¶ **3** retirer secrètement, enlever à la dérobée, furtivement : ***furto obsides*** [C] Pros., soustraire furtivement des otages ; ***alicui anulum*** [-C] Théât., soustraire un anneau à qqn ; [C] Poés. ‖ ***de circulo se subducere*** [C] Pros., s'éclipser du groupe ; ***clam se ab custodibus*** [C] Pros., se dérober secrètement à ses gardiens ‖ ***fons subducitur*** [+C] Pros., la source se dérobe, s'éclipse

III avec ***ratiunculam*** [-C] Théât. ; ***rationem*** [C] Pros., faire un compte, calculer, supputer ; ***subducamus summam*** [C] Pros., calculons le montant total ‖ [abs[t]] ***adsidunt, subducunt*** [C] Pros., ils s'assoient, ils font le calcul

subductārĭus, *a, um*, qui sert à soulever : [-C] Pros.

subductĭo, *ōnis*, f. ¶ **1** action de tirer les navires sur le rivage, mise à sec : [C] Pros. ¶ **2** calcul, supputation : [C] Pros.

subductĭsŭpercĭlĭcarptŏr, *ōris*, m., dénigreur aux sourcils froncés [mot forgé] : [+C] Pros.

subductus, *a, um*, part. de *subduco*

subdŭplex, *ĭcis*, → *subduplus* : [T] Pros.

subdŭplus, *a, um*, sous-double [contenu deux fois dans un nombre] : [T] Pros.

subdūrus, *a, um*, un peu dur : [+C] Pros.

subduxī, parf. de *subduco*

sŭbĕdō, *ēs, esse, ēdī, ēsum*, tr., ronger par-dessous, miner : [C] Poés.

sŭbēgī, parf. de *subigo*

sŭbĕō, *īs, īre, ĭī, ĭtum*, intr. et tr. ¶ **1** s'approcher en allant de bas en haut, s'approcher en montant ***a)*** [intr.] ***ex inferiore loco subire*** Caes., s'avancer en montant ; ***ad hostes subire*** Liv., marcher à l'ennemi (qui est sur les hauteurs) ; ***ad montes subire*** Liv., s'approcher des montagnes ; ***in adversos montes subire*** Liv., gravir la pente des montagnes ***b)*** [tr.] s'approcher de (en allant de bas en haut) : ***vallum subire*** Liv., arriver au pied du retranchement ; ***iniquissimum locum subire*** Caes., pénétrer dans une région très difficile ; ***precibus Tonantem subire*** Stat., aborder Jupiter avec des prières ***c)*** [poét.] s'approcher furtivement, s'insinuer, pénétrer furtivement dans : Prop., Ov. ¶ **2** aller sous, pénétrer dans ***a)*** [intr.] ***sub aliquid subire*** Liv., passer sous qqch. ; ***in aliquid subire*** Ov., pénétrer sous (= dans) qqch. ; ***in nemoris latebras subire*** Ov., pénétrer dans les profondeurs du bois ; [abs[t]] ***ne subeant herbae*** Virg., pour que l'herbe ne pousse pas dessous ; [à propos de mots] ***sub acumen stili subire*** Cic., se présenter sous la pointe du stylet ***b)*** [tr.] ***tectum subire*** Caes., entrer sous un toit ; ***alicujus mucronem subire*** Virg., se mettre sous la pointe du glaive de qqn ‖ [d'où] pénétrer dans, franchir : ***domos subire*** Ov., entrer dans des maisons ; ***limina subire*** Virg., franchir un seuil ; [fig.] ***alicujus animum subire*** Liv., pénétrer l'esprit de qqn ; ***paenitentia subiit regem*** Curt., le repentir s'empara du roi ***c)*** [impers.] ***subit*** [avec inf., ou prop. inf.] il vient à l'esprit (de, ou que) ; [avec interrog. indir.] ***quid sim subit*** Ov., je songe à ce que je suis ¶ **3** venir en remplacement, venir prendre la place de ***a)*** [intr.] [avec dat.] ***alicui subire*** Liv., venir remplacer qqn ; ***in locum alicujus rei subire*** Ov., se substituer à qqch. ***b)*** [tr.] prendre la place de, remplacer : ***furcas subiere columnae*** Ov., des colonnes remplacèrent les étais ¶ **4** supporter, subir, affronter : ***tempestates subire*** Cic., affronter les tempêtes ; ***injuriam subire*** Cic., supporter l'injustice ; ***poenam subire*** Cic., subir une peine

sūbĕr, *ĕris*, n., bouchon de liège : [C] Poés.

sūbĕrĕus, *a, um*, de liège : [+C] Pros.

sŭbērĭgō, *ĭs, ĕre, -, ērectum*, tr., faire monter en hauteur : [+C] Poés.

1 **sūbĕrīnus**, *a, um*, de liège : [T] Pros.

2 **Sūbĕrĭnus**, *i*, m., surnom romain : [+C] Pros.

Subertāni, *ōrum*, m. pl., habitants de Subertum [ville du sud de l'Étrurie] ‖ **-ānus**, *a, um*, de Subertum : [C] Pros.

sŭbest, de *subsum*

sŭbĕundus, *a, um*, adj. verb. de *subeo*

sŭbex, → *subices*

sŭbexhĭbĕō, *ēs, ēre, -, -*, tr., présenter dessous : [T] Pros.

sŭbexplĭcō, *ās, āre, -, -*, tr., déployer en dessous : [T] Pros.

subfar-, → *suffar-*

subfĕro, → *suffero*

subfi-, → *suffi-*

subflāvus, *a, um*, tirant sur le blond : [+C] Pros.

subflo, **subfrĭco**, → *suff*

subfrīgĭdē, adv., d'une manière un peu froide [fig.] : [+C] Pros.

subfrīgĭdus, → *suffrigidus*

subfūror, → *suffuror*

subfuscus, *a, um*, un peu brun [de peau], un peu basané : [+C] Pros.

subgĕro, → *suggero*

subgrandis, *e*, assez grand : [C] Pros.

subgrĕdĭor, → *suggredior*

subgrunda (sugg-), *ae*, f., avant-toit : [C] Pros. ‖ auvent [dans une machine de guerre] : [C] Pros.

subgrundātĭo, *ōnis*, f., [C] Pros., **subgrundĭum**, *ĭi*, n., [C] Pros., avant-toit, auvent

sŭhaerĕō, *ēs, ēre, -, -*, intr., rester attaché à : +C Pros., T Pros.

sŭbhorrĭdus, *a, um*, un peu hirsute : C Pros.

sŭbhūmĭdus, *a, um*, un peu humide : +C Pros.

sūbĭces, *um*, f. pl., marchepied [des dieux, en parl. des nuages] : -C Théât.

subidus, *a, um*, adj., excité : +C Pros.

sŭbĭectus, C▶ *subjectus* : +C Théât.

sŭbĭgĭtātĭo, *ōnis*, f., caresse lascive : pl., -C Théât.

sŭbĭgĭtātrix, *īcis*, f., enjôleuse : -C Théât.

sŭbĭgĭtō, *ās, āre, -, -*, tr., solliciter, ***aliquem***, qqn [à faire qqch.] : +C Pros. ‖ caresser, enjôler par des caresses : -C Théât.

sŭbĭgō, *ĭs, ĕre, ēgī, actum*, tr. ¶ **1** pousser vers le haut [de bas en haut], faire avancer : C Poés., Pros. ¶ **2** [fig.] pousser de force, contraindre **a)** ***ad deditionem*** C Pros. ; ***in deditionem*** C Pros., +C Pros., forcer à se rendre ; ***insidiis subactus*** C Poés., poussé à bout par la perfidie ; C Pros. **b)** ***aliquem, ut*** -C Théât., +C Pros., forcer qqn à ‖ ***aliquem decernere...*** C Pros., forcer qqn à décréter... ¶ **3** soumettre, réduire, assujettir, subjuguer : C Pros. ¶ **4** remuer en dessous le sol, le travailler en soulevant la terre, [d'où] retourner, travailler, ameublir : C Poés., Pros. ‖ [poét.] ***digitis opus*** C Poés., lisser l'ouvrage avec ses doigts [en filant] ; ***in cote secures*** C Poés., aiguiser les haches sur une pierre ‖ [fig.] façonner, discipliner : C Pros.

sŭbĭī, parf. de *subeo*

sŭbimpŭdens, *tis*, un peu impudent : C Pros.

sŭbĭna, V▶ *sibina*

sŭbĭnānis, *e*, un peu vain : C Pros.

sŭbincrĕpĭtō, *ās, āre, -, -*, intr., faire un léger craquement : +T Poés.

sŭbindĕ, adv. ¶ **1** immédiatement après : C Pros., +C Pros. ¶ **2** de temps en temps, sans cesse, souvent : +C Pros.

sŭbinfĕrō, *fers, ferre, tŭlī, -*, tr., ajouter : T Pros.

sŭbinsulsus, *a, um*, assez dépourvu de goût : C Pros.

sŭbintellĕgō (-lĭgo), *ĭs, ĕre, -, -*, tr., sous-entendre, suppléer : T Pros.

sŭbintrŏĕō, *īs, īre, ĭī, -*, intr., tr., [fig.] revêtir (la forme de) : T Pros.

sŭbinvĭdĕō, *ēs, ēre, -, -*, porter un peu envie à [dat.] : C Pros.

sŭbinvīsus, *a, um*, assez mal vu : C Pros.

sŭbinvītō, *ās, āre, āvī, -*, tr., inviter discrètement à [avec *ut* subj.] : C Pros.

sŭbinvŏlō, *ās, āre, -, -*, intr., se conduire sournoisement : T Pros.

sŭbīrascŏr, *scĕrĭs, scī, -*, intr., s'irriter un peu, se fâcher : C Pros. ; [avec *quod*, de ce que] C Pros. ; ***alicui rei*** C Pros., de qqch

sŭbīrātus, *a, um*, un peu irrité, fâché, ***alicui***, contre qqn : C Pros.

sŭbissem, **sŭbisti**, subj. pqp. de *subeo*

sŭbĭtānĕus, *a, um*, soudain, subit : +C Pros.

sŭbĭtārĭus, *a, um*, fait à l'improviste, fait subitement : ***subitarius exercitus*** C Pros., armée levée à la hâte ; ***subitaria aedificia*** +C Pros., maisons improvisées ; ***subitaria dictio*** +C Pros., improvisation

sŭbĭtātĭo, *ōnis*, f., apparition soudaine : T Pros.

1 **sŭbĭtō**, adv., subitement, soudain : C Pros. ; ***dicere*** C Pros., improviser ‖ ***cum subito...*** C Pros., quand tout à coup... ; +C Pros.

2 **sŭbĭtō**, *ās, āre, -, -*, intr., tr., attaquer soudain, surprendre : T Pros.

sŭbĭtum, *i*, n., V▶ *subitus*

sŭbĭtus, *a, um* ¶ **1** part. de *subeo* ¶ **2** [adj[t]] **a)** subit, soudain, imprévu : C Pros. ; ***subitae dictiones*** C Pros., improvisations ‖ C Pros. ; ***subitus miles*** +C Pros., soldat improvisé ‖ ***subitus irrupit*** +C Pros., il fit soudain irruption **b)** **subitum**, *i*, n., chose soudaine, imprévue [et surt. pl.] **subita**, -C Théât. ; ***in subito*** +C Pros., dans un cas imprévu ; ***per subitum*** +C Poés. ; ***in subitum*** +C Poés., soudainement ; ***subitis occurrere*** +C Pros., faire face à l'imprévu ; ***subitis terreri*** +C Pros., être effrayé par les surprises ; ***subita belli*** C Pros., les surprises de la guerre

subjăcĕō, *ēs, ēre, ŭī, -*, intr., être soumis à, subordonné à : +C Pros.

subjacto, V▶ *subjecto*

subjēcī, parf. de *subjicio*

subjectē [inus.] ***subjectissime*** C Pros., le plus humblement

subjectĭbĭlis, *e*, soumis : T Pros.

subjectĭo, *ōnis*, f. ¶ **1** action de mettre sous, devant : ***sub adspectum*** C Pros. ; [rhét.] ***sub oculos*** +C Pros., vive représentation, hypotypose ¶ **2** supposition, substitution [de testament] : C Pros. ¶ **3** action de mettre à la suite, adjonction : C Pros. ‖ projection [d'une figure] sur un plan : C Pros. ‖ [rhét.] subjection, réponse faite par l'orateur à une question qu'il s'est posée lui-même : C Pros., +C Pros. ¶ **4** [méc.] barre d'appui [dans la catapulte] : C Pros.

subjectō, *ās, āre, -, -*, tr. ¶ **1** mettre sous, approcher : C Poés. ‖ ***alicui stimulos*** C Poés., donner de l'aiguillon à qqn ¶ **2** jeter en haut, soulever : C Poés.

subjectŏr, *ōris*, m., qui suppose : ***testamentorum*** C Pros., fabricateur de testaments

subjectus, *a, um* ¶ **1** part. de *subjicio* ¶ **2** [adj[t]] **a)** voisin, proche, limitrophe ; ***alicui rei***, de qqch. : C Pros. **b)** ***subjecta***, n. pl., bas-fonds, vallées : +C Pros. **c)** soumis, assujetti : C Pros. **d)** exposé : ***subjectior invidiae*** C Poés., plus exposé à l'envie

subjĭcĭō, *ĭs, ĕre, jēcī, jectum*, tr. ¶ **1** jeter vers le haut, pousser de dessous, élever : ***tragulas subjicere*** Caes., jeter les javelots d'en bas ; ***aliquem in equum subjicere*** Liv., soulever qqn et le mettre à cheval, hisser qqn sur un cheval ; [à propos d'une plante] ***se subjicere***, s'élever, pousser : Virg. ¶ **2** amener au pied de : ***castris legiones subjicere*** Caes., poster des légions au pied d'un camp ; [d'où] amener à proximité de : ***iniquis locis se subjicere*** Caes., s'approcher de parages difficiles ¶ **3** mettre sous **a)** ***se sub aliquid subjicere*** Cic., se mettre, se placer sous qqch. ; [avec dat.] ***aliquid alicui rei subjicere*** Cic., placer qqch. sous qqch. ; ***aliquid oculis subjicere*** Cic., mettre qqch. sous les yeux ; [d'où] présenter : ***libellum alicui subjicere*** Cic., présenter une supplique à qqn ; [et, par ext.] suggérer, insinuer : ***alicui subjicere quid diceret*** Cic., suggérer quoi dire à qqn ; [avec prop. inf.] suggérer que **b)** mettre sous la dépendance de, subordonner à : ***se imperio alicujus subjicere*** Cic., se subordonner à l'autorité de qqn ; [fig.] ***formae quae cuique generi subjiciuntur*** Cic., les espèces qui sont subordonnées à chaque genre ; ***res quae sub aliquam vocem subjicitur*** Cic., la chose qui est mise sous un mot (= l'idée qui est attachée à un mot) ; ***sub metum subjecta sunt...*** Cic., sous l'idée de crainte sont rangés... **c)** assujettir, soumettre : ***Galliam subjicere*** Caes., soumettre la Gaule ; ***se alicui subjicere*** Liv., se soumettre à qqn ; ***subjecti*** Virg., les peuples soumis ‖ [d'où] ***materies oratoribus subjecta*** Cic., un matériau à la disposition des orateurs **d)** exposer à, livrer à : ***hiemi aliquid subjicere*** Caes., exposer qqch. aux tempêtes de l'hiver ; ***aliquid odio civium subjicere*** Cic., livrer qqch. à l'indignation des concitoyens ; ***aliquid voci praeconis subjicere*** Cic., livrer qqch. aux enchères du crieur public ¶ **4** mettre à la place de, substituer à **a)** ***pro verbo proprio aliud subjicere*** Cic., au mot propre en substituer un autre ; ***testamenta subjicere*** Cic., supposer des testaments **b)** [d'où] ***testes subjicere*** Quint., suborner des témoins ; ***aliquem subjicere*** Caes., corrompre qqn ¶ **5** mettre après, faire suivre, ajouter : ***longis litteris breves subjicere*** Quint., faire succéder des brèves aux longues ; ***rationem subjicere cur...*** Cic., donner ensuite la raison pour laquelle... ; [avec prop. inf.] ajouter que

subjŭgālis, *e*, qu'on met sous le joug : T Poés. ‖ subst. n., ***subjugale***, bête de somme : T Pros.

subjŭgātŏr, *ōris*, m., vainqueur de, qui réduit : +C Pros.

subjŭgātus, *a, um*, part. de *subjugo*

subjŭgĭus, *a, um*, qui sert à attacher le joug : -C Pros., C Pros. ‖ subst. n. pl., **subjŭgĭa**, *ōrum*, -C Pros., courroies pour attacher le joug

subjŭgō, *ās, āre, āvī, ātum*, tr. ¶**1** faire passer sous le joug : [T] Pros. ¶**2** [avec dat.] astreindre à, soumettre à : [T] Pros.

subjŭgus, *a, um*, mis sous un joug : [+C] Pros.

subjunctĭo, *ōnis*, f., soumission : [T] Pros.

subjungō, *ĭs, ĕre, junxī, junctum*, tr. ¶**1** assujettir par un joug, atteler : [C] Poés. ‖ [d'où fig.] subjuguer, soumettre : ***urbes sub imperium alicujus*** [C] Pros., placer des villes sous la domination de qqn ; ***gentem*** [C] Poés., subjuguer une nation ¶**2** attacher dessous ***a)*** placer dessous : [C] Poés. ***b)*** subordonner, mettre sous la dépendance de, rattacher à : [C] Pros., [C] Poés., [+C] Pros. ***c)*** mettre à la place de, substituer : [+C] Pros. ***d)*** mettre ensuite, ajouter : [+C] Pros.

sublābŏr, *bĕrĭs, bī, lapsus sum*, intr. ¶**1** glisser par-dessous, s'affaisser : [C] Pros., [+C] Pros. ; [fig.] [C] Poés. ‖ s'écrouler : [+C] Pros. ¶**2** se glisser dans, s'insinuer : [C] Poés.

Sublăcensis, ▶ *Sublaqueum*

sublāmĭna, *ae*, lame de métal placée en dessous : [-C] Pros.

sublapsus, *a, um*, part. de *sublabor*

Sublăquĕum, *i*, n., petite ville chez les Èques dans le Latium : [+C] Pros. ‖ **-lăcensis**, *e*, de Sublaqueum : [+C] Pros.

sublātē, adv. ¶**1** à une grande hauteur : [T] Pros. ¶**2** [fig.] ***a)*** dans un style élevé : [C] Pros. ***b)*** ***sublatius*** [C] Pros., avec trop d'orgueil

sublātĭo, *ōnis*, f. ¶**1** action d'élever, le temps levé [de la mesure, temps fort, arsis] : [+C] Pros. ¶**2** [fig.] ***a)*** ***animi*** [C] Pros., transport de l'âme ***b)*** annulation, suppression : [+C] Pros.

sublātus, *a, um* ¶**1** part. de *tollo* ¶**2** [adj^t] ***a)*** élevé : ***voce sublatissima*** [+C] Pros., sur un ton très élevé ***b)*** enflé, enorgueilli : [C] Pros. ‖ fier : [-C] Théât. ; ***sublatior*** [C] Poés.

sublăvō, *ās, āre, -, -*, tr., laver [en bas ou en dessous, ou en secret] : [+C] Pros.

sublectō, *ās, āre, -, -*, séduire, tromper : [-C] Théât.

sublĕgō, *ĭs, ĕre, lēgī, lectum*, tr. ¶**1** ramasser sous, ramasser à terre : [C] Poés., [+C] Pros. ¶**2** soustraire, ravir : [-C] Théât. ‖ [fig.] recueillir furtivement : [-C] Théât. ; ***alicui carmina*** [C] Poés., surprendre les vers de qqn, les recueillir à son insu ¶**3** choisir à la place de, élire en remplacement : [C] Pros. ; ***in demortuorum locum*** [C] Pros., élire en remplacement des défunts ‖ choisir en outre, adjoindre : [+C] Pros.

sublestus, *a, um*, ***fides sublestior*** [-C] Théât., crédit un peu faible, un peu chancelant

sublĕvātĭo, *ōnis*, f., soulagement : [C] Pros. ‖ action d'élever, de sublimer : [T] Pros.

sublĕvātus, *a, um*, part. de *sublevo*

sublĕvō, *ās, āre, āvī, ātum*, tr. ¶**1** soulever, lever, exhausser : [C] Pros. ¶**2** [fig.] ***a)*** alléger, soulager : ***calamitates*** [C] Pros., adoucir les malheurs ***b)*** affaiblir, atténuer, diminuer : ***militum laborem*** [C] Pros., épargner de la fatigue aux soldats ***c)*** soulager, aider qqn : [C] Pros.

sublĭca, *ae*, f., pieu, piquet : [C] Pros. ‖ pilotis : [C] Pros.

sublĭces, *um*, f. pl., pilotis : [C] Pros.

sublĭcĭus pons, m., pont de charpente, pont sur pilotis [construit à Rome par Ancus Marcius] : [C] Pros., [+C] Pros.

sublīdō, *ĭs, ĕre, -, -*, tr., briser : [C] Pros. ‖ [fig.] étouffer : [T] Poés.

sublĭgācŭlum, *i*, n., ▶ *subligar* : [C] Pros.

sublĭgăr, *āris*, n., pagne, sorte de caleçon : [+C] Poés.

sublĭgō, *ās, āre, āvī, ātum*, tr. ¶**1** attacher en dessous : ***vites*** [-C] Pros., lier la vigne ‖ ***subligata*** [+C] Poés., retroussée ¶**2** attacher : [C] Poés.

sublīmātus, *a, um*, part. de *sublimo*

1 **sublīmĕ**, adv., en l'air ¶**1** dans les airs, en haut : [C] Pros. ‖ [avec mouv^t] [C] Pros. ¶**2** [fig.] en style sublime : ***sublimius*** [+C] Pros., d'une façon plus sublime

2 **sublīmĕ**, *is*, n. de *sublimis* pris subst^t, hauteur : [+C] Pros.

sublīmen, adv., ▶ *1 sublime*, en haut, dans les airs : [-C] Théât.

sublīmis, *e*, adj. ¶**1** suspendu en l'air, qui est dans l'air : ***sublimem aliquem rapere*** [C] Poés., emporter [un serpent] dans l'air ; [-C] Théât. ; ***sublimis abiit*** [C] Pros., il s'en alla dans les airs ‖ tourné vers le haut : ***os sublime*** [C] Poés., un visage tourné vers le ciel ; ***sublimi anhelitu*** [C] Poés., hors d'haleine [levant la tête pour respirer] ¶**2** haut, élevé : ***columna*** [C] Poés., colonne élevée ; ***portae sublimes*** [C] Poés., hautes portes ; [+C] Poés. ‖ placé en haut : [C] Poés. ¶**3** [fig.] élevé, grand, sublime : ***sublimes viri*** [C] Pros., grands hommes ‖ [rhét.] sublime : [+C] Pros.

sublīmĭtās, *ātis*, f. ¶**1** hauteur : [+C] Pros. ¶**2** [fig.] ***a)*** élévation, grandeur : [+C] Pros. ***b)*** élévation du style, sublimité : [+C] Pros. ¶**3** fierté, insolence : [T] Pros.

sublīmĭtĕr, adv., en haut : [-C] Pros., [+C] Pros.

sublīmĭtŭs, adv., en haut : [+C] Pros.

sublīmō, *ās, āre, āvī, ātum*, tr., élever : [-C] Théât., [+C] Pros. ; [fig.] [-C] Pros. ‖ exalter, glorifier : [T] Pros.

sublīmus, *a, um*, ▶ *sublimis* : [-C] Théât., [C] Pros. ; [n. pl.] ***sublima caeli*** [C] Poés., les hautes régions du ciel

sublingŭlo, *ōnis*, m., le lécheur (des plats) en second = marmiton, aide de cuisine : [-C] Théât.

sublĭnō, *ĭs, ĕre, lēvī, lĭtum*, tr., recouvrir, crépir : [-C] Pros. ‖ ***os alicui*** [-C] Théât., barbouiller la figure de qqn = se moquer de lui

sublīsus, *a, um*, part. de *sublido*

sublĭtus, *a, um*, part. de *sublino*

sublīvĭdus, *a, um*, un peu livide : [+C] Pros.

sublūcĕō, *ēs, ēre, lūxī, -*, intr., briller par-dessous, de dessous, à travers : [C] Poés.

sublūcĭdus, *a, um*, faiblement éclairé : [+C] Pros.

sublŭō, *ĭs, ĕre, lŭī, lūtum*, tr. ¶**1** laver en dessous : [+C] Pros., Poés. ¶**2** baigner le bas de : [C] Pros., [+C] Pros.

sublustris, *e*, adj., à peine éclairé, ayant un soupçon de clarté : [C] Poés., Pros. ‖ ayant un faible éclat : [+C] Pros.

sublūtĕus, *a, um*, jaunâtre : [T] Pros.

sublūtus, *a, um*, part. de *subluo*

sublŭvĭēs, *ēi*, f. ¶**1** boue, vase : [T] Pros. ¶**2** abcès au pied [des moutons] [+C] Pros. ; [des hommes]

submaestus, *a, um*, un peu triste : [T] Pros.

submānes, **submano**, ▶ *summ*

Submemmium (**Summ-**), *ĭi*, n., quartier des courtisanes de bas étage : [+C] Poés. ‖ **-mĭānus**, *a, um*, du Summemmium : [+C] Poés.

submergō (**summergō**), *ĭs, ĕre, mersī, mersum*, tr. ¶**1** submerger, engloutir : [C] Poés. ‖ [surtout au pass.] ***navis submersa*** [C] Pros., navire englouti ; ***submersus voraginibus*** [C] Pros., englouti par les remous ¶**2** [fig.] = supprimer : [T] Pros.

submersus, *a, um*, part. de *submergo*

submĕrus, *a, um*, presque pur [vin] : [-C] Théât.

submĭgrātĭo, *ōnis*, f., émigration : [T] Pros.

submĭnĭa, *ae*, f., sorte de vêtement de femme tirant sur le rouge : [-C] Théât.

submĭnistrātĭo, *ōnis*, f., action de fournir, de procurer : [+C] Pros.

submĭnistrātŏr, *ōris*, m., fournisseur, pourvoyeur : [+C] Pros.

1 **submĭnistrātŭs**, *a, um*, part. de *subministro*

2 **submĭnistrātŭs**, abl. *ū*, m., action d'administrer [des aliments], dose : [T] Pros.

submĭnistrō (**summ-**), *ās, āre, āvī, ātum*, tr. ¶**1** apporter à pied d'œuvre, fournir, procurer : [C] Pros. ; ***alicui pecuniam*** [C] Pros., procurer de l'argent à qqn ; ***tabellarios*** [C] Pros., fournir des messagers ¶**2** ***timores*** [+C] Pros., inspirer des craintes

submīsī, parf. de *submitto*

submissē (**summ-**), [fig.] en s'abaissant ***a)*** [rhét.] dans un style simple, modeste, sans éclat : [C] Pros. ; ***submissius a primo*** [C] Pros., d'un ton assez modéré, calme au début ***b)*** d'une façon modeste, humble : [C] Pros., [+C] Pros. ; ***summissius se gerere*** [C] Pros., se comporter avec plus de modération

submissim (**summ-**), adv., doucement, tout bas : [+C] Pros.

submissĭo (summ-), *ōnis*, f., abaissement [de la voix] : [C] Pros. ‖ simplicité [du style] : [C] Pros. ‖ infériorité : [C] Pros.

submissus (summissus), *a*, *um* ¶ **1** part. de *submitto* ¶ **2** [adj[t]] ***a)*** baissé, abaissé : ***secundis submissioribus*** [C] Pros., les seconds se baissant un peu ; ***capillo submissiore*** [+C] Pros., avec des cheveux descendant plus bas ***b)*** [rhét.] abaissé : ***voce summissa*** [C] Pros., d'un ton de voix modéré, sans éclat ; ***oratio summissa*** [C] Pros., style simple ; [+C] Pros. ; ***(orator) summissus*** [C] Pros., (orateur) au style simple ; [+C] Pros. ***c)*** bas, rampant : [pers.] [C] Pros. ; [action] [C] Pros. ***d)*** humble, soumis : [C] Pros. ; ***submissae preces*** [+C] Poés., humbles prières

submittō (summittō), *ĭs*, *ĕre*, *mīsī*, *missum*, tr.

I envoyer dessous ¶ **1** mettre dessous, placer sous : ***canterium vitibus*** [+C] Pros., mettre une perche comme étai sous la vigne ‖ [fig.] soumettre : ***animos amori*** [C] Poés., céder à l'amour, se courber sous sa loi ; [+C] Pros. ; ***imperium alicui*** [C] Pros., subordonner son autorité à celle de qqn ; ***se submittens*** [C] Pros., se mettant aux ordres de ¶ **2** faire ou laisser aller en bas ***a)*** baisser, abaisser : ***alicui fasces*** [C] Pros., baisser les faisceaux devant qqn ; ***genu*** [C] Poés., fléchir le genou ; ***se ad pedes*** [C] Pros., se jeter, se prosterner aux pieds de qqn ‖ ***Tiberis submittitur*** [+C] Pros., le Tibre baisse ; [C] Pros., [+C] Pros. ‖ [fig.] ***se in amicitia*** [C] Pros., s'abaisser avec ses amis ; ***orationem*** [+C] Pros., baisser le ton ; [abs[t]] ***multum submittere*** [C] Pros., baisser beaucoup = s'effacer beaucoup, ne pas donner tous ses moyens ‖ ***furorem*** [C] Poés., calmer son emportement ***b)*** laisser croître, pousser [barbe, cheveux] : [+C] Pros.

II envoyer de dessous, de bas en haut ¶ **1** produire, faire surgir : [C] Poés. ¶ **2** faire ou laisser croître, pousser, élever : ***vitulos*** [C] Poés., élever des veaux ; ***prata in fenum*** [-C] Pros., laisser pousser l'herbe pour le foin ¶ **3** lever, élever : ***palmas*** [+C] Poés., élever les mains vers le ciel ; [+C] Pros.

III envoyer à la place de ¶ **1** envoyer remplacer : [abs[t]] ***alicui*** [C] Pros., envoyer un remplaçant à qqn ¶ **2** envoyer à l'aide [dans la bataille] : [abs[t]] ***laborantibus*** [C] Pros., envoyer de l'aide aux soldats en difficulté ‖ [avec compl. dir.] : [C] Pros. ; ***subsidia alicui*** [C] Pros., envoyer des secours à qqn

IV envoyer en sous-main ¶ **1** [abs[t]] ***alicui*** [C] Pros., s'adresser en dessous à qqn ¶ **2** suborner : [+C] Pros.

Submoenĭum, ➨ *Submemmium*

submŏlestē, adv., avec un peu de peine, de désagrément : [C] Pros.

submŏlestus, *a*, *um*, un peu désagréable : [C] Pros.

submŏnĕō (summ-), *ēs*, *ēre*, *ŭī*, -, tr., avertir secrètement : [-C] Théât. ; ***nullo submonente*** [+C] Pros., sans que personne ne le lui soufflât

submonstrō (summ-), *ās*, *āre*, -, -, tr., montrer secrètement : [T] Pros.

submōrōsus, *a*, *um*, un peu grincheux, qui laisse paraître un peu d'humeur : [C] Pros.

submōtus (summ-), *a*, *um*, part. de *submoveo*

submŏvĕō (summ-), *ēs*, *ēre*, *mōvī*, *mōtum*, tr. ¶ **1** écarter, repousser, éloigner ***a)*** [C] Pros. ; ***hostes ex muro*** [C] Pros., écarter les ennemis du rempart ; ***hostes ex agro*** [C] Pros., éloigner les ennemis du territoire ; ***summotus patria*** [C] Poés., banni de sa patrie ***b)*** écarter de [soi, de l'endroit où l'on est] : [C] Pros. ; ***summoto populo*** [C] Pros., la foule étant écartée ***c)*** [licteur] faire écarter, faire place : [C] Pros. ; [fig.] [C] Poés. ‖ [pass. imp.] ***cui summovetur*** [+C] Pros., celui à qui on fait faire place [qui marche précédé de licteurs] ; part. n. abl. abs., [C] Pros. ¶ **2** [fig.] éloigner, écarter, tenir éloigné : ***aliquem a re publica*** [+C] Pros., tenir qqn éloigné des affaires publiques ‖ détourner : ***aliquem a maleficio*** [C] Pros., détourner qqn du crime ; ***reges a bello*** [C] Pros., détourner les rois de la guerre

submultĭplex, *ĭcis*, sous-multiple : [T] Pros.

submultĭplĭcĭtas, *ātis*, f., qualité de sous-multiple : [T] Pros.

submurmŭrō, *ās*, *āre*, -, -, intr., murmurer à part soi : [T] Pros.

submussus (summ-), *i*, m., celui qui marmonne entre ses dents : [-C] Théât.

submūtō (summ-), *ās*, *āre*, -, -, tr., échanger : [C] Pros.

subnascŏr, *scĕrĭs*, *scī*, *nātus sum*, intr., repousser, renaître : [+C] Pros.

subnătō, *ās*, *āre*, -, -, intr., nager sous l'eau : [+C] Poés., Pros.

subnātus, *a*, *um*, part. de *subnascor*

subnāvĭgō, *ās*, *āre*, *āvī*, -, tr., faire voile auprès de, côtoyer : [T] Pros.

subnectō, *ĭs*, *ĕre*, *nexŭī*, *nexum*, tr., attacher par-dessous, attacher : ***velum antemnis*** [C] Poés., attacher la voile aux antennes ; ***cingula mammae*** [C] Poés., fixer un ceinturon sous le sein ‖ [fig.] ajouter : [+C] Pros.

subnĕgō, *ās*, *āre*, *āvī*, -, tr., refuser à demi : [C] Pros.

subnervō, *ās*, *āre*, *āvī*, -, tr., couper les nerfs des jambes ‖ **subnervĭō**, *ās*, *āre*, -, - [fig.] couper court à : [+C] Pros.

subnexus, *a*, *um*, part. de *subnecto*

subnĭgĕr, *gra*, *grum*, noirâtre : [-C] Théât., [C] Pros.

subnixus (-nīsus), *a*, *um* ¶ **1** appuyé sur [avec abl.] : [C] Pros., Poés. ¶ **2** [fig.] qui se repose sur, soutenu par, confiant dans : [C] Pros. ‖ [abs[t]] confiant : [C] Pros., [+C] Pros.

subnŏtō, *ās*, *āre*, *āvī*, *ātum*, tr. ¶ **1** noter en dessous, annoter : [+C] Pros. ‖ signer : ***libellos*** [+C] Pros., contresigner des requêtes ‖ ***nomina*** [+C] Pros., prendre des noms en note ¶ **2** remarquer, noter : [+C] Poés.

subnŭba, *ae*, f., concubine : [C] Poés.

subnūbĭlus, *a*, *um*, un peu obscur, un peu ténébreux : [C] Pros.

sŭbō, *ās*, *āre*, -, -, intr., être en chaleur [en parl. des femelles] : [C] Poés. ‖ être en rut, ressentir une ardeur amoureuse : [C] Poés.

subobscēnus, *a*, *um*, un peu obscène, graveleux : [C] Pros.

sŭbobscūrē, adv., d'une manière un peu obscure : [+C] Pros.

sŭbobscūrus, *a*, *um*, un peu obscur [fig.] : [C] Pros.

subŏdĭōsus, *a*, *um*, assez ennuyeux : [C] Pros.

suboffendō, *ĭs*, *ĕre*, -, -, intr., déplaire un peu [*apud aliquem*] : [C] Pros.

sŭbŏlĕō, *ēs*, *ēre*, -, -, intr., répandre une odeur ; [d'où fig.] ***hoc subolet mihi, subolet mihi, subolet*** seul, je me doute de cela, je flaire la chose : [-C] Théât.

sŭbŏles (mieux que **sŏbŏles**), *is*, f. ¶ **1** rejeton, pousse : [+C] Pros. ¶ **2** [fig.] descendants, rejetons, postérité, race, lignée : [C] Pros. ‖ [animaux] : [C] Poés., [+C] Pros.

sŭbŏlescō, *ĭs*, *ĕre*, -, -, intr., former une génération nouvelle : [C] Pros.

sŭbolfăcĭō, *ĭs*, *ĕre*, -, -, tr., flairer : [+C] Pros.

sŭbŏrĭŏr, *īrĭs*, *īrī*, -, intr., naître [à la place ou successivement], se reproduire, se reformer : [C] Poés.

sŭbornātŏr, *ōris*, m., suborneur : [T] Pros.

sŭbornō, *ās*, *āre*, *āvī*, *ātum*, tr. ¶ **1** [pr. et fig.] équiper, pourvoir, armer, munir : ***aliquem pecunia*** [C] Pros., munir qqn d'argent ; ***a natura subornatus*** [C] Pros., pourvu, doué par la nature ; [+C] Pros. ¶ **2** préparer en dessous, en secret, suborner : [C] Pros. ; ***medicum indicem*** [C] Pros., suborner un médecin pour en faire un révélateur ; ***aliquem ad rem*** [C] Pros., suborner qqn pour une chose

sŭbortŭs, *ūs*, m., lever successif [des astres] : [C] Poés.

Subota, *ōrum*, n. pl., île de la mer Égée : [C] Pros.

subpaetŭlus (supp-), *a*, *um*, un peu louche [œil] : [C] Poés.

subpallĭdus (supp-), *a*, *um*, un peu pâle, pâlot : [+C] Pros.

subpalp, **- subpăr-**, ➨ *supp*

subpe-, ➨ *suppe-*

subpingo, ➨ *supp*

subpinguis, *e*, assez gras, grassouillet : [+C] Pros.

subpraefectus, *i*, m., [fig.] auxiliaire, adjoint : [+C] Pros.

subpre-, ➨ *suppre-*

subprōmus, ➨ *suppromus*

subpŭdet, ➨ *suppudet*

subquădrŭplus, *a*, *um*, sous-quadruple : [T] Pros.

subrādō, *ĭs, ĕre, rāsī, rāsum*, tr. ¶**1** racler en dessous : [-C] Pros. ¶**2** arroser, baigner le pied de : [T] Pros.

subrancĭdus, *a, um*, un peu rance : [C] Pros.

subrāsus, *a, um*, part. de *subrado*

subraucum, adv., avec un son un peu rauque : [T] Pros.

subraucus, *a, um*, ***vox subrauca*** [C] Pros., voix un peu sourde

subrectĭo, *ōnis*, f., action de dresser, érection : [T] Pros.

subrectĭtō, *ās, āre, -, -*, intr., s'élever habituellement : [+C] Pros.

subrectus (surrectus), *a, um*, part. de *subrigo*

subrĕfectus, *a, um*, un peu remis, un peu soulagé : [+C] Pros.

subrēgŭlus, *i*, m., petit prince vassal : [T] Pros.

subrĕlinquō, *ĭs, ĕre, -, -*, tr., laisser après soi : [T] Pros.

subrēmĭgō, *ās, āre, -, -*, intr., ramer sous, en dessous : [C] Poés.

subrēpō (surrēpō), *ĭs, ĕre, repsī, reptum*, tr. et intr. ¶**1** se glisser sous : ***sub tabulas*** [C] Pros., se glisser sous les planches ; ***urbis moenia*** [C] Poés., se glisser dans l'enceinte de la ville ‖ [avec dat.] ***clatris*** [+C] Pros., sous les barreaux ¶**2** [fig.] ***subrepentibus vitiis*** [+C] Pros., les vices s'insinuant ; ***alicui subrepere*** [C] Pros., surprendre qqn [cf. "prendre en traître"] ; [+C] Pros., Poés. ‖ [pass. impers.] [+C] Pros.

subreptīcĭus, *a, um*, clandestin : [-C] Théât.

subreptĭo, *ōnis*, f., friponnerie, larcin : [+C] Pros.

subreptus, *a, um*, part. de *subripio*

subrexī, parf. de *subrigo*

subrīdĕō, *ēs, ēre, rīsī, rīsum*, intr., sourire : [C] Pros., Poés.

subrīdĭcŭlē, adv., assez plaisamment : [C] Pros.

subrĭgō (surrĭgō), *ĭs, ĕre, rēxī, rectum*, tr., dresser, redresser : [les oreilles] [C] Poés. ; ***plana*** [+C] Pros., exhausser les plaines

subrimius, ▶ *subrumus*

subringŏr, *gĕrĭs, gī, -*, intr., grogner intérieurement, gronder à part soi : [C] Pros.

subrĭpĭō (surr-), *ĭs, ĕre, rĭpŭī, reptum*, tr. ¶**1** dérober furtivement, soustraire : ***ex sacro vasa*** [C] Pros., subtiliser des vases dans un sanctuaire ; ***aliquid ab aliquo*** [C] Pros., dérober furtivement qqch. à qqn, (***alicui aliquid*** [+C] Pros.) ; [C] Pros. ‖ ***se alicui*** [-C] Théât., se dérober à qqn ; [C] Poés. ¶**2** [fig.] [C] Pros. ; ***aliquid spatiis surripere*** [C] Pros., prendre un peu sur son temps ¶**3** circonvenir : [T] Pros.

Subrĭus, *ĭī*, m., nom d'homme : [+C] Pros.

subrŏgō (surr-), *ās, āre, āvī, ātum*, tr., faire choisir qqn à la place d'un autre, élire en remplacement ou en plus : [C] Pros. ; ***sibi aliquem collegam*** [C] Pros., se faire adjoindre qqn comme collègue

subrŏtātus, *a, um*, monté sur roues : [C] Pros.

subrŭbĕō, *ēs, ēre, -, -*, intr., être un peu rouge : [C] Poés.

subrŭbĕr, *bra, brum*, ▶ *subrubicundus* : [+C] Pros.

subrŭbĭcundus, *a, um*, rougeâtre : [+C] Pros.

subrūfus, *a, um*, qui a les cheveux roux : [-C] Théât.

subrūmō, *ās, āre, -, -*, tr., mettre à la mamelle [les agneaux, etc.] : [+C] Pros.

subrūmus, (subrimius), *a, um*, qui tète, à la mamelle : [C] Pros.

subrŭō (surr-), *ĭs, ĕre, rŭī, rŭtum* ¶**1** abattre par la base, renverser, saper les fondements : ***murum*** [C] Pros., saper un mur ; ***arbores a radicibus*** [C] Pros., déraciner des arbres ¶**2** [fig.] ***libertatem*** [C] Pros., saper la liberté ; [C] Poés.

subruptīcĭus, ▶ *surrupticius*

subrustĭcē, adv., de façon un peu rustique : [+C] Pros.

subrustĭcus, *a, um*, un peu rustique (campagnard) : [C] Pros.

subrŭtus, *a, um*, part. de *subruo*

subsalsus, *a, um*, un peu salé : [+C] Pros.

subsānĭum, ▶ *subsann*

subsannātĭo, *ōnis*, f., moquerie, grimace insultante : [T] Pros.

subsannātŏr, *ōris*, m., moqueur : [T] Pros.

subsannō, *ās, āre, āvī, -*, tr., faire des grimaces à, se moquer de, tourner en dérision : [T] Pros.

subscrībō, *ĭs, ĕre, scrīpsī, scriptum*, tr. ¶**1** écrire dessous, écrire au bas, mettre en inscription : ***statuis subscripsit*** [avec prop. inf.] [C] Pros., il mit comme inscription sur des statues que... ; [C] Poés., [+C] Pros. ; [C] Poés. ¶**2** signer en second une accusation, être accusateur secondaire : [C] Pros. ‖ [ou simpl[t]] signer une accusation, rédiger une accusation, ***in aliquem***, contre qqn : [C] Pros. ¶**3** [censeurs] inscrire au-dessous du nom d'une personne le motif d'un blâme, inscrire, noter : [C] Pros. ¶**4** [d'où] approuver ; [+C] Pros. [avec acc.] ‖ [abs[t]] apposer sa signature : [+C] Pros. ‖ [fig.] adhérer à, souscrire à, approuver : [C] Pros. ¶**5** écrire à la suite, ajouter : [C] Pros., Poés. ¶**6** inscrire à la dérobée, à la volée : [+C] Pros.

subscriptĭo, *ōnis*, f. ¶**1** inscription [au bas d'une statue] : [C] Pros. ¶**2** action d'être accusateur en second : [C] Pros. ‖ action de signer une accusation [d'en prendre la responsabilité] ; [d'où] accusation : [+C] Pros., Poés. ¶**3** indication du délit [par le censeur], grief, objet du blâme : [C] Pros. ¶**4** signature d'un document : [+C] Pros. ¶**5** inscription à la suite, relevé [sur des registres] : [C] Pros.

subscriptŏr, *ōris*, m. ¶**1** accusateur en second : [C] Pros. ¶**2** qui souscrit à qqch., approbateur, partisan : [+C] Pros.

subscrūpōsus, *a, um*, assez pointilleux : [T] Pros.

subscūdo, *ĭnis*, f., ▶ *subscus* : [T] Pros.

subscūs, *cūdis*, f., broche, queue-d'aronde : [-C] Théât., Pros., [C] Pros.

subsĕcīv-, ▶ *subsic-*

subsĕcō, *ās, āre, sĕcŭī, sectum*, tr., couper par-dessous, en bas : [C] Pros., Poés.

subsĕcundārĭus, *a, um*, qui vient après, accessoire : ***subsecundaria tempora*** [+C] Pros., moments de loisir

subsĕcūtus, *a, um*, part. de *subsequor*

subsēdī, parf. de *subsido*

subsellĭum, *ĭī*, n. ¶**1** siège peu élevé, petit banc : [C] Pros. ¶**2** [en gén.] banc, banquette : [-C] Théât., [+C] Pros. ¶**3** [en part.] ***subsellia a)*** bancs du théâtre : [-C] Théât., [+C] Pros. ***b)*** bancs des sénateurs dans la curie : [C] Pros. ***c)*** [au tribunal, bancs des juges, des plaideurs, des avocats, des greffiers, des amis, d'où] enceinte du tribunal : [C] Pros. ‖ = les tribunaux, la justice : [C] Pros.

subsentātŏr, *ōris*, m., adulateur : [-C] Théât.

subsentĭō, *īs, īre, sensī, -*, tr., remarquer sans en avoir l'air : [-C] Théât.

subsĕquentĕr, adv., à la suite, en suivant : [T] Pros.

subsĕquŏr, *quĕrĭs, quī, sĕcūtus sum*, tr. ¶**1** suivre immédiatement, être sur les talons de qqn, ***aliquem*** : [-C] Théât., [C] Pros. ; ***signa*** [C] Pros., suivre les enseignes [rester dans son manipule] ‖ [abs[t]] venir ensuite : [C] Pros. ¶**2** suivre, accompagner : [C] Pros. ‖ venir après : [C] Pros. ¶**3** marcher sur les traces de = se régler sur, imiter : [C] Pros.

1 **subsĕrō**, *ĭs, ĕre, -, sertum*, tr., insérer, introduire : [+C] Pros. ‖ [fig.] insérer en plus, ajouter : [T] Pros.

2 **subsĕrō**, *ĭs, ĕre, -, -*, tr., planter à la place de, rajeunir [un plant] : [+C] Pros.

subsertus, *a, um*, part. de *1 subsero*

subservĭō, *īs, īre, -, -*, intr., servir, être aux ordres de [avec dat.] : [-C] Théât. ‖ [fig.] ***orationi alicujus*** [-C] Théât., seconder les paroles de qqn

subsesquĭaltĕr (-qualtĕr), **-sesquĭtertĭus**, **-quĭquartus**, **-quĭquintus**, *a, um*, [nombre] contenu dans un autre une fois 1/2, une fois 1/3, une fois 1/4, une fois 1/5 : [T] Pros.

subsessŏr, *ōris*, m., celui qui se tient en embuscade, à l'affût : [+C] Pros. ‖ séducteur, suborneur : [T] Pros.

subsĭcīvum, *i*, [n. pris subst[t]] portion de terre qui est en plus de la mesure, parcelle supplémentaire : [C] Pros., [+C] Pros.

subsĭcīvus (mieux que **subsĕcīvus**), *a*, *um*, [fig.] ***a)*** ***subsiciva tempora*** C Pros., moments de reste [les occupations étant accomplies], moments perdus ***b)*** ***subsicivae operae*** C Pros., travaux accessoires, secondaires [faits aux moments perdus]; HC Pros. ***c)*** subsidiaire, restant en plus : HC Pros. ***d)*** occasionnel, accidentel : HC Pros.

subsīdentĭa, *ae*, f., dépôt, sédiment : C Pros.

subsĭdĭālis, *e*, ➡ *subsidiarius* : T Pros.

subsĭdĭārĭus, *a*, *um* ¶ **1** qui forme la réserve : C Pros., HC Pros. ‖ **subsidiarii**, *ōrum*, m., troupes de réserve : C Pros. ¶ **2** qui est réservé [dans la taille de la vigne] : HC Pros.

subsĭdĭŏr, *āris*, *ārī*, -, intr., former la réserve : C Pros.

subsĭdĭum, *ĭī*, n. ¶ **1** ligne de réserve [dans l'ordre de bataille] : C Pros. ‖ réserve, troupes de réserve : C Pros. ¶ **2** [d'où] soutien, renfort, secours : C Pros. ; ***in subsidium mittere*** HC Pros. ¶ **3** [fig.] aide, appui, soutien, assistance : C Pros. ‖ moyen de remédier, ressources, arme : C Pros. ; ***industriae subsidia*** C Pros., les ressources de l'activité ¶ **4** lieu de refuge, asile : HC Pros.

subsīdō, *ĭs*, *ĕre*, *sēdī*, *sessum*

I intr. ¶ **1** se baisser, s'accroupir : C Pros. ; ***(elephanti) clunibus subsidentes*** C Pros., (les éléphants) s'asseyant sur le derrière ; ***poplite subsidens*** C Poés., fléchissant sur le genou ‖ s'affaisser, s'abaisser : [rochers] C Poés. ; [vallées] C Poés., HC Pros. ; [flots] C Poés. ‖ tomber, se calmer : [vent] C Poés. ; [fig., fougue] HC Pros. ; [vices] HC Pros. ; [des frayeurs] HC Pros. ‖ tomber au fond, se déposer, faire un dépôt : C Poés., HC Pros. ; [poét.] C Poés. ‖ tomber au fond, s'enfoncer dans l'abîme : C Poés. ‖ céder [sous le doigt] : C Poés. ¶ **2** s'arrêter, faire halte : C Pros. ‖ [fig.] séjourner : HC Pros. ‖ se poster [en embuscade] : C Pros. ‖ être placé en réserve : C Pros. ¶ **3** se mettre sous [dans l'accouplement] [avec dat.] : C Poés.

II tr. ¶ **1** tendre un guet-apens à, attendre dans une embuscade : C Poés. ; ***leonem*** HC Poés., être à l'affût d'un lion ; [fig.] T Pros. ¶ **2** prendre par ruse : HC Poés.

subsignānus, *a*, *um*, groupé sous les drapeaux, légionnaire [oppos. aux détachements et aux auxiliaires] : HC Pros., T Pros.

subsignō, *ās*, *āre*, *āvī*, *ātum*, tr. ¶ **1** consigner [à la suite] sur les états, sur les rôles des propriétés gardés au trésor ou par le censeur : C Pros. ¶ **2** engager, offrir en garantie : ***praedia subsignata*** C Pros., terres hypothéquées comme caution ‖ [fig.] ***fidem*** HC Pros., donner sa parole ¶ **3** [fig.] garantir formellement, répondre de : HC Pros.

subsĭlĭō, *īs*, *īre*, *sĭlŭī*, - ¶ **1** sauter en l'air, sauter : C Théât. ‖ s'élever : C Poés. ¶ **2** s'élancer dans [avec acc.] : HC Pros.

subsĭmĭlis, *e*, assez semblable : HC Pros.

subsīmus, *a*, *um*, un peu camus : C Pros.

subsĭpĭō, *ĭs*, *ĕre*, -, -, intr., avoir peu de saveur : C Pros.

subsistō, *ĭs*, *ĕre*, *stĭtī*, -, intr. et tr.

I intr. ¶ **1** s'arrêter, faire halte : C Pros. ‖ se tenir en embuscade : C Pros. ‖ s'arrêter : [cours d'eau] C Poés., HC Pros. ; [de larmes] HC Pros. ‖ [fig.] s'arrêter, s'interrompre : [de parler] HC Pros. ‖ ***substitit clamor*** C Poés., les cris s'arrêtèrent ¶ **2** rester, demeurer, séjourner : C Pros., HC Pros. ¶ **3** opposer de la résistance, résister, tenir bon : C Pros., Poés. ‖ [avec dat.] ***alicui*** C Pros., résister à qqn ; [fig.]

II tr., tenir tête à : ***feras subsistere*** C Pros., tenir tête aux bêtes sauvages

subsĭtus, *a*, *um*, situé au-dessous : HC Pros.

1 **subsōlānus**, *a*, *um*, adj., tourné vers l'orient : HC Pros.

2 **subsōlānus**, *i*, m., vent d'est : HC Pros.

subsortĭŏr, *īrĭs*, *īrī*, *ītus sum*, tr., tirer au sort pour remplacement, tirer au sort de nouveau : ***judicem*** C Pros., désigner de nouveau un juge ; ***in alicujus locum*** C Pros., tirer au sort pour remplacer qqn ; [abs[t]] C Pros.

subsortītĭo, *ōnis*, f., tirage au sort en remplacement [de juges récusés], second tirage de noms : C Pros. ‖ tirage de noms pour remplacer les citoyens morts à qui l'État distribuait du blé : HC Pros.

substantĭa, *ae*, f. ¶ **1** substance, être, essence, existence, réalité d'une chose : HC Pros. ¶ **2** soutien, support : HC Pros. ¶ **3** aliments, nourriture : T Poés. ¶ **4** moyens de subsistance, biens, fortune : T Pros. ¶ **5** hypostase, personne : T Pros.

substantĭālis, *e*, indépendant, qui existe par soi-même : T Pros.

substantĭŏla, *ae*, f., petit bien, faibles ressources : T Pros.

substernō, *ĭs*, *ĕre*, *strāvī*, *strātum*, tr. ¶ **1** étendre dessous : C Théât. ‖ étendre sous : ***segetem ovibus*** C Pros., étendre de la paille sous les brebis ‖ ***se alicui*** [en parl. d'accouplement] C Poés. ‖ part., ***substratus***, qui s'étend, s'étale [en parl. d'eau] : C Poés. ¶ **2** [fig.] ***a)*** soumettre, subordonner ; ***aliquid alicui rei***, qqch. à une chose : C Pros. ***b)*** mettre à la disposition : C Poés. ‖ sacrifier misérablement [cf. "faire litière de qqch."] : ***aliquid alicui*** HC Pros., abandonner honteusement qqch. à qqn ¶ **3** joncher, recouvrir : ***solum paleis*** C Pros., joncher le sol de paille ‖ garnir par-dessous, à la base : ***nidos mollissime*** C Pros., garnir le fond des nids le plus moelleusement possible

substillus, *a*, *um*, qui s'épanche goutte par goutte : C Pros.

substĭnĕo, ➡ *sustineo*

substĭtī, parf. de *subsisto*

substĭtŭō, *ĭs*, *ĕre*, *tŭī*, *tūtum*, tr. ¶ **1** mettre sous ‖ [fig.] C Pros. ; ***crimini substitui*** HC Pros., être soumis à une accusation, être accusé ¶ **2** mettre après : C Pros. ¶ **3** mettre à la place, substituer ***a)*** ***aliquem in locum alicujus*** C Pros., mettre qqn à la place de qqn ; ***aliquem alicui*** C Pros., substituer qqn à qqn [ou] ***aliquem pro aliquo*** C Pros. ***b)*** donner en substitution : C Pros.

substĭtūtĭo, *ōnis*, f., action de mettre à la place, substitution : T Pros.

substō, *ās*, *āre*, -, -, intr. ¶ **1** être dessous : HC Pros. ¶ **2** tenir bon : C Théât.

substŏmăchŏr, *ārĭs*, *ārī*, - (*sub*, *stomachor*), intr., marquer un léger dépit : C Pros.

substrāmen, *ĭnis*, n. ¶ **1** litière : C Pros. ¶ **2** revêtement [mis sur le sol pour faciliter le transport] : HC Poés.

substrāmentum, *i*, n., ➡ *substramen* : C Pros.

substrātus, *a*, *um*, part. de *substerno*

substrĕpens, *tis*, murmurant : HC Pros.

substrictus, *a*, *um* ¶ **1** part. de *substringo* ¶ **2** [adj[t]] étroit, serré, grêle, maigre : C Poés. ; ***ventre substrictiore*** HC Pros., avec un ventre un peu étroit

substrīdens, *tis*, qui frémit un peu : T Pros.

substringō, *ĭs*, *ĕre*, *strinxī*, *strictum*, tr. ¶ **1** attacher par en bas en relevant, lier, serrer, nouer : ***crinem nodo*** HC Pros., attacher par un noeud la chevelure retroussée ; ***caput (equi) loro*** C Pros., attacher la tête du cheval avec une courroie passant sous le cou [pour le relever] ; ***lintea malo*** HC Poés., carguer les voiles ‖ [fig.] ***aurem substringe*** C Poés., dresse l'oreille [serre les oreilles en les relevant, allusion aux oreilles d'un animal] ¶ **2** [fig.] resserrer, arrêter, contenir : ***effusa*** HC Pros., resserrer ce qui est diffus

substructĭo, *ōnis*, f., substruction, construction en sous-sol, fondation : C Pros.

substructum, *i*, n., ➡ *substructio* : C Pros.

substructus, *a*, *um*, part. de *substruo*

substrŭō, *ĭs*, *ĕre*, *struxī*, *structum*, tr. ¶ **1** construire en sous-sol : [fig.] ***fundamentum*** C Théât., établir des fondations dans le sol ¶ **2** donner des fondations à, construire avec fondation : C Pros.

subsultim, adv., en sautillant : HC Pros.

subsultō, *ās*, *āre*, *āvī*, -, intr., bondir en l'air : C Théât. ‖ [fig.] être sautillant, saccadé : HC Pros.

subsum, *esse*, intr. ¶ **1** être dessous : ***nihil subest*** C Pros., il n'y a rien dessous ‖ être sous : C Poés., Pros. ‖ [fig.] être par-dessous, à la base, au fond : C Pros. ¶ **2** être dans le voisinage : ***subest Rhenus*** C Pros., le Rhin est proche ‖ [avec dat.] : ***mari*** C Poés., être près de la mer

subsŭperpartĭcŭlāris, *e*, sous-superpartiel [nombre contenu une fois dans un autre plus une unité] : T Pros.

subsŭperpartĭens, *tis*, sous-superpartient [nombre contenu une fois dans un autre avec un reste supérieur à l'unité] : [T] Pros.

subsurdus, *a*, *um*, un peu sourd [voix] : [+C] Pros.

subsūtus, *a*, *um*, portant cousu au bas, garni au bas : [C] Poés.

subtābĭdus, *a*, *um*, un peu dépérissant : [T] Pros.

subtăcĭtus, *a*, *um*, un peu silencieux : [T] Poés.

subtectus, part. de *subtego*

subtegmĕn, → *subtemen*

subtĕgō, *ĭs*, *ĕre*, -, -, tr., couvrir par-dessous : [T] Pros. ‖ [pass.] se cacher le bas du corps [en parl. d'Adam, après la faute] : [T] Pros.

subtēmĕn (subtegmĕn), *ĭnis*, n. ¶ **1** trame d'un tissage : [C] Pros., Poés. ¶ **2** [fig.] fil : [-C] Théât., [C] Poés. ‖ fil des Parques : [C] Poés.

subtendō, *ĭs*, *ĕre*, *tendī*, *tentum* (*tensum*), tr., tendre par-dessous : [-C] Pros.

subtĕnŭis, *e*, assez fin : [C] Pros.

subtĕr

I adv., au-dessous, par-dessous : [C] Pros.

II prép. ¶ **1** [avec acc.] sous : [C] Pros. ‖ de dessous : [C] Pros. ; au pied [des remparts] : [C] Pros. ¶ **2** [avec abl.] sous : [C] Poés.

subtĕractus, *a*, *um*, poussé par-dessous : [+C] Pros.

subtĕradnexus, *a*, *um*, attaché au-dessous : [T] Pros.

subtĕrănhēlō, *ās*, *āre*, -, -, intr., haleter en dessous : [+C] Poés.

subtĕrannexus, → *subteradnexus*

subtercurrens, *tis*, qui s'étend en dessous : [C] Pros.

subterdūcō, *ĭs*, *ĕre*, *dūxī*, -, tr., soustraire, dérober : [-C] Théât. ; *se* [-C] Théât., s'esquiver

subterflŭō, *ĭs*, *ĕre*, -, - ¶ **1** intr., couler au-dessous, au bas, au pied : [C] Pros. ¶ **2** tr., [+C] Pros. ; [fig.]

subterfŭgĭō, *ĭs*, *ĕre*, *fūgī*, - ¶ **1** intr., fuir subrepticement : ***alicui*** [-C] Théât., fuir sous le nez de qqn ¶ **2** tr., se dérober à, échapper à, esquiver : [C] Pros.

subterfundō, *ās*, *āre*, -, -, tr., affermir au-dessous : [T] Pros.

subtĕrhăbĕō, *ēs*, *ēre*, -, -, tr., placer au-dessous de : [+C] Pros.

subterlābŏr, *bĕrĭs*, *bī*, -, tr., couler sous, au pied de [avec acc.] : [C] Poés., [T] Poés. ‖ s'esquiver : [C] Pros.

subternus, *a*, *um*, de l'enfer : [T] Poés.

subtĕrō, *ĭs*, *ĕre*, *trīvī*, *trītum*, tr. ¶ **1** user en dessous : [-C] Pros., [+C] Pros. ¶ **2** piler, égruger : [+C] Pros.

subterpōnō, *ĭs*, *ĕre*, *posŭī*, *pŏsitum*, tr., placer dessous, soumettre : [T] Pros.

subterpŏsĭtus, → *subterpono*

subterrānĕus, *a*, *um*, adj., souterrain : [C] Pros., [+C] Pros. ‖ subst. n., **subterrānĕum**, un souterrain : [+C] Pros.

subterrēnus, [+C] Pros., **subterrĕus**, *a*, *um*, [T] Pros., → le précédent

subtersĕcō, *ās*, *āre*, -, -, tr., couper en dessous : [C] Poés.

subtervăcans, *tis*, qui est vide en dessous : [+C] Pros.

subtervŏlō, *ās*, *āre*, -, -, intr., voler sous [avec acc.] : [+C] Poés.

subtĕrvolvō, *ĭs*, *ĕre*, -, -, tr., faire rouler sous : [T] Pros.

subtexō, *ĭs*, *ĕre*, *texŭī*, *textum*, tr. ¶ **1** tisser dessous ; [fig.] ***a)*** étendre un tissu par-dessous, par-devant : [C] Poés., [+C] Poés. ***b)*** couvrir d'un tissu : [C] Poés. ¶ **2** tisser dans, ajouter en tissant ; [fig.] ***a)*** adapter à : ***lunam alutae*** [+C] Poés., adapter un croissant à la chaussure ***b)*** insérer, ajouter : [C] Pros., [+C] Pros.

subtextus, *a*, *um*, part. de *subtexo*

subtīlis, *e* ¶ **1** fin, délié, menu, subtil : ***subtile filum*** [C] Poés., fil délié ; ***subtili corpore*** [C] Poés., d'une matière déliée ; ***subtilis acies (gladii)*** [+C] Pros., tranchant bien affilé d'une épée ; ***ignis subtilis*** [C] Poés., feu subtil ¶ **2** [fig.] ***a)*** fin, délicat : [palais] [C] Poés. ; [goût, jugement] [C] Pros., Poés., [+C] Pros. ***b)*** fin, pénétrant, d'une précision stricte : [C] Pros. ; ***subtilis definitio*** [C] Pros., définition stricte ; ***subtiliores epistulae*** [C] Pros., lettres plus minutieuses ***c)*** [style] simple, sans apprêt : ***oratio*** [C] Pros., style simple, sobre ‖ ***subtilissimus*** [C] Pros. ¶ **3** fin, rusé : [+C] Pros.

subtīlĭtās, *ātis*, f., [fig.] ***a)*** finesse, pénétration, précision stricte : ***sententiarum*** [C] Pros., finesse des pensées ***b)*** simplicité du style : [C] Pros.

subtīlĭtĕr, adv. ¶ **1** d'une manière fine, déliée, ténue : [C] Poés. ¶ **2** [fig.] ***a)*** finement, subtilement, avec pénétration : ***aliquid subtiliter judicare*** [C] Pros., juger finement d'une chose ‖ avec une précision minutieuse : [C] Pros. ; ***quam subtilissime persequi*** [C] Pros., passer en revue avec le plus de précision possible ***b)*** avec un style simple, sobre : [C] Pros. ; ***subtilius*** [C] Pros., avec un style plus simple

subtĭmĕō, *ēs*, *ēre*, -, -, tr., appréhender secrètement : [C] Pros.

subtĭtŭbō, *ās*, *āre*, -, -, intr., chanceler un peu [fig.] : [+T] Poés.

subtractĭo, *ōnis*, f., action de se retirer : [T] Pros.

subtractus, *a*, *um*, part. de *subtraho*

subtrăhō, *ĭs*, *ĕre*, *traxī*, *tractum* ¶ **1** tirer par-dessous : ***aggerem cuniculis*** [C] Pros., au moyen de mines tirer la terrasse en bas ‖ tirer de dessous : [C] Pros. ‖ [pass.] se dérober par-dessous : [C] Poés. ¶ **2** enlever par-dessous, soustraire, emmener furtivement : ***impedimenta*** [C] Pros., emporter prestement les bagages ; ***si dediticii subtrahantur*** [C] Pros. [st. indir.] si les peuples rendus à discrétion lui sont soustraits ; [C] Pros. ¶ **3** [fig.] enlever, soustraire, retirer : ***cibum*** [C] Pros., retirer la nourriture [aux chevaux] ; [C] Pros. ; ***se subtrahere*** [C] Pros., se dérober, s'éloigner ; ***se oneri*** [+C] Pros., se dérober à une tâche

subtrĭplus, *a*, *um*, sous-triple [contenu trois fois] : [T] Pros.

substristis, *e*, un peu triste : [-C] Théât.

subtrītus, *a*, *um*, part. de *subtero*

subtŭnĭcālis, *is*, f., [traduction de ὑποδύτης], chemise, vêtement de dessous [du prêtre hébreu] : [T] Pros.

subturpĭcŭlus, *a*, *um*, tant soit peu laid : [C] Pros.

subturpis, *e*, assez laid : [C] Pros.

subtŭs, adv., en dessous, par-dessous : [-C] Pros., [C] Pros. ‖ prép. acc., [T] Pros.

subtūsus, *a*, *um*, ***subtusa genas*** [C] Poés., s'étant un peu meurtri les joues

sŭbŭcŭla, *ae*, f., tunique de dessous, chemise : [C] Pros.

sūbŭla, *ae*, f., alène : [+C] Poés.

sŭbulcus, *i*, m., gardeur de porcs, porcher : [-C] Pros., [C] Pros., [+C] Poés.

Sūbŭlo, *ōnis*, m., surnom romain : [C] Pros.

sŭbumbrō, *ās*, *āre*, -, -, tr., couvrir d'ombre : [T] Pros.

subŭmĭdus, → *subhumidus*

Sŭbūra, *ae*, f., Subure [quartier populeux de Rome, bruyant, avec des tavernes mal famées] : [C] Pros., [+C] Pros., Poés. ‖ **-ānus**, *a*, *um*, de Subure : [C] Pros., [+C] Poés.

sŭburbānĭtās, *ātis*, f., proximité de Rome, banlieue : [C] Pros.

sŭburbānus, *a*, *um*, aux portes de la ville, voisin de la ville : ***rus suburbanum*** [C] Pros., propriété aux environs de Rome ; ***peregrinatio suburbana*** [+C] Pros., voyage, promenade aux portes de Rome ‖ **sŭburbānum**, *i*, n., propriété près de Rome : [C] Pros. ‖ **sŭburbāni**, *ōrum*, m. pl., habitants de la banlieue de Rome : [C] Poés.

sŭburbĭum, *ĭi*, n., faubourg, banlieue : [C] Pros.

sŭburgĕō, *ēs*, *ēre*, -, -, tr., pousser peu à peu contre : [C] Poés.

sŭbūrō, *ĭs*, *ĕre*, -, *ustum*, tr., brûler légèrement : [+C] Pros. ‖ [fig.] ronger, miner : [T] Poés.

Sŭburra, **Sŭburrānus**, → *Subura*

sŭbus, dat. et abl. pl. de *1 sus*

sŭbustus, *a*, *um*, part. de *suburo*

subvăs, *ădis*, m., seconde caution : [+C] Pros.

subvastō, *ās*, *āre*, -, -, tr., détruire : [T] Pros.

subvectĭo, *ōnis*, f., transport [par eau, par charroi] : [C] Pros., [+C] Pros.

subvectō, *ās, āre, -, -*, tr., transporter, charrier : C Poés., HC Pros.

1 **subvectus**, *a, um*, part. de *subveho*

2 **subvectŭs**, *ūs*, m., transport par eau : HC Pros.

subvĕhō, *ĭs, ĕre, vēxī, vectum*, tr., transporter de bas en haut, en remontant : C Poés., Pros. ‖ [surtout par voie d'eau] : C Pros., Poés.

subvellō, *ĭs, ĕre, -, vulsum*, tr., épiler par-dessous : AC Poés., HC Pros.

subvĕnĭō, *īs, īre, vēnī, ventum*, intr. ¶**1** [fig.] se présenter : HC Pros. ; [à l'esprit] HC Pros. ¶**2** venir à la rescousse, venir au secours [milit.] : ***alicui*** C Pros., venir au secours de qqn ‖ [pass. impers.] C Pros. ¶**3** [fig.] ***a)*** secourir, venir en aide à : ***patriae*** C Pros., secourir la patrie ‖ [pass. impers.] C Pros. ***b)*** remédier à, secourir contre : ***tempestati, necessitati*** C Pros., combattre la tempête, remédier à la nécessité ; HC Pros. ***c)*** avec ***quominus*** HC Pros., venir en aide en empêchant que

subventō, *ās, āre, -, -*, intr., accourir au secours, ***alicui***, de qqn : AC Théât.

subventūrus, *a, um*, part. fut. de *subvenio*

subvĕrĕŏr, *ērĭs, ērī, -*, intr., appréhender un peu : C Pros.

subversĭo, *ōnis*, f., renversement, destruction : T Pros. ‖ [méton.] vin trouble : T Pros.

subversō, *ās, āre, -, -*, tr., renverser [fig.], ruiner : AC Théât.

subversŏr, *ōris*, m., celui qui renverse, qui abolit : HC Pros.

subversus, *a, um*, part. de *subverto*

subvertō (-vortō), *ĭs, ĕre, vertī (vortī), versum (vorsum)*, tr. ¶**1** mettre sens dessus dessous, retourner, renverser : HC Pros. ; ***subvorsi montes*** C Pros., montagnes renversées, aplanies ; ***pedem*** C Pros., faire tourner le pied ¶**2** [fig.] bouleverser, ruiner, détruire, anéantir : C Poés., Pros., HC Pros. ‖ [chrét.] séduire, pervertir, faire tomber : T Pros.

subvespertīnus ventus, m., le vent du couchant ‖ **subvespĕrus**, *i*, m., C Pros.

subvexī, parf. de *subveho*

subvexus, *a, um*, qui s'élève en pente douce : C Pros.

subvŏlō, *ās, āre, -, -*, intr., s'élever en volant : ***in caelestem locum*** C Pros., s'élever vers la région céleste

subvoltŭrĭus, ▶ *subvulturius*

subvolvō, *ĭs, ĕre, -, -*, tr., rouler de bas en haut, élever : C Poés.

subvulsus (-volsus), *a, um*, part. de *subvello*

subvultŭrĭus, *a, um*, grisâtre [un peu de la couleur du vautour] : AC Théât.

Sŭcambri, ▶ *Sicambri*

succ-, ▶ *subc-*

succănō, *ĭs, ĕre, -, -*, ▶ *succino*

succēdānĕus (succīdānĕus), *a, um*, substitué, qui remplace : AC Théât., HC Pros.

succēdō, *ĭs, ĕre, cessī, cessum*, intr. et qqf. tr. ¶**1** aller sous, pénétrer sous, s'avancer sous ***a)*** [avec dat.] : ***soli succedere*** Lucr., passer sous le soleil ; ***umbrae succedere*** Virg., s'abriter à l'ombre ; [fig.] ***oneri succedere*** Virg., se mettre sous un fardeau = s'en charger ***b)*** [d'où] entrer dans : ***aquae succedere*** Ov., entrer dans l'eau ‖ [fig.] entrer dans = se rattacher à : ***quae succedunt probationi*** Quint., ce qui entre dans la preuve, ce qui se rattache à la preuve ; ***generi succedere*** Quint., se rattacher à un genre ¶**2** aller de bas en haut, monter, gravir, escalader : ***mare succedit*** Caes., la mer monte ; ***in arduum succedere*** Liv., monter sur une pente escarpée ; ***in montem succedere*** Lucr., gravir une montagne ; [avec dat.] ***caelo succedere*** Virg., monter au ciel ; [avec acc.] ***muros succedere*** Liv., monter à l'assaut des murs ; [d'où, abs[t]] ***succedere*** Tac., monter à l'assaut ; ***succedentes*** Liv., les assaillants ‖ [fig.] ***ad summum honorem succedere*** Lucr., s'élever au faîte des honneurs ¶**3** aller au pied de, s'approcher de : ***sub vallum succedere*** Liv., s'avancer au pied du retranchement ; [avec dat.] ***moenibus succedere*** Liv., s'approcher des remparts ; [avec acc.] ***murum succedere*** Liv., venir au pied de la muraille ¶**4** venir à la suite de, [ou] venir à la place de, succéder à, remplacer ***a)*** venir à la suite de : ***alicui rei succedere*** Liv., prendre la suite de qqch. ; ***alicujus orationi succedere*** Cic., parler après le discours de qqn ; ***alicujus aetati succedere*** Cic., venir après la génération de qqn ; ***ad alteram partem succedunt Ubii*** Caes., de l'autre côté viennent les Ubiens (= de l'autre côté vient le pays des Ubiens, de l'autre côté habitent les Ubiens) ***b)*** venir à la place de : ***in pugnam succedere*** Liv., Virg., se présenter à son tour pour combattre, remplacer des combattants ; ***in stationem succedere*** Caes., venir relever un poste ; ***in locum alicujus succedere*** Cic., prendre la place de qqn ; ***in locum alicujus rei succedere*** Cic., prendre la place de qqch. ; [avec dat.] ***defatigatis succedere*** Caes., prendre la place de troupes fatiguées ; ***alicui succedere*** Caes., succéder à qqn (dans une fonction) ¶**5** avoir telle ou telle issue, réussir : ***hoc bene successit*** Ter., l'affaire a bien réussi ; ***res nulla successit*** Caes., rien n'a réussi ; [impers.] ***non successit*** Ter., il n'y a pas eu de succès ; ***si minus succedit*** Cic., si le succès est moindre ; [impers. avec dat.] ***si successisset coeptis*** Liv., s'il y avait eu du succès pour l'entreprise = si l'entreprise avait réussi ; [pass. impers.] ***successum est*** Liv., on remporta l'avantage, on réussit

succendō, *ĭs, ĕre, cendī, censum*, tr. ¶**1** mettre le feu (incendier) par-dessous, à la base : C Pros. ¶**2** [fig.] enflammer ***a)*** embraser qqn des feux de l'amour : C Poés. ‖ ***succensus cupidine*** C Poés., enflammé de désir ***b)*** exciter : ***furorem*** HC Poés., allumer la fureur

succēno, ▶ *subceno*

succensĕo, ▶ *suscenseo*

1 **succensĭo**, *ōnis*, f., embrasement, incendie : T Pros. ‖ chauffage : T Pros.

2 **succensio**, ▶ *suscensio*

succensus, *a, um*, part. de *succendo*

succentīvus, *a, um*, qui fait accompagnement [mus.] : C Pros.

succentŏr, *ōris*, m., conseiller, instigateur : T Pros.

1 **succentŭrĭō (subc-)**, *ās, āre, -, ātum*, tr., [fig.] tenir en réserve : AC Théât. ‖ substituer : HC Pros.

2 **succentŭrĭo**, *ōnis*, m., ▶ *2 subcenturio*

succerda, ▶ *sucerda*

succerno, ▶ *subcerno*

successĭo, *ōnis*, f. ¶**1** action de succéder, de prendre la place, succession : C Pros. ; ***Neronis principis*** HC Pros., l'avènement de l'empereur Néron [Néron arrivant à l'empire par succession] ¶**2** héritage : ***per successiones quasdam*** HC Pros., par des sortes de transmissions successives [en qq. sorte héréditairement] ; ***jura successionum*** HC Pros., droits transmis par succession ¶**3** issue : T Pros.

successŏr, *ōris*, m., successeur dans une fonction : C Pros. ‖ héritier : C Poés., HC Pros. ‖ remplaçant : C Poés. ; f. ‖ séducteur : T Pros.

successōrĭus, *a, um*, qui concerne les successions : T Pros.

successŭs, *ūs*, m. ¶**1** action de pénétrer à l'intérieur, [d'où] lieu à l'intérieur duquel on pénètre, caverne, gouffre : T Pros. ¶**2** approche, arrivée : C Pros. ‖ marche en avant : ***equorum*** C Poés., la manière dont avancent les chevaux = leur allure ¶**3** succès, réussite : C Poés., Pros., HC Pros. ‖ pl., C Poés., Pros.

Succi, *ōrum*, m. pl., peuple et ville de Mésie : T Pros.

succīdānĕus, ▶ *succedaneus*

succīdĭa, *ae*, f., quartier de porc salé : C Pros. ‖ [fig.] ressource, réserve : C Pros.

1 **succĭdō**, *ĭs, ĕre, cĭdī, -*, intr. ¶**1** tomber sous [fig.] : C Pros. ¶**2** s'affaisser : AC Théât., C Poés. ; [fig.] HC Pros.

2 **succīdō**, *ĭs, ĕre, cīdī, cīsum*, tr., couper au bas, tailler par-dessous : ***arboribus succisis*** C Pros., avec des arbres coupés au pied ; ***frumentis succisis*** C Pros., le blé étant fauché

succĭdus, *a, um*, ▶ *sucidus*

succĭdŭus, *a, um*, qui s'affaisse, qui fléchit : C Poés., HC Poés. ‖ [fig.] qui fait défaut : T Pros.

succĭnātĭus, → *sucin*

succinctē, adv., succinctement, brièvement, d'une façon concise : [T] Pros.

succinctōrĭum, *ĭi*, n., pagne, cache-sexe : [T] Pros.

succinctŭlus, *a, um*, joliment serré : [+C] Pros.

succinctus, *a, um* ¶ **1** part. de *succingo* ¶ **2** [adj[t]] ‖ préparé, armé pour qqch. : [+C] Pros.

succĭnĕrārĭus, → *subc*

succingō, *ĭs, ĕre, cinxī, cinctum*, tr. ¶ **1** retrousser et attacher d'une ceinture, agrafer, (ceindre, attacher) en relevant, en retroussant [surtout au part.], **succinctus**, *a, um*, ayant son vêtement [robe, tunique] retroussé, relevé : [C] Poés., [+C] Poés. ¶ **2** ceindre, entourer, environner : [C] Pros. ; [poét.] [C] Poés. ‖ [part.] **succinctus**, *a, um*, ceint, portant à la ceinture : ***gladio succinctus*** [C] Pros., ceint d'une épée ; ***pugione*** [C] Pros., portant un poignard à sa ceinture ¶ **3** [fig.] garnir, entourer, munir : ***se canibus*** [C] Pros., s'environner de chiens [d'espions] ; ***se terrore*** [+C] Pros., s'environner de terreur ; [C] Pros., [+C] Pros.

succingŭlum, *i*, n., baudrier : [-C] Théât.

succĭnō, *ĭs, ĕre, -, -* ¶ **1** intr., chanter après, répondre à un chant : [+C] Pros., Poés. ‖ [métaph.] accompagner : [C] Pros. ‖ [fig.] faire écho, chanter à son tour : [C] Pros. ‖ répondre : [C] Pros. ¶ **2** tr., chanter en réponse, répondre : [+C] Poés.

succĭnum, **succĭnus**, → *sucin*

succinxī, parf. de *succingo*

succīsĭo, *ōnis*, f., action de couper ras : [T] Pros. ‖ coupe [de bois] : [T] Pros.

succīsīvus, → *subsicivus*

succīsus, *a, um*, part. de *2 succido*

succlāmātĭo, *ōnis*, f., action de crier à la suite, en réponse, cris, clameurs : [C] Pros., [+C] Pros.

succlāmātus, *a, um*, part. de *succlamo*

succlāmō, *ās, āre, āvī, ātum*, intr., crier à la suite, en réponse : [C] Pros. ‖ ***alicui*** [C] Pros., crier en réponse à qqn

succlīnō, *ās, āre, -, -* ¶ **1** tr., courber, plier un peu : [+T] Poés. ¶ **2** intr., s'incliner un peu : [+T] Poés.

succollō, *ās, āre, āvī, ātum*, tr., charger sur ses épaules : [C] Pros., [+C] Pros.

succōs-, → *sucos-*

succrescō (subc-), *ĭs, ĕre, crēvī, crētum*, intr. ¶ **1** pousser en dessous : [+C] Pros. ¶ **2** pousser ensuite, repousser : [-C] Théât., [C] Poés., [+C] Pros.

succrētus, → *subcretus*

succŭba, *ae*, f., concubine : [+C] Pros. ‖ subst. m., → *1 cinaedus* : [T] Poés.

succubō, *ās, āre, -, -*, intr., être couché sous : [avec dat. *alicui rei*] [+C] Pros. ; [avec acc.] [+C] Pros.

succŭbŭī, parf. de *succumbo*

succŭlentus, → *sucul*

succumbō, *ĭs, ĕre, cŭbŭī, cŭbĭtum*, intr. ¶ **1** s'affaisser sous : ***ferro*** [C] Poés., tomber sous le fer ‖ s'accoupler avec : [C] Pros., Poés. ‖ s'aliter : [+C] Pros. ¶ **2** [fig.] ***a)*** succomber, se laisser abattre : [C] Pros. ; ***animo*** [C] Pros., avoir le courage abattu ***b)*** [avec dat.] succomber à (devant, sous), céder à : ***crimini*** [C] Pros., succomber sous une accusation ; ***fortunae, homini*** [C] Pros., se laisser dominer par la fortune, par une personne ; ***senectuti*** [C] Pros., succomber à la vieillesse (sous le poids de la vieillesse) ***c)*** [avec inf.] [T] Pros.

succurrīcĭus, *a, um*, qui vient en aide : [C] Poés.

succurrō, *ĭs, ĕre, currī, cursum*, intr.

I courir sous ¶ **1** se trouver dessous dans sa course : [C] Poés. ‖ [fig.] être au-dessous, derrière : [C] Pros. ¶ **2** ***a)*** aller dessous, affronter : [C] Pros. ***b)*** se présenter à l'esprit : [C] Pros. : ; d'où leur sont venus des soldats en nombre suffisant ... ? ‖ [impers.] [+C] Pros. ; ***succurrit annotare*** [+C] Pros., l'idée me vient de noter au passage ...

II courir vers ¶ **1** courir au secours : [C] Pros. ; ***alicui auxilio*** [C] Pros., accourir au secours de qqn ‖ [pass. impers.] ***si celeriter succurratur*** [C] Pros., si l'on accourt rapidement au secours ¶ **2** [fig.] ***a)*** secourir, porter secours à : ***alicui*** [C] Pros. ***b)*** accourir à l'appel de, donner satisfaction à : [C] Pros. ***c)*** remédier à : ***infamiae communi*** [C] Pros., porter remède à un discrédit général

succursūrus, *a, um*, part. fut. de *succurro*

succus, → *sucus*

Succusānus pagus, nom d'un quartier de Rome : [C] Pros.

succussātŏr, *ōris*, qui secoue, qui a le trot dur : [-C] Poés.

succussī, parf. de *succutio*

succussĭo, *ōnis*, f., secousse [de tremblement de terre] : [+C] Pros.

succussō, *ās, āre, -, -*, tr., secouer [en trottant] : [-C] Théât.

succussŏr, *ōris*, m., → *succussator* : [-C] Poés.

1 **succussus**, *a, um*, part. de *succutio*

2 **succussŭs**, *ūs*, m., secousse, secouement : [-C] Théât., [+C] Pros.

succŭtĭō, *ĭs, ĕre, cussī, cussum*, tr., secouer par-dessous, ébranler, agiter : [C] Poés., [+C] Pros.

sŭcerda, *ae*, f., fumier de porc : [-C] Poés.

sūcīdiă, → *succidia*

sūcĭdus, *a, um*, humide, moite : [+C] Pros. ‖ ***sucida lana*** [C] Pros., laine graisseuse [après la tonte] ; [+C] Poés. ‖ [fig.] ***(puella) sucida*** [-C] Théât., (jeune fille) pleine de sève, pleine de suc

sūcĭnum, *i*, n., ambre jaune, succin [appelé aussi *electrum*] : [+C] Pros. ‖ pl., ***sucina***, parures d'ambre : [+C] Poés.

sūcĭnus, *a, um*, d'ambre : [+C] Poés.

sūcŏphanta, → *sycophanta*

sūcōsus, *a, um*, qui a du suc : [+C] Pros. ‖ [fig.] riche : [+C] Pros. ‖ ***sucosior*** [+C] Pros.

Sucro, *ōnis*, m., fleuve (et ville) de Tarraconaise : [C] Pros. ‖ **-nensis**, *e*, [C] Pros., du Sucro

sŭcŭla, *ae*, f. ¶ **1** jeune truie : [-C] Théât. ¶ **2** treuil, arbre de treuil : [C] Pros. ‖ [pressoir] : [-C] Pros., [C] Pros. ¶ **3** ***Suculae***, les Hyades [faux rapprochement avec le grec ὗς au lieu de ὕω] : [C] Pros.

sūcŭlentus, *a, um*, plein de suc : [+C] Pros.

sūcus (succus), *i*, m. ¶ **1** suc, sève : [relat[t] aux plantes] [C] Pros. ; [au corps humain] [C] Pros. ; [aux fruits] [C] Poés. ‖ suc extrait de poissons : [C] Poés. ‖ potion, décoction, jus divers : [C] Poés. ¶ **2** goût, saveur : ***sucum sentire*** [C] Poés., sentir le suc, le goût d'un aliment ¶ **3** [fig.] ***a)*** force, bonne santé : [C] Pros. ; [en parl. du style] [C] Pros. ***b)*** caractère général, ensemble de la constitution de qqch. : [C] Pros.

sūdārĭŏlum, *i*, n., petit mouchoir : [+C] Pros.

sūdārĭum, *ĭi*, n., mouchoir : [C] Poés., [+C] Pros. ‖ suaire : [T] Pros.

sūdātĭo, *ōnis*, f. ¶ **1** action de suer, sueur, transpiration : [+C] Pros. ¶ **2** étuve : [C] Pros. ‖ pl., sudorifiques : [+C] Pros.

sūdātōrĭum, *ĭi*, n., étuve : [+C] Pros.

sūdātōrĭus, *a, um*, sudorifique : [-C] Théât.

sūdātrix, *īcis*, f., en sueur, trempée de sueur : [+C] Poés.

sūdātus, *a, um*, part. de *sudo*

sūdĭcŭlum (sūdŭc-), *i*, n., ***suduculum flagri*** [-C] Théât., qui fait transpirer le fouet [injure à un esclave → ulmitriba]

sŭdis, *is*, f., pieu, piquet : [C] Pros. ‖ épieu : [C] Poés. ‖ dard, épine de certains poissons : [+C] Poés. ‖ pointe de rocher : [+C] Pros.

sūdō, *ās, āre, āvī, ātum*, intr. et tr.

I intr. ¶ **1** suer, être en sueur, transpirer ***a)*** [abs[t]] [C] Pros., Poés. ***b)*** [avec abl.] être humide de : [C] Poés., Pros. ***c)*** [poét.] sortir comme une sueur, suinter : [C] Poés. ¶ **2** [fig.] se donner de la peine [cf. "suer sang et eau"] : [C] Pros. ‖ [pass. impers.] : ***ad supervacua sudatur*** [+C] Pros., c'est pour le superflu que l'on se met en nage, en sueur

II tr. ¶ **1** épancher comme une sueur, distiller : [C] Poés. ; ***ubi balsama sudantur*** [+C] Pros., où se distillent, où suintent les baumes ; [C] Poés. ¶ **2** [fig.] faire avec sueur, avec peine : [+C] Poés.

¶**3** [rare] couvert de sueur : ***vestis sudata*** [+C] Pros., vêtement trempé de sueur

sūdŏr, *ōris*, m. ¶**1** sueur, transpiration : [C] Pros. ; ***sudorem excutere*** [C] Pros. ; pl., [C] Poés., [+C] Pros. ‖ ***sudor maris*** [C] Poés., l'eau de mer ‖ humidité, suintement : [+C] Pros. ¶**2** [fig.] = travail pénible, peine, fatigue : [C] Pros., Poés., [+C] Pros.

sūdōrus, *a*, *um*, qui est en sueur : [+C] Pros.

sūdus, *a*, *um*, adj., sans humidité, sec, serein : [-C] Poés., [C] Poés. ‖ **sūdum**, *i*, n. ***a)*** [pris subst[t]] temps clair, ciel pur : [C] Poés. ; ***cum sudum est*** [-C] Théât., quand il fait beau ***b)*** [pris adv[t]] : ***sudum praenitens*** [T] Poés., ayant un bel éclat

Suēbĭa, V. *Suevia*

Suēbĭcus, C. *Suevicus*, V. *2 Suevi*

Suēbus, *a*, *um*, V. *2 Suevi*

Suedĭus, *ĭi*, m., nom d'homme : [+C] Pros.

Suēius, *i*, m., nom d'un poète latin : [T] Pros.

suescō, *ĭs*, *ĕre*, *suēvī*, *suētum* ¶**1** intr., s'accoutumer, s'habituer : ***militiae*** [+C] Pros., s'accoutumer au métier militaire ‖ [surt. au parf. *suevi* avec inf.] [C] Poés., Pros. ¶**2** tr., habituer : [+C] Pros.

Suessa, *ae*, f. ¶**1** ville de Campanie, appelée aussi *Suessa Aurunca* : [C] Pros. ¶**2** ville des Volsques, appelée aussi *Suessa Pometia* : [C] Pros. ‖ **Suessānus**, *a*, *um*, de Suessa : [-C] Pros.

Suessētāni, *ōrum*, m. pl., Suessétans [peuple de la Tarraconaise] : [C] Pros. ‖ **-nus**, *a*, *um*, des Suessétans : [C] Pros.

Suessĭōnas (Sess-), indécl., Soissons : [+T] Pros.

Suessĭōnes, *um*, m. pl., peuple de Gaule [aux environs de Soissons] : [C] Pros. ‖ **-ōnĭcus**, *a*, *um*, de Soissons : [+T] Pros.

Suessōnes, V. *Suessiones* : [+C] Poés.

Suessŭla, *ae*, f., ancienne ville de Campanie [auj. Sessola] : [C] Pros. ‖ **-āni**, *ōrum*, m. pl., les habitants de Suessula : [C] Pros.

Suētēs, *ae*, m., nom de guerrier : [+C] Poés.

Suetĭus, *ĭi*, m., nom d'homme : [C] Pros.

Suētōnĭus, *ĭi*, m., nom d'une famille romaine, not[t] Suetonius Paulinus, général d'Othon : [+C] Pros. ‖ Suetonius Tranquillus, l'historien latin Suétone : [+C] Pros.

suētum, *i*, n., coutume, habitude : [+C] Pros.

suētus, *a*, *um*, part. de *suesco* ¶**1** habitué, accoutumé à : [avec dat. V. *suesco*] [C] Poés., Pros. ¶**2** habituel, ordinaire : [+C] Pros.

1 **suēvī**, parf. de *suesco*

2 **Suēvi (Suēbi)**, *ōrum*, m. pl., les Suèbes [= Suèves, peuple germain ; auj. Souabes] : [C] Pros. ‖ **Suēvus**, *a*, *um*, des Suèbes : [C] Pros. ‖ **Suēvĭcus**, *a*, *um*, [+C] Pros.

Suēvĭa, *ae*, f., le pays des Suèves : [+C] Pros.

Sūfax, *ācis*, m., V. *Syphax*

sūfēs, *ētis*, m., = juge, sufète [magistrat suprême à Carthage] : [C] Pros.

suffarcĭnātus, *a*, *um*, part. de *suffarcino*

suffarcĭnō (subf-), *ās*, *āre*, *āvī*, *ātum*, tr., charger, surcharger ; [surt. au part.] ***suffarcinatus***, chargé, surchargé : [-C] Théât. ‖ bien rempli, repu, lesté : [+C] Pros.

suffēcī, parf. de *sufficio*

suffectĭo, *ōnis*, f., addition : [T] Pros.

suffectus, part. de *sufficio*, subst. m., chef, gouverneur : [T] Pros.

Suffēnus, *i*, m., mauvais poète du temps de Catulle : [C] Poés.

suffĕrentĭa, *ae*, f., attente patiente : [T] Pros.

suffermentātus, *a*, *um*, V. *subf*

suffĕrō (subferō), *fers*, *ferre*, *sustŭlī*, -, tr.

I porter sous ¶**1** placer sous, soumettre, présenter : [-C] Théât. ¶**2** présenter, fournir : [C] Pros.

II supporter ¶**1** ***se sufferre***, se soutenir, se maintenir : [+C] Pros., [T] Pros. ¶**2** [fig.] ***a)*** supporter, prendre la charge de, endurer : [-C] Théât., [C] Poés., Pros. ***b)*** [en part.] ***poenas alicui*** [-C] Théât., être châtié par qqn ; ***poenas alicujus rei*** [C] Pros., être puni de qqch. ; ***poenas sustulit*** [C] Pros., il a été puni ; ***multam*** [C] Pros., subir une peine ***c)*** [abs[t]] ***vix suffero*** [-C] Théât., je puis à peine y tenir ; ***ad praetorem sufferam*** [-C] Théât., je me laisserai citer devant le préteur

suffertus, *a*, *um*, bien rempli, bien étoffé : [+C] Pros.

sufferv-, V. *subferv-*

Suffētĭus, **Fuffētĭus**, V. *2 Mettius*

suffībŭlum (subf-), *i*, n., voile des vestales et de certains prêtres : [C] Pros.

suffĭcĭens, *tis*, [part. pris adj[t]] suffisant, adéquat : [+C] Pros.

suffĭcĭentĭa, *ae*, f., ce qui suffit, suffisance, contentement : [T] Pros. ‖ le fait de suffire, capacité : [T] Pros.

suffĭcĭō, *ĭs*, *ĕre*, *fēcī*, *fectum*, intr. et tr.

I tr. ¶**1** mettre sous ***a)*** imprégner : ***lanam medicamentis*** [C] Pros., soumettre la laine à la teinture ; [poét.] [C] Poés., [+C] Pros. ***b)*** fournir, mettre à la disposition : [C] Poés. ¶**2** mettre après ***a)*** mettre, élire à la place de : ***collegam*** [C] Pros., faire élire un nouveau collègue ; ***regem*** [C] Poés., élire un nouveau roi ; ***alicui suffectus*** [C] Pros., nommé à la place de qqn ‖ ***suffectus consul*** [C] Pros., consul suffect [subrogé] ***b)*** mettre en remplacement : [C] Poés.

II parf., suffire, être suffisant ***a)*** [avec *ad*] [C] Pros. ; [avec *in* et acc.] [C] Poés. ; [avec *adversus*] [C] Pros. ***b)*** [avec inf.] [C] Poés., [+C] Pros. ; [avec *ut*] [+C] Pros. ; [avec *ne*] [+C] Pros., il suffit que ne pas ; [avec *si*] [+C] Pros.

suffīgō (subf-), *ĭs*, *ĕre*, *fīxī*, *fixum*, tr., fixer par-dessous, attacher, clouer : [-C] Théât. ; ***aliquem in cruce*** [C] Poés., mettre qqn en croix ; [+C] Pros.

suffīmen, *ĭnis*, n., V. *suffimentum* : [C] Poés.

suffīmentum, *i*, n., fumigation, parfum : [C] Pros.

suffĭō (subf-), *īs*, *īre*, *īvī* ou *ĭī*, *ītum*, tr. ¶**1** fumiger, parfumer : ***thymo*** [C] Poés., parfumer de thym ; ***urna suffita*** [C] Poés., urne purifiée par une fumigation ¶**2** [poét.] échauffer : [C] Poés.

suffītĭo, *ōnis*, f., fumigation, action de parfumer par la vapeur : [+C] Pros.

suffītus, *a*, *um*, part. de *suffio*

suffixus, *a*, *um*, part. de *suffigo*

sufflābĭlis, *e*, qui s'exhale : [T] Poés.

sufflāmĕn, *ĭnis*, n., sabot pour enrayer : [+C] Poés. ‖ [fig.] obstacle, entrave : [+C] Poés.

sufflāmĭnō, *ās*, *āre*, -, -, tr., enrayer : [+C] Poés. ‖ [fig.] modérer [qqn] : [C] Pros., [T]

sufflammō, *ās*, *āre*, -, -, tr., attiser [fig.], exciter : [T] Pros.

sufflātōrĭum, *ĭi*, n., soufflet [à souffler] : [T] Pros.

sufflātus, *a*, *um* ¶**1** part. de *sufflo* ¶**2** [pris adj[t]] ‖ [fig.] gonflé de colère : [-C] Théât. ‖ bouffi d'orgueil : [C] Poés. ‖ plein d'enflure [style], boursouflé : [+C] Pros.

sufflāvus, *a*, *um*, V. *subflavus*

sufflō, *ās*, *āre*, *āvī*, *ātum*

I intr. ¶**1** souffler : ***buccis*** [+C] Poés., souffler avec sa bouche ¶**2** se gonfler [d'orgueil] : [+C] Poés.

II tr. ¶**1** gonfler : ***sibi buccas*** [-C] Théât., se gonfler les joues ¶**2** ***aliquem*** [+C] Pros., souffler sur qqn ‖ insuffler [une âme, le souffle de vie] : [T] Pros.

suffōcō, *ās*, *āre*, *āvī*, *ātum*, tr., serrer la gorge de, étouffer, étrangler : ***aliquem*** [C] Pros., [+C] Pros.

suffŏdĭō (subf-), *ĭs*, *ĕre*, *fōdī*, *fossum*, tr. ¶**1** creuser sous, fouiller, percer, saper : ***muros*** [+C] Pros., saper des murailles ; [C] Pros., [+C] Pros. ¶**2** percer par-dessous, de bas en haut, transpercer : [C] Pros. ; ***suffossis equis*** [C] Pros., perçant le ventre des chevaux ¶**3** faire en creusant, creuser : [+C] Pros.

suffossĭo (subf-), *ōnis*, f., creusement, excavation : [+C] Pros. ‖ mine, sape : [C] Pros.

suffossus, *a*, *um*, part. de *suffodio*

suffrāgātĭo, *ōnis*, f., action de donner son suffrage, vote favorable, appui, suffrages : [C] Pros. ; ***consulatus*** [C] Pros., moyen de recommandation pour le consulat

suffrāgātŏr, *ōris*, m., qui vote pour, qui soutient une candidature, partisan : Pros., Pros. ; ***quaesturae*** Pros., qui soutient une candidature à la questure

suffrāgātōrĭus, *a, um*, qui appuie une candidature : Pros.

suffrāgātrix, *īcis*, f., approbatrice : Pros.

suffrāgĭnōsus, *a, um*, qui a les éparvins [maladie des chevaux] : Pros.

suffrāgĭum, *ĭi*, n. ¶ **1** suffrage, vote, voix qu'on donne : ***ferre*** Pros., voter ; ***suffragium inire*** Pros., aller voter ; ***in suffragium mittere*** Pros., faire voter ¶ **2** droit de suffrage : Pros. ¶ **3** jugement, opinion : Pros. ‖ approbation, suffrage : Pros., Pros.

1 **suffrāgō**, *ās, āre, āvī, -*, tr., intr., avoir du succès : Pros. ; *suffragor*

2 **suffrāgo**, *ĭnis*, f., provin : Pros.

suffrāgŏr, *ārĭs, ārī, ātus sum*, intr. ¶ **1** voter pour, donner sa voix, soutenir une candidature : Pros. ¶ **2** [fig.] faire campagne pour, soutenir, appuyer, favoriser [avec dat.] : ***alicui*** Pros. ; ***legi*** Pros., faire campagne pour qqn, pour une loi ‖ [abs[t]] ***fortuna suffragante*** Pros., avec l'appui de la fortune

suffrendens, *tis*, grinçant des dents : Pros.

suffrĭcō (subf-), *ās, āre, -, -*, tr., frotter légèrement : Pros.

suffrīgĭdē, *subfrigide*

suffrīgĭdus, *a, um*, un peu froid, [argument] peu convaincant : Pros.

suffringō (subfr-), *ĭs, ĕre, frēgī, fractum*, tr., rompre en bas, briser par le bas : Théât., Pros.

Suffucĭus, *ĭi*, m., nom d'homme : Pros.

suffūdī, parf. de *suffundo*

suffŭgĭō, *ĭs, ĕre, fūgī, -* ¶ **1** intr., s'enfuir sous (pour s'abriter) : Pros. ¶ **2** tr. [fig.] se dérober à, échapper à : Poés.

suffŭgĭum, *ĭi*, n., refuge : Pros. ; ***hiemi*** Pros., abri pour l'hiver ; [avec gén.] ***imbris*** Pros., refuge contre la pluie ‖ [fig.] ***malorum*** Pros., refuge contre les calamités [mais] ***suffugia Garamantum*** Pros., lieux de refuge chez les Garamantes

suffulcĭō (subf-), *īs, īre, fulsī, fultum*, tr., soutenir, étayer : Poés.

suffulgĕō (subf-), *ēs, ēre, -, -*, intr., briller dessous : Poés.

suffultus, *a, um*, part. de *suffulcio*

suffūmĭgō (subf-), *ās, āre, -, -*, tr., fumiger, exposer à la fumée : Pros., Pros.

suffūmō, *ās, āre, -, -*, intr., avoir un fumet de : Pros.

suffundō (subf-), *ĭs, ĕre, fūdī, fūsum*, tr. ¶ **1** verser par-dessous, répandre sous, en bas : ***aquolam*** Théât., verser un peu d'eau [au bas d'une porte] ; Pros. ; ***aqua suffunditur*** Pros., l'eau se répand par-dessous ¶ **2** baigner, inonder [par-dessous] : Poés. ; [poét.] Poés. ¶ **3** [en part. de la rougeur qui semble monter de dessous la peau] Pros., Poés. ¶ **4** [fig.] pénétrer de, imprégner de : Poés., Pros.

suffūrŏr (subf-), *ārĭs, ārī, -*, tr., dérober furtivement : Théât.

suffusc-, *subf-*

suffūsĭo (subf-), *ōnis*, f. ¶ **1** ***oculorum suffusio*** [ou] ***suffusio*** [seul], cataracte : Pros. ¶ **2** action de verser, infusion : Pros. ¶ **3** action de rougir, de faire rougir, honte : Pros.

suffūsus, *a, um*, part. de *suffundo*

Sufibus, *Sufes*

Sugabarrītānus, *a, um*, de Sugabarri [= *Succabar*] : Pros.

Sŭgamber, *bra, um*, des Sicambres : ***Sugambra cohors*** Pros., la cohorte des Sicambres

Sŭgambrĭa, **Sŭgambri**, *Sic*

Sugdĭāna, *Sogdiana regio*

Sugdĭas, *ădis*, f., Sogdiane [Asie] *Sogdiana*

suggĕrō (subg-), *ĭs, ĕre, gessī, gestum*, tr.
I porter sous ¶ **1** mettre sous : Poés. ‖ [fig.] ***invidiae flammam*** Pros., attiser la haine ; Pros. ¶ **2** mettre sous la main, fournir : ***tela alicui*** Poés., présenter des traits à qqn ; ***cibum animalibus*** Pros., donner à manger aux animaux ¶ **3** [fig.] ***a)*** fournir, produire : Poés., Pros., Pros. ***b)*** suggérer : Pros.
II porter à la place de, à la suite de ¶ **1** suppléer : ***verba*** Pros., rétablir des mots qui manquent ¶ **2** mettre à la suite de : Pros.
III porter de bas en haut, entasser : ***suggesta humo*** Poés., avec de la terre amoncelée

suggestio (subg-), *ōnis*, f., [rhét.] *subjectio*, suggestion : Pros.

suggestum, *ī*, n. ¶ **1** lieu élevé, hauteur : Pros. ¶ **2** tribune, estrade : Pros.

1 **suggestus**, *a, um*, part. de *suggero*

2 **suggestŭs**, *ūs*, m. ¶ **1** *suggestum* ¶ **2** [fig.] accumulation : Pros.

suggillātĭo (sūgil-), *ōnis*, f., meurtrissure : Pros. ‖ [fig.] raillerie mordante : ***alicujus*** Pros., contre qqn ‖ outrage, insulte, ***alicujus rei*** Pros., contre qqch

suggillātus (sūgil-), *a, um*, part. de *suggillo*

suggillō (sūgil-), *ās, āre, āvī, ātum*, tr. ¶ **1** meurtrir, tuméfier, contusionner : Pros. ¶ **2** [fig.] se moquer de, insulter, outrager, ***aliquem***, qqn : Pros., Pros. ¶ **3** suggérer, faire dire : Poés.

suggrandis, *subgrandis*

suggrĕdĭŏr (subg-), *dĕrĭs, dī, gressus sum* ¶ **1** intr., s'avancer à la dérobée : Pros. ¶ **2** tr., attaquer en montant, donner l'assaut à : Pros., Pros.

suggrund-, *subgrund-*

sūgillo, *suggillo*

sūgō, *ĭs, ĕre, sūxī, suctum*, tr., sucer : Pros. ‖ [fig.] ***cum lacte errorem*** Pros., sucer l'erreur avec le lait

sŭi gén., dat. ***sĭbi***, acc. et abl. ***sē***, pour tous les genres sg. et pl. ; pron. réfléchi, de soi, à soi, soi, d'eux, d'elles, à eux, à elles ¶ **1** [renvoyant au sujet] Pros. ; ***ferrum se inflexit*** Pros., le fer s'est tordu ‖ [sujet logique] Pros. ‖ [dat. explétif] Pros. ; Théât. ¶ **2** [renvoyant dans une subordonnée, au sujet de la prop. principale] Pros. ‖ [sans crainte de l'équivoque] Pros. ¶ **3** ***inter se*** [pron. réciproque], l'un l'autre : ***inter se diligunt*** Pros., ils s'aiment l'un l'autre, réciproquement

sŭīlĕ, *is*, n., étable à cochons, porcherie : Pros.

sŭillīnus, *a, um*, *suillus* : Pros.

sŭillus, *a, um*, adj., de porc, de cochon : Pros., Pros. ; ***suilla caro*** Pros., viande de porc ; ***suilli fungi*** Poés., bolets ‖ **sŭilla**, *ae*, f., viande de porc : Pros.

sŭīnus, *a, um*, *suillus* : Pros.

Suĭōnes, *um*, m. pl., peuple de la Germanie septentrionale : Pros.

sŭĭs, gén. de *1 sus*

Suismontĭum, *ĭi*, n., montagne de Ligurie : Pros.

sulca ficus, *1 sulcus*

sulcāmĕn, *ĭnis*, n., sillon : Pros.

sulcātŏr, *ōris*, m. ¶ **1** celui qui laboure, qui cultive : Poés. ¶ **2** celui qui fend, qui sillonne : Poés. ¶ **3** celui qui déchire : Pros.

sulcātus, *a, um*, part. de *sulco*

Sulcĭtāni, *ōrum*, m. pl., peuple et ville de Sardaigne : Pros.

Sulcĭus, *ĭi*, m., nom d'homme : Poés.

sulcō, *ās, āre, āvī, ātum*, tr. ¶ **1** mettre en sillons, labourer : Poés., Pros. ¶ **2** [fig.] ***a)*** creuser : Pros. ***b)*** sillonner : [les flots] Poés. ; [le sable] Poés. ; [la peau de rides] Poés. ‖ tatouer : Pros. ***c)*** tracer [des lettres], écrire, composer : Poés.

1 ***sulcus**, *a, um*, adj., ***ficus sulca*** Pros., sorte de figuier inconnu

2 **sulcus**, *i*, m. ¶**1** [poét., en parlant des organes f. de la génération] [C] Poés. ¶**2** [fig.] ***a)*** labour : ***altero sulco*** [+C] Pros., avec un second labour ***b)*** excavation, trous alignés : [-C] Pros., [C] Poés. ***c)*** sillons tracés sur l'eau : [C] Poés. ***d)*** rides de la peau : [+C] Poés. ***e)*** sillon de lumière : [C] Poés. ***f) sulci viperarum*** [+C] Pros., replis des vipères

sulfŭr (**sulphŭr**, **sulpŭr**), *ŭris*, n., soufre : [-C] Pros., [C] Poés. ; ***sulpur vivum*** [C] Pros. ; ***sulpura viva*** [C] Poés., soufre vierge (solide) ‖ ***aethereum*** [+C] Poés., le feu du ciel, la foudre ; ***sacrum*** [+C] Poés., même sens

sulfŭrātĭo, *ōnis*, f., infiltration sulfureuse : [+C] Pros.

sulfŭrātum, *i*, n., brin soufré, allumette : [+C] Poés.

sulfŭrātus, *a, um*, soufré : [+C] Poés.

sulfŭrĕus (**sulphŭ-**, **sulpŭ-**), *a, um*, de soufre, du soufre : [C] Poés. ‖ qui contient du soufre, sulfureux : [C] Poés.

sulfŭrōsus (**sulph-**), *a, um*, sulfureux : [C] Pros.

Sulla, (mieux que **Sylla**), *ae*, m., surnom de la *gens Cornelia*, not[t] ¶**1** Sylla (L. Cornélius) vainqueur de Mithridate [rival de Marius et dictateur perpétuel, surnommé *Felix*] : [C] Pros. ¶**2** L. Cornelius Sulla [surnommé Faustulus, fils du dictateur] : [C] Pros. ¶**3** P. Cornélius Sulla [neveu du dictateur, complice de Catilina, puis partisan de César, défendu par Cicéron] : [C] Pros. ¶**4** astrologue du temps de Caligula : [+C] Pros. ‖ **-Sullānus**, *a, um*, de Sylla : [C] Pros. ‖ subst. m. pl., **Sullāni**, les partisans de Sylla : [C] Pros.

sullātŭrĭō, *īs, īre, -, -*, intr., avoir envie d'imiter Sylla, de faire son Sylla [de proscrire] : [C] Pros., [+C] Pros.

sullec-, **sullĕg-**, ▶ *subl-*

1 **Sulmo**, *ōnis*, m., Sulmone [ville du Samnium, patrie d'Ovide] : [C] Pros., Poés. ‖ **-ōnenses**, *ĭum*, m. pl., habitants de Sulmone : [C] Pros.

2 **Sulmo**, *ōnis*, m., nom de guerrier : [C] Poés.

sulphŭr, ▶ *sulfur*

Sulpĭcĭa, *ae*, f. ¶**1** nièce de Messalla, auteur de six petites élégies, publiées dans le *corpus Tibullianum 3, 13-18* : [C] Poés. ¶**2** femme poète sous Domitien : [+C] Poés.

Sulpĭcĭus, nom d'une famille romaine, not[t] Ser. Sulpicius Galba, orateur : [C] Pros. ‖ C. Sulpicius Gallus, orateur : [C] Pros. ‖ Ser. Sulpicius Rufus, juriste, correspondant de Cicéron : [C] Pros. ‖ un tribun de la plèbe, auteur de la loi Sulpicia : [C] Pros. ‖ **-cĭus**, *a, um*, de Sulpicius : [C] Poés. ‖ **-cĭānus**, *a, um*, [C] Pros., [+C] Pros.

sultis, ▶ *si vultis*, ▶ *volo*

1 **sum**, *es, esse, fŭi, -* ¶**1** être, exister ***a) homines qui nunc sunt*** Cic., les hommes qui existent aujourd'hui = les hommes d'aujourd'hui, les contemporains ; [traduit souvent par "il y a"] ***flumen est Arar...*** Caes., il y a un fleuve, l'Arar ... ; [avec *sic, ita*] ***ita est***, il en est ainsi ; ***esto*** Cic., soit ***b)*** [avec dat.] être à = appartenir à, s'appliquer à : ***ei morbo nomen est avaritia*** Cic., ce mal a nom cupidité ; ***nihil est mihi cum eo*** Cic., je n'ai rien à faire avec lui ***c)*** [avec diverses prép.] ***ab aliquo esse***, se tenir du côté de qqn, être partisan de qqn ‖ ***apud aliquem esse***, se trouver chez qqn ‖ ***cum aliquo esse***, être avec qqn, vivre avec qqn ‖ ***de aliqua re esse***, porter sur qqch., traiter de qqch. ‖ ***in servitute esse*** Cic., être esclave ; ***multum sunt in venationibus*** Caes., ils s'adonnent beaucoup à la chasse ; ***totum in eo est ut...*** Cic., tout l'important consiste en ceci que ... ; ***id non est in nobis*** Cic., cela ne dépend pas de nous ; ***in ore sunt omnia*** Cic., tout dépend de l'expression du visage ***d)*** [avec prop. rel. au subj.] ***sunt qui...***, il y a des gens pour ..., il y a des gens capables de ... ; ***nemo est qui...***, il n'y a personne qui ... ***e) est ut*** [avec subj.], il est réel que, il arrive vraiment que : Ter., Cic., Hor. ¶**2** [verbe copulatif] être ***a)*** [avec un attribut] ***praeclara res est***, la chose est admirable ; ***id est...***, c'est-à-dire... ***b)*** [avec gén.] appartenir à, être le propre de, caractériser : ***temeritas est florentis aetatis*** Cic., la témérité est le propre de l'âge dans sa fleur ; ***sapientis est explicare*** Cic., c'est le fait du sage de développer ; ***moris Graecorum non est ut...*** Cic., il n'est pas dans les habitudes des Grecs de... ‖ [gén. de qualité] être caractérisé par, avoir pour propriété : ***egregiae indolis esse***, être d'un excellent naturel, avoir un excellent naturel ; ***magni laboris esse*** Cic., être très pénible ; ***nullius consilii esse*** Cic., manquer de sagesse ; [avec gén. de l'adj. verb.] ***quae res evertendae rei publicae sunt*** Cic., choses qui ont pour propriété de ruiner l'État = qui sont de nature à ruiner l'État ‖ [gén. de prix] valoir : ***pluris esse*** Cic., valoir plus ; ***mille denarium esse*** Cic., valoir mille deniers ***c)*** [avec double dat.] ***alicui argumento esse*** Cic., être une preuve pour qqn = servir de preuve à qqn ; ***alicui auxilio esse*** Cic., être une aide pour qqn = secourir qqn ; ***alicui odio esse*** Cic., être un objet de haine pour qqn ; ***alicui praedae esse*** Cic., être une proie pour qqn ***d)*** [avec abl. de qualité] ***tenuissima valetudine esse*** Caes., avoir une très faible santé ; ***hebeti ingenio esse*** Cic., avoir l'intelligence émoussée

2 **sum**, ▶ *eum* : [-C] Pros. ; ***sam*** [-C] Pros. ; ***sos*** [-C] Pros. ; ***sas*** [-C] Pros.

sumbŭl-, ▶ *symbol-*

sūmĕn, *ĭnis*, n. ¶**1** tétine de truie [mets recherché des Romains] : [-C] Théât. ¶**2** truie : [+C] Poés. ¶**3** [fig.] sol gras, riche, fécond, fertilité : [C] Pros.

Sumina, ▶ *Somena* : [+T] Pros.

sūmĭnātus, *a, um*, de tétine de truie : [T] Pros.

summa, *ae*, f. ¶**1** la place la plus haute, le point le plus élevé : [-C] Théât., [C] Pros. ¶**2** [fig.] ***a)*** le point culminant, l'apogée : [+C] Pros. ***b)*** la partie essentielle, le principal : ***summae rerum*** [C] Pros., les points principaux ¶**3** [dans un calcul] total, somme, montant : [C] Pros. ; ***summam subducere*** [C] Pros. ; ***facere*** [C] Pros., faire la somme, le total ‖ somme d'argent : ***pecuniae summa*** [C] Pros., [+C] Pros. [ou] ***summa*** [seul] [-C] Théât., [C] Pros., [+C] Pros. ¶**4** [fig.] totalité, tout, ensemble : ***summa exercitus*** [C] Pros., l'armée dans sa totalité, dans son ensemble ‖ ***belli*** [C] Pros., la conduite totale, générale d'une guerre ; ***imperii*** [C] Pros., le commandement suprême ; ***victoriae*** [C] Pros., la totalité de la victoire ¶**5** expr. adv. [pr. et fig.] : ***ad summam a)*** en somme : [C] Pros. ***b)*** en somme, pour ne pas entrer dans le détail : [C] Pros. ‖ ***in summa*** [C] Pros., au total

summānō, *ās, āre, -, -* ¶**1** intr., couler sous : [C] Pros. ¶**2** tr., mouiller [*vestimenta*, ses vêtements] : [-C] Théât.

summārĭum, *ĭi*, n., sommaire, abrégé : [+C] Pros.

summās, *ātis*, adj. m. f., du plus haut rang, éminent : [-C] Théât. ; [gén. pl.] ***summatum*** [-C] Théât.

summātim, adv. ¶**1** à la surface, sans enfoncer, légèrement : [+C] Pros. ¶**2** [fig.] sommairement : [C] Pros. ; ***summatim cognoscere*** [C] Pros., apprendre en substance [des nouvelles] ‖ superficiellement, en gros : [+C] Pros.

summātŭs, *ūs*, m., souveraineté : [C] Poés.

1 **summē**, adv., au plus haut degré, extrêmement : [C] Pros.

2 **summe-**, ▶ *subme-*

summĭnistro, ▶ *subm*

summissim, ▶ *subm*

summĭtās, *ātis*, f., la partie la plus haute d'une chose, sommité, sommet, cime, point culminant : [T] Pros.

summitto, ▶ *submitto*

1 **summō**, [abl. pris adv[t]] à la fin, pour finir : [+C] Pros.

2 **summō**, *ās, āre, āvī, -*, tr., porter à son apogée : [C] Pros.

summŏnĕo, ▶ *submoneo*

Summontōrĭum, ▶ *Subm*

summŏpĕrĕ, adv., avec le plus grand soin : [C] Pros.

summŏvĕo, ▶ *submoveo*

summŭla, *ae*, f., petite somme : [+C] Pros.

1 **summum**, *i*, n. de *summus* pris subst[t] ¶**1** le sommet, le haut : [C] Pros. ‖ le dessus, la surface : [C] Pros. ¶**2** [fig.] le point le plus élevé, le plus parfait : [C] Pros.

2 **summum**, adv., au plus, tout au plus : [C] Pros.

summus, *a, um*, adj. ¶**1** le plus haut, le plus élevé : ***summus ego*** [C] Poés., j'étais le plus haut [sur le lit de table] ‖ le sommet de, l'extrémité de, la surface de : ***summus mons*** [C] Pros., le sommet de la montagne ; ***aqua summa*** [C] Pros., le dessus, la surface de l'eau ¶**2** [fig.] ***a)*** [en parlant du son] : ***summa voce*** [C] Pros., sur le ton le plus élevé de la voix ***b)*** [temps] : ***hieme***

summa [C] Pros., au plus fort, au coeur de l'hiver ; ***summa dies*** [C] Poés., le dernier jour ; [+C] Pros. ***c)*** [le degré, le rang, l'importance] : [C] Pros. ; ***summi Peripatetici*** [C] Pros., les plus grands, les plus illustres Péripatéticiens ; [noter] [+C] Pros. ‖ ***summo jure*** [C] Pros., dans le plus strict (le plein) exercice de son droit ; ***summum bonum*** [C] Pros., le souverain bien ; ***summa turpitudo*** [C] Pros., la pire honte ; ***summa religio*** [C] Pros., la plus grande dévotion

summūto, ▶ *submuto*

sūmō, *ĭs, ĕre, sumpsī, sumptum*, tr. ¶ **1** prendre ***a)*** ***arma sumere*** Cic., Liv., prendre les armes, s'armer ; ***cibum sumere*** Nep., prendre de la nourriture ; ***ex agris frumentum sumere*** Caes., prendre (= trouver) du blé dans les champs ; ***aliquid in manus sumere*** Cic., prendre qqch. en main ; ***aliquid ab aliquo sumere*** Cic., prendre qqch. des mains de qqn ; ***pecuniam mutuam ab aliquo sumere*** Cic., prendre des mains de qqn de l'argent emprunté = emprunter de l'argent à qqn ***b)*** [fig.] ***vires sumere*** Virg., prendre des forces ; ***animum sumere*** Ov., Tac., prendre courage ; ***laborem sumere*** Caes., prendre de la peine, se fatiguer ; ***spatium ad cogitandum sumere*** Cic., prendre du temps pour réfléchir ; ***exempla sumere*** Cic., prendre des exemples ; [d'où] prendre comme exemple, citer : ***homines notos sumere*** Cic., prendre comme exemple des hommes connus ¶ **2** [par ext.] ***a)*** prendre pour soi = s'approprier, s'attribuer : ***imperatorias partes sibi sumere*** Caes., s'arroger le rôle du commandant en chef ; ***sibi sumere tantum ut...*** Cic., s'attribuer tant (= avoir une présomption telle) que... ***b)*** prendre pour soi = choisir : ***aliquem sibi imperatorem sumere*** Nep., prendre = se donner qqn pour chef ; ***diem sumere*** Cic., prendre un jour (pour régler qqch.) ; ***materiam sumere*** Hor., choisir un sujet ; [avec inf.] choisir de : Hor. ***c)*** prendre sur soi, assumer : ***operam sumere*** Cic., assumer une tâche ; [d'où] entreprendre : ***bellum sumere*** Sall., entreprendre une guerre ; ***proelium sumere*** Tac., engager le combat ; entonner : Vulg. ; [avec inf.] se charger de : Hor. ***d)*** prendre = tirer de : ***verbum ex aliqua re sumere*** Cic., tirer un mot de qqch. ‖ ***de aliquo supplicium sumere*** Caes., tirer de qqn un supplice (= soumettre qqn à un supplice) ; ***poenam sumere*** Cic., punir ***e)*** prendre comme prémisses, poser en principe : ***aliquid sumere*** Cic., poser qqch. comme prémisse ; [avec prop. inf.] poser comme préalable que : Cic.

sumpsī, parf. de *sumo*

sumpti făcĭo, *ĭs, ĕre, -, -*, tr., faire la dépense de : [-C] Théât. ; ***quod facit sumpti*** [-C] Théât., ce qu'il dépense

sumptĭcŭlus, *i*, m., [pl.] les petits frais : [T] Pros.

sumptĭo, *ōnis*, f. ¶ **1** action de prendre, prise : [pl.] [-C] Pros., [C] Pros. ¶ **2** prémisse d'un syllogisme : [C] Pros.

sumptŭārĭus, *a, um*, qui concerne la dépense : [C] Pros. ; ***rationes sumptuariae*** [C] Pros., comptes de dépenses

sumptŭōsē, adv., à grands frais, somptueusement, avec magnificence : [C] Poés. ‖ ***-sius*** [C] Pros.

sumptŭōsĭtās, *ātis*, f., somptuosité, faste, prodigalité : [T] Pros.

sumptŭōsus, *a, um* ¶ **1** coûteux, onéreux, somptueux : [-C] Pros., [C] Pros. ; ***ludi sumptuosiores*** [C] Pros., jeux plus dispendieux ; [+C] Pros. ¶ **2** dépensier, prodigue, fastueux : [C] Pros., [+C] Pros.

1 **sumptus**, *a, um*, part. de *sumo*

2 **sumptŭs**, *ūs*, m., coût, dépense, frais : [C] Pros. ; [dat.] ***sumptu ne parcas*** [C] Pros., [je te prie] de ne pas regarder à la dépense ; [C] Pros. ; ***sumptu publico*** [C] Pros., aux frais de l'État ; ***sumptum dare*** [C] Pros., fournir à (allouer pour) une dépense

Sunamītis, *ĭdis*, f., de Sunam [en Palestine], Sunamite : [T] Pros.

sungrăphus, ▶ *syngraphus*

Sūnĭum (-ĭŏn), *ĭī*, n., le cap Sounion, et une ville à la pointe de l'Attique : [C] Pros. ; ***abrepta e Sunio*** [-C] Théât., enlevée de la région de Sounion ; ***ire Sunium*** [-C] Théât., aller à Sounion

sunto, impér. fut. pl. de *1 sum*, qu'ils soient

sŭō, *ĭs, ĕre, sŭī, sūtum*, tr., coudre : [C] Pros.

sŭoptĕ, ▶ *2 suus*

sŭŏvĕtaurīlĭa (sŭŏvī-), *ĭum*, n., suovétaurilies, sacrifice d'un verrat, d'un bélier et d'un taureau dans les lustrations : [-C] Pros., [C] Pros. ‖ [doublet donné par : *solitaurilia*, venant de *sollus* = *totus*]

sŭpellectĭcārĭus, *ĭī*, m., préposé à la vaisselle : [+C] Pros.

sŭpellex, *lectĭlis*, f. ¶ **1** équipement ménager, ustensiles de ménage, vaisselle : [C] Pros. ¶ **2** [fig.] matériel, mobilier, bagage : [C] Pros. ; ***supervacua litterarum*** [+C] Pros., inutile bagage de littérature

1 **sŭpĕr**, *ĕra, ĕrum*, ▶ *superus* : [-C] Pros.

2 **sŭpĕr**

I adv. ¶ **1** en dessus, par-dessus, de dessus : ***aliquid super injicere*** Caes., jeter qqch. dessus ; ***super impleri*** Virg., être rempli par-dessus (= être rempli jusqu'au bord) ; ***aliquid super prospectare*** Virg., contempler qqch. d'au-dessus ¶ **2** [par ext.] en plus, au-delà : ***satis superque vixisse*** Cic., avoir vécu assez et au-delà (= assez et même trop) ; ***satis superque rerum*** Cic., assez et même trop d'affaires ; ***super quam satis est*** Hor., plus qu'il n'est suffisant ; ***nihil erat super*** Nep., il ne restait rien ; ***et super*** Virg., et en outre ; ***super quam quod*** Liv., outre que

II prép. avec abl. et acc. ¶ **1** sur, au-dessus de [avec ou sans mouv[t]] : [avec abl.] ***destrictus ensis super cervice*** Hor., une épée dégainée au-dessus de la tête ‖ [avec acc.] ***super aliquid adsidere*** Cic., s'asseoir sur qqch. ; ***aliquid super caput efferre*** Liv., élever qqch. au-dessus de sa tête ; ***super aliquem esse*** Hor., être (sur un lit de table) au-dessus de qqn ; ***super Numidiam*** Sall., au-dessus de la Numidie ; [fig.] ***super omnia*** Virg., au-dessus de tout (= par-dessus tout) ; ***super omnes*** Plin. *Ep.*, plus que tous les autres ; ***super tres modios*** Liv., plus de trois boisseaux ¶ **2** [par ext.] ***a)*** sur, au sujet de : [avec abl.] ***super aliqua re scribere*** Cic. *Att.*, écrire sur un sujet ‖ [avec acc.] ***super homines patiens deus*** Aug., dieu patient pour ce qui concerne les hommes (= à l'égard des hommes) ; ***super armamentarium positus*** Curt., préposé à l'arsenal ***b)*** en plus de, en sus de, outre : [avec abl.] ***super his*** Hor., en plus de cela ‖ [avec acc.] ***super dotem*** Liv., en plus de la dot ***c)*** pendant : [avec abl.] ***nocte super media*** Virg., au milieu de la nuit ‖ [avec acc.] ***super cenam*** Curt., Plin. *Ep.*, Suet., pendant le repas

1 **sŭpĕra**, ▶ *superus*

2 **sŭpĕrā** ¶ **1** adv., au-dessus : [C] Poés., Pros. ¶ **2** prép. avec acc., sur : [C] Poés.

sŭpĕrābĭlis, *e* ¶ **1** qui peut être franchi : [C] Pros. ¶ **2** [fig.] dont on peut triompher, qu'on peut surmonter : [+C] Pros.

sŭpĕrăbundans, *tis*, surabondant, très abondant : [T] Pros.

sŭpĕrăbundantĕr, adv., surabondamment : [T] Pros.

sŭpĕraccommŏdō, *ās, āre, -, -*, tr., ajuster par-dessus, adapter : [+C] Pros.

sŭpĕraddō (sŭpĕr addō), *ĭs, ĕre, -, ĭtum*, tr., mettre par-dessus, ajouter sur [*aliquid alicui rei*] : [C] Poés.

sŭpĕraddūcō, *ĭs, ĕre, dūxī, ductum*, tr., attirer en plus : [T] Pros.

sŭpĕradjĭcĭō, *ĭs, ĕre, jēcī, -*, tr., sur-ajouter, ajouter en sus : [+C] Pros., [T] Pros.

sŭpĕrădornātus, *a, um*, orné à la surface : [+C] Pros.

sŭpĕradsistō, *sistĭs, sistĕre, stĕtī, -*, tr., se camper au-dessus : [T] Poés.

sŭpĕradspergō, *ĭs, ĕre, -, -*, tr., répandre sur : [+C] Pros.

sŭperadstō, *ās, āre, -, -*, intr., se tenir au-dessus : [C] Pros.

sŭpĕrădulta, *ae*, f., tout à fait nubile : [T] Pros.

sŭpĕraggĕrō, *ās, āre, -, -*, tr., accumuler sur : [T] Pros. ‖ combler, remplir : [+C] Pros.

sŭpĕrans, *tis*, part.-adj. de *supero*, prédominant : ***-tior*** [C] Poés.

sŭpĕraspergo, ▶ *superadspergo*

sŭpĕrātĭo, *ōnis*, f., action de surmonter : [C] Pros.

sŭpĕrātŏr, *ōris*, m., vainqueur : [C] Poés.

sŭpĕrattrăhō, *ĭs, ĕre, -, -*, tr., tirer au-dessus de : [T] Poés.

sŭpĕrātus, *a, um*, part. de *supero*

sŭpĕraugĕō, *ēs, ēre, auxī, auctum*, tr., ajouter en plus : [T] Pros.

sŭpĕraurātus, *a, um*, doré : [C] Poés.

sŭperbē, adv., orgueilleusement, superbement, avec arrogance : [C] Pros. ; ***superbius*** [C] Pros. ; ***-bissime*** [C] Pros.

sŭperbĭa, *ae*, f. ¶ **1** orgueil, fierté, hauteur, insolence : [C] Pros. ; [pl.] [-C] Théât. ¶ **2** [en bonne part] noble fierté : [C] Poés., [+C] Pros. ; [variété de poires] ‖ éclat, splendeur [d'une couleur] : [C] Pros.

sŭperbĭfĭcus, *a, um*, qui inspire de l'orgueil : [+C] Théât.

sŭperbĭlŏquentĭa, *ae*, f., langage arrogant : [C] Pros.

sŭperbĭō, *īs, īre, -, -*, intr. ¶ **1** être orgueilleux, s'enorgueillir : [avec abl.] ***avi nomine*** [C] Poés., s'enorgueillir du nom de son aïeul ‖ [avec *quod*] [+C] Pros., s'enorgueillir à l'idée que ¶ **2** [en bonne part] être fier, superbe, éclatant : [C] Poés.

sŭperbĭpartĭens, *tis*, **sŭperbĭtertĭus**, *a, um*, superbipartient, qui contient un nombre et les deux tiers de ce nombre (5 vs 3) : [T] Pros.

sŭperbĭtĕr, V. *superbe* : [-C] Théât.

1 **sŭperbus**, *a, um* ¶ **1** orgueilleux, superbe, fier, altier, hautain, insolent : [C] Pros. ; ***aliquem superbiorem facere*** [C] Pros., rendre qqn plus orgueilleux ; ***superbissimus rex*** [C] Pros., le roi le plus orgueilleux ‖ [C] Pros. ; ***bellum superbum*** [C] Poés., une guerre insolente, injuste ; [C] Pros. ‖ [avec abl.] fier de : [C] Poés. ‖ [avec inf.] [+C] Poés. ‖ ***superbum est*** [C] Pros., c'est un acte de superbe, de despotisme ; [avec inf.] [C] Pros. ¶ **2** [en bonne part] magnifique, brillant, fier, glorieux, imposant : [C] Poés., [+C] Pros. ‖ ***superba pira*** [+C] Pros., [variété de poires], V. *superbia* ; [de même]

2 **Sŭperbus**, *i*, m., le Superbe [surnom de Tarquin, dernier roi de Rome] : [C] Pros., Poés.

sŭpercădō, *ĭs, ĕre, cĕcĭdī, -*, intr., tomber sur : [T] Pros.

sŭpercalcō, *ās, āre, -, -*, tr., fouler : [+C] Pros.

sŭpercēdō, *ĭs, ĕre, cessī, -*, tr., dépasser : [+C] Pros.

sŭpercertŏr, *āris, ārī, -*, intr., combattre pour : [T] Pros.

sŭpercĭlĭōsus, *a, um*, renfrogné, rébarbatif : [+C] Pros. ‖ présomptueux : [T] Pros.

sŭpercĭlĭum, *ĭi*, n. ¶ **1** sourcil ***a)*** sg., [C] Pros., [+C] Pros., Poés. ***b)*** pl., [C] Pros., [+C] Pros. ***c)*** [fig.] partie saillante, saillie, proéminence, sommet : [C] Poés., Pros. ‖ hauteur, crête : [C] Pros. ‖ [archit.] linteau : [C] Pros. ‖ listel terminal de la scotie supérieure d'une base ionique : [C] Pros. ¶ **2** [fig.] fierté, orgueil, morgue, arrogance : [C] Pros., [+C] Pros. ‖ sévérité, air sourcilleux : [C] Pros., [+C] Poés.

sŭpercompōnō, *ĭs, ĕre, -, -*, tr., ajuster par-dessus : [+C] Pros.

sŭperconcīdō, *ĭs, ĕre, -, -*, tr., hacher par-dessus : [+C] Pros.

sŭpercontĕgō, *ĭs, ĕre, -, -*, tr., recouvrir : [+C] Pros., Poés.

sŭpercorrŭō, *ĭs, ĕre, -, -*, intr., tomber par-dessus : [+C] Pros.

sŭpercrescō, *ĭs ĕre, crēvī, -*, intr., croître par-dessus : [+C] Pros.

sŭpercŭbō, *ās, āre, āvī, -*, intr., être couché par-dessus : [+C] Pros.

sŭpercŭmŭlō, *ās, āre, āvī, ātum*, tr., accroître : [T] Pros.

sŭpercurrō, *ĭs, ĕre, -, -*, tr., excéder, être supérieur à : [+C] Pros. ‖ [fig.] passer par-dessus, négliger : [T] Pros.

sŭperdătus, *a, um*, part. de *superdo*

sŭperdēlĭgō, *ās, āre, -, -*, tr., lier par-dessus : [+C] Pros.

sŭperdō, *ās, ăre, -, dătum*, tr., appliquer par-dessus : [+C] Pros.

sŭperdormĭō, *īs, īre, īvī (ĭī), ītum*, intr., dormir sur : [T] Pros.

sŭperdūcō, *ĭs, ĕre, dūxī, ductum*, tr. ¶ **1** étendre par-dessus : [T] Pros. ¶ **2** [fig.] amener [un malheur] : [T] Pros.

sŭperductus, *a, um*, part. de *superduco*

sŭpĕrefflŭō, *ĭs, ĕre, -, -*, intr., déborder, surabonder : [T] Pros.

sŭpĕreffundō, *ĭs, ĕre, fūdī, fūsum*, tr. et intr., regorger : [T] Pros.

sŭpĕrēgrĕdĭŏr, *dĕrĭs, dī, -*, tr., s'élever au-dessus de, dépasser [fig.] : [T] Pros.

sŭpĕrēlĕvō, *ās, āre, -, -*, tr., élever par-dessus [fig.] : [T] Pros.

sŭpĕrēmĭcō, *ās, āre, -, -*, tr., s'élancer au-dessus de : [T] Poés.

sŭpĕrēmĭnentĭa, *ae*, f., grandeur suprême : [T] Pros.

sŭpĕrēmĭnĕō, *ēs, ēre, -, -* ¶ **1** tr., s'élever au-dessus de, surpasser, ***aliquem***, qqn : [C] Poés. ¶ **2** intr., s'élever au-dessus, à la surface : [+C] Pros.

Sŭpĕrequāni, V. *Superae*

sŭpĕrērŏgō, *ās, āre, -, -*, tr., dépenser en sus ou de plus : [T] Pros.

sŭpĕrest, V. *supersum*

sŭpĕrēvŏlō, *ās, āre, -, -*, tr., franchir en volant : [+C] Poés.

sŭpĕrexaltō, *ās, āre, -, -*, tr., élever au-dessus, exalter : [T] Pros. ; ***superexaltatus*** [T] Pros. ‖ dépasser, surpasser : [T] Pros.

sŭpĕrexĕō, *īs, īre, -, -*, intr., s'étendre au-delà [fig.] : [T]

sŭpĕrexstō, *ās, āre, -, -*, intr., exister au-delà : [+T] Poés.

sŭpĕrextendō, *ĭs, ĕre, -, -* ¶ **1** tr., étendre au-dessus : [T] Pros. ¶ **2** intr., s'étendre à l'excès : [T] Pros.

sŭperfĕrō, *fers, ferre, tŭlī, lātum*, tr., être bâti sur : [T] Pros.

sŭperfētō, *ās, āre, -, -*, intr., concevoir de nouveau : [+C] Pros.

sŭpĕrfĭcĭārĭus, *a, um*, dont on n'a pas le fonds, dont on n'a que l'usufruit ; [fig.] [+C] Pros.

sŭperfĭcĭēs, *ēi*, f. ¶ **1** partie supérieure, surface : [+C] Pros. ¶ **2** constructions sur la surface du sol : [C] Pros. ¶ **3** [géom.] surface : [T] Pros.

sŭperfīō, *fīs, fĭĕrī, -*, intr., être de reste, rester : [-C] Théât.

sŭperfixus, *a, um*, fiché sur, superposé : [C] Pros.

sŭperflexus, *a, um*, incliné sur : [T] Pros.

sŭperflŭē, adv., surabondamment, sans nécessité : [T] Pros.

sŭperflŭens, *tis*, part. de *superfluo*

sŭperflŭō, *ĭs, ĕre, flūxī, -* ¶ **1** intr., déborder ‖ [fig.] surabonder, être de trop : [+C] Pros. ‖ ***armis*** [+C] Poés., regorger d'armes ; [C] Poés. ¶ **2** tr., [fig.] ***aures*** [+C] Pros., passer au-delà des oreilles, échapper aux oreilles ‖ submerger : [T] Pros.

sŭperflŭus, *a, um*, débordant, superflu, excessif : [T] Pros.

sŭperfoeto, V. *superfeto*

sŭperfŏrānĕus, *a, um*, oiseux, superflu : [T] Pros.

sŭperfŏre, inf. fut. de *supersum*

sŭperfortĭor, vraiment fort : [T] Pros.

sŭperfūdī, parf. de *superfundo*

sŭperfŭgĭō, *ĭs, ĕre, -, -*, tr., fuir par-dessus : [+C] Poés.

sŭperfŭī, parf. de *supersum*

sŭperfulgĕō, *ēs, ēre, -, -*, tr., briller au-dessus de : [+C] Poés.

sŭperfundō, *ĭs, ĕre, fūdī, fūsum*, tr. ¶ **1** répandre sur, verser sur : [+C] Pros. ¶ **2** pass., ***superfundi*** ; se répandre sur, déborder : [C] Pros., [+C] Pros., Poés. ¶ **3** [fig.] ***se superfundere in Asiam*** [C] Pros., s'étendre en Asie [royaume] ; ***se superfundens laetitia*** [C] Pros., la joie se répandant, débordant ¶ **4** recouvrir de (***aliqua re***) : [+C] Pros. ‖ envelopper, submerger [les troupes ennemies] : [+C] Pros.

sŭperfūsĭo, *ōnis*, f., chute abondante de pluies, de neige : [T] Pros.

sŭperfūsōrĭum, *ĭi*, n., burette à huile : [T] Pros.

sŭperfūsus, *a, um*, part. de *superfundo*

sŭperfŭtūrus, part. fut. de *supersum*

sŭpergestus, *a, um*, entassé par-dessus : [+C] Pros. ‖ bouché, fermé : [+C] Pros.

sŭperglōrĭŏr, *ārĭs, ārī, -*, tr., regarder de haut, mépriser : [T] Pros.

sŭperglōrĭōsus, *a, um*, souverainement glorieux : [T] Pros.

sŭpergrĕdĭŏr, ***dĕrĭs, dī, gressus sum***, tr., surpasser : +C Pros. ‖ surmonter : +C Pros.

sŭpergressĭo, ***ōnis***, f., excédent : T Pros.

sŭpergressus, ***a, um***, part. de *supergredior*

sŭperhăbĕō, ***ēs, ēre, -, -***, tr., avoir par-dessus : +C Pros.

sŭpĕrhŭmĕrāle, ***is***, n., éphod, vêtement de dessus du grand prêtre des Juifs : T Pros.

Sŭpĕri, V▶ *superus*

sŭpĕrillĭnō, ***ĭs, ĕre, -, lĭtum***, tr., oindre de [à la surface] : +C Pros. ‖ répandre au-dessus : +C Pros.

sŭperimmĭnĕō, ***ēs, ēre, -, -***, intr., être suspendu au-dessus, menacer : C Poés.

sŭperimmittō, ***ĭs, ĕre, -, -***, tr., mettre par-dessus : +C Pros.

sŭpĕrimpendens, ***tis***, suspendu au-dessus, surplombant, menaçant : C Poés.

sŭpĕrimpendō, ***ĭs, ĕre, -, -***, tr., [pass.] se dépenser à profusion : T Pros.

sŭpĕrimplĕō, ***ēs, ēre, ēvī, ētum***, tr., [pass.] déborder : T Pros.

sŭpĕrimpōnō, ***ĭs, ĕre, -, pŏsĭtum***, tr., mettre sur, superposer (***rem rei***) : C Pros., +C Pros.

sŭpĕrimpŏsĭtus, ***a, um***, part. de *superimpono*

sŭpĕrincendō, ***ĭs, ĕre, -, -***, tr., enflammer en plus : +C Poés.

1 **sŭpĕrincīdō**, ***ĭs, ĕre, -, -***, intr., tomber d'en haut sur : [au part. prés.] ***superincidens*** C Pros.

2 **sŭperincīdō**, ***ĭs, ĕre, -, -***, tr., couper (inciser) en dessus : +C Pros.

sŭpĕrincrescō, ***ĭs, ĕre, crēvī, -***, intr., croître par-dessus : +C Pros.

sŭpĕrincŭbans, ***tis***, couché dessus : C Pros.

sŭpĕrincumbō, ***ĭs, ĕre, cŭbŭī, -***, intr., se coucher par-dessus : C Poés., +C Pros.

sŭpĕrincurvātus, ***a, um***, courbé sur : +C Pros.

sŭpĕrindūcō, ***ĭs, ĕre, dūxī, ductum***, tr., apporter sur, faire venir sur : T Pros.

sŭpĕrinductus, part. de *superinduco*

sŭpĕrindŭō, ***ĭs, ĕre, ŭī, ūtum***, tr., endosser par-dessus : +C Pros. ; revêtir [fig.] : +C Pros.

sŭpĕrinfundō, ***ĭs, ĕre, -, fūsum***, tr., verser par-dessus : +C Pros.

sŭpĕringĕrō, ***ĭs, ĕre, -, gestum***, tr., entasser par-dessus, mettre sur : +C Poés.

sŭpĕringrĕdĭŏr, ***dĕrĭs, dī, -***, intr., entrer sur [dat.] : +C Pros.

sŭpĕrinjĭcĭō, ***ĭs, ĕre, jēcī, jectum***, tr., jeter par-dessus : C Poés. ‖ mettre sur : +C Pros.

sŭpĕrinscriptĭo, ***ōnis***, f., inscription : T Pros.

sŭpĕrinspĭcĭō, ***ĭs, ĕre, -, -***, tr., inspecter, surveiller : T Pros.

sŭpĕrinsternō, ***ĭs, ĕre, strāvī, strātum***, tr., étendre sur : ***tabulas*** C Pros., installer des planches par-dessus [couvrir de planches]

sŭpĕrinstillō, ***ās, āre, -, -***, tr., verser goutte à goutte par-dessus : +C Pros.

sŭpĕrinstrātus, ***a, um***, part. de *superinsterno*

sŭpĕrinstrĕpō, ***ĭs, ĕre, -, -***, intr., retentir (résonner) au-dessus : +C Poés.

sŭpĕrinstrŭō, ***ĭs, ĕre, -, structum***, tr., bâtir par-dessus ‖ **superinstructus**, ***a, um***, superposé : +C Pros.

sŭpĕrintendō, ***ĭs, ĕre, -, -***, intr., surveiller : T Pros.

sŭpĕrinungō, ***ĭs, ĕre, -, -***, tr., oindre dessus, bassiner : +C Pros.

sŭpĕrinvălĕō, ***ēs, ēre, ŭī, ĭtum***, intr., se renforcer : T Pros.

sŭpĕrinvĕhō, ***ĭs, ĕre, -, -***, tr., amener au-dessus : T Poés.

sŭpĕrĭor, ***ĭus, ōris*** ¶**1** plus au-dessus, plus haut, plus élevé, [ou] la partie supérieure, le plus haut de : C Pros. [ou] C Pros. [ou] C Pros. ¶**2** [en parlant du temps ou de la succession] antérieur, précédent, plus âgé ***a)*** C Pros. ; ***superioribus diebus*** C Pros., les jours précédents ; ***superiora proelia*** C Pros., les combats antérieurs ; ***superiores*** C Pros., les devanciers, les prédécesseurs ; ***superiore nocte*** C Pros., la nuit précédente ; ***superior aetas*** C Pros., âge plus avancé ; ***Africanus superior*** C Pros. ; ***superior Africanus*** C Pros., le premier Africain ; ***superius genus*** C Pros., la première espèce [en parlant de deux] ***b)*** la partie antérieure de : ***in superiore vita*** C Pros., dans la partie antérieure de la vie ***c)*** n. pl., C Pros. ¶**3** [rang] supérieur : ***superiores ordines*** C Pros., grades supérieurs [de centurions] ; C Pros. ; ***humanitate superior*** C Pros., supérieur par l'affabilité ; ***superiores*** C Pros., les supérieurs, les gens d'un rang supérieur ¶**4** plus puissant, plus fort, supérieur : ***equitatu superiores*** C Pros., plus forts en cavalerie ; ***superior discessit*** C Pros., il s'en alla [du procès] avec l'avantage ; C Pros. ; C Pros.

sŭpĕrĭus ¶**1** n. de *superior* ¶**2** V▶ *supra*

sŭperjăcĕō, ***ēs, ēre, -, -***, intr., être étendu dessus, être appliqué dessus : +C Pros.

sŭperjăcĭō, ***ĭs, ĕre, jēcī, jectum***, tr. ¶**1** jeter dessus, placer dessus : +C Pros. ; ***se rogo*** +C Pros., se jeter sur un bûcher ; ***aequor superjectum*** C Poés., mer débordée ¶**2** [fig.] ajouter, enchérir [en paroles] : C Pros. ¶**3** jeter par-dessus : C Poés., +C Pros.

sŭperjactō, ***ās, āre, -, -***, tr., jeter par-dessus : +C Pros.

sŭperjectĭo, ***ōnis***, f. ¶**1** action de jeter dessus : T Pros. ¶**2** hyperbole [rhét.] : +C Pros.

1 **sŭperjectus**, V▶ *superjacio*

2 **sŭperjectŭs**, ***ūs***, m., acte de saillir, saillie : +C Pros.

sŭperjūmentārĭus, ***ĭi***, m., inspecteur des haras : +C Pros.

sŭperlābŏr, ***bĕrĭs, bī, -***, intr., glisser au-dessus [astres] : +C Pros., T Pros.

sŭperlăcrĭmō, ***ās, āre, -, -***, intr., pleurer sur [en parlant de la sève de la vigne] : +C Pros.

sŭperlātĭo, ***ōnis***, f. ¶**1** exagération, hyberbole [rhét.] : C Pros. ; ***superlatio veritatis*** C Pros., +C Pros., même sens ‖ le plus haut degré de : +C Pros. ¶**2** [gram.] le superlatif : +C Pros.

sŭperlātus, ***a, um***, part. de *superfero* ‖ adj†, qui est au-dessus de tout : T Pros.

sŭperlaudābĭlis, ***e***, souverainement louable : T Pros.

sŭperlex, V▶ *supellex* : T Pros.

sŭperlīmĕn, ***ĭnis***, n., linteau d'une porte ‖ **sŭperlīmĭnāre**, ***is***, n., T Pros.

sŭperlŭcrŏr, ***āris, ārī, ātus sum***, tr., gagner en plus : T Pros.

sŭpermĭcō, ***ās, āre, -, -***, intr., briller au-dessus : T Poés.

sŭpermiscĕō, ***ēs, ēre, -, -***, tr., mêler en plus : T Pros.

sŭpermittō, ***ĭs, ĕre, mīsī, -***, tr., jeter sur, mettre par-dessus : +C Pros.

sŭpermūnĭō, ***īs, īre, -, -***, tr., garantir par en haut : +C Pros.

sŭpermūtātĭo, ***ōnis***, f., nouveau changement : T Pros.

sŭpernās, ***ātis***, m., f., n., subst. m., vent qui souffle de l'Adriatique [vent d'est] : C Pros.

sŭpernătō, ***ās, āre, āvī, -***, intr., flotter sur [dat.] +C Pros. ‖ surnager, venir à la surface : +C Pros.

sŭpernātus, ***a, um***, né par-dessus, survenu [excroissance] : +C Pros.

sŭpernē, adv., d'en haut, de dessus : C Poés., Pros. ‖ en haut, par en haut : C Poés. ‖ vers le haut : C Poés.

sŭpernō, ***ās, āre, -, -***, intr., nager par-dessus : +C Pros., T Pros.

sŭpernōmĭnō, ***ās, āre, -, -***, tr., nommer après, surnommer : +C Pros.

sŭpernus, ***a, um***, placé en haut, d'en haut, supérieur : C Poés., +C Pros. ‖ ***ex supernis*** +C Pros. ; ***de supernis*** C Pros., d'en haut, du haut

sŭpĕrō, ***ās, āre, āvī, ātum***, intr. et tr. ¶**1** s'élever au-dessus, dépasser ***a)*** [intr.] ***capite superare*** Virg., dépasser de la tête ***b)*** [tr.] aller au-delà de, franchir : ***locum superare***

Caes., aller au-delà d'un lieu, dépasser un lieu; ***montem superare*** Liv., franchir un mont; [en part.] doubler un cap: Liv., Tac. ¶**2** [fig.] être supérieur, avoir le dessus ***a)*** [intr.] ***virtute superare*** Caes., l'emporter par la vaillance; ***sententia alicujus superat*** Caes., l'avis de qqn l'emporte ***b)*** [tr.] ***aliquem celeritate superare*** Cic., surpasser qqn en vitesse ‖ vaincre, triompher de, battre: ***maximas nationes superare*** Caes., battre les plus puissantes nations; ***bello superati*** Caes., vaincus à la guerre ¶**3** [fig.] être en abondance, être de reste ***a)*** être en abondance, à profusion, surabonder: ***pecunia superat*** Cic., l'argent abonde ***b)*** être de reste, rester: ***quid superat?*** Hor., que reste-t-il?; ***quod alicujus rei superat*** Cic., ce qui reste de qqch.; ***quod ex aliqua re superat*** Liv., même sens ‖ survivre: Virg.

sŭpĕrobrŭō, *ĭs, ĕre, rŭī, rŭtum*, tr., accabler par-dessus, = écraser sous: [C] Poés.

sŭpĕroccĭdens, *tis*, adj., qui se couche après: [T] Pros.

super occupō, *ās, āre, -, -*, tr., surprendre qqn (en fondant sur lui): [C] Poés.

sŭpĕrordĭnō, *ās, āre, -, -*, tr., surajouter: [T] Pros.

sŭperpartĭcŭlārĭtās, *ātis*, f., qualité d'un nombre superpartiel: [T] Pros.

sŭperpendens, *tis*, suspendu au-dessus: [C] Pros.

sŭperpictus, *a, um*, part. de *superpingo*

sŭperpingō, *ĭs, ĕre, -, -*, tr., peindre par-dessus: [T] Poés.

sŭperpollŭō, *ĭs, ĕre, -, -*, tr., souiller par-dessus [fig.]: [T] Pros.

sŭperpondĭum, *ĭi*, n., excédent de poids: [HC] Pros.

sŭperpōnō, *ĭs, ĕre, pŏsŭī, pŏsĭtum*, tr. ¶**1** placer, appliquer, mettre sur; ***aliquid alicui rei***, qqch. sur qqch.: [C] Pros., [HC] Pros. ¶**2** [fig.] ***a)*** mettre au-dessus, préférer: ***aliquid alicui rei*** [HC] Pros. ***b)*** placer avant: ***aliquid alicui rei*** [HC] Pros. ***c)*** laisser de côté: [HC] Pros.

sŭperpŏsĭtus, *a, um*, part. de *superpono*, subst. m. ‖ chef: [T] Pros.

sŭperpŏsŭī, parf. de *superpono*

sŭperquădrĭpartĭens, *tis* et **sŭperquădrĭquintus**, *a, um*, qui contient un nombre et les quatre cinquièmes de ce nombre (9 vs 5, 18 vs 10): [T] Pros.

sŭperquătĭō, *ĭs, ĕre, -, -*, tr., agiter violemment au-dessus: [T] Poés.

sŭperrĕvertŏr, *tĕrĭs, tī, versus sum*, intr., revenir: [T] Pros.

sŭperrīdĕō, *ēs, ēre, -, -*, intr., rire [de qqch., avec dat] : [T] Pros.

sŭperrŭō, *ĭs, ĕre, -, -* ¶**1** intr., se précipiter sur, tomber sur: [T] Pros.; [dat.] [HC] Pros. ¶**2** tr., [HC] Pros.

sŭperrŭtĭlō, *ās, āre, -, -*, intr., briller au-dessus: [T] Poés.

sŭperscandō, *ĭs, ĕre, -, -*, tr., escalader par-dessus, franchir: [C] Pros. ‖ **sŭperscendo**

sŭperscrībō, *ĭs, ĕre, scrīpsī, scriptum*, tr., écrire par-dessus, surcharger: [HC] Pros.

sŭperscriptĭo, *ōnis*, f., inscription: [T] Pros.

sŭpersĕdĕō, *ēs, ēre, sēdī, sessum*, intr. et tr. ¶**1** être assis sur, être posé sur: ***elephanto*** [HC] Pros., être assis sur un éléphant ‖ [avec acc.] [HC] Pros. ¶**2** présider: ***alicui rei*** [-C] Pros. ¶**3** [fig.] se dispenser de, s'abstenir de ***a)*** ***a proelio*** [C] Pros., s'abstenir de combattre; ***labore itineris*** [C] Pros., s'épargner les fatigues d'un voyage ‖ [pass. impers.] [C] Pros. ***b)*** [avec dat.] [C] Pros. ***c)*** tr., ***operam*** [HC] Pros., ne pas accorder son concours; [C] Pros. ***d)*** [avec inf.]: ***supersedissem loqui*** [C] Pros., je me serais dispensé de parler

sŭpersēmĭnō, *ās, āre, āvī, ātum*, tr., semer par-dessus: [T] Pros.

sŭpersessus, *a, um*, part. de *supersedeo*

sŭpersīdō, *ĭs, ĕre, -, -*, intr., s'asseoir sur: [T] Pros.

sŭpersignō, *ās, āre, -, -*, tr., clore [fig.], mettre les scellés sur: [T] Pros.

sŭpersĭlĭō, *īs, īre, -, -*, tr., intr., se percher sur: [HC] Pros.

sŭpersistō, *ĭs, ĕre, stĭtī, -*, tr., s'arrêter au-dessus de [avec acc.]: [HC] Pros., [T] Pros.

sŭperspargō (-spergō), *ĭs, ĕre, -, spersus*, tr., répandre sur: [T] Pros.

superspērō, *ās, āre, -, -*, intr., espérer surtout en: [T] Pros.

sŭperstagnō, *ās, āre, āvī, -*, intr., former un lac: [HC] Pros.

sŭpersternō, *ĭs, ĕre, strāvī, strātum*, tr., étendre sur: ***superstrati cumuli*** [C] Pros., monceaux entassés par-dessus ‖ couvrir de: [T] Pros. ‖ seller, bâter: [T] Pros.

sŭperstĕs, *ĭtis*, adj. ¶**1** qui est présent, témoin: [-C] Théât., [C] Pros. ¶**2** qui reste, qui subsiste, qui survit, survivant: [C] Poés., [HC] Pros. ‖ [avec dat.]: ***alicui*** [C] Pros., qui survit à qqn ‖ [avec gén.]: [C] Pros.

sŭperstillō, *ās, āre, -, -*, tr., verser goutte à goutte sur: [HC] Pros.

sŭperstĭtĭo, *ōnis*, f. ¶**1** superstition: [C] Pros. ¶**2** [fig.] observation trop scrupuleuse: [HC] Pros. ¶**3** objet de crainte religieuse: [C] Poés. ¶**4** culte religieux, vénération: [HC] Pros.

sŭperstĭtĭōsē, adv., superstitieusement: [C] Pros. ‖ trop scrupuleusement: [HC] Pros.

sŭperstĭtĭōsus, *a, um* ¶**1** superstitieux: [C] Pros. ¶**2** prophétique: [-C] Théât., [C] Pros. ¶**3** craintif, lâche: [T] Pros. ‖ ***superstitiosior*** [T] Pros.

sŭperstĭtis, gén. de *superstes*

sŭperstĭtō, *ās, āre, -, -* ¶**1** intr., survivre: [-C] Théât. ¶**2** tr., faire durer: [-C] Théât.

sŭperstō, *ās, āre, stĕtī, -* ¶**1** intr., se tenir au-dessus: [C] Pros. ‖ [avec dat.] se tenir sur: ***columnis*** [C] Pros., être placé sur des colonnes ¶**2** tr., ***aliquem*** [C] Poés., se dresser au-dessus de qqn; [C] Poés., [HC] Poés.

sŭperstrātus, *a, um*, part. de *supersterno*

sŭperstringō, *ĭs, ĕre, strinxī, strictum*, tr., serrer, lier par-dessus: [HC] Pros.

sŭperstrŭō, *ĭs, ĕre, struxī, structum*, tr., bâtir par-dessus: [HC] Pros.; [fig.] [HC] Pros.

sŭpersubstantĭālis, *e*, quotidien [ἐπιούσιος]: [T] Pros.

sŭpersum, *es, esse, fŭī, -*, intr. ¶**1** être de reste, rester, subsister: [C] Pros. ‖ [avec dat.] [C] Pros. ‖ ***quod superest*** [C] Pros., pour le reste, au surplus ‖ ***superest*** [avec inf.] [C] Pros., Poés., il reste à; [avec *ut* subj.] [HC] Pros., il reste que ¶**2** [en part.] survivre: [C] Pros. ‖ [avec dat.] ***patri*** [C] Pros., survivre à son père ¶**3** être en surabondance: [-C] Théât., [C] Pros. ¶**4** [poét.] être en quantité suffisante, suffire: [C] Poés.; ***labori superesse*** [C] Poés., suffire à une tâche ¶**5** être de trop, être superflu: [C] Pros. ¶**6** assister, secourir: [HC] Pros. ¶**7** être au-dessus, dominer: [HC] Poés.

sŭpertĕgō, *ĭs, ĕre, tēxī, tectum*, tr., couvrir au-dessus, abriter: [C] Poés., [HC] Pros.

sŭpertĕgŭlum, *i*, n., coupole: [+T] Pros.

sŭpertrĭpartĭens, *tis*, **sŭpertrĭquartus**, *a, um*, qui contient un nombre et les trois quarts de ce nombre (7 vs 4): [T] Pros.

1 **Sŭpĕrum**, gén. pl. de *Superi*

2 **sŭpĕrŭm-**, ▶ *superhum-*

sŭpĕrunctus, *a, um*, part. de *superungo*

sŭpĕrungō, *ĭs, ĕre, unxī, unctum*, tr., enduire (oindre) par-dessus: [HC] Pros.

sŭpĕrurgens, *tis*, qui presse d'en haut: [HC] Pros.

sŭpĕrus, *a, um* ¶**1** qui est au-dessus, qui est en haut, d'en haut, supérieur: ***superi dii*** [C] Pros., les dieux d'en haut; ***superae res*** [C] Pros., les choses du ciel, le ciel; ***mare Superum*** [C] Pros., la mer Supérieure [mer Adriatique], ***Superum*** seul [C] Pros. ‖ ***de supero*** [-C] Théât.; ***ex supero*** [C] Poés., d'en haut ‖ **Sŭpĕri**, *um* (*ōrum*), m. pl., [C] Poés., les dieux d'en haut ‖ **sŭpĕra**, *ōrum*, n. pl., les choses d'en haut, les astres: [C] Pros., [ou] les régions supérieures, les hauteurs: [C] Pros. ¶**2** qui est en haut par rapport aux enfers, qui occupe la région supérieure = la terre: [C] Poés.; d'où ***superi***, ceux d'en haut, les hommes, le monde: [C] Poés., [HC] Pros., Poés.

sŭpervăcānĕō, adv., surabondamment, sans nécessité, inutilement : [+C] Pros.

sŭpervăcānĕus, *a*, *um* ¶ **1** qui est en plus, en surplus : [C] Pros. ; ***supervacaneum opus*** [C] Pros., travail dans les moments de loisir ¶ **2** surabondant, inutile, superflu : [C] Pros. ; ***nihil supervacaneum*** [C] Pros., rien de superflu ‖ ***supervacaneum est*** avec inf., [C] Pros., il est inutile de ; ***pro supervacaneo haberi*** [C] Pros., passer pour être de trop

sŭpervăcō, *ās*, *āre*, -, -, intr., surabonder, être de trop : [+C] Pros.

sŭpervăcŭē, adv., ▶ *supervacaneo* : [T] Pros.

sŭpervacŭĭtās, *ātis*, f., vanité, néant : [T] Pros.

sŭpervăcŭus, *a*, *um*, surabondant, superflu, inutile : [C] Pros., Poés., [+C] Pros. ; n. pl., **supervăcŭa**, [+C] Pros., des choses inutiles ‖ ***supervacuum est*** avec inf., il est inutile de : [+C] Pros. ‖ ***ex supervacuo*** [C] Pros. ; ***in supervacuum*** [+C] Pros., inutilement ‖ méprisable, sans valeur : [T] Pros.

sŭpervādō, *ĭs*, *ĕre*, -, -, tr., franchir, escalader : [C] Pros.

sŭpervăgŏr, *ārĭs*, *ārī*, *ātus sum*, intr., s'étendre trop [vigne] : [+C] Pros.

sŭpervălĕō, *ēs*, *ēre*, -, -, intr., être plus fort, plus puissant : [T] Pros.

sŭpervălescō, *ĭs*, *ĕre*, -, -, intr., devenir plus fort, plus puissant : [T] Pros.

sŭpervĕhŏr, *vĕhĕrĭs*, *vehī*, *vectus sum*, pass., avec acc., être transporté au-delà de, franchir : ***montem*** [C] Poés., franchir une montagne ‖ doubler un cap : [C] Pros. ‖ ***supervectus*** [+C] Pros., transporté par-dessus

sŭpervĕnĭō, *ĭs*, *īre*, *vēnī*, *ventum* ¶ **1** venir par-dessus ***a)*** tr., [C] Pros., Poés. ***b)*** intr., avec dat. : ***lapso supervenit*** [C] Poés., il tombe [se jette] sur son ennemi abattu ***c)*** saillir : [+C] Pros. ¶ **2** intr., survenir ***a)*** [abs[t]] ***superveniunt legati*** [+C] Pros., sur ces entrefaites arrivent des ambassadeurs ; [C] Pros. ‖ arriver en outre, par surcroît : [C] Pros. ***b)*** [avec dat.] arriver comme appui, comme secours pour qqn : [C] Poés. ***c)*** surprendre : [C] Pros. ¶ **3** tr., dépasser : [+C] Pros., Poés.

sŭperventōres, *um*, m. pl., troupes de réserve [pour attaques soudaines] : [T] Pros.

sŭperventŭs, *ūs*, m., venue subite, arrivée imprévue : [+C] Pros.

sŭpervestīmentum, *i*, n., vêtement de dessus : [T] Pros.

sŭpervestĭō, *īs*, *īre*, -, *ītus*, tr., recouvrir, revêtir : [T] Pros.

sŭpervīvō, *ĭs*, *ĕre*, *vīxī*, -, intr., survivre ; ***alicui, alicui rei***, à qqn, à qqch. : [+C] Pros.

sŭpervŏlĭtō, *ās*, *āre*, *āvī*, -, tr., voltiger au-dessus : [C] Poés., [+C] Pros.

sŭpervŏlō, *ās*, *āre*, -, - ¶ **1** voler par-dessus [en parl. d'un trait] : [C] Poés. ¶ **2** tr., [C] Poés.

sŭpervolvō, *ĭs*, *ĕre*, *volvī*, *vŏlūtum*, tr., rouler au-dessus : [T] Poés.

Sŭpīnālis, *e*, qui peut tout renverser [épithète de Jupiter] : [T] Pros.

sŭpīnātus, *a*, *um*, part. de *supino*

sŭpīnē, adv., avec nonchalance : [+C] Pros.

sŭpīnĭtās, *ātis*, f., posture de qqn qui se renverse en arrière, position renversée : [+C] Pros.

sŭpīnō, *ās*, *āre*, *āvī*, *ātum*, tr., renverser sur le dos, renverser en arrière : ***aliquem in terga*** [+C] Poés., renverser qqn sur le dos ; ***supinata testudo*** [+C] Pros., tortue retournée ‖ ***manus supinata*** [+C] Pros., main renversée ‖ retourner [la terre] : [C] Poés.

sŭpīnus, *a*, *um* ¶ **1** tourné vers le haut, penché en arrière : ***motus supinus*** [C] Pros., renversement du corps en arrière ; ***supina ora*** [C] Pros., visage renversé en arrière ‖ tourné en arrière, tourné vers le haut : ***supinae manus*** [C] Poés., mains renversées [pour supplier] ; ***supino jactu*** [C] Pros., en lançant de bas en haut ‖ couché sur le dos : [C] Poés., [+C] Pros. ; ***supina testudo*** [+C] Pros., tortue retournée ¶ **2** ***a)*** tourné en sens inverse, qui reflue, qui rétrograde : [C] Poés. ; ***supinum carmen*** [+C] Poés., vers qui garde le même mètre lu à rebours ***b)*** [lieux] incliné, qui va en pente douce : [C] Pros., [+C] Pros., Poés. ¶ **3** [fig.] ***a)*** paresseux, nonchalant, négligent : [+C] Pros. ***b)*** qui renverse la tête en arrière, orgueilleux, guindé : [+C] Poés. ***c) supinior*** [+C] Poés.

supō (sĭpō, suppō), *ās*, *āre*, -, -, tr., *supp-* [-C] Théât.

suppactus, part. de *1 suppingo*

suppaedăgōgus, ▶ *sub*

suppaenĭtet, *ēre*, impers., être un peu mécontent, avoir quelque regret : [C] Pros.

suppaetŭlus, **suppallĭdus**, ▶ *sub*

suppalpŏr (sub-), *ārĭs*, *ārī*, -, intr., flatter [en dessous], caresser [fig.] (***alicui***) : [-C] Théât., [T] Pros.

suppār, *ăris* ¶ **1** à peu près égal : [C] Pros. ¶ **2** à peu près conforme : [+C] Pros.

suppărăsītŏr (sub-), *ārĭs*, *ārī*, -, intr., se comporter en parasite à l'égard de qqn, flatter, caresser (***alicui***) : [-C] Théât.

suppărum, *i*, n. ¶ **1** petite voile [qui surmonte la grande], voile de perroquet : [+C] Poés. ¶ **2** châle [de femme] : [+C] Poés. ¶ **3** bannière, flamme : [+C] Pros. ; ▶ *siparum*

suppărus, *i*, m., ▶ *supparum ¶ 2* : [-C] Théât., [C] Pros.

suppătĕō (sub-), *ēs*, *ēre*, -, -, intr., être ouvert en dessous : [+C] Pros. ‖ s'étendre au bas : [+C] Pros.

suppĕdānĕum scăbellum, **suppĕdānĕum**, *i*, n., [T] Pros., marchepied

suppĕdĭtātĭo, *ōnis*, f., abondance, affluence : [C] Pros.

suppĕdĭtātus, *a*, *um*, part. de *suppedito*

suppĕdĭtō (subpĕd-), *ās*, *āre*, *āvī*, *ātum*, intr. et tr.
I intr. ¶ **1** être en abondance à la disposition, être en quantité suffisante sous la main : [C] Pros. ¶ **2** [avec inf.] ***dicere non suppeditat*** [C] Poés., on ne saurait dire
II tr. ¶ **1** fournir à suffisance, en abondance : [C] Pros. ; ***sumptum*** [C] Pros., fournir aux dépenses ¶ **2** [abs[t]] : ***alicui sumptibus*** [-C] Théât., fournir aux dépenses de qqn ; [C] Pros. ‖ [pass. impers.] [C] Pros. ¶ **3** pass. ‖ ***suppeditari aliqua re***, être fourni, pourvu en abondance de qqch. : [C] Pros.

suppēdō (sub-), *ĭs*, *ĕre*, -, -, intr., lâcher un petit pet : [C] Pros.

suppellex, ▶ *supellex* : [-C] Théât.

suppernātus, *a*, *um*, [fig.] taillé, ébranché : [C] Poés.

suppĕtĭae, *ārum*, f. pl., [seul[t] au nom. et acc.] aide, secours, assistance : [-C] Théât. ; ***alicui suppetias advenire*** [-C] Théât., arriver au secours de qqn ; [C] Pros.

suppĕtĭŏr, *ārĭs*, *ārī*, *ātus sum*, intr., secourir, prêter assistance (***alicui***) : [C] Pros., [+C] Pros.

suppĕtō (subp-), *ĭs*, *ĕre*, *īvī* ou *ĭī*, *ītum*, intr. ¶ **1** être sous la main, à la disposition : [C] Pros. ‖ être en abondance à la disposition : [C] Pros. ¶ **2** être en quantité suffisante, suffire : [C] Pros. ¶ **3** exiger hyprocritement, briguer en cachette : [T] Pros.

suppīlō (sub-), *ās*, *āre*, -, *ātum*, tr., voler, dérober : ***aliquid*** [-C] Théât. ; ***aliquid alicui*** [-C] Théât. ‖ voler, dépouiller qqn : [-C] Théât.

1 **suppingō**, *ĭs*, *ĕre*, *pēgī*, *pactum*, tr. ¶ **1** ficher sous, enfoncer sous (***aliquid alicui rei***) : [-C] Théât., [T] Pros. ¶ **2** garnir en dessous : [-C] Théât.

2 **suppingō**, *ĭs*, *ĕre*, *pinxī*, *pictum*, tr., peindre un peu : [T] Poés.

suppinguis, ▶ *sub*

supplantātĭo, *ōnis*, f., croc-en-jambe, ruses, pièges : [T] Pros.

supplantātŏr, *ōris*, m., celui qui supplante : [T] Pros.

supplantō (subp-), *ās*, *āre*, *āvī*, *ātum*, tr. ¶ **1** faire un croc-en-jambe, ***aliquem***, à qqn : [C] Pros. ; [+C] Pros. ¶ **2** [fig.] estropier les mots en parlant : [+C] Poés. ¶ **3** tromper : [T] Pros. ¶ **4** supplanter, prendre la place de : [T] Pros.

supplau-, ▶ *supplo-*

supplēmentum (subpl-), *i*, n. ¶ **1** fait de compléter, complément : ***in exercituum complementum*** [C] Pros., en vue de compléter l'effectif des armées ; ***supplementi nomine*** [C] Pros., sous couleur de compléter les effectifs ¶ **2** renfort :

supplementum mittere C Pros., envoyer des renforts ‖ aide, secours : +C Pros.

supplĕō, *ēs, ēre, plēvī, plētum*, tr., compléter en ajoutant ce qui manque ¶**1** -C Pros. ; ***bibliothecam*** C Pros., compléter une bibliothèque ; ***legionem*** C Pros., compléter l'effectif d'une légion ; ***remigio naves*** C Pros., compléter les navires en rameurs ; ***inania moenia*** C Poés., remplir une enceinte vide ¶**2** ajouter pour parfaire un tout : C Pros., +C Pros. ¶**3** suppléer, remplacer : ***exercitus damna*** +C Pros., réparer les pertes de l'armée ‖ ***vicem solis*** +C Pros., remplir l'office du soleil ; ***locum parentis*** +C Théât., jouer le rôle de père ¶**4** → *impleo*, achever, accomplir : T Pros.

supplētus, *a, um*, part. de *suppleo*

supplex, *plĭcis*, adj., qui plie les genoux, qui se prosterne, suppliant ***a)*** [abs^t] C Pros. ; ***manus supplices*** C Pros., mains suppliantes ; ***supplicia verba*** C Pros., paroles suppliantes ***b)*** [avec dat.] C Pros. ***c)*** [pris subst^t] C Pros.

supplĭcāmentum, *i*, n., supplications, actions de grâce : +C Pros.

supplĭcātĭo, *ōnis*, f., prières publiques, supplications propitiatoires, actions de grâces rendues aux dieux : C Pros. ‖ ***in quatriduum*** C Pros., pour quatre jours ‖ ***alicui supplicationem decernere*** C Pros., décréter des prières publiques en l'honneur de qqn [ou] ***nomine alicujus*** C Pros., au nom de qqn

supplĭcātŏr, *ōris*, m., adorateur : T Pros.

supplĭcis, gén. de *supplex*

supplĭcĭtĕr, adv., en suppliant, d'une manière suppliante, humblement : C Pros.

supplĭcĭum (subpl-), *ĭi*, n. ¶**1** action de ployer les genoux ***a)*** supplications aux dieux : C Pros. ***b)*** prières à des hommes : C Pros. ¶**2** punition, peine, châtiment, supplice : -C Théât., C Pros. ; ***ad supplicium dari*** C Pros., subir un supplice ; ***supplicium sumere de aliquo*** -C Théât., châtier qqn ; C Pros. ; ***supplicio affici*** C Pros., subir un supplice, un châtiment

supplĭcō (subp-), *ās, āre, āvī, ātum*, intr. (et tr.), plier sur ses genoux, se prosterner ¶**1** prier, supplier, ‖ ***alicui***, qqn : -C Théât., C Pros. ; [pass. impers.] C Pros. ‖ [abs^t] C Pros. ¶**2** adresser des prières aux dieux : [avec dat.] -C Théât., Pros., C Pros.

supplĭcŭē (subp-), → *suppliciter* : +C

supplōdō (subp-), **-plaudō**, *ĭs, ĕre, sī, sum*, tr., frapper sur le sol : ***pedem*** C Pros., frapper du pied ; +C Pros. ‖ [fig.] fouler aux pieds, confondre : T Pros.

supplōsĭo, **-plausĭo**, *ōnis*, f., action de frapper [sur le sol] : C Pros.

suppo, → *supo*

suppōnō (subp-), *ĭs, ĕre, pŏsŭī, pŏsĭtum*, tr. ¶**1** mettre (placer) dessous ; ***aliquid alicui rei***, mettre une chose sous une autre : C Pros. ; ***tauros jugo*** C Poés., mettre des taureaux sous le joug ; ***suppositus deo*** C Poés., soumis à un dieu ‖ mettre au pied, au bas, à la base : C Poés. ; ***tectis ignem*** C Poés., mettre le feu à une maison ¶**2** [fig.] ***a)*** soumettre : C Pros., Poés. ***b)*** subordonner : ***generi partes*** C Pros., rattacher des espèces à un genre ***c)*** mettre au bas, à la suite de : ***exemplum alicujus epistolae*** C Pros., mettre à la suite la copie d'une lettre ***d)*** mettre après, préférer : ***Latio Samon*** C Poés., mettre Samos après le Latium, préférer le Latium à Samos ¶**3** mettre à la place ***a)*** ***aliquem alicui*** -C Théât., ***in locum alicujus*** C Pros., mettre qqn à la place d'un autre ***b)*** mettre à la place faussement, supposer : ***puerum*** -C Théât., faire une substitution d'enfant ; C Pros. ; ***testamenta*** ou C Pros.

supportō, *ās, āre, āvī, ātum*, tr. ¶**1** apporter de bas en haut, transporter en remontant : C Pros., [ou] apporter à pied d'oeuvre, apporter, amener : C Pros. ¶**2** supporter, soutenir : T Pros.

suppŏsĭtīcĭus (subp-), *a, um*, mis à la place, remplaçant : +C Poés. ‖ substitué, supposé : C Pros.

suppŏsĭtĭo (subp-), *ōnis*, f. ¶**1** action de placer dessous : +C Pros. ¶**2** supposition, substitution frauduleuse : -C Théât.

suppŏsĭtus, *a, um*, part. de *suppono*

suppostrix, *īcis*, f., celle qui substitue frauduleusement : -C Théât.

suppraefectus, → *subp*

suppressī, parf. de *supprimo*

suppressĭo (subp-), *ōnis*, f., appropriation frauduleuse, détournement : C Pros.

suppressus, *a, um* ¶**1** part. de *supprimo* ¶**2** pris adj^t ***a)*** abaissé, bas [voix] : C Pros. ; ***suppressior*** C Pros. ***b)*** rentrant, effacé [menton] : C Pros.

supprĭmō (subp-), *ĭs, ĕre, pressī, pressum*, tr. ¶**1** faire enfoncer, couler à fond, couler bas des navires : C Pros. ¶**2** contenir (arrêter) dans son mouvement : C Pros. ; ***iter*** C Pros., couper court à un départ, s'arrêter ; ***sanguinem*** +C Pros., arrêter le sang ; C Pros. ‖ ***aegritudinem*** C Pros., arrêter le développement de la tristesse ¶**3** arrêter pour soi au passage, retenir, détourner : [de l'argent] C Pros. ‖ étouffer, supprimer : ***senatus consulta*** C Pros., étouffer, supprimer des sénatus-consultes ; ***famam decreti*** C Pros., étouffer la nouvelle d'une décision ; ***nomen Vespasiani*** +C Pros., ne pas souffler mot de Vespasien

supprinceps, *-cĭpālis*, → *sub*

supprōcūrātŏr, → *sub*

supprōmus (sub-), *i*, m., maître d'hôtel en second, sous-sommelier : -C Théât.

suppŭdet (subp-), *ēre*, impers., éprouver une certaine honte, rougir un peu : C Pros.

suppungō, *ĭs, ĕre, -, -*, tr., [fig.] tourmenter : T Pros.

suppūrātĭo, *ōnis*, f., suppuration, écoulement, plaie suppurante, abcès : +C Pros.

suppūrātus, part. de *suppuro*

suppūrō, *ās, āre, āvī, ātum* ¶**1** intr., suppurer, être en suppuration : -C Pros. ; ***suppurantia***, n. pl., abcès ‖ [fig.] s'évacuer : +C Pros. ‖ former un abcès purulent : +C Pros. ¶**2** [fig.] ***suppurata tristitia*** +C Pros., tristesse qui ronge [comme un abcès]

suppus, *a, um*, la tête en bas : C Poés.

suppŭtātĭo, *ōnis*, f., supputation, calcul : C Pros.

suppŭtātŏr, *ōris*, m., calculateur : +T Pros.

suppŭtātōrĭus, *a, um*, qui sert à supputer : +C Pros.

suppŭtātus, part. de *supputo*

suppŭtō, *ās, āre, āvī, ātum*, tr. ¶**1** tailler, émonder : -C Pros., +C Pros. ¶**2** supputer : +C Pros. ¶**3** réserver : T Pros.

sŭprā

I adv. ¶**1** en haut, au-dessus, ci-dessus : ***supra et infra*** CAES., en haut et en bas ; ***ut supra dixi*** CIC., comme je l'ai dit plus haut ¶**2** [fig.] en plus, en sus, plus, davantage : ***supra adjicere*** CIC., mettre une enchère en plus = surenchérir ; ***trecenta millia nummorum aut supra*** HOR., trois cent mille sesterces, ou même davantage ‖ ***supra ... quam*** CIC., SALL., plus que

II prép. avec l'acc. ¶**1** au-dessus de, sur, par-dessus : ***supra aliquid*** CIC., au-dessus de qqch. ; ***sedens supra delphinum*** PLIN. *Ep.*, assis sur un dauphin ; ***supra aliquem accumbere*** CIC. *Fam.*, être couché (sur un lit de table) au-dessus de qqn ; [géograph^t] ***supra Suessulam*** LIV., au-dessus de Suessula ¶**2** [fig.] ***a)*** au-dessus de, au-delà de, en plus de : ***supra hominis fortunam*** CIC., au-dessus de la destinée humaine ; ***supra modum*** LIV., outre mesure ***b)*** plus de : ***supra quattuor milia hominum*** LIV., plus de quatre mille hommes ***c)*** à la tête de : ***supra aliquid esse*** VITR., QUINT., être à la tête de qqch. = être préposé à qqch. ***d)*** [temps] avant : ***supra hanc memoriam*** CAES., avant notre époque

sŭprādictus, = ***supra dictus***, → *supra I ¶2*

sŭprāfātus, *a, um*, susdit : T Pros.

sŭprālātĭo, *ōnis*, → *superlatio* : C Pros.

sŭprānătans, *tis*, surnageant, flottant : C Pros.

sŭprāscandō, *ĭs, ĕre, -, -*, tr., passer par-dessus, franchir : C Pros.

sŭprāscrībō, *ĭs, ĕre, -, -*, tr., écrire en haut, au-dessus : [+C] Pros.

sŭprāsĕdens, *tis*, assis dessus : [T] Pros.

sŭprāvīvō, *ĭs, ĕre, -, -*, intr., survivre : [T] Pros.

1 **suprema**, *ae*, f., (s.-ent. ***tempestas***) ; le coucher du soleil, le soir : [C] Pros., [+C] Pros.

2 **sŭprēma**, *ōrum*, n. pl. de *supremus* ¶**1** les derniers instants : [+C] Pros. ¶**2** les derniers honneurs, les derniers devoirs : [+C] Pros. ¶**3** les dernières volontés, testament : [+C] Pros. ‖ les restes du corps brûlé : [T] Pros.

sŭprēmĭtās, *ātis*, f., l'extrémité : [T] Pros.

1 **sŭprēmum**, n. de *supremus*, pris adv[t] ¶**1** pour la dernière fois : [C] Poés. ¶**2** une dernière fois : [C] Poés. ; à jamais, pour toujours : [+C] Pros.

2 **sŭprēmum**, *i*, n. de *supremus*, pris subst[t] : [C] Poés.

sŭprēmus, *a, um*, superl. de *superus* ¶**1** [poét.] le plus au-dessus, le plus haut, le sommet de : ***supremi montes*** [C] Poés., le sommet des montagnes ¶**2** [temps] le plus au-delà, à l'extrémité, le dernier ***a)*** [C] Poés. ; ***supremo sole*** [C] Pros., au coucher du soleil ***b)*** [en parl. de la mort] : [C] Pros. ; ***supremum iter*** [C] Poés., le dernier voyage ; ***suprema cura*** [+C] Pros., ***suprema officia*** [+C] Pros., les derniers devoirs ; ***supremus honor*** [C] Poés., les honneurs funèbres ; [+C] Pros. ; → *2 suprema ¶2- ¶3* ¶**3** [rang] le plus haut, le plus grand, suprême : ***suprema macies*** [C] Poés., la dernière maigreur ; ***supremum supplicium*** [C] Pros., le dernier supplice ; ***Juppiter supreme*** [-C] Théât., ô souverain Jupiter ; [+C] Pros.

sups-, → *subs-*

1 **sūra**, *ae*, f., le mollet : [C] Poés. ‖ os de la jambe, péroné : [+C] Pros.

2 **Sūra**, *ae*, m., surnom romain : [C] Pros., [+C] Pros.

3 **Sūra**, *ae*, m., rivière de Belgique, affluent de la Moselle [la Sûre] : [T] Poés.

Surānus, *a, um*, → *2 Sura* : [T] Pros.

surcellus, **-cillus**, *i*, m., baguette, brochette : [+C] Pros.

surclō, *ās, āre, -, -*, tr., attacher sur une broche, embrocher [cuisine] : [+C] Pros.

surcŭlāris, *e*, propre à produire des rejetons : [+C] Pros.

surcŭlārĭus, *a, um*, planté d'arbrisseaux : [C] Pros.

surcŭlō, *ās, āre, -, -*, tr., dépouiller des rejetons, nettoyer : [+C] Pros. ‖ [cuisine] agrafer : [+C] Pros. ; → *surclo*

surcŭlus, *i*, m. ¶**1** rejeton, drageon, scion : [-C] Pros., [C] Poés., [C] Pros. ¶**2** greffe, bouture, marcotte : [C] Pros. ¶**3** écharde, épine : [+C] Pros. ‖ baguette : [+C] Pros. ‖ brochette [cuisine] : [+C] Pros. ¶**4** arbrisseau : [+C] Pros.

surdaster, *tra, trum*, un peu sourd, dur d'oreille : [C] Pros.

surdē, adv., à la manière des sourds, sans entendre : [-C] Théât.

surdĭtās, *ātis*, f., surdité : [C] Pros.

surdō, *ās, āre, -, -*, tr., assourdir : [+C] Poés.

surdus, *a, um* ¶**1** qui n'entend pas, sourd : [C] Pros. ‖ [expr. proverbiales] [-C] Théât. ; ***canere surdis*** [C] Poés., chanter pour des sourds ; [C] Pros. ¶**2** qui ne veut pas entendre, sourd, insensible : [C] Pros., [C] Poés., [+C] Pros. ; ***lacrimis surdus*** [+C] Poés., sourd aux larmes ; [C] Poés. ‖ ***votorum surdus*** [+C] Poés., sourd aux voeux ¶**3** qui n'est pas sonore, qui n'a pas de retentissement : ***surdum theatrum*** [C] Pros., théâtre où la voix est assourdie ‖ ***vox surda*** [+C] Pros., voix sourde ¶**4** assourdi, faible, peu perceptible, terne : [+C] Poés. ‖ muet, silencieux : [C] Poés., [+C] Poés. ‖ inconnu, ignoré : [+C] Poés.

1 **sūrēna**, *ae*, f., coquillage : [C] Pros.

2 **sūrēna**, *ae*, m., le premier après le roi chez les Parthes, grand vizir : [+C] Pros.

Sŭrentum, → *Surrentum*

surgĕdum, lève-toi : [-C] ; → *dum I ¶2*

surgō, *ĭs, ĕre, surrēxī, surrectum*, tr. et intr.
I tr. [arch.] mettre debout, dresser : [-C] Théât. ; → *subrigo*
II intr., se lever, se mettre debout ¶**1** ***de sella*** [C] Pros., se lever de son siège ; ***e lectulo*** [C] Pros., de son lit ; ***ex subselliis*** [C] Pros., des banquettes ; ***solio*** [C] Poés., de son siège ‖ [orateur] se lever pour prendre la parole : [C] Pros. ‖ se lever, quitter le lit : [C] Pros., Poés. ¶**2** [choses] : [C] Poés. ; ***mare surgit*** [C] Poés., la mer se soulève ; ***surgente die*** [C] Poés., au point du jour ; ***luna surgit*** [C] Poés., la lune se lève ; ***messes surgunt*** [C] Poés., le blé lève ; ***surgens arx*** [C] Poés., la citadelle en train de s'élever ; [+C] Poés., Pros. ‖ [poét.] ***Ascanius surgens*** [C] Poés., Ascagne qui grandit ¶**3** [fig.] [C] Poés., [+C] Pros. ; ***rumor surrexit*** [+C] Pros., [une nouvelle] un bruit s'éleva ¶**4** ressusciter : [T] Pros. ¶**5** s'insurger : [T] Pros.

Sŭri, **Sŭrĭa**, → *Syri*

sŭrĭō, *īs, īre, -, -*, intr., être en rut : [+C] Pros., [T] Pros.

Sŭrisc-, → *Syrisc-*

Sŭrĭus, *a, um*, → *2 Syrius*

surr-, → *subr*

surrectĭo, *ōnis*, f., → *subrectio*

surrectūrus, **surrectus**, → *surgo* et *subrigo*

surref-, **surreg-**, **surren-**, → *subr-*

Surrentum, *i*, n., ville de Campanie renommée pour ses vins [auj. Sorrente] : [+C] Pros. ‖ **-īnus**, *a, um*, de Surrentum, n. pl., ***Surrentina*** s.-ent. ***vina***, vins de Surrentum : [+C] Poés. ‖ m. pl., **Surrentīni**, habitants de Surrentum : [C] Pros.

surrex-, → *surgo*

surruptīcĭus, *a, um*, volé : [-C] Théât.

sursŭm, adv. ¶**1** de dessous vers le haut, en haut, en montant : [C] Pros. ‖ [-C] Pros., [C] Poés. ; ***sursum versus*** [C] Pros., en remontant, à rebours ¶**2** en haut [sans mouv[t]] : [C] Pros.

1 **sŭrus**, *i*, m., piquet, pieu : [-C] Pros., [C] Pros.

2 **Sŭrus**, *i*, m., → *2 Syrus*

1 **sūs**, *sŭis*, m. f. ¶**1** verrat, porc, cochon, truie : [C] Pros. ; [prov.] ***sus Minervam (docet)*** [C] Pros., c'est un pourceau qui en remontre à Minerve ¶**2** sorte de poisson : [C] Poés.

2 **sus**, → *susque*

Sūsa, *ōrum*, n. pl., Suse [anc. capitale de la Perse] : [C] Poés., [+C] Pros.

suscensĕō (succ-), *ēs, ēre, censŭī, censum*, intr., être enflammé ‖ [fig.] être irrité, courroucé, en colère : [-C] Théât., [C] Pros. ‖ [avec dat.] ***alicui*** [C] Pros., être irrité contre qqn, en vouloir à qqn ; ***alicui, quod ...*** [C] Pros., s'irriter contre qqn, en raison de ce que ... ‖ [avec prop. inf.] s'irriter de ce que : [+C] Pros. ; [avec *si*] [C] Pros. ‖ avec pron. n. ***id, nihil, aliquid***, en cela, en rien, en qqch. : [-C] Théât., [C] Pros. ‖ [d'où] [+C] Pros.

suscensĭo, *ōnis*, f., colère : [T] Pros.

suscēpī, parf. de *suscipio*

susceptĭo, *ōnis*, f. ¶**1** action de se charger de : ***causae*** [C] Pros., prise en main d'une cause ; ***laborum*** [C] Pros., action de supporter les fatigues ¶**2** soutien, assistance : [T] Pros.

susceptō, *ās, āre, -, -*, tr., accepter, admettre : [+C] Pros., [T] Pros., Poés.

susceptŏr, *ōris*, m., soutien, défenseur : [T] Pros.

susceptum, *i*, n., entreprise : [C] Poés.

1 **susceptus**, *a, um*, part. de *suscipio*, pris subst[t], client [opp. à *patronus*], celui dont on assume la défense : [T] Pros. ; pl.

2 **susceptŭs**, *ūs*, m., entretien : [T] Pros.

suscĭpĭō, *ĭs, ĕre, cēpī, ceptum*, tr. ¶**1** recevoir par-dessous, soutenir (qqn), étayer (qqch.) : ***aliquid pateris suscipere*** Virg., recevoir qqch. dans des coupes ; ***aliquem ruentem suscipere*** Virg., soutenir qqn qui tombe ; ***domum labentem suscipere*** Sen., étayer une maison qui menace ruine ¶**2** soulever en l'air ***a)*** [en part. soulever l'enfant qui vient de naître pour témoigner qu'on le reconnaît, d'où] reconnaître : Cic. ***b)*** [par ext.] engendrer, mettre au monde : ***filiam ex uxore suscipere*** Ter., avoir une fille de sa femme ; [au pass.] naître, venir au monde : ***utinam susceptus non essem*** Cic., plût au ciel que je ne fusse pas né ! ***c)*** [fig.] adopter, admettre, accueillir : ***judicis severitatem suscipere*** Cic., adopter la sévérité d'un juge ; ***aliquem in civitatem suscipere*** Cic., admettre qqn au droit de cité ; admettre [une idée, un raisonnement] : Cic. ¶**3** se charger de, assumer, entreprendre ***a)*** ***negotium suscipere*** Cic., se charger d'une affaire ; ***causam suscipere*** Cic., se charger d'une cause ; ***partes suscipere*** Cic., se charger d'un rôle ; ***aes alienum alicujus suscipere*** Cic., assumer les dettes de qqn ; ***in se scelus suscipere*** Cic., se charger d'un crime = s'en rendre coupable ; ***aliquid tuendum suscipere*** Cic., se charger de défendre qqch. ; ***curam suscipere ut…*** Cic., se charger de la tâche de (= assumer la tâche de…) ; ***votum suscipere*** Pl., assumer un voeu = prendre l'engagement de l'accomplir ; ***sibi auctoritatem suscipere*** Cic., s'arroger de l'influence ‖ [en part.] se charger de (parler) immédiatement après : ***sermonem suscipere*** Quint., reprendre la parole ‖ [d'où, abs[t]] répondre : Virg. ***b)*** entreprendre : ***bellum suscipere*** Cic., entreprendre une guerre ; ***orationem suscipere*** Cic., entreprendre un développement ; ***litem suscipere*** Quint., engager un procès ¶ **4** subir, supporter, affronter : ***poenam suscipere*** Cic., subir un châtiment ; ***dolorem suscipere*** Cic., ressentir une douleur ; ***morbos suscipere*** Lucr., contracter des maladies ; ***inimicitias suscipere*** Cic., affronter les haines ; ***alicujus odium suscipere*** Cic., encourir la haine de qqn

suscĭtābŭlum, *i*, n., ce qui donne le ton [pour un chanteur] : C Poés.

suscĭtātĭo, *ōnis*, f., action de bâtir : T Pros.

suscĭtātŏr, *ōris*, m., [fig.] celui qui ranime, qui fait renaître : T Pros.

suscĭtātus, *a*, *um*, part. de *suscito*

suscĭtō, *ās*, *āre*, *āvī*, *ātum*, tr. ¶ **1** lever, soulever, élever : C Poés., HC Poés. ¶ **2** faire se dresser, ***a)*** élever, bâtir : ***delubra*** C Poés., un temple ***b)*** ***aliquem a subselliis*** C Pros., faire lever qqn de son banc ; ***aliquem e somno*** C Pros., tirer qqn de son sommeil ; AC Théât., ou ***suscitare*** seul AC Théât. ; [fig.] C Poés. ; ***in arma viros*** C Poés., appeler aux armes les guerriers [les faire se lever et s'armer] ; ***aliquem*** C Poés., mettre sur pied qqn [un malade alité] ***c)*** éveiller, exciter, animer : ***sopitos ignes*** C Poés., ranimer un feu assoupi ; [fig.] ***bellum civile*** C Pros., allumer une guerre civile ; C Poés. ; ***caedem suscitat*** C Poés., il déchaîne le carnage ¶ **3** renouveler : T Pros. ¶ **4** engendrer, produire : T Pros.

suscus, → *subscus*

Sūsĭānē, *ēs*, f., la Susiane [province de Perse] ‖ **Sūsĭāni**, *ōrum*, m. pl., habitants de la Susiane : HC Pros. ‖ ***Susiana regio***, la Susiane : HC Pros.

sūsĭnus, *a*, *um*, de lis, fait de lis : HC Pros.

Sūsis, *ĭdis*, adj. f., de Suse : T Pros. ‖ **Sūsĭdes pylae**, HC Pros., Portes de Suse [défilé]

suspectātus, *a*, *um*, → *suspecto*

suspectĭo, *ōnis*, f., admiration : T Pros.

suspectō, *ās*, *āre*, *āvī*, *ātum*, tr. ¶ **1** regarder en haut, en l'air : AC Théât. ¶ **2** suspecter, soupçonner : HC Pros. ; [avec prop. inf.] HC Pros. ‖ [pass.] ***alicui suspectari*** HC Pros., être suspect à qqn

suspectŏr, *ōris*, m., admirateur : T Pros.

1 **suspectus**, *a*, *um* ¶ **1** part. de *1 suspicio* ¶ **2** adj[t] ***a)*** suspect, soupçonné : C Pros. ; ***alicui*** C Pros., suspect à qqn ‖ ***alicui nomine neglegentiae*** C Pros., suspect à qqn du fait de négligence ; ***de aliqua re*** C Pros. ; ***aliqua re*** HC Pros. ; ***super aliqua re*** C Pros. ; ***propter aliquid*** HC Pros. ; ***ad aliquid*** C Pros. ; ***in aliqua re*** HC Pros. ; ***alicujus rei*** C Pros., HC Pros., suspect au sujet de qqch., à cause de qqch., relativement à qqch., de qqch. ; [avec inf.] ***suspectus fovisse*** HC Pros., suspect d'avoir favorisé ***b)*** soupçonnant, qui suspecte : HC Pros.

2 **suspectŭs**, *ūs*, m. ¶ **1** action de regarder en haut, vue de bas en haut : C Poés. ‖ hauteur : C Poés. ¶ **2** estime, admiration : C Poés., HC Pros.

suspendĭum, *ĭi*, n. ¶ **1** action de se pendre, pendaison : ***suspendio perire*** C Pros., mettre fin à ses jours en se pendant ; ***suspendium mandare alicui*** HC Pros., envoyer qqn se faire pendre ¶ **2** suspension [de jugement intérieur] : T Pros.

suspendō, *ĭs*, *ĕre*, *pendī*, *pensum*, tr. ¶ **1** suspendre : ***aliquid ex alta pinu*** C Poés., suspendre qqch. au sommet d'un pin ; ***malo ab alto*** C Poés., au sommet d'un mât ‖ ***aliquem arbori infelici*** C Pros. ; ***in oleastro*** C Pros., suspendre, pendre qqn au poteau fatal, à un olivier sauvage ; ***se de ficu*** C Pros. ; ***e ficu*** HC Pros., se pendre à un figuier ; ***se*** C Pros., se pendre ¶ **2** suspendre en offrande : C Poés. ¶ **3** tenir en l'air, en hauteur, attacher par-dessous à : ***tignis contignationem*** C Pros., fixer le plancher à des poutres ; HC Pros. ‖ [en part.] construire en voûte : C Pros. ‖ C Poés., HC Pros. ; ***suspenso gradu*** AC Théât. [*suspenso pede* C Poés.] , en marchant sur la pointe des pieds, à pas de loup ¶ **4** [fig.] ***a)*** tenir en suspens, dans l'incertitude : C Pros. ; ***animos*** HC Pros., tenir les esprits en suspens ; ***exspectationem*** HC Pros., maintenir l'attente suspendue = maintenir dans l'attente ***b)*** suspendre, retenir : ***spiritum, fletum*** C Poés., HC Pros., retenir son souffle, ses larmes ***c)*** ***aliquem, aliquid naso*** C Poés., tenir qqn, qqch. sous son nez = flairer dédaigneusement, faire fi de

suspensē** [inus.] compar., ***-sĭus, assez légèrement : T Pros.

suspensĭo, *ōnis*, f., [archit.] → *suspensura*, radier, sol suspendu [du caldarium] : C Pros.

suspensūra, *ae*, f., radier, sol suspendu [du caldarium] : C Pros., HC Pros. ‖ élévation, montée [mer] : T Pros.

suspensus, *a*, *um*

I part. de *suspendo*

II pris adj[t] ¶ **1** [pr.] suspendu, qui plane, qui flotte : ***suspensis alis*** C Pros., en vol plané ; C Pros., Poés. ¶ **2** suspendu à, subordonné à, dépendant de : C Pros. ¶ **3** en suspens, incertain, indécis, flottant : C Pros. ; ***suspensus metu*** C Pros., que la crainte tient en suspens ; ***suspensis animis*** C Pros., avec des esprits indécis, qui balancent à prendre parti ; ***suspensiore animo*** C Pros., avec plus d'anxiété ; HC Pros. ‖ ***vultus*** C Pros., visage inquiet ‖ ***in suspenso relinquere*** HC Pros., laisser en suspens

suspexī, parf. de *1 suspicio*

suspĭcābĭlis, *e*, conjectural : T Pros.

suspĭcātus, *a*, *um*, part. de *suspicor*

suspĭcax, *ācis*, soupçonneux, défiant : C Pros. ‖ où perce le soupçon : HC Pros. ‖ éveilleur de soupçons : HC Pros.

1 **suspĭcĭō**, *ĭs*, *ĕre*, *spexī*, *spectum* ¶ **1** intr., regarder de bas en haut : ***in caelum*** C Pros., lever les yeux vers le ciel ; ***nec suspicit nec circumspicit*** C Pros., il ne regarde ni au-dessus ni autour de lui ¶ **2** tr. ***a)*** ***caelum*** C Pros. ; ***astra*** C Pros., regarder au-dessus de soi, le ciel, les astres ***b)*** élever ses regards (sa pensée) vers : C Pros. ***c)*** [fig.] regarder avec admiration, admirer : C Pros. ¶ **3** suspecter, soupçonner [un seul emploi connu où *suspiciens* est en antithèse avec *suspectus*] : C Pros. ; → *1 suspectus*

2 **suspīcĭo**, *ōnis*, f. ¶ **1** soupçon, suspicion : C Pros. ; ***in aliquem convenit*** C Pros. ou ***cadit*** C Pros., le soupçon porte, tombe sur qqn ; C Pros. ; ***in suspicionem venire alicui*** C Pros., exciter les soupçons de qqn, ou ***subest*** C Pros., C Pros. ‖ [avec gén. obj.] C Pros. ‖ ***suspicio est*** [avec prop. inf.] C Pros. ‖ ***neque abest suspicio, quin*** C Pros., on ne manque pas de soupçonner que ¶ **2** soupçon, conjecture : C Pros. ¶ **3** apparence, soupçon [de blessure] : HC Pros.

suspīcĭōsē, adv., de manière à faire naître des soupçons : C Pros. ; ***suspiciosius*** C Pros.

suspīcĭōsus, *a*, *um* ¶ **1** soupçonneux, ombrageux : AC Théât., C Pros. ; ***in aliquem*** C Pros., défiant à l'égard de qqn ¶ **2** qui fait naître, qui inspire des soupçons ***a)*** [pers.] : AC d. HC Pros. ***b)*** [choses] : C Pros. ; ***suspiciosissimum negotium*** C Pros., administration si suspecte

suspĭcō, *ās*, *āre*, -, -, → *suspicor* : AC Théât.

suspĭcŏr, *ārĭs*, *ārī*, *ātus sum*, tr. ¶ **1** soupçonner : ***res nefarias*** C Pros., soupçonner les actes criminels ; ***nihil mali*** C Pros., ne soupçonner rien de mal ; ***nihil de alicujus improbitate*** C Pros., ne rien soupçonner de la malhonnêteté de qqn ‖ [avec prop. inf.] soupçonner que : C Pros. ‖ ***aliquem*** AC Théât., HC Pros., soupçonner qqn ¶ **2** soupçonner, conjecturer, se douter de : ***figuram divinam*** C Pros., soupçonner une figure divine ; ***aliquid de aliquo, de aliqua re*** C Pros., faire une conjecture au sujet de qqn, de qqch. ‖ [avec interrog. indir.] C Pros. ‖ [avec prop. inf.] : C Pros.

suspīrātĭo, *ōnis*, f., action de soupirer, soupir : HC Pros.

1 **suspīrātus**, *a*, *um*, part. de *suspiro*

2 **suspīrātŭs**, *ūs*, m., [C] Poés., soupir

suspīrĭōsus, *a*, *um*, asthmatique : [+C] Pros.

suspīrĭtŭs, *ūs*, m., profond soupir : [-C] Théât., [C] Pros.

suspīrĭum, *ĭī*, n. ¶ **1** respiration [profonde] : [C] Poés., [+C] Poés. ‖ soupir : [-C] Théât., [C] Pros. ¶ **2** asthme : [+C] Pros.

suspīrō, *ās*, *āre*, *āvī*, *ātum* ¶ **1** intr., respirer profondément : [C] Poés. ‖ soupirer : [C] Pros. ‖ dire en soupirant : [C] Poés. ‖ [fig.] soupirer à propos de qqn, après qqn : ***in aliquo*** [C] Poés. ¶ **2** tr. ***a)*** exhaler : [+C] Poés. ***b)*** ***aliquem*** [C] Poés., soupirer après qqn ; [+C] Poés. ***c)*** = se plaindre ; [avec prop. inf.] [C] Poés.

susquĕ dēquĕ, adv., de bas en haut (***subs***) ; comme de haut en bas (***de***) [c.-à-d.] de toute façon, indifféremment : [-C] Théât. [ou] ***ferre*** [C] Pros., ne pas se soucier de qqch. ; [C] Poés., [C] Pros., [+C] Pros.

sussĭlĭo, **sussulto**, ▶ *subs*

sustentācŭlum, *i*, n., soutien, support : [+C] Pros.

sustentātĭo, *ōnis*, f., action d'arrêter, de contenir : [T] Pros. ‖ action de retenir l'auditeur, subjection [rhét.] : [+C] Pros. ‖ délai, remise, retard : [C] Pros.

1 **sustentātus**, *a*, *um*, part. de *sustento*

2 **sustentātŭs**, *ūs*, m., action de soutenir, appui : [+C] Pros.

sustentō, *ās*, *āre*, *āvī*, *ātum*, tr. ¶ **1** tenir par-dessous, soutenir, supporter : [C] Poés., [+C] Pros. ¶ **2** [fig.] ***a)*** soutenir, maintenir, conserver en bon état : ***rem publicam*** [C] Pros., soutenir fermement l'État ; ***pugnam*** [+C] Pros., soutenir le combat ***b)*** sustenter, alimenter, nourrir : [C] Pros. ***c)*** résister à, supporter : [C] Pros. ; ***egestatem*** [C] Pros., soutenir la pauvreté = y faire face ‖ ***dolorem*** [C] Pros., supporter la douleur ‖ [absᵗ] tenir bon : [C] Pros. ***d)*** différer, ajourner, prolonger : [C] Pros.

1 **sustentus**, *a*, *um*, part. de *sustineo*

2 **sustentŭs**, *ūs*, m., action de tenir en haut [dans l'eau] : [+C] Pros.

sustĭnentĭa, *ae*, f., persévérance : [T] Pros.

sustĭnĕō, *ēs*, *ēre*, *tĭnŭī*, *tentum*, tr. ¶ **1** tenir par-dessous, tenir en l'air, soutenir, maintenir : ***manibus sublatis aliquid capite sustinere*** Cic., de ses mains levées, tenir qqch. sur sa tête ; ***aliquid umeris sustinere*** Cic., soutenir qqch. sur ses épaules ; ***columnae porticus sustinent*** Cic., des colonnes supportent des galeries ; ***se alis sustinere*** Ov., se soutenir sur ses ailes ; ***se a lapsu sustinere*** Liv., se maintenir sans glisser ¶ **2** [fig.] ***a)*** soutenir = avoir la charge de, porter : ***causam sustinere*** Cic., soutenir une cause ; ***personam sustinere*** Cic., soutenir un rôle ; ***exspectationem sustinere*** Cic., porter le poids de l'attente (= avoir à répondre à l'attente) ***b)*** soutenir = conserver en bon état : ***decus civitatis sustinere*** Cic., soutenir l'honneur de la cité ‖ [d'où] sustenter, nourrir : Cic. ***c)*** soutenir = épauler, assister, raffermir : ***aliquem fide sustinere*** Cic., soutenir qqn de son crédit ; ***aciem labantem sustinere*** Tac., raffermir une ligne de bataille ébranlée ***d)*** soutenir = faire face à, tenir bon contre : ***impetum hostis sustinere*** Caes., soutenir le choc de l'ennemi ; ***oppugnationem sustinere*** Caes., soutenir un assaut ‖ [absᵗ] tenir bon : Caes. ¶ **3** [par ext.] prendre sur soi, supporter, endurer : ***labores sustinere*** Cic., supporter des fatigues ; ***dolorem sustinere*** Cic., supporter une douleur ; ***poenam sustinere*** Cic., supporter un châtiment ‖ [avec inf. ou prop. inf.] prendre sur soi de, avoir la force ou la hardiesse de : Ov., Liv., Quint. ¶ **4** suspendre un mouvement, retenir, arrêter ***a)*** ***equum sustinere*** Caes., arrêter un cheval ; ***se sustinere*** Cic., s'arrêter (dans sa chute) ; [fig.] ***se ab omni assensu sustinere*** Cic., se retenir de toute adhésion ***b)*** suspendre, différer : ***rem in noctem sustinere*** Liv., remettre une chose à la nuit ; ***bellum sustinere*** Liv., tenir la guerre en suspens (= la prolonger sans combat) ***c)*** [absᵗ] attendre, rester : Vulg.

sustollō, *ĭs*, *ĕre*, -, -, tr. ¶ **1** lever en haut, élever : [C] Poés. ‖ soulever : ***onus*** [+C] Pros., soulever, porter un fardeau ; [C] Poés. ¶ **2** enlever : [-C] Théât.

sustringo, ▶ *substringo*

sustŭlī, parf. de *tollo* et de *suffero*

sŭsurna, ▶ *sisurna* : [T] Pros.

sŭsurrāmĕn, *ĭnis*, n., murmure, formules [magiques] marmottées : [+C] Pros.

sŭsurrĭo, m., ▶ *2 susurro* : [T] Pros.

sŭsurrĭum, *ĭī*, n., chuchotement, bavardages, médisance : [T] Pros.

1 **sŭsurrō**, *ās*, *āre*, -, - ¶ **1** intr., murmurer, bourdonner : [en parl. des abeilles] [C] Poés. ‖ [fig.] ***fama susurrat*** [C] Poés., un bruit se répand tout bas ¶ **2** tr., fredonner : [+C] Poés. ‖ chuchoter : [C] Poés. ; pass. impers. ***susurratur*** [avec prop. inf.] [-C] Théât., on chuchote que

2 **sŭsurro**, *ōnis*, m., chuchoteur, médisant : [T] Pros. ; ▶ *susurrio*

1 **sŭsurrus**, *a*, *um*, qui chuchote : [C] Poés.

2 **sŭsurrus**, *i*, m., murmure, bourdonnement des abeilles : [C] Poés. ‖ chuchotement : [C] Pros., Poés., [+C] Poés. ‖ ***Susurri*** [C] Poés., les Chuchotements [les petits bruits, cortège de la Renommée]

sūta, *ōrum*, n. pl., objets cousus ; [d'où] assemblage : ***per aerea suta*** [C] Poés., à travers la cuirasse d'airain [formée de lamelles cousues ensemble] ; [+C] Poés.

sūtēla, *ae*, f., assemblage de pièces cousues, ruses, machinations : [-C] Théât.

Suthul, *ŭlis*, n., forteresse en Numidie : [C] Pros.

sūtĭlis, *e*, cousu : ***balteus*** [C] Poés., baudrier fait de pièces cousues ; ***coronae sutiles*** [C] Poés., couronnes tressées

sūtŏr, *ōris*, m., cordonnier : [-C] Théât., [C] Pros., [+C] Pros. ‖ = homme du bas peuple : [C] Pros., [+C] Poés. ‖ [prov.] ***ne supra crepidam sutor*** ; ▶ *crepida*

sūtōrĭus, *a*, *um*, de cordonnier : [C] Pros. ‖ subst. m., ancien cordonnier : [C] Pros.

sūtrīna, *ae*, f. ¶ **1** boutique de cordonnier : [C] Pros. ¶ **2** métier de cordonnier : [C] Poés., [T] Pros.

sūtrīnum, *i*, n., cordonnerie [métier] : [+C] Pros.

sūtrīnus, *a*, *um*, de cordonnier : [C] Pros., [+C] Pros.

Sūtrĭum, *ĭī*, n., ville d'Étrurie : [C] Pros. ‖ **-trīni**, *ōrum*, m. pl., les habitants de Sutrium : [C] Pros. ‖ **-trĭus**, *a*, *um*, de Sutrium : [+C] Poés.

sūtūra, *ae*, f., couture : [C] Pros. ‖ suture [du crâne] : [+C] Pros.

sūtus, *a*, *um*, part. de *suo*

sŭum, gén. pl. de *1 sus* ‖ ▶ *1 suus*

1 **sŭus**, *a*, *um*, adj., son, sa, sien, sienne, leur, leurs

I réfléchi ¶ **1** qqf. ***quisque*** séparé de ***suus*** ; [C] Pros. ¶ **2** [dans une subordonnée] [C] Pros.

II sens possessif ¶ **1** son propre : [C] Pros. ; [noter] [+C] Pros. ‖ [fam. et tard.] ***suus sibi*** [-C] Théât., [C] Pros., [+C] Pros., [T] Pros., son propre ‖ ***nomen (verbum) suum***, le mot propre : [C] Pros. ‖ propre, particulier, personnel : [C] Pros. ‖ [= *sui juris*] [-C] Théât. ; ***in suam potestatem pervenire***, ; [fig.] [C] Pros., [+C] Pros. ‖ dévoué : [C] Pros. ¶ **2** favorable, avantageux, propice ¶ **3** ***sui***, les siens : [C] Pros. ‖ ***suum***, n. et surtout pl. ***sua***, son bien, ses biens, leurs biens : [C] Pros. ; ***se suaque defendunt*** [C] Pros., ils protègent eux et leurs biens ‖ ***suum sibi*** son propre bien : [-C] Théât., [+C] Pros.

2 **sŭus-** [renforcé de *-met* ou de *-pte*] son propre : ***suapte manu*** [C] Pros., de sa propre main ; ***suopte pondere*** [C] Pros., de son propre poids

suxī, parf. de *sugo*

Sўăgrĭus, *ĭī*, m., nom de plusieurs patrices de Gaule : [T] Poés. ‖ évêque d'Autun : [T] Poés.

1 **Sўbăris**, *is*, f. ¶ **1** ville de l'Italie méridionale sur le golfe de Tarente [plus tard Thurium], célèbre par le luxe et la mollesse de ses habitants : [C] Pros. ¶ **2** **-ītae**, *ārum*, m. pl., les Sybarites : [+C] Pros. ‖ **-tĭcus**, *a*, *um* [fig.] voluptueux, lascif : [+C] Poés.

2 **Sўbăris**, *is*, m., nom d'homme : [C] Poés.

Sўbărītis, *ĭdis*, f., la [femme] Sybarite [titre d'un poème latin] : [C] Poés.

sўbĭna, *ae*, ▶ *sibina*

sўbōtēs, *ae*, m., porcher : [+C] Poés.

sўcămĭnus (-ŏs), *i*, f., sycomore [arbre] : [+C] Pros.

Sўchaeus, *i*, m., V.▶ *Sichaeus* : [C] Poés. ‖ **-aeus**, *a*, *um*, de Sychée : [C] Poés.

Sўcŏlătrōnĭa, *ae*, f., pays des voleurs de figues, nom d'un peuple imaginaire : [-C] Théât.

sўcŏmŏrus, *i*, f., sycomore [arbre] : [+C] Pros.

sўcŏphanta (suc-), *ae*, m. ¶ **1** fourbe, sycophante, imposteur : [-C] Théât. ¶ **2** flatteur habile, parasite : [-C] Théât.

sўcŏphantĭa (suc-), *ae*, f., fourberie, imposture : [-C] Théât.

sўcŏphantĭōsē (suc-), adv., avec fourberie : [-C] Théât.

sўcŏphantŏr (suc-), *ārĭs*, *ārī*, -, intr., agir avec ruse, user de fourberie : [-C] Théât. ; ***alicui*** [-C] Théât., à l'égard de qqn

sўcōtum, *i*, n., foie, cf.▶ *ficatum* : [T] Poés.

Sycurĭum, *ĭi*, n., ville de Thessalie, au pied du mont Ossa : [C] Pros.

Sўĕdră, *ōrum*, n. pl., ville de Cilicie : [+C] Poés.

Sўēnē, *ēs*, f., [poét.] granit rouge : [+C] Poés. ‖ **Sўēnītēs**, *ae* ‖ adj. m., de Syène : [C] Poés.

Sygambra, *ae*, f., une Sycambre : [C] Poés.

Sўgambri, V.▶ *Sic*

Syla, V.▶ *Sila*

Sўlēum, V.▶ *Sylleum*

Sylla, **-ānus**, V.▶ *Sulla*

syllăba, *ae*, f., syllabe : [-C] Théât., [C] Pros., Poés. ‖ pl., vers, poème : [+C] Poés.

syllăbātim, adv., mot à mot, mot pour mot, textuellement : [C] Pros.

syllăbus, *i*, m., sommaire, table : [T] Pros.

Syllătŭrĭo, V.▶ *Sullaturio*

Sylleum, *i*, n., ville de Pamphylie : [C] Pros. ; V.▶ *Syleum*

syllŏgismus, *i*, m., [log.] syllogisme : [+C] Pros.

syllŏgistĭcus, *a*, *um*, syllogistique : [+C] Pros.

Syllus, *i*, m., général des Crétois dans l'armée de Persée : [C] Pros.

sylv-, **Sylv-**, V.▶ *silv*, *Silv-*

Sўmaethēus, *a*, *um*, du Symèthe : [C] Poés. ‖ **-thĭus**, *a*, *um*, [C] Poés.

Sўmaethis, *ĭdis*, adj. f., du Symèthe : [C] Poés.

Sўmaethum, *i*, n., **Sўmaethus**, *ī*, m., le Symèthe, fleuve de Sicile : [+C] Poés.

symbŏla (symbŏlē), *ae (ēs)*, f., cotisation pour un repas, écot : ***symbolarum conlatores*** [-C] Théât., ceux qui recueillent les cotisations [amateurs de pique-nique] ; ***ut de symbolis essemus*** [-C] Théât., pour faire un repas par cotisations [un pique-nique] ‖ d'où ***symbolae***, pl., = le repas lui-même : [-C] Théât. ‖ questions discutées à table par chaque convive, sorte d'écot : [+C] Pros. ‖ valeur contractuelle : [+C] Pros.

symbŏlē, *ēs*, f., V.▶ *symbola*

symbŏlĭcē, adv., figurément : [+C] Pros.

symbŏlum, *i*, n. ¶ **1** [chrét.] tableau des principaux articles de la foi [Symbole des apôtres] [T] Poés. ¶ **2** cf.▶ *symbola*, écot : [T] Pros.

symbŏlus, *i*, m., pièce justificative d'identité, signe de reconnaissance : [-C] d. [+C] Pros., [-C] Théât.

Symmăchus, *i*, m., Symmaque [orateur et homme d'État romain de la fin du 4e siècle, dont il nous reste des lettres] : [T] Pros. ‖ **-ĭānus**, *a*, *um*, de Symmaque, [T] Pros.

symmĕtrĭa, *ae*, f., symétrie, système modulaire : [C] Pros.

symmĕtrŏs, *ŏn*, symétrique, proportionné : [C] Pros.

symmystēs (-ta), *ae*, m., initié aux mêmes mystères ; [fig.] confrère, compagnon : [T] Pros.

sympăthīa, *ae*, f., sympathie, accord, affinité naturelle [entre deux ou plus. choses] : [C] Poés.

symphōnĭa, *ae*, f., concert, musique d'orchestre : ***cum symphonia caneret*** [C] Pros., alors qu'une musique d'orchestre se faisait entendre ; ***aliquid ad symphoniam canere*** [+C] Pros., chanter qqch. avec accompagnement d'orchestre ‖ accord, symphonie : [C] Pros.

symphōnĭăcus, *a*, *um*, de concert, de musique : ***symphoniaci pueri*** ou ***servi*** [C] Pros., esclaves symphonistes, musiciens d'orchestre

Symphŏrĭānus, *i*, m., saint Symphorien, martyr d'Autun : [+T] Poés.

1 **symplēgăs**, *ădis*, f., cohésion, adhésion : [T] Poés.

2 **Symplēgas**, *ădis*, f., une Symplégade : [+C] Poés. ‖ [plais^{t}] [+C] Poés.

symplegma, *ătis*, n., étreinte : [+C] Poés. ‖ [pl.] embrassements amoureux : [T] Pros.

sympŏsĭăcus, *a*, *um*, de festin : [+C] Pros. ‖ n. pl., **Sympŏsĭăca**, le Banquet [oeuvre de Platon] : [+C] Pros.

sympŏsĭŏn (-sĭum), *ĭi*, n., banquet : [+C] Pros. ‖ **Sympŏsĭŏn**, le Banquet [titre d'un ouvrage de Platon et d'un autre de Xénophon] : [C] Pros., [+C] Pros.

sympŏtĭcus, *a*, *um*, relatif au repas, de repas : [+C] Pros.

sўnăgōga, *ae*, f., synagogue des Juifs : [T] Pros. ‖ religion juive : [T] Pros. ‖ assemblée, réunion, ensemble, peuple : [T] Pros.

sўnălīphē, *ēs*, [gram.] synalèphe, synérèse, crase [contraction de plusieurs voyelles en une seule] : [+C] Pros.

Sўnălus, V.▶ *Synhalus*

sўnanchē, *ēs*, f., angine [maladie] : [+C] Pros.

Sўnăpothnescontes, m. pl., qui meurent ensemble [titre d'une pièce de Diphile, imitée par Térence] : [-C] Théât.

Sўnăristōsae, f., Les Compagnes de Banquet [titre d'une comédie de Ménandre, imitée par Caecilius] : [+C] Pros.

sўnaxis, *ĕos* ou *is*, f., réunion pour l'office religieux : [+T] Poés.

syncĕrastum, *i*, n., ragoût : [C] Pros.

Syncĕrastus, *i*, m., nom d'esclave : [-C] Théât.

syncŏpa, *ae*, **syncŏpē**, *ēs*, f., [gram.] syncope [retranchement d'une syllabe dans l'intérieur d'un mot] : [T] Pros.

sўnecdŏchē, *ēs*, f., [rhét.] synecdoque : [+C] Pros.

sўnĕdrus, *i*, m., synèdre [sénateur chez les Macédoniens] : [C] Pros.

sўnemmĕnŏn, *i*, n., qui s'enchaîne, conjoint [mus.] : [C] Pros.

Sўnĕphēbi, *ōrum*, m. pl., les Synéphèbes [comédie de Ménandre, imitée par Caecilius] : [C] Pros.

syngrăpha, *ae*, f., billet, obligation, reconnaissance : [C] Pros. ; ***cum inanibus syngraphis*** [C] Pros., avec des billets sans valeur

syngrăphum, *i*, n., écrit, billet : [+T] Poés.

syngrăphus, *i*, m., billet, contrat écrit : [-C] Théât. ‖ sauf-conduit : [-C] Théât.

Sўnhălus (-nălus), *i*, m., nom d'homme : [+C] Poés.

Sўnicense castellum, n., forteresse de Numidie, voisine d'Hippone : [T] Pros.

Synnăda, *ae*, f., ;**Synnăda**, *ōrum*, n. pl., [C] Pros. ;**Syn-** ;**Synnas**, *ădis (ădos)*, f., [+C] Poés., Synnade [ville de Phrygie, renommée pour ses marbres] ‖ **-densis**, *e*, de Synnade : [C] Pros. ‖ ou **-dĭcus**, *a*, *um*

sўnŏdālis, *e*, synodal : [+T] Poés. ‖ **-lĭa**, n. pl., statuts synodaux : [+T] Poés.

sўnōdĭa, *ae*, f., unisson, accord : [C] Poés.

sўnŏdĭcum, *i*, n., [pl.] lettre synodique [d'un pape contre des hérétiques] : [T] Pros.

sўnŏdŏs, *i*, f., V.▶ *synodus*

sўnŏdus (-hŏdus), *i*, f., synode : [T] Pros.

sўnoecĭum, *ĭi*, n., gîte commun, auberge : [+C] Pros.

sўnōnўmŏn (-um), *i*, n., synonyme : [+C] Pros.

sўnōris, *ĭdis*, f., couple, paire : [T] Pros.

syntagma, *ătis*, n., traité : [T] Pros.

syntaxis, *is*, f., controverse : [+C] Pros.

synthema, *ătis*, permis d'utiliser des chevaux de poste : [T] Pros.

synthĕsĭna, *ae*, f., vêtement pour les repas : +C Pros.

synthĕsis, *is*, f. ¶ **1** collection, réunion de plusieurs objets de nature analogue : +C Poés. ¶ **2** synthèse [vêtement de dessus pour les repas] : +C Poés.

syntŏnum (-ŏnŏn), *i*, n., instrument de musique, ➡ *scabellum* : +C Pros.

Syphax, *ācis*, m., roi des Numides : C Pros.

Sўra, *ae*, f., nom d'une esclave : -C Théât.

Sўrācŏsĭus, V. *Syracusae*

Sўrācūsae, *ārum*, f. pl., Syracuse, ville principale de la Sicile : C Pros. ‖ **-cŏsĭus**, *a*, *um*, de Syracuse, Syracusain : C Poés., Pros. ; **-cŏsĭi**, *ōrum*, m. pl., Syracusains : C Pros. ‖ **-cūsānus**, *a*, *um*, de Syracuse : C Pros. ‖ **-cūsāni**, *ōrum*, m. pl., les habitants de Syracuse, les Syracusains : C Pros. ‖ **-cūsĭus**, *a*, *um*, de Syracuse : C Pros. ‖ **-cūsĭi**, *ōrum*, m. pl., Syracusains : +C Pros.

Sўri, *ōrum*, m. pl., V. *1 Syrus*

Sўrĭa, *ae*, f., la Syrie [contrée de l'Asie entre la Méditerranée et l'Euphrate] : C Pros. ‖ **-rĭus**, *a*, *um*, de la Syrie, Syrien : C Poés. ‖ **-ĭăcus**, *a*, *um*, C Pros. ‖ ou **-ĭcus**, *a*, *um*, +C Pros.

Sўrĭăcē, adv., en syriaque : T Pros.

Syrĭăcus, V. *Syria*

Sўrĭāpis, C. *Serapis*

Sўrĭātĭcus, V. *Syria*

1 **Sўrĭcus**, V. *Syria*

2 **Sўrĭcus**, V. *2 Syrius*

sўringĭānus (-gnātus), V. *syringiatus*

sўringĭātus, *a*, *um*, adj., vidé en flûte [cuis., agneau, chevreau] : +C Pros.

1 **sўrinx**, *ingis*, acc. *inga*, f., roseau ; flûte de roseau ‖ pl., **sўringes**, *um*, f. pl., cavernes, passages souterrains : T Pros.

2 **Sўrinx**, *ingis*, f., nymphe d'Arcadie, changée en roseau : C Poés.

Sўriscus, *i*, m., dim. familier de Syrus [nom d'esclave] : -C Théât.

1 **Sўrĭus**, V. *Syria*

2 **Sўrĭus**, *a*, *um*, de Syros : C Pros.

syrma, *ătis*, n., robe traînante ; [en part.] longue robe des tragédiens : +C Poés. ‖ [méton.] tragédie : +C Poés. ‖ **syrma**, *ae*, f., -C Théât. ‖ [fig., en parlant des ornements du style] : +T Poés.

Sўron, C. *Siro*

Sўrŏphoenix, *ĭcis*, m., Syrophénicien, Phénicien : -C Poés., +C Poés. ‖ **Syrophoenissa**, la Chananéenne

Syrtis, *is* (*ĭdos*, +C Poés.), f. ¶ **1** **Syrtes**, *um*, f. pl., les Syrtes [deux bas-fonds sur la côte nord de l'Afrique, entre Cyrène et Carthage] : C Pros. et et ¶ **2** [fig.] = bas-fond, écueil : C Pros. ‖ **Syrtĭcus**, *a*, *um*, des Syrtes : ***Syrticae gentes*** +C Pros., peuples voisins des Syrtes ; sablonneux : T Pros.

1 **Sўrus**, *a*, *um*, Syrien : C Poés. ‖ **Sўri**, *ōrum*, m. pl., les Syriens : C Pros.

2 **Sўrus**, *i*, m. ¶ **1** nom d'esclave : -C Théât. ¶ **2** Publilius Syrus, poète, auteur de mimes : T Pros. ¶ **3** un des chiens d'Actéon : +C Poés.

3 **sўrus**, *ūs*, m., balai : C Poés.

systўlŏs, *ŏn*, [archit.] systyle [temple avec des entrecolonnements de deux diamètres] : C Pros.

T

t, n., f. indécl., dix-neuvième lettre de l'alphabet latin prononcée *tē*, ▶ *d* ‖ [abrév.] ***T.* = *Titus*** ‖ ***T. P.* = *tribunicia potestate*** ‖ ***Ti.* = *Tiberius*** ; ▶ *tau*

Tăbae, *ārum*, f. pl., ville de Phrygie : C Pros. ‖ ville de Sicile : +C Poés. ‖ ville de Perse : +C Pros.

tăbānus, *i*, m., taon [sorte de mouche] : C Pros.

tābĕfăcĭō, *ĭs*, *ĕre*, -, *factum*, tr., fondre, liquéfier ‖ [fig.] ***tabefac audaciam ...*** T Pros., laisse se dissiper l'audace...

tābĕfactus, *a*, *um*, part. de *tabefacio* : T Pros.

tăbella, *ae*, f. ¶ **1** petite planche, planchette : C Poés. ¶ **2** ***a)*** tablette de jeu : C Poés. ***b)*** sorte de gâteau : +C Poés. ***c)*** berceau où furent exposés Romulus et Rémus : C Poés. ¶ **3** ***a)*** tablette à écrire : +C Pros. ***b)*** pl., écrit de toute sorte : [lettre] C Pros. ; ***tabellae quaestionis*** C Pros., protocole d'un interrogatoire [avec application de la question] ; ***tabellae laureatae*** C Pros., dépêche, message entouré de lauriers [annonçant une victoire] ; ***tabellae dotis*** +C Pros., contrat de mariage ‖ [sg. rare] : +C Pros. ¶ **4** tablette de vote, bulletin ***a)*** [dans les comices : s'il s'agissait de l'élection d'un magistrat, le votant mettait le nom de son candidat sur le bulletin ; s'il s'agissait d'une proposition de loi, le votant recevait deux bulletins, l'un portant les deux lettres *U. R.* = *uti rogas*, "comme tu le proposes", mention d'adoption, l'autre portant la lettre *A.* = *antiquo*, "je rejette", mention de refus] : C Pros. ***b)*** [dans les tribunaux : chaque juge reçevait trois bulletins, l'un avec la lettre *A.* = *absolvo*, "j'absous", l'autre avec *C.* = *condemno*, "je condamne", le troisième avec *N. L.* = *non liquet*, "ce n'est pas clair" = je ne me prononce pas] : ***judicialis tabella*** C Pros., la tablette judiciaire ; ***tabellam dimittere de aliquo*** +C Pros., rendre son arrêt sur qqn ; C Pros. ¶ **5** petit tableau : C Pros. ¶ **6** tablette votive, petit tableau déposé dans un temple en ex-voto : C Poés., +C Poés. ¶ **7** contrat, acte : +C Pros.

1 **tăbellārĭus**, *a*, *um* ¶ **1** qui a rapport aux lettres : ***tabellariae naves*** +C Pros., navires postaux, avisos ¶ **2** relatif aux bulletins de vote : C Pros.

2 **tăbellārĭus**, *ĭi*, m., messager, courrier, exprès : C Pros. ‖ comptable : T Pros.

tābĕō, *ēs*, *ēre*, -, -, intr., se liquéfier, fondre, se putréfier, se décomposer : C Poés. ‖ se désagréger, se dissoudre : C Poés. ‖ ***tabentes genae*** C Poés., joues livides ‖ ruisseler : C Poés. ‖ [fig.] languir : -C Théât.

tăberna, *ae*, f. ¶ **1** échoppe, cabane : C Poés. ¶ **2** estrade, loge au cirque : C Pros. ¶ **3** boutique, magasin : C Pros. ‖ ***libraria*** C Pros. ou ***taberna*** [seul] C Poés., boutique de libraire ; ***argentaria*** C Pros., comptoir de banquier ; ***sutrina*** +C Pros., échoppe de cordonnier ; C Poés. ; ***devorsoria*** -C Théât., auberge, hôtellerie ou ***taberna*** [seul] C Pros. ‖ ***Hadriae taberna*** C Poés., taverne de l'Adriatique

tăbernācŭlum, *i*, n. ¶ **1** tente augurale : ***tabernaculum capere*** C Pros., choisir l'emplacement de la tente augurale [avant les comices] ‖ tente, tabernacle [des Hébreux] : T Pros. ¶ **2** [chrét.] habitation, tabernacle, le corps [où habite l'âme] : T Pros.

Tăbernae, *ārum*, f. pl., ▶ *Tres*

1 **tăbernārĭus**, *a*, *um*, de boutique, de taverne, grossier, trivial : +C Pros.

2 **tăbernārĭus**, *ĭi*, m., boutiquier : C Pros.

1 **tăbernŭla**, *ae*, f., petite cabane : +C Pros. ‖ petite boutique : +C Pros.

2 **Tabernŭla (-nŏla)**, *ae*, f., lieudit à Rome : C Pros.

tābēs, *is*, f. ¶ **1** corruption, putréfaction : C Pros. ‖ désagrégation, décomposition : C Pros. ¶ **2** déliquescence, gâchis, bourbe : C Pros. ; ***per tabem sanguinis*** C Pros., à travers les mares de sang ‖ bave venimeuse d'un serpent : C Poés. ‖ venin : C Poés. ‖ ***oculorum*** +C Pros., sanie des yeux ¶ **3** consomption, dépérissement : C Pros. ¶ **4** maladie contagieuse, épidémie : +C Pros. ‖ [fig.] épidémie, fléau : C Pros. ¶ **5** [fig.] maladie qui ronge (qui mine) moralement, langueur : C Pros., Poés.

tābescō, *ĭs*, *ĕre*, *bŭī*, -, intr. ¶ **1** se liquéfier, fondre : [glace, cire] C Pros., Poés. ; [de sel] -C Pros. ‖ se putréfier, se corrompre : C Poés. ¶ **2** [fig.] ***a)*** diminuer, dépérir : [nuit] C Poés. ; [d'un royaume] C Pros. ***b)*** [moral[t]] se consumer : C Pros. ; ***otio*** C Pros., languir dans l'inaction ‖ se ronger d'envie : C Poés. ‖ se consumer d'amour : C Poés. ; ***ex aliquo*** C Poés., pour qqn

tābĭdōsus, *a*, *um*, corrompu : +C Pros.

tābĭdus, *a*, *um* ¶ **1** fondu, liquéfié : C Pros. ‖ corrompu, en putréfaction : +C Pros. ¶ **2** qui corrompt, infectieux : C Poés., +C Pros. ‖ destructeur : C Poés.

tābĭfĭcābĭlis, *e*, qui consume [par le chagrin] : -C Théât.

tābĭfĭcus, *a*, *um*, qui fait fondre : C Poés. ‖ qui corrompt, qui désagrège : +C Pros. ‖ pestilentiel, infectieux : +C Poés. ‖ [fig.] qui mine, qui consume : C Pros.

tābĭflŭus, *a*, *um* ¶ **1** qui s'en va en pourriture : T Poés. ¶ **2** qui fait pourrir [maladie] : +T Poés.

tābĭtūdo, *inis*, f., corruption, putréfaction : T Pros.

tăblĭcĭus, *a*, *um*, garni de planches : T Pros.

tăblīnum, C Pros. et **tăbŭlīnum**, *i*, n., +C Pros. grande salle, salon

tablista, *ae*, m., joueur de latroncules [sorte d'échecs] : T Poés.

Tăbrăca, *ae*, f., ville maritime de Numidie [Tabarka] : +C Poés. ; ▶ *Thabraca*

Tabratensis, ▶ *Sabratensis*

tābŭī, parf. de *tabesco*

tăbŭla, *ae*, f. ¶ **1** planche, ais : C Pros. ¶ **2** table de jeu : +C Pros., Poés. ¶ **3** tablette à écrire ***a)*** C Poés., Pros., +C Poés. ; ***litteraria*** C Pros., tablette à écrire ‖ [prov.] ***manum de tabula*** C Pros., lâche ta tablette ***b)*** pl., tablettes, = écrit de toute sorte, registres de comptes, livres : C Pros. ; ***in tabulas referre aliquid*** C Pros., porter qqch. sur ses registres ; ***tabulas conficere*** C Pros., tenir des livres de comptes à jour ; ***alicujus tabulas exquirere*** C Pros., dépouiller les comptes de qqn ‖ ***novae tabulae*** C Pros., nouveaux comptes = abolition des dettes, ou diminution ‖ ***publicae*** C Pros., registres officiels, archives ‖ ***duodecim tabulae*** C Pros., les Douze Tables [lois] ; C Pros. ‖ ***in tabulas referre*** C Pros., relater sur des tablettes, établir un procès-verbal ‖ tables, listes de proscription : C Pros. ; au sg., +C Poés. ‖ ***tabulae Dicaearchi*** C Pros., carte géographique de Dicéarque ‖ testament : C Poés., +C Pros., Poés. ¶ **4** table affichée, affiche ***a)*** ***decreti alicujus*** C Pros., affiche d'un décret ***b)*** affiche de vente aux enchères, vente aux enchères : C Pros. ¶ **5** liste : ***tabulae praerogativae*** C Pros., bulletins de la centurie prérogative ; ▶ *praerogativus* ‖ liste des censeurs : C Pros. ¶ **6** bureau de change : C Pros. ¶ **7** avec ou sans ***picta***, tableau, peinture : C Pros. ¶ **8** tableau votif : C Poés.

tăbŭlārĭa, n. pl. de *tabularium* et de *tabularis*

tăbŭlāris, *e*, propre aux planches, à l'usage des planches : +C Pros.

tăbŭlārĭum, *ĭi*, n., archives publiques : C Pros. ; pl., C Poés.

tăbŭlārĭus, *ĭi*, m., teneur de livres [de comptes], caissier : +C Pros.

tăbŭlātĭo, *ōnis*, f., assemblage de planches, plancher, étage : C Pros.

tăbŭlātum, *i*, n., plancher, étage : C Pros. ‖ plancher où l'on dépose les fruits : -C Pros. ‖ étages ménagés pour faire grimper la vigne : C Poés., +C Pros.

tăbŭlīnum, V▶ *tablinum*

tābum, *i*, n. ; [inus. au nom.] ¶ **1** sang corrompu, sanie, pus : -C Théât., C Poés., +C Pros. ¶ **2** maladie infectieuse, peste : C Poés., Pros. ¶ **3** suc tinctorial du pourpre : +C Poés.

Tăburnus, *i*, m., mont du Samnium : C Poés.

tăcendus, *a*, *um*, qu'il faut taire, mystérieux : T Poés.

tăcĕō, *ēs*, *ēre*, *cŭī*, *cĭtum* ¶ **1** intr. ***a)*** se taire, garder le silence : C Pros. ; ***nobis tacentibus*** C Pros., sans que nous parlions ; ***de aliqua re tacere*** C Pros., garder le silence sur qqch. ; pass. impers., ***in aliqua re de se taceri vult*** C Pros., il veut que le silence soit gardé sur son compte à propos de qqch. ***b)*** ▶ *sileo*, être silencieux, calme : C Poés., +C Pros. ¶ **2** tr., taire, ne pas dire, ne pas parler de : acc. de pron. n., C Pros. ‖ [poét.] ***aliquem tacere*** C Poés., ne pas parler de qqn

Tacfarīnas, *ātis*, m., chef numide qui guerroya contre les Romains sous Tibère : +C Pros.

Tăcĭta, *ae*, f., déesse du Silence : C Poés.

tăcĭtē, adv., tacitement, sans rien dire : C Pros. ‖ sans bruit, silencieusement, en secret : C Pros., Poés.

tăcĭtum, *i*, n., secret : C Poés. ‖ silence : ***per tacitum*** C Poés., +C Poés., silencieusement ; V▶ *1 tacitus*

tăcĭtŭrĭō, *īs*, *īre*, -, -, intr., avoir envie de se taire : T Pros.

tăcĭturnĭtās, *ātis*, f., action de garder le silence, silence : C Pros. ‖ discrétion : ***alicujus taciturnitatem experiri*** C Pros., mettre la discrétion de qqn à l'épreuve ‖ caractère renfermé : C Pros.

tăcĭturnus, *a*, *um*, taciturne : C Pros. ‖ silencieux : C Pros., Poés. ‖ ***taciturnissimus*** -C Théât.

tăcĭtūrus, *a*, *um*, part. fut. de *taceo*

1 **tăcĭtus**, *a*, *um*

I ¶ **1** dont on ne parle pas : ***aliquid tacitum relinquere*** C Pros. ; ***tenere*** C Pros., laisser qqch. sans en parler, garder, tenir qqch. caché, secret ; ***non feres tacitum*** C Pros., tu n'emporteras pas le silence [de moi]= je ne resterai pas muet, je saurai quoi dire ; ***tacitum ferre aliquid ab aliquo*** C Pros., ne pas obtenir de réplique de qqn sur une chose ¶ **2** tacite : ***tacitae exceptiones*** C Pros., exceptions tacites, non formellement exprimées ¶ **3** secret, tenu caché : ***tacitum judicium*** C Pros., un jugement tenu secret ; C Poés., Pros.
II ¶ **1** qui ne parle pas : qui garde le silence : C Pros. ; ***tacitis nobis*** C Pros., sans que nous disions rien ; ***tacita exspectatio*** C Pros., attente muette ; ***luminibus tacitis*** C Poés., avec des regards muets = sans rien dire ¶ **2** silencieux, calme, sans bruit : C Poés. ‖ ***per tacitum*** C Poés., [le Gange s'écoule] d'un cours silencieux ; ***per tacitum mundi*** +C Poés., à travers les régions silencieuses de l'univers

2 **Tăcĭtus**, *i*, m., Tacite [historien latin] : +C Pros.

tactĭlis, *e*, tangible, palpable : C Poés.

tactĭo, *ōnis*, f. ¶ **1** action de toucher : [arch.] -C Théât. ¶ **2** tact, sens du toucher : C Pros.

1 **tactus**, *a*, *um*, part. de *tango*

2 **tactŭs**, *ūs*, m. ¶ **1** action de toucher, attouchement : C Poés., Pros. ¶ **2** influence : ***solis*** C Pros. ; ***lunae*** C Pros., action du soleil, de la lune ¶ **3** sens du toucher, tact : C Pros.

tăcŭī, parf. de *taceo*

Tădĭus, *ĭi*, m., nom d'homme : +C Poés.

taeda (tēda), *ae*, f. ¶ **1** branche de pin, morceau de pin : C Pros., Poés. ¶ **2** torche : C Pros. ‖ torche nuptiale : C Poés. ; [d'où] noces, hymen, mariage : ***conjugis taedae*** C Poés., les flambeaux de l'hymen ‖ amour : C Poés. ‖ instrument de torture : C Poés., +C Poés. ¶ **3** petit morceau de graisse détaché du corps de la victime dans les sacrifices : T Pros.

taedĕo, V▶ *taedet*

taedescĭt, *ĕre*, -, -, impers., ***aliquem alicujus rei***, commencer à s'ennuyer de qqch. : +C Pros.

taedĕt, *ēre*, ***taedŭĭt*** et ***taesum est***, impers. ***a) aliquem alicujus rei***, être dégoûté, fatigué de qqch. : -C Théât., C Pros. ***b)*** [avec inf.] -C Théât., C Poés.

taedĭfĕra (dĕa), f., déesse portant une torche à la main [Cérès] : C Poés.

taedĭŏr, *ārĭs*, *ārī*, -, intr., être inquiet, s'inquiéter : T Pros.

taedĭum, *ĭi*, n., dégoût, ennui, lassitude, fatigue, aversion, répugnance : ***taedium afferre alicui*** C Pros., apporter de la lassitude à qqn [rebuter] ; ***rerum adversarum*** C Pros. ; ***belli*** C Pros., dégoût de l'adversité. lassitude de la guerre ‖ pl., C Poés. ‖ ***esse taedio alicui*** +C Pros., inspirer de la répugnance à qqn

taeduĭt, parf. de *taedet*

Taenăra, *ōrum*, n. pl., V▶ *Taenarum* : +C Théât., Poés.

Taenărĭdēs, *ae*, m., le Ténaride [Hyacinthe, qui était de Ténare] : C Poés.

Taenăris, *ĭdis*, f., femme de Ténare, de Laconie : C Poés. ‖ = Hélène : C Poés.

Taenărĭus, *a*, *um*, de Ténare, de Laconie, de Sparte : C Poés., +C Poés. ; ***deus*** C Poés., = Neptune ; ***Taenariae fauces*** C Poés., les gouffres du Ténare [entrée des enfers] ; ***Taenaria vallis*** C Poés., = l'enfer ; ***Taenarius currus*** T Pros., le char de Pluton ; ***Taenaria marita*** C Poés., Hélène

Taenărum, *i*, n., **-năra**, *ōrum*, n. pl., +C Théât., **-nărus**, +C Théât., **-nărŏs**, *i*, m., +C Poés., Ténare [promontoire de Laconie et ville du même nom, avec un temple de Neptune, des marbres noirs réputés et, suivant la tradition, une des entrées des enfers] ‖ [poét.] = les enfers : C Poés., +C Théât.

taenĭa, *ae*, f. ¶ **1** bande, bandeau, bandelette : C Poés., +C Poés. ¶ **2** [fig.] ***a)*** ténia, ver solitaire : -C Pros. ***b)*** platebande de l'architrave d'une colonne : C Pros.

taenĭŏla, *ae*, f., petite bande : +C Pros.

taesum est, V▶ *taedet*

taeter (tēter), *tra*, *trum*, adj. ¶ **1** qui affecte désagréablement les sens, repoussant, hideux, affreux, horrible : ***taeter odor*** C Pros., odeur repoussante ; ***cruor*** C Poés., un sang noir ; ***taetra belua*** C Pros., bête repoussante ; +C Poés. ; ***aliquid taetri*** C Pros., qqch. de repoussant ¶ **2** [moral[t]] : C Pros. ; ***in aliquem taeterrimus*** C Pros., le plus détestable, le plus abominable envers qqn ‖ ***taeterrimum bellum*** C Pros., la plus horrible des guerres

taetrē, adv., d'une façon affreuse, hideuse : C Pros. ; ***taeterrime*** C Pros.

taetrĭcus (tētr-), *a*, *um*, sombre, sévère : C Pros., Poés., +C Poés.

taetrĭtūdo, *ĭnis*, f., laideur, difformité : -C Théât.

taetrō, *ās*, *āre*, -, -, tr., souiller, infecter : -C Théât.

taetrum, adv., d'une manière affreuse : T Poés.

Tagastē, indécl., ville de Numidie [auj. Souk Ahras] ‖ **-ensis**, *e*, de Thagaste : T Pros. ; V▶ *Thagaste*

tăgax, *ācis*, m., qui touche à, voleur : -C Poés., C Pros.

Tăgēs, *ētis*, m., Étrusque, inventeur de la divination : C Pros., Poés.

Tageste, V▶ *Tagaste*

Tăgētĭcus, *a*, *um*, de Tagès : T Pros.

Tagrus, *i*, m., montagne de Lusitanie : C Pros.

Tăgus, *i*, m. ¶ **1** le Tage [fleuve d'Espagne] : C Pros., +C Poés. ¶ **2** nom d'un guerrier : C Poés.

talabarrĭo, *ōnis*, **talabarriuncŭlus**, *i*, m.(?), mot de sens inconnu : -C Pros.

Tălāĭŏnĭdēs, *ae*, m., fils de Talaos [Adraste] : +C Poés.

Tălāĭŏnĭus, *a*, *um*, de Talaos : C Poés.

tālārĭa, *ĭum*, n. ¶ **1** chevilles du pied : +C Pros. ¶ **2** talonnières, brodequins munis d'ailes [que les poètes donnent à Mercure] : C Poés. ; [à Persée] C Poés. ; [à Minerve] C Pros. ; [prov.] ***talaria videamus*** C Pros., vérifions nos talonnières, préparons-nous à fuir ¶ **3** robe longue, traînante : C Poés. ¶ **4** brodequins [instrument de torture qui serre les chevilles] : +C Pros.

tālāris, *e* ¶**1** qui descend jusqu'aux chevilles, long, traînant : ***tunica talaris*** [C] Pros., tunique talaire [d'un caractère efféminé] ¶**2** relatif à la *tunica talaris* : ***ludi talares*** [+C] Pros. ; → *1 talarius*

1 **tālārĭus**, *a, um*, ***talarius ludus*** [C] Pros., jeu [représentation, spectacle] d'un caractère efféminé ou licencieux [où les acteurs étaient sans doute vêtus de la *tunica talaris*]

2 **Tālārius**, *ii*, m., nom d'homme : [+C] Pros.

tălasĭo (**tălassĭo**), *ōnis*, m., cri lancé par le cortège nuptial : [+C] Poés. ; → *Talassus*

Tălāsĭus, *ĭi*, m., → *Talassus* : [C] Poés.

Tălassus, *i*, m., dieu du mariage : [+C] Poés. ; → *Talasius*

Tălăus, *i*, m., Talaos, père d'Adraste, d'Eurydice, d'Eriphyle : [C] Poés.

tālĕa, *ae*, f. ¶**1** pieu, piquet : [C] Pros. ¶**2** bouture, rejeton : [-C] Pros., [C] Pros. ‖ branche, tenon pour retenir deux murs ensemble : [C] Pros. ¶**3** ***talea ferrea*** [C] Pros., barre de fer [monnaie des Bretons]

tălentum, *i*, n. ¶**1** talent [poids grec variable ; environ 50 livres] : [C] Poés. ¶**2** talent [somme d'argent variable, mais toujours d'une certaine importance] : [C] Pros. ; [qqf. appelé grand talent] ***magnum talentum*** [-C] Théât., [+C] Pros., [T] Pros. ‖ autre talent valant 80 mines : [C] Pros.

tālĕŏla, *ae*, f., petite bouture : [+C] Pros.

tālĭo, *ōnis*, f., talion, peine du talion : [C] Pros., [+C] Pros.

tālis, *e*, dém. de qualité ¶**1** tel = de cette qualité, de cette nature, de ce genre : [C] Pros. ; ***pro tali facinore*** [C] Pros., en punition d'un crime de cette nature, d'un tel crime ‖ [annonçant ce qui suit] [C] Pros., [-C] d. [C] Pros., [C] Poés., [+C] Pros. ¶**2** [en corrélation] ***a)*** [avec *qualis*] tel que : [C] Pros. ***b)*** [avec *ac, atque*] : [-C] Théât., [C] Pros. ***c)*** [avec *ut* ou *qui* et subj. conséc.] : [C] Pros.

tālĭtrum, *i*, n., chiquenaude : [+C] Pros.

Talĭus, *ĭi*, m., nom d'homme : [+C] Pros.

talla, *ae*, f., pelure d'oignon : [-C] Poés.

Talna, *ae*, m., nom d'homme : [C] Pros.

talpa, *ae*, f., m. [C] Poés., taupe [animal] : [C] Pros., [+C] Pros.

Talthȳbĭus, *ĭi*, m., héraut grec au siège de Troie : [C] Poés. ‖ **Talthu-**, [-C] Théât.

tālus, *i*, m. ¶**1** astragale, malléole, cheville [du pied] : [C] Poés. ¶**2** cheville, talon [bas de la jambe] : [C] Pros. ; ***recto talo*** [C] Pros., solidement sur ses pieds ; [+C] Poés. ¶**3** [primit[t]] osselet à jouer, [puis] dé [rond de deux côtés avec les quatre autres marqués, tandis que les *tesserae* étaient marquées des six côtés : on jouait avec quatre *tali* et trois *tesserae*] : ***ad talos se conferre*** [C] Pros., s'adonner aux dés

tam, adv. dém. ¶**1** tant, autant, si, à ce degré, à ce point : [C] Pros. ; ***tam magnus*** [pour *tantus*] [-C] Théât., [+C] Poés., si grand ; ***tam modo***, à l'instant ; ***non tam haesitaret*** [C] Pros., il n'hésiterait pas à ce point ¶**2** [en corrélation] ***a)*** [avec *quam*] autant (aussi) ... que : [C] Pros. ‖ ***quam*** et superl. ...***tam*** et superl. ; plus ... plus : [-C] Pros., Théât., [C] Pros. ***b)*** [avec *quasi*] autant que si, comme si : [-C] Théât. ***c)*** [avec *ut* ou *qui, quae, quod* et le subj. conséc.] tellement que, assez pour : [C] Pros. ‖ [avec *qui*, la principale ayant valeur négative] [C] Pros. ***d)*** [avec *quin* et le subj. conséc., quand la principale est négative] [C] Pros.

tămărīcē, *ēs*, f., **-rīcum**, *i*, n., **-rīcĭum**, *ĭi*, n., **-riscus**, *i*, f., et **-rix**, *īcis*, f., [+C] Pros., tamaris [plante]

Tămăsŏs, *i*, f., nom d'une ville de Chypre ‖ **-āsēus**, *a, um*, de Tamasos : [C] Poés.

tamdīū (**tam dīū**), adv., aussi longtemps, si longtemps : [C] Pros. ‖ [en corrélation avec *quamdiu, quoad, dum, donec*] aussi longtemps que, tant que ‖ [avec *quam*] [C] Pros. ‖ [avec *ut* conséc.] si longtemps que : [C] Pros.

tămen, adv., cependant, pourtant, toutefois ¶**1** [restriction à une affirmation] : [C] Pros. ; ***et tamen*** [C] Pros. ; ***neque tamen*** [C] Pros. ‖ [C] Pros. ; [sans *ne*] [C] Pros. ‖ [en tête d'une lettre] [C] Pros. ‖ [dans une rel., réflexion restrictive] : [C] Pros. ‖ ***ne tamen...*** [C] Pros., pour éviter que malgré tout... ‖ [fortifié souvent par *sed*] mais pourtant : [C] Pros. [ou *verum*,] ¶**2** [restriction après ponctuation forte] : ***ac (atque) tamen*** [C] Pros., et pourtant ‖ ***sed tamen*** [C] Pros., mais pourtant, mais d'ailleurs ‖ ***et tamen (nec tamen)***, et d'ailleurs : [C] Pros. ; ***neque tamen...*** [C] Pros. ‖ ***sed tamen*** ou ***verum tamen*** suivi d'ellipse [aposiopèse] : [C] Pros. ; ***verum tamen*** [C] Pros., et pourtant, passe encore ‖ ***tamen*** ; en tête de phrase : [C] Pros. ‖ ***non tamen*** [+C] Pros., [anal. à *non idcirco*, il ne s'ensuit pas que] ¶**3** [après une subordonnée de sens concessif] ***a) quamquam... tamen***, quoique ... pourtant : [C] Pros. ***b) quamvis... tamen***, à quelque degré que ... pourtant : [C] Pros. ***c) etsi, tametsi... tamen***, quoique ... pourtant : [C] Pros. ***d) ut*** subj. ... ***tamen***, a supposer que ... pourtant [C] Pros. ***e) cum... tamen*** ; → *2 cum* ***f)*** [après relatif] [C] Pros. ¶**4** [*tamen* mis avant l'expr. concessive avec l'acception apparente de *etsi* ou *quamquam* = parataxe] ***tamen contemptus abs te haec habui in memoria*** [-C] Théât., malgré tes mépris, je m'en suis souvenu ; [C] Pros.

tămĕnetsi (**tămĕn etsi**), conj., quoique, bien que, → *tametsi* : [-C], [C] Pros.

Tămĕsis, *is*, m., [C] Pros., **Tămĕsa**, *ae*, f., [+C] Pros., la Tamise [fleuve de Bretagne]

tămetsi ¶**1** conj., quoique, bien que ***a)*** [avec indic.] [C] Pros. ***b)*** [subj.] [-C] Théât. ¶**2** adv., cependant, du reste, mais : [C] Pros.

Tamfana, → *Tanf* : [+C] Pros.

Tamĭāni, *ōrum*, m. pl., peuple d'Afrique : [C] Pros.

tămĭnĭa ūva, f., tamier [plante] : [+C] Pros.

Tamphĭlus, *i*, m., surnom romain : [C] Pros. ‖ **-ĭānus**, *a, um*, de Tamphilus : [C] Pros.

Tampsapŏr, *oris*, m., nom d'un général perse : [T] Pros.

tamquam (**tanquam**), adv. ¶**1** comme, de même que : [-C] Théât., [C] Pros. ‖ [en corrél. avec *sic* ou *ita*] [C] Pros. ¶**2** pour ainsi dire : [C] Pros. ¶**3** ***tamquam si*** [avec subj.], comme si : [C] Pros. ‖ ***tamquam*** [seul avec subj.], comme si : [C] Pros. ‖ dans la pensée que : [+C] Pros. ¶**4** par exemple : [+C] Pros.

Tănăgĕr, *gri*, m., Tanagre [fleuve de Lucanie] : [C] Poés.

Tānăgra, *ae*, f., ville de Béotie : [C] Pros. ‖ **-aeus**, *a, um*, de Tanagra : [C] Pros., [+C] Poés. ‖ ou **-ĭcus**, *a, um*, [C] Pros.

Tănăis, *is* ou *ĭdis*, m. ¶**1** le Tanaïs [fleuve qui sépare l'Europe de l'Asie, le Don] : [C] Poés., Pros. ¶**2** nom d'homme : [C] Poés. ¶**3** fleuve de Numidie [acc. *Tanain*] : [C] Pros. ¶**4** = le fleuve ; ***Iaxartes*** [+C] Pros.

Tănăītae, *ārum*, m. pl., les Tanaïtes, peuple riverain du Tanaïs : [T] Pros.

Tănăītĭcus, *a, um*, du fleuve Tanaïs : [T] Poés.

Tanăītis, *ĭdis*, f., habitante des bords du Tanaïs, Amazone : [+C] Théât.

Tănăquĭl, *ĭlis*, f., femme de Tarquin l'Ancien : [C] Pros. ‖ [fig.] femme ambitieuse : [+C] Poés.

Tanaus, *i*, m., nom d'une baie de la Bretagne : [+C] Pros.

tandem, adv. ¶**1** enfin, à la fin : [C] Pros. ‖ ***jam tandem*** [C] Pros., désormais enfin ; ***tandem aliquando*** [C] Pros., enfin une bonne fois [ou] ***aliquando tandem*** [C] Pros. ‖ [avec impér.] ***recognosce tandem*** [C] Pros., repasse enfin ¶**2** [dans les interrog. pressantes] enfin, donc : [C] Pros. ¶**3** [dans un raisonn[t]] en fin de compte : [C] Pros. ¶**4** [rare] bref : [+C] Pros.

tandĭu, → *tamdiu*

Tanētum, → *Tannetum*

Tanfāna, *ae*, f., divinité germanique : [+C] Pros.

tangĕdum, ***tange***, impér. de *tango*, → *dum*

tangĭbĭlis, *e*, qui peut être touché, palpable : [T] Pros.

tangō, *ĭs*, *ĕre*, *tĕtĭgī*, *tactum*, tr.

I [pr.] ¶**1** toucher : ***aliquem digitulo*** [-C] Théât., toucher qqn du bout du doigt ; ***genu terram*** [C] Pros., toucher la terre du genou ; ***manum*** [+C] Pros., tâter le pouls ¶**2** toucher à ***a)*** prendre : [C] Pros. ; ***nullum agrum*** [C] Pros., ne pas toucher à un champ ***b)*** goûter, manger : [-C] Théât., [C] Poés. ¶**3** toucher ***a)*** aborder un lieu, atteindre : [C] Pros. ***b)*** être contigu à : [C] Pros. ¶**4** = frapper ***a)*** [poét.] toucher les cordes d'une lyre : [C] Poés. ; ***flagello aliquem*** [C] Poés., toucher qqn de son fouet ***b)*** porter la main, ***aliquem***, sur qqn : [C] Pros. ***c)*** [au part.] ***de caelo tactus*** [C] Pros., frappé de la foudre [ou] [ou] seul, ***d) virginem*** [-C] Théât., toucher (= séduire) une jeune fille ; [C] Poés. ¶**5** imprégner,

mouiller [poét.] : ***corpus aqua*** [C] Poés., répandre de l'eau sur son corps
II [fig.] ¶**1** affecter, impressionner, émouvoir : [C] Pros. ¶**2** duper, attraper : [-C] Théât., [C] Pros. ¶**3** toucher, piquer par une raillerie : [-C] Théât. ¶**4** toucher, traiter, parler de : [C] Pros. ¶**5** toucher à, s'adonner à : ***carmina*** [C] Poés., mettre la main à la poésie

tangŏmĕnās, ***facere*** [+C] Pros., boire à tire-larigot

Tannetum, *i*, n., bourg de la Gaule cispadane [Tanets] : [C] Pros.

tanquam, ➡ *tamquam*

1 **Tantălēus**, *a, um*, de Tantale : [C] Poés.

2 **Tantălēus**, *ei* ou *eos*, m., ➡ *Tantalus* : [C] Poés.

Tantălĭdēs, *ae*, m., fils ou descendant de Tantale [Pélops, Atrée, Thyeste, Agamemnon, Oreste] : [C] Poés. ‖ pl.,race de Tantale : [C] Pros.

Tantălis, *ĭdis*, f., fille ou petite-fille de Tantale : [C] Poés., [+C] Poés.

Tantălus, *i*, m. ¶**1** Tantale [fils de Jupiter, père de Pélops et de Niobé] : [C] Pros. ¶**2** fils d'Amphion et de Niobé : [C] Poés.

tanti, gén. n. de *tantus*, marquant le prix : [C] Pros. ‖ [fig.] ***tanti esse, ut*** subj.,avoir une si grande valeur que : [C] Poés., Pros. ; ***id non tanti est quam quod...*** [C] Pros., cela n'a pas une aussi grande valeur que ce fait que... ; ***est mihi tanti... subire*** [C] Pros., cela vaut la peine pour moi d'affronter ; ***nihil est tanti*** [C] Pros., rien ne vaut cela

tantīdem, adv., de même prix : [fig.] [C] Pros.

tantillŭlus, *a, um*, si petit, minuscule : [+C] Pros.

tantillum, *i*, n., une si petite quantité : [-C] Théât. ‖ pour un tout petit peu de temps : [T] Pros.

tantillus, *a, um*, si petit : [-C] Théât.

tantispĕr, adv. ¶**1** aussi longtemps, pendant tout ce temps : [C] Pros. ‖ en attendant, jusqu'à nouvel ordre : [C] Pros. ¶**2** [en corrél. avec *dum*] pendant tout le temps que : [C] Pros. ‖ [avec *quoad*] [+C] Pros., jusqu'à ce que

tantō, adv., [avec compar. ou expr. de comparaison] autant, tant, de cette quantité ¶**1** ***tanto ante*** [C] Pros., si longtemps avant ; ***post tanto*** [C] Poés., [+C] Pros., si longtemps après ‖ ***tanto nequior*** [-C] Théât., tu aggraves ton cas [tu n'en es que pire] ; ***tanto melior*** [-C] Théât., tant mieux, bravo ! ¶**2** [en corrél. avec *quanto*] autant que : [C] Pros. ‖ [en corrél. avec *quantum*] [C] Pros., [+C] Pros.

tantŏpĕrĕ (tantō ŏpĕrĕ), à ce point, tellement : [C] Pros. ***tantopere... quantopere*** (***quam*** [C] Pros., autant que) ‖ ***tantopere, ut*** [subj.] [C] Pros. à tel point que

tantŭlō, abl. n. de prix, à si bas prix, si bon marché : [C] Pros.

1 **tantŭlŭm**, n. pris adv^t, si peu que ce soit : [C] Pros.

2 **tantŭlum**, n. pris subst^t, une aussi petite quantité : [C] Poés. ‖ aussi peu que cela, pas plus que cela : ***tantulum morae*** [C] Pros., un tant soit peu de retard

tantŭlus, *a, um*, aussi petit : [C] Pros. ‖ ***tantulus ut*** [C] Pros., tellement petit (faible) que

1 **tantum**, n. de *tantus* pris adv^t ¶**1** ***a)*** [abs^t, m. à m.] relativement à cette grandeur, à cette quantité, autant, à ce point : [C] Pros. ; ➡ *tantus* ¶ *1* fin ***b)*** [corrél. de *quantum*] [C] Pros. : [C] Pros. ‖ [au lieu de *tam* avec des adj.] [C] Poés. ‖ [avec *ut* conséc.] [C] Pros. ; [qqf.] = si peu, que : [C] Pros. ¶**2** seulement : [C] Pros. ; ***non tantum... sed (etiam)***, non seulement, mais encore ‖ ***tantum non*** [C] Pros., presque ‖ ***tantum quod***, juste, précisément [temporel] : [C] Pros., [+C] Pros. ; avec cette réserve que, seulement : [C] Pros., (mais ***tantum quod*** Liv., seulement par le fait que) ‖ ***tantum ut*** [subj.] [C] Poés., = ***modo ut***

2 **tantum**, n. pris subst^t, cette grandeur, cette quantité, autant, tant ***a) tantum debuit*** [-C] Théât., c'est la somme qu'il devait ; [C] Pros. ‖ ***tantumst*** [-C] Théât., c'est tout ***b) tantum quam*** [-C] Théât., autant que ***c) tantum... quantum***, autant... que ; [C] Pros. ‖ ***tantum quantum***, cela seulement (en quantité) que, seulement autant que : [C] Pros. ‖ ***alterum tantum*** [-C] Théât., le double ***d)*** [avec rel. conséc.] : [C] Pros. ; [avec *unde* = *ex quo*] [C] Pros. ***e)*** [avec *ut* conséc.] ***tantum animi, ut*** [C] Pros., assez de courage pour ; ***tantum momenti ut*** [C] Pros., une telle importance que ‖ [expr.] ***tantum abest ut... ut*** ; ➡ *absum*

‖ [restriction] [C] Pros. ***f) in tantum*** [C] Poés., à un si haut degré ; [+C] Pros. ; ***in tantum, ut*** [+C] Pros., à tel point que

tantumdem, n. pris subst^t, cette même quantité, juste autant : [C] Pros.

tantummŏdŏ, adv., seulement : [C] Pros.

tantundem, ➡ *tantumdem*

tantus, *a, um*, dém. de quantité, de grandeur ¶**1** de cette quantité, de cette grandeur, aussi grand : [C] Pros. ‖ [pour conclure en renvoyant à ce qui précède, ➡ *1 hic*] [C] Pros. ‖ grand comme cela = de qq. grandeur : [C] Pros. ¶**2** en corrél. ***a) tantus... quantus***, aussi grand que : [C] Pros. ***b) tantus... quam*** [C] Poés., Pros., [+C] Pros. ***c)*** [avec *ut* ou le rel. suivis du subj.] si grand que, de telle importance que ; [C] Pros. ‖ [restriction] tel sous le rapport de la grandeur = si petit, si faible que : [C] Pros. ¶**3** pl., ***tanti = tot*** : [T] Pros.

tantusdem, *tădem, tumdem*, juste de cette grandeur, juste aussi grand : [-C] Théât. ; ➡ *tantumdem*

Tanŭsius, *ii*, m., nom de famille romaine : [C] Pros. ‖ nom d'un historien : [+C] Pros.

tăpētĕ, *is*, n., **tăpētum**, *i*, n., tapis, tapisserie [pour recouvrir toute espèce de choses] : nom. pl., ***tapetia*** : [-C] Théât. ‖ abl. pl., ***tapetibus*** : [C] Poés., Pros. ‖ abl. pl., ***tapetis*** : [C] Poés., [+C] Poés.

tăpētum, ➡ *tapete*

tăphus (tăfus), *i*, m., tombeau : [+T] Poés.

tăpīnōma, *ătis*, n., mot grossier : [T] Pros.

Tappŭlus, *i*, m., surnom romain : [C] Pros.

Tāprŏbănē, *ēs*, f., Taprobane [île de la mer des Indes, Ceylan] : [C] Poés.

Taps-, ➡ *Thaps-*

Tărănis, *is*, m., Jupiter gaulois [à qui l'on immolait des victimes humaines] : [+C] Poés.

Tărās, *antis*, m. ¶**1** fondateur de Tarente : [+C] Poés. ¶**2** Tarente : [+C] Poés.

Tărătalla, appellation plaisante d'un cuisinier par souvenir d'Homère *Iliade 1, 465* μίστυλλόν τ' ἄρα τ' ἄλλα : [+C] Poés.

tărătantăra, taratata [onomatopée destinée à imiter le bruit de la trompette] : [-C] Pros.

tărax, *ăcis*, m., coq de bruyère : [T] Poés.

Tarbelli, *ōrum*, m. pl., Tarbelles [peuple d'Aquitaine, cf. Tarbes] : [C] Pros. ‖ **-bellĭcus**, [+C] Poés. ou **-bellus**, *a, um*, [C] Poés., des Tarbelles

Tarcho, *ōnis*, , **Tarchon**, *ontis*, m., Tarchon [chef étrusque] : [C] Poés., [+C] Poés.

Tarcondimotus, *i*, m., nom d'un petit roi de Pisidie : [C] Pros.

tardātus, *a, um*, part. de *tardo*

tardē, adv. ¶**1** lentement : ***tardius*** [C] Pros., plus lentement ; ***-dissime*** [C] Pros., avec le plus de lenteur ¶**2** tardivement, tard : [C] Pros.

tardescō, *ĭs, ĕre, dŭī*, -, intr., devenir lent, s'engourdir : [C] Poés.

tardĭgĕnuclus, *a, um*, qui se traîne lentement [qui a les genoux pesants] : [+C] Pros.

tardĭgrădus, *a, um*, à la démarche lente : [-C] d. [C] Pros.

tardĭlinguis, *e*, à la langue embarrassée, qui bégaye : [T] Pros.

tardĭlŏquus, *a, um*, à la parole lente : [+C] Pros.

tardĭpēs, *edis*, m., qui marche lentement : ***Tardipes deus***, ou [abs^t] ***Tardipes***, le dieu boiteux, Vulcain : [C] Poés., [+C] Pros.

tardĭtās, *ātis*, f. ¶**1** lenteur : ***navium*** [C] Pros., lenteur de déplacement des vaisseaux ; ***occasionis*** [C] Pros., les lenteurs de l'occasion ; ***legatorum*** [C] Pros., retards causés par une ambassade : [C] Pros. ; ***tarditas veneni*** [+C] Pros., lent effet du poison ¶**2** lenteur d'esprit, facultés bornées : [C] Pros.

tardĭtĭēs, *ēi*, f., ➡ *tarditas* : [-C] Théât.

tardĭtūdo, *ĭnis*, f., marche lente, lenteur : [-C] Théât.

tardĭuscŭlē, adv., un peu lentement : [+C] Pros.

tardĭuscŭlus, *a, um*, un peu lent : [-C] Théât.

tardō, *ās, āre, āvī, ātum*, tr., retarder, mettre du retard à, ralentir, arrêter dans sa marche : ***cursum, profectionem*** [C] Pros., ralentir une course, retarder un départ ; ***impetum hostium*** [C] Pros., arrêter l'élan de l'ennemi ; ***aliquem*** [C] Pros., arrêter qqn dans sa marche ‖ ***Romanos ad insequendum*** [C] Pros., gêner les Romains dans la poursuite ‖ [avec inf.] [C] Pros. ; [avec *quominus*] [T] Pros. ; [avec nég. et *quin*] ***aliquem non tardare quin*** [C] Poés., ne pas empêcher qqn de ‖ [pass. impers.] [C] Pros.

tardŏr, *ōris*, m., → *tarditas* : [C] Poés.

tardus, *a, um* ¶ **1** lent, traînant, qui tarde : [C] Pros. ; ***(homo) tardus*** [C] Pros., un homme lent [fam[t], un lambin] ; ***ad injuriam tardiores*** [C] Pros., plus lents à commettre l'injustice ; ***incessu tardus*** [+C] Pros., lent dans sa démarche ; [avec inf.] lent à faire qqch. : [+C] Poés. ; [avec gén.] ***tardus fugae*** [+C] Poés., lent à fuir ‖ ***poena tardior*** [C] Pros., punition plus lente à venir ‖ [poét.] ***tarda podagra*** [C] Poés. ; ***tarda senectus*** [C] Poés., la goutte, la vieillesse qui ralentit [le ralentissement qui est propre à la goutte, à la vieillesse, la pesanteur de ...] ¶ **2** [fig.] ***a)*** lent [d'esprit], lourd, bouché, borné : [C] Pros. ‖ ***tardus in cogitando*** [C] Pros., long à trouver les idées, lent dans l'invention ; ***non tardus sententiis*** [C] Pros., plein de vivacité dans l'invention ***b)*** [C] Pros., [+C] Pros. ; ***tardior pronuntiatio*** [+C] Pros., débit plus lent, ralenti

Tărentīna nux (Tĕr-), f., variété de noix : [T] Pros.

Tărentīnus, *a, um*, tarentin, de Tarente : [C] Pros. ‖ **-tīni**, *ōrum*, m. pl., Tarentins, habitants de Tarente : [C] Pros.

1 **Tărentum**, *i*, n., Tarente [ville de Grande-Grèce] : [C] Pros., Poés. ‖ **Tărentus**, *i*, f., [+C] Poés.

2 **tărentum**, *i*, n., tombeau : [C] Pros. ; → *Terentum*

tărīcus, *a, um*, salé : [+C] Pros.

tarmĕs, *ĭtis*, m., ver qui ronge le bois : [-C] Théât.

Tarnis (Tarnēs), *is*, f., rivière d'Aquitaine [le Tarn] : [T] Poés.

Tarpa, *ae*, m., surnom romain, not[t] Maecius Tarpa, critique du temps d'Auguste : [C] Poés.

Tarpēia, *ae*, f., jeune fille qui livra la citadelle de Rome (le Capitole) aux Sabins : [C] Pros., [+C] Pros. ‖ [d'où] ***a) Tarpēius mons***, le mont Tarpéien [pour désigner le Capitole] : [C] Pros., [C] Poés., [+C] Poés. ***b)*** [en part.] la roche Tarpéienne [d'où on précipitait les criminels] : ***saxum Tarpeium*** [C] Pros. ; ***Tarpeia rupes*** [+C] Pros. ; [abs[t]] ***Tarpeium*** [+C] Pros. ***c)*** épithète de Jupiter, → *1 Capitolinus* : [C] Poés., [+C] Poés.

Tarpēiānus, *a, um*, à la Tarpéius [recette] : [+C] Pros.

Tarpēius, *i*, m. ¶ **1** nom de famille romaine, not[t] Sp. Tarpeius, père de Tarpeia : [C] Pros. ¶ **2** adj., → *Tarpeia*

Tarquinĭi, *ōrum*, m. pl., Tarquinia [ville d'Étrurie, patrie des Tarquins] : [C] Pros. ‖ **-ĭensis**, *e*, de Tarquinia : [C] Pros. ; ***in Tarquiniensi*** [C] Pros., dans le territoire de Tarquinia ‖ **-ĭenses**, *ium*, habitants de Tarquinia : [C] Pros.

1 **Tarquĭnĭus**, *ĭi*, m., Tarquin [nom de deux rois de Rome, Tarquin l'Ancien, Tarquin le Superbe] : [C] Pros. ; pl., **Tarquĭnĭi**, *ōrum*, m. pl., les Tarquins : [C] Pros.

2 **Tarquĭnĭus**, *a, um*, de Tarquin : [C] Pros.

Tarquĭtĭus, *ĭi*, m., nom d'un Étrusque qui écrivit sur la divination : [T] Pros. ‖ **-tĭānus**, *a, um*, de Tarquitius : [T] Pros.

Tarrăcīna, *ae*, f., [C] Pros., **-cīnae**, *ārum*, f. pl., [C] Pros., ville du Latium ‖ **-īnensis**, *e*, de Terracine : [C] Pros. ‖ **īnenses**, *ĭum*, m. pl., habitants de Terracine : [+C] Pros.

Tarrăco, *ōnis*, f., ville principale de la Tarraconaise [Tarragone] : [C] Pros. ‖ **-cōnensis**, *e*, de la Tarraconaise : [C] Pros. ; ***colonia Tarraconensis*** [+C] Pros., la colonie de Tarragone

Tarratĭus, *ĭi*, m., nom d'homme : [T] Pros.

Tarsa, *ae*, m., nom d'un chef des Thraces : [+C] Pros.

Tarsumennus, → *Trasumenus*

Tarsus, *i*, f., **Tarse** [ville de Cilicie] **-senses**, *ĭum*, m. pl., habitants de Tarse : [C] Pros.

Tartărīnus, *a, um*, digne du Tartare, affreux : [-C] Pros.

Tartărus et **Tartărŏs**, *i*, m., [C] Poés. et **Tartăra**, *ōrum*, n. pl., [C] Poés., le Tartare, les Enfers : ***Tartarus pater*** [+C] Poés., Pluton ‖ **-ărĕus**, *a, um*, du Tartare, des Enfers : [C] Pros., Poés. ‖ infernal = effrayant, horrible : [C] Poés.

tartēmŏrĭon, → *tetartemorion*

Tartēsĭus, → *Tartessius*, → *Tartessus*

Tartessus, **Tartessŏs (-ēsŏs)**, *i*, f., Tartessos [ville à l'embouchure du Guadalquivir] : [+C] Poés. ‖ **-tessĭus**, *a, um*, de Tartessos : [C] Poés., [+C] Poés. ‖ = espagnol : [+C] Poés. ‖ **-tessĭi**, *ōrum*, habitants de Tartessos : [C] Pros. ‖ **-tessĭăcus**, *a, um*, de Tartessos : [+C] Poés., Pros. ‖ **-tessis**, *ĭdis*, adj. f., de Tartessos : [+C] Pros.

Tartēsus, → *Tartessus*

Tarusātes, *um* ou *ĭum*, m. pl., peuple d'Aquitaine : [C] Pros.

Tarutĭus, *ii*, m., nom d'un astrologue : [C] Pros.

Tarvīsus, *i*, f., **-vīsum**, *i*, **-visĭum**, *ĭi*, n., ville de Vénétie (Trévise) : [+T] Poés.

tasgetĭus, *ii*, m., chef des Carnutes : [C] Pros.

tăt, eh ! : [-C] Théât.

tăta, *ae*, m., papa [mot enfantin] : [+C] Poés.

Tătĭus, *ĭi*, m., Tatius [roi des Sabins] : [-C] Pros., [C] Pros., Poés. ‖ **Tătĭus**, *a, um*, de Tatius : [C] Poés.

tau, n. indécl., [lettre gauloise, θ = *ts*] [+C] Pros.

Tāŭgĕta, → *Taygeta*

Tāŭgĕtē, → *Taygete*

Taulantĭi, *ōrum*, m. pl., peuple d'Illyrie : [C] Pros. ‖ **-tĭus**, *a, um*, des Taulantes : [+C] Poés.

Taunus, *i*, m., montagne et ville forte de Germanie : [+C] Pros.

taura, *ae*, f., taure, vache stérile : [C] Pros., [+C] Pros.

Taurānus, *i*, m., nom de guerrier : [+C] Poés.

Taurasĭa, *ae*, f., ville du Samnium ‖ **-sīni**, *ōrum*, m. pl., habitants de Taurasia : [C] Pros.

Tauraunitĭum rĕgĭo, partie de la Grande-Arménie : [+C] Pros.

1 **taurĕa**, *ae*, f., lanière en cuir de bœuf : [+C] Poés.

2 **Taurĕa**, *ae*, m., surnom d'un Campanien : [C] Pros.

taurĕus, *a, um*, de taureau, de cuir : [C] Poés. ; ***taurea terga*** [C] Poés., peaux, cuirs de taureaux [ou tambourins]

Tauri, *ōrum*, m. pl., Taures, habitants de la Tauride [Chersonèse Taurique] : [C] Pros., Poés.

taurĭcornis, *e*, qui a des cornes de taureau : [T] Poés.

Taurĭcus, *a, um*, Taurique, de la Tauride : [C] Poés.

taurĭfĕr, *ĕra, ĕrum*, qui produit ou nourrit des taureaux : [+C] Poés.

taurĭformis, *e*, qui a la forme d'un taureau : [C] Poés.

taurĭgĕnus, *a, um*, de taureau : [-C] Théât.

Taurĭi lūdi, *ōrum*, m. pl., jeux et sacrifices en l'honneur des dieux infernaux : [C] Pros.

Taurīnās, → *Taurini*

Taurīni, *ōrum*, m. pl., les Tauriniens [peuple habitant les Alpes Cottiennes] : [C] Pros. ‖ [capitale] ***Augusta Taurinorum*** [auj. Turin] : [+C] Pros. ‖ **Taurīnus**, *a, um*, taurinien, des Tauriniens : [+C] Poés. ; ***Taurinus saltus*** [C] Pros., défilé des Tauriniens

1 **taurīnus**, *a, um*, de taureau, de bœuf : [C] Poés.

2 **Taurīnus**, *a, um*, → *Taurini*

Tauris, *ĭdis*, f., île voisine de l'Illyrie : [C] Pros.

Tauriscus, *i*, m., nom d'un acteur : [C] Pros.

taurŏbŏlus, *i*, m., prêtre chargé du taurobole : [T] Poés.

Taurŏīs, *ŏentis*, m., port fortifié de la Narbonnaise : [C] Pros.

Taurŏmĕnĭum (-mĭnĭum), *ii*, n., ville maritime de Sicile [Taormina] : [C] Pros. ‖ **-nĭtānus**, *a, um*, de Tauroménium : [C] Pros., [+C] Poés. ‖ **-nĭtāni**, *ōrum*, m. pl., habitants de Tauroménium : [C] Pros.

Taurŏmĕnum, *i*, n., → *Tauromenium* : [C] Poés.

Taurōn, *ōnis*, m., nom d'homme : [+C] Pros.

Taurŏpŏlŏs, *i*, f., surnom de Diane : [C] Pros.

Tauroscȳthae, *ārum*, m. pl., Tauroscythes, habitants de Tauride : [T] Pros.

Taurŭbŭlae, *ārum*, f. pl., deux petites hauteurs dans l'île de Capri : [+C] Poés.

taurŭlus, *i*, m., taurillon : [+C] Pros.

1 **taurus**, *i*, m. ¶1 taureau : [C] Pros., Poés. ¶2 [fig.] ***a)*** taureau d'airain de Phalaris : [C] Pros. ***b)*** le Taureau, constellation : [C] Poés. ***c)*** racine d'arbre : [+C] Pros.

2 **Taurus**, *i*, m., montagne de Lycie : [C] Pros. ‖ ***Tauri Pylae*** [C] Pros., les portes du Taurus, défilé entre la Cappadoce et la Cilicie

3 **Taurus**, *i*, m., nom d'homme : [C] Pros.

Taus, ➡ *Tanaus*

tax, ➡ *tuxtax*

taxātĭo, *ōnis*, f., estimation, appréciation, valeur : [C] Pros., [+C] Pros.

taxātus, *a*, *um*, part. de *taxo*

taxĕa, *ae*, lard : [-C] Théât., [T] Pros.

1 **taxĕus**, [+C] Poés. et **taxĭcus**, *a*, *um*, d'if

2 **taxĕus**, *i*, f., ➡ *taxus* : [+C] Pros.

Taxilēs, *is*, m., nom héréditaire du souverain qui régnait sur les Taxiles dans l'Inde : [+C] Pros.

taxillus, *i*, m., petit dé à jouer : [C] Pros.

taxim, adv., peu à peu, tout doucement : [C] Poés.

Taximagŭlus, *i*, m., roi d'une partie de la Bretagne : [C] Pros.

taxō, *ās*, *āre*, *āvī*, *ātum*, tr. ¶1 toucher souvent et fortement : [+C] Pros. ¶2 [fig.] ***a)*** blâmer, reprendre : [+C] Pros. ***b)*** estimer, évaluer, taxer : [+C] Pros. ‖ apprécier : [+C] Pros.

tax pax, onomatopée qui marque le bruit des coups : [-C]; ➡ *tuxtax*

taxus, *i*, f., if [arbre qui passait pour vénéneux] : [C] Pros., Poés. ‖ pique, lance [en bois d'if] : [+C] Poés.

Tāÿgĕta (**Tāŭgēta**), *ōrum*, n. pl., [C] Poés., **Tāÿgĕtus**, *i*, m., [C] Pros., [C] Poés., le Taygète [montagne de Laconie]

Tāÿgĕtē, *ēs*, f., Taygète [fille d'Atlas] : [C] Poés.

1 **tē**, acc. et abl. de *1 tu*

2 **-tĕ**, partic. de renforcement jointe à *1 tu*, *1 te*

Tĕānum Āpŭlum, n., Téanum d'Apulie : [C] Pros. ‖ **-nenses**, *ĭum*, m. pl., habitants de Téanum : [C] Pros.

Tĕānum Sidicinum, Téanum des Sidicins [Teano] : [C] Pros.

Tĕātĕ, *is*, n., ville d'Apulie [= *Teanum Apulum*] : [+C] Poés.

Tĕātes, *um*, m. pl., peuple d'Apulie : [C] Pros.

tēba, *ae*, f., tertre, colline : [C] Pros.

Tebassus, *i*, m., nom d'homme : [C] Pros.

techĭna, ➡ *techna* : [-C] Théât.

techna, *ae*, f., ruse, fourberie, tromperie : [-C] Théât. ; ➡ *techina*

technĭcus, *i*, m., maître d'un art, spécialiste, technicien : [+C] Pros.

Tecmessa, *ae*, f., Tecmesse [femme d'Ajax] : [C] Poés.

Tecmōn, *ōnis*, m., ville d'Épire : [C] Pros.

Tecta, *ae*, f., s.-ent. ***via***, une des voies de Rome : [C] Poés.

tectārĭum, *ĭi*, n., couvercle : [-C] Pros.

tectē, adv. ¶1 à couvert, en restant protégé : [C] Pros. ¶2 en cachette, secrètement : [C] Pros. ‖ ***tectius*** [C] Pros.

tectŏnĭcus, *a*, *um*, architectonique : [T] Poés.

tectŏr, *ōris*, m., badigeonneur, stucateur : [C] Pros.

tectōrĭŏlum, *i*, n., petit ouvrage de stuc : [C] Pros.

tectōrĭum, *ĭi*, n. ¶1 revêtement de stuc, enduit de stuc : [C] Pros. ¶2 enduit, plâtrage, fard : [+C] Poés. ‖ [fig.] fard du langage, plâtrage : [+C] Poés.

tectōrĭus, *a*, *um* ¶1 qui sert à couvrir : [-C] Théât. ¶2 qui sert à revêtir, à crépir : [C] Pros.

Tectŏsăges, *um*, m. pl., **Tectŏsăgi**, *ōrum*, m. pl., les Tectosages ¶1 peuple volque de Narbonnaise : [C] Pros. ¶2 peuple galate d'Asie Mineure : [C] Pros.

tectŭlum, *i*, n., petit toit : [T] Pros.

tectum, *i*, n. ¶1 toit, toiture de maison : [-C] Théât., [C] Poés., Pros. ‖ plafond, lambris : [-C] Théât., [C] Pros., Poés. ¶2 abri, maison ***a) in tecto*** [-C] Pros., à l'abri, sous un toit ; ***tecto recipi*** [C] Pros., être reçu sous un toit, trouver un asile ‖ ***tectum non subire*** [C] Pros., ne pas pénétrer dans une demeure, n'avoir pas de domicile fixe ***b)*** asile, repaire de bêtes sauvages : [C] Poés. ‖ nid d'oiseau : [C] Poés.

tectus, *a*, *um*, adj[t], : ***a)*** caché, couvert, souterrain : [C] Pros. ***b)*** [fig.] ***verba tecta*** [C] Pros., mots couverts ‖ ***in dicendo tectissimus*** [C] Pros., très circonspect dans ses discours ; ***tectiores*** [C] Pros., plus discrets ; ***tecti ad alienos*** [C] Pros., discrets, réservés avec les étrangers ‖ secret : [T] Poés. ***c) tecta navis*** [C] Pros., navire ponté ; ➡ *apertus*

tecum, ➡ *cum te*, avec toi ➡ *1 cum*

tēd, [arch.] ➡ *1 te* : [-C] Théât.

tēda, **tēdĭfĕr**, ➡ *taeda*

Tēdignĭlŏquĭdēs, *ae*, m., [mot forgé par Plaute] parleur digne de toi : [-C] Théât.

Tedĭus, *ii*, m., nom d'homme : [+C] Pros.

Tĕgĕa, *ae* (**Tĕgĕē**, *ēs*, [+C] Poés.), f., d'Arcadie : [+C] Poés.

Tĕgĕaeus, **Tĕgĕēus**, *a*, *um*, de Tégée, d'Arcadie : [C] Poés., [+C] Poés. ‖ **Tĕgĕaea**, l'Arcadienne, Atalante : [C] Poés.

Tĕgĕātae, *ārum*, m. pl., Tégéates, habitants de Tégée : [C] Pros. ‖ **-ātĭcus**, *a*, *um*, d'Arcadie : [+C] Poés.

Tĕgĕātis, *ĭdis*, adj. f., de Tégée, Arcadienne : [+C] Poés. ‖ l'Arcadienne, Atalante : [+C] Poés.

Tĕgĕē, ➡ *Tegea*

Tĕgĕēus, ➡ *Tegeaeus*

tĕgĕs, *ĕtis*, f., natte, couverture : [C] Pros., [+C] Pros.

tĕgĕtĭcŭla, *ae*, f., petite natte : [C] Pros., [+C] Poés., Pros.

tĕgĭlĕ, *is*, n., ce qui couvre, vêtement : [+C] Pros.

tĕgillum, *i*, n., petit paletot, petit capuchon : [-C] Théât.

tĕgĭmĕn, ➡ *tegmen* : [C] Pros., Poés., [+C] Pros.

tĕgĭmentum, ➡ *tegumentum* : [C] Pros.

tegmen (**tĕgĭmen**, **tĕgŭ-**), *ĭnis*, n. ¶1 tout ce qui sert à couvrir ***a)*** vêtement : [C] Pros., Poés. ‖ ***textile tegmen*** [C] Poés., vêtement tissé ***b)*** cuirasse, armure : [C] Pros. ***c)*** casque : [+C] Pros. ***d)*** abri pour la vigne : [+C] Pros. ***e)*** enveloppe du grain : [+C] Pros. ‖ ***caeli tegmen*** [C] Poés., voûte du ciel ‖ ***fluminis*** [+C] Pros., couche de glace ¶2 [fig.] ce qui sert à protéger, protection, défense : [C] Pros.

tegmentum, ➡ *tegumentum*

tĕgō, *ĭs*, *ĕre*, *tēxī*, *tectum*, tr. ¶1 couvrir, recouvrir : [C] Pros. ; ***tectae naves*** [C] Pros., navires pontés ; [poét.] [C] Poés. ‖ couvrir d'un vêtement, vêtir : [C] Poés. ‖ [sépulture] [C] Poés. ¶2 cacher, abriter : [C] Pros. ‖ [fig.] voiler, cacher, dissimuler : [C] Pros. ¶3 garantir, protéger : [C] Pros. ‖ ***tegi*** [C] Pros., se couvrir [milit.] ‖ [fig.] [C] Pros. ; ***innocentia tectus*** [C] Pros., couvert de son innocence ; ***ab audacia alicujus tegere aliquem*** [C] Pros., protéger qqn contre l'audace de qqn ‖ [en part.] ***tegere latus alicui*** [C] Poés., [+C] Pros., couvrir le côté de qqn, marcher au côté de qqn ; ***aliquem tegere*** [C] Poés., accompagner qqn, environner qqn ; [+C] Poés.

tēgŭla, *ae*, f., tuile : [C] Pros., Poés. ‖ [surt. au pl.] tuiles, [d'où] toit, toiture : [C] Pros. ‖ tuile creuse sur laquelle on faisait rôtir les viandes : [+C] Pros.

tĕgŭmĕn, ➡ *tegmen* : [C] Poés., Pros.

tĕgŭmentum (**tĕgim-**, **tegm-**), *i*, n., ce qui couvre, ce qui enveloppe : [C] Pros. ‖ ***tegumenta capitis*** [C] Pros., des perruques

tĕgŭrĭum, *ĭi*, n., ➡ *tugurium* ‖ hutte : [T] Pros.

Tēĭus, *a*, *um*, de Téos : [C] Poés. ‖ **Tēĭi**, *ōrum*, m. pl., habitants de Téos : [C] Pros.

tēla, *ae*, f. ¶**1** toile : [C] Pros., Poés. ‖ toile d'araignée : [-C] Théât., [C] Poés., [+C] Poés. ¶**2** *a)* chaîne de la toile : [C] Poés. *b)* métier de tisserand : [-C] Pros., [C] Poés. ¶**3** [fig.] trame, intrigue, manœuvre, machination : [-C] Théât., [C] Pros.

Tēlămo (-ōn), *ōnis*, m., fils d'Éaque et père d'Ajax : [C] Pros., Poés., [+C] Poés.

tĕlămōnes, *um*, m. pl., [archit.] télamons [supports en forme d'homme, atlantes] : [C] Pros.

Tēlămōnĭădēs, *ae*, m., le fils de Télamon, Ajax : [C] Poés.

Tēlămōnĭus, *a*, *um*, de Télamon ‖ **-nĭus**, *ĭi*, m., Ajax : [C] Poés.

tēlānae fīcus, f. pl., espèce de figues : [-C] Pros.

Telchīnes, *um*, m. pl., les Telchines [famille de prêtres exerçant la magie, qui vinrent s'établir à Rhodes] : [C] Poés., [+C] Poés.

Tēlĕbŏae (Tēlŏbŏae), *ārum*, m. pl., Téléboens [peuple de l'Acarnanie] : [-C] Théât. ‖ [venus coloniser l'île de Capri, en face de Sorrente] [C] Poés., [+C] Pros., Poés.

Tēlĕgŏnus (-ŏs), *i*, m., Télégonos [fils d'Ulysse et de Circé, meurtrier de son père qu'il ne connaissait pas, fondateur de Tusculum] : [C] Poés., [+C] Poés.

Tēlĕmăchus, *i*, m., Télémaque [fils d'Ulysse et de Pénélope] : [C] Poés., Pros., [+C] Poés.

Tēlĕmus, *i*, m., Télème [devin, fils de Protée] : [C] Poés., [+C] Poés.

Tēlĕphus, *i*, m. ¶**1** Téléphe [fils d'Hercule, roi de Mysie] : [C] Poés., [+C] Poés. ¶**2** un ami d'Horace : [C] Poés.

tĕlesfŏrus, *i*, f., courtisane sacrée : [T] Pros.

Tĕlĕsĭa, *ae*, f., ville du Samnium : [C] Pros.

Tĕlĕsīna, → *Thelesina*

Tĕlesphŏrus, *i*, m., surnom d'homme : [+C] Poés.

Telestes, *ae* ou *is*, m., Crétois, père d'Ianthe : [C] Poés.

Tĕlestis, *ĭdis*, f., personnage de jeune fille : [-C] Théât.

tĕlĕta, *ae*, f., initiation, consécration : [+C] Pros., [T] Pros.

Tĕlĕthūsa, *ae*, f., femme de Lygdus et mère d'Iphis : [C] Poés.

tēlĭgĕr, *ĕra*, *ĕrum*, qui porte des traits : [+C] Théât.

tēlīnum, *i*, n., parfum tiré de la plante appelée *telis* : [-C] Théât.

tellāna, *ae*, f., figue noire : [-C] Pros.

Tellēna, *ōrum*, n. pl., Tellène [ancienne ville du Latium] : [C] Pros.

Tellūmo, *ōnis*, f., divinité qui symbolise la fécondité de la terre : [T] Pros.

tellūs, *ūris*, f. ¶**1** la Terre, le globe terrestre : [C] Pros., Poés. ‖ ***Tellus***, la Terre, déesse : [C] Pros. ¶**2** [poét.] *a)* terre, sol, terrain : [C] Poés. *b)* bien, propriété, domaine : [C] Poés. *c)* pays, contrée : [C] Poés.

Telmessenses, *ĭum*, m. pl., et **Telmesses**, *ĭum*, m. pl., habitants de Telmesse : [C] Pros.

Telmessĭcus, **Telmessĭus**, *a*, *um*, [C] Pros., ‖ **Telmessis**, *ĭdis*, adj. f., de Telmesse : [C] Pros., [+C] Poés.

Telmessus (Telmesŏs), *i*, f., Telmesse [ville maritime de Lycie] : [C] Pros.

Telmiss-, → *Telmess-*

Tĕlo, → *Telon*

Tēlŏbŏae, → *Teleboae* : [-C] Théât.

Tĕlōn, *ōnis*, m., chef des Téléboens de Capri : [C] Poés.

tĕlōnĕārĭus, **-nārĭus**, **-nĭārĭus**, *ĭi*, m., percepteur d'impôts : [T] Pros.

tĕlōnĕum, **tŏlōnĕum**, , **tĕlōnĭum**, *ĭi*, n., bureau du percepteur d'impôts : [T] Pros.

Tĕlōnum, *i*, n., fleuve des Marses : [C] Poés.

tēlum, *i*, n. ¶**1** arme de jet, trait : [C] Pros. ; → *adigo* : ***tela conjicere, jacere, mittere***, lancer des traits, → ces verbes : [C] Pros. ; ***nubes telorum*** [C] Pros., une nuée de traits ¶**2** [en gén.] toute arme offensive, arme : [C] Pros. ; ***esse cum telo*** [C] Pros., avoir une arme, être armé ‖ [épée] : [C] Pros. ; [ceste] [C] Poés. ; [corne] [C] Poés. ¶**3** [fig.] *a)* rayons du soleil : [C] Poés. *b)* traits, carreaux de la foudre : [C] Poés. *c)* → *membrum* : [+C] Poés. ¶**4** arme, moyen pour faire une chose : [C] Pros. ‖ trait = coup : ***tela fortunae*** [C] Pros., les coups de la fortune

Tembrogĭus, *ii*, **Tymbrēs**, *ētis*, m., [C] Pros., rivière de Bithynie

Tĕmĕnītēs, *ae*, m., Téménite [surnom d'Apollon] : [C] Pros., → *Temenos*

Tĕmĕnītis, *ĭdis*, f., Téménienne [épith. d'une porte de Tarente] : [C] Pros.

Tĕmĕnŏs (-us), m., lieu voisin de Syracuse où Apollon avait un temple : [+C] Pros.

tĕmĕrābĭlis, *e*, souillé : [T] Poés.

tĕmĕrārĭē, adv., témérairement, à la légère : [+C] Pros.

tĕmĕrārĭus, *a*, *um* ¶**1** qui arrive par hasard, accidentel : [-C] Théât. ¶**2** inconsidéré, irréfléchi : [C] Pros. ‖ qui n'est pas pesé : [C] Pros. ; ***vox temeraria*** [C] Pros., parole irréfléchie, lancée à la légère ‖ [poét.] ***tela temeraria*** [C] Poés., traits lancés au hasard ‖ ***temerarium est*** [avec inf.], c'est folie que de : [+C] Pros.

tĕmĕrātŏr, *ōris*, m., corrupteur : [+C] Poés.

tĕmĕrātus, *a*, *um*, part. de *temero*

tĕmĕrē, adv. ¶**1** au hasard, à l'aventure, à l'aveuglette, au petit bonheur, à la légère, sans réflexion : ***forte temere*** [C] Pros., par hasard, sans calcul, sans intention ‖ [arch.] ***non temere est*** [-C] Théât., ce n'est pas au hasard, ce n'est pas pour rien ; [C] Pros. ; ***non temerest, quod*** [-C] Théât., ce n'est pas pour rien que ¶**2** ***non temere***, non pas sans de sérieuses raisons, rarement : [C] Pros., [C] Pros., Poés.

tĕmĕrĭtās, *ātis*, f. ¶**1** hasard aveugle, absence de combinaison, de calcul : [C] Pros. ¶**2** irréflexion, caractère inconsidéré, témérité : [C] Pros. ¶**3** [phil.] la partie aveugle de l'homme [τὸ ἄλογον, oppos. à la partie raisonnable] : [C] Pros.

tĕmĕrĭtĕr, → *temere* : [-C] Théât.

tĕmĕrĭtūdo, *ĭnis*, f., irréflexion : [-C] Théât.

tĕmĕrō, *ās*, *āre*, *āvī*, *ātum*, tr., déshonorer, profaner, souiller, violer, outrager : ***templa*** [C] Poés., profaner des temples ; [C] Pros., [+C] Pros. ‖ ***Alpes*** [+C] Poés., violer les Alpes ‖ [poét.] ***ferrum*** [+C] Poés., souiller de sang le fer

Tĕmĕsae, *ārum*, f. pl., → *Temese* : [+C] Poés.

Tĕmĕsaeus, *a*, *um*, de Témèse : [C] Poés., [+C] Poés. ‖ ou **-sēĭus**, [C] Poés.

Tĕmĕsē, *ēs*, f., [C] Poés., **Tempsa**, *ae*, f., [C] Pros., Témèse ou Tempsa [ville du Bruttium]

tēmētum, *i*, n., boisson capiteuse, vin pur : [-C] Théât., [C] Pros., [+C] Poés.

Temnii, **Temnites**, → *Temnos*

temnō, *ĭs*, *ĕre*, -, -, tr., mépriser, dédaigner : [C] Poés., [+C] Pros.

Temnos, *i*, f., ville d'Éolide : [C] Pros. ‖ **--nītēs**, *ae*, m., de Temnos : [C] Pros. ‖ **-nītae**, *ārum*, m. pl., [C] Pros., **-nĭi**, *ōrum*, m. pl., [+C] Pros., habitants de Temnos

tēmo, *ōnis*, m. ¶**1** timon, flèche d'un char, d'une charrue : [C] Pros., Poés. ¶**2** [fig.] *a)* char : [+C] Poés. *b)* Chariot, Grande Ourse ; [C] Pros., Poés. *c)* perche, traverse : [+C] Pros.

Tempanĭus, *ii*, m., nom d'homme : [C] Pros.

Tempē, n. pl., [nom. et acc.], la vallée de Tempé, en Thessalie : [C] Poés., Pros. ‖ une vallée délicieuse : [C] Poés., [+C] Poés.

tempĕrācŭlum, *i*, n., trempe [de l'acier] : [+C] Pros.

tempĕrāmentum, *i*, n., combinaison proportionnée des éléments d'un tout, combinaison, proportion, mesure : [C] Pros., [+C] Pros.

tempĕrans, *tis* ¶**1** part. de *tempero* ¶**2** [adj[t]] *a)* retenu, modéré : [C] Pros. ; ***temperantissimus*** [C] Pros. ; ***-tior*** [C] Pros. *b)* [avec gén.] ménager de : [-C] Théât., [+C] Pros.

tempĕrantĕr, adv., avec mesure, avec modération : [+C] Pros. ; ***temperantius*** [C] Pros.

tempĕrantĭa, *ae*, f., modération, mesure, retenue : [C] Pros. ; ***in omnibus rebus*** [C] Pros., modération en tout, juste équilibre en tout ‖ ***in victu*** [C] Pros., tempérance, sobriété ; ***temperantia*** [seul] [+C] Pros.

tempĕrātē, adv., avec mesure, modération, retenue : [-C] Pros., [C] Pros. ; ***temperatius*** [C] Pros.

tempĕrātĭo, *ōnis*, f. ¶ **1** combinaison bien proportionnée des éléments qui constituent une chose, constitution bien équilibrée : [C] Pros. ; ***rei publicae*** [C] Pros., bonne organisation politique ; ***corporis*** [C] Pros., constitution bien proportionnée du corps ‖ distribution mesurée d'une chose, juste proportion : ***caloris*** [C] Pros., heureuse distribution de la chaleur ; ***caeli*** [C] Pros., équilibre du climat, de la température ; ***mensium*** [C] Pros., l'heureuse répartition des saisons ¶ **2** action de régler, de mesurer, de tempérer : [C] Pros.

tempĕrātŏr, *ōris*, m. ¶ **1** qui mesure, qui dose : [C] Pros., [+C] Pros. ¶ **2** [poét.] ***armorum*** [+C] Poés., qui donne aux armes la trempe convenable

tempĕrātūra, *ae*, f. ¶ **1** constitution régulière, composition (constitution) bien dosée, équilibrée : ***corporis*** [+C] Pros., constitution physique ¶ **2** , ***temperatura*** [seul] [+C] Pros., température ¶ **3** réglage [des machines de jet] : [C] Pros.

1 **tempĕrātus**, *a, um* ¶ **1** part. de *tempero* ¶ **2** [adj^t] ***a)*** bien disposé, bien réglé : [-C] Pros. ; ***temperatior oratio*** [C] Pros., discours mieux réglé ***b)*** tempéré, modéré, mesuré [en parlant de choses] : [C] Pros. ‖ [pers.] [C] Pros. ‖ [rhét.] style tempéré : [C] Pros.

2 **tempĕrātŭs**, *ūs*, m., fait de s'abstenir : [T] Pros.

tempĕrī, adv., à temps : [-C] Théât., Pros., [C] Pros. ‖ V. *temperius* et *tempori*

tempĕrĭēs, *ēi*, f. ¶ **1** juste proportion, équilibre : [C] Poés. ¶ **2** ***caeli*** [+C] Pros., température

tempĕrĭŭs, compar. de *temperi*, plus tôt : [C] Pros., Poés.

tempĕrō, *ās, āre, āvī, ātum* ¶ **1** disposer convenablement, combiner : ***herbas temperare*** Ov., faire une combinaison d'herbes ; ***acuta cum gravibus temperare*** Cic., combiner les sons aigus avec les graves ‖ faire en combinant : ***venenum temperare*** Suet., composer un poison ; [au pass.] ***ex igni et anima temperatus*** Cic., formé de la combinaison du feu et de l'air ¶ **2** organiser, régler, équilibrer, diriger ***a)*** organiser : ***rem publicam temperare*** Cic., organiser un État ***b)*** régler, régulariser : ***caloris modum temperare*** Cic., régler la distribution de la chaleur ; ***annonam temperare*** Suet., régulariser les cours du marché ***c)*** équilibrer, tempérer, modérer : ***nimium calorem temperare*** Cic., modérer une chaleur excessive ; ***iram temperare*** Virg., modérer sa fureur ***d)*** diriger, gouverner : ***mundum temperare*** Hor., gouverner l'univers ; ***senem delirum temperare*** Hor., diriger un vieillard gâteux ¶ **3** [intr.] garder la mesure, [d'où] se garder de ***a)*** [avec dat.] ***alicui temperare*** Cic., garder la mesure à l'égard de qqn = ménager qqn, épargner qqn ; ***victoriae temperare*** Sall., être modéré dans la victoire ; ***lacrimis temperare*** Liv., maîtriser ses larmes ; ***oculis temperare*** Liv., s'abstenir de regarder ; ***manibus temperare*** Liv., s'abstenir de voies de fait ***b)*** [avec *in* ou *ab* et abl.] ***in aliqua re temperare*** Pl., garder la mesure en qqch. ; ***ab aliquo temperare*** Liv., épargner qqn ; ***ab aliqua re temperare*** Caes., se garder de qqch., s'abstenir de qqch. ***c)*** [avec prop. au subj.] ***temperare ne*** Pl., s'abstenir de ; ***non temperare quin*** Cic., ne pas se retenir de ; ***sibi non temperare quin*** Caes., même sens

tempestās, *ātis*, f. ¶ **1** laps de temps, moment : [C] Pros., [+C] Pros. ‖ époque, temps [arch. dans ce sens d'après Cicéron] : ***ea tempestate*** [-C] Théât., à cette époque ; ***tempestas, cum*** [-C] Théât., une époque où ; ***eadem tempestate*** [C] Pros., à la même époque ‖ = saison : [C] Pros. ‖ pl., ***multis tempestatibus*** [C] Pros., pendant de longues périodes [longtemps] ; ***in paucis tempestatibus*** [C] Pros., dans un court espace de temps ; [-C] Théât., [C] Pros. ‖ ***tempestates = tempora***, circonstances : [C] Pros. ¶ **2** temps, température : ***liquida*** [-C] Théât., temps clair ; [C] Poés. ; ***bona tempestate*** [C] Pros., par un beau temps (favorable) ‖ pl., [C] Poés., Pros. ¶ **3** mauvais temps, tempête, orage : [C] Pros. ‖ pl., [C] Pros. ¶ **4** [fig.] trouble, malheur, calamité : [C] Pros. ; ***periculi tempestas*** [C] Pros., les dangers amoncelés comme un orage ; ***tempestas invidiae*** [C] Pros., un orage de haines ; ***tempestas querelarum*** [C] Pros., une tempête (un concert) de plaintes ‖ pl., [C] Pros.

tempestillus, *a, um*, qui arrive à point : [+C] Pros.

tempestīvē, adv., en son temps, à propos, à point : [-C] Pros., [C] Pros. ‖ ***tempestivius*** [C] Poés.

tempestīvĭtās, *ātis*, f., disposition appropriée, appropriation : [C] Pros.

tempestīvus, *a, um* ¶ **1** qui vient en son temps, qui arrive à propos, opportun, favorable, approprié : ***tempestivi venti*** [C] Pros., vents qui arrivent à propos ; ***tempestiva oratio*** [C] Pros., discours opportun ; [+C] Pros. ¶ **2** qui est à point, mûr : ***tempestiva maturitas*** [C] Pros., maturité arrivant à son heure ; ***tempestivi fructus*** [C] Pros., fruits mûrs, à point ‖ à point pour le mariage : [C] Poés. ¶ **3** prématuré, précoce, hâtif : ***tempestivum convivium*** [C] Pros., festin qui commence avant l'heure habituelle [c.-à-d. prolongé, plantureux] ‖ matinal : [+C] Pros.

tempestŭōsus, *a, um*, orageux [fig.] : [T] Pros.

tempestūs, *ūtis*, f., le dernier moment opportum pour la prise des augures : [C] Pros.

templātim, adv., de temple en temple : [+C] Pros.

templum, *i*, n. ¶ **1** espace circonscrit, délimité, espace tracé dans l'air par le bâton de l'augure comme champ d'observation en vue des auspices : [C] Pros. ¶ **2** espace que la vue embrasse, champ de l'espace, enceinte, circonscription : [-C], [C] Pros., Poés. ; ***templum mundi*** [C] Poés., l'enceinte du monde ; [-C] Théât. ; ***Acherusia templa*** [-C] d. [C] Pros., les régions de l'Achéron, infernales ¶ **3** espace consacré, inauguré : [+C] Pros. ; [tribune aux harangues] [C] Pros. ; [*templum* = tribune] [C] Pros. ‖ [curie] [C] Pros. ; [tribunal] [C] Pros. ‖ asile : [C] Pros. ‖ [fig.] ***templa mentis*** [C] Poés., le sanctuaire de la pensée ¶ **4** temple : ***Herculis*** [C] Pros. temple d'Hercule, cf. [C] Pros. ‖ temple élevé [aux mânes de Sychée] : [C] Poés. ¶ **5** panne [d'une charpente] : [C] Pros. ; V. *extemplo*

tempŏra, pl. de *1-2 tempus*

tempŏrālis, *e*, qui ne dure qu'un temps, temporaire : [+C] Pros. ‖ passager, instable : [T] Pros. ‖ [gram.] qui désigne le temps : [C] Pros.

tempŏrālĭtĕr, adv., temporairement, pour un temps : [T] Pros.

tempŏrānĕus, *a, um*, adj., qui se fait à temps : [T] Pros. ‖ s.-ent. ***imber***, pluies de printemps : [T] Pros. ‖ **-neum**, *i*, n., fruit mûr de bonne heure : [T] Pros.

tempŏrārĭus, *a, um* ¶ **1** approprié aux circonstances, dépendant des circonstances : [C] Pros. ; ***amicitiae temporariae*** [+C] Pros., amitiés de circonstance ; ***temporaria ingenia*** [+C] Pros., caractères changeants comme le temps, capricieux, versatiles ¶ **2** temporaire : [+C] Pros.

tempŏri, adv., à temps : [C] Pros. ‖ ***temporius*** [+C] Pros. ‖ V. *temperi* et *temperius*

tempŏrīvē, adv., tôt : [+T] Pros.

tempŏrīvus, *a, um*, précoce : [T] Pros.

Tempsa (Temsa), *ae*, f., → *Temese*

Tempsānus (Temsānus), *a, um*, de Tempsa, V. *Temesaeus* : [C] Pros.

Tempsis, *is*, m., sommet du mont Tmolus : [+C] Pros.

temptābundus, *a, um*, tâtonnant : [C] Pros.

temptāmĕn, *ĭnis*, n., essai, → *temptamentum* : [C] Poés. ‖ tentative de corruption : [C] Poés.

temptāmentum, *i*, n. ¶ **1** essai, tentative : [+C] Pros. ; [pl., même sens] [C] Poés., [+C] Pros. ¶ **2** tentation : [T] Pros.

temptātĭo, *ōnis*, f. ¶ **1** atteinte, attaque de maladie : [C] Pros. ¶ **2** essai, expérience : [C] Pros. ¶ **3** [chrét.] tentation : [T] Pros. ‖ tentation, provocation [contre Dieu, par les murmures qui semblent vouloir tenter sa patience] : [T] Pros.

temptātŏr, *ōris*, m., qui attente, séducteur : [C] Poés. ‖ **-tātrix**, *ĭcis*, f., séductrice : [T] Pros.

temptātus, *a, um*, part. de *tempto*

temptō (tentō), *ās, āre, āvī, ātum*, tr

I ¶ **1** toucher, tâter : ***pede flumen*** [C] Pros., tâter du pied l'eau d'une rivière ; ***rem manu*** [C] Pros., toucher de la main un objet ‖ ***venas*** [+C] Pros., tâter le pouls ¶ **2** attaquer, assaillir : ***opera nostra*** [C] Pros., attaquer nos ouvrages, nos fortifications ; ***morbo temptari*** [C] Pros., être attaqué par la maladie

II ¶ **1** examiner, sonder, essayer, tenter, mettre à l'épreuve : ***se totum*** [C] Pros., s'examiner entièrement ‖ ***scientiam alicujus***

[C] Pros., mettre les connaissances de qqn à l'épreuve; ***belli fortunam*** [C] Pros., tenter la fortune de la guerre ‖ [avec interrog. indir.]: [C] Pros. ‖ [avec inf.] essayer de: [C] Pros., Poés. ‖ [avec *ut*] [C] Pros.: [C] Pros. ¶ **2** tâter, essayer de venir à bout de qqn, tâcher de gagner qqn: [C] Pros.; [C] Pros. ‖ [avec *ut*] [C] Pros. ‖ [chrét.] tenter [Dieu], provoquer [sa patience]: [T] Pros.

1 **tempŭs**, *ŏris*, n. ¶ **1** temps, période, moment, époque: ***erit illud tempus cum...*** Cic., le temps viendra où ...; ***longo post tempore*** Virg., longtemps après; ***longis temporibus ante*** Cic., longtemps avant; ***uno tempore*** Cic., en même temps, du même coup; ***temporibus illis*** Cic., en ce temps-là; ***certis temporibus*** Cic., à des époques fixes; ***nascendi tempus*** Cic., l'époque de la naissance; ***id temporis*** Cic., à cette époque; ***tempus anni*** Cic., le moment de l'année, la saison; ***committendi proelii tempus*** Caes., le moment d'engager le combat; ***ad hoc tempus*** Cic., pour le moment; ***in singula diei tempora*** Caes., pour chaque moment de la journée, heure par heure; ***ad extremum tempus diei*** Cic., jusqu'à la dernière heure du jour; ***nocturna tempora*** Caes., les heures de la nuit ¶ **2** circonstance, conjoncture, situation: ***alienissimum rei publicae tempus*** Cic., circonstance politique très difficile; ***inclinatio temporis*** Cic., un changement de circonstances; ***temporis causa*** Cic., en tenant compte des circonstances; ***cedere tempori*** Cic., céder aux circonstances, se plier à la nécessité ‖ [en part.] circonstances difficiles, circonstances critiques: ***summo rei publicae tempore*** Cic., dans les circonstances politiques les plus critiques ¶ **3** occasion, moment favorable: ***tempus dimittere*** Cic., laisser perdre l'occasion; ***tempore capto*** Liv., ayant saisi le moment propice; ***tempus ad aliquem adeundi capere*** Cic., saisir l'occasion d'aborder qqn; ***tempus est*** [avec inf. ou prop. inf.] Cic., il est temps de; [avec *ut*] Apul., même sens ¶ **4** expr. adverbiales ***a) tempore*** Cic., en temps opportun ***b) ad tempus*** Cic., au moment fixé, au moment voulu, [ou] pour un temps, momentanément ***c) ante tempus*** Cic., avant le temps, prématurément ***d) ex tempore*** Cic., sur le champ, [ou] d'après les circonstances, en s'inspirant du moment ***e) in tempore*** Pl., Ter., Liv., en temps opportun, au bon moment ***f) in tempus*** Tac., pour un temps, temporairement ***g) per tempus*** Pl., Ter., opportunément ***h) pro tempore*** Caes., conformément aux circonstances ¶ **5** [sens techniques] [gram.] temps d'un verbe: Quint. ‖ temps prosodique, mesure, quantité: Cic., Hor., Quint.

2 **tempŭs**, *ŏris*, n., tempe; [surtout] ***tempora***, pl., les tempes ‖ sg., [C] Pros., Poés. ‖ pl., [C] Poés. ‖ [en parlant du visage] [C] Poés.; [de la tête] [C] Poés.

Tempўra, *ōrum*, n. pl., ville de Thrace: [C] Pros., Poés.

Temsa, **Temsānus**, ➡ *Tempsa*, ➡ *Temese*

tēmŭlentĕr, adv., dans l'ivresse: [+C] Pros.

tēmŭlentĭa, *ae*, f., ivresse: [+C] Pros.

tēmŭlentus, *a*, *um*, adj., ivre: [C] Pros., [+C] Pros. ‖ [fig.] saturé, imbibé: [+C] Pros. ‖ ***temulentior*** [T] Pros.

tĕnācĭa, *ae*, f., caractère rétif [chevaux]: [-C] Théât.

tĕnācĭtās, *ātis*, f. ¶ **1** action de tenir (de retenir) solidement: [C] Pros. ¶ **2** parcimonie, avarice: [C] Pros.

tĕnācĭtĕr, adv. ¶ **1** en tenant solidement, fortement: [C] Poés., [T] Pros.; ***tenacius*** [+C] Pros. ¶ **2** opiniâtrement, obstinément: [C] Poés.; ***tenacissime*** [+C] Pros.

tĕnax, *ācis* ¶ **1** qui tient fortement: ***tenaci forcipe*** [C] Poés., avec une pince mordante; ***tenacia vincla*** [C] Poés., des liens solides ¶ **2** parcimonieux, dur à la détente: [-C] Théât., [C] Pros. ¶ **3** tenace, adhérent: ***in tenaci gramine*** [C] Poés., sur une herbe épaisse; ***tenacissimum solum*** [+C] Pros., sol très compact ¶ **4** [fig.] ***memoria tenacissima*** [+C] Pros., mémoire très fidèle ‖ [avec gén.] ***tenax propositi*** [C] Poés., ferme dans ses desseins; ***tenax justitiae*** [+C] Poés., fermement attaché à la justice ‖ obstiné, opiniâtre: ***equus*** [C] Pros., cheval rétif; ***ira tenax*** [C] Poés., colère implacable

Tenchtēri (Tenctēri), *ōrum*, m. pl., les Tenctères [peuple de Germanie]: [C] Pros., [+C] Pros.

Tendēba, *ōrum*, n. pl., ville de Carie: [C] Pros.

tendĭcŭla, *ae*, f. ¶ **1** lacet, piège: ***litterarum tendiculae*** [C] Pros., les misérables pièges des lettres (de l'interprétation littérale) ¶ **2** corde, séchoir [des foulons, pour étendre le drap]: [+C] Pros., [T] Pros.

tendō, *ĭs*, *ĕre*, *tĕtendī*, ***tentum*** et ***tensum***, tr. et intr.

I tr. ¶ **1** tendre, étendre, déployer: ***plagas*** [C] Pros., tendre des filets; ***arcum*** [C] Poés., bander un arc; [poét.] ***sagittas arcu*** [C] Poés., tendre des flèches sur un arc; ***praetorium*** [C] Pros., dresser la tente du général; ***manus ad caelum*** [C] Pros., tendre les mains vers le ciel ¶ **2** [sens priapéen] [+C] Poés.; ***tentus*** [+C] Poés., tendu, bandé ‖ ***tenta, ōrum***, n. pl., membre viril: [C] Poés. ¶ **3** [fig.] ***insidiae tenduntur alicui*** [C] Pros., on tend des pièges à qqn; [C] Pros., Poés.; ***cursum, iter*** [C] Poés., diriger sa course; [C] Pros. ¶ **4** [pass.] s'étaler, s'aplanir [flots]: [T] Poés. ¶ **5** [pass.] s'étendre dans le temps: [T] Pros. ¶ **6** différer: [T] Poés.

II intr. ¶ **1** tendre, se diriger: ***Venusiam*** [C] Pros., aller à Venouse; ***ad castra*** [C] Pros.; ***in castra*** [C] Pros., se porter vers le camp; [C] Poés. ¶ **2** tendre vers, viser à: ***ad aliquid*** [C] Pros., se porter vers qqch.; ***ad altiora*** [C] Pros., viser plus haut ‖ incliner vers: [C] Pros.; ***ad Carthaginienses*** [C] Pros., pencher pour l'alliance carthaginoise ‖ [avec inf.] chercher à, s'efforcer de: [C] Poés. ¶ **3** faire des efforts, déployer de l'énergie, tendre ses ressorts: [C] Pros., Poés. ‖ [avec *ut*] [C] Pros., faire effort pour obtenir que ¶ **4** dresser une tente ou des tentes, camper: ***sub vallo tendere*** [C] Pros., camper au pied du retranchement; ***in praetorio tetenderunt*** [C] Pros., ils ont dressé leur tente sur l'emplacement réservé au général; [C] Poés., [+C] Pros.

Tĕnĕa, *ae*, f., petite ville d'Achaïe, entre Corinthe et Mycènes: [C] Pros.

tĕnēbrae, *ārum*, f. pl. ¶ **1** obscurité, ténèbres: [C] Pros.; ***tetrae tenebrae*** [C] Pros., noires ténèbres ¶ **2** = nuit: [C] Pros. ¶ **3** nuage sur les yeux [dans un évanouissement]: [-C] Théât., [C] Poés. ¶ **4** ténèbres de la mort: [C] Poés. ‖ de la cécité: [C] Poés. ¶ **5** réduit ténébreux, prison: [C] Pros., [+C] Pros. ‖ cachette: [C] Poés. ‖ enfers: [C] Poés. ¶ **6** [fig.] obscurité de l'esprit: [C] Pros. ‖ ténèbres de l'oubli: [C] Pros. ‖ ténèbres d'une situation embrouillée, difficile: [C] Pros. ‖ ténèbres du malheur: [C] Pros. ‖ [fig.] les démons: [T] Poés.

tĕnĕbrĭcō, *ās*, *āre*, *āvī*, -, tr., [pass.] s'obscurcir: [T] Pros.

tĕnĕbrĭcōsus, *a*, *um*, ténébreux, enveloppé d'obscurité, de ténèbres: [C] Pros. ‖ ***-cosissimus*** [C] Pros.

tĕnĕbrĭcus, *a*, *um*, ténébreux, sombre: [C] Pros.

tĕnĕbrĭo, *ōnis*, m., un ami des ténèbres: [-C] Théât., [C] Poés.

tĕnĕbrō, *ās*, *āre*, -, -, tr., obscurcir, rendre obscur: [+C] Pros., [T] Pros.

tĕnĕbrōsus, *a*, *um*, ténébreux, obscur, sombre: [C] Poés., [+C] Poés.

Tĕnĕdos (-us), *i*, f., Ténédos [petite île en face de Troie]: [C] Pros. ‖ **Tĕnĕdĭus**, *a*, *um*, de Ténédos: [C] Pros. ‖ **-dĭi**, *ōrum*, m. pl., habitants de Ténédos: [C] Pros.

tĕnellŭlus, *a*, *um*, tendre, délicat: [C] Poés.

tĕnellus, *a*, *um*, tendre, délicat: [-C] Théât., [C] Pros., [+C] Poés.

tĕnĕō, *ēs*, *ēre*, *tĕnŭī*, ***tentum*** ¶ **1** tenir: ***aliquid in manu tenere*** Cic., tenir qqch. dans sa main; ***aliquid ore tenere*** Cic., tenir qqch. dans sa gueule ¶ **2** [fig.] ***a)*** tenir = détenir: ***totam rem publicam tenere*** Cic., tenir entre ses mains tout le salut de l'Etat; ***summam imperii tenere*** Caes., détenir le pouvoir suprême ***b)*** tenir (un lieu) = occuper: ***principem locum tenere*** Cic., tenir la première place; ***locum oratoris tenere*** Caes., tenir le rang d'orateur ***c)*** tenir = garder: ***locum tenere*** Caes., Cic., garder sa position, garder son poste; ***consuetudinem tenere*** Cic., garder une habitude; ***suas leges tenere*** Cic., garder ses lois; ***foedus tenere*** Cic., rester fidèle à un traité ‖ ***memoria tenere*** Cic., garder dans sa mémoire, se souvenir; [sans *memoria*] ***dicta tenere*** Hor., retenir ce qui a été dit ‖ [en part.] ***tenere cursum*** Cic., tenir sa route, garder son cap; [d'où] ***aliquo tenere iter*** Virg., aller quelque part ***d)*** tenir (qqn) = captiver, posséder: ***aliquem tenere*** Cic., captiver qqn; ***aures tenere*** Cic., captiver les oreilles; ***ludis teneri*** Cic., être captivé par les jeux; [d'où] ***aliquem tenere*** Virg., posséder le coeur de qqn ‖ [avec sujet de chose] occuper l'esprit (de qqn), s'emparer de qqn: ***aliquem spes tenet*** Cic., l'espoir occupe la pensée de qqn ***e)*** tenir dans son esprit, comprendre: ***manu tenere aliquid*** Cic., tenir qqch. de la main = connaître qqch. de façon palpable; [d'où] ***alicujus sensus tenere*** Cic., comprendre les sentiments de qqn ‖ savoir, posséder [une science, une connaissance] : Cic. ; [avec inf. ou prop. inf.] savoir que : Pl., Lucr. ***f)*** tenir à, s'attacher à (telle ou telle idée) : ***hoc teneo*** Cic., voilà à quoi je m'en tiens ‖ [avec prop. inf. ou *ut*] s'en tenir à cette idée que ***g) se tenere***, se tenir : ***castris se tenere*** Caes., se tenir dans son camp ‖ ***tenere*** seul [intr.] se tenir, occuper un lieu : Virg., Liv. ***h)*** [intr.] tenir = durer : ***imber per noctem totam tenuit*** Liv., la pluie dura toute la nuit ¶ **3** [par ext.] ***a)*** tenir (ce qu'on a poursuivi) = atteindre, obtenir : ***montes tenere*** Liv., atteindre les montagnes ; ***portum tenere*** Tac., arriver dans le port ; ***regnum tenere*** Cic., parvenir au trône ; ***causam tenere*** Cic., gagner sa cause ***b)*** maintenir, conserver : ***imperium populi Romani tenere*** Cic., maintenir la domination du peuple romain ; [au pass.] être maintenu, être conservé = subsister : ***bestiae hoc calore tenentur*** Cic., les bêtes subsistent grâce à cette chaleur ***c)*** retenir, arrêter : ***aliquem tenere*** Cic. *Att.*, retenir qqn (= l'empêcher de partir) ; ***ab aliquo tenere manus*** Ov., retenir ses mains à l'écart de qqn = ne pas toucher à qqn ; ***risum vix tenere*** Cic., avoir peine à s'empêcher de rire ; ***metu legum teneri*** Cic., être retenu par la crainte des lois ; ***teneri quominus*** Caes., être retenu et empêché de ; ***se non tenere quin*** Cic., ne pas se retenir de ***d)*** lier, astreindre : ***populum leges tenent*** Cic., les lois astreignent le peuple ; ***promisso teneri*** Cic., être lié par une promesse ‖ [au pass., avec gén.] ***caedis teneri*** Quint., être convaincu d'un meurtre ; ***cupiditatis teneri*** Cic., être convaincu d'une passion ‖ [en part.] ***teneri***, être pris = ne pas avoir d'échappatoire, ne pouvoir nier : ***in manifesta re teneri*** Cic., être pris en flagrant délit de

Tēnĕōtĭca (charta), ▶ *Taen*

tĕnĕr, *ĕra, ĕrum*, adj. ¶ **1** tendre, délicat, frêle : ***tenerae plantae*** [C] Poés., pieds tendres, délicats ; ***tenerae radices*** [C] Pros., racines tendres ‖ léger, meuble [sol] : [-C] Pros. ¶ **2** = jeune, du premier âge : [C] Poés., Pros. ; ***tenerae arbores*** [C] Pros., jeunes arbres ; ***teneri anni*** [HC] Pros., la jeunesse ; ***teneri manes*** [HC] Poés., enfants morts jeunes ‖ [pris subst^t m.] ***parcendum est teneris*** [HC] Poés., il faut ménager le jeune âge ; n., ***parcendum teneris*** [C] Poés., il faut ménager les jeunes plants ‖ [expr.] ***a teneris unguiculis*** [C] Pros. [ou] ***de tenero ungui*** [C] Poés. [ou] ; ***a tenero*** [HC] Pros., dès le jeune âge ; ***in teneris*** [C] Poés., dans l'âge tendre ¶ **3** [fig.] ***a) tener poeta*** [C] Poés., tendre poète, poète délicat ; ***teneri versus*** [C] Poés., vers délicats ***b) teneri poetae*** [C] Poés., les poètes érotiques ; ***teneri versus*** [C] Poés., vers d'amour [ou *tenerum carmen* [C] Poés.] ***c)*** voluptueux, efféminé : ***teneri Maecenates*** [HC] Poés., des efféminés comme Mécène ‖ ***tenerior*** [C] Pros. ; ***tenerrimus*** [-C] Pros., [C] Poés.

tĕnĕrascō, *ĭs, ĕre, -, -*, intr., devenir tendre : [C] Poés.

tĕnĕrē, adv., mollement, délicatement, tendrement : [HC] Pros. ‖ ***tenerius*** [HC] Pros.

tĕnĕrescō, *ĭs, ĕre, -, -*, intr., devenir mou, s'amollir : [HC] Pros.

tĕnĕrĭtās, *ātis*, f., tendreté, qualité de ce qui est tendre, mollesse : [C] Pros.

tĕnĕrĭtūdo, *ĭnis*, f., qualité de ce qui est tendre, mollesse : [C] Pros., [HC] Pros.

Tĕnēs (Tennēs), *ae*, m., fils de Cycnus : [C] Pros.

tēnesmus (-ŏs), *i*, m., ténesme, envie douloureuse d'aller à la selle : [C] Pros., [HC] Pros.

Tēnĭī, ▶ *Tenos*

Tennēs, ▶ *Tenes*

tĕnŏr, *ōris*, m. ¶ **1** cours ininterrompu, direction, marche continue : [C] Poés., [HC] Pros. ¶ **2** [fig.] suite non interrompue, continuité : [C] Pros. ; ***eodem tenore*** [C] Pros., avec la même continuité de vues, dans le même esprit ¶ **3** accent de la voix, ton, ligne mélodique : [HC] Pros. ¶ **4** [expr.] ***uno tenore*** [C] Pros., d'un même cours, d'une façon uniforme, d'une manière égale ‖ sans interruption : [C] Pros.

Tēnŏs (-us), *i*, f., une des Cyclades, voisine de Délos : [C] Pros., Poés. ‖ **Tēnĭī**, *ōrum*, m. pl., habitants de Ténos : [HC] Pros.

tensa, *ae*, f., char sacré sur lequel on promenait les images des dieux dans la pompe du cirque : [C] Pros., [HC] Pros.

tensĭo, *ōnis*, f., tension ; pl., cordes pour tension : [C] Pros. ‖ manière de tendre [les tentes] : [HC] Pros.

tensūra, *ae*, f., ▶ *tensio* : [HC] Pros.

tentā-, ▶ *tempta-*

tentācŭlum (tempt-), *i*, n., tentation : [B] Pros.

tentīgo, *ĭnis*, f., érection, priapisme : [C] Poés., [HC] Poés.

tentĭo, *ōnis*, f., [méc.] ressort [d'une machine de jet] : [C] Pros.

tentĭpellĭum, *ĭī*, n., forme de cordonnier : [HC] Poés.

tento, ▶ *tempto*

tentōrĭŏlum, *i*, n. : [C] Pros.

tentōrĭum, *ĭī*, n., tente : [C] Pros., Poés., [HC] Poés., Pros.

tentus, *a, um*, part. de *tendo* et *teneo*

Tentȳra, *ōrum*, n. pl., [HC] Poés., **Tentyris**, *ĭdis*, f., ville de la Haute-Égypte ‖ **-tae**, *ārum*, m. pl., habitants de Tentyra : [HC] Pros.

tĕnŭātim, adv., en s'amincissant : [HC] Pros.

tĕnŭātus, *a, um*, part. de *tenuo*

tĕnŭī, parf. de *teneo* ; ▶ *tenuis*

tĕnŭĭcŭlus, *a, um*, tout à fait mince, chétif : [C] Pros.

tĕnŭis, *e* ¶ **1** mince, délié, fin, grêle, ténu : ***tenue subtemen*** [-C] Théât., un fil mince ; [C] Pros. ‖ ***tenue caelum*** [C] Pros., air subtil, léger ‖ ***tenuis aqua*** [C] Poés., eau claire ; ***tenues pluviae*** [C] Poés., pluies fines ‖ ***tenui agmine*** [C] Pros., en colonne mince, en file ; ***tenuis acies*** [HC] Pros., mince front de bataille ‖ ***tenuis nitedula*** [C] Pros., mulot chétif ; ***tenuis penna*** [C] Poés., une aile faible ; ***tenues animae (defunctorum)*** [C] Poés., les ombres ténues (des morts) ; [poét.] ***tibia tenuis*** [C] Poés., la flûte grêle [au son grêle] ; ***vox tenuis*** [HC] Pros., voix grêle ¶ **2** petit, chétif, de peu d'importance, faible : ***oppidum tenue*** [C] Pros., ville de faible importance ; ***tenuis murus*** [C] Pros., mince rempart ; ***rivulus*** [C] Pros., mince ruisselet ; ***victus*** [C] Pros., une table frugale ; ***tenues opes*** [C] Pros., maigres ressources ; ***tenuissimum lumen*** [C] Pros., très faible lumière ‖ [fig.] ***tenuissima valetudo*** [C] Pros., santé précaire ; ***spes tenuior*** [C] Pros., espérance plus faible ‖ [condition sociale] ***homines tenues*** [C] Pros., des gens de peu ; ***animi tenuiorum*** [C] Pros., les esprits des petites gens ‖ subst. m., le pauvre : [B] Pros. ¶ **3** fin, subtil, délicat : [C] Pros. ; ***oratores tenues*** [C] Pros., les orateurs au style simple ; ***tenues Athenae*** [HC] Poés., Athènes, ville fine, policée

tĕnŭĭtas, *ātis*, f. ¶ **1** qualité de ce qui est mince, grêle, fin, ténu : ***tenuitas animi*** [C] Pros., nature subtile (déliée) de l'âme ¶ **2** faiblesse, insignifiance, pauvreté : ***Boiorum*** [C] Pros., le peu de ressources des Boïens ; ***Magii*** [C] Pros., la pauvreté de Magius ; ***aerarii*** [C] Pros., dénuement du trésor public ¶ **3** [fig.] ***a)*** simplicité du style : [C] Pros. ***b)*** finesse, subtilité : [C] Pros.

tĕnŭĭtĕr, adv. ¶ **1** d'une façon mince, fine : [C] Pros. ‖ [fig.] avec finesse, subtilité : [C] Pros. ; ***tenuius*** [C] Pros. ¶ **2** maigrement, chétivement : [-C] Théât. ‖ [fig.] [C] Pros. ; ***tenuissime*** [C] Pros.

tĕnŭō, *ās, āre, āvī, ātum*, tr. ¶ **1** amincir, amenuiser, amoindrir : ***aera*** [HC] Pros., rendre l'air plus léger ; ***dentem aratri*** [C] Poés., amincir le soc de la charrue ‖ amaigrir : [C] Poés., [HC] Pros. ‖ ***vocem*** [HC] Pros., réduire sa voix [en diminuer le volume] ¶ **2** [fig.] amoindrir, diminuer, affaiblir : ***iram*** [C] Poés., adoucir la colère ‖ ***carmen*** [C] Poés., composer une poésie légère

1 **tĕnūs** [prép. qui suit son régime] avec extension jusque, jusqu'à ¶ **1** [avec gén.] ***labrorum tenus*** [C] Poés., jusqu'aux lèvres ; ***lumborum tenus*** [C] Poés., jusqu'aux reins ¶ **2** [avec abl.] ***a) Tauro tenus*** [C] Pros., jusqu'au Taurus ***b)*** [rapports divers] [HC] Pros. ; ***vulneribus tenus*** [C] Pros., jusqu'aux blessures seulement ; ***titulo tenus*** [HC] Pros., jusqu'au titre seulement = avec le titre seulement ***c)*** [en part.] ***verbo tenus*** [C] Pros., en paroles seulement [ou] ***nomine tenus*** [HC] Pros. ***d)*** ▶ *eatenus, hactenus, quatenus*

2 **tĕnus**, n., filet, lacet : [-C] Théât.

3 **Tēnus**, ▶ *Tenos*

Tĕōs, *i*, f., ville d'Ionie, patrie d'Anacréon : [C] Pros.

tĕpĕfăcĭō, *ĭs, ĕre, fēcī, factum*, tr., faire tiédir, échauffer : [C] Pros. ‖ pass., ***tepefieri*** [HC] Pros., devenir tiède ; ***tepefactus*** [C] Pros., échauffé

tĕpĕfactō, *ās, āre, -, -*, tr., réchauffer : [C] Poés.

tĕpĕfactus, *a, um*, part. de *tepefacio*, adj. [fig.] sans force : [T] Poés.

tĕpĕō, *ēs, ēre, -, -*, intr. ¶ **1** être tiède (chaud modérément) : [-C] Pros., [C] Pros. ; ***tepentes aurae*** [C] Poés., tièdes brises ¶ **2** [fig.] ***a)*** être échauffé par l'amour : [C] Poés. ***b)*** être tiède, aimer froidement : [C] Poés. ‖ être languissant : [+C] Pros.

tĕpescō, *ĭs, ĕre, pŭī, -*, intr. ¶ **1** devenir tiède, s'échauffer : [C] Pros., Poés. ¶ **2** s'attiédir, se refroidir : [+C] Poés.

tĕpĭdārĭum, *ii*, n., salle où l'on prend des bains tièdes : [C] Pros., [+C] Pros.

tĕpĭdārĭus, *a, um*, relatif à l'eau tiède, aux bains tièdes : [C] Pros.

tĕpĭdē, adv., tièdement : [+C] Pros. ‖ [fig.] faiblement : ***-dissime*** [T] Pros.

tĕpĭdus, *a, um* ¶ **1** tiède : [C] Poés., [+C] Pros. ; ***tepidior*** [C] Pros. ; ***-dissimus*** [+C] Pros. ¶ **2** [fig.] attiédi, refroidi : [C] Poés.

tĕpŏr, *ōris*, m. ¶ **1** chaleur modérée (douce), tiédeur : [C] Pros., Poés. ¶ **2** chaleur insuffisante, tiédeur [d'un bain] : [+C] Pros. ‖ [fig.] langueur du style : [+C] Pros.

tĕpōrus, *a, um*, tiède, qui a une douce chaleur : [T] Pros.

tĕpŭī, parf. de *tepesco*

Tĕpŭla ăqua, f., aqueduc qui alimentait le Capitole : [+C] Pros.

tĕr, adv. ¶ **1** trois fois : [C] Pros., Poés. ¶ **2** [simple idée de répétition] : [C] Poés. ‖ [not[t]] ***bis terque*** [C] Pros., deux et trois fois [intensité] ; ***terque quaterque*** [C] Poés., trois fois, quatre fois

tercēnārĭus, **tercentēni**, **tercenti**, → *trec*

terdĕcĭēs, **ter dĕcĭēs**, **(-cĭens)**, treize fois : [C] Pros.

terdĕcĭmus (-ŭmus), *a, um*, treizième : [C] Poés.

tĕrĕbinthĭnus, *a, um*, de térébinthe : [+C] Pros.

tĕrĕbinthus, *i*, f., térébinthe, arbre résineux : [C] Poés.

tĕrĕbra, *ae*, f. ¶ **1** tarière, foret, vrille : [-C] Pros., [+C] Pros. ¶ **2** trépan [chirurgie] : [+C] Pros. ¶ **3** trépan [machine de guerre pour percer les murs] : [C] Pros.

tĕrĕbrātĭo, *ōnis*, f. ¶ **1** percement, action de percer : [+C] Pros. ¶ **2** trou, percée : [C] Pros.

tĕrĕbrātus, *a, um*, part. de *terebro*

tĕrĕbrō, *ās, āre, āvī, ātum*, tr. ¶ **1** percer avec la tarière : [-C] Pros., [+C] Pros. ‖ percer avec le trépan : [C] Pros. ¶ **2** percer, trouer : [C] Poés. ‖ creuser en grattant : [+C] Poés. ¶ **3** [fig., pris abs[t]] s'insinuer, frayer sa voie : [-C] Théât. ¶ **4** faire en creusant, creuser : [C] Pros.

tĕrēdo, *ĭnis*, f., ver qui ronge le bois : [C] Poés. ‖ teigne, ver qui ronge les étoffes : [+C] Pros.

Tērĕĭdēs, *ae*, m., fils de Térée [Itys] : [C] Poés.

Tĕrensis, *is*, f., déesse qui présidait au battage du blé : [T] Pros.

Tĕrentĭa, *ae*, f., Térentia [femme de Cicéron] : [C] Pros.

Tĕrentĭa lex, loi Térentia : [C] Pros.

Tĕrentĭānus, *a, um* ¶ **1** de Térence (poète) : ***Terentianus Chremes*** [C] Pros., le Chrémès de Térence, = ***Hautontimorumenos*** ¶ **2** de Térentius Varron : [C] Pros.

Tĕrentĭlĭus, *i*, m., nom de famille ; [not[t]] C. Terentilius Harsa : [C] Pros.

Tĕrentīnus, *a, um*, → *Terentum*

Tĕrentĭŏlus, *i*, m., nom d'homme : [+T] Pros.

Tĕrentĭus, *ii*, m., nom de famille romaine ; [not[t]] ¶ **1** ***P. Terentius Afer***, Térence [le poète comique, affranchi de Terentius Lucanus] : [C] Pros. ¶ **2** ***M. Terentius Varro***, Varron [écrivain et savant] : [C] Pros. ¶ **3** ***C. Terentius Varro*** [défait à Cannes] : [C] Pros.

Tĕrentum (Tăr-), *i*, n., emplacement du Champ de Mars où l'on célébrait les jeux séculaires : [C] Poés. ‖ **Tĕrentīnus (Tăr-)**, *a, um*, du Térentum : [C] Pros.

tĕrēs, *ĕtis* ¶ **1** arrondi, rond () : [C] Pros., Poés. ‖ [corps] : [C] Poés. ; ***teres puer*** [C] Poés., garçon bien tourné [bien fait] ¶ **2** [fig.] poli, fin, délicat : ***teretes aures*** [C] Pros., oreilles fines, exercées ; ***oratio teres*** [C] Pros., style bien arrondi [bien proportionné, élégant] ; [+C] Pros.

Tērĕūs, *ĕi (ĕos)*, m., Térée [roi de Thrace, fut changé en huppe] : [C] Poés. ‖ titre d'une tragédie d'Accius : [C] Pros.

Tergĕmina, → *Trigemina porta*

Tergĕmĭni, *ōrum*, m. pl., les Trois Jumeaux [titre d'une comédie de Plaute] : [+C] Pros.

tergĕmĭnus, [C] Poés., **trĭgĕmĭnus**, *a, um*, [C] Pros., [+C] Pros. ¶ **1** né le troisième du même enfantement : ***trigemini*** [+C] Pros., trois jumeaux ; ***trigemina spolia*** [C] Pros., les dépouilles des trois frères jumeaux [des Curiaces] ¶ **2** triple : ***tergemina Hecate*** [C] Poés., la triple Hécate [appelée aussi Lune et Diane] ; ***tergemini honores*** [C] Poés., les trois hautes charges [questure, préture, consulat] ‖ le triple Géryon : [C] Poés. ‖ le triple Cerbère : [C] Poés. ‖ pl., → *tres* : [T] Poés.

tergĕō, *ēs, ēre, tersī, tersum* (plus rar[t] **tergō**, *ĭs, ĕre*), tr. ¶ **1** essuyer : ***qui tergent*** [C] Pros., ceux qui essuient ‖ frotter, nettoyer : ***arma*** [C] Pros., fourbir des armes ¶ **2** [poét.] ‖ ***tergere palatum*** [C] Poés., flatter le palais ¶ **3** [fig.] ***librum*** [+C] Poés., corriger un ouvrage ; ***scelus*** [+C] Théât., effacer, expier un crime

Tergestĕ, *is*, n. **(-tum**, *i*), n., Tergeste [ville d'Istrie, auj. Trieste] : [+C] Pros. ‖ **-īni**, *ōrum*, m. pl., Tergestins : [C] Pros.

tergilla, *ae*, f., couenne de lard : [+C] Pros.

tergīnum, *i*, n., courroie, fouet : [-C] Poés., Théât.

tergĭversantĕr, en hésitant, en tergiversant : [+C] Pros.

tergĭversātĭo, *ōnis*, f., tergiversation, lenteur calculée, détour : [C] Pros.

tergĭversātŏr, *ōris*, m., celui qui tergiverse, qui use de faux-fuyants : [+C] Pros., [T] Pros.

tergĭversŏr, *āris, ārī, ātus sum*, intr., tourner le dos, [d'où] user de détours, tergiverser : [C] Pros.

tergŏris, gén. de *2 tergus*

tergum, *i*, n. ¶ **1** dos : [C] Pros. ‖ ***terga vertere*** [C] Pros., tourner le dos, fuir ; [C] Poés. ; ***alicui terga dare*** [C] Pros. ou ***praestare*** [+C] Pros., fuir, tourner le dos devant qqn ; [C] Pros. ; ***a tergo*** [C] Pros., par-derrière ; ***post tergum*** [C] Pros., sur les arrières ¶ **2** [fig.] ***a)*** face postérieure : [C] Pros. ***b)*** dos, surface : [de la terre] [C] Poés. ; [d'un fleuve] [C] Poés. ***c)*** = corps d'un animal : [C] Poés. ***d)*** peau, cuir : [C] Poés. ***e)*** objets faits de cuir ou de peau : [C] Poés. ‖ ceste : [C] Poés. ***f)*** ***ferri terga*** [C] Poés., les lames de fer [du bouclier, qui forment, comme les peaux, des couches successives]

1 **tergus**, *i*, m., → *tergum* : [-C] Théât.

2 **tergus**, *ŏris*, n. ¶ **1** dos : [C] Poés., [+C] Pros. ¶ **2** = corps d'un animal : [C] Poés. ¶ **3** peau, cuir, dépouille : [C] Poés., [+C] Pros. ‖ pl., peaux d'un bouclier : [C] Poés. ‖ cuirasse : [+C] Poés.

Teridates, → *Tiridates*

Tĕrīna, *ae*, f., ville du Bruttium : [C] Pros. ‖ **-aeus**, *a, um*, de Térina : [C] Pros.

terjŭgus, *a, um*, triple : [+C] Pros.

Termaxĭmus, *i*, m., trois fois grand, Trismégiste [épithète d'Hermès] : [T] Pros.

termĕn, *ĭnis*, n., borne : [C] Pros.

termentum, *i*, n., dommage, détriment : [-C] Théât.

1 **termĕs**, *ĭtis*, m., branche, rameau : [C] Poés., [+C] Pros.

2 **Termes**, n. indécl., ville de Tarraconaise : [+C] Pros. ‖ **Termestīnus**, *a, um*, de Termès : [+C] Pros. ‖ **-tīni**, *ōrum*, m. pl., habitants de Termès : [C] Pros.

Termessus, *i*, f., ville de Pisidie : [C] Pros. ‖ **-ssenses**, *ĭum*, m. pl., habitants de Termesse : [C] Pros.

termĭnābĭlis, *e*, qu'on peut limiter : [T] Pros.

Termĭnālĭa, *ĭum* ou *ĭōrum*, n. pl., Terminalia [fêtes en l'honneur du dieu Terme] : [C] Pros.

termĭnālis, *e* ¶ **1** relatif aux limites, aux frontières : [T] Pros. ¶ **2** terminal, final, qui conclut : [+C] Pros.

termĭnātĭo, *ōnis*, f. ¶ **1** délimitation : [C] Pros., [+C] Pros. ‖ [fig.] ***aurium*** [C] Pros., limitation marquée par l'oreille ; ***rerum expetendarum*** [C] Pros., délimitation des choses désirables ¶ **2** borne, limite : [C] Pros. ‖ [rhét.] clausule, fin de phrase : [C] Pros.

termĭnātŏr, *ōris*, m., qui pose des bornes, des limites : [T] Pros.

termĭnātus, *a*, *um*, part. de *termino*

termĭnō, *ās*, *āre*, *āvī*, *ātum*, tr. ¶ **1** borner, limiter : [C] Pros. ‖ [fig.] [C] Pros. ; ***modum magnitudinis*** [C] Pros., fixer une mesure, une limite de la grandeur ; ***bona voluptate*** [C] Pros., renfermer dans le plaisir tout le bien [le souverain bien] ¶ **2** terminer, clore, finir : [C] Pros. ¶ **3** intr., finir sur, aboutir à : [T] Pros.

1 **termĭnus**, *i*, m. ¶ **1** borne, limite, extrémité : [C] Pros., [T] Pros. ¶ **2** [fig.] ***artis*** [C] Pros., limites d'un art ‖ terme, fin : ***contentionum*** [C] Pros., fin de démêlés

2 **Termĭnus**, *i*, m., le dieu Terme, qui préside aux bornes : [C] Poés., Pros.

Termissus, V. *Termessus*

termo, *ōnis*, m., C. *1 terminus* : [-C] Pros.

ternārĭus, *a*, *um*, qui contient le nombre trois, ternaire : [+C] Pros.

terni, *ae*, *a*, adj. pl. ¶ **1** [distributif] chacun trois, chaque fois trois, par trois : [C] Pros., Poés. ; ***terna milia*** [C] Poés., chaque fois trois mille sesterces ‖ sg. [rare] : [C] Poés. ¶ **2** [poét.] = trois : [C] Poés.

ternĭo, *ōnis*, m., le nombre trois : [+C] Pros.

ternox, *noctis*, f., triple nuit : [+C] Poés.

ternus, *a*, *um*, V. *terni*

tĕrō, *ĭs*, *ĕre*, *trīvī*, *trītum*, tr. ¶ **1** frotter : ***oculos*** [-C] Théât., se frotter les yeux ; ***calamo labellum*** [C] Poés., frotter ses lèvres sur le chalumeau = jouer du chalumeau ¶ **2** frotter de manière à polir, polir : ***radios*** [C] Poés., polir, façonner des rayons pour des roues ; ***crura pumice*** [C] Poés., s'épiler les jambes à la pierre ponce ¶ **3** frotter de manière à enlever la balle, battre le blé : [C] Pros., Poés. ¶ **4** frotter de manière à broyer, triturer, broyer : [C] Poés. ¶ **5** frotter de manière à user, user, émousser : [C] Poés. ‖ ***librum*** [+C] Poés., user un livre à force de le manier, le lire souvent ; [C] Pros. ¶ **6** frotter souvent de ses pas = fouler souvent un lieu : [C] Poés., [+C] Poés. ¶ **7** V. *futuo* : [-C] Théât., [C] Poés., [+C] Pros. ¶ **8** [fig.] ***a)*** consumer, user : [C] Pros. ‖ [simpl[t]] employer, passer le temps : [C] Pros. ‖ au pass., ***in foro terimur*** [+C] Pros., nous nous usons, nous usons notre vie au barreau ***b)*** user, épuiser : ***in armis plebem*** [C] Pros., user la plèbe à des guerres ***c)*** employer souvent : ***verbum*** [C] Pros., se servir souvent d'un mot ; [d'où] rendre banal, commun : [C] Pros. ; V. *1 tritus*

Terpander, *dri*, m., Terpandre [poète et musicien grec] : [+C] Pros.

Terpnus, *i*, m., fameux joueur de cithare : [+C] Pros.

terplĭcō, *ās*, *āre*, -, -, V. *triplico* : [+C] Pros.

Terpsĭchŏra, *ae*, f., C. *Terpsichore* : [T] Poés.

Terpsĭchŏrē, *ēs*, f., muse, poésie : [+C] Poés., [T] Pros.

1 **terra**, *ae*, f. ¶ **1** la Terre, le globe terrestre : [C] Pros. ¶ **2** la terre [en tant que matière, élément] : [C] Pros. ; ***terrae filius*** [C] Pros., un fils de la terre [un individu quelconque] ¶ **3** la terre, la surface de la terre, le sol : ***terrae motus*** [C] Pros., tremblement de terre ; ***accidere ad terram*** [-C] Théât., tomber par terre ; ***dare ad terram*** [-C] Théât., jeter par terre ‖ [poét. dat.] [C] Poés. ¶ **4** terre, continent [opp. à la mer et au ciel] : ***terra marique*** [C] Pros., par terre et par mer ‖ pl., ***sub terras penetrare*** [C] Pros., pénétrer sous terre [dans les enfers] ; ***in terris*** [C] Pros., sur terre = dans le monde, ici-bas [cf. le sg. d. Plaute] ; ***orbis terrarum*** [C] Pros. ; ***orbis terrae*** [C] Pros., le monde, l'univers ; ***ubi terrarum*** [C] Pros., à quel endroit du monde ¶ **5** pays, contrée : ***in hac terra*** [C] Pros., dans ce pays ; ***in ceteris terris*** [C] Pros., dans les autres contrées (pays) ; ***terra Gallia*** [C], la Gaule ; ***terra Italia*** [C] Pros., la terre d'Italie, l'Italie

2 **Terra**, *ae*, f., la Terre [divinité] : [C] Pros., Poés.

Terracīn-, C. *Tarracin-*

Terrăco, V. *Tarraco*

terrānĕŏla, *ae*, f., alouette : [C] Poés.

terrārĭus, *a*, *um*, en pleine terre, qui vit en liberté : [+C] Poés. ‖ terrestre : [T] Pros.

terrēnus, *a*, *um*, adj. ¶ **1** formé de terre, de terre : ***terrenus tumulus*** [C] Pros., tertre ; ***campus terrenus*** [C] Pros., plaine de terre ‖ **terrenum**, *i*, n., terre, terrain : [C] Pros. ¶ **2** qui a rapport à la terre, terrestre : ***bestiae terrenae*** [C] Pros., animaux terrestres ‖ **terrēna**, n. pl., [+C] Pros., même sens ‖ [poét.] ***terrenus eques*** [C] Poés., cavalier terrestre = mortel ‖ subst. m. pl., les hommes : [T] Pros.

terrĕō, *ēs*, *ēre*, *ŭī*, *ĭtum*, tr. ¶ **1** effrayer, épouvanter : [C] Pros. ‖ ***territus animi*** [C] Pros., effrayé dans son âme ‖ [pass. avec *ne*] = craindre que : ***territi, ne opprimerentur*** [C] Pros., craignant d'être écrasés ‖ [act. avec *ne*] = faire craindre que : [C] Poés. ¶ **2** mettre en fuite par la crainte, chasser, faire fuir : [C] Poés. ¶ **3** détourner par la crainte, détourner : [C] Pros. ‖ [avec *quominus*] [C] Pros., empêcher par la crainte de ; [ou avec *ne*] [C] Pros. ; [avec inf.] [C] Poés., [T] Pros.

terrestris, *e* ¶ **1** relatif à la Terre, au globe terrestre, terrestre : [C] Pros. ¶ **2** relatif à la terre [terre ferme], qui vit sur la terre : [C] Pros. ; ***terrestris archipirata*** [C] Pros., capitaine de pirates de terre ferme

terrĕus, *a*, *um* ¶ **1** fait de terre : [C] Pros. ¶ **2** [chrét.] de la terre, temporel [opp. à *aeternus*] : [T] Poés.

terrĭbĭlis, *e*, effrayant, épouvantable, terrible : ***terribilis aspectu*** [C] Pros., effrayant à voir (d'aspect terrible) ; ***alicui terribilis*** [C] Pros., terrible pour qqn ; ***terribilior*** [C] Pros.

terrĭbĭlĭter, adv., terriblement, effroyablement : [T] Pros.

terrĭcŏla, *ae*, m. f., habitant de la terre : [-C] Poés., [+C] Pros.

terrĭcrĕpus, *a*, *um*, qui retentit de façon effrayante : [T] Pros.

terrĭcŭla, *ae*, f., [-C] Théât., [-C] Poés., **terrĭcŭlum**, *i*, n., [-C] Théât. [pl. [C] Pros.] épouvantail

terrĭcŭlāmentum, *i*, n., fantôme, épouvantail : [+C] Pros., [T] Pros.

terrĭcŭlum, V. *terricula*

terrĭfĭcō, *ās*, *āre*, -, -, tr., effrayer, épouvanter : [C] Poés.

terrĭfĭcus, *a*, *um*, effrayant, terrible : [C] Poés., [+C] Pros.

terrĭgĕna, *ae*, m. f. ¶ **1** né de la terre, fils de la terre : [C] Poés. ‖ [en parlant de l'escargot] : [C] Pros. ; [en parlant d'un serpent] [+C] Poés. ¶ **2** [fig.] fils de la terre, du peuple, d'humble origine : [T] Pros.

terrĭgĕnus, *a*, *um*, C. le précédent : [+T] Poés.

terrĭlŏquus, *a*, *um*, effrayant [paroles] : [C] Poés.

Terrinĭus, *ĭi*, m., nom d'homme : [+C] Pros.

terrĭpăvĭum, **terrĭpŭdĭum** et **terrĭpŭvĭum**, *ĭi*, n., C. *tripudium* : [C] Pros.

terrĭtō, *ās*, *āre*, *āvī*, -, tr., frapper d'effroi violemment, effrayer, épouvanter : [C] Pros. ‖ [abs[t]] [C] Pros.

terrĭtōrĭum, *ii*, n., territoire : [C] Pros.

terrĭtus, *a*, *um*, part. de *terreo*

terrŏr, *ōris*, m. ¶ **1** terreur, effroi, épouvante : [C] Pros. ; ***terrorem alicui injicere*** [C] Pros. ; ***inferre*** [C] Pros. ; ***esse terrori alicui*** [C] Pros., inspirer de l'effroi à qqn, frapper d'effroi qqn ; ***terrorem alicui incutere*** [C] Pros. ; ***facere*** [C] Pros. ; ***afferre*** [C] Pros., inspirer de l'effroi à qqn, frapper d'effroi qqn [C] Pros. ‖ ***terror meus*** [-C] Théât., l'effroi que j'inspire ; [C] Pros. ; ***belli*** [C] Pros., crainte de la guerre ; ***exercitus*** [C] Pros., effroi inspiré par l'armée ¶ **2** objet qui inspire la terreur : [C] Pros. ‖ sujet d'effroi [au pl.] : [C] Pros. ‖ événements terrifiants [au pl.] : [C] Pros.

terrōsus, *a*, *um*, terreux : [C] Pros.

terrŭlentē, adv., d'une manière terrestre : [T] Poés.

terrŭlentus, *a*, *um*, terreux : [T] Poés. ‖ **-lenta**, n. pl., productions de la terre : [T] Poés.

terruncĭus (tĕru-), *ĭi*, m. ¶ **1** le quart [3/12] d'un as : [C] Pros. ‖ [en gén.] désigne une valeur minime : ***ne teruncius quidem*** [C] Pros., pas même un quart d'as ¶ **2** le quart d'une somme : [C] Pros.

tersi, parf. de *tergeo* ou *tergo*

1 **tersus**, *a*, *um* ¶ **1** part. de *tergeo* ¶ **2** adj[t] ***a)*** propre, net : [-C] Théât., [C] Poés. ***b)*** [fig.] pur, élégant, soigné : ***tersior*** [+C] Pros., auteur plus correct, plus châtié ; ***judicium tersum*** [+C] Pros., goût pur ; ***tersissimus*** [+C] Poés.

2 **tersŭs**, *ūs*, m., nettoiement, essuyage : [+C] Pros.

1 **tertĭa**, *ae*, f., s.-ent. ***hora***, la troisième heure : +C Pros. ‖ **tertĭae**, s.-ent. ***partes***, le troisième rôle : +C Pros.

2 **Tertĭa**, *ae*, f., nom de femme : +C Pros.

tertĭădĕcĭmāni (-dĕcŭ-), *ōrum*, m. pl., soldats de la treizième légion : +C Pros.

tertĭāni, *ōrum*, m. pl., soldats de la troisième légion : +C Pros.

tertĭānus, *a*, *um*, qui revient le troisième jour : ***tertianae febres*** C Pros., fièvres tierces ; ***tertiana*** [f. pris substᵗ] ‖ ***tertianus, tertiani*** +C Pros., un soldat, les soldats de la troisième légion

tertĭārĭum, *ĭi*, n., un tiers : -C Pros.

tertĭātĭo, *ōnis*, f., troisième pressurage de l'olive : +C Pros.

tertĭātus, *a*, *um*, part. de *2 tertio*

tertĭceps, *cĭpis*, ***mons*** C Pros., troisième colline de Rome

1 **tertĭō**, adv. ¶ **1** pour la troisième fois : C Pros. ¶ **2** en troisième lieu, troisièmement : C Pros.

2 **tertĭō**, *ās*, *āre*, *āvī*, *ātum*, tr. ¶ **1** répéter pour la troisième fois : +C Pros. ¶ **2** donner un troisième labour : +C Pros.

tertĭum, adv., pour la troisième fois : C Pros.

tertĭus, *a*, *um*, troisième : C Pros. ; ***Saturnalibus tertiis*** C Pros., le troisième jour des Saturnales ; ***ab Jove tertius*** C Poés., arrière-petit-fils de Jupiter ‖ ***tertia regna*** C Poés. ; ***tertia numina*** C Poés., le royaume des enfers, les divinités infernales

tertĭusdĕcĭmus, *-adĕcĭma*, *-umdecimum*, treizième : +C Pros.

tertĭusvīcēsĭmus, *-avicesima*, *-umvicesimum*, vingt-troisième : +C Pros.

Tertulla, *ae*, f., nom de femme : +C Pros.

Tertullĭānus, *i*, m., Tertullien [écrivain chrét., africain] : T Pros.

tertus, *a*, *um*, [arch.] → *1 tersus* : C Poés.

tĕruncĭus, → *terruncius*

tervĕnēfĭcus, *i*, m., triple empoisonneur : -C Théât.

Terventīnātes, → *Trev*

tesca (tesqua), *ōrum*, n. pl., friches, lieux déserts : -C, C Pros. ‖ sg., ***tescum*** : C Pros. [dans une vieille formule religieuse]

tessella, *ae*, f., cube pour les ouvrages de marqueterie, de mosaïque : +C Pros. ‖ dé à jouer : +C Poés.

tessellātĭm, adv., en dés : +C Pros.

tessellō, *ās*, *āre*, *āvī*, *ātum*, tr., paver en mosaïque : ***tessellatus*** +C Pros., fait en mosaïque

tessĕra, *ae*, f. ¶ **1** dé à jouer [marqué sur les six côtés] : ***ad tesseras se conferre*** C Pros., s'adonner aux dés ¶ **2** tessère [tablette portant le mot d'ordre ou les ordres dans l'armée] : C Pros., Poés. ¶ **3** tessère [servant de reconnaissance pour les hôtes entre eux], tessère d'hospitalité : -C Théât. ; ***tesseram confringere*** -C Théât., rompre l'hospitalité ¶ **4** tessère [en échange de laquelle le peuple recevait de l'argent ou du blé] : +C Pros., Poés. ¶ **5** tessère [servant à la marqueterie ou à la mosaïque] : +C Poés.

tessĕrārĭus, *a*, *um*, adj., relatif aux dés : T Pros. ‖ **tessĕrārĭus**, *ĭi*, m., tesséraire, agent de liaison qui porte la tessère = les ordres du général : +C Pros.

tessĕrātus, → *tessellatus*, → *tessello* : +C Pros.

tessĕrŭla, *ae*, f. ¶ **1** pl., petits morceaux de pierre ou de marbre employés dans une mosaïque : -C Poés., C Pros. ¶ **2** tablette de vote, bulletin : C Pros. ¶ **3** tessère, jeton pour avoir du blé : +C Poés.

1 **testa**, *ae*, f. ¶ **1** brique, tuile : -C Pros., C Pros. ¶ **2** vase en terre cuite, pot, cruche : C Pros. ‖ amphore : C Pros. ‖ lampe d'argile : C Poés. ¶ **3** fragment de poterie, tesson, débris de tuile : +C Pros., C Poés., Poés. ; ***testa tunsa*** C Pros., poudre de tuileaux ‖ [fig.] esquille d'os : +C Pros. ¶ **4** écaille, coquille [servant au vote chez les Grecs, ὄστρακον] : C Pros. ¶ **5** coquille des mollusques : C Pros. ‖ [d'où] huître : C Poés. ‖ carapace de tortue : C Pros. ‖ [poét.] carapace [glace] : C Poés. ¶ **6** crâne : T Poés. ¶ **7** pl. *testae*, [sorte d'applaudissement inventé par Néron] les tuiles = le plat des mains : +C Pros. ‖ plaque, carreau [de vitre] : +C Pros.

2 **Testa**, *ae*, m., surnom romain : C Pros.

testābĭlis, *e*, qui a le droit de déposer en justice : +C Pros.

testācĕus, *a*, *um*, de terre cuite, de brique : C Pros., +C Pros.

testāmentārĭus, *a*, *um*, de testament, testamentaire : C Pros. ‖ [m. pris substᵗ] ‖ fabricateur de testaments [faussaire] : C Pros.

testāmentum, *i*, n. ¶ **1** testament : ***tabulae testamenti*** C Pros., tablettes d'un testament ; ***testamenti factio*** C Pros., capacité de tester ; ***testamentum conscribere*** C Pros. ; ***scribere*** C Pros., rédiger un testament ; ***ex testamento*** C Pros., d'après les termes du testament ; ***esse in testamento, ut*** C Pros., [ils disent] qu'une clause du testament porte que ; → *subjicio, subjector, suppono* ¶ **2** [chrét.] pacte, accord, alliance : T Pros. ‖ pacte, alliance entre l'homme et Dieu : T Pros. ¶ **3** Testament [texte de l'alliance entre l'homme et Dieu] : ***vetus Testamentum*** T Pros., l'Ancien Testament (hébreu) ¶ **4** promesse : T Pros. ¶ **5** Tables de la Loi : T Pros. ¶ **6** ordre, disposition, arrêt, loi : T Pros.

testātĭo, *ōnis*, f. ¶ **1** action de prendre à témoin : ***foederum ruptorum*** C Pros., de la violation des traités ¶ **2** déposition, témoignage : +C Pros.

testātō, abl. n. du part. *testatus* ‖ devant témoins, en présence de témoins : +C Pros.

testātŏr, *ōris*, m. ¶ **1** celui qui rend témoignage : T Poés. ¶ **2** testateur : +C Pros.

testātus, *a*, *um*, part. de *testor* ‖ [adjᵗ] attesté, prouvé, avéré, reconnu, incontestable, manifeste : C Pros. ‖ ***testatior*** C Pros. ; ***-tissimus*** T Pros.

testĕus, *a*, *um*, d'argile : T Pros.

testĭcŭlus, *i*, m., testicule : C Pros., +C Poés.

testĭfĭcātĭo, *ōnis*, f. ¶ **1** déposition, témoignage : C Pros. ¶ **2** [en gén.] attestation, témoignage, preuve : C Pros. ¶ **3** avertissement : T Pros. ¶ **4** preuve de l'alliance entre Dieu et l'homme, Tables de la Loi : T Pros.

testĭfĭcātus, *a*, *um*, part. de *testificor*

testĭfĭcŏr, *āris*, *ārī*, *ātus sum*, tr. ¶ **1** déposer, témoigner, certifier, attester qqch. : C Pros. ‖ [avec prop. inf.] C Pros. ‖ [avec interrog. indir.] C Pros. ‖ [absᵗ] ***testificati discedunt*** C Pros., ils se retirent leur déposition faite ¶ **2** témoigner, montrer, prouver : ***amorem*** C Pros., témoigner son affection ‖ [part. au sens pass.] : C Pros. ¶ **3** prendre à témoin, attester qqn, en appeler au témoignage de : C Poés.

testĭmōnĭum, *ĭi*, n. ¶ **1** témoignage, déposition, attestation : ***alicujus*** C Pros., témoignage de qqn ; ***testimonium dicere*** C Pros. [***in aliquem*** C Pros.] , faire une déposition, porter un témoignage [contre qqn] ; ***aliquid pro testimonio dicere*** C Pros., dire qqch. en témoignage ¶ **2** [en gén.] témoignage, preuve : C Pros. ; C Pros. ; → *perhibeo* ¶ *1* ¶ **3** précepte, ordre, commandement : T Pros.

1 **testĭs**, *is*, m. ¶ **1** témoin : ***gravis*** C Pros., témoin de poids ; ***religiosus*** C Pros., scrupuleux ; ***locupletissimus*** C Pros., le plus qualifié ; ***alicujus rei testem adhibere aliquem*** C Pros., produire qqn comme témoin de qqch. ; ***testibus uti*** C Pros., utiliser des témoins, les faire déposer ‖ C Pros. [il rappela] qu'il pouvait prendre les soldats à témoin du zèle qu'il avait mis à chercher la paix ‖ [avec des f. ou des n.] : ***inducta teste in senatu*** +C Pros., une femme étant introduite pour déposer devant le sénat ; -C Théât., C Poés. ¶ **2** → *arbiter*, témoin oculaire : -C Théât., C Poés., +C Poés.

2 **testis**, *is*, m., d'ord. au pl. : C Poés. ‖ jeu de mots : -C Théât.

testŏr, *āris*, *ārī*, *ātus sum*, tr. ¶ **1** prendre à témoin, attester qqn, qqch. : ***deos, aliquem*** C Pros., prendre à témoin les dieux, qqn ‖ [avec prop. inf.] : C Pros. ‖ [avec un pron. n.] : -C Théât., C Pros. ‖ ***aliquem de aliqua re*** C Pros., attester qqn au sujet de qqch. ‖ [avec interrog. indir.] : C Pros. ¶ **2** [absᵗ] déposer comme témoin, témoigner : C Poés., +C Pros. ‖ [avec acc.] attester, témoigner de : ***alicujus furtum*** C Pros., attester le vol de qqn ‖ [surtout avec prop. inf.] témoigner que, attester que, affirmer que : C Pros. ‖ [avec sens pass. au parf. ou au part.] prouver, démontrer : C Pros. ; C Pros. ¶ **3** tester, faire son testament : C Pros., +C Pros. ‖ [avec prop. inf.] déclarer par testament que : +C Pros. ‖ [poét.] : ***tabulae testatae*** C Poés., tablettes testamentaires, testament

testū, n. indécl., couvercle d'argile, tuile : [-C] Pros., [C] Poés. ‖ vase d'argile : [C] Poés. ; V.▸ *testum*

testŭācĭum, *ĭi*, n., pain ou gâteau cuit dans un vase d'argile : [C] Pros.

testūdĭnātus, *a, um*, **-nĕātus**, *a, um*, à quatre pans (plafond) : [C] Pros., [+C] Pros.

testūdĭnĕus, *a, um*, de tortue, d'écaille de tortue : [-C] Théât., [C] Poés., [+C] Poés.

testūdo, *ĭnis*, f. ¶**1** tortue : [C] Pros., [+C] Pros. ¶**2** écaille, carapace de tortue ***a)*** incrustations d'écaille de tortue : [C] Poés. ***b)*** tout instrument à cordes voûté, lyre, luth, cithare : [C] Pros., Poés. ***c)*** réduit, cour entièrement couverts : [C] Pros., Poés. ***d)*** [milit.] tortue [machine de guerre : galerie montée sur roues] : [C] Pros. ; ***testudo arietaria*** [C] Pros., tortue bélière [machine de siège montée sur roues, pourvue d'un châssis protecteur et contenant un bélier actionné par des soldats] ‖ [formation d'attaque des soldats faisant une voûte au-dessus de leurs têtes avec leurs boucliers joints] ***testudine facta*** [C] Pros., ayant fait la tortue ; [+C] Pros. ***e)*** enveloppe de l'oursin : [+C] Poés. ***f)*** coquille [d'œuf] : [T] Pros.

testŭla, *ae*, f. ¶**1** tesson, fragment de poterie : [+C] Pros. ¶**2** tablette de vote à Athènes = ὄστρακον : [C] Pros.

testum, *i*, n., C.▸ *testu* ‖ couvercle d'argile, vase d'argile : [-C] Pros.

tĕtartēmŏrĭŏn, *ĭi*, n., quart du zodiaque = trois des signes du zodiaque : [+C] Pros.

tētĕ, =▸ *te -te*, acc. et abl. de *1 tu* suivi de la particule *-te*

tĕtendī, parf. de *tendo*

tētĕr, V.▸ *taeter*

Tēthȳs, *ȳŏs*, acc. *yn*, f. ¶**1** Téthys [femme de l'Océan, mère des fleuves] : [C] Poés. ¶**2** la mer : [C] Poés., [+C] Poés.

tĕtĭgī, parf. de *tango*

tĕtrachmum, *i*, n., tétradrachme [pièce d'argent grecque de quatre drachmes = *nummus*] : sg. ; pl., [C] Pros.

tĕtrăchordŏn, *i*, n. ¶**1** tétracorde, succession diatonique de quatre tons : [C] Pros. ¶**2** réunion de quatre : [C] Poés.

tĕtrăchordŏs, *ŏn*, adj., tétrachorde [dispositif à quatre tuyaux de l'orgue hydraulique] : [C] Pros.

tĕtrăcōlŏn, *i*, n., période à quatre membres : [C] Pros.

tĕtrăcordŏs, V.▸ *tetrachordos*

Tetrădĭa, *ae*, f., nom de femme : [+T] Pros.

tĕtrădĭum (tĕtrădēum), *i*, n., le nombre quatre : [C] Pros., [+C] Pros.

Tĕtrădĭus, *ĭi*, m., nom d'homme : [+T] Pros.

tĕtrădōrus, *a, um*, **-ŏs**, *ŏn*, qui a quatre palmes de dimension : [C] Pros.

tĕtrăfarmăcum, V.▸ *tetrapharmacum*

tĕtrăgōnĭcus, *a, um*, adj., du carré, carré : ***tetragonicum latus*** [T] Pros., côté carré [racine carrée]

tĕtrăgōnus, *a, um*, carré [nombre] : [T] Pros.

tĕtrans, *antis*, m., quart, quatrième partie d'un tout : [C] Pros.

tĕtrăo, *ōnis*, m., tétras, coq de bruyère : [+C] Pros.

tĕtrăpharmăcum, *i*, n., plat de quatre mets : [T] Pros.

tĕtrăphŏri, *ōrum*, m. pl., quatre porteurs [du même fardeau] : ***phalangarii tetraphori*** [C] Pros., groupe de quatre portefaix

Tĕtrăphȳlĭa, *ae*, f., ville d'Athamanie : [C] Pros.

Tĕtrăpūs, *ŏdis*, m., Quadrupède [titre du huitième livre d'Apicius] : [+C] Pros.

tetrarchēs, *ae*, m., tétrarque : [C] Pros. ‖ prince [en gén.] : [T] Poés.

tetrarchĭa, *ae*, f., tétrarchie : [C] Pros.

tĕtrastĭcha, *ōn*, n. pl., quatrain : [+C] Pros., Poés.

tĕtrastĭchus, *a, um*, **-ŏs**, *ŏn*, de quatre vers : [T] Poés.

tĕtrastrŏphus, *a, um*, **-ŏs**, *ŏn*, de quatre strophes : [+T] Poés.

tĕtrastȳlus, *a, um*, **-ŏs**, *ŏn*, tétrastyle [qui a quatre colonnes ou quatre rangs de colonnes] : [C] Pros.

tĕtrax, *ăcis*, m., outarde [oiseau] : [T] Poés. ; V.▸ *tetrao*

tētrē, V.▸ *taetre*

Tĕtrĭca, *ae*, f., montagne de la Sabine : [C] Pros., Poés. ‖ ***Tetrica rupes*** [+C] Poés.

tetrĭcĭtas, **tetrĭcus**, V.▸ *taet*

Tetrilĭus, *ĭi*, nom d'homme : [C] Pros.

Tetrĭnius, *ĭi*, m., nom d'homme : [+C] Pros.

tetrissĭtō, *ās, āre, -, -*, intr., caqueter [canards] : [+C] Pros.

tētrĭtūdo, **tētro**, **tētrum**, V.▸ *tae*

Tettĭus, *ĭi*, m., nom d'homme : [C] Pros.

tĕtŭlī, parf. de *fero*

Teuca, V.▸ *Teutana*

Teucĕr (Teucrus, [C] Poés., [T] Pros.), ***cri***, m., Teucer ¶**1** fils du fleuve Scamandre et de la nymphe du mont Ida, premier roi de la Troade [d'où le nom de *Teucri* donné aux Troyens], beau-père de Dardanos : [C] Poés. ¶**2** fils de Télamon, roi de Salamine et demi-frère d'Ajax : [C] Poés.

Teucri, *ōrum*, m. pl., les Troyens : [C] Poés. ‖ les Romains : [+C] Poés.

Teucrĭa, *ae*, f., la Troade : [C] Poés.

Teucris, *ĭdis*, f., Troyenne [sobriquet] : [C] Pros.

Teucrĭus, *a, um* [rare], de Troie : [+C] Poés.

1 **Teucrus**, *a, um*, de Troie, troyen : [C] Poés.

2 **Teucrus**, V.▸ *Teucer*

Teuma, *ătis*, n., bourg de Thessalie : [C] Pros.

Teumēsus, *i*, m., montagne de Béotie : [+C] Poés.

Tĕus, C.▸ *Teos*

Teutāna, *ae*, f., reine d'Illyrie : [+C] Pros.

Teutātēs, *ae*, m., Teutatès [divinité gauloise] : [+C] Poés., [T] Pros.

Teuthŏni, V.▸ *Teutoni*

Teuthrans, V.▸ *Teuthras*

Teuthrantēus, **-tĭus**, *a, um*, de Teuthras, de Mysie : [C] Poés. ; ***Teuthrantia turba*** [C] Poés., la foule teuthrantienne = les cinquante filles de Thespius, fils de Teuthras

Teuthrās, *antis*, m. ¶**1** Teuthras [fils de Pandion et roi de Mysie] : [+C] Poés. ¶**2** petite rivière de Campanie : [C] Poés. ¶**3** un des compagnons d'Énée : [C] Poés.

Teuthrēdōn, *ŏnis*, m., nom d'un héros du siège de Troie : [+C] Poés.

Teutĭcus, *i*, m., ambassadeur de Gentius [Illyrien] : [C] Pros.

Teutŏbŏdus, *i*, m., chef des Cimbres : [+C] Pros.

Teutŏburgĭum (Teutoburgum, *i*), *ĭi*, n., ville de la Pannonie inférieure [auj. Teuteberg] ‖ **Teutŏburgĭensis saltus**, m., forêt de Teutoburg [défaite romaine en 9 apr. J.-C., site controversé] : [+C] Pros.

Teutomatus, *i*, m., roi des Nitiobriges : [C] Pros.

Teutŏni, *ōrum*, m. pl., Teutons [peuple de Germanie] : [C] Pros., [+C] Pros. ‖ sg., **Teutŏnus**, [+C] Poés. ‖ **Teutŏnĭcus**, *a, um*, des Teutons : [C] Poés., [+C] Poés., Pros.

texī, parf. de *tego*

texō, *ĭs, ĕre, texŭī, textum*, tr. ¶**1** tisser : ***telam*** [-C] Théât., tisser une toile ; [C] Pros., Poés. ¶**2** tresser ; [C] Poés. ; [des claies] [C] Poés. ‖ entrelacer [des fleurs] : [C] Poés. ‖ faire, construire en entrelaçant ; [C] Poés. ; [des nids] [+C] Pros. ‖ construire, bâtir : ***basilicam*** [C] Pros., construire une basilique ¶**3** ***sermones*** [-C] Théât., entrelacer, échanger des propos ; [C] Pros.

textĭle, *is*, [n. pris subst[t]] tissu : ***pictura in textili*** [C] Pros., tapisserie

textĭlis, *e* ¶**1** tissé : ***textile stragulum*** [C] Pros., tapis ; ***textilis pestis*** [C] Pros., fléau tissé [tunique de Nessus] ¶**2** tressé, entrelacé : ***textilia serta*** [+C] Poés., guirlandes [de roses] ; [+C] Théât.

textŏr, *ōris*, m., tisserand : [-C] Théât., [C] Pros.

textrīcŭla, *ae*, f. ; adj., qui tisse sa toile : [T] Pros.

textrīna, *ae*, f., atelier de tisserand : +C Pros.

textrīnum, *i*, n. ¶**1** atelier de tissage : C Pros. ¶**2** art de tisser, tissage : +C Pros. ¶**3** chantier naval : -C Pros.

textrīnus, *a*, *um*, de tissage : T Pros.

textrix, *īcis*, f., celle qui fait de la toile : C Poés., +C Poés., pl. =les Parques : +C Pros.

textum, *i*, n. ¶**1** tissu, étoffe : C Poés. ¶**2** contexture, assemblage : ***clipei*** C Poés., contexture d'un bouclier ; pl., C Poés. ‖ [tissu du style] +C Pros.

textūra, *ae*, f. ¶**1** tissu : -C Théât., C Poés., +C Pros. ¶**2** assemblage, enchaînement : T Pros. ¶**3** suite [d'un discours], texte, teneur : T Pros.

1 **textus**, *a*, *um*, part. de *texo*

2 **textŭs**, *ūs*, m. ¶**1** enlacement, tissu, contexture : C Poés. ¶**2** assemblage, enchaînement : T Pros. ¶**3** suite [d'un texte], teneur : T Pros.

texŭī, parf. de *texo*

Thabēna, *ae*, f., ville de Numidie [Thyna] : C Pros. ‖ **-enses**, *ĭum*, m. pl., habitants de Thabena : C Pros.

Thabor, m. indécl., le mont Thabor, en Judée : T Pros.

Thābrăca, ➡ *Tabraca* : +C Poés.

Thabusĭŏn (-ĭum), *ĭī*, n., forteresse de Grande-Phrygie : C Pros.

Thagaste, ➡ *Tagaste*

Thāis, *ĭdis*, f. ¶**1** célèbre courtisane d'Athènes : C Poés. ¶**2** courtisane de Rome : +C Poés. ¶**3** personnage : -C Théât.

Thala, *ae*, f., ville de Numidie : C Pros., +C Pros.

thălămēgus, *i*, f., gondole pourvue de cabines : +C Pros.

thălămus, *i*, m. ¶**1** chambre : C Poés. ‖ chambre à coucher : C Poés., Pros. ¶**2** couche nuptiale, lit : C Poés. ‖ mariage, hymen : C Poés. ; pl., C Poés.

1 **thălassa**, *ae*, f., marée [poissons] : +C Pros.

2 **Thălassa**, *ae*, f., ville de Crète : T Pros.

thălassĭcus, *a*, *um*, de marin : -C Théât.

thălassĭnus, *a*, *um*, de pourpre [d'origine marine] : C Poés.

thălassĭo, **Thălassus**, ➡ *talasio*, *Talassus*

Thălassĭus, *ĭī*, m., nom d'homme : T Pros.

Thălassus, ➡ *Talassus*

Thălēs, *lētis*, *lis*, m., Thalès de Milet [un des Sept Sages de la Grèce] : C Pros. ‖ **-ētĭcus**, *a*, *um*, de Thalès : T Poés.

Thalestris, *is*, f., reine des Amazones : +C Pros.

Thălīa, *ae*, f., Thalie [muse de la comédie] : C Poés. ‖ muse de la poésie : C Poés. ‖ une des Grâces : +C Pros. ‖ une des Néréides : C Poés.

Thălĭarchus, *i*, m., destinataire d'une ode : C Poés.

Thălĭus, *ĭī*, m., nom d'homme : +C Poés.

Thallūmētus, *i*, m., nom d'un affranchi d'Atticus : C Pros.

1 **thallus**, *i*, m., tige d'une plante garnie de ses feuilles : +C Pros.

2 **Thallus**, *i*, m., historien grec : +C Pros., T Pros.

Thalna, surnom romain, ➡ *Talna* : C Pros., +C Pros.

Thamar, f. indécl., nom de plusieurs femmes de l'Ancien Testament : T Pros.

Thămĭrās, ➡ *Thamyras*

Thamna, f., ville des Iduméens : T Pros.

Thamnata, **Thamnathsare**, f. indécl., ville de Judée : T Pros.

thamnus, *i*, f., tamier [arbuste] : +C Pros. ; ➡ *taminia uva*

Thămy̆rās, *ae*, m. (**Thămy̆ris**, *is*), m. C Poés., poète de Thrace qui, concourant avec les Muses, fut battu, puis privé de la voix et de la vue : C Poés., +C Pros.

Thămy̆ris, ➡ *Thamyras* et *Tomyris*

Thapsŏs (-us), *i*, f. ¶**1** ville d'Afrique dans la Byzacène [Ras Dimas] : C Pros. ¶**2** péninsule de Sicile, près de Syracuse : C Poés., +C Poés. ‖ **-sĭtāni**, *ōrum*, m. pl., habitants de Thapsus : C Pros.

Tharrĭās, *ae*, m., nom d'un médecin : +C Pros.

Tharsenses, *ĭum*, m. pl., habitants de Tharsis : T Pros.

Thascius, *ĭī*, m., nom d'homme : T Poés.

Thăsŏs (-us), *i*, f., Thasos [île de la mer Égée] : C Pros. ‖ **Thăsĭus**, *a*, *um*, de Thasos : ***Thasius lapis*** +C Pros., la pierre [marbre] de Thasos ‖ **Thăsĭī**, *ōrum*, m. pl., les habitants de Thasos

Thassius, **Thassos**, f., ➡ *Thasos*

1 **Thăsus**, *i*, m., nom d'homme : C Poés.

2 **Thăsus**, *i*, f., ➡ *Thasos*

thau, n. indécl., taw [dernière lettre de l'alphabet, notée X et servant de marque] : T Pros.

Thaumăci, *ōrum*, m. pl., C Pros., **Thaumăcĭē**, *ēs*, f., ville de Thessalie, dans la Magnésie

Thaumantēus, *a*, *um*, de Thaumas : ***Thaumantea virgo*** C Poés., Iris [fille de Thaumas]

Thaumantĭăs, *ădis*, f., fille de Thaumas [Iris] : C Poés. ‖ [abst] Iris : C Poés., +C Poés.

Thaumantis, *ĭdis*, f., ➡ *Thaumantias* : C Poés.

Thaumās, *antis*, m. ¶**1** fils de l'Océan et père d'Iris : C Pros. ¶**2** nom d'un Centaure : C Poés.

Thĕaetētus, *i*, m. ¶**1** le Théétète [titre d'un dialogue de Platon] : +C Pros. ¶**2** nom d'un amiral des Rhodiens : C Pros.

thĕātrālis, *e*, de théâtre, relatif au théâtre : C Pros. ; ***theatrales operae*** +C Pros., claqueurs, la claque [applaudisseurs salariés] ‖ théâtral, faux, feint : +C Pros.

thĕātrĭcus, *a*, *um*, de théâtre : T Pros.

thĕātrĭdĭon, *ĭī*, n., petit théâtre : C Pros.

thĕātrum, *i*, n. ¶**1** théâtre, lieu de représentations : C Pros. ‖ théâtre grec qui servait de salle de conseil : C Pros., +C Pros. ‖ amphithéâtre : C Poés. ¶**2** le théâtre = les spectateurs, le public : C Pros. ¶**3** [fig.] théâtre, scène : C Pros.

Thēbae, *ārum*, f. pl. ¶**1** ville de Mysie détruite par Achille : C Poés. ¶**2** ville de Béotie, fondée par Cadmus, patrie de Pindare : C Pros.

Thēbāgĕnēs, *ae*, m., originaire de Thèbes (en Béotie) : C Poés.

Thēbăĭcus, *a*, *um*, de Thèbes [en Égypte] : +C Poés.

Thēbăis, *ĭdis*, adj. f., de Thèbes [en Béotie] : +C Poés., Théât. ‖ subst. ***a)*** f. pl., ***Thebaides, um*** C Poés., les Thébaines ***b)*** f., ***Thebais, idos*** +C Poés., la Thébaïde [titre d'un poème de Stace]

Thēbāni, *ōrum*, m. pl., Thébains [en Béotie] : C Pros. ‖ **-bānus**, *a*, *um*, thébain : C Poés. ; ***Thebani duces*** C Poés., Étéocle et Polynice ; +C Poés. ; ***Thebanus deus*** C Poés., Hercule ; ***Thebana*** [subst. f.] C Poés., la Thébaine = Andromaque [de Thèbes en Mysie]

1 **Thēbē**, *ēs*, f., Thèbes [en Égypte] : +C Poés.

2 **Thēbē**, *ēs*, f. ¶**1** nymphe aimée par le fleuve Asope : C Poés. ¶**2** femme d'Alexandre, tyran de Phères : C Pros.

Thebēs, f. indécl., ville de la Samarie : T Pros.

Thēbēs Campus, *i*, m., la Plaine de Thébè [Mysie] : C Pros.

Thēbŏgĕnēs, ➡ *Thebagenes*

thēca, *ae*, f. ¶**1** étui, gaine, fourreau : C Pros. ¶**2** cassette : C Pros. ‖ boîte, coffre : T Pros. ‖ étui pour ranger les roseaux à écrire : +C Pros.

thēcātus, *a*, *um*, enfermé dans un étui : T Pros.

Thĕcla, *ae*, f., nom de femme : +T Poés.

1 **Thecŭa**, *ae*, m., **Thecŭē**, indécl., nom d'homme : T Pros.

2 **Thecŭa**, *ae*, f., **Thecŭē**, indécl., ville de Judée : T Pros. ‖ **-cŭēni**, m. pl., habitants de Thécua : T Pros. ‖ **-ītes**, *ae*, m., **-ītis**, *ĭdis*, f., de Thécua : T Pros.

Theĭum, *ĭī*, n., ville d'Athamanie : C Pros.

Thĕlĕsīna (Tel-), *ae*, f., **Thĕlĕsīnus (Tel-)**, *i*, m., nom de femme, nom d'homme : +C Poés.

Thĕlis, f., arch. pour ***Thetis*** : [-C] Théât., [C] Pros.

Thelxĭnŏē, *ēs*, f., une des quatre premières Muses : [C] Pros.

thĕma, *ătis*, n. ¶ **1** thème, proposition, sujet, thèse : [C] Pros., [+C] Pros. ¶ **2** thème de géniture, horoscope : [+C] Pros.

Thĕmis, *ĭdis*, acc. *in*, f., fille du Ciel et de la Terre, déesse de la Justice : [C] Poés. ‖ mère d'Anchise : [+C] Poés.

Themiscȳra, *ae*, f., **Thĕmiscȳrĭum**, *ĭi*, n., ville de Cappadoce, capitale des Amazones ‖ **-raeus**, **-rēnus**, *a, um*, de Thémiscyre : [T] Pros.

Thĕmĭsōn, *ōnis*, m., célèbre médecin de Syrie : [+C] Pros.

Thĕmista, *ae*, f., **Thĕmistē**, *ēs*, f., nom d'une philosophe épicurienne de Lampsaque : [C] Pros., [T] Pros.

Thĕmistăgŏra, *ae*, f., une des cinquante filles de Danaos : [+C] Poés.

Thĕmistăgŏrās, *ae*, m., nom d'un habitant de Lampsaque : [C] Pros.

Thĕmistō, *ūs*, f., femme d'Athamas : [+C] Poés.

Thĕmistŏclēs, *i* (*is*), m., célèbre général athénien : [C] Pros. ‖ **-ēus**, *a, um*, de Thémistocle : [C] Pros.

Thĕmistus, *i*, m., nom d'homme : [C] Pros.

thensaurus, → *thesaurus*

Thĕŏcrĭtus, *i*, m., Théocrite [poète bucolique de Syracuse] : [+C] Pros., [T] Pros.

Thēŏdămās, **-dămās**, *antis*, m., roi des Dryopes, tué par Hercule : [+C] Poés. ‖ **-mantēus**, *a, um*, de Théodamas : [C] Poés.

Theodās, *ae*, m., nom d'un faux prophète : [T] Pros.

Thĕŏdectēs, *is* ou *i*, m., orateur cilicien, célèbre pour sa mémoire : [C] Pros., [+C] Pros.

Thĕŏdōrēi, *ōrum*, m. pl., disciples de Théodore de Gadara : [+C] Pros.

Thĕŏdōrĭcĭānus, *a, um*, de Théodoric II : [T] Pros.

Thĕŏdōrĭcus (**Thĕŭdōrĭcus**, **Thĕŏdērĭcus**), *i*, m., Théodoric, rois des Visigoths : [T] Poés., Pros. ‖ Thierry Ier [fils de Clovis, 511-534] : [+T] Pros.

Thĕŏdōris (**Theu-**, *is*), m., → *Theodoricus*

Thĕŏdōrus, *i*, m. ¶ **1** Théodore de Byzance, sophiste grec : [C] Pros., [+C] Pros. ¶ **2** Théodore de Cyrène, l'athée (ἄθεος) : [C] Pros. ¶ **3** rhéteur de Gadara : [+C] Pros.

Thĕŏdŏtŏs (**-us**), *i*, m., nom d'homme : [C] Pros.

Thĕŏdulfus, *i*, m., nom d'homme : [+T] Pros.

Thĕŏgĕnēs, *is*, m., [C] Pros. et **Thĕŏgĕnis**, *ĭdis*, f., nom d'homme, nom de femme

Thĕognis, *ĭdis*, m., poète gnomique grec, de Mégare : [-C] Poés., [+C] Pros.

Thĕŏgŏnĭa, *ae*, f., Théogonie, généalogie des Dieux [titre d'un poème d'Hésiode] : [C] Pros.

Thĕŏgŏnĭus, *ĭi*, m., nom d'homme : [+C] Pros.

thĕŏlŏgĭa, *ae*, f., théologie : [T] Pros.

thĕŏlŏgĭcus, *a, um*, théologique, de théologie : [T] Pros.

Thĕŏlŏgūmena, *ōn*, n., recherches sur Dieu et les choses divines [titre d'un ouvrage d'Aristote] : [T] Pros.

thĕŏlŏgus, *i*, m., théologien [celui qui écrit sur la mythologie] : [C] Pros., [T] Pros.

Thĕombrŏtus, *i*, m., nom d'un philosophe : [+C] Pros.

Thĕōn, *ōnis*, m. ¶ **1** peintre de Samos : [+C] Pros. ¶ **2** calomniateur ; [d'où] **Thĕōnīnus**, *a, um*, de Théon, médisant : [C] Pros.

Thĕondās, *ae*, m., magistrat suprême de Samothrace : [C] Pros.

Thĕōnīnus, *a, um*, → *Theon*

Thĕŏnŏē, *ēs*, f., fille de Thestor, enlevée par les pirates : [+C] Poés.

Thĕŏphănē, *ēs*, f., fille de Bisaltès, changée en brebis par Neptune : [+C] Poés. [désignée sous le nom de *Bisaltis*, acc. *ida*,]

Thĕŏphănēs, *is*, m., Théophane de Mytilène [qui écrivait l'histoire de Pompée de son vivant] : [C] Pros., [+C] Pros.

Thĕŏphĭla, *ae*, f., nom de femme : [+C] Poés.

Thĕŏphĭlus, *i*, m., nom d'homme : [C] Pros.

Thĕophrastus, *i*, m., Théophraste [philosophe grec] : [C] Pros.

Thĕŏplastus, *i*, m., nom d'un évêque : [T] Pros.

Thĕŏpompus, *i*, m. ¶ **1** historien de Chios, disciple d'Isocrate : [C] Pros. ‖ **-pēus** (**-pīus**), *a, um*, de Théopompe : [C] Pros. ¶ **2** un partisan de César : [C] Pros. ‖ personnage en relations avec Cicéron : [C] Pros.

Thĕŏprŏpīdēs, *is*, m., nom d'homme : [-C] Théât.

Thĕŏractus, *ī*, m., Théoracte [surnom du Syracusain Theomnastus] : [C] Pros.

thĕōrēma, *ătis*, n., théorème, proposition : [+C] Pros.

thĕōrĭa, *ae*, **thĕōrĭcē**, *ēs*, f., la spéculation, la recherche spéculative : [T] Pros.

thĕōrĭcus, *a, um*, spéculatif, contemplatif : [T] Pros.

Thĕŏtīmus, *i*, m., nom d'homme : [-C] Théât., [+C] Pros.

Thĕoxĕna, *ae*, f., nom de femme : [C] Pros.

Thĕoxĕnus, *i*, m., nom d'homme : [C] Pros.

Thēra, *ae*, f., île de la mer Égée [Santorin] ‖ **-raei**, *ōrum*, m. pl., habitants de Théra : [C] Pros.

Thērămĕnēs, *is* ou *ae*, m., Théramène [un des Trente Tyrans d'Athènes] : [C] Pros.

Thĕramnae, **Thĕramnaeus**, → *Therapnae*

Thĕrapna, *ae*, f., → *Therapnae*

Thĕrapnae, *ārum*, f. pl. et **Thĕrapnē**, *ēs*, f., Thérapné [ville de Laconie] : [+C] Poés. ‖ **Thĕrapnaeus**, *a, um*, de Thérapné, de Laconie, de Sparte : [C] Poés., [+C] Poés.

Thĕrăpontĭgŏnus, *i*, m., nom grec forgé de soldat : [-C] Théât.

Thērăsĭa, *ae*, f., île voisine de la Crète : [+C] Pros.

Thērē, *ēs*, f., une des Cyclades : [+C] Pros.

Thērĭclēs, *is*, m., potier de Corinthe ‖ **-ēus**, *a, um*, de Thériclès : [C] Pros.

Thĕrīnus, *i*, m., nom d'homme : [+C] Poés.

thĕristrum, *i*, n., habit d'été (de femme) : [T] Pros. ‖ [fig.] voile : [T] Pros.

Thermae, *ārum*, m. pl., ville de Sicile, près d'Himère ‖ **-ĭtānus**, *a, um*, de Thermes : [C] Pros. ‖ **-tāni**, *ōrum*, m. pl., habitants de Thermes : [C] Pros. ‖ **Thermenses**, *ium*, m. pl.,

Thermaeus sĭnŭs (**-măĭcus**), m., golfe Thermaïque, en Macédoine : [+C] Pros.

Thermenses, → *Thermae*

thermĭpōlĭum, *ĭi*, n., cabaret [où l'on sert des boissons chaudes] : [-C] Théât.

Thermĭtānus, *a, um*, → *Thermae*

Thermōdōn, *ontis*, m., fleuve de Cappadoce, près duquel habitaient les Amazones : [C] Poés. ‖ **-dontēus**, [C] Poés., **-dontĭăcus**, **-dontĭus**, *a, um*, du Thermodon, des Amazones : [C] Poés., [-C] Théât.

thermŏpōtō, *ās*, *āre*, *āvī*, -, tr., boire chaud : [-C] Théât.

Thermŏpȳlae, *ārum*, f. pl., les Thermopyles [défilé du mont Œta, célèbre par le dévouement de Léonidas et des trois cents Spartiates, et aussi par la victoire des Romains sur Antiochus le Grand] : [C] Pros. ; ***in Thermopylis*** [C] Pros. ; ***apud Thermopylas*** [C] Pros., aux Thermopyles

thermospŏdĭum, *ĭi*, n., réchaud à braises, braisière : [+C] Pros.

thermŭlae, *ārum*, f. pl., petits thermes : [+C] Poés.

Thermus, *i*, m., surnom romain : [C] Pros.

Thērŏdămās, *antis*, **Thērŏmĕdōn**, *ontis*, m., nom d'un roi scythe : [C] Poés. ‖ **-antēus**, **-ontēus**, *a, um*, de Thérodamas, Théromédon : [C] Poés.

Thērōn, *ōnis*, m. ¶ **1** nom de guerrier : [C] Poés. ¶ **2** nom de chien : [C] Poés.

Thersīlŏchus, *i*, m., fils d'Anténor, tué au siège de Troie : [C] Poés.

Thersītēs, *ae*, m., Thersite [célèbre par sa difformité et par sa mauvaise langue] : [C] Poés., [+C] Poés. ‖ = homme très laid : [+C] Poés. ‖ = une mauvaise langue : [+C] Pros., [T] Pros.

thēsaurārĭus (thens-), *a, um*, de trésor : [-C] Théât.

thēsaurīzō, *ās, āre, āvī, -*, tr., amasser : [T] Pros.

Thēsaurŏchrȳsŏnīcŏchrȳsīdēs (Thens-), *ae*, nom forgé par Plaute : [-C] Théât.

thēsaurum, *i*, n., C. ➡ *thesaurus* : [+C] Pros.

thēsaurus (thens-), *i*, m. ¶ **1** trésor [caché, enfoui] : [-C] Théât., [C] Pros. ¶ **2** [fig.] un trésor de = une quantité de, une infinité de : [-C] Théât. ‖ [en parlant de qqn] : [-C] Théât. ¶ **3** trésor = lieu où l'on conserve des richesses, où l'on emmagasine : [C] Pros. ‖ [cellules d'abeilles] : [C] Poés. ¶ **4** [fig.] trésor = dépôt, magasin : [C] Pros.

Thesbē, *ēs*, f., Thesbé [ville de Judée] ‖ **Thesbitēs**, *ae*, m., habitant de Thesbé : [T] Pros.

Thēsēis, *ĭdis*, f., la Théséide, poème dont Thésée est le centre : [+C] Poés.

Thēsēĭŭs, *a, um*, de Thésée : [C] Poés. ‖ Hippolyte [fils de Thésée] : [+C] Poés.

1 **Thēseūs**, *ĕi (ĕos)*, m., Thésée [père d'Hippolyte] : [C] Pros., Poés.

2 **Thēsēus**, *a, um*, de Thésée : [C] Poés. ‖ de l'Attique, Athénien : [C] Poés., [+C] Poés.

Thēsīdēs, *ae*, m., descendant de Thésée [Hippolyte] : [C] Poés. ‖ **-ae**, *ārum*, m. pl., les Athéniens : [C] Poés.

thĕsis, *is*, f. ; acc. *in*, sujet, thèse, thème : [+C] Pros.

Thespĭăcus, *a, um*, de Thespies : [+C] Poés. ‖ de l'Hélicon : [+C] Poés.

Thespĭădae, *ārum*, m. pl., fils d'Hercule et des filles de Thespios, dont l'un fonda Crotone : ***agmen Thespiadum*** [gén. pl.] [+C] Poés., l'armée des descendants de Thespios [des Crotoniates]

Thespĭădēs, *ae*, m., originaire de Thespies : [+C] Poés. ‖ **Thespĭădĕs**, *um*, f. pl., les filles de Thespios : [+C] Théât. ‖ les Muses [honorées à Thespies] : [C] Pros.

Thespiae, *ārum*, f. pl., Thespies [ville de Béotie] : [C] Pros.

***Thespĭăs**, *ădis*, f., sg. inus., V. ➡ *Thespiades*

Thespĭenses, *ĭum*, m. pl., habitants de Thespies : [C] Pros.

Thespis, *is* ou *ĭdis*, m., Thespis [fondateur du drame grec] : [C] Poés., Pros.

1 **Thespĭus**, *a, um*, de Thespies : [+C] Poés. ‖ **-pĭi**, *ōrum*, m. pl., habitants de Thespies : [T] Pros.

2 **Thespĭus**, *ĭi*, m., fondateur de Thespies, qui maria ses cinquante filles à Hercule : [+C] Poés.

Thesprōti, *ōrum*, m. pl., habitants de la Thesprotie : [C] Pros., [+C] Poés.

Thesprōtĭa, *ae*, f., **Thesprōtis**, *ĭdis*, f., [T] Poés., la Thresprotie (Thesprotide) [région d'Épire] : [C] Pros.

Thesprōtĭus, *a, um*, de la Thesprotie, thesprotique : [C] Pros., [+C] Poés.

Thesprōtus, *i*, m., roi d'Épire, fils de Lycaon : [+C] Poés. ‖ roi de la région de Pouzzoles : [C] Poés.

Thessăli, *ōrum*, m. pl., Thessaliens : [C] Pros.

Thessălĭa, *ae*, f., la Thessalie [grande province au nord de la Grèce] : [C] Pros., [+C] Poés. ‖ **Thessălĭcus**, *a, um*, de Thessalie, thessalien : [C] Pros., Poés. ‖ **Thessălis**, *ĭdis*, f., Thessalienne : [C] Poés., [+C] Poés. ‖ **Thessălĭus**, *a, um*, V. ➡ *Thessalicus* : [+C] Pros.

Thessălŏnīcenses, *ĭum*, m., habitants de Thessalonique : [C] Pros.

Thessălus, *a, um*, de Thessalie, thessalien : [C] Poés., Pros., [+C] Pros.

Thessandrus, *i*, m., nom de guerrier grec : [C] Poés.

Thestĭădēs, *ae*, m., descendant de Thestius : [C] Poés.

Thestĭăs, *ădis*, f., fille de Thestius [Althée] : [C] Poés.

Thestĭus, *ĭi*, m., père de Léda : [C] Poés., [+C] Poés.

Thestŏr, *ŏris*, m., père de Calchas : [+C] Poés.

Thestŏrĭdēs, *ae*, m., fils de Thestor [Calchas] : [C] Poés.

Thestȳlis, *is (ĭdis)*, f., nom de femme : [C] Poés.

Thestȳlus, *i*, m., nom d'homme : [+C] Poés.

thētă, n. indécl., thêta [θ], huitième lettre de l'alphabet grec et abréviation de θανών [mort], : [+C] Poés. ‖ signe critique de suppression : [T] Poés.

Thĕtĭdĭum, *ĭi*, n., ville de Thessalie : [C] Pros.

Thĕtis, *ĭdis*, f., Thétis [nymphe de la mer, fille de Nérée, femme de Pélée, mère d'Achille] : [C] Poés., [+C] Poés. ‖ [poét.] la mer : [C] Poés., [+C] Poés.

Theudās, *ae*, m., affranchi de Trebianus : [C] Pros.

Theudōrĭa, *ae*, f., ville d'Athamanie : [C] Pros.

Theudōrĭcus, V. ➡ *Theodoricus*

Theudŏtos, *i*, m., Théodote [savant de Chios] : [C] Poés.

thĕurgĭa, *ae*, f., théurgie, opération magique, évocation des esprits : [T] Pros.

thĕurgĭcus, *a, um*, de théurgie : [T] Pros.

thĕurgus, *i*, m., théurge, magicien qui évoque les esprits : [T] Pros.

Theutātes, V. ➡ *Teutates*

Theutoni, V. ➡ *Teutoni*

Thīa, *ae*, f., femme d'Hypérion, mère du Soleil : [C] Poés.

thĭăsō, *ās, āre, -, -*, intr., conduire un thiase ; [d'où] ***thiasans melus*** [-C] Théât., un chant ayant toute l'ardeur d'un thiase

thĭăsus, *i*, m., thiase, danse en l'honneur de Bacchus : [C] Poés., [+C] Poés. ‖ [par ext.] cortège : [de Cybèle] [C] Poés. ; [de Satyres] [C] Poés.

Thibii, *ōrum*, m. pl., peuple du Pont : [+C] Pros.

Thibilis, V. ➡ *Tibilis*

Thilūtha, *ae*, f., nom d'une forteresse dans la Mésopotamie méridionale : [T] Pros.

Thīŏdămās, V. ➡ *Theodamas*

Thirmĭda, *ae*, f., ville de Numidie : [C] Pros.

Thisba, V. ➡ *Thesbe*

Thisbaeus, *a, um*, de Thisbé : [C] Poés.

Thisbē, *ēs*, f. ¶ **1** jeune fille de Babylone, aimée de Pyrame : [C] Poés. ¶ **2** ville de Béotie : [+C] Poés.

thlaspi, n. **(thlapsis)**, *is*, f., bourse-à-pasteur [plante] : [+C] Pros.

thlipsis, *is*, f., tribulation : [T] Pros.

Thŏactēs, *ae* ou *is*, nom de guerrier : [C] Poés.

Thŏantēus, *a, um*, de Thoas, de Tauride : [+C] Poés.

Thŏantĭăs, *ădis*, f., [C] Poés., **Thŏantis**, *ĭdis*, f., [+C] Poés., Hypsipyle [fille de Thoas]

Thŏās, *antis*, m. ¶ **1** roi de la Tauride, où Iphigénie était prêtresse de Diane, fut tué par elle, aidée par son frère Oreste : [C] Poés. ¶ **2** roi de Lemnos, père d'Hypsipyle : [+C] Poés. ¶ **3** roi de Calydon, en Étolie : [C] Poés., [+C] Poés. ¶ **4** compagnon d'Énée : [C] Poés. ¶ **5** notable étolien : [C] Pros.

thŏlus, *i*, m., voûte [de temple] : [C] Pros., [+C] Poés. ‖ temple de forme ronde : [C] Pros. ‖ édifice avec une coupole : [+C] Poés. ‖ ***tholi balnearum*** [T] Pros., étuves

Thōmās, *ae*, m., saint Thomas : [T] Pros.

thōmix (tōmix), *ĭcis*, f., corde grossière : [+C] Pros.

Thŏmȳris, V. ➡ *Tomyris*

thōrācĭum, *ĭi*, n., petite cuirasse : [+C] Pros.

thōrax, *ācis*, acc. *ācem* [poét. *ăcă*] m. ¶ **1** poitrine, thorax : [+C] Pros. ¶ **2** cuirasse : [C] Pros., Poés. ‖ tout vêtement qui couvre la poitrine, pourpoint : [+C] Pros., Poés.

Thōrĭa lex, f., loi Thoria [du tribun Thorius] : [C] Pros.

Thŏringi (Thū-), *ōrum*, m. pl., sg., **-gus**, [T] Poés. ‖ **-gus**, *a, um*, thuringien : [+T] Poés.

Thŏringĭa (Tŏringĭa), *ae*, f., la Thuringe : [+T] Poés.

Thŏrĭus, *ĭi*, m., Thorius Balbus [tribun de la plèbe] : [C] Pros.

thŏrus, *i*, m., → *torus*

Thōth (Thōt), m. indécl., nom d'une divinité et du premier mois des Égyptiens [assimilé à Hermès] : [C] Pros., [T] Pros.

Thrāca, *ae*, f., [C] Pros., [C] Poés., **Thrācē**, *ēs*, [C] Poés., → *Thrācĭa*

Thrāces, *um*, m. pl., Thraces, habitants de la Thrace : [C] Poés., Pros. ‖ sg., **Thrax**, *ācis*, [C] Poés.

Thrāchas, *ădis*, f., Terracine : [C] Poés. ; → *Tarracina*

Thrācĭa, *ae*, f., la Thrace [contrée au nord de la Grèce] : [C] Pros.

Thrācĭus, *a, um*, de Thrace : [C] Poés.

Thrācus, *a, um*, de Thrace : [+C] Pros.

Thraece, → *Threce*

Thraecĭdĭca, *ōrum*, n. pl., armes d'un gladiateur thrace : [C] Pros.

Thraecĭus, *a, um*, → *Thracius* : [C] Pros.

Thraeissa (Thrēis-), *ae*, , **Thraessa**, *ae*, f., femme thrace : [C] Poés.

Thraex (Threx), *cis*, m., Thrace, sorte de gladiateur : [C] Pros., Poés.

Thrăsămundus, *i*, m., roi des Vandales : [T] Poés. ‖ **-ĭăcus**, *a, um*, de Thrasamund : [T] Poés.

thrascĭās, *ae*, m., vent du nord-nord-ouest : [C] Pros., [+C] Pros.

Thrăsĕa, *ae*, m., Pétus Thraséa [Stoïcien] : [+C] Pros.

Thrăsĭmēnus, → *Trasumenus*

Thrăsippus, *i*, m., général macédonien : [C] Pros.

Thrăso, *ōnis*, m., Thrason [soldat fanfaron] : [-C] Théât. ‖ **-nĭā-nus**, *a, um*, de Thrason : [T] Pros.

Thrăsȳbūlus, *i*, m., Thrasybule [Athénien qui chassa les Trente Tyrans] : [C] Pros.

Thrăsyllus, *i*, m., nom d'un astrologue, sous Tibère : [+C] Poés.

Thrăsȳmăchus, *i*, m., Thrasymaque [sophiste de Chalcédoine] : [C] Pros., [+C] Pros.

1 **Thrax**, → *Thraex*

2 **Thrax**, *ācis*, m., → *Thraces*

Thrēcē, *ēs*, f., → *Thraca* : [C] Poés.

Thrēcĭa, *ae*, f., → *Thracia* : [C] Pros.

Thrēcĭus, → *Thracius* : [C] Poés.

Thrēĭcĭus, *a, um*, de Thrace : [C] Poés.

Thrēissa, **Thressa**, *ae*, f., → *Thrae*

Threx, → *Thraex*

thrĭŏn, *ĭi*, n., sorte de gâteau enveloppé de feuilles de figuier : [C] Pros.

Thrŏnĭum (-ŏn), *ĭi*, n., principale ville des Locriens : [C] Pros.

thrŏnus, *i*, m. ¶ **1** [fig.] règne, nomination : [T] Pros. ¶ **2** [chrét.] pl., les Trônes [un des 9 ordres angéliques] : [T] Pros.

Thubuscum, *i*, n., ville de la Maurétanie Césarienne : [+C] Pros.

Thūcȳdĭdēs, *i* et *is*, m., Thucydide [historien grec] : [C] Pros., [+C] Pros. ‖ **-dĭdĭus**, *a, um*, de Thucydide : [C] Pros. ‖ **-dĭdĭi**, *ōrum*, m. pl., imitateurs de Thucydide : [C] Pros.

Thūlē, *ēs*, f., île imprécise formant la limite septentrionale du monde connu des Anciens [Islande ?] : [C] Poés., [+C] Pros.

thunnus, **thunnārĭus**, → *thyn*

Thūre, → *Thyre*

thūrĕus, **thūrĭfĕr**, etc., → *tur*

Thurĭa, *ae*, f., → *Turia*

Thūrĭae, *ārum*, f. pl., → *Thurium* : [C] Pros.

Thūrĭi, → *Thurium* : [C] Pros.

Thūringi, → *Thoringi*

Thūrĭum, *ĭi*, n., Thurium [ville de Grande-Grèce, sur l'emplacement de Sybaris] : [C] Pros. ‖ **Thūrīnus**, *a, um*, de Thurium : [C] Pros.

Thurrus, *i*, m., roitelet celtibère : [C] Pros.

thūs, → *tus*

Thuys, acc. *Thuynem* ou *Thuyn*, m., nom d'un prince de Paphlagonie : [C] Pros.

1 **thȳa**, *ae*, f., thuya [arbre] : [C] Poés.

2 **Thya**, → *Thia*

Thȳămis, *ĭdis*, m., rivière de Thesprotie : [C] Pros.

Thȳăs (Thȳĭăs), *ădis*, f., **Thȳĭădes**, *um*, pl., une bacchante, les bacchantes : [C] Poés.

Thȳătīra, *ae*, f., **Thȳătīra**, *ōrum*, n. pl., Thyatire [ville de Lydie] : [C] Pros.

Thȳbris, → *Tiberis*

Thȳēnē, *es*, f., une des Hyades : [C] Poés.

Thȳestēs, *ae* et rarement *is*, m., Thyeste [fils de Pélops, frère d'Atrée, lequel par vengeance lui fit manger la chair de ses fils dans un festin] : [-C] Théât., [C] Pros., [+C] Poés. ‖ **-taeus** ou **-tēus**, *a, um*, de Thyeste : [C] Pros., Poés. ‖ **Thȳestĭădēs**, *ae*, m., fils de Thyeste [Égisthe] : [C] Poés.

thȳīnus, *a, um*, de thuya : [T] Pros.

thȳlăcista (phȳlă-), *ae*, m., quêteur : [-C] Théât.

1 **thymbra**, *ae*, f., sarriette [plante] : [C] Poés., [+C] Pros.

2 **Thymbra**, *ae* et **-brē**, *ēs*, f., Thymbrée [ville de Troade, sur le fleuve Thymbrios, avec un temple d'Apollon] : [+C] Poés.

Thymbraeus, *a, um*, de Thymbrée, Thymbréen [épith. d'Apollon] : [C] Poés. ; **-ēus**

Thymbrē, → *2 Thymbra*

Thymbris, *is*, m. ¶ **1** fleuve de Bithynie : [C] Pros. ¶ **2** nom de guerrier : [C] Poés.

1 **thȳmĕlē**, *ēs*, **-la**, *ae*, f., thymélé, autel de Dionysos dans le théâtre grec ; [par ext.] théâtre : [T] Pros.

2 **Thȳmĕlē**, *ēs*, f., nom de femme : [+C] Poés.

thymĕlĭcus, *a, um*, relatif au théâtre : [+C] Pros., [T] Pros. ‖ **-cus**, *i*, m., musicien de théâtre : [C] Pros.

thȳmĭāma, *ătis*, n., parfum à brûler, encens : [+C] Pros. ‖ ***ammoniacum thymiama*** [+C] Pros., gomme d'ammoniaque

thȳmĭāmătērĭum, *ĭi*, [T] Pros., **thȳmĭātērĭum**, *ĭi*, n., [T] Pros., brûle-parfum, cassolette

thȳmĭāmătizō, *ās*, *āre*, -, -, intr., brûler des parfums : [T] Pros.

thȳmĭămus, *a, um*, qui aime le thym : [-C] Théât.

thȳmīnus, *a, um*, de thym : [+C] Pros.

thȳmītēs, *ae*, m., vin de thym : [+C] Pros.

thȳmĭum (-ŏn), *ĭi*, n., thymion [sorte de verrue] : [+C] Pros. ‖ tumeur : [+C] Pros.

Thȳmoetēs, *ae*, m., un des fils de Priam : [C] Poés.

thȳmōsus, *a, um*, qui sent le thym : [T]

thȳmum, *i*, n. et **thȳmus**, *i*, m., thym : [C] Poés., [+C] Pros. ‖ pl., [C] Poés., [+C] Poés.

Thȳni, *ōrum*, m. pl., une des peuplades de la Bithynie ‖ **-nēus**, *a, um*, de Bithynie : [+C] Poés.

Thȳnĭa, *ae*, f., partie de la Bithynie, la Bithynie : [C] Poés. ‖ **Thȳnĭăcus**, *a, um*, de Bithynie : [C] Poés. ‖ **Thȳnĭăs**, *ădis*, f., de Bithynie : [C] Poés.

Thȳnĭăs, *ădis* ¶ **1** → *Thynia* ¶ **2** subst. f.

Thynna, *ae*, f., → *Thynia*

thynnus (thunnus), *i*, m., thon : [C] Poés.

Thȳnus, *a, um*, de Bithynie : [C] Poés.

Thȳōnē, *ēs*, f., femme de Nysus, mère du cinquième Bacchus : [C] Pros.

Thȳōneūs, *ĕi* ou *ĕos*, m., fils de Thyoné [Bacchus] : [C] Poés.

thȳōtēs, *ae*, m., sacrificateur : [+C] Poés.

Thȳrē, **Thūrē**, *ēs*, f., ville de Messénie : [+C] Poés.

Thyrĕātis, *ĭdis*, f., de Thyré : [C] Poés.

thy̆rōma, *ātis*, n., porte : [C] Pros.

Thyrrĕum, *i*, n., ville d'Acarnanie, près d'Ambracie : [C] Pros.

Thyrrĭenses, m. pl., habitants de Thyrréum : [C] Pros.

Thyrsăgĕtae, *ārum*, m. pl., peuple sarmate, près du Palus-Méotide : [+C] Poés. ‖ sg., **-gĕtēs**, *ae*, m., [+C] Poés.

thyrsĭcus, *a*, *um*, portant le thyrse [pris de vin] : [+T] Poés.

thyrsĭdēs, *ae*, m., celui qui porte un thyrse : [T] Poés.

thyrsĭgĕr, *ĕra*, *ĕrum*, qui porte un thyrse : [+C] Théât.

Thyrsis, *is*, m., nom de berger : [C] Poés. ‖ nom d'homme : [C] Pros.

thyrsĭtĕnens, *entis*, qui tient un thyrse : [T] Poés.

thyrsus, *i*, m. ¶ **1** tige des plantes : [+C] Pros. ¶ **2** thyrse [bâton couronné de feuilles de lierre ou de vigne, attribut de Bacchus] : [C] Poés., [+C] Poés.

Thysdrītānus, *a*, *um*, de Thysdrus : [+C] Pros. ‖ **-āni**, m. pl., habitants de Thysdrus : [C] Pros.

Thysdrus, *i*, f., **Thysdra**, *ae*, f., ville de la Byzacène [El Djem] : [C] Pros.

Thyssăgĕtae, V. *Thyrsagetae*

tiāra, *ae*, f., **tiārās**, *ae*, m., tiare [coiffure des Orientaux] : [C] Poés., [+C] Poés., Pros.

tiārātus, *a*, *um*, coiffé de la tiare : [T] Pros.

Tĭbărāni, *ōrum*, m. pl., peuple de Cilicie : [C] Pros.

Tĭbĕrēïus, *a*, *um*, **Tĭbĕrēus**, *a*, *um*, de Tibère : [+C] Poés.

Tĭbĕrĭānus, *a*, *um*, de Tibère : [+C] Pros.

Tĭbĕrīnis, *ĭdis*, f., du Tibre : [C] Poés.

1 **Tĭbĕrīnus**, *i*, m. ¶ **1** roi d'Albe, qui donna son nom au Tibre : [C] Pros., Poés. ¶ **2** le Tibre [fleuve] : [C] Poés.

2 **Tĭbĕrīnus**, *a*, *um*, du Tibre : [C] Pros. ‖ ***Tiberinum ostium*** [C] Pros., la bouche (l'embouchure) du Tibre

Tĭbĕrĭŏlus, *i*, m., ***Tiberiolus meus*** [+C] Pros., mon petit Tibère

Tĭbĕris, *is*, acc. *im*, **Thybris**, *ĭdis*, acc. *im* (*in*), m., le Tibre [qui traverse Rome] : [C] Pros. ‖ le Tibre, dieu du fleuve : [C] Poés.

Tĭbĕrĭus, *ĭi*, m., prénom romain [abrégé *Ti.*] ‖ not[t] Tibère [empereur romain, successeur d'Auguste, 14-37 apr. J.-C.] : [+C] Pros.

tĭbi, dat. de *1 tu*

tībĭa, *ae*, f. ¶ **1** flûte : [C] Poés., Pros. ‖ [souv. au pl. parce qu'on jouait de deux flûtes à la fois] : [-C] Théât., [C] Pros. ; ***tibia dextra, sinistra***, flûte grave, aiguë : [C] Pros. ; ***tibiae pares***, deux flûtes de même partie, dessus ou basse : [-C] Théât. ; ***tibiae impares***, l'une de dessus, l'autre de basse : [-C] Théât. ; [prov.] [+C] Pros. ¶ **2** os antérieur de la jambe, tibia : [+C] Pros. ‖ jambe : [+C] Pros.

tībĭāle, *is*, n., sorte de bas, bandes qui enveloppaient la jambe pour la tenir chaude ; pl., [+C] Pros.

tībĭālis, *e*, de flûte : [T] Pros.

tībīcen, *ĭnis*, m. ¶ **1** joueur de flûte : [-C] Théât., [C] Pros. ‖ [sg. coll.] [C] Pros. ¶ **2** soutien, pilier, support : [C] Poés., [+C] Poés.

tībīcĭna, *ae*, f., joueuse de flûte : [-C] Théât., [C] Pros., Poés.

tībīcĭnĭum, *ĭi*, n., art de jouer de la flûte : [C] Pros., [+C] Pros.

Tibilis, *is*, f., ville de Numidie ‖ **-itānus**, *a*, *um*, de Tibilis : [T] Pros.

tībīnus, *a*, *um*, de flûte : [C] Poés.

Tĭbīsēnus, *a*, *um*, du Tibisis [fleuve de Scythie] : [+C] Poés.

Tibrĭcŏla, *ae*, m., habitant des bords du Tibre : [T] Poés.

Tĭbullus, *i*, m., Tibulle [poète, ami d'Horace et d'Ovide] : [C] Poés., [+C] Pros.

Tībŭr, *ŭris*, n., ville voisine de Rome, sur l'Anio [auj. Tivoli] : [C] Poés., [+C] Poés.

Tīburna, *ae*, f., nom de femme : [+C] Poés.

Tīburnus, *i*, m. ***a)*** habitant de Tibur : [+C] Poés. ***b)*** le fondateur de Tibur : [C] Poés. ‖ **Tīburnus**, *a*, *um*, de Tibur : [C] Poés.

Tībūrs, *urtis*, m. f. n., de Tibur : [C] Poés., Pros. ‖ ***in Tiburti*** [C] Pros. ; ***in Tiburte*** [C] Pros., [+C] Pros., dans une propriété sur le territoire de Tibur ‖ **-tes**, *ĭum*, m. pl., habitants de Tibur : [C] Pros.

Tīburtīnus, *a*, *um*, de Tibur : [C] Poés., [+C] Poés. ‖ **Tīburtīnum**, *i*, n., maison de campagne de Tibur : [C] Pros., [+C] Pros.

Tīburtus, *i*, m., nom du fondateur de Tibur : [C] Poés. ; V. *Tiburnus*

Tichis, *is*, m., V. *Tecum*

Tichĭūs, *untis*, m., un des sommets du mont Œta : [C] Pros.

Tĭcĭda, **Tĭcĭdās**, *ae*, m., Aulus Ticidas [poète latin] : [C] Poés. ‖ Lucius Ticidas [partisan de César] : [C] Pros.

Tīcīnum, *i*, n., ville de Gaule Cisalpine [sur le *Ticinus*, auj. Pavie] : [+C] Pros.

Tīcīnus, *i*, m., le Tessin [fleuve de la Gaule Cisalpine] : [C] Pros., [+C] Pros. ‖ **Tīcīnus**, *a*, *um*, du Tessin : [+C] Poés.

Tīfāta, *ōrum*, n. pl., montagne et ville de Campanie, ayant un temple de Diane : [C] Pros., [+C] Poés.

Tīfernum, *i*, n. ¶ **1** ville du Samnium : [C] Pros. ¶ **2** ville d'Ombrie sur le Tibre : [+C] Pros.

Tīfernus, *i*, m., montagne du Samnium : [C] Pros.

Tĭgellīnus, *i*, m., Tigellin, préfet du prétoire, favori de Néron : [+C] Pros., Poés.

Tĭgellĭus, *ĭi*, m., nom de deux musiciens ¶ **1** Tigellius de Sardes, favori de César : [C] Pros., Poés. ¶ **2** Tigellius Hermogène, contemporain d'Horace : [C] Poés.

tĭgillum, *i*, n., petite poutre, chevron : [C] Pros., Poés. ‖ poutre du toit, toit : [-C] Théât.

Tĭgillus, *i*, m., épith. de Jupiter, soutien du monde : [T] Pros.

tignārĭus, *a*, *um*, de charpente : ***tignarius faber*** [C] Pros., charpentier

tignŭlum, *i*, n., petite poutre : [T] Pros.

tignum, *i*, n., poutre, solive : [C] Pros., Poés.

Tigrānēs, *is* ou *ae*, m., nom de plusieurs rois d'Arménie, not[t] Tigrane, allié et gendre de Mithridate : [C] Pros.

Tigrānŏcerta, *ae*, f., Tigranocerte [ville d'Arménie] ‖ **-ta**, *ōrum*, n. pl., [+C] Pros.

tĭgrĭfĕr, *ĕra*, *ĕrum*, qui produit des tigres : [T] Poés.

1 **tĭgris**, *is* (*ĭdis*), d'ordinaire m. en prose et f. en poésie, tigre : [C] Poés., [+C] Pros. ‖ peau de tigre : [T] Pros.

2 **Tĭgris**, *is* ou *ĭdis*, m., le Tigre [fleuve d'Asie qui reçoit l'Euphrate] : [C] Poés., [+C] Poés. ‖ nom d'un chien tigré d'Actéon : [C] Poés. ‖ nom d'un navire ayant un tigre comme emblème sur la proue : [C] Poés.

Tĭgŭrīnus pagus, m., un des quatre cantons de l'Helvétie : [C] Pros. ‖ **-īni**, *ōrum*, m. pl., Tigurins, habitants de ce canton : [C] Pros.

tĭlĭa, *ae*, f., tilleul [arbre] : [C] Poés.

tĭlĭăcĭus, *a*, *um*, [T] Pros., **tĭlĭāgĭnĕus**, *a*, *um*, [+C] Pros., **tĭlĭāris**, *e*, de tilleul

Tillĭus, *ĭi*, m., nom d'homme : [C] Poés.

Tīmaeus, *i*, m. ¶ **1** Timée [historien de Sicile, sous Agathocle] : [C] Pros. ¶ **2** philosophe pythagoricien, contemporain de Platon : [C] Pros. ¶ **3** titre d'un dialogue de Platon traduit en latin par Cicéron : [C] Pros.

Tīmāgĕnēs, *is*, m., Timagène [rhéteur de l'époque d'Auguste] : [C] Pros., [+C] Pros.

Tīmanthēs, *is*, m., peintre grec : [C] Pros., [+C] Pros.

Tīmarchĭdēs, *is*, m., affranchi de Verrès : [C] Pros.

Tīmarum, *i*, n., ville de Thessalie : [C] Pros.

Tīmāsicrătēs, *is*, m., nom d'un chef rhodien : [C] Pros.

Tīmāsĭthĕus, *i*, m., nom d'un dirigeant de l'île de Lipari : [C] Pros.

Tīmāvus, *i*, m., le Timave [fleuve de Vénétie] : [C] Poés., [+C] Poés.

tĭmĕfactus, *a, um*, effrayé : [C] Poés., Pros.

tĭmendus, *a, um*, [pris adjt] redoutable ; **timenda**, *ōrum*, n. pl., les choses redoutables, effrayantes : [+C] Pros.

tĭmens, *tis*, [part.-adj. avec gén.] : ***mortis timentes*** [C] Poés., craignant la mort ‖ [abst] rempli d'inquiétude, effrayé : [C] Pros. ‖ [pris substt] ***timentes confirmat*** [C] Pros., il rassure ceux qui ont peur

tĭmĕō, *ēs, ēre, ŭī, -* ¶ **1** tr., craindre ***a)*** [avec acc.] : ***aliquem*** [C] Pros. ; ***aliquam rem*** [C] Pros., craindre qqn, craindre qqch. ‖ ***aliquid pro aliquo*** [C] Pros. craindre qqch. pour qqn ‖ ***de se nihil timere*** [C] Pros., ne rien craindre pour soi ‖ ***ab aliquo aliquid*** [C] Pros., craindre qqch. de la part de qqn ***b)*** [avec interrog. indir.] se demander avec inquiétude : [-C] Théât., [C] Pros. ***c)*** [avec inf.] craindre de : [C] Pros. ‖ [avec prop. inf.] craindre que : [C] Pros. ***d)*** [avec *ne* ou *ut*] craindre que ... ne [ou] craindre que ne ... pas : [V. *paveo* ¶ *2*] ; ***ne abducam, times*** [C] Pros., tu crains que je n'emmène ; ***timere, ne non*** [C] Pros., craindre que ne ... pas ; [+C] Pros. ‖ [avec anticip.] : [C] Pros. ¶ **2** [abst] craindre, être dans la crainte : [C] Pros. ; ***timentibus ceteris*** [C] Pros., les autres étant remplis d'inquiétude ‖ [avec dat.] craindre pour, ***alicui, alicui rei***, pour qqn, pour qqch. : [C] Pros. ‖ [avec *pro*] [C] Pros., [+C] Pros. ‖ [avec *a, ab*] : ***timere a suis*** [C] Pros., être dans la crainte du fait des siens, redouter les siens ‖ [avec *de*] : ***de re publica*** [C] Pros., avoir des craintes pour l'État

Tīmēsĭthĕus, V. *Timas*

tĭmĭdē, adv., avec crainte, timidement : [C] Pros. ; ***timidius*** [C] Pros. ; ***timidissime*** [+C] Pros.

tĭmĭdĭtās, *ātis*, f., timidité, manque d'assurance, esprit craintif : [C] Pros. ‖ pl., ***timiditates*** [C] Pros., marques de timidité

tĭmĭdŭlē, adv., un peu timidement : [+C] Pros.

tĭmĭdus, *a, um*, qui craint, craintif, timide, circonspect : [C] Pros. ; ***timidiora mandata*** [C] Pros., recommandations plus timides ; ***timidissimus*** [C] Poés. ‖ ***in labore militari*** [C] Pros., craintif face aux épreuves militaires ; ***ad mortem*** [C] Pros., tremblant devant la mort ; [poét.] ***timidus procellae*** [C] Poés., qui redoute l'orage ‖ [avec inf.] ***non timidus mori*** [C] Poés., qui ne craint pas de mourir

Tīmŏchărēs, *is*, m., ami du roi Pyrrhus : [+C] Pros.

Tīmŏcrătēs, *is*, m. ¶ **1** philosophe épicurien : [C] Pros. ¶ **2** gouverneur d'Argos : [C] Pros.

Tīmŏlĕōn (Tīmŏlĕō), *ontis*, m., citoyen de Corinthe [délivra les Syracusains de la tyrannie de Denys le Jeune] : [C] Pros. ‖ **-ontēus**, *a, um*, de Timoléon : [C] Pros.

Tīmōlītēs, V. *Tmolites* : [C] Pros.

Tīmōlus et **Tȳmōlus**, *i*, m., V. *Tmolus* : [C] Poés.

Tīmōn, *ōnis*, m., Timon d'Athènes [surnommé le Misanthrope] : [C] Pros. ‖ **-ōnēus**, *a, um*, de Timon : [+C] Pros.

tĭmŏr, *ōris*, m. ¶ **1** crainte, appréhension, effroi : [C] Pros. ; ***timorem habere*** [C] Pros., avoir peur [*in aliquo* [C] Pros., pour qqn] ; [C] Pros. ; ***facere timorem alicui*** [C] Pros. ou ***injicere*** [C] Pros., inspirer de la crainte à qqn ‖ ***pro aliquo*** [C] Poés., la crainte au sujet de, pour qqn ; ***ab aliquo*** [C] Pros., la crainte venant de qqn ‖ ***belli*** [C] Pros., la crainte d'une guerre ‖ ***vester timor*** [C] Pros., la crainte que vous éprouvez ‖ [avec *ne*] crainte que : [C] Pros. : [C] Pros. ‖ [avec prop. inf.] [C] Pros. ‖ [avec inf.] crainte de : [C] Poés. ‖ pl., ***timores***, les craintes, les appréhensions : [C] Pros., Poés. ‖ crainte personnifiée : [C] Poés. ; [pl.] [C] Poés. ¶ **2** [poét.] ***a)*** crainte religieuse : ***divum*** [C] Poés., crainte des dieux ***b)*** objet de crainte, qui inspire la crainte (qui effraie) : [C] Poés. ***c)*** objet des alarmes [pour qui l'on craint] : [+C] Poés.

tĭmōs, *ōris*, m., V. *timor* : [-C] Théât.

tĭmōsus, *a, um*, V. *thymosus* : [T] Pros.

Tīmŏthĕus, *i*, m., Timothée ¶ **1** musicien de Milet : [C] Pros., [+C] Pros. ¶ **2** fils de Conon, restaurateur des murs d'Athènes : [C] Pros.

tĭmŭī, parf. de *timeo*

tĭmum, V. *thymum*

tinca, *ae*, f., tanche [poisson] : [T] Poés.

Tincās, *ae*, m., nom d'homme : [C] Pros.

tincta, *ōrum*, n. pl. de *tinctus*, étoffes teintes : [C] Pros.

tinctĭlis, *e*, qui sert à imprégner : [C] Poés.

tinctōrĭus, *a, um*, qui sert à teindre, tinctorial : [+C] Pros.

tinctus, *a, um*, part. de *tingo*

tĭnĕa, *ae*, f., teigne, mite [insecte rongeant livres et vêtements] : [-C] Pros., [C] Poés. ‖ gale, rouille du métal : [T] Pros.

tĭnĕō (tĭnĭō), *ās, āre, -, -*, intr., être mangé, rongé [des mites, des vers] : [T] Pros.

tĭnĕōsus (tĭnĭōsus), *a, um*, adj., plein de vers : [+C] Pros.

tingō (tinguō), *ĭs, ĕre, tinxī, tinctum*, tr. ¶ **1** mouiller, baigner, tremper : [C] Pros. ; ***aequore tingi*** [C] Poés., se tremper dans l'eau ‖ [chrét.] plonger dans l'eau du baptême, baptiser : [T] Pros. ‖ [fig.] imprégner : [+C] Poés. [surt. au pass.] ***tinctus litteris*** [C] Pros., imprégné [teinté] de connaissances, de belles-lettres ¶ **2** teindre : ***lanas murice*** [C] Poés., teindre de pourpre des laines

tĭnĭa, *ae*, f., V. *tinea* : [-C] Pros., [C] Poés.

tĭnĭōsus, V. *tineosus*

tinnĭbŭlātus, V. *tintinnabulatus*

tinnīlis, *e*, retentissant, sonore : [+T] Poés.

tinnīmentum, *i*, n., tintement [d'oreilles] : [-C] Théât.

tinnĭō (qqf. **tīnĭō**), *īs, īre, īvī* ou *ĭī, ītum*, intr. ¶ **1** tinter, rendre un son clair : [-C] Pros., [+C] Pros., [T] Pros. ¶ **2** [fig.] crier aux oreilles : [-C] Théât. ¶ **3** [avec acc. intér.] faire entendre des sons : [+C] Pros., Poés. ‖ [fig.] faire tinter l'argent, payer en espèces sonnantes : [C] Pros.

tinnĭpō, *ās, āre, -, -*, intr., crier [en parlant de l'orfraie] : [T] Poés.

tinnītŭs, *ūs*, m., tintement, son (clair et aigu) : [d'un casque] [C] Poés. ; [d'une épée] [C] Poés. ; [de l'airain] [C] Poés., [+C] Pros. ‖ ***tinnitus ciere*** [C] Poés., faire retentir l'airain ‖ [fig.] cliquetis de style : [+C] Pros.

tinnŭlus, *a, um* ¶ **1** qui rend un son clair, aigu, qui tinte : [C] Poés. ; ***tinnulae Gades*** [+C] Poés., la bruyante Cadix [avec ses danses accompagnées de musique] ¶ **2** [voix] ***a)*** au son clair, argentin : [C] Poés. ***b)*** [fig.] ***tinnuli*** [+C] Pros., les orateurs à la voix perçante

tinnuncŭlus, *i*, m., faucon crécerelle [oiseau] : [+C] Pros. ; V. *titiunculus*

tintinnābŭlātus, *a, um*, qui porte une clochette : [T] Pros.

tintinnābŭlum, *i*, n., crécelle en métal, grelot, clochette : [-C] Théât., [+C] Pros., Poés.

tintinnācŭlus, *i*, m., ***tintinnaculi viri*** [-C] Théât., les gens à cliquetis = porteurs de chaînes

tintinnĭō, *īs, īre, -, -*, **tintinnō**, *ās, āre, -, -*, intr., V. *tinnio* : [-C] Théât.

tintinnus, *i*, m., clochette, sonnette : [+T] Poés.

tintĭnō, *ās, āre, -, -*, V. *tinnio* : [C] Poés.

tīnus, *i*, f., laurier-tin [arbuste] : [C] Poés.

tinxī, parf. de *tingo*

Tīphȳs, *ȳis (ȳŏs)*, m., pilote des Argonautes : [C] Poés.

tippūla, **tīpulla**, *ae*, f., araignée d'eau : [-C] Théât., [C] Poés.

Tīrēnus pons, m., pont sur le Liris, à Minturnes : [C] Pros.

Tīrĕsĭās, *ae*, m., célèbre devin de Thèbes qui était aveugle : [C] Pros., [+C] Poés. ‖ un aveugle : [+C] Poés.

Tīrĭdātēs, *ae* ou *is*, m., Tiridate [roi des Parthes] : [C] Poés., [+C] Pros.

1 **tīro**, *ōnis*, m. ¶ **1** jeune soldat, recrue : [C] Pros. ‖ [pris adjt] : ***tiro exercitus*** [C] Pros. ; ***tirones milites*** [C] Pros., armée de recrues, recrues ¶ **2** [fig.] débutant, apprenti, novice : [C] Pros., [+C] Pros. ‖ [en part.] débutant [au *forum*, après la prise de la toge virile] : [+C] Pros. ‖ en parlant du boeuf non encore attelé : [C] Pros.

2 **Tīro**, *ōnis*, m., M. Tullius Tiron [affranchi de Cicéron] : [C] Pros. ‖ **-rōnĭānus**, *a, um*, tironien, de Tiron : [+C] Pros.

tīrōcĭnĭum, *ĭī*, n. ¶ **1** apprentissage du métier militaire, inexpérience militaire : [C] Pros. ‖ recrues, jeunes soldats : [C] Pros. ¶ **2** [fig.] apprentissage, coup d'essai, débuts : [C] Pros., [+C] Pros. ; ***dies tirocinii*** [+C] Pros. ; ***tirocinium alicujus*** [+C] Pros., jour des débuts de qqn [au forum, après la prise de la toge virile]

Tīrōnĭānus, *a, um*, V. *2 Tiro*

tīrŏpătĭna, *ae*, f., flan au lait caillé : [+C] Pros.

tīrŏtărīcus, *a, um*, à base de fromage et de poisson salé : [+C] Pros. ; ▶ *tyrotarichum*

tirsus, ▶ *thyrsus*

tīruncŭla, *ae*, f., jeune catéchumène, jeune disciple : [T] Pros. ‖ *canis*, chienne qui a mis bas pour la première fois : [+C] Pros.

tīruncŭlus, *i*, m., nouveau soldat, recrue [pr. et fig.] : [+C] Pros. ‖ [chrét.] catéchumène : [T] Pros.

Tīryns, *nthis*, f., Tirynthe [ville d'Argolide, où Hercule fut élevé] : [+C] Poés. ‖ **Tīrynthĭus**, *a, um*, de Tirynthe : [C] Poés., [+C] Poés. ‖ subst. m., = Hercule : [C] Poés. ‖ **-ĭi**, *ōrum*, m. pl., habitants de Tirynthe : [+C] Pros.

Tisaeus, *i*, m., montagne de Thessalie : [C] Pros.

Tīsăgŏrās, *ae*, m., frère de Miltiade : [C] Pros.

Tīsămĕnus, *i*, m., roi d'Argos, fils d'Oreste : [C] Poés.

tĭsănārĭum, ▶ *ptisanarium* : [C]

Tisaphernes, ▶ *Tissaphernes*

Tisdra, **-drītānus**, ▶ *Thys*

Tisĭās, *ae*, m., Tisias [de Sicile, fut avec Corax le fondateur de la rhétorique] : [C] Pros., [+C] Pros.

tĭsĭcus, phtisique : [+C] Pros.

Tisidĭum, *ii*, n., ville d'Afrique près de Tunis : [C] Pros.

Tīsĭphŏnē, *ēs*, f., l'une des Furies : [C] Poés. ‖ **Tīsĭphŏnēus**, *a, um*, de Tisiphone, des Furies : [C] Poés.

Tīsippus, *i*, m., Étolien partisan des Romains : [C] Pros.

Tiso, *ōnis*, m., de Patras, amiral des Achéens : [C] Pros.

Tissē, *ēs*, f., Tissa [bourg au pied de l'Etna] : [+C] Poés. ‖ **-senses**, m. pl., habitants de Tissa : [C] Pros.

Tissaphernēs, *is*, m., Tissapherne [un des satrapes d'Artaxerxès] : [C] Pros.

Tissenses, ▶ *Tisse*

Tissinenses, ▶ *Tisse*

Tītān, m., descendant d'un Titan, not[t] ***a)*** d'Hypérion = le Soleil : [C] Poés. ***b)*** de Japet = Prométhée : [+C] Poés.

Tītānes, *um*, m. pl., les Titans [fils du Ciel et de la Terre, furent vaincus dans la lutte contre Jupiter] : [C] Pros. ; acc. *-nas*, [C] Poés.

Tītāni, *ōrum*, m. pl., ▶ *Titanes* : [-C] Théât., [C] Pros.

Tītānĭa, *ae*, f., [Circé, Pyrrha, Latone, Diane] fille, petite-fille, sœur d'un Titan : [C] Poés.

Tītānĭăcus, *a, um*, né des Titans : [C] Poés.

Tītānĭda, *ae*, f., ▶ *Titanis* : [+C] Poés.

Tītānis, *ĭdis*, f., des Titans : [+C] Poés. ‖ Circé [fille du Soleil] : [C] Poés. ‖ Diane : [-C] Théât.

Tītānĭus, *a, um*, de Titan, des Titans : [C] Poés., [+C] Poés.

Tītānŏmăchĭa, *ae*, f., lutte des Titans et de Jupiter : [+C] Poés.

Tītărīsŏs (-sus, -ssus), *i*, m., fleuve de Thessalie : [+C] Poés.

Tīthōnĭa, *ae*, f., [C] Poés., **-nis**, *ĭdis*, f., [+C] Poés., l'Aurore, épouse de Tithon

Tīthōnĭus, *a, um*, de Tithon : [C] Poés.

Tīthōnus, *i*, m., Tithon [fils de Laomédon et époux de l'Aurore] : [C] Poés., Pros.

1 **Tĭtĭānus**, *i*, m., surnom masculin : [T] Pros.

2 **Tĭtĭānus**, *i*, m., L. Titianus Salvus, frère de l'empereur Othon : [+C] Pros.

Titidĭus, *ii*, m., nom d'homme : [+C] Pros.

Tĭtĭenses, *ĭum*, m. pl., les Titienses ¶**1** une des trois tribus primitives de Rome : [C] Pros., Poés. ¶**2** une des centuries de chevaliers instituées par Romulus du nom de Titus Tatius : [C] Pros.

Tĭtĭes, m., ▶ *Titienses* : [C] Pros., Poés.

Tĭtĭi sŏdāles, m. pl., **Tĭtĭi**, *ōrum*, m. pl., collège de prêtres romains chargés de faire les sacrifices des Sabins : [C] Pros., [+C] Poés.

tītillātio, *ōnis*, f., chatouillement : [C] Pros., [+C] Pros. ‖ [pl.] plaisirs : [T] Pros.

tītillō, *ās, āre, āvī, ātum*, tr., chatouiller : [C] Poés., Pros. ‖ [fig.] caresser, charmer : [C] Poés., [+C] Pros.

Tĭtīnĭa, *ae*, f., cliente de C. Aurelius Cotta : [C] Pros.

tĭtinnĭō, *īs, īre, -, -*, **tĭtinnō**, *ās, āre, -, -*, ▶ *tinnio* : [-C] et

1 **tĭtĭō**, *ās, āre, -, -*, intr., pépier, gazouiller : [+C] Pros.

2 **tĭtĭo**, *ōnis*, m., tison, brandon : [+C] Pros., Poés.

tĭtĭuncŭlus, *i*, m., faucon crécerelle : [+C] Pros. ; ▶ *tinnunculus*

1 **Tĭtĭus**, *ii*, m., nom de famille : [C] Pros.

2 **Tĭtĭus**, *a, um*, de Titius : [C] Pros., [+C] Pros.

tītĭvillīcĭum, *ĭi*, n. (expr.), chose sans valeur, un rien : [-C] Théât. ; **tittĭbĭlĭcĭum**

tĭtŭbantĕr, adv., en balançant, en hésitant : [C] Pros., [T] Pros.

tĭtŭbantĭa, *ae*, f., ***linguae*** [ou] ***oris***, bégaiement : [+C] Pros.

tĭtŭbātio, *ōnis*, f. ¶**1** démarche chancelante : [+C] Pros. ‖ ***linguae*** [T] Pros., bégaiement ¶**2** [fig.] hésitation : [C] Pros.

tĭtŭbātus, *a, um*, part. de *titubo*

tĭtŭbō, *ās, āre, āvī, ātum*, intr. ¶**1** chanceler, faire des faux pas, tituber : [C] Poés. ‖ ***titubat lingua*** [C] Poés., la langue balbutie ¶**2** [fig.] chanceler, être hésitant, broncher : [C] Pros. ; ***verbo titubare*** [C] Pros., hésiter sur un mot, broncher d'un mot ‖ [pass. impers.] [C] Pros. ¶**3** [pass.] ***vestigia titubata*** [▶ praecipitopraecipitatus] Virg. *En. 5, 332*, pas chancelants, mal assurés

Titullus, *i*, m., nom d'homme : [+C] Poés.

tĭtŭlus, *i*, m. ¶**1** titre, inscription ***a)*** sous le portrait de chaque ancêtre, inscription portant son nom, ses actes, ses magistratures : [+C] Pros. ***b)*** épitaphe : [+C] Pros., Poés. ***c)*** titre d'un livre : [C] Poés., [+C] Pros. ***d)*** écriteau [attaché au cou d'un esclave mis en vente] : [C] Poés. ; écriteau ***e)*** affiche [de vente, de location] : [+C] Pros. ; ***ire sub titulum*** [C] Poés. ; ***mittere sub titulum*** [C] Poés., être mis, mettre en vente ***f)*** [fig.] étiquette : [C] Pros. ¶**2** [fig.] ***a)*** titre, titre d'honneur, titre honorifique : ***hic titulus (sapientis)*** [C] Pros., ce titre (de sage) ***b)*** titre = honneur : ***perpetrati belli*** [C] Pros., l'honneur de terminer la guerre ***c)*** prétexte : [C] Pros. ; ***praetendere*** [C] Pros. ; ***praeferre*** [+C] Pros. ; ***praetexere*** [+C] Pros.

Tĭtŭrĭus, *ĭi*, m., un des lieutenants de César : [C] Pros., [+C] Pros. ‖ **-ĭānus**, *a, um*, de Titurius : [+C] Pros.

Titurnĭus, *ĭi*, m., nom d'homme : [C] Pros. ‖ **-ĭus**, *a, um*, de Titurnius : [C] Pros.

Tĭtus, *i*, m., prénom romain [abrégé *T.*] ; not[t] ¶**1** ***T. Livius***, Tite-Live [historien] : [+C] Pros. ¶**2** Titus [*Titus Flavius Vespasianus*, fils de Vespasien, empereur romain, 79-81] : [+C] Pros.

Tĭtўo, *ōnis*, m., ▶ *Tityos* : [T] Poés.

Tĭtўos, *i*, m., géant précipité dans les enfers où un vautour lui ronge le foie : [C] Poés.

Tĭtўrus, *i*, m., Tityre [nom de berger] : [C] Poés. ‖ [d'où, poét., = les Bucoliques] [C] Poés. ; [= Virgile] [C] Poés. ; [= un berger] [C] Poés.

Tĭtўus, *ii*, m., ▶ *Tityos*

Tlēpolĕmus, *i*, m., Tlépolème [fils d'Hercule, chef des Rhodiens au siège de Troie] : [C] Poés.

Tmărus (-ŏs), *i*, m., montagne d'Épire : [C] Poés.

Tmōlītēs, *ae*, adj. m., du Tmole ; subst. ***a)*** habitant du Tmole : [C] Pros. ; pl., **-tae**, *ārum*, [C] Pros., les Tmolites ***b)*** vin du Tmole : [C] Pros.

Tmōlĭus, *a, um*, du Tmole, de Lydie : [C] Poés.

Tmōlus, *i*, m., le Tmole [montagne de Lydie] : [C] Poés.

Tŏbīās, *ae*, m., Tobie : [T] Pros.

tŏcŏglўphŏs, *i*, m., usurier : [-C] Poés.

tŏcullĭo, *ōnis*, m., usurier : [C] Pros.

toecharchus, ▶ *tutarchus*

tōfīnĕus, *a, um*, **-fīnus**, *a, um*, [+C] Pros., de tuf

tōfōsus, *a, um*, spongieux comme le tuf : [T] Pros.

tōfus (tōphus), *i*, m., tuf, pierre spongieuse et friable : [C] Poés., [+C] Poés.

tŏga, *ae*, f.

I primit[t], ce qui couvre

II toge ¶ **1** vêtement des citoyens romains en temps de paix : ***toga pura*** [C] Pros. [ou surtout] ***toga virilis*** [C] Pros. [V. sumo] [ou] ***toga libera*** [C] Poés., toge virile [prise par les jeunes gens après la robe prétexte, à dix-sept ans, V. praetexta] ; ***toga picta*** [C] Pros., toge brodée [portée par les triomphateurs] ; toge blanche des candidats, V. *candidus*, toge sombre de deuil, V. *3 pullus* ¶ **2** [fig.] ***a)*** vêtement national, nationalité romaine : ***togae oblitus*** [C] Poés., oubliant sa qualité de Romain ***b)*** vêtement de paix, paix : [C] Pros. ‖ vêtement du citoyen, vie civile : ***in armis, in toga*** [C] Pros., sous les armes, sous la toge = comme guerrier, comme citoyen ***c) togae*** [+C] Poés., des clients ***d)*** robe de courtisane, courtisane : [C] Poés.

Tŏgāta Gallĭa, f., la Gaule Cisalpine : [C] Pros.

tŏgātārĭus, *ii*, m., acteur de *fabula togata* : [+C] Pros.

tŏgātŭlus, *i*, m., pauvre client : [+C] Poés.

tŏgātus, *a*, *um* ¶ **1** vêtu de la toge, en toge [caractéristique du citoyen romain] : [C] Pros. ; ***togatus*** [C] Pros., en toge = comme citoyen, civil [opp. à guerrier] ‖ **tŏgāti**, *ōrum*, [C] Pros., citoyens romains ¶ **2 tŏgāta**, *ae*, f. ***a)*** (s.-ent. ***fabula***), comédie à sujet romain, oppos. à *palliata*, sujet grec : [C] Pros., Poés., [+C] Pros. ***b)*** prostituée : [C] Poés., [+C] Poés. ¶ **3** [sous les empereurs] ***togatus*** [+C] Poés., un client ; ***togata turba*** [+C] Poés., la foule des clients

Togōnĭus, *ii*, m., nom d'homme : [+C] Pros.

tŏgŭla, *ae*, f., petite toge : [C] Pros., [+C] Poés.

Tolbĭacum (Tolpĭacum), *i*, n., Tolbiac [ville de Germanie Inférieure, auj. Zülpich] : [+C] Pros.

Tŏlēnum flumĕn, n., **Tŏlēnus**, *i*, m., rivière du Latium : [C] Poés.

tŏlĕrābĭlis, *e* ¶ **1** tolérable, supportable : [C] Pros. ; ***orator tolerabilis*** [C] Pros., orateur passable ; ***tolerabilior*** [C] Pros. ¶ **2** qui peut supporter, endurer : [+C] Pros.

tŏlĕrābĭlĭtĕr, adv. ¶ **1** d'une manière supportable, passable : [+C] Pros. ¶ **2** avec endurance, avec patience : ***tolerabilius*** [C] Pros., avec plus de patience

tŏlĕrandus, *a*, *um*, supportable : [C] Pros.

tŏlĕrans, *tis* ¶ **1** part. de *tolero* ¶ **2** [adj[t], avec gén.] qui supporte : ***laborum*** [+C] Pros., résistant à la fatigue ; ***frigoris tolerantior*** [+C] Pros., qui résiste mieux au froid ; ***-tissimus*** [+C] Pros.

tŏlĕrantĕr, adv., patiemment, avec résignation : [C] Pros.

tŏlĕrantĭa, *ae*, f., constance à supporter, endurance : [C] Pros., [+C] Pros. ‖ patience : [+C] Pros.

tŏlĕrātĭo, *ōnis*, f., capacité de supporter : [C] Pros.

tŏlĕrātus, *a*, *um* ¶ **1** part. de *tolero* ¶ **2** [adj[t]] ***toleratior*** [+C] Pros., mieux supporté, plus supportable

tŏlĕrō, *ās*, *āre*, *āvī*, *ātum*, tr. ¶ **1** porter, supporter [au pr.] un poids, un fardeau : [+C] Pros. ¶ **2** [fig.] ***a)*** supporter, endurer : ***hiemem*** [C] Pros., supporter le froid ; ***militiam*** [C] Pros., les fatigues militaires ; [avec inf.] supporter de : [+C] Pros. ; [avec prop. inf.] supporter que : [C] Pros. ***b)*** [abs[t]] tenir bon ; [C] Pros. ; rester, persister : [+C] Pros. ***c)*** soutenir, maintenir, sustenter, entretenir : ***equitatum*** [C] Pros., nourrir la cavalerie ; ***vitam aliqua re*** [C] Pros., soutenir sa vie au moyen de qqch. ‖ ***silentium*** [+C] Pros., garder le silence ***d)*** soutenir = résister à, combattre : ***famem aliqua re*** [C] Pros., combattre la faim au moyen de qqch. ; [-C] Théât.

Tŏlētum, *i*, n., Tolède [ville de Tarraconaise] : [C] Pros. ‖ **-tāni**, *ōrum*, m. pl., habitants de Tolède : [C] Pros.

tollēno (tŏlē-), *ōnis*, f., engin de levage [pour soulever des objets ou des soldats] : [C] Pros.

Tollentīnātes, V. *Tolen*

tollō, *ĭs*, *ĕre*, *sustŭlī*, *sublātum*, tr.

I soulever, élever ¶ **1** [C] Pros. ; ***aliquem in caelum*** [C] Pros., porter qqn au ciel ; ***saxa de terra*** [C] Pros., ramasser des pierres par terre ; ***se tollere a terra*** [C] Pros., s'élever de terre [plantes] ; ***aliquem in equum*** [C] Pros. ; ***in currum*** [C] Pros., monter qqn sur un cheval, sur un char ; ***in crucem*** [C] Pros., mettre qqn en croix ; ***manus*** [C] Pros., lever les mains au ciel ; ***manibus sublatis*** [C] Pros., au moyen de leurs mains levées en l'air ; ***oculos*** [C] Pros., lever les yeux ¶ **2** ***ancoras*** [C] Pros., lever l'ancre ; [fig.] partir : [C] Pros. ‖ ***signa*** [C] Pros., lever de terre les enseignes, se mettre en marche ¶ **3** ***altius tectum*** [C] Pros., exhausser une maison ¶ **4** soulever = porter, embarquer : [C] Pros., Poés. ‖ prendre avec soi en voiture : [C] Pros., Poés. ¶ **5** [fig.] ***a) in caelum aliquem*** [C] Pros., porter qqn aux nues ; ***laudes alicujus in astra*** [C] Pros., porter aux nues les louanges de qqn ; ***aliquid laudibus tollere*** [C] Pros., vanter, célébrer, élever aux nues qqch. [ou] ***ad caelum laudibus*** [C] Pros. ***b)*** [C] Poés. ; ***clamor tollitur*** [C] Pros., des cris s'élèvent ***c) cachinnum*** [C] Pros. ; ***risum*** [C] Poés., pousser des éclats de rire ***d)*** élever, relever qqch. par la parole : [C] Pros., [+C] Pros. ‖ ***animos alicui*** [C] Pros., relever le courage de qqn ; ***aliquem*** [C] Poés., relever le moral de qqn ; V. *sublatus* ***e)*** soulever = se charger de : [C] Pros. ***f)*** [propr[t] soulever de terre l'enfant, par là le reconnaître et marquer son intention de l'élever, Cf. *suscipio* ¶ *2a* ; d'où, par ext.] élever un enfant : [-C] Théât., [+C] Pros. ‖ [d'où] ***ex aliqua liberos tollere*** [C] Pros., avoir des enfants d'une femme ; [+C] Pros. ***g)*** divulguer, répandre qqch. : [-C] Théât.

II lever, enlever ¶ **1** ***e fano aliquid*** [C] Pros., enlever un objet d'un temple ; ***frumentum de area*** [C] Pros., enlever le blé de l'aire ; ***amicitiam e vita*** [C] Pros., enlever l'amitié de l'existence ; ***aliquid alicui*** [C] Pros., enlever qqch. à qqn ; ***praedam*** [C] Pros., emporter du butin ¶ **2** enlever les plats d'une table : [C] Poés. ‖ enlever la table elle-même : [C] Pros. ¶ **3** enlever = supprimer, faire disparaître : ***aliquem de medio*** [C] Pros. [ou] ***e medio*** [C] Pros., faire disparaître qqn ; ***aliquem veneno*** [C] Pros., supprimer qqn par le poison ; ***Carthaginem funditus*** [C] Pros., détruire Carthage de fond en comble ‖ enlever qqch., écarter, supprimer : [C] Pros. ; ***nomen ex libris*** [C] Pros., rayer un nom d'un livre ; ***errorem*** [C] Pros., écarter l'erreur ; ***deos*** [C] Pros., supprimer les dieux = en nier l'existence ; ***diem*** [C] Pros., faire perdre une journée

Tŏlōsa, *ae*, f., ville de Narbonnaise [Toulouse] : [C] Pros., [+C] Poés. ‖ **Tŏlōsānus**, *a*, *um*, de Tolosa : [C] Pros. ‖ **Tŏlōsātes**, *um* (*ĭum*), m. pl., Tolosates : [C] Pros. ‖ **-sās**, *tis*, adj., de Tolosa : [+C] Poés.

Tolostobogi, *ōrum*, m. pl., peuple celte de Galatie : [+C] Pros. ‖ **-bogĭi**, *ĭōrum*, m. pl. : [C] Pros.

Tolpĭăcum, V. *Tolbiacum*

Tŏlumnĭus, *ii*, m. ¶ **1** Lars Tolumnius, roi de Véies : [C] Pros. ¶ **2** nom d'un augure : [C] Poés.

tŏlūtāris, *is*, *e*, adj., qui va au trot : [fig.] [+C] Pros.

tŏlūtārĭus, *ĭi*, m., trotteur [cheval] : [+C] Pros.

tŏlūtĭlis, *e*, qui va au trot ‖ ***gradus*** [C] Poés., trot

tŏlūtim, adv., au trot : [-C] Théât.

tŏmācĭna, *ae*, f., cervelas, saucisson : [C] Pros.

tŏmācŭlum (-clum), *i*, n., Cf. *tomacina* : [+C] Poés.

tōmentum, *i*, n., tout ce qui sert à rembourrer [bourre, laine, plumes, jonc] : [C] Pros., [+C] Pros.

Tŏmi, *ōrum*, m. pl., Tomes [ville à l'embouchure du Danube, où Ovide mourut exilé] : [C] Poés. ‖ **-itae**, *ārum*, m. pl., habitants de Tomes : [C] Poés. ‖ **-ītānus**, *a*, *um*, de Tomes : [C] Poés.

Tŏmis, *is*, f., Cf. *Tomi* : [C] Poés.

tōmix, V. *thōmix*

tŏmus, *i*, m., morceau, pièce : [+C] Poés. ‖ livre, fascicule : [T] Pros.

Tŏmўris, **Thămўris**, *is*, f., reine des Massagètes : [C] Poés., [+C] Pros.

tŏnans, *tis*, part. de *tono*, ***Jupiter Tonans, Capitolinus Tonans*** [*Tonans* seul [C] Poés.], Jupiter Tonnant : [C] Poés. ‖ [poét., chrét.] Dieu : [T] Poés.

tondĕō, *ēs*, *ēre*, *tŏtondī*, *tonsum*, tr. ¶ **1** tondre, raser, couper : [C] Pros. ; ***tondemur*** [+C] Pros., nous nous rasons ; [C] Pros., [+C] Pros. ¶ **2** élaguer, émonder : [C] Poés. ‖ couper [l'herbe, le blé] : [C] Poés. ¶ **3** brouter, tondre en broutant : [C] Poés. ‖ dévorer : [C] Poés. ¶ **4** [fig.] ***aliquem auro*** [-C] Théât., tondre qqn de son or ; [C] Poés.

tŏnescō, *ĭs, ĕre, -, -*, intr., → *tono* : [C] Poés.

tŏnĭtrālis, *e*, qui retentit du bruit du tonnerre : [C] Poés.

tŏnĭtrŭālis, *e*, qui lance la foudre : [+C] Pros.

tŏnĭtrŭs, *ūs*, m., [-C] Théât., [C] Poés., et **tŏnĭtrŭum**, *i*, n., tonnerre : [C] Pros.

tŏnō, *ās, āre, nŭī, -*, intr. ¶ **1** tonner, faire entendre le bruit du tonnerre : [C] Pros. ¶ **2** faire un grand bruit, retentir fortement : [C] Poés. ‖ [fig.] tonner [en parl. d'un orateur] : [C] Pros., Poés., [+C] Pros. ¶ **3** [avec acc.] ***a)*** appeler d'une voix de tonnerre : [C] Poés. ***b)*** faire retentir comme le tonnerre : [C] Poés.

tŏnŏr, *ōris*, m., accent [d'une syllabe] : [+C] Pros.

tonsa, *ae*, f., aviron, rame : [-C] Pros., [+C] Poés. ‖ pl., [C] Poés.

tonsĭlis, *e*, tondu, coupé : [+C] Pros.

tonsilla (tosilla), *ae*, f., poteau pour amarrer une barque : [-C] Théât., Pros.

tonsillae, *ārum*, f. pl., amygdales, glandes de la gorge : [C] Pros.

tonsĭo, *ōnis*, f., action de tondre, tonte [des brebis] : [T] Pros.

tonsĭtō, *ās, āre, -, -*, tr., tondre délicatement : [-C] Théât.

tonsŏr, *ōris*, m., barbier, perruquier : [C] Pros. ‖ élagueur : [T] Pros. ‖ tondeur : [T] Pros.

tonsōrĭus, *a, um*, qui sert à tondre, à raser : ***tonsorius culter*** [C] Pros., rasoir ; ***tonsorius cultellus*** [+C] Pros., couteau pour faire les ongles

tonstreinus, → *tonstrinum*

tonstrīcŭla, *ae*, f., petite barbière : [C] Pros.

tonstrīna, *ae*, f., échoppe de barbier : [-C] Théât.

tonstrīnum, *i*, n., métier de barbier : [+C] Pros. ‖ mime du barbier : [+C] Pros.

tonstrix, *īcis*, f., barbière : [-C] Théât., [+C] Poés.

tonsūra, *ae*, f., action de tondre [les brebis, les cheveux], tonte : [C] Pros.

tonsūrō, *ās, āre, -, -*, tr., tondre les cheveux à qqn (***aliquem***) : [+T] Pros.

1 **tonsus**, *a, um*, part. de *tondeo*

2 **tonsŭs**, *ūs*, m., coupe de cheveux : [-C] Théât.

tŏnŭī, parf. de *tono*

1 **tŏnus**, *i*, m. ¶ **1** tension d'une corde : [C] Pros. ¶ **2** ton, son d'un instrument : [C] Pros., [T] Pros. ‖ accent d'une syllabe : [+C] Pros.

2 **tŏnus**, *i*, m., tonnerre : [+C] Pros.

tŏpantă, tout : [+C] Pros.

tŏparcha ou **-ēs**, *ae*, m., toparque, gouverneur d'une région : [T] Pros.

tŏparchĭa, *ae*, f., toparchie, gouvernement d'une région : [T] Pros.

tŏpazĭăcus, *a, um*, de topaze : [+T] Poés.

tŏpazŏs (-us), *i*, f., topaze [pierre précieuse] ‖ **-zōn**, *ontis*, m., [T] Poés.

tŏpazus, *a, um*, → *topaziacus* : [+T] Poés.

tŏpēōdēs, *is*, n., tableau paysagiste : [C] Pros.

toph-, → *tof-*

tŏpĭa, *ōrum*, n. pl., paysage peint : [C] Pros. ‖ jardins de fantaisie : [T] Pros.

tŏpĭārĭa, *ae*, f., art du jardinier décorateur : [C] Pros.

tŏpĭārĭus, *ĭī*, m., jardinier décorateur : [C] Pros.

tŏpĭās fīcus, f., sorte de figuier : [+C] Pros.

Tŏpĭca, *ōrum*, n. pl., les Topiques [titre d'un traité de Cicéron traduit d'Aristote, sur les τόποι, sources de développements, arguments] : [C] Pros. ; → *locus*

tŏpĭcē, *ēs*, f., la topique, art de trouver les arguments [en grec] : [C] Pros.

topper, adv., → *fortasse* : [-C]

tŏrăl, *ālis*, n., dessus de lit : [C] Poés., Pros.

tŏrārĭa, *ae*, f., infirmière, garde-malade : [-C] Théât.

torcuis, → *torquis* : [C] Poés.

torcŭlar, *āris*, n., pressoir : [C] Pros. ‖ lieu où est le pressoir, pressoir : [C] Pros., [+C] Pros.

torcŭlāris, *e*, ***torcularis praeparatio*** [C] Pros., appareil de pressurage

torcŭlārĭum, *ĭī*, n., pressoir : [-C] Pros.

1 **torcŭlārĭus**, *a, um*, adj., qui sert à tordre, qui concerne le pressoir : [C] Pros., [+C] Pros.

2 **torcŭlārĭus**, *ĭī*, m., pressureur : [+C] Pros.

torcŭlō, *ās, āre, -, -*, tr., faire couler (comme au pressoir) : [+T] Poés.

torcŭlum, *i*, n., → *torcular* : [C] Pros., [+C] Pros.

torcŭlus, *a, um*, → *1 torcularius* : [-C] Pros.

tŏreuma, *ătis*, n., tout ouvrage ciselé, vase d'or, d'argent : [C] Pros. ‖ → *torus*, coussin, lit de table : [T] Poés., Pros.

Toringi, → *Thoringi*

tormentum, *i*, n. ¶ **1** machine de guerre à lancer les traits, reposant sur le principe de détente de cordes préalablement tordues [terme générique] : [C] Pros. ‖ projectile [lancé par la machine] : [C] Pros. ¶ **2** treuil, cabestan : [C] Pros. ¶ **3** machine à projeter l'eau : [+C] Pros. ¶ **4** cordage : ***ferreum*** [-C] Théât., cordage de fer, chaîne de fer ; ***tormenta*** ; seul = chaînes, tortures : [+C] Pros. ¶ **5** instrument de torture, torture : [C] Pros. ‖ [fig.] tourments, souffrance : ***tormenta fortunae*** [C] Pros., les tourments qu'envoie la fortune ; [+C] Pros.

tormĭna, *um*, n. pl., mal de ventre, colique : [-C] Pros., [C] Pros., [+C] Pros.

tormĭnālis, *e*, qui guérit les tranchées : [+C] Pros.

tormĭnōsus, *a, um*, qui est sujet aux tranchées, aux coliques : [C] Pros.

Tornācus, *i*, m., ville de Belgique [Tournai] : [T] Pros. ‖ **Tornācensis**, *e*, de Tournai : [+T] Pros.

tornātĭlis, *e*, [fig.] fini, parfait : [T] Pros.

tornātūra, *ae*, f., art du tourneur : [T] Pros.

tornātus, *a, um*, part. de *torno*

tornō, *ās, āre, āvī, ātum*, tr., tourner, façonner au tour, arrondir : [C] Pros. ‖ [fig.] ***barbam*** [T] Pros., tortiller sa barbe

Tornŏmăgensis (vīcus), m., ville de Gaule [auj. Tournon-Saint-Pierre] : [+T] Pros.

tornus, *i*, m., tour, instrument de tourneur : [C] Poés., [+C] Pros. ‖ [fig., travail du poète] [C] Poés.

Tŏrōnē, *ēs*, f., ville de Macédoine : [C] Pros. ‖ **-naeus**, *a, um*, de Toronè : [+C] Pros. ‖ **-nāĭcus**, *a, um*, [C] Pros.

tŏrōsŭlus, *a, um*, bien découplé, élégant : [T] Pros.

tŏrōsus, *a, um*, musculeux : [C] Poés., [+C] Pros. ; ***torosior*** [+C] Pros. ‖ noueux : [+C] Pros.

torpēdo, *ĭnis*, f. ¶ **1** torpeur, engourdissement : [-C] d. [+C] Pros., [C] Pros., [+C] Pros. ¶ **2** torpille [poisson] : [C] Pros.

torpĕō, *ēs, ēre, -, -*, intr. ¶ **1** être engourdi, raidi, immobile : [C] Pros. ; ***torpente palato*** [+C] Poés., avec un palais engourdi ‖ ***torpentes lacus*** [+C] Poés., lacs dormants ¶ **2** [fig.] être engourdi [moral[t]], être paralysé, inerte : [C] Pros. ; ***torpere metu*** [C] Pros., être paralysé par l'effroi ; [C] Pros., Poés.

torpescō, *ĭs, ĕre, pŭī, -*, intr., s'engourdir : ***torpuerat lingua*** [C] Poés., ma langue s'était engourdie [paralysée par l'effroi]

torpĭdus, *a, um*, engourdi : [C] Pros.

torpŏr, *ōris*, m., engourdissement, torpeur, apathie : [C] Pros., Poés., [+C] Pros.

torpōrō, *ās, āre, āvī, ātum*, tr., engourdir : [T] Pros.

torpŭī, parf. de *torpesco*

Torquātĭānus, → *2 Torquatus*

1 **torquātus**, *a, um*, [C] Poés. ; ***torquatus palumbus*** [+C] Poés., le pigeon à collier, pigeon cravaté

2 **Torquātus**, *i*, m., surnom de T. Manlius, qui dépouilla de son collier un Gaulois qu'il avait terrassé en combat singulier : [C] Pros. ; comme son père, le dictateur T. Manlius, il portait

le surnom d'*Imperiosus*, pour sa réputation de sévérité, et cette sévérité resta comme un apanage de la famille : [C] Pros., [+C] Pros. ‖ surnom gardé par les descendants : [C] Pros. ‖ **-tus**, *a, um*, des Torquatus : [+C] Poés., **-tĭānus**, *a, um*, [+C] Pros.

torquĕō, *ēs, ēre, torsī, tortum*, tr.
I ¶ **1** tordre, tourner [par un mouv^t de torsion] ***a) stamina pollice*** [C] Poés., tordre les brins du fil avec son pouce, filer ; ***cervices oculosque*** [C] Pros., tourner le cou et les yeux ***b) torti angues*** [C] Poés., serpents enroulés comme des liens ¶ **2** imprimer un mouvement de rotation ***a)*** rouler, faire rouler : [C] Poés. ‖ faire tournoyer les cordes d'une fronde : [C] Poés. ***b)*** lancer après avoir brandi : ***amentatas hastas*** [C] Pros., lancer des javelines à courroie [de nature à porter plus loin] ; ***jaculum in hostem*** [C] Poés., lancer un javelot sur un ennemi ; ***fulmina*** [C] Poés., lancer la foudre ‖ [fig.] ***enthymema*** [+C] Poés., lancer l'enthymème [raisonnement probabiliste] ‖ faire par torsion, former par enroulement : [C] Poés. ***c)*** [fig.] tourner, faire tourner : [C] Pros.
II tordre, tourner de travers ¶ **1** contourner : ***oculum*** [C] Pros., faire tourner un oeil [faire dévier sa vision] ; ***ora*** [C] Poés., faire grimacer ¶ **2** torturer ***a)*** [fig.] tourmenter : [C] Pros. ; ***torqueor*** [C] Pros., je suis tourmenté ; ***de aliqua re torqueri*** [C] Pros., être tourmenté à propos de qqch. ***b)*** mettre à l'épreuve : ***aliquem mero*** [C] Poés., éprouver qqn par le vin [le faire boire pour connaître ses sentiments] ***c) torqueri quod*** [+C] Pros., se tourmenter, s'affliger de ce que [ou] ***torqueri*** [et prop. inf.] [+C] Pros. ; ***torqueri, ne*** [C] Poés., être tourmenté par la crainte que

torquis, [C] Pros., [C] Poés., qqf. **torquēs**, [+C] Poés., *is*, m. ¶ **1** collier : [C] Pros. ‖ [marque honorifique] [C] Pros. ‖ collier d'attelage pour les boeufs : [C] Poés. ¶ **2** [fig.] ‖ guirlande, feston : [C] Poés.

torrĕfăcĭō, *ĭs, ĕre, fēcī, factum*, tr., torréfier, désécher : [+C] Pros.

1 **torrens**, *tis* ¶ **1** part. de *torreo* ¶ **2** adj^t ***a)*** brûlant ; [C] Poés. ; ***-tissimus*** [+C] Poés. ‖ brûlé : [C] Pros. ***b)*** impétueux, torrentueux : [C] Pros., Poés., [+C] Pros. ; ***-tissimus*** [+C] Poés.

2 **torrens**, *tis*, m. ¶ **1** torrent : [C] Pros., Poés., [+C] Poés. ¶ **2** [fig.] torrent humain : [+C] Poés. ‖ torrent de paroles : [+C] Pros.

torrentĕr [inus.] compar., ***torrentius*** [T] Pros., avec plus d'impétuosité

torrĕō, *ēs, ēre, ŭī, tostum*, tr. ¶ **1** sécher, désécher : [C] Poés., [+C] Pros. ‖ griller, rôtir : [C] Poés. ‖ brûler, consumer : [C] Pros. ‖ [l'amour] [C] Poés. ¶ **2** brûler [en parlant du froid] : [C] Poés.

torrescō, *ĭs, ĕre, -, -*, intr., se rôtir, se griller : [C] Poés.

torrĭdus, *a, um* ¶ **1** desséché, sec, aride : [C] Poés., Pros. ‖ tari : [C] Pros. ‖ maigre, étique [pers.] : [C] Pros. ‖ brûlé par le froid, engourdi, saisi : [C] Pros. ¶ **2** brûlant : [C] Poés. ‖ [froid] : [+C] Poés.

torris, *is*, m., tison [avec ou sans flamme] : [C] Poés.

torrŭī, parf. de *torreo*

torrus, *i*, m., ➡ *torris* : [-C]

torsī, parf. de *torqueo*

torsĭo, *ōnis*, f., colique : [T] Pros.

torta, *ae*, f., gâteau rond, tourte : [T] Pros.

tortē, adv., de côté, de travers : [C] Poés.

tortĭlis, *e*, tortillé, qui s'enroule : [C] Poés., [+C] Poés. ‖ ***tortile aurum*** [C] Poés., collier d'or

tortīvus, *a, um*, de pressurage, de seconde cuvée : [-C] Pros.

tortō, *ās, āre, -, -*, tr., fréq. de *torqueo*, [pass.] se tordre : [C] Poés., [T] Pros.

tortŏr, *ōris*, m. ¶ **1** celui qui met à la torture, bourreau : [C] Pros. ¶ **2** celui qui fait tournoyer [la fronde] : [+C] Poés. ¶ **3** servant d'une machines de jet [celui qui tord les faisceaux de câbles] : [T] Pros.

tortŭla, *ae*, f. : [T] Pros.

tortum, *i*, n., corde [instrument de torture] : [-C] Théât.

tortŭōsus, *a, um*, adj., tortueux, sinueux, qui forme des replis : [C] Pros. ‖ [fig.] entortillé, embarrassé, compliqué : [C] Pros. ; ***tortuosum ingenium*** [C] Pros., esprit plein de détours ; ***tortuosissimus*** [T] Pros. ‖ [chrét.] qui ne suit pas la ligne droite, pervers : [T] Pros.

tortūra, *ae*, f., colique [de l'ivrogne] : [T] Pros.

1 **tortus**, *a, um* ¶ **1** part. de *torqueo* ¶ **2** [adj^t] tordu : ***torta quercus*** [C] Poés., couronne de chêne ‖ sinueux, tortueux : ***torta via*** [C] Poés., labyrinthe ‖ ***condiciones tortae*** [-C] Théât., conditions contournées, équivoques

2 **tortŭs**, *ūs*, m. ¶ **1** repli d'un serpent : [C] Pros. ; ***tortus dare*** [C] Poés., faire des replis ‖ ***bucinarum*** [T] Pros., les courbures des trompettes ¶ **2** action de faire tournoyer la courroie d'une fronde : [+C] Poés.

tŏrŭlus, *i*, m., petit bourrelet, petit renflement ¶ **1** aigrette : [-C] Théât. ‖ sorte de chignon : [C] Pros. ¶ **2** muscle : [+C] Pros. ‖ aubier [arbres] : [C] Pros.

tŏrum, *i*, n., ➡ *torus* : [T] Pros.

tŏrus, *i*, m., toute espèce d'objet qui fait saillie ¶ **1** renflement formé par plusieurs cordes tordues ensemble pour n'en composer qu'une : [-C] Pros., [+C] Pros. ‖ [d'où] toron : [+C] Pros. ¶ **2** renflement, bourrelet, protubérance ***a) lacertorum tori*** [C] Pros., muscles saillants ; ***venarum tori*** [+C] Pros., veines gonflées ‖ [en part.] muscles : [C] Poés. ***b)*** [dans une couronne] [C] Pros. ***c)*** [dans un terrain] éminence : [C] Poés., [+C] Poés. ***d)*** [archit.] tore [moulure convexe à la base d'une colonne] : [C] Pros. ***e)*** [méc.] cylindre [placé sous une poutre bélière] : [C] Pros. ¶ **3** coussin, couche : [C] Poés. ‖ lit de table : [C] Poés. ‖ lit : [C] Poés., [+C] Pros. ‖ lit funèbre : [C] Poés. ‖ lit nuptial : [C] Poés. ; [d'où] = mariage, hymen : [C] Poés., [+C] Pros. ; = amante :

torva, n. pl., V. ➡ *torvum*

torvĭdus, *a, um*, farouche : [T] Pros.

torvĭtās, *ātis*, f., expression farouche, caractère menaçant de qqn, de qqch. : [+C] Pros.

torvĭtĕr, adv., d'une manière farouche, menaçante : [-C] Pros.

torvum, n. sg., **torva**, n. pl., pris adv^t, [poét.], de travers, d'une façon farouche, menaçante : [C] Poés.

torvus, *a, um*, qui se tourne de côté = qui regarde de travers, [d'où] farouche, menaçant [yeux, regard, visage] : [C] Poés., [+C] Pros., Pros. ; ***torvi angues*** [C] Poés., serpents menaçants ; ***torvus senex*** [C] Poés., le vieillard qui vous regarde de travers [Charon] ‖ ***torvior*** [+C] Pros. ; ***-vissimus*** [T] Pros. ‖ V. ➡ *torvum, torva*

Tŏrȳni, *ōrum*, m. pl., peuple scythe : [+C] Poés.

tōsilla, **tōsillae**, V. ➡ *tons*

tŏt, dém. indécl. pl., [avec pl.] ¶ **1** autant de, tant de, un aussi grand nombre de ***a)*** [C] Pros. ; ***tot signis*** [C] Pros., par tant de signes ***b)*** [sans subst.] [C] Pros. ¶ **2** [en corrél.] ***a)*** [avec *quot*] : [C] Pros. ***b)*** [avec *quotiens*] : [C] Pros. ***c)*** [avec *ut* consée.] tellement nombreux que : [C] Pros.

tōtī, dat. (ou gén. arch.) de *1 totus*

tŏtĭdem, adv., [avec un pl.] ce même nombre de, tout autant de ***a)*** [sans subst. = n. pl.] : ***totidem audiet*** [C] Poés., il en entendra autant = il entendra la pareille ‖ [en corrél.] ***b)*** [avec *quot*] [C] Pros. ***c)*** [avec *atque*] [C] Pros.

tŏtĭens (tŏtĭēs), adv. multipl. ¶ **1** autant de fois, tant de fois, aussi souvent, si souvent : [C] Pros. ¶ **2** [en corrél.]

tōtĭus, gén. de *1 totus*

totjŭgis, *e*, **totjŭgus**, *a, um*, si varié, si divers : [+C] Pros.

tŏtondī, parf. de *tondeo*

1 **tōtus**, *a, um*, tout, entier, tout entier ¶ **1** [C] Pros. ; ***tota nocte*** [C] Pros., pendant la nuit entière ; ***urbe tota*** [C] Pros. ; ***tota Sicilia*** [C] Pros. ; ***toto caelo*** [C] Pros., par [dans] toute la ville, toute la Sicile, tout le ciel ; ***in Sicilia tota*** [C] Pros. ; ***tota in Italia*** [C] Pros., dans toute la Sicile, dans toute l'Italie ‖ ***totis noctibus*** [C] Pros., pendant toute la durée des nuits ‖ = totalement, entièrement : [C] Pros. ¶ **2** [n. pris subst^t] : [C] Pros., [+C] Pros. ‖ ***ex toto*** [pris adv^t], en totalité, totalement : [+C] Pros., [ou] en général : [+C] Pros.

2 **tŏtus**, *a, um*, aussi grand : [C] Poés., [+C] Pros.

Toxandrĭa (-xĭa-, -xŭa-), *ae*, f., la Toxandrie [en Belgique, le Brabant] : [T] Pros.

Toxeūs, *ĕi* ou *ĕos*, m., fils de Thestius : [C] Poés.

toxĭcum ou **-ŏn**, *i*, n., poison à l'usage des flèches : [C] Poés. ‖ poison : [-C] Théât., [C] Poés., [+C] Pros.

Toxĭus, *ĭi*, m., nom d'homme : [+C] Pros.

trăbālis, *e* ¶ **1** relatif aux poutres : ***trabalis clavus*** [C] Poés., clou à poutres ‖ [fig.] clou solide, qui assujettit solidement : [C] Pros. ¶ **2** de la grosseur d'une poutre : [C] Poés., [+C] Poés.

trăbe, abl. de *trabs*

1 **trăbĕa**, *ae*, f., trabée [manteau blanc orné de bandes de pourpre, servant aux rois] : [C] Poés., Pros. ‖ [aux chevaliers] : [+C] Poés. ‖ [aux consuls] consulat [méton.] : [T] Pros.

2 **Trăbĕa**, *ae*, m., Q. Trabéa [ancien poète comique latin] : [C] Pros.

trăbĕālis, *e*, concernant la trabée : [T] Poés.

trăbĕātus, *a*, *um* ¶ **1** vêtu de la trabée : [C] Poés., [+C] Pros. ¶ **2** ***trabeata, ae***, f., s.-ent. ***fabula***, sorte de comédie où les personnages étaient des Romains de haute condition : [+C] Pros.

trăbēcŭla, *ae*, f., petite poutre : [-C] Pros.

trăbĭca, *ae*, f., sorte de barque : [-C] Théât.

trăbĭcŭla (**trăbēcŭla**), *ae*, f., poutrelle, solive : [C] Pros.

trabs, *trăbis*, f. ¶ **1** poutre : [C] Pros. ¶ **2** [fig.] ***a)*** arbre élevé, de futaie : [C] Poés. ***b)*** navire : [C] Poés. ***c)*** toit : [C] Poés. ; pl., [C] Poés. ***d)*** machine de guerre : [+C] Poés. ***e)*** javelot énorme : [+C] Poés. ***f)*** massue : [+C] Poés. ***g)*** table : [+C] Poés. ***h)*** torche : [+C] Théât. ***i)*** pl., ***trabes***, les poutres, sorte de météores : [+C] Pros.

Trăchālĭo, *ōnis*, m., nom d'esclave : [-C] Théât.

Trăchālus, *i*, m., orateur du temps de Quintilien : [+C] Pros.

Trāchās, *antis*, m. ou f., autre nom de la ville de Terracine : [C] Poés.

trāchīa, *ae*, f., la trachée-artère : [T] Pros.

Trāchin, *īnis*, f., Trachine [ville de Thessalie, lieu où Hercule éleva son bûcher] : [C] Poés., [+C] Théât. ‖ **-īnĭus**, *a*, *um*, de Trachine : [C] Poés. ‖ **-īnĭae**, f., les Trachiniennes, tragédie de Sophocle : [C] Pros.

Trăchōnītēs, *ae*, m., qui est de la Trachonitide : [T] Pros.

Trăchōnītis, *ĭdis*, f., Trachonitide [contrée de Palestine et de Cœlé-Syrie] : [T] Pros.

Trāchyn, *ynos*, f., ▶ *Trachin*

tracta, *ōrum*, n. pl. ¶ **1** pâte allongée : [-C] Pros. ¶ **2** laine cardée qui entoure le fuseau : [C] Poés.

tractābĭlis, *e* ¶ **1** qu'on peut toucher ou manier, palpable, maniable : [C] Pros. ‖ ***vox tractabilis*** [+C] Pros., voix flexible ‖ ***non tractabile caelum*** [C] Poés., ciel intraitable, orageux ¶ **2** [fig.] maniable, traitable, flexible, souple : ***virtus tractabilis*** [C] Pros., vertu complaisante

tractābĭlĭtās, *ātis*, f., disposition à être façonné : [T] Pros.

tractābĭlĭtĕr, adv., facilement ‖ ***-bilius*** [+C] Pros.

tractātĭo, *ōnis*, f. ¶ **1** action de manier, maniement : ***tibiarum*** [C] Pros., maniement de la flûte ; ***beluarum*** [C] Pros., art de manier [dresser] les animaux ¶ **2** [fig.] ***a)*** action de s'occuper de : ***philosophiae*** [C] Pros., l'étude de la philosophie ; ***magnarum rerum*** [C] Pros., maniement de grandes choses ***b)*** emploi, mise en œuvre : [C] Pros., [+C] Pros. ***c)*** traitement, procédé, manière d'agir : [C] Pros., [+C] Pros.

tractātŏr, *ōris*, m. ¶ **1** masseur : [+C] Pros. ¶ **2** qui traite de, orateur, exégète : [T] Pros.

tractātōrĭum, *ĭi*, n., lieu où se traitent les affaires, salle d'audience : [T] Pros.

tractātrix, *īcis*, f., masseuse : [+C] Poés.

1 **tractātus**, *a*, *um*, part. de *tracto*

2 **tractātŭs**, *ūs*, m., [fig.] ***a)*** action de cultiver, de manier, de s'occuper de : [C] Pros., [+C] Pros. ***b)*** mise en œuvre, emploi : [+C] Pros. ***c) officii*** [+C] Pros., accomplissement d'une fonction

tractim, adv. ¶ **1** en traînant : [-C] Théât. ¶ **2** lentement : [C] Poés., [+C] Pros. ¶ **3** d'une façon prolongée : [C] Poés. ‖ d'une façon traînante, allongée : [+C] Pros.

tractĭo, *ōnis*, f., dérivation d'un mot : [+C] Pros.

tractō, *ās*, *āre*, *āvī*, *ātum*, tr.

I [poét.] ¶ **1** traîner avec violence : ***tractata comis*** [C] Poés., traînée par les cheveux ; [-C] Pros. ‖ maltraiter (en tiraillant) qqn : [-C] Théât. ¶ **2** traîner, mener difficilement : ***vitam*** [C] Poés., son existence

II toucher souvent ¶ **1** toucher : [-C] Théât., [C] Pros. ; ***pellem*** [C] Poés., palper la peau ; ***vulnera*** [C] Pros., toucher à une blessure ‖ manier, manipuler : ***gubernacula*** [C] Pros., manier le gouvernail ‖ caresser : [+C] Pros. ‖ = se servir de : ***tela*** [C] Pros., manier les armes ; [manier les cordes de la lyre] [C] Poés. ‖ = travailler, traiter : ***vites*** [C] Pros., traiter la vigne ; ***ceram pollice*** [C] Poés., travailler la cire avec le pouce ; ***res igni*** [C] Poés., traiter les objets par le feu ¶ **2** [fig.] manier = prendre soin de, s'occuper de, administrer, gérer : ***pecuniam publicam*** [C] Pros., avoir la gestion des deniers publics ; ***bibliothecam*** [C] Pros., gérer une bibliothèque ; ***personam*** [C] Pros., tenir un rôle ; ***bellum*** [C] Pros., mener les opérations de guerre ; ***causas amicorum*** [C] Pros., prendre en main la défense de ses amis ; ***condiciones*** [C] Pros., discuter des conditions (de paix) ‖ ***artem*** [C] Pros., pratiquer un art ‖ ***aliquid animo*** [C] Pros., méditer qqch. ; [avec interrog. indir.] [+C] Pros. ‖ [qqf. abs[t]] ***tractare de aliqua re***, s'occuper de, discuter de, traiter de : [C] Pros., [+C] Pros. ‖ ***animos***, manier, façonner les esprits : [C] Pros. ‖ ***se tractare ita, ut*** subj., se diriger, se conduire de telle façon que : [C] Pros. ¶ **3** traiter qqn = se comporter, se conduire envers qqn de telle, telle manière ; ***aliquem ita, ut*** subj., traiter qqn de telle manière que : [C] Pros. ; ***aliquem ut consulem*** [C] Pros., traiter qqn en consul [qu'il est] ¶ **4** manier, traiter une question, un sujet, l'exposer : ***partem philosophiae*** [C] Pros., traiter une partie de la philosophie ; [+C] Pros. ‖ [abs[t]] ***tractare de aliqua re*** [+C] Pros., traiter de qqch. ‖ [chrét.] expliquer, interpréter [l'Écriture] : [T] Poés.

tractŏgălātus et **tractŏmĕlītus**, *a*, *um*, accommodé avec de la pâte et du lait, avec de la pâte et du miel : [+C] Pros.

tractōrĭus, *a*, *um*, qui sert à traîner, à tirer : [T] Pros.

tractum, ▶ *tracta*

1 **tractus**, *a*, *um* ¶ **1** part. de *traho* ¶ **2** [adj[t], en parlant du style] étiré, qui s'allonge, d'un cours paisible : [C] Pros.

2 **tractŭs**, *ūs*, m. ¶ **1** action de tirer, de traîner : [C] Poés. ‖ étirage de la laine : [C] Poés. ‖ action de se traîner, de s'étirer : [C] Poés., [+C] Pros., Poés. ¶ **2** [concret] ***a)*** traînée : [C] Poés. ***b)*** tracé d'un mur : [C] Pros. ‖ allongement, développement : [C] Pros. ***c)*** étendue déterminée, espace déterminé : ***oppidi*** [C] Pros., quartier d'une ville ; ***eodem tractu*** [C] Poés., dans le même coin de terre ¶ **3** [fig.] idée d'une chose qui s'étire, qui se traîne, acheminement lent, mouvement lent et progressif ***a)*** [C] Pros. ; ***tractus orationis*** [+C] Pros., le cours, le développement du discours ; [C] Poés. ***b)*** durée : [+C] Pros. ***c)*** [C] Pros. ; ***tractu belli*** [+C] Pros., en traînant en longueur l'ouverture des hostilités ***d)*** [gram.] dérivation d'un mot par développement [ex. *beatitudo* et *beatitas*] : [+C] Pros.

trādĭdī, parf. de *trado*

trādĭtĭo, *ōnis*, f. ¶ **1** action de remettre, de transmettre, remise, livraison : [C] Pros. ‖ livraison, reddition d'une ville : [C] Pros. ¶ **2** transmission, enseignement : [+C] Pros. ‖ relation, rapport, mention : [+C] Pros. ‖ tradition : [+C] Pros. ¶ **3** explication : [T] Pros.

trādĭtŏr, *ōris*, m. ¶ **1** traître : [+C] Pros. ¶ **2** celui qui transmet, enseigne : [T] Pros.

trādĭtus, *a*, *um*, part. de *trado*

trādō (**transdō**), *ĭs*, *ĕre*, *dĭdī*, *dĭtum*, tr. ¶ **1** faire passer à un autre, transmettre, remettre : ***aliquid alicui tradere*** Cic., faire passer qqch. à qqn ; ***alicui bona possidenda tradere*** Cic., transmettre à qqn (par testament) la possession de ses biens ; ***imperium alicui tradere*** Caes., remettre le commandement à qqn ; ***filiam suam alicui tradere*** Tac., donner sa fille en mariage à qqn ¶ **2** [par ext.] ***a)*** confier, recommander : ***aliquem alicui custodiendum tradere*** Caes., confier qqn à garder à qqn = confier à qqn la garde de qqn ; ***aliquem alicui tradere*** Caes., recommander qqn à qqn ***b)*** livrer, abandonner : ***obsides tradere*** Caes., livrer des otages ; ***servum in pistrinum tradere*** Cic., faire envoyer un esclave au moulin ; ***alicujus audaciae socios tradere*** Cic., abandonner les alliés à l'audace de qqn ***c)*** [avec le réfléchi] se donner, se livrer, s'adonner : ***se quieti tradere*** Cic., se livrer au sommeil ; ***se in studium tradere*** Cic., s'adonner à une étude ¶ **3** [en part.] transmettre oralement ou par écrit ***a) alicujus rei memoriam posteris tradere*** Liv., transmettre à la postérité le souvenir de qqch. ; [avec prop.

inf.] transmettre la tradition que ; [d'où, surtout au pass. pers. ou impers.] raconter, rapporter : ***utrumque traditur*** Cic., les deux traditions existent ; ***sic est traditum*** Cic., telle est la tradition ; [avec prop. inf.] ***traditum est*** Cic. [ou] ***traditur*** Liv., la tradition est que, on rapporte que ***b)*** enseigner : ***praecepta dicendi tradere*** Cic., enseigner l'art de parler ; ***tradens*** Quint., le maître

trādūcō (transdūcō), *ĭs, ĕre, dūxī, ductum*, tr. ¶ **1** conduire au-delà, faire passer, traverser : [C] Pros. ; [ou plutôt avec deux acc.] [C] Pros. ‖ [qqf. abl. de la question *qua*] [C] Pros., [+C] Pros. ¶ **2** faire passer à travers : [C] Pros. ¶ **3** faire passer devant, outre : ***copias praeter castra*** [C] Pros., faire passer les troupes au-delà du camp de César ‖ [en part.] ***equum traducere*** [C] Pros., emmener son cheval lors du recensement = n'être pas privé de son cheval par le censeur [en parlant d'un chevalier] ; [+C] Pros. ‖ conduire devant les yeux de la foule : ***victimas in triumpho*** [C] Pros., faire défiler des victimes dans le cortège du triomphe ; ***per ora hominum*** [C] Pros., donner en spectacle au public ‖ [poét.] ***se traducere*** [+C] Poés., s'exhiber ; ***se ipsum traducere*** [+C] Pros., se ridiculiser soi-même ¶ **4** faire passer d'un point à un autre : [C] Pros. ¶ **5** [fig.] ***a)*** conduire au-delà = mener de bout en bout [en parlant du temps] : ***otiosam aetatem*** [C] Pros., couler ses jours dans le repos ‖ [en parlant d'une fonction] : [C] Pros. ***b)*** faire passer d'un point à un autre : [C] Pros., [+C] Pros. ; ***aliquem ad optimates*** [C] Pros., amener qqn dans le camp des optimates [des aristocrates] ‖ ***animos in hilaritatem a severitate*** [C] Pros. ou ***ad hilaritatem*** [C] Pros., faire passer les esprits du sérieux à la gaieté ‖ [gram.] traduire : ***aliquid in linguam Romanam*** [+C] Pros., traduire qqch. dans la langue des Romains ‖ dériver : [+C] Pros. ***c)*** faire passer devant les yeux = faire connaître, montrer au grand jour : [+C] Pros., Poés. ‖ = exposer à la risée, au mépris : [+C] Pros. ‖ interpréter [chanter] : [+C] Pros.

trāductĭo, *ōnis*, f. ¶ **1** [fig.] ***a)*** action de faire passer d'un point à un autre : ***ad plebem*** [C] Pros., action de faire passer dans la plèbe ‖ [rhét.] métonymie : [C] Pros. ***b)*** action de passer de bout en bout : ***temporis*** [C] Pros., écoulement du temps ***c)*** exhibition publique, exposition au mépris : [+C] Pros. ‖ ***ad traductionem nostram*** [+C] Pros., pour nous exposer à la risée ***d)*** [rhét.] répétition d'un mot : [C] Pros. ¶ **2** peine, châtiment : [T] Pros. ‖ abattement : [T] Pros.

trāductŏr, *ōris*, m., qui fait passer [de l'ordre des patriciens dans l'ordre des plébéiens] : [C] Pros.

1 **trāductus**, *a, um*, part. de *traduco*

2 **trāductŭs**, *ūs*, m., passage : [T] Pros.

trādux, *ŭcis*, m., sarment [qu'on fait passer d'un arbre à un autre] : [C] Pros., [+C] Pros. ‖ intermédiaire : [T] Poés.

trāduxī, parf. de *traduco*

trāfĕro, V. *transfero*

trăgăcanthum, *i*, n., gomme d'astragale : [+C] Pros.

trăgĕlăphŭs, *i*, m., tragélaphe [sorte de bouquetin] : [T] Pros.

trăgĭcē, adv., à la manière tragique (des poètes tragiques) : [C] Pros., [+C] Pros.

trăgĭcōmoedĭa, *ae*, f., tragi-comédie : [-C] Théât.

trăgĭcus, *a, um* ¶ **1** tragique, de tragédie : [C] Poés., Pros. ; ***tragicus Orestes*** [C] Pros., un Oreste de tragédie ; [+C] Poés. ; ***tragicum illud*** [+C] Pros., ce mot d'une tragédie ‖ **trăgĭcus**, *i*, m., poète tragique : [C] Pros., [+C] Pros. ‖ acteur tragique : [-C] Théât. ¶ **2** [fig.] tragique, véhément, pathétique : [C] Pros. ‖ digne de la tragédie, terrible, horrible : [C] Pros., Poés., [+C] Poés. ‖ **trăgĭcum**, *i*, n., le tragique [situation, style] : [-C] Théât., [C] Pros.

trăgoedĭa, *ae*, f. ¶ **1** la tragédie : [C] Pros. ¶ **2** [fig. au pl.] effets oratoires, mouvements pathétiques : [C] Pros., [+C] Pros. ‖ déclamations : [C] Pros. ‖ grands mots : [C] Pros. ‖ [iron.] péripétie, avanie : [T] Pros.

trăgoedus, *i*, m., acteur tragique : [C] Pros. ‖ épith. de Jupiter honoré dans le *Vicus Tragoedus* à Rome : [+C] Pros.

trăgŏrīgănum, *i*, n., **trăgŏrīgănus**, *i*, m., le thym tragorigan, faux origan [plante] : [+C] Pros.

trāgŭla, *ae*, f. ¶ **1** espèce de javelot muni d'une courroie : [C] Pros. ¶ **2** herse : [C] Pros. ¶ **3** [fig.] ***tragulam injicere in aliquem*** [-C] Théât., lancer un trait à qqn, lui jouer un mauvais tour

trăgum, *i*, n., bouillie d'épeautre : [+C] Pros.

trăgus, *i*, m. ¶ **1** odeur des aisselles : [+C] Poés. ¶ **2** mendole [sorte de poisson] : [C] Poés.

trăha, *ae*, f., herse [pour égrener les épis] : [+C] Pros. ‖ instrument de supplice : [T] Pros. ; V. *trahea*

trăhārĭus, *ĭi*, m., valet qui tire une *traha* : [T] Pros.

trăhax, *ācis*, qui aime tirer tout à soi, rapace : [-C] Théât.

trăhĕa, *ae*, f., C. *traha* : [C] Poés.

trăhō, *ĭs, ĕre, traxī, tractum*, tr. ¶ **1** tirer, traîner : ***aliquid trahere*** Hor., Ov., Virg., tirer, traîner qqch. ; ***funem trahere*** Ov., tirer une corde ; ***vestem per pulpita trahere*** Hor., traîner sa robe sur la scène ; ***aliquem pedibus trahere*** Cic., tirer qqn par les pieds ; ***aliquem ad supplicium trahere*** Liv., traîner qqn au supplice ¶ **2** [par ext.] ***a)*** tirer = faire venir de, extraire : ***ex puteis aquam trahere*** Cic., tirer de l'eau des puits ; ***vocem a pectore trahere*** Virg., tirer sa voix du fond de sa poitrine ; ***ab aliquo nomen trahere*** Cic., tirer son nom de qqn ; [d'où] ***ab aliqua re sermonem trahere*** Cic., faire partir une conversation de qqch. ***b)*** tirer à soi = humer, respirer, absorber : ***auras ore trahere*** Ov., aspirer l'air ; ***pocula trahere*** Hor., vider des coupes ; ***navigium aquam trahit*** Sen., le navire fait eau ; [d'où] ***varios colores trahere*** Virg., prendre des couleurs variées ***c)*** tirer = resserrer, contracter : ***vultum trahere*** Ov., contracter son visage = froncer les sourcils ‖ former par contraction : Virg. ***d)*** tirer en divers sens, tirailler : ***mente atque animo trahi*** Caes., avoir l'esprit et le coeur tiraillés ; ***meum animum curae diversae trahunt*** Ter., les soucis me tiraillent l'esprit en tous sens ***e)*** traîner = traîner en longueur, prolonger, retarder : ***vitam trahere*** Virg., traîner sa vie ; ***bellum trahere*** Sall., faire traîner une guerre en longueur ; ***aliquid trahere*** Sall., Liv., Suet., différer qqch., retarder qqch. ¶ **3** [fig.] tirer dans tel ou tel sens = interpréter : ***cuncta in deterius trahere*** Tac., interpréter tout en mal ; ***aliquid in virtutem trahere*** Sall., interpréter qqch. dans le sens du courage = mettre qqch. au compte du courage ; ***aliquid in metum trahere*** Tac., interpréter qqch. dans le sens de la peur = interpréter qqch. d'une manière alarmante ; ***aliquid in religionem trahere*** Liv., interpréter qqch. dans le sens du scrupule religieux = concevoir des scrupules religieux à propos de qqch. ‖ ***alicujus rei decus ad aliquem trahere*** Liv., tirer la gloire de qqch. vers qqn = faire revenir à qqn la gloire de qqch. ¶ **4** attirer, entraîner ***a)*** ***naves in saxa trahere*** Virg., attirer des vaisseaux sur des rochers ; ***aliquem in calamitatem trahere*** Cic., entraîner qqn dans le malheur ***b)*** [avec violence] ***de aliquo trahere spolia*** Cic., emporter les dépouilles de qqn ; ***praedam ex agris*** Liv., faire du butin dans les campagnes ; [abs[t]] emporter de force : Sall. ***c)*** [fig] ***studio laudis trahi*** Cic., être entraîné par l'amour de la gloire ; ***ad Romanos civitatem trahere*** Liv., attirer une cité du côté des Romains (= pousser à une alliance avec les Romains) ; ***aliquem in suam sententiam trahere*** Liv., gagner qqn à son opinion

trăĭcĭo, V. *trajicio*

Trājānus, *i*, m., Trajan, empereur romain [M. Ulpius Trajanus, 98-117] : [+C] Pros.

trajēcī, parf. de *trajicio*

Trājectensis, *e*, de Trajectum [auj. Maastricht] : [+T] Pros.

trājectīcĭum, *ĭi*, n., échange : [T] Pros.

trājectĭo, *ōnis*, f. ¶ **1** traversée [de la mer] : [C] Pros. ‖ traversée du ciel par les étoiles : ***trajectiones stellarum*** [C] Pros., étoiles filantes ¶ **2** [fig.] ***a)*** ***trajectio in alium*** [C] Pros., action de faire passer [une responsabilité] sur un autre ***b)*** ***verborum*** [C] Pros., transposition des mots, hyperbate ***c)*** hyperbole : [C] Pros., [+C] Pros.

trājectŏr, *ōris*, m., celui qui traverse : [T] Poés.

trājectūra, *ae*, f., avancée, saillie : [C] Pros.

1 **trajectus**, *a, um*, part. de *trajicio*

2 **trājectŭs**, *ūs*, m., traversée : [C] Pros. ; ***amnis*** [C] Pros., traversée d'un fleuve ‖ lieu d'embarquement : [C] Pros.

trājĭcĭō (trăĭcĭō, transjĭcĭō), *ĭs, ĕre, jēcī, jectum*, tr.

I jeter au-delà ¶ **1** lancer au-delà : ***telum*** [C] Pros., lancer un trait par-delà ; ***vexillum trans vallum*** [C] Pros., jeter une enseigne par-dessus le retranchement ¶ **2** faire passer d'un endroit à un autre ***a) in alia vasa*** [C] Pros., transvaser ***b)*** faire passer [un fleuve, la mer], faire traverser : ***equitatum trajecit*** [C] Pros., il fit passer la cavalerie ; ***legiones in Siciliam*** [C] Pros., faire passer les légions en Sicile ‖ ***sese ex regia ad aliquem*** [C] Pros., se transporter du palais vers qqn ***c)*** [fig.] ***invidiam in alium*** [C] Pros., faire passer la haine sur un autre ‖ [rhét.] ***verba*** [C] Pros., transposer des mots [hyperbate]

II traverser ¶ **1** passer au-delà : ***murum jaculo*** [C] Pros., passer par-dessus un mur avec un javelot = lancer un javelot par-dessus un mur ¶ **2** traverser [un fleuve, la mer] : ***Padum*** [C] Pros. ; ***mare*** [C] Pros., traverser le Pô, la mer ‖ transpercer : ***aliquem*** [C] Pros., transpercer qqn ; ***pilis trajecti*** [C] Pros., percés de traits ¶ **3** [abs[t]] effectuer une traversée : [C] Pros.

trālāt-, → *translat-*

1 **Tralles**, *ĭum*, f. pl., **Trallis**, *is*, f., Tralles [ville de Lydie] : [C] Pros. ‖ **Trallĭānus**, *a, um*, de Tralles : [C] Pros. ‖ **-ĭāni**, *ōrum*, m. pl., habitants de Tralles : [C] Pros.

2 **Tralles**, *ĭum*, m. pl., les Tralles [peuple d'Illyrie] : [C] Pros.

Trallis, *ĭdis*, f., → *1 Tralles*

trālŏquŏr (translŏquŏr), *quĕrĭs, quī, -*, tr., dire, narrer d'un bout à l'autre : [-C] Théât.

trālūcĕo, → *transluceo*

trāma, *ae*, f., chaîne, tissu lâche : [C] Pros., [+C] Pros. ‖ [fig.] ***tramae putridae*** [-C] Théât. = bagatelles

trāmĕo, → *transmeo*

trāmĕs, *ĭtis*, m. ¶ **1** chemin de traverse, sentier, chemin détourné : [C] Pros. ¶ **2** route, chemin, voie : [C] Poés., [+C] Pros. ‖ ***cito tramite*** [C] Poés., par un chemin rapide = rapidement ; ***facili tramite*** [C] Poés., par un chemin facile, facilement ‖ [fig.] ***generis tramites*** [+C] Pros., rameaux, branches d'une famille

trāmĭgro, **trāmitto**, → *transm*

trānătō (transnătō), *ās, āre, āvī, -*, tr., traverser à la nage : ***Gangem*** [C] Pros., traverser le Gange à la nage : [abs[t]] effectuer une traversée à la nage : [+C] Pros.

Trānĭo, *ōnis*, m. et **Trānĭus**, *i*, m., nom d'esclave : [-C] Théât.

trānō (transnō), *ās, āre, āvī, ātum*, tr. ¶ **1** traverser en nageant : ***flumen*** [C] Pros., passer un fleuve à la nage ‖ [abs[t]] effectuer une traversée à la nage : [C] Pros. ¶ **2** [fig.] traverser, passer à travers : [C] Pros., Poés.

tranquillātus, *a, um*, part. de *1 tranquillo*

tranquillē, adv., tranquillement, paisiblement : [C] Pros. ‖ ***tranquillius*** [+C] Pros. ; ***-issime*** [+C] Pros.

tranquillĭtās, *ātis*, f. ¶ **1** calme de la mer, bonace : [C] Pros. ‖ pl., [C] Pros. ¶ **2** calme, tranquillité : ***pacis*** [C] Pros., le calme de la paix ‖ ***animi*** [C] Pros., tranquillité de l'âme ‖ titre donné aux derniers empereurs : ***Tranquillitas tua*** [T] Pros., ta Sérénité

1 **tranquillō**, *ās, āre, āvī, ātum*, tr., calmer, apaiser ‖ [fig.] [C] Pros. ; ***rebus tranquillatis*** [C] Pros., la situation étant devenue calme

2 **tranquillō**, adv., → *tranquille* : [C] Pros.

tranquillum, *i*, n. ¶ **1** calme de la mer, temps calme : [C] Pros. ; ***tranquillo*** [C] Pros., par mer calme ¶ **2** calme, tranquillité : [C] Poés., Pros. ; ***in tranquillum conferre*** [-C] Théât. ; ***redigere*** [C] Pros., amener, ramener au calme

1 **tranquillus**, *a, um*, calme, paisible, tranquille : [en parlant de la mer] [C] Pros. ; [de l'air] ‖ [de l'âme] [C] Pros. ; [de la vie] [C] Pros. ; [d'une cité] [C] Pros. ‖ [n. pl. pris adv[t]] ***tranquilla tuens*** [+C] Poés., avec un regard paisible

2 **Tranquillus**, *i*, m., surnom, not[t] de Suétone : [+C] Pros.

trans, prép. avec acc., au-delà de, par-delà : ***trans Rhenum*** [C] Pros., au-delà du Rhin [avec ou sans mouv[t]] ; [C] Pros. ‖ de l'autre côté de, par-dessus : ***trans vallum*** [C] Pros., par-dessus le retranchement

transăbĕō, *īs, īre, iī, ĭtum*, tr. ¶ **1** aller au-delà de, traverser, dépasser : [+C] Poés. ‖ [abs[t]] aller au-delà : [+C] Poés. ¶ **2** transpercer : [C] Poés., [+C] Poés.

transactŏr, *ōris*, m., entremetteur, intermédiaire : [C] Pros.

transactus, *a, um*, part. de *transigo*

transădĭgō, *ĭs, ĕre, ēgī, actum*, tr. ¶ **1** [avec deux acc.] faire passer à travers, faire pénétrer : [C] Poés. ¶ **2** transpercer, percer de part en part : [C] Poés. ; ***aliquem ferro, jaculo*** [+C] Poés., transpercer qqn d'un fer, d'un javelot

transalpīnus, *a, um*, transalpin, qui est au-delà des Alpes : [C] Pros. ‖ **-ni**, *ōrum*, m. pl., les peuples transalpins : [+C] Pros.

transănĭmātĭo, *ōnis*, f., métempsycose : [T] Pros.

transcendō (transscendō), *ĭs, ĕre, scendī, scensum*

I intr. ¶ **1** monter en passant par-delà : ***in hostium naves*** [C] Pros., monter à l'abordage sur les vaisseaux ennemis ; ***in Italiam*** [C] Pros., passer en Italie en franchissant les Alpes ¶ **2** passer d'un endroit à un autre, [et au fig.] d'une chose à une autre : [+C] Pros. ; ***ad leviora*** [+C] Pros., en venir à des arguments plus faibles

II tr. ¶ **1** franchir, escalader : ***maceriam*** [C] Pros., escalader un mur de pierres sèches ; ***Alpes*** [C] Pros., franchir les Alpes ; ***fossas*** [C] Pros., franchir les fossés ; ***flumen*** [+C] Pros., passer un fleuve ¶ **2** [fig.] ***fines juris*** [C] Poés., transgresser les limites du droit ; ***ordinem aetatis*** [C] Pros., outrepasser l'ordre fixé par l'âge ; ***prohibita*** [+C] Pros., enfreindre les défenses, les interdictions ‖ surpasser : [+C] Poés. ‖ devancer : [+C] Poés.

1 **transcensus**, *a, um*, part. de *transcendo*

2 **transcensŭs**, *ūs*, m., action de monter, d'escalader : [T] Pros. ‖ transition, passage à : [T] Pros.

transcīdō, *ĭs, ĕre, cīdī, cīsum*, tr., pénétrer (entamer) par des coups, battre jusqu'au sang, battre comme plâtre : [-C] Théât.

transcontrā, adv., en face, du côté opposé : [C] Pros.

transcrībō (transscrībō), *ĭs, ĕre, scrīpsī, scriptum*, tr. ¶ **1** transcrire : [C] Pros., [+C] Pros. ‖ copier : [C] Pros. ¶ **2** ***a)*** [droit] transporter par un acte : ***nomina in socios*** [C] Pros., passer des créances au nom des alliés ***b)*** faire passer à : ***sceptra colonis*** [C] Poés., faire passer le sceptre à des colons ***c)*** faire passer dans, enregistrer dans : ***aliquem in viros*** [+C] Pros., faire passer qqn au nombre des hommes ; ***urbi matres*** [C] Poés., enregistrer (inscrire) des femmes pour la ville future

transcriptus, *a, um*, part. de *transcribo*

transcurrō, *ĭs, ĕre, cŭcurrī* et *currī, cursum*, intr. et tr.

I intr. ¶ **1** courir par-delà : ***hinc ad forum*** [-C] Théât., se transporter au pas de course d'ici au forum ; [C] Pros. ‖ passer devant rapidement : [C] Pros. ¶ **2** [fig.] passer vivement d'une chose à une autre : ***in dissimilem rem*** [C] Pros. ; ***ad melius*** [C] Poés., passer rapidement à un objet différent, à un état meilleur ‖ s'écouler [temps] : [+C] Pros. ‖ [avec acc. d'objet intér.] [C] Pros.

II tr. ¶ **1** traverser rapidement, au pas de course : ***montium juga*** [+C] Pros., franchir en courant les sommets des montagnes ¶ **2** [fig.] traiter [un sujet] rapidement, légèrement, effleurer : [+C] Pros.

1 **transcursus**, *a, um*, part. de *transcurro*

2 **transcursŭs**, *ūs*, m. ¶ **1** action de parcourir, de traverser : [+C] Pros. ‖ action de passer devant, passage, course : [+C] Pros. ¶ **2** [fig.] exposé rapide : [+C] Pros. ; ***transcursu*** [+C] Pros. [ou]

transdı-, **transdo**, **transdu-**, → *trad-*

transēgī, parf. de *transigo*

transenna, *ae*, f. ¶ **1** lacet, lacs, filet : [-C] Théât., [T] Pros. ¶ **2** treillage, grillage : [C] Pros.

transĕō, *īs, īre, iī* rar[t] *īvī, ĭtum*

I intr. ¶ **1** aller au-delà, par-delà, passer ***a) in Galliam*** [C] Pros., passer en Gaule ; ***ex Italia in Siciliam*** [C] Pros., passer d'Italie en Sicile ; [-C] Théât., [C] Pros. ‖ [fig.] passer à un autre sujet : ***ad partitionem*** [C] Pros., passer à la division oratoire ***b)*** passer d'un parti, d'un état dans un autre : ***ad Pompeium*** [C] Pros. ; ***ad adversarios*** [C], passer du côté de Pompée, au camp des adversaires ‖ ***a patribus ad plebem*** [C] Pros., passer de l'ordre des patriciens dans celui de la plèbe ; [-C] Pros. ; [fig.] ***in sententiam alicujus*** [C] Pros., se ranger à l'avis de qqn ***c)*** se changer, se transformer : ***in humum saxumque*** [C] Poés., se changer en terre et en pierre ; [fig.] ***in contrarium*** [+C] Pros., se transformer en une chose contraire ***d)*** [fig.] ***in mores*** [+C] Pros., passer dans les moeurs ¶ **2** passer à travers : ***per media***

castra [C] Pros., traverser le milieu du camp ; ***per cribrum*** [-C] Pros., passer à travers un crible ¶ **3** passer devant, passer outre : [-C] Poés. ‖ [fig.] se passer, s'écouler [temps] : ***dies transeunt*** [C] Pros., les jours passent

II tr. ¶ **1** ***a)*** traverser, passer : ***Taurum*** [C] Pros., passer le mont Taurus ; ***Rhenum*** [C] Pros., passer le Rhin ; ***maria*** [C] Pros., traverser les mers ***b)*** dépasser [passer de l'autre côté], devancer : ***equum cursu*** [C] Poés., dépasser un cheval à la course ; [fig.] dépasser : ***modum*** [C] Pros., passer la mesure ‖ surpasser : ***Pompeium*** [+C] Poés., dépasser Pompée ***c)*** passer de l'autre côté d'une chose = venir à bout de : [C] Pros. ¶ **2** traverser = passer à travers ***a)*** ***Formias*** [C] Pros., traverser Formies ; ***forum*** [C] Pros., passer à travers le forum ***b)*** [poét.] transpercer : [+C] Poés. ***c)*** [fig.] passer rapidement sur un sujet : [C] Pros. ‖ parcourir rapidement un livre : [+C] Pros. ***d)*** passer de bout en bout [temps], passer : ***vitam silentio*** [C] Pros., traverser la vie en silence, sans faire de bruit ; [C] Poés., [+C] Pros. ¶ **3** passer devant, passer outre, longer ***a)*** ***omnes mensas*** [-C] Théât., passer devant toutes les tables des banquiers ***b)*** passer sous silence, négliger, omettre : ***aliquid silentio*** [C] Pros., passer qqch. sous silence ; ***Neronem transeo*** [+C] Pros., je ne parle pas de Néron

transĕrō (transsĕrō), *ĭs, ĕre, -, sertum*, tr., planter (faire passer) à travers : [-C] Pros. ‖ enter : [+C] Poés.

transĕunter, adv., en passant [fig.] : [T] Pros.

transfĕrō (trāf-), *fers, ferre, tŭlī, lātum*, tr. ¶ **1** porter d'un lieu à un autre, transporter : [C] Pros. ‖ déplacer : [T] Pros. ‖ transplanter : [C] Pros. ‖ transporter = promener, montrer aux regards : [C] Pros. ¶ **2** transcrire, reporter : ***de tabulis in libros*** [C] Pros., reporter du registre sur la copie ¶ **3** [fig.] ***a)*** transporter : ***bellum in Celtiberiam*** [C] Pros., transporter la guerre en Celtibérie ; ***culpam in alios*** [C] Pros., rejeter une faute sur d'autres ; ***sermonem alio*** [C] Pros., faire passer l'entretien sur un autre sujet ; ***animum ad accusandum*** [C] Pros. ; ***se ad artes componendas*** [C] Pros., se mettre à accuser, à composer des traités ***b)*** différer, reporter : [C] Pros. ***c)*** faire passer d'une langue dans une autre, traduire : [C] Pros., [+C] Pros. ***d)*** faire passer un mot d'un emploi à un autre, employer métaphoriquement : [C] Pros. ; ***verbum tralatum*** [C] Pros., mot employé métaphoriquement ***e)*** ***translatum exordium*** [C] Pros., exorde transposé, qui n'est pas celui que demande la cause ; [+C] Pros. ***f)*** changer, transformer : [C] Poés., [+C] Pros.

transfīgō, *ĭs, ĕre, fīxī, fīxum*, tr. ¶ **1** transpercer, percer de part en part : [C] Pros. ‖ [pass., sens réfléchi] [-C] Théât. ¶ **2** [poét.] enfoncer à travers : ***hasta transfixa*** [C] Poés., javelot enfoncé de part en part ; [+C] Poés.

transfīgūrātĭo, *ōnis*, f., métamorphose, transformation : [+C] Pros.

transfīgūrō, *ās, āre, āvī, ātum*, tr., transfigurer, transformer, métamorphoser, changer : ***rem in rem*** [+C] Pros., changer qqn en autre chose ; [+C] Poés.

transfīxī, parf. de *transfigo*

transfīxus, *a, um*, part. de *transfigo*

transflŭō, *ĭs, ĕre, fluxī, -*, intr., couler devant : [+C] Pros.

transflŭvĭum, *ĭī*, n., traversée d'un fleuve : [T] Pros.

transfŏdĭō, *ĭs, ĕre, fōdī, fossum*, tr., transpercer : [C] Pros., [+C] Pros.

transformātĭo, *ōnis*, f., transformation, métamorphose : [T] Pros.

transformātus, *a, um*, part. de *transformo*

transformis, *e*, qui se transforme, qui se métamorphose : [C] Poés.

transformō, *ās, āre, āvī, ātum*, tr., transformer, métamorphoser, ***in rem***, en qqch. : [C] Poés. ‖ [fig.] ***transformari ad naturam alicujus*** [+C] Pros., prendre le caractère de qqn ‖ transfigurer [transfiguration du Christ] : [T] Pros.

transfŏrō, *ās, āre, -, -*, tr., transpercer : [+C] Pros.

transfossus, *a, um*, part. de *transfodio*

transfrĕtānus, *a, um*, d'outre-mer : [+C] Pros.

transfrĕtātĭo, *ōnis*, f., traversée : [+C] Pros.

transfrĕtō, *ās, āre, āvī, ātum* ¶ **1** intr., faire une traversée : [+C] Pros. ¶ **2** tr. ***a)*** traverser : [T] Pros. ***b)*** transporter qqn par bateau : [T] Pros.

transfūdī, parf. de *transfundo*

transfŭga, *ae*, m., transfuge, déserteur, celui qui passe à l'ennemi : [C] Pros., [+C] Pros. ‖ [chrét.] apostat : [+C] Pros.

transfŭgĭō, *ĭs, ĕre, fūgī, fŭgĭtum*, intr., passer à l'ennemi, déserter : ***ad Romanos*** [C] Pros., passer aux Romains ‖ [fig.] ***ab afflicta amicitia*** [C] Pros., déserter une amitié abattue par le malheur ; ***ad aliquem*** [-C] Théât., passer au parti de qqn

transfŭgĭum, *ĭī*, n., désertion : [C] Pros., [+C] Pros.

transfūmō, *ās, āre, -, -*, intr., jeter de la fumée par-delà, au travers : [+C] Poés., [T] Poés.

transfundō, *ĭs, ĕre, fūdī, fūsum*, tr. ¶ **1** transvaser : [-C] Pros. ‖ pass. *transfundi*, se répandre : [+C] Pros. ¶ **2** [fig.] déverser sur, reporter sur : ***amorem in aliquem, laudes ad aliquem*** [C] Pros., reporter sur qqn son amour, les éloges qu'on a reçus ‖ répandre : [C] Pros.

transfūsio, *ōnis*, f., apport étranger, mélange [de peuplades] : [C] Pros.

transfūsus, *a, um*, part. de *transfundo*

transgrĕdĭŏr, *dĕrĭs, dī, gressus sum*

I intr. ¶ **1** passer de l'autre côté, traverser : ***in Italiam*** [C] Pros., passer en Italie [en franchissant les Alpes] ; ***transgressus*** [+C] Pros., ayant fait la traversée ‖ ***ad aliquem*** [ou] ***in partes alicujus*** [+C] Pros., passer du côté de qqn, au parti de qqn ¶ **2** [fig.] passer d'une chose à une autre : ***ab indecoris ad infesta*** [+C] Pros., passer de la bassesse à la méchanceté ‖ [part. pris substt] : [+C] Pros.

II tr. ¶ **1** traverser, franchir : ***Taurum*** [C] Pros., franchir le Taurus ; ***flumen*** [C] Pros., traverser un fleuve ¶ **2** [fig.] ***a)*** dépasser : ***mensuram*** [+C] Pros., passer la mesure ‖ surpasser : [+C] Pros. ***b)*** parcourir d'un bout à l'autre, exposer complètement : [+C] Pros. ***c)*** passer sous silence : [+C] Pros. ¶ **3** [chrét.] transgresser, enfreindre : [T] Pros.

transgressĭo, *ōnis*, f. ¶ **1** action de passer de l'autre côté, de traverser : [C] Pros. ¶ **2** [rhét.] hyperbate : [C] Pros. ‖ transition : [+C] Pros. ¶ **3** [chrét.] péché, infraction : [T] Pros. ¶ **4** excès de douleur, abattement : [T] Pros.

transgressŏr, *ōris*, m., transgresseur : [T] Pros.

1 **transgressus**, *a, um*, part. de *transgredior*

2 **transgressŭs**, *ūs*, m., action de franchir, traversée : [-C] Pros., [C] **d.** [+C] Pros.

transĭgō, *ĭs, ĕre, ēgī, actum*, tr. ¶ **1** [pr., poét.] ***a)*** faire passer à travers : ***ensem per pectora*** [+C] Poés., enfoncer son épée dans la poitrine de qqn ***b)*** transpercer : ***aliquem gladio*** [+C] Pros., percer qqn d'une épée ¶ **2** [fig.] ***a)*** mener à bonne fin : ***negotium*** [C] Pros., terminer une affaire ; ***aliquid sorte*** [C] Pros., régler [trancher] qqch. par la voie du sort ; ***aliquid per aliquem*** [C] Pros. ; ***cum aliquo*** [C] Pros., régler qqch. par l'entremise de qqn, avec qqn ; ***si transactum est*** [C] Pros., si c'est une affaire réglée ***b)*** arranger, accommoder, conclure, transiger : ***rem cum aliquo*** [C] Pros., [abst] ***cum aliquo transigere*** [C] Pros., traiter avec qqn [en terminer avec qqn] ***c)*** ***cum aliqua re transigere***, en finir avec qqch., mettre fin à qqch. : [+C] Pros. ***d)*** passer [le temps] : [+C] Pros. ; ***adulescentiam per haec*** [+C] Pros., passer sa jeunesse à ces occupations ; ***mense transacto*** [+C] Pros., le mois étant écoulé

transĭī, parf. de *transeo*

transĭlĭō (transsĭlĭō), *īs, īre, sĭlŭī* ou *ĭī* ou *īvī*, - ¶ **1** intr., sauter d'un lieu dans un autre [pr. et fig.] : [C] Pros. ¶ **2** tr., sauter par-dessus, franchir : ***muros*** [C] Pros., franchir les murs ‖ [fig.] ***ante pedes posita*** [C] Pros., sauter par-dessus ce qui est devant nos pieds = négliger ce qui est à portée de la main ‖ dépasser, excéder : ***munera Liberi*** [C] Poés., abuser des dons de Bacchus

transĭtĭo, *ōnis*, f. ¶ **1** action de passer, passage : [C] Pros. ¶ **2** passage [dans un autre ordre social] : ***ad plebem transitiones*** [C] Pros., des passages de patriciens à la plèbe ‖ passage à l'ennemi, défection : [C] Pros. ¶ **3** [fig.] ***a)*** contagion : [C] Poés. ***b)*** [rhét.] transition : [C] Pros. ***c)*** [gram.] flexion : [C] Pros. ¶ **4** pl., [sens concret] ***transitiones*** [C] Pros., passages = lieux de passage

transĭtŏr, *ōris*, m., celui qui passe, un passant : [T] Pros.

transĭtōrĭē, adv., en passant, incidemment : [T] Pros.

transĭtōrĭus, *a, um* ¶ **1** qui offre un passage, de passage : [+C] Pros., [T] Pros. ¶ **2** passager, court, transitoire : [T] Pros.

1 **transĭtus**, *a, um*, part. de *transeo*

2 **transĭtŭs**, *ūs*, m. ¶ **1** action de franchir, passage : ***fossae*** [C] Pros., passage d'un fossé ¶ **2** passage [dans un autre parti, dans une autre famille] : [+C] Pros. ¶ **3** [fig.] ***a)*** [d'un âge à un autre] [+C] Pros. ***b)*** passage, transition : [+C] Pros. ; [en part.] transition dans un discours : [+C] Pros. ***c)*** transition d'une couleur à une autre, fusion des nuances ; [en parlant de l'arc-en-ciel] [C] Poés. ¶ **4** action de passer, d'aller au-delà : ***tempestatis*** [C] Pros., achèvement de l'orage ‖ ***in transitu***, en passant, au passage [pr. et fig.] : [+C] Pros. ¶ **5** flexion dans la décl. et la conjug. : [C] Pros.

transīvī, parf. de *transeo*

transja-, **transject-**, **transji-**, etc., → *traj-*

translātīcĭus (trālātīcĭus), *a, um* ¶ **1** transmis par la tradition : ***edictum translaticium*** [C] Pros., édit transmis par la tradition [de préteur à préteur] ; [C] Pros. ¶ **2** [fig.] traditionnel, consacré, ordinaire, commun : [+C] Pros. ‖ [gram.] métaphorique : [C] Pros.

translātĭo (trālātĭo), *ōnis*, f. ¶ **1** action de transporter, de transférer : [C] Pros. ‖ transplantation : [+C] Pros. ‖ greffe par incision : [C] Pros. ¶ **2** [fig.] ***a)*** action de rejeter sur un autre : [C] Pros., [+C] Pros. ***b)*** métaphore : [C] Pros. ***c)*** traduction : [+C] Pros. ***d)*** transposition, changement : [+C] Pros.

translātīva, *ae*, f., métalepse [glissement de sens] : [+C] Pros.

translātīvus (trālātīvus), *a, um*, qui transporte ailleurs, qui détourne, qui récuse : ***translativa constitutio*** [C] Pros., état de récusation ; ***causa*** [+C] Pros., question d'incompétence

translātŏr, *ōris*, m., qui transporte ailleurs : [C] Pros. ‖ traducteur : [T] Pros. ‖ copiste : [T] Pros.

1 **translātus (trālātus)**, *a, um*, part. de *transfero*

2 **translātŭs (trālātŭs)**, *ūs*, m., action de transporter, de promener en faisant une exhibition : [+C] Pros.

translĕgō, *ĭs, ĕre, -, -*, tr., lire en passant outre, en courant : [-C] Théât.

translŏquor, → *traloquor*

translūcĕō (trālūcĕō), *ēs, ēre, -, -*, intr., se refléter, se réfléchir : [C] Poés. ‖ briller à travers : [C] Poés.

translūcĭdus, *a, um*, [fig., en parlant du style trop apprêté] : [+C] Pros.

transmărīnus (tramă-), *a, um*, d'outre-mer : [C] Pros. ; ***transmarina doctrina*** [C] Pros., culture d'outre-mer [de la Grèce] ‖ [pris subst.] ***transmarina, ōrum***, n. pl., pays d'outre-mer : [T] Pros.

transmĕō (trāmĕō), *ās, āre, āvī, ātum*, tr., traverser : ***transmeato freto*** [T] Pros., la mer étant traversée ‖ [abs[t]] effectuer un passage, une traversée : [+C] Pros. ‖ traverser, pénétrer un vêtement [en parlant du froid] : [C] Pros.

transmigrātĭo, *ōnis*, f., émigration, exil, captivité : [T] Poés., Pros. ‖ [concr.] les exilés : [T] Pros.

transmigrātus, *a, um*, part. de *transmigro*

transmigrō, *ās, āre, āvī, ātum* ¶ **1** intr., passer d'un lieu à un autre, émigrer : [C] Pros. ‖ changer d'habitation : [+C] Pros. ¶ **2** déporté : [T] Pros.

transmĭnĕō, *ēs, ēre, -, -*, intr., dépasser, ressortir : [-C] Théât.

transmissĭo, *ōnis*, f., trajet, traversée, passage : [C] Pros.

1 **transmissus (trāmissus)**, *a, um*, part. de *transmitto*

2 **transmissŭs (trāmissŭs)**, *ūs*, m., traversée : [C] Pros., [+C] Pros.

transmittō (trāmittō), *ĭs, ĕre, mīsī, missum*, tr.
I envoyer de l'autre côté ¶ **1** envoyer par-delà, transporter, faire passer : ***equitatus transmittitur*** [C] Pros., la cavalerie est envoyée de l'autre côté du fleuve ‖ [fig.] ***bellum in Italiam*** [C] Pros., faire passer la guerre en Italie ; [+C] Pros. ¶ **2** faire ou laisser passer par-delà (à travers) : [C] Pros. ; [fig.] [+C] Pros. ¶ **3** [fig.] transmettre, remettre : ***bellum alicui*** [C] Pros., remettre à qqn la direction de la guerre ; ***hereditatem alicui*** [+C] Pros., transmettre un héritage à qqn ; [C] Poés. ‖ laisser de côté : [+C] Pros. ‖ consacrer : [C] Pros.
II passer de l'autre côté ¶ **1** traverser, franchir : ***mare*** [C] Pros., traverser la mer ‖ [abs[t]] effectuer une traversée : ***inde tramittebam*** [C] Pros., c'est de là que je faisais la traversée ; [pass. impers.] [C] Pros. ; [en part.] passer dans un parti : [+C] Pros. ¶ **2** [fig.] ***a)*** passer sous silence, négliger, laisser de côté : [+C] Pros. ***b)*** [en parlant du temps] passer, mener : ***tempus quiete*** [+C] Pros., vivre dans le repos ***c)*** passer par : ***febrium ardorem*** [+C] Pros., endurer les feux de la fièvre ; ***regionis abundantiam*** [+C] Pros., profiter de l'abondance d'un pays

transmontānus, *a, um*, adj., qui se trouve au-delà des monts ; subst. m. pl., ***transmontani, ōrum***, les peuples d'au-delà des monts : [C] Pros.

transmŏvĕō, *ēs, ēre, -, mōtum*, tr., transporter : [+C] Pros. ‖ déplacer, reporter sur : [-C] Théât.

transmūtātĭo, *ōnis*, f. ¶ **1** transposition [de lettres] : [+C] Pros. ¶ **2** changement : [T] Pros.

transmūtō, *ās, āre, -, -*, tr., transférer, faire changer de place : [C] Poés.

transnăto, → *tranato*

transno, → *trano*

transnōmĭnō, *ās, āre, āvī, -*, tr., appeler qqn, qqch. d'un autre nom [avec deux acc.] : [+C] Pros.

transnŭmĕrō, *ās, āre, -, -*, tr., compter [une somme d'argent] d'un bout à l'autre : [C] Pros.

Transpădānus, *a, um*, qui se trouve au-delà du Pô : [C] Pros. ‖ **-dāni**, *ōrum*, m. pl., habitants de l'Italie Transpadane, Transpadans : [C] Pros. ; sg., [C] Poés.

transpectŭs, *ūs*, m., vue au travers : [C] Poés.

transpĭcĭō (traspĭcĭō), *ĭs, ĕre, -, -*, tr., voir au travers : [C] Poés.

transplantō, *ās, āre, āvī, ātum*, tr., transplanter : [T] Pros.

transpōnō, *ĭs, ĕre, pŏsŭī, pŏsĭtum*, tr., transporter, transposer : [+C] Pros. ‖ transplanter : [+C] Pros.

transportātĭo, *ōnis*, f., émigration : [+C] Pros.

transportātus, *a, um*, part. de *transporto*

transportō, *ās, āre, āvī, ātum*, tr. ¶ **1** transporter : [C] Pros. ; ***exercitum in Macedoniam*** [C] Pros., transporter l'armée en Macédoine ‖ déporter : [+C] Pros. ‖ [avec deux acc.] transporter de l'autre côté de : ***exercitum Rhenum*** [C] Pros., transporter l'armée de l'autre côté du Rhin, lui faire traverser le Rhin ¶ **2** [fig.] transporter = donner le passage à : [+C] Pros.

transpŏsĭtīva, *ae*, f., métalepse [glissement de sens] : [+C] Pros.

transpŏsĭtus, *a, um*, part. de *transpono*

transpunctĭo, *ōnis*, f., hébétude, stupeur, léthargie : [T] Pros.

transpungō, *ĭs, ĕre, -, -*, massacrer, passer au fil de l'épée : [T] Pros.

Transrhēnānus, *a, um*, qui habite ou qui est situé au-delà du Rhin : [C] Pros. ‖ **-nāni**, *ōrum*, m. pl., ceux qui habitent au-delà du Rhin : [C] Pros.

transs-, → *trans-*

Transtĭbĕrīnus, *a, um*, qui se trouve au-delà du Tibre : [+C] Poés. ‖ **-īni**, *ōrum*, m. pl., habitants d'au-delà du Tibre : [C] Pros.

Transtĭgrītānus, *a, um*, qui est au-delà du Tigre : [T] Pros.

transtillum, *i*, n., petite poutre, petite traverse : [C] Pros.

transtĭnĕō, *ēs, ēre, -, -*, intr., se maintenir à travers, exister à travers : [-C] Théât.

transtrum, *i*, n. ¶ **1** banc des rameurs : [+C] Poés. ; [plus souv[t] au pl.] ***transtra*** [C] Poés. ¶ **2** poutre transversale : [C] Pros. ‖ entrait : [C] Pros.

transtŭlī, parf. de *transfero*

transultō (transsultō), *ās, āre, -, -*, intr., sauter (passer en sautant) [d'un cheval sur un autre] : [C] Pros.

transūmō (transsūmō), *ĭs, ĕre, sumpsī, sumptum*, tr., prendre ou recevoir d'un autre : [+C] Poés.

transumptĭo, *ōnis*, f., métalepse [glissement de sens] : [+C] Pros.

transumptīva, *ae*, f., → *transumptio* : [+C] Pros.

transŭō (transsŭō), *ĭs*, *ĕre*, *ŭī*, *ūtum*, tr., percer avec une aiguille, coudre : [C] Poés., [+C] Pros.

transvădō, *ās*, *āre*, -, -, tr., passer à gué : [T] Pros. ‖ franchir sans dommage : [T] Pros.

transvectĭo (trāvectĭo), *ōnis*, f. ¶ **1** traversée [de l'Achéron] : [C] Pros. ¶ **2** action de transporter, transport : [+C] Pros. ¶ **3** (***transvehor***), défilé [cavalcade annuelle des jeunes chevaliers, le 15 juillet] : [+C] Pros.

transvectus, *a*, *um*, part. de *transveho*

transvehō (trāvĕhō), *ĭs*, *ĕre*, *vēxī*, *vectum*, tr. ¶ **1** transporter au-delà, faire passer : ***milites*** [C] Pros., transporter les soldats [par mer] ; [C] Pros. ¶ **2** faire passer, défiler devant les yeux en parade : [C] Pros. ‖ ***equites transvehuntur*** [C] Pros., les chevaliers défilent ; [+C] Pros. ¶ **3** [fig.] pass. *transvehi*, passer, s'écouler [temps] : [+C] Pros.

transverbĕrātĭo, *ōnis*, f., action de transpercer, de perforer : [T] Pros.

transverbĕrō, *ās*, *āre*, *āvī*, *ātum*, tr., transpercer : [C] Pros., Poés., [+C] Pros. ‖ [fig.] traverser en volant : [+C] Pros.

transversārĭus (trāv-), *a*, *um*, placé en travers, transversal : [C] Pros.

transversē (-vorsē), adv., de travers, obliquement : [+C] Pros.

transversus (transvorsus, trāversus), *a*, *um*, part. de *transverto* pris adj^t ¶ **1** oblique, transversal : ***transversae viae*** [C] Pros., rues transversales ; ***transversis tramitibus*** [C] Pros., par des chemins de traverse ‖ → *digitus, unguis*, un travers de doigt, d'ongle ‖ [poét., acc. de relat. au n.] : [C] Poés. ¶ **2** [fig.] ***a) aliquem transversum agere*** [C] Pros., pousser qqn dans une voie transversale, le détourner de la voie droite ***b) transversa verba*** [+C] Pros., mots détournés de leur sens habituel ¶ **3** [expr.] ***e transverso*** [C] Poés., transversalement ; ***in transverso*** [C] Pros., en travers ‖ [fig.] ***de*** [ou] ***e transverso***, inopinément : [C] Pros.

transvertō (-vortō), *ĭs*, *ĕre*, *tī*, *sum*, tr. ¶ **1** tourner vers, changer en, transformer : [+C] Pros. ¶ **2** détourner : [T] Pros.

transvŏlĭtō, *ās*, *āre*, *āvī*, -, tr., traverser en volant : [C] Poés. ‖ se rendre qq. part en volant : [C] Poés.

transvŏlō (trāvŏlō), *ās*, *āre*, *āvī*, *ātum*, tr. ¶ **1** [fig.] franchir comme en volant, traverser d'un coup d'aile : [C] Poés. ‖ passer d'un bond par-dessus ; [poét.] [C] Poés. ‖ [abs^t] s'envoler, se porter qq. part rapidement : [C] Poés., Pros. ¶ **2** voler par-dessus ***a)*** négliger, ne pas faire cas de : [C] Poés. ***b)*** ne pas frapper l'attention, ne pas faire impression sur : [+C] Pros.

transvolvō, *ĭs*, *ĕre*, -, -, tr., rouler au-delà [fig.] : [T] Poés.

transvŏrō, *ās*, *āre*, *āvī*, *ātum*, tr., faire disparaître en dévorant, dévorer : [T] Pros. ‖ [fig.] engloutir [une fortune] : [+C] Pros.

transvorsus, etc., → *transversus*

trăpētum, *i*, n., [+C] Pros., **trăpētus**, *i*, m., [-C] Pros., [C] Poés., **trăpētes**, *um*, acc. pl. *-ăs*, m. pl., [C] Pros., meule de pressoir à olives, pressoir

trăpezīta (tarpezita), *ae*, m., changeur, banquier : [-C] Théât.

trăpezŏphŏrum, *i*, n., trapézophore, pied de table : [C] Pros.

Trăpezūs, *untis*, f., Trapézonte [ville du Pont] : [+C] Pros.

Trăsĭmēnĭcus, *a*, *um*, du Trasimène : [T] Poés.

Trăsŭmēnus (-mennus), moins correctement **Trăsĭmēnus**, *i*, m., le lac Trasimène [Étrurie, célèbre par la victoire d'Hannibal] : [C] Pros. ‖ **-us**, ***a***, ***um***, du lac Trasimène : [C] Poés.

traulizi, elle gazouille : [C] Poés.

Traulus, *i*, m., nom d'homme : [+C] Pros.

Trausĭus, *ĭi*, m., nom d'homme : [C] Poés.

trāveho, **trāverto**, → *transv*

trāvŏlo, → *transvolo*

traxī, parf. de *traho*

Trĕba, *ae*, f., ville d'Ombrie, la même que Trébia : [+C] Pros.

trĕbācĭtĕr, adv., avec savoir-faire, adroitement : [T] Pros.

Trĕbātĭus, *ĭi*, m., C. Trebatius Testa [jurisconsulte, ami de Cicéron] : [C] Pros., [+C] Pros.

trĕbax, *ācis*, qui a du savoir-faire, avisé, retors : [T] Pros.

Trĕbellēnus, *i*, m., nom d'homme : [+C] Pros.

Trĕbellĭus, *ĭi*, m., nom de famille romaine : [C] Pros.

1 **Trĕbĭa**, *ae*, m., la Trébie [affluent du Pô, célèbre par la victoire d'Hannibal sur les Romains] : [C] Pros., [+C] Poés.

2 **Trĕbĭa**, *ae*, f., ville d'Ombrie, sur l'Arno : [T] Pros.

1 **Trĕbĭānus**, *a*, *um*, de Trébia, d'Ombrie : [C] Pros., [T] Pros. ‖ **-āni**, *ōrum*, m. pl., habitants de Trébia : [+C] Pros.

2 **Trĕbĭānus**, *i*, m., nom d'un correspondant de Cicéron : [C] Pros.

Trebĭum, *ĭi*, n., ville du Latium : [C] Pros.

Trĕbĭus, *ĭi*, m., nom d'homme : [C] Pros.

trebla, *ae*, f., herse, → *tribula* : [-C] Pros.

Trĕbōnĭus, *ĭi*, m., nom d'une famille romaine, not^t C. Trebonius, légat de César en Gaule et ami de Cicéron : [C] Pros.

Trēbŭla, *ae*, f. ¶ **1** bourg des Sabins : [+C] Poés. ¶ **2** ville de Campanie : [C] Pros.

Trēbŭlāni, *ōrum*, m. pl., habitants de Trébula ‖ **-ānus**, ***a***, ***um***, de Trébula [Campanie] : [C] Pros. ‖ **-ānum**, n., maison de campagne de Trébula [Campanie] : [C] Pros.

Trecae (Trĭcae), *ārum*, f. pl., ville de Gaule [Troyes] : [+T] Pros.

trĕcēnārĭus, *a*, *um*, de trois cents : [C] Pros.

trĕcēni, *ae*, *a*, [distrib.] chacun trois cents, chaque fois trois cents : [C] Pros. ‖ [nombre indéterminé] chaque fois un millier : [C] Poés.

trĕcentēni, *ae*, *a*, chaque fois trois cents : [+C] Pros.

trĕcentēsĭmus, *a*, *um*, trois-centième : [C] Pros.

trĕcenti, *ae*, *a*, trois cents : [C] Pros. ‖ [nombre considérable, indéterminé] [-C] Théât., [C] Poés.

trĕcentĭēs (-tĭens), trois cents fois : [C] Poés., [+C] Poés.

trĕchĕdipnum, *i*, n., vêtement ou chaussure de qqn qui court au dîner : [+C] Poés.

trĕdĕcim, indécl., treize : [C] Pros.

trĕmĕbundus (trĕmĭbundus), *a*, *um*, qui tremble : [C] Pros., Poés. ; ***tremebundior*** [+C] Pros.

trĕmĕfăcĭo, *ĭs*, *ĕre*, *fēcī*, *factum*, tr., faire trembler, ébranler : [C] Poés. ‖ [en parlant de la terre] ***se tremefacere***, trembler : [C] Pros. ‖ [C] Poés. ; [fig.] ***tremefacta pectora*** [C] Poés., coeurs épouvantés

trĕmendus, *a*, *um*, [adj^t] redoutable, effrayant : [C] Poés.

trĕmescō (trĕmiscō), *ĭs*, *ĕre*, -, - ¶ **1** intr., commencer à trembler : [C] Poés. ‖ [d'effroi] [C] Poés. ¶ **2** tr., trembler devant (à cause de) qqch., redouter, ***aliquam rem***, qqch. : [C] Poés. ‖ [avec prop. inf.] [C] Poés. ‖ [avec interrog. indir.] se demander en tremblant, avec effroi : [+C] Poés.

trĕmĭbundus, → *tremebundus*

trĕmisco, → *tremesco*

trĕmō, *ĭs*, *ĕre*, *ŭī*, - ¶ **1** intr., trembler, être agité : ***trementia labra*** [C] Pros., lèvres tremblantes ‖ trembler de froid : [C] Pros., Poés. ‖ trembler d'effroi : [C] Pros. ; ***animo*** [C] Pros. ; ***toto pectore*** [C] Pros., trembler dans son coeur ¶ **2** tr., trembler devant qqch., devant qqn, redouter : ***aliquem*** [C] Poés., trembler devant qqn ; ***arma*** [C] Poés., redouter les armes

trĕmŏr, *ōris*, m. ¶ **1** tremblement, agitation, ébranlement : [C] Pros., Poés. ; ***ignium*** [C] Poés., scintillement des feux du ciel [astres] ‖ [en part.] tremblement de terre : [C] Poés. ; pl., [C] Poés., [+C] Pros. ¶ **2** qui cause de l'effroi, terreur : [+C] Poés., Pros.

trĕmŭlē, adv., en tremblant : [+C] Pros.

trĕmŭlus, *a*, *um* ¶ **1** tremblant, agité : ***accurrit tremulus*** [-C] Théât., il accourt tremblant ; ***tremula flamma*** [C] Pros., flamme qui vacille ‖ [acc. n. pris advt] ***tremulum*** [+C] Poés., avec des mouvements agités ¶ **2** [poét.] qui fait trembler : [C] Poés.

trĕpĭdantĕr, adv., de façon troublée, embarrassée, craintive : [+C] Pros. ; ***trepidantius*** [C] Pros.

trĕpĭdātĭo, *ōnis*, f., agitation, désordre, trouble [au pr. et fig.] : [C] Pros. ; ***per trepidationem*** [+C] Pros., dans le trouble ‖ tremblement [des nerfs] : [+C] Pros.

trĕpĭdē, adv., en désordre, en s'agitant : [C] Pros. ‖ avec crainte : [+C] Pros.

trĕpĭdō, *ās, āre, āvī, ātum*, intr., qqf. tr. ¶ **1** s'agiter, se démener : [C] Pros. ; [pass. impers.] [C] Pros. ‖ [C] Pros. ; [poét. avec inf.] [C] Poés. ¶ **2** [en part.] être agité par la crainte, trembler : [-C] Théât., [C] Poés. ‖ tr., [poét.] ***occursum amici*** [+C] Poés., craindre la rencontre d'un ami ; [avec inf.] [+C] Poés. ‖ [avec *ne*] trembler dans l'appréhension que : [+C] Poés. ¶ **3** [en parlant de choses] : ***aqua trepidat*** [C] Pros., l'eau court en murmurant ; ***flammae trepidant*** [C] Poés., les flammes s'agitent, vacillent ; ***trepidantia exta*** [C] Poés., entrailles palpitantes ‖ [avec inf.] se hâter de : [C] Poés.

trĕpĭdus, *a, um*, adj. ¶ **1** qui s'agite, qui se démène, affairé : [C] Poés. ; ***trepida Dido*** [C] Poés., Didon agitée ¶ **2** [en part.] inquiet, alarmé, tremblant : [C] Pros. ‖ [avec gén. de rel.] [C] Pros. ‖ [gén. de cause] [+C] Pros. ¶ **3** [en parlant de ch.] : ***trepidum ahenum*** [C] Poés., airain frémissant, chaudière bouillonnante ; ***trepidus cursus*** [C] Poés., course éperdue ; ***trepidus terror*** [C] Poés., terreur éperdue ‖ ***in re trepida*** [C] Pros., vu la situation alarmante ; ***ut in trepidis rebus*** [C] Pros., étant donné la situation critique ; [+C] Pros.

trĕpondo, n. indécl., pesant trois livres : [+C] Pros.

trēs, *trĭa*, trois : [C] Pros. ; ***tres constantiae*** [C] Pros., trois états d'équilibre de l'âme ‖ [pour désigner un très petit nombre] [-C] Théât.

tressis (**trēsis**), *is*, m. ¶ **1** trois as : [C] Pros. ¶ **2** = valeur insignifiante : [+C] Poés.

Tres Tabernae, f., les Trois Tavernes [lieudit sur la voie Appienne] : [C] Pros.

tresvĭri (**tres vĭri**), *trium virorum*, m. pl., triumvirs : ***capitales*** [-C] Théât., affectés aux affaires capitales ‖ ***monetales*** [C] Pros., monétaires [chargés de la frappe des monnaies] ‖ ***coloniae deducendae*** [C] Pros., chargés de la fondation des colonies [et de la répartition des terres] ‖ prêtres subalternes : ***epulones*** [C] Pros., épulons [chargés des banquets offerts aux dieux] ; ➡ *triumvir*

Trēvĕri (**Trēvĭri**), *ōrum*, m. pl. ¶ **1** les Trévires, peuple de Belgique : [C] Pros. ‖ **Trēvir**, *i*, m., un Trévire : [+C] Pros., Poés. ; [jeu de mots sur *tres viri*] [C] Pros. ‖ **-ĕrĭcus**, *a, um*, des Trévires : [+C] Pros. ¶ **2** la ville des Trévires [auj. Trèves] précédemment appelée *Augusta Treverorum* [ou] *Colonia Treverorum* : [T] Pros.

Trēvĭdŏn, acc. m. (n.?), ville de Gaule [Trèves en Rouergue] : [T] Poés.

Trēvir, **Trēvĭri**, ➡ *Treveri*

trĭangŭlāris, *e*, triangulaire, qui a trois angles : [T] Pros.

trĭangŭlum, *i*, n., triangle : [C] Pros., [+C] Pros.

trĭangŭlus, *a, um*, triangulaire, qui a trois angles : [C] Pros., [+C] Pros. ; ➡ triangulum

Trĭārĭa, *ae*, f., nom de la femme de Vitellius : [+C] Pros.

trĭārĭi, *ōrum*, m. pl., triaires [corps de vétérans de l'armée romaine qui formait la troisième ligne, en réserve] : [C] Pros., [+C] Pros.

Trĭārĭus, *ĭi*, m., surnom romain, nott de C. Valerius [interlocuteur du *de Finibus*] : [C] Pros.

trĭăs, *ădis*, f., [chrét.] la Sainte Trinité : [FT] Poés.

trĭbas, *ădis*, f., tribade : [C] Poés., [+C] Poés.

Triboci, *ōrum*, m. pl., [C] Pros., [+C] Pros., **Triboces**, *um*, m. pl., [C] peuple de la Germanie supérieure, les Triboques

trĭbŏlus, ➡ *tribulus*

trĭbrăchus, *i*, **trĭbrăchȳs**, *yos*, m., [+C] Pros., tribraque [pied composé de trois brèves]

trĭbŭārĭus, *a, um*, qui concerne une tribu : [C] Pros.

trĭbŭla, *ae*, f., ➡ *trebla*, herse à battre le grain : [+C] Pros., [T] Pros.

trĭbŭlātĭo, *ōnis*, f., tribulation, tourment : [T] Pros.

trĭbŭlātus, *a, um*, part. de *tribulo*

trĭbūlis, *is*, m. ¶ **1** qui est de la même tribu : [C] Pros. ¶ **2** pauvre, misérable : [C] Pros., [+C] Poés.

trĭbŭlō, *ās, āre, āvī, ātum*, tr. ¶ **1** écraser, racler : [-C] Pros. ‖ [fig.] aggraver, alourdir [impôts] : [+C] Pros. ¶ **2** [chrét.] [fig.] torturer, tourmenter : [T] Pros. ‖ [pass.] être tourmenté : [T] Pros.

trĭbŭlōsus, *a, um*, plein de chausse-trapes, difficile : [T] Pros. ‖ ***-sissimus***, plein de pièges [fig.] : [T] Pros.

trĭbŭlum, *i*, n., sorte de herse destinée à séparer le grain de la balle : [C] Pros., Poés.

trĭbŭlus (**trĭbŏlus**), *i*, m., tribule [plante] : [C] Poés.

trĭbūnăl, *ālis*, n., tribunal ¶ **1** estrade en demi-cercle où siégeaient les magistrats : [C] Pros. ; ***pro tribunali*** [C] Pros., du haut de mon tribunal ¶ **2** tribune du général dans le camp : [C] Pros., [+C] Pros. ¶ **3** loge du préteur au théâtre : [+C] Pros. ¶ **4** tribunal [monument funèbre en l'honneur d'un mort] : [+C] Pros. ¶ **5** [fig.] hauteur, sommet : [+C] Pros.

trĭbūnātŭs, *ūs*, m., tribunat, dignité de tribun ***a)*** de la plèbe : [C] Pros. ***b)*** des soldats : [C] Pros.

trĭbūnĭcĭus, *a, um* ¶ **1** relatif aux tribuns de la plèbe, tribunicien : ***tribunicia potestas*** [C] Pros., la puissance tribunicienne ; ***tribunicia comitia*** [C] Pros., comices pour l'élection au tribunat ‖ m. pris substt, ***tribunicius***, un ancien tribun : [C] Pros. ¶ **2** relatif aux tribuns militaires : [C] Pros.

trĭbūnus, *i*, m., primitivement chef d'une des trois tribus de Rome ¶ **1** ***tribuni plebis*** [ou *tribuni* seul] tribuns de la plèbe [magistrats chargés des intérêts de la plèbe] : [C] Pros. ¶ **2** ***tribuni militares*** [ou] ***militum***, tribuns des soldats [officiers au nombre de 6 par légion, qui la commandaient alternativement pendant deux mois] ‖ ***tribuni militum consulari potestate***, tribuns militaires investis de la puissance consulaire : [C] Pros. [ou encore] ***tribuni consulares*** [C] Pros. ¶ **3** ***tribuni aerarii***, tribuns du trésor [adjoints aux questeurs] : [-C] d. [+C] Pros., [C] Pros. ‖ [depuis la loi Aurelia, faisant partie des jurys des *quaestiones perpetuae*] : [C] Pros. ¶ **4** ***tribunus Celerum*** [C] Pros., commandant des Célères ¶ **5** [chez les Hébreux] chef de tribu, chef de mille hommes : [T] Pros.

trĭbŭō, *ĭs, ĕre, bŭī, būtum*, tr. ¶ **1** [sens premier] répartir entre les tribus [impôt] ; [d'où] répartir, distribuer, attribuer, accorder, donner : ***praemia alicui*** [C] Pros., accorder des récompenses à qqn ; ***suum cuique*** [C] Pros., attribuer à chacun ce qui lui revient ‖ [fig.] ***alicui misericordiam*** [C] Pros., accorder à qqn de la pitié ¶ **2** accorder, concéder : ***omnia alicui*** [C] Pros., accorder tout à qqn, lui concéder le rôle capital ; ***aliquid valetudini*** [C] Pros., faire une concession à la santé ‖ [avec *ne*] : [+C] Pros. ¶ **3** assigner, attribuer, imputer : ***aliquid virtuti alicujus*** [C] Pros., imputer qqch. au courage de qqn ‖ [avec *multum, magnopere*] attribuer beaucoup à qqn ou à qqch., faire une large part à, avoir une grande considération pour : ***alicui plurimum*** [C] Pros., faire le plus de cas de qqn ‖ [abst] avoir de la déférence, de la considération pour : [C] Pros. ¶ **4** assigner, affecter [un laps de temps à une chose] : [C] Pros. ¶ **5** distribuer, partager : [C] Pros.

1 **trĭbŭs**, dat. abl. de *tres*

2 **trĭbŭs**, *ūs*, f., tribu [division du peuple romain ; primt au nombre de trois] : ***tribus urbanae, rusticae***, tribus urbaines, rustiques ; ***tribu movere*** [C] Pros., exclure de la tribu, ➡ *fero* ; ***in tribus discurrere*** [C] Pros., aller voter [dans les comices par tribus] ; [C] Pros. ‖ pl. *tribus*, les tribus = la foule, la masse du peuple : [+C] Poés.

trĭbūtārĭus, *a, um*, qui concerne le tribut, tributaire : ***tabellae tributariae*** [C] Pros., lettres qui apportent la contribution due, lettres de change

trĭbūtim, adv., par tribus : [C] Pros.

trĭbūtĭo, *ōnis*, f., division, partage : [C] Pros.

trĭbūtum, *i*, n., taxe, impôt, contribution, tribut : ***tributum conferre*** [C] Pros., payer une contribution [ou] ***pendere*** [C] Pros. ; ***imponere*** [C] Pros. ; ***exigere*** [C] Pros., imposer, lever une contribution ; ***facere*** [C] Pros., contribuer = s'imposer une contribution ‖ [fig.] = présent : [+C] Poés.

1 **trĭbūtus**, *a, um*, part. de *tribuo*

2 **trĭbūtus**, *a, um*, qui se fait par tribus : ***tributa comitia*** [C] Pros., comices par tribus

3 **trĭbūtŭs**, *ūs*, m., ▶ *tributum* : [-C] Théât., [HC] Pros.

1 **trīcae**, *ārum*, f. pl. ¶ **1** bagatelles, sornettes, niaiseries : [-C] Théât., [HC] Poés. ¶ **2** embarras, difficultés : [C] Pros.

2 **Trīcae**, ▶ *Trecae*

trĭcămĕrātus, *a, um*, qui a trois compartiments ou trois étages : [T] Pros.

Trĭcasses, *ĭum*, m. pl., peuple et ville de la Lyonnaise [Troyes] ‖ **-ssīni**, *ōrum*, m. pl., les Tricasses : [T] Pros.

Tricca, *ae* (**Triccē**, *ēs*, [-C] Théât.), f., ville de Thessalie : [C] Pros. ‖ **-aeus**, *a, um*, de Tricca : [T] Poés.

trīcēnārĭus, *a, um*, de trente, qui contient le nombre trente : ***tricenaria fistula*** [HC] Pros., tuyau de 30 pouces de circonférence ; ***tricenarius (homo)*** [C] Pros., (homme) de trente ans

trīcēni, *ae, a*, distrib., chacun trente, chaque fois trente : [C] Pros.

trīcennĭum, *ĭi*, n., durée de trente ans : [T] Pros.

trīcensĭmāni, ▶ *tricesimani*

trĭcentĭēs, ▶ *trecenties*

trĭceps, *cĭpĭtis*, qui a trois têtes : [C] Pros. ‖ [fig.] triple : [C] Pros.

Trīcēsĭma, *ae*, f., **Trīcēsĭmae**, *ārum*, f. pl., ville de la Gaule Rhénane [Kellen] : [T] Pros.

trīcēsĭmāni, *ōrum*, m. pl., soldats de la trentième légion : [T] Pros.

trīcēsĭmus (**trīgēsĭmus**, [HC] Poés.), *a, um*, trentième : [C] Pros., Poés.

trīcessĭs, *is*, m., pièce de monnaie valant trente as : [C] Pros.

trĭchalcŏn (**-cum**), *i*, n., pièce de cuivre valant trois *chalci* : [C] Pros.

trĭchĭla, *ae*, f., berceau de treille, de verdure, tonnelle : [C] Pros., [HC] Pros.

trĭchĭnus, *a, um*, pauvre, maigre, chétif : [C] Poés.

trĭchordis, *e*, qui a trois cordes : [T] Pros.

trĭchōrus, *a, um*, n. *trichorum*, maison qui a trois pièces : [HC] Poés., [T] Pros.

trīcĭēs (**-ĭens**), adv., trente fois : ***triciens*** [C] Pros., trois millions de sesterces [ou] ***HS triciens*** [C] Pros.

trĭclīnĭum, ▶ *triclinium* : [C] Pros.

trĭcĭnĭum, *ĭi*, n., chant à trois voix, trio : [T] Pros.

trĭcĭnus, *a, um*, ▶ *trichinus* : [C] Poés.

Trĭcĭpĭtīnus, *i*, m., surnom des *Lucretii* : [C] Pros. ‖ nom d'homme : [T] Théât.

trĭcĭpĭtis, gén. de *triceps*

trĭclīnāris, **-nārĭus**, ▶ *tricliniaris*

trĭclīnĭa, *ae*, f., ▶ *triclinium* : [HC] Pros.

trĭclīnĭarcha (**-ēs**), *ae*, m., maître d'hôtel : [HC] Pros.

trĭclīnĭārĭa, *ĭum*, n. pl., salles à manger : [C] Pros.

trĭclīnĭāris, *e*, qui concerne les lits de table ou les salles à manger : ***gradus*** [C] Pros., estrade d'un lit de table

trĭclīnĭum, *ĭi*, n. ¶ **1** lit de table pour trois personnes [qqf. pour quatre ou cinq] : ***triclinium sternere*** [C] Pros., dresser les lits de table ¶ **2** salle à manger : [C] Pros.

1 **trīcō**, *ās, āre, -, -*, intr., tr., ***tricare se***, s'attarder : [T] Pros.

2 **trīco**, *ōnis*, m., celui qui fait des difficultés, chicaneur : [-C] Poés.

trĭcōlum (**-ŏn**), *i*, n., période à trois membres : [C] Pros.

trīcŏr, *āris, ārī, ātus sum*, intr., chercher des détours, chicaner : [C] Pros.

Trĭcŏrii, *ōrum*, m. pl., peuple de la Narbonnaise : [C] Pros.

trĭcorpŏr, *ŏris*, adj., qui a trois corps : [C] Poés., [HC] Poés.

trīcōsus, *a, um*, chicaneur, retors : [-C] Poés.

trĭcuspĭs, *ĭdis*, qui a trois pointes : [C] Poés.

1 **trĭdens**, *tis*, [adj^t] qui a trois pointes (dents) : [C] Poés., [HC] Poés.

2 **trĭdens**, *tis*, m., trident de Neptune : [C] Poés. ‖ trident des rétiaires : [HC] Poés.

trĭdentĭfĕr, **trĭdentĭgĕr**, *ĕra, ĕrum*, qui porte un trident : [C] Poés.

trĭdentĭpŏtens, *tis*, ▶ *tridentifer* : [HC] Poés.

trīdŭānus, *a, um*, (***triduum***), qui dure trois jours : [HC] Pros., [T] Pros.

trīdŭum (**-dŭom**, [-C]), *i*, n., espace de trois jours : [-C] Théât., [C] Pros. ‖ abl., ***triduo*** : ***hoc triduo*** [C] Pros., pendant ces trois derniers jours ; [C] Pros. ; ***non toto triduo*** [C] Pros., en moins de trois jours

trĭennĭa, *ĭum*, n. pl., fêtes de Bacchus célébrées à Thèbes tous les trois ans ; = ***trieterica sacra*** : [C] Poés.

trĭennis, *e*, de trois ans : [T] Pros.

trĭennĭum, *ĭi*, n., espace de trois ans : [C] Pros. ; ***per triennium*** [C] Pros., trois années durant

trĭens, *tis*

I le tiers, un tiers : [C] Pros., [HC] Pros. ; ***heres ex triente*** [HC] Pros., héritier du tiers (pour un tiers)

II [en part.] ¶ **1** comme monnaie ‖ le tiers d'un as : [C] Pros., Poés. ¶ **2** mesure de longueur ***a)*** le tiers d'un jugerum : [HC] Pros. ***b)*** le tiers d'un pied : [C] Pros. ***c)*** le tiers d'un pouce : [HC] Pros. ¶ **3** mesure de liquide, le tiers d'un sextarius [= 4 cyathes] : [C] Poés., [HC] Poés. ¶ **4** [arith.] le tiers de six, deux : [C] Pros.

trĭentābŭlum, *i*, n., remboursement d'un tiers de la dette en terres : [C] Pros.

trĭentālis, *e*, d'un tiers de pied = de quatre pouces de long : [C] Pros.

trĭentārĭus, *a, um*, ***trientariae usurae***, intérêt d'un tiers pour cent par mois = quatre pour cent par an : [T] Pros.

trĭērarchus, *i*, m., triérarque, commandant d'une trirème : [C] Pros., [HC] Pros.

trĭēris, *is*, f., trière, trirème, vaisseau à trois rangs de rames : [C] Pros. ‖ [adj^t] qui a trois rangs de rames : [C] Pros.

1 **trĭĕtērĭcus**, *a, um*, qui a lieu tous les deux ans : ***trieterica orgia*** [C] Poés. ; ***trieterica, ōrum***, n. pl., fêtes en l'honneur de Bacchus, à Thèbes, tous les deux ans : [C] Poés., [HC] Poés.

2 **Trĭĕtērĭcus**, *i*, m., épith. de Bacchus [fêté tous les deux ans] : [T] Poés.

trĭĕtēris, *ĭdis*, f., espace de trois ans : [HC] Poés. ‖ **Trĭĕtērĭĕtērĭdes**, f. pl., ▶ *trieterica* : [C] Pros.

Trĭfānum, *i*, n., ville du Latium : [C] Pros.

trĭfārĭam, adv., de trois côtés, en trois endroits : [C] Pros. ‖ en trois parties, en trois corps : [C] Pros.

trĭfārĭus, *a, um*, qui a trois parties : [HC] Pros.

trĭfaux, *aucis*, adj., de trois gosiers, triple : [C] Poés., [HC] Poés.

trĭfax, *ācis*, f., trait long [envoyé par la catapulte] : [-C] Pros., [HC] Pros.

trĭfĕr, *ĕra, ĕrum*, qui donne des fruits trois fois l'an : [HC] Pros.

trĭfĭdus, *a, um*, fendu en trois, qui a trois pointes : [C] Poés., [HC] Poés. ; ***trifida via*** [HC] Théât. ; [subst. f.] ***trifida, ae*** [HC] Poés., carrefour [de trois voies]

trĭfĭlis, *e*, qui a trois fils, trois cheveux : [HC] Poés.

Trĭfŏlīnus, *a, um*, de Trifolium [montagne de Campanie] : [HC] Poés.

trĭformis, *e*, qui a trois formes, triple : [la Chimère] [C] Poés. ; [Cerbère] [HC] Théât. ; ***triformis diva*** [C] Poés., la triple déesse [à la fois Diane, la Lune, Hécate] ; ***mundus*** [C] Poés., le triple monde [air, terre, mer] ‖ à trois voûtes : [+T] Poés.

trĭfūr, *ūris*, m., triple coquin, maître voleur : [-C] Théât.

trĭfurcĭfĕr, *ĕri*, m., triple pendard : [-C] Théât.

trĭfurcus, *a, um*, qui a trois pointes : [HC] Pros.

trīga, *ae*, f., attelage de trois chevaux de front, trige : [C] Pros. ‖ ensemble de trois, triade : [T] Pros.

Trigĕmĭna porta, f., une des portes de Rome : [C] Pros.

trĭgĕmĭnō, *ās, āre, -, -*, tr., tripler : [HC] Pros.

trĭgĕmĭnus, *a, um*, ▶ *tergeminus* : [-C] Théât., [C] Pros.

trĭgemmis, *e*, qui a trois boutons ou bourgeons : [+C] Pros.

trīgēsĭmus, ▶ *tricesimus*

trīgintā, indécl., trente : [C] Pros., Poés. ‖ ***triginta tyranni*** [C] Pros., les Trente Tyrans

trĭglȳphus, *i*, m., triglyphe [t. d'archit.] : [C] Pros.

trĭgōn, *ōnis*, m., balle pour jeu à trois : [+C] Poés.

trĭgōnālis, *e*, triangulaire : ***trigonalis pila*** [+C] Poés. ▶ *trigon*

trĭgōnĭum, *ĭi*, n., ▶ *trigonum* : [C] Pros.

trĭgōnum, *i*, n., triangle : [C] Pros., [+C] Pros.

1 **trĭgōnus**, *a*, *um*, triangulaire : [C] Poés.

2 **trĭgōnus**, *i*, m., triangle : [+C] Pros.

3 **trīgŏnus**, *i*, m., pastenague [poisson] : [-C] Théât.

trĭhōrĭum, *ĭi*, n., espace de trois heures : [T] Poés.

trĭjŭgus, *a*, *um*, triple : [+C] Pros.

trĭlībris, *e*, qui pèse trois livres : [C] Poés.

trĭlinguis, *e*, qui a trois langues : [C] Poés., [+C] Poés. ‖ qui parle trois langues : [+C] Pros.

trĭlix, *īcis*, adj., tissu de trois fils : [+C] Poés. ‖ qui a un triple tissu : [C] Poés.

Trĭmalchĭo, *ōnis*, m., Trimalchion [héros de Pétrone] : [+C] Pros.

trĭmātŭs, *ūs*, m., âge de trois ans : [+C] Pros.

trĭmembris, *e*, qui a trois corps : [+C] Poés.

Trimerus, *i*, f., une des îles de Diomède [Adriatique] : [+C] Pros.

trĭmestris, *e*, de trois mois, qui a trois mois : [C] Pros., [+C] Pros. ‖ **trĭmestre**, *is*, n., trémois [blé semé au printemps] : [-C] Pros., [+C] Pros. ‖ **trĭmestrĭa**, *ĭum*, n. pl., graines qui mûrissent trois mois après l'ensemencement : [+C] Pros.

trĭmĕtĕr, **trimetrus** ou **os**, *a*, *um*, [+C] Pros., **trĭmĕtrĭus**, *a*, *um*, [métr.] de trois mètres [de six pieds] ‖ subst. m., le trimètre : [C] Poés., [+C] Pros.

trĭmŏdĭa, *ae*, f., vase qui contient trois boisseaux : [C] Poés., [+C] Pros.

trĭmŏdĭum, *ĭi*, n., ▶ *trimodia* : [-C] Théât.

trīmus, *a*, *um*, âgé de trois ans, qui a trois ans : [-C] Théât., [C] Pros., Poés.

Trīnăcrĭa, *ae*, f., la Sicile [nommée d'après ses trois promontoires] : [C] Poés. ‖ **Trīnăcris**, *ĭdis*, f., de Sicile : [C] Poés. ‖ subst. f., la Sicile : [C] Poés. ‖ **Trīnăcrĭus**, *a*, *um*, de Sicile : [C] Poés.

trīni, *ae*, *a* ¶ **1** [employé avec les subst. qui n'ont pas de sg.] au nombre de trois : ***trinae litterae*** [C] Pros., trois lettres ; ***trina castra*** [C] Pros., trois camps ; ***trinae catenae*** [C] Pros., trois chaînes ¶ **2** [avec des subst. ayant le sg.] : [+C] Pros. ¶ **3** [le sg. *trinus, a, um* est rare] : ***trinum forum*** [+C] Poés., un triple forum ; [C] Pros.

trīnĭtas, *ātis*, f., la Sainte Trinité [le Père, le Fils et le Saint-Esprit] : [T] Pros.

trinnĭo, *īs*, *īre*, -, -, crier [en parlant du jars] : [T] Poés.

Trinobantes, *ĭum* et *um*, m. pl., peuple à l'est de la Bretagne : [C] Pros., [+C] Pros.

trĭnoctĭālis, *e*, de trois nuits : [+C] Poés.

trĭnoctĭum, *ĭi*, n., espace de trois nuits : [+C] Pros.

trĭnōdĭs, *e*, qui a trois nœuds : [C] Poés.

trĭnōmĭnis, *e*, [T] Pros., **trĭnōmĭus**, *a*, *um*, qui a trois noms

trinso, ▶ *trisso*

Trĭnummus (Trĭnūmus), *i*, m., l'homme aux trois écus [titre d'une comédie de Plaute] : [-C] Théât.

trīnum nundĭnum, *i*, n. ; [d'abord gén. pl. arch. [C] Pros.] espace de temps comprenant trois marchés [dans Cicéron, touj. à l'acc. de durée = pendant trois marchés : dix-sept jours] : [C] Pros. ‖ ***trino nundino*** [+C] Pros., pendant trois marchés ; [C] Pros.

trĭnundĭnō, ▶ *trinundinus dies*

trĭnundĭnum, ▶ *trinum nundinum*

trĭnundĭnus dĭēs, le jour du troisième marché [dix-septième jour] : [T] Pros. ; adv[t], ***trinundino*** [T] Pros., au jour du troisième marché

trīnus, ▶ *trini*

1 **trĭo**, *ōnis*, ▶ *triones*

2 **Trĭo**, *ōnis*, m., surnom romain : [+C] Pros.

trĭōbŏlum, *i*, n., triobole, pièce de monnaie valant trois oboles : [-C] Théât. ‖ demi-drachme [mesure de poids] : [-C] Pros.

Trĭŏbris, *is*, m., rivière des Arvernes [auj. la Truyère] : [T] Pros.

Trĭŏcăla, *ōrum*, n. pl., ville de Sicile : [+C] Poés. ‖ ***in Triocalino*** [C] Pros., dans le territoire de Triocala

trĭōnes, *um*, m. pl., bœufs de labour : [C] Pros., [+C] Pros. ‖ les deux Ourses [constellations] : ***gemini Triones*** [C] Poés., même sens ; ▶ *septentriones*

Trĭŏpās (Trĭŏpēs), *ae*, m., roi de Thessalie, père d'Erysichthon : [+C] Pros.

Trĭŏpēis, *ĭdis*, f., Mestra, petite-fille de Triopas : [C] Poés.

Trĭŏpēius (-ŏs), *ĭi*, m., Erysichthon, fils de Triopas : [C] Poés.

trĭpālis, *e*, qui a trois échalas : [C] Poés.

trĭparcus, *a*, *um*, triple avare : [-C] Théât.

trĭpartītĭo (trĭpertītĭo), *ōnis*, f., division en trois parties : [T] Pros.

trĭpartītō, ▶ *tripertito*

trĭpartītus, mieux **trĭpertītus**, *a*, *um*, divisé en trois : [C] Pros., [+C] Pros.

trĭpectŏrus, *a*, *um*, qui a trois poitrines : [C] Poés.

trĭpĕdālis, *e*, [C] Pros., **trĭpĕdānĕus**, *a*, *um*, [-C] Pros., de trois pieds, qui a une dimension de trois pieds

trĭpertĭo, **-pertītĭo**, **-pertītus**, ▶ *tripart*

trĭpertītō, adv., en trois parties : ***tripertito divisus (equitatus)*** [C] Pros., cavalerie divisée en trois détachements ; ***tripertito adire*** [C] Pros., attaquer avec trois colonnes = sur trois points différents ; ▶ *tripartito*

1 **trĭpēs**, *ĕdis*, adj., qui a trois pieds : [C] Pros., [+C] Poés. ‖ qui porte sur trois pieds : [C] Poés.

2 **trĭpēs**, *ĕdis*, m., trépied, vase à trois pieds : [T] Pros.

Trĭphȳlĭa, *ae*, f., canton de l'Elide : [C] Pros. et **Trĭphȳlis**, *ĭdis*, f.

Trĭphȳlĭus, *a*, *um*, de Triphylie [surnom de Jupiter] : [T] Pros.

trĭpictus, *a*, *um*, écrit en trois langues : [T] Poés.

trĭplāris, *e*, triple : [T] Pros.

trĭplex, *ĭcis* ¶ **1** adj., triple : [C] Pros. ; ***triplex cuspis*** [C] Poés., trident de Neptune ; ***triplex regnum*** [C] Poés., le triple royaume [monde partagé entre Jupiter, Neptune et Pluton] ; ***triplex acies*** ; ▶ *acies* ‖ [poét.] = trois : ***triplices sorores*** [C] Poés., les trois soeurs, les Parques ; ***triplex gens*** [C] Poés., trois races de peuples ¶ **2** subst. n., le triple : [C] Poés., Pros. ; ▶ *triplices*

trĭplĭcātĭo, *ōnis*, f., action de tripler : [T] Pros.

trĭplĭcātus, *a*, *um*, part. de *triplico*

trĭplĭces, *ĭum*, m. pl., tablette à trois feuilles, triptyque : [C] Pros., [+C] Poés.

trĭplĭcis, gén. de *triplex*

trĭplĭcĭtās, *ātis*, f., triplicité, nature triple : [T] Poés.

trĭplĭcĭtĕr, adv., de trois manières : [C] Pros. ‖ violemment : [T] Pros.

trĭplĭcō, *ās*, *āre*, *āvī*, *ātum*, tr., tripler, multiplier par trois : [+C] Pros., [T] Pros.

trĭplinthĭus, *a*, *um*, qui a trois rangs de briques d'épaisseur : [C] Pros.

trĭplus, *a*, *um*, triple : [C] Pros.

trĭpŏdĭo, ▶ *tripudio*

trĭpŏdis, gén. de *tripus*

Trĭpolis, *is*, f. ¶ **1** ville d'Afrique [Tripoli] : [T] Pros. ‖ **-lītānus**, *a*, *um*, de Tripolis : [T] Pros. ¶ **2** canton de Thessalie : [C] Pros. ‖

-lĭtānus, *a, um*, de Tripolis : C Pros. ¶**3** ville de Laconie : C Pros.

trĭportentum, *i*, n., très grand prodige : -C Théât.

Triptŏlĕmus, *i*, m., Triptolème [inventeur de l'agriculture] : C Pros., Poés., +C Poés.

trĭpŭdiō, *ās, āre, -, -*, intr. ¶**1** danser des danses religieuses [en parl. des Saliens] : T Pros. ¶**2** danser, sauter : +C Pros. ‖ bondir : C Pros. ‖ se trémousser : +C Pros. ‖ [fig.] se trémousser de joie : C Pros.

trĭpŭdĭum, *ĭi*, n. ¶**1** danse [des Saliens] C Pros. ‖ [des Espagnols] C Pros. ‖ saut, bond : C Pros. ¶**2** augure favorable, quand les poulets sacrés mangeaient si avidement qu'ils laissaient tomber les grains : C Pros. ; ***tripudium facere*** C Pros., faire le tripudium

trĭpūs, *ŏdis*, m., trépied [souvent donné en prix dans les jeux de la Grèce] : C Poés. ‖ trépied de la Pythie [à Delphes] : C Pros., Poés. ; [d'où] = oracle de Delphes : C Poés. [ou] oracle [en gén.] : +C Poés., Théât.

trĭquĕtrus, *a, um*, qui a trois angles, triangulaire : C Poés. ; [forme de la Grande-Bretagne] C Pros. ‖ relatif à la Sicile [à cause des trois pointes de cette île], Sicilien : C Poés., +C Pros.

trĭrēmis, *e* ¶**1** qui a trois rangs de rames : C Pros. ¶**2** subst. f. *triremis, is*, trirème, vaisseau à trois rangs de rames : C Pros., +C Pros.

trĭsaeclĭsĕnex, *is*, m., vieillard qui a vécu trois âges d'homme : +C Pros.

triscĕles, *is*, n., figure à trois côtés, triangle : +C Poés.

triscurrĭum, *ĭi*, n., énorme bouffonnerie, clownerie ; pl., +C Poés.

Trismĕgistus, *i*, m., Trismégiste [trois fois très grand, voir *Hermes*] : T Pros.

trispastŏs, *ŏn*, adj., à trois poulies [palan] : C Pros.

trispĭthămus, *a, um*, haut de trois empans : +C Pros.

trissō, *ās, āre, -, -*, intr., gazouiller [hirondelle] : T Poés.

tristĕ, n. pris adv^t ¶**1** tristement : C Poés., +C Poés. ‖ ***-tius*** C Poés. ¶**2** avec beaucoup de difficultés : C Pros. ‖ durement ; C Pros.

tristĕga, *ōrum*, n. pl., troisième étage : T Pros.

trīsti, contr. pour *trivisti*, V. → *tero*

tristĭcŭlus, *a, um*, un peu triste, tristounet : C Pros., +C Pros.

tristĭfĭcus, *a, um*, qui attriste : C Pros., T Poés.

tristĭmōnĭa, *ae*, f., → *tristimonium* : C Pros.

tristĭmōnĭum, *ĭi*, n., tristesse : +C Pros.

tristis, *e*, adj. ¶**1** triste, affligé, chagrin : C Pros. ¶**2** [choses] : ***tristibus temporibus*** C Pros., dans l'infortune, dans l'adversité ; ***tristissima exta*** C Pros., les entrailles du plus funeste augure ; ***sors tristis*** C Pros., fonction triste, peu agréable ; ***tristis eventus alicujus*** C Pros., fin tragique, sinistre de qqn ; ***tristis unda*** C Poés., les eaux sombres (sinistres) du Styx ; n. pl., ***tristia*** C Poés., les événements fâcheux ‖ [goût] amer, désagréable : C Poés. ‖ [poét.] funeste : C Poés. ¶**3** sombre, sévère, austère, qui ne badine pas : C Pros. ; ***tristes sorores*** C Poés., les sombres soeurs, les Parques ; C Pros. ; ***triste responsum*** C Pros., réponse dure, impitoyable ¶**4** renfrogné, morose : ***alicui*** -C Théât., être de mauvaise humeur contre qqn, lui faire mauvaise figure

tristĭtās, *ātis*, f., → *tristitia* : -C Théât.

tristĭtĭa, *ae*, f. ¶**1** tristesse, affliction : C Pros. ¶**2** [choses] : ***temporum*** C Pros., circonstances tristes, temps malheureux ¶**3** caractère sombre, sévère : C Pros. ¶**4** mauvaise humeur : C Poés.

1 **trīstĭtĭēs**, *ēi*, f., → *tristitia* : -C Théât., +C Pros.

2 **Trīstĭtĭēs**, *ēi*, f., une des suivantes de Psyché : +C Pros.

tristĭtūdo, *dĭnis*, f., → *tristitia* : +C Pros.

tristŏr, *ārĭs, ārī, -*, intr., s'attrister : T Pros.

trĭsulcus, *a, um*, qui a trois pointes, trois parties, triple : C Poés. ; ***telum trisulcum*** C Poés., carreau à triple pointe, foudre

trĭsyllăbus, *a, um*, qui a trois syllabes, trisyllabe ; C Pros.

Tritannus, *i*, m., nom d'un centurion : -C Poés., C Pros., +C Pros.

trĭtăvus, *i*, m., ancêtre : C Pros.

1 **trītē**, *ēs*, f., troisième note d'un tétracorde : C Pros.

2 **Trītē**, *ēs*, f., une des cinquante filles de Danaos : +C Poés.

Tritĭa, *ae*, f., ville d'Achaïe : C Pros.

trītĭcēĭus, -C Théât. et **trītĭcĕus**, *a, um*, de blé : -C Pros., C Poés.

trītĭcum, *i*, n., blé, blé poulard, blé dur : C Pros., +C Pros. ; ***tritici grana*** C Pros., des grains de froment

Trītōn, *ōnis (ōnŏs)*, m. ¶**1** dieu marin, fils de Neptune : C Pros., +C Poés., Poés. ‖ [fig.] celui qui aime les viviers : C Pros. ¶**2** nom d'un bateau : C Poés. ¶**3** rivière et lac d'Afrique : +C Poés.

Trītōnĭa, *ae*, f., surnom de Minerve : C Poés.

Trītōnĭăcus, *a, um* ¶**1** de Minerve : ***Tritoniaca arundo*** C Poés., le roseau de Minerve = la flûte ¶**2** ***Tritoniaca palus***, le lac Triton [en Thrace] : C Poés.

1 **Trītōnis**, *ĭdis*, f. ¶**1** Tritonienne (Minerve) : C Poés. ¶**2** marais du Triton [en Afrique] : +C Poés.

2 **trītōnis**, *ĭdis*, f., l'olivier [consacré à Minerve, appelée aussi Tritonia] : +C Poés.

Trītōnĭus, *a, um*, Tritonien : ***Tritonia Pallas*** C Poés. ; ***Tritonia Virgo*** C Poés. ; ***Tritonia*** [seul] C Poés. = Minerve

Trītōnŏs, f. ou **Trītōnŏn**, *i*, n., ville de Grèce dans la Doride : C Pros.

Trĭtŏpătreūs, *ĕi* ou *ĕos*, m., Tritopatrée [esprit de l'Air] : C Pros.

trītŏr, *ōris*, m., qui use : ***compedium*** -C Théât., qui use les entraves [en parl. d'un esclave] ; ***stimulorum*** -C Théât., qui use les fouets [à force de recevoir des coups]

trittĭlis, *e*, qui chuchote : C Pros., +C

trītūra, *ae*, f. ¶**1** action de frotter, frottement : +C Pros. ¶**2** battage du blé : C Pros., +C Pros., Poés.

trītūrō, *ās, āre, -, -*, tr., [fig.] tourmenter : T Pros.

Trĭturrīta, *ae*, f., bourg d'Étrurie : T Poés.

1 **trītus**, *a, um* ¶**1** part. de *tero* ¶**2** [adj^t] ***a)*** foulé souvent, battu, fréquenté : C Pros. ; ***tritissima via*** +C Pros., chemin bien battu ***b)*** souvent employé, usité, commun : C Pros. ***c)*** habitué, rompu à, brisé à : ***tritae aures*** C Pros., oreilles exercées

2 **trītŭs**, *ūs*, m., frottement, broiement : C Pros.

trĭum, gén. de *tres*

trĭumf-, V. → *triumph-*

trĭumphālis, *e*, triomphal, de triomphe : ***triumphalis provincia*** C Pros., province qui a été l'occasion du triomphe [par sa conquête] ; ***porta*** C Pros., porte triomphale [par où entrait le triomphateur] ; ***(ornamenta) triumphalia*** +C Pros., ornements du triomphe ‖ ***triumphalis (vir)*** C Poés., +C Pros., triomphateur

trĭumphātŏr, *ōris*, m., triomphateur : +C Pros. ‖ [fig.] ***erroris*** +C Pros., vainqueur de l'erreur ‖ [epithète de Jupiter] +C Pros. ; [des Césars]

trĭumphātus, *a, um*, part. de *triumpho*

trĭumphō, *ās, āre, āvī, ātum*, intr. et tr.

I intr. ¶**1** obtenir les honneurs du triomphe, triompher : C Pros. ; ***ex praetura*** C Pros., obtenir le triomphe au sortir de la préture ; ***de Numantinis*** C Pros. ; ***ex Transalpinis gentibus*** C Pros., remporter le triomphe sur les Numantins, sur les peuplades transalpines ‖ [fig. poét.] C Poés. ‖ [pass. impers.] ***triumphari vidimus*** C Pros., nous avons vu les honneurs du triomphe décernés ¶**2** [fig.] triompher, exulter, être transporté : C Pros. ; ***gaudio triumphare*** C Pros., ne pas se posséder de joie

II tr. ¶**1** [act.] ***aliquem, aliquid***, triompher de qqn, de qqch. : T Pros. ‖ faire triompher : T Pros. ¶**2** passif : ***gentes triumphatae*** C Poés., nations dont la défaite a donné lieu à des triomphes ‖ [en parl. d'un vaincu] ***triumphari***, être mené en triomphe : +C Pros. ‖ [poét.] ***triumphatus***, conquis par la victoire : C Poés.

trĭumphus, *i*, anc^t **trĭumpus**, m. ¶**1** ***io triumphe !*** ; exclamation des soldats et de la foule pendant le défilé des troupes et du général victorieux se rendant au Capitole : C Pros., C Poés. ; ***triumphum clamare*** C Pros., pousser le cri de *io triumphe !* ; C Pros., +C Pros. ¶ **2** triomphe [entrée solennelle à Rome du général victorieux qui monte au Capitole sur un char traîné de chevaux blancs, revêtu lui-même de la *toga picta* et de la *tunica palmata*, et la tête ceinte de lauriers (tenue de Jupiter Capitolin), cependant que les soldats qui l'accompagnent poussent le *io triumphe !* et chantent des chants élogieux ou satiriques à l'adresse de leur général] : C Pros. ; ***triumphum decernere alicui*** C Pros., décerner le triomphe à qqn [en parl. du sénat] ; V▶ *deporto* : ***triumphum agere de aliquo***, remporter le triomphe sur qqn : C Pros. [ou] C Pros. ; ***castellani triumphi*** C Pros., triomphes pour des prises de fortins ¶ **3** ***triumphos ducere*** +C Pros., [= *agere*] célébrer des triomphes ¶ **4** [fig.] triomphe, victoire : C Pros.

trĭumpus, V▶ *triumphus*

trĭumvĭr, *ĭri*, m. ; pl., **trĭumvĭri**, *ōrum*, triumvir, membre d'une commission de trois personnes, triumvirs : ***triumvir agrarius*** C Pros., commissaire agraire [chargé de la répartition des terres entre les habitants des colonies, *tres viri agris dividundis*] ; C Pros. ‖ C Pros. ; V▶ *tresviri* ‖ ***triumviri epulones*** ; V▶ *2 epulo ¶ 1* ‖ ***triumviri mensarii*** C Pros., chargés de diriger les opérations de banque de l'État ‖ ***triumviri rei publicae constituendae*** +C Pros., triumvirs chargés d'organiser le gouvernement ‖ [en gén.] le sénat créait souvent des triumvirs pour des missions particulières : C Pros. ‖ triumvirs administrant un municipe : C Pros.

trĭumvĭrālis, *e* ¶ **1** des triumvirs (***capitales***) : C Poés. ; ***triumvirale supplicium*** +C Pros., étranglement par le lacet ¶ **2** des triumvirs [triumvirat] : +C Pros.

trĭumvĭrātŭs, *ūs*, m. ¶ **1** commission de triumvirs : C Pros. ¶ **2** le triumvirat [Antoine, etc.] : +C Pros.

trĭvĕnēfĭca, *ae*, f., triple empoisonneuse : V▶ *terv* : -C Théât.

trīvī, parf. de *tero*

Trĭvĭa, *ae*, f., surnom de Diane [déesse des carrefours] : C Poés.

trĭvĭālis, *e*, triple : T Pros. ‖ trivial, grossier, vulgaire : +C Poés., Pros.

trĭvĭālĭtĕr, adv., çà et là [dans les carrefours] : T Pros.

Trĭvīcum, *i*, n., bourg d'Apulie : C Poés.

trĭvĭum, *ĭi*, n., carrefour, endroit où aboutissent trois chemins : C Pros. ‖ en gén., = endroit fréquenté, place publique : C Pros., Poés.

trĭvĭus, *a*, *um*, de carrefour [épith. des divinités qui avaient des chapelles dans les carrefours] : ***trivia virgo*** C Poés., Diane ; V▶ *Trivia*

trĭvŏlum, V▶ *tribulum* : C Pros.

Trōăs, *ădis*, acc. *ădă*, adj. f., de Troie, de Troade : C Poés., +C Théât. ‖ subst. f. ***a)*** Troyenne : C Poés. ‖ [titre d'une tragédie de Q. Cic.] C Pros. ; ***Troades*** [tragédie de Sénèque], les Troyennes : +C Théât. ***b)*** la Troade, le pays de Troie : C Pros.

trŏchaeus, *i*, m. ¶ **1** trochée, chorée [pied composé d'une longue et d'une brève] : C Pros., +C Pros. ¶ **2** V▶ *tribrachus* [trois brèves] : C Pros., +C Pros.

trŏchăĭcus, *a*, *um*, trochaïque, composé de trochées : +C Pros.

trochilea, V▶ *trochlea* : -C Pros.

trŏchĭlus, *i*, m., scotie [moulure en creux] : C Pros.

trŏchiscus, *i*, m., V▶ *trochus* : +C Pros.

trŏchlĕa (troclea), *ae*, f., chape [de poulie] : C Pros. ‖ poulie : C Poés., Pros.

trŏchlĕātim, adv., au moyen d'une poulie : T Pros.

trŏchus, *i*, m., trochus, cerceau de métal garni d'anneaux cliquetants avec lequel jouent les enfants : C Poés.

trŏclĕa (-ia), V▶ *trochlea*

Trocmi, *ōrum*, m. pl., les Trocmes [peuple de Galatie] : C Pros. ; V▶ *Trogmi*

Trōes, *um*, acc. *Trōas*, m. pl., les Troyens : C Poés. ‖ sg., V▶ *Tros*

Troezēn, *ēnis*, f., **Troezēnē**, *ēs*, f., **Troezēna**, *ae*, f. C Pros., Trézène [ville du Péloponnèse] : C Pros.

Troezēnē, *ēs*, f., V▶ *Troezen*

Trōgĭli, *ōrum*, m. pl., port au nord de Syracuse : C Pros.

Trōgĭlŏs, V▶ *Trogili*

Trōglŏdȳtae, *ārum*, m. pl., Troglodytes [en gén., habitants des cavernes] : C Pros.

Trogmi, *ōrum*, m. pl., peuple de Galatie : C Pros.

Trōgŏdȳtae, etc., V▶ *Troglodytae*

Trŏĭa, V▶ *Troja* : +C Théât.

1 **Trōĭădēs**, *ae*, m., Troyen : T Poés.

2 **Trōĭădĕs**, *um*, f. pl., les Troyennes : +C Poés. ; V▶ *Troas*

Trōĭcus, *a*, *um*, troyen : C Pros., +C Pros., Poés.

Trōĭlĭum, *ĭi*, n., ville d'Étrurie : C Pros.

Trōĭlus (-ŏs), *i*, m., Troïlos [fils de Priam] : -C Théât., C Poés.

Trōĭus, *a*, *um*, de Troie : C Poés.

Trōja, *ae*, f., Troie ¶ **1** ville de Phrygie : C Pros., Poés. ¶ **2** ville fondée en Italie par Énée : C Pros. ¶ **3** ville d'Épire fondée par Hélénus : C Poés.

Trōjānus, *a*, *um*, de Troie, troyen : C Poés. ‖ ***equus Trojanus*** C Pros., cheval de Troie ; [titre d'une tragédie de Naevius] C Pros. ‖ ***Trojani ludi*** +C Pros., jeux troyens ‖ ***porcus Trojanus*** T Pros., porc farci à la troyenne [comme le cheval] ‖ **-ni**, *ōrum*, m. pl., Troyens : C Pros.

Trōjŭgĕna, *ae*, adj., troyen : ***Trojugenae gentes*** C Poés., les peuples troyens ‖ subst. m., Troyen : C Pros., Poés., **Trōjŭgĕnae**, *ārum*, Troyens : C Poés. ‖ [par ext.] Romain : +C Poés.

Tromentīna trĭbŭs, f., une des tribus rustiques : C Pros.

trŏpa, adv., à la fossette [jeu d'osselet] : +C Poés.

trŏpaeātus, *a*, *um*, honoré d'un trophée : T Pros.

Trŏpaeŏphŏrus, *i*, m., qui porte un trophée, vainqueur [épith. de Jupiter] : +C Pros.

trŏpaeum, *i*, n. ¶ **1** trophée [primit[t] un arbre abattu et élagué auquel on suspendait les armes des vaincus, puis un monument élevé sur le champ de bataille] : C Pros. ¶ **2** victoire, triomphe : C Poés. ¶ **3** [métaph.] monument, souvenir, trophée : C Pros., Poés. ‖ [chrét.] tombeau : T Pros.

Trŏphōnĭus, *ĭi*, m. ¶ **1** architecte qui, avec son frère Agamède, bâtit le temple d'Apollon à Delphes : C Pros. ¶ **2** dieu qui habitait un souterrain près de Lébadée en Béotie et rendait des oracles : C Pros. ‖ **Trŏphōnĭānus**, *a*, *um*, de Trophonius : C Pros.

trŏpĭca, *ōrum*, n. pl., révolutions, changements : +C Pros.

trŏpĭcus, *a*, *um* ¶ **1** tropical, du tropique : C Poés. ¶ **2** figuré, métaphorique : +C Pros.

trŏpis, *is*, f., fond de bouteille, lie : +C Poés.

trŏpŏlŏgĭa, *ae*, f., interprétation morale [conduite, mœurs] : T Pros.

trŏpŏlŏgĭcus, *a*, *um*, métaphorique, figuré : T Pros.

trŏpus, *i*, m. ¶ **1** trope [rhét.] : +C Pros. ¶ **2** chant, mélodie : +T Poés.

Trōs, *ōis*, m. ¶ **1** roi de Phrygie, qui donna son nom à Troie : C Poés., +C Poés. ¶ **2** adj. m., Troyen, V▶ *Troes*

Trosmis, *is*, f., ville de Mésie sur le Danube : C Poés.

trossŭli, *ōrum*, m. pl., les trossules = les chevaliers romains [ainsi appelés de la ville de Trossulum prise par eux sans le concours des fantassins] : C Poés. ‖ [fig.] petits maîtres, jeunes élégants : +C Pros. ; sg., +C Poés.

trŭa, *ae*, f., cassotte tubulaire [à manche creux] : C Pros.

trublĭum, V▶ *tryblium*

trŭcīdātĭo, *ōnis*, f., carnage, massacre : C Pros.

trŭcīdātŏr, *ōris*, m., meurtrier : T Pros.

trŭcīdō, *ās*, *āre*, *āvī*, *ātum*, tr., égorger, massacrer, tuer : C Pros. ‖ [fig.] ***pisces, porrum*** C Pros., immoler à sa faim poissons, poireaux ; ***fenore trucidari*** C Pros., être tué, écrasé par l'usure ; ***a Servilio trucidatus*** C Pros., écrasé, foudroyé par Servilius [par ses paroles]; [poét.] ***ignem trucidare*** Poés., tuer, étouffer le feu

trŭcĭlō, *ās, āre, -, -*, onomat., intr., crier [grive] : Pros., Poés.

trŭcis, gén. de *trux*

trŭcŭlentĕr, adv., d'un air farouche, brutalement : Poés. ‖ ***-tius*** Pros., Pros. ‖ ***-tissime*** Pros.

trŭcŭlentĭa, *ae*, f., dureté, manières farouches, âpreté : Pros. ‖ [fig.] ***caeli*** Pros., rudesse du climat

1 **trŭcŭlentus**, *a, um*, farouche, dur, bourru, cruel, menaçant, terrible, redoutable : Pros., Pros. ; ***truculentior*** Pros. ; ***vocibus truculentis*** Pros., avec des cris farouches ; ***truculentissimum facinus*** Pros., crime sauvage ; ***truculentum aequor*** Poés., mer farouche, redoutable ‖ subst. n. pl., ***truculenta pelagi*** Poés., les menaces de la mer

2 **Trŭcŭlentus**, *i*, m., titre d'une comédie de Plaute : Pros.

trŭdis, *is*, f., pique garnie de fer : Poés. ‖ perche ferrée, croc : Pros.

trūdō, *ĭs, ĕre, trūsī, trūsum*, tr. ¶ **1** pousser [avec force, avec violence] : Poés. ; ***hostes trudere*** Pros., bousculer les ennemis ¶ **2** faire sortir : ***gemmas trudere*** Poés., pousser, produire des bourgeons ; ***gemmae se trudunt*** Poés., les bourgeons sortent ¶ **3** [fig.] ***in comitia aliquem*** Pros., pousser qqn aux comices [à se porter candidat] ; ***in mortem trudi*** Pros., être mené à la mort ; ***in arma trudi*** Pros., être poussé à prendre les armes ; Théât., Poés.

Trŭentum, *i*, n., ville du Picénum ‖ **-tīnus**, *a, um*, de Truentum : Pros., Poés.

trulla, *ae*, f. ¶ **1** louche : Pros. ‖ puisette : Pros. ‖ cassotte : Pros. ¶ **2** casserole : Pros. ‖ récipient à feu : Pros. ¶ **3** pot de chambre : Poés.

trullĕum, *i*, n., écope : Pros. ‖ cassotte tubulaire, évier : Pros.

trullĕus, *i*, m., casserole : Poés.

trullissātĭo, *ōnis*, f., action de crépir, enduit, crépi : Pros.

trullissō, *ās, āre, -, -*, tr., enduire, crépir : Pros.

trullĭum, *ĭi*, n., ➡ *trulleum* : Pros.

truncātus, *a, um*, part. de *trunco*

truncō, *ās, āre, āvī, ātum*, tr., tronquer, amputer : Pros., Pros. ; ***olus foliis*** Poés., éplucher les légumes ‖ ***cervos*** Poés., tuer, massacrer des cerfs

truncŭlus, *i*, m., tronçon : Pros.

1 **truncus**, *a, um* ¶ **1** coupé, mutilé, tronqué [arbres, corps humain, objets] : ***trunca pinus*** Poés., un pin coupé ; ***trunca manus*** Pros., main mutilée ; ***truncum corpus*** Pros., corps sans membres ; ***trunca tela*** Poés., traits brisés, en morceaux ¶ **2** [fig.] ***a) urbs trunca*** Pros., ville mutilée ; ***actio trunca*** Pros., action oratoire mutilée ; ***trunca quaedam*** Pros., certains fragments ***b) truncae manus*** Poés., courtes mains [d'un nain]

2 **truncus**, *i*, m. ¶ **1** tronc [arbre], souche : Pros. ¶ **2** [fig.] ***a)*** tronc, buste d'une personne : Pros. ***b)*** fût de colonne : Pros. ***c)*** [injure] souche, bûche : Pros.

trūsātĭlis, *e*, qu'on pousse : ***trusatilis mola***, meule à bras : Pros., Pros.

trūsī, parf. de *trudo*

trūsō, *ās, āre, -, -*, tr., pousser vivement : Poés.

trūsus, *a, um*, part. de *trudo*

trŭtĭna, *ae*, f., balance : Pros.

trŭtĭnō, *ās, āre, āvī, ātum*, **trŭtĭnŏr**, *ārĭs, ārī, -*, tr., examiner, peser [fig.] : Poés.

Trutulensis portus, m., port de Bretagne : Pros.

trux, *trŭcis*, farouche, sauvage : Pros., Poés. ; ***truci cantu*** Pros., avec des chants sauvages ; ***voltu truci*** Pros., avec un visage farouche, menaçant ; Pros.

tryblĭum, *ĭi*, n., plat, écuelle : Théât., Pros.

trўgōdēs, *is*, n., sorte de collyre : Pros.

Trўphaena, nom de femme : Pros., Pros.

Trўphĕrus, *i*, m., surnom d'homme : Poés.

Trўpho, **Tryphōn**, *ōnis*, m. ¶ **1** nom d'un médecin : Pros. ¶ **2** autres du même nom : Pros., Poés.

Trўphōsa, *ae*, f., nom de femme : Pros.

1 **tū**, *tŭī, tĭbi, tē*, pron. pers. 2e pers. sg., tu, toi ¶ **1** renforcé ***a)*** par ***te*** : ***tute*** Théât., Pros. ; ***tutin ? (= tutene ?)*** Théât., est-ce que toi ? ; [acc.] ***tete*** Théât., Pros. ; [abl.] ***tete*** Théât. ; Théât. ***b)*** par ***met***, au pl. : [nom.] ***vosmet*** Pros. ; [acc.] Pros. ; ***vobismet*** Pros. ‖ [qqf. au sg.] : ***tibimet*** Théât. ***c)*** par ***te*** et ***met*** à la fois : ***tutimet = tutemet*** Théât. ; ***tutemet*** Poés. ¶ **2** [dat. éthique] : ***alter tibi descendit de Palatio*** Pros., le second vous effectue sa descente du Palatin ¶ **3** [gén. pl. *vestrum* au lieu de l'adj. *vester*] : ***majores vestrum*** Pros., vos ancêtres ; Pros. ; ***consensus vestrum*** Pros., votre accord ; ***contio vestrum*** Pros., votre assemblée

2 **tū**, hou [cri de la chouette] : Théât.

tŭapte, **tuopte**, ➡ *tuus*

tŭātĭm, adv., suivant ta manière : Théât.

tŭba, *ae*, f. ¶ **1** trompette, trompe ; [en part.] trompette militaire des Romains : Pros. ‖ employés aussi dans diverses solennités : Pros., Poés. ‖ [métaph.] instigateur : Pros., Poés. ¶ **2** [fig.] ***a)*** signal du combat Pros. ***b)*** trompette épique : Poés. ***c)*** discours emphatique : Pros. ¶ **3** tube, conduit : Pros.

Tubantes, *um*, m. pl., peuple de Germanie : Pros.

1 **tūbĕr**, *ĕris*, n. ¶ **1** tumeur, excroissance, bosse : Théât., Poés. ; [prov.] Pros. ¶ **2** truffe : Poés. ¶ **3** ***tuber terrae*** ‖ truffe : Pros.

2 **tūbĕr**, *ĕris* ¶ **1** f., azerolier [arbre] : Pros. ¶ **2** m., azerole, fruit de l'azerolier : Poés.

tūbercŭlum, *i*, n., petite saillie, excroissance : Pros.

1 **Tūbĕro**, *ōnis*, m., surnom dans la *gens Aelia*, not^t^ : Q. Aelius Tubéro [adversaire de Tiberius Gracchus] : Pros. ‖ L. Aelius Tubéro [historien] : Pros., Pros. ‖ Q. Aelius Tubéro [accusateur de Ligarius] : Pros., Pros.

2 **tūbĕrō**, *ās, āre, -, -*, intr., se gonfler : Pros.

tūbĕrōsus, *a, um*, rempli de proéminences, bosselé : Pros. ‖ plein de bosses : ***-osissimus*** Pros.

Tubertus, *i*, m., surnom romain : Pros., Poés.

tŭbĭcĕn, *ĭnis*, m., trompette, celui qui sonne de la trompette : Pros., Poés., Pros.

tŭbĭcĭnō, *ās, āre, -, -*, intr., sonner de la trompette : Pros.

tŭbĭlustrĭum (**tŭbŭl-**), *ĭi*, n., fête de purification pour les trompettes employées dans les sacrifices : Pros. ‖ pl., Poés.

tŭbō, *ās, āre, -, -*, ➡ *tubicino* : Pros.

tŭbŭla, *ae*, f., petite trompette : Pros.

tŭbŭlātĭo, *ōnis*, f., rainure, rigole : Pros.

tŭbŭlātus, *a, um*, pourvu de tuyaux : Pros.

1 **tŭbŭlus**, *i*, m., petit tuyau, petit conduit ; Pros. : Pros.

2 **Tŭbŭlus**, *i*, m., surnom dans la *gens Hostilia* : Pros.

tŭbŭlustrĭum, ➡ *tubilustrium*

tŭburcĭnābundus (**tŭburchĭn-**), *a, um*, qui mange gloutonnement : d. Pros.

tŭburcĭnŏr, *ārĭs, ārī, -*, tr., manger gloutonnement : Théât. ‖ ***tuburcinatus*** [sens pass.] : Pros.

tŭbus, *i*, m. ¶ **1** tuyau, canal, tube, conduit : Pros. ¶ **2** trompette [d. les sacrifices] : Pros.

Tucca, *ae*, m., surnom, not^t^ de M. Plotius Tucca [ami de Virgile qui publia l'Énéide avec Varius] : Poés.

tuccētum (**tŭcētum**), *i*, n., rillettes de bœuf : Poés., Pros., Pros.

Tuccĭa, *ae*, f., nom d'une vestale : Pros.

Tuccĭus, *ĭi*, m., nom de famille romaine : Pros., Pros.

Tŭdĕr, *ĕris*, n., ville d'Ombrie [Todi] : Poés. ‖ **Tŭders**, *tis*, adj. m., de Tuder : Poés.

Tudicĭus, *ĭi*, m., nom de famille romaine ; Pros.

tŭdĭcŭla, *ae*, f., sorte de broyeur à olives : Pros.

tŭdĭcŭlō, *ās, āre, āvī, -*, tr., broyer, triturer : [C] Poés.

Tŭdītānus, *i*, m., surnom dans la *gens Sempronia* : [-C] Pros., [C] Pros.

tŭdĭtō, *ās, āre, -, -*, tr., pousser, choquer : [C] Poés. ‖ [fig.] abattre de la besogne, agir : [-C] Pros.

Tudri, *ōrum*, m. pl., les Tudres [peuple germain] : [+C] Pros.

tŭĕō, *ēs, ēre, -, -*, tr., ➡ *tueor* : ***tuento*** [C] Pros. ‖ [pass.] : ***tuebantur*** [C] Pros., ils étaient défendus

tŭĕŏr, *ērĭs, ērī, tŭĭtus sum*, tr.
I avoir les yeux sur, regarder, observer : [C] Poés. ‖ [avec acc. d'objet intér.] [C] Poés. ; ***acerba*** [C] Poés., jeter des regards farouches, menaçants ‖ [avec prop. inf.] observer que, constater que : [-C] Théât., [C] Poés.
II ¶ **1** protéger, défendre, garder, sauvegarder : ***se, vitam corpusque*** [C] Pros., se préserver, soi, sa vie et son corps ; ***res domesticas*** [C] Pros., veiller sur les affaires domestiques ‖ ***tua tueor*** [C] Pros., je te suis tout dévoué ¶ **2** protéger contre : [C] Pros. ‖ [avec *adversus*] [C] Pros. ‖ [avec *contra*] [C] Pros. ‖ [avec *ab*] [C] Pros.

tūfĭnĕus, ➡ *tofineus*

Tugĭo, *ōnis*, m., nom d'homme : [C] Pros.

tŭgŭrĭŏlum, *i*, n., petite hutte, petite cabane : [+C] Pros. ‖ petite niche : [T] Pros.

tŭgŭrĭum, *ĭi*, n., cabane, hutte, chaumière : [C] Pros., Poés. ; ***tuguria Numidarum*** [C] Pros., cases des Numides

tŭī, gén. de *1 tu*

Tŭisco, *ōnis*, m., nom d'une divinité des Germains : [+C] Pros.

tŭismĕt, ➡ *tuus*

tŭĭtĭo, *ōnis*, f. ¶ **1** garde, conservation, défense : [C] Pros., [T] Pros. ¶ **2** protection [de Dieu] : [T] Pros.

tŭĭtus, ➡ *tueor*

tŭlī, parf. de *fero*

Tulingi, *ōrum*, m. pl., peuple de Belgique : [C] Pros.

Tulla, *ae*, f., une des compagnes de Camille : [C] Poés.

Tulleius, *i*, m., nom d'homme : [C] Pros.

Tullĭa, *ae*, f. ¶ **1** fille de Servius, qui fit passer son char sur le cadavre de son père : [C] Pros. ¶ **2** fille de Cicéron : [C] Pros.

Tullĭānum, *i*, n., le Tullianum [cachot dans la prison d'État, construit par Servius Tullius] : [C] Pros.

Tullĭānus, *a, um*, de Tullius : [C] Pros.

Tullīnus, *i*, m., surnom d'homme : [+C] Pros.

Tullĭo, *ōnis*, m., nom d'homme : [C] Pros.

Tullĭŏla, *ae*, f., petite Tullia, chère Tullia : [C] Pros.

1 **tullĭus**, *ĭi*, m., jet d'eau, cascade : [-C] Théât.

2 **Tullĭus**, *ĭi*, m., nom de famille, not[t] : Servius Tullius, sixième roi de Rome : [C] Pros. ‖ M. Tullius Cicéron et son frère Q. Tullius Cicéron : [C] Poés., Pros.

Tullus, *i*, m., Tullus Hostilius, troisième roi de Rome : [C] Pros., [+C] Pros. ‖ Tullus Cluilius : [C] Pros.

tŭlo, *tĕtŭli*, [arch.] ➡ *fero*, porter : subj., ***tulat*** [-C] Théât. ‖ ***totuli*** [-C] Théât., [C] Poés.

tum, adv., alors ¶ **1** [seul] alors, à cette époque-là, à ce moment-là : [C] Pros. ; [avec gén.] ‖ [en part., après un fait exprimé] alors, après cela : [C] Pros. ‖ [dans le dialogue] ***tum Scipio***, alors, sur quoi Scipion ... : [C] Pros. ¶ **2** [en corrélation] ***a)*** ***tum ... cum***, alors que, au moment où, quand : [C] Pros. ‖ ***cum ... tum***, quand ... alors : [C] Pros. ‖ ***tum ... ubi*** ; au moment où : [-C] Pros. ; ***ubi ... tum*** [C] Pros., quand ... alors ‖ ***tum ... ut*** [C] Poés., au moment où ; ***ut ... tum*** [C] Pros., quand ... alors ‖ ***tum ... si*** [C] Pros., alors ... si ..., seulement si [ou] [C] Pros. ; ***si ... tum (vero)*** [C] Pros., si ... alors ***b)*** ***cum ... tum***, d'une part ... d'autre part en particulier ; [C] Pros. ; ***tum praecipue*** [C] Pros. ; ***tum inprimis*** [C] Pros., d'une part ... d'autre part surtout ; ***c)*** ***tum ... tum ...***, tantôt ... tantôt : [C] Pros. ¶ **3** marquant des rapports divers ***a)*** [succession] puis, ensuite : [C] Pros. ‖ d'autre part, aussi, en outre : [C] Pros. ***b)*** [comme *ita*] dans ces conditions : [C] Pros. ‖ alors, dès lors : [C] Pros. ***c)*** ***quid tum ?*** ; eh bien ! après ? et puis après ? que s'ensuit-il ? ; [C] Pros. ‖ [simple formule de liaison] et puis : [C] Pros. ; ➡ *tunc*

tŭmĕfăcĭō, *ĭs, ĕre, fēcī, factum*, tr., gonfler : [C] Poés. ‖ [fig.] ***tumefactus***, gonflé [d'orgueil] : [C] Poés., [+C] Poés.

tŭmentia, n. pl., ➡ *tumeo* ¶ *1*

tŭmĕō, *ēs, ēre, -, -*, intr. ¶ **1** être gonflé, enflé : [C] Poés. ¶ **2** [fig.] être gonflé par une passion ***a)*** colère : [C] Pros. ***b)*** orgueil : [C] Pros., Poés. ; [acc. de rel.] ***vana tumens*** [C] Poés., enflé d'un vain orgueil ; [+C] Pros. ***c)*** être en fermentation, être menaçant : ***tument negotia*** [C] Pros., la situation est grosse de dangers ; ***Galliae tument*** [+C] Pros., les Gaules sont en effervescence ***d)*** [rhét.] être enflé, boursouflé : [+C] Pros., Poés.

tŭmescō, *ĭs, ĕre, tŭmŭī, -*, intr. ¶ **1** s'enfler, se gonfler : [C] Poés. ; ***tumescentia vulnera*** [+C] Pros., plaies formant abcès ¶ **2** [fig.] ***a)*** se gonfler de colère : [C] Poés. ***b)*** d'orgueil : [+C] Pros. ***c)*** fermenter : [C] Poés.

tŭmĕt, ➡ *1 tu*

tŭmĭdē, adv., [fig.] ***tumidissime*** [C] Pros., en un style très enflé

tŭmĭdĭtās, *ātis*, f., enflure : [T] Pros., orgueil

tŭmĭdŭlus, *a, um*, un peu enflé : [+C] Pros.

tŭmĭdus, *a, um* ¶ **1** enflé, gonflé : [C] Pros., Poés. ; ***crudi tumidique*** [C] Pros., n'ayant pas digéré et gonflés de nourriture ; ***tumidior humus*** [+C] Pros., sol plus renflé, plus élevé ¶ **2** [fig.] ***a)*** gonflé de colère : [C] Poés. ***b)*** gonflé d'orgueil : [C] Poés., [+C] Pros. ***c)*** gonflé de menaces ; [+C] Poés. ***d)*** [rhét.] enflé, boursouflé, emphatique : [+C] Pros. ; ***tumidior sermo*** [C] Pros., langage un peu boursouflé ; [+C] Pros. ¶ **3** [poét.] ***tumidus auster*** [C] Poés., l'auster gonflé = qui gonfle [la voile] ‖ ***tumidus honor*** [C] Poés., honneur qui gonfle d'orgueil

tŭmŏr, *ōris*, m. ¶ **1** enflure, gonflement, bouffissure : [C] Pros. ; ***in tumore esse*** [C] Pros., être enflé ¶ **2** [fig.] ***a)*** ***animi*** [C] Pros., agitation de l'âme, trouble ***b)*** effervescence, emportement, courroux : [C] Poés., [+C] Pros. ***c)*** orgueil : [+C] Pros. ***d)*** fermentation, état menaçant : [C] Pros. ***e)*** [rhét.] enflure : [+C] Pros.

tŭmŭī, parf. de *tumesco*

tŭmŭlō, *ās, āre, āvī, ātum*, tr., couvrir d'un amas de terre, ensevelir : [C] Poés.

tŭmŭlōsus, *a, um*, où il y a beaucoup d'éminences, bosselé : [C] Pros., [T] Pros. ‖ rempli de tombes : [T] Poés.

tŭmultŭārĭē, [T] Pros. et **tŭmultŭārĭō**, avec précipitation

tŭmultŭārĭus, *a, um* ¶ **1** enrôlé précipitamment, armé en hâte [soldats] : [C] Pros. ¶ **2** [fig.] tumultuaire, fait précipitamment, à la hâte : [C] Pros., [+C] Pros. ‖ ***tumultuaria pugna*** [C] Pros., combat confus, désordonné

tŭmultŭātim, adv., précipitamment, au hasard : [T] Pros.

tŭmultŭātĭo, *ōnis*, f., trouble, désarroi : [C] Pros.

tŭmultŭō, *ās, āre, -, -*, intr., être agité, faire du bruit : [-C] Théât.

tŭmultŭŏr, *ārĭs, ārī, ātus sum*, intr. ¶ **1** être dans le trouble, dans l'agitation, faire du bruit : [C] Pros. ‖ ***tumultuantur Galliae*** [+C] Pros., les Gaules s'agitent, se soulèvent ‖ [pass. impers.] ***in castris tumultuari*** [C] Pros., [on annonce] qu'il y a de l'agitation dans le camp ¶ **2** [fig.] ***a)*** ***nec tumultuantem de gradu djici*** [C] Pros., [c'est le propre d'une âme ferme] de ne pas se laisser déconcerter en perdant la tête ***b)*** [rhét.] ***non dicere, sed tumultuari*** [+C] Pros., ce n'est pas parler, mais faire du bruit

tŭmultŭōsē, adv., avec bruit, avec désordre, en tumulte : [C] Pros. ; ***tumultuosius*** [C] Pros., en faisant plus de bruit ; ***quam tumultuosissime*** [C] Pros., avec le plus de tapage, le plus de fracas possible

tŭmultŭōsus, *a, um*, plein d'agitation, de trouble, de tumulte : [C] Pros. ‖ ***in otio tumultuosi*** [C] Pros., s'agitant, faisant grand bruit pendant la paix ‖ [C] Pros. ; ***litterae tumultuosiores*** [+C] Pros., une lettre plus alarmante

tŭmultŭs, *ūs*, m. ¶ **1** désordre, trouble, tumulte : [C] Pros. ‖ fracas, vacarme, bruit : [-C] Théât., [C] Pros., [+C] Pros. ‖ [pl.] [C] Poés. ‖ [poét.] fracas dans l'air [tempête, orage] : [C] Poés. ; [agitation, tumulte des flots] ***per Aegeos tumultus*** [C] Poés., à travers les flots tumultueux de la mer Égée ¶ **2** [par ext.] soulèvement soudain, hostilités soudaines : [C] Pros., [+C] Pros. ***a)*** [fig.] agitation, trouble de l'esprit : [C] Poés. ***b)*** désordre, confusion dans la prononciation : [+C] Pros.

tŭmŭlus, *i*, m. ¶**1** éminence, élévation, tertre : ***terrenus*** [C] Pros., élévation de terrain ; [C] Pros. ; ***ut ex tumulo*** [C] Pros., comme d'une éminence ‖ ***tumuli***, collines, hauteurs : [C] Pros. ; ***tumuli silvestres*** [C] Pros., hauteurs boisées ¶**2** tombeau de terre amoncelée, tombeau : [C] Pros., Poés. ; ***struere*** [+C] Pros., élever un tombeau

tūn, → *tu -ne*, → *1 tu*

tunc, adv. ; adv. ¶**1** [seul] ***a)*** alors, à ce moment-là, à cette époque-là [surtout d. le p.] : [C] Pros. ‖ ***jam tunc*** [C] Pros., dès lors ‖ [par rapport au fut.] : [C] Pros. ‖ → *tum* : [C] Pros., [+C] Pros. ***b)*** alors, sur quoi, ensuite de quoi [d. le p.] : [C] Pros. ¶**2** [en corrél.] ***a) tunc... cum***, au moment où [d. le p.] : [C] Pros. ; [d. le prés. ou fut.] [C] Pros., [+C] Pros. ; ***tunc... ubi*** [c. *tunc... cum*] [C] Pros. ; ***ubi... tunc*** [+C] Pros., quand... alors ; ***tunc... dum*** [+C] Pros., tant que ***b) tunc... si***, seulement si : [d. le p.] [C] Pros. ; fut., [+C] Pros. ; ***si... tunc***, si... alors : [C] Pros., [+C] Pros.

tundō, *ĭs*, *ĕre*, *tŭtŭdī*, *tunsum* ou *tūsum*, tr. ¶**1** frapper, battre : ***oculos, latera alicui*** [C] Pros., frapper les yeux, les flancs de qqn ; ***eamdem incudem*** [C] Pros., battre la même enclume, faire toujours la même chose ¶**2** piler, broyer, écraser ; [poét.] [C] Poés. ¶**3** [fig.] assommer, fatiguer, importuner : [-C] Théât., [C] Poés. ; ***tundendo effecit*** [-C] Théât., à force de harceler il réussit ‖ [avec prop. inf.] rabâcher que, répéter à satiété que : [C] Poés.

tundŏr, *ōris*, m., action de frapper : [+C] Pros.

Tūnēs, *ētis*, → *Tynes*

Tunger, *gri*, m., nom d'homme : [+C] Poés.

Tungri, *ōrum*, m. pl., Tongres [peuple de Belgique] : [+C] Pros.

Tungrĭcāni, *ōrum*, m. pl., légion de Tongres : [T] Pros.

tŭnĭca, *ae*, f. ¶**1** tunique [vêtement de dessous des Romains à l'usage des deux sexes] : [C] Pros. ; ***tunica Jovis*** [+C] Poés. = ***tunica palmata*** [C] Pros., tunique brodée de palmes [conservée dans le temple de Jupiter Capitolin] ‖ ***tunicae manicatae***, les tuniques à longue manches [étaient un signe de moeurs efféminées] : [C] Pros., [+C] Pros. ¶**2** [fig.] enveloppe de toute espèce, cosse, gousse, coque, silique, coquille, tunique de l'œil : [+C] Pros. ‖ tissu de l'écorce : [C] Poés.

tŭnĭcātus, *a*, *um*, vêtu d'une tunique : [C] Pros., [+C] Poés. ‖ qui n'a que la tunique = de petite condition, du bas peuple : [-C] Théât., [C] Pros., [+C] Pros.

tŭnĭcla, *ae*, f., → *tunicula* : [C] Pros.

tŭnĭcō, *ās*, *āre*, -, -, tr., vêtir d'une tunique : [C] Poés.

tŭnĭcŭla, *ae*, f., petite tunique : [-C] Théât., [C] Poés.

Tŭnĭcŭlārĭa, *ae*, f., celle qui porte une petite tunique [titre d'une comédie de Naevius] : [C] Pros.

tunnus, → *thynnus*

tunsĭo, *ōnis*, f., action de frapper : [T] Pros.

tunsus, *a*, *um*, part. de *tundo*

tuopte, → *tuapte*

1 **tŭor**, [3ᵉ conj.], → *tueor*, regarder, voir : ***tuor*** [C] Poés. ; ***tuimur*** [C] Poés. ; ***tuamur*** [C] Poés. ; ***tuantur*** [C] Poés.

2 **tŭor**, *ōris*, m., sens de la vue : [+C] Pros.

turba, *ae*, f. ¶**1** [en parl. d'une pers.] trouble, agitation : [-C] Théât. ¶**2** [en part. chez les com.] ***a)*** désordre, tapage : ***turbam facere*** [-C] Théât., faire du tapage ‖ querelle : ***turbam facere alicui*** [-C] Théât., faire une scène à qqn ; ***tuae turbae*** [-C] Théât., tes algarades ***b)*** trouble, embarras, désagrément : ***turbas dare*** [-C] Théât. ; ***conciere*** [-C] Théât., causer du trouble ¶**3** foule en désordre, cohue, multitude : [C] Pros. ‖ [en part.] → *vulgus*, foule, tourbe : ***turba patronorum*** [C] Pros., foule obscure des avocats ; ***haec turba*** [C] Pros., cette foule obscure ‖ [poét.] troupe [des Muses] : [C] Poés. ; [iron., en parl. de deux pers.] [C] Poés. ; [en parl. de trois] [+C] Poés. ‖ [en gén.] foule, amas de choses diverses : [C] Pros. ; ***turba valent*** [+C] Pros., [certains arguments] valent par la masse

Turbălĭo, *ōnis*, m., nom d'esclave : [-C] Théât.

turbāmentum, *i*, n., occasion de trouble : ***turbamenta vulgi*** [+C] Pros., moyens d'exciter la foule ‖ trouble, état de trouble : [C] Pros.

turbātē, adv., en désordre : [C] Pros.

turbātĭo, *ōnis*, f., trouble, désordre, perturbation : [C] Pros., [+C] Pros. ‖ altération des traits : [+C] Pros. ; [trouble extérieur, air troublé] [+C] Pros.

turbātŏr, *ōris*, m., celui qui trouble, qui agite, soulève : [C] Pros., [+C] Pros. ‖ ***turbatores belli*** [C] Pros., fomentateurs de la guerre

turbātrix, *īcis*, f., qui sème le trouble, perturbatrice : [+C] Poés., [T] Poés.

turbātus, *a*, *um* ¶**1** part. de *1 turbo* ¶**2** adjᵗ ***a)*** troublé, agité : ***turbatius mare*** [+C] Pros., mer assez troublée ***b)*** [fig.] [C] Pros. ; ***turbatus animi*** [+C] Poés., ayant l'esprit troublé ‖ ***turbata Pallas*** [C] Poés., Pallas irritée

turbēlae (**turbellae**), *ārum*, f. pl., trouble, bruit, tapage : [-C] Théât. ‖ petite foule : [+C] Pros.

turbĕn, *ĭnis*, m. et n., toupie, sabot : m., [C] Poés. ; n.

turbĭdātus, *a*, *um*, part. de *1 turbido*

turbĭdē, adv., avec trouble, avec désordre : [C] Pros., [+C] Pros.

1 **turbĭdō**, *ās*, *āre*, *āvī*, *ātum*, tr., troubler, altérer : [T] Pros.

2 **turbīdo**, *ĭnis*, f., orage [fig.] : [T] Pros.

turbĭdŭlus, *a*, *um*, un peu confus, embarrassé [pensée] : [T] Poés.

turbĭdum, acc. n. de *turbidus*, [pris advᵗ] : ***laetari*** [C] Poés., avoir une joie mêlée de trouble

turbĭdus, *a*, *um* ¶**1** troublé, agité, confus : ***turbida tempestas*** [C] Pros., tempête tumultueuse, affreuse ; ***turbidus imber*** [C] Poés., pluie orageuse ; ***turbida coma*** [C] Poés., chevelure en désordre ; [poét.] [C] Poés. ‖ troublé, fangeux, limoneux : ***aqua turbida*** [C] Pros., eau trouble ; [+C] Pros. ; [C] Poés. ¶**2** [fig.] ***a)*** troublé, bouleversé, désemparé : [C] Poés. ; ***turbidus animi*** [+C] Pros., n'ayant pas l'esprit lucide ‖ désordonné : [C] Pros. ***b)*** emporté, violent, plein de furie : [C] Poés., [+C] Pros. ‖ en effervescence : [+C] Pros. ; [abl.] ***turbidus ira*** [+C] Poés. ; [gén.] ***turbidus irae*** [+C] Poés., emporté par la colère ***c)*** troublé, orageux, plein d'alarmes : ***in turbidis rebus*** [C] Pros., dans les alarmes ; [n. pl.] ***turbidissima ferre*** [C] Pros., supporter les temps les plus troublés ; ***in turbido*** [C] Pros., dans une situation troublée ; [+C] Pros. ¶**3** vicié : [T] Poés.

turbĭnĕus, *a*, *um*, tourbillonnant, impétueux : [C] Poés.

1 **turbō**, *ās*, *āre*, *āvī*, *ātum*, tr. ¶**1** troubler, agiter, mettre en désordre : ***mare, aequora*** [C] Pros., Poés., agiter la mer, les flots ; ***capillos*** [C] Poés., mettre les cheveux en désordre ; [poét.] ***turbatus capillos*** [C] Poés., échevelé ; ***turbata cera*** [+C] Pros., cachet de cire endommagé [non intact] ; [C] Pros. ; ***contiones*** [C] Pros., troubler les assemblées ‖ [absᵗ] s'agiter : [C] Pros., Poés. ¶**2** troubler, rendre trouble : [C] Poés. ¶**3** [fig.] troubler, bouleverser, brouiller, jeter la perturbation dans : [C] Pros. ‖ ***turbare turbas*** [-C] Théât., faire des sottises, se livrer à des désordres ; [C] Pros. ‖ [sans compl.] mettre du désordre, du trouble : [C] Pros., [+C] Pros. ‖ [pass. impers.] [C] Pros. ¶**4** [pass.] être en agonie : [T] Pros.

2 **turbo**, *bĭnis*, m. ¶**1** ce qui tourne en rond, tourbillon, tournoiement, tourbillonnement : [tourbillon du vent] [-C] Théât., [C] Pros. ¶**2** toupie, sabot : [C] Pros., Poés. ¶**3** forme ronde, forme circulaire : [C] Poés. ‖ [toute espèce d'objets de forme circulaire] bobine, fuseau dans les opérations magiques : [C] Poés. ; [peson du fuseau] [C] Poés. ¶**4** mouvement circulaire, tourbillon circulaire : [C] Poés. ‖ [poét.] [C] Poés. ; [déroulement tortueux d'un serpent] [+C] Poés. ; ***momento turbinis*** [+C] Poés., dans l'instant d'une simple pirouette [pour affranchir un esclave le maître le faisait tourner sur lui-même] ‖ [fig.] ***militiae turbo*** [C] Poés., les péripéties des grades militaires

3 **Turbo**, *ōnis*, m., nom d'homme : [C] Poés.

turbŏr, *ōris*, m., bouleversement : [T] Pros.

turbŭla, *ae*, f., petite foule [de personnes] : [+C] Pros. ‖ petit tumulte, léger vacarme : [+C] Pros.

turbŭlentē, adv., en perdant la tête, en se troublant : [C] Pros. ‖ ***turbulentius*** [C] Pros., avec trop de violence ‖ ***-tissime*** [T] Pros.

turbŭlentĕr, adv., avec emportement, d'une façon désordonnée : [C] Pros.

turbŭlentō, *ās*, *āre*, -, -, tr., troubler, agiter : [+C] Pros.

turbŭlentus, *a*, *um* ¶**1** troublé, agité, en désordre : [C] Pros. ; ***turbulenta tempestas*** [C] Pros., temps orageux ; ***turbu-***

lentior annus [C] Pros., année plus troublée ; ***turbulentissimum tempus*** [C] Pros., l'époque la plus orageuse ; ***animi turbulenti*** [C] Pros., les âmes que troublent les passions ¶ **2** qui trouble, qui cause du désordre, turbulent, remuant, factieux : [C] Pros. ; ***contiones turbulentae*** [C] Pros., harangues séditieuses ‖ ***errores turbulenti*** [C] Pros., erreurs pernicieuses

1 **turda**, *ae*, f., grive femelle : [+C] Poés.

2 **Turda**, *ae*, f., ville de Tarraconaise : [C] Pros.

turdārĭum, *ĭī*, n., élevage de grives : [C] Pros.

turdēlix, *icis*, f., grande grive : [C] Pros.

Turdētāni, *ōrum*, m. pl., Turdétains [peuple de Bétique] : [C] Pros. ; [jeu de mots avec *turdus*] [-C] Théât. ‖ **-nĭa**, *ae*, f., la Turdétanie : [C] Pros.

Turdŭli, *ōrum*, m. pl., peuple de Lusitanie ‖ **-us**, *a*, *um*, des Turduli : [C] Pros.

turdus, *i*, m. ¶ **1** grive [oiseau] : [C] Pros., [+C] Poés. ¶ **2** le tourd [poisson] : [+C] Pros.

tūrĕus (thūr-), *a*, *um*, d'encens, relatif à l'encens : [C] Poés.

turgĕō, *ēs*, *ēre*, -, -, intr. ¶ **1** être gonflé, enflé : ***frumenta turgent*** [C] Poés., les blés sont gonflés ; [+C] Poés. ¶ **2** [fig.] ***a)*** être boursouflé, enflé, emphatique : [C] Pros., Poés. ***b)*** être gonflé de colère : ***alicui*** [-C] Théât., être courroucé contre qqn

turgescō, *ĭs*, *ĕre*, -, -, intr. ¶ **1** se gonfler, s'enfler : [C] Poés. ¶ **2** [fig.] ***a)*** devenir enflé, boursouflé, emphatique : [+C] Pros. ***b)*** se remplir de : [+C] Poés.

turgĭdŭlus, *a*, *um*, gonflé : [C] Poés.

turgĭdus, *a*, *um* ¶ **1** gonflé, enflé : [C] Pros., Poés. ¶ **2** [fig.] enflé, boursouflé, emphatique : [C] Poés., [+C] Pros. ‖ gonflé d'orgueil : [T] Pros.

Tūrĭa, *ae*, m., [C] Pros., **Tūrĭum**, *ĭī*, n., fleuve de Tarraconaise [Rio Turia]

Tŭrĭānus, *a*, *um*, de Turius : [C] Pros.

tūrĭbŭlum (thūr-), *i*, n. ¶ **1** brûle-parfums, cassolette : [C] Pros., [+C] Pros. ¶ **2** encensoir : [+T] Pros. ¶ **3** constellation nommée aussi *Ara* : [C] Pros.

tūrĭcrēmus (thūr-), *a*, *um*, qui brûle de l'encens : [C] Poés.

Tūrĭensis, *e*, du fleuve Turia : [C] Pros.

tūrĭfĕr (thūr-), *ĕra*, *ĕrum* ¶ **1** qui produit de l'encens : [C] Poés. ¶ **2** qui offre de l'encens aux faux dieux, idolâtre : [T] Poés.

Tūrii, **Tūrīnus**, → *Thur*

tūrĭlĕgus (thūr-), *a*, *um*, qui récolte de l'encens : [C] Poés.

Tūringi, → *Thuringi*

tūrīnus (thūr-), *a*, *um*, d'encens : [T] Pros.

turĭo, *ōnis*, m., jeune pousse, tendron, rejeton : [+C] Pros.

Tūrĭum, → *Turia*

Tŭrĭus, *ĭī*, m., nom de famille romaine : [C] Pros., Poés.

turma, *ae*, f., turme, escadron [dixième partie d'une aile, primit[t] trente hommes] : [C] Pros. ‖ [fig.] = troupe, bataillon, foule, multitude : [C] Pros., Poés.

turmālis, *e* ¶ **1** subst. m. pl. *turmales, ium*, soldats d'un escadron : [C] Pros. ; [fig.] = compagnons nombreux : [C] Pros. ‖ [n. pris adv[t]] : ***turmale fremere*** [+C] Poés., gronder à la façon d'un escadron ¶ **2** [fig.] ***turmalis sanguis*** [+C] Poés., sang (famille) de chevaliers

turmātim, adv., par escadrons : [C] Pros. ‖ [fig.] par bandes : [C] Poés.

Turnus, *i*, m. ¶ **1** chef des Rutules : [C] Pros., Poés., [+C] Pros. ¶ **2** Turnus Herdonius, ennemi de Tarquin le Superbe : [C] Pros.

Tŭrŏnensis, *e*, → *Turonicensis*

Tŭrŏnes, *um*, [C] Pros., **Tŭrŏni**, *ōrum*, m. pl., [C] Pros., [+C] Pros., les Turons [peuple riverain de la Loire] ‖ sg. [sens collectif] ***Turonus*** [+C] Pros. ‖ **-nĭcensis**, *e*, [+T] Poés. et **-nĭcus**, *a*, *um*, des Turons, de Tours

turpātus, *a*, *um*, part. de *turpo*

turpĕ, n. pris subst[t] et adv[t], → *turpis*, fin

turpeō, *ēs*, *ēre*, -, -, intr., être affreux : [+T] Pros.

turpĭcŭlus, *a*, *um*, assez laid : [C] Poés., Pros.

turpīdo, → *torpedo*

turpĭfĭcātus, *a*, *um*, souillé, dégradé : [C] Pros.

Turpĭlĭa, *ae*, f., nom de femme : [C] Pros.

Turpĭlĭānus, *i*, m., nom d'homme : [+C] Pros.

Turpĭlĭus, *ĭī*, m., ancien poète comique latin, ami de Térence : [C] Pros.

turpĭlŭcrĭcŭpĭdus, *a*, *um*, = ***turpis lucri cupidus***, avide d'un gain honteux : [-C] Théât.

Turpĭo, *ōnis*, m., Ambivius Turpio, acteur comique : [C] Pros.

turpis, *e*, adj. ¶ **1** laid, vilain, difforme : ***spectare turpes*** [-C] Théât., contempler des personnes laides ; ***turpis ornatus*** [-C] Théât., un vilain accoutrement ; ***pes turpis*** [C] Poés., pied contrefait ‖ laid, désagréable à l'oreille, déplaisant : [C] Pros. ¶ **2** [fig., sens moral] laid, honteux, dégoûtant, ignoble, déshonorant, indigne, infâme : ***fuga turpis*** [C] Pros., fuite honteuse ; ***homo turpissimus*** [C] Pros., le dernier des hommes ‖ ***turpe est*** [avec inf.], c'est une honte de : [C] Pros. ‖ **turpĕ**, *is*, n. pris subst[t] : [C] Pros. ; ***turpia*** [C] Pros., les choses honteuses ; [C] Poés. ‖ **turpĕ** [acc. n. avec sens adverbial] : ***incedere*** [C] Poés., avoir une démarche indécente

turpĭtĕr, adv. ¶ **1** d'une manière laide, hideuse, difforme : [C] Poés. ¶ **2** [moral[t]] d'une manière honteuse : [C] Pros. ‖ ***turpiter praterii*** [C] Pros., à ma honte, j'ai oublié ‖ ***turpius*** [C] Poés. ; ***turpissime*** [C] Pros., [+C] Pros.

turpĭtūdo, *ĭnis*, f. ¶ **1** laideur, difformité [sens premier, rare] : [C] Pros. ¶ **2** laideur morale, honte, turpitude, indignité, déshonneur, infamie : [C] Pros. ; ***fugae*** [C] Pros., la honte d'avoir fui ; ***per turpitudinem*** [C] Pros., honteusement ‖ pl., [C] Pros.

turpō, *ās*, *āre*, *āvī*, *ātum*, tr. ¶ **1** salir, souiller : [C] Pros. ‖ défigurer, enlaidir : [C] Poés. ¶ **2** [fig.] souiller : [C] Pros. ‖ déshonorer [ses aïeux] : [+C] Poés.

Turrānĭāna pĭra, *ōrum*, n. pl., poires turraniennes, de Turranius, → *Turranius* ¶ *1* : [+C] Pros.

Turrānĭus, *ĭī*, m., nom de famille romaine, not[t] ¶ **1** Turranius Niger, ami de Varron et de Cicéron, éminent agronome : [C] Pros. ¶ **2** un préfet de l'annone : [+C] Pros. ¶ **3** un poète tragique : [C] Poés.

Turres, → *Turris*

turrĭcŭla, *ae*, f. ¶ **1** petite tour, tourelle : [C] Pros. ¶ **2** → *1 pyrgus* : [+C] Poés.

turrĭgĕr, *ĕra*, *ĕrum*, garni de tours : [C] Poés. ‖ ***turrigera*** [épith. de Cybèle], à la couronne crénelée ; [C] Poés.

turris, *is*, f. ¶ **1** tour : [C] Pros., Poés. ‖ tour en bois [avec étages, ouvrage de siège ; souvent montée sur roues] : [C] Pros. ‖ tour portée par un éléphant : [C] Pros. ; [placée sur un vaisseau] [C] Pros. ¶ **2** maison élevée, château, palais : [C] Poés., [+C] Pros. ‖ colombier, pigeonnier : [C] Pros., Poés. ‖ [formation de combat] carré : [+C] Pros. ¶ **3** [chrét.] vase en forme de tour contenant les hosties, ciboire, pyxide eucharistique : [+T] Poés.

turrītus, *a*, *um*, muni de tours : [C] Poés. ‖ qui porte une tour [éléphant] : [C] Pros., Poés., [+C] Poés. ‖ → *turrigera*, épith. de Cybèle : [C] Poés. ‖ [fig.] en forme de tour ; [C] Poés. ‖ ***corona*** [+C] Poés., coiffure en forme de tour

Tursellĭus, nom d'homme : [C] Pros.

tursi, → *turgesco*

turtŭr, *ŭris*, f., m. f., tourterelle [oiseau] : [C] Poés., Pros., [+C] Poés. ‖ [sens part.] → *penis* : [-C] Théât.

turtŭrilla, *ae*, f., petite tourterelle, homme efféminé : [+C] Pros.

tūrunda, *ae*, f. ¶ **1** pâtée [pour engraisser les oies] : [-C] Pros., [C] Pros. ¶ **2** charpie : [-C] Pros.

Turutĭus, *ĭī*, m., nom d'homme : [C] Pros.

tūs (thūs), *ūris*, n., encens : [C] Pros., Poés.

Tuscānĭcus, *a*, *um*, adj., étrusque, toscan : [C] Pros. ; ***Tuscanicae statuae*** [+C] Pros., statues étrusques

Tuscē, adv., à la manière des Toscans, en toscan, en étrusque : [C] ; [+C] Pros.

Tuscēnĭus, *ĭī*, m., nom d'homme : [C] Pros.

Tusci, *ōrum*, m. pl., les Étrusques, habitants de l'Étrurie : [C] Pros. ‖ **-cus**, *a*, *um*, étrusque : [C] Pros. ; ***Tuscus amnis*** [C] Poés., le fleuve étrusque, le Tibre ; ***Tuscus vicus*** [-C] Théât., [C] Pros., quartier toscan [rue populeuse et commerçante de Rome, quartier des courtisanes]

Tuscĭa, *ae*, f., l'Étrurie, la Toscane : [C] Pros., [T] Pros.

Tuscilĭus, *ĭi*, m., nom d'homme : [C] Pros.

Tuscŭlānensis, *e*, de Tusculum : [C] Pros.

Tuscŭlānum, *i*, n., nom de plusieurs villas situées près de Tusculum, par ex. villa de Tusculum de Cicéron : [C] Pros. ‖ [par ext., en gén.] campagne, villa : [C] Pros.

Tuscŭlānus, *a*, *um*, de Tusculum : [C] Pros. ‖ **Tusculani**, *ōrum*, m. pl., habitants de Tusculum : [C] Pros. ‖ ***Tusculanae disputationes***, les Tusculanes, ouvrage philosophique de Cicéron : [C] Pros.

1 **tuscŭlum (thus-)**, *i*, n., un peu d'encens : [-C] Théât.

2 **Tuscŭlum**, *i*, n., ville du Latium : [C] Pros. ‖ **-lus**, *a*, *um*, de Tusculum : [C] Poés., [+C] Poés. ‖ **-li**, *ōrum*, m. pl., habitants de Tusculum : [+C] Poés. ‖ V.→ *Tuscŭlānus*

1 **Tuscus**, *a*, *um*, V.→ *Tusci*

2 **Tuscus**, *i*, m., nom d'un roi d'Étrurie : [C] Pros.

tussēdo, *ĭnis*, f., C.→ *tussis* : [+C] Pros.

tussĭcŭla, *ae*, f., petite toux, toux sèche : [+C] Pros.

tussĭō, *īs*, *īre*, *-*, *-*, intr., tousser : [C] Poés., [+C] Pros.

tussis, *is*, f., toux : [+C] Pros.

tūsus, *a*, *um*, part. de *tundo*

tūtācŭlum, *i*, n., asile, abri, refuge : [T] Poés.

tūtāmĕn, *ĭnis*, n., défense, abri : [C] Poés. ‖ pl., [T] Pros. ‖ [chrét.] protection [en parlant des reliques] : [T] Poés.

tūtāmentum, *i*, n., défense, abri : [C] Pros., [T] Pros. ; [fig.] [+C] Pros.

Tūtānus, *i*, m., une des divinités tutélaires des Romains : [C] Poés.

tūtarchus, *i*, m., capitaine [de vaisseau] : [+C] Poés.

tūtātŏr, *ōris*, m., défenseur, protecteur : [+C] Pros., [T] Pros.

tūtātus, *a*, *um*, part. de *1 tutor*

1 **tūtĕ**, toi-même, V.→ *1 tu*

2 **tūtē**, adv., C.→ *1 tuto* : [-C] Théât., [C] Pros.

tūtēla, *ae*, f. ¶ **1** action de veiller sur, protection, défense, garde : ***aliquem tutelae alicujus commendare*** [C] Pros. ; ***subjicere*** [C] Pros., confier qqn à la protection de qqn, mettre sous la protection de qqn ; ***in tutela alicujus esse*** [C] Pros., être sous la protection de qqn ¶ **2** [droit] tutelle : [C] Pros. ; ***per tutelam fraudare aliquem*** [C] Pros., tromper qqn dans l'exercice d'une tutelle ‖ patrimoine mis en tutelle : ***tutela legitima*** [C] Pros., tutelle légitime [organisée par la loi sur les biens et la personne de l'incapable, mineur ou femme en l'absence d'une tutelle testamentaire] ¶ **3** [sens concret] gardien, défenseur, protecteur : [C] Poés. ‖ le protégé, la protégée : [C] Poés. ‖ situation dans laquelle se trouvent la personne et les biens soumis à la tutelle : [C] Pros., [+C] Pros. ¶ **4** statuette du génie protecteur d'un navire : [T] Pros.

tūtēlāris, *e*, tutélaire, protecteur : [T] Pros.

tūtēlātŏr, *ōris*, m., protecteur, défenseur : [T] Pros.

Tūtēlīna (Tūtĭlīna), *ae*, f., la Tutélaire, la Protectrice : [déesse invoquée dans le besoin] [C] Poés. ‖ [protectrice des récoltes] [T] Pros. ‖ [quartier de l'Aventin] [C] Pros.

tūtĕmĕt, → *tu -te -met*, V.→ *1 tu*

1 **Tūtĭa**, *ae*, f., nom de femme : [C] Pros.

2 **Tūtĭa**, *ae*, f., petite rivière, affluent de gauche de l'Anio : [C] Pros.

Tūtĭcānus, *i*, m., nom d'homme : [C] Poés.

1 **Tūtĭcus**, V.→ *Equus Tuticus*

2 **tūtĭcus**, *a*, *um*, public, V.→ *meddix*

Tūtĭlīna, V.→ *Tutelina*

Tūtĭlĭus, *ĭi*, m., nom d'un rhéteur latin : [+C] Pros., Poés.

tūtĭmet, C.→ *tutemet*, V.→ *1 tu*

tūtin, **tūtĭne**, → *tu -te -ne*, V.→ *1 tu*

Tŭtīnus, *i*, m., [T] Pros. ; V.→ *Tutunus*

1 **tūtō**, adv., en sûreté, sans danger : [C] Pros. ; ***tuto esse*** [C] Pros., être en sécurité ; ***tuto ab incursu*** [C] Pros., à l'abri d'une attaque ‖ ***tutius*** [C] Pros. ; ***tutissimo*** [C] Pros.

2 **tūtō**, *ās*, *āre*, *-*, *-*, C.→ *1 tutor* : [-C] Théât.

1 **tūtŏr**, *ārĭs*, *ārī*, *ātus sum*, tr. ¶ **1** veiller sur, couvrir de sa protection, garder, défendre, sauvegarder, garantir : [C] Pros. ; ***urbem muris*** [C] Pros. ; ***se vallo*** [C] Pros., protéger une ville par des murailles, assurer sa défense par une palissade ‖ ***ab aliqua re***, protéger contre qqch. : [C] Pros., [+C] Pros. ; ***adversus aliquid***, contre qqch. : [C] Pros. ; ***contra aliquid*** [+C] Pros. ¶ **2** se préserver de, se protéger contre, chercher à écarter : ***inopiam*** [C] Pros., combattre la disette, remédier à la disette

2 **tūtŏr**, *ōris*, m. ¶ **1** défenseur, protecteur, gardien : [C] Poés., [+C] Pros. ¶ **2** tuteur, curateur : ***tutorem esse alicui*** [C] Pros. ; ***alicujus*** [C] Pros., être tuteur de qqn ; ***instituere*** [C] Pros. ; [fig.] [C] Pros.

3 **Tūtŏr**, *ōris*, m., nom d'homme : [C] Pros.

tŭtŭdī, parf. de *tundo*

tŭtŭlātus, *a*, *um*, qui porte le *tutulus* : [-C] Pros., [C] Pros.

tŭtŭlus, *i*, m., bonnet pointu (conique) des flamines : [C] Pros. ‖ sorte de coiffure conique et très élevée à l'usage des femmes : [C] Pros.

tŭtunclō, *ās*, *āre*, *-*, *-*, tr., écraser, pilonner : [+C] Pros.

Tŭtūnus, i, m., C.→ *Tutinus* : [T] Pros.

tūtus, *a*, *um*, part. de *tueor* de sens pass. pris adj[t] ¶ **1** protégé, en sûreté, à l'abri, qui ne court aucun danger : [C] Pros. ; ***locus tutus*** [C] Pros., endroit sûr ; [C] Pros., Poés. ; ***tutae aures*** [C] Poés., oreilles discrètes ‖ ***tutus ab***, protégé contre, à l'abri de, qui n'a rien à craindre de : [C] Pros. ; [avec *adversus*] [+C] Pros. ; [avec *ad*] [C] Pros., par rapport à ‖ ***tutum est*** [avec inf.], il est prudent de : [C] Pros., [+C] Pros. ‖ ***in tuto aliquem collocare*** [C] Pros., mettre qqn à l'abri ; ***in tuto esse*** [C] Pros., être en sûreté ; ***in tutum educere*** [-C] Théât., emmener en lieu sûr ; [C] Pros. ¶ **2** [fig.] prudent, circonspect : [C] Poés. ‖ ***tutiora consilia*** [C] Pros., résolutions plus prudentes

tŭus, *a*, *um* ¶ **1** ton, tien, ta, tienne : [-C] Théât., [C] Pros. ; ***Panaetius tuus*** [C] Pros., ton cher Panétius ‖ [pris subst[t]] ***a) tui***, les tiens [famille, amis, partisans] : [C] Pros. ***b) tuum***, n., ton bien, ***de tuo***, en prenant sur ton bien : [-C] Théât. ; ***pete tuum*** [C] Pros., demande ce qui t'appartient ; ***in tuo*** [C] Pros., sur ton terrain ; [pl.] ***tua*** [C] Pros., tes affaires, ta conduite ; ***tua*** [C] Pros., tes actes ; ***tua*** [C] Pros., tes idées ‖ ***tuum est*** [avec inf.], il t'appartient de : [-C] Théât. ¶ **2** qui te convient, qui t'est favorable : ***tempore tuo*** [C] Pros., à ton moment, au moment opportun pour toi ; ***occasio tua*** [C] Pros., occasion favorable pour toi ¶ **3** = maître de toi, en possession de toi : [+C] Poés. ; ***tuus (es)*** [+C] Poés., tu n'appartiens qu'à toi [tu ne (relèves) dépends que de toi] ¶ **4** au lieu du gén. obj. *tui* : [-C] Théât.

tuxtax, onomat. imitant le bruit des coups de fouet, clic clac : [-C] Théât.

Tȳăna, *ōrum*, n. pl., **Tȳăna**, *ae*, f., Tyane [ville de Cappadoce] : [T] Pros. ‖ **Tȳānaeus (Tȳănēus)**, *a*, *um*, de Tyane : [T] Pros.

Tyba, *ae*, f., ville au-delà de l'Euphrate : [C] Pros.

Tȳcha, *ae*, f., Tycha [quartier de Syracuse] : [C] Pros.

Tȳchĭcus, *i*, m., nom d'homme : [T] Pros.

Tȳchĭus, *ĭi*, m., Béotien qui passe pour l'inventeur de la cordonnerie : [C] Poés., [+C] Pros.

Tȳdeūs, *ĕi* ou *ĕos*, m., Tydée [fils d'Œnée, père de Diomède] : [C] Poés., [+C] Poés. ‖ **Tȳdīdēs**, *ae*, m., le fils de Tydée, Diomède : [C] Poés.

Tȳmōlus, V.→ *Timolus*

tympănĭŏlum, *i*, n., petit tambour [phrygien] : [T] Pros.

tympănista, *ae*, m., celui qui joue du tambour phrygien : [+C] Pros.

tympănistrĭa, *ae*, f., joueuse de tambourin : [T] Pros.

tympănizō, *ās*, *āre*, *-*, *-*, intr., jouer du tambourin : [+C] Pros.

tympănŏtrība, *ae*, m., celui qui joue du tambourin [= efféminé] : (+C) Théât.

tympănum, *i*, n. ¶**1** tambourin [surtout des prêtres de Cybèle] : (C) Poés., Pros., (+C) Pros. ‖ [fig.] symbolise qqch. d'efféminé : (+C) Pros. ¶**2** ***a)*** roue pleine : (C) Poés. ‖ roue d'engrenage : [dans le moulin à eau] (C) Pros. ; ***tympanum dentatum*** (C) Pros., tambour denté [dans l'hodomètre] ‖ tambour [d'horloge à eau] : (C) Pros. ***b)*** tambour de machine de soulèvement : (C) Poés., Pros. ***c)*** tympan [machine pour élever l'eau] : (C) Pros. ***d)*** panneau d'une porte : (C) Pros. ***e)*** [archit.] tympan [surface triangulaire inscrite dans un fronton] : (C) Pros.

Tyndărēum, *i*, n., ▶ *2 Tyndaris* : (C) Pros.

Tyndărēus, *i*, m., Tyndare [époux de Léda, père de Castor et Pollux, d'Hélène et de Clytemnestre] : (C) Pros., Poés.

Tyndărĭdēs, *ae*, m., fils de Tyndare : (+C) Poés. ‖ pl., les Tyndarides [Castor et Pollux] : (C) Pros. ; [en gén., tous les enfants de Tyndare] : (C) Poés.

1 **Tyndăris**, *ĭdis*, f., la fille de Tyndare [Hélène] (C) Poés. ; [Clytemnestre] (C) Poés.

2 **Tyndăris**, *ĭdis*, f., ville sur la côte nord de Sicile [Tindari] : (C) Pros. ‖ **Tyndărĭtānus**, *a*, *um*, de Tyndaris : (C) Pros. ; **-āni**, *ōrum*, m. pl., habitants de Tyndaris : (C) Pros.

Tyndărĭus, *a*, *um*, de Tyndare : (+C) Poés. ‖ m. pl., les Lacédémoniens : (+C) Poés.

Tyndărus, *i*, m., Tyndare : (+C) Poés., (T) Pros.

Tȳnēs (Tūnēs), *is*, acc. *Tȳnēta*, m., nom ancien de Tunis : (C) Pros.

1 **Tȳphōeūs**, *ĕi* ou *ĕos*, m., Typhoée, Typhée [un des Géants, enseveli sous l'Etna] : (C) Poés.

2 **Tȳphōēus**, *a*, *um*, adj., de Typhée : (C) Poés.

Tȳphōis, *ĭdis* ou *ĭdos*, adj. f., de Typhée : (C) Poés.

1 **tȳphōn**, *ōnis*, m., tourbillon : (+C) Poés.

2 **Tȳphōn**, *ōnis*, m., Géant, le même que Typhée : (C) Poés., (+C) Poés.

tȳphōnĭcus ventus, m., tourbillon de vent, vent impétueux : (T) Pros.

Tȳphōnĭdes, *um*, f. pl., filles de Typhon : (+C) Poés.

tȳphus, *i*, m., [fig.] orgueil, arrogance : (T) Pros.

tȳpus, *i*, m., figure, image, bas-relief : (C) Pros.

Tȳra, **Tȳrās**, *ae*, m., (C) Poés., fleuve de la Sarmatie d'Europe [le Dniestr]

tȳrannĭcē, adv., en tyran, tyranniquement : (C) Pros., (T) Pros.

tȳrannĭcīda, *ae*, m., tyrannicide, meurtrier d'un tyran : (+C) Pros.

tȳrannĭcīdĭum, *ĭi*, n., tyrannicide, meurtre d'un tyran : (C) Pros., (+C) Pros.

tȳrannĭcus, *a*, *um*, de tyran, tyrannique : (C) Pros., (+C) Pros.

Tȳrannĭo, *ōnis*, m., Tyrannion, géographe et grammairien contemporain de Cicéron : (C) Pros.

tyrannis, *ĭdis*, f. ¶**1** royauté absolue, pouvoir d'un tyran [sens grec] : (+C) Pros. ¶**2** pouvoir absolu, despotisme, tyrannie : (C) Pros. ; [acc.] ***tyrannida*** (C) Pros. ; ***tyrannidem*** (C) Pros. ¶**3** [fig.] royaume, richesse du royaume : (C) Pros.

tȳrannoctŏnus, *i*, m., ▶ *tyrannicida* : (C) Pros.

tȳrannŏpŏlīta, *ae*, m., sujet d'un tyran : (T) Pros.

tȳrannus, *i*, m. ¶**1** tyran [au sens grec], roi, souverain, monarque : (C) Pros., Poés. ‖ [en parl. de Neptune] (C) Poés. ; [de Pluton] (C) Poés. ¶**2** tyran, despote, usurpateur : (C) Pros.

Tȳrās, ▶ *Tyra*

1 **Tȳrēs**, acc. *en*, m., nom d'un Troyen : (C) Poés.

2 **Tȳrēs**, *ae*, m., ▶ *Tyra* : (+C) Poés.

tȳrĭanthĭnus, *a*, *um*, qui est pourpre-violet ‖ **-thĭna**, n. pl., vêtements pourpre-violet : (+C) Poés.

Tȳrii, ▶ *Tyrius*

Tȳrins, **Tȳrinthĭus**, ▶ *Tiryn*

Tȳrĭus, *a*, *um* ¶**1** de Tyr, de Phénicie, Tyrien : ***purpura Tyria*** (C) Pros., pourpre de Tyr ; ***Tyria puella*** (C) Poés., Europe [fille du roi de Tyr, Agénor] ; (+C) Poés. ¶**2** de Thèbes : (+C) Poés. ; ***Tyrius ductor*** (+C) Poés. = Étéocle ; ***exsul*** (+C) Poés. = Polynice ¶**3** carthaginois : (C) Poés., (+C) Poés. ; ***Tyrius ductor*** (+C) Poés. = Hannibal ¶**4** pourpre : (C) Poés. ‖ **Tȳrĭi**, *ōrum*, m. pl., habitants de Tyr, Tyriens : (C) Pros. ‖ Thébains : (+C) Poés. ‖ Carthaginois : (C) Poés.

1 **tȳro**, *ōnis*, m., ▶ *1 tiro*

2 **Tȳrō**, *ūs*, f., fille de Salmonée, aimée du fleuve Énipée : (C) Poés., (+C) Poés.

tȳrŏpătĭna, ▶ *tiropatina*

Tȳrŏs, *i*, f., ▶ *Tyrus ¶1* : (C) Poés.

tȳrŏtărīchum, *i*, n., plat rustique au fromage et au poisson salé : (C) Pros. ; ▶ *tirotaricus*

Tyrrhēni, ▶ *1 Tyrrhenus*

Tyrrhēnĭa, *ae*, f., la Tyrrhénie, l'Étrurie : (C) Poés.

Tyrrhēnĭcus, *a*, *um*, tyrrhénien, de la Méditerranée occidentale ‖ **Tyrrhēnĭca**, *ōn*, n. pl., ouvrage grec de l'empereur Claude sur l'histoire étrusque : (+C) Pros.

1 **Tyrrhēnus**, *a*, *um*, adj. ¶**1** Tyrrhénien, d'Étrurie, étrusque : ***Tyrrhenum mare*** (C) Poés. ; ***Tyrrhenum aequor*** (C) Poés. ; ***Tyrrhenus***, m., (+C) Poés., la mer Tyrrhénienne ‖ **-ni**, *ōrum*, m. pl., Tyrrhènes, Étrusques : (C) Poés. ¶**2** [poét.] romain : (+C) Poés. ¶**3** ***Tyrrhenus piscis*** (+C) Théât., dauphin [Bacchus changea en dauphins des pirates tyrrhéniens]

2 **Tyrrhēnus**, *i*, m., héros éponyme de la Tyrrhénie [Étrurie] : (+C) Poés. ‖ guerrier étrusque : (C) Poés.

Tyrrhīdae, *ārum*, m. pl., les fils de Tyrrhus : (C) Poés.

Tyrrhus, *i*, m., nom du berger de Latinus : (C) Poés.

Tyrtaeus, *i*, m., Tyrtée, poète athénien : (C) Poés.

Tȳrus (Tȳrŏs), *i*, f. ¶**1** Tyr [ville maritime de Phénicie, renommée pour sa pourpre] : (C) Pros., Poés. ¶**2** [par ext., méton. poét.] pourpre, couleur pourpre : (+C) Poés.

Tyscŏs, *i*, m., bourg de Galatie : (C) Pros.

U

ū, f., n., vingtième lettre de l'alphabet latin ; rend à la fois ου et υ du grec, [V.] *v* [en capitale il s'écrivait *V*] ‖ [abrév.] ***V. C.*** ou ***u. c.*** = ***urbis conditae*** ; ***ab u. c.*** = ***ab urbe condita***, à partir de la fondation de Rome

1 **ūbĕr**, *ĕris*, n. ¶ **1** mamelle, sein, pis : [C] Poés., [+C] Pros. ‖ pl., ***ubera*** : [C] Pros., Poés. ¶ **2** [fig.] richesse, fécondité : [C] Poés.

2 **ūbĕr**, *ĕris*, adj. ¶ **1** abondant, plein, bien nourri : ***spicae uberes*** [C] Pros., épis bien remplis ; ***uberrimi fructus*** [C] Pros., fruits très abondants ; [-C] Théât., [C] Poés. ; ***aqua uber*** [C] Pros., eau abondante ‖ fécond, riche : [C] Pros., Poés., [+C] Pros. ; ***uberrimus undis*** [C] Poés., où les eaux abondent ¶ **2** [fig., en parl. d'un écrivain, d'un orateur] [C] Pros. ‖ [C] Pros. ; ***uberiores litterae*** [C] Pros., lettre plus abondante [plus longue]

ūbĕrātus, *a*, *um*, part. de *ubero*

ūbĕrĭus [positif inusité] adv., superl., ***uberrime***, plus abondamment, très (le plus) abondamment : [-C] Théât., [C] Pros. ‖ [fig.] [C] Pros. ; ***uberrime*** [C] Pros.

ūbĕrō, *ās*, *āre*, *-*, *ātum*, intr., être fécond, produire : [+C] Pros.

ūbertās, *ātis*, f. ¶ **1** puissance de produire, nature riche, féconde, abondance, richesse, fécondité : [du sol] [C] Pros. ; [du génie] [C] Pros. ; ***utilitatis ubertas*** [C] Pros., utilité féconde ; [richesse d'invention oratoire] [C] Pros. ‖ abondance produite, abondance, richesse : [C] Pros. ¶ **2** [fig.] abondance du style : [C] Pros., [+C] Pros.

ūbertim, adv., abondamment : [C] Poés., [+C] Pros., Pros.

ūbertō, *ās*, *āre*, *-*, *-*, tr., rendre fécond : [+C] Pros.

ūbertus, *a*, *um*, abondant [style] : [+C] Pros.

ŭbī, ensuite **ŭbĭ**, adv. de lieu relatif-interrogatif, employé aussi comme conjonction

I adv.

A relatif, où [sans mouvt] ; (là, dans le lieu) où ¶ **1** [avec l'antécédt *ibi*] ***ibi … ubi*** [C] Pros., là …, où ; ***ubi … ibi*** [C] Pros., où … là ‖ [avec d'autres antécédents de lieu] : ***agri, ubi*** [C] Pros., les champs où ¶ **2** [substitut du relatif construit avec *in* abl. ou *apud*] : ***multa … ubi (= in quibus)*** [C] Pros., beaucoup de choses, dans lesquelles ¶ **3** [avec subj. conséc.] [C] Pros. ; ***ubi … videretur*** [C] Pros., dans les endroits de telle nature que … ; [-C] Théât., [C] Pros. ¶ **4** ***ubi*** initial = ***ibi autem, ibi enim, et ibi*** : [C] Pros. ¶ **5** ***ubi ubi*** = ***ubicumque*** : ***ubi ubi est*** [-C] Théât., en qq. endroit qu'il soit

B ***ubi*** interrog. dir. : ***ubi sunt qui … ?*** [C] Pros., où sont ceux qui … ? ‖ = ***qua in re ?*** [C] Pros. ‖ [avec gén.] : [C] Pros. ; ***ubi loci*** [-C] Théât., en quel endroit ; [V.] *ubinam* ‖ interrog. indir. : ***investigare, ubi sit*** [C] Pros., chercher où il est

II [emploi comme conj.] quand, lorsque ¶ **1** ***ubi videt*** [C] Pros., quand il voit ; ***ubi … tum*** [C] Pros., quand … alors ; ***tum … ubi*** [-C] Pros., [C] Pros. ou ***tunc … ubi*** [+C] Pros., au moment où ; ***ubi … exinde*** [-C] Théât. ‖ ***ubi primum***, aussitôt que, dès que : [C] Pros. ¶ **2** avec subj., [=] *2 cum* : [C] Poés. ‖ [C] Pros.

ŭbĭcumquĕ, **-cunquĕ**, **-quomquĕ** ¶ **1** [adv. rel.] en quelque lieu que, partout où [sans mouvt] : [C] Pros. ; ***ubicumque erimus*** [C] Pros., partout où nous serons ¶ **2** [adv. indéfini] en tout lieu, partout : [C] Poés., [+C] Pros.

Ubĭi, *ōrum*, m. pl., les Ubiens, peuple du Rhin [capitale Cologne] : [C] Pros. ‖ adj., **Ubius**, *a*, *um*, ***mulier Ubia*** [+C] Pros., femme ubienne

ŭbĭlĭbĕt, adv., n'importe où : [+C] Pros.

ŭbĭnam, adv., où donc ? en quel lieu ? : [C] Pros.

ŭbĭquāquĕ, [adv. indéfini] partout : [C] Poés.

1 **ŭbīquĕ**, adv. corresp. à *quisque* ; [employé surtout dans les relatives ou les relatives-interrogatives] partout, en tout lieu : [C] Pros. ‖ [C] Pros. ; [après *quantum*] [C] Poés. ‖ [sans relatif ni rel.-interr.] partout : [C] Poés., [+C] Pros. ‖ [avec gén.] ***itineris ubique*** [+C] Pros., dans tout le voyage

2 **ŭbīquĕ**, [=] *et ubi* : [-C] Théât., [C] Pros., Poés.

ŭbĭquomquĕ, [=] *ubicumque*

ŭbĭŭbi, [V.] *ubi*

Ubĭus, *a*, *um*, [V.] *Ubii*

ŭbĭvīs, [adv. indéfini] n'importe où, partout [sans mouvt] : [C] Pros. ‖ ***ubivis gentium*** [-C] Théât.

Ūcălĕgōn, *ōnis*, m., Ucalégon [nom d'un Troyen dont la maison fut incendiée à la prise de Troie] : [C] Poés. ‖ [fig.] une victime d'incendie : [+C] Poés.

Ūcĕtĭa, *ae*, f., ***Ucetica urbs***, même sens : [+T] Pros.

Ucubis, *is*, f., ville de Bétique [Espejo] : [C] Pros. ; **Ucubi**, n.

1 **ūdō**, *ās*, *āre*, *āvī*, *-*, tr., humecter, mouiller, baigner, bassiner : [T] Pros.

2 **ūdo**, *ōnis*, m., chausson de feutre : [+C] Poés.

ūdŏr, *ōris*, m., pluie : [C] Pros.

ūdus, *a*, *um*, chargé d'eau, humecté : [+C] Pros. ; ***uda humus*** [C] Poés., terre trempée d'eau ; ***udum palatum*** [C] Poés., palais humide ‖ ***udi oculi*** [C] Poés., yeux baignés de larmes ; [+C] Poés. ‖ ***udus aleator*** [+C] Poés., le joueur humecté, pris de vin

Ūfens (**Ofens**), *tis*, m. ¶ **1** rivière du Latium : [C] Poés. ‖ **-tīnus**, *a*, *um*, de l'Ufens : [C] Pros. ¶ **2** nom d'homme : [C] Poés.

Uffugum (**Auf-**), *i*, n., ville du Bruttĭum [auj. Fognano] : [C] Pros.

ulcĕrātĭo, *ōnis*, f., ulcération, ulcère : [+C] Pros.

ulcĕris, gén. de *ulcus*

ulcĕrō, *ās*, *āre*, *āvī*, *ātum*, tr., blesser, faire une plaie à : [C] Poés. ; ***ulceratus*** [C] Pros. ‖ [fig.] blesser [le coeur] : [C] Pros.

ulcĕrōsus, *a*, *um*, couvert d'ulcères : [+C] Pros. ‖ [fig.] blessé, ulcéré [par la passion] : [C] Poés.

ulciscō, *ĭs*, *ĕre*, *-*, *-*, arch. [=] *ulciscor* : [-C] Théât. ; [V.] *ullo*

ulciscŏr, *scĕrĭs*, *scī*, *ultus sum*, tr. ¶ **1** venger [= venger sur autrui] : ***patrem*** [C] Pros., venger son père ; ***se ulcisci*** [C] Pros., se venger ; ***Caesaris mortem*** [C] Pros., venger la mort de César ¶ **2** se venger de, punir en tirant vengeance ***a) aliquem pro scelere*** [C] Pros., tirer vengeance de qqn pour un crime ***b) injurias alicujus*** [C] Pros., se venger des injustices qu'on a subies de la part de qqn ; ***scelus alicujus*** [C] Pros., tirer vengeance du crime de qqn

ulcus, *ĕris*, n., ulcère, plaie : [C] Poés., [+C] Pros. ; ***ulcus tangere*** [-C] Théât., mettre le doigt sur la plaie ‖ [fig.] plaie du coeur : [C] Poés. ‖ blessure : [C] Pros.

ulcuscŭlum, *i*, n., petit ulcère : [+C] Pros.

ūlĭgĭnōsus, *a*, *um*, plein d'humidité, marécageux : [C] Pros. ‖ d'hydropique : [T] Pros.

ūlīgo, *ĭnis*, f., humidité [naturelle] de la terre : [-C] Pros., [C] Pros., Poés. ; pl. [+C] Pros.

Ŭlixēs, *is*, acc. *em*, m., Ulysse [époux de Pénélope, père de Télémaque] : [C] Pros.

Ŭlixēus, *a*, *um*, d'Ulysse : [+C] Pros.

ullīus, gén. de *ullus*

ullo, [=] *ultus ero*, fut. ant. d'*ulciscor* : [-C] Théât.

ullus, *a*, *um*, [employé dans les prop. négatives, hypothétiques ou interrogatives, et rarement ailleurs] quelque, quelqu'un ¶ **1** adjt : ***non ulla causa*** [C] Pros., pas une seule cause ‖ [dans une prop. affirmative] [-C] Théât., [C] Poés., [+C] Pros. ¶ **2** pron. m. : [-C] Théât., [C] Pros. ; ***si ab ullo …*** [C] Pros., si par qui que ce soit … ; pl., [C] Pros. ‖ au n. : ***neque est ullum, quod*** [C] Pros., et il n'y a pas une de ces choses qui

ulmĕus, *a, um*, d'orme, de bois d'orme : ***ulmea cena*** [+C] Poés., un dîner en bois d'orme = des coups de bâton pour dîner ; [-C] Théât.

ulmĭtrĭba, *ae*, m., f., celui qui use les bâtons d'orme [sur son dos, à force d'être battu] : [-C] Théât.

ulmus, *i*, f., orme, ormeau : [C] Poés., Pros. ‖ [fig.] ***ulmi Falernae*** [+C] Poés., les ormes = les vignes de Falerne [mariées à l'ormeau]

ulna, *ae*, f. ¶ **1** [poét.] bras : [C] Poés. ¶ **2** [mesure de longueur] brasse : [C] Poés.

ulpĭcum, *i*, n., variété d'ail : [-C] Pros., Théât., [+C] Pros.

Ulpĭus, *ĭi*, m., nom d'une famille rom., not[t] *Ulpius Trajanus* l'empereur Trajan [98-117] : [T] Pros. ‖ **-ĭus**, *a, um*, d'Ulpius, de Trajan : [T] Poés.

ultĕrĭor, *ĭus*, qui est au-delà, de l'autre côté, ultérieur : ***Gallia ulterior*** [C] Pros., la Gaule ultérieure ; [-C] Théât. ; ***ulterior ripa*** [C] Poés., la rive opposée ; [C] Pros. ‖ subst. m. pl., ***ulteriores***, ceux qui sont le plus éloignés [oppos. à *proximi*] : [C] Pros. ‖ ***ulteriora***, n. ***a)*** les points plus éloignés : [+C] Pros. ***b)*** le passé : [+C] Pros. ***c)*** le futur, la suite : [C] Poés., [+C] Pros.

Ultĕrĭor portus, m., port de Gaule, en face de la Bretagne : [C] Pros.

ultĕrĭus ¶ **1** n. de *ulterior* ¶ **2** compar. de *ultra* ***a)*** plus au-delà, plus loin : [C] Poés. ***b)*** [fig.] [C] Poés., [+C] Pros. ; ***ulterius justo*** [C] Poés., plus que de raison

ultĭmē, adv., au dernier point, extrêmement, autant que possible : [+C] Pros. ‖ enfin, en dernier lieu : [+C] Pros.

ultĭmō, adv., enfin, à la fin : [+C] Pros.

ultĭmum ¶ **1** adv., pour la dernière fois : [+C] Pros. ¶ **2** subst., → *ultimus*

ultĭmus, *a, um*, superl. de *ulterior* ¶ **1** ***a)*** le plus au-delà, le plus reculé, le plus éloigné : [C] Pros. ; ***ultima Gallia*** [C] Pros., la Gaule transalpine ‖ ***ultimi*** m. pl., [C] Pros., les plus reculés, les plus en arrière ; ***ultima*** n. pl., [C] Poés., les points de l'espace les plus reculés = le but ; [C] Pros. ***b)*** la partie la plus au-delà de, la plus reculée de : ***ultima provincia*** [C] Pros., la partie la plus reculée de la province : ***ultima Africa*** [C] Poés., l'extrémité de l'Afrique ; ***in platea ultima*** [-C] Théât., à l'autre bout de la place ; ***ultimis in aedibus*** [-C] Théât., dans la partie la plus reculée de la maison ¶ **2** [fig.] ***a)*** [temps] le plus reculé, le plus éloigné : ***ultima antiquitas*** [C] Pros., l'antiquité la plus reculée ‖ le dernier : ***ad ultimum spiritum*** [C] Pros., jusqu'au dernier souffle ; ***ultima dies*** [C] Poés., le dernier jour de la vie, la mort ; ***utlimum consilium*** [+C] Pros., la résolution extrême (le suicide) ; ***ultimus lapis*** [C] Poés., la pierre dernière, le tombeau ; ***ultimae cerae*** [+C] Poés., les tablettes (les volontés) dernières ; [C] Pros., [+C] Pros. ‖ ***ad ultimum***, jusqu'au bout : [C] Pros. ; enfin, à la fin : [C] Pros. ‖ ***ultima***, n. pl., la fin ; ***ultima exspectato*** [C] Pros., attends la fin ***b)*** [classement] le plus grand, le plus élevé, du dernier degré : [C] Pros. ; ***ultimum supplicium*** [C] Pros., le dernier supplice ; ***ultimae miseriae*** [C] Pros., les dernières misères, l'extrême limite du malheur ‖ ***ultimum***, n., le plus haut point, le plus haut degré ; [C] Pros. ; ***ad ultimum***, adv., [C] Pros., jusqu'au dernier point ‖ ***ultima***, n. pl., les dernières extrémités : [C] Pros. ***c)*** le dernier, le plus bas, le plus infime : [C] Pros., [+C] Pros.

ultĭo, *ōnis*, f., vengeance, action de tirer vengeance, punition infligée comme vengeance : [C] Pros., [+C] Pros. ; ***ultionem petere*** [C] Pros., chercher à tirer vengeance (***ex aliquo*** [+C] Pros., de qqn) ; ***ultio irae*** [C] Pros., une vengeance sous l'effet de la colère ‖ la Vengeance, déesse : [+C] Pros.

ultŏr, *ōris*, m., vengeur, qui tire vengeance, qui punit : [C] Pros. ‖ ***deus ultor*** [C] Poés., dieu vengeur ; ***ultores dii*** [+C] Pros., les dieux vengeurs ; [C] Poés. ‖ ***Ultor*** [C] Poés., [+C] Pros., le Vengeur [surnom de Mars]

ultrā

I adv. ¶ **1** de l'autre côté, au-delà ; ***nec citra nec ultra*** [C] Poés., ni en deçà ni au-delà, ni en avant ni en arrière ¶ **2** par-delà, plus loin, en avant : [C] Pros. ; ***ultra differre*** [C] Pros., différer plus longtemps

II prép. acc. ¶ **1** au-delà de, de l'autre côté de : [C] Pros., Poés. ¶ **2** au-delà de [sens temporel] : [+C] Pros. ¶ **3** [mesure] au-delà de, au-dessus de, plus que : [C] Pros. ; ***ultra modum*** [+C] Pros., outre mesure ; [C] Pros. ; ***ultra fidem*** [+C] Pros., au-delà du croyable

ultrāmundānus, *a, um*, qui est au-delà des mondes : [+C] Pros.

ultrix, *īcis*, f. de *ultor*, vengeresse, qui tire vengeance : [C] Poés. ‖ [qqf. au n.] ***ultricia bella*** [+C] Poés., guerres vengeresses

ultrō, adv. ¶ **1** en allant au-delà, de l'autre côté : [-C] Théât. ‖ [d'ordinaire joint à *citro* et primit[t] avec idée de mouvement] [C] Pros. ¶ **2** [fig.] ***a)*** en allant plus loin, par dessus le marché, de plus, en outre : ***ultroque*** [C] Pros., et qui plus est ***b)*** en prenant les devants, en prenant l'offensive, sans être provoqué, de son propre mouvement, de soi-même : [C] Pros. ‖ **ultro tributa**, *orum*, n. pl., [C] Pros., avances faites par l'État pour travaux publics : [C] Pros. ‖ [fig.], contributions volontaires : [+C] Pros.

ultrōnĕus, *a, um*, qui agit librement : [+C] Pros. ‖ volontaire, libre [choses] : [+C] Pros.

ultrōtrĭbūta, → *ultro*, fin

ultus, *a, um*, part. de *ulciscor*

Ulŭbrae, *ārum*, f. pl., bourg du Latium : [C] Pros. ‖ **-ānus**, *a, um*, d'Ulubrae : [C] Pros.

ŭlŭla, *ae*, f., chat-huant, effraie [oiseau] : [C] Pros., Poés.

ŭlŭlābĭlis, *e*, perçant [voix, cri] [+C] Pros., [T] Pros.

ŭlŭlāmĕn, *ĭnis*, n., → *2 ululatus* : [T] Poés.

1 **ŭlŭlātus**, *a, um*, part. de *ululo*

2 **ŭlŭlātŭs**, *ūs*, m., hurlement, cri perçant : ***ululatum tollere*** [C] Pros., pousser des hurlements [Gaulois dans le combat] ‖ cris de lamentation : [C] Poés., [+C] Pros.

ŭlŭlō, *ās, āre, āvī, ātum*

I intr. ¶ **1** hurler [chiens, loups] : [C] Poés. ‖ hurler, vociférer : [C] Poés. ‖ ***ululanti voce*** [C] Pros., avec une voix criarde ¶ **2** retentir de hurlements : [C] Poés.

II tr. ¶ **1** appeler par des hurlements : [C] Poés., [+C] Poés. ¶ **2** faire retentir de hurlements : ***ululata tellus*** [+C] Poés., la terre retentissant de hurlements ; ***ululata proelia*** [+C] Poés., combats pleins de hurlements

ulva, *ae*, f., massette, ulve [herbe des marais] : [-C] Pros., [C] Poés. ‖ boue, terre : [T] Poés.

ulvōsus, *a, um*, couvert d'ulves : [T] Pros.

umbella, *ae*, f., ombrelle, parasol : [+C] Poés.

Umber, → *Umbri*

umbĭlīcus, *i*, m. ¶ **1** nombril : [C] Pros., [+C] Pros. ‖ cordon ombilical : [+C] Pros. ¶ **2** [fig.] le milieu, le point central, le centre ***a)*** [-C] Théât. ; ***umbilicus Siciliae*** [C] Pros., le nombril de la Sicile [Henna] ; [C] Pros. ***b)*** ombilic [bouton aux extrémités du cylindre qui servait à enrouler les manuscrits, d'où le cylindre lui-même] : ***ad umbilicum adducere*** [C] Poés., amener au cylindre = achever ; [+C] Poés. ; pl., [+C] Poés. ***c)*** sorte de coquillage : [C] Pros., [+C] Pros.

umbo, *ōnis*, m. ¶ **1** bosse d'un bouclier : [C] Poés., Pros. ¶ **2** bouclier : [C] Poés., Pros. ¶ **3** coude de l'homme : [+C] Poés., Pros. ¶ **4** promontoire : [+C] Poés. ‖ isthme : [+C] Poés. ¶ **5** borne d'un champ : [+C] Poés. ¶ **6** plis saillants de la toge, toge : [+C] Poés.

umbra, *ae*, f. ¶ **1** ombre [produite par interposition d'un corps] : ***platani umbra*** [C] Pros., ombre d'un platane ; ***umbras timere*** [C] Pros., craindre l'ombre des objets ; [fig.] ***umbram facere alicui rei*** [+C] Pros., jeter de l'ombre sur (éclipser) qqch. ¶ **2** [métaph.] ***a)*** ombre en peinture : [C] Pros. ; [dans un discours, par anal.] [C] Pros. ***b)*** ombre d'un mort, fantôme, spectre : [C] Poés. ; pl., ***umbrae matris*** [C] Poés., l'ombre d'une mère ***c)*** ombre [convive qu'un invité peut de son chef amener avec lui, parasite] : [C] Poés., Pros. ***d) umbra luxuriae*** [C] Pros., ce qui accompagne l'orgie comme son ombre [la danse] ***e)*** lieu ombragé, ombrage : [C] Pros. ; ***Pompeia in umbra*** [C] Poés., à l'ombre du portique de Pompée ‖ la vie à l'ombre : [C] Pros. ***f)*** [barbe, duvet qui ombrage les joues] [+C] Poés. ; [de l'aigrette qui ombrage le sommet du casque] [+C] Poés. ***g)*** ombre [poisson] : [C] Pros., [+C] Pros. ¶ **3** [fig.] ***a)*** ombre, apparence : [C] Pros. ***b)*** = protection, asile, secours : [C] Pros.

umbrācŭlum, *i*, n. ¶ **1** lieu ombragé : [C] Pros. ‖ [fig.] pl. ***umbracula*** [C] Pros., ombrages de l'école, école ¶ **2** parasol, ombrelle : [C] Poés., [+C] Poés.

umbrātĭcŏla, *ae*, m., f., qui se plaît à l'ombre, mou, efféminé : [-C] Théât.

umbrātĭcus, *a*, *um*, qui vit à l'ombre, qui est à l'ombre : ***homo*** [-C] Théât., un boutiquier, un homme de bureau [ironie] ‖ qui vit dans la mollesse [épicuriens] : [+C] Pros. ‖ fait à l'ombre du cabinet, chez soi, à loisir : ***umbraticae litterae*** [+C] Pros., lettres écrites dans l'ombre du cabinet ‖ d'apparence, irréel : [T] Pros.

umbrātĭlis, *e*, qui reste à l'ombre, désœuvré, oisif [chose] : ***umbratilis vita*** [C] Pros., vie d'oisiveté ‖ loin du soleil [= des conditions réelles], qui se passe à l'ombre de l'école, dans le silence du cabinet : [C] Pros.

umbrātĭlĭtĕr, adv., en esquissant [fig.] : [T] Pros.

umbrātus, *a*, *um*, part. de *umbro*

Umbrēnus, *i*, m., un complice de Catilina : [C] Pros.

Umbri, *ōrum*, m. pl., Ombriens, habitants de l'Ombrie ‖ **-ber**, *bra*, *brum*, ombrien, d'Ombrie : [C] Poés. ‖ **-bra**, f., femme ombrienne : [-C] Théât. ‖ **Umber**, m. (s.-ent. ***canis***), chien d'Ombrie [pour la chasse] : [C] Poés.

Umbrĭa, *ae*, f., l'Ombrie [province d'Italie, à l'est de l'Étrurie] : [C] Pros. ‖ **Umbrĭa terra**, [+C] Pros., même sens

Umbrĭcĭus, *ĭi*, m., nom d'homme : [+C] Pros.

umbrĭfĕr, *ĕra*, *ĕrum* ¶ **1** qui donne de l'ombre, ombreux : [C] Pros., Poés. ¶ **2** qui transporte les ombres [des morts] : [+C] Poés.

umbrō, *ās*, *āre*, *āvī*, *ātum*, tr. ¶ **1** donner de l'ombre à, couvrir d'ombre, ombrager : [+C] Poés. ¶ **2** [abs[t]] faire de l'ombre : [+C] Pros.

umbrōsus, *a*, *um*, adj. ¶ **1** ombragé, ombreux : ***locus umbrosior*** [C] Pros., lieu plus ombragé ; ***umbrosissimus*** [+C] Pros. ‖ sombre, obscur : [C] Poés. ‖ n. pl. ***umbrosa*** [+C] Pros., pénombre ¶ **2** qui donne de l'ombre, ombreux : [C] Poés.

ūmectō (h-), *ās*, *āre*, *āvī*, *ātum*, tr., humecter, mouiller, baigner : [C] Poés.

ūmectus (h-), *a*, *um*, humecté, humide : [-C] Pros., [C] Poés. ‖ ***-ctior*** [T] Pros. ; ***-issimus*** [T] Pros.

ūmens (h-), *tis*, part. de *umeo*

ūmĕō (hūmĕō), *ēs*, *ēre*, -, -, intr., être humide : [C] Poés. ‖ ***humentia litora*** [C] Poés., rivages humides

umĕrŭlus (h-), *i*, m., petit épaulement, contrefort : [T] Pros.

ŭmĕrus (hŭmĕrus), *i*, m. ¶ **1** humérus, os supérieur du bras : [+C] Pros. ¶ **2** épaule [de l'homme] : [C] Pros. ‖ pl. [fig.], les épaules : [C] Pros. ¶ **3** épaule, cou [d'animaux] : [C] Pros. ¶ **4** croupe, flanc [de montagne] : [+C] Poés.

ūmescō (h-), *ĭs*, *ĕre*, -, -, intr., devenir humide, s'humecter, se mouiller : [C] Poés., [+C] Pros.

ūmĭdē (h-), avec humidité : [-C] Théât.

ūmĭdŭlus (h-), *a*, *um*, un peu humide : [C] Poés.

ūmĭdus (hūmĭdus), *a*, *um* ¶ **1** humide : ***ligna umida*** [C] Pros., bois mouillé ; ***umida solstitia*** [C] Poés., étés pluvieux ¶ **2** liquide : ***umida mella*** [C] Poés., miel liquide ‖ [fig.] ***verba umida*** [+C] Pros., paroles inconsistantes ¶ **3** subst. n., ***umidum*** [+C] Pros., lieu humide, marécage ‖ ***humidité*** [+C] Pros ‖ n. pl., [la mer] [T] Poés. ‖ ***umidior*** [+C] Pros.

ūmĭfĕr (h-), *ĕra*, *ĕrum*, humide : [C] Pros.

ūmŏr (hūmŏr), *ōris*, m., liquide [de toute espèce] : [C] Pros., Poés. ‖ humidité : [C] Pros. ‖ les humeurs du corps humain : [C] Pros.

umquam, **unquam**, adv., un jour, quelquefois [le plus souvent employé dans les prop., négatives, interrog. ou conditionnelles] : ***nihil umquam*** [C] Pros., jamais rien ; ***nemo umquam*** [C] Pros., jamais personne ; ***non umquam*** [C] Pros., jamais ; ***si umquam*** [C] Pros., si jamais ‖ [prop. affirm. de forme, mais de sens négatif] : [C] Pros.

ūnā, adv., ensemble, de compagnie, en même temps : [C] Pros. ‖ [très souvent accompagne *cum*] ***cum illis una*** [C] Pros., de concert avec eux, en même temps qu'eux

ūnăetvīcēsĭma legĭo, f., la vingt et unième légion : [+C] Pros.

ūnăetvīcēsĭmāni, *ōrum*, m. pl., les soldats de la vingt et unième légion : [+C] Pros.

ūnănĭmans, *tis*, → *unanimus* : [-C] Théât., [T] Pros.

ūnănĭmis, *e*, → *unanimus* : [T] Pros.

ūnănĭmĭtās, *ātis*, f., accord, harmonie, concorde : [-C] Théât., [C] Pros.

ūnănĭmĭtĕr, adv., en bon accord : [T] Pros. ; [chrét.] d'un coeur unanime : [T] Pros.

ūnănĭmus, *a*, *um*, qui a les mêmes sentiments : ***unianimi sumus*** [-C] Théât., nous n'avons qu'une seule âme = nous ne faisons qu'un ‖ qui vit en accord : [C] Poés., [+C] Poés.

uncātus, *a*, *um*, recourbé : [T] Pros. ‖ [fig.] crochu [syllogisme] : [T] Pros.

uncĭa, *ae*, f., la douzième partie d'un tout ¶ **1** once, douzième de la livre [monnaie] : [C] Pros. ‖ [poids = 27,28 g] : [+C] Poés. ‖ [mesure agraire] douzième du jugère : [+C] Pros. ¶ **2** un douzième [en parl. d'héritage] : ***Caesar ex uncia*** [C] Pros., César hérite du douzième ; [dette] [+C] Poés. ¶ **3** [fig.] = une petite quantité : [-C] Théât., [+C] Poés.

uncĭārĭus, *a*, *um*, d'un douzième ***a)*** d'une once : [poids] [+C] Pros. ; [monnaie] ***b)*** d'un douzième : [héritage] ; [intérêt] ***unciarium fenus*** [C] Pros., intérêt d'un douzième = dix pour cent par an ; [+C] Pros.

uncĭātim, adv., [fig.] sou par sou : [-C] Théât.

uncīnātus, *a*, *um*, adj., crochu, recourbé en crochet : [C] Pros.

uncīnŭlus, *i*, m., petit crochet : [T] Théât.

uncīnus, *i*, m., crochet : [C] Pros., [+C] Pros.

uncĭŏla, *ae*, f., un pauvre petit douzième [d'un héritage] : [+C] Poés.

uncō, *ās*, *āre*, -, -, intr., grogner [ours] : [+C] Pros.

unctĭo, *ōnis*, f., action d'oindre, friction : [-C] Théât., [+C] Pros. ‖ [chrét.] onction sacerdotale, consécration : [T] Pros. ‖ [fig.] lutte, exercice [du gymnase] : [C] Pros.

unctĭtō, *ās*, *āre*, -, -, tr., oindre souvent : [-C] Théât.

unctĭuscŭlus, *a*, *um*, assez gras [plat], onctueux : [-C] Théât.

unctŏr, *ōris*, m., esclave qui frotte d'huile, qui frictionne, masseur : [-C] Théât., [C] Pros., [+C] Poés.

unctōrĭum, *ĭi*, n., lieu où l'on frotte d'huile, salle de massage : [+C] Pros.

unctŭārĭum, → *unctorium*

unctŭlum, *i*, n., un peu d'onguent : [+C] Pros.

unctum, *i*, n. ¶ **1** huile pour frictions, onguent : [+C] Pros. ¶ **2** bonne chère, bon dîner : [C] Poés. ‖ luxe de table, délicatesse, recherche : [+C] Poés.

unctūra, *ae*, f., action d'oindre [un cadavre], de parfumer : [C] Pros.

1 **unctus**, *a*, *um* ¶ **1** part. de *ungo* ¶ **2** adj[t], ***a)*** rendu gras, huileux : ***Achivi uncti*** [C] Pros., les Grecs frottés d'huile ‖ oint, parfumé : ***caput unctius*** [C] Poés., la tête plus parfumée ; [+C] Pros. ***b)*** [fig.] riche, opulent : [C] Pros.

2 **unctŭs**, *ūs*, m., action d'oindre, friction : [+C] Pros.

1 **uncus**, *a*, *um*, adj., recourbé, crochu : [C] Poés. ; ***unguibus uncis*** [C] Poés., avec les griffes recourbées, les ongles crochus ; ; [poét.] ***unco morsu*** [C] Poés., avec la dent recourbée [de l'ancre]

2 **uncus**, *i*, m. ¶ **1** crochet, crampon, grappin : [-C] Pros., [C] Pros. ‖ [attribut de la nécessité] [C] Poés. ‖ [poét.] ancre : [+C] Poés. ¶ **2** bâton terminé par un croc avec lequel on traînait aux gémonies, croc : [C] Pros., [+C] Poés. ¶ **3** instrument chirurgical : [+C] Pros.

unda, *ae*, f. ¶ **1** eau agitée, onde, flot, vague : [-C] Théât., [C] Poés., [C] Pros. ¶ **2** [fig.] ***a)*** ondes de l'air : [C] Poés. ‖ vagues de fumée : [C] Poés. ***b)*** agitation d'une foule, vagues, remous : [C] Pros. ; ***salutantum unda*** [C] Poés., le flot des clients ¶ **3** [en gén.] onde, eau : [C] Poés. ‖ [en parl. de l'huile] [du sang] [+C] Poés.

undābundus, *a*, *um*, houleux, orageux : [+C] Pros., [T] Pros.

undantĕr, adv., en ondoyant : [+C] Pros.

undātim, adv., en pluie : [T] Poés. ‖ par troupes, par bandes : [T] Pros.

undĕ, adv. relatif-interrogatif de lieu

I

A relatif : ***ibi, unde*** [C] Pros., à l'endroit d'où
B interrogatif ¶ **1** [employé dans l'interrog. dir.] : [C] Pros. ¶ **2** [interr. indir.] : [C] Pros.
II employé d'une manière gén. comme substitut du relatif-interrogatif accompagné de *ex, ab* ou *de*
A relatif, [C] Pros. ‖ [droit] [C] Pros. ‖ ***unde unde = undecumque***, de qq. endroit que, [ou] de n'importe quel endroit : [C] Poés., [+C] Pros.
B interrogatif ¶ **1** [interr. dir.] ***unde (= ex qua re) eos noverat ?*** [C] Pros., d'où (= par suite de quelles circonstances) les connaissait-il ? ¶ **2** [interr. indir.] [C] Pros.

undēcentēsĭmus, *a, um*, quatre-vingt-dix-neuvième : [+C] Pros.

undēcentum, indécl., quatre-vingt-dix-neuf [cent moins un] : [+C] Pros.

undĕcĭēs, adv., onze fois : [+C] Pros.

undĕcim, indécl., onze : [C] Pros. ; ***undecim viri*** [C] Pros., les onze [magistrats d'Athènes chargés de la surveillance de la prison et de l'exécution des jugements criminels]

undĕcĭmus, *a, um*, onzième : [C] Pros.

undĕcimvĭri, *ōrum*, m. pl., V▶ *undecim*

undĕcumquĕ, **-cunquĕ**, adv., [relatif indéterminé] de qq. endroit que : [+C] Pros.

undĕlĭbĕt, adv., de qq. part que ce soit, n'importe d'où : [C] Pros., [+C] Pros.

undēnārĭus, *a, um*, qui contient onze fois l'unité : ***undenarius numerus*** [T] Pros., le nombre onze

undēni, *ae, a*, numéral distr., chacun onze, chaque fois onze : ***undeni pedes*** [C] Poés., distiques [m. à m., suite de chaque fois onze pieds (hexamètre + pentamètre = 6 + 5)] ; [C] Pros. ‖ qqf. sg. : [C] Poés.

undēnōnāgēsĭmus, *a, um*, quatre-vingt-neuvième : [+C] Pros.

undēnōnāgintā, indécl., quatre-vingt-neuf : [C] Pros.

undĕoctōgintā, indécl., soixante-dix-neuf : [C] Poés., Pros.

undēquādrāgēsĭmus, *a, um*, trente-neuvième : [+C] Pros.

undēquadrāgĭēs, **-ĭens**, adv., trente-neuf fois : [+C] Pros.

undēquādrāgintā, indécl., trente-neuf : [C] Pros.

undēquinqāgēsĭmus, *a, um*, quarante-neuvième : ***undequinquagesimo die*** [C] Pros., en quarante-neuf jours

undēquinquāgintā, indécl., quarante-neuf : [C] Pros.

undēsexāgintā, indécl., cinquante-neuf : [C] Pros.

undētrīcēni, *ae, a*, qui sont par vingt-neuf, chaque fois vingt-neuf : [T] Pros.

undētrīcēsĭmus (-trīge-), *a, um*, vingt neuvième : [C] Pros., [+C] Pros.

undētrīgintā, indécl., vingt-neuf : [C] Pros.

undĕ undĕ, V▶ *unde II A fin*

undēvīcēni, *ae, a*, chaque fois dix-neuf : [+C] Pros.

undēvīcēsĭmāni, *ōrum*, m. pl., soldats de la dix-neuvième légion : [C] Pros.

undēvīcēsĭmus (-gēsĭmus), *a, um*, dix-neuvième : [C] Pros., [+C] Pros.

undēvīgintī, indécl., dix-neuf : [C] Pros.

undĭcŏla, *ae*, m. f., qui habite dans l'eau, aquatique : [C] Poés.

undĭfrăgus, *a, um*, qui brise les vagues : [+T] Poés.

undĭquĕ, adv. ¶ **1** [sens local] de toutes parts, de tous côtés : [C] Pros. ¶ **2** [fig.] = ***ab*** ou ***ex omni parte***, de toutes parts, sous toutes les faces, à tous égards : [C] Pros. ¶ **3** qqf. avec gén. : ***undique laterum*** [+C] Pros., de tous côtés ¶ **4** ***undique versus, (versum)***, dans toutes les directions, de tous côtés : [+C] Pros., ou qqf.

undĭsŏnus, *a, um*, qui retentit du bruit des vagues : [+C] Poés. ‖ qqf. qui fait retentir les vagues : [C] Poés.

undĭvăgus, *a, um*, dont les flots sont errants : [T] Poés.

undō, *ās, āre, āvī, ātum* ¶ **1** intr. ***a)*** rouler des vagues, se soulever, être agité : [-C] Théât., [C] Pros., [+C] Pros. ‖ ***undans Aetna*** [C] Poés., l'Etna bouillonnant ***b)*** ▶ *abundo*, abonder, ***aliqua re***, de qqch. : [+C] Poés. ***c)*** ondoyer, être ondoyant : ***undantes flammae*** [+C] Poés., les flammes ondulantes ; [C] Poés. ‖ onduler, flotter [rênes] : [C] Poés. ***d)*** [fig.] être agité : ***undans curis*** [+C] Poés., agité de soucis ¶ **2** tr., inonder : ***sanguine campos*** [+C] Poés., inonder de sang les campagnes

undōsē** [inus.] compar., ***undosius, avec plus de vagues : [T] Pros.

undōsus, *a, um*, plein de vagues, agité, houleux : [C] Poés., [+C] Poés. ‖ ***-issimus*** [T] Pros.

undŭōsus, V▶ *undosus* : [T] Pros.

Unelli, *ōrum*, m. pl., peuple de l'Armorique [Cotentin] : [C] Pros.

ūnetvīcēsĭmāni, *ōrum*, m. pl., soldats de la 21e légion : [+C] Pros.

ūnetvīcēsĭmus, *a, um*, vingt et unième : [+C] Pros.

ungell-, V▶ *unguell-*

ungentārius, V▶ *unguentarius*

ungō (unguō), *ĭs, ĕre, unxī, unctum*, tr. ¶ **1** oindre, enduire, frotter de : ***aliquem unguentis*** [C] Pros., baigner qqn de parfums ; ***melle*** [-C] Pros., enduire de miel ‖ [en part.] frictionner et parfumer, après le bain : [C] Pros. ; ***unctus est*** [C] Pros., on le frictionna ; [+C] Pros. ‖ oindre, parfumer le corps d'un défunt : [C] Poés. ¶ **2** graisser un plat, y ajouter de la graisse : ***caules oleo*** [C] Poés., assaisonner d'huile des choux ¶ **3** imprégner : ***ungere tela*** [C] Poés., imprégner les armes [de poison] ; [C] Poés. ; ***unctis manibus*** [C] Poés., avec des mains grasses [imprégnées de graisse] ; ***uncta carina*** [C] Poés., la carène goudronnée

unguēdo, *ĭnis*, f., onguent, parfum : [+C] Pros.

unguella (ungella), *ae*, f., pied de cochon [cuit] : [+C] Pros.

unguĕn, *ĭnis*, n., corps gras, graisse : [C] Poés.

unguentārĭa, *ae*, f., métier de parfumeur : [-C] Théât.

unguentārĭum, *iī*, n., argent pour acheter des parfums : [+C] Pros.

unguentārĭus, *a, um*, de parfum, relatif aux parfums : ***unguentaria taberna*** [C] Pros., boutique de parfumeur ‖ subst. m., parfumeur : [C] Pros.

unguentātus, *a, um*, parfumé : [-C] Théât., [+C] Pros.

unguentum, *i*, n., parfum liquide, huile parfumée, essence [sg. et pl.] : [C] Pros. ‖ gén. pl., ***unguentum*** [-C] Théât.

unguĭcŭlus, *i*, m., ongle [de la main ou du pied] : [C] Pros. ‖ [-C] Théât., [C] Pros. ; ***ab unguiculo ad capillum*** [-C] Théât., des pieds à la tête

unguĭnis, gén. de *unguen*

unguĭnōsus, *a, um*, gras, onctueux, huileux : [+C] Pros.

unguis, *is*, m. ¶ **1** ongle [de la main ou du pied] : [homme] [C] Pros. ‖ [animaux] [C] Pros., Poés. ¶ **2** expr. prov. ***a) de tenero ungui*** [C] Poés., dès la plus tendre enfance ***b) ad unguem***, parfaitement [comme le marbrier éprouve le poli en passant l'ongle sur la pierre] : [C] Poés. ; ***in unguem*** [C] Poés., même sens ; [+C] Pros., [+C] Poés. ¶ **3** [fig.] ***a)*** sorte de coquillage : [C] Pros. ***b)*** grappin, crochet : [+C] Pros. ***c)*** taie sur l'œil : [+C] Pros.

1 **ungŭla**, *ae*, f. ¶ **1** griffe, serre, ongle, sabot : [-C] Pros., [C] Poés., Pros. ¶ **2** [fig.] ***a)*** cheval : [C] Poés., [+C] Poés. ***b)*** ongle, instrument de torture : [+C] Pros., [T] Pros.

2 **ungula**, *ae*, f., baume, parfum : [T] Pros.

ungŭlātus, *a, um*, qui a des sabots, en corne : [+C] Pros.

ungŭlus, *i*, m., bracelet : [-C] Théât.

unguō [forme étymologique], V▶ *ungo* [forme analogique, CF▶ *unxi, jungo*]

uni, ancien gén. m., V▶ *unus*

ūnĭcē, adv., d'une manière unique, exceptionnelle, à nulle autre seconde, tout particulièrement : [C] Pros. ‖ renforcé par ***unus*** dans [-C] : [-C] Théât. ‖ ***unice securus*** [C] Poés., d'une insouciance sans égale

ūnĭcŏlŏr, *ōris*, adj. m. f. n., qui est d'une seule couleur : [C] Pros.

ūnĭcŏlōrus, *a, um*, monochrome, d'une seule couleur : [T] Poés.

ūnĭcornĭcus, *a, um*, ▶ *unicornis*

ūnĭcornis, *e*, subst. m., licorne : [T] Pros.

ūnĭcultŏr, *ōris*, m., adorateur d'un seul Dieu : [T] Poés.

ūnĭcus, *a, um* ¶**1** unique, seul : [C] Pros. ¶**2** unique, incomparable, sans pareil, sans égal : ***unica liberalitas*** [C] Pros., libéralité sans seconde ; ***unicus dux*** [C] Pros., chef incomparable

ūnĭformis, *e*, simple, uniforme : [+C] Pros., [T] Pros.

ūnĭformĭtās, *ātis*, f., uniformité : [T] Pros.

ūnĭformĭtĕr, adv., uniformément, d'une manière uniforme : [T] Pros.

ūnĭgĕna, *ae*, adj. m. f. ¶**1** né seul, unique : [C] Pros. ¶**2** né d'un même enfantement, jumeau, jumelle ‖ m., frère : [C] Poés. ‖ f., soeur : [C] Poés.

ūnĭgĕnĭtus, *a, um*, subst. m., Fils unique de Dieu, Jésus-Christ : [T] Pros.

1 **ūnĭmănus**, *a, um*, qui n'a qu'une main : [C] Pros.

2 **Ūnĭmănus**, *i*, m., surnom d'un Claudius : [+C] Pros.

ūnĭmŏdus, *a, um*, qui est d'une seule manière, uniforme : [T] Poés.

1 **ūnĭō**, *īs, īre, -, ūnītum*, tr., unir, réunir : [+C] Pros.

2 **ūnĭo**, *ōnis*, f. et m. ¶**1** union : [T] Pros. ¶**2** m., grosse perle, perle ; [+C] Pros., Poés. ¶**3** f., sorte d'oignon : [+C] Pros.

ūnissĭmē, ▶ *uniter*

ūnĭtās, *ātis*, f. ¶**1** unité : ***in unitatem coire*** [+C] Pros., faire un ¶**2** = identité : [C] Pros. ¶**3** unité de sentiments : [+C] Pros.

ūnĭtĕr, adv., de manière à ne faire qu'un : [C] Poés.

ūnītus, *a, um*, part. de *1 unio*

ūnīus, gén. de *unus*

ūnīuscūjusque, gén. de *unusquisque*

ūnīusmŏdi, mieux **ūnīus mŏdi**, d'une même espèce : [C] Pros.

ūnĭversālis, *e*, universel, général : [+C] Pros.

ūnĭversālĭtĕr, adv., universellement, généralement, dans tous les cas : [T] Pros.

ūnĭversātim, adv., universellement, généralement : [T] Pros.

ūnĭversē, adv., généralement, en général : [C] Pros., [+C] Pros.

ūnĭversĭtās, *ātis*, f. ¶**1** universalité, totalité, ensemble : ***generis humani*** [C] Pros., l'ensemble du genre humain ; ***orationis*** [+C] Pros., ensemble d'un discours ¶**2** ***universitas*** [C] Pros. et ***universitas rerum*** [C] Pros., l'ensemble des choses, l'univers

ūnĭversus, arch. **ūnĭvorsus**, *a, um* ***a)*** tout entier ; sg., considéré dans son ensemble, général, universel : ***universa provincia*** [C] Pros., la province dans son ensemble [opp. à *singulae partes*] ; [C] Pros. ; ***universum genus*** [C] Pros., une thèse générale ; [-C] Théât. ; ***odium universum*** [C] Pros., aversion générale ***b)*** pl., ensemble [opp. aux individus] : [C] Pros. ***c)*** pl., **universi**, *ōrum*, tous ensemble, tous sans exception : [C] Pros. ; ***omnes universi*** [-C] Théât., tous sans exception ***d)*** n. sg., ***universum, i*** [C] Pros., ou n. pl., [C] Pros. ‖ ***in universum*** [C] Pros., [+C] Pros., en général

ūnĭvĭra, *ae*, adj. f., subst. f., femme qui n'a été mariée qu'une fois : [+C] Pros.

ūno, ancien dat. m. de *unus*

ūnŏcŭlus, *i*, m., qui n'a qu'un œil : [-C] Théât.

Ūnŏmammĭa, *ae*, f., pays des femmes n'ayant qu'un sein, comme les Amazones [mot forgé] : [-C] Théât.

ūnōsē, adv., à la fois, ensemble : [-C] Théât.

unquam, ▶ *umquam*

Unsingis, *is*, m., rivière de Germanie : [+C] Pros.

ūnus, *a, um*, gén. *ūnīŭs*, dat. *ūnī* ¶**1** adj. numéral, un, une ***a)*** d'ord. au sg. ou avec le pl. des subst. qui n'ont pas de sg. : ***una castra*** [C] Pros., un camp ; [poét.] ***una excidia*** [C] Poés., un désastre ***b)*** avec les adj. ordinaux : [C] Pros. ***c)*** [avec *alter*] [C] Pros. ***d)*** ***unus e (de)***, un d'entre : [C] Pros. ‖ [le gén. partitif placé après *unus*] : [C] Poés., Pros. ‖ [gén. avant] : ***pastorum unus*** [C] Pros., un des bergers ‖ [d'ordinaire *unus* après le relatif] : [C] Pros. ¶**2** ***a)*** subst. m. : [C] Pros. ; qqf. [+C] Pros. [ou] [+C] Pros. ‖ ***ad unum***, jusqu'au dernier, sans exception : [C] Pros. ; surtout ***omnes ad unum*** [C] Pros., tous jusqu'au dernier ‖ ***unus de multis*** [C] Pros., un homme de la foule, le premier venu [ou] ***e multis*** [C] Pros. ‖ ***uno plus*** ; ▶ *plus* ***b)*** subst. n. : [C] Pros. : [C] Pros. ‖ ***in unum***, en un point, en un lieu : ***in unum conducere*** [C] Pros. ; ***cogere*** [C] Pros., rassembler, réunir ¶**3** un même, le même : [C] Pros. ; ***uno tempore*** [C] Pros., en même temps ¶**4** un seul : ***legio una*** [C] Pros., une seule légion ; ***unae litterae*** [C] Pros., une seule lettre ; [-C] Théât., [C] Pros. ‖ [renforcé par *tantum*] : [C] Pros., [+C] Pros. ; [par *modo*] [C] Pros. ‖ renforçant *nemo, nullus* : ***nemo unus*** [C] Pros., pas un seul, absolument personne ‖ joint à *aliquis* : [C] Pros. ; ***si unum aliquid affert*** [C] Pros., s'il apporte (s'il possède) un talent, fût-il unique [p. ex., science de la guerre, science du droit] ‖ joint à *quisque*, ▶ *unusquisque* ‖ [C] Pros. ; [avec *quilibet*] [C] Pros. ¶**5** par excellence : [C] Poés., Pros. ‖ surtout comme renforcement du superlatif : [C] Pros. ¶**6** sens indéfini = un, quelqu'un : [C] Pros. ; ***quivis unus*** [C] Pros., qqn, n'importe qui

ūnusquisquĕ, *ūnaquaequĕ*, *ūnumquodquĕ*, pron. *unumquidque*, chaque, chacun, chacune : [C] Pros. ; ***unumquidque*** [C] Pros., chaque chose

ūnusquisquis**, *ūnumquidquid*, indéfini, ***unum quidquid [-C] Théât., chaque chose séparément ; ***unumquidquid*** [C] Poés., chaque chose

ūnus quīvis, ▶ *unus*

unxī, parf. de *unguo*

Unxĭa, *ae*, f., déesse qui présidait aux onctions : [T] Pros.

ūpĭlĭo, *ōnis*, m., ▶ *opilio* : [C] Poés.

Ūpis, *is* ¶**1** m., père de la Diane Upis des Grecs : [C] Pros. ¶**2** f., Diane : [C] Pros.

ŭpŭpa, *ae*, f., pioche, pic : [-C] Théât.

ūraeŏn, *i*, n., morceau de la queue du thon : [C] Pros.

Ūrănĭa, *ae*, f. ¶**1** Uranie [muse de l'astronomie] [C] Pros. ‖ **Ūrănĭē**, *ēs*, f., [C] Poés. ¶**2** une des chiennes d'Actéon : [+C] Poés.

Ūrănus, *i*, m., Uranus (Ouranos), père de Saturne (Kronos) : [T] Pros.

urbānē, adv. ¶**1** civilement, poliment, avec urbanité : [C] Pros. ¶**2** [style] délicatement, finement, spirituellement : [C] Pros. ‖ ***-nius*** [C] Pros., [+C] Pros. ; ***-issime*** [+C] Pros.

urbānĭtās, *ātis*, f. ¶**1** le séjour de la ville, la vie de Rome : [C] Pros. ¶**2** qualité de ce qui est de la ville ***a)*** traits caractéristiques de la ville : [en parl. de l'accent] [C] Pros. ; ▶ *1 urbanus* ***b)*** urbanité, bon ton, politesse de mœurs : [C] Pros. ***c)*** langage spirituel, esprit : [C] Pros. ***d)*** mauvaise plaisanterie, farce : [+C] Pros.

1 **urbānus**, *a, um* ¶**1** de la ville, urbain : [C] Pros. ; ***urbanae tribus*** [C] Pros., tribus urbaines ; ***praetor urbanus*** [C] Pros., préteur urbain ; ***urbanae res*** [C] Pros., la situation à Rome ‖ ***urbānus, i***, m., un citadin, habitant de la ville : [C] Pros. ¶**2** [fig.] qui caractérise la ville ou l'habitant de la ville ***a)*** poli, de bon ton, plein d'urbanité : [C] Pros. ; ***urbanissimus*** [C] Pros. ***b)*** spirituel, fin : [+C] Pros., [C] Pros., Poés. ‖ plaisant : [C] Pros. ***c)*** hardi, qui a de l'aplomb : ***frons urbana*** [C] Pros., l'aplomb de la ville

2 **Urbānus**, *i*, m., nom d'homme : [T] Pros.

Urbĭaca, ▶ *Urbicua*

urbĭcăpŭs, *i*, m., preneur de villes : [-C] Théât.

Urbĭcĭus, *ĭi*, m., nom d'homme : [T] Pros.

urbĭcrĕmus, *a, um*, qui brûle les villes : [T] Poés.

Urbĭcŭa, *ae*, f., ville de Tarraconaise : [C] Pros.

1 **urbĭcus**, *a, um*, de la ville, relatif à la ville : [+C] Pros. ‖ de Rome : [+C] Pros.

2 **Urbĭcus**, *i*, m., nom d'un auteur d'atellanes : [+C] Poés. ‖ surnom romain : [+C] Pros.

Urbīnās, *ātis*, m., natif d'Urbinum : [C] Pros.

Urbīnĭa, *ae*, f., nom de femme : [+C] Pros.

Urbīnĭānus, *a, um*, d'Urbinia : [+C] Pros.

Urbīnum, *i*, n., ville d'Ombrie [auj. Urbino] : [+C] Pros.

Urbĭus clīvus, m., nom d'un quartier de Rome : [C] Pros.

urbo, V. *urvo*

urbs, *urbis*, f. ¶ **1** ville [avec une enceinte] : [C] Pros., Poés. ; ***urbs Romana*** [C] Pros., la ville de Rome ‖ [avec gén., poét.] [C] Poés. ¶ **2** ***urbs*** = les habitants de la ville : [C] Poés., [+C] Poés.

urbum, *i*, n., V. *urvum*

urcĕātim, adv., à seaux : ***urceatim pluebat*** [+C] Pros., il pleuvait à verse

urcĕŏlus, *i*, m., cruchon : [+C] Poés.

urcĕum, *i*, n., V. *urceus* : [-C] Pros.

urcĕus, *i*, m., pot, cruche : [C] Poés., [+C] Pros.

urcĭŏlus, V. *urceolus*

urcō, *ās*, *āre*, -, -, intr., crier [lynx] : [+C] Pros., [T] Poés.

ūrēdo, *ĭnis*, f., nielle ou charbon [maladie des plantes] : [C] Pros.

urgens, *tis*, part.-adj. de *urgeo*, pressant

urgĕō (plus tard **urguĕō**), *ēs*, *ēre*, *ursī*, -, tr. ¶ **1** presser : [C] Pros. ; ***urgeo forum*** [C] Pros., je foule le forum ; [C] Poés. ; [fig.] [C] Pros. ; ***urgeri*** [C] Pros., être écrasé sous un fardeau ; [-C] Théât. ‖ ***naves in Syrtes*** [C] Poés., pousser des navires sur les Syrtes ; ***saxum*** [C] Poés., pousser un rocher [Sisyphe] ; ***vocem*** [+C] Pros., pousser sa voix ; ***orationem*** [+C] Pros., pousser son débit ‖ [absᵗ] [C] Poés. ¶ **2** presser [emploi part.] ***a)*** serrer de près, accabler : ***hostes*** [C] Pros., presser l'ennemi ‖ [absᵗ] [C] Poés. ***b)*** [fig.] ***urgens senectus*** [C] Pros., la vieillesse qui nous presse ; [C] Poés., Pros. ***c)*** resserrer, tenir à l'étroit [une ville, une vallée] : [C] Pros., Poés. ‖ [absᵗ] être limitrophe : [C] Poés. ***d)*** [avec gén.] [+C] Pros. ¶ **3** [fig.] ***a)*** presser, pousser qqn dans une discussion, serrer de près, accabler, pousser l'épée dans les reins, charger : [C] Pros. ‖ [absᵗ] [C] Pros. ‖ [avec prop. inf.] ***illud urgeam*** [C] Pros., je le pousserais sur ce point, à savoir que ***b)*** s'occuper avec insistance de qqch. : [C] Pros. ‖ mettre en avant avec insistance : ***jus, aequitatem*** [C] Pros., insister sur le point de vue du droit, sur le point de vue de l'équité ; [absᵗ] ***urgent rustice*** [C] Pros., ils insistent [s'obstinent] gauchement ‖ poursuivre avec opiniâtreté : ***propositum*** [C] Poés., s'acharner à la poursuite d'un but ‖ saisir avec empressement [une occasion, une possibilité] : [C] Pros. ‖ [avec inf.] s'empresser de : [C] Poés. ; [avec prop. inf.], insister pour obtenir que : [+C] Pros.

Urgŭlānĭa, *ae*, f., nom d'une amie de Livie, sous Tibère : [+C] Pros.

Urgulānilla, *ae*, f., V. *Plautia*

Urĭās, *ae*, m., Urie [Hittite, époux de Bethsabée] : [T] Pros.

ūrīgo, *ĭnis*, f., désir amoureux : [T] Pros.

ūrīna, *ae*, f., urine : [C] Pros. ‖ ***genitalis*** [+C] Poés., liqueur séminale

ūrīnātŏr, *ōris*, m., plongeur : [C] Pros.

ūrīnō, *ās*, *āre*, -, -, intr., plus fréq. **ūrīnŏr**, *ārĭs*, *ārī*, -, intr., plonger dans l'eau : [C] Pros.

Urĭŏs (-us), *ĭī*, m., qui donne un vent favorable [épithète de Jupiter] : [C] Pros.

Urītes, *um*, m. pl., peuple du sud de l'Italie : [C] Pros.

Ūrĭus (-ŏs), *ĭī*, m. ¶ **1** V. *Urios* ¶ **2** nom d'un roi des *Alamanni* : [T] Pros.

urna, *ae*, f. ¶ **1** urne, grand vase à puiser de l'eau : [-C] Théât. : [C] Poés. ‖ [attribut d'un fleuve] [C] Poés. ; [du Verseau] [C] Poés. ¶ **2** urne [en gén.] ***a)*** [de vote] : [C] Pros. ‖ urne du destin : [C] Poés. ; [pour tirage au sort] [C] Pros. ***b)*** urne cinéraire : [C] Poés., [+C] Pros. ***c)*** urne à garder de l'argent : [C] Poés. ***d)*** mesure de capacité = une demi-amphore : [-C] Pros. ‖ mesure de capacité [13,13 l] : [-C] Pros., [+C] Poés.

urnālis, *e*, qui contient une urne [mesure de capacité], de la contenance de l'urne : [-C] Pros.

urnārĭum, *ĭī*, n., buffet ou table sur quoi on dépose les urnes : [C] Pros.

urnātŏr, *ōris*, m., V. *urinator*

Urnĭfĕr, *ĕri*, m., le Verseau, qui porte une urne : [T] Poés.

urnĭgĕr, *ĕra*, *ĕrum*, qui porte une urne : ***puer*** [T] Poés., le Verseau

urnŭla, *ae*, f., petite urne : [C] Pros. ‖ petite urne cinéraire : [T] Pros.

ūrō, *ĭs*, *ĕre*, *ussī*, *ustum*, tr. ¶ **1** brûler : ***uri calore*** [C] Pros., être brûlé, desséché par la chaleur [pays] ¶ **2** [en part.] ***a)*** traiter par le feu, cautériser, brûler : [C] Pros. ***b)*** peindre à l'encaustique : [C] Poés. ***c)*** consumer par le feu, brûler un mort : [C] Pros. ‖ brûler une ville, des maisons, de navires : [+C] Pros., [C] Poés., Pros. ; [absᵗ] [C] Pros. ¶ **3** [métaph.] brûler ***a)*** = faire une impression cuisante, faire souffrir [froid] : [C] Pros. ; [chaussures] [C] Pros. ; [fouet] [C] Pros. ***b)*** [plantes] : [C] Poés. ¶ **4** [fig.] ***a)*** brûler, consumer : [C] Poés. ; [au pass.] [C] Poés. ***b)*** échauffer, exciter, irriter : [C] Poés. ***c)*** mettre sur le gril, tourmenter, inquiéter : [-C] Théât. ; [avec prop. inf.] [-C] Théât. ***d)*** brûler = déchirer, ronger : [C] Pros.

urpex, V. *hirpex*

urruncum, *i*, n., partie inférieure de l'épi : [C] Pros.

ursa, *ae*, f., ourse, femelle de l'ours : [C] Poés. ‖ la Grande Ourse, la Petite Ourse [constellations] : [C] Poés. ‖ le Nord, les contrées septentrionales : [+C] Poés. ‖ [poét.] ours [en gén.] : [C] Poés.

Ursānĭus, *ĭī*, m., nom d'homme : [C] Pros.

Ursātĭus, *ĭī*, m., nom d'homme : [T] Pros.

ursī, parf. de *urgeo*

Ursĭcīnus, *i*, m., nom de plusieurs personnages : [T] Pros., [+T] Poés.

Ursĭdĭus, *ĭī*, m., nom d'homme : [+C] Poés.

ursīnus, *a*, *um*, subst. f., viande d'ours : [+C] Pros.

ursus, *i*, m., ours [quadrupède] : [C] Pros., [+C] Poés.

urtīca, *ae*, f., ortie de mer, zoophyte : ***urtica marina*** [-C] Théât., même sens ‖ [fig.] démangeaison, vif désir : [+C] Poés.

ūrūca, *ae*, f., [fig.] imbécile : [+C] Poés.

ūrus, *i*, m., aurochs [taureau sauvage] : [C] Pros. ‖ buffle : [C] Poés.

Urvīnātes, **Urvīnum**, V. *Urbi*

urvō (urbō), *ās*, *āre*, -, -, intr., tracer un sillon [en part. le sillon d'enceinte d'une ville] : [-C] Théât.

urvum (urbum), *i*, n., manche de la charrue : [C] Pros.

Uscāna, *ae*, f., ville de l'Illyrie : [C] Pros. ‖ **-nenses**, *ĭum*, m. pl., habitants d'Uscana : [C] Pros.

Uscudama, *ae*, f., ville de Thrace, plus tard Hadrianopolis : [T] Pros.

ūsĭa, *ae*, f., essence, substance, être : [T] Pros.

ūsĭo, *ōnis*, f., usage, emploi d'une chose : [-C] Pros., [+C] Pros.

Ūsĭpĕtes, *um*, m. pl., les Usipètes, peuple de Germanie, sur les bords du Rhin : [C] Pros. ‖ **Ūsĭpĭī**, *ōrum*, m. pl., [+C] Pros.

ūsĭtātē, adv., suivant l'usage, conformément à l'usage : [C] Pros. ‖ ***-tius*** [+C] Pros.

ūsĭtātus, *a*, *um*, usité, accoutumé, entré dans l'usage : [C] Pros. ; ***usitatum est*** [C] Pros., c'est un usage reçu ; ***usitatum est*** avec prop. inf., [+C] Pros., il est d'usage que ‖ ***usitatior*** [C] Pros. ; ***-issimus*** [C] Pros.

ūsĭtŏr, *ārĭs*, *ārī*, -, intr., se servir souvent de : [+C] Pros.

Uspē, *ēs*, f., ville de la Scythie asiatique : [+C] Pros. ‖ **-enses**, *ĭum*, m. pl., habitants d'Uspé : [+C] Pros.

uspĭam, adv. ¶ **1** en quelque lieu, quelque part : [-C] Théât., [C] Pros. ‖ ***uspiam ruris*** [+C] Pros., quelque part dans la campagne ¶ **2** qq. part, = dans qq. affaire : [-C] Théât.

usquam, adv. ¶ **1** en quelque lieu, quelque part ; [en gén. dans une prop. négative ou conditionnelle ; sans mouvᵗ] : [C] Pros. ; [avec mouvᵗ] [C] Pros. ‖ ***usquam gentium*** [-C] Théât., quelque part au monde ¶ **2** [fig.] = ***in ulla re*** [C] Pros. ; = ***ad ullam rem*** [C] Pros.

usquĕ, adv. ; prép. à l'époque impériale

I adv.

A sans interruption, avec continuité : ***usque eamus*** [C] Poés., faisons toute la route ; ***usque sequi aliquem*** [C] Poés., suivre qqn tout du long [de sa course] ‖ [-C] Théât. ; ***usque recurret*** [C] Pros., [le naturel] reviendra toujours au galop ; [C] Poés.

B joint à des prép. marquant le point de départ ou le point d'arrivée, dans le sens local, temporel, ou dans des rapports divers ¶ **1** [avec *a*, *ab*] à partir de, depuis : [C] Pros. ; ***usque a pueris*** [-C] Théât., dès l'enfance ; ***usque a Romulo*** [C] Pros., à partir de Romulus ¶ **2** [avec *ex*] [C] Pros. ¶ **3** [avec *ad*] jusqu'à : ***usque***

ad castra [C] Pros., jusqu'au camp ¶ **4** [avec *in* acc.] jusque dans, jusqu'en : ***usque in Pamphyliam*** [C] Pros., jusqu'en Pamphylie ‖ ***usque in senectutem*** [+C] Pros., jusqu'à la vieillesse ¶ **5** [avec *trans*] ***trans Alpes usque*** [C] Pros., jusqu'au-delà des Alpes ‖ [avec *sub*] [C] Poés. ¶ **6** [avec des adv. de lieu correspondant aux prép.] ***usque istinc*** [C] Pros., à partir de l'endroit où tu es ; ***inde usque*** [C] Pros., à partir de là ‖ ***usque eo ... quoad*** [C] Pros., jusqu'à ce que ; ***usque eo ... ut*** [C] Pros., jusqu'au point que, à tel point que ; ***usque adhuc*** [-C] Théât., [C] Pros., jusqu'à ce moment ; ***usque adeo*** [C] Poés., à ce point, à tel point ; ***usque adeo ut*** [C] Pros., à tel point que ; → *usquequaque* et *quousque* ¶ **7** [avec abl. sans prép.] ***usque Tmolo*** [C] Pros., depuis le Tmolus ¶ **8** [avec noms de villes, acc. sans prép.] ***Miletum usque*** [-C] Théât., jusqu'à Milet ; ***usque Romam*** [C] Pros., jusqu'à Rome ¶ **9** [en corrél. avec des conj. de temps] : ***usque (adeo) ... quoad*** [C] Pros. ; ***usque ... dum*** [C] Pros. ; ***usque adeo, dum*** [+C] Pros. ; ***usque donec*** [-C] Théât., jusqu'à ce que

II préposition [avec acc.] ¶ **1** ***vos usque*** [+C] Poés., jusqu'à vous ¶ **2** ***usque pedes*** [+C] Pros., jusqu'aux pieds ; ***usque lumbos*** [+C] Pros., jusqu'aux reins ¶ **3** ***usque sudorem*** [+C] Pros., jusqu'à la sueur

usquĕdum, → *usque* et *dum*

usquĕquāquĕ, adv. ¶ **1** partout, en tout lieu : [-C] Théât., [C] Pros. ¶ **2** en toute occasion : [C] Pros.

ussī, parf. de *uro*

ussŭs, → *usus*

usta, *ae*, f., ocre brûlée [colorant rouge] : [C] Pros.

Ustīca, *ae*, f., colline en Sabine : [C] Poés.

ustĭlo, → *ustulo*

ustĭo, *ōnis*, f., cautérisation : [+C] Pros.

ustŏr, *ōris*, m., brûleur de cadavres : [C] Pros., Poés.

ustrīna, *ae*, f., action de brûler, combustion : [+C] Pros.

ustŭĭō, *īs*, *īre*, *-*, *-*, tr., brûler, flamber : [T] Poés.

ustŭlātus, *a*, *um*, part. de *ustulo*, durci au feu : [C] Pros.

ustŭlō, *ās*, *āre*, *āvī*, *ātum*, tr., brûler : [C] Poés., Pros.

ustus, part. de *uro*

ūsŭālis, *e*, usuel [langage], habituel, ordinaire, commun : [T] Pros.

ūsŭārĭus, *a*, *um*, dont on a l'usage, la jouissance : [+C] Pros.

1 **ūsūcăpĭō (ūsū căpĭō)**, *ĭs*, *ĕre*, *cēpī*, *captum*, tr., acquérir par usucapion [par prescription] : [C] Pros., [+C] Pros.

2 **ūsūcăpĭo**, *ōnis*, f., usucapion, manière d'acquérir un droit [propriété, servitude sur une chose, liberté, titre d'héritier, puissance sur l'épouse] par la possession prolongée : [C] Pros.

ūsūcaptus, *a*, *um*, part. de *1 usucapio*

ūsūra, *ae*, f. ¶ **1** usage, faculté d'user, jouissance de qqch. : [C] Pros. ¶ **2** usage du capital prêté, jouissance de l'argent sans intérêt : [C] Pros. ¶ **3** intérêt d'un capital prêté [chez les Romains calculé par mois] : [C] Pros. ; ***usuram perscribere*** [C] Pros., faire souscrire un billet pour une somme prêtée à intérêt ; ***multiplicandis usuris*** [C] Pros., par multiplication des intérêts

ūsūrārĭus, *a*, *um*, dont on a l'usage, dont on jouit : [-C] Théât.

ūsurpātĭo, *ōnis*, f., usage, emploi : [C] Pros. ; ***civitatis*** [C] Pros., l'emploi du droit de cité = l'invocation du titre de citoyen

ūsurpātŏr, *ōris*, m., celui qui usurpe [qqch.], usurpateur : [T] Pros.

ūsurpātus, *a*, *um*, part. de *usurpo*

ūsurpō, *ās*, *āre*, *āvī*, *ātum*, tr. ¶ **1** faire usage de, user de, se servir de, employer : [un nom, un mot] [C] Pros. ; ***alicujus memoriam*** [C] Pros., évoquer le souvenir de qqn ; ***officium*** [C] Pros., pratiquer un devoir ; [+C] Pros., [+C] Pros. ¶ **2** [en part.] ***a)*** pratiquer, avoir l'usage de qqch. par les sens : ***aliquid oculis*** [C] Poés., saisir qqch. par la vue ; [-C] Théât. ***b)*** [droit] reprendre possession : ***amissam possessionem*** [C] Pros., recouvrer un bien perdu ***c)*** interrompre l'usucapion [la prescription] : [+C] Pros. ; ***usurpata mulier*** [+C] Pros., femme qui a interrompu l'usucapion de la *manus* ***d)*** s'arroger illégalement, usurper : [C] Pros., [+C] Pros. ¶ **3** employer dans le langage, = appeler, désigner : [C] Pros.

1 **ūsus**, *a*, *um*, part. de *utor*

2 **ūsŭs**, *ūs*, m. ¶ **1** action de se servir, usage, emploi : [C] Pros. ; ***usus urbis*** [C] Pros., l'usage = le séjour de la ville ¶ **2** [droit] faculté d'user, droit d'usage : [C] Pros. ¶ **3** usage = exercice, pratique : [C] Pros. ¶ **4** usage, expérience : [C] Pros. ¶ **5** usage [en matière de langue] : [C] Pros., Poés. ¶ **6** usage = utilité : ***usum habere ex aliqua re*** [C] Pros., tirer usage, utilité de qqch. ; ***usui esse alicui*** [C] Pros., être utile à qqn ; ***ex usu alicujus esse*** [C] Pros., être utile à qqn ¶ **7** usage = besoins : [C] Pros. ; ***mutui usus*** [C] Pros., les besoins réciproques ‖ expressions ***a) usus est = opus est*** : ***quod usust*** [-C] Théât., ce qui est nécessaire ; ***cum usus est*** [C] Pros., quand c'est nécessaire ; [avec abl.], il est besoin de : [-C] Théât., [C] Pros., Poés. ; [avec *ut* subj.] [-C] Théât. ; [avec gén.] [C] Pros. ***b) usus venit***, le besoin, la nécessité se présente : ***si usus venit*** [C] Pros., si besoin est ; [-C] Théât. ***c) usu venit*** ; → *usuvenit* ; ***usu facio*** [-C] Théât. ; → *usu capio* ¶ **8** relations : ***domesticus usus*** [C] Pros., relations intimes

ūsusfructŭs, *ūs*, → *2 usus* ¶ *2*

ūsūvĕnit (ūsū vĕnit), *īre*, *vēnit*, *ventum*, intr., venir à usage, à expérience, arriver, se présenter : [C] Pros. ‖ [avec séparation] : [C] Pros.

ŭt, ŭtī

I avec indic. ¶ **1** comme, de la manière que ***a) liber populus, ut Athenis*** Cic., un peuple libre, comme à Athènes ; ***canem ut deum colere*** Cic., honorer le chien comme un dieu ; ***ut si***, comme si ‖ [en incise] ***ut ait Cicero***, comme dit Cicéron ; ***ut rogas***, comme tu le demandes ; ***ut facitis***, comme vous le faites ‖ [dans une interrogation ou une exclamation] comment, comme : ***ut vales ?*** Pl., comment vas-tu ? ; ***quae ut contempsit !*** Cic., ces accusations, comme il les a méprisées ! ***b)*** [en corrélation] ***sic ... ut*** ou ***ita ... ut***, de la même façon que, comme : ***sic faciam ut tu feceris***, je ferai comme tu auras fait ‖ ***ut ... sic*** ou ***ut ... ita***, de même que ... de même, comme ... ainsi : ***ut tu feceris, sic faciam***, comme tu auras fait, ainsi ferai-je (= je ferai comme tu auras fait) ‖ [avec idée d'opposition] ***ut ... sic*** ou ***ut ... ita***, si ... du moins ..., si ... en revanche : ***ut virtutibus eluxit, sic vitiis est obrutus*** Nep., s'il brilla par ses qualités, il fut également chargé de vices ‖ ***ut quisque*** [+ superl.] ***... sic*** [+ superl.] ou ***ita*** [+ superl.], selon que ... ainsi, plus ... plus ... : ***ut quaeque res est turpissima, sic maxime vindicanda est*** Cic., plus un acte est odieux, plus on doit le châtier énergiquement ¶ **2** en tant que, étant donné que, vu que : ***magnifice, ut erat copiosus*** Cic., somptueusement, vu qu'il était riche ; ***ut se sub vallo constipaverant*** Caes., dans la mesure où ils s'étaient massés au pied du retranchement ‖ [sans verbe] étant donné, vu, eu égard à : ***Diogenes, ut Cynicus ...*** Cic., Diogène, étant donné qu'il était cynique (= en cynique qu'il était, en sa qualité de cynique) : ***orationes Catonis, ut illis temporibus, valde laudo*** Cic., les discours de Caton, en tant que de cette époque-là, je les loue fort (= je les loue fort pour leur temps, pour leur époque) ¶ **3** [sens temporel] ***a)*** quand : ***ut vidit ...***, quand il vit ... ‖ ***ut primum***, aussitôt que ; ***simul ut***, même sens ***b)*** depuis que : ***ut discessit ...***, depuis qu'il est parti ...

II avec subj. ¶ **1** [avec les verbes de volonté ou d'activité, ou des expressions impers. ou indéterminées] → *opto, impero, peto, rogo, hortor, suadeo, curo, facio, efficio, adduco, impello, caveo ... ; convenit, consilium est, accidit, 1 contingit, prope est, in eo est, mos est, jus est, sequitur, restat ...* ‖ [tard. à la place de la prop. inf.] ***credere ut*** Tert., croire que ¶ **2** [but] pour que, afin que ‖ [en corrélation avec *idcirco, ideo, eo ...*, "pour cette raison"] ***idcirco ... ut***, pour que ¶ **3** [conséquence] de telle sorte que, en sorte que, si bien que, de manière que ‖ [constructions particulières] : ***a)*** [en corrélation] → *talis, tantus, tot, tam multi* ‖ [avec les démonstratifs *is (hic, iste, ille)*, *ut* équivaut souvent au français "à savoir"] ***cum ea voluntate ut ...*** Cic., avec cette intention, à savoir ... ; ***ista severitas in judiciis, ut ...*** Cic., cette sévérité dans les tribunaux, qui consistait à ... ‖ ***sic ... ut*** ou ***ita ... ut***, de telle façon que, à tel point que, tellement que, si ... que ; [parfois avec emploi restrictif] d'une façon telle que néanmoins ..., dans des conditions telles que cependant ... : ***ita probanda est clementia ut adhibeatur ...*** Cic., il faut approuver la clémence, à la condition cependant que ... ***b) ut non***, sans que : ***potestne esse bellum ut tumultus non sit ?*** Liv., peut-il y avoir une guerre sans qu'il y ait mobilisation générale ? ; *ut aliud nihil dicam* Cic., sans rien dire d'autre **c)** [comparatif suivi de *quam ut*] trop pour : ***signa rigidiora quam ut imitentur veritatem*** Cic., statues trop raides pour reproduire la vie ¶**4** [supposition] à supposer que, en admettant que : ***prudentiam, ut cetera auferat, adfert certe senectus*** Cic., la vieillesse, à supposer qu'elle emporte tout le reste, apporte du moins la sagesse

utcumquĕ (**-cunquĕ**, arch. **-quomquĕ**, **-quamque**) ¶**1** adv. relatif indéterminé **a)** de quelque manière que : [C] Pros., [+C] Pros. ‖ [avec ellipse du verbe] = quoi qu'il en soit : [C] Pros. **b)** selon que : [C] Pros. **c)** chaque fois que : [C] Poés. ¶**2** adv. indéfini, de toute façon, bon gré mal gré : [C] Pros., [+C] Pros. ‖ en tout cas : [C] Pros., [+C] Pros.

ūtendus, *a*, *um*, adj. verb. de *utor*

1 **ūtens**, *tis* ¶**1** part. de *utor* : [-C] Théât., pour s'en servir ¶**2** adj^{t}, qui possède : ***utentior*** [C] Pros., mieux pourvu, plus riche

2 **Utens**, *tis*, m., rivière de la Gaule cisalpine : [C] Pros.

ūtensĭlis, *e*, utile, nécessaire à nos besoins : [C] Pros., [T] Pros. ‖ n. pl., **ūtensĭlĭa**, *ĭum*, tout ce qui est nécessaire à nos besoins [meubles, ustensiles ; moyens d'existence, provisions] : [C] Pros., [+C] Pros.

1 **ŭtĕr**, *utra*, *utrum*, gén. *utrĭus*, dat. *ŭtri* ¶**1** [pron. relatif] celui des deux qui, celle des deux qui : [-C] Théât., [C] Pros., [C] Pros. Poés. ¶**2** [employé comme interrogatif] **a)** [direct] qui des deux ? : [C] Pros., [+C] Pros. ‖ ***uterne ?*** [C] Poés., lequel des deux ? **b)** [indirect] : [C] Pros. ¶**3** [pron. indéfini] n'importe lequel des deux, l'un des deux : ***si uter volet*** [C] Pros., si l'un des deux le veut ¶**4** → *utercumque*, quel que soit celui des deux qui : [C] Pros.

2 **ŭtĕr**, *tris*, m., outre [pour liquides] : [C] Poés. ‖ [pour traverser un cours d'eau] : [C] Pros. ‖ [fig., pour désigner un vaniteux] : [C] Poés. ‖ gén. pl. ***utrium*** [C] Pros.

ŭtercŭlus, → *utriculus*

ŭtercumquĕ (**-cunquĕ**), *utracumque*, *utrumcumque* ¶**1** [pron. rel. indéf.] quel que soit celui des deux qui : [C] Pros., [+C] Pros. ¶**2** [indéfini] : ***utrocumque modo*** [+C] Pros., d'une manière ou de l'autre

ŭterlĭbĕt, *ŭtrălĭbĕt*, *ŭtrumlĭbĕt*, pron. indéf., n'importe lequel des deux : [C] Pros., [+C] Pros.

ŭternĕ, → *uter -ne*, → *1 uter*

ŭterquĕ, *ŭtrăquĕ*, *ŭtrumquĕ*, gén. *utrīusquĕ*, dat. *utrīquĕ*, chacun des deux, l'un et l'autre [adj. et subst.] ¶**1** sg., [C] Pros. ; ***utraque lingua*** [C] Poés., les deux langues [grec et latin] ; [C] Pros. ‖ n., ***utrumque facere*** [C] Pros., faire les deux choses [renvoie à ce qui précède] ; [C] Pros. ‖ ***uterque nostrum*** [C] Pros., chacun de nous deux ; ***horum uterque*** [C] Pros., chacun des deux ; ***Viscorum uterque*** [C] Poés., chacun des deux Viscus ; ***horum utrumque*** [*horum* n.] Cic. *Mur. 37*, chacune des deux choses ‖ [avec le verbe au pl.] ***uterque eorum exercitum educunt*** [C] Pros., chacun des deux emmène son armée ; [pl. dans une subord. qui suit] [C] Pros. ; [ou dans une coordonnée] [C] Pros. ; [apposition à un sujet de la première ou seconde pers. du pl.] [+C] Pros. ‖ [idée de réciprocité] [-C] Théât., [C] Pros., [C] Pros. ¶**2** pl. **a)** [rar^{t}] ***utrique imperatores*** [-C] Théât., les deux généraux **b)** [ord^{t}, quand il s'agit de deux groupes] ***a quibus utrisque*** [C] Pros., par chacun des deux groupes [acteurs et poètes]

ŭtĕrum, *i*, n., → *uterus* : [-C] Théât., [+C] Pros.

ŭtĕrus, *i*, m. ¶**1** sein ou ventre de la mère, utérus : [-C] Théât., [C] Poés. ‖ sein de la terre : [C] Poés. ¶**2** fruit de la femme, enfant dans le sein de sa mère, fœtus : [+C] Pros. ‖ [fruit des animaux] portée : [C] Pros. ¶**3** ventre, flanc d'un animal : [C] Poés. ‖ flanc d'un navire : [+C] Pros. ; [d'un tonneau] [+C] Pros. ; [du cheval de Troie] [C] Poés.

ŭtervīs, *ŭtrăvīs*, *ŭtrumvīs*, pron. indéf., celui des deux que tu voudras, n'importe lequel des deux : [C] Pros.

1 **ŭtī**, → *ut*

2 **ūti**, inf. de *utor*

ūtĭbĭlis, *e*, qui peut servir, utile, avantageux ; [-C] Théât.

Ŭtĭca, *ae*, f., Utique [ville maritime de la Zeugitane] : [C] Pros. ‖ **-ensis**, *e*, d'Utique : [C] Pros. ; [surnom du second Caton] [+C] Pros. ; m. pl., les habitants d'Utique : [C] Pros.

ūtĭlis, *e*, qui sert, utile, profitable, avantageux : [C] Pros. ‖ [constr.] **a)** [dat.] ***alicui*** [C] Pros., utile à qqn ; ***alicui rei*** [C] Pros., utile à qqch., qui sert à qqch. **b)** ***ad rem*** [C] Pros., utile, bon à qqch., en vue de qqch. ; ***in hoc tempus*** [C] Pros., utile pour les circonstances actuelles **c)** [poét. avec gén.] [C] Poés. **d)** [avec inf., poét.] [C] Poés. **e)** n., ***utile*** ; l'utile : [C] Poés. ; ***utilia*** [C] Poés., [+C] Pros. ‖ ***utile est*** [avec inf.], il est utile de ; [C] Pros. ; [avec prop. inf.], il est utile que : [C] Pros.

ūtĭlĭtās, *ātis*, f., utilité, avantage, profit, intérêt : [C] Pros. ‖ ***utilitates*** [C] Pros., intérêts, avantages

ūtĭlĭtĕr, adv., utilement, avantageusement, d'une manière profitable : [C] Pros. ; ***utilius*** [C] Poés. ; ***-issime*** [+C] Pros.

ŭtĭnam, adv. employé avec le subj. de souhait, fasse le ciel que, plaise (plût) aux dieux que : [avec subj.] [C] Pros. ; ***utinam haberetis*** [C] Pros., si seulement vous aviez = que n'aviez-vous ; ***utinam auguraverim*** [C] Pros., puissé-je avoir auguré ... ‖ [ellipse du verbe] [C] Pros. ‖ [avec *quod* de liaison] ***quod utinam*** [C] Pros., et puisse : [C] Pros. ‖ [avec nég. *ne*] [-C] d. [C] Pros., [-C] Théât., [C] Pros. ‖ [avec *non* et *ne* success^{t}] [C] Pros. ; [avec *non*] [+C] Pros.

ŭtĭquăm, → *neutiquam*

1 **ŭtĭquĕ**, adv. indéf., comment qu'il en soit **a)** en tout cas, de toute façon : [C] Pros. **b)** à toute force : [C] Pros. qu'il ne voulût pas éprouver à toute force son pouvoir [st. indir.] **c)** surtout : [C] Pros.

2 **ŭtīquĕ**, = *et uti*, = *et ut*

ūtŏr, *ūtĕrĭs*, *ūtī*, *ūsus sum*, intr., [tr. arch.] ¶**1** se servir de, faire usage de, user de, utiliser, employer **a)** [avec abl.] [C] Pros. ; ***alicujus consilio*** [C] Pros., utiliser les avis de qqn ; ***hac voce*** [C] Pros., parler en ces termes ; ***arte*** [C] Pros., pratiquer un art ; ***silentio*** [C] Pros., observer le silence ; ***aura nocturna*** [C] Pros., mettre à profit les souffles de la nuit ; ***patientia*** [C] Pros., user de patience ; ***severitate*** [C] Pros., user de rigueur ; ***stultitia*** [C] Pros., montrer de la sottise **b)** [avec deux abl.] [C] Pros. **c)** [avec acc., arch.] [-C] Théât., Pros. ‖ [avec acc. d'un pron. n.] [-C] Théât., [+C] Pros. ‖ [surtout emploi de l'adj. verb.] [-C] Théât., [C] Pros. **d)** [abs^{t}] faire usage : [C] Pros. ; ***divitiae, ut utare*** [C] Pros., la fin des richesses, c'est leur emploi ¶**2** [en part.] **a)** être en relation avec qqn : ***aliquo familiarissime*** [C] Pros., avoir avec qqn les relations les plus intimes ; ***aliquo multum uti*** [C] Pros., avoir des relations suivies avec qqn, être très lié avec qqn ‖ fréquenter : [C] Pros. **b)** [avec un second abl. attribut] [C] Pros.

utpŏtĕ, adv., comme il est possible, comme il est naturel ¶**1** [joint d'ordin. au relatif] ***utpote qui***, comme il est naturel de la part d'un homme qui = vu qu'il [nuance causale, avec subj.] : [-C] Théât., [C] Pros. ¶**2** [joint à *cum*] = vu que : [C] Pros. ¶**3** [joint à un part. ou un adj.] parce que, en tant que : [C] Poés., Pros.

utpŭtă, → *puto*

utquī, conj., → *ut* : [-C] Théât., [C] Poés.

ŭtrārĭus, *ĭi*, m., porteur d'eau [dans des outres] : [C] Pros.

utrĭbi, → *utrubi*

ŭtrĭcīda, *ae*, m., outricide [meurtrier d'une outre] : [+C] Pros.

ŭtrĭcŭlārius, *ĭi*, m., joueur de cornemuse : [+C] Pros.

ūtrĭcŭlus, *i*, m., petite outre : [+C] Pros.

ŭtrimque, **ŭtrinque**, adv., de part et d'autre, des deux côtés : [C] Pros., [+C] Pros. ; ***utrimque anxius*** [+C] Pros., doublement inquiet

ŭtrimquĕsĕcŭs (**ŭtrinquĕ-**) [en un ou deux mots], de part et d'autre, des deux côtés : [-C] Pros., [C] Poés., [+C] Pros.

ŭtrinquĕ, → *utrimque*

ŭtrinquĕsĕcus, → *utrimquesecus*

ŭtrō, adv. ¶**1** vers (de) l'un des deux côtés : [C] Pros. ¶**2** [interrog. indir.] vers lequel des deux côtés : [C] Poés.

ŭtrŭbi, adv., [interr.] dans lequel des deux endroits ? : [-C] Théât.

ŭtrōlĭbĕt, adv., vers n'importe lequel des deux côtés : [+C] Pros.

ŭtrōque, adv., vers l'un et l'autre côté, dans les deux directions, dans les deux sens [pr. et fig.] : [C] Pros., Poés.

ŭtrōquĕversus (**-vorsus**, **-versum**, **-vorsum**), [en un ou deux mots, même sens que le précéd^{t}] : [-C] Théât., [+C] Pros.

ŭtrŭbīque (ŭtrŏbīque), adv., des deux côtés, de part et d'autre [pr. et fig.] : C Pros.

ŭtrum ¶ **1** n. de *1 uter*; [interr.] litt[t], laquelle des deux choses ? : C Pros. ¶ **2** [adv. d'interr. double dir. et indir.] ***a)*** [dir.] ***utrum ... an ?***; est-ce que ... ou bien ? ; [indir.] si ... ou si, V. *1 an* ***b) utrum*** suivi de ***-ne... an***, même sens, V. *1 an* ***c) utrum ... necne***, est-ce que ... ou non ? si ... ou non, V. *4 -ne* ***d) utrumne... an = utrum... an*** C Pros., Poés., +C Pros. ¶ **3** qqf. interr. simple ***a)*** [dir.] est-ce que ? : C Pros. ***b)*** [indir.] si : C Pros.

ūtrumnam, adv., V. *utrum* : C Pros., T Pros.

ŭtrumne, V. *utrum*

ŭtŭt, V. *ut I A ¶ 2*

ūva, *ae*, f. ¶ **1** raisin : C Pros., -C Pros., Poés. ‖ grappe de raisin : C Poés. ¶ **2** vigne : C Poés. ¶ **3** grappe d'abeilles : C Poés. ¶ **4** luette [anat.] : +C Pros.

Uvardo, V. *Wardo*

ūvescō, *ĭs*, *ĕre*, -, -, intr., devenir humide, moite : C Poés. ‖ s'humecter [le gosier] : C Poés.

ūvĭdŭlus, *a*, *um*, légèrement mouillé : C Poés.

ūvĭdus, *a*, *um*, humide, moite, mouillé : -C Théât., C Poés. ‖ arrosé, rafraîchi : C Poés. ‖ qui a bu, humecté : C Poés.

ūvĭfĕr, *ĕra*, *ĕrum*, qui porte du raisin : +T Poés. ‖ qui produit de la vigne : +C Poés.

ūvŏr, *ōris*, m., humidité, moiteur : C Pros.

Uxellŏdūnum, *i*, n., ville d'Aquitaine [auj. le Puy d'Issolu] : C Pros.

uxŏr, *ōris*, f. ¶ **1** épouse, femme mariée, femme : ***uxorem ducere***, se marier, V. *duco*, ou ***adjungere*** C Pros. ; ***habere*** C Pros., avoir une femme, être marié ; -C Théât. ¶ **2** femelle des animaux : C Poés.

uxorcula, *ae*, f., [terme tantôt de tendresse, tantôt de moquerie] : -C Théât., C Poés., +C Pros., T Pros.

uxōrĭus, *a*, *um* ¶ **1** d'épouse, de femme mariée : ***res uxoria*** C Pros., dot, apport matrimonial ¶ **2** faible pour sa femme, asservi à sa femme : C Poés. ; ***uxorius amnis*** C Poés., fleuve [Tibre] trop dévoué à sa femme [Ilia]

Uzalis, *is*, f., ville d'Afrique, près d'Utique : T Pros.

Uzitta (Uzita), *ae*, f., ville d'Afrique, dans la Byzacène : C Pros.

VW

v, lettre ramique [→ *j*] employée depuis le 16e s. pour noter *u* consonne [→ *digammon*], valant d'abord /w/, puis /v/ à partir du 5e s., ce qui a entraîné une confusion fréquente avec *b*. *U* garde sa valeur consonantique /w/ dans les groupes *qu* et *gu* (après *n*) et dans l'initiale *su-* de *suadeo, suavis, suesco* ‖ [abréviations] = ***vir, vivus, vixit, voto, vale, vales, verba*** ; ***V. C.*** = ***vir clarissimus***, clarissime ; signe numérique **V** ; = cinq [la moitié de X] ; → *u*

Văcălus, *i*, m., → *Vahalis* : [C] Pros.

văcans, → *vaco*

văcantĕr, adv., surabondamment, inutilement : [+C] Pros.

văcātĭo, *ōnis*, f. ¶**1** exemption, dispense : [C] Pros. ‖ ***a causis vacatio*** [C] Pros., dispense de prendre en main des causes ; ***ab belli administratione*** [C] Pros., dispense de diriger la guerre ‖ ***aetatis*** [C] Pros., exemption de l'âge, privilège de l'âge [à 60 ans les sénateurs avaient droit de ne plus assister aux délibérations et de prendre une sorte de retraite] ; [C] Pros. ¶**2** [en part.] s.-ent. ***militiae***, exemption des charges militaires : [C] Pros. ; ***sublatis vacationibus*** [C] Pros., en supprimant les dispenses ¶**3** argent donné pour être exempté, prix de la dispense : [+C] Pros. ¶**4** absence de travail [Dieu avant la Création] : [T] Pros. ‖ repos du 7e jour [dans la Création] : [T] Pros.

1 **vacca**, *ae*, f., vache [C] Pros., Poés.

2 **Vacca**, *ae*, f. ¶**1** ville de la Byzacène : [C] Pros. ¶**2** ville de Numidie : [C] Pros. ; → *Vaga*

Vaccaei, *ōrum*, m. pl., Vaccéens [peuple de la Tarraconaise, près du Douro] : [C] Pros.

vaccillō, *ās, āre, -, -*, → *vacillo* : [C] Poés.

vaccīnĭum, *ĭi*, n., myrtille, airelle [fruit du vaciet, servait à la teinture] : [C] Poés.

Vaccĭus, *ĭi*, m., nom d'homme : [C] Pros.

vaccŭla, *ae*, f., petite vache : [C] Poés.

Vaccus, *i*, m., Vitruvius Vaccus [s'étant mis à la tête des Privernates, en lutte contre les Romains, eut la maison qu'il possédait à Rome abattue et détruite] : [C] Pros. ; ***Vacci prata*** [C] Pros., le pré de Vaccus [emplacement de la maison devenue propriété publique]

văcēfīō, *-, fĭĕrī, -*, pass., devenir vide : [C] Poés.

1 **văcerra**, *ae*, f., pieu, poteau : [+C] Pros. ‖ [fig.] souche, bûche [homme stupide] : [-C] Théât.

2 **Văcerra**, *ae*, m., nom d'un jurisconsulte du temps de Cicéron : [C] Pros. ‖ autre du même nom : [+C] Poés.

văcerrōsus, *a, um*, stupide, insensé : [+C] Pros.

Văchălis, *is*, m., → *Vahalis* : [T] Poés.

văcillātĭo, *ōnis*, f., balancement : [+C] Pros.

văcillō, *ās, āre, āvī, ātum*, intr., vaciller, chanceler [pr. et fig.] : ***ex vino*** [C] d. [+C] Pros., chanceler sous le coup de l'ivresse ; ***in utramque partem*** [C] Pros., se balancer de gauche à droite ; ***vacillantibus litterulis*** [C] Pros., avec une petite écriture toute tremblée ‖ ***justitia vacillat*** [C] Pros., la justice chancelle

văcīvē, adv., à loisir : [C] Poés.

văcīvĭtās, *ātis*, f., défaut, manque de qqch. : [-C] Théât.

văcīvus, *a, um*, vide : ***aedes vacivae*** [-C] Théât., maison vide ‖ [avec gén.] dépourvu de : [-C] Théât.

văcō, *ās, āre, āvī, ātum*, intr.
I être vide ¶**1** être libre, inoccupé, vacant : [C] Pros. ‖ pl. n., ***vacantia*** [+C] Pros., les biens vacants [ou des choses sans emploi, inutiles] ¶**2** [avec abl.] être libre de, être sans : [C] Pros. ; ***culpa vacare*** [C] Pros., être sans faute, n'avoir rien à se reprocher ‖ [avec *ab*] [C] Pros. ; ***ab opere*** [C] Pros., n'avoir pas à travailler à un retranchement ; ***a culpa*** [+C] Pros., n'être pas coupable
II être inoccupé, oisif ¶**1** être de loisir : [C] Pros. ¶**2** ***vacare alicui rei***, avoir des loisirs pour qqch. : ***philosophiae*** [C] Pros., avoir du loisir pour la philosophie ‖ [avec *ad*] [C] Poés., [+C] Pros. ; [d'où] vaquer à qqch., donner son temps à qqch., s'occuper de qqch., dans ***corpori*** [+C] Pros., exercer son corps ; ***foro*** [+C] Pros., se consacrer au barreau ; ***discendo juri*** [+C] Pros., s'occuper de l'étude du droit ‖ donner son temps à qqn, être libre pour qqn : [+C] Pros. ‖ [avec inf.] s'occuper de : [+C] Poés.
III [impers.] le temps ne manque pas, il y a loisir, il est loisible ¶**1** [avec inf.] [C] Poés., [+C] Pros. ¶**2** [absᵗ] [+C] Pros. ; ***dum vacat*** [C] Poés., pendant que loisir il y a ; [+C] Poés. ¶**3** être inutile, vain, sans objet : [T] Pros. ‖ n'avoir pas de sens : [T] Pros.

văcŭātus, *a, um*, part. de *vacuo*

văcŭē, adv., vainement, futilement : [T] Pros.

văcŭēfăcĭō, *ĭs, ĕre, fēcī, factum*, tr., rendre vide, vider : [C] Pros. ; ***fasces securibus*** [+C] Pros., dégarnir les faisceaux de leurs haches ‖ [fig.] rendre inutile : [T] Pros.

văcŭĭtās, *ātis*, f. ¶**1** espace vide : [C] Pros. ¶**2** absence de qqch. : ***doloris*** [C] Pros., absence de douleur ; ***ab angoribus*** [C] Pros., absence [exemption] de tourments ¶**3** temps libre, loisir : [T] Pros.

Văcūna, *ae*, f., déesse du repos des champs, honorée chez les Sabins : [C] Pros., Poés. ‖ **-ālis**, *e*, de Vacuna : [C] Poés.

văcŭō, *ās, āre, āvī, ātum*, tr., rendre vide, vider : [C] Poés., [+C] Pros., Poés., [T] Poés. ; [avec abl.]

văcŭus, *a, um* ¶**1** vide, inoccupé : ***vacua castra*** [C] Pros., camp vide ; subst. n., ***vacuum***, le vide : [C] Poés. ; ***per vacuum*** [C] Pros., dans une région inoccupée ‖ [avec abl.] [C] Pros. ‖ [avec *ab*] [C] Pros. ‖ [avec gén.] [C] Pros., [+C] Pros. ¶**2** libre ***a)*** sans maître, vacant : [C] Pros. ; ***in vacuum venire*** [C] Poés., ou pl. n. ***in vacua*** [C] Pros., venir dans un bien sans propriétaire ***b)*** [en parl. d'une femme] libre, qui n'a pas de mari, veuve : [C] Poés., [+C] Pros. ¶**3** [fig.] libre de, débarrassé de, sans ***a)*** [avec abl.] ***curis vacuus*** [C] Pros., sans soucis ***b)*** [avec *ab*] [C] Pros., [+C] Pros. ; ***vacui a tributis*** [+C] Pros., exempts de tout tribut, de tribut ***c)*** [avec gén.] [C] Poés. ¶**4** libre de toute occupation, libre, inoccupé, de loisir : [C] Pros., [+C] Pros. ‖ [poét.] ***vacuum Tibur*** [C] Pros., Tibur paisible ¶**5** libre de préoccupation : [C] Pros. ; ***animo vacuus*** [C] Pros., sans préoccupation [ou] ***animi vacuus*** [+C] Poés. ; [en part.] le coeur libre, sans amour : [C] Poés. ‖ ***vacuum est*** avec inf., on a le loisir de, on est libre de : [C] Pros., [+C] Pros. ¶**6** libre = ouvert, accessible : [sans défenseurs] [C] Pros. ; ***vacuum mare*** [+C] Pros., mer libre (non gardée) ‖ ***vacuae aures*** [C] Pros., oreilles disposées à écouter ¶**7** vide = sans réalité, vain, sans valeur : ***vacua nomina*** [+C] Pros., des noms vides, de vains noms ‖ vaniteux : [C] Poés.

Vada, *ae*, f., ville de Belgique : [+C] Pros.

vădātus, *a, um*, part. de *vador*

Vadĭmōnis lacus, m., lac de Vadimon [Étrurie] : [C] Pros., [+C] Pros.

vădĭmōnĭum, *ĭi*, n., engagement pris en fournissant caution ; [quand il y a *in jus vocatio*, citation à comparaître devant le magistrat, la partie citée prend l'engagement avec caution, *vadimonium*, de comparaître à jour dit ; d'où] ***vadimonium*** = promesse de comparaître : [C] Pros. ; ***vadimonium sistere*** [C] Pros., produire l'engagement, fournir la caution qui répond de l'engagement ; ***vadimonium constitutum*** [C] Pros., engagement pris de comparaître : ***concipere vadimonium*** [C] Pros., rédiger un engagement à comparaître ; ***ad vadimonium venire*** [C] Pros., se présenter suivant l'engagement pris ; ***vadimonium deserere*** [C] Pros., faire défaut ; ***vadimonia dilata*** [C] Pros., remises d'engagement à comparaître

vădis, gén. de *1 vas*

vādō, *ĭs*, *ĕre*, -, -, intr., marcher, aller, s'avancer : ***ad aliquem*** [C] Pros., aller trouver qqn ; ***in hostem*** [C] Pros., marcher contre l'ennemi ; ***per hostes*** [+C] Pros., passer à travers l'ennemi ; [C] Pros.

Vadomarĭus, *ĭi*, m., chef des Alamanni : [T] Pros.

vădŏr, *ārĭs*, *ārī*, *ātus sum*, tr., obliger qqn à comparaître en justice en lui faisant donner caution, assigner à comparaître : [-C] Théât., [C] Pros. ‖ abl. abs. n., ***vadato*** = caution ayant été fournie, après engagement pris ; ***vadato respondere*** [C] Poés., après engagement pris, répondre à l'appel de son nom ‖ ***vădātus***, sens pass. [fig.] lié, engagé : [-C] Théât., [+C] Pros.

vădōsus, *a*, *um*, qui a beaucoup de gués, souvent guéable : [C] Pros., Poés. ‖ ***vadosae aquae*** [+C] Poés., les bas-fonds

vădum, *i*, n. ¶ **1** gué, bas-fond : [C] Pros., [+C] Pros. ; pl., [C] Pros. ¶ **2** [fig.] ***a)*** bas-fonds, passe dangereuse : [C] Pros. ***b)*** endroit guéable = sécurité : [-C] Théât. ¶ **3** fond de la mer, d'un fleuve : [C] Poés. ‖ eaux, flots : [C] Poés.

1 **vae**, interj., las ! hélas ! ah ! [C] Poés. ‖ [avec dat.] [-C] Théât., [C] Pros. ‖ [avec acc.] [-C] Théât., [C] Poés., [+C] Poés. ‖ subst. indécl., cris, lamentations, malheurs : [T] Pros.

2 **vae-**, mauv. orth. de *2 ve*

văfĕr, *fra*, *frum*, fin, rusé, subtil, habile, adroit : [C] Pros. ; ***vafrum jus*** [C] Poés., les subtilités du droit [les détours de la chicane] ; [+C] Pros. ‖ ***-frior*** [T] Pros. ; ***-ferrimus*** [C] Pros.

văfrāmentum, *i*, n., ruse, adresse : [+C] Pros.

văfrē, adv., avec ruse : [C] Pros.

văfrĭtĭa, *ae*, f., finesse [d'esprit] : [+C] Pros.

Văga, *ae*, f., ville de Numidie [Béja] : [C] Pros. ‖ **-genses**, *ĭum*, m. pl., habitants de Béja : [C] Pros.

văgābundus, *a*, *um*, vagabond, errant : [T] Pros.

văgātĭo, *ōnis*, f., vie errante : [+C] Pros. ‖ [fig.] changement : [+C] Pros.

văgātus, *a*, *um*, part. de *1 vagor*

văgē, adv., çà et là, de côté et d'autre : [C] Pros.

Văgĕdrūsa, *ae*, m., rivière de Sicile : [+C] Poés.

Văgellĭus, *ĭi*, m., nom d'homme : [+C] Poés.

Văgenni, *ōrum*, m. pl., ➡ *Bagenni*, *Vagienni* : [+C] Poés.

Văgensis, *e*, ➡ *Vaga*

Văgĭenni, *ōrum*, m. pl., peuple ligure [Bene Vagienna] : [C] Pros. ; ➡ *Bagenni*, *Vagenni*

vāgīna, *ae*, f. ¶ **1** gaine, fourreau [où était enfermée l'épée] : [C] Pros. ; [fig.] [C] Pros. ¶ **2** [en gén.] gaine, étui, enveloppe : [C] Pros.

vāgĭō, *īs*, *īre*, *īvī* ou *ĭī*, *ītum*, intr. ¶ **1** vagir, crier : [C] Pros. ‖ [animaux] : [+C] Poés. ¶ **2** [poét.] retentir : [-C] Pros.

vāgītŭs, *ūs*, m., vagissement, cri : [C] Poés., [+C] Pros. ‖ [animaux] [C] Poés. ‖ cri de douleur : [C] Poés.

văgō, *ās*, *āre*, *āvī*, -, ➡ *1 vagor* : [-C] Théât.

1 **văgŏr**, *ārĭs*, *ārī*, *ātus sum*, intr. ¶ **1** aller çà et là, errer : ***in agris*** [C] Pros., errer dans les champs ¶ **2** [fig.] ***a)*** se répandre, s'étendre au loin, circuler : [C] Pros. ***b)*** errer, flotter : ***errore vagari*** [C] Pros., aller à l'aventure dans une course capricieuse = n'avoir pas de principes établis ‖ aller à l'aventure, sans ordre précis, prendre ses aises : [C] Pros. ***c)*** [style] = ne pas être soumis à la contrainte du rythme : [C] Pros.

2 **vāgŏr**, *ōris*, m., ➡ *vagitus* : [-C] Pros., [C] Poés.

văgŭlus, *a*, *um*, errant, vagabond : [T] Pros.

văgus, *a*, *um* ¶ **1** vagabond, qui va çà et là, qui va à l'aventure, errant : [C] Pros. ; ***vagi per silvas*** [+C] Pros., errants à travers les bois ‖ [C] Pros. ; ***vaga harena*** [C] Poés., sable errant [à la merci du vent] ; ***vaga fulmina*** [C] Poés., foudre sinueuse, aux feux épars ¶ **2** [fig.] ***a)*** flottant, inconstant, ondoyant : ***vaga sententia*** [C] Pros., opinion flottante ; ***vaga puella*** [C] Poés., jeune fille inconstante ***b)*** indéterminé, indéfini : ***quaestio vaga*** [C] Pros., sujet indéfini ***c)*** [rhét.] libre d'allure, qui ne subit pas la contrainte du syllogisme : [C] Pros. ‖ [style] livré au hasard, affranchi de toute loi : [C] Pros. ***d)*** vaurien, de mauvaises mœurs : [+C] Pros.

vāh, interj., [exprimant l'étonnement, la douleur, la joie, la colère, le mépris, la menace] ah ! oh ! : [-C] Théât.

văha, ➡ *vah* : [-C] Théât.

Văhălis, *is*, m., le Waal [nom d'un bras du Rhin, à son embouchure] : [+C] Pros.

Vălămēr, *is*, m., roi des Goths, [T] Poés.

valdē, adv., fort, beaucoup, grandement [avec les v., les adj. et les adv.] : [C] Pros. ‖ ***valde vehementer*** [C] Pros., avec beaucoup de véhémence ; ***valde multum*** [C] Pros., extrêmement ; ➡ *quam II* ‖ ***valdius*** [C] Pros. ; ***valdissime*** [+C] Pros. ‖ [dans une réponse] tout à fait, certainement : [-C] Théât.

văle, **vălēte**, impér. de *valeo* ¶ **1** porte-toi bien, portez-vous bien [formule d'adieu] ‖ [en part. à la fin des lettres] adieu ¶ **2** [pris subst[t]] [C] Poés.

vălĕdīcō, *ĭs*, *ĕre*, *dīxī*, - [ou en deux mots], intr., dire adieu, ***alicui***, à qqn : [+C] Pros.

vălĕfăcĭō, *ĭs*, *ĕre*, -, -, intr., ➡ *valedico* : [+C] Pros.

1 **vălens**, *tis* ¶ **1** part. de *valeo* ¶ **2** adj[t] ***a)*** fort, robuste, vigoureux : [C] Pros. ***b)*** bien portant, en bon état : [C] Pros. ; subst[t], ***valentes*** [C] Pros., les gens bien portants ***c)*** [médec.] énergique, efficace : [+C] Pros. ***d)*** [fig.] puissant : ***cum valentiore pugnare*** [C] Pros., lutter avec plus fort que soi ‖ ***valentissimus*** [C] Pros.

2 **Vălens**, *tis*, m., père d'un des Mercures : [C] Pros.

vălentĕr, adv., fortement, puissamment : [C] Poés., [+C] Pros. ‖ [fig.] avec force, de façon expressive : [C] Pros., [+C] Pros.

1 **vălentĭa**, *ae*, f., courage : [T] Pros. ‖ faculté, capacité : [T] Pros.

2 **Vălentĭa**, *ae*, f., Valentia [divinité d'Ocriculum] : [+C] Pros.

3 **Vălentĭa**, *ae*, f., ville de Sardaigne, ➡ *Valentini* ‖ district de Bretagne [sud de l'Écosse] : [T] Pros.

Vălentīna, f., Valence [dans la Viennoise] : [T] Pros.

Vălentīni, *ōrum*, m. pl., habitants de Vibo Valentia : [C] Pros.

Vălentīnĭāni, *ōrum*, m. pl., sectateurs de Valentin : [T] Pros.

Vălentīnĭānus, *i*, m., Valentinien Ier, empereur d'Occident [Flavius Valentinianus, 364-375] : [T] Pros. ‖ son fils Valentinianus II (388-392) : [T] Pros.

Vălentĭus, *ĭi*, m., nom d'homme : [C] Pros.

vălentŭlus, *a*, *um*, assez bien portant : [-C] Théât.

vălĕō, *ēs*, *ēre*, *ŭī*, *ĭtum*, intr. ¶ **1** être fort, vigoureux : [-C] Théât. ; ***ubi vitis valebit*** [-C] Pros., quand le cep sera fort [dans ce sens ➡ *1 valens*, très employé par Cicéron] ‖ [avec inf.] avoir la force de : [C] Poés., [+C] Pros. ¶ **2** [métaph.] être fort, puissant, avoir de la valeur : [C] Pros. ; ***amicis*** [C] Pros., être puissant par ses amitiés ; ***auctoritate*** [C] Pros., être puissant par son influence ; ***pedestribus copiis*** [C] Pros., devoir sa force à l'infanterie ; ***equitatu multum*** [C] Pros. ; ***plurimum*** [C] Pros., être très fort [l'emporter] surtout par la cavalerie ; [C] Pros. ‖ ***valuit auctoritas*** [C] Pros., l'exemple fut efficace ¶ **3** [fig.] ***a)*** s'établir, se maintenir, régner : [C] Pros. ***b)*** avoir trait à, viser à : [C] Pros., [C] Pros., Poés. ‖ [en part.] ***valere in aliquem***, viser qqn, s'adresser à qqn : [C] Pros. ***c)*** valoir [argent] : [C] Pros. ***d)*** avoir une signification, un sens [mot] : [C] Pros., [+C] Pros. ***e)*** [avec inf.] pouvoir, être en état de : [C] Poés., Pros., [+C] Pros. ¶ **4** ***a)*** se porter bien, être en bonne santé : ***qui valuerunt*** [C] Pros., ceux qui étaient en bonne santé ; ***corpore valere*** [C] Pros., être bien portant physiquement ; ***bene*** [C] Pros. ; ***optime*** [C] Pros. ; ***recte, melius*** [C] Pros., être en bonne, en excellente, en meilleure santé ‖ [abrév. en tête de lettre] ***S. V. B. E. E. V. = si vales, bene est, ego valeo***, si tu vas bien, tant mieux, moi, je vais bien : [C] Pros. ‖ [pass. impers.] ***ut valetur ?*** [-C] Théât., comment se porte-t-on ? comment cela va-t-il ? ***b)*** [formule d'adieu] ➡ *vale*, *valete* ***c)*** [fin de lettre] : ***cura ut valeas*** [C] Pros., prends soin de ta santé ***d)*** [pour repousser qqch.] : [C] Pros.

1 **Vălĕrĭa**, *ae*, f., nom de femme : [+C] Pros.

2 **Vălĕrĭa**, *ae*, f., district de Pannonie : [T] Pros.

Vălĕrĭus, *ĭi*, m., nom de famille rom., not[t] P. Valérius, fils de Volusus Publicola [qui fut associé avec Brutus dans l'expulsion des Tarquins] : [C] Pros. ‖ ***Valerius Antias***, Valérius d'Antium, un des plus anciens historiens latins : [+C] Pros. ‖ Valérius Flaccus, poète épique latin : [+C] Pros. ‖ **-ānus**, *a*, *um*, de Valérius ; ***Valeriani***, m. pl., soldats de Valérius : [C] Pros. ‖ **-ĭus**, *a*, *um*, de Valérius : ***lex Valeria*** [C] Pros., loi Valéria

Vălĕrus, *i*, m., guerrier rutule : [C] Poés.

vălescō, *ĭs, ĕre, lŭī, -*, intr., devenir fort, vigoureux : [C] Poés.

vălēte, → *vale*

vălētūdĭnārĭum, *ĭī*, n., infirmerie, hôpital : [+C] Pros. ‖ infirmerie [militaire] : [+C] Pros.

vălētūdĭnārĭus, *a, um*, malade : [C] Pros., [+C] Pros. ‖ subst. m., un malade : [+C] Pros.

vălētūdo, *ĭnis*, f. ¶1 état de santé, santé : [C] Pros. ; ***bona valetudo*** [C] Pros., bonne santé : ***incommoda valetudo*** [C] Pros. ; ***infirma, aegra*** [C] Pros., santé mauvaise, chancelante, maladive ‖ [fig.] [C] Pros. ; [style] [C] Pros. ¶2 bonne santé : [C] Pros. ; ***valetudinem amittere*** [C] Pros., perdre la santé ¶3 mauvaise santé, maladie, indisposition : [C] Pros. ; ***valetudo oculorum*** [C] Pros., mauvais état des yeux ; ***subsidia valetudinum*** [C] Pros., secours dans les infirmités

valgĭtĕr, adv., en avançant [lèvres] : [+C] Pros.

Valgĭus, *ĭī*, m., nom de famille rom., not[t] le beau-père de Rullus : [C] Pros. ‖ Valgius Rufus [poète du siècle d'Auguste] : [C] Poés. ‖ rhéteur, disciple d'Apollodore : [+C] Pros.

valgus, *a, um*, ***valga savia*** [-C] Théât., baisers donnés avec une moue disgracieuse

vălĭdē, adv., beaucoup, fortement, grandement : [-C] Théât. ‖ parfaitement, oui, sans doute, à merveille [dans le dialogue] : [-C] Théât. ; → *valde* ‖ ***-issime*** [+C] Pros.

vălĭdus, *a, um*, fort, robuste, vigoureux : ***homines validi*** [-C] Théât., des hommes vigoureux ; ***validae turres*** [C] Poés., tours solides ‖ [C] Pros., [+C] Pros. ; ***orandi validus*** [+C] Pros., puissant comme orateur ‖ bien portant : [C] Pros. ‖ efficace, puissant, qui agit avec force [poison, remède] : [C] Poés., [+C] Pros. ‖ fort, puissant [style] : [+C] Pros. ‖ violent, impétueux [vent, fleuve] : [C] Poés.

vălĭtūdo, *ĭnis*, → *valetudo*

vălĭtūrus, *a, um*, part. fut. de *valeo*

vallāris, *e*, de rempart, de retranchement : ***vallaris corona*** [C] Pros., couronne murale [décernée à celui qui est entré le premier dans les retranchements ennemis]

vallātus, *a, um*, part. de *vallo*

valles, → *vallis*

Vallĭa, *ae*, m., Wallia, roi des Visigoths d'Espagne [415-419] : [T] Poés.

vallĭcŭla, *ae*, f., petite vallée, vallon ‖ [fig.] petit enfoncement : [T] Pros.

vallis (vallēs), *is*, f., vallée, vallon : [C] Pros. ‖ [fig.] creux, enfoncement : [C] Poés.

vallō, *ās, āre, āvī, ātum*, tr. ¶1 entourer de palissade, de retranchements, fortifier, retrancher : ***castra*** [C] Pros., fortifier un camp ; [abs[t]] ***vallare noctem*** [+C] Pros., se fortifier pendant la nuit ¶2 [fig.] fortifier, défendre, protéger, armer : [C] Pros.

Vallōnia, *ae*, f., déesse protectrice des vallées : [T] Pros.

vallum, *i*, n. ¶1 palissade [couronnant l'*agger*] : [C] Pros. ‖ retranchement [levée de terre et palissade], rempart : [C] Pros. ¶2 [fig.] rempart, défense : [C] Pros., Poés.

1 **vallus**, *i*, m. ¶1 pieu, échalas, palis : [C] Poés. ¶2 pieu à palissade : [C] Pros. ‖ palissade : [C] Pros., Poés. ; [fig.] [C] Poés.

2 **vallus**, *i*, f., vannette, petit van : [C] Pros. ‖ tuile formant rigole : [-C] Pros.

valvae, *ārum*, f. pl., battants d'une porte, porte à double battant : [C] Pros.

valvātus, *a, um*, qui a des battants : [C] Pros. ‖ qui a des fenêtres de plain-pied : [C] Pros.

valvŭlae (-vŏlae), *ārum*, f. pl., cosse [fève], gousse, silique : [+C] Pros.

Vandălārīcus, *i*, m., nom d'un roi vandale : [T] Poés.

Vandălī (W-), *ōrum*, m. pl., les Vandales [peuple des bords de la Baltique, qui envahit l'Espagne et l'Afrique, et fonda un royaume à Carthage] ‖ **-ălus, -ălĭcus**, *a, um*, des Vandales : [T] Poés.

Vandĭlī (-dălĭī), *ōrum*, m. pl., peuple de Germanie : [+C] Pros. ; → *Vandali*

vānē, adv., vainement, en vain : [+C] Pros. ‖ ***-nius*** [+C] Pros.

vānescō, *ĭs, ĕre, -, -*, intr., se dissiper, s'évanouir : [C] Poés., [+C] Pros.

Vangĭo, *ōnis*, m., nom d'un roi des Suèves : [+C] Pros.

Vangĭŏnes, *um*, m. pl., Vangions [peuple des bords du Rhin] : [C] Pros. ‖ ***Vangionum civitas*** [T] Pros., la capitale des Vangions [auj. Worms]

vānĭdĭcus, *a, um*, menteur, hâbleur : [-C] Théât., [T] Pros.

vānĭlŏquentĭa, *ae*, f., paroles futiles, bavardage : [-C] Théât. ‖ jactance, fanfaronnades, vantardises : [C] Pros. ‖ vanité [d'auteur] : [+C] Pros.

vānĭlŏquĭdōrus, *i*, m., diseur de mensonges [mot forgé] : [-C] Théât.

vānĭlŏquus, *a, um*, menteur, fanfaron, vantard : [-C] Théât. ‖ plein de jactance, fanfaron : [C] Pros.

vānĭtantes, *ĭum*, m. pl., gens superficiels, vaniteux, bavards : ***vanitas vanitantium*** [T] Pros., vanité des vaniteux

vānĭtās, *ātis*, f., état de vide, de non-réalité ¶1 vaine apparence, mensonge : ***opinionum*** [C] Pros., opinions trompeuses ‖ paroles creuses, trompeuses : ***blanda vanitas*** [C] Pros., mensonges flatteurs ‖ tromperie, fraude : [C] Pros. ‖ néant, vanité : ***vanitas vanitatum*** [T] Pros., vanité des vanités ¶2 vanité, frivolité, légèreté : [C] Pros. ; ***populi*** [C] Pros., légèreté du peuple ‖ inutilité : ***itineris*** [C] Pros., voyage stérile ¶3 vanité, jactance, fanfaronnade : [C] Pros., [+C] Pros.

vānĭtĭēs, *ēī*, f., → *vanitas* : [T] Pros.

vānĭtūdo, *ĭnis*, f., mensonge : [-C] Théât. ‖ vanité : [-C] Théât.

Vannĭus, *ĭī*, m., roi d'une partie des Suèves : [+C] Pros.

vannō, *ĭs, ĕre, -, -*, tr., vanner : [-C] Poés.

vannus, *i*, f., van, ustensile à vanner : [C] Poés., [+C] Pros.

vānŏr, *ārĭs, ārī, -*, intr., mentir, tromper : [-C] Théât.

vānus, *a, um* ¶1 vide, où il n'y a rien : [C] Poés., [+C] Pros., Pros. ¶2 [fig.] ***a)*** creux, vain, sans consistance, sans fondement, mensonger : ***vana oratio*** [C] Pros., propos creux (sans sincérité) ***b)*** trompeur, fourbe, imposteur, sans conscience, sans foi : ***vani hostes*** [C] Pros., des ennemis sans foi ***c)*** sans succès, qui n'aboutit à rien : [+C] Pros. ***d)*** [avec gén.] : ***vanus veri*** [C] Poés., qui n'est pas en possession de la vérité ; ***voti*** [+C] Poés., dont le voeu ne s'est pas réalisé ***e)*** vain, vaniteux : [C] Pros. ***f)*** subst. n. ***vanum***, vanité, inutilité, néant : [C] Pros. ; ***ex vano*** [C] Pros., sans fondement, sans raison ; ***in vanum*** [+C] Pros., pour rien, inutilement ‖ pl., ***vana rerum*** [C] Poés., la vaine apparence des choses ; ***vana rumoris*** [+C] Pros., vains bruits ‖ ***vanior*** [C] Pros. ; ***-issimus*** [+C] Pros.

văpĭdē, adv., à la manière du vin éventé : ***se habere*** [+C] Pros., être mal portant, languissant

văpĭdus, *a, um*, éventé [en parl. du vin] : [+C] Pros. ‖ [en parlant de la poix, qui donne un mauvais goût] : [+C] Poés. ‖ [fig.] gâté : [+C] Poés.

Vapincum, *i*, n., ville de Narbonnaise [auj. Gap] ‖ **-censis**, *e*, de Vapincum : [+T] Pros.

văpŏr, *ōris*, m. ¶1 vapeur d'eau : [C] Pros., Poés., [+C] Pros. ‖ exhalaison, vapeur, fumée : [C] Poés. ¶2 bouffées de chaleur, air chaud : [C] Pros., Poés. ¶3 [fig.] feux de l'amour : [+C] Théât. ¶4 [fig.] vanité, fumée : [T] Pros.

văpōrālĭtĕr, adv., en forme de vapeur : [T] Pros.

văpōrārĭum, *ĭī*, n., calorifère [à vapeur] : [C] Pros.

văpōrātē**, adv., chaudement ‖ compar. ***-tius [T] Pros.

văpōrātĭo, *ōnis*, f., évaporation, exhalaison : [+C] Pros.

văpōrātus, part. de *vaporo*

văpōrĕus, *a, um*, [fig.] qui s'évapore, vain : [T] Pros.

văpōrĭfĕr, *ĕra, ĕrum*, qui donne de la vapeur, de la fumée : [+C] Poés. ‖ qui donne de la chaleur : [+C] Poés.

văpōrō, *ās, āre, āvī, ātum* ¶1 être consumé, se vaporiser : [C] Poés. ¶2 tr. ***a)*** remplir de vapeurs : ***templum ture*** [C] Poés., remplir le temple des vapeurs de l'encens ***b)*** échauffer : [C] Pros., [+C] Pros. ***c)*** ***vaporata auris*** [+C] Poés., oreille épurée comme par la vapeur

văpōrōsus, *a, um*, plein de vapeurs : [+C] Pros. ‖ plein de chaleur : [+C] Pros.

văpōrus, *a, um*, qui donne de la vapeur : [T] Poés. ‖ chaud : [T] Poés.

vappa, *ae*, f., vin éventé, piquette : [C] Poés. ‖ [fig.] vaurien, mauvais sujet : [C] Poés.

vāpŭlāris, *e*, qui est battu, étrillé : ***vapularis tribunus*** [-C] Théât., tribun vapulaire, chef de ceux qui sont roués de coups

vāpŭlō, *ās, āre, āvī, ātum*, intr., être battu, étrillé, recevoir des coups [pr. et fig.] : ***fustibus*** [+C] Pros., recevoir une volée de coups de bâton ; ***omnium sermonibus*** [C] Pros., être écorché par les propos de tous ; [+C] Poés. ; [sujet nom de chose] ***multa vapulaverunt*** [+C] Pros., beaucoup de régions ont subi des atteintes, ont souffert [de la tempête]

vāra, *ae*, f., bâti [dans une machine de guerre] [C] Pros. ‖ bâton fourchu [qui supporte un filet] : [+C] Poés. ‖ chevalet [de scieur de bois] : [+C] Pros.

Vardaei, *ōrum*, m. pl., peuple de Dalmatie, le même que *Ardiaei* : [C] Pros.

Vardanēs, *ae* ou *is*, m., fils de Vologèse : [+C] Pros.

Vardo, *ōnis*, rivière de Narbonnaise [le Gardon] : [T] Pros. ; ▶ *Wardo*

Vārēnus, *i*, m., défendu par Cicéron [discours perdu] : [+C] Pros.

Varguntēius (-ejus), *i*, m., complice de Catilina : [C] Pros.

Vargŭla, *ae*, m., nom d'homme : [C] Pros.

vargus, *i*, m., vagabond, rôdeur : [T] Pros.

Văria, *ae*, f., ville des Èques, sur l'Anio [auj. Vicovaro] : [C] Pros.

vărĭābĭlis, *e*, variable, changeant : [+C] Pros.

vărĭantĭa, *ae*, f., variété : [C] Poés.

Vārĭānus, *a, um*, ▶ *3 Varus*

vărĭātĭo, *ōnis*, f., action de varier : [fig.] [C] Pros.

vărĭātus, *a, um* ¶ **1** part. de *vario* ¶ **2** adj[t], compar. ***variatior*** [+C] Pros., plus nuancé

vārĭcātus, *a, um*, part. de *varico*

vārĭcis, gén. de *varix*

vārĭcō, *ās, āre, āvī, ātum*, intr., écarter les jambes en marchant : [-C] Pros. ‖ enjamber : [C] Pros.

vărĭcōsus, *a, um*, qui a des varices, variqueux : [+C] Poés.

1 **vārĭcŭs**, adv., en écartant les jambes : [+C] Pros.

2 **vārĭcus**, *a, um*, qui écarte les jambes : [C] Poés.

vărĭē, adv., d'une manière variée, diverse : ***varie moveri*** [C] Pros., subir des influences diverses ; ***non varie decernitur*** [C] Pros., on prend l'arrêté sans divergences de vues ‖ avec inconséquence : [+C] Pros.

vărĭĕgō, *ās, āre, āvī, ātum* ¶ **1** tr., varier, nuancer : [+C] Pros. ¶ **2** intr., être varié : [+C] Pros.

vărĭĕtās, *ātis*, f., variété, diversité [pr. et fig.] : [C] Pros. ; pl., ***varietates vocum*** [C] Pros., les diversités de voix ‖ changement d'humeur, inconstance : [C] Pros. ‖ bigarrure : [+C] Pros. ‖ habit brodé : [T] Pros.

Vārillus, *i*, m., nom d'homme : [+C] Poés.

Varīni, *ōrum*, m. pl., peuple de Germanie [dans le Mecklembourg] : [+C] Pros.

Vārīnĭus, *ĭi*, m., P. Varinius Glaber, propréteur de la province d'Asie : [C] Pros.

vărĭō, *ās, āre, āvī, ātum* ¶ **1** tr., varier, diversifier, nuancer ***a)*** ***variare colores*** [C] Poés., diversifier les couleurs ; ***vocem*** [C] Pros., varier sa voix ; [C] Poés. ; ***variari virgis*** [-C] Théât., être bigarré (avoir la peau bigarrée) de coups de verges ; [raisin] ***variari*** [+C] Pros., tourner, se colorer ***b)*** [fig.] ***orationem*** [C] Pros., mettre de la variété dans le style ‖ [pass. impers.] [C] Pros. ; ***cum sententiis variaretur*** [C] Pros., comme il y avait diversité d'opinions ¶ **2** intr., être varié, nuancé, divers, différer, varier ***a)*** [raisin] tourner, se colorer : [C] Poés., [+C] Pros. ***b)*** [fig.] ***variante fortuna*** [C] Pros., avec des vicissitudes diverses ‖ ***si fortuna aliquid variaverit*** [C] Pros., si la fortune subissait qq. changement ; ***(prima classis) si variaret*** [C] Pros., s'il y avait désaccord (dans la première classe)

Vărĭŏla, *ae*, f., Attia Variola, nom de femme : [+C] Pros.

Varisidĭus, *ĭi*, m., nom d'homme : [C] Pros.

Vărĭtinna, *ae*, m., nom d'homme : [T] Poés.

1 **vărĭus**, *a, um*, adj. ¶ **1** varié, nuancé, tacheté, bigarré, moucheté : [-C] Pros., [C] Poés. ¶ **2** varié ***a)*** divers, différent : [C] Pros. ; ***varium est*** [avec interrog. indir.] [C] Pros. ***b)*** varié = abondant, fécond en idées : [C] Pros., [+C] Pros. ***c)*** mobile, inconstant, changeant : [C] d. [+C] Pros., [C] Pros., Poés.

2 **Vărius**, *ĭi*, m., nom d'une famille romaine, not[t] Q. Varius Hybrida, tribun de la plèbe : [C] Pros. ‖ L. Varius [poète, ami d'Horace et de Virgile] : [C] Poés.

vărix, *ĭcis*, m. f., varice : [C] Pros., [+C] Pros.

Varro, *ōnis*, m., Varron, surnom dans la famille Terentia, not[t] C. Terentius Varron, battu à Cannes par Hannibal : [C] Pros. ‖ M. Terentius Varron, le savant écrivain : [C] Pros. ‖ ***P. Terentius Varro Atacinus***, Varron de l'Atax [l'Aude], poète contemporain d'Auguste : [C] Poés. ‖ **-nĭānus**, *a, um*, de Varron : [C] Pros. ‖ **Varrōnĭānae**, *ārum*, f. pl., les Varroniennes, vingt et une comédies de Plaute, citées par Varron : [+C] Pros.

Varrōnĭānus, *i*, m., Varronien, père de l'empereur Jovien : [T] Pros. ‖ fils de Jovien [consul en 364] : [T] Pros.

1 **vārus**, *a, um*, adj. ¶ **1** tourné en dedans, cagneux : [C] Pros., Poés. ‖ recourbé : [cornes] [C] Poés. ¶ **2** [fig.] opposé, contraire : ***huic varum (genus)*** [C] Poés., (espèce) opposée à celle-ci

2 **vărus**, *i*, m., pustule, petit bouton sur la peau : [+C] Pros.

3 **Vārus**, *i*, m., surnom romain, particulièrement dans la gens Quintilia, not[t] P. Quintilius Varus, défait par Arminius : [+C] Pros. ‖ **Vārĭānus**, *a, um*, d'un Varus : [+C] Pros.

4 **Vārus**, *i*, m., le Var, fleuve de Narbonnaise : [C] Pros.

1 **văs**, *vădis*, m., caution garantissant la recomparution du défendeur [devant le magistrat] : ***vadem dare*** [C] Pros., fournir un répondant ; ***vades poscere*** [C] Pros., exiger des répondants ; ***deserere*** [C] Pros., manquer aux engagements pris en fournissant des répondants (laisser les répondants payer la caution)

2 **vās**, *vāsis*, et n. pl., **vāsa**, *ōrum* [de l'ancien mot *vāsum*] ¶ **1** vase, récipient, pot : [C] Pros. ; ***vas vinarium*** [C] Pros., louche à vin [à puiser le vin] ‖ vaisselle, meubles : [C] Pros. ¶ **2** pl. ***a)*** bagages des soldats : [C] Pros. ; ▶ *colligo, conclamo* ***b)*** ruches : [+C] Pros. ***c)*** ▶ *colei*, ▶ *coleus* : [-C] Théât. ¶ **3** [chrét., métaph., en parlant de pers.] ***vas electionis*** [T] Pros., vase d'élection [choisi par Dieu]

Vasaces, *is*, m., nom d'un général des Parthes : [+C] Pros.

vāsārium, *ĭi*, n. ¶ **1** somme allouée aux gouverneurs de province pour frais d'établissement, indemnité d'installation : [C] Pros. ¶ **2** prix de location d'un pressoir d'huile : [-C] Pros. ¶ **3** cuve [dans les bains] : [C] Pros. ¶ **4** archives : [+C] Pros.

vāsārĭus, *a, um*, relatif aux vases : [C] Pros.

Vāsātēs, *um* ou *ĭum*, **Vāsātae**, *ārum*, m. pl., peuple et ville d'Aquitaine sur la Garonne [Bazas] : [T] Pros.

Vascŏnes, *um*, m. pl., Vascons [peuple qui habitait les deux versants des Pyrénées (les Basques)] : [+C] Poés.

vascŭlārĭus, *ĭi*, m., fabricant de vases [d'or et d'argent] : [C] Pros.

vascŭlum, *i*, n. ¶ **1** petit vase : [-C] Pros., Théât., [+C] Poés. ¶ **2** ▶ *mentula* : [+C] Pros. ¶ **3** [chrét., métaph.] vase [enveloppe du corps, péjoratif] : [T] Pros.

vāsī, parf. de *vado* :

Vasĭonense oppidum, n., capitale des Voconces [auj. Vaison-la-Romaine] : [T] Pros.

vastābundus, *a, um*, qui ravage : [T] Pros.

vastātio, *ōnis*, f., dévastation, ravage : [C] Pros. ‖ pl., [C] Pros.

vastātŏr, *ōris*, m., dévastateur, ravageur : [C] Poés. ; ***ferarum*** [C] Poés., destructeur de bêtes féroces

vastātōrĭus, *a, um*, qui dévaste, qui ravage : [T] Pros.

vastātrix, *īcis*, f. de *vastator* : [+C] Pros.

vastātus, *a, um*, part. de *vasto*

vastē, adv. ¶ **1** grossièrement, de façon gauche, lourde : [C] Pros. ; *vastius* [C] Pros. ¶ **2** sur une grande étendue, au loin : [C] Poés.

vastescō, *is*, *ĕre*, -, -, intr., devenir désert : [-C] Théât.

vastĭfĭcus, *a*, *um*, dévastateur : [C] Pros.

vastĭtās, *ātis*, f. ¶ **1** désert, solitude : [C] Pros. ¶ **2** dévastation, ravage, ruine : [C] Pros. ; pl., [C] Pros. ¶ **3** grandeur démesurée, taille monstrueuse : [+C] Pros. ‖ force prodigieuse de la voix : [+C] Pros. ‖ immensité d'une tâche : [+C] Pros.

vastĭtĭēs, *ēi*, f., ➡ *vastitas*, destruction : [-C] Théât.

vastĭtō, *ās*, *āre*, *āvī*, *ātum*, tr., dévaster souvent : [T] Pros.

vastĭtūdo, *ĭnis*, f., dévastation, ravage : [-C] Théât., Pros. ‖ proportions énormes : [+C] Pros.

vastō, *ās*, *āre*, *āvī*, *ātum*, tr. ¶ **1** rendre désert, dépeupler : [C] Pros. ‖ ***agros cultoribus*** [C] Poés., dépeupler les campagnes de leurs laboureurs ¶ **2** dévaster, ravager, désoler, ruiner : [C] Pros.

vastŭlus, *a*, *um*, qq. peu démesuré : [+C] Pros.

vastus, *a*, *um*, adj. ¶ **1** vide, désert : [C] Pros. ¶ **2** désolé, dévasté, ravagé : [-C] Théât., [C] Poés., Pros. ¶ **3** prodigieusement grand, monstrueux, démesuré : ***belua vasta*** [C] Pros. ; ***vastissima*** [C] Pros., bête énorme, monstrueuse ; ***vastum mare*** [C] Pros., mer immense ; ***vastissimus Oceanus*** [C] Pros., l'Océan infini ; ***fossa vastissima*** [C] Pros., un immense fossé ; ***vasta arma*** [C] Poés., armure colossale ‖ [fig.] ***vastus animus*** [C] Pros., esprit démesuré, insatiable ; ***vasta potentia*** [C] Poés., puissance étendue, vaste ‖ ***vastus clamor*** [C] Poés., cris qui retentissent au loin ; ***vastum pondus*** [C] Poés., énorme poids ¶ **4** sauvage, grossier, inculte, brut : [C] Pros. ; ***littera vastior*** [C] Pros., lettre de prononciation désagréable

vătax, *ācis*, adj., aux jambes en X : [C] Poés.

Vaternus, rivière de la Gaule cispadane, affluent du Pô [auj. Santerno] : [+C] Poés.

vātēs, *is*, m. ¶ **1** devin, prophète : [-C] Pros., Théât., [C] Poés., Pros. ‖ f., devineresse, prophétesse : [C] Poés. ¶ **2** poète [inspiré des dieux] : [-C] d. [C] Pros., [C] Poés., [+C] Pros. ‖ f., poétesse : [C] Poés. ¶ **3** [fig.] maître dans un art, oracle : [+C] Pros. ¶ **4** [chrét.] prophète : [T] Poés. ¶ **5** évêque, pasteur : [+T] Poés.

vătĭa, *ae*, adj. m, ➡ *vatius*

1 **Vātĭcānus (-tī-)**, *i*, m., dieu qui présidait aux débuts du langage [des enfants] : [C] d. [+C] Pros. ‖ dieu du Vatican : [+C] Pros., [T] Pros.

2 **Vātĭcānus**, m., (***mons, collis***), le Vatican [colline de Rome] : [C] Poés. ‖ pl., ***Vaticani montes*** [C] Pros., le Vatican [et ses environs] ‖ **-nus**, *a*, *um*, du Vatican : [C] Pros.

vātĭcĭnātĭo, *ōnis*, f., action de prédire l'avenir, prédiction, oracle, prophétie : [C] Pros.

vātĭcĭnātŏr, *ōris*, m., devin : [C] Poés. ‖ prophète : [T] Poés.

vātĭcĭnĭum, *ĭi*, n., prédiction, oracle : [+C] Pros.

vātĭcĭnŏr, *āris*, *ārī*, *ātus sum*, tr. ¶ **1** prophétiser : [C] Pros. ; [avec prop. inf.] [C] Pros., Poés. ‖ [absᵗ] [C] Pros. ‖ enseigner comme un homme inspiré, avec l'autorité d'un oracle : [C] Pros. ‖ parler au nom des dieux : [C] Poés. ‖ [plaisᵗ] [-C] Théât. ¶ **2** extravaguer, etre en délire : [C] Pros.

vātĭcĭnus, *a*, *um*, prophétique : [C] Poés., Pros.

vătillum, *i*, n., pelle à braise, ➡ *batillum* : [C] Poés.

1 **Vătīnĭus**, *ĭi*, m. ¶ **1** P. Vatinius, partisan de César, décrié pour ses vices : [C] Pros. ; au pl., les Vatinius ¶ **2** cordonnier de Bénévent qui donna son nom à des vases : ***calices Vatinii*** [+C] Poés. ‖ **-nĭānus**, *a*, *um*, de Vatinius : [C] Poés.

2 **vătīnĭus**, *ĭi*, m., sorte de vase [inventé par le cordonnier nommé Vatinius] : [+C] Poés.

vātis, *is*, m., ➡ *vates* : [C] Pros.

vătĭus, *a*, *um*, qui a les jambes arquées, les pieds tournés en dedans : [C] Pros.

Vatrachītēs, *ae*, m., fleuve de Perse : [T] Pros.

vatrax, ➡ *vatax*

văvăto, *ōnis*, m., poupée, marionnette : [+C] Pros.

1 **-vĕ**, part. enclitique, ou : ***albus aterve*** [C] Pros., blanc ou noir ; ***plus minusve*** [C] Pros., plus ou moins ‖ ***neve = et ne*** ; ➡ *neve* ‖ [poét.] répété au lieu de ***vel ... vel*** : ***quod fuimusve sumusve*** [C] Poés., ou ce que nous avons été ou ce que nous sommes

2 **vē-**, préfixe, de sens augmentatif, péjoratif (anormal, aberrant), ou privatif ; d'après [+C] Pros. ; ➡ *vecors*, *vegrandis*, *vesanus*

vĕa, ➡ *via* : [C] Pros.

Vecellīnus, *i*, m., Sp. Casius Vecellinus [accusé d'avoir aspiré à la royauté, il fut précipité de la roche Tarpéienne] : [C] Pros.

Vecilĭus, *ĭi*, m., montagne du Latium : [C] Pros.

vēcordia (vaec-), *ae*, f., état contraire à la raison, extravagance, démence : [C] Pros., [+C] Pros.

vēcors, *dis*, extravagant, insensé : [C] Pros. ; ***vecordissimus*** [C] Pros.

Vecta, *ae*, f., ➡ *Vectis*

vectābĭlis, *e*, qu'on peut transporter : [+C] Pros.

vectābŭlum, *i*, n., chariot, voiture : [+C] Pros.

vectātĭo, *ōnis*, f. ¶ **1** action d'être transporté [en voiture, en litière] : [+C] Pros. ; ***assidua equi*** [+C] Pros., habitude de monter à cheval ¶ **2** action de transporter : [T] Pros.

vectātus, *a*, *um*, part. de *vecto*

vectĭārĭus, *ĭi*, m., celui qui manie le *vectis* : [C] Pros.

vectīgăl, *ālis*, n., revenu que l'on tire d'un objet ¶ **1** redevances [en argent ou en nature que paient à l'État ou à des cités les exploitants d'une partie du domaine public], revenus : [C] Pros. ; ***vectigalia locare*** [C] Pros., affermer les impôts, les redevances d'une province ¶ **2** redevance perçue en province par un magistrat : [C] Pros. ¶ **3** [à titre privé] revenu, rente : [C] Pros. ¶ **4** tribut imposé au peuple vaincu : [C] Pros.

vectīgālis, *e* ¶ **1** relatif aux redevances : ***vectigalis pecunia*** [C] Pros., argent des redevances ¶ **2** qui paie une redevance, un impôt : [C] Pros. ‖ soumis à un tribut : [C] Pros. ¶ **3** [au titre privé] qui rapporte de l'argent, qu'on loue pour de l'argent : [C] Pros., [+C] Pros.

vectĭo, *ōnis*, f., action de transporter : [C] Pros.

vectis, *is*, m. ¶ **1** levier : [C] Pros. ¶ **2** barre d'un pressoir : [C] Pros. ‖ pilon : [C] Pros. ‖ barre d'une porte, verrou : [C] Pros., Poés.

vectĭtō, *ās*, *āre*, -, *ātum*, tr., traîner, transporter : [+C] Pros. ‖ ***vectitatus*** [T] Pros.

vectō, *ās*, *āre*, *āvī*, *ātum*, tr., transporter, traîner [souvent] : [C] Poés., [+C] Pros. ‖ pass., se promener, voyager : [C] Poés., [+C] Pros.

vectŏr, *ōris*, m. ¶ **1** celui qui traîne, qui transporte : [C] Poés. ¶ **2** passager sur un navire : [C] Pros., [+C] Pros. ‖ cavalier : [C] Poés.

vectōrĭus, *a*, *um*, qui sert à transporter, de transport : [C] Pros., [+C] Pros.

vectrix, *īcis*, adj. f., qui transporte, qui porte : ***equa*** [T] Poés., jument de selle

vectūra, *ae*, f., transport par terre ou par eau : [C] Pros., [+C] Pros. ‖ prix du transport : [-C] Théât., [+C] Pros.

Vecturĭōnes, *um*, m. pl., peuple de Bretagne faisant partie des Pictes : [T] Pros.

vectus, *a*, *um*, part. de *veho*

Vēdiŏvis, arch., ➡ *Vejovis* : [C] Pros.

Vēdĭus, *ĭi*, m., nom d'une famille romaine, notᵗ Vedius Pollion [sous Auguste, connu pour sa cruauté envers ses esclaves] : [+C] Pros.

vĕgĕō, *ēs*, *ēre*, -, - ¶ **1** tr., exciter, animer : [-C] Pros. ¶ **2** intr., être vif, ardent : [C] Poés.

vĕgĕtābĭlis, *e*, vivifiant : [T] Pros.

vĕgĕtāmĕn, *ĭnis*, n., principe de vie, force vitale : [T] Poés.

vĕgĕtātĭo, *ōnis*, f., mouvement, excitation : [+C] Pros.

vĕgĕtō, *ās*, *āre*, *āvī*, *ātum*, tr., animer, vivifier : [+C] Pros.

vĕgĕtus, *a*, *um*, bien vivant, vif, dispos : [C] Pros., Poés. ; ***vegetior*** [+C] Pros.

vēgrandis, *e* ¶ **1** qui n'a pas sa grandeur, trop court, trop petit : [C] Pros., Poés., [-C] Poés. ¶ **2** qui dépasse la grandeur normale : [C] Pros.

vĕhĕmens, *tis* ¶ **1** emporté, impétueux, passionné, violent : [C] Pros. ‖ violent, rigoureux, sévère : [C] Pros. ‖ véhément [style, éloquence] : [C] Pros. ‖ énergique, fort, [choses] : [C] Pros. ¶ **2** [fig.] violent, intense : ***imber*** [C] Poés., pluie violente ; ***vehementissimo cursu*** [C] Pros., dans une course à toute allure ; ***vitis vehemens*** [+C] Pros., vigne à la pousse intense ‖ ***vehementior*** [C] Pros. ; ***vehementissimus*** [C] Pros.

vĕhĕmentĕr, adv., avec violence, impétuosité, emportement, passion : [C] Pros. ; ***vehementius*** [C] Pros. ; ***-issime*** [C] Pros. ‖ vivement, instamment, fortement : ***vehementer displicere*** [C] Pros., déplaire vivement : [C] Pros. ; ***se vehementissime exercere in aliqua re*** [C] Pros., s'exercer dans une chose avec la plus grande énergie ; ***vehementer errare*** [C] Pros., se tromper lourdement ; ***vehementer utilis*** [C] Pros., fortement utile ‖ [parler] avec véhémence : [C] Pros.

vĕhĕmentĭa, *ae*, f., véhémence d'un orateur : [+C] Pros.

vĕhens, sens pass., V. ▶ *veho* ¶ *4*

vĕhĭcŭlāris, *e*, **vĕhĭcŭlārĭus**, *a*, *um*, [T] Pros., de voiture, de charroi : ***vehicularius cursus*** [T] Pros., poste aux chevaux

vĕhĭcŭlum, *i*, n., moyen de transport, véhicule : [C] Pros. ‖ voiture, chariot : [C] Pros. ; ***junctum vehiculum*** [C] Pros., char attelé

Vĕhilius, *ĭi*, m., nom d'homme : [C] Pros.

vĕhis, *is*, f., charretée, charge d'une charrette : [+C] Pros. ‖ [mesure] journée d'un ouvrier, travail d'un jour : [+C] Pros.

vĕhō, *ĭs*, *ĕre*, *vēxī*, *vectum*, tr. ¶ **1** porter, transporter [à dos d'homme ou d'animaux] : [-C] Théât., [C] Poés., Pros. ; ***in equo vehi*** [C] Pros., aller à cheval, être monté sur un cheval ¶ **2** transporter par bateau : [C] Poés., Pros., [+C] Pros. ‖ [par char, chariot] : [C] Pros. ; ***vehi in essedo*** [C] Pros., voyager en char gaulois ¶ **3** rouler, charrier [fleuve] : [C] Poés. ¶ **4** [de sens pass., au part. prés. et au gérondif] ***in equo vehens*** [+C] Pros., à cheval ; [C] Pros., [+C] Pros. ; ***lectica per urbem vehendi jus*** [+C] Pros., le droit de se faire porter en litière dans Rome

Vēia, *ae*, f., nom de femme : [C] Poés.

Vēiānĭus, *ĭi*, m., nom d'un gladiateur : [C] Pros.

Vēiānus, *i*, m., nom d'homme : [+C] Pros.

Vēiento, *ōnis*, m., surnom dans la *gens Fabricia* : [C] Pros., [+C] Pros.

veiginti, V. ▶ *viginti*

Vēii, *ōrum*, m. pl., Véies [ancienne ville d'Étrurie] : [C] Pros. ‖ **Vēiens**, *tis*, adj., de Véies, véien : [C] Pros. ; ***Veientes*** [C] Pros., Véiens ‖ **-entānus**, *a*, *um*, de Véies : [C] Pros. ‖ **-entānum**, *i*, n. ***a)*** propriété de Véies : [+C] Pros. ***b)*** vin de Véies [médiocre] : [C] Poés., [+C] Poés. ‖ **Vēĭus**, *a*, *um*, de Véies : [C] Poés.

Vējŏvis, *is*, m., ancienne divinité, identifiée avec Jupiter souterrain [Cf. ▶ *Vediovis* [C] Pros.] ; représentant en qq. sorte le contraire de Jupiter : [C] Pros., [+C] Pros. ‖ [par jeu de mots, assimilée à Jupiter enfant] : [C] Poés.

vĕl ¶ **1** adv., ou, si vous voulez, ou ***a)*** [donne à choisir une expression entre plusieurs] [C] Pros. ***b)*** [sert à rectifier] ***vel potius, vel etiam, vel dicam, vel ut verius dicam***, ou plutôt, ou même, ou je dirai, ou pour parler plus exactement : [C] Pros. ‖ ***vel*** seul : [C] Pros. ***c)*** même : [C] Pros. ; ***vel regnum*** [C] Pros., même une royauté ‖ [renforçant le superl.] même le plus possible : [C] Pros. ; ***vel maxime***, même au plus haut point : [C] Pros. ***d)*** notamment, par exemple : [-C] Théât., [C] Pros. ***e)*** peut-être [avec superl.] : [C] Pros. ¶ **2** [particule de coordination] ou, ou bien : [C] Pros. ‖ ***vel ... vel***, ou ... ou, soit ... soit : [C] Pros. ‖ ***vel*** répété trois, quatre, jusqu'à huit fois [C] Pros.

1 **vēlābrum**, *i*, n., voile, tenture : [T] Pros.

2 **Vēlābrum**, *i*, n., le Vélabre [quartier de Rome, où se tenait le marché d'huile et de comestibles] : [-C] Théât., [C] Pros., Poés. ‖ **-brensis**, *e*, du Vélabre : [+C] Poés. ‖ ***Velabrum minus*** [C] Pros., le petit Vélabre [près des Carènes] ; d'où le pl., ***Velabra*** [C] Poés., les deux Vélabres

vēlāmĕn, *ĭnis*, n., couverture, enveloppe, vêtement, robe, voile, dépouille des animaux, tunique des plantes : [C] Poés., [+C] Théât., Pros.

vēlāmentum, *i*, n. ¶ **1** enveloppe (membrane) [anat.] : [+C] Pros. ¶ **2** voile, rideau : [+C] Pros. ¶ **3** pl. ***velamenta***, rameaux entourés de bandelettes [portés par les suppliants] : [C] Poés., Pros., [+C] Pros. ¶ **4** [fig.] voile pour dissimuler qqch. : [+C] Pros.

Velānĭus, *ĭi*, m., nom propre romain : [C] Pros.

vēlārĭum, *ĭi*, n., voile [qu'on étendait au-dessus du théâtre, pour garantir du soleil] : [+C] Poés.

vēlāti, *ōrum*, m. pl., recrues non armées : ***accensi velati*** [C] Pros., surnuméraires sans armes [appelés pour combler les pertes] ; V. ▶ *veles, velatus*

vēlātūra, *ae*, f., transport, roulage : [C] Pros.

vēlātus, *a*, *um*, part. de *velo*, V. ▶ *velati*

Vĕlĕda, *ae*, f., prophétesse divinisée par les Germains : [+C] Pros.

vēlĕs, *ĭtis*, m. ; ordin[t] au pl., **vēlĭtes**, *um*, vélites [soldats armés à la légère, qui escarmouchaient] : [C] Pros. ‖ [fig.] ***scurra veles*** [C] Pros., le bouffon escarmoucheur [qui provoque les assauts de plaisanteries] = le clown de la troupe

Vĕlia, *ae*, f. ¶ **1** ville de Lucanie [nom latin de *Elea*, Élée] : [C] Pros. ‖ **-ĭenses**, m., habitants de Vélia : [C] Pros. ‖ **-īnus**, *a*, *um*, de Vélia : [C] Poés. ¶ **2** une des éminences du mont Palatin : [C] Pros. ‖ **-ĭensis**, *e*, de la Vélia : [C] Pros. ‖ **-īnus**, *a*, *um*, de la Vélia : ***Velina tribus, Velina*** [C] Pros., la tribu Vélina

Vĕliensis, V. ▶ *Velia*

vēlĭfĕr, *ĕra*, *ĕrum*, garni de voiles : [C] Poés. ‖ qui enfle les voiles : [+C] Théât.

vēlĭfĭcātĭo, *ōnis*, f., déploiement des voiles : [C] Pros. ; [fig.] [T] Pros.

vēlĭfĭcātus, *a*, *um*, part. de *velifico* et de *velificor*

vēlĭfĭcĭum, *ĭi*, n., déploiement des voiles : [+C] Poés.

vēlĭfĭcō, *ās*, *āre*, *āvī*, *ātum* ¶ **1** intr., faire voile, naviguer : [C] Poés. ¶ **2** tr., ***velificatus*** [+C] Poés., traversé à la voile

vēlĭfĭcŏr, *ārĭs*, *ārī*, *ātus sum*, intr. ¶ **1** déployer les voiles, faire voile, naviguer : [C] Poés., [+C] Pros. ¶ **2** [fig.] s'employer pour, favoriser [avec dat.] : [C] Pros.

vĕlim, subj. prés. de *2 volo*

Vĕlīnĭa, *ae*, f., nom d'une déesse : [C] Pros.

Vĕlīnus, *a*, *um*, V. ▶ *Velia*

Vĕlĭŏcasses, *ĭum*, [C] Pros. et **Velĭocassi**, *ōrum*, m. pl., [C] Pros., peuple de Gaule [Vexin] dont la capitale était Rotomagus [Rouen]

vēlĭtāris, *e*, relatif aux vélites, de vélite : [C] Pros. ‖ subst. m. pl., troupes légèrement armées : [T] Pros.

vēlĭtātĭo, *ōnis*, f., escarmouche ; [fig.] assaut d'injures : [-C] Théât.

vēlĭtātus, *a*, *um*, part. de *velitor*

Vĕlīternīnus (-ternus), V. ▶ *Velitrae*

vēlĭtes, V. ▶ *veles*

vēlĭtŏr, *ārĭs*, *ārī*, *ātus sum* ¶ **1** intr., engager le combat, escarmoucher, ***in aliquem***, contre qqn : [+C] Pros. ‖ faire assaut de paroles, se quereller, se disputer : [-C] Théât., [+C] Pros. ¶ **2** tr., menacer de : [+C] Pros.

Vĕlītrae, *ārum*, f. pl., Velitrae [ville des Volsques, sur la voie Appienne, auj. Velletri] : [C] Pros. ‖ **-terni**, *ōrum*, m. pl., habitants de Velitrae : [C] Pros., [+C] Pros.

Vēlĭus, *ĭi*, m., nom d'homme : [+C] Poés. ‖ Vélius Longus, grammairien latin : [+C] Pros.

vēlĭvŏlans, *tis*, qui vole avec des voiles : [C] Pros.

vēlĭvŏlus, *a*, *um*, qui marche à la voile : [-C] Pros., Théât., [C] Poés. ‖ [épithète de la mer] où l'on va à la voile : [C] Poés.

vella, *ae*, f., V. ▶ *villa* : [C] Pros.

vellātūra, V. ▶ *velatura* : [C] Pros.

Vellaunŏdūnum, *i*, n., nom d'une ville des Sénons [Montargis ?] : [C] Pros.

Vellāvĭi, *ōrum*, m. pl., peuple de la confédération des Arvernes [dans le Velay] : [C] Pros.

velle, **vellem**, inf. prés. et imparf. du subj. de *2 volo*

Vellēius, *i*, m., nom d'une famille rom., not[t] C. Velléius, philosophe épicurien, ami de l'orateur Crassus : [C] Pros.

vellĭcātim, adv., d'une manière décousue, partiellement, séparément : [+C] Pros.

vellĭcātĭo, *ōnis*, f., coup d'épingle [fig.], piqûre, taquinerie : [+C] Pros.

vellĭcō, *ās*, *āre*, *āvī*, *ātum*, tr. ¶1 tirailler, picoter, becqueter : [-C] Théât., [+C] Pros. ‖ [abeille] butiner : [C] Pros. ¶2 [fig.] **a)** mordiller, déchirer, dénigrer : [-C] Théât., [C] Pros., Poés., [+C] Pros. **b)** déchirer par jalousie : [C] Poés. **c)** piquer, exciter : [+C] Pros.

vellimnum, *i*, n., touffe de laine arrachée : [C] Pros.

Vellĭŏcasses, ➡ *Veliocasses*

vellō, *ĭs*, *ĕre*, *vulsī* ou *volsī* ou *vellī*, *vulsum* ou *volsum*, tr. ¶1 arracher, détacher en tirant : ***pilos*** [C] Pros., arracher les poils ; ***signa*** [C] Pros., arracher de terre les enseignes [pour se mettre en marche] ; ***vallum*** [C] Pros., arracher la palissade ; ***poma*** [C] Poés., détacher des fruits ; ***spinas*** [C] Pros., arracher des épines ; ***postes a cardine*** [C] Poés., arracher des gonds les montants de la porte ; ***castris signa*** [C] Poés., arracher du campement les enseignes, lever le camp ; [+C] Poés. ; ***hastam de cespite*** [C] Poés., arracher d'une motte de terre le javelot ‖ ***oves*** [C] Pros. ‖ pass. ***velli*** [+C] Pros., être épilé ¶2 tirer sans arracher : ***barbam alicui*** [C] Poés., tirer la barbe à qqn ; ***aurem*** [C] Poés., tirer l'oreille ; [abs[t]] ***vellere*** [C] Poés., tirer le vêtement de qqn ¶3 [fig.] déchirer, tourmenter : [+C] Poés.

Vellocatus, *i*, m., nom d'homme : [+C] Pros.

1 **vellus**, *ĕris*, n. ¶1 peau avec la laine, toison : [C] Pros., Poés. ¶2 **a)** toison d'animal vivant : [C] Poés. **b)** peau de bête : ***leonis*** [C] Poés., peau de lion ; ***vellera cervina*** [C] Poés., peau d'un cerf ; ***vellus Nemeaeum*** [C] Poés., peau du lion de Némée ¶3 **a)** flocons de laine : [C] Poés. ; [de soie] [C] Poés. ; [de neige] [+C] Poés. **b)** bandelettes de laine : [+C] Poés.

2 **vellus**, *i*, m., ➡ *villus*

vēlō, *ās*, *āre*, *āvī*, *ātum*, tr. ¶1 voiler, couvrir : ***capite velato*** [C] Pros., avec la tête voilée ; ***velatus toga*** [C] Pros., enveloppé de sa toge ; ***velatis manibus*** [-C] Théât., avec les mains voilées (garnies) [de rameaux de suppliants] ; [C] Poés. ‖ n. pl., ***velanda corporis*** [+C] Pros., les parties sexuelles ‖ m. pl., ***velati***, ➡ *velati*, *2 accensus* ¶1 ¶2 entourer, envelopper : ***tempora myrto*** [C] Poés., couronner ses tempes de myrte ; [C] Pros. ; [poét.] [C] Poés. ¶3 [fig.] voiler, cacher, dissimuler : [+C] Pros.

vēlōcĭtās, *ātis*, f., agilité à la course, vitesse, vélocité, célérité : [C] Pros. ‖ pl., [C] Pros. ‖ rapidité du style : [+C] Pros.

vēlōcĭtĕr, adv., rapidement, promptement, avec prestesse : [C] Poés., [+C] Pros. ; ***velocius*** [C] Pros. ; ***-issime*** [C] Pros.

Vēlōcĭus, *ĭi*, m., nom d'homme : [C] Pros.

1 **vēlox**, *ōcis*, adj. ¶1 agile à la course, rapide, vite, preste : ***pedites velocissimi*** [C] Pros., fantassins les plus agiles ¶2 prompt, rapide : ***veloces flammae*** [C] Poés., flammes rapides ; ***velox jaculum*** [C] Poés., javelot rapide : ***velox navigatio*** [+C] Pros., navigation prompte ‖ [poét., attrib.] [C] Poés. ‖ [avec *ad*] prompt à (relativement à) : [C] Poés. : [C] Pros. ‖ [avec inf.] [+C] Poés.

2 **Vēlox**, *ōcis*, m., nom d'homme : [+C] Poés.

1 **vēlum**, *i*, n. ¶1 voile de navire ; surt. au pl. : ***vela dare*** [C] Pros. ; ***facere*** [C] Pros., mettre à la voile ; ***vela dirigere*** [C] Pros., diriger sa course ‖ [fig.] [C] Pros. ; ***vela contrahere*** [C] Pros., caler, plier les voiles, s'arrêter ; [-C] Théât., [C] Pros. ‖ sg., [-C] Théât., [C] Poés. ¶2 [poét.] = navire : [C] Poés.

2 **velum**, *i*, n., voile, toile, tenture, rideau : [C] Pros. ‖ voile tendu au-dessus d'un théâtre [contre le soleil] : [C] Poés., [+C] Pros. ‖ voile pour cacher à la vue : [+C] Pros. ; [fig.] [C] Pros.

vĕlŭt, **vĕlŭtī**, adv. ¶1 par exemple comme, ainsi, par exemple : [-C] Théât., [C] Pros. ¶2 [dans les compar.] comme, de la manière que, ainsi que **a)** ***velut... sic*** [rar[t] *ita* : [+C] Pros.] [C] Poés., Pros. **b)** ***veluti pecora*** [C] Pros., comme des animaux **c)** comme, pour ainsi dire : [C] Pros., [+C] Pros. ¶3 [dans les hypothèses] **a)** ***velut si*** subj., comme si : [C] Pros., [+C] Pros. **b)** ***velut*** seul et subj., comme si : [C] Poés., Pros. **c)** avec abl. abs. : [C] Pros.

vēna, *ae*, f. ¶1 veine : [C] Pros. ; ***alicujus venas incidere*** [C] Pros., ouvrir les veines de qqn ; ***venas interscindere*** [+C] Pros. ; ***abrumpere*** [+C] Pros. ; ***abscindere*** [+C] Pros. ; ***exsolvere*** [+C] Pros., s'ouvrir ou se faire ouvrir les veines [par ordre de l'empereur] ¶2 pl. = le pouls : [C] Pros., [+C] Pros. ¶3 veines [siège de la vie pour les anciens] : [+C] Pros. ¶4 [mét.] **a)** veine, filon de métal : [C] Pros., [+C] Poés. **b)** canal d'eau naturel, veine d'eau : [C] Pros., Poés., [+C] Poés. **c)** uretère : [+C] Pros. **d)** pores : [C] Pros. **e)** membre viril : [+C] Poés. ¶5 [fig.] **a)** = le cœur, le fond d'une chose : [C] Pros. ‖ = la partie intime, l'essentiel : [C] Pros. **b)** = veine poétique, inspiration : [C] Poés., [+C] Poés., Pros.

vēnābŭlum, *i*, n., épieu de chasse : [C] Pros., Poés.

Vĕnāfĕr, adj., ➡ *Venafrum*

Vĕnāfrum, *i*, n., ville de Campanie, célèbre par ses oliviers [auj. Venafro] : [C] Pros. ‖ **-frānus**, *a*, *um*, de Venafro : [C] Poés. ‖ **-fer**, *fra*, *frum*, même sens : [C] Pros. ‖ **-frānum**, *i*, n., huile de Venafro : [+C] Poés.

vēnālĭcium, *ĭi*, n., marché d'esclaves, esclaves à vendre : [+C] Pros.

vēnālĭcĭus, *a*, *um* ¶1 mis en vente, à vendre : [+C] Pros. ¶2 [esclaves] mis en vente, à vendre : [+C] Pros. ‖ subst. m., marchand d'esclaves : [C] Pros., [+C] Pros.

vēnālis, *e* ¶1 vénal, à vendre : [C] Pros. ‖ subst. m., esclave à vendre, jeune esclave : [-C] Théât., [C] Pros., Poés., [+C] Pros. ¶2 [fig.] vénal, qui se vend : ***habere aliquid venale*** [C] Pros., trafiquer de qqch.

vēnālĭtās, *ātis*, f., vénalité : [T] Pros.

Venantĭus Fortunatus, m., Venance Fortunat, évêque de Poitiers, poète latin du 6e s. : [+T] Pros.

vēnātīcĭus, *a*, *um*, ➡ *venaticus* : [T] Pros.

vēnātĭcus, *a*, *um*, relatif à la chasse : ***canes venatici*** [C] Pros., chiens de chasse ‖ [fig.] en chasse = en quête : [-C] Théât.

vēnātĭo, *ōnis*, f. ¶1 chasse : [C] Pros. ¶2 chasse donnée en spectacle dans le cirque : [C] Pros., [+C] Pros. ¶3 chasse, gibier : [C] Pros., [+C] Pros. ‖ venaison, produit de la chasse : [C] Pros.

vēnātŏr, *ōris*, m. ¶1 chasseur : [C] Pros. ‖ [en appos.] ***venator canis*** [C] Poés., chien de chasse ¶2 [fig.] qui est aux aguets : [-C] Théât. ‖ investigateur, observateur : [C] Pros.

vēnātōrĭus, *a*, *um*, de chasse, de chasseur : [C] Pros., [+C] Pros.

vēnātrix, *icis*, adj. f., qui chasse, chasseresse : [C] Poés. ; ***canis*** [+C] Poés., chienne de chasse

vēnātūra, *ae*, f., action de chasser, chasse : [fig.] [-C] Théât.

1 **vēnātus**, *a*, *um*, part. de *venor*

2 **vēnātŭs**, *ūs*, m. ¶1 chasse : [C] Pros., Poés. ‖ pl., [C] Poés. ¶2 [fig.] pêche : [-C] Théât.

vendax, *ācis*, qui aime à vendre : [-C] Pros.

vendĭbĭlis, *e* ¶1 qui se vend facilement, qui trouve des acheteurs : [C] Pros. ¶2 [fig.] qui est en vogue : [C] Pros. ; ***vendibilior*** [C] Pros.

vendĭbĭlĭtĕr, adv., chèrement, à un prix élevé ‖ ***-lius*** [T] Pros.

vendĭco, ➡ *vindico*

vendĭdī, parf. de *vendo*

vendĭtātĭo, *ōnis*, f., action de faire valoir, montre, étalage : [C] Pros.

vendĭtātŏr, *ōris*, m., qui tire vanité de : [+C] Pros.

vendĭtĭo, *ōnis*, f., action de mettre en vente, vente : [C] Pros., [+C] Pros.

vendĭtō, *ās*, *āre*, *āvī*, *ātum*, tr. ¶1 faire des offres de vente, chercher à vendre : [C] Pros., [+C] Pros. ¶2 vendre, négocier, trafiquer de : [C] Pros., [+C] Pros. ‖ ***sese*** [-C] Théât., trafiquer de soi ¶3 ***se alicui*** [C] Pros., se faire valoir auprès de qqn ; ***se existimationi hominum*** [C] Pros., se recommander à l'estime publique

vendĭtŏr, *ōris*, m., vendeur : [C] Pros. ‖ [fig.] trafiquant : [C] Pros.

vendĭtum, *i*, n. du part.-adj. de *vendo*, vente : [C] Pros., [+C] Pros.

vendō, *ĭs*, *ĕre*, *dĭdī*, *dĭtum*, tr. ¶1 vendre : ***aliquid pluris, minoris*** [C] Pros., vendre qqch. plus cher, moins cher ; ***magno decumas*** [C] Pros., affermer les dîmes à un prix élevé ; ***trecentis talentis se alicui*** [C] Pros., se vendre trois cents talents à qqn ; ***quam optime*** [C] Pros. ; ***male*** [C] Pros., vendre au meilleur prix possible, à vil prix ¶2 faire vendre : [C] Pros. ‖ faire valoir, lancer : ***aliquid praeclare vendere*** [C] Pros., faire vendre brillamment qqch. ; [+C] Poés.

Vĕnĕdi, *ōrum*, m. pl., les Wendes [peuple slave, voisin de la Vistule] : [+C] Pros. ; → *Venethi, 1 Veneti*

vĕnēfĭca, → *veneficus*

vĕnēfĭcĭum, *ĭi*, n., confection de breuvage ¶ **1** empoisonnement, crime d'empoisonnement : ***de veneficiis accusare*** [C] Pros., accuser du chef d'empoisonnement ; ***veneficii crimen*** [C] Pros., accusation d'empoisonnement ; ***veneficii damnari*** [+C] Pros., être condamné pour empoisonnement ¶ **2** philtre magique, sortilège, maléfice : [C] Pros.

vĕnēfĭcus, *a, um* ¶ **1** magique : [C] Poés. ¶ **2** subst. ***a)*** m., empoisonneur : [C] Pros. ***b)*** f., magicienne, sorcière : [C] Poés., [+C] Pros. ‖ [injure] : [-C] Théât., [C] Pros.

vĕnēnārĭus, *a, um*, subst. m., empoisonneur : [+C] Pros.

vĕnēnātus, *a, um* ¶ **1** part. de *veneno* ¶ **2** adj[t] ***a)*** infecté de poison : [C] Pros. ‖ venimeux : [C] Pros., Poés. ***b)*** enchanté, magique : [C] Poés.

1 **vĕnēnĭfĕr**, *ĕra, ĕrum*, venimeux : [C] Poés.

2 **Vĕnēnĭfĕr**, *eri*, m., le Scorpion [signe céleste] : [T] Poés.

vĕnēnō, *ās, āre, āvī, ātum*, tr. ¶ **1** empoisonner, imprégner de poison : [C] Poés., Pros. ¶ **2** imprégner de couleur, teindre : [+C] Pros.

vĕnēnum, *i*, n. ¶ **1** toute espèce de drogue : [C] Pros. ¶ **2** [en part.] ***a)*** poison : [C] Pros. ; [fig.] [C] Pros., Poés. ***b)*** breuvage magique, philtre : [C] Pros., Poés. ; [fig.] [C] Poés. ***c)*** teinture : [C] Poés., Pros. ***d)*** drogue pour embaumer : [+C] Poés.

vēnĕō, *īs, īre, vēnĭī, -*, intr., être vendu : [C] Pros. ; ***quanti*** [C] Pros., à quel prix ; ***quam plurimo*** [C] Pros., le plus cher possible ; ***minoris*** [C] Pros., moins cher ‖ ***ab hoste venire*** [+C] Pros., être vendu à l'encan par l'ennemi

vĕnĕrābĭlis, *e* ¶ **1** vénérable, respectable, auguste : [C] Poés., [+C] Pros. ; ***venerabilior*** [C] Pros. ¶ **2** qui révère, respectueux : [+C] Pros.

vĕnĕrābĭlĭtĕr, adv., avec respect, respectueusement : [T] Pros.

vĕnĕrābundus, *a, um*, plein de respect, respectueux [avec acc.] : [C] Pros.

Vĕnĕranda, *ae*, f., **-dus**, *i*, m., nom de femme, nom d'homme : [+T] Pros.

vĕnĕrandus, *a, um*, adj. verb. de *veneror*, → *venerabilis* : [C] Pros., [+C] Pros.

vĕnĕrārĭus, *a, um*, d'amour, amoureux : [+C] Pros.

vĕnĕrātĭo, *ōnis*, f., vénération, respect : ***venerationem habere*** [C] Pros., être entouré de respect

vĕnĕrātŏr, *ōris*, m., celui qui révère : [C] Poés.

vĕnĕrātus, part. de *veneror*

Vĕnĕrĕus, *a, um*, → *Venerius*

Vĕnĕris, gén. de *1 Venus*

Vĕnĕrĭus, *a, um*, de Vénus, relatif à Vénus : ***servi Venerii*** [C] Pros., esclaves attachés au temple de Vénus ; [pris subst[t]] ***Venerius*** [C] Pros., un esclave du temple de Vénus ‖ ***res Veneriae*** [C] Pros., les plaisirs de l'amour ; ***Venerius (homo)*** [+C] Pros., servant de Vénus ‖ m., ***Venerius*** [C] Pros., le coup de Vénus aux dés [v. *Venus* ¶*5*], ou ***Venerium***, n., [-C] Théât. ‖ ***Veneria (concha)***, conque de Vénus [mollusque], nautile, argonaute : [-C] Théât., [+C] Pros.

vĕnĕrĭvăgus, *a, um*, débauché, coureur : [C] Poés.

1 **vĕnĕrō**, *ās, āre, -, -*, tr., orner avec grâce : [+C] Pros.

2 **vĕnĕrō**, *ās, āre, -, -*, tr. ¶ **1** → *veneror* : [-C] Théât. ; au pass. [+C] Pros. ¶ **2** ***venero te, ne*** [-C] Théât., je te demande respectueusement de ne pas

vĕnĕrŏr, *ārĭs, ārī, ātus sum*, tr. ¶ **1** révérer, vénérer, témoigner du respect à, honorer : ***signum*** [C] Pros., révérer une statue ¶ **2** prier respectueusement, supplier respectueusement : [avec *ut*] [-C] Théât. ; [*ut ne*] [+C] Pros.

Vĕnĕthi, *ōrum*, m. pl., → *Venedi* : [+C] Pros.

1 **Vĕnĕti**, *ōrum*, m. pl., Vénètes, habitants de la Vénétie ‖ habitants de la Vénétie gauloise [Vannes] : [C] Pros. ; → *Venetia* ¶*2*

2 **Vĕnĕti**, → *Venedi* : [+C] Pros.

Vĕnĕtĭa, *ae*, f. ¶ **1** la Vénétie [au nord-est de la Gaule cisalpine] : [C] Pros. ¶ **2** province de la Gaule [environs de Vannes, Vannetais] : [C] Pros.

Vĕnĕtĭcus, *a, um*, des Vénètes : [C] Pros. ‖ ***Venetica urbs*** [+T] Pros., la ville de Vannes ‖ **Veneticum**, *i*, n., le Vannetais : [+T] Pros.

1 **vĕnĕtus**, *a, um*, adj., bleu azuré ; ***venetum, i***, n., couleur bleu azuré : ***veneta factio*** [+C] Pros., la faction des Bleus [dans les jeux du cirque] ; ***venetus, i***, m., cocher de la faction des Bleus : [+C] Poés.

2 **Vĕnĕtus**, *a, um*, des Vénètes : [C] Poés., [+C] Poés. ‖ **Venetus**, indécl., Vannes : [+T] Pros.

vēnī, parf. de *venio*

vĕnĭa, *ae*, f., [en gén.] bienveillance, obligeance, complaisance ¶ **1** faveur, grâce : [C] Pros. [ou] [C] Pros. ‖ [entre parenthèses] [+C] Pros. ‖ ***bona venia, cum bona venia***, avec le bienveillant agrément de, avec la permission de : [C] Pros. ¶ **2** pardon, rémission, excuse : [C] Pros. ¶ **3** [droit] ***venia aetatis***

vĕnĭābĭlis, *e*, digne de pardon, véniel : [T] Poés., Pros.

vĕnĭālis, *e*, de pardon, clément : [T] Pros. ‖ pardonnable, excusable, véniel : [T] Pros.

vēnībam, imparf. de *veneo*

vēnībo, fut. de *veneo*

vēnĭcŭla, → *venucula*

vēnĭī, parf. de *veneo*

1 **vĕnīlĭa**, *ae*, f., eau qui vient baigner le rivage : [C] d. [T] Pros.

2 **Vĕnīlĭa**, *ae*, f. ¶ **1** mère de Turnus : [C] Poés. ¶ **2** femme de Janus : [C] Poés.

vĕnĭō, *īs, īre, vēnī, ventum*, intr. ¶ **1** venir : ***in locum*** [C] Pros., venir dans un lieu ; ***Delum Athenis*** [C] Pros., d'Athènes à Délos ; ***ad judicium de contione*** [C] Pros., venir de l'assemblée au tribunal ; [poét.] ***Italiam*** [C] Poés., en Italie ; [C] Pros. ; [avec inf. de but] [-C] Théât., [C] Poés. ; ***auxilio, subsidio venire***, venir au secours, v. ces subst. ; ***in conspectum alicujus*** [C] Pros., venir sous les regards de qqn ‖ [choses] [C] Pros. ; → *mens* ‖ [pass. impers.] [C] Pros. : ***Lilybaeum venitur*** [C] Pros., on vient à Lilybée ‖ [droit] ***contra rem alicujus*** [C] Pros., intervenir contre les intérêts de qqn ¶ **2** [temps] [C] Pros. ; ***veniens annus*** [C] Pros., l'année qui vient (prochaine) ¶ **3** venir, arriver, se présenter, se montrer : [C] Poés. ‖ [avec le dat.] [C] Pros. ; ***hereditas alicui venit*** [C] Pros., un héritage arrive, échoit à qqn ‖ provenir : [+C] Pros. ¶ **4** parvenir à : [C] Pros. ¶ **5** venir à qqch., venir dans tel ou tel état : ***aliquis venit in calamitatem*** [C] Pros., qqn tombe dans une situation malheureuse ; ***in contemptionem alicui*** [C] Pros., devenir pour qqn un objet de mépris ; ***in odium (alicui)*** [C] Pros., en venir à être détesté (de qqn) ; ***in periculum*** [C] Pros., tomber dans le danger : ***in potestatem alicujus*** [C] Pros., se rendre, se soumettre à qqn ; ***in existimantium arbitrium*** [C] Pros., s'exposer au jugement décisif des critiques ‖ ***ad condicionem alicujus*** [C] Pros., accepter les conditions de qqn ¶ **6** venir à, en venir à [dans un développ[t]] : [C] Pros. ; → *venturus*

vēnīvī, parf. de *veneo*

Vennōnĭus, *ĭi*, m., nom d'un historien latin : [C] Pros.

vennucŭla (-nuncŭla) ūva, f., sorte de raisin : [C] Poés., [+C] Pros.

vēnŏr, *ārĭs, ārī, ātus sum* ¶ **1** intr., chasser, faire la chasse : [C] Pros., Poés. ¶ **2** tr. ***a)*** chasser un gibier : ***leporem*** [-C] Théât., chasser le lièvre ; [C] Poés. ***b)*** [fig.] = poursuivre, rechercher : [C] Pros. ‖ trouver en chassant : [C] Pros.

vēnōsus, *a, um*, veineux, plein de veines : [+C] Pros. ‖ [fig.] vieux [aux veines saillantes] : [+C] Poés.

Vĕnox, *ōcis*, m., surnom du censeur C. Plautius : [C] Pros., [+C] Pros.

vensīca, → *vesica*

ventĕr, *tris*, m. ¶ **1** ventre [de l'homme ou des animaux] : [C] Pros., Poés. ‖ ***venter Faliscus*** ; → *Faliscus* ¶ **2** [fig.] ***a)*** sein de la mère : [+C] Poés. ***b) ventrem ferre*** [C] Pros., être en état de grossesse ***c)*** intestins : [+C] Pros. ***d)*** ventre, flancs : [du concombre] [C] Poés. ; [d'une bouteille] [+C] Poés. ; [pont-siphon d'un aqueduc] [C] Pros.

Ventĭdĭus, *ĭī*, m., nom de famille rom., not[t] Ventidius Bassus, lieutenant d'Antoine contre les Parthes : [C] Pros.

ventĭlābrum, *i*, n., van : [+C] Pros.

ventĭlātĭo, *ōnis*, f., vannage du blé : [T] Pros. ; [d'où fig.] séparation des bons et des méchants [Jugement dernier]

ventĭlātŏr, *ōris*, m. ¶**1** vanneur : [+C] Pros. ¶**2** jongleur : [+C] Pros. ¶**3** perturbateur : [T] Poés.

ventĭlō, *ās*, *āre*, *āvī*, *ātum*, tr. ¶**1** agiter dans l'air : [C] Poés., [+C] Poés. ‖ agiter, remuer : [C] Poés., [+C] Pros. ‖ [abs[t]] ***ventilare*** [+C] Pros., battre, fouetter l'air de ses armes [comme un escrimeur] ¶**2** éventer, donner de l'air, de la fraîcheur à : [abs[t]] [+C] Pros. ‖ [avec acc.] [+C] Poés., Pros. ‖ ***frigus*** [+C] Poés., donner de la fraîcheur par ventilation ¶**3** exposer à l'air : [C] Pros., [+C] Pros. ¶**4** [fig.] attiser [par ventilation], allumer, exciter : [C] Pros. ‖ agiter = attaquer, vilipender : [+C] Pros. ‖ discuter, débattre : [+C] Pros.

ventĭo, *ōnis*, f., venue, arrivée : [-C] Théât.

ventĭsŏnax, *ācis*, m., charlatan : [T] Poés.

Ventispontē, *ēs*, f., ville de Bétique : [C] Pros.

ventĭtō, *ās*, *āre*, *āvī*, *ātum*, intr., venir souvent, habituellement : [C] Pros.

Vento, *ōnis*, m., ➤ *Perpenna*

ventōsē, adv., comme avec de l'air : [+C] Pros.

ventōsĭtās, *ātis*, f., [fig.] vaine jactance : [T] Pros.

ventōsus, *a*, *um*, adj. ¶**1** renfermant du vent, des atomes de souffle : [C] Poés. ‖ plein de vent : ***ventosi folles*** [C] Poés., soufflets gonflés par le vent ; ***ventosa cucurbita*** [+C] Poés., ventouse ‖ exposé au vent, venteux : [-C] Pros., [C] Poés. ‖ battu par les vents : [C] Poés. ; ***ventosior*** [+C] Pros. ; ***-issimus*** [C] Pros. ¶**2** léger, rapide comme le vent : [C] Poés. ¶**3** [fig.] ***a)*** peu sûr, hasardeux : [C] Pros. ***b)*** vain, vide : [+C] Pros. ; ***ventosa lingua*** [C] Poés., jactance creuse

ventrālis, *e*, adj., de ventre, du ventre : [T] Pros.

ventrĭcŭla, *ae*, f., estomac : [+C] Pros.

ventrĭcŭlus, *i*, m. ¶**1** estomac : [+C] Pros. ¶**2** petit ventre : [+C] Poés. ¶**3** ventricule [du cœur] : [C] Pros.

ventrĭōsus, *a*, *um*, ventru, qui a un gros ventre : [-C] Théât.

ventŭlus, *i*, m., vent léger : [-C] Théât.

ventum est, impers., on est venu, ➤ *venio*

ventūrus, *a*, *um*, pris adj[t], [poét.] à venir, futur : [C] Poés. ‖ n. pl., ***ventura*** [+C] Poés., l'avenir

1 **ventus**, *i*, m. ¶**1** vent : [C] Pros. ; ***ventus Africus*** [C] Pros., le vent qui vient d'Afrique, l'Africus ; ***Corus ventus*** [C] Pros., le Corus [vent du N.-O.] ‖ ***ventum exspectare*** [C] Pros., attendre un bon vent ¶**2** [métaph.] vent, flatuosités : [+C] Pros. ‖ tissu aérien, étoffe très fine : [+C] Pros. ¶**3** [surtout au pl., fig.] les souffles, les vents ***a)*** [qui mènent la barque de qqn] = bonne ou mauvaise fortune : [C] Pros. ***b)*** = tendances, influences, courants d'opinion : [C] Pros. : ***ventus popularis*** [C] Pros., la popularité ***c)*** tempête soulevée contre qqn : [C] Pros.

2 **ventŭs**, *ūs*, m., venue, arrivée : [C] Pros.

vēnŭcŭla ūva, f., ➤ *vennucula uva*

vēnŭla, *ae*, f., petite veine : [+C] Pros. ‖ [fig.] faible veine [de talent] : [+C] Pros.

Vĕnŭlēia, *ae*, f., nom de femme : [C] Pros.

Vĕnŭlus, *i*, m., guerrier rutule : [C] Poés.

vēnum, ➤ *2 *venus*

vēnumdō (vēnundō), *dās*, *dăre*, *dĕdī*, *dătum*, tr., mettre en vente, vendre : [C] Pros., [+C] Pros. ‖ [fig., pass.] s'avilir moralement : [T] Pros.

1 **Vĕnus**, *ĕris*, f. ¶**1** Vénus [déesse de la beauté ; fut not[t] mère de Cupidon et des Amours ; épouse de Vulcain ; mère d'Énée] : [C] Pros. ‖ ***mensis Veneris*** [C] Poés., mois de Vénus [mois d'avril] ¶**2** [fig.] amour, plaisirs de l'amour : [-C] Théât., [C] Poés., [+C] Pros. ‖ amante, personne aimée : ***mea Venus*** [C] Poés., ma maîtresse ¶**3** [nom commun, *venus*] charme, attrait, grâce, agrément, élégance : [C] Poés., Pros., [+C] Pros. ¶**4** Vénus [planète] : [C] Pros. ¶**5** coup de Vénus [aux dés, quand chaque dé présentait un nombre différent] : [C] Poés., [+C] ¶**6** ***militaris Venus*** [T] Pros., Vénus militaire [des amours contre-nature]

2 ***vēnus**, *i*, m., vente : [usité seul[t]] ***a)*** à l'acc. ***venum***, en vue de la vente, en vente [dans les expr.] ***venum dare*** [C] Pros., vendre, et ***venum ire*** [C] Pros., [+C] Pros., aller à la vente, être mis en vente, être vendu ; ➤ *venumdo* et *veneo* ***b)*** au dat. ***veno***, à la vente : ***veno positus*** [+C] Pros., exposé en vente ; ***veno exercere aliquid*** [+C] Pros., faire trafic de qqch

Vĕnŭsĭa, *ae*, f., Venouse [ville de l'Apulie, patrie d'Horace] : [C] Pros. ‖ **-sīnus**, *a*, *um*, de Venouse : [C] Poés., [+C] Poés. ‖ **-sīni**, *ōrum*, m. pl., les habitants de Venouse : [C] Pros.

vĕnustās, *ātis*, f. ¶**1** beauté physique [faite surtout de grâce et de charme] : [C] Pros. ¶**2** grâce, élégance, agréments [des manières, des gestes et attitudes, du style] : [C] Pros. ; pl., [C] Pros. ; ***venustates verborum*** [+C] Pros., les grâces de l'expression ‖ [archit.] [C] Pros. ¶**3** charme, agrément, joie : [-C] Théât. ; pl., [-C] Théât.

vĕnustē (venustus), adv., avec grâce, avec élégance : [C] Pros., [+C] Pros. ; ***venustius*** [C] Pros. ; ***-issime*** [+C] Pros.

vĕnustŭlus, *a*, *um*, gentil [en parl. de propos] : [-C] Théât.

vĕnustus, *a*, *um*, plein de charme, de grâce, d'élégance : [C] Pros., [+C] Pros., Poés. ; ***venustior*** [C] Pros. ; ***-issimus*** [C] Pros. ‖ poli, gracieux, aimable : [C] Pros. ‖ joli, spirituel, élégant [pensées, style] : [C] Pros., [+C] Pros.

vēpallĭdus, *a*, *um*, affreusement pâle : [C] Poés.

vĕprātĭcus, *a*, *um*, de buisson : [+C] Pros.

vĕprēcŭla, *ae*, f., petit buisson : [C] Pros.

vĕprēs, *is*, m., surtout **vepres**, *ĭum*, m. pl, buisson épineux, roncier, épine : [C] Poés., [+C] Pros. ‖ pl., [-C] Pros., [C] Pros., Poés.

vĕprētum, *i*, n., lieu rempli d'épines, roncier : [+C] Pros.

vēr, *vēris*, n. ¶**1** le printemps : [C] Pros., Poés. ¶**2** = productions du printemps, fleurs : [+C] Poés. ¶**3** [fig.] printemps de la vie : [C] Poés.

vērācĭtĕr, adv., avec véracité, sincèrement : [T] Pros. ‖ ***-cius*** [T] Pros.

Vĕragri, *ōrum*, m. pl., les Véragres [peuple de l'Helvétie habitant le Chablais] : [C] Pros.

Vērānĭa, *ae*, f., nom de femme : [+C] Pros.

Vērānĭŏlus, *i*, m., cher Véranius : [C] Poés.

Vērānĭus, *ĭī*, m., nom d'un grammairien : [+C] Pros. ‖ ami de Catulle : [C] Poés. ‖ autre du même nom : [+C] Pros.

vērātrum, *i*, n., ellébore [plante] : [-C] Pros., [C] Poés.

1 **vērax**, *ācis*, véridique, qui dit la vérité, sincère, sûr : [C] Pros. ; ***veracior*** [C] Pros. ‖ [avec inf.] [C] Poés.

2 **Vērax**, *ācis*, m., nom d'homme : [+C] Pros.

verbēcīnus, ➤ *vervecinus*

verbēnae, *ārum*, f. pl., rameaux de laurier, d'olivier, de myrte [portés en couronnes par les prêtres dans les sacrifices] : [C] Poés. ; [par les prêtres suppliants] [C] Pros. ‖ touffe d'herbe sacrée portée par les fétiaux : [C] Pros.

verbēnātus, *a*, *um*, couronné d'un rameau sacré : [+C] Pros.

verbĕr, *ĕris*, n. ; sg. seul[t] au gén. et abl., ordin[t] **verbĕra**, *ĕrum*, n. pl. ¶**1** baguette, verge, fouet : sg., [C] Poés. ‖ pl., [-C] Théât., [C] Pros., Poés. ¶**2** lanière d'une fronde : [C] Poés., [+C] Poés. ¶**3** ***a)*** coup de baguette, de fouet : [C] Pros. ‖ sg., [C] Poés. ***b)*** coup, choc : [C] Poés. ***c)*** [fig.] atteinte : ***fortunae verbera*** [+C] Pros., les coups du sort ; [C] Pros. ; ***verbera linguae*** [C] Poés., coups de langue, réprimandes

verbĕrābĭlis, *e*, qui mérite d'être fouetté ‖ ***-issimus*** [-C] Théât.

verbĕrābundus, *a*, *um*, qui bat, qui frappe : [-C] Théât.

verbĕrātĭo, *ōnis*, f., correction, réprimande : [C] Pros.

verbĕrātŏr, *ōris*, m., celui qui fouette : [T] Poés.

verbĕrātus, *a*, *um*, part. de *1 verbero*

verbĕrĕus, *a*, *um*, fait pour les coups : [-C] Théât.

1 **verbĕrō**, *ās, āre, āvī, ātum*, tr. ¶ **1** battre de verges : ***civem Romanum*** [C] Pros., battre de verges un citoyen romain ‖ frapper : [C] Pros. ¶ **2** battre : ***tormentis Mutinam*** [C] Pros., battre en brèche les murs de Modène ; ***aethera alis*** [C] Poés., battre l'air de ses ailes ‖ [en parl. des vents qui battent les flancs d'un navire] [C] Poés., [+C] Poés. ; [ou qui soulèvent les flots] [+C] Poés. ¶ **3** [fig.] maltraiter [en paroles], malmener, fustiger, rabrouer : [C] Pros.

2 **verbĕro**, *ōnis*, m., habitué aux coups de fouet, vaurien, coquin : [-C] Théât. : [-C] Théât., [C] Pros., [+C] Pros.

verbĭgĕna, *ae*, m., né du Verbe, le Christ : [T] Poés.

verbĭgĕnus, *a, um*, qui engendre le Verbe : [+T] Poés.

Verbigenus pāgus, *i*, m., canton d'Helvétie : [C] Pros.

verbĭgĕrō, *ās, āre, -, ātum*, intr., se quereller, se disputer : [+C] Pros.

verbĭvēlĭtātĭo, *ōnis*, f., escarmouche en paroles, V. *velitatio* : [-C] Théât.

verbōsē, adv., verbeusement, avec prolixité : [C] Pros. ‖ ***-sius*** [C] Pros.

verbōsĭtās, *ātis*, f., bavardage, verbiage : [T] Pros. ‖ discours verbeux, long ou diffus : [T] Poés.

verbōsus, *a, um*, verbeux, diffus, prolixe : [C] Pros., [+C] Pros. ‖ ***verbosior epistula*** [C] Pros., lettre plus longue [prolixe] ‖ ***-issimus*** [+C] Pros.

verbum, *i*, n. ¶ **1** mot, terme, expression : [C] Pros. ; ***verbum voluptatis*** [C] Pros., le mot de volupté ¶ **2** parole : ***verba facere*** [C] Pros., parler ‖ ***illud verbum*** [-C] Théât., cette parole-là, ces mots-là ¶ **3** les mots, la forme : [C] Pros. ‖ mot, parole = apparence : [C] Pros. ; ***verba sunt*** [C] Pros., ce sont des mots ; ***dare verba alicui*** [-C] Théât., payer qqn de mots [le tromper] ; [C] Pros. : [C] Poés., [+C] Pros. ‖ [gram.] le verbe : [C] Pros. ¶ **4** [expressions] ***a) ad verbum*** [C] Pros. ; ***verbum verbo*** [C] Poés. ; ***verbum de verbo expressum*** [-C] Théât., mot pour mot ***b) verbo***, d'un mot, par un seul mot : [C] Pros. ‖ ***verbo***, par l'effet d'un mot, après (sur) un seul mot [de l'interlocuteur] : [C] Pros. ; ***uno verbo*** [C] Pros., pour tout dire d'un seul mot, en un mot ***c) meis, tuis, suis verbis***, en mon nom, en ton nom, etc.pour moi, de ma part, etc. : [C] Pros. ; ***senatus verbis*** [C] Pros., au nom du sénat ¶ **5** [chrét.] la parole de Dieu : [T] Pros. ‖ inspiration : [T] Pros. ‖ commandement, précepte : [T] Pros. ‖ le Verbe, le Fils de Dieu : [T] Pros.

Vercellae, *ārum*, f. pl., Verceil [ville de la Gaule transpadane près du lac de Côme] : [+C] Pros.

Vercellĭum, *ĭi*, n., ville des Hirpins : [C] Pros.

Vercingĕtŏrix, *ĭgis*, m., prince arverne, chef de la coalition des Gaulois contre César : [C] Pros.

vercŭlum, *i*, n., ***meum verculum*** [-C] Théât., mon petit printemps

vērē, adv., vraiment, conformément à la vérité, justement : [C] Pros. ; ***verius*** [C] Pros. ; ***-issime*** [C] Pros.

vĕrēcundē, adv., avec retenue, réserve, discrétion, pudeur : [C] Pros. ; ***verecundius*** [C] Pros.

vĕrēcundĭa, *ae*, f. ¶ **1** retenue, réserve, pudeur, modestie, discrétion : [C] Pros. ; ***quae verecundia est*** [avec prop. inf.] [C] Pros. ‖ [avec gén. subj.] ***Platonis*** [C] Pros., la réserve de Platon ; ***sermonis*** [C] Pros., la réserve d'un entretien ‖ [avec gén. obj.] ***turpitudinis*** [C] Pros., la retenue devant l'infamie = la crainte de ¶ **2** respect de qqn, de qqch. : [C] Pros. ; ***legum*** [C] Pros., respect d'une mère, d'un beau-père, des dieux, des lois ¶ **3** honte devant une chose blâmable, sentiment de honte : [C] Pros. ¶ **4** excessive modestie, timidité : [+C] Pros.

vĕrēcundŏr, *āris, ārī, ātus sum*, intr., avoir de la honte, de la timidité, être gêné : [-C] Théât., [C] Pros. ‖ [avec inf.] ne pas oser : [C] Pros. ‖ [fig.] exprimer le respect : [+C] Pros.

vĕrēcundus, *a, um* ¶ **1** retenu, réservé, discret, modeste [en parl. des pers. et des ch.] : [C] Pros. ; ***(orator) in transferendis verecundus*** [C] Pros., (orateur) réservé dans l'emploi des métaphores ; ***verecunda tralatio*** [C] Pros., métaphore discrète ‖ ***verecundior*** [C] Pros. ; ***-issimus*** [+C] Pros. ¶ **2** qu'on respecte, respectable, vénérable : [T] Pros.

vĕrēdārĭus, *ĭi*, m., courrier [de l'État], messager : [T] Pros. ‖ [fig.] colporteur de nouvelles, cancanier : [T] Pros.

vĕrēdus, *i*, m., cheval [de chasse] : [+C] Poés.

vĕrendus, *a, um* ¶ **1** adj. verb. de *vereor* ¶ **2** adj[t], respectable, digne de respect, vénérable : [C] Poés. ‖ redoutable : [+C] Poés. ‖ n. pl. ***verenda*** [+C] Pros., parties sexuelles

vĕrĕŏr, *ērĭs, ērī, ĭtus sum*, tr. ¶ **1** avoir une crainte respectueuse pour, révérer, respecter : [C] Pros. ‖ appréhender, craindre : [C] Pros. ‖ [abs[t]] avoir de l'appréhension, de la crainte, ***de aliqua re*** [C] Pros., à propos de qqch. ; ***navibus veritus*** [C] Pros., inquiet pour ses navires ‖ [avec gén. de relation] [-C] Théât., [C] Pros. ‖ [pass., tard.] être respecté : [T] Pros. ¶ **2** [constr.] ***a)*** [avec inf.] appréhender de, craindre de : [C] Pros. ; [impers[t]] ***aliquem non veritum est*** [avec inf.] [C] Pros., qqn n'a pas craint de ***b)*** [avec prop. inf.] appréhender que : [-C] Théât. ***c)*** [avec interrog. indir.] se demander avec inquiétude, avec appréhension : [-C] Théât., [C] Pros. ***d)*** [avec *ne* subj.] craindre que : [C] Pros. ; ***verens, ne*** [C] Pros. ***e)*** [avec *ne ... non*] craindre que ne ... pas : [C] Pros. ; [d'ordinaire *non vereor ne ... non*] [C] Pros. ***f)*** [avec *ut* subj.] craindre que ne ... pas [V. *paveo* ¶ *2*] : [C] Pros.

veretilla, *ae*, f., poisson ou animal de mer : [+C] Pros.

vĕrētrum, *i*, n., parties sexuelles [de l'homme et de la femme] : [C] Poés., [+C] Pros., [T] Pros.

Vergellus, *i*, m., fleuve d'Apulie : [+C] Pros.

Vergestānus, *a, um*, de Vergium : [C] Pros. ‖ subst. m. pl., habitants de Vergium : [C] Pros.

Vergĭlĭae, *ārum*, f. pl., les Pléiades [constell.] : [C] Pros.

Vergĭlĭānus, V. *Vergilius*

Vergĭlĭŏcento, *ōnis*, m., centon de Virgile : [T] Pros.

Vergĭlĭus (Virg-), *ĭi*, m., nom de différents personnages : not[t] ***Vergilius Maro***, le poète Virgile : [C] Poés. ‖ **-ĭānus**, *a, um*, de Virgile, virgilien : [+C] Pros. ; ***Vergilianae sortes*** [T] Pros., divination par les vers de Virgile [tirés d'une urne] ‖ subst. n., passage de Virgile : [+C] Pros.

Vergĭnĭa, *ae*, f., fille de Verginius, V. *Verginius* : [C] Pros.

Vergĭnĭus, *ĭi*, m., centurion qui tua sa fille pour la soustraire aux poursuites du décemvir Appius Claudius : [C] Pros. ‖ Verginius Rufus, lieutenant de Galba : [+C] Pros.

Vergĭum, *ĭi*, n., ville forte de Tarraconaise : [C] Pros.

vergō, *ĭs, ĕre, -, -* ¶ **1** intr. ***a)*** être tourné vers, incliner, pencher : [C] Pros. ***b)*** s'étendre [géograph[t]] : ***ad septentriones*** [C] Pros., s'étendre vers le nord ***c)*** [fig.] se diriger vers, tendre vers : [C] Pros., [+C] Pros. ; ***ad voluptates*** [+C] Pros., pencher vers les plaisirs ***d)*** [fig.] être à son déclin : [+C] Pros. ¶ **2** tr. ***a)*** [surtout employé au pass. réfléchi] ***vergi***, s'incliner vers, se pencher vers, se diriger vers : [C] Poés., [+C] Poés. ***b)*** pencher pour verser, verser : ***sibi venenum*** [C] Poés., se verser du poison

vergŏbrĕtus, *i*, m., vergobret [premier magistrat des Héduens] : [C] Pros.

vergor, *i*, V. *vergo* ¶ *2*

vērĭdĭcus, *a, um* ¶ **1** véridique, qui dit la vérité : [C] Poés., Pros. ¶ **2** véridique, qui est dit avec vérité, confirmé par les faits : [+C] Pros.

vērĭlŏquĭum, *ĭi*, n., étymologie : [C] Pros.

vēris, gén. de *ver*

vērī sĭmĭlis (vērĭs-), *e*, vraisemblable : [C] Pros.

vērĭsĭmĭlĭter, adv., vraisemblablement : [+C] Pros. ; ***verisimilius*** [+C] Pros.

vērī sĭmĭlĭtūdo (vērĭs-), *ĭnis*, f., vraisemblance : [C] Pros.

vērĭtās, *ātis*, f. ¶ **1** la vérité, le vrai : [C] Pros. ; ***veritates*** [+C] Pros., des vérités ‖ sincérité, franchise : [C] Pros. ¶ **2** la réalité : [C] Pros. ; ***veritatem imitari*** [C] Pros., reproduire la réalité ¶ **3** la vérité en prononciation = les règles : ***consule veritatem*** [C] Pros., consulte les règles ‖ la vérité en matière de justice, droiture : [C] Pros. ¶ **4** [chrét.] la Vérité, la Parole de Dieu : [T] Pros.

vĕrĭtus, *a, um*, part. de *vereor*

vērĭverbĭum, *ĭi*, n., véracité : [-C] Théât.

Vermandŭi, V. *Viromandui*

***vermĕn**, V. *1 vermina*

vermescō, *ĭs, ĕre, -, -,* intr., devenir la proie des vers, se putréfier : [T] Pros.

vermĭcŭlātē, adv., en guise de mosaïque : [+C] Pros.

vermĭcŭlātus, *a, um*, vermiculé [en parl. de mosaïque] : ***emblema vermiculatum*** [-C] Poés., [C] Pros., placage vermiculé, mosaïque,

vermĭcŭlus, *i,* m. ¶**1** petit ver, vermisseau : [C] Poés. ¶**2** écarlate [v. *coccum*] : [T] Pros.

1 **vermĭna**, *um*, n. pl., spasmes, convulsions : [C] Poés. ‖ [fig.] mouvements désordonnés : [T] Pros.

2 **Vermina**, *ae*, m., fils de Syphax : [C] Pros.

vermĭnātĭo, *ōnis*, f., [fig.] démangeaison, élancement, douleur aiguë : [+C] Pros.

vermĭnō, *ās, āre, -, -,* intr., avoir des vers, être rongé par les vers : [+C] Pros. ‖ éprouver des démangeaisons : [+C] Poés.

vermĭnŏr, *ārĭs, ārī, -,* intr., ▶ *vermino* ‖ donner des élancements [en parl. de la goutte] : [+C] Pros.

vermis, *is*, m., ver : [-C] Pros., [C] Poés.

verna, *ae*, m., qqf. f. (étr.) ¶**1** esclave né dans la maison du maître, esclave de naissance : [-C] Théât., [C] Poés. ‖ bouffon : [-C] Théât., [+C] Poés. ¶**2** [fig.] indigène, né dans le pays : [+C] Poés. ‖ adj[t], [+C] Poés. ; ***verna liber*** [+C] Poés., livre écrit à Rome

vernācŭlus, *a, um* ¶**1** relatif aux esclaves nés dans la maison ; d'où **vernācŭli**, *ōrum*, m. pl., esclaves nés dans la maison : [+C] Pros. ‖ mauvais plaisants, bouffons : [+C] Poés., Pros. ¶**2** [fig.] qui est du pays, indigène, national [c.-à-d. Romain] : ***vocabula vernacula*** [C] Pros., mots de la langue nationale ; [oiseaux du pays] [C] Pros. ; ***vernacula festivitas*** [C] Pros., esprit du cru romain ; ***vernaculus sapor*** [C] Pros., saveur du terroir ‖ ***vernacula multitudo*** [+C] Pros., une foule de gens de Rome

vernālis, *e*, relatif au printemps, printanier : [C] Poés. ; V▶ *vernilis*

Vernĕmĕtis, *e*, adj., de Vernemetum [en Aquitaine, où fut martyrisé s. Vincent d'Agen] : [+T] Poés.

vernīlis, *e*, [fig.] servile, indigne d'un homme libre : [+C] Pros. ‖ bouffon : [+C] Pros.

vernīlĭtās, *ātis*, f., cajolerie qui sent l'esclave, servilité : [+C] Pros. ‖ bouffonnerie, esprit bouffon : [+C] Pros.

vernīlĭtĕr, adv., en esclave né dans la maison, servilement : [C] Poés. ‖ de façon bouffonne : [+C] Pros.

vernō, *ās, āre, -, -,* intr., être au printemps ***a)*** reverdir, refleurir : [C] Poés. ***b) caelum vernat*** [+C] Pros., le climat est celui du printemps ***c)*** [oiseau] reprendre ses chants : [C] Poés. ***d)*** [joues d'un jeune homme] se couvrir de duvet : [+C] Poés. ‖ [sang] être jeune, bouillant : [C] Poés.

vernŭla, *ae*, m. f., jeune esclave né(e) dans la maison : [+C] Poés., Pros. ‖ [adj[t]] ▶ *vernaculus*, indigène, national : [+C] Poés.

vernus, *a, um*, du printemps printanier : [C] Poés., Pros. ‖ **vernum**, *i*, n., printemps : [T] Pros. ; abl., ***verno***, au printemps : [-C] Pros., [+C] Pros.

1 **vērō**

I adv. ¶**1** vraiment, à coup sûr, en vérité : [-C] Théât., [C] Pros. ‖ [dans les réponses] [-C] Théât. : [C] Pros. ; ***minime vero*** [C] Pros., vraiment pas du tout ; non, pour sûr, v. [C] Pros. ‖ ***quasi vero*** [C] Pros., comme si vraiment ; ***nisi vero***, ***immo vero*** v. ces mots ; ***an vero ?*** [C] Pros., est-ce que vraiment ? ; ***at vero*** [C] Pros., mais pour sûr ¶**2** [après ponctuation forte] au vrai, de fait, la vérité c'est que : [C] Pros. ‖ ***et vero*** [C] Pros., et au vrai, et de fait ‖ [en tête d'une lettre] ***ego vero*** [C] Pros., il est vrai que ¶**3** [à l'intérieur d'une phrase, pour enchérir] et même, voire, voire même : [C] Pros. ‖ V▶ *1 nec, neque vero* ¶**4** [dans les exhortations] : ***cape vero*** [-C] Théât., prends donc [prends seulement ; prends, allons, voyons] ; [-C] Théât. ‖ ***age vero*** ; V▶ *age*

II conj. de coord. ¶**1** [marquant une faible opposition] [C] Pros. ‖ mais en vérité, mais : [C] Pros. ¶**2** [pour détacher un mot] quant à : ***Smyrnaei vero*** [C] Pros., quant aux habitants de Smyrne

2 **vērō**, *ās, āre, -, -,* tr., dire la vérité : [-C] Pros.

3 **vĕro**, *ōnis*, m., ▶ *veru*, fleuret : [T] Pros.

Verodunum (Viri-, Viro-), *i*, n., ville de Belgique, sur la Meuse [auj. Verdun] : [+T] Pros. ‖ **-odunensis**, *e*, de Verodunum : [+T] Pros.

Vērōna, *ae*, f., Vérone [ville de Transpadane, patrie de Catulle] : [C] Poés. ‖ **-ensis**, *e*, de Vérone : [C] Poés. ‖ subst. m. pl., les habitants de Vérone : [+C] Pros.

verpa, *ae*, f., membre viril : [C] Poés., [+C] Poés.

verpus, *i*, m., circoncis : [C] Poés., [+C] Poés.

1 **verrēs**, *is*, m., verrat, porc reproducteur : [+C] Pros. ; [jeu de mots avec Verrès] : [C] Pros.

2 **Verrēs**, *is*, m., C. Cornélius Verrès [propréteur en Sicile, attaqué par Cicéron dans ses Verrines] ‖ **-ĭus**, *a, um*, de Verrès : [C] Pros. ‖ **Verrĭa**, *ōrum*, n. pl., Verria, fêtes en l'honneur de Verrès : [C] Pros. ‖ **-īnus**, *a, um*, de Verrès, V▶ *2 jus* : [C] Pros., **Verrīnae**, *ārum*, f. pl., les Verrines

verrĭcŭlum, *i*, n., drague, ▶ *everriculum* : [+C] Pros.

verrīnus, *a, um*, *Verrinus* ; V▶ *2 Verres*

Verrītus, *i*, m., nom d'homme : [+C] Pros.

1 **Verrĭus**, *a, um*, V▶ *2 Verres*

2 **Verrĭus**, *ĭi*, m., nom de fam. rom. ‖ M. Verrius Flaccus, gram. du temps d'Auguste [abrégé par Festus] : [+C] Pros.

verrō, *ĭs, ĕre, -, versum*, tr. ¶**1** balayer : ***aedes*** [-C] Théât., balayer la maison ; ***qui verrunt*** [C] Pros., ceux qui balaient ¶**2** emporter, enlever en balayant : [C] Poés. ‖ [fig.] = voler, faire main basse sur : [-C] Théât., [C] d. [+C] Pros., [+C] Poés. ¶**3** [poét.] laisser traîner : ***caesariem per aequora*** [C] Poés., balayer les flots de sa chevelure

verrūca, *ae*, f., hauteur, éminence : [-C] d. [+C] Pros. ‖ [fig.] léger défaut, tache : [C] Poés.

1 **verrūcōsus**, *a, um*, qui a des verrues ‖ [fig.] raboteux, grossier [en parl. du style] : [+C] Poés.

2 **Verrūcōsus**, *i*, m., surnom d'un Fabius : [C] Pros.

verrūcŭla, *ae*, f., petite éminence [de terrain] : [T] Pros. ‖ petite verrue : [+C] Pros.

Verrūgo, *ĭnis*, f., ville des Volsques : [C] Pros.

verruncō, *ās, āre, -, -,* intr., tourner : ***bene alicui*** [C] Pros., bien tourner [avoir une issue heureuse] pour qqn

Verrutĭus (-cĭus), *ĭi*, m., faux nom sous lequel Verrès se cachait : [C] Pros.

versābĭlis, *e*, mobile [pr.] : [+C] Pros. ‖ [fig.] versatile, changeant, léger, inconstant : [+C] Pros.

versābundus, *a, um*, qui tourne sur soi-même, qui tourbillonne : [C] Poés., Pros.

versātĭlis, *e* ¶**1** mobile, qui tourne aisément : [C] Poés., [+C] Pros. ¶**2** [fig.] flexible, qui se plie à tout : [C] Pros.

versātĭo, *ōnis*, f. ¶**1** action de tourner, de faire tourner : [C] Pros. ¶**2** changement, vicissitude : [+C] Pros.

versātus, *a, um* ¶**1** part. de *verso* et de *versor* ¶**2** adj[t], versé [dans une chose], expérimenté : [C] Pros.

versĭcăpillus, *i*, m., dont les cheveux changent de couleur, qui grisonne : [-C] Théât.

versĭcŏlŏr, *ōris*, qui a des couleurs changeantes, bigarré, chatoyant : [C] Pros., Poés. ‖ [fig.] ***versicolor elocutio*** [+C] Pros., style chatoyant

versĭcŏlōrĭus, -ōrus, *a, um*, qui a différentes couleurs : [T] Poés.

versĭcŭlus, *i*, m., petite ligne d'écriture : [C] Pros. ‖ vers, petit vers : [C] Pros. ‖ pl., vers légers : [C] Poés., Pros. ‖ verset : [T] Pros.

versĭfĭcātĭo, *ōnis*, f., l'art de faire les vers, composition en vers : [+C] Pros.

versĭfĭcātŏr, *ōris*, m., celui qui fait des vers, versificateur : [+C] Pros.

versĭfĭcō, *ās, āre, āvī, ātum* ¶**1** intr., faire des vers : [+C] Pros. ¶**2** tr., exprimer en vers : [+C] Pros. ‖ ***-ficatus*** [-C] Poés.

versĭpellis (vors-), *e*, qui change de forme, qui se métamorphose : [-C] Théât. ‖ loup-garou : [+C] Pros. ‖ [fig.] qui prend toutes les formes, souple, rusé, protéiforme : [-C] Théât.

versō (vorsō), *ās, āre, āvī, ātum*, tr. ¶ **1** tourner souvent, faire tourner : ***turbinem*** [C] Poés., faire tourner une toupie ; ***caelum*** [C] Pros., faire tourner le ciel ; ***currum*** [C] Poés., faire rouler son char ; ***in orbem versare*** [C] Pros., faire accomplir une rotation complète [en parlant de roues d'engrenage] ‖ ***se*** [C] Pros., se tourner et se retourner ; ***se in utramque partem*** [C] Pros., se tourner d'un côté, puis de l'autre ‖ pass. ***versari***, se tourner, tourner : [C] Pros. ¶ **2** [fig.] tourner et retourner ***a)*** plier, modifier : [son caractère] [C] Pros. ; [son esprit] [C] Pros. ***b)*** présenter de façons diverses : [C] Pros. ; ***verba*** [C] Pros., donner d'autres sens aux mots ***c)*** ballotter en sens divers : [C] Pros. ***d)*** remuer [en tous sens l'esprit de qqn pour agir sur lui] : [C] Pros. ***e)*** remuer, bousculer, malmener, tourmenter : [-C] d. [C] Pros. ; ***domos odiis*** [C] Poés., bouleverser des familles par des haines ***f) aliquid in pectore*** [C] Poés. [ou] ***animo*** [+C] Pros. [ou] ***in animo*** [C] Pros., [+C] Pros., rouler, agiter qqch. dans son esprit, l'examiner en tous sens ; [ou *versare* seul] [C] Poés.

versor (vorsor), *āris, āri, ātus sum*, pass. de *verso*, se tourner souvent, habituellement, [d'où] ¶ **1** se trouver habituellement, vivre dans tel ou tel endroit : [C] Pros. ; ***nobiscum versari*** [C] Pros., vivre avec nous [rester avec nous] ¶ **2** [fig.] ***a) in caede versari*** [C] Pros., tremper dans le meurtre [être mêlé aux assassinats] ; ***in re publica*** [C] Pros., être mêlé à la politique ; ***in pace*** [C] Pros., être en paix ; ***in clarissima luce*** [C] Pros., se trouver dans la plus vive lumière ; ***aeterna in laude*** [C] Pros., vivre entouré à jamais de louanges ‖ [C] Pros. ; ***alicui aliquid in oculis versatur*** [C] Pros., ***ob oculos*** [C] Pros., qqch. apparaît devant les yeux de qqn ***b)*** s'occuper de, s'appliquer à : ***in sordida arte*** [C] Pros., exercer un métier sordide ; [avec ellipse] ***(in delectibus agendis) strenue versatus*** [+C] Pros., s'étant acquitté [des levées de troupes] avec zèle ***c)*** [en parl. de choses] rouler sur, reposer sur : [C] Pros., [+C] Pros.

versōrĭa (vorsōria), *ae*, f., couet, cordage pour brasser les voiles : [fig.] ***versoriam cape*** [-C] Théât., vire de bord

versum (vorsum), adv., ➡ *1 versus*

versūra (vors-), *ae*, f. ¶ **1** action de se tourner : [C] Pros. ‖ extrémité du sillon [où les boeufs tournent] : [+C] Pros. ‖ encoignure, retour d'un angle rentrant : [C] Pros. ¶ **2** [fig.] action de faire passer une dette sur un autre créancier, d'emprunter à un pour payer un autre : [C] Pros. ‖ [d'où] emprunt : ***versuram facere*** [C] Pros., emprunter [*ab aliquo* [C] Pros., à qqn] ; ***versura solvere*** [-C] Théât., s'acquitter en s'endettant [aller de mal en pis]

1 **versŭs**, **vorsŭs**, **versum**, **vorsum**, adv., dans la direction [de], du côté [de] ***a)*** [complétant *in, ad*, l'acc. d'un nom de ville question *quo*] ***in forum versus*** [C] Pros., dans la direction du forum, en regardant le forum ; ***in Arvernos versus*** [C] Pros., dans la direction des Arvernes ; ***ad Oceanum versus*** [C] Pros., du côté de l'Océan ***b)*** après les adv. *deorsum, sursum, quoquo, utroque, undique*, v. ces mots

2 **versus**, *a, um*, part. ***a)*** de *verto* ***b)*** de *verro*

3 **versŭs**, *ūs*, m. ¶ **1** ligne, rangée : [C] Poés. ‖ rang des rameurs : [C] Poés., Pros. ¶ **2** [en part.] ligne d'écriture, ligne : [C] Pros. ‖ vers : ***versum facere*** [C] Pros., faire un vers ; ***Graeci versus*** [C] Pros., vers grecs ¶ **3** mesure agraire [cent pieds] : [C] Pros. ¶ **4** pas de danse : [-C] Théât.

versūtē, adv., en homme qui sait se retourner, avec finesse, avec adresse : [avocat] [C] Pros. ‖ ***-tissime*** [T] Pros.

versūtĭa, *ae*, f., ruse, fourberie, malice, artifice : [C] Pros.

versūtus, *a, um*, adj., qui sait se retourner, fécond en expédients, à l'esprit souple, agile : [C] Pros. ; ***versutissimus*** [C] Pros. ; ***versutior*** [-C] Théât. ‖ astucieux, artificieux : [C] Pros. ‖ [choses] adroit, astucieux : [C] Pros.

vertăgus, ➡ *vertragus*

vertĕbra, *ae*, f., vertèbre, articulation : [+C] Pros. ‖ vertèbre de l'épine dorsale : [+C] Pros.

vertex (vortex), *ĭcis*, m. ¶ **1** tourbillon d'eau : [C] Poés., [+C] Pros. ‖ [de vent, de feu] : [C] Poés., Pros., [+C] Pros. ¶ **2** sommet ***a)*** [de la tête, ligne de partage des cheveux] [C] Pros. ; [poét.] tête : [C] Poés. ***b) Aetnae vertex*** [C] Pros., sommet de l'Etna ; ***a vertice*** [C] Poés., d'en haut ***c) caeli*** [C] Pros., point culminant du ciel, pôle ***d)*** [fig.] = le plus haut degré : ***dolorum vertices*** [C] Pros., les douleurs à leur paroxysme ‖ ***vertices principiorum*** [T] Pros., les officiers supérieurs

vertĭbĭlis, *e*, changeant, variable : [T] Pros.

Vertĭcordĭa, *ae*, f., qui change les cœurs [un des surnoms de Vénus] : [+C] Pros.

vertĭcōsus (vort-), *a, um*, plein de tourbillons : [C] Pros., [+C] Pros.

vertĭcŭla, *ae*, f., articulation, vertèbre : [-C] Poés. ‖ jointure [dans une machine], emboîtage, charnière : [C] Pros.

vertĭcŭlum, *i*, n., charnière : [C] Pros.

vertīgo, *ĭnis*, f. ¶ **1** mouvement de rotation, tournoiement : [C] Poés., [+C] Pros. ‖ pirouette : [+C] Poés. ‖ [fig.] ***vertigo rerum*** [+C] Poés., catastrophe ¶ **2** vertige, étourdissement, éblouissement : [C] Pros.

vertĭlābundus, *a, um*, adj., qui entre en chancelant : [C] Poés.

vertō (vortō), *ĭs, ĕre, tī, sum* ¶ **1** tourner, faire tourner, retourner ***a) caput vertere*** Ov., tourner la tête ; ***iter vertere ad...*** Sall., tourner ses pas vers ... ; ***ferro terram vertere*** Virg., retourner la terre avec le fer ‖ ***terga vertere*** Caes., tourner le dos = prendre la fuite ; [d'où] ***hostem in fugam vertere*** Liv., mettre l'ennemi en fuite ‖ [au pass.] ***vertitur caelum*** Virg., le ciel tourne ; [d'où] ***anno vertente*** Cic., pendant que l'année se déroule, au cours de l'année ***b)*** [sens réfléchi] se tourner : ***in fugam vertere*** Liv., se mettre à fuir, prendre la fuite ; [fig.] ***alio vertere*** Tac., se tourner dans une autre direction = prendre un autre parti ‖ [avec le réfléchi] ***se vertere*** Caes., se retourner, tourner le dos, prendre la fuite ; [fig.] ***quo me vortam ?*** Ter., où me tourner ? (= quel parti prendre ?) ‖ [pass.] ***ad aliquid verti*** Lucr., se tourner vers qqch. ; [fig.] ***ad caedem verti*** Liv., se tourner vers le meurtre (= en venir au meurtre) ***c)*** [fig.] tourner dans tel ou tel sens, faire tourner : ***aliquid bene vertere*** Ter., faire tourner qqch. dans le bon sens, donner à qqch. une heureuse issue ; ***aliquid in contumeliam alicujus*** Caes., faire tourner qqch. à la honte de qqn ; ***omnium causas in deos vertere*** Liv., faire remonter aux dieux la cause de tout ‖ [intr.] tourner, avoir telle ou telle suite : ***quae res bene vortat mihi*** Pl., puisse l'affaire bien tourner pour moi ; ***detrimentum in bonum vertit*** Caes., le mal se tourne en bien (= le mal devient un bien) ¶ **2** tourner, changer ***a) fortuna vertit*** Liv., la fortune change ; ***in aliquid vertere*** Caes., Virg., se changer en qqch. ; ***in aliquid se vertere*** Cic., Caes., même sens ***b)*** faire passer d'une langue dans une autre, traduire : ***Platonem vertere*** Cic., traduire Platon ; ***ex Graeco aliquid in Latinum sermonem vertere*** Liv., traduire qqch. du grec en latin ¶ **3** tourner sens dessus dessous, renverser, bouleverser : ***aliquid vertere*** Hor., renverser qqch. ; ***moenia Trojae vertere*** Virg., renverser les murs de Troie ; ***cuncta vertere*** Tac., renverser tout, bouleverser tout ¶ **4** [au pass.] tourner = se situer dans une zone, résider dans [avec sujet de choses] : ***virtus vertitur in tribus rebus*** Cic., la vertu repose sur trois choses ; ***in eo vertitur salus, si...*** Liv., le salut dépend de cette condition que...

vertrăgus, *i*, m., chien courant [sorte de lévrier] : [+C] Poés.

Vertumnālĭa, *ĭum*, n. pl., Vertumnalia, fête en l'honneur de Vertumne : [C] Pros.

Vertumnus (Vort-), *i*, m., Vertumne [divinité qui présidait aux changements des saisons] : [C] Pros., Poés. ‖ statue de Vertumne [au coin de la place publique, où étaient les boutiques des libraires] : [C] Pros.

vĕrū, *ūs*, n., broche : [C] Pros., Poés. ‖ dard, petite pique : [C] Poés. ‖ signe critique : [T] Pros.

vĕrūcŭlātus, *a, um*, qui a un long manche : [+C] Pros.

vĕrŭīna, *ae*, f., sorte de javeline longue : [-C] Théât.

Vĕrŭlae, *ārum*, f. pl., ville des Herniques [auj. Veroli] : [+C] Pros. ‖ **-lānus**, *a, um*, de Verulae : [C] Pros.

Verulamĭum, *ĭi*, n., municipe de Bretagne [St-Albans] : [+C] Pros.

Vĕrŭlāna, *ae*, f., **Vĕrŭlānus**, *i*, m., nom de femme, nom d'homme : [+C] Pros.

1 **vērum** ¶ **1** adv., vraiment ➡ *1 vero I* : [-C] Théât. ¶ **2** conj. adversative ***a)*** mais en vérité : [-C] Théât., [C] Pros. ***b)*** mais : [C] Pros. ; ➡ *modo, 2 solum, ne... quidem* ***c)*** [dans les transitions] [C] Pros. ***d) verum tamen***, mais pourtant ; [après *fortasse*] [C] Pros. ;

verum enimvero C Pros., mais en vérité, ⇒ *enimvero* ; ***verum vero*** -C d. +C Pros., même sens

2 **vērum**, *i*, n. de *verus* pris substᵗ ¶ **1** le vrai, la vérité, le réel : C Pros. ; ***si verum quaerimus*** C Pros., à vrai dire ; ***veri similis*** ; ⇒ *veri similis* ‖ pl. ***vera*** C Pros., le vrai ¶ **2** le juste : C Pros.

vērumtămĕn (vēruntămĕn) ou **vērum** séparé de **tămĕn**, adv., mais pourtant, mais cependant : C Pros. ‖ [après une parenthèse, pour reprendre le fil du discours] dis-je : C Pros.

vērus, *a, um* ¶ **1** vrai, véritable, réel : C Pros. ; ***causa verissima*** C Pros., la cause la mieux fondée, la meilleure ; ***crimen verissimum*** C Pros., accusation tout à fait fondée ; ***veri Attici*** C Pros., des Attiques authentiques [d'origine] ‖ ***si verum est*** [avec prop. inf.] C Pros., s'il est vrai que ; [avec *ut*] C Pros. ¶ **2** conforme à la vérité morale, juste : C Pros., Poés. ; ***verum est ut*** C Pros., il est juste que ¶ **3** véridique, sincère, consciencieux : C Pros.

vĕrūtum, *i*, n., sorte de dard : C Pros.

vĕrūtus, *a, um*, armé d'un dard, d'une javeline [de forme particulière, du nom de *veru*] : C Poés.

vervactum, *i*, n., terre qu'on laisse en jachère [jusqu'aux semailles], terre en friche, jachère : C Pros.

Vervēcĕus (-ēcĭus), *a, um*, qui a la forme d'un mouton [surnom de Jupiter Ammon] : T Pros.

vervēcīnus, *a, um*, de mouton : T Pros.

vervex, *ēcis*, m., mouton : -C Théât., C Pros. ‖ [fig.] homme stupide : +C Poés., Pros.

Vĕsaevus, ⇒ *Vesuvius* : C Poés.

vēsānĭa, *ae*, f., folie, déraison, délire, extravagance : C Poés.

vēsānĭens, *tis*, furieux [vents] : C Poés.

vēsānus, *a, um*, adj., qui n'est pas dans son bon sens, qui extravague, insensé, fou : C Pros., Poés. ‖ [en parl. de choses] furieux, forcené : ***vesana fames*** C Poés., faim furieuse ; ***vesanus vultus*** C Pros., visage forcené ; ***vesanus pontus*** C Poés., mer forcenée, furieuse

Vesātae (-tes), ⇒ *Vasates*

Vescelĭa, *ae*, f., ville de Tarraconaise : C Pros.

Vescĭa, *ae*, f., ville de Campanie, près du Liris : C Pros. ‖ **-īnus**, *a, um*, de Vescia : C Pros. ; ***in Vescino*** C Pros., sur le territoire de Vescia ‖ **-īni**, *ōrum*, m. pl., les habitants de Vescia : C Pros.

Vescīnus, *a, um*, ⇒ *Vescia*

vescō, *ĭs, ĕre, -, -*, tr., nourrir ; [pass.] T Pros.

vescŏr, *scĕrĭs, scī, -*, tr. et intr. ¶ **1** se nourrir de, vivre de ***a)*** [avec abl.] : C Pros. ***b)*** [avec acc.] C Pros. : C Poés., +C Pros. ‖ [fig.] se repaître de : ***facinus*** -C Théât., d'un acte ***c)*** [absᵗ] se nourrir, manger : C Pros. ; ***vescendi causa*** C Pros., pour se nourrir [pour la table] ; ***vescere, sodes*** C Pros., mange, s'il te plaît ¶ **2** [fig.] se régaler de, jouir de, avoir : ***paratissimis voluptatibus*** C Pros., avoir les plaisirs à son entière disposition ‖ ***vitalibus auris*** C Poés., jouir de l'air vivifiant [respirer l'air vital] ; ***variante loquela*** C Poés., se servir d'une parole aux sons variés ¶ **3** disposer, user de : [abl.] ***arte*** -C Théât. ; ***armis*** -C Théât.

Vescŭlārĭus, *ii*, m., nom d'homme : +C Pros.

vescus, *a, um* ¶ **1** ⇒ *edax*, qui cherche avidement à se nourrir : ***vescum sal*** C Poés., sel [de la mer] qui ronge ; ***vescum papaver*** C Poés., le pavot rongeur [qui dévore, épuise le terrain] ¶ **2** qui ne cherche pas à se nourrir, sans appétit : -C Poés. ‖ maigre : ***vescum corpus*** +C Pros., corps maigre ; ***vescae frondes*** C Poés., feuillage grêle ; [fig.] maigre = insuffisant, peu nourrissant : +C Pros.

Vesĕris, *is*, m., fleuve de Campanie, au pied du Vésuve : C Pros., +C Pros.

Vĕsēvus, *i*, m., le Vésuve : +C Poés. ; ⇒ *Vesuvius, Vesaevus*

Vēsi, *ōrum*, m. pl., les Visigoths : T Poés. ‖ sg. ***Vesus*** : T Poés.

vēsīca (vess-, vens-), *ae*, f. ¶ **1** vessie : C Pros., Poés. ¶ **2** bourse : C Pros. ¶ **3** vulve d'une femme : +C Poés. ‖ enflure du style : +C Poés.

vēsīcŭla, *ae*, f., vessie : C Poés. ‖ gousse [des plantes] : C Pros. ‖ jabot : T Pros.

Vĕsontĭo (Visontio), *ōnis*, f., ville des Séquanes [auj. Besançon] : C Pros.

vespa, *ae*, f., guêpe [insecte] : C Pros.

Vespāsĭa, *ae*, f., mère de l'empereur Vespasien : +C Pros.

Vespāsĭānus, *i*, m., Vespasien [Titus Flavius Vespasianus], empereur romain [69-79] : +C Pros.

Vespāsĭus, *ii*, m., aïeul maternel de Vespasien : +C Pros.

vespĕr, *ĕri* et *ĕris*, m. ¶ **1** le soir : C Pros. ; ***ad vesperum*** C Pros., jusqu'au soir ; ***sub vesperum*** C Pros., vers le soir ; ***primo vespere*** C Pros., à la nuit tombante ‖ ***vespere*** C Pros., [et surtout] ***vesperi*** C Pros., le soir, au soir ‖ ***de vesperi suo vivere*** -C Théât., être son maître, vivre à sa guise ; ***de vesperi alicujus cenare*** -C Théât., manger à la table de qqn ¶ **2** étoile du soir, Vesper : C Poés. ‖ le couchant, l'occident : C Poés. ‖ peuples de l'Occident : +C Poés.

vespĕra, *ae*, f., le temps du soir, soirée : -C Théât. ; ***ad vesperam*** C Pros., vers le soir ; ***prima vespera*** C Pros., au début du soir ; ***inumbrante vespera*** +C Pros., au moment où le soir répandait son ombre

vespĕrascō, *ĭs, ĕre, rāvī, -*, intr., arriver au soir : ***vesperascente die*** +C Pros., le jour arrivant sur le soir, le soir tombant ; ***vesperascente caelo*** C Pros., au crépuscule du soir ‖ [impers.] ***vesperascit*** -C Théât., le soir tombe ; ***ubi jam vesperaverat*** +C Pros., quand le soir était déjà venu

vespĕri, locatif, ⇒ *vesper*

vespertīnus, *a, um* ¶ **1** du soir, qui a lieu le soir : ***vespertina tempora*** C Pros., le soir ; [abl. n.] ***vespertino*** C Pros. [ou] ***vespertinae litterae*** C Pros., lettre reçue le soir ‖ [emploi adverbial] C Poés. ¶ **2** situé au couchant, occidental : C Poés., Pros.

vespĕrūgo, *ĭnis*, f., l'étoile du soir [Vénus] : C Pros.

vespillo, *ōnis*, m., croque-mort [des pauvres, qu'on ensevelissait le soir] : +C Pros., Poés.

Vesprōnĭus, *ĭi*, m., nom d'homme : T Pros.

vessīca, ⇒ *vesica*

Vesta, *ae*, f., Vesta Cybèle, la Terre [femme de Caelus et mère de Saturne] : C Pros., Poés. ‖ Vesta [fille de Saturne, petite-fille de la précédente, déesse du feu] : C Pros. ; ***ad Vestae*** [s.-ent. *aedem, templum*] C Poés., auprès du temple de Vesta [où les Vestales entretenaient le feu sacré] ; ***Vestae sacerdos*** C Poés., le grand pontife [César] ‖ [poét.] ***a)*** le temple de Vesta : C Poés. ***b)*** le feu : C Poés. ‖ **Vestālis**, *e*, de Vesta : ***Vestalis virgo, Vestalis*** C Pros., Vestale, prêtresse de Vesta ‖ ***Vestalium maxima*** +C Pros. ‖ ***Vestalis, e***, de Vestale : ***Vestales oculi*** C Poés., yeux chastes

Vestālĭa, *ĭum*, n. pl., les Vestalia [fête en l'honneur de Vesta] : C Pros.

vester (voster), *tra, trum* ¶ **1** votre, vôtre, qui est à vous ; [subjectif] : C Pros., Poés. ‖ [objectif] : ***vestrum odium*** C Pros., la haine que vous inspirez ¶ **2** pris substᵗ : ***voster*** -C Théât., votre maître ‖ ***vestrum***, n. ***a)*** votre manière d'être : -C Théât. ***b)*** votre bien, votre argent : C Pros. ‖ ***vestri*** C Pros., les vôtres, vos amis, votre siècle ‖ n. pl., ***vestra*** C Pros., vos oeuvres, vos théories

Vestĭa, *ae*, f., nom de femme : C Pros.

vestĭārĭum, *ĭi*, n., habits, vêtements, garde-robe : +C Pros.

vestĭārĭus, *a, um*, d'habits, relatif aux vêtements : -C Pros. ‖ subst. m.

vestĭbŭlum, *i*, n. ¶ **1** vestibule : C Pros. ¶ **2** entrée [en gén.] : ***sepulcri*** C Pros., entrée d'un tombeau ; ***Siciliae*** C Pros., l'entrée, le seuil de la Sicile ; ***castrorum*** C Pros., l'entrée du camp, le devant du camp ‖ [fig.] C Pros. ; ***artis*** +C Pros., le vestibule d'une science = les débuts

vestĭceps, *ĭpis*, [fig.] corrompu : +C Pros.

vestĭcontŭbernĭum, *ĭi*, n., partage du même lit [de la même couverture] : +C Pros.

vestĭcŭla, *ae*, f., [collectif] quelques vêtements, = qqs hardes : T Pros.

vestīgātĭo, *ōnis*, f., action de chercher [qqn], recherche : +C Pros.

vestīgātŏr, *ōris*, m., celui qui suit la trace, chasseur : [C] Pros. ‖ celui qui cherche : [+C] Pros. ‖ [fig.] espion : [+C] Pros.

vestīgĭum, *ĭi*, n. ¶ **1** plante du pied : [C] Pros., Poés. ; ***fallente vestigio*** [+C] Pros., par suite d'un faux pas ‖ ***vestigium abscedere*** [C] Pros., s'écarter d'une semelle ‖ pied : [T] Pros. ¶ **2** empreinte des pas, trace du pied : [-C] Théât. ; ***vestigia ponere*** [C] Pros., imprimer ses pas, porter ses pas ; ***vestigia tenere*** [C] Pros., ne pas perdre la trace, suivre à la trace ‖ [fig.] ***vestigiis alicujus ingredi*** [C] Pros., marcher sur les traces de qqn ¶ **3** [en gén.] traces, empreinte : [empreinte du corps d'une pers.] [C] Pros. ‖ place où s'est tenu qqn : [C] Pros. ‖ ***vestigia urbis*** [C] Pros., les vestiges, les ruines d'une ville ¶ **4** [fig.] trace, vestige : [C] Pros. ‖ parcelle de temps, moment, instant : [C] Pros. ; ***vestigio temporis*** [C] Pros., en un moment ; ***e (ex) vestigio*** [C] Pros. ou ***ex vestigio*** [C] Pros., sur-le-champ, instantanément

vestīgō, *ās, āre, āvī, ātum*, tr. ¶ **1** suivre à la trace, à la piste, chercher : [-C] d. [C] Pros. ‖ découvrir : [C] Pros. ¶ **2** rechercher avec soin, partout : [+C] Pros. ; ***vestiga oculis*** [C] Poés., cherche des yeux

vestīmentum, *i*, n. ¶ **1** vêtement, habit : [-C] Théât., [C] Pros. ¶ **2** couverture ou tapis [de lit] : [-C] Théât., [+C] Pros.

Vestīni, *ōrum*, m. pl., Vestins [peuple du Samnium] : [C] Pros. ‖ **-īnus**, *a, um*, des Vestins : [+C] Poés.

Vestīnus, *i*, m., Marcus Vestinus Atticus [consul que Néron fit mourir] : [+C] Pros. ‖ Lucius Julius Vestinus, chevalier ami de Claude : [+C] Pros.

vestĭō, *īs, īre, īvī* ou *ĭī, ītum*, tr. ¶ **1** couvrir d'un vêtement, vêtir, habiller : ***aliquem*** [-C] Théât. ; ***aliquem aliqua re*** [C] Pros., vêtir qqn de qqch. ‖ pass. à sens réfléchi ***vestiri***, se vêtir, s'habiller : [-C] d. [+C] Pros. ¶ **2** revêtir, recouvrir, entourer, garnir : [C] Pros. ; ***montes vestiti*** [C] Pros., montagnes revêtues d'herbe

vestis, *is*, f. ¶ **1** vêtement, habit, habillement, costume : [C] Pros. ‖ pl. poét. : [C] Poés., [+C] Pros. ¶ **2** ***mutare vestem*** ‖ changer de vêtement : [-C] Théât., [C] Pros., [+C] Pros. ¶ **3** ***a) vestis stragula*** [C] Pros., tapis ***b) vestis*** ; seul : [C] Pros. ; ***pretiosa vestis*** [C] Pros., tapis précieux ¶ **4** sens divers ***a)*** voile de femme : [+C] Poés. ***b)*** dépouille du serpent : [C] Poés. ***c)*** toile d'araignée : [C] Poés. ***d)*** barbe, duvet, poil : [C] Poés.

vestispĭca, *ae*, f., esclave chargée de la garde-robe, femme de chambre : [-C] Théât., [C] Poés., Pros.

1 **vestītus**, *a, um*, part. de *vestio*, adj[t], ***vestitior*** [+C] Pros., plus vêtu ; ***vestitissimus*** [+C] Pros., le plus vêtu

2 **vestītŭs**, *ūs*, m. ¶ **1** vêtement, habillement : [C] Pros. ; ***muliebri vestitu*** [C] Pros., en habit de femme ; ***mutare vestitum*** [C] Pros. = ***mutare vestem*** ; [C] Pros. ¶ **2** [fig.] ‖ vêtement du style : [C] Pros.

Vestōrĭus, *ĭi*, m. ¶ **1** ami de Cicéron : [C] Pros. ¶ **2** un artiste de Pouzzoles : [C] Pros.

vestri, gén. de *vos*

Vestricĭus, *ĭi*, m., Vestricius Spurinna, poète : [+C] Pros.

vestrum (vos-), gén. de *vos*

Vĕsŭlus, *i*, m., le Vésule [montagne de Ligurie, partie des Alpes cottiennes, auj. mont Viso] : [C] Poés.

Vesunna, *ae*, f., Vésone [ville d'Aquitaine, la même que *Petrocorium*, Périgueux] ‖ **-ĭci**, m. pl., habitants de Vésone [Périgourdins] : [T] Pros.

Vesus, ▶ *Vesi*

Vĕsŭvĭus, *ĭi*, m., le Vésuve [volcan près de Naples] : [C] Pros. ‖ **-vīnus**, *a, um*, du Vésuve : [+C] Poés.

Vesvĭus (-bĭus), *ĭi*, m., ▶ *Vesuvius* : [+C] Poés. ‖ **Vesvīnus**, *a, um*, du Vésuve : [+C] Poés.

Vĕtĕra, *um*, n. pl. et **Vĕtĕra castra**, ville des Bataves : [+C] Pros.

vĕtĕrāmentārĭus, *a, um*, qui a trait aux vieilles choses : ***sutor*** [+C] Pros., savetier [cordonnier en vieux]

Vĕtĕrānĭo, ▶ *Vetranio*

vĕtĕrānus, *a, um*, vieux, ancien : ***veterani milites*** [C] Pros. ; ***veterani*** seul [C] Pros. ; ***legiones veteranae*** [C] Pros., légions de vétérans

vĕtĕrārĭum, *ĭi*, n., cave pour le vin vieux : [+C] Pros.

vĕtĕrārius, *a, um*, qui est de vieille date : ***vina veteraria*** [+C] Pros., vins vieux

vĕtĕrascō, *ĭs, ĕre, -, -*, intr., devenir vieux, vieillir : [+C] Pros.

vĕtĕrātŏr, *ōris*, m. ¶ **1** celui qui a vieilli dans qqch., au courant, rompu : ***in causis privatis*** [C] Pros., ayant la pratique des causes civiles ; [+C] Pros. ¶ **2** vieux routier, vieux renard : [C] Pros.

vĕtĕrātōrĭē, adv., habilement : [C] Pros.

vĕtĕrātōrĭus, *a, um*, de vieux routier : [C] Pros. ‖ qui sent le métier : [C] Pros.

vĕtĕrātrix, *īcis*, f., vieille rouée : [+C] Pros.

Vĕtĕrensis, *is*, m., surnom : [+C] Pros.

1 **vĕtĕres**, *um*, m. pl. de *1 vetus*, pris subst[t] ***a)*** les anciens, les gens d'autrefois : [C] Pros. ***b)*** anciens écrivains : [+C] Pros.

2 **Vĕtĕres**, *um*, f. pl., les Anciennes Boutiques, quartier de Rome : [-C] Théât., [C] Pros.

vĕtĕrētum, *i*, n., friche, terrain abandonné : [+C] Pros.

vĕtĕrīnārĭus, *a, um*, relatif aux bêtes de somme, vétérinaire : [+C] Pros. ‖ **-rius**, *ĭi*, m., médecin vétérinaire, vétérinaire : [+C] Pros. ‖ **-rĭum**, *ĭi*, n., infirmerie pour les animaux : [+C] Pros.

vĕtĕrīnus, *a, um*, relatif aux bêtes de somme ‖ **vĕtĕrīnae**, *ārum*, f. pl., [C] Pros., **vĕtĕrīna**, *ōrum*, n. pl., bêtes de somme

vĕtĕrĭor, compar. arch. de *1 vetus*, la forme habituelle est *vetustior*

vĕtĕris, gén. de *1 vetus*

vĕternōsus, *a, um*, atteint de somnolence, de léthargie : [C] d. [+C] Pros. ‖ [fig.] languissant, endormi, engourdi : [-C] Théât. ; ***artificium veternosissimum*** [+C] Pros., l'artifice le plus débile qui soit [= la dialectique]

vĕternus, *i*, m. ¶ **1** vétusté : [+C] Poés. ¶ **2** vieilles ordures : [+C] Pros. ‖ vieilleries, vieux oripeaux : [+C] Pros. ¶ **3** somnolence, léthargie, maladie de vieillard : [-C] Théât. ‖ [fig.] marasme, torpeur : [C] Poés., Pros.

vĕtĕrō, *ās, āre, āvī, ātum*, tr., rendre vieux, périmé : [T] Pros.

veterrimus, *a, um*, superl. de *1 vetus*

Vetīlĭus, *ĭi*, m., nom d'homme : [C] Pros.

Vetilla, *ae*, f., surnom de femme : [C] Pros.

vĕtĭtus, *a, um*, part. de *veto* ‖ subst. n., **vĕtĭtum**, *i* ¶ **1** chose défendue : [C] Poés., [+C] Pros. ¶ **2** défense, interdiction : [C] Poés., [+C] Pros. ‖ n. pl., [C] Pros.

vĕtō (arch. **vŏtō**), *ās, āre, vĕtŭī, vĕtĭtum*, tr., ne pas laisser une chose se produire, ne pas permettre, faire défense, interdire ¶ **1** [abs[t]] ***veto***, je fais opposition [formule des tribuns de la plèbe] : [C] Pros. ¶ **2** ***istud, aliquid*** [C] Pros., défendre cela, qqch. ; ***bella*** [C] Poés., s'opposer à la guerre ; [+C] Pros. ; ***vetiti hymenaei*** [C] Poés., hymens défendus ‖ [C] Poés., Pros. ; ***vetor fatis*** [C] Poés., les destins m'en font une défense ; [+C] Pros. ¶ **3** [avec prop. inf.] [C] Pros. ¶ **4** [avec *ne*] : [C] Poés., Pros. ‖ [avec subj. seul] : [C] Poés. ‖ ***non vetare quin*** [-C] Théât., [C] Pros., ne pas empêcher que [ou] ***quominus*** [+C] Pros. ¶ **5** [avec inf.] empêcher de, défendre de : [-C] Théât., [C] Pros.

Vĕtrānĭo, *ōnis*, m., Vétranion [général romain, proclamé empereur par ses soldats sous Constance II, en 350] : [T] Pros.

Vettĭēnus, *i*, m., nom d'homme : [C] Pros.

Vettĭi, *ōrum*, m. pl., peuplade de Macédoine : [C] Pros.

Vettĭus, *ĭi*, m., nom de famille rom. : [C] Pros.

Vettōnes, *um*, m. pl., Vettons [peuple de Lusitanie, dans l'Estramadure] : [C] Pros., [+C] Poés.

Vettōnĭa, *ae*, f., pays des Vettons : [T] Poés. ; ▶ *Vettones*

Vettōnĭānus, *i*, m., nom d'homme : [+C] Pros.

vĕtŭī, parf. de *veto*

Vĕtŭlōnĭa, *ae*, f., ville d'Étrurie : [+C] Poés.

vĕtŭlus, *a, um*, vieillot : ***vetula filia*** [C] Pros., fille d'un certain âge ; ***vetuli equi*** [C] Pros., chevaux déjà vieux ; ***vetula arbor*** [C] Pros., arbre qui a pris de l'âge ‖ ***vetulus, i***, m., [-C] Théât. ; ***vetula, ae***, f., [-C] Théât., [+C] Poés. ; [amical[t]] ***mi vetule*** [C] Pros., mon cher vieux

vĕtŭo, ➡ *veto* : [+C] Pros.

Vĕtŭrĭa, *ae*, f., mère de Coriolan : [C] Pros.

Vĕtŭrĭa trĭbŭs, f., la tribu Véturia [à Rome] : [C] Pros.

Vĕtŭrĭus, *ĭi*, m., nom de famille rom. : [C] Pros.

1 **vĕtus**, *ĕris* ¶**1** de l'année ancienne [opposée à *novus*] : [C] Pros. ‖ qui a des années, vieux, qui n'est pas jeune [hommes, animaux, plantes] : [-C] Théât., [C] Pros., Poés. ¶**2** de vieille date, qui remonte loin, qui n'est pas nouveau, pas récent : [-C] Théât., Pros. ; ***vinum vetus*** [C] Pros., vin vieux ; ***amici veteres*** [C] Pros., amis de vieille date ; ***vetus contumelia*** [C] Pros., vieil outrage ; ***vetus Academia*** [C] Pros., l'ancienne Académie ‖ ***vetus miles*** [C] Pros., vétéran ; [avec gén.] ***vetus militiae*** [+C] Pros., vieux dans le service ; [avec inf.] ***vetus bellare*** [+C] Poés., vieilli dans les combats ¶**3** d'autrefois, des temps antérieurs, du temps passé, ancien : ***vetus res*** [-C] Théât., histoire d'autrefois ; [C] Pros. ; ***veteres philosophi*** [C] Pros., les anciens philosophes ; ***scriptores veteres*** [C] Pros., les vieux auteurs ‖ n. pl. ***vetera***, les choses d'autrefois, les faits anciens : ***ut vetera mittam*** [C] Pros., pour laisser de côté le passé

2 **Vĕtus**, *ĕris*, m., surnom romain : [+C] Pros.

vĕtuscŭlus, *a*, *um*, un peu vieux : [T] Pros.

Vĕtŭsĭus, *ĭi*, m., nom d'homme : [C] Pros.

vĕtustās, *ātis*, f. ¶**1** vieillesse, grand âge : ***possessionis*** [C] Pros., propriété de vieille date ‖ ***familiarum vetustates*** [C] Pros., l'ancienneté des familles ¶**2** ancien temps, antiquité : [C] Pros. ¶**3** longue durée : [C] Pros. ; ***conjuncti vetustate*** [C] Pros., liés par la longue durée des relations ‖ la longueur du temps écoulé, la durée, le temps, l'âge : [C] Pros. ¶**4** long temps à venir, postérité : [C] Pros. ¶**5** [chrét.] décrépitude de l'homme [avant le Christ] : [T] Pros.

vĕtustē, adv., à la manière des anciens : [+C] Pros.

vĕtustescō, (**-tiscō**), *ĭs*, *ĕre*, -, -, intr., devenir vieux, vieillir [vin] : [+C] Pros.

vĕtustus, *a*, *um* ¶**1** qui a une longue durée, vieux, ancien : ***vetusta opinio*** [C] Pros., opinion qui a cours depuis longtemps, enracinée ; ***vetustum hospitium*** [C] Pros., vieux liens d'hospitalité ; ***ara vetusta*** [C] Pros., autel ancien ‖ [en parl. de pers.] ***vetustissimus*** [C] Pros., le plus vieux ¶**2** du vieux temps, archaïque : [C] Pros.

vexābĭlis, *e*, tourmenté [par le mal], souffrant : [T] Pros.

vexāmĕn, *ĭnis*, n., ébranlement, secousse : [C] Poés.

vexātĭo, *ōnis*, f. ¶**1** agitation violente, secousse, ébranlement : [+C] Pros. ¶**2** [fig.] ***a)*** mal, peine, tourment, souffrance : ***corporis*** [C] Pros., mal physique ; ***vulneris*** [C] Pros., douleur d'une blessure ***b)*** mauvais traitement, persécution : [C] Pros.

vexātŏr, *ōris*, m., persécuteur, bourreau : [C] Pros. ; ***furoris (Clodii)*** [C] Pros., celui qui pourchasse [harcèle, réprime] la démence (de Clodius)

vexātrix, *īcis*, f., celle qui tourmente, qui persécute : [T] Pros.

vexātus, *a*, *um*, part. de *vexo*

vexī, parf. de *veho*

vexillārĭus, *ĭi*, m. ¶**1** porte-enseigne : [C] Pros., [+C] Pros. ‖ chef de bande : [+C] Pros. ¶**2** **vexillārĭī**, *ōrum*, m. pl., vexillaires [corps de vétérans sous les empereurs] : [+C] Pros.

vexillātĭo, *ōnis*, f., détachement de vexillaires : [+C] Pros. ‖ corps de cavalerie : [T] Pros.

vexillĭfĕr, *ĕra*, *ĕrum*, porte-enseigne : [T] Poés.

vexillum, *i*, n. ¶**1** étendard, drapeau, enseigne de la cavalerie, des corps [vétérans, détachements en dépôt, en mission] : [C] Pros. ¶**2** drapeau [de couleur rouge placé sur la tente du général pour donner le signal du combat] : [C] Pros. ¶**3** [méton.] corps de troupes, détachement groupé autour d'un *vexillum* : [C] Pros. ‖ escadron : [+C] Pros.

vexō, *ās*, *āre*, *āvī*, *ātum* ¶**1** remuer violemment, secouer, ballotter : [+C] Pros., [C] Pros., Poés. ¶**2** [fig.] ***a)*** tourmenter, persécuter, maltraiter : ***socios*** [C] Pros., persécuter, tyranniser les alliés ‖ accabler de vexations : [C] Pros. ‖ bousculer, traquer sans merci des ennemis : [C] Pros. ‖ faire souffrir : [C] Pros. ***b)*** malmener en paroles, maltraiter, traiter rudement, attaquer : [C] Pros. ***c)*** [au sens moral] : [C] Pros.

vĭa (primit[t] **vea**), *ae*, f. ¶**1** chemin, route, voie : [C] Pros. ; ***in viam se dare*** [C] Pros. ; ***viae se committere*** [C] Pros., se mettre en route, se risquer à faire route ‖ ***via***, grande route, bonne route [oppos. à *semita*, sentier] : [-C] d. [C] Pros., [-C] Théât., [C] Pros. ‖ [fig.] [-C] Théât. ; ***in viam redire*** [C] Pros., revenir dans la bonne route ¶**2** voie, rue : [C] Pros. ; ***Appia via*** [C] Pros., voie Appienne ; ***Sacra via*** [C] Pros., voie Sacrée [à Rome] ¶**3** route, voyage, trajet, course : ***de via languere*** [C] Pros., être fatigué du voyage ; ***via maris*** [C] Poés., voyage par mer : [C] Pros. ‖ ***inter vias*** [-C] Théât., en chemin ¶**4** passage, conduit, canal : [C] Pros., Poés. ¶**5** [fig.] ***a)*** voie, genre, méthode : ***via exercitationis*** [C] Pros., une méthode d'exercice pratique ; ***via vivendi*** [C] Pros., un genre de vie ***b)*** moyen, procédé, méthode : ***via laudis*** [C] Pros., route pour arriver à la gloire ; ***litigandi viae*** [C] Pros., les voies et moyens pour chicaner ***c)*** joint à ***ratio*** : [C] Pros.

vĭālis, *e*, des rues, qui préside aux rues : [-C] Théât.

Vĭaloscensis pagus, m., district des Arvernes [pays de Marsat] : [T] Pros.

vĭans, *tis*, ➡ *vio*

vĭātĭcātus, *a*, *um*, muni de provisions de voyage : [-C] Théât.

vĭātĭcŭlum, *i*, n., petites provisions de voyage, petites ressources en argent : [+C] Pros.

vĭātĭcum, *i*, n. ¶**1** ce qui sert à faire la route, provisions de voyage, argent de voyage : [-C] Théât., [C] Pros. ¶**2** [fig.] ressources : [+C] Pros. ¶**3** butin, pécule [accumulé par le soldat] : [C] Pros., [+C] Pros.

vĭātĭcus, *a*, *um*, de voyage : ***viatica cena*** [-C] Théât., dîner de voyage [= qui fête le retour de qqn après un long voyage ; c'était l'habitude]

1 **vĭātŏr**, *ōris*, m. ¶**1** voyageur : [C] Pros. ¶**2** messager introduisant devant les magistrats, appariteur, messager officiel : [C] d. [+C] Pros., [C] Pros.

2 **Vĭātŏr**, *ōris*, m., nom d'homme : [+C] Pros.

Vibennĭus, *ĭi*, m., nom d'homme : [C] Poés.

vībex, *īcis*, f. (?), marque [de coups de fouet], meurtrissure : [-C] d. [C] Pros., [+C] Poés.

Vībĭdĭa, *ae*, f., nom de femme : [+C] Pros.

Vībĭdĭus, *ĭi*, m., nom d'homme : [C] Poés.

Vībĭēnus, *i*, m., nom d'homme : [C] Pros.

Vibilĭa, *ae*, f., déesse invoquée par les voyageurs égarés : [T] Pros.

Vibilĭus, *ĭi*, m., nom d'homme : [+C] Pros.

Vībĭus, *ĭi*, m., nom de famille rom., not[t] le consul Vibius Pansa : [C] Pros. ; ➡ *2 Pansa* ‖ l'orateur Vibius Crispus : [+C] Pros.

Vibo, *ōnis*, f., Vibo Valentia [ville du Bruttium, auj. Bivona] : [C] Pros. ‖ **-nensis**, *e*, de Vibo : [C] Pros.

vĭbrāmĕn, *ĭnis*, n., action de darder [sa langue, en parl. d'un serpent] : [+C] Pros.

vĭbrātus, *a*, *um*, part. de *vibro*

vĭbrō, *ās*, *āre*, *āvī*, *ātum*

I tr. ¶**1** imprimer un mouvement vibratoire à qqch., agiter, brandir : [C] Pros. ‖ secouer : [+C] Pros. ‖ balancer : [+C] Pros. ¶**2** friser : [T] Pros. ; ***crines vibrati*** [C] Poés., cheveux frisés [*capillus vibratus*, même sens] ¶**3** lancer, darder : ***sicas*** [en parl. de plus. pers.] [C] Pros., darder le poignard ; [C] Poés., [C] Poés., [+C] Pros. ‖ [fig.] ***truces iambos*** [C] Poés., darder des iambes farouches

II intr. ¶**1** avoir des vibrations, des tremblements, des tressaillements : ***vibranti ictu*** [C] Poés., d'un coup frémissant [poét. = avec le frémissement du fer qui s'enfonce] ; ***lingua vibrante*** [C] Poés., en dardant sa langue frémissante [serpent] ¶**2** vibrer [sons] : [+C] Pros. ¶**3** scintiller, étinceler [mer] : [C] Pros. ; [armes] [C] Poés. ¶**4** [fig.] [C] Pros. ; ***oratio vibrans*** [C] Pros., style pénétrant comme un trait

Vībŭlānus, *i*, m., surnom d'un Fabius : [C] Pros.

Vībŭlēnus, *i*, m., nom d'homme : [+C] Pros.

Vibullĭus, *ĭi*, m., nom de famille romaine, not[t] Vibullius Rufus, ami de Pompée : [C] Pros.

vībŭrnum, *i*, n., viorne, petit alisier [arbrisseau] : [C] Poés.

vīcānus, *a, um*, de bourg, de village : d. Pros. ‖ **vīcānus**, *i*, m., habitant d'un bourg, d'un village : Pros.

Vīca Pŏta, f., déesse de la Victoire et de la Conquête : Pros. ‖ **Victa et Pŏtŭa**, Pros., déesse de l'Alimentation et de la Boisson

vĭcārĭa, *ae*, f., remplaçante : Pros.

vĭcārĭānus, *a, um*, de lieutenant du préfet du prétoire, ou du préfet de Rome : Pros.

vĭcārĭĕtās, *ātis*, f., échange [d'un bon office], réciprocité : Poés.

vĭcārĭus, *a, um* ¶ 1 remplaçant [d'une pers. ou d'une chose] : Pros. ¶ 2 **vĭcārĭus**, *ĭi*, m. ***a)*** remplaçant : Pros. ; ***alieni juris*** Pros., représentant des droits d'un autre ***b)*** esclave en sous-ordre [acheté par un autre esclave, comme suppléant] Poés. ***c)*** remplaçant d'un soldat : Pros. ‖ subst[t] f., ➡ *vicaria*

vīcātim, adv., quartier par quartier : Pros., Pros. ‖ de bourg en bourg, par bourgs : Pros.

vĭcĕ, **vĭcĕm**, ➡ *vicis*

vīcēnālis, *e*, vingtième : Pros.

vīcēnārĭus, *a, um*, qui renferme le nombre vingt, âgé de vingt ans : Théât. ‖ qui a vingt doigts de circonférence : Pros. ‖ **vīcēnārĭus**, subst. m., homme âgé de vingt ans : Pros.

vīcēni, *ae, a* ¶ 1 distrib., chacun vingt, chaque fois vingt : Pros. ¶ 2 vingt : Poés.

vīcensĭmus, *a, um*, ➡ *vicesimus*

Vīcentĭa, ➡ *Vicetia*

vīcēsĭma, *ae*, f. ¶ 1 vingtième partie, le vingtième : Pros. ¶ 2 impôt du vingtième [payé par le maître sur le prix des esclaves affranchis] : Pros., Pros. ‖ [sur des marchandises, importations et exportations] : Pros. ‖ [sur les héritages] : Pros.

vīcēsĭmāni, *ōrum*, m. pl., soldats de la vingtième légion : Pros.

vīcēsĭmārĭus (vīcensĭmārius), *a, um*, qui provient de l'impôt du vingtième [sur les affranchissements d'esclaves] : Pros. ; ➡ *vicesimus* ‖ subst. m., percepteur de l'impôt du vingtième : Pros.

vīcēsĭmātĭo, *ōnis*, f., exécution d'un soldat sur vingt : Pros.

vīcēsĭmus (vīcensĭmus), **vīgēsĭmus**, *a, um*, vingtième : Pros.

Vicētĭa (plus souvent que **Vicentia**), *ae*, f., Vicétia [ville de Vénétie, entre Vérone et Padoue, auj. Vicence] : Pros. ‖ **-tīni**, *ōrum*, m. pl., habitants de Vicétia : Pros.

vīcī, parf. de vinco

vĭcĭa, *ae*, f., vesce [plante légumineuse] : Pros., Pros., Poés.

vĭcĭālĭa, *ĭum*, n. pl., tige de la vesce : Pros.

vĭcĭārĭus, *a, um*, relatif à la vesce : Pros.

vīcĭēs (vīcĭens), vingt fois : Pros. ; ***sestertium viciens*** Pros., deux millions de sesterces [ou] ***vicies*** [seul] Poés.

Vĭcĭlīnus, *i*, m., épithète de Jupiter : Pros.

vīcīnālis, *e*, de voisinage, voisin : Pros. ‖ vicinal : Pros.

vīcīnārĭa vĭa, f., petite rue latérale d'un camp : Pros.

vīcīnē, adv. [inus.] près, proche ‖ ***-nius*** Poés.

vīcīnĭa, *ae*, f. ¶ 1 voisinage, proximité : ***in vicinia nostra*** Pros., dans notre voisinage ; [locatif] Théât. ¶ 2 les gens du voisinage, le voisinage, le quartier : Poés., Pros. ¶ 3 [fig.] analogie, affinité, ressemblance : Pros.

vīcīnĭtās, *ātis*, f. ¶ 1 voisinage, proximité : Pros. ‖ lieux voisins : Pros. ¶ 2 gens du voisinage : Théât., Pros., Pros. ; pl., même sens : Pros. ¶ 3 [fig.] rapport, analogie, ressemblance, affinité : Pros.

Vicinonĭa, *ae*, f., la Vilaine [fleuve] : Pros.

vīcīnŏr, *ārĭs, ārī*, -, intr., [fig.] se rapprocher de, ressembler à : Pros.

vīcīnus, *a, um* ¶ 1 voisin, qui est à proximité : Pros., Poés. ; ***vicinum bellum*** Pros., guerre dans un pays voisin ‖ [avec dat.] voisin de : Poés. ; [avec gén.] Poés. ‖ **vīcīnus**, *i*, m., un voisin : ***proximus*** Pros., le plus proche voisin ‖ **vīcīna**, *ae*, f., voisine : ***Jovis*** Pros., voisine de Jupiter ¶ 2 [fig.] qui se rapproche, voisin qui a du rapport, de l'analogie : [avec gén.] Pros. ‖ [avec dat.] Pros.

vĭcis gén. [pas de nom.] acc. **vicem**, abl. **vice**, pl. nom.-acc. **vices**, dat.-abl. **vicibus**, f. ¶ 1 tour, succession, alternative : Poés. ; ***vices loquendi*** Pros., tour de parole ; ***per vices*** Poés., alternativement ; ***vicibus factis*** Poés., un roulement étant établi, à tour de rôle ; ***in vices*** Pros., à tour de rôle, par roulement ; Poés. ; ***alterna vice*** Pros. ; ***alternis vicibus*** Pros., alternativement ; ***vice versa*** Théât., Pros., inversement, vice versa ; Pros. ¶ 2 alternative de la destinée, destinée : Poés., Pros. ; ***vices superbae*** Poés., les retours hautains (sans pitié) de la destinée ‖ alternative des combats, chances de la guerre : ***vices Danaum*** Poés., les hasards de la lutte avec les Grecs ¶ 3 retour, réciprocité : Pros., Pros., Poés. ; ***vices exigere*** Pros., exiger la réciprocité ¶ 4 [fig.] le tour de qqn ou de qqch. dans un roulement, [d'où] place, rôle, fonction, office : ***ad vicem alicujus accedere*** Pros., remplacer qqn ; ***vice alicujus (alicujus rei) fungi*** Poés., Pros., remplir le rôle de qqn (de qqch.) ; Pros. ; ***vicem alicujus explere*** Pros. ; ***implere*** Pros., remplir le rôle de qqn [ou] ***obtinere*** Pros. ¶ 5 fois, ***altera vice*** Pros., une seconde fois ; ***vice quadam*** Pros., une fois ¶ 6 [expressions] **vicem**, acc. employé adv[t] ***a)*** ➡ *in vicem* ; Pros. ***b)*** à la place de, pour : Pros. ; ***meam vicem*** Pros., pour moi ; ***alicujus vicem*** Pros., pour qqn ***c)*** à la manière de, comme : ***Sardanapali vicem*** Pros., comme Sardanapale ‖ **vice**, abl. ***d)*** à la place de, en guise de, comme : ***oraculi vice*** Pros., comme un oracle ; ***vice mundi*** Pros., comme le monde ***e)*** à la place de, pour : Pros.

vĭcissātim, adv., tour à tour, alternativement : Théât.

vĭcissim, adv. ¶ 1 en retour, inversement, par contre : Pros. ¶ 2 à son tour, en revanche : Pros.

vĭcissĭtās, *ātis*, f., ➡ *vicissitudo* : Théât.

vĭcissĭtūdo, *ĭnis*, f., alternative, échange : ***officiorum*** Pros., échange de bons offices ‖ ***in sermone*** Pros., tour de rôle (roulement) dans la conversation ‖ passage successif (alternatif) d'un état dans un autre : Pros. ; ***fortunae vicissitudines*** Pros., les vicissitudes de la fortune

Victa, *ae*, f., déesse de l'alimentation : Pros. ; ➡ *Vica Pota*

victĭma, *ae*, f., victime, animal destiné au sacrifice : Poés., Pros. ‖ [fig.] victime : Pros.

victĭmārĭus, *a, um*, relatif aux victimes : ***negotiator*** Pros., marchand d'animaux destinés aux sacrifices ‖ **victĭmārĭus**, *ii*, m. ***a)*** victimaire [ministre des autels qui préparait tout pour le sacrifice] : Pros. ***b)*** marchand d'animaux destinés au sacrifice : Pros.

victĭmō, *ās, āre*, -, -, tr., égorger, sacrifier [une victime] : Pros.

victĭtō, *ās, āre, āvī*, -, intr., vivre : Théât. ‖ vivre (se nourrir), ***aliqua re***, de qqch. : Théât.

Victoali, *ōrum*, m. pl., peuple gothique : Pros.

1 **victŏr**, *ōris*, m. ¶ 1 vainqueur : Pros. ; ***belli*** Pros., vainqueur dans une guerre, à la guerre ; ***bello civili*** Pros., vainqueur lors de la guerre civile ‖ [adj[t]] ***exercitus victor*** Pros., armée victorieuse ‖ ***victores discesserunt*** Pros., ils se retirèrent vainqueurs ¶ 2 [fig.] Pros. ; ***victor propositi*** Pros., triomphant de son entreprise

2 **Victŏr**, *ōris*, m., épith. d'Hercule : Pros. ‖ ***S. Aurelius Victor***, historien romain du 4e s. apr. J.-C. : Pros.

1 **victōrĭa**, *ae*, f. ¶ 1 victoire : Pros. ; ***victoriam reportare ab aliquo*** Pros., remporter la victoire sur qqn ; ***ex aliquo victoriam ferre*** Pros., remporter la victoire sur qqn. ¶ 2 [fig.] victoire, triomphe, succès : Pros.

2 **Victōrĭa**, *ae*, f. ¶ 1 la Victoire, déesse : Théât., Pros. ¶ 2 statue de la Victoire : Pros., Pros.

Victōrĭānus, *i*, m., Victorien, nom d'homme : Poés.

victōrĭātus, *a, um*, subst. m. ‖ (s.-ent. ***nummus***), pièce de monnaie [d'argent] valant cinq as, à l'effigie de la Victoire [victoriat] : Pros., Pros.

Victōrīnus, *i*, m., Marius Victorin [rhéteur converti au christianisme, 4e s.] : Pros.

Victōrĭŏla, *ae*, f., petite statue de la Victoire : [C] Pros.

victōrĭōsus, *a*, *um*, victorieux : [-C] d. [+C] Pros. ‖ ***-sissimus*** [T] Pros.

Victōrĭus, *ĭi*, m., nom d'un centurion : [C] Pros. ‖ Victorius Marcellus, auquel Quintilien dédia son Institution oratoire : [+C] Pros.

victrix, *īcis*, f. ¶ **1** victorieuse : ***victrices Athenae*** [C] Pros., Athènes victorieuse ; [+C] Pros. ; ***victricia arma*** [C] Poés., armes victorieuses ‖ relative à la victoire : ***victrices litterae*** [C] Pros., bulletin de victoire ¶ **2** [fig.] qui triomphe de : [C] Pros. ; ***victrix causa*** [+C] Poés., la cause victorieuse (des vainqueurs)

victŭālis, *e*, relatif à la nourriture, alimentaire : [+C] Pros.

victum, sup. de *vinco* et de *vivo*

Victumŭlae, *ārum*, f. pl., bourg de la Gaule cispadane, près de Verceil : [C] Pros.

victūrus, *a*, *um*, part. fut. de *vinco* et de *vivo*

1 **victus**, *a*, *um*, part. de *vinco*

2 **victŭs**, *ūs*, m. ¶ **1** nourriture, subsistance, vivres, aliments : [C] Pros. ; pl., [C] Pros. ¶ **2** genre de vie : [C] Pros., Poés.

vīcŭlus, *i*, m., petit bourg, bourgade : [C] Pros.

vīcus, *i*, m. ¶ **1** quartier d'une ville : [C] Pros., Poés. ¶ **2** bourg, village : [C] Pros. ‖ terre, propriété à la campagne, ferme : [C] Pros. ¶ **3** rue, voie publique : [C] Pros.

Vīcus Longus, m., la rue Longue à Rome : [C] Pros. ; V▶ *Ciprius, Sceleratus, Tuscus*

vĭdēlĭcĕt ¶ **1** [acception primitive avec prop. inf.] on peut voir que, il est clair, évident que : [-C] Théât., [C] Poés., Pros., [+C] Pros. ¶ **2** [adv.] il va de soi, il va sans dire, bien entendu, naturellement : [C] Pros. ‖ [souvent ironique] évidemment, bien sûr : [C] Pros. ‖ sans doute, apparemment : [C] Pros.

vĭdĕn, ▶ *videsne ?*, vois-tu ? tu vois, n'est-ce pas ? : [-C] Théât., [C] Pros.

vĭdens, *tis* ¶ **1** part. prés. de *video* ¶ **2** pris subst^{t}, un voyant, un prophète : [T] Pros.

vĭdĕō, *ēs*, *ēre*, *vīdī*, *vīsum* ¶ **1** voir **a)** ***aliquid videre***, voir qqch. ; ***aliquem videre***, voir qqn ; ***aliquem veste mutata videre*** Cic., voir qqn en habit de deuil ; ***athletas se exercentes videre*** Cic., voir les athlètes s'exercer ; [avec inf.] ***cum res divinas facere vidisti*** Cic., tu l'as vu faire une offrande ; ***videre ut...*** Cic., voir comment ... ‖ [par ext.] ***in somnis videre*** Cic., voir en songe ; ***animo videre*** Cic., voir par la pensée **b)** [abs^{t}] ***videndi sensus*** Cic., le sens de la vue ; ***acriter videre*** Cic., avoir la vue perçante ‖ [fig.] être clairvoyant : ***plus videre*** Cic., avoir plus de clairvoyance ; ***in eo ipso parum vidit*** Cic., sur ce point même il n'a guère vu clair ¶ **2** [par ext.] **a)** aller voir : ***aliquem videre*** Pl., Cic., aller voir qqn, se rendre chez qqn **b)** voir = être témoin de : ***clarissimas victorias aetas nostra vidit*** Cic., notre génération a vu de brillantes victoires **c)** voir = porter un jugement : [fut. ant.] ***videris*** Cic., tu verras (= à toi de voir) ; ***fuerunt certe oratores ; quanti autem, tu videris*** Cic., ils ont été certainement des orateurs ; de quel talent ? à toi de voir **d)** [avec sujet de chose] avoir vue sur, donner sur : ***triclinium hortum videt*** Plin. *Ep.*, la salle à manger a vue sur le jardin ¶ **3** faire attention à, veiller à, s'occuper de **a)** ***alicui videre*** Cic., avoir l'oeil sur qqn ; ***aliquid videre*** Cic., s'occuper de qqch. ; ***de aliqua re videre*** Ter., Cic., Sen., même sens **b)** ***videre ut*** Cic., avoir soin de, veiller à ce que ; ***videre ne*** Cic., prendre des mesures pour que ne pas, [ou] prendre garde que, ne pas perdre de vue que

vĭdĕŏr, *ērĭs*, *ērī*, *vīsus sum* ¶ **1** [pass. de *video*] être vu **a)** ***ab aliquo videri*** Cic., Caes., être vu par qqn **b)** [avec inf. ou attribut] ***ut omnia postponere videretur*** Caes., pour qu'il fût vu mettre tout le reste au second plan = pour que l'on vît bien qu'il mettait tout le reste au second plan ; ***prohibituri videbantur*** Caes., on voyait bien qu'ils allaient empêcher ¶ **2** paraître, sembler : ***cetera, quae admirabilia videntur*** Cic., le reste, qui paraît admirable ; ***divitior mihi videtur esse vera amicitia*** Cic., la vraie amitié me paraît être plus riche ; [impers.] ***ut mihi videtur*** Cic., à ce qu'il me semble ; ***ut mihi visum est*** Cic., à ce qu'il m'a semblé ¶ **3** paraître bon [tour impers.] : ***alicui videtur***, il paraît bon à qqn = qqn trouve bon, qqn est d'avis : ***quemadmodum Peripateticis vestris videtur*** Cic., comme il paraît bon à vos Péripatéticiens = selon l'opinion de vos Péripatéticiens ; ***ut tibi videbitur***, comme il te plaira ; ***si tibi videtur*** ou ***si tibi videtur***, s'il te paraît bon, s'il te plaît ; ***tu, ut videtur*** Cic., toi, à ta guise ‖ [avec inf. exprimé ou s.-ent.] ***ad haec, quae visum est respondit*** Caes., à cela, il répondit ce qui lui parut bon (de répondre) ¶ **4** croire : ***satisfacere reipublicae videmur*** Cic., nous croyons faire assez pour l'Etat ; ***abesse a periculo videntur*** Caes., ils se croient loin du danger ‖ [avec dat.] ***mihi videor***, je crois ; ***tibi videris***, tu crois ; ***sibi videtur***, il croit : ***videor mihi perspicere*** Cic., je crois voir pleinement ; ***Caesar... ut sibi videbatur*** Cic., César ..., comme il le croyait

Vidĭus, *ĭi*, m., nom d'homme : [C] Pros.

vĭdŭa, *ae*, f., veuve : [C] Pros.

vĭdŭātus, *a*, *um*, part. de *viduo*

vĭdŭertās, *ātis*, f., [contraire de *ubertas*], infécondité du sol, stérilité : [-C] Pros.

vĭdŭĭtās, *ātis*, f. ¶ **1** privation : [-C] Théât. ¶ **2** veuvage, viduité, état de femme veuve : [C] Pros.

vīdŭlus, *i*, m., mallette d'osier, valise : [-C] Théât. ‖ panier à poisson : [-C] Théât.

vĭdŭō, *ās*, *āre*, *āvī*, *ātum*, tr. ¶ **1** rendre veuve : [+C] Pros. ¶ **2** [fig.] rendre vide, vider de, dépouiller de : ***urbem civibus*** [C] Poés., dépeupler la ville de ses citoyens ‖ ***viduatus*** [avec gén.], privé de, sans : [C] Poés.

1 **vĭdŭus**, *a*, *um*, adj. ¶ **1** veuf : [-C] Théât. ; V▶ *vidua* ‖ ***vidui viri*** [-C] Théât., hommes sans femme ‖ sans amant : [C] Poés. ‖ sans mari : [C] Pros. ‖ ***viduus torus*** [C] Poés., lit veuf, couche déserte ; ***viduae manus*** [C] Poés., mains d'une veuve ‖ ***vidua vitis*** [C] Poés., vigne qui n'est pas mariée [attachée à un arbre] ; ***vidua arbor*** [C] Poés., arbre veuf, qui n'a pas de vigne mariée à lui ; [+C] Poés. ¶ **2** vide de, privé de : ***viduus pharetra*** [C] Poés., dépouillé de son carquois ‖ ***viduus clavus*** [+C] Poés., gouvernail abandonné, sans pilote

2 **vĭdŭus**, *i*, m., un veuf : [-C] Théât.

vĭdŭvĭum, *ĭi*, n., veuvage : [T] Pros.

Vĭenna, *ae*, f., Vienne [ville sur le Rhône] : [C] Pros. ‖ subst. m. pl., habitants de Vienne, Viennois : [+C] Pros.

vĭĕō, *ēs*, *ēre*, -, *ētum*, tr., tresser, lier, attacher : [-C], [C] Pros.

vĭescō, *ĭs*, *ĕre*, -, -, intr., se dessécher, se flétrir [fruits] : [+C] Pros.

vĭētŏr, mauv. orth., V▶ *vitor*

vĭētus, *a*, *um*, fané, flétri : [C] Poés. ‖ [fruit] trop fait, trop avancé, blet : [C] Pros., [+C] Pros. ‖ [pers.] ratatiné : [-C] Théât., [C] Pros.

Vigellius, *ĭi*, m., nom d'homme : [C] Pros.

vīgēni, V▶ *viceni*

Vĭgenna, *ae*, m., la Vienne [rivière de la Gaule, affluent de la Loire] : [+T] Poés., Pros.

vĭgĕō, *ēs*, *ēre*, *gŭī*, -, intr. ¶ **1** être en vigueur, avoir de la force : [C] Pros. ; [en parl. de plantes] végéter : [C] Pros. ‖ [fig.] ***memoria vigere*** [C] Pros., avoir une bonne mémoire ; ***animo*** [C] Pros., être plein d'énergie ; [C] Poés. ¶ **2** [fig.] être en honneur, en vogue, fleurir : [C] Pros.

vĭgescō, *ĭs*, *ĕre*, -, -, intr., devenir vigoureux, prendre de la force : [C] Poés.

vīgēsĭmus, V▶ *vicesimus*

vĭgĭl, *ĭlis* ¶ **1** adj., éveillé, vigilant, attentif : [C] Pros., Poés. ‖ ***vigil ignis*** [C] Poés., feu entretenu sans trêve ; ***auris*** [+C] Poés., oreille attentive ; [+C] Pros. ¶ **2** qui tient éveillé : [C] Poés. ¶ **3** subst. m., garde de nuit, veilleur : [C] Pros. ‖ pl., gardes chargés de la police pendant la nuit, depuis Auguste : [+C] Pros. ‖ fig. : [coqs] [soleil et lune] [C] Poés.

vĭgĭlābĭlis, *e*, qui veille, éveillé : [C] Poés.

vĭgĭlans, *tis*, part. de *vigilo*, adj^{t}, vigilant, attentif, soigneux : [C] Pros. ‖ ***-tior*** [C] Pros. ; ***-tissimus*** [+C] Pros.

vĭgĭlantĕr, adv., avec vigilance, avec soin, attentivement : [C] Pros. ‖ ***-tius*** [C] Pros. ; ***-tissime*** [C] Pros.

vĭgĭlantĭa, *ae*, f. ¶ **1** habitude de veiller : [C] Pros., [+C] Pros. ¶ **2** [fig.] vigilance, soin vigilant, attention : [C] Pros.

vĭgĭlātē, adv., V.▶ *vigilanter* : [+C] Pros.

vĭgĭlātĭo, *ōnis*, f., la veillée : [T] Pros.

vĭgĭlātus, *a, um*, part. de *vigilo*

vĭgĭlax, *ācis*, m. f. n. ¶ **1** qui est toujours à veiller, vigilant : [+C] Pros. ¶ **2** [fig.] qui tient éveillé [soucis] : [C] Poés.

vĭgĭlĭa, *ae*, f. ¶ **1** veille : [C] Pros. ‖ insomnie : [+C] Pros. ¶ **2** [en part.] ***a)*** garde de nuit ; [C] Pros. ***b)*** faction de nuit, veille [la nuit est divisée en quatre veilles] : [C] Pros. ; ***de tertia vigilia*** [C] Pros., en prenant sur la troisième veille = au cours de la troisième veille ***c)*** gardien qui veille, sentinelle, poste : [C] Pros. ¶ **3** veillée religieuse : [-C] Théât. ¶ **4** [fig.] ***a)*** = vigilance : [C] Pros. ***b)*** poste de veille, garde : [C] Pros. ¶ **5** [chrét., pl.] veille, vigile, réunion nocturne de prières : [+T] Pros. ‖ vigile pascale, samedi saint : [T] Pros.

vĭgĭlĭārĭum, *ĭi*, n., guérite, corps de garde : [+C] Pros.

vĭgĭlĭum, *ĭi*, n., veille : [C] Poés.

vĭgĭlō, *ās, āre, āvī, ātum*, intr. et tr.
I intr. ¶ **1** veiller, être éveillé : [C] Pros. ; ***vigilias vigilare*** [+C] Pros., passer des veilles ; ***vigilatur*** [+C] Poés., on veille ‖ ***vigilans somniat*** [-C] Théât., il rêve tout éveillé ; ***vigilans dormit*** [-C] Théât., il dort éveillé, il dort debout = il est endormi, mou ‖ [poét.] ***incertum vigilans*** [C] Poés., réveillée d'une manière incertaine ¶ **2** [métaph.] ***vigilantes curae*** [C] Pros., soins qui ne s'endorment pas ; ***oculi vigilantes*** [C] Poés., yeux vigilants, sur le qui-vive ¶ **3** [fig.] être sur ses gardes, être attentif, veiller au grain, être sur le qui-vive : [C] Pros. ‖ [avec *ut, ne*] pour faire que, pour éviter que : [C] Pros.
II tr., poét. ¶ **1** passer dans la veille : ***noctes vigilantur*** [C] Poés., des nuits se passent sans dormir ; ***vigilatum carmen*** [C] Poés., un chant fait dans les veilles ¶ **2** entourer de veilles, de soins : [C] Poés.

vīgintī, indécl., vingt : [C] Pros. ‖ abréviation *XX*

vīgintiangŭlus, *a, um*, qui a vingt angles : [+C] Pros.

vīgintivir, *ĭri*, m., un vigintivir : [+C] Pros. ‖ surtout au pl. **vīgintivĭri**, *ōrum*, vigintivirs, commission de vingt membres ***a)*** [pour distribuer des terres, nommés par César] : [C] Pros., [+C] Pros. ***b)*** [différentes destinations] V.▶ *vigintiviratus b*

vīgintivĭrātŭs, *ūs*, m., vigintivirat, dignité de vigintivir ***a)*** [pour distribution de terres] : [C] Pros., [+C] Pros. ***b)*** [ensemble des vingt fonctionnaires subalternes, comprenant les *tresviri capitales, tresviri monetales, quattuorviri viarum curandarum, decemviri stlitibus judicandis*] : [+C] Pros.

vĭgŏr, *ōris*, m., vigueur, force vitale : [C] Poés. ‖ vigueur, énergie [morale, intellectuelle] : [C] Pros., [IC] Pros., pl., [+C] Pros.

vĭgōrātus, *a, um*, vigoureux, fort : [+C] Pros.

vĭgŭī, parf. de *vigeo*

vīla, *ae*, f., V.▶ *villa*

vīlescō, *ĭs, ĕre, lŭī, -*, intr., devenir bon marché, diminuer de valeur : [T] Pros.

vīlĭca (villĭca), *ae*, f., intendante : [-C] Pros., [+C] Poés.

vīlĭcātĭo, *ōnis*, f., gestion d'une ferme : [+C] Pros.

1 **vīlĭcō (villĭcō)**, *ās, āre, -, -* ¶ **1** intr., administrer une ferme, être intendant : [C] Pros. ¶ **2** tr., diriger comme intendant : [+C] Pros.

2 **vīlĭco (villĭco)**, *ōnis*, m., intendant : [+C] Pros.

vīlĭcŏr (villĭcŏr), *ārĭs, ārī, -*, intr., être intendant, exploiter une ferme : [-C] Théât.

vīlĭcus (villĭcus), *a, um*, relatif à la maison de campagne, de ferme ‖ **vīlĭcus**, *i*, m., intendant, régisseur d'une propriété rurale : [-C] Pros., [C] Pros. ; [suivi d'un gén.] [C] Pros. ‖ administrateur, intendant : [+C] Poés.

vīlĭs, *e*, adj. ¶ **1** à vil prix, bon marché : ***frumentum vilius*** [C] Pros., blé meilleur marché ; ***res vilissimae*** [C] Pros., les choses du plus bas prix ‖ ***vili emere*** [-C] Théât. ; ***vili vendere*** [+C] Poés., acheter, vendre à bas prix ¶ **2** [fig.] ***a)*** de peu de valeur, sans valeur, vil : [C] Pros. ‖ [poét.] [+C] Poés. ***b)*** commun, très répandu, vulgaire : [C] Poés.

vīlĭtās, *ātis*, f. ¶ **1** bas prix, bon marché : [C] Pros. ¶ **2** absence de valeur, insignifiance : [+C] Pros. ¶ **3** bon marché qu'on fait de qqch. : ***vilitas sui*** [+C] Pros., le bon marché qu'on fait de soi-même

vīlĭtĕr, adv., à bon marché, à vil prix : ***vilius*** [-C] Théât., [+C] Pros., meilleur marché ‖ d'une manière basse, mesquine : [+C] Pros.

villa, *ae*, f. ¶ **1** maison de campagne, propriété, maison des champs, ferme, métairie : [-C] Pros., [C] Pros. ¶ **2** ***villa publica a)*** édifice public dans le champ de Mars, où se faisaient les enrôlements, le cens : [C] Pros. ***b)*** résidence où l'on recevait les ambassadeurs, quand on ne les admettait pas en ville : [C] Pros. ‖ [construction projetée d'une *villa publica*] : [C] Pros. ¶ **3** nom de divers lieux dits : ***Villa Ionis*** [+C] Pros., Villa d'Ion [dans l'île de Caprée = Capri]

villāris, *e*, adj., **villātĭcus**, *a, um*, [C] Pros., relatif à la maison de campagne, de ferme : ***villatici greges*** [C] Pros., troupeaux qui restent à la ferme

villic-, V.▶ *vilic-*

Villĭus, *ĭi*, m., nom de divers personnages : [C] Pros.

villōsus, *a, um*, velu, couvert de poils : [C] Poés. ‖ ***villosus colubris*** [C] Poés., hérissé de serpents

villŭla, *ae*, f., petite maison de campagne : [C] Pros., Poés.

vīllum, *i*, n., petit vin, piquette : [-C] Théât.

villus, *i*, m., poil [des anim.] : [C] Pros., Poés. ‖ [d'une étoffe] [C] Poés.

vīmĕn, *ĭnis*, n., tout bois flexible, [en part.] osier, baguette flexible : [-C] Pros., [C] Pros. ‖ plant de saule : [+C] Pros. ‖ baguette de Mercure : [+C] Poés. ‖ corbeille : [+C] Poés.

vīmentum, *i*, n., branchage de bois flexible : [+C] Pros.

Vīmĭnācĭum, *ĭi*, n., ville de la Mésie supérieure : [T] Pros.

vīmĭnālis, *e*, propre à faire des liens : [+C] Pros.

Vīmĭnālis collis, m., le Viminal [colline de l'osier, une des collines de Rome] : [C] Pros. ; ***Viminalis porta*** [+C] Pros., la porte Viminalis, une des portes de Rome

vīmĭnētum, *i*, n., oseraie : [C] Pros.

vīmĭnĕus, *a, um*, fait de bois pliant, d'osier : [C] Pros., Poés.

Vīmĭnĭus, *ĭi*, m., surnom de Jupiter [du mont Viminal] : [C] Pros.

vīn, C.▶ *visne ?*, veux-tu ? : [C] Poés.

vīnācĕa (-cĭa), *ae*, f., marc des raisins : [C] Pros., [+C] Pros.

vīnācĕum (-cĭum), *i*, n., pépin [du raisin] : [+C] Pros. ‖ marc des raisins : [+C] Pros.

vīnācĕus (-cĭus), *i*, m., pépin de raisin : [-C] Pros., [C] Pros., [+C] Pros. ‖ marc, peau du raisin : [C] Pros.

Vīnālĭa, *ĭum* (ou **-ĭōrum** [T] Pros.), n. pl., les Vinalia, deux fêtes où l'on célébrait la floraison de la vigne et la vendange : [C] Pros., Poés.

vīnālis, *e*, de vin, vineux : [T] Pros. ; V.▶ *Vinalia*

vīnārĭum, *ĭi*, n., vase à mettre du vin, amphore : [-C] Théât., [C] Poés.

vīnārĭus, *a, um* ¶ **1** à vin, relatif au vin : [-C] Pros., [C] Pros. ; ***vinarium crimen*** [C] Pros., accusation concernant l'impôt sur le vin ¶ **2** subst. m., **vīnārĭus**, *ĭi* ‖ marchand de vin : [-C] Théât., [+C] Pros.

vincentĕr, adv., d'une manière victorieuse, victorieusement : [C] Pros.

Vincentĭus, *ĭi*, m., saint Vincent, martyr en Espagne : [T] Poés.

vincĭbĭlis, *e* ¶ **1** qu'on peut vaincre [terre] : [+C] Pros. ‖ facile à gagner [procès] : [-C] Théât. ¶ **2** qui peut vaincre [fig.] : [T] Poés. ‖ convaincant, persuasif : [+C] Pros.

Vincĭensis, V.▶ *Vintiencis*

vincĭō, *īs, īre, vinxī, vinctum*, tr. ¶ **1** lier, attacher : ***catenis vinctus*** [C] Pros., lié avec des chaînes ; [C] Poés. ; [poét.] [C] Poés. ¶ **2** enchaîner, garrotter : ***civem Romanum*** [C] Pros., enchaîner un citoyen romain ¶ **3** [métaph.] ***a) vincto pectore*** [-C] Théât., avec la poitrine serrée, comprimée [par le στρόφιον ou le ζώνιον] ***b)*** tenir enfermé par des troupes : [C] Pros. ¶ **4** [fig.] ***a) vinctus somno*** [C] Pros., enchaîné par le sommeil ***b)*** [rhét.] enchaîner dans les liens du rythme : [C] Pros. ; ***sententias vincire*** [C] Pros., donner aux pensées une forme bien liée ; ***vincta oratio*** [C] Pros., style où les mots s'enchaînent parfaitement [prose d'art]

vinclum, V. *vinculum*

vincō, ***ĭs, ĕre, vīcī, victum***, tr. ¶ **1** vaincre à la guerre, être vainqueur : ***qui vicerunt*** [C] Pros., les vainqueurs ‖ [avec acc.] : [C] Pros. ; ***Galliam bello*** [C] Pros., triompher de la Gaule par la guerre ; ***oppidum*** [-C] Théât., vaincre une ville ¶ **2** vaincre dans des luttes diverses ***a)*** [poét.] ***Olympia vincere (= Olympicas victorias vincere)*** [-C] d. [C] Pros., remporter la victoire aux jeux Olympiques ***b)*** [au jeu] [+C] Pros. ; ***quinquaginta milia*** [+C] Pros., gagner au jeu cinquante mille sesterces ***c)*** [en justice] ***judicio aliquid*** [C] Pros., gagner qqch. dans un procès ; ***judicium vincere*** [C] Pros., gagner un procès ; ***causam suam*** [C] Poés., gagner sa cause ; [fig.] [C] Pros. ; ***sponsione*** ou ***sponsionem*** ; V. *sponsio* ***d)*** [dans une vente] battre par une surenchère : [C] Pros. ***e)*** [dans une discussion] [C] Pros. ‖ [dans une compétition] [+C] Pros. ¶ **3** triompher de, venir à bout de, surpasser, avoir le dessus : [C] Poés. ‖ ***viscera flamma*** [C] Poés., venir à bout des chairs par le feu [les cuire] ; [+C] Pros. ¶ **4** [fig.] ***a)*** vaincre, surpasser : [C] Pros. ; ***vinci a voluptate*** [C] Pros., être dominé par le plaisir, céder au plaisir ; ***vici naturam*** [C] Pros., j'ai triomphé de ma nature, j'ai fait céder mon caractère ; ***naturam studio*** [C] Pros., dans son zèle dépasser les bornes de la nature humaine, les forces humaines ***b)*** démontrer victorieusement que, réussir à prouver que [avec prop. inf.] : [-C] Théât., [C] Pros., Poés. ‖ [prop. inf. s.-ent.] [C] Pros. ‖ [C] Poés. ; [avec *verbis*] [C] Poés. ***c)*** [abs[t]] triompher, avoir raison, avoir gain de cause : ***vicisse debeo*** [C] Pros., je devrais avoir triomphé ***d)*** avec ***ne*** [-C] Théât. = ***suadere***

vinctĭo, ***ōnis***, f., action de lier, ligature : [C] Pros.

vinctŏr, ***ōris***, m., assembleur, celui qui réunit [des substances] : [T] Pros.

vinctūra, ***ae***, f. ¶ **1** action de lier : [C] Pros. ¶ **2** bandage, ligature : [+C] Pros.

1 **vinctus**, ***a, um***, part. de *vincio*

2 **vinctŭs**, ***ūs***, m., lien : [C] Pros.

vincŭlum (**vinclum**), ***i***, n. ¶ **1** lien, attache : [C] Pros., Poés. ¶ **2** liens d'un prisonnier, chaînes, fers : [C] Pros. ; ***in vincula conjectus*** [C] Pros., jeté dans les fers ; ***in vincula duci*** [C] Pros., être conduit dans les fers, en prison ‖ ***vincula publica*** [C] Pros., prison de l'État ¶ **3** [fig.] ***a)*** ***corporis vincula*** [C] Pros., les liens du corps ; ***vincula concordiae*** [C] Pros., liens qui maintiennent la concorde ***b)*** ***vincula numerorum*** [C] Pros., les liens du rythme, l'entrave des combinaisons métriques

Vindalicus amnis (**Vinde-**), m., rivière de Narbonnaise [auj. la Sorgue] : [+C] Pros.

Vindalĭum, ***ĭi***, n., ville de Narbonnaise : [C] Pros.

Vindĕlĭci, ***ōrum***, m. pl., les Vindéliciens, habitants de la Vindélicie [Bavière] : [+C] Pros.

1 **Vīndĕlĭcus**, ***a, um***, adj., des Vindéliciens : [+C] Poés.

2 **Vindelicus**, V. *Vindalicus amnis*

vindēmĭa, ***ae***, f. ¶ **1** vendange : [-C] Théât., [C] Pros. ; pl., [+C] Pros. ¶ **2** ***a)*** = raisin : [C] Poés. ***b)*** pl., temps des vendanges : [+C] Pros.

vindēmĭālis, ***e***, relatif à la vendange : [T] Pros. ‖ subst. **-lĭa**, ***ĭum***, n. pl., fêtes de la vendange : [T] Pros.

vindēmĭātor, ***ōris***, m. ¶ **1** vendangeur : [C] Pros., Poés., [+C] Pros. ¶ **2** étoile dans la constellation de la Vierge : [+C] Pros.

vindēmĭātōrĭus, ***a, um***, relatif à la vendange : [C] Pros.

vindēmĭō, ***ās, āre, -, -***, [avec acc. d'objet intér.] ***vinum*** [+C] Pros., vendanger les grappes, récolter le vin ‖ punir : [T] Pros.

vindēmĭŏla, ***ae***, f., petite vendange ; [fig.] petites réserves : [C] Pros.

vindēmĭtŏr, ***ōris***, m., V. *vindemiator* : [C] Poés.

1 **vindex**, ***ĭcis***, m. ¶ **1** répondant, garant d'une chose = défenseur, protecteur : [C] Pros., Poés. ‖ ***injuriae*** [C] Pros., défenseur contre l'injustice ¶ **2** vengeur, qui tire vengeance de, qui punit : ***conjurationis*** [C] Pros., vengeur de conspiration ; [C] Pros., Poés.

2 **Vindex**, ***ĭcis***, m., C. Julius Vindex [procurateur de la Gaule, qui se révolta contre Néron] : [+C] Pros.

vindĭcātĭo, ***ōnis***, f. ¶ **1** action de revendiquer en justice, réclamation : [+C] Pros. ¶ **2** action de prendre la défense, de défendre : [C] Pros. ‖ action de tirer vengeance, de punir : [C] Pros.

vindĭcātus, ***a, um***, part. de *vindico*

vindĭcĭae, ***ārum***, f. pl., chose litigieuse objet d'une revendication [le préteur en confiait la garde intérimaire à l'une des parties] : [C] Pros.

vindĭcis, gén. de *1 vindex*

Vindĭcĭus, ***ĭi***, m., esclave qui dénonça la conspiration des fils de Brutus : [C] Pros.

vindĭcō, ***ās, āre, āvī, ātum***, tr.

I [droit] revendiquer en justice, primit[t] les deux parties se transportaient sur les lieux avec le préteur et, mettant ensemble la main sur l'objet en litige, le revendiquaient avec des formules sacramentelles : [+C] Pros. ; plus tard, sans transport sur les lieux, les parties apportent l'objet, une motte s'il s'agit d'un champ, devant le préteur et là-dessus font la revendication : [+C] Pros. ‖ [C] Pros. ; [d'où] [C] Pros.

II [en gén., fig.] ¶ **1** réclamer à titre de propriété, revendiquer : ***sibi aliquid*** [C] Pros., réclamer qqch pour soi [comme sa propriété], sans ***sibi*** [C] Pros. ; ***omnia pro suis*** [C] Pros., réclamer tout comme sa propriété ‖ [avec inf., poét.] revendiquer le droit de : [+C] Poés. ¶ **2** ***in libertatem aliquem vindicare***, ramener qqn à l'état de liberté, rendre à qqn la liberté : [C] Pros. ‖ ***se ad suos*** [C] Pros., revenir libre vers les siens ¶ **3** dégager, délivrer : ***a miseriis aliquem*** [C] Pros., soustraire qqn aux misères ¶ **4** venger, punir, châtier, tirer vengeance de : ***maleficia*** [C] Pros., punir les forfaits ; ***aliquid supplicio omni*** [C] Pros., punir qqch. par tous les supplices ; ***maleficium in aliquo*** [C] Pros., punir un forfait dans qqn ‖ [abs[t], au pass. impers. avec *in* acc.] sévir contre : [C] Pros. ‖ ***se ab aliquo vindicare*** [+C] Pros., se venger de qqn ; ***se de fortuna praefationibus*** [+C] Pros., se venger de la fortune dans des préambules

vindicta, ***ae***, f. ¶ **1** baguette dont l'*assertor libertatis* touchait l'esclave qu'on voulait affranchir : [C] Pros., [-C] Théât., Poés. ¶ **2** [fig.] ***a)*** action de revendiquer, de reconquérir : [C] Pros. ***b)*** affranchissement, délivrance : ***vitae*** [C] Pros., délivrance de la vie ***c)*** vengeance, punition : [+C] Pros., Poés.

1 **Vindĭus** (**Vinidĭus**), m., ***Vindius Verus***, nom d'un jurisconsulte, conseiller d'Antonin le Pieux : [T] Pros.

2 **Vindĭus**, ***ĭi*** ou **Vindius mons**, m., partie occidentale des monts Cantabriques : [+C] Pros.

Vindonissa, ***ae***, f., ville d'Helvétie [auj. Windisch] : [+C] Pros.

Vindullus, ***i***, m., surnom romain : [C] Pros.

vīnĕa, ***ae***, f. ¶ **1** vigne, vignoble : [C] Pros., Poés. ¶ **2** cep de vigne, pied de vigne : [-C] Pros., [C] Pros., [+C] Pros. ¶ **3** baraque roulante [pour les sièges, rappelant les tonnelles de vigne], baraque d'approche, mantelet : ***vineas agere*** [C] Pros. ; ***conducere*** [C] Pros., faire avancer les baraques d'approche ¶ **4** [chrét.] la vigne, le peuple de Dieu : [T] Pros.

vīnĕālis, ***e***, [+C] Pros., **vīnĕārĭus**, ***a, um***, [+C] Pros., **vīnĕātĭcus**, ***a, um***, [-C] Pros., [+C] Pros., de vignoble, de vigne

vīnētum, ***i***, n., lieu planté de vignes, vignoble, vigne : [C] Pros. ; [prov.] [C] Pros.

vīnĕus, ***a, um***, de vin : [C] Pros.

vīnĭātĭcus, V. *vinea* : [-C] Pros.

vīnĭbŭa, ***ae***, f., buveuse de vin, ivrognesse : [-C] Poés.

1 **Vīnĭcĭānus**, ***i***, m., nom d'homme : [+C] Pros.

2 **Vīnĭcĭānus**, ***a, um***, V. *Vinicius*

Vīnĭcĭus, ***ĭi***, m., nom d'homme : [+C] Pros. ‖ **-ānus**, ***a, um***, de Vinicius [qui conspira contre Néron] : [+C] Pros.

vīnĭpollens, V. *pollens*

vīnĭtō, ***ās, āre, -, -***, intr., offrir à boire, ***alicui***, à qqn : [C] Poés.

vīnĭtŏr, ***ōris***, m., vigneron, vendangeur : [C] Pros., Poés.

vīnĭtōrĭus, ***a, um***, de vigneron : [+C] Pros.

Vīnĭus, ***ĭi***, m., nom d'homme : [+C] Pros.

vinnŭlus, ***a, um***, doux [en parl. de la voix], caressant, engageant : [-C] Théât.

vīnŏlentĭa (vīnŭl-), *ae*, f., ivresse, ivrognerie : Pros.

vīnŏlentus (vīnŭl-), *a, um* ¶ **1** ivre : Pros. ; ***vinolentus furor*** Pros., folie de l'ivresse ¶ **2** où il entre du vin : Pros.

vīnōsus, *a, um* ¶ **1** adonné au vin : Pros., Pros. ¶ **2** pris de vin ; Pros. ¶ **3** ***vinosior*** Poés. ; ***-issimus*** Théât.

Vintiencis (Vinciensis), *e*, de Vintium [ville de Narbonnaise, auj. Vence] : Pros.

vīnŭlentus, ▶ *vinolentus*

vīnŭlus, *a, um*, ▶ *vinnu*

vīnum, *i*, n. ¶ **1** vin : Pros. ; ***novum*** Pros., ***recens*** Pros., vin nouveau ; ***album, atrum*** Théât., vin blanc, noir (rouge) ‖ [pl., même sens] Poés. ‖ ***vina*** Pros., les vins [de différentes sortes] ‖ ***ad vinum diserti*** Pros., éloquents sous l'effet du vin ¶ **2** raisin, grappe : Pros., Théât., Pros. ‖ vigne : Pros., Pros.

vinxī, parf. de *vincio*

vĭō, *ās, āre, -, -*, intr., faire route, être en voyage : Pros. ‖ **vĭantes**, *ĭum*, m. pl., voyageurs : Pros.

vĭŏcūrus, *i*, m., inspecteur des chemins, voyer : Pros.

vĭŏla, *ae*, f., violette [fleur] : Poés. ; [prov.] ***in viola esse*** Pros., être sur un lit de violettes ‖ couleur violette : Poés., Pros.

vĭŏlābĭlis, *e*, qui peut être endommagé : Poés. ‖ [fig.] qu'on peut outrager : Poés.

vĭŏlācĭum, *ĭi*, n., vin de violettes : Pros.

vĭŏlārĭum, *ĭi*, n., plant de violettes : Poés.

vĭŏlārĭus, *ĭi*, m., teinturier en violet : Théât.

vĭŏlātĭo, *ōnis*, f., profanation : Pros., Pros. ‖ [fig.] violation [de parole] : Pros.

vĭŏlātŏr, *ōris*, m., celui qui porte atteinte à [en parl. d'un meurtrier] : Pros. ‖ [fig.] profanateur : Poés. ‖ violateur : [du droit] Pros. ; [d'un traité] Pros. ; [en accord avec un nom fém.] Poés.

vĭŏlātus, *a, um*, part. de *violo*

vĭŏlens, *tis*, adj., violent, impétueux : [vent] Poés. ‖ emporté, fougueux : [cheval] Pros. ; [pers.] Poés.

vĭŏlentĕr, adv., avec violence, impétuosité : [fleuve] Poés. ‖ avec violence [dans les actes] : Pros. ‖ violemment, avec emportement [dans les paroles] : Pros. ; ***aliquid violenter tolerare*** Théât., être furieux de qqch. ‖ ***violentius*** Pros. ; ***-issime*** Pros.

vĭŏlentĭa, *ae*, f. ¶ **1** violence, caractère violent, emporté : Pros. ‖ caractère farouche, indomptable : Pros. ¶ **2** violence, force violente : [du vin] Poés. ; [du soleil] ; [de l'hiver] Pros.

Vĭŏlentilla, *ae*, f., nom de femme : Poés.

vĭŏlentus, *a, um*, adj. ¶ **1** [pers.] violent, emporté [de caractère] : Pros., Pros. ‖ farouche, cruel, despote, despotique : Pros. ¶ **2** [choses] violent, impétueux : ***violentissimae tempestates*** Pros., les plus violentes tempêtes ; ***violentior amnis*** Poés., fleuve plus violent ‖ despotique, tyrannique : ***opes violentae*** Pros., une puissance tyrannique ; ***violentum imperium*** Pros., ordre impérieux

vĭŏlō, *ās, āre, āvī, ātum*, tr. ¶ **1** traiter avec violence, faire violence à : ***hospitem*** Pros., user de violence à l'égard d'un hôte ‖ violer : Pros., Poés. ‖ porter atteinte à, dévaster, endommager un territoire : Pros., Poés. ¶ **2** profaner, outrager : ***poetae nomen*** Pros., profaner le nom de poète ; ***religionem*** Pros., profaner un culte ; ***regem*** Pros., outrager un roi ‖ porter atteinte à : ***virginitatem alicujus*** Pros., déshonorer une jeune fille ; ***famam alicujus*** Pros., porter atteinte au bon renom de qqn ‖ violer, enfreindre, transgresser : ***jus violatum*** Pros., violation du droit ¶ **3** [qqf. acc. d'objet intér.] ***violare horum aliquid*** Pros., commettre un de ces outrages ‖ [surtout au part. passif] fait avec violence [profanation, violation] : Pros. ¶ **4** [poét.] altérer une couleur, [d'où] teindre : Poés.

vīpĕra, *ae*, f., vipère : Poés., Pros. ‖ [en parl. de qqn.] : Poés.

vīpĕrĕus, *a, um*, de vipère, de serpent : Poés. ‖ entouré de serpents : [Méduse] Poés. ; [les Furies] Poés. ‖ ***viperea anima*** Poés., souffle empoisonné ‖ ***vipereum genus***, la race vipérine [née des dents du dragon semées par Cadmus, les Spartes] : Théât.

vīpĕrīnus, *a, um*, de vipère, de serpent : Poés., Pros.

Vipsānĭa, *ae*, f., fille d'Agrippa, épouse de Tibère : Pros.

Vipsānĭus, *ĭi*, m., nom de famille romain, entre autres d'Agrippa : Pros. ‖ **-sānus**, *a, um*, de Vipsanius, d'Agrippa : Poés. ; ***Vipsaniae columnae*** Poés., colonnes du portique d'Agrippa

Vipstānus, *i*, m., Vipstanus Messala, orateur et historien du 1er siècle apr. J.-C. : Pros.

vĭr, *vĭri*, m. ¶ **1** homme [opposé à femme] : Théât. ¶ **2** homme jouant un rôle dans la cité, personnalité, personnage : Pros. ¶ **3** emplois divers ***a)*** homme, mari, époux : Pros. ‖ [en parl. d'anim.] mâle : Poés. ***b)*** homme = homme fait [oppos. à enfant] : Pros. ***c)*** qui a des qualités viriles : Pros. ; ***virum se praebere*** Pros., se montrer un homme, montrer du caractère ***d)*** soldat : Théât., Pros. ; [en part.] fantassin [oppos. à cavalier] : ***equites virique*** Pros., cavaliers et fantassins ; [fig.] ***equis viris*** Pros., en faisant tout donner, chevaux (cavalerie) et hommes (infanterie) = par tous les moyens ***e)*** [remplaçant le démonstratif] : Pros. ; ▶ *homo*, emploi analogue ***f)*** personne, individu : ***in viros dividere*** Théât., partager par tête ***g)*** chacun choisit son compagnon de combat : Pros. ‖ chacun choisit son adversaire : Poés. ***h)*** virilité : ***exsectus virum*** Poés., privé de sa virilité [eunuque] ***i)*** [poét.] ***viri = homines***, les hommes, l'humanité : Poés.

vĭrācĕus, *a, um*, semblable à un homme : Poés.

vĭrāgo, *ĭnis*, f., femme robuste (hommasse), gaillarde : Théât. ‖ femme guerrière, héroïne : Poés., Théât. ‖ amazone : Pros.

1 **vĭrātus**, *a, um*, qui a des qualités viriles : Pros.

2 **vĭrātŭs**, *ūs*, m., qualités d'un homme : Pros.

Virbĭus, *ĭi*, m., nom d'Hippolyte ressuscité et admis au rang des divinités inférieures : Poés. ‖ fils d'Hippolyte et d'Aricie : Poés.

Virdĭus, *ĭi*, m., nom d'homme : Pros.

Virdo, *ōnis*, m., fleuve de Vindélicie [Wertach] : Poés.

Virdŏmărus (-dŭmărus), *i*, m., chef gaulois que tua Claudius Marcellus et dont il consacra les dépouilles à Jupiter Férétrien : Poés. ; ▶ *Viridomarus*

vĭrectum, *i*, n., endroit verdoyant, prairie : Poés., Pros.

vĭrens, *tis*, verdoyant, vert ‖ **virentia**, *ium*, n. pl., plantes, végétaux : Pros.

vĭrĕō, *ēs, ēre, -, -*, intr. ¶ **1** être vert : Pros., Poés. ; [poét.] Poés., Poés. ¶ **2** [fig.] être florissant, vigoureux, être dans sa verdeur : Pros., Poés.

vīres, *ĭum*, f. pl., ▶ *2 vis*

vĭrescō, *ĭs, ĕre, rŭī, -*, intr. ¶ **1** devenir vert, verdir : Poés. ¶ **2** [fig.] devenir florissant, vigoureux : Pros.

vĭrētum, ▶ *virectum*

virga, *ae*, f. ¶ **1** petite branche mince, baguette : Pros., Poés. ¶ **2** [en part.] ***a)*** rejeton, scion, bouture : Poés. ***b)*** gluau, pipeau : Poés. ***c)*** baguette, verge pour battre [emploi fréquent chez les comiques] ; [en part.] cravache : Pros. ‖ [notᵗ] pl., verges en faisceaux des licteurs : ***virgas expedire*** Pros., dénouer le faisceau de verges, préparer les verges ; [d'où] ***virga = fasces*** [faisceaux] = grand personnage : Poés., Poés. ***d)*** baguette magique : Poés. ; ***Arcadia virga*** Poés., baguette de Mercure [caducée] ¶ **3** [fig.] ***a)*** verge, bande colorée : [dans le ciel] Pros. ; [dans un vêtement] Poés. ***b)*** branche de l'arbre généalogique : Poés.

virgātŏr, *ōris*, m., fouetteur, celui qui fouette [les esclaves] : Théât.

virgātus, *a, um* ¶ **1** tressé avec des baguettes, en osier : Poés. ¶ **2** rayé [en parl. d'une étoffe, d'une peau] : Poés. ‖ ***virgata nurus*** Poés., bru en vêtement rayé

virgētum, *i*, n., oseraie : Pros.

virgĕus, *a, um*, de baguettes, de branches flexibles : ***virgea supellex*** Poés., corbeilles d'osier ‖ de brindilles, de fagot :

Pros.; ***virgea flamma*** [C] Poés., feu de brindilles ‖ **virgĕa**, *ōrum*, n. pl., branches flexibles : [+C] Poés.

virgĭdēmĭa, *ae*, f., cueillette de verges (de coups) [mot forgé d'après *vindemia*] : [-C] Théât., [C] Poés.

Virgĭlĭae, V. → *Vergiliae*

Virgĭlĭānus (Vergĭl-), V. → *Virgilius*

Virgĭlĭus, cf. → *Vergilius*

virgĭnăl, *ālis*, n. ¶ **1** animal de mer : [+C] Pros. ¶ **2** parties sexuelles de la femme : [T] Poés.

virgĭnālis, *e*, de vierge, de jeune fille : [C] Pros., [+C] Pros. ; ***feles virginalis*** [-C] Théât., ravisseur de jeunes filles ‖ ***virginale, is***, n., parties sexuelles de la femme : [C] Poés. ; cf. → *virginal* ¶ *2* ; pl., ***virginalia*** [T] Pros., même sens

virgĭnārĭus, *a*, *um*, → *virginalis* : ***virginaria feles*** [-C] Théât., ravisseur de jeunes filles

Virgĭnensis (-nĭensis) dĕa, f., déesse du mariage : [T] Pros.

virgĭnĕus, *a*, *um*, de jeune fille, de vierge, virginal : [C] Poés. ; ***virginea favilla*** [C] Poés., bûcher de jeune fille ; ***virginea ara*** [C] Poés., autel de Vesta ; ***virgineum Helicon*** [C] Poés., Hélicon, séjour des vierges, des Muses ; ***virginea aqua*** [C] Poés. [ou] ***virgineus liquor*** [C] Poés. ; = ***Aqua Virgo*** ; V. → *virgo*

Virgĭnisvendōnĭdēs, m., vendeur de jeunes filles : [-C] Théât.

virgĭnĭtās, *ātis*, f. ¶ **1** virginité : [C] Pros., Poés. ¶ **2** → *virgines*, V. → *virgo* : [T] Pros.

virgo, *ĭnis*, f. ¶ **1** jeune fille, vierge : [C] Pros. ; ***virgo bellica*** [C] Poés., Pallas ; ***virgo Saturnia*** [C] Poés., Vesta ‖ [en appos.] ***Minerva virgo*** [C] Pros., la vierge Minerve [la chaste Minerve] ; ***virgo filia*** [C] Pros., fille vierge ; ***virgo dea*** [C] Poés., Diane ‖ [jeune homme] vierge : [T] Pros. ‖ [anim.] : [+C] Poés. ¶ **2** [en part.] ***a) Virgines*** [C] Pros., les Vestales ***b) Virgo*** [C] Poés., la Vierge, Diane ***c) Virgines*** = les Danaïdes : [C] Poés. ¶ **3** [en gén.] jeune fille, jeune femme : [C] Poés., [+C] Pros. ¶ **4** ***a)*** la Vierge [constellation] : [C] Pros., [C] Poés. ***b) Aqua Virgo, Virgo***, l'eau vierge ou de la vierge, découverte par une jeune fille et que M. Agrippa amena à Rome par un aqueduc : [+C] Pros., [C] Poés., Poés.

virgŭla, *ae*, f., petite branche, rameau : [C] Pros. ‖ petite baguette, baguette : [C] Pros. ; ***divina*** [C] Pros., baguette divine ‖ ***censoria*** [+C] Pros., trait critique [pour marquer les passages défectueux dans un ouvrage] ‖ ***normalis virgula***, ligne droite : [C] Poés.

virgulta, *ōrum*, n. pl., menues branches, jeunes pousses, boutures : [C] Poés. ‖ branchages : [C] Pros. ‖ broussailles, ronces : [C] Pros.

virgultum, *i*, n., V. → *virgulta*

virgultus, *a*, *um*, couvert de broussailles : [+C] Poés.

virguncŭla, *ae*, f., petite fille, fillette : [+C] Pros., Poés.

Vĭrĭātus (-thus), *i*, m., Viriate, Viriathe [chef des Lusitaniens, soulevé contre les Romains, 2e s. av. J.-C., les battit plusieurs fois] : [C] Pros. ‖ **-tīnus (-thīnus)**, *a*, *um*, de Viriate, Viriathe : [+C] Pros.

vīrĭcŭlae, *ārum*, f. pl., maigres ressources : [+C] Pros.

vĭrĭdans, *tis*, part. de *virido*

vĭrĭdārĭum (-dĭarium), *ĭi*, n., lieu planté d'arbres, bosquet, parc : [+C] Pros. ; pl., [C] Pros.

Vĭrĭdāsĭus, *ĭi*, m., guerrier : [+C] Poés.

vĭrĭdĭa, *ĭum* (*ĭōrum* [T] Pros.), n. pl., arbustes (arbres) verts, verdure : [+C] Pros., [T] Pros. ‖ jardin, bosquet : [C] Poés.

Vĭrĭdĭānus, *i*, m., V. → *Visidianus*

viridĭārĭum, V. → *viridarium*

vĭrĭdis, *e* ¶ **1** vert, verdoyant : ***colles viridissimi*** [C] Pros., collines si verdoyantes ; ***viridia ligna*** [C] Pros., bois vert ¶ **2** [fig.] vert, frais, vigoureux : [C] Pros. ; [pers.] [+C] Pros. ; ***viridis senectus*** [C] Poés., verte vieillesse ; [+C] Pros. ‖ frais, jeune : ***caseus*** [+C] Pros., fromage frais ‖ ***sonus viridior*** [+C] Pros., son [de mots] plus fort [sonorité plus vigoureuse]

vĭrĭdĭtās, *ātis*, f. ¶ **1** la verdure, le vert : [C] Pros. ¶ **2** [fig.] verdeur, vigueur : [C] Pros.

vĭrĭdō, *ās*, *āre*, -, -, tr., rendre vert : [+C] Poés. ; [pass.] ***viridari*** [C] Poés., devenir vert

Vĭrĭdŏmărus, V. → *Virdomarus* : [C] Pros. : [+C] Pros.

Viridunum, V. → *Verodunum*

vĭrīlĭa, *ĭum*, n. pl., V. → *virilis* ¶ *4*

vĭrīlis, *e* ¶ **1** d'homme, des hommes, mâle, masculin : ***virile secus*** [C] d. [T] Pros., sexe masculin ; ***calcei viriles*** [C] Pros., chaussures d'homme ; ***genus virile*** [C] Pros., la race des hommes [oppos. à *muliebre*] ‖ [gram.] ***virile genus*** [C] Pros., [+C] Pros., genre masculin ¶ **2** d'homme, d'homme fait, viril : ***aetas virilis*** [C] Poés., l'âge viril ; ***toga virilis*** [C] Pros., toge virile ; V. → *toga* ¶ **3** individuel, qui revient à une tête, à une personne, cf. → *viritim* ‖ [en gén.] V. → *pars* ; [not[t]] ***pro virili parte*** [C] Pros., ***portione*** [+C] Pros., pour sa part, suivant ses moyens ¶ **4** [fig.] mâle, viril, fort, ferme, vigoureux, courageux : [C] Pros. ‖ **vĭrīlia**, n. pl., actes de courage, virils : [C] Pros. ; V. → *virilia*

vĭrīlĭtās, *ātis*, f. ¶ **1** virilité, sexe de l'homme : [+C] Pros. ‖ [anat.] [+C] Pros. ; [anim.] : [+C] Pros. ¶ **2** [fig.] caractère mâle : [+C] Pros.

vĭrīlĭtĕr, adv., virilement, d'une manière mâle : [C] Pros. ‖ ***virilius*** [C] Pros., [+C] Pros.

Vĭrĭplăca, *ae*, f., déesse chez les Romains qui présidait aux raccommodements entre époux : [+C] Pros.

vĭrĭpŏtens, *tis*, puissant : [-C] Théât.

vĭrītim, adv., par homme, par tête, individuellement : [C] Pros. ‖ à titre individuel : [+C] Pros.

vĭrĭum, gén. de *vires*

Vĭromandŭi, peuple de Belgique [Vermandois] : [C] Pros.

vĭrŏr, *ōris*, m., vert, couleur verte ; pl., [+C] Pros.

1 **vĭrōsus**, *a*, *um*, qui recherche les hommes : [-C] Poés., [+C] Pros.

2 **vīrōsus**, *a*, *um*, d'odeur fétide, infect : [C] Poés. ; ***virosi pisces*** [+C] Pros., poissons sentant la vase ‖ envenimé : [+C] Pros. ‖ [fig.] empoisonné : [T] Pros.

Virta, *ae*, f., ville de Mésopotamie : [T] Pros.

virtŭōsus, *a*, *um*, vertueux : [T] Pros.

virtūs, *ūtis*, f., qualités qui font la valeur de l'homme moral[t] et phys[t] ¶ **1** caractère distinctif de l'homme, [et en gén.] qualité distinctive, mérite essentiel, valeur caractéristique, vertu : [C] Pros. ; [fig.] ***arboris, equi*** [C] Pros., le mérite, la valeur d'un arbre, d'un cheval ; ***virtutes oratoris*** [C] Pros., les qualités d'un orateur, ***oratoriae virtutes*** [C] Pros. ‖ [d'où] les qualités, le mérite, la valeur de qqn, de qqch. : [C] Pros. ; ***virtutes dicendi alicujus*** [C] Pros., les qualités oratoires de qqn ; ***bellandi virtus*** [C] Pros., les talents guerriers ¶ **2** qualités morales, vertus : [C] Pros. ¶ **3** [en part.] ***a)*** qualités viriles, vigueur morale, énergie : ***virtus animi*** [C] Pros., les qualités viriles de l'âme [dans Caton] ; [C] Pros. ***b)*** bravoure, courage, vaillance : [C] Pros. ¶ **4** la vertu, perfection morale : [C] Pros. ‖ la Vertu, la Valeur [déesse] : [C] Pros. ¶ **5** ***a)*** capacité, pouvoir, puissance : [T] Pros. ***b)*** les Vertus [ordre angélique] : [pl.] [T] Pros.

vīrŭlentĭa, *ae*, f., mauvaise odeur, infection : [T] Pros. ‖ au pl., [T] Pros.

vīrŭlentus, *a*, *um*, venimeux : [+C] Pros.

vīrus, *i*, n. ¶ **1** semence des animaux : [C] Poés. ¶ **2** venin, poison : [C] Pros., Poés. ¶ **3** âcreté, amertume : [C] Poés.

1 **vīs**, 2e pers. sg. indic. prés. de *2 volo*

2 **vīs**, acc. *vim*, abl. *vi*, pl. *vīres*, *vīrĭum*, f.

I sg. ¶ **1** force, vigueur : [C] Pros. ‖ ***vis fluminis*** [C] Pros. ; ***tempestatis*** [C] Pros., la force du courant, de la tempête ; ***veneni*** [C] Pros., force d'un poison ¶ **2** [fig.] puissance, force : [C] Pros. ‖ action efficace : [C] Pros., [+C] Pros. ‖ influence, importance : [C] Pros. ¶ **3** violence, emploi de la force, voies de fait : [C] Pros. ; ***per vim*** [C] Pros., par force, de force, de vive force [ou] ***vi*** [C] Pros. ‖ ***de vi reus*** [C] Pros. ; ***de vi condemnati*** [C] Pros., accusé, condamnés du chef de violence ; [+C] Pros. ‖ manières violentes, esprit de violence, animosité : [C] Pros. ‖ [en part.] ***vim adferre*** [C] Pros., faire violence, déshonorer ¶ **4** force des armes, attaque de vive force, assaut : [C] Pros. ¶ **5** sens d'un mot : ***vis verborum*** [C] Pros., sens des mots ¶ **6** essence, caractère essentiel : [C] Pros. ¶ **7** quantité, multitude, abondance : [C] Pros.

II pl. ¶**1** la force physique, les forces : ***vires adulescentis*** [C] Pros., les forces de la jeunesse ; ***integris viribus*** [C] Pros., ayant des forces intactes ; ***agere aliquid pro viribus*** [C] Pros., faire qqch. dans la mesure de ses forces ; ***tauri, elephanti*** [C] Pros., la force d'un taureau, d'un éléphant ‖ [poét. avec inf.] [C] Poés. ‖ [métaph[t]] ***eloquentiae*** [+C] Pros. ; ***ingenii*** [+C] Pros., la force de l'éloquence, de l'esprit ; ***ferri*** [C] Pros., force du fer [d'une épée] ¶**2** [fig.] force, puissance, vertu, propriétés : [d'une plante] [C] Poés. ; [d'une eau] [+C] Poés. ‖ force virile, organes virils : [T] Pros. ¶**3** forces armées, troupes, soldats : [C] Pros.

viscārĭum, *ĭi*, n., piège [fig.] : [T] Pros.

viscātus, *a, um* ¶**1** frotté de glu, englué : [C] Pros., Poés. ‖ ***viscatis manibus*** [-C] Poés., avec des mains engluées, qui retiennent ce qu'elles touchent [cf. crochues] ¶**2** [fig.] qui est comme un gluau, un piège tendu : [+C] Pros.

Viscellīnus, ▶ *Vecellinus*

viscĕra, ▶ *1 viscus*

viscĕrātim, adv., par morceaux, par lambeaux : [-C] Théât.

viscĕrātĭo, *ōnis*, f., distribution publique de viande : [C] Pros., [+C] Pros.

viscĕrĕus, *a, um*, d'entrailles, qui est dans les entrailles : [T] Poés.

viscō, *ās, āre, āvī, ātum*, tr., enduire de glu, poisser : [+C] Poés.

viscōsus, *a, um*, englué, enduit de glu : [T] Poés.

viscum, *i*, n. ¶**1** gui : [C] Poés. ¶**2** glu [préparée avec le gui] : [C] Pros., Poés.

1 **viscus**, *ĕris*, et plus souv. **viscĕra**, *um*, n. pl. ¶**1** les parties internes du corps, viscères, intestins, entrailles : sg., [C] Poés. ‖ pl., [C] Poés. ‖ [en part.] sein de la mère : [+C] Pros. ‖ testicules : [+C] Pros. ¶**2** chair [qui se trouve sous la peau de l'h. et des anim.] : [C] Pros. ‖ [fig.] la chair d'une femme = le fruit de ses entrailles, progéniture, enfant : [C] Poés., [+C] Pros. ; [fig.] [+C] Pros. ¶**3** [fig.] entrailles, cœur, sein : [C] Pros. ‖ le plus pur sang, la substance : ***de visceribus tuis*** [C] Pros., du plus pur (avec le plus pur) de ton bien ; ***visceribus aerarii*** [C] Pros., avec la substance du trésor public ¶**4** cœur, sentiments intimes, charité : [T] Pros.

2 **Viscus**, *i*, m., nom d'homme : [C] Poés. ‖ pl., [C] Poés.

Visēius, *i*, m., nom d'homme : [C] Pros.

Visellĭus, *ĭi*, m., nom d'homme : [C] Poés.

vīsĭbĭlis, *e*, visible : [+C] Pros., [T] Poés.

Visidĭānus, *i*, m., dieu de la végétation à Narnia [Ombrie] : [+C] Pros.

vīsĭo, *ōnis*, f. ¶**1** ***a)*** action de voir, vue : [C] Pros., [+C] Pros. ***b)*** ce qui se présente à la vue, image, simulacre des choses, εἴδωλον [Démocrite, Épicure] : [C] Pros. ¶**2** [fig.] ***a)*** action de voir par l'esprit, de concevoir : [C] Pros. [sans critérium] ***b)*** idée perçue, conception : [C] Pros.

vīsĭtātĭo, *ōnis*, f., apparition, manifestation : [C] Pros. ‖ action d'éprouver [qqn], d'affliger : [T] Pros.

vīsĭtātŏr, *ōris*, m., visiteur, inspecteur : [T] Pros.

vīsĭtō, *ās, āre, āvī, ātum*, tr. ¶**1** voir souvent, ***aliquem*** ; qqn : [-C] Théât. ¶**2** visiter, venir voir qqn : [C] Pros., [+C] Pros. ¶**3** éprouver, affliger : [T] Pros. ‖ venger : [T] Pros.

vīsō, *ĭs, ĕre, vīsī, vīsum*, tr. ¶**1** voir attentivement, examiner, contempler : ***visendi causa*** [C] Pros., par curiosité ‖ ***aliquem, aliquid*** [C] Pros. ¶**2** ***a)*** aller ou venir voir : ***vise ad portum*** [-C] Théât., va voir au port ; ***vise redieritne*** [-C] Théât., va voir s'il est de retour ***b)*** rendre visite, aller voir, visiter : ***Thespias*** [C] Pros., visiter la ville de Thespies ; ***signa*** [C] Pros., aller voir des statues

Visontĭo, ▶ *Vesontio*

Vistilĭa, *ae*, f., nom de femme : [+C] Pros.

vīsum, *i*, n. ¶**1** chose vue, objet vu, vision : ***visa somniorum*** [C] Pros., les visions des songes ¶**2** impression produite de l'extérieur sur les sens, φαντασία perception extérieure : [C] Pros.

Visurgis, *is*, m., fleuve de Germanie [Weser] : [+C] Pros.

1 **vīsus**, *a, um*, part. de *video* ; ***aliquid pro viso renuntiare*** [C] Pros., rapporter un fait comme s'il avait été vu

2 **vīsŭs**, *ūs*, m. ¶**1** action de voir, faculté de voir, vue : ***visus oculorum*** [C] Poés., la vue ; [+C] Pros. ; pl., [C] Poés. ¶**2** sens de la vue, yeux : [+C] Poés. ¶**3** ce qu'on voit, vue, vision : [C] Pros. ‖ aspect, apparence : [C] Pros.

vīta, *ae*, f. ¶**1** vie, existence : [C] Pros. ; ***vitam agere, degere***, vivre, v. ces verbes ; ▶ *profundo, 1 cedo, decedo, discedo, privo* ¶**2** [fig.] ***a)*** vie, genre de vie, manière de vivre : ***vita rustica*** [C] Pros., la vie des champs ; ***vitae societas*** [C] Pros., la vie sociale, les relations de société ***b)*** subsistance, moyens d'existence : [-C] Théât. ***c)*** la vie = la réalité : ***aliquid e vita ductum*** [C] Pros., qqch. pris sur le vif ; [+C] Pros. ***d)*** personne chérie, objet cher entre tous : ***mea vita*** [C] Pros., ma chère âme ***e)*** la vie humaine, le monde : [C] Poés., [+C] Poés. ***f)*** vie racontée, biographie, histoire : [C] Pros., [+C] Pros. ***g)*** ***vitae*** = les âmes, les ombres aux enfers : [C] Poés. ***h)*** [chrét.] la vie de l'âme : [T] Pros. ‖ la vie éternelle, le salut : [T] Pros.

vītābĭlis, *e*, qu'on doit éviter : [C] Poés.

vītābundus, *a, um*, qui cherche à éviter ; ***aliquid, aliquem***, qqch., qqn : [C] Pros. ‖ [abs[t]] ***vitabundus erumpit*** [C] Pros., il se fraie un passage pour s'échapper

vītālĭa, *ĭum*, n. pl. ¶**1** les organes essentiels à la vie, parties vitales : [+C] Pros., Poés. ‖ ***rerum*** [C] Poés., forces vitales, le principe vital ¶**2** les vêtements d'un mort : [+C] Pros.

Vītālĭānus, *i*, m., nom de divers personnages : [T] Pros.

vītālis, *e* ¶**1** de la vie, qui concerne la vie, qui entretient la vie ou qui donne la vie, vital : ***vis vitalis*** [C] Pros., force vitale ; ***spiritus*** [C] Pros., souffle vivifiant ; ***vitalia saecla*** [C] Poés., durées d'existence = âges d'hommes ‖ capable de vivre : [C] Poés. ‖ ***lectus vitalis*** [+C] Pros., lit qui a servi pendant la vie, lit de mort ¶**2** digne d'être vécu : [-C] d. [C] Pros.

vītālĭtĕr, adv., avec un principe de vie, de manière à vivre : [C] Poés.

Vītālĭus, *ĭi*, m., nom d'homme : [T] Pros.

***vītārĭfĕr**, *ĕra, ĕrum*, qui dessèche la vigne : [C] Poés.

vītātĭo, *ōnis*, f., action d'éviter : [C] Pros.

vītātus, *a, um*, part. de *vito*

vītĕcŭla, ▶ *viticula* : [+C] Pros.

Vĭtellĭa, *ae*, f. ¶**1** ville des Èques : [C] Pros. ¶**2** divinité latine femme de Faunus : [+C] Pros.

vĭtellĭāni, *ōrum*, m. pl., sorte de tablettes à écrire, tablettes vitelliennes : [+C] Poés.

Vĭtellĭānus, ▶ *Vitellius*

vĭtellīna, *ae*, f., viande de veau : [+C] Pros.

Vĭtellĭus, *ĭi*, m., Aulus Vitellius [neuvième empereur romain, en 69] : [+C] Pros. ‖ **-ĭus**, *a, um*, de Vitellius : [+C] Pros. ; ***Vitellia via*** [+C] Pros., la route Vitellienne [conduisant du Janicule à la mer] ‖ **-ĭānus**, *a, um*, [+C] Pros. ;, **-ĭāni**, *ōrum*, m. pl., les Vitelliens, soldats de Vitellius : [+C] Pros.

vĭtellum, *i*, n., jaune d'œuf ; [+C] Pros.

1 **vĭtellus**, *i*, m., petit veau ‖ [t. de caresse] : [-C] Théât.

2 **vĭtellus**, *i*, m., jaune d'œuf : [C] Pros., Poés.

vītĕus, *a, um*, de vigne : [C] Pros. ; ***vitea pocula*** [C] Poés., vin ‖ planté de vigne : ***vitea rura*** [T] Poés., vignobles

Vitĭa, *ae*, f., nom de femme : [+C] Pros.

vĭtĭābĭlis, *e*, qui peut être endommagé : [+C] Pros., [T] Poés.

vītĭārĭum, *ĭi*, n., plant de vigne, vignoble : [-C] Pros., [C] Pros.

vĭtĭātĭo, *ōnis*, f., action de corrompre, de séduire : [C] Pros.

vĭtĭātŏr, *ōris*, m., corrupteur séducteur : [C] Pros.

vĭtĭātus, *a, um*, part. de *vitio*

***vītĭcarpĭfĕr**, *ĕra, ĕrum*, qui fait fructifier la vigne [mot forgé] : [C] Poés.

vītĭcŏla, *ae*, m., vigneron : [+C] Poés.

vītĭcŏmus, *a, um*, couronné de pampre : [T] Poés. ‖ marié à la vigne : [T] Poés.

vītĭcŭla, *ae*, f., cep de vigne : [C] Pros.

vītĭgĕnus, *a, um*, [C] Poés., **vītĭgĭnĕus**, *a, um*, de vigne, qui provient de la vigne : [-C] Pros.

vĭtĭlīgo, *ĭnis*, f., tache blanche sur la peau, dartre : [+C] Pros.

vītĭlis, *e*, adj., tressé [avec des rameaux flexibles] [C] Pros.

vītĭnĕus, *a*, *um*, [V] ▶ *vitigenus* : [+C] Pros.

vĭtĭō, *ās*, *āre*, *āvī*, *ātum*, tr. ¶ **1** rendre défectueux, gâter, corrompre, altérer : ***auras*** [C] Poés., vicier l'air : ***oculos*** [C] Poés., faire mal aux yeux ¶ **2** déshonorer, outrager (attenter à l'honneur de) une femme : [-C] d. [+C] Pros., [-C] Théât., [+C] Pros., [C] Poés. ¶ **3** [fig.] ***comitia*** [C] Pros., frapper de nullité les comices ‖ ***dies*** [C] Pros., entacher de vice, frapper d'interdit [par *obnuntiatio*] les jours destinés au recensement ; [C] Pros. ‖ falsifier : [C] Pros.

vĭtĭōsē, adv., d'une manière défectueuse : [membre] ***vitiose se habere*** [C] Pros., être en mauvais état ‖ [fig.] ***concludere*** [C] Pros., tirer une conséquence fausse, conclure mal ‖ d'une manière défectueuse, entachée d'irrégularité [contre les auspices] : [C] Pros. ‖ ***vitiosissime*** [+C] Pros.

vĭtĭōsĭtās, *ātis*, f. ¶ **1** vice, tare [physique] : [T] Pros. ¶ **2** [fig.] disposition vicieuse : [C] Pros.

vĭtĭōsus, *a*, *um* ¶ **1** gâté, corrompu : [-C] Théât., [C] Pros., [+C] Pros. ; [métaph.] [C] Pros. ¶ **2** [fig.] ***a)*** défectueux, mauvais : ***vitiosum suffragium*** [C] Pros., mauvais vote : ***vitiosissimus orator*** [C] Pros., l'orateur le plus imparfait ***b)*** qui comporte qqch. de mal, de défectueux : ***vitiosum nomen*** [C] Pros., terme péjoratif ***c)*** entaché de vice, irrégulier [contre les auspices] : ***consul*** [C] Pros., consul élu irrégulièrement ***d)*** [moralt] gâté, défectueux mauvais, corrompu : [C] Pros. ; ***vitiosior*** [C] Poés.

vītis, *is*, f. ¶ **1** vigne : [C] Pros., Poés. ¶ **2** cep : [-C] Pros., [C] Pros. ‖ baguette du centurion : [+C] Pros., [C] Poés., Poés. ‖ grade de centurion : [+C] Poés. ¶ **3** mantelet = ***vinea*** ¶ **3** : [-C] Poés. ¶ **4** = le vin : [+C] Poés.

vītĭsătŏr, *ōris*, m., planteur de la vigne, vigneron : [-C] Théât., [C] Poés.

vĭtĭum, *ĭī*, n. ¶ **1** défaut, défectuosité, imperfection, tare : ***corporis*** [C] Pros., défaut physique, difformité, infirmité ; ***in tecto*** [C] Pros., défectuosité dans le toit ‖ [en parl. du sol] état défectueux : [C] Poés. ¶ **2** [fig.] ***a)*** défaut : [C] Pros. ; ***vitium castrorum*** [C] Pros., mauvaise installation d'un camp ; ***vitia orationis*** [+C] Pros., défauts de style ; [C] Pros. ; ***fortunae vitio*** [C] Pros., par la faute de la fortune ***b)*** [religieust] défectuosité, irrégularité, vice [dans les auspices] : [C] Pros. ; ***vitio navigare*** [C] Pros., prendre la mer contre les auspices ***c)*** [moralt] : [oppos. à *virtutes*] [C] Pros. ‖ ***alicui vitio vertere quod*** [C] Pros., faire un crime à qqn de ; ***in vitio esse*** [C] Pros., être coupable, être en défaut ***d)*** outrage, attentat à la pudeur : [-C] Théât. [ou] ***alicui vitium offerre*** [-C] Théât. ; ***vitium virginis*** [-C] Théât., viol d'une jeune fille

vītō, *ās*, *āre*, *āvī*, *ātum*, tr. ¶ **1** éviter, se garder de, se dérober à : ***tela*** [C] Pros., éviter les traits ¶ **2** [fig.] ***vituperationem*** [C] Pros., éviter le blâme ; ***mortem fuga*** [C] Pros., échapper à la mort par la fuite ; ***se ipsum*** [C] Poés., se fuir soi-même ‖ [avec dat.] être en garde contre : ***infortunio*** [-C] Théât., être en garde contre une mésaventure ‖ [avec *ne*] [C] Pros. ‖ [avec inf.] [C] Poés., Pros., [+C] Pros.

vītŏr, *ōris*, m., celui qui tresse l'osier : [-C] Théât. ; ***vannorum vitores*** [T] Pros., vanniers

vĭtrārĭus, *ĭī*, m., ; **vitrĕārĭus**, [C] Pros., **vitrĭārĭus**, verrier, celui qui travaille et souffle le verre

vitrĕa, *ae*, f., vitre : [+T] Pros. ; [V] ▶ *vitreus*

vitrĕārĭus, [V] ▶ *vitrarius*

vitrĕus, *a*, *um* ¶ **1** de verre, en verre : [+C] Pros. ; ***vitrea sedilia*** [C] Poés., sièges de verre [cristal de roche] ‖ **vitrĕa**, *ōrum*, n. pl., ouvrage de verre, verrerie : [+C] Poés. ; ***vitreum*** [+C] Pros., ustensile en verre ¶ **2** clair, transparent comme du verre : [C] Poés. ‖ [fig.] brillant et fragile : [C] Poés.

vĭtrĭārĭus, [V] ▶ *vitrarius*

vĭtrĭcus, *i*, m., beau-père [second mari de la mère qui a des enfants d'un premier lit] : [C] Pros.

vĭtrum, *i*, n. ¶ **1** verre : [C] Pros., Poés., [+C] Pros. ¶ **2** pastel ou guède, plante donnant une couleur bleue : [C] Pros.

vitta, *ae*, f. ¶ **1** bandelette [des victimes ou des prêtres] : [C] Poés. ; [des pers. d'un caractère sacré, comme les poètes] [C] Poés. ‖ [ornant les autels] [C] Poés. ‖ [des suppliants] [C] Poés. ¶ **2** ruban [nouant les cheveux, caractéristique des femmes de naissance libre] : [-C] Théât., [C] Poés.

vittātus, *a*, *um*, orné de bandelettes : [C] Poés., [+C] Poés. ‖ orné de rubans, pavoisé : [+C] Pros.

1 **vĭtŭla**, *ae*, f., génisse : [C] Pros., Poés.

2 **Vĭtŭla**, *ae*, f., déesse de la Victoire et des réjouissances qui suivent la victoire : [C] Pros.

Vĭtŭlārĭa vĭa, f., la route Vitulaire, sur le territoire d'Arpi : [C] Pros.

vĭtŭlātĭo, *ōnis*, f., transports de joie : [T] Pros.

vĭtŭlīnus, *a*, *um*, de veau : [C] Pros. ‖ **-līna**, *ae*, f., viande de veau : [-C] Théât., [C] Pros.

vĭtŭlŏr, *ārĭs*, *ārī*, -, intr., être transporté de joie, se réjouir beaucoup : [C] d. [T] Pros. ; ***Jovi*** [-C] Théât., en l'honneur de Jupiter

vĭtŭlus, *i*, m. ¶ **1** veau : [C] Pros., Poés. ¶ **2** ***vitulus marinus*** [+C] Poés., Pros.,

Vītumnus, *i*, m., dieu qui donne la vie à l'enfant naissant : [T] Pros.

vĭtŭpĕrābĭlis, *e*, blâmable, répréhensible : [C] Pros.

vĭtŭpĕrātĭo, *ōnis*, f., blâme, reproche, réprimande, critique : [C] Pros. ; ***in vituperationem venire*** [C] Pros. ; ***cadere*** [C] Pros., encourir le blâme

vĭtŭpĕrātŏr, *ōris*, m., censeur, critique : [C] Pros.

1 **vĭtŭpĕrō**, *ās*, *āre*, *āvī*, *ātum*, tr. ¶ **1** trouver des défauts à, blâmer, reprendre, critiquer, censurer qqn ou qqch. : [C] Pros. ‖ [rhét.] rabaisser : [C] Pros. ¶ **2** gâter, vicier : [-C] Théât.

2 **vĭtŭpĕro**, *ōnis*, m., [C] ▶ *vituperator* : [+C] Pros., [T] Pros.

vīvācĭtās, *ātis*, f. ¶ **1** force de vie, longue vie, durée : [+C] Pros. ¶ **2** vivacité d'esprit : [T] Pros.

vīvācĭtĕr, adv., ***-cius*** [T] Poés.

vīvārĭae nāves, f. pl., bateaux où l'on garde du poisson vivant, viviers : [T] Pros.

vīvārĭum, *ĭī*, n., parc à gibier, garenne, vivier, parc à huîtres : [+C] Pros., Poés.

vīvātus, *a*, *um*, animé, qui vit, en vie : [C] Poés.

vīvax, *ācis* ¶ **1** qui vit longtemps : [C] Poés. ‖ qui vit trop longtemps : [C] Poés. ; ***vivacior*** [C] Poés. ‖ [plantes] vivace : [C] Poés. ‖ durable : [C] Poés. ¶ **2** animé, vif ***a) vivacia sulphura*** [C] Poés., le soufre prompt à s'enflammer ***b) vivacissimus cursus*** [+C] Pros., une course très rapide [à très vive allure]

vīvē, adv., vivement (beaucoup) : [-C] Théât.

vīvescō (vīviscō), *is*, *ĕre*, *vīxī*, -, intr., [fig.] s'animer, se développer, s'aviver : [C] Poés.

vīvĭdē, adv., compar., ***vividius*** [T] Pros., plus vivement ‖ [fig.] ***-dius***, d'une manière plus expressive : [+C] Pros.

vīvĭdus, *a*, *um* ¶ **1** vivant, animé : [C] Poés. ‖ [fig.] qui semble respirer [portrait] : [C] Poés., [+C] Poés. ¶ **2** plein de vie, vif, bouillant, vigoureux, énergique : ***vividum corpus*** [+C] Pros., un corps plein de vie, de santé ; ***vivida senectus*** [+C] Pros., vieillesse vigoureuse ; ***vividum ingenium*** [C] Pros., caractère énergique ; ***vivida odia*** [+C] Pros., haines tenaces ‖ ***vividior*** [+C] Poés., Pros.

vīvĭfĭcātŏr, *ōris*, m., celui qui vivifie : [T] Pros.

vīvĭfĭcō, *ās*, *āre*, *āvī*, *ātum*, tr., ressusciter : [T] Pros.

vīvĭpărus, *a*, *um*, vivipare : [+C] Pros.

vīvĭrādix, *īcis*, f., plant vif, plante avec sa racine : [-C] Pros., [C] Pros.

Vivisci, *ōrum*, m. pl., les Bituriges Vivisques [habitant les bords de la Garonne] ‖ **Viviscus**, *a*, *um*, des Vivisques : [T] Poés.

vīvisco, [V] ▶ *vivesco*

vīvō, *ĭs*, *ĕre*, *vīxī*, *victum*, intr. ¶ **1** vivre, avoir vie, être vivant : ***vivere ac spirare*** [C] Pros., vivre et respirer ; ***annum vivere*** [C] Pros., vivre une année ‖ [avec acc. de l'objet intér.] ***vitam duram*** [-C] Théât., vivre une dure vie ; ***tutiorem vitam*** [C] Pros., vivre d'une vie plus sûre ; [pass., poét.] [C] Poés. ‖ [choses] : [C] Pros. ¶ **2** être encore vivant : [C] Pros. ; ***utinam viveret*** [C] Pros., que ne vit-il encore ! ¶ **3** locutions ***a) vixit, vixisse***, il a vécu, avoir vécu = n'être plus : [-C] Théât. ***b) ne vivam, si scio*** [C] Pros., que je meure, je veux mourir, si je le sais ***c) si vivo*** -C Théât., si je vis = si les dieux me prêtent vie [menace] ***d) de lucro vivimus*** C Pros., nous vivons par grâce ¶ **4** vivre vraiment, jouir de la vie : C Pros. ‖ [formule d'adieu] ***vive valeque*** C Poés., jouis de la vie et porte-toi bien ; [poét.] ***vivite, silvae*** C Poés., adieu, forêts ! ¶ **5** vivre, durer, subsister : C d. +C Pros., C Pros., Poés., +C Pros. ¶ **6** vivre de, se nourrir de : C Pros. ; ***rapto*** C Pros., vivre de rapine [ou] ***ex rapto*** C Poés. ; ***parvo*** C Poés., vivre de peu ‖ se nourrir, s'entretenir : ***bene*** -C Théât., C Pros., bien vivre, se bien traiter ; C Poés. ; ***parcius*** C Poés., vivre trop chichement ¶ **7** vivre, passer sa vie, l'occuper de telle ou telle manière : ***in agro colendo*** C Pros., passer sa vie à cultiver la terre ; ***in litteris*** C Pros., vivre dans les livres ; ***in oculis civium*** C Pros., vivre sous les regards de ses concitoyens ; ***e natura*** C Pros., vivre selon les lois de la nature, selon le voeu de la nature ‖ ***familiariter cum aliquo*** C Pros., être intimement lié avec qqn ; ***secum vivere*** C Pros., vivre avec soi-même, n'avoir d'autre société que soi-même ‖ [impers.] C Pros. ¶ **8** [chrét.] vivre de la vie éternelle : T Pros.

vīvus, ***a***, ***um***, adj. ¶ **1** vivant, vif, animé, en vie : C Pros. ; ***viva me*** -C Théât., moi vivante, de mon vivant ; C Pros. ‖ **vivus**, subst. m., un vivant : C Pros. ¶ **2** [choses] : C Pros. ; ***viva vox*** +C Pros., voix vivante, parole qui sort de la bouche même de qqn ‖ qui semble vivant : C Poés., +C Poés. ‖ ***viva aqua*** C Pros., eau vive, courante ‖ ***vivum saxum*** C Poés., roc vif, naturel ***calx viva*** C Pros., chaux vive ; [chrét.] T Pros. ‖ n. pris subst[t], le vif : ***ad vivum resecare*** +C Pros., couper jusqu'au vif ; → *reseco* ; C Pros. ¶ **3** [fig.] animé, vif : +C Pros., T Pros.

1 **vix**, adv., à peine ¶ **1** avec peine, difficilement : [*vix* étant d'ordinaire placé comme *non*] C Pros. mais C Pros. ‖ ***vix aegreque*** -C Théât., difficilement et avec peine ‖ ***vix pauci*** C Pros., juste un peu, juste qqns ¶ **2** [en corrél. avec *cum*] C Pros. ‖ [*vix* et asyndète] C Poés. ¶ **3** [fortifié par *tandem*] avec peine, mais enfin, tout de même enfin : -C Théât., C Pros.

2 **vix** [inus.] → *vicis*

vixdum, adv., à peine encore, à peine : C Pros. ‖ ***vixdum ... cum*** C Pros., à peine ... quand (que) ; ou C Pros., +C Pros. ‖ [asyndète] -C Théât.

vixī, parf. de *vivo*

vōbis, dat.-abl. de *vos*

vōbiscum, → *vos*

vŏcābĭlis, ***e***, sonore : +C Pros.

vŏcābŭlum, ***i***, n. ¶ **1** dénomination, nom d'une chose, mot, terme : C Pros. ‖ nom [propre] : +C Pros. ¶ **2** [gram.] le nom : C Pros., +C Pros.

vōcālis, ***e***, adj. ¶ **1** [voix humaine] qui se sert de la voix : C Pros. ; ***vocalissimus*** +C Pros., ayant la plus belle voix ; ***vocales boves*** C Poés., boeufs parlants ; C Pros. ¶ **2** [choses] qui rend un son, sonore : +C Pros. ‖ ***chordae vocales*** C Poés., les cordes harmonieuses de la lyre ; ***vocalis Orpheus*** C Poés., l'harmonieux Orphée ‖ ***verba vocaliora*** ou ***magis vocalia*** +C Pros., mots plus sonores ¶ **3** pris subst[t] ***a)*** **vōcālis**, ***is***, f., voyelle : +C Pros. ; [surtout au pl.] : C Pros., +C Pros. ***b)*** **vōcāles**, ***ĭum***, m. pl., musiciens, chanteurs : T Pros. ¶ **4** [poét., causatif] : qui donne de la voix, qui inspire les chants : +C Poés.

vōcālĭtās, ***ātis***, f., euphonie : +C Pros.

vōcālĭtĕr, adv., en criant : +C Pros.

vŏcāmĕn, ***ĭnis***, n., nom [d'une chose] : C Poés.

Vŏcātes, ***um*** ou ***ĭum***, m. pl., peuple d'Aquitaine : C Pros.

vŏcātĭo, ***ōnis***, f., action d'appeler, assignation [en justice] : C d. +C Pros. ‖ invitation : C Poés. ‖ vocation [divine] : T Pros. ‖ appel à tel genre de vie, vocation : T Pros.

vŏcātīvē, adv., au vocatif : +C Pros.

vŏcātīvus, ***a***, ***um***, adj., subst. m., le vocatif [gram.] : +C Pros.

vŏcātŏr, ***ōris***, m., celui qui appelle, qui convoque : T Poés. ‖ celui qui est chargé d'inviter [à un repas] : +C Pros.

1 **vŏcātus**, ***a***, ***um***, part. de *voco*

2 **vŏcātŭs**, ***ūs***, m. ¶ **1** convocation : ***alicujus vocatu*** C Pros., sur la convocation de qqn ¶ **2** appel, invocation : pl., C Poés. ‖ invitation à dîner : +C Pros.

Vocetius mons, m., montagne d'Helvétie [Jura] : +C Pros.

vōcĭfĕrātĭo, ***ōnis***, f., clameurs, vociférations : C Pros., +C Pros.

vōcĭfĕrō, ***ās***, ***āre***, ***āvī***, ***ātum***, → *vociferor* : C Pros. ‖ [pass. impers.] : ***vociferatum (fuerat) fortiter*** [avec prop. inf.] C Pros., avec des cris forcenés on avait proclamé que ...

vōcĭfĕrŏr, ***āris***, ***ārī***, ***ātus sum*** ¶ **1** intr., faire entendre des clameurs, pousser de grands cris : C Pros. ‖ [avec *ut*] demander à grands cris que : C Pros. ‖ [choses] retentir, résonner : C Poés. ¶ **2** tr., crier fort, dire à plein gosier : ***pauca, talia*** C Pros., Poés., crier quelques paroles, pousser de tels cris ‖ [avec prop. inf.] crier que : C Pros. ‖ [avec interr. indir.] C Pros. ‖ [poét.] proclamer à tous les échos : C Poés.

vōcĭfĭcō, ***ās***, ***āre***, -, - ¶ **1** intr., faire grand bruit [abeilles] : C Pros. ¶ **2** tr., annoncer à haute voix : +C Pros.

Vocĭo (Vocc-), ***ōnis***, m., roi du Norique : C Pros.

vōcis, gén. de *vox*

vŏcĭtō, ***ās***, ***āre***, ***āvī***, ***ātum***, tr., nommer habituellement, dénommer, appeler : C Pros.

vŏcō, ***ās***, ***āre***, ***āvī***, ***ātum***, tr. ¶ **1** appeler, convoquer, inviter ***a) ad arma vocare*** Caes., appeler aux armes ; ***aliquem auxilio vocare*** Tac., appeler qqn à son secours ; ***aliquem ad se vocare*** Caes., appeler qqn auprès de soi ; ***aliquem in contionem vocare*** Cic., convoquer qqn devant l'assemblée du peuple ; ***contionem vocare*** Tac., convoquer l'assemblée ; ***in contionem vocare*** Liv., convoquer à l'assemblée (= convoquer l'assemblée) ***b)*** [par ext.] ***votis imbrem vocare*** Virg., appeler la pluie de ses voeux ; ***deos vocare*** Virg., appeler les dieux = invoquer les dieux ; ***hostes vocare*** Virg., Tac., appeler les ennemis = provoquer, défier les ennemis ***c)*** inviter : ***vocare ad prandium*** Cic., inviter à dîner ; ***vocare ad cenam*** Cic., même sens ; ***aliquem ad necessariam quietem vocare*** Liv., inviter qqn à prendre un repos nécessaire ‖ [d'où] ***aliquem ad vitam vocare*** Cic., exhorter qqn à conserver sa vie ; [poét.] [avec inf.] Lucr. ¶ **2** [fig] appeler à = destiner à, amener à : ***Italiam totam ad vastitatem vocare*** Cic., destiner l'Italie tout entière à la dévastation ; ***aliquem in invidiam vocare*** Cic., amener qqn à être détesté (= faire détester qqn) ; ***aliquid in crimen vocare*** Ov., amener qqch. à être accusé (= faire tomber une accusation sur qqch.) ; ***in discrimen vocare*** Cic., mettre en péril ¶ **3** appeler = désigner par un nom, nommer : ***animal quem vocamus hominem*** Cic., l'animal que nous appelons homme ; ***ad Spelaeum, quod vocant*** Liv., à la Caverne, comme on l'appelle

Vŏcōnĭa lex, f., la loi Voconia [169 av. J.-C., prive les femmes de la capacité d'être appelées héritières aux successions des citoyens de la 1re classe (100 000 as) ; réduit la part des legs grevant les héritières] : C Pros. ; → *Voconius*

Vŏcōnĭus, ***ĭi***, m., Q. Voconius Saxa [tribun, auteur d'une loi] : C Pros.

Vŏcontĭi, ***ōrum***, m. pl., Voconces [peuple de Narbonnaise, entre le Rhône et la Durance] : C Pros. ‖ **-tĭus**, ***a***, ***um***, des Voconces : +C Poés.

1 **vōcŭla**, ***ae***, f., voix faible, voix contenue : C Pros. ‖ inflexion douce [de la voix] : C Pros. ‖ pl., paroles chuchotées, médisances : C Pros. ‖ mot court [gram.], monosyllabe : +C Pros.

2 **Vōcŭla**, ***ae***, m., surnom romain : +C Pros.

vōcŭlātĭo, ***ōnis***, f., accent, accentuation : +C Pros.

Vŏgĕsus, → *Vosegus* [meilleure orth.]

1 **vŏla**, ***ae***, f., le dessous du pied ; [prov.] C Poés. ‖ creux de la patte d'un oiseau : T Poés.

2 **Vōla**, → *Bola*

vŏlaema, → *volema*

Volāginĭus, ***ĭi***, m., nom d'homme : +C Pros.

vŏlam, fut. de *2 volo*

Volandum, ***i***, n., place forte d'Arménie : +C Pros.

Vŏlānĕrĭus, ***ĭi***, m., nom d'homme : C Poés.

Vŏlānus, ***a***, ***um***, → *Bola* : C Pros.

Vŏlăterrae, ***ārum***, f. pl., Volterra [ville d'Étrurie] : C Pros. ‖ **-ānus**, ***a***, ***um***, de Volterra ; ***vada Volaterrana*** n. pl., C Pros., le gué de Volterra [à l'embouchure du Cécina] ‖ **-āni**, *ōrum*, m. pl., les habitants de Volterra : [C] Pros.

vŏlātĭcus, *a, um*, adj. ¶ **1** qui vole, ailé : [-C] Théât. ¶ **2** qui va de-ci, de-là, changeant, inconstant : [C] Pros., [+C] Pros.

vŏlātĭlis, *e* ¶ **1** qui vole, ailé : [C] Pros. ; ***volatilis puer*** [C] Poés., l'enfant ailé, Cupidon ‖ n. pl., ***volatilia***, oiseaux : [T] Pros. ¶ **2** [fig.] ***a)*** = rapide : ***volatile telum*** [C] Poés., un trait qui vole [rapide] ***b)*** = éphémère : [C] Poés., [+C] Pros.

vŏlātĭo, *ōnis*, f., action de voler, vol : [T] Pros.

vŏlātūra, *ae*, f., action de voler : [C] Pros. ‖ oiseaux, volatiles : [+C] Pros.

vŏlātŭs, *ūs*, m. ¶ **1** action de voler, vol, volée : [C] Pros., Poés. ‖ pl., [C] Pros. ¶ **2** [fig.] course rapide : [+C] Poés.

Volcae, *ārum*, m. pl., les Volques [deux peuples de Narbonnaise] : [C] Pros.

Volcān-, **Volcāt-**, ➡ *Vulc-*

Volcēii (Vul-), *ōrum*, m. pl., Volcéi [ville de Lucanie, auj. Buccino] ‖ **-centāni**, *ōrum*, m. pl., **-cēiāni**, *ōrum*, m. pl., ;, **-cientes**, *ĭum*, m. pl., [C] Pros.

Volcĭāni, *ōrum*, m. pl., peuplade d'Espagne : [C] Pros.

vŏlēma (pĭra), *ōrum*, n. pl., sorte de grosses poires [qui remplissent la main] : [-C] Pros., [C] Poés. ‖ sg., ***volemum*** : [T] Pros.

vŏlens, *tis* ¶ **1** part. de *2 volo* ¶ **2** adj[t] ***a)*** qui veut bien, de son plein gré : ***volentes parent*** [C] Pros., ils obéissent de bon coeur, volontiers ; [poét.] ***volentia rura*** [C] Poés., les champs de leur plein gré ***b)*** bénévole, animé de dispositions favorables, favorable, propice : [-C] Théât., [C] Pros. ***c)*** bienveillant : [C] Pros. ***d)*** n. pl., ***volentia alicui***, des choses agréables à qqn, bien accueillies de qqn : [C] Pros., [+C] Pros.

vŏlentĕr, adv., volontiers, de bon cœur : [+C] Pros.

vŏlentĭa, *ae*, f., volonté, consentement, aveu : [+C] Pros.

Vŏlĕrŏ, *ōnis*, m., nom d'homme ‖ au pl., [C] Pros.

Vŏlĕsus, *i*, m., nom de famille rom. : [C] Pros. ; pl., [+C] Poés.

vōlētar, ➡ *boletar*

Volgaesĭa, *ae*, f., ville d'Assyrie : [T] Pros.

volgo, **volgus**, etc., ➡ *vulg*

vŏlĭtātŭs, *ūs*, m., ➡ *volatus* : [+T] Poés.

vŏlĭtō, *ās, āre, āvī, ātum*, intr. ¶ **1** voltiger, voleter, voler çà et là : [C] Pros., Poés. ‖ [atomes] [C] Pros. ; [ombres] [C] Poés. ¶ **2** courir çà et là, aller et venir : [C] Pros., Poés. ‖ s'agiter avec importance, se démener : [C] Pros. ¶ **3** battre des ailes, faire le coq, se pavaner : [C] Pros.

voln-, ➡ *vuln-*

1 **vŏlō**, *ās, āre, āvī, ātum*, intr. ¶ **1** voler : [C] Pros. ‖ ***volantes, ium***, f. pl., les oiseaux : [C] Poés. ¶ **2** [fig.] = venir ou aller rapidement : [C] Poés., Pros. ‖ [traits] [C] Pros. ‖ ***volat aetas*** [C] Pros., le temps vole ‖ [poét. avec inf.] [+C] Poés.

2 **vŏlō**, *vīs, vult, velle, vŏlŭī, -*, tr. ¶ **1** vouloir, désirer ***a) aliquid velle***, vouloir qqch. ; ***quid amplius vultis?*** Cic., que voulez-vous de plus ? ***b)*** vouloir = prétendre, soutenir : ***vultis nihil esse in natura...*** Cic., vous prétendez qu'il n'y a rien dans la nature... ***c)*** [constr.] : [avec attribut] ***te salvum volunt*** Cic., ils te veulent sauvé = ils veulent que tu sois sauvé ‖ [avec inf.] ***regiones cognoscere volebat*** Caes., il voulait se renseigner sur le pays ‖ [avec inf. au pass. impers.] ***mihi volo ignosci*** Cic., je veux qu'on ait de l'indulgence pour moi ; ***liberis consultum volumus*** Cic., nous voulons qu'il soit pourvu aux intérêts des enfants ‖ [avec prop. inf.] ***Germanos timere voluit*** Caes., il voulut que les Germains eussent peur ‖ [avec subj.] ***volo exquiras*** Cic., je désire que tu recherches ‖ [avec *ut* ou *ne*] Pl., Cic. ‖ [avec *quam*] ***velle... quam...***, préférer ..., plutôt que ... ¶ **2** [expr.] ***a) velim nolim*** Cic., Sen., que je le veuille ou non, bon gré mal gré ***b)*** [formule pour proposer une mesure au peuple] ***velitis jubeatis, Quirites, ut...*** Cic., Liv., veuillez et ordonnez, Romains, que ... ***c) aliquem velle*** Pl., vouloir parler à qqn ***d) numquid aliud me vis?*** Ter., as-tu encore qqch. à me dire ? ; ***respondit si quid ille se velit...*** Caes., il répondit que s'il voulait qqch. de lui ... ***e)*** [formule pour prendre congé] ***num quid vis?*** Pl., Ter., tu n'as plus rien à me dire ? ***f) bene alicui velle*** Pl., vouloir du bien à qqn ***g) alicujus causa velle*** Cic., vouloir rendre service à qqn, avoir en vue son intérêt, vouloir lui faire plaisir ***h) quid sibi vult?*** Ter., où veut-il en venir ?, que médite-t-il ? ‖ [en part. avec sujet de chose] vouloir dire, signifier : ***quid illae sibi statuae volunt?*** Cic., que signifient ces statues ? ‖ [sans *sibi*] même sens

3 **vŏlo**, *ōnis*, m., surt. au pl., **vŏlōnes**, *um*, esclaves rachetés aux frais du trésor public et enrôlés dans l'armée, volontaires : [C] Pros. ‖ sg., [C] Pros.

Vologēsus, *i*, m., Vologèse, roi des Parthes : [+C] Pros. ; **Vologēses**, *is*, [+C] Pros.

volpes, ➡ *vulpes*

Volscens, *tis*, m., nom de guerrier : [C] Poés.

Volsci, *ōrum*, m. pl., les Volsques, peuple du Latium : [C] Pros. ‖ **-scus**, *a, um*, des Volsques : [C] Pros.

Volscĭāni, *ōrum*, m. pl., peuple de la Tarraconaise : [C] Pros.

Volscĭus, *ĭi*, m., nom d'un tribun de la plèbe : [C] Pros.

volsella (vuls-), *ae*, f., petite pince, pincette [pour épiler] ; tenette [de chirurgien] : [-C] Théât., [+C] Poés., Pros. ‖ [fig.] ***pugnare volsellis*** [C] Pros., se battre à coups d'épingle

Volsĭnĭi (Vul-), *ōrum*, m. pl., Volsinies [ville d'Étrurie, auj. Orvieto] : [C] Pros. ‖ **-nĭensis**, *e*, de Volsinies : [C] Pros. ‖ **-nĭenses**, *ĭum*, m. pl., habitants de Volsinies : [C] Pros. ‖ **-nĭus**, *a, um*, [C] Poés.

Volso, ➡ *Vulso*

volsus, part. de *vello*

Voltĭnĭa tribus, f., une des tribus romaines : [C] Pros. ‖ **-nĭenses**, m. pl., citoyens de la tribu Voltinia : [C] Pros.

Voltumna, *ae*, f., déesse nationale des Étrusques : [C] Pros.

voltur, **voltur-**, **voltus**, ➡ *vult*

vŏlūbĭlis, *e* ¶ **1** qui a un mouvement giratoire, qui tourne : [C] Pros., Poés. ‖ qui roule [cours d'eau] : [C] Pros. ‖ ***volubile aurum*** [C] Poés., l'or (la pomme d'or) qui roulait à terre ‖ qui s'enroule [serpent] : [C] Poés. ¶ **2** [fig.] ***a) oratio volubilis*** [C] Pros., parole qui se déroule facilement, au cours facile ‖ [orateur] à la parole facile, volubile : [C] Pros. ***b)*** qui tourne, inconstant [fortune] : [C] Pros. ***c)*** périssable, instable, flottant : [T] Pros. ‖ qui s'écoule [temps] : [T] Pros.

vŏlūbĭlĭtās, *ātis*, f. ¶ **1** mouvement giratoire, circulaire, rotation : [C] Pros. ¶ **2** rondeur, forme ronde : [C] Poés. ¶ **3** [fig.] ***a)*** rapidité, facilité de la parole : [C] Pros. ‖ déroulement rapide des phrases, torrent de paroles : [C] Pros. ***b)*** inconstance de la fortune : [C] Pros.

vŏlūbĭlĭtĕr, adv., avec un cours rapide [fig.] : [C] Pros.

vŏlŭcĕr, *cris, cre*, adj. ¶ **1** qui vole, ailé : [C] Pros., Poés. ; ***volucer deus*** [+C] Poés., le dieu ailé, Mercure ou [C] Poés., Cupidon ¶ **2** rapide, léger, ailé : [lumière] [C] Poés. ; [flèche] [C] Poés. ; [char] [C] Poés. ‖ passager, fugitif, éphémère : [C] Pros., Poés., [+C] Pros.

vŏlŭcra, *ae*, f., pyrale [chenille qui s'enveloppe dans les feuilles de la vigne] : [+C] Pros., ➡ *volucris*

vŏlŭcrĭpēs, *ĕdis*, m. f., au pied léger, rapide [en parlant du rythme iambique] : [T] Pros.

vŏlŭcrĭs, *is*, f., oiseau : [C] Poés., Pros. ; ***Junonis*** [C] Poés., l'oiseau de Junon [le paon] ; ***Tyrrhenae volucres*** [+C] Poés., les sirènes ‖ **vŏlŭcres**, *um*, f. pl., ➡ *volucra* [+C] Pros.

vŏlŭcrĭtĕr, adv., promptement, vite : [T] Pros.

vŏlulcrum, *i*, n., paquet : [+T] Pros.

vŏlūmen, *ĭnis*, n. ¶ **1** chose enroulée, rouleau de papyrus, manuscrit, volume, livre, ouvrage : [C] Pros. ; ***volumen explicare*** [C] Pros., déployer un rouleau de manuscrit ; ***volumina conficere*** [C] Pros., rédiger des volumes ; ***signata volumina*** [C] Pros., rouleaux (manuscrits), cachetés ¶ **2** ➡ *3 liber*, partie d'un ouvrage, tome, volume : [C] Pros., [+C] Pros. ¶ **3** enroulement, replis d'un serpent : [C] Poés. ‖ tourbillon de fumée : [C] Poés. ; [d'eau] [+C] Poés. ‖ courbure circulaire : [C] Poés. ‖ mouvement circulaire, révolution des astres : [C] Poés. ¶ **4** [fig.] révolution, vicissitude : [+C] Pros.

vŏlūmĭnōsus, *a, um*, qui se roule, sinueux : [T] Poés.

Vŏlumna, *ae*, f., déesse protectrice des nouveau-nés : [T] Pros.

Vŏlumnĭa, *ae*, f., femme de Coriolan : [C] Pros. ‖ maîtresse d'Antoine : [C] Pros.

Vŏlumnĭus, *ĭi*, m., nom de famille rom. : [C] Pros. ‖ **-nĭānus**, *a*, *um*, de Volumnius : [C] Pros.

Vŏlumnus, *i*, m., dieu protecteur des nouveau-nés : [T] Pros.

vŏluntārĭē, adv., volontairement, spontanément : [T] Pros.

vŏluntārĭus, *a*, *um* ¶**1** volontaire, qui agit librement, volontairement : ***auxilia*** [C] Pros., contingents volontaires ; ***servi voluntarii*** [C] Pros., esclaves volontaires [gens qui obéissent comme des esclaves] ‖ ***voluntarii***, m. volontaires, soldats volontaires : [C] Pros. ¶**2** [choses] volontaire, fait volontairement : ***mors voluntaria*** [C] Pros., mort volontaire ; ***discessus voluntarius*** [C] Pros., départ volontaire

vŏluntās, *ātis*, f. ¶**1** volonté, faculté de vouloir : [C] Pros. ‖ volonté, voeu, désir : [C] Pros. ¶**2** [expressions] ***a)*** ***sua voluntate***, de son plein gré, volontairement : [C] Pros. ‖ [qqf. *voluntate* seul] [-C] Théât., [C] Pros. ***b)*** ***alicujus voluntate*** [C] Pros., avec l'assentiment de qqn ***c)*** ***ad voluntatem loqui*** [C] Pros., parler au gré du monde, comme on le désire ; ***ad voluntatem nostram*** [C] Pros., conformément à nos désirs ; ***contra voluntatem*** [C] Pros., contre la volonté ; ***de mea voluntate*** [C] Pros., avec mon accord [assentiment] ; [C] Pros. ; ***ex Caesaris voluntate*** [C] Pros., selon la volonté de César ; ***pro Cluentii voluntate*** [C] Pros., eu égard à la volonté de Cluentius, au gré de Cluentius ¶**3** dispositions à l'égard de qqn, sentiments : [C] Pros. ¶**4** dispositions favorables, bonne volonté, zèle pour qqn : [C] Pros. ; ***voluntas vostra*** [-C] Théât., votre bienveillance, votre faveur ; [C] Pros. ¶**5** dernières volontés d'un mort : [C] Pros. ¶**6** intentions ***a)*** ***scriptoris*** [C] Pros., les intentions de celui qui rédige un acte ***b)*** [d'où] : [+C] Pros. ; ***nominis*** [+C] Pros., sens d'un mot

vŏlŭp, adv., d'une manière conforme aux désirs, agréablement : [-C] Théât.

Vŏlŭpĭa, *ae*, f., déesse du plaisir : [C] Pros.

vŏluptābĭlis, *e*, agréable, qui réjouit : [-C] Théât., [T] Pros.

vŏluptārĭē, adv., dans le plaisir : [+C] Pros.

vŏluptārĭus, *a*, *um* ¶**1** qui cause du plaisir, agréable, délicieux : [-C] Théât. ; ***voluptariae possessiones*** [C] Pros., propriétés de pur agrément ¶**2** concernant le plaisir : [C] Pros. ¶**3** adonné au plaisir, sensuel, voluptueux : ***homines voluptarii*** [-C] Théât., hommes aimant le plaisir, ou ***voluptarii*** seul : [-C] Théât. ‖ [pour désigner Épicure et son école] homme de plaisir, école de plaisir : [C] Pros. ‖ qui aime le plaisir : [C] Pros.

vŏluptās, *ātis*, f. ¶**1** le plaisir, la volupté : [phil.] [C] Pros. ‖ plaisir, joie, satisfaction, contentement : ***corporis*** [C] Pros., plaisir des sens ; ***potandi*** [T] Pros., plaisir de boire ; ***epularum voluptates*** [C] Pros., les plaisirs de la table ; ***officium a voluptatibus*** [+C] Pros., intendance des plaisirs ; [-C] Théât. ; ***cum voluptate legere aliquid*** [C] Pros., lire qqch. avec plaisir ; ***ex aliqua re voluptatem capere*** [C] Pros., trouver du plaisir à (dans) qqch., ou ***percipere*** [C] Pros. ¶**2** ***Voluptas***, la Volupté, le Plaisir [divinité] : [C] Pros. ¶**3** ***a)*** [terme de tendresse] : ***mea voluptas*** [-C] Théât., ma joie [mes délices] ; [C] Poés. ***b)*** [pl.] ***voluptates***, plaisirs, spectacles, fêtes, jeux : [C] Pros., [+C] Pros. ***c)*** semence génitale : [T] Pros.

vŏluptĭfĭcus, *a*, *um*, qui donne du plaisir : [+C] Pros.

vŏluptŭōsē, adv., avec du plaisir : [T] Pros. ‖ ***-sius*** [T] Pros.

vŏluptŭōsus, *a*, *um*, agréable, délicieux, qui charme, qui plaît : [+C] Pros.

Vŏlŭsēnus, *i*, m., tribun des soldats : [C] Pros.

Vŏlŭsĭēnus, *i*, m., nom d'homme : [C] Pros.

Vŏlŭsĭus, *ĭi*, m., nom d'une famille romaine : [C] Pros. ‖ nom d'un mauvais poète de Padoue : [C] Poés.

Volustāna, *ōrum*, n. pl., montagnes de Thessalie : [C] Pros.

Vŏlŭsus, *i*, m., nom d'un chef volsque : [C] Poés.

vŏlūta, *ae*, f., volute [archit.] : [C] Pros.

vŏlūtābrum, *i*, n., bourbier, bauge [de sanglier] : [C] Poés.

vŏlūtābundus, *a*, *um*, qui aime à se vautrer [fig.] : [C] Pros.

vŏlūtātĭo, *ōnis*, f. ¶**1** action de rouler : [+C] Pros. ; ***volutationes corporis*** [C] Pros., action de se vautrer ; [+C] Pros. ¶**2** [fig.] agitation, inquiétude : [+C] Pros. ‖ instabilité : [+C] Pros.

1 **vŏlūtātus**, *a*, *um*, part. de *voluto*

2 **vŏlūtātŭs**, *ūs*, m., action de rouler, tourbillon : [+C] Pros.

Vŏlūtīna, *ae*, f., déesse qui recouvre le grain de son enveloppe : [T] Pros.

vŏlūtō, *ās*, *āre*, *āvī*, *ātum*, tr., qqf. intr. ¶**1** rouler ***a)*** [surtout au pass. à sens réfl.] ***volutari***, se rouler : [C] Pros., [+C] Pros. ; ***in luto volutatus*** [C] Pros., s'étant vautré dans la fange ; ***alicui ad pedes volutari*** [C] Pros., se rouler aux pieds de qqn [ou] ***alicujus*** [C] Pros. ***b)*** [pass. au part. prés.] [C] Poés. ¶**2** [fig.] ***a)*** [pass. réfl.] [C] Pros. ; [*cum aliquo*] [+C] Pros. ; ***inter mala*** [+C] Pros., dans des vices ***b)*** remuer, agiter, occuper l'esprit : [C] Pros. ***c)*** ***aliquid in animo*** [C] Pros., rouler qqch. dans son esprit, méditer qqch. [ou] ***secum in animo*** [C] Pros. [ou] ***in pectore*** [-C] Théât. [ou] ***intra animum*** [+C] Pros. ‖ ou ***aliquid animo*** [C] Pros., [+C] Pros. [ou] ***mente*** [C] Poés. ; ou ***secum*** [C] Pros. [ou] ***secum animo*** [C] Pros. [ou] ***suo cum corde*** [C] Poés. ***d)*** remuer, examiner : ***aliquid in secreto cum amicis*** [C] Pros., examiner qqch. en secret avec des amis ; ***consilia*** [C] Pros., remuer des projets

1 **vŏlūtus**, *a*, *um*, part. de *volvo*

2 **vŏlūtŭs**, *ūs*, m., la faculté d'avancer en ondulant [serpents] : [+C] Pros.

Volux, m., nom d'homme : [C] Pros.

volva, ▶ *vulva*

volvō, *ĭs*, *ĕre*, *volvī*, *vŏlūtum*, tr., qqf. intr.
I rouler ¶**1** faire rouler : [C] Poés. ¶**2** former en roulant : ***vortices*** [C] Poés., rouler des eaux tourbillonnantes ; ***orbem*** [C] Pros., former un cercle ¶**3** faire rouler à terre des ennemis : [C] Poés. ¶**4** faire rouler un livre autour de son bâton = le dérouler, le lire : [C] Pros. ¶**5** projeter en tourbillons, exhaler : [C] Poés. ¶**6** faire aller et venir : [C] Poés. ¶**7** [pass. à sens réfl.] ***a)*** se rouler, se vautrer : [C] Poés. ***b)*** [serpent] se rouler, se glisser en ondulant : [C] Poés. ***c)*** rouler : [C] Pros. ***d)*** [homme frappé à mort] : [C] Poés. ; ***leto*** [C] Poés., rouler sans vie ¶**8** ***volvens***, pass. : ***volventia plaustra*** [C] Poés., les chariots roulant
II [fig.] ¶**1** ***(luna) volvit menses*** [C] Poés., (la lune) fait rouler, déroule les mois ‖ accomplir en roulant : ***rotam*** [C] Poés., parcourir un cercle, achever un cycle d'épreuves ; [C] Pros. ; [noter l'emploi de l'adj. verb.] ***volvenda dies*** [C] Poés., le déroulement du jour, des jours ; ***volvendis mensibus*** [C] Poés., par le déroulement des mois ‖ ***volvens***, intr., à sens réfl. : ***volventibus annis*** [C] Poés., avec les années se déroulant, au cours des années ¶**2** [rhét.] dérouler une période : [C] Pros. ¶**3** rouler dans son esprit, méditer : ***aliquid cum animo*** [C] Pros. ; ***secum*** [C] Pros. ; ***in animo*** [C] Pros., [+C] Pros. ; ***animo*** [C] Pros., [+C] Pros. ; ***in pectore*** [C] Pros. ; ***sub pectore*** [C] Poés. ; ***intra se*** [+C] Pros. ; ***volvere aliquid*** [C] Pros., [+C] Pros.

volvŭla, ▶ *vulvula*

volvus, ▶ *bulbus*

Vŏmānus, *i*, m., [+C] Poés. ; **Vŏmānum flūmen**, rivière du Picénum

vŏmax, *ācis*, adj., qui vomit souvent, sujet à vomir : ***vomacius*** [T] Pros.

vōmĕr (vōmis), *ĕris*, m., soc de la charrue : [C] Pros., Poés.

vŏmĭca, *ae*, f. ¶**1** abcès, apostume, dépôt d'humeur : [C] Pros. ¶**2** [fig.] plaie, peste, fléau : [C] Pros., [+C] Pros.

vōmis, ▶ *vomer*

vŏmĭtĭo, *ōnis*, f., action de vomir, vomissement : [C] Pros.

vŏmĭtō, *ās*, *āre*, -, -, intr., vomir souvent ou abondamment : [+C] Pros.

vŏmĭtŏr, *ōris*, m., celui qui vomit : [+C] Pros.

vŏmĭtōrĭa, *ōrum*, n. pl., vomitoires, portes de l'amphithéâtre conduisant aux gradins et offrant un dégagement à la foule : [T] Pros.

1 **vŏmĭtus**, *a*, *um*, part. de *vomo*

2 **vŏmĭtŭs**, *ūs*, m. ¶**1** action de vomir, vomissement : [-C] Théât., [+C] Pros. ¶**2** ce qui est vomi, vomissement : [+C] Pros.

vŏmō, *ĭs, ĕre, ŭī, ĭtum*, tr., vomir ¶**1** [abs[t]] [C] Pros.; ***in mensam*** [C] Pros., vomir sur la table; [pass. impers.] ***vomebatur*** [C] Pros., on vomissait ¶**2** avec acc. ‖ [fig.] cracher, vomir, rejeter: [C] Poés.; ***purpuream animam*** [C] Poés., rendre l'âme avec des flots de sang

Vŏnōnes, *is*, m., fils de Phraate, donné par son père en otage aux Romains, devenu ensuite roi des Parthes: [+C] Pros.

1 **vŏpiscus**, *a, um*, adj., qui survit [en parl. d'un jumeau quand l'autre est mort]: [+C] Pros.

2 **Vŏpiscus**, *i*, m., surnom rom., not[t] Julius Vopiscus, consul: [C] Pros. ‖ J. Caesar Vopiscus: [C] Pros. ‖ prénom romain: [+C] Pros.

vŏrācĭtās, *ātis*, f., voracité, avidité: [+C] Pros.

vŏrācĭtĕr, adv., avec voracité: [T] Pros.

vŏrāgĭnōsus, *a, um*, plein de gouffres, de trous: [T] Pros. ‖ plein de fondrières: [+C] Pros.

vŏrāgo, *ĭnis*, f., tournant d'eau, gouffre, tourbillon: [C] Pros. ‖ [dans la terre] gouffre, abîme: [C] Pros., [+C] Pros.

Vŏrānus, *i*, m., nom d'homme: [C] Poés.

Vōraptus, *i*, m., nom d'un héros: [+C] Poés.

vŏrātrīna, *ae*, f., taverne, cabaret: [+C] Pros. ‖ gouffre: [T] Pros.

vŏrātus, *a, um*, part. de *voro*

vŏrax, *ācis*, qui est toujours disposé à dévorer, dévorant, vorace, qui engloutit: [C] Pros., Poés.; ***voracior ignis*** [C] Poés., feu plus avide

vŏrō, *ās, āre, āvī, ātum*, tr. ¶**1** dévorer, manger avidement: [-C] Théât., [C] Pros. ‖ avaler, engloutir: [-C] Théât., [+C] Poés. ¶**2** [fig.] ***a)*** [C] Poés.; ***viam*** [C] Poés., dévorer la route, l'espace ***b)*** dévorer = se livrer avec passion à: ***litteras*** [C] Pros., dévorer la littérature ***c)*** [poésie érot.]: [C] Poés., [+C] Poés.

Voroangus, ➡ *Vorocingus*

Vŏrŏcingus, *i*, m., localité d'Aquitaine: [T] Poés.

vors-, ➡ *vers-*

vort-, ➡ *vert-*

vōs, *vestrī* et *vestrum, vōbīs*, vous: [C] Pros.; ***memor vestri*** [C] Pros., qui se souvient de vous; ***nemo vestrum*** [C] Pros., personne d'entre vous; ***vobiscum*** [C] Pros., avec vous; ➡ *1 tu* ‖ vous [pl. de politesse]: [T] Pros.

Vŏsĕgus, *i*, m., les Vosges [chaîne de montagne en Gaule]: [C] Pros.

vosmĕt, ➡ *vos -met*, vous-mêmes

vospte, ➡ *vos -pte*

voster, ➡ *vester*

Vōtĭēnus, *i*, m., Votiénus Montanus, poète exilé par Tibère; [+C] Pros.

vōtĭfĕr, *ĕra, ĕrum*, chargé d'offrandes: [+C] Poés. ‖ qui fait une offrande; [T] Poés.

vōtĭgĕr, *ĕra, ĕrum*, ➡ *votifer*: [T] Poés.

vōtīvus, *a, um* ¶**1** votif, voué, promis par un vœu: ***ludi votivi*** [C] Pros., jeux votifs; ***tabula votiva*** [C] Poés., tableau votif [représentant le naufrage dont l'auteur du voeu a réchappé, et offert au dieu sauveur], ex-voto; ***votiva legatio*** [C] Pros., légation votive [voyage officiel pour acquitter des voeux dans les temples en province]; ***votivae noctes*** [C] Poés., nuits votives, réservées au culte des dieux ¶**2** souhaité, désiré, agréable: [+C] Pros., [T] Poés.

vŏto, ➡ *veto*

vōtum, *i*, n. ¶**1** vœu, promesse faite aux dieux: [C] Pros.; ***vota facere*** [C] Pros.; ***nuncupare*** [C] Pros.; ***suscipere*** [C] Pros.; ***solvere*** [C] Pros.; ***reddere*** [C] Pros., faire des voeux, adresser solennellement des voeux, assumer l'accomplissement de voeux, les acquitter, les accomplir; [C] Poés.; ***per vota*** [+C] Poés.; ***in vota*** [C] Poés., invoquer les dieux en leur offrant des voeux; ***voti damnari***, ➡ *damno*; ***voti reus*** [C] Poés. = ***voti damnatus***, condamné à accomplir son voeu, [donc] exaucé; ***voti liberari*** [C] Pros., se dégager d'un voeu, l'accomplir; [C] Poés. ¶**2** objet votif, offrande: [+C] Pros. ¶**3** [en gén.] vœu, souhait, désir: [C] Pros., [+C] Pros., Poés.; ***ad votum*** [+C] Pros., à souhait; ***voti potens*** [C] Poés., exaucé; ➡ *compos* ‖ voeux prononcés par les époux, mariage: [+C] Pros. ¶**4** [chrét.] vœu fait à Dieu, prière, supplication: [T] Pros.

vōtus, *a, um*, part. de *voveo*

vŏvĕō, *ēs, ēre, vōvī, vōtum*, tr. ¶**1** [abs[t]] faire un vœu à une divinité: [C] Pros., [+C] Pros. ¶**2** [avec acc.] promettre par un vœu, vouer: ***Herculi decumam*** [C] Pros., promettre la dîme à Hercule ‖ ***vota vovere*** [-C] Théât., [C] Poés., faire des voeux ‖ [avec prop. inf. au fut.] [C] Pros.; [avec inf. prés.] [-C] Théât. ‖ [pass.] [C] Pros.; ***ludi voti*** [C] Pros., jeux voués ¶**3** désirer, souhaiter: [C] Pros., Poés. ‖ [avec *ut*] [C] Poés. ¶**4** [chrét.] promettre [à Dieu], faire un vœu: [T] Pros.

vox, *vōcis*, f. ¶**1** voix: [-C] Théât., [C] Poés., Pros.; ***magna voce*** [C] Pros., d'une voix forte; ***vocis bonitas*** [C] Pros., la bonne qualité de la voix, une belle voix; ***vocis imago*** [C] Poés., l'écho ‖ [fig.] ***rerum*** [C] Pros., la voix des faits; ***alicujus vox erudita*** [C] Pros., la voix, la parole savante de qqn ¶**2** son de la voix: [C] Pros.; [prononciation] [C] Pros. ¶**3** accent: [C] Pros. ¶**4** [au sens musical] son, ton: [C] Pros. ¶**5** au sg. ***a)*** son, mot, vocable: [C] Pros. ***b)*** parole, sentence, mots prononcés par qqn, mot de qqn: [C] Pros. ¶**6** au pl., paroles, propos, dires: [C] Pros.; ***voces habere*** [C] Pros., tenir des propos ‖ formules: [C] Pros. ¶**7** [poét.] parole = langage, langue: [C] Poés.

Vulcānālĭa (Volc-), *ĭum* ou *ĭōrum*, n. pl., Vulcanalia, fêtes en l'honneur de Vulcain: [C] Pros., [+C] Pros.

Vulcānus (Volc-), *i*, m., Vulcain [dieu du feu, identifié au grec Héphaïstos, fils de Jupiter et de Junon, époux de Vénus; avait sa résidence sous l'Etna où il forgeait les foudres de Jupiter]: [C] Pros. ‖ [méton.] feu, flamme, incendie: [-C] Théât., [C] Poés. ‖ **-nĭus**, *a, um*, de Vulcain: [C] Pros. ‖ du feu, de l'incendie: [C] Poés. ‖ ***Vulcaniae insulae*** [C] Pros., les îles Vulcaniennes ou Éoliennes, près de la Sicile ‖ **-nālis**, *e*, de Vulcain: [C] Pros.

Vulcācĭus (Vol-), *ĭi*, m., nom de différents personnages: [+C] Pros. ‖ Volcacius Sedigitus [critique et gram.]: [+C] Pros.

Vulceii, ➡ *Volceii*

Vulcentānus, **Vulcentes**, ➡ *Volceii*

Vulchalo (-īōn), *ōnis*, m. ou f., localité de Narbonnaise: [C] Pros.

vulgāris (volg-), *e*, qui concerne la foule, général, ordinaire, commun, banal: ***vulgaris liberalitas*** [C] Pros., la générosité qui s'étend à tous; ***vulgaria*** [C] Poés., les plats ordinaires ‖ commun, ordinaire [langage]: ***vulgari sermone*** [C] Pros., dans la langue de tout le monde

vulgārĭtās (volg-), *ātis*, f., la généralité [des hommes], le commun: [T] Pros.

vulgārĭus (volg-), *a, um*, ➡ *vulgaris*: [-C] Théât., [+C] Pros.

vulgātē (volg-)** [inus.], adv., en divulguant ‖ compar., ***-tius [T] Pros.

vulgātŏr (volg-), *ōris*, m., celui qui divulgue, qui révèle: [C] Poés.

1 **vulgātus (volg-)**, *a, um* ¶**1** part. de *2 vulgo* ¶**2** adj[t] ***a)*** habituel, ordinaire: ***vulgatissimus*** [+C] Pros. ***b)*** répandu, divulgué, connu partout: [C] Pros. ***c)*** prostitué: [+C] Pros. ‖ accessible à tous, au public: [C] Pros. ***d)*** connu, répandu, courant [en parlant de la traduction de la Bible des Septante]: [T] Pros.

2 **vulgātŭs (volg-)**, *ūs*, m., publication d'un ouvrage: [T] Pros.

vulgĭvăgus (volg-), *a, um*, qui erre partout, vagabond: [C] Poés.

1 **vulgō (volgō)**, abl. de *vulgus*, pris adv[t], en foule, indistinctement: [C] Pros. ‖ en public, ouvertement: ***aliquid vulgo ostendere*** [C] Pros., montrer qqch. publiquement ‖ couramment, communément: ***vulgo loquebantur*** [C] Pros., on disait couramment; [-C] Théât., [C] Pros., [+C] Pros. ‖ partout, en tous lieux: [C] Poés.

2 **vulgō (volgō)**, *ās, āre, āvī, ātum*, tr. ¶**1** répandre dans le public, propager: [une maladie] ***in alios*** [+C] Pros., chez d'autres; [C] Pros.; [fig.] [C] Pros. ‖ publier un livre: [+C] Pros. ‖ [pass. à sens réfl.] ***vulgari cum privatis*** [C] Pros., se commettre (frayer), avec de simples particuliers ¶**2** divulguer, répandre [un bruit, une nouvelle]: [C] Pros., [+C] Pros. ¶**3** offrir à tout le monde:

C Pros. ‖ [en part.] prostituer : C Pros. ‖ [rare] ***aliquem volgo volgare*** -C Théât., faire connaître qqn à tout venant ‖ [rare] attribuer (étendre) à une foule : C Pros.

vulgus (volgus), *i*, n. ¶**1** le commun des hommes, la foule : C Pros. ; ***volgus fuimus*** C Pros., nous avons été la foule, le commun, la masse obscure ; ***in vulgus***, pour la foule, dans la foule : C Pros. ; ***in vulgus ignotus*** C Pros., ignoré de la foule = du commun des hommes ¶**2** multitude, masse [avec idée de foule confuse, de généralité] : ***vulgus militum*** C Pros., la foule des soldats ‖ la masse du troupeau : C Poés.

vulnĕrābĭlis, *e*, vulnérable : +C Pros.

vulnĕrātĭo (voln-), *ōnis*, f., blessure, lésion : C Pros. ‖ [fig.] atteinte à : C Pros.

vulnĕrātus, *a*, *um*, part. de *vulnero*

vulnĕrō (vol-), *ās*, *āre*, *āvī*, *ātum* ¶**1** blesser : C Pros. ‖ [acc. de la partie] : ***vulneratus humerum*** +C Pros., blessé à l'épaule ‖ ***vulnerata navis*** C Pros., navire endommagé ¶**2** [fig.] ***aliquem voce*** C Pros., blesser qqn. par des paroles ; ***virorum animos*** C Pros., blesser, froisser des hommes ; ***aures*** C Poés., frapper désagréablement l'oreille

vulnĭfĕr, *ĕra*, *ĕrum*, ➡ *vulnificus* : T Poés.

vulnĭfĭcus, *a*, *um*, qui blesse, qui tue, homicide : C Poés.

vulnus (volnus), *ĕris*, n. ¶**1** blessure, plaie, coup porté ou reçu ; C Pros. ; ***vulnera sustinere*** C Pros., supporter les blessures ; ***vulnus excipere*** C Pros., recevoir une blessure [en s'exposant] ; ***alicui infligere*** C Pros., asener un coup à qqn ‖ [métaph.] toute sorte de lésion, coup, entaille, blessure, déchirure : [à un arbre] C Poés. ; [au sol par la charrue] C Poés. ¶**2** [fig.] atteinte, plaie : C Pros. ‖ angoisse, douleur, peine : C Poés. ‖ blessure de l'amour : C Poés.

vulnuscŭlum, *i*, n., légère blessure, petite lésion : T Pros.

vulpēcŭla, *ae*, f., petit renard, renard : C Pros.

Vulpēnĭus, *ĭi*, nom d'homme : +C Poés.

vulpēs (volpēs), *is*, f., renard : C Pros. ‖ ***jungere vulpes*** C Poés., atteler des renards = tenter l'impossible

vulpīnŏr, *ārĭs*, *ārī*, -, intr., ruser [faire le renard], user de fourberie : C Poés., +C Pros.

vulpĭo, *ōnis*, m., rusé [comme un renard] : +C Pros.

Vuls-, ➡ *Vols-*

vulsī, parf. de *vello*

Vulso (Vol-), *ōnis*, m., surnom romain : C Pros.

vulsūra (vol-), *ae*, f., action d'arracher [la laine des toisons] : C Pros.

vulsus (volsus), *a*, *um* ¶**1** part. de *vello* ¶**2** adj[t] ‖ épilé : +C Pros. ‖ mou, efféminé : +C Poés.

vult, 3e pers. sg. indic. prés. de *2 volo*

Vultēius, *i*, m., nom d'homme : C Pros.

vultĭcŭlus, *i*, m., air un peu sévère, sombre : C Pros.

vultis, 2e pers. pl. indic. prés. de *2 volo*

vultŭōsus, *a*, *um*, grimacier, affecté : C Pros., +C Pros.

1 **vultŭr (voltŭr)**, *ŭris*, m., vautour : C Poés. ‖ [fig.] = rapace : +C Pros., Poés.

2 **Vultŭr (Voltŭr)**, *ŭris*, m., montagne en Apulie : C Poés., +C Poés.

Vulturcĭus (Volt-), *ĭi*, m., complice de Catilina : C Pros.

vultŭrīnus (volt-), *a*, *um*, de vautour : +C Poés.

vultŭrĭus (volt-), *ĭi*, m. ¶**1** vautour : -C Théât., C Poés., Pros. ‖ [fig.] = homme rapace, spoliateur : C Pros., Poés. ¶**2** le vautour [coup malheureux aux dés] : -C Théât.

Vulturnālis (Volt-), *e*, du dieu Volturne : C Pros.

Vulturnum (Volt-), *i*, n., Volturne [ville de Campanie sur le Volturne] : C Pros.

1 **Vulturnus (Volt-)**, *i*, m. ¶**1** rivière de Campanie [auj. Volturno] : C Pros. ¶**2** Volturne [divinité romaine] : C Pros.

2 **vulturnus (volt-)**, *i*, m., vulturne [vent du sud-ouest] : C Pros.

vultus (voltŭs), *ūs*, m. ¶**1** expression, air du visage, visage, mine, physionomie : C Pros. ‖ pl., jeux de physionomie : C Pros., +C Pros. ‖ [en part.] ***vultum alicujus ferre*** C Poés., supporter le visage (= l'aspect) de qqn ¶**2** = figure [*facies*] : C Poés. ¶**3** [fig.] ‖ air, apparence : ***salis placidi*** C Poés., l'apparence d'une mer calme

vulva (volva), *ae*, f., vulve, matrice : C Pros., +C Pros. ‖ ventre de truie [mets très estimé chez les Romains] : C Pros., +C Poés.

vulvŭla (vol-), *ae*, f. : [cuis.] -C Théât., +C Pros.

W, redoublement de *u*, c'est-à-dire combinaison de *v* et de *u*, pour noter /w/ du germanique et du breton à partir du 5e s. [le latin *v* ne notant plus /w/]

Wardo, *ōnis*, m., ➡ *Vardo* : T Pros.

Warocus (Warochus), *i*, m., Wéroc [comte des Bretons, fils de Maclou] : PT Pros.

Winnōcus, *i*, m., Winnoc [ascète breton] : PT Pros.

XYZ

x, f., n., indécl., elle n'apparaît à l'initiale que dans les emprunts au grec ‖ [abréviation] ***X* = *decem***, dix ; ***_au_milieu; = denarius***, le denier ; $\overline{X}$; = dix mille ‖ [chrét.] ***XS***, abréviation de *Christus* (en grec *XC*) ; V. ▶ *Xristus*

Xanthē, ***ēs***, f., nom d'une Amazone : [+C] Poés.

Xanthippē, ***ēs***, f., Xanthippe [femme de Socrate] : [C] Pros., [+C] Pros.

Xanthippus, ***i***, m. ¶**1** père de Périclès : [C] Pros. ¶**2** Lacédémonien, général des armées de Carthage dans la première guerre punique : [C] Pros.

Xanthō, ***ūs***, f., une des Océanides : [C] Poés.

Xanthus (-ŏs), ***i***, m. ¶**1** rivière de Troie [appelée aussi Scamandre] : [C] Poés. ¶**2** rivière de Lycie : [C] Poés. ¶**3** petite rivière d'Épire : [C] Poés.

Xĕnāgŏrās, ***ae***, m., nom d'un historien : [T] Pros.

Xĕnarchus, ***i***, m., Xénarque [général des Achéens] : [C] Pros.

Xĕnĭădēs, ***is***, m., Xéniade [qui acheta et affranchit Diogène] : [+C] Pros.

xĕnĭŏlum, ***i***, n., petit cadeau : [+C] Pros.

Xĕnippa, ***ae***, f., région du nord de la Bactriane : [+C] Pros.

xĕnĭum, ***ĭi***, n., cadeau fait à un hôte, présent [ordin[t] au pl.] : [+C] Pros., [C] Pros., Poés. ‖ honoraires [d'un avocat] : [+C] Pros.

Xĕno, ***ōnis***, m., Xénon [Épicurien du temps de Cicéron] : [C] Pros.

Xĕnŏclēs, ***is***, m., Xénoclès [rhéteur d'Adramytte] : [C] Pros.

Xĕnŏclīdēs, ***is***, m., nom d'un citoyen de Chalcis : [C] Pros.

Xĕnŏcrătēs, ***is***, m., Xénocrate [de Chalcédoine, philosophe, disciple de Platon] : [C] Pros.

xĕnŏdŏchīum (-ēum), ***i***, n., hôpital, hospice : [T] Pros.

Xĕnŏmĕnēs, ***is***, m., nom d'homme : [C] Pros.

Xĕnōn, V. ▶ *Xeno*

Xĕnŏphănēs, ***is***, m., Xénophane [philosophe de Colophon] : [C] Pros.

Xĕnŏphĭlus, ***i***, m., musicien de Chalcis : [+C] Pros.

Xĕnŏphōn, ***ontis***, m. ¶**1** Xénophon [disciple de Socrate, à la fois philosophe, historien et général] : [C] Pros. ¶**2** médecin de Claude : [+C] Pros.

Xĕnŏphontēus (-īus), ***a***, ***um***, de Xénophon : [C] Pros.

xērampĕlĭnus, ***a***, ***um***, qui est couleur de feuille [de vigne] morte ‖ **xērampĕlĭna**, ***ae***, f., [+C] Poés.

Xerxēs (-sēs), ***is*** et ***i***, m., fils de Darius, roi des Perses, battu par les Grecs à Salamine : [C] Pros. ‖ [fig.] ***Xerxes togatus*** [+C] Pros., le Xerxès en toge [nom donné par Pompée à Lucullus]

xĭphĭās, ***ae***, m., espadon [poisson de mer] : [C] Poés.

Xistus (Xystŏs), ***i***, m., Sixte [nom d'un martyr] : [T] Poés.

Xristus, ***i***, m., graphie carolingienne de *Christus*, d'après l'abréviation *XS* ; V. ▶ *X*

Xūthŏs, ***i***, m., descendant de Deucalion, auteur d'une branche de la race hellénique : [C] Pros., Poés.

Xychus, ***i***, m., nom d'un Grec : [C] Pros.

Xȳlĭnē, ***ēs***, f., village de Pamphylie : [C] Pros.

Xȳnĭae, ***ārum***, f. pl., ville de Thessalie : [C] Pros.

xystarcha (-ēs), ***ae***, m., directeur d'un xyste : [T] Pros.

xystĭcus, ***a***, ***um***, de xyste, de gymnase ‖ **-tĭci**, ***ōrum***, m. pl., athlètes qui s'exerçaient dans des xystes [sous un portique] : [+C] Pros.

xystum, ***i***, n., et ordin[t] **xystus**, ***i***, m. ¶**1** [chez les Grecs] portique couvert où s'exerçaient les athlètes : [C] Pros., [+C] Pros. ¶**2** [chez les Romains] promenade plantée d'arbres : [C] Pros., [+C] Pros.

Xytilis, ***is***, f., nom de femme : [-C] Théât.

y, f., n., 22e lettre de l'alphabet latin, appelée *ȳ*, ajoutée à la fin de la République pour rendre Y, υ (= /y/) dans les emprunts au grec, translittérée au début par *u*, puis par *i* ; lettre savante. Toujours aspirée à l'initiale (ὑ-), on ne la trouve que dans des formes négligées

ymn-, V. ▶ *hymn-*

ypo-, V. ▶ *hypo-*

yssōpum, V. ▶ *hyssopum*

z, indécl., n., 23e et dernière lettre de l'alphabet latin, ajoutée à la fin de la République après *y* pour rendre Z, ζ dans les emprunts au grec [translittérée d'abord par *s-* et *-ss-*] ‖ à l'époque tardive, *di* en hiatus, devenu /dj/, puis /dzj/, alterne souvent avec *z* : ***zabulus***, ***baptidio***, ***zies***

za-, V. ▶ *dia-*

Zabdicēni, ***ōrum***, m. pl., peuple de la Mésopotamie : [T] Pros.

Zăbŭlōn, ***ōnis***, m., une des tribus d'Israël ‖ **-nītēs**, m., de la tribu de Zabulon : [T] Pros.

Zăchărĭās, ***ae***, m., Zacharie [nom de plusieurs Hébreux, entre autres le père de saint Jean-Baptiste] : [T] Pros.

Zăcynthĭus, ***a***, ***um***, de Zacynthe : [-C] Théât.

Zăcynthŏs (-us), ***i***, f., Zacynthe [île de la mer Ionienne, auj. Zante] : [C] Poés., Pros.

zaeta, V. ▶ *diaeta*

zaeus (zēus), ***i***, m., dorée [poisson] : [+C] Pros.

Zagrus, ***i***, m., mont de Médie : [T] Pros.

Zaitha, ***ae***, f., ville de Mésopotamie : [T] Pros.

Zălătēs, ***ae***, m., nom d'un Arménien : [+C] Poés.

Zăleucus, ***i***, m., législateur des Locriens : [C] Pros., [+C] Pros.

Zalmoxis (Zămolxis), ***is***, m., nom d'un philosophe de Thrace : [+C] Pros.

Zăma, ***ae***, f., ville de Numidie, célèbre par la défaite d'Hannibal : [C] Pros., [+C] Poés. ‖ **-ensis**, ***e***, de Zama ; subst. m. pl., habitants de Zama : [C] Pros.

zāmĭa, ***ae***, f., perte, dommage, préjudice : [-C] Théât.

Zămolxis, V. ▶ *Zalmoxis*

Zanclē, ***ēs***, f., ancien nom de Messine en Sicile : [C] Poés., [+C] Poés. ‖ **Zanclaeus**, **Zanclēĭus**, ***a***, ***um***, de Messine : [C] Poés. ; ***Zancleia moenia*** [+C] Poés., Messine

zăplūtus, V. ▶ *saplutus*

Zarath (-rat), f. indécl., ville de la Maurétanie Césarienne : +C Pros. ‖ **-thensis**, *e*, de Zarath : +C Pros.

Zarĭaspēs, *ae*, m., fleuve de Bactriane : T Pros.

Zărĭtus, ▶ *Hippo* : T Pros.

Zatchlās, *ae*, m., nom d'un devin égyptien : +C Pros.

Zĕbĕdaeus, *i*, m., Zébédée [père de Jacques et Jean, apôtres] : T Pros.

Zēlăsĭum, *ĭi*, n., promontoire d'Eubée : C Pros.

zēlātŏr, *ōris*, m., envieux : +T Poés.

zēlŏr, *ārĭs*, *ārī*, *ātus sum*, intr., être pris de zèle : T Pros.

zēlōtēs, *ae*, m., défenseur intransigeant de la Loi, zélote : T Pros.

zēlŏtўpa, *ae*, f., une jalouse : +C Pros.

zēlŏtўpĭa, *ae*, f., jalousie, envie : T Pros.

1 **zēlŏtўpus**, *ī*, m., jaloux, envieux : +C Poés., Pros.

2 **zēlŏtўpus**, *a*, *um*, adj., jaloux, envieux : +C Poés.

zēlus, *i*, m., jalousie : C Pros.

zĕma, *ae*, f., marmite, chaudron : +C Pros.

Zēno (Zēnōn), *ōnis*, m. ¶ **1** Zénon [de Citium dans l'île de Chypre, fondateur de l'école stoïcienne] : C Pros. ¶ **2** philosophe d'Élée : C Pros. ¶ **3** philosophe épicurien, maître de Cicéron : C Pros.

Zēnŏbĭa, *ae*, f. ¶ **1** Zénobie [princesse d'Arménie, femme de Rhadamiste] : +C Pros. ¶ **2** Zénobie [reine de Palmyre, vaincue par Aurélien] : T Pros.

Zĕphўrītis, *ĭdis*, f., Vénus Zephyritis [Arsinoé, sœur de Ptolémée Philadelphe, adorée sous ce nom] : C Poés.

Zĕphўrĭum (-ŏn), *ĭi*, n., promontoire de Cilicie, et ville du même nom : C Pros.

zĕphўrus, *i*, m., zéphyr [vent d'ouest doux et tiède, qui en Italie amène la fonte des neiges et annonce le printemps] : +C Pros. ‖ pl., les zéphyrs : C Poés., Pros. ‖ [personnifié] ***Zephyrus*** C Poés. ‖ [poét.] vent [en gén.] : C Poés.

Zērynthĭus, *a*, *um*, de Zérynthe [ville de Samothrace] : C Pros., Poés.

zētēmătĭum, *ĭi*, n., petite recherche : -C Poés.

Zētēs, *ae*, m., fils de Borée et d'Orithye, un des Argonautes : C Poés.

Zēthus, *i*, m., fils de Jupiter et d'Antiope, frère d'Amphion : C Pros.

Zētus, *i*, m., ▶ *Zetes* : T Pros.

Zeugma, *ătis*, n., ville de Coelé-Syrie, sur l'Euphrate : +C Poés., Pros.

zēus, ▶ *zaeus*

Zeuxippē, *ēs*, f., fille de l'Éridan, mère de l'Argonaute Butès : +C Poés.

Zeuxippus, *i*, m., chef des Béotiens : C Pros.

Zeuxis, *is* et *ĭdis*, m. ¶ **1** célèbre peintre d'Héraclée : C Pros. ¶ **2** un habitant de Blaundos, qui avait tué sa mère : C Pros.

zingĭbĕr, +C Pros. ; **zingĭbĕri**, *ĕris*, n., ; **zinzĭbĕr**, *ĕris*, n., gingembre [plante]

zinzĭlŭlō, *ās*, *āre*, -, -, intr., gazouiller, jaser [oiseaux] : T Poés.

zinziō, **zinzĭtō**, *ās*, *āre*, -, -, intr., siffler [merle] : +C Pros., T Poés.

Zĭŏbĕtis, *is*, m., fleuve d'Hyrcanie : +C Pros.

Zizais, acc. *im*, m., roi des Sarmates : T Pros.

1 **zizānĭa**, *ōrum*, n. pl., ivraie : T Pros., Poés.

2 **zizānĭa**, *ae*, f., jalousie, zizanie : T Pros.

zizўphus (zizĭphus), *i*, f., jujubier [arbre] : +C Pros.

zmegma, ▶ *smegma*

Zminth-, ▶ *Sminth-*

Zmyrn-, ▶ *Smyr-*

1 **zōdĭăcus**, *i*, m., zodiaque [cercle contenant les douze signes parcourus par le soleil] : C Poés., +C Pros.

2 **zōdĭăcus**, *a*, *um*, adj., du zodiaque, zodiacal : T Pros.

Zŏellus, *i*, m., nom d'un saint : T Poés.

Zōĭlus, *i*, m., Zoïle [grammairien d'Alexandrie, détracteur d'Homère] : C Pros. ‖ [fig.] un Zoïle, un détracteur : C Poés. ‖ nom d'un riche affranchi : +C Poés.

Zombis, *is*, f., ville de Médie : T Pros.

zōmŏtēgănŏn, n., friture dans le jus de cuisson : +C Pros.

zōna, *ae*, f. ¶ **1** ceinture : C Poés. ‖ ceinture renfermant l'argent : C Pros. ¶ **2** constellation d'Orion : C Poés. ¶ **3** ***zonae***, f. pl., zones divisant la terre en régions de climats : C Poés. ; ***zona nivalis*** +C Poés. ; ***perusta*** +C Poés., la zone glaciale, la zone torride

zōnālis, *e*, de zone : T Pros.

zōnārĭus, *a*, *um*, qui concerne les ceintures, ▶ *2 sector* ‖ **zōnārĭus**, *ĭi*, m., fabricant de ceintures : -C Poés., C Pros.

zōnātim, adv., en cercle, en rond, en tournant : -C Poés.

zōnŭla, *ae*, f., petite ceinture : C Poés.

zōŏphŏrus (zōph-), *i*, m., frise [archit.] : C Pros.

Zŏpўrĭātim, adv., à la manière de Zopyrus : -C Poés.

Zōpўrĭōn, *ōnis*, m., nom d'homme : -C Poés.

Zōpўrus, *i*, m. ¶ **1** nom d'un célèbre physionomiste du temps de Socrate : C Pros. ¶ **2** orateur de Clazomènes : +C Pros.

Zōrŏastrēs, *ae* et *is*, m., Zoroastre [de Bactriane, prophète et législateur des Perses] ‖ **-ēus**, *a*, *um*, de Zoroastre : T Poés.

Zōsĭmus, *i*, m., nom d'un affranchi de Pline le Jeune : +C Pros.

Zōsippus, *i*, m., nom d'un citoyen de Tyndaris : C Pros.

1 **Zostēr**, *ēris*, m., ville et promontoire de l'Attique : C Pros.

2 **zostēr**, *ēris*, m., barre [pour porter l'arche] : T Pros.

zōsum, ▶ *deorsum* : T Pros.

zōthēca, *ae*, f., cabinet de repos, boudoir : +C Pros.

zōthēcŭla, *ae*, f., petit boudoir : +C Pros., T Pros.

zŭma, ▶ *zema*

zўgĭa, *ae*, adj. f., qui concerne le mariage : ***zygia tibia*** +C Pros., flûte dont on jouait aux noces ‖ qui préside aux mariages [épithète de Junon] : +C Pros.

zўthum, *i*, n., bière [boisson faite avec de l'orge] : +C Pros.

Imprimé en Espagne par LIBERDÚPLEX
Dépôt légal nº 58608-06/05 - Collection Nº 72 - Édition 07
16/7940/6